D1727998

Beckmann/Matusche-Beckmann
Versicherungsrechts-Handbuch

Versicherungsrechts-Handbuch

Herausgegeben von

Roland Michael Beckmann
Dr. iur., o. Professor an der Universität des Saarlandes

und

Annemarie Matusche-Beckmann
Dr. iur., o. Professorin an der Universität des Saarlandes

Bearbeitet von

Prof. Dr. Christian Armbrüster, Berlin; *Prof. Dr. Roland Michael Beckmann*, Saarbrücken; *Prof. Dr. Christoph Brömmelmeyer*, Aachen; *Prof. Dr. Heinrich Dörner*, Münster; *Dr. Martin Fricke*, Berlin; *Dr. Volker Hahn*, Bonn; *Prof. Dr. Helmut Heiss*, Zürich; *Monika Hermanns*, Karlsruhe; *Prof. Dr. Harald Herrmann*, Erlangen-Nürnberg; *Dr. Rainer Heß*, Bochum; *Bernd Höke*, Dortmund; *Dr. Heinrich Hormuth*, Hamm; *Dr. Katharina Johannsen*, Hamburg; *Dr. Ulrich Knappmann*, Münster; *Prof. Dr. Dirk Looschelders*, Düsseldorf; *Prof. Dr. Egon Lorenz*, Mannheim; *Kurt Günter Mangen*, Köln; *Dr. Sven Marlow*, Karlsruhe; *Prof. Dr. Annemarie Matusche-Beckmann*, Saarbrücken; *Dr. Ulrike Mönnich*, Köln; *Dr. Helmut Müller*, Berlin; *Dr. Irmtraud Nies*, München; *Rüdiger Obarowski*, Düsseldorf; *Peter Philipp*, Stuttgart; *Prof. Dr. Peter Reiff*, Trier; *Dr. Claus v. Rintelen*, Düsseldorf; *Prof. Dr. Roland Rixecker*, Saarbrücken; *Prof. Dr. Wulf-Henning Roth*, Bonn; *Dr. Wilfried Rüffer*, Köln; *Dr. Günter Schlegelmilch*, Saarbrücken; *Dr. Winfried-Thomas Schneider*, Berlin/Saarbrücken; *Prof. Dr. Hans-Peter Schwintowski*, Berlin; *Prof. Dr. Gerald Spindler*, Göttingen; *Dr. Herbert Tschersich*, Dortmund; *Dipl.-Ing. Stefan Voßkühler*, Hohentengen; *Prof. Dr. Manfred Wandt*, Frankfurt/M.

2., vollständig überarbeitete Auflage

Verlag C.H. Beck München 2009

Zitiervorschlag (Beispiel):

Versicherungsrechts-Handbuch/*Lorenz* § 1 Rn. 116

oder

Lorenz, in: Beckmann/Matusche-Beckmann, Versicherungsrechts-Handbuch, § 1 Rn. 116

oder

Lorenz, in: Beckmann/Matusche-Beckmann § 1 Rn. 116

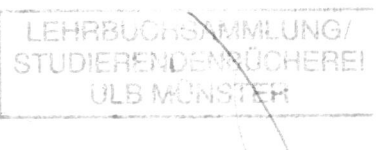

Verlag C.H. Beck im Internet:
beck.de

ISBN 978 3 406 55511 4

© 2009 Verlag C.H. Beck oHG
Wilhelmstraße 9, 80801 München

Druck: Druckerei C.H. Beck, Nördlingen
(Adresse wie Verlag)

Satz: Jung Crossmedia GmbH
Gewerbestraße 17, 35633 Lahnau

Gedruckt auf säurefreiem, alterungsbeständigem Papier
(hergestellt aus chlorfrei gebleichtem Zellstoff)

Vorwort zur 2. Auflage

Ziel der ersten Auflage des Versicherungsrechts-Handbuchs war, ein wissenschaftlich fundiertes, zugleich aber an den Bedürfnissen der Praxis orientiertes Handbuch zur Verfügung zu stellen. Misst man der beachtlichen Resonanz in Praxis und Wissenschaft und dem Umstand, dass das Versicherungsrechts-Handbuch bereits schnell vergriffen war, aussagekräftige Bedeutung bei, hat die Erstauflage ihr Ziel wohl übertroffen.

Dem genannten Ziel bleibt die Zweitauflage treu, die vor allem aber auch die zum 1. Januar 2008 in Kraft getretene VVG-Reform mit ihren grundlegenden Neuerungen in bewährter Art und Weise ausleuchtet. Die Auswirkungen der Reform auf die versicherungsrechtlichen Grundlagen sowie auf die einzelnen Sparten werden detailliert erläutert. Überwiegend beschränken sich die Ausführungen auch nicht auf die reine Darstellung, sondern betrachten bereits mögliche Auswirkungen der neuen Vorschriften und können daher Wegweiser sein.

Vor der Bearbeitung dieser zweiten Auflage sind die früheren Mitautoren Herr Rechtsanwalt Dr. Ralf Johannsen und Herr Richter am Oberlandesgericht Hamm Bernd Rüther leider verstorben. Wir werden ihre engagierte Mitwirkung, die das damals neu erschienene Versicherungsrechts-Handbuch wesentlich mitgeprägt hat, nicht vergessen.

Wegen ihrer starken beruflichen Inanspruchnahme konnten darüber hinaus leider Herr Dr. Peter Präve, Herr Dr. Gero von Manstein sowie Herr Prof. Dr. Jacob Joussen an der 2. Auflage nicht mehr mitwirken.

Umso mehr freuen wir uns, dass wir in den Kreis der Autoren Herrn Prof. Dr. Gerald Spindler hinzugewinnen konnten, der das Kapitel „Haftpflicht- und Elektronikversicherung für IT-Risiken" übernommen hat. Ebenso erfreut sind wir, dass Herr Richter am Landgericht Saarbrücken Dr. Winfried-Thomas Schneider, der als Referent im Bundesministerium der Justiz in Berlin unmittelbar mit der VVG-Reform befasst gewesen ist, die Kapitel „Allgemeine Haftpflichtversicherung", „Produkthaftpflichtversicherung" und „Reform des Versicherungsvertragsrechts und Übergangsrecht" bearbeitet hat.

Allen Autoren, die sich so engagiert der Überarbeitung ihrer Kapitel gewidmet haben, gilt ganz besonderer Dank. Unser Dank gilt aber auch dem Lehrstuhlsekretariat Frau Monika Nenno und dem wissenschaftlichen Mitarbeiter Herrn Assessor Michael Sausen, der es übernommen hat, das Stichwortverzeichnis und das neue Normenverzeichnis zu erstellen.

Saarbrücken, imNovember 2008

Annemarie Matusche-Beckmann
Roland Michael Beckmann

Vorwort zur 1. Auflage

Bereits die hohe Anzahl von über 500 Millionen abgeschlossener Versicherungsverträge in Deutschland belegt die enorme praktische Bedeutung des Privatversicherungsrechts. Bei der Bewältigung versicherungsrechtlicher Fragestellungen durch Richter, Rechtsanwälte, Versicherungswissenschaftler und Versicherungsjuristen geben die rechtlichen Rahmenbedingungen, insbesondere das Versicherungsvertragsgesetz (VVG) nicht immer eine Antwort. Insbesondere auch die den Inhalt der Versicherungsverträge bestimmenden Allgemeinen Versicherungsbedingungen als wesentliche Bausteine des Versicherungsrechts ziehen mannigfache juristische Rechtsfragen nach sich. Wie andere zivilrechtliche Rechtsgebiete, die sich zu eigenständigen Disziplinen innerhalb des Privatrechts entwickelt haben, ist auch das Versicherungsrecht verschiedensten Einflüssen ausgesetzt und damit von einer besonderen Dynamik geprägt. Neben dem schon traditionell im Versicherungsrecht außerordentlich einflussstarken und wegweisenden Richterrecht haben in den vergangenen Jahren gerade auch europarechtliche Vorgaben maßgebliche Änderungen erfordert. Überdies stehen viele überbrachte Prinzipien auf dem Prüfstand durch die aktuelle Diskussion um eine Reform des VVG, die zu einem runderneuerten Gesetz führen soll, das nach den gegenwärtigen Planungen allerdings erst im Jahre 2008 in Kraft treten soll.

Vor diesem Hintergrund erfordern gerade die zahlreichen Versicherungszweige mit ihren jeweiligen Besonderheiten einen zuverlässigen Wegweiser, der die versicherungsrechtlichen Fragen im Gesamtzusammenhang einerseits ausführlich und wissenschaftlich fundiert, andererseits aber mit dem erforderlichen Praxisbezug behandelt. Diese im versicherungsrechtlichen Schrifttum bisher bestehende Lücke zu schließen, hat sich dieses Versicherungsrechts-Handbuch auf die Fahnen geschrieben. Richter, Hochschullehrer, Versicherungsjuristen und Rechtsanwälte behandeln im Versicherungsrechts-Handbuch jeweils ihre Spezialgebiete, so dass Fachwissen und Kompetenz unmittelbar an die Leser weitergegeben wird. Um den zur Verfügung stehenden Raum auf vertiefte Rechtsausführungen zu den aktuellen und praxisrelevanten Problemen zu konzentrieren, wurde im Unterschied zu anderen Handbüchern auf sogen. „Checklisten", aber auch auf den Abdruck von Musterbedingungen bewusst verzichtet.

Die Manuskripte wurden im Februar 2004 abgeschlossen.

Saarbrücken, im März 2004

Annemarie Matusche-Beckmann
Roland Michael Beckmann

Bearbeiterverzeichnis

Prof. Dr. Christian Armbrüster
Lehrstuhl für Bürgerliches Recht, Handels- und Gesellschaftsrecht, Privatversicherungsrecht und Internationales Privatrecht, Freie Universität Berlin; Richter am Kammergericht
§ 6

Prof. Dr. Roland Michael Beckmann
Lehrstuhl für Bürgerliches Recht, Handels- und Wirtschaftsrecht, Arbeitsrecht sowie Privatversicherungsrecht, Universität des Saarlandes, Saarbrücken
§ 10, § 15, § 28

Prof. Dr. Christoph Brömmelmeyer
Lehr- und Forschungsgebiet Privatrecht und Internationales Wirtschaftsrecht, Rheinisch-Westfälische Technische Hochschule Aachen
§ 42

Prof. Dr. Heinrich Dörner
Lehrstuhl für Bürgerliches Recht, Internationales Privatrecht und Rechtsvergleichung, Westfälische Wilhelms-Universität Münster, Institut für Internationales Wirtschaftsrecht
§ 9

Dr. Martin Fricke
Gesamtverband der Deutschen Versicherungswirtschaft e. V., Berlin
§ 3

Dr. Volker Hahn
Rechtsanwalt, Bonn
§ 12, § 20, § 34

Prof. Dr. Helmut Heiss
Lehrstuhl für Privatrecht, Rechtsvergleichung und Internationales Privatrecht, Universität Zürich
§ 38

Monika Hermanns
Richterin am Bundesgerichtshof, Karlsruhe
§ 7

Prof. Dr. Harald Herrmann
Lehrstuhl für Wirtschaftsprivatrecht und Versicherungsrecht, Friedrich-Alexander-Universität Erlangen-Nürnberg
§ 39

Dr. Rainer Heß
Rechtsanwalt, Sozietät Eick und Partner, Bochum
§ 16; § 29 und § 30 (gemeinsam mit Bernd Höke)

Bernd Höke
Rechtsanwalt, Signal Iduna-Gruppe, Dortmund
§ 19; § 29 und § 30 (gemeinsam mit Dr. Rainer Heß)

Dr. Heinrich Hormuth
Rechtsanwalt, Sozietät Heimann Hallermann, Hamm
§ 22

Dr. Katharina Johannsen
Vors. Richterin am Hanseatischen OLG Hamburg a. D., Hamburg
§ 8

Dr. Ulrich Knappmann
Vors. Richter am Oberlandesgericht Hamm a. D., Münster
§ 14

Prof. Dr. Dirk Looschelders
Lehrstuhl für Bürgerliches Recht, Internationales Privatrecht und Rechtsvergleichung, Heinrich-Heine-Universität, Düsseldorf
§ 17

Prof. Dr. Egon Lorenz
Lehrstuhl für Bürgerliches Recht, Internationales Privatrecht und Privatversicherungsrecht, Universität Mannheim
§ 1

Kurt Günter Mangen
Richter am Oberlandesgericht Köln
§ 47

Dr. Sven Marlow
Richter am Landgericht Berlin, zur Zeit wissenschaftlicher Mitarbeiter am
Bundesgerichtshof, Karlsruhe

§ 13, § 46

Prof. Dr. Annemarie Matusche-Beckmann
Lehrstuhl für Bürgerliches Recht, Handels- und Wirtschaftsrecht sowie
Arbeitsrecht, Universität des Saarlandes, Saarbrücken

§ 5 (Teil B); § 27

Dr. Ulrike Mönnich
Rechtsanwältin, Sozietät Mayer Brown, LLP, Köln

§ 2

Dr. Helmut Müller
Präsident des Bundesaufsichtsamts für das Versicherungswesen a. D.;
Ombudsmann der Privaten Kranken- und Pflegeversicherung, Berlin

§ 44

Dr. Irmtraud Nies
Rechtsanwältin, München

§ 41

Rüdiger Obarowski
ARAG Allgemeine Rechtsschutz-Versicherungs-AG, Düsseldorf

§ 37

Peter Philipp
Württembergische Versicherung AG, Stuttgart

§ 31

Prof. Dr. Peter Reiff
Lehrstuhl für Bürgerliches Recht, Handels- und Gesellschaftsrecht, Privatversicherungsrecht, Universität Trier; Richter am OLG Koblenz a. D.

§ 5 (Teil A)

Dr. Claus v. Rintelen
Rechtsanwalt, Sozietät Kapellmann und Partner, Düsseldorf

§ 23, § 26, § 36

Prof. Dr. Roland Rixecker
Präsident des Verfassungsgerichtshofs des Saarlandes und des Saarländischen
Oberlandesgerichts, Saarbrücken

§ 18a

Prof. Dr. Wulf-Henning Roth
Direktor des Instituts für Internationales Privatrecht und Rechtsvergleichung
der Rheinischen Friedrich-Wilhelms-Universität Bonn

§ 4

Dr. Wilfried Rüffer
Rechtsanwalt, Sozietät Loschelder Rechtsanwälte, Köln

§ 32, § 33

Dr. Günter Schlegelmilch
Rechtsanwalt, Sozietät Kropp Haag Hübinger, Saarbrücken

§ 21

Dr. Winfried-Thomas Schneider
Richter am Landgericht Saarbrücken, zeitweise abgeordnet an das Bundesministerium der Justiz, Berlin

§ 1a, § 24, § 25

Prof. Dr. Hans-Peter Schwintowski
Lehrstuhl für Bürgerliches Recht, Handels-, Wirtschafts- und Europarecht,
Humboldt-Universität zu Berlin

§ 18, § 43

Prof. Dr. Gerald Spindler
Lehrstuhl für Bürgerliches Recht, Handels- und Wirtschaftsrecht, Universität
Göttingen

§ 40

Dr. Herbert Tschersich
Vors. Richter am Landgericht Dortmund

§ 45

Dipl.-Ing. Dipl.-Wirt.-Ing. Stefan Voßkühler
Sensoplan AG, Hohentengen

§ 35

Prof. Dr. Manfred Wandt
Lehrstuhl für Bürgerliches Recht, Handels- und Versicherungsrecht, Inter-
nationales Privatrecht und Rechtsvergleichung, Direktor des Instituts für
Versicherungsrecht, Johann Wolfgang Goethe-Universität, Frankfurt/M.

§ 11

Inhaltsübersicht

1. Teil. Allgemeiner Teil. Das Privatversicherungsrecht

1. Abschnitt. Grundlagen des Versicherungsvertragsrechts

2. Abschnitt. Zustandekommen und Beendigung des Versicherungsvertrags

3. Abschnitt. Versicherungsbedingungen und Vertragsänderungen

4. Abschnitt. Rechtsstellung des Versicherungsnehmers

5. Abschnitt. Rechtsstellung des Versicherers

6. Abschnitt. Rechtsdurchsetzung

2. Teil. Besonderer Teil. Einzelne Versicherungszweige

1. Abschnitt. Haftpflichtversicherungen

2. Abschnitt. Kraftfahrtversicherungen

3. Abschnitt. Sachversicherungen

4. Abschnitt. Weitere Schadensversicherungen

5. Abschnitt. Personenversicherungen

Inhaltsverzeichnis

1. Teil. Allgemeiner Teil. Das Privatversicherungsrecht

1. Abschnitt. Grundlagen des Versicherungsvertragsrechts

Inhalt

2. Abschnitt. Zustandekommen und Beendigung des Versicherungsvertrags

3. Abschnitt. Versicherungsbedingungen und Vertragsänderungen

Inhalt

5. Abschnitt. Rechtsstellung des Versicherers

Inhalt

6. Abschnitt. Rechtsdurchsetzung

2. Teil. Besonderer Teil. Einzelne Versicherungszweige

1. Abschnitt. Haftpflichtversicherungen

Inhalt

Inhalt

Inhalt

2. Abschnitt. Kraftfahrtversicherungen

3. Abschnitt. Sachversicherungen

4. Abschnitt. Weitere Schadensversicherungen

Inhalt

L

5. Abschnitt. Personenversicherungen

Inhalt

Inhalt

Inhalt

Allgemeines Literaturverzeichnis

Basedow/Meyer/Rückle/Schwintowski (Hrsg.), VVG-Reform – Abschlussbericht, Rückzug des Staates aus sozialen Sicherungssystemen, 2005, zit.: *Basedow/Meyer/Rückle/Schwintowski,* VVG-Reform

Basedow/Meyer/Rückle/Schwintowski (Hrsg.), VVG-Reform – Lebens-, Kranken-, BU-Versicherung, Verbraucherschutz für Senioren, 2008, zit.: *Basedow/Meyer/Rückle/Schwintowski,* VVG-Reform – Lebens-, Kranken-, BU-Versicherung

Basedow/Fock, Europäisches Versicherungsvertragsrecht, Bd. 1, 2 (2002), Bd. 3 (2003), zit.: *Basedow/Fock,* Versicherungsvertragsrecht Bd. 1, 2 bzw. 3

Baumann/Sandkühler Das neue Versicherungsvertragsgesetz, 2008, zit.: *Baumann/Sandkühler,* Das neue VVG

Baumbach/Lauterbach/Albers/Hartmann, Zivilprozessordnung, 66. Aufl. 2007, zit.: *Baumbach/Lauterbach/Bearbeiter*

Baumgärtel/Prölss, Handbuch der Beweislast im Privatrecht, Bd. 5 Versicherungsrecht, 1999, zit.: *Baumgärtel/Prölss*

Berliner Kommentar zum Versicherungsvertragsgesetz, hrsg. v. *Heinrich Honsell,* 1999, zit.: Berliner Kommentar/*Bearbeiter*

Borutta (Hrsg.), Handbuch des Privatversicherungsrechts (Loseblatt-Sammlung) Stand 2003, zit.: *Borutta,* Privatversicherungsrecht

Bruck, Das Privatversicherungsrecht, 1930, zit.: *Bruck,* Privatversicherungsrecht

Bruck, Kommentar zum Reichsgesetz über den Versicherungsvertrag, 7. Aufl. 1932, zit.: *Bruck,* Versicherungsvertrag

Bruck/Möller, Kommentar zum Versicherungsvertragsgesetz und zu den Allgemeinen Versicherungsbedingungen unter Einschluss des Versicherungsvermittlerrechtes, 8. Aufl. 1961 ff., zit.: *Bruck/Möller/Bearbeiter*

Büchner/Winter, Grundriss der Individualversicherung, 9. Aufl. 1986, zit.: *Büchner/Winter,* Individualversicherung

Bunte, Lexikon des Rechts – Versicherungsrecht, 1998, zit.: *Bunte,* Versicherungsrecht

Buschbell/Elvers, Haftungs- und Versicherungsrecht, 4. Aufl. 1999, zit.: *Buschbell/Elvers,* Versicherungsrecht

Deutsch, Das neue Versicherungsvertragsrecht, 6. Aufl. 2008, zit.: *Deutsch,* Versicherungsvertragsrecht

Dörner, Allgemeine Versicherungsbedingungen (AVB), 5. Aufl. 2007, zit.: *Dörner,* Versicherungsbedingungen

Dreher, Die Versicherung als Rechtsprodukt, Die Privatversicherung und ihre rechtliche Gestaltung, 1991, zit.: *Dreher,* Versicherung als Rechtsprodukt

Ehrenberg, Privatversicherungsrecht, 1923, zit.: *Ehrenberg,* Privatversicherungsrecht

Ehrenzweig, Deutsches (Österreichisches) Versicherungsvertragsrecht, 1952, zit.: *Ehrenzweig,* Versicherungsvertragsrecht

Erman, Handkommentar zum Bürgerlichen Gesetzbuch, 12. Aufl. 2008, zit.: *Erman/Bearbeiter*

Fahr/Kaulbach/Bähr, Versicherungsaufsichtsgesetz (VAG) und Bundesaufsichtsamtgesetz (BAG) und Finanzdienstleistungsaufsichtsgesetz (FinDAG), 4. Aufl. 2007, zit.: *Fahr/Kaulbach/Bähr,* VAG

Fenyves/Koban, Österreichisches Versicherungsrecht, Allgemeine Versicherungsbedingungen, 3. Aufl. 2000, zit.: *Fenyves/Koban,* AVB

Fenyves/Kronsteiner/Schauer, Kommentar zu den Novellen zum VersVG, Versicherungsvertragsgesetznovellen 1992, 1994 und 1996, 1998, zit.: *Fenyves/Kronsteiner/Schauer,* Versicherungsvertragsnovellen

v. Fürstenwerth/Weiß, Versicherungsalphabet, 10. Aufl. 2001, zit.: *v.Fürstenwerth/Weiß,* Versicherungsalphabet

Gabler, Versicherungslexikon, hrsg. v. *Peter Koch,* 1994, zit.: *Gabler,* Versicherungslexikon

Gärtner, Privatversicherungsrecht, 2. Aufl. 1980, zit.: *Gärtner,* Privatversicherungsrecht

Gerhard/Hagen, Kommentar zum deutschen Reichsgesetz über den Versicherungsvertrag, 1908, zit.: *Gerhard/Hagen,* Versicherungsvertrag

v. Gierke, Versicherungsrecht, Bd. 1 (1937), Bd. 2 (1947), *zit.: v. Gierke,* Versicherungsrecht, Bd. 1 bzw. 2

Grubmann, Das Versicherungsvertragsgesetz (Österreich), 5. Aufl. 2002, zit.: *Grubmann,* Versicherungsvertragsgesetz

Hagen, Versicherungsrecht, in: Ehrenbergs Handbuch des gesamten Handelsrechts, 8. Bd., I. und II. Abteilung, 1922, zit.: *Hagen,* Versicherungsrecht

Halm/Krahe/Engelbrecht (Hrsg.), Handbuch des Fachanwalts Versicherungsrecht, 3. Aufl. 2008, zit.: *Halm/Krahe/Engelbrecht/Bearbeiter*

Handwörterbuch der Versicherung, hrsg. *v. Farny/Helten/Koch/Schmidt,* 1988, zit.: *Bearbeiter,* HdV

Hansen, Beweislast und Beweiswürdigung im Versicherungsrecht, 1990, zit.: *Hansen,* Beweislast

Heiss, Treu und Glauben im Versicherungsvertragsrecht, 1989, zit.: *Heiss,* Versicherungsvertragsrecht

Heiss/Lorenz, Versicherungsvertragsgesetz samt Nebengesetzen, Gesetzestexte, Materialien und Kommentierung anhand der österreichischen Rechtsprechung, 2. Aufl. 1996, zit.: *Heiss/Lorenz,* VVG

Hinsch-Timm, Das neue Versicherungsvertragsgesetz in der anwaltlichen Praxis, 2008, zit.: *Hinsch-Timm,* Das neue VVG

E.Hofmann, Privatversicherungsrecht, 4. Aufl. 1998, zit.: *E.Hofmann,* Privatversicherungsrecht

Holzhauser, Versicherungsvertragsrecht, 1999, zit.: *Holzhauser,* Versicherungsvertragsrecht

Hübner, Allgemeine Versicherungsbedingungen und AGB-Gesetz, 5. Aufl. 1997, zit.: *Hübner,* AVB und AGB-Gesetz

Jabornegg, Das Risiko des Versicherers, 1979, zit.: *Jabornegg,* Risiko des VR

Johannsen, Fragen des Versicherungsrechts aus anwaltlicher Sicht, 1991, zit.: *Johannsen,* Versicherungsrecht

Kisch, Handbuch des Privatversicherungsrechts, Bd. 2 (1920), Bd. 3 (1922), zit.: *Kisch,* Privatversicherungsrecht, Bd. 2 bzw. 3

Kühnholz, Versicherungsrecht, 1989, zit.: *Kühnholz,* Versicherungsrecht

Manes, Versicherungslexikon, 3. Aufl. 1930, zit.: *Manes,* Versicherungslexikon

Marlow/Spuhl, Das Neue VVG kompakt, 3. Aufl. 2008, zit.: *Marlow/Spuhl,* Das Neue VVG kompakt

Martin, Sachversicherungsrecht, 3. Aufl. 1992, zit.: *Martin,* Sachversicherungsrecht

Möller, Versicherungsvertragsrecht, 3. Aufl. 1977, zit.: *Möller,* Versicherungsvertragsrecht

Möller, Verantwortlichkeit des Versicherungsnehmers für das Verhalten Dritter, 1939, zit.: *Möller,* Verantwortlichkeit des VN

H. Müller, Versicherungsbinnenmarkt, 1995, zit.: *H.Müller,* Versicherungsbinnenmarkt

Motive zum VVG, Nachdruck 1963, zit.: Motive, Nachdruck 1963

Münchener Kommentar zum Bürgerlichen Gesetzbuch, hrsg. v. *Säcker/Rixecker,* 5. Aufl. 2006 f., zit.: Münchener Kommentar BGB/*Bearbeiter*

Münchener Kommentar zum Handelsgesetzbuch, hrsg. v. *Karsten Schmidt,* 2. Aufl. 2005 ff., zit.: Münchener Kommentar HGB/*Bearbeiter*

Niederleithinger, Das neue VVG, 2007, zit.: *Niederleithinger,* Das neue VVG

Palandt, Kommentar zum Bürgerlichen Gesetzbuch, 67. Aufl. 2008, zit.: *Palandt/Bearbeiter*

Präve, Versicherungsbedingungen und AGB-Gesetz, 1998, zit.: *Präve,* Versicherungsbedingungen

Prölss, Versicherungsaufsichtsgesetz, herausgegeben von Helmut Kollhosser, 12. Aufl. 2005, zit.: *Prölss/Bearbeiter,* VAG

Prölss/Martin, Versicherungsvertragsgesetz, Kommentar zu VVG und EGVVG sowie Kommentierung wichtiger Versicherungsbedingungen, 27. Aufl. 2004, zit.: *Prölss/Martin/Bearbeiter*

Reichert-Facilides (Hrsg.), Aspekte des internationalen Versicherungsvertragsrechts im Europäischen Wirtschaftsraum, 1994, zit.: *Reichert-Facilides/Bearbeiter*

Richter, Privatversicherungsrecht, Individual- oder Versicherungsvertragsrecht, 1980, zit.: *Richter,* Privatversicherungsrecht

Ritter/Abraham, Das Recht der Seeversicherung, Kommentar zu den Allgemeinen Deutschen Seeschifffahrts-Bedingungen, 2. Aufl. 1967, zit.: *Ritter/Abraham,* Seeversicherung

Römer/Langheid, Versicherungsvertragsgesetz, 2. Aufl. 2003, zit.: *Römer/Langheid/Bearbeiter*

Schauer, Das österreichische Versicherungsvertragsrecht, 3. Aufl. 1995, zit.: *Schauer,* Österreichisches Versicherungsvertragsrecht

Schimikowski, Versicherungsvertragsrecht, 4. Aufl. 2008, zit.: *Schimikowski,* Versicherungsvertragsrecht

Schwintowski, Der private Versicherungsvertrag zwischen Recht und Markt, zugleich eine Analyse der Konstruktionsprinzipien des privaten Versicherungsvertrages unter Berücksichtigung des Wettbewerbsrechts und des europäischen Rechts, 1987, zit.: *Schwintowski,* Der private Versicherungsvertrag

Schwintowski, Fallsammlung zum Privatversicherungsrecht, 1998, zit.: *Schwintowski,* Privatversicherungsrecht

Schwintowski/Brömmelmeyer, Praxiskommentar zum Versicherungsvertragsrecht, 2008, zit.: *Schwintowski/Brömmelmeyer/Bearbeiter,* Versicherungsvertragsrecht

Sieg, Allgemeines Versicherungsvertragsrecht, 3. Aufl. 1994, zit.: *Sieg,* Versicherungsvertragsrecht

Soergel (Hrsg.), Bürgerliches Gesetzbuch, 13. Aufl. 1999ff., zit.: *Soergel/Bearbeiter,* 13. Aufl.

Späte, Haftpflichtversicherung, Kommentar zu den Allgemeinen Versicherungsbedingungen für die Haftpflichtversicherung (AHB), 1993, zit.: *Späte,* AHB

Staudinger (Hrsg.), Kommentar zum Bürgerlichen Gesetzbuch mit Einführungsgesetz und Nebengesetzen, 13. Bearbeitung 1993ff., zit.: *Staudinger/Bearbeiter* (Jahr)

Terbille (Hrsg.), Münchener Anwaltshandbuch Versicherungsrecht, 2. Aufl. 2008, zit.: *Terbille/Bearbeiter,* Anwaltshandbuch

Ulmer/Brandner/Hensen u. a., AGB-Recht, Kommentar, 10. Aufl. 2006, zit.: *Ulmer/Brandner/Hensen/Bearbeiter*

van Bühren, Handbuch Versicherungsrecht, 3. Aufl. 2007, zit.: *van Bühren/Bearbeiter*

Versicherungsenzyklopädie, hrsg. v. *Grosse/Müller-Lutz/Schmidt,* 4. Aufl. 1991, zit.: Versicherungsenzyklopädie

Werber/Winter, Grundzüge des Versicherungsvertragsrechts, 1986, zit.: *Werber/Winter,* Versicherungsvertragsrecht

von Westphalen, Produkthaftungshandbuch, 2. Aufl. 1997, zit.: *von Westphalen/Bearbeiter*

Weyers/Wandt, Versicherungsvertragsrecht, 3. Aufl. 2003, zit.: *Weyers/Wandt,* Versicherungsvertragsrecht

Wolf/Lindacher/Pfeiffer, AGB-Recht, Kommentar, 5. Aufl. 2009, zit.: *Wolf/Lindacher/Pfeiffer/Bearbeiter*

Wussow, Allgemeine Versicherungsbedingungen für die Haftpflichtversicherung, 8. Aufl. 1976, zit.: *Wussow,* AHB

Zöller, Zivilprozessordnung, 26. Aufl. 2007, zit.: *Zöller/Bearbeiter*

Abkürzungsverzeichnis

a. A.	andere(r) Ansicht
a. a. O.	am angegebenen Ort
a. E.	am Ende
a. F.	alte Fassung
a. M.	andere(r) Meinung
AB	Abschlussbericht
ABAG	Allgemeine Bedingungen zur All-Gefahrenversicherung für Industrie und Gewerbe
ABE	Allgemeine Bedingungen für die Elektronik-Versicherung
ABG	Allgemeine Bedingungen für die Kaskoversicherung von Baugeräten
ABGB	Österreichisches Allgemeines bürgerliches Gesetzbuch
ABGF	Allgemeine Bedingungen für die Dynamische Sachversicherung des Gewerbes und freier Berufe
abl.	ablehnend
ABl.	Amtsblatt
ABMG	Allgemeine Bedingungen für die Maschinen- und Kasko-Versicherung von fahrbaren und transportablen Geräten
ABN	Allgemeine Bedingungen für die Bauwesenversicherung von Gebäude-neubauten durch Auftraggeber
ABRK	Allgemeine Bedingungen für die Reparaturkosten von Kraftwagen
ABRV	Allgemeine Bedingungen für die Reise-Rücktritts-Kostenversicherung
ABS	Allgemeine Bedingungen für die Sachversicherung (Österreich)
Abs.	Absatz
Abschn.	Abschnitt
Abt.	Abteilung
ABU	Allgemeine Bedingungen für die Bauwesenversicherung von Unternehmer-leistungen
ABV (PKautV)	Allgemeine Bedingungen der Vertrauensschadenversicherung (Personen-kautionsversicherung)
abw.	abweichend
AcP	Archiv für die civilistische Praxis
ADB	Allgemeine deutsche Binnen-Transportversicherungs-Bedingungen
ADS	Allgemeine Deutsche Seeversicherungsbedingungen von 1919
ADSp	Allgemeine Deutsche Spediteur-Bedingungen
AEB	Allgemeine Bedingungen für die Einbruchdiebstahlversicherung
AERB	Allgemeine Bedingungen für die Versicherung gegen Schäden durch Ein-bruchdiebstahl und Raub
AFB	Allgemeine Feuerversicherungsbedingungen
AFG	Arbeitsförderungsgesetz
AFVB	Allgemeine Bedingungen für die Fahrradverkehrsversicherung
AG	Amtsgericht; Aktiengesellschaft; Die Aktiengesellschaft (Zeitschrift)
AGB	Allgemeine Geschäftsbedingungen
AGBG	Gesetz zur Regelung des Rechts der Allgemeinen Geschäftsbedingungen (AGB-Gesetz) in der bis 31. 12. 2001 geltenden Fassung
AGG	Allgemeines Gleichbehandlungsgesetz
AGGF	Allgemeine Bedingungen für die Dynamische Gebäudeversicherung des Ge-werbes und freier Berufe
AGIB	Allgemeine Versicherungsbedingungen für die Glasversicherung
AGNB	Allgemeine Beförderungsbedingungen für den gewerblichen Güterverkehr mit Kraftfahrzeugen
AgrarR	Agrarrecht

AVB-WB	Allgemeine Bedingungen für die Vermögensschadens-Haftpflichtversicherung von Rechtsanwälten und Angehörigen der wirtschaftsprüfenden sowie wirtschafts- und steuerberatenden Berufe
AVFE	Allgemeine Versicherungsbedingungen für Fernmelde- und sonstige elektronische Anlagen
AVFEM	Allgemeine Bedingungen für die Mehrkostenversicherung bei Fernmeldeanlagen und sonstigen elektronischen Anlagen
AVG	Angestelltenversicherungsgesetz
AVHK	Allgemeine Bedingungen für die Versicherung von Hunden und Katzen
AVHTK	Allgemeine Versicherungsbedingungen für die Tierkrankenversicherung von Hunden und Katzen
AVK	Allgemeine Versicherungsbedingungen der privaten Krankenversicherung
AVP	Allgemeine Bedingungen für die Versicherung von Pferden und anderen Einhufern
AVPET	Allgemeine Bedingungen für die Versicherung von pauschalierten Vertragsschäden infolge anzeigepflichtiger Tierseuchen
AVR	Allgemeine Bedingungen für die Versicherung von Rindern
AVSB	Allgemeine Bedingungen für die Verkehrs-Service-Versicherung
AVSZ	Allgemeine Bedingungen für die Versicherung von Schweinen, Schafen und Ziegen
AVTHK	Allgemeine Bedingungen für die Tierkrankenversicherung von Hunden und Katzen
AWaB	Allgemeine Versicherungs-Bedingungen für Waldbrandversicherung
AWB	Allgemeine Bedingungen für die Leitungswasserversicherung
BAFin	Bundesanstalt für Finanzdienstleistungsaufsicht
BAG	Bundesarbeitsgericht oder Bundesaufsichtsamtsgesetz
BAGE	Entscheidungen des Bundesarbeitsgerichts
BAK	Blutalkoholkonzentration
BankArch	Bankarchiv, Zeitschrift für Bank- und Börsenwesen
BAnz	Bundesanzeiger
BAV	Bundesaufsichtsamt für das Versicherungswesen
BAV-Rundschr.	Rundschreiben des Bundesaufsichtsamts für das Versicherungswesen
BAVwG	Gesetz über die Errichtung eines Bundesaufsichtsamtes für das Versicherungswesen
BayObLG	Bayerisches Oberstes Landesgericht
BayObLGZ	Entscheidungen des Bayerischen Obersten Landesgerichts in Zivilsachen
BB	Der Betriebs-Berater
BB-BUZ	Besondere Bedingungen für die Berufsunfähigkeits-Zusatzversicherung
BBergG	Bundesberggesetz
BBG	Bundesbeamtengesetz
Bd.	Band
BDI	Bundesverband der Deutschen Industrie
BDO	Bundesdisziplinarordnung
BDSG	Bundesdatenschutzgesetz
Begr.	Begründung
Begr. RegE BT-Drucks. 16/3945	Begründung des Gesetzentwurfs zur Reform des Versicherungsvertragsgesetzes, Drucksache 16/3945 v. 20. 12. 2006 (auch zit.: VVG-Reform Regierungsentwurf bzw. VVG RegE)
Beil.	Beilage
Bek.	Bekanntmachung
ber.	berichtigt
BesBed Arch	Besondere Bedingungen und Risikobeschreibungen für die Berufshaftpflichtversicherung von Architekten, Bauingenieuren und Beratenden Ingenieuren
BesBed Priv	Besondere Bedingungen und Risikobeschreibungen für die Privathaftpflichtversicherung
Bespr.	Besprechung
betr.	betreffend
BetrAV	Betriebliche Altersvorsorge

BetrAVG	Gesetz zur Verbesserung der betrieblichen Altersversorgung (Betriebsrentengesetz)
BetrG	Gesetz zur Reform des Rechts der Vormundschaft und Pflegschaft für Volljährige (Betreuungsgesetz)
BetrVG	Betriebsverfassungsgesetz
BewG	Bewertungsgesetz
BezBer	Bezugsberechtigte, -r, -n
BFH	Bundesfinanzhof
BFHE	Sammlung der Entscheidungen und Gutachten des Bundesfinanzhofs
BJagdG	Bundesjagdgesetz
BGB-InfoV	Verordnung über Informations- und Nachweispflichten nach bürgerlichem Recht (BGB-Informationspflichten-Verordnung)
BGBl.	Bundesgesetzblatt
BGH	Bundesgerichtshof
BGHR	BGH-Rechtssprechung, hrsg. von den Richtern des Bundesgerichtshofes in Zivilsachen
BGHSt	Entscheidungen des Bundesgerichtshofs in Strafsachen (Amtliche Sammlung)
BGHZ	Entscheidungen des Bundesgerichtshofs in Zivilsachen (Amtliche Sammlung)
BImSchG	Bundes-Immissionsschutzgesetz
BGB	Bürgerliches Gesetzbuch
BJG	Bundesjagdgesetz
BKartA	Bundeskartellamt
Bl.	Blatt, Blätter
Blg.	Beilage
BLVA	Bayerische Landesbrandversicherung
BMF	Bundesministerium der Finanzen
BMJ	Bundesministerium der Justiz
BNotO	Bundesnotarordnung
BO	Berufsordnung
BRAGO	Bundesgebührenordnung für Rechtsanwälte
BRAK	Bundesrechtsanwaltskammer
BRAO	Bundesrechtsanwaltsordnung
BRDrucks.	Drucksachen des Bundesrates
BRRG	Rahmengesetz zur Vereinheitlichung des Beamtenrechts (Beamtenrechtsrahmengesetz)
BSchiffG	Bundesschifffahrtsgesetz
BSG	Bundessozialgericht
BSGE	Entscheidungen des Bundessozialgerichts (Amtliche Sammlung)
BSHG	Bundessozialhilfegesetz
BSK	Allgemeine Geschäftsbedingungen der Berufsfachgruppe Schwertransporte und Kranarbeiten
bspw.	beispielsweise
BStBl.	Bundessteuerblatt
BTDrucks.	Drucksachen des Deutschen Bundestages
Buchst.	Buchstabe
BUV	Berufsunfähigkeitsversicherung
BUZ	Berufsunfähigkeits-Zusatzversicherung
BVerfG	Bundesverfassungsgericht
BVerfGE	Entscheidungen des Bundesverfassungsgerichts (Amtliche Sammlung)
BVerwG	Bundesverwaltungsgericht
BVerwGE	Entscheidungen des Bundesverwaltungsgerichts (Amtliche Sammlung)
bzgl.	bezüglich
BZRG	Gesetz über das Zentralregister und das Erziehungsregister (Bundeszentralregistergesetz)
bzw.	beziehungsweise
C.E.A.	Comité Européen des Assurances
C.E.E.	Communauté Economique Européenne
ChemG	Gesetz zum Schutz vor gefährlichen Stoffen (Chemikaliengesetz)
c.i.c.	culpa in contraendo

CMR	Convention relative au Contrat de transport international de merchandises par route, Übereinkommen vom 19. 4. 1956 über den Beförderungsvertrag im internationalen Straßengütertransport (BGBl. 1961 II 1120)
COTIF/ER CIM	Übereinkommen über den internationalen Eisenbahnverkehr vom 9. 5. 1980, einheitliche Rechtsvorschriften über die internationale Eisenbahnbeförderung von Gütern (CIM) (BGBl. 1985 II 130)
CRS	Computer Reservierungssystem/e
D & O	Directors and Officers (Liability Insurance)
d.	der, die, das, des
d. h.	das heißt
DAR	Deutsches Autorecht
DAV	Deutscher Anwaltverein e. V.
DB	Der Betrieb
DeckRV	Verordnung über die Rechnungsgrundlagen für die Deckungsrückstellung
dens.	denselben
ders.	derselbe
dies.	dieselben
Diss.	Dissertation
DJ	Deutsche Justiz
DJZ	Deutsche Juristenzeitung
DNotZ	Deutsche Notar-Zeitschrift
Dok.	Dokument
DÖV	Die Öffentliche Verwaltung
DÖVers	Deutsche öffentlich-rechtliche Versicherung
DR	Deutsches Recht
DRV	Deutscher Reisebüro-Verband
DRZ	Deutsche Rechts-Zeitschrift
DVBl	Deutsches Verwaltungsblatt
DVers.	Deutsche Versicherung
DVersPresse	Deutsche Versicherungspresse
DVO	Durchführungsverordnung
DVS	Deutscher Versicherungs-Schutzverband
DVStB	Verordnung zur Durchführung der Vorschriften über Steuerberater, Steuerbevollmächtigte und Steuerberatungsgesellschaften v. 12. 11. 1979 (BGBl. I 1922)
DVZ	Deutsche Versicherungszeitschrift
DZWir	Deutsche Zeitschrift für Wirtschaftsrecht
e.G.	eingetragene Genossenschaft
e. V.	eingetragener Verein
ebd.	ebenda
ECB	Bedingungen für die Versicherung zusätzlicher Gefahren zur Feuerversicherung für Industrie- und Handelsbetriebe
ECBUB	Bedingungen für die Versicherung zusätzlicher Gefahren zur Feuer-Betriebs-unterbrechungs-Versicherung für Industrie- und Handelsbetriebe
ECU	European Currency Unit
ED	Einbruchdiebstahl
EFG	Entscheidungen der Finanzgerichte
EFTA	European Free Trade Association
EG	Einführungsgesetz; Europäische Gemeinschaft
EGBGB	Einführungsgesetz zum Bürgerlichen Gesetzbuche
EGV	Vertrag zur Gründung der Europäischen Gemeinschaft i. d. F. des Vertrages über die Europäische Union
EGVVG	Einführungsgesetz zum Versicherungsvertragsgesetz
Einf.	Einführung
Einl.	Einleitung
einschl.	einschließlich
EMRK	Europäische Menschenrechtskonvention
endg.	endgültig
entspr.	entsprechend

ERB	Ergänzende Rechtsschutzbedingungen
ErbStG	Erbschaftssteuer- und Schenkungssteuergesetz
Erl.	Erläuterung
ErläutRV	Erläuterungen zur Regierungsvorlage
EStDV	Einkommensteuer-Durchführungsverordnung
EStG	Einkommensteuergesetz
etc.	et cetera
EuGH Slg.	Sammlung der Entscheidungen des EuGH
EuGH	Gerichtshof der Europäischen Gemeinschaft
EuGVO	Europäische Gerichtsstands- und Vollstreckungsverordnung
EuGVÜ	Europäisches Übereinkommen v. 27. 9. 1968 über die gerichtliche Zuständigkeit und die Vollstreckung gerichtlicher Entscheidungen in Zivil- und Handelssachen (BGBl. 1972 II 773; 1998 II 453; 1994 II 518, 3707)
Eur. L. Rev.	European Law Review
eUZB	erweiterte Unfallzusatzversicherung
EuZW	Europäische Zeitschrift für Wirtschaftsrecht
EVB	Allgemeine Bedingungen für die Einheitsversicherung
EvBl.	Evidenzblatt der Rechtsmittelentscheidungen (Österreich; zit. EvBl. [Jahreszahl]/[Nr.])
evtl.	eventuell
EVÜ	Römisches EWG-Übereinkommen über das auf vertragliche Schuldverträge anzuwendende Recht v. 19. 6. 1980 (BGBl. 1986 II 810)
EWG	Europäische Wirtschaftsgemeinschaft
EWG-Dok.	Dokumente zur Europäischen Wirtschaftsgemeinschaft
EWiR	Entscheidungen zum Wirtschaftsrecht
EWIV	Europäische wirtschaftliche Interessenvereinigung
EWR	Europäischer Wirtschaftsraum
EWR-Abkommen ...	Abkommen über den Europäischen Wirtschaftsraum (BGBl. 1993 I 2436; 1993 II 266)
EWS	Europäisches Währungssystem; Europäisches Wirtschafts- und Steuerrecht
f.	folgend
FamRZ	Zeitschrift für das gesamte Familienrecht
FBU	Feuerbetriebsunterbrechungs-Versicherung
FBUB	Allgemeine Feuer-Betriebsunterbrechungs-Versicherungsbedingungen
FernAbsG	Fernabsatzgesetz (in der bis 31. 12. 2001 geltenden Fassung)
ff.	folgende
FG	Finanzgericht; Festgabe
FGG	Gesetz über die Angelegenheiten der freiwilligen Gerichtsbarkeit
FHB	Feuerhaftungs-Versicherungsbedingungen
FinDAG	Gesetz über die Bundesanstalt für Finanzdienstleistungsaufsicht
Fn.	Fußnote
FS	Festschrift
FZV	Verordnung über die Zulassung von Fahrzeugen zum Straßenverkehr (Fahrzeug-Zulassungsverordnung)
G	Gesetz
GB BAV	Geschäftsbericht des Bundesaufsichtsamtes für das Versicherungswesen
GB	Gesetzbuch; Geschäftsbericht; Grundbuch
GBGV	Geschäftsbericht des Gesamtverbandes der Versicherungswirtschaft
GBl.	Gesetzblatt
GBO	Grundbuchordnung
GbR	Gesellschaft bürgerlichen Rechts
GDV	Gesamtverband der Deutschen Versicherungswirtschaft e. V.
geänd.	geänderte, -r, -s
GEAVB	Geschäftsplanmäßige Erklärungen für die Allgemeinen Versicherungsbedingungen
GebO	Gebührenordnung
gem.	gemäß
GenG	Gesetz betreffend die Erwerbs- und Wirtschaftsgenossenschaften (Genossenschaftsgesetz)

Abkürzungen

GesO	Gesamtvollstreckungsordnung
GesRZ	Der Gesellschafter
GESZK	Geschäftsplanmäßige Erklärungen für die Zusatzklauseln
GewArch	Gewerbearchiv
GewO	Gewerbeordnung
GG	Grundgesetz für die Bundesrepublik Deutschland
gg.	gegen
ggf.	gegebenenfalls
GKG	Gerichtskostengesetz
GKV	Gesetzliche Krankenversicherung
GmbH	Gesellschaft mit beschränkter Haftung
GmbHG	Gesetz betreffend die Gesellschaft mit beschränkter Haftung (GmbH-Gesetz)
GmbHR	Rundschau für die GmbH
GmbHRspr	Die GmbH in der Rechtsprechung der deutschen Gerichte
GoA	Geschäftsführung ohne Auftrag
GOÄ	Gebührenordnung für Ärzte
GOZ	Gebührenordnung für Zahnärzte
grds.	grundsätzlich
GroßKomm	Großkommentar
GrStS	Großer Senat in Strafsachen
GRUR	Gewerblicher Rechtsschutz und Urheberschutz
GS	Gedenkschrift
GüKG	Güterkraftverkehrsgesetz
GVG	Gerichtsverfassungsgesetz
GVO	Gruppenfreistellungsverordnung
GWB	Gesetz gegen Wettbewerbsbeschränkungen
GZ	Österreichische Allgemeine Gerichtszeitung
h. A.	herrschende, -r Ansicht
HandwO	Gesetz zur Ordnung des Handwerks (Handwerksordnung)
HansRGZ	Hanseatische Rechts- und Gerichtszeitschrift
HdV	Handwörterbuch der Versicherung (s. Literaturverzeichnis)
HEZ	Höchstrichterliche Entscheidungen in Zivilsachen
HG	Handelsgericht
HGB	Handelsgesetzbuch
HGrG	Gesetz über die Grundsätze des Haushaltsrechts des Bundes und der Länder (Haushaltsgrundsätzegesetz)
HIV	Human Immunodeficiency Virus
h. L.	herrschende, -r Lehre
h. M.	herrschende, -r Meinung
HOAI	Verordnung über die Honorare für Leistungen der Architekten und der Ingenieure (Honorarordnung für Architekten und Ingenieure)
HpflG	Haftpflichtgesetz
HRR	Höchstrichterliche Rechtsprechung
Hrsg.	Herausgeber
hrsg.	herausgegeben
Hs.	Halbsatz
HUK-Verband	Verband der Haftpflichtversicherer, Unfallversicherer, Autoversicherer und Rechtsschutzversicherer
HWiG	Gesetz über den Widerruf von Haustürgeschäften (in der bis 31. 12. 2001 geltenden Fassung)
HWS	Halswirbelsäule
i.d.Bek. v.	in der Bekanntmachung vom
i. d. F.	in der Fassung
i. d. R.	in der Regel
i. d. S.	in diesem Sinne
i. E.	im Ergebnis
i. e. S.	im engeren Sinne
i. H.d.	in Höhe der, des
i. H. v.	in Höhe von

i. S.	im Sinne
i. S. d.	im Sinne des, der
i. S.e.	im Sinne eines, einer
i. S. v.	im Sinne von
i.Ü.	im Übrigen
i.V. m.	in Verbindung mit
i.W.	im Wesentlichen; im Weiteren
i.w.S.	im weiteren Sinne
i.Z.m.	im Zusammenhang mit
i. Zw.	im Zweifel
inkl.	inklusive
insbes.	insbesondere
InsO	Insolvenzordnung
int.	international
IPR	Internationales Privatrecht
IPRax.	Praxis des Internationalen Privat- und Verfahrensrechts
IT-Musterbedingungen	Besondere Bedingungen und Risikobeschreibungen für die Haftpflichtversicherung von IT-Dienstleistern, Musterbedingungen des GDV vom August 2002
IVR	Internationale Vereinigung des Rheinschiffsregisters
JA	Juristische Arbeitsblätter
JAB	Bericht des Justizausschusses
Jb.	Jahrbuch
JBl.	Juristische Blätter (Österreich)
JGS	Österreichische Justizgesetzsammlung, Gesetze und Verordnungen im Justizfach (1780–1848)
Jh.	Jahrhundert
JherJB.	Jherings Jahrbücher für die Dogmatik des bürgerlichen Rechts
JM	Justizministerium
JNStAt	Jahrbuch für Nationalökonomie und Statistik
JR	Juristische Rundschau
JRPV	Juristische Rundschau für die Privatversicherung
JR-Z	Juristische Rundschau für die Privatversicherung, Zusatzheft
Jura	Jura
JurBüro	Das juristische Büro
JurRdsch	Juristische Rundschau
jurisPR-VersR	juris Praxisreport Versicherungsrecht
JuS	Juristische Schulung
JW	Juristische Wochenschrift
JZ	Juristenzeitung
KAGG	Gesetz über Kapitalanlagegesellschaften
KalV	Kalkulationsverordnung
Kap.	Kapitel
KF/KH	Kraftfahrzeug(kasko)/Kraftfahrzeughaftpflichtversicherung
Kfz	Kraftfahrzeug
KfzPflVV	Kraftfahrzeug-Pflichtversicherungsverordnung
KG	Kammergericht; Kommanditgesellschaft
KH	Kraftfahrzeughaftpflicht
KH-V	Kraftfahrzeughaftpflichtversicherung
KK	Krankenkasse
KLV	kapitalbildende Lebensversicherung
KLV-E	Empfehlungen für die kapitalbildende Lebensversicherung
KO	Konkursordnung
Komm.	Kommission
krit.	kritisch
Krw-/AbfallG	Gesetz zur Förderung der Kreislaufwirtschaft und Sicherung der umweltverträglichen Beseitigung von Abfällen (Kreislaufwirtschafts- und Abfallgesetz)
KTS	Zeitschrift für Konkurs-, Treuhand- und Schiedsgerichtswesen
KuV	Kraftfahrt und Verkehrsrecht

KWG . . . . Gesetz über das Kreditwesen (Kreditwesengesetz)
LAG . . . . Landesarbeitsgericht
LFG . . . . Lohnfortzahlungsgesetz
LG . . . . Landgericht
lit. . . . . Litera
Lit. . . . . Literatur
LM . . . . Lindenmaier-Möhring, Nachschlagewerk des Bundesgerichtshofs
LPartG . . . . Gesetz über die Eingetragene Lebenspartnerschaft (Lebenspartnerschafts-
gesetz)
Ls. . . . . Leitsatz
LuftVG . . . . Luftverkehrsgesetz
LuftVZO . . . . Luftverkehrs-Zulassungs-Ordnung
LV . . . . Lebensversicherung
LVU . . . . Lebensversicherungsunternehmen
LVV . . . . Lebensversicherungsvertrag
LZ . . . . Leipziger Zeitschrift für Deutsches Recht
LZB . . . . Zusatzbedingungen für die Feuerversicherung landwirtschaftlicher Betriebe
M. . . . . Meinung
m. . . . . mit
m.a.W. . . . . mit anderen Worten
m. E. . . . . meines Erachtens
m.w.N. . . . . mit weiteren Nachweisen
MaBV . . . . Makler- und Bauträgerverordnung
MarkenG . . . . Gesetz über den Schutz von Marken und sonstigen Kennzeichen (Marken-
gesetz)
MB . . . . Musterbedingungen
MB/EPV . . . . Musterbedingungen für die ergänzende Pflegekrankenversicherung
MB/KK . . . . Musterbedingungen für die Krankheitskosten- und Krankenhaustagegeld-
versicherung
MB/KT . . . . Musterbedingungen für die Krankentagegeldversicherung
MB/PPV . . . . Musterbedingungen für die private Pflegeversicherung
MB/PV . . . . Musterbedingung für die Pflegekrankenversicherung
MBUB . . . . Allgemeine Maschinen-Betriebsunterbrechungs-Versicherungsbedingungen
MDR . . . . Monatsschrift für Deutsches Recht
MedizinprodukteG . . . Gesetz über Medizinprodukte
MedR . . . . Medizinrecht
Min. . . . . Minute/n
Mio. . . . . Million(en)
Mrd. . . . . Milliarde(n)
NachwG . . . . Gesetz über den Nachweis der für ein Arbeitsverhältnis geltenden wesent-
lichen Bedingungen (Nachweisgesetz)
NeumannsZ . . . . Neumanns Zeitschrift für das Versicherungswesen
n. F. . . . . neue Fassung
NJ . . . . Neue Justiz
NJW . . . . Neue Juristische Wochenschrift
NJWE-VHR . . . . NJW-Entscheidungsdienst Versicherungs-/Haftungsrecht
NJW-RR . . . . NJW-Rechtsprechungs-Report Zivilrecht
Nr. . . . . Nummer, -n
n. v. . . . . nicht veröffentlicht
NVersZ . . . . Neue Zeitschrift für Versicherung und Recht
NVwZ . . . . Neue Zeitschrift für Verwaltungsrecht
Nw. . . . . Nachweise
NwlG . . . . Sonderbedingungen für die Neuwertversicherung von Industrie und Gewerbe
NwSoBed . . . . Sonderbedingungen für die Neuwertversicherung
NZA . . . . Neue Zeitschrift für Arbeits- und Sozialrecht
NZV . . . . Neue Zeitschrift für Verkehrsrecht
o. . . . . oben
ö. . . . . österreichisch, -e, -er
o. ä. . . . . oder ähnlich

o. g.	oben genannte, -r
o. J.	ohne Jahresangabe
ÖAnwZ	Österreichische Anwalts-Zeitung
ÖBA	Österreichisches Bankarchiv
ÖBGBl.	Österreichisches Bundesgesetzblatt
obj.	objektiv
OHG	Offene Handelsgesellschaft
ÖJZ	Österreichische Juristen-Zeitung
ÖKSchG	Österreichisches Konsumentenschutzgesetz
OLG	Oberlandesgericht
OLGR	OLG Report
OLGZ	Entscheidungen der Oberlandesgericht in Zivilsachen
ÖMaklerG	Österreichisches Maklergesetz
ÖOGH	Österreichischer Oberster Gerichtshof
ÖRev	Österreichische Revue
ÖVAG	Österreichisches Versicherungsaufsichtsgesetz
OVG	Oberverwaltungsgericht
ÖVO	Österreichische Versicherungsordnung (ÖRGBl. 1951 I 343)
ÖVStG	Österreichisches Versicherungssteuergesetz (ÖBGBl. 1953/133)
ÖVVG	Österreichisches Bundesgesetz vom 2. Dezember 1958 über den Versicherungsvertrag (Versicherungsvertragsgesetz, ÖBGBl. 1959/2)
OWiG	Gesetz über Ordnungswidrigkeiten
ÖZPO	Österreichische Zivilprozessordnung
ÖZW	Österreichische Zeitschrift für Wirtschaftsrecht
PAO	Patentanwaltsordnung
PartG	Parteiengesetz
PartGG	Gesetz über Partnerschaftsgesellschaften der Angehörigen freier Berufe
PflRV	Allgemeine Bedingungen für die Pflegeversicherung
PflVG	Gesetz über die Pflichtversicherung für Kraftfahrzeughalter (Pflichtversicherungsgesetz)
pFV	positive Forderungsverletzung
PHi	Produkt- und Umwelthaftpflicht international
PKautV	Personenkautionsversicherung
PKV	Private Krankenversicherung
PrivatVersR	Privatversicherungsrecht
ProdHaftG	Produkthaftungsgesetz
ProdSG	Produktsicherheitsgesetz
pVV	positive Vertragsverletzung
r+s	Recht und Schaden
RAA	Reichsaufsichtsamt für Privatversicherung
RabelsZ	Zeitschrift für ausländisches und internationales Privatrecht
RAnz.	Deutscher-Reichs-Anzeiger; (bis 1918: Kgl.) Preußischer Staatsanzeiger (1971–1945)
RBerG	Rechtsberatungsgesetz
RdA	Recht der Arbeit
RDG	Rechtsdienstleistungsgesetz
RdK	Recht des Kraffahrers
Rdschr.	Rundschreiben
RdW	Recht der Wirtschaft (Österreich)
Recht	Das Recht
RechtsVO	Rechtsverordnung
Reg.	Regierung; Register
RegBegr. BT-Drucks. 16/3945	Begründung des Gesetzentwurfs zur Reform des Versicherungsvertragsgesetzes, Drucksache 16/3945 v. 20. 12. 2006 (auch zit.: VVG-Reform Regierungsentwurf bzw. VVG RegE)
RegE	Regierungsentwurf
Rev.	Review; Revue; Revision
RFH	Reichsfinanzhof
RFHE	Entscheidung des Reichsfinanzhofes

RG	Reichsgericht
RGBl.	Reichsgesetzblatt (1871–1921)
RGRK	Reichsgerichtsrätekommentar (s. Literaturverzeichnis)
RGSt	Entscheidungen des Reichsgerichts in Strafsachen
RGZ	Entscheidungen des Reichsgerichts in Zivilsachen
RHpflG	Reichshaftpflichtgesetz (1871)
RhZ	Rheinische Zeitung für Zivil- und Prozessrecht
RIW	Recht der internationalen Wirtschaft
RL RiLi	Richtlinie
RLV	Risikolebensversicherung
Rn.	Randnummer, -n
ROHG	Entscheidungen des Reichsoberlandesgerichts
Rpfleger	Der Deutsche Rechtspfleger
RpflStud.	Rechtspfleger-Studie
RRa	ReiseRecht aktuell
RS	Rechtsschutz
Rspr.	Rechtsprechung
RStBl.	Reichssteuerblatt
RTDrucks.	Drucksache des Deutschen Reichstages
RVerkBl.	Reichsverkehrsblatt
RVG	Gesetz über die Vergütung der Rechtsanwältinnen und Rechtsanwälte (Rechtsanwaltsvergütungsgesetz)
RVO	Reichsversicherungsordnung
Rz.	Randziffer, -n
S.	Seite; Satz
s.	siehe
s. o.	siehe oben
s. u.	siehe unten
SBR	Sonderbedingungen für die Beraubungsversicherung
SchHB	Allgemeine Bedingungen für die gleitende Neuwertversicherung von Gebäuden gegen Schäden durch Schwamm und Hausbockkäfer
SchiffsrechteG	Gesetz über Rechte an eingetragenen Schiffen und Schiffsbauwerken
SeuffArch	Seufferts Archiv für Entscheidungen der obersten Gerichte in den deutschen Staaten
SGB	Sozialgesetzbuch
SGG	Sozialgerichtsgesetz
SGlN	Sonderbedingungen für die Gleitende Neuwertversicherung von Wohn-, Geschäfts- und landwirtschaftlichen Gebäuden
SigG	Gesetz über Rahmenbedingungen für elektronische Signaturen (Signaturgesetz)
Slg.	Sammlung
SLVS	Speditions-, Logistik- und Lager-Versicherungs-Schein
Software-Muster-bedingungen	Besondere Bedingungen und Risikobeschreibungen für die Haftpflichtversicherung von Software-Häusern, Musterbedingungen des GDV vom März 2001
Software-Versicherung, Klausel 28	Software-Versicherung, Klausel 28 zu den ABE, Unverbindliche Empfehlung des GDV, Fassung Mai 2002
sog.	sogenannte/r
SP	Schadenspraxis
Sp.	Spalte
SpV	Mindestbedingungen für die Speditionsversicherung
st. Rspr.	ständige Rechtsprechung
Staudinger	Kommentar zum Bürgerlichen Gesetzbuch (s. Literaturverzeichnis)
StBerG	Steuerberatungsgesetz
StGB	Strafgesetzbuch
StPO	Strafprozessordnung
str.	streitig
StVG	Straßenverkehrsgesetz
StVO	Straßenverkehrsordnung

StVZO	Straßenverkehrs-Zulassungs-Ordnung
subj.	subjektiv
SVS	Speditionsversicherungsschein
SVS/RVS	Speditions- und Rollfuhrversicherungsschein
SVT	Sozialversicherungträger
SVZ	Schweizerische Versicherungzeitschrift
SZ	Entscheidungen des österreichischen Obersten Gerichtshofes in Zivilsachen
TA	Teilungsabkommen
TDG	Gesetz über die Nutzung von Telediensten (Teledienstegesetz)
TierschG	Tierschutzgesetz
TKG	Telekommunikationsgesetz
TMG	Telemediengesetz
TranspR	Transportrecht
TRG	Transportrechtsreformgesetz
TSBU	Allgemeine Bedingungen für die Tierseuchen-Betriebsunterbrechungsversicherung
TumSchG	Gesetz über die durch innere Unruhen verursachten Schäden
TÜV	Technischer Überwachungsverein
TVG	Tarifvertragsgesetz
TzBfG	Gesetz über Teilzeitarbeit und befristete Arbeitsverträge (Teilzeit- und Befristungsgesetz)
TzWrG	Gesetz über die Veräußerung von Teilzeitnutzungsrechten an Wohngebäuden
u.	und; unten
u. a.	unter anderem; und andere
u. ä.	und ähnliches
u. a. m.	und andere, -s mehr
u. ö.	und öfter
u. U.	unter Umständen
u. v. a.	und viele andere
ÜbschV	Überschussverordnung des Bundesfinanzministeriums
UKlaG	Gesetz über Unterlassungsklagen bei Verbraucherrechts- und anderen Verstößen
umfangr.	umfangreich
UmweltHB	Bedingungen für die Umwelthaftpflicht
UmweltHG	Umwelthaftungsgesetz
UmwG	Umwandlungsgesetz
Unterabs.	Unterabsatz
UrhG	Gesetz über Urheberrecht und verwandte Schutzrechte (Urheberrechtsgesetz)
Urt.	Urteil
usw.	und so weiter
UWG	Gesetz gegen den unlauteren Wettbewerb
UZB	Unfallzusatzversicherung
v.	vor; von; vom
v. a.	vor allem
v. H.	von Hundert
VA	Veröffentlichungen des Reichsaufsichtsamtes für Privatversicherung; ab 1947 Veröffentlichungen des Zonenamtes des Reichsaufsichtsamtes für das Versicherungswesen (Hamburg)
VAG	Gesetz über die Beaufsichtigung der Versicherungsunternehmen (Versicherungsaufsichtsgesetz)
Var.	Variante
VArch	Das Versicherungsarchiv
VbrInfo	Verbraucherinformation
VDEW	Vereinigung Deutscher Elektrizitätswerke
VDEW-Bedingungen	Versicherungs-Bedingungen für Mitglieder der Vereinigung Deutscher Elektrizitätswerke (VDEW) – Fassung Januar 2001
VdS	Verband der Schadenversicherer
VerBAV	Veröffentlichungen des Bundesaufsichtsamtes für das Versicherungswesen
VerbrKrG	Verbraucherkreditgesetz (in der bis 31. 12. 2001 geltenden Fassung)

VerglO	Vergleichsordnung
VersAG	Versicherungsaktiengesellschaft
VersArch.	Versicherungswissenschaftliches Archiv
VerschG	Verschollenheitsgesetz
VersPrax	Die Versicherungspraxis
VersR	Versicherungsrecht
VersRdsch.	Die Versicherungsrundschau (Österreich)
VersSlg.	Sammlung der seit 1945 ergangenen höchstrichterlichen Entscheidungen in Vertragsversicherungssachen
VersStG	Versicherungssteuergesetz
VersVermV	Verordnung über die Versicherungsvermittlung und -beratung (Versicherungsvermittlungsverordnung)
VersWissArch.	Versicherungswissenschaftliches Archiv
VersWissStud	Versicherungswissenschaftliche Studien
VGB	Allgemeine Bedingungen für die Neuwertversicherung von Wohngebäuden gegen Feuer-, Leitungswasser- und Sturmschäden
vgl.	vergleiche
VHB	Allgemeine Bedingungen für die Neuwertversicherung des Hausrats gegen Feuer-, Einbruchdiebstahl-, Beraubungs-, Leitungswasser-, Sturm und Glasbruchschäden
VK	Versicherungskaufmann
VN	Versicherungsnehmer, -in, -s
VO	Verordnung
VOB	Verdingungsordnung für Bauleistungen
VOB/A	VOB Teil A, Allgemeine Bestimmungen für die Vergabe v. Bauleistungen
VOB/B	VOB Teil B, Allgemeine Vertragsbedingungen für die Ausführung v. Bauleistungen
Vorbem.	Vorbemerkung
VorVR	Vorversicherer
VP	Die Versicherungs-Praxis
VR	Versicherer; Versicherungsunternehmen, -r
VRS	Verkehrsrechtssammlung
VSSR	Vierteljahresschrift für Sozialrecht
VStG	Vermögenssteuergesetz
VU	Versicherungsunternehmen
VuR	Verbraucher und Recht
VVaG	Versicherungsverein auf Gegenseitigkeit
VVG	Gesetz über den Versicherungsvertrag
VVGE	Entscheidungssammlung zum Versicherungsvertragsrecht
VVG-InfoV	VVG-Informationspflichtenverordnung
VVG-Reform Abschlussbericht	Abschlussbericht der Kommission zur Reform des Versicherungsvertragsrechts v. 19. 4. 2004, veröffentlicht im Internet unter http://www.bmj.bund.de/files/-/667/VVG_Abschlussbericht2004.pdf
VVG-Reform Regierungsentwurf	Begründung des Gesetzentwurfs zur Reform des Versicherungsvertragsgesetzes, Drucksache 16/3945 v. 20. 12. 2006; im Internet veröffentlicht unter http://www.bmj.de/files/-/2684/Gegen%C3%A4u%C3%9Ferung%20 Bundesregierung_VVG.pdf (auch zit.: VVG-Reform Regierungsentwurf bzw. VVG RegE)
VVG-Reform Referentenentwurf	Referentenentwurf des Bundesministeriums der Justiz zur Reform des Versicherungsvertragsrechts v. 13. 3. 2006, veröffentlicht im Internet unter http://www.brak.de/seiten/pdf/aktuelles/versicherungsvertragsrecht.pdf
VVG-Reform Zwischenbericht	Zwischenbericht der Kommission zur Reform des Versicherungsvertragsrechts v. 30. 5. 2002, veröffentlicht im Internet unter http://www.bmj.bund.de/images/11494.pdf
VVG RegE, Bt-Drucks. 16/3945	Begründung des Gesetzentwurfs zur Reform des Versicherungsvertragsgesetzes, Drucksache 16/3945 v. 20. 12. 2006; im Internet veröffentlicht unter http://www.bmj.de/files/-/2684/Gegen%C3%A4u%C3%9Ferung% 20Bundesregierung_VVG.pdf (auch zit.: VVG-Reform Regierungsentwurf bzw. VVG RegE)

Abkürzungen

VW	Versicherungswirtschaft
w.	weitere, -r, -s, -n
w.N.	weitere Nachweise
Wallm.	Wallmanns Versicherungzeitschrift
Warn.	Warneyer, Die Rechtsprechung des Reichsgerichts
WBl.	Wirtschaftsrechtliche Blätter
WEG	Gesetz über das Wohnungseigentum und das Dauerwohnrecht (Wohnungseigentumsgesetz)
WHG	Wasserhaushaltsgesetz
WI	Information zum Versicherungs- und Haftpflichtrecht
WiB	Wirtschaftsrechtliche Beratung – Zeitschrift für Wirtschaftsanwälte und Unternehmensjuristen
WM	Wertpapier-Mitteilungen
WpHG	Wertpapierhandelsgesetz
WPO	Wirtschaftsprüfungsordnung
WuB	Entscheidungssammlung zum Wirtschafts- und Bankrecht
WuM	Wohnungswirtschaft und Mietrecht
WuR	Wirtschaft und Recht in der Versicherung
WuW/E	Wirtschaft und Wettbewerb, Entscheidungssammlung zum Kartellrecht
z. B.	zum Beispiel
z. T.	zum Teil
ZAP	Zeitschrift für die Anwaltspraxis
ZBl.	Zentralblatt für juristische Praxis
ZentrBl.HR	Zentral-Blatt für Handelsrecht
ZEuP	Zeitschrift für Europäisches Privatrecht
ZFBUB	Zusatzbedingungen zu den Feuer-Betriebsunterbrechungsversicherungsbedingungen
ZFgA	Zusatzbedingungen für Fabriken und gewerbliche Anlagen
ZfRV	Zeitschrift für Rechtsvergleichung
ZfS	Zeitschrift für Schadensrecht
ZfW	Zeitschrift für Versicherungswesen
ZGR	Zeitschrift für Unternehmens- und Gesellschaftsrecht
ZHR	Zeitschrift für das gesamte Handels- und Wirtschaftsrecht
Ziff.	Ziffer, -n
ZIP	Zeitschrift für Wirtschaftsrecht und Insolvenzpraxis
zit.	zitiert
ZJBl.	Zentral-Justizblatt für die Britische Zone
ZKBU	Zusatzbedingungen für die einfache Betriebsunterbrechungsversicherung
ZMR	Zeitschrift für Miet- und Raumrecht
ZPO	Zivilprozessordnung
ZRP	Zeitschrift für Rechtspolitik
Zs.	Zeitschrift
Zus.	Zusatz
zust.	zustimmend
zutr.	zutreffend
ZVersWiss.	Zeitschrift für die gesamte Versicherungswissenschaft
ZVG	Gesetz über die Zwangsversteigerung und die Zwangsverwaltung
ZVglRWiss	Zeitschrift für vergleichende Rechtswissenschaft
ZVR	Zeitschrift für Verkehrsrecht (zit. [Jahreszahl]/[Nr.])
zzgl.	zuzüglich
ZZP	Zeitschrift für Zivilprozess

1. Teil. Allgemeiner Teil. Das Privatversicherungsrecht

1. Abschnitt. Grundlagen des Versicherungsvertragsrechts

§ 1. Einführung

Inhaltsübersicht

Literatur: Abschlussbericht der Kommission zur Reform des Versicherungsvertragsrechts vom 19. April 2004, hrsg. von *E. Lorenz,* Versicherungsrecht-Schriftenreihe Bd. 25, 2004; *Basedow,* Die Kapitallebensversicherung als partiarisches Rechtsverhältnis – Eine zivilistische Konstruktion der Überschußbeteiligung –, ZVersWiss 1992, 419; *Baumann,* Abgrenzung von Sozialversicherung und Privatversicherung in der sozialen Marktwirtschaft, FS v. Lübtow (1980), 667; *Dreher,* Die Versicherung als Rechtsprodukt, 1991; *ders.,* Konkretisierung der Mißstandsaufsicht nach § 81 VAG, Mannheimer Vorträge, Heft 67, 1992; *Duvinage,* Die Vorgeschichte und die Entstehung des Gesetzes über den VV, 1987; *Eichler,* Vom Zivilrecht zum Versicherungsrecht, FS Möller (1972), 177; *Gärtner,* Neuere Entwicklungen der Vertragsgerechtigkeit im Versicherungsrecht, 1991; *Heiss,* Treu und Glauben im Privatversicherungsrecht, 1989; *Hohlfeld,* Auswirkungen der Deregulierung aus aufsichtsbehördlicher Sicht, Mannheimer Vorträge, Heft 64, 1996; *Jabornegg,* Das Risiko des VR, 1979; *Koch,* Die Behandlung des Versicherungsvertrages im preußischen Allgemeinen Landrecht, VersR 1994, 629; *ders.,* Zur Geschichte der versicherungsvertraglichen Kodifikation in Deutschland und Österreich, FS Reimer Schmidt (1976), 299; *Leisner, Walter,* Sozialversicherung und Privatversicherung, 1974; *Looschelders,* Bewältigung des Zufalls durch Versicherung,

VersR 96, 529; *E. Lorenz,* Gefahrengemeinschaft und Beitragsgerechtigkeit aus rechtlicher Sicht, Mannheimer Vorträge, Heft 26, 1983; *ders.,* Rechtsfragen zur Überschußbeteiligung in der Kapitallebensversicherung, ZVersWiss 1993, 283; *ders.,* Prädiktive Gesundheitsinformationen beim Abschluss von Versicherungen. Bemerkungen zu der gleichnamigen „Stellungnahme" des Nationalen Ethikrates, FS Günter Hirsch (2008), 397; *Möller,* Moderne Theorien zum Begriff der Versicherung und des VV, ZVersWiss 1962, 269; *ders.,* Versicherungswissenschaft und Versicherungspraxis in den zurückliegenden 75 Jahren, ZVersWiss 1974, 9; *Neugebauer,* Versicherungsrecht vor dem VVG, 1990; *Pataki,* Der Geschäftsbesorgungsgedanke im Versicherungsvertragsrecht, 1998; *Raiser,* Entwicklungslinien im Recht des Versicherungsvertrages, ZVersWiss 1978, 375; *Römer,* Die Informationspflichten der VR – unter besonderer Berücksichtigung der Krankenversicherung, Mannheimer Vorträge, Heft 71, 1996; *ders.,* Zu den Informationspflichten der VR und ihrer Vermittler, VersR 1998, 1313; *Schirmer,* Die Rechtsprechung des Bundesgerichtshofs zum allgemeinen Versicherungsvertragsrecht – Ein Überblick, ZVersWiss 1992, 381; *Schmidt-Rimpler,* Über einige Grundbegriffe des Privatversicherungsrechts, FS Heymann (1931), 1211; *ders.,* Zum Begriff der Versicherung, VersR 1963, 493; *Schünemann,* Rechtsnatur und Pflichtenstruktur des Versicherungsvertrages, JZ 1995, 430; *Schwintowski,* Die Rechtsnatur des VV, JZ 1996, 702; *Sieg,* Soziale Einschläge in der Individualversicherung BB 1972, Beil. Heft 3, 3; *ders.,* Wechselwirkungen zwischen Versicherungsrecht und bürgerlichem Vertragsrecht, 1985; *Winter,* Konkrete und abstrakte Bedarfsdeckung in der Sachversicherung, 1962; *ders.,* Versicherungsaufsichtsrecht, 2007.

A. Vorbemerkung

1   Privatversicherungsrecht ist das Recht der privaten Versicherung, also der Gesamtheit der privatrechtlichen Versicherungsverhältnisse. Das sind privatrechtliche Rechtsverhältnisse, die eine Versicherung zum Gegenstand haben und entweder durch einen Versicherungsvertrag begründet werden oder mit ihm zusammenhängen. Obwohl das **Privatversicherungsrecht** das Recht ist, das die privatrechtlichen Versicherungsverhältnisse betrifft, ist es dennoch **nicht nur Privatrecht.** Es umfasst vielmehr auch das besondere öffentliche Recht, dessen Gegenstand die privatrechtlichen Versicherungsverhältnisse und ihre Parteien sind.

B. Rechtsquellen

2   Aufgrund der soeben vorgenommenen (allgemeinen) Beschreibung des Privatversicherungsrechts lässt sich beurteilen, **welche** der wichtigen von den zahllosen versicherungsrechtlichen **Rechtsquellen** zum **Privatversicherungsrecht gehören,** welche mit dem Privatversicherungsrecht **verbunden sind** und welche kein Privatversicherungsrecht, sondern andersartiges Versicherungsrecht enthalten.

I. Versicherungsvertragsrecht

3   Da die privaten Versicherungsverhältnisse entweder durch einen Versicherungsvertrag begründet werden oder mit ihm zusammenhängen, gehören vor allem die Rechtsquellen des Versicherungsvertragsrechts zum Privatversicherungsrecht.

1. Versicherungsvertragsgesetze 1908/1910 (VVG) und 2008 (VVG 2008)

4   Die wichtigste Rechtsquelle des Privatversicherungsrechts war bis zum 31. 12. 2007 das Gesetz über den Versicherungsvertrag (Versicherungsvertragsgesetz – VVG) v. 30. 5. 1908, RGBl. S. 263. Es ist die erste reichsrechtliche Kodifikation[1] des Versicherungsvertragsrechts. Sie ist mit Wirkung vom 1. 1. 2008 durch Art. 12 Abs. 1 Nr. 1 des Gesetzes zur Reform des Versicherungsvertragsrechts v. 23. 11. 2007 (BGBl. I S. 2631), schon geändert durch Art. 3

---

[1] Zur Geschichte des Versicherungsvertragsrechts bis zum VVG allgemein *Duvinage,* Vorgeschichte, S. 36 ff.; *Koch,* FS Reimer Schmidt (1976), 315 ff.; *Eichler,* FS Möller (1972), 177 (178). Vgl. auch *Ebel,* Quellennachweis und Bibliographie zur Geschichte des Versicherungsrechts in Deutschland, 1993.

des Zweiten Gesetzes zur Änderung des PflVG und anderer versicherungsrechtlicher Vorschriften v. 10. 12. 2007 (BGBl. I S. 2833) mit Wirkung v. 18. 12. 2007 außer Kraft gesetzt worden. Nach dem Übergangsrecht ist das VVG aber insbesondere für **Altverträge** noch bis zum **31. 12. 2008** weiter anzuwenden (Einzelheiten zu den differenzierten (Übergangs-)Vorschriften des EGVVG in der Fassung des Art. 2 des Gesetzes zur Reform des Versicherungsvertragsrechts bei *Schneider,* § 1a Rn. 39–59). Zum VVG 2008, das seit dem 1. 1. 2008 in Kraft ist, sogleich unten zu b).

a) *Das VVG von 1908* ist nach einer etwas **unruhigen Gesetzgebungsgeschichte**[2] erst **5** am 1. 1. 1910. in Kraft getreten, um der Versicherungswirtschaft die nötige Zeit für die Anpassung der Versicherungsbedingungen an das neue Gesetz zu gewähren.

Eine gesetzliche **Regelung** des Versicherungsvertrages im **Bürgerlichen Gesetzbuch** **6** (BGB), zu dem die Vorarbeiten lange vor denen des VVG begonnen hatten, wurde schon früh abgelehnt[3]. In Betracht gezogen wurde aber neben einer spezialgesetzlichen Regelung die Aufnahme des Versicherungsvertragsrechts in das **Handelsgesetzbuch** (HGB) v. 10. 5. 1897, RGBl. 219, das zusammen mit dem BGB am 1. 1. 1900 in Kraft trat[4].

Im HGB ist dann aber nur das Seeversicherungsrecht **durch die §§ 778 bis 900 und** **7** **905 HGB geregelt worden.** Diese abdingbaren Vorschriften sind nun durch Art. 4 des Gesetzes zur Reform des Versicherungsvertragsrechts (mit einer einjährigen Übergangsfrist für Altverträge) aufgehoben worden, weil sie in der Praxis seit Jahrzehnten zugunsten der ADS, der ADS-Güter 73/84/94 und schließlich der DTV-Güter 2000 abbedungen worden sind und damit „praktisch obsolet" waren.

Als **Gegenstand** des nach dem HGB geschaffenen **VVG** blieb daher nur das Versicherungsvertragsrecht, das kein Seeversicherungsrecht ist, also das üblicherweise so genannte **Binnenversicherungsrecht.** In § 186 schließt das VVG aber nicht nur seine Anwendung auf die **Seeversicherung,** sondern auch auf die **Rückversicherung**[5] aus.

Die **Entwicklung des VVG** im Laufe seiner 100-jährigen Geschichte hat zwar zu einer **9** Reihe teilweise umfänglicher **Änderungen** und **Ergänzungen** geführt, aber zu keiner, die man als eine konzeptionelle (grundsätzliche) bezeichnen könnte. Nach *Hans Möller,* der eine verbreitete Beurteilung wiedergibt, gehört das VVG, das sich „vorzüglich bewährt" hat, „zu den Meisterwerken der Gesetzgebungskunst", deren die Jahrhundertwende (vom 19. zum 20. Jahrhundert) viele hervorgebracht hat[6]. Von den Änderungen und Ergänzungen seit dem In-Kraft-Treten des VVG sind einige besonders hervorzuheben[7].

Zu nennen ist zunächst das Gesetz über die Einführung der Pflichtversicherung für Kraft- **10** fahrzeuge und zur Änderung des Gesetzes über den Verkehr mit Kraftfahrzeugen sowie des Gesetzes über den Versicherungsvertrag v. 7. 11. 1939, RGBl. I S. 2223. Durch dieses Gesetz wurde hauptsächlich das Haftpflichtversicherungsrecht des VVG geändert und ergänzt. Es begründete für Kraftfahrzeughalter die gesetzliche Pflicht zum Abschluss einer Kraftfahrzeughaftpflichtversicherung und erweiterte das VVG um die §§ 158a–158h, von denen die §§ 158b–158h unter die neue Überschrift „Besondere Vorschriften für die Pflichtversicherung" gestellt wurden. Diese „Besonderen Vorschriften" bilden auch in der geltenden Fassung des VVG den Kernbestand der Regelung aller Haftpflichtversicherungen, zu deren Abschluss eine gesetzliche Verpflichtung besteht (Pflichtversicherung nach § 158b VVG, also

---

[2] Dazu und zu dem Landesrecht, das vor dem VVG maßgebend war, die hervorragende Einführung in der *Begründung* zu den Entwürfen eines Gesetzes über den Versicherungsvertrag in: Motive zum VVG. Neudruck 1963, S. 1–10; *Duvinage,* Vorgeschichte, S. 3–34.
[3] Vgl. dazu *Jakobs/Schubert,* Die Beratung des Bürgerlichen Gesetzbuchs (1978), 273f.: Anlage zum Protokoll v. 22. 9. 1874.
[4] Art. 1 EGBGB v. 18. 8. 1896, RGBl. S. 604.
[5] Näher zur Rückversicherung und zur Erstversicherung, die deren Gegenstück bildet, unten Rn. 108.
[6] *Bruck/Möller,* Bd. I, Einl. Anm. 5.
[7] Vollständige Aufzählung bei *Prölss/Martin/Prölss,* Vorbem. Rn. 2; Berliner Kommentar/*Dörner;* Einleitung Rn. 5–14. Die Nachweise finden sich auch in den meisten Textausgaben des VVG.

Pflichthaftpflichtversicherung). Gleichzeitig wurden Änderungen und Ergänzungen der §§ 153, 154 Abs. 2 und 156 VVG vorgenommen.

11 Außerdem hat das Gesetz v. 7. 11. 1939 als Folge des **Anschlusses Österreichs** an das Deutsche Reich im Jahre 1938 einige Vorschriften des in Österreich eingeführten VVG aufgrund des österreichischen Rechts geändert und ergänzt, nämlich die §§ 6, 35a, 35b und 150 Abs. 1 VVG. Viele weitere Änderungen brachten mehrere in den Jahren 1939–1943 erlassene **Verordnungen,** die überwiegend, aber nicht nur, der „Vereinheitlichung des Rechts der Vertragsversicherung" (Verordnung v. 19. 12. 1939, RGBl. I S. 2443) dienten. Nach dem Ende des 2. Weltkriegs wurde das VVG in Österreich nicht außer Kraft gesetzt. Heute gilt es mit allerdings zahlreichen und teilweise erheblichen Abweichungen vom deutschen VVG als Versicherungsvertragsgesetz 1958, öst. BGBl. 1959 I S. 2 (abgekürzt VersVG).

12 Hervorzuhebende Änderungen und Ergänzungen des VVG kamen auch durch das **Gesetz zur Änderung von Vorschriften über die Pflichtversicherung für Kraftfahrzeughalter** v. 5. 4. 1965, BGBl. I S. 213. Es brachte (in Art. 1) hauptsächlich die Neufassung des soeben erwähnten Gesetzes v. 7. 11. 1939, das zum Pflichtversicherungsgesetz wurde. Als Folge dieser Neufassung änderte es im VVG die „Besonderen Vorschriften für die Pflichtversicherung" (§§ 158a–158h VVG) und fügte ihnen die §§ 158i–158k VVG hinzu.

13 Zu erwähnen ist ferner das **Gesetz zur Änderung versicherungsrechtlicher Vorschriften** v. 17. 12. 1990, BGBl. I S. 2864. Es änderte die §§ 8 Abs. 3, 31 und 34a VVG, die den Schutz des VN verbesserten, und § 158i VVG, der in der neuen Fassung bei der Pflichthaftpflichtversicherung für fremde Rechnung den Rückgriff gegen die Mitversicherten einschränkte.

14 Etwa seit 1990 wurde das VVG dann durch die gesetzliche Umsetzung europarechtlicher Richtlinien oder bei deren Gelegenheit bedeutsam geändert und ergänzt. Am Anfang stand – auf das VVG und nicht auf das schon früher geänderte VAG gesehen – das Gesetz mit dem Namen **Zweites Gesetz zur Durchführung versicherungsrechtlicher Richtlinien des Rates der europäischen Gemeinschaften (Zweites Durchführungsgesetz/EWG zum VAG)** v. 28. 6. 1990, BGBl. I S. 1449. Durch dieses Gesetz wurde (in Umsetzung der Rechtsschutzversicherungsrichtlinie 87/344 EWG v. 22. 6. 1987) mit den neuen §§ 158l–158o VVG **erstmals** im deutschen Recht die **Rechtschutzversicherung** gesetzlich geregelt.

15 Eine weitere europarechtlich bestimmte und besonders bedeutsame Änderung und Ergänzung des VVG brachte ein Gesetz mit der Bezeichnung **Drittes Gesetz zur Durchführung versicherungsrechtlicher Richtlinien des Rates der europäischen Gemeinschaften (Drittes Durchführungsgesetz/EWG zum VAG)** v. 21. 7. 1994, BGBl. I S. 1630. Dieses Gesetz bezweckte hauptsächlich die in dem von ihm umgesetzten Richtlinien der EWG (EG und der EU) vorgeschriebene **Deregulierung des Versicherungsmarktes,** also (vereinfacht gesagt) die Einschränkung der Versicherungsaufsicht in den Mitgliedstaaten der EU. Als Folge der aufsichtsrechtlichen Deregulierung hat es aber auch das VVG geändert und ergänzt. Neu eingeführt wurde **§ 5a VVG,** der den Abschluss von Versicherungsverträgen betrifft, und geändert wurden die §§ 8 (Langzeitverträge), 31 (Prämienerhöhung aufgrund einer Anpassungsklausel) und 172–178 (u. a. Rückkaufswert in der Lebensversicherung). Neu eingeführt wurden ferner die §§ 178a–178o VVG, durch die **erstmals** im deutschen Recht die **private Krankenversicherung gesetzlich geregelt** wurde.

16 Von den nach dem Dritten Durchführungsgesetz/EWG zum VAG ergangenen Änderungsgesetzen hat lediglich das **Gesetz zur Anpassung der Formvorschriften des Privatrechts und anderer Vorschriften an den modernen Rechtsgeschäftsverkehr** v. 13. 7. 2001 (BGBl. I S. 1542) bedeutsame Änderungen gebracht. Geändert wurden die §§ 5 Abs. 1 und 2 S. 1, 5a Abs. 1 S. 1, 37 und 158 Abs. 1 S. 2 VVG.

17 **b)** *Das VVG 2008* (dazu die Sonderbearbeitung von *Schneider,* § 1a), das als Art. 1 des Gesetzes zur Reform des Versicherungsvertragsrechts am 29. 11. 2007 im BGBl. I S. 2631 verkündet wurde und nach Art. 12 dieses Gesetzes am 1. 1. 2008 in Kraft getreten ist (zu der schon im Dezember 2007 vorgenommenen Änderung oben Rn. 4), bildet nun anstelle des

VVG 1908/1910 das neue „Grundgesetz der Privatversicherung". Es ist – was nicht immer betont wird – **keine Novelle** zum VVG, **sondern** eine **Neukodifikation.**

Bedeutende Vorarbeiten leistete die „Kommission zur Reform des Versicherungsvertragsrechts" (Reformkommission), die 2000 vom Bundesjustizministerium einberufen wurde und nach einem 2002 zur Diskussion gestellten Zwischenbericht 2004 einen Abschlussbericht[8] vorlegte. Der Abschlussbericht enthält „Vorschläge für ein neues Versicherungsvertragsrecht", den „Entwurf eines Gesetzes zur Reform des Versicherungsvertragsrechts", die Begründung des Gesetzes, Synopsen und eine Liste der Kommissionsmitglieder.

Das **wichtigste rechtspolitische Ziel der Reform** war es, **„mehr Verbraucherschutz** für Versicherte" zu schaffen[9]. Der „Leitstern" Verbraucherschutz bestimmte auch schon die Arbeit der Reformkommission, und das zu Recht; denn bei dem VVG 1908/1910 bestand auch nach den vielen Novellen und den Bemühungen der Rechtsprechung, insbesondere des BGH, um eine Modernisierung des Versicherungsvertragsrechts – an dem vorherrschenden Standard gemessen – ein erheblicher Nachholbedarf an Verbraucherschutz.

Verwirklicht wird der Verbraucherschutz hauptsächlich durch die Erweiterung der Rechte und die Einschränkung der Pflichten der Verbraucher und größtenteils auch der VN, die keine Verbraucher i. S. des § 13 BGB sind. Das geschieht durch zwingendes und halbzwingendes (nicht zum Nachteil des VN abdingbares) Recht. Diese **zwingenden** Regelungen haben **Kartellwirkung,** weil sie den VR gleichförmiges Verhalten vorschreiben. Außerdem **verhindern** sie die Anpassung an veränderte Verhältnisse, also die **Flexibilität.** Damit gerät der Ausbau des Verbraucherschutzes in Berührung mit dem zweiten Leitstern der Reform, nämlich mit der Produktgestaltungsfreiheit der VR und der damit als Reflex verbundenen **Auswahlfreiheit** der VN. Dazu heißt es in der Begründung des Regierungsentwurfs des neuen VVG (auf die Lebensversicherung bezogen) gleichsam als Selbstmahnung wörtlich: „Allerdings muss den Unternehmen die Freiheit der Gestaltung des Lebensversicherungsgeschäftes und ihrer Produkte ebenso erhalten bleiben wie dem Versicherungsnehmer die Auswahlfreiheit". Insbesondere in der Lebens- und in der Krankenversicherung mit den vielen zwingenden Produktgestaltungsvorschriften hat der Gesetzgeber die Selbstmahnung aber nicht besonders ernst genommen.

2. Pflichtversicherungsgesetz (PflVG)

Zu den **wichtigen Quellen des Privatversicherungsrechts** gehört auch das Gesetz 18 über die Pflichtversicherung für Kraftfahrzeughalter (Pflichtversicherungsgesetz-PflVG) in der Fassung v. 5. 4. 1965 (BGBl. I S. 213), zuletzt geändert durch das Gesetz v. 10. 12. 2007 (oben Rn. 4) Es handelt sich dabei um die (in Art. 1 des Gesetzes zur Änderung von Vorschriften über die Pflichtversicherung für Kraftfahrzeughalter vom 5. 4. 1965 enthaltene) Neufassung des (oben Rn. 10 erwähnten) Gesetzes vom 7. 11. 1939. Mit der Neufassung erfüllte die Bundesrepublik Deutschland Verpflichtungen aus dem **Europäischen Übereinkommen über die obligatorische Haftpflichtversicherung für Kraftfahrzeuge** v. 20. 4. 1959, das sie am 1. 4. 1965 (BGBl. I S. 281) ratifiziert hat.

Eingeführt wurden aufgrund dieser Verpflichtungen der **Direktanspruch des Geschä-** 19 **digten** gegen den (Pflicht-) Haftpflichtversicherer des Schädigers (§ 3 Nr. 1 PflVG) und der **Entschädigungsfonds** für Schäden aus Kraftfahrzeugunfällen (§§ 12 bis 14 PflVG), an den der Geschädigte seine Schadensersatzansprüche richten kann, wenn sie aus den in § 12 Abs. 1 PflVG abschließend genannten Gründen gegen den Schädiger und dessen Haftpflichtversicherer nicht durchsetzbar sind.

Nach 1965 ist das PflVG vielfach geändert worden. Besonders bedeutsam sind die **Ände-** 20 **rungen** durch das Gesetz zur Änderung des Pflichtversicherungsgesetzes und anderer versicherungsrechtlicher Vorschriften v. 10. 7. 2002 (BGBl. I S. 2586), das am 1. 1. 2003 in Kraft

---

[8] Vgl. den von *E. Lorenz* herausgegebenen Abschlussbericht der Kommission zur Reform des Versicherungsvertragsrechts vom 19. April 2004, VersR-Schriftenreihe Band 25, 2004.

[9] So die Bundesjustizministerin in einer Presseerklärung v. 13. 3. 2006 mit der Überschrift: „Neues Versicherungsvertragsrecht. Mehr Verbraucherschutz für Versicherte".

getreten ist und in erster Linie die Umsetzung der **Vierten Kraftfahrzeughaftpflicht-Richtlinie** vollzieht[10].

3. Kraftfahrzeug-Pflichtversicherungsverordnung (KfzPflVV)

21   Als weitere versicherungsvertragsrechtliche und damit privatversicherungsrechtliche Rechtsquelle ist die Verordnung über den Versicherungsschutz in der Kraftfahrzeug-Haftpflichtversicherung (Kfz-Pflichtversicherungsverordnung – KfzPflVV) v. 29. 7. 1994 (BGBl. I S. 1837), zuletzt geändert durch das Gesetzt vom 10. 12. 2007 (oben Rn. 4), zu nennen. Die Verordnung bestimmt zwingend, welcher **Mindestversicherungsschutz** im Interesse der Versicherten und der Geschädigten in den Kraftfahrzeug(Pflicht-) HaftpflichtVV (also insbesondere in den Versicherungsbedingungen) vorgesehen werden muss.

22   Bis zum In-Kraft-Treten dieser Verordnung war die Vereinbarung eines angemessenen Versicherungsschutzes sichergestellt, weil die **Allgemeinen Versicherungsbedingungen** und deren spätere Änderungen vor der Verwendung in dem Versicherungsvertrag durch die Aufsichtsbehörde genehmigt werden mussten. Diese **Vorabkontrolle** wurde jedoch durch das (ebenso wie die KfzPflVV) am 29. 7. 1994 in Kraft getretene Dritte Durchführungsgesetz/EWG zum VAG (dazu Rn. 15) im Wesentlichen (Ausnahmen in § 5 Abs. 3 S. 1 Hs. 2 VAG) beseitigt. Die KfzPflVV übernimmt also zumindest teilweise die Schutzfunktion der Vorabkontrolle der Versicherungsbedingungen für die Kfz-Haftpflichtversicherung durch die Aufsichtsbehörde.

4. Allgemeine Versicherungsbedingungen (AVB)

23   Zum Versicherungsvertragsrecht und damit zum Privatversicherungsrecht, aber nicht zu dessen Rechtsquellen, gehören die AVB (eingehend dazu *Präve*, § 10); denn sie werden nicht von einem Gesetzgeber oder aufgrund eines Gesetzes erlassen. Es handelt sich vielmehr um **Allgemeine Geschäftsbedingungen** (AGB), also um Vertragsrecht. Die AVB werden in der Regel von dem VR zur Ausgestaltung der von ihm angebotenen Verträge verwendet. Vertragsinhalt werden sie, wenn sie in den Vertrag einbezogen worden sind. Die Einbeziehung und alles andere ist hauptsächlich nach dem AGB-Recht zu beurteilen, also (aufgrund des SchuldrechtsmodernisierungsG v. 26. 11. 2001, BGBl. I S. 3158) seit dem 1. 1. 2002 nach den §§ 305–310 BGB, die das bis zum 31. 12. 2001 geltende AGB-Gesetz mit geringfügigen Änderungen ersetzt haben. Daneben sind eine Reihe wichtiger **Sondervorschriften des VVG** zu berücksichtigen. Anders als die AGB etwa beim Warenkauf oder beim Werkvertrag, dienen die AVB auch dazu, den Gegenstand des Vertrags zu bestimmen, also den **Versicherungsschutz,** der nach moderner Terminologie als **Produkt** bezeichnet wird.

II. Allgemeines Privatrecht

24   Um die Regelung des privatrechtlichen Versicherungsverhältnisses und damit um Privatversicherungsrecht geht es in begrenztem Umfang auch in den beiden großen privatrechtlichen **Kodifikationen,** also in dem BGB und dem HGB. Beide können deshalb – wie es allgemein geschieht – mit der genannten Einschränkung auch als Rechtsquellen des Privatversicherungsrechts verstanden werden.

1. Bürgerliches Gesetzbuch (BGB)

25   Das in den mehr als 100 Jahren seines Bestehens vielfach novellierte Bürgerliche Gesetzbuch v. 18. 8. 1896 (RGBl. S. 195), das am 1. 1. 1900 in Kraft getreten ist, sollte zwar – wie (Rn. 6) erwähnt – nach einer schon früh getroffenen konzeptionellen Entscheidung nicht „Heimstatt" des Versicherungsvertragsrechts werden. Es enthielt aber von Anfang an einige **verstreute versicherungsvertragsrechtliche Vorschriften.** Im Einzelnen sind es § 330 BGB, der allerdings nach der Änderung durch Art. 3 des Gesetzes zur Reform des Versiche-

---

[10] Näheres zu den Zielen des Gesetzes in BT-Drucks. 14/8770, teilweise abgedruckt bei *Römer/Langheid/Langheid,* 2. Aufl., 3. Teil, S. 1189 f.

rungsvertragsrechts (oben Rn. 4) nicht mehr die Auslegung des Lebensversicherungsvertrags, sondern nur noch den Leibrentenvertrag betrifft, ferner § 1045 BGB, der eine Versicherungspflicht für den Nießbraucher begründet; § 1046 BGB, der die Rechte des Nießbrauchers an den nach Eintritt des Versicherungsfalls entstehenden Forderungen gegen den VR bestimmt, und die §§ 1127–1130 BGB über die Rechte des Hypothekengläubigers an den Versicherungsforderungen wegen des Untergangs der versicherten Sachen, auf die sich die Hypothek erstreckt. Außerdem werden Vorschriften des BGB im VVG vereinzelt ausdrücklich für anwendbar erklärt, etwa in §§ 5 Abs. 4 und 22 VVG und VVG 2008 (Anfechtungsrecht des BGB) und in § 69 Abs. 3 VVG (§§ 406–408 BGB). Aus diesen **vereinzelten Verweisungen des VVG** auf Vorschriften des BGB ist aber nicht zu folgern, dass das BGB im Übrigen auf den Versicherungsvertrag nicht anwendbar sei. Aus der Art der Verweisungen und aus den Motiven[11] lässt sich vielmehr entnehmen, dass das BGB gelten soll, soweit es den Versicherungsvertrag berühren kann und das VVG keine (nach dem methodischen Spezialitätsgrundsatz) vorgehende besondere Regelungen trifft. Dieser allgemein anerkannte Anwendungsgrundsatz entspricht dem Verständnis des BGB, insbesondere seines Allgemeinen Teils (Buch 1), als einer Kodifikation auch der allgemeinen privatrechtlichen Grundsätze.

Besondere Bedeutung als Rechtsquelle des Privatversicherungsrechts hat das BGB deshalb   26 wegen seiner **subsidiären Anwendbarkeit.** Dabei geht es vor allem um die Vorschriften des Allgemeinen Teils (Buch 1) und des Allgemeinen Schuldrechts (Buch 2 Abschnitte 1–7).

2. Handelsgesetzbuch (HGB)

Das Handelsgesetzbuch v. 10. 5. 1897 (RGBl. S. 219), das (nach Art. 1 Abs. 1 EGHGB) zu-   27 sammen mit dem BGB in Kraft trat, ist zwar nicht, wie immerhin erwogen (Rn. 6), zum gesetzlichen Regelungsort des Versicherungsvertrages geworden. Und nach der (oben Rn. 8) erwähnten Aufhebung des 10. Abschnitts des 5. Buches (§§ 778 bis 900 und 905 HGB) regelt es auch das Seeversicherungsrecht nicht mehr.

Den Bereich der **Binnenversicherung** berührt das HGB aber weiterhin ausdrücklich   28 durch § 92, der die am Zustandekommen der Versicherungsverträge beteiligten **Versicherungsvertreter** betrifft, ferner durch die **bilanzrechtlichen Sondervorschriften für VU** in den §§ 341–341p HGB, und durch § 363 Abs. 2 HGB, der auch die **Übertragung von Transportversicherungspolicen** betrifft. Nicht auf Grund handelsrechtlicher Vorschriften, sondern auf Grund mehrerer Bestimmungen der **Gewerbeordnung** ergangenen ist die sehr bedeutsame Verordnung über die Versicherungsvermittlung und -beratung **(VersVermV)**[12], die (nach ihrem § 20) am 22. 5. 2007 in Kraft getreten ist. Eingeführt worden ist durch sie u. a. eine Sachkundeprüfung der Vermittler, deren Registrierung, Haftpflichtversicherung und Informationspflichten gegenüber dem VN.

Im Übrigen kommt das **HGB** – wie das BGB – im Recht der Binnenversicherung **sub-**   29 **sidiär** zur Anwendung, also insoweit, als das VVG oder das VVG ergänzende privatversicherungsrechtliche Sondergesetze keine speziellen Regelungen enthalten. Zu diesen sondergesetzlichen Regelungen gehören auch die in dem Versicherungsaufsichtsgesetz (VAG) (dazu unter Rn. 60) enthaltenen Vorschriften über den **Versicherungsverein auf Gegenseitigkeit** (§§ 15–53b VAG). In diesen Grenzen anzuwenden sind also insbesondere die einschlägigen Vorschriften des HGB im Ersten Buch (Handelsstand), etwa die über die Kaufmannseigenschaft, die Firma, die Vertreter (etwa angestellte Vermittler, Prokuristen und Handlungsbevollmächtigte) und die im Vierten Buch (Handelsgeschäfte).

III. Internationales Versicherungsvertragsrecht

Dieses Rechtsgebiet (umfassend dazu *Roth*, § 4) hat einen **irreführenden Namen.** Er ist   30 zunächst deshalb irreführend, weil das Internationale Versicherungsvertragsrecht kein international (supranational) geltendes Recht ist. Es ist vielmehr auch dann, wenn es auf völker-

---

[11] Motive (wie Fn. 2), S. 65.
[12] VersVermV v. 15. 5. 2007 (BGBl. I S. 733, ber. S. 1).

rechtliche Verträge, etwa auf den EGV (Primärrecht der EU) oder auf Richtlinien (Sekundär-
recht der EU) zurückzuführen ist, nationales (einzelstaatliches) Recht. Außerdem ist es kein
Versicherungsrecht von der Art der Vorschriften des VVG, das die Beziehungen zwischen
VR und VN sowie (Mit-)Versicherten unmittelbar regelt. Etwas anderes gilt allerdings für
die VO der EU (dazu näher Rn. 34).

31   Seinen **Gegenstand** bilden **Versicherungsverhältnisse mit Auslandsberührung,** also
insbesondere grenzüberschreitende und damit **internationale Versicherungsverträge,** für
die es bestimmt, welches nationale (einzelstaatliche) Versicherungsrecht auf sie anzuwenden
ist. Es entscheidet beispielsweise darüber, ob auf einen Versicherungsvertrag zwischen einem
englischen VR mit Sitz in England und einem deutschen VN mit Wohnsitz in Deutschland
das englische oder das deutsche Versicherungsrecht anzuwenden ist. Aus diesen Bemerkungen folgt, dass es deutsches, englisches, französisches usw. Internationales Versicherungsrecht
gibt. Dieser terminologische Widerspruch löst sich auf, wenn man das Internationale Versicherungsrecht als **versicherungsrechtliches Kollisionsrecht** bezeichnet, weil es für die in
dem genannten Sinne internationalen Versicherungsverhältnisse festlegt, welches der als anwendbar in Betracht kommenden und damit „kollidierenden" nationalen Versicherungs-
rechte anzuwenden ist. Der Name „Internationales Versicherungsvertragsrecht" hat sich aber
ebenso eingebürgert wie der gleichermaßen irreführende Name **Internationales Privatrecht,** zu dem es als Teilrechtsgebiet gehört.

1. Einführungsgesetz zum VVG (EGVVG)

32   Die eine der beiden wichtigen Rechtsquellen des Internationalen Versicherungsvertragsrechts bilden unter der Überschrift „Zweites Kapitel. **Europäisches Internationales Versicherungsvertragsrecht"** die Art. 7–15 des Einführungsgesetzes zum VVG in der Fassung
des Dritten Durchführungsgesetzes/EWG zum VAG v. 21. 7. 1994, BGBl. I S. 1630.
    Die Art. 7–15 EGVVG beziehen sich auf grenzüberschreitende (internationale) **Versiche-
rungsverträge, die keine Rückversicherungsverträge sind** und ein in einem Mitgliedstaat der Europäischen Gemeinschaft (jetzt EU) oder in einem anderen Vertragsstaat des Abkommens über den Europäischen Wirtschaftsraum (EWR)[13] belegenes Risiko decken (Art. 7
EGVVG). Für diese Verträge bestimmen sie das anwendbare Versicherungsrecht, also insbesondere das anwendbare Versicherungsvertragsrecht. Da die Art. 7–15 EGVVG auf Richtlinien beruhen, gelten in den EU- und den anderen EWR-Vertragsstaaten inhaltlich gleichartige Vorschriften des Internationalen Privatversicherungsrechts.

2. Einführungsgesetz zum BGB (EGBGB)

33   Die zweite ebenfalls für grenzüberschreitende (internationale) Versicherungsverträge maßgebende und insoweit zum Internationalen Privatversicherungsrecht gehörende Rechtsquelle enthalten die Art. 27–36 des Einführungsgesetzes zum Bürgerlichen Gesetzbuch
(EGBGB) in der Fassung der Bekanntmachung v. 21. 9. 1994, BGBl. I S. 1061. Sie beruhen
auf dem Römischen EWG-Übereinkommen über das auf vertragliche Schuldverhältnisse anwendbare Recht v. 19. 6. 1980, BGBl. II S. 810, (EVÜ). Diese Vorschriften, die das Allgemeine Internationale Vertragsrecht bilden, bestimmen das anwendbare Recht für die grenzüberschreitenden (internationalen) **Versicherungsverträge, die nicht den Art. 7 bis 15
EGVVG unterliegen.** Das ergibt sich aus dem ausdrücklichen Vorbehalt zur Anwendung
der Art. 27–36 EGBGB in **Art. 37 Nr. 4 EGBGB.** Da die Art. 27–37 EGBGB auf dem genannten Römischen EWG-Übereinkommen von 1980 beruhen, entsprechen sie inhaltlich
im Wesentlichen den Kollisionsnormen der anderen Vertragsstaaten dieses Übereinkommens.
Unterschiede ergeben sich daraus, dass das Übereinkommen Umsetzungsvorbehalte vorsieht,
die von einigen Vertragsstaaten genutzt worden sind.

---

[13] Vertragsstaaten des EWR sind alle Mitgliedstaaten der EG (jetzt EU) und die Staaten der EFTA mit
Ausnahme der Schweiz.

3. Neuregelung durch die Rom-I-Verordnung

Die beiden zuvor (zu 1. und 2.) genannten Regelungswerke werden demnächst durch eine **34** Verordnung des Europäischen Parlaments und des Rates über das auf vertragliche Schuldver-hältnisse anwendbare Recht (Rom-I-Verordung) ersetzt. Die am 29. 11. 2007 erlassene Ver-ordnung tritt (Art. 28 Abs. 1) am 20. Tag nach ihrer Veröffentlichung im Amtsblatt der EU in Kraft., ist aber erst 18 Monate nach dem Inkrafttreten anzuwenden (Art. 28 Abs. 2). Das be-sondere Internationale Versicherungsvertragsrecht findet sich in Art. 7[14].

IV. Versicherungsaufsichtsrecht

Jedenfalls **nicht zu den privatrechtlichen Rechtsquellen** des Privatversicherungsrechts **35** gehören die Rechtsquellen des Versicherungsaufsichtsrechts, die **öffentliches Recht** sind. Sie beziehen sich aber auf den Betrieb und die Durchführung der Privatversicherung. Man kann das Versicherungsaufsichtsrecht deshalb als **öffentliches Recht** (oder Verwaltungsrecht) der **Privatversicherung** oder als **Versicherungsverwaltungsrecht** bezeichnen. Ausge-nommen sind die zum privatversicherungsrechtlichen Unternehmensrecht gehörenden Vor-schriften über den VVaG in den §§ 15–53b VAG.

1. Versicherungsaufsichtsgesetz (VAG)

a) Die Kodifikation des Versicherungsaufsichtsrechts enthält das Gesetz über die privaten **36** Versicherungsunternehmungen v. 12. 5. 1901 (RGBl. S. 139), das am 1. 1. 1902 (RGBl. S. 489), in Kraft getreten ist. Als Reichsgesetz (des 1871 gegründeten Deutschen Reiches) be-seitigte es die Rechtszersplitterung im Bereich der Versicherungsaufsicht, die bis dahin durch die unterschiedlichen und teilweise auch unzulänglichen Landesgesetze geregelt wurde[15]. Erstmals neu bekannt gemacht wurde das Gesetz von 1901 als Gesetz über die Beaufsichti-gung der privaten Versicherungsunternehmungen und Bausparkassen v. 6. 6. 1931 (RGBl. I S. 302, ber. S. 750), danach wurde es durch das Gesetz über die Bausparkassen v. 16. 11. 1972 (BGBl. I S. 2097), in Gesetz über die Beaufsichtigung der privaten VU „umbenannt" und nach weiteren zehn Jahren neu bekannt gemacht als Gesetz über die Beaufsichtigung der VU (Versicherungsaufsichtsgesetz – VAG) v. 29. 3. 1983, BGBl. I S. 377. Derzeit gilt es in der Fas-sung der Bekanntmachung v. 17. 12. 1992, BGBl. I S. 2. Nach dieser Bekanntmachung ist es wiederum vielfach geändert worden, zunächst durch die Umsetzung von Richtlinien der EU und in den letzten Jahren in dichter zeitlicher Folge insbesondere zur Intensivierung der Auf-sicht.

b) Eine besonders bedeutsame Änderung der zuerst genannten Art brachte das oben **37** (Rn. 15) schon erwähnte Dritte Durchführungsgesetz/EWG zum VAG v. 21. 7. 1994, mit dem die Dritten Richtlinien (dazu Rn. 15) in deutsches Aufsichtsrecht umgesetzt wurden; denn diese Richtlinien haben den Zweck, durch die **Einschränkung der mitgliedstaatli-chen Aufsichtsrechte** die **Deregulierung des Versicherungsmarktes** der Gemeinschaft zu verwirklichen. Einen augenfälligen Beleg der Deregulierung durch dieses Gesetz enthält die in den Richtlinien geforderte Abschaffung der Vorschriften, nach denen die Allgemeinen Versicherungsbedingungen (AVB) vor der Verwendung durch die VU genehmigt werden mussten. Diese **Vorabkontrolle der AVB** ergab sich aus § 5 Abs. 3 Nr. 2 a. F. VAG. Danach waren die AVB Bestandteil des Geschäftsplans, der von dem VU mit dem Antrag auf Ertei-lung der Erlaubnis zum Geschäftsbetrieb vorzulegen war, und dessen Änderung, die auch in der Änderung der schon genehmigten AVB bestehen konnte, von der Aufsichtsbehörde ge-nehmigt werden musste (§ 13 VAG). Seit der Neufassung des § 5 Abs. 3 Nr. 2 VAG von 1994 gilt das nur noch für (kleine) Pensions- und Sterbekassen. Von diesen Ausnahmen abgesehen, darf die Aufsichtsbehörde also seitdem **keine systematische Kontrolle der AVB** vorneh-

---

[14] Vgl. dazu die umfassende und eindringliche Untersuchung von *Fricke*, VersR 2008, 443 ff.
[15] Zur Entstehungsgeschichte des VAG näher: *Duvinage*, Vorgeschichte, S. 36 ff.; *Tigges*, Geschichte und Entwicklung der Versicherungsaufsicht, 1985, S. 77 ff.; *Möller*, ZVersWiss. 1974, 11 ff.

men. Zulässig bleiben aber Kontrollmaßnahmen aus konkretem Anlass[16], und unverändert geblieben ist die (nachträgliche) Kontrolle nach Grundsätzen des AGB-Rechts (jetzt §§ 305–310 BGB) durch die ordentlichen Gerichte.

38   Erhebliche Änderungen des VAG brachte auch die **Richtlinie 98/78/EG** vom 27. Oktober 1998. Sie ist umgesetzt worden durch das Gesetz zur Änderung des Versicherungsaufsichtsgesetzes, insbesondere zur Durchführung der EG-Richtlinie 98/78/EG vom 27. Oktober 1998 über die zusätzliche Beaufsichtigung der einer Versicherungsgruppe angehörenden VU sowie zur Umstellung von Vorschriften auf Euro v. 21. 12. 2000, BGBl. I S. 1857.

39   **c)** Mit dem 1994 vollzogenen Abbau der Befugnisse der Aufsichtsbehörde einher gegangen sind gleichsam zum Ausgleich der verminderten Aufsicht die Einführung andersartiger Verbraucherschutzbestimmungen. Hervorzuheben sind die in § 10a Abs. 1 VAG begründeten und in der Anlage (zum VAG) Teil D aufgezählten **Informationspflichten der VR.** Diese Pflichten haben die VR gegenüber VN, die **natürliche Personen** (und nicht notwendig, aber meist Verbraucher) sind, bei deren Antragstellung und während der Laufzeit eines abgeschlossenen Vertrags zu erfüllen.

40   Nach dieser Neuregelung im Jahre 1994 ist eindringlich darüber diskutiert worden, ob es nicht geboten gewesen wäre, diese Pflichten (nicht im VAG, sondern) im VVG, also privatrechtlich, zu regeln und damit auch privatrechtlich zu sanktionieren[17]. Diesem Anliegen entspricht nun die **VVG-InfoV** v. 18. 12. 2007, die vom BJM auf Grund des § 7 Abs. 2 und 3 VVG 2008 (oben Rn. 4) erlassen und am 21. 12. 2007 verkündet wurde[18] (ausführlich dazu *Schneider,* § 1a Rn. 15). Sie beruht im Wesentlichen auf europarechtlichen Grundlagen und fasst alle bisher im VAG und im VVG enthaltenen Informationspflichten in Form einer **versicherungsvertragsrechtlichen Regelung** zusammen[19].

41   **d)** Maßgebender **Zweck** des VAG war von Anfang an der **Schutz der Versicherten** (heute insbesondere der Versicherten, die **Verbraucher** sind), die vor Schäden durch unseriöse Gründungen von VU (Schwindelgründungen) bewahrt werden sollten. Anlass zur Einführung des aufsichtsrechtlichen Schutzes gab es bereits in der zweiten Hälfte des 19. Jahrhunderts in den deutschen Staaten, die später zu Reichsländern wurden[20].

42   **Aufsichtspflichtig** sind nach § 1 Abs. 1 VAG Unternehmen, die den Betrieb von Versicherungsgeschäften zum Gegenstand haben und nicht Träger der Sozialversicherung (dazu unten Rn. 70) sind, ferner Pensionsfonds und Versicherungs-Zweckgesellschaften i. S. des § 121g VAG. Dieser Grundsatz ist allerdings (in den Absätzen 2 bis 4 des § 1 VAG) in erheblichem Umfang **eingeschränkt** worden. Das galt bis zur Einführung des Abschnitts VIIa VAG über die **Rückversicherungsaufsicht** durch Gesetz vom 15. 12. 2004 (BGBl. I S. 3416) auch für Rückversicherungsunternehmen, die nun einer umfassenden Aufsicht unterliegen. Das Gesetz vom 15. 12. 2004 brachte ferner durch § 1b VAG eine Regelung der Aufsicht über **Vers-Holdinggesellschaften. Besondere Vorschriften** enthält das VAG ferner für die Beaufsichtigung **ausländischer VU.** Insoweit unterscheidet es zwischen Unternehmen, die ihren Sitz außerhalb (§§ 105–110 VAG) und denen die ihren Sitz innerhalb der Mitgliedstaaten der Europäischen Gemeinschaft oder eines anderen Vertragsstaates des Abkommens über die EWR haben (§§ 110a–110d und 111 VAG).

43   Die aufsichtspflichtigen VU bedürfen zum Geschäftsbetrieb der **Erlaubnis** (§ 5 VAG), die (nach § 7 VAG) **nur** Unternehmen in der Rechtsform der **Aktiengesellschaft (AG),** des **Versicherungsvereins auf Gegenseitigkeit (VVaG)** und der **Körperschaften und An-**

---

[16] Zu der Problematik *Dreher,* Konkretisierung der Mißstandsaufsicht, 1992.

[17] Dazu näher Berliner Kommentar/*Dörner,* Einleitung Rn. 33; *Renger,* VersR 1994, 756; *Reichert-Facilides,* VW 1994, 56f.; *Reich,* in: VersWissStud. Bd. 1, hrsg. v. *Schwintowski* (1994), 39ff. Vgl. auch *Römer,* Informationspflichten, 1996.

[18] BGBl. I S. 3004.

[19] Vgl. dazu *Praeve,* VersR 2008, 151. Text und umfassende Begründung der VVG-InfoV durch das BJM sind auch abgedruckt in VersR 2008, 183.

[20] Vgl. dazu das in Fn. 13 genannte Schrifttum.

stalten des öffentlichen Rechts erteilt werden darf, und auch diesen nur, wenn die Belange der Versicherten gewahrt sind und die dauernde Erfüllbarkeit der Versicherungen dargetan ist.

Hervorzuheben sind ferner die Vorschriften des VAG über die gebotene **Geschäftsfüh-** 44 **rung der VU.** Sie betreffen insbesondere die fachliche Eignung der Geschäftsleiter, die Kapitalausstattung, die Vermögensanlage, die Rechnungslegung nach außen sowie in erweitertem Umfang gegenüber der Aufsichtsbehörde und die besonderen Rückstellungen in der Lebensversicherung.

e) **Aufsichtsbehörde** ist die **Bundesanstalt für Finanzdienstleistungsaufsicht (Ba-** 45 **Fin),** die durch das Gesetz über die Bundesanstalt für Finanzdienstleistungsaufsicht **(Finanz-dienstleistungsaufsichtsgesetz – FinDAG)** in der Fassung der Bekanntmachung v. 22. April 2002 (BGBl. I S. 1310) errichtet worden ist. Sie vereinigt die bis zu ihrer Errichtung bestehenden Bundesämter für das Kreditwesen, für das Versicherungswesen (BAV), dessen Vorgänger das Reichsaufsichtsamt war, und für den Wertpapierhandel (§ 1 FinDAG).

f) Die Aufgaben der Aufsichtsbehörde bestehen nach § 81 VAG darin, die VU im Rah- 46 men einer allgemeinen Rechtsaufsicht und einer besonderen Finanzaufsicht zu überwachen. Die Aufsichtsbehörde hat dabei auf die ausreichende Wahrung der Belange der Versicherten (also nicht auf die optimale) und auf die Einhaltung der Gesetze zu achten. Sowohl nach § 81 Abs. 1 VAG als auch nach § 4 Abs. 4 FinDAG erfolgt die Aufsicht im öffentlichen Interesse. Damit soll gesagt werden, dass sie nicht im Interesse des jeweils einzelnen Versicherten durchgeführt wird und durch Aufsichtsfehler deshalb kein Amtshaftungsanspruch des einzelnen Versicherten (nach § 839 BGB i. V. m. Art. 34 GG) gegen die Bundesrepublik Deutschland begründet wird. Diese im Schrifttum[21] mit verfassungsrechtlichen Erwägungen angegriffene Regelung ist (in Bezug auf die gleichartige Vorschrift in § 6 KWG über die Bankenaufsicht) neuerdings auch mit der Begründung angegriffen worden, dass sie mit mehreren EG-Richtlinien nicht vereinbar sei. Der BGH hat die Frage deshalb zur Vorabentscheidung dem EuGH vorgelegt[22]. Der EuGH hat in seinem Urteil vom 12. 10. 2004[23] keinen relevanten Verstoß gegen Gemeinschaftsrecht erkannt[24].

Zu den besonderen Befugnissen der Aufsichtsbehörde gehört ferner die nach § 88 VAG. 47 Danach kann der **Antrag auf Eröffnung eines Insolvenzverfahrens** über das Vermögen eines VU **nur** von der **Aufsichtsbehörde** gestellt werden.

g) Bei **Streitigkeiten** mit dem VU kann der Versicherte eine **informelle Beschwerde** 48 **an die Aufsichtsbehörde** richten[25]. Diese Besonderheit ist im VAG nicht vorgesehen. Die Beschwerde ist auch kein Rechtsmittel im engeren Sinne. Das Beschwerderecht hat seine Grundlage vielmehr in dem allgemeinen Petitionsrecht des Grundgesetzes (Art. 17 GG). Von diesem Beschwerderecht machen nach den Informationen der Aufsichtsbehörde jährlich mehr als 25 000 Versicherte Gebrauch.

Seit 2001 gibt es im Bereich des Privatversicherungsrechts als weitere „Beschwerdeinstanz" 49 **zwei Ombudsmänner,** an die sich die Versicherten bei Streitigkeiten mit ihren VU (von Anwaltgebühren abgesehen) kostenfrei wenden können. Es handelt sich um einen Ombudsmann für die Krankenversicherung und einen für die meisten anderen Versicherungszweige. Träger sind privatrechtliche Vereine, deren Gründung der Verband der Privaten Krankenversicherer e. V. und der Gesamtverband der Deutschen Versicherungswirtschaft e. V. betrieben haben und denen die meisten Mitglieder der Verbände angehören[26].

---

[21] Vgl. insbesondere *Schenke,* FS E. Lorenz (1994) 473 ff., und *ders.,* NJW 1994, 2324.

[22] BGH v. 16. 5. 2002, VersR 2002, 1005.

[23] EuGH NJW 2004, 3479,

[24] Umfassend dazu BGH 2005, 724.

[25] Dazu eingehend *Angerer,* das Bundesaufsichtsamt für das Versicherungswesen als Aufsichtsinstanz, Mannheimer Vorträge, Heft 36, 1987.

[26] Vgl. dazu etwa *Römer,* NVersZ 2002, 289; *Bultmann/Knauth/Scholl,* in: Der Versicherungsombudsmann, Münsteraner Reihe, Heft 72, 2001; *E. Lorenz,* VersR 2004, 541 ff.

50   h) **Verstöße** der VU **gegen das VAG** werden nach dessen Straf- und Bußgeldvorschriften (§§ 134–145 VAG) sanktioniert. Zweifelhaft ist die **zivilrechtliche Wirksamkeit der Versicherungsverträge** und anderer Rechtsgeschäfte, die unter Verstoß gegen das VAG zu Stande gekommen sind: etwa, weil das Unternehmen unter Verstoß gegen § 5 VAG ohne Erlaubnis Versicherungsverträge oder unter Verstoß gegen § 7 Abs. 2 Satz 1 VAG versicherungsfremde Rechtsgeschäfte abgeschlossen hat, oder weil der Versicherungsvermittler beim Abschluss der Versicherungsverträge unter Verstoß gegen eine (aufgrund des § 81 VAG erlassene) Verordnung über das Verbot von Sondervergütungen und Begünstigungsverträgen einen Teil seiner Provision an den Versicherungsinteressenten und späteren VN „abgegeben" hat. Solche **Provisionsabgabeverbotsverordnungen, deren Einhaltung nach der VersVermV (oben Rn. 28) überwacht wird),** bestehen in der Lebensversicherung (Anordnung = Verordnung v. 8. 3. 1934 VA 1934, 99 f.), in der Krankenversicherung (Anordnung = Verordnung v. 6. 6. 1934 VA 1934, 100) und in der Schadensversicherung (Verordnung v. 17. 8. 1982, BGBl. I S. 1243), die ältere Verordnungen für einzelne Versicherungszweige zusammenfasst[27].

51   Nach überwiegend vertretener Ansicht werden die Versicherungsverträge **bei Verstößen** gegen § 5 VAG[28] und gegen eine Provisionsabgabeverbotsverordnung[29] **nicht** nach § 134 BGB als **nichtig** beurteilt. Und auch ein Verstoß gegen § 7 Abs. 2 Satz 1 VAG soll das versicherungsfremde und damit unzulässige Geschäft nicht nichtig machen[30].

52   Begründet werden diese Beurteilungen meist mit der Erwägung, dass sich die Vorschriften des VAG nur (einseitig) an das VU richteten und als **einseitige Verbotsvorschriften** nicht zur Nichtigkeit nach § 134 BGB führen könnten. Hingewiesen wird außerdem auf den **Zweck des VAG,** die Belange der Versicherten zu wahren; denn dieser Zweck werde verfehlt, wenn die genannten Verträge nach § 134 BGB nichtig seien, weil der VN dann seine vertraglichen Ansprüche verliere.

53   Beide Argumente sind jedoch nicht in jeder Hinsicht überzeugend. Zweifelhaft ist zunächst die Annahme, dass eine einseitige Verbotsnorm nicht zur Nichtigkeit nach § 134 BGB führen könne[31]. Außerdem gibt es durchaus Fälle, in denen die **Nichtigkeit** des unter Verstoß gegen das VAG zu Stande gekommenen Vertrags **im Interesse des VN** liegt, weil sich das VU wegen des Verstoßes gegen das VAG als unzuverlässiger Vertragspartner erwiesen hat.

54   Nicht in jeder Hinsicht überzeugend ist aber auch die **Gegenansicht,** nach der die unter Verstoß gegen das VAG geschlossenen Verträge nach § 134 BGB nichtig seien; denn es ist mit dem Schutzzweck des VAG nicht zu vereinbaren, dass der VN stets seine vertraglichen Erfüllungsansprüche verliert.

55   In Betracht kommen kann somit nur eine **differenzierte Beurteilung,** nach der ein Verstoß des VUs gegen das VAG nicht zur Nichtigkeit der Versicherungsverträge und damit zum Verlust der Erfüllungsansprüche des VN führt, aber doch bewirkt, dass sich der VN lösen kann.

56   Für viele Fälle sind diese Ziele durch die **Anfechtung** nach § 119 Abs. 2 BGB wegen Irrtums über eine verkehrswesentliche Eigenschaft des VUs zu erreichen, und wegen § 122 Abs. 2 BGB auch ohne Verpflichtung zum Schadensersatz nach § 122 Abs. 1 BGB.

---

[27] Zu diesen Verordnungen ausführlich *Prölss/Schmidt/Frey/Schmidt,* § 81 Rn. 80–102, und *Winter,* VersR 2002, 1055 (1056 zu IV.).

[28] *Fahr/Kaulbach,* VAG, § 5 Rn. 4. Zur gleichartigen Problematik bei Banken zuletzt *Staudinger/Sack* (2003) § 134 Rn. 258.

[29] Umfassende Übersicht über den Meinungsstand bei *Winter,* VersR 2002, 1055 (1061, 1064 zu VI.), und bei *Staudinger/Sack* (2003), § 134 BGB Rn. 306; und *Prölss/Kollhosser,* VAG, 11. Aufl., § 81 VAG Rn. 98 m. w. N. Neueste Rspr. bei *Schwintowski/Brömmelmeyer/Ebers,* PK-VersR, Einführung Rn. 35.

[30] *Entzian,* Versicherungsfremde Geschäfte, 1999, S. 9 ff.; *ders.* in: Verantwortlichkeit im Wirtschaftsrecht (hrsg. v. *Matusche-Beckmann/Beckmann*), Karlsruhe, 2002, 71; LG Berlin v. 14. 8. 2001, VersR 2002, 1227 (1228); für Nichtigkeit dagegen OLG Hamburg v. 15. 2. 2000, VerBAV 2000, 163 (164).

[31] *Staudinger/Sack* (2003), § 134 Rn. 306 mit Nachweisen.

Eine andere Konzeption enthält die von *Canaris*[32] entwickelte Lehre von der **halbseitigen** 57 **Teilnichtigkeit** in dem Sinne, dass die geschützte Vertragspartei bei Verstoß der anderen Vertragspartei gegen ein einseitiges Schutzgesetz ihre vertraglichen Ansprüche behält, selbst aber nur nach den Vorschriften über die ungerechtfertigte Bereicherung haftet. Gegen diese Ansicht sind jedoch gewichtige Einwände erhoben worden[33].

Eine **weitere Beurteilungsmöglichkeit** besteht darin, die Versicherungsverträge bei 58 Verstoß des VUs gegen aufsichtsrechtliche Vorschriften zwar – wie überwiegend angenommen – nicht nach § 134 BGB als nichtig anzusehen, dem VU aber (nach § 242 BGB) die Berufung auf den bestehenden Vertrag zu verweigern, wenn der VN den Vertrag wegen Verletzung des Aufsichtsrechts durch Rücktritt oder Kündigung beendet.

i) Nach der skizzierten Charakterisierung erweist sich das VAG auch als öffentlich-recht- 59 liches und damit zwingendes gesellschaftsrechtliches Sonderrecht für VU und in diesem Sinne als **Versicherungsunternehmensrecht.** Bei dessen Ausgestaltung nimmt es häufig auf das allgemeine (nicht nur für VU geltende) Vereins- und Gesellschaftsrecht Bezug. So verweist es auf Vorschriften aus dem Vereinsrecht des BGB, aus dem HGB, aus dem Aktiengesetz, aus dem Genossenschaftsgesetz und aus der Insolvenzordnung.

Es enthält außerdem die systemwidrige Besonderheit, dass die privatrechtliche Rechtsform 60 des **Versicherungsvereins auf Gegenseitigkeit (VVaG)** in den §§ 15–53c des (öffentlich-rechtlichen) VAG und nicht im Gesellschaftsrecht geregelt ist. Das VAG unterscheidet insoweit zwischen den VVaG, die im Schrifttum als „große VVaG" bezeichnet werden, und den „kleineren VVaG". Es handelt sich bei beiden Arten um für den Betrieb des Versicherungsgeschäfts entwickelte **besondere Vereinsformen,** die im Kern dazu dienen, den zu ihnen zusammengeschlossenen Vereinsmitgliedern nach dem **Grundsatz der Gegenseitigkeit** Versicherungsschutz zu gewähren. Dabei wird Vereinsmitglied mit den daraus entstehenden körperschaftsrechtlichen Rechten nur, wer mit dem Verein einen Versicherungsvertrag abgeschlossen hat. **In begrenztem Umfang** kann der Verein allerdings auch Versicherungsverträge mit Nichtmitgliedern abschließen, also das **Nichtmitgliedergeschäft** betreiben. Die Organisation der (großen) VVaG unterwirft das VAG in weitem Umfang, aber ohne den Gegenseitigkeitsgrundsatz aufzuheben, dem Aktienrecht und die Organisation der kleineren VVaG weitgehend dem Vereinsrecht des BGB und dem Genossenschaftsrecht.

j) Obwohl eine weitreichende Versicherungsaufsicht heute allgemein als notwendig ange- 61 sehen wird, muss doch gewährleistet bleiben, dass den VU eine nennenswerte **unternehmerische Betätigungsfreiheit** bleibt. Damit entsteht die Frage, wie die Versicherungsaufsicht und die verfassungsrechtlich geschützte unternehmerische Betätigungsfreiheit zu einem angemessenen Ausgleich zu bringen sind. Diese Frage ist durch die **Deregulierung des Versicherungsmarktes** der EU aufgrund europäischen Rechts in den letzten Jahren immer wieder neu beantwortet worden. Im Zuge dieser Entwicklung hat das europäische Recht einige bedeutsame Kompetenzen der Aufsichtsbehörde beseitigt oder eingeschränkt, um den Unternehmen mehr Gestaltungsfreiheit einzuräumen und den Wettbewerb zum Vorteil der Versicherten zu fördern. Die entfallenen Befugnisse der Aufsichtsbehörde sind aber zumindest teilweise durch aufsichtsrechtliche Regelungen anderer Art, etwa durch die (Rn. 39 u. 40) erwähnten erweiterten Informationspflichten des VUs gegenüber den Versicherten, ersetzt worden. Eine tiefgründige, auch die historische Entwicklung aufzeigende Darstellung der ständigen Ausweitung des Aufsichtsrechts und ihrer verfassungsrechtlichen Problematik enthält der Abschnitt „Aufsichtsrecht und Verfassung" in dem großartigen „Versicherungsaufsichtsrecht" von *Gerrit Winter*.[34] Verschärft wird die Problematik noch dadurch, dass das zwingende Recht im VVG ständig wächst (näher dazu oben Rn. 17).

---

[32] *Canaris*, Gesetzliches Verbot und Rechtsgeschäft, 1983, 30ff.; *ders.*, NJW 1985, 2404 (2405); *ders.*, FS Steindorff (1990) 519 (530ff.).
[33] Vgl. insbesondere *Cahn*, JZ 1997, 8 (13S.); zustimmend *Staudinger/Sack* (2003) mit Übersicht über den Meinungsstand, § 134 BGB Rn. 112f.
[34] Vgl. *Gerrit Winter*, Versicherungsaufsichtsrecht. Kritische Betrachtungen. 2007.

2. Aufsichtsrechtliche Verordnungen und geschäftsplanmäßige Erklärungen

62   **a)** Aufgrund des VAG sind viele aufsichtsrechtliche Verordnungen erlassen worden. Sie gehören – wie das VAG – zu den **öffentlich-rechtlichen Rechtsquellen** des Privatversicherungsrechts. Sie dienen überwiegend der näheren Ausgestaltung einzelner Regelungen im VAG. Als Beispiele seien genannt: die Verordnung über die versicherungsmathematische Bestätigung und den Erläuterungsbericht des Verantwortlichen Aktuars (Aktuarversicherung) v. 6. 11. 1996 (BGBl. I S. 1681), die Verordnung über die versicherungsmathematischen Methoden zur Prämienkalkulation und zur Berechnung der Alterungsrückstellung in der privaten Krankenversicherung (Kalkulationsverordnung-KalV) v. 18. 11. 1996 (BGBl. I S. 1783) und die Verordnung über die Kapitalausstattung von VU (Kapitalausstattungs-Verordnung) v. 13. 12. 1983 (BGBl. I S. 1451).

63   **b)** Bei den **geschäftsplanmäßigen Erklärungen (GE)**[35], die teilweise im Amtsblatt der Aufsichtsbehörde veröffentlicht worden sind, handelt es sich um Erklärungen der VU gegenüber der Aufsichtsbehörde (und gelegentlich auf deren Betreiben), durch die sie einen Zustand anerkennen oder sich zu einem bestimmten Verhalten im Rahmen des Geschäftsbetriebs, etwa zu einer bestimmten, für die VN günstigeren Handhabung einer AVB-Klausel, verpflichten. Bis zur Änderung des VAG durch das schon (Rn. 15 und 37) hervorgehobene Dritte Durchführungsgesetz/EWG zum VAG v. 21. 7. 1994, waren die **GE** Bestandteil des Geschäftsplans, obwohl das VAG sie nicht erwähnte. Es ließ sie aber zu, weil es die Bestandteile des Geschäftsplans in § 5 Abs. 3 a. F. VAG nicht abschließend aufzählte, sondern nur die wichtigsten „insbesondere" nannte. In der 1994 eingeführten Neufassung des § 5 Abs. 3 VAG wurde das Wort „insbesondere" gestrichen und die Aufzählung der Bestandteile des Geschäftsplans damit abschließend. In der Aufzählung wurden die GE nicht genannt. Sie **gehören** seitdem also **nicht mehr zum Geschäftsplan**[36].

64   Damit entstand die **Frage** nach **der Fortgeltung** der bis zur Änderung des § 5 Abs. 3 VAG bestehenden **GE**. Nach einer Verlautbarung der Aufsichtsbehörde[37] ist das für den bis dahin vorhandenen Bestand an Versicherungsverträgen (Altverträge) anzunehmen, während die GE für den danach begründeten Bestand so lange maßgebend sind, bis sich die VU durch Erklärung gegenüber der Aufsichtsbehörde von ihnen gelöst haben. Bis dahin bestehen die GE somit als aufsichtsrechtliches Regelungsinstrument eigener Art fort.

65   Obwohl die **GE** als Erklärung gegenüber der Aufsichtsbehörde öffentlich-rechtlicher Natur ist, hat sie auch für den privatrechtlichen Versicherungsvertrag der VU mit den Versicherten erhebliche Bedeutung. Sie ist allerdings **kein Vertrag zu Gunsten Dritter** und auch **nicht Bestandteil der AVB**[38]. Sie steht also außerhalb des privatrechtlichen Versicherungsverhältnisses und kommt deshalb für die Auslegung und für die Wirksamkeitsprüfung der in den Vertrag einbezogenen AVB nicht in Betracht[39]. Eine in dem Amtsblatt der Aufsichtsbehörde veröffentlichte GE, durch die sich das VU gegenüber der Aufsichtsbehörde zu einem bestimmten Verhalten gegenüber den Versicherten verpflichtet hat, kann aber **„entsprechend den in § 328 Abs. 2 BGB genannten Kriterien"** (BGH) ein **Recht der Versicherten** gegen das VU auf Einhaltung der GE begründen[40].

3. Versicherungsaufsichtsrecht der Bundesländer

66   Neben dem Versicherungsaufsichtsrecht des Bundes gibt es auch ein Versicherungsaufsichtsrecht der Länder. Es gilt für VU, die ihm durch das Gesetz über die Einrichtung eines

---

[35] Eindringlich und umfassend zur GE *Prölss/Schmidt/Frey/Schmidt*, Zusatz zu § 5.

[36] Vgl. *Prölss/Schmidt/Frey/Kollhosser*, § 81 Rn. 25a; *Präve*, VW 1994, 802.

[37] VerBAV 1994, 297; vgl. außerdem VerBAV 1995, 119ff. Wie die Aufsichtsbehörde: BGH v. 4. 10. 1995, VersR 1996, 51 = VerBAV 1996, 75; *Römer*, Der Prüfungsmaßstab bei der Mißstandsaufsicht nach § 81 VAG und der AVB-Kontrolle nach § 9 AGB-Gesetz, 1996, 26f.; *Prölss/Schmidt/Frey/Kollhosser*, § 81 Rn. 25a.

[38] BGH v. 18. 7. 1988, BGHZ 105, 140, 151 = VersR 1988, 1062 (1065).

[39] BGH v. 7. 2. 1996, VersR 1996, 486.

[40] BGH wie in Fn. 29 und 30.

Bundesaufsichtsamtes für das Versicherungswesen (BAG) unterstellt worden sind. Das sind hauptsächlich öffentlich-rechtliche Wettbewerbs-VU (Körperschaften und Anstalten des öffentlichen Rechts), deren Tätigkeit sich auf den Bereich eines Landes beschränkt. Genau abgegrenzt werden die Zuständigkeit der Aufsichtsbehörde des Bundes, also der BaFin (Rn. 45), und der Landesbehörden durch die §§ 2–6 BAG. Das Versicherungsaufsichtsrecht der Bundesländer **verliert an Bedeutung,** weil sich immer mehr Körperschaften und Anstalten des öffentlichen Rechts in Aktiengesellschaften umwandeln und mit anderen Regionalversicherern zusammenschließen.

V. Privatversicherungsrecht der EU

Zu den Rechtsquellen des (deutschen) Privatversicherungsrechts gehört auch das Versicherungsrecht der EWG, der EG und neuestens der EU (näher dazu *Mönnich,* § 2). **Eine europäische Kodifikation des Versicherungsvertragsrechts** gibt es **noch nicht.** Und soweit ersichtlich, ist sie in der Rechtspolitik der EU auch (noch) kein **aktuelles** Ziel. Vereinheitlicht worden ist aber – wie schon (Rn. 34) erwähnt – durch die Rom-I-Verordnung das Internationale Versicherungsvertragsrecht. Damit ist immerhin gewährleistet, dass ein privatversicherungsrechtlicher Rechtsstreit ohne Rücksicht darauf, in welchem Mitgliedstaat der EU er zu beurteilen ist, nach demselben Versicherungsvertragsrecht beurteilt wird. So lange ein europäisches Gesetzbuch des Versicherungsvertragsrechts nicht vorliegt, ist im Bereich des europäischen Privatversicherungsrechts zu unterscheiden zwischen dem **Gemeinschaftsversicherungsrecht** und dem aufgrund des Gemeinschaftsversicherungsrechts in den Mitgliedstaaten der EU entstandenen **harmonisierten Versicherungsrecht.** 67

Hinzuweisen ist außerdem auf die Tätigkeit der Projektgruppe „Restatement of European Insurance Contract Law"[41]. Sie hat im Dezember 2007 Allgemeine Grundsätze des europäischen Versicherungsvertragsrechts in Form eines Europäischen Modellgesetzes **(Principles of European Insurance Contract Law – PEICL –)** vorgelegt[42].

Das **Gemeinschaftsversicherungsrecht** besteht aus der Gesamtheit der versicherungsrechtlichen Vorschriften, die sich im EU-Primärrecht und dem EU-Sekundärrecht finden. Das **EU-Primärrecht** enthält der Vertrag über die Gründung der Europäischen Gemeinschaft (EGV). Er wurde am 25. 3. 1957 als Vertrag über die Gründung der Europäischen Wirtschaftsgemeinschaft (EWGV) geschlossen, durch den Vertrag (von Maastricht) über die Europäische Union (EUV) v. 7. 2. 1992 in EGV umbenannt und steht seitdem mit dieser Bezeichnung unter dem Dach des EUV. Auf seiner Grundlage ist das **EU-Sekundärrecht** erlassen worden. Es besteht im Wesentlichen aus den **Verordnungen,** die mit ihrem In-Kraft-Treten die Gemeinschaftsbürger unmittelbar (ohne Umsetzung in den Mitgliedstaaten) binden, und aus den versicherungsrechtlichen **Richtlinien.** Diese richten sich – im Unterschied zu den Verordnungen – grundsätzlich nicht unmittelbar an die Gemeinschaftsbürger, sondern an die Mitgliedstaaten, die sie in ihr nationales (mitgliedstaatliches) Recht überführen (umsetzen) und damit zu unmittelbar auf die Gemeinschaftsbürger anwendbarem Recht machen müssen. 68

Das von dem Gemeinschaftsrecht zu unterscheidende **harmonisierte Versicherungsrecht,** das der Sache nach gemeinschaftsrechtliches Einheitsversicherungsrecht ist, weil es im Wesentlichen übereinstimmend in allen Mitgliedstaaten gilt, besteht nach den vorangegangenen Überlegungen zunächst aus den wenigen versicherungsrechtlichen **Verordnungen des Gemeinschaftsrechts** und ferner aus den Vorschriften, die durch Umsetzung versicherungsrechtlicher Richtlinien in die mitgliedstaatlichen Rechte mit im Wesentlichen übereinstimmendem Inhalt entstanden sind. Unter den zahlreichen versicherungsrechtlichen Richtlinien hervorzuheben sind die „drei **Richtliniengenerationen",** deren Umsetzung in das deutsche Recht allerdings – wie schon (Rn. 36f.) bei der Darstellung anderer Rechtsquellen ausgeführt – zum größeren Teil das Aufsichtsrecht und insoweit besonders das Versicherungs- 69

---

[41] Begründet von *Fritz Reichert-Facilides* †. Derzeitiger Vorsitzender *Helmut Heiss.*
[42] Kurzer Bericht in VersR 2008, 328. Fundstelle der PEICL www.restatement.info.

unternehmensrecht verändert hat, aber in erheblichem Umfang auch das Versicherungsvertragsrecht. Es handelt sich bei diesen Richtlinien um die Ersten, Zweiten und Dritten Richtlinien zur Koordinierung der Rechts- und Verwaltungsvorschriften über die Direktversicherung (die in der deutschen Rechtssprache „Erstversicherung" heißt und zwischen den VR und VN begründet wird). Jede dieser Generationen enthält je eine Richtlinie für die **Schadensversicherung** (hier: Versicherung, die nicht Lebensversicherung ist) und für die **Lebensversicherung.**

VI. Sozialversicherungsrecht

1. Rechtsquellen und Gestaltungsgrundsätze

70   a) Eindeutig **keine Rechtsquellen des Privatversicherungsrechts** sind die **Rechtsgrundlagen der Sozialversicherung,** an deren Spitze als **Kodifikation** das **Sozialgesetzbuch** (SGB) steht. Das SGB besteht aus mehreren seit 1975 nach und nach in Kraft getretenen Büchern, nach denen Versicherungsschutz durch die soziale Kranken- (SGB V), Pflege- (SGB XI), Renten- (SGB VI), Unfall- (SGB VII) und Arbeitslosenversicherung (SGB III) gewährt wird. Die Kodifikation ist noch nicht abgeschlossen. **Ansprüche auf** (Versicherungs-) **Leistungen** entstehen nicht aufgrund eines Versicherungsvertrages, sondern unmittelbar Kraft Gesetzes (§ 40 SGB I). Das Sozialversicherungsverhältnis ist auch kein privatrechtliches, sondern ein kraft gesetzlichen Zwangs entstehendes **öffentlich-rechtliches Versicherungsverhältnis,** dessen Rechte und Pflichten grundsätzlich durch Gesetz begründet, festgestellt, geändert oder aufgehoben werden (§ 32 SGB I). Insoweit ist also **kein Raum für inhaltliche Gestaltung durch die Beteiligten.** Das sind die **Sozialversicherungsträger,** die Körperschaften des öffentlichen Rechts sind, und die **Versicherten.** Damit ist zugleich gesagt, dass der Inhalt des Versicherungsverhältnisses in den verfassungsrechtlichen Grenzen jederzeit von dem Gesetzgeber geändert werden kann und auch immer wieder geändert worden ist. Die **Bindungslage** der Anspruchsgegner der Versicherten in der Sozialversicherung ist also wesentlich anders als bei der (ohne ordentliche Kündigungsmöglichkeit) an ihre Verträge gebundenen privaten Kranken- und Lebensversicherer, für die außerdem das Insolvenzrisiko besteht. Ebenso unterschiedlich sind die **Gestaltungsgrundsätze.** Nach den sozialversicherungsrechtlichen Rechtsquellen folgt die Sozialversicherung[43] den Prinzipien des **sozialen Schutzes** und der **Solidarität** sowie dem Prinzip des **sozialen Ausgleichs,** das – anders als die **Privatversicherung als Individualversicherung** – Beiträge zulässt, die nicht oder nicht allein an dem individuellen Risiko der Versicherten orientiert sind. So kann etwa ein gut verdienender Lediger einen höheren Beitrag zahlen müssen als ein Familienvater, obwohl mit diesem ohne zusätzliche Beitragszahlung auch seine unterhaltspflichtigen Familienangehörigen mitversichert sind.

71   b) Bei **Streitigkeiten** zwischen den Beteiligten des (Sozial-)Verhältnisses ist aus den genannten Gründen der **Rechtsweg** zu den **Sozialgerichten** (§ 51 Abs. 2 SGG) und nicht zu den ordentlichen Gerichten (Zivilgerichten) eröffnet.

2. Abgrenzung der Privatsicherung von der Sozialversicherung

72   Aufgrund der dargestellten (wichtigsten) Rechtsquellen des Privat- und des Sozialversicherungsrechts kann man sagen: Die Frage, ob ein Versicherungsverhältnis nach dem Privat- oder dem Sozialversicherungsrecht zu beurteilen ist, lässt sich in der Regel **ohne Schwierigkeiten** beantworten. Dennoch ist die Abgrenzung der Privatsicherung von der Sozialversicherung seit vielen Jahrzehnten Thema einer **eindringlichen wissenschaftlichen Diskussion**[44], in der teilweise alle materiellen Abgrenzungskriterien als nicht überzeugend angesehen werden[45].

---

[43] Vgl. dazu und zum Folgenden *Gitter,* Sozialrecht, 4. Aufl., 1997, S. 61 ff. (§ 4).

[44] Neue knappe Übersicht bei Berliner Kommentar/*Dörner,* Einleitung Rn. 15. Vgl. auch *E. Lorenz,* FS Hirsch (2008), S. 397 (402–405).

[45] So mit Nachweisen *Bruck/Möller,* § 1 Anm. 14, und *Deutsch,* Rn. 18.

a) Keine überzeugende Abgrenzung ergibt sich daraus, dass Sozialversicherungträger **73** durchweg **Körperschaften des öffentlichen Rechts** sind; denn Körperschaften und Anstalten des öffentlichen Rechts sind auch zugelassene Rechtsformen für den Betrieb des privaten Versicherungsgeschäfts (§ 7 VAG).

b) Ein nicht in jeder Hinsicht zutreffendes Abgrenzungskriterium ist ferner der **Versiche- 74 rungszwang,** der im Sozialversicherungsrecht zwar die Regel ist, aber durch freiwillige (Fortsetzung einer früher bestandenen) Sozialversicherung durchbrochen wird[46]. Außerdem gibt es einen Versicherungszwang auch im **Privatversicherungsrecht** in Form der **Pflichtversicherung.** Der Versicherungszwang ist hier allerdings **von anderer Qualität;** denn durch ihn entsteht nicht – wie im Sozialversicherungsrecht – ein **Versicherungsverhältnis kraft Gesetzes,** sondern nur die gesetzliche Verpflichtung des Versicherungspflichtigen, bei einem VR seiner Wahl einen den Anforderungen der gesetzlichen Versicherungspflicht entsprechenden Versicherungsvertrag abzuschließen. Das auf diese Weise begründete Versicherungsverhältnis ist deshalb **privatrechtlicher** und nicht (wie bei der Sozialversicherung) öffentlichrechtlicher Natur.

Um eine solche **Pflichtversicherung** handelt es sich auch bei dem **Sonderfall der priva- 75 ten Pflegeversicherung,** die auf besondere Art mit dem Sozialversicherungsrecht verknüpft ist. Sie betrifft die Pflegeversicherung der nicht in der gesetzlichen sozialen Krankenversicherung (nach dem SGB V), sondern bei einem privaten Krankenversicherungsunternehmen mit Anspruch auf allgemeine Krankenhausleistungen versicherten Personen. Für sie ergibt sich die **Pflicht zur Pflegeversicherung aus dem SGB XI,** das die soziale Pflegeversicherung regelt (§ 23 SGB XI). Und erfüllen können sie diese Pflicht durch einen bei ihrem oder einem anderen Krankenversicherer (§ 23 Abs. 2 SGB XI) abzuschließenden **privaten Versicherungsvertrag** mit dem **Inhalt,** der in **SGB XI** vorgeschrieben ist, und für den der Krankenversicherer auch einem **Kontrahierungszwang** unterliegt (§ 110 SGB XI). Wegen dieser Gestaltung durch das Sozialversicherungsrecht begründet der Versicherungsvertrag aber gleichwohl **kein** (öffentlich-rechtliches) **Sozialversicherungsverhältnis.** Das SGB XI bestimmt vielmehr – wie alle Anordnungen einer Pflichtversicherung im Privatversicherungsrecht –, dass und mit welchem Inhalt sich der Versicherungspflichtige durch einen Versicherungsvertrag bei einem privaten VR seiner Wahl **privatrechtlich** versichern muss. Wie alle eine Pflichtversicherung begründenden Normen lässt es also die privatrechtliche Rechtsnatur der abgeschlossenen Versicherungsverträge unberührt. Deshalb hätte für Streitigkeiten aus einem privatrechtlichen Pflegeversicherungsvertrag der Rechtsweg zu den ordentlichen Gerichten (Zivilgerichten) eröffnet werden müssen. Statt dessen sieht **§ 51 Abs. 2 SGG** vor, dass die **Sozialgerichte** entscheiden müssen.

c) Die vorangegangenen Bemerkungen deuten bereits darauf hin, dass der Versicherungs- 76 vertrag das **Kriterium** ist, **mit dem sich Privat- und Sozialversicherung hinreichend zuverlässig unterscheiden** lassen. Private Versicherung ist demnach gegeben, wenn das Versicherungsverhältnis – gleich, ob freiwillig oder aufgrund einer gesetzlichen Verpflichtung – durch einen Versicherungsvertrag begründet wird oder (wie etwa bei dem Direktanspruch des Geschädigten nach § 3 Nr. 1 PflVG) den Abschluss eines Versicherungsvertrages voraussetzt, also mit ihm zusammenhängt. Dem steht nicht entgegen, dass es landesrechtliche öffentliche Anstalten gab, die Monopolanstalten waren und bei denen das Versicherungsverhältnis (etwa ein Gebäudeversicherungsverhältnis) unmittelbar kraft Gesetzes entstand; denn erstens gibt es diese Anstalten seit 1993[47] nicht mehr und zweitens waren solche Versicherungsverhältnisse nicht privatrechtlicher Natur.

---

[46] Vgl. z. B. § 9 SGB V (freiwillige Krankenversicherung auf Anzeige des Beitretenden).
[47] Dazu *Renger,* VersR 1993, 942; *Fahr,* VersR 1992, 1043.

3. Wechselwirkungen zwischen Privat- und Sozialversicherungsrecht

77   Da sich die Privatversicherung und die Sozialversicherung nach ihrer Funktion[48] und deshalb auch nach ihrer Struktur wesentlich unterscheiden, können sich nur begrenzte Wechselwirkungen ergeben. So ist etwa bei der **Auslegung privatversicherungsrechtlicher Vorschriften** das Sozialversicherungsrecht, wenn überhaupt, nur sehr vorsichtig zu berücksichtigen. Anders verhält es sich allerdings bei der (Rn. 75) erwähnten **privaten Pflegeversicherung,** bei der die Pflicht zum Abschluss des Versicherungsvertrages und seine wesentliche Ausgestaltung durch das Sozialversicherungsrecht (SGB XI) bestimmt worden sind. Starke Beeinträchtigungen der Betätigungs- und Produktgestaltungsfreiheit des VR enthält auch das neue private Krankenversicherungsrecht (dazu *H. Müller*, §§ 44, 45), das methodisch und inhaltlich sehr zweifelhaft durch die Übertragung sozialversicherungsrechtlicher Ordnungsgrundsätze umstrukturiert wird[49].

C. Konzeptionelle Grundbegriffe des Privatversicherungsrechts

I. Prägung durch die Kodifikationen des Versicherungsvertragsrechts

78   Aufgrund der dargestellten Rechtsquellen lässt sich über den **Inhalt des Privatversicherungsrechts** sagen: Es besteht aus dem **Versicherungsvertragsrecht** mit dessen Kodifikationen durch das VVG und das VVG 2008, aus dem **Versicherungsunternehmensrecht,** das auf verschiedene Rechtsquellen verteilt, besondere Vorschriften gerade für die VU enthält, aus dem **Internationalen Versicherungsvertragsrecht** und aus dem **Versicherungsaufsichtsrecht** mit dem VAG als Kodifikation[50]. Hinzufügen könnte man noch das **Versicherungsvermittlerrecht,** das als Sonderrecht für Vermittler von Versicherungsverträgen in verschiedenen Rechtsquellen zu finden ist[51].

79   Wie schon in der Darstellung der Rechtsquellen (Rn. 4) hervorgehoben, wird das Privatversicherungsrecht aber geprägt durch das VVG und nun durch das VVG 2008. Deshalb sollen die folgenden Bemerkungen hauptsächlich den wichtigsten Grundbegriffen der beiden Kodifikationen gelten, und bei Unterschieden mit dem Vorrang des VVG 2008.

II. Terminologie

80   Als Sonderrecht für den Versicherungsvertrag hat das Versicherungsvertragsrecht eine für sein Verständnis bedeutsame besondere Terminologie hervorgebracht. Dazu gehört zunächst die Bezeichnung für das im Versicherungsaufsichtsrecht so genannte **VU,** das als eine Vertragspartei die Versicherungsverträge abschließt. Es wird im täglichen Sprachgebrauch oft als „die Versicherung" bezeichnet. Nach der Terminologie des VVG ist es der **Versicherer,** während mit „Versicherung" der Versicherungsvertrag gemeint ist. Der Partner des VR ist beim Versicherungsvertrag der **Versicherungsnehmer** und wenn der Versicherungsvertrag neben dem VN auch anderen, die selbst nicht Vertragspartei sind, Versicherungsschutz verschaffen soll, sind diese anderen **(Mit-)Versicherte.**

---

[48] Siehe dazu oben Rn. 70 zu den Gestaltungsgrundsätzen, die zu der Frage geführt haben, ob die Sozialversicherung überhaupt eine Versicherung darstellt und nicht als „sozialpolitische Fürsorge" zu verstehen ist. Näher dazu *Gitter*, wie Fn. 32, S. 53.

[49] Vgl. dazu auch *E. Lorenz*, FS Hirsch, 2008, 397 (402–404).

[50] Zur Abgrenzung des Privatversicherungsrechts ebenso schon Berliner Kommentar/*Dörner*, Einleitung Rn. 18, unter Hinweis auf *Hofmann*, Privatversicherungsrecht, § 1 Rn. 2 ff.

[51] Für die Einbeziehung etwa *Bruck/Möller*, Bd. I, Einl. Anm. 2.

III. Arten der Versicherungsverträge

1. Vorbemerkung zu den Versicherungssparten

Vorzufinden ist zunächst eine Einteilung der Versicherungsverträge anhand der **Versiche-** 81
rungszweige, von denen einige, aber keineswegs alle, im **Anhang A des VAG** genannt werden und den Namen **„Versicherungssparten"** erhalten haben. Benannt werden die Sparten (nicht immer exakt und einsichtig) manchmal – wie etwa bei der Feuerversicherung – nach der Gefahr, gegen deren Verwirklichung die ihnen zugeordneten Verträge Versicherungsschutz bieten sollen, oder – wie etwa bei der Hausratversicherung – nach dem Gegenstand, bei dessen Beschädigung eine Versicherungsleistung gewährt werden soll. Zu den besonders ungenauen Bezeichnungen gehört die der Krankenversicherung; denn selbstverständlich schützt diese Versicherung nicht vor Krankheit, sondern vor ihren nachteiligen vermögensrechtlichen Folgen. Als geradezu vorbildlich erweist sich diese Bezeichnung aber im Vergleich zu der derzeit rechtspolitisch diskutierten „Gesundheitsreform", bei der es um die Reform der gesetzlichen (sozialen) Krankenversicherung geht. Auf die Versicherungssparten bezogen ist der aufsichtsrechtliche Grundsatz der **Spartentrennung,** nach dem die Lebensversicherung und die substitutive Krankenversicherung (§ 8 VAG) und mit Einschränkungen (§ 8a VAG) die Rechtsschutzversicherung zum Schutze der Versicherten von einem VR in demselben Unternehmen nicht mit anderen Versicherungssparten betrieben werden dürfen.

2. Schadens- und Summenversicherung

Die wohl **bedeutendste und folgenreichste Einteilung** der in den Versicherungsspar- 82
ten (Versicherungszweigen) abgeschlossenen Versicherungsverträge ist die in Schadens- und Summenversicherung.

a) Eine **Schadensversicherung**[52] enthalten nach § 1 Abs. 1 VVG alle Versicherungsver- 83
träge, bei denen der VR den VN nach Eintritt des Versicherungsfalls den dadurch entstandenen Schaden im Rahmen der vertraglichen Vereinbarungen zu ersetzen hat. Das gilt auch für das VVG 2008, obwohl dessen § 1 den Begriff Schadensversicherung nicht erwähnt. Da die Schadensversicherungen nur zum Ersatz des **eingetretenen Schadens** verpflichten, unterliegen sie dem **versicherungsvertragsrechtlichen Bereicherungsverbot,** das insbesondere durch § 55 VVG (Ersatz nur des eingetretenen Schadens auch bei höherer Versicherungssumme), § 59 VVG (Doppelversicherung führt nicht zur doppelten Entschädigung) und § 67 VVG (Anspruch des von dem VR entschädigten VN gegen den Schädiger des VN geht auf den VR über) gesetzlich verankert worden ist. **Neuwertversicherungen** werden jedoch allgemein als zulässig angesehen[53]. Außerdem wird zunehmend vertreten, dass den (besonderen) Vorschriften für die gesamte Schadensversicherung (§§ 49–80 VVG) kein zwingendes Bereicherungsverbot zu entnehmen sei[54] und daher die vereinbarte Leistung auch dann zu erbringen ist, wenn sie zu einer Bereicherung des VN führt. In diese Richtung geht **§ 1 VVG 2008,** der die Verpflichtungen der Parteien des Versicherungsvertrags festlegt. Die Frage, ob dem VVG 2008 ein allgemeines gesetzliches Bereicherungsverbot entnommen werden kann, ist nicht leicht zu beantworten. Dagegen spricht, dass das VVG 2008 keine dem § 55 VVG entsprechende Vorschrift enthält. Den §§ 59 u. 67 VVG entsprechen aber im Wesentlichen die §§ 78 (Mehrfachversicherung) und 86 (Übergang von Ersatzansprüchen) VVG 2008. **Eindeutig** vorgesehen ist ein **Bereicherungsverbot** in § 200 VVG 2008 für die **Krankenversicherung,** soweit sie Schadensversicherung ist[55]. (dazu sogleich Rn. 85).

Schadensversicherung sind alle **Sachversicherungen,** für die etwa die Kfz-Kaskover- 84
sicherung oder die Feuerversicherung geläufige Beispiele bilden, sowie die **Vermögens-**

---

[52] Das VVG nennt sie Schaden*s*- und nicht Schadenversicherung.

[53] Vgl. nur *Prölss/Martin/Kollhosser,* § 55 Rn. 2 und 7 mit Nachweisen.

[54] Ausführlich dazu *Prölss/Martin/Kollhosser,* § 55 Rn. 19–30. Der BGH hat die Frage, ob das VVG ein zwingendes Bereicherungsverbot enthält, offen gelassen. Vgl. BGH v. 24. 4. 1996, VersR 1996, 845 (846).

[55] So die amtl. Begründung des Regierungsentwurfs vom 11. 10. 2006 zu § 22 VVGE.

schadensversicherungen und alle **Haftpflichtversicherungen.** Die Sach- und Haftpflichtversicherung enthalten zugleich Beispiele für die im Schrifttum entwickelte Unterteilung der Schadensversicherung in **Aktiven-** und **Passivenversicherung**[56]. Danach sind Aktivenversicherung die Versicherungen, die – wie die Sachversicherung – den Schutz vor den
wirtschaftlichen Folgen von Schäden an einem Vermögensgegenstand (Sachen, Forderungen
oder Anwartschaften) gewähren, während die Passivenversicherung dadurch gekennzeichnet
ist, dass sie – wie die Haftpflichtversicherung – das allgemeine Vermögen vor (Passiven, also)
Verbindlichkeiten (insbesondere Schadensersatzverpflichtungen gegenüber Dritten) bewahren soll.

85   b) Die **Gegenkategorie** zu der Schadensversicherung bildet die **Summenversicherung,** die als **gesetzlicher Begriff** im VVG und im VVG 2008 nicht auftaucht, wohl aber
in Anlage A.1.a) zum **VAG.** § 1 Abs. 1 VVG erwähnt nach der Schadensversicherung vielmehr die Lebensversicherung, die Unfallversicherung und andere Arten der Personenversicherung. Dieser Befund legt es nahe, der Schadensversicherung die Personenversicherung gegenüberzustellen. Das wäre aber nur anzunehmen, wenn Personenversicherungen niemals
Schadensversicherung wären. Das Gegenteil belegt jedoch die Krankheitskostenversicherung, die zugleich Personen- und Schadensversicherung ist, nämlich Versicherung des Schadens, der durch die Kosten für die Behandlung einer Krankheit des VN in dessen Vermögen
entsteht. Der **Schadensversicherung** ist also nicht die Personenversicherung, deren Gegenkategorie die Nichtpersonenversicherung ist, sondern die Versicherung gegenüberzustellen,
für die sich die Bezeichnung **Summenversicherung** seit vielen Jahrzehnten durchgesetzt
hat.

86   Obwohl der Schadensversicherung anders als in § 1 Abs. 2 VVG die Summenversicherung
gegenüberzustellen ist, bringt die gesetzliche Regelung aber zutreffend zum Ausdruck, dass
nur Personenversicherungen (und nicht auch Nichtpersonenversicherungen) **Summenversicherungen** sein können. Außerdem enthält § 1 Abs. 1 Satz 2 VVG eine Beschreibung
der Leistungspflicht des VR, die so zu lesen ist: Bei der **Summenversicherung** „ist der VR
verpflichtet, nach Eintritt des Versicherungsfalls den vereinbarten Betrag an Kapital oder
Rente zu zahlen oder die sonst vereinbarte Leistung zu bewirken." Dieses Verständnis liegt
auch dem § 1 VVG 2008 zu Grunde.

87   Die **Qualifikation** einer Versicherung als **Summenversicherung** ist **deshalb** von erheblicher praktischer **Bedeutung,** weil sie dazu führt, dass die (besonderen) „Vorschriften für die
gesamte Schadensversicherung" (§§ 49–80 VVG und nun die §§ 74–99 VVG 2008) nicht
anzuwenden sind. Das heißt insbesondere: das **versicherungsvertragsrechtliche Bereicherungsverbot** (Rn. 83) **gilt** (wenn man es annimmt) jedenfalls **nicht.** Bei der Summenversicherung ist es also unerheblich, ob die Versicherungsleistung (mangels konkreten Schadens) zu einer Bereicherung des VN führt oder nicht. Um eine Harmonisierung mit dem
Bereicherungsverbot zu erreichen, wird teilweise angenommen, dass die **Summenversicherung** zwar nicht wie die Schadensversicherung einen konkreten, aber einen **abstrakten Bedarf** decke[57].

88   Die Frage, ob eine Versicherung eine Schadens- oder eine Summenversicherung ist, lässt
sich nicht immer leicht beantworten. Die Entscheidung hängt davon ab, was der VR nach
dem Gesetz und nach den vertraglichen Vereinbarungen schuldet. Umstritten war etwa, ob
die **Krankentagegeldversicherung** Schadens- oder Summenversicherung ist, weil § 178
Abs. 3 VVG wie nun auch § 192 Abs. 5 VVG 2008 bestimmt, dass das vereinbarte Tagegeld
(also die vom VR geschuldete Summe) den durch Krankheit oder Unfall verursachten Verdienstausfall ersetzen soll. Der **BGH** hat sich insbesondere aufgrund der meistens verwendeten AVB zu Recht für die Qualifikation als **Summenversicherung** entschieden[58]. Ein VN,
dessen Krankheit von einem Dritten haftungsbegründend herbeigeführt worden ist, behält

---

[56] Vgl. dazu *Bruck/Möller,* § 1 Anm. 28f.
[57] *Möller* wie vorige Fn., Anm. 25.
[58] BGH v. 4. 7. 2001, VersR 2001, 1100.

daher auch nach Erfüllung des Anspruchs gegen den VR auf das vereinbarte Tagegeld den Schadensersatzanspruch gegen den Dritten in voller Höhe, weil § 67 VVG und der ihm entsprechende § 86 VVG 2008 auf die Summenversicherung nicht anwendbar ist, also kein Forderungsübergang stattfindet. Das Krankentagegeld führt also in solchen Fällen zu einer zulässigen Bereicherung des VN.

3. Personen- und Nichtpersonenversicherung

Weniger bedeutsam als die Unterscheidung zwischen Schadens- und Summenversicherung ist die zwischen Personen- und Nichtpersonenversicherung. **89**

a) Bei der Personenversicherung, die in der Regel Summenversicherung ist, aber auch **90** Schadensversicherung sein kann (Rn. 85), betrifft die versicherte Gefahr eine Person, die als **Gefahrperson** bezeichnet wird und nicht mit dem VN identisch sein muss. Im Gesetz ausdrücklich hervorgehoben wird das für die Lebensversicherung (§ 159 Abs. 1 VVG und § 150 Abs. 1 VVG 2008), die Krankenversicherung (§ 178 a VVG und § 193 VVG 2008) und die Unfallversicherung (§ 179 VVG und § 179 VVG 2008), die alle auf die Person des VN oder eines anderen genommen werden können.

b) Die **Gegenkategorie zur Personenversicherung** bildet die **Nichtpersonenver- 91 sicherung**[59]. Sie umfasst alle Versicherungen, die nicht Personenversicherung sind. Als Gegenkategorie zu der Personenversicherung findet man im Schrifttum an Stelle des (etwas unschönen) Begriffs „Nichtpersonenversicherung" die Begriffe „Vermögensversicherung" *(Ehrenzweig)* oder „Güterversicherung" *(Manes)* oder (besonders häufig) „Sachversicherung"[60]. Die Ersatzbegriffe können den Begriff „Nichtpersonenversicherung" aber nicht ersetzen, weil keiner von ihnen all die Versicherungen erfasst, die keine Personenversicherung sind.

4. Freiwillige Versicherungen und Pflichtversicherungen

Zu den **bedeutsameren Einteilungen** gehört die in freiwillige Versicherungen und in **92** die (Rn. 74) bereits erwähnten Pflichtversicherungen.

a) Mit den **freiwilligen Versicherungen** sind die Versicherungen gemeint, die ohne **93** rechtlichen Zwang begründet werden. Sie sind die Regel, weil das Versicherungsvertragsrecht durch den **Grundsatz der Vertragsfreiheit,** also der Abschluss- und der Inhaltsgestaltungsfreiheit (Inhaltsfreiheit) beherrscht wird. Sowohl die Abschlussfreiheit als auch die Inhaltsfreiheit sind jedoch **erheblich eingeschränkt:** Die Abschlussfreiheit durch die vielen Gesetze und die sonstigen zwingenden Regelungen (dazu Rn. 99 f.), die eine Pflichtversicherung vorschreiben[61], und die Inhaltsfreiheit durch zahlreiche Vorschriften, die in unterschiedlichem Umfang zwingend sind.

Als Beschränkungen der Inhaltsfreiheit zu nennen sind zunächst die (absolut) **zwingenden 94 Vorschriften,** die über das VVG verteilt sind und teilweise – wie etwa die Absätze 4 der §§ 5 und 6 VVG und nun die ihnen entsprechenden §§ 5 Abs. 5 und 28 Abs. 4 VVG 2008 ausdrücklich bestimmen, dass eine Vereinbarung mit einem bestimmten Inhalt unwirksam ist. Hinzu kommen Vorschriften, deren **zwingende Natur** erst mit Hilfe einer eindringlichen Interpretation festzustellen ist. Falls eine Vorschrift des VVG und des VVG 2008 vertraglich (durch Individualabrede oder durch AVB) abgedungen worden ist, muss also jeweils geprüft werden, ob sie zwingend ist und zur Unwirksamkeit der Abrede führt, oder ob sie (wie überwiegend) abdingbar (dispositiv) ist.

Eingeschränkt wird die Inhaltsfreiheit ferner durch die im Schrifttum so genannten **halb- 95 zwingenden Vorschriften**[62]. Das sind gesetzliche Bestimmungen, die **nicht zum Nachteil des VN** oder der wie er geschützten Personen (insbesondere Mitversicherten) **abdingbar**

---

[59] *Bruck/Möller,* § 1 Anm. 22.
[60] Vgl. aus dem neuesten Schrifttum *Römer/Langheid/Römer,* 2. Aufl., § 1 Rn. 5.
[61] Zu den unmittelbar kraft Gesetzes entstandenen Versicherungsverhältnisse bei den früheren Monopolanstalten siehe oben Rn. 76.
[62] Dazu mit Nachweisen *Prölss/Martin/Prölss,* Vorbem. I. Rn. 4.

sind. Die meisten der sehr zahlreichen halbzwingenden Vorschriften werden durch Sammel-
vorschriften von der Art der §§ 15a und 34a VVG und der §§ 18 und 32 VVG 2008 benannt.
Wird von diesen Vorschriften zum Nachteil des VN abgewichen, so kann sich der VR darauf
nicht berufen. Bei einigen anderen Vorschriften ergibt sich ihre halbzwingende Natur aus der
gebotenen Auslegung. So verhält es sich bei den §§ 98–107 und bei den §§ 158b–158k
VVG[63]. Eine solche Auslegung kann auch für Vorschriften des VVG 2008 geboten sein.

96   **Einschränkungen der Inhaltsfreiheit** ergeben sich auch aus dem subsidiär auf den Versicherungsvertrag anwendbaren BGB, und zwar durch den **Grundsatz von Treu und Glauben** (§ 242 BGB), der (neben der Gefahrengemeinschaft und der Versicherungstechnik) zutreffend als ein **Leitstern des Versicherungsvertragsrechts** bezeichnet wird[64]. Letztlich auf
der Grundlage des § 242 BGB und seiner richterrechtlichen Nutzung hat der **BGH** etwa seit
1960 begonnen, durch die so genannte **Relevanzrechtssprechung**[65] den Versicherungsnehmerschutz (heute Verbraucherschutz), der im VVG von 1908 schwach ausgeprägt war,
an die veränderten Verhältnisse anzupassen. In der Sache ging es – vergröbernd gesagt – um
die Abschwächung der **Alles-oder-nichts-Sanktion** „Leistungsfreiheit" des VR bei
schuldhaften Verstößen des VN etwa gegen die Rechtspflicht zur Prämienzahlung nach den
§§ 38 und 39 VVG[66] und insbesondere gegen **Obliegenheiten,** also gegen gesetzliche oder
vertragliche Verpflichtungen des VN, die (wie etwa die Anzeigeobliegenheiten nach den
§§ 16ff. VVG) nicht einklagbar sind, deren Verletzungen aber zum vollständigen Verlust der
Ansprüche auf die Versicherungsleistung führen können. Da die gesetzliche Alles-oder-
nichts-Sanktion der völligen Leistungsfreiheit des VR durch das Richterrecht nicht – etwa
nach der Kausalität oder dem Verschulden des VN – quotiert werden konnte, hat der BGH
den **Eintritt dieser Sanktion erschwert,** indem er sie an im Gesetz und im Versicherungsvertrag nicht genannte, also **zusätzliche Voraussetzungen** geknüpft hat: etwa an die Erfüllung von Belehrungs-, Informations- oder Beratungspflichten, an das Erfordernis der Kausalität, an ein nicht nur ganz geringfügiges Verschulden oder an das Erfordernis, dass das
Verhalten des VN für den VR nicht ohne jede „Relevanz"[67] gewesen sein dürfe, also dessen
Interessen ernsthaft gefährdet haben müsse. Auf dieser Grundlage ist es zunächst in der Kfz-
Haftpflichtversicherung und nach und nach in allen anderen Versicherungszweigen[68] unter
den genannten – behutsam gehandhabten – Voraussetzungen dazu gekommen, dass manche
Obliegenheitsverletzungen als nicht „relevant" beurteilt wurden und unter Abkehr von der
früheren Rechtsprechung folgenlos geblieben sind Das VVG 2008 hat die Alles-oder-nichts-
Sanktion im VVG durchweg abgeschafft. Belege liefern §§ 28 und 81 jeweils Abs. 2, die bei
grob fahrlässiger Obliegenheitsverletzung oder Herbeiführung des Versicherungsfalls den Anspruch des VN nicht (wie bisher) vollständig entfallen lassen, sondern eine vom Grad der groben Fahrlässigkeit abhängige Quote gewähren (eingehend dazu *Schneider,* § 1a Rn. 22).

97   Weitere Einschränkungen der Inhaltsfreiheit ergeben sich aus den im VAG vorgesehenen
Eingriffsmöglichkeiten der Aufsichtsbehörde. Nach dem VAG ist sie etwa befugt, bei
Missständen einen Geschäftsplan für bestehende und noch nicht abgewickelte Versicherungs-
verhältnisse zu ändern (§ 81a S. 2 VAG), oder bei Insolvenzgefahr die Verpflichtungen eines
Lebensversicherungsunternehmens aus Versicherungsvertrag herabzusetzen (§ 89 Abs. 2 S 1
VAG)[69].

98   Die Inhaltsfreiheit wird schließlich nicht rechtlich, aber **„faktisch"** dadurch **eingeschränkt,** dass die Parteien der Versicherungsverträge zumindest im Massengeschäft (Jeder-

---

[63] Auch dazu wieder *Prölss,* wie vorige Fn.
[64] Vgl. dazu die vorbildliche Darstellung bei *Prölss/Martin/Prölss,* Vorbem. II. Rn. 1ff. und die dort genannten Nachweise.
[65] Eine vorzügliche knappe Übersicht über die Entwicklung dieser Rspr. findet sich bei *Römer/Lang-
heid/Römer,* § 6 Rn. 51–69.
[66] Vgl. dazu Berliner Kommentar/*Riedler,* § 38 Rn. 42 mit umfassenden Nachweisen.
[67] So *Römer,* wie Fn. 52, Rn. 51.
[68] Übersicht bei *Römer,* wie Fn. 52, Rn. 54f.
[69] Zur kritischen Diskussion vgl. die bei *Schneider* Fn. 92 Genannten und *E. Lorenz,* VersR 1997, 2–10.

mann-Geschäft als Gegensatz zum Industriegeschäft) selten über die von dem VR aufgestellten und zur Ausgestaltung der Versicherungsverträge verwendeten AVB verhandeln.

b) Die den freiwilligen Versicherungen gegenüberstehenden **Pflichtversicherungen**   **99**
sind privatrechtliche Versicherungen, deren Abschluss zwingend vorgeschrieben ist: also durch **Gesetz** oder aufgrund eines Gesetzes durch **Verordnung** oder **Satzung** oder – wie schon jetzt bei der Haftpflichtversicherung für Luftfahrtunternehmen in der EU – durch eine **gemeinschaftsrechtliche Verordnung**[70].

Pflichtversicherungen sind **hauptsächlich Pflichthaftpflichtversicherungen.** Die im   **100**
VVG (§§ 158b–158k) und im VVG 2008 (§§ 113–124) enthaltenen „Besonderen Vorschriften für die Pflichtversicherung" betreffen deshalb nur die Haftpflichtversicherung. Eine Pflichtversicherung in einem **anderen Versicherungszweig** ist die schon (Rn. 75) erwähnte **private Pflegeversicherung.** Seit den großen Überschwemmungen im Jahre 2002 gibt es außerdem rechtspolitische Bestrebungen zur Einführung einer **Pflichtversicherung für Elementarschäden.** Diese Pflichtversicherungen unterscheiden sich wesentlich von den Pflicht**haftpflicht**versicherungen; denn sie schützen allein den VN, während die Pflichthaftpflichtversicherung in erster Linie den Schutz eines von dem VN geschädigten Dritten bezwecken und erst in zweiter, wenn auch bedeutsamer Linie, den VN, der vor möglicherweise existenzbedrohenden Schadensersatzpflichten bewahrt werden soll.

Gegenüber den freiwilligen Haftpflichtversicherungen, die auch „Private" oder „Allge-   **101**
meine Haftpflichtversicherungen" genannt werden, haben die **Pflichthaftpflichtversicherungen für die geschädigten Dritten** einen **sehr bedeutsamen Vorteil:** Im Verhältnis zu ihnen bleibt der VR in Höhe der Mindestversicherungssummen auch dann zur Deckung verpflichtet, wenn er gegenüber seinem VN (Schädiger) wegen einer von diesem begangenen Rechtspflicht- oder Obliegenheitsverletzung leistungsfrei ist (§ 158c Abs. 1 und 3 VVG ebenso § 117 VVG 2008 i. d. F. des oben (Rn. 4) hervorgehobenen Gesetzes v. 18. 12. 2007, das einen Fehler des § 117 VVG noch vor dem Inkrafttreten des VVG 2008 beseitigt hat).

Ebenso wie bei den freiwilligen (Privaten oder Allgemeinen) Haftpflichtversicherungen   **102**
hat der geschädigte Dritte bei den **meisten Pflichthaftpflichtversicherungen keinen direkten Anspruch** gegen den VR des Schädigers. Gegen den VR kann er nur vorgehen, wenn er den (in seiner Hand zu einem Zahlungsanspruch werdenden) Deckungsanspruch des VN (Schädigers) gegen den VR pfändet und sich zur Einziehung überweisen lässt. Dieses **umständliche Zugriffsverfahren vereinfacht** wesentlich ein bei (noch wenigen) Pflichthaftpflichtversicherungen vorgesehener **Direktanspruch des Geschädigten** gegen den VR des bei ihm versicherten Schädigers; denn der Geschädigte kann seinen Schadensersatzanspruch gegen den Schädiger dann auch (direkt) gegen dessen VR richten. Pflichtversicherungen, die bislang einen **Direktanspruch** des Geschädigten **vorsehen,** sind die schon bei den Rechtsquellen (Rn. 19) erwähnte **Kfz-Pflichthaftpflichtversicherung** nach dem PflVG (§ 3 Nr. 1) sowie die **Pflichtversicherung der Entwicklungshelfer** nach dem EntwicklungshelferG v. 18. 6. 1969, BGBl. I 549 (§ 6 Abs. 3) und die **Pflichtversicherung nach dem LEisenbG Baden-Württemberg** i. d. F. v. 29. 5. 1992 (§ 15 Abs. 1), bei der jedoch der Direktanspruch durch Gesetz v. 8. 6. 1995 wieder beseitigt wurde[71]. Der Entwurf der Reform-Kommission (oben Rn. 17) sah in § 116 für alle Pflichtversicherungen einen Direktanspruch des Dritten (also in der Regel des durch den VN Geschädigten) gegen den (Pflicht-) VR vor. Dem ist der von dem BJM veröffentlichte Regierungsentwurf v. 11. 10. 2006 in seinem § 115 gefolgt, aber nicht der Gesetzgeber; denn § 115 VVG 2008 erweitert den bisher bestehenden Direktanspruch nur für die Fälle, in denen der VN insolvent oder unbekannt ist (Einzelheiten bei *Schneider,* § 1a Rn. 30).

Ein **Kontrahierungszwang** des VR, bei dem der Versicherungspflichtige seinen Versi-   **103**
cherungsvertrag abschließen will, ist bei den Pflichtversicherungen ganz **überwiegend nicht**

---

[70] Vgl. Art. 7 VO (EWG) Nr. 2407/92 ABl. EG L 240 vom 24. 8. 1992 und Art. 3 Abs. 2 VO (EG) Nr. 2097/97 ABl. EG L 285 v. 17. 10. 1997, abgedruckt auch in VersR 1998, 453f.
[71] Vgl. Neufassung des LEisenbG, GBl. 1995, 42f.

vorgesehen. Ausnahmen bilden derzeit die private Pflegeversicherung (§ 110 SGB XI) und mit Einschränkungen die Kfz-Pflichtversicherung (§ 5 Abs. 2 und 4 PflVG). Bei den vielen Pflichtversicherungen ohne Kontrahierungszwang ist es bisher – soweit ersichtlich – noch nicht dazu gekommen, dass ein Versicherungspflichtiger keinen VR gefunden hat. Das ist bedeutsam, weil Voraussetzung jeder Anordnung einer privaten Pflichtversicherung sein muss, dass der geforderte Versicherungsschutz auf dem Versicherungsmarkt zu bekommen ist.

104   Im deutschen Recht gibt es inzwischen beinahe eine **Unzahl von privaten Pflichthaftpflichtversicherungen**[72]. Die Reihe der nach Bundes- und Landesrecht Versicherungspflichtigen reicht – um nur einige zu nennen – von den Kfz-Haltern über die Anwälte, die Hebammen, die Jäger, die Luftfahrtunternehmen und die Notare bis zu den Betreibern umweltgefährdender Anlagen und den Schaustellern. Diese Entwicklung dient zwar dem Schutz des Geschädigten, ist aber gleichwohl nicht ganz unbedenklich, weil die Anordnung jeder privaten Pflichtversicherung die Vertragsfreiheit, und zwar nicht nur die Abschluss-, sondern auch die Inhaltsfreiheit erheblich **einschränkt.** Die Inhaltsfreiheit deshalb, weil die **Anordnung einer Pflichtversicherung** auch den **Mindestinhalt** und die **Mindestversicherungssumme** zwingend vorschreiben muss. Das ist allerdings nicht immer hinreichend geschehen. Die **Mängel** waren **hinnehmbar, solange** die den Versicherungsvertrag ausgestaltenden **AVB zum Geschäftsplan** der VR **gehörten** und deshalb ihr Inhalt und ihre Änderung vor der Verwendung von der Aufsichtsbehörde kontrolliert und genehmigt werden musste. Als die Vorabkontrolle der AVB im Jahre 1994 – wie schon (Rn. 37) erwähnt – durch das Dritte Durchführungsgesetz/EWG zum VAG vom 21. 7. 1994 beseitigt wurde, hätten die unvollständigen Regelungen einiger Pflichtversicherungen also nachgebessert werden müssen. Geschehen ist das bei der Kfz-(Pflicht-)Haftpflichtversicherung, und zwar durch die schon (Rn. 21 f.) vorgestellte **KfzPflVV.** Ähnliche Nachbesserungen sind außerdem in mehreren eine Pflichtversicherungen anordnenden Gesetzen vorgenommen worden, etwa in § 19a BNotO und in § 51 BRAO. Soweit sie fehlen, besteht die Gefahr, dass die abgeschlossene Pflichtversicherung nicht dem Zweck und den notwendigen Anforderungen der sie anordnenden Gesetze oder Verordnungen entspricht. Leider fehlt aber immer noch die Pflicht für jedermann, zur Sicherung seiner Existenz eine private Haftpflichtversicherung abzuschließen.

5. Erstversicherung und Rückversicherung

105   Die Unterscheidung von Erst- und Rückversicherung ist **bedeutsam,** weil die Rückversicherung dem VVG (§ 186) und dem VVG 2008 (§ 209) nicht unterliegt und das VAG von den Vorschriften für die Erstversicherer abweichende Sondervorschriften (§§ 119–121j) für die Rückversicherung vorsieht (dazu auch oben Rn. 42).

106   a) **Erstversicherungen** sind Versicherungsverträge zwischen einem VR und einem **VN,** der **natürliche oder juristische Person** sein kann, aber als juristische Person nicht ein VR ist, der Versicherungsschutz für die von ihm durch Versicherungsvertrag übernommene Gefahr erhalten soll; denn in diesem Falle liegt eine Rückversicherung vor (Rn. 108).

107   Der **Begriff „Erstversicherung"** findet sich **nicht im VVG** und im **VVG 2008** wohl **aber im VAG** (§ 8: Erstversicherungsunternehmen). Im **Versicherungsrecht der EU** wird die Erstversicherung als **Direktversicherung** bezeichnet, etwa in den (Rn. 69) erwähnten drei Richtliniengenerationen. Nach der Terminologie des deutschen Rechts hat der Begriff **Direktversicherung** dagegen mindestens **zwei Bedeutungen** anderen Inhalts. Er meint einmal die Erstversicherung, die ohne Vermittler und in diesem Sinne direkt (etwa, aber nicht nur im Internetverkehr) mit einem VR abgeschlossen werden. Außerdem wird als Direktversicherung ein Lebensversicherungsvertrag bezeichnet, den ein Arbeitgeber als VN im Rahmen der betrieblichen Altersversorgung auf das Leben seiner Arbeitnehmer abschließt und diesen und ihren Hinterbliebenen darin einen unmittelbaren (direkten) Anspruch gegen den VR auf die Versicherungsleistung (in der Regel Rente) einräumt.

---

[72] Vgl. nur die unvollständigen Übersichten bei *Prölss/Martin/Prölss,* Vorbem. IV und bei *Lorenz/Wandt,* Versicherungsrecht, Textausgabe, 2. Aufl., Inhaltsverzeichnis II (mehr als 30).

b) Die **Rückversicherung** ist nach der **Definition** für die Seeversicherung in **dem in-**   **108**
zwischen (Rn. 6) **aufgehobenen § 779 Abs. 1 HGB** die Versicherung der „von dem VR
übernommenen Gefahr". Sie ist damit eine Versicherung, mit der sich der Erstversicherer für
die durch Versicherungsvertrag mit seinen VN übernommene Gefahr bei einem anderen
VR, dem Rückversicherer, Versicherungsschutz verschafft. Das geschieht – grob gesagt – dadurch, dass der Rückversicherer im Verhältnis zu dem Erstversicherer einen (in dem Rückversicherungsvertrag vereinbarten) Teil der diesen aus seinen Versicherungsvertrag treffenden
Verpflichtungen trägt. Unmittelbare **Ansprüche des VN des Erstversicherers** werden
gegen den **Rückversicherer** also **nicht begründet**[73]. Die Rückversicherung ist gleichwohl
kein Gesellschaftsvertrag, sondern Versicherung[74]. Als solche gehört sie zur **Schadens-**
versicherung, und zwar ohne Rücksicht darauf, ob die Erstversicherung, auf die sie sich bezieht, Schadensversicherung oder Summenversicherung ist[75]. Wie bei der Erstversicherung
gibt es bei der Rückversicherung freiwillige Versicherungen und Pflichtversicherungen. Sie
werden als **fakultative** und **obligatorische Rückversicherung** bezeichnet. Wichtigster
Sachgrund für die **Rückversicherungspflicht der Erstversicherer** ist der Schutz ihrer
VN. Neben der Rückversicherung der Erstversicherer gibt es auch eine Rückversicherung
der Rückversicherer. Sie wird als **Retrozession** bezeichnet.

Über die Art der Beteiligung der Rückversicherer an dem Risiko, das die Erstversicherer   **109**
durch den von ihnen abgeschlossenen Erstversicherungsvertrag begründen, haben sich sehr
unterschiedliche Formen der Rückversicherung entwickelt[76]. Diese Entwicklung
wurde dadurch begünstigt, dass das VVG auf die Rückversicherung nicht anwendbar ist
(§ 186 VVG ebenso § 209 VVG 2008) und Rückversicherungsunternehmen bis vor kurzem
nur in begrenztem Umfang der Versicherungsaufsicht unterlagen (§ 1 Abs. 2 a. F. VAG). Begründet wurde diese **gesetzliche Sonderstellung** der Rückversicherung mit dem **beson-**
deren Charakter[77], der sich schon allein darin zeige, dass Vertragsparteien stets zwei VR
sind. Zur neuen Gesetzeslage oben Rn. 42.

Die meisten Rückversicherungsverträge enthalten eine **Schiedsgerichtsklausel.** Streitig-   **110**
keiten zwischen Erst- und Rückversicherern werden daher nur selten vor den staatlichen Gerichten ausgetragen. Jedenfalls in England sind jedoch mindestens seit 1980 deutlich mehr
Streitigkeiten vor die staatlichen Gerichte gekommen[78].

IV. Versicherung als Gegenstand des Versicherungsvertrages

1. Notwendigkeit der Bestimmung

Das VVG und das VVG 2008 sowie manche andere Vorschriften sind nur auf Versiche-   **111**
rungsverträge anzuwenden, und nach dem VAG sind aufsichtspflichtig nur Unternehmen,
die den Betrieb des Versicherungsgeschäfts zum Gegenstand haben. Es kommt also **in mehr-**
facher Hinsicht darauf an, die Versicherung, die den Gegenstand des Versicherungsvertrages
bildet und ihm seinen Namen gibt, zu bestimmen (definieren).

2. Definition

Eine Definition ist in den (oben B) dargestellten Rechtsquellen des Privatversicherungs-   **112**
rechts nicht zu finden. Der **VVG-Gesetzgeber** hat sie bewusst der **Wissenschaft und Pra-**

---

[73] Vgl. nur BGH v. 15. 10. 1969, VersR 1970, 29.
[74] Ganz h. M. vgl. nur Berliner Kommentar/*Schwintowski*, § 186 Rn. 17, und die dort genannten Nachweise.
[75] *Prölss/Martin/Kollhosser*, § 186 Rn. 2 mit Nachweisen.
[76] Kurze Übersichten finden sich in fast allen Kommentaren zu § 186 VVG. Vgl. nur *Prölss/Martin/Koll-
hosser*, § 186 Rn. 3–8.
[77] Treffende Ausführungen dazu in der *Begründung* zu den Entwürfen eines Gesetzes über den Versicherungsvertrag in: Motive zum VVG (Fn. 2), S. 175 f.: zu § 183 E, aus dem § 186 VVG wurde.
[78] Vgl. *Cornish*, FS E. Lorenz (1994) 151.

xis überlassen[79]. Diese Aufforderung ist in der Rechts- und Wirtschaftswissenschaft mit einer Fülle von Theorien zur Definition beantwortet worden[80]. **Teilweise wird auch vorgeschlagen,** ebenso klug wie der VVG-Gesetzgeber, **auf eine feste Definition zu verzichten,** um die Entwicklung in der Rechtswirklichkeit einfangen zu können[81]. Diese Klugheit, der auch der VVG-2008-Gesetzgeber folgt, ist gewinnend. Sie befreit aber nicht von dem Zwang der soeben beschriebenen Notwendigkeit, mit Hilfe handfester Kriterien zu bestimmen, ob der zu beurteilende Vertrag ein Versicherungsvertrag im Sinne des VVG, des VVG 2008 oder des VAG oder anderer Vorschriften ist oder nicht. Daraus ergibt sich zunächst die meist zumindest nicht ausdrücklich gestellte Frage, **woher denn die Kriterien zu nehmen sind,** die einen Vertrag zu einem Vertrag mit dem Gegenstand „Versicherung", also zu einem Versicherungsvertrag, machen. Die Antwort: was ein Kaufvertrag ist, ergibt sich aus dem BGB, das ihn regelt, und was ein Vertrag mit dem Gegenstand Versicherung ist, aus den Rechtsquellen, die ihn regeln, und das sind in erster Linie das VVG, nun das VVG 2008 und das VAG. An diesem (oft nicht benannten) Maßstab sind die Kriterien zu messen, die mehr oder weniger einhellig in mehr oder weniger übereinstimmender Formulierung im Schrifttum und insbesondere in den Kommentierungen des § 1 VVG und VVG 2008 vertreten werden[82]. Dabei wird es auch unter der Herrschaft des VVG 2008 zumindest auf absehbare Zeit bleiben; denn es gibt keine Anzeichen dafür, dass das VVG 2008 einen neuen Versicherungsbegriff schaffen wollte und geschaffen hat.

113   **a)** Gefordert wird als **erstes Kriterium** das **Versprechen einer Leistung für den Fall des Eintritts eines ungewissen Ereignisses,** das gegeben ist, wenn ungewiss ist, ob oder wann es eintritt. Dieses Kriterium entspricht dem § 1 Abs. 1 VVG, nämlich der mit dem Vertrag eingegangenen Verpflichtung (Versprechen), bei Eintritt des Versicherungsfalls (Eintritt eines ungewissen Ereignisses) entweder Schadensersatz (Schadensversicherung) oder das vereinbarte Kapital oder die vereinbarte Rente (Summenversicherung) zu leisten. An dem Kriterium ist auch nach dem (neuen) § 1 VVG 2008 nichts zu ändern. Das Versprechen einer Leistung für den Fall des Eintritts eines ungewissen Ereignisses, also einer durch den Versicherungsfall aufschiebend bedingten Leistung (Versicherungsschutz i. S. des § 1 VVG 2008 macht einen Vertrag aber allein noch nicht zu einem Versicherungsvertrag; denn dieses Kriterium trifft auch für Spiel und Wette (§§ 762, 763 BGB) zu.

114   **b)** Evident ist auch das ebenfalls überwiegend anerkannte **zweite Kriterium** der Versicherung, nach dem das zuvor genannte Versprechen einer durch den Versicherungsfall aufschiebend bedingten Leistung **selbstständiger Gegenstand** des auf seine Qualifikation als Versicherungsvertrag zu untersuchenden Vertrags sein muss[83]. Dieses Kriterium ist dem § 1 Abs. 1 VVG und auch dem § 1 VVG 2008 ohne Schwierigkeiten zu entnehmen. Es schließt aus, dass etwa unselbstständige Garantie- oder Instandhaltungsversprechen in Kauf- oder Werkverträgen als Versicherungsvertrag qualifiziert werden.

115   **c)** Als **drittes Kriterium der Versicherung,** das sich ebenfalls aus dem VVG, und zwar aus § 1 Abs. 2 (Pflicht des VN zur Prämienzahlung) ergibt, erfordert die Qualifikation eines Vertrags als Versicherungsvertrag, dass die **Verpflichtung des VR** zu der durch den Versicherungsfall aufschiebend bedingten Leistung **gegen Entgelt** gewährt werden muss. Das alles ergibt sich ohne weiteres auch aus dem schlank formulierten § 1 VVG 2008.

116   **d)** Nach den vorangegangenen Bemerkungen selbstverständlich und allgemein anerkannt ist das **vierte Kriterium,** nach dem der Begriff der Versicherung einen **Rechtsanspruch**

---

[79] Motive (wie oben Fn. 2), S. 70.
[80] Eine umfassende Aufarbeitung bietet *Dreher,* Versicherung als Rechtsprodukt, S. 31–48. Weitere mehr oder weniger umfassende Übersichten finden sich in allen Kommentaren zu § 1 VVG.
[81] So *Römer/Langheid/Römer,* § 1 Rn. 1.
[82] Vgl. zum Folgenden auch Berliner Kommentar/*Dörner,* Einleitung Rn. 40–46.
[83] Dazu BGH v. 29. 9. 1994, VersR 1995, 344 (345) = NJW 1995, 324 (325). Vgl. zur Eigenständigkeit dieses Kriteriums aber auch BVerwG v. 19. 5. 1987, VersR 1987, 701.

des VN **auf die Versicherungsleistung** erfordert. Es ergibt sich aus der Beschreibung der Pflichten des VR in § 1 Abs. 1 VVG und § 1 VVG 2008.

e) Bei dem **fünften** und dem **sechsten Kriterium** handelt es sich um Merkmale der Versicherung, die teilweise missverständlich und grob sind. Es sind die **Gefahrengemeinschaft** und die **Kalkulation** nach dem (mathematischen) **Gesetz der großen Zahl**[84]. Missverständlich ist der Begriff der Gefahrengemeinschaft, mit der nicht etwa ein körperschaftsrechtliches Gremium mit Befugnissen im VU gemeint ist, sondern das von dem VR zum Zwecke der Kalkulation gebildete **Risikokollektiv**[85]. Und grob ist (aus mathematischer Sicht) das Erfordernis einer Kalkulation nach dem Gesetz der großen Zahl. Es soll besagen, dass die Gesamtheit der Mitglieder des von dem VR gebildeten Risikokollektivs die Mittel aufbringt, mit denen diejenigen befriedigt werden, bei denen ein durch den Versicherungsvertrag begründeter Anspruch gegen den VR entsteht.   **117**

Aus welchen der genannten Rechtsquellen des Privatversicherungsrechts diese beiden Kriterien entnommen werden, wird – soweit ersichtlich – im Schrifttum nicht gesagt. Im **VVG** finden sich dafür **keine Anhaltspunkte und im VVG 2008 ebenfalls nicht; wohl aber im VAG,** das – wie (Rn. 59) dargelegt – zu einem großen Teil öffentlich-rechtliches Unternehmensrecht ist und auch selbst, z. B. in den §§ 11 VAG (Lebensversicherung) und 12c VAG (Krankenversicherung) Vorschriften über die Kalkulation enthält. Weitere Vorschriften enthalten die aufgrund des VAG erlassenen Verordnungen.   **118**

f) Die genannten **Kriterien** der Versicherung sind von dem **BVerwG** zu einer knappen **Definition** formiert worden. Sie besagt mit den einzelnen unterschiedlichen, aber in der Sache übereinstimmenden Formulierungen: Eine Versicherung ist gegeben, wenn sich ein Unternehmen gegen Entgelt rechtlich verpflichtet, für den Fall des Eintritts eines ungewissen Ereignisses bestimmte Leistungen zu erbringen, wenn das übernommene Risiko auf eine Vielzahl durch die gleiche Gefahr bedrohter Personen verteilt wird und der Risikoübernahme eine auf dem Gesetz der großen Zahl beruhende Kalkulation zu Grunde liegt[86] und wenn die Risikoübernahme selbstständiger Gegenstand des Vertrags und nicht nur Gegenstand einer Nebenverpflichtung ist[87].   **119**

Mit dieser Definition arbeitet auch der **BGH** in ständiger Rechtsprechung[88]. Sie ermöglicht eine befriedigende Abgrenzung der Versicherungsverträge von anderen Verträgen.   **120**

3. Versichertes Interesse

a) An die Bemerkungen zur Definition der Versicherung als Gegenstand des **Versicherungsvertrages** anzuschließen ist die **Frage** nach dem Gegenstand der **Versicherung,** also danach, **was versichert wird.** Nach der Umgangssprache ist es in der Sachversicherung, etwa in der Kfz-Kaskoversicherung, das Kfz und – um ein weiteres Beispiel zu nennen – in der Wohngebäudeversicherung das Wohngebäude. Ganz in diesem Sinne ist in den §§ 69, 73 und 83 von der „versicherten Sache" die Rede und in den §§ 55 und 90 VVG von dem „versicherten Schaden". Das VVG gibt aber gleichwohl Anlass dazu, diese Beurteilung in Frage zu stellen, und zwar aufgrund der Vorschriften, in denen von dem „versicherten Interesse" die Rede ist. Es sind die §§ 51 Abs. 1, 57 S. 2, 59 Abs. 1, 68, 80 Abs. 2 und 87 Abs. 5 VVG. Gegenstand der Versicherung ist danach also ein **Interesse,** für das es allerdings **keine Legaldefinition** gibt. Im **Schrifttum** wird es wohl überwiegend definiert als eine Wertbeziehung eines Rechtssubjekts zu einem Vermögensgut, dessen Beeinträchtigung ihm einen wirtschaft-   **121**

---

[84] Vgl. dazu Berliner Kommentar/*Dörner,* Einleitung Rn. 46 mit Hinweisen auf die von *Weyers* und *Dreher* erhobenen Einwände gegen das Kriterium der Gefahrengemeinschaft.

[85] Dazu näher *E. Lorenz,* Gefahrengemeinschaft, S. 14 f.

[86] Vgl. nur BVerwG v. 12. 5. 1992, BVerwGE 90, 186 (170) = VersR 1992, 1381 (1382). Ältere Nachweise z. B. bei Berliner Kommentar/*Dörner,* Einleitung Rn. 41.

[87] Zu diesem Kriterium vgl. nochmals die in Fn. 69 angegebenen Hinweise.

[88] Vgl. nur als jüngeren Beleg BGH v. 29. 9. 1994, VersR 1995, 344 (345 f.) = NJW 1995, 324 (325 f.) mit Hinweisen auf die Rspr. des BVerwG und das Schrifttum.

lichen Nachteil bringt[89]. Das VVG 2008 verwendet den Begriff „ versichertes Interesse" seltener als das VVG. Er erscheint aber z. B in den §§ 40 Abs. 2 und 80 VVG 2008. Eine Neubestimmung des Begriffs bringt es aber nicht.

122 **b)** Die genannte Definition hat zu **Streitfragen über ihre Reichweite** geführt[90]. Sie passt am ehesten für die Schadensversicherung und innerhalb der Schadensversicherung am besten für die Sachversicherung, die Aktivenversicherung ist. Schon weniger geeignet ist sie für die Haftpflichtversicherung als Passivenversicherung, weil hier die Beziehung zu einem einzelnen Vermögensgegenstand fehlt. Das Vermögensgut, auf das sich das Interesse bezieht, kann also nur das ganze haftende Vermögen des Haftpflichtigen sein.

123 Besonders **zweifelhaft** ist, ob auch bei der **Summenversicherung** ein Interesse Gegenstand der Versicherung ist. Dagegen spricht, dass alle Vorschriften zum versicherten Interesse in dem die Schadensversicherung betreffenden „Zweiten Abschnitt" des VVG stehen. Dieser Befund ist zwar nicht allein entscheidend. Er zeigt aber immerhin, dass etwa bei der gesetzlichen Regelung der Lebensversicherung als Prototyp der Summenversicherung kein Anlass gesehen wurde, den Begriff des versicherten Interesses zu verwenden. Das wird denn auch ganz überwiegend für die Lebens- und damit für die gesamte Summenversicherung nicht gefordert[91].

124 **c)** Wegen des als etwas gekünstelt angesehenen Inhalts und mehr noch wegen der Schwierigkeiten bei seiner Handhabung ist der **Begriff des versicherten Interesses** schon früh und dann immer wieder **abgelehnt worden**[92].

125 Die Beurteilung hängt davon ab, welche **Funktionen** das versicherte Interesse zu erfüllen hat. Genannt werden zwei: die Abgrenzung des Versicherungsvertrages von der Wette und die Klarstellung, dass etwa in der Sachversicherung nicht nur der Eigentümer, sondern auch andere Personen Träger eines versicherten Interesses sein können[93].

126 Es braucht nicht näher begründet zu werden, dass der Begriff des versicherten Interesses wegen **dieser Funktionen** nicht erforderlich ist; denn die Abgrenzung des Versicherungsvertrages von der Wette kann anhand der oben (Rn. 119) genannten Definition der Versicherung vorgenommen werden, und die zweite Funktion lässt sich durch eine genaue Beschreibung des jeweiligen Risikos erfüllen[94].

127 **d)** Obwohl das Versicherungsvertragsrecht ohne den Begriff des versicherten Interesses durchaus konstruierbar ist, lässt sich doch sagen: Das deutsche **Versicherungsvertragsrecht ist** besonders im Bereich der Schadensversicherung **an dem Begriff des versicherten Interesses ausgerichtet,** und zwar vornehmlich deshalb, weil die (Rn. 121) genannten gesetzlichen Vorschriften seine Beachtung verlangen. Seine Eliminierung erfordert also einen tiefgreifenden Umbau des Versicherungsvertragsrechts, der in absehbarer Zeit nicht zu erwarten ist. Das versicherte Interesse muss deshalb weiterhin das bleiben, was es in den wichtigen gesetzlich geregelten Fällen, insbesondere in denen des anfänglichen **Interessenmangels** und des späteren **Interessenwegfalls** (§ 68 VVG und § 80 VVG 2008), schon ist: ein nützliches Instrument zur Beurteilung bedeutsamer versicherungsrechtlicher Rechtsfragen.

---

[89] So mit Nachweisen Berliner Kommentar/*Schauer,* Vorbem. §§ 49–68a, Rn. 43.
[90] Dazu kurz *Schauer,* wie vorige Fn., Rn. 45, und umfassend *Bruck/Möller* § 49 Anm. 28–126.
[91] Vgl. Berliner Kommentar/*Schauer,* Vorbem. §§ 49–68a, Rn. 45; *Bruck/Möller,* § 49 Anm. 42.
[92] Übersicht bei *Schweitzer,* Das versicherte Interesse (im Binnenversicherungsrecht), 1990, S. 75ff.; und bei *Bruck/Möller* § 49 Anm. 45.
[93] So Berliner Kommentar/*Schauer,* Vorbem. §§ 49–68a, Rn. 44 mit Nachweisen.
[94] Vgl. *Jabornegg,* Risiko, S. 88; dagegen *Prölss/Martin/Kollhosser,* § 51 Rn. 9.

V. Leistung des Versicherers

1. Art der Leistung

Obwohl über den Gegenstand des Versicherungsvertrages, nämlich die Versicherung, ein **128** weitgehendes praktisches Einverständnis herrscht (Rn. 120 f.), wird **seit langem** und immer noch darüber **gestritten,** was die Leistung des VR ist.

a) Bisher ging es der Sache nach um die **Deutung des § 1 Abs. 1 VVG.** Danach besteht **129** die einen Vertrag als Versicherungsvertrag charakterisierende Leistung des VR darin, nach Eintritt des Versicherungsfalls entweder den dadurch verursachten Vermögensschaden nach Maßgabe des Vertrags zu ersetzen (Schadensversicherung), oder den vereinbarten Betrag an Kapital oder Rente oder die sonst vereinbarte Leistung zu bewirken (Summenversicherung). Die **Verständnisschwierigkeiten** ergeben sich in zugespitzter Form in den Fällen, in denen während der Laufzeit des Versicherungsvertrages **kein Versicherungsfall** eintritt und der VR deshalb weder Schadensersatz noch den vereinbarten Betrag an Kapital oder Rente zu leisten hat, aber (§ 1 Abs. 2 VVG und § 1 VVG 2008) die Prämien erhält.

Die wichtigsten Positionen der umstrittenen Antwort auf die Frage, worin insbesondere in **130** den zuletzt genannten Fällen die Leistung des VR besteht, beschreiben die **Gefahrtragungs-** und die **Geldleistungstheorie**[95].

Nach der **Gefahrtragungstheorie**[96] erbringt der VR ab dem Zeitpunkt, ab dem er bei **131** Eintritt eines Versicherungsfalls leisten muss (Beginn der materiellen Versicherungsdauer) ohne Rücksicht auf den Eintritt eines Versicherungsfalls eine **Leistung,** nämlich die **Gefahrtragung.** Ihr **Inhalt** soll darin bestehen, die Gefahrengemeinschaft der VN zu organisieren, eine ausreichende Kapitalausstattung zu beschaffen, für den gebotenen Rückversicherungsschutz zu sorgen und auf diese Weise sicherzustellen, dass bei Eintritt des Versicherungsfalls die Ansprüche der VN erfüllt werden können. Einen positiv-rechtlichen Anhaltspunkt für die Gefahrtragungstheorie enthält § 68 Abs. 3 VVG, in dem von der Prämie für die „Dauer der Gefahrtragung" die Rede ist. Für diese Theorie soll außerdem § 40 VVG sprechen.

Nach der **Geldleistungstheorie,** die inzwischen wohl als die herrschende angesehen **132** werden kann[97], ist der VR dagegen nur zu einer durch den Eintritt des Versicherungsfalls aufschiebend bedingten Geldleistung verpflichtet.

b) **Beide Leistungstheorien** sind **nicht in jeder Hinsicht überzeugend**[98]. Die Ge- **133** fahrtragungstheorie bringt zwar zutreffend zum Ausdruck, dass der VR schon mit Beginn der materiellen Versicherungsdauer (des Haftungszeitraums) und unabhängig von dem Eintritt des Versicherungsfalls etwas leistet. **Abzulehnen** ist aber die Annahme, dass der VR durch den Versicherungsvertrag gegenüber jedem VN verpflichtet werde, die oben (Rn. 131) genannten **Organisationstätigkeiten** vorzunehmen. Eine solche Verpflichtung kann dem § 1 Abs. 1 VVG und § 1 VVG 2008 nicht entnommen werden; denn sie gewährte jedem einzelnen VN Einwirkungsmöglichkeiten auf die Geschäftsführung, die etwa bei einem VR in der Rechtsform der Aktiengesellschaft weder der Hauptversammlung noch dem Aufsichtsrat zustehen. Außerdem handelt es sich bei den Organisationstätigkeiten um Leistungsvorbereitungen, die bei jedem Vertrag für jeden Schuldner anfallen, ohne Gegenstand der vertraglichen Verpflichtung zu sein. Für Versicherungsverträge gilt insoweit auch wegen der teilweise existenziellen Bedeutung des Versicherungsschutzes für den VN und Dritte nichts anderes. Denn wegen der besonderen Bedeutung des Versicherungsschutzes und zur **Sicherung der Leistungsfähigkeit** der VR gibt es die **Versicherungsaufsicht,**

---

[95] Aufarbeitung des Streits bei *Dreher,* Versicherung als Rechtsprodukt, S. 85–92. Neuester Überblick über den Meinungsstand bei *Hofmann,* Privatversicherungsrecht, § 2 Rn. 20.

[96] Dafür insbesondere *Bruck/Möller,* § 1 Anm. 40 ff., *Deutsch,* Versicherungsvertragsrecht, 6. Aufl., Rn. 174; *Sieg,* Versicherungsvertragsrecht S. 27.

[97] Vgl. *Prölss/Martin/Prölss,* § 1 Rn. 21 mit umfassenden Nachweisen aus Rechtsprechung und Schrifttum.

[98] So mit Recht Berliner Kommentar/ *Dörner,* Einleitung, Rn. 53.

die – wie oben (Rn. 43 und 46) dargelegt – den Zweck hat, die Belange der Versicherten zu wahren und die dauernde Erfüllbarkeit ihrer Verträge zu sichern.

134   **Gegen die Geldleistungstheorie** ist einzuwenden, dass sie die Verpflichtung zur Zahlung von Geld überbetont und auch eine – wie soeben dargelegt – nicht in Organisationsleistungen bestehende Gefahrtragung als von dem Eintritt eines Versicherungsfalls unabhängige Leistung des VR ablehnt. Sie kann deshalb nicht überzeugend erklären, wofür der VR die Prämien des VN erhalten hat, wenn während der Haftungszeit kein Versicherungsfall eingetreten ist. Es fehlt also die Einsicht, dass der VR auch in diesen Fällen eine geldwerte Leistung erbringt. Dem steht § 1 Abs. 1 VVG nicht entgegen. Wenn dort gesagt wird, dass der VR bei Eintritt des Versicherungsfalls Geld (§ 49 VVG; im VVG 2008 fehlt eine entsprechende Vorschrift wegen § 1 VVG 2008 „Leistung") zu leisten habe, so heißt das nicht, dass er nur Geld schuldet; denn schon die **Verpflichtung,** bei Eintritt des Versicherungsfalls Geld zahlen zu müssen, ist eine **geldwerte Leistung,** nämlich eine Gefahrtragung, die jedoch – anders als nach der herkömmlichen Gefahrtragungstheorie (Rn. 131) nichts mit den Organisationsleistungen des VR zu tun hat. Übernommen und getragen wird vielmehr die Gefahr, die in dem Versicherungsvertrag beschrieben ist und deren Verwirklichung den VN träfe, wenn der VR sie ihm nicht durch den Versicherungsvertrag abgenommen hätte.

135   Die so verstandene **Gefahrtragung** (auch Gefahr- oder Risikoübernahme), die in der in § 1 Abs. 1 VVG und § 1 VVG 2008 genannten Verpflichtung des VR zu einer durch den Versicherungsfall aufschiebend bedingten Geldzahlung liegt (weil er sich so verpflichtet, übernimmt und trägt er die Gefahr), ist allerdings **keine Leistung,** die dem VN **nach dem herkömmlichen Modell** einer Verfügung aufgrund einer Verpflichtung zugewendet wird; denn der Versicherungsvertrag begründet nicht lediglich eine Verpflichtung zur Gefahrtragung, die dann durch die Gefahrübernahme, also durch die Verpflichtung zur Leistung bei Eintritt des Versicherungsfalls zu erfüllen wäre. Er enthält vielmehr mit der Verpflichtung zur Leistung bei Eintritt des Versicherungsfalls bereits die Gefahrübernahme, also die Leistung, die der VR dem VN schuldet, und die anschaulich als Versicherungsschutz bezeichnet wird.

136   c) Nach diesem Verständnis des Versicherungsvertrages besteht die der Prämienzahlung des VN gegenüberstehende Leistung des VR (Gegenleistung) also in seiner durch den Versicherungsfall bedingten Leistungsverpflichtung (Gefahrübernahme), die aus der Sicht des VN eine durch den Versicherungsfall aufschiebend bedingte Forderung darstellt. Die bei Eintritt des Versicherungsfalls von dem VR zu erbringende Geldleistung (Geldleistungstheorie) ist damit nicht die Gegenleistung des VR, sondern eine Leistung *aufgrund* der Gegenleistung, also aufgrund des durch die Gefahrübernahme begründeten und mit ihr identischen Versicherungsschutzes.

137   d) Auf der Grundlage dieser Vorstellungen über die Gefahrtragung als Leistung des VR ist auch die **rückwirkende Abwicklung** von Anfang an nichtiger, angefochtener oder durch Rücktritt beendeter Versicherungsvertrag zu beurteilen[99].

138   Die Rückabwicklung ist **vorrangig** nach den **Sondervorschriften des VVG** vorzunehmen. Zu nennen ist hier **§ 40 Abs. 1 VVG** (§ 39 VVG 2008), der für die von ihm genannten Beendigungen eines Versicherungsvertrages dem VR die Prämie bis zum Ende der Versicherungsperiode lässt. Eine weitere Sondervorschrift enthält § 21 VVG und VVG 2008, nach dem der VN die von dem VR nach einem Versicherungsfall erbrachte Leistung auch nach einem Rücktritt des VR wegen Verletzung von Anzeigeobliegenheiten behalten darf, wenn die Verletzung keine nachteiligen Wirkungen hatte. Diese Vorschrift beruhte auf dem Grundsatz der „**Unteilbarkeit der Prämie",** der in einem wichtigen Reformschritt durch § 39 Abs. 2 VVG 2008 beseitigt worden ist.

139   **In Fällen anfänglicher Nichtigkeit** (etwa gem. §§ 104, 134 oder 138 BGB) ist bei der **Rückabwicklung nach Bereicherungsrecht** (§ 812 Abs. 1 S. 1 BGB) zu unterscheiden: Ist während der Haftungszeit des als wirksam angesehenen Versicherungsvertrages kein Versi-

---

[99] Vgl. zu dieser Problematik und ihrer Strukturierung auch Berliner Kommentar/*Dörner,* Einleitung Rn. 56 f.

cherungsfall eingetreten, so kann der VN die Prämien zurückverlangen und der VR nichts, weil er wegen der anfänglichen Nichtigkeit des Vertrags nie eine Gefahr des VN getragen hat. Ist es dagegen zu einem Versicherungsfall und deswegen zu Geldzahlungen des VR an den VN gekommen, so kann der VN wieder die Prämien zurückverlangen und der VR zwar nichts für die Gefahrtragung, weil sie nie entstanden ist, wohl aber das aufgrund der gescheiterten Gefahrtragung an den VN gezahlte Geld.

In den Fällen, in denen es **nicht zu einem Versicherungsfall** gekommen ist, wird von 140 den Vertretern beider Leistungstheorien im Ergebnis übereinstimmend angenommen, dass der VR den Bereicherungsanspruch des VN auf Rückgewähr der Prämien nach **§ 818 Abs. 3 BGB** um die **Vertragskosten** kürzen könne[100]. Das ist zweifelhaft, weil nicht erkennbar ist, weshalb die Vertragskosten bei einem fehlgeschlagenen Vertrag von dem VN zu tragen sind.

Etwas anders liegt es bei der **Rückabwicklung** der (nicht von § 40 VVG und nun § 39 141 VVG 2008 erfassten) Fälle, in denen der Versicherungsvertrag durch **Anfechtung** rückwirkend (§ 142 BGB) nichtig geworden ist. Der Unterschied zu den Fällen der anfänglichen Nichtigkeit besteht darin, dass der VR bis zur Anfechtung die im Versicherungsvertrag bezeichnete Gefahr getragen hat, weil er bei Eintritt eines Versicherungsfalls zu den in § 1 Abs. 1 genannten Leistungen verpflichtet war. Da die Rechtslage nach der Anfechtung so anzusehen ist, als ob der VR von Anfang an nicht die in § 1 Abs. 1 VVG und nun in § 1 VVG 2008 genannten Pflichten hatte, bestand jedoch keine Gefahrtragung. Der VR hat somit keinen Bereicherungsanspruch wegen der bis zur Anfechtung getragenen Gefahr. Er kann aber die nach etwaigen Versicherungsfällen gezahlten Beträge zurückverlangen, weil für sie mit der Gefahrtragung der Rechtsgrund entfallen ist. Anders als in den zuvor besprochenen Nichtigkeitsfällen hat der VR bei Anfechtung des Versicherungsvertrages durch den VN außerdem einen die Vertragskosten einschließenden **Schadensersatzanspruch** nach § 122 BGB.

Bei der **Rückabwicklung** aufgrund eines **Rücktritts** ist (in den nicht nach den Sonder- 142 vorschriften des § 40 VVG oder § 39 VVG 2008 zu beurteilenden Fällen) zunächst zu untersuchen, ob überhaupt ein den Austausch von Leistungen voraussetzendes **Rückgewährschuldverhältnis** entstanden ist. Daran fehlt es bei einem Rücktritt des VR nach § 38 Abs. 1 S. 1 VVG wegen Nichtzahlung der Erstprämie; denn in diesem Fall hat auch der VR noch keine (in der Gefahrtragung bestehende) Leistung erbracht, weil er nach § 38 Abs. 2 VVG bis zur Zahlung der Erstprämie von der Verpflichtung zur Leistung frei ist, also keine Gefahr trägt.

Ist der VR etwa nach **§ 16 Abs. 2 VVG** wegen der Verletzung einer Anzeigeobliegenheit 143 durch den VN zurückgetreten, und ist ein Rückgewährschuldverhältnis entstanden, so sind nach **§ 20 Abs. 2 S. 2 VVG** (unter dem Vorbehalt der Sondervorschrift des § 21 VVG) von beiden Parteien die empfangenen Leistungen zurückzugewähren. Dabei ist eine Geldsumme von der Zeit des Empfangs an zu verzinsen. Es ist also nicht nur Geld zurückzugewähren. Daraus ergibt sich die Frage, ob der VR von dem VN auch die geldwerte Gefahrtragung zurückverlangen kann. Dazu ist zu sagen: Aufgrund eines Rücktritts werden die Leistungspflichten der Vertragsparteien von Anfang an in Rückgewährpflichten umgewandelt. Die Rechtslage ist also so anzusehen, als ob der VR nie dazu verpflichtet war, im Versicherungsfall die vereinbarten Leistungen zu erbringen. Deshalb ist er so zu behandeln, als ob er nie die in dem Versicherungsvertrag beschriebene Gefahr getragen habe. In diesem wie in allen anderen Rücktrittsfällen hat der VR einen Rückgewähranspruch also nur, wenn er aufgrund der durch den Rücktritt später weggefallenen Gefahrtragung wegen eingetretener Versicherungsfälle Geldleistungen erbracht hat. Das VVG 2008 hat zwar in § 19 – wie in § 16 Abs. 2 VVG – ein Rücktrittsrecht des VR. Die Ausübung dieses Rücktrittsrechts ist aber im Interesse des Verbraucherschutzes stark erschwert worden.

e) In den Fällen, in denen ein Versicherungsvertrag nicht aufgrund versicherungsrechtli- 144 cher Sondervorschriften, sondern nach den allgemeinen Vorschriften von Anfang an rückab-

---

[100] Dazu mit Übersicht über den Meinungsstand und Nachweisen *Prölss/Martin/Prölss,* § 1 Rn. 25.

gewickelt werden muss, erlangt der VR nach den vorangegangenen Überlegungen im **Ergebnis** also nur Rückforderungsansprüche, wenn die angenommene Gefahrtragung zu Geldzahlungen geführt hat. Vorausgesetzt ist bei diesem Ergebnis allerdings, dass die Gefahrtragung des VR aus den (Rn. 133) dargelegten Gründen keine Organisationspflichten gegenüber dem VN begründet. Die Deutung der in § 1 Abs. 1 VVG und im Wesentlichen ebenso in § 1 VVG 2008 genannten Verpflichtungen des VR als Gefahrtragung oder (anschaulicher) als Versicherungsschutz dient damit vor allem dazu, plausibel zu machen, dass der VN auch dann die nach dem Versicherungsvertrag geschuldete Leistung erhält, wenn während der Haftungszeit des VR kein Versicherungsfall eintritt.

2. Umfang der Leistung

145   Ebenso wie die Art der Leistung des VR wird der Umfang der Leistungspflicht und damit auch die geschuldete Leistung **in § 1 Abs. 1 VVG und § 1 VVG 2008** allgemein beschrieben.

146   **a) Dem Grunde nach** ergibt der sich Umfang der Leistungspflicht des VR aus den gesetzlichen und vertraglichen Voraussetzungen des in § 1 Abs. 1 VVG und § 1 VVG 2008 erwähnten Versicherungsfalls, dessen Bestimmung im einzelnen Gegenstand mancher dorniger Streitfragen ist. Seine Voraussetzungen begrenzen das übernommene Risiko, also den Umfang der Gefahrtragung in dem oben (Rn. 135 f.) genannten Sinne. Die Voraussetzungen des Versicherungsfalls sind unterschiedlicher Natur. Zu ihnen gehört in der Sachversicherung (oben Rn. 84) etwa auch die Bestimmung des **Versicherungsortes,** also des räumlichen Bereichs, in dem bewegliche Sachen (das versicherte Interesse an den Sachen) unter Versicherungsschutz stehen. Hauptsächlich geht es bei der **Risikobegrenzung** aber darum, die Risiken (Gefahren) festzulegen, die der VR übernimmt, und bei deren Verwirklichung er die in § 1 Abs. 1 VVG (§ 1 VVG 2008) genannten Leistungen erbringen muss. Werden die von dem VR übernommenen Gefahren (einzelne oder mehrere) im Versicherungsvertrag besonders benannt, so liegt eine **primäre Risikobeschreibung** vor. Ohne eine solche Benennung entsteht etwa bei der Sachversicherung eine Übernahme aller denkbaren Gefahren (Risiken) und damit eine **Allgefahrenversicherung.** Die primäre Risikobeschreibung kann durch **Einschlüsse** (von Gefahren) erweitert und (wie auch die Allgefahrenversicherung) durch **Ausschlüsse** eingeschränkt werden. Beide Veränderungen enthalten eine **sekundäre Risikobeschreibung,** von der als **tertiäre Risikobeschreibung** Ausnahmen vorgesehen werden können. Einschlüsse und Ausschlüsse können sich auch aus dem Gesetz ergeben. Einen Fall eines (abdingbaren) gesetzlichen Ausschlusses enthalten **§ 61 VVG.** Danach wird der VR von der Verpflichtung zur Leistung frei, wenn der VN den Versicherungsfall grob fahrlässig oder vorsätzlich herbeigeführt hat. Bei dieser Vorschrift handelt es sich nach ganz überwiegend vertretener Ansicht[101] um einen **subjektiven Risikoausschluss** und nicht etwa um einen Fall einer nach § 6 VVG und § 28 VVG 2008 zu beurteilenden Obliegenheitsverletzung. Ausgeschlossen wird die Gefahr, dass der VN den Versicherungsfall selbst in dem genannten Sinne grob schuldhaft herbeiführt. Die **Sanktion** (kein Versicherungsschutz) folgt hier wieder dem das VVG durchziehenden und in anderem Zusammenhang (Rn. 96) schon erwähnten **Alles-oder-nichts-Prinzip**[102], das durch das VVG 2008 in § 81 Abs. 2 für die grobe Fahrlässigkeit beseitigt worden ist. Überwiegend sind die Risikoausschlüsse, wie etwa das Kriegsrisiko, objektiver Natur **(objektive Risikoausschlüsse).**

147   **b) Der Höhe nach** wird der Umfang der Leistungspflicht des VR nach Eintritt des Versicherungsfalls in der Hauptsache durch gesetzliche (insbesondere bei der oben Rn. 99 ff. erwähnten Pflichtversicherung) und vertragliche Bestimmungen über die Versicherungssumme begrenzt. Sie ist in der Schadensversicherung – wie Rn. 83 dargelegt – der Betrag, bis zu dem ein dem Grunde nach deckungspflichtiger Schaden höchstens zu ersetzen ist. Bei der Summenversicherung bestimmt die Versicherungssumme die von dem VR zu erbringende Leis-

---

[101] So die ganz h. M. Vollständige Nachweise bei Berliner Kommentar/*Beckmann*, § 61 Rn. 6.
[102] *Armbrüster*, Das Alles-oder-nichts-Prinzip im Privatversicherungsrecht, 2003; *Prölss,* VersR 2003, 669; *E. Lorenz,* VersR 2000, 2 (9 ff.).

tung, die sich aber durch zusätzliche Vereinbarungen (etwa einer Überschussbeteiligung in der Lebensversicherung) erhöhen kann.

VI. Einordnung des Versicherungsvertrages

Nach der Darstellung der Rechtsquellen und nach den Hinweisen zu den Grundbegriffen **148** des Privatversicherungsrechts kann auch die immer noch **kontrovers diskutierte Einordnung** des Versicherungsvertrages gewürdigt werden.

1. Einordnung als gegenseitiger Vertrag eigener Art

a) Der Versicherungsvertrag wird ganz überwiegend als ein gegenseitiger Vertrag eigener **149** Art angesehen[103]. Diese Einordnung wird durch die vorangegangenen Überlegungen bestätigt. Danach ist der Versicherungsvertrag ein Vertrag, der insbesondere durch das VVG umfassend ausgestaltet und dadurch als ein Vertrag eigener Art (sui generis) ausgewiesen worden ist. Seine **Besonderheit** besteht darin, dass **ein Vertragspartner** stets ein **Unternehmen** in der durch § 7 VAG für den Betrieb des Versicherungsgeschäfts zugelassenen Rechtsform (AG, VVaG, Körperschaft und Anstalt des öffentlichen Rechts) sein muss. Der Versicherungsvertrag hätte deshalb – wie erwogen und bei der Seeversicherung auch geschehen (Rn. 6 f.) – im HGB geregelt werden können. Jedenfalls weist ihn die Sonderregelung aber als einen Vertrag eigener Art aus.

b) Die in § 1 VVG und in § 1 VVG 2008 enthaltene Beschreibung der durch den Versi- **150** cherungsvertrag für die Vertragsparteien entstehenden Pflichten erinnert an die für die Qualifikation eines Vertrags maßgebenden Regelungen im Besonderen Schuldrecht des BGB, etwa in § 433 BGB, der die Verpflichtungen der Kaufvertragsparteien festlegt. Es lag und liegt deshalb nahe, den Versicherungsvertrag als einen Vertrag anzusehen, in dem die Hauptleistungen, welche die Vertragsparteien einander gewähren (austauschen), aufeinander bezogen sind und somit in einem **Gegenseitigkeitsverhältnis** stehen: Geleistet wird Gefahrtragung (in dem in Rn. 135 beschriebenen Sinne), also Versicherungsschutz, der (Rn. 23) das Produkt ist, gegen Prämien.

2. Andere Einordnungen

a) Im Widerspruch zu der soeben skizzierten Einordnung des Versicherungsvertrages, die **151** im Ergebnis der Mehrheitsmeinung im Schrifttum entspricht, ist seit längerem eine andere Einordnung wiederbelebt und eigenständig ausgeformt worden. Danach ist der Versicherungsvertrag ein dem § 675 BGB entsprechender **Geschäftsbesorgungsvertrag** mit Treuhandcharakter auf dienstvertraglicher Grundlage[104].

Diese Einordnung ist durch die in den letzten Jahrzehnten intensiv geführte **Diskussion** **152** um den **Versicherungsnehmerschutz** (Verbraucherschutz) wieder ins Licht gerückt worden. Es ging dabei hauptsächlich darum, den VN als (im weitesten Sinne verstandenen) Dienstherrn der VR eine im Vergleich zu den herkömmlichen Vorstellungen über den Versicherungsvertrag erheblich stärkere Rechtsstellung zu verschaffen. Weniger eindringlich wurde dabei die Frage behandelt, ob den VN in ihrer anders gesehenen Rolle auch neue Pflichten zuwachsen.

Das Ziel, die Rechtsstellung der VN auszubauen, verfolgt ferner die Einordnung der **Le-** **153** **bensversicherung mit Überschussbeteiligung** als **partiarisches Rechtsverhältnis**[105]. Erreicht wird das Ziel durch diese Einordnung aber selbst dann nicht, wenn man ihr folgt[106].

[103] Das wird zwar selten in der wünschenswerten Klarheit gesagt, ist aber aus dem Schrifttum zur Rechtsnatur des VV zu entnehmen. Ganz deutlich und prägnant in dem genannten Sinne aber *Hofmann*, Privatversicherungsrecht, § 2 Rn. 19, und Berliner Kommentar/*Dörner*, Einleitung Rn. 49.

[104] So *Schünemann*, insbesondere JZ 1995, 432 f., und Jus 1995, 1065 f.

[105] Dafür *Basedow*, ZVersWiss 1992, 419 (437 ff.). Dagegen *E. Lorenz*, ZVersWiss 1993, 283 (296 ff.).

[106] In diesem Sinne BGH v. 23. 11. 1994, BGHZ 128, 54 (66); *E. Lorenz*, wie vorige Fn., 300 (Ergebnis).

154   Die Einordnung des Versicherungsvertrages als **Geschäftsbesorgungsvertrag** stimmt in den Grundannahmen überein mit der **Gefahrtragungstheorie,** wenn man sie zu Unrecht (Rn. 133) dahin versteht, dass die Gefahrtragung des VR Organisationspflichten, also Geschäftsführungspflichten, gegenüber dem VN enthalte. Der Unterschied zwischen der so verstandenen Gefahrtragung und der Einordnung des Versicherungsvertrages als Geschäftsbesorgungsvertrag besteht allein darin, dass mit der ersten Auffassung die Rechtstellung des VR bei Rückabwicklung von Versicherungsverträgen und mit der zweiten die Rechtstellung des VN verbessert werden soll.

155   Wie die Gefahrtragungstheorie in der genannten Fassung, so ist auch die Einordnung des Versicherungsvertrages als (Treuhänderischer) Geschäftsbesorgungsvertrag gem. § 675 BGB abzulehnen. Zunächst schon deshalb, weil – wie zur Gefahrtragungstheorie oben (Rn. 133) dargelegt – weder aus dem tatsächlichen Betrieb des Versicherungsgeschäfts noch aus dem VVG zu entnehmen ist, dass der VR durch den Versicherungsvertrag gegenüber jedem einzelnen VN zur Vornahme von Geschäftsführungsmaßnahmen verpflichtet sein soll. Zu einer solchen Verpflichtung besteht – wie ebenfalls schon (Rn. 133) dargelegt – auch aus Gründen des Versicherungsnehmerschutzes kein Anlass, weil dieser Schutz durch das Versicherungsaufsichtsrecht und die dadurch begründenden Möglichkeiten der Einwirkung auf den Geschäftsbetrieb der VR sachgerecht, neutral und wirkungsvoll abgedeckt wird. Außerdem ist kaum anzunehmen, dass das VVG von 1908 und das VVG 2008 so erlassen worden wären, wie sie erlassen worden sind, wenn der Versicherungsvertrag ein Geschäftsbesorgungsvertrag gem. § 675 BGB sein sollte. Bestätigt worden ist die Ablehnung der Lehre von der Qualifikation des Versicherungsvertrags als Geschäftsbesorgungsvertrag und ihrer sogar verfassungsrechtlichen Fundierung neuerdings durch das BVerfG in seinem Beschluss v. 29. 5. 2006[107]. Darin heißt es – auf das Beispiel des Unfallversicherungsvertrags bezogen: Die Rechtsansicht (des Beschwerdeführers) nach der es sich bei dem Unfallversicherungsvertrag um eine Art Treuhandverhältnis handelt, „dürfte schon einfachrechtlich nicht haltbar sein. Sie ist jedenfalls verfassungsrechtlich nicht geboten."

157   **b)** Nach einer **weiteren,** von den herkömmlichen Vorstellungen abweichenden **Einordnung** ist der Versicherungsvertrag ein dem **Hedge-Geschäft** ähnliches Geschäft mit Geschäftsbesorgungselementen[108]. Das zu sichernde Hauptgeschäft ist danach „das Interesse des VN an der uneingeschränkten Verfügbarkeit über die versicherten Sachen". Es fehlt aber „die Beziehung zu einem Terminmarkt, der es ermöglicht, jederzeit ein Gegengeschäft abzuschließen." Die Sicherung wird deshalb nicht durch Gegengeschäfte auf dem Terminmarkt, sondern durch den Ausgleich im Risikokollektiv der VN bewirkt.

158   Diese Einordnung ist mit Aufmerksamkeit bedacht worden, aber – soweit ersichtlich – noch nicht mit Zustimmung[109]. Sie zielt darauf ab, den **Versicherungsvertrag** soweit wie möglich dem **Kapitalanlagerecht zuzuordnen**[110]. Das wäre im Wege der (Gesetzes-)Analogie zu erreichen, wenn der Versicherungsvertrag dem Hedge-Geschäft im Wesentlichen ähnlich wäre. Die Ähnlichkeit ist aber wegen der genannten strukturellen Unterschiede ziemlich gering. Wie mit vielen anderen Geschäften stimmt der Versicherungsvertrag mit den Hedge-Geschäften zwar darin überein, dass er eine Sicherungsfunktion hat. Der durch ihn gewährte Versicherungsschutz beruht aber auf tatsächlichen und rechtlichen Grundlagen eigener Art. Der Versicherungsvertrag ist deshalb kein Geschäft, das mit den Hedge-Geschäften im Wesentlichen übereinstimmt.

---

[107] VersR 2006, 961 (963), 1. Sp.

[108] So der Vorschlag von *Schwintowski,* JZ 1996, 702, und *ders.*, Berliner Kommentar/*Schwintowski*, § 1 Rn. 31 f.

[109] Ablehnend z. B. *Prölss/Martin/Prölss,* § 1 Rn. 23 (S. 62).

[110] Vgl. etwa Berliner Kommentar/*Schwintowski*, § 1 Rn. 37, wo er zu „§ 32 Abs. 1 Nr. 1 WpHG analog" argumentiert.

§ 1a. Reform des Versicherungsvertragsrechts und Übergangsrecht

Inhaltsübersicht

Literatur: *Abram,* Schützt das neue Recht den Versicherungsnehmer gegen Folgen einer Pflichtverletzung seines Versicherungsvermittlers?, VersR 2008, 724–730; *Armbrüster,* Abstufungen der Leistungsfreiheit bei grob fahrlässigem Verhalten des VN, VersR 2003, 675–682; *Baumann,* Quotenregelung contra Alles-oder-Nichts-Prinzip im Versicherungsfall – Überlegungen zur Reform des § 61 VVG, r+s 2005, 1–10; *Bitter,* Das GKV-Wettbewerbsstärkungsgesetz (GKV-WSG) im Überblick, GesR 2007, 152–160; *Boetius,* Gegen den Wind – Der Basistarif der Gesundheitsreform bricht Europa- und Verfassungsrecht, VersR 2007, 431–440; *Egger,* Schweigepflichtentbindung in privater Berufsunfähigkeits- und Krankenversicherung – zugleich Anmerkung zur Entscheidung des BVerfG vom 23. 10. 2006 (1 BvR 2027/02), VersR 2007, 905–910; *Engeländer,* Überschussbeteiligung nach dem Regierungsentwurf zum VVG, VersR 2007, 155–163; *ders.,* Die Neuregelung des Rückkaufs durch das VVG 2008, VersR 2007, 1297–1313; *Felsch,* Neuregelung von Obliegenheiten und Gefahrerhöhung, r+s 2007, 485–497; *Franz,* Das Versicherungsvertragsrecht im neuen Gewand, VersR 2008, 298–312; *Gaul,* Zum Abschluss des Versicherungsvertrags – Alternativen zum Antragsmodell?, VersR 2007, 21–26; *Gitzel,* Die Beendigung eines Vertrags über vorläufige Deckung bei Prämienzahlungsverzug nach dem Regierungsentwurf eines Gesetzes zur Reform des Versicherungsvertragsrechts, VersR 2007, 322–326; *Grote/Bronkars,* Gesundheitsreform und private Krankenversicherung – wirtschaftliche Konsequenzen für Versicherer und Versicherte, VersR 2008, 580–589; *Höra,* Materielle und prozessuale Klippen in der Berufsunfähigkeits- und Krankenversicherung, r+s 2008, 89–96; *Hövelmann,* Anpassung der AVB von Altverträgen nach Art. 1 Abs. 3 EGVVG – Option oder Zwang?, VersR 2008, 612–617; *Jahn/Klein,* Überblick über das Gesetz zur Neuregelung des Versicherungsvermittlerrechts, DB 2007, 957–962; *Lange,* Die vorvertragliche Anzeigepflicht nach der VVG-Reform, r+s 2008, 56–61; *Langheid,* Auf dem Weg zu einem neuen Versicherungsvertragsrecht, NJW 2006, 3317–3322; *ders.,* Die Reform des Versicherungsvertragsgesetzes – 1. Teil: Allgemeine Vorschriften, NJW 2007, 3665–3671, 2. Teil: Die einzelnen Versicherungssparten, NJW 2007, 3745–3751; *Leverenz,* Anforderungen an eine „gesonderte Mitteilung" nach dem VVG 2008, VersR 2008, 709–713; *Littbarski,* Auswirkungen der VVG-Reform auf die Haftpflichtsparte, PHi 2007, 126–134 und 176–186; *Looschelders,* Schuldhafte Herbeiführung des Versicherungsfalls nach der VVG-Reform, VersR 2008, 1–7; *Maier,* Die vorläufige Deckung nach dem Regierungsentwurf zur VVG-Reform, r+s 2006, 485; *ders.,* Die Leistungsfreiheit bei Obliegenheitsverletzugen nach dem Regierungsentwurf zur VVG-Reform, r+s 2007, 89–92; *Mergner,* Auswirkungen der VVG-Reform auf die Kraftfahrtversicherung, NZV 2007, 385–391; *Mudrack,* Änderungsbedarf beim Regierungsentwurf zum Versicherungsvertragsrecht, ZfV 2007, 41–45; *Muschner,* Zur fortdauernden Anwendbarkeit der Klagefrist des § 12 Abs. 3 VVG a. F. im Jahr 2008, VersR 2008, 317–319; *Muschner/Wendt,* Die Verjährung im Versicherungsvertragsrecht, MDR 2008, 609–614; *Neuhaus,* Neues VVG: Überlebt die Klagefrist des § 12 Abs. 3 VVG trotz Streichung im Gesetz?, r+s 2007, 177–182; *ders.,* Zwischen den Jahrhundertwerken – Die Übergangsregelungen des neuen VVG, r+s 2007, 441–446; *ders.,* Die vorvertragliche Anzeigepflichtverletzung im neuen VVG, r+s 2008, 45–56; *Niederleithinger,* Auf dem Weg zu einer VVG-Reform, VersR 2006, 437–447; *ders.,* Das neue VVG, Erläuterungen – Texte – Synopse, Baden-Baden, 2007; *Notthoff,* Die Zukunft genereller Schweigepflichtenbindungserklärungen in der Berufsunfähigkeitszusatzversicherung, ZfS 2008, 243–248; *Nugel,* Das neue VVG – Quotenbildung bei der Leistungskürzung wegen grober Fahrlässigkeit, MDR 2007, Sonderbeilage, S 23-S 33; *Präve,* Das neue Versicherungsvertragsgesetz, VersR 2007, 1046–1050; *ders.,* Die VVG-Informationspflichtenverordnung, VersR 2008, 151–157; *Prölss,* Das versicherungsrechtliche Alles-oder-nichts-Prinzip in der Reformdiskussion, VersR 2003, 669–675; *Reiff,* Das Gesetz zur Neuregelung des Versicherungsvermittlerrechts, VersR 2007, 717–731; *Reusch,* Die vorvertraglichen Anzeigepflichten im neuen VVG, VersR 2007, 1313–1323; *Rixecker,* VVG 2008 – Eine Einführung, ZfS 2007, 15 ff.; *Römer,* Zu ausgewählten Problemen der VVG-Reform nach dem Referentenentwurf vom 13. März 2006, VersR 2006, 740–745 und 865–870; *ders.,* Zu den Informationspflichten nach dem neuen VVG – Ein Vorblatt zu den AVB oder: weniger ist mehr, VersR 2007, 618–620; *ders.,* Beratung nötig – Verzicht möglich. Zur Kunst der Gesetzgebung, VuR 2007, 94; *ders.,* Die kapitalbildende Lebensversicherung nach dem neuen Versicherungsvertragsgesetz, DB 2007, 2523–2529; *Schimikowski,* Abschluss des Versicherungsvertrags nach neuem Recht, r+s 2006, 441–446; *ders.,* VVG-Reform: Die vorvertraglichen Informationspflichten des Versicherers und das Rechtzeitigkeitserfordernis, r+s 2007, 133–137; *Schneider,* Neues Recht für alte Verträge? – Zum vermeintlichen Grundsatz aus Artikel 1 Abs. 1 EGVVG, VersR 2008, 859–865; *Sodan,* Gesundheitsreform 2006/2007 – Systemwechsel mit Zukunft oder Flickschusterei?, NJW 2006, 3617–3620; *Stockmeier,* Das Vertragsabschlussverfahren nach neuem VVG, VersR 2008, 717–724; *Uyanik,* Die Klageausschlussfrist nach § 12 Abs. 3 VVG a. F. – Oder: Totgesagte leben länger?, VersR 2008, 468–470; *Wandt/Ganster,* Die Rechtsfolgen des Widerrufs eines Versicherungsvertrags gem. § 9 VVG 2008, VersR 2008, 425–437; *Weidner/Schuster,* Quotelung von Entschädigungsleistungen bei grober Fahrlässigkeit des VN in der Sachversicherung nach neuem VVG, r+s 2007, 363–365; *Werber,* Information und Beratung des Versicherungsnehmers vor und nach Abschluss des Versicherungsvertrags, VersR 2007, 1153–1159; *ders.,* § 6 VVG 2008 und die Haftung des Versicherers für Fehlberatung durch Vermittler, VersR 2008, 285–289 – in französischer Sprache *Schneider,* Nouveau code allemand des assurances: la renaissance d'un centenaire, D. 2007, Chr., 3090–3096.

A. Entwicklung

1   Seit 1. 1. 2008 gilt **das neue Versicherungsvertragsgesetz (VVG).** Mit Inkrafttreten des neuen Gesetzes wurde die wohl bedeutendste Reform des deutschen Versicherungsvertragsrechts seit Schaffung des Gesetzes über den Versicherungsvertrag vom 1. 5. 1908[1] abgeschlossen. Die Vorbereitungen haben kaum mehr als sieben Jahren in Anspruch genommen. Wenngleich man – wie bei jedem Kompromiss – nicht mit allen Lösungen einverstanden sein und so manche Regelung sich in der Praxis erst noch bewähren muss, kann sich das Ergebnis doch sicher sehen lassen[2].

2   Der **Anstoß** zu einer umfassenden Reform des Versicherungsvertragsrechts kam aus dem **Bundesministerium der Justiz.** Von der Überzeugung getragen, dass das geltende Recht

---

[1] RGBl. I S. 263; das Gesetz ist am 1. 1. 1910 in Kraft getreten.
[2] Vgl. *Römer,* VersR 2006, 740, der (hinsichtlich des Referentenentwurfes) von einem „großen Wurf" spricht; kritisch aber *Funk,* VersR 2008, 163.

nicht mehr zeitgemäß und eine Reform daher dringend erforderlich sei, hatte es am 7. 6. 2000 eine **Kommission zur Reform des Versicherungsvertragsrechts** eingesetzt. Die mit zahlreichen Fachleuten aus Wissenschaft und Praxis, Justiz und Anwaltschaft, Versicherer- und Verbrauchervertretern besetzte Kommission hat in der Folge einen vollständigen Gesetzentwurf ausgearbeitet und ihre Ergebnisse zunächst u. a. in einem Zwischenbericht[3] und schließlich in einem **Abschlussbericht** veröffentlicht, welcher am 19. 4. 2004 der Bundesministerin der Justiz übergeben wurde[4]. Der Abschlussbericht enthält u. a. den **Kommissionsentwurf** eines Gesetzes zur Reform des Versicherungsvertragsrechts sowie eine ausführliche Begründung. In der Folgezeit wurde im Bundesjustizministerium ein **Referentenentwurf** ausgearbeitet, der am 13. 3. 2006 veröffentlicht wurde[5]. Dieser folgte inhaltlich überwiegend den Vorschlägen der VVG-Kommission, hatte jedoch auch eine Reihe von Veränderungen zu berücksichtigen, wie insbesondere die zwischenzeitlich Gesetz gewordenen Änderungen im Bereich des Fernabsatzes[6], die im Werden begriffene Gesetzgebung bei der Versicherungsvermittlung[7] sowie die neuere höchstrichterliche Rechtsprechung im Bereich der Lebensversicherung[8]. Im Anschluss an die Beteiligung der Länder, Fachkreise und Verbände wurde auf der Grundlage des Referentenentwurfes der – in der Substanz allerdings nur geringfügig veränderte – **Entwurf eines Gesetzes zur Reform des Versicherungsvertragsrechts** (Regierungsentwurf)[9] ausgearbeitet. Man kann daher mit Fug und Recht sagen, dass der Gesetzentwurf, der schließlich am 13. 10. 2006 von der Bundesregierung im Kabinett beschlossen wurde, **sehr gründlich vorbereitet** worden ist[10].

In dem sich anschließenden **Gesetzgebungsverfahren** hat der Gesetzentwurf **einige wenige Veränderungen** erfahren. In seiner 828. Sitzung am 24. 11. 2006 hat der Bundesrat zu dem Entwurf Stellung genommen und eine Reihe von Prüfbitten erhoben[11]. Hierzu ist seitens der Bundesregierung in einer Gegenäußerung Stellung genommen worden[12]. Am 1. 2. 2007 ist das Gesetz in erster Lesung im Deutschen Bundestag beraten und seine Überweisung an den federführenden Rechtsausschuss, den Finanzausschuss sowie an die Ausschüsse für Wirtschaft und Technologie, für Ernährung, Landwirtschaft und Verbraucherschutz und für Arbeit und Soziales beschlossen worden[13]. Der **Rechtsausschuss** hat nach Durchführung einer öffentlichen Sachverständigenanhörung am 28. 3. 2007[14] in seiner Sitzung vom 20. 6. 2007 beschlossen, dem Parlament die **Annahme des Gesetzentwurfes** nach Maßgabe einzelner von ihm beschlossener Änderungen zu empfehlen[15]; die anderen Ausschüsse sind diesem Votum gefolgt. Die vom Parlament beschlossenen Änderungen enthalten vor allem redaktionelle Verbesserungen, betreffen aber zum Teil auch substantielle Bereiche wie insbesondere die Pflichtversicherung, die Regelungen über die Überschussbeteiligung und die Berechnung des Rückkaufswertes in der Lebensversicherung einschließlich der Übergangsvorschriften sowie die Erhebung personenbezogener Gesundheitsdaten. Ferner wurden die im Rahmen der sog.

3

---

[3] Vom 30. 5. 2002.

[4] *VVG-Kommission,* Abschlussbericht, 1.1, S. 1 ff.

[5] Dazu *Niederleithinger,* VersR 2006, 437; *Römer,* VersR 2006, 740 und 865.

[6] Gesetz zur Änderung der Vorschriften über Fernabsatzverträge bei Finanzdienstleistungen v. 2. 12. 2004, BGBl. I S. 3102.

[7] Gesetz zur Neuregelung des Versicherungsvermittlerrechts v. 19. 12. 2006 (BGBl. I S. 3232), überwiegend in Kraft getreten am 22. 5. 2007.

[8] BVerfG v. 26. 7. 2005, BVerfGE 114, 1 = NJW 2005, 2363 = VersR 2005, 1109 und BVerfGE 114, 73 = NJW 2005, 2376 = VersR 2005, 1127; zum sog. Frühstorno ferner BGH v. 12. 10. 2005, BGHZ 164, 297 = NJW 2005, 3559 = VersR 2005, 1670; BVerfG v. 15. 2. 2006, VersR 2006, 489 = NJW 2006, 1783.

[9] RegE, BT-Drs. 16/3945 = BR-Drs. 707/06.

[10] *Hartenbach,* Rede vor dem Deutschen Bundestag v. 5. 7. 2007, Plenarprot. 16/108, S. 11166.

[11] Stellungnahme des Bundesrates, BT-Drs. 16/3945, S. 125.

[12] Gegenäußerung der Bundesregierung, BT-Drs. 16/3945, S. 130.

[13] Plenarprot. 16/79, S. 7881.

[14] Rechtsausschuss (6. Ausschuss), Protokoll Nr. 56 v. 28. 3. 2007.

[15] Beschlussempfehlung v. 20. 6. 2007, BT-Drs. 16/5862, S. 3.

Gesundheitsreform[16] im März 2007 beschlossenen Regelungen über die private Krankenversicherung in das Gesetz mit aufgenommen. In seiner Plenarsitzung am 5.7. 2007 hat der **Deutsche Bundestag** das Gesetz in zweiter und dritter Lesung **mit großer Mehrheit** verabschiedet[17]. Der **Bundesrat** hat in seiner 836. Sitzung am 21. 9. 2007 beschlossen, einen Antrag auf Einberufung des Vermittlungsausschusses (Art. 77 Abs. 2 des Grundgesetzes) nicht zu stellen[18]. Nach seiner **Unterzeichnung durch den Bundespräsidenten** am 23. 11. 2007 ist das Gesetz **am 29. 11. 2007 im Bundesgesetzblatt verkündet** worden[19].

B. Rechtsgrundlagen

4   Der Schwerpunkt des Gesetzes zur Reform des Versicherungsvertragsrechts liegt zweifellos in der **grundlegenden Neufassung des Versicherungsvertragsgesetzes** (VVG). Diese wird durch Artikel 1 des Gesetzes verwirklicht. Die Artikel 2 bis 11 des Gesetzes enthalten Änderungen oder Ergänzungen weiterer Vorschriften, während Artikel 12 das Inkrafttreten des Gesetzes regelt[20].

I. Versicherungsvertragsgesetz

5   Das VVG wird durch die Reform des Versicherungsvertragsrechts umfassend neu geordnet. Zwar hat sich der Gesetzgeber von den grundsätzlichen Überlegungen der VVG-Kommission leiten lassen, wonach eine Neuregelung einzelner Punkte nicht erforderlich sei, wenn sich die bisherige Regelung insgesamt bewährt habe und Vorteile einer anderen Regelung nicht ersichtlich seien[21]. Ergebnis der **umfassenden Vorarbeiten** war jedoch, dass aus Sicht der Kommission lediglich punktuelle Eingriffe in das bestehende Gesetz nicht ausreichend gewesen wären, um die zahlreichen vorgeschlagenen Neuregelungen einarbeiten zu können. Auch sollte das VVG nach dem Kommissionsvorschlag eine geänderte Gliederung erhalten; einzelne Titel für bestimmte Versicherungszweige sollten entfallen[22]. Der Regierungsentwurf hat sich dieser Sichtweise angeschlossen und im Einklang mit der Kommission eine **Neufassung des Gesetzes** vorgeschlagen, „die allerdings in vielen Punkten bewährte Regelungen teils wörtlich, teils inhaltlich unverändert übernimmt"[23]. Dies hat zur Folge, dass sich der mit dem bisherigen Gesetz vertraute Rechtsanwender zwar neu orientieren muss, er sich in kurzer Zeit allerdings auch im neuen VVG ohne weiteres zurechtfinden dürfte: „Das neue Gesetz vollzieht **keine Revolution des Versicherungswesens**"[24].

6   In seiner **Gliederung** ist das VVG durch die Neuordnung **erheblich entschlackt** worden[25]. Das neue Gesetz enthält einen Allgemeinen Teil, bestehend aus Vorschriften für alle Versicherungszweige (Kapitel 1, §§ 1–73) und für die Schadensversicherung (Kapitel 2, §§ 74–99), einen Besonderen Teil mit Vorschriften für einzelne Versicherungszweige (§§ 100–208) sowie einen letzten, aus verschiedenen Schlussvorschriften bestehenden Teil (§§ 209–215). Beibehalten wurde die für deutsche Gesetzbücher so typische „**Ausklamme-**

---

[16] Gesetz zur Stärkung des Wettbewerbs in der gesetzlichen Krankenversicherung (GKV-WSG) v. 26. 3. 2007 (BGBl. I S. 378), Art. 43.
[17] Plenarprot. 13/108, S. 11175.
[18] Beschluss v. 21. 9. 2007, BR-Drs. 583/07 (Beschluss).
[19] BGBl. I S. 2631.
[20] Dazu sowie zu den Übergangsvorschriften unten, Rn. 42 ff.
[21] RegE, Begründung A.I, BT-Drs. 16/3945, S. 47; vgl. auch *VVG-Kommission*, Abschlussbericht, 1.1.2, S. 2.
[22] *VVG-Kommission*, Abschlussbericht, 1.1.2, S. 2; übertrieben daher *Franz*, VersR 2008, 298, nach welchem die Reform „kaum einen Stein auf dem anderen" lasse.
[23] RegE, Begründung A.I, BT-Drs. 16/3945, S. 47.
[24] *Präve*, VersR 2007, 1046 (1049); vgl. auch *Langheid*, NJW 2007, 3665.
[25] Dazu auch *Römer*, VersR 2006, 865.

rungstechnik": Für den jeweiligen Vertrag gelten grundsätzlich die im Besonderen Teil vorgesehenen speziellen Vorschriften und darüber hinaus die Bestimmungen des Allgemeinen Teils, wobei auch dort im Bereich der Schadensversicherung die Bestimmungen des 2. Kapitels gegenüber den Vorschriften für alle Versicherungszweige vorrangig sind. Im übrigen sind die Reglungen für Versicherungsverträge Bestandteil des Besonderen Schuldrechts[26]. Ergänzend kann deshalb im Einzelfall auch auf die Bestimmungen des Allgemeinen Schuldrechts sowie des Allgemeinen Teils des BGB zurückgegriffen werden. So gelten etwa für den Abschluss von Versicherungsverträgen unmittelbar die §§ 116 ff. BGB über Willenserklärungen und die §§ 145 ff. über das Zustandekommen von Verträgen[27].

Ein besonderes Augenmerk gilt der **Untergliederung des Besonderen Teiles.** Hier hat   **7** die Reform umfassende Veränderungen mit sich gebracht. Besondere Vorschriften sieht das Gesetz künftig für acht Vertragstypen vor, die jeweils hälftig der Sachversicherung und der Personenversicherung zuzurechnen sind: Haftpflichtversicherung (Kapitel 1, §§ 100–124), Rechtsschutzversicherung (Kapitel 2, §§ 125–129), Transportversicherung (Kapitel 3, §§ 130–141), Gebäudefeuerversicherung (Kapitel 4, §§ 142–149), Lebensversicherung (Kapitel 5, §§ 150–171), Berufsunfähigkeitsversicherung (Kapitel 6, §§ 172–177), Unfallversicherung (Kapitel 7, §§ 178–191) und Krankenversicherung (Kapitel 8, §§ 192–208). Die Aufzählung reflektiert, **welche Versicherungssparten** der Reformkommission und dem Gesetzgebers für die heutige Praxis **besonders bedeutsam** erschienen. Verzichtet wurde demgemäß auf die im bisherigen Recht enthaltenen ausführlichen Sondervorschriften über die Hagelversicherung und die Tierversicherung, deren Umfang im Verhältnis zu anderen Zweigen der Sachversicherung, für die das Gesetz keine Vorschriften enthält, schlichtweg unverhältnismäßig erschien. Die Kommission erachtete es hier als ausreichend, die Gestaltung der Verträge den VR zu überlassen[28]. Einem entsprechenden Vorschlag, auch auf Sondervorschriften zum Schutze bestimmter Gläubiger im Bereich der traditionsreichen Gebäudefeuerversicherung insgesamt zu verzichten, ist der Regierungsentwurf dagegen nicht gefolgt[29]. In den Katalog **neu aufgenommen** wurden dagegen beispielsweise die Regelungen über die Berufsunfähigkeitsversicherung. Insoweit waren Kommission und Gesetzgeber – sicherlich zu Recht – der Ansicht, dass die bisherige rechtliche Behandlung, die vornehmlich auf den AVB der VR sowie der entsprechenden Anwendung der Vorschriften über die Lebensversicherung beruhte, weder der Bedeutung, noch den praktischen Problemen dieser Versicherungssparte gerecht werde[30].

Die Vorschriften für die einzelnen Versicherungszweige enthalten Regelungen unter-   **8** schiedlicher Aspekte aus dem Bereich von Abschluss und Inhalt der Versicherungsverträge. Zum Teil sehen sie **zwingende gesetzliche Mindeststandards** und im Einzelfall auch **Ansatzpunkte für gesetzliche Leitbilder** vor. Dagegen ist die von der VVG-Kommission zunächst in Betracht gezogene Erwägung, für alle Vertragstypen Grundsätze über die Vertragsgestaltung im Sinne eines gesetzlichen Leitbildes aufzunehmen, letztlich nicht weiterverfolgt worden. Hintergrund war die Überlegung, dass die Produktgestaltungsfreiheit der VR nicht aufgehoben werden dürfe, ein gesetzliches Leitbild im Sinne eines Standardvertrages daher stets unverbindlich sein müsse und damit von der Praxis möglicherweise ignoriert würde[31]. Tatsächlich dürfte sich der bereits vom bisherigen Gesetz verfolgte, durch die Reform jetzt aufgegriffene und erweiterte **punktuelle Ansatz** mit einzelnen nicht abdingbaren Vorschriften auf lange Sicht als effektiver erweisen, vermag er es doch letztlich, einen **angemessenen**

---

[26] *VVG-Kommission,* Abschlussbericht, 1.2.2.1.1, S. 7.
[27] Vgl. RegE, Begründung A.II.2, BT-Drs. 16/3945, S. 48.
[28] *VVG-Kommission,* Abschlussbericht, 1.2.4.5, S. 77.
[29] RegE, Begründung zu Kapitel 4, Vorbemerkung, BT-Drs. 16/3945, S. 93; dazu kritisch *Niederleithinger,* VersR 2006, 437 (445).
[30] RegE, Begründung A.II.9, BT-Drs. 16/3945, S. 54; *VVG-Kommission,* Abschlussbericht, 1.3.2.2.1, S. 130.
[31] *VVG-Kommission,* Abschlussbericht, 1.2.2.4, S. 16.

Ausgleich zwischen dem Grundsatz der Vertragsfreiheit auf der einen und dem Anliegen eines gesetzlichen Mindestschutzes des VN auf der anderen Seite zu vollbringen.

II. Weitere Vorschriften

9   Wenngleich der Schwerpunkt der Reform sowohl inhaltlich, als auch vom Umfange her eindeutig auf dem neuen VVG liegt, sollte die Bedeutung der Artikel 2 bis 11 des Gesetzes zur Reform des Versicherungsvertragsrechts nicht unterschätzt werden. Artikel 2 bis 9 enthalten zum Teil wichtige **Änderungen in anderen Gesetzen,** während Artikel 10 und 11 als Konsequenz des zwischenzeitlich verabschiedeten Gesetzes zur Stärkung des Wettbewerbs in der gesetzlichen Krankenversicherung (GKV-WSG) vom 26. 3. 2007[32] bereits zu einer ersten größeren Modifikation des neuen VVG führen. Außerhalb des Versicherungsvertragsrechts bewirkt die Reform umfangreiche Veränderungen insbesondere im EGVVG (Artikel 2, Übergangsvorschriften)[33], in § 330 Satz 1 BGB (Artikel 3), in der Versicherungsunternehmens-Rechnungslegungsverordnung (Artikel 6), im VAG (Artikel 7) sowie im PflVG (Artikel 8). Durch die Änderungen im Aufsichtsrecht werden vornehmlich die gesetzlichen Änderungen bei der Lebensversicherung und der Information des VN flankiert. Die das PflVG betreffenden Regelungen sind Konsequenz aus der Integration des Direktanspruches in die allgemeinen Bestimmungen über die Pflichtversicherung (§§ 113 ff. VVG)[34]. Endlich ist hervorzuheben, dass das neue VVG selbst zwei Ermächtigungen zum Erlass von Rechtsverordnungen enthält. In Anwendung von § 7 Abs. 2 Satz 1 VVG ist zwischenzeitlich die **Verordnung über Informationspflichten bei Versicherungsverträgen** (VVG-InfoV) vom 18. 12. 2007[35] erlassen worden, mit der Einzelheiten hinsichtlich von Inhalt und Form der dem VN vor Vertragsschluss und während der Laufzeit des Vertrages zu übermittelnden Informationen geregelt werden. Dagegen wird von der in § 8 Abs. 5 VVG enthaltenen Ermächtigung, durch Rechtsverordnung Inhalt und Gestaltung der dem VN mitzuteilenden **Belehrung über das Widerrufsrecht** festzulegen, voraussichtlich kein Gebrauch gemacht werden. Statt dessen ist jetzt vorgesehen, die Musterbelehrung im VVG gesetzlich zu regeln[36].

C. Schwerpunkte der Reform

10   Durch die Reform des Versicherungsvertragsrechts sollte eine umfassende Modernisierung des VVG erfolgen und so „der **gerechte Interessenausgleich zwischen Versicherungsunternehmen und Versicherten**"[37] erreicht werden. Das aus dem Jahre 1908 stammende, auf dem damaligen Denken und Rechtsgefühl beruhende bisherige Gesetz erschien nicht mehr ausreichend, um den Bedürfnissen eines modernen Verbraucherschutzes vollständig zu entsprechen[38]. Vor allem die fehlende Transparenz, insbesondere im wirtschaftlich so relevanten Bereich der Lebensversicherung und die mangelhafte Information der VN vor dem Vertragsschluss boten dem Gesetzgeber Anlass zum Einschreiten. Doch auch insgesamt erschien das alte Recht, das dem VR so schwerwiegende Sanktionsmittel wie etwa das Alles-oder-Nichts-Prinzip oder die Klagefrist des § 12 Abs. 3 VVG a. F. an die Hand gab, in vielen Bereichen als eine nicht mehr gerechtfertigte Privilegierung des ohnehin stärkeren Vertragspartners. Im Zuge der Reform sollte nunmehr die Modernisierung des Rechts mit mehr Schutz für die Verbraucher und mit mehr Gerechtigkeit beim Interessen-

---

[32] BGBl. I S. 378.
[33] Dazu i. e. unten, Rn. 42 ff.
[34] Dazu ausführlich § 24, Rn. 161 ff. (in diesem Handbuch).
[35] BGBl. I S. 3004; Begründung in BAnz v. 16. 1. 2008, Nr. 8, S. 98; dazu unten, Rn. 16 ff.
[36] Referentenentwurf des BMJ zur Änderung des VVG (Stand: 3. 7. 2008).
[37] *Zypries,* Rede vor dem Deutschen Bundestag v. 1. 2. 2007, Plenarprot. 16/79, S. 7874.
[38] RegE, Begründung A.I, BT-Drs. 16/3945, S. 47.

ausgleich verbunden werden[39]. Die Parallele zur Entwicklung im BGB, welches seinerseits als Recht des Gläubigers ursprünglich nur mit einigen „Tropfen sozialen Öls" gesalbt war, heute aber ebenfalls immer mehr vom Gesichtspunkt des Verbraucherschutzes dominiert wird, erscheint unverkennbar.

Selbstverständlich kann die vorliegende Darstellung nur einen allgemeinen Überblick über   **11** einige Schwerpunkte der Reform geben. Die ausführliche Behandlung der einzelnen Neuregelungen in ihrem jeweiligen Kontext muss den entsprechenden Kapiteln dieses Handbuches vorbehalten bleiben. Dies vorausgeschickt, lassen sich **fünf große Bereiche** aufzeigen, die den Verfassern des neuen VVG besonders wichtig erschienen. Die Reform wollte zunächst den **Schutz des VN beim Vertragsschluss** verbessern, was sie insbesondere durch einen Verzicht auf das umstrittene „Policenmodell", eine verbesserte Information und Beratung des VN, ein allgemeines Widerrufsrecht und eine Neuregelung der Sanktion vorvertraglicher Anzeigepflichten des VN zu erreichen sucht. Darüber hinaus werden überkommene **Privilegien des VR,** wie z. B. das Alles-oder-Nichts-Prinzip, der Grundsatz der Unteilbarkeit der Prämie oder die Klagefrist beseitigt. **Einzelne Vertragstypen** erhalten – zum Teil umfassende – neue Regelungen, so namentlich die Berufsunfähigkeitsversicherung, die vorläufige Deckung und die private Krankenversicherung. Die **Rechtsdurchsetzung** wird u. a. durch die Einführung eines eingeschränkten Direktanspruches in der Pflicht-Haftpflichtversicherung sowie eines neuen Gerichtsstandes am Wohnsitz oder Aufenthalt des VN verbessert. Schließlich hatte der Gesetzgeber **Vorgaben** zu beachten, die **seitens der höchstrichterlichen Rechtsprechung** in den vergangenen Jahren vornehmlich im Bereich der Lebensversicherung sowie zuletzt auch bei der Erhebung personenbezogener Gesundheitsdaten entwickelt worden waren.

I. Schutz des Versicherungsnehmers beim Vertragsschluss

1. Aufgabe des Policenmodells

Als **privatrechtlicher Vertrag** kommt der Versicherungsvertrag **durch Angebot und**   **12** **Annahme** zustande. Üblicherweise wird hierbei dergestalt verfahren, dass der VN bei dem VR einen Antrag auf Abschluss des Versicherungsvertrages stellt, den der VR durch Übersendung des Versicherungsscheines annimmt. Da Angebot und Annahme sich decken müssen, damit der Vertrag nach allgemeinen Grundsätzen zustande kommt, ist regelmäßig erforderlich, dass der VN **im Zeitpunkt der Antragstellung** bereits über **sämtliche Bestandteile des zu schließenden Vertrages** – insbesondere die Allgemeinen Versicherungsbedingungen und die vom VR zu übermittelnden Verbraucherinformationen – verfügt (sog. **Antragsmodell**). § 5a VVG a. F. machte bislang von diesem Grundsatz eine wichtige Ausnahme. Danach galt der Vertrag auf der Grundlage des Versicherungsscheins, der Versicherungsbedingungen und der weiteren für den Vertragsinhalt maßgeblichen Verbraucherinformationen als abgeschlossen, auch wenn diese Unterlagen dem VN bei Antragstellung noch nicht vorlagen, wenn der VN nicht innerhalb von 14 Tagen nach vollständiger Überlassung dieser Unterlagen widersprochen hatte. Unabhängig von der Überlassung der Unterlagen erlosch das Widerrufsrecht des VN jedenfalls ein Jahr nach Zahlung der ersten Prämie[40]. Von diesem überaus vertriebsfreundlichen **Policenmodell** ist reichlich Gebrauch gemacht worden; die VR haben es bis zuletzt vehement verteidigt. Zuzugestehen ist ihnen, dass es in der Praxis insoweit kaum zu Problemen gekommen ist[41]. Nicht nur der EG-Kommission war das Policenmodell hingegen seit langem ein Dorn im Auge; auch Verbraucherschützer plädierten für seine Abschaffung, um eine verbesserte Information des Verbrauchers vor dem Vertragsabschluss sicherzustellen.

---

[39] *Zypries,* Rede vor dem Deutschen Bundestag v. 1. 2. 2007, Plenarprot. 16/79, S. 7875.
[40] S. dazu nur *Römer/Langheid/Römer,* § 5a Rn. 14ff.; *Prölss/Martin/Prölss,* § 5a Rn. 9ff.
[41] *Römer,* VersR 2006, 740 (741); *Schimikowski,* r+s 2006, 441.

13   Während der Entwurf der VVG-Kommission das Policenmodell als solches nicht in Frage gestellt hatte[42], sah der Regierungsentwurf erstmals seine **faktische Abschaffung** vor. Daran ist im Zuge des Gesetzgebungsverfahrens auch nichts mehr geändert worden. Eine dem bisherigen § 5 a VVG a. F. vergleichbare Vorschrift enthält das neue Recht jetzt nicht mehr. Ganz im Gegenteil bestimmt § 7 Abs. 1 Satz 1 VVG, dass der VR dem VN **rechtzeitig vor Abgabe von dessen Vertragserklärung seine Vertragsbestimmungen einschließlich der Allgemeinen Versicherungsbedingungen sowie die in einer Rechtsverordnung nach Absatz 2 bestimmten Informationen in Textform mitzuteilen** hat. Ist – wie in der Praxis regelmäßig – der Kunde der Antragende, so hat dies zur Folge, dass die vorgeschriebenen Informationen künftig vor der Antragstellung zur Verfügung gestellt werden müssen[43]. Aus der Begründung des Gesetzentwurfes ergibt sich, dass die Verfasser darin eine **Verbesserung des Verbraucherschutzes** sahen: dem Kunden werde so die Gelegenheit gegeben, sich vor Abgabe seiner Vertragserklärung mit den Einzelheiten des Vertrages vertraut zu machen[44]. Bezeichnend ist allerdings, dass in der politischen Diskussionen zuletzt weniger der erhoffte Gewinn für den Verbraucherschutz, als denn vornehmlich die Angst vor einem möglichen Unterliegen in dem von der EG-Kommission angestrengten Vertragsverletzungsverfahren ausschlaggebendes Argument für die Abkehr vom Policenmodell war[45]. Der **gesetzgeberischen Zweckbestimmung** kommt indes bei der **Auslegung der Vorschrift** erhebliche Bedeutung zu. Deren unbestimmte Voraussetzung einer „rechtzeitigen" Mitteilung ist nur erfüllt, wenn der Kunde im Einzelfall ausreichend Gelegenheit hatte, vor Abgabe seiner Vertragserklärung von dem Inhalt der Vertragsunterlagen Kenntnis zu nehmen – ob er dies dann auch tatsächlich tut, steht freilich auf einem anderen Blatt. Bei der Bemessung des erforderlichen Zeitraumes sind insbesondere auch der Umfang der Informationen und die Bedeutung des angebotenen Vertrages zu berücksichtigen. Die Abgabe der Vertragserklärung selbst ist stets nur der späteste mögliche Zeitpunkt für die Übermittlung der Informationen[46].

14   Nach der gesetzlichen Neuregelung soll das Antragsmodell nunmehr die Regel sein; dieser Wille des Gesetzgebers darf nicht durch alternative Gestaltungen ausgehebelt werden[47]. Ein regelrechter Zwang zur Information besteht aufgrund dessen aber nicht, denn das Gesetz geht vom **Leitbild des mündigen Verbrauchers** aus: Dieser hat es jetzt selbst in der Hand, zu entscheiden, ob er den Vertrag in Kenntnis aller für ihn maßgeblichen Informationen schließen will; gegen seinen Willen muss er sich nicht informieren lassen[48]. Diese Selbstverständlichkeit hebt § 7 Abs. 1 Satz 3 VVG hervor, der bestimmt, dass der VN auf eine Information vor Abgabe seiner Vertragserklärung auch verzichten kann. Zu seinem Schutz ist allerdings vorgesehen, dass ein solcher **Verzicht,** um wirksam zu sein, in der Form einer **gesonderten schriftlichen Erklärung** erfolgen muss. Die Schriftform erfüllt an dieser Stelle sowohl Warn- als auch Klarstellungs- und Beweisfunktionen[49]. Indem das Gesetz darüber hinaus eine „gesonderte" Erklärung fordert, verdeutlicht es, dass formularmäßige Verzichtsklauseln, insbesondere wenn sie bereits im Antragsformular des VR enthalten sind, regelmäßig nicht ausreichen werden, um einen wirksamen Verzicht zu begründen[50].

---

[42] Vgl. § 7 Abs. 1 Satz 1 KommE; dazu *VVG Kommission,* Abschlussbericht, Begründung zu § 7, S. 294.

[43] *Römer,* VersR 2006, 740 (741); *Schimikowski,* r+s 2007, 133; *Stockmeyer,* VersR 2008, 717.

[44] RegE, Begründung A.II.2, BT-Drs. 16/3945, S. 48.

[45] S. etwa *Manzewski,* Rede vor dem Deutschen Bundestag v. 5. 7. 2007, Plenarprot. 16/108, S. 11172.

[46] Vgl. RegE, Begründung zu § 7 Abs. 1, BT-Drs. 16/3945, S. 60.

[47] Zu möglichen Gestaltungsalternativen einschließlich der damit verbundenen Risiken *Gaul,* VersR 2007, 21; *Schimikowski,* r+s 2006, 441 (443); *Langheid,* NJW 2007, 3665 (3666); *Franz,* VersR 2008, 298 (302); *Stockmeyer,* VersR 2008, 717 (719 ff.).

[48] Vgl. RegE, Begründung A.II.2, BT-Drs. 16/3945, S. 48.

[49] Zur Bedeutung der Schriftform allgemein vgl. nur *Palandt/Heinrichs,* § 125 Rn. 1 ff.

[50] In diesem Sinne auch *Langheid,* NJW 2006, 3317 (3318); *Schimikowski,* r+s 2007, 133 (136); vgl. auch *ders.,* r+s 2006, 441 (443); *Gaul,* VersR 2007, 21 (23).

2. Information und Beratung des Versicherungsnehmers

Die Verbesserung der Information und Beratung des VN war ein weiteres, ganz wesent- **15** liches Ziel der Reform des Versicherungsvertragsrechts. Denn nach Auffassung der Verfasser des neuen Gesetzes setzt ein funktionsfähiger Wettbewerb zwischen den VR voraus, dass die VN ihre **Entscheidung** für ein bestimmtes Produkt **auf der Grundlage einer rationalen Auswahl** aus den am Markt erhältlichen Versicherungsangeboten treffen können[51]. Dafür aber ist ganz zweifellos eine umfassende Kenntnis von den in Aussicht genommenen Produkten, also Information, bei vielen Verbrauchern überdies auch externe Hilfestellung und damit Beratung, erforderlich.

a) Informationspflichten. § 7 Abs. 1 Satz 1 VVG enthält daher zunächst eine neue **16** Rechtsgrundlage für die **Information des VN.** Dieselbe Vorschrift, die, wie gesehen, bereits das Policenmodell außer Kraft setzt, erfüllt damit eine weitere wesentliche Funktion: Sie bestimmt, dass dem VN eine Reihe von Unterlagen – Vertragsbestimmungen, Allgemeine Versicherungsbedingungen – und die in der Rechtsverordnung nach § 7 Abs. 2 VVG bestimmten Informationen mitzuteilen sind. Von der in § 7 Abs. 2 VVG enthaltenen Verordnungsermächtigung wurde durch den Erlass einer **Verordnung über Informationspflichten bei Versicherungsverträgen (VVG-InfoV)** Gebrauch gemacht. Die von den VR bei Vertragsschluss zu beachtenden Informationspflichten sind in den §§ 1 bis 4 VVG-InfoV geregelt. Vieles davon ist allerdings seit langem bekanntes Terrain. Schon bislang waren die VR nach öffentlichem Recht (§ 10a VAG) verpflichtet, den VN über die in dieser Vorschrift sowie der dazugehörigen Anlage bezeichneten, für das Versicherungsverhältnis maßgeblichen Tatsachen im vorgeschriebenen Umfang zu unterrichten. VR, die ihre Produkte im Fernabsatz vertreiben, waren darüber hinaus seit einigen Jahren den besonderen Informationspflichten aus § 48a ff. VVG unterworfen. An der jetzigen Regelung neu ist insoweit, dass die vom VR zu beachtenden Informationspflichten künftig **einheitlich im Versicherungsvertragsrecht zusammengefasst** werden.

Der **Inhalt** der von den VR zu erfüllenden Informationspflichten ist weitestgehend durch **17** das Gemeinschaftsrecht vorgegeben[52]. Der VVG-InfoV kommt dabei das Verdienst zu, die bislang je nach Vertriebsweg unterschiedlich weit reichenden Pflichten für alle Verträge zu **harmonisieren.** Damit greift der Verordnungsgeber einen Gedanken auf, der schon im Gesetz, etwa in Gestalt des jetzt für alle Versicherungsverträge bestehenden einheitlichen Widerrufsrechts (§ 8 Abs. 1 Satz 1 VVG), bereits verwirklicht wurde[53]. Für Verträge, die nicht im Fernabsatz zustande kommen, hat diese Neuerung eine moderate Erweiterung der Informationspflichten zur Folge; besondere Schwierigkeiten dürften damit angesichts einer im Bereich des Fernabsatzes bereits seit Jahren funktionierenden Praxis nicht verbunden sein. Bedeutende **Neuerungen,** die bislang ihresgleichen nicht kennen, sind demgegenüber die Verpflichtung zur Angabe der in die Prämie einkalkulierten Kosten und der sonstigen Kosten bei der Lebens-, Berufsunfähigkeits- und Krankenversicherung (§ 2 Abs. 1 Nr. 1 und 2, Abs. 2 und § 3 Abs. 1 Nr. 1 und 2, Abs. 2 VVG-InfoV) sowie zur Erteilung eines Produktinformationsblattes (§ 4 VVG-InfoV). Durch die **Verpflichtung zur Kostenangabe** verfolgt der Verordnungsgeber konsequent das ihm vom Gesetzgeber und von der höchstrichterlichen Rechtsprechung verordnete Anliegen nach einer **Verbesserung der Transparenz** im Be-

---

[51] So RegE, Begründung, A.II.1, BT-Drs. 16/3945, S. 47.
[52] Richtlinie 92/49/EWG des Rates v. 18.6. 1992 zur Koordinierung der Rechts- und Verwaltungsvorschriften für die Direktversicherung (mit Ausnahme der Lebensversicherung) sowie zur Änderung der Richtlinien 73/239/EWG und 88/357/EWG (Dritte Richtlinie Schadenversicherung), ABl. Nr. L 228, S. 1; Richtlinie 2002/83/EG des Europäischen Parlaments und des Rates vom 5. 11. 2002 über Lebensversicherungen, ABl. Nr. L 345, S. 1; Richtlinie 2002/65/EG des Europäischen Parlaments und des Rates vom 23. 9. 2002 über den Fernabsatz von Finanzdienstleistungen an Verbraucher und zur Änderung der Richtlinie 90/619/EWG des Rates und der Richtlinien 97/7/EG und 98/27/EG, ABl. Nr. L 271, S. 16; Richtlinie 2002/92/EG des Europäischen Parlaments und des Rates vom 9. 12. 2002 über Versicherungsvermittlung, ABl. Nr. L 9, S. 3.
[53] Vgl. auch *Langheid,* NJW 2007, 3665 (3666).

reich der betroffenen Versicherungsverträge weiter. Verlangt werden dezidierte Angaben zur Höhe der in die Prämie einkalkulierten Kosten (Abschlusskosten und übrige Kosten) sowie zu möglichen sonstigen Kosten, insbesondere wenn diese einmalig oder aus besonderem Anlass entstehen. Die Angaben haben in Euro-Beträgen zu erfolgen; damit werden sie für den Kunden erkennbar und ermöglichen ihm eine selbstbestimmte Beurteilung des angebotenen Produktes[54]. Es verwundert nicht, dass diese Entwicklung vor allem von Seiten der Versicherungswirtschaft eher kritisch begleitet worden ist[55]. Auf weitgehend ungeteilte Zustimmung gestoßen ist dagegen der Vorschlag zur **Erteilung eines Produktinformationsblattes.** Dabei handelt es sich um ein Dokument, das diejenigen Informationen enthält, die für den Abschluss oder die Erfüllung des Versicherungsvertrages von besonderer Bedeutung sind (§ 4 Abs. 1 VVG-InfoV); eine Idee, für die in Fachkreisen schon seit längerem geworben wird[56].

18   **Schuldner** der Informationspflichten ist der VR, nicht etwa ein zwischengeschalteter Vermittler, der aber in der Regel durch Übermittlung der geschuldeten Informationen die Verpflichtung des VR erfüllen wird. **Gläubiger** ist der VN als Vertragspartner des VR, und zwar grundsätzlich auch, wenn – wie insbesondere bei Gruppenversicherungen – ein Dritter versicherte Person ist[57]. Der VN kann in diesen Fällen aber aufgrund seiner Rechtsbeziehungen zum Versicherten verpflichtet sein, erhaltene Informationen an diesen weiterzuleiten. **Verletzt** der VR seine Informationspflichten, so hat dies in erster Linie zur Folge, dass die **Widerrufsfrist** gemäß § 8 Abs. 2 Satz 1 Nr. 2 VVG **nicht zu laufen beginnt** und der VN zum Widerruf seiner Vertragserklärung berechtigt bleibt[58]. Allerdings sind die Rechtsfolgen eines solchen Widerrufs im Hinblick auf die Rückgewährpflicht durch § 9 VVG erheblich eingeschränkt. Darüber hinaus kommen nach allgemeinen Grundsätzen auch **Schadensersatzansprüche** des VN in Betracht (§§ 280 Abs. 1, 311 Abs. 2 BGB)[59]. Voraussetzung ist, dass die Informationspflicht schuldhaft verletzt wurde, wobei das Verschulden freilich vermutet wird und der VR gemäß § 278 BGB auch für das Verhalten seiner Erfüllungsgehilfen einzustehen hat.

19   **b) Beratungspflichten.** Gesetzliche Beratungspflichten waren dem Versicherungsvertragsrecht ursprünglich fremd. Hinweis- und Belehrungspflichten ergaben sich bisweilen aus allgemeinen vertragsrechtlichen Grundsätzen; im Falle ihrer Nichtbeachtung bestand ggf. die Möglichkeit, den VR, seltener auch den Versicherungsvermittler, unter den Voraussetzungen des § 280 Abs. 1 BGB (ggf. i. V. m. § 311 Abs. 2 und 3 BGB) auf Schadensersatz in Anspruch zu nehmen[60]. Diese Rechtslage erschien schon deshalb wenig befriedigend, weil die Anforderungen an Art und Umfang der vom VR und vom Vermittler zu leistenden Beratung nicht hinreichend gesetzlich konkretisiert waren. Darüber hinaus führte die in Anbetracht der strengen Voraussetzungen des § 311 Abs. 3 BGB selten erfolgreiche persönliche Inanspruchnahme des Vermittlers in der Praxis bisweilen zu Defiziten im Verantwortungsbewusstsein des betroffenen Personenkreises. Künftig soll sich das ändern. Nach § 6 Abs. 1 Satz 1 und 2 VVG hat der VR den VN, soweit nach der Schwierigkeit, die angebotene Versicherung zu beurteilen oder der Person des VN und dessen Situation hierfür **Anlass** besteht, nach seinen Wünschen und Bedürfnissen zu **befragen** und, auch unter Berücksichtigung eines angemessenen Verhältnisses zwischen Beratungsaufwand und der vom VN zu zahlenden Prämien, zu **bera-**

---

[54] VVG-InfoV, Begründung zu § 2, Bekanntmachung des BMJ v. 19. 12. 2007, BAnz v. 16. 1. 2008, S. 98 (100); s. auch BVerfG v. 15. 2. 2006, VersR 2006, 489 = NJW 2006, 1783.

[55] Positionspapier des Gesamtverbandes der Deutschen Versicherungswirtschaft zu der Offenlegung von Abschluss- und Vertriebskosten nach dem Entwurf der VVG-InfoV v. 19. 7. 2007; kritisch auch *Präve*, VersR 2008, 151 (155).

[56] S. vor allem *Römer*, VersR 2007, 618; vgl. auch *ders.*, VersR 2006, 740 (741).

[57] In diesem Sinne wohl auch *Franz*, VersR 2008, 298 (300).

[58] RegE, Begründung zu § 7 Abs. 1, BT-Drs. 16/3945, S. 60; dazu und zu anderen Rechtsfolgen auch *Stockmeyer*, VersR 2008, 717 (723).

[59] RegE, Begründung zu § 7 Abs. 1, BT-Drs. 16/3945, S. 60; a. A. *Funck*, VersR 2008, 163 (164).

[60] Zur bisherigen Rechtslage etwa *Prölss/Martin/Prölss*, Vorbem. II Rn. 10 ff.

ten sowie die **Gründe** für jeden zu einer bestimmten Versicherung erteilten Rat **anzuge-ben**. Er hat dies unter Berücksichtigung der Komplexität des angebotenen Versicherungsver-trags zu **dokumentieren**. Die genannten Informationen müssen dem VN vor Vertrags-schluss übermittelt werden (§ 6 Abs. 2 VVG). Eine weitgehend identische Pflicht zu Lasten des Versicherungsvermittlers (§ 59 Abs. 1 VVG), die bereits gut ein halbes Jahr vor Inkrafttre-ten der Reform ihren Weg ins Gesetz fand[61], wurde unverändert in §§ 61 Abs. 1, 62 Abs. 1 VVG übernommen. Die Verletzung dieser Pflichten kann **Schadensersatzansprüche** des VN gegen den VR oder den Versicherungsvermittler begründen (§§ 6 Abs. 5, 63 VVG). Zu-dem wird die Durchsetzung der Ansprüche des VN durch das Dokumentationserfordernis und damit verbundene Beweiserleichterungen erheblich erleichtert[62].

Welche **Anforderungen** künftig an Inhalt und Umfang der Beratung und Dokumenta- **20** tion zu stellen sind, wird vom Gesetz allgemein umschrieben und ist anhand der vorgegebe-nen Kriterien **im Einzelfall zu beurteilen**[63]. Um hier eine weitgehende Angleichung in der Beratung von VR und Vermittler zu gewährleisten, orientieren sich die neuen §§ 6, 61 VVG vornehmlich an den Vorgaben der EG-Vermittlerrichtlinie[64]. Dabei ist den sprachlich nicht ganz einfachen Regelungen attestiert worden, dass sie sich erkennbar um einen **angemesse-nen Interessenausgleich zwischen den Beteiligten** bemühen und dabei auch berücksich-tigen, dass Versicherungen in ihrer Bedeutung für den Verbraucher ganz unterschiedlich sein können[65]. In erster Linie maßgeblich ist, inwieweit aufgrund der konkreten Umstände ein erkennbarer Anlass für eine Befragung und Beratung des Kunden durch den VR oder den Vermittler besteht[66]. In dieser **Anlassbezogenheit** liegt eine sinnvolle Eingrenzung der Ver-pflichtung auf diejenigen Fälle, in denen ein für den VR bzw. den Vermittler erkennbarer Be-darf an Beratung des VN besteht[67]. Darüber hinaus soll auch ein **angemessenes Verhältnis zwischen Beratungsaufwand und Prämie** gewahrt werden[68]. An dieser Stelle ist aller-dings zu berücksichtigen, dass auch bei preiswerten Produkten im Einzelfall ein erhöhter Be-ratungsbedarf bestehen kann, der dann auch einen entsprechenden Beratungsaufwand erfor-derlich macht[69]. Ausgangspunkt jeder Beratung ist demgemäß der dem VR erkennbare Wunsch des Kunden, der aber nicht stets wörtlich hingenommen werden darf, sondern ggf. durch entsprechende Nachfragen erhellt werden muss[70]. **Gegenstand der Beratung** kön-nen neben dem Inhalt des Vertrages auch die den Vertrag begleitenden Umstände sein. Ein besonderer Hinweis des VR ist insbesondere stets dann geboten, wenn durch den in Aussicht genommenen Vertrag im Einzelfall von gesetzlichen Leitbildern abgewichen werden soll. Wichtig ist, dass die Verpflichtung dem Kunden gegenüber **nur einmal erfüllt** werden muss. Wird sie bereits vom Vermittler nach § 61 Abs. 1 VVG wahrgenommen, so erfüllt die-ser zugleich die Pflicht des VR nach § 6 Abs. 1 VVG[71]. Ist der Vermittler ein Versicherungs-makler, so besteht überhaupt keine Beratungspflicht des VR. Nach Auffassung des Gesetzge-bers dürfe der VR in diesem Falle davon ausgehen, dass der vom VN eingeschaltete Makler

---

[61] § 42c VVG a. F. in der Fassung des Gesetzes zur Neuregelung des Versicherungsvermittlerrechts (VersVermG) v. 19. 12. 2006 (BGBl. I S. 3232), in Kraft getreten am 22. 5. 2007, dazu *Jahn/Klein*, DB 2007, 957; *Reiff*, VersR 2007, 717 (725 ff.).
[62] Zu diesem Aspekt *Rixecker*, ZfS 2007, 191 (192); s. ferner *Abram*, VersR 2008, 724.
[63] Vgl. *Langheid*, NJW 2007, 3665; speziell zur Lebensversicherung *Römer*, DB 2007, 2523.
[64] Vgl. RegE, Begründung A.II.1, BT-Drs. 16/3945, S. 48.
[65] *Römer*, VuR 2007, 94.
[66] Vgl. RegE-VersVermG, Begründung zu § 42c Abs. 1, BT-Drs. 16/1935, S. 24.
[67] RegE-VersVermG, Begründung zu § 42c Abs. 1, BT-Drs. 16/1935, S. 24; dazu auch *Reiff*, VersR 2007, 717 (725).
[68] Kritisch *Niederleithinger*, VersR 2006, 437 (439); *Römer*, VersR 2006, 740 (743).
[69] RegE-VersVermG, Begründung zu § 42c Abs. 1, BT-Drs. 16/1935, S. 24; vgl. auch *Niederleithinger*, VersR 2006, 437 (439).
[70] Vgl. *Niederleithinger*, Das neue VVG, Teil A Rn. 50.
[71] RegE, Begründung zu § 6 Abs. 1, BT-Drs. 16/3945, S. 58; zum Verhältnis der Pflichten von VR und Vermittler *Werber*, VersR 2008, 285.

seinen Frage- und Beratungspflichten nachkomme[72]. Der VN kann auf die Beratung und Dokumentation auch ganz **verzichten.** Das ist einleuchtend: wie schon bei der Information kann auch hier niemand gegen seinen Willen dazu gezwungen werden, eine angebotene Beratung in Anspruch zu nehmen. Zum Schutze des VN muss der Verzicht allerdings in der Form einer **gesonderten schriftlichen Erklärung** erfolgen, in der der VN ausdrücklich darauf hingewiesen wird, dass sich ein Verzicht nachteilig auf seine Möglichkeit auswirken kann, einen Schadensersatzanspruch wegen Falschberatung geltend zu machen (§§ 6 Abs. 3, 61 Abs. 2 VVG)[73].

21   Hinsichtlich der **Reichweite der Beratungspflichten** unterscheidet das Gesetz zwischen den Vorgaben für die VR und die Versicherungsvermittler. Während für letztere die Pflicht grundsätzlich mit Vertragsabschluss endet, besteht für VR gemäß § 6 Abs. 4 VVG die Verpflichtung **auch nach Vertragsschluss** und während der Dauer des Versicherungsverhältnisses fort, soweit für den VR ein Anlass für eine Nachfrage und Beratung des VN erkennbar ist. Ein solcher Anlass kann sich insbesondere aus tatsächlichen oder rechtlichen Veränderungen ergeben[74]. Voraussetzung ist aber stets, dass der VR die Umstände, die Anlass zur Beratung geben, erkennen kann, was angesichts des Massencharakters von Versicherungsgeschäften nur selten der Fall sein wird[75]. Wie schon bei Abschluss des Vertrages kann der VN auch hier auf eine Beratung durch schriftliche Erklärung **verzichten;** allerdings ist ein solcher Verzicht **nur im Einzelfall,** also aus konkretem Anlass, und nicht etwa generell von vornherein zulässig, da andernfalls die Beratungspflicht oftmals ins Leere liefe. Auf eine entsprechende Beratungspflicht auch zu Lasten der Versicherungsvermittler hat der Gesetzgeber dagegen – vornehmlich mit Blick auf den abschließenden Charakter der EG-Vermittlerrichtlinie, die eine solche „Betreuungspflicht" nicht vorsieht – verzichtet[76]. Eine unterschiedliche Behandlung von VR und Vermittler kann schließlich auch aus der Art des verwendeten Vertriebsweges resultieren. Gemäß § 6 Abs. 5 VVG bestehen **keine Beratungspflichten des VR,** wenn es sich bei dem Versicherungsvertrag um einen **Vertrag im Fernabsatz** im Sinne des § 312b Abs. 1 und 2 BGB handelt. Die Gesetzesverfasser waren – nicht ganz zu Unrecht – der Auffassung, dass bei ausschließlicher Verwendung von Fernkommunikationsmitteln diese Pflicht praktisch nicht erfüllt werden könne: Der VN, der auf diesem Weg einen Vertrag schließe, sei sich bewusst, dass er eine Beratung nur erhalten werde, wenn er sein entsprechendes Bedürfnis gegenüber dem VR zum Ausdruck bringe[77]. Die Beratungspflichten des Versicherungsvermittlers kennen eine solche Ausnahme dagegen nicht, da die Vermittlerrichtlinie die Möglichkeit einer Einschränkung für den Fall, dass der vermittelte Vertrag im Wege des Fernabsatzes geschlossen wird, nicht vorsieht.

3. Allgemeines Widerrufsrecht

22   Wenngleich der VN fortan informiert und beraten zum Vertragsschluss schreitet, soll er darüber hinaus seine Vertragserklärung stets innerhalb von zwei Wochen – bei der Lebensversicherung innerhalb von 30 Tagen (§ 152 Abs. 1 VVG) – widerrufen können: das bestimmt § 8 Abs. 1 Satz 1 VVG. Die der bisherigen Regelung bei Fernabsatzgeschäften nachgebildete Bestimmung erstreckt damit das zuvor nur in bestimmten Fällen bestehende **Widerrufsrecht** nunmehr **im Grundsatz auf alle Versicherungsverträge,** unabhängig vom Vertriebsweg und der Person des VN[78]. Vom Widerrufsrecht ausgenommen sind nur einige, in § 8 Abs. 3 VVG genannte Verträge, insbesondere solche von kurzer Laufzeit oder über die Gewährung

---

[72] RegE, Begründung zu § 6 Abs. 1, BT-Drs. 16/3945, S. 58; dazu auch *Werber*, VersR 2007, 1153 (1154).
[73] Zu dieser „Hürde" *Niederleithinger*, VersR 2006, 437 (439); *Franz*, VersR 2008, 298 (300); kritisch *Langheid*, NJW 2006, 3317 (3318); gegen die Möglichkeit eines Verzichts *Römer*, VuR 2007, 94 (95).
[74] RegE, Begründung zu § 6 Abs. 4, BT-Drs. 16/3945, S. 59.
[75] Vgl. *Römer*, VersR 2006, 740 (743); für Beispiele s. auch § 24 Rn. 113 (in diesem Handbuch).
[76] RegE, Begründung zu § 6 Abs. 4, BT-Drs. 16/3945, S. 59.
[77] RegE, Begründung zu § 6 Abs. 1, BT-Drs. 16/3945, S. 58.
[78] Zu den Hintergründen s. RegE, Begründung zu § 8 Abs. 1, BT-Drs. 16/3945, S. 61.

vorläufiger Deckung[79]. Die **Widerrufsfrist** beginnt nach § 8 Abs. 2 VVG mit dem Zugang der vollständigen Vertragsunterlagen (Versicherungsschein, Vertragsbestimmungen einschließlich der AVB, Informationen nach § 7 Abs. 1 und 2 VVG) sowie einer den gesetzlichen Anforderungen entsprechenden Belehrung über das Widerrufsrecht[80]; im elektronischen Geschäftsverkehr müssen darüber hinaus die in § 312e Abs. 1 Satz 1 BGB geregelten Pflichten erfüllt worden sein. Übt der VN sein Widerrufsrecht aus, so ergeben sich die **Rechtsfolgen des Widerrufs** grundsätzlich aus §§ 357, 346 BGB. Sofern allerdings der Versicherungsschutz schon vor dem Ablauf der Widerrufsfrist beginnt, was nur mit Zustimmung des VN erfolgen darf, ist vorrangig § 9 VVG zu beachten[81]. Der VR hat in diesem Fall, wenn der VN in der nach § 8 Abs. 1 Satz 1 Nr. 2 VVG zu erteilenden Belehrung auf sein Widerrufsrecht, die Rechtsfolgen des Widerrufs und den zu zahlenden Betrag hingewiesen worden ist, nur den auf die Zeit nach Zugang des Widerrufs entfallenden Teil der Prämien zu erstatten, bei unterbliebener oder unzureichender Belehrung außerdem die für das erste Jahr des Versicherungsschutzes gezahlten Prämien, es sei denn, der VN hat bereits Leistungen aus dem Vertrag in Anspruch genommen. Dagegen trifft den VN in diesen Fällen keine Erstattungspflicht hinsichtlich etwaiger bereits erhaltener Leistungen.

4. Vorvertragliche Anzeigepflichten

Die Reform bewirkt eine grundsätzliche Modifizierung der Regeln über vorvertragliche   **23** Anzeigepflichten mit dem erklärten Ziel, die **Risiken** insoweit **angemessener zwischen VN und VR zu verteilen**[82]. War es bislang so, dass der VN dem VR bei der Schließung des Vertrages alle ihm bekannten Umstände, die für die Übernahme der Gefahr erheblich sind, auch ungefragt offenbaren musste (vgl. § 16 Abs. 1 Satz 1 VVG a. F.), bestimmt § 19 Abs. 1 VVG jetzt, dass der VN bis zur Abgabe seiner Vertragserklärung die ihm bekannten Gefahrumstände, die für den Entschluss des VR, den Vertrag mit dem vereinbarten Inhalt zu schließen, erheblich sind **und nach denen der VR in Textform gefragt hat,** dem VR anzuzeigen hat; dasselbe gilt auch für entsprechende Fragen, die der VR dem VN nach der Vertragserklärung, aber vor der Annahme des Vertrages stellt. Das Risiko einer Fehleinschätzung, ob ein Umstand gefahrerheblich ist oder nicht, liegt damit künftig nicht mehr beim VN, sondern beim VR: was nicht erfragt wurde, braucht auch nicht erklärt zu werden[83]. Hat der VR ausdrücklich nach bestimmten Umständen gefragt, so gilt überdies weiterhin, dass diese **auch objektiv gefahrerheblich** sein müssen, um eine Anzeigepflicht des VN zu begründen[84]. Da die bislang in § 16 Abs. 1 Satz 3 VVG a. F. enthaltene Zweifelsregelung entfallen ist, liegt die Darlegungs- und Beweislast insoweit jetzt allerdings stets beim VR[85]. Dass die Gefahrerheblichkeit bei Nachfragen, die sich auf einen sehr lange zurückliegenden Zeitraum beziehen, in der Regel zu verneinen sein wird[86], lässt sich nicht allgemein sagen. Vielmehr hat richtigerweise die **Bewertung,** ob ein Umstand gefahrerheblich ist, stets **anhand des jeweiligen Einzelfalles** zu erfolgen; diese Bewertung kann dazu führen, dass ein VR auch zeitlich unbegrenzte Fragen, insbesondere zur Gesundheit des VN, stellen darf[87]. Dementsprechend verbleibt das Risiko, dass trotz ausdrücklich gestellter Fragen gefahrerhebliche Umstände ver-

---

[79] Anders allerdings wiederum bei Fernabsatzgeschäften, vgl. RegE, Begründung zu § 8 Abs. 3, BT-Drs. 16/3945, S. 62.

[80] Eine Musterbelehrung wird voraussichtlich nicht im Verordnungswege (vgl. § 8 Abs. 5 VVG), sondern durch Gesetz geregelt werden.

[81] Zur möglichen Europarechtswidrigkeit bei Fernabsatzverträgen *Wandt/Ganster,* VersR 2008, 425 (434).

[82] RegE, Begründung zu § 19, BT-Drs. 16/3945, S. 64; vgl. auch *Römer,* VersR 2006, 740 (744); *Reusch,* VersR 2007, 1313.

[83] Vgl. RegE, Begründung zu § 19 Abs. 1, BT-Drs. 16/3945, S. 64.

[84] Dazu auch *Langheid,* NJW 2007, 3665 (3667); *Lange,* r+s 2008, 56 (57).

[85] Zu den prozessualen Konsequenzen *Rixecker,* ZfS 2007, 369 (370); *Reusch,* VersR 2007, 1313 (1314).

[86] So RegE, Begründung zu § 19 Abs. 1, BT-Drs. 16/3945, S. 64.

[87] Saarl. OLG v. 14. 6. 2006, VersR 2007, 193.

schwiegen werden, zu Recht auch weiterhin beim VN, dem diese Umstände als einzigem bekannt sind. Die Anzeigepflicht des VN endet hingegen künftig grundsätzlich schon mit der Abgabe seiner Vertragserklärung; anders als bislang[88] besteht also **keine spontane Nachmeldepflicht** mehr. Soll der VN auch danach und bis zur Annahme des Antrages durch den VR gefahrerhebliche Umstände nachmelden, so muss der VR seine u. U. bereits im Antrag gestellten Fragen nochmals vor der Antragsannahme in Textform erneuern.

24   Neben den Voraussetzungen der Anzeigepflicht haben auch die **Rechtsfolgen** ihrer Verletzung durch die Reform umfassende Änderungen erfahren. Der besondere Charme der Neuregelung liegt zweifellos in ihrer hochgradigen Komplexität; letzteres sei indes, so ihre Verfechter, einer ausgewogenen und im einzelnen abgestuften, den wechselseitigen Interessen der Vertragsparteien berücksichtigenden Regelung geschuldet[89]. Lediglich scheinbar beibehalten wird danach der bislang geltende Grundsatz, dass der VR im Falle der Verletzung der Anzeigepflicht durch den VN vom Vertrag **zurücktreten** kann, denn das in § 19 Abs. 2 VVG verankerte Rücktrittsrecht wird durch zahlreiche, in den Absätzen 3 bis 5 normierte Ausnahmen derart eingeschränkt, dass es in der Praxis künftig nur noch selten zum Tragen kommen dürfte. So ist das Rücktrittsrecht des VR immer dann **ausgeschlossen,** wenn der VN die Anzeigepflicht **weder vorsätzlich noch grob fahrlässig** verletzt hat; der VR hat dann nur das Recht, den Vertrag unter Einhaltung einer Frist von einem Monat zu kündigen. Das hat zur Folge, dass der VR leistungspflichtig bleibt, wenn der Versicherungsfall bereits eingetreten war; anders als beim Rücktritt (§ 21 Abs. 2 VVG) kommt es hier auf die Kausalität der Anzeigepflichtverletzung nicht an. Darüber hinaus sind auch das Rücktrittsrecht wegen grob fahrlässiger Verletzung der Anzeigepflicht sowie das Kündigungsrecht ausgeschlossen, sofern der VR den Vertrag **auch bei Kenntnis der nicht angezeigten Umstände,** wenn auch zu anderen Bedingungen, geschlossen hätte. Der VR kann dann nur verlangen, dass die anderen Bedingungen rückwirkend – bei einer vom VN nicht zu vertretenden Pflichtverletzung ab der laufenden Versicherungsperiode – Vertragsbestandteil werden; dem VN steht dann aber unter bestimmten Voraussetzungen ein Sonderkündigungsrecht zu (§ 19 Abs. 6 VVG). Wichtig ist, dass dem VR diese Rechte nur zustehen, wenn er den VN durch gesonderte Mitteilung[90] in Textform auf die Folgen einer Anzeigepflichtverletzung hingewiesen hat; sie sind ausgeschlossen, wenn er den nicht angezeigten Umstand oder die Unrichtigkeit der Anzeige kannte (§ 19 Abs. 5 VVG). Da der VR seine Rechte **innerhalb eines Monats seit Kenntnis** von der Anzeigepflichtverletzung geltend machen muss (§ 21 Abs. 1 Satz 1 VVG), werden sich hier für Praxis und Prozessführung schwierige Verfahrensfragen stellen[91]. Neu ist schließlich auch, dass die Rechte des VR künftig nach Ablauf von fünf Jahren nach dem Vertragsschluss, im Falle von Arglist nach Ablauf von zehn Jahren, **erlöschen** (§ 21 Abs. 3 Satz 1 VVG). Das gilt allerdings nur, soweit der Versicherungsfall nicht vor Ablauf der Frist bereits eingetreten ist: Der VN, der seine Anzeigepflicht verletzt hat, soll nicht einfach den Ablauf der Ausschlussfrist abwarten können, um den VR sodann wegen eines möglicherweise bereits seit längerer Zeit eingetretenen Versicherungsfalles in Anspruch zu nehmen.

II. Beseitigung überkommener Privilegien der Versicherer

1. Alles-oder-Nichts-Prinzip

25   Die Reform des Versicherungsvertragsrechts **schafft das sog. Alles-oder-Nichts-Prinzip ab.** Nach bisherigem Recht hatten Verstöße des VN gegen vertragliche Pflichten unter

---

[88] Vgl. BGH v. 21. 3. 1990, BGHZ 111, 44 = VersR 1990, 729 = NJW 1990, 1916; BGH v. 30. 1. 1980, VersR 1980, 667; Saarl. OLG v. 29. 10. 2003, VersR 2004, 1444.

[89] So *Römer,* VersR 2006, 740 (744); kritisch *Reusch,* VersR 2007, 1313; *Langheid,* NJW 2006, 3317 (3318).

[90] Zu diesem Begriff *Leverenz,* VersR 2008, 709.

[91] Dazu *Reusch,* VersR 2007, 1313 (1321); *Rixecker,* ZfS 2007, 369 (371); *Lange,* r+s 2008, 56 (58 ff.); *Neuhaus,* r+s 2008, 45 (48 ff.); zur Gefahr „merkwürdiger Ergebnisse" *Langheid,* NJW 2007, 3665 (3668).

Umständen zur Folge, dass der VR im Versicherungsfall von seiner Verpflichtung zur Leistung gänzlich frei wurde. Bei schuldhafter Herbeiführung des Versicherungsfalles durch den VN etwa galt, dass der VR in der Regel von seiner Verpflichtung zur Leistung frei war, wenn der VN den Versicherungsfall vorsätzlich oder durch grobe Fahrlässigkeit herbeigeführt hatte (§ 61 VVG a. F.). Allein die einfache Fahrlässigkeit schadete dem VN nicht. Ähnlich starre Regelungen, nach denen der Leistungsanspruch des VN entweder vollständig gegeben oder ausgeschlossen war, bestanden auch bei Verstößen gegen vertragliche Obliegenheiten oder das Verbot der Gefahrerhöhung. Diese Regelung genoss auf den ersten Blick den Vorzug ihrer Einfachheit. Tatsächlich lässt sich nicht behaupten, dass ihre Anwendung in knapp 100 Jahren zu größeren praktischen Schwierigkeiten geführt hätte. Aus Gründen der **materiellen Gerechtigkeit** erschien sie indes vielen **unbefriedigend,** weil sie schon bei nur geringen Unterschieden im Verschulden des VN zu völlig gegensätzlichen Rechtsfolgen führte und dies von einer Bewertung abhängig war, die nie frei von subjektiven Einschätzungen desjenigen ist, der sie vornimmt[92]. Dementsprechend haben zuletzt vor allem einige viel beachtete und durchaus kontrovers bewertete Einzelfälle aus der Rechtsprechung die Diskussion beherrscht: „Wenn man aus dem Haus geht, ein Fenster gekippt lässt und dann eingebrochen wird, dann hat man nach bisheriger Rechtslage grob fahrlässig gehandelt und bekommt keinen Pfennig"[93]. Natürlich war diese Rechtsfolge nicht zwingend, und so mancher vergleichbarer Fall ist auch anders entschieden worden[94]. Gleichwohl haben sich die Verfasser der Reform in Anbetracht dieser Unwägbarkeiten zur Aufgabe des Alles-oder-Nichts-Prinzips und damit zu einer Neuordnung des Systems der Sanktionen von Vertragsverletzungen des VN entschlossen.

Die gesetzliche Neuregelung zielt darauf ab, die Übergänge zwischen den einzelnen Verschuldensformen und den sich hieraus für die Leistungspflicht des VR ergebenden Konsequenzen abzumildern. Dies wird im wesentlichen durch eine **geänderte Behandlung der groben Fahrlässigkeit** erreicht. Hier ist der VR künftig berechtigt, seine Leistung in einem der Schwere des Verschuldens des VN entsprechenden Verhältnis zu kürzen. Im übrigen bleibt es bei der bisherigen Rechtslage, wonach der VR bei Vorsatz von seiner Leistungspflicht frei wird, während der VN bei fahrlässigem oder gar schuldlosem Verhalten seinen Anspruch auf die Versicherungsleistung behält. Die Änderung betrifft **alle Verstöße des VN gegen Vertragspflichten** und gilt daher – jeweils mit kleineren Abweichungen in den Details – namentlich bei Gefahrerhöhung, Obliegenheitsverletzungen, Verstößen gegen die Rettungspflicht sowie bei Herbeiführung des Versicherungsfalles[95]. Vor allem das **Erfordernis einer prozentualen Bewertung der groben Fahrlässigkeit** ist im Vorfeld Gegenstand der Diskussion gewesen[96]. Prognosen, wonach sich infolgedessen der Arbeitsaufwand in der Justiz erhöhen werde, sind auf den ersten Blick ebensowenig von der Hand zu weisen wie die Befürchtung, dadurch werde es künftig – auch schon im Vorfeld – häufiger zu prozentualen Leistungskürzungen durch die VR kommen, da in vielen Fällen die Hemmung, nunmehr doch ein zumindest „leicht grob fahrlässiges" Verhalten anzunehmen, mit dem Wegfall der harten Sanktion der Leistungsfreiheit sinken dürfte. Andererseits ist nicht zu verhehlen, dass der mit dem neuen System verbundene gleitende Übergang von der besonders schweren Sanktion der vollständigen Leistungsfreiheit hin zur uneingeschränkten Leistungspflicht **bei vernünftiger Anwendung** eine **erhöhte Einzelfallgerechtigkeit** schafft. Je nach der Schwere des Verschuldens kommt fortan bei grober Fahrlässigkeit eine vollständige Versa-

---

[92] So *VVG-Kommission,* Abschlussbericht, 1.2.2.10, S. 36 ff.; RegE, Begründung, A.II.4, BT-Drs. 16/3945, S. 49.

[93] *Zypries,* Rede vor dem Deutschen Bundestag v. 1. 2. 2007, Plenarprot. 16/79, S. 7874.

[94] S. nur OLG Hamm v. 20. 12. 2000, NJW-RR 2001, 816 = VersR 2001, 1234; OLG Oldenburg v. 9. 3. 1994, VersR 1995, 291; OLG Hamburg v. 31. 1. 1990, VersR 1991, 223.

[95] Zur teilweise abweichenden Regelung bei vorvertraglichen Anzeigepflichten s. oben, Rn. 21.

[96] S. etwa *Römer,* VersR 2006, 740; *Maier,* r+s 2007, 89 (92); *Langheid,* NJW 2007, 3665 (3669); ferner *Baumann,* RuS 2005, 1; *Armbrüster,* VersR 2003, 675; *Prölss,* VersR 2003, 669.

gung, eine teilweise Leistung oder auch die volle Leistungspflicht des VR in Betracht[97]. Es ist zu erwarten, dass sich in der Rechtsprechung im Laufe der Zeit feste Quoten für bestimmte, als grob fahrlässig zu wertende Verstöße herausbilden werden[98]. Spätestens damit dürfte sich das neue System auch zu einer guten Basis für vergleichsweise Lösungen fortentwickeln.

2. Grundsatz der Unteilbarkeit der Prämie

27 Wird der Versicherungsvertrag vor Ablauf der vereinbarten Versicherungsperiode durch Rücktritt oder Kündigung beendet, so schuldete der VN nach bisherigem Recht in den in § 40 VVG a. F. genannten Fällen gleichwohl die Prämie für die gesamte Versicherungsperiode. Dieser sog. Grundsatz der Unteilbarkeit der Prämie wird durch die Reform jetzt aufgegeben. Künftig gilt gemäß § 39 Abs. 1 VVG, dass dem VR im Falle der Beendigung des Versicherungsverhältnisses vor Ablauf der Versicherungsperiode für diese Versicherungsperiode regelmäßig **nur noch derjenige Teil der Prämie** zusteht, **der dem Zeitraum entspricht, in dem Versicherungsschutz bestanden hat.** Die Regelung erfasst in erster Linie die vorzeitige Beendigung des Vertrages durch Kündigung, etwa wegen Verletzung einer vertraglichen Obliegenheit, Gefahrerhöhung oder Prämienverzuges[99]. Für die Bemessung der Prämie maßgeblich ist der Zeitpunkt, bis zu dem in der laufenden Periode Versicherungsschutz bestanden hat. Der Gesetzgeber wollte damit auf ein **für die Vertragsparteien eindeutiges Kriterium** abstellen, das in aller Regel zu einem angemessenen Ausgleich der beiderseitigen Interessen führt[100]. Im Falle der Kündigung ist hierfür regelmäßig die wirksame Kündigungserklärung maßgeblich, denn durch diese wird das Versicherungsverhältnis für die Zukunft beendet. Auf etwaige leistungsfreie Zeiträume, etwa dadurch, dass der VR nach § 38 Abs. 2 VVG nicht zur Leistung verpflichtet ist, kommt es dagegen nicht an, da dadurch der Versicherungsschutz als solcher nicht beseitigt wird.

28 Abweichungen von der fortan geltenden Regel enthält § 39 Abs. 1 Satz 2 VVG für den Rücktritt nach § 19 Abs. 2 VVG und die Anfechtung des VR wegen arglistiger Täuschung. Obschon der Vertrag in diesen Fällen rückwirkend aufgehoben wird, steht dem VR hier die Prämie **bis zum Wirksamwerden der Rücktritts- oder Anfechtungserklärung** zu. Für den Fall des Rücktritts wird dies damit gerechtfertigt, dass der VR hier gleichwohl nach § 21 Abs. 2 VVG zur Leistung verpflichtet sei, wenn es an der Kausalität zwischen der Verletzung der Anzeigepflicht und dem Versicherungsfall fehle; im Falle der Anfechtung entspräche es der Billigkeit, dem VR einen solchen Prämienanspruch einzuräumen[101]. Letztlich wird damit unausgesprochen zugleich das sozialschädliche Verhalten des VN sanktioniert. Im Falle der Beendigung des Versicherungsverhältnisses nach § 16 VVG wegen **Insolvenz des VR** kann der VN den auf die Zeit nach der Beendigung des Versicherungsverhältnisses entfallenden Teil der Prämie unter Abzug der für diese Zeit aufgewendeten Kosten zurückfordern (§ 39 Abs. 2 VVG). Für die **Hagelversicherung,** die das Gesetz als solche seit der Reform nur noch in wenigen einzelnen Vorschriften kennt, sieht § 92 Abs. 3 Satz 2 VVG vor, dass im Falle der Kündigung durch den VN während der laufenden Versicherungsperiode dem VR gleichwohl die Prämie für die gesamte Versicherungsperiode zusteht. An dieser Stelle besteht der Grundsatz der Unteilbarkeit der Prämie somit fort. Das steht im Zusammenhang mit der in Satz 1 enthaltenen Regelung, wonach andererseits der VR diese Versicherung nur für den Schluss der Versicherungsperiode kündigen kann, in welcher der Versicherungsfall

---

[97] *Felsch,* r+s 2007, 485 (492); *Franz,* VersR 2008, 298 (304); *Rixecker,* ZfS 2007, 15 (16); in diesem Sinne auch die Empfehlungen des Arbeitskreises IV des 46. Deutschen Verkehrsgerichtstages in Goslar vom 23.–25. 1. 2008, abgedruckt z. B. bei *Born,* NZV 2008, 126 (128).

[98] Zur praktischen Anwendung *Maier,* r+s 2007, 89 (90); *Nugel,* MDR 2007, S 23 (S 26 ff.); *Rixecker,* ZfS 2007, 15 (16); *Felsch,* r+s 2007, 485 (490 ff.); *Looschelders,* VersR 2008, 1 (6); kritisch *Weidner/Schuster,* r+s 2007, 363 (364); *Mergner,* NZV 2007, 385 (388).

[99] Vgl. RegE, Begründung zu § 39, BT-Drs. 16/3945, S. 72, mit weiteren Beispielen.

[100] RegE, Begründung zu § 39 Abs. 1, BT-Drs. 16/3945, S. 72.

[101] RegE, Begründung zu § 39 Abs. 1, BT-Drs. 16/3945, S. 72.

eingetreten ist und ist mit jahreszeitlich bedingten Besonderheiten dieser Versicherung zu erklären[102].

3. Klagefrist

Als Relikt aus vergangener Zeit aus dem Gesetz gestrichen wurde schließlich auch die **29**
Klagefrist des § 12 Abs. 3 VVG a. F. Nach dieser Bestimmung war der VR bislang von seiner Verpflichtung zur Leistung frei, wenn der Anspruch auf die Leistung nicht innerhalb von sechs Monaten gerichtlich geltend gemacht wurde, nachdem der VR dem VN gegenüber den erhobenen Anspruch unter Angabe der mit dem Ablauf der Frist verbundenen Rechtsfolge schriftlich abgelehnt hatte. Die Vorschrift eröffnete dem VR eine im übrigen Zivilrecht unbekannte Möglichkeit, leistungsfrei zu werden[103] und damit ein Privileg, das andere Schuldner nach der Rechtsordnung nicht haben[104]. Aus diesem Grunde war sie zuletzt rechtspolitisch umstritten[105]. Die Rechtsprechung hat seit langem strenge Anforderungen an die Voraussetzungen für das Eingreifen der Ausschlusswirkung gestellt und jeder ausdehnenden Auslegung eine Absage erteilt[106]; dies in der weisen Voraussicht, „dass der Gesetzgeber ein solches Privileg des VR (…) nicht mehr schaffen würde"[107]. Heute erfüllen sich diese Erwartungen: eine dem § 12 Abs. 3 VVG a. F. vergleichbare Vorschrift ist in dem neuen Gesetz nicht mehr enthalten. Der Gesetzgeber hat sich damit der Ansicht der VVG-Kommission angeschlossen, wonach das Interesse des VR, möglichst bald Klarheit über das Schicksal abgelehnter Ansprüche zu bekommen, eine derartige die Verjährung verkürzende Sonderregelung nicht rechtfertige[108]. Aus den Übergangsvorschriften folgt im übrigen, dass Klagefristen seit dem 1. 1. 2008 nicht mehr gesetzt werden können, während bis zum 31. 12. 2007 wirksam gesetzte Klagefristen regulär ausgelaufen sind[109].

III. Neuregelung einzelner Vertragstypen

1. Berufsunfähigkeitsversicherung

Obschon der fortschreitende Abbau staatlicher Sozialleistungen in den vergangenen Jahr- **30**
zehnten zu einer erheblichen Aufwertung der Berufsunfähigkeitsversicherung geführt hat, wurde dieser Vertragstypus vom Gesetz lange Zeit ignoriert. Nach der Rechtsprechung ist die Berufsunfähigkeitsversicherung, die in der Praxis sowohl als selbständiger Vertrag, als auch in Verbindung mit einer Lebensversicherung als Berufsunfähigkeitszusatzversicherung angeboten wird, eine **Erscheinungsform der Lebensversicherung** mit der Folge, dass die gesetzlichen Bestimmungen über die Lebensversicherung anzuwenden sind, soweit die Regeln des betreffenden Rechtsgebietes das zulassen und die Besonderheiten der Berufsunfähigkeitsversicherung dem nicht entgegenstehen[110]. Gleichwohl wurden **Vertragsinhalt und Leistungen** bislang vor allem durch die **Allgemeinen Versicherungsbedingungen** bestimmt. Das werde, so die Ansicht der VVG-Kommission und dann auch des Gesetzgebers, der heutigen Bedeutung dieser Versicherung, bei der es für den VN um die Absicherung seines Einkommens bei Verlust der Berufsfähigkeit und damit um seine wirtschaftliche Existenz-

---

[102] RegE, Begründung zu § 92 Abs. 3, BT-Drs. 16/3945, S. 83; zur bisherigen Regelung s. § 96 Abs. 3 VVG a. F.

[103] BGH v. 7. 11. 1990, VersR 1991, 90 = NJW-RR 1991, 350.

[104] BGH v. 4. 7. 2007, VersR 2007, 1209 = NJW-RR 2007, 1472.

[105] Vgl. nur *Römer/Langheid/Römer*, § 12 Rn. 32, m. w. N.

[106] BGH v. 4. 7. 2007, VersR 2007, 1209 = NJW-RR 2007, 1472; BGH v. 30. 4. 1981, VersR 1981, 828.

[107] BGH v. 18. 12. 1974, VersR 1975, 229 = NJW 1975, 447.

[108] RegE, Begründung zu § 15, BT-Drs. 16/3945, S. 64; VVG-Kommission, Abschlussbericht, 1.2.2.12, S. 48.

[109] Dazu ausführlich unten, Rn. 47.

[110] BGH v. 5. 12. 1990, VersR 1991, 289 = NJW 1991, 1357; BGH v. 5. 10. 1988, VersR 1988, 1233 = NJW-RR 1989, 89.

grundlage gehe, nicht gerecht[111]. Die Reform des VVG macht dem Schweigen des Gesetzes ein Ende, indem sie in die **neuen §§ 172 bis 177 VVG** Bestimmungen über die Berufsunfähigkeitsversicherung aufnimmt. Wunder wird man von dieser Neuregelung freilich nicht erwarten dürfen. Vieles ist bekanntes Terrain, wurde doch **überwiegend geltendes AVB-Recht kodifiziert,** das zudem den VR weiten Spielraum für neue, an geänderte Verhältnisse angepasste Produktentwicklungen lässt[112]. Allerdings wurde mit diesen Regelungen **ein gesetzliches Leitbild** geschaffen, das den Gerichten fortan bei der Kontrolle von Versicherungsbedingungen zur Hand gegeben ist. Halbzwingend und damit nicht zu Lasten des VN abdingbar sind überdies die neuen Regelungen über das Anerkenntnis und den Wegfall der Leistungspflicht des VR (§§ 173, 174 VVG)[113]. Dabei erschien dem Gesetzgeber die in § 173 Abs. 2 Satz 1 VVG vorgesehene Beschränkung der Möglichkeit des VR, sein Anerkenntnis zeitlich zu begrenzen, so bedeutend, dass er – im Gegensatz zu den weiteren Vorschriften dieses Kapitels – ihre unmittelbare Geltung auch für Altverträge ab 1.1.2009 angeordnet hat (Artikel 4 Abs. 3 EGVVG)[114].

2. Vorläufige Deckung

31   Von ganz erheblicher Bedeutung für die Versicherungspraxis ist auch die vorläufige Deckung; gleichwohl wurde diese Erscheinungsform des Versicherungsvertrages vor der Reform vom Gesetz ebenfalls weitestgehend ignoriert. Allgemein bekannt und verbreitet ist die **vorläufige Deckung in der Kfz-Haftpflichtversicherung,** die bislang, wenn auch nur ansatzweise, in § 9 KfzPflVV geregelt war. Hier ist die zeitnahe Begründung von Versicherungsschutz auch von besonderer Bedeutung, da davon die Zulassung des betroffenen Fahrzeuges abhängt. Vorläufige Deckung wird aber auch für andere Versicherungssparten angeboten, so etwa bisweilen in Form einer Zusatzleistung bei der Lebens- oder der Berufsunfähigkeitsversicherung. Durch die Gewährung vorläufiger Deckung kann die Zeit überbrückt werden, die bis zum Abschluss des endgültigen Vertrages benötigt wird[115]. Mit Inkrafttreten der neuen §§ 48 bis 52 VVG erhält die vorläufige Deckung jetzt erstmals für alle Verträge eine gesetzliche Struktur, die sich weitestgehend an der bisherigen Praxis orientiert[116]. Von besonderer Bedeutung sind die Bestimmungen zum Zustandekommen des Vertrages. § 49 Abs. 1 Satz 1 VVG beinhaltet **Erleichterungen bei den Informationspflichten** des VR, indem er bestimmt, dass dem VN die Vertragsbestimmungen und die Informationen nach § 7 Abs. 1 und 2 VVG nur auf Anforderung und spätestens mit dem Versicherungsschein zu übermitteln sind. Lediglich für Fernabsatzgeschäfte besteht aufgrund zwingender Richtlinienvorgaben gemäß § 49 Abs. 1 Satz 2 VVG eine Rückausnahme[117]. Für den Fall, dass bei Vertragsschluss die AVB nicht übermittelt werden oder gar kein ausdrücklicher Hinweis auf ihre Geltung erfolgt, trifft § 49 Abs. 2 VVG zudem Regelungen darüber, **welche Versicherungsbedingungen dann gleichwohl Bestandteil des Vertrages werden.** Die damit einhergehende Billigung dieser Vertragspraxis erschien dem Gesetzgeber im Interesse einer möglichst einfachen Handhabung des vorläufigen Schutzes hinnehmbar[118]. Die dargestellten Einschränkungen gelten nicht für die Beratungspflichten des VR bzw. des Vermittlers nach §§ 6, 61 VVG; allerdings sehen § 6 Abs. 2 und § 62 Abs. 2 VVG insoweit gleichfalls Erleichterungen vor, die wiederum nur für den Vertrag über die vorläufige De-

---

[111] Ausführlich *VVG-Kommission,* Abschlussbericht, 1.3.2.2.1, S. 130; vgl. auch RegE, Begründung A.II.9, BT-Drs. 16/3945, S. 54.
[112] Vgl. *Römer,* VersR 2006, 865 (870); *Langheid,* NJW 2006, 3317 (3321); *Höra,* r+s 2008, 89.
[113] Zu diesen „zentralen" Vorschriften *Langheid,* NJW 2007, 3745 (3748).
[114] Dazu ausführlich unten, Rn. 61 f.
[115] RegE, Begründung A.II.5, BT-Drs. 16/3945, S. 50.
[116] Dazu ausführlich *Maier,* r+s 2006, 485; *Rixecker,* ZfS 2007, 314; ferner *Römer,* VersR 2006, 865; *Langheid,* NJW 2006, 3317 (3319); s. auch *Niederleithinger,* Das neue VVG, Teil A Rn. 149.
[117] Vgl. RegE, Begründung zu § 49 Abs. 1, BT-Drs. 16/3945, S. 73.
[118] RegE, Begründung zu § 49 Abs. 2, BT-Drs. 16/3945, S. 74.

ckung selbst und nicht für den Hauptvertrag gelten[119]. Was den **Beginn des Versicherungsschutzes** anbelangt, sieht § 51 Abs. 1 VVG vor, dass dieser unter bestimmten Voraussetzungen **von der Zahlung einer Prämie abhängig gemacht** werden kann. Das kann sinnvoll
sein, um „Deckungskartenreiterei" zu verhindern, ist aber nicht zwingend. Letztlich dürften
die VR regelmäßig auch kein besonderes Interesse an der Inanspruchnahme dieser Möglichkeit haben, nachdem auch weiterhin wirksam vereinbart werden darf, dass der Versicherungsschutz bei Prämienverzug rückwirkend entfällt (vgl. § 9 Satz 2 KfzPflVV): Ein in § 54 Abs. 2
KommE[120] und § 53 Abs. 2 RefE noch vorgesehenes Verbot entsprechender Vereinbarungen
hat bereits den Regierungsentwurf nicht mehr erlebt[121]. Endlich enthält § 52 VVG umfassende Regelungen über die **Beendigung des Vertrags** über vorläufige Deckung, von denen
nach Absatz 5 dieser Vorschrift nicht zum Nachteil des VN abgewichen werden darf[122].

3. Private Krankenversicherung

Im Bereich der privaten Krankenversicherung hat in jüngerer Zeit vor allem die sog. Ge-   32
sundheitsreform für Wirbel gesorgt[123]. Da dieses Gesetzgebungsverfahren noch unter Geltung des alten VVG abgeschlossen wurde, die hierdurch veranlassten Änderungen aber überwiegend erst zum 1. 1. 2009 in Kraft treten sollen, mussten diese in Artikel 11 des Gesetzes
zur Reform des Versicherungsvertragsrechts für das neue VVG gesondert übernommen werden. Materielle Änderungen ergeben sich hieraus nicht. Aus Sicht des Versicherungsvertragsrechts von Interesse sind demgegenüber einige kleinere, dabei aber keineswegs unbedeutende
Ergänzungen, die das VVG durch die Reform selbst erfahren hat. Erwähnenswert ist vor allem das jetzt in § 192 Abs. 2 VVG ausdrücklich geregelte Übermaßverbot. Danach ist der VR
insoweit zur Leistung nicht verpflichtet, als die **Aufwendungen für die Heilbehandlung
oder sonstigen Leistungen in einem auffälligen Missverhältnis zu den erbrachten
Leistungen** stehen. Der Gesetzgeber wollte damit einer neueren Rechtsprechung entgegentreten, wonach eine Berücksichtigung von Kostengesichtspunkten bei der Beurteilung der
Erstattungsfähigkeit medizinischer Heilbehandlungen grundsätzlich nicht in Betracht
komme[124]. Im Gegensatz zum Vorschlag des Kommissionsentwurfes[125] begründet die gesetzliche Regelung **kein allgemeines Wirtschaftlichkeitsgebot,** da dieses nach Ansicht des
Gesetzgebers den VN unangemessen benachteiligen würde[126]. Vielmehr soll diejenige
Rechtslage wiederhergestellt werden, wie sie vor der genannten Entscheidung des BGH
nach herrschender Meinung bestand[127]. Vornehmlich deklaratorischer Natur ist der neue
§ 192 Abs. 3 VVG. Dieser stellt klar, dass auch solche **Tätigkeiten des VR im Rahmen seines Leistungsmanagements** Gegenstand einer Krankenversicherung sein können, die dem
Service oder der Beratung und Unterstützung des VN im Zusammenhang mit der Erbringung versicherter Leistungen dienen[128]. Maßgeblich für den Leistungsanspruch ist aber – wie

---

[119] Vgl. *Niederleithinger*, VersR 2006, 437 (440); *Langheid*, VersR 2007, 3665 (3670).

[120] Vgl. *VVG-Kommission*, Abschlussbericht, Begründung zu § 54 Abs. 2, S. 330.

[121] Dazu kritisch *Maier*, r+s 2006, 485; *Römer*, VersR 2006, 865; anders *Gitzel*, VersR 2007, 322 (324);
Mergner, NZV 2007, 385 (386).

[122] Dazu *Rixecker*, ZfS 2007, 314 (315); ergänzend *Maier*, r+s 2006, 485 (489); *Gitzel*, VersR 2007, 322.

[123] Gesetz zur Stärkung des Wettbewerbs in der gesetzlichen Krankenversicherung (GKV-WSG) v. 26. 3.
2007, BGBl. I, S. 378; dazu z. B. *Boetius*, VersR 2007, 431; *Bitter*, GesR 2007, 152; *Grote/Bronkars*, VersR
2008, 580; *Sodan*, NJW 2006, 3617; ein Überblick findet sich auch bei *Langheid*, NJW 2007, 3745 (3749).

[124] BGH v. 12. 3. 2003, BGHZ 154, 154 = NJW 2003, 1596 = VersR 2003, 581.

[125] § 186 Abs. 3 KommE, dazu *VVG-Kommission*, Abschlussbericht, Begründung zu § 186 Abs. 3,
S. 407.

[126] RegE, Begründung zu § 192 Abs. 2, BT-Drs. 16/3945, S. 110.

[127] Beschlussempfehlung des Rechtsausschusses, Begründung zu § 192 Abs. 2, BT-Drs. 16/5862,
S. 100, zur früheren Rechtslage etwa OLG Köln v. 3. 9. 1998, VersR 1999, 302; OLG Düsseldorf v. 7. 5.
1996, VersR 1997, 217 = NJW-RR 1997, 1522; OLG Köln v. 13. 7. 1995, VersR 1995, 1177; ebenso
Bach/Moser, § 1 MB/KK Rn. 50; *Prölss/Martin/Prölss*, § 1 MBKK 94 Rn. 36ff., jew. m. w. N.

[128] RegE, Begründung zu § 192 Abs. 3, BT-Drs. 16/3945, S. 110; s. auch RegE, Begründung A.II.10,
BT-Drs. 16/3945, S. 54f.

schon bislang – der jeweilige Inhalt der vertraglichen Vereinbarung. Erst auf Beschlussempfehlung des Rechtsausschusses eingefügt wurde schließlich § 202 Satz 3 VVG. Durch diese
Regelung wird klargestellt, dass **entstandene Kosten für Gutachten oder Stellungnahmen, die der VN zum Zwecke der Prüfung der Leistungspflicht des VR auf dessen
Veranlassung eingeholt** hat, vom VR zu erstatten sind.

IV. Verbesserte Möglichkeiten der Rechtsdurchsetzung

1. Direktanspruch in der Pflichtversicherung

33   Auch in der Haftpflichtversicherung stehen trotz des dort typischerweise vorliegenden
Dreiecksverhältnisses[129] **Ansprüche aus dem Versicherungsvertrag** grundsätzlich **alleine
dem VN** zu. Zwischen dem Dritten, um dessen Schaden es geht, und dem VR bestehen
grundsätzlich keine unmittelbaren Rechtsbeziehungen. Will der Dritte Ersatz seines Schadens erlangen, so muss er sich grundsätzlich zunächst an den Schädiger halten. Erst danach
kann er aufgrund des gegen den VN erwirkten Titels den Freistellungsanspruch des VN
gegen den VR pfänden und sich überweisen lassen und sodann den aufgrund Pfändung und
Überweisung in seiner Person entstehenden angeblichen Zahlungsanspruch im Wege der
Drittschuldnerklage verfolgen[130]. Ein solches Verfahren zu führen, ist schwierig und langwierig. Vor allem im Bereich der **Pflichtversicherung,** deren Bestand immer **zumindest auch
im Interesse des Geschädigten** angeordnet wird, um diesem einen verhandlungs- und zahlungsbereiten, weitgehend insolvenzsicheren Schuldner zu sichern[131], erscheint ein solcher
Zustand nur schwerlich zumutbar. Daher sieht das Gesetz für die Kfz-Pflichtversicherung seit
langem einen **Direktanspruch** vor, der es dem geschädigten Dritten ermöglicht, den VR
ohne den Umweg über den VN unmittelbar auf Zahlung in Anspruch zu nehmen (§ 3 Nr. 1
PflVG a. F.). Dieses System sollte nach den Vorstellungen der VVG-Kommission und der
Bundesregierung auf den gesamten Bereich der Pflichtversicherung übertragen werden[132].
Neben dem erhofften Gewinn für die Geschädigten sah die Kommission darin zugleich einen
vorweggenommenen Beitrag zur Harmonisierung des Versicherungsrechts in der Europäischen Union, nachdem andere Mitgliedstaaten den Direktanspruch zum Teil schon vor längerer Zeit eingeführt hätten und darauf kaum wieder verzichten würden[133]. Das Ergebnis des
Gesetzgebungsverfahrens ist in diesem Punkt allerdings aus Sicht vieler ernüchternd. Unter
dem Einfluss des Arguments, die Einführung eines allgemeinen Direktanspruches werde zu
erheblichen Prämiensteigerungen im Bereich der Pflichtversicherung führen[134], ist der Entwurf **während des Gesetzgebungsverfahrens an dieser Stelle geändert** worden. Die
seit 1. 1. 2008 geltende Neuregelung[135] sieht einen allgemeinen Direktanspruch wie bisher
für den Bereich der Kfz-Pflichtversicherung vor und eröffnet dem Geschädigten darüber hinaus einen unmittelbaren Anspruch gegen den VR in zwei **„unter Verbraucherschutzge-**

---

[129] Dazu § 24 Rn. 3 (in diesem Handbuch).

[130] BGH v. 8. 10. 1952, BGHZ 7, 244 = NJW 1952, 1333; RG v. 27. 5. 1938, RGZ 158, 6.

[131] RegE, Begründung A.II.7, BT-Drs. 16/3945, S. 50; dazu § 24 Rn. 161ff.

[132] § 116 KommE und § 115 RegE; s. dazu *VVG-Kommission,* Abschlussbericht, 1.3.1.1.5, S. 82f.;
RegE, Begründung, zu § 115, BT-Drs. 16/3945, S. 88.

[133] *VVG-Kommission,* Abschlussbericht, 1.3.1.1.5, S. 83.

[134] Gesamtverband der Deutschen Versicherungswirtschaft, Stellungnahme zum Regierungsentwurf
eines Gesetzes zur Reform des Versicherungsvertragsrechts vom 11. Oktober 2006, Berlin, Dezember
2006, S. 12, veröffentlicht unter http://www.gdv.de/Downloads/Themen/Stellungnahme_VVG_Re-
form.pdf; zu diesem Aspekt der parlamentarischen Debatte s. auch *Littbarski,* PHi 2007, 176 (185).

[135] § 115 in der Fassung des Gesetzes zur Reform des Versicherungsvertragsrechts vom 29. 11. 2007,
BGBl. I S. 2631 (2650) sowie von Artikel 3 des Zweiten Gesetzes zur Reform des Pflichtversicherungsge-
setzes und anderer versicherungsrechtlicher Vorschriften vom 10. 12. 2007, BGBl. I S. 2833; dazu auch
Zypries, NJW 2007, Editorial zu Heft 50/2007, S. 1; zur zeitlichen Geltung dieser Regelung s. unten,
Rn. 45 und *Schneider,* VersR 2008, 859 (861).

sichtspunkten wesentlichen Problembereichen"[136], nämlich wenn über das Vermögen des VN das Insolvenzverfahren eröffnet, der Eröffnungsantrag mangels Masse abgewiesen oder ein vorläufiger Insolvenzverwalter bestellt worden ist sowie außerdem bei unbekanntem Aufenthalt des VN. Nimmt man die Vorschrift beim Wort, so dürfte damit der vom Gesetzgeber verfolgte Zweck, den Geschädigten besserzustellen, auch künftig nur in Teilbereichen verwirklicht werden[137].

2. Besonderer Gerichtsstand

Eine jedenfalls auf den ersten Blick offensichtliche Erleichterung bei der Erlangung von **34** Rechtsschutz folgt aus § 215 Abs. 1 VVG. Diese Vorschrift begründet seit 1. 1. 2008 einen **besonderen Gerichtsstand am Wohnsitz oder gewöhnlichen Aufenthalt des VN** für alle vom VN erhobenen Klagen aus dem Versicherungsvertrag oder der Versicherungsvermittlung; darüber hinaus einen ausschließlichen Gerichtsstand für alle Klagen gegen den VN. Der bisherige besondere Gerichtsstand der Agentur (§ 48 VVG a. F.), der in der Vergangenheit „zu Unklarheiten und Streitigkeiten" geführt hat[138], wurde im Gegenzug abgeschafft. Dass allerdings die Frage, ob es sich bei der **vom VN erhobenen Klage** um eine solche **„aus dem Versicherungsvertrag"** (oder der Versicherungsvermittlung) handelt, einfacher zu beantworten ist, wird sich in der Praxis erst noch beweisen müssen. In Ermangelung anderweitiger Anhaltspunkte erscheint es zweckmäßig, insoweit auf die bekannte Rechtsprechung zu § 12 Abs. 1 VVG a. F. zurückzugreifen. Danach bedingt eine Klage aus dem Versicherungsvertrag, dass die Ansprüche, auf welche die Klage gestützt wird, solche sind, die **ihre rechtliche Grundlage in dem Versicherungsvertrag** (bzw. dem Vermittlungsvertrag) haben[139]. Dies könnte im Einzelfall zu durchaus schwierigen Differenzierungen führen[140]. Eine ganz andere Frage ist, ob die dem VN zweifellos vorteilhafte Klage am eigenen Gericht auch der Qualität der Rechtsprechung insgesamt von Nutzen sein wird. Denn zweifellos hatte die bisherige Rechtslage eine gewisse Konzentration und, dadurch bedingt, eine verstärkte Spezialisierung bei den Instanzgerichten zur Folge, während die neue Wahlfreiheit des VN hier – jedenfalls in erster Instanz – eine breitere Streuung mit sich bringen dürfte.

V. Umsetzung höchstrichterlicher Vorgaben

1. Neuregelung der Lebensversicherung

Die mit der Reform des Versicherungsvertragsrechts vorgenommene Neuregelung des **35** Rechts der Lebensversicherung hat vor allem in der Endphase des Gesetzgebungsverfahrens die Diskussion weitgehend beherrscht. Dahinter stand allerdings weniger rechtsdogmatisches oder -praktisches Interesse, als vor allem die **erhebliche wirtschaftliche Bedeutung** dieser Versicherungssparte: Zum Jahresende 2006 bestanden in der Bundesrepublik Deutschland rund 97,1 Millionen Verträge (einschließlich Pensionskassen und Pensionsfonds) mit gebuchten Brutto-Beiträgen von insgesamt 78,3 Milliarden Euro[141]. Das Vertrauen in die Lebensversicherung scheint damit hierzulande weiterhin ungebremst. Gleichwohl sieht sich die Branche seit einigen Jahren großen Herausforderungen gegenüber. Zahlreiche Gerichte haben sich in der Vergangenheit mit der Problematik geringer **Rückkaufswerte** beim sog. **Frühstorno** auseinandersetzen müssen. Mehrfach sind hierbei Klauseln in Allgemeinen Versicherungsbedingungen für unwirksam erklärt worden[142]. Zuletzt hat der Bundesgerichtshof – in

---

[136] Beschlussempfehlung des Rechtsausschusses, Begründung zu § 115, BT-Drs. 16/5862, S. 99.

[137] Weitere Einzelheiten in § 24 Rn. 176 ff. (in diesem Handbuch).

[138] RegE, Begründung zu § 215 Abs. 1, BT-Drs. 16/3945, S. 117.

[139] BGH v. 14. 1. 1960, BGHZ 32, 13 = VersR 1960, 145 = NJW 1960, 529.

[140] Zur Anwendung dieses Grundsatzes unter bisherigem Recht etwa *Prölss/Martin/Prölss*, § 12 Rn. 5 ff.; *Römer/Langheid/Römer*, § 12 Rn. 4 ff., jew. m.w.N.

[141] Gesamtverband der deutschen Versicherungswirtschaft, Jahrbuch 2007, Berlin, S. 77.

[142] S. etwa BGH v. 9. 5. 2001, BGHZ 147, 354 = NJW 2001, 2014 = VersR 2001, 841 und BGHZ 147, 373 = NJW 2001, 2012 = VersR 2001, 839.

Anlehnung an den Vorschlag der VVG-Kommission[143] – entschieden, dass der Rückkaufswert abweichend von § 176 Abs. 3 Satz 1 VVG a. F. nicht mehr der Zeitwert der Versicherung, sondern das nach anerkannten Regeln der Versicherungsmathematik mit den Rechnungsgrundlagen der Prämienkalkulation zum Schluss der laufenden Versicherungsperiode
berechnete Deckungskapital der Versicherung sein solle, bei einer Kündigung mindestens jedoch die Hälfte des ungezillmerten Deckungskapitals[144]. Aber auch die Höhe der **Abschlusskosten** und die wenig transparente Gestaltung der **Überschussbeteiligung** haben
vielfach Kritik erfahren. Eine Pflicht zum Handeln ergab sich für den Gesetzgeber insoweit
aus zwei Entscheidungen des Bundesverfassungsgerichts, mit denen einige gesetzliche Regelungen aus dem Bereich der Lebensversicherung für mit dem Grundgesetz unvereinbar erklärt
und dem Gesetzgeber aufgegeben wurde, bis Ende 2007 eine verfassungsgemäße Rechtslage
herzustellen[145]. All dieser Anliegen hat sich die Reform jetzt angenommen[146].

36   § 169 Abs. 3 VVG enthält neue Regelungen über die **Berechnung des Rückkaufswertes**
bei der Lebensversicherung[147]. Nach der gesetzlichen Definition ist der Rückkaufswert künftig
grundsätzlich das nach anerkannten Regeln der Versicherungsmathematik mit den Rechnungsgrundlagen der Prämienkalkulation zum Schluss der laufenden Versicherungsperiode
berechnete Deckungskapital der Versicherung, bei einer Kündigung des Versicherungsverhältnisses jedoch mindestens der Betrag des Deckungskapitals, das sich bei gleichmäßiger Verteilung der angesetzten Abschluss- und Vertriebskosten auf die ersten fünf Vertragsjahre ergibt.
Mit dieser Regelung nimmt der Gesetzgeber zunächst Abstand von der bislang für alle Lebensversicherungen geltenden, wegen der damit verbundenen Unsicherheiten allerdings seit längerem kritisierten Zeitwertberechnung (§ 176 Abs. 3 VVG a. F.)[148]. Diese gilt künftig nur
noch für fondsgebundene Lebensversicherungsverträge (§ 169 Abs. 4). Bei allen anderen Verträgen wird nunmehr mit dem **Deckungskapital der Versicherung** auf einen Wert abgestellt, der sich versicherungsmathematisch eindeutig berechnen lässt. Darüber hinaus wird mit
§ 169 Abs. 3 VVG zugleich der Problematik des sog. **Frühstornos,** also der durch die Verrechnung der Abschluss- und Vertriebskosten (sog. Zillmerung) bedingten Verminderung des
Rückkaufswertes bei einer vorzeitigen Kündigung in den ersten Vertragsjahren, begegnet.
Die Verpflichtung, im Falle der Vertragskündigung als Rückkaufswert künftig **mindestens
das Deckungskapital** auszuzahlen, das sich bei **gleichmäßiger Verteilung der angesetzten Abschluss- und Vertriebskosten auf die ersten fünf Vertragsjahre** ergibt, hindert die
VR zwar nicht daran, die Kosten des Vertrages zu zillmern; allerdings ist bei vorzeitiger Kündigung jetzt in jedem Fall ein Mindestrückkaufswert zu zahlen. Die Regelung verwirft damit den
auch vom BGH aufgegriffenen Vorschlag der VVG-Kommission, wonach der Rückkaufswert
bei einer Kündigung mindestens die Hälfte des ungezillmerten Deckungskapitals betragen
müsse und orientiert sich an einem bereits bei den zertifizierten Altersvorsorgeverträgen (sog.
Riester-Rente) praktizierten Berechnungsmodell; dieses sei „verständlicher" und bewirke im
übrigen „leicht höhere Auszahlungsbeträge" als das Modell der VVG-Kommission[149]. Allerdings gilt die neue Regelung nur für Verträge, die nach dem 1. 1. 2008 geschlossen werden

---

[143] § 161 KommE; dazu *VVG-Kommission,* Abschlussbericht, 1.3.2.1.4, S. 107 und Begründung zu
§ 161, S. 393.
[144] BGH v. 12. 10. 2005, BGHZ 164, 297 = VersR 2005, 1670 = NJW 2005, 3359; ebenso BGH v.
18. 7. 2007, VersR 2007, 1211 (für den Versicherungsverein auf Gegenseitigkeit); BGH v. 26. 9. 2007,
IV ZR 321/05 (für die fondsgebundene Lebensversicherung); vgl. auch BVerfG v. 15. 2. 2006, VersR
2006, 489 = NJW 2006, 1783.
[145] BVerfG v. 26. 7. 2005, BVerfGE 114, 1 = NJW 2005, 2363 = VersR 2005, 1109 und BVerfGE 114,
73 = NJW 2005, 2376 = VersR 2005, 1127.
[146] Zur Lebensversicherung nach dem neuen VVG umfassend *Römer,* DB 2007, 2523.
[147] Dazu ausführlich *Engeländer,* VersR 2007, 1297.
[148] Vgl. RegE, Begründung zu § 169 Abs. 3, BT-Drs. 16/3945, S. 102.
[149] RegE, Begründung zu § 169 Abs. 3, BT-Drs. 16/3945, S. 102; insoweit kritisch *Römer,* VersR 2006,
865 (869).

(Artikel 4 Abs. 2 EGVVG); für Altverträge bleibt es beim früheren Recht und den hierzu von der Rechtsprechung für den Fall des Frühstornos entwickelten Grundsätzen[150].

Auch die Grundsätze der Überschussbeteiligung werden durch die Reform des Versiche- 37 rungsvertragsrechts neu geregelt[151]. Nach § 153 Abs. 1 VVG ist die **Beteiligung des VN an den Überschüssen einschließlich der Bewertungsreserven** künftig der **gesetzliche Regelfall für alle Lebensversicherungsverträge;** etwas anderes gilt nur, wenn die Überschussbeteiligung durch ausdrückliche Vereinbarung ausgeschlossen wurde. Vertragliche Abreden über die Überschussbeteiligung sind also auch weiterhin zulässig; allerdings ist dabei zu beachten, dass ein solcher vertraglicher Ausschluss dann stets die gesamte Überschussbeteiligung erfassen muss. Es ist also nicht möglich, einzelne Bestandteile der Überschüsse, wie etwa die Bewertungsreserven, oder einzelne vertragliche Zeiträume von der Beteiligung auszunehmen. Hinsichtlich der **Durchführung der Überschussbeteiligung** bestimmt § 153 Abs. 2 VVG, dass diese nach einem verursachungsorientierten Verfahren zu erfolgen hat, wobei andere vergleichbare angemessene Verteilungsgrundsätze vereinbart werden können. Die **Beteiligung an den Bewertungsreserven** hat nach § 153 Abs. 3 dergestalt zu erfolgen, dass der VR diese jährlich zu ermitteln und nach einem verursachungsorientierten Verfahren rechnerisch zuzuordnen hat. Bei Beendigung des Vertrages wird der für diesen Zeitpunkt zu ermittelnde Betrag zur Hälfte zugeteilt und an den VN ausgezahlt, sofern nicht eine frühere Zuteilung vereinbart worden ist. Eine Sonderregelung zu § 153 Abs. 3 Satz 2 VVG enthält § 153 Abs. 4 VVG für die **Rentenversicherung.** Hier endet der Vertrag in der Regel mit dem Tod des VN; eine Beteiligung erst zu diesem Zeitpunkt käme allenfalls den Erben des VN zugute. Um eine vorzeitige Beteiligung an den Bewertungsreserven zu ermöglichen, ist **maßgeblicher Zeitpunkt** für die Zuteilung und Auszahlung der Bewertungsreserven hier deshalb nicht die Beendigung des Vertrages, sondern die **Beendigung der Ansparphase.** Eine weitergehende Bedeutung kommt der Regelung indes nicht zu; insbesondere wird der in § 153 Abs. 1 VVG niedergelegte Grundsatz für die Zeit nach Beendigung der Ansparphase dadurch nicht außer Kraft gesetzt[152]. Die neuen Regeln über die Beteiligung an den Bewertungsreserven finden auf alle am 1. 1. 2008 bestehenden Verträge Anwendung, wenn darin eine Überschussbeteiligung vereinbart worden ist (Artikel 4 Abs. 1 Satz 2 EGVVG). **Alt- und Neuverträge werden damit gleichbehandelt**[153]. Dementsprechend hat auch im Falle der Beendigung eines Altvertrages nach dem 1. 1. 2008 eine den Grundsätzen des neuen Rechts entsprechende Überschussbeteiligung einschließlich einer Beteiligung an den Bewertungsreserven zu erfolgen[154].

Der **Verbesserung der Transparenz** im Bereich der Lebensversicherung dienen schließ- 38 lich auch die gerade in diesem Bereich besonders umfassend ausgestalteten **Informationspflichten.** Gemäß § 2 der Verordnung über Informationspflichten bei Versicherungsverträgen (VVG-InfoV) vom 18. Dezember 2007[155] hat der VR hier zusätzlich zu den in § 1 VVG-InfoV bezeichneten Informationen dem VN eine Reihe weiterer Angaben zu machen. Dabei handelt es sich zunächst um diejenigen Informationen, die schon seit geraumer Zeit aufgrund von § 10a i.V. m. Anlage D, Abschnitt I Nr. 2 VAG a. F. zu erteilen waren. § 2 Abs. 1 Nr. 1 und 2 VVG-InfoV sehen überdies vor, dass der VR künftig **Angaben zur Höhe der in die Prämie einkalkulierten Kosten sowie zu möglichen sonstigen Kosten,** insbesondere solche, die einmalig oder aus besonderem Anlass entstehen können, zu machen hat. Diese Kosten sind **in Euro** auszuweisen (§ 2 Abs. 2 Satz 1 VVG-InfoV). Mit der Verpflichtung zur Angabe konkreter Beträge will der Verordnungsgeber den Vorgaben des

---

[150] BGH v. 12. 10. 2005, BGHZ 164, 297 = VersR 2005, 1670 = NJW 2005, 3359; BGH v. 18. 7. 2007, VersR 2007, 1211; BGH v. 26. 9. 2007, VersR 2007, 1547; zum Übergangsrecht bei der Lebensversicherung unten, Rn. 59 ff.
[151] Dazu *Engeländer,* VersR 2007, 155; *Mudrack,* ZfV 2007, 41.
[152] So im Ergebnis auch *Römer,* DB 2007, 2523 (2527).
[153] RegE, Begründung zu Artikel 4 Abs. 1 EGVVG, BT-Drs. 16/3945, S. 119.
[154] Zum Übergangsrecht s. auch unten, Rn. 59 ff.
[155] BGBl. I S. 3004.

Bundesverfassungsgerichts entsprechen und durch weitestgehende Transparenz einen Rechtszustand herstellen, der gerade im ansonsten vielfach als Vorbild herangezogenen Bereich der sog. „Riester-Produkte" bislang nicht erreicht worden ist[156]. Damit schließt er für die Lebensversicherung – und ebenso für die Berufsunfähigkeits- und die Krankenversicherung, vgl. § 2 Abs. 4 Satz 1 und § 3 Abs. 1 Nr. 1 und 2 sowie Absatz 2 VVG-InfoV – an eine allgemeine Entwicklung auf, die zuletzt auch für das Wertpapiergeschäft der Banken in Rechtsprechung[157] und Gesetzgebung[158] Einzug erhalten hat. Der VN soll erfahren, welchen Betrag er effektiv als in den Prämien enthaltenen Kostenanteil an den VR zahlen muss, wenn er den angebotenen Vertrag abschließt. Bleiben ihm Art und Höhe der zu verrechnenden Abschlusskosten und der Verrechnungsmodus unbekannt, ist ihm nämlich eine eigenbestimmte Entscheidung darüber unmöglich, ob er einen Vertrag zu den konkreten Konditionen abschließen will[159]. Um die Information bei Verträgen mit Überschussbeteiligung zu versachlichen, bestimmt § 154 VVG außerdem, dass der VR dem VN hier eine **Modellrechnung** zu übermitteln hat, die bestimmten, durch § 2 Abs. 3 VVG-InfoV konkretisierten Vorgaben entsprechen muss[160].

2. Beschränkung der Erhebung personenbezogener Gesundheitsdaten

39   In der Personenversicherung spielt der Zugriff auf personenbezogene Gesundheitsdaten eine erhebliche Rolle. Bei der **Annahme des Versicherungsantrages** ist der VR auf verlässliche Informationen, z. B. über Vorerkrankungen, angewiesen, um auf dieser Grundlage das Risiko sachgerecht einschätzen zu können. Bei der **Prüfung von Leistungsanträgen** können Informationen über das Krankheits- oder Verletzungsbild oder über den Verlauf einer Behandlung für das Ausmaß der Leistungspflicht von Bedeutung sein. Der VN selbst ist als medizinischer Laie zu einer sachgerechten Information des VR regelmäßig nicht in der Lage; bisweilen verfügt er auch gar nicht über die entsprechenden notwendigen Detailinformationen. Letztlich kann auch die Notwendigkeit einer **Überprüfung der Angaben des VN** einen Rückgriff des VR auf Informationen von dritter Seite erforderlich machen. Es verwundert deshalb nicht, dass die VR sich seit langem von ihren VN im Rahmen von Vertrags- oder Leistungsanträgen, insbesondere bei Lebens-, Unfall- oder Krankenversicherungen, eine Einwilligung in die Erhebung personenbezogener Gesundheitsdaten bei Dritten erteilen lassen. Bisweilen ist die Erteilung entsprechender Einwilligungserklärungen im Vertrag auch als Obliegenheit ausgestaltet, deren Verweigerung mit entsprechend nachteiligen Folgen für den VN verbunden ist[161]. Allerdings steht dem Interesse des VR an der Erhebung personenbezogener Gesundheitsdaten das **Recht auf informationelle Selbstbestimmung** des VN bzw. der von der Datenerhebung betroffenen Person gegenüber. Soweit die Durchsetzung dieses Rechts wegen der Überlegenheit des Vertragspartners Schwierigkeiten bereitet, besteht nach der neueren Rechtsprechung des Bundesverfassungsgerichts eine staatliche Verantwortung, die Voraussetzungen selbstbestimmter Kommunikationsteilhabe zu gewährleisten[162]. Die Bestimmung ist – unabhängig vom Zeitpunkt des Vertragsschlusses – auf alle nach dem 1. Januar 2008 erfolgenden Datenerhebungen anzuwenden[163].

---

[156] Vgl. VVG-InfoV, Begründung zu § 2, Bekanntmachung des BMJ v. 19. 12. 2007, BAnz v. 16. 1. 2008, S. 98 (100).
[157] BGH v. 19. 12. 2006, BGHZ 170, 226 = NJW 2007, 1876 = VersR 2007, 953 (zur Aufklärungspflicht der Banken über verdeckte Rückvergütungen aus Ausgabeaufschlägen und jährlichen Verwaltungsgebühren).
[158] Finanzmarktrichtlinie-Umsetzungsgesetz (FRUG) vom 16. 7. 2007 (BGBl. I S. 1330) und Wertpapierdienstleistungs-Verhaltens- und Organisationsverordnung (WpDVerOV) vom 20. 7. 2007 (BGBl. I S. 1432).
[159] BVerfG v. 15. 2. 2006, VersR 2006, 489 = NJW 2006, 1783.
[160] S. dazu ergänzend *Römer*, DB 2007, 2523 (2524).
[161] Zu einem solchen Fall (§ 9 Abs. 5 AUB 94) LG Saarbrücken v. 27. 7. 2005, ZfS 2007, 580, mit Anm. *Rixecker*.
[162] BVerfG v. 23. 10. 2006, VersR 2006, 1669; dazu *Egger*, VersR 2007, 905; *Notthoff*, ZfS 2008, 243.
[163] Dazu *Schneider*, VersR 2008, 859 (861).

Diesem Anliegen will der **neue § 213 VVG** entsprechen. Die Bestimmung, die noch im **40**
Regierungsentwurf eine sehr restriktive Fassung erhalten hatte, ist im Laufe des Gesetzgebungsverfahrens im Lichte der zwischenzeitlich ergangenen Entscheidung des Bundesverfassungsgerichts erheblich modifiziert worden. Die liberalere Neufassung verfolgt ersichtlich das
Ziel, einen angemessenen Interessenausgleich zwischen dem Informationsbedürfnis der VR
und dem Recht auf informationelle Selbstbestimmung der von der Datenerhebung betroffenen Personen zu schaffen. Die Erhebung personenbezogener Gesundheitsdaten ist gemäß
§ 213 Abs. 1, 2. Halbsatz VVG nur zulässig, soweit die **Kenntnis der Daten** für die Beurteilung des zu versichernden Risikos oder der Leistungspflicht **erforderlich** ist und setzt zudem
– wie schon bislang – voraus, dass die betroffene Person eine **Einwilligung** erteilt hat. Darüber hinaus darf sie fortan nur noch **bei bestimmten, vom Gesetz genannten Stellen** erfolgen, nämlich bei Ärzten, Krankenhäusern und sonstigen Krankenanstalten, Pflegeheimen
und Pflegepersonen, anderen Personenversicherern und gesetzlichen Krankenkassen sowie
Berufsgenossenschaften und Behörden. Ob diese grundsätzlich abschließende Aufzählung
der Praxis dauerhaft gerecht wird, bleibt abzuwarten. Bereits der Umfang der genannten
Stellen, bei denen eine Datenerhebung erfolgen darf, zeigt jedoch, dass der Gesetzgeber, der
sich „an der bislang gängigen Praxis orientiert"[164] hat, den Beteiligten an dieser Stelle
weitgehenden Spielraum eröffnen wollte. Das muss auch bei der künftigen Auslegung der
Vorschrift berücksichtigt werden. Während das Erfordernis einer wirksamen Einwilligung
ebensowenig disponibel ist, wie die erforderliche Zweckdienlichkeit der Datenerhebung,
wird bei der Frage, ob eine Einrichtung im Einzelfall unter die Aufzählung fällt, großzügig
zu verfahren sein: Richtigerweise ist eine Datenerhebung daher bereits immer dann zulässig,
wenn die betroffene Einrichtung unabhängig von ihrer Bezeichnung nach ihrer Zweckbestimmung im weiteren Sinne mit einer der in § 213 Abs. 1 VVG genannten Stellen vergleichbar ist.

Das Verfahren, nach welchem die Datenerhebung zu erfolgen hat, ist in § 213 Abs. 2 bis 4 **41**
VVG geregelt. Es orientiert sich an der Forderung des Bundesverfassungsgerichts, dem Betroffenen die **Möglichkeit eines effektiven informationellen Selbstschutzes** zu bieten,
den dieser auch ausschlagen kann[165]. Gemäß § 213 Abs. 2 VVG kann die nach Absatz 1
erforderliche Einwilligung vor Abgabe der Vertragserklärung erteilt werden. Eine **generelle
Ermächtigung** im Rahmen des Antrags bleibt damit auch weiterhin zulässig[166]. Allerdings
ist die betroffene Person vor einer Erhebung nach Absatz 1 zu unterrichten und kann dem
dann auch widersprechen; hierauf ist sie bei der Unterrichtung hinzuweisen (§ 213 Abs. 4
VVG). Alternativ zur generellen Einwilligung kann die betroffene Person nach § 213 Abs. 3
VVG verlangen, dass eine Erhebung von Daten nur erfolgt, wenn **jeweils in die einzelne
Erhebung eingewilligt** worden ist. Auch auf dieses Recht muss sie hingewiesen werden.
Entscheidet sie sich für diese Option, muss der VR vor jeder einzelnen Datenerhebung eine
gesonderte Einwilligung einholen[167]. Dass dies mit zusätzlichen Kosten verbunden ist, liegt
auf der Hand und war auch dem Gesetzgeber durchaus bewusst. Gleichwohl hat er davon abgesehen, eine allgemeine **Kostenregelung** vorzusehen und dies – insbesondere für diejenigen Fälle, in denen eine Einzeleinwilligung vorgesehen ist – ausdrücklich der Vereinbarung
der Vertragsparteien überlassen[168]. Zu beachten ist allerdings, dass etwaige Kostenregelungen
die Ausübung des Rechtes auf informationelle Selbstbestimmung nicht vereiteln dürfen. Das
ist ggf. im Rahmen der Inhaltskontrolle nach §§ 307 ff. BGB zu berücksichtigen, der entsprechende Klauseln unterliegen, da der darin vergütete Aufwand nicht auf rechtsgeschäftlicher
Grundlage beruht, sondern auf der Erfüllung gesetzlich begründeter eigener Pflichten des

---

[164] Beschlussempfehlung des Rechtsausschusses, Begründung zu § 213, BT-Drs. 16/5862, S. 100.
[165] BVerfG v. 23. 10. 2006, VersR 2006, 1669.
[166] Vgl. auch *Rixecker,* ZfS 2007, 556.
[167] Kritisch *Langheid,* NJW 2007, 3665 (3671); zur Möglichkeit der konkludenten Einwilligung durch
Verstreichenlassen einer angemessenen Frist *Rixecker,* ZfS 2007, 556 (557).
[168] Beschlussempfehlung des Rechtsausschusses, Begründung zu § 213, BT-Drs. 16/5862, S. 100.

VR[169]. Ebenfalls nicht ausdrücklich geregelt sind die **Rechtsfolgen bei Nichterteilen der Einwilligung oder bei Widerspruch gegen die Datenerhebung.** Richtigerweise wird es hier darauf ankommen, ob eine Datenerhebung, gemessen an den Voraussetzungen des § 213 VVG, zulässig war oder nicht; bejahendenfalls stellt sich die Verweigerung des VN als nach § 280 Abs. 1 BGB sanktionierbare Vertragsverletzung dar. Überdies ist es weiterhin möglich, die insoweit bestehende Mitwirkungspflicht des VN als vertragliche Obliegenheit auszugestalten mit der Folge, dass etwaige Verstöße schlimmstenfalls (vgl. § 28 VVG) durch Leistungsfreiheit sanktioniert werden können.

D. Übergangsvorschriften

I. Inkrafttreten

42   Das Inkrafttreten des neuen VVG ist in **Artikel 12** des Gesetzes zur Reform des Versicherungsvertragsrechts geregelt. Die Bestimmung ist im Zuge des Gesetzgebungsverfahrens aufgrund des zwischenzeitlich verabschiedeten Gesetzes zur Stärkung des Wettbewerbs in der gesetzlichen Krankenversicherung (GKV-WSG) vom 26. 3. 2007[170] modifiziert worden. Im Ansatz unverändert bestimmt nunmehr Artikel 12 Abs. 1 Satz 3, dass das Gesetz und damit insbesondere die Vorschriften des neuen VVG **grundsätzlich am 1. 1. 2008** in Kraft treten. Eine Ausnahme bildet § 7 Abs. 2 und 3 VVG, der gemäß Artikel 12 Abs. 1 Satz 2 bereits am Tage nach der Gesetzesverkündung in Kraft getreten ist, um ab diesem Zeitpunkt als Ermächtigung zum Erlass einer Verordnung über Informationspflichten bei Versicherungsverträgen (VVG-InfoV) zur Verfügung zu stehen und ein Inkrafttreten dieser Verordnung spätestens zum 1. 1. 2008 zu ermöglichen. Mit dem Inkrafttreten des neuen VVG am 1. 1. 2008 ist zeitgleich u. a. das VVG a. F. außer Kraft getreten (Artikel 12 Abs. 1 Satz 4 Nr. 1). Von Interesse für das VVG ist schließlich auch Artikel 12 Abs. 2 des Gesetzes zur Reform des Versicherungsvertragsrechts, welcher bestimmt, dass Artikel 11 dieses Gesetzes am 1. 1. 2009 in Kraft tritt. Dieser Artikel enthält eine inhaltsgleiche Wiedergabe der mit dem GKV-WSG beschlossenen Regelungen für die private Krankenversicherung, insbesondere zur Versicherungspflicht und zum Basistarif, und damit bereits die erste schon jetzt vorprogrammierte größere Änderung des neuen VVG.

II. Laufende Verträge

1. Grundsatz

43   Versicherungsverträge sind **Dauerschuldverhältnisse** mit bisweilen sehr langen Laufzeiten. Das Inkrafttreten eines neuen Gesetzes hat hier naturgemäß weitreichende Auswirkungen. Im Grundsatz unproblematisch sind nur solche Verträge, die von der Gesetzesänderung nicht berührt werden, sei es, weil sie vor Inkrafttreten des neuen Gesetzes bereits vollständig beendet waren, oder aber weil sie erst zu einem späteren Zeitpunkt begründet worden sind. Im ersteren Fall findet sich für eine Anwendung des neuen Rechts keinerlei Anknüpfungstatbestand; diese Verträge unterliegen daher auch weiterhin dem alten Gesetz. Im letzteren Fall hingegen findet ohne weiteres alleine das neue Recht Anwendung. Schwierigkeiten bereiten dagegen die zahlreichen Bestandsverträge, die zwar unter Geltung des alten VVG geschlossen wurden, deren Laufzeit aber über das Inkrafttreten des neuen Gesetzes hinausreicht. Da diese als Altverträge Bestandsschutz genießen, wären die neuen vertragsrechtlichen Regelungen hierauf grundsätzlich nicht anzuwenden gewesen[171]. Allerdings enthält Artikel 2 des Gesetzes zur Reform des Versicherungsvertragsrechts abweichende **Übergangsvorschriften für lau-**

---

[169] Vgl. BGH v. 15. 7. 1997, BGHZ 136, 261 = NJW 1997, 2752 (Bankgebühr für Freistellungsauftrag); BGH v. 13. 2. 2001, BGHZ 146, 377 = NJW 2001, 1419 (Gebühr für Benachrichtigungen des Kontoinhabers).
[170] BGBl. I, S. 378.
[171] RegE, Begründung zu Artikel 1 Abs. 1 EGVVG, BT-Drs. 16/3945, S. 118.

fende Verträge, die in Artikel 1 ff. des Einführungsgesetzes zum Versicherungsvertragsgesetz (EGVVG) eingefügt wurden und die innerhalb ihres Anwendungsbereiches dem allgemeinen intertemporalen Recht vorgehen[172].

Artikel 1 Abs. 1 EGVVG bestimmt als mithin nur vermeintlichen Grundsatz die – zeit-   **44** lich verzögerte – Anwendbarkeit des neuen Rechts auch auf solche Verträge, die bei dessen Inkrafttreten bereits bestanden. Die Vorschrift sieht zu diesem Zweck vor, dass auf Versicherungsverhältnisse, die bis zum Inkrafttreten des neuen VVG am 1. Januar 2008 entstanden sind (Altverträge), das Gesetz über den Versicherungsvertrag in der bis dahin geltenden Fassung **bis zum 31. Dezember 2008** anzuwenden ist, soweit in Absatz 2 und den Artikeln 2 bis 6 EGVVG nichts anderes bestimmt ist. Der Gesetzgeber erachtete die Anwendbarkeit des neuen Rechts deshalb für geboten, da es sich bei Versicherungsverträgen häufig um sehr langfristige Vertragsverhältnisse handelt und eine Fortgeltung des alten Rechts aufgrund des dann bestehenden Nebeneinanders zweier unterschiedlicher Rechtsordnungen vor allem für die VR zu kaum vertretbaren Schwierigkeiten und Unsicherheiten geführt hätte, während auf der anderen Seite das Ziel einer Verbesserung der Rechtsstellung des VN gegenüber dem VR nur durch die unmittelbare Anwendung des neuen Rechts auch auf Altverträge erreicht werden könne[173]. Allerdings wurde die Notwendigkeit gesehen, eine **Übergangsfrist von einem Jahr** vorzusehen, um den Vertragsparteien, insbesondere den VR, eine ggf. notwendige Anpassung ihrer Vertragsbestimmungen zu ermöglichen[174]. Dies entspricht der Lösung, für die sich der Gesetzgeber bereits bei Inkrafttreten des Schuldrechtsmodernisierungsgesetzes zur Behandlung von Dauerschuldverhältnissen (Artikel 225 § 5 Satz 2 EGBGB) entschieden hatte. Zu beachten ist, dass sich die unmittelbare Anwendung des neuen Rechts ab 1.1.2009 als **unechte Rückwirkung**[175] nicht auf solche Sachverhalte erstreckt, die in der Vergangenheit erfolgt und bereits abgeschlossen sind. So sind beispielsweise ein vor dem 1.1.2008 erfolgter Vertragsschluss und die hierbei zu beobachtenden Formalien auch nach dem 1.1. 2009 ausschließlich nach dem zum damaligen Zeitpunkt geltenden Recht zu beurteilen[176].

Die durch Artikel 1 Abs. 1 EGVVG angeordnete Anwendbarkeit des neuen Rechts auf Alt-   **45** verträge zum 1.1.2009 erfasst indes **nur solche Vorschriften, die das laufende Versicherungsverhältnis selbst betreffen.** Dazu gehören alle gesetzlichen Bestimmungen, die die vertraglichen Ansprüche der Parteien aus dem Versicherungsvertrag regeln. Außerhalb des eigentlichen Vertragsverhältnisses bleibt es dagegen bei dem in Artikel 12 Abs. 1 Satz 3 und 4 des Gesetzes zur Reform des Versicherungsvertragsrechts niedergelegten Grundsatz, wonach das neue VVG am 1.1.2008 in Kraft getreten und gleichzeitig das VVG a. F. außer Kraft getreten ist. Hier ist für die Frage, ob altes oder neues Recht anzuwenden ist, maßgeblich, ob der zugrunde liegende Sachverhalt vor oder nach Inkrafttreten des Gesetzes entstanden ist. Deshalb ergibt sich beispielsweise der **Direktanspruch des Geschädigten** gegen den Pflicht-Haftpflichtversicherer **für alle seit 1.1.2008 entstandenen Schadensersatzansprüche immer aus § 115 Abs. 1 VVG** und damit auch in dem jetzt geltenden erweiterten Umfang. Insoweit handelt es sich nämlich nicht um einen Anspruch aus dem Versicherungsverhältnis, sondern um einen deliktsrechtlichen Schadensersatzanspruch eigener Art, der neben den bestehenden Schadensersatzanspruch des Geschädigten gegen den VN tritt und auf Schadensersatz in Geld gerichtet ist[177]. Ebenfalls nicht nach Artikel 1 Abs. 1 EGVVG sondern nach allgemeinen Grundsätzen bestimmt sich die Anwendbarkeit der in § 215 VVG enthaltenen **Gerichtsstandsregelung.** Auch insoweit liegt keine Bestimmung vor, die das Versicherungsverhältnis im eigentlichen Sinne betrifft; vielmehr handelt es sich um eine lediglich aus Grün-

---

[172] Dazu ausführlich *Schneider,* VersR 2008, 859.
[173] RegE, Begründung zu Artikel 1 Abs. 1 EGVVG, BT-Drs. 16/3945, S. 118.
[174] RegE, Begründung zu Artikel 1 Abs. 1 EGVVG, BT-Drs. 16/3945, S. 118; zur einseitigen Anpassungsbefugnis der VR bei änderungsbedürftigen AVB (Artikel 1 Abs. 3 EGVVG) s. unten Rn. 45 ff.
[175] RegE, Begründung zu Artikel 1 Abs. 1 EGVVG, BT-Drs. 16/3945, S. 118.
[176] So BGH v. 17.3.1999, MDR 1999, 733 (zu Artikel 232 § 2 EGBGB); BGH v. 29.6.1996, BGHZ 134, 170 (zu Artikel 232 § 3 EGBGB).
[177] Dazu § 24 Rn. 176 (in diesem Handbuch); s. auch *Schneider,* VersR 2008, 859.

den des Sachzusammenhanges nicht in der ZPO, sondern im VVG angesiedelte Verfahrensregel, die ab 1. 1. 2008 von den Gerichten anzuwenden ist[178]. Der Gerichtsstand der Agentur (§ 48 VVG a. F.) steht dagegen mit Ablauf des Jahres 2007 auch bei Verfahren, die Altverträge betreffen, nicht mehr zur Verfügung; allerdings bewirkt die Gesetzesänderung bei laufenden Gerichtsverfahren nach Eintritt der Rechtshängigkeit nicht den Wegfall einer nach früherem Recht begründeten Zuständigkeit (§ 261 Abs. 3 Nr. 2 ZPO)[179].

2. Laufende Schadensfälle

46   Eine weitere Ausnahme von der grundsätzlichen Anwendbarkeit des neuen Rechts auf Altverträge ab 1. 1. 2009 ordnet das Gesetz bei laufenden Schadensfällen an. Ist bei Altverträgen ein **Versicherungsfall bis zum 31. 12. 2008** eingetreten, soll insoweit auch nach diesem Zeitpunkt das Gesetz über den Versicherungsvertrag in der bis zum 31. 12. 2007 geltenden Fassung weiter anzuwenden sein. Dadurch soll vermieden werden, dass ein einheitlicher, unter Geltung des alten Rechts möglicherweise noch nicht abgeschlossener Vorgang aufgrund des zwischenzeitlichen Zeitablaufes in rechtlich unterschiedlicher Weise behandelt werden muss. Zur Begründung wird beispielhaft darauf hingewiesen, dass anderenfalls die Neuregelung der Obliegenheitsverletzungen dazu führen könnte, dass bei Eintritt des Versicherungsfalles bestehende Ansprüche oder Verpflichtungen verändert würden, wenn sie nach dem im Zeitpunkt der letzten mündlichen Verhandlung geltenden Recht zu beurteilen wären[180]. In der Tat ließe es sich sachlich nur schwer rechtfertigen, dass ein VN, dem eine grob fahrlässige Obliegenheitsverletzung vorgeworfen wird, die unter Geltung des bisherigen Rechts verübt wurde und hiernach zur Leistungsfreiheit geführt hätte, alleine aufgrund des Zeitablaufes bei Schluss der mündlichen Verhandlung nunmehr doch in den Genuss einer quotalen Entschädigung käme. Die Parallele zu dem bereits erwähnten Grundsatz, wonach das neue Recht nicht in bereits abgeschlossene Sachverhalte eingreifen darf, erscheint unverkennbar. Einer derartigen, auch verfassungsrechtlich problematischen Rückwirkung der Übergangsregelung wollte der Gesetzgeber durch die in Absatz 2 bestimmte Ausnahme entgegenwirken. Als Gegenausnahme zu Artikel 1 Abs. 1 EGVVG ist auch diese Vorschrift eng auszulegen: Von ihr betroffen sind nur solche **Rechte und Pflichten,** die sich **aus dem Eintritt des Versicherungsfalles** für die Vertragsparteien ergeben; das folgt aus der Wendung „insoweit". Im übrigen verbleibt es bei der Regelung aus Absatz 1, wonach der Vertrag ab 1. 1. 2009 neuem Recht unterliegt.

3. Behandlung der Klagefrist

47   Die Reform des Versicherungsvertragsrechts hat die bislang in § 12 Abs. 3 VVG a. F. zugunsten des VR vorgesehene sechsmonatige Klagefrist abgeschafft; eine Nachfolgeregelung ist nicht vorgesehen. Insoweit stellt sich die Frage der **Behandlung laufender Fristen.** Dabei fällt zunächst **Artikel 1 Abs. 4 EGVVG** ins Auge. Dieser sieht vor, dass auf Fristen nach § 12 Abs. 3 VVG a. F., die vor dem 1. 1. 2008 begonnen haben, § 12 Abs. 3 VVG a. F. auch nach dem 1. 1. 2008 anzuwenden ist. Die Bestimmung **ergänzt Artikel 3 Abs. 4 EGVVG,** der das Schicksal von (nach altem Recht gesetzten) Fristen betrifft, die für die Geltendmachung oder den Erwerb oder Verlust eines Rechtes maßgebend sind und der damit auch auf die Klagefrist anzuwenden ist. Sie ist erst im Zuge der Beratungen des Gesetzes im Rechtsausschuss des Deutschen Bundestages eingefügt worden und sollte dem Umstand Rechnung tragen, dass, so die amtliche Begründung, Artikel 3 Abs. 4 EGVVG auf die mit der Abschaffung der Klagefrist verbundenen Besonderheiten nicht ausreichend Rücksicht nehme[181]. Tatsächlich folgt aus der durch Artikel 3 Abs. 4 EGVVG angeordneten entsprechenden Anwendung

---

[178] Mangels besonderer Übergangsregelung gilt insoweit der Grundsatz *tempus regit actum;* s. dazu etwa BGH v. 28. 2. 1991, BGHZ 114, 1 = NJW 1991, 1686.

[179] Dazu ausführlich *Schneider,* VersR 2008, 859 (861).

[180] RegE, Begründung zu Artikel 1 Abs. 2 EGVVG, BT-Drs. 16/3945, S. 118.

[181] Beschlussempfehlung des Rechtsausschusses, Begründung zu Artikel 1 Abs. 4 EGVVG, BT-Drs. 16/ 5862, S. 100.

von Artikel 3 Abs. 1 EGVVG nur, dass **die hiervon betroffenen Fristen und damit auch die Klagefrist ab 1. 1. 2008 nach neuem Recht zu bewerten sind,** eine Fortgeltung des alten Rechts, wie Artikel 1 Abs. 1 EGVVG sie im übrigen für Altverträge bis 31. 12. 2008 vorsieht, also ausgeschlossen ist. Die Behandlung laufender Klagefristen wird durch Artikel 3 EGVVG dagegen nicht geregelt: Artikel 3 Abs. 2 behandelt die Verlängerung, Artikel 3 Abs. 3 EGVVG die Verkürzung, nicht aber den ersatzlosen Wegfall laufender Fristen. Dem trägt Artikel 1 Abs. 4 EGVVG Rechnung. Er stellt ausdrücklich klar, dass vor dem 1. 1. 2008 gesetzte Klagefristen **auch nach diesem Datum dem alten Recht unterliegen.** Klagefristen, die unter Geltung des bisherigen VVG wirksam in Gang gesetzt wurden, sollen nach sechs Monaten auslaufen[182]. Aus dem Zusammenspiel der genannten Bestimmungen folgt also, dass **Klagefristen wirksam nur noch bis zum 31. 12. 2007 gesetzt werden konnten**[183]. Fristen, die nach diesem Datum gesetzt werden, können dagegen selbst dann keine Wirksamkeit mehr entfalten, wenn die AVB des Vertrages – wie bislang üblich – eine entsprechende Berechtigung des VR vorsehen. Derartige Klauseln sind mit wesentlichen Grundgedanken der seit 1. 1. 2008 geltenden gesetzlichen Regelung unvereinbar und daher gemäß § 307 BGB unwirksam.

4. Vollmacht des Versicherungsvertreters

Abweichend von Artikel 1 Abs. 1 EGVVG sind gemäß Artikel 2 Nr. 1 EGVVG die **§§ 69** **48** **bis 73 VVG** über die Vertretungsmacht des Versicherungsvertreters und der in § 73 VVG erfassten Vermittler **bereits ab dem 1. 1. 2008 anzuwenden.** Der Gesetzgeber sah an dieser Stelle die Gefahr einer parallelen Geltung des alten und des neuen Rechts aufgrund des Umstandes, dass Versicherungsvertreter und die in § 73 VVG erfassten Personen außer mit dem Abschluss neuer Verträge auch mit der Betreuung bestehender Versicherungsverhältnisse betraut sind[184]. Durch die Anordnung der unmittelbaren Geltung des neuen Rechts auch für Bestandsverträge schon ab 1. 1. 2008 lassen sich diese Unterschiede und die daraus für die Betroffenen resultierenden Schwierigkeiten von vornherein vermeiden. Vermittler und Kunden können sich darauf einstellen, dass sich die Vertretungsmacht der von der Regelung erfassten Versicherungsvermittler ab diesem Zeitpunkt **ausschließlich und einheitlich nach dem neuen VVG** richtet.

III. Anpassung von Versicherungsbedingungen

Die Anwendung des neuen Rechts auf bestehende Verträge führt dazu, dass Vertragsbe- **49** stimmungen mit Ablauf der Übergangsfrist zum 31. 12. 2008 vielfach nicht mehr den gesetzlichen Anforderungen entsprechen werden. Eine in solchen Fällen notwendige **Anpassung der Verträge an die neue Rechtslage** ist indes **grundsätzlich nur im Einvernehmen beider Vertragspartner** möglich, denn Regierung und Gesetzgeber haben den von der Reformkommission eingebrachten[185] und vom Bundesrat aufgegriffenen[186] Vorschlag einer allgemeinen Ersetzungsbefugnis des VR für unwirksame Vertragsbestimmungen nicht übernommen. Gegen die Einräumung einer allgemeinen Ersetzungsbefugnis ist seinerzeit im wesentlichen angeführt worden, diese würde es den VR ermöglichen, das den Verwender von AGB treffende Risiko der Unwirksamkeit von Klauseln auf den VN abzuwälzen; darüber hi-

---

[182] Beschlussempfehlung des Rechtsausschusses, Begründung zu Artikel 1 Abs. 4 EGVVG, BT-Drs. 16/5862.

[183] Dazu ergänzend *Schneider,* VersR 2008, 859 (864); ebenso *Uyanik,* VersR 2008, 468 (470); im Ergebnis auch *Rixecker,* ZfS 2007, 430 (431) und 669 (670); *Höra,* r+s 2008, 89 (91); die a. A. (*Neuhaus,* r+s 2007, 441 (442); *Muschner,* VersR 2008, 317) ist weder mit dem Wortlaut, noch mit Sinn und Zweck des Gesetzes vereinbar.

[184] RegE, Begründung zu Artikel 2 EGVVG, BT-Drs. 16/3945, S. 118.

[185] § 16 Abs. 2 KommE; dazu *VVG-Kommission,* Abschlussbericht, Begründung zu § 16, S. 304 ff.;

[186] Stellungnahme des Bundesrates v. 24. 11. 2006, zu Artikel 1, § 15a – neu – VVG, BT-Drs. 16/3945, S. 126.

naus bestehe die Gefahr, dass die VN im Zuge der vom VR einseitig vorzunehmenden Ersetzung durch die neue Klausel schlechter gestellt würden, als es ohne die Klausel der Fall wäre[187]. Deshalb gilt im Grundsatz, dass soweit Allgemeine Versicherungsbedingungen zum Nachteil des VN mit dem Gesetz in Widerspruch stehen, diese nur im Rahmen der Inhaltskontrolle nach §§ 307 ff. BGB im Einzelfall für unwirksam erklärt werden können; an ihre Stelle tritt dann die entsprechende gesetzliche Regelung (§ 306 Abs. 2 BGB). Im allgemeinen, nämlich wenn AGB in Kenntnis der gesetzlichen Regelung formuliert wurden und damit grundsätzlich die Möglichkeit einer gesetzeskonformen Ausgestaltung der Vertragsbedingungen bestand, mag diese Vorgehensweise sachgerecht sein. In Anbetracht der durch das neue VVG bewirkten vielfältigen Änderungen erschien dieser allgemeine Lösungsweg dagegen unzureichend und mit jahrelanger Rechtsunsicherheit für beide am Vertrag beteiligte Parteien verbunden. Das wollte der Gesetzgeber vermeiden.

50   In Ausnahme von dem Grundsatz, dass bestehende Verträge nur im gemeinsamen Zusammenwirken der Vertragsparteien geändert werden können, erlaubt Artikel 1 Abs. 3 EGVVG daher den VR, **während eines begrenzten Zeitraumes von einem Jahr** ihre **Allgemeinen Versicherungsbedingungen** unter bestimmten Voraussetzungen **einseitig an das neue Recht anzupassen.** Nach der Bestimmung kann der VR bis zum 1. 1. 2009 seine Allgemeinen Versicherungsbedingungen für Altverträge mit Wirkung zum 1. 1. 2009 ändern, soweit sie von den Vorschriften des (neuen) VVG abweichen, und er dem VN die geänderten Versicherungsbedingungen unter Kenntlichmachung der Unterschiede spätestens einen Monat vor diesem Zeitpunkt in Textform mitteilt. Voraussetzung für die Änderung ist eine **Abweichung der bislang verwendeten Versicherungsbedingungen von den Bestimmungen des neuen VVG,** die insbesondere auch darin liegen kann, dass im Rahmen der Gesetzesänderung auf eine abdingbare Vorschrift des alten VVG verzichtet wird[188]. Darauf, dass die aufgrund der Gesetzesänderung eintretende Abweichung den VN benachteiligt, kommt es – anders als bei der Inhaltskontrolle nach §§ 307 ff. BGB – allerdings nicht an. Die dem VR zugewiesene Änderungsbefugnis **ermöglicht daher auch für den VN nachteilige Änderungen** von Allgemeinen Geschäftsbedingungen, sofern das Ergebnis der neuen Rechtslage entspricht[189]. Im Einklang mit dem Grundanliegen, die Stellung des VN zu stärken, werden die meisten durch die Reform veranlassten Änderungen aber ohnehin eher zu Verbesserungen führen. Die Anpassung von Bedingungen ist stets nur insoweit zulässig, als sie auf Grund einer Änderung des bisherigen Rechts auch tatsächlich geboten ist[190]. Weitergehende Änderungen, die bei gleicher Gelegenheit vorgenommen würden, jedoch nicht durch eine Gesetzesänderung bedingt sind, wären daher unwirksam. Im übrigen werden zum Schutze des VN an die **Mitteilung und Kenntlichmachung der Änderungen** erhöhte formelle Anforderungen gestellt, die ebenfalls Voraussetzung der Wirksamkeit der Änderung der AVB sind.

51   Eine **Sonderbestimmung für das Recht der privaten Krankenversicherung** enthält Artikel 2 Nr. 2 EGVVG. Danach sind die §§ 192 bis 208 VVG für die Krankenversicherung auf Altverträge schon ab dem 1. 1. 2008 anzuwenden. Eine entsprechende Regelung war bereits von der Kommission zur Reform des Versicherungsvertragsrechts angeregt worden[191]. Ziel ist es, eine einheitliche rechtliche Behandlung von Alt- und Neuverträgen zu ermöglichen: Diese sollen einer gemeinsamen Beobachtung und Kalkulation unterliegen, damit sichergestellt ist, dass die Belange der versicherten Personen gewahrt und die Erfüllung bestehender Versicherungsverhältnisse dauerhaft gewährleistet werden[192]. Nach dem Wortlaut der Vorschrift soll die vorzeitige Anwendung der §§ 193 bis 208 VVG allerdings nur dann gelten,

---

[187] Gegenäußerung der Bundesregierung, zu Artikel 1, § 15a – neu – VVG, BT-Drs. 16/3945, S. 130.
[188] RegE, Begründung zu Artikel 1 Abs. 3 EGVVG, BT-Drs. 16/3945, S. 118.
[189] Zum möglichen Erfordernis einer verfassungsrechtlichen Rechtfertigung *Rixecker,* ZfS 2007, 669 (679).
[190] RegE, Begründung zu Artikel 1 Abs. 3 EGVVG, BT-Drs. 16/3945, S. 118.
[191] *VVG-Kommission,* Abschlussbericht, 1.5.3.2, S. 192.
[192] RegE, Begründung zu Artikel 2, BT-Drs. 16/3945, S. 119.

wenn der VR dem VN die auf Grund dieser Vorschriften geänderten **Allgemeinen Versicherungsbedingungen und Tarifbestimmungen** unter Kenntlichmachung der Unterschiede spätestens einen Monat vor dem Zeitpunkt in Textform **mitgeteilt** hat, zu dem die Änderungen wirksam werden sollen. Wollte man dieses wörtlich verstehen, so hätten es danach alleine die VR in der Hand, die Geltung des neuen Rechts schon zum 1. 1. 2008 herbeizuführen oder – durch bloßes Unterlassen – zu verhindern. Indes kann die Geltung des Gesetzes, auch eines bestimmten Gesetzes, nicht vom Willen einer Vertragspartei abhängen. Die Bestimmung ist deshalb einschränkend dahin zu verstehen, dass damit den VR **die Befugnis eingeräumt wird, ihre Allgemeinen Versicherungsbedingungen an das in jedem Fall ab 1. 1. 2008 geltende neue Recht anzupassen**[193]. Das ergibt sich letztlich auch aus der Begründung zum Regierungsentwurf, die zwar ihrerseits die missverständliche Formulierung der Vorschrift aufgreift, zugleich aber auch auf die allgemeine Änderungsbefugnis aus Artikel 1 Abs. 3 EGVVG verweist und damit die Parallele zu dieser Vorschrift herstellt.

Versicherer, die von der ihnen eingeräumten Anpassungsbefugnis **keinen Gebrauch** machen, riskieren, dass von ihnen gleichwohl verwendete, mit dem neuen Recht nicht im Einklang stehende Klauseln von den Gerichten für unwirksam erklärt werden. Wegen des grundsätzlichen **Verbots geltungserhaltender Reduktion**[194] besteht in diesen Fällen das Risiko, dass die festgestellte Unwirksamkeit lediglich eines Teils einer Bestimmung auf an und für sich nicht zu beanstandende andere Bestandteile der Bestimmung durchschlägt und diese dann insgesamt nicht angewendet werden darf[195].   **52**

IV. Verjährung

1. Geltung der allgemeinen Verjährungsvorschriften

Artikel 3 EGVVG enthält Übergangsvorschriften für die Verjährung. Die Notwendigkeit   **53** entsprechender Bestimmungen ergibt sich daraus, dass mit dem Gesetz zur Reform des Versicherungsvertragsrechts die bisher geltenden **Sondervorschriften über die Verjährung im VVG weitgehend entfallen** sind. An deren Stelle treten jetzt die allgemeinen Bestimmungen des BGB. Insbesondere gilt statt der bislang je nach Art des Versicherungsvertrages unterschiedlichen Verjährungsfrist von zwei oder fünf Jahren (§ 12 Abs. 1 Satz 1 VVG a. F.) künftig generell die **dreijährige Regelverjährungsfrist des § 195 BGB**. Ansprüche, die bei Inkrafttreten des neuen VVG nach bisherigem Recht verjährt sind, werden durch die Änderungen nicht mehr betroffen: sie bleiben verjährt, was sich von selbst versteht und daher nicht ausdrücklich gesagt werden muss. Ebenso liegt auf der Hand, dass Ansprüche, die erst nach Inkrafttreten des neuen VVG entstehen, ausschließlich den neuen Verjährungsvorschriften unterliegen. Schwierigkeiten bereiten auch hier allein solche Ansprüche, deren Verjährung noch unter dem alten Recht zu laufen begonnen hat, die bei Inkrafttreten des neuen VVG am 1. 1. 2008 aber noch nicht verjährt sind. Insoweit bedurfte es einer ausdrücklichen Regelung, die jetzt in Artikel 3 Abs. 1 bis 3 EGVVG wiederum in Anlehnung an den schon bei der Reform des Schuldrechts verfolgten Lösungsansatz (Artikel 229 § 6 EGBGB) festgeschrieben wurde.

2. Übergangsregelung

Artikel 3 Abs. 1 EGVVG bestimmt zunächst als **Grundsatz,** dass § 195 BGB auf alle An-   **54** sprüche anzuwenden ist, die am 1. 1. 2008 noch nicht verjährt sind. Damit werden die nach altem Recht in Gang gesetzten, zum Zeitpunkt des Inkrafttretens des neuen VVG noch laufenden Verjährungsfristen aus § 12 Abs. 1 Satz 1 VVG a. F., die je nach Vertrag zwei oder fünf Jahre betragen, mit sofortiger Wirkung durch die dreijährige Regelverjährungsfrist ersetzt. Beginn und Hemmung der Verjährung von „Altansprüchen" richten sich dagegen auch wei-

---

[193] So wohl auch *Neuhaus,* r+s 2007, 441 (443).
[194] St. Rspr., s. nur BGH v. 25. 1. 2006, NJW 2006, 1059, m.w.N.
[195] Dazu und zu weiteren Konsequenzen *Franz,* VersR 2008, 298 (312); *Funck,* VersR 2008, 163 (168); *Hövelmann,* VersR 2008, 612 (613ff.).

terhin nach § 12 Abs. 1 Satz 2 und § 12 Abs. 2 VVG a. F., da Artikel 3 Abs. 1 EGVVG allein auf § 195 BGB verweist[196].

55   Die in Artikel 3 Abs. 1 EGVVG vorgesehene Ersetzung der bisherigen Verjährungsfristen von zwei bzw. fünf Jahren durch die dreijährige Regelverjährungsfrist hätte bei uneingeschränkter Anwendung stets eine Änderung laufender Verjährungsfristen zu Folge: zumeist eine Verlängerung, bei der Lebensversicherung aber auch eine Verkürzung. Der Gesetzgeber jedoch wollte zwar einerseits die unmittelbare Anwendung der Regelverjährung zum 1. 1. 2008 sicherstellen, andererseits aber keine Verlängerung bereits laufender Verjährungsfristen bewirken. Das Ergebnis dieses Anliegens findet sich in Artikel 3 Abs. 2 und 3 EGVVG. Wenn die neue **Verjährungsfrist nach § 195 BGB länger** ist als die Frist nach § 12 Abs. 1 VVG a. F., was immer dann der Fall ist, wenn vormals die zweijährige Verjährung Anwendung fand, so ist gemäß Artikel 3 Abs. 2 EGVVG die Verjährung mit dem Ablauf der in § 12 Abs. 1 VVG a. F. bestimmten (zweijährigen) Frist vollendet. Im Ergebnis werden diese Fälle damit so behandelt wie es bei uneingeschränkter Fortgeltung des alten Rechts der Fall gewesen wäre. Ist dagegen die **Verjährungsfrist nach § 195 BGB kürzer,** als die Frist nach § 12 Abs. 1 VVG a. F., also in Fällen der bislang fünfjährigen Verjährung, so wird die kürzere (dreijährige) Frist vom 1. 1. 2008 an berechnet. Läuft jedoch die längere (fünfjährige) Frist nach § 12 Abs. 1 VVG a. F. früher als die Frist nach § 195 BGB ab, ist die Verjährung bereits mit dem Ablauf der längeren (fünfjährigen) Frist vollendet. Auch mit dieser Regelung wollte der Gesetzgeber an die Übergangsregelungen zum neuen Schuldrecht anknüpfen[197]. Der **Lauf der dreijährigen Verjährungsfrist** nach § 195 BGB beginnt deshalb in diesen Fällen **immer am 1. 1. 2008,** ohne dass es auf weiteres ankäme. Schon seinerzeit wollte der Gesetzgeber nämlich nur vermeiden, dass nach dem grundsätzlich anzuwendenden neuen Verjährungsrecht die kürzere neue Frist bei Inkrafttreten des Gesetzes bereits abgelaufen war und deshalb bestimmen, dass „die kürzere Frist erst am 1. Januar 2001 (richtig: 2002) **zu laufen beginnt**"[198]. Trotz dieses eindeutigen gesetzgeberischen Willens wollen Rechtsprechung und herrschende Lehre den Fristbeginn hier außerdem vom Vorliegen der Voraussetzungen des § 199 Abs. 1 BGB abhängig machen[199]. Der Gesetzgeber hat indes zum Ausdruck gebracht, dass er an dem schon bislang favorisierten starren Fristbeginn festzuhalten beabsichtigt, indem er in Kenntnis dieser Entwicklung die in Artikel 3 Abs. 1 EGVVG vorgesehene Anwendung des neuen Verjährungsrechts ausdrücklich **auf § 195 BGB beschränkt hat.** Ansprüche aus Versicherungsverträgen, die bislang der fünfjährigen Verjährungsfrist unterlagen und die am 1. 1. 2008 noch nicht verjährt waren, verjähren damit spätestens mit Ablauf des 31. 12. 2010, es sei denn, die fünfjährige Verjährungsfrist endet bereits vor diesem Zeitpunkt; in diesem letzteren Fall ist die fünfjährige Frist maßgeblich, so dass dann im Ergebnis auch hier das alte Recht fortgilt.

3. Andere Fristen

56   Gemäß Artikel 3 Abs. 4 sind die Absätze 1 bis 3 **entsprechend** auf **Fristen** anzuwenden, die **für die Geltendmachung oder den Erwerb oder Verlust eines Rechtes maßgebend** sind. Die Regelung betrifft alle Fristen, **deren Bestand oder Dauer durch die Gesetzesänderung verändert** worden ist. Das ist beispielsweise bei der jetzt in § 158 Abs. 2 VVG vorgesehenen Ausschlussfrist der Fall, die von bisher zehn auf nunmehr fünf Jahre verkürzt worden ist. Ebenfalls unter die Bestimmung fällt die Frist zur erstmaligen Geltend-

---

[196] Anders *Muschner/Wendt,* MDR 2008, 609 (612), die – unter Berufung auf Artikel 1 Abs. 1 EGVVG – eine Fortgeltung nur bis 31. 12. 2008 annehmen; das aber wird dem abschließenden Charakter von Artikel 3, der alle Fragen der Verjährung regelt, nicht gerecht.

[197] RegE, Begründung zu Artikel 3 Abs. 3, BT-Drs. 16/3945, S. 119.

[198] Entwurf eines Gesetzes zur Modernisierung des Schuldrechts, Begründung zu Artikel 229 § 5 Abs. 3 EGBGB-E, BT-Drs. 14/6040, S. 273.

[199] So jetzt BGH v. 23. 1. 2007, BGHZ 171, 1 = NJW 2007, 1584 = VersR 2007, 1090; BGH v. 25. 10. 2007, NJW-RR 2008, 258; dagegen etwa OLG Celle v. 17. 5. 2006, ZIP 2006, 2163; *Assmann/Wagner,* ZflR 2007, 562.

machung des gesetzlichen Sonderkündigungsrechts für mehrjährige Versicherungsverträge (§ 11 Abs. 4 VVG, bislang § 8 Abs. 3 Satz 1 VVG a. F.); danach kann ein Versicherungsvertrag, der für die Dauer von mehr als drei (bislang: fünf) Jahren geschlossen worden ist, vom VN jetzt zum Schluss des dritten (bislang: fünften) oder jedes darauf folgenden Jahres unter Einhaltung einer Frist von drei Monaten gekündigt werden. Auch die zum 1. 1. 2008 abgeschaffte Klagefrist (§ 12 Abs. 3 VVG) ist eine Frist im Sinne von § 3 Abs. 4 EGVVG, für die zudem eine ergänzende Sonderregelung in Artikel 1 Abs. 4 EGVVG vorgesehen wurde[200]. Fristen, die **erstmalig in das VVG eingeführt** worden sind, etwa die Ausschlussfrist des § 21 Abs. 3 Satz 1 VVG, fallen dagegen **nicht** unter die Bestimmung[201]; sie können erst unter Geltung des neuen Rechts wirksam gesetzt werden, so dass sich Übergangsfragen nicht stellen.

Soweit Artikel 3 Abs. 4 EGVVG Anwendung findet, **gelten die zur Verjährung darge-** **stellten Grundsätze entsprechend.** In entsprechender Anwendung von Artikel 3 Abs. 1 EGVVG ist auf laufende Fristen ab 1. 1. 2008 nur noch neues Recht anzuwenden; die durch Artikel 1 Abs. 1 EGVVG angeordnete Fortgeltung alten Rechts greift insoweit nicht ein. Ist die Frist nach neuem Recht länger, als es nach bisherigem Recht der Fall war, so ändert sich im Ergebnis nichts: maßgeblich für den Fristablauf ist entsprechend Artikel 3 Abs. 2 EGVVG der Zeitpunkt, in dem die nach altem Recht geltende kürzere Frist abgelaufen wäre. Ist die Frist nach neuem Recht dagegen kürzer, als nach altem VVG, so ist entsprechend Artikel 3 Abs. 3 EGVVG zu unterscheiden. Grundsätzlich wird dann die kürzere Frist vom 1. 1. 2008 an berechnet, es sei denn, die längere Frist nach altem Recht läuft bereits früher ab; dann ist auch insoweit der frühere Zeitpunkt maßgeblich. Die Behandlung laufender Klagefristen, die nur noch bis zum 31. 12. 2007 wirksam gesetzt werden konnten, richtet sich nach der Sonderregel in Artikel 1 Abs. 4 EGVVG (dazu oben Rn. 47). **57**

V. Besonderheiten bei der Lebens- und der Berufsunfähigkeitsversicherung

Artikel 4 EGVVG enthält **Sondervorschriften** für die Anwendung des neuen Rechts auf **58** laufende Verträge bei der Lebens- und der Berufsunfähigkeitsversicherung. Die Neuregelung des gesetzlichen Rahmens ist gerade hier in besonderem Maße von der **sozialen Bedeutung dieser Verträge** beeinflusst worden. Darüber hinaus war der **verfassungsrechtliche Hintergrund** zu beachten, den das Bundesverfassungsgericht in seinen Entscheidungen vom 26. 7. 2005 vorgezeichnet und den der Gesetzgeber bis zum 31. 12. 2007 zu verwirklichen hatte. Dies kommt nunmehr auch in den gesetzlichen Übergangsvorschriften zum Ausdruck.

1. Überschussbeteiligung

§ 153 VVG enthält neue Regelungen über die Überschussbeteiligung in der Lebensversi- **59** cherung. Eine Beteiligung an Überschüssen ist künftig der gesetzliche Regelfall; darüber hinaus ist der VN gemäß § 153 Abs. 1 VVG auch an den Bewertungsreserven zu beteiligen. Die Übergangsregelung für Altverträge in Artikel 4 Abs. 1 EGVVG unterscheidet danach, ob eine Überschussbeteiligung vertraglich vereinbart worden ist oder nicht. Ist in dem Vertrag eine solche Vereinbarung nicht getroffen, so hat der VN nach bisherigem Recht keinen Anspruch auf eine Beteiligung an Überschüssen. In diesem Fall ist auch der neue § 153 VVG insgesamt nicht anzuwenden. Ist allerdings – wie bei den meisten Verträgen – eine **Überschussbeteiligung vereinbart, so ist § 153 VVG ab dem 1. 1. 2008 auf Altverträge anzuwenden.** Die Beteiligung des VN an den Überschüssen hat dann ab diesem Zeitpunkt nach neuem Recht zu erfolgen. Alt- und Neuverträge werden damit gleichbehandelt[202]. Der VR hat dann die Beteiligung grundsätzlich nach einem verursachungsorientierten Verfahren durchzuführen, soweit nicht andere Verteilungsgrundsätze vereinbart wurden; in diesem Fall gelten

---

[200] Dazu oben, Rn. 43; ergänzend *Schneider,* VersR 2008, 859 (864).
[201] RegE, Begründung zu Artikel 3 Abs. 4, BT-Drs. 16/3945, S. 119.
[202] *Neuhaus,* r+s 2007, 441 (443).

diese gemäß Artikel 4 Abs. 1 Satz 2 EGVVG als angemessen im Sinne von § 153 Abs. 2 VVG. **Vor allem aber hat der VR den VN ab 1. 1. 2008 auch an den Bewertungsreserven zu beteiligen.** Insoweit gilt, dass der VR ab diesem Zeitpunkt auch für alle Altverträge die in § 153 Abs. 3 VVG vorgesehene jährliche Ermittlung der Bewertungsreserven durchzuführen und diese nach einem verursachungsorientierten Verfahren rechnerisch zuzuordnen hat. In Ermangelung einer abweichenden Vereinbarung ist dann bei Beendigung des Vertrages der für diesen Zeitpunkt zu ermittelnde Betrag dem VN zur Hälfte zuzuteilen und auszuzahlen.

2. Rückkaufswert

60   Eine Fortgeltung des alten Rechts für Bestandsverträge ordnet Artikel 4 Abs. 2 EGVVG für die Berechnung des Rückkaufswertes in der Lebensversicherung an. Nach dieser Bestimmung ist **auf Altverträge anstatt von § 169 VVG, auch soweit auf ihn verwiesen wird, § 176 VVG a. F. weiter anzuwenden.** Die erst im Zuge der Beratungen des Gesetzentwurfes durch den Rechtsausschuss so gefasste Bestimmung stellt damit klar, dass die neue Regelung des § 169 VVG nur auf solche Verträge Anwendung findet, die nach dem 1. 1. 2008 geschlossen worden sind. Nur für diese Verträge gilt, dass der Rückkaufswert anhand des Deckungskapitals der Versicherung zu berechnen ist und dass dieser im Falle vorzeitiger Kündigung durch den VN mindestens dem Betrag des Deckungskapitals entsprechen muss, das sich bei gleichmäßiger Verteilung der unter Beachtung der aufsichtsrechtlichen Höchstzillmersätze angesetzten Abschluss- und Vertriebskosten auf die ersten fünf Vertragsjahre ergibt (§ 169 Abs. 3 Satz 1 VVG). Für bis zum Inkrafttreten des neuen VVG abgeschlossene Verträge verbleibt es dagegen bei der nach bisherigem Recht geltenden Zeitwertberechnung. Darüber hinaus ist in den Fällen des sog. **Frühstornos** die **neuere Rechtsprechung des BGH** zu berücksichtigen, worauf auch in der Begründung zu dieser Vorschrift ausdrücklich hingewiesen wird[203]. Danach muss im Falle der vorzeitigen Kündigung des Vertrages durch den VN diesem mindestens die Hälfte des ungezillmerten Deckungskapitals erstattet werden[204]. Alleine im Lichte dieser Auslegung kann die vom Gesetzgeber angeordnete Fortgeltung des alten Rechts als verfassungsgemäß erachtet werden[205].

3. Berufsunfähigkeitsversicherung

61   Artikel 4 Abs. 3 EGVVG bestimmt, dass auf Altverträge über eine Berufsunfähigkeitsversicherung **die §§ 172, 174 bis 177 VVG nicht anzuwenden** sind. Die Bestimmung ist Konsequenz dessen, dass besondere Regelungen für diese Versicherungsart unter Geltung des alten VVG nicht bestanden, die Verträge vielmehr bislang im wesentlichen durch Allgemeine Versicherungsbedingungen ausgestaltet waren und lediglich subsidiär die Bestimmungen über die Lebensversicherung herangezogen wurden. Bei dieser Rechtslage soll es nach Ansicht des Gesetzgebers für Altverträge auch bleiben[206]. Offen bleibt damit allerdings, welches gesetzliche Leitbild künftig für diese Altverträge gelten soll. Da diese nicht im rechtsfreien Raum schweben dürfen, wird man insoweit wie bisher auf die **Regelungen der Lebensversicherung** zurückgreifen müssen, wobei nach allgemeinen Grundsätzen gemäß Artikel 1 Abs. 1 EGVVG ab 1. 1. 2009 grundsätzlich neues Recht anzuwenden ist.

62   Eine **Ausnahme** von der Nichtanwendbarkeit des neuen Rechts auf bestehende Verträge macht das Gesetz **für § 173 VVG.** Diese erst im Zuge der Beratungen des Rechtsausschusses aufgenommene Ausnahme wird damit begründet, dass die sofortige Anwendung der Regelung einem **dringenden Bedürfnis der Praxis** entspreche[207]. Nach § 173 VVG hat der VR

---

[203] Beschlussempfehlung des Rechtsausschusses, Begründung zu Artikel 4 Abs. 2 EGVVG, BT-Drs. 16/5862, S. 101.

[204] BGH v. 12. 10. 2005, BGHZ 164, 297 = NJW 2005, 3559; vgl. auch § 161 Abs. 3 KommE und *VVG-Kommission,* Abschlussbericht, 1.3.2.1.4.3, S. 112 ff. sowie Begr. zu § 161, S. 393 ff.

[205] Vgl. BVerfG v. 15. 2. 2006, VersR 2006, 489 = NJW 2006, 1783.

[206] RegE, Begründung zu Artikel 4 Abs. 3, BT-Drs. 16/3945, S. 119.

[207] Beschlussempfehlung des Rechtsausschusses, Begründung zu Artikel 4 Abs. 3 EGVVG, BT-Drs. 16/5862, S. 101.

nach einem Leistungsantrag in der Berufsunfähigkeitsversicherung bei Fälligkeit in Textform zu erklären, ob er seine Leistungspflicht anerkennt. Dieses Anerkenntnis darf nur einmal zeitlich begrenzt werden und ist bis zum Ablauf der Frist bindend. In Ermangelung einer entsprechenden Regelung im geltenden Recht haben sich aufgrund der jüngeren Rechtsprechung hinsichtlich der rechtlichen Zulässigkeit von befristeten Leistungszusagen des VR erhebliche Unsicherheiten ergeben[208]. Dementsprechend war eine Anordnung der unmittelbaren Anwendung des § 173 VVG auf laufende Verträge auch in der Sachverständigenanhörung vor dem Rechtsausschuss des Deutschen Bundestages ausdrücklich gefordert worden[209]. Der Gesetzgeber hat diese Argumente erhört und insoweit die unmittelbare Anwendung der Bestimmung auch auf Altverträge angeordnet. Die Regelung ist **halbzwingend,** was sich mangels Anwendbarkeit von § 175 VVG auf Bestandsverträge bereits aus ihrem Wortlaut ergibt und so alleine auch dem vom Gesetzgeber verfolgten Zweck entspricht. Nach dem 1. 1. 2009 sind zum Nachteil des VN abweichende Vereinbarungen auch in Altverträgen unwirksam.

VI. Weitere Übergangsvorschriften

1. Rechte der Gläubiger von Grundpfandrechten

Artikel 5 Abs. 1 EGVVG betrifft die **Gläubigerschutzvorschriften** im Bereich der **Ge-** **63** **bäudefeuerversicherung.** Die Reform hat die bislang in §§ 99 bis 107 c VVG a. F. enthaltenen Vorschriften zwar nicht – wie von der VVG-Kommission vorgeschlagen[210] – abgeschafft. Allerdings besteht künftig nach §§ 142 bis 149 VVG nur noch ein eingeschränkter Schutz dieser Personen. Für Altverträge muss es dagegen beim bisherigen Recht bleiben, wenn durch **Anmeldung von Rechten** bereits eine **geschützte Rechtsposition** erworben worden ist[211]. Deshalb wird durch Artikel 5 Abs. 1 EGVVG bestimmt, dass sich Rechte, die Gläubigern von Grundpfandrechten gegenüber dem VR nach den §§ 99 bis 107 c VVG a. F. zustehen, auch nach dem 31. Dezember 2008 nach diesen Vorschriften bestimmen. Der Schutz betrifft aber nur solche Rechte, die von den betroffenen Gläubigern bis zum 31. 12. 2008 beim VR angemeldet werden; nach diesem Zeitpunkt ist eine Anmeldung und damit der Erwerb einer geschützten Rechtsposition nicht mehr möglich.

Die in Artikel 5 Abs. 2 EGVVG enthaltene Übergangsvorschrift steht im Zusammenhang **64** mit der Aufhebung des Gesetzes zur Überleitung landesrechtlicher Gebäudeversicherungsverhältnisse vom 22. 7. 1993[212] und der Verordnung zur Ergänzung und Änderung des Gesetzes über den Versicherungsvertrag vom 28. 12. 1942[213] (Artikel 12 Abs. 1 Satz 4 Nr. 2 und 5 des Gesetzes zur Reform des Versicherungsvertragsrechts). Sie betrifft **Hypotheken, Grundschulden, Rentenschulden und Reallasten,** die in der Zeit **vom 1. 1. 1943 bis zum 30. 6. 1994** zu Lasten von Grundstücken begründet worden sind, für die eine **Gebäudeversicherung bei einer öffentlichen Anstalt** unmittelbar kraft Gesetzes bestand oder infolge eines gesetzlichen Zwanges bei einer solchen Anstalt genommen worden war und die nach der genannten Verordnung **als angemeldet im Sinn der §§ 99 bis 106 VVG gelten.** Infolge der Aufhebung der Verordnung erlischt die hierdurch begründete Fiktion; gemäß Artikel 5 Abs. 2 Satz 2 EGVVG indes erst nicht unmittelbar, sondern erst mit Ablauf des 31. 12. 2008. Im übrigen können entsprechende Grundpfandrechte zur Erhaltung der durch die Fiktion begründeten Rechte noch bis spätestens 31. 12. 2008 beim VR angemeldet werden.

---

[208] Vgl. BGH v. 28. 2. 2007, VersR 2007, 777 = NJW-RR 2007, 1034; BGH v. 7. 2. 2007, VersR 2007, 633 = NJW-RR 2007, 753.

[209] *Rixecker,* Stellungnahme vor dem Rechtsausschuss (6. Ausschuss) v. 28. 3. 2007, Prot. Nr. 56, S. 11.

[210] *VVG-Kommission,* Abschlussbericht, 1.2.4.5, S. 76.

[211] Vgl. RegE, Begründung zu Artikel 5 Abs. 1, BT-Drs. 16/3945, S. 119.

[212] BGBl. I S. 1282 (1286).

[213] RGBl. I S. 740.

2. Versicherungsverhältnisse nach § 190 VVG a. F.

65   Gemäß Artikel 6 EGVVG gilt das neue VVG nicht für die in § 190 VVG a. F. bezeichneten Altverträge. Die genannte Bestimmung enthält Sondervorschriften für **Versicherungsverhältnisse, die bei von Innungen oder Innungsverbänden errichteten Unterstützungskassen und bei Berufsgenossenschaften** begründet worden sind. Soweit diese bei Inkrafttreten des neuen Gesetzes bereits bestanden, soll es hier nach dem Willen des Gesetzgebers bei der bisherigen Rechtslage bleiben[214]. Danach bleibt es dabei, dass die Vorschriften des VVG auch künftig auf diese Vertragsverhältnisse nicht anzuwenden sind.

§ 2. Europäisierung des Privatversicherungsrechts

Inhaltsübersicht

---

[214] RegE, Begründung zu Artikel 6, BT-Drs. 16/3945, S. 120.

Literatur: *Abram,* Die §§ 42a bis 42 I VVG des Referentenentwurfes eines Ersten Gesetzes zur Neu-regelung des Versicherungsvermittlungsrechts, r+s 2005, 137; *ders.,* Informations- und Beratungspflichten des Versicherungsvermittlers nach dem Vorschlag der Kommission zur Reform des Versicherungsvertrags-rechts, VersR 2005, 43; *ders.,* Der Vorschlag für eine EU-Versicherungsvermittlungsrichtlinie, NVersZ 2001, 49; *ders.,* Werden in Deutschland gesetzliche Berufsregelungen für Versicherungsvermittler bald Wirklichkeit?, VersR 1998, 551; *Armbrüster,* Zur Harmonisierung des Privatversicherungsrechts in der EG in: *Joachim Jickeli u. a.* (Hrsg.), Jahrbuch 1991 der Gesellschaft junger Zivilrechtswissenschaftler, Stuttgart 1992, S. 89; *Arndt/Köhler,* Elektronischer Handel nach der E-Commerce-Richtlinie, EWS 2001, 102; *Basedow,* Der Gemeinsame Referenzrahmen und das Versicherungsvertragsrecht, ZEuP 2007, 280; *Base-dow,* Ein optionales Europäisches Vertragsgesetz – Opt-in, opt-out, wozu überhaupt?, ZEuP 2004, 1; *ders.,* Der Versicherungsbinnenmarkt und ein optionales europäisches Vertragsgesetz, in: *Wandt/Reiff/ Looschelders/Bayer* (Hrsg.), Kontinuität und Wandel des Versicherungsrechts, FS E. Lorenz, 2004, 93; *ders.,* Die Gesetzgebung zum Versicherungsvertrag zwischen europäischer Integration und Verbraucherpolitik, in: *Reichert-Facilides/Schnyder* (Hrsg.), Versicherungsrecht in Europa, ZSR Beiheft 34, 2000, 13; *Basedow/ Heiss/Wandt,* Principles of European Insurance Contract Law (PEICL), EuZW 2008, 68; *Baumann,* Zur Harmonisierung des Privatversicherungsrechts in der EG, VersR 1996, 1; *Beckmann,* Auswirkungen des EG-Rechts auf das Versicherungsvertragsrecht, ZEuP 1999, 809; *Beenken,* EU-Richtlinie: Auch gebun-dene Vertreter müssen genauer aufklären, VW 2004, 1670; *Beutler/Bieber/Pipkorn/Streil,* Die Europäische Gemeinschaft, Rechtsordnung und Politik, 1979; *Biagosch,* Europäische Dienstleistungsfreiheit und deut-sches Versicherungsvertragsrecht – Der Stand der Umsetzung der zweiten Koordinationsrichtlinie Scha-den – 1991; *Bleckmann,* Europarecht Das Recht der Europäischen Union und der Europäischen Gemein-schaften, 2002; *Brandl/Hohensinner,* Finanzdienstleistungen im Fernabsatz, ÖBA 2003, 52; *Bühnemann,* Versicherungsrecht nach der Deregulierung, VersR 1996, 1; *Calliess/Ruffert,* Kommentar des Vertrages über die Europäische Union und des Vertrages zur Gründung der Europäischen Gemeinschaft – EUV/ EGV, 2002; *Carl,* Zur Harmonisierung des Versicherungsvertragsrechts in der Europäischen Wirtschafts-gemeinschaft, VersR 1968, 418; *Carl,* Europäisches Recht für Versicherungsunternehmen, EWS 1994, 8; *Dauses,* Die Bedeutung der Versicherungs-Urteile des EuGH v. 4. 12. 1986 für die Liberalisierung grenz-überschreitender Versicherungsdienstleistungen, EuR 1988, 378; *Dauses,* Europäisches Recht für Ver-sicherungsunternehmen, EWS, 1994, 8; *Dörner,* Der Vertrieb von Versicherungen über das Internet nach Inkrafttreten der EG-Richtlinie über den Fernabsatz von Finanzdienstleistungen, VersR 2006, 1621; *ders.,* EU-Handbuch des Wirtschaftsrechts, Bd. 1, 2001; *Dreher,* Der Abschluss von Versicherungsverträgen nach § 5a VVG, NJW 1996, 153; *Fahr,* Das deutsche versicherungsaufsichtsrechtliche Begünstigungsverbot und das europäische Versicherungsgesetz, VersR 1992, 1033; *Felke/Jordans,* Umsetzung der Fernabsatz-Richt-linie für Finanzdienstleistungen, NJW 2005, 710–712; *dies.,* Der Referentenentwurf für die Umsetzung der Fernabsatzrichtlinie für Finanzdienstleistungen, WM 2004, 166; *Fricke,* Die Umsetzung der Versiche-rungsrichtlinien der dritten Generation in deutsches Recht, VersR 1995, 1134; *ders.,* Einige Gedanken über die Berufsfreiheit der Versicherungsvermittler und die Umsetzung der EG-Vermittlerempfehlung vom 18. 12. 1991 in deutsches Recht, VersR 1995, 1134; *Frommhold,* Haftpflicht ohne Haftung? – Bemer-kungen zum Vorschlag für eine 5-Richtlinie über die Kfz-Haftpflichtversicherung, NZV 2003, 25; *Fuchs,* Opferschutz bei Verkehrsunfällen im Ausland, IPRax 2001, 452; *Gärtner,* EG-Versicherungsbinnenmarkt und Versicherungsvertragsrecht, EWS 1994, 115; *Glöckner,* Europäische Harmonisierung des Fernabsatzes an Verbraucher – abgeschlossen, aber nicht vollständig, ELR 2003, 26; *Grabitz/Hilf,* Das Recht der Euro-päischen Union, Loseblatt-Ausgabe Stand 2006; *Groeben/Schwarze,* Vertrag über die Europäische Union und Vertrag zur Gründung der Europäischen Gemeinschaft, 2003; *Hagemann/Böthern,* 2006 – Der Beginn einer neuen Ära für Versicherungsvermittler in Deutschland?, PHi 2006, 2; *Hähnchen,* Das Gesetz zur Anpassung der Formvorschriften des Privatrechts und anderer Vorschriften an den modernen Rechts-geschäftsverkehr, NJW 2001, 2831; *Haupfleisch/Hirtler,* Die 5. Kraftfahrzeug-Haftpflichtversicherungs-Richtlinie (KH-RL), DAR 2006, 560; *Heiss,* The Common Frame of Reference (CFR) of European Insurance Contract Law, in: *Schulze* (Hrsg.), Common Frame of Reference and Existing EC Contract

Law, 2008, 229; *ders.*, Die Direktklage vor dem EuGH – Sechs Antithesen zu BGH vom 26. 9. 2006, 1677, VersR 2007, 327; *ders.*, Europäischer Versicherungsvertrag, VersR 2005, 1; *ders.*, Stand und Perspektiven der Harmonisierung des Versicherungsvertragsrechts in der EG, 2005; *ders.*, Die Richtlinie über den Fernabsatz von Finanzdienstleistungen an Verbraucher aus Sicht des IPR und des IZVR, IPRax 2003, 100; *Herdegen,* Europarecht, 2004; *Herrmann/Wilkens,* Das Schicksal der Versicherungs-Vermittlerrichtlinie in Deutschland 2005/2006, DZWIR 2006, 309; *Herrmann,* Gerichtsstand am Wohnsitz des Klägers bei einer Direktklage des Geschädigten gegen den Versicherer gem. Art. 11 Abs. 2 i. V. m. Art. 9 Abs. 1b EuGVO?, VersR 2007, 327; *ders.*, Customer Relations Center und Verbraucherschutz im Versicherungsprivatrecht, VersR 1998, 931; *Hoffman,* Die Entwicklung des Internet-Rechts von Anfang 2001 bis 2002, NJW 2002, 2602; *Hohlfeld,* Die Zukunft der Versicherungsaufsicht nach Vollendung des Binnenmarktes, VersR 1993, 144; *Hübner,* Dienstleistungsfreiheit im Versicherungswesen: Die dritte Generation der Versicherungsrichtlinien, EuZW 1993, 137; *Hübner/Matusche-Beckmann,* Auswirkungen des Gemeinschaftsrechts auf das Versicherungsrecht, EuZW 1995, 263; *Imbusch,* Das IPR der Versicherungsverträge über innerhalb der EG belegene Risiken, VersR 1993, 1059; *Jickeli,* Europ. Privatrecht, Unternehmensrecht, Informationspflichten im Zivilrecht, 1992, 89; *Knöfel,* Auf dem Weg zu einem neuen Schuldrecht für den Fernabsatz von Finanzdienstleistungen, ZGS 2004, 182; *Kocher,* Neue Vorschriften für den Fernabsatz von Finanzdienstleistungen an Verbraucher, ZGS 2004, 2679; *Kröger/Kappen,* Mindestdeckungssummen und Regulierungsfristen bei Verkehrsunfällen in Europa, DAR 2007, 557; *Lando/Beale* (Hrsg.), Principles of European Contract Law with Comments and Notes, Parts I & II (1999); *Lando/Clive/Prüm/Zimmermann* (Hrsg.), Principles of European Contract Law, Part III (2003); *Lehmann,* Electronic Commerce und Verbraucherschutz in Europa, EuZW 2000, 517; *Lemor/Becker,* Ein weiterer Schritt in Richtung Europa, VW 2006, 18; *Lemor,* Aktuelle Entwicklungen der Autoversicherung in Europa – Zum Vorschlag für die fünfte KH-Richtlinie, VW 2003, 30; *ders.*, Vierte Kraftfahrzeughaftpflicht-Richtlinie-Inhalt, Umsetzung und offene Fragen, NJW 2002, 3666; *Ludwigs,* Harmonisierung des Schuldvertragsrechts in Europa – Zur Reichweite der gemeinschaftsrechtlichen Zuständigkeit für eine Europäisierung des Privatrechts, EuR 2006, 370; *MacNeil,* The legal framework in the United Kingdom for insurance policies sold by EC insurers under freedom of services, Internat. and Comparat. Law Quarterly 1995, 19; *Matusche-Beckmann,* Berufsrecht und zivilrechtliche Beratungspflichten für Versicherungsvermittler, NVersZ 2002, 383; *Migsch,* Versicherungsvertraglicher Konsumentenschutz im Lichte der Deregulierung des EG-Versicherungsmarktes, Verbraucherschutz in Österreich u. i. d. EG, 1992, 179; *Mülbert,* Privatrecht, Die EG Grundfreiheiten und der Binnenmarkt, ZHR 159 (1995), 2; *H. Müller,* Versicherungsbinnenmarkt: die europäische Integration im Versicherungswesen; *Müller-Graff,* Europäisches Gemeinschaftsrecht und Privatrecht, NJW 1993, 13; *Münch,* Die geplante Umsetzung der Richtlinie zum Fernabsatz von Finanzdienstleistungen – Konsequenzen für die Einbeziehung von AVB, ZVersWiss 2004, 775; *Nemeth,* Versicherungsrecht in Europa – Kernperspektiven am Ende des 20. Jahrhunderts, VersR 1998, 1486; *Niederleithinger,* Die EU-Vermittlerrichtlinie und ihre Umsetzung in deutsches Recht, ZfV 2004, 316; *Nothoff,* Umsetzung der 4. Kraftfahrzeughaftpflicht-Richtlinie der EU durch das Gesetz zur Änderung des Pflichtversicherungsgesetzes und anderer versicherungsrechtlicher Vorschriften, ZfSch 2003, 105; *Peters,* Der Abschluss von Versicherungsverträgen nach § 5a VVG, DZWIR 1997, 188; *Präve,* Die VVG-Informationspflichtenverordnung, VersR 2008, 151; *Prölss/Armbrüster,* Europäisierung des deutschen Privatversicherungsrechts (II), DZWIR 1993, 11, 449; *dies.*, Europäisierung des deutschen Privatversicherungsrechts (I), DZWIR 1993, 397; *Radovic/Bolger/Burke,* Das Unitised-With-Profits-Prinzip, VW 2006, 307; *Reichert-Facilides,* Verbraucherschutz – Versicherungsnehmerschutz: Überlegungen mit Blick auf das Projekt „Restatement des Europäischen Versicherungsvertragsrechts", in: *Eccher/Nemeth/Tangl* (Hrsg.), Verbraucherschutz in Europa, Festgabe Mayrhofer, 2002, 180; *ders.*, Gesetzgebung in Versicherungsvertragsrechtssachen: Stand und Ausblick, in: *Reichert-Facilides/Schnyder* (Hrsg.), Versicherungsrecht in Europa ZSR Beiheft 34, 2000, 1; *Reiff,* Das Gesetz zur Neuregelung des Versicherungsvermittlerrechts, VersR 2007, 717; *ders.*, Die Auswirkungen der Versicherungsvermittlungsrichtlinie auf die Kreditwirtschaft, WM 2006, 1701; *ders.*, Die Umsetzung der Versicherungsvermittlerrichtlinie in das deutsche Recht, VersR 2004, 142; *ders.*, Die Auswirkungen des Gemeinschaftsrechts auf das deutsche Versicherungsvertragsrecht, VersR 1997, 267; *Renger,* Stand, Inhalt und Probleme des neuen Versicherungsrechts, VersR 1994, 752; *Römer,* Die Umsetzung der EG-Richtlinien im Versicherungsrecht, FS 50 Jahre BGH, 2000, S. 375; *ders.*, Die Vollendung des europäischen Binnenmarktes für Versicherungen, NJW 1993, 3028; *ders.*, Die Freiheiten des EG-Vertrages und das nationale Privatrecht, ZEuP 1994, 5; *ders.*, Grundlagen des gemeinsamen europäischen Versicherungsmarktes, RabelsZ, 54 (1990) 63; *Rott,* Die Umsetzung der Richtlinie über den Fernabsatz von Finanzdienstleistungen, NJW 2005, 710; *Salger,* Handbuch der europäischen Rechts- und Wirtschaftspraxis, 1996; *Schimikowski,* Die Neuregelungen zum Vertrieb von Versicherungsprodukten im Fernabsatz, ZfV 2005, 279; *Schmidt/Huppenbauer,* Versicherungsaufsichtsrechtliche Anmerkungen zur Welthandelsorganisation (WTO) und zum Allgemeinen Übereinkommen über den

Handel mit Dienstleistungen, VersR 1997, 1037; *dies.*, Das DLF-Urteil des Europäischen Gerichtshofs vom 4. 12. 1986, VersR 1987, 1; *Schneider*, Umsetzung der Fernabsatzrichtlinie 2002/65/EG im VVG, VersR 2004, 696; *Schönleiter*, Das neue Recht für Versicherungsvermittler, GewArch 2007, 265; *Schulte-Braucks*, Den Reformstau bewältigen, EuZW 2000, 545; *Schulte-Nölke*, Contract Law or Law of Obligations? – The Draft Common Frame of Reference (DCFR) as a multifunction tool, in: *Schulze* (Hrsg.), Common Frame of Reference and Existing EC Contract Law, 2008, 47; *Spindler*, Das Gesetz zum elektronischen Geschäftsverkehr – Verantwortlichkeit der Dienstanbieter und Herkunftslandprinzip, NJW 2002, 921; *Steindorff*, Einheitliche Tariffierungsmerkmale in der Kfz-Haftpflichtversicherung nach EG-Recht?, VersR 2000, 921; *Strub*, Insolvenzverfahren im Binnenmarkt, EuZW 1994, 424; *Taupitz*, Macht und Ohnmacht der Verbraucher auf dem dekontrollierten europäischen Versicherungsmarkt, VersR 1995, 1125; *Teichler*, Das zukünftige Vermittlerrecht, VersR 2002, 385; *Tistenjak*, Die Auslegung privatrechtlicher Richtlinien durch den EuGH: Ein Rechtsprechungsbericht unter Berücksichtigung des Common Frame of Reference, ZEuP 2007, 145; *Wiesner*, Stand des Europäischen Unternehmensrechts, EuZW 1995, 821; *Werber*, Status und Pflichten der Versicherungsvermittler, insbesondere des Versicherungsmaklers vor dem Hintergrund der Reformarbeiten, ZfV 2004, 419; *Werber*, Status und Pflichten der Versicherungsvermittler, insbesondere des Versicherungsmaklers vor dem Hintergrund der Reformarbeiten, ZfV 2004, 419; *Wilkens/Herrmann*, Das Schicksal der Versicherungs-Vermittlerrichtlinie in Deutschland 2005/2006, DZWIR 2006, 309; *Wördemann*, Tagungsberichte, VersR 1994, 1040.

A. Einleitung

Der europäische Privatversicherungsmarkt hat eine erhebliche wirtschaftliche Bedeutung. **1** Im Jahr 2005 wurden rund 38,7% des weltweiten Prämienvolumens der Privatversicherung in Europa erwirtschaftet. Damit hat der europäische Privatversicherungsmarkt im Jahr 2005 erstmals den nordamerikanischen Versicherungsmarkt mit 36,2% des weltweiten Prämienvolumens überholt. Im Vergleich dazu betrug noch im Jahr 1985 der europäische Anteil am weltweiten Prämienvolumen 25,9%, der nordamerikanische 50,3%[1]. Das Prämienvolumen europäischer VR stieg von 164 Mrd. USD im Jahr 1985[2] auf 1.065 Mrd. Euro im Jahr 2006[3] und überschritt damit erstmals die Grenze von 1 Billion Euro. **Dieses Wachstum des europäischen Versicherungsmarktes** steht natürlich in engem Zusammenhang mit dem Größerwerden der Gemeinschaft selbst. Von 1985 bis 2006 stieg die Zahl der Mitgliedsländer von 10 auf 25 an. Nach dem Beitritt von Bulgarien und Rumänien im Jahr 2007 gehören der Europäischen Union („EU") derzeit 27 Mitgliedsländer an.

Die Tatsache, dass insoweit von einem **„europäischen Privatversicherungsmarkt"** **2** und nicht von vielen einzelnen nationalen Versicherungsmärkten innerhalb von Europa die Rede ist, hängt damit zusammen, dass es den Mitgliedstaaten der EU und des Europäischen Wirtschaftsraums („EWR")[4] gelungen ist, einen europäischen Binnenmarkt für den Wirtschaftsverkehr zu realisieren. Derzeit hat das grenzüberschreitende Versicherungsgeschäft im Binnenmarkt für Großrisiken aber noch erheblich mehr Bedeutung als im Massengeschäft[5]. Daher zielen zahlreiche Harmonisierungsschritte auf europäischer Ebene dahin, das Vertrauen des Verbrauchers auch in den grenzüberschreitenden Verkehr zu stärken und somit den Binnenmarkt sowie den Wettbewerb innerhalb der EU/des EWR in der Praxis weiter

---

[1] *Comité Européen des Assurances*, European Insurance in Figures in 2006 vom 1. August 2007 (download unter: http://www.cea.assur.org), S. 73.

[2] Zum Vergleich: Im Jahr 1985 betrug das Prämienaufkommen nordamerikanischer Versicherer 318 Mrd. USD, vgl. *Comité Européen des Assurances*, European Insurance in Figures in 2006 vom 1. August 2007 (download unter: http://www.cea.assur.org), S. 73.

[3] *Comité Européen des Assurances*, European Insurance in Figures in 2006 vom 1. August 2007 (download unter: http://www.cea.assur.org), S. 11, mit dem Hinweis, dass es sich bei den Zahlen aus dem Jahr 2006 um vorläufige Zahlen handelt.

[4] Vgl. Abkommen zum Europäischen Wirtschaftsraum vom 3. Januar 1994, ABl. EG L 1/3. Derzeit gehören Island, Norwegen und Liechtenstein zu den EWR-Staaten.

[5] Vgl. *Lenzing* in: *Basedow/Fock* (Hrsg.), Europäisches Versicherungsvertragsrecht, Bd. I, S. 148; aber auch unten Rn. 46 und 109 ff.

zu fördern. Die Schritte und Maßnahmen, die zur Realisierung des Binnenmarktes im Bereich Versicherung getroffen wurden bzw. in Planung sind, sowie deren Auswirkungen auf das deutsche Recht, sind Gegenstand dieses Beitrages.

B. Gemeinschaftsrechtliche Grundlagen des Binnenmarktes

3 Mit dem Abschluss des **Vertrags von Rom im Jahr 1957** trafen die ursprünglichen Vertragsparteien Belgien, Westdeutschland, Frankreich, Italien, Luxemburg und die Niederlande die Entscheidung für die Errichtung eines einheitlichen europäischen Binnenmarktes. Zur Verwirklichung dieses Ziels wurden verschiedene Grundfreiheiten im EWG-Vertrag (heute EG-Vertrag, „EG"), verankert.

Grundlage für den Binnenmarkt in der Versicherungswirtschaft sind vor allem drei **Grundfreiheiten des EG-Vertrages:** die Niederlassungsfreiheit (Art. 43 ff. EG), die Dienstleistungsfreiheit (Art. 49 ff. EG) und die Kapitalverkehrsfreiheit (Art. 56 f. EG). Die Grundfreiheiten erfassen Sachverhalte mit grenzüberschreitendem Bezug, sie verbieten den Marktzugang erschwerende Maßnahmen gegen Ausländer und sie genießen Vorrang vor dem nationalen Recht der Mitgliedstaaten[6].

I. Niederlassungsfreiheit, Art. 43 ff. EG

4 Niederlassungsfreiheit[7] ist das Recht von Angehörigen eines Mitgliedstaats, in einem anderen Mitgliedstaat eine selbständige Erwerbstätigkeit aufzunehmen und auszuüben. Für VR bedeutet dies die Möglichkeit, in einem anderen Mitgliedstaat (Tätigkeitsland) eine **Tochtergesellschaft, Zweigniederlassung** oder **Agentur** zu errichten und darüber Versicherungsgeschäft zu betreiben.

II. Dienstleistungsfreiheit, Art. 49 ff. EG

5 Die Dienstleistungsfreiheit[8] ist ein im EG-Vertrag nicht definierter **Auffangtatbestand** für grenzüberschreitende wirtschaftliche Tätigkeiten, die nicht durch die anderen drei Grundfreiheiten des EG-Vertrages garantiert ist. Für VR gibt die Dienstleistungsfreiheit die Möglichkeit, in anderen Mitgliedstaaten Versicherungsgeschäft zu betreiben, ohne dort eine Niederlassung zu errichten. Dies kann auf dreierlei Weise geschehen:
- Der VR begibt sich in ein anderes Mitgliedsland, um dort Versicherungsverträge abzuschließen („aktive Dienstleistungsfreiheit").

---

[6] Vgl. *Bleckmann,* Europarecht, Rn. 1152 ff.; *Herdegen,* Europarecht, Rn. 272 ff.
[7] *Streil* in: *Beutler/Biebe/Pipkorn/Streil* (Hrsg.), Die Europäische Gemeinschaft – Rechtsordnung und Politik, 1979, S. 261 f.; *Bleckmann,* Europarecht, Rn. 1592 ff.; *Callies/Ruffert/Bröhmer,* Kommentar zu EU-Vertrag und EG-Vertrag, Art. 43 EG-Vertrag Rn. 1 ff.; *Roth* in: *Dauses* (Hrsg.), Handbuch des EU-Wirtschaftsrechts, (Loseblattausgabe) Bd. I, E.1, Rn. 52 ff.; *Grabitz/Hilf/Randelzhofer/Forsthoff,* Das Recht der Europäischen Union, Bd. I, Art. 43 EG Rn. 1 ff.; *Groeben/Schwarze/Tiedje/Troberg,* Vertrag über die Europäische Union und Vertrag zur Gründung der Europäischen Gemeinschaft, Bd. I, Art. 43 Rn. 1 ff.; *Herdegen,* Europarecht, Rn. 317 ff.; *Pieper* in: *Salger* (Hrsg.), Handbuch der europäischen Rechts- und Wirtschaftspraxis (1996), S. 40.
[8] Zum Begriff der Niederlassungsfreiheit: *Streil* in: *Beutler/Bieber/Pipkorn/Streil* (Hrsg.), Die Europäische Gemeinschaft – Rechtsordnung und Politik (1979), S. 263 f.; *Bleckmann,* Europarecht, Rn. 1672 ff.; *Callies/Ruffert/Bröhmer,* Kommentar zu EU-Vertrag und EG-Vertrag, Art. 50 EG-Vertrag Rn. 1 ff.; *Roth* in: *Dauses* (Hrsg.),Handbuch des EU-Wirtschaftsrechts (Loseblattausgabe) Bd. I, E.1, Rn. 130 ff.; *Grabitz/Hilf/Randelzhofer/Forsthoff,* Das Recht der Europäischen Union, Bd. I, Art. 49/50 EG Rn. 1 ff.; *Groeben/Schwarze/Tiedje/Troberg,* Vertrag über die Europäische Union und Vertrag zur Gründung der Europäischen Gemeinschaft, Bd. I, Art. 49 Rn. 1 ff.; *Herdegen,* Europarecht, Rn. 324 ff.; *Pieper* in: *Salger* (Hrsg.), Handbuch der europäischen Rechts- und Wirtschaftspraxis (1996), S. 40 f.

- Der VN begibt sich in das Land des VR, um dort einen Versicherungsvertrag abzuschließen („passive Dienstleistungsfreiheit").
- Der VR schließt mit einem VN in einem anderen Mitgliedsland per postalischer Korrespondenz oder (heutzutage praxisrelevanter: per Internet, E-Mail oder sonstiger Kommunikationsmedien) einen Versicherungsvertrag, ohne dass eine der beiden Parteien sich zum Vertragsabschluss in ein anderes Mitgliedsland begeben hat. Das Versicherungsprodukt selbst überschreitet also die Grenze.

Beschließt ein VR gezielt und mit einem gewissen Marketingaufwand durch Mittler vor **6** Ort seine Versicherungsprodukte an Angehörige eines anderen Mitgliedstaats zu verkaufen, ist in erster Line die aktive Dienstleistungsfreiheit von Bedeutung. Sofern sich diese grenzüberschreitende Tätigkeit eines VR in einem anderen Mitgliedstaat verdichtet, also nicht nur von Fall zu Fall, sondern mit einer gewissen Dauerhaftigkeit ausgeübt wird, ohne dass formell eine Niederlassung errichtet wird, stellt sich die **Abgrenzungsfrage,** bis zu welchem Grad der Verfestigung der Tätigkeit sich der VR noch auf die Dienstleistungsfreiheit berufen kann bzw. ab wann seine Tätigkeit unter die Niederlassungsfreiheit fällt. Nach der Rechtsprechung des EuGH[9] wird dann von der Niederlassungsfreiheit Gebrauch gemacht, wenn das Versicherungsgeschäft durch eine zwar selbständige, aber ständig damit betraute Person betrieben wird, die von einer Betriebsstätte im Tätigkeitsland aus tätig wird. In Grenzfällen ist die Abgrenzung nicht unproblematisch[10].

III. Freiheit des Kapital- und Zahlungsverkehrs, Art. 56 ff. EG

Auch die Freiheit des Kapital- und Zahlungsverkehrs hat im Zusammenhang mit der Errichtung eines gemeinsamen Versicherungsbinnenmarktes Bedeutung. Nach Art. 56 EG sind **7** keine **Beschränkungen des Kapital- und Zahlungsverkehrs** zwischen den Mitgliedstaaten sowie zwischen den Mitgliedstaaten und Drittländern zulässig. Gewährleistet ist damit z. B., dass ein VR das zur Gründung eines Tochterunternehmens oder zum Aufbau seines Vertriebes notwendige Kapital in das Tätigkeitsland transferieren kann. Auch grenzüberschreitende Prämienzahlungen bzw. der Transfer von Versicherungsleistungen innerhalb der Mitgliedstaaten sind aufgrund von Art. 56 EG gewährleistet[11].

C. Harmonisierung des Versicherungsrechts als Voraussetzung für einen Versicherungsbinnenmarkt

I. Allgemeine Programme zur Aufhebung von Beschränkungen der Niederlassungs- und Dienstleistungsfreiheit

Die bloße Existenz der Grundfreiheiten reichte im Versicherungssektor noch nicht aus, um **8** die Voraussetzungen für einen einheitlichen europäischen Binnenmarkt zu schaffen. Die rechtlichen Rahmenbedingungen für die Ausübung von Versicherungsgeschäft waren bei Gründung der Gemeinschaft in den Mitgliedstaaten so unterschiedlich[12], dass VR die im

---

[9] EuGH, Urteil v. 4. 12. 1986, Rs. 205/84, *Kommission gegen Bundesrepublik Deutschland*, Slg. 1986, 3755.

[10] Dazu später unter Rn. 115 ff.

[11] *Hübner/Matusche-Beckmann,* EuZW 1995, 263 (264) zu der RL (88/361/EWG) des Rates zur Durchführung von Art. 67 EWG, ABl. EG L 178/5 v. 8. 7. 1988; anders: *H. Müller,* Versicherungsbinnenmarkt, Rn. 11, der den Austausch von Versicherungsprämien bzw. Versicherungsleistungen in den Bereich des Waren- und Dienstleistungsverkehrs einordnet. Aufgrund der Subsidiarität der Dienstleistungsfreiheit dürfte hier allerdings einiges für die Einschlägigkeit der Kapitalverkehrsfreiheit sprechen.

[12] Vgl. zu den unterschiedlichen Konzepten bei der Versicherungsaufsicht: *Schnyder,* Internationale Versicherungsaufsicht zwischen Kollisionsrecht und Wirtschaftsrecht, S. 2 ff.; *H. Müller,* Versicherungsbinnenmarkt, Rn. 12.

EG-Vertrag normierten Grundfreiheiten nicht unmittelbar umsetzen konnten. Ohne die Schaffung vergleichbarer rechtlicher Rahmenbedingungen konnte ein europäischer Versicherungsbinnenmarkt nicht entstehen[13]. Die Entstehung des europäischen Versicherungsmarktes, ist damit das **Ergebnis eines jahrzehntelangen Entwicklungsprozesses**[14].

9   Im Jahr 1961 beschloss der Rat der EWG allgemeine Programme zur schrittweisen Aufhebung der Beschränkungen der Niederlassungsfreiheit und der Dienstleistungsfreiheit[15]. Danach sollten Beschränkungen und Behinderungen (insbesondere Verbote und Genehmigungsvorbehalte) in den nationalen Rechtsordnungen der Mitgliedstaaten), die Ausländern eine wirtschaftliche Betätigung im Gastland über eine Zweigniederlassung bzw. im Rahmen des Dienstleistungsverkehrs erschwerten, innerhalb eines gesondert festgelegten Zeitplans von den Mitgliedstaaten beseitigt werden. Das allgemeine Programm zur Aufhebung der Beschränkungen der Niederlassungsfreiheit machte die Aufhebung von Zulassungsbeschränkungen bei der Gründung von Agenturen oder Zweigniederlassungen in einem anderen Mitgliedstaat von einer Koordinierung der Bedingungen für die Aufnahme und Ausübung von Versicherungsgeschäft abhängig[16]. Beschränkungen auf dem Gebiet der Dienstleistungsfreiheit für VR sollten erst aufgehoben werden, nachdem einerseits im betreffenden Versicherungszweig die Niederlassungsfreiheit verwirklicht war und andererseits die Rechts- und Verwaltungsvorschriften für Versicherungsverträge insoweit koordiniert waren, wie die Verschiedenheit dieser Vorschriften zu Nachteilen für Versicherte und Dritte führte[17]. Die **Harmonisierung der rechtlichen Rahmenbedingungen** des Versicherungsgeschäfts war Voraussetzung für die Aufhebung bestehender Beschränkungen. Beabsichtigt war eine Harmonisierung des Versicherungsaufsichtsrechts als Voraussetzung für die Verwirklichung der Niederlassungsfreiheit und zusätzlich eine Harmonisierung des Versicherungsvertragsrechts als Voraussetzung für die Verwirklichung der Dienstleistungsfreiheit.

10   Die Harmonisierung nationaler Rechtsordnungen erfolgt nach Maßgabe des Art. 249 EG im Wesentlichen durch **Richtlinien**[18] („RL"). Art. 47 Abs. 2 und Art. 55 EG ermächtigen den Rat im Verfahren nach Art. 251 EG, d. h. auf Vorschlag der Kommission und unter Mitwirkung des Parlaments[19] RL zur Koordinierung der Rechts- und Verwaltungsvorschriften der Mitgliedstaaten zu erlassen, um die Verwirklichung der Niederlassungs- und Dienstleistungsfreiheit zu erleichtern. RL sind gemäß Art. 249 Abs. 3 EG für alle Mitgliedstaaten, an die sie gerichtet sind, verbindlich. Die Mitgliedstaaten sind verpflichtet, RL innerhalb des festgelegten Zeitrahmens in nationales Recht umzusetzen, sofern nationales Recht von den Vorgaben der RL abweicht. Die Auswahl der Form und des Mittels der Umsetzung bleibt den Mitgliedstaaten überlassen. Unmittelbare Rechtsansprüche können einzelne Bürger oder einzelne Unternehmen aus RL grundsätzlich nicht herleiten[20].

---

[13] *Hübner/Matusche-Beckmann,* EuZW 1995, 263; *Beckmann,* ZEuP 1999, 809 (811).

[14] Vgl. zur mehr als 30-jährigen Entwicklungsgeschichte *Hübner* in: *Dauses* (Hrsg.) Handbuch des EU-Wirtschaftsrechts, (Loseblattausgabe) Bd. 1, E. IV, Rn. 67 f.; *ders.,* ZversWiss 1982, 221 (222 Fn. 1) m. w. N.

[15] Allgemeines Programm zur Aufhebung der Beschränkungen der Niederlassungsfreiheit, ABl. EG 2/36 v. 15. Januar 1962; Allgemeines Programm zur Aufhebung der Beschränkungen des freien Dienstleistungsverkehrs, ABl. EG 2/32 vom 15. 1. 1962; dazu H. *Müller,* Versicherungsbinnenmarkt, Rn. 10.

[16] ABl. EG 2/36 v. 15. Januar 1962 unter Abschnitt IV C.

[17] Allgemeines Programm zur Aufhebung der Beschränkungen des freien Dienstleistungsverkehrs, ABl. EG 2/32 v. 15. 1. 1962 Abschnitt IV C 1.

[18] Zur Bedeutung von Richtlinien allgemein mit zahlreichen Nachweisen aus der Literatur siehe *Bleckmann,* Europarecht, Rn. 414 ff.; *Grabitz/Hilf/Nettesheim,* Bd. III, Art. 249 EG Rn. 124 ff.

[19] Mit absoluter Mehrheit kann das Parlament ein Rechtsetzungsvorhaben des Rates endgültig zu Fall bringen, Art. 251 Abs. 2b EG. Diese Regelung ist zur Stärkung der Position des Parlaments mit dem EU-Vertrag eingeführt worden. Früher beschloss der Rat im Bereich der Liberalisierung RL auf Vorschlag der Kommission. Das Parlament gab lediglich ein Votum dazu ab. Zum früheren RL-Gebungsverfahren, H. *Müller,* Versicherungsbinnenmarkt, Rn. 13.

[20] Etwas anderes gilt nach der Rspr. des EuGH, wenn die RL nicht fristgemäß durch den Mitgliedstaat umgesetzt wurde; vgl. EuGH, Entscheidung v. 19. 1. 1982, Rs. 8/81, *Becker/Finanzamt Münster-Innenstadt,* Slg. 1982, 53 (70f.).

II. Ansatz einer Harmonisierung des Versicherungsvertragsrechts

Nach der Verabschiedung der Allgemeinen Programme zur Aufhebung der Beschränkun-   **11**
gen der Niederlassungs- und Dienstleistungsfreiheit, hatte es zunächst den Anschein, als ob
dem Versicherungsvertragsrecht bei der Harmonisierung der europäischen Privatrechtsord-
nungen eine Vorreiterrolle zufallen würde. Bereits 1965 leitete die Kommission Schritte zur
Harmonisierung des Versicherungsvertragsrechts unter Beteiligung von Sachverständigen der Regierungen sowie der VR der Mitgliedstaaten ein. Von Anfang an bestanden
allerdings Divergenzen zwischen den beiden Sachverständigengruppen in Bezug auf die Re-
gelungsdichte der angestrebten Harmonisierung: Die von den VR gebildete Sachverständi-
gengruppe strebte im Wesentlichen eine Harmonisierung von Zentralfragen an. Der Entwurf
der Regierungssachverständigen und der Kommission enthielt eine detaillierte Normierung
einzelner Sachbereiche, die den nationalen Gesetzgebern nur äußerst geringen Spielraum bei
der Umsetzung ließ[21]. Erst im Jahre 1979 mündeten die Diskussionen der Sachverständigengruppen in einem Kommissionsvorschlag für eine **RL zur Vereinheitlichung des Versicherungsvertragsrechts**[22].

Der auf die Schadenversicherung[23] begrenzte **RL-Vorschlag** sah in den folgenden Berei-   **12**
chen Regelungen vor: Mindestinformationspflichten des VR im Versicherungsschein (u. a.
Risikobeschreibung, Versicherungssumme, Prämienhöhe, Vertragsdauer) (Art. 2); Verhaltens-
und Anzeigepflichten des VN vor Abschluss des Versicherungsvertrages sowie die Konsequenzen von vertraglichen Anzeigepflichtverletzungen (Art. 3)[24]; Anzeigepflichten und
Rechte des VR bei Gefahrerhöhung (Art. 4)[25]; Rechte des VN bei einer „Gefahrminderung"
(Art. 5)[26]; Anzeigepflichten und Obliegenheiten im Schadenfall (Art. 8 und 9)[27]. Ferner enthielt der RL-Vorschlag einzelne Bestimmungen über Prämienzahlungsverzug, Vertragslaufzeit und Kündigung sowie über Rechte und Pflichten des versicherten Dritten. Das RL-Be-
schlussverfahren zog sich über Jahre. Nachdem die Kommission zunächst im Jahre 1980 einen
geänderten RL-Vorschlag vorlegte, der Änderungswünsche des Rates, des Europäischen Parlaments und des Wirtschafts- und Sozialausschusses berücksichtigte[28], zog sie den RL-Vorschlag dann im August 1993 zurück[29]. Zurückzuführen war das Scheitern in erster Linie auf

---

[21] Vgl. hierzu im Einzelnen, kritisch zu dem RL-Vorschlag der Kommission *Bühnemann,* VersR 1968,
418 (419f.).

[22] RL-Vorschlag des Rates zur Koordinierung der Rechts- und Verwaltungsvorschriften betreffend die
Aufnahme und Ausübung der Tätigkeit der Direktversicherung, ABl. EG C 190/2 v. 28. 7. 1979, in diesem Abschnitt C II. auch „RL-Vorschlag".

[23] Gemäß der Risikoeinteilung des Anhangs zur ersten Schaden-RL (73/239/EWG). Ausgenommen
wurden in Art. 1 der RL die Versicherungszweige Schienenfahrzeug-Kasko, Luftfahrtzeug-Kasko, See-,
Binnensee-, und Flussschifffahrts-Kasko, Transportgüter, Luftfahrzeughaftpflicht, See-, Binnensee- und
Flussschifffahrtshaftpflicht, Kredit und Kaution.

[24] Abweichend von den §§ 16ff. VVG sollte der VR unabhängig vom Verschulden des VN 2 Monate
nach Kenntniserlangung von der Nichtanzeige gefahrerheblicher Umstände berechtigt sein, eine Änderung des Vertrages zu verlangen. Bei Nichteinwilligung des VN, sollte der VR berechtigt sein, zu kündigen. Leistungsfreiheit für Versicherungsfälle, die vor Wirksamwerden der Kündigung eingetreten
waren, war nur bei arglistigem Verhalten des VN vorgesehen. Bei schuldhaftem Verhalten des VN war
eine reduzierte Versicherungsleistung vorgesehen.

[25] Gefahrerhöhungen sollten den VR gemäß Art. 3 der RL zur Vertragsanpassung berechtigen.

[26] Der VN sollte berechtigt sein, eine Prämienreduzierung zu verlangen und im Falle der Weigerung
des VR vorzeitig zu kündigen.

[27] Auch hierbei sollte nur arglistiges Verhalten des VN zur Leistungsfreiheit des VR führen.

[28] Geänderter Vorschlag für eine RL des Rates zur Koordinierung der Rechts- und Verwaltungsvorschriften über Versicherungsverträge, ABl. EG C 355/30 vom 31. 12. 1980.

[29] ABl. EG 1993 C 228/14; Ein Überblick über den zeitlichen Verlauf der beabsichtigten Rechtsetzung
findet sich unter: http://ec.europa.eu/prelex/detail_dossier_real.cfm?CL=de&DosId=124614; hierzu
näher *Basedow,* Die Gesetzgebung zum Versicherungsvertrag zwischen europäischer Integration und Verbraucherpolitik, in: *Reichert-Facilides/Schnyder* (Hrsg.), Versicherungsrecht in Europa, ZSR Beiheft 34
(2000), 13 (14ff.).

unterschiedliche nationale Traditionen im Versicherungsvertragsrecht sowie auf abweichende ordnungspolitische Vorstellungen in den Mitgliedstaaten, insbesondere zwischen den kontinentaleuropäischen Ländern einerseits und Großbritannien andererseits. Einige der kontinentaleuropäischen Mitgliedstaaten hielten das durch den Richtlinienvorschlag angestrebte Schutzniveau nicht für ausreichend, da nationales Versicherungsvertragsrecht weiter ging. Großbritannien, wo die Position des VN gegenüber dem VR traditionell schwächer war, ging der Vorschlag hingegen zu weit[30].

13   Vom ursprünglichen Ziel der materiellen Versicherungsvertragsrechtsvereinheitlichung ging die Kommission zu einer neuen Strategie über: Das Konzept der umfassenden Angleichung des materiellen Versicherungsvertragsrechts wandelte sich zum **Grundsatz der minimalen Koordinierung und wechselseitigen Anerkennung nationaler Regelungen**[31]. Schließlich erklärte die Kommission, die „Harmonisierung des für den Versicherungsvertrag geltenden Rechts sei keine Vorbedingung für die Verwirklichung des Binnenmarktes im Versicherungssektor"[32]. Tatsächlich hat eine europaweite Vereinheitlichung des Versicherungsvertragsrechts bis heute nicht stattgefunden. Dennoch hatten einerseits Richtlinien, die vorrangig dazu dienten, das Versicherungsaufsichtsrecht der Mitgliedstaaten zu harmonisieren sowie andererseits Richtlinien, die vorrangig dem Verbraucherschutz dienen, nicht unerheblichen Einfluss auf das deutsche Versicherungsvertragsrecht[33].

14   Mit der Zurücknahme des Richtlinienentwurfs aus 1979/80 durch die Kommission[34] galt die Harmonisierung des Versicherungsvertragsrechts lange Zeit als gescheitert. Einen neuen Impuls erhielt die Europäisierung des Vertragsrechts erst 1999 mit der Einrichtung einer europäischen Projektgruppe, die es sich um Ziel gemacht hat, nach dem Muster der US-amerikanischen Restatements of the Law[35] bzw. nach dem Muster der Principles of European Contract Law (PECL) der sogenannten *Lando*-Kommission[36] ein „Restatement of European Insurance Contract Law" zu erarbeiten[37]. Diese europäische Forschergruppe, heute gängig als „Restatement Group", „Insurance Group" oder – nach ihrem Sitz – „Innsbruck Group" bezeichnet, hat Ende 2007 „Principles of European Insurance Contract Law (PEICL)" vorgelegt[38]. Diese enthalten allgemeine Regeln, also Vorschriften, die auf alle Versicherungsverträge (mit Ausnahme von Rückversicherungen) anwendbar sind. Hinzu kommen Vorschriften für alle Schadensversicherungen und alle Summenversicherungen.

III. Harmonisierung des Aufsichtsrechts

15   Parallel zu den Arbeiten an der Vorbereitung eines vereinheitlichten Vertragsrechts wurden RL zur Koordinierung der Bedingungen für die Aufnahme und Ausübung von Versicherungsgeschäft vorbereitet. Die erforderliche Koordinierung und Harmonisierung der wich-

---

[30] Siehe hierzu *Lenzing* in: *Basedow* (Hrsg.), Europäisches Versicherungsvertragsrecht, (2002), Bd. I, 144; *Hübner/Matusche-Beckmann,* EuZW 1995, 263; *H. Müller,* Versicherungsbinnenmarkt, Rn. 84; *Armbrüster* in: *Jickeli/Kotzur/Noack/Weber* (Hrsg.), Jahrbuch junger Zivilrechtswissenschaftler, (1991), 91 (93); *Beckmann,* ZEuP 1999, 809 (822).

[31] Weißbuch der Kommission, KOM (85) 310 endg. 14. Juni 1985, Nr. 61; zur europarechtlichen Rechtssetzungskompetenz für den Bereich des Versicherungsvertragsrechts; *Armbrüster* in: *Jickeli/Kotzur/Noack/Weber* (Hrsg.), Jahrbuch junger Zivilrechtswissenschaftler (1991), 91 (93 ff.).

[32] Erwägungsgrund Nr. 18 der dritten Schaden-RL (92/49/EWG).

[33] Dazu später unter Rn. 48 ff. sowie unter Rn. 70 ff.

[34] Siehe ABl. 1993 Nr. C 228/4; hierzu näher *Basedow* in: *Reichert-Facilides/Schnyder* (Hrsg.), Versicherungsrecht in Europa, ZSR Beiheft 34 (2000), 13 (14 ff.).

[35] Sie werden vom American Law Institute herausgegeben; näher hierzu www.ali.org.

[36] Zu den PECL siehe *Lando/Beale* (Hrsg.), Principles of European Contract Law with Comments and Notes, Parts I & II (1999) and *Lando/Clive/Prüm/Zimmermann* (Hrsg.), Principles of European Contract Law, Part III (2003).

[37] Zur Gründung der Projektgruppe und ihren Zielen *Reichert-Facilides* in: *Eccher/Nemeth/Tangl* (Hrsg.), Verbraucherschutz in Europa, Festgabe Mayrhofer (2002) 180.

[38] Der authentische englische Text sowie Übersetzungen sind unter www.restatement.info erhältlich.

tigsten rechtlichen Rahmenbedingungen zur Verwirklichung der Niederlassungs- und Dienstleistungsfreiheit im Bereich der Schadenversicherung und der Lebensversicherung erfolgte durch RL des Rates auf Vorschlag der Kommission in den Jahren 1973 bis 1992[39]. Lediglich im Bereich der **Rückversicherung** war die Koordinierung der rechtlichen Rahmenbedingungen nicht Voraussetzung für die Aufhebung der Beschränkungen der Niederlassungsfreiheit und des freien Dienstleistungsverkehrs[40].

Mit Umsetzung der dritten Lebens-RL (92/96/EWG) und der dritten Schaden-RL (92/   **16** 94/EWG) im Jahr 1994 – in Deutschland mit dem Dritten Durchführungsgesetz/EWG zum VAG[41] – fanden die Bestrebungen um die Errichtung eines einheitlichen Binnenmarktes im Bereich des Versicherungswesens einen vorläufigen Abschluss[42]. Der **Binnenmarkt im Bereich des Versicherungswesens** war formal verwirklicht[43]. Allerdings war damit die Rechtsentwicklung und Harmonisierung in Europa auf dem Gebiet des Versicherungsrechts nicht abgeschlossen. Nach 1994 sind zahlreiche weitere RL zur Harmonisierung von Versicherungstätigkeit innerhalb Europas erlassen worden.

IV. Überblick über die für den Versicherungsbereich relevanten Richtlinien

Die folgende Auflistung gibt einen Überblick über die kontinuierliche Weiterentwicklung   **17** des „europäischen Versicherungsrechts" aufgrund von RL[44].

1. Lebensversicherung

- RL des Rates (79/267/EWG) zur Koordinierung der Rechts- und Verwaltungsvorschriften über die Aufnahme und Ausübung der Direktversicherung (Lebensversicherung), ABl. EG L 63/1 v. 13. März 1979 („erste Lebens-RL (79/267/EWG)")
- Zweite RL des Rates (90/619/EWG) zur Koordinierung der Rechts- und Verwaltungsvorschriften für die Direktversicherung (Lebensversicherung) und zur Erleichterung der tatsächlichen Ausübung des freien Dienstleistungsverkehrs sowie zur Änderung der Richtlinie (79/267/EWG), ABl. EG L 330/50 v. 29. November 1990 („zweite Lebens-RL (90/ 619/EWG)")
- Dritte RL des Rates (92/96/EWG) zur Koordinierung der Rechts- und Verwaltungsvorschriften für die Direktversicherung (Lebensversicherung) sowie zur Änderung der RL (79/267/EWG) und (90/619/EWG), ABl. EG L 360/1 v. 9. Dezember 1992 („dritte Lebens-RL (92/96/EWG)")
- RL (95/26/EG) des Europäischen Parlaments und des Rates zur Änderung der RL (77/ 780/EWG) und (89/646/EWG) betreffend Kreditinstitute, der RL (73/239/EWG) und (92/49/EWG) betreffend Schadenversicherung, der RL (79/267/EWG) und (92/96/ EWG) betreffend Lebensversicherung, der RL (93/22/EWG) betreffend Wertpapierfirmen sowie der (85/611/EWG) betreffend bestimmte Organismen für gemeinsame Anlagen in Wertpapieren (OGAW) zwecks verstärkter Beaufsichtigung dieser Finanzunternehmen, ABl. EG L 168/7 v. 18. Juli 1995 („RL (95/26/EG)")[45]

---

[39] Zu den „Drei RL-Generationen" vgl.: *Roth*, NJW 1993, 3028 (3029 ff.); *Hohlfeld*, VersR 1993, 144 (148); *Fahr*, VersR 1992, 1033 ff.; *Hübner*, EuZW 1993, 137.

[40] Aufgrund der RL (64/225/EWG) zur Rückversicherung mussten Beschränkungen der Niederlassungsfreiheit und des freien Dienstleistungsverkehrs auf dem Gebiet der Rückversicherung ohne vorausgehende Harmonisierung beseitigt werden.

[41] Drittes Durchführungsgesetz/EWG zum VAG v. 21. Juli 1994, BGBl. I S. 1630.

[42] Berliner Kommentar/*Roth*, Europäisches Versicherungsrecht, Rn. 1 ff.; *ders.*, NJW 1993, 3028 (3022).

[43] Vgl. Mitteilung der Kommission zu Auslegungsfragen, Freier Dienstleistungsverkehr und Allgemeininteresse im Versicherungswesen, ABl. EG 2000 C 43/03 v. 16. Februar 2000, S. 5; *Müller*, Versicherungsbinnenmarkt, Rn. 12; *Beckmann*, ZEuP 1999, 809 (809 f.); *Hübner/Matuschke-Beckmann*, EuZW 1995, 263 (263 f.); *Linzing* in: *Basedow/Fock* (Hrsg.) Europäisches Versicherungsvertragsrecht, Bd. I, S. 148.

[44] Vgl.: http://ec.europa.eu/internal_market/insurance/index_de.

[45] Hierzu *Wiesner*, EuZW 1995, 821 (828).

- RL (2000/46/EG) des Europäischen Parlaments und des Rates über die Aufnahme, Ausübung und Beaufsichtigung der Tätigkeit von E-Geld-Instituten, ABl. EG L 275/39 v. 27. Oktober 2000 („RL (2000/46/EG)")
- RL (2002/12/EG) des Europäischen Parlaments und des Rates zur Änderung der RL (79/267/EWG) des Rates hinsichtlich der Bestimmungen über die Solvabilitätsspanne für Lebensversicherungsunternehmen, ABl. EG L 077/11 v. 20. März 2002 („RL (2002/12/EG)" – aufgehoben durch Lebens-RL (2002/83/EG))
- RL (2002/83/EG) des Europäischen Parlaments und des Rates über Lebensversicherung, ABl. EG L 345/1 v. 9. Dezember 2002 („Lebens-RL (2002/83/EG)")[46]

2. Nicht-Lebensversicherung

- RL (72/166/EWG) des Rates betreffend die Angleichung der Rechtsvorschriften der Mitgliedstaaten bzgl. der Kraftfahrzeug-Haftpflichtversicherung und der Kontrolle der entsprechenden Versicherungspflicht, ABl. EG L 103/1 v. 2. Mai 1972 („erste KH-RL (72/166/EWG)")
- RL (72/430/EWG) des Rates zur Änderung der RL (72/166/EWG) des Rates vom 24. April 1972 betreffend die Angleichung der Rechtsvorschriften der Mitgliedstaaten bezüglich der Kraftfahrzeug-Haftpflichtversicherung und der Kontrolle der entsprechenden Versicherungspflicht, ABl. EG L 291/162 v. 28. Dezember 1972 („RL (72/430/EWG)")
- Erste RL (73/239/EWG) des Rates zur Koordinierung der Rechts- und Verwaltungsvorschriften betreffend die Aufnahme und Ausübung der Tätigkeit der Direktversicherung (mit Ausnahme der Lebensversicherung), ABl. EG L 228/3 v. 16. August 1973 („erste Schaden-RL (73/239/EWG)")
- RL (73/240/EWG) des Rates zur Aufhebung der Beschränkungen der Niederlassungsfreiheit auf dem Gebiet der Direktversicherung mit Ausnahme der Lebensversicherung, ABl. EG L 228/20 v. 16. August 1973 („RL (73/240/EWG)")
- RL (76/580/EWG) des Rates zur Änderung der RL (73/239/EWG) zur Koordinierung der Rechts- und Verwaltungsvorschriften betreffend die Aufnahme und Ausübung der Tätigkeit der Direktversicherung, ABl. EG L 189/13 v. 13. Juli 1976 („RL (76/580/EWG)") (ist mit Einführung des Euro überholt)
- RL (78/473/EWG) des Rates zur Koordinierung der Rechts- und Verwaltungsvorschriften auf dem Gebiet der Mitversicherung auf Gemeinschaftsebene, ABl. EG L 151/25 v. 7. Juni 1978 („Mitversicherungs-RL (78/473/EWG)")[47]
- Zweite RL (84/5/EWG) des Rates betreffend die Angleichung der Rechtsvorschriften der Mitgliedstaaten bezüglich der Kraftfahrzeug-Haftpflichtversicherung, ABl. EG L 8/17 v. 11. Januar 1984 („zweite KH-RL (84/5/EWG)")
- RL (84/641/EWG) des Rates zur insbesondere auf die touristische Beistandsleistung bezüglichen Änderung der ersten RL (73/239/EWG) zur Koordinierung der Rechts- und Verwaltungsvorschriften betreffend die Aufnahme und Ausübung der Tätigkeit der Direktversicherung (mit Ausnahme der Lebensversicherung), ABl. EG L 339/21 v. 27. Dezember 1984 („RL Touristische Beistandsleistungen (84/641/EWG)")[48]
- RL (87/343/EWG) des Rates zur Änderung hinsichtlich der Kreditversicherung und der Kautionsversicherung der ersten RL (73/239/EWG) zur Koordinierung der Rechts- und Verwaltungsvorschriften betreffend die Aufnahme und Ausübung der Tätigkeit der Direktversicherung (mit Ausnahme der Lebensversicherung), ABl. EG L 158/72 v. 4. Juli 1987 („Kreditversicherungs-RL (87/343/EWG)")

---

[46] Es handelt sich hierbei im Wesentlichen um eine konsolidierte Neufassung der ersten bis dritten Lebens-RL, unter Einbeziehung der RL (2002/12/EG), die keine erheblichen Neuerungen gegenüber der bestehenden Rechtslage bezweckt, sondern vornehmlich dem besseren Verständnis dient.

[47] Hierzu: *H. Müller*, Versicherungsbinnenmarkt, Rn. 32.

[48] Hierzu: *H. Müller*, Versicherungsbinnenmarkt, Rn. 36.

- RL (87/344/EWG) des Rates zur Koordinierung der Rechts- und Verwaltungsvorschriften für die Rechtsschutzversicherung, ABl. EG L 185/77 v. 4. Juli 1987 („Rechtsschutzversicherungs-RL (87/344/EWG)")
- Zweite RL (88/357/EWG) des Rates zur Koordinierung der Rechts- und Verwaltungsvorschriften für die Direktversicherung (mit Ausnahme der Lebensversicherung) und zur Erleichterung der tatsächlichen Ausübung des freien Dienstleistungsverkehrs sowie der RL (73/239/EWG), ABl. EG L 172/1 v. 4. Juli 1988 („zweite Schaden-RL (88/357/EWG)")
- RL des Rates (90/618/EWG) zur Änderung der RL (73/239/EWG) und der RL (88/357/EWG) zur Koordinierung der Rechts- und Verwaltungsvorschriften für die Direktversicherung (mit Ausnahme der Lebensversicherung), insbesondere bezüglich der Kraftfahrzeug-Haftpflichtversicherung, ABl. EG L 330/44 v. 29. November 1990 („RL (90/618/EWG)")
- Dritte RL (90/232/EWG) des Rates zur Angleichung der Rechtsvorschriften der Mitgliedstaaten über die Kraftfahrzeug-Haftpflichtversicherung, ABl. EG L 129/33 v. 19. Mai 1999 („dritte KH-RL (90/232/EWG)")
- Dritte RL des Rates (92/94/EWG) zur Koordinierung der Rechts- und Verwaltungsvorschriften für die Direktversicherung (mit Ausnahme der Lebensversicherung) sowie zur Änderung der RL (73/239/EWG) und (88/357/EWG), ABl. EG L 228/1 v. 11. August 1992 („dritte Schaden-RL (92/94/EWG)")
- RL (95/26/EG) (s. o.)
- RL (2000/26/EWG) des Europäischen Parlaments und des Rates zur Angleichung der Rechtsvorschriften der Mitgliedstaaten über die Kraftfahrzeug-Haftpflichtversicherung und zur Änderung der RL (73/239/EWG) und (88/357/EWG) des Rates, ABl. EG L 181/65 v. 20. Juli 2000 („vierte KH-RL (2000/26/EWG)")
- RL (2000/64/EG) des Europäischen Parlaments und des Rates zur Änderung der RL (85/611/EWG), (92/49/EWG), (92/96/EWG) und (93/22/EWG) des Rates im Hinblick auf den Informationsaustausch mit Drittländern, ABl. EG L 290/27 v. 17. November 2000 („RL (2000/64/EG)")
- RL (2005/14/EG) des Europäischen Parlaments und des Rates zur Änderung der RL (72/166/EWG), (84/5/EWG) und (90/232/EWG) des Rates sowie der RL (2000/26/EG) des Europäischen Parlaments und des Rates über die Kraftfahrzeug-Haftpflichtversicherung, ABl. EG L 149/14 v. 11. Juni 2005 („fünfte KH-RL (2005/14/EG)")

3. Elektronischer Geschäftsverkehr

- RL (2000/31/EG) des Europäischen Parlaments und des Rates über bestimmte rechtliche Aspekte der Dienste der Informationsgesellschaft, insbesondere des elektronischen Geschäftsverkehrs im Binnenmarkt, ABl. EG L 178/1 v. 17. Juli 2000 („RL (2000/31/EG)")[49]

4. Versicherungsgruppen

- RL (98/78/EG) des Europäischen Parlaments und des Rates über die zusätzliche Beaufsichtigung der einer Versicherungsgruppe angehörenden Versicherungsunternehmen, ABl. EG L 330/1 v. 5. Dezember 1998 („RL (98/78/EG)")

5. Finanzkonglomerate

- RL (2002/87/EG) des Europäischen Parlaments und des Rates über die zusätzliche Beaufsichtigung der Kreditinstitute, Versicherungsunternehmen und Wertpapierfirmen eines Finanzkonglomerats und zur Änderung der RL (73/239/EWG), (79/267/EWG), (92/49/EWG), (92/96/EWG), (93/6/EWG) und (93/22/EWG) des Rates und der RL (98/78/

---

[49] *Arndt/Köhler,* EWS 2001, 102; *Grigoleit,* NJW 2002, 1151 (1151 f.); *Gril,* NJW 2000, 2722; *Hähnchen,* NJW 2001, 2831 ff.; *Hoffmann,* NJW 2002, 2602 ff.; *Lehmann,* EuZW 2000, 517 (518); *Schulte-Braucks,* EuZW 2000, 545; *Spindler,* NJW 2002, 921 ff.

EG) und (2000/12/EG) des Europäischen Parlaments und des Rates, ABl. EG L 35/1 v. 11. Februar 2003 („RL (2002/87/EG)")

6. Versicherungsvermittlung

- RL (77/92/EWG) des Rates über Maßnahmen zur Erleichterung der tatsächlichen Ausübung der Niederlassungsfreiheit und des freien Dienstleistungsverkehrs für die Tätigkeiten des Versicherungsagenten und des Versicherungsmaklers, insbesondere Übergangsmaßnahmen für solche Tätigkeiten, ABl. EG L 26/14 v. 31. Januar 1977 („RL (77/92/EWG)") – aufgehoben durch Versicherungsvermittler-RL (2002/92/EG)
- Empfehlung (92/48/EWG) der Kommission über Versicherungsvermittler, ABl. EG L 19/32 v. 28. Januar 1992 („Empfehlung (92/48/EWG)")
- RL (2002/92/EG) des Europäischen Parlaments und des Rates über Versicherungsvermittlung, ABl. EG L 9/3 v. 15. Januar 2003 („Versicherungsvermittler-RL (2002/92/EG)")

7. Rückversicherung

- RL (64/225/EWG) des Rates zur Aufhebung der Beschränkungen der Niederlassungsfreiheit und des freien Dienstleistungsverkehrs auf dem Gebiet der Rückversicherung und Retrozession, ABl. EG L 56/878 v. 4. April 1964 („RL (64/225/EWG) zur Rückversicherung")
- RL (2005/68/EG) des Europäischen Parlaments und des Rates über die Rückversicherung und zur Änderung der RL (73/239/EWG), (92/49/EWG) des Rates sowie der RL (98/78/EG) und (2002/83/EG), ABl. EG L 323/1 v. 9. Dezember 2005 („Rückversicherungsrichtlinie (2005/68/EG)")

8. Rechnungslegung

- Vierte Richtlinie (78/660/EWG) des Rates vom 25. Juli 1978 aufgrund von Artikel 54 Absatz 3 Buchstabe g) des Vertrages über den Jahresabschluss von Gesellschaften bestimmter Rechtsformen ABl. EG L 222/11 v. 14. August 1978 („RL 78/660/EWG)")
- Siebente Richtlinie (83/349/EWG) des Rates vom 13. Juni 1983 aufgrund von Artikel 54 Absatz 3 Buchstabe g) des Vertrages über den konsolidierten Abschluss, ABl. EG L 193/1 vom 18. Juli 1983 („RL (83/349/EWG)")
- Richtlinie (91/674/EWG) des Rates vom 19. Dezember 1991 über den Jahresabschluss und den konsolidierten Abschluss von Versicherungsunternehmen ABl. EG L 374/7 v. 31. Dezember 1991 („Versicherungsbilanz-RL (91/674/EWG)")

9. Solvabilität

- RL (2002/12/EG) des Europäischen Parlaments und des Rates zur Änderung der RL (79/267/EWG) des Rates hinsichtlich der Bestimmungen über die Solvabilitätsspanne für Lebensversicherungsunternehmen, ABl. EG L 77/11 v. 20. März 2002 („RL (2002/12/EG)")[50]- aufgehoben durch Lebens-RL (2002/83/EG)
- RL (2002/13/EG) des Europäischen Parlaments und des Rates zur Änderung der RL (73/239/EWG) des Rates hinsichtlich der Bestimmungen über die Solvabilitätsspanne für Schadenversicherungsunternehmen, ABl. EG L 77/17 v. 20. März 2002 („RL (2002/13/EG)")

10. Liquidation

- RL (2001/17/EG) des Europäischen Parlaments und des Rates vom 19. März 2001 über die Sanierung und Liquidation von Versicherungsunternehmen, ABl. EG L 110/28 v. 20. April 2001 („RL (2001/17/EG)")[51]

---

[50] Vgl. Europa-Report, EuZW 2002, 258 f.
[51] Vgl. Europa-Report, EuZW 2001, 419; *Keller,* BKR 2002, 347 (349 ff.); *Strub,* EuZW 1994, 424; *Deipenbrock,* EWS 2001, 113 (117).

11. Fernabsatz

- RL (2002/65/EG) über den Fernabsatz von Finanzdienstleistungen an Verbraucher und zur Änderung der Richtlinie 90/619/EWG des Rates und der Richtlinien 97/7/EG und 98/27/EG auf das Privatversicherungsrecht, ABl. EG L 271/16 v. 9. Oktober 2002 („Fernabsatz-RL (2002/65/EG)")

V. Schritte zur Verwirklichung des Binnenmarktes

Die **Mindestharmonisierung** der aufsichtsrechtlichen Rahmenbedingungen, die zur 18 Abschaffung der Beschränkungen der Niederlassungsfreiheit und des freien Dienstleistungsverkehrs notwendig waren sowie die Abschaffung dieser Beschränkungen selbst erfolgte vorwiegend aufgrund der zwischen 1964 und 1992 erlassenen RL betreffend die Rück-, die Schaden- sowie die Lebensversicherung, mit denen die Grundfreiheiten der Niederlassungsfreiheit und Dienstleistungsfreiheit realisiert wurden.

1. Rückversicherung

Mit der RL (64/225/EWG) zur Rückversicherung, der ersten Versicherungsrichtlinie über- 19 haupt, wurde die **Ausübung des Rückversicherungsgeschäfts** liberalisiert. Bestehende Beschränkungen, die Rückversicherern die Errichtung einer Niederlassung in einem anderen Mitgliedstaat bzw. die Tätigkeit im Rahmen der allgemeinen Dienstleistungsfreiheit erschwert hatten, mussten aufgrund dieser Richtlinie abgeschafft werden[52]. Wegen des traditionell internationalen Charakters des Rückversicherungsgeschäfts bestanden in den Mitgliedstaaten allerdings ohnehin nur wenige Beschränkungen, die die internationale Tätigkeit im Rückversicherungsgeschäft behindert hätten. Die RL hatte daher keine große praktische Bedeutung[53].

Sie führte weder das Prinzip einer einheitlichen Zulassung *(single licence)* ein, noch enthielt 20 sie einen Ansatz für eine Mindestharmonisierung des Aufsichtsrechts als Voraussetzung für die Tätigkeit von Rückversicherern über Zweigniederlassungen oder im Dienstleistungsverkehr. Ob und in welchem Umfang eine Aufsicht über professionelle Rückversicherer stattfand, regelten die einzelnen Mitgliedstaaten weiterhin autonom. Entsprechend unterschiedlich war die Aufsicht über Rückversicherer in den Mitgliedstaaten ausgestaltet. In einigen Mitgliedstaaten (z. B. Vereinigtes Königreich, Dänemark, Finnland und Portugal) unterlagen Rückversicherer ebenso einer direkten Aufsicht wie Erstversicherer. Sie benötigten eine Erlaubnis zum Geschäftsbetrieb und unterlagen einer umfangreichen Finanzaufsicht. In anderen Mitgliedsländern (z. B. Belgien, Griechenland, Irland) war das Rückversicherungsgeschäft weitgehend aufsichtsfrei[54]. In Deutschland existierte herkömmlich ein System der (sehr) eingeschränkten direkten Aufsicht über Rückversicherer mit Sitz im Inland[55] kombiniert mit einer indirekten Aufsicht, die mittelbar über die Beaufsichtigung des passiven Rückversicherungsgeschäfts der Erstversicherer stattfand[56]. Mit dem Inkrafttreten des Vierten Finanz-

---

[52] Vgl. *H. Müller,* Versicherungsbinnenmarkt, Rn. 22; *Lenzing* in: *Basedow/Fock* (Hrsg.) Europäisches Versicherungsvertragsrecht, (2002), S. 145.

[53] Vgl. *H. Müller,* Versicherungsbinnenmarkt, Rn. 22; in Deutschland wurde auf eine gesetzgeberische Umsetzung der RL verzichtet. Der Bundesminister für Wirtschaft veröffentlichte lediglich eine Bekanntmachung zur Durchführung im Bundesanzeiger, in der er ankündigte, Rückversicherer aus einem der Mitgliedstaaten so zu behandeln wie deutsche Rückversicherungsunternehmen, Bekanntmachung vom 8. November 1965, BAnz. Nr. 218 v. 20. November 1965.

[54] *Clifford Chance* (Hrsg.) International Insurance Legislation (London 2002), S. 69.

[55] Bis zum 30. Juni 2002 galten gem. § 1 Abs. 2 VAG a. F. wenige enumerativ aufgeführte Vorgaben des VAG für Rückversicherer entsprechend. Zu der bis Juni 2002 geltenden Rechtslage vgl. *Prölss/Schmidt/Schmidt,* (11. Aufl.), § 1 Rn. 34–42. Nur die in § 1a VAG enumerativ genannten Vorschriften finden auch auf Rückversicherer Anwendung.

[56] Im Rahmen des Erlaubnisverfahrens (§ 5 Abs. 5 VAG) sowie bei Erweiterung des Geschäftsbetriebs (§ 13 Abs. 2 VAG) sind Angaben zur beabsichtigten Rückversicherung zu machen. Im Rahmen der laufenden Aufsicht nach § 81 Abs. 1 S. 1 VAG sind auch die vom Erstversicherer abgeschlossenen Rückversicherungsverträge Gegenstand der Überwachung, vgl. *Prölss/Kollhosser/Präve,* § 1a VAG Rn. 28. Ein

marktförderungsgesetzes[57] wurde die direkte Aufsicht über Rückversicherer ab dem 1. Juli 2004 ausgedehnt[58]. Seit dem 1. Januar 2005 benötigen professionelle Rückversicherer mit Sitz in Deutschland gem. §§ 119–121 VAG[59] eine **Erlaubnis zum Geschäftsbetrieb** und unterliegen der laufenden Aufsicht nach den §§ 121 a ff. VAG.

21   Eine Harmonisierung des Rückversicherungsrechts war zwar nicht erforderlich, um den Binnenmarkt auf dem Rückversicherungssektor zu realisieren, dennoch führten die unterschiedlichen nationalen Regelungen zu einer „Ineffizienz im grenzüberschreitenden Geschäft"[60]. Bei der im November 2005 verabschiedeten **Rückversicherungs-RL (2005/68/ EG)**[61] stand daher eine Stärkung des Binnenmarktes im internationalen Wettbewerb sowie auch eine Stärkung der Interessen der Versicherungsnehmer durch ein stabiles Rückversicherungssystem im Vordergrund[62]. Die nach der RL für Rückversicherer geltenden Aufsichtsprinzipien entsprechen nunmehr im Wesentlichen denjenigen, die aufgrund der im Folgenden dargestellten Richtlinien für Erstversicherer gelten[63].

2. Die drei Richtlinien-Generationen

22   Von 1973 bis 1992 erließ der Rat auf Vorschlag der Kommission zahlreiche RL zur Koordinierung der Rechts- und Verwaltungsvorschriften auf dem Gebiet der **Erstversicherung.** Die Bereiche Schaden- und Lebensversicherung wurden jeweils durch separate RL geregelt. Diese RL können in „drei Generationen" eingeteilt werden. Die „erste Generation" der RL im Bereich der Lebens- sowie der Schadenversicherung diente der Realisierung der Niederlassungsfreiheit. Die „zweite Generation" der RL diente vornehmlich der Erleichterung des freien Dienstleistungsverkehrs. Die „dritte Generation" der RL führte das Prinzip der Sitzlandaufsicht ein und verwirklichte die Dienstleistungsfreiheit für alle Versicherungssparten.

23   **a) Erste Richtliniengeneration.** *aa) Niederlassungsfreiheit.* Die erste Schaden-RL (72/ 239/EWG)[64], die RL zur Änderung der ersten Schaden-RL (76/580/EWG) sowie die erste Lebens-RL (79/267/EWG)[65] schafften die Voraussetzungen zur Verwirklichung der **Niederlassungsfreiheit**[66] für VR im Gebiet der europäischen Gemeinschaft[67].

Mindeststandard indirekter Aufsicht bestand auch auf europäischer Ebene: Art. 7 dritte Schaden-RL (73/ 239/EWG) sowie Art. 7 Lebens-RL (2002/83/EG) sehen vor, dass bei der Beantragung der Erlaubnis zum Geschäftsbetrieb auch die Grundzüge der Rückversicherungspolitik vorzulegen sind.

[57] Gesetz vom 21. Juni 2002, BGBl. 2002 I S. 2010.

[58] Danach müssen Geschäftsleiter von Rückversicherern ihre Zuverlässigkeit und fachliche Eignung nachweisen. Die für Rückversicherer zulässige Rechtsform wurde eingeschränkt. Die Kapitalanlagen der Unternehmen sind nach den allgemeinen Grundsätzen der Sicherheit, Rentabilität, Liquidität, Mischung und Streuung zu investieren. Die BaFin darf eingreifen, um die Einhaltung der Gesetze (Rechtsaufsicht) und die Erhaltung der jederzeitigen Leistungsfähigkeit zu sichern (Solvenzaufsicht).

[59] Eingeführt wurde die Erlaubnispflicht für Rückversicherer mit dem Gesetz zur Änderung des Versicherungsaufsichtsgesetzes und anderer Vorschriften vom 15. Dezember 2004, BGBl. I S. 3416.

[60] MARKT/2132/00-DE Rev. 1, S. 2.; download unter: http://ec.europa.eu/internal_market/insurance/reinsurance_de.htm; dort auch ausführlich zu den Vorbereitungsarbeiten bis zum Erlass der Rückversicherungs-RL.

[61] Richtlinie 2005/68/EG des Europäischen Parlaments und des Rates vom 16. November 2005, ABl. EG L 323, S. 1 vom 9. Dezember 2005.

[62] Die RL ist mit dem Achten Gesetz zur Änderung des Versicherungsaufsichtsgesetzes sowie zur Änderung des Finanzdienstleistungsaufsichtsgesetzes und anderer Vorschriften vom 28. Mai 2007, BGBl. I S. 923 umgesetzt worden, welches am 2. Juni 2007 in Kraft trat.

[63] Ein wesentlicher Unterschied zu den Regulierungen zur Erstversicherung besteht darin, dass es keine Spartentrennung zwischen Lebens- und Nichtlebensversicherungsgeschäft und keinen Katalog von zulässigen Anlagen für die Deckung der versicherungstechnischen Rückstellungen gibt, vgl. *Weber-Rey/ Baltzer,* WM 2006, 205 (206).

[64] In diesem Abschnitt C.V.2 auch „erste Schaden-RL" oder „RL".

[65] In diesem Abschnitt C.V.2 auch „erste Lebens-RL" oder „RL".

[66] Ein Überblick über ältere Materialien zur Niederlassungsfreiheit findet sich bei *Prölss/Schmidt/ Schmidt,* (11. Aufl.), Vorbem. Rn. 39.

[67] Hierzu *Roth,* RabelsZ 54 (1990), 63 (76 ff.); *ders.* NJW 1993, 3028 (3029).

Die erste Schaden-RL und die erste Lebens-RL koordinierten die Bedingungen für die 24
Aufnahme und Ausübung des Versicherungsgeschäfts in der Gemeinschaft: Die **Aufnahme**
des Versicherungsgeschäfts ist seitdem in allen Mitgliedstaaten von einer **behördlichen**
Erlaubnis abhängig[68]. Die Erteilung der Erlaubnis setzt voraus, dass VR in einer der in den
RL genannten Rechtsformen[69] errichtet sind, ihren Geschäftszweck auf die Ausübung von
Versicherungstätigkeit unter Ausschluss anderer Geschäftstätigkeit begrenzen[70], einen detaillierten Tätigkeitsplan vorlegen[71] und über einen Mindestgarantiefonds verfügen[72]. Die Ausübung des Versicherungsgeschäfts über eine Zweigniederlassung in einem anderen Mitgliedstaat musste ebenfalls von der Erteilung einer Erlaubnis durch die Behörde des Mitgliedstaates,
in dem das Versicherungsgeschäft ausgeübt werden sollte (**„Tätigkeitsland"**), abhängig gemacht werden[73]. Für deren Erteilung mussten die in Art. 9 der jeweiligen RL genannten Unterlagen eingereicht werden.

Die Erlaubnis für einen VR mit Sitz im jeweiligen Mitgliedstaat und die Erlaubnis für die 25
Errichtung einer Zweigniederlassung durften nicht mehr von den Bedürfnissen des Marktes
des jeweiligen Mitgliedstaates (sog. **Bedürfnisprüfung**)[74] oder von der Stellung einer Kaution bzw. der Pflicht, Vermögenswerte zu hinterlegen, abhängig gemacht werden[75]. Gegen
die Nichterteilung der Erlaubnis durch die Aufsichtsbehörden mussten die Mitgliedstaaten
einen gerichtlichen Rechtsbehelf gewähren[76].

Die erforderliche Eigenkapitalausstattung der VR wurde aufgrund der RL europaeinheit- 26
lich normiert. Mitgliedstaaten müssen seitdem sicherstellen, dass VR mit Sitz im jeweiligen
Mitgliedstaat in Relation zum Volumen ihrer Geschäftstätigkeit über ausreichend freies unbe-
lastetes Eigenkapital (**Sovabilitätsspanne**) verfügen[77]. Die Prüfung der Solvabilitätsspanne
obliegt (ausschließlich) der Aufsichtsbehörde des Mitgliedstaates, in dem der VR seinen Sitz

---

[68] Art. 6 erste Schaden-RL; Art. 6 erste Lebens-RL.
[69] Art. 8 Abs. 1a) erste Schaden-RL bzw. Art. 8 Abs. 1 erste Lebens-RL; für Deutschland waren die zulässigen Rechtsformen: die Aktengesellschaft, der Versicherungsverein auf Gegenseitigkeit sowie das
Öffentlich-rechtliche Wettbewerbs-Versicherungsunternehmen. Bereits Art. 6 dritte Schaden-RL (92/
49/EWG) und Art. 5 dritte Lebens-RL (92/96/EWG) sahen die Möglichkeit vor, einen VR in der
Rechtsform der SE zu gründen, „wenn diese geschaffen wird". Dies geschah auf europäischer Ebene
durch die Verordnung (EG) Nr. 2157/2001 vom 8. Oktober 2001, Abl. EG L 294/1 vom 10. November
2001. In Deutschland besteht die Möglichkeit einen VR in der Rechtsform der SE zu gründen seit Inkrafttreten des Achten Gesetzes zur Änderung des Versicherungsaufsichtsgesetzes vom 28. Mai 2007.
[70] Art. 8 Abs. 1b) erste Schaden-RL und Art. 8 Abs. 1b) erste Lebens-RL.
[71] Art. 8 Abs. 1c) erste Schaden-RL und Art. 8 Abs. 1c) erste Lebens-RL; die inhaltlichen Anforderungen des Tätigkeitsplanes ergeben sich jeweils aus Art. 9 der RL.
[72] Art. 8 Abs. 1d) i.V.m Art. 17 erste Schaden-RL und Art. 8 Abs. 1d) i.V. m. Art. 20 erste Lebens-RL.
[73] Art. 6 Abs. 2b) erste Schaden-RL und Art. 6 Abs. 2b) erste Lebens-RL.
[74] Art. 8 Abs. 4, Art. 10 Abs. 4 erste Schaden-RL; Art. 8, 10 Abs. 4 erste Lebens-RL.
[75] Art. 6 Abs. 3 erste Schaden-RL; Art. 6 Abs. 3 erste Lebens-RL.
[76] Art. 12 erste Schaden-RL; Art. 12 erste Lebens-RL.
[77] Art. 16 Abs. 1 erste Schaden-RL; Art. 18 Abs. 1 erste Lebens-RL. Das im Rahmen der ersten Richtliniengeneration erarbeitete Solvabilitätsregime hatte bis ins Jahr 2002 fast unverändert Bestand. Mit den
Solvabilitätsrichtlinien RL (2002/12/EG) für die Lebensversicherung sowie RL (2002/13/EG) für die
Schadenversicherung (**„Solvency I"**) wurde das überkommene Solvabilitätsregime überarbeitet. Auch
im Rahmen von Solvency I bleibt es bei statischen Anforderungen an die Eigenmittelausstattung, d. h.
das Ausmaß der erforderlichen Eigenmittel im Wesentlichen bleibt an dem Umfang des Geschäftsvolu-
mens orientiert. Risiken, die aus der Art der vorhandenen Eigenmittel resultieren, werden bei diesem
Solvabilitätsregime nicht berücksichtigt. Eine umfangreiche Überarbeitung des derzeit gültigen Solvabi-
litätsregimes ist seitens der Kommission mit dem Projektnamen **„Solvency II"** beschlossen worden. Am
17. Juli 2007 hat die Kommission einen RL-Vorschlag zu Solvency II verabschiedet (KOM/2007/0361
endg.). Bereits am 26. Februar 2008 legte die Kommission einen geänderten Richtlinienvorschlag zu Solvency II vor (KOM/2008/12 endg.). Derzeit wird das Projekt unter Beteiligung der Aufsichtsbehörden
weiter beraten. Mit einem Inkrafttreten von Solvency II wird nicht vor dem Jahr 2010 gerechnet. Zu den
Vorbereitungen zu Solvency II vgl. http://ec.europa.eu/internal_market/insurance/solvency/index_de.
htm#proposal.

hat auch im Hinblick auf das über eine Zweigniederlassung abgeschlossene Geschäft (Sitzlandaufsicht)[78].

27   Im Übrigen verblieb es bei der materiellen **Finanz- und Rechtsaufsicht** des jeweiligen
Tätigkeitslandes[79]. So legten es die RL beispielsweise ausdrücklich in die Verantwortung
der Aufsichtsbehörden des Tätigkeitslandes sicherzustellen, dass dort tätige VR ausreichende
technische Reserven für ihre Verpflichtungen aus dem Versicherungsgeschäft bildeten. Die
Berechnung der Höhe der technischen Reserven blieb dem jeweiligen nationalen Recht vorbehalten[80]. VR, die über eine Zweigniederlassung grenzüberschreitend tätig werden wollten,
unterlagen folglich im Hinblick auf die Bildung technischer Reserven sowohl den Regelungen und der Aufsicht des Sitzlandes als auch den – im Zweifel abweichenden – Regelungen
und der Aufsicht des Tätigkeitslandes.

28   Die Liberalisierungs-RL (73/240/EWG) verpflichtete die Mitliedsstaaten dann ausdrücklich, noch bestehende Beschränkungen der Niederlassungsfreiheit, welche in dem Allgemeinen Programm zur Aufhebung der Beschränkungen der Niederlassungsfreiheit benannt sind,
zu beseitigen. Die RL untersagte es beispielsweise der Bundesrepublik Deutschland namentlich, die Errichtung einer Zweigniederlassung eines VR aus einem anderen Mitgliedstaat
„nach freiem Ermessen" zu verbieten[81].

29   *bb) Spartentrennung in der Lebensversicherung.* Mit der ersten Lebens-RL wurde das Spartentrennungsgebot für den Betrieb der Lebensversicherung eingeführt[82]. Spartentrennung bedeutet, dass ein VR, der Versicherungsgeschäft einer bestimmten Versicherungssparte (auch:
Versicherungszweig) betreibt, kein Versicherungsgeschäft anderer Sparten betreiben darf. Ein
Spartentrennungsgebot war im deutschen VAG ursprünglich nicht gesetzlich normiert. Aufgrund gelebter Aufsichtspraxis galten in Deutschland jedoch Spartentrennungsgebote für die
Lebens-, Kranken-, Rechtsschutz-, Kredit- und Kautionsversicherung. Spartentrennung
dient vornehmlich dem Schutz der VN und soll Quersubventionierungen innerhalb einzelner Versicherungssparten, sowie – bei der Rechtsschutzversicherung – mögliche Interessenkonflikte[83] vermeiden. Der Grundsatz der Spartentrennung wurde in Deutschland herkömmlich ohne spezialgesetzliche Grundlage aus dem Zweck der Aufsicht und – im Bereich
der Lebensversicherung – aus dem besonderen Absicherungsbedürfnis der Lebensversicher-
ten abgeleitet[84]. Anderen europäischen Staaten – wie zum Beispiel dem Vereinigten Königreich – war der Grundsatz der Spartentrennung fremd. Dort ging man von dem Prinzip der
Kompositversicherer aus. Ein VR durfte dort also grundsätzlich verschiedene Versicherungssparten nebeneinander betreiben. Die erste Lebens-RL erhob dann die **Spartentrennung** für den Bereich der **Lebensversicherung** europaweit zum Prinzip[85].

30   VR, die vor Bekanntgabe der ersten Lebens-RL in Mitgliedstaaten, die kein Spartentrennungsgebot kannten, als sog. **Kompositversicherer** sowohl Lebens- als auch Schadenversicherung betrieben, sind nach der ersten Lebens-RL von dem Spartentrennungsgebot ausge-

---

[78] Art. 14 Abs. 1 erste Schaden-RL; Art. 16 Abs. 1 erste Lebens-RL.

[79] Art. 19 Abs. 4 erste Schaden-RL; Art. 23 erste Lebens-RL; vgl. *H. Müller,* Versicherungsbinnenmarkt, Rn. 23 ff., Rn. 63 ff.; *Hübner/Matusche-Beckmann,* EuZW, 1995, 263 (264 f.).

[80] Art. 15 Abs. 1 erste Schaden-RL; Art. 17 Abs. 1 erste Lebens-RL.

[81] Art. 2 Abs. 2a Liberalisierungs-RL (73/249/EWG); eine solche Möglichkeit sah § 106 VAG in der
Fassung vor Umsetzung der Liberalisierungs-RL vor.

[82] Art. 13 erste Lebens-RL.

[83] Ein solcher Interessenkonflikt kann entstehen, wenn ein VN um Rechtsschutzdeckung nachsucht,
um den VR wegen eines abgelehnten Anspruchs aus einer anderen Versicherungssparte in Anspruch zu
nehmen.

[84] *Prölss/Kollhosser/Präve,* § 8 VAG Rn. 37; vgl. auch die 10. Aufl., Rn. 34 ff. Das Spartentrennungser-
fordernis stellte damit ein typisches Beispiel der materiellen Staatsaufsicht dar; zum Wandel der materiellen Staatsaufsicht zur Normativaufsicht *Fahr/Kaulbach/Bähr/Bähr,* § 81 VAG Rn 2 ff.

[85] Art. 13 der ersten Lebens-RL; in Deutschland ist das Spartentrennungsgebot nunmehr in § 8 Abs. 1a
VAG gesetzlich normiert.

nommen[86]. Für das Lebensversicherungsgeschäft einerseits und die anderen Versicherungsgeschäfte andererseits mussten Kompositversicherer allerdings eine getrennte Verwaltung einführen[87]. Grenzüberschreitende Tätigkeit durch Zweigniederlassungen war Kompositversicherern nach Umsetzung der ersten Lebens-RL nur im Bereich der Schadenversicherung erlaubt.
Wollte ein Kompositversicherer Lebensversicherungsgeschäft in einem anderen Mitgliedstaat
ausüben, musste er zu diesem Zweck ein Tochterunternehmen gründen[88]. Seit Umsetzung
der dritten Lebens-RL können Kompositversicherer grenzüberschreitend in anderen Mitgliedstaaten über Niederlassungen oder im Dienstleistungsverkehr sowohl Lebens- als auch
Schadenversicherung betreiben, sofern sie für jede dieser Tätigkeiten eine getrennte Verwaltung einrichten[89].

Im Bereich der Schadenversicherung geht die erste Schaden-RL vom Prinzip der Kompo-   **31**
sitversicherer aus[90]. Ein VR sollte also grundsätzlich alle Versicherungszweige im Bereich der
Schadenversicherung gleichzeitig betreiben können. Damit wich die europäische Vorgabe
von der in Deutschland geltenden Aufsichtspraxis ab, nach der **Spartentrennungsgebote**
auch auf die **Rechtsschutz-,** die **Kredit-** und **Kautions-** sowie die **Krankenversicherung**
Anwendung fanden. Die erste Schaden-RL räumte der Bundesrepublik Deutschland zunächst
das Recht ein, das Spartentrennungsprinzip für diese Versicherungszweige bis zu einer weiteren Koordinierung beizubehalten[91]. Diese weitere Koordinierung erfolgte durch die Rechtsschutzversicherungs-RL (87/344/EWG)[92] und die Kredit- und Kautionsversicherungs-RL
(87/343/EWG). Die RL gaben der Bundesrepublik Deutschland vor, die Spartentrennung
für beide Versicherungszweige nicht mehr zu fordern[93]. VR aller Mitgliedstaaten, die die
Rechtsschutzversicherung zusammen mit anderen Versicherungssparten betreiben, müssen allerdings nunmehr, zur Vermeidung von Interessenkonflikten, die Leistungsbearbeitung in der
Rechtsschutzversicherung auf ein getrenntes Schadensabwicklungsunternehmen übertragen.
Dieses darf außer der Rechtsschutzversicherung keine anderen Versicherungsgeschäfte betreiben und keine Leistungsbearbeitung in anderen Versicherungssparten durchführen[94].

In Deutschland gilt das Spartentrennungsgebot aufgrund der nunmehr geltenden Fassung   **32**
des § 8 VAG außer für die Lebensversicherung[95] nur noch für die **substitutive Krankenver-**
sicherung. Der deutsche Gesetzgeber ist nicht aufgrund einer weiteren Koordinierung dazu
angehalten worden, das Spartentrennungsgebot für die substitutive Krankenversicherung aufzuheben. VR aus anderen Mitgliedstaaten, die nach dem Aufsichtsrecht ihres Sitzlandes befugt sind, substitutive Krankenversicherung neben anderem Versicherungsgeschäft zu betreiben, sind hierzu auch in Deutschland befugt. Andererseits findet das Spartentrennungsgebot
für deutsche Krankenversicherer auch dann Anwendung, wenn sie im europäischen Ausland
tätig werden[96].

---

[86] Art. 13 Abs. 3 der ersten Lebens-RL.

[87] Art. 13 Abs. 3, Art. 14 der ersten Lebens-RL.

[88] Art. 13 Abs. 5 der ersten Lebens-RL.

[89] So heute Art. 18 Lebens-RL (2002/83/EG).

[90] Art. 7 Abs. 2 der ersten Schaden-RL.

[91] Art. 7 Abs. 2c der ersten Schaden-RL; eine entsprechende Regelung fand sich in § 8 Abs. 1a S. 2
VAG a. F.

[92] Danach darf von den Mitgliedstaaten nicht mehr gefordert werden, dass Rechtsschutzversicherung
nur durch spezielle Rechtsschutzversicherer betrieben werden darf, Art. 8 der Rechtsschutzvers-RL (87/
344/EWG).

[93] Art. 1 Nr. 2 der Kreditversicherungs-RL (87/343/EWG) speziell für die Bundesrepublik Deutschland; Art. 8 der Rechtsschutzversicherungs-RL. RL (87/344/EWG).

[94] Art. 3 der Rechtsschutzversicherungs-RL (87/344/EWG) zur Umsetzung in Deutschland: vgl § 8a
VAG.

[95] Art. 13 der ersten Lebens-RL.

[96] Antwort der EG-Kommission auf schriftliche Anfrage Nr. 2640/91, ABl. EG C 242/14 v. 21. September 1992.

33   *cc) Dienstleistungsfreiheit im Bereich der Mitversicherung.* Nach dem Zeitplan des Allgemeinen Programms zur Abschaffung von Beschränkungen der Dienstleistungsfreiheit[97] sollten alle Beschränkungen bis 1969 abgeschafft sein. Zu diesem Zeitpunkt war allerdings die erforderliche Koordinierung und Harmonisierung der nationalen Rechtsordnungen noch nicht hinreichend weit vorangeschritten, um generell die Beschränkungen der Dienstleistungsfreiheit aufzuheben. Speziell bei Risiken, die durch Mitversicherung gedeckt wurden, bestand allerdings häufig ein Bedürfnis nach internationaler Zusammenarbeit der Versicherer. Außerdem bestand hier kein besonderes Schutzbedürfnis, da überlicherweise nur große Unternehmen ihre Risiken im Rahmen von Mitversicherung abdeckten und diese Unternehmen in der Regel keines besonderen Schutzes durch den Staat bedürfen. Folglich war hier nur eine geringe Koordinierung erforderlich, so dass die grenzüberschreitende Mitversicherung vorab durch die **Mitversicherungs-RL (78/473/EWG)** liberalisiert wurde[98]. Die Anwendung der RL setzte voraus, dass es sich um Mitversicherung in bestimmten Sparten handelte[99], dass die versicherten Risiken in der Gemeinschaft belegen waren[100] und nach Art und Umfang die Beteiligung mehrerer Versicherer erforderten[101] sowie, dass eine Führungsklausel vorlag und der führende VR nach den Bedingungen der ersten Schaden-RL zugelassen war[102]. In ihrem Anwendungsbereich erlaubte die RL, in einem Mitgliedsland für die jeweiligen Versicherungssparten zugelassenen VR, sich an Mitversicherungsverträgen über Risiken dieser Sparte auch in allen anderen Mitgliedsländern zu beteiligen, selbst wenn sie dort nicht zugelassen sind[103]. Die Mehrheit der Mitgliedsländer, unter ihnen die Bundesrepublik Deutschland, gingen davon aus, dass der führende VR – im Gegensatz zu den anderen Mitversicherern – im Land des Risikos niedergelassen und zugelassen sein musste und setzten die RL entsprechend um.

34   Die Europäische Kommission sah das anders und legte die Regelungen der Mitgliedsländer, die ein Niederlassungserfordernis und Zulassungserfordernis vorsahen, dem EuGH vor. Mit der Entscheidung aus dem Jahr 1986[104] nahm der EuGH nicht nur zur Zulässigkeit des Niederlassungserfordernisses Stellung, sondern grenzte zunächst die Niederlassungsfreiheit von der Dienstleistungsfreiheit ab und stellte klar, dass die Dienstleistungsfreiheit nicht dazu missbraucht werden dürfe, nationale Regelungen, die auf Niederlassungen Anwendung fänden, zu umgehen. Der EuGH entschied, dass das Unterhalten einer **ständigen Präsenz** eines VR in einem anderen Mitgliedsland unter die **Niederlassungsfreiheit** falle, auch wenn diese Präsenz nicht als formelle Niederlassung errichtet sei. Zur vorgelegten Frage entschied der EuGH, dass sowohl das Niederlassungs- als auch das Zulassungserfordernis mit Art. 59, 60 EWG-V (Art. 49, 50 EG) unvereinbar seien, da das Niederlassungserfordernis die Negierung der Dienstleistungsfreiheit sei. Diese Freiheit sei aber nach Ablauf der im Allgemeinen Programm zur Abschaffung der Beschränkungen der Dienstleistungsfreiheit statuierten Übergangszeit unmittelbar geltendes Recht[105]. Die Harmonisierung und Koordinierung des Rechts der Mitgliedstaaten sei keine unabdingbare Voraussetzung für die Verwirklichung der Dienstleistungsfreiheit. Einschränkungen der Dienstleistungsfreiheit seien nur durch Regelungen möglich, die im Allgemeininteresse gerechtfertigt seien. Eine die Dienstleistungsfreiheit beschränkende Regelung, sei nur dann durch das **Allgemeininteresse gerechtfertigt,**

---

[97] ABl. EWG vom 15. Oktober 1962.

[98] Vgl. *Heiss/Schnyder* in: *Kronke/Melis/Schnyder* (Hrsg.), Handbuch internationales Wirtschaftsrecht, Teil C Rn. 166 f.

[99] Risiken der See- und Transportversicherung, der Luftfahrtversicherung, der Versicherung von Feuer- und anderen Sachschäden sowie der Haftpflichtversicherung mit Ausnahme der Kraftfahrt-, Atom- und Pharmarisiken, vgl. Art. 1 Abs. 1 Mitversicherungs-RL (78/474/EWG).

[100] Art. 2 Abs. 1 b Mitversicherungs-RL (78/474/EWG).

[101] Art. 1 Abs. 2 Mitversicherungs-RL (78/474/EWG).

[102] Art. 2 Abs. 1 c Mitversicherungs-RL (78/474/EWG).

[103] Art. 3 Mitversicherungs-RL (78/474/EWG).

[104] EuGH, Rs. 205/84, Slg. 1986, 3755.

[105] EuGH, Rs. 205/84, Slg. 1986, 3755.

- wenn sie für alle im Hoheitsgebiet tätigen Personen und Unternehmen gelte,
- nur soweit, als dass Rechtsvorschriften des Heimatstaates des Dienstleistungserbringers keine entsprechende, dem Allgemeininteresse Rechnung tragende, Regelung enthalte,
- und außerdem sachlich geboten sei, um die Einhaltung von Berufsregelungen und den Schutz der Interessen, den sie bezwecken, zu gewährleisten[106].

Ein Niederlassungs- bzw. Zulassungserfordernis war nach Ansicht des EuGH nach dem **35** Stand der Koordinierung gemäß der ersten Schaden-RL nur insoweit durch das Allgemeininteresse gerechtfertigt, als es um den Schutz von Verbraucherinteressen ging. In Bezug auf Versicherungsverträge mit Versicherungsnehmern, deren Risiken im Rahmen eines Mitversicherungsvertrages versichert würden, seien Beschränkungen nicht durch das Allgemeininteresse gerechtfertigt, da es sich um Großunternehmen oder Unternehmensgruppen handele, die in der Lage seien, sich selbst zu schützen[107].

b) Zweite Richtliniengeneration. Die zweite Schaden-RL (88/357/EWG)[108] sowie **36** die zweite Lebens-RL (90/619/EWG)[109] zielten nicht zuletzt vor dem Hintergrund der EuGH-Entscheidung zur Mitversicherung[110] auf die teilweise Verwirklichung der Dienstleistungsfreiheit für VR innerhalb der Mitgliedstaaten ab[111]. Die RL enthalten unter anderem eine an die Rechtsprechung des EuGH angelehnte Abgrenzung zwischen Niederlassung und Dienstleistungsverkehr[112]. Sie enthalten ferner Begriffsbestimmungen zur Risikobelegenheit[113] und vereinheitlichten das Kollisionsrecht für Versicherungsverträge über in den Mitgliedsstaaten belegene Risiken[114]. Die zweite Schaden-RL verwirklichte die **Dienstleistungsfreiheit** für **Großrisiken**[115]. VN, die aufgrund ihrer Eigenschaft, ihrer Bedeutung oder der Art ihres zu deckenden Risikos keines besonderen Schutzes bedurften, sollte die un-

---

[106] EuGH, Rs. 205/84, Slg. 1986, 3755.
[107] EuGH, Rs. 205/84, Slg. 1986, 3755.
[108] In diesem Abschnitt C.V.2 auch als „zweite Schaden-RL" oder „RL" bezeichnet. In Deutschland umgesetzt durch das zweite DurchführungsG/EWG vom 28. Juni 1990, BGBl. I S. 1249. Ein Überblick über ältere Materialien zur Dienstleistungsfreiheit sowie den Einfluss des Rspr. des EuGH auf die Entwicklung findet sich bei *Prölss/Schmidt/Schmidt,* (11. Aufl.), Vorbem. Rn. 44ff.
[109] In diesem Abschnitt C.V.2 auch als „zweite Lebens-RL" oder „RL" bezeichnet. In Deutschland umgesetzt, gemeinsam mit den beiden dritten RL, mit dem Dritten Durchführungsgesetz/EWG zum VAG vom 21. Juli 1994, BGBl. I S. 1630.
[110] EuGH, Rs. 205/84, Slg. 1986, 3755.
[111] Die Richtlinien folgten mit der Verwirklichung der Dienstleistungsfreiheit dem Urteil des EuGH vom 4. Dezember 1986, Rs. 205/84, Slg. 1986, 3755 aufgrund dessen das in Deutschland geltende Niederlassungserfordernis für den führenden Versicherer im Rahmen der Mitversicherung mit der Dienstleistungsfreiheit nicht vereinbar ist.
[112] Art. 2c i.V.m Art. 3 zweite Schaden-RL; Art. 2c i.V. m. Art. 4 zweite Lebens-RL.
[113] Art. 2d zweite Schaden-RL; Art. 2e zweite Lebens-RL.
[114] Art. 7 zweite Schaden-RL; Art. 3 zweite Lebens-RL. Das Kollisionsrecht wird sich ab dem 17. Dezember 2009 nach der Verordnung (EG) Nr. 593/2008 des Europäischen Parlaments und des Rates vom 17. Juni 2008 über das auf Schuldverhältnisse anzuwendende Recht („Rom I") richten; zum Kollisionsrecht siehe *Roth,* § 4.
[115] Definiert in Art. 5 der zweiten Schaden-RL: Großrisiken sind danach Risiken der Versicherungszweige 4, 5, 6, 7, 11 und 12 von Anhang A der ersten Schaden-RL, der Zweige 14 und 15 des Anhangs der ersten Schaden-RL, sofern im Zusammenhang mit gewerblicher oder freiberuflicher Tätigkeit des VN. Die Transportversicherung (Zweig 7) gilt damit z. B. immer als Großrisiko; Kredit- und Kautionsversicherung (Zweige 14 und 15) gelten danach immer als Großrisiken, sofern sie im Zusammenhang mit gewerblicher oder freiberuflicher Tätigkeit des VN steht. In der Sach-, Haftpflicht- und sonstigen Schadenversicherung wird abgestellt auf quantitative Merkmale des VN: Bilanzsumme (höher als 6,2 Mio EUR), Nettoumsatz (höher als 12,8 Mio EUR) und Anzahl der Arbeitnehmer (250). Erfüllt der VN zwei dieser Merkmale liegt ein Großrisiko i. S. d. RL vor. Personenversicherungen (Zweige 2 und 3, also Unfall- und Krankenversicherung – auch dann wenn vom Arbeitgeber als Gruppenversicherung abgeschlossen) oder z. B. Kfz-Haftpflichtversicherung (Zweig 10) stellen damit unabhängig von der Größe des VN keine Großrisiken dar. In deutsches Recht übernommen wurde diese Definition in Art. 10 EGVVG i. V. m. der Anlage A zum VAG.

Mönnich

eingeschränkte Freiheit bei der Wahl des VR auf einem möglichst breiten Versicherungsmarkt eingeräumt werden[116]. Großrisiken konnten nunmehr – nicht nur im Rahmen der Mitversicherung – grenzüberschreitend versichert werden, ohne dass der jeweilige VR eine Niederlassung hätte errichten müssen[117]. Genehmigungspflichten bzw. Vorlagepflichten für Versicherungsbedingungen und Tarife in Bezug auf Großrisiken wurden abgeschafft[118]. Freie Rechtswahl bei Versicherungsverträgen in Bezug auf Großrisiken wurde zugelassen[119].

37   In Bezug auf andere Risiken wurden die Voraussetzungen für die Erbringung von **Versicherungsgeschäft im Dienstleistungsverkehr teilweise weiter harmonisiert**[120]. Dem jeweiligen Tätigkeitsland räumten die RL jedoch nach wie vor die Möglichkeit ein, Versicherungsgeschäft im Dienstleistungsverkehr von einer Zulassung abhängig zu machen und die Vorabgenehmigung von Versicherungsbedingungen beizubehalten oder einzuführen[121].

38   Für **Lebensversicherungsverträge** wurde die Dienstleistungsfreiheit durch die zweite Lebens-RL insoweit verwirklicht, als es sich um Verträge handelte, die auf Initiative des VN mit einem VR in einem anderen Mitgliedstaat zustande kamen[122]. Für sie entfiel das Zulassungserfordernis sowie die AVB- und Tarifgenehmigung des Staates, in dem der VN seinen gewöhnlichen Aufenthalt hat[123]. Ein Kunde, der die Initiative ergreife, einen Versicherungsvertrag im Ausland abzuschließen, bedürfe des Schutzes durch das möglicherweise strengere inländische Recht nicht[124].

Im Übrigen konnte das Versicherungsgeschäft im Dienstleistungsverkehr weiterhin von einer Zulassung durch die Aufsichtsbehörde des Tätigkeitslandes abhängig gemacht werden[125], auch das Genehmigungserfordernis von AVB durch die Aufsichtsbehörde des Tätigkeitslandes blieb unberührt[126].

39   **c) Dritte Richtliniengeneration.** Mit Umsetzung der dritten Schaden-RL (92/49/ EWG)[127] sowie der dritten Lebens-RL (92/96/EWG)[128] wurde die Dienstleistungsfreiheit sowohl im Bereich der Schaden- als auch im Bereich der Lebensversicherung im Hinblick auf alle Risiken verwirklicht. Damit brachten die RL das Harmonisierungsprogramm zur **Verwirklichung des europäischen Binnenmarktes** weitgehend zum Abschluss[129]. Die beiden RL sollten von den Mitgliedstaaten spätestens zum 31. Dezember 1993 umgesetzt werden und am 1. Juli 1994 in Kraft treten[130]. In Deutschland erfolgte die Umsetzung durch das dritte Durchführungsgesetz/EWG zum VAG vom 21. Juli 1994, das am Tag nach seiner

---

[116] Vgl. Erwägungsgründe zur zweiten Schaden-RL.

[117] Art. 16 f. der zweiten Schaden-RL.

[118] Art. 18 Abs. 2 der zweiten Schaden-RL. In fast allen Mitgliedstaaten mussten Versicherungsbedingungen und Tarife vorab der Aufsichtsbehörde vorgelegt bzw. durch diese genehmigt werden.

[119] Art. 7 Abs. 1 f.) der zweiten Schaden-RL.

[120] Art. 15 zweite Schaden-RL; vgl. *H. Müller,* Versicherungsbinnenmarkt, Rn. 49 ff.

[121] Art. 18 zweite Schaden-RL.

[122] Art. 13 zweite Lebens-RL; danach kommt der Versicherungsvertrag auf Initiative des VN zustande, wenn dieser sich entweder in den Staat des VR begibt oder von seinem Heimatland aus mit dem VR Kontakt aufnimmt, ohne dass dieser Kontakt durch eine spezielle Werbeaktion oder einen Vermittler hergestellt wurde. Aus der Sicht des VR handelt es sich hierbei um „passive Dienstleistungsfreiheit".

[123] Art. 12 Abs. 1 der zweiten Lebens-RL.

[124] Erwägungsgründe der zweiten Schaden-RL.

[125] Art. 12 zweite Lebens-RL.

[126] Art. 19 zweite Lebens-RL.

[127] In diesem Abschnitt C.V.2 auch als „dritte Schaden-RL" oder „RL" bezeichnet.

[128] In diesem Abschnitt C.V.2 auch als „dritte Lebens-RL" oder „RL" bezeichnet.

[129] Berliner Kommentar/*Roth,* Europäisches Versicherungsrecht, Rn. 92; *Matusche-Beckmann,* EuZW 1995, 263 (266); *Carl,* EWS 1994, 8; *Fahr,* VersR 1992, 1033 (1036); *Peters,* DZWir 1997, 188; *Roth,* VersR 1993, 129 (130 ff.); *Schirmer,* VersR 1996, 1045; *Prölss/Kollhosser/Schmidt/Präve,* Vorbem. Rn. 41. Zu fortbestehenden Einschränkungen der Dienstleistungsfreiheit aufgrund verschiedener nationaler Versicherungsvertragsrechte siehe Rn. 106 ff.

[130] Art. 51 dritte Lebens-RL; Art. 57 dritte Schaden-RL.

Bekanntmachung in Kraft trat[131]. Die RL harmonisierten insbesondere die Regelungen zur Bildung versicherungstechnischer Rückstellungen sowie zu geeigneten Vermögenswerten und deren Anlage[132]. Die Harmonisierung dieser Regelungen war vom EuGH[133] ausdrücklich als noch ausstehende Voraussetzung für die Verwirklichung der Dienstleistungsfreiheit im Massengeschäft betrachtet worden. Mit der Verwirklichung der Dienstleistungsfreiheit wurde das „*single license*" Prinzip und die Sitzlandaufsicht eingeführt und eine präventive Kontrolle bzw. Vorlagepflicht von Tarif- und Versicherungsbedingungen abgeschafft:

  aa) Single license. Nachdem aufgrund der ersten RL-Generation die Mitgliedstaaten zu- **40** nächst verpflichtet waren, die Ausübung von Erstversicherungsgeschäft generell von einer staatlichen Zulassung abhängig zu machen[134], führte die dritte RL-Generation das Prinzip einer einheitlichen Zulassung, das sog. **„single license"** Prinzip[135] ein. Danach berechtigt die **Erlaubnis** zum Geschäftsbetrieb der Aufsichtsbehörde eines Mitgliedstaates den VR zum **Betrieb von Versicherungsgeschäft** innerhalb der Versicherungssparten, für die er die Erlaubnis erhalten hat[136], **in allen Mitgliedstaaten**[137]. Im deutschen VAG findet sich dieses Prinzip für deutsche VR in § 6. Dort ist ausdrücklich bestimmt, dass selbst auf einen (räumlich) beschränkten Antrag hin die Zulassung für das gesamte Gebiet der Gemeinschaft erteilt wird[138]. Für VR aus anderen Mitgliedstaaten folgt die Anerkennung der jeweiligen Erlaubnis durch die Aufsichtsbehörde eines anderen Mitgliedstaates aus §§ 110a ff. VAG. Will ein VR Versicherungsgeschäft in einem anderen Mitgliedstaat betreiben, hat er der Aufsichtsbehörde seines Heimatlandes lediglich eine entsprechende Anzeige zu machen.

  Sofern der VR im Rahmen der **Dienstleistungsfreiheit** tätig werden will, hat er der Auf- **41** sichtsbehörde seines Sitzlandes den Mitgliedstaat mitzuteilen, in dem Versicherungsgeschäft betrieben werden soll, sowie die Risiken der jeweiligen Versicherungssparten, die gedeckt werden sollen[139]. Soll Kfz-Haftpflichtversicherung betrieben werden, ist darüber hinaus ein Schadenregulierungsvertreter zu benennen, der befugt ist, gegen den VR im Tätigkeitsland geltend gemachte Haftungsansprüche zu regulieren[140]. Die Aufsichtsbehörde des Sitzlandes prüft ausschließlich die rechtliche Zulässigkeit des Vorhabens, insbesondere, ob der VR über hinreichende Eigenmittel verfügt, ob also die erforderliche Solvabilitätsspanne gegeben ist[141]. Bei Unbedenklichkeit gibt die Aufsichtsbehörde des Sitzlandes der Aufsichtsbehörde des Tätigkeitslandes innerhalb von einem Monat Nachricht und teilt mit, welche Versicherungssparten der VR betreiben und welche Risiken dieser Sparten er decken darf[142].

  Beabsichtigt ein VR in einem anderen Mitgliedstaat eine **Zweigniederlassung** zu errich- **42** ten, so hat er der Aufsichtsbehörde darüber hinaus einen Tätigkeitsplan, aus dem sich die Art der vorgesehenen Geschäfte sowie die Organisationsstruktur der Zweigniederlassung ergibt, vorzulegen. Ferner ist die Anschrift der Zweigniederlassung anzugeben und ein Hauptbevollmächtigter zu benennen, der mit ausreichender Vollmacht versehen ist, den VR gerichtlich

---

[131] BGBl. I S. 1630.

[132] Art. 18 dritte Lebens-RL; Art. 17 dritte Schaden-RL; die Höhe der versicherungstechnischen Rückstellungen ist mit der Versicherungsbilanz-RL (91/674/EWG) festgelegt worden.

[133] EuGH, Rs. 205/84, Slg. 1986, 3755.

[134] Art. 6 erste Schaden-RL; Art. 6 erste Lebens-RL.

[135] *H. Müller,* Versicherungsbinnenmarkt, Rn. 56, 455; *Prölss/Kollhosser/Schmidt/Präve,* Vorbem. Rn. 42 f.; *Hübner/Matusche-Beckmann,* EuZW 1995, 263 (265); *Fahr,* VersR 1992, 1033 ff.; *Prölss/Armbrüster,* DZWir 1993, 397 (402).

[136] Art. 5 dritte Schaden-RL, Art. 5 dritte Lebens-RL = Art. 5 Lebens-RL; (2002/83/EG).

[137] Art. 4, Art. 5 dritte Schaden-RL; Art. 5 dritte Lebens-RL = Art. 4, Art. 5 Lebens-RL (2002/83/EG).

[138] *H. Müller,* Versicherungsbinnenmarkt, Rn. 456.

[139] Art. 34 dritte Schaden-RL; Art. 34 dritte Lebens-RL = Art. 41 Lebens-RL (2002/83/EG).

[140] Art. 12a zweite Schaden-RL in der Fassung von Art. 6 der RL (90/618/EWG).

[141] Art. 35 dritte Schaden-RL; Art. 35 dritte Lebens-RL = Art. 42 Lebens-RL (2002/83/EG).

[142] Vgl. Art. 35 dritte Schaden-RL (92/49/EWG); Art. 35 dritte Lebens-RL = Art. 42 der Lebens-RL (2002/83/EG). Für deutsche VR, die innerhalb der EU bzw. des EWR tätig werden wollen, sind diese Anzeigepflichten in § 13d VAG geregelt.

und außergerichtlich zu vertreten[143]. Die zuständige Aufsichtsbehörde prüft neben der rechtlichen Zulässigkeit des Vorhabens auch die Angemessenheit der Verwaltungsstrukturen, die Finanzlage des VR sowie die Zuverlässigkeit, berufliche Qualifikation oder Berufserfahrung der verantwortlichen Führungskräfte und des Hauptbevollmächtigten. Sofern keine Bedenken bestehen, gibt die Aufsichtsbehörde des Sitzlandes der Aufsichtsbehörde des Tätigkeitslandes innerhalb von drei Monaten unter Übermittlung der vorgenannten Unterlagen Nachricht. Hiervon unterrichtet sie den betroffenen VR. Die Aufsichtsbehörde des Mitgliedstaats, in dem die Zweigniederlassung errichtet werden soll, hat nach Erhalt der Unterlagen zwei Monate Zeit, ggf. Bedingungen anzugeben, die für die Ausübung des geplanten Versicherungsgeschäfts aus Gründen des Allgemeininteresses gelten[144]. Nach Angabe eventueller Bedingungen bzw. nach Ablauf der zwei Monate kann der VR die Niederlassung errichten und seine Tätigkeit aufnehmen.

43   *bb) Sitzlandaufsicht.* Bei Betrieb des Versicherungsgeschäfts im Rahmen der Dienstleistungs- oder Niederlassungsfreiheit obliegt die **Finanzaufsicht** ausschließlich der Aufsichtsbehörde des Herkunftsmitgliedstaates des VR[145]. Zur Finanzaufsicht gehört insbesondere die Aufsicht über die Einhaltung der Vorschriften über die Bildung von versicherungstechnischen Rückstellungen, die zulässigen Vermögenswerte und Anlageformen zur Bedeckung dieser Rückstellungen einschließlich der diesbezüglichen Berichtspflicht an die Aufsichtsbehörde, die gesamte Rechnungslegung, die Beitragskalkulation und Tarifpolitik, die Eigenmittelausstattung (Solvabilität) sowie die (passive) Rückversicherung[146]. Die Aufsicht im Übrigen, also die **Rechtsaufsicht,** obliegt auch der Aufsichtsbehörde des Tätigkeitslandes gemeinsam mit der Aufsichtsbehörde des Herkunftslandes[147]. Das „single license" Prinzip und die Ausübung der laufenden Aufsicht durch die Aufsichtsbehörde des Sitzlandes des VR fordert damit ein gegenseitiges Anerkennen der Gleichwertigkeit der nationalen Aufsichtsstandards, das den wesentlichen Grundgedanken des europäischen Binnenmarktes zum Ausdruck bringt.

44   *cc) Wegfall präventiver Bedingungs- und Tarifkontrolle.* Besonderen Einfluss auf das materielle Versicherungsvertragsrecht hatte der Wegfall der präventiven Bedingungs- und Tarifkontrolle. Herkömmlich war es in Deutschland sowie in vielen anderen Mitgliedstaaten üblich, dass AVB und die zugrundeliegenden Tarife bei der Beantragung der Erlaubnis zum Geschäftsbetrieb als Bestandteil des Geschäftsplanes der Aufsichtsbehörde zur **Genehmigung** vorzulegen waren[148]. Aufgrund der dritten Schaden- und Lebens-RL dürfen die Mitgliedstaaten nunmehr weder eine vorherige Genehmigung noch eine systematische Übermittlung der AVB durch VR fordern[149]. Die Gestaltung der Versicherungsprodukte liegt ausschließlich in der Verantwortung der VR. Zwei Ausnahmen von dem Verbot der systematischen Vorab-Übermittlung sind nach der dritten Schaden-RL allerdings zugelassen: Für die **Pflichtversicherung**[150] und für die **substitutive Krankenversicherung**[151] können Mitgliedstaaten die

---

[143] Vgl. Art. 32 dritte Schaden-RL (92/49/EWG); Art. 32 dritte Lebens-RL = Art. 40 Lebens-RL (2002/83/EG).

[144] Vgl. Art. 32 dritte Schaden-RL; Art. 32 dritte Lebens-RL = Art. 40 Lebens-RL (2002/83/EG).

[145] Art. 9 dritte Schaden-RL; Art. 8 dritte Lebens-RL = Art. 10 Lebens-RL (2002/83/EG); für EU/EWR VR, die in Deutschland Geschäft betreiben: § 110a Abs. 3 VAG.

[146] Zur Finanzaufsicht, *H. Müller,* Versicherungsbinnenmarkt, Rn. 544 ff. Auf die speziellen Inhalte der Finanzaufsicht soll hier nicht weiter eingegangen werden.

[147] Art. 40 dritte Schaden-RL; Art. 40 dritte Lebens-RL; Art. 46 Abs. 2 Lebens-RL (2002/83/EC).

[148] Vgl. § 5 Abs. 3 Nr. 2 VAG a. F.

[149] Art. 6 dritte Schaden-RL (92/49/EWG); Art. 6 Abs. 5 Lebens-RL (2002/83/EG); vgl. § 5 VAG zur Rechtslage in Deutschland.

[150] Eine (nicht abschließende) Übersicht über Pflicht-Haftpflichtversicherungen in der Bundesrepublik Deutschland (Stand 29. Mai 2008) findet sich als Download auf der Website der BaFin unter www.bafin. de; eine Zusammenstellung weiterer Pflichtversicherungen in *Fahr/Kaulbach/Bähr/Kaulbach,* § 5 VAG, Rn. 54.

[151] Dies ist eine Krankenversicherung, die geeignet ist, die gesetzliche Krankenversicherung ganz oder teilweise zu ersetzen (vgl. § 12 VAG).

systematische vorherige Vorlage der AVB an die zuständige Aufsichtsbehörde fordern[152]. Der deutsche Gesetzgeber hat in § 5 Abs. 5 VAG von dieser Möglichkeit Gebrauch gemacht und verlangt in diesen Versicherungszweigen die Vorlage der AVB mit dem Antrag auf Erlaubnis zum Geschäftsbetrieb. Nach § 13 d Nr. 7 VAG ist gleichfalls die Verwendung neuer oder geänderter AVB unter deren Vorlage gegenüber der Aufsichtsbehörde anzuzeigen. Diese Vorlagepflicht gilt gem. § 110a Abs. 2a VAG auch für VR aus anderen Mitgliedstaaten, die in Deutschland im Rahmen der Niederlassungs- oder Dienstleistungsfreiheit Pflichtversicherung bzw. substitutive Krankenversicherung betreiben wollen.

Vor der Umsetzung der beiden dritten RL verwendeten in Deutschland die meisten VR **45** standardisierte AVB, die vom BAV[153] genehmigt und veröffentlicht wurden[154]. Der Rückgriff auf diese Standardbedingungen war für die VR mit deutlich weniger Aufwand verbunden, als eine Einzelgenehmigung für unternehmensindividuelle AVB zu beantragen. Der Wegfall der Bedingungskontrolle bezweckte und eröffnete eine **größere Produktvielfalt** und damit einen **stärkeren Wettbewerb** unter den VR. Dies soll dem VN zugute kommen, etwa durch niedrigere Versicherungsprämien und individuelleren Versicherungsschutz[155]. Vor allem der grenzüberschreitende Wettbewerb sollte hierdurch gefördert werden. Die Abschaffung eines systematischen Genehmigungserfordernisses von AVB eröffnete beispielsweise VR aus anderen Mitgliedstaaten die Möglichkeit, ihre dort gängigen Versicherungsprodukte – mit gewissen Modifikationen – in einem anderen Mitgliedsland auf den Markt zu bringen und so mit den VR des Tätigkeitslandes in Wettbewerb zu treten.

Zwar stellt das Erfordernis, Versicherungsverträge grundsätzlich nach dem Versicherungs- **46** vertragsrecht des Mitgliedslandes des Wohnsitzes des Versicherungsnehmers abzuschließen[156], für Versicherer im sog. Massengeschäft[157] immer noch eine Erschwernis der grenzüberschreitenden Tätigkeit dar[158]; dennoch findet grenzüberschreitender Betrieb von Versicherungsgeschäft auch im Massengeschäft zwischenzeitlich in gewissem Umfang statt. Nach Veröffentlichungen der BaFin[159] unterhalten derzeit 85 VR aus anderen Mitgliedstaaten eine Zweigniederlassung in Deutschland, 885 VR haben ihre Absicht, im Rahmen der Dienstleistungsfreiheit in Deutschland tätig zu werden, angezeigt. Beispielhaft seien fondsgebundene Lebensversicherungen von Anbietern aus anderen EU/EWR Mitgliedstaaten auf dem deutschen Markt sowie sog. „Unitised-With-Profits-Produkte" (UWP-Produkte) von britischen oder irischen Versicherern erwähnt, die sich in Deutschland in den letzten Jahren wachsender Beliebtheit erfreuen[160].

---

[152] Art. 30 Abs. 2, Art. 54 Abs. 1 der dritten Schaden-RL (92/49/EWG); vgl. auch *Beckmann*, ZEuP 1999, 809 (812); *H. Müller*, Versicherungsbinnenmarkt, S. 489.

[153] Bundesaufsichtsamt für das Versicherungswesen, seit dem 1. Mai 2002 aufgegangen in der Bundesanstalt für Finanzdienstleistungsaufsicht, BaFin.

[154] Vgl. beispielsweise zu den vom BAV genehmigten AUB 88 die Anordnungen und Verwaltungsgrundsätze des BAV, VerBAV 1987, 417 ff.

[155] *Beckmann*, ZEuP 1999, 809 (812).

[156] Vgl. Art. 7 zweite Schaden-RL (88/357) sowie für Deutschland Art. 7 ff. EGVVG.

[157] Im Bereich der Versicherung von Großrisiken gelten keinerlei Restriktionen im Hinblick auf das auf den Versicherungsvertrag anwendbare Recht; gemäß Art. 7 Abs. 1 f zweite Schaden-RL (88/357/EWG) herrscht insoweit Rechtswahlfreiheit. In Deutschland wird diese Rechtswahlfreiheit durch Art. 10 EGVVG gewährleistet.

[158] So ist es für Versicherer im Massengeschäft beispielsweise nicht möglich, im Bereich der gesamten EU/des EWR auf der Basis derselben Versicherungsbedingungen Verträge abzuschließen. Die jeweiligen nationalen Versicherungsvertragsrechte erfordern zum Teil erhebliche Anpassungen. Darüber hinaus besteht für Versicherer das Problem, dass ihnen das jeweilige nationale Versicherungsvertragsrecht des Tätigkeitslandes nicht so gut bekannt ist wie das Versicherungsvertragsrecht des Heimatlandes und sie infolgedessen auch die dann durch die nationalen Gerichte stattfindende Auslegung ihrer Versicherungs; bedingungen oft im Vorhinein nicht abschätzen können. Hierzu auch unten, Rn. 109.

[159] Mit Stand vom 22. Juli 2008; downdload der Übersichten unter www.bafin.de.

[160] Vgl. zu der Funktionsweise von UWP-Produkten *Radovic/Bolge/Burke*, VW 2006, 307.

47   Diese größere Produktvielfalt stellt den VN natürlich vor die „Qual der Wahl" und birgt damit auch gewisse Gefahren für den VN: Für den durchschnittlich gebildeten VN sind AVB – selbst Altbedingungen, die noch von der Aufsichtsbehörde genehmigt worden waren – oft nicht auf Anhieb zu verstehen. Umso schwieriger wird es für den VN, zu beurteilen, wie sich Unterschiede in den AVB und der Funktionsweise von Versicherungsprodukten für ihn auswirken, welche Vor- und Nachteile die jeweiligen Produkte also für ihn haben. So bieten beispielsweise die UWP-Produkte regelmäßig eine höhere Renditechance als herkömmliche deutsche kapitalbildende Lebensversicherungen. Auf der anderen Seite sind Garantien meistens niedriger als bei der herkömmlichen kapitalbildenden Lebensversicherung und werden meist nur auf den vereinbarten Ablaufzeitpunkt gegeben. Vor dem Hintergrund dieser wachsenden Produktvielfalt auf dem europäischen Binnenmarkt und den damit einhergehenden Chancen und Risiken für den VN stellen die Beratungspflichten, der erst 10 Jahre nach der formellen Verwirklichung des Versicherungsbinnenmarktes verabschiedeten Versicherungsvermittler-RL (2002/92/EG)[161] einen wichtigen Schritt dazu dar, dass VN künftig die Chancen des Binnenmarktes noch besser nutzen werden können.

48   *dd) Informationspflichten.* Als **Ausgleich** für das Verbot der Präventivkontrolle und der Genehmigung der AVB enthalten die beiden dritten RL Informationspflichten des VR für den Fall, dass der VN eine „natürliche Person" ist. Die dritte Schaden-RL erfordert insoweit lediglich die Angabe des anwendbaren Rechts, Informationen zu Bestimmungen zur Bearbeitung von Beschwerden sowie – im grenzüberschreitenden Verkehr – die Nennung des Sitzlandes des VR[162]. Deutlich weitergehende **europaeinheitliche Informationspflichten** enthält die dritte Lebens-RL. Danach muss der VR seinen künftigen VN, über die für das Versicherungsverhältnis maßgeblichen Tatsachen schriftlich vor Abschluss des Vertrages informieren[163]. Im Einzelnen müssen die folgenden Informationen vor Vertragsschluss erteilt werden:

- Firma und Rechtsform der Gesellschaft sowie Anschrift des Sitzes und gegebenenfalls der Agentur oder der Zweigniederlassung, die die Police ausstellt;
- Name des Mitgliedstaats, in dem sich der Sitz und gegebenenfalls die Agentur oder Zweigniederlassung befindet, die die Police ausstellt;
- Beschreibung jeder Garantie und jeder Option;
- Laufzeit der Police;
- Einzelheiten der Vertragsbeendigung;
- Prämienzahlungsweise und Prämienzahlungsdauer;
- Methoden der Gewinnberechnung und Gewinnbeteiligung;
- Angabe der Rückkaufwerte und beitragsfreien Leistungen und das Ausmaß, in dem diese Leistungen garantiert sind;
- Informationen über die Prämien für jede Leistung, und zwar sowohl Haupt- als auch Nebenleistungen, wenn sich derartige Informationen als sinnvoll erweisen;
- für fondsgebundene Policen: Angabe der Fonds (in Rechnungseinheiten), an die die Leistungen gekoppelt sind und Angabe der Art der den fondsgebundenen Policen zugrunde liegenden Vermögenswerte;
- Modalitäten der Ausübung des Widerrufs und Rücktrittsrechts;
- allgemeine Angaben zu der auf die Policenart anwendbaren Steuerregelung;
- Bestimmungen zur Bearbeitung von den Vertrag betreffenden Beschwerden der Versicherungsnehmer, der Versicherten oder der Begünstigten des Vertrags, gegebenenfalls einschließlich des Hinweises auf eine Beschwerdestelle; dies gilt unbeschadet der Möglichkeit, den Rechtsweg zu beschreiten;

---

[161] Zur Versicherungsvermittlerrichtlinie siehe unten unter Rn. 87 ff.
[162] Art. 31, 43 der dritten Schaden-RL (92/49/EWG).
[163] Art. 31 i.V. m. Anhang II A zur dritten Lebens-RL = Art. 36 Abs. 1 und Abs. 2 in Verbindung mit Anhang III A der Lebens-RL (2002/83/EG).

- das für den Vertrag maßgebende Recht für den Fall, dass die Parteien keine Wahlfreiheit haben oder, wenn die Parteien das maßgebende Recht frei wählen können, das von dem Versicherungsunternehmen vorgeschlagene Recht.

Die Informationspflichten der dritten RL wurden in Deutschland durch § 10a VAG (a. F.) **49** zunächst im Aufsichtsrecht umgesetzt. Seit dem 1. Januar 2008 sind sie durch § 7 VVG i. V. m. der VVG-InfoV[164] durch Regelungen im Vertragsrecht ersetzt worden. Nach „altem Recht" hatten VR bei Verträgen mit natürlichen Personen zu gewährleisten, dass der VN in einer Verbraucherinformation über die für das Versicherungsverhältnis maßgeblichen Tatsachen und Rechte **vor Abschluss des Vertrages** sowie während der Laufzeit[165] des Vertrages unterrichtet wurde. Die Informationspflichten im Einzelnen ergaben sich aus Anlage Teil D zum VAG (a. F.). Für die Lebensversicherung entsprach der Umfang der Informationspflichten den Anforderungen der Lebens-RL[166]. Für die Schadenversicherung ging der deutsche Gesetzgeber mit dem Informationskatalog der Anlage Teil D zum VAG (a. F.) hingegen über die (geringen) Informationspflichten der dritten Schaden-RL hinaus. Auch für die Schadenversicherung forderte die Anlage Teil D zum VAG (a. F.) beispielsweise die schriftliche Übermittlung der AVB, Angaben zur Laufzeit, zur Prämienhöhe und zum Widerrufsrecht.

Die deutsche Versicherungswirtschaft empfand die Verpflichtung, vollständige Versicherungsunterlagen vor Abschluss des Vertrages zu übermitteln, als unpraktikabel. Es gelang ihr, **50** vor Umsetzung der dritten Schaden- und Lebens-RL[167] auf das Gesetzgebungsverfahren Einfluss zu nehmen und das Erfordernis einer schriftlichen Information des VN vor Abschluss des Vertrages erheblich abzumildern. Dies gelang über einen neuen § 5a VVG (a. F.). § 5a VVG (a. F.) räumte dem VN ein 14-tägiges Widerspruchsrecht ein, wenn ihm der VR nicht bei Antragstellung die Verbraucherinformation gem. § 10a VAG überließ. Dem Wortlaut nach war § 5a VVG (a. F.) eine Sanktionsnorm bzw. eine Ausnahmeregelung für den Fall, dass der VR es entgegen § 10a VAG (a. F.) unterließ, dem VN rechtzeitig die Verbraucherinformationen zu überlassen. Tatsächlich setzte sich die nachträgliche Überlassung der Verbraucherinformation, das sog. **„Policen-Modell"**[168], als gleichwertiges Verfahren des Vertragsabschlusses neben der Informationsüberlassung bei Antragstellung (sog. **„Antragsmodell"**) durch[169]. In der Praxis machten VR sogar ganz überwiegend von dem Policenmodell Gebrauch.

Ab Erhalt der Verbraucherinformation und Belehrung über das Widerspruchsrecht hatte **51** der VN gem. § 5a VVG (a. F.) die Möglichkeit, dem Vertragsschluss innerhalb von 14 Tagen[170]

---

[164] BGBl. 2007 I S. 3004; zur VVG-Reform siehe *Schneider,* § 1a; zur VVG-InfoV: *Präve,* VersR 2008, 183.

[165] Eine entsprechende Informationspflicht während der Laufzeit des Vertrages findet sich ebenfalls in Anhang II der dritten Lebens-RL = Anhang III der Lebens-RL (2002/83/EG).

[166] So: *Dörner/Hoffmann,* NJW 1996, 153 (154).

[167] Drittes Durchführungsgesetz/EWG, BGBl. 1994 I S. 1630.

[168] In der Literatur hat sich für diese Form des Vertragsabschlusses der Begriff „Policen-Modell" durchgesetzt, zurück geht dieser Begriff auf *Lorenz,* ZVersWiss 1995, 103 (108).

[169] Im Detail war im Zusammenhang mit § 5a VVG vieles unklar. Die Regelung wurde im Schrifttum teilweise heftig kritisiert. Zum Teil wurde vertreten, nur durch die Überlassung der Verbraucherinformation bei Antragstellung komme der VR seiner Verpflichtung nach. § 10a VAG und § 5a VVG regele lediglich die Auswirkungen „rechtswidrigen Versicherungsverhaltens auf den Inhalt eines Versicherungsvertrags". Weitere Rechtsfolgen wie aufsichtsrechtliche Maßnahmen nach § 81 Abs. 2 in Verbindung mit Abs. 1 VAG oder zivilrechtliche Schadensersatzansprüche aus culpa in contrahendo blieben davon unberührt; so: *Dörner/Hoffmann,* NJW 1996, 153 (154); vgl. ferner zur Diskussion um § 5a VVG: z. B.: *Lorenz,* VersR 1995, 616 (619) „Bedenken an der Richtlinienkonformität"; *ders.,* ZVersWiss 1995, 103 (108) *ders.,* VersR 1997, 773 (775); *Reiff,* VersR 1997, 267 (268) „gleichwertiges Vertragsschlussverfahren, richtlinienkonform"; *Baumann,* VersR 1996, 1 „gleichwertiges Vertragsschlussverfahren"; *Renger,* VersR 1994, 753 (758) ablehnend gegenüber § 5a VVG. Einigkeit bestand insoweit, dass die Vorschrift als missglückt erachtet wurde. Statt aller: *Römer/Langheid/Römer,* § 5a VVG Rn. 1f., 17.

[170] Seit Umsetzung der Fernabsatz-RL (2002/65) mit Gesetz vom 2. Dezember 2004 (BGBl I S. 3102), betrug die Widerspruchsfrist nach § 5a VVG in der Lebensversicherung 30 Tage. Zur Fernabsatz-RL (2002/65) siehe unten Rn. 70ff.

in Textform zu widersprechen. Bei fehlender Belehrung oder fehlender bzw. unvollständiger Verbraucherinformation, erlosch das **Widerspruchsrecht** spätestens ein Jahr nach Zahlung der ersten Prämie. Die Europäische Kommission hielt die in Deutschland bestehende Möglichkeit (und übliche Praxis), dass Vertragsinformationen erst nach Abschluss des Vertrages an den VN übergeben wurden sowie das unbedingte Erlöschen des Widerrufsrechts spätestens ein Jahr nach Zahlung der Erstprämie für nicht mit der dritten RL-Schaden und der Lebens-RL vereinbar und beschloss im Oktober 2006 ein Vertragsverletzungsverfahren nach Art. 226 EG gegen die Bundesrepublik Deutschland einzuleiten[171]. In der entsprechenden Erklärung macht die Kommission deutlich, dass der VN nach den dritten RL **vor Abschluss des Vertrages** zu informieren sei, auch forderten die dritten RL, dass die Widerrufsfrist erst beginne, wenn der VN über den Abschluss des Vertrages in Kenntnis gesetzt worden sei[172]. Eine solche Information des VN über den Zeitpunkt des Abschlusses des Vertrages war nach Auffassung der Kommission bei dem Policenmodell gleichfalls nicht gewährleistet.

52   Nicht zuletzt aufgrund des **Vertragsverletzungsverfahrens** der Kommission hat der deutsche Gesetzgeber das **Policenmodell** mit § 7 VVG nunmehr ausdrücklich abgeschafft[173]. Die erforderlichen Informationen sind jetzt „rechtzeitig vor Abgabe der Vertragserklärung des VN" zu erteilen. Nur, wenn der Vertrag „auf Wunsch des VN" telefonisch abgeschlossen wird oder wenn der VN schriftlich auf die Vorab-Information verzichtet, ist die nachträgliche Übermittlung der Informationen zulässig[174]. Die **Informationspflichten** im Einzelnen sind nunmehr in der VVG-InfoV geregelt, die auf Grundlage der Verordnungsermächtigung in § 7 Abs. 2 VVG erlassen wurde. Abweichend vom alten Recht sind die Vertragsinformationen nicht mehr nur an „natürliche Personen", sondern an alle VN[175], also auch an Unternehmen zu erteilen. Der Umfang der Informationspflichten geht – nicht nur in der Schadenversicherung[176] – über den von den RL geforderten Umfang hinaus: § 7 Abs. 2 VVG i. V. m. § 2 Abs. 1 Nr. 1 VVG-InfoV fordert für die **Lebensversicherung** auch Angaben zur „Höhe der in die Prämie einkalkulierten Kosten", wobei **Abschlusskosten** als ein **„einheitlicher Gesamtbetrag"** auszuweisen sind. Diese Angabe wird von der Lebens-RL (2002/83/EG) nicht gefordert. Nach Art. 36 Abs. 2 der RL sind nationale Regelungen, die VR zur Angaben verpflichten, die über die Anforderungen der RL hinausgehen, nur dann richtlinienkonform, wenn sie für das „tatsächliche Verständnis der wesentlichen Bestandteile der Versicherungspolice durch den VN notwendig sind". Mit diesem Aspekt der RL setzt sich die Verordnungsbegründung nicht auseinander, sie stützt die Ausweispflicht für Abschlusskosten allerdings auf ein „Anliegen nach Transparenz" sowie die Vorgaben der höchstrichterlichen Rechtsprechung[177]. Ob und inwieweit das „Anliegen nach Transparenz" impliziert, dass ein „Verständnis der wesentlichen Bestandteile des Vertrages" ohne einen solchen Kostenausweis nicht möglich wäre, bleibt fraglich. Damit bestehen gewisse **Zweifel an der Richtlinienkonformität** der Verpflichtung, die Abschlusskosten im Einzelnen auszuweisen[178].

---

[171] Mitteilung der EU vom 12. Oktober 2006, Referenz-Nr. IP/06/1380; http://ec.europa.eu/internal_market/insurance/index_de.htm.

[172] Die dritte Schaden-RL enthält allerdings weder die Verpflichtung schriftliche Informationen vor Vertragsschluss zu erteilen noch Verpflichtung, den Zeitpunkt des Vertragsschlusses mitzuteilen oder ein Widerrufsrecht einzuräumen; insofern geht die in der Mitteilung vom 12. Oktober 2006 wiedergegebene Ansicht der Kommission zu weit, als sie offenbar auch eine Verletzung der dritten Schaden-RL reklamiert.

[173] Regierungsbegründung zu § 7 VVG, BT-Drucks. 16/1945 S. 60; Nach dem Vorschlag der Expertenkommission vom 19. April 2004 war noch eine Information „vor Bindung des VN an seine Willenserklärung" vorgesehen; hierzu: *Johannsen,* § 8 Rn. 20.

[174] Hierzu später im Zusammenhang mit der Umsetzung der Fernabsatz-RL (2002/65) unter Rn. 78 ff.

[175] Außer Großrisiko-VN, § 7 Abs. 5 VVG.

[176] Dazu bereits oben Rn. 49.

[177] Insbesondere auf BVerfG 2006, 489. Das Gericht hält den Ausweis von Abschlusskosten für erforderlich, da der VN nur so in der Lage sei, zu entscheiden, ob er einen Vertrag zu den konkreten Konditionen abschließen wolle. Die Frage, ob der Ausweis von Abschlusskosten erforderlich ist, um die wesentlichen Bestandteile der Police zu verstehen, beantwortet allerdings auch BVerfG nicht.

[178] Vgl. *Brömmelmeyer,* § 42 Rn. 84; *Präve,* VersR 2008, 151.

ee) Rechtsaufsicht durch die Aufsichtsbehörde des Tätigkeitslandes. Die Verwirklichung der **53** Dienstleistungsfreiheit erfolgte nicht in der Absicht, das Aufsichtsniveau zu senken und den Verbraucherschutz zu schwächen, sondern allein, um den Wettbewerb innerhalb der Gemeinschaft bei gleichzeitiger Harmonisierung der rechtlichen Rahmenbedingungen zu fördern[179]. Nicht zuletzt zur Sicherstellung des Verbraucherschutzes in dem jeweiligen Mitgliedsland wurde der Aufsichtsbehörde des **Tätigkeitslandes** die **Rechtsaufsicht** über das in ihrem Zuständigkeitsbereich abgeschlossene Versicherungsgeschäft zugewiesen[180]. Stellt die Aufsichtsbehörde des Tätigkeitslandes **Verstöße gegen Rechtsvorschriften,** die von allen in- und ausländischen VR bei der Ausübung ihrer Tätigkeit zu beachten sind und die durch das jeweilige **Allgemeininteresse** gerechtfertigt sind[181], fest, fordert sie den VR auf, diese abzustellen. Kommt der VR der Aufforderung der Aufsichtsbehörde nicht nach, informiert diese die Aufsichtsbehörde des Herkunftsmitgliedstaates des VR. Letztere hat unverzüglich Maßnahmen zu treffen, um den VR zu veranlassen, solche Unregelmäßigkeiten abzustellen. Unterbleiben Maßnahmen der Aufsichtsbehörde des Herkunftsmitgliedstaates oder verletzt der VR trotz solcher Maßnahmen weiterhin Rechtsvorschriften des Tätigkeitsmitgliedstaats, kann die Aufsichtbehörde des Tätigkeitslandes ausnahmsweise die notwendigen Maßnahmen selbst ergreifen[182].

In Deutschland ist die Rechts- wie die Finanzaufsicht über VR in § 81 VAG geregelt. Die **54** in § 81 Abs. 1 S. 5 VAG besonders geregelte Finanzaufsicht findet aufgrund des Prinzips der Sitzlandaufsicht[183] ausschließlich auf VR mit Sitz in Deutschland Anwendung. Die Rechtsaufsicht im Übrigen, herkömmlich auch als **Misstandsaufsicht**[184] bezeichnet, findet grundsätzlich auch Anwendung auf die Tätigkeit von VR mit Sitz in einem anderen Mitgliedstaat als Deutschland. Bei der Rechtsaufsicht über VR aus dem EU/EWR-Raum muss die BaFin allerdings den Grundfreiheiten der Niederlassungs- und Dienstleistungsfreiheit Rechnung tragen und darf somit VR aus anderen Mitgliedstaaten nur zur Einhaltung derjenigen Regelungen anhalten, die durch das Allgemeininteresse gerechtfertigt sind. Auch nach dem **Wegfall** der **präventiven Kontrolle von AVB** hat die BaFin die Befugnis, im Wege einer anlassbezogenen nachträglichen Misstandsaufsicht, eine Klausel zu untersagen, deren Verwendung die Versicherten unangemessen benachteiligt. Dabei muss eine unangemessene Benachteiligung gleichsam einen Gesetzesverstoß reflektieren, was aufgrund der §§ 305 ff. BGB regelmäßig der Fall ist. Die Rechtmäßigkeit einer solchen Untersagungsverfügung hängt nicht davon ab, dass die Klausel bereits aufgrund einer zivilgerichtlichen Inhaltskontrolle für unwirksam erklärt wurde[185]. Im Wege einer Allgemeinverfügung untersagte das BAV[186] im Jahr 2001 per Rundschreiben 1/2001[187] erstmalig und bislang einmalig auf diesem Wege die Verwendung bestimmter AVB, die bereits zuvor vom BGH[188] wegen mangelnder Transparenz für unwirksam erklärt worden waren. Der nachträglichen AVB-Kontrolle im Rahmen der Misstandsaufsicht kommt somit keine besondere praktische Bedeutung zu. In der Praxis hat es sich in den letzten Jahren vielmehr etabliert, dass Verbraucherschutz-Organisationen nach

---

[179] *H. Müller,* Versicherungsbinnenmarkt, Rn. 363.

[180] Art. 40 Abs. 2 dritte Schaden-RL; Art. 40 dritte Lebens-RL = Art. 46 Abs. 2 Lebens-RL (2002/83/EG).

[181] Zum Begriff des Allgemeininteresses: vgl. Mitteilung der Kommission KOM 2000 C 45/3 (16 f.); *H. Müller,* Versicherungsbinnenmarkt, Rn. 97, 98.

[182] Art. 40 Abs. 2–9 dritte Schaden-RL; Art. 40 Abs. 2–9 dritte Lebens-RL = Art. 46 Abs. 2–7 Lebens-RL (2002/83/EG); für EU/EWR VR, die in Deutschland tätig sind, folgt dies aus § 110a Abs. 3 und Abs. 4 VAG; dazu *H. Müller,* Verssicherungsbinnenmarkt, Rn. 377 f.

[183] Dazu oben Rn. 43.

[184] Zur Entwicklung von der materiellen Staatsaufsicht hin zu einer Normativaufsicht, *Fahr/Kaulbach/Bähr/Bähr,* § 81 Rn. 2 ff.

[185] BVerwGE 107, 101 ff. = NJW 1998, 3216 ff. = VersR 1998, 1137 ff.

[186] Bundesaufsichtsamt für das Versicherungswesen, seit dem 1. 5. 2002: Bundesanstalt für Finanzdienstleistungsaufsicht („BaFin") gem. Gesetz vom 22. April 2002, BGBl. I S. 1310.

[187] VerBAV 2001, 252; auch abzurufen unter: www.bafin.de.

[188] BGH NVersZ 2001, 308 = VersR 2001, 841; NVersZ 2001, 313 = VersR 2001, 839.

dem UKlaG oder durch Prozessunterstützung einzelner VN gegen unangemessene Klauseln vorgehen.

D. Harmonisierung und aktuelle Entwicklung mit Einfluss auf das Privatrecht

I. Kraftfahrthaftpflichtversicherung

1. Entwicklungen aufgrund der ersten bis dritten KH-RL

55   Der Harmonisierung des KH-Rechts kam und kommt innerhalb von Europa eine besondere Bedeutung zu: Einerseits soll der Reiseverkehr und somit die **Freizügigkeit** von Personen innerhalb des **Binnenmarktes** so unkompliziert wie möglich gestaltet werden. Andererseits soll der **Verkehrsopferschutz** in den europäischen Staaten nicht geschwächt werden[189]. Grundlage für die Harmonisierung des Gemeinschaftsrechts ist das Übereinkommen über die obligatorische Haftpflichtversicherung für Kfz vom 20. April 1959[190] sowie das „Grüne-Karte-System"[191]. Das **Grüne-Karte-System** garantiert, dass ein ausländischer Kraftfahrer, der im Besitz eines internationalen Versicherungsnachweises (Grüne Karte) war, beim Grenzübertritt nach den Bedingungen des besuchten Landes gegen Haftpflicht versichert war. Das Erfordernis, eine sog. Grenzversicherung für das Besuchsland abzuschließen, entfiel. Verkehrsopfer, die durch ein ausländisches Kfz in ihrem Heimatland geschädigt werden, müssen ihre Ansprüche nicht mehr bei dem ausländischen KH-VR geltend machen, sondern können sich an das Büro „Grüne Karte" in ihrem Heimatland wenden[192]. So reguliert das Deutsche Büro Grüne Karte e. V. als „behandelndes Büro" für Rechnung des ausländischen „zahlenden Büros" die Verpflichtungen der Halter und Führer ausländischer Kfz aus Unfällen in Deutschland und gibt an die Halter in Deutschland zugelassener Kraftfahrzeuge grüne Karten aus. Ferner übernimmt es als „zahlendes Büro" die Verantwortung für die Erfüllung der Verpflichtungen aus Kfz-Unfällen im Ausland gegenüber dem dortigen „behandelnden Büro"[193].

56   Die erste KH-RL (72/166/EWG)[194] schreibt vor, dass jedes Kfz, das in der Gemeinschaft zugelassen ist, haftpflichtversichert sein muss, wobei sich der **Versicherungsschutz** auf das **gesamte Gemeinschaftsgebiet** erstrecken, und sich die Deckung nach den Vorschriften des Unfallstaates richten muss[195]. Damit bezweckt war unter anderem der Wegfall der Versicherungskontrollen (durch Nachweis einer Grünen Karte) an den Grenzen[196]. Mit der zweiten KH-RL (84/5/EWG)[197] wurde der obligatorische Versicherungsschutz auch auf Sachschäden ausgedehnt[198]. Als Mindestdeckungssumme für Personenschäden wurden 350 000,00 ECU pro Unfallopfer sowie 100 000,00 ECU für Sachschäden bei einer „Deckungsmöglichkeit" auf eine Mindestversicherungssumme von 500 000,00 ECU pro Unfall bei Personenschäden oder 600 000,00 ECU pauschal für Personen und Sachschäden festgelegt[199]. Die erste KH-RL verbietet Haftungsausschlüsse in Versicherungs-Policen beim Fahren durch nicht berechtigte Personen, beim Fahren ohne Führerschein sowie beim Fahren

---

[189] Zur Entwicklung des KH-Rechts aufgrund europäischer Abkommen bzw. RL vgl. *Heß/Höke*, § 29 Rn. 6 ff.; *H. Müller*, Versicherungsbinnenmarkt, Rn. 111 ff.; Berliner Kommentar/*Roth*, Europäisches Versicherungsrecht, Rn. 122 ff.

[190] BGBl. 1965 II S. 282.

[191] Hierzu: www.gruene-karte.de.

[192] In Deutschland ist dies seit 1994 das Deutsche Büro Grüne Karte e. V. (DBGK).

[193] Vgl. www.gruene-karte.de.

[194] In diesem Abschnitt D I auch als „erste KH-RL" bezeichnet.

[195] Art. 3 der ersten KH-RL.

[196] Art. 2 der ersten KH-RL.

[197] In diesem Abschnitt D I auch als „zweite KH-RL" bezeichnet.

[198] Art. 1 Abs. 1 der zweiten KH-RL.

[199] Art. 1 Abs. 2 der zweiten KH-RL.

mit Fahrzeugen, die nicht den gesetzlichen Sicherheitsvorschriften entsprechen[200]. Familienangehörige dürfen nach der zweiten KH-RL nicht aus dem Anwendungsbereich der Haftpflichtversicherung für Personenschäden ausgeschlossen werden[201]. Die dritte KH-RL (90/232/EWG)[202] stellt sicher, dass alle Fahrzeuginsassen (außer dem Fahrer) hinsichtlich Personenschäden versichert sind[203].

Nach der dritten KH-RL muss die **Haftpflichtdeckung** auf der Basis einer einzigen Prämie das **Gebiet der gesamten Gemeinschaft** abdecken und zwar mindestens in der Höhe der im jeweiligen Unfallland vorgeschriebenen Mindestdeckungssumme bzw. (wenn höher) in Höhe der gesetzlich vorgeschriebenen Mindestdeckungssumme des Mitgliedstaates des gewöhnlichen Standorts des Fahrzeugs[204].   **57**

Ferner sieht die dritte KH-RL die Einrichtung von **Entschädigungsfonds** in allen Mitgliedstaaten vor. Damit verbunden ist eine Schadenersatzgarantie für Opfer von Unfällen mit Personenschäden, die durch nicht ermittelte oder nicht versicherte Fahrzeuge verursacht werden[205]. Der Entschädigungsfonds darf seine Leistung nicht davon abhängig machen, dass der Geschädigte nachweist, dass der Haftpflichtige zur Schadenersatzleistung nicht in der Lage ist oder die Zahlung verweigert[206]. Nach Umsetzung der ersten drei KH-RL waren Personen, die im Inland durch ausländische Fahrzeuge geschädigt wurden, bereits weitgehend geschützt und erhielten durch das Grüne-Karte-System umfassende Hilfe bei der Regulierung der Schäden[207].   **58**

2. Neuerungen aufgrund der vierten und fünften KH-RL

a) Vierte KH-RL. Der Schutz der grünen Karte erstreckte sich nicht auf Verkehrsunfälle, die in einem anderen Staat als dem Wohnsitzstaat des Geschädigten eintraten. In diesen Fällen musste sich der Geschädigte bislang unmittelbar an den ausländischen VR halten, ohne dass er sich der Hilfe einer inländischen Stelle bedienen konnte. Die vierte KH-RL (2000/26/EG)[208] verbessert vor allem die Situation der Verkehrsopfer bei im Ausland erlittenen Verkehrsunfällen. Die vierte KH-RL wurde am 16. Mai 2000 verabschiedet und musste bis zum 20. Juli 2002 in nationales Recht umgesetzt werden, wobei die Umsetzungsvorschriften spätestens zum 1. Januar 2003 in Kraft treten mussten[209]. In Deutschland wurde die vierte KH-RL mit Gesetz zur Änderung des Pflichtversicherungsgesetzes und anderer versicherungsrechtlicher Vorschriften vom 10. Juli 2002[210] umgesetzt. Das Gesetz trat am 1. Januar 2003 in Kraft. Die wichtigsten Maßnahmen sind: **59**

- Verkehrsopfern muss ein Direktanspruch gegen den VR des Schädigers eingeräumt werden[211];
- Mitgliedstaaten müssen Auskunftsstellen zur Ermittlung des ausländischen VR einrichten[212];
- VR müssen Schadenregulierungsbeauftragte in jedem Mitgliedstaat benennen, an den sich der Geschädigte in seiner jeweiligen Landessprache wegen der Regulierung eines Verkehrsunfalls wenden kann[213];

---

[200] Art. 2 Abs. 1 der zweiten KH-RL.
[201] Art. 3 der zweiten KH-RL.
[202] In diesem Abschnitt D. I. auch als „dritte KH-RL" bezeichnet.
[203] Art. 1 der dritten KH-RL.
[204] Art. 2 der dritten KH-RL.
[205] In Deutschland, vgl. § 12 PflVG.
[206] Art. 3 der dritten KH-RL.
[207] *Fuchs*, IPRax 2001, 425.
[208] In diesem Abschnitt D. I. auch als „vierte KH-RL" bezeichnet.
[209] Zur vierten KH-RL und deren Umsetzung: *Fuchs*, IPrax 2001, 425; *Nothoff*, ZfS 2003, 25.
[210] BGBl. 2002 I S. 2586.
[211] Art. 3 vierte KH-RL; bislang fehlte ein solcher Direktanspruch nur im Vereinigten Königreich und in Irland, vgl. *Fuchs*, IPRax 2001, 425 (426).
[212] Art. 5 vierte KH-RL.
[213] Art. 4 vierte KH-RL.

- VR bzw. Schadenregulierungsbeauftragte müssen binnen drei Monaten ein Regulierungs- angebot vorlegen oder die Regulierung begründet ablehnen[214];
- Mitgliedstaaten müssen Entschädigungsstellen für Auslandsunfälle einrichten, die eintre- ten, wenn innerhalb der Dreimonatsfrist durch den Schadenregulierungsbeauftragen oder den VR keine Regulierung erfolgt oder der VR des schädigenden Fahrzeuge nicht ermit- telt werden kann[215].

60   Nach einem im Ausland erlittenen Verkehrsunfall kann sich der Geschädigte nunmehr an die **Auskunftsstelle** in seinem Wohnsitzland wenden. In Deutschland ist dies die GDV Dienstleistungs-GmbH & Co. KG – „Zentralruf der Autoversicherer"[216]. Dort erhält er die Informationen, die erforderlich sind, um seine Schadenersatzansprüche durchzusetzen; insbe- sondere den VR des schädigenden Fahrzeuges sowie dessen Schadenregulierungsbeauftrag- ten[217]. Der Geschädigte hat die Wahl, sich entweder direkt an den VR im Ausland (so auch die vorherige Rechtslage) oder an dessen Schadenregulierungsbeauftragten im Inland zu wenden. VR bzw. Schadenregulierungsbeauftragter müssen ihm innerhalb von drei Monaten nach Geltendmachung des Anspruchs ein begründetes Regulierungsangebot unterbreiten oder zumindest begründen, warum keine Regulierung erfolgen soll.

61   Trotz der Pflicht, einen Schadenregulierungsbeauftragten im jeweiligen Heimatland des Geschädigten zu benennen, verbleibt es dabei, dass sich Inhalt und Umfang des Schadenersat- zanspruchs gegen den ausländischen VR grundsätzlich – und wie bisher – nach dem **Recht des Unfalllandes** richten. Der Schadenregulierungsbeauftragte muss sich daher in jedem Einzelfall mit dem Recht des jeweiligen Unfalllandes vertraut machen, welches regelmäßig weder das Heimatrecht des ausländischen VR noch das Recht des „Sitzes" des Schadenregu- lierungsbeauftragten ist. Wird beispielsweise ein deutscher Verkehrsteilnehmer von einem in Italien zugelassenen und versicherten Kraftfahrzeug in Frankreich geschädigt, richten sich die Schadenersatzansprüche des Geschädigten nach französischem Recht[218].

62   Nach Art. 4 Abs. 8 der vierten KH-RL stellt die Benennung des Schadenregulierungs- beauftragten keine Errichtung einer Zweigniederlassung dar; damit begründet die Benen- nung eines Schadenregulierungsbeauftragten auch keinen inländischen Gerichtsstand im Sinne des EuGVÜ (bzw. nunmehr im Sinne des Art. 9 Abs. 2 EuGVVO[219]). Etwas anderes sollte nach Meinung der Bundesregierung[220] wohl dann gelten, wenn der VR eine eigene Zweigniederlassung im Heimatland des Geschädigten mit der Schadenregulierung beauftragt hat[221]. Seit der **Entscheidung des EuGH vom 13. Dezember 2007**[222] hat allerdings die Frage danach, ob die Benennung eines Schadenregulierungsbeauftragten einen Gerichtsstand

---

[214] Art. 4 Abs. 4 vierte KH-RL.

[215] Art. 6 Abs. 7 vierte KH-RL.

[216] § 8a Abs. 3 PflVG.

[217] Der Schadenregulierungsbeauftragte ist nicht mit dem Schadenregulierungsvertreter nach Art. 12a zweite Schaden RL (88/357/EWG) in der Fassung der RL (90/618/EWG) zu verwechseln, dazu oben Rn. 41.

[218] Art. 40 EGBGB.

[219] Verordnung (EG) Nr. 44/2001 des Rates v. 22. 12. 2000 über die gerichtliche Zuständigkeit, Aner- kennung und Vollstreckung von Entscheidungen in Zivil- und Handelssachen, ABl. EG L 12/1 v. 16. 1. 2001. Vgl. *Fuchs,* IPRax 2001, 425 (426); *Lemor,* NJW 2002, 3666 (3667).

[220] Geäußert in der Begründung zum Entwurf des Gesetzes zur Änderung des Pflichtversicherungs- gesetzes und anderer versicherungsrechtlicher Vorschriften, BT-Drucks. 14/8770 unter A III 2d, S. 11.

[221] In diesem Fall soll der Geschädigte am Gerichtsstand der Niederlassung gem. Art. 9 Abs. 2 EuGVVO klagen können. Begründet wird diese Auffassung nicht. Nachzuvollziehen ist sie auch nicht, denn gem. Art. 9 Abs. 2 EuGVVO kann der VR lediglich für Streitigkeiten aus dem Betrieb der Zweigniederlassung so behandelt werden, als hätte er einen Sitz im Hoheitsgebiet des Mitgliedstaats der Zweigniederlassung. Hierunter fallen üblicherweise Streitigkeiten im Zusammenhang mit dem über die Zweigniederlassung abgeschlossenen Versicherungsgeschäft bzw. sonstiger Hilfstätigkeiten der Zweigniederlassung im Mit- gliedsland der jeweiligen Zweigniederlassung. Bei der Tätigkeit des Schadenregulierungsbeauftragten handelt es sich jedoch nicht um derartige Tätigkeiten der Zweigniederlassung, insbesondere betrifft sie nicht das über die Zweigniederlassung geschlossene Versicherungsgeschäft. Vielmehr handelt es sich um

des VR in dem jeweiligen Mitliedsstaat begründet, keine praktische Bedeutung mehr: Nach dem EuGH soll der Geschädigte eine Direktklage gegen einen in einem Mitgliedstaat ansässigen VR grundsätzlich vor dem Gericht seines Wohnsitzes erheben können[223]. Dies folge aus der Verweisung in Art. 11 Abs. 2 EuGVVO auf Art. 9 Abs. 1b EuGVVO. Seine Entscheidung stützt der EuGH u. a. auf den nachträglich mit Art. 5 der fünften KH-RL (2005/14/EG) in die vierte KH-RL eingefügten Erwägungsgrund 16a, der eine solche Auslegung nahelegt[224]. Dabei nimmt der EuGH in Kauf, dass die Gerichte des Mitgliedstaates des Wohnsitzes des Geschädigten bei Auslandsunfällen bei ihrer Entscheidung dann das jeweilige Recht des Unfalllandes anwenden müssen[225], so dass es zu einer Spaltung zwischen Verfahrensrecht und dem anwendbarem materiellen Recht kommt. Ferner führt der Geschädigten-Gerichtsstand für die Direktklage gegen den VR dazu, dass VR und Schädiger ggf. vor unterschiedlichen Gerichten verklagt werden müssen[226].

Sofern der VR bzw. der Schadenregulierungsbeauftragte nicht innerhalb von drei Mona-   **63**
ten regulieren oder begründet ablehnen, kann sich der Geschädigte auch an die **Entschädigungsstelle für Auslandsunfälle** in seinem Heimatland wenden. In Deutschland werden die Aufgaben der Entschädigungsstelle von der Verkehrsopferhilfe e. V. in Hamburg wahrgenommen[227]. Die Entschädigungsstelle hat unmittelbar den zuständigen VR zu unterrichten. Der VR hat dann nochmals die Möglichkeit in die Regulierung einzusteigen bzw. die Regulierung begründet abzulehnen. Geschieht dies nicht und reguliert die Entschädigungsstelle innerhalb von zwei Monaten, kann sie bei dem zuständigen VR Rückgriff nehmen. Lehnt die Entschädigungsstelle die Regulierung ab, stellte sich die Frage, ob der Geschädigte unmittelbar Klage gegen die Entschädigungsstelle erheben kann[228] und an welchem Gerichtsstand dies ggf. möglich ist. Die RL verhält sich hierzu nicht. Einer klageweisen Geltendmachung von Ansprüchen gegen die Entschädigungsstelle dürfte allerdings nach der Entscheidung des EuGH vom 13. Dezember 2007 zumindest dann keine praktische Relevanz mehr zukommen, wenn der VR ermittelt werden konnte[229].

b) Fünfte KH-RL. Trotz der Verbesserung der Rechtsstellung des Opfers aufgrund der   **64**
vierten KH-RL verblieb weiterer Bedarf nach Harmonisierung der in Europa geltenden Vorschriften für die Kfz-Haftpflichtversicherung sowie für eine Verbesserung des Verkehrsopfer-

---

eine zusätzliche durch Gesetz auferlegte Funktion, die als solche gerade keinen Gerichtsstand begründen soll; vgl. *Fuchs,* IPRax 2001, 425 (426); *Lemor,* NJW 2002, 3666 (3668).

[222] Rs C-463/06 = VersR 2008, 111; ablehnend zur Entscheidung der EuGH: *Fuchs,* IPrax 2008, 104; die Literatur lehnte einen Gerichtsstand am Wohnsitzgericht des Geschädigten vor der Entscheidung des EuGH überwiegend ab. Vgl. *Schlosser,* EU-Zivilprozessrecht, 2003, Art. 11 Rn. 2; *Kropholler,* Europäisches Zivilpozessrecht, 8. Auflage 2005, vor Art. 8 Rn. 7, Art. 11, Rn. 4; *Geimer/Schütze,* Europäisches Zivilverfahrensrecht, 2. Auflage, Art. 11 Rn. 16; *Fuchs* IPRax 2001, 425; *Heiss,* VersR 2007, 327; Auf der Linie des EuGH: *Staudinger* in: *Rauscher* (Hrsg.), Europäisches Zivilprozessrecht 2003 Art. 11 Brüssel I-VO, Rn. 6; *Schack,* Internationales Zivilverfahrensrecht, 3. Aufl., Rn. 248; *Riedmeyer,* DAR 2004, 203; OLG Köln, VersR 2005, 172 sowie der BGH, VersR 2006, 1677 im Anschluss an die Entscheidung des OLG Köln.

[223] Der EuGH bestätigt damit die Auffassung des BGH, Vorlagebeschluss vom 26. September 2006, VersR 2006, 1677; mit ablehnender Anmerkung *Heiss,* VersR 2007, 327 ff. = NJW 2007, 71 mit Anmerkung *Staudinger.*

[224] Die Literatur lehnte einen Gerichtsstand am Wohnsitzgericht des Geschädigten vor der Entscheidung des EuGH überwiegend ab; vgl. Fn. 221.

[225] In Deutschland folgt das „Tatortprinzip" aus Art. 40 EGBGB; mit Wirkung zum 11. Januar 2009 werden die nationalen IPR der Mitgliedstaaten durch die Verordnung über das auf außervertragliche Schuldverhältnisse anzuwendende Recht vom 11. Juli 2007 („Rom II") Abl. EU 2007 L 199/40 vereinheitlicht.

[226] Vgl. *Heiss,* VersR 2007, 327, unter III.6; *Fuchs,* IPrax 2008, 104.

[227] §§ 12a, 13a PflVG.

[228] So z. B. *Fuchs,* IPrax 2001, 425 (427); *Looschelders,* VersR 1999, 57 (61).

[229] Da in diesem Fall die Direktklage gegen den Versicherer auch an einem inländischen Gerichtsstand gegeben ist; ähnlich: *Fuchs,* IPrax 2008, 104 (106).

schutzes[230]. Die Kommission legte im Juni 2002 einen Vorschlag für eine fünfte KH-RL[231] vor. Am 11. Mai 2005 wurde die fünfte KH-RL (2005/14/EG) verabschiedet[232]. Die RL musste bis zum 11. Juni 2007 in nationales Recht umgesetzt werden. Deutschland setzte die RL mit dem zweiten Gesetz zur Änderung des Pflichtversicherungsgesetzes und anderer versicherungsrechtlicher Vorschriften vom 10. Dezember 2007[233] um. Das Gesetz ist am 18. Dezember 2007 in Kraft getreten.

65   Die RL schreibt unter Anderem folgende **Neuregelungen** vor:

- Anhebung der vorgeschriebenen Mindestversicherungssummen bei Personenschäden auf 1 Mio EUR pro Unfallopfer *oder* 5 Mio EUR pro Schadenfall[234] (ungeachtet der Anzahl der Geschädigten) sowie auf 1 Mio EUR pro Schadenfall bei Sachschäden[235] bei automatischer, inflationsabhängiger Anpassung der Versicherungssummen[236];
- Ausdehnung der Leistungspflicht der Entschädigungsstelle aufgrund von Unfällen durch nicht ermittelte Fahrzeuge, auf Sachschäden, wenn diese mit beträchtlichen Personenschäden einhergehen[237];
- kein Ausschluss vom Versicherungsschutz für Fahrzeuginsassen, die wussten – oder fahrlässig nicht wussten –, dass der Fahrer des Kfz zum Zeitpunkt des Unfalls unter Einfluss von Alkohol oder Drogen stand[238];
- Geltung von Kfz-Haftpflichtversicherungs-Policen im gesamten Gebiet der Gemeinschaft unabhängig von der Dauer des Auslandsaufenthalts[239];
- Versicherbarkeit eines im Ausland erworbenen Kfz mit einem Überführungskennzeichen aus dem Bestimmungsland auch wenn es dort noch nicht offiziell zugelassen ist[240];
- Direktanspruch gegen den KH-VR für sämtliche geschädigte Personen aus einem Kfz-Unfall[241].

---

[230] Zu Zielen der RL: *Kröger/Kappen*, DAR 2007, 557 ff.; *Haupfleisch/Hirtler*, DAR 2006, 560.

[231] (KOM (2002) 244 endg.); hierzu: *Lemor*, VW 2003, 30; *Fromhold*, NZV 2003, 25.

[232] RL (2005/14/EG) des Europäischen Parlaments und des Rates zur Änderung der RL (72/166/EWG). (84/5/EWG) und (90/232/EWG) des Rates sowie der RL (2000/26/EG) des Europäischen Parlaments und des Rates über die Kraftfahrzeug-Haftpflichtversicherung, Al. EG L 149/14 v. 11. Juni 2005. In diesem Abschnitt D. I. auch als „fünfte KH-RL" oder „RL" bezeichnet.

[233] BGBl. 2007 I S. 2833.

[234] Die deutsche Version der RL spricht von 1 Mio pro Person und 5 Mio pro Schadenfall; hierbei handelt es sich allerdings um einen Übersetzungsfehler, worauf die Kommission ausdrücklich hingewiesen hat, vgl. Main conclusions on the meeting on 28 September 2006 on the transposition of the 5th Motor Insurance Directive, Markt/2531–06 http://ec.europa.eu/internal_market/insurance/motor_de.htm., vgl. auch z. B. Erwägungsgrund 9 und Art. 2 Abs. 2 der französischen Version der RL.

[235] Art. 2 Abs. 2 fünfte KH-RL. Bis dahin galt aufgrund der zweiten KH-RL (84/5/EWG) eine Mindestdeckungssumme für Personenschäden von 350 000 EUR bei einem Geschädigten, sowie von 500 000 EUR pro Schadenfall bei mehr als einem Geschädigten: die Stellungnahme des deutschen Anwaltsvereins Nr. 05/03 v. 19. Februar 2003 kritisiert die Mindestdeckungssumme von 1 000 000 EUR für Personenschäden als zu niedrig; das deutsche PflVG forderte vor Umsetzung der fünften KH-RL eine gesetzliche Mindestversicherungssumme von 2 500 000 EUR pro Person und 7 500 000 EUR pro Schadenfall gem. Anlage zu § 4 Abs. 2 PflVG. Die aktuelle Fassung fordert eine Mindestversicherungssumme von 7 500 000 EUR pro Schadensfall.

[236] Art. 2 Abs. 3 fünfte KH-RL.

[237] Art. 2 Ziff. 4 fünfte KH-RL.

[238] Art. 4 Ziff. 1 fünfte KH-RL; kritisch hierzu die Stellungnahme der Bundesrechtsanwaltskammer aus Juni 2003, www.brak.de/seiten/pdf/Stellungnahmen/europa_kfz.pdf (Stellungnahme BRAK); sowie die Stellungnahme des deutschen Anwaltsvereins Nr. 05/03 v. 19. 2. 2003.

[239] Art. 4 Ziff. 3 fünfte KH-RL. Trotz des Widerspruchs zur dritten KH-RL (90/232/EWG) benutzen einige VR Klauseln, wonach der Vertrag gekündigt wird, sollte sich das versicherte Fahrzeug länger als eine bestimmte Zeit außerhalb des Zulassungsmitgliedstaates befinden, vgl. Ziff. 15 der Erwägungsgründe des RL-Vorschlags; in Deutschland sind derartige Kündigungsklauseln in AKB nicht üblich.

[240] Art. 4 Ziff. 4 fünfte KH-RL.

[241] Art. 4 Ziff. 4 fünfte KH-RL. Praktische Bedeutung hat diese Regelung lediglich für Großbritannien und Irland. Dort existiert zwar grundsätzlich ein Direktanspruch des Geschädigten gegen den Versiche-

Abweichend von dem RL-Vorschlag der Kommission lässt die fünfte KH-RL Mitglied- 66
staaten die Wahl, Mindestdeckungssummen pro Unfallopfer oder gedeckt pro Schadensfall
festzulegen. Diese „Deckelungsmöglichkeit" pro Schadensfall stammt aus Art. 1 Abs. 2 Satz 2
der zweiten KH-RL[242]. In dem RL-Vorschlag war sie hingegen nicht mehr vorgesehen. Die
Wiedereinführung der „Deckelungsmöglichkeit" pro Schadensfall in der RL geht auf
Bedenken der Versicherungswirtschaft zurück, wonach die Festlegung nur einer Mindestdeckungssumme pro Unfallopfer auf eine gesetzlich festgelegte unbegrenzte Deckung, einer so
genannten *Illimité*, hinausliefe[243], die nicht versicherbar sei.

Eine „Deckelungsmöglichkeit" pro Schadensfall kann allerdings für den Geschädigten im 67
Einzelfall auch durchaus günstigere Folgen haben, als Mindestdeckungssummen pro Unfallopfer: Bei Unfällen mit nur einem Geschädigten kann dieser bei Bedarf die Gesamtsumme
von 5 Mio EUR voll ausschöpfen. Eine **Verknüpfung beider Möglichkeiten,** in dem
Sinne, dass **bis zur Erreichung des „Deckelungsbetrags"** pro **Schadenfall jeder Geschädigte nur die jeweilige Mindestdeckungssumme** beanspruchen kann, ist in der RL
abweichend von der zweiten KH-RL[244] nicht vorgesehen. Dies hat die Kommission im
Oktober 2006 klargestellt. Der Wortlaut der RL sei eindeutig, da sie entweder Mindestdeckungssummen pro Unfallopfer oder[245] „gedeckt" pro Schadenfall vorsähe. Dieses Alter-
nativverhältnis ließe eine Verquickung der beiden Möglichkeiten mithin nicht zu[246].

Bezüglich des Schutzes der so genannten „schwächeren Verkehrsteilnehmer" blieb die RL 68
erheblich hinter dem RL-Vorschlag zurück. Der RL-Vorschlag sah vor, dass unabhängig vom
Verschulden des Fahrers, Personenschäden von Fußgängern und Radfahrern aufgrund eines
Unfalls mit Beteiligung eines Kfz, in den Deckungsbereich der KH-Versicherung miteinbezogen werden sollen. Ziel der Kommission war es, die sehr unterschiedliche Rechtslage in
den einzelnen Mitgliedstaaten im Hinblick auf die Situation von Fußgängern und Radfahrern
bei nicht vom Fahrer verschuldeten Unfällen durch verbesserten Haftpflichtversicherungsschutz zu vereinheitlichen. Der RL-Vorschlag sah einen **verschuldensunabhängigen Direktanspruch** gegen den Haftpflichtversicherer vor, ließ aber die Haftpflicht des Fahrers
nach nationalem Recht unberührt[247]. Dies hätte die dogmatisch zweifelhafte Folge gehabt,
dass der Direktanspruch gegen den Haftpflichtversicherer u. U. weitergegangen wäre, als die
zivilrechtliche Haftpflicht des Fahrers[248]. Nunmehr sieht die fünfte KH-RL vor, dass Personenschäden von nicht motorisierten Verkehrsteilnehmern durch die KH-Versicherung gedeckt werden, jedoch nur dann, wenn nach einzelstaatlichem Recht ein Schadensersatzanspruch aus einem Verkehrsunfall gegen den Fahrer eines Kfz besteht. Mit dieser eher
deklaratorischen Regelung wird in der Sache kein Fortschritt erreicht, da haftungsrechtliche
Vorschriften der Mitgliedstaaten in diesem Bereich durchweg versicherungsmäßig abgedeckt
waren[249].

---

rer, dieser setzt aber nach dem britischen Road-Traffic-Act von 1988 ein Urteil des Geschädigten gegen
den VN voraus. Andernfalls besteht ein solcher Direktanspruch nur im Falle der Insolvenz des Versicherungsnehmers; hierzu: *Lenzing* in: *Basedow/Fock* (Hrsg.) Europäisches Versicherungsvertragsrecht, (2002),
Bd. I, 204; *Fuchs,* IPrax 2001, 425 (426); *Schewior,* VersR 1998, 671 (672).

[242] Dazu oben Rn. 56.

[243] *Lemor,* VW 2006, 18; eine solche *Illimité* Deckung ist hingegen in manchen Mitgliedstaaten vorgesehen, wie z. B. in Belgien, Luxemburg, Frankreich und Großbritannien.

[244] Art. 1 Abs. 2 zweite KH-RL.

[245] Abweichend dazu verknüpft Art. 2 Abs. 2 der deutschen Version der RL die verschiedenen Mindestdeckungssummen mit „und". Hier liegt ein Übersetzungsfehler vor.

[246] European Commission, Main conclusions on the meeting on 28 September 2006 on the transposition of the 5th Motor Insurance Directive, Markt/2531–06 http://ec.europa.eu/internal_market/insu-
rance/motor_de.htm.

[247] Erwägungsgrund 14 des RL-Vorschlags.

[248] Vgl. Stellungnahme BRAK (Fn. 237); Stellungnahme des deutschen Anwaltsvereins Nr. 05/03 v.
19. 2. 2003, Stellungnahme WSA (2003/C95/12) 3.4.2.2/3; siehe auch *Lemor,* VW 2003, 30 (34).

[249] *Lemor,* VW 2006, 18.

69   Die fünfte KH-RL verstärkt schließlich den Opferschutz durch Ausdehnung der Leistungspflicht der **Entschädigungsfonds**[250] bei Fahrerflucht auch auf Sachschäden, wenn zusätzlich ein beträchtlicher Personenschaden verursacht worden ist. Ab wann ein „beträchtlicher Personenschaden" vorliegt, bleibt der Interpretation der Mitgliedstaaten überlassen. Die Mitgliedstaaten können allerdings zu Gunsten des Geschädigten auf das Erfordernis des „erheblichen Personenschadens" auch verzichten[251].

II. Versicherungsvertragsrecht

1. Richtlinie für Vertragsabschlüsse im Fernabsatz

70   Das Europäische Parlament und der Rat verabschiedeten am 23. September 2002 die Richtlinie (2002/65/EG) über den Fernabsatz von Finanzdienstleistungen an Verbraucher und zur Änderung der Richtlinie (90/619/EWG) des Rates und der Richtlinien (97/7/EG) und (98/27/EG)[252]. Die 1997 beschlossene RL (97/7/EG) über den Fernabsatz[253] nahm Finanzdienstleistungen ausdrücklich aus ihrem Anwendungsbereich aus. Die Fernabsatz-RL (2002/65/EG), trat am 9. Oktober 2002 in Kraft und musste bis zum 9. Oktober 2004 in nationales Recht umgesetzt werden. Sie schließt die bis dahin bestehende **Gesetzeslücke** hinsichtlich des **Fernabsatzes von Finanzdienstleistungen**[254]. In Deutschland ist die Fernabsatz-RL mit Gesetz zur Änderung der Vorschriften über Fernabsatzverträge bei Finanzdienstleistungen vom 2. Dezember 2004[255] umgesetzt worden. Das Gesetz trat am 8. Dezember 2004 in Kraft. Regelungen für Versicherungsverträge wurden überwiegend[256] mit Art. 6 (Änderung des VVG) umgesetzt[257].

71   Vorrangiges Ziel der RL ist einerseits die **Verwirklichung der Ziele des Binnenmarktes**[258] und andererseits der **Verbraucherschutz**[259]. Dem Verbraucherschutz kommt besondere Bedeutung zu, da die Möglichkeit einen Vertrag grenzüberschreitend z. B. per Telefon, Telefax oder per Post abzuschließen, eines der wichtigsten für den Verbraucher greifbaren Ergebnisse des vollendeten Binnenmarktes ist. Daher sollte sein Vertrauen in den Fernabsatz gefördert werden[260]. Zwar werden Versicherungsverträge in Deutschland herkömmlich überwiegend auf Grund eines persönlichen Gesprächs mit einem Vermittler geschlossen, doch wächst auch die Zahl der Direktversicherer, die einen Vertragsschluss per Post oder Internet anbieten.

72   Kern der RL sind **Informationspflichten** des Finanzdienstleisters, ein **Widerrufsrecht** des Verbrauchers, Regeln bezüglich der **Rückabwicklung** von Verträgen sowie allgemeine **Verhaltensregeln** hinsichtlich des Finanzdienstleisters. Fernabsatz von Versicherungsverträgen an Verbraucher war von Dezember 2004 bis Dezember 2007 in §§ 48a bis e VVG (a. F.)[261]

---

[250] In Deutschland: § 12 PflVG.

[251] European Commission, Main conclusions on the meeting on 28 September 2006 on the transposition of the 5th Motor Insurance Directive, http://ec.europa.eu/internal_market/insurance/motor_de.htm. In Deutschland wird als Voraussetzung für die Eintrittpflicht des Entschädigungsfonds für Sachschäden auf einen „erheblichen" Personenschaden abgestellt, § 12 Abs. 2 PflVG.

[252] In diesem Abschnitt D. II. I als „Fernabsatz-RL" oder in „RL" bezeichnet.

[253] RL (97/7/EG) EU-Fernabsatzrichtlinie über den Verbraucherschutz bei Vertragsabschlüssen im Fernabsatz, ABl. EG L 144/19 v. 4. 6. 1997.

[254] Vgl. *Heiss*, IPRax 2003, 100 (104); *Brandt/Hohensinner*, ÖBA 2003, 52.

[255] BGBl. I S. 3102.

[256] Die in Art. 1 des Gesetzes enthaltene Begriffsbestimmung findet auch auf Versicherungsverträge Anwendung.

[257] Zur Umsetzung der RL: u. a. *Münch*, ZVersWiss 2004, 775; *Felke/Jordans*, WM 2004, 166 sowie NJW 2005, 710; *Schneider*, VersR 2004, 696; *Knöfel*, ZGS 2004, 182; *Kocher*, DB 2004, 2679; *Rott*, BB 2005, 53; *Fraunhold*, NZV 2003, 25.

[258] Erwägungsgrund 1 der RL.

[259] Erwägungsgründe 2–4 der RL; *Glöckner*, ELR 2003, 26.

[260] Erwägungsgründe 2 und 3 der RL.

[261] *Schimikowski*, ZfV 2005, 279.

geregelt. Seit dem Inkrafttreten des neuen VVG finden sich die Vorgaben der RL im Wesentlichen in §§ 7, 8, 9, 152 und 214 VVG.

a) Begriffsbestimmung/Anwendungsbereich der Fernabsatz-RL. Gegenstand der **73** RL ist nach Art. 1 Abs. 1 der **Fernabsatz** von **Finanzdienstleistungen** an **Verbraucher.** Gemäß Art. 2b der RL umfasst der Begriff der Finanzdienstleistung auch jede Dienstleistung im Zusammenhang mit Versicherungen. Versicherungsverträge, die zwischen einem VR und einem Verbraucher „im Rahmen eines für den Fernabsatz organisierten Vertriebs- und Dienstleistungssystems des VR geschlossen werden und hierfür ausschließlich ein oder mehrere Fernkommunikationsmittel benutzt werden", fallen somit in den Anwendungsbereich der RL. Im deutschen Recht sind die Begriffsbestimmungen zu Fernabsatzverträgen in § 312b Abs. 1 und 2 BGB enthalten.

b) Informations- und Auskunftspflichten. Die RL gibt dem VR eine Vielzahl von **74** Informations- und Auskunftspflichten auf. Die Pflichten aus Art. 3 Abs. 1 Nr. 1 der RL beziehen sich zunächst auf den VR selbst: **Identität und Anschrift des VR** sowie etwaige Niederlassungen und sonst maßgebliche Anschriften, Identität eines etwaigen Vertreters im Mitgliedstaat des Verbrauchers, weitere Personen, mit denen der Verbraucher ggf. geschäftlich zu tun hat, Handelsregistereintragungen sowie die zuständige Aufsichtsbehörde sind anzugeben.

Zudem ist der VR nach Art. 3 Abs. 1 Nr. 2 der RL verpflichtet, in Bezug auf die Finanz- **75** dienstleistung, also das **Versicherungsprodukt,** folgende Angaben zu machen: **Wesentliche Merkmale der Versicherung,** Gesamtpreis einschließlich aller Gebühren, Provisionen und Abgaben sowie über den VR abgeführte Steuern, Risiken bzw. Preisschwankungen in Bezug auf das Produkt, ggf. weitere vom Verbraucher abzuführende Steuern, zusätzliche Kosten und Steuern, spezielle Risiken, Einzelheiten hinsichtlich Zahlung und Erfüllung sowie zur möglicherweise zeitlich beschränkten Gültigkeit der Informationen.

Nach Art. 3 Abs. 1 Nr. 3 der RL sind über den **Fernabsatzvertrag** als solchen weitere **In-** **76** **formationen** zu erteilen, nämlich über das Bestehen oder Nichtbestehen eines Widerrufsrechts sowie über die Modalitäten seiner Ausübung (insbesondere auf die damit verbundenen Kosten), die Mindestlaufzeit des Vertrages, das Bestehen eines vorzeitigen Kündigungsrechts und evtl. damit verbundenen Vertragsstrafen, das auf die vorvertraglichen Beziehungen zwischen VR und Verbraucher vor Abschluss des Vertrages anwendbare Recht, das auf den Vertrag anwendbare Recht, das zuständige Gericht sowie über die zu verwendende Sprache.

Zusätzlich ist der Verbraucher über mögliche **außergerichtliche Beschwerdemöglich-** **77** **keiten** und Rechtsbehelfe sowie über ggf. bestehende Garantiefonds aufzuklären, Art. 3 Abs. 1 Nr. 4 der RL.

Nach Art. 3 Abs. 3 der RL muss der VR bei **telefonischer Kommunikation,** die von **78** ihm ausgeht, seine Identität und den geschäftlichen Zweck zu Beginn des Gesprächs mit dem Verbraucher offen legen; daneben gelten – vorbehaltlich der ausdrücklichen Zustimmung des Verbrauchers – nur eingeschränkte Informationspflichten hinsichtlich der „Identität der Kontaktperson" des Verbrauchers und deren Verbindung zum VR, der „Beschreibung der Hauptmerkmale" des Versicherungsvertrages, des „Gesamtpreises" der Versicherung, einschließlich Steuern und/oder Kosten sowie des „Bestehens oder Nichtbestehens eines Widerrufsrechts" und ggf. Modalitäten für dessen Ausübung. Der VR muss den Verbraucher informieren, dass auf Wunsch weitere Informationen übermittelt werden können. Nach Abschluss des Vertrages muss er die vollständigen Informationen nachzureichen.

Art. 4 der RL stellt klar, dass beim Bestehen **zusätzlicher Informationsanforderungen** **79** aufgrund anderer gemeinschaftsrechtlicher Rechtsvorschriften diese weiterhin gelten. Für Versicherungsverträge sind dies insbesondere die Informationspflichten aus Art. 36 Abs. 1 i. V. m. Anlage III A der Lebens-RL (2002/83/EG), bzw. aus Art. 31 und Art. 43 Abs. 2 der dritten Schaden-RL (92/94/EG). Praktische Bedeutung haben diese zusätzlichen Informationspflichten in erster Linie für Lebensversicherungsverträge. Für sie gelten produktbezogene Informationspflichten[262], die über die Informationspflichten nach der Fernabsatz-RL

---

[262] Hierzu oben: Rn. 48, 49.

hinausgehen. Bis zu einer weiteren Harmonisierung gestattet es Art. 4 Abs. 3 der Fernabsatz-RL den Mitgliedstaaten, auch strengere Bestimmungen an eine vorherige Auskunfterteilung zu erlassen, bzw. aufrechtzuerhalten, sofern diese mit dem Gemeinschaftsrecht in Einklang stehen.

80   In Deutschland sind die Informationspflichten der Fernabsatz-RL für Versicherungsverträge nunmehr in § 7 VVG i. V. m. der VVG-InfoV umgesetzt. Mit § 7 VVG i. V. m. der VVG-InfoV hat der deutsche Gesetzgeber von der Option, **strengere Bestimmungen** zu erlassen, in erheblichem Umfang Gebrauch gemacht: Die Informationspflichten des VR vor Abschluss eines Versicherungsvertrages ergeben sich einheitlich – für alle Formen des Vertragsabschlusses – aus § 7 VVG i. V. m. der VVG-InfoV. Die Vorschrift berücksichtigt die Anforderungen nach der Fernabsatz-RL, der dritten Schaden-RL (92/94/EWG) sowie der Lebens-RL (2002/83/EG)[263]. Die nach der Fernabsatz-RL im Fernabsatz mit Verbrauchern geltenden Informationspflichten werden somit auch auf Verträge erstreckt, die weder im Fernabsatz noch mit Verbrauchern abgeschlossen werden. Die Pflicht nach § 7 VVG i. V. m. § 1 Abs. 6a VVG-InfoV, vollständige AVB vor Vertragsschluss zu übermitteln, geht auch im Hinblick auf den Informationsumfang über die Anforderungen der Fernabsatz-RL hinaus. Art. 3 Nr. 2a der RL fordert nur eine Übermittlung der „wesentlichen Vertragsinformationen". Zwar sind nach Art. 36 i. V. m. Anhang III A der Lebens-RL (2002/83/EG) vollständige AVB vor Vertragsschluss zu überlassen, für die Schadenversicherung enthalten die „Versicherungs-RL" aber keine entsprechende Verpflichtung[264]. Ob die Verpflichtung des VR, vollständige AVB einer Schadenversicherung vor Abschluss des Vertrages zu überlassen, noch durch das Allgemeininteresse gerechtfertigt ist[265] oder ob hierin eine unzulässige Beschränkung der Dienstleistungsfreiheit für VR aus anderen Mitgliedstaaten gesehen werden kann, ist zweifelhaft, speziell dann, wenn es um Verträge mit Nicht-Verbrauchern geht.

81   Gemäß Art. 5 der Fernabsatz-RL hat der VR dem VN rechtzeitig, d. h. **bevor der VN durch Vertrag oder sein Angebot gebunden** ist, sämtliche Informationen in Papierform oder auf einem dauerhaften Datenträger zu überlassen. Zunächst hielt der deutsche Gesetzgeber den Wortlaut der Fernabsatz-RL für nicht eindeutig in Bezug darauf, ob die Informationen „vor Vertragsschluss" oder „vor endgültiger Bindung" des VN, also vor Ablauf der Widerrufsfrist zu erteilen sind. In § 48b VVG (a. F.) hatte er dies zunächst mit der Formulierung „vor dessen Bindung" bewusst nicht weiter präzisiert[266]. Nunmehr stellt § 7 Abs. 1 VVG klar, dass die Informationen erteilt sein müssen, bevor der VN „seine Vertragserklärung" also sein Angebot auf Abschluss des Vertrages bzw. seine Annahmeerklärung zum Angebot des VR abgibt. Die Neuregelung im VVG dürfte eher der Zielsetzung der RL entsprechen als die „alte" Regelung: Die Überschrift von Art. 3 der RL lautet nämlich „Unterrichtung des Verbrauchers vor Abschluss des Fernabsatzvertrages". Ferner enthält Art. 3 Abs. 3 der RL die oben[267] dargestellten Sonderregelungen für den telefonischen Abschluss von Verträgen und Art. 5 Abs. 2 der RL eine Ausnahme für den Fall, dass der Vertrag auf Ersuchen des Verbrauchers mittels eines Fernkommunikationsmittels geschlossen wurde, das eine Übermittlung vor Vertragsschluss nicht zulässt. Beide Sonderregelungen wären – jedenfalls soweit ein Widerrufsrecht besteht – nicht erforderlich, wenn die Informationserteilung vor Ablauf der Widerrufsfrist ausreichend wäre.

82   **c) Widerrufsrecht.** Der VN kann nach Art. 6 der Fernabsatz-RL den abgeschlossenen Vertrag ohne Nennung von Gründen und ohne Vertragsstrafe innerhalb von **14 Tagen bzw. 30 Tagen** im Falle von Lebensversicherungsverträgen **widerrufen.** Die Widerrufsfrist beginnt mit Abschluss des Fernabsatzvertrages bzw. bei Lebensversicherungsverträgen mit der

---

[263] Die besonderen produktbezogenen Informationspflichten der Lebens-RL (2002/83/EG) gelten natürlich nur für Lebensversicherungsverträge.
[264] Hierzu oben Rn. 47, 48.
[265] Zum Begriff oben Rn. 34.
[266] BT-Drucks. 15/2946, S. 29, hierzu: *Schimikowski,* ZfV 2005, 279, 181.
[267] Unter Rn. 78.

Information des VN über den Abschluss des Vertrages[268]. Die Frist beginnt jedoch nicht vor Erhalt der Vertragsbedingungen und Informationen zu laufen, sofern diese – z. B. bei telefonischem Vertragsschluss – erst nachträglich übermittelt werden. Erhält der VN also keine oder keine vollständigen Informationen, kann der Vertragsschluss auch noch nach Jahren widerrufen werden.

Gem. Art. 6 Abs. 2 der Fernabsatz-RL ist das Widerrufsrecht für verschiedene **Finanz-** **83** **dienstleistungen ausgeschlossen**[269]. Im Bereich Versicherungen ist das Widerrufsrecht z. B. bei der Reise- und Gepäckversicherung oder ähnlichen kurzfristigen Versicherungs-Policen mit einer Laufzeit von weniger als einem Monat ausgeschlossen. Ferner ist der Widerruf ausgeschlossen, wenn der Vertrag auf Wunsch des VN bereits auf beiden Seiten vollständig erfüllt ist, bevor das Widerrufsrecht ausgeübt wird[270].

Der deutsche Gesetzgeber hat das Widerrufsrecht entsprechend den Anforderungen der RL in §§ 8, 152 VVG geregelt. Es gilt nicht nur für Fernabsatzverträge, sondern für alle Versicherungsverträge unabhängig von der Vertriebsform.

d) Rückabwicklung von Verträgen. Beginnt der Vertrag vor Ablauf der Widerrufsfrist **84** und widerruft der VN den Vertrag fristgemäß, darf der VR die **Zahlung** für die gemäß dem Fernabsatzvertrag **tatsächlich erbrachte Dienstleistung**[271] verlangen, wenn der Verbraucher der Erfüllung des Vertrages vor Ablauf der Widerrufsfrist zugestimmt hat und über den bei Widerruf zu zahlenden Prämienanteil informiert worden ist. Sind diese Voraussetzungen nicht erfüllt, besteht kein Anspruch auf die Prämie. Der zu zahlende Prämienanteil darf im Verhältnis zur Gesamtsumme nicht höher sein, als die bereits erbrachte Leistung im Vergleich zur Gesamtleistung. Zudem darf die Höhe dieses Betrages nicht den Charakter einer Vertragsstrafe haben[272].

Die Mitgliedstaaten können bestimmen, dass der VN keinen Prämienanteil schuldet, wenn **85** er den **Abschluss eines Versicherungsvertrages widerruft**[273]. Von dieser Möglichkeit hat der deutsche Gesetzgeber keinen uneingeschränkten Gebrauch gemacht. § 48 c Abs. 5 VVG (a. F.) sowie nunmehr § 9 VVG sehen vor, dass der VR nur „den auf die Zeit nach Zugang des Widerrufs entfallenden Teil der Prämie erstatten muss", wenn der VN zuvor ordnungsgemäß belehrt wurde und einem Beginn des Versicherungsschutzes vor Ablauf der Widerrufsfrist zugestimmt hatte. Nach § 9 S. 2 VVG ist der Erstattungsanspruch des VN bei unterbliebener Belehrung auf die Prämien für das erste Versicherungsjahr begrenzt und steht unter dem Vorbehalt, dass keine Leistungen aus dem Versicherungsvertrag in Anspruch genommen wurden. Diese Einschränkungen sind in Art. 7 Abs. 3 S. 1 der Fernabsatz-RL nicht vorgese-

---

[268] Diese Termine können auseinanderfallen, wenn das verbindliche Angebot vom VR ausgeht und der VN dieses Angebot per Brief annimmt.

[269] Insbesondere für diverse Devisen und Kapitalmarktgeschäfte, bei denen die Ausübung des Widerrufsrechtes zu Spekulationszwecken missbraucht werden könnte. Art. 6 Abs. 3 stellt es den Mitgliedstaaten ferner frei, das Widerrufsrecht für bestimmte Kreditgeschäfte auszuschließen.

[270] Nach der Regierungsbegründung zum Gesetzesentwurf vom 22. April 2004, BT-Drs 15/2946, S. 30 zu § 48 c VVG sei es „denkbar, dass unter diese Regelung auch Verträge über eine vorläufige Deckung fallen, wenn sie auf einen Zeitraum von weniger als einem Monat befristet sind", das Gesetz selbst enthielt aber keine Klarstellung. In § 8 Abs. 3 VVG wird nunmehr ausdrücklich klargestellt, dass der Ausschluss des Widerrufsrechts bei Verträgen über vorläufige Deckung dann nicht gilt, wenn der Vertrag im Wege des Fernabsatzes geschlossen wurde.

[271] Mit Dienstleistung kann hier nur die vom VR übernommene „Risikotragung" gemeint sein; ob allerdings als Leistungspflicht des VR nach VVG die Gefahrtragung oder die Leistung im Versicherungsfall anzusehen ist, ist grundsätzlich umstritten, vgl. (kurz) *Römer/Langheid/Römer*, § 1 VVG Rn. 6; (ausführlicher) Berliner Kommentar/*Schwintowski*, § 1 VVG Rn. 24ff. Die Dienstleistung i. S. d. RL kann aber nur die Gefahrtragung sein, da die Rückerstattungspflicht des Verbrauchers für erhaltene Geldleistungen in Art. 7 Abs. 5 ausdrücklich geregelt ist.

[272] Art. 7 Abs. 1 und Abs. 3 der RL.

[273] Art. 7 Abs. 2 der RL; die deutsche Fassung der RL spricht hier von „kündigen". Gemeint ist im Regelungszusammenhang des Art. 7 der RL wohl eher der Widerruf. Zutreffend: die englische Version der RL: „*when withdrawing*".

hen. Es ist daher nicht sicher, ob die Einschränkungen der Prämienrückerstattungspflicht gem. § 9 S. 2 VVG mit den Vorgaben der RL vereinbar ist.

86   **e) Verhaltensregeln.** Art. 10 der RL regelt, dass die **Kontaktaufnahme** per Voice-Mail-System und per Telefax der vorherigen Einwilligung des Verbrauchers bedarf. Die Kommunikation unter Einsatz anderer Fernkommunikationsmittel haben die Mitgliedstaaten so zu regeln, dass deren Einsatz entweder nur zulässig ist, wenn der Verbraucher ausdrücklich zustimmt („*opt-in*") oder wenn der Verbraucher keine deutlichen Einwände erhebt („*opt-out*")[274].

2. Versicherungsvermittlerrichtlinie

87   Das Europäische Parlament und der Rat beschlossen am 9. Dezember 2002 die Richtlinie (2002/92/EG) über Versicherungsvermittlung[275]. Die RL trat am 15. Januar 2003 in Kraft und war bis zum 15. Januar 2005 in nationales Recht umzusetzen. In Deutschland ist die RL erst mit Gesetz zur Neuregelung des Versicherungsvermittlerrechts vom 19. Dezember 2006[276] umgesetzt worden, das am 22. Mai 2007 in Kraft trat.
Ziele der Richtlinie sind Verbraucherschutz und die Harmonisierung des Vermittlermarktes innerhalb der Mitgliedstaaten. Die Interessen der Verbraucher sollen vor allem durch die Registrierungspflicht und die Normierung der Informations- und Dokumentationspflichten des Vermittlers gestärkt werden[277].

88   Vor Inkrafttreten der Versicherungsvermittler-RL gab es innerhalb der EU keine harmonisierten Regelungen im Bereich der Versicherungsvermittlung[278]. Bindende Vorschriften für Versicherungsvermittler waren lediglich in der **RL (77/92/EWG) über Versicherungsvermittlung**[279] enthalten. Sie beschränkte sich auf die Festlegung verschiedener Übergangsmaßnahmen, die die Freizügigkeit von Versicherungsvermittlern, erleichtern sollten und stellte nur ein **Provisorium** dar, das beim Vorliegen einer detaillierten Gemeinschaftsregelung hinfällig werden sollte[280]. RL (77/92/EWG) ließ den Mitgliedstaaten die Möglichkeit, spezifische Vorschriften für die Aufnahme und Ausübung der Versicherungsvermittlung festzusetzen oder dies nicht zu tun. Die Mitgliedstaaten verfügten daher auch über **sehr unterschiedliche nationale Regelungen**[281].

89   Eine gewisse Harmonisierung wurde durch die **Empfehlung (92/48/EWG)** der Kommission[282] vom 18. Dezember 1991 erzielt. Ohne verbindliche Koordinierungsmaßnahmen zu erlassen, forderte die Kommission die Mitgliedstaaten auf, das Notwendige zu unternehmen, um sicherzustellen, dass die in ihrem Staatsgebiet niedergelassenen Versicherungsvermittler allgemeinen kaufmännischen und fachlichen Anforderungen genügen, einen guten Leumund haben, nicht in Konkurs gegangen sind; eine Berufshaftpflichtsicherung oder eine gleichwertige Garantie haben und in ein Register eingetragen sind[283]. Darüber hinaus sollte ein Versicherungsmakler über ausreichende finanzielle Leistungsfähigkeit verfügen[284]. Lediglich Personen, die die vorgenannten Voraussetzungen erfüllten und in ein entsprechen-

---

[274] Der deutsche Gesetzgeber hat sich für das sog. „opt-in" Verfahren entschieden. § 7 UWG regelt, dass Telefonanrufe nur bei ausdrücklichem oder mutmaßlichem Einverständnis des Verbrauchers zulässig sind.

[275] In diesem Abschnitt D II 2 auch als „Versicherungsvermittler-RL" oder RL bezeichnet.

[276] BGBl. 2006 I S. 3232; zum neuen Berufsrecht der Versicherungsvermittler siehe *Reiff*, § 5 Rn. 20 ff.

[277] Amtliche Begründung der Kommission zum Vorschlag für eine Versicherungsvermittler-RL, KOM (2000) 511 endg., S. 6.

[278] Zur Vorgeschichte der Versicherungsvermittler-RL, *Schönleiter*, GewArch 2007, 265.

[279] RL (77/92/EWG); dazu *H. Müller*, Versicherungsbinnenmarkt, Rn. 273 ff.

[280] Erwägungsgründe sowie Art. 12 der RL (77/92/EWG); *H. Müller*, Versicherungsbinnenmarkt, Rn. 273.

[281] Amtliche Begründung des Vorschlags für eine RL des europäischen Parlaments und des Rates über Versicherungsvermittlung der Kommission, KOM (2000) 511 endg. unter 1.2, S. 5; *H. Müller*, Versicherungsbinnenmarkt, Rn. 273.

[282] Empfehlung (92/48/EWG).

[283] Art. 4 Empfehlung (92/48/EWG).

[284] Art. 4 Abs. 5 der Empfehlung (92/48/EWG).

des Register eingetragen waren, sollten nach der Empfehlung der Kommission die Tätigkeit eines Versicherungsvermittlers ausüben dürfen. Außer der Bundesrepublik Deutschland hatten alle damaligen Mitgliedstaaten Maßnahmen bzw. Gesetze erlassen, um der Empfehlung der Kommission nachzukommen[285].

In Deutschland war die Versicherungsvermittlung eine gewerbliche Tätigkeit im Sinne der Gewerbeordnung (GewO) und unterlag keiner Berufszugangsschranke. Ein Versicherungsvermittler war nur zur Anzeige seiner Tätigkeit gemäß § 14 GewO verpflichtet. Für die ca. 500 000 in Deutschland tätigen Versicherungsvermittler[286] bedeutet die Umsetzung der Versicherungsvermittler-RL somit eine erhebliche Umstellung.

a) Anwendungsbereich. Die Richtlinie erfasst (Rück-) Versicherungsvermittler (Art. 1 **90** Abs. 1 der RL). Versicherungsvermittler ist nach der Definition der RL „jede natürliche oder juristische Person, die die Tätigkeit der Versicherungsvermittlung gegen Vergütung aufnimmt oder ausübt" (Art. 2 Nr. 6)[287]. Dabei ist Versicherungsvermittlung nach der RL das **„Anbieten, Vorschlagen** oder **Durchführen** anderer **Vorbereitungsarbeiten** zum **Abschließen** von **Versicherungsverträgen** oder das Abschließen von Versicherungsverträgen oder das Mitwirken bei deren Verwaltung und Erfüllung insbesondere im Schadensfall" (Art. 2 Nr. 3). Ausdrücklich vom Anwendungsbereich der RL ausgeschlossen ist die Versicherungsvermittlung für Risiken außerhalb der EU sowie die nebenberufliche Vermittlung von Versicherungsprodukten, die (nur) eine Zusatzleistung zur Lieferung einer Ware bzw. der Erbringung einer Dienstleistung darstellen und deren Jahresprämien 500 EUR nicht übersteigt. Nicht von der RL erfasst wird somit z. B. die Vermittlung von Versicherungsverträgen gegen den Verlust oder die Beschädigung von Brillen durch Optiker sowie die von Reisebüros angebotenen Reiseversicherung[288].

In Deutschland ist der Begriff des Versicherungsvermittlers nunmehr in § 34d Abs. 1 **91** GewO wie folgt definiert: „wer gewerbsmäßig als Versicherungsmakler oder als Versicherungsvertreter den Abschluss von Versicherungsverträgen vermitteln will (Versicherungsvermittler)". Der Vermittlerbegriff ist damit bewusst restriktiver definiert worden, als durch den Wortlaut der RL vorgegeben. Damit wird klargestellt, dass einzelne Tätigkeiten, z. B. die Schadensbeseitigung durch Kfz-Werkstätten, die lediglich in den Bereich der Mitwirkung an der Erfüllung von Versicherungsverträgen fallen, nicht erfasst sind[289]. Auch die Tätigkeit eines

---

[285] Ein entsprechender Gesetzesentwurf des Bundesrats v. 9. Juli 1997 auf Antrag der Länder Niedersachsen und des Saarlandes, (BR-Drucks. 517/97) ist aufgrund der Beschlussempfehlung des Finanzausschusses, (BT-Drucks. 13/10936) vom Bundestag am 4. September 1998 abgelehnt worden, (BR-Drs. 763/98), dazu *Abram,* VersR 1998, 551 (553).

[286] Schätzung der Bundesregierung im Gesetzgebungsverfahren nach Angaben des GDV: Danach sind derzeit ca. 410 000 Gewerbetreibende als Versicherungsvermittler tätig: 6.000 bis 8.000 Makler, – 3000 ungebundene Vertreter (Vermittler mit Agenturverträgen mit mehreren Versicherungsunternehmen ohne Ausschließlichkeitsklausel), – 400 000 gebundene Vertreter (solche, die einen Agenturvertrag mit einem Versicherungsunternehmen mit Ausschließlichkeitsklausel haben). Bei diesen Zahlen seien jedoch Strukturvertriebe mit einem großen Netzwerk selbständiger Vermittler nur einfach gezählt. Dazu komme eine zur Zeit des Gesetzgebungsverfahrens nicht bezifferbare Anzahl von Gewerbetreibenden, die Versicherungen akzessorisch zu dem Hauptprodukt vermitteln (produktakzessorische Vermittler), wie z. B. Kfz-Händler u. v. a. Damit wird sich die Zahl der zu registrierenden Vermittler noch weiter erhöhen. Eine Gesamtzahl von 500 000 ist nicht auszuschließen, BT-Drs 16/1935, S. 13.

[287] Da Vertreter und Makler nicht in allen Mitgliedstaaten sauber unterschieden werden können, wurde diese Unterscheidung, die nach der RL (77/92/EWG) zugrunde lag, nicht aufgenommen (vgl. amtliche Begründung der Kommission zum Vorschlag für eine Versicherungsvermittler-RL, KOM (2000) 511 endg. zu Art. 2, 9; *Abram,* NVersZ 2001, 49 (50).

[288] Art. 1 Abs. 2 der Versicherungsvermittler-RL (2002/92/EG); vgl. auch amtlicher Kommentar der Kommission zu Art. 1 im Vorschlag der Kommission für eine RL über Versicherungsvermittlung, KOM (2000) 511 endg.

[289] Regierungsbegründung zum Gesetzesentwurf BT-Drs 16/1935, S. 17; zutreffend weist die Regierungsbegründung darauf hin, dass die Ausnahmen in Art. 2 Nr. 3 Abs. 2 und 3 diesen restriktiveren Vermittler-Begriff zulassen. Zustimmend, *Reiff,* VersR 2007, 717 ff.

„Tippgebers", die darauf beschränkt ist, Möglichkeiten zum Abschluss von Versicherungsverträgen namhaft zu machen oder Kontakte zwischen einem potentiellen Versicherungsnehmer
und einem Versicherungsvermittler oder Versicherungsunternehmen herzustellen, ist nach
der Regierungsbegründung keine Versicherungsvermittlung[290]. Die nach Art. 1 Abs. 2 der
RL vom Anwendungsbereich der RL ausgenommenen Vermittler von produktakzessori-
schen „Kleinstversicherungen" sind entsprechend der RL in § 34d Abs. 9 GewO von der Anwendung der für Vermittler geltenden Regelungen ausgenommen worden.

92   **b) Berufsausübungsvoraussetzungen.** Nach der RL darf innerhalb der EU nur als Versicherungsvermittler tätig sein, wer zuvor in ein **zentrales Register** des jeweiligen Herkunftsmitgliedstaates eingetragen ist[291]. Die Eintragung ist davon abhängig, dass der Versicherungsvermittler fachliche Kenntnisse und Fähigkeiten mitbringt. Dabei steht es den Mitgliedstaaten
frei, Kriterien festzusetzen, um diese Anforderungen zu bestimmen. Die RL macht den Mitgliedstaaten keinerlei Vorgaben dazu, wie entsprechende Kenntnisse und Fähigkeiten durch
die Vermittler nachzuweisen sind[292]. Für vertraglich gebundene Versicherungsvermittler[293]
kann vorgesehen werden, dass der VR die Kenntnisse und Fertigkeiten des Versicherungsvermittlers prüft und ihm ggf. eine Ausbildung verschafft[294]. Ferner sollen Versicherungsvermittler einen guten Leumund besitzen, d. h. es dürfen keine Eintragungen wegen schwerwiegender Straftaten in den Bereichen Eigentums- oder Finanzkriminalität vorliegen, ebenso wenig
wie die Person in Konkurs gegangen sein darf[295]. Der Abschluss einer **Berufshaftpflichtversicherung** mit einer Deckungssumme von mindestens 1 000 000 EUR pro Schadenfall wird
bindend, sofern keine gleichwertige Garantie vorliegt. Möglich ist auch, dass der VR, für den
der Vermittler vertraglich gebunden tätig ist, die uneingeschränkte Haftung übernimmt[296].

93   Der neue § 34d Abs. 1 GewO führt eine **Erlaubnispflicht** für die Tätigkeit als Versicherungsvermittler ein, wobei die **Industrie- und Handelskammern (IHK)** für Erlaubnis-
erteilung, Widerruf und Rücknahme zuständig sind. Die Voraussetzungen für die Erteilung
der Erlaubnis sind in § 34d Abs. 2 GewO genannt. Danach muss ein Versicherungsvermittler
„zuverlässig" sein, in „geordneten Vermögensverhältnissen leben", eine Berufshaftpflichtversicherung nachweisen[297] und einen Sachkundenachweis erbringen[298]. Für Vermittler, die nur
produktakzessorische Versicherungen vermitteln (z. B. Kfz-Händler, die Kfz-Versicherungen
vertreiben), kann eine geringere Qualifikation ausreichend sein (§ 34d Abs. 3 GewO).

94   Für die in Art. 2 Nr. 7 der RL definierten „gebundenen Vermittler", für die Erleichterungen zulässig sind, gewährt § 34d Abs. 4 GewO eine **Ausnahme von der Erlaubnispflicht,**
wenn „ihr" VR eine uneingeschränkte Haftungsübernahme für die Vermittlungstätigkeit erklärt. In diesem Fall ist der VR gem. § 80 Abs. 2 VAG auch verpflichtet, die Zuverlässigkeit,
die geordneten Vermögensverhältnisse sowie die erforderliche Sachkunde des Vertreters zu

---

[290] BT-Drucks. 16/1935, S. 17; zum Begriff des Tippgebers siehe LG Wiesbaden, VersR 2008, 919.

[291] Art. 3 der Versicherungsvermittler-RL.

[292] Kritisch hierzu *Matusche-Beckmann,* NVersZ 2002, 385 (386); *Abram,* NVersZ 2001, 49 (53); die zur
Vermeidung möglicher Inländer-Diskriminierung die Festlegung gewisser Mindeststandards gefordert
hatten.

[293] Gemäß Art. 2 Ziff. 7 der Versicherungsvermittler-RL ist „vertraglich gebundener Versicherungsvermittler" jede Person, die eine Tätigkeit der Versicherungsvermittlung im Namen und für Rechnung
eines VR oder – wenn die Versicherungsprodukte nicht in Konkurrenz miteinander stehen – mehrerer
VR ausübt, die jedoch weder die Prämien noch die für den Kunden bestimmten Beträge in Empfang
nimmt und hinsichtlich der Produkte der jeweiligen VR unter deren uneingeschränkter Verantwortung
handelt.

[294] Art. 4 Abs. 1 der Versicherungsvermittler-RL.

[295] Art. 4 Abs. 2 der Versicherungsvermittler-RL.

[296] Art. 4 Abs. 3 der Versicherungsvermittler-RL; kritisch hierzu *Abram,* NVersZ 2001, 49 (53 f.).

[297] Die inhaltlichen Anforderungen an die Berufshaftpflichtversicherung ergeben sich aus §§ 8–10
VersVermV.

[298] Sachkunde wird grundsätzlich durch eine Sachkundeprüfung nachgewiesen, deren Anforderungen
sich aus § 1 VersVermV ergeben.

überprüfen[299]. Alle Versicherungsvermittler auch solche, die von der Erlaubnispflicht befreit sind, müssen in ein zentrales Vermittlerregister eingetragen werden, § 34 d Abs. 7 GewO. Bei gebundenen Vertretern besteht die Besonderheit, dass die Meldung an das Vermittlerregister durch den VR erfolgt.

Das Vermittlerregister (www.vermittlerregister.info) soll Kunden, Versicherungsunternehmen und ggf. ausländischen Behörden die Überprüfung ermöglichen, ob ein Versicherungsvermittler zugelassen ist und ob er als **Makler** oder **Vertreter** tätig wird.

Ferner soll ein **Schutz vor Veruntreuung** von VN-Geldern gewährleistet werden. Dies **95** können die Mitgliedstaaten alternativ oder kumulativ dadurch gewährleisten, dass a) bei Zahlungen des VN an den Vermittler jener so gestellt wird, als hätte er unmittelbar an den VR gezahlt, aber dass andererseits Zahlungen des VR an den VN erst dann als erfolgt gelten, wenn diese tatsächlich beim VN angekommen sind; dass b) der Nachweis einer finanziellen Leistungsfähigkeit des Vermittlers in Höhe von mindestens 15 000,00 EUR erbracht wird; dass c) Anderkonten oder d) ein unabhängiger Garantiefonds eingerichtet werden[300].

Umgesetzt wurde der Schutz vor Veruntreuung durch Versicherungsvertreter in Deutsch- **96** land durch die Fiktion einer **Geldempfangsvollmacht** des Vertreters für Zahlungen an den VR in § 69 Abs. 2 VVG (42 f VVG a.F.). Diese gesetzliche Fiktion hat allerdings auf Basis des allgemeinen deutschen Zivilrecht nur deklaratorische Bedeutung, da der Versicherungsvertreter in die Absatzorganisation des VR als Vertreter und Erfüllungsgehilfe eingegliedert ist, so dass eine ihm vom Kunden übergebene Prämie zugleich auch nach „altem" Recht als vom VR empfangen galt[301]. Ferner regelt § 12 Abs. 1 VersVermV, dass Vermittler, die keine Geldempfangsvollmacht des VR vorweisen können, Zahlungen nur entgegennehmen dürfen, wenn sie zuvor eine Sicherheit geleistet haben oder eine entsprechende Versicherung abgeschlossen haben.

Erfüllt der Vermittler die Voraussetzungen zur Berufsausübung und zur Eintragung in das **97** zuständige Register, so kann er gemäß dem **„single license" Prinzip** nach entsprechender Mitteilung an die zuständige Behörde des Herkunftsmitgliedstaates in sämtlichen Mitgliedstaaten der EU und des EWR im Rahmen des freien **Dienstleistungsverkehrs** oder der **Niederlassungsfreiheit** tätig werden[302]. Entsprechend sind Vermittler aus anderen EU/EWR Staaten gem. § 34 d Abs. 5 und 7 von der Erlaubnis und Registrierungspflicht in Deutschland ausgenommen. Abweichend vom RL-Vorschlag der Kommission können Mitgliedstaaten Bestandsschutz für Vermittler vorsehen, die bereits vor September 2000 eine Vermittlungstätigkeit ausübten[303]. Hiervon hat Deutschland in § 1 Abs. 4 VersVermV in der Form Gebrauch gemacht, dass Vermittler, die seit dem 31. August 2000 als Vermittler tätig waren, keine Sachkundeprüfung ablegen müssen, wenn sie sich bis zum 1. Januar 2009 registrieren lassen. Nach § 156 GewO müssen auch Vermittler, die vor dem 1. Januar 2007 als Vermittler tätig waren, sich erst zum 1. Januar 2009 registrieren lassen. In jedem Fall benötigen Vermittler aber vorher bereits die vorgeschriebene Haftpflichtversicherung.

c) Informations- und Beratungspflichten der Versicherungsvermittler. Besondere **98** Auswirkungen auf das Zivilrecht hat die Verpflichtung der Vermittler, den VN vor Abschluss des Vertrages umfassend in Textform zu informieren und zu beraten. Nach Art. 12. Abs. 1 Unterabs. 1 a–e der Versicherungsvermittler-RL hat der Vermittler dem VN folgende Informationen zu übermitteln: Namen und seine Anschrift; das Register, in das er eingetragen ist und auf welche Weise sich die Eintragung überprüfen lässt; ob er eine Beteiligung von über 10% an einem bestimmten VR besitzt oder ob ein bestimmter VR eine Beteiligung von über 10% an dem Unternehmen des Versicherungsvermittlers besitzt; ferner sind Angaben über

---

[299] Einzelheiten zu den Anforderungen an VR bei der Zusammenarbeit mit Vermittlern aus der Sicht der BaFin finden sich in Rundschreiben 9/2007 „Hinweise zur Anwendung der §§ 80 ff. VAG und § 34 d Gewerbeordnung" download unter www.bafin.de.

[300] Art. 4 Abs. 4 der Versicherungsvermittler-RL (2002/92/EG).

[301] Vgl. *Abram*, NVersZ 2001, 49 (51); zum Problemkreis: BGH. v. 14. 11. 2000, NJW 2001, 358.

[302] Art. 6 der Versicherungsvermittler-RL.

[303] Art. 5 der Versicherungsvermittler-RL.

Beschwerdestellen, sowie gegebenenfalls über außergerichtliche Verfahren der Streitbeilegung, zu machen.

99   Diese „vermittlerbezogenen" Informationspflichten hat der deutsche Gesetzgeber in § 11 VersVermV umgesetzt. Insoweit hat sich der Begriff **„statusbezogene Informationspflichten"** etabliert[304]. Die Informationspflichten nach § 11 VersVermV entsprechen fast wörtlich den Informationspflichten der RL. Darüber hinaus muss der Vermittler gem. § 11 Abs. 3 VersVermV mitteilen, ob er als Makler oder Vertreter tätig ist, bzw. wenn er als Vertreter tätig ist, ob er mit Erlaubnis gem. § 34d Abs. 1 GewO tätig wird oder ob er als gebundener Vertreter mit Haftungsübernahme „seines" Unternehmens keiner Erlaubnispflicht unterliegt (§ 34d Abs. 3 GewO), bzw. als produktakzessorischer Vertreter von der Erlaubnispflicht befreit ist (§ 34d Abs. 4 GewO). Diese Informationen können nach der Begründung des BMWi zum Verordnungsentwurf auch mittels einer Visitenkarte übermittelt werden[305].

100   Daneben enthält Art. 12 Abs. 1 Unterabs. 2 der RL **„vertragsbezogene" Informationspflichten:** Danach muss der Vermittler zunächst mitteilen, ob er seinen Rat (i) „auf eine ausgewogene Untersuchung" stützt, oder ob er (ii) vertraglich verpflichtet ist, Versicherungsvermittlungsgeschäfte ausschließlich mit einem oder mehreren VR zu tätigen oder ob er (iii) nicht vertraglich ausschließlich einem oder mehreren VR verpflichtet ist, aber seinen Rat nicht „auf eine ausgewogene Untersuchung stützt". In den Fällen (ii) und (iii) muss er dem Kunden auf Antrag auch die Namen derjenigen VR mitteilen, mit denen er Versicherungsgeschäfte tätigen darf und auch tätigt. Auf die Möglichkeit, Information über die VR für die der Vermittler tätig ist zu verlangen, muss der Vermittler hinweisen.

Teilt der Vermittler mit, dass er **„auf der Grundlage einer objektiven Untersuchung berät",** muss er seinen Rat auf eine Untersuchung einer hinreichenden Zahl von auf dem Markt angebotenen Versicherungsverträgen stützen, so dass er gemäß fachlichen Kriterien eine Empfehlung dahin gehend abgeben kann, welcher Versicherungsvertrag geeignet wäre, die Bedürfnisse des VN zu erfüllen, Art. 12 Abs. 2 der RL.

101   Die „vertragsbezogenen" Informationspflichten hat der deutsche Gesetzgeber in § 60 VVG (§ 42b VVG a. F.) umgesetzt. Die Beratungspflicht („Beratungsgrundlage") des Maklers (§ 60 Abs. 1 S. 1VVG) entspricht dabei fast wörtlich Art. 12 Abs. 2 der RL. Nach § 60 Abs. 2 VVG müssen **Makler mit „eingeschränkter Auswahl"**[306] sowie **Mehrfachvertreter** mitteilen, **„auf welcher Markt- und Informationsgrundlage"** sie ihre Leistungen erbringen und welche VR sie bei dem erteilten Rat berücksichtigt haben. Vertreter müssen mitteilen, für welche VR sie tätig werden und ob sie für diese ausschließlich tätig werden. Abweichend von den Anforderungen der Versicherungsvermittler-RL sind die VR mit denen der Vermittler zusammenarbeitet nicht nur auf Antrag des VN, sondern ungefragt zu nennen[307].

Die **Legaldefinition** des **Versicherungsmaklers** und des **Versicherungsvertreters** in § 59 Abs. 1 und 2 VVG (§ 42a VVG a.F) beruht nicht auf der RL, sondern entspricht im Wesentlichen der herkömmlichen Begriffsbestimmung in Deutschland[308].

102   Art. 12 Abs. 3 der Versicherungsvermittler-RL statuiert eine **Beratungspflicht des Versicherungsvermittlers.** Danach hat der Vermittler vor Abschluss eines Versicherungsvertrags, „insbesondere anhand der vom Kunden gemachten Angaben, zumindest dessen Wünsche und Bedürfnisse sowie die Gründe für jeden diesem zu einem bestimmten Versicherungsprodukt erteilten Rat genau anzugeben". Diese Angaben sind der Komplexität des angebotenen Versicherungsvertrags anzupassen.

---

[304] Vgl. z. B. *Reif,* VersR 2007, 717; *Schönleiter,* GewArch 2007, 265.

[305] Entwurf der Verordnung über die Versicherungsvermittlung und -beratung, Stand 9. März 2007 zu § 11 Seite 33.

[306] Hierzu: Vgl. *Reiff,* VersR 2007, 717 unter D III 3b).

[307] Art. 12 Abs. 5 der Versicherungsvermittler-RL lässt strengere Auskunftspflichten ausdrücklich zu.

[308] Vgl. nur *Prölss/Martin/Kollhosser* § 43 Rdnr. 3–4 zum Makler; Rn. 5–6 zum Vertreter. Die Versicherungsvermittler-RL selbst enthält keine Begriffsbestimmung für Makler und Vertreter; lediglich der „vertraglich gebundene Vertreter", der in § 34d Abs. 3 GewO eine besondere Regelung in Deutschland erfährt, wird in Art. 1 Abs. 7 der RL im Rahmen einer Begriffsbestimmung definiert.

Die deutsche Umsetzung dieser Beratungspflicht in § 61 VVG (§ 42c VVG a. F.) weicht **103** geringfügig von den Vorgaben der RL ab, indem sie eine Befragungs- und Beratungspflicht nur erfordert, wenn nach der „Schwierigkeit, die angebotene Versicherung zu beurteilen, oder der Person des VN und dessen Situation" hierfür ein Anlass besteht. Der Beratungsaufwand muss dabei in einem „angemessenen Verhältnis zur Prämienhöhe stehen". Die Dokumentation des erteilten Rats hängt von der Komplexität des angebotenen Vertrages ab. Durch diese Beschränkung auf eine **„anlassbezogene Beratung"** bringt der Gesetzgeber zum Ausdruck, dass grundsätzlich keine „allgemeine Bedarfsanalyse" stattfinden muss[309].

Nach Art 12 Abs. 4 der Versicherungsvermittler-RL gelten Beratungs- und Informationspflichten weder bei der Vermittlung von Versicherungen für Großrisiken noch bei der Vermittlung von Rückversicherungsverträgen[310].

d) Zeitpunkt und Form der Informationserteilung. Nach Art. 12 Abs. 1 der RL sind **104** die erforderlichen Angaben „vor Abschluss jedes ersten Versicherungsvertrages und ggf. bei Änderung oder Erneuerungen des Vertrages" zu erteilen. Gemäß Art. 13 der RL muss dies auf Papier oder auf einem anderen, dem Kunden zur Verfügung stehenden und zugänglichen dauerhaften Datenträger erfolgen. Die RL erlaubt, dass die Informationen mündlich erteilt werden, wenn der Kunde dies wünscht oder wenn eine Sofortdeckung erforderlich ist. Die Auskünfte müssen dem VN dann unmittelbar nach Abschluss des Versicherungsvertrags in der von der RL vorgesehenen Form erteilt werden.

Art. 13 Abs. 3 der RL sieht auch vor, dass bei einem **Abschluss des Vertrages über das Telefon** die vor Abschluss des Vertrages zu erteilenden Information den Gemeinschaftsvorschriften über den Fernabsatz von Finanzdienstleistungen an Verbraucher entsprechen müssen, und in vollständiger Form nach Abschluss des Vertrages nachzureichen sind.

Anders als die RL differenziert der deutsche Gesetzgeber bei den Zeitpunkten für die In- **105** formationserteilung: Die „statusbezogenen Informationen" sind „beim ersten Geschäftskontakt" in Textform mitzuteilen[311]. Die ggf. zu erteilende Information zur „eingeschränkten Auswahl" ist „vor Abgabe der Vertragserklärung des VN" und die Information zu den Gründen für den erteilten Rat (Dokumentation) ist schließlich vor dem Abschluss des Versicherungsvertrages zu übermitteln[312]. Alle Informationen können auf Wunsch des VN oder bei vorläufiger Deckung zunächst mündlich erteilt werden[313].

Die Regelungen der Versicherungsvermittler-RL für den telefonischen Abschluss von Versicherungsverträgen durch Versicherungsvermittler sind vom deutschen Gesetzgeber nicht ausdrücklich umgesetzt worden[314]. Allerdings ist ein entsprechender Abschluss über Telefon auf Wunsch des Kunden nach wie vor möglich, da ja die nachträgliche Überlassung der Information „auf Wunsch des VN" zulässig ist. Unklar ist allerdings, ob und in welchem Umfang der Vermittler in diesem Fall seinen Beratungspflichten nach § 61 Abs. 1 VVG nachkommen muss[315].

---

[309] Regierungsbegründung BT-Drucks. 16/1935, S. 24; zustimmend *Reif,* VersR 2007, 717 unter D III, 3a).

[310] Nach deutscher Umsetzung folgt dies aus § 17 VersVermV in Bezug auf die statusbezogenen Informationspflichten; aus § 65 VVG für die vertragsbezogenen Beratungs- und Informationspflichten bei der Vermittlung über Versicherungsverträge von Großrisiken sowie aus § 209 VVG für die Rückversicherung.

[311] § 11 VersVermV.

[312] § 62 VVG.

[313] § 11 Abs. 3 VersVermV für die statusbezogenen Informationen; § 62 Abs. 2 VVG für die vertragsbezogenen Informationen.

[314] Auch finden Sie in der Begründung zum Gesetzesentwurf der Bundesregierung keine Erwähnung, Vgl. BT-Drucks. 16/1935.

[315] Nach den §§ 60ff. VVG macht das Gesetz keine Ausnahme von der Beratungspflicht, wenn der Vermittler im Fernabsatz, insb. per Telefon tätig wird. § 6 Abs. 6 VVG entbindet allerdings den VR selbst ausdrücklich von Beratungspflichten, wenn er im Fernabsatz mit einem VN einen Versicherungsvertrag abschließt. Eine entsprechende – allgemeine – Ausnahme für Fernabsatz konnte für Vermittler nicht in das das VVG aufgenommen werden, da die Versicherungsvermittler-RL keine generelle Ausnahme vor-

3. Neue Impulse für ein harmonisiertes Versicherungsvertragsrechts

106   Wie Eingangs[316] erwähnt, besteht seit 1999 die europäische Projektgruppe **„Restatement of European Insurance Contract Law"** (im Folgenden **„Restatement Group"**), die Ende 2007 **Principles of European Insurance Contract Law („PEICL")** vorgelegt hat[317]. Die PEICL enthalten allgemeine Regeln, also Vorschriften, die auf alle Versicherungsverträge (mit Ausnahme von Rückversicherungen) anwendbar sind. Hinzu kommen Vorschriften für alle Schadenversicherungen und alle Summenversicherungen.

107   Die Restatement Group ist seit dem 1. Mai 2005 Mitglied des europäischen Forschungsnetzwerks **„Common Principles of European Contract Law"** (CoPECL Network of Excellence)[318]. In diesem Verbund wird im Auftrag der Kommission ein Gemeinsamer Referenzrahmen **(Common Frame of Reference; „CFR")** des europäischen Vertragsrechts erarbeitet, der nach den Mitteilungen der Kommission neben allgemeinen Begriffsdefinitionen den allgemeinen Teil des Vertragsrechts sowie den Kauf und die Versicherungsverträge umfassen soll[319]. Die Entwürfe für den CFR, einschließlich des Draft CFR on European Insurance Contract Law, wurden der Kommission Ende 2007 übergeben[320]. Der Draft CFR betreffend Versicherungsverträge stammt von der Restatement Group und deckt sich daher inhaltlich mit den PEICL.

108   Der CFR ist ein rechtlich **unverbindliches Instrument** und gilt aus politischer Sicht als eine *toolbox* für die Organe der EU[321]. Seine Definitionen wollen eine europäische Rechtsterminologie etablieren, die ein einheitliches Begriffsverständnis und damit eine grenzüberschreitende Diskussion zum europäischen Vertragsrecht ermöglichen, jedenfalls erleichtern soll.

109   Die Berücksichtigung der Versicherungsverträge im Rahmen des CFR verleiht der Europäisierung des Versicherungsvertragsrechts einen wichtigen politischen Impuls. Für die Zwecke der **Binnenmarktverwirklichung im Versicherungssektor** wird das unverbindliche Instrument des CFR allerdings nicht ausreichen[322]. Dies liegt an dem Umstand, dass bei grenzüberschreitenden Versicherungsverträgen im Binnenmarkt dem VN stets ein Heimatgerichtsstand zukommt[323] und sich das anwendbare Recht in aller Regel nach dem Ort seines

---

sieht. Für den telefonischen Abschluss von Versicherungsverträgen über Vermittler enthält Art. 13 der RL aber in Abweichung zu den Informations- und Beratungspflichten aus Art. 12 der RL den Verweis auf die Vorschriften für den Fernabsatz von Finanzdienstleistungen. Diese sehen keine Beratungspflichten vor. Somit wird man bei richtlinienkonformer Auslegung zu dem Ergebnis gelangen müssen, dass auch dem Vermittler bei dem telefonischen Abschluss eines Versicherungsvertrages keine gesetzlichen Beratungs- und Dokumentationspflichten obliegen. Unbeschadet dessen bleibt der Makler zur Beratung seines Kunden aufgrund des Maklervertrages verpflichtet.

[316] Siehe oben Rn. 14.

[317] Der authentische englische Text sowie Übersetzungen sind unter www.restatement.info erhältlich.

[318] Nähere Informationen hierzu unter www.copecl.org; zur Rolle des Versicherungsvertragsrechts und der Projektgruppe „Restatement of European Insurance Contract Law" im Rahmen des CoEPCL Network siehe *Heiss,* The Common Frame of Reference (CFR) of European Insurance Contract Law, in: Schulze (ed.), Common Frame of Reference and Existing EC Contract Law (2008) 229 (231 ff.).

[319] Siehe Anhang I (Denkbare Struktur eines GRR) zur Mitteilung der Kommission vom 11. 10. 2004 „Europäisches Vertragsrecht und Überarbeitung des gemeinschaftlichen Besitzstandes – weiteres Vorgehen", KOM (2004) 651 endg.; der kürzlich publizierte Draft Common Frame of Reference reicht inhaltlich deutlich weiter und bezeichnet sich daher als „academic CFR", hierzu *Schulte-Nölke* in: *Schulze* (Hrsg.), Common Frame of Reference and Existing EC Contract Law (2008) 47.

[320] Die sogenannte *Study Group* und die *Acquis Group* haben als Verfasser der nicht versicherungsrechtlichen Teile des CFR eine „Interim Outline Edition" des Draft Common Frame of Reference veröffentlicht: Study Group/Acquis Group, Draft Common Frame of Reference, Interim Outline Edition (2008); eine ähnliche Publikation zum CFR Insurance steht für den Sommer 2008 an.

[321] Das gilt für den europäischen Gesetzgeber ebenso wie für den EuGH; zu letzterem *Tstenjak,* ZEuP 2007, 145.

[322] *Basedow,* ZEuP 2007, 280 (282 ff.); *Heiss* in: *Schulze* (Hrsg), Common Frame of Reference and Existing EC Contract Law (2008) 229 (241).

[323] Siehe Art. 9 Abs. 1 lit. b EuGVVO.

---

gewöhnlichen Aufenthalts richtet[324]. Im Gegensatz zum Aufsichtsrecht, wo sich das Sitzland-prinzip durchgesetzt hat[325], gilt im internationalen Versicherungsvertragsrecht also ein **Tätig-keitslandprinzip**[326]. Wegen der das Versicherungsprodukt beeinflussenden Wirkung zwin-genden nationalen Versicherungsvertragsrechts ist der grenzüberschreitend anbietende VR im Massengeschäft gezwungen, seine Police an das Recht des gewöhnlichen Aufenthalts des VN anzupassen. Eine europaeinheitliche Police kann also nicht angeboten werden[327]. Die Kosten für die Anpassung der Policen an die jeweiligen nationalen Versicherungsvertrags-rechte wollen viele VR nicht aufwenden, die Produkte daher nicht grenzüberschreitend an-bieten, jedenfalls nicht im Wege des Dienstleistungsverkehrs[328]. Daraus folgt zugleich, dass der Zugang des VN zu ausländischen Versicherungsprodukten trotz der formalen Vollendung des Binnenmarktes immer noch gewissen Grenzen unterliegt[329].

Zur vollständigen Beseitigung dieser Hemmnisse des Versicherungsbinnenmarkts bedarf es **110** nach den Vorstellungen der Mitglieder der Restatement Group eines **optionalen europä-ischen Versicherungsvertragsrechts** in Form einer EG-Verordnung. Diese müsste den Vertragsparteien die Möglichkeit einräumen, durch eine Wahl („opt in Modell") eventuell auch durch Unterlassen einer Abwahl („opt out Modell")[330] ihren Versicherungsvertrag dem optionalen europäischen Versicherungsvertragsrecht zu unterstellen. Diese Wahl müsste von allen Beschränkungen des internationalen Vertragsrechts befreit werden[331]. Weder das zwin-gende Versicherungskollisionsrecht, noch das Verbraucherkollisionsrecht und auch nicht Art. 3 Abs. 3 EVÜ (ausschließlicher Bezug zu einem Staat)[332], sollten sie beschränken. Dann stünde das optionale Instrument selbst dann zur Wahl, wenn sich die Niederlassung des VR, der gewöhnliche Aufenthalt bzw. die Niederlassung des VN und das versicherte Risiko in ein und demselben Mitgliedstaat befänden[333]. Auf diese Weise könnten VR eine **Police,** die nach Maßgabe des optionalen europäischen Versicherungsvertragsrechts konzipiert ist, in der **gesamten EU** vertreiben, **ohne** dass **Anpassungen an das Recht des Tätigkeitslandes** erforderlich wären. Freilich setzt die Einräumung einer solchen Option voraus, dass zugleich der Versicherungsnehmerschutz gesichert, also durch das optionale europäische Versiche-rungsvertragsrecht nicht unterlaufen wird. Ein optionales Instrument müsste den Kunden

---

[324] Siehe Art. 8 EGVVG, der die meisten Fälle abdeckt, weil der Begriff der Risikobelegenheit regel-mäßig durch den gewöhnlichen Aufenthalt etc. des VN definiert wird; vgl. zum Begriff Art. 7 Abs. 2 insb. Nr. 4 EGVVG.

[325] Hierzu oben Rn. 43.

[326] Siehe *Heiss,* Stand und Perspektiven der Harmonisierung des Versicherungsvertragsrechts in der EG, 2005, 5 ff.

[327] Außer bei Versicherungsverträgen mit sog. Großrisiko-VN; hier herrscht seit Umsetzung der zwei-ten Schaden-RL (88/357/EWG) Rechtswahlfreiheit; vgl. Art 5; Art 7 Abs. 1 f der RL.

[328] Die Mitteilung der Kommission zum europäischen Vertragsrecht weist auf diesen Umstand aus-drücklich hin, siehe z. B. KOM (2003) 68 endg., Nr. 47 und 48; siehe auch die Initiativstellungnahme des Europäischen Wirtschafts- und Sozialausschusses (EWSA) zum Thema „Europäischer Versiche-rungsvertrag" vom 15. Dezember 2004, CESE 1626/2004; vgl. zu dieser Stellungnahme *Heiss,* VersR 2005, 1.

[329] Zur Binnenmarktfeindlichkeit zwingenden Versicherungsvertragsrechts *Basedow* in: *Reichert-Facili-des/Schnyder* (Hrsg.), Versicherungsrecht in Europa, ZSR Beiheft 34 (2000) 13 (18 f.); zu stattfindendem grenzüberschreitenden Versicherungsgeschäft siehe oben Rn. 45.

[330] Vgl. nur *Basedow,* ZEuP 2004, 1; zur kollisionsrechtlichen Gestaltung der Wahl *Heiss* in: *Schulze* (Hrsg.), Common Frame of Reference and Existing EC Contract Law, 2008, 229 (243 ff.).

[331] Vgl. nur *Basedow* in: *Wandt/Reiff/Looschelders/Bayer* (Hrsg.), Kontinuität und Wandel des Versiche-rungsrechts, FS E. Lorenz, 2004, 93 (102 ff.).

[332] Nach der kürzlich erzielten politischen Einigung zur Verordnung über das auf vertragliche Schuld-verhältnisse anzuwendende Recht (Dokument des Rates KOM 3. Dezember 2007, Nr. 15832/07), („Rom I") wird Art 3 Abs. 3 EVÜ durch den inhaltsgleichen Art. 3 Abs. 3 Rom I abgelöst und durch die Binnenmarktklausel des Art. 3 Abs. 4 Rom I ergänzt werden.

[333] Vgl. *Heiss,* Stand und Perspektiven der Harmonisierung des Versicherungsvertragsrechts in der EG, 2005, 38 f.

Mönnich

also ein **hohes Schutzniveau** bieten[334]. Zugleich müsste eine **Teilrechtswahl verboten** sein, weil die Rechtswahl sonst eine den Versicherer einseitig begünstigende Rechtsmischung erzeugen könnte[335].

111   Die PEICL sind bereits als ein solch optionales Instrument konzipiert. Nach ihrem Art. 1:102 sind sie nur anwendbar, wenn sich die Parteien auf ihre Geltung geeinigt haben (opt in Modell). Liegt eine derartige Option der Parteien vor, dann verdrängt diese Wahl das sonst anwendbare nationale Recht in seiner Gesamtheit, also einschließlich seiner zwingenden Bestimmungen. Nach dem ausdrücklichen Wortlaut des Art. 1:102 PEICL wird die Wahl der PEICL durch die Vorschriften des internationalen Vertragsrechts nicht beschränkt. Weder das zwingende Versicherungskollisionsrecht, noch das Verbraucherkollisionsrecht das Art. 5 EVÜ und auch nicht der Vorbehalt der zwingenden Bestimmungen bei ausschließlichem Bezug zu einem Staat (Art. 3 Abs. 3 EVÜ) greifen ein. Verboten wird nach Art. 1:102 S. 2 PEICL allerdings die teilweise Wahl der PEICL.

112   Die soeben getroffenen Ausführungen bedürfen einer sachlichen Einschränkung. In ihrer derzeit vorliegenden Fassung enthalten die PEICL nämlich noch **keine Spartenregelungen.** Die PEICL eignen sich daher zurzeit nur für jene Versicherungssparten als ein abschließendes optionales Instrument, die keine speziellen und zwingenden Regelungen kennen. Dort, wo zwingende Spartenregelungen zu finden sind, wie z. B. in der Lebensversicherung und in bestimmten Bereichen der Haftpflichtversicherung, müssten die nationalen Regelungen solange noch ergänzend herangezogen werden, wie es an Spartenregelungen in den PEICL fehlt[336]. Die Projektgruppe will allerdings noch 2008 mit der Erarbeitung von **speziellen Spartenregelungen** für die Lebens- und die Haftpflichtversicherung beginnen[337].

113   Die PEICL selbst enthalten beinahe **ausschließlich zwingende Normen.** Das versteht sich einerseits vor dem Hintergrund ihrer Binnenmarktorientierung, weil die hemmenden nationalen zwingenden Vorschriften durch europäische ersetzbar werden[338]. Der Ansatz erklärt sich aber auch aus der rechtstatsächlichen Beobachtung, dass abdingbares Versicherungsvertragsrecht wegen der überragenden Bedeutung der AVB kaum praktische Bedeutung besitzt[339]. Die bisher vorliegenden PEICL sind alle **halbzwingend,** dürfen also nach Art. 1:103 par. 2 PEICL durch Vertrag geändert werden, solange dies nicht zum Nachteil des Versicherungsnehmers, des Versicherten oder des Begünstigten geschieht. Lediglich im **Großrisikogeschäft** sind **Abweichungen** auch **zum Nachteil** des **Versicherungsnehmers** erlaubt, wobei das „Großrisiko" der Definition in den Richtlinien zum Versicherungsrecht[340] folgt.

114   Inhaltlich gliedern sich die PEICL in einen Allgemeinen Teil, der für alle Versicherungsverträge gilt, die von den PEICL erfasst werden. Damit sind lediglich Rückversicherungen nicht erfasst[341]. Es folgt ein Teil, der für alle Schadenversicherungen gilt und zuletzt ein Teil mit allgemeinen Regeln für alle Summenversicherungen. Einzelne Sparten sind, wie dargelegt, bisher noch nicht geregelt.

---

[334] Auch hierzu *Heiss,* Stand und Perspektiven der Harmonisierung des Versicherungsvertragsrechts in der EG, 2005, 39.

[335] *Basedow* in: *Wandt/Reiff/Looschelders/Bayer* (Hrsg.), Kontinuität und Wandel des Versicherungsrechts, FS E. Lorenz (2004) 93 (105).

[336] *Heiss,* The Common Frame of Reference (CFR) of European Insurance Contract Law, in: *Schulze* (Hrsg.), Common Frame of Reference and Existing EC Contract Law (2008) 229 (236).

[337] Auch hierzu *Heiss* in: *Schulze* (Hrsg.), Common Frame of Reference and Existing EC Contract Law (2008) 229 (236).

[338] Vgl. *Basedow,* ZEuP 2007, 280 (285).

[339] Zur Bedeutung der AVB *Reichert-Facilides* in: Reichert-Facilides/Schnyder (Hrsg.), Versicherungsrecht in Europa ZSR Beiheft 34 (2000) 1 (11).

[340] Siehe Art. 5 zweite Schaden-RL (88/357/EWG).

[341] Siehe Art. 1:101 Abs. 2 PEICL.

E. Exkurs: Abgrenzung Niederlassungsfreiheit/Dienstleistungsfreiheit

I. Erfordernis der Abgrenzung

Bei dem Vertrieb von Versicherungsprodukten innerhalb von Europa liegt nicht immer auf **115**
der Hand, ob ein VR „nur" im Rahmen der Dienstleistungsfreiheit in einem anderen Mitgliedstaat tätig wird, oder ob er „schon" eine Niederlassung unterhält. Nach der Verwirklichung des europäischen Binnenmarktes ist grenzüberschreitende Tätigkeit von VR im Rahmen der **Niederlassungs-** und der **Dienstleistungsfreiheit** gleichermaßen zulässig[342]. Die
aufsichtsrechtliche Behandlung beider Betätigungsformen ist jedoch von unterschiedlicher Intensität. So obliegen dem VR, der im Rahmen der Dienstleistungsfreiheit in einem
anderen Mitgliedstaat tätig werden will, administrativ weniger aufwendige Anforderungen als
dem VR, der eine Zweigniederlassung in einem anderen Mitgliedstaat gründen will[343]. Wird
ein Unternehmen „formell" nur im Rahmen der Dienstleistungsfreiheit tätig, unterhält es
aber faktisch eine Niederlassung im Tätigkeitsland, riskiert es, im Tätigkeitsland wegen unbefugter Geschäftstätigkeit belangt zu werden. In Deutschland ist die Aufnahme der Geschäftstätigkeit über eine Niederlassung ohne Einhaltung der in den Richtlinien vorgesehenen Verfahren gemäß § 140 Abs. 1 Nr. 2 VAG strafbar. Auch in steuerlicher Hinsicht ist die
Abgrenzung für VR von Bedeutung. Gem. § 49 Abs. 1 Nr. 2 EStG unterliegen in Deutschland ausländische Unternehmen einer beschränkten Steuerpflicht, wenn sie eine Betriebsstätte im Sinne von § 12 Abgabenordnung (AO)[344] bzw. eine Betriebsstätte nach einem ggf.
anwendbaren Doppelbesteuerungsabkommen (DBA)[345] unterhalten oder über einen ständigen Vertreter im Sinne von § 13 AO[346] bzw. einen abhängigen Vertreter nach DBA[347] in
Deutschland agieren. In diesen Fällen unterliegt der VR auch der Gewerbesteuer.

II. Grauzone zwischen Niederlassungsfreiheit und Dienstleistungsfreiheit

Nach Art. 50 EG kann ein VR nach den Grundsätzen der Dienstleistungsfreiheit seine Tä- **116**
tigkeit vorübergehend im Gastland ausüben, ohne eine Niederlassung errichten zu müssen

---

[342] Hierzu oben Rn. 39 ff. *Roth,* NJW 1993, 3028 (3030).

[343] Siehe oben Rn. 28–30.

[344] § 12 AO hat (soweit von Interesse) den folgenden Wortlaut: „Betriebsstätte ist jede feste Geschäftseinrichtung oder Anlage, die der Tätigkeit eines Unternehmens dient. Als Betriebstätten sind insbesondere anzusehen: […] 2. Zweigniederlassungen […].

[345] § 5 Abs. 1 und 2 des OECD Muster DBA haben (soweit von Interesse den folgenden Wortlaut: „ (1)
Im Sinne dieses Abkommens bedeutet der Ausdruck „Betriebsstätte" eine feste Geschäftseinrichtung,
durch die die Tätigkeit eines Unternehmens ganz oder teilweise ausgeübt wird. (2) Der Ausdruck Betriebsstätte umfasst insbesondere […] eine Zweigniederlassung […].

[346] § 12 AO hat den folgenden Wortlaut: „Ständiger Vertreter ist eine Person, die nachhaltig die Geschäfte eines Unternehmens besorgt und dabei dessen Sachweisungen unterliegt. Ständiger Vertreter ist
insbesondere eine Person, die für ein Unternehmen nachhaltig 1. Verträge abschließt oder vermittelt
oder Aufträge einholt oder 2. einen Bestand von Gütern oder Waren unterhält und davon Auslieferungen
vornimmt.

[347] § 5 Abs. 5 und 6 des OECD Muster DBA haben (soweit von Interesse) den folgenden Wortlaut: „(5)
Ist eine Person – mit Ausnahme eines unabhängigen Vertreters im Sinne des Absatzes 6 – für ein Unternehmen tätig und besitzt sie in einem Vertragsstaat die Vollmacht, im Namen des Unternehmens Verträge
abzuschließen, und übt sie die Vollmacht dort gewöhnlich aus, so wird das Unternehmen ungeachtet der
Absätze 1 und 2 so behandelt, als habe es in diesem Staat für alle von der Person für das Unternehmen
ausgeübten Tätigkeiten eine Betriebsstätte, es sei denn, diese Tätigkeiten beschränken sich auf die in Absatz 4 genannten Tätigkeiten, die, würden sie durch eine feste Geschäftseinrichtung ausgeübt, diese Einrichtung nach dem genannten Absatz nicht zu einer Betriebsstätte machen.(6) Ein Unternehmen wird
nicht schon deshalb so behandelt, als habe es eine Betriebsstätte in einem Vertragsstaat, weil es dort seine
Tätigkeit durch einen Makler, Kommissionär oder einen anderen unabhängigen Vertreter ausübt, sofern
diese Personen im Rahmen ihrer ordentlichen Geschäftstätigkeit handeln."

und ohne den Vorschriften zur Niederlassungsfreiheit zu unterliegen. Allerdings darf sich ein VR die garantierte Freiheit nicht **missbräuchlich** zunutze machen, um sich **Berufsrege-lungen zu entziehen,** die auf ihn Anwendung fänden, wenn er im Gebiet des Tätigkeitslandes ansässig wäre[348].

117   Nach der Rechtsprechung des EuGH sowie den RL ist eine **Zweigniederlassung** jede Agentur oder Zweigniederlassung eines VR. Jede ständige Präsenz eines VR im Hoheitsgebiet des Tätigkeitsstaates ist einer Agentur oder Zweigniederlassung gleichzustellen, und zwar auch dann, wenn diese Präsenz nicht die Form einer Zweigniederlassung oder Agentur angenommen hat, sondern lediglich durch ein Büro wahrgenommen wird, das von dem eigenen Personal des Unternehmens oder einer Person geführt wird, die zwar unabhängig, aber beauftragt ist, auf Dauer für dieses Unternehmen wie eine Agentur zu handeln[349].

118   Bedient sich der VR einer im Tätigkeitsland ansässigen **selbständigen Person** zur Unterstützung seiner dortigen Geschäftstätigkeit, kann dies dazu führen, dass der VR so anzusehen ist, als hätte er eine Zweigniederlassung i. S. der vorerwähnten Definition im Tätigkeitsland[350]. In dieser sog. „Grauzone" herrscht für VR **gewisse Rechtsunsicherheit,** da keine klar definierten Grenzen zwischen der Niederlassungs- und der Dienstleistungsfreiheit normiert sind[351].

III. Auslegung der Europäischen Kommission (2000 C 43/03)

1. Regelungsbereich der Mitteilung

119   Aufgrund bestehender Rechtsunsicherheit für VR äußerte sich die europäische Kommission mit Mitteilung (2000 C 43/03) vom 16. Februar 2000 zu Auslegungsfragen betreffend „Freier Dienstleistungsverkehr und Allgemeininteresse im Versicherungswesen"[352] unter Berücksichtigung der bisherigen Rspr. des EuGH zur Abgrenzung beider Betätigungsformen. **Die Mitteilung (2000 C 43/03)** der Kommission ist für den EuGH, die nationalen Gerichte sowie für die nationalen Aufsichtsbehörden **unverbindlich,** doch ist damit zu rechnen, dass zumindest nationale Gerichte und Aufsichtsbehörden sich der Auslegung der Kommission anschließen.

120   Die Kommission sieht Abgrenzungsprobleme dort, wo der VR im Tätigkeitsland seine Dienstleistungen nicht über eigene, dort ansässige Mitarbeiter ausübt, sich aber einer gewissen dauerhaften Infrastruktur im Tätigkeitsland bedient. Als solche Infrastruktur nennt die Kommission vor allem den Einsatz im **Tätigkeitsland ansässiger selbständiger Personen** sowie **elektronischer Einrichtungen,** mit deren Hilfe Versicherungstätigkeiten ausgeübt werden[353]. Im Hinblick auf elektronische Einrichtungen schließt die Kommission von vornherein aus, dass diese mit einer Niederlassung gleichzusetzen seien, da definitionsgemäß ausgeschlossen sei, dass eine solche Einrichtung mit einer „Geschäftsleitung" ausgestattet sei[354].

---

[348] Rs. 205/84, Slg. 1986, 3755, zu dieser Entscheidung auch oben, Rn. 34; Mitteilung (2000 C 43/3 (8)) unter Bezugnahme auf diese EuGH-Entscheidung.

[349] Art. 1 b, Lebens-RL (2002/83/EG); Art. 1 b 3. Schaden-RL (92/49/EWG) sowie Art. 3 der 2. Schaden-RL (88/357/EWG); im Anschluss an EuGH Rs. 205/84, Slg. 1986, 3755.

[350] EuGH, Rs. 205/84, Slg. 1986, 3755; EuGH, Entscheidung vom 3. Februar 1993, Rs. 148/91, *Veronica/Commissariaat voor de Media,* Slg. 1993, I-487.

[351] Vgl. *Grabitz/Hilf/Randelzhofer/Forsthoff,* Das Recht der Europäischen Union, Bd. I, Art. 43 EG Rn. 22.

[352] Mitteilung (2000 C 43/3), ABl. EG v. 16. Februar 2000.

[353] Mitteilung (2000 C 43/3) S. 12.

[354] Mitteilung (2000 C 43/3) S. 12. Die Kommission schließt allerdings nicht aus, dass die technologische Entwicklung in der Zukunft dazu führen könne, dass sie ihren Standpunkt ändern werde.

2. Einsatz von Personen, der zur Fiktion des Bestehens einer Zweigniederlassung führen kann

Nach Auffassung der Kommission kann die Einschaltung einer im Tätigkeitsland ansäs- **121** sigen selbstständigen Person dazu führen, dass diese einer Niederlassung gleichgestellt wird, wenn kumulativ folgende drei Voraussetzungen vorliegen:

- Die Person untersteht der Aufsicht und Leitung des VR, den sie vertritt,
- die Person ist befugt, geschäftliche Verhandlungen im Namen des VR zu führen und kann diesen Dritten gegenüber verpflichten,
- die Person übt ihre Tätigkeit auf Dauer aus.

a) Aufsicht und Leitung durch den VR. Ob eine selbständige Person der Aufsicht und **122** Leitung durch den VR untersteht, hängt nach der Kommission davon ab, ob die selbststän- dige Person aufgrund ihres Verhältnisses zum VR über genügend Handlungsfreiheit verfügt, um ihre Tätigkeit zu gestalten, ihre Arbeitszeit, die sie dem VR widmet, zu bestimmen und nicht zuletzt davon, ob sie andere Konkurrenzunternehmen vertreten kann[355].

Wird ein Vermittler ausschließlich für einen VR tätig, ist dies ein Indiz dafür, dass der Ver- mittler der Aufsicht und Leitung des VR unterliegt. Hat der Vermittler dagegen die Befugnis mehrere VR zu vertreten, spricht dies eher dafür, dass auf die jeweiligen Unternehmen das Recht der Dienstleistungsfreiheit anzuwenden ist.

b) Befugnis, den VR zu vertreten. Ob die selbständige Person den VR Dritten gegen- **123** über verpflichten kann, hängt nach der Rechtsprechung des EuGH davon ab, ob Dritte di- rekt mit der selbständigen Person Verträge schließen können, ohne sich an den VR wenden zu müssen und der VR aus diesen Verträgen verpflichtet wird[356]. Wenn z. B. die selbständige Person im Namen des VR ein alle wesentlichen Bestandteile des vorgeschlagenen Vertrags enthaltendes Angebot abgeben kann, der VR jedoch das von der selbständigen Person unter- breitete und vom Versicherungsnehmer angenommene Angebot zurückziehen kann, liegt nach Auffassung der Kommission keine Vertretungsbefugnis vor. Demgegenüber sieht die Kommission die Befugnis einer Person für den VR bindend Schadenfälle abzuwickeln, grundsätzlich als eine solche Vertretungsbefugnis an[357].

c) Dauerhaftigkeit. Die Befugnis der im Tätigkeitsland ansässigen selbständigen Person, **124** für den VR Verpflichtungen einzugehen, muss auf einer Vollmacht zur Ausübung einer dauerhaften, nicht zeitlich begrenzten oder nur vorübergehenden Tätigkeit beruhen[358]. Zeit- liche Mindestvorgaben hinsichtlich der Dauerhaftigkeit setzt die Kommission nicht.

3. Einsatz von Personen, der nicht zur Fiktion des Bestehens einer Zweigniederlassung führt

Für das im Rahmen der Dienstleistungsfreiheit abzuschließende bzw. abgeschlossene Ver- **125** sicherungsgeschäft können VR allerdings die Dienste gewisser selbständiger Personen und Einrichtungen in Anspruch nehmen. Exemplarisch nennt die Kommission folgende Perso- nen und Einrichtungen, die VR in Anspruch nehmen können, ohne Gefahr zu laufen, dass die Regeln für Niederlassungen auf sie anwendbar sind:

- inländische Sachverständige zur Bewertung zu deckender Risiken bzw. zur Bewertung von Schadensfällen;
- Marktprospektoren, die keine Versicherungsverträge abschließen, sondern Versicherungs- angebote an das Unternehmen zur Genehmigung weiterleiten;
- inländische Rechtsberater, Ärzte oder Versicherungsmathematiker;
- ständige Einrichtungen für den Einzug von Versicherungsprämien (z. B. Kreditinstitute);

---

[355] Mitteilung (2000C/43/3), S. 10.
[356] Mitteilung (2000C/43/3), S. 10; EuGH, Entscheidung vom 22. November 1978, Rs. 33/78, *Somafer SA/Saar-Ferngas AG*, Slg. 1978, 2183.
[357] Mitteilung (2000C/43/3), S. 10.
[358] Mitteilung (2000C/43/3), S. 11.

- ständige Einrichtungen für die Entgegennahme und Weiterleitung von Schadenmeldungen an den VR, wobei letzterer selbst über die Regulierung des Schadens entscheidet;
- ständige Infrastruktur zur Verwaltung der Schadenunterlagen, die ggf. Entschädigungszahlungen auf Weisung des VR vornehmen kann[359].

126   Über die von der Kommission genannten Personen hinaus, deren Inanspruchnahme nicht zu einer Fiktion einer Niederlassung führt, kann auch ein **Schadenregulierungsvertreter** des KH-VR[360] keine Niederlassung des VR im Land des Schadenregulierungsvertreters begründet. Obwohl der Schadenregulierungsvertreter Regulierungsvollmacht seine Tätigkeit auf Dauer ausübt und ggf. auch der Weisung des VR untersteht, kann seine Einschaltung gerade nicht dazu führen, dass das Bestehen einer Niederlassung fingiert wird, da das Erfordernis seiner Bestellung ja gerade (nur) für den im Rahmen des Dienstleistungsverkehrs tätigen VR gilt und nicht bei Betrieb einer Zweigniederlassung[361]. Ebenso wenig führt die nach der vierten KH-RL (2000/64/EG) erforderliche Benennung eines **Schadenregulierungsbeauftragten** zu einer Niederlassung in dem jeweiligen Mitgliedstaat[362].

§ 3. Internationale Zuständigkeit und Anerkennungszuständigkeit in Versicherungssachen

Inhaltsübersicht

---

[359] Mitteilung (2000 C 43/3) S. 11.
[360] Art. 12a zweite Schaden-RL (88/357/EWG) in der Fassung von Art. 6 der RL (90/618/EWG).
[361] Vgl. *Römer/Langheid/Langheid,* § 8 PflVG Rn. 2.
[362] Vgl. oben Rn. 62.

Literatur: *Brulhart,* La compétence internationale en matière d'assurances dans l'espace judiciaire euro-péen, St. Gallen 1997; *Dörner,* Internationales Versicherungsprozeßrecht, in: Berliner Kommentar zum Versicherungsvertragsgesetz, hrsg. v. *Heinrich Honsell,* 1999, 2275; *Fricke,* Internationale Zuständigkeit und Anerkennungszuständigkeit in Versicherungssachen nach europäischem und deutschem Recht, VersR 1997, 399; *Fricke,* Europäisches Gerichtsstands- und Vollstreckungsübereinkommen revidiert – Was bringt die Neufassung der Versicherungswirtschaft?, VersR 1999, 1055; *Fricke,* Das Haager Überein-kommen über Gerichtsstandsvereinbarungen unter besonderer Berücksichtigung seiner Bedeutung für die Versicherungswirtschaft, VersR 2006, 476–483; *Fricke,* Anmerkung zum EuGH-Urteil vom 12. 5. 2005 (Rs C-112/03), VersR 2006, 1283–1286; *Geimer,* Die Sonderrolle der Versicherungssachen im Brüssel-I-System, in *Larenz/Trunk/Heidenmüller/Wendehorst/Adolff* (Hrsg.), FS für Andreas Heldrich zum 70. Geburtstag, München 2005, S. 627–647; *Geimer/Schütze,* Europäisches Zivilverfahrensrecht, 1997; *Hausmann,* Die Revision des Brüsseler Übereinkommens von 1968, The European legal Forum 2000/ 01, 40; *Heiss,* Gerichtsstandsfragen in Versicherungssachen nach europäischem Recht, in: Versicherungs-recht in Europa – Kernperspektiven am Ende des 20. Jahrhunderts, hrsg. v. *Reichert-Facilides/Schnyder* (2000), 105; *Heiss,* Gerichtsstandsvereinbarungen zu Lasten Dritter, insbesondere in Versicherungsverträ-gen zu ihren Gunsten, IPRax 2005, 497; *Heiss,* Grenzüberschreitende Zivilverfahren in Versicherungs-sachen, in *Halm/Engelbrecht/Krahe* (Hrsg.), Handbuch des Fachanwalts, Versicherungsrecht, München 2004, S. 291–297; *Heiss/Schnyder,* Internationale Zuständigkeit, Anerkennung und Vollstreckung von Entscheidungen in Versicherungssachen in *Kronke/Melis/Schnyder* (Hrsg.), Handbuch Internationales Wirtschaftsrecht, Heidelberg 2005, 160–166; *Herrmann,* Gerichtsstand am Wohnsitz des Klägers bei einer Direktklage des Geschädigten gegen den Versicherer gem. Art. 11 Abs. 2 i. V. m. Art. 9 Abs. 1 b EuGVO?, VersR 2007, 1470; *Heß,* Die „Europäisierung" des internationalen Zivilprozeßrechts durch den Amster-damer Vertrag – Chancen und Gefahren, NJW 2000, 23; *Hub,* Internationale Zuständigkeit in Versiche-rungssachen nach der VO 44/01/EG (EuGVVO), Berlin 2005; *Jenard,* Bericht zu dem Übereinkommen über die gerichtliche Zuständigkeit und die Vollstreckung gerichtlicher Entscheidungen in Zivil- und Handelssachen, Abl. C 59 vom 5. 3. 1979, 1; *Junker,* Vom Brüsseler Übereinkommen zur Brüsseler Ver-ordnung – Wandlungen des Internationalen Zivilprozeßrechts, RIW 2002, 569; *Kohler,* Die zweite Re-vision des Europäischen Gerichtsstands- und Vollstreckungsübereinkommens, EuZW 1991, 303; *Kro-pholler,* Europäisches Zivilprozeßrecht, 8. Aufl. 2005 (zit.: *Kropholler,* EuGVO); *Kropholler,* Internationales Privatrecht, 6. Aufl. § 58; *Looschelders,* Der Klägergerichtsstand am Wohnsitz des Versicherungsneh-mers nach Art. 8 Abs. 1 Nr. 2 EuGVÜ, IPRax 1998, 86; *Magnus/Mankowksi,* Brussels I Regulation, München 2007 (zit.: *Magnus/Mankowski/Bearbeiter*); *Micklitz/Rott,* Vergemeinschaftung des EuGVÜ in der Verordnung (EG) Nr. 44/2001, EuZW 2001, 325; 2002, 14; *Nagel/Gottwald,* Internationals Zivilpro-zessrecht, 6. Aufl. 2007, §§ 3, 11; *Rauscher,* Europäisches Zivilprozeßrecht, 2. Aufl. 2006 (zit.: *Rauscher/ Bearbeiter*); *Rauscher,* Internationales Privatrecht, 2. Aufl. 2002, 4. Teil, Kap. XI; *Richter,* Das EWG-Über-einkommen über die gerichtliche Zuständigkeit und die Vollstreckung in Zivil- und Handelssachen aus versicherungsrechtlicher Sicht, VersR 1978, 801; *Rudisch,* Das Europäische Kollisionsrecht für Versiche-rungsverträge, VR 2001, 213; *Schack,* Internationales Zivilverfahrensrecht, 4. Aufl. 2006; *Schlosser,* Be-richt zu dem Übereinkommen vom 9. Oktober 1978 über den Beitritt des Königreichs Dänemark, Ir-lands und des Vereinigten Königreichs Großbritannien und Irland zum Übereinkommen über die gerichtliche Zuständigkeit und die Vollstreckung gerichtlicher Entscheidungen in Zivil- und Handels-sachen sowie zum Protokoll betreffend die Auslegung dieser Übereinkommen durch den Gerichtshof, ABl. C 59 vom 5. 3. 1979, 71 (zit.: *Schlosser,* Bericht); *ders.,* EU-Zivilprozeßrecht, 2. Aufl. 2003; *Staudin-ger,* Vertragsstaatenbezug und Rückversicherungsverträge im EuGVÜ, IPRax 2000, 483; *Wagner,* Die ge-plante Reform des Brüsseler und des Lugano-Übereinkommens, IPRax 1998, 241.

A. Begriff der Internationalen Zuständigkeit

I. Stellung im Rechtssystem

1   Hat ein rechtlich zu beurteilender Sachverhalt Bezüge, die über das Inland hinausweisen, stellt sich, sobald eine Streitigkeit auftaucht, die gerichtlich entschieden werden soll, die Frage, vor welchen Staates Gerichten der Rechtsstreit auszutragen ist. Es stellt sich mithin die Frage nach der **internationalen Zuständigkeit** (der Gerichte).

2   Völkerrechtlich verbindliche Normen darüber, wann ein Rechtsstreit vor die Gerichte eines bestimmten Staates gehört, gibt es nicht. Eine dem nationalen Recht vorgreifliche, den nationalen Gesetzgeber bindende internationale Zuständigkeitsordnung – etwa kraft Natur der Sache – ist nicht existent[1]. In Ermangelung einer von einem supranationalen Gesetzgeber geschaffenen Zuständigkeitsordnung der Gerichte bzw. völkerrechtlich verbindlicher Abkommen regelt daher jeder Staat die Frage, wann ein Rechtsstreit vor seine eigenen Gerichte gehört, selbst[2]. Jeder Staat weist also durch seine nationalen Regeln diejenigen Rechtsstreitigkeiten den eigenen Gerichten zu, bei denen ihm dies richtig und zweckmäßig erscheint[3]. Das kann zu dem Ergebnis führen, dass die Rechtsordnungen zweier von einem Rechtsstreit berührter Staaten die Zuständigkeitsfrage voneinander abweichend beantworten. Erklären sich beide für zuständig, liegt ein **positiver Kompetenzkonflikt** vor, erklären sich beide für unzuständig, handelt es sich um einen **negativen Kompetenzkonflikt.** Letzteres kommt in der Praxis eher selten vor. Der positive Kompetenzkonflikt hingegen wird in der Regel über die Anerkennung der Prozesswirkungen des zeitlich früher anhängigen Verfahrens in dem jeweils anderen Staat gelöst.

3   Das oben Gesagte gilt freilich nicht vorbehaltlos. Die Freiheit des **nationalen Gesetzgebers** kann eingeschränkt sein, wenn er sich hinsichtlich der Zuständigkeitsfrage durch bilaterale oder multilaterale völkerrechtliche Abkommen gebunden hat[4], was ihm freisteht, oder wenn er durch die Rechtsetzung eines höherrangigen Gesetzgebers gebunden ist. Dies ist allerdings eher selten und erst neuerdings, jedenfalls für Ausschnitte dieses Bereichs, innerhalb der Europäischen Union der Fall[5].

II. Direkte und indirekte Zuständigkeit – internationale und örtliche Zuständigkeit

4   Die Frage der direkten (oder auch **Entscheidungszuständigkeit**) stellt sich immer dann, wenn es darum geht herauszufinden, vor den Gerichten welchen Staates ein Rechtsstreit entschieden werden soll. Ist der Fall einmal entschieden, kann es dazu kommen, dass das Urteil in einem anderen Staat als demjenigen, in dem es ergangen ist, ganz oder teilweise vollstreckt werden oder bestimmte Wirkungen entfalten soll. Dieser andere Staat wird regelmäßig die Zulassung solcher Wirkungen oder gar der Vollstreckung davon abhängig machen, dass das Urteil vor den Gerichten eines Staates erstritten wurde, der aus seiner (also des Zweitstaates) Sicht international zuständig war, die Entscheidung zu treffen. Da es um die Anerkennung

---

[1] *Schack,* Rn. 186; *Riezler,* Internationales Zivilverfahrensrecht, 1949, S. 204; Münchener Kommentar ZPO/*Patzina,* Bd. 1, 2. Aufl. 2000, § 12 ZPO Rn. 57; *Linke,* Internationales Zivilprozessrecht, 3. Aufl. 2001, Rn. 103; *Fricke,* VersR 1997, 399 (400).

[2] Ebendort.

[3] *Schack,* Rn. 186 m. w. N.

[4] Ein solches multilaterales Abkommen stellt etwa das unten noch zu behandelnde Europäische Gerichtsstands- und Vollstreckungsübereinkommen (EuGVÜ) dar.

[5] Das etwa ist cum grano salis bei der noch zu besprechenden Europäischen Gerichtsstands- und Vollstreckungsverordnung (EuGVO) der Fall – allerdings gilt diese als Europäische Verordnung in den Mitgliedstaaten der Europäischen Union unmittelbar, bedarf daher keiner Umsetzung durch den nationalen Gesetzgeber mehr.

von Wirkungen ausländischer Urteile im Inland (Wirkungserstreckung) geht, spricht man hier von **Anerkennungszuständigkeit** oder indirekter Zuständigkeit.

Die internationale und die örtliche Zuständigkeit hingegen befassen sich zunächst mit der   5 Frage, vor die Gerichte welchen Staates ein Rechtsstreit gehört (**internationale Zuständigkeit**), und, nachdem dieses feststeht, vor welches für einen bestimmten regionalen Bereich in diesem Staat zuständige Gericht der Fall gehört (**örtliche Zuständigkeit**)[6]. In Deutschland wird die Tatsache, dass es sich dabei um zwei gedanklich voneinander zu trennende Prozessvoraussetzungen handelt[7], dadurch verschleiert, dass die deutsche internationale Zuständigkeit (von Ausnahmen abgesehen) gesetzlich bislang nicht explizit geregelt ist und zudem nach h. L. regelmäßig eine deutsche internationale Zuständigkeit dann besteht, wenn ein deutsches Gericht örtlich zuständig ist (die örtliche Zuständigkeit indiziert die internationale Zuständigkeit)[8]. Dass dem in Deutschland so ist, hat allein historische Gründe[9]. Da es sich lediglich um eine Indizwirkung handelt, bleibt grundsätzlich Raum, um aus besonderen Beweggründen eine abweichende Beurteilung zwischen der Frage der internationalen und der örtlichen Zuständigkeit vorzunehmen. Es muss nicht zwingend eine internationale Zuständigkeit bestehen, wo eine örtliche nach dem nationalen Prozessrecht gegeben wäre, es kann allerdings keine örtliche Zuständigkeit bestehen, wo schon keine internationale besteht.

III. Unzuständig trotz Zuständigkeit?

Die Lehre vom „**forum non conveniens**" stammt eigentlich aus dem angloamerikani-   6 schen Rechtskreis[10], wird aber seit geraumer Zeit auch im deutschen internationalen Zuständigkeitsrecht diskutiert. Im wesentlichen geht es dabei darum, eine dem Buchstaben des Gesetzes nach gegebene internationale Zuständigkeit aus Zweckmäßigkeits- oder Billigkeitsgesichtspunkten, also letztlich nach vom Gericht beurteilter Opportunität, zu verneinen[11]. Demnach würde eine internationale Zuständigkeit vornehmlich zu verneinen sein, wenn der Fall eine so enge Beziehung zu einem anderen Land aufweist, dass er aus Sicht des inländischen Richters besser dort entschieden werden sollte. Dabei werden u. a. Gesichtspunkte wie Beweisferne (oder -nähe) des Gerichts, Belastung von Zeugen und Beklagtem, Vollstreckbarkeit des Titels und öffentliche Interessen (darunter auch die Arbeitsbelastung des Gerichts) gegeneinander abgewogen[12]. Während diese Lehre als Korrekturfaktor für nach europäischen Vorstellungen zum Teil unglaublich weite oder unpräzise amerikanische Zuständigkeitsregeln ihre Berechtigung haben mag[13], passt sie schlecht in das System des europäischen[14] und des deutschen internationalen Zuständigkeitsrechts: Der große Vorteil unseres Zuständigkeitsrechts sind die festen, klaren Regeln, die die Ergebnisse vorhersehbar machen. Die internationale

---

[6] *Schack,* Rn. 188.

[7] *Schack,* Rn. 190; *Linke,* Internationales Zivilprozessrecht, 3. Aufl. 2001, Rn. 104.

[8] So jedenfalls die ganz h. L. bei zum Teil abweichender verbaler Umschreibung (wie: die Regeln über die örtliche Zuständigkeit seien doppelfunktional, regelten die internationale Zuständigkeit mit, indizierten sie usw.), etwa: BGH v. 18. 4. 1985, BGHZ 94, 151 (156 f.); BGH v. 14. 6. 1965, BGHZ 44, 46 (47); *Schröder,* Internationale Zuständigkeit, 1971, S. 85; *Kropholler,* Internationale Zuständigkeit, in: Handbuch des Internationalen Zivilverfahrensrechts, Bd. 1, hrsg. v. *Herrmann/Basedow/Kropholler* (1982) 197 (Rn. 30); *Schack,* Rn. 236; *Zöller/Geimer,* Rn. 37 IZPR; *Baumbach/Lauterbach/Hartmann,* Übersicht § 12 ZPO Rn. 6 f.; *Kralick,* ZZP 74 (1961) 2 (26 f.); *Pagenstecher,* RabelsZ 11 (1937) 337 (360).

[9] Der historische Gesetzgeber unterschied die beiden Zuständigkeiten zunächst nicht, da der theoretische und funktionale Unterschied beider Institute noch nicht allgemein klar erkannt war: *Fricke,* Anerkennungszuständigkeit zwischen Spiegelbildgrundsatz und Generalklausel, 1990, S. 75 ff.; *ders.,* Die autonome Anerkennungszuständigkeitsregel im deutschen Recht des 19. Jahrhunderts, 1993, S. 81.

[10] Genauer: *Schack,* Rn. 494; *Kropholler,* 637.

[11] Vgl. *Zöller/Geimer,* IZPR Rn. 55.

[12] Näher *Schack,* Rn. 497; *Linke,* Internationales Zivilprozessrecht, 3. Aufl. 2001, Rn. 198.

[13] Dazu *Hay,* US-Amerikanisches Recht, 3. Aufl. 2005, Rn. 124 f.; *Schack,* Rn. 495 ff.; *Kropholler,* 637.

[14] Betonend, dass das auch für das europäische Recht gilt: *Kropholler,* EuGVO, vor Art. 2 Rn. 20; *Schack,* Rn. 502 a; *Schlosser,* IPRax 1983, 285.

Zuständigkeit ist regelmäßig an Hand derselben leicht und ohne tieferen Einstieg in den Fall überprüfbar. Damit wird dem Gebot der **Rechtssicherheit** entsprochen, das es verbietet, auf eine genaue Festlegung internationaler Zuständigkeit zu verzichten und es statt dessen dem Richter zu überlassen, ob er aufgrund einer Würdigung der Umstände des Einzelfalles seine Kompetenz bejahen oder verneinen will[15]. Die deutschen und europäischen internationalen Zuständigkeitsgründe haben darüber hinaus (im Gegensatz zu den Systemen in den Herkunftsländern der Lehre) im wesentlichen die zuständigkeitsrechtlichen Interessenkonflikte[16] einer auf Grund einer generalisierenden Abwägung durch den Gesetzgeber vertypten Lösung zugeführt[17]. Eine individualisierende Betrachtung im Einzelfall passt dazu auch strukturell nicht[18]. Schließlich birgt die Lehre wegen der im zwischenstaatlichen Bereich, anders als im Inland (§ 281 Abs. 1 ZPO), nicht gegebenen Möglichkeit einer bindenden Zuständigkeitsverweisung die Gefahr, negative Kompetenzkonflikte im Einzelfall zu Lasten der Parteien erst zu provozieren[19]. Sie mag zudem Gerichte letztlich allein wegen des Unwillens, sich mit fremdem Recht beschäftigen zu müssen, dazu verleiten, unter dem Deckmantel des forum non conveniens nach Gründen für eine eigene Unzuständigkeit zu suchen[20]. Die Lehre ist daher für das europäische und deutsche Internationale Zuständigkeitsrecht abzulehnen[21]. Für das europäische Recht hat der EuGH das neuerdings ausdrücklich festgestellt[22]. Internationale Zuständigkeiten, die sich aus den nachfolgenden Ausführungen ergeben, können daher nicht mit Hilfe der Lehre vom forum non conveniens verneint werden.

B. Die Bedeutung der Frage der internationalen Zuständigkeit

7   Die Frage der internationalen Zuständigkeit wird in diesem Kapitel nicht um ihrer selbst willen abgehandelt. Sie hat vielmehr als präjudizielle Frage entscheidenden Einfluss auf die Lösung realer Fälle im Bereich des Zivilrechts und damit auch im Bereich des Versicherungsvertragsrechts. Dies soll im folgenden verdeutlicht werden:

I. Bedeutung in prozessualer Hinsicht

8   Im Internationalen Zivilprozessrecht ist allgemein die Regel anerkannt, dass Gerichte − jedenfalls im Grundsatz − nach demjenigen (Verfahrens-)Recht verfahren, dass in dem Staat

---

[15] Etwa: *Schack,* Rn. 502f.; *Kropholler,* 638f.; *Zöller/Geimer,* IZPR Rn. 56; Münchener Kommentar ZPO/*Patzina,* Bd. 1, 2. Aufl. 2000, § 12 ZPO Rn. 104; *Wieczorek/Schütze/Schütze,* Zivilprozessordnung und Nebengesetze, Bd. 1/1, 3. Aufl. 1994, Einleitung Rn. 163; *Gottwald,* ZZP 95 (1982) 3 (11); *Fricke,* IPRax 1991, 159 (162); kritisch im angloamerikanischen Rechtskreis etwa: *de Winter,* I.C.L.Q. 17 (1968) 706 (720); *v. Mehren,* Rec. des Cours 1980 II, 9 (39).

[16] Siehe nur: *Zöller/Vollkommer,* § 12 ZPO Rn. 2; Münchener Kommentar ZPO/*Patzina,* Bd. 1, 2. Aufl. 2000, § 12 ZPO Rn. 2; *Stein/Jonas/Schumann,* ZPO, Bd. 1, 21. Aufl. 1993, vor § 12 ZPO Rn. 12; *Henckel,* Vom Gerechtigkeitswert verfahrensrechtlicher Normen, 1966, S. 25; *Schröder,* Internationale Zuständigkeit, 1971, S. 239f.; *Vollkommer,* NJW 1973, 1591 (1592); *Schumann,* FS Larenz (1973) 271 (280); *Fricke,* Anerkennungszuständigkeit zwischen Spiegelbildgrundsatz und Generalklausel, 1990, S. 81, 83, 84f. m.w.N.

[17] Es gilt noch heute, was *Wach* schon 1885 (Handbuch des deutschen Civilprozeßrechts, Bd. 1, 1885, S. 464) treffend formuliert hat: „Nun kann freilich die Existenz des Gerichtsstandes nicht abhängig gemacht werden davon, ob im einzelnen Fall sein Motiv zutrifft."

[18] *Kropholler,* 638f.

[19] *Kropholler,* 638.

[20] *Kropholler,* 638; *Schack,* Rn. 497, 500.

[21] Für das europäische Recht: *Kropholler,* EuGVO, vor Art. 2 Rn. 20; *Nagel/Gottwald,* § 3 Rn. 18; für das deutsche Recht: *Rosenberg/Schwab/Gottwald,* Zivilprozessrecht, 15. Aufl. 1993, 96.

[22] EuGH v. 1.3. 2005, Rs C-281/02, Rn. 37ff., RIW 2005, 292. Zu dieser Entscheidung etwa: *Heinze/Dutta,* IPRax 2005, 224ff.; *Bruns,* JZ 2005, 890ff.; *Rauscher/Fehre,* ZEuP 2006, 463ff.; *Huber/Stieber,* ZZPInt 2005, 285ff.; *Dietze,* EuZW 2006, 742f.; *Wittwer,* ZEuP 2007, 829, 830.

gilt, wo sie belegen sind. Es gilt für das Prozessrecht (anders als meist beim materiellen Kollisionsrecht, dem Internationalen Privatrecht/IPR) der Satz „forum regit processum", also der sogenannte **lex-fori-Grundsatz**[23]. Es bedarf keiner umfangreichen Darlegungen, um beim Stand der immer noch gegebenen allgemeinen Rechtszersplitterung auf einzelstaatlicher Ebene gerade auch in zivilprozessualem Bereich zu erkennen, dass die Spielregeln, denen ein Verfahren unterliegt, in Folge dessen ganz maßgeblich davon abhängig sind, in welchem Staat ein Prozess vor Gericht zu führen ist[24]. Dass diese nationalen Regeln einen nicht unwesentlichen Einfluss darauf haben können, ob ein Anspruch gerichtlich durchsetzbar ist oder nicht, liegt auf der Hand. Man denke etwa nur daran, ob eine Verfahrensordnung vom Grundsatz der Amtsermittlung (Inquisitionsprinzip) oder vom Beibringungsgrundsatz (Verhandlungsmaxime) ausgeht, ob sie gesetzliche Beweisregeln kennt, ob sie Beweislasturteile zulässt, den Parteien umfangreiche Pflichten zur Aufdeckung auch ihnen nachteiliger Tatsachen auferlegt[25], den Ausforschungsbeweis[26] zulässt, wie sie die prozessuale Säumnis beurteilt, wie sie im einzelnen die Präklusion bei Fristversäumnissen behandelt, ob sie die Verjährung schon mit prozessualen Folgen oder nur mit materiellrechtlichen versieht, ob und welche Rechtsmittel sie gegen ein Judikat zur Verfügung stellt oder wie sie im einzelnen die Rechtskraftwirkung, deren Umfang und die Vollstreckbarkeit festlegt. Handelt es sich bei den geschilderten Umständen noch um Rechtsfragen, so entscheidet die internationale Zuständigkeit zugleich aber auch über rein tatsächliche Umstände, die möglicherweise für die Parteien in praktischer Hinsicht von noch entscheidenderer Bedeutung sind, weil sie die Prozessführung erheblich erschweren oder gar von vornherein als nicht sinnvoll erscheinen lassen: Von der Frage der internationalen Zuständigkeit hängt nämlich ab, wer sich der Mühe und den Unannehmlichkeiten einer ausländischen Prozessführung unterziehen muss, also räumliche Entfernung, Sprachhindernisse, Unkenntnis der fremden materiellen und prozessualen Rechtslage, möglicherweise nachteilige Behandlung ausländischer Kläger, Beschwernisse bei der Leistung von Zahlungen für Gerichtskosten(vorschüsse)[27], Übersetzungen, Anwälte und die Notwendigkeit, sich im Ausland eines Rechtsbeistandes zu versichern und mit diesem zu kommunizieren, zu bewältigen hat[28].

II. Bedeutung in materiell-rechtlicher Hinsicht

Die **Auswirkungen internationaler Zuständigkeit** erschöpfen sich nicht im oben geschilderten prozessualen Bereich. Die Regeln über die internationale Zuständigkeit wirken regelmäßig wie ein verkapptes zweites materielles Kollisionsnormenregime neben dem eigentlichen Internationalen Privatrecht[29]. Diese Wirkung beruht darauf, dass der Richter zur Ermittlung des anwendbaren Sachrechts darauf angewiesen ist, auf ein Regelsystem zu- **9**

---

[23] Vgl. etwa für das deutsche Recht BGH v. 27. 6. 1985, NJW 1985, 552 (553). Allgemeiner und mit Hinweisen auf Ausnahmen sowie Kritik: *Schack,* Rn. 40–45; *Kropholler,* 606 f.

[24] Vgl. BGH v. 28. 11. 2002, NJW 2003, 426 (427).

[25] Etwa in der Form des amerikanischen (pre-trial-)discovery (dazu etwa *Hay,* US-Amerikanisches Recht, 3. Aufl. 2005, Rn. 162 ff.).

[26] Z. B. das im amerikanischen Recht bekannte discovery. Näher dazu etwa *Hay,* US-Amerikanisches Recht, 3. Aufl. 2005, Rn. 184 ff.; auch *Schütze,* Rechtsverfolgung im Ausland, 2. Aufl. 1998, Rn. 185 ff.

[27] Vgl. *Schütze,* Rechtsverfolgung im Ausland, 2. Aufl. 1998, Rn. 159 ff.

[28] Vgl. auch *Schack,* Rn. 200.

[29] BGH v. 14. 6. 1965, BGHZ 44, 46 (50); BGH v. 30. 1. 1961, IPRspr 1960/61, Nr. 39 b), 132 (133); *Kropholler,* Internationale Zuständigkeit, in: Handbuch des Internationalen Zivilverfahrensrechts, Bd. 1, hrsg. v. *Herrmann/Basedow/Kropholler* (1982) 197 (Rn. 30); *Schack,* Rn. 215. Zur verwandten Frage bei der Anerkennungszuständigkeit: *v. Bar,* IPR, 1987, Rn 399, 401; *Wengler,* Regeln über die Anerkennung ausländischer Entscheidungen als verkapptes zweites Kollisionsnormensystem im Forumstaat, in: Internationales Privatrecht, hrsg. v. *Picone/Wengler* (1974) 435 (437); *Martiny,* Anerkennung ausländischer Entscheidungen nach autonomem Recht, in: Handbuch des Internationalen Zivilverfahrensrechts, Bd. III/1, hrsg. v. *Herrmann/Basedow/Kropholler* (1984) Rn. 135.

rückzugreifen, das im Ergebnis Aussagen darüber macht, welches materielle Recht auf einen Fall anzuwenden ist (materielles Kollisionsrecht – IPR). Er bedient sich – einem ebenfalls allgemein anerkannten Satz folgend – dafür des Kollisionsrechts, das im Gerichtsstaat gilt (lex fori)[30]. Solange dieses nicht allgemein vereinheitlicht ist, ist folglich die Frage, welches materielle Recht auf einen Fall Anwendung findet, über den Schalthebel des anwendbaren materiellen Kollisionsrechts (IPR) von der präjudiziellen Frage abhängig, wo der Fall entschieden wird[31].

Mit zunehmender Rechtsvereinheitlichung innerhalb der Europäischen Union, die gerade im Bereich des Kollisionsrechts erhebliche Fortschritte gemacht hat[32], werden die Auswirkungen der Internationalen Zuständigkeit in dieser Hinsicht bei innergemeinschaftlichen Fällen allerdings zunehmend geringer. Bei der rechtlichen Prüfung ist daher selbst für den nicht forensisch, sondern nur beratend tätigen Juristen die Frage vorab zu klären, wo ein Fall vor Gericht kommt bzw. kommen könnte. Deutsches bzw. in Deutschland geltendes (Versicherungs-)IPR, wie es in § 4 dieses Werkes geschildert wird, findet auf einen Fall demgemäß nur dann Anwendung, wenn der Fall vor einem deutschen Gericht entschieden wird. Dies gilt, wenn auch deutlich abgeschwächt, trotz In-Kraft-Tretens der Rom-I-Verordnung[33], die das Kollisionsrecht der Schuldverträge im Wesentlichen europäisch vereinheitlicht hat, weil der Europäische Gesetzgeber gerade im Versicherungs-IPR den Mitgliedstaaten gewisse Optionen eingeräumt hat, die dazu führen können, dass sich die kollisionsrechtlichen Regeln im Detail unterscheiden.

10   Auf der beschriebenen Vorgreiflichkeit der Frage der internationalen Zuständigkeit für die materielle Lösung eines juristischen Falles beruht die Möglichkeit zum sogenannten **forumshopping:** Eine Partei (regelmäßig der Kläger) nutzt überlegt die vorhersehbar unterschiedliche verfahrens- oder materiell-rechtliche Behandlung des Falles an verschiedenen Gerichtsorten, die von der Zuständigkeitsordnung her in Betracht kommen, um das Verfahren gerade dort anhängig zu machen, wo sie das für sie günstigste Ergebnis erwarten kann[34]. Gegenüber einer dazu früher teils kritisch eingestellten Lehre[35] hat sich unterdessen eine eher positive Haltung gegenüber dem forum-shopping durchgesetzt, die betont, dass der Kläger damit lediglich erlaubterweise seine von der Rechtsordnung gebotenen Chancen nutze[36]. Allerdings ist davon die Erschleichung von Zuständigkeiten zu unterscheiden, die durch Simulation Zuständigkeitsvoraussetzungen vorzuspiegeln oder Zuständigkeiten durch arglistiges Verhalten zu manipulieren sucht[37]. Ein solches Verhalten kann von der Rechtsordnung nicht geduldet werden, da dadurch das vom Gesetzgeber fein austarierte System des zuständigkeitsrechtlichen Interessenausgleichs zwischen Kläger und Beklagtem[38] unterlaufen wird. Das forum-

---

[30] *Schack,* Rn. 215.

[31] *Linke,* Internationales Zivilprozessrecht, 3. Aufl. 2001, Rn. 111; *Fricke,* Anerkennungszuständigkeit zwischen Spiegelbildgrundsatz und Generalklausel, 1990, S. 94 m.w.N.; BGH v. 28. 11. 2002, NJW 2003, 426 (427).

[32] Immerhin gab es schon seit 1980 das „Übereinkommen über das auf vertragliche Schuldverhältnisse anzuwendende Recht" (EVÜ – derzeit gültige Fassung publiziert in ABl. C 27 vom 26. 1. 1998, 36). Zu erwähnen ist auch die „Verordnung (EG) Nr. 864/2007 des Europäischen Parlaments und des Rates vom 11. Juli 2007 über das außervertragliche Schuldverhältnisse anzuwendende Recht" (Rom-II-VO, ABl. L 199 vom 31. 7. 2007, 40).

[33] „Verordnung des Europäischen Parlaments und des Rates über das auf vertragliche Schuldverhältnisse anzuwendende Recht" (Rom-I-VO), ABl. L 177 vom 4. 7. 2008. Dazu auch *Fricke,* VersR 2008, 865.

[34] Zum Begriff vgl. etwa *Schack,* Rn. 221; *Kropholler,* 635.

[35] Etwa *Wengler,* Internationales Privatrecht, 1981, S. 397; *Kropholler,* FS Firsching (1985) 165 (168f.).

[36] *Schack,* Rn. 222f.; *Linke,* Internationales Zivilprozessrecht, 3. Aufl. 2001, Rn. 197; *Kropholler,* 636; *Wieczorek/Schütze/Schütze,* Zivilprozessordnung und Nebengesetze, Bd. 1/1, 3. Aufl. 1994, Einleitung Rn. 162; *Juenger,* RabelsZ 46 (1982) 708 (712f.); *Siehr,* ZfRV 25 (1984) 124 (133) (142).

[37] *Schack,* Rn. 221.

[38] Dazu: *Fricke,* Anerkennungszuständigkeit zwischen Spiegelbildgrundsatz und Generalklausel, 1990, S. 81ff., 88ff. jeweils m.w.N.

shopping ist trotz der im Hinblick auf das IPR erfolgten europäischen Vorgaben[39] auch im Binnenmarkt nicht völlig unattraktiv: Da die entsprechenden Regeln der Rom-I-Verordnung, die gerade das Versicherungs-IPR bei Risikobelegenheit innerhalb der EU regeln, immer noch (einige wenige) Mitgliedstaatenwahlrechte kennen, kann es auch weiterhin je nach Forum zu Abweichungen im Hinblick auf das anwendbare Sachrecht kommen.

C. Rechtsquellen – Abgrenzung der Normregime

I. Maßgebliche Rechtsquellen

Die Frage der internationalen Zuständigkeit ist derzeit für den deutschen Rechtsanwender **11** in einer Vielzahl von **Rechtsquellen** geregelt, die meist supranationalen Ursprungs (multi- und bilaterale Abkommen, Europäisches Recht), zum Teil aber auch nationalen, also autonomen, Ursprungs (Gesetze, Lehre und Rechtsprechung) sind. In Betracht kommen vor allem folgende Rechtsquellen:
- Die VO 44/2001 (Europäische Gerichtsstands- und Vollstreckungs-Verordnung – Eu-GVO)[40];
- Das Europäische Gerichtsstands- und Vollstreckungsübereinkommen (EuGVÜ)[41];
- Das Lugano-Übereinkommen[42];
- Das autonome deutsche Internationale Zuständigkeitsrecht;
- Bilaterale Übereinkommen;
- Das Internationale Gerichtsstands- und Vollstreckungsübereinkommen (IGVÜ)[43].

Für die praktische Arbeit gilt es daher zunächst Klarheit darüber zu gewinnen, welches Normregime zur Lösung eines Falles überhaupt heranzuziehen ist. Darauf soll im folgenden eingegangen werden:

II. Abgrenzungsfragen

1. Autonomes Recht

Dem **autonomen deutschen Internationalen Zuständigkeitsrecht** kommt im Zu- **12** sammenhang der angesprochenen Rechtsquellen heute nur noch eine Auffangfunktion für den Fall zu, dass keine anwendbare supranationale Rechtsquelle zur Verfügung steht, mithin weder EuGVO, EuGVÜ, Lugano-Übereinkommen, IGVÜ noch sonstige multi- oder bila-

---

[39] Art. 7 f. Zweite Richtlinie des Rates zur Koordinierung der Rechts- und Verwaltungsvorschriften für die Direktversicherung (mit Ausnahme der Lebensversicherung) und zur Erleichterung der tatsächlichen Ausübung des freien Dienstleistungsverkehrs sowie zur Änderung der Richtlinie 73/239/EWG, ABl. L 172 vom 4. 7. 1988, 1.
Art. 32 Richtlinie 2002/83/EG des Europäischen Parlaments und des Rates vom 5. November 2002 über Lebensversicherungen, ABl. L 345 vom 19. 12. 2002, 1.
Zu diesem Komplex ausführlich *Roth*, in: *Beckmann/Matusche-Beckmann* (Hrsg.), Versicherungsrechts-Handbuch, 1. Aufl. 2004, 113, 144 ff. (Rn 80 ff.) mit Nachweisen zum vorhergehenden Schrifttum.
[40] Verordnung (EG) Nr. 44/2001 des Rates vom 22. Dezember 2000 über die gerichtliche Zuständigkeit und die Anerkennung und Vollstreckung von Entscheidungen in Zivil- und Handelssachen, ABl. L 12 vom 16. 1. 2001, 1.
[41] Übereinkommen von Brüssel über die gerichtliche Zuständigkeit und die Vollstreckung gerichtlicher Entscheidungen in Zivil- und Handelssachen. Letzte veröffentlichte Fassung: ABl. C 27 vom 26. 1. 1998, 3.
[42] Übereinkommen über die gerichtliche Zuständigkeit und die Vollstreckung gerichtlicher Entscheidungen in Zivil- und Handelssachen geschlossen in Lugano am 16. September 1988, ABl. L 319 vom 25. 11. 1988, 9. Das Abkommen ist zwischenzeitlich revidiert worden, war aber bei Abschluss des Manuskripts noch nicht in Kraft (Dokument JUSTCIV 218 CH 30 ISL 49 N 49 vom 10. 9. 2007).
[43] Auf Einzelheiten wird unter D. IV. eingegangen.

terale Staatsverträge anwendbar sind[44]. Auch wenn wesentliche Bereiche durch die vier erstgenannten Normregime abgedeckt sind, verbleibt dem autonomen deutschen Recht ein
nicht unwesentlicher, auch wirtschaftlich bedeutsamer Anwendungsbereich. Im Verhältnis
etwa zu den USA (besser gesagt den einzelnen Bundesstaaten der USA, die insoweit als juristische Einzelsubjekte zu behandeln sind[45]), Japan, vielen arabischen Staaten und weiten Teilen
der Dritten Welt kann das autonome Internationale Zuständigkeitsrecht mangels anderer
Rechtsquellen zur Anwendung kommen[46], jedenfalls bis Bemühungen zum Abschluss eines
umfassenden[47] weltweiten Anerkennungs- und Vollstreckungsübereinkommens Erfolg
haben.

2. Europäisches Recht, EuGVÜ, Lugano-Übereinkommen

13   Die bei weitem wichtigste Rechtsquelle ist für den deutschen Rechtsanwender seit ihrem
Inkrafttreten am 1. März 2002[48] die **EuGVO,** die im Verhältnis zu den EU-Mitgliedstaaten
an die Stelle des EuGVÜ getreten ist (Art. 68 EuGVO). Mit deren Beitritt gilt sie auch im
Verhältnis zu den am 1. 5. 2004 und am 1. 1. 2007 beigetretenen neuen Mitgliedstaaten[49].
Maßgeblich ist dabei der Zeitpunkt der Klageerhebung[50]. Lediglich im Verhältnis zu Dä-
nemark war bis zum 1. 7. 2007 noch das EuGVÜ anzuwenden[51], da Dänemark an den im
Amsterdamer Vertrag[52] im Dritten Teil, IV. Titel vorgesehenen Maßnahmen der justiziellen
Zusammenarbeit (Art. 61 c) i. V. m. Art. 65 a) 3. Anstrich EGV) nicht teilnimmt[53] und die
EuGVO auf dieser Grundlage beruht. Allerdings gelang es der Union mit Dänemark ein Ab-
kommen mit dem Ziel einer Anwendung der EuGVO auch im Verhältnis zu Dänemark zu
schließen, das am 1. 7. 2007 in Kraft getreten ist[54]. Ergänzend gilt heute im Verhältnis der
EU-Mitgliedstaaten (einschließlich Dänemarks) zu Island, Norwegen, Polen und der Schweiz
das Lugano-Übereinkommen[55]. Die Anwendbarkeit der Gerichtsstandsregeln der EuGVO
und der beiden genannten Übereinkommen hängt jeweils grundsätzlich vom Wohnsitz des
Beklagten ab[56]. Liegt dieser in einem EU-Mitgliedstaat bzw. einem Vertragsstaat eines der

---

[44] Vgl. *Dörner,* Rn. 57 Vorbemerkungen Art. 7 EuGVÜ; *Stein/Jonas/Schumann,* ZPO, Bd. 1, 21. Aufl.
1993, Einleitung Rn. 758.

[45] Weil sie jeweils über ein eigenes Zivilverfahrensrecht verfügen (dazu etwa *Schack,* Rn. 31).

[46] Jedenfalls soweit es nicht auch dort durch die EuGVO verdrängt wird, wenn man einen sehr weiten
Anwendungsbereich (Drittstaatenbezug ohne Beschränkung auf die EU) postuliert. Näher Rn. 17.

[47] Das IGVÜ, auf das unten noch einzugehen sein wird, regelt derzeit lediglich Gerichtsstandsvereinbarungen.

[48] Art. 76 EuGVO.

[49] *Nagel/Gottwald,* § 3 Rn. 6. Es handelt sich dabei um Estland, Lettland, Litauen, Malta, Polen, Slowa-
kei, Slowenien, Tschechien, Ungarn, Zypern sowie Bulgarien und Rumänien.

[50] OLG Dresden v. 11. 4. 2007, NJW RR 2007, 1145, 1146 m. w. N. Eine mangels (zeitlicher) Anwendbarkeit der EuGVO vorliegende Unzuständigkeit bei Klageerhebung wird nach dieser Entscheidung selbst dadurch nicht geheilt, dass die Klage bei späterer Erhebung nach der EuGVO vor demselben
Gericht zulässig wäre.

[51] *Kropholler,* EuGVO, Einleitung Rn. 21; *Heiss/Schnyder,* Rn. 196; *Nagel/Gottwald,* § 3 Rn. 6; *Junker,*
RIW 2002, 569.

[52] ABl. C 340 vom 10. 11. 1997, 1.

[53] Dänemark hat im Anhang zum Amsterdamer Vertrag in Art. 1 des Protokolls über die Position Dänemarks einen entsprechenden Vorbehalt eingelegt.

[54] *Wagner,* EuZW 2007, 626, 629. Beschluss des Rates vom 27. April 2006 über den Abschluss des Abkommens zwischen der Europäischen Gemeinschaft und dem Königreich Dänemark über die gerichtliche Zuständigkeit und die Anerkennung und Vollstreckung von Entscheidungen in Zivil- und Handelssachen (2006/352/EG), Abl. L 120 vom 5. 5. 2006, 22. Zur Vorgeschichte siehe Wagner, EuZW 2006,
424, 426; *Kropholler,* EuGVO, Einl. Rn. 21.

[55] *Junker,* RIW 2002, 569; *Heiss/Schnyder,* Rn. 196; detailliert: *Kropholler,* EuGVO, Einleitung Rn. 53.
Das Abkommen wurde während der Manuskripterstellung revidiert. Die Neufassung war aber noch
nicht in Kraft. Sie soll dann im Verhältnis zu Norwegen, Island, Dänemark und der Schweiz gelten.

[56] *Kropholler,* Internationale Zuständigkeit, in: Handbuch des Internationalen Zivilverfahrensrechts,
Bd. 1, hrsg. *v. Herrmann/Basedow/Kropholler* (1982) 197 (Rn. 616), zu den Übereinkommen. Das gilt

beiden Übereinkommen, kann er in einem solchen nur an einem von der EuGVO bzw. den Übereinkommen bestimmten Gerichtsstand verklagt werden (jeweils Art. 2 ff.)[57]. Während die beiden Übereinkommen vollständig auf eine eigenständige Definition des Wohnsitzes verzichtet haben und statt dessen auf das Recht des zur Entscheidung angerufenen Gerichts verweisen (Art. 52), hat die EuGVO in dieser Hinsicht wenigstens eine eigene Regelung über den (Wohn-)**Sitz von** Gesellschaften und **juristischen Personen** geschaffen (Art. 60).

Der **Wohnsitz** natürlicher Personen ist für Zwecke der EuGVO und der Übereinkommen **14** nach dem Recht des Gerichtsstaates zu bestimmen. Art. 52 Abs. 1 der Übereinkommen und Art. 59 Abs. 1 EuGVO enthalten lediglich eine gemeinsame Kollisionsnorm zur Ermittlung des zur Feststellung des Wohnsitzes anwendbaren Rechts[58]. Da es ein einheitliches Konzept des Wohnsitzes in den europäischen Staaten bislang nicht gibt, ist die genaue Abgrenzung des Anwendungsbereichs der EuGVO und der Übereinkommen insoweit mit einer ärgerlichen, aber, wie es scheint, einstweilen nicht auszuräumenden[59] Beschwer für den Rechtsanwender verbunden. Die schon für die Verfasser des EuGVÜ bestehende Schwierigkeit, auf diesem Gebiet gegen den Widerstand in den Vertragsstaaten etablierter Rechtsvorstellungen neues Recht zu schaffen[60], scheint auch noch für diejenigen der EuGVO maßgeblich gewesen zu sein. In der Praxis wird sich das indes nicht notwendigerweise allzu sehr auswirken, weil wohl in den meisten Fällen der Wohnsitz nach kontinentaleuropäischen Rechten dort liegen wird, wo eine Person ihren gewöhnlichen Aufenthalt hat. Mit einem deutlich abweichenden Konzept muss man allerdings in Großbritannien rechnen[61].

Im Gegensatz zu den beiden Übereinkommen enthält die EuGVO immerhin eine Definition des (Wohn-)**Sitzes** von Gesellschaften und **juristischen Personen,** wenn auch die **15** Frage, ob es sich um eine Gesellschaft im Sinne der VO handelt, dort wiederum nicht geregelt ist[62]. Nach Art. 53 der Übereinkommen bestimmt sich der Wohnsitz juristischer Personen nach deren Sitz. Dieser wurde nach bisher geltender Ansicht für Zwecke der Übereinkommen nach dem am Gerichtsort geltenden Recht unter Einbeziehung des IPR festgestellt[63]. Die EuGVO hingegen legt den (Wohn-) Sitz einer juristischen Person als den Ort ihres satzungsmäßigen Sitzes, ihrer Hauptverwaltung oder ihrer Hauptniederlassung (Art. 60 Abs. 1) fest[64]. Diese Zuständigkeitsanknüpfungen sind von der EuGVO alternativ gedacht und können im Einzelfall je nach den tatsächlichen Umständen zu einer Vermehrung von Zuständigkeiten führen (positiver Kompetenzkonflikt)[65]. Da das (Wohn-) Sitzkonzept,

---

aber grundsätzlich auch im Verhältnis der Übereinkommen zur EuGVO (vgl. *Kropholler*, EuGVO, Art. 59 Rn. 4). Nur in wenigen Fällen kommt es auf den Klägerwohnsitz an: jeweils Art. 5 Nr. 2, Art. 8 Abs. 1 Nr. 2 der Übereinkommen, Art. 5 Nr. 2, Art. 9 Abs. 1 b) EuGVO; *Heiss/Schnyder*, Rn. 197.

[57] So speziell für Versicherungssachen nach den Art. 7–12a EuGVÜ (entspricht Art. 8–14 EuGVO) explizit der EuGH v. 13. 7. 2000, Rs C-412/98, VersR 2001, 123 im amtlichen Leitsatz Nr. 1 und (124) unter Nr. (47).

[58] *Kropholler*, EuGVO, Art. 59 Rn. 1; *Fricke*, VersR 1999, 1055 (1057).

[59] Hier war man in der Anfangsphase der Arbeiten zur Revision des EuGVÜ, aus denen schließlich die EuGVO hervorgegangen ist, ambitionierter, hat sich bedauerlicherweise aber dann auf den Weg des geringsten Widerstandes begeben: *Fricke*, VersR 1999, 1055 (1056). Kritisch auch: *Kropholler*, EuGVO, Art. 59 Rn. 3; *Schack*, Rn. 245.

[60] *Jenard*, 15 f.; *Schlosser*, Art. 59 EuGVO Rn. 1.

[61] Das dortige common law geht traditionell von einem abweichenden Konzept aus: *Fricke*, VersR 1997, 399 (401 m. w. N.).

[62] Zur Beurteilung dessen ist das in den Mitgliedstaaten geltende Gesellschaftsrecht heranzuziehen: *Kropholler*, EuGVO, Art. 60 Rn. 1.

[63] *Kropholler*, Europäisches Zivilprozessrecht, 6. Aufl. 1998, Art. 53 EuGVÜ Rn. 1 f.

[64] Für Großbritannien und Irland ist der „satzungsmäßige Sitz" mit dem „registered office", in Ermangelung dessen mit dem „place of incorporation" und in Ermangelung eines solchen mit dem Ort, nach dessen Recht die Gründung (formation) erfolgte, gleichzusetzen (Art. 60 Abs. 2 EuGVO). Eine Spezialregelung besteht zudem für trusts (Art. 60 Abs. 3 EuGVO).

[65] Zur Bewältigung muss man im wesentlichen auf die Frage der zeitlich vorgehenden Rechtshängig-

wie schon die Behandlung in dem hier gegebenen Zusammenhang deutlich werden lässt, nicht erst Bedeutung für die nach einem der drei Normregime zu beurteilende Frage der Internationalen Zuständigkeit hat, sondern schon für die Abgrenzung des Anwendungsbereiches der Normregime wesentlich ist (Metakollisionsrecht[66]), empfiehlt es sich grundsätzlich, die Frage des (Wohn-) Sitzes juristischer Personen für alle drei Normregime gleich zu beantworten. Dadurch wird vermieden, dass es durch unterschiedliche Inhalte des Begriffs bei der praktischen Anwendung zu Verwerfungen in Form von Normdefiziten oder Widersprüchen im Hinblick auf die Anwendbarkeit eines der drei Regime kommt. Da der Wortlaut der EuGVO insoweit eindeutig ist und zu Interpretationen keinen Spielraum lässt, sei daher vorgeschlagen, den Begriff des (Wohn-) Sitzes juristischer Personen für Zwecke der beiden Übereinkommen ebenfalls in dem Sinne zu interpretieren, dass er als inhaltsgleich mit der Definition in Art. 60 Abs. 1 EuGVO zu verstehen ist. Folgt man dem, wäre also auch dort, wo die Anwendung des EuGVÜ oder des Lugano-Übereinkommens in Betracht zu ziehen sind, der (Wohn-)Sitz von juristischen Personen unter Heranziehung der von Art. 60 Abs. 1 EuGVO vorgegebenen Kriterien zu bestimmen. Will man diesem Vorschlag nicht folgen, wird für Zwecke der Übereinkommen je nach dem anzuwendenden Recht für die Bestimmung des Sitzes vor allem mit dem tatsächlichen Sitz oder dem satzungsmäßigen Sitz der juristischen Person als maßgeblichem Kriterium zu rechnen sein.

16   Umstritten ist (bzw. im zweiten Fall war), ob über das Wohnsitzerfordernis im Hinblick auf den Beklagten hinaus ein **internationaler Sachverhalt** erforderlich ist und wenn ja, ob der andere Staat ein EU-Mitgliedstaat (bzw. Vertragsstaat) sein muss[67]. Dieses Erfordernis soll vor allem dazu dienen, reine Inlandssachverhalte aus dem Anwendungsbereich auszuscheiden. Der Streit ist auch praktisch relevant. Wenn man selbst bei einem Inlandsfall zunächst die EuGVO als logisch vorgeschaltete Stufe zur Anwendung nationalen Rechts betrachtet, heißt das auch, dass grundsätzlich Zuständigkeiten existieren müssen, wie sie die EuGVO gewährt, die dann nur noch national auszufüllen wären. Gerade in Versicherungssachen würde das bei Gerichtsständen eine Rolle spielen, die das (etwa deutsche geschriebene) nationale Recht nicht kennt (z. B. die Klägergerichtsstände von Versicherungsnehmer, Versichertem und Begünstigtem). Wendet man hingegen das nationale Recht unmittelbar an, sieht die Situation anders aus. Man wird davon ausgehen müssen, dass die EuGVO allein Fragen der internationalen Zuständigkeit regeln will[68] und es dem nationalen Prozessrecht überlassen bleibt, die örtlichen Zuständigkeiten zu bestimmen. Schon das EuGVÜ wollte keine reinen Binnensachverhalte regeln[69], und der EU würde dafür auch heute noch (im Hinblick auf die EuGVO) die Kompetenz fehlen[70]. Der EuGH hat diese Auffassung neuerdings, wenn auch mehr in einem Nebensatz, bestätigt[71]. Nicht erforderlich ist allerdings, dass der **Auslandsbezug** gerade zu einem Mitgliedstaat der Europäischen Union besteht[72], hier genügen nach der nunmehr ausdrücklichen Rechtsprechung des EuGH zum EuGVÜ, die man für die EuGVO ohne weiteres wird übernehmen dürfen, Beziehungen zu einem Drittstaat[73], denn den

keit und deren Sperrwirkung abstellen: *Kropholler*, EuGVO, Art. 60 Rn. 2; ähnlich *Rauscher/Staudinger*, Art. 60 Rn. 1.

[66] Dieser Ausdruck wurde in anderem Zusammenhang von Basedow zur Bezeichnung von Kollisionsregeln für die Bestimmung der Anwendbarkeit eines von mehreren Kollisionsnormensystemen geprägt: *Basedow/Drasch*, NJW 1991, 785 (787).

[67] Einzelheiten *Hub*, 38 ff.

[68] Präambel Abs. 4 des EuGVÜ.

[69] *Jenard*, 8.

[70] *Hub*, 38.

[71] EuGH v. 1. 3. 2005, Rs C-281/05, Rn. 25, RIW 2005, 292. Zu dieser Entscheidung: *Heinze/Dutta*, IPRax 2005, 224 ff.; *Bruns*, JZ 2005, 890 ff.; *Rauscher/Fehre*, ZEuP 2006, 463 ff.; *Huber/Stieber*, ZZPInt 2005, 285 ff.; *Dietze*, EuZW 2006, 742 f.

[72] Das war früher im Einzelnen streitig. Zum Meinungsstand vor der EuGH-Entscheidung in der Rs C-281/05 detailliert *Hub*, 44 ff.

[73] EuGH v. 1. 3. 2005, Rs C-281/05, Rn. 26, RIW 2005, 292: „Der Auslandsbezug des fraglichen Rechtsverhältnisses muss sich jedoch, um Artikel 2 des Brüsseler Übereinkommens anwenden zu kön-

Zweck, einen beklagten Unionsbürger zu schützen, erfüllt die Verordnung auch und gerade in einer solchen Konstellation. Worüber sich der EuGH in der Entscheidung freilich keine Gedanken gemacht hat, ist die Frage, welcher Anwendungsbereich dem autonomen Internationalen Zuständigkeitsrecht der Mitgliedstaaten im Verhältnis zu Drittstaaten bei dieser weiten Auslegung noch verbleiben kann. Dieser wird nämlich dadurch denkbar gering.

Die EuGVO findet demnach also grundsätzlich **Anwendung,** wenn der Versicherer als **17** Beklagter in einem EU-Mitgliedstaat, der Versicherungsnehmer (Versicherte, Begünstigte) als Kläger in einem anderen Staat ansässig ist. Rein faktisch scheitert die Anwendung der EuGVO freilich, wenn der Versicherungsnehmer (Versicherte, Begünstigte) in einem Nicht-EU-Staat ansässig ist und von dem Klägergerichtsstand des Art. 9 Abs. 1b Gebrauch machen will, denn der Drittstaat wird die EuGVO nicht anwenden. Ist der Versicherungsnehmer (Versicherte, Begünstigte) Beklagter, genügt es für die Anwendung der EuGVO, wenn er innerhalb der EU ansässig ist und der Versicherer in einem anderen Staat, unabhängig davon, ob es sich um einen EU-Mitgliedstaat handelt oder nicht. Kommt Art. 9 Abs. 2 (Zweigniederlassung) zur Anwendung, gilt Entsprechendes. Zweigniederlassung und Wohnsitz des Versicherungsnehmers müssen sich also in verschiedenen Staaten befinden. Für die Art. 10 ff. EuGVO gilt Entsprechendes.

Nur der Klarheit halber soll an dieser Stelle darauf hingewiesen werden, dass der im mate- **18** riellen Versicherungs-Kollisionsrecht (IPR) so zentrale Begriff der **Risikobelegenheit**[74] für das Internationale Zuständigkeitsrecht grundsätzlich keine Rolle spielt.

3. Sonstige Abkommen

Soweit die Materie nicht durch die EuGVO, das EuGVÜ oder das Lugano-Übereinkom- **19** men abgedeckt ist, könnte die Bundesrepublik Deutschland grundsätzlich bi- oder **multilaterale Abkommen** zur Regelung der Frage der Internationalen Zuständigkeit abschließen, auch wäre die Geltung eventueller Altverträge nicht in Frage gestellt[75]. Solche Verträge sind auf bilateraler Ebene jedoch nicht zahlreich. Zu nennen wären etwa das deutsch-tunesische Abkommen von 1966 und das deutsch-israelische Abkommen von 1977[76]. Auf sie kann hier nicht näher eingegangen werden. Grundsätzlich regeln solche Abkommen ihren Anwendungsbereich selbst. Darauf ist dann jeweils zurückzugreifen. Das gleiche gilt für verschiedene Spezialmaterien betreffende multilaterale Abkommen, die für Deutschland in Kraft sind und spezielle Zuständigkeitsvorschriften enthalten[77]. Auf das zwar zur Zeichnung aufliegende, aber noch nicht in Kraft befindliche Haager Übereinkommen über Gerichtsstandsvereinbarungen (IGVÜ) wird unten[78] noch gesondert eingegangen.

---

nen, nicht unbedingt daraus ergeben, dass durch den Grund der Streitigkeit oder den jeweiligen Wohnsitz der Parteien mehrere Vertragsstaaten mit einbezogen sind. Die Einbeziehung eines Vertragsstaats und eines Drittstaats z. B. durch den Wohnsitz des Klägers oder eines Beklagten im erstgenannten Staat und den im zweitgenannten Staat belegenen Ort der streitigen Ereignisse kann ebenfalls einen Auslandsbezug des fraglichen Rechtsverhältnisses herstellen. Eine solche Situation kann nämlich im Vertragsstaat, wie im Ausgangsverfahren der Fall ist, Fragen hinsichtlich der Festlegung der internationalen Zuständigkeit der Gerichte aufwerfen, die laut der dritten Begründungserwägung gerade eines der Ziele des Brüsseler Übereinkommens ist." Ferner Rn. 28.

[74] Dazu nur etwa *Basedow/Drasch,* NJW 1991, 785 (787ff.); *Fricke,* VersR 1994, 773 (774ff.).

[75] Ausführlich *Leisle,* ZEuP 2002, 316 (339f.). Zu beachten ist für Altabkommen insbesondere Art. 69 EuGVO mit einer Auflistung der innerhalb der Europäischen Union obsoleten Abkommen.

[76] Nachweise etwa bei *Baumbach/Lauterbach/Albers,* Schlussanhang V B; ferner *Schack,* Rn. 55; *Geimer,* Internationales Zivilprozessrecht, 5. Aufl. 2005, Rn. 1887 ff.

[77] Einstieg bei *Schack,* Rn. 234 i. V. m. Rn. 54.

[78] Siehe D. IV. Rn. 88 ff.

D. Die Internationale Zuständigkeit in Versicherungssachen nach den einzelnen Normregimen

I. Die EuGVO

20 Die **EuGVO** ist aus dem EuGVÜ hervorgegangen, genauer aus den 1997 begonnenen Arbeiten zu dessen Revision[79]. Da das EuGVÜ als multilaterales völkerrechtliches Abkommen von allen Teilnehmerstaaten hätte neu gezeichnet werden müssen, wäre dieser Weg zu einer inhaltlichen Änderung unsicher und beschwerlich geworden. Es bot sich daher an, die Reformarbeiten als Europäische Verordnung nach Art. 61 c) i. V. m. Art. 65 a) des Amsterdamer Vertrages in Kraft zu setzen. Auf Grund dieses Zusammenhangs unterscheidet sich die EuGVO vom EuGVÜ (und damit auch von dem auf dem EuGVÜ aufbauenden Lugano-Übereinkommen) inhaltlich und vom Wortlaut her lediglich in einer Reihe – freilich wichtiger – Details[80]. Darüber hinaus differiert nach Art. 6 auch die Artikelzählung. In dem die internationale Zuständigkeit in Versicherungssachen regelnden 3. Abschnitt des II. Kapitels der EuGVO bestehen neben einer veränderten Nummerierung der Artikel echte inhaltliche Unterschiede zum EuGVÜ lediglich in Art. 9 Abs. 1 b)[81] und Art. 14 Nr. 5 (i. V. m. Art. 13 Nr. 5)[82]. Vor diesem Hintergrund kann im folgenden für das Verständnis der EuGVO weitgehend auch auf Rechtsprechung und Literatur zum EuGVÜ zurückgegriffen werden, soweit es nicht gerade um die Unterschiede zwischen beiden Rechtsquellen geht[83]. Zum Zeitpunkt der Manuskriptbeendigung waren im Übrigen Bemühungen darum, die Abkommen im Verhandlungswege an den Wortlaut der EuGVO anzugleichen, bis zur Erstellung eines zur Ratifikation aufzulegenden Endtextes fortgeschritten[84]. Nach erfolgtem Inkrafttreten werden die nachfolgend noch erwähnten Differenzen zur EuGVO in Fortfall kommen. Im Hinblick auf die EuGVO befand sich der nach Art. 73 vorgesehene Bericht über die Erfahrungen mit deren Anwendung in Vorbereitung, der möglicherweise eine Überarbeitung der Verordnung nach sich ziehen kann.

1. Anwendungsbereich des Kapitels II, 3. Abschnitt (Versicherungssachen)

21 Die EuGVO kennt sowohl konkurrierende als auch ausschließliche Gerichtsstände. Für **Versicherungssachen** hält die EuGVO den 3. Abschnitt des II. Kapitels (Art. 8–14) bereit, der die Materie umfassend und erschöpfend regelt[85] (von dem Verweis in Art. 8 EuGVO auf die Art. 4 und 5 Nr. 5 EuGVO einmal abgesehen). Obwohl im Gegensatz zu anderen Vorschriften im Verordnungstext nicht so bezeichnet, sind die Art. 8–14 EuGVO im Verhältnis zu den Vorschriften anderer Abschnitte der Verordnung als ausschließlich anzusehen[86]. Im Verhältnis der Art. 8–14 EuGVO untereinander gilt dies allerdings nicht, sie sind insoweit konkurrierende Zuständigkeiten. Wegen dieser Ausschließlichkeit ist insbesondere ein Rückgriff auf den allgemeinen Gerichtsstand des Art. 2 EuGVO (Wohnsitzgerichtsstand), den Gerichtsstand in Verbrauchersachen (Art. 15, 16, speziell Art. 15 Abs. 1 c) EuGVO)[87] oder die Möglichkeit

---

[79] Genauer zur Vorgeschichte *Kropholler*, EuGVO, Einl. Rn. 15 f.; *Wagner*, IPRax 1998, 241; *Fricke*, VersR 1999, 1055 (1056); *Hub*, 25.

[80] Zu den Unterschieden insgesamt: *Kropholler*, EuGVO, Einl. Rn. 60 ff.; *Junker*, RIW 2002, 569; *Micklitz/Rott*, EuZW 2002, 15; *Fricke*, VersR 1999, 1055; *Wagner*, IPRax 1998, 241.

[81] Entspricht Art. 8 Abs. 1 Nr. 2 EuGVÜ bzw. Lugano-Übereinkommen.

[82] Entspricht Art. 12 a i. V. m. Art. 12 Nr. 5 EuGVÜ bzw. Lugano-Übereinkommen.

[83] Im folgenden werden daher ohne weiteren Hinweis zur Erläuterung von Vorschriften der EuGVO Literatur und Rechtsprechung zu den analogen Vorschriften des EuGVÜ herangezogen.

[84] Dokument JUSTCIV 218 CH 30 ISL 49 N 49 vom 10. 9. 2007.

[85] *Kropholler*, EuGVO, vor Art. 8 Rn. 1; *Heiss/Schnyder*, Rn. 199; *Looschelders*, IPRax 1998, 86 (87); *Nagel/Gottwald*, § 3 Rn. 104; *Rauscher/Staudinger*, Art. 8 Rn. 1.

[86] Diese Bezeichnung ist um so mehr berechtigt, als die EuGVO gem. Art. 35 Abs. 1 (entspricht Art. 28 Abs. 1 EuGVÜ) die Vorschriften des 3. Abschnittes des II. Kapitels (Versicherungssachen) zu denjenigen zählt, deren Verletzung von vornherein eine Urteilsanerkennung in anderen Staaten ausschließt.

[87] Entspricht mit Änderungen speziell gegenüber Art. 13 Nr. 3 den Art. 13, 14 EuGVÜ; *Rauscher/Staudinger*, Art. 8 Rn. 1.

zur Gerichtsstandsvereinbarung nach der allgemeinen Regelung des Art. 23[88] ausgeschlossen[89]. Die Möglichkeit der Zuständigkeitsbegründung durch rügelose Einlassung auf das Verfahren (Art. 24 EuGVO) sieht die h. L. allerdings dennoch als gegeben an[90]. Dieser Standpunkt mag auf den ersten Blick vielleicht als schwer verständlich erscheinen, drängt er doch den Schutz des Versicherungsnehmers als potenziell schwächere Partei in den Hintergrund. Er steht aber selbst in den Fällen, in denen der Versicherungsnehmer der Beklagte ist, mit den Wertungen in Übereinstimmung, die der 3. Abschnitt des II. Kapitels in Art. 13 Nr. 1 durch die Einräumung der Möglichkeit zur Gerichtsstandsvereinbarung auch zu Lasten des Versicherungsnehmers trifft, sofern diese nur nach Entstehen der Streitigkeit getroffen wird. Vor Entstehen der Streitigkeit ist eine solche zwar nicht ohne weiteres möglich[91], aber mit dieser Lage ist die Situation bei rügeloser Einlassung auf die Verhandlung auch nicht vergleichbar.

Hintergrund der eigenständigen Regelung der Zuständigkeiten in Versicherungssachen ist, **22** dass man die **Versicherungsnehmer** bei Schaffung des EuGVÜ für in besonderer Weise **schutzbedürftig** hielt[92], was jedenfalls im Grundsatz zutrifft, da das Versicherungsrecht eine schwierige und in hohem Maße durch AGB der Versicherer geprägte Materie darstellt; viele Produkte – zumal diejenigen, für die das Versicherungsvertragsrecht, sei es das deutsche VVG oder ein fremdes materielles Recht, keine eigenen Regeln zur Verfügung stellt – erhalten überhaupt erst durch AGB einen handhabbaren Inhalt[93]. Zu dieser in der Abstraktheit des Produkts begründeten und den notwendigen Voraussetzungen zum Verständnis desselben liegenden Überlegenheit der Anbieterseite gesellt sich regelmäßig die wirtschaftliche Unterlegenheit des Versicherungsnehmers und dessen dadurch bedingte Unfähigkeit, durch Verhandlungsmacht Abweichungen von Standard-Vertragsbedingungen der Versicherer zu erreichen[94]. Der Versicherungsnehmer ist daher, von typisierten Ausnahmekonstellationen, auf die noch einzugehen sein wird, abgesehen, die potenziell schwächere Vertragspartei, die es auch zuständigkeitsrechtlich zu schützen gilt[95]. Die EuGVO hat diesen dem EuGVÜ zu Grunde liegenden Ansatz grundsätzlich beibehalten[96], ja in einer Beziehung noch weiter ausgebaut[97], in anderer Beziehung allerdings zutreffend differenziert und bestimmten Versicherungsnehmern deshalb größere Freiheiten bei der Gerichtsstandswahl eingeräumt[98]. Aus dem geschilderten prinzipiellen Ansatz erklärt sich auch die besondere Sanktion der grundsätzlichen Nichtanerkennung bereits ergangener ausländischer Urteile bei Verletzung der Zuständigkeitsvorschriften des 3. Abschnittes des II. Kapitels (Art. 35 Abs. 1)[99]. Um diesen Schutz auch verfahrensmäßig zu gewährleisten, ist das Exequaturgericht ausnahmsweise[100] dazu befugt und verpflichtet, die internationale Zuständigkeit des Erstgerichts im Rahmen der EuGVO nachzuprüfen[101].

---

[88] Entspricht Art. 17 EuGVÜ.

[89] Erwägungsgrund (14), ABl. L 12 vom 16. 1. 2001, 1 (2); *Rauscher*, 393.

[90] *Kropholler*, EuGVO, Art. 24 Rn. 16 m. w. N.; *Richter*, VersR 1978, 801 (804); *Rauscher/Staudinger*, Art. 8 Rn. 2; Hub, 182, 188 m. w. N.; a. A.: *Brulhart*, S. 316.

[91] Siehe die Beschränkungen in Art. 13 Nr. 2–5. EuGVO.

[92] Münchener Kommentar ZPO/*Gottwald*, Bd. 3, 2001, Art. 7 EuGVÜ Rn. 2; *Schlosser*, Art. 8 EuGVO Rn. 7; *Rauscher*, 393; *Rauscher/Staudinger*, Art. 8 Rn. 6; Hub, 23; *Richter*, VersR 1978, 801 (804 f.); EuGH v. 13. 7. 2000, Rs C-412/98, VersR 2001, 123 (124) unter Nr. (64); EuGH v. 26. 5. 2005, Rs C-77/44, VersR 2005, 1001 unter Nr. 17, 22.

[93] Etwa: *Dreher*, Die Versicherung als Rechtsprodukt, 1991, S. 173 ff; *Fricke*, VersR 2001, 925 (930); *Schimikowski*, Versicherungsvertragsrecht, 2. Aufl. 2001, Rn. 19.

[94] Letzteres: *Dreher*, Die Versicherung als Rechtsprodukt, 1991, S. 301.

[95] *Looschelders*, IPRax 1998, 86 (87); *Brulhart*, S. 41 f.

[96] Erwägungsgrund (13), ABl. L 12 vom 16. 1. 2001, 1 (2); *Kropholler*, EuGVO, vor Art. 8 Rn. 3, 6.

[97] Nämlich durch Ausweitung des Klägergerichtsstandes in Art. 9 Abs. 1b).

[98] Nämlich durch Ausweitung der Prorogationsmöglichkeiten bei der Versicherung von sog. Großrisiken in Art. 14 Nr. 5 i. V. m. Art. 13 Nr. 5.

[99] Entspricht Art. 28 Abs. 1 EuGVÜ. Vgl. *Brulhart*, S. 42; *Rauscher/Staudinger*, Art. 8 Rn. 6.

[100] Entgegen der Grundregel in Art. 35 Abs. 3 EuGVO.

[101] Siehe Rn. 106.

23   Die Vorschriften des 3. Abschnitts des II. Kapitels finden Anwendung auf alle **Versiche-rungssachen,** also auf alle Streitigkeiten, die ihren Grund im Versicherungsverhältnis haben[102]. Dazu gehören auch all diejenigen Fälle, wo ein Dritter als Rechtsnachfolger in die Position des ehemaligen Versicherungsnehmers (Versicherten, Begünstigten) eintritt[103] oder wo der Versicherer den Versicherungsnehmer im Wege des Regresses für Leistungen in Anspruch nimmt, zu denen er trotz Leistungsfreiheit im Innenverhältnis im Außenverhältnis verpflichtet geblieben ist[104]. Der Begriff der Versicherungssache ist im Übrigen autonom, d. h., also nach Sinn und Zweck der Verordnung – und nicht etwa nach dem Recht des angerufenen Gerichts (lex fori) – für alle EU-Mitgliedstaaten einheitlich auszulegen[105].

24   Aus dem Schutzzweck der Normen wird gefolgert, dass **Rückversicherungsverträge** nicht unter die Art. 8–14 EuGVO fallen, da es hier an der besonderen Schutzbedürftigkeit des Versicherungsnehmers, nämlich des Erstversicherers, fehle[106]. Der EuGH hat dies in einer Entscheidung zum EuGVÜ, die man ohne weiteres für die EuGVO übernehmen darf, grundsätzlich bestätigt[107], dabei aber zugleich klargestellt, dass die Vorschriften des 3. Abschnittes des II. Kapitels durchaus anwendbar sind, wenn es darum geht, dass (in Ausnahmesituationen) ein Versicherungsnehmer (Versicherter, Begünstigter) aus dem Vertrag mit dem Erstversicherer unmittelbar Ansprüche gegenüber einem Rückversicherer geltend macht[108]. In diesem Fall greift der Schutzzweck nämlich wieder: Die genannten Personen bedürfen als die potenziell schwächere Vertragspartei des besonderen zuständigkeitsrechtlichen Schutzes. Auch **Streitigkeiten unter Versicherern** fallen aus Schutzzweckerwägungen grundsätzlich nicht unter den Begriff der Versicherungssachen[109] i. S. d. Kapitels II, Abschnitt 3. Für sie bleibt es i. d. R. bei den allgemeinen Zuständigkeitsregeln[110]. Darüber hinaus ist allgemein gefordert worden, Prozessgegner des Versicherers müsse stets ein Nichtversicherer sein, da es sonst an einer Versicherungssache fehle[111]. In dieser allgemeinen Form ist dies jedoch nicht zutreffend. Es gibt keinen anerkennenswerten Grund, einen Versicherer, der sich wie ein Privater gegen Risiken des Alltags (etwa im Hinblick auf seine Verwaltungsgebäude, Mietwohnungsbestände, Kfz usw.) zum Zwecke des Risikotransfers bei einem anderen Versicherer versichert, anders zu behandeln als einen beliebigen Dritten (i. d. R. Unternehmer mit Großrisiken).

25   So nachvollziehbar die Ausnahmen im Hinblick auf Rückversicherungsverträge und Streitigkeiten unter Versicherern sind, so sehr verwundert es, dass man gleiches nicht für diejenigen Fälle vertritt, in denen der Europäische Gesetzgeber eindeutig von einer gegenüber dem normalen Durchschnittsversicherungsnehmer deutlich geringeren Schutzbedürftigkeit ausgeht. Gemeint sind damit diejenigen Versicherungsnehmer, die sich gegen nach dem Ver-

---

[102] Münchener Kommentar ZPO / *Gottwald,* Bd. 3, 2. Aufl. 2001, Art. 7 EuGVÜ Rn. 3; *Rauscher,* 394.

[103] *Hub,* S. 62.

[104] *Hub,* S. 62

[105] *Kropholler,* EuGVO, vor Art. 8 Rn. 5; *Schlosser,* Art. 8 EuGVO Rn. 6; *Rauscher,* 394; *Rauscher/Staudinger,* Art. 8 Rn. 10.

[106] *Staudinger,* IPRax 2000, 520; *Kropholler,* EuGVO, vor Art. 8 Rn. 6; *Dörner,* Vorbemerkungen Art. 7 EuGVÜ Rn. 52; *Schlosser,* Art. 8 EuGVO Rn. 7; Münchener Kommentar ZPO / *Gottwald,* Bd. 3, 2. Aufl. 2001, Art. 7 EuGVÜ Rn. 3; *Geimer/Schütze,* Art. 7 EuGVÜ Rn. 19; *Rauscher/Staudinger,* Art. 8 Rn. 14; *Hub,* S. 66 ff.; *Brulhart,* 155 ff., die h. L. referierend; *Heiss/Schnyder,* Rn. 199; *Rauscher,* S. 394; a. A.: *Brulhart,* 158 f.

[107] EuGH v. 13. 7. 2000, Rs C-412/98, VersR 2001, 123 (124) unter Nr. (64) – (74).

[108] EuGH v. 13. 7. 2000, Rs C-412/98, VersR 2001, 123 (124) unter Nr. (75); zustimmend: *Rauscher/Staudinger,* Art. 8 Rn. 14; *Magnus/Mankowski/Heiss,* Art. 8 Rn. 5.

[109] EuGH v. 26. 5. 2005, Rs C-77/44, VersR 2005, 1001 unter Nr. 16 ff. Zu dieser Entscheidung etwa *Wittwer,* ZEuP 2007, 829, 834; *Heiss,* VersR 2005, 1003, *Rüfner,* IPRax 2005, 500 ff.; *Rauscher/Staudinger,* Art. 8 Rn. 18; *Magnus/Mankowski/Heiss,* Art. 8 Rn. 6.

[110] *Heiss/Schnyder,* Rn. 199.

[111] *Rauscher/Staudinger,* Art. 8 Rn. 21.

sicherungsrichtlinienrecht als sogenannte **Großrisiken** eingestufte Risiken versichern[112]. Zwar hat der Europäische Gesetzgeber diesen Versicherungsnehmern bei der Möglichkeit einer Gerichtsstandsvereinbarung in der EuGVO gegenüber dem EuGVÜ deutlich erweiterte Möglichkeiten eingeräumt. Indes hat er sich trotz entsprechender Hinweise aus der Literatur[113] nicht entschlossen, Versicherungsverträge über Großrisiken i. S. d. versicherungsrechtlichen Richtlinien generell aus dem Abschnitt der EuGVO über Versicherungssachen herauszunehmen und sie den allgemeinen Zuständigkeitsregeln zu unterstellen. So genießen diese regelmäßig zu den Großunternehmen zählenden Versicherungsnehmer – wenig nachvollziehbar – zuständigkeitsrechtlich denselben Schutz wie diejenigen, bei denen es sich um typische Verbraucher handelt. Bei Klagen gegen den Versicherer etwa haben sie unnötigerweise das Privileg der Klagemöglichkeit am Heimatort (Klägergerichtsstand), während der Versicherer wie selbstverständlich auch diesen Beklagten folgen muss, obwohl gerade in diesen Bereichen oft genug der Versicherungsnehmer dem Versicherer an Größe, Finanzkraft und Know-how keineswegs unterlegen, ja sogar manches Mal überlegen ist[114]. Das verkehrt den Schutzzweck der Vorschriften[115] geradezu in sein Gegenteil. Ohne eine vorherige Änderung der EuGVO kann dem Problem freilich kaum abgeholfen werden. Kann man sich bei Rückversicherungsverträgen und Streitigkeiten unter Versicherern noch mit einer am Sinn und Zweck der Normen orientierten Auslegung behelfen, die entsprechende Verträge einfach zu Nicht-Versicherungsverträgen im Sinne der EuGVO erklärt, so dürften bei einer Übernahme der Grossrisikendefinition des Richtlinienrechts als Grenze dessen, was die EuGVO unter einem Versicherungsvertrag versteht, die Möglichkeiten einer bloßen Auslegung überschritten sein: Der Wortlaut von Art. 14 Nr. 5 i.V. m. 13 Nr. 5 gibt zu erkennen, dass Versicherungsverträge, die ein Großrisiko zum Gegenstand haben, zu den vom 3. Abschnitt des II. Kapitels gemeinten Versicherungsverträgen gehören[116].

Da die Verordnung nur auf Zivil- und Handelssachen anwendbar ist (Art. 1 Abs. 1) und die **soziale Sicherheit** ausdrücklich aus ihrem Anwendungsbereich ausschließt (Art. 1 Abs. 2c)), kann unter Versicherungssachen nur die Privatversicherung verstanden werden, nicht aber die Sozialversicherung oder andere öffentlich-rechtlich geprägte Versicherungsverhältnisse[117]. Auf die Rechtsform, in der der Versicherer organisiert ist, kann es für die Anwendbarkeit im übrigen nicht ankommen, so dass auch Verträge mit öffentlich-rechtlich organisierten Versicherern unter die Verordnung fallen, wenn die Versicherungsverträge selbst nur privatrecht-

26

---

[112] Art. 5 Zweite Richtlinie des Rates vom 22. Juni 1988 zur Koordinierung der Rechts- und Verwaltungsvorschriften für die Direktversicherung (mit Ausnahme der Lebensversicherung) und zur Erleichterung der tatsächlichen Ausübung des freien Dienstleistungsverkehrs sowie zur Änderung der Richtlinie 73/239/EWG (88/357/EWG), ABl. L 172 vom 4. 7. 1988, 1 (2. Schadenversicherungsrichtlinie).

[113] *Brulhart*, S. 144, 147, 156; *Fricke*, VersR 1997, 399 (401); *Geimer/Schütze*, Art. 7 EuGVÜ Rn. 4; *Heiss*, in: Versicherungsrecht in Europa – Kernperspektiven am Ende des 20. Jahrhunderts, hrsg. v. *Reichert-Facilides/Schnyder* (2000) 116; kritisch neuerdings auch *Schack*, Rn. 283. Schon anlässlich der Beitrittsverhandlungen des Vereinigten Königreichs zum EuGVÜ 1978 wurde von den Briten im Grundsatz dieser Gedanke geäußert. Damals meinte man freilich noch, die in Betracht kommende Gruppe von Versicherungsnehmern nicht hinreichend generell-abstrakt abgrenzen zu können: *Schlosser*, Bericht, 114. Die Lösung blieb damit in den auch heute noch als Art. 13 Nr. 5, 14 Nr. 1–3 EuGVO enthaltenen Ansätzen erweiterter Prorogationsmöglichkeiten stecken. – Dieser Standpunkt mochte zwar damals zutreffen, ist aber spätestens mit dem Erlass der 2. Schadenversicherungsrichtlinie 1988 mit ihrer genauen Trennung von Gross- und Massenrisiken obsolet.

[114] Vgl. *Heiss*, in: Versicherungsrecht in Europa – Kernperspektiven am Ende des 20. Jahrhunderts, hrsg. v. *Reichert-Facilides/Schnyder* (2000), 114.

[115] Vgl. *Kropholler*, EuGVO, Art. 14 Rn. 15, der den Grund für die Einräumung weitgehender Prorogationsmöglichkeiten bei diesen Versicherungsnehmern in deren mangelnder Schutzbedürftigkeit sieht; kritisch auch: *Rauscher/Staudinger*, Art. 8 Rn. 15; *Brulhart*, S. 43.

[116] Beim EuGVÜ (und im Lugano-Übereinkommen) ist das anders, da dort eine Art. 14 Nr. 5 EuGVO entsprechende Vorschrift fehlt (siehe dort Art. 12a).

[117] *Kropholler*, EuGVO, vor Art. 8 Rn. 6; *Looschelders*, IPRax 1998, 86 (87); *Rauscher/Staudinger*, Art. 8 Rn. 12.

licher Natur und nicht von öffentlichem Sonderrecht geprägt sind. Ebenfalls keine Anwendung findet der 3. Abschnitt des II. Kapitels auf den eventuellen **Regress** (Rückgriff) des Versicherers gegen einen außenstehenden Schädiger[118], denn dieser wird vom Text des 3. Abschnitts nicht als Verfahrensbeteiligter genannt. Die Zuständigkeit regelt sich in diesen Fällen nach den Artt. 2 f.[119].

2. Die Gerichtsstände im Einzelnen

27   Bei den Gerichtsständen, die der 3. Abschnitt des II. Kapitels bereitstellt, ist grundsätzlich danach zu unterscheiden, ob sich die Partei in der Kläger- oder Beklagtenrolle befindet, denn die EuGVO unterscheidet danach, ob Klagen gegen den Versicherer oder den Versicherungsnehmer gerichtet sind.

28   **a) Gerichtsstände bei Klagen des Versicherers.** Für den Versicherer als Kläger steht grundsätzlich nur der Gerichtsstand vor den Gerichten des Staates des **Beklagtenwohnsitzes** zur Verfügung. Es gilt also actor sequitur forum rei (Art. 12 Abs. 1 EuGVO). Wegen des Normzwecks – des zuständigkeitsrechtlichen Schutzes der potenziell schwächeren (Vertrags-) Partei – gilt das auch für solche Versicherer, die keinen Sitz bzw. keine Niederlassung in einem EU-Staat haben[120]. Die Vorschrift regelt schon ihrem Wortlaut nach nur die internationale Zuständigkeit, überläßt die Bestimmung des örtlich zuständigen Gerichts also dem nationalen Recht des so bestimmten Staates. Neben dem Staat des Beklagtenwohnsitzes kommt für den Fall, dass die Streitigkeit aus dem Betrieb einer Zweigniederlassung, Agentur oder sonstigen Niederlassung des Beklagten (nicht des Versicherers!) herrührt, zusätzlich auch der Gerichtsstand am Ort dieser Niederlassung in Betracht (Art. 8 i. V. m. Art. 5 Nr. 5 EuGVO). Diese Niederlassungs-Zuständigkeit verdrängt keineswegs die übrigen Zuständigkeiten nach den Art. 8 ff., sondern eröffnet nach Wahl des Klägers weitere Gerichtsstände, wenn im Einzelfall deren Voraussetzungen gegeben sind[121]. Bedeutung hat der Gerichtsstand vor allem bei der Versicherung von Niederlassungen oder einzelnen Betrieben international tätiger Unternehmen, gegen die der Versicherer auf Grund dieser Vorschrift dann nicht am Gesellschaftssitz (Art. 60 EuGVO) vorgehen muß. Was dabei als Niederlassung i. S. d. Art. 5 Nr. 5 EuGVO zu verstehen ist, wird von der Verordnung – anders als beim Gesellschaftssitz – nicht selbst explizit geregelt, sondern ist durch eine sich am Sinn und Zweck der Verordnung orientierende, also autonome, Auslegung zu gewinnen[122], nicht hingegen unter Heranziehung des nationalen Rechts am Ort der Niederlassung. Gemeint ist mit Niederlassung, Agentur oder sonstiger Niederlassung i. S. d. Art. 5 Nr. 5 EuGVO im wesentlichen „ein Mittelpunkt geschäftlicher Tätigkeit …, der auf Dauer als Außenstelle eines Stammhauses hervortritt, eine Geschäftsführung hat und sachlich so ausgestattet ist, dass er in der Weise Geschäfte mit Dritten betreiben kann, dass diese, obgleich sie wissen, dass möglicherweise ein Rechtsverhältnis mit dem im Ausland ansässigen Stammhaus begründet wird, sich nicht unmittelbar an dieses zu wenden brauchen, sondern Geschäfte an dem Mittelpunkt geschäftlicher Tätigkeit abschließen können, der dessen Außenstelle ist"[123]. Die Regelung gilt unter Schutzzweckgesichtspunkten – jedenfalls im Bereich der Versicherungssachen nach Art. 9 Abs. 2 EuGVO – auch für solche Beklagte, deren Hauptsitz nicht in einem EU-Mitgliedstaat liegt[124]. Im Übrigen ist nicht die EuGVO zur Lösung der Frage der internationalen Zuständigkeit, sondern nationales Recht anzuwenden

---

[118] *Kropholler,* EuGVO, vor Art. 8 Rn. 6; *Rauscher/Staudinger,* Art. 8 Rn. 17; *Schlosser,* Art. 8 EuGVO Rn. 8.

[119] *Schlosser,* Art. 8 EuGVO Rn. 8.

[120] *Kropholler,* EuGVO, Art. 12 Rn. 1; *Rauscher/Staudinger,* Art. 12 Rn. 1.

[121] Eingehend *Looschelders,* IPRax 1998, 86 (89); ferner *Heiss/Schnyder,* Rn. 209; *Nagel/Gottwald,* § 3 Rn. 109.

[122] EuGH v. 22. 11. 1978, Rs 33/78, RIW 1979, 56 Leitsatz 1; *Kropholler,* EuGVO, Art. 5 Rn. 102 m. w. N.; *Rauscher/Leible,* Art. 5 Rn. 102 m. w. N.

[123] Detailliert EuGH v. 22. 11. 1978, Rs 33/78, RIW 1979, 56 unter Nr. 12.

[124] *Kropholler,* EuGVO, Art. 5 Rn. 100; *Rauscher/Leible,* Art. 5 Rn. 100. Für Nicht-Versicherungssachen sind beide Autoren der gegenteiligen Ansicht (ebendort).

(Art. 4)[125]. Die Regelung setzt zudem generell voraus, dass Niederlassung und Hauptsitz in verschiedenen Staaten liegen[126].

Durch Art. 12 EuGVO wird nicht allein der Versicherungsnehmer zuständigkeitsrechtlich **29** geschützt. Es sind vielmehr auch alle Klagen gegen typischerweise in den Schutzbereich von Versicherungsverträgen einbezogene Dritte, nämlich den **Versicherten** oder den **Begünstigten,** erfasst (Art. 12 Abs. 1 EuGVO)[127]. Eine Ausdehnung der Vorschrift auf Klagen des Versicherers gegen andere Personen[128] ist dagegen schon vom klaren Wortlaut der Regelung her weder möglich noch in Anbetracht des Normzwecks geboten. In allen anderen Fällen genügen die sonstigen Gerichtsstandsregeln der Verordnung, um eine abgewogene Entscheidung zwischen zuständigkeitsrechtlichen Kläger- und Beklagteninteressen sicherzustellen.

Ausnahmen von der strikten Regel, dass der Versicherer dem Gerichtsstand des Beklagten **30** zu folgen hat, ergeben sich in folgenden Fällen: Der Versicherer ist nicht gehindert, in einem gegen ihn angestrengten Prozess vor einem anderen Gerichtsstand (nach dem 3. Abschnitt, II. Kapitel) einem Dritten den **Streit** zu **verkünden** (Art. 12 Abs. 1 i.V.m. Art. 11 Abs. 3 EuGVO). Genauso kann er an einem solchen Gerichtsstand **Widerklage** erheben, auch wenn das Forum für eine selbständige Klageerhebung durch den Versicherer nicht zuständig wäre (Art. 12 Abs. 2 EuGVO)[129]. Vorausgesetzt wird dabei, dass die sonstigen Anforderungen an die Zulässigkeit einer Widerklage, die sich nicht auf die Zuständigkeit beziehen (Art. 6 Nr. 3 EuGVO), erfüllt sind[130]. Eine echte Lücke besteht im Zuständigkeitssystem für Klagen des Versicherers dann, wenn er aus materiellrechtlichen Gründen gegen mehrere Versicherungsnehmer gemeinsam klagen müsste, etwa weil diesen ein Recht gemeinsam zusteht bzw. weil sie gemeinsam verpflichtet sind **(Gesamtschuldner),** sie jedoch in unterschiedlichen Mitgliedstaaten ihren Wohnsitz haben. Art. 12 Abs. 1 steht dann seinem Wortlaut nach der Klageerhebung in nur einem Mitgliedstaat an sich entgegen[131]. Das Problem lässt sich bis zu einer Nachbesserung seitens des Europäischen Gesetzgebers nur durch eine erweiternde Auslegung der EuGVO lösen, um dem Versicherer nicht auf prozessualem Wege die Durchsetzung eines materiell bestehenden Anspruchs abzuschneiden: Er kann nach seiner Wahl am Wohnsitz eines der notwendigen Streitgenossen gegen alle klagen[132]. Unpraktikabel wäre es dagegen, schon wegen der Gefahr divergierender Urteile, dem Versicherer mehrere Klagen in verschiedenen Staaten zuzumuten, während eine postulierte Bindung von Nicht-Mitverklagten, in einem anderen als dem Prozessstaat ansässigen Versicherungsnehmern, deren prozessuale Verteidigungsmöglichkeiten unbillig beschränken würde.

Art. 12 EuGVO findet im Übrigen dann keine Anwendung, wenn der Beklagte keinen **31** Wohnsitz in einem Staat hat, in dem die EuGVO gilt. Dann regelt sich die internationale Zuständigkeit nach dem nationalen Prozessrecht des intendierten Forums (lex fori – Art. 8 i.V.m. Art. 4 EuGVO).

b) Gerichtsstände bei Klagen gegen den Versicherer. Der Ansatz des 3. Abschnitts, **32** Kapitel II. der EuGVO, zuständigkeitsrechtlich die potenziell schwächere Partei zu schützen, offenbart sich deutlich in der Zurverfügungstellung einer ganzen Reihe von Gerichtsständen, unter denen der Versicherer verklagt werden kann, dem ja selbst, wie gezeigt, grundsätzlich lediglich ein Gerichtsstand zur Verfügung steht. Neben dem selbstverständlichen **Gerichts-**

---

[125] *Kropholler,* EuGVO, Art. 5 Rn. 100; *Rauscher/Leible,* Art. 5 Rn. 100.

[126] *Kropholler,* EuGVO, Art. 5 Rn. 100; *Rauscher/Leible,* Art. 5 Rn. 100.

[127] Münchener Kommentar BGB/*Martiny,* Bd. 10, 3. Aufl. 1998, Art. 37 EGBGB Rn. 189. Sehr weit: *Kropholler,* EuGVO, Art. 12 Rn. 1; *Rauscher/Staudinger,* Art. 8 Rn. 1; *Hub,* S. 115.

[128] Missverständlich: *Kropholler,* EuGVO, Art. 12 Rn. 1.

[129] Zur Bedeutung der etwas unklaren Formulierung im entsprechenden Art. 12 Abs. 2 EuGVO: *Kropholler,* EuGVO, Art. 12 Rn. 3.

[130] Im Wesentlichen handelt es sich um die Voraussetzung der Identität des zu Grunde liegenden Sachverhalts oder Vertrages (Konnexität). Im Einzelnen: *Kropholler,* EuGVO, Rn. 38 zu Art. 6; ferner: *Rauscher/Staudinger,* Art. 12 Rn. 5.

[131] *Hub,* S. 116.

[132] *Hub,* S. 117.

stand des Beklagten-, d. h. **Versicherer(wohn)sitzes** (actor sequitur forum rei – Art. 9 Abs. 1 a) EuGVO)[133], der für alle Kläger, also etwa auch den Begünstigten oder den vom Versicherungsnehmer verschiedenen Versicherten zur Verfügung steht, steht anders als noch im EuGVÜ und dem Lugano-Übereinkommen all diesen Personen auch grundsätzlich die Möglichkeit offen, den Versicherer am Klägerwohnsitz zu verklagen (Art. 9 Abs. 1 b) EuGVO)[134] und sich damit gegebenenfalls die Mühe zu sparen, gegen den Versicherer im Ausland zu prozessieren. Maßgeblich ist dabei der (Wohn-)Sitz des Klägers zum Zeitpunkt der Klageerhebung, nicht etwa des Vertragsschlusses[135]. Für den Versicherer kann das belastend sein, denn die Regel gilt sogar dann, wenn aus einem ursprünglich reinen Inlandsfall durch späteren Wegzug des Versicherungsnehmers ein grenzüberschreitender wird[136]. Die mit der Regelung verbundene Durchbrechung der prozessualen Grundregel actor sequitur forum rei ist nur vor dem Hintergrund des Zwecks der Regelungen im 3. Abschnitt, des zuständigkeitsrechtlichen Schutzes der potenziell schwächeren Vertragspartei, erklärbar[137]. Die Ausdehnung auf Versicherte und Begünstigte ist nachvollziehbar, da die Überlegungen zum Schutz der schwächeren Vertragsseite, die zur Einräumung des Klägergerichtsstandes für den Versicherungsnehmer geführt haben, regelmäßig auch auf den Versicherten oder den Begünstigten eines Versicherungsvertrages zutreffen[138]. Diese Personen sind nicht stets identisch mit dem Versicherungsnehmer, der Vertragspartner des Versicherers ist, gleichwohl aber wie dieser schutzwürdig. Schon der Berichterstatter zum EuGVÜ hatte eine solche Ausdehnung zumindest erwogen, sie aber schließlich verworfen, weil der Versicherer den Wohnsitz von Versichertem oder Begünstigtem nicht zu kennen brauche[139], mithin die Gerichtsstände für ihn nicht vorhersehbar seien. Dieses Argument ist allerdings mehr als fraglich. Schon aus Eigeninteresse wird der Versicherer sehr wohl darauf achten, den Wohnsitz der betreffenden Personen, die ja schließlich eines Tages Ansprüche gegen ihn stellen könnten, schon bei Vertragsschluss zu erfahren und auch später zu dokumentieren. Spätestens bei Zustellung der Klage wird er jedenfalls davon erfahren. Vor einer Verlegung des Wohnsitzes während der Vertragslaufzeit ist er zudem, wie gesehen, nicht einmal beim Versicherungsnehmer selbst geschützt, da nach Art. 9 Abs. 1 b) EuGVO dessen Wohnsitz zum Zeitpunkt der Klageerhebung maßgeblich ist. Im Übrigen wird ein vom Versicherungsnehmer verschiedener Versicherter oder Begünstigter[140] mit dem Versicherer vertraglich vereinbart werden. Zu einer solchen Vereinbarung ist der Versicherer nicht gezwungen. Diese Personen sind somit dem Versicherer regelmäßig von Anfang an bekannt und mit seiner Zustimmung in den Vertrag einbezogen, so dass er sich auf einen Gerichtsstand an deren Wohnsitz von vornherein einrichten kann.

33   Unter dem **Begünstigten** ist, wie schon aus dem soeben Gesagten hervorgeht, allein der Begünstigte eines Versicherungsvertrages im technischen Sinne zu verstehen, denn nur dann besteht die vom EU-Gesetzgeber stillschweigend vorausgesetzte[141], über eine vertragliche Bindung vermittelte Beziehung zu dieser Person. Diese wird auch regelmäßig schon zur Begründung eines eigenen materiellen, selbständig einklagbaren Anspruchs notwendig sein, der erst die Gewährung eines Gerichtsstandes sinnvoll macht. Solche eigenen Ansprüche beste-

---

[133] Die Regelung entspricht insoweit Art. 2.

[134] Entspricht Art. 8 Abs. 1 Nr. 2 der Übereinkommen, dort aber beschränkt allein auf den Versicherungsnehmer (dazu *Kropholler*, Europäisches Zivilprozessrecht, 6. Aufl. 1998, Art. 8 Rn. 2).

[135] *Geimer/Schütze*, Art. 8 EuGVÜ Rn. 8; *Rauscher*, S. 395; *Schlosser*, Art 9. EuGVO Rn. 1 i. V. m. Art. 2 EuGVO Rn. 2, Vor Art. 2 EuGVO Rn. 7.

[136] *Rauscher*, S. 395.

[137] *Looschelders*, IPRax 1998, 86 (88).

[138] *Kropholler*, EuGVO, Art. 9 Rn. 2.

[139] *Jenard*, 31 re. Sp.

[140] Beim Bezugsrecht in der Lebensversicherung sieht § 166 VVG vor, dass im Zweifel der Versicherungsnehmer ohne Zustimmung des Versicherers einen Bezugsberechtigten bestimmen kann. Um solche Zweifel zu vermeiden, werden darüber in der Praxis regelmäßig eindeutige Absprachen getroffen.

[141] Der Begünstigte tauchte schon im EuGVÜ in den Art. 11 Abs. 1 und 12 Nr. 2 auf. Das dortige Verständnis des Begriffs hat der EU-Gesetzgeber übernommen.

hen zwar regelmäßig auch für den Geschädigten in der KH-Versicherung. Dieser kann aber unter den Begriff des Begünstigten nicht subsumiert werden[142]: Zum einen differenziert der EU-Gesetzgeber in der EuGVO verbal deutlich zwischen dem Begünstigten und dem Geschädigten[143]. Zum anderen hat der EU-Gesetzgeber gerade diesen Fall explizit in Art. 11 Abs. 2 EuGVO durch Verweis u. a. auf Art. 9 Abs. 1b) EuGVO geregelt, wodurch dem Geschädigten bei eigenem Anspruch gegen den Versicherer ein Klägergerichtsstand zur Verfügung gestellt wird[144]. Das wäre überflüssig gewesen, hätte der EU-Gesetzgeber den Fall durch Art. 9 Abs. 1b) EuGVO als unmittelbar erfasst angesehen.

Bestehen gegen die Regelung des Art. 9 Abs. 1b) EuGVO zwar vom Grundsatz her keine **34** Bedenken, so treffen sie um so mehr deren handwerkliche Durchführung: Nach Art. 9 Abs. 1b) EuGVO können die versicherten Personen oder auch die Begünstigten gegen den Versicherer an dem Gerichtsstand ihres Wohnsitzes klagen. Die Neufassung legt es nahe, dass die Verfasser des Textes lediglich die einfachsten vorstellbaren Fälle vor Augen hatten, bei denen an einem Versicherungsvertrag allenfalls ein einziger Versicherungsnehmer, ein einziger Versicherter und/oder ein einziger Begünstigter beteiligt sind. Bei dieser überschaubaren Personenzahl gibt es nur eine überschaubare Zahl von möglichen Klägergerichtsständen. Die Praxis ist jedoch häufig erheblich komplizierter. Das trifft vor allem auf die sogenannten **Gruppenversicherungsverträge** zu. Sie haben meist eine besondere Bedeutung für die zusätzliche, private Absicherung von Arbeitnehmern im Bereich der freiwilligen Altersvorsorge und des Schutzes gegen Unfall und Krankheit. Dies gilt um so mehr, als die staatlich bereitgestellten Leistungen in diesen Bereichen zunehmend als unzureichend empfunden werden, die entsprechenden Sozialversicherungssysteme Krisensymptome zeigen. Bei den häufig vorkommenden Gruppenunfallversicherungsverträgen schließt beispielsweise eine Person (häufig ein Arbeitgeber) als Versicherungsnehmer einen Gruppenunfallversicherungsvertrag mit dem Versicherer ab, bei dem Dritte (die Arbeitnehmer) die versicherten Personen sind. Es ist nicht selten, dass ein solcher Vertrag je nach Unternehmensgröße Hunderte bis zu viele tausend Versicherte erfasst. Bei großen, in der Regel international tätigen Unternehmen werden Mitarbeiter in vielen, wenn nicht in allen EU-Mitgliedstaaten beschäftigt sein. Da jede dieser versicherten Personen bei wörtlicher Anwendung der Norm nach Art. 9 Abs. 1b) EuGVO an ihrem Wohnsitz gegen den Versicherer klagen kann, würde dies zu einer Vervielfachung der Klägergerichtsstände führen. Diese Perspektive ist rechtspolitisch unerwünscht, denn Rechtszersplitterung und eine möglicherweise an die Kalkulationsgrundlagen der betroffenen Verträge gehende Ungleichbehandlung der Versicherten können die Folge sein: Auch wenn in der Regel Gruppenversicherungsverträge materiell durch Rechtswahlvereinbarung einem bestimmten Recht unterworfen werden, hilft das zunächst nicht. Der Richter des Forums muss sich zwar mit einem Vertrag unter ausländischem Recht befassen, dieses kann aber gerade in so sensiblen Bereichen wie der Alters-, Gesundheits- und sonstigen sozialen Sicherung vielfach durchbrochen werden. Art. 9 Abs. 1b) EuGVO hätte zur Konsequenz, dass die international-privatrechtlich zwingenden Bestimmungen des Gerichtsortes auf den Vertrag anzuwenden wären. Das könnte zu einer Vielzahl von lokalen Anwendungsvarianten des Gruppenvertrages führen und würde dem Willen der Vertragschließenden zuwiderlaufen, die einen einheitlichen Vertrag unter Anwendung der von ihnen gewählten Rechtsordnung abgeschlossen haben. Zwar mag man einwenden, mit diesem Problem müssten eine Reihe von Wirtschaftszweigen leben, die international tätig sind, die – machen sie Geschäfte mit Verbrauchern – ebenfalls mit Klägergerichtsständen zu tun haben (Art. 16 Abs. 1 EuGVO). Aber dieser Einwand geht fehl. Zum einen handelt es sich in diesen Bereichen regelmäßig

---

[142] Mit abweichender Begründung: *Feyock/Jacobsen/Lemor/Lemor*, Kraftfahrtversicherung, 2. Aufl. 2002, Unfälle von Inländern im Ausland Rn. 4f.; *Lemor*, NJW 2002, 3666 (3667f.).

[143] Vgl. Art. 9 Abs. 1b), 12 Abs. 1, 13 Nr. 2 einerseits und Art. 11 Abs. 1 und 2 andererseits.

[144] EuGH v. 13. 12. 2007, Rs C-463/06, EuZW 2008, 124. Die Frage war str. und Gegenstand einer Vorlage des BGH an den EuGH. Siehe BGH vom 26. 9. 2006, VersR 2006, 1677. Schon früher in diesem Sinne: OLG Köln vom 12. 9. 2005, VersR 2005, 1721f.; AG Bremen vom 6. 2. 2007, NJW-RR 2007, 1079f.; a. A. LG Hamburg vom 28. 4. 2006, VersR 2006, 1065f.

um Einzelverträge. Zum anderen ist der entscheidende Punkt der, dass beim Versicherungsvertrag das „Produkt" unkörperlicher Art ist, eben ein Rechtsprodukt. Es ist allein in der
Form seiner Ausgestaltung durch die Vertragsbedingungen überhaupt greifbar. Diese definieren die Verpflichtungen der Parteien und geben damit auch den Rahmen für die versicherungstechnische Kalkulation erst vor. Nur wenn man die rechtlich definierten Umstände
exakt kennt, unter denen der Versicherer zu leisten hat, kann in einer zweiten Stufe mittels
statistischer Erfahrungswerte überhaupt berechnet werden, wie die Prämien, Rabatte, eventuelle Selbstbehalte, Schadensreserven usw. aussehen müssen. Diese Dinge sind aber für die
Vertragsgestaltung und Durchführung nicht nebensächlich, sondern betreffen den Kern des
Versicherungsgeschäfts selbst. Sollte es zu der beschriebenen Ausbildung lokaler Anwendungsvarianten kommen, würde diese Rechtszersplitterung Gruppenverträge im internationalen Bereich in der Praxis kaum mehr handhabbar machen. Daneben bliebe natürlich nicht
einzusehen, warum im Ergebnis bei einem an sich vom Versicherungsnehmer (z. B. Arbeitgeber) für alle Versicherten einheitlich abgeschlossenen Vertrag diese womöglich doch ganz unterschiedlich behandelt werden sollten, nur weil sie das Glück oder das Pech hatten, ihren
Wohnsitz (noch dazu zum Zeitpunkt der Klageerhebung!) in einem Vertragsstaat mit eher liberalen oder eher restriktiven international-privatrechtlich zwingenden Normen zu haben.
Der Europäische Gesetzgeber hat solche Konsequenzen zwar nicht gewollt, von einer gesetzestechnisch sauberen Formulierung aber letztlich allein deshalb abgesehen, weil er das ohnehin mit vielen Schwierigkeiten belastete Gesetzgebungsverfahren zeitlich nicht in Verzug
bringen wollte[145]. Man sollte daher die Anwendung von Art. 9 Abs. 1b) EuGVO, soweit er
dem Versicherten oder Begünstigten einen Klägergerichtsstand einräumt, im Wege einer teleologischen Reduktion auf Einzelverträge beschränken und Gruppenversicherungsverträge
von der Ausdehnung des Klägergerichtsstandes ausnehmen[146]. Unumstritten ist das freilich
nicht[147]. Das Problem lässt sich im Übrigen auch nicht ohne weiteres durch eine Gerichtsstandsklausel lösen, da der EuGH, wenn auch fälschlich, die Zustimmung eines jeden Versicherten dazu verlangt[148], was gerade bei solchen Vertragsgestaltungen unpraktikabel ist.

35   Resultieren die Streitigkeiten, die zur Klage gegen den Versicherer führen, aus dem Betrieb einer **Zweigniederlassung,** einer **Agentur** oder einer sonstigen **Niederlassung** des
Versicherers, kann er auch vor den Gerichten des Staates verklagt werden, in dem sich diese
befinden (Art. 8 i. V. m. Art. 5 Nr. 5 EuGVO). Auch hier gilt wieder, dass die Begriffe autonom auszulegen sind, also nicht das maßgeblich ist, was das Recht des Staates darunter versteht, in dem sich die Agentur oder Niederlassung befindet. Zum Verständnis der Begriffe
wurde oben bereits Einiges gesagt[149], das auch hier gilt. Der Sitz eines **Versicherungsmaklers** begründet danach regelmäßig keine Zuständigkeit aus Art. 8 i. V. m. Art. 5 Nr. 5

---

[145] Man wollte das zunächst im Wege von schwierigen Verhandlungen auch um den Wortlaut (ursprünglich ging man noch von einer Revision des EuGVÜ als multilateralem Abkommen aus) gefundene Kom-
promisspaket von Änderungen nicht wieder aufschnüren, als auf das Problem hingewiesen wurde (damals
Fricke, VersR 1999, 1055 (1058)), da man befürchtete, das Gesetzgebungsverfahren durch dann eventuell
laut werdende weitere Änderungswünsche um einen unkalkulierbaren Zeitraum zu verzögern. Das EP hat
das Problem damals ebenfalls aufgegriffen und verlangt, dass in Art. 9 Abs. 1b) nach „des Versicherten oder
Begünstigten" die Worte „in Verbindung mit individuellen Versicherungsverträgen" in den Text eingefügt
werden, wodurch das Problem gelöst worden wäre (Dokument A5−0253/2000,− Europäisches Parlament, Vom Parlament angenommene Texte, endgültige Ausgabe 21/09/2000, Abänderung 22). Die sachliche Berechtigung des Anliegens haben Kommissionsmitarbeiter dem Verfasser damals mündlich bestätigt. Die Kommission hat eine entsprechende Änderung auch noch vorbereitet: Dokument KOM(2000)
689 endgültig vom 26. 10. 2000, 1999/0154 (CNS), S. 16 (betr. Art. 9 Nr. 2), diese wurde dann aber vom
Rat aus Zeitgründen abgeblockt.
[146] Kritisch auch: *Rauscher/Staudinger,* Art. 9 Rn. 3.
[147] Dezidiert a. A. *Hub,* S. 92 mit Verweis auf den (hypothetischen) Willen des Rates bei der Verabschiedung der VO; ferner *Nagel/Gottwald,* § 3 Rn. 105; Münchener Kommentar/*Gottwald,* Rn. 1 zu Art. 9
EuGVO.
[148] Näher siehe unter Rn. 53.
[149] Siehe unter D.I.2.a) bei Fn. 122.

EuGVO, da er grundsätzlich im Auftrag und Interesse des Versicherungsnehmers tätig wird. Es fehlt damit schon an dem Merkmal, dass es sich um eine Außenstelle des Stammhauses handeln muss[150]. Gleiches wird auch für einen **Mehrfachagenten** gelten müssen, denn dieser wird nach eigener Wahl für verschiedene Versicherer tätig und vermittelt die Verträge an denjenigen, der ihm am geeignetsten erscheint. Auch bei ihm fehlt es an der notwendigen Eingliederung in das Stammhaus[151]. Beim **Einfirmenvertreter** kommt, sofern er eigene Geschäftsräume unterhält, allerdings je nach den Umständen des Einzelfalles in Betracht, dass die notwendige Eingliederung in das Stammhaus auf Grund der tatsächlichen Abhängigkeit und der Einwirkungsmöglichkeiten des Versicherers, für den er vermittelt, als gegeben anzusehen ist[152]. Hier ausschließlich auf die rechtliche Seite abzustellen[153] (er ist Handelsvertreter i. S. d. § 84 HGB) dürfte den praktischen Gegebenheiten im Versicherungsbereich jedenfalls nicht immer gerecht werden, da die Einwirkungsmöglichkeiten des Versicherers z. T. sehr weitgehend sind[154]. Sein Sitz kann (nicht muss) daher einen Gerichtstand nach Art. 8 i. V. m. Art. 5 Nr. 5 EuGVO begründen. In diesem Zusammenhang kann die Frage auftauchen, ob der **Schadenregulierungsbeauftragte,** den Kraftfahrversicherer gem. Art. 4 Abs. 1 der Vierten Kraftfahrzeughaftpflichtversicherungs-Richtlinie[155] zu benennen haben, eine Zuständigkeit für Klagen gegen den Haftpflichtversicherer nach dieser Vorschrift der EuGVO in dem Mitgliedstaat begründet, in dem der Schadenregulierungsbeauftragte tätig ist, könnte er doch möglicherweise eine Zweigniederlassung, Agentur oder sonstige Niederlassung sein. Dies wurde allerdings durch Art. 4 Abs. 8 der genannten Richtlinie für das EuGVÜ ausdrücklich ausgeschlossen und gilt jetzt Kraft ausdrücklicher Anpassung der Vorschrift auch für die EuGVO[156]. Schon vor dieser Anpassung galt allerdings nach allgemeinen Auslegungsregeln nichts anderes, da der Richtliniengesetzgeber bei Erlass der Richtlinie die EuGVO noch nicht kennen konnte[157]. Zweifel können in diesem Zusammenhang auftauchen, wenn der Versicherer eine ohnehin bestehende Zweigniederlassung zusätzlich mit der Wahrnehmung der Aufgabe des Schadenregulierungsbeauftragten betraut. Letztlich kann aber auch hier nichts anderes gelten: Art. 8 i. V. m. Art. 5 EuGVO eröffnet die Zuständigkeit nur im Hinblick auf Streitigkeiten, die gerade aus dem Betrieb der Zweigniederlassung resultieren, also betriebsbezogenen Verbindlichkeiten, weil der Beklagte von diesem Ort aus tätig geworden ist, so dass es unbillig erschiene, den Kläger auf einen u. U. fernen allgemeinen Gerichtsstand zu verweisen[158]. Eine solche Betriebsbezogenheit liegt nur vor, wenn es sich um Rechtsstreitigkeiten handelt, in denen es um vertragliche oder außervertragliche Rechte und Pflichten in Bezug auf die eigentliche Führung der Agentur, der Zweigniederlassung oder der sonstigen Niederlassung selbst geht, es sich also um Verbindlichkeiten handelt, welche der beschriebene Mittelpunkt geschäftlicher Tätigkeit im Namen des Stammhauses eingegangen ist, oder wenn es sich um außervertragliche Verpflichtungen handelt, die aus der Tätigkeit entstehen, welche

---

[150] *Hub*, S. 83; *Kropholler*, EuGVO Art. 5 Rn. 106.

[151] *Hub*, S. 87.

[152] Im Grundsatz richtig, aber wohl zu apodiktisch *Hub*, S. 86.

[153] So aber wohl *Kropholler*, EuGVO, Art. 5 Rn. 105; *Rauscher/Leible*, Art. 5 Rn. 106.

[154] Näher *Hub*, S. 86.

[155] Richtlinie 2000/26/EG des Europäischen Parlaments und des Rates vom 16. Mai 2000 zur Angleichung der Rechtsvorschriften der Mitgliedstaaten über die Kraftfahrzeug-Haftpflichtversicherung und zur Änderung der Richtlinien 73/239/EWG und 88/357/EWG des Rates, ABl. L 181 vom 20. 7. 2000, 65.

[156] Art. 4 Abs. 8 Richtlinie 2000/26/EG des Europäischen Parlaments und des Rates vom 16. Mai 2000 zur Angleichung der Rechtsvorschriften der Mitgliedstaaten über die Kraftfahrt-Haftpflichtversicherung, und zur Änderung der Richtlinien 73/239/EWG und 88/357/EWG des Rates, Abl. L 181 vom 20. 7. 2000, 65 in der Fassung von Art. 5 Abs. 2 der Richtlinie 2005/14/EG des Europäischen Parlaments und des Rates vom 11. 5. 2005 zur Änderung der Richtlinien 72/166/EWG, 84/5/EWG, 88/357/EWG und 90/232/EWG des Rates sowie der Richtlinie 2000/26/EG des Europäischen Parlaments und des Rates über die Kraftfahrzeug-Haftpflichtversicherung, ABl. L 149 vom 11. 6. 2005, 14.

[157] Ebenso *Heiss/Schnyder*, Rn. 164.

[158] *Kropholler*, EuGVO, Art. 5 Rn. 110.

die Zweigniederlassung, die Agentur oder sonstige Niederlassung an dem Ort für Rechnung des Stammhauses ausgeübt hat, an dem sie errichtet ist[159]. All dies ist typischerweise gerade nicht der Fall, wenn die Niederlassung als Schadenregulierungsbeauftragter tätig wird, denn das Fahrzeug, mit dem der Schaden verursacht wurde, um dessen Begleichung willen sich der Geschädigte (potenzielle Kläger) an den Schadenregulierungsbeauftragten wendet, ist eben gerade nicht über die Niederlassung versichert (Art. 1 Abs. 2 i. V. m. Art. 1 Abs. 1, Art. 4 Abs. 1 Vierte Kraftfahrzeughaftpflichtversicherungs-Richtlinie). Damit fehlt es an dem nach Art. 8 i. V. m. Art. 5 Nr. 5 EuGVO vorauszusetzenden inneren Zusammenhang zwischen Klagegegenstand und Gerichtsstand[160]. Keinen Gerichtsstand begründen nach der EuGVO Zweigniederlassung, Agentur oder sonstige Niederlassung des Versicherungsnehmers, des Versicherten oder Begünstigten[161]. Insoweit ist der Klägergerichtsstand des Art. 9 Abs. 2 EuGVO nicht umfassend ausgebildet.

36   Weitere Gerichtsstände für Klagen gegen den Versicherer existieren für einige Spezialfälle: **Mitversicherer** können vor den Gerichten des Staates verklagt werden, in dem der führende Versicherer seinen Sitz hat (Art. 9 Abs. 1 c) EuGVO), sie müssen es aber nicht. D. h., die Gerichtsstände an deren eigenem Sitz bzw. am Klägerwohnsitz stehen nach Wahl des Klägers auch gegen sie offen[162]. Der Gerichtsstand am Sitz des führenden Versicherers hat den Vorteil, dass die letztlich konnexen Ansprüche gegen Mitversicherer vor einem einheitlichen Forum entschieden werden können[163]. Er ist auch den anderen Mitversicherern gegenüber gerechtfertigt, da sie sich ja auch bei Vertragsabschluss und -durchführung der Dienste des führenden Versicherers bedienen. Trotz der rechtlichen Selbständigkeit der Verträge hat doch das gesamte Vertragsverhältnis seinen Schwerpunkt beim führenden Versicherer. Art. 9 Abs. 1 c) EuGVO findet im Übrigen nur auf die echte Mitversicherung[164] Anwendung. Hat ein Versicherungsnehmer lediglich dasselbe Risiko mehrfach abgesichert, ohne dass die Versicherer untereinander in vertragliche Beziehungen getreten sind, ist die Norm unanwendbar[165].

37   Bei der **Haftpflichtversicherung** und bei der **Versicherung von Immobilien** existieren Gerichtsstände für Klagen gegen den Versicherer an dem Ort, an dem „das schädigende Ereignis eingetreten ist" (Art. 10 EuGVO). Genauso wie in Art. 5 Nr. 3 EuGVO ist damit sowohl der Handlungs-[166] wie der Erfolgsort gemeint[167]. Bei der Versicherung von Immobilien wird das regelmäßig auf ein Zusammenfallen von Handlungs- und Erfolgsort hinauslaufen, wenn ein Handlungsort überhaupt vorhanden ist. Letztlich bedeutet das in der Praxis regelmäßig eine Zuständigkeit am Ort der Belegenheit der Sache[168]. Der Gerichtsstand nach Art. 10 EuGVO ist übrigens auch dann anwendbar, wenn Mobilien mitversichert waren und durch den gleichen Schadensfall betroffen sind. Der Gerichtsstand trägt vor allem den Gesichtspunkten der Beweisnähe des Gerichts und der Verfahrenskonzentration Rechnung, weniger den Klägerinteressen[169]. Auf Art. 10 EuGVO ist nach h. L. im Übrigen die Zuständig-

---

[159] *Kropholler,* EuGVO, Art. 5 EuGVO Rn. 110f.

[160] *Hub,* S. 88; ähnlich: *Lemor,* NJW 2002, 3666 (3668), der noch weitere Gründe anführt, das Problem allerdings an Art. 9 Abs. 2 EuGVO festmacht.

[161] *Hub,* S. 94.

[162] *Schlosser,* Bericht, 71 (Nr. 149); *Rauscher/Staudinger,* Art. 9 Rn. 6.

[163] Vgl. *Rauscher/Staudinger,* Art. 9 Rn 6.

[164] Gekennzeichnet durch Vorliegen einer vertraglichen Abrede zwischen den beteiligten Versicherern über die gemeinsame Übernahme des Risikos.

[165] *Magnus/Mankowski/Heiss,* Art. 9 Rn. 15.

[166] Es kommt auf den Ort an, an dem erstmals die Rechtsgutverletzung eingetreten ist. Ob dagegen später an einem anderen Ort eine Verschlimmerung oder ein nachfolgender Vermögensschaden eingetreten ist, ist unmaßgeblich: *Schlosser,* Art. 10 EuGVO i. V. m. Art. 5 EuGVÜ Rn. 19f.

[167] *Kropholler,* EuGVO, Art. 10 Rn. 1, Art. 5 Rn. 72f.; *Geimer/Schütze,* Art. 9 EuGVÜ Rn. 2. Kritisch im Hinblick auf Mobilien: *Heiss,* in: Versicherungsrecht in Europa – Kernperspektiven am Ende des 20. Jahrhunderts, hrsg. v. *Reichert-Facilides/Schnyder* (2000), 120.

[168] *Kropholler,* EuGVO, Art. 10 Rn. 1; *Heiss,* in: Versicherungsrecht in Europa – Kernperspektiven am Ende des 20. Jahrhunderts, hrsg. v. *Reichert-Facilides/Schnyder* (2000), 120.

[169] *Kropholler,* EuGVO, Art. 10 Rn. 1; *Hub,* S. 106.

keit nur dann zu gründen, wenn der Schadensort weder im Sitzstaat des Versicherers noch im Wohnsitzstaat des Klägers lag, da die Norm nur einen zusätzlichen Gerichtsstand zur Verfügung stellen wolle[170]. Dem ist neuerdings entgegengehalten worden, insbesondere die bezweckte Beweisnähe des Gerichtsstandes sei nur effizient umzusetzen, wenn der Gerichtsstand auch bei einem Schadensort im Sitzstaat des Versicherers oder im Wohnsitzstaat des Klägers eröffnet werde[171]. Das setzt freilich voraus, dass man der EuGVO grundsätzlich zugesteht, dass sie in nationale Prozessrechte derart eingreifen darf, dass durch sie eventuell nicht vorhandene örtliche Gerichtsstände selbst bei Inlandsfällen eröffnet werden. Zumindest wenn man dem oben[172] vertretenen Standpunkt folgt, dass die EuGVO reine Inlandsfälle nicht regeln kann, wird man diesen Standpunkt konsequenterweise ablehnen müssen.

Schließlich stellt Art. 11 Abs. 1 EuGVO noch den Gerichtsstand der **Interventions-**   **38** **klage**[173] gegen den Haftpflichtversicherer zur Verfügung, vorausgesetzt, das Institut der Interventionsklage ist im Recht des Gerichtsstaates überhaupt bekannt, was keineswegs in allen EU-Mitgliedstaaten der Fall ist. Da der Gerichtsstand in Deutschland nicht bekannt ist, erschöpft sich die Bedeutung der Vorschrift für Deutschland darin, dass deutsche Versicherer vor entsprechende ausländische Gerichtsstände gezogen werden können[174] und die dort ergangenen Entscheidungen hier anerkannt werden müssen (Art. 65 Abs. 2 EuGVO): Art. 65 Abs. 1 EuGVO schließt die Geltendmachung dieses Gerichtsstandes nur als direkte Zuständigkeit in Deutschland explizit aus. Allerdings ergibt sich aus Art. 65 Abs. 1a) i. V. m. Art. 11 Abs. 1 EuGVO, dass in Deutschland direkte Zuständigkeit insoweit besteht, wie nach deutschem Prozessrecht eine Streitverkündung gegenüber einer Person möglich ist. Es bedarf also keines anderen Zuständigkeitsgrundes dieser Person gegenüber. Will sie die Wirkungen der Streitverkündung (§ 74 i. V. m. 68 ZPO) vermeiden, muss sie sich auf den Prozess einlassen[175].

Dem Geschädigten stehen gegen den Haftpflichtversicherer bei einer **Direktklage** die   **39** Gerichtsstände der Art. 8, 9 und 10 EuGVO zur Verfügung (Art. 11 Abs. 2). Dabei genügt es für die Begründung der Zuständigkeit als solcher, dass der Kläger einen solchen Direktanspruch behauptet und ein solcher als zumindest denkbar erscheint[176]. Die materiellrechtliche Frage, ob ein solcher Anspruch tatsächlich besteht, wird dagegen nach der vom Recht des Forums zur Entscheidung über diese Frage berufenen Rechtsordnung beurteilt[177]. Die EuGVO schafft also nicht selbst eine Möglichkeit zur Direktklage, sondern akzeptiert sie lediglich, indem sie sie mit einem Gerichtsstand flankiert[178]. Fehlt es an diesem Anspruch nach dem berufenen Recht, ergeht ein die Klage als unbegründet abweisendes Sachurteil (keineswegs ein Urteil, das sie wegen Unzuständigkeit abweist). Bei Ansprüchen aus unerlaubter Handlung sieht etwa das deutsche Recht vor, dass der Verletzte den Versicherer des Ersatz-

---

[170] Der Text betont, dass der Gerichtsstand „außerdem" besteht, also als Erweiterung der nach Art. 9 EuGVO gegebenen Gerichtsstände für bestimmte Fälle. Vgl. auch *Kropholler,* EuGVO, Art. 10 Rn. 1; *Rauscher/Staudinger,* Art. 10 Rn. 2.

[171] A. A. *Hub,* S. 111

[172] Vgl. oben Rn. 17, 18.

[173] Ein dem Beklagten Regress- oder Ausgleichspflichtiger (Haftpflichtversicherer) kann durch Interventionsklage vor das Gericht gezogen werden, bei dem die Klage des Geschädigten gegen den Schädiger (Versicherten) anhängig ist. Das Urteil befindet nicht nur über die Ansprüche des Klägers gegen den Beklagten, sondern auch über die des Beklagten gegen den Regresspflichtigen. Das Institut hat von daher viel weitergehende Wirkungen als die Streitverkündung der deutschen ZPO (§ 72) und ist mit dieser nicht vergleichbar. Zur Interventionsklage siehe im übrigen *Martiny,* Anerkennung ausländischer Entscheidungen nach autonomem Recht, in: Handbuch des Internationalen Zivilverfahrensrechts Bd. III/1, hrsg. v. *Herrmann/Basedow/Kropholler* (1984), Rn. 402, 703 ff.; *Brulhart,* S. 214 ff.

[174] Vgl. *Rauscher/Staudinger,* Art. 11 Rn. 2.

[175] *Kropholler,* EuGVO, Art. 6 Rn. 22 (Verweis auf die Kommentierung zu Art. 65).

[176] *Hub,* S. 194.

[177] *Kropholler,* EuGVO, Rn. 4 zu Art. 11; *Nagel/Gottwald,* § 3 Rn. 107; *Rauscher/Staudinger,* Art. 11 Rn. 8.

[178] *Rauscher/Staudinger,* Art. 11 Rn. 8.

pflichtigen unmittelbar in Anspruch nehmen kann, wenn entweder das auf die unerlaubte Handlung oder das auf den Versicherungsvertrag anwendbare Recht dies vorsehen (Art. 40 Abs. 4 EGBGB). Ist deutsches materielles Recht anwendbar, ist im Rahmen der zweiten Alternative des Art. 40 Abs. 4 EGBGB bei Kraftfahrtunfällen regelmäßig eine Direktklage möglich (§ 3 Nr. 1 PflVG). Ab Inkrafttreten[179] der Rom-II-Verordnung[180] ergibt sich dies (im Rahmen ihres Anwendungsbereichs) im Übrigen aus deren Art. 18, nicht mehr aus Art. 40 Abs. 4 EGBGB.

40   Dem **Geschädigten** steht gem. Art. 11 Abs. 2 i. V. m. Art. 9 Abs. 1 b) EuGVO auch der Gerichtsstand an seinem Wohnsitz für Klagen gegen den Versicherer zur Verfügung. Die Vorschrift stellt ihn hinsichtlich der Gerichtsstände dem Versicherungsnehmer gleich. Dieses Verständnis der Norm war lange Zeit umstritten und dagegen wurden z. T. auch durchaus beachtliche Gründe aus der Gesetzgebungsgeschichte und dem (unterstellten) Schutzzweck der Norm geltend gemacht[181]. Seit der EuGH-Entscheidung in der Rechtssache C-463/06[182] ist diese Streitfrage jedoch eindeutig im o. g. Sinne geklärt[183]. Der Wortlaut der Entscheidung legt es darüber hinaus nahe, dass die EuGH seine Ausführungen durchaus allgemein verstanden sehen wollte und keineswegs auf Fälle der K-Haftpflichtversicherung beschränkt[184], der der entschiedene Fall entstammt. Der EuGH betont, dass die Vorschrift vor allem den Geschädigten, nicht hingegen den Versicherungsnehmer, schützen wolle[185]. Den Kritikern der Entscheidung ist durchaus zuzugeben, dass der EuGH sich mit einer Reihe von Argumenten, die gegen ein solches Verständnis der Norm vorgebracht wurden, nicht oder nicht vertieft auseinander gesetzt hat, doch ist in der Sache das vorläufig letzte Wort zunächst gesprochen. Eine mögliche Konsequenz der Entscheidung ist, dass der Versicherungsnehmer in den Fäl-

---

[179] 11. Januar 2009.

[180] Verordnung (EG) Nr. 864/2007 des Europäischen Parlaments und des Rates vom 11. Juli 2007 über das auf außervertragliche Schuldverhältnisse anzuwendende Recht („Rom II"), ABl. L 199 vom 31. 7. 2007, 1.

[181] Vor allem *Fuchs,* IPRax 2007, 302; *dieselbe* IPRax 2008, 105, 106; *Heiss,* VersR 2007, 327. Ferner *Kropholler,* EuGVO, 8. Aufl., Art. 11 Rn. 4; *Magnus/Mankowski/Heiss,* Art. 11 Rn. 7; *Hub,* S. 201; *Schlosser,* Art. 11 EuGVO Rn. 2; LG Saarbrücken v. 6. 12. 1976, VersR 1977, 1164; LG Hamburg v. 28. 4. 2006, VersR 2006, 1065 f, jeweils m. w. N. Die Entscheidung des LG Saarbrücken war ersichtlich von dem Bemühen geprägt, den in Frankreich spielenden KH-Fall mit französischem Versicherer und Versicherungsnehmer nicht selbst entscheiden zu müssen, sondern ihn den französischen Gerichten zuzuschieben, was dem Gericht um so leichter gefallen sein dürfte, als sich alles im deutsch-französischen Grenzraum abspielte und es annehmen konnte, dass zumindest räumlich die Zuständigkeit französischer Gerichte für den Kläger keine besondere Beschwer schaffen würde.
Der Europäische Gesetzgeber versuchte mit dem nachträglich eingefügten Erwägungsgrund 16a der Richtlinie 2000/26/EG des Europäischen Parlaments und des Rates vom 16. Mai 2000 zur Angleichung der Rechtsvorschriften der Mitgliedstaaten über die Kraftfahrt-Haftpflichtversicherung und zur Änderung der Richtlinien 73/239/EWG und 88/357/EWG des Rates, ABl. L 181 vom 20. 7. 2000, S. 65 eingefügt durch Art. 5 der Richtlinie 2005/14/EG des Europäischen Parlaments und des Rates vom 11. 5. 2005 zur Änderung der Richtlinien 72/166/EWG, 84/5/EWG, 88/357/EWG und 90/232/EWG des Rates sowie der Richtlinie 2000/26/EG des Europäischen Parlaments und des Rates über die Kraftfahrzeug-Haftpflichtversicherung, ABl. L 149 vom 11. 6. 2005, 14 ebenfalls eine Klarstellung zu erreichen (siehe dazu *Lemor/Becker,* VW 2006, 18, 20). Deren Verbindlichkeit wurde indes bezweifelt: LG Hamburg, VersR 2006. 1065 mit der Begründung, der in dem zitierten Erwägungsgrund geäußerte Wille des Europäischen Verordnungsgebers sei im Verhältnis zur bisher überwiegenden anderen h. L. unbeachtlich, zumindest solange keine dem explizit Rechnung tragende Umsetzungsgesetzgebung erfolgt sei (a. a. O., 1066); *Heiss,* VersR 2007, 327, 329; kritisch insoweit auch *Sujecki/Dutilh* EuZW 2008, 126, 127.

[182] EuGH v. 13. 12. 2007, Rs C-463/06, Tenor, EuZW 2008, 124 mit im Wesentlichen zustimmender Anmerkung von *Sujecki/Dutilh;* kritischer *Fuchs* IPRax 2008, 104. Die Entscheidung geht auf eine Vorlage des BGH zurück (BGH v. 26. 9. 2006, VersR 2007, 677, 678. Dazu auch die Besprechungen von *Fuchs,* IPRax 2007, 302 und *Heiss,* VersR 2007, 327).

[183] Vgl. *Fuchs* IPRax 2008, 104, 106.

[184] Vgl. *Fuchs* IPRax 2008, 104, 107.

[185] EuGH v. 13. 12. 2007, Rs C-463/06, EuZW 2008, 124 Rn. 28.

len, in denen der Versicherer ihm den Streit verkündet (Art. 11 Abs. 3 EuGVO), im Heimatstaat des Geschädigten gerichtspflichtig werden kann[186]. Hier gerät der Schutz zweier als besonders schutzwürdig anzusehender Parteien in Widerspruch, der freilich nur zu Lasten einer der beiden aufgelöst werden kann. Wie der EuGH ausführt, muss das nicht in allen Konstellationen zwangsläufig der Versicherungsnehmer sein[187]. Rechtfertigen lässt sich das damit, dass der besondere Schutz des Versicherungsnehmers an sich zum Ausgleich der Lage des Versicherungsnehmers im zweipoligen Verhältnis zum typischerweise überlegenen Versicherer konzipiert wurde[188], es hier aber um ein Dreiecksverhältnis geht, das eben in der Beziehung Versicherungsnehmer – Geschädigter eine solche typische Überlegenheit der dem Versicherungsnehmer gegenüber stehenden Seite nicht kennt, die der Korrektur mit Mitteln des Zuständigkeitsrechts bedürfte. Der Versicherer jedenfalls – und das ist das Wesentliche – schöpft aus dieser Konstellation keinen Vorteil, da das Verfahren auch hier nicht zu einem Heimatgerichtsstand für ihn führt[189] Den Kritikern der Entscheidung ist zuzugestehen, dass sie bislang ungeklärte Probleme aufwerfen kann, etwa wenn mehrere Geschädigte mit unterschiedlichen internationalen Gerichtsständen existieren oder wenn neben der Direktklage eine Klage gegen den Unfallverursacher erforderlich wird[190].

Ist bereits eine Direktklage gegen den Versicherer nach Art. 11 Abs. 2 EuGVO anhängig, **41** gestattet Art. 11 Abs. 3 EuGVO vor dem Gericht, wo diese anhängig ist, eine **Streitverkündung** des Versicherers an den Versicherungsnehmer oder Versicherten, vorausgesetzt, das den Prozess beherrschende nationale Recht kennt überhaupt die Möglichkeit der Streitverkündung. In Deutschland ist das gem. den §§ 68, 72ff. ZPO der Fall.

Ist andererseits bereits eine Klage gegen den Versicherungsnehmer, den Versicherten oder **42** Begünstigten anhängig, kann dieser[191] gegen den Versicherer auch vor einem Gericht **Widerklage** erheben, vor dem er den Anspruch selbständig nicht hätte geltend machen können, solange nur irgendeine der Zuständigkeiten des 3. Abschnittes gewahrt ist (Art. 11 Abs. 2 EuGVO)[192]. Vorausgesetzt wird dabei, dass die sonstigen Anforderungen an die Zulässigkeit einer Widerklage nach Art. 6 Nr. 3 EuGVO erfüllt sind[193].

Schließlich dehnt Art. 9 Abs. 2 EuGVO die Geltung sämtlicher Gerichtsstände des ganzen **43** 3. Abschnittes, II. Kapitel auf Versicherer aus[194], die zwar keinen Sitz (Art. 60 EuGVO), wohl aber eine **Zweigniederlassung, Agentur** oder sonstige **Niederlassung** in einem EU-Mitgliedstaat haben, sofern die Streitigkeit aus dem Betrieb gerade dieser Agentur oder Niederlassung herrührt. Damit wird die allgemeine Regel, die sich aus Art. 8 i.V.m. Art. 4 EuGVO ergibt, überspielt, die an sich für diese Fälle die Festlegung einer internationalen Zuständigkeit den nationalen Rechten der Mitgliedstaaten überlassen würde[195]. Was auf den ersten Blick wie eine weitere Vergünstigung für den klagenden Kontrahenten des Versicherers aussieht, weil ihm weitere innerhalb der EU gelegene Gerichtsstände zur Verfügung gestellt werden, schützt in Wahrheit den Versicherer mit Sitz in einem Nicht-EU-Staat: Er ist nämlich nicht mehr gezwungen, sich auf Grund autonomen Rechts der EU-Mitgliedstaaten vor de

---

[186] Vgl. *Sujecki/Dutilh* EuZW 2008, 126; *Fuchs* IPRax 2008, 104, 107.

[187] EuGH v. 13.12. 2007, Rs C-463/06, EuZW 2008, 124 Rn. 28, 30; auch *Sujecki/Dutilh* EuZW 2008, 126, 127.

[188] Vgl. *Sujecki/Dutilh* EuZW 2008, 126, 127.

[189] *Sujecki/Dutilh* EuZW 2008, 126, 127.

[190] *Fuchs* IPRax 2008, 104, 106 („race to the court", Vervielfachung von Gerichtsständen, forum shopping).

[191] Klarstellend, dass Art. 12 Abs. 2 EuGVO nicht nur dem Versicherer zur Verfügung steht: *Kropholler*, EuGVO, Art. 12 Rn. 3; *Schlosser*, Art. 12 EuGVO Rn. 3.

[192] Zur Bedeutung der etwas unklaren Formulierung im entsprechenden Art. 12 Abs. 2 EuGVO: *Kropholler*, EuGVO, Art. 12 Rn. 3.

[193] Im Wesentlichen Identität des zu Grunde liegenden Sachverhalts oder Vertrages (Konnexität). Im Einzelnen: *Kropholler*, EuGVO, Art. 6 Rn. 38.

[194] *Kropholler*, EuGVO, Art. 9 Rn. 5.

[195] *Kropholler*, EuGVO, Art. 9 Rn. 5.

ren Gerichten auf einen Prozess einzulassen[196]. Gäbe es diese Vorschrift nicht, wäre das der Fall. Es gälte dann Art. 4 EuGVO. Wie ein kurzer Blick in Art. 3 Abs. 2 i. V. m. Anhang I zur EuGVO zeigt, verfügen die EU-Mitgliedstaaten offenbar durchaus über autonome Zuständigkeitsvorschriften, die dem Interesse des Versicherungsnehmers, einen Versicherer aus einem Drittstaat vor ein heimisches Forum ziehen zu können, zum Teil auf sehr drastische Art und Weise zum Erfolg verhelfen könnten. Art. 9 Abs. 2 EuGVO erfüllt daher nicht nur keine versicherungsnehmerschützende Funktion, sondern führt im Verhältnis zu Drittstaaten auch noch zu einer deutlichen Selbstbeschränkung, die andere Rechtskreise keineswegs mit einer gleichgearteten Zurückhaltung honorieren[197]. Zu beachten ist, dass die Regelung nicht gilt, wenn der Versicherer in einem Mitgliedstaat lediglich mit unabhängigen **Maklern** zusammenarbeitet[198]. Nach dem oben Gesagten[199] wird das auch für die Zusammenarbeit mit **Mehrfachagenten,** je nach Einzelfall sogar für diejenige mit **Einfirmenvermittlern** zu gelten haben. Im Einzelfall kann es hier zu Abgrenzungsschwierigkeiten kommen, hinsichtlich derer auf Spezialliteratur verwiesen werden muss[200].

44   c) **Gerichtsstandsvereinbarungen.** Dem versicherungsnehmerschützenden Ansatz des 3. Abschnitts des II. Kapitels[201] entsprechend sind **Gerichtsstandsvereinbarungen** in Versicherungssachen vor Entstehen einer Streitigkeit, also im wesentlichen im Rahmen des eigentlichen Versicherungsvertrages, nur beschränkt zugelassen (Art. 13 Nr. 5 i. V. m. Art. 14 Nr. 2– 5 EuGVO)[202], danach hingegen uneingeschränkt (Art. 13 Nr. 1 EuGVO). Der Zeitpunkt, ab dem Gerichtsstandsvereinbarungen uneingeschränkt möglich sind, ist erreicht, sobald die Parteien über einen bestimmten Punkt uneins sind und ein gerichtliches Verfahren unmittelbar oder in Kürze bevorsteht[203]. Dies setzt also nicht nur einen vom Vertragsschluss, der ja gerade durch Einigkeit der Parteien gekennzeichnet ist, deutlich unterscheidbaren Zeitpunkt voraus, sondern schließt auch die spätere, nur vorsorgliche Vereinbarung eines Gerichtsstandes im Wege einer Vertragsergänzung ohne konkreten Anlass aus.

45   Art. 13 Nr. 2 EuGVO lässt **Gerichtsstandsvereinbarungen zugunsten des Versicherungsnehmers,** des von diesem verschiedenen Versicherten und des Begünstigten jederzeit unbeschränkt zu[204]. Den Vertragsparteien bleibt es natürlich unbenommen, nur einzelne dieser Personen besserzustellen. Werden durch die Vereinbarung andere Personen als der Versicherungsnehmer begünstigt, brauchen diese am Zustandekommen der Vereinbarung nicht

---

[196] So ganz deutlich *Jenard,* 31 (li. Sp. oben). Ferner *Schlosser,* Art. 9 EuGVO Rn. 2; *Kropholler,* EuGVO, Art. 9 Rn. 5. Das verblüffende Ergebnis ist z. B., dass eine Zuständigkeit auf Grund von § 23 ZPO bei einem Versicherer aus einem Nicht-EU-Mitgliedstaat ausfällt, da diese Vorschrift nach Art. 9 Abs. 2 i. V. m. Art. 3 Abs. 2, Anhang I ihm gegenüber nicht angewandt werden darf. Würde sich der Unternehmer aus dem Drittstaat hingegen nicht mit Versicherungen, sondern mit anderen Geschäften (freilich keinen Verbrauchergeschäften – dort ist die Rechtslage ebenso: Art. 15 Abs. 2. Auch hier scheint man zu glauben, dass die Vorschrift in erster Linie Verbraucherinteressen schützt, z. B. *Kropholler,* EuGVO, Art. 15 Rn. 28) befassen, würde § 23 ZPO Anwendung finden. Zur Berechtigung von § 23 ZPO soll an dieser Stelle nicht weiter Stellung genommen werden. Siehe dazu unten unter D.III.2.b) bei Fn. 300.

[197] Man verstehe den Autor nicht falsch. Keineswegs will er einem Zuständigkeitskrieg mit anderen Rechtsordnungen das Wort reden, zumal ein solcher letztlich meist auf dem Rücken der Rechtsuchenden ausgetragen würde.

[198] *Schlosser,* Bericht, 116 (Rn. 150); *Heiss,* in: Versicherungsrecht in Europa – Kernperspektiven am Ende des 20. Jahrhunderts, hrsg. v. *Reichert-Facilides/Schnyder* (2000), 122.

[199] Siehe oben Rn. 35.

[200] Detailliert: *Heiss,* in: Versicherungsrecht in Europa – Kernperspektiven am Ende des 20. Jahrhunderts, hrsg. v. *Reichert-Facilides/Schnyder* (2000), 122 ff.

[201] Zu diesem Motiv vgl. *Jenard,* 33 (li. Sp. zu Art. 12); *Kropholler,* EuGVO, Rn. 1 zu Art. 13; *Fricke,* VersR 1997, 399 (403).

[202] Entspricht Art. 12 Nr. 5 i. V. m. Art. 12a der Übereinkommen.

[203] *Jenard,* 33 (li. Sp. zu Art. 12).

[204] *Jenard,* 33 (li. Sp. zu Art. 12): „Zulässig sind auch … Gerichtsstandsvereinbarungen zugunsten des Versicherungsnehmers …"; *Heiss/Schnyder,* Rn. 200.

mitzuwirken[205]. Die Vorschrift meint im Übrigen nur den Fall, dass dem Versicherungsnehmer, dem Versicherten oder Begünstigten durch Vereinbarung zusätzliche Gerichtsstände zu denjenigen nach dem 3. Abschnitt des II. Kapitels zur Verfügung gestellt werden. Sie lässt indes nicht zu, dass eine Vereinbarung dahin gehend getroffen wird, der Betreffende solle ausschließlich andere Gerichte anrufen, auch wenn diese nach seiner eigenen oder beider Parteien subjektiven Einschätzung für den Versicherungsnehmer (Versicherten, Begünstigten) günstiger sein mögen als diejenigen, die die Verordnung unmittelbar zur Verfügung stellt[206].

Grundsätzlich frei abschließbar ist eine Gerichtsstandsvereinbarung bei der Versicherung **46** bestimmter **See-, Luftfahrt- und Transportrisiken** (Art. 13 Nr. 5 i. V. m. Art. 14 Nr. 1 EuGVO). Damit wird dem Gedanken Rechnung getragen, dass hier die Versicherungsnehmer regelmäßig nicht desjenigen Schutzes bedürfen, den das Verbot von Gerichtsstandsvereinbarungen ansonsten gewährt[207]. Die Prorogationsfreiheit bezieht sich über den Verweis des Art. 13 Nr. 5 i. V. m. Art. 14 Nr. 4 EuGVO auch auf sogenannte **Annex-Risiken.** Dabei ist nicht letztendlich geklärt, ob damit lediglich die Deckung gegen weitere Gefahren im Hinblick auf dieselbe (schon durch eine unter Art. 13 Nr. 5 i. V. m. Art. 14 Nr. 1 EuGVO fallende Versicherung gedeckte) Sache gemeint ist[208] oder ob damit auch die Versicherung anderer Sachen ist, wenn nur ein, wie auch immer gearteter, innerer Zusammenhang zwischen beiden Deckungen besteht[209]. Der Sprachgebrauch im Versicherungsbereich ist nicht eindeutig. Setzt man denjenigen der Ersten Schadenversicherungsrichtlinie[210] voraus, spricht dies für die erste Alternative: In Anhang C. kennt sie als zusätzliche Risiken, die der Versicherer ohne besondere Zulassung decken kann, nur solche, die sich auf denselben Gegenstand beziehen, der gegen das Hauptrisiko versichert ist. Zugegebenermaßen hat die Regelung aber ganz andere Intentionen[211]. Indes wird auch daraus kein zwingendes Argument, hat sich doch der Europäische Gesetzgeber beim Erlass der EuGVO ausweislich des Art. 14 Nr. 5 EuGVO durchaus näher mit dem Versicherungsrichtlinienrecht befasst und dessen Diktion damit gekannt. Die Eigenschaft als Annex-Risiko verlangt jedenfalls nicht, dass beide Risiken in derselben Police versichert wurden[212].

Der Tatsache, dass die Erwägungen über fehlende Schutzbedürftigkeit im Hinblick auf **47** die Prorogation auch auf eine weitere abgrenzbare Gruppe von Versicherungsnehmern anwendbar sind[213], wie sie die **Großrisiken** nach Art. 5 der Zweiten Schadenversicherungsrichtlinie[214] darstellen, trägt die Verordnung (im Gegensatz zu EuGVÜ und Lugano-Übereinkommen[215]) nunmehr Rechnung. Spätestens mit der in der Zweiten Schadenversicherungsrichtlinie umgesetzten Erkenntnis der zu differenzierenden Schutzbedürftigkeit verschiedener

[205] EuGH v. 19. 6. 1984, IPRax 1985, 152f.

[206] Daraus, dass es sich bei der Vereinbarung um die Einräumung einer Befugnis (im Gegensatz zu einer Verpflichtung) handelt, ergibt sich, dass nur eine Erweiterung seiner Rechte über den von der Verordnung bereits gewährten Kreis der Möglichkeiten hinaus gemeint sein kann. Siehe auch *Nagel/Gottwald,* § 3 Rn. 111.

[207] *Kropholler,* EuGVO, Art. 13 Rn. 9.

[208] So dezidiert: *Heiss,* in: Versicherungsrecht in Europa – Kernperspektiven am Ende des 20. Jahrhunderts, hrsg. v. *Reichert-Facilides/Schnyder* (2000), 120.

[209] Undeutlich, aber wohl doch in diesem Sinne: *Kropholler,* EuGVO, Art. 14 Rn. 11f.

[210] Erste Richtlinie des Rates vom 24. Juli 1973 zur Koordinierung der Rechts- und Verwaltungsvorschriften betreffend die Aufnahme und Ausübung der Tätigkeit der Direktversicherung (mit Ausnahme der Lebensversicherung) (73/239/EWG), ABl. L 228 vom 16. 8. 1973, 3.

[211] *Kropholler,* EuGVO, Art. 14 Rn. 11.

[212] *Kropholler,* EuGVO, Art. 14 Rn. 11; *Rauscher/Staudinger,* Art. 14 Rn. 6.

[213] *Kropholler,* EuGVO, Art. 13 Rn. 9.

[214] Zweite Richtlinie des Rates zur Koordinierung der Rechts- und Verwaltungsvorschriften für die Direktversicherung (mit Ausnahme der Lebensversicherung) und zur Erleichterung der tatsächlichen Ausübung des freien Dienstleistungsverkehrs sowie zur Änderung der Richtlinie 73/239/EWG, ABl. L 172 v. 4. 7. 1988, 1 ff.

[215] Dazu kritisch *Fricke,* VersR 1997, 399 (403); *Schnyder,* in: Aspekte des internationalen Versicherungsvertragsrechts im Europäischen Wirtschaftsraum, hrsg. v. *Reichert-Facilides* (1994), 65.

Versicherungsnehmergruppen[216] hatte sich ein deutlicher Wertungswiderspruch aufgetan: Während gerade die Großrisikoversicherungsnehmer in materiellrechtlicher Hinsicht für mündig genug gehalten wurden, das anwendbare Vertragsrecht frei zu wählen[217], hatte man ihnen auf prozessualer Ebene im EuGVÜ und im Lugano-Übereinkommen das Recht bestritten, den Gerichtsstand frei zu vereinbaren[218]. Dies war um so weniger verständlich, als die Übereinkommen in Art. 12 Nr. 5 i. V. m. Art. 12a durchaus Ansätze zu einer großzügigeren Handhabung bei als weniger schutzbedürftig eingestuften Versicherungsnehmern aufwiesen[219]. Die unbefriedigende Situation ist nunmehr bereinigt, indem in Art. 14 Nr. 5 EuGVO sämtliche Großrisiken der Zweiten[220] Schadenversicherungsrichtlinie mit aufgenommen wurden. Durch die in diesem Bereich freie Wahl des Gerichtsstandes ist es möglich, bei der Prorogation den Aspekt des anwendbaren materiellen Rechts des Vertrages zu berücksichtigen und durch eine geeignete Gerichtsstandswahl für einen weitgehenden Gleichlauf zu sorgen. Die Verweisung des Art. 14 Nr. 5 EuGVO ist im Übrigen schon nach ihrem Wortlaut eine dynamische, so dass spätere Änderungen der Richtlinie sich auch auf die Prorogationsbefugnis nach der EuGVO auswirken.

48   So begrüßenswert die Regelung für Großrisikoversicherungsnehmer in Art. 14 EuGVO ist, so sehr wäre aus Sicht der Praxis allerdings eine weitere Ergänzung sachgerecht, die auch in den in Art. 14 Nr. 5 EuGVO aufgenommenen Großrisikofällen eine Gerichtsstandsvereinbarung für **Annex-Risiken** ermöglichen würde. Warum man dies nicht vorgesehen hat, ist nicht nachvollziehbar[221], besteht sie doch bei den in den Nr. 1–3 des Art. 14 EuGVO geregelten Fällen (Art. 14 Nr. 4 EuGVO), und dies beruht durchaus auf einem praktischen Bedarf. Gerade bei Großrisiken ist es fast die Regel, dass zusätzliche Risiken abgedeckt werden, die mit dem eigentlichen Großrisiko in einem engen Zusammenhang stehen, aber nicht notwendigerweise unter die jeweilige Definition des Versicherungszweiges nach dem Anhang der Ersten Schadenversicherungsrichtlinie fallen. Hier die Möglichkeit zu besitzen, für dieses Zusatzgeschäft den gleichen Gerichtsstand zu vereinbaren wie für den Hauptvertrag, wäre im Sinne einer Verfahrenskonzentration eminent praktisch. Um dies zu ermöglichen, müsste allerdings die heutige Nr. 4 des Art. 14 EuGVO ans Ende der Vorschrift verschoben und die in Bezug genommenen Nummern des Art. 14 EuGVO angepasst werden. Bleibt zu hoffen, dass dieser mit geringem Aufwand mögliche Eingriff in den Text vom Europäischen Gesetzgeber noch bewerkstelligt werden kann. Für die Zwischenzeit ist vorgeschlagen worden, sich mit einer Analogie zu Art. 14 Abs. 2 Nr. 4 EuGVO zu behelfen[222]. Der Praktiker sollte sich freilich auf die Tragfähigkeit einer solchen in einem möglichen Streitfall angesichts des klaren Wortlauts von Art. 14 Abs. 2 Nr. 5 EuGVO nicht verlassen.

49   Auf ein mögliches Problem im Zusammenhang mit Art. 13 Nr. 5 i. V. m. Art. 14 Nr. 5 EuGVO sei noch hingewiesen: Gerade im Großrisikobereich ist es regelmäßig Anliegen der Parteien, durch Festlegung eines zentralen Gerichtsstandes eine einheitliche Rechtsanwendung und damit auch größtmögliche Rechtssicherheit für beide Seiten zu gewährleisten. Wegen der Ausdehnung der Klägergerichtsstände auf Versicherte und Begünstigte in Art. 9 Abs. 1b) EuGVO ist nicht sicher, ob eine zwischen Versicherer und (Großrisiko-)Versicherungsnehmer getroffene Abrede über einen ausschließlichen Gerichtsstand sich auch gegen-

---

[216] Großrisiken – Massenrisiken.

[217] Vgl. Art. 7 Abs. 1f) Zweite Schadenversicherungsrichtlinie in der Fassung von Art. 27 Dritte Schadenversicherungsrichtlinie.

[218] Der Verfasser hatte hierauf hingewiesen: *Fricke,* VersR 1997, 399 (401, 403).

[219] Diese Diskrepanz war nur historisch zu erklären, da das EuGVÜ deutlich älter war als die Zweite Schadenversicherungsrichtlinie und man Anpassungen später unterlassen hatte. – Diese Regelung war allerdings nicht im Wege einer Analogie auf andere Großrisiken ausdehnbar (*Fricke,* VersR 1997, 399 [401]).

[220] Der Verweis im Verordnungstext auf die Erste Schadenversicherungsrichtlinie erfolgt lediglich, weil dort im Anhang die einzelnen Versicherungszweige als solche definiert sind.

[221] Vgl. auch *Hub,* S. 176.

[222] *Hub,* S. 176.

über dem Begünstigten und dem Versicherten durchsetzt, jedenfalls sofern diese nicht selbst Merkmale eines Großrisikoversicherungsnehmers aufweisen. Ist letzteres der Fall, sollte man das schon aufgrund mangelnder Schutzbedürftigkeit[223] annehmen. Insoweit bleibt dann aber noch die Frage, inwieweit die Entscheidung des EuGH in der RS C-112/03 dazu zwingt, sie zu beteiligen[224].

Der Fall, dass Versicherte oder Begünstigte eines solchen Vertrages selbst nicht Merkmale **50** eines Großrisikoversicherungsnehmers aufweisen, wird in der Praxis gerade bei den oben schon angesprochenen **Gruppenversicherungsverträgen** vorkommen. Hier taucht das Problem aber nicht auf, wenn man aus den dargelegten Gründen davon ausgeht[225], dass wegen der vorzunehmenden teleologischen Reduktion des Art. 9 Abs. 1b) EuGVO dem Versicherten bzw. Begünstigten eines solchen Vertrages kein Klägergerichtsstand zur Verfügung steht.

Jederzeit möglich ist die Vereinbarung der Zuständigkeit der Gerichte des gemeinsamen **51** (Wohn-)Sitz- oder des Staates des gewöhnlichen Aufenthaltes der Parteien für den Fall, dass ein **schädigendes Ereignis**[226] **im Ausland** eintritt (Art. 13 Nr. 3 EuGVO). Während der Wohnsitz gem. Art. 59 EuGVO zu bestimmen ist, fehlt es für den gewöhnlichen Aufenthalt an einer expliziten Regelung. Der Begriff dürfte wohl autonom auszulegen sein[227]. Damit ist der Gerichtsstand des Art. 10 EuGVO abdingbar, freilich nur im Verhältnis des Versicherers zum Versicherungsnehmer. Zu Lasten eines außen stehenden Dritten[228] können Versicherer und Versicherungsnehmer keine Gerichtsstandsvereinbarung treffen[229]. Sie können somit nicht etwa durch die Vereinbarung einer inländischen Zuständigkeit für einen Auslandsschaden verhindern, dass der (Haftpflicht-) Versicherer nach Art. 11 Abs. 2 EuGVO vom Geschädigten im Ausland direkt in Anspruch genommen wird[230]. Die Situation des Geschädigten unterscheidet sich dadurch grundlegend von der des Begünstigten bzw. Versicherten, die ihre Position aus der vertraglichen Vereinbarung zwischen Versicherungsnehmer und Versicherer ableiten und sich deshalb an eine Gerichtsstandsvereinbarung zwischen diesen halten müssen[231], dass eine solche vertragliche Ableitung der Rechtsposition eben gerade nicht besteht. Der Geschädigte macht auch nicht etwa Ansprüche des Versicherungsnehmers, auch nicht solche, die dieser ihm zugewendet hat, geltend[232]. Wohl aber hat die Vereinbarung zur Folge, dass der Versicherer dem Versicherungsnehmer bei einem solchen Verfahren nicht mehr vor einem ausländischen Gericht den Streit verkünden kann (Art. 11 Abs. 3 EuGVO)[233], denn das würde gerade dem Zweck der Vereinbarung zuwiderlaufen, den Versicherungsnehmer vor einer Prozessführung im Ausland zu schützen. Dies gilt im Übrigen umgekehrt auch für eine eventuelle Streitverkündung des Versicherungsnehmers gegenüber dem Versicherer. Selbstverständlich

---

[223] Die Betroffenen könnten eine entsprechende Abrede, wären sie Versicherungsnehmer, selbst mit dem Versicherer treffen.

[224] Dazu unten unter Rn. 53.

[225] Siehe oben D.I.2.b) bei Fn. 137.

[226] Für Art. 5 Nr. 3 EuGVO hat der EuGH klargestellt, dass dieser Ort jedenfalls nicht dadurch am Wohnsitz des Klägers gegeben ist, weil diesem ein Vermögensschaden entstanden ist und der Wohnsitz sozusagen den Mittelpunkt seines Vermögens darstellt (EuGH Rs C-168/02 v. 10. 6. 2004, IPRax 2005, 32). Das wird man für die EuGVO zu übernehmen haben.

[227] So jedenfalls das Ergebnis bei *Kropholler,* EuGVO, Art. 13 Rn. 4 i. V. m. Art. 5 Rn. 59, der auch für Art. 13 Nr. 3 darunter, wenn auch unter Berufung auf Entscheidungen zum Unterhaltsrecht, eine Ort versteht, „in dem der Schwerpunkt der Bindungen der betreffenden Person, ihr Daseinsmittelpunkt liegt". Kritisch *Heiss,* in: Versicherungsrecht in Europa – Kernperspektiven am Ende des 20. Jahrhunderts, hrsg. v. *Reichert-Facilides/Schnyder* (2000), 130.

[228] D. h. also einer Person, die in das Vertragsverhältnis zwischen Versicherer und Versicherungsnehmer in keiner Weise eingebunden ist.

[229] *Kropholler,* EuGVO, Art. 13 Rn. 4.

[230] *Rauscher/Staudinger,* Art. 11 Rn. 5; *Hub,* S. 202.

[231] Siehe unten Rn. 52.

[232] *Hub,* S. 202f.

[233] Wohl in diesem Sinne auch: *Heiss,* in: Versicherungsrecht in Europa – Kernperspektiven am Ende des 20. Jahrhunderts, hrsg. v. *Reichert-Facilides/Schnyder* (2000), 131.

---

kann auch der Geschädigte mit dem Versicherer eine Gerichtsstandsvereinbarung treffen. Sie ist immer zulässig, da sie notwendigerweise nach der durch das Schadensereignis gegebenen Entstehung der Streitigkeit getroffen wird (Art. 13 Nr. 1 EuGVO)[234].

52   Die Gerichtsstandsvereinbarung setzt gem. Art. 13 Nr. 3 EuGVO voraus, dass das Recht des Forums eine entsprechende **Gerichtsstandsvereinbarung** überhaupt zulässt. Im deutschen Recht ist das nur unter eingeschränkten Umständen möglich. Nach § 38 ZPO steht den Parteien der Abschluss einer Gerichtsstandsvereinbarung nur unter Kaufleuten oder mit öffentlich-rechtlichen Körperschaften bzw. Sondervermögen völlig frei. Darüber hinaus ist zu beachten, dass § 215 Abs. 3 VVG die Derogation der Zuständigkeit am Wohnsitz (bzw. am Ort seines ständigen Aufenthalts) des Versicherungsnehmers zum Zeitpunkt der Klageerhebung weitestgehend verhindert, sofern es sich nicht um eine Großrisikenversicherung i. S. d. Art. 10 Abs. 1 S. 2 EGVVG, einen Rückversicherungs- oder Seeversicherungsvertrag handelt (§§ 210, 209 VVG). Dem Sinn und Zweck der Vorschrift nach gilt das Derogationsverbot nur, wenn es sich bei dem Wohnsitz (bzw. ständigen Aufenthalt) um einen inländischen Ort handelt[235].

53   Man sollte im Übrigen annehmen, dass ein vom Versicherungsnehmer verschiedener **Versicherter** oder **Begünstigter** durch die Gerichtsstandsabrede zwischen Versicherer und Versicherungsnehmer ebenfalls gebunden ist, da diese Personen ihre Stellung regelmäßig erst aus der vertraglichen Abrede des Versicherungsnehmers mit dem Versicherer ableiten. In der Rs C-112/03[236] hat der EuGH indes entschieden, dass eine Gerichtsstandsabrede zwischen Versicherer und Versicherungsnehmer einem von diesem verschiedenen Versicherten nur entgegengehalten werden könne, wenn dieser ihr ausdrücklich zugestimmt hat. Die Entscheidung bezieht sich zwar zunächst nur auf das EuGVÜ. Rn. 41 der publizierten Entscheidungsgründe gibt aber zu erkennen, dass die EuGVO vom EuGH durchaus in die Überlegungen miteinbezogen wurde. Das legt die Vermutung nahe, dass er zur EuGVO genauso entscheiden würde. Die Entscheidung ist im Hinblick auf den Versichertenschutz sehr apodiktisch und betont ausschließlich dessen Interessen als potentiell schwächere Partei[237]. Dem Umstand, dass der Versicherte seine Stellung lediglich sekundär aus der vertraglichen Abrede zwischen den Primärparteien des Vertrages (Versicherer und Versicherungsnehmer) ableitet und daher im Hinblick auf den Gerichtsstand nicht besser gestellt sein kann als der Versicherungsnehmer selbst[238], schenkt der EuGH genauso wenig Beachtung wie den praktischen Schwierigkeiten, die aus seiner Haltung resultieren, nämlich der Notwendigkeit, ggfs. von Dutzenden Versicherten eine Zustimmung zu einer Gerichtstandsklausel in einem Vertrag einzuholen, der ansonsten allein zwischen Versicherer und Versicherungsnehmer ausgehandelt werden könnte. Die Vermutung liegt nahe, dass der EuGH seine Sichtweise nicht allein auf den Art. 12 Nr. 3 EuGVÜ (bzw. 13 Nr. 3 EuGVO) beschränken würde, der im entschiedenen Fall maßgeblich war, sondern grundsätzlich alle Gerichtsstandsvereinbarungen zu Lasten des Versicherten genauso beurteilen würde. Erste Äußerungen aus der Wissenschaft lassen hoffen, dass Art. 12 Nr. 5 EuGVÜ (bzw. Art. 13 Nr. 5 EuGVO) davon ausgenommen bleiben könnte[239]. Würde man auch diese Vorschriften einbeziehen, würde dadurch die für Großrisiken beabsichtigte Freiheit der Gerichtsstandswahl in weiten Bereichen völlig entwertet, da dort die Einbeziehung von Versicherten eine geradezu typische Gestaltung ist, man denke an die oben schon in anderem Zusammenhang erwähnten Gruppenverträge. Eine auch nur annähernde Sicherheit diesbezüglich ist jedoch z. Z. nicht vorhanden. Eine (unpraktikable) Lösung des Problems hat der

---

[234] *Hub*, S. 203.

[235] Siehe Fn. 284, 285.

[236] VersR 2005, 1261; zustimmend *Heiss*, IPRax 2005, 497 (neuerdings mit Ansatz zu einer anderen Sichtweise allerdings *ders.*, in: *Magnus/Mankowski/Heiss*, Art. 13 Rn. 13); *Dietze*, EuZW 2006, 742, 745; *Wittwer*, ZEuP 2007, 829, 835; *Rauscher/Staudinger*, Art. 13 Rn. 6; kritisch *Fricke*, VersR 2006, 1283ff.

[237] A. a. O., Rn. 37, 39.

[238] Vgl. *Fricke*, a. a. O., Fn. 236, 1284f. sowie Vorauflage, S. 92, Rn. 48 a. E.; *Heiss/Schnyder*, Rn. 205; *Geimer/Zöller*, ZPO, 26. Aufl. 2006, Anh. I Art. 8ff. EuGVO Rn. 4f.

[239] *Kropholler*, EuGVO, Art. 13 Rn. 4 a. E.

EuGH in der Entscheidung bereits vorgezeichnet (Zustimmung aller Versicherten). Eine wirklich praktikable ist im Moment nicht ersichtlich. Eine dringend anzuratende Revision der EuGH-Rechtsprechung[240] in der Sache bleibt abzuwarten.

Schließlich sind Gerichtsstandsvereinbarungen ohne weiteres mit Versicherungsnehmern **54** möglich, die **keinen Wohnsitz in einem EU-Mitgliedstaat** haben, es sei denn die Versicherung beträfe eine innerhalb der EU belegene Immobilie oder es handelt sich um eine Pflichtversicherung, die, und das ist in den Verordnungstext seinem Sinn und Zweck nach hineinzulesen, auf Grund einer gesetzlichen Verpflichtung, die ein EU-Mitgliedstaat dem Versicherungsnehmer auferlegt hat, abgeschlossen wurde (Art. 13 Nr. 4 EuGVO).

Während die grundsätzliche Zulässigkeit von Gerichtsstandsvereinbarungen in Versiche- **55** rungssachen im Wesentlichen in den Art. 13, 14 EuGVO geregelt ist, gelten ergänzend die in Art. 23 EuGVO genannten formalen **Voraussetzungen für eine wirksame Gerichtsstandsvereinbarung** (Art. 23 Abs. 5 EuGVO)[241]. Durch sie soll das unbemerkte Sich-Einschleichen von Gerichtsstandsklauseln in Verträge verhindert werden[242]. Die Voraussetzungen sind für im voraus getroffene Vereinbarungen (aus einem bestimmten Rechtsverhältnis) und Vereinbarungen, die nach Entstehen der Streitigkeit getroffen werden, gleich, und zwar genügt alternativ:

– Schriftlichkeit, bzw. Mündlichkeit mit schriftlicher Bestätigung, wobei die elektronische Übermittlung gleichgestellt ist, wenn eine dauerhafte Aufzeichnung möglich ist, oder
– eine Form entsprechend den Gepflogenheiten zwischen den Parteien oder
– eine Form entsprechend einem branchenspezifisch allgemein bekannten und beachteten Handelsbrauch bei internationalen Handelsgeschäften, den die Parteien kannten oder hätten kennen müssen.

Neben diesen in Art. 23 Abs. 1 EuGVO explizit enthaltenen Formerfordernissen gibt es weitere Mindestanforderungen, die aus dem Sinn und Zweck der Regelung gefolgert werden[243]:

– Die Vereinbarung muss sich auf ein bestimmtes Gericht beziehen;
– es muss eine tatsächliche Willenseinigung vorliegen, die jedoch konkludent erfolgen kann;
– die Abrede braucht sich nicht explizit auf die internationale Zuständigkeit beziehen. Dass diese gemeint ist, muss sich aber wenigstens durch Auslegung ergeben.

Der von Art. 23 EuGVO vorausgesetzten Schriftform (bzw. gleichgestellten Formen) kann grundsätzlich durch AGB Genüge getan werden. Allerdings muss bei deren Verwendung sorgfältig geprüft werden, ob es nicht am Element der Willenseinigung zwischen den Parteien fehlt, was etwa bei nachträglicher Übergabe, bloßem Abdruck auf der Rückseite von oder im Anhang zu Antragsformularen, Rechnungen und anderen Fallgestaltungen der Fall sein kann[244].

Diese Anforderungen der EuGVO an eine wirksame Gerichtsstandsabrede[245] weichen von denjenigen, die die ZPO in den §§ 38, 40 aufstellt, ab. Von daher stellt sich die Frage nach dem Verhältnis beider Normkomplexe zueinander. Dies ist umstritten:

Während eine Ansicht davon ausgeht, dass Art. 23 EuGVO jedenfalls einen **Bezug des** **56** **Rechtsstreits zu** mindestens zwei **(EU-Mitglied)staaten** voraussetzt[246], lässt die Gegen-

---

[240] *Fricke,* a. a. O. Fn. 237, 1286.

[241] *Kropholler,* EuGVO, Art. 13 Rn. 1, Art. 23 Rn. 79; entsprechend schon für das Verhältnis Art. 17 zu Art. 13 EuGVÜ: *Schlosser,* Bericht 120 (Rn. 161 a. E.).

[242] *Kropholler,* EuGVO, Art. 23 Rn. 25; *Heiss,* in: Versicherungsrecht in Europa, hrsg. v. *Reichert-Facilides/Schnyder* (2000), 135.

[243] *Kropholler,* EuGVO, Art. 23 Rn. 25.

[244] Detailliert *Kropholler,* EuGVO, Art. 23 Rn. 35 ff.

[245] Soweit die EuGVO keine eigenen Regeln aufstellt (etwa für Geschäftsfähigkeit, Bindung an die Erklärung, Stellvertretung, Willensmängel usw.), bleibt daneben Raum für die Anwendung des Rechts, das vom IPR des Forums berufen wird: *Kropholler,* EuGVO, Art. 23 Rn. 28.

[246] *Schlosser,* Art. 23 EuGVO Rn. 6; *Kropholler,* EuGVO, Art. 23 Rn. 3, fordern Auslandsbezug; ähnlich: Münchener Kommentar ZPO/*Gottwald,* Bd. 3, 2. Aufl. 2001, Art. 17 EuGVÜ Rn. 2–4.

meinung allein den Bezug zu einem Mitgliedstaat genügen[247]. Konsequenz daraus wäre, dass letztlich den §§ 38, 40 ZPO für die Vereinbarung der internationalen Zuständigkeit bei der Beteiligung auch nur einer deutschen, genauer gesagt: mit deutschem Wohnsitz ausgestatteten, Partei kein Anwendungsbereich verbliebe[248], da Deutschland EU-Mitgliedstaat ist. Dass der Europäische Gesetzgeber das gewollt hat, ist vielleicht schwer vorstellbar[249]. Letztlich taucht hier aber mutatis mutandis die schon oben abgehandelte[250] Frage nach dem Anwendungsbereich der EuGVO in anderem Gewand wieder auf. Sie sollte letztlich konsistent im oben zur Frage des Anwendungsbereichs der EuGVO beschriebenen Sinn beantwortet werden, so dass der (Auslands-)Bezug zu nur einem EU-Mitgliedstaat ausreichen muss. Auch unter dieser Prämisse bleiben allerdings für die Vereinbarung der bloß örtlichen Zuständigkeit die §§ 215 VVG, 38, 40 ZPO in reinen Inlandsfällen weiterhin sedes materiae. Für den Rechtspraktiker kann aus der Meinungsverschiedenheit zum Anwendungsbereich nur folgen, dass er im Zweifelsfall die Vereinbarung so gestaltet, dass sie, wenn möglich, sowohl Art. 23 EuGVO wie auch den §§ 215 VVG, 38, 40 ZPO gerecht wird[251]. Auch der BGH selbst hat es vorgezogen, sich in einem entsprechenden Fall durch Parallelerwägungen zu beiden Normkomplexen aus der Affäre zu ziehen, ohne die Kernfrage eindeutig zu beantworten[252].

57   Speziell in Versicherungsverträgen mit ihrer generell hohen AGB-Lastigkeit dürften Gerichtsstandsabreden üblicherweise im Wege Allgemeiner Geschäftsbedingungen getroffen werden. Geht man davon aus, dass Art. 23 i.V. m. Art. 13, 14 EuGVO im Rahmen seines Anwendungsbereichs die Materie abschließend regelt[253], so bleibt kein Raum mehr für eine **Kontrolle der Gerichtsstandsabrede** an Hand der deutschen Regeln über AGB (§§ 305 ff. BGB[254]), so dass sowohl eine Kontrolle anhand der AGB-rechtlichen Generalklausel (§ 307 BGB) wie auch der speziellen Klauselverbote mit (§ 308 BGB) und ohne Wertungsmöglichkeit (§ 309 BGB) ausscheidet. Damit ist freilich nicht gesagt, dass eine inhaltliche Kontrolle von Gerichtsstandsabreden über die Internationale Zuständigkeit auf Rechtsmissbräuchlichkeit überhaupt nicht stattfindet. Es ist vielmehr Aufgabe des Gemeinschaftsrechts, die Maßstäbe dafür zu liefern[255]. Man denkt insoweit unwillkürlich daran, dass auf Gemeinschaftsebene mit der Richtlinie über missbräuchliche Klauseln in Verbraucherverträgen (Klauselrichtlinie)[256] einheitliche Vorgaben in dieser Richtung bestehen. Ob sie jedoch als

---

[247] Etwa: *Zöller/Geimer,* Art. 23 EuGVO Rn. 12 (Anh. I). Zum Meinungsstand *Kropholler,* EuGVO, Art. 23 Rn. 4–9.

[248] Indirekt: *Kropholler,* EuGVO, Art. 23 Rn. 16f.

[249] So aber: Münchener Kommentar ZPO/*Gottwald,* Bd. 3, 2. Aufl. 2001, Art. 17 EuGVÜ Rn. 7.

[250] Siehe oben Rn. 16f.

[251] Die beiden Normkomplexe sind sich durch die weiteren Einschränkungen, die in Art. 13 EuGVO enthalten sind, ähnlicher, als es zunächst den Anschein hat. So ist eine im voraus geschlossene Gerichtsstandsvereinbarung in den meisten Fällen weder nach europäischem noch nach deutschem Recht möglich (Art. 13 Nr. 1 EuGVO – §§ 38 Abs. 3 Nr. 1 ZPO). Schriftlichkeit genügt jedenfalls (Art. 23 Abs. 1 a) EuGVO – § 38 Abs. 1, 3 ZPO). Die Vereinbarung muss sich auf ein bestimmtes Rechtsverhältnis beziehen (Art. 23 Abs. 1 EuGVO – § 40 Abs. 1 ZPO) oder auf eine bereits entstandene Streitigkeit (Art. 13 Nr. 1, 23 Abs. 1 EuGVO – § 38 Abs. 3 Nr. 1 ZPO).

[252] BGH v. 23. 7. 1998, IPRax 1999, 246 (247) (= NJW RR 1999, 137 (138)).

[253] So *Kropholler,* EuGVO, Art. 23 Rn. 19; *Zöller/Geimer,* Art. 23 EuGVO Rn. 8 (Anh. I).

[254] *Kropholler,* EuGVO, Art. 23 Rn. 19; *Schlosser,* Art. 23 EuGVO Rn. 32; Münchener Kommentar ZPO/*Gottwald,* Bd. 3, 2. Aufl. 2001, Art. 17 EuGVÜ Rn. 55; a. A. *Hub,* S. 154; *Rauscher/Staudinger,* Art. 13 Rn. 7.

[255] *Leible/Röder,* RIW 2007, 481, 487 m. w. N. zum Meinungsstand in Fn. 1, 3; *Schlosser,* Art. 23 EuGVO Rn. 31; Münchener Kommentar ZPO/*Gottwald,* Bd. 3, 2. Aufl. 2001, Art. 17 EuGVÜ Rn. 55; *Kropholler,* EuGVO, Art. 23 Rn. 89, fordert eine gesetzgeberische Ergänzung der EuGVO. Grundsätzlich anderer Ansicht, nämlich, dass die EuGVO jede weitere Mißstandskontrolle verbietet, sind *Gottschalk/Beßler,* ZEuP 2007, 56 (75).

[256] Richtlinie 93/13/EWG des Rates vom 5. April 1993 über missbräuchliche Klauseln in Verbraucherverträgen, ABl. L 95 vom 21. 4. 1993, 29.

Prüfungsmaßstab herangezogen werden kann[257] oder ob allein die EuGVO maßgeblich ist[258], darüber besteht keine Einigkeit. Der EuGH hat diese Frage übrigens bislang nicht entschieden. Ein Fall, in dem es um die Kontrollierbarkeit einer Gerichtsstandsabrede anhand dieser Richtlinie ging, betraf lediglich die örtliche, nicht die internationale Zuständigkeit[259]. Für die Beantwortung der Streitfrage muss man sich klarmachen, dass es bei der Frage der Anwendbarkeit der Klauselrichtlinie letztlich um deren Art. 3 Abs. 1 bzw. Art. 3 Abs. 3 i. V. m. Anhang 1.q) geht. Die in Art. 3 Abs. 1 der Klauselrichtlinie enthaltene Generalklausel ist offen formuliert und gewinnt konkreten Inhalt erst durch Wertentscheidungen des Anwenders. Art. 3 Abs. 1 liefert selbst also keinen konkreten Beurteilungsmaßstab, d. h., eine Gerichtsstandsabrede kann erst dann als gegen die Norm verstoßend erkannt werden, wenn der Rechtsanwender seine, wo auch immer bezogenen, eigenen Wertmaßstäbe über die Zulässigkeit einer solchen Abrede in die Vorschrift hineinliest. Art. 3 Abs. 3 i. V. m. Anhang 1.q) Klauselrichtlinie zielt von seinem Wortlaut her an sich auf anderes als auf Gerichtsstandsabreden, wenn auch anzuerkennen ist, dass selbst der EuGH ihn schon auf eine (örtliche) Gerichtsstandsabrede angewandt hat[260]. Abgesehen davon, dass die Klauselrichtlinie die Beispiele im Anhang 1 selbst nicht als verbindlich ansieht[261], kann auch hier wiederum ein Verstoß einer Gerichtsstandsabrede nur unter Heranziehung eigener Wertentscheidungen des Rechtsanwenders festgestellt werden, die dieser nicht aus der Richtlinie selbst bezieht. Offen bliebe bei Anwendung der Klauselrichtlinie zudem die Frage nach den Kontrollmaßstäben bei Nicht-Verbraucherverträgen, denn die Wertmaßstäbe der Richtlinie können darauf nicht ohne weiteres übertragen werden. Die Richtlinie bietet damit kein geschlossenes praktisch unmittelbar anwendbares Regelsystem zur Kontrolle einer Gerichtsstandsabrede, sondern allenfalls einen Ansatz, der der Ergänzung bedarf. Die EuGVO enthält hingegen für Versicherungs- und Verbraucherverträge ein ausdifferenziertes Regel-System, das sich bemüht, bei der Zulassung von Gerichtsstandsabreden zwischen den Interessen beider Seiten abgewogen auszutarieren. Das Ergebnis dieses gesetzgeberischen Abwägungsprozesses ist in den Art. 13, 14, 17 und 23 EuGVO niedergelegt und vermittelt ein hohes Maß an Rechtssicherheit. Es enthebt den Rechtsanwender der eigenen (notwendig tendenziösen) Abwägung nach Art. 3 Abs. 1 bzw. Art. 3 Abs. 3 i. V. m. Anhang 1.q) Klauselrichtlinie im Einzelfall, weil der Europäische Gesetzgeber die dort anzustellenden Erwägungen mit speziellem Bezug auf die internationale Zuständigkeit abstrakt und generalisierend bereits vorweggenommen hat. Die Regelungen der EuGVO sind daher nicht nur aus systematischen, sondern auch aus sachlichen Gründen vorzuziehen. Für eine Anwendung anderer Prüfungsmaßstäbe als der der EuGVO-Vorschriften zu den Gerichtsstandsabreden bleibt hinsichtlich von Abreden über die internationale Zuständigkeit kein Raum[262]. Im Wege der Auslegung mag man zudem als immanente Schranke des Art. 23 EuGVO für eine Gerichtsstandsabrede ein Missbrauchsverbot in die Vorschrift hineinlesen, das ergänzend heranzuziehen ist[263].

---

[257] So *Staudinger*, DB 2000, 2058 (2059); *Leible*, RIW 2001, 422 (429 ff).
[258] So *Kropholler*, EuGVO, Art. 23 Rn. 20; offen gelassen bei *Leible/Röder* RIW 2007, 481, 487.
[259] EuGH v. 27. 6. 2000, Rs C-240/98, NJW 2000, 2571. Ebenfalls nicht einschlägig (vgl. *Staudinger*, DB 2000, 2058 [2059]: EuGH v. 3. 7. 1997, Rs C-269/95, JZ 1998, 896.
[260] EuGH v. 27. 6. 2000, Rs C-240/98, NJW 2000, 2571.
[261] Art. 3 Abs. 3: Die Klauseln „können" (nicht „müssen") für missbräuchlich erklärt werden.
[262] *Kropholler*, EuGVO, Art. 23 Rn. 20.
[263] *Kropholler*, EuGVO, Art. 23 Rn. 89 (freilich mit dem Vorbehalt, dass dieses noch vom EuGH zu entfalten sei): Damit könnte man etwa der Umgehung von §§ 38, 40 ZPO durch Rückgriff auf die z. T. weniger strengen Regeln des EuGVO in reinen Inlandsfällen beikommen. – Allerdings entstehen dabei logische Probleme: Entweder ist Art. 23 EuGVO auf reine Inlandsfälle gar nicht anwendbar (Bezug zu zwei Mitgliedstaaten), dann ergibt sich die Geltung der §§ 38, 40 ZPO ohnehin problemlos; oder er ist es doch, dann ist aber schwer erklärbar, wieso die §§ 38, 40 ZPO, die ja dann die Materie nicht regeln, vor einer Umgehung geschützt werden müssen.

II. Das EuGVÜ und das Lugano-Übereinkommen

58 Wie bereits dargelegt, ist die EuGVO aus den Arbeiten zu einer Revision des **EuGVÜ** hervorgegangen. Entsprechend stimmen die beiden Rechtsquellen jedenfalls in den hier im Vordergrund stehenden Bereichen bis auf punktuelle Unterschiede und die Nummerierung der Artikel[264] überein. Noch größer als die Übereinstimmung von EuGVO und EuGVÜ ist diejenige von EuGVÜ und **Lugano-Übereinkommen.** Die beiden Übereinkommen unterscheiden sich nämlich im Hinblick auf Versicherungssachen überhaupt nicht. Zur Vermeidung von Wiederholungen soll davon abgesehen werden, das gesamte zuständigkeitsrechtliche System des EuGVÜ und des Lugano-Übereinkommens hier nochmals vollständig zu entfalten, zumal die Angleichung des Lugano-Übereinkommens an die EuGVO nun auch zeitlich absehbar ist[265]. Im Nachfolgenden soll im Wesentlichen nur noch ein gestraffter Überblick gegeben werden. Nur auf die Unterschiede zwischen EuGVO und den beiden Übereinkommen ist näher einzugehen. Soweit solche Unterschiede nicht angesprochen werden, gelten die Ausführungen zur EuGVO entsprechend. Das gilt auch für die dort im Einzelnen dargelegten Probleme und Auslegungen.

59 Es war natürlich von vornherein wünschenswert, dass durch **Verhandlungen** zumindest das Lugano-Übereinkommen an den Text der EuGVO angepasst wird, damit der weitgehend gleichartige Rechts-Zustand im Verhältnis EU – EWR-Staaten wiederkehrt, wie er vor dem Erlass der EuGVO bestanden hat. Da es sich beim Lugano-Übereinkommen jedoch um ein multilaterales völkerrechtliches Abkommen handelt, waren diesbezüglich naturgemäß verfahrensmäßige Hindernisse abzusehen. Die Frage, ob die EU-Kommission für entsprechende Verhandlungen ein Mandat hat, hat immerhin den EuGH beschäftigt[266], der sie letztlich positiv beantwortete, was das Verfahren vereinfachte. Die EU hatte zum Zeitpunkt der Niederschrift dieser Zeilen die Verhandlungen mit den Vertragsstaaten mit dem Ziel der Angleichung an die EuGVO abgeschlossen und den revidierten Vertragstext zur Ratifikation aufgelegt[267]. Es ist beabsichtigt, dass diesem Abkommen nun auch Dänemark beitritt (Art. 79 der revidierten Fassung), so dass der Sonderstatus im Verhältnis zu diesem Mitgliedstaat zumindest von der materiellen Rechtslage her ein Ende finden wird.

1. Anwendungsbereich der Übereinkommen und des 3. Abschnitts des II. Kapitels (Versicherungssachen)

60 Genauso wie bei der EuGVO hängt die **Anwendbarkeit der** beiden **Übereinkommen** grundsätzlich vom Wohnsitz des Beklagten ab. Liegt dieser in einem Vertragsstaat, kann der Beklagte in einem solchen nur an einem der in den Übereinkommen festgelegten Gerichtsstände verklagt werden (Artt. 2 ff.). Genauso wie bei der EuGVO gilt das grundsätzlich selbst dann, wenn der Staat, in dem der Kläger ansässig ist, nicht Vertragsstaat ist. Anders als die EuGVO, die mit Art. 60 immerhin für den (Wohn-)Sitz von juristischen Personen eine eigene Definition bereithält, enthalten die beiden Übereinkommen keinerlei eigene Regeln über die Bestimmung des Wohnsitzes. Zwar kommt es gem. Art. 53 der Übereinkommen bei juristischen Personen auf deren Sitz an, aber auch der ist nach dieser Vorschrift nach dem

---

[264] Im Einzelnen gilt folgendes:
Art. 8 EuGVO entspricht Art. 7 der Übereinkommen,
Art. 9 EuGVO entspricht Art. 8 der Übereinkommen,
Art. 10 EuGVO entspricht Art. 9 der Übereinkommen,
Art. 11 EuGVO entspricht Art. 10 der Übereinkommen,
Art. 12 EuGVO entspricht Art. 11 der Übereinkommen,
Art. 13 EuGVO entspricht Art. 12 der Übereinkommen,
Art. 14 EuGVO entspricht Art. 12a der Übereinkommen,
Art. 23 EuGVO entspricht Art. 17 der Übereinkommen.
[265] Siehe oben Rn. 20.
[266] Gutachten 1/03 vom 7. 2. 2006.
[267] Dokument JUSTCIV 218 CH 30 ILS 49 N 49 vom 10. 9. 2007.

Recht des zur Entscheidung angerufenen Gerichts zu bestimmen (Art. 52)[268]. Der Anwendungsbereich des 3. Abschnittes des II. Kapitels der Übereinkommen (Versicherungssachen) unterscheidet sich von dem des entsprechenden Abschnittes der EuGVO nicht. Er ist also auf Versicherungssachen im oben beschriebenen Sinn anwendbar. Dazu gehören keine Sozialversicherungen oder andere überwiegend öffentlich-rechtlich geprägten Versicherungsverhältnisse. Die Rückversicherung wird hier auf Grund von Schutzzwecküberlegungen genauso ausgeschieden wie Streitigkeiten unter Versicherern.

2. Die Gerichtsstände im Einzelnen

a) Gerichtsstände bei Klagen des Versicherers. Die beiden Übereinkommen unter-   **61**
scheiden sich von der EuGVO im Hinblick auf die **für Klagen des Versicherers** eingeräumten Gerichtsstände nicht. Er muss also grundsätzlich im Staat des Beklagtenwohnsitzes klagen (Art. 11 Abs. 1). Bei Streitigkeiten aus dem Betrieb einer Zweigniederlassung, Agentur oder Niederlassung des Beklagten steht dort ein Gerichtsstand zur Verfügung, wo sich diese befindet (Art. 7 i. V. m. Art. 5 Nr. 5), vorausgesetzt, der Hauptsitz des Beklagten liegt überhaupt in einem Vertragsstaat (Art. 4). Art. 11 gilt auch für Klagen gegen Dritte wie Versicherte und Begünstigte. Allerdings kann der Versicherer einem Dritten auch vor einem anderen Forum den Streit verkünden, wenn ein Prozess gegen den Versicherer ohnehin anhängig ist (Art. 11 Abs. 1 i. V. m. Art. 10 Abs. 3). Ist bereits eine Klage gegen den Versicherer anhängig, kann der Versicherer auch vor einem Gericht Widerklage erheben, vor dem er den Anspruch isoliert nicht hätte geltend machen können, solange nur irgendeine der Zuständigkeiten des 3. Abschnittes gewahrt ist (Art. 11 Abs. 2)[269]. Vorausgesetzt wird dabei, dass die sonstigen Anforderungen an die Zulässigkeit einer Widerklage nach Art. 6 Nr. 3 der Übereinkommen erfüllt sind[270]. Hat der Beklagte keinen Wohnsitz in einem Vertragsstaat, richtet sich die internationale Zuständigkeit nach dem Prozessrecht des intendierten Forums, nicht nach Art. 11 der Übereinkommen (Art. 7 i. V. m. Art. 4).

b) Gerichtsstände bei Klagen gegen den Versicherer. Die beiden Übereinkommen   **62**
stellen neben dem Gerichtsstand am Wohnsitz des Beklagten (Art. 8 Abs. 1 Nr. 1) weitere Gerichtsstände für **Klagen gegen den Versicherer** zur Verfügung: Insbesondere kann der Versicherungsnehmer den Versicherer auch an seinem eigenen Wohnsitz verklagen und sich damit die Mühen einer auswärtigen Prozessführung ersparen (Klägergerichtsstand – Art. 8 Abs. 1 Nr. 2). Hier ist darauf zu achten, dass diese Erleichterung nach den Übereinkommen ausschließlich dem Versicherungsnehmer zukommt[271], nicht aber wie nach der EuGVO auch dem vom Versicherungsnehmer verschiedenen Versicherten oder dem Begünstigten[272] eines Versicherungsvertrages. Die oben geschilderten Probleme im Zusammenhang mit Gruppenversicherungsverträgen, die gerade aus der Erweiterung dieser Vergünstigung in der EuGVO resultieren, sind daher im Zusammenhang mit Art. 8 Abs. 1 Nr. 2 der Übereinkommen gegenstandslos. Wollen vom Versicherungsnehmer verschiedener Versicherter oder Begünstigter eines Versicherungsvertrages also den Versicherer selbst unmittelbar verklagen, sind sie nach den Übereinkommen darauf angewiesen, den Gerichtsstand am Sitz des Versicherers in Anspruch zu nehmen (vorausgesetzt, es liegt nicht einer der Spezialfälle der Art. 9, 10 vor. Diese Gerichtsstände können mangels entsprechender Einschränkung auch Versicherter oder Begünstigter nutzen).

---

[268] Wie oben Rn. 15 vorgeschlagen, sollte der (Wohn-)Sitz juristischer Personen sinnvollerweise für Zwecke der Übereinkommen nach den gleichen materiellen Regeln wie für die EuGVO bestimmt werden.

[269] Zur Bedeutung der etwas unklaren Formulierung im entsprechenden Art. 12 Abs. 2 EuGVO: *Kropholler*, EuGVO, Art. 12 Rn. 3.

[270] Im Wesentlichen Identität des zu Grunde liegenden Sachverhalts oder Vertrages (Konnexität). Im Einzelnen: *Kropholler*, EuGVO, Art. 6 Rn. 38.

[271] *Fricke*, VersR 1997, 399 (402); *ders.*, VersR 1999, 1055 (1059).

[272] Vgl. *Brulhart*, S. 205.

63   Wie in der EuGVO können im Übrigen **Mitversicherer** vor den Gerichten des Staates
verklagt werden, in dem der führende Versicherer seinen Sitz hat (Art. 8 Abs. 1 Nr. 3). Bei
der Haftpflichtversicherung und der Versicherung von Immobilien besteht ein Gerichtsstand
am Ort, an dem das schädigende Ereignis eingetreten ist (Art. 9). Wie in der EuGVO ist damit
sowohl der Handlungs- wie der Erfolgsort gemeint. Schließlich stellt Art. 10 Abs. 1 der Übereinkommen den Gerichtsstand der Interventionsklage gegen den Haftpflichtversicherer und
Art. 10 Abs. 2 der Übereinkommen Gerichtsstände für den Verletzten[273] bei Direktklagen
gegen den Haftpflichtversicherer zur Verfügung.

64   Art. 8 Abs. 2 der Übereinkommen erklärt schließlich sämtliche Gerichtsstände des 3. Abschnitts, Kapitel II als auf alle Versicherer anwendbar, die zwar keinen Sitz in einem Vertragsstaat haben, dort aber über eine **Zweigniederlassung, Agentur** oder sonstige **Niederlassung** verfügen.

65   **c) Gerichtsstandsvereinbarungen.** Die Übereinkommen lassen **Gerichtsstandsvereinbarungen** der Parteien unbeschränkt nur nach Entstehen der Streitigkeit zu (Art. 12
Nr. 1). Vor diesem Zeitpunkt sind sie nur sehr beschränkt zugelassen (Art. 12 Nr. 1–5, letzterer
i. V. m. Art. 12a). Die Konstellationen sind dabei die gleichen wie in der EuGVO mit einem
erheblichen Unterschied: Die Übereinkommen kennen in Art. 12a keinen Verweis auf die
Großrisiken der Versicherungsrichtlinien. Das bedeutet, dass anders als nach der EuGVO
Großrisikoversicherungsnehmer i. S. d. Art. 5 der Zweiten Schadenversicherungsrichtlinie
grundsätzlich vor Entstehen der Streitigkeit, also insbesondere im Versicherungsvertrag selbst,
keine wirksame Gerichtsstandsvereinbarung treffen können (Art. 17 Abs. 4). Das ist zwar unter
Schutzzweckgesichtspunkten ungerechtfertigt[274], aber geltendes Recht. Praktische Bedeutung hat dies vor allem dadurch, dass diesen Versicherungsnehmern vom materiellen Kollisionsrecht unbeschränkte Rechtswahlfreiheit eingeräumt wird (Art. 7 Abs. 1f) Zweite Schadenversicherungsrichtlinie, Art. 32 Abs. 1 Lebensversicherungsrichtlinie[275]). Will man einen
Gleichlauf von Zuständigkeit und anwendbarem Recht erreichen, muss man diese Situation
bereits in der Phase der Vertragsverhandlungen über das anwendbare materielle Recht berücksichtigen und versuchen, den Gleichlauf hierüber herzustellen.

III. Autonomes deutsches Recht

1. Grundregel

66   Das deutsche Recht kennt, wie gesagt (von vereinzelten Ausnahmen[276], die in unserem Zusammenhang nicht einschlägig sind, abgesehen), keine Normen, die die **internationale Zuständigkeit** der deutschen Gerichte explizit regeln würden. Historisch ist dies darauf zurückzuführen, dass man zunächst zwischen örtlicher und internationaler Zuständigkeit dogmatisch
nicht unterschied[277]. Die internationale Zuständigkeit der Gerichte deutscher Staaten war vor
Schaffung der ZPO regelmäßig gegeben, wenn ihre örtliche Zuständigkeit vorlag[278]. Noch der

---

[273] In der Diktion von Art. 11 Abs. 2 EuGVO der „Geschädigte". Ein Bedeutungsunterschied ist mit
dem Wechsel des Wortes, soweit bisher erkennbar, nicht verbunden.

[274] *Fricke,* VersR 1997, 399 (403).

[275] Richtlinie 2002/83/EG des Europäischen Parlaments und des Rates vom 5. November 2002 über
Lebensversicherungen, ABl. L 345 v. 19. 12. 2002, 1. – Bis 19. 12. 2002 Art. 4 Abs. 1 Zweite Richtlinie
des Rates vom 8. November 1990 zur Koordinierung der Rechts- und Verwaltungsvorschriften für die
Direktversicherung (Lebensversicherung) und zur Erleichterung der tatsächlichen Ausübung des freien
Dienstleistungsverkehrs sowie zur Änderung der Richtlinie 79/267/EWG, ABl. L 330 vom 29. 11.
1990, 50.

[276] Wie z. B. die §§ 606a, 640a Abs. 2 ZPO, § 43b FGG, § 12 VerschG.

[277] *Schack,* Rn. 236; *Basedow,* IPRax 1994, 184; *Fricke,* Die autonome Anerkennungszuständigkeitsregel
im deutschen Recht des 19. Jahrhunderts, 1993, S. 5 ff., 75 ff. m. w. N.; *ders.,* Anerkennungszuständigkeit
zwischen Spiegelbildgrundsatz und Generalklausel, 1990, S. 81 ff. m. w. N.

[278] *Fricke,* Die autonome Anerkennungszuständigkeitsregel im deutschen Recht des 19. Jahrhunderts,
1993, S. 5 ff., 75 ff. m. w. N.

Gesetzgeber der ZPO scheint sich über den dogmatischen Unterschied beider Institute durchaus nicht völlig im Klaren gewesen zu sein[279]. So unterließ er es, die internationale Zuständigkeit gesondert zu regeln. Die Sache war ihm nicht einmal einen ausdrücklichen Verweis im Gesetz wert. Dem geltenden deutschen Recht liegt somit, bei je nach Geschmack des jeweiligen Autors abweichender Diktion[280], jedenfalls grundsätzlich die Identität von örtlichen und internationalen Zuständigkeitsregeln zu Grunde[281], d. h., ist ein deutsches Gericht örtlich zuständig, ist es grundsätzlich auch international zuständig[282]. Dabei handelt es sich allerdings um eine Regel, die den Umständen des Einzelfalles angemessen zu handhaben ist. Sprechen besondere Gesichtspunkte dafür, kann sie gegebenenfalls auch durchbrochen werden, um Erfordernissen des internationalen Rechtsverkehrs Genüge zu tun[283]. Allerdings bedarf das in Anbetracht der Leitbildfunktion der örtlichen Zuständigkeitsgründe einer sehr sorgfältigen Begründung und sollte nicht leichtfertig geschehen.

Maßgeblich für die deutsche internationale Zuständigkeit in Versicherungssachen sind **67** demnach grundsätzlich die **Zuständigkeitsregeln des VVG und der ZPO.** Anders als das europäische Recht kennt das deutsche Recht kein spezielles internationales Zuständigkeitsregime in Versicherungssachen. § 215 VVG stellt allerdings neuerdings eine umfassende Zuständigkeitsregelung zur Verfügung, sofern der Versicherungsnehmer einen inländischen Wohnsitz (bzw. in Ermangelung eines Wohnsitzes einen inländischen gewöhnlichen Aufenthalt[284]) hat und es sich nicht um einen Rück- oder Seeversicherungsvertrag handelt (§ 209 VVG).

2. Gerichtsstände im Einzelnen

Es können naturgemäß an dieser Stelle nicht alle nur vorstellbaren internationalen Zuständigkeiten, die das deutsche Recht für Klagen gegen den Versicherer oder des Versicherers in **68** irgendeiner denkbaren Konstellation zur Verfügung stellt, noch dazu in aller Ausführlichkeit, abgehandelt werden, zumal das autonome Recht, wie gezeigt, in Anbetracht der vorhandenen europäischen Rechtsquellen in diesem Zusammenhang nur noch eine eher untergeordnete Bedeutung besitzt. Im folgenden soll daher nur auf **die wichtigsten** in diesem Zusammenhang interessierenden **Gerichtsstände** eingegangen werden. Obwohl das deutsche Recht anders als das europäische Recht diese Systematik nicht bereits im Gesetz angelegt hat, soll hier aus Gründen der Übersichtlichkeit die bereits oben praktizierte Unterteilung in Klagen des Versicherers und Klagen gegen den Versicherer beibehalten werden.

---

[279] *Fricke,* Die autonome Anerkennungszuständigkeitsregel im deutschen Recht des 19. Jahrhunderts, 1993, S. 77 f.

[280] Gebräuchlich ist es u. a., von der Doppelfunktionalität der örtlichen Zuständigkeitsregeln, von ihrer Indizwirkung oder davon zu sprechen, dass sie die internationale Zuständigkeit mitregeln.

[281] *Schröder,* Internationale Zuständigkeit, 1971, S. 85; *Kropholler,* Internationale Zuständigkeit in Handbuch des Internationalen Zivilverfahrensrechts, Bd. 1, hrsg. v. *Herrmann/Basedow/Kropholler* (1982) Rn. 31; *Schack,* Rn. 236; *Zöller/Geimer,* IZPR Rn. 37; *Baumbach/Lauterbach/Hartmann,* Übersicht § 12 ZPO Rn. 6 ff.; *Rosenberg/Schwab/Gottwald,* Zivilprozessrecht, 15. Aufl. 1995, 94; Münchener Kommentar ZPO/*Patzina,* Bd. 1, 2. Aufl. 2000, § 12 ZPO Rn. 90; *Wieczorek/Schütze/Schütze,* Zivilprozessordnung und Nebengesetze, Bd. 1/1, 3. Aufl. 1994, Einleitung Rn. 156; *Stein/Jonas/Schumann,* ZPO, Bd. 1, 20. Aufl. 1984, Einleitung Rn. 756; *Linke,* Internationales Zivilprozessrecht, 3. Aufl. 2001, Rn. 115; *Fricke,* Die autonome Anerkennungszuständigkeitsregel im deutschen Recht des 19. Jahrhunderts, 1993, S. 94.

[282] BGH v. 20. 4. 1993, RIW 1993, 670; BGH, BGH Report 2001, 894 (895).

[283] *Schack,* Rn. 236; *Baumbach/Lauterbach/Hartmann,* Übersicht § 12 ZPO Rn. 7; *Zöller/Geimer,* IZPR Rn. 38 f.

[284] Hier ist Vorsicht bei der Normanwendung angebracht: Hat der Versicherungsnehmer einen ausländischen Wohnsitz, dürfte § 215 Abs. 1 VVG auch bei gewöhnlichem Aufenthalt im Inland nicht zu einem inländischen Gerichtsstand führen, denn die Ausweichregelung will nur dem Fall abhelfen, dass ein Wohnsitz überhaupt nicht existiert bzw. feststellbar ist. Sie will aber nicht einen gerade deutschen Gerichtsstand durchsetzen.

69   **a) Gerichtsstände bei Klagen des Versicherers.** Für **Klagen des Versicherers** gegen den Versicherungsnehmer ist seit der Novellierung des VVG ausschließlich der Gerichtsstand am (inländischen[285]) Wohnsitz des Versicherungsnehmers zum Zeitpunkt der Klageerhebung, (bzw. in Ermangelung eines Wohnsitzes überhaupt am Ort des inländischen gewöhnlichen Aufenthalts), gegeben (§ 215 Abs. 1 VVG). Der Gerichtsstand ist umfassend. Er gilt seinem Wortlaut nach auch im Verhältnis zum Begünstigten oder Versicherten, auch wenn man sich die Frage stellen kann, ob das wirklich sachgerecht ist[286]. Ihnen gegenüber ist er allerdings nicht ausschließlich, so dass daneben auch weitere Gerichtsstände nach der ZPO[287] zur Anwendung kommen können. Die Klage muss ihren Rechtsgrund im Versicherungsvertrag oder in dessen Vermittlung haben. Es wird sich also um die Geltendmachung von Ansprüchen handeln müssen, die ihre Grundlage in einer versicherungsvertraglichen Abrede, einer gesetzlichen Pflicht eines Vertragspartners oder deren Verletzung, die im Zusammenhang mit dem Versicherungsvertrag steht, oder im Vertragsanbahnungsverhältnis haben[288]. Entsprechendes gilt für das Vermittlungsverhältnis. Gegenüber dem Versicherungsnehmer kommen die allgemeinen und besonderen Gerichtsstandsregeln der §§ 12 ff. ZPO regelmäßig nicht mehr zur Anwendung (§ 215 Abs. 1 S. 2 VVG).

70   **b) Gerichtsstände bei Klagen gegen den Versicherer.** Für **Klagen gegen den Versicherer** (oder auch den Versicherungsvermittler), steht seit der Novellierung des VVG, sofern die klagende Partei zum Zeitpunkt der Klageerhebung einen inländischen Wohnsitz (bzw. in Ermangelung eines Wohnsitzes überhaupt einen inländischen gewöhnlichen Aufenthalt) hat, über § 215 VVG immer ein bequemer inländischer **Klägergerichtsstand** zur Verfügung. Bedingung ist lediglich, dass die Klage ihren Rechtsgrund im Versicherungsvertrag oder der Vermittlung[289] desselben hat. Von diesem Gerichtsstand kann nicht nur der Versicherungsnehmer, sondern auch der Versicherte oder der Begünstigte, letztlich jeder, der Ansprüche aus dem Vertrag oder dessen Vermittlung herleitet, Gebrauch machen.

71   Daneben kommen, anders als bei Klagen gegen den Versicherungsnehmer, die weiteren Gerichtsstände der ZPO in Betracht, auch wenn diese in Anbetracht von § 215 VVG weitgehend ihre praktische Relevanz verlieren dürften, zumal sie, mit Ausnahme des nicht unproblematischen § 23 ZPO, regelmäßig eben gerade keine Klägergerichtsstände sind.

72   Da der Versicherer schon auf Grund aufsichtsrechtlicher Vorgaben regelmäßig juristische Person ist (§ 7 Abs. 1 VAG[290]), steht allgemein der Gerichtsstand an dessen satzungsmäßigem

---

[285] Die Gesetzesbegründung (BT-Drucks. 16/3945 Zu Art. 1, Zu § 215) geht hierauf nicht ein. Es ist aber davon auszugehen, dass der deutsche Gesetzgeber hier keine Auslandssachverhalte regeln wollte. Im Übrigen wäre das auch insofern irrelevant, als der Gerichtsstand dann im Ausland läge und der deutsche Gesetzgeber nicht die direkte Zuständigkeit fremder Gerichte regeln kann. – Es soll an dieser Stelle nochmals darauf hingewiesen werden, dass Art. 3 Abs. 1 EuGVO, EuGVÜ und Lugano-Übereinkommen es ausschließen, deutsches Internationales Zuständigkeitsrecht anzuwenden, wenn der Beklagte seinen Wohnsitz in einem anderen EU-Mitgliedstaat bzw. einem Vertragsstaat hat.

[286] Unter dem Gesichtspunkt des prozessualen Schutzes dieser Personen mag man das verneinen. Andererseits mag der Gesichtspunkt der Beweisnähe wiederum dafür sprechen, denn hier wird häufig der Versicherungsnehmer die Person sein, auf die es ankommt, da sich die Rechte von Versichertem und Begünstigtem i. d. R. von diesem oder zumindest dessen Dispositionen ableiten.

[287] Dazu ausführlicher Vorauflage Rn. 64 ff.

[288] Da die gebrauchte Begrifflichkeit mit dem alten § 48 Abs. 1 VVG nicht übereinstimmt (dort ist vom „Versicherungsverhältnis" die Rede) und die Gesetzesbegründung keine nähere Auskunft gibt, bleibt abzuwarten, ob Rechtsprechung und Kommentierung dazu weiter verwertbar bleiben. Bei genauer Anwendung des Wortlauts ist z. B. fraglich, ob ein Rechtsstreit, in dem es um das Bestehen des Vertrages an sich geht, unter § 215 Abs. 1 VVG fällt, denn es handelt sich dann wohl kaum um eine Klage „aus" einem Versicherungsvertrag. Bei § 48 VVG hatte man insoweit keine Bedenken (vgl. *Prölss/Martin/Kollhosser*, § 48 VVG Rn. 1). Zum Verständnis des Umfangs des alten § 48 VVG siehe: *Prölss/Martin/Kollhosser*, § 48 VVG Rn. 1; Berliner Kommentar/*Gruber*, § 48 VVG Rn. 4; *Römer/Langheid/Langheid*, § 48 VVG Rn. 3.

[289] Siehe oben Rn. 69.

[290] Für Europa ansonsten Art. 8 Abs. 1 Erste Schadenversicherungsrichtlinie i. d. F. Art. 6 Dritte Schadenversicherungsrichtlinie bzw. Art. 6 der Lebensversicherungsrichtlinie.

Sitz zur Verfügung (§ 17 Abs. 1 S. 1 ZPO). Der Ort, an dem tatsächlich die Hauptverwaltung des Versicherers geführt wird (§ 17 Abs. 1 S. 2 ZPO), kommt nur dann in Betracht, wenn ein satzungsmäßiger Sitz nicht bestimmt ist. Zumindest bei deutschen Gesellschaften ist das jedenfalls rechtlich ausgeschlossen[291]. Ist nicht der Kläger, sondern der Versicherer Ausländer, fällt dieser Gerichtsstand für eine Klage vor deutschen Gerichten regelmäßig aus, da dann beide Orte im Ausland belegen sind.

Betreibt der Versicherer das Geschäft über eine **Niederlassung,** können alle Klagen, die auf **73** den Geschäftsbetrieb der Niederlassung Bezug haben, auch am Gerichtsstand der Niederlassung erhoben werden (§ 21 ZPO). Unter Niederlassung i. S. d. der ZPO[292] versteht das Gesetz jede an einem anderen Ort als dem des Sitzes von dem Geschäftsinhaber errichtete, auf gewisse Dauer eingerichtete und selbständige, d. h. aus eigener Entscheidung zum Geschäftsabschluss und Handeln berechtigte, Geschäftsstelle[293]. Bei Versicherern wird somit regelmäßig ein Gerichtsstand der Niederlassung dort vorliegen, wo sich ein Agent mit Vollmacht i. S. d. § 71 VVG bzw. mit Schadenregulierungsvollmacht befindet, der in den Abschluss, die Abwicklung oder Verwaltung des Vertrages eingeschaltet ist, nicht aber dort, wo es sich um einen bloßen Vermittlungsagenten i. S. d. § 69 VVG handelt. Der Begriff der Niederlassung i. S. d. der Zuständigkeitsregeln der ZPO unterscheidet sich deutlich von demjenigen i. S. d. EuGVO.

Für Versicherer, die nicht aus einem EU-Mitgliedstaat oder dem EWR stammen und im **74** Inland Versicherungsgeschäft betreiben, das nach § 105 VAG i. V. m. Art. 6 der Ersten Schaden- bzw. Art. 4 der Lebensversicherungsrichtlinie[294] der deutschen Versicherungsaufsicht unterliegt, ist die Einrichtung einer **inländischen Niederlassung** im Sinne des Versicherungsaufsichtsrechts gesetzlich vorgeschrieben (§ 106 Abs. 1 i. V. m. § 105 Abs. 1 VAG). Eine solche Niederlassung i. S. d. Aufsichtsrechts wird in aller Regel auch die Voraussetzungen des Niederlassungsbegriffs in § 21 ZPO erfüllen, so dass bei Klagen gegen solche Versicherungsunternehmen regelmäßig ein inländischer Gerichtsstand nach § 21 ZPO sichergestellt sein dürfte[295]. Da der Begriff der Niederlassung im Zivilprozessrecht allerdings mit dem des Aufsichtsrechts nicht identisch ist, muss das nicht zwangsläufig so sein. Eine Prüfung im Einzelfall bleibt also erforderlich.

Ist der Agent nicht als Niederlassung i. S. d. § 21 ZPO anzusehen, etwa weil er nur Ver- **75** mittlungsagent ist, ist das für den Versicherungsnehmer nicht nachteilig, denn § 215 Abs. 1 VVG gewährt ihm immer auch einen Gerichtsstand am Ort seines Wohnsitzes (bzw. in Ermangelung desselben seines gewöhnlichen Aufenthalts) zum Zeitpunkt der Klageerhebung. Da der Gerichtsstand allumfassend ist[296], also für alle Streitigkeiten gilt, bei denen die Klage ihren Rechtsgrund im Versicherungsvertrag hat, steht der Gerichtsstand also keineswegs nur dem Versicherungsnehmer, sondern auch dem Versicherten, Begünstigten oder Geschädigten und weiteren Personen zur Verfügung, sofern sie eigene Ansprüche geltend machen wollen, die auf dem Versicherungsvertrag basieren[297]. Der Gerichtsstand ist darüber hinaus bis auf

---

[291] Für Aktiengesellschaften: § 23 Abs. 3 Nr. 1 i. V. m. § 5 AktG, für Versicherungsvereine auf Gegenseitigkeit: § 18 Abs. 1 VAG. Bei den wenigen verbleibenden öffentlich-rechtlichen Versicherungsanstalten legen die entsprechenden landesrechtlichen Rechtsgrundlagen ebenfalls durchweg einen (Anstalts-)Sitz fest.

[292] Der aufsichtsrechtliche Begriff in den §§ 106, 110a VAG ist davon zu unterscheiden und an dieser Stelle nicht maßgeblich.

[293] BGH v. 13. 7. 1987, NJW 1987, 3081 (3082); OLG Köln v. 24. 3. 1993, VersR 1993, 1172; ferner *Zöller/Vollkommer,* § 21 ZPO Rn. 6; *Baumbach/Lauterbach/Hartmann,* § 21 ZPO Rn. 7.

[294] Entspricht im Wesentlichen § 1 VAG.

[295] Vgl. noch zum entsprechenden damaligen § 109 VAG: *Bruck/Möller,* VVG, Bd. 1, 1961, § 48 VVG [27]; *Zöller/Vollkommer,* § 21 ZPO Rn. 4a (der immer noch den zum 29. 7. 1994 aufgehobenen § 109 VAG kommentiert – vgl. Art. 1 Nr. 59 Drittes Gesetz zur Durchführung versicherungsrechtlicher Richtlinien des Rates der Europäischen Gemeinschaften (Drittes Durchführungsgesetz/EWG zum VAG) vom 21. Juli 1994, BGBl. I S. 1630).

[296] *Römer/Langheid/Langheid,* § 48 VVG Rn. 3.

[297] Vgl. zum alten § 48 VVG: *Bruck/Möller,* VVG, Bd. 1, 1961, § 48 VVG [21]; ferner *Prölss/Martin/Kollhosser,* § 48 VVG Rn. 1; Berliner Kommentar/*Gruber,* § 48 VVG Rn. 4.

wenig relevante Ausnahmefälle[298] unabdingbar (§ 215 Abs. 3 VVG), so dass er für Klagen gegen den Versicherer immer zur Verfügung steht. Letzteres gilt allerdings nicht im Zusammenhang mit der Versicherung sogenannter Großrisiken, der Rück- und der Seeversicherung, bei denen der Gesetzgeber auf Grund der geringeren Schutzbedürftigkeit des Versicherungsnehmers den Parteien auch in prozessualer Hinsicht ein Mehr an Vertragsfreiheit einräumt als dem gewöhnlichen Versicherungsnehmer (§ 210 VVG i. V. m. Art. 10 Abs. 1 EGVVG, § 209 VVG).

76   Klagen Versicherungsnehmer, Versicherter oder Begünstigter eine Geldforderung gegen den Versicherer ein, was meist der Fall sein wird, liegt der Gerichtsstand des **Erfüllungsortes** (§ 29 ZPO) am Sitz oder an der Niederlassung des Versicherers, denn dort hat dieser mangels abweichender Festlegung im VVG seine Zahlung regelmäßig zu erbringen (§§ 269, 270 BGB). Der Gerichtsstand des Erfüllungsortes stimmt also mit den Gerichtsständen nach den §§ 17 bzw. 21 ZPO überein.

77   Als Ausnahmefall hat der deutsche Gesetzgeber mit dem **Vermögensgerichtsstand** des § 23 ZPO einen speziellen internationalen Gerichtsstand geschaffen. Er erlaubt es, gegen Ausländer Klage im Inland zu erheben, wenn diese im Inland zwar keinen (Wohn-)Sitz[299], wohl aber Vermögen besitzen. Der Gerichtsstand ist aus rechtspolitischen Gründen umstritten[300], wurde und wird aber gleichwohl von der Rechtsprechung praktiziert[301]. Seit einigen Jahren verlangt sie allerdings, wohl als Reaktion auf die eingehende literarische Kritik an dem Gerichtsstand, neben der inländischen Vermögensbelegenheit zusätzlich als ungeschriebenes Tatbestandsmerkmal des § 23 ZPO einen besonderen Inlandsbezug des Falles[302]. Der BGH konnte in seiner grundlegenden Entscheidung zu der Thematik[303] noch vermeiden darzutun, wann er diesen Inlandsbezug für gegeben erachtet. Das OLG Stuttgart hatte sich in der Vorinstanz bereits dahin gehend geäußert, dass es den notwendigen Inlandsbezug für gegeben erachten würde bei dauerndem Aufenthalt oder Wohnsitz des Klägers im Inland, Schwerpunkt des Sachverhalts im Inland, Anwendbarkeit deutschen Rechts, besonderem Interesse an einer

---

[298] Nämlich falls der Versicherungsnehmer seinen Wohnsitz nach Vertragsschluss ins Ausland verlegen oder sein gewöhnlicher Aufenthalt nicht bekannt sein sollte.

[299] Der Sitz juristischer Personen ist gleichgestellt: Siehe *Zöller/Vollkommer,* § 23 ZPO Rn. 3.

[300] Aus der umfangreichen Literatur seien nur genannt: *Schuhmann,* in: Studi in onore di Enrico Tullio Liebmann, Bd. 2, Milano 1979, 839 ff.; *Schröder,* Internationale Zuständigkeit, 1971, S. 377 ff., speziell S. 404; *Kropholler,* ZfRV 1982, 1 ff.; *Kropholler,* 673; *Martiny,* Anerkennung ausländischer Entscheidungen nach autonomem Recht, in: Handbuch des Internationalen Zivilverfahrensrechts, Bd. III/1, hrsg. v. *Herrmann/Basedow/Kropholler* (1984) Rn. 673. Im Wesentlichen verteidigt: *Schack,* ZZP 97 (1984) 46 ff.; *Schack,* Rn. 325, 330; vermittelnd: *Zöller/Vollkommer,* Art. 23 EuGVO Rn. 1 (Anh. I).

[301] BGH v. 24. 11. 1988, NJW 1989, 1431, betonte noch ausdrücklich, dass eine schlichte Nichtanwendung der Norm keinesfalls in Betracht komme.

[302] Zunächst OLG Stuttgart v. 6. 8. 1990, IPRax 1991, 179 (181); ihm folgend BGH v. 2. 7. 1991, NJW 1991, 3092 ff; BGH v. 22. 10. 1996, NJW 1997, 324 (325); BGH v. 23. 9. 1998, NJW 1999, 1395 (1396); OLG München v. 7. 10. 1992, RIW 1993, 66 ff.; OLG Frankfurt/M. v. 4. 6. 1992, NJW-RR 1993, 305 (306); OLG Frankfurt/M. v. 27. 9. 1995, RIW 1996, 1041 (1042); ferner OLG Hamburg v. 22. 8. 1995, NJW-RR 1996, 203.
Vorgesagtes gilt für die direkte Zuständigkeit, also im Erkenntnisverfahren. (Nur) für die Phase, in der für die Anerkennung bzw. Vollstreckung der ausländischen Entscheidung ein inländisches Gericht zu bestimmen ist, welches das Vollstreckungsurteil erlässt (§§ 722, 723 ZPO), hat der BGH klargestellt, dass es auf einen besonderen Inlandsbezug nicht ankomme: BGH v. 22. 8. 1996, ZIP 1997, 159 (160); ausdrücklich offengelassen: BGH v. 22. 4. 1999, ZIP 1999, 1226 (1227). Die Frage der indirekten bzw. Anerkennungszuständigkeit ist davon ebenfalls nicht berührt. Ein beginnendes Abrücken von dem Kriterium des Inlandsbezuges wird man in dieser Entscheidung im Übrigen kaum sehen dürfen, hatte der BGH doch nur 6 Tage zuvor diesen in einer anderen Entscheidung ausdrücklich im Rahmen einer Zuständigkeitsprüfung nach § 23 ZPO angesprochen (BGH v. 22. 10. 1996, NJW 1997, 324 (325)).

[303] BGH v. 2. 7. 1991, NJW 1991, 3092 ff. Dazu Besprechungen etwa von *Schack,* JZ 1992, 54 ff.; *Mark/Ziegenhain,* NJW 1992, 3062 ff.; *Fischer,* RIW 1992, 57 ff.; *Geimer,* NJW 1991, 3072 ff.; *Schütze,* DWiR 1991, 239 ff.; *Fricke,* NJW 1992, 3066 ff.

deutschen Entscheidung oder Beweisnähe deutscher Gerichte[304]. In ersichtlich auf den zur Beurteilung anstehenden Einzelfall zugeschnittenen Ausführungen hat der BGH später angenommen, dass die Kombination von langjährigem inländischen Klägerwohnsitz, inländischem Vertragsschluss und Erbringung der Leistungen des Klägers im Inland den geforderten Inlandsbezug begründet[305]. Daneben wurden inländischer Wohnsitz und Staatsangehörigkeit des Klägers[306], inländisches haftungsbegründendes Verhalten und die Übertragung von Grundpfandrechten nach deutschem Recht[307], Unterhaltung einer inländischen Bankrepräsentanz, bei der der Kläger Einzahlungen auf ein Konto vorgenommen hat[308], und wohl auch die Geschäftsabwicklung im Inland[309] als Gründe zur Bejahung des hinreichenden Inlandsbezuges für eine deutsche Zuständigkeit nach § 23 ZPO von der Rechtsprechung anerkannt. Darüber hinaus wird der freilich unkonturierte und deshalb in seiner Beliebigkeit bedenkliche Grund schutzwürdiger inländischer Interessen des Klägers als Merkmal für einen hinreichenden Inlandsbezug vorgeschlagen[310]. Das Problem einer sachgerechten Konkretisierung des Erfordernisses des hinreichenden Inlandsbezuges scheint freilich mit dem Aufzeigen einzelner Fallgruppen noch nicht gelöst zu sein[311]. Zudem ist nicht zu verkennen, dass hier eine gewisse Tendenz besteht, das an sich zur Einschränkung des Gerichtsstandes ersonnene Kriterium des hinreichenden Inlandsbezuges selbst wiederum derart auszuweiten, dass fraglich wird, ob es letztlich mehr leisten kann, als deutschen Gerichten einen bequemen Vorwand zu liefern, die Entscheidung von Rechtsstreitigkeiten zu verweigern, bei denen ihnen die Inanspruchnahme deutscher Gerichtsbarkeit als unangemessen erscheint (forum non conveniens)[312]. Die Rechtsprechung zum Erfordernis des hinreichenden Inlandsbezuges bei einer internationalen Zuständigkeit nach § 23 ZPO ist in der Literatur nicht auf ungeteilte Zustimmung gestoßen[313], dürfte aber mittlerweile als ständige Rechtsprechung anzusehen

---

[304] OLG Stuttgart v. 6. 8. 1990, IPRax 1991, 179 (181).

[305] BGH v. 22. 10. 1996, NJW 1997, 324 (325).

[306] Jedenfalls kumulativ; offen lassend, ob auch alternativ, OLG Frankfurt/M. v. 4. 6. 1992, NJW-RR 1993, 305 (306); nur wegen des Sitzes einer klagenden Gesellschaft und „Inländereigenschaft" einer weiteren klagenden BGB-Gesellschaft (wegen überwiegenden Sitzes der Gesellschafter im Inland): OLG Frankfurt/M. v. 1. 10. 1998, RIW 1999, 461 (462).

[307] BGH v. 23. 9. 1998, NJW 1999, 1395 (1396).

[308] BGH, BGH Report 2001, 894 (895).

[309] BGH v. 22. 10. 1996, NJW 1997, 324 (325).

[310] Zöller/Vollkommer, § 23 ZPO Rn. 13.

[311] Linke, Internationales Zivilprozessrecht, 3. Aufl. 2001, Rn. 167; die Notwendigkeit betonend: Wieczorek/Schütze/Hausmann, Zivilprozessordnung und Nebengesetze, Bd. 1/1, 3. Aufl. 1994, § 23 ZPO Rn. 49.

[312] Auf diesen Zusammenhang hatten schon hingewiesen: Fischer, RIW 1990, 794 (796); Fricke, IPRax 1991, 159 (161). Kritisch diesbezüglich auch Schack, Rn. 330 a. E. Auf dieses Verständnis deuten auch Ausführungen des OLG Frankfurt v. 4. 6. 1992, NJW-RR 1993, 305 (306 li. Sp. am Ende). Kritisch zu den meisten in Betracht kommenden Gründen für den Inlandsbezug Geimer, NJW 1991, 3072 (3074). Die rechtspolitisch gebotene Beschränkung des Gerichtsstandes leistet das Kriterium des Inlandsbezuges in dieser Form jedenfalls kaum. Mit dem klaren Wortlaut des § 23 ZPO ist es zudem nicht in Einklang zu bringen (Baumbach/Lauterbach/Hartmann, § 23 ZPO Rn. 16; Fricke, IPRax 1991, 159 (161)). Ein Handeln des Gesetzgebers wäre deshalb der richtige Weg (schon Kommission für das Zivilprozessrecht, 1977, 68). Der aber denkt vorläufig nicht daran (BT-Drucks. 12/767, 10 – Frage des Abgeordneten Marschewski an die Bundesregierung [Nr. 19] und Antwort darauf, ebendort, S. 12). Es ist hier leider nicht der Ort, darauf näher einzugehen.

[313] Zustimmend etwa: Zöller/Vollkommer, § 23 ZPO Rn. 1; Münchener Kommentar ZPO/Patzina, Bd. 1, 2. Aufl. 2001, § 23 ZPO Rn. 15; Wieczorek/Schütze/Hausmann, Zivilprozessordnung und Nebengesetze, Bd. 1/1, 3. Aufl. 1994, § 23 ZPO Rn. 48; Schlosser, JZ 1997, 364; Kropholler, 625; wohl auch: Koch, IPRax 1997, 232; Schack, JZ 1992, 54; ablehnend: Lüke, ZZP 105, 321 (325 ff.); Baumbach/Lauterbach/Hartmann, § 23 ZPO Rn. 16; Pfeiffer, Internationale Zuständigkeit und prozessuale Gerechtigkeit, 1995, S. 594 ff.; kritisch, aber nicht ablehnend: Schütze, DWiR 1991, 239 (242); Bittighofer, Der internationale Gerichtsstand des Vermögens, 1994, S. 206; Fricke, NJW 1992, 3066 (3069); Wollenschläger, IPRax 2002, 96 (97).

sein³¹⁴. Für den praktisch wohl am meisten interessierenden Fall, dass ein deutscher Versicherungsnehmer einen ausländischen Versicherer vor einem inländischen Gericht in Anspruch nehmen will, wird sich jedenfalls bei der sichtbar gewordenen Weite des Kriteriums „Inlandsbezug" regelmäßig kein Hindernis für eine Klage an einem inländischen Vermögensgerichtsstand des ausländischen Versicherers ergeben. Das Kriterium der inländischen Vermögensbelegenheit wird bei dem Verständnis, das die Rechtsprechung davon entwickelt hat, ebenfalls regelmäßig kein Hindernis sein, hat der ausländische Versicherer nur irgendwelches Vermögen im Inland – und sei es eine veraltete Büroausstattung³¹⁵. Das die Zuständigkeit begründende Vermögen braucht anerkanntermaßen der geltend gemachten Forderung in keiner Weise adäquat zu sein, es muss nicht einmal als Vollstreckungsobjekt geeignet sein³¹⁶. Soweit es sich allerdings um Inlandsvermögen eines Versicherers handelt, der eine Agentur, Zweigniederlassung oder sonstige Niederlassung i. S. d. Art. 9 Abs. 2 EuGVO bzw. Art. 8 Abs. 2 EuGVÜ bzw. Lugano-Übereinkommen in einem anderen Vertragsstaat als Deutschland hat, und die Streitigkeit zugleich aus dieser Niederlassung oder Agentur herrührt, kann auf § 23 ZPO eine deutsche internationale Zuständigkeit nicht gestützt werden (Art. 9 Abs. 2 i. V. m. Art. 3 Abs. 2 und Anhang I, 2. Anstrich bzw. Art. 8 Abs. 2 i. V. m. Art. 3 Abs. 2, 3. Anstrich EuGVÜ bzw. Lugano-Übereinkommen).

3. Gerichtsstandsvereinbarungen

78   Seit der VAG-Novelle des Jahres 1994³¹⁷ mussten die Allgemeinen Geschäftsbedingungen des Versicherers (AVB) vollständige Angaben „über die inländischen Gerichtsstände" enthalten. Neuerdings ist eine Information hinsichtlich einer „Vertragsklausel … über das zuständige Gericht" geschuldet (§ 1 Nr. 17 VVG-InfoVO³¹⁸). Die Verordnung statuiert damit allerdings lediglich eine Pflicht zur **Unterrichtung** des Vertragspartners über bestimmte, vom (Richtlinien-)Gesetzgeber als solche angesehene essentialia negotii³¹⁹, um dem potenziellen Versicherungsnehmer eine informierte und damit selbstverantwortete Entscheidung über das Für und Wider des Vertragsschlusses zu ermöglichen. Die Möglichkeiten der Prorogation (oder Derogation) selbst bestimmen sich aber nach den allgemeinen Regeln, nicht etwa nach der Informationspflichtenverordnung.

79   Seit der Novellierung des VVG ist das grundsätzliche **Derogationsverbot** des § 215 Abs. 3 VVG zu beachten. Über § 215 Abs. 1 S. 2 wird daraus für Klagen gegen den Versicherungsnehmer ein Verbot einer Gerichtsstandsvereinbarung, sofern es sich nicht um einen

---

³¹⁴ Vgl. auch die Einschätzung bei: *Musielak/Smid,* ZPO, 3. Aufl. 2002, § 23 ZPO Rn. 2.

³¹⁵ Vier Körbe Obst begründen die Zuständigkeit: RGZ 75, 147 (152 am Ende).

³¹⁶ Das ist zwar häufig kritisiert worden (siehe etwa die in Fn. 300 Genannten), aber von der Rechtsprechung anerkannt, denn ein ganz geringes Vermögen genügt danach bereits, um die Zuständigkeit zu begründen. Gute Übersicht darüber, was der Rechtsprechung als Vermögen ausreichte, bei: *Bittighofer,* Der Gerichtsstand des Vermögens, Frankfurt 1994, S. 151 ff. Ansonsten siehe nur: RGZ 75, 147 (152); BGH v. 12. 11. 1990, NJW-RR 1991, 423 (425); BGH v. 11. 1. 1990, NJW 1990, 990; BGH v. 28. 10. 1996, ZIP 1997, 159 (160); OLG Frankfurt/M. v. 4. 6. 1992, NJW-RR 1993, 305 (306); OLG Frankfurt/M. v. 27. 9. 1995, RIW 1996, 1041 (1043); OLG Düsseldorf v. 1. 8. 1991, RIW 1991, 767; *Baumbach/Lauterbach/Hartmann,* § 23 ZPO Rn. 20; a. A. *Schack,* Rn. 328; *Zöller/Vollkommer,* § 23 ZPO Rn. 7; *Wieczorek/Schütze/Hausmann,* Zivilprozessordnung und Nebengesetze, Bd. 1/1, 3. Aufl. 1994, § 23 ZPO Rn. 52; *Stein/Jonas/Schumann,* ZPO, Bd. 1, 21. Aufl. 1993, § 23 ZPO Rn. 31 d; wohl auch a. A. OLG Hamburg v. 22. 8. 1995, NJW-RR 1996, 203.

³¹⁷ Drittes Gesetz zur Durchführung versicherungsrechtlicher Richtlinien des Rates der Europäischen Gemeinschaften (Drittes Durchführungsgesetz/EWG zum VAG) vom 21. Juli 1994, BGBl. I S. 1630.

³¹⁸ Verordnung über Informationspflichten bei Versicherungsverträgen vom 18. Dezember 2007, BGBl. I S. 3004. Bis zur VVG-Novellierung befand sich die Regelung in § 10 Abs. 1 Nr. 6 VAG.

³¹⁹ Zur alten VAG-Regelung: BT-Drucks. 12/6959, 10 (Zu Nummer 7, li. Sp. letzter Absatz); *Prölss/Schmidt/Frey/Schmidt,* § 10 VAG Rn. 12, 28; unzutreffend, weil als Derogation nicht erwähnter Gerichtsstände ansehend: *Fahr/Kaulbach/Kaulbach,* VAG, 1997, § 10 VAG Rn. 6. Die Begründung zur Neuregelung in der VVG-Info-VO lässt keine Absicht zur Änderung der bisherigen Rechtslage in dieser Hinsicht erkennen.

Großrisiken-, See- oder Rückversicherungsvertrag handelt (§§ 210, 209 VVG) und nicht einer der Ausnahmefälle[320] des Abs. 3 vorliegt. Sind alle Beteiligten Inländer, lässt § 38 Abs. 1 ZPO eine **Gerichtsstandsvereinbarung** vor Entstehen der Streitigkeit ansonsten nur unter Vollkaufleuten bzw. mit juristischen Personen des öffentlichen Rechts oder öffentlich-rechtlichen Sondervermögen zu[321]. Anders ist dies bei Konstellationen, in denen eine Partei keinen allgemeinen Gerichtsstand im Inland hat (§ 38 Abs. 2 ZPO). Solche Parteien können grundsätzlich auch als Nichtkaufleute noch vor Entstehen der Streitigkeit prorogieren. Die Norm ist auch weiter von Bedeutung, da § 215 Abs. 1 VVG seinem Sinn und Zweck nach nur für Fälle eines inländischen Wohnsitzes des Versicherungsnehmers gilt, die von § 38 Abs. 2 ZPO gemeinten Fälle also gerade ausklammert, zudem berührt sie nicht die Vereinbarung zusätzlicher Gerichtsstände bei Klagen gegen den Versicherer. Bei im Inland tätigen Versicherern, die nicht aus einem EU- bzw. EWR-Staat stammen, ist es im Übrigen unschädlich, dass diese (wie oben gesehen, aus aufsichtsrechtlichen Gründen) regelmäßig einen inländischen Gerichtsstand nach § 21 ZPO haben, denn dieser bleibt als besonderer Gerichtsstand bei der Beurteilung der Zulässigkeit einer Prorogation nach § 38 Abs. 2 ZPO außer Betracht[322].

Völlige Freiheit bei der Wahl des zuständigen Gerichts besteht aber auch im Falle der internationalen Prorogation nur, wenn alle beteiligten Parteien Ausländer sind, genauer gesagt, keinen allgemeinen Gerichtsstand in Deutschland haben[323], und die Zuständigkeit deutscher Gerichte vereinbaren. Sobald nur eine der beteiligten Parteien einen allgemeinen Gerichtsstand in Deutschland besitzt, ist die Prorogation auf diesen oder einen der besonderen Gerichtsstände, der für diese Partei gelten würde, beschränkt (§ 38 Abs. 2 S. 3 ZPO). Die Norm ist zwar aus Gründen des **Schutzes inländischer Verbraucher** vor Prorogation ins Ausland bei Geschäften mit Briefkastenfirmen geschaffen worden[324], sie gilt aber auch dann, wenn nicht der Verbraucher, sondern sein Vertragspartner einen inländischen allgemeinen Gerichtsstand besitzt[325]. Die Vorschrift findet mithin auch dann Anwendung, wenn nicht der Versicherungsnehmer, sondern der Versicherer diejenige Partei ist, die ihren Sitz und damit den allgemeinen Gerichtsstand (nach § 17 ZPO) in Deutschland hat. **80**

Schließlich verlangt § 40 Abs. 1 ZPO, dass sich die Gerichtsstandsvereinbarung auf ein **bestimmtes Rechtsverhältnis** beziehen muss. Damit ist eine hinreichende Individualisierung eines konkreten Rechtsverhältnisses gemeint[326]. Die Gerichtsstandsabrede wird also für jeden Versicherungsvertrag zwischen den beteiligten Parteien einzeln abgeschlossen werden müssen und daher nicht in der Form möglich sein, dass eine anfängliche (im ersten Versicherungsvertrag zwischen den Parteien oder in einem Rahmenvertrag geschlossene) Vereinbarung auch für alle späteren, zu diesem Zeitpunkt noch unbestimmten Verträge gelten soll[327]. Unproblematisch dürfte bei Ansprüchen aus einem Versicherungsvertrag regelmäßig die Erfüllung der Voraussetzungen des § 40 Abs. 2 ZPO sein. Es darf sich zunächst nicht um nichtvermögensrechtliche Ansprüche handeln, die den Amtsgerichten unabhängig vom Streitwert zugewiesen sind. Da es für die vermögensrechtliche Natur eines Anspruchs nicht allein darauf ankommt, dass er auf Geld gerichtet ist oder Geldes wert ist, sondern dafür auch die vermö- **81**

---

[320] Nachträgliche Verlegung des Wohnsitzes (in Ermangelung dessen gewöhnlicher Aufenthalt) ins Ausland oder Unbekanntheit desselben.

[321] Natürlich dürfen Vollkaufleute auch dann prorogieren, wenn sie nicht Inländer sind. Die Kaufmannseigenschaft beurteilt der deutsche Richter nach deutschem Recht (lex fori). Letzteres siehe *Schack*, Rn. 439.

[322] *Baumbach/Lauterbach/Hartmann*, § 38 ZPO Rn. 21; *Zöller/Vollkommer*, § 38 ZPO Rn. 26.

[323] Ob in diesem Fall, um eine Prorogation nach deutschem Recht überhaupt zuzulassen, ein Inlandsbezug wenigstens einer Partei oder des Sachverhalts erforderlich ist, ist streitig. Näher (und sich gegen dieses Erfordernis aussprechend) Schack, Rn. 442 m. w. N.

[324] *Zöller/Vollkommer*, § 38 ZPO Rn. 29.

[325] *Zöller/Vollkommer*, § 38 ZPO Rn. 29.

[326] *Zöller/Vollkommer*, § 40 ZPO Rn. 3.

[327] Vgl. das gleichgelagerte Beispiel bei: *Zöller/Vollkommer*, § 40 ZPO Rn. 4.

gensrechtliche Natur des zu Grunde liegenden Rechtsverhältnisses genügt[328], handelt es sich beim Versicherungsvertrag auch dann um vermögensrechtliche Ansprüche i. S. d. § 40 Abs. 2 Nr. 1 ZPO, wenn diese nicht auf die Prämie oder die Versicherungsleistung gerichtet sind. Ein aus deutscher Sicht ausschließlicher Gerichtsstand des Auslandes[329], der ebenfalls die Prorogation hindert (§ 40 Abs. 2 Nr. 2 ZPO), wird i. d. R. ebenfalls nicht vorliegen. Bestimmbar sind solche Zuständigkeiten des Auslandes durch entsprechende Anwendung deutscher Vorschriften, die eine zwingende örtliche Zuständigkeit festlegen[330].

82 Freiheit bei der Prorogation räumt § 38 Abs. 3 Nr. 1 ZPO in seinem Anwendungsbereich[331] allen Vertragsparteien unabhängig von weiteren Voraussetzungen ein, wenn die **Vereinbarung nach Entstehen der Streitigkeit** getroffen wird. Dieser Zeitpunkt ist erreicht, sobald die Parteien über einen bestimmten Punkt uneins sind und ein gerichtliches Verfahren unmittelbar oder in Kürze bevorsteht[332]. Frei ist auch die Prorogation, die hilfsweise für die Fälle Vorsorge trifft, in denen der Beklagte nach Vertragsschluss keinen (bekannten) inländischen gewöhnlichen Aufenthalt oder Wohnsitz mehr haben sollte (§ 38 Abs. 3 Nr. 2 ZPO).

83 Fraglich ist, ob eine internationale Prorogation wirksam sein kann, wenn die Parteien nicht zugleich mit der internationalen Zuständigkeit eine örtliche Zuständigkeit vereinbart haben. Hält das deutsche Recht (insbesondere die §§ 215 VVG, 12 ff. ZPO) eine örtliche Zuständigkeit bereit, ist das Fehlen einer **expliziten Abrede** über die örtliche Zuständigkeit unschädlich[333], da die eventuelle Lücke in der Abrede durch das Gesetzesrecht geschlossen wird. Probleme entstehen aber dann, wenn das nicht der Fall sein sollte. Möglicherweise kommt dann eine ergänzende Vertragsauslegung in Betracht[334].

84 Bei den **Formvorschriften** differenziert das Gesetz stark: Bei der nachträglichen Prorogation (§ 40 Abs. 3 ZPO) ist neben Schriftlichkeit auch Ausdrücklichkeit, d. h. erhöhte Klarheit und Verständlichkeit der Abrede[335], gefordert, die nicht durch Bezugnahme auf vorhandene AGB zu leisten ist[336]. Für die von § 38 Abs. 2 ZPO erfassten Fälle genügt dagegen Schriftlichkeit oder Mündlichkeit mit nachfolgender schriftlicher Bestätigung (§ 38 Abs. 2 S. 2 ZPO)[337]. Die sogenannte kaufmännische Prorogation (nach § 38 Abs. 1 ZPO) ist, wenn sie die internationale Zuständigkeit betrifft, genauso formfrei möglich[338], wie wenn sie Fälle ohne Auslandsbezug[339] zum Gegenstand hat, denn der dort angesprochene Personenkreis bedarf auch im Hinblick auf den internationalen Geschäftsverkehr keines erhöhten Schutzes.

85 Die vorstehend angesprochenen Fragen der Zulässigkeit und der Form der Gerichtsstandsvereinbarung beurteilen sich, ebenso wie die nach ihrer Wirkung, nach der **lex fori**, also bei Prorogation deutscher Gerichte nach deutschem Recht. Sind dagegen Fragen des Zustandekommens der Vereinbarung zu beurteilen, ist das nach materiellem Kollisionsrecht (IPR) ermittelte Sachrecht, das den Vertrag beherrscht, heranzuziehen[340].

---

[328] Näher *Baumbach / Lauterbach / Hartmann*, 59. Aufl. 2001, Grundzüge zu § 1 ZPO Rn. 9.

[329] *Schack*, Rn. 441.

[330] *Schack*, Rn. 441.

[331] Hier ist zu beachten, dass § 215 VVG eine entsprechende Lockerung nicht vorsieht, nach seinem Wortlaut in seinem Anwendungsbereich also auch eine nachträgliche Gerichtsstandsvereinbarung ausschließen dürfte. Ob der VVG-Reform-Gesetzgeber das tatsächlich gewollt hat oder ob man hier § 38 Abs. 3 Nr. 1 ZPO mit dem lex-specialis-Grundsatz wieder zu Geltung verhelfen kann, muss in Anbetracht insoweit fehlender Erläuterungen zum Gesetzentwurf einstweilen offen bleiben.

[332] *Zöller / Vollkommer*, § 38 ZPO Rn. 33 m. w. N.

[333] *Schack*, Rn. 443.

[334] Etwa in Anlehnung an die §§ 15 Abs. 1, 27 Abs. 2 ZPO. Im Einzelnen ist das umstritten. Details siehe: *Schack*, Rn. 443 m. w. N.

[335] *Zöller / Vollkommer*, § 38 ZPO Rn. 34.

[336] *Zöller / Vollkommer*, § 38 ZPO Rn. 34.

[337] *Schack*, Rn. 438.

[338] *Schack*, Rn. 438; *Baumbach / Lauterbach / Hartmann*, § 38 ZPO Rn. 21; a. A.: *Zöller / Vollkommer*, § 38 ZPO Rn. 25; unentschieden: *Wolf / Horn / Lindacher / Lindacher*, Anh. § 2 AGBG Rn. 119f. Jeweils m. w. N.

[339] *Zöller / Vollkommer*, ZPO, § 38 ZPO Rn. 20; *Baumbach / Lauterbach / Hartmann*, § 38 ZPO Rn. 20.

[340] *Schack*, Rn. 432, 444, 446.

Schwierig und wohl nicht endgültig beantwortet ist die Frage, was für die Vereinbarung   **86**
einer internationalen Gerichtsstandsregelung über **AGB** gilt. Soweit deutsches Sachrecht anwendbar ist, gilt für das Verhältnis zwischen Kaufleuten, wie im Hinblick auf die Formerfordernisse bereits gezeigt, § 38 Abs. 1 ZPO. § 305 Abs. 2 BGB ist ohnehin nicht anwendbar
(§ 310 Abs. 1 BGB), so dass die besonderen Einbeziehungsvoraussetzungen des AGB-Rechts
nicht gelten. Zweifelhaft ist aber bereits, ob nicht jedenfalls in bestimmten Konstellationen
gewisse Minimalvoraussetzungen im Hinblick auf Lektürefähigkeit und für Hinweise seitens
des Verwenders gelten[341]. Diese müssten dann im Wege eines Erst-Recht-Schlusses auch für
die nicht-kaufmännische Prorogation gelten. Dabei stellt sich dann allerdings die Frage, ob
die darüber noch hinausgehenden Einbeziehungsvoraussetzungen des § 305 Abs. 2 BGB gelten oder ob § 38 Abs. 2 ZPO insoweit als abschließende Regelung anzusehen ist[342]. Die Frage
ist offen und kann hier nicht entschieden werden. Für den Rechtspraktiker ist es daher sicherer, beiden Vorschriften, d. h. letztlich dem strengeren § 305 Abs. 2 BGB, zu genügen.

Das Problem des Verhältnisses der §§ 38, 40 ZPO im Hinblick auf Formfragen zum Recht   **87**
der AGB wiederholt sich mutatis mutandis auch auf der materiell-inhaltlichen Ebene: Ist eine
internationale Gerichtsstandsabrede in AGB ausschließlich an den §§ 38, 40 ZPO oder zusätzlich an § 307 BGB zu messen[343]? Anders als die Frage der Einbeziehung stellt sich die
Frage der **inhaltlichen Angemessenheit der Gerichtsstandsabrede,** auch im Hinblick
auf internationale Gesichtspunkte (explizit § 38 Abs. 2, Abs. 3 Nr. 2 ZPO), aber gerade den
zentralen Regelungsgehalt der §§ 38, 40 ZPO, dar. Man darf daher unterstellen, dass der Gesetzgeber der ZPO insoweit durchaus umfassende Erwägungen zu dem Thema angestellt hat
und eine abschließende Regelung der Angemessenheit von Gerichtsstandsabreden auch in
internationaler Hinsicht treffen wollte. Für eine weitere Kontrolle ihrer inhaltlichen Angemessenheit an Hand des § 307 BGB bleibt daneben grundsätzlich kein Raum. Der allgemeine
ordré-public-Vorbehalt (Art. 6 EGBG) und der Grundsatz von Treu und Glauben (§ 242
BGB) mögen daneben als äußerste Schranken rechtlicher Gestaltungsmöglichkeiten instru-
mentalisiert werden, um im Einzelfall dennoch verbleibende grobe Ungerechtigkeiten zu
verhindern[344].

IV. Haager Übereinkommen über Gerichtsstandsvereinbarungen[345] (IGVÜ)

1. Bedeutung

Ein **weltweites Übereinkommen,** das die internationale Zuständigkeit und die Voraus-   **88**
setzungen der Urteilsanerkennung regelt, ist zweifellos ein Desiderat. Im Idealfall würde es
alle anderen Rechtsquellen wie etwa die EuGVO, das EuGVÜ, das Lugano-Übereinkommen,
sonstige multi- oder bilaterale Abkommen zu dieser Frage und sogar das autonome deutsche
Zuständigkeits- und Anerkennungsrecht überflüssig machen. Allein das zeigt, dass es sich dabei
um ein überaus ehrgeiziges Vorhaben handelt. Dennoch hat die Haager Konferenz für Internationales Privatrecht seit 1992 (wieder) am Entwurf eines solchen Abkommens gearbeitet[346].
Unter dem 30. Oktober 1999 hat die sog. Special Commission der Haager Konferenz dann
schließlich einen (Vor-)Entwurf eines solchen Übereinkommens vorgelegt[347], der sich erfreulicherweise sehr stark am EuGVÜ[348] orientierte. Seitdem ist dieser Entwurf jedoch so vielen
Änderungswünschen der Verhandlungsdelegationen ausgesetzt gewesen, dass schließlich nur

---

[341] Vgl. *Wolf/Horn/Lindacher/Lindacher,* Anh. zu § 2 AGBG Rn. 121.

[342] *Wolf/Horn/Lindacher/Lindacher,* Anh. zu § 2 AGBG Rn. 123f.

[343] Im Einzelnen ist alles streitig und nicht abschließend geklärt. Siehe nur (zweifelnd): *Zöller/Vollkom-
mer,* § 38 ZPO Rn. 30; *Wolf/Horn/Lindacher/Lindacher,* Anh. zu § 2 AGBG Rn. 117ff.; (offen): *Schack,*
Rn. 445. Jeweils m.w.N.

[344] *Zöller/Vollkommer,* Rn. 30 § 38 ZPO. Beispiele bei: *Schack,* Rn. 451.

[345] Convention on the choice of court agreements.

[346] Kurz zur Vorgeschichte: *Schack,* ZEuP 1993, 306ff.; zum Anschluss: *Wagner,* IPRax 2001, 533ff.

[347] Text siehe http://www.hcch.net.

[348] Vgl. Einschätzung von: *Wagner,* IPRax 2001, 533 (536).

noch eine radikale Beschränkung des Ziels der Arbeiten einen erfolgreichen Abschluss versprach, nämlich die Beschränkung auf die Regelung der internationalen Zuständigkeit und Anerkennung von Urteilen im B2B-Bereich[349] bei vereinbarter ausschließlicher Zuständigkeit von Gerichtsständen[350]. Anlässlich der 20. Diplomatischen Konferenz im Juni 2005 wurde das von der Haager Konferenz ausgearbeitete Übereinkommen verabschiedet[351]. Das Abkommen wird im Bereich der Versicherungswirtschaft eine Rolle in der gewerblichen und der Industrieversicherung spielen, nicht dagegen im Massen- bzw. Privatkundengeschäft. Es liegt nun zur Zeichnung auf und tritt in Kraft, sobald es von zwei zeichnungsfähigen Organisationen ratifiziert ist (genauer: Art. 31[352]). Speziell um solchen supranationalen Gebilden wie der Europäischen Union die Zeichnung für ihre Mitgliedstaaten zu ermöglichen, sieht das Abkommen auch die unmittelbare Verpflichtung von deren Mitgliedstaaten durch den Beitritt der Organisation selbst vor (Art. 29, 30). Es wäre natürlich begrüßenswert, wenn die Union hier eine Vorreiterrolle einnehmen würde. Ihre verfassungsrechtliche Kompetenz in der Materie ließe sich bei großzügiger Auslegung vielleicht auf Art. 65 EGV stützen.

2. Grundstrukturen – Abgrenzung zu anderen Abkommen und Rechtsregimen

89   Das Übereinkommen ist als multilateraler Staatsvertrag angelegt. Seine die internationale Zuständigkeit regelnden Vorschriften finden daher trotz des auf grundsätzlich weltweite Geltung angelegten Zuschnitts **des Übereinkommens** nur dann **Anwendung,** wenn ein Fall vor einem Gericht anhängig wird, das sich in einem Vertragsstaat befindet.

90   Das IGVÜ räumt grundsätzlich allen **völkerrechtlichen Verträgen,** durch die die Signatarstaaten bereits gebunden sind, **Vorrang** ein, und das gilt sogar für solche Verträge, die diese ersetzen, soweit sie keine zusätzlichen, dem IGVÜ widersprechenden Verpflichtungen schaffen (Art. 26 Abs. 3). Ebenfalls unberührt bleibt die Geltung völkerrechtlicher Verträge der Signatarstaaten im Hinblick auf die Verhältnisse von Personen, die ihren Aufenthalt (residence – Art. 4 Abs. 2) nicht in einem IGVÜ-Vertragsstaat haben (Art. 26. Abs. 2). Im Hinblick auf Anerkennung und Vollstreckung ausländischer Urteile tritt das Abkommen ebenfalls grundsätzlich zurück, doch gilt hier das Günstigkeitsprinzip (Art. 26 Abs. 4). Vorrangig sind weiterhin Zuständigkeits- und Anerkennungsabkommen, die eine Spezialmaterie regeln (Art. 26 Abs. 5). Zu denken ist hier etwa an Abkommen im Transport- und Seerechtsbereich. Ebenfalls vorrangig sind Regeln regionaler wirtschaftlicher Integrations-Organisationen, soweit sich diese auf Nicht-Residenten oder die Anerkennung und Vollstreckung zwischen deren Mitgliedstaaten beziehen (Art. 26 Abs. 6). Es ist unschwer zu erkennen, das die letztgenannte Regelung speziell auf die EU und deren EuGVO[353] zugeschnitten ist; doch wirft die Formulierung sogleich eine Frage auf: Lt. IGVÜ soll die Gemeinschaftsregelung (nur) vorgehen, soweit sie sich auf die Anerkennung und Vollstreckung von Urteilen bezieht (Art. 26 Abs. 6b)). Ist damit im Verhältnis zur EuGVO nur deren Kapitel III (Art. 32–56) gemeint oder die gesamte EuGVO, soweit sie sich auf eine vereinbarte gerichtliche Zuständigkeit unter den in Betracht kommenden Personen bezieht? Ist also auch die direkte Zuständigkeit nach der EuGVO zu bestimmen? Würde man letzteren Standpunkt einnehmen, hätte das IGVÜ innerhalb der Gemeinschaft praktisch keinen Anwendungsbereich, da es durch die EuGVO weitestgehend verdrängt würde. Noch in der Vorfassung hatte das IGVÜ den Vorrang für

---

[349] Business to business.

[350] WORK.DOC. No 110 E Revised (May 2004). Special Commission on Jurisdiction, Recognition and Enforcement of Foreign Judgements in Civil and Commercial Matters (21 to 27 April 2004).

[351] Zu den in den letzten Jahren in der Diskussion befindlichen Vorentwürfen siehe auch *Fricke,* VersR 2005, 726, 727, *ders.,* in: *Beckmann/Matusche-Beckmann* (Hrsg.), Versicherungsrechts-Handbuch, München 2004, 69, 106 ff.

[352] Artikel-Angaben ohne Bezeichnung beziehen sich auf das IGVÜ.

[353] VO (EG) Nr. 44/2001 des Rates vom 22. Dezember 2000 über die gerichtliche Zuständigkeit und die Anerkennung und Vollstreckung von Entscheidungen in Zivil- und Handelssachen, ABl. L 12 vom 16. 1. 2001, S. 1 ff.

einen Rechtsakt wie das EuGVÜ[354] mit einem viel breiteren Wortlaut eingeräumt, nämlich von Regelungsgegenständen gesprochen, die vom IGVÜ behandelt werden[355]. Man muss davon ausgehen, dass diese Änderung im Wortlaut tatsächlich eine Begrenzung der Anwendung der EuGVO neben dem IGVÜ im innergemeinschaftlichen Bereich intendiert. Die Regelung ist insoweit auch mit dem schon erwähnten Art. 26 Abs. 4 weitgehend konsistent und würde mit dem Wortlaut des Art. 26 Abs. 6 der Vorfassung übereinstimmen. Das heißt, dass die Fragte der direkten Zuständigkeit im Falle der Gerichtsstandswahl unter den in Betracht kommenden Personen auch bei innergemeinschaftlichen Fällen nur noch nach dem IGVÜ zu beurteilen ist (sobald die EU – oder die betreffenden Mitgliedstaaten – dem Abkommen beigetreten ist bzw. sind).

In der Praxis ist also zunächst festzustellen, ob ein Fall ganz oder zumindest teilweise (Anerkennung und Vollstreckung) unter den Anwendungsbereich eines anderen bi- oder multilateralen Abkommens bzw. eines supranationalen Rechtsakts (vor allem der EuGVO) fällt. Die Grundregel erleidet so zahlreiche Ausnahmen, dass man zunächst mit der Prüfung der Ausnahmen beginnen sollte. **91**

3. Anwendungsbereich

Das IGVÜ regelt die Internationale Zuständigkeit sowie die Urteilsanerkennung und **92** -vollstreckung allein für den Fall, dass zwischen den Parteien eine **ausschließliche internationale Gerichtsstandsvereinbarung** im Bereich des Zivil- oder Handelsrechts besteht (Art. 1 Abs. 1). Der Anwendungsbereich des Abkommens beschränkt sich auf internationale Fälle; reine Inlandsfälle sind ausgenommen, d. h., der Fall muss – vom Gerichtsort abgesehen – mindestens Bezüge zu zwei verschiedenen Staaten haben (Art. 1 Abs. 2, Abs. 3). Für die direkte Zuständigkeit sind die erforderlichen internationalen Bezüge immer gegeben, solange nicht beide Parteien im selben Staat ihren Wohnsitz (residence)[356] haben und alle anderen Bezüge des Falles (von der Gerichtsstandswahl abgesehen) auf diesen Staat deuten (Art. 1 Abs. 2). Für Zwecke der Urteilsanerkennung und -vollstreckung ergeben sich die notwendigen internationalen Bezüge bereits daraus, dass um die Anerkennung bzw. Vollstreckung eines Urteils einer fremden Jurisdiktion nachgesucht wird (Art. 1 Abs. 3).

Ebenfalls ausgenommen sind alle Fälle, in denen sich die **Gerichtsstandsklausel auf Ver- 93 braucher-**[357], sowie (hier nicht relevant) auf **Arbeitsverträge** (Art. 2 Abs. 1) bezieht. Für die Versicherungswirtschaft fällt also das Massengeschäft von vornherein aus dem Anwendungsbereich des Abkommens heraus. Er beschränkt sich demnach auf das Gewerbe-, Großkunden- und Industriegeschäft, wobei die Abgrenzung nicht etwa mit derjenigen der EuGVO (Art. 13 Abs. 5, 14) bzw. des Europäischen Richtlinienrechts[358] zusammenfällt, sondern eher der von § 13 BGB gezogenen Trennlinie zwischen Verbrauchern und Nicht-Verbrauchern parallel läuft.

Eine positive Definition des **Zivil- und Handelsrechts,** auf das sich die Anwendbarkeit **94** des Abkommens beschränkt, fehlt. Insoweit wird man eine autonome Auslegung des Abkommens vornehmen müssen. Es ist vorgeschlagen worden, sich insoweit an der EuGVO zu orientieren[359]. Für den hier interessierenden Bereich enthält das Abkommen aber eine Hilfe, da Art. 17 Versicherungs- und Rückversicherungsverträge ausdrücklich als in den Bereich des

---

[354] Übereinkommen über die gerichtliche Zuständigkeit und die Vollstreckung gerichtlicher Entscheidungen in Zivil- und Handelssachen, unterzeichnet in Brüssel am 27. September 1968. (siehe ABl. C 27 vom 26. 1. 1998, S. 1).

[355] „Provisions on matters governed by this convention" (Art. 23 Abs. 4).

[356] Die Definition für juristische Personen (für natürliche findet sich keine!) findet sich in Art. 4 Abs. 2: satzungsmäßiger Sitz; Staat, unter dessen Recht gegründet wurde; Sitz der Hauptverwaltung; geschäftlicher Schwerpunkt. Das kann zu einer Mehrfach-residence der juristischen Person führen!

[357] Natürliche Personen, die vorwiegend zu persönlichen, familiären oder Haushalts-Zwecken handeln.

[358] Art. 5 Zweite Schadenversicherungsrichtlinie, im deutschen Recht Art. 10 Abs. 1 EGVVG.

[359] Dafür werden Gesichtspunkte aus der Entstehungsgeschichte geltend gemacht: *Rühl,* IPRax 2005, 410, 411.

Abkommens fallend erwähnt. Sie fallen auch dann darunter, wenn die versicherte Gefahr selbst einer der sogleich zu erwähnenden vom Anwendungsbereich ausgeschlossenen Materien angehört (Art. 17 Abs. 1). Zahlreiche weitere Rechtsmaterien sind explizit vom Anwendungsbereich des IGVÜ ausgenommen[360], darunter auch die Schiedsgerichtsbarkeit (Art. 1 Abs. 4), da in diesem Bereich internationale Übereinkommen existieren[361]. Ebenfalls von dem Abkommen unberührt bleibt der gesamte Bereich des einstweiligen Rechtsschutzes und der vorläufigen Sicherungsmaßnahmen (Art. 7). Weitere Einschränkungen des Anwendungsbereichs des Abkommens können sich auf Grund von Art. 21 daraus ergeben, dass ein Signatarstaat einzelne weitere Materien für sich aus dem Anwendungsbereich durch Erklärung ausschließt.

95   Alle in Art. 2 Abs. 2 angeführten Materien sind im Übrigen aus dem Abkommen nur dann ausgenommen, wenn sie den **Hauptgegenstand** des Verfahrens ausmachen, nicht wenn es sich dabei lediglich um eine Vorfrage oder eine Einwendung handelt (Art. 2 Abs. 3). Ein Gericht, dass in einem Rechtsstreit um Entscheidung angerufen wird, darf deshalb auch Vorfragen aus dem Bereich der ausgeschlossenen Materien beantworten und entscheiden, bei denen ihm das als eigentlichem Verfahrensgegenstand verwehrt wäre[362]. Nimmt man die Formulierung in Art. 2 Abs. 3 wörtlich, würde sie sich nicht auf nach Art. 21 durch Erklärung von Mitgliedstaaten ausgeschlossene Materien beziehen. Um den Anwendungsbereich nicht unnötig zu verengen, sollte man aber auch hierauf die Regel aus Art. 2 Abs. 3 wenigstens dem Sinn nach anwenden.

96   Die ausschließliche Gerichtsstandsvereinbarung, die Voraussetzung für die Anwendbarkeit des Abkommens ist, wird in Art. 3 umfassend definiert. Zugleich werden in der Definition auch die **Wirksamkeitsvoraussetzungen** der Gerichtsstandsvereinbarung selbst geregelt. Die Wirksamkeit der Vereinbarung setzt eine Vereinbarung zwischen den Parteien voraus,
– zum Zweck der Entscheidung einer bereits entstandenen oder zukünftigen Streitigkeit
– aus einem bestimmten Rechtsverhältnis
– die Gerichte bzw. ein oder mehrere bestimmte(s) Gericht(e) eines Vertragsstaates zu berufen. Grundsätzlich muss damit auch ein Ausschluss aller anderen Gerichte gemeint sein (Art. 3a)), aber diese Anforderung ist eher theoretischer Natur, denn soweit nicht das Gegenteil vereinbart ist, greift eine Vermutung ein: Eine ausschließliche Zuständigkeitsvereinbarung i. S. d. IGVÜ liegt immer vor, wenn die Parteien ein Gericht in einem Vertragsstaat als zuständig vereinbart haben und dabei keinen anderen Willen zum Ausdruck gebracht haben (Art. 3b)). Die Parteien müssen also keinesfalls explizit eine ausschließliche Zuständigkeit vereinbaren, vielmehr müssen sie den umgekehrten Fall deutlich zum Ausdruck bringen, dass die vereinbarte Zuständigkeit gerade nicht ausschließlich sein soll, wollen sie nicht unter den Anwendungsbereich des IGVÜ fallen.
– Die Gerichtsstandsvereinbarung muss die Schriftform (Art. 3c) i)) oder eine funktional vergleichbare Form wahren (Art. 3c) ii))[363]. Dem Abkommen kommt es bei letzterem freilich allein auf den Aspekt der Dokumentation zum Zwecke späterer Vergewisserung über den Inhalt an. Weitere Aspekte, die man im deutschen Recht der Schriftform zuschreibt[364], sind nicht gefragt. Es dürften daher auch elektronische Kommunikationsmittel ausreichen, sofern die Daten nur dauerhaft gespeichert werden können. Allerdings sollte man zum Schutz der jeweiligen Gegenseite verlangen, dass eine nachträgliche nicht erkennbare Än-

---

[360] Das Personenstands-, Familien-, Unterhalts-, Erb-, Insolvenz- und Transportrecht, große Teile des See-, Kartell-, Atomhaftpflichtrechts sowie Schadensersatzansprüche wegen Verletzung einer natürlichen Person, das Recht der unerlaubten Handlung (soweit es keine vertragsrechtliche Grundlage hat), große Teile des Gesellschaftsrechts, weite Teile des Rechts des geistigen Eigentums (Art. 2 Abs. 2).

[361] Kurzer Überblick siehe *Albers,* in: *Baumbach/Lauterbach/Albers/Hartmann* (Hrsg.), ZPO, 63. Aufl. 2005, Rn. 6 zu § 1025 ZPO. Das deutsche Recht öffnet den Weg zur Beachtung derselben bei der Anerkennung und Vollstreckung über § 1061 ZPO.

[362] *Rühl,* IPRax 2005, 410, 412.

[363] Das gewählte Kommunikationsmittel muss die Information für einen späteren Gebrauch verwendbar speichern.

[364] Auflistung siehe nur *Palandt/Heinrichs,* BGB, 66. Aufl. 2007, Rn. 2ff. zu § 126 BGB.

derung ausgeschlossen sein muss. Einfache e-mails dürften daher nicht genügen, wohl aber ein Fax[365].

– Die Gerichtsstandsvereinbarung kann äußerlich mit einem anderen Vertrag wie etwa mit einem Versicherungsvertrag verbunden werden, sie wird aber als rechtlich selbständig behandelt (Art. 3d)). Sie teilt somit nicht das rechtliche Schicksal des Hauptvertrages. Das führt dazu, dass die Gerichtsstandswahl auch für die Durchführung eines Verfahrens gilt, in dem gerade die Gültigkeit des Hauptvertrages von einer Seite bestritten wird (Art. 3d)). Ob man soweit gehen kann, anzunehmen, die Gerichtsstandswahl dürfe auch in AGB enthalten sein, lässt sich aus dem Abkommenstext nicht unmittelbar beantworten. Da das Abkommen ausschließlich Vereinbarungen im B2B-Bereich betrifft, sprechen jedenfalls keine typischen Verbraucherschutzerwägungen[366] dagegen. Berücksichtigt man zusätzlich die ausdrücklich als möglich vorgesehene räumliche Verbindung der Gerichtsstandsabrede mit anderen Vertragsinhalten und die Tatsache, dass sie nicht gesondert unterschrieben werden muss, im Zusammenhang mit dem Fehlen jeden Hinweises im Abkommen auf die Notwendigkeit einer besonderen Hervorhebung, spricht Vieles dafür, die Unterbringung der Gerichtsstandsabrede in AVB zu erlauben[367].

4. Wirksamkeit der Gerichtstandsvereinbarung

Das IGVÜ fasst sich im Hinblick auf die Wirksamkeit der Gerichtsstandsvereinbarung   97
kurz: Sie muss die **Schriftform** oder eine im Hinblick auf die spätere Verfügbarkeit des Textes der Einigung gleichwertige Form beachten oder aber in einer solchen Form dokumentiert werden[368]. Daraus kann man zwar schließen, dass die Vereinbarung auch mündlich erfolgen kann; solange sie nicht dokumentiert ist, ist sie aber unwirksam. Für die Praxis dürfte das keinen Unterschied machen. Aus der Tatsache, dass es sich um eine *Vereinbarung* über den Gerichtsstand handelt, lässt sich folgern, dass eine tatsächliche Willenseinigung der beteiligten Parteien vorliegen muss. Ob diese explizit zu erfolgen hat oder konkludent erfolgen kann, lässt der Text scheinbar offen. Nimmt man die Bedeutung der Vereinbarung für die Anwendung des Abkommens, die von Art. 3d) angeordnete rechtliche Selbständigkeit und die Tatsache, dass Art. 3c) von einer jederzeitigen Reproduzierbarkeit des Textes der Einigung ausgeht, zusammen, spricht alles dafür, dass eine explizite Einigung vorausgesetzt wird. Allein im Hinblick auf die Ausschließlichkeit des Gerichtsstandes ist, wie bereits erwähnt, keine Ausdrücklichkeit erforderlich, da insoweit eine Vermutung eingreift (Art. 3b)). Die Abrede wird sich weiterhin nicht explizit auf die internationale Zuständigkeit des bezeichneten Gerichts beziehen müssen. Es wird sich aber wenigstens durch Auslegung der Vereinbarung ergeben müssen, dass diese gemeint ist. Da eine Willenseinigung, also vertragliche Abrede, vorausgesetzt wird, bedürfen die Parteien zum Abschluss der Gerichtsstandsvereinbarung der Rechts- und Geschäftsfähigkeit. Diese beurteilt sich nach dem Recht des vereinbarten Gerichtsstandes (Art. 6b)). Da sich das Abkommen insoweit nicht näher äußert, stellt sich die Frage, ob im Hinblick auf Rechts- und Geschäftsfähigkeit eine Gesamtrechtsverweisung gemeint ist und damit, falls die lex fori dies vorsieht, auch eine Weiterverweisung stattfinden kann. Diese würde freilich nur Sinn machen, wenn man insoweit eine Einheitlichkeit mit dem Statut des Hauptvertrages herstellen wollte[369]. Ob dies in Anbetracht der von Art. 3d) ausdrücklich angeordneten Selbständigkeit der Gerichtsstandsvereinbarung den Intentionen des Abkommens entspricht, ist freilich mehr als zweifelhaft. Man wird daher nicht fehlgehen, insoweit von einer Sachrechtsverweisung auszugehen und eine eventuelle Weiterverweisung durch das Kollisionsrecht des forums unbeachtet zu lassen.

---

[365] A. A. zu e-mail *Rühl,* IPRax 2005, 410, 411, gleicher Ansicht zum Fax.

[366] Vgl. z. B. *Fricke,* in: *Beckmann/Matusche-Beckmann* (Hrsg.), Versicherungsrechtshandbuch, München 2004, S. 69, 105 Rn. 79ff.

[367] Ähnlich wohl *Rühl,* IPRax 2005, 410, 411.

[368] Siehe oben Rn. 96.

[369] Vgl. z. B. *Schack,* Rn. 432ff.

98   In inhaltlicher Hinsicht sieht das Abkommen einige minimale Beschränkungen vor. Die Gerichtsstandsvereinbarung darf nicht zu **schwerwiegenden Ungerechtigkeiten** führen oder offensichtlich gegen den ordré public des Gerichtsstaats verstoßen (Art. 6 c)). Ferner darf nach dem Recht des angerufenen Gerichts kein (absoluter) Nichtigkeitsgrund vorliegen (Art. 6 a)). Diese Voraussetzung wird bereits an früherer Stelle im Abkommenstext erwähnt (Art. 5 Abs. 1)[370]. Man wird davon ausgehen müssen, dass dem keine eigenständige Bedeutung zukommt, da beide Formulierungen identisch sind und die Regelung in Art. 6 in den größeren Zusammenhang eingeordnet ist. Als solche absoluten Unwirksamkeitsgründe wurden in Anlehnung an den Bericht zur Vorfassung des Abkommens arglistige Täuschung, Irrtum und Sittenwidrigkeit vorgeschlagen[371]. Mangelnde Geschäftsfähigkeit dürfte entgegen *Rühl*[372] nicht zu diesen absoluten Nichtigkeitsgründen (Art. 6 a)) zählen, da Art. 6 b) insoweit differenziert und dafür einen eigenen Unterabsatz bereitgestellt. Die Unterscheidung ist insofern von Belang, als bei den absoluten Nichtigkeitsgründen das Gericht das Verfahren mangels Zuständigkeit gar nicht erst eröffnen darf (Art. 5 Abs. 1), während es bei den übrigen zwar wohl als zunächst zuständig betrachtet wird, das Verfahren aber aussetzen oder abweisen muss (Art. 6)[373].

99   Aus dem Sinn und Zweck der Regelungen des Abkommens wird man weitere Beschränkungen nicht anzunehmen haben: Die Tatsache, dass sich das Abkommen selbst, anders etwa als die EuGVO in ihrem Kap. II, 7. Abschnitt, mit Gesichtspunkten der materiellen Gerechtigkeit der Gerichtsstandsabrede befasst, zeigt eindeutig, dass die Regelungen des Abkommens dazu als abschließend gewollt sind. Eine weitere inhaltliche, aber auch formale Kontrolle der Abrede, etwa auf Grund von Vorschriften über die **Kontrolle von AGB**[374] oder des am forum geltenden Zivilverfahrensrechts[375], ist damit ausgeschlossen. Dies ist auch materiell gerechtfertigt, da sich das Abkommen durch seinen eingeschränkten Anwendungsbereich (B2B) ausschließlich auf einen Verkehrsteilnehmerkreis beschränkt, dem man hinreichende geschäftliche Erfahrung und Verhandlungsmacht bzw. die Einsicht in die Notwendigkeit einer entsprechenden rechtlichen Beratung unterstellen muss, um die eigenen Interessen zu wahren. Ein weitergehendes mit Mitteln des IZVR zu realisierendes Schutzbedürfnis kann daher hier regelmäßig nicht angenommen werden.

5. Internationale Zuständigkeit

100   Folge der Zuständigkeitsvereinbarung nach dem IGVÜ ist die **internationale Zuständigkeit** des vereinbarten Gerichts bzw. der vereinbarten Gerichtsbarkeit (Art. 5 Abs. 1). Die interne, nationale Zuständigkeitsordnung der Gerichte wird durch das Abkommen nicht durchbrochen (Art. 5 Abs. 3 b)). Soweit das angerufene Gericht weiterverweisen dürfte, soll es die Gerichtsstandsvereinbarung der Parteien respektieren, also von der Verweisungsmöglichkeit keinen Gebrauch machen (Art. 5 Abs. 3 b)). Das Gericht kann seine Zuständigkeit im Übrigen nicht unter Hinweis auf forum-non-conveniens-Erwägungen ablehnen (Art. 5 Abs. 2). Man ist denjenigen Staaten, in denen die forum-non-conveniens-Lehre gilt, allerdings insoweit entgegengekommen, als die Vertragsstaaten einen Vorbehalt einlegen können, nachdem ihre Gerichte die Entscheidung von Rechtsstreitigkeiten ablehnen dürfen, die, von der Belegenheit des vereinbarten Gerichts abgesehen, keinerlei Bezug zum Forumsstaat haben (Art. 19). Im Übrigen ist aber Folge einer wirksamen Gerichtsstandsvereinbarung, dass jedes Gericht in einem anderen Staat als dem, dessen Zuständigkeit vereinbart wurde, seine

---

[370] „Unless the agreement is null and void under the law of the state".

[371] *Rühl*, IPRax 2005, 410, 413.

[372] Ebendort.

[373] Der Abkommenstext ist zugegebenermaßen insoweit wenig klar, denn gem. Art. 6 a) kann es das bei absoluten Nichtigkeitsgründen auch. Vielleicht darf der mit kontinentaleuropäischen Maßstäben der Auslegung aufgewachsene Jurist hier den Wortlaut auch nicht überstrapazieren, denn hier liegen evident anglo-amerikanische Vorstellungen zu Grunde.

[374] In Deutschland etwa §§ 305 ff. BGB.

[375] In Deutschland etwa §§ 38, 40 ZPO.

Zuständigkeit abzulehnen hat bzw. ein bereits angelaufenes Verfahren auszusetzen hat (Art. 6), und zwar auch dann, wenn autonomes Recht seine Zuständigkeit begründen würde. Von diesem Grundsatz gibt es eine Reihe von Ausnahmen: Unwirksamkeit der Gerichtsstandsvereinbarung nach dem Recht des vereinbarten Gerichts (Art. 6a)), Geschäftsunfähigkeit im Hinblick auf die Gerichtsstandsvereinbarung nach dem Recht des angerufenen Gerichts (Art. 6b)), Widerspruch der Vereinbarung gegen den ordre public des angerufenen Gerichts oder Verursachung einer groben Ungerechtigkeit (Art. 6c)), unverschuldete Unmöglichkeit der Durchführung der Vereinbarung (Art. 6d))[376] und Weigerung des vereinbarten Gerichts, das Verfahren durchzuführen (Art. 6e)), führen im Gegenschluss dazu, dass andere Gerichte als das vereinbarte Gericht ihre Zuständigkeit trotz einer formal vorliegenden (wenn auch unwirksamen oder unbeachtlichen) Gerichtsstandsvereinbarung bejahen dürfen.

E. Anerkennungszuständigkeit

I. Begriff

Ist ein Zivilverfahren im Inland regulär durch Urteil abgeschlossen worden, kommen dem **101** rechtskräftigen Urteil bestimmte Wirkungen zu. Zwar interessiert in der Praxis davon jedenfalls bei Leistungsurteilen meist allein die Vollstreckbarkeit[377], daneben kommen aber auch materielle Rechtskraft[378] und je nach Fall Gestaltungswirkung und Interventionswirkung als anerkennungsfähige Wirkungen in Betracht[379]. Urteilen einer fremden Gerichtsbarkeit kommen diese Wirkungen im Inland nicht ohne weiteres zu, sondern nur dann, wenn das ausländische Urteil im Inland anerkannt wird[380]. Gegenstand der Urteilsanerkennung ist nicht die ausländische Entscheidung als Ganzes, sondern einzelne ihrer Wirkungen, wie sie soeben genannt wurden[381]. Es wird dabei vorausgesetzt, dass das Urteil solche Wirkungen nach der Rechtsordnung seines Herkunftsstaates überhaupt zu entfalten vermag. Ist das nicht der Fall, werden sie ihm durch Anerkennung auch dann nicht verliehen, wenn ein entsprechendes inländisches Urteil solche Wirkungen haben könnte[382]. Es geht bei der Urteilsanerkennung um die **Wirkungserstreckung** des Urteils vom Ausland ins Inland[383]. Anerkennungsfähig sind ausschließlich streitbeendende Entscheidungen ausländischer staatlicher Gerichte, die in einem justizförmigen Verfahren ergangen sind[384].

Die wichtigste Anerkennungsvoraussetzung ist nach dem Verständnis des autonomen **102** deutschen Rechts[385] – und das gilt auch für die meisten kontinentaleuropäischen Rechtsordnungen[386] – das Vorliegen der sogenannten Anerkennungs- oder auch **indirekten Zuständigkeit**. Diese liegt vor, wenn aus der Sicht des Inlandes, das darüber zu befinden gefordert ist, ob es die Wirkungserstreckung eines ausländischen Urteils auf das Inland zulassen will, der

---

[376] Hier ist wohl nur an ganz grobe Ausnahmefälle zu denken wie längere Unerreichbarkeit des Gerichts auf Grund von Naturkatastrophen oder Kriegen. Der Fall, dass sich das Gericht weigert, das Verfahren durchzuführen, ist bereits in Art. 6e) separat geregelt.

[377] *Schack*, Rn. 778.

[378] Die formelle Rechtskraft (§§ 705 ZPO, 19 EGZPO) ist nach deutscher Auffassung keine Urteilswirkung, sondern Voraussetzung für Urteilswirkungen. Ob ein ausländisches Urteil formell rechtskräftig ist, bestimmt das Prozessrecht des Herkunftsstaates: *Schack*, Rn. 776.

[379] Vgl. statt vieler: *Schack*, Rn. 776ff., 785; *Zöller/Vollkommer*, vor § 322 ZPO Rn. 1–6.

[380] Statt vieler: *Schack*, Rn. 775.

[381] *Schack*, Rn. 776.

[382] Manches ist diesbezüglich dogmatisch noch nicht letztendlich geklärt und kann hier auch nicht Gegenstand der Erörterung sein. Näher etwa: *Schack*, Rn. 776ff.; *Kropholler*, 679ff.; *Zöller/Geimer*, § 328 ZPO Rn. 18f. m.w.N.

[383] Näher: *Schack*, Rn. 792.

[384] Näher: *Schack*, Rn. 810.

[385] § 328 Abs. 1 Nr. 1 ZPO; § 16a Nr. 1 FGG.

[386] Einige Hinweise bei *Schack*, Rn. 829ff.

zugrunde liegende Rechtsstreit vor der richtigen Gerichtsbarkeit ausgetragen und entschieden wurde. Über die Anerkennungszuständigkeitsregeln setzt das Inland seine Vorstellungen über die Gerichtspflichtigkeit des Beklagten durch[387]. Auf diese Zuständigkeiten kann und muss sich der Beklagte einrichten[388].

II. Bedeutung

103   Das Inland prüft das Bestehen von Anerkennungszuständigkeit zur Wahrung eines Bündels von Partei- und staatlichen Ordnungsinteressen[389], und zwar wegen des zweiten Gesichtspunktes grundsätzlich von Amts wegen[390], denn die Ordnungsinteressen stehen nicht zur Disposition der Verfahrensbeteiligten[391]. Anders ist dagegen die Rechtslage nach EuGVO, EuGVÜ und dem Lugano-Übereinkommen. Sie verzichteten jedenfalls grundsätzlich – wenn auch gerade nicht im hier interessierenden Versicherungsbereich – auf die Prüfung der Anerkennungszuständigkeit als **Anerkennungsvoraussetzung** (Art. 33 EuGVO, Art. 26 der Übereinkommen), weil sie die Internationale Zuständigkeit für alle Teilnehmerstaaten vereinheitlicht haben. Kann man sich darauf verlassen, dass die richtige (direkte) Zuständigkeit bereits im Erkenntnisverfahren beachtet wird, ist eine spätere Überprüfung in der Anerkennungsphase entbehrlich.

III. Anerkennungszuständigkeit nach den einzelnen Normregimen

1. EuGVO, EuGVÜ und Lugano-Übereinkommen

104   Grundsätzlich gehen EuGVO, EuGVÜ und Lugano-Übereinkommen davon aus, dass die Frage der internationalen Zuständigkeit bei der Entscheidung des Rechtsstreites im nachgelagerten Stadium der **Anerkennung der einmal ergangenen Entscheidung** keine Rolle mehr spielen soll (Art. 33 Abs. 1, 35 Abs. 1 EuGVO, Art. 26, 28 Abs. 3 EuGVÜ bzw. Art. 28 Abs. 4 Lugano-Übereinkommen)[392]. Die EuGVO und die Übereinkommen können so verfahren, weil für alle EU-Mitglieds- bzw. Vertragsstaaten ein einheitliches internationales Zuständigkeitssystem bereits im Stadium des ursprünglichen Prozesses der Parteien gilt, aus dem die anzuerkennende Entscheidung resultiert. Dieses Zuständigkeitssystem beruht auf der Vorgabe des Europäischen Gesetzgebers (EuGVO) bzw. auf der Einigung aller beteiligten Vertragsstaaten (Übereinkommen) darüber, welche die der Entscheidung eines Falles international angemessenen und richtigen Gerichtsstände sind. Darauf, dass die EU-Mitgliedstaaten bzw. die Vertragsstaaten der Übereinkommen sich an diese Regeln bei der Bejahung ihrer direkten Zuständigkeit halten, verlässt man sich grundsätzlich. Die Frage, ob ein Rechtsstreit vor dem richtigen Forum ausgetragen wurde, kann und darf konsequenterweise im Stadium

---

[387] *Zöller/Geimer*, § 328 ZPO Rn. 138.

[388] *Schack*, Rn. 829.

[389] Im einzelnen siehe nur: *Schack*, Rn. 786–790, ferner Rn. 839; *Fricke*, Die autonome Anerkennungszuständigkeitsregel im deutschen Recht des 19. Jahrhunderts, 1993, S. 85 ff. mit zahlreichen Nachweisen.

[390] H. L., siehe nur: BGH v. 5. 7. 1972, BGHZ 59, 116 (121); BGH v. 26. 3. 1969, BGHZ 52, 30 (37); KG v. 12. 7. 1975, IPRspr 1975, Nr. 179, 455 (459); OLG Hamburg v. 10. 3. 1975, IPRspr 1975, Nr. 177, 449 (450); *Schack*, Rn. 839, 882; *Stein/Jonas/Roth*, ZPO, Bd. 4/1, 21. Aufl. 1998, § 328 ZPO Rn. 30; *Rosenberg/Schwab/Gottwald*, Zivilprozessrecht, 15. Aufl. 1993, 946 (unter 4.); *Baumbach/Lauterbach/Hartmann*, § 328 ZPO Rn. 14; *Fricke*, Anerkennungszuständigkeit zwischen Spiegelbildgrundsatz und Generalklausel, 1990, S. 102 f.; a. A.: *Zöller/Geimer*, § 328 ZPO Rn. 141 f. m. w. N.

[391] Statt vieler: *Fricke*, Anerkennungszuständigkeit zwischen Spiegelbildgrundsatz und Generalklausel, 1990, S. 103 m. w. N.

[392] Das ergibt sich zudem auch als argumentum e contrario aus der Nichtaufzählung in Art. 34 EuGVO bzw. Art. 27 EuGVÜ und Lugano-Übereinkommen. Siehe auch: *Jenard*, 43, 46; *Schack*, Rn. 84; *Kropholler*, EuGVO, Art. 33 Rn. 1; *Brulhart*, S. 75 f. – Auch für das Lugano-Übereinkommen ergibt sich aus dem Verweis Art. 28 Abs. 2, 54b Abs. 2, trotz des scheinbar anderslautenden Textes, nichts davon Abweichendes: Zum richtigen Verständnis siehe *Kropholler*, Europäisches Zivilprozessrecht, 6. Aufl. 1998, Art. 28 EuGVÜ Rn. 15 ff.

der Wirkungserstreckung einer einmal ergangenen Entscheidung dann nicht wieder aufgeworfen werden. Darin liegen der Unterschied und der Vorteil der EuGVO bzw. der Übereinkommen gegenüber der Ausgangslage des nationalen Gesetzgebers. Dieser konnte bei Erlaß seines autonomen Anerkennungsrechts nicht von einem international (weltweit) einheitlichen und nach eigener Ansicht noch dazu annehmbaren, geschweige denn richtigen direkten Zuständigkeitssystem ausgehen.

Das Vertrauen in das rechtskonforme Verhalten der EU-Mitgliedstaaten bzw. Vertragsstaa- **105** ten geht so weit, dass die Frage der Zuständigkeit des Gerichts, welches den Rechtsstreit entschieden hat, im Anerkennungsstadium grundsätzlich nicht mehr nachgeprüft werden darf (Art. 35 Abs. 3 EuGVO, Art. 28 Abs. 3 EuGVÜ bzw. Abs. 4 Lugano-Übereinkommen). Als Folge davon hindert auch eine **zu Unrecht vom erststaatlichen Gericht angenommene eigene internationale Zuständigkeit** grundsätzlich nicht die Anerkennung in den anderen EU-Mitgliedstaaten bzw. Vertragsstaaten[393].

Diese Regel wird jedoch durch eine gewichtige Ausnahme durchbrochen: In Versiche- **106** rungssachen steht die **Verletzung der internationalen Zuständigkeitsvorschriften** einer Urteilsanerkennung entgegen (Art. 35 Abs. 1 EuGVO, Art. 28 Abs. 1 der Übereinkommen)[394]. Ein Gericht oder eine Behörde des Anerkennungsstaates müssen demnach in Versicherungssachen nachprüfen, ob die Zuständigkeitsvorschriften der Art. 8–14 EuGVO bzw. 7–12a der Übereinkommen im erststaatlichen Verfahren eingehalten wurden, wenn ein entsprechendes Urteil bei ihnen geltend gemacht wird. Allerdings ist ihnen die erneute Feststellung der Tatsachen, auf die die internationale Zuständigkeit im Erstverfahren gestützt wurde, untersagt. Vielmehr müssen sie die vom Erstgericht ermittelten Tatsachen als gegeben hinnehmen (Art. 35 Abs. 2 EuGVO, Art. 28 Abs. 2 EuGVÜ bzw. Abs. 3 Lugano-Übereinkommen). Alles weitere Vorbringen der Parteien zur Tatsachenseite darf der Richter in der Anerkennungsphase nicht berücksichtigen[395]. Die Vorschrift soll Verschleppungsversuche verhindern[396]. Ihrem Sinn würde es daher nicht widersprechen, wenn man es im Anerkennungsstadium zuließe, dass eine Partei erstmalig Tatsachen geltend macht, die sie im Erstverfahren nicht hätte vorbringen können. Zulassen sollte man generell auch das Vorbringen anerkennungsfreundlicher Tatsachen, denn dies fördert potenziell eine Anerkennung. Es wird dadurch grundsätzlich die Sache insgesamt – wenn auch nicht unbedingt das Anerkennungsverfahren – beschleunigt[397]. Nicht gehindert (sondern geradezu verpflichtet) sind die Gerichte bzw. Behörden des Zweitstaates jedenfalls an einer eigenen, möglicherweise abweichenden, rechtlichen Würdigung der vom Gericht des Erststaates festgestellten (zuständigkeitsbegründenden) Tatsachen[398].

Sinn der Ausnahme von der grundsätzlichen **Nicht-Nachprüfbarkeit der Zuständig-** **107** **keit** des Erststaates für Versicherungssachen dürfte die Gewährleistung eines besonderen zuständigkeitsrechtlichen Schutzes des Versicherungsnehmers als potenziell schwächerer Vertragspartei sein[399]. Zu Recht hat man dem allerdings entgegengehalten, dass man mit der Regelung weit über das eigentliche Ziel hinausgeschossen ist[400]. Zum einen umfasst der Wortlaut der Norm auch Klagen, deren Urheber die zu schützende Partei selbst ist[401], gewährt also

---

[393] *Kropholler*, EuGVO, Art. 33 Rn. 1; *Schlosser*, Art. 34–36 EuGVO Rn. 30.

[394] Kritisch dazu *Schack*, Rn. 840 und *Hub*, S. 206 f. wegen der damit verbundenen Verkomplizierung der Anerkennung. – Dasselbe gilt für Verbrauchersachen (Art. 15–17 bzw. 13–15) und für die Fälle, in denen EuGVO und Übereinkommen ausschließliche Zuständigkeiten normiert haben (Art. 22 bzw. 15).

[395] *Kropholler*, EuGVO, Art. 35 Rn. 21.

[396] *Jenard*, 46 (zu Art. 28).

[397] *Fricke*, VersR 1997, 402 (407); *Geimer/Schütze*, Art. 28 EuGVÜ Rn. 45; a. A. etwa (Hinweis auf fehlende Grundlage im Wortlaut): Münchener Kommentar ZPO/*Gottwald*, Bd. 3, 2. Aufl. 2001, Art. 28 EuGVO Rn. 22.

[398] *Kropholler*, EuGVO, Art. 36 Rn. 22.

[399] Angedeutet: *Jenard*, 46 (zu Art. 28 EuGVÜ); ferner *Rauscher/Staudinger*, Art. 8 Rn. 6.

[400] *Kropholler*, EuGVO, Art. 35 Rn. 7; *Grunsky*, JZ 1973, 641 (646); *Geimer/Schütze*, Art. 28 EuGVÜ Rn. 20 ff., 47 f.; *Geimer*, RIW 1980, 305 (306). Insgesamt kritisch *Hub*, S. 207.

[401] Versicherungsnehmer, Versicherte, Begünstigte.

den mit der Nachprüfbarkeit verbundenen besonderen verfahrensrechtlichen Schutz auch der wirtschaftlich potenziell stärkeren Gegenseite, was wenig Sinn macht[402]. Zum anderen bezieht die Norm, wie freilich der ganze Abschnitt über Versicherungssachen, auch die sogenannten Großrisiken-Versicherungsnehmer mit ein, was vom Sinn und Zweck der Regelung her hier genauso fragwürdig ist wie bei den Regeln über die direkte Zuständigkeit[403]. Nur einem Teil der Bedenken gegen die Regelung wird eine in der Literatur vorgeschlagene teleologische Reduktion der Norm gerecht: Soweit die typischerweise schwächere Partei von einer Verletzung der Zuständigkeitsvorschriften des 3. Abschnittes des II. Kapitels profitiert hat, soll es damit sein Bewenden haben[404]. Die Gelegenheit, dem EuGH im Wege eines Vorlageverfahrens die Frage vorzulegen, ob diese Auslegung der EuGVO bzw. der Übereinkommen dem Sinn der Regelung gerecht wird, wurde bisher versäumt[405]. Sich indes über den klaren Wortlaut der Verordnung bzw. der Übereinkommen in dieser Frage einfach hinwegzusetzen, erscheint jedoch problematisch[406], so dass bis zu einer späteren Entscheidung des EuGH die Vorschrift des Art. 35 Abs. 1 EuGVO bzw. 28 Abs. 1 der Abkommen auch zu Gunsten des Versicherers einzuhalten sein dürfte. Ein weiterer Vorschlag zur Beschränkung der Nachprüfung der Anerkennungszuständigkeit geht dahin, diese zu unterlassen, wenn bei derogiertem Wohnsitzgerichtsstand des Versicherungsnehmers (Versicherten oder Begünstigten) dennoch dort geklagt wurde, weil dies für den Betreffenden günstig sei[407].

2. Autonomes Recht

108   Solange es im internationalen Bereich keine einheitliche Zuständigkeitsordnung gibt und der inländische Gesetzgeber sich auch mit dem Herkunftsstaat einer Entscheidung nicht im Wege einer Vereinbarung auf bestimmte anzuerkennende Zuständigkeiten des Auslandes geeinigt hat, prüft er die Frage, ob nach seinem Dafürhalten der Herkunftsstaat einen Rechtsstreit, dessen Ergebnisse für das Inland übernommen werden sollen, zu Recht entschieden hat, nach eigenen Maßstäben[408]. Hält man die eigenen internationalen Zuständigkeitsregeln für richtig – und wenn man es nicht täte, sollte man sie ändern[409] –, liegt es nahe, diese sozusagen spiegelbildlich auch auf das Ausland anzuwenden, die Anerkennungszuständigkeit also danach zu beurteilen, ob das Ausland bei gedachter Geltung deutscher Internationaler Zuständigkeitsregeln zur Entscheidung des Falles berufen gewesen wäre[410]. Es ist zwar keineswegs denknotwendig, Anerkennungszuständigkeit nach diesem sogenannten **Spiegelbildgrundsatz** zu beurteilen[411], und es soll auch nicht verschwiegen werden, dass es daran auch im deutschen Rechtsraum Kritik gegeben hat[412], jedoch beruht auf dieser Grundlage das

---

[402] *Hub,* S. 211 m. w. N.

[403] Siehe oben D.I.1.

[404] So zuerst *Grunsky,* JZ 1973, 641 (646); ferner *Martiny,* Anerkennung nach multilateralen Staatsverträgen, in: Handbuch des Internationalen Zivilverfahrensrechts, Bd. III/2, hrsg. v. *Herrmann/Basedow/ Kropholler* (1984) Rn. 180; *Geimer,* RIW 1980, 305 (306); *Geimer/Schütze,* Internationale Urteilsanerkennung, Bd. I/1, 1984, 1035 f.; *Hub,* S. 211.

[405] Nachweise bei: *Kropholler,* EuGVO, Art. 35 Rn. 8 Fn. 10.

[406] *Kropholler,* EuGVO, Art. 35 Rn. 8.

[407] *Hub,* S. 212 m. w. N.

[408] Vgl. *Schack,* Rn. 829.

[409] *Schröder,* Internationale Zuständigkeit, 1971, S. 778; *Fricke,* Anerkennungszuständigkeit zwischen Spiegelbildgrundsatz und Generalklausel, 1990, S. 97 ff.; indirekt auch *Schack,* Rn. 831.

[410] Etwa: *Zöller/Geimer,* § 328 ZPO Rn. 103; *Baumbach/Lauterbach/Hartmann,* § 328 ZPO Rn. 16; *Kropholler,* 671 f.; *Schack,* Rn. 831; *Fricke,* Anerkennungszuständigkeit zwischen Spiegelbildgrundsatz und Generalklausel, 1990, S. 1 f.

[411] *Zöller/Geimer,* § 328 ZPO Rn. 101. Gesetzliche Ausnahme in Deutschland: § 606 Abs. 2, 2. Altern. ZPO (kritisch dazu: *Fricke,* Anerkennungszuständigkeit zwischen Spiegelbildgrundsatz und Generalklausel, 1990, S. 116). Beispiele für Systeme mit Generalklausel (im Ausland): *Fricke,* ebendort, S. 10 ff., 45 ff.

[412] Etwa *Kropholler,* 673 f.; *ders.,* ZZP 103 (1990) 271 ff.; *Schlosser,* IPRax 1985, 141 (142); *Martiny,* Anerkennung ausländischer Entscheidungen nach autonomem Recht, in: Handbuch des Internationalen Zivilverfahrensrechts, Bd. III/1, hrsg. v. *Herrmann/Basedow/Kropholler* (1984) Rn. 644, 801 ff.; MPI, RabelsZ 47 (1983) 596 (683); *Basedow,* StAZ 1983, 233 (238); *ders.,* IPRax 1994, 183 (184); *Gottwald,* ZZP

geltende deutsche Recht (§ 328 Abs. 1 Nr. 1 ZPO, § 16a FGG)[413]. Das ist nicht nur nach wie vor herrschende Lehre[414], sondern es sprechen dafür eine Reihe guter Gründe, wie etwa der Gesichtspunkt der Rechtssicherheit und der der Zuständigkeitsgleichheit[415].

Die internationale Zuständigkeit eines anderen Staates zur Entscheidung eines Rechts-   **109** streits wird also von Deutschland anerkannt, wenn die Gerichte dieses Staates bei entsprechender Anwendung der deutschen Regeln über die internationale Zuständigkeit auf dessen Gerichte zuständig sind. Es braucht allerdings nicht das konkrete Gericht, das den Fall tatsächlich entschieden hat, nach den deutschen Regeln zuständig zu sein. Es genügt, wenn (irgend) ein Gericht dieses Staates nach deutschen Zuständigkeitsregeln zuständig gewesen wäre[416]. Es sind daher hier grundsätzlich keine besonderen **Anerkennungszuständigkeiten in Versicherungssachen** auszuführen. Die sachlichen Maßstäbe finden sich vielmehr bereits oben in den Ausführungen zur direkten Zuständigkeit[417].

Auf einen nicht abschließend geklärten Problemfall der Anerkennungszuständigkeit nach   **110** autonomem Recht ist in diesem Rahmen noch hinzuweisen: Grundsätzlich ist selbst die Zuständigkeit am Ort der **Vermögensbelegenheit** (§ 23 ZPO) geeignet, Anerkennungszuständigkeit zu tragen[418]. Wie bereits gesehen, setzt die ständige Rechtsprechung des BGH und die der Obergerichte über den Wortlaut des § 23 ZPO hinaus für die direkte Zuständigkeit neben der inländischen Vermögensbelegenheit einen besonderen Inlandsbezug des Falles voraus. Ob dieser Bezug (dann zum Entscheidungsstaat[419]) bei der indirekten Zuständigkeit, wie es eine genaue Anwendung des Spiegelbildgrundsatzes nahe legen würde, ebenfalls erforderlich ist, hat der BGH bisher ausdrücklich offen gelassen[420]. In der Literatur hat sich dazu noch keine einheitliche Meinung gebildet. Zweifellos ist es anerkennungsfreundlicher, auf das restriktive Merkmal des Inlandsbezuges für Zwecke der Anerkennungszuständigkeit zu verzichten[421]. Indes sollte man Anerkennungsfreundlichkeit nicht zum Selbstzweck erheben. Wie gezeigt, schützt Anerkennungszuständigkeit handfeste Partei- und Ordnungsinteressen: Wenn man also davon ausgeht, dass § 23 ZPO bei der direkten Zuständigkeit wegen seiner Weite einer eingengenden Interpretation an Hand des Inlandsbezuges bedarf, dann ist es nur konsequent, diesen

---

95 (1982), 3 (10); Münchener Kommentar ZPO/*Gottwald*, Bd. 1, 2. Aufl. 2000, § 328 ZPO Rn. 60; Siehr, StAZ 1982, 61 (64).

[413] Vgl. nur: *Schack*, Rn. 831 ff.; *Rosenberg/Schwab/Gottwald*, Zivilprozessrecht, 15. Aufl. 1993, 943; *Baumbach/Lauterbach/Hartmann*, § 328 ZPO Rn. 16; *Zöller/Geimer*, § 328 ZPO Rn. 101; Münchener Kommentar ZPO/*Gottwald*, Bd. 1, 2. Aufl. 2000, § 328 ZPO Rn. 58; *Stein/Jonas/Roth*, ZPO, Bd. 4/1, 21. Aufl. 1998, § 328 ZPO Rn. 82; *Wieczorek/Schütze/Schütze*, Zivilprozessordnung und Nebengesetze, Bd. 1/1, 3. Aufl. 1994, Einleitung Rn. 185; *Geimer*, Anerkennung ausländischer Entscheidungen in Deutschland, 1995, S. 114 ff; *Martiny*, Anerkennung ausländischer Entscheidungen nach autonomem Recht, in: Handbuch des Internationalen Zivilverfahrensrechts Bd. III/1, hrsg. v. *Herrmann/Basedow/Kropholler* (1984) Rn. 695; *Kropholler*, 671 f.; *Fricke*, Anerkennungszuständigkeit zwischen Spiegelbildgrundsatz und Generalklausel, 1990, S. 75 ff. m. w. N.

[414] Wie Fn. 413; *Schack*, Rn. 833.

[415] *Schack*, Rn. 831, 833; *Stein/Jonas/Roth*, ZPO, Bd. 4/1, 21. Aufl. 1998, § 328 ZPO Rn. 82; ausführlich: *Fricke*, Anerkennungszuständigkeit zwischen Spiegelbildgrundsatz und Generalklausel, 1990, S. 85 ff.

[416] BGH v. 29. 4. 1999, ZIP 1999, 1226 (1227); *Schack*, Rn. 836; *Zöller/Geimer*, § 328 ZPO Rn. 103; *Baumbach/Lauterbach/Hartmann*, § 328 ZPO Rn. 16 jeweils m. w. N.

[417] Siehe D.III., Rn. 66 ff.

[418] BGH v. 29. 4. 1999, ZIP 1999, 1226 (1227); Etwa: *Nagel/Gottwald*, § 11 Rn. 154; *Schack*, Rn. 837; *Zöller/Geimer*, § 328 ZPO Rn. 103; *Wollenschläger*, IPRax 2002, 96 (99); *Schröder*, Internationale Zuständigkeit, 1971, S. 380; *Fricke*, Anerkennungszuständigkeit zwischen Spiegelbildgrundsatz und Generalklausel, 1990, S. 104 ff.; grundsätzlich ablehnend (§ 23 ZPO sei ausschließlich als die direkte Zuständigkeit begründend gemeint): *Aden*, BGH EWiR § 23 ZPO, 1/2000, 55 (56).

[419] Vgl. *Schlosser*, JZ 1997, 364 mit dem richtigen Hinweis, dass einen Inlandsbezug zu Deutschland zu fordern im Bereich der Anerkennungszuständigkeit sinnwidrig wäre.

[420] BGH v. 29. 4. 1999, ZIP 1999, 1226 (1227).

[421] *Basedow*, IPRax 1994, 183 (186); ablehnend zur Anwendung auf die Anerkennungszuständigkeit: *Zöller/Geimer*, § 328 ZPO Rn. 103.

Maßstab auch für die Beurteilung dessen anzuwenden, was aus inländischer Sicht dem Ausland an Entscheidungszuständigkeiten zusteht[422]. Will man mit der Forderung ernst machen, dem Beklagten überall den gleichen zuständigkeitsrechtlichen Schutz zu gewähren unabhängig davon, ob es sich um die eigenen oder fremde Gerichte handelt, spricht alles dafür, auch für Zwecke der Anerkennungszuständigkeit den Gerichtsstand der Vermögensbelegenheit durch das Erfordernis des Inlandsbezuges (zum Erststaat) einzuschränken[423].

3. Haager Übereinkommen über Gerichtsstandsvereinbarungen

111 **Vorraussetzung für die Anerkennung** nach dem IGVÜ ist grundsätzlich, dass das Judikat, um dessen Anerkennung nachgesucht wird, im Ursprungsstaat Urteilswirkungen hat. Eine Vollstreckung setzt darüber hinaus auch einen im Ursprungsstaat vollstreckungsfähigen Inhalt voraus (Art. 8 Abs. 3). Anerkennung und Vollstreckung können ausgesetzt oder verweigert werden, wenn das Urteil im Ursprungsstaat noch mit Rechtsmitteln angreifbar oder bereits angefochten ist (Art. 8 Abs. 4 S. 1). Nach Wegfall dieser Hindernisse kann aber ein erneuter Antrag auf Anerkennung bzw. Vollstreckung gestellt werden (Art. 8 Abs. 4 S. 2). Die Differenzierung in Art. 8 Abs. 3 und 4 zeigt im Übrigen, dass in Art. 8 Abs. 3 nicht die Frage der formalen Rechtskraft als Anerkennungsvoraussetzung gemeint sein kann. Es liegt nahe, daraus Paralleles für die Frage der formalen Vollstreckbarkeit zu folgern, auch wenn diese in Art. 8 Abs. 4 nicht gesondert erwähnt ist.

112 **Anerkennungs- und vollstreckungsfähig** ist im Übrigen auch ein logisch abtrennbarer Teil eines Urteils, sofern lediglich dieser anerkennungs- und vollstreckungsfähig ist oder allein um dessen Anerkennung und Vollstreckung nachgesucht wird (Art. 15). Zu ergänzen bleibt, dass nach dem Abkommen nicht allein Urteile anerkennungs- und vollstreckungsfähig sind, sondern auch gerichtliche Vergleiche. Vorausgesetzt wird dabei, dass sie vor dem in der Zuständigkeitsvereinbarung bezeichneten Gericht geschlossen bzw. von diesem Gericht bestätigt wurden und nach dem Recht des Ursprungsstaates in gleicher Weise vollstreckbar sind wie Urteile (Art. 12). Anerkennungs- und vollstreckungsfähig ist eine Entscheidung übrigens nach dem Abkommenstext insoweit nicht, wie sie über Vorfragen befindet, die zu den gem. Art. 2 Abs. 2 oder Art. 21 ausgeschlossenen Materien gehören (Art. 10 Abs. 1). Der Text ist insoweit eindeutig und überlässt es somit keineswegs der lex fori des requirierten Gerichts, ob und inwieweit es die Anerkennung und Vollstreckung auch auf solche Vorfragen erstrecken will[424]. Für Deutschland, dem eine Bindung an die Entscheidungsgründe unbekannt ist[425], wäre das ohnehin kein Problem. Für Immaterialgüterrechte bestehen insoweit Sonderregeln (Art. 10 Abs. 3).

113 Ist ein Urteil von einem nach dem IGVÜ zuständigen Gericht erlassen worden, ist es grundsätzlich in jedem Vertragsstaat **anzuerkennen** und zu vollstrecken (Art. 8 Abs. 1), und zwar ohne dass es zu einer revision au fond kommen darf (Art. 8 Abs. 2). Die Ablehnungsgründe für die Anerkennung und Vollstreckung sind in Art. 9 enumerativ und abschließend (Art. 8 Abs. 1) aufgeführt. Hier tauchen zunächst wieder diejenigen Gründe auf, die bereits die direkte Zuständigkeit hindern (Art. 9a), b))[426]. Weitere Hinderungsgründe betreffen nicht die indirekte Zuständigkeit (Art. 9c)–e)) und sind daher hier nicht abzuhandeln. Auch in verfahrensrechtlicher Hinsicht steht dem requirierten Gericht die Nachprüfung von zuständigkeitsbegründenden Tatsachen grundsätzlich nicht zu. Allein wenn um Vollstreckung eines Versäumnisurteils nachgesucht wird, ist dies statthaft (Art. 8 Abs. 2). Daneben muss sie natürlich insoweit gestattet sein, wie sie erforderlich ist, um das Vorliegen eines der von dem Abkommen aufgestellten Anerkennungshindernisse (Art. 9) zu prüfen (Art. 8 Abs. 2).

---

[422] *Wollenschläger,* IPRax 2002, 96 (99).

[423] So schon der Autor vor geraumer Zeit: *Fricke,* NJW 1992, 3066 (3069).

[424] Entgegen *Rühl,* IPRax 2005, 410, 415.

[425] Siehe nur *Zöller/Vollkommer,* Zivilprozeßordnung, 26. Aufl. 2006, Rn. 31 vor § 322 ZPO; *Hartmann,* in: *Baumbach/Albers/Hartmann* (Hrsg.), ZPO, 66. Aufl. 2008, Rn. 9 zu § 322 ZPO.

[426] Absolute Nichtigkeit der Gerichtsstandsvereinbarung nach der lex fori bzw. fehlende Rechts- bzw. Geschäftsfähigkeit zum Abschluss der Gerichtsstandsvereinbarung.

Eine **Ausnahme von der Einhaltung der Zuständigkeitsordnung** als Anerkennungs- 114
voraussetzung (Art. 8 Abs. 1) findet sich in Art. 22. Danach können die Zeichnerstaaten (mit
selbstbindender Wirkung) erklären, dass sie auch Urteile anerkennen und vollstrecken, die
von einem Gericht stammen, dessen Zuständigkeit die Parteien zwar vereinbart, nicht jedoch
ausschließlich vereinbart haben[427], und vor dem sie den Prozess durchgeführt haben. Dies ist
eine sinnvolle Ausnahme von der Grundregel, denn sie erweitert den Kreis anerkennungs-
und vollstreckungsfähiger Judikate, und die Tatsache, dass die Parteien den Prozess dort
durchgeführt haben, beweist hinlänglich, dass keiner von beiden Seiten Unrecht geschieht,
man vielmehr ihren Interessen dient. Vorausgesetzt wird, dass es keine konkurrierenden Verfahren oder Urteile in der Sache gibt und dass das Gericht, dessen Entscheidung anerkannt
und vollstreckt werden soll, zuerst befasst wurde (Art. 22 Abs. 2).

§ 4. Internationales Versicherungsvertragsrecht

Inhaltsübersicht

---

[427] Wegen der Vermutung in Art. 3b) kommen dafür letztlich kaum andere als solche Gerichtsstandsvereinbarungen in Betracht, in denen ausdrücklich weitere Gerichte als zuständig bezeichnet wurden.

Literatur: Anwaltskommentar – BGB, hrsg. v. *Dauner-Lieb/Heidel/Ring,* Bd. 1: Allgemeiner Teil mit EGBGB, 2005 (zit.: Anwaltskom BGB); *Armbrüster,* Aktuelle Streitfragen des Internationalen Privatversicherungsrechts, ZVersWiss 1995, 139; *ders.,* Geltung ausländischen zwingenden Rechts für deutschem Recht unterliegende Versicherungsverträge, VersR 2006, 1; *Bamberger/Roth,* Kommentar zum Bürgerlichen Gesetzbuch, Bd. 3, 2003 (zit.: *Bamberger/Roth/Bearbeiter*); *Basedow/Drasch,* Das neue Internationale Versicherungsvertragsrecht, NJW 1991, 785; *Borges,* Verträge im elektronischen Geschäftsverkehr, 2003; *Czernich/Heiss,* EVÜ – Das Europäische Schuldvertragsübereinkommen, 1999; *Drasch,* Das Herkunftslandprinzip im internationalen Privatrecht, 1994; *Dubuisson,* Le droit applicable au contrat d'assurance dans un espace communautaire intégré, 1994; *Fetsch,* Eingriffsnormen und EG-Vertrag, 2002; *Fricke,* Die Neuregelung des IPR der Versicherungsverträge im EGVVG durch das Gesetz zur Durchführung versicherungsrechtlicher Richtlinien des Rates der Europäischen Gemeinschaften, IPRax 1990, 361 (zit.: Neuregelung); *ders.,* Das IPR der Versicherungsverträge außerhalb des Anwendungsbereichs des EGVVG, VersR 1994, 773; *ders.,* Kollisionsrecht im Umbruch, VersR 2005, 726; *ders.,* Das Internationale Privatrecht der Versicherungsverträge nach Inkrafttreten der Rom-I-Verordnung, VersR 2008, 443; *Gruber,* Internationales Versicherungsvertragsrecht, 1999 (zit.: IVVR); *Gruber,* International zwingende „Eingriffsnormen" im VVG, NVersZ 2001, 442; *Heiss,* Das Kollisionsrecht der Versicherungsverträge nach Rom I und II, VersR 2006, 185; *ders.,* Reform des internationalen Versicherungsvertragsrechts, ZVersWiss 2007, 503; *Hahn,* Die „europäischen" Kollisionsnormen für Versicherungsverträge, 1992; *Hübner,* Vertragsschluss und Probleme des Internationalen Privatrechts beim E-Commerce, ZVersWiss 2001, 351; *Imbusch,* Das IPR der Versicherungsverträge über innerhalb der EG belegene Risiken, VersR 1993, 1059; *Kozuchowski,* Der Internationale Schadensversicherungsvertrag im EG-Binnenmarkt, Diss-Trier 1995; *Kramer,* Internationales Versicherungsvertragsrecht, 1995; *E. Lorenz,* Zum neuen internationalen Vertragsrecht aus versicherungsvertraglicher Sicht, (2.) FS Kegel 1987, S. 303 (zit.: Zum neuen IVR); *ders.,* Das auf grenzüberschreitende Lebensversicherungsverträge anwendbare Recht – eine Übersicht über die kollisionsrechtlichen Grundlagen, ZVersWiss 1991, 121; *Mankowski,* Nationale Erweiterungen der Rechtswahl im neuen Internationalen Versicherungsvertragsrecht, VersR 1993, 154; *ders.,* Das Herkunftslandprinzip als Internationales Privatrecht der e-commerce-Richtlinie, ZVerglRWiss 100 (2001), 137; *ders.,* Internationales Rückversicherungsrecht, VersR 2002, 1177; *ders.,* Internationales Versicherungsvertragsrecht und Internet, VersR 1999, 923; *Mewes,* Internationales Versicherungsvertragsrecht unter besonderer Berücksichtigung der europäischen Dienstleistungsfreiheit im Gemeinsamen Markt, 1995; Münchener Kommentar zum Bürgerlichen Gesetzbuch, hrsg. v. *Rebmann/Säcker/Rixecker,* Bd. 10: Einführungsgesetz zum Bürgerlichen Gesetzbuche (Art. 1–46) – Internationales Privatrecht, 4. Aufl. 2006 (zit.: Münchener Kommentar BGB/*Bearbeiter*); Münchener Kommentar zur Zivilprozessordnung, Bd. 3, 2. Aufl. 2001, zit.: Münchener Kommentar ZPO/*Bearbeiter*); *Musielak,* Zivilprozessordnung, 5. Aufl. 2007 (zit.: *Musielak/Bearbeiter*); *Reithmann/Martiny,* Internationales Vertragsrecht, 6. Aufl. 2004; *Roth,* Internationales Versicherungsvertragsrecht, 1985 (zit.: IVVR); *ders.,* Das Allgemeininteresse im europäischen Internationalen Versicherungsvertragsrecht, VersR 1993, 129; *ders.,* Dienstleistungsfreiheit und Allgemeininteresse im europäischen internationalen Versicherungsvertragsrecht, in: *Reichert-Facilides* (Hrsg.), Aspekte des internationalen Versicherungsvertragsrechts im Europäischen Wirtschaftsraum, 1994, S. 1 (zit.: Aspekte); *ders.,*

Angleichung des IPR durch sekundäres Gemeinschaftsrecht, IPRax 1994, 165; *ders., Die Grundfreiheiten und das Internationale Privatrecht – das Beispiel Produkthaftung*, in: GS für Lüderitz (2000), S. 635; *ders.,* Internationales Versicherungsvertragsrecht in der Europäischen Union – Ein Vorschlag zu seiner Neuordnung, in: Kontinuität und Wandel des Versicherungsrechts, Festschrift für E. Lorenz, 2004, S. 631; *ders.,* in: Handbuch des EU-Wirtschaftsrechts, hrsg. v. *Dauses,* Bearbeitung Oktober 2006, E. I. (zit.: Handbuch); *Schnyder,* Europäisches Banken- und Versicherungsrecht, 2005; *Stein/Jonas* (Hrsg.), Zivilprozessordnung, 22. Aufl. 2002 (zit.: *Stein/Jonas/Bearbeiter); Rudisch,* Österreichisches internationales Versicherungsvertragsrecht (1994); *Seatzu,* Insurance in Private International Law, 2003; *Spindler,* Herkunftslandprinzip und Kollisionsrecht – Binnenmarktintegration ohne Harmonisierung?, RabelsZ 66 (2002), 633; *Staudinger* (Begr.), Kommentar zum Bürgerlichen Gesetzbuch mit Einführungsgesetz und Nebengesetzen, EGBGB/IPR, Art. 27 ff. EGBGB, 13. Bearb. 2002, Art. 38–42 EGBGB, Neubearb. 2001 (zit.: *Staudinger/Bearbeiter); A. Staudinger,* Die Kontrolle grenzüberschreitender Versicherungsverträge anhand des AGBG, VersR 1999, 401; *ders.,* Anknüpfung von Gerichtsstandsvereinbarungen und Versicherungsverträgen, in: Das Grünbuch zum Internationalen Vertragsrecht, hrsg. v. Leible, 2004, S. 37; *ders.,* Internationales Versicherungsvertragsrecht, in: Ein neues Internationales Vertragsrecht für Europa, hrsg. v. *Ferrari/Leible,* 2007, S. 225; *Uebel,* Die deutschen Kollisionsnormen für (Erst-) Versicherungsverträge mit Ausnahme der Lebensversicherung über in der Gemeinschaft belegene Risiken, 1994; *Wandt,* Internationales Privatrecht der Versicherungsverträge, in: Versicherungsrecht in Europa – Kernperspektiven am Ende des 20. Jahrhunderts, hrsg. v. *Reichert-Facilides/Schnyder,* ZSR 2000, Beiheft 34, S. 85; *Winter,* Internationale Online-Versicherung als Korrespondenzversicherung, VersR 2001, 1461; *Wördemann,* International zwingende Normen im Internationalen Privatrecht des europäischen Versicherungsvertrages, 1997.

A. Einführung

I. Begriff

Das deutsche **Internationale Versicherungsvertragsrecht (IVVR)** bestimmt, welche Rechtsregeln des materiellen deutschen oder ausländischen (vor allem: Vertrags-) Rechts bei einem Versicherungsverhältnis mit Auslandsverknüpfung von deutschen Gerichten anzuwenden sind. Das IVVR ist zu unterscheiden vom deutschen Internationalen Versicherungsaufsichtsrecht, das darüber bestimmt, ob und in welcher Weise Versicherer mit Sitz innerhalb der BRD mit ihrem grenzüberschreitenden Geschäftsbetrieb und Versicherer mit Sitz außerhalb der BRD mit ihrem Geschäftsbetrieb in der BRD unter die deutsche Versicherungsaufsicht fallen[1]. Das deutsche Internationale Versicherungsaufsichtsrecht ist für Binnenmarktsachverhalte weitgehend durch Vorgaben des sekundären Gemeinschaftsrechts geprägt[2]. **1**

II. Nationale Rechtsquellen

Die Normen des deutschen IVVR sind zwar **nationales Recht,** sie beruhen heute jedoch weitgehend auf **völkerrechtlichen** bzw. **europarechtlichen Vorgaben** (Rn. 3–29). Dies erklärt das komplizierte Nebeneinander von kollisionsrechtlichen Regelungen, die für die Versicherungsverträge gelten. In den Artt. 7 ff. EGVVG[3] hat der Gesetzgeber die Richtlinienvorgaben (Rn. 6 ff.) in das deutsche Recht übernommen. Sie beziehen sich auf Direktversicherungsverträge über Risiken, die in der Europäischen Union (EU) und im Europäischen Wirt- **2**

---

[1] Dazu vor allem die Regelungen in den §§ 105 ff. VAG; *Prölss,* VAG, 12. Aufl. (2005), vor § 105 VAG ff.; *Schnyder,* Internationale Versicherungsaufsicht zwischen Kollisionsrecht und Wirtschaftsrecht (1989); s. auch *Neumeyer,* Internationales Verwaltungsrecht, Bd. IV (1922), S. 94 ff.

[2] Dazu Berliner Kommentar/*Roth,* Europäisches Versicherungsrecht, Rn. 85–99; *Roth,* in: *Basedow/Baum/Hopt/Kanda/Kono* (Hrsg.), Economic Regulation and Competition (2002), S. 167; *Miersch,* Versicherungsaufsicht nach den Dritten Richtlinien (1996); *Müller,* Versicherungsbinnenmarkt (1995); *McGee,* The Single Market in Insurance (1998). Zum europäischen Finanzraum allgemein *Stuyck/Abraham/Terryn* (Hrsg.), Financial Services and Financial Markets in Europe (2000); *Schnyder,* Europäisches Banken- und Versicherungsrecht (2005).

[3] Gesetz v. 28. 6. 1990, BGBl. I S. 1249; zuletzt geändert durch Art. 4 des Gesetzes vom 10. 12. 2007, BGBl. I S. 2833.

schaftsraum (EWR)[4] belegen sind (Art. 7 Abs. 1 EGVVG; vgl. auch Art. 37 Nr. 4 EGBGB), unabhängig davon, ob der VR im EWR auch zur Geschäftstätigkeit zugelassen ist. Für Rückversicherungsverträge und Direktversicherungsverträge über außerhalb der EU/des EWR belegene Risiken kommen Artt. 27 ff. EGBGB zur Anwendung, die ihrerseits auf dem Römischen EWG-Übereinkommen über das auf vertragliche Schuldverhältnisse anzuwendende Recht vom 19. 6. 1980 (EVÜ) beruhen[5].

III. Völker- und EU-/EWR-rechtliche Vorgaben

1. Völkerrechtliche Verträge

3   Das **EVÜ** (Rn. 2) beansprucht uneingeschränkte Geltung für **Rückversicherungsverträge** (Art. 1 Abs. 4 EVÜ) sowie für sonstige Versicherungsverträge, soweit sie Risiken decken, die **außerhalb** der EU bzw. außerhalb des EWR[6] belegen sind[7] (vgl. Art. 1 Abs. 3 EVÜ). Das EVÜ ist in der BRD nicht unmittelbar anwendbar; der Gesetzgeber hat es in Artt. 6, 11, 12, 27 ff. EGBGB transformiert. Die Kollisionsregeln des EVÜ beanspruchen (wohl) keine Anwendung für das Schiedsverfahren[8] (Rn. 138 ff.).

4   Art. 18 EVÜ verpflichtet die Vertragsstaaten dazu, bei der Auslegung und Anwendung des EVÜ dem internationalen Charakter der Vorschriften und dem Wunsch Rechnung zu tragen, eine **einheitliche Auslegung** und **Anwendung** dieser Vorschriften zu erreichen[9]. Der deutsche Gesetzgeber hat diese Verpflichtung[10] zu einer völkervertragskonformen, die Rechtsprechung der anderen Vertragsstaaten berücksichtigende Auslegung und Anwendung des EVÜ in Art. 36 EGBGB übernommen. Dies bedeutet zum einen, dass die Auslegung und Anwendung der Normen des EGBGB, die die Vorgaben des EVÜ transformieren (Art. 27 ff. mit Ausnahme von Art. 29a EGBGB; Artt. 6, 11 Abs. 1–4, 12 EGBGB), im Lichte des EVÜ auszulegen sind, zum anderen aber auch, dass die so zu beachtenden Vorgaben des EVÜ ihrerseits möglichst **einheitlich** auszulegen und anzuwenden sind: Bei der Auslegung der Begriffe des EVÜ ist eine **vertragsautonome** Bestimmung[11] und eine Beachtung der Judikatur in den anderen Vertragsstaaten geboten. Es ist außerdem zu beachten, dass das EVÜ in einem engen funktionalen Zusammenhang mit dem Brüsseler Gerichtsstands- und Vollstreckungs-Übereinkommen[12] sowie der VO Nr. 44/2001[13] steht. Seit dem 1. 8. 2004 hat der EuGH aufgrund des Ersten Brüsseler Protokolls die Auslegungszuständigkeit; vorlageberechtigt sind in der BRD die obersten Gerichtshöfe des Bundes[14].

5   Die Kommission betreibt – nach Veröffentlichung eines Grünbuchs im Jahre 2003[15] – die Überführung des EVÜ in eine Verordnung **(„Rom I-VO")**. Seit Ende 2005 liegt ein entspre-

---

[4] Dazu EWR-Ausführungsgesetz v. 27. 4. 1993, BGBl. I S. 512.

[5] ABl. 1980 L 266/1; BGBl. 1986 II S. 810.

[6] EWR-Ausführungsgesetz v. 27. 4. 1993, BGBl. I S. 512.

[7] Zur Risikobelegenheit im Einzelnen s. Rn. 40, 87.

[8] *Sandrock*, RIW 1992, 785 (792); *Martiny*, FS Schütze (1999), 529 (533).

[9] Dazu *Junker*, RabelsZ 55 (1991), 674.

[10] Es handelt sich um eine Rechtspflicht; so zutreffend Münchner Kommentar BGB/*Martiny*, Art. 36 EGBGB Rn. 9, die in der Praxis freilich auf ihre Grenzen stößt und, soweit ersichtlich, auch nicht hinreichend beachtet wird.

[11] Dazu Münchener Kommentar BGB/*Martiny*, Art. 36 EGBGB Rn. 7, 17.

[12] V. 27. 9. 1968, BGBl. 1972 II S. 774, i. d. F. des 4. Beitrittsübereinkommens v. 29. 11. 1996, BGBl. 1998 II S. 1412.

[13] ABl. 2001 L 12/1. Dazu *Fricke* in diesem Handbuch unter § 3.

[14] Erstes Brüsseler Protokoll betreffend die Auslegung des am 19. Juni 1980 in Rom zur Unterzeichnung aufgelegten Übereinkommens über das auf vertragliche Schuldverhältnisse anzuwendende Recht durch den Gerichtshof der Europäischen Gemeinschaften v. 19. 12. 1988 i. d. F. des Beschlusses des Rates v. 8. 11. 2007, ABl. 2007 L 347/1.

[15] Grünbuch über die Umwandlung des Übereinkommens von Rom aus dem Jahr 1980 über das auf vertragliche Schuldverhältnisse anzuwendende Recht in ein Gemeinschaftsinstrument sowie über seine Aktualisierung, KOM (2002), 654 endg., vorgelegt von der Kommission am 14. 1. 2003.

Roth

chender Vorschlag vor[16]. Mit dem Erlass einer Verordnung wird der EuGH in der Zukunft eine Auslegungskompetenz auf der Grundlage der Artt. 234, 68 Abs. 1 EG erhalten[17]. Zugleich wird die Rechtslage dadurch komplizierter, dass im Verhältnis zu Dänemark nicht die künftige Rom I-VO, sondern weiterhin das EVÜ (und dies dann wohl in nicht geänderter Fassung) zur Anwendung kommen soll. Am 6. 6. 2008 hat der Ministerrat die „Rom I-"Verordnung (Rom I-VO) verabschiedet[18], die auf alle nach dem 17. 12. 2009 geschlossenen Verträge in allen Mitgliedstaaten – mit Ausnahme Dänemarks – mit Vorrang gegenüber den Richtlinien anzuwenden sein wird. In Art. 7 Rom I-VO wird das Kollisionsrecht der Versicherungs-Richtlinien im Wesentlichen unverändert übernommen[19], das aber auf Verträge über *außerhalb* der EG gelegene Risiken erstreckt wird[20]. Für die nach dem 17. 12. 2009 geschlossenen Verträge wird dann nur mehr die Kommentierung ab Rn. 80 ff. für die Auslegung des Art. 7 Rom I-VO heranzuziehen sein. Für Rückversicherungsverträge (die von der Anwendung des Art. 7 Rom I-VO ausgenommen sind) verbleibt es bei den in Rn. 38 ff. getroffenen Aussagen.

2. Versicherungs-Richtlinien

Für Versicherungsverträge mit Ausnahme der Rückversicherungsverträge[21] über **inner-** **6** **halb** der **EU** bzw. des **EWR belegene Risiken** gelten die in Artt. 7 und 8 der (2.) Richtlinie 88/357/EWG Schaden[22] (modifiziert durch Art. 27 der (3.) Richtlinie 92/49/EWG Schaden[23]) sowie in Art. 32 der Richtlinie 2002/83/EG Leben[24] (vormals Art. 4 der (2.) Richtlinie 90/619/EWG Leben[25]) enthaltenen Vorgaben, soweit es um Versicherungsverträge mit in der EU bzw. im EWR zugelassenen Versicherern geht[26]. Für Verträge über Risiken, die in der EU bzw. im EWR belegen sind, aber mit nicht in der EU bzw. im EWR zum

---

[16] Vorschlag für eine Verordnung des Europäischen Parlaments und des Rates über das auf vertragliche Schuldverhältnisse anzuwendende Recht (Rom I), KOM (2005), 650; dazu eingehend *Max Planck Institute for Comparative and International Private Law,* RabelsZ 71 (2007), 225.

[17] Durch Artikel 2 Nr. 67 des Vertrages von Lissabon soll Art. 68 EG aufgehoben werden: Vertrag von Lissabon zur Änderung des Vertrags über die Europäische Union und des Vertrags zur Gründung der Europäischen Gemeinschaft, ABl. 2007 C 306/1. Die Auslegungskompetenz richtet sich dann allein nach Art. 234 des Vertrages über die Arbeitsweise der Europäischen Union.

[18] Verordnung des Europäischen Parlaments und des Rates (EG) Nr. 593/2008 v. 17. 6. 2008 über das auf vertragliche Schuldverhältnisse anzuwendende Recht (Rom I), ABl. 2008 L 177/6.

[19] Vgl. die Erklärung des Rates und der Kommission zu dem auf Versicherungsverträge anzuwendenden Recht v. 7. 4. 2008, CODEC 388, JUSTCIV 55, wonach „die Bestimmungen in Artikel 7 in erster Linie die Rechtslage hinsichtlich des anzuwendenden Rechts widerspiegeln, wie sie gegenwärtig in den Versicherungs-Richtlinien enthalten ist", aber hinzugefügt wird, dass eine „künftige wesentliche Überarbeitung der gegenwärtigen Regelung … im Rahmen der Überprüfungsklausel dieser Verordnung folgen (sollte)."

[20] Einen eingehenden Überblick gibt *Fricke,* VersR 2008, 443.

[21] Die Richtlinie 2005/68/EG des Europäischen Parlaments und des Rates vom 16. 11. 2005 über die Rückversicherung und zur Änderung der Richtlinien 73/239/EWG, 92/49/EWG des Rates sowie der Richtlinien 98/78/EG und 2002/83/EG, ABl. 2005 L 323/1, enthält keine Kollisionsnormen; für Rückversicherungsverträge gilt das EVÜ.

[22] Zweite Richtlinie des Rates v. 22. Juni 1988 (88/357/EWG) zur Koordinierung der Rechts- und Verwaltungsvorschriften für die Direktversicherung (mit Ausnahme der Lebensversicherung) und zur Erleichterung der tatsächlichen Ausübung des freien Dienstleistungsverkehrs sowie zur Änderung der Richtlinie 73/239/EWG, ABl. EG 1988 Nr. L 172/1.

[23] Richtlinie 92/49/EWG des Rates v. 18. Juni 1992 zur Koordinierung der Rechts- und Verwaltungsvorschriften für die Direktversicherung (mit Ausnahme der Lebensversicherung) sowie zur Änderung der Richtlinien 73/239/EWG und 88/357/EWG, ABl. EG 1992 Nr. L 288/1.

[24] Richtlinie 2002/83/EG des Europäischen Parlaments und des Rates v. 5. November 2002 über Lebensversicherung, ABl. 2002 L 345/1.

[25] Zweite Richtlinie des Rates v. 8. November 1990 (90/619/EWG) zur Änderung der Richtlinie zur Koordinierung der Rechts- und Verwaltungsvorschriften für die Direktversicherung (Lebensversicherung) und zur Erleichterung der tatsächlichen Ausübung der Dienstleistungsfreiheit sowie zur Änderung der Richtlinie 79/267/EWG, ABl. 1990 L 330/50.

[26] Überblick z. B. bei *Roth,* IPRax 1994, 165 ff.

Geschäftsbetrieb zugelassenen Versicherern geschlossen werden, gilt dagegen **autonomes** nationales Kollisionsrecht.

7   Für die **Richtlinien-Vorgaben** ist charakteristisch, dass sie die **objektive** Anknüpfung der Versicherungsverträge weitgehend harmonisieren, dagegen für die **Rechtswahlfreiheit** nur ein **Minimum** vorgeben und im Übrigen die Einräumung einer weitergehenden Rechtswahlfreiheit den Mitgliedstaaten überlassen, dabei aber internationalen Entscheidungseinklang sicherstellen. Da die objektive Vertragsanknüpfung sich am Schutz des Versicherungsnehmers orientiert, bestimmen die Richtlinien (abweichend von den allgemeinen Grundsätzen), dass über die Frage der den Mitgliedstaaten überlassenen weitergehenden Rechtswahlfreiheit **nicht** die **lex fori**, sondern das ohne eine Rechtswahl anwendbare, **schutz„zuständige"**, durch objektive Anknüpfung bestimmte Recht entscheidet. Von daher erzwingen die Richtlinien eine im Vergleich zum EVÜ abweichende Anknüpfungsfolge im IVVR: Die Rechtswahl ist nicht primärer Anknüpfungspunkt, sondern erst auf einer zweiten Stufe **nach** der Bestimmung des kraft objektiver Anknüpfung an sich zur Anwendung kommenden Rechts zu prüfen. Die Einzelheiten der Vorgaben für die Mindestreichweite der Parteiautonomie sind unter Rn. 105 ff. zu behandeln.

8   Im Anwendungsbereich der Richtlinien ist der Grundsatz der **richtlinienkonformen Auslegung**[27] des nationalen Rechts zu beachten. Dies bedeutet zum einen, dass das nationale Kollisionsrecht im Lichte der Richtlinienvorgaben auszulegen und evtl. auch (z. B. durch Analogie) fortzubilden ist[28]. Zum anderen bedarf es (primär) einer **gemeinschaftsrechtsautonomen** Auslegung des Richtlinienrechts, das in allen Amtssprachen verbindlich formuliert und von einer eigenständigen Begrifflichkeit geprägt ist[29]. Begriffsverweisungen auf das Recht der Mitgliedstaaten sind eher selten. Mit Schwierigkeiten, die durch die Vielsprachigkeit des europäischen Rechts entstehen, ist immer zu rechnen. Dominierend für die Auslegung ist für das Gemeinschaftsrecht die teleologische Interpretation[30].

9   Richtlinienbestimmungen sind ihrerseits im Lichte der **Gemeinschaftsgrundrechte** und der **Grundfreiheiten** (Rn. 14 ff.) grundrechts- und grundfreiheitenkonform[31] auszulegen. Ob und inwieweit unbestimmte Rechtsbegriffe und Generalklauseln in den Richtlinien den Mitgliedstaaten bei der Umsetzung einen **Gestaltungsspielraum** einräumen, ist bisher noch wenig geklärt[32] und wohl nur im Hinblick auf jede einzelne Regelung zu bestimmen[33]. Der Gerichtshof ist in jüngerer Zeit für Generalklauseln, für die die jeweilige Richtlinie keine Konkretisierung vornimmt, von einem Gestaltungsspielraum und damit von einer Konkretisierungsbefugnis der Mitgliedstaaten (Gesetzgeber und Gerichte) ausgegangen[34].

---

[27] Ausführlich und grundlegend zuletzt *Canaris,* FS Bydlinski (2002), S. 47; *Roth,* Die richtlinienkonforme Auslegung, in: Europäische Methodenlehre, hrsg. v. *Riesenhuber* (2006) § 14 (= EWS 2005, 385); *Unberath,* ZEuP 2005, 5.

[28] Dazu umfassend *Herresthal,* Rechtsfortbildung im europarechtlichen Bezugsrahmen (2006); *ders.,* EuZW 2007, 396; *Roth,* Die richtlinienkonforme Auslegung (letzte Fn.) § 14 Rn. 17–24, 46–60; dort auch zu den Grenzen der Rechtsfortbildung.

[29] Berliner Kommentar/*Roth,* Europäisches Versicherungsrecht, Rn. 78.

[30] Zu den Auslegungsmethoden im Gemeinschaftsrecht allgemein *Riesenhuber,* Die Auslegung, in: Europäische Methodenlehre, hrsg. v. *Riesenhuber* (2006) § 11; zur teleologischen Auslegung dort Rn. 40 ff.

[31] St. Rspr.; z. B. EuGH v. 18. 9. 2003 – Rs. C-168/01, Bosal, Slg. 2003, I-9409, 9442 (Rn. 25–26) u. ö.; weitere Nachweise bei *Leible/Domröse,* Die primärrechtskonforme Auslegung, in: Europäische Methodenlehre, hrsg. v. *Riesenhuber* (2006) § 9 Rn. 10; *Roth,* in: Handbuch, E. I. Rn. 26–27.

[32] Ansätze bei *Remien,* RabelsZ 66 (2002), 503 (520); *Roth,* FS Drobnig (1998), S. 135 (146); *Klauer,* Eur. Rev. Priv. L. 2000, 183 (192); *Wolff,* Die Verteilung der Konkretisierungskompetenz für Generalklauseln in privatrechtsgestaltenden Richtlinien (2002); *Röthel,* Normkonkretisierung im Privatrecht (2004) § 14; *Röthel,* Die Konkretisierung von Generalklauseln, in: Europäische Methodenlehre, hrsg. v. *Riesenhuber* (2006) § 12.

[33] Differenzierend *Roth* (letzte Fn.).

[34] EuGH v. 9. 11. 2000 – Rs. C-381/98, Ingmar, Slg. 2000, I-9305, 9334 (Rn. 21); EuGH v. 7. 5. 2002 – Rs. C-478/99, Kommission./. Schweden, Slg. 2002, I-4165, 4173 (Rn. 21: „Ermessensspielraum"); EuGH v. 6. 2. 2003 – Rs. C-245/00, Stichting ter Exploitatie, Slg. 2003, I-1251, 1284 (Rn. 34) (zum

Soweit Artt. 7 ff. EGVVG in ihrem Anwendungsbereich über die Richtlinien hinausgehen **10** (wie für Verträge über in der EU/im EWR belegene Risiken, die mit in der EU/im EWR nicht niedergelassenen Versicherern abgeschlossen werden), kann für ihre Auslegung der Grundsatz der richtlinienkonformen Auslegung nicht eingreifen. Für diese sog. **„überschie-ßende Gesetzgebung"**[35] gilt als Vorgabe des Gemeinschaftsrechts, dass der nationale Gesetzgeber bzw. die Gerichte alles vermeiden müssen, um die Zielsetzungen der Rechtsangleichung nicht zu gefährden[36]. Dies bedeutet etwa, dass eine eigenständige und von den Richtlinienvorgaben abweichende Auslegung der „überschießenden" Normen nicht auf die Auslegung in Fällen abfärben darf, die im Anwendungsbereich der Richtlinie liegen. Um eine daraus möglicherweise resultierende Verwirrung auszuschließen, sollte eine gespaltene Auslegung vermieden und die überschießende Gesetzgebung ebenfalls im Lichte der Zielsetzungen der Richtlinie ausgelegt werden[37].

3. E-commerce-Richtlinie

Die Richtlinie 2000/31/EG über den **elektronischen Geschäftsverkehr**[38] verwirklicht **11** in Art. 3 Abs. 1 und Abs. 2 das sog. **Herkunftslandprinzip,** wonach e-commerce-Diensteanbieter die Vorschriften ihres Niederlassungsstaates erfüllen müssen, die in den koordinierten Bereich fallen, und die anderen Mitgliedstaaten den freien Verkehr von Diensten aus einem anderen Mitgliedstaat nicht durch in den koordinierten Bereich fallende Regelungen einschränken dürfen. Unklar ist, für welche Regelungen die Richtlinie Anwendung findet, und ob und welche Auswirkungen sich für das Internationale Privatrecht ergeben. Der sog. koordinierte Bereich erstreckt sich auf Informationspflichten, formelle Anforderungen und „auf Verträge anwendbare Anforderungen" (Art. 2 lit. h i der Richtlinie), erstreckt sich aber nicht auf Dienste, die nicht im elektronischen Wege erbracht werden (lit. h, ii) und damit wohl nicht auf die Vertragsdurchführung[39]. Freilich wird im Schrifttum verbreitet davon ausgegangen, dass das gesamte Vertragsrecht erfasst ist[40]. Die Auswirkungen der Richtlinie auf das **Internationale Privatrecht** sind äußerst streitig[41]. Art. 1 Abs. 4 der Richtlinie stellt fest, dass keine zusätzlichen Regeln im Bereich des internationalen Privatrechts geschaffen werden sollen. Art. 3 Abs. 3 (i. V. m. dem Anhang) stellt klar, dass das Herkunftsprinzip nicht für die freie Rechtswahl der Parteien gilt und die kollisionsrechtlichen Regelungen in den Versicherungs-Richtlinien (Rn. 6 ff.) – nicht aber die Bestimmungen im EVÜ – sowie die vertraglichen Schuldverhältnisse in Bezug auf Verbraucherverträge unberührt bleiben sollen, was als

---

Begriff der „angemessenen Vergütung" in der Richtlinie 92/100/EWG); EuGH v. 1. 4. 2003 – Rs. C-237/02, Freiburger Kommunalbauten, Slg. 2004, I-3403, 3422 f. (Rn. 22–23); EuGH v. 14. 7. 2005 – Rs. C-192/04, Lagardère, Slg. 2005, I-7199, 7235 (Rn. 48); EuGH v. 23. 3. 2006 – Rs. C-465/04, Honyvem, Slg. 2006, I-2899, 2913 (Rn. 34 f.); EuGH v. 26. 10. 2006 – Rs. C-168/05, Mostaza Claro, Slg. 2006, I-10421 (Rn. 22).

[35] Dazu z. B. *Habersack/Mayer,* JZ 1999, 913; *Schnorbus,* RabelsZ 65 (2001), 654; *Roth,* in: *Dauner-Lieb/Konzen/Schmidt,* Das neue Schuldrecht in der Praxis (2003), S. 25 (35 f.); *Jäger,* Überschießende Richtlinienumsetzung im Privatrecht (2006); *Habersack/Meyer,* Die Problematik der überschießenden Umsetzung, in: Europäische Methodenlehre, hrsg. v. *Riesenhuber* (2006) § 15.

[36] EuGH v. 17. 7. 1997 – Rs. C-28/95, Leur Bloem, Slg. 1997, I-4161, 4201–4202 (Rn. 32); EuGH v. 17. 7. 1997 – Rs. C-130/95, Giloy, Slg. 1997, I-4291, 4303 (Rn. 28); EuGH v. 11. 10. 2001 – Rs. C-267/99, Adam, Slg. 2001, I-7467, 7492 (Rn. 27); EuGH v. 7. 1. 2003 – Rs. C-306/99, BIAO, Slg. 2003, I-1, 64 f. (Rn. 88 ff.).

[37] In der Regierungsbegründung zum Zweiten Durchführungsgesetz/EWG zum VAG finden sich keine Hinweise zu dieser Frage; BT-Dr. 11/6341, S. 38 ff.

[38] ABl. 2000 L 178/1; zum e-commerce *Moritz,* Rechts-Handbuch zum e-commerce (2005); *Gerlach,* Der freie Verkehr von Waren und Dienstleistungen im E-commerce (2006); speziell zu Versicherungsverträgen s. *Schneider,* Der Vertrieb von Versicherungen über das Internet (2004).

[39] *Borges,* S. 887, spricht von Vertragsanbahnung und Vertragsabschluss.

[40] Z. B. *Spindler,* RabelsZ 66 (2002), 633 (685).

[41] Überblick m. w. N. bei *Borges,* S. 887 ff.

Verstärkung der in Art. 1 Abs. 4 der Richtlinie getroffenen Aussage verstanden werden kann, aber auch zu dem Gegenschluss einlädt, dass für andere Bereiche des IPR das Herkunftslandsprinzip doch Auswirkungen zeitigt[42]. Der deutsche Gesetzgeber hat im Elektronischen Geschäftsverkehr-Gesetz (EGG)[43] Art. 1 Abs. 4 der Richtlinie zu Recht ernst genommen[44] und durch Art. 1 Nr. 2 b) in § 2 des TediensteG v. 22. 7. 1997[45] einen Abs. 6 mit einer inhaltsgleichen Bestimmung eingefügt, sowie in Art. 1 Nr. 4 die im Anhang der Richtlinie aufgeführten Ausnahmen zum Herkunftsprinzip in das deutsche Recht übernommen. Damit ist (über den Anhang der Richtlinie hinausgehend, aber in Übereinstimmung mit Art. 1 Abs. 4 der Richtlinie) das auf Versicherungsverträge sowie auf Pflichtversicherungen anwendbare Recht einschließlich des Rechts der Rückversicherung ohne Rücksicht auf die Belegenheit des Risikos dem Herkunftsprinzip der e-commerce Richtlinie entzogen. Bis zu einer Klärung der Tragweite der e-commerce-Richtlinie für das Kollisionsrecht durch den EuGH sind diese Regelungen im EGG beim Wort zu nehmen. Es verbleibt damit bei der Anwendung des EGBGB und des EGVVG[46].

12   Das Herkunftslandprinzip der e-commerce-Richtlinie entfaltet jedoch einen **Einfluss** auf das **Sachrecht** in der Weise, dass das durch das IPR zur Anwendung berufene Recht (des Destinationsstaates) am Maßstab des Herkunftslandrechts überprüft werden muss. Ist dieses Sachrecht mit dem Herkunftslandrecht inhaltlich identisch oder weniger streng, fehlt es an einer Beschränkung; es verbleibt dann bei der Anwendung des vom IPR berufenen Rechts. Sind hingegen einzelne Regelungen strenger oder weichen sie (in zwingender Ausgestaltung) vom Herkunftslandrecht ab, müssen sie unangewendet bleiben. Wie die hierdurch entstehende **Lücke** durch das zur Anwendung berufene Recht geschlossen wird, wird **nicht** durch die e-commerce-Richtlinie vorgeschrieben. Das anwendbare Recht kann dies durch die Formulierung einer **Ersatzregelung** (in Form einer internationalen Sachnorm) leisten, die inhaltlich dem Herkunftslandrecht entspricht[47], oder (beschränkt auf die Lückenfüllung) von sich aus (kollisionsrechtlich) auf das Herkunftslandrecht verweisen.

13   Die hier diskutierten Auswirkungen auf das Sachrecht sind im **Versicherungsvertragsrecht** jedoch nur von **beschränkter Tragweite**. Art. 1 Nr. 4 EGG nimmt zum einen den gesamten Bereich der Pflichtversicherung aus dem Anwendungsbereich des Herkunftslandprinzips (in Übereinstimmung mit der e-commerce-Richtlinie) aus; zum anderen sollen die Vorschriften für vertragliche Schuldverhältnisse in Bezug auf Verbraucherverträge vom Herkunftslandprinzip „unberührt" bleiben. Damit wird das Herkunftslandprinzip im materiellen Versicherungsvertragsrecht **nur** bei den „b2b"-Verträgen mit Versicherern aus anderen Mitgliedstaaten **relevant**.

4. Grundfreiheiten

14   **a) Allgemeines.** Die Grundfreiheiten des EG-Vertrages – hier insbesondere die Dienstleistungs- und Kapital- und Zahlungsverkehrsfreiheiten (Artt. 49, 56 EG) – setzen Vorgaben

---

[42] Soweit Art. 3 Abs. 1 der Richtlinie 2000/31/EG den Mitgliedstaat der Niederlassung dazu verpflichtet, für die Einhaltung seiner für die Dienste geltenden Vorschriften zu sorgen, folgt die Richtlinie dem Herkunftslandprinzip.

[43] V. 14. 12. 2001, BGBl. I S. 3721.

[44] Diese Norm ignorieren will *Mankowski,* ZVerglRWiss 100 (2001), 137 (138), der sie für nicht richtig durchdacht und u. U. bewusst irreführend hält, andererseits aber aufgrund von Art. 1 Abs. 4 davon ausgeht, dass der europäische Gesetzgeber im Hinblick auf die bestehenden Staatsverträge (wie das EVÜ) das internationale Vertragsrecht (stillschweigend) von der e-commerce-Richtlinie ausgenommen hat; a. A. *Spindler,* RabelsZ 66 (2002), 633 (684ff.).

[45] BGBl. I S. 1870.

[46] So i. E. *Hübner,* ZVersWiss 2001, 351 (368ff.); anders der Ansatz in der Mitteilung der Kommission, Elektronischer Geschäftsverkehr und Finanzdienstleistungen, KOM (2001), 66, S. 8.

[47] S. *Spindler,* RabelsZ 66 (2002), 633 (654); für einen solchen Ansatz *Ahrens,* CR 2000, 835 (837f.); *Hoeren/Große Ruse,* IPR und Vertragsrecht, in: Electronic Business, hrsg. v. *Lehmann* (2002), S. 301 (319 Rn. 40).

für die Ausgestaltung des sekundären Gemeinschaftsrechts[48] wie auch des nationalen Kollisions-[49] und Sachrechts[50]. Die Freiheiten werden vom EuGH als **Beschränkungsverbote** verstanden, soweit es um den Freiverkehr der (Dienst-, Kapital-) Leistungen und den Marktzutritt geht[51]. Ansonsten wenden sie sich gegen offene und versteckte **Diskriminierungen** betr. der Staatsangehörigkeit bzw. nach Herkunfts- oder Zielstaat. Der EuGH hat die Reichweite der Freiheiten von bloßen Anbieter- zu (auch) **Nachfragerfreiheiten** weiterentwickelt[52]. Eine Rechtfertigung ist durch die im EG-Vertrag genannten Schutzgüter (Artt. 46, 58 EG) und die (in der Rechtsprechung des EuGH entwickelten und anerkannten) Erfordernisse des Allgemeininteresses, wie z. B. den Verbraucherschutz, möglich, wobei der Grundsatz der Verhältnismäßigkeit zu wahren ist[53].

Kollisionsnormen können von den Freiheiten erfasst werden, wenn sie diskriminieren-   **15** den Charakter haben oder aber den Marktzutritt der Anbieter und Nachfrager ungerechtfertigt behindern[54]. Letzteres kann vor allem dann vorliegen, wenn der vom Kollisionsrecht beanspruchte internationale Anwendungsanspruch (also die geographisch-personale Verknüpfung) vom Schutzzweck (dem verfolgten Allgemeininteresse) der Sachnormen bzw. von kollisionsrechtlichen Interessen nicht ausreichend getragen wird[55]. In den Anwendungsbereich der Grundfreiheiten als Beschränkungsverbote geraten Kollisionsnormen dann, wenn sie für Anbieter wie Nachfrager marktzugangssperrenden Charakter aufweisen. Die Nachfragerfreiheit beschränkend wirkt z. B. die **Verweigerung der Rechtswahlfreiheit,** wenn und soweit der Versicherungsnehmer Versicherungsprodukte nachfragen will, die vom Versicherer nach dem Recht eines anderen Mitgliedstaates gestaltet sind[56]. Im Übrigen ist das zur Anwendung berufene **Sachrecht,** zumindest soweit es zwingender Natur ist, an der Dienstleistungs- (und ggf. auch an der Niederlassungs-)freiheit zu messen. Die Einzelheiten sind noch ungeklärt, insbesondere unter welchen Voraussetzungen einzelne zwingende Vertragsnormen als „Beschränkung" i. S. v. Art. 49 (bzw. 43) EG anzusehen sind[57]. **Produktgestaltende** Normen entfalten eine beschränkende Wirkung, soweit sie verhindern, dass auf der Grundlage ausländischen Rechts gestaltete Versicherungsprodukte nicht unverändert im Inland vertrieben werden können. Für Versicherungsschutz als Rechtsprodukt sind dies vor allem Normen, die den Umfang des versicherten Risikos, die Voraussetzungen und den Umfang der Leistungspflicht des Versicherers, die Dauer des Versicherungsschutzes, aber auch Gefahrausschlüsse etc. regeln[58]. Gesetzliche Regelungen über Überschussbeteiligungen oder Rückkaufwerte müssen sich insoweit an den Vorgaben von Artt. 43, 49 EG messen las-

---

[48] Dazu Berliner Kommentar/*Roth*, Europäisches Versicherungsrecht, Rn. 62–66; *Mortelmans,* C. M. L. Rev. 39 (2002), 1303; *Roth,* in: Handbuch, E. I. Rn. 26–27.

[49] Überblick bei Berliner Kommentar/*Roth*, Europäisches Versicherungsrecht, Rn. 58–61; *Roth,* VersR 1993, 129 (132ff.); *Körber,* Grundfreiheiten und Privatrecht (2004), S. 432ff.; Münchener Kommentar BGB/*Sonnenberger,* Einl. IPR Rn. 146ff.

[50] *Roth,* ZEuP 1994, 5; *Körber* (letzte Fn.), S. 563ff.

[51] Nachweise aus der Rspr. bei *Roth,* in: Handbuch, E. I. Rn. 86ff., 163ff.

[52] Z. B. EuGH v. 31. 1. 1984 – verb. Rs. 286/82 und 26/83, Luisi und Carbone, Slg. 1984, 377, 401 (Rn. 10); EuGH v. 28. 4. 1998 – Rs. C-158/96, Kohll, Slg. 1998, I-1931, 1945 (Rn. 29) (zu Art. 49 EG); dazu *Drasch,* S. 186f.

[53] Z. B. EuGH v. 10. 5. 1995 – Rs. C-384/93, Alpine Investments, Slg. 1995, I-1141; Nachweise aus der Rspr. bei *Roth,* in: Handbuch, E. I. Rn. 93ff., 99ff., 192ff., 199ff.

[54] Aus dem Schrifttum z. B. *Roth,* GS Lüderitz (2000), 635; *Fetsch,* S. 126ff.

[55] Z. B. EuGH v. 10. 5. 1995 – Rs. C-384/93, Alpine Investments, Slg. 1995, I-1141.

[56] *Roth,* VersR 1993, 129 (133); *Drasch,* S. 244ff.

[57] Dazu eingehend Berliner Kommentar/*Roth*, Europäisches Versicherungsrecht, Rn. 31ff. m. w. N., Rn. 42ff.

[58] Berliner Kommentar/*Roth*, Europäisches Versicherungsrecht, Rn. 43 m. w. N.; *Wördemann,* S. 280ff.; *Heimann,* Zwingender Verbraucherschutz und Grundfreiheiten im Bereich der Finanzdienstleistungen (2005); *Bürkle,* VersR 2005, 249 (250); *Roth,* Lebensversicherungen aus europäischer Perspektive, in: Bitburger Gespräche – Jahrbuch 2006/II (2007), S. 109 (123ff. m. w. N. in Fn. 59).

sen[59]. Diesen Ansatz verfolgen auch die europäischen Gerichte. In *CaixaBank France* hat der EuGH eine französische Regelung, die ein Verbot der Verzinsung von Sichteinlagen vorsah, als eine Beschränkung der Niederlassungsfreiheit gewertet, weil sie für Kreditinstitute aus anderen EG-Staaten die Erschließung des französischen Marktes erschwerte[60]. Und der EFTA-Gerichtshof sah in der norwegischen Regelung, wonach die Versicherer ihre Abschlusskosten bereits bei Vertragsschluss vollständig fordern müssen, eine Beschränkung i. S. v. Art. 33 der Richtlinie 2002/83/EG[61] – einer Norm, die inhaltsgleich in den EWR übernommen worden ist und in ihrer Tragweite Art. 49 EG entspricht[62].

16   **b) EVÜ.** Die von Art. 3 Abs. 1 EVÜ eingeräumte Rechtswahlfreiheit kollidiert nicht mit den Vorgaben der Dienstleistungsfreiheit. Die verbraucherschutzbezogene rechtswahlergänzende Anknüpfung des Art. 5 Abs. 2 EVÜ sowie die objektive Anknüpfung des Art. 5 Abs. 3 EVÜ weisen dagegen eine **marktspaltende** und damit im Anwendungsbereich der Dienstleistungsfreiheit[63] eine diese potentiell beschränkende **Wirkung** auf[64]. Die Anknüpfungen nehmen Rücksicht auf den sachrechtlichen Versicherungsnehmerschutz in den „schutzzuständigen" Rechtsordnungen und lassen sich zudem von spezifisch kollisionsrechtlichen Schutzerwägungen (angemessene Verteilung der Informationslasten und -probleme hinsichtlich unbekannten Rechts zwischen den Vertragspartnern) leiten. Als Beeinträchtigung der **Nachfragerfreiheit** genügt Art. 5 Abs. 2 EVÜ den Anforderungen an eine verhältnismäßige Regelung dadurch, dass sich die Anknüpfung auf den „passiven" Verbraucher beschränkt und im Übrigen Rechtswahlfreiheit (Art. 3 EVÜ) eingeräumt und hier beim „aktiven" Verbraucher (der Verbraucher verlässt seinen Heimatmarkt) auf eine rechtswahlergänzende Anknüpfung völlig verzichtet wird (Art. 5 Abs. 2 EVÜ). Zu den Einzelheiten der Bestimmung des Versicherungsvertragsstatuts nach dem EVÜ bzw. Artt. 27 ff. EGBGB s. Rn. 38 ff.

17   **c) Versicherungs-Richtlinien.** Die (2.) Richtlinien Schaden und Leben[65] orientieren die **objektive Anknüpfung** der Versicherungsverträge an der **Belegenheit des Risikos,** die in den Richtlinien im Einzelnen festgelegt wird[66], wobei sich diese Anknüpfung – abweichend vom EVÜ – nicht auf Verbraucherverträge beschränkt, sondern auch für Versicherungsverträge mit Unternehmen Geltung beansprucht. Wegen ihrer **marktspaltenden Wirkungen** beeinträchtigt die Anknüpfung an die Risikobelegenheit die **Dienstleistungsfreiheit** zumindest potentiell. Da die Richtlinien es aber den Mitgliedstaaten **freistellen,** Rechtswahlfreiheit zu gewähren, ist der Konflikt der objektiven Anknüpfung mit Art. 49 EG auf die **Ausgestaltung der Rechtswahlfreiheit** im mitgliedstaatlichen Recht **verlagert**[67]. Die in Art. 8 der (2.) Richtlinie 88/357/EWG Schaden vorgeschriebenen Sonderanknüpfungen im Bereich der Pflichtversicherung rechtfertigen sich durch die mit der Anordnung der Versicherungspflicht verfolgten Schutzziele. Soweit die Richtlinien (wie auch das EVÜ) den Mitgliedstaaten die Sonderanknüpfung international zwingender Normen der lex fori

---

[59] *Bürkle,* VersR 2006, 1042 (1045 f.); *Roth,* Lebensversicherungen (letzte Fn.), S. 125 f.

[60] EuGH v. 5. 10. 2004 – Rs. C-442/02, CaixaBank France, Slg. 2004, I-8951.

[61] S. oben Fn. 24.

[62] EFTA-Gerichtshof v. 25. 11. 2005, E-1/05, EFTA Surveillance Authority v. The Kingdom of Norway, Rn. 36 (das Urteil ist abrufbar unter: www.eftacourt.lu).

[63] Z. B. bei Ansässigkeit der Vertragspartner in verschiedenen Mitgliedstaaten.

[64] Dass die Mitgliedstaaten beim Abschluss völkerrechtlicher Verträge nicht gegen die Grundfreiheiten verstoßen dürfen, ist in der Rspr. des EuGH anerkannt; vgl. EuGH v. 5. 11. 2002 – Rs. C-476/98, Open Skies, Slg. 2002, I-9741; vgl. auch Art. 20 EVÜ, in dem der Vorrang des Gemeinschaftsrechts für eine spezifische Problematik vorgesehen ist.

[65] S. oben Fn. 21 und Fn. 23; Überblick über die Regelungen z. B. bei *Roth,* IPRax 1994, 165 (167).

[66] Art. 2 lit. d) der Richtlinie 88/357/EWG; Art. 2 lit. e) der Richtlinie 90/619/EWG; Art. 1 I lit. g) der Richtlinie 2002/83/EG.

[67] Dazu z. B. *Roth,* Duke J Comp Int Law 1992, 129; *ders.,* VersR 1993, 129 (139); *ders.,* Aspekte, S. 24; *Drasch,* S. 268 ff., 272.

oder drittstaatlicher Rechte erlauben, ist wiederum das nationale (Kollisions- und Sach-) Recht an den Grundfreiheiten zu prüfen[68].

Art. 28 der (3.) Richtlinie 92/49/EG Schaden[69] und Art. 33 der Richtlinie 2002/83/EG Leben[70] – vormals Art. 28 der (3.) Richtlinie 92/96/EG Leben[71] – bestimmen, dass der Mitgliedstaat, in dem das Risiko belegen ist (bei der Lebensversicherung: in dem der Versicherungsnehmer ansässig ist), „den Versicherungsnehmer nicht daran hindern" darf, einen Versicherungsvertrag mit einem in der EU/dem EWR zugelassenen Versicherer abzuschließen, „solange der Vertrag nicht im Widerspruch zu den in dem Mitgliedstaat, in dem das Risiko belegen ist, geltenden Vorschriften des Allgemeininteresses steht". Sinn und Zweck dieser Bestimmungen ist es nicht, die kollisionsrechtlichen Vorgaben der Richtlinien zu modifizieren[72], sondern das über das Kollisionsrecht zur Anwendung berufene Aufsichts-, Eingriffs-[73] und (zwingende) Privatrecht (einschließlich des Versicherungsvertragsrechts)[74] einer Kontrolle nach den Maßstäben der Dienstleistungsfreiheit (Art. 49 EG) zu unterziehen[75].

d) Deutsches Kollisionsrecht. Während das EVÜ und dementsprechend Artt. 27 ff. EGBGB (für außerhalb des EWR belegene Risiken) (auch) dem Verbraucher-Versicherungsnehmer mit gewöhnlichem Aufenthalt in einem Mitgliedstaat die Möglichkeit eröffnen, auf Märkten anderer Mitgliedstaaten und von Drittstaaten unbehindert „ausländische" Versicherungsprodukte nachzufragen, hat das EGVVG bei der Umsetzung der Versicherungsrichtlinien einen restriktiveren Kurs eingeschlagen. Dabei ist zunächst nichts dagegen einzuwenden, dass über Art. 8 i.V.m. Art. 10 Abs. 3 EGVVG für das Ausmaß der gewährten Rechtswahlfreiheit auf das Recht des jeweiligen Risikostaates verwiesen wird[76]. Sodann sieht Art. 9 Abs. 4 EGVVG für Versicherungsnehmer mit gewöhnlichem Aufenthalt oder mit Hauptverwaltung in Deutschland bei der Korrespondenzversicherung eine uneingeschränkte Rechtswahlfreiheit vor und nimmt damit auf die **Nachfragerfreiheit** des Dienstleistungsempfängers Rücksicht. Soweit es Art. 9 Abs. 4 EGVVG allerdings für die Rechtswahlfreiheit zur Voraussetzung macht, dass der Versicherer mit Sitz im Ausland weder selbst noch über Mittelspersonen das Versicherungsgeschäft im Inland betreibt, wird die Nachfragerfreiheit jedenfalls in solchen Fällen **unberechtigt** weitgehend **eingeschränkt,** in denen der Versicherungsnehmer aktiv auf dem Auslandsmarkt tätig wird (Rn. 113). Es leuchtet aus der Sicht des Versicherungsnehmerschutzes darüber hinaus wenig ein, dass schon jedwede Geschäftstätigkeit eines ausländischen Versicherers in Deutschland – gleichgültig in welcher Branche – dem Verbraucher die Möglichkeit nehmen soll, von der ihm durch Art. 49 EG gewährten Nachfragerfreiheit Gebrauch zu machen. Im Übrigen wird sich eine **Beschränkung der Rechtswahlfreiheit** um des Versicherungsnehmerschutzes willen nur dann rechtfertigen lassen, wenn der Versicherer selbst (über eine Niederlassung) oder eine Mittelsperson am konkreten Vertragsschluss mit Inlandsbezug mitwirkt[77].

---

[68] Dazu eingehend *Fetsch,* S. 146 ff. Keinen Konflikt zwischen Grundfreiheiten und den Versicherungsrichtlinien bzw. dem EVÜ sieht die Mitteilung der Kommission zu Auslegungsfragen – Freier Dienstleistungsverkehr und Allgemeininteresse im Versicherungswesen, ABl. 2000 C 43/5 (25 f.).
[69] ABl. 1992 L 228/1.
[70] ABl. 2002 L 345/1.
[71] ABl. 1992 L 360/1.
[72] So aber *Seatzu,* S. 187 f. (ohne Auseinandersetzung mit dem Schrifttum); anders aber (und wohl zutreffend) *Pearson,* in: International Insurance Contract Law in the EC, hrsg. v. *Reichert-Facilides/Jessurun d'Oliveira* (1993), S. 1 (9); *Drasch,* S. 214–222 (mit eingehender Begründung); *Roth,* VersR 1993, 129 (131).
[73] *Roth,* VersR 1993, 129 (131).
[74] S. im Text bei Rn. 15.
[75] So in der Sache EFTA-Gerichtshof v. 25. 11. 2005 (Fn. 62) Rn. 30 ff.
[76] Dessen Kollisionsrecht ist freilich an den Grundfreiheiten zu messen.
[77] I. E. *Basedow/Drasch,* NJW 1991, 785 (792); a. A. *Prölss/Martin/Prölss/Armbrüster,* Art. 9 EGVVG Rn. 10; *Staudinger/Armbrüster,* Anh. I zu Art. 37 EGBGB Rn. 58; *Kramer,* S. 208; *Gruber,* IVVR, S. 95 f.

20 Eine Beschränkung der Nachfragerfreiheit kann zudem nur aufgrund eines **konsistent** verfolgten Schutzes des Allgemeininteresses gerechtfertigt werden (s. auch Rn. 113)[78]: Mit der Unterzeichnung des EVÜ haben die BRD und die anderen Vertragsstaaten den **internationalen Anwendungsanspruch** markiert, den sie für die Durchsetzung des sach- und kollisionsrechtlichen Versicherungsnehmerschutzes bei Verträgen über außerhalb der EU/des EWR belegene Risiken beanspruchen wollen. Die in Art. 5 Abs. 2, 3 EVÜ zum Inland gegebenen Verknüpfungen umreißen die Situationen, in denen der „passive" Versicherungsnehmer bei der objektiven Anknüpfung wie auch bei der Wahl eines ausländischen Rechts eines Schutzes bedarf, während der „aktive" Versicherungsnehmer über Art. 4 Abs. 1, 2 und Art. 3 Abs. 1 EVÜ eines kollisions- und sachrechtlichen Schutzes verlustig geht und dem ausländischen Recht unterliegenden Versicherungsschutz nachfragen kann. Es gibt in der Perspektive der Grundfreiheiten keine zwingende Begründung dafür, warum im Anwendungsbereich des Richtlinien-Rechts das von der BRD in Anspruch genommene Allgemeininteresse des Versicherungsnehmerschutzes bei Verträgen über in der EU bzw. im EWR belegene Risiken zu Lasten der Nachfragerfreiheit der Versicherungsnehmer weiterreichen soll als bei außerhalb der EU bzw. des EWR belegenen Risiken. Von daher ist die in Art. 9 Abs. 4 EGVVG gewährte Rechtswahlfreiheit durch eine **grundfreiheitenkonforme Auslegung** auch auf diejenigen Fallkonstellationen zu erstrecken, in denen (bei außerhalb der EU bzw. des EWR belegenen Risiken) Art. 5 Abs. 2 EVÜ auf eine rechtswahlergänzende Anknüpfung verzichtet[79]. Ähnliche Erwägungen gelten für die Bestimmung des Kreises **schutzwürdiger Versicherungsnehmer:** Im EVÜ ist dieser Personenkreis auf Verbraucher beschränkt (und über Art. 7 Abs. 2 EVÜ auch nicht erweiterbar; Rn. 75) – mit der Folge unbeschränkter Rechtswahlfreiheit für gewerblich oder beruflich tätige Versicherungsnehmer. Diese Wertung kann bei der Ausgestaltung der Rechtswahlfreiheit durch die BRD (wie auch der anderen Vertragsstaaten des EVÜ) nicht unberücksichtigt bleiben[80] (Rn. 113): Die in Art. 9 Abs. 4 EGVVG festgelegten Beschränkungen der Rechtswahlfreiheit bei Versicherungsverträgen mit gewerblich oder beruflich tätigen Versicherungsnehmern sind als **ungerechtfertigte Beschränkung** der Dienstleistungsfreiheit anzusehen.

5. Rechtspolitische Bewertung

21 Die **kollisionsrechtlichen Vorgaben** in den **Richtlinien** und die davon abweichenden Regelungen im **EVÜ** sind von außerordentlicher **Komplexität.** Eine Würdigung und rechtspolitische Kritik[81] muss sich vor allem der Frage zuwenden, (1) ob für die Aufspaltung des Kollisionsrechts im Hinblick auf die Belegenheit der Risiken eine Notwendigkeit oder wenigstens eine rechtspolitische Rechtfertigung besteht (Rn. 22–23); und (2) ob die vor allem in Art. 7 der 2. Richtlinie Schaden gefundene Lösung für die Rechtswahlfreiheit zu überzeugen vermag (Rn. 24).

22 Die **Aufspaltung** des kollisionsrechtlichen Regimes beruht im Ausgangspunkt auf der Annahme, dass die **Dienstleistungsfreiheit** für den Binnenmarkt andere kollisionsrechtliche Lösungen erfordert als sie für Sachverhalte mit Drittstaatenbezug angemessen sind[82]. Allerdings verkehrten sich die kollisionsrechtlichen Vorschläge, die Anfang der 70er Jahre noch weitgehend an der Förderung der Dienstleistungsfreiheit (durch die Ausrichtung am Recht

---

[78] Dazu *Roth,* VersR 1993, 129 (137 f.); *ders.,* Aspekte, S. 27; skeptisch gegenüber dem Konsistenzargument in Bezug auf Staatsverträge *Basedow,* RabelsZ 59 (1995), 1 (32); Münchener Kommentar BGB/ *Martiny,* Art. 37 Rn. 58; s. auch die Diskussionsbeiträge in: Aspekte, S. 43 ff. Entgegen *Prölss/Martin/ Prölss/Armbrüster,* Art. 9 EGVVG Rn 1, geht es nicht um einen „Vorrang" der Regeln des EGBGB vor denjenigen des EGVVG, sondern um *Konsistenz* bei der Durchsetzung des Verbraucherschutzes, wenn letzterer als Allgemeininteresse bei der Anwendung von Art. 49 EG in Anspruch genommen werden soll.

[79] Die Stellungnahme zu Art. 9 Abs. 4 EGVVG in *Prölss/Martin/Prölss/Armbrüster,* Art. 9 EGVVG Rn. 10, erwähnt die Nachfragerfreiheit nicht.

[80] *Roth,* Aspekte, S. 35 f.

[81] Dazu zuletzt etwa *Heiss,* ZVersWiss 2007, 503 (506 ff.).

[82] Dazu eingehend *Roth,* IVVR, S. 689.

des Herkunftslandes) orientiert waren, im Verlaufe der fast zwei Jahrzehnte während der Diskussion nahezu in ihr Gegenteil, als für die Versicherungs-Richtlinien (jedenfalls für eine Übergangszeit bis zu einer Vereinheitlichung des Versicherungsvertragsrechts) die Belegenheit des Risikos (2. Richtlinie Schaden) bzw. der gewöhnliche Aufenthalt des Versicherungsnehmers (2. Richtlinie Leben) zu den maßgeblichen Anknüpfungspunkten erhoben wurden[83]. Die Dominanz des Anknüpfungspunkts der **Risikobelegenheit** ist aus dem Bestreben zu erklären, einen möglichst einfachen (und im französischen Recht bewährten) Anknüpfungspunkt zu verwenden, der sich (in einer Art „Metakollisionsnorm"[84]) für die Abgrenzung des Anwendungsbereichs der Versicherungsrichtlinien gegenüber dem EVÜ eignet, in einigen Bereichen zu einem Gleichlauf mit dem internationalen Versicherungsaufsichtsrecht führt, und zudem auch für die Besteuerung grenzüberschreitender Versicherungsverträge Anwendung finden kann[85]. Bei der objektiven Anknüpfung des Versicherungsvertrages ergibt ein Vergleich zwischen dem Richtlinien-Kollisionsrecht und Artt. 5 Abs. 3, 4 Abs. 2 EVÜ (für Verträge mit Verbrauchern) bzw. (nur) Art. 4 Abs. 2 EVÜ (für Verträge mit anderen Personen als Verbrauchern) indessen, dass die Richtlinien-Vorgaben **keineswegs** die Erbringung grenzüberschreitender Dienstleistungen **erleichtern.** Von daher steht einer Vereinheitlichung der objektiven Anknüpfungen nichts im Wege[86].

Die in den Richtlinien gefundene Lösung für die Einräumung der **Rechtswahlfreiheit** 23 nach Maßgabe dessen, was die nach der objektiven Anknüpfung „regelungszuständigen" Mitgliedstaaten bereit sind, als Rechtswahlfreiheit einzuräumen, signalisiert einen tiefgreifenden kollisionsrechtlichen **Wertungsdissens,** der sich in einem Verzicht auf die Formulierung eines einheitlichen Standards dokumentiert. Dienstleistungsfreiheit wird damit nur nach Maßgabe des mitgliedstaatlichen Rechts gefördert. Soweit die Richtlinien sogar darauf verzichten, Rechtswahlfreiheit zumindest in dem Umfang abzusichern wie er durch Artt. 3, 5 Abs. 2 EVÜ eingeräumt wird, ist dies vor allem damit begründet worden, dass die Richtlinien eine durch ex Art. 7 EWGV verbotene **Diskriminierung** der Versicherer mit Sitz in schutzintensiven Staaten im Hinblick auf einen zu befürchtenden **Abfluss der Nachfrage** zu Versicherern mit Sitz in weniger schutzorientierten Mitgliedstaaten vermeiden müssen[87]. Seitdem der EuGH jedoch die **Nachfragefreiheit** der Dienstleistungsempfänger im Schutzbereich des Beschränkungsverbots des Art. 49 EG sieht (Rn. 14 und Fn. 51, Rn. 19), ist die auf das Diskriminierungsverbot des ex Art. 7 EWGV gestützte Ableitung der kollisionsrechtlichen Richtlinien-Vorgaben hinfällig: Die Anerkennung der Nachfragefreiheit nimmt den Mitgliedstaaten die Möglichkeit, aus ökonomischen Gründen (Schutz der inländischen Versicherer vor Abfluss der Nachfrage) auf die unbedingte Einhaltung inländischer Standards zu bestehen. Beschränkungen der Nachfragefreiheit bedürfen insoweit der Rechtfertigung durch anerkannte Gründe des Allgemeininteresses. Daran müssen sich auch die nationalen Regelungen der Rechtswahlfreiheit messen lassen[88].

Die **Unterschiede** zwischen den in Art. 7 der 2. Richtlinie Schaden, Art. 32 Abs. 1 Satz 2, 24 Abs. 2 der Richtlinie 2002/83/EG Leben (vormals Art. 4 der 2. Richtlinie Leben) einerseits und Art. 5 Abs. 2 EVÜ andererseits gewählten Lösungen lassen sich auch **nicht** mit **Notwendigkeiten des Binnenmarkts** begründen. Zunächst muss auf den ersten Blick erstaunen,

---

[83] Nachweise bei *Roth,* IVVR, S. 682 ff.

[84] *Basedow/Drasch,* NJW 1991, 785 (787); *Fricke,* VersR 1994, 773 (774).

[85] Die Risikobelegenheit wird in der (2.) Richtlinie 88/357/EWG auch als Merkmal verwendet, um den Anwendungsbereich des Dienstleistungskapitels der Richtlinie zu umschreiben. Damit wird der geographische Anwendungsbereich abweichend von Art. 49 EG (und zum Teil enger) bestimmt, was aber bisher noch nicht zu Problemen geführt hat.

[86] Für eine Erstreckung der in Artt. 3–5 EVÜ gefundenen Lösung auf Versicherungsverträge über in der EWG belegene Risiken war der 1979 veröffentlichte Report der britischen Law Commission eingetreten; s. *The Law Commission and the Scottish Law Commission,* Private International Law, Report on the Choice of Law Rules in the Draft Non-Life Insurance Services Directive (1979), S. 35 ff., 43, 64.

[87] Zu diesem Argument *Roth,* IVVR, S. 718 f.

[88] Skeptisch insoweit Münchener Kommentar BGB/*Martiny,* Art. 37 EGBGB Rn. 58.

dass nicht die Richtlinien, sondern die Artt. 3–5 EVÜ mit ihrer weiterreichenden Rechtswahlfreiheit eine zumindest im Ansatz binnenmarktfreundlichere Lösung verwirklichen.
Dies lässt sich damit erklären, dass bei Versicherungsverträgen mit Bezug zu Drittstaaten der
als notwendig angesehene Versicherungsnehmerschutz (hier zugunsten des in den Drittstaaten ansässigen Publikums) der Steuerung durch die (drittstaatliche) **Versicherungsaufsicht**
überlassen worden ist[89], während Versicherungsaufsicht als Steuerungsinstrument für diesen
Bereich im Binnenmarkt entfallen sollte und entfallen ist. Die Richtlinien-Regelungen zielen darauf ab, eine **Diskriminierung** der Versicherer mit Sitz in Mitgliedstaaten, die intensiven privatrechtlichen Versicherungsnehmerschutz verfolgen, im Wettbewerb um inländische
Kunden **zu vermeiden**[90], versuchen insoweit für ein level playing field zu sorgen und überlassen es deshalb den Mitgliedstaaten der Risikobelegenheit, Rechtswahlfreiheit zu gewähren, auszuschließen oder zu beschränken. Die Anerkennung der **Nachfragerfreiheit** durch
den EuGH (oben Rn. 14, 19 und 23) hat diesem Konzept, das die unterschiedliche Ausgestaltung der Rechtswahlfreiheit in den Rechten der Mitgliedstaaten erklärt, weitestgehend den
Boden entzogen[91].

6. Reform

25   Einer **Vereinheitlichung** – und einer Vereinfachung – der **IPR-Regelungen** steht nichts
im Wege[92]. Die Chance dazu ist aber – derzeit – versäumt worden: Die am 6. 6. 2008 vom
Rat endgültig verabschiedete und auf nach dem 17. 12. 2009 abgeschlossene Versicherungsverträge anzuwendende Rom I-VO (oben Rn. 5) belässt es in Art. 7 bei der Übernahme des
Richtlinien-Kollisionsrechts – allerdings ohne Begrenzung auf in der EG belegene Risiken.
Für eine künftige, bereits jetzt in Aussicht genommene[93] Überprüfung des Art. 7 Rom I-VO
böten sich die folgenden Regelungen an:[94] Es sind allseitige Kollisionsnormen zu schaffen,
die die Bestimmung der Versicherungsnehmer, die als schutzbedürftig anzusehen sind, dem
objektiv anzuknüpfenden Schutzstatut (Wohnsitz bzw. Niederlassung des Versicherungsnehmers) überlassen. Für die Mitgliedstaaten der EU (oder des EWR) ist der Kreis der schutzbedürftigen Versicherungsnehmer an den (u. U. zu modifizierenden) Vorgaben des Art. 14
EuGVO zu orientieren. Kommt das Schutzstatut nicht zur Anwendung, kann es bei einer
Regelung wie in Art. 4 Abs. 2 EVÜ bleiben (Maßgeblichkeit des Rechts des Staates, in der
der charakteristisch Leistende – der Versicherer – seine Niederlassung hat). Die individualvertragliche Rechtswahl sollte (in Abweichung vom EVÜ) von einer rechtswahlergänzenden
Anknüpfung zwingender Schutznormen befreit, die Rechtswahl in AVB einer Missbrauchskontrolle unterworfen werden. Für die Pflichtversicherung sind eigenständige Anknüpfungen zu schaffen.

---

[89] Zu diesem Zusammenwirken (oder auch Rollenverteilung) zwischen IPR und Versicherungsaufsicht
s. *Roth*, IVVR, S. 169 ff., 173 ff., 187 ff.

[90] Nach dem Konzept des EVÜ können Unternehmen mit Sitz in Deutschland beim Abschluss von
Verträgen mit Partnern, die auch in Deutschland ansässig sind, (allen) zwingenden Normen des deutschen Rechts nicht entkommen (Art. 3 Abs. 3 EVÜ), während ausländische Unternehmen bei marktbe-
zogener Tätigkeit in Deutschland nur mit den verbraucherschützenden Normen rechnen müssen (Art. 5
Abs. 3 EVÜ). Verzichten ausländische Unternehmen auf eine Absatztätigkeit in Deutschland, kommen
bei Verträgen mit (hier „aktiven") Partnern, die im Ausland nachfragen, deutsche zwingende Normen
des Vertragsrechts nicht zur Anwendung.

[91] Dazu *Roth*, VersR 1993, 129.

[92] Zu Vorschlägen aus dem Schrifttum *Roth*, FS E. Lorenz (2004), S. 631 (640 ff.); *Basedow/Scherpe,* Das
internationale Versicherungsvertragsrecht und „Rom I", in: FS Heldrich (2005), S. 511; *Fricke,* VersR
2006, 745; *Max Planck Institute for Comparative and International Private Law,* RabelsZ 71 (2007), 225
(277 f.); *Heiss,* ZVersWiss 2007, 503 (526 ff.).

[93] Erklärung des Rates und der Kommission zu dem auf Versicherungsverträge anzuwendenden Recht
v. 7. 4. 2008, CODEC 388 JUSTCIV 55.

[94] *Roth,* FS E. Lorenz (2004), S. 631 (657 f.).

IV. Intertemporales Kollisionsrecht

Für die **intertemporale Bestimmung** des für den Versicherungsvertrag maßgeblichen **26** Kollisionsrechts[95] stellt Art. 220 Abs. 1 EGBGB darauf ab, ob es sich um einen „abgeschlossenen Vorgang" handelt. Diese Norm gilt für Verträge, die in den räumlichen Anwendungsbereich des IPRG von 1986 fallen und damit Risiken betreffen, die außerhalb der EWG belegen sind. Übergangsregelungen zu den Artt. 7 ff. EGVVG fehlen. Doch ist Art. 220 Abs. 1 EGBGB generalisierbar und auch dort (analog) anzuwenden, wo es an intertemporalen Kollisionsregeln fehlt. Problematisch bei der Anwendung des Art. 220 Abs. 1 EGBGB ist die Deutung dessen, was als **„abgeschlossener Vorgang"** anzusehen ist. Die h. L. stellt insoweit allein auf den **Vertragsschluss** ab und will das zum Zeitpunkt des Vertragsschlusses geltende Kollisionsrecht zur Anwendung bringen[96]. Negiert wird damit der (zumeist bestehende) Charakter des Versicherungsvertrages als **Dauerschuldverhältnis.** Die Gegenposition betont gerade diesen Charakter und will deshalb das jeweils neue Kollisionsrecht seit dem Zeitpunkt seines Inkrafttretens anwenden[97].

Stellungnahme: Art. 220 Abs. 1 EGBGB regelt die Frage für Verträge, bei denen die **27** Leistungen nach Inkrafttreten des neuen Rechts erbracht werden sollen, wie auch für Dauerschuldverhältnisse nicht in eindeutiger Weise. Der Begriff des „abgeschlossenen Vorgangs" ist kollisionsrechtlich zu verstehen[98]; d. h. es kommt darauf an, ob das anzuwendende Sachrecht zum maßgebenden Zeitpunkt (hier: 1. 9. 1986) als unwandelbar angeknüpft anzusehen ist[99]. Die Entscheidung darüber trifft nach wohl richtiger Ansicht das neue Kollisionsrecht[100]. Während Art. 27 Abs. 2 EGBGB für die Rechtswahl Wandelbarkeit vorsieht, legt sich Art. 28 Abs. 1 EGBGB nicht fest. Dagegen legen die Vermutungen der Art. 28 Abs. 2–4 EGBGB sowie die Ausweichklausel die objektive Anknüpfung unwandelbar auf den Zeitpunkt des Vertragsabschlusses fest. Daraus wird man für Art. 220 Abs. 1 EGBGB folgern müssen, dass es für die Anwendung des alten bzw. neuen Kollisionsrechts jedenfalls grundsätzlich auf den **Zeitpunkt des Vertragsschlusses** ankommt. Für eine solche Lösung spricht, dass die Vertragspartner beim Abschluss des Vertrages die Rechtsanwendungsfrage bedenken (sollten) und den Vertragsinhalt entsprechend ausgestalten. Die Verwendung von (Allgemeinen und Besonderen) Versicherungsbedingungen basiert zumeist auf einem für anwendbar erwarteten Recht (ohne dass die Parteien eine Rechtswahl treffen müssten). Ein späterer Statutenwechsel widerspricht insoweit berechtigten Parteierwartungen[101] und mag insbesondere dazu führen, dass Vertragsinhalt und Vertragsrecht nicht miteinander harmonieren.

Der Zeitpunkt des Vertragsabschlusses sollte auch bei **Dauerschuldverhältnissen** maßge- **28** bend sein[102]. Zwar wird für längerfristig abgeschlossene Versicherungsverträge vielfach argumentiert, dass bei Maßgeblichkeit des Zeitpunkts des Vertragsabschlusses die Geltung des neuen, vom Gesetzgeber als sachgerecht konzipierten Kollisionsrechts zu weit hinausgeschoben werde[103]. Indessen wird dieses Ergebnis auf Kosten eines möglichen Statutenwechsels erreicht, der den Parteierwartungen widerspricht. Einzuräumen ist, dass in den Fällen einer

---

[95] Für das Sachrecht enthalten Artt. 1 ff. EGVVG n. F. intertemporale Regeln.

[96] *Prölss/Martin/Prölss/Armbrüster,* Vor Art. 7 EGVVG Rn. 6; *Soergel/von Hoffmann,* Art. 37 EGBGB Rn. 73; *Uebel,* S. 96 f.

[97] Berliner Kommentar/*Dörner,* Vorbem. Art. 7 EGVVG Rn. 25–28; ihm folgend *Staudinger/Armbrüster,* Anh. I zu Art. 37 EGBGB Rn. 4.

[98] Str., vgl. *Palandt/Heldrich,* Art. 220 EGBGB Rn. 2.

[99] BGH v. 11. 5. 1994, NJW 1994, 2360.

[100] *Palandt/Heldrich,* Art. 220 EGBGB Rn. 3.

[101] *Staudinger/Armbrüster,* Anh. I zu Art. 37 EGBGB Rn. 4, will dem nur geringes Gewicht beimessen; ebenso etwa Münchener Kommentar BGB/*Martiny,* vor Art. 27 EGBGB Rn. 45.

[102] *Palandt/Heldrich,* Art. 220 EGBGB Rn. 4.

[103] Z. B. Berliner Kommentar/*Dörner,* Vorbem. Art. 7 EGVVG Rn. 25; *Staudinger/Armbrüster,* Anh. I zu Art. 37 EGBGB Rn. 4; i. E. ebenso BAG v. 29. 10. 1992, IPRax 1994, 123, zu Arbeitsverträgen. Weitere Nachweise zum Streitstand bei *Palandt/Heldrich,* Art. 220 EGBGB, Rn. 4.

Vertragsänderung oder einer (auch automatischen) Vertragsverlängerung Probleme auftauchen können, weil diese Fragen an und für sich dem nach altem Kollisionsrecht zu ermittelnden, den Vertrag bisher beherrschenden Sachrecht unterstehen. M. E. wird man diese Fälle für Zwecke des Art. 220 Abs. 1 EGBGB mit einem neuen Vertragsschluss gleichsetzen und den Vertrag nach neuem Kollisionsrecht beurteilen können.

29   Bei der kollisionsrechtlichen Beurteilung von Versicherungsverträgen ist für die **intertemporale** Dimension wie folgt zu differenzieren:

1. Die (ganz überwiegend) **nicht kodifizierten Rechtsgrundsätze,** die sich in der Rechtsprechung zum Internationalen Vertragsrecht herausgebildet hatten (dazu Rn. 30 ff.), gelten
   a) für alle **vor** dem Inkrafttreten des IPR-Reformgesetzes am 1. 9. 1986 abgeschlossenen Versicherungsverträge (vgl. Art. 220 Abs. 1 EGBGB) sowie
   b) (wegen Art. 37 Nr. 4 EGBGB) für alle Direktversicherungsverträge mit Ausnahme der Lebensversicherung über innerhalb der EG belegene Risiken, wenn sie **vor** dem 1. 7. 1990 geschlossen worden sind[104], sowie
   c) für Lebensversicherungsverträge über innerhalb der EG belegene Risiken, wenn sie **vor** dem 29. 7. 1994[105] abgeschlossen worden sind.

2. Die **Artt. 27 ff. EGBGB** (dazu Rn. 38 ff.) gelten
   a) für seit dem 1. 9. 1986 abgeschlossene Rückversicherungsverträge, sowie
   b) für Direktversicherungsverträge (mit Ausnahme der Lebensversicherung) über Risiken, die außerhalb der EWG belegen sind, wenn sie zwischen dem 1. 9. 1986 und dem 28. 7. 1994 abgeschlossen worden sind;
   über Risiken, die außerhalb des EWR belegen sind, wenn sie seit dem 29. 7. 1994 abgeschlossen worden sind;
   c) für Lebensversicherungsverträge
      (1) über Risiken, die außerhalb der EWG belegen sind, wenn sie zwischen dem 1. 9. 1986 und dem 28. 7. 1994 abgeschlossen worden sind;
      (2) über Risiken, die außerhalb des EWR belegen sind, wenn sie seit dem 29. 7. 1994 abgeschlossen worden sind.

3. Die **Artt. 7 ff. EGVVG** (Rn. 80 ff.) greifen in allen übrigen Fällen ein, also insbesondere
   a) für alle Direktversicherungsverträge (mit Ausnahme der Lebensversicherung)
      (1) über innerhalb der EWG/EU belegene Risiken, wenn sie seit dem 1. 7. 1990 geschlossen worden sind;
      (2) (im Übrigen) über innerhalb des EWR belegene Risiken, wenn sie seit dem 29. 7. 1994 geschlossen worden sind;
   b) für alle Lebensversicherungsverträge über innerhalb des EWR belegene Risiken, soweit diese Verträge seit dem 29. 7. 1994 abgeschlossen worden sind.

B. Alte Rechtslage

I. Die Anknüpfungsregeln

30   Nach altem, nicht kodifiziertem Recht (zu dessen intertemporalen Anwendungsbereich s. Rn. 29) ist als primärer Anknüpfungspunkt die kollisionsrechtliche **Rechtswahlfreiheit** bei Verträgen mit Auslandsberührung in der Rspr. seit langem anerkannt[106] (zum Zusammenspiel

---

[104] H. L., z. B. Berliner Kommentar/*Dörner,* Vorbem. Art. 7 EGVVG Rn. 12; *Prölss/Martin/Prölss/Armbrüster,* Vor Art. 7 EGVVG Rn. 23; *Reichert-Facilides,* IPRax 1990, 1 (8 f.). Für diese Fallgruppe wird freilich auch eine analoge Anwendung der Art. 27 ff. EGBGB erwogen; z. B. *Soergel/von Hoffmann,* Art. 37 EGBGB Rn. 74; *Fricke,* VersR 1994, 773 (782), will dabei der Risikobelegenheit (im Vorgriff auf Art. 7 EGVVG) im Rahmen des Art. 28 Abs. 1 EGBGB besondere Bedeutung zumessen.

[105] Vgl. Drittes Durchführungsgesetz/EWG zum VAG vom 21. 7. 1994, BGBl. I S. 1630.

[106] BGH v. 11. 2. 1953, BGHZ 9, 34 (37); weitere Nachweise aus der Rspr. und dem Schrifttum bei *Roth,* IVVR, S. 46 (Fn. 24 und 25).

mit der Versicherungsaufsicht s. Rn. 32). Rechtswahlklauseln haben eher selten Verwendung gefunden; die Rspr. hat eine konkludente Rechtswahl ausreichen lassen; als wichtige Indizien dafür sind der Verweis in den Vertragsbedingungen auf ausländische oder inländische Gesetze (z. B. VVG), ihre Abstimmung im Wortlaut, die Vereinbarung eines ausschließlichen Gerichtsstands wie auch die Vereinbarung eines gemeinsamen Erfüllungsortes gewertet worden[107]. Die einseitige Stellung einer Rechtswahlklausel in den AVB durch den Versicherer ist im Hinblick auf das Vorliegen einer Rechtswahlvereinbarung nicht näher problematisiert worden[108]. Das Zustandekommen des Rechtswahlvertrags richtet sich nach dem für den Hauptvertrag in Aussicht genommenen Recht, wobei bei Rechtswahlklauseln in AVB bei Verbraucherverträgen seit dem Inkrafttreten des AGB-Gesetzes am 1. 7. 1976 § 12 AGBG a. F. zu berücksichtigen ist[109]. Nach altem Recht ist die Rechtswahl beschränkt durch ein **„berechtigtes Interesse"** an der Rechtswahl[110]. Seit Inkrafttreten des AGB-Gesetzes am 1. 4. 1977 wurde gem. **§ 10 Nr. 8 AGBG** a. F. bei Verbraucherverträgen für die Abwahl deutschen Rechts in AGB ein „berechtigtes Interesse" verlangt. Diese Norm ist mit Inkrafttreten des IPR-Gesetzes zum 29. 7. 1986 wieder außer Kraft gesetzt worden. Die h. L. hat § 10 Nr. 8 AGBG a. F. als bloße Kodifizierung der schon bisher geltenden allgemeinen Grundsätze angesehen[111] und damit verkannt, dass es in § 10 Nr. 8 AGBG a. F. um einen **verbraucherspezifischen Schutz** gegenüber einer einseitigen Verschiebung der Informationslasten zu Ungunsten des Verbrauchers bei Massenverträgen gegangen ist[112]. Im Übrigen ist – in Anlehnung an den hinter § 12 AGBG a. F. stehenden Schutzgedanken – für eine (allseitige) **rechtswahlergänzende (Sonder-) Anknüpfung** der versicherungsnehmerschützenden Bestimmungen des Marktrechts plädiert worden[113].

Als subsidiäre objektive Anknüpfungsregel hat die Rspr.[114] unter Beifall der h. L.[115] das sog. **31** **Betriebsstatut** angewendet, bei dem der Versicherungsvertrag dem Recht am Sitz des Versicherers bzw. seine Niederlassung unterstellt wird. Unter dem Eindruck verbraucher- und europarechtlicher Gesichtspunkte setzte in den 70er Jahren zunehmend Kritik am Betriebsstatut ein[116], die in dem Vorschlag[117] mündete, Versicherungsverträge mit branchenunkundigen Versicherungsnehmern dem **Marktstatut** (das auch über die Branchen(un)kundigkeit entscheidet) zu unterstellen, ansonsten das Betriebsstatut anzuwenden. Für **Rückversicherungsverträge** ist nach ganz h. L. der Niederlassungsort des Erstversicherers maßgebend[118].

Die praktische Tragweite der Kollisionsnormen **Rechtswahlfreiheit** und **Betriebsstatut** **32** erschließt sich erst, wenn man sie in ihrem **Zusammenspiel mit der Versicherungsaufsicht** über ausländische Versicherer analysiert[119]. Vor der Umsetzung der Versicherungsrichtlinien unterwarf die deutsche Versicherungsaufsicht alle ausländischen Versicherer (mit Aus-

---

[107] Nachweise aus der Rspr. bei *Roth*, IVVR, S. 47 f. (Fn. 29–32), 567 f.

[108] Nachweise bei *Roth*, IVVR, S. 48 (Fn. 33).

[109] S. dazu *Roth*, IVVR, S. 533 f. (wo allerdings eine abweichende Position für Verträge mit branchenunkundigen Versicherungsnehmern bezogen wird: Prüfung des Verweisungsvertrages am Maßstab des Marktstatuts).

[110] Dazu näher *Roth*, IVVR, S. 448 f.

[111] Repräsentativ: *Kegel*, IPR, 4. Aufl. (1977), S. 290. Weitere Nachweise bei *Roth*, IVVR, S. 450 (Fn. 87).

[112] Eingehend dazu *Roth*, IVVR, S. 451 ff.

[113] *Roth*, IVVR, S. 496 ff.

[114] BGH v. 24. 3. 1955, BGHZ 17, 74 (76 f.); w. N. bei *Roth*, IVVR, S. 55 (Fn. 91) und S. 56 (Fn. 92–99).

[115] Nachweise bei *Roth*, IVVR, S. 56 (Fn. 100).

[116] *Kropholler*, RabelsZ 42 (1978), 634 (644); *Steindorff*, FS v. Caemmerer (1978), S. 761 (778); *Steindorff*, ZHR 144 (1980), 450.

[117] *Roth*, IVVR, S. 357–432, 590–595.

[118] *Roth*, IVVR, S. 580–590 m. N. aus Rspr. und Schrifttum und einem Überblick über abweichende Ansichten (akzessorische Anknüpfung an das für den Erstversicherungsvertrag geltende Recht; Sitz/Niederlassung des Rückversicherers).

[119] Dazu eingehend *Roth*, IVVR, S. 169 ff.

nahme der Rückversicherer), die im Inland über Vermittler Geschäfte betrieben, dem Zwang, eine Niederlassung zu etablieren, einen Vertreter mit umfassender Vollmacht zu bestellen und alle Geschäfte mit inländischen Kunden über die Niederlassung abzuschließen. Heute gilt dies nur mehr für Unternehmen mit Sitz in Drittstaaten. In der Sache hat das **Betriebsstatut** zu einer weitestgehenden Anwendung deutschen Rechts auf Verträge mit Versicherungsnehmern, die in Deutschland ansässig sind, geführt. Die Ausübung der Rechtwahlfreiheit hat die Versicherungsaufsicht bei der Genehmigung des Geschäftsplans (bei der auch die verwendeten AVB kontrolliert worden sind) zugunsten des inländischen Publikums gesteuert: AVB-Klauseln, in denen auf ausländisches Recht verwiesen wurde, sind für die Tätigkeit der Niederlassungen ausländischer Versicherer offensichtlich nicht genehmigt worden[120]. Im Übrigen mussten die AVB in deutscher Sprache abgefasst und mit dem VVG übereinstimmend gestaltet werden; sie durften keine Klauseln enthalten, die als Indiz für eine Wahl ausländischen Rechts herhalten konnten (wie ausschließlicher ausländischer Gerichtsstand oder gemeinsamer Erfüllungsort im Ausland). Rechtswahlfreiheit bedeutete für ausländische Versicherer, für ihren Geschäftsbetrieb in Deutschland das nach der objektiven Anknüpfung („Betriebsstatut") maßgebende Recht wählen zu können. Soweit die ausländische Versicherungsaufsicht für die Geschäftstätigkeit deutscher Versicherer im betroffenen Ausland zu ähnlichen Steuerungsinstrumenten greift, kommt auf die von deutschen Versicherern geschlossenen Verträge ausländisches Recht zur Anwendung.

II. Reichweite des Vertragsstatuts

33 Bei Anwendung alten Rechts ist das durch die Rechtswahl bzw. das Betriebsstatut bestimmte Recht – vorbehaltlich der unter Rn. 34–37 zu treffenden Einschränkungen – maßgebend für Zustandekommen, Inhalt und Wirkungen des Vertrags, Erfüllung der Haupt- und Nebenpflichten, Auslegung und Verjährung. Für Formfragen ist Art. 11 EGBGB a. F. anwendbar, für die Geschäftsfähigkeit Artt. 7, 12 EGBGB a. F.

III. Einzelfragen

34 Im Bereich der **Pflichtversicherung** haben seit jeher **verwaltungsrechtliche Kontrollinstrumente** eine entscheidende Rolle gespielt. Wo ein Zwang zur Inlandsdeckung besteht, kommt inländisches Recht über die in Rn. 30–31 beschriebenen Anknüpfungen zur Anwendung[121]. Bei der Versicherung im Ausland zugelassener Luft- und Landfahrzeuge führt das Betriebsstatut zu ausländischem Versicherungsvertragsrecht. Inländische Schutzinteressen werden etwa bei der Luftunfallversicherung durch eine **Versicherungsbescheinigung** des Versicherers (mit qualifiziertem Inhalt)[122] und bei der Kfz-Haftpflichtversicherung durch das System der Grünen Karte abgesichert[123].

35 Parallel dazu sind **drittschützende Normen** wie z. B. § 3 PflichtVG a. F. oder §§ 102 ff., 158 b ff. VVG a. F. (Unfallopfer; Hypothekengläubiger) im Wege der Sonderanknüpfung unabhängig vom Vertragsstatut anzuwenden, soweit es um die (Pflicht-) Versicherung inländischer Risiken geht. Diese Sonderanknüpfung ist von besonderer Bedeutung dort, wo auf eine Inlandsdeckung verzichtet und damit ein ausländischem Recht unterstehender Versicherungsschutz (der Risiken in mehreren Staaten abdecken mag) als ausreichend angesehen wird. Diese Sonderanknüpfung ist allseitig in dem Sinne ausgestaltet, dass bei Deckung ausländischer Risiken, die der Versicherungspflicht unterliegen, eine an der Belegenheit des gedeckten Risikos orientierte Anwendung ausländischer Pflichtversicherungsnormen vorzunehmen ist[124].

---

[120] *Roth,* IVVR, S. 85; *Reichert-Facilides,* IPRax 1990, 1 (2); *E. Lorenz,* Zum neuen IVR, S. 339 f.
[121] *Roth,* IVVR, S. 600.
[122] *Roth,* IVVR, S. 602; zur kollisionsrechtlichen Bedeutung der Versicherungsbescheinigung S. 612 ff.
[123] *Roth,* IVVR, S. 603 ff., 614 ff.
[124] Dazu z. B. *Wördemann,* S. 167 ff.

Die Rechtsfolgen einer **Doppelversicherung** unterstehen dem jeweiligen Vertragsstatut. 36
Unterliegen alle Versicherungsverträge deutschem Recht, besteht Gesamtschuld mit Ausgleichspflicht (§ 59 Abs. 1, Abs. 2 Satz 1 VVG a. F.; § 78 Abs. 1, 2 VVG: Mehrfachversicherung). Trifft deutscher Versicherungsschutz mit ausländischem Versicherungsschutz zusammen, bestimmt § 59 Abs. 2 Satz 2 VVG a. F., dass der Versicherer, der einen ausländischem
Recht unterstehenden Vertrag abgeschlossen hat, einen Ausgleichsanspruch nur geltend machen kann, wenn das ausländische Recht einen solchen Ausgleichsanspruch kennt.

Drittberechtigungen (z. B. Ansprüche des Versicherten) unterstehen grundsätzlich dem 37
Versicherungsvertragsstatut. Der **Direktanspruch** Dritter (action directe)[125] in der Haftpflichtversicherung (außerhalb der Pflichthaftversicherung) ist deliktisch (als „Anhängsel" des
Deliktsanspruchs gegen den Schädiger) zu qualifizieren[126] und besteht daher nur, wenn das
maßgebliche Deliktsstatut einen solchen Anspruch gibt (und der Versicherungsvertrag für
dieses Land Deckung vorsieht). Dieses Recht entscheidet über die Passivlegitimation des Versicherers sowie damit zusammenhängende Fragen wie Verjährungsfristen und Obliegenheiten bei der Geltendmachung[127] sowie über Höchstsummen. Dem Versicherungsvertragsstatut
obliegt hingegen die Beurteilung des Zustandekommens und des Inhalts des Vertrags einschließlich der Einwendungen des Versicherers. Mit Wirkung vom 1. 9. 1999 hat Art. 40
Abs. 1, 2 EGBGB das Deliktsstatut kodifiziert (und modifiziert)[128]. Art. 40 Abs. 4 EGBGB
sieht für die Direktklage nun eine alternative Anwendung des Delikts- oder Vertragsstatuts
vor[129].

C. EGBGB: Rückversicherungsverträge; Versicherungsverträge über *außerhalb* der EU oder des EWR belegene Risiken

I. Allgemeines

Mit dem am 1. 9. 1986 in Kraft getretenen IPR-Gesetz sind für Direktversicherungsver- 38
träge über **außerhalb der EWG bzw. des EWR** belegene Risiken (vgl. Art. 37 Nr. 4
EGBGB) sowie für **Rückversicherungsverträge** ganz allgemein die Vorgaben des (damals
noch nicht in Kraft getretenen) EVÜ in das deutsche Recht transformiert worden (zu intertemporalen Fragen des Kollisionsrechts s. Rn. 26–29). Damit ist das bis dahin unkodifizierte
Internationale Vertragsrecht im Allgemeinen und das Internationale Versicherungsvertragsrecht im Besonderen zum ersten Mal gesetzlich geregelt und zugleich europäisiert worden.
Die **Artt. 27 ff. EGBGB** sind im Lichte des EVÜ und der Auslegungspraxis in den anderen
Vertragsstaaten auszulegen, **Art. 36 EGBGB** (dazu Rn. 4).

1. Bestimmung der Risikobelegenheit bei Direktversicherungsverträgen

Art. 37 Nr. 4 EGBGB schließt nach der Vorgabe des Art. 1 Abs. 3 EVÜ die Anwendung 39
der Artt. 27–36 EGBGB für Direktversicherungsverträge aus, die **in der EU** oder **im EWR
belegene Risiken** decken. Diese geographische Selbstabgrenzung beruht auf der Vorgabe
des Art. 1 Abs. 3 EVÜ, die allerdings auf eine nähere Begriffsbestimmung verzichtet und statt
dessen – abweichend vom Grundsatz der vertragsautonomen Auslegung – für die nähere Bestimmung der Belegenheit des Risikos die lex fori für maßgeblich hält[130]. Der Begriff der
Risikobelegenheit hatte bis zum Inkrafttreten des Art. 37 Nr. 4 EGBGB im deutschen Kolli-

---

[125] Dazu *Roth*, IVVR, S. 643 ff.; *Mansel*, Direktansprüche gegen den Haftpflichtversicherer (1986).

[126] BGH v. 23. 11. 1971, BGHZ 57, 265 (270); BGH v. 28. 10. 1992, BGHZ 120, 87 (89).

[127] *Roth*, IVVR, S. 645.

[128] Ab dem 11. 1. 2009 ist die Verordnung (EG) Nr. 864/2007 des Europäischen Parlaments und des
Rates v. 11. 7. 2007 über das auf außervertragliche Schuldverhältnisse anzuwendende Recht („Rom-
II"), ABl. 2007 L 199/40, anzuwenden.

[129] S. *Gruber*, VersR 2001, 16. S. künftig Art. 18 der Verordnung Nr. 864/2007 (letzte Fn.).

[130] Art. 37 Nr. 4 EGBGB wiederholt – wenig geglückt formuliert – diese Anweisung, statt eine Definition der Belegenheit zu liefern.

sionsrecht keine Rolle gespielt[131]. Die folgenden Grundsätze gelten für alle Direktversicherungsverträge mit Ausnahme der Lebensversicherung, die zwischen dem 1. 9. 1986 und dem 30. 6. 1990, und für Lebensversicherungsverträge, die zwischen dem 1. 9. 1986 und dem 28. 7. 1994 abgeschlossen worden sind (s. oben Rn. 29): Da der Verweis auf die lex fori nicht auf das Kollisionsrecht beschränkt ist, können Ansätze aus dem Aufsichtsrecht, etwa § 107 VAG[132], sowie aus dem Recht der Pflichtversicherung herangezogen werden[133]. Abzustellen ist auf den **Schwerpunkt des versicherten Interesses**[134], der sich bei Immobilien mit ihrer Belegenheit, bei Personenversicherungen mit dem gewöhnlichen Aufenthalt des Versicherungsnehmers und bei Pflichtversicherungen mit dem Staat, für den die Deckung genommen werden soll, umschreiben lässt. Irrelevant ist wegen seiner Zufälligkeit der Ort des Schadenseintritts; er kann auch deswegen keine Rolle spielen, weil er im Zeitpunkt des Vertragsschlusses noch gar nicht feststeht[135].

40   Für Direktversicherungsverträge mit Ausnahme der Lebensversicherung enthält das am 1. 7. 1990 in Kraft getretene **EGVVG** in Art. 7 Abs. 2 (Text in Rn. 87) eine **Konkretisierung** der Belegenheit des Risikos (bezogen auf die Mitgliedstaaten der EU, seit dem 29. 7. 1994 auch für die Vertragsstaaten des EWR), die die Vorgaben des Art. 2 lit. d der Richtlinie 88/357/EWG umsetzt. Diese **Definition der Risikobelegenheit** bezieht sich zwar auf die Anwendung der Artt. 8–15 EGVVG (zu den Einzelheiten s. unten Rn. 87), sie hat aber Bedeutung auch für Art. 37 Nr. 4 EGBGB[136]: Zum einen kennt deutsches Recht, auf das Art. 1 Abs. 3 EVÜ insoweit verweist, damit spezielle Regeln für die Risikobelegenheit[137]. Zum anderen bedarf es einer konfliktfreien Abgleichung des Anwendungsbereichs des EVÜ und der Umsetzungsbestimmungen zur Richtlinie 88/357/EWG: Soweit gem. Art. 20 EVÜ den Richtlinien der Gemeinschaft Vorrang zukommt, muss Art. 37 Nr. 4 EGBGB so ausgelegt werden, dass es nicht zu Überschneidungen im Anwendungsbereich kommt. Im Übrigen ist die Einschränkung im Anwendungsbereich des EVÜ von einer Rücksichtnahme auf die Ausarbeitung der Versicherungs-Richtlinien geprägt[138], die eine Zurückhaltung in der Anwendung des EVÜ nur erfordert, soweit der Anwendungsanspruch der Richtlinien reicht. Zur Frage der sog. Mehrfachbelegenheit s. Rn. 44.

2. Die Anknüpfungen im Überblick

41   Primärer Anknüpfungspunkt im deutschen Internationalen Vertragsrecht ist die **Rechtswahl** der Vertragspartner (Rn. 46 ff.), die ausdrücklich oder stillschweigend erfolgen kann (Rn. 48). Fehlt es an einer Rechtswahl, greift als objektive Anknüpfung das in Art. 28 Abs. 1 EGBGB formulierte Prinzip der Maßgeblichkeit der **„engsten Verbindungen"** ein, das durch die Vermutung des Art. 28 Abs. 2 EGBGB zugunsten der Anwendbarkeit des Rechts

---

[131] *Roth,* IVVR, S. 389, 390 m. N. aus der Rspr. in Fn. 123; i. E. übereinstimmend Berliner Kommentar/*Dörner,* Vorbem. Art. 7 EGVVG Rn. 11.

[132] Umschreibung der inländischen Belegenheit des Risikos durch die Kriterien „gewöhnlicher Aufenthalt" des Versicherungsnehmers und Belegenheit des Grundstücks; vgl. *Roth,* IVVR, S. 390 (dort Fn. 125).

[133] Überblick bei *Roth,* IVVR, S. 607 ff.

[134] *Staudinger/Armbrüster,* Anh. I zu Art. 37 EGBGB Rn. 7, der die Konkretisierung wohl auch für die Zeit zwischen dem 1. 8. 1986 und dem 30. 6. 1990 aus Art. 7 Abs. 2 EGVVG gewinnen will. Dem ist indessen entgegen zu halten, dass eine solche Vorwirkung kaum zu begründen ist.

[135] *Prölss/Martin/Prölss/Armbrüster,* Vor Art. 7 EGVVG Rn. 8.

[136] Einhellige Meinung; z. B. *von Bar,* IPR II BT, Rn. 458; *Basedow/Drasch,* NJW 1991, 785 (787); *Fricke,* VersR 1994, 773 (774); *Prölss/Martin/Prölss/Armbrüster,* vor Art. 7 EGVVG Rn. 8; Berliner Kommentar/*Dörner,* Vorbem. Art. 7 EGVVG Rn. 11; Münchener Kommentar BGB/*Martiny,* Art. 37 EGBGB Rn. 186; *Reithmann/Martiny/Schnyder,* Rn. 1323; *Soergel/v. Hoffmann,* Art. 37 EGBGB Rn. 138.

[137] Insoweit bedarf es seit dem 1. 7. 1990 auch keines Rückgriffs auf den Schwerpunkt des versicherten Interesses mehr; anders aber *Staudinger/Armbrüster,* Anh. I zu Art. 37 EGBGB Rn. 7.

[138] S. Bericht über das Übereinkommen über das auf vertragliche Schuldverhältnisse anzuwendende Recht (*Giuliano/Lagarde*), ABl. 1980 C 282/1 (13); darauf nimmt die Regierungsbegründung zum Zweiten Durchführungsgesetz/EWG zum VAG, BT-Drucks. 11/6341, S. 37 f., Bezug.

am Sitz bzw. der Niederlassung der die **charakteristische Leistung** erbringenden Partei konkretisiert wird (Rn. 62). Von der Vermutung kann aufgrund der **Ausweichklausel** in Art. 28 Abs. 5 EGBGB im Einzelfall abgewichen werden. Für **Verbraucherverträge** tritt zu einer Rechtswahl u. U. eine die Rechtswahl ergänzende Anknüpfung verbraucherschützender Normen des Rechts des Staates hinzu, in dem das Unternehmen seine Vertriebstätigkeit entfaltet und der Verbraucher seinen gewöhnlichen Aufenthalt hat, Art. 29 Abs. 1 EGBGB (Rn. 56). Ist das Recht eines Drittstaates gewählt, kann der durch die Richtlinie 93/13/EWG betr. missbräuchlicher Klauseln[139] gesetzte Kontrollstandard für AVB nicht unterschritten werden, wenn der Versicherungsvertrag eine enge Beziehung zum Gebiet der EU bzw. des EWR hat, Art. 29a EGBGB. Fehlt es an einer Rechtswahl, kommt für Verbraucherverträge als objektive Anknüpfung das Recht des **Vertriebsstaates** zur Anwendung, Art. 29 Abs. 2 und Art. 28 Abs. 1–2 EGBGB.

3. Sachnormverweisung

Die Verweisungen in Artt. 27 ff. EGBGB sind **Sachnormverweisungen,** Art. 35 Abs. 1   **42** EGBGB, d. h. die IPR-Normen des Rechts, auf das verwiesen wird, sind außer Acht zu lassen[140]. Dies gilt gleichermaßen für die in Artt. 11 Abs. 1–3, 12 EGBGB enthaltenen Verweisungen[141].

4. Gesamtstaat mit Teilrechtsordnungen

Bei einer Verweisung auf das Recht eines **Gesamtstaats** bestimmt Art. 35 Abs. 2 EGBGB,   **43** dass abweichend von Art. 4 Abs. 3 EGBGB die Artt. 27 ff. EGBGB für die Bestimmung der maßgebenden Teilrechtsordnung anzuwenden sind. Das interlokale Privatrecht des Gesamtstaats ist insoweit unbeachtlich.

5. Vertragsspaltung

Liegen die durch einen Versicherungsvertrag gedeckten Risiken teils innerhalb und teils   **44** außerhalb der EU oder des EWR, ist fraglich, ob die Artt. 27 ff. EGBGB oder Artt. 7 ff. EGVVG zur Anwendung kommen[142]. Weder Artt. 7 ff. EGVVG noch Artt. 27 ff. EGBGB geben darauf unmittelbar eine Antwort. Immerhin wird das Problem in Art. 10 Abs. 2 EGVVG gesehen (Rn. 120). Eine vollständig kumulierende Anwendung beider Normengruppen erscheint ausgeschlossen. Denkbar wäre es, nach dem Schwerpunkt der Risikobelegenheit zu entscheiden. Freilich ist diese Lösung mit (zu großen) Unsicherheiten behaftet. Vorzugswürdig ist bei der objektiven Anknüpfung eine **Spaltung** des Vertrages[143], wenn Art. 28 EGBGB und Art. 8 i. V. m. Art. 7 EGVVG zu verschiedenen Rechtsordnungen führen. Bei der Rechtswahl hängt die Lösung von der Art der Beschränkung der Rechtswahlfreiheit ab. Ist die Rechtswahl nach einer Normgruppe nicht zulässig, ist der Vertrag ebenfalls zu spalten und so zu behandeln, als seien zwei (oder mehrere) Verträge über verschiedene Risiken geschlossen worden. Geht es nur um punktuelle Einschränkungen (bei einer rechtswahlergänzenden Anknüpfung), bedarf es nur hinsichtlich dieser Frage einer Spaltung (s. aber Rn. 46 a. E.). Zur Pflichtversicherung s. Art. 12 Abs. 3 EGVVG (Rn. 99).

Art. 10 Abs. 2 EGVVG eröffnet für die Parteien eines Versicherungsvertrages, der Risiken   **45** in der EU bzw. im EWR und außerhalb der EU bzw. des EWR deckt, die Möglichkeit, das

---

[139] ABl. 1993 L 95/29.

[140] BGH v. 13. 12. 2005, NJW 2006, 762 (764 Rn. 31). Dies wird in der Rspr. bisweilen übersehen, z. B. von den Vorinstanzen bei BGH, NJW 2006, 762; BGH RIW 2005, 463; oder von BGH v. 26. 10. 1993, NJW 1994, 262 (262f.).

[141] Art. 35 Abs. 1 EGBGB bezieht sich zwar nur auf die Artt. 27 ff. EGBGB, doch ergibt sich der Charakter als Sachnormverweisung bei Art. 12 EGBGB unmittelbar aus der Formulierung ("Sachvorschriften") und bei Art. 11 Abs. 1–3 EGBGB aus der Verwendung des Begriffs der "Formvorschriften", womit eindeutig nur auf die die Form regelnden Sachnormen Bezug genommen wird.

[142] Eingehender zu dieser Frage *Fricke*, VersR 1994, 773 (775f.); *Basedow/Drasch*, NJW 1991, 785 (788); *Reichert-Facilides*, IPRax 1990, 1 (4).

[143] *Reichert-Facilides*, IPRax 1990, 1 (4); *Prölss/Martin/Prölss/Armbrüster*, vor Art. 7 EGVVG Rn. 9.

Recht eines Mitglieds-(Vertrags-)staats oder eines Drittstaats zu wählen, in dem ein Teil des Risikos belegen ist[144]; damit können die Parteien durch Rechtswahl eine **Vertragsspaltung vermeiden**[145]. Voraussetzung dafür ist allerdings, dass der Versicherungsvertrag vom Versicherungsnehmer in Verbindung mit einer gewerblichen oder beruflichen Tätigkeit geschlossen wird. Der Gesichtspunkt der Rechtssicherheit spricht dafür, Art. 10 Abs. 2 EGVVG auch bei Versicherungsverträgen mit Verbrauchern analog zur Anwendung zu bringen und damit die in Rn. 44 angesprochenen Probleme zu vermeiden[146].

II. Rechtswahlfreiheit

1. Allgemeine Fragen

46   Art. 27 Abs. 1 Satz 1 EGBGB räumt den Vertragsparteien ohne weitere Voraussetzungen **Rechtswahlfreiheit** ein. Nicht erforderlich ist, dass der Vertrag einen *spezifischen* Auslandsbezug aufweist[147]; die Wahl eines ausländischen Rechts reicht bereits aus. Die Wahl kann sich auf den ganzen Vertrag beziehen oder auch nur auf einen Teil (sog. **Teilverweisung**[148]; Art. 27 Abs. 1 Satz 3 EGBGB). Der Wortlaut des Art. 27 Abs. 1 EGBGB ist wohl zu eng: Es können auch mehrere Vertragsteile unterschiedlichen Rechten unterstellt werden[149]. Die Abgrenzung einer Teilrechtswahl von einer Rechtswahl für den ganzen Vertrag kann im Einzelfall schwierig sein. Eine **Teilrechtswahl** kann mit einer objektiven Anknüpfung für den Rest des Vertrages zusammentreffen. Im Einzelfall kann es auch schwierig sein zu unterscheiden, ob eine bloß materiellrechtliche (Teil-)Verweisung (Rn. 52) oder eine kollisionsrechtliche (Teil-)Rechtswahl gewollt ist. Die Unterscheidung hat etwa Bedeutung für die Frage, ob die zwingenden Normen des Rechts, auf das verwiesen wird, ihrerseits abbedungen werden können, was bei einer kollisionsrechtlichen Verweisung (im Unterschied zu einer materiell-rechtlichen) nicht möglich ist. Im Übrigen hat das Gericht den Inhalt des ausländischen Rechts bei einer kollisionsrechtlichen Verweisung von Amts wegen zu ermitteln[150], nicht aber bei einer materiellrechtlichen Verweisung.

47   Die Rechtswahl kann auch **nachträglich** (auch im Prozess[151]) erfolgen, Art. 27 Abs. 2 Satz 1 EGBGB. Dabei haben die Parteien es in der Hand, ob die Änderung des anwendbaren Rechts mit Wirkung ex nunc oder ex tunc erfolgen soll. Satz 2 stellt klar, dass die Formgültigkeit des Vertrages nach Art. 11 EGBGB wie auch nach dem bislang anwendbaren Recht entstandene Rechte Dritter unberührt bleiben. Die Rechtswahl kann auch **bedingt** erfolgen, etwa in Form einer sog. **„floating choice of law clause"**[152], mit der z. B. bestimmt wird, dass das materielle Recht des jeweils angerufenen (Schieds-)Gerichts zur Anwendung kommen soll[153].

---

[144] Art. 10 Abs. 2 EGVVG ist von Art. 7 Abs. 1 lit. d) der 2. Richtlinie Schaden gedeckt.

[145] Insoweit lässt sich Art. 10 Abs. 2 EGVVG entnehmen, dass der Gesetzgeber von einer Spaltungslösung ausgeht.

[146] In diesem Sinne *Basedow/Drasch*, NJW 1991, 785 (788).

[147] Abweichend von Art. 3 Abs. 1 EGBGB. Dies ergibt ein Gegenschluss aus Art. 27 Abs. 3 EGBGB.

[148] Zu den Grenzen einer Teilrechtswahl eingehend *Soergel/v.Hoffmann*, Art. 27 EGBGB Rn. 56–64.

[149] Münchener Kommentar BGB/*Martiny*, Art. 27 EGBGB Rn. 74. In diesem Sinne auch ausdrücklich ÖOGH v. 23. 2. 1998, IPRax 2000, 314 (317): „beliebig kombinieren".

[150] BGH v. 25. 1. 2005, RIW 2005, 463 (464).

[151] Auch durch bloßes Plädieren deutschen Rechts und rügelose Einlassung; BGH v. 12. 12. 1990, NJW 1991, 1292 (1293); BGH v. 21. 12. 1992, NJW 1993, 385 (386): Die Rspr. geht oft vorschnell von einer Rechtswahl im Prozess aus, obwohl bekannt sein müsste, dass Anwälte die IPR-Problematik leicht übersehen. Zurückhaltend dagegen der Ansatz in OLG Köln v. 2. 10. 1992, IPRax 1994, 213 (215), das im Anwendungsbereich des CISG für die Anwendbarkeit unvereinheitlichten deutschen Kaufrechts zutreffend ein (eindeutiges) Verhalten der Parteien fordert, das auf ein entsprechendes Erklärungsbewusstsein schließen lässt. Einen (beiderseitigen) „Gestaltungswillen" bei einer nachträglichen Rechtswahl fordert BGH v. 19. 1. 2000, JZ 2000, 1115 (1116).

[152] Ebenso Münchener Kommentar BGB/*Martiny*, Art. 27 EGBGB Rn. 17.

[153] S. dazu ÖOGH v. 23. 2. 1998, IPRax 2000, 314 (317). Es ist i. Ü. eine Frage der Auslegung dieser Klausel, ob die Rechtswahl ex tunc- oder ex nunc-Wirkung haben soll.

Die Rechtswahl erfolgt durch eine vertragliche Vereinbarung (Art. 27 Abs. 4 EGBGB; **48**
Rn. 49). Sie muss entweder **ausdrücklich** erfolgen oder sich mit **hinreichender Sicherheit**[154] aus dem Vertrag oder den Umständen des Falles ergeben, Art. 27 Abs. 1 Satz 2
EGBGB. Damit ist auch eine stillschweigende Rechtswahl möglich. Das Gericht darf es sich
bei der Annahme einer solchen Rechtswahl nicht zu leicht machen. Es sind **konkrete Anhaltspunkte** nötig, die unter Würdigung der konkreten Vertragsabschlusssituation und des
vernünftigen Verständnisses der Parteien und ihrer Interessen einen sicheren Schluss auf eine
gemeinsam gewollte Rechtswahl zulassen. Als **Indizien** sind insbesondere (s. auch Rn. 30)
heranzuziehen[155]: Klausel, wonach der Vertrag nach dem Recht eines bestimmten Staates
auszulegen ist (sog. „construction clause"[156]); Vereinbarung eines exklusiven Gerichtsstands;
Bezugnahme auf Normen eines konkreten Rechts in den AVB[157]; Verwendung eines Formulars, das auf einem bestimmten Recht aufbaut[158]; Sprache des Vertrages, u. U. Währung des
Vertrags; Vereinbarung eines Schiedsgerichts[159]. Es geht immer um die Ermittlung des **realen**
(nicht: mutmaßlichen oder hypothetischen) Parteiwillens, bei dem das Parteiverhalten, die
Umstände des Vertragsschlusses und der Vertragsinhalt umfassend zu würdigen sind[160].

2. Verweisungsvertrag

Die **Rechtswahl** der Parteien erfolgt **durch Vertrag** (sog. **„Verweisungsvertrag"**), des- **49**
sen Zustandekommen gem. Art. 27 Abs. 4 i. V. m. Art. 31 Abs. 1 EGBGB nach dem Recht zu
prüfen ist, das von den Parteien für den Hauptvertrag (für den die Rechtswahl getroffen wird)
in Aussicht genommen wird. Nach diesem Recht ist auch die „innere" **Wirksamkeit** des
Verweisungsvertrages (das wirksame Zustandekommen, Anfechtung bei Irrtum etc.) zu beurteilen, während die **Zulässigkeit** der Rechtswahl nach der **lex fori** zu beurteilen ist. Ob eine
Rechtswahl nach dem gewählten oder nach dem bei objektiver Anknüpfung anwendbaren
Recht zulässig wäre (oder in AVB erfolgen kann), ist unbeachtlich[161], ebenso ob diese Rechte
eine stillschweigende Rechtswahl zulassen (Rn. 48). Auch die Indizien für eine stillschweigende Rechtswahl sind allein der lex fori zu entnehmen. Ist der Verweisungsvertrag unwirksam, greift die objektive Anknüpfung des Vertrages ein.

Bei **Rechtswahlklauseln** in AVB richtet sich deren wirksame **Einbeziehung** („innere" **50**
Wirksamkeit; Rn. 49) ebenfalls nach dem intendierten Recht für den Hauptvertrag, also
nach dem in der Rechtswahlklausel bestimmten Recht, Artt. 27 Abs. 4, 31 Abs. 1
EGBGB[162]. Gegebenenfalls ist (kumulativ) nach Art. 27 Abs. 4 i. V. m. Art. 31 Abs. 2 EGBGB
zu prüfen, ob nach dem Recht des gewöhnlichen Aufenthalts des Versicherungsnehmers
dessen Verhalten als Zustimmung zur Rechtswahlklausel gewertet werden kann[163]; in diesem

---

[154] Die französische Fassung des EVÜ spricht von „de facon certaine" und ist insoweit wohl im Sinne
von eindeutiger Rechtswahl zu verstehen; vgl. auch BGH v. 19. 1. 2000, JZ 2000, 1115 (1116): „hinreichende Sicherheit" sei weniger als „Eindeutigkeit".

[155] Ausführlich zur Praxis bei Versicherungsverträgen, *Roth*, IVVR, S. 567 f.

[156] *Mankowski*, VersR 2002, 1177 (1179); *Roth*, IVVR, S. 571.

[157] Zuletzt etwa LG Hamburg v. 28. 2. 2005, IPRspr. 2005 Nr. 28, S. 68 (70).

[158] Z. B. Seeversicherungspolicen von Lloyd's; s. *Soergel/v. Hoffmann*, Art. 27 EGBGB Rn. 41.

[159] Dazu *Roth*, IVVR, S. 569 (571).

[160] Zur stillschweigenden Rechtswahl bei Rückversicherungsverträgen s. *Mankowski*, VersR 2002,
1177 (1179, 1181). Zur Behandlung der „stillschweigenden Rechtswahl" in der künftigen Rom I-VO s.
Roth, Zur stillschweigenden Rechtswahl in einem künftigen EU-Gemeinschaftsinstrument über das
internationale Schuldvertragsrecht, in: FS Georgiades (2005), S. 905.

[161] BGH v. 13. 12. 2005, NJW 2006, 762 (764 Rn. 31); ÖOGH v. 23. 2. 1998, IPRax 2000, 314 (317);
unzutreffend aber BGH v. 26. 10. 1993, RIW 1994, 154 (155) m. abl. Anm. *Roth*, RIW 1994, 275 (276);
Vorinstanz zu BGH v. 25. 1. 2005, RIW 2005, 463.

[162] BGH v. 26. 10. 1993, BGHZ 123, 380 (383); BGH v. 25. 1. 2005, RIW 2005, 463.

[163] BGH v. 19. 3. 1997, ZIP 1997, 848 (852). Zu den Einzelheiten, die eine alleinige Beurteilung des
Verhaltens des Versicherungsnehmers nach dem Vertragsstatut als „nicht gerechtfertigt" erscheinen lassen,
s. etwa *Soergel/v. Hoffmann*, Art. 31 EGBGB Rn. 34–40; zu den Gepflogenheiten des internationalen
Handelsverkehrs: Rn. 43–46.

Rahmen kann eine Rechtswahlklausel gem. § 305 c Abs. 1 BGB u. U. als überraschend gewertet werden[164].

51   Die **Formbedürftigkeit** des **Verweisungsvertrages** richtet sich vorbehaltlich Art. 29 Abs. 3 EGBGB (Verbrauchervertrag) aufgrund von Art. 27 Abs. 4 EGBGB nach Art. 11 EGBGB (alternativ: lex causae des Verweisungsvertrages[165] oder Recht des Vornahmeortes)[166]. Die in Art. 27 Abs. 1 Satz 2 EGBGB vorgesehene Möglichkeit einer konkludenten Rechtswahl steht mit Art. 27 Abs. 4 EGBGB nicht in Widerspruch, da sich erstere allein auf den materiellen Konsens über ein anwendbares Recht bezieht[167]. Deutsches (Kollisions-) Recht kennt keine Formvorschriften für Rechtswahlvereinbarungen[168].

52   Von der **kollisionsrechtlichen** Rechtswahl (i. S. d. Rn. 49–51) ist die **materiellrechtliche Verweisung** zu unterscheiden, mit der die Parteien eine bestimmte Rechtsordnung zum Vertragsinhalt machen, der Vertrag im Übrigen aber dem nach der objektiven Anknüpfung zur Anwendung berufenen Recht untersteht.

3. Wählbares Recht

53   Art. 27 Abs. 1 EGBGB kennt **keine Einschränkungen** hinsichtlich der wählbaren Rechtsordnungen. Ein **berechtigtes Interesse** ist weder für die Rechtswahl noch im Hinblick auf das gewählte Recht vonnöten. Eine Inhaltskontrolle von Rechtswahlklauseln in AVB greift nicht ein[169]. Ob allerdings der Richtlinie 93/13/EWG über missbräuchliche Klauseln Schranken hinsichtlich der missbräuchlichen Vereinbarung von Rechtswahlklauseln in Verbraucherverträgen – entsprechend den im Anhang angeführten Gerichtsstandsklauseln[170] – zu entnehmen sind, ist derzeit (noch) offen.

54   Nach Art. 27 Abs. 1 S. 1 EGBGB ist wählbares Recht nur ein **staatliches Recht.** Dies ergibt sich zwar nicht ausdrücklich aus dem Wortlaut, wohl aber aus dem systematischen Zusammenhang (Art. 3 S. 1; Art. 11 Abs. 1; Art. 12 S. 1; Art. 28 Abs. 1; Art. 31 Abs. 2 EGBGB)[171]. Auch das EVÜ kennt nur die Wählbarkeit staatlichen Rechts[172]. Soweit die Parteien auf nichtstaatliches Recht verweisen („allgemeine Rechtsgrundsätze", lex mercatoria, UNIDROIT Principles, Lando Principles), ist dies als eine materiellrechtliche Verweisung (Rn. 52) zu behandeln.

4. Einschränkungen der Rechtswahlfreiheit

55   **a) Art. 27 Abs. 3 EGBGB.** Hat ein Vertrag – mit Ausnahme einer Rechtswahl und/oder einer Gerichtsstands- bzw. Schiedsvereinbarung – keinen relevanten Auslandsbezug, ist eine getroffene Rechtswahl trotzdem wirksam. Gem. Art. 27 Abs. 3 EGBGB kommt aber zusätzlich zum gewählten Recht (einschließlich seiner zwingenden Normen) das ius cogens des ansonsten kraft objektiver Anknüpfung anwendbaren Rechts zur Anwendung. Art. 27 Abs. 3 EGBGB ist allseitig formuliert und greift auch bei einem „rein" ausländischen Sachverhalt

---

[164] Vgl. BGH v. 25. 1. 2005, RIW 2005, 463.

[165] Insoweit sind Art. 27 Abs. 4 i. V. m. Art. 31 Abs. 1 EGBGB anzuwenden.

[166] BGH v. 22. 1. 1997, IPRax 1998, 479 (481).

[167] So zutreffend *Soergel/v. Hoffmann,* Art. 27 EGBGB Rn. 103.

[168] Dies wird bisweilen aus Art. 27 Abs. 1 Satz 2 EGBGB gefolgert, z. B. Münchener Kommentar BGB/ *Martiny,* Art. 27 EGBGB Rn. 106; *Staudinger/Magnus,* Art. 27 EGBGB Rn. 148, jedoch zu Unrecht, da die Norm wörtlich mit Art. 3 Abs. 1 Satz 2 EVÜ übereinstimmt und sich insoweit nur auf die Frage des materiellen Konsenses beziehen kann. Ob dieser formgerecht erreicht worden ist, entscheidet das Formstatut. Deutsches Recht geht vom Grundsatz der Formfreiheit aus: Formzwang bedarf gesetzlicher Anordnung.

[169] BGH v. 13. 12. 2005, NJW 2006, 762 (762 Rn. 11); für alle Münchener Kommentar BGB/*Martiny,* Art. 27 EGBGB Rn. 13 m. w. N. in Fn. 35–36.

[170] Dazu EuGH v. 27. 6. 2000 – Rs. C 240/98 und C-244/98, Océano Groupo Editorial SA, Slg. 2000, I-4941.

[171] Ebenso *Bamberger/Roth/Spickhoff,* Art. 27 EGBGB Rn. 6; *Junker,* FS Sandrock (2000), 443 (461).

[172] Str., dazu *Czernich/Heiss/Heiss,* Art. 3 EVÜ Rn. 44.

ein, wenn deutsches Recht gewählt ist. Der Begriff der „zwingenden" Normen umfasst alle nicht-dispositiven Normen ohne Differenzierung nach ihrem Inhalt. Bei Konflikten zwischen den zwingenden Normen des abgewählten und des gewählten Rechts sollte denjenigen des abgewählten Rechts generell der Vorrang eingeräumt werden, da Art. 27 Abs. 3 EGBGB Umgehungsschutz intendiert. Bei Konflikten mit Normen, die über Art. 34 EGBGB zur Anwendung kommen, haben letztere den Vorrang[173]. Art. 27 Abs. 3 EGBGB kommt bei **Versicherungsverträgen** nur sehr beschränkt, nämlich dann zur Anwendung, wenn ein außerhalb der EU und des EWR belegenes Risiko gedeckt wird und der Vertrag nur mit dem Staat, in dem das Risiko belegen ist, relevante Verknüpfungen aufweist.

b) Art. 29 Abs. 1 EGBGB. Bei Versicherungsverträgen über außerhalb der EU und des **56** EWR belegene Risiken greift bei Verträgen mit **Verbrauchern** u. U. die Sonderregel des Art. 29 Abs. 1 EGBGB ein, da Versicherungsverträge als Dienstleistungen i. S. der Norm anzusehen sind[174]:

„Bei Verträgen über die Lieferung beweglicher Sachen oder die Erbringung von Dienstleistungen zu einem Zweck, der nicht der beruflichen oder gewerblichen Tätigkeit des Berechtigten (Verbrauchers) zugerechnet werden kann, sowie bei Verträgen zur Finanzierung eines solchen Geschäfts darf eine Rechtswahl der Parteien nicht dazu führen, dass dem Verbraucher der durch die zwingenden Bestimmungen des Rechts des Staates, in dem er seinen gewöhnlichen Aufenthalt hat, gewährte Schutz entzogen wird,
1. wenn dem Vertragsschluss ein ausdrückliches Angebot oder eine Werbung in diesem Staat vorausgegangen ist und wenn der Verbraucher in diesem Staat die zum Abschluss des Vertrages erforderlichen Rechtshandlungen vorgenommen hat,
2. wenn der Vertragspartner des Verbrauchers oder sein Vertreter die Bestellung des Verbrauchers in diesem Staat entgegengenommen hat oder (…)".

Als Verbraucher sind Personen anzusehen, die den Vertrag nicht zu einem Zweck schließen, der ihrer beruflichen oder gewerblichen Tätigkeit zuzurechnen ist. Bei Verbraucherverträgen kommt es unter bestimmten Voraussetzungen zu einer allseitigen, rechtswahl**ergänzenden** Anwendung zwingender, den Verbraucher schützender Normen des Rechts seines gewöhnlichen Aufenthalts. Voraussetzung dafür ist, dass der Vertragspartner des Verbrauchers eine **Absatztätigkeit** im Aufenthaltsstaat des Verbrauchers entfaltet hat; diese liegt vor, wenn dem Vertragsschluss ein ausdrückliches Angebot (auch invitatio) oder eine Werbung durch den Vertragspartner des Verbrauchers im Aufenthaltsstaat des Verbrauchers vorausgegangen ist (Art. 29 Abs. 1 Nr. 1 EGBGB) oder der Vertragspartner des Verbrauchers oder sein Vertreter dort eine Bestellung des Verbrauchers entgegennimmt (Art. 29 Abs. 1 Nr. 2 EGBGB). Hinzu tritt das Erfordernis, dass der Verbraucher die maßgeblichen Vertragsschlusshandlungen in seinem **Aufenthaltsstaat** vorgenommen hat.

Für den **Internetvertrieb** gelten (derzeit) keine besonderen Regeln. Ungeklärt ist aller- **57** dings, unter welchen Voraussetzungen von einem Angebot oder einer Werbung „in" dem Staat des Abrufs ausgegangen werden kann (vgl. Art. 29 Abs. 1 Nr. 1 EGBGB). Während die h. L. auf bloße Abrufbarkeit abstellt[175], wird z. T. einschränkend verlangt, dass das Angebot oder die Werbung nach ihrer inhaltlichen Gestaltung (Sprache, Währung etc.) auf das Land des gewöhnlichen Aufenthalts des Verbrauchers ausgerichtet sein muss[176]. Überzeugend erscheint ein Ansatz, der darauf abstellt, ob ein durchschnittlicher Verbraucher das Angebot bzw. die Werbung als bestimmungsgemäß auf seinen Aufenthaltsstaat gerichtet verstehen darf. Dies lässt dem Internetanbieter jederzeit die Möglichkeit, seine Vertriebstätigkeit durch

---

[173] *Bamberger/Roth/Spickhoff*, Art. 27 EGBGB Rn. 33.
[174] Münchener Kommentar BGB/*Martiny*, Art. 29 EGBGB Rn. 18; *Soergel/v. Hoffmann*, Art. 29 EGBGB Rn. 7.
[175] *Mankowski*, RabelsZ 63 (1999), 203 (234, 239); *Gruber*, DB 1999, 1437f.; *Winter*, VersR 2001, 1461 (1468); *Kronke*, RIW 1996, 988; Münchener Kommentar BGB/*Martiny*, Art. 29 EGBGB Rn. 36.
[176] *Borges*, S. 710ff.; *Moritz*, CR 2000, 61 (65); allgemein auch der Bericht von *Giuliano/Lagarde* zum EVÜ, ABl. 1980 C 282/1 (13) (die Werbung müsse auf das Aufenthaltsland gerichtet sein).

(ernst gemeinte) klarstellende Hinweise räumlich zu beschränken[177]. Der Verbraucher muss für Nr. 1 die für den Vertragsschluss notwendigen Absendehandlung in seinem Aufenthaltsstaat vorgenommen haben. Die Lage des Servers ist dabei irrelevant. Bei elektronischer Bestellung durch den Verbraucher wird diese nicht i. S. v. Nr. 2 im Aufenthaltsstaat des Verbrauchers vom Versicherer entgegengenommen. Begibt sich der Verbraucher in das Land des Versicherers, um dort den Vertrag abzuschließen, ist Nr. 1 nicht einschlägig[178]. Zur Erleichterung des grenzüberschreitenden Vertragsschlusses und zum Schutze des Versicherers wird man für den gewöhnlichen Aufenthalt des Verbrauchers auf die von ihm gemachten Angaben abstellen müssen. Fordert der Verbraucher Informationsmaterial vom Versicherer an, ohne dass dieser aktiv auf dem Markt des Verbrauchers tätig ist, liegt Nr. 1 nicht vor. Der Abruf aus dem Ausland kommender Internetinformation macht den Verbraucher ebenso wenig zu einem „aktiven", das Land seines gewöhnlichen Aufenthalts verlassenen Verbraucher wie das Kaufen und Lesen einer Zeitschrift oder das Einschalten eines Senders mit ausländischer Werbung[179]. Kausalität zwischen Werbung und Vertragsschluss ist nicht erforderlich.

58   Die rechtswahlergänzende Anwendung (Rn. 56) gilt für **zwingende** Vorschriften des Aufenthaltsstaates des Verbrauchers, worunter auch richterrechtliche Regeln fallen[180]. Dazu zählen vor allem spezifische Verbraucherschutznomen, aber auch allgemeine Normen des Vertragsrechts[181], etwa auch Aufklärungs- und Informationspflichten[182], nicht aber primär markt- und wirtschaftsregulierende Normen, die ggf. über Art. 34 EGBGB anzuwenden sind. Die Normen kommen nur zur Anwendung, wenn sie im konkreten Fall bezüglich der konkreten Rechtsfrage den Verbraucher günstiger stellen als das gewählte Recht (sog. **Günstigkeitsprinzip**). Ansonsten bleibt es allein bei der Anwendung des gewählten Rechts gem. Art. 27 EGBGB. Bei Internet-Verträgen mit Verbrauchern mit gewöhnlichem Aufenthalt in einem Mitgliedstaat der EU/des EWR („b2c") bleibt das Herkunftslandprinzip unangewendet (Art. 3 Abs. 3 der Richtlinie 2000/31/EG i. V. m. dem Anhang; s. Rn. 11–12). Zwingende Verbraucherschutzvorschriften können eine Beschränkung der **Dienstleistungsfreiheit** darstellen (Rn. 15). Sie bedürfen dann einer Rechtfertigung durch das Allgemeininteresse, wobei die Geeignetheit, Erforderlichkeit und Verhältnismäßigkeit der Regelung im Einzelnen zu prüfen ist[183], insbesondere ob nicht eine ausreichende Information des Verbrauchers als weniger restriktive Alternative in Frage kommt[184].

59   c) **Art. 29a EGBGB.** Weist ein Verbrauchervertrag einen engen Zusammenhang mit einem der EU oder dem EWR zugehörenden (Mitglieds-, Vertrags-) Staat auf (Einzelheiten in Art. 29a Abs. 2 EGBGB) und ist das Recht eines Staates gewählt, der nicht der EU oder dem EWR angehört, sieht Art. 29a Abs. 1 EGBGB ebenfalls eine rechtswahlergänzende Anknüpfung vor, soweit nicht Art. 29 Abs. 1 EGBGB eingreift. Es geht hier um die Bestimmungen, die der Staat, zu dem ein enger Zusammenhang mit dem Vertrag besteht, zur **Umsetzung von Verbraucherschutzrichtlinien** erlassen hat (Art. 29a Abs. 1, 4 Nr. 1–5 EGBGB). Obwohl der Wortlaut insoweit anders formuliert, wird man die Umsetzungsvorschriften des Staates mit engem Zusammenhang vom Schutzzweck der Normen her nur anwenden, wenn sie im konkreten Fall den Verbraucher **günstiger** stellen als das gewählte Recht[185]. Für Versicherungsverträge über außerhalb der EU bzw. des EWR belegene Risiken hat Art. 29a EGBGB

---

[177] *Hübner*, ZVersWiss 2001, 351 (372, 374); vgl. in anderem Zusammenhang BGH v. 30. 3. 2006, NJW 2006, 2630 (2632 Rn. 22).

[178] Münchener Kommentar BGB/*Martiny*, Art. 29 EGBGB Rn. 37; unklar *Bamberger/Roth/Spickhoff*, Art. 29 EGBGB Rn. 12.

[179] *Winter*, VersR 2001, 1461 (1468).

[180] BGH v. 25. 1. 2005, RIW 2005, 463 (464 m. w. N. aus dem Schrifttum).

[181] Münchener Kommentar BGB/*Martiny*, Art. 29 EGBGB Rn. 56.

[182] BGH v. 25. 1. 2005, RIW 2005, 463 (464).

[183] *Roth*, VersR 1993, 129 (132 ff.).

[184] EFTA-Gerichtshof v. 25. 11. 2005, E-1/05, EFTA Surveillance Authority./. The Kingdom of Norway, Rn. 43 ff.

[185] *Staudinger/Magnus*, Art. 29a EGBGB Rn. 54; a. A. *Wagner*, IPRax 2000, 255.

(in unmittelbarer Anwendung[186]) Bedeutung für die Informations- und Widerrufsrechte bei im Wege des Fernabsatzes[187] abgeschlossene Verträgen, Art. 29a Abs. 4 Nr. 5 EGBGB, sowie für die Inhaltskontrolle von AVB, Art. 29a Abs. 4 Nr. 1 EGBGB.

d) Pflichtversicherung. Nach überkommenem Recht (Rn. 30ff.) hat auch im Bereich **60** der Pflichtversicherung Rechtswahlfreiheit gegolten[188], allerdings eingeschränkt durch Sonderanknüpfungen (Rn. 35)[189]. Den Schutzpolitiken zugunsten Dritter (Unfallopfer) ist durch eigenständige Instrumente wie z.B. eine Versicherungsbescheinigung, die vom Versicherer auszustellen ist, Rechnung getragen worden[190]. Das EVÜ und die Artt. 27ff. EGBGB haben an diesem Ansatz **nichts geändert**[191]. Für die Zeit nach dem Inkrafttreten der Artt. 7ff. EGVVG (am 1. 7. 1990) abgeschlossene Verträge über außerhalb des EWR belegene Risiken wird vorgeschlagen, Art. 12 EGVVG analog anzuwenden[192], wonach der Versicherungsvertrag (zwingend) dem Recht des Mitgliedstaates unterliegt, der eine Versicherungspflicht vorschreibt, sofern nach dem Recht dieses Staates die Anwendung des (Pflicht-) Versicherungs-(vertrags-)rechts vorgeschrieben ist. Eine solche Lösung erscheint **rechtspolitisch** erwünscht, da es sich bei Art. 12 EGVVG nicht um eine binnenmarktspezifische Kollisionsnorm handelt. Indessen sperren die sich aus dem EVÜ ergebenden Vorgaben der Artt. 3ff. EVÜ, die eine gesonderte Behandlung der Pflichtversicherungsverträge nicht zulassen. Art. 20 EVÜ räumt nur solchen Kollisionsnormen Vorrang ein, die sich aus Umsetzungsverpflichtungen bezüglich Richtlinien der Union ergeben. Es bleibt daher bei der Rechtswahlfreiheit des Art. 27 EGBGB, ergänzt durch eine Sonderanknüpfung zwingender Schutznormen der BRD (die Art. 34 EGBGB zulässt) sowie der Normen des Staates, der die Versicherungspflicht vorschreibt.

III. Objektive Anknüpfung

1. Verträge mit Verbrauchern, Art. 29 Abs. 2 EGBGB

Wird ein Versicherungsvertrag mit einem **Verbraucher** (Rn. 56) geschlossen, kommt für **61** den (gesamten) Vertrag das Recht des Staates am **gewöhnlichen Aufenthalt** des Verbrauchers zu Anwendung, sofern die Absatztätigkeit des Versicherers eine der in Art. 29 Abs. 1 EGBGB umschriebenen **Modalitäten** (s. Rn. 56) erfüllt, Art. 29 Abs. 2 EGBGB (Art. 5 Abs. 3 EVÜ). Art. 29 Abs. 2 EGBGB greift nicht ein, wenn die dem Verbraucher geschuldete Dienstleistung ausschließlich in einem anderen Staat als dem des gewöhnlichen Aufenthalts des Verbrauchers erbracht wird, Art. 29 Abs. 4 S. 1 Nr. 2 EGBGB. Dies ist bei einem Versicherungsvertrag etwa dann der Fall, wenn das **versicherte Risiko** nicht im Staat des gewöhnlichen Aufenthalts des Verbrauchers belegen ist und dort auch nicht die Auszahlung der Versicherungsleistung erfolgen soll[193]. Sind die Voraussetzungen für eine Anwendung des Art. 29 Abs. 2 EGBGB nicht erfüllt, greift bei einem Verbrauchervertrag die **objektive Regelanknüpfung** des Art. 28 EGBGB (s. Rn. 62ff.) ein.

2. Art. 28 Abs. 1, 2, 5 EGBGB

Versicherungsverträge, die keine Verbraucherverträge sind (dazu Rn. 61), unterliegen **62** mangels einer Rechtswahl ganz allgemein dem Recht des Staates, mit dem der Vertrag die

---

[186] Vgl. aber Art. 15 EGVVG, in dem auf Art. 29a EGBGB verwiesen wird. S. auch die Klarstellung in Art. 37 S. 2 EGBGB.
[187] Dazu etwa Schneider, Der Vertrieb von Versicherungen über das Internet (2005).
[188] *Roth,* IVVR, S. 618.
[189] *Roth,* IVVR, S. 608ff.
[190] *Roth,* IVVR, S. 619.
[191] Im Ergebnis ebenso *Reithmann/Martiny/Schnyder,* Rn. 1348.
[192] Berliner Kommentar/*Dörner,* Anh. zu Art. 7–15 EGVVG Rn. 26; vgl. auch *Soergel/v. Hoffmann,* Art. 37 EGBGB Rn. 128.
[193] Nach *Soergel/v. Hoffmann,* Art. 37 EGBGB Rn. 147, stehen auch die Aufklärungs-, Beratungs- und Fürsorgepflichten des Versicherers einer Anwendung des Art. 29 Abs. 4 S. 1 Nr. 2 EGBGB idR entgegen.

engsten Verbindungen aufweist, **Art. 28 Abs. 1 EGBGB.** Die Anknüpfung ist als **unwandelbar** anzusehen[194]. In welcher Weise die engste Verbindung bei Versicherungsverträgen (mit Ausnahme der Rück- und Pflichtversicherungsverträge; dazu Rn. 66, 67) zu bestimmen ist, ist str. Die h. L. sieht – in der Tradition der Lehre vom „Betriebsstatut" (Rn. 31) – in der Leistung des Versicherers die **charakteristische Leistung**[195] und wendet die Vermutung des Art. 28 Abs. 2 Satz 1 und Satz 2 EGBGB mit der Folge an, dass ein Versicherungsvertrag dem Recht am Sitz (Hauptverwaltung) des Versicherers bzw. am Sitz der Niederlassung des Versicherers, die den Vertrag geschlossen hat, untersteht[196].

63   Am Anknüpfungsprinzip der vertragscharakteristischen Leistung ist vor Inkrafttreten des IPR-Gesetzes und des EVÜ **Kritik** geübt worden[197]. Die Kritik bezog sich vor allem darauf, dass die Maßgeblichkeit der charakteristischen Leistung dem kollisionsrechtlichen Schutz des schutzbedürftigen Vertragspartners, hier des (branchenunkundigen) Versicherungsnehmers, nicht ausreichend Rechnung trägt und im Übrigen nicht genügend auf die kollisionsrechtlichen Interessen der Vertragspartner abgestellt ist. Der insoweit vorgeschlagenen Anwendung des **„Marktrechts"** für branchenunkundige Versicherungsnehmer (ergänzt durch das Betriebsstatut für Verträge mit branchenkundigen Versicherungsnehmern)[198] ist mit **Art. 29 Abs. 2 EGBGB** – allerdings unter Einschränkung auf Verträge mit Verbrauchern – Rechnung getragen (Rn. 56 ff.). Dass der Gesetzgeber für Versicherungsverträge mit **Nicht-Verbrauchern** (insbesondere branchenunkundigen Gewerbetreibenden und Freiberuflern) kein spezifisches kollisionsrechtliches Schutzbedürfnis gesehen hat, ist rechtspolitisch zu überdenken[199], jedoch de lege lata hinzunehmen. Art. 29 Abs. 2 EGBGB kann keinesfalls analog auf Versicherungsverträge mit branchenunkundigen, gewerblich tätigen Versicherungsnehmern angewendet werden. Ebenso wenig kann ein solches Schutzziel im Rahmen des Art. 28 Abs. 1 oder Abs. 5 EGBGB erreicht werden.

64   Einer Anwendung des Art. 28 Abs. 2 EGBGB auf den Versicherungsvertrag wird von einer Mindermeinung[200] entgegen gehalten, dass sich beim Versicherungsvertrag zwei Geldleistungen gegenüberstünden, sich mithin eine „charakteristische" Leistung gar nicht bestimmen lasse, Art. 28 Abs. 2 S. 3 EGBGB, und deshalb Art. 28 Abs. 2 S. 1, 2 EGBGB unanwendbar sei. Bei der dann gebotenen Anwendung des Art. 28 Abs. 1 EGBGB sei auf die **Risikobelegenheit** als Anknüpfungspunkt, den auch Art. 28 Abs. 3 EGBGB als maßgeblich ansieht, abzustellen. Dies habe den Vorzug, für die objektive Anknüpfung im Rahmen des EGBGB zu weitgehend ähnlichen Ergebnissen zu kommen wie im Rahmen der Artt. 7 ff. EGVVG, zumal, wenn man für die Fixierung der Risikobelegenheit die Vorgaben des Art. 7 EGVVG nicht nur bei Art. 37 Nr. 4 EGBGB, sondern auch bei Art. 28 Abs. 1 EGBGB übernehme. Diese Ansicht hat (in rechtspolitischer Hinsicht) für sich, dass sie die Spaltung zwischen EGBGB und EGVVG für den Bereich der objektiven Anknüpfung weitgehend aufhebt. Indessen steht ihr Art. 28 Abs. 2 EGBGB entgegen, denn eine charakteristische Leistung ist auch dann bestimmbar, wenn sich zwei Geldleistungspflichten gegenüber stehen. Im Bericht von *Giuliano/Lagarde*[201] zum EVÜ wird die Gewährung von Versicherungsschutz als Beispiel für Art. 4 Abs. 2 EVÜ genannt und den Bankdienstleistungen, bei denen sich ebenfalls zwei Geldleistungen gegenüber stehen, an die Seite gestellt. In der Tat ist die vom Versicherer im

---

[194] Berliner Kommentar/*Dörner,* Anh. zu Art. 7–15 EGVVG Rn. 14; *Kramer,* S. 100 f.

[195] Zur Begründung der Maßgeblichkeit der charakteristischen Leistung s. *Roth,* IVVR, S. 313 ff.

[196] Münchener Kommentar BGB/*Martiny,* Art. 37 EGBGB Rn. 191; Berliner Kommentar/*Dörner,* Anh. zu Art. 7–15 EGVVG Rn. 18; *Reithman/Martiny/Schnyder,* Rn. 1336; *Staudinger/Magnus,* Art. 28 EGBGB Rn. 485–486; *Reichert-Facilides,* IPRax 1990, 1 (8); *Mewes,* S. 65.

[197] *Jessurun d'Oliveira,* Am. J. Comp. L. 25 (1975), 303; *Roth,* IVVR, S. 316 ff.

[198] *Roth,* IVVR, S. 395 ff., 579 ff.

[199] Insoweit wohl a. A. *Staudinger/Magnus,* Art. 28 EGBGB Rn. 486.

[200] *Staudinger/Armbrüster,* Anh. I zu Art. 37 EGBGB Rn. 11; *Prölss/Martin/Prölss/Armbrüster,* vor Art. 7 EGVVG Rn. 14; *Fricke,* VersR 1994, 773 (778); so i. E. – mit anderer Begründung – auch *Soergel/v. Hoffmann,* Art. 28 EGBGB Rn. 143.

[201] ABl. 1980 C 282/1 (21).

Versicherungsfall geschuldete Leistung die **vertragsprägende Leistungspflicht,** auch wenn man in ihr eine bloße (bedingte) Geldleistungspflicht sieht[202]: Die vom Versicherer **in den AVB definierte Leistung** unterscheidet den Versicherungsvertrag maßgeblich von anderen Vertragstypen[203]. Insoweit kann das Anknüpfungsmerkmal dem Vertrag selbst entnommen und muss nicht von außen an den Vertrag herangetragen werden[204]. Die Leistung des Versicherers basiert auf massenförmig abgeschlossenen, gleichartigen Verträgen; sie ist die gewerbsmäßig und berufstypisch erbrachte Leistung, auf deren kollisionsrechtliche Maßgeblichkeit und Bevorzugung Art. 4 Abs. 2 EVÜ gerade abzielt[205]. Soweit gegen die Anwendung des Art. 28 Abs. 2 EGBGB vorgetragen wird, dass beim Versicherungsvertrag nicht nur den Versicherer, sondern auch den Versicherungsnehmer komplexe Pflichten träfen[206], ist dies gewiss richtig. Für die Risikobelegenheit mag auch die Nähe zum Versicherungsnehmer wie auch die Überlegung sprechen, dass dort der Vertrag im Wesentlichen durchgeführt wird[207]. Doch sind diese Erwägungen irrelevant: Das Anknüpfungsmerkmal der Belegenheit des Risikos war vor Ausarbeitung des Art. 4 EVÜ/Art. 28 EGBGB bekannt[208] und hat bei der Formulierung des Art. 28 Abs. 3 EGBGB eine tragende Rolle gespielt. Von der Vermutung des Art. 28 Abs. 2 EGBGB kann aber nicht abgewichen werden, weil man aus rechtspolitischen Gründen eine andere Anknüpfung bevorzugt[209]. Die schematisierende Regelung des Art. 28 Abs. 2 EGBGB zwingt dazu, die Vielfalt denkbarer kollisionsrechtlicher Interessen auszublenden und unter rechtspolitischen Gesichtspunkten vorzugswürdige Lösungen zu ignorieren. Im Hinblick auf die Überführung des EVÜ in eine Rom I-VO wurde – auch um einen Gleichlauf mit den Richtlinien-Vorgaben zu erreichen – vorgeschlagen, auf die Risikobelegenheit abzustellen[210]. Demgegenüber erscheint eine objektive Anknüpfung vorzugswürdig, die das (Wohn-) Sitzrecht des Versicherungsnehmers für den Fall zur Anwendung beruft, dass dieses Recht den Versicherungsnehmer als schutzbedürftig ansieht, und es im Übrigen bei der Anwendung der in Art. 4 Abs. 2 EVÜ enthaltenen Regelung belässt (s. o. Rn. 25).

Von dem nach Art. 28 Abs. 2 EGBGB bestimmten Statut des Versicherers kann über die **65** **Ausweichklausel** des Art. 28 Abs. 5 EGBGB abgewichen werden, wenn sich aus der Gesamtheit der Umstände ergibt, dass der Vertrag engere Beziehungen mit einem anderen Staat aufweist. Soll über Abs. 5 nicht die Vermutung des Abs. 2 unterlaufen werden, wird man die Ausweichklausel **eng auslegen** müssen, ohne dass dies aber zu einer unzuträglichen Anknüpfung führen darf[211]. Entscheidend muss sein, ob eine Vielzahl für die Rechtsanwendung relevanter Kriterien im Einzelfall auf eine andere Rechtsordnung als die nach Abs. 2 berufene weisen. Dabei kann es aber nicht darum gehen, die rechtspolitische Fragwürdigkeit der Anknüpfung nach Abs. 2 zu korrigieren[212]. Als **Leitlinie** sollte die Überlegung dienen, dass die

---

[202] Dies gilt erst recht, wenn man die vom Versicherer übernommene Leistungspflicht in der Gefahrtragung sieht. Die Unterscheidung zwischen Geldleistungs- und Gefahrtragungstheorie (dazu z. B. *Dreher,* Die Versicherung als Rechtsprodukt (1991), S. 85 ff.) sollte kollisionsrechtlich keine Auswirkungen zeitigen; a. A. *Staudinger/Armbrüster,* Anh. I zu Art. 37 EGBGB Rn. 11; *Fricke,* VersR 1994, 773 (778: es stünden sich zwei Geldleistungen gegenüber).

[203] Im Schrifttum wird die Diskussion unter den Schlagworten der Gefahrtragungstheorie (der Versicherer erbringt eine komplexe Dienstleistung, die die charakteristische Leistung darstellt) und der (bloßen) Geldleistungstheorie (der Versicherer schuldet nur Geldzahlung, die nicht als charakteristisch anzusehen ist) geführt; *Prölss/Martin/Prölss/Armbrüster,* Vor. Art. 7 EGVVG Rn. 12.

[204] Darauf stellt der Bericht von *Giuliano/Lagarde* (Fn. 136), S. 20, maßgeblich ab. Zur Kritik an diesem Ansatz s. *Roth,* IVVR, S. 313 ff.

[205] Zur Lehre von der charakteristischen Leistung s. *Roth,* IVVR, S. 313 ff.; die dort geäußerte Kritik ändert nichts an der seit 1986 vorgegebenen lex lata.

[206] *Staudinger/Armbrüster,* Anh. I zu Art. 37 EGBGB Rn. 11.

[207] Dazu *Fricke,* VersR 1994, 773 (778 f.).

[208] *Roth,* IVVR, S. 388 f.

[209] Wie hier *Mankowski,* VersR 2002, 1177 (1185).

[210] *Fricke,* VersR 2005, 726 (732 f.).

[211] So im Wesentlichen Münchener Kommentar BGB/*Martiny,* Art. 28 EGBGB Rn. 107.

[212] In der Sache übereinstimmend *Mankowski,* VersR 2002, 1177 (1183).

Vermutung des Abs. 2 auf **massenförmig** abgeschlossene Verträge bezogen ist. Ist ein Versicherungsvertrag individuell abgeschlossen oder soll er ein vom Massenvertrag sich abhebendes **individuelles** Bedürfnis decken, ist für Zwecke des Abs. 5 auf die gesamte Umstände des Einzelfalles abzustellen und das Gewicht der einzelnen Kriterien im Lichte der Parteiinteressen zu analysieren. Im Schrifttum ist vorgeschlagen worden, bei Einschaltung eines inländischen Agenten des Versicherers (nicht: Maklers) abweichend von Abs. 2 das Marktrecht (Rn. 31) über Abs. 5 zur Anwendung zu bringen[213]. Einer solchen rechtspolitisch vorzugswürdigen Anknüpfung steht indessen entgegen, dass damit gerade für den Massenvertrieb die Anknüpfung des Art. 28 Abs. 1 Satz 1, 2 EGBGB korrigiert würde: Dort ist nämlich als von der Hauptniederlassung abweichende Anknüpfung nur die Maßgeblichkeit der Zweigniederlassung, nicht aber (wie in Art. 29 Abs. 1 Nr. 2 EGBGB) das Tätigkeitsgebiet des Vertreters vorgesehen.

3. Rückversicherung

66   Für den Rückversicherungsvertrag war für die objektive Anknüpfung **nach altem Recht** (Rn. 31) nach ganz h. L. der Niederlassungsort des **Erstversicherers** maßgebend[214]. Für diese Anknüpfung sprach die Bewertung der Interessen der an einem Rückversicherungsvertrag beteiligten Parteien[215]. Zum **neuen Recht** ist die Anknüpfung str. Verbreitet wird davon ausgegangen, dass es bei der bisherigen Anknüpfung an den Sitz des Erstversicherers bleiben soll. Dabei wird entweder auf Art. 28 Abs. 1 („engste Verbindung") abgestellt (und Art. 28 Abs. 2 EGBGB als nicht anwendbar angesehen)[216] oder aber der Weg über Art. 28 Abs. 5 EGBGB gesucht[217]. Nach a. A. streitet Art. 28 Abs. 2 EGBGB für die Maßgeblichkeit des Rechts am Sitz des Rückversicherers[218]. Letzterer Ansicht ist beizutreten: Die Vermutung des Art. 28 Abs. 2 greift ohne weiteres auch bei Rückversicherungsverträgen, da hier die Leistungsverpflichtung des Rückversicherers, die in der Risikotragung liegt, die charakteristische ist[219]. Ein Rückgriff auf eine umfassende Interessenabwägung zur Korrektur des Art. 28 Abs. 2 ist nicht möglich. Da auch die Risikobelegenheit keine entscheidende Rolle spielen kann und es um die Anknüpfung von Rückversicherungsverträgen generell und nicht im Einzelfall geht, kommt auch eine **generelle** Anwendung des Art. 28 Abs. 5 zur Korrektur des Abs. 2 nicht in Frage[220]. Das schließt es nicht aus, dass **im Einzelfall**[221] aufgrund einer umfassenden Würdigung aller Umstände Art. 28 Abs. 5 zum Recht am Sitz des Erstversicherers führen kann. Das Statut des Erstversicherungsvertrags ist in diesem Zusammenhang natürlich eigenständig zu bestimmen.

---

[213] Berliner Kommentar/*Dörner*, Anh. zu Art. 7–15 EGVVG Rn. 19; *Basedow/Drasch*, NJW 1991, 785 (789).

[214] *Roth*, IVVR, S. 580 ff. m. w. N.

[215] *Roth*, IVVR, S. 588 f.

[216] Aus dem Schrifttum *Reithman/Martiny/Schnyder*, Rn. 1337; *Staudinger/Armbrüster*, Anh. I zu Art. 37 EGBGB Rn. 13; Münchener Kommentar BGB/*Martiny*, Art. 37 EGBGB Rn. 195; *Fricke*, VersR 1994, 779; *Lorenz*, Zum neuen IVR, S. 327 f.; *Dubuisson*, in: Mélanges Roger O. Dalcq (1994), S. 111 (130 ff.).

[217] *Soergel/v. Hoffmann*, Art. 37 EGBGB Rn. 144 (Maßgeblichkeit der Risikobelegenheit; Risiko sei am Ort des Sitzes des Erstversicherers belegen); *Armbrüster*, ZVersWiss 1995, 139 (147).

[218] Berliner Kommentar/*Dörner*, Anh. zu Art. 7–15 EGVVG Rn. 21; *Staudinger/Magnus*, Art. 28 EGBGB Rn. 487; v. *Bar*, IPR II BT, Rn. 531; *Kramer*, S. 33 ff., 46; *Gruber*, IVVR, S. 264 f.; *Mankowski*, VersR 2002, 1177 (1182 ff.), mit eingehender Begründung.

[219] So bereits *Roth*, IVVR, S. 583; der von *Armbrüster*, ZVersWiss 1995, 139 (147 Fn. 37), erhobene Vorwurf der Inkonsequenz trifft nicht zu, da sich die Ausführungen bei *Roth*, S. 587 ff., auf die Rechtslage *vor* Inkrafttreten der Art. 27 ff. EGBGB beziehen. Dass auch den Erstversicherer Pflichten und Obliegenheiten bei der Vertragsdurchführung treffen, steht nicht entgegen.

[220] Dies entgegen *Ritter*, Die Bewältigung der Problematik von Asbestschäden aus den USA im deutschen internationalen Rückversicherungsrecht, Diss.-Bonn (1994), S. 90 f.

[221] Zutreffend *Mankowski*, VersR 2002, 1177 (1183).

4. Pflichtversicherung, substitutive Krankenversicherung

Für **Pflichtversicherungsverträge** gab es nach **altem Recht** (Rn. 34 ff.) keine eigen- **67**
ständigen Kollisionsnormen[222]. Daran hat sich für das EVÜ und Art. 27 ff. EGBGB nichts
geändert. Einer analogen Anwendung des Art. 12 EGVVG[223] stehen die oben (Rn. 60) vorgebrachten Überlegungen entgegen. Die objektive Vertragsanknüpfung ist durch eine Sonderanknüpfung dahingehend zu ergänzen, dass bei Versicherungsverträgen über Risiken in
einem Staat, der eine Versicherungspflicht vorschreibt, dessen zwingende Normen zur Anwendung kommen, wenn und soweit der betreffende Staat deren Anwendung unabhängig
vom Vertragsstatut vorschreibt. Für die **substitutive Krankenversicherung** kommt eine
analoge Anwendung des Art. 13 Abs. 1 EGVVG (bei Belegenheit des Risikos außerhalb der
EU/des EWR)[224] aufgrund der insoweit abschließenden Regelung des EVÜ nicht in Betracht. Allerdings sind die zwingenden Schutzvorschriften der §§ 194 ff., 208 VVG im Wege
einer Sonderanknüpfung über Art. 34 EGBGB zur Anwendung zu bringen.

IV. Reichweite und Abgrenzung des Vertragsstatuts

1. Reichweite, Artt. 31, 32 EGBGB

Das gem. Rn. 46–67 ermittelte **Vertragsstatut** gilt für das wirksame Zustandekommen **68**
(Art. 31 Abs. 1 EGBGB) und die Auslegung des Vertrages, Widerrufs- und Rücktrittsrechte,
die Vertragspflichten der Parteien, die Erfüllung der Verbindlichkeiten, die Beendigung des
Vertrages, Verjährung und Verwirkung (Art. 32 Abs. 1 EGBGB), gesetzliche Vermutungen
sowie die Verteilung der Beweislast (Art. 32 Abs. 3 EGBGB). Die Einbeziehung der AVB unterliegt dem Vertragsstatut, ergänzt durch Art. 31 Abs. 2 EGBGB, die Inhaltskontrolle richtet
sich allein nach dem Vertragsstatut, bei Verbraucherverträgen sind Art. 29 und Art. 29a
EGBGB zu beachten[225]. Aus dem Versicherungsvertrag erwachsende Rechte Dritter (Bezugsberechtigung) richten sich ebenso nach dem Vertragsstatut wie die Stellung des Versicherten bei der Versicherung für fremde Rechnung.

2. Form

Für die Form des Versicherungsvertrages gilt Art. 11 Abs. 1 EGBGB; danach kommen **al-** **69**
ternativ die Sachvorschriften des Rechts am Vornahmeort oder des Vertragsstatuts zur Anwendung. Bei Versicherungsverträgen mit Verbrauchern wird Art. 11 Abs. 1–3 EGBGB
durch Art. 29 Abs. 3 Satz 2 EGBGB (Recht des Staates, in dem der Verbraucher seinen gewöhnlichen Aufenthalt hat) verdrängt, wenn der Vertrag marktbezogen, d. h. unter den in
Art. 29 Abs. 1 bezeichneten Umständen (s. Rn. 56) geschlossen worden ist (Art. 29 Abs. 3
Satz 1 EGBGB).

3. Geschäftsfähigkeit

Die Frage der Geschäftsfähigkeit des Versicherungsnehmers untersteht nach Art. 7 Abs. 1 **70**
EGBGB grundsätzlich seinem **Heimatrecht,** Art. 7 Abs. 1 Satz 1 EGBGB[226]. Bei Abschluss
eines Vertrages im Sitzstaat des Versicherers, der nicht auch Heimatstaat des Versicherungsnehmers ist, kann sich letzterer auf die fehlende (oder beschränkte) Geschäftsfähigkeit nach
seinem Heimatrecht nur berufen, wenn der Versicherer diese kannte oder kennen musste
(Art. 12 Satz 1 EGBGB).

---

[222] *Roth*, IVVR, S. 618 ff.
[223] Berliner Kommentar/*Dörner*, Anh. zu Art. 7–15 EGVVG Rn. 26.
[224] Dafür z. B. Berliner Kommentar/*Dörner*, Art. 13 EGVVG Rn. 3.
[225] *Palandt/Heldrich*, Art. 31 EGBGB Rn. 3.
[226] Bei doppelter Staatsangehörigkeit ist Art. 5 Abs. 1 EGBGB, bei Staatenlosigkeit Art. 5 Abs. 2
EGBGB zu beachten.

4. Vertretung

71   Die Vertretung der Versicherer und Versicherungsnehmer richtet sich, soweit sie durch Gesellschafts**organe** erfolgt, nach dem **Gesellschaftsstatut**[227]; hiernach ist grundsätzlich die sog. **Sitztheorie** maßgebend, wonach das Recht des Staates zur Anwendung kommt, in dessen Gebiet sich der tatsächliche Sitz der Hauptverwaltung befindet[228]. Für den Hauptbevollmächtigten der inländischen Niederlassung einer ausländischen Gesellschaft ist § 106 Abs. 3 VAG zu beachten. Für nach dem Recht eines Mitgliedstaates der EU wirksam gegründete Gesellschaften ergibt die neuere Rechtsprechung des EuGH zu Artt. 43, 48 EG, dass für die Rechts- und Parteifähigkeit wie auch für die Haftung der Organe und Gesellschafter im Ergebnis das **Gründungs-** (und nicht das Sitz-) recht anzuwenden ist[229]. Dem folgt die deutsche Rspr. auch für den EWR-Vertrag und den deutsch-amerikanischen Freundschaftsvertrag[230].

72   Die **rechtsgeschäftliche Vertretung** des Versicherers und des Versicherungsnehmers untersteht nicht dem Vertragsstatut (Art. 37 Satz 1 Nr. 3 EGBGB). Für sie gilt (mangels einer wirksamen einseitigen Rechtswahl) das Recht des Staates, in dem von der Vollmacht Gebrauch gemacht wird[231] bzw. werden soll[232]. Dies gilt auch für die Anwendung der Grundsätze über die Duldungs- und Anscheinsvollmacht[233]. Bei kaufmännischen Bevollmächtigten, die von einer festen Niederlassung aus agieren, ist das Recht am Ort der Niederlassung anzuwenden[234].

5. Drittschützende Normen; Schutz öffentlicher Interessen

73   Für einzelne Normen des VVG wird eine sachenrechtliche Qualifikation und damit eine Anwendung der Artt. 43 ff. EGBGB vorgeschlagen[235]. Dies soll etwa für §§ 95–98 VVG (§§ 69–71 VVG a. F.) und vor allem für §§ 93–94, 142–149 VVG (§§ 97–107 c VVG a. F.) wegen des engen Zusammenhangs mit den §§ 1127 ff. BGB gelten[236]. Hierbei geht es vor allem um die Durchsetzung von Dritt- und öffentlichen Interessen, weshalb auch eine Sonderanknüpfung über Art. 34 EGBGB erwogen wird (Rn. 76). Die Anwendung der Artt. 43 ff. EGBGB ist vorzugswürdig. Zwingende (öffentlich-rechtliche) Regelungen, die vornehmlich **wirtschaftsregulierende Zwecke** verfolgen, hat die Rspr. in einigen (wenigen) Urteilen

---

[227] BGH v. 5. 5. 1960, BGHZ 32, 256 (258); BGH v. 8. 10. 1991, JZ 1992, 579; BGH v. 23. 4. 1998, RIW 1998, 628 (630), erwägt eine analoge Anwendung des Art. 12 EGBGB; zum Ganzen *Zimmer,* Internationales Gesellschaftsrecht (1996), S. 241 ff.

[228] BGH v. 1. 7. 2002, AG 2003, 39; OLG Hamburg v. 30. 03. 2007, NZG 2007, 597.

[229] EuGH v. 5. 11. 2002 – Rs. C-208/00, Überseering, Slg. 2002, I-6453; dazu *Roth,* IPRax 2003, 117; *Behrens,* IPRax 2003, 193; EuGH v. 30. 9. 2003 – Rs. C-167/01, Inspire Art, Slg. 2003, I-10155, 10234 (Rz. 135).

[230] BGH v. 13. 3. 2003, NJW 2003, 1461 (1462); BGH 14. 3. 2005, NJW 2005, 1648 (1649); zum deutsch-amerikanischen Freundschaftsvertrag: BGH v. 29. 1. 2003, NJW 2003, 1607 (1608); im Verhältnis zum EWR: BGH v. 19. 9. 2005, NJW 2005, 3351 (3351 f.) (Lichtenstein); ebenso im Verhältnis zur Schweiz: OLG Hamm v. 26. 5. 2006, BB 2006, 2487 (2488 f.).

[231] BGH v. 9. 12. 1964, BGHZ 43, 21 (26); BGH v. 17. 11. 1994, BGHZ 128, 41 (47); str.

[232] BGH v. 16. 4. 1975, NJW 1975, 1220; BGH v. 13. 5. 1982, NJW 1982, 2733.

[233] Die Rechtsprechung stellt auf das Recht des Staates ab, in dem der Rechtsschein gesetzt worden ist und sich auswirkt; BGH v. 9. 12. 1964, BGHZ 43, 21 (27); s. auch OLG Koblenz v. 31. 3. 1988, IPRax 1989, 232; KG Berlin v. 16. 1. 1996, IPRax 1998, 280 (284); krit. *Leible,* IPRax 1998, 259 (260).

[234] BGH v. 26. 4. 1990, RIW 1990, 833 (834); ob dies auch gilt, wenn der Bevollmächtigte in einem anderen Staat als dem Niederlassungsstaat von seiner Vollmacht Gebrauch macht, ist str. Überblick bei *Palandt/Heldrich,* Anh. zu Art. 32 EGBGB Rn. 2; dort auch zur Reichweite des Vollmachtsstatuts und seiner Abgrenzung zum Vertragsstatut unter Rn. 3.

[235] *Wördemann,* S. 175 f.; *Gruber,* IVVR, S. 219 ff.; *ders.,* NVersZ 2001, 442 (446); *Staudinger/Armbrüster,* Anh. I zu Art. 37 EGBGB Rn. 18 m. w. N. zum Streitstand.

[236] A. A. *Roth,* IVVR, S. 647–649 und insbes. Fn. 65.

dem Vertragsstatut unterstellt[237]. Diese sog. „Schuldstatutstheorie"[238], von der wohl auch das EVÜ ausgeht[239], ist jedoch durch die jüngere Rspr. des BGH aufgegeben worden[240]. Traditionell folgt die Rspr. für solche Normen dem sog. Territorialitätsprinzip, d. h. einer territorial ausgerichteten Sonderanknüpfung[241]. Vorzugswürdig ist eine Sonderanknüpfung wirtschaftsrechtlicher bzw. öffentlichrechtlicher Normen (Rn. 74–77).

V. Sonderanknüpfungen

1. Art. 34 EGBGB

Neben das Vertragsstatut können **Sonderanknüpfungen** treten. Art. 7 Abs. 2 EVÜ ermächtigt die Vertragsstaaten des EVÜ, ihre international zwingenden Normen entgegen den aus Art. 3 und Art. 4 EVÜ resultierenden völkerrechtlichen Pflichten unabhängig und gegen das Vertragsstatut anzuwenden. Art. 34 EGBGB übernimmt diese Aussage in Form einer **Öffnungsklausel** in das deutsche Recht. Eine Sonderanknüpfung setzt voraus, dass es sich um sog. **international zwingende** Normen handelt, die – im Gegensatz zu bloß intern zwingenden Normen – ohne Rücksicht auf das auf den Vertrag anzuwendende Recht zur Anwendung kommen sollen. Der Charakter als international zwingende Norm ergibt sich entweder aus einem (einseitigen) **kollisionsrechtlichen Anwendungsbefehl**[242] oder – versteckt – aus dem **Zweck der Sachnorm,** der einen vom Vertragsstatut abweichenden Anwendungsbereich erfordert. Für diese zweite Fallgruppe ist str., ob zu ihnen nur Normen zu rechnen sind, die primär Gemeinwohlinteressen verfolgen[243], oder auch solche Normen zählen, die vorwiegend Privatinteressen dienen[244]. Folgt man letzterer Ansicht[245], ist ein Rückgriff auf Art. 34 EGBGB bei Verbraucherschutznormen jedoch nur möglich, soweit nicht Art. 29 EGBGB eine abschließende Regelung enthält, also den in Frage stehenden Vertragstyp erfasst[246]. Da letzteres für Versicherungsverträge der Fall ist, kommen den Verbraucher schützenden Normen des Versicherungsvertragsrechts nur über Art. 29 EGBGB (und Art. 29a EGBGB) zur Anwendung, nicht aber über Art. 34 EGBGB.

74

---

[237] BGH v. 21. 10. 1992, NJ 1993, 132 (132f.); OLG Hamburg v. 8. 2. 1991, NJW 1992, 635 (636). BGH v. 23. 4. 1998, RIW 1998, 628 (629), wendet eine öffentlich-rechtliche Regelung im Rahmen des Personalstatuts an.

[238] Dazu Münchener Kommentar BGB/*Martiny,* Art. 34 EGBGB Rn. 40; *Fetsch,* S. 11 ff. mit eingehender Kritik.

[239] Die Systematik des EVÜ legt es freilich nahe, dass das Übereinkommen von der sog. Schuldstatutstheorie ausgeht: Während Art. 7 Abs. 2 EVÜ die (international) zwingenden Normen der lex fori erfasst, geht es in Art. 7 Abs. 1 EVÜ um diejenigen eines *Dritt*staates („… eines anderen Staates"); die international zwingenden Normen des Vertragsstatuts fallen weder unter Abs. 1 noch Abs. 2, sondern werden – dieser Schluss drängt sich auf – vom Vertragsstatut zur Anwendung berufen; so zutreffend Münchener Kommentar BGB/*Martiny,* Art. 34 EGBGB Rn. 54.

[240] BGH v. 7. 12. 2000, NJW 2001, 1936 (1937); BGH v. 27. 2. 2003, NJW 2003, 2020 (2021).

[241] Münchener Kommentar BGB/*Martiny,* Art. 34 EGBGB Rn. 42, 50.

[242] Beispiel: Art. 13 Abs. 1 EGVVG (für innerhalb des EWR belegene Risiken).

[243] In diesem Sinne BGH v. 13. 12. 2005, NJW 2006, 762 (763f. Rn. 26f.); Münchener Kommentar BGB/*Sonnenberger,* Einl. IPR Rn. 51ff.; Münchener Kommentar BGB/*Martiny,* Art. 34 EGBGB Rn. 16; *Staudinger/Armbrüster,* Anh. I zu Art. 37 EGBGB Rn. 17; *Bamberger/Roth/Spickhoff,* Art. 34 EGBGB Rn. 14; v. *Bar/Mankowski,* IPR I (2003), Rn. 80ff.; *Sonnenberger,* IPRax 2003, 104; *Gruber,* NVersZ 2001, 442.

[244] *Erman/Hohloch,* Art. 34 EGBGB Rn. 12; *Soergel/v. Hoffmann,* Art. 34 EGBGB Rn. 4ff., 54ff.; *Stoll,* (2.) FS Kegel (1987), S. 628ff.; *Roth,* RIW 1994, 275; offen lassend BGH v. 26. 10. 1993, RIW 1994, 154; BGH v. 19. 3. 1997, NJW 1997, 1697.

[245] Der deutsche Gesetzgeber beschränkt Sonderanknüpfungen nicht auf Normen, die primär öffentlichen Interessen (Allgemeininteressen) dienen; z. B. §§ 32–32b UrhG. Dass dies bei den sog. „versteckten" Kollisionsnormen anders sein soll, bedürfte der Begründung.

[246] *Palandt/Heldrich,* Art. 34 EGBGB Rn. 3a; *Roth,* RIW 1994, 275 (278).

75   Eine von Rn. 74 zu unterscheidende Frage ist, ob die im VVG enthaltenen (halb-) zwingenden Normen zum Schutze von Versicherungsnehmern, die **nicht Verbraucher** sind, im Wege einer Sonderanknüpfung über Art. 34 EGBGB neben und gegen das Vertragsstatut zur Anwendung gebracht werden können. *Verf.* hatte **vor** Inkrafttreten des IPR-Gesetzes von 1986[247] dafür plädiert, den kollisionsrechtlichen Schutz nicht auf Verbraucher zu beschränken, sondern ihn an der im jeweiligen Sachrecht vorgenommenen Differenzierung[248] zwischen schutzbedürftigen und nichtschutzbedürftigen Versicherungsnehmern zu orientieren[249]. Einem solchen Ansatz steht **seit 1986** die in Art. 29 Abs. 1, 2 EGBGB getroffene, aus Art. 5 Abs. 2 und 3 EVÜ übernommene Abgrenzung des schutzwürdigen Personenkreises entgegen[250]: Mit der damit vorgenommenen Begrenzung der schutzzweckorientierten Anknüpfung auf den **Verbraucher** ist der Weg über die Öffnungsklausel des Art. 34 EGBGB/Art. 7 Abs. 2 EVÜ **verschlossen** und dies unabhängig von der Frage, ob sich Art. 34 EGBGB/Art. 7 Abs. 2 EVÜ auf die Sonderanknüpfung von sog. „Eingriffsnormen" unter Ausschluss rein vertragsrechtlicher Schutznormen beschränkt (dazu Rn. 74). Gewiss ist richtig, dass die kollisionsrechtliche Schutzwürdigkeit des kleinen Gewerbetreibenden keine geringere ist als die eines Versicherungsnehmer-Verbrauchers, der sich (im Einzelfall) vielleicht sogar Rechtsrat leisten kann. Auch hat der Gemeinschaftsgesetzgeber mit Artt. 8–14 EuGVVO (in Anlehnung an Artt. 7–12a EuGVÜ) für Zwecke der internationalen Zuständigkeit eine Regelung geschaffen, die in einem weiten Umfang ein besonderes Schutzbedürfnis auch für gewerblich tätige Versicherungsnehmer anerkennt, doch kann diese Wertung nicht auf Artt. 29, 34 EGBGB und auf das EVÜ übertragen werden[251]: Eine **Erweiterung** des eines kollisionsrechtlichen Schutzes bedürfenden Personenkreises bei **Vertragstypen,** die in Art. 5 EVÜ **erfasst** sind, über die in Art. 5 EVÜ genannten Verbraucher hinaus ist über Art. 7 Abs. 2 EVÜ nicht möglich, sondern **allein** auf dem Wege des **Konsultationsverfahrens** gem. Art. 23 EVÜ[252] oder aber über Rechtsakte der Gemeinschaft[253]. **De lege ferenda** ist (bei einer Überarbeitung der ab Ende 2009 anzuwendenden Rom I-VO) zu überlegen, ob für Versicherungsverträge eine an Art. 8 ff. EuGVVO angelehnte Abgrenzung des schutzbedürftigen und schutzwürdigen Personenkreises vorzuziehen ist (im Einzelnen Rn. 25, 64 a. E.)[254].

76   Eine gesonderte Anknüpfung über Art. 34 EGBGB kommt daher nur für solche Normen des deutschen Versicherungs-(privat-)rechts in Frage, denen es primär nicht um den Schutz des Versicherungsnehmers, sondern um **Interessen Dritter** (etwa bei §§ 150 Abs. 2, 179 Abs. 2 VVG[255] bzw. bei der Pflichtversicherung) oder dem **Schutz öffentlicher Belange** geht (z. B. §§ 74 Abs. 2, 78 Abs. 3 VVG). Im Einzelnen ist jeweils auf den **Normzweck** abzustellen[256]; mangels Rspr. ist hier noch vieles ungeklärt. Die §§ 93 ff., 142 ff. VVG (s. aber

---

[247] Dies wurde bisweilen nicht hinreichend beachtet; z. B. bei *Basedow/Drasch*, NJW 1991, 785 (789–790); *Fricke*, VersR 1994, 773 (779); *Prölss/Martin/Prölss/Armbrüster*, vor Art. 7 EGVVG Rn. 16.

[248] *Roth*, IVVR, S. 388 ff., 417 ff. (dies nach dem Vorbild des § 41 Abs. 1 öIPRG a. F.).

[249] So etwa der Regelungsansatz heute im österreichischen Recht für im EWR belegene Risiken; s. unten Fn. 384.

[250] *Roth*, Aspekte, S. 35 f.

[251] *Basedow/Drasch*, NJW 1991, 785 (790); *Roth,* Aspekte, S. 37 f.

[252] *Wördemann,* S. 161.

[253] Wer dem Herkunftslandprinzip des Art. 3 Abs. 1–2 der Richtlinie 2000/31/EG über den elektronischen Geschäftsverkehr Bedeutung für das Kollisionsrecht zuschreiben will, wird feststellen, dass im Anhang zu dieser Richtlinie nur die kollisionsrechtlichen Regelungen in den Versicherungs-Richtlinien vom Herkunftslandprinzip ausgenommen sein sollen, nicht aber das Kollisionsrecht des EVÜ. Ob und inwieweit es sich dabei um ein Versehen handelt, ist schwer zu entscheiden; in diese Richtung etwa *Mankowski*, ZVerglRWiss 100 (2001) 137 (153 ff.).

[254] Hier sind die bei *Roth*, IVVR, S. 388 ff., 722 ff., vorgetragenen Überlegungen wieder von unmittelbarer Relevanz.

[255] Str., für Eingriffsnorm: *Wördemann*, S. 172 ff.; a. A. *Staudinger/Armbrüster*, Anh. I zu Art. 37 EGBGB Rn. 18: Art. 6 EGBGB.

[256] S. im einzelnen *Kramer*, S. 49 ff.; *Uebel*, S. 258 ff.; *Wördemann*, S. 170 ff., 229 ff., 246 ff.; Berliner Kommentar/*Dörner*, Art. 15 EGVVG Rn. 29–37; *Gruber*, NVersZ 2001, 442 (445 ff.).

oben Rn. 73) werden teilweise als Eingriffsnormen qualifiziert[257]. Bei Versicherungsverträgen über **außerhalb** der EU bzw. des EWR belegene Risiken (Versicherungsnehmer mit gewöhnlichem Aufenthalt oder Hauptverwaltung außerhalb der EU/des EWR; Art. 7 Abs. 2 EGVVG) kommen international zwingende Normen der lex fori, soweit es um Vorschriften zugunsten Dritter[258] oder Sonderanknüpfungen im Bereich der **Pflichtversicherung** geht, in Betracht. Bei der **substitutiven Krankenversicherung** sind die Schutznormen der §§ 192 ff. VVG zugunsten des Versicherten mit gewöhnlichem Aufenthalt in Deutschland zur Anwendung zu bringen (vgl. Art. 13 Abs. 1 EGVVG). Zur Dienstleistungsfreiheit als Schranke für zwingende (vor allem produktgestaltende) Normen s. Rn. 15.

2. Ausländische international zwingende Normen

Neben und gegen das Vertragsstatut können auch **ausländische,** nicht dem Vertragsstatut   **77** zugehörige, **international zwingende** Normen zur Anwendung kommen. Der Umstand, dass die BRD gegen Art. 7 Abs. 1 EVÜ einen Vorbehalt eingelegt hat, steht nicht entgegen. Eine solche Sonderanknüpfung kommt vor allem für im Zusammenhang mit einer **Versicherungspflicht** stehende Normen in Betracht (s. Rn. 67), oder wenn das ausländische Recht − vergleichbar mit Art. 13 Abs. 1 EGVVG − eine substitutive Krankenversicherung kennt. Im Übrigen setzt die Sonderanknüpfung einer ausländischen wirtschaftsrechtlichen Norm neben dem Vertragsstatut voraus, dass eine enge tatsächliche Beziehung zum normsetzenden Staat besteht, die Norm als international zwingend anzusehen ist, sie (nach ihrem geographisch-personalen Anwendungsanspruch) den Sachverhalt erfassen will und die von der Norm verfolgten Ziele den inländischen Regelungszwecken nicht zuwiderlaufen[259]. Eine enge Verbindung wird in aller Regel zu dem Staat der Risikobelegenheit bestehen (Rn. 73). Es ist aber darauf hinzuweisen, dass die Rspr. bisher einer solchen Sonderanknüpfung ausländischer international zwingender Normen zurückhaltend gegenübersteht und den Weg über eine materiellrechtliche Berücksichtigung (etwa über § 138 BGB) sucht[260]. Die Dienstleistungsfreiheit setzt den zwingenden Regelungen der EU- und EWR-Staaten Grenzen; dazu Rn. 15.

VI. Einzelfragen

1. Art. 6 EGBGB (ordre public)

Die Anwendung der Rechtsnormen eines anderen Staates steht gem. Art. 6 Satz 1 EGBGB   **78** unter dem Vorbehalt, dass das Ergebnis der Anwendung nicht mit wesentlichen Grundsätzen des deutschen Rechts offensichtlich unvereinbar ist. Dieser sog. ordre public − Vorbehalt setzt i. d. R. eine **Binnenbeziehung** des Sachverhalts voraus und sollte nur angewendet werden, um im Einzelfall **unerträgliche** Ergebnisse zu verhindern, etwa wenn die Anwendung nicht mit den Grundrechten vereinbar oder von einer Sittenwidrigkeit i. S. v. § 138 auszugehen ist. Art. 6 EGBGB wird man darüber hinausgehend anzuwenden haben, wenn man den Kreis der über Art. 34 EGBGB anzuwendenden Normen entgegen Rn. 74−76 enger zieht, so etwa in den Fällen der §§ 150 Abs. 2 und 179 Abs. 2 VVG, bei §§ 74 Abs. 2, 78 Abs. 3 VVG[261], oder aber in den Fällen einer Geldstrafen- bzw. Bußgeldversicherung[262]. Dagegen ist der privatrechtliche Schutz des Versicherungsnehmers, den das deutsche Recht kennt, i. d. R. nicht

[257] *Prölss/Martin/Prölss/Armbrüster,* vor Art. 7 EGVVG Rn. 19; *Kramer,* S. 57; a. A. *Roth,* IVVR, S. 647 f. (bei Fehlen einer Versicherungspflicht).
[258] Dazu *Wördemann,* S. 167 ff.
[259] Zu den str. Einzelheiten s. z. B. Münchener Kommentar BGB/*Martiny,* Art. 34 EGBGB Rn. 133 ff.
[260] BGH v. 22. 6. 1972, BGHZ 59, 82 (85); Münchener Kommentar BGB/*Martiny,* Art. 34 EGBGB Rn. 65 ff. m. w. N.; *Palandt/Heldrich,* Art. 34 EGBGB Rn. 5; *Armbrüster,* VersR 2006, 1. Über die materiell-rechtliche Ebene (§ 138 BGB; Unmöglichkeit etc.) lassen sich jedoch inhaltsprägende ausländische Normen (wie etwa im Bereich der Pflichtversicherung) nicht immer ausreichend durchsetzen.
[261] Berliner Kommentar/*Dörner,* Art. 15 EGVVG Rn. 49.
[262] *Staudinger/Armbrüster,* Anh. I zu Art. 37 EGBGB Rn. 23.

durch den ordre public abgesichert. Art. 29 EGBGB sorgt für einen ausreichenden Verbraucherschutz (Rn. 74); außerhalb des Anwendungsbereichs der marktbezogenen Anknüpfungs-
momente wie auch ganz generell bei Verträgen mit beruflich oder gewerblich tätigen Versicherungsnehmern (dazu Rn. 75) sollte – entgegen einer im Schrifttum vertretenen Tendenz,
den Versicherungsnehmerschutz weitgehend über den ordre public abzusichern[263] – der ordre
public nur in ganz krassen Fällen angewandt werden[264].

2. Direktanspruch

79   Nach dem **bis** zum 1. 9. 1999 geltenden Recht wurde der Direktanspruch gegen den Versicherer von der Rspr. und h. L. deliktsrechtlich qualifiziert (Rn. 37). Mit Art. 40 Abs. 4
EGBGB bestimmt sich im Interesse des Opferschutzes die Frage des Direktanspruchs nun **alternativ** nach dem Delikts- oder Versicherungsvertragsstatut, wobei das **Günstigkeitsprinzip** entscheidet und der Richter die Entscheidung v. A. w. zu treffen hat. Das Deliktsstatut bestimmt sich hierbei nach Art. 40 Abs. 1, Abs. 2 und Art. 41, nicht aber nach Art. 42 EGBGB.
Art. 40 Abs. 4 EGBGB betrifft die Passivlegitimation des Versicherers und die damit zusammenhängenden Fragen (Verjährung; Obliegenheiten bei der Geltendmachung; Höchstsummen). Das Zustandekommen des Versicherungsvertrages, Einwendungen und Einwendungsausschlüsse unterliegen dagegen (außerhalb der Pflichtversicherung) nur dem Vertragsstatut[265].
Art. 18 der am 11. 1. 2009 in Kraft tretenden Verordnung (EG) Nr. 864/2007 sieht für die Direktklage ebenfalls eine alternative Anknüpfung nach dem Delikts- oder Vertragsstatut vor[266].

D. EGVVG: Direktversicherungsverträge über *innerhalb* der EU bzw. des EWR belegene Risiken

I. Allgemeines

1. Anwendungsbereich

80   Die folgenden Ausführungen beziehen sich **nur** auf **Direkt**versicherungsverträge über **in-
nerhalb** der Mitgliedstaaten der EU bzw. der Vertragsstaaten des EWR belegene Risiken
(Art. 7 Abs. 1 EGVVG). Zu **Rückversicherungsverträgen** s. Rn. 38, 41 ff., 46 ff., 66. Zu
Direktversicherungsverträgen über **außerhalb** der EU und des EWR belegene Risiken s.
Rn. 38–79. Zur **Bestimmung der Risikobelegenheit** s. Art. 7 Abs. 2 EGVVG und
Rn. 39–40, 87 ff. Deckt ein Versicherungsvertrag innerhalb **und** außerhalb der EU bzw. des
EWR belegene Risiken ab und liegt keine zulässige Rechtwahl vor (vgl. dazu Art. 10 Abs. 2
EGVVG), ist eine Aufspaltung des Vertrages in mehrere Verträge vorzunehmen (Rn. 44)[267].

81   Für Direktversicherungsverträge über **in** der EU bzw. im EWR belegene Risiken kommen die **Artt. 7 ff. EGVVG** zur Anwendung. Dies gilt (über den Anwendungsbereich der
einschlägigen Richtlinien hinausgehend) auch dann, wenn der Sitz bzw. die Niederlassung
des Versicherers, über die der Vertrag geschlossen wird, sich **außerhalb** der EU oder des
EWR befindet. Zur **intertemporalen** Anwendbarkeit s. Rn. 26–29. Die Artt. 7 ff. EGVVG
setzen **Richtlinienvorgaben** der EU um (Rn. 6 ff.) und sind daher **richtlinienkonform**
auszulegen (Rn. 8).

---

[263] Vgl. etwa *Hübner*, ZVersWiss 1983, 35 f.; *Staudinger/Armbrüster*, Anh. I zu Art. 37 EGBGB Rn. 22.

[264] In diese Richtung gehend Berliner Kommentar/*Dörner*, Art. 15 EGVVG Rn. 50.

[265] S. oben Rn. 37; anders *Bamberger/Roth/Spickhoff*, Art. 40 EGBBGB Rn. 13, der im Interesse des Opferschutzes Art. 40 Abs. 4 EGBGB auch für Einwendungsausschlüsse anwenden will.

[266] Verordnung (EG) Nr. 864/2007 des Europäischen Parlaments und des Rates vom 11. 7. 2007 über
das auf außervertragliche Schuldverhältnisse anzuwendende Recht („Rom II"), ABl. 2007 L 199/40.

[267] *Lorenz*, Zum neuen IVR, S. 307 f.; *Fricke*, VersR 1994, 773 (775); *Uebel*, S. 92 f.; Münchener Kommentar BGB/*Martiny*, Art. 37 EGBGB Rn. 86; *Reithmann/Martiny/Schnyder*, Rn. 1324; Berliner Kom-
mentar/*Dörner*, Art. 7 EGVVG Rn. 32.

Soweit die Artt. 7 ff. EGVVG für **Lebensversicherungsverträge** gesonderte Regeln ent-   **82**
halten (etwa Art. 9 Abs. 5 EGVVG), ist auf die **Begriffsbestimmung** in Art. 2 der Richtlinie 2002/83/EG[268] (vormals Art. 1 der Richtlinie 79/267/EWG[269]) abzustellen. Danach
zählen zur Lebensversicherung u. a. auch gemischte Versicherungen, die Heirats- und Gebur-
tenversicherung, die Rentenversicherung, Zusatzversicherung zur Lebensversicherung (Versicherung gegen Körperverletzungen, auch Berufsunfähigkeit), Tontinen- und Kapitalisie-
rungsgeschäfte.

2. Die Anknüpfungen im Überblick

Anders als das EVÜ stellen die Artt. 7 ff. EGVVG nicht die Rechtswahlfreiheit, sondern die   **83**
objektive Anknüpfung in das **Zentrum** (Art. 8 EGVVG; Rn. 87 ff.), um nur in beschränktem Ausmaß Rechtswahlfreiheit einzuräumen (Rn. 105 ff.). Dieser Regelungsansatz hängt
mit den Richtlinienvorgaben und den von den Richtlinien verfolgten Regelungszwecken zusammen (s. oben Rn. 7). Der **Risikobelegenheit** kommt dabei zentrale Bedeutung für den
Anwendungsbereich der Kollisionsnormen in den Richtlinien und im EGVVG in Abgrenzung zum EVÜ (Rn. 39–40) wie auch für die Kollisionsnormen selbst zu. Die **objektive** Anknüpfung stellt maßgeblich auf die Risikobelegenheit ab (Art. 8 i. V. m. Art. 7 Abs. 2 EGVVG;
abgeschwächt auch in Art. 11 EGVVG). Bei der **subjektiven** Anknüpfung ist das Kriterium
der Risikobelegenheit bedeutsam in den Fällen, für die eine (beschränkte) Rechtswahl eröffnet wird (Art. 9 EGVVG). Schließlich gewährt Art. 10 Abs. 3 EGVVG über die Art. 10
Abs. 1–2 EGVVG hinausgehend – und in völliger Abweichung vom traditionellen Regelungsansatz – Rechtswahlfreiheit nach Maßgabe des Rechts des Staates der Risikobelegenheit.
Artt. 12 und 13 EGVVG enthalten eigenständige Kollisionsnormen für die **Pflichtversiche-**
rung (Rn. 97 ff.) und für die sog. **substitutive Krankenversicherung** (Rn. 101 ff.). Im Übrigen verweist Art. 15 EGVVG auf Artt. 27–37 EGBGB, die damit subsidiär zur Anwendung
kommen.

Bei den Verweisungen handelt es sich um **Sachnormverweisungen** (Art. 15 EGVVG   **84**
i. V. m. Art. 35 Abs. 1 EGBGB). Wird auf das Recht eines Gesamtstaates mit **Teilrechtsord-**
nungen verwiesen, kommt Art. 35 Abs. 2 EGBGB zur Anwendung (s. Rn. 43). Der **An-**
wendungsbereich des Vertragsstatuts bestimmt sich über Art. 15 EGVVG nach den Grundsätzen der Artt. 31–32 EGBGB (s. oben Rn. 68 ff.). **Maßgeblicher Zeitpunkt** bei der
objektiven Anknüpfung nach Artt. 8, 11 EGVVG ist derjenige des Vertragsschlusses[270].
Art. 11 Abs. 1 Satz 2 EGVVG schafft – wie Art. 28 Abs. 1 Satz 2 EVÜ auch – die Möglichkeit einer **Abspaltung** (dépeçage) für einen selbständigen Vertragsteil. Die Norm ist restriktiv („ausnahmsweise") anzuwenden. Beispiel für eine Anwendung ist der Schadenseintritt in
einem anderen Staat als dem der Belegenheit des versicherten Risikos. Dasselbe gilt für die
Belegenheit der Risiken in mehreren Staaten; hier ist u. U. auch von einer **Vertragsspaltung**
(s. oben Rn. 44–45) auszugehen.

II. Objektive Anknüpfung

1. Die Anknüpfungen

a) Konvergenzfall. Auf den ersten Blick wenig übersichtlich regelt das EGVVG die ob-   **85**
jektive Anknüpfung in zwei Normen: **Art. 8 EGVVG** und **Art. 11 EGVVG.** Art. 8
EGVVG bestimmt die Anwendung des Rechts des Staates, in dem das **Risiko** belegen ist
(Rn. 87 ff.), wenn der Versicherungsnehmer **bei Vertragsschluss** in diesem Staat **zugleich**
seinen **gewöhnlichen Aufenthalt** oder seine **Hauptverwaltung** hat (sog. **Konvergenz-**
fall). Art. 8 EGVVG hat Vorrang vor Art. 11 EGVVG (Rn. 94); letztere Bestimmung bezieht
sich auf die sog. **Divergenzfälle.** Art. 8 EGVVG gilt gleichermaßen für die Schadens- wie

---

[268] ABl. 2002 L 345/1.
[269] ABl. 1979 L 63/1.
[270] Seit Gesetz v. 21. 7. 1994, BGBl. I S. 1630 (allerdings mit nur klarstellender Bedeutung; Berliner
Kommentar/*Dörner*, Art. 8 EGVVG Rn. 3 m. w. N.).

für die Lebensversicherung, auch wenn der Konvergenzfall für die Lebensversicherung keine Bedeutung gewinnt. Die Anknüpfung wird durch keine Ausweichklausel relativiert[271]. Die Anknüpfung ist weitgehend zwingender Natur; sie ist **dispositiv** nur insoweit, als in den Fällen der Artt. 9 und 10 EGVVG die Möglichkeit einer **Rechtswahl** eröffnet wird. Die in Art. 8 EGVVG verwendeten Begriffe der **Hauptverwaltung** und des **gewöhnlichen Aufenthalts** entsprechen denen des Art. 28 Abs. 2 Satz 1 EGBGB. Artt. 12, 13 EGVVG haben **Vorrang.**

86   Art. 8 EGVVG verwirklicht eine am kollisionsrechtlichen wie sachrechtlichen **Versicherungsnehmerschutz**[272] orientierte Anknüpfung, die zum Umweltrecht des Versicherungsnehmers führt. Zugleich wird ein weitgehender Gleichlauf mit der Regelung der internationalen Zuständigkeit in Art. 9 Abs. 1 lit. b VO Nr. 44/2001[273] verwirklicht. Allerdings handelt es sich um eine **starre Anknüpfung,** die – abweichend von Art. 29 Abs. 2 EGBGB – nicht auf den „aktiven" Versicherungsnehmer Rücksicht nimmt. Dies eröffnet nicht nur bei Verbrauchern, sondern vor allem bei gewerblich tätigen Versicherungsnehmern (für die Art. 28 Abs. 2 EGBGB gilt) eine erstaunliche **Wertungsdivergenz** zum EGBGB, die allerdings von den Richtlinien vorgegeben ist.

87   Für die **Belegenheit des Risikos** ist auf **Art. 7 Abs. 2 EGVVG** abzustellen. Die dort gegebene Umschreibung ist aus Art. 2 lit. d der 2. Richtlinie 88/357/EWG übernommen. „Belegenheit" des Risikos wird dabei im Sinne einer örtlichen Verknüpfung mit dem Recht eines Staates verstanden, wobei die Festlegung der maßgeblichen Verknüpfung sowohl dem Ziel der territorialen Selbstabgrenzung für die Anwendung der Artt. 8 ff. EGVVG und der Artt. 27 ff. EGBGB dient, wie auch eine (erste) Wertentscheidung über die maßgeblichen kollisionsrechtlichen Interessen der Parteien enthält. Einem Auffangtatbestand (in Nr. 4) sind drei spezielle Fälle vorgeschaltet:

„Mitgliedstaat, in dem das Risiko belegen ist, ist
1. bei der Versicherung von Risiken mit Bezug auf unbewegliche Sachen, insbesondere Bauwerke und Anlagen, und den darin befindlichen, durch den gleichen Vertrag gedeckten Sachen der Mitgliedstaat, in dem diese Gegenstände belegen sind,
2. bei der Versicherung von Risiken mit Bezug auf Fahrzeuge aller Art, die in einem Mitgliedstaat in ein amtliches oder amtlich anerkanntes Register einzutragen sind und ein Unterscheidungskennzeichen erhalten, dieser Mitgliedstaat; abweichend hiervon ist bei einem Fahrzeug, das von einem Mitgliedstaat in einen anderen überführt wird, während eines Zeitraums von 30 Tagen nach Abnahme des Fahrzeugs durch den Käufer der Bestimmungsmitgliedstaat als der Mitgliedstaat anzusehen, in dem das Risiko belegen ist,
3. bei der Versicherung von Reise- und Ferienrisiken in Versicherungsverträgen über eine Laufzeit von höchstens vier Monaten der Mitgliedstaat, in dem der Versicherungsnehmer die zum Abschluss des Vertrages erforderlichen Rechtshandlungen vorgenommen hat,
4. in allen anderen Fällen,
   a) wenn der Versicherungsnehmer eine natürliche Person ist, der Mitgliedstaat, in dem er seinen gewöhnlichen Aufenthalt hat,
   b) wenn der Versicherungsnehmer keine natürliche Person ist, der Mitgliedstaat, in dem sich das Unternehmen, die Betriebsstätte oder die entsprechende Einrichtung befindet, auf die sich der Vertrag bezieht."

88   **Art. 7 Abs. 2 Nr. 1 EGVVG** legt für die Deckung **unbeweglicher Sachen** (Gebäude, Anlagen etc.; Feuer-, Sturm-, Haftpflichtversicherung) ihre Belegenheit als Belegenheit des Risikos fest und erstreckt diese Festlegung auch auf die darin befindlichen **beweglichen** Sachen, sofern diese durch **denselben** Vertrag gedeckt sind (ansonsten gilt Nr. 4[274]). Damit wird eine **Vertragsspaltung vermieden.** Die Maßgeblichkeit der tatsächlichen Belegenheit

---

[271] Art. 15 EGVVG enthält zwar eine Verweisung auf die Art. 27–36 EGBGB; diese kann („im Übrigen") nur eingreifen, soweit nicht die Artt. 8 ff. EGVVG Regelungen enthalten. Dies ist hier der Fall.
[272] Dazu näher *Roth,* IVVR, S. 164, 166, 357 f.
[273] ABl. 2001 L 12/1.
[274] Z. B. für die isolierte Hausratversicherung, *Fricke,* VersR 1994, 773 (774); *Soergel/v. Hoffmann,* Art. 37 EGBGB Rn. 78.

der versicherten Sache rechtfertigt sich vor allem dadurch, dass die Deckung oftmals auf lokale Verhältnisse und u. U. auf das dort geltende Recht abgestellt werden muss und zudem der Versicherungsnehmer i. d. R. zu diesem Rechtsraum auch engere Verbindungen hat. Die Wahrung öffentlicher Interessen, die sich in einer Versicherungspflicht niederschlagen, ist dagegen Art. 12 EGVVG zugewiesen.

Art. 7 Abs. 2 Nr. 2 EGVVG betrifft die (auch: Haftpflicht-, Kasko-) Versicherung von **89** Risiken mit Bezug auf Fahrzeuge aller Art, sofern die Fahrzeuge in ein amtliches bzw. amtlich anerkanntes Register einzutragen sind[275]; Nr. 2 a.E. nimmt (seit 2007) auf Überführungstatbestände Rücksicht. Gemeint sind Land-, Luft- und Wasserfahrzeuge[276]. Für nichtregistrierungspflichtige Fahrzeuge greift Nr. 4 ein. Für Pflichtversicherungen hat Art. 12 EGVVG Vorrang (Rn. 97 f.)[277].

Art. 7 Abs. 2 Nr. 3 EGVVG erfasst die Deckung kurzzeitiger Reise- und Ferienrisiken **90** (Reisegepäck-, Reiseunfall-, Reisekrankenversicherung etc.) bis zu vier Monaten Laufzeit des Vertrages. Ein Bezug zum Reise- bzw. Ferienrisiko ist vonnöten, ohne dass der Versicherungsvertrag als Reiseversicherung gekennzeichnet sein müsste (z. B. Haftpflichtversicherung). Für die Belegenheit des Risikos wird hier auf das Recht des Staates abgestellt, in dem der Versicherungsnehmer die für den Vertragsabschluss erforderlichen Rechtshandlungen vorgenommen hat. Dem Richtliniengesetzgeber stand der Fall „vor Ort" erworbener Deckung (etwa auf Flughäfen; durch Automaten etc.) vor Augen[278]. Art. 2 lit. d der Richtlinie 88/357/EWG stellt zwar auf den Ort des Vertragsabschlusses ab, setzt dies aber mit dem Versicherungsnehmer in Beziehung. Insoweit mag man Art. 7 Abs. 2 Nr. 3 EGVVG als richtlinienkonforme Konkretisierung ansehen, zumal andere Sprachfassungen der Richtlinie auch dafür sprechen[279]. Die Wahl dieses Anknüpfungspunktes ist verbreitet auf Kritik gestoßen, weil der Ort der Abgabe der Erklärung durch den Versicherungsnehmer rein zufällig sein kann (etwa bei Einwurf eines Briefes auf Durchreise). Soweit deshalb aus Gründen des Versicherungsnehmerschutzes eine Korrektur (mittels teleologischer Reduktion[280], durch Deutung als widerlegbare Vermutung[281] oder durch Mitberücksichtigung von Vorbereitungshandlungen[282]) vorgeschlagen wird, ist dem entgegenzuhalten, dass bei Auseinanderfallen von gewöhnlichem Aufenthalt und Ort der Abgabe der Erklärung ein Divergenzfall i. S. v. Art. 11 Abs. 1 EGVVG gegeben ist und bei der Bestimmung der engsten Verbindung Zufälligkeiten ausgeschaltet werden müssen[283]. Bedeutsam ist die Klärung vor allem für den territorialen Anwendungsbereich der Richtlinie 88/357/EWG und die Anwendung des EVÜ (s. oben Rn. 39–40). Hier muss Klarheit und Rechtssicherheit bestehen. Es hat daher beim Wortlaut des Art. 7 Abs. 2 Nr. 3 EGVVG zu bleiben[284].

Art. 7 Abs. 2 Nr. 4 ist als **Auffangregel** für den Fall konzipiert, dass Nr. 1–3 nicht eingreifen. Die Risikobelegenheit wird hier in der Sphäre des Versicherungsnehmers verortet, **91** wobei die Norm zwischen natürlichen Personen (in lit. a) und sonstigen Personen (in lit. b) unterscheidet. Unter Nr. 4 fallen vor allem die Unfall-, Kranken-, Haftpflicht-, Transport-, Rechtsschutz- und auch die Lebensversicherung. Für **natürliche Personen** kommt es gem.

---

[275] Zu weiteren Einzelheiten *Gruber,* IVVR, S. 32 ff.

[276] Dazu LG Hamburg v. 28. 2. 2005, IPRspr. 2005 Nr. 28, S. 68 (70).

[277] *Prölss/Martin/Prölss/Armbrüster,* Art. 12 EGVVG Rn. 1.

[278] Anders offensichtlich *Basedow/Drasch,* NJW 1991, 785 (787), die dem Automatenstandort keine Bedeutung zumessen wollen.

[279] Die englische Fassung bezieht sich auf den Ort, „where the policy holder took out the policy", die französische und die italienische Fassung auf den Ort, wo der Vertrag vom Versicherungsnehmer unterschrieben („souscrit"; „sottoscritto") wurde.

[280] *Reichert-Facilides,* IPRax 1990, 1 (7).

[281] *Basedow/Drasch,* NJW 1991, 785 (787).

[282] *Gruber,* IVVR, S. 41 ff.

[283] Anders die Begründung bei *Staudinger/Armbrüster,* Anh. I zu Art. 37 EGBGB Rn. 39.

[284] Im Ergebnis ebenso Berliner Kommentar/*Dörner,* Art. 7 EGVVG Rn. 20.

Nr. 4 lit. a auf den **gewöhnlichen Aufenthalt**[285] (wie bei Art. 28 Abs. 2 Satz 1 EGBGB) an, mangels eines solchen auf den **schlichten Aufenthalt** (vgl. auch Art. 5 Abs. 3 EGBGB). Staatsangehörigkeit und Wohnsitz sind irrelevant. **Nr. 4 lit. b** bezieht sich auf juristische Personen, rechtsfähige und nichtrechtsfähige Personengesellschaften, Vereine und Genossenschaften. Erfasst werden alle Versicherungsnehmer, die nicht natürliche Personen sind. Die Norm bestimmt die Risikobelegenheit durch die Lage des Unternehmens, der Betriebsstätte (Niederlassung) bzw. der entsprechenden (festen) Einrichtung (etwa Büro, Zweigstelle eines Vereins), auf die sich der Vertrag bezieht[286]. Wird ein Unternehmen als Ganzes versichert, liegt das Risiko am Sitz der Hauptverwaltung; werden einzelne Betriebsteile versichert, kommt es auf die Lage der Betriebsstätten an, wobei dies bei Belegenheit in verschiedenen Staaten zu einer Vertragsspaltung führen kann.

92   Die objektive Anknüpfung nach **Art. 8 EGVVG kumuliert** die nach Rn. 87–91 zu bestimmende Risikobelegenheit mit den Kriterien des **gewöhnlichen Aufenthalts** bzw. der **Hauptverwaltung** des Versicherungsnehmers, die zu ein und demselben Staat (der EU bzw. des EWR) führen müssen (Konvergenz)[287]. Der **gewöhnliche Aufenthalt** bezieht sich wieder auf natürliche Personen; fehlt es an einem solchen, entscheidet der **schlichte Aufenthalt**. Im Fall des Art. 7 Abs. 2 Nr. 4 lit. a EGVVG ist immer auch Art. 8 EGVVG erfüllt. Dies ist anders im Fall des Art. 7 Abs. 2 Nr. 4 lit. b EGVVG, da die versicherte **Betriebsstätte** und die **Hauptverwaltung** ohne weiteres auseinanderfallen können. Für letztere kommt es auf den Sitz an (vgl. Art. 28 Abs. 2 Satz 1 EGBGB).

93   Bei der **Lebensversicherung** bedarf Art. 7 Abs. 2 Nr. 4 EGVVG einer Auslegung im Lichte der Art. 32 Abs. 1 Satz 1 i. V. m. Art. 1 Abs. 1 lit. g der Richtlinie 2002/83/EG, wonach das Recht des „Mitgliedstaats der Verpflichtung" zur Anwendung berufen ist. Dies ist bei Unternehmen („juristischen Personen") die „Niederlassung", auf die sich der Vertrag (etwa bei einer Gruppenlebensversicherung) bezieht. „Niederlassung" meint in diesem Zusammenhang „Sitz der Hauptverwaltung"[288], sodass ein Divergenzfall insoweit nicht entstehen kann[289].

94   **b) Divergenzfall.** Art. 11 Abs. 1 EGVVG bestimmt, dass für den Fall fehlender Rechtswahl der Versicherungsvertrag dem Recht des Staates unterliegt, mit dem er die **engsten Verbindungen** aufweist, wobei sich die Auswahl der Staaten auf diejenigen beschränkt, die nach Artt. 9–10 EGVVG gewählt werden können. Im Schrifttum besteht **Dissens** über den **Anwendungsbereich der Norm** und über das Verhältnis von Art. 11 zu Art. 8 EGVVG. Z. T. wird davon ausgegangen, dass Art. 11 EGVVG nur zur Anwendung kommen könne, wenn die nach Art. 7 Abs. 2 Nr. 1–4 EGVVG zu bestimmende Risikobelegenheit und der gewöhnliche (schlichte) Aufenthalt bzw. der Sitz der Hauptverwaltung auseinanderfallen (sog. **Divergenzfall**)[290]. Damit wird eine klare Abgrenzung zu Art. 8 EGVVG geschaffen. Dem wird entgegengehalten, dass sich eine Beschränkung auf Divergenzfälle nicht aus dem Wortlaut des Art. 11 Abs. 1 EGVVG ergebe; die Norm stelle vielmehr allein auf die Rechts-

---

[285] Aus der Rspr.: BGH v. 20. 1. 2005, VersR 2005, 404 (404); BGH v. 20. 1. 2005, NJW 2005, 1357 (1358); BGH v. 19. 5. 2005, VersR 2005, 978 (979); BGH v. 19. 5. 2005, VersR 2005, 1144 (1145); BGH v. 19. 5. 2005, NJW-RR 2005, 1425 (1425); zu Recht kritisch *Thode*, WuB 2005, 661 (662), soweit der BGH den Versicherungsmaklervertrag offenbar akzessorisch zum Versicherungsvertrag anknüpfen will.

[286] Art. 7 Abs. 2 Nr. 4 lit. b EGVVG weicht insoweit vom deutschen Text der Richtlinie 88/357/EWG ab, der von „juristischen Personen" spricht, dies aber zurecht, da die deutsche Richtlinienfassung etwa im Vergleich zur französischen („personne morale") unnötig eng geraten ist, die Richtlinie vielmehr alle Versicherungsnehmer erfassen will; *Basedow/Drasch*, NJW 1991, 785 (788); *Fricke*, VersR 1994, 773 (775); *Staudinger/Armbrüster*, Anh. I zu Art. 37 EGBGB Rn. 41.

[287] S. die in Fn. 283 zitierte Rspr.

[288] Als „Niederlassung" i. S. v. Art. 1 Abs. 1 lit. g der Richtlinie 2002/83/EG ist nach dem System der Richtlinie der Verwaltungssitz der Hauptverwaltung zu verstehen, nicht aber jede Zweigniederlassung. Dies ergibt ein Gegenschluss aus Art. 1 Abs. 1 lit. b, wo der Begriff der „Zweigniederlassung" definiert wird. Im Übrigen kennt Art. 32 der Richtlinie keine Regelung für Divergenzfälle; dies macht deutlich, dass der Richtliniengesetzgeber mit „Niederlassung" nicht die Zweigniederlassung meint.

[289] A. A. offenbar Berliner Kommentar/*Dörner*, Art. 8 EGVVG Rn. 1; *Kramer*, S. 187, 247.

[290] Berliner Kommentar/*Dörner*, Art. 8 EGVVG Rn. 9.

wahlmöglichkeit für die Vertragsparteien ab. Soweit auch in einem Konvergenzfall (s. Rn. 85) Artt. 9–10 EGVVG eine Rechtswahl ermöglichen, ohne dass davon Gebrauch gemacht würde, sei nicht Art. 8, sondern Art. 11 EGVVG anzuwenden[291]. Für letztere Ansicht wird auch geltend gemacht, dass der **Zweck** der starren Anknüpfung des Art. 8 EGVVG (der Schutz des Versicherungsnehmers) in Fällen keine Geltung beanspruchen könne, in denen Rechtswahlfreiheit eröffnet sei; zudem könne das Manko einer fehlenden Ausweichklausel bei Art. 8 EGVVG durch Anwendung des Art. 11 Abs. 1 EGVVG („engste Verbindung") korrigiert werden[292]. Eher unausgesprochen ermöglicht diese Position auch eine Annäherung der objektiven Anknüpfung des Versicherungsvertrages an das EVÜ.

Stellungnahme: Die Auslegung der Art. 8 und 11 EGVVG hat sich primär an den **Vor-** **95** **gaben der Richtlinien** zu orientieren. Hierzu ist zunächst klarzustellen, dass die Richtlinie 2002/83/EG (Leben) die objektive Anknüpfung starr festlegt („Mitgliedstaat der Verpflichtung") und Art. 8 EGVVG richtlinienkonform in der Weise auszulegen ist, dass „Hauptverwaltung" nicht als „Zweigniederlassung" zu lesen ist (Rn. 93). Da Divergenzfälle insoweit nicht auftreten können, ist es auch konsequent, dass die Richtlinie eine Anknüpfung nach dem Prinzip der engsten Verbindung nicht kennt. Die Richtlinie lässt allerdings eine Rechtswahl zu, wenn der Versicherungsnehmer Staatsangehöriger eines anderen Mitgliedstaates ist (Art. 32 Abs. 2) oder aber der Mitgliedstaat der Verpflichtung Rechtswahlfreiheit (auch unbeschränkt) eröffnet. Diese Rechtswahlmöglichkeiten sollen aber keine vom Mitgliedstaat der Verpflichtung abweichende objektive Anknüpfung eröffnen. Insoweit ergibt das Prinzip der **richtlinienkonformen Auslegung,** dass Art. 11 EGVVG **entgegen seinem Wortlaut** auf Lebensversicherungsverträge keine Anwendung finden kann. Art. 7 Abs. 1 lit. h Satz 2 der Richtlinie 88/357/EWG bezieht die objektive Anknüpfung nach dem Grundsatz der „engsten Beziehung" auf die nach den Buchstaben b–g „in Betracht kommenden" Staaten. Damit wird ausdrücklich Bezug genommen auf diejenigen Fälle, in denen kraft Gemeinschaftsrechts (beschränkte) Rechtswahlfreiheit eröffnet und ausdrücklich festgelegt wird, **wessen Staates** Recht gewählt werden kann[293]. Dagegen werden in den Fällen, in denen das Gemeinschaftsrecht unbeschränkte Rechtswahlfreiheit statuiert (lit. f: „jedes beliebige Recht") oder die Einräumung unbeschränkter Rechtswahlfreiheit den (nach lit. a und lit. d regelungszuständigen) Mitgliedstaaten überlässt, die „in Betracht kommenden" Staaten gerade nicht bezeichnet (und damit ein Gleichlauf mit Art. 32 der Richtlinie 2002/83/EG erreicht). Da die Fälle, in denen die Richtlinie die Staaten *benennt,* deren Recht wählbar ist, sog. **Divergenzfälle** sind, sollte Art. 11 Abs. 1 EGVVG an Art. 7 Abs. 1 lit. h der Richtlinie 88/357/EWG orientiert ausgelegt und auf Divergenzfälle beschränkt werden. Art. 11 Abs. 1 Satz 1 EGVVG greift im Grundsatz daher nicht ein, soweit Art. 8 EGVVG anwendbar ist. Davon ist im Hinblick auf Art. 7 Abs. 1 lit. e i. V. m. lit. h der Richtlinie 88/357/ EWG eine **Ausnahme** für den in Art. 9 Abs. 3 EGVVG in Bezug genommenen Fall zu machen, wenn der Versicherungsvertrag sich auf Schadensfälle bezieht, die in einem anderen Mitgliedstaat eintreten können als dem, in dem das Risiko (gem. Art. 7 Abs. 2 EGVVG) belegen ist. Freilich wird im Hinblick auf Art. 11 Abs. 2 EGVVG i. d. R. die engste Verbindung mit dem Mitgliedstaat der Risikobelegenheit bestehen, zumal wenn sich dort auch der gewöhnliche Aufenthalt bzw. die Hauptverwaltung des Versicherungsnehmers befindet.

Aus dem Vorstehenden ergibt sich, dass abweichend von dem zu weit geratenen Wortlaut **96** Art. 11 Abs. 1 EGVVG nur in den Fällen der Art. 9 Abs. 1, 2, 3 und Art. 10 Abs. 2 EGVVG

---

[291] *Staudinger/Armbrüster,* Anh. I zu Art. 37 EGBGB Rn. 46; *Soergel/v. Hoffmann,* Art. 37 EGBGB Rn. 90; Münchener Kommentar BGB/*Martiny,* Art. 37 EGBGB Rn. 140; *Gruber,* IVVR, S. 167 f.; *Uebel,* S. 137 ff.; *Armbrüster,* ZVersWiss 1995, 139 (144); *ders.,* VersR 1998, 298 (299).

[292] *Staudinger/Armbrüster,* Anh. I zu Art. 37 EGBGB Rn. 46.

[293] Der englische Text spricht von „law of the country, from amongst those considered in the relevant subparagraphs above, …". Hier wird noch deutlicher, dass es nur um das Recht solcher Staaten gehen kann, die in den Fällen beschränkter Wahlmöglichkeit benannt werden; ebenso die französische Textfassung: „… la loi de celui, parmi les pays qui entrent en ligne de compte aux termes des points précédents …".

(auch soweit es sich um Großrisiken handelt) zur Anwendung kommt, nicht aber in der Lebensversicherung (Art. 9 Abs. 5 EGVVG) und nicht in den Fällen des Art. 9 Abs. 3, 10 Abs. 1 und 3 EGVVG. Die **„engste Verbindung"** kann dabei nur zu den in den Art. 9 Abs. 1, 2, 3 und Art. 10 Abs. 2 EGVVG in Bezug genommenen Staaten bestehen[294]. Der Staat, in dem der **Versicherer** seinen Sitz oder eine Niederlassung hat, ist dabei irrelevant. Art. 11 Abs. 2 EGVVG schafft eine (widerlegbare) **Vermutung** dahingehend, dass die engsten Verbindungen zum Staat der Risikobelegenheit i. S. v. Art. 7 Abs. 2 EGVVG bestehen.

2. Pflichtversicherung

97   Für die **Pflichtversicherung** enthält Art. 12 EGVVG eine auf Art. 8 Abs. 4 lit. c der Richtlinie 88/357/EWG beruhende Sonderregelung, die auf einen Gleichlauf zwischen dem auf den Versicherungsvertrag anwendbarem Recht und der territorialen Ausrichtung der inländischen wie ausländischen Versicherungspflicht abzielt. Wesentlich ist dabei die Unterscheidung, ob die Versicherungspflicht von Deutschland (Rn. 98), einem anderen Mitgliedstaat der EU bzw. einem Vertragsstaat des EWR (Rn. 99) oder einem Drittstaat (Rn. 100) angeordnet wird. Immer ist eine genaue Prüfung des Sachrechts dahingehend geboten, welchen territorialen Anwendungsanspruch die die Versicherungspflicht anordnende Norm erhebt und ob sie sich auf den Versicherungsvertrag bezieht (oder sich mit einer Versicherungsbescheinigung begnügt; Rn. 98). Von seinem Wortlaut her gilt Art. 12 EGVVG auch für die Lebensversicherung, verstößt damit aber gegen Art. 32 Abs. 1 Satz 1 der Richtlinie 2002/83/EG und ist daher richtlinienkonform auszulegen[295]. Art. 12 EGVVG hat **Vorrang** vor Art. 8 und 11 EGVVG und wird seinerseits von Art. 13 EGVVG verdrängt. Für den Direktanspruch gilt über Art. 15 EGVVG Art. 40 Abs. 4 EGBGB (Rn. 79)[296].

98   Ordnet das **deutsche** Recht eine Versicherungspflicht an, untersteht der Versicherungsvertrag, mit dem die Pflicht erfüllt werden soll, im Grundsatz **zwingend** dem deutschem Recht, Art. 12 Abs. 2 Satz 1 EGVVG[297]. Gem. Satz 2 kann jedoch durch Gesetz oder aufgrund eines Gesetzes (Verordnung) etwas anderes bestimmt werden. Dies gilt etwa im Falle des § 106 LuftVZO bei ausländischen, nach Deutschland einfliegenden Luftfahrzeugen[298]. Hier hat der Versicherungsnehmer eine vom ausländischen Versicherer ausgestellte **Versicherungsbescheinigung** mit qualifiziertem Inhalt (wonach die Deckung den nach deutschem Recht bestehenden Anforderungen genügt) vorzuweisen[299]. Inhalt und Tragweite dieser Bescheinigung unterliegen deutschem Recht[300]. Dabei kann die Bescheinigung als Vertrag oder einseitige Verpflichtungserklärung des Versicherers auszulegen sein. Daneben besteht dann der nach ausländischem Recht zu beurteilende „Original"versicherungsvertrag. Ähnliches gilt für die Kfz-Haftpflichtversicherung, bei der im Rahmen des Schadensregulierungssystems der Grünen Karte[301] die „Grüne Versicherungskarte" (bzw. in der EU und einigen an-

---

[294] A. A. z. B. *Kramer*, S. 239; *Basedow/Drasch*, NJW 1991, 785 (793); Münchener Kommentar BGB/ *Martiny*, Art. 37 EGBGB Rn. 141, *Wördemann*, S. 35, *Kozuchowski*, S. 134; *Hahn*, S. 58, die in den Fällen der Art. 9 Abs. 4, 10 Abs. 1 und 3 EGVVG eine „engste Verbindung" zu allen (weil beliebig wählbaren!) Rechtsordnungen ins Auge fassen müssen.

[295] Zutreffend *Gruber*, IVVR, S. 184 und Fn. 767; a. A. *Staudinger/Armbrüster*, Anh. I zu Art. 37 EGBGB Rn. 76. Zu erwägen ist allein eine analoge Anwendung der Art. 8 der Richtlinie 88/357/EWG im Rahmen der Richtlinie 2002/83/EG. Dies ist aber im Ergebnis abzulehnen, da der Richtliniengesetzgeber sowohl bei Erlass der Richtlinie 90/619/EWG wie auch der Richtlinie 2002/83/EG die Regelung des Art. 8 der Richtlinie 88/357/EWG vor Augen hatte.

[296] Dazu *Staudinger/v. Hoffmann*, Art. 40 EGBGB Rn. 437 ff.; ebenso künftig Art. 18 der Verordnung Nr. 864/2007 (Fn. 128).

[297] Z. B. die Luftunfall- und haftpflichtversicherung für Luftfahrzeuge mit Standort in Deutschland; Kfz-Haftpflichtversicherung für in Deutschland zugelassene KFZ.

[298] Reg. Begr., BT-Dr. 11/6341, S. 39.

[299] Zum Ganzen *Roth*, IVVR, S. 602.

[300] *Roth*, IVVR, S. 612 f., 616.

[301] Überblick bei *Staudinger/v. Hoffmann*, Art. 40 EGBGB Rn. 459 ff.; Münchener Kommentar BGB/ *Junker*, Art. 40 EGBGB Rn. 224 ff.

deren Staaten das **Kfz-Kennzeichen**) die Funktion einer Versicherungsbescheinigung über-nimmt und das inländische „Behandelnde Büro" – neben dem Versicherer[302] – Versiche-rungsschutz nach Maßgabe inländischen Rechts garantiert[303]. Für den „Original"versiche-rungsvertrag kann es dann gem. Art. 7 Abs. 1, 2 EGVVG bei der Anwendung der Artt. 8 f. EGVVG oder der Artt. 27 f. EGBGB verbleiben.

Ordnet ein **Mitgliedstaat** der EU oder ein Vertragsstaat des EWR eine Versicherungs- **99** pflicht an, untersteht der in Erfüllung dieser Pflicht abgeschlossene Versicherungsvertrag dem Recht dieses Staates, wenn dieser dessen Anwendung vorschreibt, Art. 12 Abs. 1 EGVVG[304]. Fehlt es daran, richtet sich das Vertragsstatut nach Artt. 7 ff. EGVVG. Deckt der Versicherungsvertrag **Risiken in mehreren Mitgliedstaaten,** von denen zumindest einer eine Versicherungspflicht vorschreibt, so ordnet Art. 12 Abs. 3 EGVVG eine Spaltung des Vertrages an, d. h. der Vertrag ist so zu behandeln, als seien mehrere Verträge abgeschlossen worden (s. Rn. 44). Art. 12 Abs. 3 EGVVG bezieht sich auf Art. 12 Abs. 1 und 2 EGVVG und setzt daher voraus, dass der die Versicherungspflicht anordnende Staat sein Recht auch zwingend für den Versicherungsvertrag vorschreibt[305]. Wird hinsichtlich **ein und desselben** Risikos von mehreren Staaten Versicherungspflicht angeordnet, sollte als Vertragsstatut das Recht des Staates zur Anwendung kommen, zu dem die engsten Verbindungen bestehen, und die zwingenden Normen der anderen Staaten, soweit möglich, im Wege der Sonderan-knüpfung (Rn. 135–137) berücksichtigt werden[306]. Verlangt der die Versicherung vorschrei-bende Staat eine Versicherungsbescheinigung, gilt für diese gem. Art. 12 Abs. 1 EGVVG das Recht dieses Staates. Der „Original"versicherungsvertrag bleibt dann von Art. 12 EGVVG unberührt; je nach Risikobelegenheit gem. Art. 7 Abs. 2 EGVVG kommen dann die Artt. 8 f. EGVVG oder Artt. 27 f. EGBBG zur Anwendung.

Wird die Versicherungspflicht durch einen **Drittstaat** angeordnet, soll nach h. L. Art. 12 **100** Abs. 1 EGVVG analog angewendet werden[307]. Hier ist allerdings zu differenzieren. Ist das Ri-siko (nach den Vorgaben in Art. 7 Abs. 2 EGVVG) in der EU bzw. im EWR belegen, steht einer Analogie zu Art. 12 Abs. 1 EGVVG nichts im Wege[308]. Ist das Risiko (nach Art. 7 Abs. 2 EGVVG) in einem Drittstaat belegen, steht dem Ansatz der h. L. nicht nur Art. 7 Abs. 1 EGVVG, sondern auch das EVÜ entgegen, das auf außerhalb der EU bzw. des EWR belegene Risiken zur Anwendung gelangt und eine dem Art. 12 Abs. 1 EGVVG entspre-chende Regelung nicht kennt (s. Rn. 60, 67). Es sind vielmehr die Artt. 27 ff. EGBGB anzu-wenden[309], wobei das zwingende Pflichtversicherungsrecht des Drittstaates durch eine Son-deranknüpfung dieser Normen zur Anwendung gebracht werden sollte (Rn. 74–77)[310]. Verlangt der Drittstaat zum Nachweis der Existenz eines Versicherungsschutzes eine **Versi-cherungsbescheinigung,** die den Anforderungen der Pflichtversicherungsregelungen eines Drittstaates genügen muss, so gilt für diese Bescheinigung zumindest auch das Recht dieses Drittstaates (neben dem Recht anderer Drittstaaten, wenn und soweit diese eine Bescheini-

---

[302] Vgl. OLG Hamburg v. 1. 11. 2004, OLGR Hamburg 2005, 129.

[303] *Staudinger/v. Hoffmann*, Art. 38 EGBGB Rn. 291 ff.; Berliner Kommentar/*Dörner*, Art. 12 EGVVG Rn. 13; *Roth*, IVVR, S. 603 ff., 609 ff.

[304] Der Wortlaut des Art. 12 Abs. 1 EGVVG umfasst zwar auch Deutschland, doch gilt insoweit Art. 12 Abs. 2 EGVVG.

[305] Ebenso im Ergebnis Münchener Kommentar BGB/*Martiny*, Art. 37 EGBGB Rn. 153, der jedoch wegen des Wortlauts des Abs. 3 eine teleologische Reduktion vornimmt.

[306] *Staudinger/Armbrüster*, Anh. I zu Art. 37 EGBGB Rn. 79; Berliner Kommentar/*Dörner*, Art. 12 EGVVG Rn. 11.

[307] Münchener Kommentar BGB/*Martiny*, Art. 37 EGBGB Rn. 149; *Soergel/v. Hoffmann*, Art. 37 EGBGB Rn. 128; *Staudinger/Armbrüster*, Anh. I zu Art. 37 EGBGB Rn. 76; Berliner Kommentar/*Dörner*, Art. 12 EGVVG Rn. 7; *Gruber*, IVVR, S. 190; *Imbusch*, VersR 1993, 1059 (1065); *Basedow/Drasch*, NJW 1991, 785 (791).

[308] Art. 8 Abs. 4 lit. c der Richtlinie 88/357/EWG sieht dies ausdrücklich vor.

[309] Berliner Kommentar/*Dörner*, Art. 12 EGVVG Rn. 18.

[310] So i. E. auch *Kramer*, S. 252, allerdings nur unter Berufung auf den Wortlaut der Norm.

gung vorschreiben)[311]; das für den „Original"versicherungsvertrag geltende Recht bleibt davon unberührt.

3. Substitutive Krankenversicherung

101   Ein Krankenversicherungsvertrag, der für einen **Versicherten** (nicht: Versicherungsnehmer) mit **gewöhnlichem Aufenthalt** in Deutschland abgeschlossen wird und der den Kranken- und Pflegeversicherungsschutz des gesetzlichen Sozialversicherungssystems substituieren soll, unterliegt deutschem Recht, Art. 13 Abs. 1 EGVVG[312]. Diese (zwingende) Bestimmung soll die Anwendung der Schutzvorschriften der §§ 194 ff. VVG sicherstellen und damit eine zur gesetzlichen Krankenversicherung gleichwertige Absicherung erreichen[313]. Art. 13 Abs. 1 EGVVG hat **Vorrang** vor Artt. 8 ff. EGVVG und schließt damit jede Rechtswahl aus. Die Anwendung der Norm setzt gem. Art. 7 Abs. 1 EGVVG die **Belegenheit des Risikos** in einem Mitglied-(Vertrags-)staat der EU bzw. des EWR voraus. Das bedeutet, dass der Versicherungsnehmer, der mit dem Versicherten nicht identisch zu sein braucht, seinen gewöhnlichen Aufenthalt bzw. seine Hauptverwaltung innerhalb der EU oder des EWR haben muss. Fehlt es daran, gilt das in Rn. 67 Gesagte.

102   Nur solche Krankenversicherungsverträge fallen unter Art. 13 Abs. 1 EGVVG, die den in der **gesetzlichen Krankenversicherung** gebotenen Schutz ganz oder auch nur teilweise **ersetzen** und damit dazu eine **Alternative** darstellen[314]. Nicht erfasst werden Verträge mit zusätzlicher oder komplementärer Deckung. Für sie gelten die allgemeinen Regeln der Artt. 8 ff. EGVVG.

103   Art. 13 Abs. 1 EGVVG ist als **einseitige Kollisionsnorm** formuliert und greift nur ein, wenn der Versicherte seinen gewöhnlichen Aufenthalt im Inland hat. Bei gewöhnlichem Aufenthalt des Versicherten in einem anderen Staat sollte Art. 13 Abs. 1 EGVVG (nach dem Vorbild des Art. 12 Abs. 1 EGVVG) **allseitig** angewendet werden[315], sofern das Recht des betreffenden Staates eine zwingende Anwendung des eigenen Rechts der Krankenversicherung vorschreibt. Maßgebender **Zeitpunkt** für die Bestimmung des gewöhnlichen Aufenthalts ist der des Vertragsschlusses. Bei späterer Verlegung ins Ausland bleibt es bei der Anwendung deutschen Rechts; Art. 13 Abs. 1 EGVVG verliert indes seinen zwingenden Charakter, sodass eine **nachträgliche** Rechtswahl (im Rahmen der Artt. 9 f. EGVVG) möglich wird, Art. 15 EGVVG i. V. m. Art. 27 Abs. 2 EGBGB. Wechselt der Versicherte seinen gewöhnlichen Aufenthalt in das Inland, wird im Schrifttum ein Statutenwechsel angenommen mit der Folge, dass der Vertrag fortan deutschem Recht untersteht[316]. Dem steht entgegen, dass ohne seine Zustimmung dem Versicherer nicht ein anderes Recht (mit anderen Kosten etc.) aufgedrängt werden darf. Vielmehr kann ein Statutenwechsel nur im Wege einer **nachträglichen Rechtswahl** erreicht und damit die gewünschte Substitutionswirkung herbeigeführt werden.

104   Für einen **Gruppenvertrag,** der zumindest auch Versicherten mit gewöhnlichem Aufenthalt in Deutschland substitutiven Krankenversicherungsschutz bietet, sieht Art. 13 Abs. 2 EGVVG eine zwingende **Vertragsspaltung** in der Weise vor, dass – unabhängig von dem auf den Gruppenvertrag anwendbaren Recht, das sich nach Artt. 8 ff. EGVVG bestimmt – im Hinblick auf die in Deutschland ansässigen Versicherten deutsches Recht anwendbar ist. Dies gilt unabhängig davon, ob der Versicherungsnehmer seinen Sitz im Inland oder in einem anderen EU- bzw. EWR-Staat hat[317]. Für Versicherte mit gewöhnlichem Aufenthalt **im**

---

[311] Anders im Ansatz OLG Hamburg v. 1. 11. 2004, OLGR Hamburg 2005, 129.
[312] Eingefügt durch das Gesetz v. 21. 7. 1994, BGBl. I S. 1630.
[313] Berliner Kommentar/*Dörner,* Art. 13 EGVVG Rn. 1.
[314] Reg. Begr., BT-Drucks. 12/6959, S. 60.
[315] A. A. *Staudinger/Armbrüster,* Anh. I zu Art. 37 EGBGB Rn. 80; Berliner Kommentar/*Dörner,* Art. 13 EGVVG Rn. 8.
[316] Berliner Kommentar/*Dörner,* Art. 13 EGVVG Rn. 9; *Staudinger/Armbrüster,* Anh. I zu Art. 37 EGBGB Rn. 81.
[317] Ist der Sitz des Versicherungsnehmers außerhalb der EU bzw. des EWR belegen, kommt das EVÜ zur Anwendung; s. oben Rn. 67.

Ausland sollte Art. 13 Abs. 2 EGVVG in gleicher Weise wie Abs. 1 (Rn. 103) **allseitig** angewendet werden[318]. Im Übrigen sind die Artt. 8 ff. EGVVG anzuwenden.

III. Rechtswahlfreiheit

1. Überblick

Abweichend von Art. 27 EGBGB wird in Artt. 9 und 10 EGVVG die Rechtswahlfreiheit **105** nur in **beschränktem Ausmaß** eröffnet. Die Regelungen weichen in ihrem Aufbau und Inhalt wesentlich von Art. 27 EGBGB ab. Aufgrund des zwischen den Mitgliedstaaten bei der Ausarbeitung der Richtlinien unüberbrückbaren Dissenses darüber, ob und in welchem Ausmaß Rechtswahlfreiheit gewährt werden sollte, stellen die Regelungen über die Rechtswahlfreiheit einen **Kompromiss** dar (Rn. 7), der im Wesentlichen aus drei Elementen besteht: (1) Unbeschränkte Rechtswahlfreiheit soll es für die sog. „Großrisiken" geben (s. Art. 7 Abs. 1 lit. f der 2. Richtlinie 88/357/EWG; Art. 10 Abs. 1 EGVVG). (2) Darüber hinausgehend wird Rechtswahlfreiheit kraft Gemeinschaftsrechts eröffnet in einigen Konstellationen, in denen ein Rechtsverhältnis bzw. das versicherte Risiko Beziehungen zu mehr als einer Rechtsordnung aufweist (Art. 32 Abs. 2 Richtlinie 2002/83/EG; Art. 7 Abs. 1 lit. b, c, e Richtlinie 88/357/EWG; Art. 9 Abs. 1, 2, 3, 5, Art. 10 Abs. 2 EGVVG); hier besteht eine auf die Wahl einer dieser Rechtsordnungen reduzierte Rechtswahlfreiheit. Sie dient auch dazu, einer möglichen Vertragsspaltung auszuweichen. (3) Im Übrigen können die Mitgliedstaaten **von sich aus** weitergehende (Art. 9 Abs. 4 EGVVG) oder unbeschränkte Rechtswahlfreiheit in Situationen vorsehen, in denen das Risiko in **ihrem Territorium** belegen ist. Ist das Risiko in einem **anderen Mitgliedstaat** belegen, **müssen** die Gerichte den dort evtl. geltenden Erweiterungen der Rechtswahlfreiheit folgen (Art. 32 Abs. 1 Satz 1 Richtlinie 2002/83/EG; Art. 7 Abs. 1 lit. a Satz 2, lit. d Richtlinie 88/357/EWG; Art. 10 Abs. 3 EGVVG). Soweit Art. 12 Abs. 1 und 2 und Art. 13 EGVVG **(Pflichtversicherung; substitutive Krankenversicherung)** eingreifen, finden die Artt. 9–10 EGVVG keine Anwendung. Rechtswahlfreiheit ist dann ausgeschlossen. **Deutsches Recht** macht von der Möglichkeit der **Erweiterung** der Rechtswahlfreiheit nur **zurückhaltend** (in Art. 9 Abs. 4 EGVVG für die Korrespondenzversicherung) Gebrauch, setzt sich deshalb erheblichen Einwänden hinsichtlich der Vereinbarkeit dieser Regelung mit der **Dienstleistungsfreiheit** (in Form der Nachfragerfreiheit) aus (Rn. 15) und ist deshalb grundfreiheitenkonform zu korrigieren. Die e-commerce-Richtlinie hat keine Bedeutung für die hier diskutierten Fragen (Rn. 11–13).

2. Allgemeine Fragen

Mit Ausnahme der in Artt. 9–10 EGVVG getroffenen Regelungen über die Rechtswahlfreiheit und ihren Erweiterungen (Rn. 105–133) wenden deutsche Gerichte im Übrigen die **106** allgemeinen Bestimmungen des EGBGB über die Rechtswahl an (Art. 15 EGVVG i. V. m. Art. 27–36 EGBGB; Art. 32 Abs. 5 Richtlinie 2002/83/EG; Art. 7 Abs. 3 Richtlinie 88/357/ EWG). Insoweit gelten die oben getroffenen Aussagen zum EGBGB bezüglich der **ausdrücklich oder stillschweigend** getroffenen Rechtswahl (Rn. 48) und der **Teilrechtswahl** (Rn. 46). Die bei Artt. 27 ff. EGBGB getroffenen Aussagen gelten über Art. 15 EGVVG auch für den **Verweisungsvertrag,** die Einbeziehung von Rechtswahlklauseln, die Formbedürftigkeit wie auch für die Unterscheidung von materiell-rechtlicher und kollisionsrechtlicher Verweisung (Rn. 49–52). Bei der Rechtswahl ist die Verweisung **Sachnormverweisung** (Art. 15 EGVVG i. V. m. Art. 35 Abs. 1 EGBGB), es sei denn, die Parteien bestimmten etwas anderes.

Ungeklärt und wenig diskutiert ist die Frage, ob und wie sich die Beschränkungen der **107** Rechtswahlfreiheit auf die Zulässigkeit einer **nachträglichen Rechtswahl** auswirken. Zunächst ist davon auszugehen, dass die Verweisung des Art. 15 EGVVG auch eine **nachträgliche** Rechtswahl (Rn. 47) im Rahmen der durch das EGVVG eröffneten Rechtswahlmöglichkeiten abdeckt[319]. Die Parteien haben es dabei in der Hand, ob die nachträgliche

---

[318] A. A. Berliner Kommentar/*Dörner,* Art. 13 EGVVG Rn. 11.
[319] OLG Düsseldorf v. 16. 7. 2002, IPRax 2005, 37 (38).

Rechtswahl ex nunc oder ex tunc wirken soll. Eine von den Wahlmöglichkeiten der Artt. 9 und 10 EGVVG abweichende nachträgliche Rechtswahl soll im Übrigen nur zulässig sein, soweit das gem. Art. 8 EGVVG kraft objektiver Anknüpfung anwendbare Recht eine solche (nachträgliche) Rechtswahl zulässt, Art. 10 Abs. 3 EGVVG[320]. Dem ist insoweit zuzustimmen, als es sich um Sachverhalte handelt, in denen noch keine Streitigkeit entstanden ist. Der von den Richtlinien gewollte Schutz des Versicherungsnehmers (wie auch der angestrebte Entscheidungseinklang) erlaubt insoweit keine Privilegierung der nachträglichen Rechtswahl. Anders verhält es sich jedoch in Fällen, in denen zwischen den Parteien eine Rechtsstreitigkeit bereits entstanden ist, insbesondere bereits ein Prozess geführt wird. Hier stellt sich die Möglichkeit für die Parteien, die Anwendung der *lex fori* zu vereinbaren, in einem anderen (durch das Prozessrecht eingefärbten) Lichte dar[321]. Zwar sehen weder die Richtlinien noch das EGVVG für diesen Fall eine Ausnahme vor. Jedoch spricht aus der Sicht des intendierten Versicherungsnehmerschutzes nichts dafür, dem Versicherungsnehmer einen von ihm nicht gewollten Schutz aufzudrängen. Eine entsprechende Wertung ist Art. 13 Nr. 1 EuGVVO zu entnehmen, wonach die Einschränkungen hinsichtlich einer Gerichtsstandsvereinbarung entfallen sollen, wenn die Vereinbarung „nach der Entstehung der Streitigkeit getroffen wird". Eine am Zweck des Versicherungsnehmerschutzes orientierte und auf Wertungseinheit mit dem EuGVVO bedachte Auslegung der Richtlinien sollte den Vertragsparteien die Möglichkeit der Wahl der *lex fori* nach Entstehung der Streitigkeit eröffnen; entsprechend restriktiv sind Artt. 9 und 10 EGVVG auszulegen[322].

3. Freie Rechtswahl

108 **a) Großrisiken.** Art. 7 Abs. 1 lit. f der Richtlinie 88/357/EWG[323] räumt den Parteien eine **unbeschränkte Rechtswahlfreiheit** für die in Art. 5 lit. d[324] der Richtlinie 73/239/EWG[325] definierten sog. „Großrisiken" ein: Die Vertragspartner können (wie bei Art. 3 EVÜ) jedes beliebige Recht wählen, auch das eines Drittstaates, ohne dass sie ein berechtigtes Interesse am gewählten Recht nachweisen müssen. Die Richtlinienvorgaben sind in Art. 10 Abs. 1 EGVVG a. F. allerdings zunächst nur teilweise übernommen worden; **Art. 10 Abs. 1 Satz 1 EGVVG** hat dann 2007 eine richtlinienkonforme Fassung erhalten (Rn. 110). Art. 27 Abs. 3 EGBGB (Rn. 131) und Art. 34 EGBGB (Rn. 136) sind über Art. 15 EGVVG zu beachten. **Art. 10 Abs. 1 Satz 2 EGVVG** enthält eine detaillierte, einzelne Nummern in Anlage Teil A zum Versicherungsaufsichtsgesetz in Bezug nehmende **Definition des Begriffs** der **Großrisiken.** Erfasst werden u. a. die Transportgüterversicherung, die See-, Binnensee-, Flussschifffahrts-, Schienen- und Luftfahrt-Kaskoversicherung sowie die Landtransport-[326], See-, Binnensee-, Flussschifffahrts- und Luftfahrzeug-Haftpflichtversicherung (in **Abs. 1 Satz 2 Nr. 1**), die Kredit- und Kautionsversicherung (in **Abs. 1 Satz 2 Nr. 2**), die Landfahrzeug-Kasko- und Haftpflichtversicherung, die Versicherung gegen Feuer-, Hagel-, Elementar-, Frost- und andere Sachschäden, die Versicherung gegen finanzielle Verluste, sowie die allgemeine Haftpflichtversicherung, sofern beim Versicherungsnehmer bestimmte Größenmerkmale erfüllt sind (in **Abs. 1 Satz 2 Nr. 3**). (Gruppen-) Lebensversicherungen zählen nicht dazu; ebenso wenig Lagerrisiken[327].

---

[320] *Dörner,* IPRax 2005, 26 (26).

[321] Weiterführend *Wagner,* ZEuP 1999, 6 (21 ff.).

[322] Vgl. LG Hamburg v. 28. 2. 2005, IPRspr. 2005 Nr. 28, S. 68 (70), wonach unter Hinweis auf den „Grundsatz der Privatautonomie" den Parteien die Möglichkeit eröffnet sein soll, im Prozess auf den „lästigen Schutz" zu verzichten. Ein solches Ergebnis lässt sich freilich nur über eine entsprechende Auslegung der Richtlinienvorgaben erreichen.

[323] I. d. F. des Art. 27 der Richtlinie 92/239/EWG, ABl. 1992 L 228/1.

[324] I. d. F. des Art. 5 der Richtlinie 88/357/EWG.

[325] ABl. 1973 L 228/3.

[326] OLG Saarbrücken v. 18. 6. 2003, OLGR Saarbrücken 2003, 456; BGH 1. 12. 2004, VersR 2005, 266 (268); *Heuer,* TranspR 2007, 55.

[327] LG Hamburg v. 20. 12. 2004, TranspR 2005, 221 (224), unter Hinweis auf die Anlage A zum VAG.

„Art. 10 EGVVG Erweiterungen der Rechtswahl   **109**
(1) Für einen Versicherungsvertrag über ein Großrisiko können die Parteien das Recht eines anderen Staates wählen. Ein Versicherungsvertrag über ein Großrisiko im Sinne dieser Bestimmung liegt vor, wenn sich der Versicherungsvertrag bezieht
1. auf Risiken der unter den Nummern 4 bis 7, 10 Buchstabe b, 11 und 12 der Anlage Teil A zum Versicherungsaufsichtsgesetz erfassten Transport- und Haftpflichtversicherungen,
2. auf Risiken der unter den Nummern 14 und 15 der Anlage Teil A zum Versicherungsaufsichtsgesetz erfassten Kredit- und Kautionsversicherungen bei Versicherungsnehmern, die eine gewerbliche, bergbauliche oder freiberufliche Tätigkeit ausüben, wenn die Risiken damit in Zusammenhang stehen, oder
3. auf Risiken der unter den Nummern 3, 8, 9, 10, 13 und 16 der Anlage A zum Versicherungsaufsichtsgesetz erfassten Sach-, Haftpflicht- und sonstigen Schadensversicherungen bei Versicherungsnehmern, die mindestens zwei der folgenden drei Merkmale überschreiten:
   a) sechs Millionen zweihunderttausend Euro Bilanzsumme,
   b) zwölf Millionen achthunderttausend Euro Nettoumsatzerlöse,
   c) im Durchschnitt des Wirtschaftsjahres 250 Arbeitnehmer.
Gehört der Versicherungsnehmer zu einem Konzern, der nach § 290 des Handelsgesetzbuches, nach § 11 des Gesetzes über die Rechnungslegung von bestimmten Unternehmen und Konzernen vom 15. August 1969 (BGBl. I S. 1189), das zuletzt geändert worden ist durch Artikel 21 § 5 Abs. 4 des Gesetzes vom 25. Juli 1988 (BGBl. I S. 1093), oder nach dem mit den Anforderungen der Richtlinie 83/349/EWG des Rates vom 13. Juni 1983 über den konsolidierten Abschluss (ABl. EG Nr. L 193 S. 1) übereinstimmenden Recht eines anderen Mitgliedstaats der Europäischen Gemeinschaft oder eines anderen Vertragsstaats des Abkommens über den Europäischen Wirtschaftsraum einen Konzernabschluss aufzustellen hat, so sind für die Feststellung der Unternehmensgröße die Zahlen des Konzernabschlusses maßgebend."

Art. 10 Abs. 1 Satz 1 EGVVG a. F. beschränkte die Anwendung der Norm auf Fälle, in de-   **110** nen die Risiken **in Deutschland** belegen waren (Art. 7 Abs. 2 EGVVG) und der Versicherungsnehmer daselbst seine **Hauptverwaltung** hatte. Damit wurde Art. 7 Abs. 1 lit. f der Richtlinie 88/357/EWG nur unvollkommen umgesetzt, da sich der Anwendungsanspruch der Richtlinienbestimmung auf alle *in den Mitgliedstaaten* belegenen Risiken erstreckt. Geboten war daher eine richtlinienkonforme Anwendung des deutschen Rechts, die sich durch eine analoge Anwendung[328] des Art. 10 Abs. 1 Satz 1 EGVVG a. F. auf alle Fälle, in denen das Risiko in der EU bzw. im EWR belegen war, erreichen ließ[329]. Der Sitz der Hauptverwaltung des Versicherungsnehmers war dabei irrelevant. Mit **Art. 10 Abs. 1 Satz 1 EGVVG n. F.** hat der Gesetzgeber jetzt eine richtlinienkonforme Lösung verwirklicht. Das Risiko muss in der EU oder dem EWR belegen sein; Art. 7 Abs. 1, 2 EGVVG (Rn. 39, 40, 80); das gewählte Recht kann das eines Drittstaates sein. Für die außerhalb der EU bzw. des EWR belegenen Risiken gelten die Artt. 27 ff. EGBGB.

b) Korrespondenzversicherung. Einen weiteren Fall **unbeschränkter Rechtswahl-**   **111** **freiheit** („jedes beliebige Recht") sieht **Art. 9 Abs. 4 EGVVG** vor allem für Fälle der Korrespondenzversicherung vor. Versicherungsnehmer können hier auch Verbraucher sein. Die Norm beruht auf Art. 7 Abs. 1 lit. a Satz 2, lit. d i. V. m. lit. b der Richtlinie 88/357/EWG und Art. 32 Abs. 1 Satz 2 der Richtlinie 2002/83/EG, die den Mitgliedstaaten der Risikobelegenheit die Möglichkeit einräumen, Rechtswahlfreiheit beliebig zu eröffnen. Aus dieser Perspektive erklärt sich die in Art. 9 Abs. 4 EGVVG festgelegte Beschränkung im Anwendungsbereich der Norm auf Versicherungsnehmer mit gewöhnlichem Aufenthalt oder Hauptverwaltung in Deutschland, die mit einem ausländischen Versicherer einen Vertrag schließen. Art. 9 Abs. 4 EGVVG gilt (entgegen seiner systematischen Stellung) für Fälle, in

---

[328] Berliner Kommentar/*Dörner*, Art. 10 EGVVG Rn. 23; Münchener Kommentar BGB/*Martiny*, Art. 37 EGBGB Rn. 121; *Staudinger/Armbrüster*, Anh. I zu Art. 37 EGBGB Rn. 64; i. E. auch *Soergel/v. Hoffmann*, Art. 37 EGBGB Rn. 113; a. A. *Uebel*, S. 109 (wegen Eindeutigkeit der gesetzlichen Regelung; dagegen: Analogie gehört zu den anerkannten Instrumenten der Gesetzeskorrektur!). Entgegen einigen Stimmen im Schrifttum kommt eine unmittelbare („horizontale") Anwendung des Art. 7 Abs. 1 lit. f der Richtlinie 88/357/EWG nicht in Betracht; s. *Gruber*, IVVR, S. 85 f. m. w. N.

[329] Zustimmend LG Hamburg v. 28. 2. 2005, IPRspr. 2005 Nr. 28, S. 68 (70–71).

denen das Risiko ebenfalls in Deutschland belegen ist (Art. 7 Abs. 2 EGVVG)[330], aber auch dann, wenn das Risiko in einem anderen EU- oder EWR-Staat belegen ist. Einem allseitigen Ausbau der Norm durch Anwendung auf in EU- und EWR-Staaten ansässige Versicherungsnehmer steht das Konzept des Art. 7 Abs. 1 lit. a der Richtlinie 88/357/EWG entgegen, nicht dagegen aber einer analogen Anwendung in folgenden Fällen: Ein in einem EU- oder EWR-Staat ansässiger Versicherungsnehmer versichert ein in Deutschland belegenes Risiko (s. Art. 7 Abs. 1 lit. b, d der Richtlinie 88/357/EWG); ein in einem Drittstaat ansässiger Versicherungsnehmer versichert ein in Deutschland belegenes Risiko[331]; Korrespondenzversicherungsvertrag eines in einem Drittstaat ansässigen Versicherers mit einem Versicherungsnehmer ohne gewöhnlichen (aber mit schlichtem) Aufenthalt in Deutschland[332].

112   **Voraussetzung** für die Anwendung des Art. 9 Abs. 4 EGVVG ist, dass das im Ausland ansässige Versicherungsunternehmen in Deutschland „weder selbst noch durch Mittelspersonen das Versicherungsgeschäft betreibt". Hinter dieser Eingrenzung steht die Überlegung, dass der Versicherungsnehmer in Fällen, in denen der Versicherer nicht auf dem Markt tätig ist, in dem der Versicherungsnehmer ansässig ist, von sich aus die Initiative ergriffen hat („**aktiver**" Versicherungsnehmer) und deshalb keines besonderen kollisionsrechtlichen Schutzes bedarf[333]. Ein ausländischer Versicherer „betreibt" das Versicherungsgeschäft in Deutschland **selbst**, wenn er über eine Niederlassung tätig wird. Ob ein „Betreiben" schon in einer **Werbung** im Inland (in Zeitschriften, Fernsehen etc.) liegt, ist str. und wird unter Hinweis auf das engere (liberalere) aufsichtsrechtliche Verständnis bei § 105 VAG z. T. verneint[334]. Die im Kollisionsrecht verankerte Parallele mit den Anknüpfungskriterien des Art. 29 Abs. 1 EGBGB legt freilich eine gegenteilige Wertung nahe[335]. Dasselbe muss auch für eine abrufbare Internet-Website gelten (s. oben Rn. 57)[336]. Als **Mittelspersonen** kommen Agenten und Bevollmächtigte in Betracht, wobei es auf eine Beteiligung am konkreten Vertragsschluss nicht ankommt[337]. Nach h. L. sollen auch **Makler** als Mittelspersonen anzusehen sein[338]. Dem ist wenigstens für den autonom auftretenden Makler zu widersprechen[339], da dieser im Auftrag des „aktiven" Versicherungsnehmers tätig ist, letzterer damit keines kollisionsrechtlichen Schutzes bedarf[340].

113   **c) Art. 9 Abs. 4 EGVVG analog; Dienstleistungsfreiheit.** Die in Rn. 111 referierten Divergenzen zur Auslegung des Art. 9 Abs. 4 EGVVG spielen jedoch bei Versicherungsverträgen mit in der EU bzw. im EWR niedergelassenen Versicherer keine Rolle, wenn und soweit Deutschland (wie auch die anderen Vertragsstaaten des EVÜ) verpflichtet ist, unter dem Gesichtspunkt der Dienstleistungsfreiheit zumindest für den Bereich **produktgestaltender Normen** in einem über Art. 9 Abs. 4 EGBGB hinausreichenden Ausmaß Rechtswahlfreiheit zu gewährleisten (s. oben Rn. 15): Die Verweigerung der Rechtswahlfreiheit stellt eine Beschränkung der **Nachfragerfreiheit** dar, die einer Rechtfertigung durch das Allgemeininte-

---

[330] Ganz h. L., für alle *Staudinger/Armbrüster*, Anh. I zu Art. 37 EGBGB Rn. 56.

[331] *Soergel/v. Hoffmann*, Art. 37 EGBGB Rn. 105; *Staudinger/Armbrüster*, Anh. I zu Art. 37 EGBGB Rn. 59.

[332] *Basedow/Drasch*, NJW 1991, 785 (791).

[333] *Mankowski*, VersR 1999, 923 (930).

[334] *Gruber*, IVVR, S. 94; *Uebel*, S. 125; *Basedow/Drasch*, NJW 1991, 785 (792); *Winter*, VersR 2001, 1461 (1467).

[335] *Staudinger/Armbrüster*, Anh. I zu Art. 37 EGBGB Rn. 57; *Mankowski*, VersR 1999, 923 (930f.); ausdrücklich für eine Anwendung der bei Art. 29 Abs. 1 EGBGB maßgebenden Gesichtspunkte: *Hübner*, ZVersWiss 2001, 351 (372).

[336] S. aus dem Schrifttum *Mankowski*, VersR 1999, 923 (930f.).

[337] *Staudinger/Armbrüster*, Anh. I zu Art. 37 EGBGB Rn. 58.

[338] Ganz h. L., für alle *Gruber*, IVVR, S. 93–94 m. w. N. in Fn. 376.

[339] *Basedow/Drasch*, NJW 1991, 785 (792).

[340] Die Regierungsbegründung, BT-Drucks. 11/6341, S. 38, sieht Art. 9 Abs. 4 EGVVG beschränkt auf den Vertragsschluss im Korrespondenzweg, durch andere Kommunikationsmittel oder bei Auslandsaufenthalt des Versicherungsnehmers. Der Fall des Maklers als Mittelsperson wird nicht angesprochen.

resse (hier: Verbraucherschutz) bedarf[341]. Da Deutschland im Rahmen des Art. 27 EGBGB bei Versicherungsverträgen über in Drittstaaten belegene Risiken in Deutschland ansässigen Versicherungsnehmern Rechtswahlfreiheit einräumt, greift das **Gebot konsistenter Verfolgung**[342] des Allgemeininteresses (Rn. 20) in der Weise ein, dass bei Verträgen **mit gewerblich oder beruflich tätigen Versicherungsnehmern** Rechtswahlfreiheit analog Art. 9 Abs. 4 EGBGB, aber ohne die dort statuierten Einschränkungen, zu gewährleisten ist[343]. Eine **gemeinschaftsrechtskonforme Rechtslage** ist durch eine **analoge Anwendung** des Art. 9 Abs. 4 EGVVG herzustellen, wobei auf die einschränkenden Voraussetzungen (kein Geschäftsbetrieb des Versicherers im Inland; kein Mittelsmann) zu verzichten ist.

Bei Verträgen mit **Verbrauchern** sind aus Konsistenzgründen die Anknüpfungskriterien 114 des Art. 29 Abs. 1 EGBGB in der Weise zu berücksichtigen, dass unbeschränkte Rechtswahlfreiheit gem. Art. 27 Abs. 1 EGBGB in allen Fällen gewährleistet sein muss, in denen ein **Marktbezug** i. S. v. Art. 29 Abs. 1 EGBGB **nicht** gegeben ist. Liegt dagegen ein Bezug zum deutschen Markt i. S. v. Art. 29 Abs. 1 EGBGB vor, ist die von Art. 8, 9 Abs. 4 EGVVG verwirklichte Lösung im Vergleich zu Artt. 27 Abs. 1, 29 Abs. 1 EGBGB zwar ebenfalls dem Vorwurf **formaler** Inkonsistenz ausgesetzt, aber in ihren **praktischen** Auswirkungen (im Bereich produktgestaltender Normen) doch sehr ähnlich[344]: Da einerseits Art. 29 Abs. 1 EGBGB – wie auch Art. 8 EGVV – den Versicherer dazu zwingt, sich auf das zwingende deutsche Verbraucherschutzrecht einzustellen, andererseits bei Anwendung der Artt. 8, 9 Abs. 4 EGVVG jedenfalls materiell-rechtliche Verweisungsfreiheit (Rn. 52) gewährleistet ist[345], sind die Unterschiede nicht gravierend.

4. Beschränkte Rechtswahlfreiheit

a) Allgemeines: Die folgenden Fälle **beschränkter** Rechtswahlfreiheit grenzen die nach 115 Art. 9 Abs. 4 EGVVG und Art. 9 Abs. 4 EGVVG analog (bei Verträgen mit in der EU bzw. im EWR niedergelassenen Versicherern) gewährleistete Rechtswahlfreiheit (Rn. 112–114) nicht ein. Sie stellen den **Mindeststandard** zu gewährender Rechtswahlfreiheit aufgrund der Richtlinienvorgaben (s. oben Rn. 6–10) dar und spiegeln den **Kompromiss** wider, der zwischen den Mitgliedstaaten mit diametral unterschiedlichen Vorstellungen über die Reichweite der Rechtswahlfreiheit zu erreichen war (Rn. 7, 105). Der maßgebliche Gesichtspunkt für alle Fälle, in denen **kraft Gemeinschaftsrechts** Rechtswahlfreiheit zu gewähren ist, liegt in der **engen** Verknüpfung des Versicherungsvertrages zu **mehreren** Rechtsordnungen (auch Drittstaaten), die sinnvollerweise angewendet werden könnten. Hier soll es den Vertragsparteien überlassen werden, welchem Recht sie den Vertrag unterstellen wollen. Dieser Regelungszweck erklärt auch, warum es sich um Fälle **beschränkter** Rechtswahlfreiheit handelt, d. h. die Rechtswahlfreiheit nur unter **bestimmten Voraussetzungen** gewährt wird. Soweit Art. 10 Abs. 1 und Art. 9 Abs. 4 EGVVG direkt oder in analoger Anwendung unbeschränkte Rechtswahlfreiheit einräumen, haben die Art. 9 Abs. 1–3, 5 EGVVG in der Praxis **keine eigenständige Bedeutung.**

b) Divergenzfall, Art. 9 Abs. 1 EGVVG. Ist das Risiko (nur) in **einem** Mitgliedstaat 116 belegen (i. S. v. Art. 7 Abs. 2 EGVVG) und ist der Versicherungsnehmer in einem **anderen** Mitgliedstaat oder einem Drittstaat ansässig (gewöhnlicher Aufenthalt oder Hauptverwaltung), sog. **Divergenzfall** (Rn. 94), können die Parteien zwischen den beiden betroffenen Rechtsordnungen wählen; Art. 9 Abs. 1 EGVVG. Diese Regelung entspricht der Vorgabe des Art. 7 Abs. 1 lit. b der Richtlinie 88/357/EWG. Wählbar ist hier entweder das Recht des

---

[341] Zum Folgenden eingehend *Uebel,* S. 323 ff.; *Drasch,* S. 256 ff.

[342] Gegen dieses Argument z. B. *Prölss/Martin/Prölss/Armbrüster,* Art. 9 EGVVG Rn. 1; *Basedow/Drasch,* NJW 1991, 785 (792).

[343] Ähnlich wohl *Drasch,* S. 277 f.

[344] Berliner Kommentar/*Roth,* Europäisches Versicherungsrecht, Rn. 66.

[345] Wer wegen der Inkonsistenz der Lösungen generell die Einräumung der Rechtswahlfreiheit für geboten erachtet, wird auf dieser Grundlage für eine entsprechende Anwendung der rechtswahlergänzenden Anknüpfung gem. Art. 29 Abs. 1 EGBGB plädieren müssen.

Mitgliedstaates der Risikobelegenheit oder das Ansässigkeitsrecht, das auch das Recht eines Drittstaates sein kann. Die Regelung gilt für alle Versicherungsnehmer, also auch bei Massenrisiken.

117   Sind die versicherten Risiken in **mehreren** Mitgliedstaaten belegen, ist Art. 9 Abs. 1 EGVVG unmittelbar nicht anwendbar. Es greift **Art. 9 Abs. 2 EGVVG** ein (Rn. 119), ggf. auch **Art. 10 Abs. 2 EGVVG**. Eine **analoge** Anwendung des Art. 9 Abs. 1 EGVVG (aufgrund analoger Anwendung des Art. 7 Abs. 1 lit. b der Richtlinie) ist geboten, soweit das Ansässigkeitsrecht gewählt werden soll[346]. Dagegen greift wegen des engeren persönlichen Anwendungsbereichs Art. 9 Abs. 2 EGVVG ein, soweit für **alle** Risiken **ein** Recht eines Mitgliedstaates gewählt werden soll, in dem ein Teilrisiko belegen ist. Art. 9 Abs. 1 EGVVG analog eröffnet eine Wahlmöglichkeit nur im Hinblick auf das jeweils **betroffene** Risiko[347] und nimmt (wenn die Parteien nicht das Ansässigkeitsrecht wählen) insoweit eine Vertragsspaltung in Kauf[348]. Für die **Divergenz** der Anknüpfungsmerkmale ist maßgebend der **Zeitpunkt** des Vertragsabschlusses; ein späterer Entfall macht die Rechtswahl nicht unbeachtlich. Ein späterer Eintritt der Divergenz eröffnet die Möglichkeit für eine nachträgliche Rechtswahl, Art. 15 EGVVG i. V. m. Art. 27 Abs. 2 EGBGB.

118   Wählen die Parteien das Recht des Staates, in dem das Risiko belegen ist, greift – anders als bei Art. 9 Abs. 4 EGVVG analog (Rn. 113) – nicht noch zusätzlich Art. 29 Abs. 1 EGBGB (über Art. 15 EGVVG) ein. Diese sehr umstrittene[349] Aussage folgt aus dem Regelungssystem der Richtlinie: Risikobelegenheit und Ansässigkeit (gewöhnlicher Aufenthalt) sind zwei gleich gewichtige Anknüpfungspunkte. Da im Falle fehlender Rechtswahl im Divergenzfall eine engere Beziehung zum Recht des Staates vermutet wird, in dem das Risiko belegen ist (Rn. 96), ist dieser Anknüpfung die Wertung zu entnehmen, dass damit der Verbraucherschutz von einer hinreichend verknüpften Rechtsordnung wahrgenommen wird[350].

119   **c) Risikobelegenheit in mehreren Mitgliedstaaten, Art. 9 Abs. 2 EGVVG.** Für den Fall, dass die vertraglichen Risiken in **mehreren** Mitgliedstaaten belegen sind, **erweitert** Art. 9 Abs. 2 EGVVG in Umsetzung des Art. 7 Abs. 1 lit. c der Richtlinie 88/357/EWG die Rechtswahlfreiheit für einen geschäftsgewandteren (und daher weniger des Schutzes bedürftigen) Kreis von Versicherungsnehmern in der Weise, dass für den **gesamten** Vertrag nicht nur das Recht des Staates der Hauptverwaltung bzw. des gewöhnlichen Aufenthalts (der auch ein Drittstaat sein kann) gewählt werden kann, sondern auch das Recht eines Mitgliedstaates, in dem ein Teilrisiko (i. S. v. Art. 7 Abs. 2 EGVVG) belegen ist. Diese erweiterte Rechtswahlfreiheit wird (nur) für Versicherungsnehmer, die einer bergbaulichen, freiberuflichen oder gewerblichen Tätigkeit (einschließlich der Land- und Forstwirtschaft[351]) nachge-

---

[346] Berliner Kommentar/*Dörner*, Art. 9 EGVVG Rn. 17.

[347] *Prölss/Martin/Prölss/Armbrüster*, Art. 9 EGVVG Rn. 2; *Staudinger/Armbrüster*, Anh. I zu Art. 37 EGBGB Rn. 50 m. w. N. zur Gegenmeinung; *Uebel*, S. 150.

[348] Berliner Kommentar/*Dörner*, Art. 9 EGVVG Rn. 18–19, mit ausführlicher Begründung.

[349] Die Frage wird zumeist allgemein zur Tragweite des Art. 15 EGVVG diskutiert. Gegen eine Anwendung des Art. 29 EGBGB im Rahmen von Art. 15 EGVVG z. B. *Armbrüster*, ZVersWiss 1995, 139 (143); Münchener Kommentar BGB/*Martiny*, Art. 37 EGBGB Rn. 106; *Staudinger/Armbrüster*, Anh. I zu Art. 37 EGBGB Rn. 85; *Gruber*, IVVR, S. 157 ff. mit eingehender Begründung; a. A. z. B. Berliner Kommentar/*Dörner*, Art. 9 EGVVG Rn. 18; *Kramer*, S. 284 ff.; *Uebel*, S. 188 ff.; *Staudinger*, VersR 1999, 401 (402); *Hübner*, ZVersWiss 2001, 351 (373); differenzierend *Wördemann*, S. 56 ff., 74 f.

[350] Zu den ansonsten entstehenden Wertungswidersprüchen *Wördemann*, S. 59 f.

[351] A. A. Regierungsbegründung, BT-Drucks. 11/6341, S. 38 (allerdings widersprüchlich); *Soergel/v. Hoffmann*, Art. 37 EGBGB Rn. 97; Münchener Kommentar BGB/*Martiny*, Art. 37 EGBGB Rn. 102; Berliner Kommentar/*Dörner*, Art. 9 EGVVG Rn. 24; *Uebel*, S. 146 – alle ohne Diskussion des Gebotes richtlinienkonformer Auslegung. Art. 7 Abs. 1 lit. c der Richtlinie 88/357/EWG spricht von „Tätigkeit im industriellen und gewerblichen Sektor oder eine freiberufliche Tätigkeit". Der Begriff der „gewerblichen" Tätigkeit („commercial activity") ist gemeinschaftsautonom zu bestimmen und muss im Sinne einer jeden entgeltlichen Tätigkeit am Markt zu bestimmen sein; er umfasst daher auch die Land- und Forstwirtschaft; i. E. ebenso *Gruber*, IVVR, S. 75 f. Insoweit ist Art. 9 Abs. 2 EGVVG richtlinienkonform auszulegen; der Begriff „gewerblich" in Art. 9 Abs. 2 EGVVG ist keine unübersteigbare Hürde, weil die-

hen, eröffnet und nur soweit der Versicherungsvertrag eine **Beziehung** zu dieser **Tätigkeit** aufweist. Gewählt werden kann das Recht jedes der **Mitgliedstaaten,** in denen ein (Teil-) Risiko belegen ist (bei Belegenheit eines Teilrisikos in einem **Drittstaat** gilt Art. 10 Abs. 2 EGVVG; Rn. 120) sowie ebenfalls das Recht des gewöhnlichen Aufenthalts bzw. der Hauptverwaltung des Versicherungsnehmers, das auch das Recht eines Drittstaates sein kann.

d) Risikobelegenheit auch in einem Drittstaat, Art. 10 Abs. 2 EGVVG. Ist ein Teil   **120** des Risikos auch in einem **Drittstaat** belegen, erweitert Art. 10 Abs. 2 EGVVG die nach Art. 9 Abs. 2 EGVVG (Rn. 119) gewährleistete Rechtswahlfreiheit noch um einen weiteren Schritt: Um eine sonst drohende Vertragsspaltung zu vermeiden[352], kann für den **gesamten** Vertrag auch das **Recht des Drittstaates,** in dem ein Teilrisiko belegen ist, gewählt werden. Art. 10 Abs. 2 EGVVG ist dabei nicht auf die in Art. 10 Abs. 1 EGVVG in Bezug genommenen Großrisiken beschränkt[353]. Streitig ist allerdings, ob Art. 10 Abs. 2 EGVVG im Hinblick auf die Vorgaben des Art. 7 Abs. 1 der Richtlinie 88/357/EWG einer richtlinienkonformen Eingrenzung bedarf. Art. 10 Abs. 2 EGVVG kennt – anders als Art. 9 Abs. 2 EGVVG – in der Richtlinie kein unmittelbares Äquivalent. Insoweit handelt es sich um eine autonome Regelung, die u. U. einer **richtlinienkonformen Auslegung**[354] bedarf. Im Anwendungsbereich der **Großrisiken** i. S. v. Art. 10 Abs. 1 EGVVG hat die unbeschränkte Rechtswahlfreiheit (auf der Grundlage des Art. 7 Abs. 1 lit. f der Richtlinie 88/357/EWG) Vorrang. Im Bereich der **Massenrisiken** können dagegen die Mitgliedstaaten über den gemeinschaftsrechtlichen Mindeststandard hinsichtlich der Rechtswahlfreiheit **nur** hinausgehen, wenn die von der Richtlinie vorgesehenen **Verknüpfungen für eine autonome Regelung** der Rechtswahlfreiheit vorliegen: Gem. Art. 7 Abs. 1 lit. d i. V. m. lit. b und c kann deutsches Recht daher eine **weitergehende Rechtswahlfreiheit** nur einräumen, wenn entweder der Versicherungsnehmer seine Hauptverwaltung oder seinen gewöhnlichen Aufenthalt in Deutschland hat oder ein zu versicherndes Teilrisiko in Deutschland belegen ist[355]. Art. 10 Abs. 2 EGVVG ist in seinem Anwendungsbereich auf diese Konstellationen **zu begrenzen** und im Übrigen über Art. 10 Abs. 3 EGVVG das Recht eines regelungszuständigen Mitgliedstaates auf die Reichweite der Rechtswahlfreiheit zu befragen. Für das Recht dieses Staates gilt dann das zu den Anforderungen der Dienstleistungsfreiheit an die Einräumung einer Rechtswahlfreiheit Gesagte (Rn. 15, 113) entsprechend.

e) Divergenz von Risikobelegenheit und Schadensort, Art. 9 Abs. 3 EGVVG.   **121** Fällt der Ort des **Schadenseintritts** nicht mit dem Ort der Risikobelegenheit (i. S. v. Art. 7 Abs. 2 EGVVG) zusammen, eröffnet Art. 9 Abs. 3 EGVVG die Möglichkeit, das Recht des Mitgliedstaates zu wählen, in dem der Schadensfall eintritt. Mit dieser Regelung wird einem Deckungsinteresse des Versicherungsnehmers entsprochen[356] und zugleich ein Gleichlauf von Versicherungsvertragsrecht und anwendbarem Schadensrecht erreicht[357]. Art. 9 Abs. 3 EGVVG eröffnet eine (beschränkte) Rechtswahl auch im Massengeschäft, also auch bei Verbraucherverträgen. Die Norm greift in den Konvergenzfällen des Art. 8, wie auch in den Divergenzfällen des Art. 9 Abs. 1 und 2 EGVVG[358] ein und gibt eine zusätzliche Wahloption.

---

ser keinen einheitlichen Sinngehalt im deutschen Recht hat. Die Regierungsbegründung ist nicht bindend; i. E. insoweit anders *Gruber,* IVVR, S. 76.

[352] Reg. Begr., BT-Drucks. 11/6341, S. 39.

[353] H. L. zur alten Gesetzeslage vor Änderung des Art. 10 Abs. 1 EGVVG; z. B. *Soergel/v. Hoffmann,* Art. 37 EGBGB Rn. 116; a. A. *Prölss/Martin/Prölss/Armbrüster,* Art. 10 EGVVG Rn. 2 (die aber für eine analoge Anwendung des Art. 10 Abs. 2 EGVVG plädieren). Seit der Änderung des Art. 10 Abs. 1 Satz 1 EGVVG macht die Eingrenzung des Art. 10 Abs. 2 EGVVG auf Großrisiken keinen Sinn mehr.

[354] *Staudinger/Armbrüster,* Anh. I zu Art. 37 EGBGB Rn. 68.

[355] *Uebel,* S. 173 f.; *Gruber,* IVVR, S. 108 m. w. N. in Fn. 450; *Staudinger/Armbrüster,* Anh. I zu Art. 37 EGBGB Rn. 68; a. A. *Kramer,* S. 220 (Fn. 720); *Basedow/Drasch,* NJW 1991, 785 (788).

[356] Der andere Deckung u. U. nur von Versicherern aus diesem Staat erhält; vgl. *Uebel,* S. 114.

[357] *Soergel/v. Hoffmann,* Art. 37 EGBGB Rn. 100.

[358] Art. 9 Abs. 3 EGVVG ist insoweit missverständlich formuliert, als er solche Fälle nicht erfasst, in denen das Risiko in mehreren Mitgliedstaaten belegen ist; die Norm ist insoweit richtlinienkonform auszu-

Sie setzt voraus, dass der Schaden ausschließlich in einem anderen Mitgliedstaat als den in Art. 8 und Art. 9 Abs. 1 und 2 EGVVG genannten Mitgliedstaaten eintritt[359] und entspricht insoweit der Vorgabe des Art. 7 Abs. 1 lit. e der Richtlinie 88/357/EWG. Die Norm greift nicht ein, wenn der Schadenseintritt in mehreren Mitgliedstaaten oder einem Drittstaat erfolgt bzw. zu erwarten ist[360].

122   **f) Divergenz von gewöhnlichem Aufenthalt und Staatsangehörigkeit in der Lebensversicherung.** Art. 9 Abs. 5 EGVVG überträgt die Vorgabe des Art. 32 Abs. 2 der Richtlinie 2002/83/EG in das deutsche Recht: Hat der Versicherungsnehmer bei Abschluss eines Lebensversicherungsvertrages (zum **gemeinschaftsrechtlichen Begriff** der Lebensversicherung s. oben Rn. 93) die Staatsangehörigkeit eines anderen Mitgliedstaates als desjenigen, in dem er seinen gewöhnlichen Aufenthalt hat, können die Parteien abweichend von Art. 8 EGVVG auch das Recht des Mitgliedstaates wählen, dessen Staatsangehöriger der Versicherungsnehmer ist[361]. Mit dieser Regelung wird vor allem der Zukunftsplanung, die im Bereich der Lebensversicherung eine große Rolle spielt (Alterssicherung; Rückkehr in die Heimat), Rechnung getragen[362]. Das Wahlrecht haben nur natürliche Personen (Art. 32 Abs. 2 der Richtlinie 2002/83/EG). Für juristische Personen als Versicherungsnehmer steht für eine Rechtswahl nur der Weg des Art. 9 Abs. 4 EGVVG (Rn. 112f.) offen. Das Wahlrecht besteht auch bei der Versicherung auf das Leben einer anderen Person. Der Sitz des Versicherers ist irrelevant. Eine nachträgliche Rechtswahl ist zulässig, Artt. 15 EGVVG, 27 Abs. 2 EGBGB[363].

123   **Drittstaatsangehörige** sollen aufgrund des Art. 9 Abs. 5 EGVVG nicht ihr Heimatrecht wählen können[364], doch erscheint dieses Ergebnis kaum mit der Dienstleistungsfreiheit vereinbar[365]. Der deutsche Gesetzgeber verweist die Versicherungsnehmer insoweit auf den Weg des Art. 9 Abs. 4 EGVVG. Bei **Doppelstaatsangehörigkeit** kommt Art. 9 Abs. 5 EGVVG zur Anwendung, wenn die Staatsangehörigkeit eines Mitgliedstaates mit der eines Drittstaates zusammentrifft. Art. 5 Abs. 1 Satz 1 EGBGB (Maßgeblichkeit der effektiven Staatsangehörigkeit) ist **nicht** anzuwenden, da es hier um ein durch Gemeinschaftsrecht eingeräumtes Privileg geht, das durch nationales Recht nicht eingeschränkt werden darf. Treffen die Staatsangehörigkeiten zweier Mitgliedstaaten zusammen, ist Art. 5 Abs. 1 Satz 1 EGBGB vom Zweck des Art. 32 Abs. 2 der Richtlinie 2002/83/EG her (Zukunftsplanung des Versicherungsnehmers) gleichfalls unanwendbar[366]. Tritt neben die deutsche Staatsangehörigkeit die eines anderen Mitgliedstaates (bzw. Vertragsstaates des EWR), ist Art. 5 Abs. 1 Satz 2 EGBGB ebenfalls unanwendbar[367]. **Neben** Art. 9 Abs. 5 EGVVG kann für Lebensversicherungsverträge auch die Rechtswahlmöglichkeit nach **Art. 9 Abs. 4 EGVVG** und vor allem Art. 9 Abs. 4 EGVVG analog (Rn. 113) bei Verträgen mit in der EU oder im EWR niedergelassenen Versicherern eröffnet sein.

124   **Maßgeblicher Zeitpunkt** für die Rechtswahl ist der Zeitpunkt des **Abschlusses** des Versicherungsvertrages. Durch einen späteren Wechsel der Staatsangehörigkeit oder des ge-

---

legen, als Art. 7 Abs. 1 lit. e der Richtlinie 88/357/EWG ausdrücklich auf den Fall der Risikobelegenheit in mehreren Mitgliedstaaten Bezug nimmt; Berliner Kommentar/*Dörner*, Art. 9 EGVVG Rn. 32.

[359] Reg. Begr., BT-Drucks. 11/6341, S. 38.

[360] Berliner Kommentar/*Dörner*, Art. 9 EGVVG Rn. 35–36; *Gruber*, IVVR, S. 111.

[361] OLG Düsseldorf v. 16. 7. 2002, IPRax 2005, 37 (38).

[362] *Soergel/v. Hoffmann*, Art. 37 EGBGB Rn. 109.

[363] Vgl. OLG Düsseldorf v. 16. 7. 2002, IPRax 2005, 37 (38); *Dörner*, IPRax 2005, 26 (26).

[364] H. L., auch keine analoge Anwendung des Art. 9 Abs. 5 EGVVG: *Soergel/v. Hoffmann*, Art. 37 EGBGB Rn. 109.

[365] Die Nachfragefreiheit ist in Art. 49 EG nicht auf Staatsangehörige der Mitgliedstaaten beschränkt, sondern erstreckt sich auf die in den Mitgliedstaaten ansässigen Dienstleistungsempfänger. Rechtswahlfreiheit ist über Art. 9 Abs. 4 EGVVG analog zu gewähren.

[366] Vgl. EuGH v. 2. 10. 2003 – Rs. C-148/02, Avello, Slg. 2003, I-11613, 11646 (Rz. 28).

[367] Wie hier Berliner Kommentar/*Dörner*, Art. 9 EGVVG Rn. 51; Münchener Kommentar BGB/*Martiny*, Art. 37 EGBGB Rn. 114; *Reithmann/Martiny/Schnyder*, Rn. 1344; a. A. *Staudinger/Armbrüster*, Anh. I zu Art. 37 EGBGB Rn. 60 (mit fragwürdigem Hinweis auf Versicherungsnehmerschutz); *Gruber*, IVVR, S. 136f. (ohne Berücksichtigung des Zwecks der Richtlinienregelung).

wöhnlichen Aufenthalts wird eine wirksam getroffene Rechtswahl **nicht beeinträchtigt.** Im Gegensatz dazu kann in diesen Fällen aber die Möglichkeit für eine **nachträgliche Rechtswahl** gem. Art. 15 EGVVG i. V. m. Art. 27 Abs. 2 EGBGB eröffnet sein. Bei einer Rechtswahl nach Art. 9 Abs. 5 EGVVG ist Art. 29 Abs. 1 EGBGB nicht (über Art. 15 EGVVG) anwendbar. Das zu Art. 9 Abs. 1 EGVVG Ausgeführte gilt hier entsprechend (Rn. 118).

g) Erweiterung der Rechtswahl durch Verweisung auf das Recht eines anderen Mitgliedstaates, Art. 10 Abs. 3 EGVVG. Nach der Konzeption des Art. 7 Abs. 1 lit. a Satz 2, lit. d der Richtlinie 88/357/EWG sowie des Art. 32 Abs. 1 Satz 2 der Richtlinie 2002/83/EG ist es Teil des hinsichtlich der Rechtswahlfreiheit gefundenen Kompromisses (Rn. 7, 105), dass die Mitgliedstaaten einerseits, wenn ihr eigenes Recht kraft objektiver Anknüpfung zur Anwendung käme, Rechtswahlfreiheit über das gemeinschaftsrechtlich gebotene Mindestmaß hinausreichend gewähren können, sie aber andererseits den Rechtswahlerweiterungen der anderen Mitgliedstaaten, sofern deren Recht bei objektiver Anknüpfung anwendbar wäre, folgen müssen, damit eine **einheitliche Beurteilung** der Rechtswahl und damit Entscheidungseinklang sichergestellt wird[368]. Der deutsche Gesetzgeber hat die ihm aufgrund Gemeinschaftsrechts zustehenden autonomen Entscheidungen über die Erweiterung der Rechtswahlfreiheit in Art. 9 Abs. 4 und Art. 10 Abs. 2 EGVVG getroffen. In **Art. 10 Abs. 3 EGVVG** wird dagegen – entgegen des zu weit geratenen Wortlauts – die Verpflichtung transformiert, die Rechtswahl**erweiterungen** der regelungszuständigen **anderen** Staaten zu befolgen[369]. Aus dieser Zweckrichtung folgt zweierlei: Art. 10 Abs. 3 EGBGB verweist **nur** auf **ausländisches** Recht, nicht auf das deutsche Recht[370], und dies auch **nur** für die Frage einer evtl. Rechtswahlerweiterung, also **ob, in welchem Umfang** und **in welchen Grenzen** (Rn. 129) der ausländische Staat den Parteien erweiterte Rechtswahlfreiheit auf der Grundlage der o. g. Richtlinienbestimmungen einräumt[371]. Für alle anderen Fragen der Rechtswahl[372] bleibt es bei der Anwendung der deutschen Grundsätze über die Rechtswahlfreiheit als Kollisionsnorm. Es handelt sich mithin **nicht** um eine Kollisionsnorm**verweisung.** Auch bei Art. 10 Abs. 3 EGVVG entscheidet der **Zeitpunkt** des Vertragsschlusses über die Wählbarkeit der Rechtsordnungen. Für spätere Veränderungen bei den anknüpfungsrelevanten Tatsachen gilt das oben unter Rn. 124 Ausgeführte entsprechend.

Art. 10 Abs. 3 EGVVG kann – neben den in Art. 9 Abs. 4 und Art. 10 Abs. 2 EGVVG geregelten Fällen – zu einer **erweiterten Rechtswahlmöglichkeit** für die Parteien führen. Abzustellen ist hierfür (nur) auf das **ausländische Recht,** das ansonsten kraft objektiver Anknüpfung des Art. 8 EGVVG zur Anwendung berufen ist oder das aufgrund von Art. 9 Abs. 1

[368] *Soergel/v. Hoffmann,* Art. 37 EGBGB Rn. 119; *Gruber,* IVVR, S. 116.

[369] Vgl. etwa LG Hamburg v. 28. 2. 2005, IPRspr. 2005 Nr. 28, S. 68 (70).

[370] Str.; wie hier z. B. Berliner Kommentar/*Dörner,* Art. 10 EGVVG Rn. 43 m. w. N.; *Gruber,* IVVR, S. 116 f.; *Kramer,* S. 232; a. A. etwa *Basedow/Drasch,* NJW 1991, 785 (793); *Mankowski,* VersR 1993, 154 (162); *Imbusch,* VersR 1993, 1059 (1064); *Staudinger/Armbrüster,* Anh. I zu Art. 37 EGBGB Rn. 72 (der insoweit von einer deklaratorischen Verweisung auf deutsches Kollisionsrecht ausgeht). Der letztgenannte Ansatz weist Art. 10 Abs. 3 EGVVG die Funktion einer „Überkollisionsnorm" (*Kropholler,* Internationales Privatrecht, 6. Aufl. 2006, S. 492) bzw. „Meta"-Kollisionsnorm (*Prölss/Martin/Prölss/Armbrüster,* Art. 10 EGVVG Rn. 4) zu, die in das ausländische oder inländische Kollisionsrecht der Parteiautonomie verweist. Demgegenüber ist Art. 10 Abs. 3 EGVVG von seiner Funktion und Stellung im Gesetz her (nur) eine (wenn auch hybride) Komplementär-Kollisionsnorm zu Art. 9 Abs. 4 und Art. 10 Abs. 2 EGVVG. Sie regelt die Rechtswahlfreiheit (als deutsche Kollisionsnorm) in den Fällen, in denen nach Gemeinschaftsrecht (den Richtlinien-Kriterien, die in Art. 8, 9 Abs. 1 und Abs. 2 EGVVG aufscheinen), ein anderer Staat für die evtl. Erweiterung der Rechtswahlfreiheit regelungszuständig ist, und inkorporiert die Vorgaben dieser anderen Rechtsordnung in das deutsche Recht. Insoweit handelt es sich um eine hybride Kollisionsnorm, nicht um eine Kompetenz-(verweisungs-)norm; a. A. *Mankowski,* VersR 1993, 154 (155).

[371] Münchener Kommentar BGB/*Martiny,* Art. 37 EGBGB Rn. 133; *Armbrüster,* ZVersWiss 1995, 139 (141 f.).

[372] Insoweit noch zu weitgehend *Gruber,* IVVR, S. 118 f.

und Abs. 2 EGVVG (als gemeinschaftsrechtlichem Mindeststandard) gewählt werden kann.
Art. 10 Abs. 3 EGVVG nimmt damit – bei entsprechender Verknüpfung – die autonom ge-
setzten Rechtswahlstandards eines anderen Staates in sich auf und setzt sie durch. Art. 10
Abs. 3 EGVVG gilt für alle Arten von Versicherungsverträgen, auch für **Lebensversicherun-
gen**[373], für Groß- und Massenrisiken und bei Verbraucherverträgen, für Konvergenzfälle
(Rn. 85) ebenso wie für Divergenzfälle (Rn. 94).

127   Problematisch ist allerdings, ob in den **Divergenzfällen** für die Voraussetzungen und
Schranken der erweiterten Rechtswahl ein **kumulierender** oder **alternativer** Verweisungsansatz greifen soll. Der Wortlaut des Art. 10 Abs. 3 EGVVG („wählbare Rechte") lässt beides
zu. Art. 7 Abs. 1 lit. d der Richtlinie 88/357/EWG gibt insoweit auch keine klare Antwort[374].
Da ein kumulierender Ansatz tendenziell dazu führt, dass für die Parteiautonomie die Chancen immer geringer werden, je internationaler der Sachverhalt wird, dürfte vom Sinn und
Zweck der Regelung der alternative Verweisungsansatz vorzugswürdig sein; nur dieser Ansatz
gibt den Parteien die notwendige und wünschenswerte Flexibilität[375].

128   Die **maßgeblichen ausländischen Rechte**, die auf eine erweiterte Rechtswahlfreiheit zu
überprüfen sind, ergeben sich aus Art. 8 und Art. 9 Abs. 1 und 2 EGVVG. Bei Art. 8 EGVVG
kann es sich **nur** um einen Mitgliedstaat der EU bzw. Vertragsstaat des EWR handeln. In den
Fällen des Art. 9 Abs. 1 und Abs. 2 EGVVG kann es bezüglich der Risikobelegenheit ebenfalls
nur um einen Mitglied- (Vertrags-)staat, beim gewöhnlichen Aufenthalt oder der Hauptverwaltung aber auch um einen Drittstaat gehen. Die Verweisung in Art. 10 Abs. 3 EGVVG bedarf aber insoweit einer Restriktion, als Art. 7 Abs. 1 lit. d der Richtlinie 88/357/EWG ausdrücklich nur die in lit. b und lit. c genannten **Mitgliedstaaten** in Bezug nimmt[376]. Eine
analoge Anwendung des Art. 10 Abs. 3 EGVVG auf die nach Art. 10 Abs. 2 EGVVG wählbare
Rechtsordnung eines Drittstaates kommt erst recht nicht in Betracht[377].

129   Die in Art. 10 Abs. 3 EGVVG angeordnete Befolgung der Regeln (und der Praxis) der
maßgeblichen Rechte (Rn. 128) über die Erweiterung der Rechtswahlfreiheit betrifft (nur)
Fragen der **Zulässigkeit** der Rechtswahl, sowie Fragen ihres **Umfangs** und ihrer **Grenzen**.
Das bedeutet, dass deutsche Gerichte eine Rechtswahl nur in dem Umfang für wirksam ansehen können, wie es das ausländische, regelungszuständige Recht tut. Daraus folgt, dass die
vom ausländischen Kollisionsrecht statuierten zusätzlichen Voraussetzungen für die Wahrnehmung der Rechtswahlfreiheit, d. h. alle Differenzierungen zwischen unterschiedlichen Versi-
cherungsvertragstypen und Personenkreisen, alle Beschränkungen in der Auswahl der wählbaren Rechte und schließlich alle Beschränkungen im Umfang der Rechtswahlfreiheit, wie
z. B. die **rechtswahlergänzende Anknüpfung von zwingenden Normen** (vergleichbar
mit Art. 29 Abs. 1 EGBGB), grundsätzlich (vorbehaltlich des in Rn. 130 Gesagten) zu befolgen sind[378]. Dies gilt etwa auch für die Umsetzungsnormen der Richtlinie 93/13/EWG über

---

[373] Dazu *Gruber,* IVVR, S. 139.

[374] Zum Streitstand insoweit *Gruber,* IVVR, S. 120 ff. m. w. N. zu Stellungnahmen im ausländischen
Schrifttum.

[375] *Mankowski,* VersR 1993, 154 (157); *Gruber,* IVVR, S. 122 ff. mit ausführlicher Begründung; *Kramer,*
S. 230; Münchener Kommentar BGB/*Martiny,* Art. 37 EGBGB Rn. 132; *Soergel/v. Hoffmann,* Art. 37
EGBGB Rn. 120; *Hahn,* S. 35.

[376] Berliner Kommentar/*Dörner,* Art. 10 EGVVG Rn. 36; str. Nur diese Interpretation entspricht dem
Kompromisscharakter der Regelungen über die Rechtswahlfreiheit in der Richtlinie: Die Mitgliedstaaten sollen die von den anderen Mitgliedstaaten vorgesehenen Erweiterungen der Rechtswahlfreiheit befolgen müssen, nicht aber diejenigen der Drittstaaten.

[377] Wiederum str.: wie hier *Soergel/v. Hoffmann,* Art. 37 EGBGB Rn. 121; *Staudinger/Armbrüster,* Anh. I
zu Art. 37 EGBGB Rn. 71; *Kramer,* S. 236; a. A. *Basedow/Drasch,* NJW 1991, 785 (793); *Gruber,* IVVR,
S. 129 f. Soweit Art. 10 Abs. 2 EGVVG auf das Recht eines Drittstaates verweist, handelt es sich um die
von der Richtlinie eröffnete und von Deutschland wahrgenommene Möglichkeit, die Rechtswahlfreiheit zu erweitern. In Art. 10 Abs. 3 EGVVG geht es um die ganz andere Frage, inwieweit deutsche Gerichte im Rahmen der Kollisionsnorm „Rechtswahlfreiheit" den Erweiterungen der Rechtswahlfreiheit
durch mit dem Sachverhalt eng verknüpfte andere Staaten (Rn. 120) zu folgen haben.

[378] Berliner Kommentar/*Dörner,* Art. 15 EGVVG Rn. 8; *Gruber,* IVVR, S. 131.

missbräuchliche Klauseln in Verbraucherverträgen bei Wahl eines drittstaatlichen Rechts[379]. Handelt es sich (im Falle des Art. 8 EGVVG) um einen **lokalisierten Sachverhalt,** entscheidet dieses Recht über die Anwendung seiner intern zwingenden Normen. Für alle übrigen, die Existenz und Wirksamkeit betreffenden Fragen kommen über Art. 15 EGVVG die zu Art. 27 EGBGB entwickelten Grundsätze zur Anwendung (Rn. 46–52)[380].

Bei der Anwendung der Bestimmungen des **anderen** Mitgliedstaates (bzw. Vertragsstaates **130** des EWR)[381] über die Rechtswahlfreiheit durch deutsche Gerichte ist eine mit der Dienstleistungsfreiheit als **Nachfragerfreiheit** (Rn. 15, 19) konforme Auslegung geboten mit der Konsequenz, dass die oben zu Art. 9 Abs. 4 EGVVG zum deutschen Recht getroffenen Aussagen (Rn. 113) entsprechend zu beachten sind. **Großbritannien**[382], die **Niederlande**[383] und **Dänemark**[384] haben (mit Variationen) das Rechtswahlmodell des EVÜ übernommen und geraten damit nicht in Konflikt mit Art. 49 EG. **Liechtenstein** hat ebenfalls eine an das EVÜ angelehnte Regelung geschaffen[385]. **Österreich**[386] orientiert sich für im Inland belegene Risiken grundsätzlich am Regelungsmodell des EVÜ, erstreckt jedoch den kollisionsrechtlichen Verbraucherschutz – mit Ausnahme der Großrisiken – auf alle Versicherungsnehmer[387] und setzt sich damit bezüglich der Nachfragerfreiheit dem Vorwurf inkonsistenter Verfolgung des Allgemeininteresses aus. **Italien**[388] räumt anscheinend umfassende Rechtswahlfreiheit ein und macht (wie Österreich) nur einen Vorbehalt zugunsten der italienischen Eingriffsnormen, wobei im Schrifttum davon ausgegangen wird, dass die dem Versicherungsnehmerschutz dienenden Normen davon nicht erfasst werden[389]. Dagegen scheinen **Frankreich**[390], **Luxemburg**[391], **Spanien**[392] und **Belgien**[393] überhaupt keine Erweiterung der Rechtswahlfreiheit über das gemeinschaftsrechtlich geforderte Minimum vorzusehen, setzen sich damit in Widerspruch zur Dienstleistungsfreiheit und bedürfen daher einer mit den Grundfreiheiten konformen Ausgestaltung bzw. Auslegung (Rn. 15, 19).

---

[379] ABl. 1993 L 95/39.
[380] Art. 7 Abs. 3 der Richtlinie 88/357/EWG; Art. 32 Abs. 5 der Richtlinie 2002/83/EG.
[381] Hinweise finden sich bei *Mankowski,* VersR 1993, 154 (154); *Gruber,* IVVR, S. 130 ff.; *Kozuchowski,* S. 171 ff.
[382] Insurance Companies Act (1982) Schedule 3A, Pt 1, para 5 (2)(a); dazu *Merkin/Rodger,* EC Insurance Law (1997) 149; *MacNeil,* Int. Comp. L. Qu. 1995, 18; *Dicey/Morris,* The Conflict of Laws, 13th ed. (2000) 33–143. Seit dem 1. 12. 2001 wird im Financial Services and Markets Act 2000 (Law Applicable to Contracts of Insurance) Regulations 2001 – Regulation 4(2) clause 3(a) of the Rule; Regulation 7(3) auf den EVÜ-Umsetzungsakt Contracts (Applicable Law) Act 1990 verwiesen; dazu *Dicey/Morris,* The Conflict of Laws, 14th ed. (2006), vol. 2, Rn. 33–138–145.
[383] *Rooij/Polak,* Private International Law in the Netherlands – Supplement (1995), S. 72, 74; *Kozuchowski,* S. 180 (zur Schadensversicherung). *Charisius,* Das niederländische Internationale Privatrecht (2001), S. 92, geht für die Lebensversicherung (wohl unzutreffend) davon aus, dass das niederländische Recht nur eine materiell-rechtliche Verweisungsfreiheit kenne.
[384] *Mankowski,* VersR 1993, 154 (161).
[385] Gesetz über das internationale Versicherungsrecht vom 13. 5. 1998, Liechtensteinisches Landesgesetzblatt v. 10. 7. 1989 Nr. 120.
[386] Aus dem Schrifttum s. *Rudisch,* S. 176 ff.; *ders.,* ZVerglRWiss 93 (1994), 80; *ders.,* ZEuP 1995, 45.
[387] § 5 Nr. 1 und 2, § 9 Abs. 1 und 2 ÖIVersVG; abgedr. in *Prölss/Martin,* Anh. zu Art. 7–15 EGVVG.
[388] Nachweise bei *Gruber,* IVVR, S. 133 f. und (ausführlich) S. 324 ff.
[389] *Gruber,* IVVR, S. 333 f., 340.
[390] Loi no. 89–1014, J. O. 3 janvier 1990, S. 63, Rev. crit. dip. 79 (1990) 154; Loi 92–665, J. O. 17 juillet 1992, Rev. crit. dip. 82 (1993), 100; Überblick bei *Ripoll,* Rev. gen. ass. terr. (RGAT) 1992, 479; *Kozuchowski,* S. 171 f.
[391] Loi du 6. 12. 1991 sur le secteur des assurances, J. O. 23 décembre 1991, S. 1762; Loi du 18 décembre 1993 portant modification et complément de certaines dispositions en matières d'assurances, J. O. 28 décembre 1993, S. 2150.
[392] *Kozuchowski,* S. 173 f.
[393] *Rigaux/Fallon,* Droit international privé, tome II – Droit positif belge, 2ième ed. (1993) S. 558–559; *Dubuisson,* in: Les assurances de l'entreprise, vol. II (1993), S. 533.

5. Schranken der Rechtswahl

131   **a) Art. 27 Abs. 3 EGBGB.** Art. 27 Abs. 3 EGBGB (dazu oben Rn. 55) kann über Art. 15 EGBGB zur Anwendung kommen. Dies gilt nicht in den Fällen der Art. 9 Abs. 1, 2, 3 und 5 und Art. 10 Abs. 2 EGVVG, weil es sich hier um international verknüpfte Sachverhalte handelt; ebenso im Falle des Art. 9 Abs. 4 EGVVG. Nur bei der Versicherung von Großrisiken (Art. 10 Abs. 1 EGVVG und analog) kann Art. 27 EGBGB zur Anwendung gelangen, nicht dagegen, soweit Art. 10 Abs. 3 EGVVG (i. V. m. Art. 8 EGVVG) in das ausländische Recht führt; hier folgen deutsche Gerichte den Rechtswahlschranken des maßgeblichen ausländischen Rechts (Rn. 129)[394].

132   **b) Art. 29 Abs. 1 EGBGB.** Bei Verträgen mit **Verbrauchern** ist für eine Verweisung von Art. 15 EGVVG auf Art. 29 Abs. 1 EGVVG (Rn. 56 f.) wie folgt zu differenzieren: In den Fällen der Art. 9 Abs. 2, Art. 10 Abs. 1 und 2 EGVVG scheidet Art. 29 Abs. 1 EGBGB im Hinblick auf den personellen Anwendungsbereich der Normen aus. **Art. 9 Abs. 1 EGVVG** beruht auf der Wertung des Gemeinschaftsgesetzgebers, dass die wählbaren Rechtsordnungen hier dem Versicherungsnehmer ähnlich „nahe" stehen und von daher beide Rechte für den Verbraucherschutz als „regelungszuständig" anzusehen sind. Von daher passt Art. 29 Abs. 1 EGBGB nicht; im Übrigen ergäben sich bei Anwendung des Art. 29 Abs. 1 EGBGB unüberbrückbare Wertungswidersprüche mit der objektiven Anknüpfung nach Art. 11 Abs. 1 und 2 EGVVG, die wesentlich von Art. 29 Abs. 2 EGBGB (Rn. 61 f.) abweicht[395]. Bei **Art. 9 Abs. 5 EGVVG** (Rn. 122) sollte gleichfalls auf eine Anwendung des Art. 29 Abs. 1 EGBGB verzichtet werden, weil auch hier das Recht des Staates, dessen Staatsangehöriger der Versicherungsnehmer ist, letzterem sehr nahe steht. Für **Art. 9 Abs. 4 EGVVG** gilt: Soweit eine Anwendung dieser Norm voraussetzt, dass dem Art. 29 Abs. 1 EGBGB entsprechende Inlandsverknüpfungen **nicht** vorliegen (Rn. 122), kann es auch nicht zur Anwendung des Art. 29 Abs. 1 EGBGB kommen. Wird dagegen Art. 9 Abs. 4 BGB (analog) ein weiter reichender Anwendungsbereich zugesprochen, ist Art. 29 Abs. 1 EGBGB anzuwenden, weil es sich insoweit um die Einräumung von Rechtswahlfreiheit kraft autonomen Rechts handelt und keine Gewähr dafür gegeben ist, dass die gewählte Rechtsordnung dem Versicherungsnehmer gleich nahe steht wie die deutsche. Im Falle des **Art. 10 Abs. 3 EGVVG** ergeben sich die Zulässigkeitsvoraussetzungen und Schranken der Rechtswahl aus dem maßgebenden ausländischen Recht (Rn. 129).

133   **c) Art. 29a EGBGB.** Da Art. 29a Abs. 1 i. V. m. Abs. 2 EGBGB die Wahl eines **drittstaatlichen** Rechts zur Voraussetzung hat, kann die Norm weder bei Art. 9 Abs. 1 noch bei Art. 9 Abs. 5 EGVVG Anwendung finden. Im Übrigen greifen die zu Art. 29 Abs. 1 EGBGB dargelegten Grundsätze (Rn. 132) entsprechend auch bei Art. 29a EGBGB ein. Damit kann Art. 29a EGBGB im Hinblick auf die Umsetzungsnormen der Richtlinie 93/13/EWG[396] im Rahmen einer analogen Anwendung des Art. 9 Abs. 4 EGBGB (Rn. 113) über Art. 15 EGVVG angewendet werden; dasselbe gilt für die Umsetzungsnormen der Richtlinie 2002/65/EG[397].

IV. Reichweite und Abgrenzung des Vertragsstatuts

134   Für die Reichweite des Vertragsstatuts verweist Art. 15 EGVVG auf Artt. 31–32 EGBGB (Rn. 68), bei deren Anwendung Art. 36 EGBGB zu beachten ist. Für die anderen, nicht dem Vertragsstatut unterfallenden Fragen der Form, der Geschäftsfähigkeit und der Vertretung

---

[394] Berliner Kommentar/*Dörner*, Art. 15 EGVVG Rn. 16.

[395] Wie hier z. B. *Armbrüster*, ZVersWiss 1995, 139 (145); *Wördemann*, S. 58; a. A. *Imbusch*, VersR 1993, 1059 (1065); *Uebel*, S. 188 ff.; *Kramer*, S. 285 ff.; ihm folgend Berliner Kommentar/*Dörner*, Art. 15 EGVVG Rn. 8 (wo der Regelungszusammenhang zwischen Art. 29 Abs. 1 und Abs. 2 EGBGB nicht beachtet wird); *Dörner*, IPRax 2005, 26 (27).

[396] Richtlinie über missbräuchliche Klauseln in Verbraucherverträgen, ABl. 1993 L 95/29.

[397] Richtlinie über den Fernabsatz von Finanzdienstleistungen an Verbraucher, ABl. 2002 L 271/16.

kommt unmittelbar das EGBGB zur Anwendung[398]; s. Rn. 69–73. Zum ordre public s. Rn. 78; zum Direktanspruch s. Rn. 79.

V. Sonderanknüpfungen

1. Art. 34 EGBGB

Art. 15 EGVVG verweist auch auf Art. 34 EGBGB[399] und eröffnet damit im Grundsatz[400] **135** die Möglichkeit zur Anwendung deutscher international zwingender Normen neben und gegen das Vertragsstatut. Dabei ist nach der Zweckrichtung der einzelnen zwingenden Normen wie folgt zu differenzieren. Das VVG kennt eine Vielzahl (halb-) zwingender Normen zum Schutze des Versicherungsnehmers und des Versicherten. Ob solche vorwiegend dem **Privatinteresse** dienenden Normen als international zwingend angesehen werden können (soweit es an einer kollisionsrechtlichen Bestimmung wie in Art. 13 Abs. 1, 2 EGVVG fehlt), ist str. (s. Rn. 74)[401], nach zutreffender Ansicht aber im Grundsatz zu bejahen. Allerdings ist immer sorgfältig zu prüfen, ob die deutschen Kollisionsnormen die materiell-rechtlichen und kollisionsrechtlichen Interessen des schutzwürdigen Vertragspartners nicht schon hinreichend absichern. Dies ist im Rahmen der Artt. 8 f. EGVVG der Fall[402]: Art. 8 EGVVG ist eine am Versicherungsnehmerschutz orientierte objektive Anknüpfung, die eine Sonderanknüpfung über Art. 34 EGBGB neben sich nicht duldet. In den Fällen des Art. 11 Abs. 1 EGVVG sowie der beschränkten Rechtswahlfreiheit (Art. 9 Abs. 1, 2, 3, 5 EGVVG) geht der Gesetzgeber davon aus, dass die in Frage kommenden Rechtsordnungen dem Versicherungsnehmer gleich nahe stehen und insoweit in gleichem Ausmaß schutz"zuständig" sind. Im Falle des Art. 9 Abs. 4 EGVVG ist Versicherungsnehmerschutz über Art. 15 EGVVG i. V. m. Art. 29 Abs. 1 EGBGB zu realisieren. Eine Erweiterung des Kreises schutzwürdiger Versicherungsnehmer über die Verbraucher hinaus ist über Art. 34 EGBGB nicht möglich (Rn. 75). Bei der Großrisikenversicherung i. S. v. Art. 10 Abs. 1 EGVVG nimmt § 210 VVG den halbzwingenden Normen ihren zwingenden Charakter.

Eine Sonderanknüpfung über Art. 34 EGBGB kommt aber für diejenigen Normen in Betracht, die primär dem Schutz Dritter und der Allgemeinheit verpflichtet sind (s. oben **136** Rn. 76)[403]. Art. 12 Abs. 2, Art. 13 Abs. 1 und Abs. 2 EGVVG sind Ausdruck dieser Wertung; in ihrem Anwendungsbereich ist ein Rückgriff auf Art. 34 EGBGB nicht nötig und nicht möglich.

2. Ausländische international zwingende Normen

Art. 7 Abs. 2 Satz 2 der Richtlinie 88/357/EWG und Art. 32 Abs. 4 Satz 2 der Richtli- **137** nie 2002/83/EG eröffnen für die Mitgliedstaaten die Möglichkeit, international zwingende

---

[398] Art. 37 Satz 1 Nr. 4 EGBGB schließt für Versicherungsverträge über in der EU bzw. im EWR belegene Risiken nur Art. 27–36 EGBGB von einer Anwendung aus.

[399] Reg. Begr., BT-Dr. 11/6341, S. 40. Die Möglichkeit dazu eröffnet Art. 7 Abs. 2 Satz 1 der Richtlinie 88/357/EWG sowie Art. 32 Abs. 4 Satz 1 der Richtlinie 2002/83/EG.

[400] Schon im Ansatz anders z. B. *Staudinger/Armbrüster,* Anh. I zu Art. 37 EGBGB Rn. 87.

[401] Z. B. Münchener Kommentar BGB/*Martiny,* Art. 34 EGBGB Rn. 13–14 m. w. N. aus dem Schrifttum; *Palandt/Heldrich,* Art. 34 EGBGB Rn. 3 a; eingehend *Wördemann,* S. 80, sowie die Nachweise oben in Fn. 241, 242.

[402] Im Schrifttum wird z. T. aus der beschränkten aufsichtsrechtlichen Kontrolle der AVB auf das geringere Gewicht der deutschen versicherungsnehmerschützenden Normen geschlossen; *Soergel/v. Hoffmann,* Art. 37 EGBGB Rn. 152; Münchener Kommentar BGB/*Martiny,* Art. 37 EGBGB Rn. 179. Demgegenüber ist zu betonen, dass der EuGH dem Verbraucherschutz der Richtlinien einen hohen Stellenwert zumisst; EuGH v. 26. 10. 2006 – C-168/05, Mostaza Claro, Slg. 2006, I-10421 Rn. 38 ("öffentliche Ordnung").

[403] Münchener Kommentar BGB/*Martiny,* Art. 37 EGBGB Rn. 179; *Reithmann/Martiny/Schnyder,* Rn. 1358 f.; *Wördemann,* S. 167 ff., 229 ff., 246 ff.; einen äußerst restriktiven Ansatz verficht *Gruber,* IVVR, S. 209 ff.

Normen anderer Staaten neben und gegen das Vertragsstatut anzuwenden. Gemeint sind damit diejenigen Normen, die die Gerichte dieser Staaten unabhängig vom und gegen das Vertragsstatut anwenden. Der deutsche Gesetzgeber hat von dieser Ermächtigung – wie im Rahmen des EVÜ – keinen Gebrauch gemacht. Dies steht jedoch einer durch Schrifttum und Gerichte zu entwickelnden Sonderanknüpfung ausländischer Bestimmungen nicht im Wege[404]. Für international-zwingende und anwendungswillige Normen der anderen Mitgliedstaaten (und wohl auch der Vertragsstaaten des EWR) besteht sogar eine Anwendungspflicht[405]. Art. 7 Abs. 2 Satz 2 der Richtlinie 88/357/EWG ermöglicht eine Sonderanknüpfung für Normen der (Mitglied-) Staaten, in denen das Risiko belegen ist oder die eine Versicherungspflicht vorschreiben. Aus den in Rn. 135 dargestellten Gründen kommen für eine solche Sonderanknüpfung die in Rn. 136 angesprochenen Normgruppen in Betracht[406]. Da Art. 12 Abs. 1 EGVVG nur eine Regelung des Pflichtversicherungsrechts der Mitgliedstaaten enthält, ist das Pflichtversicherungsrecht der **Dritt**staaten über eine Sonderanknüpfung zur Anwendung zu berufen. Dasselbe gilt für die substitutive Krankenversicherung und ähnliche Regelungen im ausländischen Recht (wenn man nicht Art. 13 Abs. 1 und 2 EGVVG allseitig anwenden will). Zwingende ausländische Normen sind u. U. auch durch eine sachenrechtliche Qualifikation der *lex rei sitae* unterworfen (Rn. 73).

E. Schiedsgerichtsbarkeit und IVVR

I. Allgemeines

138   Für ein **in Deutschland** tagendes **Schiedsgericht** (§ 1025 ZPO) gilt **§ 1051 ZPO**[407]. Danach hat das Schiedsgericht die Streitigkeit „in Übereinstimmung mit den Rechtsvorschriften zu entscheiden, die von den Parteien als auf den Inhalt des Rechtsstreits anwendbar bezeichnet worden sind" (Abs. 1 Satz 1). Die Verweisung ist eine Sachnormverweisung, sofern die Parteien nichts anderes vereinbaren (Abs. 1 Satz 2). Mangels Rechtswahl kommt das Recht desjenigen Staates zur Anwendung, mit dem der Gegenstand des Verfahrens die engsten Verbindungen aufweist (Abs. 2). Nach Billigkeit kann das Schiedsgericht nur bei ausdrücklicher Ermächtigung durch die Parteien entscheiden (Abs. 3). § 1051 ZPO kennt **keine Einschränkung** hinsichtlich besonderer Vertragstypen oder Modalitäten. Die Norm findet damit auch auf **Versicherungsverträge** Anwendung, und dies unabhängig von der Belegenheit des Risikos und auch dann, wenn der Versicherungsnehmer **Verbraucher** ist[408]. § 1051 ZPO hat die **Selbstbeschränkung** des Art. 1 Abs. 2 EVÜ und die gleichlaufende Bestimmung in Art. 37 Nr. 4 EGBGB für **Versicherungsverträge** nicht übernommen.

139   Fraglich ist allerdings, ob ein Schiedsgericht bei der Anwendung des § 1051 ZPO an die Vorgaben des EVÜ und der Richtlinien **gebunden** ist. Die Regierungsbegründung geht von einer Bindung Deutschlands an das EVÜ auch für das Schiedsverfahren aus[409]. Zu den Richtlinien nimmt sie nicht Stellung. Zutreffenderweise wird man jedoch eine solche Bindung verneinen müssen; das EVÜ und die Richtlinien wenden sich an die Mitgliedstaaten und deren Organe. Es ist nicht erkennbar, dass eine Erstreckung des EVÜ und der Richtlinien

---

[404] Ganz h. L., für alle *Soergel/v. Hoffmann*, Art. 34 EGBGB Rn. 2, Art. 37 EGBGB Rn. 158.

[405] *Roth*, Aspekte, S. 34 f.; *Fetsch*, S. 319 ff. Diese Position hat sich bisher (noch) nicht durchgesetzt.

[406] Beispiele hierfür bei *Wördemann*, S. 204 ff., 240, 257 ff.

[407] Das Schiedsverfahrens-Neuregelungsgesetz (SchiedsVfG) ist am 1. 1. 1998 in Kraft getreten. Für § 1051 ZPO wird man Art. 220 Abs. 1 EGBGB analog anwenden können. Insoweit gelten die oben in Rn. 26–29 gemachten Aussagen entsprechend.

[408] Arg. § 1031 Abs. 5 ZPO.

[409] Begründung zum Schiedsverfahrens-Neuregelungsgesetz, BT-Drucks. 13/5274, S. 52, mit Bezug auf *Giuliano/Lagarde*, Bericht über das Übereinkommen über das auf vertragliche Schuldverhältnisse anzuwendende Recht, ABl. 1980 C 282/1 (12). Die dortige Stellungnahme ist aber keineswegs eindeutig. Die Praxis der Vertragsstaaten des EVÜ verneint eine Bindung; *Martiny*, FS Schütze (1999), S. 529 (533 f.).

auf in der EU/im EWR tagende Schiedsgerichte erwogen worden wäre[410]. Trotz dieses Befundes dürfen das EVÜ (und die Richtlinien) im Rahmen des § 1051 ZPO nicht unberücksichtigt bleiben. Denn der Wille des Gesetzgebers ist – trotz fehlerhafter Rechtsansicht – erkennbar, die Schiedsgerichte bei der Anwendung des § 1051 Abs. 1 und 2 ZPO an ähnliche kollisionsrechtliche Grundsätze zu binden, wie sie die staatlichen Gerichte anzuwenden haben[411]: § 1051 Abs. 1 und Abs. 2 ZPO nehmen in ihren Formulierungen z. T. auf Artt. 3 und 4 EVÜ Rücksicht. Damit ist der Weg zu einem völlig eigenständigen Kollisionsrecht für das Schiedsverfahren versperrt[412].

II. Rechtswahlfreiheit

§ 1051 Abs. 1 ZPO schafft (vorbehaltlich Rn. 141) für die Parteien eines (Rück-) Versicherungsvertrages unbeschränkte Rechtswahlfreiheit. Die Norm **erweitert** die Rechtswahlfreiheit um die Möglichkeit, mit kollisionsrechtlicher Wirkung auch **nichtstaatliches Recht**[413] (zumindest im Wege einer Teilrechtswahl) zu vereinbaren: Abweichend vom Wortlaut des Art. 27 Abs. 1 S. 1 EGBGB können die Parteien auch bloß „Rechtsvorschriften" bezeichnen, nach denen das Schiedsgericht den Streit entscheiden soll. Zwar verweist die Regierungsbegründung zum SchiedsVfG insoweit auf Art. 27 Abs. 1 EGBGB und stellt klar, dass die Parteien nicht auf die Wahl der Gesamtrechtsordnung beschränkt sind[414]. Der Verweis auf die als „anwendbar bezeichneten" Rechtsvorschriften hat aber eine über Art. 27 Abs. 1 S. 1 EGBGB hinausreichende Bedeutung insoweit, als auch eine **kollisionsrechtliche** (Teilrechts-) Wahl von Rechtsvorschriften, die auf internationaler Ebene erarbeitet worden sind, ermöglicht werden soll[415]. Dieser in der Begründung der Regierungsvorlage angedeutete Ansatz sollte sicherstellen[416], dass die Parteien die „allgemeinen Rechtsgrundsätze" zweier oder mehrerer Rechte (oder des internationalen Handels), das CISG oder die UNIDROIT-Principles als anwendbare Rechtsvorschriften bestimmen können[417]. Im Übrigen gelten die allgemeinen Grundsätze: Rn. 46 ff.   **140**

Ob und in welcher Weise in Deutschland tagende **Schiedsgerichte** an die kollisionsrechtlichen Regeln des Verbraucherschutzes in Art. 29 und Art. 29 a EGBGB gebunden sind, ist im Schrifttum str.; Rspr. ist insoweit (noch) nicht ersichtlich. Unter Hinweis auf die das SchiedsVfG prägende Zielsetzung einer Stärkung Deutschlands als Schiedsort wird z. T. eine Einschränkung der Rechtswahlfreiheit, wie sie staatliche Gerichte zu beachten haben, abgelehnt und auf die Grenze des **ordre public** verwiesen[418]. Dagegen ist freilich einzuwenden, dass die Regierungsvorlage zum SchiedsVfG einen weitgehenden Gleichlauf des für staatliche Gerichte und Schiedsgerichte geltenden Kollisionsrechts intendierte (Rn. 139), insoweit ausdrücklich auf Art. 29, 34 EGBGB verwiesen hat[419] und daher angebliche Erfordernisse des Schiedsplatzes Deutschland zurückgestellt worden sind. Die Regelungs- und Schutzzwecke   **141**

---

[410] Gegen eine Bindung auch *Martiny,* FS Schütze (1999), S. 529 (533 Fn. 25 zum Streitstand und m. w. N.); *Junker,* FS Sandrock (2000), S. 443 (453 ff.).

[411] Reg. Begr., BT-Drucks. 13/5274, S. 52; *Stein/Jonas/Schlosser,* § 1051 ZPO Rn. 1.

[412] *Sandrock,* RIW 2000, 321 (323); *Zöller/Geimer,* § 1051 ZPO Rn. 2.

[413] § 1051 Abs. 1 ZPO ist in seiner Formulierung angelehnt an Art. 28 Abs. 1 UNCITRAL-Modellgesetz.

[414] Reg. Begr., BT-Drucks. 13/5274, S. 52.

[415] Reg. Begr., BT-Drucks. 13/5274, S. 52.

[416] *Stein/Jonas/Schlosser,* § 1051 ZPO Rn. 1, sieht insoweit eine versteckte, aber klare Stellungnahme.

[417] Ebenso *Labes/Lörcher,* MDR 1997, 420 (424); *Kronke,* RIW 1998, 257 (262); *Martiny,* FS Schütze (1999), S. 529 (536 f.); *Wagner,* in: Practitioner's Handbook on International Arbitration, hrsg. v. *Ebenroth/Weigand* (2002) – Part 4 – Germany, Rn. 350; a. A. Münchener Kommentar ZPO/*Münch,* § 1051 Rn. 8.

[418] *Musielak/Voit,* § 1051 ZPO Rn. 3; offen *Baumbach/Lauterbach/Albers/Hartmann,* § 1051 ZPO Rn. 2.

[419] BT-Drucks. 13/5274, S. 52, 53. Zur problematischen Berufung auf den (angeblichen) Willen des Gesetzgebers gerade am Beispiel des § 1051 Abs. 1 ZPO s. *Wagner,* FS Schumann (2001), S. 535 (541 ff.).

der der Rechtswahlfreiheit Schranken setzenden Kollisionsnormen, die von staatlichen Gerichten zu beachten sind, machen ihre Anwendung auch im Rahmen des § 1051 ZPO erforderlich[420].

142 Für **Versicherungsverträge** folgt aus Rn. 141 zunächst, dass der kollisionsrechtliche Verbraucherschutz des **Art. 5 Abs. 2 EVÜ**/Art. 29 Abs. 1 EGBGB nicht unberücksichtigt bleiben darf, wie dies auch der Regierungsbegründung zum Schiedsverfahrens-Neuregelungsgesetz zu entnehmen ist[421]. Im Anwendungsbereich der Versicherungs-**Richtlinien** würde dagegen eine 1:1 Anwendung der Artt. 7 ff. EGVVG die nach § 1051 Abs. 1 ZPO den Parteien eingeräumte Rechtswahlfreiheit auf den Kopf stellen. Zutreffenderweise ist insoweit allein eine Einschränkung hinsichtlich des kollisionsrechtlichen **Verbraucherschutzes** der Art. 29 Abs. 1 EGBGB (in entsprechender Anwendung) und Art. 29a EGBGB zu machen. Damit erübrigt sich auch die ansonsten gegebene Notwendigkeit, bei der kollisionsrechtlichen Behandlung der Versicherungsverträge nach der Risikobelegenheit zu differenzieren.

III. Objektive Anknüpfung

143 Die objektive Anknüpfung nach § 1051 Abs. 2 ZPO führt das Schiedsgericht – abweichend von § 1051 Abs. 1 ZPO (s. Rn. 140) – **nur** zu **staatlichem Recht**. Abweichend von Art. 28 Abs. 2 UNCITRAL-Modellgesetz kann sich das Schiedsgericht nicht die Kollisionsnormen aussuchen, die es für anwendbar erachtet, sondern es wird auf das Anknüpfungsprinzip der „engsten Verbindung" verwiesen. Dabei ist zweierlei zu beachten: (1) Obwohl die Anlehnung an das Anknüpfungsprinzip in Art. 28 Abs. 1 EGBGB ins Auge sticht, ist auffällig, dass die Vermutungen der Art. 28 Abs. 2–4 EGBGB und hierbei insbesondere die Maßgeblichkeit der charakteristischen Leistung nicht übernommen worden sind. Dies wird man im Sinne einer vielleicht etwas größeren Freiheit des Schiedsgerichts gegenüber den Vermutungen des Art. 28 Abs. 2–4 EGBGB deuten müssen, an die ein staatliches Gericht gebunden ist[422]. (2) § 1051 Abs. 2 ZPO bezieht die „engste Verbindung" auf den „Gegenstand des Verfahrens" und nicht (wie Art. 28 Abs. 1 Satz 1 EGBGB) den Vertrag insgesamt. Damit liegt eine leichte Akzentverschiebung in Richtung auf Art. 28 Abs. 2 Satz 2 EGBGB vor: Im Vordergrund der Rechtsfindung durch das Schiedsgericht liegt die kollisionsrechtliche Zuordnung der konkreten, im Streit befindlichen Rechtsfrage.

144 Für **Versicherungsverträge** ist das Prinzip der engsten Verbindung an Art. 28 Abs. 2 EGBGB, Art. 8 und Art. 11 EGVVG orientiert zu entfalten. Dabei hat das Schiedsgericht nicht nach der Risikobelegenheit zu differenzieren. Angesichts der unüberbrückbaren Divergenzen in der objektiven Anknüpfung zwischen EGBGB und EGVVG liegt es nahe, im Grundsatz die **engste Verbindung** aufgrund einer Beachtung aller Umstände des Einzelfalles zu ermitteln und dabei besonders zu berücksichtigen, auf welches Recht die AVB des

---

[420] *Wagner*, FS Schumann (2001), S. 535 (552 f.); von einer teleologischen Reduktion des § 1051 Abs. 1 ZPO geht aus Münchener Kommentar ZPO/*Münch*, § 1051 Rn. 11; von einer „Orientierung" an den Maßstäben des Art. 29 EGBGB spricht *Martiny*, FS Schütze (1999), S. 529 (541). Offen gelassen bei *Stein/Jonas/Schlosser*, § 1051 ZPO Rn. 4. Für eine Berücksichtigung des Verbraucherschutzes, um eine Aufhebung des Schiedsspruchs gem. § 1059 Abs. 2 Nr. 2 lit. b ZPO nicht zu riskieren: *Junker*, FS Sandrock (2000), S. 443 (463).

[421] Reg. Begr., BT-Drucks 13/5274, S. 53: „Für Verbraucherfälle enthält Artikel 29 EGBGB (Artikel 5 EG-Schuldvertragsübereinkommen) eine Sonderregelung. Diese ist zwar in den dort genannten Fällen zwingend anzuwenden. Eine diesbezügliche Klarstellung im Gesetz erschien jedoch entbehrlich, weil Verbraucher in internationalen Fällen nur selten Partei einer Schiedsvereinbarung sind und weil ggf. die Anwendung des Artikels 29 EGBGB als lex specialis nach dem EGBGB, auf das § 1051 Abs. 2 ZPO-E in der Sache abstellt, vorgeschrieben ist." In diesem Sinne auch *Zöller/Geimer*, § 1051 ZPO Rn. 3; *Wagner*, FS Schumann (2001), S. 535 (552 ff.); a. A. *Musielak/Voit*, § 1051 ZPO Rn. 3; *Solomon*, RIW 1997, 981 (983); offen *Stein/Jonas/Schlosser*, § 1051 ZPO Rn. 4.

[422] Dass die Vermutungen auch im Rahmen des § 1051 Abs. 2 ZPO eine Rolle spielen sollen, wird in der Reg. Begr. ausdrücklich betont; BT-Drucks. 13/5274, S. 53; a. A. *Solomon*, RIW 1997, 981 (985).

Versicherers ihrer Struktur nach zugeschnitten sind. Für **Verbraucherverträge** wird man sich an Art. 29 Abs. 2 EGBGB zu orientieren haben. Bei **Rückversicherungsverträgen** ist das Schiedsgericht nicht an die – von manchen als unpassend empfundene[423] – Vermutung des Art. 28 Abs. 2 EGBGB gebunden und kann daher zum Statut des Erstversicherers kommen.

IV. Reichweite und Grenzen des Vertragsstatuts

Das gem. § 1051 Abs. 1 und 2 ZPO zu ermittelnde Recht gilt für die in Art. 31 und Art. 32 **145** EGBGB als vertragsrechtlich zu qualifizierenden Fragen (Rn. 68). Darunter fallen auch die Grundsätze der **Vertragsauslegung.** Hierfür enthält jedoch § 1051 Abs. 4 ZPO eine **Einschränkung** insoweit, als das Schiedsgericht gehalten ist, „in Übereinstimmung mit den Bestimmungen des Vertrages zu entscheiden". Unabhängig vom Vertragsstatut hat das Schiedsgericht auch die bestehenden (nationalen und internationalen) **Handelsbräuche** zu berücksichtigen (§ 1051 Abs. 4 ZPO), soweit ihnen nicht die zwingenden Normen des Vertragsstatuts entgegenstehen[424]. Für Fragen der Form, der Geschäftsfähigkeit, der organschaftlichen und der rechtsgeschäftlichen Vertretungsmacht gelten die allgemeinen kollisionsrechtlichen Grundsätze (s. Rn. 69–73).

V. Billigkeit

Das Schiedsgericht kann gem. § 1051 Abs. 3 Satz 1 ZPO nach **Billigkeit** entscheiden, so- **146** fern die Parteien das Schiedsgericht dazu **ausdrücklich** ermächtigt haben. Dies entspricht Art. 28 Abs. 3 UNCITRAL-Modellgesetz. Für diesem Fall ist § 1051 Abs. 1 und 2 ZPO ohne Bedeutung. Das Schiedsgericht bleibt jedoch an den Wortlaut des Vertrages und an die Handelsbräuche (Rn. 145) gebunden. Die Ermächtigung kann auch noch nach Vereinbarung der Schiedsklausel erfolgen (§ 1051 Abs. 3 Satz 2 ZPO).

VI. Sonderanknüpfungen

§ 1051 ZPO enthält sich einer Stellungnahme zur Anwendung der international zwingen- **147** den Normen des **deutschen** Rechts. Eine dem Art. 34 EGBGB vergleichbare Norm fehlt. Dies bedeutet aber nicht, dass ein in Deutschland tagendes Schiedsgericht solche Normen unangewendet lassen könnte[425]. Das Schiedsgericht ist gegenüber den Vertragsparteien gehalten, einen vollstreckungsfähigen Schiedsspruch zu erlassen und muss daher jeden Widerspruch mit dem ordre public vermeiden[426], der zu einer Aufhebung des Schiedsspruchs führen könnte. Schon aus diesem Grunde werden i. d. R. die deutschen international zwingenden Normen, soweit sie ein Allgemeininteresse verfolgen, vom Schiedsgericht anzuwenden sein[427]. Dies gilt etwa für die einschlägigen Vorschriften des Kartellrechts (§§ 1 f. i. V. m. § 130 Abs. 2 GWB). In gleicher Weise hat das Schiedsgericht europäisches zwingendes Recht, etwa die Artt. 81 und 82 EG, anzuwenden[428].

---

[423] S. oben Rn. 66.

[424] *Wagner*, in: Practitioner's Handbook (Fn. 414) – Part 4 – Germany, Rn. 355.

[425] So aber z. B. *Solomon*, RIW 1997, 981 (983); *Musielak/Voit*, § 1051 ZPO Rn. 3; zum Ganzen *Beulker*, Die Eingriffsnormenproblematik im internationalen Schiedsverfahren (2005).

[426] Vgl. § 1059 Abs. 2 Nr. 2 lit. b ZPO.

[427] Münchener Kommentar ZPO/*Münch*, § 1051 Rn. 11; *Stein/Jonas/Schlosser*, § 1051 ZPO Rn. 2. Von einer unmittelbaren Beachtlichkeit des Art. 34 EGBGB geht die Reg. Begr., BT-Drucks. 13/5274, S. 53, aus.

[428] EuGH v. 1. 6. 1999 – Rs. C-126/97, Eco Swiss, Slg. 1999, I-3055; BGH v. 27. 2. 1969, NJW 1969, 978; zur Praxis des ÖOGH s. *Michaels*, ZfRV 1999, 5; *Gamauf*, ZfRV 2000, 41.

148   Ob und inwieweit in Deutschland tagende Schiedsgerichte international zwingende und anwendungswillige **ausländische** Normen (vornehmlich des Wirtschaftsrechts) anzuwenden haben, ist noch ungeklärt[429]. Die internationale Diskussion wie auch die Praxis[430] scheint sich in Richtung auf eine Anwendung solcher Normen zu entwickeln. Dies erscheint insoweit als richtig und geboten, als die Parteien einen Schiedsspruch erwarten dürfen, der auch im Ausland anerkannt wird und vollstreckt werden kann.

---

[429] S. etwa *Schiffer*, Normen „ausländischen" öffentlichen Rechts im internationalen Handelsschiedsverfahren (1990); *Schiffer*, IPRax 1991, 84; *Drobnig,* in: (2.) FS Kegel (1987), S. 95.

[430] Z. B. *Blessing*, J. Int. Arb. 1997, 23 (mit Nachweisen aus der Praxis); *Voser*, Am. Rev. Int. Arb. 1996, 319; *Zhilsov*, N. I. L. R. 1995, 81; *Schnyder*, RabelsZ 59 (1995), 293; *ders.*, IPRax 1994, 465.

2. Abschnitt. Zustandekommen und Beendigung des Versicherungsvertrags

§ 5 Versicherungsvertrieb

Inhaltsübersicht

A. Versicherungsvertreter

Literatur: *Abram,* Die Berufshaftpflichtversicherung für Versicherungsvermittler, 2000; *ders.,* Der Vorschlag für eine EU-VersicherungsvermittlerRL, NVersZ 2001, 49; *ders.,* Geplante Berufsausübungsregelungen für Versicherungsvermittler, VersR 2005, 1318; *ders.,* Schützt das neue Recht den Versicherungsnehmer gegen Folgen einer Pflichtverletzung seines Versicherungsvermittlers?, VersR 2008, 725; *Baumbach/Hopt,* Kommentar zum Handelsgesetzbuch, 32. Aufl. 2006; *Beckmann,* Die Empfangsvollmacht des Versicherungsagenten – ein Beispiel für den Reformbedarf des VVG, in: Verantwortlichkeit im Wirtschaftsrecht, hrsg. v. *Matusche-Beckmann/Beckmann* (2002), 29; *Deckers,* Die Abgrenzung des Versicherungsvertreters vom Versicherungsmakler, 2004 (zit.: Abgrenzung); *Fenyves,* Überlegungen zur Umsetzung der zivilrechtlich relevanten Bestimmungen der VermittlungsRL, in: Die VersicherungsvermittlungsRL, hrsg. v. *Fenyves/Koban/Schauer* (2003), 65; *Hilgenhövel,* Die gewohnheitsrechtliche Erfüllungshaftung des VR für Auskünfte seiner Agenten, 1995 (zit.: Erfüllungshaftung); *Jabornegg,* Zum Vermittlerbegriff im neuen Versicherungsvermittlerrecht, VR 2005, 128; *Koller/Roth/Morck,* Kommentar zum Handelsgesetzbuch, 5. Aufl. 2005; *Kollhosser,* Gewohnheitsrechtliche Erfüllungshaftung und alternative Regelungen, r+s 2001, 89; *Landmann/Rohmer,* Gewerbeordnung und ergänzende Vorschriften, Band 1 Gewerbeordnung Kommentar, Stand: 1. Juli 2008; *Matusche,* Pflichten und Haftung des Versicherungsmaklers, 4. Aufl. 1995 (zit.: Pflichten und Haftung); *Matusche-Beckmann,* Berufsrecht und zivilrechtliche Beratungs- und Informationspflichten für Versicherungsvermittler, NVersZ 2002, 385; *Mensching,* Verbraucherschutz durch Berufsregelungen für Versicherungsvermittler, 2002 (zit.: Verbraucherschutz); *Möller,* Recht und Wirklichkeit der Versicherungsvermittlung – Eine rechtsvergleichende Studie, 1944 (zit.: Versicherungsvermittlung); *Müller,* Die neue EU-VermittlerRL – Überlegungen zur Umsetzung in deutsches Recht, ZfV 2003, 98; *Niederleithinger,* Auf dem Weg zu einer VVG-Reform, VersR 2006, 437; *Präve,* Überlegungen zu einer Berufsregelung für Versicherungsvermittler in Deutschland, in: Berufsregelung für Versicherungsvermittler in Deutschland, hrsg. v. Hamburger Gesellschaft zur Förderung des VersWesens (1997), 133; *Reiff,* Die Haftung des VR für Versicherungsvermittler, r+s 1998, 89 (Teil 1) u. 133 (Teil 2); *ders.,* Europäische RL über Versicherungsvermittlung und VVG-Reform, ZVersWiss 2001, 451; *ders.,* Aspekte einer Neugestaltung des Rechtes der Versicherungsvermittlung, ZVersWiss 2002, 103; *ders.,* Der Versicherungsvermittler in der VVG-Reformdiskussion, ZfV 2003, 689; *ders.,* Die Umsetzung der VersicherungsvermittlerRL in das deutsche Recht, VersR 2004, 142; *ders.,* Die Auswirkungen der Versicherungsvermittlungsrichtlinie auf die Kreditwirtschaft, WM 2006, 1701; *ders.,* Versicherungsvermittlerrecht im Umbruch, 2006; *ders.,* Das Gesetz zur Neuregelung des Versicherungsvermittlerrechts, VersR 2007, 717; *ders.,* Das Versicherungsvermittlerrecht nach der Reform, ZVersWiss 2007, 535; *Rüther,* Schriftformklauseln und Ausschluss der Agentenvollmacht nach § 43 Nr. 2 VVG – Anspruch und Wirklichkeit, NVersZ 2001, 241; *Schirmer,* Beratungspflichten und Beratungsverschulden der Versicherer und ihrer Agenten, r+s 1999, 133 (Teil 1) u. 177 (Teil 2); *Schlossareck,* Ansprüche des VN aus culpa in contrahendo, 1995 (zit.: Ansprüche des VN aus c. i. c.); *Schönleiter,* Das neue Recht für Versicherungsvermittler, GewArch 2007, 265; *Teichler,* Das zukünftige Vermittlerrecht, VersR 2002, 385; *Werber,* § 6 VVG 2008 und die Haftung des Versicherers für die Fehlberatung durch Vermittler, VersR 2008, 285; *Wernink,* Die gewohnheitsrechtliche Erfüllungshaftung der Versicherer für die Auskünfte ihrer Agenten, 2003 (zit.: Erfüllungshaftung).

I. Begriff, Formen, Abgrenzung

1. Produktimmanente Besonderheiten des Versicherungsvertriebs

1   Der Versicherungsvertrieb weist verglichen mit dem Vertrieb anderer Wirtschaftsgüter faktische und juristische Besonderheiten auf. Sie finden ihren Grund in den Eigenschaften und Eigenarten des Produkts Versicherung. Zunächst einmal ist den potenziellen Kunden des VR häufig ihr Bedarf gar nicht bewusst. Lebenswichtige Güter wie Brot, Milch, Wasser verkaufen sich grundsätzlich von selbst. Luxusgüter kann man leicht bewerben. Prestige, Statussymbole, Bequemlichkeit und Neid anderer sind Verkaufsargumente für sie. Ihr Besitz ist einfach „sexy". Für so wichtige, unter Umständen existenzielle Versicherungsprodukte wie die private Haftpflichtversicherung oder die Risikolebensversicherung gilt beides nicht. Sie sind weder prestigeträchtig noch – wenn alles gut geht – lebensnotwendig. Die VR als Produzenten dieser Produkte müssen daher bei ihren potenziellen Kunden erst einmal die Einsicht wecken, dass sie dringenden Bedarf nach diesen Versicherungen haben. Aufgabe der VR und

ihrer Vermittler ist daher mit anderen Worten zunächst die **Bedarfsweckung** und daran anschließend die genaue Bedarfsanalyse.

Hinzu kommt: Die Versicherung ist **Rechtsprodukt** (*Dreher*) und als solches unsichtbar. 2
Ihr Erwerber kann sie weder anfassen noch ausprobieren. Die Feuertaufe muss sie erst im Ernstfall, dem Versicherungsfall, bestehen. Erst jetzt zeigt sich, ob der Kunde die richtige Versicherung genommen hat; falls nein, ist es regelmäßig zu spät. Die Tauglichkeit der jeweiligen Versicherung für den Kunden wird von dem das Produkt Versicherung konstituierenden (Vertrags-)Recht bestimmt, also von den AVB mit ihren oft schwer verständlichen Risikobeschreibungen, -beschränkungen und -ausschlüssen. All dies bewirkt, dass eine Versicherung ein jedenfalls für den sogenannten durchschnittlichen VN in hohem Maße erklärungsbedürftiges Produkt ist. Der Vertrieb muss diesem Erklärungs- und Beratungsbedarf der Kunden Rechnung tragen.

2. Direktvertrieb und Vermittlervertrieb

Versicherungen werden direkt oder durch Vermittler vertrieben. Beim **Direktvertrieb** 3
verzichtet der VR völlig auf Außendienst- und Maklergeschäft. Er erspart daher die Entlohnung der Vertreter und Makler und kann dadurch seine Produkte möglicherweise preiswerter anbieten. Dies ist freilich keineswegs ausgemacht. Denn zu berücksichtigen sind auf der Seite des Direktvertriebs die hohen technischen Investitionen und vor allem die hohen Kosten für die Akquirierung der Kunden durch intensive Werbung.

Der Direktvertrieb erfolgte früher vor allem im Schrift- und Telefonverkehr, seit einigen 4
Jahren zunehmend auch durch Einsatz neuer Medien, insbesondere des Internet. Er hat in den letzten Jahren bei einfachen Standardprodukten, etwa bei der Kfz-Haftpflichtversicherung und bei jungen, gut (aus-)gebildeten Kunden einigen Erfolg, blieb aber weit hinter den Erwartungen zurück[1] und ist weder für alle Produkte noch für alle Kunden ideal. Beratungsintensive Produkte, etwa Altersvorsorgeprodukte und Baufinanzierungen, und beratungsbedürftige Personen werden sich auch in Zukunft und auf Dauer diesem Vertriebsweg verschließen. Der **Vermittlervertrieb** ist also alles andere als ein Auslaufmodell. Er hat Zukunft.

3. Der Versicherungsvermittler als Oberbegriff (§ 59 Abs. 1 VVG)

Versicherungsvermittler sind nach der klassischen, auf *Möller* zurückgehenden Definition 5
Personen, die kraft rechtsgeschäftlicher Geschäftsbesorgungsmacht für einen anderen Versicherungsschutz ganz oder teilweise beschaffen, ausgestalten und abwickeln, ohne selbst VR oder VN zu sein[2]. Dieser traditionelle **Versicherungsvermittlerbegriff** deckt sich weitgehend mit der durch das Gesetz zur Neuregelung des Versicherungsvermittlerrechts vom 19. 12. 2006[3] mit Wirkung zum 22. 5. 2007 eingefügten **Legaldefinition** des § 42a Abs. 1 VVG a. F., die unverändert in § 59 Abs. 1 VVG übernommen wurde. „Versicherungsvermittler" ist danach der Oberbegriff für die **Versicherungsmakler** (§ 59 Abs. 3 VVG) einerseits und die **Versicherungsvertreter** (§ 59 Abs. 2 VVG) oder Versicherungsagenten andererseits[4]. Der Unterschied zwischen beiden Haupttypen liegt in der vom Versicherungsvermittlerbegriff vorausgesetzten Geschäftsbesorgungsmacht. Während Versicherungsmakler aufgrund eines Maklervertrages mit dem VN für diesen tätig werden, also gleichsam im Lager des VN stehen[5], besorgen Versicherungsvertreter, um die es im Folgenden alleine gehen soll[6], aufgrund eines Agenturvertrages mit dem VR dessen Geschäfte, sind also Teil seiner Vertriebsorganisation und stehen mithin im Lager des VR[7].

---

[1] *Knospe*, VW 2007, 1513.
[2] *Möller*, Versicherungsvermittlung, S. 19; *Bruck/Möller,* vor §§ 43–48 Anm. 10; BGH v. 22. 5. 1985, BGHZ 94, 356 (358).
[3] BGBl. I S. 3232.
[4] So schon vor Einfügung der Legaldefinition die allgemeine Ansicht, etwa BGH v. 22. 5. 1985, BGHZ 94, 356 (359) und v. 25. 3. 1987, NJW 1988, 60 (61); *Bruck/Möller,* vor §§ 43–48 Anm. 13.
[5] *Matusche*, Pflichten und Haftung, S. 16; *Werber,* VW 1988, 1159 (1160).
[6] Zum Versicherungsmakler vgl. unten *Matusche/Beckmann* Rn. 186ff.
[7] *Matusche*, Pflichten und Haftung, S. 16; *Werber,* VW 1988, 1159 (1160).

4. Der Begriff des Versicherungsvertreters (§ 59 Abs. 2 VVG)

6   Das VVG von 1908 enthielt lediglich in den §§ 43–48 a. F. Regelungen über Versicherungsvermittler. Sie betrafen nur die Vertretungsmacht der Versicherungsvertreter bzw. im – antiquierten[8] – Sprachgebrauch des VVG die der Versicherungsagenten, galten also nicht für die Versicherungsmakler. Eine Definition des Begriffs Versicherungsvertreter enthielt das VVG nicht. Die Gesetzesverfasser des Jahres 1908 meinten, darauf verzichten zu können, weil in § 84 HGB bereits der umfassendere Begriff des „Handlungsagenten", also des heutigen Handelsvertreters, definiert sei[9]. Seit 1953 ist im HGB auch der Begriff des Versicherungsvertreters in § 92 Abs. 1 definiert. Versicherungsvertreter ist danach, wer als Handelsvertreter damit betraut ist, Versicherungsverträge zu vermitteln oder abzuschließen. Handelsvertreter sind nach § 84 Abs. 1 HGB nur selbständige Gewerbetreibende. Erst durch das Gesetz zur Neuregelung des Versicherungsvermittlerrechts vom 19. 12. 2006[10] wurde im Zusammenhang mit den neuen Informationspflichten für alle Versicherungsvermittler[11] mit Wirkung zum 22. 5. 2007 eine **Legaldefinition** des Versicherungsvertreters in das VVG aufgenommen. Nach § 42a Abs. 2 VVG a. F., der unverändert in § 59 Abs. 2 VVG übernommen wurde, ist Versicherungsvertreter i. S. d. VVG, wer von einem VR oder einem Versicherungsvertreter damit betraut ist, **gewerbsmäßig** Versicherungsverträge zu vermitteln oder abzuschließen. **Arbeitnehmer** eines VR, die im Werbeaußendienst tätig sind, und sog. **„Gelegenheitsvermittler"**, die nur sporadisch und damit gerade nicht gewerbsmäßig tätig werden, sind danach also **keine Versicherungsvertreter** i. S. d. § 59 Abs. 2 VVG[12].

7   Dies ist auf den ersten Blick überraschend, weil bislang allgemein angenommen wurde, **angestellte Versicherungsvermittler** gehörten zu den Versicherungsagenten i. S. d. §§ 43 ff. VVG a. F. Die Begründung zum VVG von 1908 führt zwar an einer Stelle aus, Versicherungsagenten i. S. d. §§ 43 ff. VVG a. F. seien nur solche Versicherungsvermittler, die nicht im Geschäftsbetrieb des VR als Gehilfe angestellt seien[13]. Danach wären also die angestellten Vermittler von den Regelungen im VVG nicht erfasst. Dies vertrug sich indes nicht mit dem Schutzzweck der §§ 43 ff. VVG a. F. Er bestand nach der Begründung darin, die Grenzen zu bestimmen, „innerhalb derer die Versicherungsagenten im rechtsgeschäftlichen Verkehr mit dritten Personen als Vertreter der VR zu gelten haben"[14]. Ein VN, der mit einem Versicherungsvermittler in Kontakt tritt, kann nicht ohne weiteres feststellen, ob dieser Vermittler selbständiger Handelsvertreter oder unselbständiger Arbeitnehmer des VR ist. Daher wendete die ganz überwiegende Ansicht in Lit. und Rspr. seit vielen Jahrzehnten die §§ 43 ff. VVG a. F. auf im Werbeaußendienst angestellte Arbeitnehmer des VR unmittelbar an[15] und konnte sich hierfür auch auf eine – andere – Stelle der Begründung berufen[16].

8   Überraschend ist zunächst auch der Ausschluss der sog. **Gelegenheitsvertreter,** die vom VR nicht ständig, sondern nur im Einzelfall betraut sind, Versicherungen zu vermitteln oder zu schließen[17]. Auch für sie bestand weitgehende Einigkeit darüber, dass sie zu den Versicherungsvertretern i. S. d. §§ 43 ff. VVG a. F. gehören. Die Ausgrenzung der Gelegenheitsvertreter aus dem Versicherungsvertreterbegriff der §§ 43 ff. VVG a. F. hätte dem bereits genannten

---

[8] Zur Antiquiertheit des Begriffs *Reiff,* ZVersWiss 2002, 103 (109). Mit der Einfügung der §§ 42a–k VVG a. F. zum 22. 5. 2007 wurden zugleich in den §§ 43–48 VVG a. F. die Begriffe „Versicherungsagent" und „Agent" durch das Wort Versicherungsvertreter ersetzt.

[9] Vgl. RT-Drucks. 12. Legislaturperiode I. Session Nr. 364 Anlage 1 S. 56.

[10] BGBl. I 3232.

[11] Hierzu s. u. Rn. 155 ff.

[12] Auch nicht solche i. S. d. § 92 Abs. 1 HGB.

[13] RT-Drucks. 12. Legislaturperiode I. Session Nr. 364 Anlage 1 S. 56.

[14] RT-Drucks. 12. Legislaturperiode I. Session Nr. 364 Anlage 1 S. 56.

[15] *Prölss/Martin/Kollhosser,* § 43 Rn. 11; *Römer/Langheid/Langheid,* § 43 Rn. 6; *Möller,* Versicherungsvermittlung, S. 26 f.; eingehend *Bruck/Möller,* § 43 Anm. 12; OLG Köln v. 20. 12. 1990, r+s 1991, 183.

[16] RT-Drucks. 12. Legislaturperiode I. Session Nr. 364 Anlage 1 S. 58.

[17] *Prölss/Martin/Kollhosser,* § 43 Rn. 10.

Schutzzweck des VVG[18] widersprochen, weil ein VN das Innenverhältnis zwischen VR und Versicherungsvertreter nicht kennt oder jedenfalls nicht kennen muss. Die ganz h. M. ging daher zu Recht davon aus, Versicherungsvertreter i. S. d. VVG seien alle Personen, die mit Wissen und Wollen des VR einen Versicherungsvertrag vermitteln oder abschließen[19].

Hier ist freilich darauf hinzuweisen, dass das Fehlen ständiger Betrauung bei einem Gele- **9** genheitsvertreter nicht bedeutet, dass dessen „Betrauung" keinen Dauercharakter hat. Anderenfalls müsste der Gelegenheitsvertreter vor jeder einzelnen Vermittlung erneut vom VR betraut werden, was wenig praktikabel wäre. Der eigentliche Unterschied zwischen Gelegenheitsvertretern und „ständig betrauten" Versicherungsvertretern liegt vielmehr in der **fehlenden Gewerbsmäßigkeit.** Zudem trifft die Gelegenheitsvertreter **keine Tätigkeitspflicht.** Sie sind nicht zur Vermittlung verpflichtet, sondern können auch nur gelegentlich tätig werden, wenn auch aufgrund einer dauerhaften Ermächtigung[20]. Damit deckt sich die Unterscheidung zwischen Gelegenheitsvertretern und ständig betrauten Versicherungsvertretern weitgehend mit der zwischen haupt- und nebenberuflichen Versicherungsvertretern[21], ohne vollständig mit ihr identisch zu sein.

Trotz der neuen Legaldefinition des § 59 Abs. 2 VVG, die sowohl Arbeitnehmer als auch **10** Gelegenheitsvertreter aus dem Kreis der Versicherungsvertreter ausschließt, hat sich die Rechtslage freilich nicht geändert. Die – verfehlte – Begrenzung auf selbständige Gewerbetreibende durch den Reformgesetzgeber betrifft nämlich im Ergebnis nur das Berufsrecht und die neuen Mitteilungs- und Beratungspflichten der §§ 60–67 VVG (§§ 42b–i VVG a. F.)[22], nicht hingegen die schon immer im VVG geregelte **Vertretungsmacht der Versicherungsvertreter.** Dies ergibt sich aus einer **Sonderregel für Angestellte und nicht gewerbsmäßig tätige Vertreter.** Nach § 73 VVG sind nämlich die §§ 69–72 VVG, die an die Stelle der §§ 43–47 VVG a. F. getreten sind, auf „Angestellte eines Versicherers, die mit der Vermittlung oder dem Abschluss von Versicherungsverträgen betraut sind, und auf Personen, die als Vertreter selbständig Versicherungsverträge vermitteln oder abschließen, ohne gewerbsmäßig tätig zu sein, entsprechend anzuwenden".

5. Formen

a) Selbständige und angestellte Versicherungsvertreter. Dem weiten versicherungs- **11** rechtlichen Vertreterbegriff entsprechend gibt es sehr viele verschiedene Formen von Versicherungsvertretern. Zu nennen sind einmal die selbständigen und die angestellten Vertreter. Dieses Begriffspaar markiert, soweit es um das Innenverhältnis des Versicherungsvertreters zum VR geht, die bei weitem wichtigste Trennlinie. Sie bestimmt insbesondere darüber, für welche Versicherungsvertreter das **Handelsvertreterrecht** nach §§ 84 ff. HGB gilt und für welche das **Arbeitsrecht** unter Einschluss des kaufmännischen Sonderarbeitsrechts der §§ 59 ff. HGB. Die Abgrenzung erfolgt anhand des in § 84 Abs. 1 S. 2 HGB definierten Begriffs der Selbständigkeit, wobei ein **Gesamtbild** entscheidet, aber insbesondere die Ausgestaltung des Weisungsrechts des VR entscheidend ist[23]. Wer danach nicht selbständig ist, „gilt" nach § 84 Abs. 2 HGB als Angestellter. Dadurch ist sichergestellt, dass es keine ständig mit Vermittlungstätigkeiten betrauten Personen gibt, die weder Handelsvertreter noch Angestellte sind[24].

b) Hauptberufliche und nebenberufliche Versicherungsvertreter. In Bezug auf die **12** Intensität der ausgeübten Tätigkeit wird weiter zwischen haupt- und nebenberuflichen Versicherungsvertretern unterschieden. Nach § 92b Abs. 3 HGB, der nach § 92b Abs. 4 HGB für

---

[18] Vgl. oben bei Fn. 14.

[19] Berliner Kommentar/*Gruber*, Vorbem. §§ 43–48 Rn. 3; *Prölss/Martin/Kollhosser*, § 43 Rn. 10; *Römer/Langheid/Langheid*, § 43 Rn. 15.

[20] So zutreffend *Fenyves/Kronsteiner/Schauer*, Versicherungsvertragsnovellen, § 43 Rn. 4.

[21] Zu dieser Unterscheidung sogleich unten in Rn. 12.

[22] Zum Berufsrecht s. u. Rn. 20 ff. und zu den Mitteilungs- und Beratungspflichten s. u. Rn. 159 ff.

[23] BAG v. 15. 12. 1999, VersR 2000, 1496 (1497); aus der Lit. eingehend hierzu *Hanau/Strick*, Beilage Nr. 14 zu DB 1998, S. 6.

[24] *Baumbach/Hopt*, § 84 Rn. 39.

Versicherungsvertreter sinngemäß gilt, bestimmt die Verkehrsauffassung darüber, ob ein Vermittler nur als Handelsvertreter im Nebenberuf tätig ist. Nach der herrschenden **Übergewichtstheorie** wird die Tätigkeit des Handelsvertreters lediglich nebenberuflich ausgeübt, wenn das (nachwirkende) Arbeitseinkommen überwiegend nicht aus dieser Tätigkeit stammt oder wenn eine andere, gegebenenfalls unentgeltliche Tätigkeit die Tätigkeit als Handelsvertreter nach Zeit und Umfang überwiegt[25]. Auf den nebenberuflichen Versicherungsvertreter sind nach § 92b Abs. 1 S. 1 HGB die §§ 89 und 89b HGB nicht anzuwenden[26]. Hingegen stehen sie im Verhältnis zum VN einem hauptberuflichen Versicherungsvertreter gleich[27].

13 **c) Einfirmenvertreter und Mehrfirmenvertreter.** Hinsichtlich der Zahl der VR, mit denen der Versicherungsvertreter einen Agenturvertrag geschlossen hat, ist zwischen Einfirmen- oder Ausschließlichkeitsvertretern einerseits und Mehrfachvertretern andererseits zu unterscheiden. Nach dem Gesetz ist der **Einfirmen- oder Ausschließlichkeitsvertreter** der Regelfall. Dies folgt aus § 86 Abs. 1 Hs. 2 HGB, der nach § 92 Abs. 2 HGB auch für (selbständige) Versicherungsvertreter gilt. Danach hat der Versicherungsvertreter das Interesse des VR zu wahren. Hieraus folgt auch ohne besondere Vereinbarung ein **Wettbewerbsverbot**[28]. Während der Laufzeit des Agenturvertrages darf der Versicherungsvertreter also nicht für konkurrierende VR tätig werden.

14 Auch in der Praxis sind die Versicherungsvertreter ganz überwiegend Einfirmenvertreter[29]. In ihren Agenturverträgen wird regelmäßig eine **Ausschließlichkeitsbindung** des Versicherungsvertreters vereinbart, die noch über das aus dem Gesetz folgende Wettbewerbsverbot hinausgeht und den Versicherungsvertretern ferner untersagt, sich in den von „ihren" VR nicht betriebenen Versicherungszweigen oder auch außerhalb der Versicherungswirtschaft zu betätigen[30]. Nur für extreme Ausnahmen ist häufig die sog. **„Ventil-Lösung"** vorgesehen, nach der der Versicherungsvertreter das Risiko bei einer anderen Gesellschaft platzieren darf, wenn „seine" Gesellschaft das Risiko nicht zeichnen will und der Vermittlung an den anderen VR zustimmt[31].

15 Nach dem aufsichtsrechtlichen **Gebot der Spartentrennung** gem. § 8 Abs. 1a VAG dürfen VR, die die Lebensversicherung oder die substitutive Krankenversicherung betreiben, daneben keine anderen Versicherungssparten betreiben. Der Markt drängt die VR und die Vermittler indes zu einem alle Sparten umfassenden Angebot, weil die VN möglichst alle Versicherungen aus einer Hand erhalten wollen und weil die VR so die Vertriebskosten senken können. Die meisten Versicherungsvertreter sind daher als sog. **Konzernvertreter** zwar formal für mehrere VR vermittelnd tätig; da diese VR aber in einem Konzern oder einer Gruppe zusammengeschlossen sind, handelt es sich materiell um Einfirmenvertreter. Konzernvertreter werden daher auch als „unechte" Mehrfirmenvertreter bezeichnet. Diese Einschätzung wird auch durch § 92a Abs. 2 S. 1 HGB bestätigt, weil diese Vorschrift in Bezug auf die mögliche Verordnung von Mindestarbeitsbedingungen für Versicherungsvertreter die Konzernvertreter den Einfirmenvertretern gleichstellt. In dieselbe Richtung weist schließlich

---

[25] *Koller/Roth/Morck/Roth,* § 92b Rn. 2 mit Hinweis auf Rentner einerseits sowie Hausfrauen und Studenten andererseits; eingehend *Sieg,* ZVersWiss 1988, 263 (273).

[26] Dies wird übersehen von *Römer/Langheid/Langheid,* § 43 Rn. 4.

[27] *Prölss/Martin/Kollhosser,* § 43 Rn. 9.

[28] BGH v. 9. 6. 1969, BGHZ 52, 171 (177); *Baumbach/Hopt,* § 86 Rn. 26; *Koller/Roth/Morck/Roth,* § 86 Rn. 6.

[29] Nach einer Veröffentlichung des GDV aus dem Jahre 1996 gab es damals in Deutschland ca. 75 000 haupt- und rund 300 000 nebenberufliche Einfirmenvertreter, aber nur 3000 Mehrfachagenten und ca. 6000 Makler; vgl. *Busshart,* VW 1999, 1034. Ähnliche Zahlen bei *Umhau,* Vergütungssysteme für die Versicherungsvermittlung im Wandel, 2003, S. 4 und *Schönleiter,* GewArch 2007, 265 (266). Demgegenüber sollen nach *Müller-Stein,* Das Recht der Versicherungsvermittlung, 2. Aufl. 1997, S. 4 ca. 20% aller hauptberuflichen Versicherungsvertreter „echte" Mehrfirmenvertreter sein.

[30] *Mensching,* Verbraucherschutz, S. 49 m. w. N.

[31] Hierzu *Jonas,* VersVerm 1993, 4. Zu Schwierigkeiten der Ventillösung im Zusammenhang mit der Erlaubnisbefreiung nach § 34d Abs. 4 GewO zutreffend *Schönleiter,* GewArch 2007, 265 (268f.).

noch § 34d Abs. 4 GewO, wonach ein Versicherungsvertreter dann keine Erlaubnis benötigt, wenn er ausschließlich für einen Versicherer vermittelt oder zwar für mehrere, aber nur soweit deren Produkte nicht in Konkurrenz stehen.

Der echte **Mehrfirmen- oder Mehrfachvertreter** zeichnet sich demgegenüber dadurch **16** aus, dass er konkurrierende Versicherungsprodukte von miteinander im Wettbewerb stehenden VR vermittelt. Dies setzt voraus, dass seine Agenturverträge keine Ausschließlichkeitsbindung enthalten und dass alle VR, die mit ihm agenturvertraglich verbunden sind, der Konkurrenzvertretung zugestimmt und so das gesetzliche Wettbewerbsverbot außer Kraft gesetzt haben. Auch der echte Mehrfachvertreter ist allen VR gegenüber zur Interessenwahrung verpflichtet, was zu schwierigen Interessenkonflikten führt[32]. Einerseits muss er alle von ihm vermittelten Versicherungsverträge vorteilhaft präsentieren. Andererseits muss er aber auch sein Urteil über Vor- und Nachteile des jeweiligen Versicherungsproduktes abgeben. Der Mehrfachvertreter hat nämlich im Interesse seiner Kunden eine echte Auswahlentscheidung zu treffen und diese nach § 61 VVG zu begründen[33]. Ergibt sich danach keine eindeutige Präferenz für das Produkt eines bestimmten VR, so ist er grundsätzlich darin frei, an welchen der von ihm vertretenen VR er das Geschäft vermittelt, hat aber Folgeaufträge regelmäßig dem VR zuzuweisen, dessen Kunde der VN bereits ist.

d) Vermittlungsvertreter und Abschlussvertreter. Eine weitere Unterscheidung ist **17** die zwischen Abschluss- und Vermittlungsvertretern. Sie betrifft unmittelbar das Außenverhältnis des Versicherungsvertreters zu seinen Kunden. Diese Unterscheidung wurde bis zum 1. 1. 2008 explizit im VVG getroffen. § 43 VVG a. F. sprach von einem Versicherungsvertreter, der vom VR „nur mit der Vermittlung von Versicherungsgeschäften betraut ist". Allein an diesen Umstand knüpfte § 43 VVG a. F. eine in dieser Vorschrift näher spezifizierte Empfangsvertretungsmacht. Nach § 69 Abs. 1 VVG, der an die Stelle des alten § 43 trat, kommt diese Empfangsvertretungsmacht hingegen ganz allgemein dem „Versicherungsvertreter" zu. Nach der Begründung ist § 69 Abs. 1 VVG aber wie bislang § 43 VVG a. F. sowohl auf Abschlussvertreter als auch auf bloße Vermittlungsvertreter anzuwenden[34]. Der sog. Abschlussvertreter i. S. d. § 71 VVG, der nahezu wörtlich mit § 45 VVG a. F. übereinstimmt, ist darüber hinaus[35] vom VR zum Abschluss von Versicherungsverträgen bevollmächtigt worden. Nach § 71 VVG ist er des Weiteren befugt, Versicherungsverträge zu ändern, zu verlängern, zu kündigen oder von ihnen namens des VR zurückzutreten. In der Praxis überwiegt ganz eindeutig der bloße **Vermittlungsvertreter**[36]. So sind **nebenberufliche Versicherungsvertreter** stets nur Vermittlungsvertreter. Auch in der gesamten **Personenversicherung** kommen Abschlussvertreter so gut wie nicht vor. Die VR wollen nämlich jedenfalls bei diesen risikotechnisch sensiblen Versicherungsverträgen das zu übernehmende Risiko in ihren Zentralen prüfen und diesen die letzte Entscheidung über die Annahme des Risikos vorbehalten. Aber auch in den übrigen Versicherungszweigen gibt es abgesehen von der Transportversicherung nur wenige Abschlussvertreter.

e) Hauptvertreter und Untervertreter. Schließlich kann man noch zwischen Haupt- **18** und Untervertretern unterscheiden. Die Zulässigkeit einer Untervertretung ergibt sich aus § 84 Abs. 3 HGB, wonach der Unternehmer eines Handelsvertretervertrages auch ein Handelsvertreter sein kann. Außerdem ergibt sich die Zulässigkeit auch aus § 59 Abs. 2 VVG, weil danach ein Versicherungsvertreter sowohl von einem VR als auch von einem anderen Versicherungsvertreter mit der gewerblichen Versicherungsvermittlung betraut werden

---

[32] Hierzu *Baumbach/Hopt,* § 86 Rn. 24 und 30.
[33] *Reiff,* Versicherungsvermittlerrecht im Umbruch, S. 82; zu § 61 VVG s. u. Rn. 164.
[34] BT-Drucks. 16/3945, S. 77.
[35] *Bruck/Möller,* § 45 Anm. 3 weist zu Recht darauf hin, dass jeder Abschlussagent begrifflich zugleich Vermittlungsagent ist und das Mehr der Abschlusstätigkeit das Weniger der Vermittlungstätigkeit mit umfasst.
[36] Hierzu und zum Folgenden *Möller,* Versicherungsvermittlung, S. 36; *Bruck/Möller,* vor §§ 43–48 Anm. 16 und § 45 Anm. 4.

kann. Haupt- und Untervertreter unterscheiden sich also in der vom VR abgeleiteten Rechtsmacht. In der Praxis gibt es zwei Modelle. Bei der **echten Untervertretung** hat der oft „Generalagent" genannte Hauptvertreter vollständig die Stellung des Unternehmers im Verhältnis zum Untervertreter inne. Zwischen dem Untervertreter und dem VR bestehen keine unmittelbaren vertraglichen Beziehungen[37]. In der Versicherungswirtschaft herrscht das Modell der **unechten Untervertretung** vor[38]. Der Versicherungsvertretervertrag des Untervertreters wird hier vom Hauptvertreter namens des VR geschlossen. Häufig unterstellen solche Verträge allerdings den Untervertreter organisatorisch dem Hauptvertreter und geben diesem Weisungsrechte gegenüber dem Untervertreter.

II. Konzentration der Darstellung auf versicherungsvertragsrechtliche Fragen

19   Bereits der kurze Abschnitt über den Begriff des Versicherungsvertreters und seine verschiedenen Formen macht deutlich, welche ungeheure Fülle von Rechtsfragen im Zusammenhang mit der Vermittlung von Versicherungsverträgen durch Versicherungsvertreter aufgeworfen werden. Die folgende Darstellung muss sich daher jedenfalls derzeit noch beschränken. Der Zielsetzung dieses Handbuchs entsprechend bleibt das **Innenverhältnis der Versicherungsvertreter zum VR** nahezu vollständig **ausgeklammert.** Dies betrifft vor allem die arbeitsrechtlichen und handelsvertreterrechtlichen Fragestellungen sowie den gesamten Komplex der Vergütung ihrer Vermittlungstätigkeit. Ausgeklammert bleiben weiter wettbewerbsrechtliche und aufsichtsrechtliche Fragen im Zusammenhang mit Versicherungsvertretern. Die Darstellung konzentriert sich auf die versicherungsvertragsrechtliche Seite der Problematik, also auf die Fragen, die die Versicherungsvermittlung durch Versicherungsvertreter im Verhältnis des VR zum VN und des Versicherungsvertreters zum VN aufwirft. Zunächst soll aber ein Überblick über das neue Berufsrecht der Versicherungsvermittler gegeben werden.

III. Das neue Berufsrecht der Versicherungsvermittler

1. Entwicklung

20   Von einem Berufsrecht der Versicherungsvermittler kann man eigentlich erst seit dem 22. 5. 2007 sprechen. An diesem Tag trat das Gesetz zur Neuregelung des Versicherungsvermittlerrechts vom 19. 12. 2006[39] in Kraft. Hierdurch wurde die Richtlinie 2002/92/EG des Europäischen Parlaments und des Rates vom 9. 12. 2002 über Versicherungsvermittlung[40], die eigentlich bis zum 15. 1. 2005 hätte umgesetzt werden müssen, in das deutsche Recht transformiert. Das alte Recht enthielt keine berufsrechtlichen Regelungen für Versicherungsvermittler. Es bestand uneingeschränkte Gewerbefreiheit. Wer als Versicherungsvermittler gewerblich tätig werden wollte, musste seine Tätigkeit nach § 14 GewO lediglich anzeigen. Dieser Zustand konnte nicht länger bestehen bleiben. Zum einen deshalb nicht, weil die **Vermittlerrichtlinie** zwingende berufsrechtliche Vorgaben macht, etwa den Abschluss einer Berufshaftpflichtversicherung. Zum anderen auch deshalb nicht, weil der alte Rechtszustand aus Versicherungsnehmerschutzgesichtspunkten zu erheblichen Missständen geführt hat. Beispielhaft sei hier das Pseudo-Makler-Unwesen[41] genannt. Manche Versicherungsvertreter verschleierten ihren Status und traten gegenüber ihren Kunden als Makler auf, um sich den Anschein größerer Fachkunde, Unabhängigkeit und Seriosität zu geben[42]. Es gab keine berufs- oder vertragsrechtlichen Regelungen, die den Vermittler verpflichteten, gegenüber seinem Kunden eindeutig klarzustellen, ob er einen Versicherungsvertreter oder einen Versiche-

---

[37] So *Bruck/Möller,* vor §§ 43–48 Anm. 17; *Baumbach/Hopt,* § 84 Rn. 31.
[38] *Sieg,* ZVersWiss 1988, 263 (277).
[39] BGBl. I S. 3232.
[40] ABl. EG Nr. L 9/3 v. 15. 1. 2003; im Folgenden: Vermittlerrichtlinie.
[41] Hierzu s. u. Rn. 37 ff.
[42] Eingehend hierzu *Reiff,* ZfV 2003, 689 (693 ff.).

rungsmakler vor sich hat. Diese fehlende Status-Transparenz war in Anbetracht der für den Kunden sehr erheblichen rechtlichen Unterschiede zwischen Makler und Vertreter[43] äußerst misslich.

2. Anwendungsbereich

a) Grundregel: Jeder Gewerbetreibende (§ 34 d Abs. 1 GewO). Das neue Berufs- **21** recht der Versicherungsvermittler, das den bisherigen Zustand der Nichtregulierung beendete, gilt für Makler und Vertreter gleichermaßen. Es ist im Wesentlichen in dem neuen § 34 d GewO geregelt. Es gilt mithin nur für Gewerbetreibende. Vermittler i. d. S. sind also weder die im Werbeaußendienst tätigen **Arbeitnehmer des VR**[44], noch die sog. **„Gelegenheitsvermittler",** die nur sporadisch und damit gerade nicht gewerbsmäßig tätig werden[45]. Die Grundentscheidung des Gesetzgebers, die Umsetzung auf gewerblich tätige Vermittler zu begrenzen und damit die Gelegenheitsvermittler von der Regulierung völlig auszunehmen, ist nicht zu billigen. Nach der Gesetzesbegründung wird mit dem Merkmal „Gewerbsmäßigkeit" Art. 2 Nr. 5 Vermittlerrichtlinie umgesetzt[46]. Danach ist „Versicherungsvermittler" jede natürliche oder juristische Person, die die Tätigkeit der Versicherungsvermittlung „gegen Vergütung" aufnimmt oder ausübt. Diese Bestimmung der Richtlinie setzt also die Entgeltlichkeit voraus, nicht aber die Gewerbsmäßigkeit. Auch wer pro Jahr weniger als ein Dutzend Versicherungen im Bekannten- und Verwandtenkreis vermittelt und hierfür vom VR eine Provision erhält, fällt danach unter die Richtlinie. Diese sieht für solche Fälle Erleichterungen vor, aber gerade nicht den völligen Ausschluss aus der Regulierung, wie dies der deutsche Gesetzgeber getan hat. Die Gelegenheitsvermittler aus der berufsrechtlichen und – insoweit anders als noch der Regierungsentwurf[47] – aus der vertragsrechtlichen Regulierung völlig herauszunehmen[48] ist daher richtlinienwidrig[49].

Nach der berufsrechtlichen **Legaldefinition** des § 34 d Abs. 1 S. 1 GewO ist nur Versiche- **22** rungsvermittler, „wer gewerbsmäßig als Versicherungsmakler oder als Versicherungsvertreter den Abschluss von Versicherungsverträgen vermitteln will". Die Begriffe „Versicherungsmakler" und „Versicherungsvertreter" werden in der Gewerbeordnung nicht definiert. Insoweit ist man auf die Definitionen in § 59 Abs. 2 und 3 VVG angewiesen. Danach ist Versicherungsvertreter, wer von einem VR oder einem Versicherungsvertreter damit betraut ist, gewerbsmäßig Versicherungsverträge zu vermitteln oder abzuschließen. Versicherungsmakler ist, wer gewerbsmäßig für den Auftraggeber die **Vermittlung** oder den **Abschluss** von Versicherungsverträgen übernimmt, ohne von einem VR oder einem Versicherungsvertreter damit betraut zu sein.

Durch die Beschränkung der Regulierung auf die eigentliche Vermittlertätigkeit des Ver- **23** mittelns und Abschließens werden zugleich die sog. **„Tippgeber"** aus dem Vermittlerbegriff herausgenommen. Für sie ist keine Regulierungsnotwendigkeit zu erkennen. Die Begründung weist nämlich zu Recht darauf hin, dass der Tippgeber den Interessenten lediglich an

---

[43] Zu diesen Unterschieden *Reiff,* Versicherungsvermittlerrecht im Umbruch, S. 15 bei Fn. 58 ff. Grundlegend die von Verf. betreute Dissertation von *Deckers,* Abgrenzung S. 187 ff.

[44] Die Tätigkeit von Angestellten des VR gilt nach Art. 2 Nr. 3 Unterabs. 2 Vermittlerrichtlinie nicht als Versicherungsvermittlung. Der Appell an den Gesetzgeber, hier über die Richtlinie hinauszugehen, so *Reiff,* VersR 2004, 142 (145), blieb erwartungsgemäß ungehört.

[45] Nach *Schönleiter,* GewArch 2007, 265 (267) entfällt die Gewerbsmäßigkeit, wenn der Vermittler nicht mehr als sechs Versicherungen im Jahr vermittelt bzw. seine jährlichen Gesamtprovisionseinnahmen weniger als 1000 € betragen.

[46] BT-Drucks. 16/1935, S. 18.

[47] § 66 VVG in der Fassung des Regierungsentwurfs bestimmte noch, dass auf Personen, die selbständig Versicherungsverträge vermitteln oder abschließen, ohne gewerbsmäßig tätig zu sein, also auf nicht gewerbsmäßig tätige Vermittler, die §§ 60–65 VVG entsprechend anzuwenden sind; Wortlaut der Vorschrift in BT-Drucks. 16/3945, S. 19.

[48] Zu § 73 VVG, der für die Gelegenheitsvermittler den Anwendungsbereich der §§ 69 ff. VVG eröffnet, siehe unten Rn. 50.

[49] Wie hier auch *Abram,* VersR 2005, 1318 (1321); *ders.,* VersR 2008, 724 (726).

einen Vermittler vermittelt[50]. Es besteht freilich die Gefahr, dass der Versuch unternommen wird, nebenberufliche Vermittler zu Tippgebern zu deklarieren, um sie aus der Regulierung herauszuhalten[51]. Die Grenze zwischen einem erlaubnisfreien Tippgeber und einem grundsätzlich erlaubnispflichtigen Versicherungsvermittler muss daher klar gezogen werden. Versicherungsvermittlung liegt vor, wenn die Tätigkeit darauf abzielt, den Kunden unmittelbar zur Unterschrift unter einen Versicherungsantrag zu bewegen. Keine Versicherungsvermittlung liegt vor, wenn die Tätigkeit nur darin besteht, allgemeine Kundendaten aufzunehmen, und nur darauf abzielt, den Kontakt zwischen dem potenziellen VN und dem VR bzw. dem Vermittler herzustellen, ohne dass sich das Interesse schon auf ein bestimmtes Produkt konkretisiert hat[52].

24   **b) Ausnahmen (§ 34 d Abs. 9 GewO).** Die Ausnahmen von der berufsrechtlichen Regulierung finden sich in § 34 d Abs. 9 GewO. Hierunter fallen einmal die sog. „**Bagatellvermittler**". Sie sind zwar Versicherungsvermittler im Sinn der Legaldefinition des § 34 d Abs. 1 S. 1 GewO, für sie gelten aber nach § 34 d Abs. 9 Nr. 1 GewO die berufsrechtlichen Regelungen nicht. Es handelt sich um Personen, für die folgende Voraussetzungen kumulativ vorliegen: sie sind nur nebenberuflich tätig; sie vermitteln ausschließlich Versicherungen, für die nur Kenntnisse dieses Versicherungsschutzes erforderlich sind; sie vermitteln keine Lebens- oder Haftpflichtversicherungen; es handelt sich um eine Zusatzleistung zur Lieferung einer Ware oder der Erbringung einer Dienstleistung; die Jahresprämie ist nicht höher als 500 € und die Gesamtlaufzeit ist nicht länger als 5 Jahre. Der Ausschluss der Bagatellvermittler ist zu begrüßen. Dieser Personenkreis, der von der Vermittlerrichtlinie nicht erfasst wird[53], erfordert keine Regulierung. Diese Ausnahmebestimmung ist freilich sehr restriktiv, so dass ihr in der Praxis keine allzu große Bedeutung zukommen wird[54].

25   Ebenfalls ausgenommen von den berufsrechtlichen Vorschriften sind nach § 34 d Abs. 9 Nr. 2 GewO **Bausparkassen** und die von diesen beauftragten Vermittler, soweit sie Risikolebensversicherungen im Rahmen eines Kollektivvertrages vermitteln, um die Rückzahlungsforderungen der Bausparkasse abzusichern. Ausgenommen sind schließlich nach § 34 d Abs. 9 Nr. 3 GewO auch solche Gewerbetreibende, die als Zusatzleistung zur Lieferung einer Ware oder der Erbringung einer Dienstleistung im Zusammenhang mit Darlehens- und Leasingverträgen **Restschuldversicherungen** vermitteln. Diese beiden Ausnahmen sind freilich in der Vermittlerrichtlinie nicht vorgesehen und daher richtlinienwidrig[55].

3. Die Erlaubnis, ihre Voraussetzungen und die Befreiungsmöglichkeiten

26   **a) Die grundsätzliche Erlaubnispflicht (§ 34 d Abs. 1 GewO).** Der Grundsatz des neuen Rechts lautet: Die gewerbsmäßige Versicherungsvermittlung ist ein erlaubnispflichtiger Tatbestand. Nach § 34 d Abs. 1 S. 1 GewO benötigt derjenige, der gewerbsmäßig als Versicherungsmakler oder Versicherungsvertreter den Abschluss von Versicherungsverträgen vermitteln will, die **Erlaubnis der zuständigen IHK.** Nach Satz 3 der Vorschrift ist in der Erlaubnis anzugeben, ob sie einem Versicherungsmakler oder einem Versicherungsvertreter erteilt wird.

27   **b) Die vier Erlaubnisvoraussetzungen (§ 34 d Abs. 2 GewO).** Die erforderliche Erlaubnis der IHK wird nur erteilt, wenn die im Folgenden genannten Anforderungen an die persönliche Zuverlässigkeit und Sachkunde des Vermittlers sowie an seinen Haftpflichtversicherungsschutz erfüllt sind. § 34 d Abs. 2 GewO normiert vier Voraussetzungen. Nach

---

[50] BT-Drucks. 16/1935, S. 17.

[51] Näher hierzu *Reiff,* VersR 2007, 717 (719); euphemistisch *Schönleiter,* GewArch 2007, 265 (267).

[52] Vgl. hierzu aus paralleler österreichischer Sicht die Erläuterungen der Regierungsvorlage zu § 376 Ziff. 18 Abs. 8 (österreichische) Gewerbeordnung GP XXII RV 616 S. 16 und hierzu *Jabornegg,* VR 2005, 128 (129).

[53] Art. 1 Abs. 2 der Vermittlerrichtlinie entspricht nahezu wörtlich der Ausnahme des § 34 d Abs. 9 Nr. 1 GewO.

[54] So – noch zum Entwurf der Richtlinie – bereits *Reiff,* ZVersWiss 2001, 451 (454). Ebenso aus österreichischer Sicht *Jabornegg,* VR 2005, 128 (129).

[55] Näher hierzu *Reiff,* VersR 2007, 717 (719). Wie hier *Abram,* VersR 2008, 724 (727).

Nr. 1 dieser Vorschrift ist die erforderliche Erlaubnis zu versagen, wenn Tatsachen die Annahme rechtfertigen, dass der Antragsteller nicht die für den Gewerbebetrieb erforderliche **Zuverlässigkeit** besitzt. Dies ist in der Regel der Fall, wenn er in den letzten fünf Jahren vor Antragstellung wegen eines Verbrechens oder eines einschlägigen Vergehens rechtskräftig verurteilt worden ist. Außerdem darf der Antragsteller nach Nr. 2 der Bestimmung nicht in „ungeordneten Vermögensverhältnissen leben". Diese **„Konkursfreiheit"** ist in der Regel zu verneinen, wenn über sein Vermögen das Insolvenzverfahren eröffnet oder er in ein Schuldnerverzeichnis eingetragen worden ist. Weiter muss der Vermittler nach § 34 d Abs. 2 Nr. 3 GewO den Abschluss einer **Berufshaftpflichtversicherung** nachweisen können[56]. Schließlich muss er noch nach § 34 d Abs. 2 Nr. 4 GewO durch eine vor der IHK erfolgreich abgelegte Prüfung nachweisen, dass er die für die Versicherungsvermittlung notwendige **Sachkunde** besitzt. Hat der Vermittler, sei er natürliche oder juristische Person, Angestellte, so ist es ausreichend, wenn der Nachweis der Sachkunde durch eine angemessene Zahl von bei ihm beschäftigten natürlichen Personen erbracht wird, denen die Aufsicht über die unmittelbar mit der Vermittlung von Versicherungen befassten Personen übertragen ist und die den Antragsteller vertreten dürfen[57]. Für die **Angestellten** eines Versicherungsvermittlers, die keine Sachkundeprüfung ablegen müssen, gilt § 34 d Abs. 6 GewO. Danach dürfen Versicherungsvermittler direkt bei der Vermittlung mitwirkende Personen nur beschäftigen, wenn sie sicherstellen, „dass diese Personen über die für die Vermittlung der jeweiligen Versicherung angemessene Qualifikation verfügen"[58].

Die Einzelheiten der **Sachkundeprüfung** werden in der VersVermV[59] geregelt[60]. Abgelehnt wurde die erforderliche Qualifikation an die in der Versicherungswirtschaft etablierte Ausbildung von 222 Stunden zum Versicherungsfachmann[61]. Wird die Prüfung erfolgreich abgelegt, so wird der Titel „Versicherungsfachmann/-frau IHK" vergeben. Bestimmte andere Berufsqualifikationen stehen der erfolgreich abgelegten Sachkundeprüfung gleich, etwa Abschlusszeugnisse als Versicherungskaufmann und Versicherungsfachwirt oder eines betriebswirtschaftlichen Studienganges der Fachrichtung Versicherungen oder eines Studiums der Rechtswissenschaft, ebenso etwa das Abschlusszeugnis als Bankkaufmann, wenn eine mindestens zweijährige Tätigkeit im Bereich Versicherungsvermittlung nachgewiesen werden kann.   **28**

c) Gesetzliche Befreiung für Einfirmenvertreter (§ 34 d Abs. 4 GewO). Keiner Erlaubnispflicht unterliegen die **Einfirmenvertreter** i. w. S., also der gesamte Ausschließlichkeitsvertrieb unter Einschluss der sog. Konzernvertreter. Nach § 34 d Abs. 4 GewO benötigt nämlich ein Versicherungsvermittler, der seine Vermittlertätigkeit **ausschließlich** im Auftrag eines oder, wenn die Produkte nicht in Konkurrenz stehen, mehrerer VR ausübt, keine Erlaubnis, wenn der VR für ihn die **uneingeschränkte Haftung** aus seiner Vermittlertätigkeit übernimmt. Hieraus folgt, dass diese Einfirmenvertreter erstens keine Berufshaftpflichtversicherung nehmen müssen, dass sie zweitens keine Sachkundeprüfung ablegen müssen und dass drittens ihre Zuverlässigkeit und Konkursfreiheit nicht öffentlich kontrolliert wird. Der VR ist aber nach § 80 Abs. 2 VAG aufsichtsrechtlich verpflichtet, für eine angemessene Qualifikation seines Ausschließlichkeitsvertriebes zu sorgen und er darf nur mit Vertretern zusammenarbeiten, die zuverlässig sind und in geordneten Vermögensverhältnissen leben. Hiervon muss sich der VR durch Einholung geeigneter Auskünfte überzeugen[62].   **29**

---

[56] Das Nähere zum erforderlichen Inhalt dieser Pflichtversicherung ist aufgrund der Ermächtigung des § 34 d Abs. 8 S. 1 Nr. 3 GewO in §§ 8–10 VersVermV geregelt. Die „Verordnung über die Versicherungsvermittlung und -beratung (Versicherungsvermittlungsverordnung [VersVermV])" vom 15. 5. 2007 BGBl. I 733 trat am 22. 5. 2007 in Kraft.

[57] Näher hierzu *Reiff*, VersR 2007, 717 (720).

[58] Näher hierzu *Reiff*, VersR 2007, 717 (720).

[59] Zur VersVermV s. Fn. 56.

[60] Vgl. § 34 d Abs. 8 S. 1 Nr. 2 GewO und §§ 1–4 VersVermV. Eingehend *Landmann / Rohmer / Schönleiter*, § 34 d Rn. 84 ff.

[61] Näher hierzu *Schönleiter*, GewArch 2007, 265 (269 f.).

[62] So ausdrücklich die Gesetzesbegründung BT-Drucks. 16/1935, S. 19.

30 **d) Befreiung auf Antrag für produktakzessorische Vermittler (§ 34 d Abs. 3 GewO).** Keine Erlaubnis benötigen ferner nach § 34 d Abs. 3 GewO produktakzessorische Vermittler, also Gewerbetreibende, die die Versicherung als Ergänzung der im Rahmen ihrer Haupttätigkeit gelieferten Waren oder Dienstleistungen vermitteln. Dies gilt allerdings nur dann, wenn die IHK sie auf ihren Antrag hin von der Erlaubnispflicht befreit. Dabei ist das Merkmal der **Produktakzessorietät** eng auszulegen[63]. Zu bejahen ist es etwa bei der Kfz-Haftpflicht- und Kaskoversicherung im Zusammenhang mit einem Kfz-Kauf und bei der Lebensversicherung als Sicherheit für die Bedienung des Darlehens bei Abschluss eines Darlehensvertrages. Hingegen ist die Vermittlung einer Hausratversicherung bei Aufnahme eines Hausbaudarlehens ebenso wenig akzessorisch wie Versicherungen, die Bausteine eines Finanzierungsmodells sind und daher reine Anlagefunktion haben.

31 Außer der Produktakzessorietät setzt eine Befreiung auf Antrag voraus, dass der Vermittler erstens seine **Tätigkeit unmittelbar im Auftrag** eines oder mehrerer Erlaubnisinhaber oder eines oder mehrerer VR ausübt, für ihn zweitens eine Berufshaftpflichtversicherung besteht und er drittens zuverlässig ist, nicht in ungeordneten Vermögensverhältnissen lebt und angemessen qualifiziert ist. Als Nachweis für letzteres ist eine Erklärung des jeweiligen Erlaubnisinhabers oder VR ausreichend, wonach sie sich verpflichten, die Voraussetzungen des § 80 Abs. 2 VAG zu beachten, um die angemessene Qualifikation des Antragstellers sicherzustellen. Ausreichend sind Kenntnisse, die der Komplexität der jeweiligen akzessorischen Versicherung gerecht werden.

4. Registereintragung (§ 34 d Abs. 7 GewO)

32 Nach § 34 d Abs. 7 GewO[64] sind **alle**[65] **gewerblichen Versicherungsvermittler** verpflichtet, sich unverzüglich nach Aufnahme der Tätigkeit in das Register nach § 11 a Abs. 1 GewO eintragen zu lassen. Dieses Register wird von den IHK geführt, die sich hierbei einer „gemeinsamen Stelle" bedienen, des DIHK. Auskünfte aus diesem Register werden nach § 11 a Abs. 2 GewO im Wege des automatisierten Abrufs über das **Internet**[66] oder schriftlich erteilt. So kann jedermann erfahren, ob der Vermittler als Versicherungsmakler, als Versicherungsvertreter mit Erlaubnis, als gebundener oder produktakzessorischer Versicherungsvertreter oder als Versicherungsberater tätig wird[67]. Einfirmenvertreter, die nach § 34 d Abs. 4 GewO keine Erlaubnis benötigen, müssen die Eintragung freilich nicht selbst herbeiführen. Nach § 80 Abs. 3 VAG hat ihr VR auf Veranlassung des Vermittlers die im Register nach § 11 a Abs. 1 GewO zu speichernden Angaben der Registerbehörde mitzuteilen.

IV. Die Abgrenzung des Versicherungsvertreters vom Versicherungsmakler

1. Einleitung

33 Versicherungsvermittler sind nach § 59 Abs. 1 VVG Versicherungsmakler und Versicherungsvertreter. Die Aufgabe, den Versicherungsvertreter vom Versicherungsmakler abzugrenzen, fällt auf den ersten Blick leicht. Man muss nur feststellen, ob der fragliche Vermittler

---

[63] Hierzu und zum Folgenden BT-Drucks. 19/1635, S. 19; *Landmann/Rohmer/Schönleiter,* § 34 d Rn. 97.

[64] Durch diese Vorschrift wird Art. 3 Abs. 2 der Vermittlerrichtlinie umgesetzt, nicht hingegen Art. 3 Abs. 1. Die Behörde i. S. d. Art. 3 Abs. 1 der Richtlinie ist die jeweils zuständige IHK. Nur deren Erlaubnis nach § 34 d Abs. 1 GewO ist konstitutiv. Die Eintragung in das ebenfalls von den IHK geführte Register, die sich hierbei des DIHK bedienen, hat nur deklaratorische Bedeutung, vgl. BT-Drucks. 16/1935, S. 20.

[65] Diese Verpflichtung besteht unabhängig davon, ob der Vermittler nach § 34 d Abs. 1 GewO einer Erlaubnis bedarf, auf seinen Antrag nach Abs. 3 von der Erlaubnis befreit wurde, oder nach Abs. 4 keine Erlaubnis benötigt. Freigestellt sind nur die Vermittler nach Abs. 9.

[66] www.vermittlerregister.org oder www.vermittlerregister.info

[67] Vgl. hierzu § 11 a Abs. 5 GewO mit § 5 S. 1 Nr. 3 VersVermV.

aufgrund vertraglicher Bindungen an den VR[68] tätig wurde, dann ist er **Versiche-rungsvertreter** i. S. d. § 59 Abs. 2 VVG, oder ob er seine Aktivitäten **aufgrund vertrag-licher Bindungen an den VN** entfaltete, dann ist er **Versicherungsmakler** i. S. d. § 59 Abs. 3 VVG. Bei Licht besehen half dies in der Vergangenheit freilich nur weiter, wenn ein ausdrücklicher Agenturvertrag mit dem VR oder ein ausdrücklicher Maklervertrag mit dem VN geschlossen wurde. In der Realität wurden die entsprechenden Verträge indes häufig nur konkludent geschlossen. Hinzu kam, dass die Tätigkeit der sog. „Mehrfachvertreter" im Tat-sächlichen der eines Maklers oft sehr ähnlich ist. Erschwert wird die Abgrenzung weiter durch die sog. „Pseudomakler", die gegenüber ihren Kunden ihre vertraglichen Bindungen an einen oder mehrere VR verschweigen, um sich so den Anschein größerer Kompetenz und Unabhängigkeit zu geben. Schließlich macht allein der Umstand, dass ein Vermittler keinen Maklervertrag mit dem VN geschlossen hat, also im konkreten Fall nicht als Makler handelte, ihn noch nicht notwendig zum Versicherungsvertreter[69]. Die theoretisch leicht vorzuneh-mende Unterscheidung dieser beiden Vermittlerformen erwies sich daher in der Praxis häufig als sehr schwierig. So kann es nicht verwundern, dass die Abgrenzung zwischen Versiche-rungsvertreter und Versicherungsmakler in Rspr. und Lit. umstritten ist[70]. Inwieweit Streit und Abgrenzung durch das Gesetz zur Neuregelung des Versicherungsvermittlerrechts vom 19. 12. 2006 obsolet wurden, wird zu untersuchen sein[71].

2. Situative Abgrenzung

Die grundsätzliche Beschränkung dieser Darstellung auf die versicherungsvertragsrechtli-chen Aspekte des Vermittlerrechts erleichtert es, die beiden Hauptformen, den Versiche-rungsmakler und den Versicherungsvertreter, voneinander abzugrenzen. Diese Abgrenzung ist nämlich nicht einheitlich zu treffen; vielmehr sind beide Vermittlerformen für die drei in Betracht kommenden Rechtsverhältnisse situativ voneinander abzugrenzen[72]. Für das hier weitestgehend ausgeklammerte **Rechtsverhältnis zwischen Vermittler und VR** ist das Merkmal der **ständigen Betrauung** das in den §§ 84 Abs. 1 S. 1 und Abs. 2, 92 Abs. 1 und 93 HGB gesetzlich vorgegebene Abgrenzungskriterium. Es bestimmt darüber, ob die §§ 84 ff. HGB mit ihren zahlreichen Schutzvorschriften zugunsten des Vermittlers eingreifen. Entscheidend ist das Vorliegen einer (agentur-)vertraglichen Beziehung zwischen dem Ver-mittler und dem VR. Sie ist zu bejahen, wenn diese Beziehung dem Leitbild entspricht, wo-nach der Versicherungsvertreter die Interessen des VR zu wahren hat. Wichtigste Indizien hierfür sind die Weisungsfolgepflicht, das anbieterbezogene Aktivitätsprinzip und die feh-lende Möglichkeit der Produktgestaltung.   **34**

Im **Rechtsverhältnis zwischen Vermittler und VN** ist grundsätzlich entscheidend, ob zwischen ihnen – möglicherweise durch konkludentes Verhalten – ein **Maklervertrag** ge-schlossen wurde oder ob es zu keinem direkten Vertrag zwischen VN und Vermittler gekom-men ist. Diese Frage entscheidet also darüber, ob der Versicherungsvermittler dem VN die Erfüllung der zahlreichen Pflichten eines Versicherungsmaklers schuldet und ihn daher bei Nichterfüllung die scharfe Haftung des Versicherungsmaklers trifft oder ob dies nicht der Fall ist. Hierbei ist aber § 59 Abs. 3 S. 2 VVG zu beachten, der mit dem erst am 22. 5. 2007 in Kraft getretenen § 42a Abs. 3 S. 2 VVG a. F. identisch ist. Danach „gilt" nämlich ein Vermittler als   **35**

---

[68] Nach § 59 Abs. 2 VVG ist Versicherungsvertreter auch, wer von einem anderen Versicherungsvertre-ter mit der Versicherungsvermittlung betraut wurde. Es liegt dann Haupt- und Untervertretung vor; s. oben Rn. 18.

[69] OLG Hamm v. 8. 3. 1996, VersR 1996, 697 (699); *Reiff,* ZVersWiss 2002, 103 (116).

[70] Vgl. BGH v. 22. 9. 1999, VersR 1999, 1481, der das Urteil des OLG Hamm v. 18. 11. 1998, NVersZ 1999, 284 aufhob; vgl. auch OLG Nürnberg v. 27. 1. 1994, NJW-RR 1995, 227 mit ablehnen-den Anm. von *Matusche-Beckmann,* VersR 1995, 1391; *Müller-Stein,* VW 1995, 602 sowie *Hönicke,* r+s 1996, 334. Zur Abgrenzung nach österreichischem Recht OGH v. 26. 7. 2000, VersR 2001, 923 (924); v. 29. 5. 2000, VersR 2001, 1403 (1404).

[71] Siehe hierzu unten Rn. 46 ff.

[72] Eingehend hierzu die von Verf. betreute Bonner Dissertation von *Deckers,* Abgrenzung, S. 88 ff., 127 ff. und 136 ff.

Versicherungsmakler, wenn er gegenüber dem VN den **Anschein** erweckt, er erbringe seine Leistungen als Makler.

36   Für das Versicherungsvertragsrecht am Wesentlichsten ist die Abgrenzung des Versicherungsmaklers vom Versicherungsvertreter im **Rechtsverhältnis zwischen VR und VN.** Diese Abgrenzung bestimmt nämlich beispielsweise darüber, ob der Vermittler für den VR (Empfangs-)Vertretungsmacht hat, ob das Wissen des Vermittlers dem VR als eigenes zugerechnet wird und ob der VR für das Tun und Unterlassen des Vermittlers haftet. Das Rechtsverhältnis zwischen VR und VN ist zugleich das komplexeste, weil im Vorfeld des Versicherungsvertragsschlusses zwischen beiden keine unmittelbaren Beziehungen bestehen. Der Status des Vermittlers wird also nicht von den Parteien des Versicherungsvertrages festgelegt. Er leitet sich vielmehr von den beiden zuerst genannten Rechtsverhältnissen zwischen VR und Vermittler einerseits sowie VN und Vermittler andererseits ab und in denen kann die Abgrenzung zu unterschiedlichen Ergebnissen führen.

3. Der Pseudomakler

37   **a) Begriff und Ursachen.** Die Fälle, bei denen die Abgrenzung des Vertreters vom Makler im Rechtsverhältnis des VR zum Vermittler zu einem anderen Ergebnis führt als im Rechtsverhältnis des VN zum Vermittler, lassen sich in mehrere Fallgruppen unterteilen. Eine in der Praxis sehr bedeutsame Fallgruppe ist die der sog. **Pseudomakler.** Hierunter versteht man Versicherungsvertreter, die gegenüber ihren Kunden verschweigen, dass sie agenturvertraglich an einen (oder mehrere) VR gebunden sind. Es gibt viele Gründe dafür, warum sie gegenüber den VN nicht offen legen, dass sie **im Verhältnis zum VR Versicherungsvertreter** sind. Meist will sich der Vermittler den „schöneren Hut des Versicherungsmaklers aufsetzen"[73], weil die Verkehrsanschauung dem unabhängigen Versicherungsmakler eine besondere Stellung und Kompetenz zuspricht[74].

38   **b) Aufsichts- und wettbewerbsrechtliche Bedenken.** Pseudomakler sind ein **unerwünschtes Phänomen,** weil ihr Auftreten zu allgemeiner **Rechtsunsicherheit** führt[75]. Für die Beantwortung einer ganzen Fülle von Rechtsfragen des Handelsrechts und des Versicherungsvertragsrechtes kommt es nämlich darauf an, ob ein Vermittler als Makler im Lager des VN steht oder als Vertreter im Lager des VR. Der Pseudomakler begeht zudem einen **„Etikettenschwindel"** und gewinnt dadurch Kunden, die er als Vertreter nicht gewonnen hätte. Diese VN werden nicht nur in ihren subjektiven Erwartungen enttäuscht, sondern erleiden in aller Regel auch einen Vermögensschaden, weil ein Einfirmenvertreter oder ein Mehrfachvertreter mit wenigen agenturvertraglich verbundenen VR nur in seltenen Ausnahmefällen das für den Kunden günstigste Produkt vermitteln kann, das ein Makler vermitteln könnte und müsste. Weiter haben auch die echten, ehrlichen Versicherungsmakler ein vitales Interesse daran, dass das Ansehen ihres Berufsstandes nicht durch die Aktivitäten der Pseudomakler geschädigt wird. Aus all diesen Gründen bestehen gegen Pseudomakler **aufsichtsrechtliche Bedenken.** Die Versicherungsaufsicht sieht in der mit dem Auftreten von Pseudomaklern verbundenen Täuschung der VN einen Missstand i. S. d. § 81 Abs. 2 S. 1 VAG. Sie hat die VR angewiesen, mit Versicherungsvermittlern, die im Geschäftsverkehr als Makler firmieren oder sich dem versicherungssuchenden Publikum gegenüber als solche aufführen, keine agenturvertraglichen Bindungen einzugehen oder zu unterhalten[76]. Im Wettbewerb mit echten Maklern kann das Verhalten von Pseudomaklern **wettbewerbswidrig** sein, wobei insbesondere der Tatbestand des Verstoßes gegen das Verbot irreführender Werbung nach § 5 UWG in Betracht kommt[77].

---

[73] So anschaulich *Werber,* VW 1988, 1159 (1162).

[74] *Benkel/Reusch,* VersR 1992, 1302 (1304); *Heinemann,* VersR 1992, 1319 (1323); *Matusche-Beckmann,* VersR 1995, 1391 (1393); *Reiff,* r+s 1998, 89 (91).

[75] Eingehend hierzu und zum Folgenden die von Verf. betreute Bonner Dissertation von *Deckers,* Abgrenzung, S. 38 ff.

[76] BAV, VerBAV 1961, 38 (39).

[77] *Zinnert,* VersR 1999, 1343 (1344) zu § 3 UWG a. F.

c) Das Verhältnis des Vermittlers zum Versicherungsnehmer. Umstritten ist, wie   **39** das **Verhältnis des Pseudomaklers zum VN** zu beurteilen ist. Vereinzelt wird die Ansicht vertreten, der Pseudomakler bleibe trotz seines Auftretens „wie ein Makler" statusrechtlich auch gegenüber dem VN ein Versicherungsvertreter[78]. Ein bloßer „Von-Fall-zu-Fall-Makler" sei nicht anzuerkennen. Ein Maklervertrag werde nicht geschlossen. Der Pseudomakler hafte daher auch nicht als Versicherungsmakler nach den strengen Grundsätzen, die der BGH in seinem Sachwalterurteil[79] aufgestellt habe. Dies sei auch nicht erforderlich, weil sowohl der VR für den als Makler auftretenden Versicherungsvertreter nach § 278 BGB hafte als auch der Versicherungsvertreter persönlich aus in Anspruch genommenem besonderen Vertrauen nach c. i. c. gem. §§ 280 Abs. 1, 311 Abs. 3 BGB. Überwiegend ist man dagegen der Meinung, ein Pseudomakler unterliege der strengen Versicherungsmaklerhaftung, weil er dem VN gegenüber als Makler auftrete und sich daher in diesem Rechtsverhältnis auch als Makler behandeln lassen müsse[80].

Der überwiegend vertretenen Ansicht ist zuzustimmen. Ein Pseudomakler, der dem VN   **40** gegenüber wie ein Makler auftritt, muss sich **als Makler behandeln lassen.** Nach den allgemeinen Auslegungsgrundsätzen gem. §§ 133, 157 BGB und nach der Lehre vom objektiven Empfängerhorizont ist entscheidend, wie der VN als Erklärungsempfänger die Erklärung des Vermittlers verstehen durfte und musste. Behauptet der Vermittler gegenüber dem VN ausdrücklich, aber zu Unrecht, er sei Makler, und erklärt er sich dazu bereit, dem Kunden Versicherungsschutz zu vermitteln, so kann der Kunde dies nur dahingehend verstehen, der Vermittler biete ihm den Abschluss eines Maklervertrages an. Akzeptiert der Kunde, so haben die Parteien einen **Maklervertrag** mit der Folge geschlossen, dass der **Pseudomakler in diesem Rechtsverhältnis Versicherungsmakler** ist. Fehlt es an einer solchen ausdrücklichen Erklärung des Pseudomaklers, erweckt er aber gegenüber dem Kunden den falschen Eindruck, Versicherungsmakler zu sein, so kann nichts anderes gelten. In diesem Fall kommt ein konkludent abgeschlossener Maklervertrag oder jedenfalls ein entsprechender **Rechtsscheintatbestand** zustande. Für die überwiegende Meinung spricht auch, dass die Gegenansicht zu Schutzlücken führt[81].

Die Frage, welche **Anforderungen an den konkludenten Abschluss eines Makler-**   **41** **vertrages** zu stellen sind, ist nach allem für die Beurteilung des Rechtsverhältnisses des Vermittlers zum VN von großer Bedeutung. Teilweise wird vertreten, hier seien strenge Anforderungen zu stellen[82]. Begründet wird dies zum einen damit, es spreche nichts dafür, dass ein durchschnittlicher VN bei einem durchschnittlichen Versicherungsvertrag des täglichen Lebens daran denke, mit dem Ausfüllen und/oder Unterzeichnen des Antrags bzw. vorher einen gesonderten Auftrag mit dem Vermittler abzuschließen[83]. Zum anderen wird auf die **haftungsrechtlichen Konsequenzen** für den Pseudomakler hingewiesen[84]. Sie sind insbesondere deshalb gravierend, weil die **Berufshaftpflichtversicherung** des Versicherungsvertreters dessen Haftung nach Maklergrundsätzen nicht deckt[85]. Denn der nach Maklergrundsätzen als Pseudomakler haftende Versicherungsvertreter hat kein typisches Berufsrisiko eines Versicherungsvertreters verwirklicht. Den Makler trifft nämlich verglichen mit dem Versiche-

---

[78] *Zinnert,* VersR 1999, 1343 (1344); *Schimikowski,* Versicherungsvertragsrecht, Rn. 145.

[79] BGH v. 22. 5. 1985, BGHZ 94, 356.

[80] OLG Hamm v. 3. 2. 1994, VersR 1995, 167 (168); OLG Oldenburg v. 13. 1. 1999, VersR 1999, 757 (758); *Reiff,* r+s 1998, 89 (91); *ders.,* ZVersWiss 2002, 103 (113); *Matusche-Beckmann,* VersR 1995, 1391 (1393); *Baumann,* VersVerm 1999, 512; *Benkel/Reusch,* VersR 1992, 1302 (1314); *Heinemann,* VersR 1992, 1319 (1323); *Schirmer,* VersVerm 1990, 349, 352; *Werber,* VW 1988, 1159 (1163).

[81] Siehe hierzu Vorauflage § 5 Rn. 23.

[82] OLG Hamm v. 8. 3. 1996, VersR 1996, 697 (699) mit insoweit zustimmender Anm. von *Schwintowski,* VuR 1996, 390 (391); *Reiff,* r+s 1998, 89 (91); *ders.,* ZVersWiss 2002, 103 (115).

[83] OLG Hamm v. 8. 3. 1996, VersR 1996, 697 (699) mit insoweit zustimmender Anm. von *Schwintowski,* VuR 1996, 390 (391).

[84] *Reiff,* r+s 1998, 89 (91).

[85] *Abram,* Berufshaftpflichtversicherung, S. 43; *Werber,* VW 1988, 1159 (1163).

rungsvertreter ein sehr viel höheres Haftungsrisiko. Dieses war nicht Gegenstand der Prämienkalkulation des Berufshaftpflicht-VR eines Versicherungsvertreters.

42   Beide Begründungen vermögen indes nur begrenzt zu überzeugen. Ausgangspunkt der Frage, ob ein Versicherungsmaklervertrag geschlossen wurde, ist die nach §§ 133, 157 BGB vorzunehmende **Auslegung des Verhaltens des konkreten Vermittlers.** Lässt es auf Seiten des VN letztlich nur den Schluss zu, der Vermittler sei Makler, so kann und muss auch „ein durchschnittlicher VN bei einem durchschnittlichen Versicherungsvertrag des täglichen Lebens" davon ausgehen, sein Gegenüber erbringe die Vermittlungsleistung, die in dem „Unterzeichnen des Antrags" mündet, als Versicherungsmakler aufgrund eines Maklervertrages und nicht als Versicherungsvertreter. Bei der Auslegung des Vermittlerverhaltens nach § 157 BGB finden zwar auch die berechtigten Interessen der Parteien Berücksichtigung. Gleichwohl darf das wegen des fehlenden Berufshaftpflichtversicherungsschutzes vitale Interesse des Pseudomaklers an der Vermeidung der scharfen Maklerhaftung nicht überbewertet werden. Denn dieses Interesse kennt der VN als Kunde gerade nicht. Hinzuweisen ist auch auf die Wertung des § 164 Abs. 2 BGB, wonach sich derjenige, der nicht als Vertreter auftritt, an diesem Erklärungswert festhalten lassen muss. Daher ist bei einem entsprechenden Auftreten des Pseudomaklers regelmäßig von einem konkludenten Maklervertragsschluss oder bei entsprechender Fallgestaltung zumindest von einer Maklerhaftung des Vermittlers nach Rechtsscheingrundsätzen auszugehen[86]. Allerdings ist mit Blick auf die genannten haftungsrechtlichen Konsequenzen für den Pseudomakler vor einer leichtfertigen Annahme eines Maklervertrages oder eines entsprechenden Rechtsscheins zu warnen.

43   **d) Das Verhältnis des Versicherers zum Versicherungsnehmer.** Wenn es zwischen dem Pseudomakler und dem VN zum Abschluss eines Maklervertrages kommt, so ist fraglich, welche Auswirkung dies auf das Verhältnis des VR zum VN hat. Konkret ist insbesondere zu klären, ob in solchen Fällen zulasten des VR und zugunsten des VN auf den Vermittler die §§ 69 ff. VVG, die den §§ 43 ff. VVG a. F. entsprechen, anzuwenden sind. Diese Vorschriften gelten für „Versicherungsvertreter". Ein Pseudomakler ist ex definitione im Verhältnis zum VR Vertreter. Es spricht daher alles dafür, dass er trotz seines Auftretens als Makler und trotz des Abschlusses eines Maklervertrages mit dem VN im Verhältnis des VN zum VR seinen agenturvertraglich begründeten Status als Versicherungsvertreter behält und die §§ 69 ff. VVG auf ihn anzuwenden sind[87]. Zu bedenken ist zwar, dass der Pseudomakler durch sein Auftreten als Makler die von den genannten Vorschriften vorausgesetzte agenturvertragliche Bindung an den VR leugnet und der VN deshalb die konkrete Vermittlerleistung nicht als die eines Versicherungsvertreters ansieht. Das **äußere Auftreten des Pseudomaklers** weist diesen mit anderen Worten nicht der Sphäre des VR, sondern derjenigen des VN zu. Dies entspricht auch der **Erwartungshaltung des Kunden,** der den Vermittler als seinen Bundesgenossen ansieht. Andererseits ist aber zu berücksichtigen, dass der Pseudomakler nur die von ihm agenturvertraglich vertretenen VR vermittelt und vermitteln kann und daher nur scheinbar, aber eben nicht tatsächlich zum Interessenwahrer des VN wird. Rein vom Ergebnis her gesehen, also der Vermittlung eines Versicherungsvertrages gerade mit „seinem" VR, entspricht das Verhalten des Pseudomaklers sogar der Interessenwahrungspflicht eines Handelsvertreters.

44   Letztlich sprechen vor allem drei Gründe dafür, dass allein der Abschluss eines Maklervertrages die **agenturvertragliche Bindung des Pseudomaklers an den VR** und damit die Anwendung der §§ 69 ff. VVG nicht berührt[88]. Zum einen wird der VR, dem die Tätigkeit des Pseudomaklers zugute kommt, dessen Verhalten in nicht ganz wenigen Fällen kennen oder kennen müssen. In solchen Fällen kann der Schutz der §§ 69 ff. VVG dem VN nicht ver-

---

[86] So die von Verf. betreute Bonner Dissertation von *Deckers,* Abgrenzung, S. 131 ff.; meine in r+s 1998, 89 (91) sowie in ZVersWiss 2002, 103 (115) vertretene restriktivere Auffassung habe ich schon in der Vorauflage aufgegeben.

[87] *Reiff,* ZVersWiss 2002, 103 (113) m. w. N. auch auf das Schweizer und das österreichische Recht.

[88] Eingehend hierzu *Deckers,* Abgrenzung, S. 138 ff.

wehrt werden. Die Rechtssicherheit gebietet dann, alle Fälle gleich zu behandeln. Zweitens streitet für dieses Ergebnis die besondere **Schutzbedürftigkeit des VN,** der mit einem Pseudomakler einen Maklervertrag geschlossen hat. Da wie gesehen die Berufshaftpflichtversicherung des Vermittlers in diesen Fällen regelmäßig nicht eintrittspflichtig ist, hat der VN einen häufig nicht ausreichend solventen Vertragspartner. Lehnt man die Haftung des VR in diesen Fällen ab, so würde der VN mit dem vollen Insolvenzrisiko des Pseudomaklers belastet[89]. Für eine Anwendung insbesondere des § 69 Abs. 1 VVG spricht schließlich auch der Inhalt dieser Vorschrift. Sämtliche darin genannten Empfangsvollmachten sind auch dann sinnvoll, wenn dem VN ein Vermittler gegenübersteht, der aus Sicht des VN scheinbar ein Makler ist, in Wirklichkeit aber ein Versicherungsvertreter. Denn das Innenverhältnis des Pseudomaklers ist nicht anders als das jedes anderen Versicherungsvertreters. Auch der Pseudomakler ist also als Abschlusshelfer des VR in dessen Außendienst integriert.

Aus alldem folgt: Der Pseudomakler behält im Rechtsverhältnis zwischen VR und VN seinen Status als Versicherungsvertreter. Die §§ 69 ff. VVG sind auf ihn anwendbar. Der **VR haftet für das Fehlverhalten des Pseudomaklers** nach den Grundsätzen der Haftung aus c. i. c. gem. §§ 280 Abs. 1, 311 Abs. 2 BGB. Diese Haftung geht aber auch beim Pseudomakler nicht über den gewöhnlichen Umfang der Haftung für einen Versicherungsvertreter hinaus. Insbesondere muss der VR nicht für die Verletzung der strengen Maklerpflichten einstehen[90]. Insoweit ist der Pseudomakler nämlich nicht mehr Erfüllungsgehilfe des VR i. S. d. § 278 BGB[91]. Die Beratung des VN im Hinblick auf eine bestmögliche Absicherung des zu versichernden Risikos ist keine Verpflichtung eines VR und kann es auch nicht sein. Soweit der Vermittler als Makler tätig werden muss, trifft nur ihn selbst die strenge Sachwalterhaftung. Ein **Pseudomakler** ist also ein **janusköpfiger Versicherungsvermittler.** Er kann bezogen auf einen konkreten VN **sowohl Versicherungsmakler als auch Versicherungsvertreter** sein, je nach dem, ob der VN Rechte aus seinem Verhältnis zum Vermittler oder aus seinem Vertrag mit dem VR herleitet. Macht der VN Ansprüche gegen den Pseudomakler persönlich geltend, so haftet dieser nach den strengen Sachwaltergrundsätzen, wenn er die vielfältigen Pflichten eines Versicherungsmaklers nicht ordnungsgemäß erfüllt hat, was regelmäßig der Fall sein wird. Geht es hingegen um das Rechtsverhältnis des VN zum VR, so ist derselbe Vermittler wegen seiner agenturvertraglichen Bindungen an den VR Versicherungsvertreter und damit nach § 69 Abs. 1 VVG „Auge und Ohr" des VR.

e) Die neuen gesetzlichen Regeln. Diese schon in der Vorauflage vertretene Ansicht 46 wurde mittlerweile durch das **Gesetz zur Neuregelung des Versicherungsvermittlerrechts** vom 19. 12. 2006, in Kraft seit 22. 5. 2007, bestätigt. Darin hat der Gesetzgeber die Problematik in beiden Punkten im hier vertretenen Sinn gelöst. Erstens „gilt" nämlich im **Verhältnis des VN zum Vermittler** nach § 42a Abs. 3 S. 2 VVG a. F., der wörtlich mit § 59 Abs. 3 S. 2 VVG übereinstimmt, ein Vermittler als Versicherungsmakler, wenn er gegenüber dem VN den **Anschein** erweckt, er erbringe seine Leistungen als Makler. Nach der Begründung soll dadurch sichergestellt werden, dass ein solcher Vermittler dem Kunden gegenüber wie ein Makler haftet[92]. Nur dies entspricht übrigens der durch dieses Gesetz umgesetzten RL über Versicherungsvermittlung vom 9. 12. 2002. Denn deren Art. 12 Abs. 2 knüpft die Verpflichtung des Vermittlers, seinen Rat auf eine Untersuchung einer hinreichenden Zahl von auf dem Markt angebotenen Versicherungen zu stützen, nicht daran, dass der Vermittler wirklich seinen Rat auf eine ausgewogene Untersuchung stützt, er also Makler ist, sondern daran, dass er dem Kunden mitteilt, er werde ihn auf der Grundlage einer objektiven Untersuchung beraten, er sich also als Makler geriert. Die RL knüpft mithin die Pflicht

---

[89] Dies gilt freilich nicht, wenn der VR für seinen – als Pseudomakler agierenden – Vertreter gem. § 34d Abs. 4 GewO „die uneingeschränkte Haftung aus der Vermittlertätigkeit" übernommen hat.

[90] Zur „Haftungsübernahme" nach neuem Recht (§ 34d GewO) siehe oben Rn. 29.

[91] Zur Abgrenzung bei Abfangen und Verfälschen von Unterlagen durch einen Versicherungsvertreter LG Berlin v. 3. 7. 2001, VersR 2003, 717. Eingehend zum Problem E. *Lorenz*, 50 Jahre BGH, Festgabe aus der Wissenschaft, 2000, Bd. I S. 329.

[92] BT-Drucks. 16/1935, S. 23.

des Vermittlers nicht an dessen „wirklichen" Status, sondern daran, wie er sich gegenüber dem VN darstellt.

47 Im zweiten Punkt, dem **Verhältnis des VR zum VN,** wurde die hier vertretene Ansicht vom Gesetzgeber ebenfalls bestätigt. Dies folgt zwar nicht ausdrücklich aus dem Gesetz, aber doch aus der Begründung. Danach bleibt nämlich eine **Haftung des VR für seinen Vertreter unberührt,** wenn dieser im Verhältnis zum VN als Makler gilt[93]. Dies heißt nichts anderes, als dass der Vermittler sowohl Makler als auch Vertreter ist.

48 **f) Der Pseudomakler – ein Auslaufmodell?** Das Gesetz zur Neuregelung des Versicherungsvermittlerrechts könnte zur faktischen Lösung des leidigen Phänomens der Pseudomakler beitragen. Durch dieses Artikelgesetz wurden nämlich nicht nur neue vertragsrechtliche Definitionen und Pflichten eingeführt. Vielmehr wurden die Vermittler auch **berufsrechtlich** verpflichtet, sich in ein **Register** eintragen zu lassen (§ 34d Abs. 7 i. V. m. § 11a GewO). Darin wird auch festgehalten, ob der Vermittler als Vertreter oder als Makler tätig wird (§ 5 S. 1 Nr. 3 VersVermV). Dies schafft **Statustransparenz** und sorgt für deren generelle Publizität. Außerdem muss jeder Vermittler dem VN beim ersten Geschäftskontakt in Textform mitteilen, ob er als Makler oder als Vertreter eingetragen ist (§ 11 Abs. 1 Nr. 3 VersVermV). Diese sog. **statusbezogene Informationspflicht** stellt in Bezug auf den Status individuelle Publizität her. Es ist zu hoffen, dass sich durch diese Maßnahmen das Problem der Pseudomakler kurzfristig entschärfen lässt und es sich mittelfristig völlig erledigen wird[94]. Sicher ist das aber keineswegs.

V. Die Vertretungsmacht des Versicherungsvertreters (§§ 69–73 VVG)

1. Persönlicher Anwendungsbereich

49 **a) Das Erfordernis der Betrauung (§ 59 Abs. 2 VVG).** Das VVG von 1908 enthielt nur in den §§ 43–48 VVG a. F. Regelungen über die „Versicherungsagenten". Sie betrafen abgesehen von der Gerichtsstandsregelung des § 48 VVG a. F. ausschließlich die (Empfangs-) Vertretungsmacht der Agenten für den VR. Erst durch das **Gesetz zur Neuregelung des Versicherungsvermittlerrechts** vom 19. 12. 2006[95] wurde mit Wirkung zum 22. 5. 2007 der „Agent" durch den (Versicherungs-)Vertreter ersetzt und wurden neue Mitteilungs- und Beratungspflichten für alle Vermittler, also für Makler und Vertreter, in den §§ 42b ff. VVG a. F. statuiert. Durch die VVG-Reform wurden hieraus nahezu unverändert die §§ 60–67 VVG. Vor allem wurde eine **Legaldefinition** des Versicherungsvertreters in das VVG aufgenommen. Nach § 42a Abs. 2 VVG a. F., der unverändert in § 59 Abs. 2 VVG übernommen wurde, ist Versicherungsvertreter i. S. d. VVG, wer von einem VR oder einem Versicherungsvertreter damit **betraut** ist, gewerbsmäßig Versicherungsverträge zu vermitteln oder abzuschließen. Das **Merkmal der Betrauung** war schon in § 43 VVG a. F. enthalten. Betrauung ist die **vertraglich erteilte Geschäftsbesorgungsmacht durch den VR.** Versicherungsvertreter ist also, wer aufgrund vertraglicher Beziehungen zum VR für diesen Versicherungsverträge vermittelt oder abschließt[96]. Inhaltlich im Wesentlichen gleichbedeutend ist die aus der Zeit vor der gesetzlichen Neuregelung stammende Formulierung der h. M. Danach sind Versicherungsvertreter i. S. d. VVG alle Personen, die **mit Wissen und Wollen des VR** einen Versicherungsvertrag vermitteln oder abschließen[97].

50 **b) Der Verzicht auf das Erfordernis „gewerbsmäßig" (§ 73 VVG).** Die Legaldefinition des Versicherungsvertreters in § 59 Abs. 2 VVG enthält neben dem Merkmal der Betrauung auch das der **Gewerbsmäßigkeit.** Dies bedeutet, dass **Arbeitnehmer** eines VR, die im Werbeaußendienst tätig sind, und sog. **„Gelegenheitsvermittler",** die nur spora-

---

[93] BT-Drucks. 16/1935, S. 23.
[94] Ähnlich *Schönleiter,* GewArch 2007, 265 (268).
[95] BGBl. I S. 3232.
[96] *Holzhauser,* Versicherungsvertragsrecht, Rn. 306.
[97] Vgl. die Nachweise oben in Fn. 19.

disch und damit gerade nicht gewerbsmäßig tätig werden, **keine Versicherungsvertreter** sind. Bliebe es hierbei, so käme es zu empfindlichen Schutzlücken für die VN, weil der Anwendungsbereich der §§ 69 ff. VVG deutlich kleiner wäre als der der §§ 43 ff. VVG a. F. Vor der VVG-Reform wurde nämlich wie gesehen[98] allgemein angenommen, angestellte Versicherungsvermittler und Gelegenheitsvertreter gehörten zu den Versicherungsagenten i. S. d. §§ 43 ff. VVG a. F. Die Begrenzung auf selbständige Gewerbetreibende durch die Definition des Reformgesetzgebers betrifft indes im Ergebnis nicht die Regeln über die Vertretungsmacht der Versicherungsvertreter. Dies ergibt sich aus einer **Sondervorschrift** für Angestellte und nicht gewerbsmäßig tätige Vertreter. Nach § 73 VVG sind nämlich die §§ 69–72 VVG auf „Angestellte eines Versicherers, die mit der Vermittlung oder dem Abschluss von Versicherungsverträgen betraut sind, und auf Personen, die als Vertreter selbständig Versicherungsverträge vermitteln oder abschließen, ohne gewerbsmäßig tätig zu sein, entsprechend anzuwenden".

c) Ergebnis. Die Frage, welche Versicherungsvertreter nach §§ 69 ff. VVG Vertretungs- **51** macht haben, ist damit weitgehend beantwortet. Hierher gehören nämlich **alle Versicherungsvertreter,** seien sie selbständig oder im Werbeaußendienst angestellt, hauptberuflich oder nebenberuflich tätig, zur Vermittlungstätigkeit verpflichtet oder nicht (sog. bloße Gelegenheitsvertreter), Einfirmen- bzw. Konzernvertreter mit Ausschließlichkeitsbindung oder echte Mehrfachvertreter oder schließlich Haupt- bzw. Untervertreter. Dahinter steht die Überlegung, dass der VN das Innenverhältnis des Vermittlers zum VR regelmäßig weder kennt noch kennen muss und daher die Anwendung der seinen Schutz bezweckenden §§ 69 ff. VVG nicht davon abhängig gemacht werden darf.

d) Der Annexvertrieb. Der Annexvertrieb oder auch branchenfremde Vertrieb nutzt **52** die Absatzmöglichkeiten eines anderen Unternehmens auch für Versicherungsprodukte. In der Praxis kommt er etwa bei Kaufhäusern, Kreditkartenorganisationen, Autohäusern, Reisebüros[99] und vor allem bei Kreditinstituten[100] vor. Der **Vertrieb über Banken und Sparkassen** ist in der Vergangenheit immer wichtiger geworden[101]. Er hat vor allem, aber nicht nur im Lebensversicherungsgeschäft in den letzten Jahren enorme Fortschritte gemacht. Eine Zeit lang sorgte die allgemeine Euphorie unter dem Stichwort **„Allfinanz"** für zusätzliche Schubkraft. Generell werden für den Erfolg dieses Vertriebsweges die bessere Verzahnung zwischen Banken und ihren verbundenen Versicherern und das wachsende Geschäftsfeld der betrieblichen Altersvorsorge namhaft gemacht. Zur Zeit beläuft sich der Marktanteil im Lebensversicherungsgeschäft auf starke 25%[102]. Damit ist dieser Vertriebsweg genauso stark wie alle unabhängigen Vermittler zusammen, also Makler, Mehrfachagenten sowie Finanzvertriebe wie AWD und MLP. Auch im Sachgeschäft erreicht er einen beachtlichen Marktanteil, der bei 15% liegen dürfte. Außerdem werden diesem Vertriebsweg für die nahe Zukunft die besten Prognosen bescheinigt. Die mit dem Annexvertrieb befassten juristischen Personen und deren Mitarbeiter sind nach allgemeiner Ansicht Versicherungsvertreter i. S. d. §§ 69 ff. VVG[103]. Dies gilt nicht nur dann, wenn das betreffende Unternehmen aufgrund eines ausdrücklichen Agenturvertrages zur Vermittlung für den VR verpflichtet ist[104], sondern auch dann, wenn ein solcher Agenturvertrag nicht vorliegt. In letzterem Fall folgt die Anwendung der §§ 69 ff. VVG aus dem Schutzzweck dieser Vorschriften, der es nicht zulässt,

---

[98] Hierzu oben Rn. 7 f.

[99] OLG Hamm v. 15. 5. 1996, NJW-RR 1996, 1374; LG Berlin v. 9. 2. 2000, VersR 2000, 1413.

[100] OLG Hamm v. 11. 12. 1990, VersR 1991, 798 sowie v. 8. 5. 1981, VersR 1982, 337.

[101] Zusammenfassend *Reiff,* WM 2006, 1701 (1705).

[102] Hierzu und zum Folgenden Nachweise bei *Reiff,* WM 2006, 1701 (1705).

[103] OLG Hamm v. 15. 5. 1996, NJW-RR 1996, 1374; v. 11. 12. 1990, VersR 1991, 798 sowie v. 8. 5. 1981, VersR 1982, 337; LG Berlin v. 9. 2. 2000, VersR 2000, 1413; *Römer/Langheid/Langheid* § 43 Rn. 13; *Schimikowski,* Versicherungsvertragsrecht, Rn. 115; *Holzhauser,* Versicherungsvertragsrecht, Rn. 306; *Reiff,* WM 2006, 1701 (1705).

[104] So in den Entscheidungen OLG Hamm v. 8. 5. 1981, VersR 1982, 337 und LG Berlin v. 9. 2. 2000, VersR 2000, 1413.

dass das dem VN unbekannte Innenverhältnis zwischen Vermittler und VR den Ausschlag gibt, ob diese Vorschriften anzuwenden sind[105].

53   **e) Ausdehnung im Wege der Analogie.** Die Frage, welche Vermittler unter die §§ 69 ff. VVG fallen, ist nicht völlig mit der Frage nach der Abgrenzung des Versicherungsvertreters vom Versicherungsmakler identisch. Denn allein der Umstand, dass jemand im konkreten Fall nicht als Versicherungsmakler für den VN tätig wurde, macht ihn noch nicht zwingend zum Versicherungsvertreter des VR[106]. Es gibt Vermittler, die weder Makler noch Vertreter sind. Die schwierigste und rechtspolitisch brisanteste Frage im Zusammenhang mit dem persönlichen Anwendungsbereich des § 69 Abs. 1 VVG ist es daher, inwieweit diese Vorschrift analog auf Versicherungsvermittler angewandt werden soll, die nicht vom VR mit der Vermittlung von Versicherungen betraut wurden, also keine Versicherungsvertreter sind. Konkret ist zu fragen, unter welchen Voraussetzungen ein Vermittler, der an sich kein Versicherungsvertreter ist, im konkreten Fall aber auch nicht aufgrund eines Maklervertrages für den VN tätig wurde, zugunsten des VN und zulasten des VR für die Frage der Empfangsvertretungsmacht einem Versicherungsvertreter gleichzusetzen ist. Hierbei ist zu berücksichtigen, dass die §§ 69 ff. VVG **Zurechnungsnormen** sind. Ihre innere Berechtigung leiten diese Vorschriften daraus ab, dass die Versicherungsvertreter im Lager des VR stehen. Er wählt sie aus, integriert sie in seine Vertriebsorganisation, bildet sie fort, überwacht und kontrolliert sie, verleiht ihnen aufwändige und vielversprechende Berufsbezeichnungen bzw. Titel wie „Generalagent" und „Bezirksdirektor", entlohnt ihre Tätigkeit, gestattet ihnen die Verwendung von Firmenbestandteilen und Firmenlogo und bewirbt sie schließlich in allen Medien. Will man § 69 Abs. 1 VVG daher analog anwenden, so müssen diese Zurechnungskriterien zumindest teilweise erfüllt sein.

54   *aa) Pseudovertreter.* Ein Pseudovertreter bzw. Pseudoagent ist ein Versicherungsvermittler, der beim VN – sei es durch mündliche oder schriftliche **Erklärungen,** sei es durch Verwendung entsprechender Briefköpfe oder Visitenkarten – den unzutreffenden Eindruck hervorruft, er sei Versicherungsvertreter eines bestimmten VR. Tut er dies mit Kenntnis oder stillschweigender Billigung des VR bzw. hätte der VR dieses Auftreten des Vermittlers kennen müssen, so ist eine **analoge Anwendung der §§ 69 ff. VVG** geboten.

55   *bb) Quasiversicherungsvertreter.* Beim Quasiversicherungsvertreter entsteht für den VN nicht durch Erklärung des Vermittlers, sondern **in sonstiger Weise** der Eindruck, der Vermittler gehöre zur Sphäre des VR. Die Fälle sind meist dadurch gekennzeichnet, dass der VR „an sich" unabhängige Vermittler in sein Vertriebsnetz einbindet und den Vertrieb **vertreterähnlich** gestaltet. Hier „bedient" sich der VR dieser Vermittler beim Abschluss des Versicherungsvertrags. Eine sehr weitgehende Rspr. insbesondere des OLG Hamm nahm dies bereits dann an, wenn der VR dem Vermittler Antragsformulare zur Verfügung stellte und ihn auf dem Versicherungsschein als „Betreuer" bezeichnete[107]. Hier hat der BGH mittlerweile korrigierend eingegriffen. Danach kommt eine entsprechende Anwendung nur bei Vorliegen besonderer Tatsachen in Betracht[108].

56   Der einschränkenden Rspr. des BGH ist zuzustimmen. Allein der Umstand, dass ein Vermittler Antragsformulare eines VR vorhält, kann nicht ausreichen, diesen Vermittler dem VR als Versicherungsvertreter zuzurechnen, schon gar nicht, wenn der Vermittler Formulare von 41 miteinander im Wettbewerb stehenden VR besitzt[109]. Denn es ist üblich und wirtschaftlich auch sinnvoll, dass ein Versicherungsmakler von den VR Antragsformulare für den Fall erhält, dass er diese VR einem Kunden empfiehlt und es dann zum Vertragschluss

---

[105] *E. Hofmann,* Privatversicherungsrecht, § 5 Rn. 67 zu §§ 43 ff. VVG a. F.
[106] So ausdr. OLG Hamm v. 8. 3. 1996, VersR 1996, 697 (699).
[107] OLG Hamm v. 8. 3. 1996, VersR 1996, 697 (700); v. 10. 7. 1996, NJW-RR 1997, 220 (221); v. 18. 11. 1998, NVersZ 1999, 285. Ähnlich OLG Nürnberg v. 27. 1. 1994, NJW-RR 1995, 227 (229).
[108] BGH v. 22. 9. 1999, VersR 1999, 1481 (1482); bedenklich weit wiederum OLG Karlsruhe v. 23. 10. 2001, VersR 2002, 737 (738).
[109] So im Fall des OLG Nürnberg v. 27. 1. 1994, NJW-RR 1995, 227 (229).

kommt[110]. So verständlich das Bemühen der Instanzgerichte ist, einen Vermittler für die Fragen der Empfangsvertretungsmacht, aber auch der Wissenszurechnung und der Haftung einem Versicherungsvertreter des VR gleichzustellen, um wirkliche oder vermeintliche **Schutzlücken für den VN** zu schließen, so erforderlich ist doch aus Gründen der Rechtssicherheit und Rechtseinheitlichkeit eine klare, von Billigkeitserwägungen abgekoppelte und auf überzeugende Zurechnungskriterien gegründete Lösung. Letztlich war der **Gesetzgeber aufgerufen,** hier Abhilfe zu schaffen, wobei § 43a ÖVVG eine gewisse Vorbildfunktion hätte haben können[111].

Die VVG-Reform hat indes keine Regelung des Problems der Pseudo- und Quasivertreter **57** gebracht. Die Lösung ist daher nach wie vor Rechtsprechung und Literatur überlassen. Folgende **Gesichtspunkte** sind hervorzuheben[112]: Unbedingt erforderlich ist zunächst auf Seiten des VR, dass er erstens das die Zurechnung begründende Verhalten des Vermittlers kannte oder hätte kennen müssen[113]. Außerdem muss der VR es zweitens unterlassen haben, **zumutbare Anstrengungen** zu unternehmen, den Vermittler im Verhältnis zum VN aus seiner Sphäre auszugrenzen. So ist zu fordern, dass er zumindest im Rahmen der Anbahnung der Vermittlerbeziehung das Auftreten des Vermittlers gegenüber dem VN mit ihm abstimmt. Er könnte etwa darauf hinwirken, dass der Vermittler die ihm überlassenen Antragsformulare mit seinem eigenen Stempelaufdruck versieht und hierbei eindeutig auf seine Maklereigenschaft hinweist. Tut er das nicht, sind also die beiden Voraussetzungen auf Seiten des VR gegeben, so ist der Vermittler dann wie ein Versicherungsvertreter zu behandeln, wenn ein **vertreterähnlicher Maklervertrieb** vorliegt. Hiervon wird man etwa ausgehen können, wenn der VR den Vermittler nicht nur mit Antragsformularen, sondern auch mit eindeutigem Werbematerial ausstattet und der Vermittler funktional wie ein Vertreter auftritt, insbesondere **keine Produktauswahlempfehlung** gibt. Wie ein Versicherungsvertreter zu behandeln ist ein Vermittler ferner, wenn eine **wirtschaftliche Abhängigkeit des Vermittlers vom VR** besteht. Dies ist insbesondere dann der Fall, wenn ein Vermittler fast alle seine Risiken bzw. einen sehr großen Prozentsatz davon bei einem einzigen VR platziert[114]. Drittens und letztens ist es gerechtfertigt, im Falle der **wirtschaftlichen Verflechtung** des Vermittlers mit einem VR ihn wie einen Versicherungsvertreter zu behandeln[115]. Eine solche Verflechtung ist im Falle einer nicht unerheblichen wirtschaftlichen Beteiligung oder einer sonstigen Beherrschung durch den VR anzunehmen. Fehlt es an den genannten Voraussetzungen, so scheidet eine Analogie zu § 69 Abs. 1 VVG aus. Der Vermittler kann nicht wie ein Versicherungsvertreter behandelt werden. Liegt in der konkreten Beziehung auch kein Maklervertrag vor, so existieren in der Tat bedenkliche Schutzlücken für den VN.

f) Grenze: Versicherungsvertreter als Vertreter des Versicherungsnehmers. Die **58** unmittelbare – oder analoge – Anwendung der §§ 69ff. VVG ist nur gerechtfertigt, wenn der Vertreter bei der Antragsentgegennahme **in Ausübung der Stellvertretung** für den VR tätig wurde[116]. Mit diesem Erfordernis wird nicht nur die Zurechnung von Wissen des Versicherungsvertreters, das dieser „privat" erlangt, zum VR ausgeschlossen[117], sondern – in

---

[110] *Matusche-Beckmann,* VersR 1995, 1391 (1396); *Hoenicke,* r+s 1996, 334 (335); *Müller-Stein,* VW 1995, 602 (604).

[111] Hierzu *Reiff,* ZVersWiss 2002, 103 (117). Vgl. hierzu noch sogleich unten Rn. 57.

[112] Eingehend hierzu die von Verf. betreute Bonner Dissertation von *Deckers,* Abgrenzung, S. 172ff.

[113] Zu dem – ungeschriebenen – Tatbestandsmerkmal der „Erkennbarkeit" des Verhaltens des Vermittlers für den VR im Rahmen des § 43a ÖVVG vgl. eingehend *Fenyves/Kronsteiner/Schauer,* Versicherungsvertragsnovellen, § 43a Rn. 3.

[114] Nach § 43a ÖVVG besteht in diesem Fall ein „wirtschaftliches Naheverhältnis", aufgrund dessen der VR dem VN für das Verschulden des Vermittlers wie für sein eigenes haftet; vgl. hierzu *Fenyves/Kronsteiner/Schauer,* Versicherungsvertragsnovellen, § 43a Rn. 2.

[115] So zu § 43a ÖVVG auch *Fenyves/Kronsteiner/Schauer,* Versicherungsvertragsnovellen, § 43a Rn. 2.

[116] BGH v. 19. 9. 2001, VersR 2001, 1498 (1499 unter II. 2.); v. 22. 9. 1999, VersR 1999, 1481 (1482 unter 2. b); v. 11. 11. 1987, BGHZ 102, 194 (198).

[117] Hierzu unten Rn. 122.

sehr seltenen Ausnahmefällen – auch eine **Grenze des persönlichen Anwendungsbereichs** der §§ 69 ff. VVG markiert. Es liegt nämlich regelmäßig „kein Tätigwerden in Ausübung der Stellvertretung" vor, wenn der Versicherungsvertreter dem VR als **rechtsgeschäftlicher Vertreter des künftigen VN** gegenübertritt und damit in dessen Lager und nicht in dem des VR steht[118]. Einen solchen Ausnahmefall hat der BGH für einen Sachverhalt bejaht, in dem ein Hauseigentümer seine Hausverwaltung, eine GmbH, die auch Versicherungsvertreter des später beklagten VR war, beauftragte, einen neuen Gebäudeversicherungsvertrag für ihn abzuschließen, und diese GmbH mit mehreren VR namens des Hauseigentümers verhandelte, was gegenüber dem später beklagten VR auch offengelegt wurde. Im Vertreterhandeln des Versicherungsvertreters für den VN liegt also gleichsam die Grenze, jenseits derer ein Versicherungsvertreter trotz bestehenden Agenturvertrages mit dem VR nicht mehr unter § 69 Abs. 1 VVG fällt.

59 Das Gegenstück zum Versicherungsvertreter, der als rechtsgeschäftlicher Vertreter des VN agiert, sind die – ebenfalls sehr seltenen – Fälle, in denen ein Makler den VR nicht nur bei Abschluss des Vertrages vertritt, sondern von ihm auch mit der gesamten Geschäftsführung aus dem Vertrag beauftragt wird. Unter solchen Umständen ist der **Makler** nicht der treuhänderische Sachwalter des VN, sondern **(rechtsgeschäftlicher) Vertreter des VR**[119]. Dies hat der BGH für einen Fall bejaht, in dem allein der Makler dem VN gegenübertrat und alle Rechtshandlungen des VR als dessen Vertreter vornahm, und zwar einschließlich der mit der Klagefrist des § 12 Abs. 3 VVG a. F. verbundenen Leistungsablehnung[120]. Dies hatte zur Folge, dass die Unklarheiten der – vom Makler aufgestellten – AVB nicht zulasten des VN, sondern zulasten des VR gingen.

2. Die Empfangsvertretungsmacht des § 69 Abs. 1 VVG

60 **a) Entwicklung und Überblick.** Durch die VVG-Reform zum 1. 1. 2008 wurden die §§ 43–48 VVG a. F. über die Vertretungsmacht des Versicherungsvertreters durch die §§ 69–73 VVG textlich zum Teil grundlegend umgestaltet. Die Änderung der Rechtslage durch die neuen Vorschriften hielt sich aber doch durchaus in Grenzen, weil im Bereich der §§ 43 ff. VVG a. F. die Rechtsfortbildung zu einer besonders starken Abweichung des geltenden vom geschriebenen Recht geführt hatte[121]. Die VVG-Reform hatte in Bezug auf die gesetzliche Vertretungsmacht der Versicherungsvertreter also in weiten Teilen nur das Ziel, das geschriebene Recht dem geltenden Recht anzupassen. Allerdings gibt es nach neuem Recht die bisherige **sachliche Beschränkung** der gesetzlichen Vertretungsmacht auf den „Versicherungszweig, für den er bestellt ist"[122] nicht mehr, weil sie dem Schutzbedürfnis des VN widersprach[123]. Auch die nach § 46 VVG a. F. mögliche **örtliche Einschränkung** der Empfangsvertretungsmacht[124] wurde zu Recht nicht in das neue VVG übernommen, weil solche örtlichen Beschränkungen in der Versicherungswirtschaft nicht vorkommen[125].

61 Das VVG von 1908 normierte in § 43 VVG a. F. eine weitreichende Empfangsvertretungsmacht des Versicherungsvertreters für Anträge, Anzeigen und Erklärungen des Versicherungsnehmers. Diese wird in § 69 Abs. 1 und 2 VVG unter der missglückten Überschrift „**Gesetzliche Vollmacht**"[126] sprachlich klarer gefasst, ohne dass damit größere inhaltliche Änderungen beabsichtigt waren. § 69 Abs. 1 VVG ist an die Stelle des § 43 Nr. 1–3 VVG a. F.

---

[118] BGH v. 19. 9. 2001, VersR 2001, 1498 (1499 unter II. 2.).

[119] BGH v. 17. 1. 2001, VersR 2001, 368 (369 unter II. 1.); *Prölss/Martin/Kollhosser,* § 43 Rn. 13c.

[120] BGH v. 17. 1. 2001, VersR 2001, 368 (369 unter II. 1.).

[121] Vgl. hierzu *Reiff,* ZVersWiss 2002, 103, 119 ff., und Vorauflage, § 5 Rn. 47 ff.

[122] Zu dieser Beschränkung Vorauflage § 5 Rn. 44.

[123] So die Begründung BT-Drucks. 16/3945, S. 77.

[124] Zu dieser in der Praxis bedeutungslosen Beschränkung Vorauflage § 5 Rn. 45.

[125] So die Begründung BT-Drucks. 16/3945, S. 78.

[126] Die Überschrift ist verfehlt, weil die „Vollmacht" nach der Legaldefinition des § 166 Abs. 2 BGB „eine durch Rechtsgeschäft erteilte Vertretungsmacht" ist, also im Gegensatz zur gesetzlichen Vertretungsmacht steht.

getreten, § 69 Abs. 2 VVG an die Stelle des § 43 Nr. 4 VVG a. F. Allerdings war diese Bestimmung bereits durch das Gesetz zur Neuregelung des Versicherungsvermittlerrechts mit Wirkung zum 22. 5. 2007 aufgehoben und durch § 42f Abs. 1 VVG a. F. ersetzt worden, der dann
durch die VVG-Reform zum 1. 1. 2008 zu § 69 Abs. 2 VVG wurde.

b) Vor Vertragsschluss (§ 69 Abs. 1 Nr. 1 VVG). Die größte praktische Bedeutung hat   **62**
die Empfangsvertretungsmacht des § 69 Abs. 1 Nr. 1 VVG, der § 43 Nr. 1 VVG a. F. ersetzt
hat. Diese Vorschrift regelt den Zeitraum vor Abschluss eines Vertrages. Danach „gilt" ein
Versicherungsvertreter als bevollmächtigt, **Anträge auf Abschluss eines Versicherungsvertrages** entgegenzunehmen. Außerdem wird darin der **Widerruf** derartiger Anträge genannt. Zu § 43 Nr. 1 VVG a. F. war fraglich, ob diese Vertretungsmacht zur Entgegennahme
von Anträgen, also von Willenserklärungen, auch die Entgegennahme der vom VN gemachten Gefahranzeigen, also von dessen Wissenserklärungen, umfasse. Dies wurde von der ganz
h. M. zu Recht bejaht[127]. § 69 Abs. 1 Nr. 1 VVG bestimmt nun ausdrücklich, dass die Empfangsvollmacht auch für die „**vor Vertragsschluss** abzugebenden **Anzeigen und sonstigen Erklärungen**" gilt. Dies bedeutet insbesondere, dass der Versicherungsvertreter bevollmächtigt ist, die Erklärungen entgegenzunehmen, die der künftige VN in Erfüllung seiner
vorvertraglichen Anzeigeobliegenheit aus § 19 Abs. 1 VVG abgibt. Ein VN hat damit also
grundsätzlich seine vorvertragliche Anzeigeobliegenheit aus § 19 Abs. 1 VVG erfüllt, wenn
er dem Versicherungsvertreter die Gefahrumstände mündlich mitteilt. Was dem Versicherungsvertreter mit Bezug auf die Antragstellung gesagt und vorgelegt wird, ist damit zugleich
dem VR gesagt und vorgelegt worden. Dies macht den Vermittler, auf den § 69 Abs. 1 Nr. 1
VVG angewendet wird, nach einem berühmten Satz des BGH zum **„Auge und Ohr"** des
VR[128].

c) Nach Vertragsschluss (§ 69 Abs. 1 Nr. 2 VVG). Eine wichtige Rolle spielt in der   **63**
Praxis auch § 69 Abs. 1 Nr. 2 VVG, der an die Stelle des § 43 Nr. 2 VVG a. F. getreten ist.
Diese Vorschrift regelt den Zeitraum nach Vertragsschluss. Danach gilt der Versicherungsvertreter als bevollmächtigt, „Anträge auf Verlängerung oder Änderung eines Versicherungsvertrages und deren Widerruf, die Kündigung, den Rücktritt und sonstige das Versicherungsverhältnis betreffende Erklärungen sowie die während der Dauer des Versicherungsverhältnisses
zu erstattenden Anzeigen vom VN entgegenzunehmen". § 69 Abs. 1 Nr. 2 VVG betrifft also
schon nach seinem Wortlaut **alle Erklärungen des VN,** die dieser **während der Laufzeit
des Versicherungsvertrages abzugeben** hat, seien es nun Wissens- oder Willenserklärungen. Der VN kann also seine Anzeigen, insbesondere die Schadensanzeigen, sowie
seine Erklärungen, insbesondere Kündigungs-, Rücktritts- und Anfechtungserklärungen, mündlich gegenüber dem Versicherungsvertreter abgeben. Dies bedeutet beispielsweise, dass der
VN seine Obliegenheit aus § 30 Abs. 1 S. 1 VVG, den Versicherungsfall unverzüglich anzuzeigen, regelmäßig erfüllt hat, wenn er die entsprechende Mitteilung mündlich gegenüber
dem Versicherungsvertreter gemacht hat. Auch insofern ist der Vermittler also grundsätzlich
„Auge und Ohr" des VR.

d) Übermittlung von Versicherungsscheinen (§ 69 Abs. 1 Nr. 3 VVG). In der Praxis   **64**
wenig bedeutsam ist § 69 Abs. 1 Nr. 3 VVG, der § 43 Nr. 3 VVG a. F. ersetzt hat. Danach ist
ein Versicherungsvertreter bevollmächtigt, die von dem VR ausgefertigten Versicherungsscheine oder Verlängerungsscheine dem VN zu übermitteln. Versicherungsscheine werden
seit langem ganz überwiegend von der Zentrale des VR per Post zu den VN geschickt. Es ist
daher nicht verwunderlich, dass in den letzten 40 Jahren soweit ersichtlich keine Gerichtsentscheidungen hierzu ergangen sind[129].

---

[127] Nachweise Vorauflage, § 5 Rn. 42 in Fn. 80.
[128] BGH v. 11. 11. 1987, BGHZ 102, 194 (197).
[129] Vgl. hierzu *Reiff,* ZVersWiss 2002, 103 (119 mit Fn. 57).

3. Unabdingbarkeit (§ 72 VVG)

65   a) **Entwicklung.** Die gesetzliche (Empfangs-)Vertretungsmacht des **§ 43 Nr. 1 und 2 VVG a. F.**, die die Versicherungsvertreter zu **Augen und Ohren der VR** machte, ging den VR meistens zu weit. Die VR versuchten daher auf den verschiedensten Wegen, diese Regelungen einzuschränken und so ihre Augen und Ohren wenigstens teilweise zu schließen. Hierfür boten sich vor allem zwei Wege an: Die Abbedingung der Empfangsvertretungsmacht und die Ausbedingung der Schriftform.

66   *aa) Die Abdingbarkeit nach dem alten geschriebenen Recht (§ 47 VVG a. F.).* Nach dem geschriebenen Recht war die **Abbedingung der Empfangsvertretungsmacht** möglich. **§ 47 VVG a. F.** erklärte die gesetzliche Empfangsvertretungsmacht des Vermittlungsvertreters ausdrücklich für beschränkbar. Der VN musste diese Beschränkungen zwar nur dann gegen sich gelten lassen, wenn er sie im Zeitpunkt der Anzeige kannte oder infolge grober Fahrlässigkeit nicht kannte. Das geschriebene Recht eröffnete dem VR aber doch scheinbar den Weg, die Rechtslage durch die Abbedingung der Empfangsvertretungsmacht seiner Versicherungsvertreter zu seinen Gunsten zu verändern.

67   *bb) Stand der Rechtsfortbildung vor der VVG-Reform.* Schaute man indes genauer hin, so erkannte man, dass der Eindruck täuschte. Auf diesem Weg konnte der VR seine Augen und Ohren **vor Vertragsschluss** nicht verschließen. Nach einhelliger Rspr.[130] und der ganz überwiegenden Meinung in der Lit.[131] war es dem VR nämlich entgegen § 47 VVG a. F. nicht möglich, die Empfangsvollmacht der Versicherungsvertreter aus **§ 43 Nr. 1 VVG a. F.** so zu beschränken, dass die Versicherungsvertreter zwar Anträge entgegennehmen können, nicht aber die dazugehörigen vorvertraglichen Gefahranzeigen. § 43 Nr. 1 VVG a. F. war also kraft Rechtsfortbildung **unabdingbar.** Diese Rechtsfortbildung contra legem[132] wurde damit begründet, dass die Entgegennahme des Antrags und die Kenntnisnahme von den vorvertraglichen Gefahranzeigen ein **einheitlicher Lebensvorgang** seien, der **juristisch nicht aufgespalten** werden dürfe. Klauseln in den Antragsformularen, die die Empfangsvertretungsmacht der Versicherungsvertreter insoweit beschränkten, wichen von wesentlichen Grundgedanken der gesetzlichen Regelung ab und seien daher nach § 307 Abs. 2 Nr. 1 BGB unwirksam. Hinter diesem sog. „**Spaltverbot**"[133] stand die zutreffende Erwägung, dass der VR für den von ihm gewählten Vertriebsweg verantwortlich ist[134].

68   Etwas anderes galt für die Empfangsvertretungsmacht des Versicherungsvertreters **nach Vertragsschluss.** Nach **§ 43 Nr. 2 VVG a. F.** war der Versicherungsvertreter „Auge und Ohr" des VR für die **während der Vertragslaufzeit** abzugebenden Anzeigen und Erklärungen. Nach zwei Urteilen des BGH aus dem Jahre 1999 war eine Klausel wirksam, wonach Mitteilungen, die das bestehende Versicherungsverhältnis betreffen, schriftlich erfolgen müssen und Versicherungsvertreter zu ihrer Entgegennahme nicht bevollmächtigt sind[135]. § 43 Nr. 2 VVG a. F. war also **abdingbar.**

69   *cc) Die Ausbedingung der Schriftform nach dem alten geschriebenen Recht (§ 34a S. 2 VVG a. F.).* Ganz ähnlich wie bei der Abdingbarkeit der Empfangsvertretungsmacht lagen die Dinge bei der **Ausbedingung der Schriftform.** Nach **§ 34a S. 2 VVG a. F.** hatte der VR die Möglichkeit, sich für die Erfüllung der Anzeigeobliegenheiten des VN die Schriftform auszubedingen.

---

[130] BGH v. 18. 12. 1991, BGHZ 116, 387; BVerwG v. 25. 6. 1998, VersR 1998, 1137 (1139); ebenso das BAV, VerBAV 1993, 342 und 1996, 259.

[131] *Beckmann,* NJW 1996, 1378 (1379); *Präve,* VersBedingungen, Rn. 511 m. w. N.

[132] Dies ergibt sich bereits aus dem Wortlaut des § 47 VVG a. F.; vgl. hierzu *Reiff,* ZVersWiss 2002, 103 (124 bei Fn. 80).

[133] Begriff nach *Prölss/Martin/Kollhosser,* § 47 Rn. 5.

[134] Eingehend hierzu *Reiff,* ZVersWiss 2002, 103 (126).

[135] BGH v. 10. 2. 1999, VersR 1999, 565 (566); v. 24. 3. 1999, VersR 1999, 710 (714). Ebenso OLG Hamm v. 12. 4. 2000, NVersZ 2000, 542; v. 22. 12. 2000, NVersZ 2001, 258. Ablehnend *Beckmann,* in: Verantwortlichkeit im Wirtschaftsrecht (2002), 29 (42).

dd) Stand der Rechtsfortbildung vor der VVG-Reform. Die Rechtsfortbildung war freilich auch **70** insoweit über das geschriebene Recht hinweggegangen. **Vor Vertragsschluss,** also im Anwendungsbereich des **§ 43 Nr. 1 VVG a. F.** hielt die ganz h. M. in Lit. und Rspr. die **Ausbedingung der Schriftform** für **unwirksam**[136]. Obwohl es sich bei der Abbedingung der Empfangsvertretungsmacht und der Ausbedingung der Schriftform um konstruktiv ganz verschiedene, streng zu trennende Wege handelt, wird die **Unabdingbarkeit der Mündlichkeit von vorvertraglichen Gefahranzeigen** ebenfalls damit begründet, die Entgegennahme des Antrags und die Kenntnisnahme von den vorvertraglichen Gefahranzeigen seien ein einheitlicher Lebensvorgang, der juristisch nicht aufgespalten werden dürfe. Entsprechende Schriftformklauseln seien daher nach § 307 Abs. 2 Nr. 1 BGB unwirksam. Diese Rechtsfortbildung contra legem, die nicht nur dem eindeutigen Wortlaut des § 34a S. 2 VVG a. F. widersprach, sondern auch dem in den Materialien wiederholt eindeutig zum Ausdruck gebrachten klaren Willen des historischen Gesetzgebers[137] ließ sich ebenfalls auf das zutreffende Argument der Verantwortung des VR für den von ihm gewählten Vertriebsweg stützen. Wenn die Versicherungsvertreter dem VN beim für den Vertragsschluss erforderlichen Ausfüllen des Antragsformulars mit Rat und Tat zur Seite stehen und ihm die im Formular aufgeführten Fragen mündlich erläutern, dann müssen auch die mündlichen Erklärungen und Anzeigen des VN gegenüber dem Versicherungsvertreter für den VR Bedeutung haben. Es ist der VR, der die Tätigkeit der Versicherungsvertreter veranlasst, kontrolliert, bewirbt, entlohnt und den Nutzen aus ihr zieht. Er muss daher auch die Verantwortung für seine Versicherungsvertreter tragen.

Anders lagen die Dinge erneut **nach Vertragsschluss,** also im Anwendungsbereich des **71** **§ 43 Nr. 2 VVG a. F.** Soweit es um die Ausbedingung der Schriftform für Anzeigen und Erklärungen ging, die **während der Laufzeit der Versicherung** abzugeben waren, konnte die Schriftform wirksam ausbedungen und damit die **Mündlichkeit abbedungen** werden, wie der BGH in zwei Urteilen aus dem Jahre 1999 entschieden hat[138].

ee) Rechtsfortbildung und Reformbedarf. Als Fazit lässt sich zum Stand der Rechtsfortbildung **72** vor der VVG-Reform festhalten: Im Anwendungsbereich des **§ 43 Nr. 2 VVG a. F.,** also für während der Laufzeit des VV abzugebende Erklärungen und Anzeigen des VN, war der Versicherungsvertreter zwar **„Auge und Ohr"** des VR, es handelte sich aber um **dispositives Recht.** Der VR konnte also die Empfangsvertretungsmacht des Versicherungsvertreters nach § 47 VVG a. F. ausschließen und ihn zum **Empfangsboten** degradieren[139]. Der Versicherungsvertreter war nämlich, selbst wenn der VR seine Empfangsvertretungsmacht wirksam abbedungen hatte, immer noch Empfangsbote des VR, also nicht etwa Erklärungsbote des VN[140]. Der VR konnte sich außerdem die Schriftform ausbedingen, so dass die mündliche Mitteilung gegenüber dem Versicherungsvertreter keine Erfüllung der Anzeigeobliegenheit war. Der VR hatte also die Möglichkeit, insoweit die Versicherungsvertreter als seine Ohren zu schließen und den Blickwinkel seiner Augen zu verengen. Im Anwendungsbereich des **§ 43 Nr. 1 VVG a. F.** hingegen, also für die vor Vertragsschluss zu machenden Erklärungen

---

[136] BGH v. 10. 2. 1999, VersR 1999, 565 (566 unter II 2 a. E.); BVerwG v. 25. 6. 1998, VersR 1998, 1137 (1139); BAV, VerBAV 1993, 342 und 1996, 259; *Beckmann,* NJW 1996, 1378 (1380); *Präve,* Versicherungs-Bedingungen, Rn. 511 m. w. N.; a. A. *E. Lorenz,* VersR 1999, 568 (569); *Römer/Langheid/Langheid,* § 34a Rn. 7 und 8.

[137] Eingehend hierzu *Reiff,* r+s 1998, 133 (135 m. w. N.).

[138] BGH v. 10. 2. 1999, VersR 1999, 565 (566); v. 24. 3. 1999, VersR 1999, 710 (714). Ebenso OLG Hamm v. 12. 4. 2000, NVersZ 2000, 542; v. 22. 12. 2000, NVersZ 2001, 258.

[139] Eingehend hierzu Vorauflage, § 5 Rn. 48.

[140] *Reiff,* r+s 1998, 133 (134) m. w. N.; *ders.,* VersR 1998, 976 (977); *Rüther,* NVersZ 2001, 241 (242); OLG Hamm v. 25. 1. 2008, VersR 2008, 908; v. 22. 12. 2000, VersR 2001, 1499 (1500); v. 19. 11. 1999, VersR 2000, 577; OGH v. 30. 3. 1999, VersR 2000, 1174 (1176); unrichtig *Büsken/Dreyer,* NVersZ 1999, 455 (457); OLG Hamburg v. 11. 3. 1998, VersR 1998, 627 (630). Die Empfangsbotenproblematik wird übersehen von BGH v. 10. 2. 1999, VersR 1999, 565 (566), obwohl sie dort entscheidungserheblich gewesen wäre; so auch *Rüther,* NVersZ 2001, 241 (242 in Fn. 17).

und Anzeigen des VN, war der Versicherungsvertreter stets **„Auge und Ohr"** des VR, weil diese gesetzliche Regelung **zwingendes Recht** war und vom VR nicht abgeändert werden konnte. Der VR konnte also insoweit die Empfangsvertretungsmacht des Versicherungsvertreters nicht beschränken und sich auch nicht die Schriftform ausbedingen. Der Versicherungsvertreter war daher das grundsätzlich offene und nicht zu verschließende „Auge und Ohr" des VR.

73   Aus diesem Fazit ergibt sich unmittelbar der **Reformbedarf.** In Bezug auf die Abdingbarkeit der Vertretungsmacht kann nämlich nicht sinnvoll zwischen vorvertraglichen Anzeigen und Erklärungen (§ 43 Nr. 1 VVG a. F.) sowie Anzeigen und Erklärungen während der Dauer des Versicherungsverhältnisses (§ 43 Nr. 2 VVG a. F.) differenziert werden[141]. Aus diesem Grund war wiederholt die Gleichstellung beider Regelungen angemahnt worden[142]. Aufgabe des Gesetzgebers war es daher, den durch die Rechtsfortbildung schon beschrittenen Weg konsequent zu Ende zu gehen. Dieser Aufgabe ist er cum grano salis gerecht geworden.

74   **b) Inhalt der Regelung.** § 72 VVG erklärt im Ergebnis die Empfangsvertretungsmacht der Versicherungsvertreter für **unabdingbar.** Er bestimmt nämlich, dass Beschränkungen der gesetzlichen Vertretungsmacht des Versicherungsvertreters durch AVB gegenüber dem VN[143] und Dritten unwirksam sind. Der **Begriff „AVB"** ist hier weit zu verstehen. Er erfasst alle vom VR für eine Vielzahl von Fällen vorformulierten Erklärungen, unabhängig davon, ob sie im **Antragsformular,** dem Versicherungsschein, den klassischen AVB oder sonst wo enthalten sind[144]. Eine wirksame Beschränkung der Vertretungsmacht ist nach § 72 VVG daher nur möglich, wenn die Beschränkung im Einzelnen ausgehandelt ist, weil dann nach § 305 Abs. 1 S. 3 BGB keine AGB vorliegt. Dies ist aber in Anbetracht der zu Recht sehr hohen Hürden, die die Rechtsprechung an das **Aushandeln** stellt, nahezu ausgeschlossen. „Aushandeln" heißt nämlich mehr als „verhandeln". Von „Aushandeln" ist nur dann zu sprechen, wenn der Verwender den in seinen AGB enthaltenen „gesetzesfremden" Kerngehalt inhaltlich ernsthaft zur Disposition stellt und dem Verhandlungspartner Gestaltungsfreiheit zur Wahrung eigener Interessen einräumt, wobei zumindest die reale Möglichkeit bestehen muss, die inhaltliche Ausgestaltung der Vertragsbedingungen zu beeinflussen. Es kann zwar im Ergebnis bei der gestellten Klausel verbleiben, der Verwender muss sie aber vorher grundsätzlich zur Disposition gestellt haben[145]. Ein Aushandeln, eine individualvertragliche Regelung, ist daher mit vertretbarem Zeit- und Kostenaufwand nur im besonders gelagerten Einzelfall möglich, nicht aber im „Massengeschäft" des Alltags[146]. Hinzu kommt, dass eine individualvertraglich vereinbarte Beschränkung der Vertretungsmacht des Versicherungsvertreters auf den potenziellen VN abschreckend wirkt und damit den unternehmerischen Erfolg des Vertreters und des VR gefährdet[147].

75   § 72 VVG gilt für § 69 Abs. 1 Nr. 1 und Nr. 2 in gleicher Weise. Die Differenzierung zwischen Erklärungen vor Vertragsschluss und solchen nach Vertragsschluss ist also durch die Reform weggefallen, weil sie nicht sachgerecht ist[148]. Der Versicherungsvertreter ist daher **für alle Anträge, Anzeigen und Erklärungen** des VN, seien sie vor Vertragsschluss oder danach gestellt bzw. abgegeben, nach dem wegen § 72 VVG faktisch zwingenden § 69 Abs. 1 VVG **„Auge und Ohr"** des VR.

---

[141] Eingehend hierzu *Reiff,* ZVersWiss 2002, 103 (127 ff.).

[142] So de lege ferenda *Römer,* VersR 2000, 661 (664); *Reiff,* FS Kollhosser, S. 261 (271 ff.). Bereits de lege lata auch im Bereich des § 43 Nr. 2 VVG a. F. für Unabdingbarkeit *Schwintowski,* VuR 2000, 124 (125 f.); ähnlich *Basedow,* NVersZ 1999, 349 (352); Präve, VersR 1999, 755 (756).

[143] Die Hervorhebung des VN neben dem Dritten wäre entbehrlich gewesen, weil der VN im Verhältnis des VR zum Versicherungsvertreter „Dritter" ist; hierzu näher *Reiff,* Versicherungsvermittlerrecht im Umbruch, S. 106 nach Fn. 316.

[144] Eingehend hierzu *Wolf/Lindacher/Pfeiffer/Reiff,* Klauseln Rn. V 69 ff.

[145] BGH v. 27. 3. 1991, VersR 1991, 692; *Ulmer/Brandner/Hensen/Ulme*r, § 305 BGB Rn. 47 ff.

[146] *Reiff,* AnwBl. 1997, 3 (6) zu Haftungsbeschränkungen bei Freiberuflern.

[147] *Reiff,* AnwBl. 1997, 3 (6) zu Haftungsbeschränkungen bei Freiberuflern m. w. N. in Fn. 30.

[148] BT-Drucks. 16/3945, S. 78.

c) Ausbedingung der Schrift- oder Textform (§ 32 S. 2 VVG)? Fraglich könnte sein, **76** ob die VR mithilfe der Ausbedingung der Schrift- oder Textform nach § 32 S. 2 VVG die Anordnung der Unabdingbarkeit durch § 72 VVG aushebeln können. Das alte Recht gab wie gesehen dem VR nach § 34a S. 2 VVG a. F. die Möglichkeit, für die dem VN obliegenden Anzeigen die schriftliche Form auszubedingen, wenn auch aufgrund der Rechtsfortbildung nur für den Anwendungsbereich des § 43 Nr. 2 VVG a. F., also für die Zeit nach Vertragsschluss. § 32 S. 2 VVG stimmt fast wörtlich mit § 34a S. 2 VVG a. F. überein. Er erlaubt ebenfalls die Ausbedingung der Schriftform für die Anzeigen des VN. Es fragt sich daher, ob § 72 VVG durch § 32 S. 2 VVG „umschifft" werden kann[149]. Der Wortlaut des § 72 VVG hilft diesbezüglich nicht weiter. In der Begründung zu dieser Bestimmung findet sich aber insoweit eine Klarstellung. Darin heißt es, eine Beschränkung der Empfangsvollmacht liege auch in einer Klausel, „die für Erklärungen des VN gegenüber dem Vertreter die Schriftform oder Textform verlangt"[150]. § 72 VVG ist also gegenüber § 32 S. 2 VVG vorrangig und kann nicht mithilfe der Ausbedingung der Schriftform durch die VR konterkariert werden. Es bleibt folglich dabei, dass die Versicherungsvertreter die **„Augen und Ohren"** des VR sind, und zwar auch **für mündliche Mitteilungen** des VN.

d) Abdingbarkeit im Bereich der Lebensversicherung. § 72 VVG macht die Emp- **77** fangsvertretungsmacht des § 69 Abs. 1 Nr. 1 und 2 VVG unabdingbar und verhindert auch die Ausbedingung der Schriftform, so dass selbst mündliche Anträge, Erklärungen und Anzeigen, die der VN gegenüber dem Versicherungsvertreter abgibt bzw. stellt, grundsätzlich gegenüber dem VR wirksam sind. Diese Regelung benötigt freilich **Ausnahmen.** Es gibt nämlich im Bereich des § 69 Abs. 2 VVG Sachverhalte, bei denen zwingende Argumente dafür sprechen, dass die VR die Empfangsvollmacht der Versicherungsvertreter beschränken und die Schriftform ausbedingen können.

Gemeint sind Fälle, die vor allem für die **Lebensversicherung** von großer praktischer Be- **78** deutung sind. Es geht um die **Abtretung und Verpfändung von Ansprüchen** sowie um die **Einräumung und den Widerruf der Bezugsberechtigung.** Die ALB bestimmen hierzu seit jeher, dass die Einräumung und der Widerruf einer Bezugsberechtigung sowie die Abtretung oder Verpfändung von Ansprüchen aus dem Versicherungsvertrag nur und erst dann wirksam werden, wenn sie dem VR vom bisherigen Berechtigten schriftlich angezeigt worden sind[151]. Der Zugang der Anzeige beim VR ist danach (absolute) Wirksamkeitsvoraussetzung[152].

Würde § 72 VVG solche ALB-Bestimmungen nicht mehr zulassen, so wäre dies für die ge- **79** nannten Fälle nicht sachgerecht. Hier will der VN aus eigenem Antrieb, also ohne dass er gegenüber dem VR eine Pflicht oder eine Obliegenheit zu erfüllen hätte, von einem ihm eingeräumten Gestaltungsrecht Gebrauch machen bzw. eine Verfügung über Ansprüche aus der Lebensversicherung vornehmen. Ein besonderer, von ihm nicht beherrschbarer Zeitdruck besteht nicht. Es ist ihm daher möglich und zumutbar, vorher die ALB in Ruhe zur Kenntnis zu nehmen und sein Verhalten danach auszurichten. Das bei § 69 Abs. 1 Nr. 1 VVG für das Ausfüllen des Antragsformulars typische Nebeneinander von schriftlichen und mündlichen Erklärungen findet regelmäßig nicht statt. Die VN nehmen hier die Hilfe der Versicherungsvertreter nicht in demselben Maße in Anspruch wie etwa bei der unter § 69 Abs. 1 Nr. 2 VVG fallenden Schadensanzeige. Schließlich und vor allem ist für diese Fallgruppe kennzeichnend, dass der **Schutzzweck des § 69 Abs. 1 VVG nicht berührt** wäre, wenn diese Vorschrift insoweit abbedungen würde. Von den Beschränkungen in den ALB, nach denen die Verfügungen des VN erst dann wirksam werden, wenn sie dem VR selbst in schriftlicher Form zugehen, ist nämlich der von § 69 Abs. 1 VVG geschützte VN ebenso wenig betroffen wie der

---

[149] Eingehend hierzu *Reiff,* Versicherungsvermittlerrecht im Umbruch, S. 113 f.

[150] BT-Drucks. 16/3945, S. 78.

[151] So § 14 Nr. 4 ALB 94; § 13 Nr. 4 ALB 86; § 13 Nr. 3 ALB 81 sowie – für Verpfändungen und Abtretungen – bereits § 15 Nr. 2 ALB 32. Ebenso auch noch § 13 Nr. 4 der neuesten ALB vom Mai 2006, abgedruckt bei *Dörner,* AVB, 5. Aufl. 2007, S. 413 (430).

[152] BGH v. 31. 10. 1990, BGHZ 112, 387 (389); v. 19. 2. 1992, VersR 1992, 567; OLG Köln v. 14. 6. 1993, VersR 1993, 1133; eingehend *Prölss/Martin/Kollhosser,* § 13 ALB 86 Rn. 59.

VR. Direkt betroffen sind einmal die **Adressaten der Verfügung,** also diejenigen, an die die Ansprüche abgetreten oder verpfändet werden oder denen der VN ein Bezugsrecht einräumt[153]. Direkt betroffen sind sehr häufig aber auch ganz unbeteiligte und daher **besonders schutzwürdige Gläubiger des VN,** denen aufgrund der Verfügung des VN der Zugriff in dessen Vermögensbestandteil Lebensversicherungs-Guthaben nicht mehr möglich ist[154].

80   Die entsprechenden ALB-Bestimmungen dienen damit der **Rechtsklarheit und Rechtssicherheit im Interesse der Allgemeinheit,** weil der Zugang eines Schriftstücks beim VR vom VN schwieriger zu manipulieren ist als etwa das Datum einer privatschriftlichen Abtretungserklärung. Ließe § 72 VVG keine Ausnahme für die Abtretung und Verpfändung von Ansprüchen sowie die Einräumung und den Widerruf der Bezugsberechtigung zu, so wäre die Abtretung der Ansprüche aus der Lebensversicherung durch den VN schon dann wirksam, wenn der VN sie dem Vertreter gegenüber mündlich anzeigt. Hiermit machte man es betrügerischen VN allzu leicht, durch Manipulationen insbesondere des Zeitpunktes der Willenserklärung angesparte Lebensversicherungs-Guthaben am Gläubiger vorbei Dritten zuzuwenden, und zwar zu einem Zeitpunkt, zu dem nach materiellem Recht beispielsweise wegen des Prioritätsprinzips im Bereich der Verfügungsgeschäfte die Abtretung oder die Verpfändung zu spät erfolgen würden[155].

81   Es wäre daher geboten gewesen, dass der Gesetzgeber insoweit eine eindeutige Klarstellung trifft. Diese hätte etwa in einem eigenen Absatz des § 72 VVG erfolgen können. Am besten wäre eine spezielle Regelung im Bereich der Lebensversicherung gewesen, wonach § 72 VVG insoweit nicht gilt. Dies war im Vorfeld wiederholt vorgeschlagen worden[156]. Der Gesetzgeber hat indes **keine Sonderregel** geschaffen. Immerhin enthält die amtliche Begründung – anders als noch der Abschlussbericht der Kommission zur Reform des Versicherungsvertragsrechts vom 19. 4. 2004[157] – insoweit eine Klarstellung, die freilich deutlicher hätte ausfallen können und müssen. Nachdem in der Begründung nämlich zunächst festgestellt wird, eine Beschränkung der Empfangsvertretungsmacht liege auch in einer Klausel, die für Erklärungen des VN gegenüber dem Vertreter die Schriftform oder Textform verlange, heißt es dann in völligem Widerspruch hierzu: „Nicht ausgeschlossen sind Klauseln, wonach bestimmte Willenserklärungen oder Anzeigen des VN gegenüber dem Versicherer, z. B. die Änderung eines Bezugsrechts oder die Anzeige einer Abtretung, der Schriftform bedürfen"[158].

82   Auch wenn sich gegen diese Art der Gesetzgebungskunst vieles vorbringen lässt und vorgebracht wurde[159], so ist doch im Ergebnis festzuhalten, dass bezüglich der genannten ALB-Bestimmungen trotz der VVG-Reform alles beim Alten geblieben ist. Diese ALB-Bestimmungen können also auch unter Geltung des neuen VVG vereinbart werden, ohne dass die Regelung des § 72 VVG dem entgegensteht. Auch die ALB zum VVG von 2008 können und werden daher eine Regelung enthalten, nach der die Einräumung und der Widerruf eines Bezugsrechtes sowie die Abtretung und Verpfändung von Ansprüchen aus dem Versicherungsvertrag dem VR gegenüber nur und erst dann wirksam werden, wenn sie dem VR vom bisherigen Berechtigten schriftlich angezeigt worden sind. Und das ist auch gut so.

---

[153] So der Sachverhalt von OLG Hamm v. 22. 12. 2000, VersR 2001, 1499 (1500): Streit zwischen Erbin des VN und seinem Neffen als angeblich Bezugsberechtigtem.

[154] So der Sachverhalt BGH v. 31. 10. 1990, BGHZ 112, 387: Streit zwischen Steuerfiskus als Pfändungsgläubiger des VN und dem VR über die angebliche Vorrangigkeit einer Abtretung an die Mutter des VN; v. 19. 2. 1992, VersR 1992, 561: Streit zwischen einem Pfändungsgläubiger des VN und dem VR über die angeblich vorrangige Abtretung an den Sohn des VN; v. 10. 2. 1999, VersR 1999, 565: Streit zwischen der Ehefrau des VN und einer Pfändungsgläubigerin des VN über die angeblich vorrangige Abtretung an die Ehefrau des VN.

[155] Der Manipulationsverdacht liegt nach den veröffentlichten Gründen in den in Fn. 154 zitierten Entscheidungen mehr als nahe.

[156] Vorauflage, § 5 Rn. 169; *Reiff,* Versicherungsvermittlerrecht im Umbruch, S. 116.

[157] Hierzu *Reiff,* Versicherungsvermittlerrecht im Umbruch, S. 115 f.

[158] BT-Drucks. 16/3945, S. 78.

[159] Kritik bei *Reiff,* Versicherungsvermittlerrecht im Umbruch, S. 115 f.

4. Die Inkassovollmacht des Versicherungsvertreters (§ 69 Abs. 2 VVG)

a) Entwicklung. Nach § 43 Nr. 4 VVG a. F. galt der Versicherungsvertreter als ermäch- **83**
tigt, Prämien nebst Zinsen und Kosten anzunehmen, sofern er im Besitz einer vom VR unterzeichneten Prämienrechnung war. Die Bezahlung der Prämie erfolgt in Deutschland schon
lange ganz überwiegend bargeldlos durch Überweisung an den VR und mittlerweile mehr
und mehr per Einzugsermächtigung. Es gab daher seit vielen Jahrzehnten keine Gerichtsentscheidungen zu dieser Vorschrift mehr[160]. Gleichwohl kam ihre ersatzlose Streichung nicht in
Betracht, weil die **Vermittlerrichtlinie** in Art. 4 Abs. 4 den Mitgliedstaaten für die Erreichung des Ziels **Kundengeldsicherung** vier Möglichkeiten offen lässt und dem deutschen
Gesetzgeber für Vertreter[161] eine an § 43 Nr. 4 VVG a. F. angelehnte **Inkassovollmacht** als
praktikabelste und unbürokratischste Lösung erschien[162]. § 43 Nr. 4 VVG a. F. wurde daher
zwar durch das Gesetz zur Neuregelung des Versicherungsvermittlerrechts mit Wirkung zum
22. 5. 2007 aufgehoben. Er wurde aber durch § 42f Abs. 1 VVG a. F. über die Zahlungssicherung zugunsten des VN ersetzt. § 42f Abs. 1 VVG a. F. schließlich wurde mit der VVG-Reform am 1. 1. 2008 zu dem identischen § 69 Abs. 2 VVG.

b) Inhalt der Regelung. Nach § 69 Abs. 2 S. 1 VVG darf der Versicherungsvertreter **84**
„Zahlungen, die der VN im Zusammenhang mit der Vermittlung oder dem Abschluss eines
Versicherungsvertrags an ihn leistet," annehmen. Damit ist der Wortlaut der Vorschrift teils
enger, teils weiter als der der Vorgängervorschrift. Weiter, weil anders als nach § 43 Nr. 4
VVG a. F. der Vertreter nicht mehr im Besitz einer Rechnung sein muss. Enger, weil § 43
Nr. 4 VVG a. F. unproblematisch auch **Folgeprämien** erfasst hatte, während dies nach dem
Wortlaut des § 69 Abs. 2 S. 1 VVG nicht mehr der Fall ist. Darin wird nämlich von Zahlungen,
die der VN „im Zusammenhang mit der Vermittlung oder dem Abschluss eines Versicherungsvertrages" an den Vertreter leistet, gesprochen. Hieraus wird geschlossen, die Vorschrift
erfasse Folgeprämien nicht[163]. Dem ist nicht zu folgen. Da die Änderung in der Begründung
nirgends angesprochen wird[164], ist nicht anzunehmen, dass hier aufgrund einer bewussten und
gewollten Entscheidung des Gesetzgebers eine Änderung der Rechtslage erfolgen sollte. Zudem stehen in einem sehr weiten Sinn auch Zahlungen von Folgeprämien an den Vermittler
noch im Zusammenhang mit der Vermittlung. Schließlich spricht auch die Vermittlerrichtlinie in Art. 4 Abs. 4 Unterabs. a ganz allgemein von „Geldern", die vom VN an den Vermittler gezahlt wurden, aber so behandelt werden, als seien sie direkt an den VR gezahlt worden.

c) Abdingbarkeit. Fraglich ist, ob die Inkassovollmacht des § 69 Abs. 2 S. 1 VVG abbe- **85**
dungen werden kann. § 69 Abs. 2 S. 2 VVG geht von einer **Beschränkbarkeit** aus. Danach
muss der VN eine Beschränkung der Vertretungsmacht des S. 1 nur gegen sich gelten lassen,
„wenn er die Beschränkung bei der Vornahme der Zahlung kannte oder infolge **grober
Fahrlässigkeit** nicht kannte". Die Begründung führt hierzu Widersprüchliches aus. Einmal
wird gesagt, der VN, der etwa entgegen einem deutlichen Hinweis des VR auf das Nichtbestehen einer Inkassovollmacht an den Versicherungsvertreter zahlt, sei regelmäßig nicht
schutzwürdig. Andererseits heißt es im nächsten Satz, es werde kein Fall grober Fahrlässigkeit
vorliegen, wenn es sich lediglich um einen standardisierten Hinweis in den AGB handelt[165].
Schließlich wird noch ausgeführt, für die Beschränkung der Vollmacht sei zusätzlich zu S. 2
noch § 72 VVG zu berücksichtigen[166].

All dies lässt den Rechtsanwender einigermaßen ratlos zurück. Der Hinweis auf § 72 VVG **86**
bedeutet an sich, dass die Inkassovollmacht des Versicherungsvertreters nur durch ausgehan-

---

[160] Vgl. hierzu *Reiff*, ZVersWiss 2002, 103 (119 mit Fn. 57).
[161] Für Makler vgl. die Pflicht zur Sicherheitsleistung nach §§ 12 ff. VersVermV.
[162] BT-Drucks. 16/1935, S. 26. Eingehend zur Problematik *Reiff*, Versicherungsvermittlerrecht im
Umbruch, S. 43 f. und 48 f.
[163] *Niederleithinger*, VersR 2006, 437 (445).
[164] Vgl. die Begründung zu § 42f Abs. 1 VVG a. F. BT-Drucks. 16/1935, S. 26.
[165] BT-Drucks. 16/1935, S. 26 zu § 42f Abs. 1 VVG a. F.
[166] BT-Drucks. 16/3945, S. 77 zu § 69 Abs. 2 VVG.

delte Individualvereinbarungen i. S. d. § 305 Abs. 1 S. 3 BGB ausgeschaltet werden könnte. Damit wäre die Inkassovollmacht durch Zugangsfiktion **faktisch unabdingbar**[167]. Ob dies gewollt ist, ist andererseits sehr zweifelhaft, weil § 69 Abs. 2 S. 2 VVG eindeutig belegt, dass die Inkassovollmacht des Versicherungsvertreters anders als die Empfangsvollmachten des § 69 Abs. 1 VVG nach Ansicht des Gesetzgebers beschränkbar sein soll. Leider haben die Gesetzesverfasser nicht einmal in der Begründung eine Klarstellung vorgenommen, obwohl im Vorfeld wiederholt auf die Problematik hingewiesen wurde[168].

87   Im Ergebnis spricht letztlich in Anbetracht der in § 69 Abs. 2 S. 2 VVG zum Ausdruck gekommenen Besonderheit der Inkassovollmacht gegenüber den Vollmachten des § 69 Abs. 1 VVG mehr dafür, die Beschränkung der Inkassovollmacht durch vorformulierte Erklärungen zuzulassen. Erforderlich ist hierfür auf jeden Fall ein deutlich hervorgehobener Hinweis im **Antragsformular**. Außerdem könnten die Versicherungsvertreter bereits in ihrer **Statusinformation** nach § 11 Abs. 1 VersVermV[169] darauf hinweisen, dass sie **keine Inkassovollmacht** haben.

5. Die Beweislast (§ 69 Abs. 3 VVG)

88   a) **Entwicklung.** Die §§ 43 ff. VVG a. F. enthielten keine Regelung zur Beweislast. Es galt also die im Versicherungsvertragsrecht wie im gesamten Zivilrecht gültige **beweisrechtliche Grundregel.** Danach hat jede Partei die tatsächlichen Voraussetzungen der ihr günstigen Rechtsnorm, deren Rechtsfolge sie geltend macht, zu beweisen. Der Anspruchssteller muss die rechtsbegründenden Tatsachen beweisen, der Gegner die rechtshindernden, rechtsvernichtenden und rechtshemmenden[170]. Dies bedeutet: Behauptet der VN, er habe dem Vertreter gegenüber eine den schriftlichen Antrag ergänzende, mündliche Willenserklärung abgegeben, wonach sich der Versicherungsschutz gegenüber dem Antrag erweitere, so ist er für diesen ihm günstigen Umstand beweispflichtig. Verbleibt es – etwa nach Vernehmung des Vertreters – bei einem „non liquet", so kann ihm nur der dem schriftlichen Antrag entsprechende, eingeschränkte Versicherungsschutz zugestanden werden. Behauptet hingegen der VR, der VN habe die vorvertragliche Obliegenheit aus § 19 Abs. 1 VVG zur Anzeige eines gefahrerheblichen Umstandes verletzt und er, der VR, sei daher nach § 19 Abs. 2 VVG zum Rücktritt vom Versicherungsvertrag berechtigt, so muss der VR diesen ihm günstigen Umstand der Verletzung einer vorvertraglichen Obliegenheit beweisen. Gelingt ihm das nicht, so hat er kein Rücktrittsrecht und muss dem VN die vertraglich zugesicherte Versicherungsleistung erbringen. Die Nichtregelung der Beweislast in den §§ 43 ff. VVG a. F. hatte in der Vergangenheit keinerlei Probleme bereitet. Im Gegenteil: Der BGH hatte in einem Urteil aus dem Jahre 2002 mit dankenswerter Klarheit darauf hingewiesen, dass die Beweislast im Rahmen der Empfangsvertretungsmacht des § 43 VVG a. F. keine Besonderheiten im Vergleich mit dem übrigen Versicherungsvertragsrecht und dem allgemeinen Zivilrecht aufweise[171]. Gleichwohl hat der Gesetzgeber ungeachtet der dagegen vorgetragenen Kritik[172] im Zuge der VVG-Reform in § 69 Abs. 3 VVG eine **explizite Regelung der Beweislast** getroffen.

89   b) **Inhalt der Regelung.** Nach § 69 Abs. 3 S. 1 VVG trägt der VN die Beweislast für die Abgabe oder den Inhalt eines Antrags oder einer sonstigen Willenserklärung nach Abs. 1 Nr. 1 und 2. Nach S. 2 der Vorschrift trägt der VR die Beweislast für die Verletzung der Anzeigepflicht oder einer Obliegenheit durch den VN. Fraglich ist, ob sich durch diese Neuregelung etwas geändert hat. Dies ist bezüglich S. 2 unproblematisch zu verneinen, weil der VR nach der beweisrechtlichen Grundregel ebenso wie nach S. 2 beweisen muss, dass der VN eine Obliegenheit verletzt hat. Auch bezüglich S. 1 ist scheinbar keine Änderung eingetreten. Dafür spricht insbesondere der Blick in die Gesetzesbegründung. Danach will der Gesetzgeber die

---

[167] Vgl. hierzu oben Rn. 74.
[168] *Reiff*, Versicherungsvermittlerrecht im Umbruch, 2006, S. 49; *Reiff*, VersR 2007, 717 (728).
[169] Hierzu siehe unten Rn. 156.
[170] BGH v. 8. 11. 1951, BGHZ 3, 342 (346); v. 14. 1. 1991, BGHZ 113, 222 (224 f.).
[171] BGH v. 3. 7. 2002, VersR 2002, 1089 (1090).
[172] Vorauflage, § 5 Rn. 158 ff.; *Reiff*, ZVersWiss 2007, 535 (565 f.).

Frage der Beweislastverteilung durch § 69 Abs. 3 VVG „entsprechend den vom BGH entwickelten Grundsätzen klarstellen"[173]. Die Ersetzung der Nichtregelung durch die explizite Beweislastregel sollte also nach dem Willen des Reformgesetzgebers nur klarstellen, aber nichts ändern. Ob dies gelungen ist, muss freilich bezweifelt werden. Nach dem **Wortlaut** des § 69 Abs. 3 S. 1 VVG trifft die Beweislast den VN nämlich immer dann, wenn um „die Abgabe oder den Inhalt eines Antrags oder einer sonstigen Willenserklärung" gestritten wird. Danach müsste also der VN – abweichend von der beweisrechtlichen Grundregel und der Rechtsprechung des BGH – auch beweisen, dass die Behauptung des VR, der VN habe gegenüber dem Vertreter einen seinen Versicherungsschutz **einschränkenden Änderungsantrag** gestellt, nicht zutrifft. Er müsste also beweisen, dass der dem VR günstige Vortrag nicht zutrifft[174]. Dies dürfte wohl nicht gewollt sein. Not tut also eine den klaren Wortlaut des S. 1 **einschränkende Auslegung**. § 69 Abs. 3 S. 1 VVG gilt danach nur für den Fall, dass sich der VN auf eine **für ihn günstige** Erklärung, etwa eine Änderung des schriftlichen Antrags beruft.

c) Art der Beweisführung. Abgesehen von der Beweislastregel des § 69 Abs. 3 VVG ist **90** im Zusammenhang mit der Empfangsvertretungsmacht noch eine weitere, allerdings richterrechtliche Besonderheit zu beachten. Nach der **Auge-und-Ohr-Rspr.** des BGH kann der VR den ihm obliegenden Beweis der Anzeigepflichtverletzung nach § 19 Abs. 2 VVG nicht allein durch die Vorlage des vom Vertreter ausgefüllten Antragsformulars führen, sondern regelmäßig nur durch eine Zeugenaussage des Vertreters, wenn der VN substantiiert behauptet, den Vertreter mündlich zutreffend unterrichtet zu haben[175]. Hiermit wird dem VR also eine **besondere Art der Beweisführung** abverlangt. Der BGH betont zu Recht, dass dies mit der Frage der Beweislast nichts zu tun habe[176]. Eine Ansicht in der Lit. meinte zwar, die Auge-und-Ohr-Rspr. und ihre besonderen Anforderungen an die Art der Beweisführung gelte auch, wenn streitig sei, ob der VN einen mündlichen Antrag gegenüber dem Vertreter gestellt habe[177]. Diese Ansicht verkannte, dass es auf die „Art der Beweisführung" nur ankommen kann, wenn den VR überhaupt die Beweislast trifft, was indes für den Inhalt eines Antrages gerade nicht der Fall ist. Sie ist mittlerweile ausdrücklich aufgegeben worden[178].

6. Der Missbrauch der Empfangsvertretungsmacht

All dies hat im Anwendungsbereich des § 69 Abs. 1 Nr. 1 VVG, also vor allem bei der **vor-** **91** **vertraglichen** Gefahranzeige nach § 19 Abs. 1 VVG, eine **für die VR sehr schwierige Rechts- und Beweislage** zur Folge. Der VR muss nämlich nach § 69 Abs. 3 S. 2 VVG und in Übereinstimmung mit allgemeinen Grundsätzen beweisen, dass der VN seine Obliegenheit verletzt hat. Weil der VN seine Anzeigeobliegenheit – wegen § 72 VVG unabdingbar – dadurch erfüllen kann, dass er den Versicherungsvertreter **mündlich** zutreffend unterrichtet, kann der VR den Beweis der Obliegenheitsverletzung durch den VN regelmäßig nicht dadurch führen, dass er das vom VN unterschriebene Antragsformular vorlegt, welches den fraglichen gefahrerheblichen Umstand nicht aufführt, obwohl im Vordruck nach ihm gefragt wird. Vielmehr muss der VR den Tatrichter davon überzeugen, der VN habe entgegen seiner Behauptung den Vertreter mündlich nicht zutreffend über den gefahrerheblichen Umstand unterrichtet. Hat der Versicherungsvertreter das Antragsformular für den VN ausgefüllt und behauptet der VN substantiiert, er habe den Versicherungsvertreter mündlich zutreffend unterrichtet, so kann die Überzeugung des Tatrichters regelmäßig nur durch die **Zeugenaussage des Versicherungsvertreters** erreicht werden[179]. Der Versicherungsvertreter wird sich freilich an das mitunter

---

[173] BT-Drucks. 16/3945, S. 77.
[174] Vgl. hierzu *Reiff*, Versicherungsvermittlerrecht im Umbruch, S. 120.
[175] Eingehend hierzu sogleich unten Rn. 91.
[176] BGH v. 3. 7. 2002, VersR 2002, 1089 (1090 f.).
[177] *Römer/Langheid/Römer*, VVG, 1997, § 5 Rn. 22; hiergegen zutreffend BGH v. 3. 7. 2002, VersR 2002, 1089 (1090 f.).
[178] *Römer/Langheid/Römer*, § 5 Rn. 22.
[179] Eingehend hierzu BGH v. 23. 5. 1989, BGHZ 107, 322 (325); v. 10. 10. 2001, VersR 2001, 1541 (1542 unter II.1.a); BGH v. 3. 7. 2002, VersR 2002, 1089 (1090 f.) weist zutreffend darauf hin, dass die

Jahre zurückliegende Geschehen nur selten hinreichend genau erinnern. Zudem stehen ihm oft viele „zufällig" anwesende Verwandte oder Bekannte des VN als Zeugen der anderen Partei gegenüber[180]. Im Ergebnis führt die Beweisaufnahme daher häufig zu einem „non liquet", das dem VN zum Erfolg verhilft. In der Praxis mehren sich diese Fälle, weil viele Anwälte routinemäßig vortragen, ihr Mandant habe den Vertreter mündlich korrekt unterrichtet[181].

92   **a) Die entsprechende Anwendung der allgemeinen Grundsätze.** Trotz der genannten Schwierigkeiten für den VR gibt es keinen Freifahrtschein für unredliche VN. Zum einen soll die Auge-und-Ohr-Rspr. nur den redlichen VN schützen und kommt daher nicht zur Anwendung, wenn der VN bei der Beantwortung der Fragen nach gefahrerheblichen Umständen **arglistig getäuscht hat**[182]. Der notwendige Schutz der VR wird zum anderen dadurch erreicht, dass die Rspr. die allgemeinen **Regeln über den Missbrauch der Vertretungsmacht** entsprechend anwendet. Dem ist schon deshalb zuzustimmen, weil nach § 164 Abs. 3 BGB die Vorschriften über die aktive Vertretung auf die Empfangsvertretung entsprechend anzuwenden sind[183]. Nach diesen Grundsätzen trägt zwar der Vertretene das Risiko des Missbrauchs, also die Gefahr, dass der Vertreter etwas tut, was er zwar im Außenverhältnis kann, im Innenverhältnis zum Vertretenen aber nicht darf. Ausnahmen hiervon werden aber in zwei Fällen gemacht, für die der Vertretene, hier der VR, die Beweislast trägt. Zum einen im Fall der – nur sehr schwer nachweisbaren und daher in der Praxis wenig relevanten – **Kollusion,** bei der Vertreter und Dritter bewusst zum Nachteil des Vertretenen zusammenwirken. Zum anderen im Fall des **evidenten Missbrauchs,** also wenn der Vertreter von seiner Vertretungsmacht in einer für den Dritten ersichtlich verdächtigen Weise Gebrauch macht, so dass sich für den Dritten der begründete Verdacht eines Treueverstoßes aufdrängen muss[184].

93   Für den **Fall der mündlichen Anzeige gefahrerheblicher Umstände** gegenüber dem Versicherungsvertreter heißt dies: Ist es für den VN evident, dass der Versicherungsvertreter die Mitteilung des gefahrerheblichen Umstandes nicht an den VR weiterleitet und dass dies in Anbetracht der Schwere des Umstands ein Missbrauch der Empfangsvertretungsmacht sein muss, so kann er sich nach § 242 BGB dem VR gegenüber nicht darauf berufen, er habe seine vorvertragliche Anzeigeobliegenheit erfüllt, indem er den Umstand dem Vertreter mündlich mitgeteilt habe[185]. In einem solchen Fall könnte der VR daher nach § 19 Abs. 2 VVG vom Versicherungsvertrag zurücktreten.

94   Die Berechtigung der entsprechenden Anwendung der Grundsätze über den Missbrauch der Vertretungsmacht wird von *Prölss* bestritten[186]. Missbrauch der Vertretungsmacht bedeute die Ausübung der Vertretungsmacht entgegen den Pflichten im Innenverhältnis zum Vertretenen. Ein Missbrauch durch den Empfangsvertreter liege nur vor, wenn er Erklärungen entgegennehme, die er nicht entgegennehmen dürfe, ein in der Praxis kaum vorkommender Fall. Das **Nichtweiterleiten der Erklärung** sei **kein Missbrauch** seiner Vertretungsmacht. Vielmehr gelte ganz allgemein: Rechne der VN damit, der Versicherungsvertreter werde seine Angaben nicht an den VR weiterleiten, so könne er sich nicht darauf berufen, dass er den Vertreter informiert habe.

95   Dieser Ansicht, die im Ergebnis allerdings meist auf dasselbe hinausläuft wie die Anwendung der Regeln über den evidenten Missbrauch der Empfangsvertretungsmacht[187], ist nicht

---

erste Entscheidung nicht die Beweislast betrifft, die der VR nach allgemeinen Grundsätzen trägt, sondern dass darin dem VR nur eine besondere Art der Beweisführung abverlangt wird.

[180] Vgl. hierzu *Lücke,* VersR 1994, 128 (129) und VersR 1996, 785 (789).

[181] *Reiff,* VersR 2002, 597 (598) m. w. N.

[182] BGH v. 7. 3. 2001, VersR 2001, 620 (622); *Römer/Langheid/Langheid*, §§ 16, 17 Rn. 43.

[183] Vgl. *Palandt/Heinrichs*, § 164 Rn. 17.

[184] BGH v. 29. 6. 1999, ZIP 1999, 1303 (1304); v. 31. 1. 1991, BGHZ 113, 315 (320); v. 25. 10. 1994, BGHZ 127, 239 (241); v. 19. 4. 1994, NJW 1994, 2082 (2084).

[185] Vgl. hierzu *Prölss/Martin/Kollhosser*, § 43 Rn. 28; Berliner Kommentar/*Voit*, § 16 Rn. 81; *Reiff*, VersR 2002, 597 (598); im Ergebnis auch *Prölss/Martin/Prölss*, §§ 16, 17 Rn. 27a.

[186] *Prölss*, VersR 2002, 961.

[187] So auch *Prölss*, VersR 2002, 961 (962).

zu folgen. Nach § 164 Abs. 3 BGB können die Regeln über den Missbrauch der aktiven Vertretungsmacht auf die passive Empfangsvertretung nur **entsprechend angewendet** werden. Ein Empfangsvertreter ist im Innenverhältnis nicht nur verpflichtet, die für den Vertretenen bestimmten Wissens- und Willenserklärungen entgegenzunehmen, sondern auch, sie an diesen weiterzuleiten, es sei denn, sie sind erkennbar für den Vertretenen ohne jedes Interesse. Die **Rechtsmacht zur Entgegennahme** ist daher untrennbar mit der **Pflicht zur Weiterleitung** verbunden, es handelt sich um **zwei Seiten einer Medaille.** Ein Versicherungsvertreter, der entgegen seiner Verpflichtung aus dem Agenturvertrag für den VR bestimmte mündliche Anzeigen und Erklärungen des VN nicht an diesen weiterleitet, missbraucht also seine Empfangsvertretungsmacht, weil zu dieser nicht nur die Entgegennahme der Anzeigen und Erklärungen gehört, sondern auch ihre Weiterleitung. Ist dieser Missbrauch für den VN evident, so kann er sich dem VR gegenüber nicht darauf berufen, der Versicherungsvertreter sei „Auge und Ohr" des VR. Ähnlich liegen die Dinge beim Empfangsboten. Leitet dieser ihm zugegangene Anzeigen und Erklärungen entgegen seiner Verpflichtung nicht weiter und ist dies für den Dritten erkennbar, so kann sich dieser wegen **Missbrauchs der Empfangsbotenmacht** nicht auf einen Zugang der Anzeige oder Erklärung berufen.

b) **Kasuistik.** Es lassen sich viele instanzgerichtliche Urteile nachweisen, in denen gestützt **96** auf die Grundsätze über den Missbrauch der Vertretungsmacht entschieden wurde, der VN könne sich nicht auf eine Erfüllung der Anzeigeobliegenheit aus § 19 Abs. 1 VVG berufen, obwohl er den fraglichen Umstand (unwiderlegt) dem Vertreter mündlich angezeigt hatte. Zur Illustration der umfangreichen **Kasuistik** seien einige Entscheidungen kurz angeführt[188]. Das OLG Karlsruhe bejahte die erforderliche Evidenz des Missbrauchs, weil der Versicherungsvertreter auf den Hinweis des VN, er habe einen Herzinfarkt erlitten, antwortete, das wolle er gar nicht wissen[189]. Das OLG Schleswig bejahte einen Missbrauch, weil der VN, der den Versicherungsvertreter mündlich umfassend und zutreffend informiert hatte, dem Antragsformular entnahm, dass der Vertreter zwar eine leichte Grippe aufgenommen hatte, nicht aber schwerste Erkrankungen[190]. Das OLG Saarbrücken bejahte die Evidenz, weil der Versicherungsvertreter eine ihm vom VN mitgeteilte Operation mit der Begründung nicht in das Antragsformular aufgenommen hatte, der VR werde sonst den Antrag ablehnen[191]. Das OLG Zweibrücken schließlich nahm Evidenz des Missbrauchs an, weil der VN in Anbetracht der ihm bekannten Schwere seiner Erkrankungen und des daraus resultierenden Risikozuschlags in einem früheren Versicherungsvertrag sich auf die – angebliche – Behauptung des Versicherungsvertreters, diese Beschwerden müssten nicht angegeben werden, nicht hätte verlassen dürfen[192].

c) **Erhöhte Evidenzanforderungen?** Fraglich ist, ob an die Evidenz des Missbrauchs **97** **besonders strenge Anforderungen** zu stellen sind, wenn es sich um die **Empfangsvertretungsmacht eines Versicherungsvertreters** handelt. Der BGH hat dies bejaht[193]. Das OLG Düsseldorf[194] habe als Berufungsgericht die besondere Stellung des Versicherungsvertreters nicht berücksichtigt, der als „Auge und Ohr" des VR auch zur Entgegennahme mündlicher Gefahranzeigen des VN bevollmächtigt sei. Es sei nicht Sache des künftigen VN, den Versicherungsvertreter zu kontrollieren, wenn er Auskunft darüber gebe, welche der mündlich angezeigten Umstände in das Formular aufzunehmen seien und welche nicht[195]. An die für § 242 BGB geforderte Evidenz des Vollmachtsmissbrauchs sei daher ein strenger Maßstab anzulegen, der der besonderen Stellung des Versicherungsvertreters Rechnung trage.

---

[188] Die Entscheidungen betreffen stets § 16 Abs. 1 VVG a. F., der § 19 Abs. 1 VVG entspricht. Mehr Nachweise bei Berliner Kommentar/*Voit,* § 16 Rn. 81; *Prölss/Martin/Kollhosser,* § 43 Rn. 28a.
[189] OLG Karlsruhe v. 25. 7. 1996, VersR 1997, 861 (862).
[190] OLG Schleswig v. 7. 7. 1994, VersR 1995, 406 (407).
[191] OLG Saarbrücken v. 9. 7. 1997, VersR 1998, 444.
[192] OLG Zweibrücken v. 26. 9. 2001, VersR 2002, 1017 (1018).
[193] BGH v. 30. 1. 2002, VersR 2002, 425 (426) mit Anm. *Reiff,* VersR 2002, 597 und *Prölss,* VersR 2002, 961; v. 27. 2. 2008, VersR 2008, 765 (766f.).
[194] OLG Düsseldorf v. 12. 12. 2000, VersR 2001, 881 mit Anm. *Reiff.*
[195] So schon BGH v. 10. 10. 2001, VersR 2001, 1541 (1542).

98   Dem ist **nicht zu folgen**[196]. Es ist zwar richtig, dass der Versicherungsvertreter den VN darüber aufzuklären hat, wie die – notwendigerweise abstrakt formulierten und damit schwer verständlichen – Gesundheitsfragen im Antragsformular zu verstehen und zu beantworten sind. Dies kann aber nicht heißen, dass der VN dem Versicherungsvertreter alles glauben darf. Sicher ist es nicht Sache des VN, den Versicherungsvertreter hinsichtlich seiner Auskünfte zu kontrollieren. Der VN verdient indes keinen Schutz, wenn der Versicherungsvertreter von seiner Empfangsvertretungsmacht in ersichtlich verdächtiger Weise Gebrauch macht, so dass beim VN der Eindruck entstehen muss, der Vertreter handele treuwidrig und sei daher nicht mehr Auge und Ohr des VR.

99   Die Entscheidung des BGH belegt ein deutliches Unbehagen darüber, dass das OLG Düsseldorf als Vorinstanz weder den VN persönlich angehört noch den Versicherungsvertreter erneut als Zeugen vernommen hat[197]. Dies ist verständlich, weil sich dieses Vorgehen im konkreten Fall in der Tat angeboten hätte. Wenn der BGH aber meint, an die Evidenz des Vollmachtsmissbrauchs sei gerade beim Versicherungsvertreter ein besonders strenger Maßstab anzulegen, so vermag dies nicht zu überzeugen. Gründe dafür, warum an den Missbrauch durch einen Versicherungsvertreter höhere Anforderungen gestellt werden sollen als an den Missbrauch eines Prokuristen[198], eines mit einer umfassenden Vollmacht des Bauherren versehenen GmbH-Geschäftsführers[199], eines Inhabers einer Bankvollmacht[200] oder eines Vorsitzenden einer Körperschaft des öffentlichen Rechts[201] werden vom BGH nicht dargelegt und sind auch nicht ersichtlich. Die Entscheidung des BGH, die verglichen mit den bisherigen instanzgerichtlichen Entscheidungen die Anforderungen an die Evidenz des Missbrauchs der Vertretungsmacht durch einen Versicherungsvertreter deutlich erhöht, ist auch deshalb bedenklich, weil der **Tatrichter** ein **flexibles und wirksames Instrument** benötigt, um Fehlentwicklungen zugunsten des VN zu verhindern, die anderenfalls durch die für die VR äußerst schwierige Rechts- und Beweislage entstehen würden.

VI. Der Abschlussvertreter (§ 71 VVG)

1. Begriff und Bedeutung

100   Die Empfangsvertretungsmacht aus § 69 Abs. 1 VVG haben alle Versicherungsvertreter, auch wenn sie nur mit der Vermittlung von Versicherungsverträgen betraut sind. Neben diesen in der Praxis eindeutig vorherrschenden Vermittlungsvertretern[202] gibt es auch sog. **Abschlussvertreter,** die vom VR zum Abschluss von Versicherungsverträgen bevollmächtigt werden. Sie sind nicht nur nach § 69 Abs. 1 VVG Empfangsvertreter i. S. d. § 164 Abs. 3 BGB[203], sondern haben auch aktive Vertretungsmacht, können also im Namen des VR Angebote zum Abschluss von Versicherungsverträgen abgeben und annehmen, die nach § 164 Abs. 1 BGB unmittelbar für und gegen den VR wirken.

101   Nach der Konzeption des alten VVG von 1908 verlief zwischen den Abschlussvertretern (§ 45 VVG a. F.) und den bloßen Vermittlungsvertretern (§ 43 VVG a. F.) ein tiefer Graben. Dies ließ sich etwa dem Wortlaut des § 44 VVG a. F. entnehmen, wonach die Kenntnis eines Vermittlungsvertreters der Kenntnis des VR nicht gleichstand, während dies bei Abschlussvertretern nach § 166 BGB der Fall war. Dieser Graben war durch die Auge-und-Ohr-Rspr.

---

[196] So bereits *Reiff,* VersR 2002, 597 (599); mit anderer Begründung auch *Prölss,* VersR 2002, 961 (962); kritisch auch *Kirsch,* in: Verantwortlichkeit im Wirtschaftsrecht, hrsg. v. *Matusche-Beckmann/Beckmann* (2002), 95 (114).
[197] BGH v. 30. 1. 2002, VersR 2002, 425 (426 unter III.); hierzu schon *Reiff,* VersR 2002, 597 (599 unter V.).
[198] BGH v. 25. 3. 1968, BGHZ 50, 112 (114).
[199] BGH v. 31. 1. 1991, BGHZ 113, 315 (320).
[200] BGH v. 29. 6. 1999, ZIP 1999, 1303 (1304); v. 25. 10. 1994, BGHZ 127, 239 (241).
[201] BGH v. 19. 4. 1994, NJW 1994, 2082 (2084).
[202] Hierzu s. o. Rn. 17.
[203] Siehe hierzu unten Rn. 112.

weitgehend zugeschüttet worden. Es ging freilich deutlich zu weit, wenn der Unterscheidung zwischen Abschluss- und Vermittlungsvertretern schlechthin jede Relevanz abgesprochen wurde und man § 45 VVG a. F. für bedeutungslos erklärte[204]. Dem ist der Reformgesetzgeber zu Recht nicht gefolgt und hat die Regelung des § 45 VVG a. F. nahezu unverändert in den neuen § 71 VVG übernommen. Trotz mancher **Annäherung zwischen Abschluss- und Vermittlungsvertretern** macht es im Normalfall auch heute noch einen bedeutsamen Unterschied, ob man es mit einem Abschlussvertreter zu tun hat oder – wie meist – mit einem bloßen Vermittlungsvertreter[205].

2. Entstehung der Vertretungsmacht

Im Regelfall wird die Vertretungsmacht des Abschlussvertreters dadurch entstehen, dass der VR sie durch Rechtsgeschäft erteilt, sei es ausdrücklich, sei es konkludent[206]. Typischerweise wird es sich um eine gegenüber dem Versicherungsvertreter erklärte **Innenvollmacht** handeln, denkbar ist nach § 167 Abs. 1 BGB freilich auch eine gegenüber dem VN erteilte **Außenvollmacht.** Ob ein Versicherungsvertreter Abschluss- oder Vermittlungsvertreter ist, bestimmt sich insoweit also nicht nach seinem äußeren Auftreten, sondern nach dem Vertragsverhältnis zwischen dem VR und dem Versicherungsvertreter[207].

Neben die rechtsgeschäftlich erteilte Abschlussvollmacht können die allgemeinen Grundsätze über die Anscheins- und die Duldungsvollmacht[208] treten, die auch im Verhältnis des Versicherungsvertreters zum VN zur Anwendung kommen. Eine **Duldungsvollmacht** liegt vor, wenn ein Vermittlungsvertreter (oder eine beliebige Person) wiederholt und dauerhaft wie ein Abschlussvertreter auftrat, der VR dieses Auftreten kannte und hinnahm, obwohl er dagegen einschreiten konnte, und schließlich der VN aus diesem Verhalten des VR den Schluss ziehen durfte und auch tatsächlich zog, dass der als Abschlussvertreter Handelnde tatsächlich abschlussbevollmächtigt sei. Eine **Anscheinsvollmacht** liegt dagegen vor, wenn der VR das Handeln des Scheinvertreters zwar nicht kannte, es aber bei pflichtgemäßer Sorgfalt hätte erkennen und dagegen einschreiten können und der VN annehmen durfte und tatsächlich annahm, der VR billige das Handeln seines „Vertreters". Allein das Auftreten als **„Generalagent"** lässt freilich nicht den Schluss zu, es handele sich um einen Abschlussvertreter[209]. Letztlich besagt der Begriff nur, dass der Vertreter in allen Versicherungszweigen Versicherungsverträge vermitteln kann und soll[210]. Neben die Führung dieses oder eines anderen auf eine gehobene Position hindeutenden Titels müssen also weitere Umstände treten, etwa die Überlassung von sog. **Blockpolicen**[211].

3. Umfang und Grenzen der Vertretungsmacht

Wurde ein Versicherungsvertreter von einem VR zum Abschluss von Versicherungsverträgen bevollmächtigt, so richtet sich der Umfang seiner Vertretungsmacht nach § 71 VVG. Die **Reichweite** der Vollmacht des Abschlussvertreters ist also **gesetzlich standardisiert**[212]. Der Abschluss von Versicherungsverträgen erfasst zunächst als einen Sonderfall auch die Erteilung von **(vorläufigen) Deckungszusagen**[213]. Der Abschlussvertreter ist nach § 71 VVG ferner bevollmächtigt, Versicherungsverträge zu ändern und zu verlängern, zu kündigen und von ihnen zurückzutreten, auch wenn er die konkreten Versicherungsverträge weder abgeschlossen noch vermittelt hat.

---

[204] So aber *Römer/Langheid/Langheid*, § 45 Rn. 1.
[205] In diesem Sinn auch *Holzhauser*, VersVertragsrecht, Rn. 314.
[206] *Bruck/Möller*, § 45 Anm. 6.
[207] *Prölss/Martin/Kollhosser*, § 45 Rn. 1; *Römer/Langheid/Langheid*, § 45 Rn. 2.
[208] Hierzu *Staudinger/Schilken* (2001), § 167 Rn. 28 und Münchener Kommentar BGB/*Schramm*, 5. Aufl., § 167 Rn. 46 ff. und 54 ff.
[209] OLG Köln v. 13. 3. 1986, r+s 1986, 143; v. 30. 8. 1990, r+s 1990, 325 (326).
[210] *Prölss/Martin/Kollhosser*, § 45 Rn. 2.
[211] Zu Blockpolicen *Voss*, VW 1961, 81.
[212] *Bruck/Möller*, § 45 Anm. 3; Berliner Kommentar/*Gruber*, § 45 Rn. 1.
[213] *Bruck/Möller*, § 45 Anm. 9.

105   Die **Grenzen** der Vollmacht des Abschlussvertreters ergeben sich ebenfalls aus der abschließenden Aufzählung des § 71 VVG. So darf der Abschlussvertreter **keine Regulierungszusage** erteilen, also die Leistungspflicht weder anerkennen noch ablehnen. Er kann ferner für den VR keine Prozesse führen und weder auf die Folgen von Obliegenheitsverletzungen noch auf die des Prämienverzuges verzichten. Die Vorschrift des § 71 VVG ist wegen § 72 VVG der Sache nach **unabdingbar.** Der Umfang der Vollmacht des Abschlussvertreters kann nämlich nach dieser Vorschrift vom VR durch AVB, also durch vorformulierte Erklärungen, weder erweitert noch eingeschränkt werden.

VII. Die Wissenszurechnung vom Versicherungsvertreter zum Versicherer

1. Funktionsweise, Abgrenzung und Bedeutung

106   Die Wissenszurechnung bei juristischen Personen[214] ist ein großes Thema und seit geraumer Zeit in aller Munde[215]. Gefragt wird nach dem **Wissen der juristischen Person.** Dies hängt davon ab, welches Wissen welcher natürlichen Personen ihr zuzurechnen ist. Hierbei geht es vor allem um das Wissen der Organe, sonstiger verfassungsmäßig berufener Vertreter und – in unserem Zusammenhang von Bedeutung – das **Wissen von Vertretern und sonstigen Personen,** die keine Vertreter sind[216].

107   Wissenszurechnung funktioniert wie folgt: Eine zivilrechtliche Norm knüpft im Tatbestand an die Kenntnis einer Person an. Die Rechtsfolge dieser Norm tritt also nur ein, wenn die Person einen bestimmten Umstand kennt[217]. **Wissenszurechnung** heißt nun, dass das Wissen einer bestimmten anderen Person dem Wissen der ersten Person normativ gleichgestellt wird. Person 1 wird also so behandelt, als wisse sie, was Person 2 weiß[218]. **Abzugrenzen** ist die Wissenszurechnung **von der Empfangsvertretung.** Obwohl beide Zurechnungsformen im Recht der Stellvertretung gem. §§ 164 ff. BGB ihre normativen Wurzeln haben, handelt es sich doch um streng voneinander zu trennende Problemkreise[219]; ein Punkt der in Rspr.[220] und Lit.[221] immer wieder übersehen wird.

108   **Beispielhaft** sei dies an der **Obliegenheit** aus § 19 Abs. 1 VVG zur **vorvertraglichen Anzeige gefahrerheblicher Umstände,** etwa einer schweren Vorerkrankung in der Krankenversicherung, demonstriert. Nach § 19 Abs. 2 VVG kann der VR – vorbehaltlich der Re-

---

[214] Wegen § 7 Abs. 1 VAG, wonach die für VR erforderliche Erlaubnis zum Geschäftsbetrieb nur AG, VVaG sowie Körperschaften und Anstalten des öffentlichen Rechts erteilt werden darf, sind VR stets juristische Personen. Darüber hinaus ist die juristische Person „Europäische Aktiengesellschaft" oder besser Societas Europeae (SE) eine für Versicherungsunternehmen erlaubte Rechtsform. Dies ergibt sich durch einen Blick auf europäisches Recht. Nach Art. 10 SE-VO (Verordnung (EG) Nr. 2157/2001 des Rates vom 8. Oktober 2001) wird eine SE vorbehaltlich anderer Regeln wie eine AG behandelt. Vgl. auch Art. 6 Abs. 1 lit. a) der Gesamtrichtlinie Leben und Artikel 8 Abs. 1 lit. a) 1. RL Schaden in der Fassung von Art. 6 der 3. RL Schaden.

[215] Vgl. nur *Buck,* Wissen und juristische Person (2001) und *Baum,* Die Wissenszurechnung (1998).

[216] Vgl. *Grunewald,* FS Beusch (1993), 301.

[217] In vielen dieser Vorschriften ist das Kennenmüssen (vgl. § 122 Abs. 2 BGB) der Kenntnis gleichgestellt.

[218] Zur Funktionsweise der Wissenszurechnung vgl. *Bruck/Möller,* § 44 Anm. 3 und *Meyer-Reim/Testorf,* VersR 1994, 1137 (1138).

[219] Hierzu *Reiff,* r+s 1998, 89 (95) und VersR 2001, 882 (883); Berliner Kommentar/*Voit,* § 16 Rn. 68; *Keinert,* Vorvertragliche Anzeigepflicht (1983), S. 44; sehr klar auch OLG Hamm v. 23. 12. 1974, VersR 1975, 248.

[220] Verkannt wird die Zweistufigkeit etwa von OLG Köln v. 19. 5. 1988, VersR 1988, 904 (905) sowie zuletzt OLG Düsseldorf v. 14. 5. 2002, NVersZ 2002, 554 (555 unter 5.). – Auch die berühmte erste Auge-und-Ohr-Entscheidung des BGH v. 11. 11. 1987, BGHZ 102, 194 (195) war insoweit zweideutig; Klarstellung dann in BGH v. 23. 5. 1989, BGHZ 107, 322 (323).

[221] Verkannt wird die Zweistufigkeit etwa von *H.-D. Schmidt,* VersR 1986, 511 (514) und *Wilmes,* VersR 1985, 1177 (1178). Unklar auch Berliner Kommentar/*Gruber,* § 44 Rn. 2 und *Baum,* Wissenszurechnung (1998), S. 42.

gelungen des § 19 Abs. 3 bis 5 VVG – vom Versicherungsvertrag zurücktreten, wenn der VN ihm die Vorerkrankung nicht vor Abgabe seiner Vertragserklärung angezeigt hat. Nach § 19 Abs. 5 S. 2 VVG ist der Rücktritt des VR ausgeschlossen, wenn er die nicht angezeigte Vorerkrankung – oder die Unrichtigkeit der Anzeige – kannte. **Rücktrittsgrund** ist also das **Nichtanzeigen der Vorerkrankung** durch den VN, **Rücktrittsausschlussgrund** die **sonstige Kenntniserlangung** des VR von der Vorerkrankung. Hat nun der VN dem Versicherungsvertreter die Vorerkrankung mündlich mitgeteilt, so hat er damit seine Anzeigeobliegenheit aus § 19 Abs. 1 VVG erfüllt, weil sowohl die Mündlichkeit der vorvertraglichen Gefahranzeige als auch die Empfangsvertretungsmacht des Versicherungsvertreters **zwingendes Recht** sind[222]. Es liegt also schon keine Obliegenheitsverletzung des VN vor. Der VR hat daher kein Rücktrittsrecht aus § 19 Abs. 2 VVG. Auf die Frage, ob das Wissen des Versicherungsvertreters dem Wissen des VR gleichgestellt wird und der Rücktritt daher nach § 19 Abs. 5 S. 2 VVG ausgeschlossen ist, kommt es mithin nicht an. Die **Frage der Wissenszurechnung** wird in diesem Fall **nicht akut.** Dies hat zur Folge, dass die Wissenszurechnungsnorm des § 70 VVG[223] für Anzeigen, die der VN gegenüber dem VR erstatten musste und gegenüber dem Versicherungsvertreter nach § 69 Abs. 1 Nr. 1 VVG erstatten durfte und tatsächlich erstattete, grundsätzlich ohne Bedeutung ist[224].

Ebenso liegen die Dinge bei der **Obliegenheit** des VN aus § 30 Abs. 1 VVG, dem VR den **Versicherungsfall unverzüglich anzuzeigen.** Auch hier ist die Mündlichkeit der Anzeige und die Empfangsvertretungsmacht des Versicherungsvertreters **zwingendes Recht**[225]. Der VN erfüllt also mit einer mündlichen Anzeige gegenüber dem Vertreter seine Anzeigeobliegenheit, so dass der VR grundsätzlich kein Rücktrittsrecht hat. Die Frage der Wissenszurechnung stellt sich also auch in diesem Fall nicht. **109**

Fraglich ist, wann dies ausnahmsweise doch der Fall ist. Zur Illustration sei das Beispiel zur vorvertraglichen Anzeigepflicht dahingehend abgewandelt, dass der VN dem Vertreter gegenüber vorsätzlich seine Erkrankung nicht mündlich anzeigt, der Vertreter aber gleichwohl bei der Antragsaufnahme im Haus des VN Kenntnis davon erlangt, etwa durch Augenschein, nämlich weil er beispielsweise sieht, dass der VN beinamputiert ist[226]. Hier hat der VN seine Anzeigepflicht aus § 19 Abs. 1 VVG vorsätzlich verletzt, so dass der VR grundsätzlich ein Rücktrittsrecht nach § 19 Abs. 2 VVG hat. Dieses könnte aber nach § 19 Abs. 5 S. 2 VVG ausgeschlossen sein, wenn der VR den nicht angezeigten Umstand kannte. Es stellt sich daher die Frage, ob das Wissen des Vertreters, das dieser durch Augenschein erlangt hatte, dem VR zuzurechnen ist. Bejaht man dies, so hatte der VR ebenfalls Kenntnis von der Krankheit und kann deshalb nicht zurücktreten. **110**

Die Mühe, ein Beispiel zu konstruieren, bei dem es auf die Wissenszurechnung ankommt, belegt: Der Umstand, dass die Empfangsvertretungsmacht des Vertreters und die Möglichkeit zur mündlichen Anzeige bzw. Erklärung durch den VN nach § 72 VVG faktisch unabdingbar sind, hat **Auswirkungen auf die Bedeutung der Wissenszurechnung.** Sie spielt im Versicherungsvertragsrecht eine verhältnismäßig geringe Rolle, jedenfalls soweit es um die Zurechnung des Wissens der Versicherungsvertreter zum VR geht. **111**

2. Voraussetzungen

Ob das Wissen eines Versicherungsvertreters dem VR zugerechnet wird, bestimmt sich zunächst nach **§ 166 Abs. 1 BGB.** Danach wird die Kenntnis oder das Kennenmüssen eines gesetzlichen oder rechtsgeschäftlichen Vertreters dem Vertretenen zugerechnet. Ist der Versicherungsvertreter also ein **Abschlussvertreter** nach § 71 VVG, so kommt § 166 Abs. 1 **112**

---

[222] Vgl. hierzu oben Rn. 75. Ebenso schon nach dem VVG von 1908; vgl. hierzu Vorauflage § 5 Rn. 73.

[223] Zu dieser Vorschrift, die nur einen Teil der Wissenszurechnung regelt, s. u. Rn. 115 ff.

[224] Ebenso Berliner Kommentar/*Voit*, § 16 Rn. 70; *Keinert*, Vorvertragliche Anzeigepflicht (1983), S. 45.

[225] Vgl. hierzu oben Rn. 75. Anders noch nach dem VVG von 1908; vgl. hierzu Vorauflage, § 5 Rn. 74.

[226] Vgl. den Sachverhalt OLG Hamm v. 2. 2. 1993, VersR 1994, 294.

BGB unproblematisch zur Anwendung. Dasselbe gilt aber in aller Regel bei einem bloßen **Empfangsvertreter** nach § 69 Abs. 1 VVG, dem sog. **Vermittlungsvertreter.** Er hat zwar nur Empfangsvertretungsmacht. § 164 Abs. 3 BGB bestimmt aber, dass auf den Empfangsvertreter § 164 Abs. 1 BGB entsprechende Anwendung findet. Damit ist nach richtiger Ansicht das gesamte Stellvertretungsrecht der §§ 164 ff. BGB für anwendbar erklärt. § 166 Abs. 1 BGB gilt also auch für bloße Empfangsvertreter[227].

113   Das Wissen der Empfangsvertreter würde dem VR also nur dann nicht in entsprechender Anwendung des § 166 Abs. 1 BGB zugerechnet, wenn die Empfangsvertretungsmacht aus § 69 Abs. 1 VVG wirksam ausgeschlossen wäre. Dies ist indes nicht möglich, da § 69 Abs. 1 VVG wegen § 72 VVG faktisch zwingendes Recht ist. Auf die Frage, ob ein völliger Ausschluss der Empfangsvertretungsmacht zum Erfolg führen würde, braucht daher hier nicht mehr eingegangen zu werden. Sie wäre zu verneinen, weil selbst ein solcher Vermittlungsvertreter noch Wissensvertreter des VR nach § 166 Abs. 1 BGB analog wäre[228].

114   Festzuhalten ist: **§ 166 Abs. 1 BGB** ist grundsätzlich auf **alle Vertreter des VR,** auch auf bloße Vermittlungsvertreter, entsprechend **anwendbar.** Soweit es auf die Kenntnis oder das Kennenmüssen des VR ankommt, reicht es also aus, wenn der Versicherungsvertreter den Umstand kennt oder kennen muss. Im oben gebildeten **Beispielsfall** der Kenntnis des Versicherungsvertreters durch Augenschein[229] könnte der VR also nicht wegen Verletzung der Anzeigepflicht des § 19 Abs. 1 VVG nach § 19 Abs. 2 VVG zurücktreten, weil ihm das Wissen des Versicherungsvertreters nach § 166 Abs. 1 BGB zugerechnet würde, mit der Folge, dass er i. S. d. § 19 Abs. 5 S. 2 VVG rechtzeitig Kenntnis vom gefahrerheblichen Umstand erlangt hätte.

3. Die Bedeutung des § 70 VVG

115   Fraglich ist, wie sich die Regelung des § 70 VVG auf die grundsätzlich zu bejahende entsprechende Anwendung des § 166 Abs. 1 BGB auswirkt. Der Inhalt und der Sinn des § 70 VVG erschließen sich zunächst nur schwer. Immerhin wird klar, dass S. 2 entgegen S. 1 und entgegen § 166 Abs. 1 BGB die Wissenszurechnung vom Versicherungsvertreter zum Versicherer für bestimmte – seltene – Fallkonstellationen ausschließt. Damit ist § 70 VVG, jedenfalls dessen S. 2, **lex specialis zu § 166 Abs. 1 BGB.** Unentbehrlicher Schlüssel zum Verständnis der Vorschrift ist freilich die Kenntnis ihrer Entwicklung.

116   **a) Entwicklung.** *aa) Der Wortlaut des § 44 VVG a. F.* Die Vorgängervorschrift von § 70 VVG war § 44 VVG a. F.[230] Nach dessen lapidarem Wortlaut stand die Kenntnis eines Vermittlungsvertreters der Kenntnis des VR nicht gleich. Damit schien diese Vorschrift zu besagen, dass **keine Wissenszurechnung** vom Vertreter zum VR stattfindet. Die durch Augenschein erlangte Kenntnis des Vertreters in dem Beispielsfall[231] wurde also dem VR vor der VVG-Reform scheinbar nicht zugerechnet.

117   *bb) Stand der Rechtsfortbildung vor der VVG-Reform.* Der Schein trog. Die Vorschrift wurde zwar Jahrzehnte lang so verstanden, wie es der Wortlaut nahelegt, nämlich so, als schließe sie die Wissenszurechnung nach § 166 Abs. 1 BGB total aus, unabhängig davon, auf welchem Weg und wie der Versicherungsvertreter sein Wissen erworben hat[232]. Dies änderte sich aber mit der berühmten ersten Auge-und-Ohr-Entscheidung des BGH von 1987[233]. Darin wird unter zutreffender Auswertung der Gesetzgebungsmaterialien ausgeführt, § 44 VVG betreffe nur die Kenntnis des Vertreters, die er nicht „in Ausübung der Stellvertretung" erlangt

---

[227] *Schilken,* Wissenszurechnung im Zivilrecht (1983), S. 79; *Richardi,* AcP 169 (1969) 385, 402; *Buck,* Wissen und juristische Person (2001), S. 148.

[228] Eingehend hierzu *Reiff,* r+s 1998, 133 (137).

[229] Siehe hierzu oben Rn. 110.

[230] BT-Drucks. 16/3945, S. 77.

[231] Siehe hierzu oben Rn. 110.

[232] *Bruck/Möller,* § 44 Anm. 10 a. E.

[233] BGH v. 11. 11. 1987, BGHZ 102, 194.

habe[234]. Dies heißt: § 44 VVG a. F. schloss als lex specialis zu § 166 Abs. 1 BGB für bloße Vermittlungsvertreter die Wissenszurechnung zum VR aus, freilich entgegen dem zu weiten Wortlaut nach Rechtsprechung und h. L. nur, soweit es um „privat" erlangtes Wissen ging. Das Wissen des Vermittlungsvertreters war dem VR also trotz § 44 VVG a. F. zuzurechnen, wenn er es „dienstlich" erworben hatte. Nur das **„private Wissen"** des Vermittlungsvertreters war dem VR nach § 44 VVG a. F. nicht zuzurechnen[235]. Beispiele für **dienstliches Wissen** sind schwer zu finden, weil mündliche Anzeigen des VN gegenüber dem Vermittlungsvertreter wie gesehen regelmäßig die Obliegenheit erfüllen, so dass sich die Frage der Wissenszurechnung meist nicht stellt. In Betracht kommt etwa der „dienstliche Augenschein", also wenn der Vermittlungsvertreter wie im Beispielsfall[236] bei der Antragsaufnahme im Haus des VN gefahrrerhebliche Umstände, etwa Krankheiten, wahrnimmt, die der VN ihm nicht mündlich anzeigt und die deshalb auch nicht im Antragsformular erscheinen.

cc) Die Reformdiskussion. Die Kommission zur Reform des Versicherungsvertragsrechts **118** hatte in ihrem Abschlussbericht vom 19. April 2004 eine Vorschrift vorgeschlagen, die nahezu wörtlich mit § 70 VVG übereinstimmt[237]. In der Begründung hierzu wird ausgeführt, die vorgeschlagene Neuregelung entspreche der sog. Auge-und-Ohr-Rechtsprechung des BGH. Nach dieser gelte § 44 VVG a. F. entgegen seinem Wortlaut nur außerhalb des Anwendungsbereichs des § 43 VVG a. F. Die Regelung entspreche damit zum großen Teil der bisherigen Praxis[238]. Der Gesetzgeber hat also die Stimmen in der Literatur, die entgegen der Reformkommission für eine vollständige Streichung des § 44 VVG a. F. plädiert hatten[239], nicht gehört.

b) Inhalt der neuen Regelung. *aa) Anwendbarkeit auf Abschlussvertreter.* Die Begründung **119** zum neuen VVG weist im Grundsatz zutreffend darauf hin, dass § 70 VVG zum großen Teil der bisherigen Praxis entspricht[240]. Gleichwohl bleibt keineswegs alles beim Alten. § 70 VVG enthält nämlich verglichen mit dem bisherigen Stand der Rechtsfortbildung des § 44 VVG a. F. eine wesentliche Änderung, auf die die Begründung freilich nicht eingeht. § 44 VVG a. F. galt nur für Vermittlungsvertreter, nicht aber für Abschlussvertreter nach § 45 VVG a. F., dem neuen § 71 VVG. Der neue § 70 VVG enthält diese Einschränkung auf Vermittlungsvertreter nicht. Zwar steht er räumlich zwischen der Regelung über die Empfangsvertretungsmacht (§ 69 VVG) und der über die Abschlussvollmacht (§ 71 VVG). Diese systematische Begründung kann aber in Anbetracht des klaren Wortlautes nicht ausreichen, um eine Beschränkung auf Vermittlungsvertreter herbeizuführen. § 70 VVG gilt daher für **alle Versicherungsvertreter,** auch für solche, die ausnahmsweise Abschlussvollmacht nach § 71 VVG haben.

Dies bedeutet: Vor der VVG-Reform wurde das dienstliche Wissen der Vermittlungsvertreter dem VR zugerechnet, das private hingegen nicht; bei Abschlussvertretern wurde demgegenüber jedes Wissen zugerechnet, auch das privat erlangte[241]. Das neue VVG stellt also in diesem Punkt entgegen seiner allgemeinen Tendenz den VR besser als das alte VVG, ohne dass für diese Besserstellung ein Anlass ersichtlich ist und ohne dass in den Gesetzgebungsmaterialien hierfür eine Begründung gegeben wurde[242]. **120**

bb) Zurechnung dienstlichen Wissens. **§ 70 S. 1 VVG** bestimmt, dass die Kenntnis des Versicherungsvertreters der Kenntnis des VR gleichsteht. Es findet also eine **Wissenszurechnung** **121**

---

[234] BGH v. 11. 11. 1987, BGHZ 102, 194 (198).
[235] BGH v. 29. 11. 1989, VersR 1990, 150 (151); OLG Oldenburg v. 19. 8. 1992, VersR 1993, 1226; LG Aurich v. 4. 7. 1990, ZfS 1991, 241 (242); zweifelhaft OLG Nürnberg v. 4. 7. 1991, r+s 1991, 349 (350), wo die allgemeine Ortskenntnis des Vermittlungsvertreters dem VR zugerechnet wurde; *Prölss/Martin/Kollhosser*, § 44 Rn. 2; *Römer/Langheid/Langheid*, § 44 Rn. 4.
[236] Siehe hierzu oben Rn. 110.
[237] VVG-Reform Abschlussbericht (2004), S. 224f.
[238] VVG-Reform Abschlussbericht (2004), S. 346. Vgl. auch S. 65.
[239] *Reiff*, ZVersWiss 2002, 103, 132; ebenso *Beckmann*, in: Verantwortlichkeit im Wirtschaftsrecht, 29 (49).
[240] BT-Drucks. 16/3945, S. 77.
[241] Plastisch *Taupitz*, FS E. Lorenz (1994), 673 (678); *Reiff*, ZVersWiss 2002, 103 (122).
[242] *Reiff*, Versicherungsvermittlerrecht im Umbruch, S. 116f.; *Reiff*, ZVersWiss 2007, 535 (569f.).

vom Versicherungsvertreter zum VR statt. Soweit das VVG auf die Kenntnis des VR abstellt, ist diese schon dann zu bejahen, wenn der Vertreter Kenntnis von dem fraglichen Umstand hat. Dies bedeutet in dem Beispielsfall des durch Augenschein erlangten **dienstlichen Wissens** des Vertreters von der Vorerkrankung[243], dass der VR nicht zurücktreten kann, weil ihm der gefahrerhebliche Umstand i. S. d. § 19 Abs. 5 S. 2 VVG bekannt war.

122 *cc) Keine Zurechnung privaten Wissens.* **§ 70 S. 2 VVG** bestimmt, dass die Wissenszurechnung nach S. 1 (und § 166 Abs. 1 BGB) nicht für die Kenntnis des Versicherungsvertreters gilt, die dieser außerhalb seiner Tätigkeit als Vertreter und ohne Zusammenhang mit dem betreffenden Versicherungsvertrag erlangt hat. **Keine Wissenszurechnung** vom Vertreter zum VR findet also dann statt, wenn der Vertreter seine Kenntnis privat erlangt hat, wenn es sich mithin um **privat erworbenes Wissen** handelt. Privat erworbenes Wissen des Vertreters liegt immer dann vor, wenn dieses Wissen ohne Zusammenhang mit dem Versicherungsvertrag und außerhalb der Vertretertätigkeit erworben wurde. Als Beispiel sei genannt, dass der Vertreter durch gesellschaftlichen Kontakt mit der Familie des VN Kenntnis von gefahrerheblichen Umständen hat. Wandelt man das oben gebildete Beispiel zur Anzeigepflichtverletzung[244] dahingehend ab, dass der Vertreter die Kenntnis von der Erkrankung nicht durch dienstlichen Augenschein bei der Antragsaufnahme, sondern durch privaten Augenschein bei einer gesellschaftlichen Veranstaltung erlangt hätte, dann stünde diese private Kenntnis des Vertreters einem Rücktritt des VR nach § 19 Abs. 2 VVG nicht entgegen, weil sie wegen § 70 S. 2 VVG keine Kenntnis des VR vom gefahrerheblichen Umstand i. S. d. § 19 Abs. 5 S. 2 VVG begründete. Anders lägen die Dinge allerdings, wenn dem Vertreter im Zeitpunkt der Entgegennahme des Antrags das privat erworbene Wissen und dessen Relevanz für den VR tatsächlich bewusst gewesen wäre. Dem VR wäre dann auch dieses „privat" erlangte Wissen des Vertreters zuzurechnen[245].

VIII. Die Haftung des Versicherers für seine Versicherungsvertreter

1. Überblick und Abgrenzung

123 Der VR ist für seine Versicherungsvertreter verantwortlich, weil sie bildlich gesprochen in seinem Lager stehen. Aus Sicht des VN äußert sich diese – im weitesten Sinne verstandene – „Haftung" des VR für seine Versicherungsvertreter in drei großen, voneinander zu trennenden Bereichen. Erstens haben diese Personen nach § 69 Abs. 1 VVG **Empfangsvertretungsmacht** für den VR, ihnen gegenüber gemachte Anzeigen erfüllen also die gegenüber dem VR bestehende Anzeigeobliegenheit aus § 19 Abs. 1 VVG[246]. Zweitens ist das „dienstlich" erworbene Wissen der Versicherungsvertreter nach § 70 S. 1 VVG dem Wissen des VR gleichgestellt, es findet also eine **Wissenszurechnung** statt[247]. Drittens und letztens geht es um die jetzt zu behandelnde **Haftung des VR im engeren Sinn** für ein Fehlverhalten seiner Versicherungsvertreter. Hierbei steht die Schadensersatzhaftung des VR für Pflichtverletzungen der Versicherungsvertreter als seiner **Erfüllungsgehilfen** ganz im Vordergrund. Sehr zweifelhaft ist, ob daneben noch – wie bis zum Inkrafttreten des neuen VVG am 1. 1. 2008 – eine **gewohnheitsrechtliche Vertrauenshaftung** des VR in Form einer Erfüllungshaftung für unrichtige Auskünfte der Versicherungsvertreter existiert.

2. Erfüllungsgehilfenhaftung

124 **a) Überblick über die Anspruchsgrundlagen.** Nach § 278 S. 1 BGB hat ein Schuldner das **Verschulden seiner Erfüllungsgehilfen** wie eigenes Verschulden zu vertreten. Das gilt auch für VR in Bezug auf ihre Versicherungsvertreter, wenn und soweit diese ihre Erfüllungs-

---

[243] Vgl. hierzu oben Rn. 110.
[244] Sie hierzu oben Rn. 110.
[245] Vgl. hierzu ÖOGH v. 19. 3. 2003, VersR 2004, 538.
[246] Siehe hierzu oben Rn. 62.
[247] Siehe hierzu oben Rn. 121.

gehilfen sind, also mit Wissen und Wollen der VR in deren Pflichtenkreis tätig werden. In Betracht kommt hier seit Inkrafttreten des neuen VVG am 1. 1. 2008 vor allem die Pflicht des VR zur Beratung des VN aus § 6 VVG. Verletzt der VR schuldhaft diese – nach § 18 VVG halbzwingende – **Beratungspflicht,** die nach § 6 Abs. 1 VVG vor Vertragsschluss, nach § 6 Abs. 4 VVG aber auch nach Vertragsschluss besteht, so ist er dem VN nach **§ 6 Abs. 5 VVG zum Schadensersatz** verpflichtet. Verstößt der VR gegen eine **andere Pflicht,** deren Verletzung nicht mit einer speziellen Schadensersatzandrohung sanktioniert ist, so kommt eine allgemeine **Schadensersatzhaftung aus p. V. V.** nach §§ 280 Abs. 1, 241 Abs. 2 mit § 278 S. 1 BGB in Betracht, wenn das pflichtwidrige Verhalten des Versicherungsvertreters nach Vertragsschluss erfolgte, **oder** eine allgemeine Schadensersatzhaftung **aus c. i. c.** nach §§ 280 Abs. 1, 311 Abs. 2, 241 Abs. 2 mit § 278 S. 1 BGB, wenn die Pflichtverletzung vor Vertragsschluss erfolgte bzw. es nie zu einem Vertragsschluss kam. Beispielhaft sei hier die Pflicht des VR zur Information des VN aus § 7 Abs. 1 und 2 VVG genannt. Diese **Informationspflicht** ist grundsätzlich nach Abs. 1 vor Vertragsschluss, genauer vor Abgabe der Vertragserklärung des VN, zu erfüllen. In gewissen Fällen bestehen aber nach Abs. 3 auch während der Laufzeit des Vertrags, also nach Vertragsschluss, Informationspflichten des VR. Im VVG ist nur die vorvertragliche Pflicht nach Abs. 1 und 2 sanktioniert, und zwar dadurch, dass nach § 8 Abs. 2 S. 1 Nr. 1 VVG die Widerrufsfrist nicht zu laufen beginnt und somit der VN seine Vertragserklärung weiterhin widerrufen kann. Daneben kann, wenn die Voraussetzungen erfüllt sind, dem VN nach allgemeinem Schuldrecht ein Schadensersatzanspruch, und zwar aus c. i. c., zustehen[248]. Die nach Vertragsschluss zu erfüllenden Informationspflichten des VR sind im VVG nicht sanktioniert. Auch insoweit kann aber nach allgemeinem Schuldrecht dem VN ein Schadensersatzanspruch zustehen, und zwar aus p. V. V.

b) Voraussetzungen. *aa) Haftung des VR aus p. V. V.* Voraussetzung der Haftung des VR aus p. V. V. nach §§ 280 Abs. 1, 241 Abs. 2 BGB ist ein **Versicherungsvertrag** zwischen dem VR und dem VN. Dieser begründet nach § 311 Abs. 1 BGB ein Schuldverhältnis, das seinerseits Grundlage für (Aufklärungs-)Pflichten des VR ist. Da der VR nach § 7 VAG notwendigerweise eine juristische Person ist, erfüllt er seine Pflichten durch den Vorstand als sein Organ, der sich seinerseits weiterer Personen, insbesondere der Versicherungsvertreter, als Erfüllungsgehilfen bedient. Haben diese Hilfspersonen die (Aufklärungs-)Pflicht des VR schuldhaft verletzt, so wird ihr Verschulden nach § 278 S. 1 BGB dem VR zugerechnet. Die schuldhafte Pflichtverletzung muss schließlich ihrerseits für einen (Vermögens-)Schaden des VN kausal geworden sein. **125**

Als **Beispiel**[249] sei einmal die falsche Auskunft des Versicherungsvertreters über die Deckungspflicht des VR nach Eintritt des Versicherungsfalls genannt[250]. Ebenfalls hierher gehört der Fall, dass der Vertreter einen Antrag des VN auf Veränderung der Versicherung, etwa auf Erhöhung der Versicherungssumme, schuldhaft nicht an den VR weitergeleitet hat[251]. **126**

bb) Haftung des VR aus c. i. c. Entsprechendes gilt für die Haftung des VR aus c. i. c. nach §§ 280 Abs. 1, 311 Abs. 2, 241 Abs. 2 BGB. Vorausgesetzt wird auch hier ein **Schuldverhältnis.** Da ein Versicherungsvertrag noch nicht besteht, kann es nicht nach § 311 Abs. 1 BGB durch einen Vertrag entstanden sein, sondern nur nach § 311 Abs. 2 BGB durch die **Aufnahme von Vertragsverhandlungen,** die Anbahnung eines Vertrages o. ä. geschäftliche Kontakte. Aus diesem Schuldverhältnis resultieren (Aufklärungs-)Pflichten des VR nach § 241 Abs. 2 BGB, zu deren Erfüllung die VR sich der Versicherungsvertreter bedient. Verletzen diese die (Aufklärungs-)Pflicht schuldhaft, so wird ihr Verschulden dem VR nach **127**

---

[248] BT-Drucks. 16/3945, S. 60.
[249] Umfangreiche Nachweise auf die kaum mehr zu überblickende Kasuistik zur Erfüllungsgehilfenhaftung aus p. V. V. und c. i. c. bei *Prölss/Martin/Kollhosser,* § 43 Rn. 37. Nach Inkrafttreten des neuen VVG am 1. 1. 2008 werden viele der bislang über p. V. V. und c. i. c. gelösten Sachverhalte von der speziellen Schadensersatzpflicht des § 6 Abs. 5 VVG erfasst werden.
[250] OLG Hamm v. 11. 6. 1980, VersR 1981, 825.
[251] RG v. 31. 1. 1922, RGZ 104, 20 (22). Vgl. auch den c. i. c.-Sachverhalt unten Fn. 252.

§ 278 S. 1 BGB zugerechnet. Wie bei der p. V. V. muss auch hier die Pflichtverletzung des Versicherungsvertreters für einen Vermögensschaden des VN kausal geworden sein.

128   Als **Beispiel** für eine Haftung des VR aus c. i. c. sei der Fall genannt, dass der Versicherungsvertreter den Antrag des VN auf Abschluss eines Versicherungsvertrags schuldhaft nicht an den VR weitergeleitet hat[252]. Hierher gehört auch der Fall, dass der Versicherungsvertreter, der dem VN erklärt hatte, er könne mit Sicherheit ab morgen vorläufige Deckung haben, diesen nicht sofort darüber unterrichtet, wenn die Zentrale des VR die vorläufige Deckung abgelehnt hat[253]. Die verletzte Benachrichtigungspflicht resultiert aus der allgemeinen Pflicht zur Wahrung der beiderseitigen Belange im Rahmen des durch den Antrag eingeleiteten zukünftigen Vertragsverhältnisses.

129   *cc) Haftung des VR aus § 6 Abs. 5 VVG.* Die Haftung des VR aus § 6 Abs. 5 VVG knüpft an die **Verletzung der Beratungspflicht nach § 6 VVG** an. Diese Pflicht wiederum besteht vor Vertragsschluss, bei erkennbarem Anlass aber auch noch während der Dauer des Versicherungsverhältnisses, also auch nach Vertragsschluss. Zur Erfüllung dieser Pflicht bedient sich der VR regelmäßig seiner Versicherungsvertreter. Die Versicherungsvertreter sind zwar ihrerseits ebenfalls Adressaten einer identischen Beratungspflicht, weil § 61 Abs. 1 VVG für den Versicherungsvermittler dasselbe bestimmt wie § 6 Abs. 1 VVG für den VR[254]. Die sowohl dem VR als auch dem Vertreter obliegende Pflicht ist dem VN gegenüber aber nur einmal zu erfüllen. Erfolgt der Vertrieb des VR mit Hilfe von Versicherungsvertretern, so erfüllt der Vertreter bei der Beratung des Kunden sowohl seine eigene Beratungspflicht aus § 61 VVG als auch die des VR aus § 6 VVG. Letzteres folgt daraus, dass der Vertreter aufgrund des mit dem VR geschlossenen Agenturvertrages mit dem Willen des VR in dessen Pflichtenkreis handelt. Eine besondere gesetzliche Regelung ist insoweit nicht erforderlich[255]. Verletzt der Versicherungsvertreter die Beratungspflicht schuldhaft, so wird dies dem VR nach § 278 S. 1 BGB zugerechnet. Entsteht dem VN durch diese Pflichtverletzung ein Vermögensschaden, so ist der VR zum Ersatz desselben verpflichtet[256].

130   Die Beratungspflicht und damit auch ein möglicher Schadensersatzanspruch entfällt, wenn der Versicherungsvertrag von einem **Versicherungsmakler** vermittelt wurde. Denn in diesem Fall sind nach § 6 Abs. 6 VVG die Abs. 1–5 dieser Bestimmung nicht anwendbar. Einerseits kann der Versicherungsmakler nämlich in Bezug auf die Erfüllung der Beratungspflicht **nicht Erfüllungsgehilfe** des VR sein. Andererseits kann der VR davon ausgehen, dass ein vom VN eingeschalteter Versicherungsmakler seine ihm gegenüber dem VN obliegende Beratungspflicht erfüllt. Aus diesem Grunde hielt es der Gesetzgeber nicht für erforderlich, im Fall der Vermittlung durch einen Makler auch dem VR eine Beratungspflicht aufzuerlegen[257]. Die Beratungspflicht entfällt nach § 6 Abs. 6 VVG ferner dann, wenn es sich um einen Versicherungsvertrag über ein **Großrisiko** i. S. d. Art. 10 Abs. 1 S. 2 EGVVG handelt oder wenn der Versicherungsvertrag ein **Fernabsatzvertrag** i. S. d. § 312b Abs. 1 und 2 BGB ist.

131   Schließlich kann der VN nach § 6 Abs. 3 VVG auf die **vorvertragliche Beratung** und Dokumentation gem. § 6 Abs. 1 und 2 VVG verzichten. Der **Verzicht** ist freilich nur wirksam, wenn er durch eine **gesonderte schriftliche Erklärung** gem. § 126 Abs. 1 BGB erfolgt. Außerdem muss der VN „in der Erklärung" vom VR ausdrücklich darauf hingewiesen werden, dass sich ein Verzicht nachteilig auf seine Möglichkeit auswirken kann, gegen den VR einen Schadensersatzanspruch wegen Verletzung dieser Pflichten geltend zu machen. Auf die nur bei erkennbarem Anlass bestehende Pflicht des VR aus § 6 Abs. 4 S. 1 VVG, den VN auch **nach Vertragsschluss** während der Dauer der Versicherung zu befragen und zu beraten, kann der VN nach S. 2 der Bestimmung ebenfalls **schriftlich verzichten.** Der Ver-

---

[252] BGH v. 3. 11. 1982, VersR 1983, 121 (122 unter IV 2).
[253] OLG Hamm v. 3. 10. 1975, VersR 1976, 631 (632).
[254] Siehe zur Beratungspflicht der Versicherungsvermittler unten Rn. 161 ff.
[255] BT-Drucks. 16/3945, S. 58.
[256] Daneben trifft den Vertreter eine eigene Schadensersatzpflicht aus § 63 VVG; siehe hierzu unten Rn. 170 f. Dem VN haften VR und Vertreter als Gesamtschuldner; so auch *Werber*, VersR 2008, 285.
[257] BT-Drucks. 16/3945, S. 58.

zicht ist aber nicht generell im Voraus zulässig, sondern muss von Fall zu Fall vom VN erklärt werden[258].

Naturgemäß gibt es zu dem erst am 1. 1. 2008 in Kraft getretenen § 6 VVG noch keine **132** Gerichtsentscheidungen, die als **Beispiel** dienen können. Aus der alten Kasuistik zur Haftung des VR aus p. V. V. bzw. aus c. i. c. würden nach neuem VVG aber viele Fälle eine Schadensersatzpflicht aus § 6 Abs. 5 VVG begründen. Hierher gehört einmal der Fall, dass der Versicherungsvertreter den VN nicht auf die Möglichkeit hinweist, das grundsätzlich ausgeschlossene Anlagerisiko für Gewässerschäden in die Haftpflichtversicherung einzubeziehen, obwohl der VN beim Versicherungsvertreter nachgefragt hatte, ob er wegen des Erwerbs eines Gebäudes mit Öltank seinen bestehenden Haftpflicht-Versicherungsvertrag erweitern müsse, um umfassend abgesichert zu sein[259]. Hierher gehört auch der Fall, dass der Versicherungsvertreter, der vom VN über eine Betriebsverlegung informiert wurde, welche nach den AVB den Versicherungsschutz beendet, untätig blieb[260]. Erwähnt sei schließlich noch der Fall, dass der Versicherungsvertreter einen Betriebshaftpflicht-Versicherungsvertrag vermittelte, in dem das Anlagenrisiko bei Gewässerschäden ausgeschlossen war, obwohl der VN seinen Wunsch nach umfassendem Versicherungsschutz deutlich gemacht hatte und der Versicherungsvertreter wusste, dass auf dem Betriebsgrundstück eine Tankstelle zur Versorgung des Fahrzeugparks installiert war[261].

c) Beweislast. Die Beweislast für die Erfüllungsgehilfenhaftung ist wie folgt verteilt: Das **133** **Verschulden** des VR bzw. das seines Erfüllungsgehilfen, des Versicherungsvertreters, wird vermutet. Dies folgt für die Haftung gem. § 6 Abs. 5 VVG aus dessen S. 2 und für die Haftung aus p. V. V. und c. i. c. aus § 280 Abs. 1 S. 2 BGB[262]. Insoweit muss sich also der VR exkulpieren. Die **Pflichtverletzung** selbst muss zwar grundsätzlich der VN beweisen. Insoweit können aber die von der Rechtsprechung entwickelten Grundsätze der Beweislastverteilung nach Gefahren- und Verantwortungsbereichen herangezogen werden[263]. Im Fall der Beratungshaftung gem. § 6 Abs. 5 VVG kann außerdem ein Verstoß gegen die Dokumentationspflicht aus § 6 Abs. 1 und 2 VVG Beweiserleichterungen zugunsten des VN rechtfertigen[264].

Für die Haftung des VR aus **p. V. V. und c. i. c.** ist umstritten, wer die **Beweislast für die** **134** **Schadensursächlichkeit des Beratungsfehlers** trägt, insbesondere wenn der VR behauptet, der VN hätte sich auch bei sachgerechter Beratung nicht den Versicherungsschutz verschafft, der im konkreten Fall Deckung bieten würde. Teils wird vertreten, es bleibe bei den allgemeinen Grundsätzen, wonach der Geschädigte beweisen muss, dass der Verletzungserfolg durch die unterlassene Handlung vermieden worden wäre. Die Beweislast trifft also danach den VN[265]. Nach anderer Ansicht trägt hingegen der VR die Beweislast für die fehlende Kausalität der Falschberatung durch seinen Vertreter[266]. Dies entspreche der neueren Rspr. zur Verletzung von Beratungspflichten.

Der zweiten Ansicht ist zu folgen. Es ist zwar grundsätzlich Sache des Geschädigten, die haf- **135** tungsausfüllende Kausalität zu beweisen. Danach müsste also der VN beweisen, dass die Falschberatung durch den Versicherungsvertreter den geltend gemachten Schaden verursacht hat, wobei er allerdings die Beweiserleichterung des § 287 Abs. 1 ZPO in Anspruch nehmen

---

[258] BT-Drucks. 16/3945, S. 59.

[259] OLG Köln v. 14. 1. 1993, VersR 1993, 1385 (1386) (Haftung aus p. V. V.).

[260] BGH v. 5. 11. 1986, VersR 1987, 147 (Haftung aus c. i. c.).

[261] OLG Hamm v. 23. 11. 1983, VersR 1984, 853 (854) (Haftung aus c. i. c.).

[262] Zur Regelung der Beweislast bezüglich des Verschuldens durch die Wortstellung des § 280 Abs. 1 S. 2 BGB vgl. *Palandt/Heinrichs,* § 280 Rn. 34.

[263] Darauf weist die Gesetzesbegründung zu §§ 42e VVG a. F., dem jetzigen § 63 VVG, zu Recht hin; hierzu BT-Drucks. 16/1935, S. 25 f. und allgemein hierzu *Palandt/Heinrichs,* § 280 Rn. 37.

[264] Vgl. hierzu zu § 42e VVG a. F. die Gesetzesbegründung BT-Drucks. 16/1935, S. 26.

[265] OLG Karlsruhe v. 5. 11. 1992, VersR 1994, 1169; OLG Nürnberg v. 30. 8. 1979, VersR 1980, 36 (37); *Römer/Langheid/Langheid,* § 43 Rn. 53.

[266] *Prölss/Martin/Kollhosser,* § 43 Rn. 38; ihm folgend Berliner Kommentar/*Gruber,* § 43 Rn. 36. Ebenso *Dörner,* FS E. Lorenz (2004), 195 (197).

könnte. Abweichend von dieser Grundregel trifft aber bei der **Verletzung vertraglicher Aufklärungs- und Beratungspflichten** die Beweislast den **Berater** und damit den Schädiger. Er muss darlegen und ggf. auch beweisen, dass der Schaden trotz Pflichtverletzung eingetreten wäre, weil der Geschädigte sich über die aus der Aufklärung und Beratung folgenden Bedenken hinweggesetzt haben würde. Diese Grundsätze hat der BGH in seiner berühmten **Sachwalter-Entscheidung** zur **Haftung des Versicherungsmaklers** ausgeführt, sich hierbei aber auf seine ständige Rspr. zur Verletzung vertraglicher Aufklärungspflichten berufen[267]. Sie gelten daher auch in Bezug auf die Haftung des VR für Fehler seiner Versicherungsvertreter, für die er nach § 278 BGB einstehen muss. Denn hier wie dort ist häufig nicht aufzuklären, wie sich die Sache bei pflichtgemäßer Beratung des Versicherungsvermittlers entwickelt hätte. Diese Interessenlage gebietet es, beide Fälle gleich zu behandeln.

136   Für die **Beratungshaftung** des VR aus § 6 Abs. 5 VVG kann man nicht ernsthaft bezweifeln, dass der VR die Beweislast für die Schadensursächlichkeit des Beratungsfehlers trägt. In der Begründung zu § 6 VVG wird ausdrücklich auf die §§ 61 ff. VVG verwiesen[268]. Die Schadensersatzpflicht des VR aus § 6 Abs. 5 VVG ist der des Vermittlers aus § 63 VVG nachgebildet. § 63 VVG seinerseits ist mit § 42 f VVG a. F. identisch. In der Begründung zu § 42 f VVG a. F. wird ausgeführt, der Vermittler, der Beratungspflichten verletze, sei dafür beweispflichtig, dass der Schaden auch bei pflichtgemäßem Verhalten entstanden wäre. Es bestehe „die Vermutung, dass sich der VN beratungsrichtig verhalten hätte"[269]. Damit hat der Gesetzgeber die **Vermutung beratungsrichtigen Verhaltens** anerkannt. Dies hat nicht nur Auswirkungen auf § 6 Abs. 5 VVG, sondern bei Licht besehen auch auf die Erfüllungsgehilfenhaftung des VR aus p. V. V. und c. i. c.

137   **d) Rechtsfolgen.** Die allen Anspruchsgrundlagen der Erfüllungsgehilfenhaftung, also p. V. V., c. i. c. und § 6 Abs. 5 VVG, gemeinsame **Rechtsfolge** ist ein **Schadensersatzanspruch** des VN gegen den VR. Der VR muss also den VN nach § 249 BGB so stellen, wie dieser ohne die Pflichtverletzung stünde. Trifft den VN ein **Mitverschulden**, so wird sein Ersatzanspruch gegen den VR nach Maßgabe des § 254 Abs. 1 BGB gemindert. Dies lässt sich an einem **Beispiel** erläutern, und zwar am **Europaklausel-Fall** des BGH[270]. Der Versicherungsvertreter hatte dem VN die unrichtige Auskunft erteilt, der Kasko-Versicherungsschutz erstrecke sich auf die ganze Türkei. Dies widersprach dem klaren Wortlaut des § 2a AKB, wonach die Versicherung nur für Europa gilt. Bei richtiger Auskunft des Versicherungsvertreters hätte der VN mit dem VR die Erweiterung des Versicherungsschutzes auf den asiatischen Teil der Türkei vereinbart. Wegen der Verletzung der Aufklärungspflicht musste der VR dem VN den in Anatolien eingetretenen Fahrzeugschaden als Schadensersatz ersetzen. Der VN ist nämlich nach § 249 BGB vom VR so zu stellen, wie er stehen würde, wenn er richtig beraten worden wäre. Der VR hat ihn also so zu stellen, als ob er die Erweiterung des Versicherungsschutzes vorgenommen hätte. Lagen dem VN allerdings die AKB bei Erteilung der Auskunft vor, so trifft ihn in Anbetracht der Diskrepanz zwischen Auskunft des Vertreters und Wortlaut des § 2a AKB ein Mitverschulden an seinem Irrtum. Das mitwirkende Verschulden des VN mindert seinen Ersatzanspruch nach Maßgabe des § 254 Abs. 1 BGB[271].

138   Unklar und umstritten ist, ob sich der VN auf seinen Schadensersatzanspruch als „**Vorteilsausgleich**" dasjenige anrechnen lassen muss, was er bei richtiger Aufklärung durch den Versicherungsvertreter für den erweiterten Versicherungsschutz an **Mehrprämie** hätte aufwenden müssen. Diese Frage wird häufig von der Rspr. gar nicht erörtert[272]. Dies liegt

---

[267] BGH v. 22. 5. 1985, BGHZ 94, 356 (363); eingehend hierzu *Matusche,* Pflichten und Haftung, S. 171; vgl. auch *Wernink,* Erfüllungshaftung, S. 99 ff.

[268] BT-Drucks. 16/3945, S. 58.

[269] BT-Drucks. 16/1935, S. 26.

[270] BGH v. 20. 6. 1963, BGHZ 40, 22.

[271] BGH v. 20. 6. 1963, BGHZ 40, 22 (28). Der BGH ging von einer Mitverschuldensquote von 50% aus.

[272] So im Europaklausel-Fall des BGH v. 20. 6. 1963, BGHZ 40, 22; OLG Koblenz v. 27. 10. 2006, VersR 2007, 482. Vgl. auch *Hohloch,* VersR 1980, 107 (117 bei Fn. 122).

manchmal daran, dass der insoweit darlegungspflichtige VR nicht vorträgt, welche Mehrkosten angefallen wären[273]. In mehreren Entscheidungen wird freilich ausgesprochen, bei der
Bemessung des dem VN zu zahlenden Schadensersatzes sei die höhere Prämie in Rechnung
zu stellen, die bei einem erwartungsgerecht zustande gekommenen Versicherungsvertrag fällig gewesen wäre[274]. Dem ist zuzustimmen[275]. Die Berechtigung des „Vorteilsausgleichs" wird
zwar bestritten[276]. Zum einen gehe die Erwartungshaltung des VN dahin, für die vereinbarte
Prämie die seiner Vorstellung entsprechende Versicherungsleistung zu erhalten. Zum anderen
sei gerade bei langfristig laufenden Versicherungsverträgen eine derartige Anrechnung nicht
praktikabel, weil sie möglicherweise den ganzen Ersatzanspruch aufzehren könnte. Beide Argumente vermögen indes nicht zu überzeugen. Für den nach § 249 BGB vorzunehmenden
Schadensersatz spielt die Erwartungshaltung des VN keine Rolle. Er kann nur Ersatz seines
Schadens verlangen, nicht aber die Erfüllung seiner Vorstellungen. Dass bei langfristigen Versicherungsverträgen die auflaufenden Prämien den Ersatzanspruch aufzehren können, mag
zutreffen, belegt indes nur, dass der VN gar keinen Schaden erlitten hat, den er ersetzt verlangen könnte.

3. Gewohnheitsrechtliche Vertrauenshaftung für falsche Auskünfte des Versicherungsvertreters?

a) Die Rechtslage bis zum Inkrafttreten des neuen VVG am 1. 1. 2008. Bis zum **139**
1. 1. 2008 galt eine gewohnheitsrechtliche Vertrauenshaftung. Diese fand ihre Grundlage in
den (bis zu diesem Zeitpunkt ungeschriebenen) **Aufklärungs- und Beratungspflichten
des VR**[277]. Den VR traf zwar keine allgemeine Pflicht, den VN unaufgefordert zu belehren
oder zu beraten. Wenn indes offenbar wurde, dass der VN ein entsprechendes Informationsbedürfnis hatte, etwa weil er Fragen stellte oder weil er erkennbar unrichtige Vorstellungen
beispielsweise über den Inhalt der AVB und damit über den Umfang des Versicherungsschutzes hatte, so **musste der VR von sich aus informieren und belehren**[278]. Da er meist nur
durch seine Vertreter mit dem VN in Kontakt trat, erfüllte er seine Beratungs- und Belehrungspflichten regelmäßig mit deren Hilfe.

aa) Der Rechtssatz und seine Herkunft. Gibt der Versicherungsvertreter in Erfüllung der dem **140**
VR obliegenden Informations- bzw. Aufklärungspflicht eine unrichtige Auskunft, so darf der
VN gleichwohl auf die Richtigkeit dieser Auskunft vertrauen und der VR muss sie gegen sich
gelten lassen, als ob er sie – durch seine Organe – selbst erteilt hätte. Dieser Rechtssatz wurde
ansatzweise bereits vor über 100 Jahren vom RG formuliert[279] und dann zu einer ständigen
Rspr. ausgebaut[280]. Der BGH hat diesen vom RG entwickelten Rechtssatz bereits in einer
seiner ersten Entscheidungen übernommen[281] und ihn seitdem ständig angewendet[282]. Er

---

[273] So im Fall des OLG Koblenz v. 27. 10. 2006, VersR 2007, 482.

[274] BGH v. 7. 12. 1988, VersR 1989, 472 (473) zur GebäudeV; v. 1. 3. 1972, NJW 1972, 822 (824) zur
GüternahverkehrsV; OLG Saarbrücken v. 4. 2. 1998, VersR 1999, 1235 (1237) zur WohngebäudeV.

[275] So überzeugend *Schirmer,* r+s 1999, 177 (180); in diesem Sinn auch *Bruck/Möller,* § 44 Anm. 51 und
Schimikowski, VersVertragsrecht, Rn. 137.

[276] *Hohloch,* VersR 1980, 107 (117); im Ergebnis wie hier aber *Wernink,* Erfüllungshaftung, S. 107.

[277] *Reichert-Facilides,* VersR 1977, 208 (211); vgl. auch *Hohloch,* VersR 1980, 107 (108).

[278] BGH v. 16. 2. 1967, BGHZ 47, 101 (107); OLG Hamm v. 23. 8. 2000, NVersZ 2001, 88 (89 unter
3. a); OLG Stuttgart v. 12. 11. 1998, VersR 1999, 1268 (1269 unter 3a); *Prölss/Martin/Kollosser,* § 43
Rn. 33; *Römer,* VersR 1998, 1313 (1317f. unter 2. c); *Hohloch,* VersR 1980, 107 (108); *Heiss,* ZVersWiss
2003, 339.

[279] RG v. 30. 3. 1900, RGZ 46, 184 (190).

[280] Vgl. vor allem den berühmten „Sturmflutfall", RG v. 19. 1. 1915, RGZ 86, 128 (131); weitere Nw.
Vorauflage § 5 Rn. 85 in Fn. 177.

[281] BGH v. 9. 5. 1951, BGHZ 2, 87 (92) zu einer Auskunft des Versicherungsvertreters, der Versicherungsschutz aus dem alten Versicherungsvertrag laufe bis zum Abschluss des vom VN beantragten neuen
Versicherungsvertrags ohne Unterbrechung weiter.

[282] Vgl. den Europa-Klausel-Fall des BGH v. 20. 6. 1963, BGHZ 40, 22 (24); v. 26. 9. 2001, VersR
2001, 1502 (1503 unter III. 2.).

hat diesen Rechtssatz von Anfang an als **Gewohnheitsrecht** qualifiziert[283]. Dem ist das Schrifttum ganz überwiegend[284] und zu Recht[285] gefolgt.

141   *bb) Voraussetzungen.* Voraussetzung für ein Eingreifen des Gewohnheitsrechtssatzes war eine **unrichtige Auskunft des Versicherungsvertreters** über den Inhalt des Versicherungsvertrags, auf deren Richtigkeit der VN vertraute. Der Erteilung einer unrichtigen Auskunft stand es nach im Ergebnis allgemeiner Ansicht gleich, wenn der Vertreter **keine Auskunft** gab, obwohl er erkannte, dass der VN unzutreffende Vorstellungen von seinem Versicherungsschutz hatte und den VR deshalb eine Aufklärungspflicht traf[286]. Erklärte der Vertreter indes **nach Eintritt des Schadensfalls** dem VN, es bestehe Versicherungsschutz, so begründete dies **keine Vertrauenshaftung,** sondern war lediglich die Äußerung einer (irrigen) Rechtsansicht[287]. Ein **Verschulden des Vertreters** wurde **nicht vorausgesetzt**[288]. Da es auch auf ein Verschulden des VR, etwa ein Auswahl- oder Überwachungsverschulden, nicht ankam[289], begründete der Gewohnheitsrechtssatz eine Art **Garantiehaftung des VR**[290]. Diese Garantiehaftung war unabdingbar. Eine Klausel, wonach mündliche Nebenabreden mit dem Vertreter unverbindlich sind, wurde als unwirksam angesehen[291]. Der Gewohnheitsrechtssatz war also **zwingendes Recht**[292]. Negative Voraussetzung der Vertrauenshaftung war, dass den VN **kein erhebliches eigenes Verschulden** trifft[293]. Ein erhebliches Eigenverschulden des VN lag nach der Rspr. insbesondere dann vor, wenn der klare Wortlaut der AVB oder des Antragsformulars der Auskunft des Vertreters eindeutig widersprach. Hierbei war aber jedenfalls zu fordern[294], dass die AVB im Zeitpunkt der unrichtigen Auskunft[295] oder zumindest bei der Antragsaufnahme[296] schriftlich vorgelegen haben[297].

---

[283] BGH v. 9. 5. 1951, BGHZ 2, 87 (92) „nach anerkanntem Gewohnheitsrechtssatz"; v. 20. 6. 1963, BGHZ 40, 22 (Leitsatz) „gewohnheitsrechtlicher Rechtssatz"; zurückhaltend aber BGH v. 26. 9. 2001, VersR 2001, 1502 (1503 unter III. 2.) „Grundsätze der von der Rspr. entwickelten versicherungsrechtlichen Vertrauenshaftung"; auch die Instanzgerichte sprechen ganz überwiegend von Gewohnheitsrecht, etwa OLG Köln v. 19. 5. 1994, VersR 1995, 157 „gewohnheitsrechtliche Vertrauenshaftung"; OLG Düsseldorf v. 22. 10. 1996, VersR 1998, 224 unter 2. „als Erfüllungshaftung bezeichneter, gewohnheitsrechtlich anerkannter Rechtssatz"; zuletzt OLG Koblenz v. 27. 10. 2006, VersR 2007, 482 (483) „gewohnheitsrechtliche Vertrauenshaftung".

[284] *Bruck/Möller,* § 44 Anm. 56; *Römer/Langheid/Langheid,* § 43 Rn. 39; *Hohloch,* VersR 1980, 107 (113); *Köbler,* VersR 1969, 773 (776); *Reichert-Facilides,* VersR 1977, 208 (209 unter I. 2.); *E. Hofmann,* Privatversicherungsrecht, § 5 Rn. 74; *Weyers/Wandt,* VersVertragsrecht, Rn. 326; zuletzt *E. Lorenz,* FS Canaris (2007), 757 (771). A. A. aber *Kollhosser,* r+s 2001, 89 (90).

[285] Eingehende Auseinandersetzung mit der Gegenansicht Vorauflage § 5 Rn. 86.

[286] *Bruck/Möller,* § 44 Anm. 64; *Prölss/Martin/Kollhosser,* § 43 Rn. 34; Berliner Kommentar/*Gruber,* § 43 Rn. 27; *Römer/Langheid/Langheid,* § 43 Rn. 40.

[287] OLG Köln v. 30. 8. 1990, r+s 1990, 325 (326); OLG Karlsruhe v. 17. 12. 1992, ZfS 1993, 381 (382); OLG Hamm v. 11. 6. 1980, VersR 1981, 825, wo aber zu Recht ein Anspruch aus p. V. V. bejaht wird; *Römer/Langheid/Langheid,* § 43 Rn. 39. A. A. aber *Hilgenhövel,* Erfüllungshaftung, S. 35.

[288] Vgl. nur BGH v. 20. 6. 1963, BGHZ 40, 22 (26); aus der Lit. etwa *Römer/Langheid/Langheid,* § 43 Rn. 52.

[289] Vgl. hierzu *Bruck/Möller,* § 44 Anm. 67.

[290] So Berliner Kommentar/*Gruber,* § 43 Rn. 24.

[291] *E. Hofmann,* Privatversicherungsrecht, § 5 Rn. 74; OLG Koblenz v. 28. 3. 1980, VersR 1980, 915.

[292] *Reichert-Facilides,* VersR 1977, 208 (212 unter 3. c).

[293] So BGH v. 20. 6. 1963, BGHZ 40, 22 (25). Von einem „besonderen erheblichen Verschulden" des VN spricht bereits RG v. 26. 4. 1910, RGZ 73, 302 (304); v. 19. 1. 1915, RGZ 86, 128 (132).

[294] Noch enger Vorauflage § 5 Rn. 90.

[295] *Prölss/Martin/Kollhosser,* § 43 Rn. 31 „den gleichzeitig in schriftlicher Form vorliegenden klaren Vertragsbedingungen widerspricht"; ebenso Berliner Kommentar/*Gruber,* § 43 Rn. 28.

[296] OLG Köln v. 19. 5. 1994, VersR 1995, 157; offen gelassen von OLG Düsseldorf v. 22. 10. 1996, VersR 1998, 224 (225); anders aber später derselbe Senat des OLG Düsseldorf v. 30. 7. 1997, VersR 1998, 236, wo im Anschluss an *Kollhosser* a. a. O. (vorige Fn.) verlangt wird, dass die AVB in schriftlicher Form vorliegen; zuletzt OLG Celle v. 13. 9. 2007, VersR 2008, 60 (62).

[297] Anders aber noch BGH v. 20. 6. 1963, BGHZ 40, 22 (25), wonach es genügen soll, dass der VN sich die AVB hätte besorgen und sie hätte lesen können.

cc) Rechtsfolgen. Die Rechtsfolge der gewohnheitsrechtlichen Vertrauenshaftung bestand **142** darin, dass der VR die unrichtige Auskunft des Vertreters gegen sich gelten lassen musste, als ob er sie selbst erteilt hätte. Es handelte sich um eine nur den VR, nicht auch den Vertreter treffende **Erfüllungshaftung.** Der Inhalt des Versicherungsvertrags wurde dahingehend **umgestaltet**[298], dass der Versicherungsschutz nach der für den VN günstigen, aber unrichtigen Aussage des Vertreters erweitert wurde. Gab der Vertreter zum **Beispiel** die Auskunft, der **Versicherungsschutz erfasse auch Sturmflutschäden,** obwohl nach den AVB des VR nur Sturmschäden versichert waren, so war ein Sturmflutschaden gedeckt, auch wenn „an sich" kein VR dieses Risiko übernahm[299]. Die unrichtige Auskunft konnte den Versicherungsvertrag auch **begründen,** etwa die Auskunft, es bestehe **vorläufige Deckung.** Eine **Grenze** der Vertrauenshaftung bildete freilich stets das **zwingende Gesetzesrecht,** weil diese Haftung nicht weiter reichen konnte als das, was VR und VN explizit vereinbaren durften[300].

Bei einem **erheblichen Eigenverschulden** des VN **entfiel die Haftung des VR** völlig. **143** § 254 BGB, der nur zu einer Herabsetzung des Anspruchs führt, ist nur auf Schadensersatzansprüche anwendbar, die Vertrauenshaftung ist hingegen ein Fall der Erfüllungshaftung[301]. Behauptete etwa der Vertreter wie im **Europaklausel-Falls** zu Unrecht, das Kfz sei auch im asiatischen Teil der Türkei kaskoversichert, obwohl dies dem klaren Wortlaut des § 2a AKB widersprach, wonach die Versicherung nur für Europa gilt, und lagen diese AKB dem VN bei Erteilung der Auskunft vor, so haftete der VR nicht nach dem Gewohnheitsrechtssatz, weil den VN ein erhebliches Eigenverschulden an seinem Irrtum traf[302].

dd) Vertrauenshaftung und Erfüllungsgehilfenhaftung im Vergleich. Obwohl die gewohnheits- **144** rechtliche Vertrauenshaftung und die Erfüllungsgehilfenhaftung völlig unabhängig voneinander waren[303], wurde schon vor der VVG-Reform bezweifelt, ob für die gewohnheitsrechtliche Vertrauenshaftung noch Raum bleibt[304]. Die Zweifel waren verständlich, weil sich beide Institute weitgehend deckten. Soweit es um unrichtige Auskünfte des Vertreters über Inhalt und Umfang des Versicherungsschutzes geht, bestand zwischen beiden auf der **Tatbestandsseite** nur ein einziger Unterschied. Der Anspruch aus der Erfüllungsgehilfenhaftung setzt ein **Verschulden des Vertreters** voraus, der Anspruch aus dem gewohnheitsrechtlichen Rechtssatz tat dies nicht. Dieser Unterschied hatte indes keine praktische Bedeutung, weil Fallgestaltungen ohne ein Verschulden des Vertreters nicht auftraten und auch kaum denkbar sind[305].

Auf den ersten Blick sehr viel größer waren die Unterschiede auf der **Rechtsfolgenseite.** **145** Die gewohnheitsrechtliche Vertrauenshaftung war eine **Erfüllungshaftung.** Der VN hatte gegen den VR Anspruch auf Deckung aus dem Versicherungsvertrag, und zwar so, als ob die Auskunft des Vertreters über den Inhalt des Versicherungsvertrag richtig gewesen wäre. Der VN erhält also sein **positives Interesse.** Demgegenüber gewährt die Erfüllungsgehilfenhaftung einen **Schadensersatzanspruch,** der grundsätzlich nur auf das **negative Interesse** gerichtet ist. Die **Unterschiede** seien am **Beispiel** des bekannten **Sturmflut-Falls** des RG

---

[298] So die h. L., etwa *Bruck/Möller,* § 44 Anm. 61 und *Prölss/Martin/Kollhosser,* § 43 Rn. 30; BGH v. 4. 7. 1989, BGHZ 108, 200 (206) lässt die Frage, ob der Vertrag nicht nur aufgrund der Einstandspflicht des VR für den Agenten vom VR so zu erfüllen ist, als ob er in dieser Weise zugunsten des VN zustande gekommen wäre, offen.

[299] RG v. 19. 1. 1915, RGZ 86, 128. Kritisch zur Deckung „an sich" nicht versicherbarer Schäden *Canaris,* Die Vertrauenshaftung im deutschen Privatrecht, 1971, S. 347 ff.; antikritisch aber *Hohloch,* VersR 1980, 107 (116).

[300] OLG Koblenz v. 25. 9. 1992, VersR 1993, 553; weitere Nw. Vorauflage, § 5 Rn. 92 in Fn. 204.

[301] So die allgemeine Ansicht, vgl. nur BGH v. 20. 6. 1963, BGHZ 40, 22 (26); *Römer/Langheid/Langheid,* § 43 Rn. 42.

[302] BGH v. 20. 6. 1963, BGHZ 40, 22 (25).

[303] BGH v. 20. 6. 1963, BGHZ 40, 22 (26); *Bruck/Möller,* § 44 Anm. 61.

[304] *Römer,* VersR 1998, 1313 (1316); vgl. auch *Reiff,* ZVersWiss 2002, 103 (133).

[305] Ebenso *E. Prölss,* JZ 1963, 680 sowie *Hohloch,* VersR 1980, 107 (117).

von 1915 aufgezeigt[306]. Damals war in Deutschland Sturmflut-Versicherungsschutz nicht erhältlich[307]. Der VN, der dies nicht wusste, hatte vom Vertreter die Auskunft erhalten, seine
Versicherung decke auch solche Schäden. Das RG hielt daher den VR grundsätzlich für verpflichtet, den VN so zu stellen, als sei die Versicherung mit dem vom Vertreter erläuterten
Inhalt zustande gekommen. Der VR musste ihm also das durch die Sturmflut zerstörte Kur-
haus ersetzen. Ein Schadensersatzanspruch des VN wäre hingegen damals ins Leere gelaufen,
weil der VN von keinem VR Versicherungsschutz gegen Sturmflut-Schäden erhalten hätte.
Der VN hätte daher allenfalls die von ihm bezahlten Prämien als Schadensersatz zurückverlangen können, wenn er eine Versicherung ohne Sturmflutdeckung nicht abgeschlossen
hätte.

146   Mittlerweile haben sich diese Unterschiede freilich stark reduziert[308]. Heute kann nahezu
jedes Risiko versichert werden. Die gewohnheitsrechtliche **Erfüllungshaftung** und der
Schadensersatzanspruch sind daher sehr **häufig deckungsgleich,** nämlich immer dann,
wenn der VN bei richtiger Auskunft den gewünschten Versicherungsschutz bei demselben
oder bei einem anderen VR erhalten hätte[309]. Nach § 249 BGB ist nämlich der VN vom VR
so zu stellen, wie er stehen würde, wenn er richtig beraten worden wäre. Der VR hat ihn also
so zu stellen, als ob er den Versicherungsschutz so wie gewünscht genommen hätte. Der Schadensersatzanspruch bedeutet dann grundsätzlich Gewährung der Deckung. Dies sei am **Beispiel** des **Europaklausel-Falls** des BGH erläutert[310]. Der Vertreter hatte dem VN die unrichtige Auskunft erteilt, der Kasko-Versicherungsschutz erstrecke sich auch auf den
asiatischen Teil der Türkei. Sieht man einmal vom erheblichen Eigenverschulden des VN ab,
so hätte der VR dem VN den in Anatolien eingetretenen Fahrzeugschaden ersetzen müssen,
und zwar sowohl nach der gewohnheitsrechtlichen Erfüllungshaftung, als auch nach c. i. c.-
Grundsätzen als Schadensersatz, weil der VN bei richtiger Auskunft des Vertreters mit dem
VR die Erweiterung des Versicherungsschutzes auf den asiatischen Teil der Türkei vereinbart
hätte.

147   Mithin bestand zwischen der gewohnheitsrechtlichen Vertrauenshaftung und der Schadensersatzhaftung **nur ein Unterschied von Gewicht.** Er betraf das **Mitverschulden des
VN.** Die gewohnheitsrechtliche Erfüllungshaftung entfiel völlig, wenn den VN ein erhebliches Eigenverschulden traf. Hingegen blieb ein nur leichtes Verschulden des VN insoweit
ohne Auswirkungen. Der Anspruch aus dem Gewohnheitsrechtssatz wurde also nicht gekürzt, sondern stand dem VN entweder zur Gänze zu oder entfiel völlig. Demgegenüber ist
auf einen Schadensersatzanspruch des VN § 254 Abs. 1 BGB anwendbar. Er wird also entsprechend der Mitverschuldensquote des VN gekürzt. Damit erwies sich die Erfüllungsgehilfenhaftung als flexibler als die gewohnheitsrechtliche Erfüllungshaftung. Die Rspr. verwendete das Mitverschulden als Instrument, um in den Fällen unrichtiger Vertreterauskünfte die
Ergebnisse zu erzielen, die ihr billig erschienen.

148   *ee) Fazit.* Die gewohnheitsrechtliche Vertrauenshaftung und die Erfüllungsgehilfenhaftung waren in ihren Voraussetzungen und Rechtsfolgen grundsätzlich völlig unabhängig
voneinander[311]. Gleichwohl bestanden auf der Tatbestands- und der Rechtsfolgenseite so
weitgehende Überschneidungen, dass die Berechtigung der gewohnheitsrechtlichen Vertrauenshaftung als einer versicherungsvertragsrechtlichen Besonderheit immer wieder be-

---

[306] RG v. 19. 1. 1915, RGZ 86, 128.
[307] Eingehend hierzu *Hilgenhövel,* Erfüllungshaftung, S. 76; *Schlossarek,* Ansprüche des VN aus c. i. c.,
S. 222 in Fn. 149.
[308] *Weyers/Wandt,* VersVertragsrecht, Rn. 328.
[309] Eingehend hierzu OLG Karlsruhe v. 3. 3. 1988, VersR 1990, 889 (891 unter c.); ebenso OLG
Hamm v. 24. 10. 1990, VersR 1991, 914 (915); entgegen *Prölss/Martin/Kollhosser,* § 43 Rn. 40, und *Rö-
mer/Langheid/Langheid,* § 43 Rn. 51, handelt es sich hierbei um den Regelfall. Trägt der VN nicht einmal
vor, er hätte bei richtiger Agentenauskunft anderweitig versichert, entfällt natürlich ein derartiger
Anspruch aus c. i. c.; vgl. OLG Köln v. 26. 11. 1990, r+s 1991, 6.
[310] BGH v. 20. 6. 1963, BGHZ 40, 22. Vgl. auch OLG Koblenz v. 27. 10. 2006, VersR 2007, 482 (484).
[311] BGH v. 20. 6. 1963, BGHZ 40, 22 (26).

zweifelt wurde[312]. Die Frage, ob für die gewohnheitsrechtliche Vertrauenshaftung heute noch Bedarf besteht, war daher schon vor der VVG-Reform auf der Tagesordnung. Da aber insoweit echtes Gewohnheitsrecht vorlag, konnte die Vertrauenshaftung nicht von der Rechtsprechung, sondern nur vom Gesetzgeber abgeschafft werden[313].

b) Außerkraftsetzen des Gewohnheitsrechtssatzes durch die VVG-Reform. In der **149** die VVG-Reform vorbereitenden Literatur wurde angeregt, der Gesetzgeber möge sich gegen die gewohnheitsrechtliche Vertrauenshaftung in Form einer Erfüllungshaftung aussprechen[314]. Vorgeschlagen wurde, eine Haftung für falsche Auskünfte auf den Vertrauensschaden zu begrenzen und eine weitergehende Haftung des VR ausdrücklich auszuschließen[315]. Es ist aber fraglich, ob der Gesetzgeber diesem Appell gefolgt ist und die gewohnheitsrechtliche Vertrauenshaftung abgeschafft hat. Gegen eine entsprechende Absicht des Gesetzgebers könnte sprechen, dass sie nirgendwo ihren Niederschlag gefunden hat. Weder die Begründung des Regierungsentwurfs vom 11. 10. 2006 noch der Abschlussbericht der Kommission zur Reform des Versicherungsvertragsrechts vom 19. 4. 2004 enthalten auch nur den geringsten Hinweis darauf, dass mit Inkrafttreten des neuen VVG die gewohnheitsrechtliche Erfüllungshaftung kein geltendes Recht mehr sein soll.

Für die Abschaffung des Gewohnheitsrechtssatzes durch den Gesetzgeber wird vorge- **150** bracht, das am 1. 1. 2008 in Kraft getretene neue VVG sei nicht nur eine Novellierung, sondern eine umfassende **Neukodifikation des VVG**[316]. Der Gesetzgeber habe also alle Vorschriften des alten VVG und alle gewohnheitsrechtlichen Grundsätze auf den Prüfstand gestellt. Was nicht im neuen VVG enthalten sei, gehöre daher seit dem 1. 1. 2008 nicht mehr zum geltenden Recht. Dieser Begründungsversuch ist indes alleine nicht tragfähig, weil seine Prämisse, die Neukodifikation des gesamten Versicherungsvertragsrechts, nicht über alle Zweifel erhaben ist. In der Begründung wird nämlich nicht ausdrücklich von einer Kodifikation gesprochen. Auch im Übrigen ist der Befund dort nicht eindeutig. So heißt es zwar in der Begründung: „Punktuelle Änderungen oder Ergänzungen reichen nicht mehr aus, um das Gesetz zu reformieren; eine Gesamtreform ist erforderlich"[317]. Andererseits wird dort aber ausgeführt: „Die Zahl der vorzuschlagenden Neuregelungen ist gleichwohl recht groß. Ihre Einarbeitung in das geltende VVG wäre sehr schwierig geworden und hätte eine erhebliche Unübersichtlichkeit des reformierten Gesetzes zur Folge gehabt. Deshalb wird eine Neufassung des Gesetzes vorgeschlagen, die allerdings in vielen Punkten bewährte Regelungen teils wörtlich, teils inhaltlich unverändert übernimmt"[318]. Die zuletzt genannte Aussage deutet darauf hin, dass der Weg der Novellierung des alten VVG nur aus Praktikabilitätsgründen nicht gewählt wurde.

Gleichwohl ist der Ansicht, die gewohnheitsrechtliche Vertrauenshaftung sei durch die **151** VVG-Reform außer Kraft gesetzt worden, zuzustimmen. Dieser gewohnheitsrechtliche Rechtssatz enthielt die Sanktion für die Verletzung ungeschriebener Aufklärungs- und Beratungspflichten des VR. Der VR musste danach die unrichtige Auskunft seines Vertreters so gegen sich gelten lassen, als ob er sie selbst erteilt hätte, und dem VN Deckung gewähren. Außer dieser Erfüllungshaftung traf den VR als weitere Sanktion eine Schadensersatzpflicht. Diese Erfüllungsgehilfenhaftung aus c. i. c. bzw. p. V. V. war jedenfalls bis zum Inkrafttreten der Schuldrechtsmodernisierung am 1. 1. 2002 ebenfalls rein gewohnheitsrechtlich begründet. Beide Sanktionen führten abgesehen von § 254 BGB in aller Regel zu einem für den VN gleichwertigen Ergebnis[319]. Nunmehr hat der Gesetzgeber den VR in § 6 VVG ausdrücklich

---

[312] Vgl. *Prölss/Martin/Kollhosser*, § 43 Rn. 35a; Zustimmung hierzu bei Berliner Kommentar/*Gruber*, § 43 Rn. 22. Vgl. auch *Dörner*, FS E. Lorenz (2004), 195 (197).

[313] Vorauflage, § 5 Rn. 112.

[314] Vgl. *Reiff*, ZVersWiss 2002, 103 (132ff.).

[315] Vgl. *Reiff*, ZVersWiss 2002, 103 (134).

[316] Hierzu und zum Folgenden E. *Lorenz*, FS Canaris (2007), 757 (772ff.).

[317] BT-Drucks. 16/3945, S. 47.

[318] BT-Drucks. 16/3945, S. 47.

[319] Vgl. hierzu oben Rn. 146f.

und umfassend zur Beratung des VN verpflichtet. Den VR treffen umfassende Frage-, Beratungs- und Dokumentationspflichten. Die Normierung dieser weitreichenden Pflichten war für den Gesetzgeber ein zentraler Punkt der Reform[320]. § 6 VVG enthält eine **abschließende Regelung** des Komplexes „Beratungspflicht des VR". Die nur punktuell bestehenden, ungeschriebenen Aufklärungs- und Beratungspflichten des alten Rechts sind darin aufgegangen. Der gewohnheitsrechtliche Rechtssatz wäre daher, sollte er vom Gesetzgeber nicht außer Kraft gesetzt worden sein, nunmehr eine Sanktion für die Verletzung der in §§ 6 Abs. 1 und 4 VVG normierten Beratungspflichten des VR.

152 Dies ist indes nicht anzunehmen, weil der Gesetzgeber in § 6 Abs. 5 VVG als Sanktion für einen Verstoß des VR gegen die Beratungspflicht aus §§ 6 Abs. 1 und 4 VVG (nur) eine **Verpflichtung zum Schadensersatz** normiert hat, und damit gerade keine Erfüllungshaftung[321]. Der Gesetzgeber verhielte sich daher widersprüchlich, wenn er einerseits die neu geschaffene allgemeine Beratungspflicht des VR mit einer Schadensersatzhaftung sanktioniert, andererseits aber einen gewohnheitsrechtlichen Rechtssatz nicht aufhebt, der in Widerspruch hierzu eine Erfüllungshaftung des VR anordnet. Gesetze sind so auszulegen, dass keine Widersprüche entstehen. § 6 Abs. 5 VVG regelt daher die Verletzung der Beratungspflicht aus § 6 VVG abschließend. Sanktion ist allein die Schadensersatzhaftung des VR.

153 Aus all dem folgt: Mit Inkrafttreten des neuen VVG am 1. 1. 2008 ist der Gewohnheitsrechtssatz auf neu geschlossene Versicherungsverträge **nicht mehr** anwendbar. Für Altverträge gilt er nach Art. 1 Abs. 1 EGVVG analog[322] noch bis zum 31. 12. 2008.

IX. Pflichten und Haftung des Versicherungsvertreters gegenüber seinen Kunden

1. Überblick über die Entwicklung

154 Bei der Frage nach den vertraglichen Pflichten des Vermittlers gegenüber seinen Kunden unterschied das deutsche Recht bis zum Inkrafttreten des Gesetzes zur Neuregelung des Versicherungsvermittlerrechts am 22. 5. 2007 strikt zwischen Versicherungsvertretern und Versicherungsmaklern. Danach galt: Anders als der Makler trat der Vertreter mit seinen Kunden, den VN, weder vor noch nach Abschluss des Versicherungsvertrages in unmittelbare vertragliche Beziehungen. Sämtliche Pflichten gegenüber dem VN trafen grundsätzlich allein den VR. Die Vertreter waren ausschließlich dessen Erfüllungsgehilfen nach § 278 BGB. Verletzte der Vertreter schuldhaft (vor-)vertragliche Pflichten des VR, so wurde hierdurch der VR dem VN schadensersatzpflichtig[323]. Hingegen hatte der VN grundsätzlich keinen Anspruch gegenüber dem Vertreter persönlich[324]. Dies hat sich durch das Gesetz zur Neuregelung des Versicherungsvermittlerrechts grundlegend geändert. Es wurden für alle Vermittler[325] neue Informations-, Mitteilungs- und Beratungspflichten eingeführt[326]. Soweit diese (jedenfalls auch) für Vertreter gelten, werden sie im Folgenden dargestellt. Die Verletzung dieser eigenen Pflichten der Vermittler führt folgerichtig zu einer eigenen Haftung auch der Vertreter.

2. Die neuen Informations-, Mitteilungs- und Beratungspflichten

155 Mit den neuen Informations-, Mitteilungs- und Beratungspflichten der Vermittler hat der Gesetzgeber die Art. 12 und 13 der Vermittlerrichtlinie in das deutsche Recht transformiert.

---

[320] In der Begründung wird die Frage der Information und Beratung des VN als erster von 10 zentralen Reformpunkten aufgeführt; BT-Drucks. 16/3945, S. 47.

[321] E. Lorenz, FS Canaris (2007), 757 (773).

[322] Die Übergangsvorschrift kann nur analog herangezogen werden, weil es nicht um die Anwendung des VVG in der bis zum 31. 12. 2007 geltenden Fassung geht, sondern um die Anwendung eines neben dem alten VVG bestehenden Gewohnheitsrechtssatzes.

[323] Eingehend zur Erfüllungsgehilfenhaftung oben Rn. 124 ff.

[324] Vorauflage, § 5 Rn. 113. Zu den extrem gelagerten Ausnahmefällen Vorauflage, § 5 Rn. 116.

[325] Genauer zum Adressatenkreis unten Rn. 172 ff.

[326] Eingehend hierzu Reiff, VersR 2007, 717 (722).

Diese privatrechtlichen Pflichten betreffen das Verhältnis der Versicherungsvermittler zu ihren Kunden. Es handelt sich also um **vertragliche und vorvertragliche Pflichten.** Die meisten dieser Pflichten sind daher im VVG normiert. So wurden die versicherungsvertragsbezogenen Vermittlerpflichten durch § 42b VVG a. F., den heutigen § 60 VVG, in das deutsche Recht transformiert und die beratungsbezogenen Vermittlerpflichten durch § 42c VVG a. F., den heutigen § 61 VVG. Die statusbezogenen Auskunftspflichten der Richtlinie, die der Vermittler grundsätzlich nur einmal, nämlich zu Beginn einer Kundenbeziehung, zu erfüllen hat, wurden demgegenüber in der Gewerbeordnung und der darauf beruhenden Versicherungsvermittlungsverordnung geregelt und sanktioniert[327].

a) Die Informationspflichten nach § 11 Abs. 1 VersVermV. § 11 Abs. 1 VersVermV **156** setzt die statusbezogenen Auskunftspflichten des Art. 12 Abs. 1 Unterabs. 1 der Richtlinie nahezu wörtlich um. Danach muss ein Versicherungsvermittler dem VN **beim ersten Geschäftskontakt** klar und verständlich in Textform mitteilen: Namen und Firma (Nr. 1), betriebliche Anschrift (Nr. 2), seine Registernummer und die Anschrift sowie Telefonnummer und Internetadresse des DIHK (Nr. 4), die direkte oder indirekte Beteiligung von mehr als 10% an einem VR (Nr. 5) oder umgekehrt die direkte oder indirekte Beteiligung eines VR in Höhe von mehr als 10% am Versicherungsvermittler (Nr. 6) sowie die Anschrift des Ombudsmanns (Nr. 7).

Keine Umsetzung der Richtlinie, sondern eine vom Verordnungsgeber zusätzlich aufge- **157** stellte Verpflichtung enthält freilich § 11 Abs. 1 Nr. 3 VersVermV. Danach muss der Gewerbetreibende dem VN mitteilen, ob er bei der zuständigen Behörde gemeldet und in das Register nach § 34d Abs. 7 GewO eingetragen ist und wie sich diese Eintragung überprüfen lässt, sei es eine **Eintragung als Berater, Makler oder als Vertreter.** An dieser Auskunft hat der Kunde ein überragendes Interesse. Sie schafft für ihn **(Status-)Transparenz** darüber, auf wessen Seite der Vermittler oder Berater steht. Die Auskunft muss daher generell zu Beginn der Kundenbeziehung erteilt werden.

In der Begründung wird zu den statusbezogenen Auskunftspflichten ausgeführt, allein eine **158** Kontaktaufnahme seitens des Kunden zwecks Terminabsprache löse keine Auskunftspflicht aus[328]. Zulässig sei auch eine Übermittlung per **Visitenkarte.** Darin könne ein Einfirmenvertreter nach § 34d Abs. 4 GewO als „Vertreter der XY-Versicherung" benannt werden, ein produktakzessorischer Vermittler nach § 34d Abs. 3 GewO beispielsweise als „Vertreter für Kfz-Versicherungen".

b) Die Mitteilungspflichten nach § 60 VVG. § 60 Abs. 1 VVG gilt nur für Versiche- **159** rungsmakler. Nach § 60 Abs. 2 S. 1 VVG haben **Versicherungsvertreter**[329] dem VN vor jedem Vertragsschluss mitzuteilen, auf welcher Markt- und Informationsgrundlage sie ihre Leistung erbringen, und sie müssen die Namen der ihrem Rat zugrunde gelegten VR angeben. Sie müssen nach § 60 Abs. 2 S. 2 VVG außerdem mitteilen, für welche VR sie ihre Tätigkeit ausüben und ob sie für diese ausschließlich tätig sind. § 60 VVG setzt damit die Informationspflichten der Art. 12 Abs. 1 Unterabs. 2 lit. ii und iii Vermittlerrichtlinie um.

Nach § 60 Abs. 3 VVG kann der VN auf die Mitteilungen und Angaben des Abs. 2 **verzich-** **160** **ten,** freilich nur durch eine gesonderte schriftliche Erklärung, die er ihm unterschrieben werden muss[330]. Diese Regelung ist unproblematisch **richtlinienkonform**[331]. Die Frage nach der rechtspolitischen Bewertung des § 60 Abs. 3 VVG ist indes nicht einfach zu beantworten. Einerseits darf es nicht dazu kommen, dass durch massenhafte Verwendung von Standardformula-

---

[327] So § 34d Abs. 8 Satz 1 Nr. 1a GewO und § 11 Abs. 1 VersVermV sowie hierzu die Gesetzesbegründung BT-Drucks. 16/1935, S. 14.

[328] Vgl. hierzu und zum Folgenden die Begründung zu § 11 Abs. 1 VersVermV BR-Drucks. 207/07, S. 30f.

[329] Und die Makler, die nach Abs. 1 S. 2 in einzelnen Fällen ausdrücklich auf eine eingeschränkte VR- und Vertragsauswahl hinweisen.

[330] § 126 Abs. 1 BGB.

[331] Näher hierzu *Reiff,* Versicherungsvermittlerrecht im Umbruch, S. 73f.

ren der Verzicht des VN zur Regel wird und die Informationspflicht nur noch auf dem Papier steht. Andererseits ist es in einer auf der Grundlage der Privatautonomie beruhenden Privatrechtsordnung nicht hinnehmbar, eine Person zur Information und Beratung einer anderen Person zu verpflichten, obwohl diese das dezidiert nicht will. Zwangsinformation und Zwangsberatung sind ohne einen grundlegenden Systemwechsel mit dem BGB und dem VVG nicht zu vereinbaren. § 60 Abs. 3 VVG ist daher im Ergebnis auch rechtspolitisch zu billigen.

161   **c) Die Beratungspflichten nach § 61 VVG.** Die wohl einschneidendsten Veränderungen für die tägliche Arbeit des Versicherungsvertreters zieht § 61 VVG nach sich. Diese Vorschrift besteht im Wesentlichen aus vier Regelungen. Abs. 1 enthält eine anlassbezogene Fragepflicht (aa), eine anlassbezogene und produktpreisabhängige Beratungspflicht nebst Begründungspflicht (bb) und eine Dokumentationspflicht (cc). Abs. 2 der Vorschrift bestimmt, dass und wie auf Beratung und Dokumentation verzichtet werden kann (dd).

162   *aa) Fragepflicht.* § 61 Abs. 1 VVG enthält zunächst eine anlassbezogene **Fragepflicht.** Der Versicherungsvermittler, sei er Vertreter oder Makler, muss also seinen Kunden bei der Vermittlung von Versicherungsschutz nach dessen Wünschen und Bedürfnissen befragen. Dies gilt allerdings nur, wenn und soweit nach der Schwierigkeit der angebotenen Versicherung oder nach der Person und der Situation des Kunden hierfür **Anlass** besteht[332]. Dieser Einschränkung ist zuzustimmen. Es gibt viele Fälle, bei denen eine Fragepflicht eine unnötige Überregulierung wäre. So wird zwar bei einer Lebensversicherung, auch in Anbetracht der vielen Varianten regelmäßig Anlass für eine Befragung bestehen, nicht aber bei einer Hundehalterhaftpflichtversicherung[333]. Äußert der Kunde einen klar artikulierten, fest abgegrenzten Wunsch, so ist der Vertreter regelmäßig nicht zur Befragung verpflichtet[334]. Andererseits muss er Informationen, die ihm in der konkreten Vermittlungssituation bekannt werden, berücksichtigen. Fallen ihm also im Haus des Kunden wertvolle Gemälde und Antiquitäten auf, so muss er, wenn es um eine Hausratversicherung geht, auf die Gefahr einer möglichen Unterversicherung hinweisen. Die Pflicht, eine allgemeine Risikoanalyse durchzuführen, trifft den Vermittler nach § 61 Abs. 1 VVG hingegen nicht[335]. Wird er wegen einer Hausratversicherung kontaktiert, so muss er also nicht nach dem Bestehen einer Berufsunfähigkeitsversicherung fragen. Nicht nach dem Wortlaut, wohl aber nach der Begründung muss der Anlass für die Fragepflicht für den Vermittler **erkennbar** sein[336]. Der Vermittler muss freilich, wie § 63 S. 2 VVG belegt, im Streitfall beweisen, dass der Anlass der Fragepflicht für ihn nicht erkennbar war.

163   *bb) Beratungspflicht nebst Begründungspflicht.* Auf der Grundlage der (erfragten) Angaben hat der Vermittler sodann seinen Kunden nach § 61 Abs. 1 VVG zu beraten. Der Umfang der **Beratungspflicht** ist produktpreisabhängig, denn er soll auch von einem angemessenen Verhältnis zwischen Beratungsaufwand und der vom VN zu zahlenden Prämie abhängen. In der Begründung wird zur **Preisabhängigkeit** ausgeführt, regelmäßig werde es sich bei einer geringen Prämienhöhe um ein einfaches Standardprodukt handeln, das keine stundenlange Beratung erfordere. Einschränkend heißt es freilich sodann, auch bei Produkten mit einer niedrigen Prämie könne ein erhöhter Beratungsaufwand erforderlich sein[337]. Die Begründung stellt also klar, dass der Vermittler sich nicht darauf verlassen kann, für ein preisgünstiges und daher gering provisioniertes Produkt keine oder keine nennenswerte Beratung leisten zu müssen.

164   Weiterhin muss der Vermittler nach § 61 Abs. 1 VVG die Gründe für jeden zu einer bestimmten Versicherung erteilten Rat angeben. Ihn trifft also auch eine **Begründungspflicht.** Ihr Umfang hängt ebenfalls vom Schwierigkeitsgrad, also der Vielschichtigkeit und Verständ-

---

[332] Nach der Gesetzesbegründung BT-Drucks. 16/1935, S. 24 werden diese beide Kriterien hinsichtlich des Anlasses nur beispielhaft genannt.
[333] Hierzu BT-Drucks. 16/1935, S. 24.
[334] Etwas anderes kann je nach Ausgestaltung des Maklervertrages für einen Makler gelten.
[335] Ebenso die Gesetzesbegründung BT-Drucks. 16/1935, S. 24.
[336] So die Gesetzesbegründung BT-Drucks. 16/1935, S. 24.
[337] Vgl. die Gesetzesbegründung BT-Drucks. 16/1935, S. 24.

lichkeit der angebotenen Versicherung ab. Der Umfang der Begründungspflicht ist aber auch vom jeweiligen **Vermittlertyp** abhängig. Da ein **Ausschließlichkeitsvertreter** i. S. d. § 34d Abs. 4 GewO ausschließlich einen VR vertritt und sein Kunde dies aufgrund der statusbezogenen Angaben nach § 11 Abs. 1 Nr. 3b) bb) VersVermV genau weiß, muss er diesen nur über die Produkte seines Unternehmens informieren. Er braucht also nicht zu begründen, warum er eine Versicherung mit diesem VR vorschlägt[338]. Anders liegen die Dinge bei Versicherungsmaklern[339] und – was hier allein interessiert – bei echten **Mehrfirmen- oder Mehrfachvertretern.** Letztere vertreten konkurrierende VR mit konkurrierenden Produkten und haben daher eine echte Auswahlentscheidung im Interesse ihrer Kunden zu treffen. Insoweit trifft sie auch eine Begründungspflicht[340].

cc) Dokumentationspflicht. Schließlich muss der Versicherungsvermittler nach § 61 Abs. 1 **165** VVG die Wünsche und Bedürfnisse des Kunden, seinen erteilten Rat sowie die Gründe für diesen Rat „unter Berücksichtigung der Komplexität des angebotenen Versicherungsvertrages" **dokumentieren,** und zwar nach § 62 Abs. 1 VVG in **Textform.** In der Regel wird der Vermittler diese Angaben in einem Schriftstück festhalten und sich die Vollständigkeit und Richtigkeit durch Unterschrift seines Kunden bestätigen lassen[341]. Es wurden **Beratungsprotokolle in Formularform** entwickelt, von denen die Praxis jedenfalls im Normalfall Gebrauch machen wird. Schon jetzt bedient sich ein Teil der Vermittler standardisierter Beratungsprotokolle.

dd) Verzicht. Nach § 61 Abs. 2 VVG kann der VN auf die Beratung oder die Dokumentation **166** nach Abs. 1 **verzichten.** Dies muss freilich durch eine **gesonderte schriftliche Erklärung** gem. § 126 Abs. 1 BGB geschehen. Wirksam ist der Verzicht auch nur, wenn der Kunde „in der Erklärung" vom Vermittler ausdrücklich darauf hingewiesen wird, dass sich ein Verzicht nachteilig auf die Möglichkeit des Kunden auswirken kann, gegen den Vermittler einen Schadensersatzanspruch wegen Verletzung dieser Pflichten geltend zu machen. Verweigert der vom Vermittler befragte Kunde lediglich Auskünfte, so stellt dies keinen Verzicht auf die Beratung dar. Allerdings beschränken sich in einem solchen Fall die Pflichten des Vermittlers und seine Haftung auf das vom Kunden ausdrücklich gewünschte Versicherungsprodukt[342].

Inhaltlich ist § 61 Abs. 2 VVG **richtlinienkonform**[343]. Rechtspolitisch drängt sich die **167** Frage auf, warum das Gesetz den Beratungsverzicht in § 61 Abs. 2 VVG strengeren Regeln unterwirft als den Informationsverzicht nach § 60 Abs. 3 VVG. Entgegen erstem Anschein ist diese Unterscheidung sinnvoll. Eine Falschberatung des Vermittlers wird nämlich häufiger zu einem Schaden und damit einem Ersatzanspruch des VN führen als eine Verletzung der Informationspflicht. Es ist daher vernünftig, die Wirksamkeit des Beratungsverzichtes an einen zusätzlichen Hinweis des Vermittlers zu knüpfen. Andererseits ist an der grundsätzlichen Erforderlichkeit einer Verzichtsmöglichkeit nicht zu zweifeln. Der Vermittler ist zwar regelmäßig in einer überlegenen Position. Es muss daher verhindert werden, dass der Beratungsverzicht massenhaft erklärt wird und die Beratungspflicht nahezu leer läuft[344]. Andererseits ist eine Zwangsberatung und Zwangsdokumentation rechtsethisch nicht zu rechtfertigen.

d) Form und Zeitpunkt. *aa) Statusbezogene Auskunftspflichten (§ 11 VersVermV).* § 11 **168** Abs. 1 VersVermV bestimmt, dass der Vermittler die Angaben dem VN **„beim ersten Geschäftskontakt"** klar und verständlich in **Textform** mitzuteilen hat[345]. Nach § 11 Abs. 3

[338] So die Gesetzesbegründung BT-Drucks. 16/1935, S. 24.
[339] S. u. unter B.
[340] *Reiff,* Versicherungsvermittlerrecht im Umbruch, S. 82.
[341] So die Gesetzesbegründung BT-Drucks. 16/1935, S. 25.
[342] So die Gesetzesbegründung BT-Drucks. 16/1935, S. 25.
[343] So die Begründung BT-Drucks. 16/1935, S. 24f.; eingehend *Reiff,* VersR 2007, 717 (726); a. A. *Römer* VuR 2007, 94 (95).
[344] Ein Beratungsverzicht in einem Drittel aller Fälle, so manche Prognose (vgl. ZfV 2006, 364), wäre sicher auf Dauer nicht akzeptabel. Dem ist aber aufsichts- und gewerberechtlich entgegenzutreten.
[345] Die Vorschrift transformiert Art. 13 Vermittlerrichtlinie in das deutsche Recht.

VersVermV dürfen die Informationen mündlich übermittelt werden, wenn der VN dies wünscht[346] oder wenn und soweit der VR vorläufige Deckung gewährt. In diesen Fällen sind die Informationen unverzüglich nach Vertragsschluss, spätestens mit dem Versicherungsschein, dem VN in Textform nach § 126b BGB zur Verfügung zu stellen.

169   *bb) Vertrags- und beratungsbezogene Vermittlerpflichten (§ 62 VVG).* Nach § 62 Abs. 1 VVG muss der Vermittler zwar die vertragsbezogenen Informationen des § 60 Abs. 2 VVG **„vor Abgabe seiner Vertragserklärung"** übermitteln, die beratungsbezogenen Informationen des § 61 Abs. 1 VVG hingegen erst **„vor dem Abschluss des Vertrags"**. Die übermittelte Information muss ferner „klar und verständlich" sein und in **Textform** nach § 126b BGB erfolgen[347]. Nach § 62 Abs. 2 VVG dürfen die Informationen mündlich übermittelt werden, wenn der VN dies wünscht oder wenn und soweit der VR vorläufige Deckung gewährt. In diesen Fällen sind die Informationen unverzüglich nach Vertragsschluss, spätestens mit dem Versicherungsschein dem VN in Textform nach § 126b BGB zur Verfügung zu stellen, es sei denn, es ist ein Vertrag über vorläufige Deckung bei einer Pflichtversicherung[348].

170   **e) Die Haftung auf Schadensersatz nach § 63 VVG.** Nach § 63 VVG ist der Vermittler zum Ersatz des Schadens verpflichtet, der dem VN durch die Verletzung einer versicherungsvertragsbezogenen Pflicht gem. § 60 VVG oder einer beratungsbezogenen Pflicht gem. § 61 VVG entsteht. Dies gilt nach S. 2 nicht, wenn der Vermittler die Pflichtverletzung nicht zu vertreten hat. Für die Haftung des **Versicherungsvertreters** gegenüber dem VN ist § 63 VVG **abschließend.** Damit dem VN immer ein solventer Schuldner zur Verfügung steht, muss der Versicherungsvertreter nach § 34d Abs. 2 Nr. 3 GewO den Abschluss einer **Berufshaftpflichtversicherung** nachweisen können[349]. Dies ist nach § 34d Abs. 4 GewO nur für solche Ausschließlichkeitsvertreter entbehrlich, für die der VR die uneingeschränkte Haftung aus ihrer Vermittlertätigkeit übernimmt[350]. Bis zum 22. 5. 2007, dem Inkrafttreten des § 42e VVG a. F., der mit § 63 VVG identischen Vorgängernorm, hafteten Versicherungsvertreter grundsätzlich nicht persönlich[351]. Die auf extrem seltene Ausnahmefälle beschränkte eigene Haftung der Versicherungsvertreter aus c. i. c. nach § 311 Abs. 3 i. V. m. §§ 280 Abs. 1, 311 Abs. 2 Nr. 1, 241 Abs. 2 BGB[352] hat neben § 63 VVG keinen Anwendungsbereich mehr. Die allgemeine Auffangregelung aus c. i. c. für alle Vertreter, die ausnahmsweise in besonderem Maße Vertrauen für sich in Anspruch nehmen, kann nämlich nicht eingreifen, wenn der Gesetzgeber für eine spezielle Gruppe von Vertretern, hier die Versicherungsvertreter, ganz generell eigene Pflichten normiert und sanktioniert.

171   Hervorzuheben ist die **Regelung** der **Beweislast** in § 63 VVG. In Bezug auf das Verschulden stellt § 63 S. 2 VVG durch seine Wortstellung[353] klar, dass sich insoweit der Vermittler exkulpieren muss. Die Pflichtverletzung selbst muss zwar grundsätzlich der VN beweisen. Die Begründung weist aber zutreffend darauf hin, dass insoweit die von der Rechtsprechung entwickelten Grundsätze der Beweislastverteilung nach Gefahren- und Verantwortungsbereichen herangezogen werden können[354]. Außerdem kann ein Verstoß gegen die Dokumentationspflicht Beweiserleichterungen zugunsten des VN rechtfertigen. Schließlich muss der Versicherungsvermittler, der Beratungspflichten verletzt hat, beweisen, dass der Schaden auch bei pflichtgemäßem Verhalten entstanden wäre. Insoweit besteht die Vermutung des be-

---

[346] Dies ist insbesondere bei einer telefonischen Vermittlung anzunehmen; vgl. hierzu die Begründung zu § 11 Abs. 3 VersVermV BR-Drucks. 207/07, S. 31.

[347] Auch diese Vorschrift transformiert Art. 13 Vermittlerrichtlinie in das deutsche Recht.

[348] Zu dieser Ausnahme die Gesetzesbegründung BT-Drucks. 16/1935, S. 25.

[349] Vgl. oben Rn. 27.

[350] Vgl. oben Rn. 29.

[351] Vorauflage, § 5 Rn. 113.

[352] Zu diesen Ausnahmefällen Vorauflage, § 5 Rn. 116.

[353] Mit derselben Formulierung wird auch in § 280 Abs. 1 S. 2 BGB die Beweislast bezüglich des Verschuldens zugunsten des Gläubigers umgekehrt; hierzu *Palandt/Heinrichs*, § 280 Rn. 34.

[354] Hierzu und zum Folgenden vgl. die Gesetzesbegründung BT-Drucks. 16/1935, S. 25f. Allgemein hierzu *Palandt/Heinrichs*, § 280 BGB Rn. 37.

ratungsrichtigen Verhaltens des VN[355]. Insgesamt stellt sich der Schadensersatzanspruch aus § 63 VVG damit als scharfes Schwert in der Hand des VN dar. **§ 67 VVG** bestimmt, dass von den §§ 60 bis 66 VVG nicht zum Nachteil des VN abgewichen werden kann. § 63 VVG ist also zugunsten des VN **zwingend.** Dies bedeutet, dass sich der Vermittler für schuldhaft begangene Beratungsfehler nicht freizeichnen kann, auch nicht für solche seiner Erfüllungsgehilfen[356].

f) Der Adressatenkreis. Nach § 65 VVG gelten die §§ 60 bis 63 VVG nicht für die Ver-   **172**
mittlung von Versicherungsverträgen über **Großrisiken** i. S. d. Art. 10 Abs. 1 S. 2 EGVVG. § 65 VVG setzt Art. 12 Abs. 4 der Richtlinie um und stellt die Vermittlung von Versicherungen über Großrisiken von vertrags- und beratungsbezogenen Vermittlerpflichten frei[357]. Bei VN, die Großrisiken versichern, kann man davon ausgehen, dass sie typischerweise hinreichend geschäftskundig sind und für ihre Interessen selbst sorgen können[358]. Deshalb erlaubt es § 210 VVG für Großrisiken generell, von zwingenden oder halbzwingenden Schutzvorschriften abzuweichen. Es ist daher nur konsequent, dass § 65 VVG auch bei den vertrags- und beratungsbezogenen Pflichten der Vermittler eine Ausnahme macht.

§ 209 VVG enthält eine Ausnahme für **Rückversicherungsvermittler**[359]. Danach gelten   **173**
die Bestimmungen des VVG generell nicht für die Rückversicherung und damit auch nicht für die Rückversicherungsvermittlung. Durch diesen impliziten[360] Ausschluss wird Art. 12 Abs. 4 der Richtlinie umgesetzt[361]. Die Kunden der Rückversicherungsvermittler sind definitionsgemäß Erstversicherer und damit typischerweise geschäftskundig und kraft Marktmacht auch durchsetzungsstark. Auf vertrags- und beratungsbezogene Vermittlerpflichten sind sie nicht angewiesen.

Nach § 66 VVG schließlich gelten die §§ 60 bis 64 VVG[362] nicht für die so genannten **Ba-**   **174**
gatellvermittler, die durch § 34d Abs. 9 Nr. 1 GewO auch von den gewerberechtlichen Vorschriften freigestellt werden[363]. Da man diese Personen in Umsetzung des Art. 1 Abs. 2 der Vermittlerrichtlinie von den gewerberechtlichen Bestimmungen ausgenommen hat, ist es konsequent, sie auch aus dem Anwendungsbereich der §§ 60 ff. VVG herauszunehmen.

X. Gerichtsstand für Klagen gegen den Versicherungsvertreter (§ 215 VVG)

1. Entwicklung

Das deutsche Recht stand bis zum Inkrafttreten des Gesetzes zur Neuregelung des Versi-   **175**
cherungsvermittlerrechts am 22. 5. 2007 auf dem Standpunkt, dass zwischen den Versicherungsvertretern und ihren Kunden grundsätzlich keine (vertrags-)rechtlichen Beziehungen bestehen[364]. Vertragliche Beziehungen begründeten danach nur der zwischen VR und Vertreter geschlossene Agenturvertrag und der zwischen VR und VN geschlossene Versicherungsvertrag. Infolge dessen bestanden fast nie (Schadensersatz-)Ansprüche des VN gegenüber „seinem" Versicherungsvertreter. Besondere Gerichtsstandregelungen waren daher

---

[355] Allgemein zum „aufklärungsrichtigen Verhalten" *Palandt/Heinrichs,* § 280 Rn. 39.
[356] So die Gesetzesbegründung BT-Drucks. 16/1935, S. 26.
[357] Die Freistellung für Großrisiken von den – gewerberechtlich umgesetzten – statusbezogenen Auskunftspflichten der Vermittler des § 11 Abs. 1 VersVermV erfolgt durch § 17 S. 2 VersVermV.
[358] *Prölss/Martin/Kollhosser,* § 187 Rn. 2.
[359] Gewerberechtlich werden Rückversicherungsvermittler erfasst, weil nach § 34d Abs. 10 GewO die Vorschriften für Versicherungsvermittler auch für Rückversicherungsvermittler gelten.
[360] Die *explizite* Freistellung der Rückversicherungsvermittler von den – gewerberechtlich umgesetzten – statusbezogenen Auskunftspflichten der Vermittler des § 11 Abs. 1 VersVermV erfolgt durch § 17 S. 1 VersVermV.
[361] So die Gesetzesbegründung BT-Drucks. 16/1935, S. 26 zu § 186 VVG a. F.
[362] § 66 VVG schließt außerdem noch die Inkassovollmacht des § 69 Abs. 2 VVG und die Zuständigkeit des Ombudsmanns nach § 214 VVG für Bagatellvermittler aus.
[363] Hierzu oben Rn. 24.
[364] Siehe hierzu oben Rn. 154.

entbehrlich. Das VVG von 1908 enthielt mit **§ 48 VVG a. F.,** den **Gerichtsstand der Agentur,** lediglich einen besonderen Gerichtsstand für Klagen des VN gegen den VR. Danach war für Klagen gegen den VR aus von Versicherungsvertretern vermittelten Versicherungsverträgen auch das Gericht des Ortes zuständig, wo der Versicherungsvertreter zur Zeit der Vermittlung seine Niederlassung bzw. seinen Wohnsitz hatte[365].

176   Der Abschlussbericht der Kommission zur Reform des Versicherungsvertragsrechts vom 19. 4. 2004 und noch der Referentenentwurf des Bundesministeriums der Justiz vom 13. 3. 2006 hatten vorgesehen, § 48 VVG a. F. inhaltlich unverändert in das neue VVG zu übernehmen[366], hielten dessen Regelung also anscheinend für gelungen. Der Gesetzgeber ist dem nicht gefolgt. In der Begründung des Regierungsentwurfs heißt es hierzu, § 48 VVG a. F. habe in der Vergangenheit zu Unklarheiten und Streitigkeiten geführt. Der VN habe darauf achten müssen, dass er tatsächlich im Gerichtsstand des Vertreters und nicht etwa im Gerichtsstand einer Vertriebsorganisation des VR klage. Außerdem habe § 48 VVG a. F. nicht für Makler gegolten und auch dann nicht, wenn der Vertrag unmittelbar mit einem Innendienstmitarbeiter des VR geschlossen wurde[367].

177   Ob diese Überlegungen die Ersetzung des § 48 VVG a. F. durch den völlig neu strukturierten § 215 VVG rechtfertigen, mag hier dahinstehen[368]. Richtig ist aber, dass in Zukunft vermehrt mit auf § 63 VVG gestützten Klagen von VN gegen ihren Versicherungsvertreter persönlich zu rechnen ist. Jedenfalls aus diesem Grunde ist eine Gerichtsstandsregelung, die nicht nur für Klagen aus dem Versicherungsvertrag, sondern **auch für Klagen aus der Versicherungsvermittlung** gilt, vorzugswürdig.

2. Inhalt der Regelung

178   a) **Überblick.** § 48 VVG a. F. wurde durch § 215 VVG ersetzt. § 215 Abs. 1 S. 1 VVG bestimmt, dass für Klagen aus dem Versicherungsvertrag oder der Versicherungsvermittlung stets auch das Gericht örtlich zuständig ist, in dessen Bezirk der VN zur Zeit der Klageerhebung seinen Wohnsitz bzw. seinen gewöhnlichen Aufenthalt hat. Für Klagen gegen den VN ist dieses Gericht nach § 215 Abs. 1 S. 2 VVG ausschließlich zuständig. Der VN kann also immer auch am Gericht seines Wohnsitzes klagen, verklagt werden kann er nur hier. Etwas anderes gilt nur, wenn der VN den VR oder Vermittler an dessen allgemeinem Wohnsitz verklagt. In diesem Fall kann der VR oder Vermittler eine Widerklage auch an diesem Gericht erheben, wie sich aus § 215 Abs. 2 VVG ergibt. Nach § 215 Abs. 3 VVG ist die Regelung des Abs. 1 weitgehend zwingend. Etwas anderes kann nur für den Fall vereinbart werden, dass der VN nach Vertragsabschluss seinen Wohnsitz ins Ausland verlegt oder der Wohnsitz im Zeitpunkt der Klageerhebung nicht bekannt ist. VR und Vermittler können also in ihren AGB bestimmen, dass sie den VN auch an ihrem (Wohn-)Sitz verklagen können, falls dessen Wohnsitz im Ausland oder unbekannt ist[369].

179   Bei der folgenden Detailanalyse des § 215 VVG geht es, der Überschrift des § 5A dieses Handbuchs entsprechend, im Wesentlichen nur um Klagen des VN gegen den Versicherungsvertreter und Klagen des Versicherungsvertreters gegen den VN. Die Klagen zwischen VR und VN und zwischen VN und Versicherungsmakler bleiben also weitgehend außer Betracht.

180   b) **Klage des VN gegen den Versicherungsvertreter.** Für Klagen des VN gegen den Versicherungsvertreter gilt § 215 Abs. 1 S. 1 VVG. Diese Vorschrift begründet für den VN

---

[365] Eingehend zu dieser Vorschrift Vorauflage, § 5 Rn. 119–126.

[366] VVG-Reform Abschlussbericht (2004), S. 225 (Normtext) und 347 (Begründung); VVG-Reform Referentenentwurf (2006) S. 82 (Begründung zu § 72 RefE).

[367] BT-Drucks. 16/3945, S. 117.

[368] Hierzu näher *Reiff,* ZVersWiss 2007, 535 (571).

[369] Für VR – nicht aber für Vermittler – ist selbst diese Möglichkeit durch Art. 12 und 13 der Verordnung (EG) Nr. 44/2001 des Rates vom 22. 12. 2000 über die gerichtliche Zuständigkeit und die Vollstreckung von Entscheidungen in Zivil- und Handelssachen beziehungsweise durch Art. 11 und 12 des Luganer Übereinkommens über die gerichtliche Zuständigkeit und die Vollstreckung gerichtlicher Entscheidungen in Zivil- und Handelssachen vom 16. 9. 1988 weitgehend versperrt.

einen **zusätzlichen Gerichtsstand an seinem Wohnsitz.** Der VN kann also für seine Klage gegen den Vertreter nicht nur an seinem Wohnsitz klagen, sondern auch einen konkurrierenden Gerichtsstand wählen. In Betracht kommt bei einer natürlichen Person etwa nach § 13 ZPO deren Wohnsitz oder bei einer juristischen Person nach § 17 ZPO deren Sitz; denkbar ist nach § 21 ZPO auch der Ort der Niederlassung des Versicherungsvertreters.

aa) Voraussetzungen. Voraussetzung des § 215 Abs. 1 S. 1 VVG ist, dass es sich um eine **181** „Klage aus der Versicherungsvermittlung" handelt. Damit sind in erster Linie auf § 63 VVG gestützte Klagen gegen einen Versicherungsvertreter oder Versicherungsmakler gemeint. Klagen gegen einen Versicherungsmakler, die nicht auf § 63 VVG, sondern auf § 280 BGB des Maklervertrages gestützt sind[370], fallen ebenfalls darunter. Nicht hierher gehören aber auf § 6 Abs. 5 VVG gestützte Klagen gegen den VR[371]. Insoweit handelt es sich um eine Klage „aus dem Versicherungsvertrag". Der Anwendungsbereich des § 215 VVG ist nämlich insoweit mit dem des § 48 VVG a. F. identisch[372], der für Klagen „aus dem Versicherungsverhältnis" galt und auch für Klagen aus der gewohnheitsrechtlichen Vertrauenshaftung und aus der Erfüllungsgehilfenhaftung den Gerichtsstand der Agentur begründete[373].

Umstritten ist, ob an die Person des VN bestimmte Voraussetzungen zu knüpfen sind. Der **182** Wortlaut, der nur von „VN" spricht, legt zunächst nahe, dass die Gerichtsstandsregelung **für alle VN** gilt[374], wobei allerdings gem. § 210 VVG bei Versicherungen über Großrisiken i. S. d. Art. 10 Abs. 1 S. 2 EGVVG zwischen VR und VN eine abweichende Zuständigkeitsvereinbarung getroffen werden kann, weil danach die Beschränkungen der Vertragsfreiheit nach dem VVG bei Großrisiken nicht anzuwenden sind[375]. Demgegenüber wird vertreten, aus der Bezugnahme auf den „Wohnsitz" des VN sei zu folgern, dass § 215 VVG nicht für Versicherungsverträge mit **juristischen Personen** gelte. Diese hätten nämlich keinen Wohnsitz (§ 13 ZPO), sondern nur einen Sitz (§ 17 ZPO). Sie könnten daher auch nicht an ihrem Wohnsitz klagen oder verklagt werden[376]. Noch weitergehend wird vertreten, § 215 VVG gelte nur für solche Versicherungen, die ein **Verbrauchergeschäft** i. S. d. § 13 BGB seien. Die Vorschrift sei einer teleologischen Reduktion zu unterziehen, weil sie ausweislich der Begründung den Verbraucherschutz stärken wolle[377].

Der zuletzt genannten Ansicht ist nicht zu folgen. Sie berücksichtigt nicht ausreichend, **183** dass die Schutzbestimmungen des VVG generell nicht auf Verbraucher beschränkt sind[378], sondern alle VN mit Ausnahme der Großrisiken erfassen[379]. Dieses systematische Argument wiegt deutlich schwerer als der einmalige und eher beiläufige Gebrauch des Wortes Verbraucherschutz in der Begründung zu § 215 VVG. Mehr Gewicht hat die Begründung für die erstgenannte Ansicht, wonach § 215 VVG dann nicht eingreife, wenn der VN eine juristische Person sei. Es ist nämlich nicht zu bestreiten, dass juristische Personen keinen „Wohnsitz" haben. Gleichwohl ist nicht anzunehmen, dass der Gesetzgeber insoweit bewusst eine Beschränkung auf natürliche Personen vorgenommen hat. Hierdurch würden nämlich juristische Personen als VN schlechter gestellt, als sie nach altem Recht standen, weil § 48 VVG a. F. auch für sie galt[380]. Für eine solche bewusste Schlechterstellung fehlt aber jeder Anhalt.

[370] Hierzu *Reiff*, VersR 2007, 717 (727); *Koch*, VW 2007, 248 (252 f.).
[371] Unrichtig *Meixner/Steinbeck* § 1 Rn. 363.
[372] Dies wird auch von *Meixner/Steinbeck* § 1 Rn. 362 gesehen.
[373] Hierzu Vorauflage, § 5 Rn. 123.
[374] *Reiff*, ZVersWiss 2007, 535 (571); *Meixner/Steinbeck*, § 1 Rn. 365.
[375] So *Prölss/Martin/Kollhosser*, § 187 Rn. 3.
[376] *Marlow/Spuhl*, S. 178; *Grote/Schneider*, BB 2007, 2689 (2701); *Franz*, VersR 2008, 298 (307).
[377] *Grote/Schneider*, BB 2007, 2689 (2701).
[378] Beispielhaft sei auf die Begründung zum Widerrufsrecht des VN nach § 8 VVG verwiesen, wo ausgeführt wird, ein Schutzbedürfnis sei „nicht nur für Verbraucher i. S. d. § 13 BGB, sondern gleichermaßen für alle natürlichen und juristischen Personen, ausgenommen Versicherungsverträge über Großrisiken, anzuerkennen"; BT-Drucks. 16/3945, S. 61.
[379] Dies wird grundsätzlich auch von *Grote/Schneider*, BB 2007, 2689 nicht verkannt.
[380] In diesem Sinn auch *Meixner/Steinbeck*, § 1 Rn. 365.

§ 215 Abs. 1 VVG ist daher so auszulegen, dass mit „Wohnsitz" der „Sitz" gemeint ist, wenn VN eine juristische Person ist.

184   *bb) Rechtsfolge.* Liegen die genannten Voraussetzungen vor, so ist für eine Klage des VN gegen den Versicherungsvertreter auch das Gericht örtlich zuständig, in dessen Bezirk der VN seinen (Wohn-)Sitz bzw. seinen gewöhnlichen Aufenthaltsort hat. Ein VN, dem in Hamburg von einem Hamburger Versicherungsvertreter eine Versicherung vermittelt wurde und der später nach München verzogen ist, kann also wegen einer Falschberatung den Versicherungsvertreter in München verklagen. Diese Regelung ist nach § 215 Abs. 3 VVG **zwingend.** Ein Versicherungsvertreter kann in seinen AVB eine Klage des VN an dessen Wohnsitz nur für den Fall ausschließen, dass der VN nach Vertragsschluss seinen (Wohn-)Sitz bzw. gewöhnlichen Aufenthalt in das Ausland verlegt. Tut er dies nicht, so könnte ihn ein VN, dem er in Deutschland eine Versicherung vermittelt hat, der aber später ist Ausland verzogen ist, vor dem ausländischen Gericht verklagen.

185   **c) Klagen des Versicherungsvertreters gegen den VN.** Für Klagen des Versicherungsvertreters gegen den VN gilt § 215 Abs. 1 S. 2 VVG. Danach ist für diese Klagen das Gericht am Wohnsitz des VN **ausschließlich zuständig.** Etwas anderes gilt nur für **Widerklagen** des Versicherungsvertreters. Verklagt der VN etwa den Versicherungsvertreter an dessen (Wohn-)Sitz, so kann der Versicherungsvertreter nach § 215 Abs. 2 VVG seine Widerklage ebenfalls an diesem Gericht erheben. Die ausschließliche Zuständigkeit für Klagen gegen den VN ist ebenfalls nach § 215 Abs. 3 VVG **zwingend.** Insoweit kann der Versicherungsvertreter in seinen AVB die Möglichkeit einer Klage gegen den VN am Gericht des Sitzes des Versicherungsvertreters nur für den Fall vorsehen, dass der VN nach Vertragsschluss seinen Wohnsitz oder gewöhnlichen Aufenthalt ins Ausland verlegt hat oder sein Wohnsitz oder gewöhnlicher Aufenthalt im Zeitpunkt der Klageerhebung nicht bekannt ist.

B. Versicherungsmakler

Literatur: *Abram,* Die Auswirkungen des Schuldrechtsmodernisierungsgesetzes auf die Haftung des VR und der Versicherungsvermittler, VersR 2002, 1331; *ders.,* Der Vorschlag für eine EU-VersicherungsvermittlerRL, NVersZ 2001, 49; *ders.,* Werden in Deutschland gesetzliche Berufsregelungen für Versicherungsvermittler bald Wirklichkeit?, VersR 1998, 551; *Altenhoff/Busch/Chemnitz,* RBerG, 10. Aufl. 1993; *Baumann,* Ist der Versicherungsmakler Auge und Ohr des VR?, NVersZ 2000, 116; *Beckmann,* Die Empfangsvollmacht des Versicherungsagenten – ein Beispiel für den Reformbedarf des VVG, in: Verantwortlichkeit im Wirtschaftsrecht, FS für Ulrich Hübner, hrsg. v. *Beckmann/Matusche-Beckmann,* 2002, S. 29 (zit.: FS Hübner); *Beenken/Sandkühler,* Das Vermittlergesetz und seine Konsequenzen für die Branche, r+s 2007, 182; *Benkel/Reusch,* Der Einfluss der Deregulierung der Versicherungsmärkte auf die Haftung des Versicherungsmaklers, VersR 1992, 1302; *Deckers,* Die Abgrenzung des Versicherungsvertreters vom Versicherungsmakler, 2004; *Durstin/Peters,* Versicherungsberater und Versicherungsmakler in der rechtspolitischen Entwicklung, VersR 2007, 1456; *Farny,* Der Versicherungsmakler im Privatkundengeschäft?, in: Beiträge über den Versicherungsmakler, Hamburg 1993, S. 79 (zit.: Beiträge); *ders.,* Ergebnis der Podiumsdiskussion zum Thema „Vertrieb und Vermittlung von Versicherungen" am 2. 3. 1988 in Kiel, ZVersWiss 1988, 286; *Fenyves,* Die Haftung des Versicherungsmaklers nach österreichischem Recht, in: Die Haftung des Versicherungsmaklers, hrsg. von *Fenyves/Koban,* 1993, S. 1; *Fetzer,* Das neue Recht für Versicherungsvermittler (Teil 1, 2 und 3), in: juris PraxisReport VersR 1/2007, 2/2007 und 5/2007 Anm. 4, vom 27. 6. 2007, 18. 7. 2007 und 10. 10. 2007; *Fricke,* Einige Gedanken über die Berufsfreiheit der Versicherungsvermittler und die Umsetzung der EG-Vermittlerempfehlung vom 18. 12. 1991 in deutsches Recht, VersR 1995, 1134; *Gauer,* Der Versicherungsmakler und seine Stellung in der Versicherungswirtschaft, 1951; *Griess/Zinnert,* Der Versicherungsmakler, 3. Aufl. 1997; *Guszewski,* Die Vertretungsmacht des Versicherungsmaklers beim Abschluss des Versicherungsvertrages und im Zahlungsverkehr der Vertragsparteien, 1974; *Harstorff,* Grenzen der Honorarberatung für Versicherungsmakler und Versicherungsberater, VersR 2008, 47; *Hasselmann,* Der Assekuranzmakler in Hamburg, DVersZ 1924, 133; *Hohlfeld,* Versicherungsvermittlung und Regulierung in Deutschland, NVersZ 1999, 305; *Henssler/Prütting,* BRAO mit RBerG, München 1997 (zit.: Henssler/Prütting/Bearbeiter); *Hübner/Basting,* Rechtsprobleme des Abrechnungsverkehrs in der Erstversicherung bei Einschaltung von Versicherungsmaklern, 1991; *Hübner,* Die Berufshaftung – ein zumutbares Berufsrisiko? NJW 1989, 5; *Jabornegg,* Der Provisionsanspruch des Versicherungsmaklers, VersRdschau 1988, 273 und VersRdschau 1988, 337; *Karle,* Die Honorarberatung durch den Versicherungsmakler, VersR 2000, 425; *dies.,* Zum Maklerwechsel und zu den Folgen für die Courtageansprüche, VersR 2001, 825; *Karten,* Ökonomische Aspekte einer EU-Richtlinie zur Versicherungsvermittlung, ZVersWiss 2002, 43; *Keil,* Der Bundesverband Deutscher Versicherungsmakler e. V. – Berufsständische Repräsentanz mit Qualitätsanspruch, 1990 (unveröff.); *ders.,* Für wen verwaltet der Versicherungsmakler die Verträge?, VW 1995, 66; *ders.,* Der Makler als Interessenvertreter der VN, DB Spezial, Beilage 1985, Nr. 25, S. 19; *ders.,* Der Versicherungsmakler im gegenwärtigen und zukünftigen Markt, VW 1990, 311; *Kieninger,* Informations-, Aufklärungs- und Beratungspflichten beim Abschluss von Versicherungsverträgen, AcP 198 (1998), 190; *dies.,* Informations-, Aufklärungs- und Beratungspflichten beim Abschluss von Versicherungsverträgen: zur Gesetzesinitiative der Bundesländer vom 7. 7. 1997, VersR 1998, 5; *Koch,* Der Versicherungsmakler im neuen Vermittlerrecht, VW 2007, 248; *Kollhosser,* Gewohnheitsrechtliche Erfüllungshaftung und alternative Regelungen, r+s 2001, 89; *Küstner,* Der Versicherungsmakler im Wettbewerb mit dem Versicherungsvertreter, insbes. die Bekämpfung von Wettbewerbsauswüchsen (Makleraufträge), VersVerm 1977, 325; *Küstner/v. Manteuffel,* Rechtsgutachten zur Problematik der Bestandsübertragung aufgrund erteilter Makleraufträge im Versicherungsvertreterrecht, VersVerm 1989, 168; *Lahno,* Die Funktion des Versicherungsmaklers im liberalisierten Industrieversicherungsmarkt, VW 1987, 428; *B. Lorenz,* Kundenschutz durch Regulierung der Versicherungsvermittlung: Eine ökonomisch-rechtsvergleichende Analyse aktueller europarechtlicher Entwicklungen, in: Internationales Verbraucherschutzrecht, hrsg. v. *Schnyder/Heiß/Rudisch,* 1995, S. 231; *Matusche,* Pflichten und Haftung des Versicherungsmaklers, 4. Aufl. 1995; *Matusche-Beckmann,* Die Beschränkung des Maklervertrags auf ein Einzelmandat und ihre Rechtsfolgen, in: Verantwortlichkeit im Wirtschaftsrecht, FS für Ulrich Hübner, hrsg. v. *Beckmann/Matusche-Beckmann,* 2002, S. 151 (zit.: FS Hübner); *dies.,* Berufsrecht und zivilrechtliche Beratungs- und Informationspflichten für Versicherungsvermittler, NVersZ 2002, 385; *dies.,* Rechtsberatungsverbot und Anspruchsabwehr durch Versicherungsmakler, NVersZ 1999, 16; *dies.,* Buchbespr. zu *Mensching,* Verbraucherschutz durch Berufsregelungen für Versicherungsvermittler, 2002, VersR 2003, 840; *dies.,* Probleme bei der Abgrenzung des Versicherungsagenten vom Versicherungsmakler, VersR 1995, 1391; *Mensching,* Verbraucherschutz durch Berufsregelungen für Versicherungsvermittler, 2002; *Möller,* Die Rechtsstellung des deutschen Versicherungsmaklers speziell in der internationalen Wirtschaft, VW 1970, 1004; *ders.,* Recht und Wirklichkeit der Versicherungsvermittlung, um 1944 (zit.: Recht und Wirklichkeit); *ders.,* Bemerkungen zum Versicherungsmaklerrecht, in: FG für Walter Rohrbeck, 1955, S. 223 (zit.: Bemerkungen); *ders.,* Versicherungsmakler, in: HdV, Sp. 2331; *Müller,* Die neue EU-VermittlerRL – Überlegungen zur Umsetzung in deutsches Recht, ZVersWes 2003, 98; *ders.,* Ein Überblick über die Makler-Szene, ZVersWes 1981, 17; *Müller-Stein,* Das Recht der Versicherungsvermittlung, 4. Aufl. 1993 (zit.: Versicherungsvermittlung); *ders.,* Abgrenzung Versicherungsvertreter/Versicherungsmakler, VW 1995, 602; *ders.,* Ausgleichsanspruch gem. § 89b HGB nach Bestandsübertragungen aufgrund erteilter Makleraufträge?, VersR 1990, 561; *ders.,* Abgrenzung Versicherungsvertreter/Versicherungsmakler, VW 1995, 602; *Nell/Karten,* Das Provisionsabgabeverbot für Versicherungsvermittler, in: Recht und Ökonomie der Versicherung, FS für Egon Lorenz zum 60. Geburtstag, hrsg. von *Hübner/Helten/Albrecht,* 1994, S. 393 (zit.: FS Lorenz); *Pfeiffer,* Der Versicherungsmakler, 1932; *Präve,* Überlegungen zu einer Berufsregelung für Versicherungsvermittler in Deutschland, in: Berufsregelung für Versicherungsvermittler in Deutschland, 1997, S. 133; *Reichert-Facilides,* Die „Erfüllungshaftung" des VR für seine Agenten, VersR 1977, 208; *Reiff,* Aspekte einer Neugestaltung der Versicherungsvermittlung, ZVersWiss 2002, 103; *ders.,* Europäische Richtlinie über Versicherungsvermittlung und VVG-Reform, ZVersWiss 2001, 451; *ders.,* Die Haftung des VR für Versicherungsvermittler, r+s 1998, 89 und r+s 1998, 133; *ders.,* Das Gesetz zur Neuregelung des Versicherungsvermittlerrechts, VersR 2007, 717; *Rennen/Caliebe,* RBerG, 3. Aufl. 2001; *Reusch,* Wie weit reicht der Auge-undOhr-Grundsatz?, NVersZ 2000, 120; *Schimikowski,* Überlegungen zu einer Reform des VVG, r+s 2000, 353; *Schirmer,* Die Rechtsstellung des Versicherungsmaklers, Vortrag am 14. 4. 1989 in Hamburg, Tagung des Versicherungsmakler-Vereins e. V., München (unveröff., zit.: Vortrag Hamburg); *ders.,* Vertriebsformen auf dem Prüfstand, VersVerm 1990, 349; *R. Schmidt,* Zur Rechtsstellung des Versicherungsmaklers in Deutschland (1957), in: Entwicklungen und Erfahrungen auf dem Gebiet der Versicherung, Veröffentlichungen 1951 bis 1982, S. 23; *Schönleiter,* Das neue Recht für Versicherungsvermittler, GewArch 2007, 265; *Sieg,* Entwicklungslinien des Versicherungsvermittlerrechts, ZVersWiss 1982, 143; *ders.,* Der Bereicherungsanspruch des VR gg. seinen Vermittler, VersR 1993, 1198; *ders.,* Vertrieb und Vermittlung von Versicherungen aus rechtlicher Sicht, ZVersWiss 1988, 263; *Spielberger,* Versicherungsmakler und Rechtsberatungsgesetz, VersR 1984, 1013; *Teichler,* Das zukünftige Vermittlerrecht, VersR 2002, 385; *Trinkhaus,* Handbuch der Versicherungsvermittlung, Band 1, Berlin 1955; *Umhau,* Vergütungssysteme für die Versicherungsvermittlung im Wandel, 2003; *Voß/Höft,* Das Recht der Versicherungsvermittlung, in: Studienheft 30, Rechtslehre des Versicherungswesens, 1982; *Waldstein,* Der Versicherungsmakler, 1928; *Wegschneider,* Betrachtungen zur „Makler-

Szene", ZVersWes 1981, 156; *ders.*, Die Rechtsstellung des Versicherungsmaklers, ZVersWes 1986, 509; *Werber,* „Best advice" und die Sachwalterhaftung des Versicherungsmaklers, VersR 1992, 917 [zugleich in: The Rule of Best Advice – Hemmnis oder Chance für einen Versicherungsmaklermarkt in Deutschland, hrsg. v. Transatlantische Allgemeine Versicherung AG anlässlich des 8. Trans-Forum am 18. 10. 1991 in Düsseldorf, S. 109 ff., sowie in: Die Haftung des Versicherungsmaklers, hrsg. v. *Fenyves/Koban,* 1993, S. 67 ff.]; *ders.,* Zur Rechtsstellung des Versicherungsmaklers in heutiger Zeit, VW 1988, 1159; *ders.,* Von der Unabhängigkeit eines Versicherungsmaklers im „Doppelrechtsverhältnis", in: Beiträge über den Versicherungsmakler, Hamburg 1993, S. 185 (zit.: Beiträge); *ders.,* Rechtsdienstleistungen und Versicherung, VersR 2006, 1010; *ders.,* Information und Beratung des VNs vor und nach Abschluss des Versicherungsvertrags, VersR 2007, 1153; *Zierke,* Versicherungsberater – Versicherungsvermittler, MDR 1989, 780; *ders.,* Zur Werbung mit Versicherungsberatung durch Versicherungsvermittler, VersR 1987, 746; *Zinnert,* Honorarberatung durch Versicherungsmakler, VersR 2008, 313; *Zopfs,* Die Rechtsstellung des Versicherungsmaklers, VersR 1986, 747.

I. Einleitung

1. VVG-Reform und allgemeine Grundlagen

186   Die **VVG-Reform 2008** selbst hat das Recht des Versicherungsmaklers nicht unmittelbar beeinflusst. Gleichwohl lässt sich in den vergangenen Jahren eine weit reichende gesetzliche Neuregelung verzeichnen. Mit knapp zweijähriger Verspätung wurde in Deutschland die EG-Versicherungsvermittler-RL[381] in nationales Recht umgesetzt, wobei sich die Änderungen in der Gewerbeordnung und dem VVG finden. Die zunächst in den §§ 42a–42k VVG a. F. eingefügten Regelungen wurden im Zuge der VVG-Reform 2008 dann ohne weitere inhaltliche Änderungen in den §§ 59–68 VVG kodifiziert. Zu den **neuen rechtlichen Rahmenbedingungen** s. vor allem Rn. 225 ff.

187   Wie der Versicherungsvertreter (§ 59 Abs. 2 VVG) und der Versicherungsberater (§ 59 Abs. 4 VVG) ist auch der Versicherungsmakler Versicherungsvermittler[382]. Dies stellt § 59 Abs. 1 VVG ausdrücklich klar. § 59 Abs. 3 VVG definiert den Begriff des Versicherungsmaklers: Versicherungsmakler ist demnach, „wer gewerbsmäßig für den Auftraggeber die Vermittlung oder den Abschluss von Versicherungsverträgen übernimmt, ohne von einem VR oder von einem Versicherungsvertreter damit betraut zu sein". Die Tätigkeit des Versicherungsmaklers liegt in der Geschäftsbesorgung zur Beschaffung, Ausgestaltung und Abwicklung von Versicherungsschutz, ohne selbst Partei des Versicherungsvertrages zu sein[383]. Er wird dabei im Interesse des (künftigen) VN tätig. Während der Versicherungsagent vertraglich an ein bzw. mehrere VU gebunden ist (vgl. § 59 Abs. 2 VVG), ist für den Versicherungsmakler seine prinzipielle Unabhängigkeit von der Seite des VU charakteristisch (s. Rn. 196): er ist gerade nicht von einem VR mit dieser Aufgabe betraut. Der Anstoß für die Tätigkeit des Maklers geht regelmäßig vom Versicherungsinteressenten und späteren VN (im Folgenden: VN) aus, der mit dem Makler ausdrücklich oder konkludent einen Maklervertrag (dazu insbes. Rn. 270 ff.) schließt[384]. Der Maklervertrag begründet i. d. R. in einem umfassenden Sinne die Verpflichtung, als Interessenvertreter des VN zu agieren. Der BGH hat die Stellung des Maklers prägnant als die eines „treuhänderähnlicher Sachwalters" umschrieben[385], der Gesetzgeber hat dieses Bild in den Beratungen ausdrücklich aufgenommen[386]. Gleichwohl entsteht mit Aufnahme der Vermittlungtätigkeit auch ein gesetzliches Schuldverhältnis zwischen Makler und VR (zu diesem Doppelrechtsverhältnis Rn. 359 ff.).

188   Dem Versicherungsmakler ähnlich ist der **Versicherungsberater.** Auch er steht auf der Seite des VN; das entscheidende Abgrenzungskriterium findet sich in § 59 Abs. 4, letzter Hs

---

[381] RL über Versicherungsvermittlung 2002/92/EG des Europäischen Parlaments und des Rates vom 9. 12. 2002 (ABl. L 9/3 v. 15. 1. 2003).

[382] BGH v. 22. 5. 1985, BGHZ 94, 356 (358); *Bruck/Möller,* vor §§ 43–48 Anm. 12 ff.

[383] BGH v. 22. 5. 1985, BGHZ 94, 356 (358); *Zierke,* MDR 1989, 780; *Bruck/Möller,* vor §§ 43–48 Anm. 10.

[384] BT-Drucks. 16/1935, S. 22.

[385] BGH v. 22. 5. 1985, BGHZ 94, 356 (359).

[386] BT-Drucks. 16/1935, S. 23.

VVG. Während der Versicherungsmakler grundsätzlich seinen Lohn, die Maklercourtage, vom VU erhält (vgl. hierzu Rn. 393 ff.), ist nur derjenige Versicherungsberater, der seine Vergütung gerade nicht von einem VU erhält und auch nicht in anderer Weise von diesem abhängig ist.

Damit stellt das Gesetz für ihn nicht nur auf eine rechtliche Unabhängigkeit ab, sondern **189** schafft das Idealbild eines auch wirtschaftlich völlig unabhängigen Beraters. Die dahinter stehende Intention ist klar: Wenn der Versicherungsberater seine Vergütung vom Versicherungssuchenden erhält und nicht von Versichererseite, wird er noch unabhängiger beraten; er hat keinerlei wirtschaftliche Interessen daran, dass der potentielle VN bei einem bestimmten Versicherer abschließt. Anders als der Versicherungsmakler ist der Versicherungsberater auch häufig erst in einer späteren Phase der Vertragsdurchführung eingeschaltet, nämlich dann, wenn es nicht mehr um den Abschluss des Versicherungsvertrags geht, sondern um die Abwicklung oder nachträgliche Beurteilung eines bereits bestehenden Versicherungsvertrages[387].

Als **Untermakler** bezeichnet man diejenigen Versicherungsmakler, die entweder für einen **190** sog. Obermakler handeln oder direkt für den VR[388]. Zum Teil wird der Begriff des sog. **technischen Versicherungsmaklers** verwendet, der über die üblichen Tätigkeiten hinaus zusätzliche Dienstleistungen, insbes. die gesamte technische Bearbeitung des vermittelten Geschäfts ausübt (z. B. Entwurf und Ausfertigung des Versicherungsscheins, Schadenregulierung, Übernahme sonstiger Verwaltungsaufgaben für den VR)[389]. **Rückversicherungsmakler** vermitteln gewerbsmäßig Rückversicherungsgeschäfte zwischen Erst- und RückVR[390].

Bei der Umsetzung der Versicherungsvermittler-RL (dazu näher Rn. 233 ff.) hat der deut- **191** sche Gesetzgeber im Rahmen von § 59 Abs. 3 S. 2 VVG angeordnet, dass derjenige, der „gegenüber dem VN den Anschein erweckt, er erbringe seine Leistungen als Versicherungsmakler" als Versicherungsmakler gilt[391]. Das Gesetz fingiert also seine Maklereigenschaft. Insoweit lässt sich von einem Scheinmakler sprechen.

Über die genaue **Anzahl** der auf dem Markt tätigen Versicherungsmakler ließ sich, solange **192** eine zentrale Registrierung nicht vorgeschrieben war, nur spekulieren. Die Angaben schwankten zwischen 1600 und etwa 30 000 Versicherungsmaklern[392]. In der Gesetzesbegründung zur Umsetzung der EG-Versicherungsvermittler-RL ist von 6000 bis 8000 Maklern die Rede[393]. Die nunmehr geltende Eintragungspflicht für Versicherungsmakler (s. Rn. 235 ff.) wird zu Klarheit führen.

2. Abgrenzung des Versicherungsmaklers von anderen Vermittlern, insbes. vom Versicherungsvertreter (§§ 59 ff. VVG)

Die in der Theorie unproblematische Abgrenzung von Versicherungsvertreter[394] und **193** Makler bereitete in der Praxis viel Unsicherheit, insbes. wegen der am Markt auftretenden

---

[387] *Schönleiter*, GewArch 2007, 265 (270).

[388] OLG Hamm v. 28. 4. 1986, VersR 1987, 155 („Zubringer- und Vermittlungsuntermakler"); *Prölss/Martin/Kollhosser*, Anh. zu §§ 43–48 Rn. 1.

[389] Vgl. *Prölss/Schmidt/Schmidt*, Zus. § 1 Rn. 38; *Arnhofer*, Grundlagen einer betriebswirtschaftlichen Theorie VR gebundener Versicherungsvermittlerbetriebe, 1982, S. 20; vgl. *Naton*, Die Situation des Versicherungsmaklers in der Bundesrepublik Deutschland – zur Frage des „technischen Versicherungsmaklers", 1985; *Nebelung*, WallmannsZ 1942, 51 (52); kritisch *Trinkhaus*, S. 134 f.; *R. Schmidt*, S. 23 (32); *Möller*, Recht und Wirklichkeit, S. 183.

[390] Zum Rückversicherungsmakler *Prölss/Schmidt/Schmidt*, Zus. § 1 Rn. 40; insbes. zu den Pflichten *Biagosch*, Aufklärungspflicht des Versicherungsmaklers bei der Platzierung von Rückversicherungsverträgen, in: Beiträge über den Versicherungsmakler – Ewald Lahno gewidmet, Hamburg 1993, S. 31 (34 ff.); *Koch*, Rückversicherung, in: HdV, S. 689 (695); *Voß/Höft*, S. 26; *Crucinger*, Versicherung und Geldwirtschaft 1928, 197; *Gumbel*, VW 1981, 528; *ders.*, ZVersWes 1973, 599.

[391] BT-Drucks. 16/1935, S. 23.

[392] *Umhau*, S. 4.

[393] BT-Drucks. 16/1935, S. 13.

[394] Der Gesetzgeber hat den überholten Begriff des Versicherungsagenten durch den Begriff des Versicherungsvertreters ersetzt (vgl. BT-Drucks. 16/1935, S. 22); inhaltliche Änderungen dürften sich hieraus nicht ergeben.

Mischformen[395]. Dies ist unbefriedigend wegen der bedeutenden zivilrechtlichen Auswirkungen der Unterscheidung, die eine trennscharfe Abgrenzung von Versicherungsmakler und Versicherungsvertreter unerlässlich macht[396].

194   **a) Relevanz der Abgrenzung.** Bspw. richtet sich die virulente Frage, ob der Vermittler mit **Empfangsvollmacht** für den VR ausgestattet ist (vgl. § 69 VVG) bzw. die Frage, ob vom Vermittler erlangtes Wissen dem VR zuzurechnen ist, grds. danach, ob ein Vertreter oder ein Makler gehandelt hat. Während bei dem Versicherungsvertreter eine Wissenszurechnung zu Lasten des VR erfolgt, sind Kenntnisse des Maklers z. B. über Umstände, die der vorvertraglichen Anzeigepflicht des VN unterliegen, dem VR grds. nicht zuzurechnen (s. Rn. 211ff.). Folge kann ein Rücktrittsrecht des VR sein[397].

195   Auch für die Frage der **persönlichen Haftung** des Vermittlers gegenüber dem VN ist der Status des Vermittlers ausschlaggebend: Den Versicherungsvertreter treffen grds. keine persönlichen Pflichten, auch keine persönliche Schadensersatzpflicht gegenüber dem VN. Da der Versicherungsvertreter als Vertreter und Erfüllungsgehilfe des VU tätig ist, muss grds. vielmehr das VU für seine Fehler einstehen. Eine Eigenhaftung des Vertreters aus c. i. c. scheidet i. d. R. aus: Der Versicherungsvertreter nimmt gerade kein besonderes persönliches Vertrauen des VN für sich in Anspruch, sondern vielmehr für den VR; das Provisionsinteresse des Versicherungsvertreters vermag eine Haftung wegen besonderen wirtschaftlichen Eigeninteresses nicht zu begründen[398]. Bisher gewohnheitsrechtlich anerkannt ist überdies die sog. **Erfüllungshaftung** des VR für Auskünfte und Zusagen des Vertreters über vertragswesentliche Punkte[399]. Ganz anders als der Vertreter aber unterliegt der Versicherungsmakler gegenüber seinen Kunden den Grundsätzen einer strengen Sachwalter-Haftung (dazu Rn. 327ff.).

196   **b) Grundlagen.** Die Tätigkeiten von Vertreter und Makler sind im Wesentlichen ähnlich: Beide führen die Parteien eines Versicherungsvertrags zusammen, übernehmen die laufende Betreuung und Verwaltung abgeschlossener Verträge und sind i. d. R. auch unterstützend bei der Schadenregulierung tätig. Ihre rechtliche Unterscheidung ist im Ausgangspunkt dennoch klar: Der **Versicherungsvertreter ist nach der Legaldefinition des § 59 Abs. 2 VVG** von einem Versicherer oder einem Versicherungsvertreter damit betraut, gewerbsmäßig Versicherungsverträge zu vermitteln oder abzuschließen[400]. Durch die vertragliche Bindung ist der Versicherungsvertreter Teil der Außendienstorganisation des VU[401], dessen Interessen er zu wahren hat, an dessen Weisungen er gebunden ist. Der Versicherungsvertreter wird deshalb auch als „Verbündeter des VU" bezeichnet[402]. Der **Makler** ist hingegen vorrangig in dem Interesse des VN tätig, dessen bestmögliche Versorgung mit Versicherungsschutz zu gewährleisten. Dazu gehört vor allem vor Abschluss des Versicherungsvertrags eine unabhängige Auswahl unter al-

---

[395] Vgl. OLG Nürnberg v. 27. 1. 1994, VersR 1995, 93 (93ff.); *Reiff,* ZVersWiss 2002, 103 (112ff.); *Müller-Stein,* VW 1995, 602; *Matusche-Beckmann,* VersR 1995, 1391.

[396] *Werber,* VW 1988, 1159 (1159, 1161); BGH v. 25. 3. 1987, VersR 1987, 663 (664) legt die Relevanz der Unterscheidung für den dort zu entscheidenden Fall ausf. dar; vgl. ferner *Rohrbeck/Durst/Bronisch,* Das Recht des Versicherungsagenten, 3. Aufl. 1950, S. 12ff.

[397] *Reiff,* r+s 1998, 89 (90).

[398] OLG Hamm v. 16. 6. 1992, VersR 1993, 227; OLG Karlsruhe v. 9. 5. 1985, VersR 1986, 33 m. w. N.; *Reiff,* Rn. 113ff.

[399] BGH v. 9. 5. 1951, VersR 1951, 166; *Reiff,* Rn. 84ff.; *Reichert-Facilides,* VersR 1977, 208; *Bach,* EWiR 1985, 641 m. w. N.; *Prölss/Martin/Kollhosser,* § 43 Anm. 7 m. w. N.

[400] Diese Legaldefinition entspricht im Wesentlichen der schon vor Inkrafttreten der VVG-Reform 2008 allgemein üblichen Definition, vgl. z. B. *Bruck/Möller,* vor §§ 43–48 Anm. 13, 128; *Voß/Höft,* S. 24; *Zierke,* MDR 1989, 780; *Schirmer,* VersVerm 1990, 349 (352).

[401] BGH v. 22. 5. 1985, BGHZ 94, 356 (359). – Bei den Versicherungsvertretern unterscheidet man selbständige (§§ 83 Abs. 1, 92 Abs. 1 HGB) und angestellte (§ 59, 84 Abs. 2, 92 Abs. 1 HGB) Agenten. I. d. R. werden selbständige Versicherungsvertreter – bei den Angestellten ist dies arbeitsvertraglich ohnehin manifestiert – ausschließlich für ein VU bzw. einen Konzern tätig; es gibt aber auch Mehrfirmenvertreter. Vgl. zu den Versicherungsvertretern insbes. *Reiff,* Rn. 2ff.

[402] *Werber,* VW 1988, 1159 (1160).

len in Betracht kommenden Versicherern (vgl. § 60 Abs. 1 VVG, s. dazu Rn. 286 ff.)[403]. Wirtschaftlich ist der Versicherungsmakler als „Beschaffungsorgan" des VN anzusehen[404]. Deshalb ist eine Bindung an den VR, durch die sich der Versicherungsvertreter auszeichnet, und insbes. eine Weisungsgebundenheit im Verhältnis zu einem VU mit dem Berufsbild des Versicherungsmaklers unvereinbar. Vielmehr kennzeichnet den Makler die Unabhängigkeit von der Seite des VU, wenn sich auch gewisse Sorgfaltspflichten gegenüber letzterem nicht in Abrede stellen lassen[405]. Der Versicherungsmakler ist – wie der BGH umschreibt[406] – **treuhänderähnlicher Sachwalter** für den Bereich der Versicherungsverhältnisse des von ihm betreuten VN. Andernorts wird der Versicherungsmakler als „Bundesgenosse" des VN beschrieben[407], als dessen Interessenvertreter[408], als sein Vertrauensmann[409]. Für andere ist der Versicherungsmakler sachverständiger Berater[410] oder Versicherungsanwalt seines Kunden[411].

c) Zwischenformen von Versicherungsmakler und Versicherungsvertreter. 197
aa) Allgemeine Abgrenzungsfragen. Unter Geltung der **früheren Rechtslage** traten in der Praxis häufig Zwischenformen von Maklern und Vertretern auf, was u. a. dadurch begünstigt wurde, dass die Berufsbezeichnung Versicherungsmakler weder gesetzlich festgelegt noch geschützt war[412] und dass VN – jedenfalls im Bereich der sog. Jedermann-Versicherungszweige – oft die Differenzierung nicht kennen. Derartige Zwischentypen traten insbes. in Form der sog. Pseudomakler[413] und „Makleragenten"[414] auf. Darunter versteht man in der Regel Versicherungsvertreter, die zwar agenturvertragliche Bindungen an ein bzw. mehrere VU unterhielten, aber gleichwohl den Eindruck der Unabhängigkeit erwecken bzw. aufrechterhalten wollten[415].

Da ein Agieren als Pseudomakler die für den Makler charakteristische Unabhängigkeit gefährdet[416], sind derartige Zwischenformen seit jeher wirtschaftspolitisch unerwünscht[417] und nicht zuletzt unter wettbewerbsrechtlichen Gesichtspunkten bedenklich[418]. 198

Gerade im Hinblick auf die **Haftung gegenüber dem VN** hatte die Doppeltätigkeit als 199
Vertreter und Makler schon nach früherem Recht Konsequenzen: Trat ein Versicherungsagent auch makelnd auf oder offenbarte er agenturvertraglichen Bindungen nicht und gerierte sich als unabhängig, so haftete er wie ein Makler, wenn der Kunde das Auftreten und Gesamtverhalten des Vermittlers nach Treu und Glauben unter Berücksichtigung der Verkehrssitte ver-

---

[403] v. *Gaertner,* VW 1986, 1198; *Schirmer,* VersVerm 1990, 349 (354).

[404] *Farny,* Beiträge, S. 79 (81); *Arnhofer,* Grundlagen einer betriebswirtschaftlichen Theorie VR gebundener Versicherungsvermittlerbetriebe, 1982, S. 20.

[405] S. Rn. 374 ff.

[406] BGH v. 22. 5. 1985, BGHZ 94, 356 (359). – Der Begriff „Sachwalter" wurde bereits von *Möller* im Jahre 1944 auf den Versicherungsmakler angewendet (z. B. Recht und Wirklichkeit, S. 266) und von *Trinkhaus,* S. 132, aufgegriffen. Der auf das Treuhänderische hinweisende Zusatz soll die besondere Intensität der Interessenwahrnehmungspflicht des Maklers gegenüber dem VN kennzeichnen, *Werber,* VersR 1992, 917 (920 f.).

[407] *Sieg,* Versicherungsvertragsrecht, S. 62; *Möller,* VW 1970, 1004; *Bruck/Möller,* vor §§ 43–48 Anm. 13, 40; *Möller,* HdV, Sp. 2331; *Werber,* VW 1988, 1159 (1160); *R. Schmidt,* S. 23 (30); *Benkel/Reusch,* VersR 1992, 1302 (1305).

[408] *Bruck,* NeumannsZ 1924, 564; *Clasen,* JRPV 1929, 160; *Pauly,* Mitteilungen für die öffentlichen Feuerversicherungsanstalten 1921, 228 (229).

[409] *Sieg,* ZVersWiss 1982, 143 (160); *ders.,* ZVersWiss 1988, 263 (280); *Clasen,* JRPV 1929, 133 (137); *Schirmer,* Vortrag Hamburg, S. 4.

[410] *Clasen,* JRPV 1929, 160; *Heun,* JRPV 1928, 342 (343).

[411] *Heun,* JRPV 1928, 342 (343).

[412] *Wegschneider,* ZVersWes 1981, 156; *ders.,* ZVersWes 1986, 509; *Werber,* VW 1988, 1159.

[413] Z. B. *Keil,* VW 1990, 311; *Gerlach,* VW 1991, 892 (898); *Wegschneider,* ZVersWes 1986, 509.

[414] *Reiff,* r+s 1998, 89 (91); *Wegschneider,* ZVersWes 1986, 509; *Angerer,* VersR 1987, 325 (327).

[415] *Werber,* VW 1988, 1159 (1162).

[416] *Bruck,* Privatversicherungsrecht, S. 152.

[417] *Arnold,* VerBAV 1955, 229 f.; *Möller,* Recht und Wirklichkeit, S. 44; *Gauer,* S. 28 ff.; *R. Schmidt,* S. 23 (32); zum sog. Captive Broker vgl. *Müller,* ZVersWes 1981, 17.

[418] *Umhau,* S. 16 f., 107 ff. m. w. N.

nünftigerweise als Maklerverhalten auffassen durfte. Entscheidend für die Qualifizierung als Makler oder als Vertreter war demnach – allgemeinen zivilrechtlichen Auslegungsgrundsätzen folgend – schon nach der früheren Rechtslage der objektive Empfängerhorizont des VN. Der BGH stufte bspw. einen Versicherungsvermittler, der sich in seinen Briefköpfen als Versicherungsmakler bezeichnete ohne auf eine ständige Verbindung zu einem bzw. mehreren VU hinzuweisen, im Verhältnis zum VN als Versicherungsmakler ein: Wer nach außen als Versicherungsmakler auftrete, müsse die Bitte des Kunden, ihm Versicherungsschutz zu verschaffen, als Antrag auf Abschluss eines Maklervertrags ansehen[419] und nehme diesen Antrag schlüssig durch Tätigwerden an. Die gelegentlich geäußerte Ansicht, der Vermittler sei in derartigen Fällen auch gegenüber dem VN als Versicherungsagent zu behandeln[420], konnte bereits aus diesem Grunde nicht überzeugen[421] Durch die nunmehr gesetzlich verankerte Fiktion in § 59 Abs. 3 S. 2 VVG ist diese Ansicht auch de lege lata überholt.

200   Da das Gesetz in § 59 Abs. 3 S. 2 VVG nunmehr die Maklereigenschaft derartiger Zwischenformen fingiert und demzufolge derartige Zwischentypen strengen Haftungsregime der Makler unterwirft[422], dürfte sich das Problem entschärft haben. Insbesondere auch die im Hinblick auf die in § 60 Abs. 2 VVG vorgeschriebenen **Mitteilungspflichten** dürften den Zwischenformen weitgehend den Garaus machen. Gleichwohl bleibt es wegen § 60 Abs. 3 VVG nicht in jedem Falle sichergestellt, dass sich der VN über den Status des Vermittlers im Klaren ist.

201   Weitere „Mischformen" sind etwa[423], dass ein Vertreter den von „seinem" VU nicht angebotenen oder abgelehnten Versicherungsschutz als Makler bei einem anderen VU unterbringt oder er sich in bestimmten Versicherungszweigen als Vertreter, in anderen als Makler betätigt. Außerdem lässt sich auch künftig nicht sicher vermeiden, dass Versicherungsmakler anzutreffen sind, die ungeachtet ihrer Pflichten und ihrer Unabhängigkeit von Versichererseite wegen besonders lukrativer Courtagezusagen faktisch (fast) ausschließlich ein- und demselben VR Verträge zuführen.

202   Das Problem ist nicht neu; schon das frühere BAV sah im Auftreten von Makleragenten eine Gefährdung der Kundeninteressen, wenn nicht bei Personenidentität von Makler und Vertreter unter verschiedener Firma gehandelt werde[424]. Wegen des bestehenden Interessenkonflikts – ein vom VR weisungsabhängiger Vermittler kann die Interessen des VN nicht unabhängig vertreten – hat das BAV die VU angewiesen, keine Agenturverträge mit Vermittlern abzuschließen, die als Makler firmieren oder sich entsprechend gerieren[425]. Nur wenn Makler- und Vertretertätigkeit unter verschiedener selbständiger Firma erbracht würden, sei eine Kundengefährdung ausgeschlossen, auch wenn ein und dieselbe Person dahinter stehe.

203   Wegen des Dreiecksverhältnisses zwischen VR, VN und Vermittler ist der Rechtsstatus ein und desselben Vermittlers nicht zwingend einheitlich zu beurteilen, denn praktisch ist z. B. der an die Versichererseite durch Agenturvertrag gebundene Vermittler nicht gehindert, sich gegenüber dem VN als unabhängig zu gerieren, mag er damit auch seine Pflichten gegenüber dem/den VR verletzen. Im Rechtsverhältnis zum VN kann ein solcher Vermittler kraft (konkludent abgeschlossenen) Maklervertrags als Makler zu behandeln sein, während sich seine Pflichten gegenüber dem VR aus dem Agenturvertrag ergeben[426]. Insoweit wirkt sich die

---

[419] BGH v. 25. 3. 1987, VersR 1987, 663 (664); ähnlich OLG Düsseldorf VersR 1973, 74 (74f.); vgl. auch *Werber*, VW 1988, 1159 (1163); *Sieg*, ZVersWiss 1988, 263 (275 Fn. 46); *Heinemann*, VersR 1992, 1319 (1323).

[420] *Schimikowski*, Versicherungsvertragsrecht, Rn. 145; *Zinnert*, VersR 1999, 1343 (1344).

[421] S. schon *Matusche-Beckmann* in: *Beckmann/Matusche-Beckmann*, Versicherungsrechts-Handbuch, 2004, Rn. 181; I. E. ebenso *Reiff* in: *Beckmann/Matusche-Beckmann*, Versicherungsrechts-Handbuch, 2004, Rn. 21–23 m. w. N.

[422] BT-Drucks. 16/1935, S. 23.

[423] S. auch *Rohrbeck/Durst/Bronisch*, Das Recht des Versicherungsagenten, 3. Aufl. 1950, S. 70 ff.; *Trinkhaus*, S. 135 ff.; *Umhau*, S. 16 f.; *Schirmer*, Vortrag Hamburg, S. 7.

[424] VerBAV 1961, 38 (39).

[425] VerBAV 1961, 38; ZVersWes 1961, 169; GB BAV 1969, 70.

[426] *Matusche-Beckmann*, VersR 1995, 1391 (1393).

Fiktion des § 59 Abs. 3 S. 2 VVG trotz des generell anmutenden Wortlauts im Einzelfall so aus, dass sie nur im Verhältnis zum Kunden eingreift, während sich der Vertreter im Verhältnis zum Versicherer seinem wahren Rechtsstatus entsprechend als Vertreter behandeln lassen muss.

bb) Bestimmung des Rechtsstatus des Vermittlers im Verhältnis zum Versicherer. Für die Frage der **204** Anwendbarkeit der Vorschriften über den VersVertreter kommt es in erster Linie auf das zwischen VR und Vermittler bestehende Rechtsverhältnis an, insbesondere darauf, ob der VR den Vermittler ständig mit der Vermittlung oder dem Abschluss von Verträgen betraut (vgl. §§ 84, 92 HGB und insbes. § 59 Abs. 2 VVG), d. h. beauftragt[427] hat **(„ständiges Betrauungsverhältnis").**

Früher diskutierte Kriterien zur Abgrenzung von Vertreter und Makler sind jeweils für sich **205** gesehen nicht tauglich. Die Tatsache, dass der VR eine **Vergütung** für die Vermittlertätigkeit zahlt, ist für die Abgrenzung unbedeutend, da der VR sowohl bei Vertretern als auch Maklern das Vermittlungsentgelt schuldet[428] (s. noch Rn. 392ff.). Deshalb lässt auch die Tatsache, dass zwischen den Parteien eine **Vergütungsvereinbarung** getroffen ist, keinen sicheren Rückschluss auf den Rechtsstatus des Vermittlers zu[429]. Unzureichende Indizien sind auch das Bestehen von **Absprachen über künftigen Geschäftsverkehr** oder die Zugrundelegung des **AVAD-Auskunftsverkehrs** zwischen VR und Vermittler[430]. Mittlerweile ist auch anerkannt, dass allein der Umstand, dass der VR dem Vermittler **Antragsformulare** ausgehändigt hat, keinen verlässlichen Rückschluss auf den Rechtsstatus des Vermittlers zulässt[431]: die Verwendung von Antragsformularen des VR ist sowohl bei der Tätigkeit von Vertretern als auch bei Maklern üblich. Sie dient der organisatorischen Abwicklung beim Zustandekommen des Versicherungsvertrages, ohne dass daraus geschlossen werden könnte, der Vermittler des Vertrags stehe auf der einen oder anderen Seite[432].

Fraglich ist, ob die Tatsache, dass sich der Vermittler gegenüber dem VN **als Vertreter geriert,** dazu führt, dass der Vermittler auch als Vertreter zu behandeln ist[433]. Dass das Gesetz in **206** § 59 Abs. 2 VVG – anders als für den Makler in § 59 Abs. 3 S. 2 VVG – keine entsprechende Gleichstellungsfiktion vorgesehen hat, spricht nicht dagegen. Allein die Sichtweise des VN erscheint indes für die Qualifizierung des Vermittlers aber nicht ausschlaggebend, da es z. B. für die Frage der Wissenszurechnung (dazu näher Rn. 211ff.) im Verhältnis des Vermittlers zum VR vor allem auf die Beziehung zwischen diesen Parteien ankommen muss. Die Vorstellungen des Kunden über die Qualifizierung der Vermittlungsperson kann allenfalls aus Gründen des VN-Schutzes eine Wissenszurechnung rechtfertigen (vgl. Rn. 218f.).

Allenfalls indizieller Charakter kommt auch der **Dauer** der bestehenden **Geschäftsbeziehung** sowie der **Höhe** der erzielten **Umsätze** zu. Gleiches gilt für die **Anzahl** der vom Vermittler bei der Auswahl des Versicherungsschutzes **berücksichtigten VR**[434].

Für sich gesehen lassen die genannten Aspekte nicht den verlässlichen Schluss auf den Rechtsstatur des Vermittlers zu. Entscheidend ist die Frage, ob eine **Gesamtbetrachtung** des Rechtsverhältnisses zwischen VR und Vermittler den Schluss auf ein ständiges Betrauungsverhältnis (dann Vertreter) zulässt oder nicht.

---

[427] BGH v. 25. 3. 1987, VersR 1987, 663 (664); BGH v. 22. 5. 1985, BGHZ 94, 356 (359); BGH v. 18. 11. 1971, BB 1972, 11; *Baumbach/Hopt,* § 84 Rn. 41.

[428] Berliner Kommentar/*Gruber,* Vorbem. §§ 43–48 Rn. 5; *Matusche-Beckmann,* VersR 1995, 1391 (1394 m. Fn. 28).

[429] Berliner Kommentar/*Gruber,* Vorbem. §§ 43–48 Rn. 5; *Matusche-Beckmann,* VersR 1995, 1391 (1394).

[430] *Matusche-Beckmann,* VersR 1995, 1391 (1394f.).

[431] BGH v. 22. 9. 1999, NVersZ 2000, 124; *Baumann,* NVersZ 2000, 116 (118f.); *Reusch,* NVersZ 2000, 120 (121); *Matusche-Beckmann,* VersR 1995, 1391 (1396, 1397f.).

[432] BGH v. 22. 9. 1999, NVersZ 2000, 124; *Matusche-Beckmann,* VersR 1995, 1391 (1396, 1397f.).

[433] So *Bruck/Möller,* vor §§ 43–48 Anm. 26.

[434] Näher *Matusche-Beckmann,* VersR 1995, 1391 (1395f.).

207   *cc) Bestimmung des Rechtsstatus des Vermittlers im Verhältnis zum Versicherungsnehmer.* Die Abgrenzungsfrage, ob der Vermittler als Agent oder Makler zu qualifizieren ist, hat im Verhältnis zum VN u. a. Bedeutung hinsichtlich der Reichweite der übernommenen Pflichten und der sich daran anknüpfenden Frage nach einer persönlichen Haftung. Schließen Vermittler und VN einen Maklervertrag (dazu Rn. 270ff.) ausdrücklich ab, übernimmt der Vermittler vertraglich die Pflichten eines Maklers – ungeachtet der diesem Status widersprechenden bestehenden vertraglichen Verpflichtungen gegenüber einem oder mehreren VR.

208   Für das Problem um die sog. Pseudomakler hat der Gesetzgeber mit der Neuregelung in § 59 Abs. 3 VVG weitgehend für Klarheit gesorgt: Nach Satz 1 der Vorschrift **ist Versicherungsmakler,** wer gewerbsmäßig für den Auftraggeber die Vermittlung oder den Abschluss von Versicherungsverträgen übernimmt, ohne von einem Versicherer oder einem Versicherungsvertreter damit betraut zu sein. Nach Satz 2 der Vorschrift **gilt als Versicherungsmakler,** wer gegenüber dem Versicherungsnehmer den Anschein erweckt, er erbringe seine Leistungen als Versicherungsmakler nach Satz 1.

209   Wird ein Maklervertrag nicht ausdrücklich geschlossen, ist nach Anhaltspunkten zu suchen, die für einen **stillschweigenden Abschluss des Maklervertrags** sprechen können. Insoweit hat das OLG Hamm in einem Urteil zur Wissenszurechung (s. Rn. 211) eine Zweifelsregelung aufgestellt: Es spreche nichts dafür, dass ein durchschnittlicher VN daran denke, mit Ausfüllen und/oder Unterzeichnen des Antrags oder vorher einen gesonderten Auftrag mit dem Vermittler abzuschließen; dies sei auf Seiten des Vermittlers nicht anders, zumal er mit Übernahme eines Maklerauftrags ein nicht unerhebliches eigenes Haftungsrisiko übernehme[435]. Dieser Erwägung lässt sich entgegenhalten, dass der Kunde im Zweifel von dem ihm gegenüberstehenden Vermittler regelmäßig nur eine bestmögliche Beratung und Betreuung will. Auch ist fragwürdig, warum der VN im Verhältnis zum Vermittler eine vertragliche Bindung scheuen sollte; jedenfalls bildet ein Maklervertrag Grundlage eines Anspruchs auf eine umfassende und bestmögliche unabhängige Beratung, für die der VN unmittelbar selbst keine Vergütung schuldet und die er i. d. R. wohl erwarten wird.

210   Betrachtet man die Vermittlersicht, speziell den Rechtsbindungswillen des Vermittlers zum Abschluss eines Maklervertrags, lässt sich dieser wohl auch nicht pauschal mit einem Hinweis auf das damit übernommene eigene Haftungsrisiko negieren; diese Betrachtungsweise ließe für die Annahme eines konkludent abgeschlossenen Maklervertrags praktisch keinen Raum. Es ist vielmehr Sache des Vermittlers, in einem Fall, in dem fälschlich der Eindruck seiner Ungebundenheit von Versichererseite entstanden ist, klarzustellen, dass er keinen Maklervertrag abschließen will.

211   *dd) Sonderproblem Wissenszurechnung.* Für die besonders praxisrelevante Frage, ob und in welchen Fällen eine Zurechnung des Wissens stattfindet, das der Vermittler insbesondere bei der Antragsaufnahme vom VN erlangt hat, überlappen sich die bisher (unter Rn. 204ff., 207ff.) gesondert betrachteten Rechtsverhältnisse zwischen VR und Vermittler einerseits und VR und VN andererseits. Im Ausgangspunkt muss sich der VR zwar die Kenntnis von Angestellten oder Vermittlungsagenten, die diese in Ausübung der Stellvertretung bei der Entgegennahme des Antrags auf Abschluss eines Versicherungsvertrages erlangen, zurechnen lassen (sog. **Auge-und-Ohr-Rspr.**)[436]. Diese Grundsätze zur Wissenszurechnung sind auf den **Versicherungsmakler** unmittelbar nicht anwendbar[437].

212   Der BGH hat aber ausdrücklich in Betracht gezogen, dass in **Erweiterung der bisherigen Rspr.** in Ausnahmefällen auch das Wissen eines Maklers dem VR zuzurechnen sein könne, allerdings nur dann, wenn Tatsachen vorlägen, die einzeln oder in ihrer Gesamtheit eine Wis-

---

[435] OLG Hamm v. 8. 3. 1996, VersR 1996, 697 (699).

[436] Std. Rspr., z. B. BGH v. 11. 11. 1987, BGHZ 102, 194; BGH v. 22. 9. 1999, NVersZ 2000, 124; dazu *Reiff,* r+s 1998, 89 (94ff.); *Beckmann,* FS Hübner, S. 29ff.

[437] OLG Karlsruhe v. 23. 10. 2001, VersR 2002, 737 (738); LG Köln v. 2. 12. 1998, r+s 1999, 267; OLG Köln v. 1. 6. 1995, VersR 1995, 946 (Erwägung, den Versicherungsmakler bei Kenntniszurechnung einem Versicherungsagenten gleichzustellen); *Römer/Langheid/Langheid,* § 43 Rn. 11.

senszurechnung rechtfertigen[438]. Voraussetzung einer Wissenszurechnung sei, dass der Vermittler vom VR zur Entgegennahme von Erklärungen bevollmächtigt, zumindest vom VR damit betraut ist i. S. v. § 59 Abs. 2 VVG[439]. Hierfür reicht es nicht aus, dass der Vermittler über Antragsformulare verfügt und von ihnen bei der Vermittlung Gebrauch macht[440]; ebenso wenig lässt ein Betreuungsvermerk auf dem Versicherungsschein („Sie werden betreut von …") darauf schließen, der VR habe den Vermittler mit der Entgegennahme von Antragserklärungen betraut[441]. Offen ist nach wie vor, welche Tatsachen i. S. d. BGH-Rspr. einzeln oder in ihrer Gesamtheit die Wissenszurechnung rechtfertigen können. Möglicherweise könnte der Umstand eine Wissenszurechnung rechtfertigen, dass der Makler seine Risiken größtenteils und für den VR erkennbar bei nur einem VR unterbringt. Ähnlich sieht § 43a ÖVVG eine Haftung des VR gegenüber dem VN für das Verschulden eines Vermittlers vor, wenn der Vermittler zwar nicht Agent ist, aber zum VR in einem solchen **wirtschaftlichen Naheverhältnis** steht, dass es zweifelhaft ist, ob er in der Lage ist, überwiegend die Interessen des VN zu wahren. Freilich handelt es sich bei dieser österreichischen Vorschrift um eine Haftungs-, nicht um eine Zurechnungsvorschrift; gleichwohl könnte der Umstand, dass der Makler wieder und wieder demselben VR Geschäfte zuführt, für ein auch von Versichererseite aus bestehendes Betrauungsverhältnis sprechen. Dem lässt sich indes entgegenhalten, dass auch der von Versichererseite unabhängige Versicherungsmakler typischerweise immer wieder demselben VR Verträge vermittelt; gerade bei unspezifischen Jedermann-Risiken wird er sich schon deshalb häufig für denselben VR entscheiden, weil er dessen Deckungsschutz für optimal befindet[442]. Die mehrfache Auswahl desselben VR und eine wirtschaftliche Nähe sind deshalb keineswegs Tatsachen, die für sich allein eine Wissenszurechnung rechtfertigen.

Noch schwieriger ist die Frage der Wissenszurechnung, wenn ein Vermittler in Rede **213** steht, der **weder als Agent noch als Makler zu qualifizieren** ist. Das OLG Karlsruhe[443] stützte die Zurechnung des von einem solchen Vermittler erlangten Wissens auf drei Faktoren: Dem VR sei regelmäßig **bekannt,** dass ein Dritter bei der Antragsübermittlung und Ausfüllung des Antragsformulars beteiligt war. Durch die **Annahme solcher Anträge in dieser Kenntnis ohne weitere Klärung** bediene der VR sich der Dienste des Dritten nicht anders, als wenn es sich um seinen Agenten handelte. Dem entspreche auch die **Provisionszuleitung** an die Vermittlungsperson. Aufgrund dieser Umstände werde die Vermittlungsperson in die Vertriebsorganisation des VR eingegliedert[444].

Sollen diese Kriterien allein für die Wissenszurechnung maßgeblich sein, wäre es kaum zu **214** rechtfertigen, die Grundsätze der Auge-und-Ohr-Rspr. nicht generell auch auf Versicherungsmakler anzuwenden: Dem VR ist auch beim Makler bekannt, dass er bei Antragsübermittlung und Ausfüllung des Formulars beteiligt war; er nimmt die Anträge in dieser Kenntnis regelmäßig ohne weitere Klärung an. Auch bezieht der Makler seinen Lohn vom VR. Also soll eine Gratwanderung über die Wissenszurechnung entscheiden: Die Frage, ob zwischen Vermittler und VN ein Maklervertrag abgeschlossen wurde, nach dem der Vermittler die Verpflichtung übernimmt, treuhänderischer Sachwalter der Interessen des Kunden zu sein. Nach der eigenen Argumentation des OLG Karlsruhe aber kennt der Kunde häufig die Unterscheidung zwischen Agent und sonstigem Vermittler nicht[445]. Hier bleibt fraglich, wie der VN erkennen soll, ob rechtstechnisch zwischen ihm und dem Vermittler ein Maklervertrag zustande kommt, wenn dieser nicht ausdrücklich abgeschlossen wird.

---

[438] BGH v. 22. 9. 1999, NVersZ 2000, 124.
[439] Noch zu § 43 S. 1 VVG a. F. BGH v. 11. 11. 1987, BGHZ 102, 194 (197); BGH v. 22. 9. 1999, NVersZ 2000, 124.
[440] S. bereits Rn. 205.
[441] BGH v. 22. 9. 1999, NVersZ 2000, 124 (125).
[442] Vgl. *Matusche-Beckmann,* VersR 1995, 1391 (1395, 1396).
[443] OLG Karlsruhe v. 23. 10. 2001, VersR 2002, 737 (738).
[444] Bereits zuvor OLG Hamm v. 8. 3. 1996, VersR 1996, 697; bestätigt von OLG Hamm v. 10. 7. 1996, NJW-RR 1997, 220.
[445] OLG Karlsruhe v. 23. 10. 2001, VersR 2002, 737 (738).

215   Wie schon gesagt, soll für die Frage eines stillschweigenden Abschlusses des Maklervertrags nach Ansicht des OLG Hamm die Zweifelsregelung entscheiden, dass nichts dafür spreche, dass ein durchschnittlicher VN daran denke, mit Ausfüllen und/oder Unterzeichnung eines Versicherungsantrags einen gesonderten Auftrag mit dem Vermittler abzuschließen; dies sei auf Seiten des Vermittlers nicht anders[446]. Das erscheint aber aus den schon genannten Gründen nicht überzeugend (s. Rn. 214).

216   Die Suche nach der **Lösung** der Frage einer Wissenszurechnung muss sich im Ausgangspunkt stärker an allgemeinen Grundsätzen orientieren: Allein eine entsprechende Bevollmächtigung kann Grundlage sein, sei es, dass der VR den Vermittler zur Entgegennahme von Erklärungen explizit bevollmächtigt, zumindest ihn damit i. S. v. § 59 Abs. 2 VVG betraut hat[447]. Angesichts der weit reichenden Rechtsfolgen ist es im Ausgangspunkt Sache des VR, ob er einem Vermittler dieses Vertrauen erweisen will[448]. Aus diesem Grund ist die Annahme einer Empfangsvollmacht nur gerechtfertigt, wenn feststellbar ist, dass der VR den auf Erteilung dieser Vollmacht bzw. einer Betrauung gerichteten Rechtswillen unzweideutig zum Ausdruck gebracht hat[449]. Dafür aber genügt noch nicht, dass der VR von der Mitwirkung des Dritten weiß, den Antrag annimmt und das Vermittlungsentgelt entrichtet, da dieses Procedere bei jeder Vermittlerart üblich ist.

217   Auch die Tatsache, dass der VR von der Tätigkeit eines Vermittlers faktisch profitiert, weil sich z. B. sein Bestand an Versicherungsverträgen erhöht, reicht für die Anwendbarkeit der Auge-und-Ohr-Rspr. nicht aus[450]. Den richtigen Ansatz zeigt *Baumann* auf, der als Kriterium für die Wissenszurechnung die Frage erheben will, ob der VR die Tätigkeit des Vermittlers in irgendeiner Weise **veranlasst** hat und damit **von sich aus** dem VN einen bestimmten Ansprechpartner gegenüberstellt – in diesem Fall soll die Wissenszurechnung gerechtfertigt sein – oder ob nicht der VR, sondern – wie es i. d. R. bei Einschaltung eines Maklers der Fall ist – der VN die Involvierung des Vermittlers veranlasst und diesen beauftragt hat, zuvörderst seine Interessen wahrzunehmen[451]. Problematisch bleibt insoweit Zweierlei: Zum einen wird in der Praxis der VR selbst im Falle der Einschaltung eines Maklers die Tätigkeit häufig insofern „mit veranlassen", indem er z. B. mit diesem ein Courtageabkommen (s. Rn. 393) schließt; zum anderen wird – wenn man der Prämisse folgt, dass der „durchschnittliche VN" die Vielfalt der Vermittlerformen in der Praxis nicht zutreffend unterscheiden kann – der Kunde selbst im Falle eines Agenten oft der Ansicht sein, dieser Agent habe zuvörderst (auch) seine Interessen wahrzunehmen.

218   Die Probleme um die Wissenszurechnung nicht klar einzuordnender Vermittler müssen **rechtspolitisch** gelöst werden. Letztlich geht es allein um die Frage der Schutzwürdigkeit des VN, der – wenn er nicht nachweislich einen Maklervertrag mit dem Vermittler geschlossen hat, aus dem er z. B. wegen unterlassener Weiterleitung anzeigepflichtiger Umstände gg. den Vermittler vorgehen könnte – vielfach schutzlos gestellt ist. Die Frage ist, wer das Risiko des Handelns solcher nicht klar einzuordnender Vermittler tragen soll: der VR oder der VN. Und insoweit spricht einiges dafür, die Frage der Wissenszurechnung nicht einer auf Indizien gestützten Gratwanderung zu überlassen, sondern das Risiko tendenziell dem VR zuzuordnen. Aus Sicht des VN sowie ökonomisch betrachtet ist das der richtige Weg, denn es ist der VR, der nicht nur von der Tätigkeit eines jeden Vermittlers profitiert, sondern dem es überdies möglich ist, entsprechenden Einfluss auf Vermittler zu nehmen bzw. Nachfragen hinsichtlich der Angaben des VN anzustellen; nimmt er blindlings – ungeachtet der Qualifizierung eines Vermittlers – jeden Antrag an und bezahlt jede Art von Vermittlerdiensten, erscheint er weniger schutzwürdig als der VN, dem überdies die Vertragsbeziehungen zwischen Vermittler und VR meist nicht erkennbar sind[452].

---

[446] OLG Hamm v. 8. 3. 1996, VersR 1996, 697 (699).
[447] BGH v. 22. 9. 1999, NVersZ 2000, 124; OLG Karlsruhe v. 23. 10. 2001, VersR 2002, 737 (738).
[448] *Guszewski*, S. 131.
[449] Vgl. *Matusche-Beckmann*, VersR 1995, 1391 (1397).
[450] So zu Recht *Baumann*, NVersZ 2000, 116 (117).
[451] *Baumann*, NVersZ 2000, 116 (117).
[452] Vgl. nur OLG Karlsruhe v. 23. 10. 2001, VersR 2002, 737 (738).

Die Rspr. von OLG Karlsruhe und OLG Hamm, die dahin geht, in Zweifelsfällen eher 219
eine Wissenszurechnung zu bejahen[453], erscheint vor diesem Hintergrund in der Tendenz
richtig, mögen auch die Entscheidungsgründe nicht in allen Punkten überzeugen.

ee) Sonderproblem: Scheinmakler, § 59 Abs. 3 S. 2 VVG. Wie bereits erwähnt, gilt nach § 59 220
Abs. 3 S. 2 VVG derjenige als Versicherungsmakler, der gegenüber dem VN den Anschein erweckt, er erbringe seine Leistungen als Versicherungsmakler. Die Maklereigenschaft wird fingiert. Solche Vermittler werden den Pflichten der §§ 60 ff. VVG unterworfen und können sich
insbesondere nach § 63 VVG schadensersatzpflichtig machen[454]. Die Intention des Gesetzgebers ist zu begrüßen; gleichwohl ist die gesetzgeberische Umsetzung nicht vollends gelungen.

Anders als Vorschriften, die sonst den guten Glauben in einen gesetzten Rechtsschein schüt- 221
zen (z. B. § 15 HGB, § 932 Abs. 2 BGB), genügt es nach dem Wortlaut des § 59 Abs. 3 S. 2
VVG für das Eingreifen der Fiktion, wenn der Vermittler dem VN gegenüber den Anschein
erweckt, er erbringe seine Leistungen, ohne von einem Versicherer oder Versicherungsvertreter damit betraut zu sein. Nach dem Gesetzeswortlaut ist nicht erforderlich, dass der VN auch
auf den gesetzten Rechtsschein einer Maklereigenschaft vertraute und vertrauen durfte.

Dies führt zu der Frage, wie Fälle zu behandeln sind, in denen der Versicherungsvermittler 222
sich zwar als Versicherungsmakler geriert, der VN aber weiß, dass der Betreffende gar kein
Versicherungsmakler ist. Hier ließe sich vertreten, dass es für das „Erwecken des Anscheins"
nicht auf die Handlung des Versicherungsvermittlers ankommt, sondern vielmehr darauf, ob
sich beim VN ein entsprechender „Erfolg" eingestellt hat.

Damit ist noch nicht beantwortet, wie Fälle zu behandeln sind, in denen der VN die feh- 223
lende Versicherungsmakler-Eigenschaft zwar nicht positiv kennt, sie ihm aber infolge grober
Fahrlässigkeit verborgen geblieben ist. Grundsätzlich ist aber derjenige, der die fehlende Versicherungsmakler-Eigenschaft positiv kennt bzw. dem sie infolge grober Fahrlässigkeit unbekannt bleibt, nicht schutzwürdig. Deshalb ist insoweit eine entsprechende teleologische Reduktion der Vorschrift angezeigt.

Die Gleichstellung in § 59 Abs. 3 S. 2 VVG soll nach der Intention des Gesetzgebers einem 224
wirksamen Kundenschutz dienen[455]. Nimmt man die gesetzliche Fiktion des § 59 Abs. 3 S. 2
VVG ernst, könnte sich die Rechtsposition des VN aber auch verschlechtern. Eine gesetzliche Empfangsvollmacht nach § 69 VVG hat nach wie vor nur der Versicherungsvertreter
und auch nur seine Kenntnis steht nach § 70 VVG der Kenntnis des VR gleich. Nach § 59
Abs. 3 S. 2 VVG wäre der Versicherungsvertreter nunmehr aber eben als Versicherungsmakler
und nicht als Versicherungsvertreter zu behandeln. Hier wird ebenfalls nur eine teleologische
Reduktion helfen können mit der Argumentation, die Fiktion solle nach ihrem Sinn und
Zweck nur zugunsten, nicht aber zu Lasten des VN eingreifen. Vorzugswürdig wäre eine gesetzliche Regelung gewesen, die zum Ausdruck gebracht hätte, dass derjenige, der sich wie
ein Versicherungsmakler geriert, ohne ein solcher zu sein, die Pflichten des Versicherungsmaklers nach §§ 60 ff. VVG erfüllen muss und bei deren Verletzung nach § 63 VVG zum Schadensersatz verpflichtet ist. Seine Maklereigenschaft zu fingieren, wie es in § 59 Abs. 3 S. 2
VVG geschehen ist, war weder notwendig noch wünschenswert, weil die in einer absoluten
Geltung ausgesprochene Fiktion jedenfalls zu Folgeproblemen führen kann, die – wie ausgeführt – von der Rechtsprechung wieder korrigiert werden müssen.

II. Rechtliche Rahmenbedingungen

1. §§ 59–67 VVG

Lange Zeit war der Versicherungsmakler im VVG nicht erwähnt. Erst durch das Gesetz zur 225
Neuordnung des Versicherungsvermittlerrechts vom 23. März 2007, das mit zweijähriger

---

[453] Vgl. aber OLG Köln v. 21. 6. 1990, r+s 1991, 32, wonach das Wissen des Vermittlers dem VR bereits dann nicht zuzurechnen ist, wenn nicht auszuschließen ist, dass der den Antrag aufnehmende Versicherungsvertreter sich im konkreten Fall als Versicherungsmakler betätigt hat.
[454] BT-Drucks. 16/1935, S. 23.
[455] BT-Drucks. 16/1935, S. 23.

Verspätung die EG-Versicherungsvermittler-RL[456] umgesetzt hat, beschäftigt sich das VVG mit dem Versicherungsmakler: § 42a Abs. 3 VVG a. F. definierte den Begriff, §§ 42b ff. VVG a. F. statuierten Pflichten des Versicherungsmaklers. Im Zuge der VVG-Reform 2008 wurden diese Vorschriften in die §§ 59 ff. VVG verschoben, ohne dass damit inhaltliche Änderungen verbunden wären[457].

2. §§ 93–104 HGB

226   Solange der Vermittlertypus Versicherungsmakler im VVG nicht kodifiziert war, konnte man den gewerbsmäßig agierenden Versicherungsmakler gesetzlich nur als **Handelsmakler** i. S. v. § 93 Abs. 1 HGB einordnen[458]. Bereits *Julius von Gierke*[459] hat darauf hingewiesen, dass die Bestimmung des § 93 Abs. 1 HGB für den Versicherungsmakler nicht der Rechtswirklichkeit entspreche, weil der Versicherungsmakler selten von Fall zu Fall, sondern in aller Regel aufgrund eines ständigen Betrauungsverhältnisses mit seinen Kunden, den VN, tätig werde.

227   Was das Merkmal fehlender ständiger Betrauung in § 93 Abs. 1 HGB betraf, sollte nach einer Ansicht selbst dann, wenn der Versicherungsmakler ständig für einen Kunden Versicherungsschutz besorgt, keine ständige Betrauung i. S. v. § 93 Abs. 1 HGB gegeben sein[460]; vielmehr soll ein Rahmenvertrag vorliegen, in dem der Makler die einzelnen Vermittlungsvorgänge von Fall zu Fall vornimmt[461]. Diese Ansicht wirkte gekünstelt, denn typischerweise beschränkt sich die Tätigkeit des Versicherungsmaklers in der Praxis nicht auf das bloße Zusammenführen der Vertragsparteien; vielmehr wird der Makler i. d. R. für den gesamten Risikobereich seines Mandanten tätig und übernimmt Betreuung und Anpassung schon abgeschlossener Verträge (dazu Rn. 308 ff.). Vorzugswürdig erschien deshalb die Ansicht, nach der bei Dauerbetreuung der Versicherungsinteressen durch den Makler § 93 Abs. 1 HGB konkludent abbedungen ist[462].

228   Diese Problematik ist überholt, denn anders als § 93 Abs. 1 HGB erfasst nun § 59 Abs. 3 VVG auch solche Rechtsbeziehungen, die der der Rechtswirklichkeit besser Rechnung tragen. § 59 Abs. 3 VVG geht der Vorschrift des § 93 HGB als lex specialis vor[463]. Soweit sich aus den §§ 59 ff. VVG keine besonderen Regelungen ergeben, sind die **§§ 93–104 HGB** auf den Versicherungsmakler subsidiär anwendbar.

229   Aber auch in anderer Hinsicht ergeben sich Abweichungen von den §§ 93 ff. HGB: Während sich beim Handelsmakler der Lohnanspruch im Zweifel gg. beide Vertragsparteien (§ 99 HGB) richtet, schuldet den Lohn des Versicherungsmaklers, der in Abgrenzung zur Provision des Versicherungsvertreters **Courtage** genannt wird[464], der VR (zum Courtagezahlungsanspruch näher Rn. 393 ff.).

230   Für die **Firmierung** von Versicherungsvermittlern gilt § 4 VAG[465].

---

[456] RL über Versicherungsvermittlung 2002/92/EG des Europäischen Parlaments und des Rates vom 9. 12. 2002 (ABl. L 9/3 v. 15. 1. 2003).

[457] BT-Drucks. 16/3945, S. 77.

[458] Vgl. nur BGH v. 27. 11. 1985, VersR 1986, 236 (237); Berliner Kommentar/*Gruber,* Vorbem. §§ 43–48 Rn. 1; a. A. *Jabornegg,* VersRdsch. 1988, 273 (274 ff.).

[459] *Von Gierke,* S. 124.

[460] *Bruck,* Privatversicherungsrecht, S. 153; *Heymann,* in: Ehrenberg, S. 366; *Waldstein,* S. 8; *Schirmer,* Vortrag Hamburg, S. 12.

[461] *Bruck/Möller,* vor §§ 43–48 Anm. 38; *Müller-Stein,* Versicherungsvermittlung, S. 49, allerdings ohne Bezug auf § 93 HGB; *Odendahl,* ZVersWes 1993, 413 (413 f.), allerdings bezogen auf jeweils neue Aufträge zum Abschluss unterschiedlicher Versicherungsverträge.

[462] *Prölss/Martin/Kollhosser,* Anh. zu §§ 43–48 Rn. 4; zur Abdingbarkeit des § 93 Abs. 1 HGB vgl. *Baumbach/Hopt,* § 93 Rn. 64.

[463] *Koch,* VW 2007, 248 (249).

[464] *Prölss/Martin/Kollhosser,* Anh. zu §§ 43–48 Rn. 29 a. E.; *Pauly,* Mitteilungen für die öffentlichen Feuerversicherungsanstalten 1921, 228 (228). Allerdings bezeichnet der BGH den Lohn des Versicherungsmaklers auch als Provision, z. B. BGH v. 22. 5. 1985, BGHZ 94, 356 (359).

[465] Dazu *o. V.,* NVersZ 2001, 302.

3. §§ 652 ff. BGB

Der Maklerbegriff des § 59 Abs. 3 VVG setzt **gewerbsmäßiges** Handeln voraus. Der nicht 231
gewerbsmäßig, sondern nur gelegentlich vermittelnde Makler **(Gelegenheitsmakler),** unterliegt vorbehaltlich anderweitiger vertraglicher Vereinbarungen als Zivilmakler den
§§ 652 ff. BGB[466].

4. Öffentlich-rechtliche Berufsvorschriften

Bis zum Inkrafttreten des **Gesetzes zur Neuregelung des Versvermittlerrechts** am 232
22. Mai 2007 war der Beruf des Versicherungsmaklers in Deutschland nicht in öffentlich-
rechtlichen Vorschriften geregelt. Nach dem Prinzip der Gewerbefreiheit durfte jeder, der
im Besitz eines Gewerbescheines war, als Versicherungsmakler tätig werden. Einer besonderen öffentlich-rechtlichen Erlaubnis bedurfte es nicht. Angesichts der Gefahr, dass die Vermögensinteressen der Versicherungsnehmer durch unqualifizierte Makler Schaden nehmen können, aber auch wegen des Auftretens „schwarzer Schafe" am Markt wurde schon lange eine
gesetzliche Regelung des Versicherungsmaklerrechts, insbes. auch die Sicherstellung hinreichender Ausbildung und Qualifizierung gefordert[467].

Parallel hierzu entwickelte sich auch auf europäischer Ebene das Bestreben, Versicherungsa- 233
genten und -maklern die Ausübung der Niederlassungs- und Dienstleistungsfreiheit zu erleichtern; hier wurde eine Koordinierung der einzelstaatlichen Vorschriften über Aufnahme
und Ausübung der Tätigkeit dieser Vermittler gefordert[468]. Vor diesem Hintergrund legte die
Kommission im Jahre 2000 zunächst einen **Vorschlag für eine RL über Versicherungsvermittlung** vor[469, 470], dem die **RL über Versicherungsvermittlung** am 9. 12. 2002 folgte[471].
Letztere hätte eigentlich bis zum 15. Januar 2005 in nationales Recht umgesetzt werden
müssen. Mit knapp zweieinhalbjähriger Verspätung trat das **Umsetzungsgesetz**[472] hierzulande am 22. Mai 2007 in Kraft, das freilich nicht nur Vorschriften über den Versicherungsmakler, sondern über alle Versicherungsvermittler, also auch zum Versicherungsvertreter und
Versicherungsberater, enthält. Ergänzt werden diese gesetzlichen Vorschriften durch die **Verordnung über die Versicherungsvermittlung und -beratung (Versicherungsvermitt-**

---

[466] BGH v. 22. 5. 1985, BGHZ 94, 356 (359); *Prölss/Martin/Kollhosser,* Anh. zu §§ 43–48 Rn. 63; *Pa-
landt/Sprau,* Einf. v. § 652 Rn. 3, 19. – Zur Abgrenzung von Zivil- und Handelsmakler s. auch *Clasen,*
JRPV 1929, 133 (134, 136).

[467] *Farny,* ZVersWiss 1988, 286 (287f.); *Keil,* Der Bundesverband, S. 4; *Schirmer,* Vortrag Hamburg,
S. 28; *Rieger,* Berufsordnung für Makler tut not, Handelsbl. Nr. 31 v. 13. 2. 1981, S. 7; kritisch *R. Schmidt,*
S. 23 (26); *o. V.,* VW 1990, 191. Zum Ausbildungsprogramm des Berufsbildungswerks der Versicherungs-
wirtschaft e.V. *o. V.,* VW 1989, 1427, und *Breuer/Niefanger,* VW 1993, 586.

[468] Zunächst erging die RL 77/92/EWG des Rates v. 13. 12. 1976 über Maßnahmen zur Erleichterung
der tatsächlichen Ausübung der Niederlassungsfreiheit und des freien Dienstleistungsverkehrs für die Tätigkeiten des Versicherungsagenten und des Versicherungsmaklers (aus ISIC-Gruppe 630), insbes. Übergangsmaßnahmen für solche Tätigkeiten (Abl. L 26 v. 31. 1. 1977). Diese RL sollte gültig bleiben, bis Bestimmungen, die die einzelstaatlichen Vorschriften über die Aufnahme und Ausübung der Tätigkeit von
Versicherungsagenten und -maklern koordinieren, in Kraft treten. Sodann erging eine Empfehlung der
Kommission vom 18. 12. 1991 über Versicherungsvermittler (92/48/EWG), ABl. L 19 v. 28. 1. 1992,
die den nationalen Gesetzgebern nahe legte, bestimmte Qualifikationsanforderungen für Vermittler vorzuschreiben und eine klare Differenzierung zwischen Agenten und Maklern vorzusehen. Die Umsetzung
sollte bis Ende 1994 in den Mitgliedstaaten erfolgt sein, erfolgte hierzulande jedoch nicht. Zu der Empfehlung *Abram,* VersR 1998, 551; *Fricke,* VersR 1995, 1134.

[469] Vorschlag für eine RL des Europäischen Parlaments und des Rates über Versicherungsvermittlung v.
20. 9. 2000, KOM (2000) 511 endg. – 2000/0213 (COD), ABl. EG Nr. C 29 E/245 v. 30. 1. 2001.

[470] Zum Inhalt des RL-Vorschlags dezidiert *Reiff,* ZVersWiss 2001, 451 (453ff.); *Abram,* NVersZ 2001,
49ff.; *Teichler,* VersR 2002, 385ff.; *Matusche-Beckmann,* NVersZ 2002, 385 (385f., 388f.); aus ökonomischer Sicht *Karten,* ZVersWiss 2002, 43 (insbes. 57ff.).

[471] RL über Versicherungsvermittlung 2002/92/EG des Europäischen Parlaments und des Rates vom
9. 12. 2002 (ABl. L 9/3 v. 15. 1. 2003).

[472] Gesetz zur Neuregelung des Versicherungsvermittlerrechts vom 19. 12. 2006, BGBl. I S. 3232.

lungsverordnung – VersVermVO) vom 15. Mai 2007[473], zu deren Erlass das Bundesministerium für Wirtschaft und Technologie auf der Grundlage der §§ 11 a Abs. 5, 34 d Abs. 8, § 34 e Abs. 3 GewO ermächtigt war.

234   Hinsichtlich der allgemeinen Grundlagen zu diesem Gesetz sei auf die Ausführungen von *Reiff*, Rn. 20 ff. in diesem Handbuch verwiesen. Im Folgenden sollen ausschließlich die den Versicherungsmakler betreffenden Besonderheiten behandelt werden.

235   **a) Die neue gewerberechtliche Erlaubnispflicht.** Nach § 34 d Abs. 1 S. 1 GewO bedarf derjenige, der gewerbsmäßig als Versicherungsmakler den Abschluss von Versicherungsverträgen vermitteln will, der Erlaubnis der zuständigen Industrie- und Handelskammer. Damit gibt das neue Recht das bisher geltende Prinzip der Erlaubnisfreiheit auch für den Versicherungsmakler zugunsten eines Betätigungsverbots mit Erlaubnisvorbehalt (sog. **Erlaubnisgewerbe**[474]) auf.

236   Nicht von der gewerberechtlichen Erlaubnispflicht ist derjenige erfasst, der Versicherungsverträge nicht gewerbsmäßig, also nur gelegentlich vermittelt, ebenso wie derjenige, der als sog. **Tippgeber** nur Möglichkeiten zum Abschluss von Versicherungsverträgen namhaft macht oder Kontakte zwischen einem potentiellen VN und einem Versicherungsmakler herstellt und dessen Tätigkeit damit nicht auf den konkreten Abschluss eines Versicherungsvertrages abzielt und von dem der potentielle VN auch keine Beratung erwartet[475]. Auch wenn die Erlaubnispflicht des § 34 d Abs. 1 S. 1 GewO den nicht gewerbsmäßig handelnden Versicherungsmakler nicht erfasst, gilt für ihn gleichwohl das zivilrechtliche Regelungsregime der §§ 59 ff. VVG, das nicht nach der Gewerbsmäßigkeit der Dienstleistung differenziert; insbesondere kann er nach § 63 VVG zum Schadensersatz verpflichtet sein.

237   § 34 d Abs. 2 GewO regelt abschließend[476], wann eine grundsätzlich zu erteilende Erlaubnis von der IHK versagt werden muss. Die Versagungsgründe gelten für alle Formen eines Versicherungsvermittlers und stellen keine Besonderheiten für Versicherungsmakler auf[477]. Nach § 34 d Abs. 1 S. 3 GewO ist in der Erlaubnis anzugeben, ob der Antragsteller als Versicherungsvertreter oder als Versicherungsmakler tätig werden darf. Nach § 34 d Abs. 7 müssen sich gewerbetreibende Versicherungsmakler unverzüglich nach Aufnahme ihrer Tätigkeit in das **Vermittlerregister** eintragen lassen. Für potentielle VN und VU besteht jederzeit die Möglichkeit, das Register einzusehen und sich über den zumindest der Erlaubnis zugrunde gelegten Status zu informieren.

238   Bisweilen wird in der Tatsache, dass die Vermittlereigenschaft (Versicherungsmakler oder Versicherungsvermittler) in das Register einzutragen ist, eine Errungenschaft gesehen, die zu einem Verschwinden des Pseudomaklers führen wird[478]. Ob dieser Optimismus berechtigt ist, bleibt abzuwarten. Mehr als die Registereintragung dürfte wohl eher die Fiktion in § 59 Abs. 3 S. 2 VVG und die damit verbundene Einbeziehung in das Haftungsregime des § 63 VVG eine Reduktion von Pseudomaklern auslösen.

239   **b) Verbotsgesetzcharakter.** Da die öffentlich-rechtlichen Vorschriften nicht isoliert neben den zivilrechtlichen Regelungen stehen, stellt sich die Frage, ob es sich bei **§ 34 d GewO um ein Verbotsgesetz i. S. v. § 134 BGB** handelt und deshalb die von einem nicht eingetragenen gewerblichen Versicherungsmakler abgegebenen Willenserklärungen nichtig sind. Das ist zu **verneinen**. Ein Verbotsgesetz i. S. v. § 134 BGB liegt vor, wenn das Gesetz nach der Rechtsordnung grundsätzlich mögliche Rechtsgeschäfte wegen ihres Inhalts oder den Umständen ihres Zustandekommens untersagt. Nach § 134, 2. Hs. ist das Rechtsgeschäft aber nur dann nichtig, wenn sich aus dem Gesetz nicht ein anderes ergibt. Ordnet das vermeintliche

---

[473] BGBl. I S. 733, ber. BGBl. I S. 1967
[474] BT-Drucks. 16/1935, S. 17.
[475] *Schönleiter*, GewArch 2007, 265 (267); BT-Drucks. 16/1935, S. 17 f.
[476] BT-Drucks. 16/1935, S. 18; *Beenken/Sandkühler*, r+s 2007, 182 (183).
[477] *Schönleiter*, GewArch 2007, 264 (268); vgl. zu den Voraussetzungen ausführlich *Reiff*, Rn. 26 ff. in diesem Handbuch.
[478] *Schönleiter*, GewArch 2007, 264 (268).

Verbotsgesetz die Nichtigkeitsfolge nicht selbst an, ist eine Auslegung nach Sinn und Zeck der Vorschrift vorzunehmen[479].

Ein vergleichbares Problem findet sich in der Gestattungspflicht nach § 1 Abs. 1 **HandwO.** Auf die zu dieser Vorschrift entwickelten Grundsätze kann deshalb zurückgegriffen werden. Auch hier wird man sicherlich sagen können, dass die mit dem Gesetz verbundenen Ziele und die der zugrunde liegenden EG-RL mit den zur Verfügung gestellten Sanktionen ausreichend Rechnung getragen werden kann, so dass es der Nichtigkeitssanktion einzelner Rechtsgeschäfte nicht bedarf. Für eine solche Betrachtungsweise spricht auch die Regelung des **§ 59 Abs. 3 S. 2 VVG,** die durch dasselbe Gesetz eingefügt wurde: Jemand, der gegenüber einem VN als Versicherungsmakler auftritt, ohne Versicherungsmakler zu sein, wird regelmäßig weder als Versicherungsmakler zugelassen noch in das Zentralregister eingetragen sein. Nun wird aber gerade seine Maklereigenschaft vom Gesetz fingert. Das bringt unzweifelhaft zum Ausdruck, dass Rechtsgeschäfte grundsätzlich wirksam sind, die von Personen vorgenommen werden, die sich als Versicherungsmakler gerieren, ohne die erforderliche Zulassung zu haben oder in das Vermittlerregister eingetragen zu sein. Die Annahme, ein Verstoß gegen § 34d GewO führe i.V.m. § 134 BGB zur Nichtigkeit von ihnen vorgenommener Rechtsgeschäfte, stünde offensichtlich dazu im Widerspruch.

5. Versicherungsmakler und Rechtsdienstleistungen

a) Grundlagen. Unter Geltung der früheren Rechtslage war das Verhältnis des Versicherungsmaklers zum Rechtsberatungsgesetz problematisch, weil weder das RBerG noch die versicherungsrechtlichen Gesetze ausdrückliche Regelungen enthielten. Die Versicherungsvermittlung sowie die Beratung in Versicherungsangelegenheiten beinhalten regelmäßig auch rechtsberatende Tätigkeit[480], tangierten also das RBerG[481], z.B. die Beratung des Kunden über die Gestaltung des Versicherungsvertrages, aber auch das häufig von Versicherungsmaklern praktizierte Prämieninkasso für VU (vgl. Art. 1 § 1 Abs. 1, 1 RBerG). Ein Verstoß gg. das RBerG begründete für Rechtsanwälte und zugelassene Rechtsberater Unterlassungsansprüche gem. §§ 1 ff. UWG sowie Ansprüche aus §§ 823 Abs. 2 BGB i.V.m. Art. 1 § 1 RBerG[482]. Die aktuelle Rechtslage enthält indes in zweierlei Hinsicht für die rechtsberatende Tätigkeit des Versicherungsmaklers bedeutende Neuerungen: Zum einen ist die ausdrückliche Erlaubnis einer Rechtsberatung nach § 34d Abs. 1 S. 4 GewO bedeutsam; zum anderen hat am 1. Juli 2008 das Gesetz über außergerichtliche Rechtsdienstleistungen – Rechtsdienstleistungsgesetz (RDG) – das RBerG abgelöst (BGBl. I 2007, 2840). Nach § 3 RDG ist die selbständige Erbringung außergerichtlicher Rechtsdienstleistungen nur in dem Umfang zulässig, in dem sie durch das RDG oder durch andere Gesetze erlaubt wird.

b) Besorgung fremder Rechtsdienstleistungen. Im RDG sind die früheren Begriffe der Rechtsberatung und Rechtsbesorgung durch den Begriff der Rechtsdienstleistung ersetzt. Nach der Legaldefinition in § 2 Abs. 1 RDG ist Rechtsdienstleistung jede Tätigkeit in konkreten fremden Angelegenheiten, sobald sie eine rechtliche Prüfung des Einzelfalles erfordert. Der Versicherungsmakler wird regelmäßig – auch – rechtsberatend tätig: er besorgt regelmäßig Rechtsangelegenheiten, d.h. Angelegenheiten, die der Gestaltung oder der Verwirklichung eines Rechts dienen[483]. Damit im Einklang versteht *Harstorff* unter Rechtsberatung im Versi-

240

241

---

[479] *Palandt/Heinrichs,* § 134 Rn. 6.

[480] *Werber,* VersR 2006, 1010 (1011, 1015).

[481] Gesetz vom 13.12.1935, RGBl. I S.1478, BGBl. III 303–12 i.d.F. vom 13.12.1989, BGBl. I 2135.; insbes. zum Versicherungsberater und RBerG BVerfG v. 5.5.1987, VersR 1988, 145; *Prölss/Martin/Kollhosser,* Anh. zu §§ 43–48 Rn. 13.

[482] Die ohne Erlaubnis betriebene Rechtsbesorgung ist wettbewerbswidrig i.S.d. § 1 UWG, s. nur BGH v. 17.1.1956, NJW 1956, 749 (750); LG Stuttgart v. 4.6.1981, AnwBl. 1982, 372 (373); OLG Hamm v. 8.5.1979, AnwBl. 1980, 67; *Rennen/Caliebe,* Art. 1 § 1 RBerG Rn. 205 m.w.N.; *Henssler/Prütting/Weth,* Art. 1 § 1 RBerG Rn. 63 m.w.N. Ein Verstoß gg. Art. 1 § 1 RBerG stellte überdies eine Ordnungswidrigkeit gem. Art. 1 § 8 Nr. 1 RBerG dar und konnte nach Art. 1 § 8 Abs. 2 RBerG mit einer Geldbuße bis zu fünftausend Euro geahndet werden.

[483] BGH v. 13.12.1955, NJW 1956, 591 (592); BGH v. 16.3.1989, NJW 1989, 2125. Recht*sgestaltend*

cherungsrecht die Versicherungsberatung[484]. Man kann sogar weitergehend sagen, dass Versicherungsberatung vielfach Rechtsberatung und damit eine Rechtsdienstleistung ist. Nach § 3 RDG ist die selbständige Erbringung außergerichtlicher Rechtsdienstleistungen nur in dem Umfang zulässig, in dem sie durch das RDG oder andere Gesetze erlaubt wird.

242   **c) Fremdheit der besorgten Rechtsangelegenheiten.** Die Erlaubnispflicht nach dem RDG besteht nach §§ 3 i. V. m. 2 Abs. 1 nur für die Besorgung **fremder** Rechtsangelegenheiten[486]. Deshalb ist zu klären, ob der Versicherungsmakler in fremdem Interesse tätig wird. Der BGH hat sich im Jahre 1967 – noch unter Geltung des RBergG – mit der Frage befasst, wann speziell ein Versicherungsmakler eine eigene oder fremde Rechtsangelegenheit besorgt[487]. Der beklagte Makler hatte seine Kunden ohne Erlaubnis bei der **Geltendmachung von Schadensersatzansprüchen gg. Dritte** vertreten. Der BGH hielt für unzweifelhaft, dass der Makler damit keine eigenen Angelegenheiten besorgte, da es für ihn im wirtschaftlichen Ergebnis gleichgültig sei, ob seine Kunden bei der Verwirklichung von Ansprüchen gg. Dritte Erfolg haben oder nicht[488]. Sein etwaiges mittelbares Interesse, durch eine entsprechende Beratung die Vermittlung von Versicherungsverträgen zu erleichtern oder den Bereich seiner Geschäftstätigkeit auszuweiten, führe nicht dazu, die übernommene Tätigkeit in eine eigene Angelegenheit zu verwandeln[489]. Es genügt nach der Rspr. auch nicht für die Annahme einer „eigenen" Angelegenheit, dass der Versicherungsmakler durch die Tätigkeit in seinem Ansehen bei der Kundschaft oder bei der von ihm vertretenen Versicherungsgesellschaft steigen mag, wenn es ihm gelingt, einen Vermögensnachteil von diesen abzuwenden[490]. Insbesondere wenn jemand in einer Rechtssache nach außen erkennbar als Bevollmächtigter, Beauftragter oder Beistand für einen anderen auftritt, ist die Besorgung der Rechtsangelegenheit stets fremd[491]. Diese Erwägungen dürften auch unter Geltung des RDG Bestand haben.

243   **d) Verhältnis zu eigenen Beratungspflichten des Versicherungsmaklers.** Allerdings existieren nunmehr in den §§ 60 ff. VVG eigene Beratungspflichten des Versicherungsmaklers, bei deren schuldhafter Verletzung er sich nach § 63 VVG schadensersatzpflichtig macht. Das wirft die Frage auf, ob es sich dennoch um die Besorgung einer fremden Rechtsangelegenheit oder nicht doch um die Besorgung einer eigenen Rechtsangelegenheit – die vom Verbot des RDG nicht erfasst wäre – handelt[492]. Für *Werber* „spricht (...) vieles dafür, von einer Wahrneh-

---

sind Tätigkeiten, die auf die Schaffung oder Veränderung von Vertrags- oder Rechtsverhältnissen abzielen; eine rechts*verwirklichende* Tätigkeit i. S. d. RBerG liegt in der Durchsetzung oder Sicherung von Rechten und Ansprüchen bzw. Tätigkeiten, die der Klärung bestehender Rechtsbeziehungen dienen, *Rennen/Caliebe,* Art. 1 § 1 RBerG Rn. 18; *Altenhoff/Busch/Chemnitz,* Art. 1 § 1 RBerG Rn. 63, 64; *Henssler/Prütting/Weth,* Art. 1 § 1 RBerG Rn. 3 ff.

[484] *Harstorff,* VersR 2008, 47.

[485] *Nicht besetzt.*

[486] *Altenhoff/Busch/Chemnitz,* Art. 1 § 1 RBerG Rn. 75.

[487] BGH v. 5. 4. 1967, VersR 1967, 686 (687).

[488] Häufig stellt die Rspr. für die Frage, ob eine eigene oder fremde Rechtsangelegenheit vorliegt, auf das wirtschaftliche Ergebnis ab, vgl. nur BGH v. 6. 11. 1973, NJW 1974, 50; BayObLG v. 4. 1. 1985, NStZ 1985, 224 (225); OLG Schleswig v. 5. 10. 1988, AnwBl. 1989, 245; OLG Hamburg v. 19. 7. 1966, AnwBl. 1967, 122 (123: Einziehung einer erfüllungshalber abgetretenen Forderung ist fremd i. S. d. RBerG); s. auch *Rennen/Caliebe,* Art. 1 § 1 RBerG Rn. 29.

[489] Allein das Interesse des Maklers an weiteren Maklerträgen dieses Kunden oder an der Courtage dürfte dieses Ergebnis nicht verändern, denn auch ein mittelbares Eigeninteresse an der Erledigung der Rechtsangelegenheit beseitigt die Fremdheit nicht, BGH v. 5. 4. 1967, VersR 1967, 686 (687); OLG Karlsruhe v. 1. 10. 1987, NJW 1988, 838; vgl. auch OLG Düsseldorf v. 18. 9. 1990, NJW-RR 1991, 115 (116); *Rennen/Caliebe,* Art. 1 § 1 RBerG Rn. 30; *Henssler/Prütting/Weth,* Art. 1 § 1 RBerG Rn. 8.

[490] Vgl. BGH v. 5. 4. 1967, VersR 1967, 686 (687); OLG Düsseldorf v. 18. 9. 1990, NJW-RR 1991, 115 (116).

[491] Vgl. BayObLG v. 4. 1. 1985, NStZ 1985, 224 (225); *Rennen/Caliebe,* Art. 1 § 1 RBerG Rn. 29; *Altenhoff/Busch/Chemnitz,* Art. 1 § 1 RBerG Rn. 76. – Vgl. aber auch BGH v. 28. 6. 1962, NJW 1963, 441 (442) für den Haftpflicht VR.

[492] *Werber,* VersR 2006, 1010 (1011, 1015).

mung eigener Rechtsangelegenheiten auszugehen, sobald und soweit der VR mit der Beratung und weiter gehenden rechtlichen Betreuung des Kunden (auch) eigene Verpflichtungen diesem gegenüber wahrnimmt", was auch auf den Versicherungsmakler zutreffe[493].

In Fällen dieser Art von der Wahrnehmung eigener Pflichten des Versicherungsmaklers auszugehen erscheint unter zwei Aspekten zweifelhaft: Zum einen ging der Gesetzgeber selbst davon aus, dass der Versicherungsmakler fremde Rechtsangelegenheiten besorgt[494]; ansonsten hätte es der Einführung des § 34d Abs. 1 S. 4 GewO, der unter bestimmten Voraussetzungen (vgl. dazu sogleich Rn. 246ff.) die rechtsberatende Tätigkeit gestattet, nicht bedurft. Vor allem aber wird man allein aus der Tatsache, dass sich der Versicherungsmakler bei der Verletzung der Pflichten schadensersatzpflichtig machen kann, nicht abzuleiten haben, dass der Versicherungsmakler eigene, nicht fremde Rechtsangelegenheiten besorgt. Die dem Makler in den §§ 60ff. VVG auferlegten Pflichten können nämlich nicht weiter reichen, als ihm deren Wahrnehmung gesetzlich erlaubt wird. Anders formuliert kann er nicht verpflichtet sein, eine verbotene Beratung durchzuführen. Auch denjenigen, der ohne Auftrag ein Geschäft eines anderen besorgt, treffen nach §§ 677ff. BGB **eigene** Pflichten. Gleichwohl handelt es sich dabei um ein Tätigwerden im Interessenkreis eines anderen. Wollte man der genannten Argumentation folgen, müsste man wie beim Versicherungsmakler auch hier annehmen, dass der Geschäftsführer ein eigenes Geschäft wahrnimmt. Das würde aber einige dogmatische Fragen aufwerfen.   **244**

e) Geschäftsmäßigkeit der Besorgung fremder Rechtsangelegenheiten. Der Erlaubnispflicht noch unter Geltung des RBerG unterlag nur die **geschäftsmäßige** Besorgung fremder Rechtsangelegenheiten[495]. Wird – was beim Versicherungsmakler regelmäßig der Fall ist – die rechtsbesorgende Tätigkeit im Rahmen der beruflichen Tätigkeit ausgeübt, war sie als geschäftsmäßig i. S. d. RBerG anzusehen[496].   **245**

f) Erlaubnis nach § 34d Abs. 1 GewO. Nunmehr stellt § 34d Abs. 1 S. 4 GewO klar, dass die einem Versicherungsmakler erteilte Erlaubnis nach Abs. 1 zugleich die Befugnis beinhaltet, Dritte, die nicht Verbraucher sind, bei der Vereinbarung, Änderung oder Prüfung von Versicherungsverträgen gegen gesondertes Entgelt rechtlich zu beraten[497]. Eine rechtsberatende Tätigkeit gegenüber Verbrauchern ist hingegen nur dem Versicherungsberater nach § 34e Abs. 1 S. 3 GewO erlaubt.   **246**

Trotz der gesetzlichen Regelung besteht Unsicherheit, in welchen Angelegenheiten der Versicherungsmakler rechtsberatend tätig werden darf[498]. De lege lata besteht die Befugnis zur rechtlichen Beratung von Unternehmern bei der Vereinbarung, Änderung oder Prüfung von Verträgen gegen ein gesondertes Entgelt. Umgekehrt ist einem Versicherungsmakler – anders als dem Versicherungsberater, vgl. § 34e Abs. 1 S. 3 GewO – die rechtliche Beratung bei der Geltendmachung von Ansprüchen aus dem Versicherungsvertrag und die außergerichtliche Vertretung gegenüber dem VU verwehrt. Letzteres bedeutet für den Versicherungsmakler, dass er etwa mit dem VU nicht über das Bedingungswerk verhandeln kann; er müsste den VN bei Abschluss und Vertragsbetreuung in allen Fragen der Rechtsberatung alleine lassen[499].   **247**

Andererseits soll dem Versicherungsmakler die schon unter Geltung der früheren Rechtslage zustehende Beratungsbefugnis, die einen **Annex** zur Vermittlungtätigkeit bildet, verbleiben[500]. Der Rückgriff auf die von Rechtsprechung und Literatur aufgestellten Grundsätze   **248**

---

[493] *Werber,* VersR 2006, 1010 (1011, 1015).

[494] BT-Drucks. 16/1935, S. 18.

[495] Die Geschäftsmäßigkeit erfordert eine selbständige, mit Wiederholungsabsicht erfolgende Tätigkeit, die nicht nur aus besonderen Gründen als Gefälligkeit ausgeübt wird, OLG Koblenz v. 28. 5. 1986, NJW-RR 1987, 490; OLG Hamm v. 9. 6. 1982, NStZ 1982, 438; *Rennen/Caliebe,* Art. 1 § 1 RBerG Rn. 56; *Henssler/Prütting/Weth,* Art. 1 § 1 RBerG Rn. 26.

[496] Vgl. OLG Düsseldorf v. 14. 11. 1985, AnwBl. 1987, 199; *Gross,* AnwBl. 1989, 155; *Rennen/Caliebe,* Art. 1 § 1 RBerG Rn. 60.

[497] *Harstorff,* VersR 2008, 47 (49).

[498] *Harstorff,* VersR 2008, 47 mit Erwiderung von *Zinnert,* VersR 2008, 313.

[499] BT-Drucks. 16/1935, S. 18; *Harstorff,* VersR 2008, 47 (49f.).

[500] *Harstorff,* VersR 2008, 47 (48).

wird damit weiterhin erforderlich bleiben, insbesondere, wenn die Beratung gegenüber einem Verbraucher oder aber nicht gegen ein gesondertes Honorar erfolgt. Beides wird nämlich nach dem Gesagten von dem Wortlaut der Legalisierungswirkung des § 34 d Abs. 1 S. 4 GewO nicht erfasst. Eine solche **„ungeschriebene Beratungsbefugnis"** anzunehmen, entspricht auch dem Willen des Gesetzgebers[501]. Es kann damit insbesondere nicht angenommen werden, dass alle von § 34 d Abs. 1 S. 4 GewO nicht erfassten rechtsberatenden Tätigkeiten künftig e contrario verboten sein sollen. Sie können vielmehr nach § 5 Abs. 1 RDG zulässig sein, wenn sie als Nebenleistung zum Berufs- oder Tätigkeitsbild eines Versicherungsmaklers gehören. Insoweit dürften auch unter Geltung des RDG die schon zum RBerG geltenden Prinzipien fortwirken.

249   Zahlreiche Berufe lassen sich ohne gleichzeitige rechtliche Beratung nicht immer sachgemäß ausüben ließen, andererseits aber einem Unternehmer die Ausübung seines Berufs nicht deshalb unmöglich gemacht werden soll, weil hiermit zugleich eine rechtsberatende Tätigkeit verbunden ist. Erlaubt sind deshalb Tätigkeiten, die der Unternehmer im Rahmen und im Interesse seiner **eigentlichen** Berufsaufgabe ausführt, die ihm nicht unangemessen erschwert werden soll[503]. Dem Gewerbetreibenden sind daher rechtsberatende oder rechtsbesorgende Tätigkeiten gestattet, wenn diese im Verhältnis zu seiner Hauptaufgabe eine „Hilfs- und Nebentätigkeit" darstellen[504], nach neuer RDG-Terminologie eine „Nebenleistung". Entscheidend ist, ob die Tätigkeit zu einer vernünftigen Ausübung des Berufs nach dem für ihn geltenden spezifischen Berufsbild oder gesetzlichen Leitbild nötig ist[505]. Keinesfalls darf die Rechtsberatung selbst neben die gewerbliche Tätigkeit treten oder im Vordergrund stehen; das Berufsbild darf in seinem Kernbereich nicht rechtsberatend oder -besorgend sein[506]. Der Versicherungsmakler darf keine selbständige Rechtsberatung betreiben, insbes. auch nicht zugleich als Rechtsanwalt tätig sein, da die gleichzeitige Ausübung beider Tätigkeiten die Interessen der Rechtspflege gefährdet und das Vertrauen des rechtssuchenden Publikums in Kompetenz und Unabhängigkeit der Rechtsanwaltschaft beeinträchtigen kann[507].

250   Anders als unter Geltung von Art. 1 § 5 Nr. 1 RBerG ist ein unmittelbarer, unlösbarer Zusammenhang mit dem Berufsbild nicht mehr erforderlich. Es genügt nach § 5 Abs. 1 S. 2 RDG ein (bloßer) sachlicher Zusammenhang. Die Rspr. hatte aber sogar einen unmittelbaren Zusammenhang mit dem Berufsbild des Versicherungsmaklers unter dem Blickwinkel von Art. 1 § 5 Nr. 1 RBerG bspw. **bejaht** für die Beratung des Kunden über die Vertragsgestaltung[508], insbes. über Inhalt und Umfang des Versicherungsschutzes sowie über Allgemeine Versicherungsbedingungen[509], die Betreuung bestehender Versicherungsverträge und die diesbezügliche Beratung[510] sowie die Kündigung oder Umdeckung von Versicherungsverhältnis-

---

[501] BT-Drucks. 16/1935, S. 18.

[502] *Nicht besetzt.*

[503] BGH v. 5. 4. 1967, VersR 1967, 686 (687); BGH v. 9. 5. 1967, NJW 1967, 1558 (1561 f.); OLG Düsseldorf v. 18. 9. 1990, NJW-RR 1991, 115 (116); OLG Karlsruhe v. 1. 10. 1987, NJW 1988, 838 (838 f.); LG Stuttgart v. 4. 6. 1981, AnwBl. 1982, 372.

[504] BGH v. 10. 11. 1977, NJW 1978, 322 (323); OLG Düsseldorf v. 18. 9. 1990, NJW-RR 1991, 115 (116); LG Stuttgart v. 4. 6. 1981, AnwBl. 1982, 372; *Prölss/Martin/Kollhosser,* Anh. zu §§ 43–48 Rn. 13.

[505] BGH v. 5. 4. 1967, VersR 1967, 686 (687 f.); BGH v. 11. 6. 1976, NJW 1976, 1635 (1636); LG Stuttgart v. 4. 6. 1981, AnwBl. 1982, 372.

[506] BGH v. 9. 6. 1979, AnwBl. 1980, 66; vgl. BGH v. 10. 11. 1977, BGHZ 70, 12 (15 m.w.N.); LG Stuttgart v. 4. 6. 1981, AnwBl. 1982, 372.

[507] BGH v. 13. 2. 1995, VersR 1995, 1258; BGH v. 14. 6. 1993, BRAK-Mitt. 1994, 32; *Prölss/Martin/Kollhosser,* Anh. zu §§ 43–48 Rn. 13.

[508] OLG Stuttgart v. 28. 12. 1990, VersR 1991, 883; OLG Frankfurt/M. v. 18. 2. 1960, NJW 1960, 1064 (1065); *Rennen/Caliebe,* Art. 1 § 5 RBerG Rn. 38; für die Vermittlung neuer Verträge ausdr. auch *Prölss/Martin/Kollhosser,* Anh. zu §§ 43–48 Rn. 14.

[509] LG Stuttgart v. 4. 6. 1981, AnwBl. 1982, 372 (373); *Henssler/Prütting/Weth,* Art. 1 § 5 RBerG Rn. 35.

[510] BGH v. 5. 4. 1967, VersR 1967, 686 (688); OLG Karlsruhe v. 1. 10. 1987, NJW 1988, 838 (839); OLG Frankfurt/M. v. 23. 6. 1987, VersR 1987, 985; *Henssler/Prütting/Weth,* Art. 1 § 5 RBerG Rn. 35.

sen[511]. Der unmittelbare Zusammenhang ist bei diesen Tätigkeiten sowohl im Zusammenhang mit der Vermittlung neuer Versicherungsverträge als auch bei der Übernahme fremd vermittelter Verträge gegeben[512]. Für derlei Tätigkeiten wird künftig ein bloß sachlicher Zusammenhang gleichsam zu bejahen sein.

Problematisch ist die Maklertätigkeit bei Eintritt eines **Versicherungsfalles.** Unbestreit-   **251** bar gehören zum Berufsbild des Versicherungsmaklers nicht nur Vermittlung und Abschluss von Versicherungsverträgen, sondern auch die fortlaufende Betreuung dieser Verträge. Diese Betreuung beinhaltet grds. auch die Unterstützung des Kunden bei Eintritt des Versicherungsfalles[513]. Problematisch sind aber hier die vom RDG gezogenen Grenzen. Hier ist zwischen einer Tätigkeit gegenüber dem VR einerseits und gegenüber Dritten, d. h. außerhalb des Versicherungsvertrages stehenden Personen, andererseits zu differenzieren.

Zum Berufsbild des Versicherungsmaklers gehörten nach ganz überwiegender Ansicht,   **252** dass der Makler seinem Kunden **gegenüber dem VR** bei Eintritt eines Versicherungsfalles Hilfe leistet (s. Rn. 323). Dazu gehörte insbes. die Mitwirkung bei der Schadenregulierung und die Vertretung der Interessen des VN gegenüber dem VR. Deshalb wird zu Recht die *außergerichtliche Vertretung* des VN *gegenüber dem VR,* insbes. auch die Geltendmachung von Ansprüchen des Kunden gg. den VR nach überwiegender Ansicht als erlaubt angesehen[514]. Die Berufsstellung des Versicherungsmaklers als Interessenvertreter des Kunden wäre bei Eintritt des Versicherungsfalles sinnlos, würde man dem Makler die unterstützende Tätigkeit gegenüber dem VR – etwa zur Erlangung der Entschädigung – versagen. Diese Tätigkeit betrifft gerade das vermittelte bzw. zur Betreuung übernommene Vertragsverhältnis, auf den sich der Maklervertrag bezieht. Dass die liberalere Grundhaltung des RDG hier zu Änderungen führen wird, ist nicht anzunehmen. Bedenken könnten sich aber im Hinblick auf § 34 e Abs. 1 S. 3 GewO ergeben. Die Erlaubnis des *Versicherungsberaters* enthält nämlich explizit die Befugnis, „Dritte (…) bei der Wahrnehmung von Ansprüchen aus dem Versicherungsvertrag rechtlich zu beraten und gegenüber dem VU außergerichtlich zu vertreten". Aus dem Fehlen einer solchen Formulierung in § 34 d Abs. 1 S. 4 GewO wird abgeleitet, dass dem Versicherungsmakler solche Tätigkeiten verwehrt sein sollen[515].

Eine solche Betrachtung führte zu einer drastischen Einschränkung gegenüber der früheren   **253** Rechtslage. Der VN wäre in diesen Situationen nunmehr darauf angewiesen, sich einem Versicherungsberater oder einer anderen Person, die eine entsprechende Erlaubnis zur rechtlichen Beratung besitzt, anzuvertrauen. Dies kann kaum beabsichtigt sein. Und auch aus der Gesetzesbegründung ergibt sich gerade das Gegenteil: „Die Vertretung von VN und Geltendmachung von Ansprüchen im Schadensfall ist [den Versicherungsmaklern] wie bisher nur als Annextätigkeit erlaubt, wenn sie im Zusammenhang mit einer makelnden Tätigkeit erfolgt"[516]. Hiervon zu unterscheiden ist die Geltendmachung eines Anspruchs **gegenüber Dritten** (s. u. Rn. 256). Soll die entsprechende rechtliche Beratung eines Dritten, zu dem kein sonstiger geschäftlicher Kontakt besteht, erfolgen, oder soll dem Versicherungsmakler ein Honorar für seine rechtliche Beratung gezahlt werden, ist eine solche Tätigkeit hingegen

---

[511] OLG Frankfurt/M. v. 23. 6. 1987, VersR 1987, 985; OLG Karlsruhe v. 1. 10. 1987, NJW 1988, 838 (839); vgl. auch BGH v. 20. 4. 1966, VersR 1966, 823 (unter dem Blickwinkel von § 1 UWG); *Rennen/Caliebe,* Art. 1 § 5 RBerG Rn. 38; *Henssler/Prütting/Weth,* Art. 1 § 5 RBerG Rn. 35; s. auch *Prölss/Martin/Kollhosser,* Anh. zu §§ 43–48 VVG Rn. 14.

[512] Wird der Maklervertrag bei der Übernahme fremdvermittelter Verträge allerdings ausschließlich zum Zwecke der Verwaltung geschlossen und beinhaltet nicht zugleich den Auftrag zu prüfen, ob eine Änderung oder Umdeckung des VV geboten ist oder soll sonst ein „Maklervertrag" verdecken, dass ausschließlich eine versicherungsberatende Tätigkeit gewollt ist, liegt der unmittelbare Zusammenhang nicht vor, *Prölss/Martin/Kollhosser,* Anh. zu §§ 43–48 Rn. 15; *o. V.,* VW 1985, 411.

[513] *Bruck/Möller,* vor §§ 43–48 Anm. 61; *Spielberger,* VersR 1984, 1013 (1014, 1016); *Lahno,* VW 1987, 428 (434).

[514] *Prölss/Martin/Kollhosser,* Anh. zu §§ 43–48 Rn. 16; *Henssler/Prütting/Weth,* Art. 1 § 5 RBerG Rn. 35; *Spielberger,* VersR 1984, 1013 (1016); tendenziell auch BGH v. 5. 4. 1967, VersR 1967, 686.

[515] *Harstorff,* VersR 2008, 47 (48 f.).

[516] BT-Drucks. 16/1935, S. 18.

nicht erlaubt. Der VN ist auf die Zuhilfenahme eines Versicherungsberaters oder einer sonstigen Person, die eine zur Rechtsberatung befähigende Erlaubnis innehat, zu verweisen.

254 Die *gerichtliche Vertretung* des Kunden gegenüber dem VR steht hingegen nach herrschender Ansicht mit der Berufsaufgabe des Maklers nicht in dem erforderlichen „unmittelbaren Zusammenhang", den Art. 1 § 5 Nr. 1 RBerG[517] noch erforderte, denn auch ohne ein Auftreten vor Gericht lässt sich der Beruf des Versicherungsmaklers sachgemäß ausüben. Das RDG regelt nur das außergerichtliche Tätigwerden, so dass aus § 5 RDG auch eine solche Befugnis nicht folgen kann. Diese typisch anwaltliche Tätigkeit liegt nicht im Rahmen der eigentlichen Berufsaufgabe eines Versicherungsmaklers; sie ist auch nicht zu einer vernünftigen Ausübung des Maklerberufs nötig. Das wird durch die o. g. Erwägungen nunmehr unterlegt und auch durch das Fehlen einer Ermächtigung in den Verfahrensgesetzen unterstrichen.

255 Was das Agieren des Versicherungsmaklers *gegenüber Dritten* betrifft, ist zum einen zwischen der Geltendmachung von Ansprüchen des VN gg. Dritte und der bloßen Anspruchsabwehr zu differenzieren:

256 Unstreitig überschritt der Versicherungsmakler die Grenzen einer nach dem RBerG erlaubten Hilfstätigkeit, wenn er den VN bei einer außergerichtlichen oder gerichtlichen *Geltendmachung von Ansprüchen* gg. Dritte berät oder gar vertritt[518]. Auch hier ergeben sich unter Geltung des RDG keine Änderungen, so dass auf die Leitlinien zum früheren Recht zurückgegriffen werden kann. Bspw. ist dem Versicherungsmakler nicht gestattet, dem HaftpflichtVN bei der Geltendmachung von Schadensersatzansprüchen gg. den Schädiger Rechtsrat zu erteilen und ihn zu vertreten oder Schadensersatzansprüche seines Kunden gg. Dritte gerichtlich geltend zu machen[519]. Es ist nicht Aufgabe des Versicherungsmaklers, für seine Kunden Schadensersatzansprüche gg. Dritte geltend zu machen, da diese nicht das vom Makler vermittelte Versicherungsverhältnis betreffen, sondern nur zufällig in der Person eines Versicherten entstanden sind und sich gg. beliebige Dritte richten[520]. Unzulässig ist es auch, wenn ein Versicherungsmakler Schadensersatzansprüche seiner Kunden gg. Dritte unter Androhung der Klage selbständig geltend macht, um die Inanspruchnahme der Kaskoversicherung des betroffenen VN zu verhindern[521]. Die Schadenverfolgung gegenüber Dritten ist als klar absonderbare Tätigkeit vom berufsnotwendigen Teil der Maklertätigkeit ausgenommen[522].

257 Seit jeher wenig behandelt ist die Frage, ob die Erwägungen, nach denen dem Makler die Anspruchsverfolgung gegenüber Dritten für seine Kunden verboten ist, auch gelten, wenn der Makler tätig wird, um einen *gegen* den VN (bzw. mittelbar dessen VR) gerichteten *Anspruch abzuwehren*[523]. Diese Frage ist von praktischer Relevanz, da der Maklerkunde, der von einem Dritten in Anspruch genommen wird, i. d. R. den Makler nach den Erfolgsaussichten des Begehrens befragt. Der BGH differenzierte insoweit zwischen der Verfolgung von Ansprüchen des Kunden gegen Dritte einerseits und der bloßen Abwehr von Ansprüchen Dritter gegen den Kunden, ließ dann aber die Frage, ob zwischen dem Hauptgeschäft

---

[517] BGH v. 5. 4. 1967, VersR 1967, 686 (688); OLG Karlsruhe v. 1. 10. 1987, NJW 1988, 838 (839); OLG Düsseldorf v. 18. 9. 1990, NJW-RR 1991, 115 (116); OLG Hamm v. 16. 8. 1984, VersR 1985, 59; OLG Frankfurt/M. v. 23. 6. 1987, VersR 1987, 985; *Spielberger*, VersR 1984, 1013 (1016); *Prölss/Martin/Kollhosser*, Anh. zu §§ 43–48 Rn. 16; *Matusche*, S. 118 ff.; *Altenhoff/Busch/Chemnitz*, Art. 1 § 5 RBerG Rn. 546; a. A.: *Chemnitz*, AnwBl. 1986, 483 (486).

[518] BGH v. 5. 4. 1967, VersR 1967, 686 (688); OLG Düsseldorf v. 25. 1. 1994, AnwBl. 1994, 574 (575); OLG Stuttgart v. 28. 12. 1990, VersR 1991, 883; OLG Frankfurt/M. v. 23. 6. 1987, VersR 1987, 985; *Chemnitz*, AnwBl. 1986, 483 (486); *Werber*, VW 1988, 1159 (1164); *Altenhoff/Busch/Chemnitz*, Art. 1 § 5 RBerG Rn. 546; Berliner Kommentar/*Gruber*, Anh. zu § 48 Rn. 10; *Prölss/Martin/Kollhosser*, Anh. zu §§ 43–48 VVG Rn. 16; *Spielberger*, VersR 1984, 1013 (1016).

[519] BGH v. 5. 4. 1967, VersR 1967, 686 (688); OLG Karlsruhe v. 1. 10. 1987, NJW 1988, 838 (839); OLG Frankfurt/M. v. 23. 6. 1987, VersR 1987, 985; *Matusche*, S. 125.

[520] LG Stuttgart v. 4. 6. 1981, AnwBl. 1982, 372 (373).

[521] OLG Düsseldorf v. 30. 5. 1968, AnwBl. 1968, 261.

[522] OLG Stuttgart v. 28. 12. 1990, VersR 1991, 883.

[523] *Rennen/Caliebe*, Art. 1 § 5 RBerG Rn. 39; *Matusche-Beckmann*, NVersZ 1999, 16 (19 f.).

des Maklers und der *Beratung bei der Abwehr von Ansprüchen Dritter gegen den Kunden* ein „unmittelbarer Zusammenhang" i. S. v. Art. 1 § 5 Nr. 1 RBerG besteht, ausdrücklich offen[524]. Ein bloßer sachlicher Zusammenhang i. S. v. § 5 Abs. 1 RDG ließe sich hingegen eher bejahen.

Eine **gerichtliche Anspruchsabwehr** durch den Makler überschreitet auch hier die rein ver-   258
sicherungsrechtliche und -technische Seite des Schadenfalls und dessen Regulierung; auch
hier liegt eine typisch anwaltliche Tätigkeit vor, die nicht zum Berufsbild des Versicherungsmaklers gehört[525].

Allerdings gehört bspw. die Schadenfeststellung durch den Versicherungsmakler zur Scha-   259
denabwicklung, bei der der Makler den VN gegenüber dem VU außergerichtlich vertreten
darf. So räumte auch das OLG Düsseldorf ein, dass der Makler, der den VN nach Anzeige
eines Schadenfalls zu betreuen beginnt, oft nicht umhin komme, den Sachverhalt auch unter
haftungsrechtlichen Gesichtspunkten zu prüfen und zu beurteilen; damit könne unvermeidlich eine Beratung des Kunden auch im Hinblick auf sein Außenverhältnis zu Dritten einhergehen. Ob diese Beratung aber unter das Verbot des RBerG fällt, ließ das OLG Düsseldorf
ausdrücklich offen: Einer beiläufigen Rechtsberatung des Kunden sei jedenfalls die Vertretung des Kunden in einem Gerichtsverfahren nicht gleichzusetzen, da diese Tätigkeiten nach
ihrer Qualität und ihrem Gewicht sehr unterschiedlich seien. Auch wenn man dem Makler
zugestehe, dass er nach seinem Berufsbild und zur Erfüllung seiner eigentlichen Berufsaufgaben im Rahmen der Schadensermittlung über die haftungsrechtliche Situation belehren
dürfe, werde durch eine Prozessvertretung des Kunden gegenüber Dritten der Rahmen
doch deutlich gesprengt[526].

Damit bleibt fraglich, was für eine bloß **außergerichtliche Tätigkeit** wie z. B. die Abgabe einer   260
mündlichen oder schriftlichen außergerichtlichen Stellungnahme zum Zwecke der Anspruchsabwehr gilt. Die Anspruchsabwehr verfolgt primär das Ziel, den betreuten Versicherungsvertrag von einer unberechtigten Inanspruchnahme freizuhalten. Da die Betreuung des
Versicherungsvertrages ein wichtiges Element der Maklertätigkeit darstellt und zur Betreuung
stets auch die Prüfung gehört, ob Versicherungsschutz besteht, ist die Überprüfung der
Deckungsfrage durch den Makler als erlaubte Hilfstätigkeit i. S. v. § 5 Abs. 1 RDG zu qualifizieren. Zur Überprüfung der Deckungsfrage gehört aber regelmäßig – insbes. in der Haftpflichtversicherung – auch die Untersuchung einer materiellrechtlichen Frage (der Haftpflichtschuld).
Zwischen der versicherungsvertraglichen Prüfung einerseits und der materiellrechtlichen Prüfung andererseits könnte man zwar theoretisch dergestalt differenzieren, dass man dem Makler
ausschließlich die versicherungsvertragliche Prüfung erlaubte. Indes sind beide Prüfungspunkte
regelmäßig eng miteinander verzahnt, so dass diese Differenzierung als ausschlaggebendes Kriterium aus Gründen mangelnder Praktikabilität abzulehnen ist. Im Übrigen handelt es sich auch
bei den versvertragsrechtlichen Fragen um materielles Recht. Soweit der Versicherungsmakler
also die Deckungsfrage negativ beurteilt – mag damit die Beurteilung einer materiellrechtlichen
Frage verbunden sein oder nicht –, liegt der von § 5 Abs. 1 RDG geforderte „unmittelbare Zusammenhang" mit der eigentlichen Maklertätigkeit vor[527].

6. Versicherungsmakler und Aufsichtsrecht

Der Versicherungsmakler unterliegt grds. nicht der **Aufsicht;** allerdings ist der Makler dem   261
Aufsichtsamt auskunftspflichtig (§ 83 Abs. 5 Nr. 1 i. V. m. Abs. 1 Nr. 1, 2, 4, Abs. 3 VAG). Der
Auskunftspflicht entspricht ein Auskunfts- und Einsichtsrecht des Aufsichtsamts in die Ge-
schäftsunterlagen des Maklers. Darüber hinaus ist Maklern als Versicherungsvermittlern die

---

[524] Ob diese „Annahme für das Maklergewerbe ohne weiteres zutrifft, kann dahinstehen", BGH v. 5. 4.
1967, VersR 1967, 686 (688).

[525] OLG Düsseldorf v. 18. 9. 1990, NJW-RR 1991, 115.

[526] OLG Düsseldorf v. 18. 9. 1990, NJW-RR 1991, 115 (116). Auch an anderer Stelle führt das OLG
Düsseldorf aus: „Mehr als bei einer bloßen außergerichtlichen Schadensermittlung, bei welcher Objekti-
vität walten kann, bedeutet die Vertretung im Prozess stets eine Parteinahme für den Vertretenen", NJW-
RR 1991, 115 (117).

[527] Weitere Argumente für diese Ansicht bei *Matusche-Beckmann,* NVersZ 1999, 16 (19f.).

Gewährung von Sondervergütungen (§ 81 Abs. 2 S. 4 VAG) und der Abschluss und die Verlängerung von Begünstigungsverträgen verboten (insbes. **Provisionsabgabeverbot**)[528, 529].

262   Die Erlaubnispflicht des Versicherungsmaklers nach § 34 d GewO wird versicherungsaufsichtsrechtlich durch **§ 80 VAG** abgesichert[530]: § 80 Abs. 1 VAG legt fest, dass VU nur mit Vermittlern zusammenarbeiten dürfen, die im Besitz einer Erlaubnis nach § 34 d Abs. 1 GewO sind. § 80 Abs. 2 VAG stellt das versicherungsaufsichtsrechtliche Pendant zum vereinfachten Erlaubnisverfahren nach § 34 d Abs. 3 GewO bzw. zur Erlaubnisfreistellung nach § 34 d Abs. 4 GewO dar[531]. In diesem Fall wird die Prüfungszuständigkeit von der IHK auf die VU „verlagert". In denjenigen Fällen, in denen keine bzw. nur eine eingeschränkte Prüfung durch die Erlaubnisbehörde stattfindet, muss das VU die ansonsten der IHK obliegende Prüfung selbständig erbringen.

263   Umgekehrt beschränken sich die Prüfungspflichten der Versicherer bei Versicherungsmaklern, die einer Erlaubnis bedürfen, auf diejenigen des § 80 Abs. 1 VAG. Das VU muss sich deshalb nur davon überzeugen, dass der Versicherungsmakler im Besitz der Erlaubnis ist. Das ist auch sachgerecht, geht doch mit dem die Erlaubnis erteilenden Verwaltungsakt eine Legalisierungswirkung einher. Zweifel könnten sich nur aus der Formulierung „im Besitz *einer* Erlaubnis nach § 34 d Abs. 1 der GewO" ergeben. Gleichwohl wird man verlangen können, dass VU mit einem sich ihnen gegenüber als Versicherungsmakler gerierenden Vermittler nur dann zusammenarbeiten, wenn er auch die Erlaubnis, als Versicherungsmakler tätig zu werden, innehat.

264   Die Prüfungspflichten nach § 80 VAG müssen nicht bei jedem einzelnen Vertragsschluss erfolgen. Ausreichend, aber auch erforderlich ist, dass die VU in regelmäßigen zeitlichen Abständen Prüfungen vornehmen[532]. Dieser Prüfung dient das zentrale Register, das bei der IHK geführt wird; hier kann das VU die erforderlichen Auskünfte erhalten.

265   Hiervon abgesehen eröffnet das VAG dem Aufsichtsamt keine direkten Einwirkungsmöglichkeiten[533]. Jedoch kann die Aufsichtsbehörde mittelbar einschreiten, indem sie bspw. ein VU dazu anhält, bestimmte Courtagesätze nicht zu überschreiten. Ferner kann das Aufsichtsamt eine sog. faktische Aufsicht ausüben, indem es bei gesetzeswidrigem Verhalten des Maklers im Rahmen des Wettbewerbs- und Berufsrechts Anzeige bei den zuständigen anderen Behörden (z. B. Gewerbebehörde, Staatsanwaltschaft) erstattet[534].

266   **Ordnungswidrigkeiten** für Versicherungsvermittler sind in § 144 a VAG festgesetzt.

7. Punktekatalog

267   Als Regelung für die Ausgestaltung des Vertrags zwischen Makler und seinem Kunden ist 1981 ein sog. „**Punktekatalog** zur Vermeidung einer missbräuchlichen Ausgestaltung von Maklerverträgen" in Kraft getreten. Dabei handelt es sich um eine an VR gerichtete Empfehlung des GDV, die nach Anmeldung gem. § 102 GWB und nach Vorliegen eines im Einvernehmen mit dem Bundeskartellamt ergangenen BAV-Bescheides am 15. 1. 1981 in Kraft

---

[528] Vgl. das vom BAV ausdrücklich bestätigte, aber umstrittene Urteil des LG Heidelberg (VerBAV 1989, 187). Nach EuGH v. 17. 11. 1993 (VersR 1994, 161, „Fall Meng") steht das deutsche Provisionsabgabeverbot in Einklang mit den Art. 3 Buchst. f, 5 Abs. 2, 85 EWG-Vertrag. Zum Provisionsabgabeverbot eingehend *Nell/Karten,* FS Lorenz, S. 363 ff.

[529] Zur Selbstregulierung der privaten Versicherungswirtschaft kam 1971 ein „Abkommen der VU zur Durchführung rechtlich begründeter Provisionsregelungen" zustande (seit der Fassung vom 23. 10. 1985 als Satzung). Dieses unter der Bezeichnung „Wiesbadener Vereinigung" bekannte Abkommen zielte auf die Einhaltung des Provisionsabgabeverbots und der damit zusammenhängenden Regelungen ab, vgl. GB BAV 1971, 43; GB BAV 1972, 34; GB BAV 1974, 29; *Prölss/Schmidt/Frey,* § 81 Anh. I Rn. 60. Kritisch *Dreher,* WuW 1994, 193 (195 ff., 209 f.).

[530] *Schönleiter,* GewArch 2007, S. 265 (271).

[531] *Schönleiter,* GewArch 2007, S. 265 (271).

[532] BT-Drucks. 16/1935, S. 27.

[533] *Bischoff,* VersR 1950, 158; *Bronisch,* Versicherungsvermittlung und Versicherungsaufsicht, in: 50 Jahre materielle Versicherungsaufsicht, hrsg. v. *Rohrbeck,* 1. Band, 1952, S. 209 ff.

[534] *Prölss/Schmidt/Frey,* zu § 1 Rn. 34 i. V. m. 22; *Sieg,* ZVersWiss 1982, 143 (164).

trat[535]. Die Mitglieder des GDV haben sich zur Beachtung des Punktekatalogs im Geschäftsverkehr mit Versicherungsmaklern verpflichtet. Der Punktekatalog soll primär einen fairen Wettbewerb unter den Maklern gewährleisten und dem Auftreten unerwünschter Vermittler-Zwischenformen entgegenwirken[536].

Ursache für die Erarbeitung des Punktekatalogs war vorrangig die Vorgehensweise einzel-   **268** ner Vermittler, die insbes. im Privatkundengeschäft durch eine unangemessene Ausgestaltung der Verträge die Kunden benachteiligten; dies führte unter anderem zu einer Beeinträchtigung des fairen Wettbewerbs unter den Maklern[537]. Deshalb legt der Punktekatalog Regeln für die Ausgestaltung der Maklerverträge fest. Zum Beispiel dürfen nach Ziffer 1 des Katalogs Maklerverträge nur von Versicherungsmaklern abgeschlossen werden und nur als solche bezeichnet werden; Ziffer 2 des Katalogs sieht vor, dass Verwaltung und Betreuung von Versicherungsverträgen allein nicht angeboten werden dürfen. Unter Nichteinhaltung dieses Katalogs zustande gekommene Maklerverträge können gg. die AGB-rechtlichen Vorschriften bzw. das RBerG verstoßen; sie können auch unter wettbewerbsrechtlichen Gesichtspunkten bedenklich sein.

Zwar ist der Punktekatalog als bloße Empfehlung nicht sehr wirkungsvoll. Immerhin sol-   **269** len aber VU nur mit Maklern kooperieren, die dem Punktekatalog entsprechende Maklerverträge schließen[538]. So kann mittelbar über die laufende Aufsicht der VU nach § 81 VAG auch das Aufsichtsamt die Beachtung bestimmter Grundregeln im Maklervertrag erzwingen, indem es zur Beachtung des Punktekatalogs auffordert.

III. Rechtsverhältnis zwischen Versicherungsmakler und Versicherungsnehmer

1. Zustandekommen des Maklervertrags; rechtliche Qualifizierung

Wendet sich ein Kunde mit Versicherungsbedarf an einen Versicherungsmakler, kommt   **270** zwischen diesen Parteien ausdrücklich oder konkludent ein **Maklervertrag** zustande, dessen Inhalt für die Ermittlung des Umfangs der vom Makler geschuldeten Tätigkeiten maßgeblich ist. Der Maklervertrag ist als Geschäftsbesorgungsvertrag mit dienst- und werkvertraglichen Elementen (§§ 675, 611, 631 BGB)[539] zu qualifizieren; dabei wird unterschiedlich beurteilt, ob die dienst- oder die werkvertraglichen Elemente überwiegen[540].

Übernimmt der Makler ausdrücklich die dauernde Betreuung der Versicherungsangele-   **271** genheiten des VN, kann nicht zweifelhaft sein, dass der Maklervertrag ein **Dauerschuldverhältnis** begründet[541, 542]. Aber auch ohne ausdrückliche Erklärung entsteht nach überwie-

---

[535] Abdruck des Punktekatalogs bei *Prölss/Schmidt/Frey*, § 81 Anh. I Rn. 61 und in VW 1981, 195.

[536] Vgl. Punktekatalog und Präambel, *Prölss/Schmidt/Frey*, § 81 Anh. I Rn. 61 und VW 1981, 195.

[537] Zu derartigen Missständen vgl. VerBAV 1978, 131; VerBAV 1979, 166; GB BAV 1980, 42.

[538] S. Punktekatalog vor Ziffer 1, VW 1981, 195; *Prölss/Martin/Kollhosser*, Anh. zu §§ 43–48 Rn. 26; *Schirmer*, Vortrag Hamburg, S. 27; *o. V.*, VW 1985, 411.

[539] BGH v. 5. 5. 1971, VersR 1971, 714 (715); *Bruck/Möller*, vor §§ 43–48 Anm. 38; *Prölss/Martin/Kollhosser*, Anh. zu §§ 43–48 Rn. 4; *Karle*, VersR 2001, 825 (825 f.); *Voß/Höft*, S. 120; *Odendahl*, ZVersWes 1993, 390 (392); *Schirmer*, Vortrag Hamburg, S. 16 f.; *Matusche*, S. 28 ff.

[540] Für ein Überwiegen der werkvertraglichen Elemente z. B. *Odendahl*, ZVersWes 1993, 390 (392); *Prölss/Martin/Kollhosser*, Anh. zu §§ 43–48 Rn. 4; *Voß/Höft*, S. 120; *Sieg*, ZVersWiss 1988, 263 (280 f., Fn. 69); für eine größere Nähe zum Dienstvertrag *Schirmer*, Vortrag Hamburg, S. 16 f.; *Matusche*, S. 31.

[541] In den in der Praxis üblichen Vertragsgestaltungen heißt es etwa: „Der Vermittlungsauftrag beinhaltet den Auftrag, die (näher bezeichneten) Versicherungsangelegenheiten des Auftraggebers zu verwalten und zu betreuen." oder „Der Auftraggeber beauftragt den Versicherungsmakler mit dem Abschluss von VV. Darüber hinaus beauftragt er ihn, bestehende oder neu abzuschließende Versicherungsverträge auf bedarfsgerechte Vertragsgestaltung und marktgerechte Prämiensätze zu überprüfen und diese Verträge zu verwalten."

[542] Berliner Kommentar/*Gruber*, Anh. zu § 48 Rn. 5; *Spielberger*, VersR 1984, 1013 (1014); *Benkel/Reusch*, VersR 1992, 1302 (1304); *Griess/Zinnert*, S. 26. Zwar sind Geschäftsbesorgungsverträge nach Ansicht von *Oetker* (Das Dauerschuldverhältnis und seine Beendigung, 1994, S. 160) nicht generell, sondern

gender Ansicht regelmäßig ein Dauerschuldverhältnis, das den Makler nicht lediglich zur einmaligen Tätigkeit, insbes. zur Beschaffung von Versicherungsschutz verpflichtet, sondern ihn überdies zu einer **Dauerbetreuung** der Versicherungsinteressen des VN verpflichtet[543] (s. Rn. 308 ff.). Dies gilt jedenfalls dann, wenn – wie in der Praxis üblich – sich die Maklertätigkeit nicht erkennbar ausschließlich auf eine punktuelle Dienstleistung, z. B. die Beschaffung von Versicherungsschutz beschränken soll. Überdies können äußere Umstände – wie etwa die Übernahme des Prämieninkassos oder die Vereinbarung der Tätigkeit des Maklers im Schadenfall – ein Dauerschuldverhältnis indizieren[544].

2. Vollmachten des Maklers für den Versicherungsnehmer

272   Der VN kann den Makler über den Vermittlungsauftrag hinaus ausdrücklich oder konkludent mit Vollmachten ausstatten. Meist erteilt der VN dem Makler eine Vollmacht zum Abschluss des Versicherungsvertrages[545]; denkbar sind auch Vollmachten zur Abgabe oder Entgegennahme von Willenserklärungen, im Rahmen des Zahlungsverkehrs und hinsichtlich der Geltendmachung von Ansprüchen im Versicherungsfall[546]. Nicht nur im Falle eines Vermittlerwechsels werden auch Vollmachten zur Kündigung und zum Neuabschluss von Versicherungsverträgen erteilt[547].

273   Dem Makler erteilte Vollmachten sind jederzeit widerruflich. Eine erteilte Vollmacht erlischt mit dem Maklervertrag (§ 168 BGB)[548].

3. Aus dem Maklervertrag resultierende Pflichten

274   **a) Grundlagen.** Den Makler treffen aufgrund des Maklervertrags weit reichende **Pflichten,** die in der Literatur dezidiert behandelt wurden[549]. Für das österreichische Recht fasst vor allem § 28 ÖMaklerG die Pflichten zusammen (s. Rn. 426). Eine derartige Vorschrift gibt es im deutschen Recht nicht; in den §§ 60 ff. VVG wurden nunmehr nur vereinzelte Pflichten gesetzlich erfasst. Insgesamt schuldet der Makler dem VN eine umfassende individuelle Bera-

---

nur dann als Dauerschuldverhältnisse zu qualifizieren, wenn sie den Charakter eines Dienstleistungsvertrags aufweisen; der Maklervertrag ist aber typischer Weise darauf gerichtet, dem Gläubiger Dienstleistungen zu verschaffen.

[543] BGH v. 5. 4. 1967, NJW 1967, 1562 (1563 f.) = VersR 1967, 686 (688); OLG Hamm v. 28. 4. 1986, VersR 1987, 155 (156); LG Düsseldorf v. 27. 5. 1998 (Az. 5 O 20/97), unveröff.; *Prölss/Martin/Kollhosser,* Anh. zu §§ 43–48 Rn. 4; Berliner Kommentar/*Gruber,* Anh. zu § 48 Rn. 5; *Spielberger,* VersR 1984, 1013 (1014); *Zopfs,* VersR 1986, 747; *Werber,* VersR 1992, 917 (921); *ders.,* VW 1988, 1159 (1160); *Karle,* VersR 2001, 825 (826); differenzierend *Bruck/Möller,* vor §§ 43–48 Anm. 38: Werde der Makler ständig für einen VN tätig, so handele es sich doch um immer neue Maklerverträge, von der eine möglicherweise zustande kommende Rahmenrechtsbeziehung zu unterscheiden sei. Insofern begründe der Maklervertrag kein Dauerschuldverhältnis. Allerdings könne sich die Abwicklung einer vermittelten laufenden Police auf geraume Zeit erstrecken, wobei von Bedeutung sei, dass sich die Tätigkeit des Maklers nicht in der Vermittlung erschöpfe, sondern die dauernde Bearbeitung von Deklarationen, Prämieneinziehungen und Schäden mit sich bringe. Unter diesem Gesichtspunkt kann auch nach dieser Ansicht der Maklervertrag als Dauerschuldverhältnis zu qualifizieren sein; zust. *Benkel/Reusch,* VersR 1992, 1302 (1304). Zurückhaltend mit der Annahme eines Dauerschuldverhältnisses auch BGH v. 27. 11. 1985, VersR 1986, 236 (237).
[544] Ähnlich *Bruck/Möller,* vor §§ 43–48 Anm. 38; *Zopfs,* VersR 1986, 747.
[545] Vgl. *Matusche,* S. 79 ff.
[546] *Prölss/Martin/Kollhosser,* Anh. zu §§ 43–48 Rn. 8.
[547] *Prölss/Martin/Kollhosser,* Anh. zu §§ 43–48 Rn. 8; OLG Hamm v. 26. 10. 1990, NJW 1991, 1185 (nach Vermittlerwechsel; zur wettbewerbsrechtlichen Seite sog. Umdeckungsvollmachten); BGH v. 28. 4. 1966, GRUR 1966, 509 (513); OLG Köln v. 16. 3. 1990, GRUR 1990, 536 f.; OLG Hamm v. 27. 9. 1991, r+s 1992, 143 f.
[548] Berliner Kommentar/*Gruber,* Anh. zu § 48 Rn. 9; *Prölss/Martin/Kollhosser,* Anh. zu §§ 43–48 Rn. 8; zur Beendigung des Maklervertrags s. Rn. 289.
[549] Ausf. *Bruck/Möller,* vor §§ 43–48 Anm. 52 ff.; *Matusche,* S. 40 ff.; *Werber,* VersR 1992, 917 ff.; *Benkel/Reusch,* VersR 1992, 1302 (1306 ff.); vgl. auch Tätigkeitskatalog bei *Spielberger,* VersR 1984, 1013 (1014); für den österreichischen Versicherungsmakler *Fenyves,* S. 1 (8 ff.); vgl. auch die Pflichten nach § 28 ÖMaklerG (s. Rn. 426).

tung sowie die Empfehlung, ggf. den Abschluss und i. d. R. die Aufrechterhaltung eines den individuellen Bedürfnissen des Kunden entsprechenden, möglichst guten Versicherungsschutzes.

Aus der Rspr. zu den Pflichten des Versicherungsmaklers ist das sog. **Sachwalter-Urteil** **275** **des BGH** hervorzuheben. Der BGH verlangt, dass der Makler „von sich aus das Risiko untersucht, das Objekt prüft und den VN als seinen Auftraggeber ständig, unverzüglich und ungefragt … unterrichten muss" und bezeichnet ihn „wegen dieser umfassenden Pflichten … für den Bereich der Versicherungsverhältnisse des von ihm betreuten VN als dessen **treuhänderähnlichen Sachwalter**"[550].

b) Begrenzungen des Maklervertrags. Umgekehrt sind die Maklerpflichten auf das **276** aufgegebene **Risiko bzw. Objekt beschränkt.** Auch wenn der BGH den Makler ganz allgemein als Sachwalter für den „Bereich der Versicherungsverhältnisse des von ihm betreuten VN"[551] bezeichnet, ist evident, dass in den Fällen, in denen der Kunde den Makler explizit zu einer Absicherung eines speziellen Risikos beauftragt, sich seine Tätigkeits- und Betreuungsverpflichtung auf diese Sparte beschränkt; er wird damit nicht automatisch zum Sachwalter auch für andere Versicherungsarten[552]. Häufig wird sich eine **Begrenzung des Maklervertrags** auch aus den Umständen ergeben. Wendet sich der Kunde zur Absicherung eines speziellen Risikos an den Makler, bezieht sich der Maklervertrag nicht ohne weitere Anhaltspunkte auch auf andere Versicherungsangelegenheiten des Kunden. Dem Makler nicht aufgegebene – erst recht nicht ihm unbekannte – Risiken können demzufolge keine entsprechenden vertraglichen Beratungs- und Betreuungspflichten auslösen. Allerdings können den Makler insoweit in augenfälligen Sachverhalten entsprechende Erkundigungspflichten sowie Aufklärungs- und Beratungspflichten gegenüber dem Kunden treffen.

c) Generelle, den Makler stets treffende Pflichten. Als generelle, den Makler in jeder **277** Phase seiner Tätigkeit für den VN treffende Pflichten lassen sich vor allem die **Interessenwahrnehmungs-**[553] sowie die **Aufklärungs- und Beratungspflicht** nennen[554]. Der Umfang der Beratungspflicht ist abhängig vom Beratungsbedarf des VN[555]. Aufklärung und Beratung umfassen vor allem die Fragen, welche Risiken der VN absichern sollte, wie die effektivste Deckung erreicht werden kann[556], bei welchem Risikoträger die Absicherung vorgenommen werden kann, zu welcher Prämienhöhe welche Risikoabdeckung erhältlich ist, aber auch z. B. die Folgen von Obliegenheitsverletzungen[557]. Um die Beratung individuell vornehmen zu können, muss sich der Makler vom VN entsprechend erkundigen und informieren. Mit der Beratungspflicht geht eine **Erkundigungs- und Informationspflicht** einher, ohne deren Erfüllung der Makler seiner Beratungsaufgabe nicht gerecht werden kann[558].

Den Makler trifft auch entsprechend §§ 675, 665 BGB eine **Weisungsfolgepflicht**[559], de- **278** ren Verletzung zu Schadensersatzansprüchen führen kann. Gibt der VN aber interessen- oder

---

[550] BGH v. 22. 5. 1985, BGHZ 94, 356 (359).

[551] BGH v. 22. 5. 1985, BGHZ 94, 356 (359).

[552] *Benkel/Reusch*, VersR 1992, 1302 (1307).

[553] BGH v. 22. 5. 1985, BGHZ 94, 356 (359); *Bruck/Möller*, vor §§ 43–48 Anm. 54; *Benkel/Reusch*, VersR 1992, 1302 (1306 f.); *Matusche*, S. 42 f.

[554] Dazu vor allem BGH v. 22. 5. 1985, BGHZ 94, 356 (359); *Matusche*, S. 43 ff.; *Werber*, VW 1988, 1159 (1162); *ders.*, VersR 1992, 917 (920).

[555] Vgl. BGH v. 5. 5. 1971, VersR 1971, 714 (715): Aufklärung „entsprechend Geschäftskenntnis und Versicherungserfahrung" des Kunden; HansOLG v. 16. 9. 1942, JRPV 1942, 147.

[556] Dabei muss er den VN auch z. B. über neu eingeführte Versicherungsmöglichkeiten informieren, vgl. *Bruck/Möller*, vor §§ 43–48 Anm. 54; *Pfeiffer*, S. 38; s. Rn. 251.

[557] Berliner Kommentar/*Gruber*, Anh. zu § 48 Rn. 8.

[558] Dazu *Matusche*, S. 47, 53 f.

[559] BGH v. 5. 5. 1971, VersR 1971, 714 (715); *Möller*, HdV, Sp. 2333; *Bruck/Möller*, vor §§ 43–48 Anm. 57; *Ritter*, HGB, 2. Aufl., Lieferung 1, 1932, S. 241; *Bruck*, Privatversicherungsrecht, S. 153; *Pfeiffer*, S. 36; *Matusche*, S. 47 ff.

sachwidrige Weisungen geht die Aufklärungs- und Beratungspflicht vor[560]. Aus §§ 675, 666 BGB folgen **Auskunfts-, Rechenschafts- und Benachrichtigungspflichten**[561], aus §§ 675, 667 BGB **Herausgabe- und Weiterleitungspflichten,** z. B. hinsichtlich der dem Versicherungsmakler übermittelten vertragsrelevanten Willenserklärungen weiterleiten[562]. Ferner ist der Versicherungsmakler zu Verschwiegenheit gegenüber Dritten verpflichtet[563].

279   **d) Besondere Pflichten in der Phase der Anbahnung des Versicherungsvertrags.** Anders als bei den sonstigen Handels- und Zivilmaklern[564] trifft den Versicherungsmakler eine **Betätigungspflicht** des Inhalts, eine für das spezifische Risiko passende Deckung zu suchen[565]. Der eigentlichen Vermittlungstätigkeit muss eine **Risikoanalyse** und die Entwicklung eines auf die konkreten Bedürfnisse des VN maßgeschneiderten **Deckungskonzepts** vorausgehen[566]. Soweit erforderlich, ist der Makler verpflichtet, beim VN entsprechende Nachfragen vorzunehmen, ggf. sogar das Risiko von sich aus untersuchen, sofern dies möglich und zumutbar ist[567]. Er darf dabei aber grds. davon ausgehen, dass der VN im eigenen Interesse richtige und vollständige Angaben macht[568]. Ist der VN nicht darüber informiert, dass falsche Angaben beim Abschluss des Versicherungsvertrages den Deckungsschutz in Frage stellen können, muss der Makler ihn aufgrund seiner Aufklärungs- und Beratungspflicht hierauf hinweisen. Grds. muss die Aufnahme der Suche nach einem geeigneten VR unverzüglich (vgl. § 121 Abs. 1 BGB) erfolgen[569], wobei die Umstände des Einzelfalls maßgeblich sind wie etwa der Umstand, dass der Deckungsschutz nicht dringlich ist[570], oder die Tatsache, wie schwierig es ist, für ein atypisches Risiko ein versicherungsbereites Unternehmen zu finden[571].

280   *aa) Statusbezogene Informationspflichten, § 11 VersVermVO.* Am 22. Mai 2007 ist die Verordnung über die Versicherungsvermittlung und -beratung (im Folgenden: VersVermVO)[572] in Kraft getreten (vgl. § 20 VersVermVO; s. bereits oben Rn. 233), die dem Versicherungsmakler bestimmte Informationspflichten beim ersten Geschäftskontakt mit dem VN auferlegt: Nach § 11 Abs. 1 VersVermVO ist der Makler verpflichtet, dem VN **beim ersten geschäftlichen Kontakt** klar und verständlich in Textform Namen und Firma (Nr. 1), betriebliche Anschrift

---

[560] *Schirmer,* Vortrag Hamburg, S. 18; *Pfeiffer,* S. 38; *Bruck/Möller,* vor §§ 43–48 Anm. 57; *Benkel/Reusch,* VersR 1992, 1302 (1307); *Matusche,* S. 48 f.; *Prölss/Martin/Kollhosser,* Anh. zu §§ 43–48 Rn. 7.

[561] *Palandt/Thomas,* § 666 Rn. 2–4; *Bruck/Möller,* vor §§ 43–48 Anm. 62; *Matusche,* S. 49.

[562] *Pfeiffer,* S. 45; *Bruck/Möller,* vor §§ 43–48 Anm. 63; *Matusche,* S. 49f.

[563] *Bruck,* Privatversicherungsrecht, S. 154; *Bruck/Möller,* vor §§ 43–48 Anm. 54.

[564] BGH v. 22. 5. 1985, BGHZ 94, 356 (359); *Bruck/Möller,* vor §§ 43–48 Anm. 53; *R. Schmidt,* S. 23 (30); *Pfeiffer,* S. 29; *Baumbach/Hopt,* § 93 Rn. 23.

[565] BGH v. 22. 5. 1985, BGHZ 94, 356 (359); BGH v. 5. 5. 1971, VersR 1971, 714 (715); *Werber,* VW 1988, 1159 (1160); *Begemann,* Die Beziehung zwischen Maklertätigkeit und Abschluss des Hauptvertrags nach § 652 Abs. 1 S. 1 BGB, 1988/89, S. 118 f.; *Bruck/Möller,* vor §§ 43–48 Anm. 53; *Pfeiffer,* S. 30; *Sieg,* ZVersWiss 1988, 263 (282); *o. V.,* Handelsblatt Nr. 188 vom 1. 10. 1981, S. 14. Diese Pflicht ergibt sich entweder bereits explizit aus dem Maklervertrag, andernfalls nach Handelsbrauch (so *Pfeiffer,* S. 30) bzw. aus Gewohnheitsrecht (BGH VersR 1971, 714 [715]; *Voß/Höft,* S. 122; *Bruck/Möller,* vor §§ 43–48 Anm. 53; *R. Schmidt,* S. 23 [30]; *Möller,* HdV, Sp. 2332) bzw. als Ausfluss eines im Zusammenhang mit dem Maklervertrag übernommenen entgeltlichen Auftrags bzw. Dienstvertrags, der eine Geschäftsbesorgung zum Gegenstand hat (§ 675 BGB), *Waldstein,* S. 14. Die umstrittene Frage nach der Herleitung der Betätigungspflicht kann i. E. offen bleiben; für die Haftungsfrage ist allein die Existenz dieser Pflicht entscheidend.

[566] Vgl. *Lahno,* VW 1987, 428 (434); *Keil,* DB Spezial 1985, Nr. 25, S. 19; *Matusche,* S. 52f.

[567] BGH v. 22. 5. 1985, BGHZ 94, 356 (359); *Möller,* HdV, Sp. 2333; *Schirmer,* Vortrag Hamburg, S. 74. – Bei der Kranken- oder LebensV ist dem Makler dies bspw. von vornherein nicht möglich.

[568] Vgl. HansOLG v. 16. 9. 1942, JRPV 1942, 147 (148), das aber im konkreten Fall insbes. auf die Kaufmannseigenschaft des Maklerkunden abstellte; *Matusche,* S. 53f.

[569] BGH v. 5. 5. 1971, VersR 1971, 714 (714, 715); *Bruck/Möller,* vor §§ 43–48 Anm. 53; *Matusche,* S. 54f.

[570] Z. B., wenn die Vers materiell erst zu einem späteren Zeitpunkt beginnen soll (vgl. *Bruck/Möller,* vor §§ 43–48 Anm. 53), etwa wenn ein zu versicherndes Wohngebäude noch nicht errichtet ist.

[571] Vgl. *Bruck/Möller,* vor §§ 43–48 Anm. 53.

[572] VersVermV vom 15. Mai 2007 (BGBl. I S. 733, ber. S. 1967).

(Nr. 2) und vor allem nach Nr. 3 mitteilen, ob er als Versicherungsmakler mit einer Erlaubnis nach § 34d Abs. 1 GewO bei der zuständigen Behörde gemeldet und in das Register nach § 34d Abs. 7 GewO eingetragen ist und wie der Kunde diese Eintragung überprüfen kann. Weitere Informationspflichten enthalten die § 11 Abs. 1 Nr. 4–7 VersVermVO. § 11 Abs. 2 VersVermV verpflichtet den Versicherungsmakler sicherzustellen, dass auch seine Angestellte dem Kunden die entsprechenden Informationen erteilen. § 11 Abs. 3 VersVermVO ermöglicht es, diese Informationen mündlich zu erteilen, sofern der Kunde dies wünscht oder wenn und soweit das VU vorläufige Deckung gewährt. In diesem Fall sind die Informationen aber unverzüglich nach Vertragsschluss in Textform zur Verfügung zu stellen, sofern es sich nicht um eine vorläufige Deckung im Rahmen einer Pflichtversicherung handelt.

Die Informationen müssen **beim ersten geschäftlichen Kontakt** erfolgen. Diese Informationspflichten verschaffen dem VN Klarheit darüber, ob der Versicherungsvermittler als Versicherungsmakler oder Versicherungsberater auf seiner Seite, oder als Versicherungsvertreter auf der Seite des VU steht[573]. Deshalb müssen sie auch vor Beginn des ersten Beratungsgesprächs erteilt werden[574]. **281**

Eine bloße Kontaktaufnahme seitens des Kunden zur Terminabsprache löst diese Informationspflichten freilich noch nicht aus. Informiert werden kann der Kunde auch durch die Übergabe einer Visitenkarte, die die erforderlichen Informationen enthält[575]. **282**

Nach § 18 Abs. 1 Nr. 1 VersVermVO i.V.m. § 144 Abs. 2 Nr. 1 GewO begründet ein schuldhafter Verstoß gegen die Informationspflicht in Form einer unterbliebenen, nicht richtig erteilten, nicht vollständig erteilten oder nicht rechtzeitig erteilten Information nach § 11 Abs. 1 VersVermVO eine Ordnungswidrigkeit. **283**

Die Informationspflichten des § 11 VersVermVO treffen nach dem eindeutigen Wortlaut der Verordnung nur den gewerblich tätigen Versicherungsvermittler. Wer Versicherungen in einem Umfang vermittelt, der die Schwelle des Gewerbes nicht übersteigt, ist nicht zur Information verpflichtet. Erbringt er jedoch eine solche Information, muss sie zutreffend sein. **284**

Erklärt ein Versicherungsvermittler wahrheitswidrig, Versicherungsmakler zu sein, muss er sich nach § 59 Abs. 2 S. 2 VVG als Versicherungsmakler behandeln lassen. Wegen der gesteigerten Bedeutung dieser Informationen wird man nicht verlangen können, dass noch weitere Umstände hinzukommen müssen, um ihn auch der Haftung des Versicherungsmaklers zu unterwerfen. Gleiches wird auch für den Versicherungsmakler zu gelten haben, der Versicherungen nur im nichtgewerbsmäßigen Umfang vermittelt. Erklärt er, eine Erlaubnis zu haben und in das Register eingetragen zu sein, wird man ihn ebenfalls über § 59 Abs. 2 S. 2 VVG als Versicherungsmakler haften lassen. Der Kunde wird ihm nämlich ein höheres Vertrauen entgegenbringen als demjenigen, der nur gelegentlich Versicherungsverträge vermittelt, so dass der Schutzzweck des § 59 Abs. 2 S. 2 VVG ebenfalls eingreift. **285**

bb) Gesetzliche versicherungsvertragsbezogene Pflichten, § 60 VVG. Schon vor Inkrafttreten des VVG 2008 bestand im Wesentlichen Einigkeit darüber, dass der Versicherungsmakler bei der **Auswahl des VR** grds. den Versicherungsmarkt auf die bestmöglichen Angebote untersuchen und grds. auch konkrete Angebote diverser VR einholen, prüfen und vergleichen muss[576]. **286**

Dies scheint nunmehr § 60 Abs. 1 VVG ausdrücklich klarzustellen: Danach ist der Versicherungsmakler verpflichtet, seinem Rat eine hinreichende Zahl von auf dem Markt angebotenen Versicherungsverträgen und von Versicherern zu Grunde zu legen, so dass er nach fachlichen Kriterien eine Empfehlung dahin abgeben kann, welcher Versicherungsvertrag geeignet ist, die Bedürfnisse des Kunden zu erfüllen. **Nebulös** und deshalb problematisch erscheint hierbei jedoch die Formulierung „hinreichende Zahl von auf dem Markt angebote- **287**

---

[573] *Reiff,* VersR 2007, 717 (723).
[574] BT-Drucks. 16/1935, S. 14.
[575] *Reiff,* VersR 2007, 717 (723).
[576] *S. Matusche-Beckmann* in: *Beckmann/Matusche-Beckmann,* Versicherungsrechts-Handbuch, 1. Aufl., Rn. 237; *Trinkhaus,* S. 131; *Griess/Zinnert,* S. 93.

nen Versicherungsverträgen und VR". Die Gesetzesbegründung führt dazu lediglich aus: „Welche Anforderungen sich im Einzelnen für Art und Umfang der vom Versicherungsmakler vorzunehmenden Marktuntersuchung ergeben, bestimmt sich jeweils nach den Umständen des Einzelfalls, insbesondere nach den Marktverhältnissen im Versicherungsbereich, auf die sich die Empfehlung gegenüber dem Kunden bezieht (…) Entscheidend ist, dass der Versicherungsmakler sich eine fachliche Grundlage in einem Umfang verschafft, der ihn in die Lage versetzt, eine sachgerechte, den individuellen Bedürfnissen des Kunden entsprechende Empfehlung für einen konkreten Versicherungsvertrag abzugeben"[577].

288   Bei der Frage, welche Anforderungen hieraus konkret für die Beratung folgen, besteht Unsicherheit. Sinnvoll erscheint es, zunächst negativ abzugrenzen, welche Verträge bzw. Versicherer der Versicherungsmakler seiner Beratung nicht zugrunde legen muss. So wird man den Versicherungsmakler nicht für verpflichtet halten können, seiner Beratung die Produkte sogen. **„Direktversicherer",** von denen er keinerlei Abschlussprovision erhält, zugrunde zu legen.

289   Nichts anderes kann gelten, wenn ein **VU die Mitwirkung verweigert** und deshalb vom Versicherungsmakler faktisch gar nicht berücksichtigt werden kann. Je nach den Umständen des Einzelfalles, insbesondere, wenn das betreffende VU in der Vergangenheit die Empfehlung für Kunden mit vergleichbaren Bedürfnissen war, wird man aber vom Versicherungsmakler verlangen können, dass er den Kunden darauf hinweist, dass das Unternehmen nicht berücksichtigt werden konnte.

290   **Welche Anzahl von Versicherungsprodukten** der Versicherungsmakler in die Beratung einbeziehen muss, lässt sich nicht pauschal beantworten: Handelt es sich um einen Versicherungszweig, in dem nur sehr wenige Produkte angeboten werden, wird man durchaus verlangen können, dass der Versicherungsmakler **alle** Produkte bei seiner Entscheidung berücksichtigt. Handelt es sich hingegen um ein Standardprodukt, das eine sehr große Anzahl von Versicherern anbietet, müssen nicht alle VR berücksichtigt werden, solange sie nicht für den Markt wegen ihrer Anteile in der betroffenen Zielgruppe, ihres Auftretens am Markt sowie aufgrund von qualitativen Kriterien (Finanzstärke, Insolvenzsicherung, Bedingungen, Prämie, Antragsgestaltung, Service, Tarifmerkmale) als zu bedeutsam anzusehen sind[578].

291   Nicht verlangt werden kann, dass der Versicherungsmakler die Marktuntersuchung für jeden einzelnen Kunden von neuem erbringt. Das entspricht auch der Intention des Gesetzgebers, wonach es ausreichend ist, wenn der Versicherungsmakler **regelmäßige Marktuntersuchungen** zugrunde legt, die nicht für jeden einzelnen Kunden wiederholt werden müssen[579]. Wird auf der Grundlage dieser Vorauswahl eine Empfehlung abgegeben, genügt das. Allerdings ist der Versicherungsmakler verpflichtet, den gesamten Markt – nicht nur die in seine Vorauswahl einbezogenen Produkte – weiter zu beobachten, die Vorauswahl in regelmäßigen Abständen zu überprüfen und entsprechend anzupassen[580].

292   In der Vergangenheit wurde unterschiedlich beurteilt, ob der Versicherungsmakler seine Auswahlpflichten auf eine bestimmte Gruppe von VR beschränken darf[581]. Vor allem die besondere Stellung des Maklers spricht dafür, dass sich der Makler – vorbehaltlich einer individuellen abweichenden Vereinbarung mit dem Kunden – seinem Berufsbild entsprechend bei der Suche nach geeignetem Deckungsschutz grds. **nicht von vornherein auf eine begrenzte Anzahl** von VR beschränken darf, sondern prinzipiell *alle* VR der in Rede stehenden Branche in die Auswahl einbeziehen muss[582].

---

[577] BT-Drucks. 16/1935, S. 23.

[578] *Fetzer,* juris-PR–VersR 5/2007, Anm. 4, Nr. 3b) bb).

[579] BT-Drucks. 16/1935, S. 23.

[580] *Fetzer,* juris-PR–VersR 5/2007, Anm. 4, Nr. 3b) bb).

[581] Vgl. zum früheren Streitstand nur Berliner Kommentar/*Gruber,* Anh. zu § 48 Rn. 7; *Werber,* VW 1988, 1159 (1162); *ders.,* VersR 1992, 917 (922); *Benkel/Reusch,* VersR 1992, 1302 (1308); *Matusche,* S. 205; *Matusche-Beckmann,* NVersZ 2002, 385 (388 f.); *Mensching,* S. 40 ff.; *Prölss/Martin/Kollhosser,* Anh. zu § 43–48, Rn. 9; *Teichler,* VersR 2002, 386 (387).

[582] S. *Matusche-Beckmann* in: *Beckmann/Matusche-Beckmann,* Versicherungsrechts-Handbuch, 2004, Rn. 237; Berliner Kommentar/*Gruber,* Anh. zu § 48 Rn. 7; *Werber,* VW 1988, 1159 (1162); *ders.,* VersR

Die frühere Streitfrage wird nun von § 60 Abs. 2 VVG beantwortet: Nach § 60 Abs. 1 S. 2 **293** VVG kann der Versicherungsmakler **im Einzelfall** seiner Empfehlung nur eine **einge-schränkte Versicherer- und Vertragsauswahl** zugrunde legen, muss aber den VN vor Ab-gabe der Vertragserklärung den VN darauf hinweisen. Die gesetzliche Neuregelung lässt sich kritisch sehen, weil sie nicht zwingend mit dem Bild des unabhängigen Versicherungsmaklers konform geht[583]. In ihrer Ausgestaltung ist die Vorschrift aber als sachgerecht einzustufen. Schon nach früherer Rechtslage wurde angenommen, dass der Makler Beschränkungen seiner Bemühungen auf bestimmte Märkte oder Produkte gegenüber den Kunden offen zu legen hat[584]. Wird aber der VN rechtzeitig vor Abgabe seiner Vertragserklärung darauf hinge-wiesen, dass der Versicherungsmakler nur eine eingeschränkte Versicherer- und Vertragsaus-wahl berücksichtigt hat und deshalb möglicherweise noch günstigere Versicherungsverträge außer Acht bleiben und schließt der Kunde in diesem Wissen einen Versicherungsvertrag ab, ist den Schutzinteressen des Kunden genügt[585]. Wesentlich erscheint dabei, dass der Versiche-rungsmakler nur im Einzelfall eine eingeschränkte Informationsgrundlage zugrunde legen darf; dies regelmäßig zu tun, ist von § 60 Abs. 1 S. 2 VVG nicht mehr erfasst. Das kann viel-mehr dazu führen, dass der Versicherungsmakler seine Pflichten in so großem Umfang ver-letzt, dass er nicht mehr als zuverlässig i. S. v. § 34 GewO anzusehen ist. Ihm kann auf diesem Wege sogar der Entzug seiner Tätigkeitserlaubnis drohen[586]. Teilt der Versicherungsmakler dem Kunden **nicht** mit, dass er nur selektiv Angebote berücksichtigt, verletzt er seine Pflicht aus dem Maklervertrag nach § 60 Abs. 1 VVG.

Erbringt der Versicherungsmakler seinen Rat nach § 60 Abs. 1 S. 2 VVG nur auf Grund- **294** lage einer eingeschränkten Auswahl, muss er den VN nach § 60 Abs. 2 S. 1 VVG mitteilen, auf welcher Markt- und Informationsgrundlage die Empfehlung beruht und ihm die Namen der dem Rat zugrunde gelegten VR mitteilen.

Nach § 60 Abs. 3 VVG kann der VN auf diese Mitteilungen und Angaben durch eine ge- **295** sonderte schriftliche Erklärung **verzichten.** Das Erfordernis schriftlichen Verzichts dient pri-mär der Warnung des VN[587]. Der Verzicht muss in der Schriftform des § 126 BGB erklärt werden, Textform genügt nicht[588]. Wegen der Warnfunktion ist es unzulässig, einen solchen Verzicht in Allgemeinen Geschäftsbedingungen vorzusehen[589].

Von den Fällen des § 60 Abs. 1 S. 2 VVG zu unterscheiden sind Versicherungsmakler, die **296** sich auf **bestimmte Versicherungsarten spezialisiert** haben. Sie fallen erst unter die Vor-schrift, wenn sie innerhalb ihrer Spezialisierung nur auf eingeschränkter Grundlage beraten. Legen sie ihrer Empfehlung alle VR und Vertragsarten zugrunde, greift die Vorschrift indes-sen nicht ein.

cc) Vertragsbezogene Beratungs- und Dokumentationspflichten, § 61 VVG. § 61 Abs. 1 VVG sta- **297** tuiert die Beratungs- und Dokumentationspflichten des Versicherungsvermittlers. Zu unter-scheiden sind: eine anlassbezogene **Fragepflicht,** eine anlassbezogene und produktabhän-gige **Beratungs- und Begründungspflicht** und eine **Dokumentationspflicht**[590]. Das Gesetz unterscheidet dabei nicht zwischen den verschiedenen Arten von Versicherungsver-mittlern. Gleichwohl treffen den Versicherungsvertreter andere Pflichten als den Versiche-rungsmakler. Soweit ein erkennbarer Anlass besteht, muss der Versicherungsmakler den Kun-den zu seinen Wünschen und Bedürfnissen befragen. Nach der Gesetzesbegründung ist

---

1992, 917 (922); *Benkel/Reusch,* VersR 1992, 1302 (1308); *Matusche,* S. 205; *Matusche-Beckmann,* NVersZ 2002, 385 (388f.); *Teichler,* VersR 2002, 386 (387); a. A. *Prölss/Martin/Kollhosser,* Anh. zu §§ 43–48 Rn. 9; *Mensching,* S. 40 ff.

[583] GDV-Stellungnahme vom 07. 04. 2006, S. 9.

[584] Berliner Kommentar/*Gruber,* Anh. zu § 48 Rn. 7; vgl. auch § 28 Nr. 3 ÖMaklerG.

[585] Ebenso *Fetzer,* juris-PR-VersR 5/2007, Anm. 4, Nr. 3b) cc).

[586] *Reiff,* VersR 2007, 717.

[587] BT-Drucks. 16/1935, S. 23.

[588] *Fetzer,* juris-PR-VersR 5/2007, Anm. 4, Nr. 3b) ee).

[589] BT-Drucks. 16/1935, S. 23.

[590] *Reiff,* VersR 2007, 717 (725).

jedoch keine generelle Pflicht zur Erstellung einer allgemeinen Risikoanalyse anzunehmen; zudem soll dem Versicherungsmakler keine „eingehende Ermittlungs- und Nachforschungstätigkeit" auferlegt werden[591]. Dabei soll der Umfang der Frage- und der Beratungspflichten in einem angemessen Verhältnis zu den von dem VN zu zahlenden Prämien stehen.

298   Gemäß § 61 Abs. 1 S. 1, 2. HS VVG hat der Versicherungsvermittler die Gründe für seinen Rat anzugeben. Das trifft den Versicherungsmakler in besonderem Maße, bedeutet es vor allem, dem VN mitzuteilen, welche Angebote er in Betracht gezogen hat und weshalb er ein bestimmtes Angebot einem anderen Angebot vorzieht.

299   Nach § 62 Abs. 1, 2. HS VVG muss der Versicherungsvermittler dem VN diese Informationen vor dem Abschluss des Vertrags klar und verständlich in Textform übermitteln. Es kann also der Fall eintreten, dass der VN seine Antragserklärung bereits abgegeben hat, bevor er die entsprechenden Informationen erhält. Aus Sicht des VN ist dies jedoch wegen des nach § 8 VVG regelmäßig bestehenden Widerrufsrechts unproblematisch. Für den Versicherungsmakler empfiehlt es sich – jedenfalls, wenn ihn der VN bevollmächtigt hat, ihn beim Abschluss zu vertreten –, den Versicherungsschutz erst zu beantragen, wenn er dem Kunden die entsprechenden Informationen zur Verfügung gestellt hat, weil er diese Verpflichtung vor Abschluss des Versicherungsvertrags erfüllen muss. Denkbar wäre auch noch, diesen Zeitpunkt auf die Erteilung der Vollmacht vorzuverlegen. Hierfür besteht aber wegen des schon erwähnten Widerrufsrechts kein Bedürfnis.

300   Nach § 61 Abs. 1 S. 2 VVG muss der Versicherungsmakler seine Beratung **dokumentieren.** § 61 Abs. 2 VVG ermöglicht, dass der VN auf die Beratung und Dokumentation nach Abs. 1 verzichtet. Wie im Rahmen von § 60 Abs. 2 VVG muss dies durch eine gesonderte schriftliche Erklärung erfolgen, sodass auch hier die Textform oder die AGB-vertragliche Vereinbarung nicht ausreichen. Der Versicherungsvermittler muss den VN darauf hinweisen, dass sich dieser Verzicht nachteilig auf einen möglichen Schadensersatzanspruch nach § 63 VVG auswirken kann.

301   Nach § 67 VVG kann von den §§ 60 bis 66 VVG nicht zum Nachteil des VN abgewichen werden.

302   Insgesamt unterscheiden sich die Beratungspflichten des Versicherungsmaklers von denen des Versicherungsberaters als auch von denen des Versicherungsvertreters; die von der Rechtsprechung entwickelten **weitergehenden Beratungspflichten** des Versicherungsmaklers bestehen unverändert fort[592] (s. dazu unten Rn. 302 ff.).

303   *dd) Weitergehende besondere Pflichten.* Bei der Unterbringung von **Großrisiken** trifft den Makler die Pflicht, wenn nötig in verkehrsgebräuchlicher Form Mitversicherungen zu organisieren[593]. Dabei muss sich das Hauptaugenmerk vor allem auf die richtige Auswahl des führenden VR richten[594]. Können Risiken auf dem deutschen Versicherungsmarkt allein nicht untergebracht werden, so muss der Versicherungsmakler das Restrisiko im Ausland unterbringen[595].

304   Im Rahmen der **Vertragsgestaltung** muss der Versicherungsmakler die optimale Absicherung des VN anstreben, ihm den „bestmöglichen" und „günstigsten" Versicherungsschutz vermitteln[596]. Was die **Prämienhöhe** angeht, kann der Versicherungsmakler aber grds. nicht für verpflichtet gehalten werden, den Deckungsschutz zu der niedrigsten beschaffbaren Prämie zu besorgen[597]; er muss das gesamte Preis-Leistungs-Verhältnis des Deckungsschutzes in Rechnung stellen. Dabei dürfen die eigenen Verdienstinteressen (z. B. eine höhere Courtage)

---

[591] BT-Drucks. 16/1935, S. 24.
[592] *Fetzer,* juris-PR-VersR 5/2007, Anm. 4, Nr. 3 c).
[593] Dazu *Werber,* VW 1988, 1159 (1162); *Bruck,* Privatversicherungsrecht, S. 154 f.; *Bruck/Möller,* vor §§ 43–48 Anm. 54; *Möller,* HdV, Sp. 2332; *R. Schmidt,* S. 23 (30); *Matusche,* S. 64.
[594] *Werber,* VW 1988, 1159 (1162); *Bruck/Möller,* vor §§ 43–48 Anm. 54; *Gauer,* S. 48.
[595] *Sieveking,* M. W. Joost Assekuranzmakler – Die Entwicklung einer Assekuranzmakler-Firma von 1847 bis 1947, 1947, S. 37 f., 57 f.
[596] *Bruck,* Privatversicherungsrecht, S. 153; *Waldstein,* S. 25.
[597] S. i. e. *Matusche,* S. 66 ff.

die Auswahl nicht beeinflussen. Der Versicherungsmakler trägt die Verantwortung dafür, dass die abzusichernden Risiken, ggf. auch versicherbare Sondergefahren vollständig abgedeckt, aber auch nicht überversichert sind[598]. Dabei hat er für eine klare, eindeutige Vertragsgestaltung zu sorgen, die insbesondere bei Eintritt des Versicherungsfalls keine Zweifel aufkommen lässt[599]. Bei voneinander abweichenden AVB muss der Versicherungsmakler nach den genannten Grundsätzen das im Kundeninteresse günstigste Angebot herausgreifen. Wählt der Versicherungsmakler nach sorgfältiger Untersuchung einen VR aus, der zwar in Einzelpunkten abweichenden, aber i. E. im Vergleich zu anderen Versicherungsgesellschaften gleichwertigen Versicherungsschutz offeriert, so trifft ihn kein Vorwurf[600].

Ist der Versicherungsantrag einmal bei dem für geeignet befundenen VR gestellt und **305** zeichnet sich die Ablehnung dieses Antrags durch den VR ab, ist der Makler nicht verpflichtet, den VN zur Rücknahme des gestellten Antrags zu drängen[601].

Die Frage, ob den Versicherungsmakler eine **Abschlusspflicht** trifft, hängt davon ab, ob **306** eine entsprechende Vollmacht erteilt ist. Üblicherweise erteilt der Kunde dem Versicherungsmakler eine Abschlussvollmacht. Ist diese nicht ausdrücklich erteilt, ist im Zweifel die Annahme einer stillschweigend erteilten Vertretungsmacht des Versicherungsmaklers abzulehnen[602]. Unterschiedlich wird beurteilt, ob der abschlussbevollmächtigte Versicherungsmakler auch zum Gebrauch der Vollmacht verpflichtet ist: Während nach einer Ansicht der Versicherungsmakler nach Auffinden des geeigneten VR verpflichtet ist, ohne Rücksprache mit dem VN den Versicherungsvertrag abzuschließen[603], verpflichtet die Abschlussvollmacht nach anderer Meinung nur dann zum Vertragsschluss ohne Rücksprache, wenn die Risikoabdeckung besonders eilbedürftig ist[604]. Ist der VN auf sofortigen Deckungsschutz angewiesen, genügt der Makler der Abschlusspflicht durch Vereinbarung einer deckenden Stundung bzw. durch Beschaffen einer **vorläufigen Deckungszusage**[605]. Die Verpflichtung, vorläufige Deckung zu beschaffen, besteht jedoch nur, sofern es üblich ist, eine sofortige Deckung zu erreichen und der Makler annehmen darf, dass sein Kunde mit einer Zwischenlösung einverstanden ist[606]. Hat der Versicherungsmakler das Risiko vorläufig bei einem VU untergebracht, bleibt er weiterhin verpflichtet, auf den Abschluss des endgültigen Versicherungsvertrages hinzuwirken[607]. Bis dahin muss der Makler sich um den Erhalt des vorläufigen Versicherungsschutzes bemühen, insbesondere darum, dass die erlangte vorläufige Deckungszusage nicht ausläuft[608]. Als besondere Ausprägung der Aufklärungs- und Beratungspflicht hat der Versicherungsmakler die Aufgabe, seinen lediglich vorläufig versicherten Mandanten darüber zu belehren, dass

---

[598] *Werber*, VW 1988, 1159 (1162); *Voß/Höft*, S. 122; *Keil*, DB Spezial 1985, Nr. 25, S. 19; *Bruck/Möller*, vor §§ 43–48 Anm. 54; *Hasselmann*, DVersZt 1924, 133 (134) nennt Beispiele für den Einschluss von Sondergefahren. Auch zum Deckungsumfang und zur Absicherung außergewöhnlicher Schadenverläufe *Matusche*, S. 69 ff.

[599] RG v. 26. 2. 1943, *Seuff*, Arch 97, 76; HansOLG v. 16. 9. 1942, JRPV 1942, 147; *Voß/Höft*, S. 122; *Bruck/Möller*, vor §§ 43–48 Anm. 54; *Matusche*, S. 71 ff.

[600] Vgl. bereits HansOLG v. 13. 1. 1922, HansRZ 1922, Sp. 348 (Sp. 350); *Bruck/Möller*, vor §§ 43–48 Anm. 54.

[601] BGH v. 22. 5. 1985, BGHZ 94, 356 (360); *Matusche*, S. 78 f.

[602] Zur Abschlussvollmacht *Matusche*, S. 79 ff. m. w. N.

[603] *Möller*, HdV, Sp. 2333; *Voß/Höft*, S. 122; *Bruck/Möller*, vor §§ 43–48 Anm. 55; *Matusche*, S. 87 ff., 89; nach BGH v. 22. 5. 1985, BGHZ 94, 356 (359), *Trinkhaus*, S. 131 und *Werber*, VW 1988, 1159 (1162) besteht „meist" eine Abschlusspflicht.

[604] *Schirmer*, Vortrag Hamburg, S. 36. Nach *Kollhosser* soll eine solche besondere Eilbedürftigkeit noch nicht durch eine im Zeitpunkt des Maklerauftrags bestehende Unterversicherung begründet sein, *Prölss/Martin/Kollhosser*, nach § 48 Anm. 2.

[605] RG HansRZ 1922, Sp. 348 (Ls. und Sp. 349); v. *Gierke*, Versicherungsrecht, S. 125; *Voß/Höft*, S. 122.

[606] BGH v. 5. 5. 1971, VersR 1971, 714 (715) unter entsprechender Anwendung des § 665 BGB in einem Fall, in dem der Kunde Zwischenlösungen ablehnte; *Bruck/Möller*, vor §§ 43–48 Anm. 56.

[607] *Bruck/Möller*, vor §§ 43–48 Anm. 56; *Waldstein*, S. 52 f.

[608] BGH v. 22. 5. 1985, BGHZ 94, 356 (362, 365).

---

der endgültige Versicherungsvertrag noch nicht geschlossen ist[609]. Die fehlende Information und Aufklärung des VN über den Stand der Deckung warf der BGH dem Versicherungsmakler auch im Sachwalter-Urteil vor[610].

307   **e) Pflichten in der Phase des Abschlusses des Versicherungsvertrags.** Während der Phase des Abschlusses des Versicherungsvertrages begleiten den Makler die schon genannten allgemeinen Pflichten zu Auskunft und Rechenschaft, zur Weiterleitung der erlangten Papiere, insbes. der Police, sowie eine Prüfungspflicht hinsichtlich der Police oder Deckungsnote[611].

308   **f) Pflichten nach Abschluss des Versicherungsvertrags.** *aa) Grundlagen.* Regelmäßig übernimmt der Versicherungsmakler nach Abschluss des Versicherungsvertrages dessen Verwaltung und setzt die Betreuung des Kunden fort[612]. Nach ganz überwiegender Auffassung ist der Versicherungsmakler zu diesem weiteren Tätigwerden auch verpflichtet[613]; eine Ausnahme wird nur dann zugelassen, wenn der Versicherungsmakler den Versicherungsvertrag ldgl. vermitteln sollte oder sich dies aus den Umständen ergibt[614].

309   *bb) Herleitung der nach Abschluss des Versicherungsvertrags bestehenden Pflichten.* Die Verpflichtung, auch während des Laufes des Versicherungsvertrages die Belange des VN zu wahren, folgt bereits aus der allgemeinen Interessenwahrnehmungspflicht des Maklers[615]; sie ergibt sich i. d. R. auch aus einer Auslegung des Maklervertrags unter Berücksichtigung des Handelsbrauchs[616]. Mangels entgegenstehender Vereinbarung entspricht es überdies regelmäßig der Kundenerwartung, dass der Makler nicht nur einmalig tätig ist, sondern fortlaufend die Versicherungsinteressen wahrnimmt. Dies gilt insbes. dann, wenn der VN den Makler eingeschaltet hat, um eigene Wissens- und Erfahrungsdefizite in Versicherungsangelegenheiten auszugleichen. Die fortlaufende Betreuungspflicht folgt auch aus der Qualifizierung des Maklervertrags als Geschäftsbesorgungsvertrag i. S. d. § 675 BGB (s. Rn. 270). Dem Entstehen fortgesetzter Pflichten entspricht auch die Entlohnung des Maklers, der i. d. R. vom VU eine jährlich wiederkehrende Courtage (auch) für die Betreuung und Verwaltung der Versicherungsverträge erhält[617].

310   *cc) Inhalt und Umfang der nach Abschluss des Versicherungsvertrags bestehenden Pflichten.* Die Betreuungspflicht erstreckt sich nach Abschluss des Versicherungsvertrages auf eine fortlaufende Obsorge und Verwaltung des vermittelten Vertrags. Auch nach Abschluss des Versicherungsvertrages schuldet der Makler mithin eine ständige aktive, unaufgeforderte Betreu-

---

[609] *Bruck/Möller,* vor §§ 43–48 Anm. 56; *Voß/Höft,* S. 122.
[610] Zum Sachwalter-Urteil s. bereits Rn. 275.
[611] S. näher *Matusche,* S. 93 ff.
[612] OLG Düsseldorf v. 18. 9. 1990, MDR 1991, 64; OLG Stuttgart v. 28. 12. 1990, VersR 1991, 883; *Voß/Höft,* S. 25; *Wiener,* in: Versicherungslexikon, hrsg. v. *Manes,* 3. Aufl. 1930, Sp. 1053.
[613] Nach LG Hamburg HGZ 1942, Sp. 163, liegt sogar die Haupttätigkeit des Versicherungsmaklers in der weiteren technischen Betreuung nach Vertragsabschluss; OLG Stuttgart v. 28. 12. 1990, VersR 1991, 883; *Schirmer,* Vortrag Hamburg, S. 19; *Bruck/Möller,* vor §§ 43–48 Anm. 59; *Matusche,* S. 97 f.; *Gauer,* S. 39 f.; *Pfeiffer,* S. 40 f., 46; *Bruck,* Privatversicherungsrecht, S. 156; *Clasen,* JRPV 1929, 160 (162); *Schweighäuser,* Zeitschrift für Versicherungsangestellte 1930, 62 (63); *Pauly,* Mitteilungen für die öffentlichen Feuerversicherungsanstalten 1921, 228 (231); *Hasselmann,* DVersZ 1924, 133 (134). Nach einer vereinzelt vertretenen älteren Ansicht soll hingegen für den Makler nach Abschluss des Versicherungsvertrages keine Pflicht zur Vermittlung des Verkehrs zwischen VN und VU bestehen, wenn dies nicht ausdrücklich vereinbart ist, *Wiener,* in: Versicherungslexikon, hrsg. v. *Manes,* 3. Aufl. 1930, Sp. 1053; vgl. auch die Bedenken von *R. Schmidt,* S. 23 (30 f.).
[614] *Gauer,* S. 55 Fn. 48; *Pfeiffer,* S. 46; zum Ausschluss weiterer Tätigkeitspflichten s. Rn. 317 ff.
[615] *Bruck/Möller,* vor §§ 43–48 Anm. 59; *Pfeiffer,* S. 40 f.; s. a. *Gauer,* S. 39 f., 55.
[616] OLG Frankfurt/M. v. 12. 11. 1993, VersR 1995, 92 (93: Überprüfung und Betreuung bestehender Verträge entspricht dem Berufsbild); *Prölss/Martin/Kollhosser,* Anh. zu §§ 43–48 Rn. 5; BGH v. 5. 4. 1967, VersR 1967, 686.
[617] Vgl. nur AG Stuttgart v. 9. 7. 1991, VersR 1992, 609; *Benkel/Reusch,* VersR 1992, 1302 (1304 f.); zu den Courtagefragen näher Rn. 393 ff.

ung[618]. Problematisch kann aber der **Umfang der nach Abschluss des Versicherungsvertrages bestehenden Pflichten** sein[619].

Es ist üblich, dass der Makler **administrative Tätigkeiten** übernimmt. Ebenfalls anerkannt **311** ist, dass der Makler die **Zahlungsfähigkeit des VR** im Auge behalten und in Fällen, in denen dieser unsicher wird, die geeigneten Schritte anregen muss[620]. Dieser Verpflichtung ist im europäischen Binnenmarkt größere Bedeutung beizumessen als noch zu Zeiten vor der Deregulierung des Aufsichtsrechts. Anerkannt sind überdies **Hinweispflichten** des Maklers auf ein bevorstehendes **Ende des Versicherungsschutzes**[621], wenn ein Risiko nur vorläufig gedeckt ist[622]. Des Weiteren muss der Makler bei Eintritt eines Versicherungsfalls dem VN unterstützend zur Seite stehen und ihm bei der Erlangung der Entschädigung behilflich sein[623].

Die Verpflichtung, bereits abgeschlossene Versicherungsverträge auf erforderliche **Anpas- 312 sungen** hin zu untersuchen, beinhaltet, die vereinbarte Versicherungssumme auf ihre Angemessenheit hin zu überprüfen, ggf. auf eine Erweiterung des Versicherungsschutzes zu drängen[624] oder umgekehrt auf Prämienherabsetzungen hinzuarbeiten[625]. Um auf die erforderlichen Anpassungen hinwirken zu können, wird der Makler für verpflichtet gehalten, das versicherte Risiko zu überwachen, den VN auf Risikoveränderungen ungefragt hinzuweisen bzw. umgehend und unaufgefordert zu prüfen, ob der bestehende Vertrag den Bedürfnissen des Kunden noch entspricht und ggf. für die Anpassung zu sorgen[626].

Zu Anpassungsbedarf können **Veränderungen der im Zeitpunkt des Versvertragsab- 313 schlusses gegebenen Umstände** führen; für die Pflichten ist zu differenzieren:

Ergeben sich in der **Sphäre des VN** Veränderungen, z. B. Neuanschaffungen und Wert- **314** erhöhungen[627] oder der Eintritt des Versicherungsfalls, kann der Makler regelmäßig nur auf Initiative des Kunden hin tätig werden, der ihn von solchen Veränderungen in Kenntnis setzt. Deshalb darf der Makler Vereinbarungen treffen, wonach der Kunde bei Veränderungen der Risikolage oder im Versicherungsfall von sich aus an den Makler herantreten muss.

Hingegen muss der Makler bei allen **außerhalb der Sphäre des VN** liegenden Verände- **315** rungen von sich aus tätig werden. Dies gilt z. B. im Falle einer **Änderung der Rechtslage**

---

[618] *Werber* hat „nicht den geringsten Zweifel", dass der BGH den im Sachwalter-Urteil (s. Rn. 275) entwickelten strengen Maßstab in entsprechend gelagerten Fällen auf Fehler in der laufenden Betreuung und Beratung übertragen würde, VersR 1992, 917 (921).

[619] Präzisierungen bei *Matusche-Beckmann*, FS Hübner, S. 151 (157 ff.).

[620] *Bruck/Möller*, vor §§ 43–48 Anm. 59; *Gauer*, S. 39, 56 f.; *Pfeiffer*, S. 39, 40; *Waldstein*, S. 63; *Voß/Höft*, S. 125; *Bruck*, Privatversicherungsrecht, S. 156; *ders.*, NeumannsZ 1924, 564; *Matusche*, S. 103 ff., auch mit Nw. zu der in der ält. Lit. vertretenen Gegenmeinung; vgl. schon OLG Hamburg v. 29. 4. 1924, HGZ 1924, 157 (158: Makler habe nach Vertragsschluss bei Anzeichen der Zahlungsschwäche des VU einen neuen VV abzuschließen).

[621] BGH v. 10. 5. 2000, VersR 2000, 846; vgl. auch BGH v. 22. 5. 1985, BGHZ 94, 356 (360); *Bruck/Möller*, vor §§ 43–48 Anm. 56; *Voß/Höft*, S. 122.

[622] BGH v. 22. 5. 1985, BGHZ 94, 356 (360).

[623] So stellvertretend für die h. M. *Prölss/Martin/Kollhosser*, Anh. zu §§ 43–48 Rn. 5; *Bruck/Möller*, vor §§ 43–48 Anm. 52 ff., 61; *Spielberger*, VersR 1984, 1013 (1014); *Werber*, VersR 1992, 917 (921); *Lahno*, VW 1987, 428 (434); *Benkel/Reusch*, VersR 1992, 1302 (1304, 1311); *Matusche*, S. 118 ff.; *Matusche-Beckmann*, NVersZ 1999, 16; OLG Düsseldorf v. 26. 10. 1990, besprochen in VW 1993, 1397; vgl. auch OLG Frankfurt v. 12. 11. 1993, VersR 1995, 92 (93); s. auch § 28 Nr. 6 des ÖMaklerG (ÖBGBl. 262/1996). Zu den in Zusammenhang mit dem RBerG ergebenden Fragen s. Rn. 251 ff.

[624] *Hasselmann*, DVersZ 1924, 133 (134); *Bruck/Möller*, vor §§ 43–48 Anm. 59; *Gauer*, S. 56.

[625] OLG Düsseldorf v. 30. 4. 1999, VersR 2000, 54; *Werber*, VersR 1992, 917 (921); *Bruck/Möller*, vor §§ 43–48 Anm. 59; *Gauer*, S. 55 f.; Berliner Kommentar/*Gruber*, Anh. zu § 48 Rn. 7.

[626] OLG Düsseldorf v. 30. 4. 1999, VersR 2000, 54; deshalb hielt das OLG Düsseldorf den Makler für verpflichtet, den VN ungefragt darauf hinzuweisen, dass dieser entgegen früherer Übung noch keine Vollkaskoversicherung für sein Cabriolet für die Dauer der Sommersaison abgeschlossen hatte, legte aber dem VN insoweit ein Mitverschulden zur Last; s. ferner *Gauer*, S. 55; *Keil*, DB Spezial 1985, Nr. 25, S. 19; *Lahno*, VW 1987, 428 (434); *Voß/Höft*, S. 125; *Werber*, VersR 1992, 917 (921).

[627] Andere Beispiele sind Veränderungen der Warenmenge oder veränderte Produktionsverfahren in der Industrie, die neue Gefahrenpotentiale bergen, vgl. *Gauer*, S. 55; *Bruck/Möller*, vor §§ 43–48 Anm. 59.

---

oder der AVB, oder wenn etwa bei Kunden aus vergleichbaren Branchen eine Veränderung der Umstände auftritt, die es nahe legen, dass ein Anpassungsbedarf auch für andere VN besteht (z. B. die Möglichkeit neu entwickelter Schadenverhütungsmaßnahmen, die sich auf die Prämiengestaltung auswirken können).

316   Grds. muss der Makler laufend die bestehende Deckung mit divergierenden Angeboten im Markt vergleichen[628]. Infolge der wachsenden **Produktvielfalt** besteht ein deutlich erhöhter Anpassungsbedarf für Versicherungsverträge[629]. Ist ein zu versicherndes Risiko jedoch sachgemäß und zu marktgerechtem Preis eingedeckt, löst das Erscheinen **neuer Versicherungsvarianten und Prämiengestaltungen** grds. keine weit reichenden Tätigkeitspflichten aus[630]. Insbes. ist der Makler nicht verpflichtet, den Kunden über jegliche Neuerungen auf dem Versicherungsmarkt zu unterrichten. Etwas anderes hat indes zu gelten, wenn **gänzlich neue Eindeckungsmöglichkeiten** in Betracht kommen, z. B. dergestalt, dass bisher unversicherbare Gefahren nunmehr angemessen versichert werden können[631]. Hier gehört es unzweifelhaft zur laufenden Betreuungspflicht, dass der Makler von sich aus unaufgefordert mit den betroffenen Kunden in Kontakt tritt, um darüber zu beraten, ob es sinnvoll ist, die nun versicherbaren Gefahren als Zusatzdeckung einzuschließen. Freilich bleibt auch hier der jeweilige Pflichtenumfang von den Umständen des Einzelfalls abhängig.

317   *dd) Vertraglicher Ausschluss der nach Abschluss des Versicherungsvertrags bestehenden Pflichten.* Für die Frage, ob der Makler nur eine punktuelle Einzelleistung zum Gegenstand des Maklervertrags machen kann, insbes. ob er die **fortlaufenden Tätigkeitspflichten abbedingen** kann, ist zwischen Individualvereinbarungen und Allgemeinen Geschäftsbedingungen zu differenzieren[632]:

318   Eine **individualvertragliche Vereinbarung** zwischen Makler und VN, wonach sich die Maklertätigkeit auf eine abgrenzbare Einzeldienstleistung beschränken soll (z. B. Abschluss eines Versicherungsvertrages für ein bestimmtes Risiko), ist nicht zu beanstanden[633].

319   Bei einer **Bestimmung in AGB,** die die Tätigkeit des Maklers auf eine Einzelleistung beschränken soll, handelt es sich um eine leistungsbeschreibende Klausel i. S. v. § 307 Abs. 3 BGB[634], die einer Inhaltskontrolle nach den AGB-Vorschriften grds. entzogen ist[635], die aber den allgemeinen Vorschriften, insbes. § 305c Abs. 1 BGB unterliegt[636]. Für die Beurteilung der Ungewöhnlichkeit einer Klausel sind objektive Kriterien maßgeblich, das Gesamtbild des konkreten Vertrags und die Erwartungen, die der redliche Verkehr typischerweise an den jeweiligen Vertragstyp knüpft[637]. Die Tatsache, dass der sich an einen Makler wendende Kunde regelmäßig einen Fachmann für seine Versicherungsangelegenheiten einschalten will

---

[628] *Keil,* DB Spezial 1985, Nr. 25, S. 19; *Lahno,* VW 1987, 428 (434); *Werber,* VersR 1992, 917 (921).

[629] *Matusche-Beckmann,* FS Hübner, S. 151 (158 f.).

[630] Dies gilt insbes. für den Fall, dass Versicherungsalternativen zu niedrigerer Prämie angeboten werden. Insoweit gilt, dass der Makler das gesamte Preis-Leistungs-Verhältnis in Rechnung stellen muss; das billigste ist keineswegs auch das beste Versicherungsangebot, vgl. dazu Urteil des LG Düsseldorf v. 27. 5. 1998 (Az.: 5 O 20/97), unveröff.; *Matusche,* S. 110 ff., 66 f.; *Matusche-Beckmann,* FS Hübner, S. 151 (159); *Benkel/Reusch,* VersR 1992, 1304 (1308); *Werber,* VersR 1992, 917 (921 f.).

[631] Beispiele bei *Matusche-Beckmann,* FS Hübner, S. 151 (159).

[632] Ausf. *Matusche-Beckmann,* FS Hübner, S. 151 (160 ff.).

[633] Vgl. *Schirmer,* Vortrag Hamburg, S. 20; *Matusche-Beckmann,* FS Hübner, S. 151 (160 f.). Ein Beispiel für in der Praxis übliche Gestaltungen: „Der Kunde beauftragt den Versicherungsmakler mit der Besorgung von Versicherungsschutz ausschließlich für das (näher bezeichnete) Risiko. Eine weitere Betreuung ist nicht gewünscht; mit dem Zustandekommen des VV ist dieser Auftrag abgeschlossen.“

[634] *Matusche-Beckmann,* FS Hübner, S. 151 (161).

[635] Vgl. BGH v. 9. 5. 2001, NJW 2001, 2014 (2016); BGH v. 23. 6. 1993, NJW 1993, 2369; BGH v. 12. 3. 1987, BGHZ 100, 158 (173); *Palandt/Heinrichs,* § 307 Rn. 57.

[636] Vgl. nur *Palandt/Heinrichs,* § 307 Rn. 54.

[637] *Ulmer/Brandner/Hensen/Ulmer,* § 3 Rn. 12; eine Ansicht stellt auf den konkreten Vertragstyp ab (*Ulmer/Brandner/Hensen/Ulmer,* § 3 Rn. 14), während andere die Gesamtheit der fraglichen Schuldverträge als Vergleichsbasis heranziehen (so *Staudinger/Schlosser,* § 3 AGBG Rn. 8; *Wolf/Horn/Lindacher/Wolf,* § 3 Rn. 27).

und der Umstand, dass üblicherweise der Maklervertrag ein Dauerschuldverhältnis begründet, sprechen dafür, eine Klausel, die die Maklertätigkeit auf eine Einzelleistung beschränken soll, als ungewöhnlich zu beurteilen[638]. Des Weiteren ist i. R. v. § 305c Abs. 1 BGB erforderlich, dass der Vertragspartner des Klauselverwenders mit der Klausel nicht zu rechnen braucht[639]. Zwischen den Erwartungen des Vertragspartners und dem Klauselinhalt muss eine Diskrepanz bestehen; der Klausel muss ein Überrumpelungs- oder Übertölpelungseffekt innewohnen[640]. Deshalb lässt sich das Überraschungsmoment dadurch beseitigen, dass der Klauselverwender den Kunden durch eindeutigen Hinweis auf die betr. Klausel aufmerksam macht oder diese in dem dem Kunden überlassenen AGB-Text so deutlich hervorhebt, dass ihre Kenntnisnahme durch den Kunden erwartet werden muss[641]. Wird der Makler diesen Anforderungen gerecht, lässt sich also auch durch die Verwendung Allgemeiner Geschäftsbedingungen der Maklervertrag wirksam vertraglich auf eine punktuelle Dienstleistung begrenzen. Allgemeine Geschäftsbedingungen, mit denen der Versicherungsmakler alle ihm nach Abschluss des Versicherungsvertrages obliegenden Pflichten abbedingt und sich überdies einen unmittelbaren Vergütungsanspruch gg. den VN einräumen lässt, können auch gg. § 307 BGB verstoßen[642].

Bei einer Begrenzung des Maklervertrags auf eine punktuelle Einzelleistung bestehen aber **320** entsprechende **Hinweispflichten gegenüber dem VU;** ggf. muss der Versicherungsmakler hier eine **Kürzung der Courtage** hinnehmen[643].

ee) Pflichten im Zahlungsverkehr. Schließlich ergeben sich besondere Pflichten nach Ab- **321** schluss des Versicherungsvertrages in dem Fall, dass der Versicherungsmakler in den **Zahlungsverkehr** zwischen VN und VU eingeschaltet ist[644]. Zum einen muss der Makler über ihn geleitete **Prämienrechnungen** überprüfen und diese unverzüglich an den VN weiterleiten[645], damit dieser seiner Zahlungsverpflichtung pünktlich nachkommen kann. Insoweit kann auch die Pflicht bestehen, den VN auf die **Fälligkeit von Prämien** hinzuweisen; dies gilt insbes. bei Erst- und Einmalprämien (vgl. § 37 Abs. 2 VVG)[646]. Hat der Versicherungsmakler den VN im Hinblick auf § 37 VVG falsch beraten, hat der VN die dadurch veranlasste verspätete Zahlung der Erstprämie gegenüber dem VR zu vertreten[647].

Ist dem Versicherungsmakler vom VR **Inkassovollmacht** erteilt[648], wird der VN durch **322** Prämienzahlung an den Makler im Verhältnis zum VR von seiner Zahlungspflicht frei

---

[638] *Matusche-Beckmann,* FS Hübner, S. 151 (161f.).

[639] BGH v. 10. 11. 1989, NJW 1990, 577; BGH v. 24. 9. 1980, NJW 1981, 117 (118); *Staudinger/Schlosser,* § 3 AGBG Rn. 13; *Palandt/Heinrichs,* § 305c Rn. 4.

[640] BGH v. 6. 12. 1984, NJW 1985, 848 (849); BGH v. 17. 5. 1982, BGHZ 84, 109 (113); BGH v. 18. 5. 1995, BGHZ 130, 19 (25); BGH v. 20. 2. 1987, BGHZ 100, 82 (85); BGH v. 8. 5. 1987, BGHZ 101, 29 (33); BGH v. 23. 5. 1984, NJW 1985, 850 (851); BGH v. 30. 6. 1995, NJW 1995, 2637 (2638); *Palandt/Heinrichs,* § 305c Rn. 4.

[641] BGH v. 18. 2. 1992, NJW 1992, 1822 (1823); BGH v. 6. 12. 1984, NJW 1985, 848 (849); BGH v. 24. 9. 1980, NJW 1981, 117 (118); *Staudinger/Schlosser,* § 3 AGBG Rn. 30; *Münchener Kommentar/Kötz,* § 3 Rn. 6; *Wolf/Horn/Lindacher/Wolf,* § 3 Rn. 38, 40; BGHZ 47, 210; *Ulmer/Brandner/Hensen/Ulmer,* § 3 Rn. 23.

[642] So noch im Lichte von § 9 AGBG AG Berlin-Neukölln v. 3. 6. 2002 (nicht rskr.), VersR 2003, 502.

[643] Dazu ausf. *Matusche-Beckmann,* FS Hübner, S. 151 (163ff., 167ff.); vgl. auch *Waldstein,* S. 57.

[644] Ob dies der Fall ist, ist branchenabhängig. Z. B. führt der Inkassoweg in der PKV i. d. R. nicht über den Makler, *Bach/Moser,* § 8 MB/KK Rn. 49. Zu denkbaren Komplikationen bei Einschaltung eines Maklers in den Zahlungsverkehr s. insbes. *Hübner/Basting,* insbes. S. 5ff.

[645] *Spielberger,* VersR 1984, 1013 (1014).

[646] *Bruck/Möller,* vor §§ 43–48 Anm. 60; *Matusche,* S. 115.

[647] Vgl. LG Wuppertal v. 22. 6. 1990, VersR 1991, 94 (94f.).

[648] *Bruck/Möller,* vor §§ 43–48 Anm. 60; *Zopfs,* VersR 1986, 747; *Schirmer,* Vortrag Hamburg, S. 38; *Spielberger,* VersR 1984, 1013 (1014, 1016); *Hübner/Basting,* S. 73; KG v. 7. 3. 1931, JRPV 1931, 211. Die Erteilung der Inkassovollmacht richtet sich nach allgemeinen Grundsätzen. S. dazu *Hübner/Basting,* S. 27ff.; zu den denkbaren Abrechnungsarten *Hübner/Basting,* S. 54ff.

(§§ 362 Abs. 2, 185 BGB)[649]. Hier ergeben sich besondere Pflichten gegenüber dem VU[650]. Ist dem Makler keine Inkassovollmacht erteilt, ist er dem VN zur unverzüglichen Weiterleitung der übermittelten Zahlung an das VU verpflichtet[651].

323   *ff) Pflichten bei Eintritt eines Versicherungsfalles.* Schließlich treffen den Makler bei Eintritt des **Versicherungsfalles** besondere Pflichten[652]: Er hat den VN bei der Abwicklung des Versicherungsfalles zu unterstützen[653]. Er muss von sich aus prüfen, ob dem VN Ansprüche gg. das VU zustehen und sicherstellen, dass die pünktliche **Anzeige** eines Schadenfalles erfolgt[654]. Des Weiteren muss er dem VN bei der Schadenaufnahme behilflich sein, z. B. geeignete Sachverständige aussuchen und dem VN bei Verhandlungen mit dem VU assistieren[655]. Insbes. bei der Tätigkeit des Maklers im Versicherungsfall sind die durch das **RDG** gezogenen Grenzen zu beachten: Die außergerichtliche Unterstützung des VN gegenüber dem VU im Versicherungsfall steht in unmittelbarem Zusammenhang mit der Betreuung und Verwaltung des Versicherungsvertrages und ist deshalb von § 5 RDG gedeckt[656]. Hingegen liegt eine gerichtliche Geltendmachung von Ansprüchen gg. den VR wie auch die gerichtliche Vertretung des Kunden in einem vom VR gg. diesen geführten Prozess außerhalb des Berufsbildes des Versicherungsmaklers und sind deshalb unzulässig[657]. Gleiches gilt für eine Anspruchsverfolgung gegenüber Dritten, nicht aber für eine bloß außergerichtliche Unterstützung bei der Abwehr von Ansprüchen, die Dritte gg. den VN geltend machen[658]. Wird die Entschädigungssumme über den Versicherungsmakler geleitet, muss er die Höhe der geleisteten **Zahlung überprüfen** und unverzüglich an den VN weiterleiten[659]. Allerdings setzt dies nach § 64 VVG zur „Zahlungssicherung" eine Vollmachtserteilung des VN durch eine gesonderte schriftliche Erklärung voraus. Auf dieses Erfordernis kann nach § 67 VVG nicht zum Nachteil des VN verzichtet werden.

324   *gg) Pflichten nach Beendigung des Versicherungsvertrags und nach Beendigung des Maklervertrags.* Unter Umständen können den Versicherungsmakler selbst **nach Beendigung des Versicherungsvertrages** Pflichten gegenüber dem VN treffen[660]. In dem hiervon zu unterscheidenden Falle einer **Beendigung des Maklervertrags**[661] können den Versicherungsmakler allgemeine nachvertragliche Interessenwahrnehmungspflichten treffen wie sie auch in anderen Beraterberufen anerkannt sind[662].

---

[649] Vgl. hierzu *Palandt/Heinrichs*, § 398 Rn. 29 ff.; *Hübner/Basting*, S. 74. – Welche Art des Abrechnungsverkehrs von den Parteien gewählt wird, ist hierbei unerheblich. Zu denken ist insbes. an die Vereinbarung von Kontokorrentverhältnissen (§ 355 HGB), die sowohl zwischen Versicherungsmakler und VU einerseits wie auch zwischen Makler und VN andererseits in der Praxis gebräuchlich sind. – Zum Zahlungsverkehr vgl. insbes. *Guszewski*, S. 133 ff.; *Moschel*, JRPV 1928, 272; *Waldstein*, S. 65 ff.

[650] S. Rn. 315.

[651] *Bruck/Möller*, vor §§ 43–48 Anm. 60; *Matusche*, S. 117.

[652] Nach *Spielberger*, VersR 1984, 1013 (1016), handelt es sich bei dieser Tätigkeit um die wichtigste Makleraufgabe überhaupt. Nach *Bruck/Möller*, vor §§ 43–48 Anm. 61, liegt hier ein wirtschaftlicher Schwerpunkt der Maklertätigkeit; allerdings trägt das von *Bruck/Möller* als Beleg herangezogene Urteil des LG Hamburg (HansRGZ 1942 A, Sp. 163) diese Aussage nicht in vollem Umfang, sondern äußert ldgl. generell, der Makler nehme nach der Vermittlung die weitere technische Betreuung des Vertrags als Haupttätigkeit wahr.

[653] *Möller*, HdV, Sp. 2333; *Bruck*, Privatversicherungsrecht, S. 154; *Griess/Zinnert*, S. 64; *Keil*, DB Spezial 1985, Nr. 25, S. 19; *Lahno*, VW 1987, 428 (434).

[654] Vgl. OLG Düsseldorf (Az.: 7 U 242/88), VW 1993, 1397; *Pauly*, Mitteilungen für die öffentlichen Feuerversicherungsanstalten 1921, 228 (229); *Keil*, DB Spezial 1985, Nr. 25, S. 19; *Bruck/Möller*, vor §§ 43–48 Anm. 61; *Gauer*, S. 60.

[655] *Matusche*, S. 118 ff. m. w. N.

[656] S. ausf. Rn. 252; *Matusche*, S. 123 f. Zu Art. 1 § 5 Nr. 1 RBerG.

[657] OLG Düsseldorf v. 18. 9. 1990, MDR 1991, 64; s. Rn. 254.

[658] S. Rn. 255 ff. sowie *Matusche-Beckmann*, NVersZ 1999, 16 (19 f.).

[659] *Möller*, HdV, Sp. 2333; *Bruck/Möller*, vor §§ 43–48 Anm. 63.

[660] Vgl. mit Bsp. *Bruck/Möller*, vor §§ 43–48 Anm. 59; *Matusche*, S. 125 ff.

[661] Zur Beendigung des Maklervertrags Rn. 358.

[662] Vgl. z. B. für den Rechtsanwalt BGH v. 11. 10. 1983, NJW 1984, 431.

hh) Bewertung des Pflichtenkatalogs; Haftung für „best advice"? Gelegentlich ist von einer **325** Pflicht des Versicherungsmaklers zu **„best advice"** die Rede in dem Sinne, dass der Versicherungsmakler dem VN Auswahl und Aufrechterhaltung des bestmöglichen Versicherungsschutzes schuldet[663]. Der Begriff stammt aus dem im Jahr 1988 in Großbritannien in Kraft getretenen Financial Services Act und begründet dort für den Versicherungsmakler eine Haftung für die bestmögliche Beratung des VN. Bei der Verwendung des Begriffs „best advice" wird zuweilen übersehen, dass dieser Haftungsmaßstab schon in Großbritannien ausschließlich für Anlagegeschäfte und kapitalbildende Lebensversicherungen gilt, keineswegs also für alle Sparten. Abgesehen davon ist dieser Begriff für die Haftung des Maklers hierzulande nicht von Bedeutung. Der Versicherungsmakler hat sich zwar an dem Bild eines treuhänderähnlichen Sachwalters messen zu lassen; die Anforderungen an den Berufsstand sind hoch. Sorgfaltsmaßstab ist indes die Sorgfalt eines ordentlichen Kaufmanns (§ 347 HGB). Dieser Maßstab kann im Einzelfall auf eine Verpflichtung zu Vermittlung und Aufrechterhaltung des bestmöglichen Versicherungsschutzes hinauslaufen, aber er begründet keineswegs eine Art Garantiehaftung des Maklers für die Vermittlung des besten am Markt erhältlichen Produkts. Das Schlagwort „best advice" führt die Diskussion inhaltlich nicht weiter.

g) Pflichten bei Vertragsübernahmen. Übernimmt der Makler ohne eigene Vermitt- **326** lung einen oder mehrere Versicherungsverträge zur Betreuung und Verwaltung[664], treffen ihn hinsichtlich Vertragsbetreuung und -verwaltung, im Schadenfall usw. die geschilderten Pflichten in der gleichen Weise wie den Makler, der die betr. Versicherungsverträge persönlich vermittelt hat[665].

4. Rechtsfolgen einer Pflichtverletzung

a) Anspruchsgrundlagen. Führt die schuldhafte Verletzung einer Pflicht des Maklers **327** dazu, dass ein Risiko im Versicherungsfall unvollständig oder nicht versichert ist, hat der Makler u. U. im Wege der Schadensersatzleistung für den entstandenen Schaden einzustehen „wie ein VR"[666].

Grundlage für einen Schadensersatzanspruch ist zunächst § 63 VVG. Nach dieser Vor- **328** schrift ist der Versicherungsvermittler zum Ersatz des Schadens verpflichtet, der dem VN durch die Verletzung einer Pflicht nach § 60 VVG oder § 61 VVG entsteht. Nach der Intention des Gesetzgebers ist Adressat dieses Anspruchs primär derjenige Versicherungsmakler, der sich keinen ausreichenden Marktüberblick verschafft hat und deswegen einen für den VN nach der Marktsituation objektiv ungünstigen oder ungeeigneten Versicherungsvertrag empfiehlt[667].

Hat der VN auf die Beratung nach § 61 Abs. 1 VVG **verzichtet,** kommt kein Schadenser- **329** satzanspruch in Betracht; es fehlt dann schon an der anspruchsbegründenden Pflichtverletzung.

Vor Einführung des § 63 VVG wurden Ansprüche gegen den Versicherungsmakler regel- **330** mäßig auf § 280 Abs. 1 S. 1 BGB gestützt[668]. § 311 Abs. 2 BGB, der der Sache nach eine gesetzliche Regelung der früher nur gewohnheitsrechtlich anerkannten Grundsätze zur Haftung aus c. i. c. darstellt, erstreckt die sich aus § 280 Abs. 1 BGB ergebende strenge Vertragshaftung auf das Stadium der **Vertragsanbahnung.**

In seinem Anwendungsbereich ist § 63 VVG **lex specialis zu § 280 Abs. 1 VVG.** Die **331** Vorschrift ist immer dann einschlägig, wenn eine Pflicht aus §§ 60, 61 VVG verletzt wurde. Wird eine andere als in diesen Vorschriften normierte Pflicht verletzt, ist ein Anspruch aus § 280 Abs. 1 VVG denkbar[669]. Auch wenn beide Anspruchsgrundlagen im Prinzip ähnliche

---

[663] Z. B. *Prölss/Martin/Kollhosser,* Anh. zu §§ 43–48 Rn. 9; *Werber,* VersR 1992, 917.
[664] Zu den damit verbundenen Rechtsproblemen s. *Küstner/v. Manteuffel,* VersVerm 1989, 168; *Garbe,* VersVerm 1979, 234; *Küstner,* VersVerm 1977, 325; *Spielberger,* VersR 1984, 1013 (1016 f.); *Müller-Stein,* VersR 1990, 561.
[665] *Matusche,* S. 100 f.
[666] *Möller,* Bemerkungen, S. 220; *Voß/Höft,* S. 128.
[667] BT-Drucks. 16/1935, S. 25.
[668] Vgl. auch *Abram,* VersR 2002, 1331 (1333).
[669] *Reiff,* VersR 2007, 717 (727).

Voraussetzungen haben[670], ist eine Abgrenzung gleichwohl erforderlich: Nach § 67 VVG kann nämlich nicht zum Nachteil des VN von der Regelung des § 63 VVG abgewichen werden, der Versicherungsmakler kann sich nicht für schuldhaft begangene Beratungsfehler freizeichnen[671].

332   Der Umfang der Ansprüche ergibt sich aus den §§ 249 ff. BGB[672]. Das bedeutet insbesondere, dass der Geschädigte zu stellen ist, wie er ohne das schädigende Verhalten des anderen Teils gestanden hätte[673].

333   Ein in Verbindung mit § 311 Abs. 2 BGB geltend gemachter Schadensersatzanspruch ist an sich nur auf Ersatz des Vertrauensschadens gerichtet, der aber dem Erfüllungsinteresse gleichkommen kann[674]; dies wird bei den in Rede stehenden Fällen häufig vorkommen, wenn das Vertrauen des VN auf die vollständige Absicherung von Risiken gerichtet war, die dann z. B. infolge eines schuldhaften Beratungsfehlers nicht gewährleistet ist. **Nach Abschluss des Maklervertrags** ergibt sich bei der Verletzung der vertraglichen Pflichten und Nebenpflichten die Haftung entweder aus § 63 VVG oder aus § 280 Abs. 1 BGB[675].

334   Gibt der nicht bevollmächtigte **Versicherungsmakler als Vertreter** eines VU in dessen Namen eine Deckungszusage ab, liegen die Voraussetzungen für eine Haftung aus § 179 Abs. 1 BGB vor. Tritt in dieser Konstellation der Versicherungsfall ein, haftet der Makler gem. § 179 Abs. 1 BGB persönlich auf Erfüllung bzw. Schadensersatz. I. E. muss er auch hier wie der VR für den Risikoeintritt einstehen. Hielt der Makler sich für vertretungsberechtigt, führt § 179 Abs. 2 BGB zu demselben Ergebnis: Zwar ist grds. nur der Ersatz des Vertrauensschadens vorgesehen; jedoch vertraute der VN in diesem Fall ja gerade auf die Unterbringung des Risikos bei einem VU[676].

335   **b) Beweislast.** § 63 VVG bringt durch die Formulierung in S. 2 „Dies gilt nicht, wenn der Versicherungsvermittler die Pflichtverletzung nicht zu vertreten hat" zum Ausdruck, dass die Beweislast ebenso wie in § 280 Abs. 1 BGB geregelt ist. Damit ist der VN für die Pflichtverletzung, den Ursachenzusammenhang und den Schaden beweisbelastet. Dass der Versicherungsvermittler die Pflichtverletzung nicht zu vertreten hat, ist hingegen ein Einwendungstatbestand, für den er beweispflichtig ist[677]. Hinsichtlich des Vorliegens einer Pflichtverletzung können dem VN aber Beweiserleichterungen zugute kommen:

336   Bei Verletzung einer vertraglichen Aufklärungs- und Beratungspflicht tritt nach der Entwicklung der Rspr. im allgemeinen Zivilrecht eine **Beweislastumkehr** ein[678]. Dementsprechend muss auch der Versicherungsmakler darlegen und beweisen, dass der Schaden auch ohne seine Pflichtverletzung eingetreten wäre, weil der Geschädigte sich über die aus der Aufklärung und Beratung folgenden Bedenken hinweggesetzt hätte[679]. Der BGH begründet

---

[670] BT-Drucks. 16/1935, S. 25.
[671] BT-Drucks. 16/1935, S. 26.
[672] *Jauernig/Vollkommer*, § 311 Rn. 53.
[673] BGH v. 26. 3. 1981, NJW 1981, 1673.
[674] *Palandt/Heinrichs*, § 311 Rn. 57, 58; *Krebs*, in: AnwKomm SchuldR, § 311 Rn. 40 f.; *Jauernig/Vollkommer*, § 311 Rn. 54 f.
[675] Auch aus den unverändert gebliebenen allgemeinen Vorschriften, z. B. aus den §§ 677 ff., 823 ff., 812 ff. BGB, können sich Ansprüche gg. den Versicherungsmakler ergeben. Insoweit gelten keine Besonderheiten.
[676] Vgl. *Waldstein*, S. 53.
[677] BT-Drucks. 16/1935, S. 26.
[678] Z. B. BGH v. 11. 4. 2000, NJW 2000, 2812; BGH v. 12. 3. 1987, NJW 1987, 1938.
[679] BGH v. 22. 5. 1985, BGHZ 94, 356 (363); BGH v. 25. 3. 1987, r+s 1987, 239; OLG Düsseldorf v. 10. 11. 1995, VersR 1996, 1104. Nach der Rspr. gilt generell, dass derjenige, der vertragliche oder vorvertragliche Beratungs- oder Aufklärungspflichten verletzt hat, beweispflichtig ist dafür, dass der Schaden auch bei pflichtgemäßem Verhalten entstanden wäre, vgl. BGH v. 8. 6. 1978, BGHZ 72, 92 (106, Bank), für Rechtsanwalt z. B. BGH v. 13. 11. 1997, NJW 1998, 749, für Steuerberater z. B. BGH v. 28. 11. 1984, VersR 1985, 265 (266); BGH v. 7. 5. 1992, NJW-RR 1992, 1110 (1115); BGH v. 11. 4. 2000, NJW 2000, 2812 (Lieferant einer Computeranlage); BGH v. 12. 3. 1987, NJW 1987, 1938 (Reiseveranstalter); *Palandt/Heinrichs*, § 280 Rn. 39 m. w. N.

diese Beweislastumkehr hinsichtlich der **Kausalität zwischen Pflichtverletzung und Schaden** mit der besonderen Pflichtstellung des Maklers[680]. Der BGH nimmt an, es läge nahe, dass der VN seine Entscheidungen nicht gg. eigenes Interesse treffe[681]. Damit gilt die Vermutung, dass der VN sich bei pflichtgemäßer Aufklärung und Beratung in Richtung der Vermeidung des Verletzungserfolgs entschieden haben würde. In der Literatur wird von einer „Vermutung letztlich vernünftiger Reaktion"[682] gesprochen, deren Widerlegung dem Versicherungsmakler nur selten gelingen wird[683].

c) Mitverschulden. Regelmäßig verneint die Rspr. ein **Mitverschulden** des VN wegen   **337** des besonders schutzwürdigen Vertrauens des VN: Der VN dürfe damit rechnen, dass seine Versicherungsangelegenheiten und alle diesbezüglichen Interessen von dem hierzu vertraglich verpflichteten Versicherungsmakler besorgt würden. Sei die Besorgung der Versicherungsangelegenheiten durch den Makler schon Inhalt einer vertraglichen Verpflichtung, könne sich der pflichtwidrig handelnde Makler i. d. R. nicht darauf berufen, der ihm vertrauende Geschädigte habe seine Interessen noch anderweitig schützen und insbesondere mit einer Pflichtverletzung rechnen müssen[684].

Stellt die Rspr. das besondere Vertrauen des VN heraus, kommt umgekehrt die Annahme   **338** eines Mitverschuldens insbesondere in Fällen in Betracht, in denen das Vertrauen des Maklerkunden nicht schutzwürdig ist. Wenn etwa der VN den Makler nicht korrekt oder unvollständig informiert und der Makler deshalb das Risiko nicht oder nicht vollständig unterbringen kann, greift der Aspekt der Schutzwürdigkeit des Kunden naturgemäß nicht durch.

d) Verjährung. Die Schadensersatzansprüche des VN unterliegen der regelmäßigen Ver-   **339** jährungsfrist von drei Jahren gem. § 195 BGB. Die Verjährung beginnt zu laufen ab Kenntnis bzw. grob fahrlässiger Unkenntnis des VN von den den Anspruch begründenden Umständen und der Person des Schuldners (§ 199 Abs. 1 BGB). Ohne Rücksicht auf diese Kenntnis bzw. grob fahrlässige Unkenntnis verjähren die Schadensersatzansprüche in zehn Jahren von ihrer Entstehung an (§ 199 Abs. 3 S. 1 Nr. 1 BGB), und – ohne Rücksicht auf die Entstehung der Schadensersatzansprüche und die Kenntnis oder grob fahrlässige Unkenntnis – in dreißig Jahren von der Begehung der Handlung, der Pflichtverletzung oder dem sonstigen, den Schaden auslösenden Ereignis an (§ 199 Abs. 3 S. 1 Nr. 2 BGB). Nach § 199 Abs. 3 S. 2 BGB ist die früher endende Frist maßgeblich. Während § 199 Abs. 3 S. 1 Nr. 1 BGB auf die Entstehung des Schadensersatzanspruchs abstellt und damit den Eintritt eines Schadens voraussetzt[685], zielt § 199 Abs. 3 S. 1 Nr. 2 BGB insbesondere auf eine Pflichtverletzung ab, ohne dass es auf den Schadenseintritt ankommt.

Die dreijährige Verjährungsfrist des § 195 BGB mit ihrer subjektiven Anknüpfung in § 199   **340** Abs. 1 BGB gilt übrigens auch für Schadensersatzansprüche des VN, die schon vor der Schuldrechtsreform entstanden sind und zur Zeit ihres Inkrafttretens am 1. 1. 2002 noch nicht verjährt waren (s. Art. 229 § 6 Abs. 1 S. 1 EGBGB)[686].

---

[680] BGH v. 22. 5. 1985, BGHZ 94, 356 (363).

[681] BGH v. 22. 5. 1985, BGHZ 94, 356 (364). – In anderem Zusammenhang hat der BGH sich demgegenüber dahingehend geäußert, dass es im allgemeinen keinen Anscheinsbeweis dafür gebe, wie sich ein Mensch verhalten hätte, BGH v. 19. 2. 1975, NJW 1975, 824 (825).

[682] *Werber*, VW 1988, 1159 (1162); *ders.*, VersR 1992, 917 (921); *Schirmer*, Vortrag Hamburg, S. 78, 81.

[683] Vgl. aber BGH v. 5. 5. 1971, VersR 1971, 714; dazu *Matusche*, S. 174 f.

[684] BGH v. 22. 5. 1985, BGHZ 94, 356 (361): Der BGH schließt zwar ein Mitverschulden des VN nach § 254 BGB nicht aus, hält aber eine volle Schadentragung durch den VN für ausgeschlossen; OLG Düsseldorf (Az.: 7 U 242/88), VW 1993, 1397 (1398): Ablehnung des Mitverschuldens des VN in einem Fall, in dem der Makler die Anzeige eines Versicherungsfalls versäumt hatte, der bereits vor Abschluss des Maklervertrags eingetreten war; OLG Düsseldorf v. 10. 11. 1995, VersR 1996, 1104, das aber ein Mitverschulden bejahte; zum Mitverschulden auch *Matusche*, S. 163 ff.; *Werber*, VW 1988, 1159 (1162).

[685] *Mansel*, in AnwKomm Schuldrecht, § 199 Rn. 94 m. w. N.

[686] Dazu näher *Mansel*, in AnwKomm Schuldrecht, Art. 229 § 6 EGBGB Rn. 2 ff.; *Palandt/Heinrichs*, Art. 229 § 6 EGBGB Rn. 2 ff.

341 **e) Vertragliche Haftungsfreizeichnung bzw. -begrenzung.** Rechtsgeschäftlich können Begrenzungen der Maklerhaftung in Form individualvertraglicher Vereinbarung oder in Form von Allgemeinen Geschäftsbedingungen (AGB) erfolgen. AGB sind alle für eine Vielzahl von Verträgen vorformulierten Vertragsbedingungen, die eine Vertragspartei der anderen Vertragspartei bei Abschluss eines Vertrags stellt (§ 305 Abs. 1 S. 1 BGB). Soweit Vertragsbedingungen zwischen den Vertragsparteien im Einzelnen ausgehandelt sind, liegen keine AGB vor (§ 305 Abs. 1 S. 3 BGB).

342 Dabei ist jedoch zu beachten, dass Haftungsfreizeichnungen bzw. -begrenzungen wegen des **halbzwingenden Charakters nach § 67 VVG nicht** in Betracht kommen, sofern es sich um den Schadensersatzanspruch aus § 63 VVG handelt. Das ist immer dann der Fall, wenn es sich um eine Verletzung der Pflichten aus §§ 60, 61 VVG handelt. In Betracht kommen sie deshalb per se nur im Anwendungsbereich von § 280 Abs. 1 BGB.

343 *aa) Individualvertragliche Haftungsbegrenzungen.* Individualvertragliche Haftungsbeschränkungen sind in weiterem Umfange möglich als formularmäßige Freizeichnungen; sie sind freilich oft nicht praktikabel[687].

344 *(1) Verschuldensmaßstab.* Die Zulässigkeit individualvertraglicher Haftungsbegrenzungen richtet sich nach den allgemeinen zivilrechtlichen Grundsätzen (§§ 138, 134, 242 BGB). Der Versicherungsmakler kann individualvertraglich eine Haftung für **vorsätzliche** Pflichtverletzungen nicht wirksam ausschließen (§ 276 Abs. 3 BGB). Die individualvertragliche Vereinbarung einer Haftungsfreizeichnung für das Verschulden eines gesetzlichen Vertreters bzw. **Erfüllungsgehilfen** ist hingegen zulässig, auch in Bezug auf deren vorsätzliches Verhalten[688].

345 Haftungsfreizeichnungen für **grobe Fahrlässigkeit** können im Einzelfall eher zulässig sein, da der VN bei individualvertraglicher Vereinbarung abschätzen kann, worauf er sich einlässt. Jedoch ist die individualvertragliche Freizeichnung für grobe Fahrlässigkeit im Hinblick auf §§ 138 Abs. 1, 242 BGB nicht unproblematisch[689]. Wegen des dem Versicherungsmaklers entgegengebrachten besonderen Vertrauens ist es stets bedenklich, wenn er sich aus der Verantwortung für besonders schwere Missachtung der im Verkehr erforderlichen Sorgfalt befreien will. Für die Beurteilung eines solchen Ausschlusses sind aber stets die Umstände des konkreten Einzelfalls maßgeblich.

346 Individualvertraglich kann der Versicherungsmakler eine Haftung für **leichte Fahrlässigkeit** wirksam ausschließen; ein Verstoß gg. § 138 Abs. 1 BGB oder gg. die Grundsätze von Treu und Glauben liegt i. d. R. nicht vor[690].

347 *(2) Summenmäßige Haftungsbegrenzungen.* Individualvertragliche Haftungsbeschränkungen auf eine **Höchstsumme** sind – soweit sie die vorsätzliche Herbeiführung einer Pflichtverletzung betreffen – nicht zulässig[691].

348 Haftungsbegrenzungen auf eine angemessene Summe für den Fall fahrlässiger Pflichtverletzungen hingegen dürfen Gegenstand individualvertraglicher Abmachungen sein[692]. Unproblematisch dürften deshalb solche summenmäßigen Begrenzungen sein, die an die Höhe einer angemessenen Vermögensschadenhaftpflichtversicherung des Versicherungsmaklers anknüpfen[693]. Die Beschränkung darf den VN aber andererseits nicht entgegen den Grundsätzen von Treu und Glauben (§ 242 BGB) unangemessen benachteiligen. Ob eine Begrenzung

---

[687] Vgl. *Werber,* VW 1988, 1159 (1162); *Schirmer,* Vortrag Hamburg, S. 87; vgl. auch *Keil,* VW 1990, 311 (318).

[688] *Palandt/Heinrichs,* § 278 Rn. 42.

[689] *Hübner,* NJW 1989, 5 (10).

[690] Vgl. *Bindhardt/Jagenburg,* Die Haftung des Architekten, 8. Aufl. 1981, S. 416, für Architekten; *Gräfe/Lenzen/Rainer,* Steuerberaterhaftung, 2. Aufl. 1988, S. 281.

[691] *Palandt/Heinrichs,* § 276 Rn. 35.

[692] *Hübner,* NJW 1989, 5 (11); vgl. *Gräfe/Lenzen/Rainer,* S. 282, Steuerberaterhaftung, 2. Aufl. 1988.

[693] Nach § 51a Abs. 1 Nr. 1 BRAO können Rechtsanwälte die vertragliche Schadensersatzpflicht für fahrlässig verursachte Schäden durch schriftliche Vereinbarung im Einzelfall bis zur Höhe der Mindestversicherungssumme beschränken; vgl. für Wirtschaftsprüfer §§ 54a Abs. 1, 54 Abs. 1 S. 2 WPO.

der Haftungssumme auf einen Betrag unterhalb der Deckungssumme der Berufshaftpflichtversicherung möglich ist, hängt zwar von den Umständen des Einzelfalls ab; ein berechtigtes Interesse des Versicherungsmaklers hieran erscheint indes kaum begründbar.

(3) Abkürzungen der Verjährungsfrist. Bei der Haftung wegen vorsätzlicher Pflichtverletzun **349** gen kann die **Verjährung** nicht im Voraus durch Rechtsgeschäft erleichtert werden. Im Übrigen sind auch solche Vereinbarungen im Lichte der allgemeinen Verbote (§§ 138, 242 BGB) zu beurteilen.

bb) Haftungsbegrenzung in Allgemeinen Geschäftsbedingungen. Die Umsiedelung der AGB **350** rechtlichen Vorschriften in das BGB durch das Gesetz zur Modernisierung des Schuldrechts hat materiell-rechtlich nur wenige Veränderungen mit sich gebracht. Soweit die §§ 305 ff. BGB für die Beurteilung Allgemeiner Geschäftsbedingungen anwendbar sind (vgl. insbes. § 310 BGB), lassen sich folgende Grundlinien für **Makler-AGB** aufstellen:

(1) Verschuldensmaßstab. Nach § 276 Abs. 3 BGB kann dem Schuldner die Haftung wegen **351** **Vorsatzes** im Voraus nicht erlassen werden.

Aufgrund des neu gefassten § 309 Nr. 7 BGB ist in Allgemeinen Geschäftsbedingungen **352** unwirksam ein Ausschluss oder eine Begrenzung der Haftung im Falle der Verletzung von Leben, Körper oder Gesundheit (s. i. E. § 309 Nr. 7 a) BGB); die Verletzung eines solchen Rechtsguts kommt jedoch im Rahmen der Maklerhaftung nicht näher in Betracht. Jedoch ist ein Ausschluss oder eine Begrenzung der Haftung auch für sonstige Schäden nach § 309 Nr. 7 b) BGB unwirksam, die auf einer **grob fahrlässigen Pflichtverletzung** des Verwenders oder auf einer vorsätzlichen oder grob fahrlässigen Pflichtverletzung eines gesetzlichen Vertreters oder Erfüllungsgehilfen des Verwenders beruhen. Das frühere AGB-Gesetz enthielt eine entsprechende Vorschrift in § 11 Nr. 7[694]. Schon zu Zeiten der Geltung dieser Vorschrift war fraglich, ob man aus der Existenz des § 11 Nr. 7 AGBG den Schluss ziehen dürfe, dass eine Freizeichnung für **leicht fahrlässige Pflichtverletzungen** zulässig sei. Dies wurde indes von Rspr.[695] und überwiegender Meinung in der Literatur[696] verneint, die vielmehr auch solche Klauseln, die eine Haftung für leicht fahrlässige Pflichtverletzungen ausschließen, im Lichte der Generalklausel (§ 9 AGBG a. F.) beurteilten[697]. Im Rahmen von Maklerverträgen sah dabei die überwiegende Ansicht Haftungsausschlussklauseln hinsichtlich leicht fahrlässiger Pflichtverletzungen wegen der besonderen Pflichtenstellung des Maklers und im Hinblick auf das ihm von seinem Kunden entgegen gebrachte Vertrauen als unwirksam an[698].

(2) Summenmäßige Haftungsbegrenzungen. Allerdings dürfte nach altem wie neuem Recht **353** eine Haftungsbeschränkung auf angemessene **Höchstsummen für den Fall leichter Fahrlässigkeit** im Maklervertrag wirksam sein[699]. Einen indiziellen Anhaltspunkt hinsichtlich der Summenhöhe kann das Berufsrecht der Rechtsanwälte geben: Die BRAO lässt es zu, dass der Rechtsanwalt durch vorformulierte Vertragsbedingungen für Fälle einfacher Fahrlässigkeit seine Haftung auf den vierfachen Betrag der Mindestversicherungssumme i. H. v. 250 000 Euro beschränkt, wenn insoweit Versicherungsschutz besteht (s. §§ 51a Abs. 1 Nr. 2, 51 Abs. 4 BRAO)[700]. Diese gesetzliche Wertung lässt sich auf den Versicherungsmakler übertragen.

---

[694] Anders als § 11 Nr. 7 AGBG a. F. knüpft § 309 Nr. 7 b) BGB nicht an eine „Vertragsverletzung", sondern an eine Pflichtverletzung, vgl. zu den Folgen *Hennrichs,* in AnwKomm SchuldR, § 309 Rn. 13.

[695] BGH v. 19. 4. 1978, BGHZ 71, 226 (228); BGH v. 19. 1. 1984, BB 1984, 746 (748); BGH v. 23. 2. 1984, NJW 1985, 3016 (3018); BGH v. 26. 11. 1984, BGHZ 93, 29 (48); BGH v. 20. 6. 1984, NJW 1985, 914 (916); BGH v. 17. 1. 1985, NJW 1985, 1165 (1166).

[696] Z. B. *Ulmer/Brandner/Hensen,* § 11 Nr. 7 Rn. 25 f., 31 f.; *Löwe/v. Westphalen/Trinkner,* § 11 Nr. 7 Rn. 50; *Wolf/Horn/Lindacher,* § 11 Nr. 7 Rn. 29 ff., 52.

[697] *Palandt/Heinrichs,* § 307 Rn. 35, 45 ff. m. w. N.

[698] *Matusche,* S. 187 ff. m. w. N.

[699] *Palandt/Heinrichs,* § 307 Rn. 51 f.; *Ulmer/Brandner/Hensen,* § 11 Nr. 7 Rn. 27, 34 f.; *Schlechtriem,* BB 1984, 1177.

[700] Vgl. für Wirtschaftsprüfer die entsprechende Regelung in den §§ 54a Abs. 1, 54 Abs. 1 2 WPO i. V. m. § 323 Abs. 1 HGB, freilich mit deutlich höherer Mindestversicherungssumme.

354   *(3) Abkürzungen der Verjährungsfrist.* Zu überdenken ist, ob der Versicherungsmakler in Allgemeinen Geschäftsbedingungen die nunmehr geltende dreijährige **Verjährungsfrist** des § 195 BGB weiter verkürzen darf. Eine Verkürzung der regelmäßigen Verjährung von 30 Jahren wurde meist als zulässig angesehen[701], doch nimmt dies angesichts der enormen Dauer der damaligen Verjährung nicht Wunder. Fraglich ist vielmehr, ob die nun im Regelfall deutlich verkürzte Verjährung in Allgemeinen Geschäftsbedingungen noch weiter verkürzt werden darf. Grds. ist eine Abkürzung der Verjährungsfristen möglich, wie ein Umkehrschluss aus § 202 Abs. 2 BGB ergibt[702]. Dennoch erscheint eine weitere Verkürzung der vom Gesetzgeber aktuell überdachten Fristen zumindest problematisch. Soweit sich bisher überhaupt Stimmen zu dieser Frage finden, wird eine Verjährungsverkürzung in Makler-AGB für unzulässig gehalten[703].

355   Wertungsmaßstab für eine entsprechende AGB-Bestimmung ist die Generalklausel § 307 BGB. Für die Beurteilung der Wirksamkeit einer Verkürzung der Verjährungsfristen in Allgemeinen Geschäftsbedingungen ist entscheidend, ob die Durchsetzung der Ansprüche des Vertragspartners dadurch erheblich behindert wird[704]. Angesichts der im Regelfall greifenden relativ kurzen Verjährung von drei Jahren und der Tatsache, dass das Vertragsverhältnis zwischen Versicherungsmakler und seinem Kunden durch ein besonderes Vertrauensverhältnis geprägt ist, könnte der Wirksamkeit einer Verjährungsverkürzung in AGB generell eine Absage zu erteilen sein.

356   Ob dies aber zwingend ist, erscheint mit Blick auf die gesetzlichen Spezialvorschriften der § 68 StBerG und § 51b BRAO zumindest zweifelhaft. Nach diesen Vorschriften verjähren die vertraglichen Schadensersatzansprüche der Mandanten von Steuerberatern und Rechtsanwälten im Einklang mit § 195 BGB zwar gleichsam in drei Jahren. Allerdings besteht der Unterschied, dass es eine Vorschrift wie § 199 Abs. 1 Nr. 2 BGB hier ebenso wenig gibt wie die zehn- bzw. dreißigjährige Verjährungsfrist nach § 199 Abs. 3 BGB. In den genannten Spezialvorschriften wird der Verjährungsbeginn vielmehr generell berechnet vom Zeitpunkt der Anspruchsentstehung an[705]. Im Einzelfall können diese Berufsgruppen also gegenüber dem Gefüge der §§ 195, 199 Abs. 1, 3 BGB deutlich privilegiert sein. Hier könnte Raum sein, jedenfalls auch im Maklervertrag als Anknüpfungspunkt für den Verjährungsbeginn auf die Anspruchsentstehung, also einen objektiven Umstand anzuknüpfen[706]. Dabei sollen an dieser Stelle die sich an eine solche Bestimmung anknüpfenden Probleme, wie sie sich etwa im Rahmen des § 68 StBerG zur Frage stellen, zu welchem konkreten Zeitpunkt die Verjährungsfrist in Gang gesetzt wird[707], nicht abschließend bewertet werden. Jedoch ließe sich eine nach dem Vorbild der § 68 StBerG, § 51b BRAO formulierte AGB-Bestimmung im Maklervertrag mit der Erwägung rechtfertigen, dass diesen Spezialvorschriften eine Leitbildfunktion für alle Beraterberufe[708] innewohnt. Ist der Mandant einer dieser Berufsgruppen bereits kraft Gesetzes einer dreijährigen Verjährung ab dem Zeitpunkt der Anspruchsentstehung ausgesetzt, lässt sich schwerlich begründen, dass die diesem Vorbild entsprechende AGB-Bestimmung eines Maklers den Vertragspartner entgegen den Geboten von Treu und Glauben unangemessen benachteiligt.

357   Eine weitergehende Verjährungsverkürzung dürfte hingegen einer Inhaltskontrolle nicht Stand halten. So hat auch der BGH bereits Verkürzungen der dreijährigen Verjährungsfrist durch Steuerberater oder Rechtsanwälte für unzulässig gehalten mit der Erwägung, die Ver-

---

[701] *Matusche,* S. 195 f.
[702] *Palandt/Heinrichs,* § 202 Rn. 1.
[703] Ausf. *Abram,* VersR 2002, 1331 (1334 ff.).
[704] Noch zum früheren Recht BGH v. 14. 4. 1975, BGHZ 64, 238 (243); *Ulmer/Brandner/Hensen,* § 11 Nr. 10 f Rn. 82.
[705] Dies gilt auch für die für Wirtschaftsprüfer angeordnete **fünf**jährige Verjährungsfrist des § 51a WPO.
[706] A. A. *Abram,* VersR 2002, 1331 (1335).
[707] Vgl. z. B. BGH v. 22. 2. 1979, NJW 1979, 1550 (1551).
[708] Z. B. *Zopfs,* VersR 1986, 747.

jährungsvorschriften in BRAO bzw. StBerG stellten einen gesetzlichen Mindeststandard dar, der durch AGB nicht unterschritten werden dürfe[709]. Darüber hinaus hat der BGH de lege ferenda für länger dauernde Verjährungsfristen bei diesen Berufsgruppen plädiert[710]. Vor diesem Hintergrund erscheint es kaum denkbar, dass die Rspr. Verjährungsverkürzungen durch Makler auf Fristen von unter drei Jahren akzeptieren würde.

5. Beendigung des Maklervertrags

Trotz der weiteren Fortführung des Versicherungsvertrages kann der Maklervertrag zwischen Versicherungsmakler und VN beendet werden. Neben den **allgemeinen Beendigungsgründen** wie z. B. Anfechtung (§§ 119 ff. BGB), Rücktritt (§§ 346 ff. BGB) oder zeitlicher Befristung des Maklervertrags kommt eine **Kündigung** (§§ 675, 673 BGB)[711] in Betracht. Im Maklervertrag kann eine jederzeitige fristlose oder mit (kurzer) Frist versehene Kündigungsmöglichkeit vorgesehen werden. Haben die Parteien keine vertragliche Vereinbarung über die Kündigung getroffen, kommt bei Vorliegen eines wichtigen Grundes eine außerordentliche Kündigung aus wichtigem Grund (§ 626 BGB) in Betracht[712]. Entsprechend § 627 BGB besteht überdies die Möglichkeit der Kündigung ohne wichtigen Grund und ohne besondere Frist: Da der VN dem Makler Dienste höherer Art überträgt, die besonderes Vertrauen voraussetzen, und der Makler nicht im dauernden Dienstverhältnis mit festen Bezügen zum VN steht, liegen die Voraussetzungen des § 627 Abs. 1 BGB vor[713]. Kündigt der Makler den Maklervertrag jedoch zur Unzeit und liegt kein wichtiger Grund vor, ist er für den hieraus entstandenen Schaden nach § 627 Abs. 2 BGB ersatzpflichtig. **358**

IV. Rechtsverhältnis zwischen Versicherungsmakler und Versicherer

1. Kooperation zwischen Versicherungsmakler und Versicherer

a) Zusammenarbeits- und Korrespondenzpflicht des Versicherers. Ob der VR zur Zusammenarbeit und Korrespondenz mit einem Versicherungsmakler verpflichtet ist, wird in Detailfragen unterschiedlich beurteilt. Wenn auch der zwischen Versicherungsmakler und VN abgeschlossene Maklervertrag nicht einer „Annahme" durch den VR bedarf[714], so kann unzweifelhaft der VR den Abschluss des vom Makler angedienten Versicherungsvertrages ablehnen oder sich **vor Abschluss des Versicherungsvertrages** weigern, mit diesem Makler zusammen zu arbeiten[715]. Ist der Versicherungsvertrag aber durch Vermittlung des Maklers zustande gekommen, muss der VR grds. weiter mit dem Makler zusammen arbeiten[716] und an ihn die geschuldete Courtage entrichten (s. Rn. 393 ff.). In Ausnahmefällen kann der VR aber auch nach Abschluss des Versicherungsvertrages die weitere Zusammenarbeit und Kor- **359**

---

[709] BGH WM 1991, 1266 (1270); BGH v. 22. 2. 1979, NJW 1979, 1550 (1551); BGH v. 16. 1. 1986, NJW 1986, 1171 (1172); s. auch *Vollhardt*, BB 1982, 2142 (2145).
[710] BGH v. 6. 11. 1980, NJW 1981, 401 (403); BGH v. 16. 1. 1986, NJW 1986, 1171 (1172).
[711] Zur Kündigung des Maklervertrags vgl. *Griess/Zinnert*, S. 401; *Schirmer*, Vortrag Hamburg, S. 24. – Zu den Folgen der Kündigung für den Courtagezahlungsanspruch s. Rn. 412 ff.
[712] Zur dogmatischen Einordnung des Maklervertrags s. Rn. 270. Folgt man der Auffassung, dass der Maklervertrag dem Werkvertrag näher steht, ergibt sich ein Kündigungsrecht ldgl. aus § 649 BGB bzw. ein Widerrufsrecht aus §§ 675 i. V. m. 671 BGB.
[713] *Matusche*, S. 128; zust. *Prölss/Martin/Kollhosser*, Anh. zu §§ 43–48 Rn. 19 mit Hinweis darauf, dass § 627 BGB grds. nicht durch AGB wirksam abbedungen werden kann (vgl. BGH v. 1. 2. 1989, NJW 1989, 1479 [1480]; OLG Koblenz v. 18. 5. 1990, NJW 1990, 3153 [3154]).
[714] *Prölss/Martin/Kollhosser*, Anh. zu §§ 43–48 Rn. 26 a. E., 27; s. zu dieser Frage mit unterschiedlicher Akzentuierung *Spielberger*, VersR 1984, 1014 (1016); *Marzin*, VW 1995, 204 (205); *Schmelzer*, VK 1992, 33 (35); *Habermeyr*, ZVersWes 1987, 113; LG München, r+s 1995, 158 gg. AG München v. 13. 8. 1993, BB 1993, 2270; offen gelassen von LG Freiburg, VW 1986, 1482; LG München v. 5. 9. 1980, VersR 1982, 753.
[715] *Prölss/Martin/Kollhosser*, Anh. zu §§ 43–48 Rn. 23.
[716] *Prölss/Martin/Kollhosser*, Anh. zu §§ 43–48 Rn. 24.

respondenz mit dem Versicherungsmakler ablehnen, wenn ein **wichtiger Grund** i. S. v. § 626 BGB vorliegt, der erst nach Abschluss des Versicherungsvertrages eingetreten oder dem VR bekannt geworden ist[717].

360   Die gleichen Grundsätze gelten im Falle eines Maklerwechsels: Auch hier ist der VR grds. zur Zusammenarbeit verpflichtet, es sei denn, es läge ein wichtiger Grund vor, der für den VR die Zusammenarbeit unzumutbar macht[718].

361   **b) Zusammenarbeitsverbot (§ 80 VAG).** § 80 VAG verpflichtet die VU, nur mit solchen gewerbsmäßig tätigen Vermittlern zusammenzuarbeiten, die die dort näher bestimmten Voraussetzungen erfüllen. Damit wird die gewerberechtliche Erlaubnispflicht versicherungsaufsichtsrechtlich abgesichert[719]. Es ist zu differenzieren: § 80 Abs. 1 VAG bestimmt zunächst, dass die VU nur mit solchen erlaubnispflichtigen Vermittlern zusammenarbeiten dürfen, denen eine entsprechende Erlaubnis nach § 34d GewO erteilt wurde. Unterliegen die Vermittler nach § 34d Abs. 4 GewO keiner Erlaubnispflicht oder sind sie nach § 34d Abs. 3 GewO von der Erlaubnispflicht befreit, dürfen die VU nur dann mit ihnen zusammenarbeiten, wenn die Vermittler zuverlässig sind, in geordneten Vermögensverhältnissen leben und über die für die Vermittlung erforderliche Qualifikation verfügen. Prüft bei den Vermittlern, die einer Erlaubnis bedürfen, die Behörde den entsprechenden Sachverhalt, liegt dies in den letzten beiden Fällen in der Hand des VU; die staatliche Aufgabe wird ihnen übertragen[720]. Dass sich das VU im ersten Fall auf die Prüfung der Behörde verlassen kann, folgt aus der Legalisierungswirkung der erteilten Erlaubnis.

362   Bedarf der Versicherungsvermittler der Erlaubnis und Eintragung in das Register, gestaltet sich die Nachprüfung durch das VU einfach, denn sie kann und soll durch Einsichtnahme in das Register erfolgen[721]. Problematischer ist der Fall, dass der Versicherungsvermittler keiner Erlaubnis bedarf und das VU die Nachprüfungen vornehmen muss, die ansonsten die Behörden anstellen. Die Gesetzesbegründung spricht von der Einholung „geeigneter Auskünfte"[722]. Was konkret damit gemeint ist, bleibt offen. Im Ausgangspunkt ist klar, dass dem VU nicht die Möglichkeiten der Erlaubnisbehörden offen stehen, schon weil sie keine öffentliche Gewalt ausüben. So können VU nicht im Wege von Amtshilfeersuchen Rücksprache mit Behörden nehmen oder von sich aus auf Behördeninformationen zugreifen, weil einer Auskunftserteilung häufig datenschutzrechtliche Bestimmungen entgegenstehen. Deshalb kann man von dem VU eine Nachprüfung nicht in demselben Umfang verlangen, wie sie eine Behörde anstellt. Dafür spricht auch, dass der Gesetzgeber bestimmte Vermittler gerade nicht einer Erlaubnispflicht unterworfen hat. Bis klare Tendenzen der Rechtsprechung erkennbar sind, bleibt den VU zu raten, in Zweifelsfällen auf eine Zusammenarbeit zu verzichten.

363   In beiden Fällen gilt, dass die Überprüfung nicht bei Abschluss jedes einzelnen Versicherungsvertrages erfolgen muss; vielmehr reicht es aus, wenn die VU die Erlaubnis und die Eintragung bzw. die in § 80 Abs. 2 VVG genannten Kriterien in regelmäßigen Abständen überprüfen[723].

364   Verstößt das VU gegen seine Pflichten aus § 80 VAG, kommen versicherungsaufsichtsrechtliche Maßnahmen in Betracht. Ein Verstoß gegen § 80 VAG hat hingegen keine Auswirkungen auf das Versicherungsverhältnis zwischen VU und VN.

---

[717] OLG Frankfurt/M. v. 12. 11. 1993, VersR 1995, 92 (93); BGH VersR 1995, 93; *Keil,* VW 1995, 66; *Hoheisel/Wesemann,* VersVerm 1995, 62; zu „wichtigen Gründen" s. *Prölss/Martin/Kollhosser,* Anh. zu §§ 43–48 Rn. 24.

[718] *Prölss/Martin/Kollhosser,* Anh. zu §§ 43–48 Rn. 25 m. w. N.

[719] *Schönleiter,* GewArch 2007, 265 (271).

[720] BT-Drucks. 16/1935, S. 27.

[721] BT-Drucks. 16/1935, S. 27.

[722] BT-Drucks. 16/1935, S. 27 f.

[723] *Schönleiter,* GewArch 2007, 265 (271); BT-Drucks. 16/1935, S. 27.

Fraglich ist allerdings, ob ein Verstoß gegen § 80 VAG Auswirkungen auf das Verhältnis   **365** zwischen VU und Versicherungsmakler hat. Denkbar wäre insbesondere, dass wegen § 134 BGB i. V. m § 80 VAG kein Anspruch auf die Maklercourtage entsteht. Dem widerspricht jedoch, dass zwar beide ihre Pflichten verletzt haben, das VU aber regelmäßig von dem zustande gekommenen Versicherungsvertrag profitiert.

Bisher ungeklärt ist auch, ob es sich bei § 80 VAG um ein Schutzgesetz i. S. v. § 823 Abs. 2   **366** BGB zugunsten des VN handelt. Geriert sich jemand als Versicherungsmakler, ohne ein solcher zu sein und unterlässt das VU die gebotene Nachprüfung, könnte der VN einen ihm dadurch entstandenen Schaden nach § 823 Abs. 2 BGB iVm § 80 VAG vom VU ersetzt verlangen. Für eine solche Sichtweise ließe sich der Zweck des § 80 VAG anführen, der darin liegt, die gewerberechtliche Erlaubnispflicht versicherungsaufsichtsrechtlich abzusichern.

2. Besondere Vereinbarungen zwischen Versicherer und Versicherungsmakler

Mit der Stellung des Versicherungsmaklers als von der Seite der VR unabhängigem Interes-   **367** senvertreter des VN ist es unvereinbar, wenn der Versicherungsmakler sich gegenüber einem oder mehreren VU zu einer ständigen Vermittlung verpflichtet[724]. Bei den in der Praxis anzutreffenden Vereinbarungen zwischen VR und Versicherungsmaklern handelt es sich meist um bloße **Rahmenabkommen**[725], die eine vertragliche Grundlage für eine bestehende oder künftige Geschäftsbeziehung schaffen. In der Praxis sind vor allem **Courtageabkommen** üblich (s. Rn. 393), in denen für den Fall erfolgter Vermittlung die Courtagesätze fixiert sowie Vereinbarungen zu technischen Abwicklungsfragen getroffen werden[726]. Es finden sich aber gelegentlich auch sog. **Maklerklauseln,** mit denen der VR den Makler insbes. dazu berechtigt, vorläufige Deckungszusagen zu erteilen, Erklärungen und Anzeigen des VN mit Wirkung für und gg. den VR entgegenzunehmen und Versicherungsanträge anzunehmen[727]. Diese Anbindung an einen VR ist bedenklich, da die Gefahr von Interessenkonflikten besteht, wenn der Makler einerseits als Sachwalter für den VN, andererseits aber als rechtsgeschäftlicher Vertreter des VR handeln soll[728]. Im Rahmen des Umfanges der erteilten rechtsgeschäftlichen Vollmacht kann der Makler insoweit einem Versicherungsagenten i. S. d. §§ 59 ff. VVG gleichstehen[729].

Ohne spezielle Vereinbarung ist der Versicherungsmakler zur Vertretung des VR freilich   **368** nicht berechtigt[730].

3. Qualifizierung des Rechtsverhältnisses

Auch ohne besondere Vereinbarungen zwischen VR und Versicherungsmakler entstehen,   **369** sobald der Versicherungsmakler zwecks Abschlusses eines Versicherungsvertrages mit einem VU in Kontakt tritt, nach herrschender Auffassung **vertragsähnliche Rechtsbeziehungen** zwischen diesen Parteien, die für den Versicherungsmakler Interessenwahrnehmungspflichten auch gegenüber dem VU begründen[731].

---

[724] In diesem Fall würde der Versicherungsmakler im Verhältnis zum VR Versicherungsagent i. S. v. § 84 HGB, *Prölss/Martin/Kollhosser,* Anh. zu §§ 43–48 Rn. 22; *Sieg,* ZVersWiss 1988, 263 (281).

[725] *Prölss/Martin/Kollhosser,* Anh. zu §§ 43–48 Rn. 22.

[726] Vgl. *Voß/Höft,* S. 25; *Sieg,* ZVersWiss 1988, 263 (283); Muster einer Courtagezusage bei *Griess/Zinnert,* S. 636.

[727] *Prölss/Martin/Kollhosser,* § 43 Rn. 4 und Anh. zu §§ 43–48 Rn. 22; *Bruck,* Privatversicherungsrecht, S. 155; *Griess/Zinnert,* S. 67.

[728] Zum sog. Makleragenten s. Rn. 197 ff.

[729] *Prölss/Martin/Kollhosser,* § 43 Rn. 4; OLG Hamm v. 8. 11. 1996, VersR 1997, 1264; OLG Hamm v. 6. 5. 1992, VersR 1992, 1462; *Lücke,* VersR 1994, 128.

[730] *Bruck,* NeumannsZ 1924, 564; *Bruck/Möller,* vor §§ 43–48 Anm. 41, 43; *Griess/Zinnert,* S. 67; *Prölss/Martin/Kollhosser,* § 43 Rn. 3; Anh. zu §§ 43–48 Rn. 22.

[731] *Prölss/Martin/Kollhosser,* Anh. zu §§ 43–48 Rn. 20; Berliner Kommentar/*Gruber,* Anh. zu § 48 Rn. 12; *Trinkhaus,* S. 133; *Sieg,* ZVersWiss 1988, 263 (280); OLG Hamburg, OLG-Rspr. 14, 348 (349); *Bruck/Möller,* vor §§ 43–48 Anm. 37; *Möller,* VW 1970, 1004; *Matusche,* S. 31 ff.; *Schirmer,* Vortrag Hamburg, S. 4, 13, 30.

370   Unangefochten ist diese Auffassung nicht. So stellt insbes. *Voit*[732] vertragsähnliche Beziehungen des Versicherungsmaklers zum VU in Frage. Während der Versicherungsagent „Mann des VU" sei, sei der Versicherungsmakler „Mann des VN". Ansprüche des VU könnten sich nur aus den §§ 823 ff. BGB ergeben, was zum Schutze des VU ausreiche. Diese Auffassung *Voits* ermöglicht eine klare Zuordnung der Makler- und Agententätigkeit. Sieht man aber mit der überwiegenden Ansicht den Versicherungsmakler als Handelsmakler i. S. d. §§ 93 ff. HGB an (s. Rn. 226 ff.), bestehen Bedenken an dieser Auffassung. Insbesondere die §§ 98[733], 101[734] und 94 HGB[735] zeigen, dass der Handelsmakler nach dem gesetzlichen Leitbild als ein für beide (späteren) Vertragsparteien handelnder Mittelsmann anzusehen ist. Auch § 99 HGB lässt sich als Argument für eine enge Bindung auch an die VR-Seite anführen, selbst wenn entgegen dieser Vorschrift allein das VU die Courtage des Maklers schuldet (s. Rn. 393 f.). Gerade dieser Umstand spricht für die Annahme eines vertragsähnlichen Bandes zwischen VU und Makler. Folgt man der Prämisse, dass der Versicherungsmakler als Handels- und nicht lediglich als Zivilmakler (§§ 652 ff. BGB) zu qualifizieren ist, lässt sich nach der Gesetzeslage ein vertragsähnliches Band zwischen Versicherungsmakler und VU nicht leugnen, selbst wenn der Versicherungsmakler auch auf der Seite des VN näher steht[736].

371   Folgt man der hier vertretenen Auffassung, so entstehen vertragsähnliche Rechtsbeziehungen zwischen VR und Makler spätestens mit Abschluss des Versicherungsvertrages; sie zeigen aber mit dem Beginn der Vertragsverhandlungen Vorwirkungen[737]. Mit der Kontaktaufnahme zu einem VR entsteht also ein vertragsähnliches Verhältnis, aus dem sich besondere Pflichten des Maklers gegenüber dem VU ergeben[738]. Grds. ist für die Annahme des vertragsähnlichen Bandes der Erfolg der Vermittlungsbemühungen, d. h. ein Vertragsabschluss zwischen VR und VN, nicht zwingende Voraussetzung[739]. Das steht im Einklang mit § 311 Abs. 2 BGB.

372   Problematisch ist, inwieweit die dem Makler zugewiesene Sachwalter-Stellung für den VN mit der Annahme vertragsähnlicher Pflichten des Maklers gegenüber dem VU vereinbar ist. Der Versicherungsmakler nimmt eine Ausgleichsfunktion wahr: Einerseits darf er nicht einseitig als „Agent des VN" eingeordnet werden[740], sondern muss seine beiderseitigen Verpflichtungen primär im gemeinsamen Interesse aller Beteiligten befolgen. Bei der Erfüllung seiner Pflichten gegenüber seinem Kunden darf der Makler nicht die Interessen des VU beeinträchtigen, andererseits aber auch die gegenüber dem VU bestehenden Pflichten nie gg. die Interessen des VN ausüben[741].

373   Als Vermittler soll der Versicherungsmakler nicht nur einseitig die Kundeninteressen wahrnehmen[742], sondern zwischen den zusammenzuführenden Vertragsparteien als neutraler Mit-

---

[732] Unveröff. Vortrag PKV Forum, 22. 1. 1990, München; vgl. auch *Odendahl*, ZVersWes 1993, 390.

[733] Zur Anwendbarkeit des § 98 HGB auch für Versicherungsmakler OLG Hamburg, OLG-Rspr. 14, 348 (349); *Sieg*, ZVersWiss 1988, 263 (280 f.); *Möller*, VW 1970, 1004 (1010); *Schirmer*, VersVerm 1990, 349 (356); abw. *Weyers*, S. 94.

[734] *Waldstein*, S. 14; *Griess/Zinnert*, S. 53.

[735] Diese Verpflichtung ist beim Versicherungsmakler von untergeordneter Bedeutung, *Bruck*, Privatversicherungsrecht, S. 155 Fn. 16. Die Rolle der Schlussnote übernimmt die Police; auch kann die dieser Norm zu entnehmende Pflicht infolge der Verwendung sogenannter „Slips" ortsgebräuchlich entfallen, vgl. *Bruck/Möller*, vor §§ 43–48 Anm. 52, 58 a. E.

[736] *Gauer*, S. 41; *Werber*, VW 1988, 1159 (1160); *Bruck*, Privatversicherungsrecht, S. 154; *ders.*, NeumannsZ 1924, 564; *v. Gaertner*, VW 1986, 1198 (1198); *Arnold*, VerBAV 1955, 229; *Trinkhaus*, S. 133; *Möller*, HdV, Sp. 2333; *R. Schmidt*, S. 23 (31).

[737] *R. Schmidt*, S. 23 (31); dies gilt jedoch nicht, wenn der VR zu erkennen gibt, an einem Vertragsschluss nicht interessiert zu sein oder von vornherein die Zusammenarbeit mit dem Makler ablehnt, *Bruck/Möller*, vor §§ 43–48 Anm. 37 a. E; *Griess/Zinnert*, S. 53.

[738] Vgl. *R. Schmidt*, S. 23 (30); *Bruck/Möller*, vor §§ 43–48 Anm. 52; *Gauer*, S. 42.

[739] *Heymann*, in: Ehrenberg, S. 391 f.; *Bruck/Möller*, vor §§ 43–48 Anm. 37.

[740] *Werber*, VW 1988, 1159 (1160).

[741] *Lahno*, VW 1987, 428 (431).

[742] *Sieg*, ZVersWiss 1988, 263 (282).

telsmann fungieren[743]; dabei ist die Objektivität dieser Mittlerrolle begrenzt durch die vorrangige Verpflichtung und Funktion des Maklers, seine Sachwalterrolle für den Maklerkunden wahrzunehmen. Diese Interessenwahrnehmung darf aber nicht so weit führen, dass der Makler etwa für unvernünftige oder gar illegitime Interessen des VN Partei ergreift[744]. Also ist das Mittlerverhältnis bzgl. der Pflichten gegenüber VN und gegenüber VR geprägt von unterschiedlichem Gewicht und Verpflichtungsgrad. I. d. S. befindet sich der Versicherungsmakler in einem **Doppelrechtsverhältnis**[745], das gesetzlichen Ausdruck in den §§ 93 ff. HGB findet und in der Beziehung zum VN verstärkt ist.

4. Inhalt des Rechtsverhältnisses

a) Pflichten des Versicherungsmaklers. Rspr. zu den Pflichten des Versicherungsmaklers gegenüber dem VU ist, soweit ersichtlich, nicht ergangen; Stellungnahmen im Schrifttum sind selten[746].   **374**

aa) Grundlegende Pflichten. Den Versicherungsmakler trifft auch gegenüber dem VU eine **Interessenwahrnehmungspflicht,** die jedoch geringer ausgeprägt ist als die entsprechende Pflicht gegenüber dem VN. Allgemein bedeutet sie, dass der Versicherungsmakler auch die Belange des VR berücksichtigen und wahren muss[747].   **375**

Im Gegensatz zum VN bedarf der VR keiner Beratung durch den Makler[748]. Vielmehr stehen im Verhältnis zum VR **Auskunfts- und Mitteilungspflichten** im Vordergrund, die sich auf diejenigen Umstände beziehen, die für Abschluss bzw. Fortführung eines Versicherungsvertrages auf Seiten des VR von Interesse sein könnten (s. näher Rn. 377 ff.). Zur Erfüllung dieser Auskunfts- und Mitteilungspflichten muss der Makler erforderlichenfalls auch Erkundigungen im Interesse des VR einholen[749]. Ferner trifft den Versicherungsmakler auch gegenüber dem VU stets eine Verschwiegenheitspflicht in Bezug auf Vertraulichkeiten[750].   **376**

bb) Pflichten vor Abschluss des Versicherungsvertrags. Der Versicherungsmakler muss dafür Sorge tragen, dass der VN seine **vorvertraglichen Anzeigepflichten** (§ 19 VVG) erfüllt[751].   **377**

Fraglich ist, ob es genügt, wenn der Versicherungsmakler nur diejenigen für den Vertragsschluss relevanten Umstände offenbart, wie es § 19 VVG vom VN verlangt, oder ob an den Makler höhere Anforderungen an die **Offenlegung vertragsrelevanter Umstände** zu stellen sind[752]. Nach einer Ansicht hat der Makler dem VR alle zur Risikobeurteilung notwendigen Umstände mitzuteilen und die ihm bekannten ungünstigen Nachrichten über das zu versichernde Risiko zu offenbaren[753]. Diese Pflicht wird sich regelmäßig mit den dem VN obliegenden vorvertraglichen Anzeigepflichten decken; sie kann aber im Einzelfall darüber   **378**

---

[743] *Voß/Höft,* S. 25; *Bruck,* Privatversicherungsrecht, S. 154; *Sieg,* ZVersWiss 1988, 263 (282).

[744] *Schirmer,* Vortrag Hamburg, S. 30.

[745] BGH VersR 1995, 93; OLG Frankfurt v. 12. 11. 1993, VersR 1995, 92 (93); *Zierke,* VersR 1987, 746; *Voß/Höft,* S. 26; *Sieg,* ZVersWiss 1988, 263 (280); *Werber,* Beiträge, S. 185 (192: „interessebedingt modifiziertes bzw. relativiertes Doppelrechtsverhältnis"); Berliner Kommentar/*Gruber,* Anh. zu § 48 Rn. 12; **a. A.** (kein Doppelrechtsverhältnis) *Odendahl,* ZVersWes 1993, 390.

[746] Z. B. *Schirmer,* Vortrag Hamburg, S. 4 („Schadensersatzpflicht des Versicherungsmaklers gegenüber dem VU … ist rechtlich denkbar", S. 73: „… wird aber hier ausgeklammert"); s. auch die Andeutungen bei *Keil,* VW 1990, 311 (318).

[747] *Prölss/Martin/Kollhosser,* Anh. zu §§ 43–48 Rn. 21; *Bruck/Möller,* vor §§ 43–48 Anm. 54.

[748] Vorsichtig *Bruck/Möller,* vor §§ 43–48 Anm. 54 („Beratung des sachkundigen VR" komme „seltener in Frage").

[749] Vgl. *Schirmer,* VersVerm 1990, 349 (356); *Bruck/Möller,* vor §§ 43–48 Anm. 54 a. E.

[750] *Bruck/Möller,* vor §§ 43–48 Anm. 54 a. E.

[751] *Bruck,* NeumannsZ 1924, 564; *Bruck/Möller,* vor §§ 43–48 Anm. 54; *Heinemann,* VersR 1992, 1319 (1322 f.); vgl. zur Mitteilungspflicht des Versicherungsmaklers bereits Art. 8 der Maklerordnung von 1673.

[752] S. dazu *Matusche,* S. 135 ff.

[753] *Sieg,* ZVersWiss 1982, 143 (160); *R. Schmidt,* S. 23 (31); *Bruck/Möller,* vor §§ 43–48 Anm. 54; *Trinkhaus,* S. 133; *Pauly,* Mitteilungen für die öffentlichen Feuerversicherungsanstalten 1921, 228 (231): „Was der Makler weiß, hat er anzuzeigen."; *Schirmer,* Vortrag Hamburg, S. 4; *Gauer,* S. 43; *Schlegelberger/Schröder,* § 93 Anm. 13.

hinausgehen. § 29 S. 2 ÖMaklerG sieht dementsprechend eine Pflicht des Versicherungsmaklers vor, den VR bei der Vertragsanbahnung über ihm bekannte oder erkennbare besondere Risiken zu informieren[754].

379   Für eine über die § 19 VVG hinausgehende Mitteilungspflicht des Versicherungsmaklers spricht seine besondere Sachkunde, durch die er die Relevanz gewisser Umstände für den Vertragsabschluss besser abschätzen kann. Allerdings würde die Annahme einer besonderen Mitteilungspflicht des Maklers hinsichtlich solcher Umstände, die gem. § 19 Abs. 1 S. 1 VVG im Verhältnis des VN zum VU als unerheblich gelten, dazu führen, dass der Makler dem VR auch Mitteilungen mit für seinen Kunden ungünstigen Konsequenzen machen müsste, z. B. Absehen vom Vertragsschluss oder Erhebung von Risikozuschlägen. Das schutzwürdige Interesse des VN, aus der Einschaltung des Maklers keine Nachteile zu erlangen, steht dem Interesse des VU an der Kenntniserlangung aller für den Vertragsabschluss wesentlicher Umstände gegenüber.

380   Grds. ist es **Sache des VR,** sich durch entsprechende Fragen, insbes. im Antragsformular oder durch entsprechende Nachfragen die Wissensgrundlage zur Beurteilung des zu versichernden Risikos zu beschaffen. Der VN hat grds. nur solche Umstände zu offenbaren, nach denen der VR ausdrücklich und schriftlich gefragt hat (§ 19 Abs. 1 VVG)[755]. Grds. hat der VN nicht ausdrücklich erfragte Umstände nur dann mitzuteilen, wenn sich eine Frage konkludent auch auf sie bezieht oder wenn ihre Mitteilung selbstverständlich erscheint[756]. Da das VU über die Mittel verfügt, durch entsprechende Fragen die vorvertragliche Anzeigepflicht des VN auszuweiten, könnte man dazu neigen, dass der Makler seine Offenlegung auf die Punkte beschränken darf, zu deren Mitteilung auch der VN nach dem VVG verpflichtet ist. Bei einer solchen Betrachtung bliebe aber außer Betracht, dass der Makler als Mittler die Interessen **beider** späterer Hauptvertragsparteien in Einklang bringen soll. Dazu gehört es, dass er nicht allein zum Nutzen des VN arbeitet und die Belange des VU vernachlässigt, indem er ihm bekannte ungünstige Tatsachen verschweigt, mögen diese auch nicht von der Anzeigepflicht seines Kunden erfasst sein. Dies spricht wiederum für eine weiterreichende Offenlegungspflicht des Versicherungsmaklers.

381   Eine **vermittelnde Lösung** kann darin liegen, dass der Makler grds. dem VR ungefragt keine den VN belastenden Auskünfte geben muss, da es – wie erwähnt – Sache des VR ist, sich die Fakten zu beschaffen. Der Makler muss deshalb im Ausgangspunkt keine dem VN ungünstigen Risikofaktoren angeben, wenn sie nicht von dessen vorvertraglicher Anzeigepflicht erfasst sind. Insofern trifft den Makler lediglich die Pflicht, die ihm vom VN genannten anzeigepflichtigen Umstände richtig an das VU zu übermitteln. Weiß der Versicherungsmakler aber positiv oder bemerkt er fahrlässig nicht, dass der VN von der Anzeigepflicht erfasste, vertragsrelevante Umstände unrichtig oder unvollständig angeben will, oder kennt er selbst außerhalb der ihm vom Kunden gegebenen Informationen Tatsachen, die für die Beurteilung für den VR ersichtlich von Bedeutung sind, so gebieten die besondere Rechtsstellung des Versicherungsmaklers zwischen den Vertragsparteien und das vertragsähnliche Verhältnis zum VR, dass er den VR über diese Punkte informiert. Insbesondere darf er auch nicht etwa Angaben machen, an deren Richtigkeit er begründete Zweifel hegt[757].

382   Den Makler können also besondere Mitteilungspflichten gegenüber dem VR treffen. Sie beziehen sich zum einen auf das zu versichernde Risiko, können aber auch den künftigen VN betreffen. Hierzu gehören auch Mitteilungen über ungünstige Tatsachen in der **Person des VN,** wenn solche Umstände für die Entscheidung des VU hinsichtlich des Vertragsschlusses ersichtlich von Bedeutung sind[758]. So darf der Makler nicht versäumen, dem VU eine etwaige

---

[754] Zum ÖMaklerG s. Rn. 426.

[755] Vgl. *Prölss/Martin/Prölss*, §§ 16, 17 Rn. 1 ff.

[756] BGH v. 24. 9. 1986, VersR 1986, 1089; *Prölss/Martin/Prölss*, § 17 Rn. 2 ff.

[757] In diesem Punkt ähnlich LG Hamburg vom 12. 11. 1969, unveröff., zit. bei *Möller*, VW 1970, 1004 (1010); zum Vorstehenden *Matusche*, S. 135 ff.

[758] *Pauly*, Mitteilungen für die öffentlichen Feuerversicherungsanstalten 1921, 228 (231); *Schirmer*, Vortrag Hamburg, S. 4; *Gauer*, S. 43; *Trinkhaus*, S. 133.

Zahlungsunfähigkeit oder -schwäche seines Kunden mitzuteilen, oder etwa die Tatsache, dass der VN in früherer Zeit bereits einen Versicherungsfall vorsätzlich herbeigeführt hat[759].

Die weitergehende Ansicht *Schmidts*[760], nach der der Versicherungsmakler dem VR bereits **383** keinen VN zuführen darf, der hinsichtlich des subjektiven bzw. objektiven Risikos als von vornherein äußerst bedenklich anzusehen sei, überzeugt nicht. Letztlich muss es dem VR selbst überlassen sein, auch **bedenkliche Risiken** zu beurteilen und sich nach eigener Abwägung für bzw. gg. einen Vertragsschluss zu entscheiden[761].

Auch trifft den Versicherungsmakler keine Pflicht zur Vornahme von **Risikoeinschät- 384 zungen** gegenüber dem VR. Gibt der Makler aber über die bloße Zusammenstellung von Risikofaktoren hinaus noch eine eigene Risikoeinschätzung ab, so muss er pflichtbewusste Angaben machen[762].

cc) Besonderheiten im Falle einer vom Versicherer erteilten Abschlussvollmacht. Ist der Versiche- **385** rungsmakler sowohl vom VU zum Vertragsabschluss bevollmächtigt (s. Rn. 368) und zugleich Abschlussbevollmächtigter des VN, besteht die Gefahr eines Insichgeschäfts (§ 181 BGB), dem im Falle ausdrücklicher Gestattung im Einzelfall keine Bedenken entgegenstehen. Hingegen ist fraglich, ob eine solche Gestattung möglicherweise stillschweigend etwa als Ausfluss einer entsprechenden Usance anzunehmen ist[763]. Wegen der unausweichlichen Interessenkollisionen bei gleichzeitigem Handeln für VN und VU und wegen des Ausnahmecharakters der Gestattung in § 181 BGB ist die Annahme einer konkludenten Gestattung zu verneinen[764].

Hat der Versicherungsmakler eine Abschlussvollmacht seitens des VR und will ein Kunde **386** mit diesem kontrahieren, so muss der Makler alle Umstände, die sonst seiner Mitteilungspflicht gegenüber dem VU[765] unterlägen, sorgfältig abwägen, bevor er im Namen des VU mit dem Kunden kontrahiert.

dd) Pflichten nach Abschluss des Versicherungsvertrags. Auch nach Abschluss des Versicherungs- **387** vertrages sind Pflichten des Maklers gegenüber dem VR denkbar. Ob eine Mitteilungspflicht bei **Zahlungsschwierigkeiten des VN** besteht, wird unterschiedlich beantwortet[766].

Die vom Versicherungsmakler regelmäßig übernommene **Betreuung und Verwaltung 388** des vermittelten Versicherungsvertrages dient vornehmlich dem VN, kann aber auch für den VR vorteilhaft sein. Der konkrete Umfang der Vertragsbetreuung und -verwaltung für den VR bedarf stets der Vereinbarung und ist deshalb von den jeweiligen Umständen des Einzelfalls abhängig. Generell muss der Makler an ihn geleitete Willenserklärungen und Zahlungen des Kunden sofort an den VR übermitteln. Dies gilt umso mehr, wenn der VR den Versicherungsmakler mit besonderen Vollmachten ausgestattet hat, so z. B. zur Regulierung im Versicherungsfall[767], zur Empfangnahme von Gestaltungserklärungen des VN oder zum Prämieninkasso[768], wie es in der Praxis durch die Verwendung sog. **Maklerklauseln** geschieht[769]. In diesem Fall gelten Willenserklärungen und Zahlungen als dem VR zugegangen bzw. als bewirkt, sobald sie an den Makler erfolgt sind[770].

---

[759] *Möller*, HdV, Sp. 2333; s. auch *Bruck/Möller*, vor §§ 43–48 Anm. 54.
[760] *R. Schmidt*, S. 23 (31).
[761] *Matusche*, S. 140 f.
[762] *Schirmer*, Vortrag Hamburg, S. 30; zust. *Matusche*, S. 139.
[763] Vgl. *Sieg*, ZVersWiss 1982, 143 (165 f.).
[764] *Guszewski*, S. 91 f.
[765] Dazu Rn. 376 ff.
[766] Für eine Anzeigepflicht *Bruck/Möller*, vor §§ 43–48 Anm. 59 a. E.; dagegen *R. Schmidt*, S. 23 (30); s. dazu *Matusche*, S. 143.
[767] *Jannott*, Recht der Versicherungsvermittlung, in: HdV, S. 1159 (1167); *Sieg*, ZVersWiss 1988, 263 (283); *Voß/Höft*, S. 25, 123; *Schirmer*, Vortrag Hamburg, S. 38; *ders.*, VersVerm 1990, 349 (356). – Zur Regulierung(szusage) durch Versicherungsmakler s. *Hübner/Basting*, S. 84 ff.
[768] *Sieg*, ZVersWiss 1988, 263 (283); *Voß/Höft*, S. 125.
[769] S. bereits Rn. 368.
[770] *Schirmer*, Vortrag Hamburg, S. 38; *Bruck/Möller*, vor §§ 43–48 Anm. 43. – Zu den Schadensersatzansprüchen des VR gg. den Versicherungsmakler s. *Hübner/Basting*, S. 88 ff.

389 Ist das versicherte Risiko auf mehrere VR verteilt, so hat der Versicherungsmakler für die richtige Aufteilung der Prämie an die **Mitversicherer** zu sorgen[771].

390 Dem Versicherungsmakler obliegt gegenüber dem VU eine **Herausgabepflicht,** insbesondere in Bezug auf Prämienleistungen des VN. Ist er nicht zum Prämieninkasso bevollmächtigt, folgt die Herausgabepflicht aus §§ 683 S. 1, 677, 667 BGB. Eine Pflicht zum Prämieneinzug bei erteilter Inkassovollmacht besteht für den Makler nicht ohne Weiteres[772].

391 Bei Eintritt des Versicherungsfalls darf der Versicherungsmakler den VN selbstverständlich nicht dabei unterstützen, unbegründete Ansprüche gg. den VR durchzusetzen[773]. Ist der Makler mit einer Vollmacht des VR zur Regulierung eines Versicherungsfalls ausgestattet[774], muss sich seine Regulierung in den Grenzen der erteilten Vollmacht halten. Eine eigene streitige Auseinandersetzung mit dem VR im Interesse des VN verbietet sich regelmäßig wegen der vertragsähnlichen Beziehungen zum VU; außerdem sind die Grenzen des RBerG zu beachten (s. Rn. 240 ff.).

392 **b) Pflichten des Versicherers gegenüber dem Makler.** Bei der Frage nach Pflichten, die den VR gegenüber dem Makler treffen, geht es in der Praxis zum einen um das Problem, unter welchen Voraussetzungen den VR eine Zusammenarbeits- und Korrespondenzpflicht trifft (s. Rn. 359 ff.), zum anderen um den Courtagezahlungsanspruch des Maklers.

393 *aa) Courtagezahlungspflicht.* Unstreitig richtet sich abw. von § 99 HGB der Vergütungsanspruch des Versicherungsmaklers (Courtagezahlungsanspruch) allein gg. den VR (s. bereits Rn. 229). In der Praxis bestehen zwischen VR und Makler üblicherweise **Courtageabkommen,** die Voraussetzungen und Höhe des Vergütungsanspruchs festlegen. Für die Entstehung des Courtagezahlungsanspruchs sind solche Vereinbarungen freilich nicht erforderlich. Sie stellen lediglich eine zusätzliche formale Grundlage für den Zahlungsanspruch dar, die insbesondere bei einer länger dauernden Geschäftsverbindung zweckmäßig ist. Trotzdem werden derartige Vereinbarungen wegen der Gefahr der Beeinflussung des Maklers durch das Versprechen höherer Courtagesätze kritisiert[775].

394 Haben VR und Makler keine Courtagevereinbarung getroffen, ist die Rechtsgrundlage für den Zahlungsanspruch umstritten: Während nach einer Ansicht ein entsprechender Handelsbrauch[776] bzw. Gewohnheitsrecht[777] existiert, spricht der BGH von einer „Übung des Versicherungsvertragsrechts"[778]. Neuerdings wird zunehmend die Rechtsgrundlage in dem vermittelten Versicherungsvertrag gesucht, der als konkludent zugunsten des Versicherungsmaklers geschlossener Vertrag auszulegen sei[779] bzw. aus dem Rechtsgedanken der §§ 354, 99 HGB, § 653 Abs. 1 BGB[780].

395 *bb) Voraussetzungen für den Courtagezahlungsanspruch.* Der Versicherungsmakler muss **Vermittlungstätigkeiten,** die auf den Abschluss des Versicherungsvertrags gerichtet sind, entfal-

---

[771] *Waldstein,* S. 57; *Bruck/Möller,* vor §§ 43–48 Anm. 63.
[772] *Matusche,* S. 146.
[773] Vgl. Ziffer 4 des Punktekatalogs, VW 1981, 195 (196); *Voß/Höft,* S. 125.
[774] Verfolgt der Makler für seinen Kunden Ansprüche und ist zugleich mit einer Schadenregulierungsvollmacht ausgestattet, treten typischerweise Interessenkonflikte auf wegen unterschiedlicher Vorstellungen von VR und VN. Der Makler sollte sich deshalb – außer im Standard- oder Massengeschäft oder wenn die Schadenregulierung genormten Abrechnungsprozeduren gleichkommt – aus eigenem Interesse von Schadenregulierungen für den VR fernhalten, *Griess/Zinnert,* S. 409.
[775] S. nur *Bruck/Möller,* vor §§ 43–48 Anm. 28; *Waldstein,* S. 87.
[776] Vgl. die Beschreibung der Entwicklung bei *Umhau,* S. 10 ff.; *Gauer,* S. 66 f.; *Pfeiffer,* S. 46.
[777] LG Hamburg v. 23. 6. 1961, MDR 1961, 945; *Bruck/Möller,* vor §§ 43–48 Anm. 73; zust. *Griess/Zinnert,* S. 156.
[778] BGH v. 22. 5. 1985, BGHZ 94, 356 (359); OLG Frankfurt v. 12. 11. 1993, VersR 1995, 92 (93).
[779] OLG Hamm v. 8. 12. 1994, VersR 1995, 658; *Karle,* VersR 2001, 825 (827); *Prölss/Martin/Kollhosser,* Anh. zu §§ 43–48 Rn. 29: Gelange die Auslegung nicht zu einem eindeutigen Ergebnis, richte sich der Anspruch aufgrund von §§ 354, 99 HGB gg. den VR.
[780] S. näher *Prölss/Martin/Kollhosser,* Anh. zu §§ 43–48 Rn. 29; Berliner Kommentar/*Gruber,* Anh. zu § 48 Rn. 15.

tet haben (zur Vergütung von Tätigkeiten, die dem Vertragsschluss nachfolgen, s. Rn. 400 ff.), der **Versicherungsvertrag** wirksam zustande gekommen und die Vermittlungstätigkeit muss für den Vertragsabschluss mit diesem VR[781] **kausal** gewesen sein (vgl. § 652 Abs. 1 BGB); dabei genügt die Mitursächlichkeit der Maklertätigkeit für den Vertragsabschluss[782]. Einer unmittelbaren Mitwirkung beim Zustandekommen des Versicherungsvertrags bedarf es nicht, wenn der Makler den Vertragsabschluss vorbereitet hat[783]. Auch muss der abgeschlossene Versicherungsvertrag nicht vollständig dem Maklervorschlag entsprechen, wenn er diesem in den wesentlichen Punkten entspricht[784]. Ist die Tätigkeit **mehrerer Makler** für den Vertragsabschluss kausal, ist die Courtage unter den Maklern aufzuteilen[785].

Die in der Praxis üblichen Courtageabkommen setzen ferner für das Entstehen des Vergütungsanspruchs die **Prämienzahlung** durch den VN voraus. Fehlt eine entsprechende Vereinbarung, wendet die h. M. **§ 92 Abs. 4 HGB analog** an mit der Folge, dass der Courtagezahlungsanspruch erst im Zeitpunkt der Prämienzahlung durch den VN entsteht[786]. Unabhängig davon, ob man die Prämienzahlung durch den VN als eine unmittelbare Voraussetzung für den Courtagezahlungsanspruch qualifiziert oder sie als aufschiebende Bedingung i. S. v. § 158 Abs. 1 BGB für den Anspruch bewertet, besteht i. E. Einigkeit, dass die **Courtage das Schicksal der Prämie teilt**[787]. D. h.: Fällt der Prämienzahlungsanspruch des VR gg. den VN ex nunc oder ex tunc weg (z. B. bei Anfechtung, Rücktritt, Kündigung), so entsteht der Courtagezahlungsanspruch des Versicherungsmaklers nicht bzw. fällt für die Zukunft weg. Er entsteht auch nicht in Fällen, in denen der VN aus Unvermögen oder Unwillen die Prämie nicht leistet[788]. **396**

Auch während des Laufs des Versicherungsvertrages gilt der „Schicksalsteilungsgrundsatz": Fällt der Prämienanspruch weg (z. B. nach Kündigung im Schadenfall) oder vermindert sich (z. B. bei Prämienherabsetzung), fällt gleichsam der Courtagezahlungsanspruch weg bzw. vermindert sich entsprechend der Anpassung. Dies hat auch bei einer **einvernehmlichen Aufhebung des Versicherungsvertrages** durch VR und VN zu gelten; die Dispositionsmöglichkeiten der Parteien des Versicherungsvertrages werden durch die Courtageinteressen des Maklers grds. nicht beeinflusst. **397**

Hat der VR **Courtagevorauszahlungen** an den Versicherungsmakler erbracht, obwohl die Prämienzahlung durch den VN noch ausstand, ist der Makler zur Rückerstattung verpflichtet; dieser Anspruch ergibt sich aus der getroffenen Vorauszahlungsabrede selbst[789] bzw. aus § 812 Abs. 1 S. 2, 1. Alt. und Abs. 2 BGB[790]. **398**

---

[781] Schließt der VN den VV mit einem anderen VR ab, liegt die erforderliche Kausalität nicht vor; u. U. soll in diesem Fall bei treuwidriger Bedingungsvereitelung § 162 BGB anwendbar sein, *Prölss/Martin/Kollhosser*, Anh. zu §§ 43–48 Rn. 33; LG Berlin, JR 1930, 423.

[782] KG JR 1937, 239; *Bruck/Möller*, vor §§ 43–48 Anm. 79; *Prölss/Martin/Kollhosser*, Anh. zu §§ 43–48 Rn. 33.

[783] KG JR 1929, 243; *Prölss/Martin/Kollhosser*, Anh. zu §§ 43–48 Rn. 33.

[784] LG Berlin, JR 1939, 46; *Prölss/Martin/Kollhosser*, Anh. zu §§ 43–48 Rn. 33; *Bruck/Möller*, vor §§ 43–48 Anm. 79.

[785] KG JR 1937, 327; *Knütel*, ZHR 144, 289 (292 ff.); *Prölss/Martin/Kollhosser*, Anh. zu §§ 43–48 Rn. 33.

[786] *Prölss/Martin/Kollhosser*, Anh. zu §§ 43–48 Rn. 34; s. auch *Bruck/Möller*, vor §§ 43–48 Anm. 95; *Müller-Stein*, VersVermittlung, S. 53. Vgl. auch OLG Hamm v. 9. 5. 1994, NJW-RR 1994, 1306 (1306 f.) zur Einstellung der Prämienzahlung durch den VN; zu dieser Entscheidung *Dehner*, NJW 1997, 18 (27), der das Urteil zwar i. E. billigt, aber für den Courtagezahlungsanspruch wie allgemein im Maklerrecht nur auf die Entstehung, nicht aber auf die Erfüllung der Prämienforderung abstellen will.

[787] OLG Hamm v. 9. 5. 1994, NJW-RR 1994, 1306; OLG München v. 19. 11. 1974, VersR 1975, 150; Berliner Kommentar/*Gruber*, Anh. zu § 48 Rn. 18; *Prölss/Martin/Kollhosser*, Anh. zu §§ 43–48 Rn. 35; *Bruck/Möller*, vor §§ 43–48 Anm. 82, 85, 86, 92.

[788] OLG München v. 19. 11. 1974, VersR 1975, 150 (151); *Prölss/Martin/Kollhosser*, Anh. zu §§ 43–48 Rn. 35.

[789] OLG München v. 19. 11. 1974, VersR 1975, 150 (151); *Dehner*, NJW 1997, 18 (27 Fn. 104).

[790] OLG München v. 19. 11. 1974, VersR 1975, 150; *Sieg*, VersR 1993, 1198 (1200); *Bruck/Möller*, vor §§ 43–48 Anm. 95 unter Hinweis auf § 820 Abs. 1 S. 2 BGB. Den Versicherungsmakler trifft als Empfän-

399   Fraglich ist, ob den VR bei Nichtzahlung der Prämie bzw. im Falle von Prämienrückständen dieselben sog. „**Nachbearbeitungspflichten**" treffen, die die Rspr. zur Sicherstellung der Provision von Versicherungsvertretern zu § 87a Abs. 3 HGB entwickelt hat[791]. Eine Übertragung dieser Rspr. auf das Verhältnis zwischen VR und Versicherungsmakler könnte abzulehnen sein mit dem Argument, es sei umgekehrt Teil der Bestandspflegepflicht des Versicherungsmaklers als des treuhänderischen Sachwalters des VN, für die er auch das Bestandspflegeentgelt erhalte, von sich aus für vertragsgerechte Beitragszahlung durch den VN zu sorgen[792]. Dies erscheint indes nicht zwingend. Die Qualifizierung des Versicherungsmaklers als treuhänderischer Sachwalter des VN bezieht sich auf das Verhältnis zwischen Makler und VN; aus ihr ist nicht abzuleiten, dass der Makler für die Prämienzahlungen an den VR sorgen müsste, insbes. dann nicht, wenn der Zahlungsverkehr ohne Einschaltung des Versicherungsmaklers abgewickelt wird. Das in der Courtage enthaltene Bestandspflegeentgelt betrifft zwar das Rechtsverhältnis zwischen VR und Makler; es erscheint aber fraglich, ob zu der vergüteten Bestandspflege ohne weitere Absprache auch die Obsorge für vertragsgerechte Beitragszahlung gehört. Rückt man in den Vordergrund, dass der Makler genau wie der Agent den Versicherungsvertrag vermittelt und für beide Vermittler gleichermaßen die Prämienzahlung durch den VN eine entscheidende Vergütungsvoraussetzung ist, und wiederum der VR als Partner des die Prämienzahlungspflicht begründenden Versicherungsvertrages gegenüber dem VN seinen Anspruch effektiver durchsetzen kann, erscheint es berechtigt, Versicherungsvertreter und Makler in diesem Punkt gleich zu behandeln, also auch zugunsten des Maklers entsprechende Nachbearbeitungspflichten der VR anzunehmen[793]. Dies gilt umso mehr, als beide Vermittlertypen nicht selbst Anspruch auf die Prämienzahlung haben und überdies die Rspr. zu den Nachbearbeitungspflichten mit dem Erfordernis einer Zumutbarkeit der Nachbearbeitung, die bei geringen Provisionsansprüchen auch beim Versicherungsvertreter tendenziell verneint wird[794], eher restriktv ist.

400   *cc) Courtagezahlungspflicht bei Verlängerungs- und Anschlussverträgen ohne Maklerwechsel.* Solange der Maklervertrag besteht, hat der Makler auch Anspruch auf Courtage für das Folgejahr, wenn der Versicherungsvertrag aufgrund einer **Verlängerungsklausel** fortgeführt wird, auch wenn es in diesem Fall keiner Vermittlung mehr bedarf. Endet der Versicherungsvertrag infolge Kündigung, fällt nach dem Gesagten (s. Rn. 396f., sog. Schicksalsteilungsgrundsatz) der Courtagezahlungsanspruch weg. Schließt aber der VN mit dem VR einen zeitlich unmittelbar an den ersten Vertrag anschließenden Ersatzvertrag mit identischem Inhalt ohne Einschaltung desselben oder eines anderen Vermittlers[795], besteht nach Ansicht des BGH der Courtagezahlungsanspruch des Maklers fort: Dem Makler dürfe nicht durch willkürliche Kündigung des Versicherungsvertrages die Frucht seiner Bemühungen entzogen werden. Es sei zu prüfen, ob der Vertrag zwischen Makler und VR nicht dahin zu verstehen sei, dass die Courtagepflicht so lange andauern solle, wie das Risiko für den VN beim VR versichert bleibt, zumindest so lange, wie die zugrunde liegenden Versicherungsbedingungen nicht wesentlich verändert werden; allerdings sei die Courtagepflicht für die Zeit nach Beginn des Anschlussvertrags möglicherweise zu kürzen[796]. Dieses Ergebnis leitet der BGH aus einer Auslegung der Vereinbarungen zwischen **Makler und VR** ab.

401   In einem Fall, in dem ein Versicherungsvertrag nach fünfjähriger Laufzeit durch einen im Wesentlichen identischen Anschlussvertrag ersetzt worden war, an dessen Zustandekommen der Makler nicht mitgewirkt hatte, stellte der BGH für Folgeverträge die Regel auf, dass diese

---

ger eines Vorschusses die Beweislast dafür, dass er die erhaltene Zahlung behalten darf, BGH v. 3. 12. 1984, WM 1985, 449 (450); OLG Hamm v. 9. 5. 1994, NJW-RR 1994, 1306; *Prölss/Martin/Kollhosser*, Anh. zu §§ 43–48 Rn. 36.

[791] BGH v. 19. 11. 1982, VersR 1983, 371 (372f.); BGH v. 12. 11. 1987, VersR 1988, 490.
[792] *Prölss/Martin/Kollhosser*, Anh. zu §§ 43–48 Rn. 35, der Ausnahmen zulassen will.
[793] OLG Hamm v. 9. 5. 1994, NJW-RR 1994, 1306 (1306f.); *Schirmer*, Vortrag Hamburg, S. 47f.
[794] Vgl. BGH v. 19. 11. 1982, VersR 1983, 371 (372).
[795] Zur Situation bei Einschaltung eines anderen Vermittlers s. Rn. 412ff.
[796] BGH v. 2. 10. 1985, VersR 1986, 58 (59).

courtagepflichtig sind, wenn der dem Makler erteilte Auftrag (zumindest konkludent) auch auf das Zustandekommen etwaiger Folgeverträge gerichtet war. Dies sei eine Frage der Auslegung des Maklervertrags[797]. M. a. W. stellt der BGH hier, anders als in dem zuvor genannten Urteil, die Vereinbarungen zwischen **Makler und VN** in den Vordergrund.

dd) Bestandteile der Maklercourtage. Fehlt eine ausdrückliche Vereinbarung darüber, welche **402** Tätigkeiten des Versicherungsmaklers durch die Courtage vergütet werden sollen, ist durch Auslegung nach Treu und Glauben unter Berücksichtigung eines etwaigen Handelsbrauchs gem. § 157 BGB zu ermitteln, was durch die Courtage abgegolten werden soll[798].

Unterschiedliche Ansichten bestehen zu der Frage, ob die Courtage aufgeteilt werden **403** kann in eigene, den jeweiligen Tätigkeiten entsprechende Anteile, also in einen Vermittlungsanteil, der die erfolgreiche Vermittlung des Vertragsabschlusses vergütet, und einen Betreuungsanteil als Entgelt für die weitere Betreuung[799]. Praxisrelevanz erlangt diese Frage insbes., wenn z. B. zu beurteilen ist, ob und wie im Falle eines Maklerwechsels (s. Rn. 412ff.) während der Laufzeit eines mehrjährigen Versicherungsvertrages die Courtage unter dem vermittelnden und dem später den Versicherungsvertrag betreuenden Maklern aufzuteilen ist.

Nach einer Ansicht schuldet der VR dem Makler die Courtage als reine Erfolgsvergütung, **404** als Vermittlungscourtage, mit der zugleich alle Tätigkeiten vergütet werden, zu denen der Makler während des Laufs des Versicherungsvertrages verpflichtet ist[800]. Die Courtage sei erfolgsabhängig durch den Abschluss, später durch Fortbestehen des Versicherungsvertrages. Alle der Betreuung zuzurechnenden Tätigkeiten seien durch diese **einheitliche Vermittlungscourtage** mit abgegolten; für Betreuungstätigkeiten werde also kein besonderes Entgelt bezahlt; vielmehr sei die Herausrechnung eines besonderen Entgeltanteils für Betreuungstätigkeit unzulässig[801]. Streng genommen müssten nach dieser Ansicht selbst im Falle des Maklerwechsels dem einst den Vertrag vermittelnden Makler auch die Folgecourtagen weiterhin ungeschmälert zustehen. Allerdings ziehen die Vertreter dieser Ansicht diese Konsequenz nicht, sondern sprechen sich für Fälle dieser Art durchaus für eine angemessene Aufspaltung der an sich einheitlichen Vermittlungscourtage aus[802].

Rspr. und h. M. in der Literatur gehen diesen Ungereimtheiten aus dem Weg und diffe- **405** renzieren zwischen **Vermittlungsentgelt** (Abschlussprovision) und **Betreuungsentgelt** (Verwaltungsentgelt, Bestandspflegeentgelt)[803].

Konsequenz dieser auch durch Handelsbrauch anerkannten Differenzierung ist, dass der **406** Versicherungsmakler Anspruch auf das jeweilige Entgelt nur dann hat, wenn er die entsprechenden Leistungen auch erbringt[804]. Folge ist, dass dem Makler in Fällen, in denen er seine **Tätigkeitspflichten signifikant beschränkt,** der Anspruch auf die ungeschmälerte Courtage nicht zusteht[805].

ee) Courtage-Systeme. Bei den in der Praxis üblichen Courtage-Systemen bereitet es **407** Schwierigkeiten, zu ermitteln, welcher konkrete Anteil der Vergütung auf die Vermittlung

---

[797] BGH v. 27. 11. 1985, VersR 1986, 236 (237).

[798] *Prölss/Martin/Kollhosser,* Anh. zu §§ 43–48 Rn. 31.

[799] Vgl. den entsprechenden Streit zum Ausgleichsanspruch des Versicherungsagenten nach § 89b Abs. 5 HGB, der zur Erstellung der „Grundsätze zur Berechnung der Höhe des Ausgleichsanspruchs des Versicherungsvertreters" geführt hat, dazu *Baumbach/Hopt,* § 89b Rn. 96.

[800] *Odendahl,* ZVersW 1993, 390 (391); *Bruck/Möller,* vor §§ 43–48 Anm. 71 f.

[801] *Bruck/Möller,* vor §§ 43–48 Anm. 72; vgl. auch *Jabornegg,* VersRdschau 1988, 337 (339ff.).

[802] *Bruck/Möller,* vor §§ 43–48 Anm. 72; *Jabornegg,* VersRdschau 1988, 339 (343f.), erreicht die Aufteilung der Courtage durch eine entsprechende Anwendung des Kausalitätserfordernisses.

[803] Berliner Kommentar/*Gruber,* Anh. zu § 48 Rn. 16; *Prölss/Martin/Kollhosser,* Anh. zu §§ 43–48 Rn. 31.

[804] Ausdrücklich gesagt wird dies regelmäßig nur im Zusammenhang mit dem Courtageanspruch bei Maklerwechsel, vgl. dazu ausf. *Prölss/Martin/Kollhosser,* Anh. zu §§ 43–48 Rn. 44ff.

[805] *Matusche-Beckmann,* FS Hübner, S. 151 (163ff., 170). Will man ermitteln, wie hoch das jeweils für erbrachte Einzelleistungen zu zahlende Entgelt ist, liegt nahe, auf die Quotelungen zurückzugreifen, die sich für den Fall eines Maklerwechsels entwickelt haben, s. z. B. OLG Hamm v. 8. 12. 1994, VersR 1995, 658, dazu Rn. 336ff.

und welcher auf die Betreuung entfällt. Je nach Sparte findet man unterschiedliche Handhabungen:

408   Im Bereich der **Lebens- und Krankenversicherung** orientiert sich die Courtagezahlung an dem bei den Agenten praktizierten Provisionssystem. Hier wird ein sog. „**System der Einmalcourtage**"[806] praktiziert: Der VR zahlt i. d. R. nach Abschluss des Versicherungsvertrages eine vergleichsweise hohe Abschlusscourtage, die einmalig den Vermittlungserfolg vergütet. Die in den folgenden Versicherungsjahren gezahlten relativ niedrigeren Folgecourtagen („Bestandscourtage", „Bestandspflegeentgelt", „Betreuungscourtage") sind Entgelt ausschließlich für die Betreuungs- und Verwaltungstätigkeit.

409   In der **Sachversicherung** ist zu differenzieren:

410   Insbes. im Fall von **Einjahresverträgen** mit Verlängerungsklauseln sind die gezahlten Courtagen gleich bleibend hoch („System der laufenden, in gleich bleibender Höhe gezahlten Courtage"). Die im ersten Vertragsjahr gezahlte Courtage soll als Abschlusscourtage anzusehen sein, während die Courtagen der Folgejahre sowohl noch einen Vermittlungs- als auch einen Betreuungsanteil enthalten sollen[807].

411   Hingegen erhält der Makler bei **Mehrjahresverträgen** regelmäßig für das erste Versicherungsjahr eine erhöhte Courtage als Abschlusscourtage („System der erhöhten Abschlusscourtage"); die in den folgenden Vertragsjahren gezahlten Entgelte sind – wie bei Lebens- und Krankenversicherung – gleich bleibend niedriger, sollen hier aber – anders als bei Lebens- und Krankenversicherung – sowohl ein Vermittlungs- als auch ein Betreuungsentgelt enthalten[808]. Innerhalb der Folgecourtagen soll das Verhältnis des Vermittlungsanteils zum Betreuungsanteil mangels anderweitiger Vereinbarung 50:50 betragen[809].

412   *ff) Courtagezahlungsanspruch bei Beendigung des Maklervertrags trotz fortbestehenden Versicherungsvertrags, insbes. beim Maklerwechsel.* Der Maklervertrag kann beendet sein (z. B. durch Zeitablauf oder Kündigung), obwohl der Versicherungsvertrag vom VN fortgeführt wird. Wird der VN nicht von einem anderen Vermittler (weiter)betreut, gilt das für die Courtagezahlungspflicht bei Verlängerungs- und Anschlussverträgen Gesagte entsprechend (Rn. 400 f.).

413   Schließt der VN aber mit einem **neuen Makler einen Maklervertrag**, fragt sich, wie die Courtage zwischen dem ursprünglichen und dem neuen Makler aufzuteilen ist. Hier ist zunächst zu differenzieren zwischen Fällen, in denen der VN den vom ursprünglichen Makler vermittelten Versicherungsvertrag auf Rat des neuen Maklers beendet und einen neuen Versicherungsvertrag abschließt (dazu Rn. 414), und Fällen, in denen der neue Makler die bereits abgeschlossenen Verträge ohne Kündigung weiter betreut (Rn. 415 ff.).

414   Wird nach Einschaltung des neuen Maklers der vom ursprünglichen Vermittler, sei es Agent oder Makler vermittelte Versicherungsvertrag gekündigt und das Risiko bei einem anderen VR untergebracht **(Umdeckung)**, verliert der erste Vermittler den Provisions- bzw. Courtagezahlungsanspruch, denn der von ihm vermittelte Versicherungsvertrag als Grundlage für diesen Anspruch ist weggefallen. Da der erste Vermittler auch keine Vermittlungstätigkeit hinsichtlich des neuen Versicherungsvertrages entfaltet, erhält er auch für den neu abgeschlossenen Versicherungsvertrag grds. kein Vermittlungsentgelt[810]; dieses steht vielmehr

---

[806] *Prölss/Martin/Kollhosser,* Anh. zu §§ 43–48 Rn. 39 („System der einmaligen Abschlusscourtage"); *Müller-Stein,* Versicherungsvermittlung, S. 30 („System der Einmalprovision").

[807] *Prölss/Martin/Kollhosser,* Anh. zu §§ 43–48 Rn. 40; *Müller-Stein,* Versicherungsvermittlung, S. 30.

[808] *Prölss/Martin/Kollhosser,* Anh. zu §§ 43–48 Rn. 40; *Müller-Stein,* Versicherungsvermittlung, S. 30.

[809] BGH v. 27. 11. 1985, VersR 1986, 236 (237 f.); OLG Hamm v. 8. 12. 1994, VersR 1995, 658; OLG Hamm v. 28. 4. 1986, VersR 1987, 155 (156); AG Stuttgart v. 9. 7. 1991, VersR 1992, 609 (610); dazu *Dehner,* NJW 1993, 3226 (3244), der an einem entsprechendem Handelsbrauch zweifelt; s. a. GDV, Rdschr. v. 22. 2. 1988 an Mitglieder (M. Tgb.-Nr. 27/88); *Prölss/Martin/Kollhosser,* Anh. zu §§ 43–48 Rn. 41.

[810] BGH v. 27. 10. 1993, BGHZ 124, 10 = VersR 1994, 92 zu einem Fall, in dem die Verwaltung der durch Vermittlung eines Agenten zustande gekommenen Versicherungsverträge auf Verlangen des VN auf einen Makler übertragen worden war (sog. „Maklereinbruch"); BGH v. 27. 11. 1985, r+s 1986, 77; s. a. AG Köln v. 21. 10. 1994, r+s 1995, 359, allerdings mit der Ansicht, dass die Kündigung einer Courtagevereinbarung zum Ende des Maklervertrags führt; s. auch *Prölss/Martin/Kollhosser,* Anh. zu §§ 43–48 Rn. 53.

dem neuen Makler zu. Etwas anderes kann **ausnahmsweise** gelten, wenn die Umdeckung als treuwidrig zu Lasten des ersten Vermittlers zu qualifizieren ist[811]. In Ausnahmefällen kann auch zwischen dem ursprünglichen und dem neuen Versicherungsvertrag eine solche Identität bestehen, dass anzunehmen ist, dass der neue Versicherungsvertrag noch auf die Vermittlungsbemühungen des ursprünglichen Vermittlers zurückgeht; in seltenen Fällen kann dem ursprünglichen Vermittler auch hier gg. den „neuen VR" Anspruch auf Courtage zustehen[812], freilich beschränkt auf den Vermittlungsanteil der Courtage[813].

In der Praxis wird der Versicherungsvertrag häufig trotz eines Maklerwechsels mit demselben VR fortgeführt **(keine Umdeckung),** so dass der neue Makler den fremd vermittelten Vertrag weiter betreut. Der VR akzeptiert den neuen Makler i. d. R. schon aus dem Interesse an der Fortführung des abgeschlossenen Versicherungsvertrages. Die bis zur Beendigung des ersten Maklervertrags fällig gewordene Courtagen behält der erste Makler in jedem Fall, während bei den künftigen Folgecourtagen je nach den Courtagesystemen in den einzelnen Sparten zu unterscheiden ist[814]: **415**

In der **Sachversicherung** ist, entsprechend den dort anzutreffenden Courtage-Systemen (s. Rn. 409 ff.) zwischen Ein- und Mehrjahresverträgen zu differenzieren: **416**

Bei **Einjahresverträgen ohne Verlängerungsklausel** erhält der ursprünglich vermittelnde Makler die Courtage bis zum Ablauf des Jahres, in dem der Maklerwechsel stattfindet. Für den Folge- oder Anschlussvertrag steht dem neuen Makler die Courtage zu. Argument: Er muss insoweit vermittelnd tätig werden. Allerdings resultieren Zweifel daraus, dass der BGH zugunsten des den Erstvertrag vermittelnden Maklers den Anspruch auf Courtage bejaht hat, wenn der VN im Anschluss an einen beendeten Versicherungsvertrag einen wesentlich identischen Folgevertrag abschließt[815]. In dem vom BGH zu beurteilenden Sachverhalt hatte der VN indes keinen neuen Makler eingeschaltet. Bei Einschaltung eines anderen Maklers aber lässt sich – anders als dort – argumentieren, dass sich beim Einjahresvertrag ohne Verlängerungsklausel der Erfolg des ersten Maklers auf die kurze Laufzeit des Versicherungsvertrages beschränkt, was dem Makler auch erkennbar ist; es gehört zum typischen Risiko seiner Tätigkeit, wenn der VN den Maklervertrag nicht mit ihm, sondern mit einem anderen Makler fortführen will, ebenso wie es ein typisches Risiko für den Makler darstellt, dass der VN den Versicherungsvertrag beendet[816]. Außerdem stellt die Einschaltung des neuen Maklers eine deutliche Zäsur dar, denn es ist an diesem, die sachgerechte Eindeckung zu überprüfen; hingegen kommt in dem Fall, dass der VN ohne Hilfe eines Maklers den Folgevertrag abschließt, regelmäßig der Versicherungsvertrag ohne neue Überprüfung zustande, beruht also noch auf der Tätigkeit des ursprünglich eingeschalteten Maklers. Mithin hat allein der neue Makler gg. den VR Anspruch auf die Folgecourtage. **417**

Ist in der Sachversicherung ein **Einjahresvertrag mit Verlängerungsklausel** geschlossen, setzt sich der Vertrag inhaltsgleich zwischen VR und VN fort. Für den Fall, dass der Versicherungsvertrag ohne Kündigung fortgeführt wird, ist unstreitig, dass ohne Maklerwechsel die Courtageansprüche des vermittelnden Maklers fortbestehen[817]. Jedoch besteht bei einem Maklerwechsel ebenfalls der vom ursprünglichen Makler vermittelte Vertrag unverändert fort. Deshalb fragt sich, ob auch die nach dem Maklerwechsel fälligen Folgecourtagen dem **418**

---

[811] BGH v. 27. 10. 1993, BGHZ 124, 10 (15) = VersR 1994, 92 (94): Der BGH hält hier Schadensersatzansprüche des Vermittlers, der den Erstvertrag zustande gebracht hat, wegen schuldhafter Verletzung der Pflicht zur Rücksichtnahme auf dessen schutzwürdige Interessen für möglich.

[812] So OLG Hamm (v. 3. 3. 1994, OLG-Report 1994, 97), wonach ausreichende Identität voraussetzt, dass der Vertrag zeitlich unmittelbar an den ersten anschließt und mit diesem im Wesentlichen inhaltsgleich sei; s. a. *Prölss/Martin/Kollhosser,* Anh. zu §§ 43–48 Rn. 54.

[813] Völlig zutreffend *Prölss/Martin/Kollhosser,* Anh. zu §§ 43–48 Rn. 54.

[814] *Prölss/Martin/Kollhosser,* Anh. zu §§ 43–48 Rn. 45 ff.

[815] S. oben Rn. 400 f.

[816] Vgl. BGH v. 27. 10. 1993, BGHZ 124, 10 (14): Die auf Initiative des VN zurückgehende Beendigung eines VV sei als typisches Risiko der Tätigkeit eines Agenten von diesem grds. hinzunehmen.

[817] S. oben Rn. 400 f.

ursprünglichen Makler – zumindest teilweise – zustehen. Dafür spricht, dass sich der Vermittlungserfolg des ursprünglichen Maklers fortsetzt. In der Praxis haben sich die **Usancen** dahin ausgebildet, dass der ursprüngliche Makler die Courtage bis zum Ablauf des Versicherungsjahres erhält, in dem der Maklerwechsel erfolgt; die Folgecourtage ab Beginn des neuen Versicherungsjahres gebührt hingegen als Betreuungs- **und Vermittlungs**entgelt dem neuen Makler[818].

419   Zwar liegt nur eine Vermittlungsfiktion vor; gleichwohl ist zu bedenken, dass der neue Makler durch Kündigung des Vertrags und einen Neuabschluss ohnehin die Courtagepflicht gegenüber dem ersten Makler beseitigen könnte. Umgekehrt führt also das Nichtausschöpfen von Umdeckungsmöglichkeiten infolge des Einflusses durch den neuen Makler zur Fortführung des Vertrags und lässt sich deshalb wertungsmäßig einer Vermittlungsleistung gleichstellen. Dies gilt umso mehr, als die Einschaltung des neuen Maklers eine Zäsur darstellt, denn es ist an diesem, die sachgerechte Eindeckung zu überprüfen; dies rechtfertigt, ihm auch den Vermittlungsanteil der Courtage zuzuschreiben.

420   Diese Betrachtungsweise, die sich zu Einjahresverträgen herausgebildet hat, setzt sich fort bei der Aufteilung der Courtage im Falle des Maklerwechsels bei **Mehrjahresverträgen in der Sachversicherung.**

421   In der **Lebens- und Krankenversicherung** stehen im Fall des Maklerwechsels die Folgecourtagen, die hier ja regelmäßig nur ein Betreuungsentgelt darstellen (s. Rn. 408) allein dem neuen Makler zu[819].

422   *gg) Tendenzen im Recht der Courtage.* Die **Erfolgsabhängigkeit der Courtage-** bzw. Provisionszahlung ist in zweierlei Hinsicht virulent: Zum einen ist sie dazu angetan, dass Vermittler nicht maßgerechten, überflüssigen oder überteuerten Versicherungsschutz empfehlen; zum anderen bleiben oft aufwändige Vermittlungsbemühungen ohne Vergütung, wenn es nicht zum Abschluss des Versicherungsvertrags kommt. Vor diesem Hintergrund weisen die Überlegungen, ob und inwieweit die Einführung eines erfolgsunabhängigen Honorarsystems sinnvoll wäre[820], in die richtige Richtung. Abgesehen von den durch das RBerG gezogenen Grenzen soll die Einführung eines solchen Systems jedoch bereits an den politischen und praktischen Durchsetzbarkeit scheitern[821].

423   Ein weiterer Diskussionspunkt aus dem Blickwinkel des Verbraucherschutzes ist die Frage, ob die Vermittler zumindest zur **Offenlegung der Courtage- bzw. Provisionshöhe** gegenüber VN verpflichtet werden sollten[822]. Wenngleich anzuerkennen ist, dass die Provisionsinteressen der Vermittler ein wesentliches „Strukturhindernis auf dem Weg zu objektiver Beratung"[823] sind, erscheint nach der hier vertretenen Ansicht eine Provisionsoffenlegung für den Versicherungsnehmerschutz nur begrenzt tauglich[824].

V. Österreich

424   In Österreich ist in einem am 1. 7. 1996 in Kraft getretenen Bundesgesetz über die Rechtsverhältnisse der Makler und über Änderungen des Konsumentenschutzgesetzes (ÖMaklerG), ÖBGBl. 1996/262, die Stellung des Versicherungsmaklers besonders geregelt[825].

---

[818] *Prölss/Martin/Kollhosser,* Anh. zu §§ 43–48 Rn. 48, 51; GdV, Rdschr. v. 22. 2. 1988 an Mitgl. (MTgb.-Nr. 27/88); *o. V.,* VW 1994, 708; *a. A. Hoheisel/Wesemann,* VersVerm 1995, 376.

[819] *Prölss/Martin/Kollhosser,* Anh. zu §§ 43–48 Rn. 46 m. w. N.

[820] *Umhau,* S. 72 ff.; *Karle,* VersR 2000, 425.

[821] *B. Lorenz,* S. 231 (249); *Farny,* Beiträge, S. 79 (88).

[822] *Mensching,* S. 171 ff., befürwortet die Offenlegung der Courtage sowie eine Verteilung der Abschlussprovision auf mehrere Jahre und ein Verbot von Staffelprovisionen.

[823] *B. Lorenz,* S. 231 (246).

[824] *Matusche-Beckmann,* NVersZ 2002, 385 (390) m. w. N.

[825] Dazu *Koban,* VersRdsch 1994, 342 ff.; *ders.,* VersRdsch. 1994, 391 ff.; zum österreichischen VersRecht insgesamt *Lemmel,* in: Europäisches Versicherungsvertragsrecht, Bd. 2, S. 1001 ff., insbes. S. 1032 ff. zum österreichischen Vermittlerrecht.

Bemerkenswert ist die beispielhafte Auflistung der Pflichten eines Maklers gegenüber dem   425
VN in § 28 ÖMaklerG, aber auch die Behandlung des Rechtsverhältnisses zwischen Makler
und VR in § 29 ÖMaklerG.

Auszüge aus dem ÖMaklerG (ÖBGBl. 1996/262, mehrfach geändert):   426

1. Teil. Allgemeiner Teil
Begriff und Tätigkeit des Maklers

§ 1. Begriff

Makler ist, wer auf Grund einer privatrechtlichen Vereinbarung (Maklervertrag) für einen
Auftraggeber Geschäfte mit einem Dritten vermittelt, ohne ständig damit betraut zu sein.

§ 2. Befugnisse des Maklers

(1) Ohne ausdrückliche Vereinbarung ist der Makler nicht befugt, für den Auftraggeber
das vermittelte Geschäft zu schließen oder Zahlungen vom Dritten entgegenzunehmen.

(2) Der Auftraggeber kann, solange ihm der Dritte weder bekannt ist noch bekannt sein
muß, Erklärungen zur Wahrung seiner Rechte an den Makler richten, wenn der Makler befugt ist, Erklärungen, die zum Abschluß des Vertrags mit dem Dritten führen können, mit
Rechtswirkung für den Dritten entgegenzunehmen.

Rechte und Pflichten aus dem Maklervertrag
§ 3. Interessenwahrung und Unterstützung

(1) Der Makler hat die Interessen des Auftraggebers redlich und sorgfältig zu wahren. Dies
gilt auch, wenn er zugleich für den Dritten tätig ist.

(2) Der Auftraggeber hat den Makler bei der Ausübung seiner Vermittlungtätigkeit redlich zu unterstützen und eine Weitergabe von mitgeteilten Geschäftsgelegenheiten zu unterlassen.

(3) Makler und Auftraggeber sind verpflichtet, einander die erforderlichen Nachrichten
zu geben.

(4) Bei Verletzung der Pflichten nach den Abs. 1 bis 3 kann Schadenersatz verlangt werden. Soweit dem Makler ein Provisionsanspruch zusteht, kann der Auftraggeber wegen Verletzung wesentlicher Pflichten auch eine Mäßigung nach Maßgabe der durch den Pflichtverstoß bedingten geringeren Verdienstlichkeit des Maklers verlangen.

§ 4. Vermittlung; Abschluß

(1) Mangels anderer Vereinbarung ist der Makler nicht verpflichtet, sich um die Vermittlung zu bemühen.

(2) Der Auftraggeber ist nicht verpflichtet, das angebahnte Geschäft zu schließen.

§ 5. Doppeltätigkeit

(1) Der Makler darf ohne ausdrückliche Einwilligung des Auftraggebers nicht zugleich für
den Dritten tätig werden oder von diesem eine Belohnung annehmen, wenn nicht für den
betreffenden Geschäftszweig ein abweichender Gebrauch besteht.

(2) Bei Zuwiderhandeln kann der Auftraggeber vom Makler die Herausgabe der unrechtmäßig empfangenen Belohnung und den Ersatz des diesen Betrag übersteigenden Schadens
verlangen. § 3 Abs. 4 zweiter Satz bleibt unberührt.

(3) Sobald der Makler als Doppelmakler tätig wird, hat er dies beiden Auftraggebern mitzuteilen. Diese Mitteilungspflicht entfällt, wenn er den Umständen nach annehmen darf, daß
seine Doppeltätigkeit den Auftraggebern bekannt ist.

§ 6. Provision

(1) Der Auftraggeber ist zur Zahlung einer Provision für den Fall verpflichtet, daß das zu
vermittelnde Geschäft durch die vertragsgemäße verdienstliche Tätigkeit des Maklers mit
einem Dritten zustande kommt.

(2) Die bloße Namhaftmachung des Dritten begründet keinen Provisionsanspruch, sofern nicht für den betreffenden Geschäftszweig ein abweichender Gebrauch besteht.

(3) Der Makler hat auch dann Anspruch auf Provision, wenn auf Grund seiner Tätigkeit zwar nicht das vertragsgemäß zu vermittelnde Geschäft, wohl aber ein diesem nach seinem Zweck wirtschaftlich gleichwertiges Geschäft zustande kommt.

(4) Dem Makler steht keine Provision zu, wenn er selbst Vertragspartner des Geschäfts wird. Dies gilt auch, wenn das mit dem Dritten geschlossene Geschäft wirtschaftlich einem Abschluß durch den Makler selbst gleichkommt. Bei einem sonstigen familiären oder wirtschaftlichen Naheverhältnis zwischen dem Makler und dem vermittelten Dritten, das die Wahrung der Interessen des Auftraggebers beeinträchtigen könnte, hat der Makler nur dann Anspruch auf Provision, wenn er den Auftraggeber unverzüglich auf dieses Naheverhältnis hinweist.

(5) Liegen die Provisionsvoraussetzungen für ein vermitteltes Geschäft bei zwei oder mehreren Maklern vor, so schuldet der Auftraggeber gleichwohl die Provision nur einmal. Provisionsberechtigt ist der Makler, dessen Verdienstlichkeit an der Vermittlung eindeutig überwogen hat. Läßt sich ein solches Überwiegen nicht feststellen, so ist die Provision nach Maßgabe der Verdienstlichkeit aufzuteilen, im Zweifel zu gleichen Teilen. Hat der Auftraggeber einem von mehreren beteiligten Maklern ohne grobe Fahrlässigkeit zuviel an Provision bezahlt, so ist er von seiner Schuld im Betrag der Überzahlung gegenüber sämtlichen verdienstlichen Maklern befreit. Dadurch verkürzte Makler können von den anderen Maklern den Ausgleich verlangen.

§ 7. Entstehen des Provisionsanspruchs

(1) Der Anspruch auf Provision entsteht mit der Rechtswirksamkeit des vermittelten Geschäfts. Der Makler hat keinen Anspruch auf einen Vorschuß.

(2) Der Anspruch auf Provision entfällt, wenn und soweit feststeht, daß der Vertrag zwischen dem Dritten und dem Auftraggeber aus nicht vom Auftraggeber zu vertretenden Gründen nicht ausgeführt wird. Bei Leistungsverzug des Dritten hat der Auftraggeber nachzuweisen, daß er alle zumutbaren Schritte unternommen hat, um den Dritten zur Leistung zu veranlassen.

§ 8. Höhe des Provisionsanspruchs

(1) Ist über die Provisionshöhe nichts Besonderes vereinbart, so gebührt dem Makler die für die erbrachten Vermittlungsleistungen ortsübliche Provision. Läßt sich eine solche nicht oder nur mit unverhältnismäßigen Schwierigkeiten feststellen, steht eine angemessene Provision zu.

(2) Nachlässe, die der Auftraggeber dem Dritten gewährt, vermindern nur dann die Berechnungsgrundlage der Provision, wenn sie schon beim Abschluß des Geschäfts vereinbart worden sind.

(3) Der Berechnung der Provision dürfen keine unzulässigen Entgelte zugrunde gelegt werden.

§ 9. Ersatz von Aufwendungen

Für die durch den Geschäftsbetrieb entstandenen allgemeinen Kosten und Auslagen kann der Makler keinen Ersatz verlangen. Aufwendungen des Maklers auf Grund von zusätzlichen Aufträgen sind nur dann zu ersetzen, wenn die Ersatzpflicht ausdrücklich vereinbart worden ist. Dies gilt auch dann, wenn das angestrebte Rechtsgeschäft nicht zustande kommt.

§ 10. Fälligkeit

Der Provisionsanspruch und der Anspruch auf den Ersatz zusätzlicher Aufwendungen werden mit ihrer Entstehung fällig.

§ 11. Verjährung

Ansprüche aus dem Maklervertragsverhältnis verjähren in drei Jahren ab Fälligkeit. Die Verjährung ist gehemmt, solange der Makler vom Zustandekommen des vermittelten Geschäfts keine Kenntnis erlangen konnte.

Beendigung des Vertragsverhältnisses

§ 12. Fristablauf; vorzeitige Auflösung

(1) Ein auf bestimmte Zeit geschlossener Maklervertrag endet mit dem Ablauf der Zeit, für die er eingegangen wurde.

(2) Bei Vorliegen wichtiger Gründe kann der Maklervertrag von jedem Vertragspartner ohne Einhaltung einer Frist vorzeitig aufgelöst werden.

§ 13. Kündigung

Ist keine bestimmte Vertragsdauer vereinbart, so kann der Maklervertrag von jedem Vertragspartner jederzeit ohne Einhaltung einer Frist gekündigt werden.

Besondere Vereinbarungen

§ 14. Alleinvermittlungsauftrag

(1) Verpflichtet sich der Auftraggeber, für das zu vermittelnde Geschäft keinen anderen Makler in Anspruch zu nehmen, so liegt ein Alleinvermittlungsauftrag vor. Bei diesem muß sich der Makler nach Kräften um die Vermittlung bemühen.

(2) Der Alleinvermittlungsauftrag kann nur befristet auf angemessene Dauer abgeschlossen werden. Gleiches gilt für jede Verlängerung.

§ 15. Provisionsvereinbarungen für Fälle fehlenden Vermittlungserfolgs

(1) Eine Vereinbarung, wonach der Auftraggeber, etwa als Entschädigung oder Ersatz für Aufwendungen und Mühewaltung, auch ohne einen dem Makler zurechenbaren Vermittlungserfolg einen Betrag zu leisten hat, ist nur bis zur Höhe der vereinbarten oder ortsüblichen Provision und nur für den Fall zulässig, daß

1. das im Maklervertrag bezeichnete Geschäft wider Treu und Glauben nur deshalb nicht zustande kommt, weil der Auftraggeber entgegen dem bisherigen Verhandlungsverlauf einen für das Zustandekommen des Geschäfts erforderlichen Rechtsakt ohne beachtenswerten Grund unterläßt;
2. mit dem vom Makler vermittelten Dritten ein anderes als ein zweckgleichwertiges Geschäft zustande kommt, sofern die Vermittlung des Geschäfts in den Tätigkeitsbereich des Maklers fällt;
3. das im Maklervertrag bezeichnete Geschäft nicht mit dem Auftraggeber, sondern mit einer anderen Person zustande kommt, weil der Auftraggeber dieser die ihm vom Makler bekannt gegebene Möglichkeit zum Abschluß mitgeteilt hat oder das Geschäft nicht mit dem vermittelten Dritten, sondern mit einer anderen Person zustande kommt, weil der vermittelte Dritte dieser die Geschäftsgelegenheit bekannt gegeben hat, oder
4. das Geschäft nicht mit dem vermittelten Dritten zustande kommt, weil ein gesetzliches oder ein vertragliches Vorkaufs-, Wiederkaufs- oder Eintrittsrecht ausgeübt wird.

(2) Eine solche Leistung kann bei einem Alleinvermittlungsauftrag weiters für den Fall vereinbart werden, daß

1. der Alleinvermittlungsauftrag vom Auftraggeber vertragswidrig ohne wichtigen Grund vorzeitig aufgelöst wird;
2. das Geschäft während der Dauer des Alleinvermittlungsauftrags vertragswidrig durch die Vermittlung eines anderen vom Auftraggeber beauftragten Maklers zustande gekommen ist, oder
3. das Geschäft während der Dauer des Alleinvermittlungsauftrags auf andere Art als durch die Vermittlung eines anderen vom Auftraggeber beauftragten Maklers zustande gekommen ist.

(3) Leistungen nach Abs. 1 und Abs. 2 gelten als Vergütungsbetrag im Sinn des § 1336 ABGB …

3. Teil. Handelsmakler
Allgemeine Bestimmungen

§ 19. Begriff

(1) Handelsmakler ist, wer als Makler gewerbsmäßig Geschäfte über Gegenstände des Handelsverkehrs vermittelt.

(2) Die für Freie Makler im Sinn des § 57 BörseG, BGBl. Nr. 555/1989 geltenden Vorschriften und Handelsbräuche bleiben unberührt.

§ 20. Doppeltätigkeit

(1) Der Handelsmakler kann grundsätzlich für beide Parteien des zu vermittelnden Geschäfts tätig werden und hat in diesem Fall die Interessen beider Auftraggeber redlich und sorgfältig zu wahren.

(2) Wird der Handelsmakler auftragsgemäß nur für eine Partei des zu vermittelnden Geschäfts tätig, so hat er dies dem Dritten mitzuteilen.

§ 21. Schlußnote

(1) Der Handelsmakler hat, sofern nicht die Parteien des Geschäfts ihm dies erlassen oder der Ortsgebrauch mit Rücksicht auf die Gattung der Ware davon entbindet, unverzüglich nach dem Abschluß des Geschäfts jeder Partei eine von ihm unterzeichnete Schlußnote zuzustellen, die die Parteien, den Gegenstand und die Bedingungen des Geschäfts, insbesondere bei Verkäufen von Waren oder Wertpapieren deren Gattung und Menge sowie den Preis und die Zeit der Lieferung enthält.

(2) Bei Geschäften, die nicht sofort erfüllt werden sollen, ist die Schlußnote den Parteien zu ihrer Unterschrift zuzustellen und jeder Partei die von der anderen unterschriebene Schlußnote zu übersenden.

(3) Verweigert eine Partei die Annahme oder Unterschrift der Schlußnote, so hat der Handelsmakler davon der anderen Partei unverzüglich Anzeige zu machen.

§ 22. Vorbehalt der Bezeichnung des Vertragspartners

(1) Nimmt der Auftraggeber eine Schlußnote an, in der sich der Handelsmakler die Bezeichnung der anderen Partei vorbehalten hat, so ist er an das Geschäft mit der Partei, welche ihm nachträglich bezeichnet wird, gebunden, es sei denn, daß gegen diese begründete Einwendungen zu erheben sind.

(2) Die Bezeichnung der anderen Partei ist innerhalb der ortsüblichen Frist, in Ermangelung einer solchen innerhalb einer den Umständen nach angemessenen Frist vorzunehmen.

(3) Unterbleibt die Bezeichnung oder sind gegen die bezeichnete Partei begründete Einwendungen zu erheben, so ist der Auftraggeber befugt, den Handelsmakler auf die Erfüllung des Geschäfts in Anspruch zu nehmen. Der Anspruch ist ausgeschlossen, wenn sich der Auftraggeber über Aufforderung des Handelsmaklers nicht unverzüglich darüber erklärt, ob er die Erfüllung verlange.

§ 23. Provision

Ist der Handelsmakler für beide Parteien tätig und fehlen eine besondere Vereinbarung und ein abweichender Ortsgebrauch, so gebührt ihm nach Maßgabe der §§ 6 bis 8 eine Provision, die von beiden Auftraggebern je zur Hälfte zu entrichten ist.

§ 24. Tagebuch

(1) Der Handelsmakler ist verpflichtet, ein Tagebuch zu führen und in dieses alle geschlossenen Geschäfte täglich einzutragen. Die Eintragungen sind nach der Zeitfolge zu bewirken:

sie haben die im § 21 Abs. 1 bezeichneten Angaben zu enthalten. Das Eingetragene ist vom Handelsmakler täglich zu unterzeichnen.

(2) § 190 und die §§ 212 bis 216 HGB über die Aufbewahrung und Vorlage von Unterlagen sind auch auf das Tagebuch des Handelsmaklers anzuwenden.

(3) Der Handelsmakler ist verpflichtet, den Parteien jederzeit auf Verlangen Auszüge aus dem Tagebuch zu geben, die von ihm unterzeichnet sind und alles enthalten, was von ihm in Ansehung des vermittelten Geschäfts eingetragen ist. Dies gilt auch für den Fall der automationsunterstützten Führung des Tagebuchs, bei welcher der Handelsmakler für die inhaltsgleiche, vollständige und geordnete Wiedergabe zu sorgen hat.

§ 25. Krämermakler

Auf Handelsmakler, die die Vermittlung von Warengeschäften im Kleinverkehr besorgen, sind die Bestimmungen über Schlussnoten und Tagebücher nicht anzuwenden.

Besondere Bestimmungen für Versicherungsmakler
§ 26. Begriff

(1) Versicherungsmakler ist, wer als Handelsmakler Versicherungsverträge vermittelt. Eine bloße Rahmenprovisionsvereinbarung mit einem Versicherer ändert nichts an der Eigenschaft als Versicherungsmakler, ebenso wenig eine ständige Betrauung durch den Versicherungskunden.

(2) Die für Versicherungsmakler geltenden Bestimmungen dieses Bundesgesetzes sind auch auf den anzuwenden, der eine entgeltliche Vermittlungstätigkeit bloß gelegentlich ausübt. Weiters sind sie anzuwenden, solange ein Versicherungsvermittler den Versicherungskunden nicht darüber informiert hat, daß er nicht als Versicherungsmakler tätig ist.

(3) Soweit die §§ 43 ff. des Versicherungsvertragsgesetzes 1958, BGBl. Nr. 2/1959, anzuwenden sind, ist dieses Bundesgesetz auf die dort geregelten Fragen nicht anzuwenden.

(4) Die Bestimmungen über Schlußnoten und Tagebücher sind auf den Versicherungsmakler nicht anzuwenden.

§ 27. Doppeltätigkeit mit überwiegender Interessenwahrung; Vermittlungspflicht

(1) Der Versicherungsmakler hat trotz Tätigkeit für beide Parteien des Versicherungsvertrags überwiegend die Interessen des Versicherungskunden zu wahren.

(2) Der Versicherungsmakler hat gegenüber dem Versicherungskunden die Pflicht, die Informationen gemäß § 137 f Abs. 7 bis 8 und § 137 g der GewO 1994 unter Beachtung des § 137 h der GewO 1994 zu erteilen und sich nach Kräften um die Geschäftsvermittlung zu bemühen.

(3) Der Versicherungsmakler ist mangels abweichender Vereinbarung mit dem Versicherer nicht befugt, Erklärungen und Zahlungen des Versicherungskunden für den Versicherer rechtswirksam entgegenzunehmen. § 2 Abs. 2 bleibt unberührt. Er hat kein Aufrechnungs- oder Zurückbehaltungsrecht an Zahlungen, die er für den Versicherungskunden oder für den Versicherer entgegennimmt.

§ 28. Wahrung der Interessen des Versicherungskunden

Die Interessenwahrung gemäß § 3 Abs. 1 und Abs. 3 und gemäß § 27 Abs. 1 umfaßt die Aufklärung und Beratung des Versicherungskunden über den zu vermittelnden Versicherungsschutz sowie insbesondere auch folgende Pflichten des Versicherungsmaklers:
1. Erstellung einer angemessenen Risikoanalyse und eines angemessenen Deckungskonzepts sowie Erfüllung der Dokumentationspflicht gemäß § 137 g GewO 1994;
2. Beurteilung der Solvenz des Versicherers im Rahmen der einem Makler zugänglichen fachlichen Informationen;

Matusche-Beckmann

3. Vermittlung des nach den Umständen des Einzelfalls bestmöglichen Versicherungsschutzes, wobei sich die Interessenwahrung aus sachlich gerechtfertigten Gründen auf bestimmte örtliche Märkte oder bestimmte Versicherungsprodukte beschränken kann, sofern der Versicherungsmakler dies dem Versicherungskunden ausdrücklich bekannt gibt;

4. Bekanntgabe der für den Versicherungskunden durchgeführten Rechtshandlungen sowie Aushändigung einer Durchschrift der Vertragserklärung des Versicherungskunden, sofern sie schriftlich erfolgte; Aushändigung des Versicherungsscheins (Polizze) sowie der dem Vertrag zugrunde liegenden Versicherungsbedingungen einschließlich der Bestimmungen über die Festsetzung der Prämie;

5. Prüfung des Versicherungsscheins (Polizze);

6. Unterstützung des Versicherungskunden bei der Abwicklung des Versicherungsverhältnisses vor und nach Eintritt des Versicherungsfalls, namentlich auch bei Wahrnehmung aller für den Versicherungskunden wesentlichen Fristen;

7. laufende Überprüfung der bestehenden Versicherungsverträge sowie gegebenenfalls Unterbreitung geeigneter Vorschläge für eine Verbesserung des Versicherungsschutzes.

§ 29. Wahrung der Interessen des Versicherers

Im Verhältnis zum Versicherer hat der Versicherungsmakler vorwiegend jene Interessen zu wahren, die auch der Versicherungskunde selbst vor und nach Abschluß des Versicherungsvertrags dem Versicherer gegenüber zu beachten hat. Im Besonderen ist der Versicherungsmakler verpflichtet, den Versicherer bei der Vertragsanbahnung über ihm bekannte oder erkennbare besondere Risiken zu informieren.

§ 30. Provision

(1) Wenn nicht ausdrücklich und schriftlich etwas Abweichendes vereinbart ist, steht dem Versicherungsmakler aus dem Maklervertrag mit dem Versicherungskunden keine Provision, sonstige Vergütung oder Aufwandsentschädigung zu. Bei erfolgreicher Vermittlung gebührt ihm Provision aus dem mit dem Versicherer geschlossenen Maklervertrag nach Maßgabe des § 6, § 7 Abs. 2 und § 8 Abs. 1 und Abs. 3.

(2) Der Anspruch auf Provision entsteht mit der Rechtswirksamkeit des vermittelten Geschäfts, wenn und soweit der Versicherungskunde die geschuldete Prämie bezahlt hat oder zahlen hätte müssen, hätte der Versicherer seine Verpflichtungen erfüllt. Wenn der Versicherer gerechtfertigte Gründe für eine Beendigung des Versicherungsvertrags oder eine betragsmäßige Herabsetzung der Versicherungsprämie hat, entfällt bzw. vermindert sich der Provisionsanspruch.

(3) Eine überwiegende Verdienstlichkeit im Sinn des § 6 Abs. 5 liegt bei dem Versicherungsmakler vor, der den vom Versicherungskunden unterfertigten Antrag an den Versicherer weitergeleitet hat.

(4) Ist im Maklervertrag mit dem Versicherer bestimmt, daß dem Versicherungsmakler nach Beendigung des Vertragsverhältnisses für bereits erfolgreich vermittelte Versicherungsverträge weitere Abschlußprovisionen nicht mehr zustehen, so ist diese Vereinbarung insoweit unwirksam, als der Versicherer den Maklervertrag einseitig aufgelöst hat, ohne daß dafür wichtige, vom Versicherungsmakler verschuldete Gründe vorliegen.

§ 31. Abrechnung und Fälligkeit

Die Abrechnung der Provisionsansprüche durch den Versicherer hat längstens einen Monat nach der Entstehung des Provisionsanspruchs zu erfolgen. Die Fälligkeit tritt an dem Tag ein, an dem die Abrechnung erfolgt oder spätestens zu erfolgen hat.

§ 31a. Kundenkonten

Vom Versicherungskunden für den Versicherer oder vom Versicherer für den Versicherungskunden bestimmte Geldbeträge sind stets über streng getrennte, bei einem Kreditinstitut geführte Kundenkonten (offene Treuhandkonten, Anderkonten) weiterzuleiten. Für diese Konten gelten zugunsten der berechtigten Versicherungskunden das Widerspruchsrecht gemäß § 37 EO sowie das Aussonderungsrecht gemäß § 44 KO und § 21 AO. Vom Makler entgegengenommene Barbeträge sind unverzüglich auf diese Kundenkonten einzuzahlen.

§ 32. Zwingende Bestimmungen

Von § 4 Abs. 2, § 13, § 27 und § 28 erster Satz und Z 1 bis Z 3 kann nicht zum Nachteil des Versicherungskunden abgegangen werden …

§ 6. Parteien des Versicherungsvertrages, Mehrheit von Versicherern, Drittbegünstigte

Inhaltsübersicht

Literatur: *Ackmann,* Doppelversichererregreß (§ 59 Abs. 2 VVG) im Falle des Zusammentreffens von Fahrzeugvollversicherung des Eigentümers und „Fremdfahrzeugversicherung"?, VersR 1991, 1103; *Armbrust,* Subsidiaritätsabreden in Versicherungsverträgen, 1991 (zit.: *Armbrust,* Subsidiaritätsabreden); *Armbrüster,* Der Schutz von Haftpflichtinteressen in der Sachversicherung, 1994 (zit.: *Armbrüster,* Haftpflichtinteressen); *ders.,* Versicherungsschutz und Immobilienverträge, ZflR 2001, 966; *ders.,* Regreß des Gebäudeversicherers gegen Mieter, NJW 2006, 3683; *Blanck,* Doppelversicherung bei Zusammentreffen mehrerer Versicherungen mit Subsidiaritätsklausel, VersR 1973, 705; *ders.,* Entschädigungsberechnung in der Sachversicherung, 4. Aufl. 1977 (zit.: *Blanck,* Entschädigungsberechnung); *Brünjes,* Der Veräußerungsbegriff des § 69 VVG, 1995 (zit.: *Brünjes,* Veräußerungsbegriff); *ders.,* Der Eintritt des Immobilienerwerbers in den Versicherungsvertrag nach § 69 Abs. 1 VVG, VersR 1995, 1416; *Dreher/Lange,* Die Mitversicherung, VersR 2005, 717; *Dreyer,* Die Rechtsstellung des führenden Versicherers, in: Liber amicorum für Gerrit Winter, 2007, S. 159; *Fenyves,* Aktuelle Probleme der Subsidiaritätsklausel, 1989 (zit.: *Fenyves,* Subsidiaritätsklausel); *Ganz,* Die Fremdversicherung in der Schadens-, Lebens- und Unfallversicherung, 1972; *Grassl-Platen,* Sacherwerb und Versicherungsschutz, 1996; *Heinicke,* Sachversicherung und fremde Interessen, 2002 (zit.: *Heinicke,* Sachversicherung); *Th. Honsell,* Der rechtliche Schutz des Privatversicherers vor dem sogenannten subjektiven Risiko, VersR 1982, 112; *Hübener,* Die Führungsklausel in der Mitversicherung, 1954; *v. Jordan,* Doppelversicherung bei Zusammentreffen mehrerer Versicherungen mit Subsidiaritätsklausel, VersR 1973, 396; *Kisch,* Die mehrfache Versicherung desselben Interesses, 1935 (zit.: *Kisch,* Mehrfache Versicherung); *ders.,* Vertragsermäßigung wegen Doppelversicherung, ZHR 75 (1914), 221; *Kohleick,* Die Doppelversicherung im deutschen Versicherungsvertragsrecht, 1999 (zit.: *Kohleick,* Doppelversicherung); *M. N. Krause,* Der Begriff des versicherten Interesses und seine Auswirkungen auf die Versicherung für fremde Rechnung, 1997 (zit.: *Krause,* Interesse); *E. Lorenz,* Zum Regreß des Gebäudeversicherers gegen den seinem VN haftpflichtigen Mieter, VersR 1992, 399; *Martin,* Regress des Doppelversicherers gegen den VN des anderen Doppelversicherers?, VersR 1978, 881; *ders.,* Zusammentreffen zweier Subsidiaritätsabreden, VersR 1973, 691; *Möller,* Subsidiarität, in: FS Sieg, 1976, S. 407; *J. Prölss,* Das Wegnahmerecht des Mieters in der Gebäudefeuerversicherung, VersR 1994, 1404; *ders.,* Regreß des Gebäudeversicherers nach § 67 VVG, ZMR 2001, 157; *ders.,* Regress- und Ausgleichsprobleme bei der Versicherung fremder Gebäudebestandteile im Rahmen der Hausratversicherung (§ 3 C Nr. 2 VHB), VersR 1977, 695; *Richter,* Die Mitversicherung von Großrisiken, in: Liber amicorum für Gerrit Winter, 2007, S. 129; *Schaloske,* Das Recht der so genannten offenen Mitversicherung, 2007 (zit.: *Schaloske,* Mitversicherung); *ders.,* Das Vertragsrecht der so genannten offenen Mitversicherung, VersR 2007, 606; *Schirmer,* Zur Versicherbarkeit des Sachersatzinteresses in der Sachversicherung, ZVersWiss 1981, 637; *Schöttler,* Doppelter Versicherungsschutz eines Mitversicherten in der Allgemeinen Haftpflichtversicherung, VW 1998, 648; *Schulze Schwienhorst,* Die kartellrechtlichen Rahmenbedingungen der „Mitversicherung im Einzelfall", in: FS Kollhosser, Bd. I, 2004, S. 329; *Sieg,* Die Versicherbarkeit als Beurteilungsfaktor für die Zulässigkeit von Haftungsüberwälzungen, BB 1994, 299; *ders.,* Die versicherungsrechtliche Stellung des Sacherwerbers nach Gefahrübergang auf ihn, VersR 1995, 125; *Stenzaly,* Ausgleichsregelung beim Zusammentreffen von Fremd- und Außenversicherung nach § 59 VVG (Doppelversicherung), VW 1977, 664; *Vogel,* Subsidiaritätsabreden und Doppelversicherung, ZVersWiss 1973, 563; *Voigt,* Grundlagen der Mitversicherung, VW 1972, 1514/1583; *Vollmar,* Beendigung von Doppelversicherung, VersR 1987, 735; *G. Winter,* Konkrete und abstrakte Bedarfsdeckung in der Sachversicherung, 1962 (zit.: *Winter,* Bedarfsdeckung); *ders.,* Subsidiaritätsklauseln und AGBG, VersR 1991, 527.

A. Parteien des Versicherungsvertrages

I. Überblick

1   Parteien des Versicherungsvertrages sind der **VR** (aufsichtsrechtliche Bezeichnung: Versicherungsunternehmen) und der **VN.** Bei ein und demselben Vertrag können auf beiden Seiten mehrere Beteiligte auftreten (zur Mehrheit von VR s. Rn. 17 ff.). Der VN ist zu unterscheiden vom Versicherten. Während der VN der Vertragspartner des VR ist, bezeichnet man als **Versicherten** den Träger des versicherten Interesses, wenn dieser nicht mit dem VN identisch ist. Dies ist in der Fremdversicherung (Versicherung für fremde Rechnung, §§ 43 ff. VVG) der Fall, im Gegensatz zur Eigenversicherung, also der Versicherung eigenen Interesses. Die Unterscheidung zwischen VN und Versichertem wird bei den Regeln über die Fremdversicherung praktisch bedeutsam: In den §§ 43 ff. VVG differenziert das Gesetz näher zwischen VN und Versichertem und weist beiden unterschiedliche Rechte und Pflichten zu. An anderen Stellen ist die vom Gesetzgeber verwendete Terminologie weniger präzise. So kommt es für den Anspruchsübergang nach § 86 Abs. 1 S. 1 VVG nicht auf die Stellung als VN (Vertragspartner des VR) an, sondern auf die Anspruchsinhaberschaft; bei der Fremdversicherung geht daher entgegen dem Gesetzeswortlaut der Anspruch des Versicherten über[1].

II. Versicherer

1. Organisationsformen

a) Überblick. Unternehmen, die das Versicherungsgeschäft betreiben wollen, bedürfen der aufsichtsrechtlichen Erlaubnis. Nach § 7 Abs. 1 VAG darf diese Erlaubnis nur **Aktiengesellschaften** (AGs), **Versicherungsvereinen auf Gegenseitigkeit** (VVaG) sowie **Körperschaften und Anstalten des öffentlichen Rechts** erteilt werden. Die sog. Kleine AG ist als Rechtsform nicht ausgeschlossen[2].   **2**

In bestimmten Bereichen gilt der Grundsatz der **Spartentrennung.** So schließen die Erlaubnis zum Betrieb der **Lebensversicherung** und diejenige zum Betrieb anderer Versicherungen einander gem. § 8 Abs. 1a S. 1 VAG aus. Dasselbe gilt hinsichtlich der **substitutiven Krankenversicherung** (§ 8 Abs. 1a S. 2 VAG). Um das Geschäft der Lebensversicherung oder der substitutiven Krankenversicherung zu betreiben, ist daher stets die Gründung eines eigenen Versicherungsunternehmens erforderlich. Für die **Rechtsschutzversicherung** sieht § 8a VAG vor, dass sie zwar zusammen mit anderen Versicherungsparten betrieben werden darf, dass in diesem Fall die Schadensabwicklung jedoch einem als Kapitalgesellschaft zu organisierenden Schadensabwicklungsunternehmen zu übertragen ist. Dieses Unternehmen wird dadurch nicht VR (Partei des Versicherungsvertrages), sondern nimmt die Stellung eines Bevollmächtigten und gesetzlichen Prozessstandschafters für den VR ein (vgl. § 126 VVG)[3].   **3**

b) Aktiengesellschaft. Für VR in der Rechtsform der AG gilt das **AktG.** Die Aktien werden nicht selten als **vinkulierte Namensaktien** ausgestaltet. Damit sind für die AG mehrere Vorteile verbunden: Zum einen können die Aktien, da sie auf Namen lauten, gem. § 10 Abs. 2 S. 1 AktG bereits ausgegeben werden, bevor der Ausgabebetrag voll geleistet ist. Zum anderen bietet die Vinkulierung Schutz davor, dass unkontrollierte Mehrheiten oder Sperrminoritäten entstehen[4]. – Für einen gewissen **Schutz der Aktionäre** hinsichtlich der **Überschussverwendung** sorgt § 56a S. 2 VAG, indem die Bildung von Rückstellungen für Beitragsrückerstattung zugunsten eines ausschüttungsfähigen Mindestbilanzgewinns der AG begrenzt wird.   **4**

c) Versicherungsverein auf Gegenseitigkeit. Der **VVaG** ist nicht im Gesellschaftsrecht geregelt, sondern in den §§ 15–53 c VAG. Rechtsfähigkeit erlangt er mit der Erteilung der aufsichtsbehördlichen Erlaubnis zum Geschäftsbetrieb (§ 15 VAG); die Eintragung im Handelsregister (§§ 30 ff. VAG) ist deklaratorisch. Für sog. kleinere VVaG sieht § 53 VAG einige Erleichterungen, aber auch Einschränkungen vor. Voraussetzung ist nach der Legaldefinition in § 53 Abs. 1 S. 1 VAG, dass der VVaG bestimmungsgemäß einen sachlich, örtlich oder nach dem Personenkreis eng begrenzten Wirkungskreis hat. Im Wesentlichen verweist das VAG für den gesetzestypischen („großen") VVaG auf aktienrechtliche, für den kleineren VVaG auf   **5**

---

[1] St. Rspr.; BGH v. 11. 7. 1960, BGHZ 33, 97 (99) = VersR 1961, 401 (Ls.); s. auch unten § 22 Rn. 27.
[2] *Prölss/Präve,* § 7 VAG Rn. 3.
[3] *Prölss/Martin/Prölss,* § 1581 VVG Rn. 4 f.
[4] *Deutsch,* Versicherungsvertragsrecht, Rn. 111.

vereins- und genossenschaftsrechtliche Regeln. So muss der „große" VVaG einen Aufsichtsrat nach Maßgabe des AktG haben; für den kleineren VVaG gilt für die Bildung eines – hier fakultativen – Aufsichtsrats hingegen Genossenschaftsrecht (§ 53 Abs. 3 VAG). Der kleinere VVaG ist im Unterschied zum „großen" nicht Kaufmann[5].

6   Die **Mitgliedschaft** in einem VVaG hängt grds. davon ab, dass mit dem Verein ein Versicherungsvertrag besteht (§ 20 VAG, Ausnahme: § 21 Abs. 2 VAG, Gegenausnahme: § 53 Abs. 1 S. 2 VAG). Die Mitglieder sind gem. §§ 24, 38, 50 VAG am Überschuss (Bilanzgewinn) und Verlust des VVaG beteiligt. Der VVaG besteht nicht fort, wenn er seine Versicherungstätigkeit aufgibt, etwa weil alle Mitglieder austreten[6].

7   Im Vergleich zur AG fällt einem VVaG oftmals die Beschaffung von Eigenkapital schwer. Insbesondere deshalb streben manche VVaG den **Rechtsformwechsel** zur AG an. Dieser Wechsel kann im Wege der Bestandsübertragung gem. § 14 VAG oder durch Umwandlung nach dem UmwG erreicht werden[7]. Neuerdings bilden sich auch **mehrstufige Strukturen** heraus, bei denen unterhalb des VVaG eine Holding zur Konzernsteuerung und AGs für das operative Geschäft gegründet werden[8].

8   An die Organisationsform des VVaG knüpfen einige Regeln an, die das Versicherungsvertragsverhältnis beeinflussen. So gilt nach § 21 Abs. 1 VAG ein **Gleichbehandlungsgebot**. Danach müssen Mitgliederbeiträge und Vereinsleistungen an die Mitglieder bei gleichen Voraussetzungen nach gleichen Grundsätzen bemessen sein[9]. Zudem sind Änderungen der **AVB** gem. § 41 Abs. 3 S. 2 VAG unter erleichterten Voraussetzungen möglich. Zu den AVB gehören auch solche Satzungsbestimmungen, die das Versicherungsverhältnis betreffen[10].

9   **d) Öffentlich-rechtliche VR.** Nach Maßgabe von Landesrecht können auch Körperschaften oder Anstalten des öffentlichen Rechts Versicherungsgeschäfte betreiben. Dazu zählen insbes. landesrechtliche Feuerversicherungsanstalten; für sie gilt nach Wegfall der Monopolstellung ohne weiteres das VVG[11]. Eine Sonderstellung nehmen Versorgungseinrichtungen mit Zwangsmitgliedschaft ein, z. B. Ärzte- oder Anwaltsversorgungswerke. Für sie besteht auch heute noch ein Monopol.

2. Ausländische Versicherer

10   Der Ort der Hauptverwaltung des VR muss gem. § 7 Abs. 1a VAG im Inland gelegen sein. Diese Regelung ist freilich nicht abschließend. Vielmehr ist für VR mit Sitz im Ausland zu differenzieren: Liegt der Sitz in einem anderen **EU-/EWR-Mitgliedstaat**, so ist die Begründung einer Niederlassung im Inland möglich; sie bedarf gem. § 110d VAG der Erlaubnis. Allerdings können in einem anderen EU-/EWR-Mitgliedstaat ansässige VR in Deutschland auch ohne Niederlassung tätig sein (Dienstleistungsfreiheit; s. §§ 110a, 111 VAG). Für Unternehmen mit Sitz **außerhalb von EU/EWR** gelten die Anforderungen der §§ 105–110 VAG. Danach bedarf der VR für das Erstversicherungsgeschäft im Inland der Erlaubnis (§ 105 Abs. 2 VAG), außerdem muss er im Inland eine Niederlassung errichten und aufrecht-

---

[5] *Deutsch,* Versicherungsvertragsrecht, Rn. 113.

[6] BGH v. 26. 6. 1995, VersR 1995, 945 f. Eingehend zur Mitgliedschaft *Armbrüster,* in: *Bürkle* (Hrsg.), Rechtliche Rahmenbedingungen für VVaG, 2008, S. 29 ff.

[7] Eingehend *Gerner,* Demutualisierung eines VVaG, 2003, S. 13 ff., 147 ff.

[8] Näher *Dreher,* in: *Bürkle* (Hrsg.), Rechtliche Rahmenbedingungen für VVaG, 2008, S. 139 ff.; *Görk,* VVaG-Gleichordnungskonzern und seine Umstrukturierung in einen VVaG-Unterordnungskonzern, 2003.

[9] Aus dieser Regelung lässt sich kein allgemeiner, rechtsformübergreifend geltender Grundsatz herleiten; *Krömmelbein,* Der versicherungsrechtliche Gleichbehandlungsgrundsatz zwischen Deregulierung und Diskriminierung, 2007, S. 63 ff.; *Petersen,* Versicherungsunternehmensrecht, 2003, Rn. 165 ff. Für Gleichbehandlungspflicht auf anderer Grundlage (Optimierungspflicht) *Prölss/Martin/Prölss,* Vorbem. II Rn. 2a.

[10] BGH v. 23. 11. 1994, VersR 1995, 77 (78); OLG Celle v. 20. 6. 1996, VersR 1996, 1133 (1134); *E. Lorenz,* VersR 1996, 1206 (1207).

[11] *Deutsch,* Versicherungsvertragsrecht, Rn. 114.

erhalten sowie einen Hauptbevollmächtigten mit Wohnsitz und ständigem Aufenthalt im Inland bestellen (§ 106 VAG).

Für die **Aufsicht** über VR mit Sitz in EU/EWR, die durch eine Niederlassung oder im   **11**
Dienstleistungsverkehr im Inland tätig sind, gilt das Sitzlandprinzip. Danach sind die Behörden des Staates, in dem der VR seinen Sitz hat, für die Zulassung zum Versicherungsbetrieb
und für die laufende Überwachung der Geschäftstätigkeit zuständig. Die inländischen Behörden sind nur nach Maßgabe von § 111b VAG zum Einschreiten befugt. Dies bedeutet umgekehrt, dass die Aufsichtsbehörde eines Mitgliedstaates auch das Auslandsgeschäft der ihr unterstehenden VR zu überwachen hat. – Zum anwendbaren **Versicherungsvertragsrecht**
bei Auslandsberührung s. § 4.

III. Versicherungsnehmer

1. Natürliche und juristische Personen

VN kann jede natürliche oder juristische Person sein. Zu beachten sind die allg. Regeln   **12**
zur Geschäftsfähigkeit (§§ 104ff. BGB) und insbes. § 1822 Nr. 5 BGB. Nach dieser Vorschrift
bedürfen Verträge, durch die der Mündel zu wiederkehrenden Leistungen verpflichtet ist, der
vormundschaftsgerichtlichen Genehmigung, wenn das Vertragsverhältnis länger als ein
Jahr nach Eintritt der Volljährigkeit fortdauern soll. Die Regelung gilt gem. §§ 1626 Abs. 1,
1629 Abs. 1, 1643 Abs. 1 BGB auch im Rahmen der elterlichen Sorge; für die Betreuung tritt
an ihre Stelle § 1907 Abs. 3 BGB.

2. Gesamthandsgemeinschaften

Eine Gesamthandsgemeinschaft kann dann VN sein, wenn sie insofern rechtsfähig ist. Für   **13**
die Außen-**BGB-Gesellschaft** ist dies, nachdem der für das Gesellschaftsrecht zuständige
II. Zivilsenat des BGH[12] ihre Teilrechtsfähigkeit mit überzeugenden Erwägungen anerkannt
hat, zu bejahen[13]. Wird mithin der Versicherungsvertrag im Namen der BGB-Gesellschaft
abgeschlossen – wobei die Erleichterung für unternehmensbezogene Rechtsgeschäfte zu beachten ist –[14], so ist diese VN. Die gegenteilige ältere Rspr., wonach die Gesellschafter VN
sein sollten[15], ist damit durch die neuere gesellschaftsrechtliche Entwicklung überholt. Ist die
Gesamthand selbst Trägerin des versicherten Interesses, so liegt eine Eigenversicherung vor.
Beispiele: Die Versicherung bezieht sich auf eine zum Gesamthandsvermögen gehörende
Sache oder auf das Prozessrisiko der Gesellschaft[16].

Die **Erbengemeinschaft** ist hingegen nicht rechtsfähig[17]. Sie kann daher als solche nicht   **14**
VN (und auch nicht Versicherter) sein. Tritt bei Abschluss des Versicherungsvertrages ein Erbe
im eigenen Namen auf, so ist allein er VN, die Miterben sind Mitversicherte[18]. Tritt der Ver-
tragschließende hingegen für „die Erbengemeinschaft" auf, so werden – sofern die Voraussetzungen der §§ 164ff. BGB vorliegen – sämtliche Erben VN. Für die eheliche **Gütergemeinschaft** (§§ 1415, 1419 BGB) gilt dasselbe wie für die Erbengemeinschaft.

3. Bruchteilsgemeinschaften

Mangels Rechtsfähigkeit kann die schlichte **Bruchteilsgemeinschaft** (zur Wohnungs-   **15**
eigentümergemeinschaft s. Rn. 16) nicht selbst VN sein. Als VN kommen vielmehr die ein-

---

[12] BGH v. 29. 1. 2001, BGHZ 146, 341 (343ff.) = NJW 2001, 1056ff.

[13] S. bereits *Armbrüster,* Haftpflichtinteressen, S. 171f.; *dens.,* ZVersWiss 1993, 245 (252f.).

[14] S. dazu *Schramm,* in: MünchKomm-BGB, 5. Aufl. 2006, § 164 Rn. 23.

[15] S. nur BGH v. 13. 6. 1957, BGHZ 24, 378 (379) = VersR 1957, 458 (II. Senat); BGH v. 24. 1. 1990,
BGHZ 110, 127 (128) = VersR 1990, 380 (IV. Senat); so auch ÖOGH v. 5. 4. 1990, VersR 1991, 248.

[16] Vgl. BGH v. 5. 3. 2008, VersR 2008, 634 Rn. 16 zum Sacherhaltungsinteresse; BGH v. 24. 1. 1990,
BGHZ 110, 127 = VersR 1990, 380 zur Rechtsschutzversicherung für eine KG.

[17] BGH v. 11. 9. 2002, NJW 2002, 3389 (3390); BGH v. 17. 10. 2006, NJW 2006, 3715 (3716); *Heil,*
ZEV 2002, 296ff.; a. A. *Eberl-Borges,* ZEV 2002, 125 (129); *Weipert,* ZEV 2002, 300 (301).

[18] *Prölss/Martin/Prölss,* § 6 VVG Rn. 40; a. A. LG Paderborn v. 9. 1. 1959, BB 1959, 542: auch die Miterben seien VN.

zelnen Bruchteilseigentümer in Betracht. Bei einer Bruchteilsgemeinschaft bezieht sich der Versicherungsvertrag auf ein einheitliches Risiko[19]. Dies kann zwar für die Zurechnung von Obliegenheitsverletzungen eines Miteigentümers bedeutsam werden[20], beschränkt aber nicht die Möglichkeit **jedes Bruchteilseigentümers,** eigenständig als VN eine Vers abzuschließen. Nimmt er Versicherungsschutz für „die Sache", ohne auf die Bruchteilsgemeinschaft hinzuweisen, so handelt es sich um eine kombinierte Eigen- und Fremdversicherung; dies folgt daraus, dass der VN anderenfalls bei voller Prämienzahlung nur anteilige Entschädigung verlangen könnte[21].

16   Die **Wohnungseigentümergemeinschaft** ist nach hergebrachter h. M.[22] eine modifizierte Bruchteilsgemeinschaft. Dennoch gelten für sie die in Rn. 15 genannten Regeln nicht, seit ihre Teilrechtsfähigkeit zunächst durch den BGH[23] und inzwischen auch durch den Gesetzgeber (§ 10 Abs. 6 WEG n. F.) anerkannt wurde. Damit kann die Gemeinschaft selbst VN sein[24]. Schließt der Verwalter i. S. d. WEG namens der Gemeinschaft eine Versicherung für ein Interesse der Wohnungseigentümer, so ist die Gemeinschaft VN einer Fremdversicherung und jeder einzelne Wohnungseigentümer ist Versicherter (näher zu den versicherten Interessen s. Rn. 94).

B. Mehrheit von VR

I. Überblick

17   Ein und dasselbe Interesse kann **mehrfach versichert** sein, sei es durch Eigenversicherung oder Fremdversicherung[25]. Praktische Probleme können hieraus insbes. dann erwachsen, wenn die mehrfache Versicherung nicht bei demselben VR besteht (dazu s. Rn. 18), sondern wenn auf VR-Seite mehrere Beteiligte auftreten **(Mehrheit von VR).** Hinsichtlich ihrer Haftung sind dann verschiedene Fragen zu unterscheiden. Zunächst geht es um das **Rangverhältnis:** Besteht keine Subsidiaritätsabrede (s. dazu Rn. 80 ff.), so haften die VR grundsätzlich gleichrangig. Hinsichtlich des **Haftungsumfangs** ist zu differenzieren zwischen einer nur anteiligen Haftung jedes VR und der vollen Haftung, die zur Mehrfachversicherung (in der Terminologie des alten Rechts: „Doppelversicherung") führt (s. Rn. 48 ff.). Zudem macht es im Bereich der anteiligen Haftung einen Unterschied, ob die Beteiligung mehrerer VR im wechselseitigen **Zusammenwirken** erfolgt (Mitversicherung, s. Rn. 40 ff.) oder nicht (Nebenversicherung, s. Rn. 47). Systematisch werden Mitversicherung und Mehrfachversicherung freilich bisweilen als Unterfälle der Nebenversicherung angesehen[26]. Dies weicht von der ganz überwiegend und auch hier zugrunde gelegten Systematik ab, derzufolge die Nebenversicherung nicht im Zusammenwirken der VR entsteht[27]. Unter dem Begriff der **mehrfachen Versicherung desselben Interesses** lassen sich Mitversicherung, Nebenversicherung und Mehr-

---

[19] BGH v. 30. 4. 1991, NJW-RR 1991, 1372 f.

[20] S. dazu *Prölss/Martin/Prölss,* § 6 VVG Rn. 41.

[21] *Prölss/Martin/Prölss,* § 80 VVG Rn. 4; a. A. OLG Karlsruhe v. 21. 6. 1990, VersR 1991, 1048 (1049): nur Eigenversicherung.

[22] S. nur BGH v. 23. 6. 1989, BGHZ 108, 156 (160) = NJW 1989, 2534; *Weitnauer/Briesemeister,* WEG, 9. Aufl. 2005, Vor § 1 Rn. 30; a. A. *Römer/Langheid/Langheid,* § 69 VVG Rn. 12 (Gesamthandsgemeinschaft).

[23] BGH v. 2. 6. 2005, BGHZ 163, 154 = NJW 2005, 2061.

[24] OLG Hamm v. 3. 1. 2008, ZMR 2008, 401 (402); so bereits vor Anerkennung der Teilrechtsfähigkeit OLG Hamm v. 3. 3. 1995, VersR 1996, 1234 (1235); vgl. auch *Römer/Langheid/Langheid,* § 69 VVG Rn. 12.

[25] Zur Unerheblichkeit dieses Umstands s. Berliner Kommentar/*Schauer,* § 58 VVG Rn. 10 (im Kontext der Doppelversicherung).

[26] S. etwa *Prölss/Martin/Kollhosser,* 26. Aufl., § 58 VVG Rn. 2−4; abw. jetzt 27. Aufl., § 58 VVG Rn. 1.

[27] Wie hier etwa Berliner Kommentar/*Schauer,* § 58 VVG Rn. 4 f.; *Römer/Langheid/Römer,* § 58 Rn. 3; *Weyers/Wandt,* Versicherungsvertragsrecht, Rn. 593.

fachversicherung zusammenfassen[28]; wobei hinsichtlich einzelner Vorschriften wiederum näher differenziert werden muss (zu § 77 VVG s. Rn. 28).

Ist ein und dasselbe Interesse beim **selben VR** mehrfach versichert, so kann gleichfalls von **18** einer mehrfachen Versicherung desselben Interesses gesprochen werden. Allerdings ist hier jeweils gesondert zu prüfen, inwieweit die für eine Mehrheit von VR geltenden Regeln übertragbar sind (s. Rn. 29, 48, 58). Für die Frage, ob ein Interesse beim selben oder bei verschiedenen VR versichert ist, kommt es allein auf die rechtliche Selbstständigkeit des VR an; eine Zurechnung von im Konzern oder anderweitig verbundenen VR erfolgt nicht.

II. Übergreifende Regeln

1. Voraussetzungen mehrfacher Versicherung

Die eingangs angesprochenen Fragen der mehrfachen Versicherung stellen sich nur, sofern **19** das versicherte Interesse in allen Verträgen dasselbe ist. Diese **Interessenidentität** setzt Identität des Interesseträgers (Versicherten) voraus. Das folgt aus dem subjektiven Interessebegriff, der heute ganz h. M. entspricht und der auch vom Gesetzgeber zugrunde gelegt wird (s. nur §§ 43 ff., 95 VVG, §§ 1046, 1127 BGB)[29].

Interessenidentität ist regelmäßig ohne weiteres zu bejahen, wenn zwei zumindest teilweise **20** gleichartige **Haftpflichtversicherungen** zusammentreffen[30], etwa eine Privathaftpflichtversicherung und eine spezielle (Sportwege-[31], Jagd-[32])Haftpflichtversicherung. Dasselbe gilt dann, wenn der VN identisch ist, bei zwei gleichartigen **Sachversicherungen.** Umgekehrt fehlt es regelmäßig an der Identität des versicherten Interesses, wenn eine „reine" Sachversicherung des Eigentümers mit einer Haftpflichtversicherung des Fremdbesitzers zusammentrifft[33]. Schwieriger ist die Lage, wenn es in Betracht kommt, dass in die Sachversicherung das **Sachersatzinteresse** des Fremdbesitzers einbezogen ist, also das Interesse daran, nicht wegen der Beschädigung oder Zerstörung einer fremden Sache einen Vermögensnachteil zu erleiden (s. noch Rn. 138). Nimmt der VN (als Fremdbesitzer, z. B. Mieter) eine Sachversicherung für eine ihm nicht gehörende Sache, so ist neben dem Sacherhaltungsinteresse des Eigentümers regelmäßig das Sachersatzinteresse des VN gedeckt. Tritt eine Sachversicherung des Eigentümers hinzu, so besteht in Bezug auf dessen Sacherhaltungsinteresse Identität. Problematisch ist, ob Gleiches hinsichtlich des Sachersatzinteresses im Verhältnis zu einer vom Fremdbesitzer genommenen Haftpflichtversicherung gilt. Der BGH[34] erachtet das Sachersatzinteresse auch dann als konkludent in die vom Fremdbesitzer genommene Sachversicherung eingeschlossen, wenn es zugleich durch eine solche Haftpflichtversicherung gedeckt ist (zum Ausgleichsanspruch der VR untereinander s. Rn. 50). Dies überzeugt nicht, da der erkennbare Wille des VN nur dahin geht, durch den Einschluss seines Sachersatzinteresses vor einem Rückgriff des VR gem. § 86 VVG geschützt zu sein; eines solchen Schutzes bedarf er indessen nicht, sofern sein HaftpflichtVR eintrittspflichtig ist[35]. Der Einschluss des Sach-

---

[28] Berliner Kommentar/*Schauer*, § 58 VVG Rn. 4; *Bruck/Möller/Möller*, § 58 VVG Rn. 6, 10 ff.; *Martin*, Sachversicherungsrecht, V I Rn. 1.

[29] *Winter*, Bedarfsdeckung, S. 14 f.

[30] BGH v. 31. 3. 1976, VersR 1976, 847 (848); *Römer/Langheid/Römer*, § 58 VVG Rn. 7.

[31] LG Düsseldorf v. 9. 12. 1983, VersR 1984, 477 (478).

[32] BGH v. 28. 11. 1990, VersR 1991, 172.

[33] BGH v. 7. 12. 1961, VersR 1962, 129; BGH v. 21. 12. 1966, BB 1967, 95 (freilich auf der Grundlage der älteren Rspr. zur Nichtversicherbarkeit des Sachersatzinteresses in der Sachversicherung; s. dazu Rn. 133); *Römer/Langheid/Römer*, § 58 VVG Rn. 7.

[34] BGH v. 8. 11. 2000, BGHZ 145, 393 (399 f.) = VersR 2001, 94 (96); BGH v. 13. 9. 2006, BGHZ 169, 86 (97) = NJW 2006, 3707.

[35] LG Lübeck v. 28. 5. 2003, VersR 2004, 233 (234; obiter); *Armbrüster*, Haftpflichtinteressen, S. 193 f.; *ders.*, NJW 2006, 3683 (3684); *ders.*, ZfIR 2006, 821 (824 f.); vgl. auch *Ihne*, r+s 1999, 89 (90 f.); a. A. OLG Hamm v. 9. 1. 2002, VersR 2002, 1280; OLG Dresden v. 24. 4. 2003, VersR 2003, 1391 m. Anm. *Schwickert*, VersR 2004, 174 f.; § 33 Rn. 43 *(Philipp)*; *Prölss*, ZMR 2001, 157 (158).

ersatzinteresses in die vom VN genommene Fremdversicherung ist daher gegenüber einer dasselbe Risiko abdeckenden Haftpflichtversicherung subsidiär (stillschweigende Subsidiaritätsabrede; s. noch Rn. 80 ff., 138).

21   Neben dem versicherten Interesse muss auch die **versicherte Gefahr** (zumindest teilweise) identisch sein[36]. Anderenfalls kommt es nicht zu einer mehrfachen Eintrittspflicht für denselben Versicherungsfall, so dass sich die in Rn. 17 angesprochenen Fragen nicht stellen[37].

22   Umstritten ist, ob Mitversicherung, Nebenversicherung und Mehrfachversicherung darüber hinaus voraussetzen, dass der **ersatzpflichtige Schaden** seiner Art nach identisch ist. Die Frage kann praktisch bedeutsam werden (s. Rn. 53). **Beispiele** für teilweise oder völlig fehlende Identität des ersatzpflichtigen Schadens: Neuwertversicherung und Zeitwertversicherung; Versicherung von Wiederbeschaffungskosten und Verkaufspreisspanne[38]. Das Identitätserfordernis ist **abzulehnen**[39]. Bei der zu ersetzenden Schadensart handelt es sich nämlich nicht um eine Konkretisierung des versicherten Interesses, sondern lediglich um eine Berechnungsregel[40]. Für die Anwendung der Regeln über Mitversicherung, Nebenversicherung und Mehrfachversicherung kann es aber keinen Unterschied machen, auf welche Weise die vom VR zu leistende Entschädigung berechnet wird.

In verschiedenem Kontext umstritten ist die Frage, ob **Identität des VN** erforderlich ist. Vorab lässt sich zusammenfassend sagen, dass dies generell zu **verneinen** ist (näher Rn. 29, 52)[41].

23   Die für die Mehrfachversicherung geltenden gesetzlichen Vorschriften (§§ 77–79 VVG) betreffen allein die **Schadensversicherung,** nicht auch die Summenversicherung. Dies ergibt sich systematisch aus dem Standort im Ersten Abschnitt des Zweiten Kapitels des VVG („Schadensversicherung"). Inhaltlich gelten für die Summenversicherung freilich bisweilen ähnliche Regeln; sie folgen dann aber aus allgemeinen Vorschriften (s. Rn. 34 zur Anzeigepflicht bei Mehrfachversicherung) oder aus vertraglicher Vereinbarung **(Beispiel:** Pflicht zur Anzeige einer weiteren Krankheitskostenversicherung gem. § 9 Nr. 5 MB/KK).

2. Vermeidung mehrfacher Versicherung

24   Eine mehrfache Versicherung kann insbes. bei Mitversicherung und Nebenversicherung sinnvoll sein; bei der Mehrfachversicherung ist sie hingegen oftmals nicht interessegerecht (s. aber noch Rn. 49 a. E.). Dies gilt aus Sicht des VR wegen des gesteigerten subjektiven Risikos, aus Sicht des VN wegen des entstehenden Prämienmehraufwands und dem Erfordernis, sich nach Eintritt des Versicherungsfalles mit mehreren VR auseinandersetzen zu müssen[42]. Für die **Vermeidung** einer unangemessenen mehrfachen Versicherung stehen den Vertragsparteien, den Gerichten und dem Gesetzgeber unterschiedliche Wege offen.

25   **a) Vertragsgestaltung.** Während die Mitversicherung ein Zusammenwirken der VR voraussetzt, können Nebenversicherung und Mehrfachversicherung auch ohne ein solches entstehen. In den AVB werden sie bisweilen ausdrücklich untersagt **(vertragliches Verbot).** Dies kann insbes. bezüglich vereinbarter Selbstbehalte der Fall sein; insoweit hat der VR häufig ein Interesse daran, eine Umgehung durch anderweitige Versicherung des vom VN zu tragenden Anteils zu verhindern. Typischerweise ist dann vorgesehen, dass die Leistungspflicht des VR sich in dem Umfang reduziert, in dem der VN von einem anderen VR eine Entschädigung erlangt. Entgegen einer älteren Ansicht[43] handelt es sich bei einer solchen Gestaltung nicht um eine Obliegenheit i. S. v. § 28 Abs. 1 VVG, sondern um eine Berechnungsregel für die Entschä-

---

[36] OLG Düsseldorf v. 14. 10. 2003, VersR 2005, 108; *Römer/Langheid/Römer,* § 58 VVG Rn. 2, 7.

[37] Vgl. BGH v. 31. 3. 1976, VersR 1976, 847; BGH v. 28. 11. 1990, VersR 1991, 172.

[38] *Prölss/Martin/Kollhosser,* § 58 VVG Rn. 8.

[39] So i. E. auch *Prölss/Martin/Kollhosser,* § 58 VVG Rn. 8; a. A. bzgl. Neuwertversicherung und Zeitwertversicherung im Ansatz *Römer/Langheid/Römer,* § 58 VVG Rn. 7.

[40] Eingehend *Kohleick,* Doppelversicherung, S. 28 f., 32 f.

[41] *Römer/Langheid/Römer,* § 58 VVG Rn. 7.

[42] S. auch Berliner Kommentar/*Schauer,* § 58 VVG Rn. 1.

[43] *Kisch,* Mehrfache Versicherung, S. 234; *R. Schmidt,* Die Obliegenheiten, S. 212.

digung[44]. Anstelle eines vertraglichen Verbots kommt auch ein **Zustimmungsvorbehalt** in Betracht. Er bietet dem VR die Möglichkeit, einzelfallbezogen zu entscheiden, ob er den Abschluss der anderen Versicherung verhindern möchte. Ein weiteres vertragsgestaltendes Instrument zur Verhinderung einer Nebenversicherung oder Mehrfachversicherung stellen **Subsidiaritätsabreden** dar (zu ihnen s. eingehend Rn. 80 ff.). Schließlich kann es auch mit einem Risikoausschluss bezweckt werden, eine Mehrfachversicherung zu vermeiden, etwa wenn der Abschluss einer weiteren, das ausgeschlossene Risiko deckenden Versicherung üblich ist[45].

b) Auslegung. Die Auslegung von AVB hat sich am erkennbaren Interesse des durch- **26** schnittlichen VN zu orientieren (zu den Auslegungsregeln s. näher § 10 Rn. 166 ff.). Sie bietet damit Spielraum, um unbeabsichtigte Deckungslücken zu verhindern (insbes. durch Annahme einer NebenV). Umgekehrt können mit ihrer Hilfe aber auch interessewidrige Deckungsüberschneidungen (Mehrfachversicherung) vermieden werden. Ansatzpunkt einer solchen Auslegung ist in erster Linie die Umschreibung der **versicherten Gefahr,** beispielsweise bei der Abgrenzung mehrerer Haftpflichtdeckungen[46]. Darüber hinaus kann auch eine stillschweigende **Subsidiaritätsabrede** in Betracht kommen (zu solchen Abreden s. noch Rn. 80 ff.).

c) Gesetzliche Aufhebungs- und Anpassungsregeln. Das Hinzutreten einer weiteren **27** Versicherung stellt regelmäßig keine Störung der Geschäftsgrundlage des älteren Versicherungsvertrages i. S. v. § 313 BGB dar. Allerdings enthält der dispositive § 79 VVG (s. noch Rn. 58 ff.) für die Mehrfachversicherung eine spezielle Regelung zur Verhinderung einer mehrfachen Versicherung und des damit für den VN entstehenden Prämienmehraufwands. Danach ist ein in Unkenntnis der dadurch entstehenden Mehrfachversicherung abgeschlossener weiterer Versicherungsvertrag anzupassen oder aufzuheben (§ 79 Abs. 1 VVG). Dasselbe gilt nach Abs. 2 S. 1 dieser Vorschrift (mit Ausnahme in S. 2), wenn nach Vertragsschluss der Versicherungswert gesunken und erst dadurch Mehrfachversicherung eingetreten ist. Die **Aufhebung** ist ultima ratio; sie erfordert, dass jeder Versicherungsfall des jüngeren Versicherungsvertrages auch durch den älteren in vollem Umfang gedeckt ist. Dies erfordert, dass die reguläre Laufzeit des älteren Vertrages mindestens so lang ist wie die des jüngeren[47]. Vorrangig ist eine **Anpassung,** die insbes. in einer Herabsetzung der Versicherungssumme bestehen kann. Andere Einschränkungen, etwa eine Begrenzung der Laufzeit oder der versicherten Risiken, Sachen oder Interessen, sind freilich nur dann sinnvoll, wenn damit nach dem Tarif des VR eine Herabsetzung der Prämie einhergeht.

3. Anzeigepflicht

a) Anzeigepflicht gem. § 77 Abs. 1 VVG. Nach § 77 Abs. 1 VVG hat, wer eine mehr- **28** fache Versicherung bei verschiedenen VR nimmt, dies jedem VR unverzüglich (vgl. § 121 Abs. 1 S. 1 BGB) anzuzeigen. Diese Anzeigepflicht gilt nicht nur für die Nebenversicherung (zur Terminologie s. Rn. 17), sondern auch für die Mehrfachversicherung[48]. Bei der Mitversicherung, die gerade durch ein Zusammenwirken der beteiligten VR gekennzeichnet ist, erübrigt sich hingegen die Anzeige; insoweit gilt § 77 VVG daher nicht. Das vom Gesetz unterstellte **Informationsbedürfnis** des VR rührt bei der Nebenversicherung insbes. daher, dass es für die Beurteilung des subjektiven Risikos eine Rolle spielen kann, ob der von einem VR nicht gedeckte Teil des Interesses anderweitig versichert oder aber ungedeckt ist. Bei der Mehrfachversicherung geht es neben dem Aspekt des subjektiven Risikos (sog. Vertragsgefahr) auch darum, dass der VR für die Geltendmachung eines Ausgleichsanspruchs auf die Information angewiesen ist[49].

[44] Berliner Kommentar/*Schauer,* § 58 VVG Rn. 25; *Prölss/Martin/Kollhosser,* § 58 VVG Rn. 27.
[45] *Fenyves,* Subsidiaritätsklausel, S. 5.
[46] S. dazu BGH v. 28. 11. 1990, VersR 1991, 172 (174).
[47] *Prölss/Martin/Kollhosser,* § 60 VVG Rn. 13; a. A. *Schauer,* VersRdsch 1993, 209 (229).
[48] Berliner Kommentar/*Schauer,* § 58 VVG Rn. 1, 4; § 59 VVG Rn. 7; *Römer/Langheid/Römer,* § 58 VVG Rn. 8.
[49] *Römer/Langheid/Römer,* § 58 VVG Rn. 1.

29   § 77 Abs. 1 VVG gilt nur für die Schadensversicherung, nicht für die Summenversicherung (s. bereits Rn. 23)[50]. Die Vorschrift setzt die mehrfache Versicherung desselben Interesses im oben Rn. 19 ff. umschriebenen Sinn und damit eine zumindest teilweise **Identität von Interesse**[51] **und Gefahr**[52] voraus. Umstritten ist, ob die Anzeigepflicht zudem erfordert, dass die verschiedenen Versicherungsverträge mit **demselben VN** bestehen. Dies wird bisweilen angenommen[53]. Einer solchen Einschränkung von § 77 Abs. 1 VVG stehen indessen die Zwecke der Vorschrift entgegen, das subjektive Risiko zu verringern und dem VR die Geltendmachung von Ausgleichsansprüchen zu ermöglichen (s. Rn. 28). Der jeweilige VN wird durch die Anzeigepflicht auch nicht unzumutbar belastet, zumal da ihn bei unverschuldeter Unterlassung der Anzeige keinerlei Sanktionen treffen (s. Rn. 30). Aus alledem folgt, dass **jeder VN** verpflichtet ist, die bestehenden weiteren Versicherungen anzuzeigen, unabhängig davon, ob sie durch ihn oder einen Dritten abgeschlossen wurden[54] (zur Anzeigepflicht des Versicherten s. Rn. 31). Auch der **nachträgliche Übergang** einer Sachversicherung gem. § 95 VVG löst eine Anzeigepflicht des Erwerbers aus, der für dieselbe Sache bereits anderweitig Versicherungsschutz beschafft hat[55].

30   **Unterlässt** der VN die rechtzeitige Anzeige, so stellt sich die Frage nach den Rechtsfolgen. Sie hängen ab von der rechtlichen Qualifikation der Anzeigepflicht. Verbreitet wird darin generell eine Obliegenheit erblickt[56]. Sie bliebe nach dem Gesetz freilich sanktionslos. Sieht man in der Anzeigepflicht hingegen eine **Rechtspflicht**, so löst ein schuldhafter Verstoß nach den allg. Regeln (insbes. § 280 Abs. 1 BGB) einen Schadensersatzanspruch aus[57]. Gerade der Umstand, dass das Gesetz keine eigene Rechtsfolgenanordnung trifft, spricht für dieses Verständnis. Sehen indessen die AVB ein Anzeigegebot mit den Sanktionen eines Kündigungsrechts und der Leistungsfreiheit des VR vor **(Beispiel:** § 9 Nr. 1 AFB 87/94/2001), so handelt es sich um eine **Obliegenheit**[58]. Hierfür gelten die Einschränkungen nach § 28 VVG, insbes. das Verschuldenserfordernis der Abs. 1 und 2 und das Kausalitätserfordernis des Abs. 3[59]. – **Kannte der VR** die Nebenversicherung oder Mehrfachversicherung, so scheidet die Kündigung in analoger Anwendung der §§ 19 Abs. 5 S. 2, 30 Abs. 2 VVG aus.

31   Nach dem Gesetzeswortlaut („wer … versichert") trifft die Anzeigepflicht allein den VN. Teils wird angenommen, dass sie sich darüber hinaus auch auf den **Versicherten** erstreckt[60]. Zugleich sollen ihn aber nach jener Ansicht bei einer Pflichtverletzung keine Schadensersatzansprüche treffen, da sonst ein Vertrag zu Lasten Dritter vorläge[61]. Diese Argumentation ver-

---

[50] BGH v. 4. 10. 1989, VersR 1989, 1250 (1252 [Krankenhaustagegeldversicherung]); Berliner Kommentar/*Schauer*, § 58 Rn. 9; *Bruck/Möller/Möller*, § 58 VVG Rn. 5; *Römer/Langheid/Römer*, § 58 VVG Rn. 8.

[51] Berliner Kommentar/*Schauer*, § 58 Rn. 10.

[52] BGH v. 20. 1. 1988, NJW-RR 1988, 727 (728); ÖOGH v. 23. 2. 1994, VersR 1994, 1007 (1008); *Bruck/Möller/Möller*, § 58 VVG Anm. 17; *Römer/Langheid/Römer*, § 58 VVG Rn. 7.

[53] *Römer/Langheid/Römer*, § 58 VVG Rn. 9; *R. Schmidt*, Die Obliegenheiten, S. 210.

[54] Berliner Kommentar/*Schauer*, § 58 Rn. 10; *Martin*, Sachversicherungsrecht, V I Rn. 6; *ders.*, VersR 1978, 881; *Prölss/Martin/Kollhosser*, § 58 VVG Rn. 12.

[55] Berliner Kommentar/*Schauer*, § 58 Rn. 19; *Bruck/Möller/Möller*, § 58 VVG Anm. 32; *Prölss/Martin/Kollhosser*, § 58 VVG Rn. 12 (abw. noch 26. Aufl.).

[56] *Bruck/Möller/Möller*, § 58 VVG Anm. 26; *R. Schmidt*, Die Obliegenheiten, S. 211; *Weyers/Wandt*, Versicherungsvertragsrecht, Rn. 593.

[57] Dafür ausdrücklich Motive, S. 129; *Prölss/Martin/Kollhosser*, § 58 VVG Rn. 17; *Römer/Langheid/Römer*, § 58 VVG Rn. 10.

[58] *Römer/Langheid/Römer*, § 58 VVG Rn. 10; wohl auch Berliner Kommentar/*Schauer*, § 58 Rn. 21.

[59] Insofern noch abw. zur Anwendbarkeit von § 6 Abs. 2 VVG a. F. OLG Stuttgart v. 10. 3. 1977, VersR 1977, 904; OLG Hamburg v. 13. 12. 1976, VersR 1978, 79 (80); ÖOGH v. 21. 2. 1974, VersR 1975, 360 (361); *Bruck/Möller/Möller*, § 58 Anm. 44; offen lassend BGH v. 5. 3. 1986, VersR 1986, 380 (381); Berliner Kommentar/*Schauer*, § 58 Rn. 24.

[60] Berliner Kommentar/*Schauer*, § 58 Rn. 19; *Bruck/Möller/Möller*, § 58 VVG Anm. 32; *Prölss/Martin/Kollhosser*, § 58 VVG Rn. 12.

[61] Berliner Kommentar/*Schauer*, § 58 Rn. 19; *Bruck/Möller/Möller*, § 58 VVG Anm. 32; *Kisch*, Mehrfache Versicherung, S. 33.

kennt, dass der Gesetzgeber ohne weiteres Dritten Pflichten auferlegen kann, an deren Verletzungen sich Rechtsfolgen knüpfen. Die Lösung der Frage hängt vielmehr mit der Qualifikation der Anzeigepflicht (s. Rn. 30) zusammen. Richtigerweise ist zu differenzieren: Die in § 77 VVG statuierte **Rechtspflicht** trifft allein den VN. Dies entspricht dem Grundsatz, dass allein er als Vertragspartner des VR Adressat der vertraglichen Pflichten ist (s. Rn. 99). Sehen die AVB jedoch ein Anzeigegebot als **Obliegenheit** vor, so erstreckt diese sich nach der in Rn. 99 genannten Regel auch auf den Versicherten.

§ 77 Abs. 1 VVG ist, wie sich im Umkehrschluss aus § 87 VVG ergibt, auch zu lasten des **32** VN **abdingbar.** Abweichende Vereinbarungen können daher den Kreis der anzeigepflichtigen Versicherungen nicht nur einschränken, sondern ihn auch (über die Sonderregel des § 77 Abs. 2 VVG hinausgehend) erweitern. Zudem ist es möglich, an die – nach dem Gesetz keiner Form unterliegende – Anzeige bestimmte Anforderungen zu stellen, beispielsweise ein Schriftformerfordernis[62]. Ferner können für Verstöße besondere Sanktionen (insbes.: Kündigungsrecht, Leistungsfreiheit) vorgesehen werden; die gesetzliche Anzeigepflicht wird damit zugleich zur vertraglichen Obliegenheit (s. Rn. 30). Zu Vereinbarungen, die auf eine Verhinderung der Mehrfachversicherung abzielen (insbes. Verbot; Zustimmungsvorbehalt) s. Rn. 25. Im **österreichischen** Recht ist § 58 öVVG seit der VVG-Novelle 1994 gem. § 68a öVVG **halbzwingend**[63].

Die **Beweislast** für eine objektive Verletzung der Anzeigepflicht trifft den VR. Dem VN **33** obliegt es, fehlendes Verschulden oder anderweitig erlangte Kenntnis des VR zu beweisen[64].

b) Anzeigeobliegenheit gem. § 19 Abs. 1 VVG. Bei der **Summenversicherung,** für **34** die § 77 Abs. 1 VVG nicht gilt (Rn. 23), ist aufgrund der allgemeinen vorvertraglichen Anzeigeobliegenheit gem. § 19 Abs. 1 VVG der Bestand weiterer Versicherungen dem VR mitzuteilen[65]. Unterbleibt die Mitteilung, so richten sich die Folgen nach den §§ 19ff. VVG. Für die **Schadensversicherung** ist streitig, ob die Anzeigepflicht nach § 77 Abs. 1 VVG die allg. vorvertragliche Anzeigeobliegenheit verdrängt. Überwiegend wird angenommen, dass der VN aufgrund dieser Obliegenheit aus § 19 Abs. 1 VVG das Bestehen weiterer Versicherungen anzeigen muss[66]; allerdings wird einschränkend eine ausdrückliche Frage des VR nach dem Bestehen anderer Versicherungen vorausgesetzt[67]. Andere[68] sehen § 77 Abs. 1 VVG als speziellere Regel an, die in ihrem Anwendungsbereich die §§ 19ff. VVG verdrängt. Die Frage kann im Hinblick auf die nur bei den §§ 19ff. VVG vorgesehenen gesetzlichen Sanktionen einer Pflichtverletzung und bei Abweichungen vertraglich vereinbarter Folgen praktisch bedeutsam werden. Gegen eine verdrängende Wirkung von § 77 Abs. 1 VVG spricht, dass diese Vorschrift einem besonderen Informationsbedürfnis des VR Rechnung tragen, nicht aber seine aus den allg. Vorschriften folgenden Rechte einschränken soll. Geht man zudem davon aus, dass die Anzeigepflicht nach den §§ 19ff. VVG regelmäßig[69] nur durch eine ausdrückliche Frage des VN konkretisiert wird, so macht das Nebeneinander beider Anzeigepflichten Sinn: Sie haben verschiedene Voraussetzungen, unterscheiden sich aber auch (zumindest nach dem

---

[62] Berliner Kommentar/*Schauer,* § 58 Rn. 26; *Bruck/Möller/Möller,* § 58 VVG Anm. 36.

[63] Näher und krit. *Fenyves/Kronsteiner/Schauer,* Versicherungsvertragsnovellen, § 68a Rn. 2f.

[64] Berliner Kommentar/*Schauer,* § 58 Rn. 26; s. a. *Baumgärtel/Prölss,* § 58 VVG Rn. 2 (für vertragliche Anzeigeobliegenheit).

[65] BGH v. 8. 6. 1977, VersR 1977, 660f.; OLG Hamm v. 16. 1. 1981, VersR 1981, 953 (954); OLG Saarbrücken v. 18. 6. 1985, VersR 1987, 98 (99); Berliner Kommentar/*Schauer,* § 58 Rn. 6; a. A. ÖOGH v. 25. 5. 1994, VersRdsch 1995/4, 25 f (zur Unfallversicherung).

[66] RG v. 2. 12. 1925, RGZ 112, 149 (155f.); BGH v. 8. 6. 1977, VersR 1977, 660f.; *Prölss/Martin/Prölss,* §§ 16, 17 VVG Rn. 3; *Kisch,* Mehrfache Versicherung, S. 29 Fn. 1 (alle zu § 16 Abs. 1 VVG a. F.).

[67] Berliner Kommentar/*Schauer,* § 58 VVG Rn. 6; *Prölss/Martin/Prölss,* §§ 16, 17 VVG Rn. 3; *Kisch,* Mehrfache Versicherung, S. 29 Fn. 1.

[68] *Bruck/Möller/Möller,* § 58 VVG Anm. 27; im Erg. auch *Th. Honsell,* VersR 1982, 112 (113 [Konkretisierung der Anzeigepflicht nach § 16 VVG durch § 58 VVG]).

[69] Zutr. Berliner Kommentar/*Schauer,* § 58 VVG Rn. 6 a. E.: Die Frage ist für die Vermutung der Erheblichkeit und für das Verschulden bedeutsam.

Gesetz) hinsichtlich der Rechtsfolgen einer Verletzung. – Gegenüber den Regeln über die **Gefahrerhöhung** (§§ 23 ff. VVG) ist § 77 Abs. 1 VVG hingegen lex specialis[70].

35   **c) Anzeigepflicht gem. § 77 Abs. 2 VVG.** Eine spezielle Anzeigepflicht sieht § 77 Abs. 2 VVG vor. Danach hat der VN dann, wenn er für dieselbe Sache Versicherungsschutz wegen entgangenen Gewinns und für sonstige Schäden (Substanzverlustschaden) bei verschiedenen VR nimmt, dies jedem der VR anzuzeigen. **Beispiele:** Zusammentreffen von Betriebsunterbrechungsversicherung und Substanzverlustversicherung oder von Mietverlustversicherung und Gebäudefeuerversicherung. Die Neuregelung ersetzt § 90 VVG a. F., der nur für die Feuerversicherung und nicht für die gesamte Schadensversicherung galt.

36   Streitig ist, ob die Anzeigepflicht bezüglich einer **subsidiären** Versicherung entfällt. Dafür wird vorgebracht, es handele sich hierbei „strenggenommen" nicht um Mitversicherung[71]. Dies ist richtig, gilt allerdings auch bei fehlender Subsidiarität; § 77 Abs. 2 VVG betrifft den Fall unterschiedlicher Risiken und damit gerade keine Mitversicherung (s. Rn. 21). Gegen eine Ausnahme bei Subsidiarität wird der Gesetzeswortlaut angeführt, der insoweit keine Einschränkung enthält. Dies steht freilich einer teleologischen Reduktion der Vorschrift nicht entgegen. Für sie kommt es auf den Zweck von § 77 Abs. 2 VVG an. Die Anzeigepflicht dient dazu, den beteiligten VR die Einschätzung insbes. des subjektiven Risikos zu erleichtern und die Gefahr zu verringern, dass der VN den Versicherungsfall herbeiführt[72]. Diese Ziele behalten beim Abschluss eines weiteren Versicherungsvertrages aber auch dann ihren Sinn, wenn der VN daraus nur eine subsidiäre Deckung erlangt, denn zumindest bei Ungewissheiten über die Eintrittspflicht des anderen VR wird die Position des VN verbessert. Das subjektive Risiko mag in diesem Fall nicht signifikant steigen, eine Steigerung ist aber nicht schlechthin ausgeschlossen. Auf der anderen Seite belastet die Anzeigepflicht den VN nicht unzumutbar. Sie besteht daher auch im Hinblick auf eine subsidiäre Versicherung[73].

37   Im Falle des § 77 Abs. 2 VVG ist Abs. 1 dieser Vorschrift entsprechend anzuwenden. Demnach kann dem VR bei schuldhaftem Handeln des VN ein Schadensersatzanspruch erwachsen; zudem lässt sich das Anzeigegebot vertraglich als Obliegenheit mit entsprechenden Sanktionen ausgestalten.

38   Die Anzeigepflicht ist **abdingbar.** In AVB wird bisweilen vorgesehen, dass die Anzeige schriftlich zu erfolgen hat (s. etwa § 9 Nr. 1 AFB 87/94/2001). Wegen anderer Gestaltungsmöglichkeiten vgl. die Ausführungen zu § 77 Abs. 1 VVG in Rn. 32.

39   **d) Aufklärungspflicht gem. § 31 VVG.** Nach Eintritt des Versicherungsfalles hat der VN gem. § 31 Abs. 1 S. 1 VVG dem VR alle Auskünfte zu erteilen, die zur Feststellung des Versicherungsfalles oder des Umfangs der Leistungspflicht des VR erforderlich sind. Hierzu gehört auch die Information über Versicherungsverträge bei anderen VR[74].

III. Gleichrangige Haftung

1. Anteilige Haftung

40   **a) Mitversicherung.** Unter einer Mitversicherung versteht man die einvernehmliche Beteiligung mehrerer VR an der Versicherung eines bestimmten Interesses in der Weise, dass jeder VR gegenüber dem VN nur eine **Quote** übernimmt[75]. Quotale Beteiligung in diesem

---

[70] Berliner Kommentar/*Schauer*, § 58 VVG Rn. 7; *Bruck/Möller/Möller*, § 58 Anm. 27; *Prölss/Martin/Prölss*, § 23 VVG Rn. 2 mit §§ 16, 17 VVG Rn. 3.

[71] *Römer/Langheid/Langheid*, § 90 VVG Rn. 2.

[72] Berliner Kommentar/*Dörner/Staudinger*, § 90 VVG Rn. 2.

[73] Berliner Kommentar/*Dörner/Staudinger*, § 90 VVG Rn. 3; *Prölss/Martin/Kollhosser*, § 90 VVG Rn. 1.

[74] BGH v. 19. 3. 1981, VersR 1981, 625 f.; OLG Köln v. 9. 2. 1995, VersR 1995, 1435 (1436); *Prölss/Martin/Prölss*, § 34 VVG Rn. 6.

[75] *Prölss/Martin/Kollhosser*, Vor § 58 VVG Rn. 1; Berliner Kommentar/*Schauer*, § 58 VVG Rn. 27; *Dreher/Lange*, VersR 2005, 717 (718); Terminologisch abw. *Römer/Langheid/Langheid*, § 90 VVG Rn. 1, der § 90 VVG als Spezialfall der Mitversicherung bezeichnet; dagegen zutr. Berliner Kommentar/*Dörner/Staudinger*, § 90 VVG Rn. 2.

Sinne bedeutet Teilschuld (§ 420 BGB), nicht Gesamtschuld (§ 421 BGB). Die so definierte Mitversicherung wird bisweilen als **„offene" Mitversicherung** bezeichnet, um zu kennzeichnen, dass alle VR in vertraglicher Beziehung zum VN stehen[76]. Sie soll dadurch von der „stillen" (verdeckten, internen) Mitversicherung unterschieden werden, bei der nur ein VR mit dem VN vertraglich verbunden ist, das Risiko aber teils auf andere VR abwälzt. Beteiligt indessen ein VR lediglich intern einen anderen VR an der Versicherung, ohne dass es zwischen jenem anderen VR und dem VN zu einem Vertragsschluss kommt, so begründet dies keine Mitversicherung; vielmehr liegt dann insoweit **Rückversicherung** vor (s. dazu § 1 Rn. 108). – Typologisch lässt sich zwischen der sog. **Einzelmitversicherung,** bei der das Zusammenwirken auf eine einzelne Mitversicherung beschränkt ist, und der auf eine Mehrzahl von Mitversicherungsgeschäften bezogene **Mitversicherungsgemeinschaft** differenzieren[77]. Diese Unterscheidung hat freilich ihre wesentliche Bedeutung im Versicherungskartellrecht (nur Mitversicherungsgemeinschaften kommt die GVO-Versicherungswirtschaft[78] zugute) und nicht im Versicherungsvertragsrecht.

aa) Voraussetzungen. Erforderlich ist eine **Vereinbarung** über die quotale Beteiligung. **41** Diese Vereinbarung muss **zwischen VR und VN** bestehen. Dabei kommt grds. mit jedem an der Mitversicherung beteiligten VR ein eigener Vertrag zustande[79]. Alle Verträge müssen sich (jedenfalls auch) auf dasselbe Risiko beziehen, im Übrigen können sie aber inhaltlich voneinander abweichen, insbes. unterschiedliche AVB zugrunde legen. Der Ausfall eines VR z. B. wegen Vertragsnichtigkeit oder Insolvenz beeinflusst grds. nicht den Bestand der übrigen Versicherungsverträge[80], es sei denn, diese sollten nach dem Parteiwillen mit dem betroffenen Vertrag „stehen und fallen". Wegen der Vertragsbeziehung des VN zu jedem VR kann ein MitVR nur mit Zustimmung des VN ausgetauscht werden[81]. Eine über den durch das Einvernehmen begründeten Zusammenschluss zu einer **GbR**[82] hinausgehende besondere vertragliche Verbindung der **VR untereinander** ist nicht erforderlich[83]. In der Praxis wird freilich eine derartige Verbindung regelmäßig begründet (s. zur sog. Führungsklausel Rn. 44 ff.).

Die Vereinbarung einer Mitversicherung kann **ausdrücklich** im Versicherungsschein oder **42** in den AVB (Beteiligungsklausel) getroffen werden. Sie ist aber auch **stillschweigend** möglich[84]. Wird eine quotale Beteiligung vorgesehen, so liegt darin im Zweifel die Vereinbarung einer Teilschuld und mithin einer Mitversicherung[85]. Noch deutlicher ist dies, wenn einer der VR als Bevollmächtigter der anderen[86] oder als federführend[87] aufgeführt wird. Geht die Mitversicherung nicht klar aus dem Versicherungsvertrag oder Versicherungsschein hervor, so

---

[76] S. etwa *Römer/Langheid/Römer,* § 58 VVG Rn. 5.

[77] Näher *Dreher/Lange,* VersR 2005, 717 (719); *Richter,* in: Liber amicorum für Gerrit Winter (2007), S. 129 (134 ff.).

[78] Gruppenfreistellungs-VO 358/2003/EG der Kommission v. 27. 2. 2003, ABl. EG Nr. L 53, S. 8; dazu *Esser-Wellié/Hohmann,* VersR 2004, 1211 ff.; *Schaloske,* VersR 2008, 734 (735 ff.).

[79] OLG Hamm v. 10. 6. 1983, VersR 1984, 149; OLG Bremen v. 13. 1. 1994, VersR 1994, 709 (710); *Richter,* in: Liber amicorum für Gerrit Winter (2007), S. 129 (131); *Schaloske,* VersR 2007, 606 (609).

[80] *Schaloske,* Mitversicherung, S. 128.

[81] OLG Hamm v. 10. 6. 1983, VersR 1984, 149; *Deutsch,* Versicherungsvertragsrecht, Rn. 119.

[82] Eingehend *Schaloske,* VersR 2007, 606 (610 ff.); a. A. *Dreher/Lange,* VersR 2005, 717 (721, 723: vertragliches Begleitschuldverhältnis sui generis); dem folgend *Dreyer,* in: Liber amicorum für Gerrit Winter (2007), S. 159 (163 f.); s. zum Ganzen auch *Schulze Schwienhorst,* in: FS Kollhosser (2004), Bd. I, S. 329 ff.

[83] Vgl. *Prölss/Martin/Kollhosser,* Vor § 58 VVG Rn. 4.

[84] BGH v. 24. 3. 1954, VersR 1954, 249; OLG Bremen v. 13. 1. 1994, VersR 1994, 709 (710); *Dreher/Lange,* VersR 2005, 717 (720).; *Schaloske,* Mitversicherung, S. 92 f.

[85] OLG Bremen v. 13. 1. 1994, VersR 1994, 709 f.; Berliner Kommentar/*Schauer,* § 58 VVG Rn. 28, 30; *Prölss/Martin/Kollhosser,* Vor § 58 VVG Rn. 3.

[86] OLG Hamburg v. 17. 5. 1984, VersR 1984, 980.

[87] LG Köln v. 14. 7. 1961, VersR 1962, 439; Berliner Kommentar/*Schauer,* § 58 VVG Rn. 28.

muss sich der unterzeichnende VR allerdings im Verhältnis zum VN als AlleinVR behandeln lassen[88].

43   *bb) Rechtsfolgen.* Die vereinbarte **Quotelung** bezieht sich auf die Haftung, nicht auf die Versicherungssumme. Dies ist bedeutsam insbes. für Überversicherung, Unterversicherung, Entschädigungshöchstgrenzen[89] und Selbstbehalt. Liegt die Gesamtversicherungssumme über dem Gesamtversicherungswert, so besteht wegen der Abhängigkeit der Verträge nicht Mehrfachversicherung, sondern Überversicherung[90]. Ist umgekehrt der Gesamtversicherungswert höher als die Gesamtversicherungssumme, so liegt Unterversicherung vor (s. dazu § 19 Rn. 42 f.)[91].

44   *cc) Führungsklausel.* Häufig wird bei der Mitversicherung eine sog. **Führungsklausel** vereinbart **(Beispiel:** § 37 der Zusatzbedingungen für Fabriken und gewerbliche Anlagen [ZFgA 81 b])[92]. Sie führt im Interesse der Verfahrensvereinfachung zu einer herausgehobenen Rolle eines der an der Mitversicherung beteiligten VR (sog. führender VR). Diese Rolle kann nur einem VR zugewiesen werden, nicht einem Versicherungsmakler oder Versicherungsvertreter[93]. Die Führungsklausel begründet nach ihrer typischen Ausgestaltung ab dem Zeitpunkt des Vertragsschlusses eine **Empfangsvollmacht** des führenden VR, **Anzeigen und Willenserklärungen** des VN mit Wirkung für alle beteiligten VR entgegenzunehmen (Passivvertretung)[94]. Erfasst werden neben Anzeigen aller Art insbes. Kündigungserklärungen, aber etwa auch Anträge auf Änderung des Versicherungsvertrages, auf Nachversicherung, das Verlangen einer Abschlagszahlung i. S. v. § 14 Abs. 2 VVG. Die Empfangsvollmacht erstreckt sich auch auf Erklärungen solcher Dritter, denen das VVG eigene Rechtspositionen zuordnet. Dies sind namentlich Versicherte (vgl. §§ 43 ff. VVG und dazu Rn. 91 ff.) und Grundpfandrechtsgläubiger (vgl. §§ 94, 142 ff. VVG und dazu Rn. 157). Der in der Führungsklausel erteilten Empfangsvollmacht liegt ein zumindest stillschweigender **Auftrag** (oder eine entgeltliche Geschäftsbesorgung i. S. v. § 675 BGB) der übrigen VR zugrunde[95]. Dadurch wird der führende VR regelmäßig insbes. verpflichtet, die von ihm empfangenen vertragserheblichen Erklärungen unverzüglich i. S. v. § 121 Abs. 1 S. 1 BGB an die übrigen VR weiterzuleiten. Verletzt er schuldhaft diese Pflicht, so haftet er den übrigen VR gem. § 280 Abs. 1 BGB[96]. Im Außenverhältnis zum VN ist der führende VR Erfüllungsgehilfe der übrigen VR, so dass diese nach § 278 S. 1 BGB für sein schuldhaftes Verhalten einzustehen haben[97].

44a   Inwieweit die Führungsklausel auch eine materiell-rechtliche **Aktivvertretung** ermöglicht, hängt von ihrer Ausgestaltung im Einzelnen ab[98]. Regelmäßig wird dem führenden VR auch die **Einziehung der Gesamtprämie,** also der Summe aller auf die Einzelverträge entfallenden Prämien, übertragen. Darin liegt die stillschweigende Bevollmächtigung, bei Prämienrückständen eine **Zahlungsfrist** i. S. v. § 38 Abs. 1 VVG zu setzen und verzugsbegründende Mahnungen (vgl. § 38 Abs. 2 VVG, § 286 Abs. 1 S. 1 BGB) auszusprechen.

---

[88] *Prölss/Martin/Kollhosser,* Vor § 58 VVG Rn. 4; s. aber auch OLG Hamburg v. 17. 5. 1984, VersR 1984, 980: Die Worte „in Vollmacht der beteiligten Gesellschaften" genügen.
[89] S. dazu BGH v. 1. 2. 1974, VersR 1974, 281 (282).
[90] *Prölss/Martin/Kollhosser,* Vor § 58 VVG Rn. 5; *Römer/Langheid/Römer,* § 58 VVG Rn. 5; *Schaloske,* Mitversicherung, S. 107; i. E. auch *Bruck/Möller/Möller,* § 59 VVG Anm. 4 (allerdings von einheitlichem VV ausgehend); wohl nur versehentlich abw. Berliner Kommentar/*Schauer,* § 58 VVG Rn. 29 (UnterV).
[91] *Prölss/Martin/Kollhosser,* Vor § 58 VVG Rn. 5; *Schimikowski,* Rn. 326.
[92] Weitere Beispiele bei *Brinker/Schädle,* VW 2003, 1318 (1320). Zur Führungsrolle kraft Handelsbrauchs s. OLG Hamburg v. 24. 4. 1975, VersR 1976, 37 (38); LG München I v. 29. 6. 1993, VersR 1994, 1375. Instruktiv zur AGB-Kontrolle *Kretschmer,* VersR 2008, 33 ff.
[93] *Prölss/Martin/Kollhosser,* Vor § 58 VVG Rn. 6.
[94] *Schaloske,* VersR 2007, 606 (613).
[95] *Dreher/Lange,* VersR 2005, 720 (724); *Dreyer,* in: Liber amicorum für Gerrit Winter (2007), S. 159 (162 ff.); *Schaloske,* VersR 2007, 606 (616).
[96] *Schaloske* Mitversicherung, S. 251.
[97] *Prölss/Martin/Kollhosser,* 26. Aufl., Vor § 58 VVG Rn. 3; *Schaloske,* Mitversicherung, S. 228.
[98] OLG Saarbrücken v. 27. 2. 2004, ZfS 2005, 91 (92).

Eine **aktive Prozessführungsbefugnis** des führenden VR besteht nur dann, wenn sich **45** dies mit hinreichender Klarheit aus den vertraglichen Abreden ergibt. Dafür genügt allein eine in der Führungsklausel enthaltene Empfangs- oder Inkassovollmacht nicht. Eine Ermächtigung, ausstehende Prämien einzuklagen, berechtigt den führenden VR zur Klage auf Zahlung an die MitVR (Fall der aktiven gewillkürten Prozessstandschaft)[99]. Die Führungsklausel kann den führenden VR auch ermächtigen, nach § 86 VVG auf die VR übergegangene Schadensersatzansprüche gegen den Schädiger geltend zu machen[100].

Eine Klage gegen den führenden VR wirkt nur dann gegen die anderen VR, wenn eine **46** entsprechende wirksame Abrede zwischen den VR besteht. Darüber, ob dies auf der prozessualen Ebene möglich ist, besteht im Schrifttum Streit[101]. Der BGH hat eine solche **passive gewillkürte Prozessstandschaft** zunächst in einer Entscheidung zum Versicherungsrecht für zulässig erachtet[102]; in einem nachfolgenden unterhaltsrechtlichen Urteil[103] ließ er die Frage allerdings ausdrücklich offen. Gegen die Zulässigkeit lässt sich insbes. anführen, dass auch eine materiell-rechtliche Verpflichtungsermächtigung unzulässig ist[104]. Unerheblich ist der Streit freilich dann, wenn dem führenden VR auch materiell-rechtlich eine Passivlegitimation verschafft wird. Dies ist der Fall, wenn sich die Prozessführungsklausel dahin auslegen lässt, dass der führende VR darin zugunsten des VN die Mitschuld für sämtliche Teilschulden der übrigen VR übernommen hat[105]. – Zu unterscheiden von dieser Gestaltung sind solche Prozessführungsklauseln, die vorsehen, dass nur der führende VR auf die von ihm übernommene Quote verklagt werden soll, und dass alle übrigen VR die gerichtliche Entscheidung **als für sich verbindlich anerkennen (Beispiel:** § 38 ZFgA 81 b). Im Folgeprozess gegen andere beteiligte VR muss der VN dann nur darlegen und beweisen, dass eine solche ihm günstige Entscheidung ergangen ist. Entgegen dem OLG Düsseldorf[106] folgt eine derartige vereinbarte Tatbestandswirkung freilich nicht bereits aus der Mitversicherung als solcher; vielmehr bedarf es für den Willen der übrigen VR, sich einer solchen Bindungswirkung zu unterwerfen, konkreter Anhaltspunkte[107].

b) Nebenversicherung. Bei der Nebenversicherung wird ebenso wie bei der Mitversi- **47** cherung (s. Rn. 40) durch mehrere Verträge dasselbe Risiko gedeckt, ohne dass die Gesamtentschädigung den Schaden übersteigt (sonst liegt Mehrfachversicherung vor; s. Rn. 48). Anders als bei der Mitversicherung ist diese Gestaltung jedoch nicht im bewussten Zusammenwirken der beteiligten VR entstanden[108]. Aus diesem Grund greift anders als bei der Mitversicherung die in § 77 VVG geregelte **Anzeigepflicht** ein (zu ihr s. Rn. 28 ff.).

2. Volle Haftung

a) Mehrfachversicherung (§§ 78 f. VVG). *aa) Voraussetzungen.* Die Mehrfachversiche- **48** rung (nach altem Recht: „Doppelversicherung") unterscheidet sich von der Mitversicherung und der Nebenversicherung dadurch, dass die Gesamtentschädigung (vorbehaltlich des § 78 VVG) den Schaden übersteigt. Der wesentliche Unterschied zur Überversicherung (§ 74

---

[99] Berliner Kommentar/*Schauer*, § 58 VVG Rn. 31 (auch zur abweichenden prozessrechtlichen Lage in Österreich); *Prölss/Martin/Kollhosser,* Vor § 58 VVG Rn. 10.

[100] Beispiel bei BGH v. 7. 6. 2001, VersR 2002, 117 ff.

[101] Dafür Berliner Kommentar/*Schauer,* § 58 VVG Rn. 32; *Lange/Dreher,* VersR 2008, 289 (292); s. auch *Römer/Langheid/Römer,* § 58 VVG Rn. 6 („i. E. sinnvoll"); *Stein/Jonas/Bork,* ZPO, 21. Aufl. 1993, Vor § 50 Rn. 41 e; *van Zwoll,* Die Prozessstandschaft auf der Beklagtenseite, 1993, S. 164 ff.; dagegen *Zöller/Vollkommer,* ZPO, 26. Aufl. 2007, Vor § 50 Rn. 43.

[102] BGH v. 15. 12. 1976, VersR 1977, 174; i. E. auch OLG Bremen v. 13. 1. 1994, VersR 1994, 709 (710).

[103] BGH v. 17. 3. 1982, NJW 1983, 684 (685).

[104] Zustimmend *Schaloske,* VersR 2007, 606 (615 f.).

[105] *Prölss/Martin/Kollhosser,* Vor § 58 VVG Rn. 11.

[106] OLG Düsseldorf v. 13. 6. 1995, VersR 1996, 957.

[107] LG Köln v. 14. 7. 1961, VersR 1962, 439 (440); *Schaloske,* Mitversicherung, S. 206; tendenziell auch Berliner Kommentar/*Schauer,* § 58 VVG Rn. 32.

[108] *Dreher/Lange,* VersR 2005, 717 (718); *Schaloske,* Mitversicherung, S. 34.

VVG, s. dazu § 19 Rn. 41) liegt darin, dass bei dieser bereits die Versicherungssumme eines einzigen Versicherungsvertrages den Versicherungswert übersteigt, während dies bei der Mehrfachversicherung erst hinsichtlich der Gesamtversicherungssumme aus **mehreren** Verträgen der Fall ist. Anders als bei § 74 Abs. 1 VVG genügt bereits eine unerhebliche Überschreitung. § 78 VVG gilt unmittelbar nur für den Fall, dass zwei oder mehrere Versicherungsverträge[109] mit **verschiedenen VR** bestehen. Die Vorschrift ist aber analog anwendbar, wenn es sich um denselben VR handelt[110]. Sie gilt, obwohl in Abs. 1 von Versicherungssummen die Rede ist, auch für die **Haftpflichtversicherung**[111]. In der Sachversicherung erfasst § 78 VVG nicht nur die sog. Vollwertversicherung (Versicherungssumme entspricht dem vollen Versicherungswert, vgl. § 75 VVG), sondern auch die Versicherung auf erstes Risiko (Versicherungssumme muss nicht dem Versicherungswert entsprechen)[112].

49 Dazu, dass die Gesamtentschädigung den Gesamtschaden übersteigt, kann es aus unterschiedlichen **Gründen** kommen. Der Tatbestand von § 78 Abs. 1 VVG differenziert zwischen dem Grund, dass die Gesamtversicherungssumme den Versicherungswert übersteigt (Fall 1), und „anderen Gründen" (Fall 2). Der als Auffangtatbestand konzipierte Fall 2 stellt klar, dass die Regelung **für alle Schadensversicherung** und damit auch für die Passivenversicherung (Haftpflichtversicherung)[113] und für die Erstrisikoversicherung gilt. Fall 1 hat damit keine eigenständige Bedeutung, sondern umschreibt nur für die reguläre Aktivenversicherung den Grund, aus dem es zu einer Mehrfachversicherung kommen kann. – Die Mehrfachversicherung kann **ungewollt** eintreten, etwa infolge einer irrtümlichen Überschätzung des Versicherungswerts oder dadurch, dass der Versicherungswert nach Abschluss des Versicherungsvertrages sinkt (vgl. dazu § 79 Abs. 2 S. 1 VVG). Eine Mehrfachversicherung kann jedoch auch **bewusst** herbeigeführt werden, und zwar keineswegs nur aus unlauteren Motiven (zu ihnen s. § 78 Abs. 3 VVG und Rn. 73 f.). So kann durch eine Mehrfachversicherung eine zusätzliche Absicherung der Ersatzleistung erzielt werden[114], oder der VN nimmt eine partielle Mehrfachversicherung in Kauf, weil er an beiden Versicherungsverträgen interessiert ist[115].

50 Der Grundsatz, dass mehrfache Versicherung nur bei **Identität des versicherten Interesses** vorliegt (s. Rn. 19), ist für die Mehrfachversicherung besonders bedeutsam. Sofern unterschiedliche Interessen versichert sind, scheidet eine Mehrfachversicherung aus[116]. Eine **teilweise** Interessenidentität genügt freilich für Mehrfachversicherung[117]. Dasselbe gilt hinsichtlich der versicherten **Gefahr;** auch insoweit reicht teilweise Identität[118]. Sind verschiedene Gefahren für den Eintritt des Versicherungsfalles ursächlich und sind sie durch unterschiedliche Verträge erfasst, so genügt dies zumindest für die Anwendung von § 78 VVG[119]. – Wird durch einen Versicherungsvertrag ein Haftpflichtinteresse gedeckt, während der VN in einem anderen (Sach-)Versicherungsvertrag lediglich als Dritter von einem **Regressver-**

---

[109] Der früher gebräuchliche Ausdruck „Doppelversicherung" ist daher zu eng; zutr. Berliner Kommentar/*Schauer*, § 58 VVG Rn. 4 (s. auch das Berechnungsbeispiel in § 59 VVG Rn. 30 bei mehreren VR).

[110] BGH v. 28. 11. 1990, VersR 1991, 172 (173 [betr. Haftpflichtversicherung]); Berliner Kommentar/*Schauer*, § 59 Rn. 20; *Kohleick*, Doppelversicherung, S. 48; *Prölss/Martin/Kollhosser*, § 59 VVG Rn. 4; a. A. *Winter*, Bedarfsdeckung, S. 41 f.

[111] BGH v. 31. 3. 1976, VersR 1976, 847 (848); BGH v. 28. 11. 1990, VersR 1991, 172 (173).

[112] *Prölss/Martin/Kollhosser*, § 59 VVG Rn. 6.

[113] BGH v. 31. 3. 1976, VersR 1976, 847 (848); OLG Nürnberg v. 10. 1. 1980, VersR 1981, 745 (746); Berliner Kommentar/*Schauer*, § 59 VVG Rn. 11; *Römer/Langheid/Römer*, § 59 VVG Rn. 3, 6.

[114] *Ehrenzweig*, Versicherungsvertragsrecht, S. 255.

[115] Berliner Kommentar/*Schauer*, § 59 VVG Rn. 43; *Römer/Langheid/Römer*, § 59 VVG Rn. 2.

[116] ÖOGH v. 19. 3. 1992, VersRdsch 1992, 405; OLG München v. 16. 5. 1986, VersR 1986, 1116 (1117); *Bruck/Möller/Möller*, § 49 VVG Anm. 36, 63, 99; *Sieg*, VersR 1995, 127.

[117] OLG Frankfurt/M. v. 11. 3. 2004, VersR 2005, 347 (348, zur Haftpflichtversicherung); a. A. *Winter*, Bedarfsdeckung, S. 28 ff., 32.

[118] A. A. *Winter*, Bedarfsdeckung, S. 34 f.

[119] Berliner Kommentar/*Schauer*, § 59 VVG Rn. 9; *Bruck/Möller/Möller*, § 49 VVG Anm. 153; abw. auch *Klingmüller*, VersR 1977, 201.

zicht profitiert, handelt es sich nicht um die mehrfache Versicherung eines identischen Interesses. Gleichwohl gewährt der BGH[120] in analoger Anwendung von § 78 Abs. 2 VVG einen Innenausgleich. Dies erscheint konsequent[121].

Hinsichtlich der **zeitlichen Identität** wird teils vertreten, dass eine nur geringfügige zeit- 51 liche Überschneidung keine Mehrfachversicherung begründen könne; hierfür sei vielmehr erforderlich, dass beide Versicherungen über einen längeren Zeitraum nebeneinander bestehen[122]. Dafür wird insbes. auf § 79 Abs. 1 VVG verwiesen, wonach der VN die Aufhebung des gesamten späteren Vertrages verlangen kann. Indessen handelt es sich bei nur partiellen Überschneidungen um ein generelles Problem, das nicht durch schematische Aufhebung des jüngeren Versicherungsvertrages zu lösen ist (s. Rn. 27). Die im Gesetz nicht angelegte und zudem Rechtsunsicherheit hervorrufende Differenzierung nach dem Umfang der zeitlichen Überschneidung ist daher abzulehnen[123].

Auf die **Identität des VN** kommt es nicht an, sofern nur (zumindest teilweise) Interessen- 52 identität vorliegt (s. allg. Rn. 22 a. E.)[124]. Gerade wenn sich eine Eigenversicherung und eine Fremdversicherung auf dasselbe Interesse beziehen, kann Mehrfachversicherung eintreten, derer sich die Beteiligten oft nicht bewusst sind. **Beispiele:** Sachversicherung des Grundstückserwerbers vor Eigentumsumschreibung bei gleichzeitig bestehender Sachversicherung des Veräußerers; parallele Eigen- und Fremdversicherung durch Mieter und Eigentümer.

Eine Mehrfachversicherung liegt auch dann vor, wenn ein oder mehrere VR für den ver- 53 einbarungsgemäß zu ersetzenden Schaden **nur teilweise** haften. Die teilweise Haftung kann z. B. daher rühren, dass in beiden Versicherungsverträgen die Versicherungssumme unter dem Versicherungswert liegt, so dass Unterversicherung (§ 75 VVG) eintritt, während die Summen zusammen den Versicherungswert übersteigen. Ferner sind Selbstbehalte und Entschädigungshöchstgrenzen für bestimmte Gegenstände zu nennen. Zudem können unterschiedliche Berechnungsregeln zu einer nur teilweisen Haftung führen (vgl. etwa § 76 VVG: Taxe). Daher bewirken auch parallele **Zeitwertversicherung und Neuwertversicherung** eine Mehrfachversicherung. Dies gebietet das Interesse des VN daran, im Ergebnis möglichst keine Kürzung der Neuwertentschädigung wegen insoweit bestehender Unterversicherung hinnehmen zu müssen[125].

Die Voraussetzung der Mehrfachversicherung, dass die Gesamtentschädigung den Gesamt- 54 schaden übersteigt, erfordert eine Ermittlung des dem VN vertragsgemäß gegen jeden VR zustehenden **Entschädigungsbetrages.** Dabei sind außer Selbstbeteiligungen auch Ansprüche auf Ersatz von Rettungs- und Schadensermittlungskosten (§§ 83, 85 VVG) einzubeziehen, nicht aber Schadensregulierungs- und Prozesskosten der VR. Auch wegen der notwendigen Einbeziehung der genannten Positionen lässt sich oft erst nach dem maßgeblichen **Zeitpunkt,** nämlich dem des Eintritts des Versicherungsfalles[126], feststellen, ob Mehrfachversicherung vorliegt. Anders ist dies, wenn die Versicherungsverträge keine Versicherungssummen enthalten oder wenn zumindest eine Erstrisikoversicherung besteht; hier liegt regelmäßig Mehrfachversicherung vor[127].

---

[120] BGH v. 13. 9. 2006, BGHZ 169, 86 (96 f.) = NJW 2006, 3707. Zur Berechnung s. OLG Köln v. 3. 7. 2007, VersR 2007, 1411 (1412); OLG Koblenz v. 9. 3. 2007, r+s 2007, 376 m. Anm. *Wälder; Günther,* VersR 2006, 1539; *Neugebauer,* VersR 2007, 623 f.

[121] Näher *Armbrüster,* NJW 2006, 3683 (3685), auch zur Kritik am Ausgangspunkt des BGH (s. dazu auch oben Rn. 20).

[122] *Winter,* Bedarfsdeckung, S. 35.

[123] I. E. so auch *Kohleick,* Doppelversicherung, S. 50.

[124] *Kohleick,* Doppelversicherung, S. 49; *Römer/Langheid/Römer,* § 59 VVG Rn. 4; a. A. im Ansatz *Bruck/Möller/Möller,* § 59 VVG Anm. 4.

[125] Berliner Kommentar/*Schauer,* § 59 VVG Rn. 16, 26; *Prölss/Martin/Kollhosser,* § 58 VVG Rn. 6; a. A. *Sieg,* in FS E. Lorenz, 1994, S. 653.

[126] *Römer/Langheid/Römer,* § 58 VVG Rn. 4. Zur Ausnahme bei betrügerischer Doppelversicherung s. Rn. 73.

[127] Berliner Kommentar/*Schauer,* § 59 Rn. 12; *Bruck/Möller/Möller,* § 59 VVG Anm. 6 f., 12.

55   *bb) Rechtsfolgen im Verhältnis VR–VN. aaa) Entschädigungsanspruch.* Im **Außenverhältnis** zwischen den beteiligten VR und dem VN ordnet § 78 Abs. 1 a. E. VVG zum einen an, dass der VN insgesamt **keine den Schaden übersteigende Entschädigung** erhalten darf. § 78 Abs. 1 bezieht sich allein auf das mehrfach versicherte Interesse, so dass Entschädigungsleistungen wegen anderer Interessen aus demselben Versicherungsfall unberücksichtigt bleiben[128]. Zum anderen werden die beteiligten VR zu **Gesamtschuldnern** erklärt. Dies bedeutet, dass die Eintrittspflicht jedes VR gegenüber dem VN nach Maßgabe des jeweiligen Versicherungsvertrages der Höhe nach unberührt bleibt, dass aber Leistungen eines VR bis zur Grenze des Schadensbetrages auf die Leistungspflicht der anderen angerechnet werden (vgl. §§ 421 ff. BGB). Besteht bei einem der Verträge eine Unterversicherung, so ist der Anspruch gegen den betreffenden VR nach Maßgabe von § 75 VVG entsprechend zu kürzen[129]. Leistet ein VR an den VN einen höheren als den von ihm nach diesen Regeln geschuldeten Betrag, so besteht ein Rückforderungsanspruch gem. § 812 Abs. 1 S. 1 Fall 1 BGB.

56   **Einzelheiten:** Trifft die Versicherung einer Einzelsache mit derjenigen eines diese Sache einschließenden **Sachinbegriffs** zusammen, so muss bei der Inbegriffsversicherung die Entschädigung anteilig auf die einzelnen Interessen aufgeteilt werden[130]. Dasselbe gilt beim Zusammentreffen zweier Versicherungen über sich teilweise überschneidende Sachinbegriffe oder einer Positionenversicherung mit einer summarischen Versicherung[131]. – Die **Legalzession** nach § 86 Abs. 1 VVG kommt auch bei Mehrfachversicherung den leistenden VR zugute. – Treffen **Eigenversicherung und Fremdversicherung** zusammen und leistet zuerst der FremdVR, so gilt § 78 VVG nur, wenn der Versicherte der Fremdversicherung zugestimmt oder die Entschädigung erhalten hat[132]. – Vereinbarte **Gesamtentschädigungsgrenzen** können zur analogen Anwendung von § 78 Abs. 2 VVG führen[133].

57   **Prozessual** sind die VR keine notwendigen Streitgenossen i. S. v. § 62 ZPO; der VN kann sie aber als **gewöhnliche Streitgenossen** i. S. v. § 60 ZPO verklagen[134].

58   *bbb) Vertragsanpassung.* **Überblick:** Die Mehrfachversicherung führt für den VN dazu, dass er mehrmals zur Prämienzahlung verpflichtet ist, jedoch nur einmal die Entschädigungsleistung beanspruchen kann. Um diese **übermäßige Prämienbelastung** zu beseitigen, sieht **§ 79 VVG** zugunsten des VN (nicht auch: des VR[135]) mehrere Möglichkeiten vor: die Aufhebung des jüngeren Versicherungsvertrages oder die Herabsetzung von Versicherungssumme und Prämie dieses oder beider Verträge. Die Vorschrift, die eigenartige Unterschiede zur Rechtsfolgenanordnung bei der Überversicherung (§ 74 VVG, s. dazu § 19 Rn. 41) aufweist[136], unterscheidet im Grundsatz zwischen der anfänglichen unbewussten Mehrfachversicherung (Rn. 59 ff.) und der nachträglichen Mehrfachversicherung (Rn. 63). Dabei sind für das Vorliegen einer Mehrfachversicherung jeweils die Verhältnisse zum Zeitpunkt des Änderungsverlangens maßgeblich[137]. § 79 VVG ist **analog** auf den Fall anwendbar, dass die Mehrfachversicherung beim selben VR besteht[138].

---

[128] *Martin,* Sachversicherungsrecht, V II Rn. 9; *Römer/Langheid/Römer,* § 59 VVG Rn. 8.

[129] OLG Hamm v. 23. 4. 1982, VersR 1982, 1091; Motive, S. 130; Berliner Kommentar/*Schauer,* § 59 VVG Rn. 14, 29 (mit Berechnungsbeispielen).

[130] Näher Berliner Kommentar/*Schauer,* § 59 Rn. 16.

[131] *Prölss/Martin/Kollhosser,* 26. Aufl., § 59 VVG Rn. 10.

[132] *Prölss/Martin/Kollhosser,* § 59 VVG Rn. 12.

[133] Näher Berliner Kommentar/*Schauer,* § 59 VVG Rn. 31; *Kohleick,* Doppelversicherung, S. 77. Solche Klauseln halten grds. einer AGB-rechtlichen Inhaltskontrolle stand; s. BGH v. 6. 12. 1995, VersR 1996, 322 (323).

[134] *Römer/Langheid/Römer,* § 59 VVG Rn. 7.

[135] Zutr. daher OLG Nürnberg v. 10. 1. 1980, VersR 1981, 745 (746): Doppelversicherung ist kein Kündigungsgrund für VR.

[136] Krit. dazu Berliner Kommentar/*Schauer,* § 60 VVG Rn. 3.

[137] Motive, S. 133; Berliner Kommentar/*Schauer,* § 60 VVG Rn. 5; *Kisch,* ZHR 75 (1914), 233.

[138] Berliner Kommentar/*Schauer,* § 60 VVG Rn. 7; *Kohleick,* Doppelversicherung, S. 208 f.; *Martin,* Sachversicherungsrecht, V I Rn. 9; abw. *Bruck/Möller/Möller,* § 58 VVG Anm. 12 (für Analogie zu § 51 VVG).

Einzelheiten: Bei der **anfänglichen unbewussten Mehrfachversicherung** kann der 59
VN, der den zur Mehrfachversicherung führenden Vertrag in Unkenntnis dieser Wirkung
geschlossen hat, die Aufhebung oder Anpassung des jüngeren Vertrages verlangen (§ 79
Abs. 1 VVG). Diese Regelung ist Ausdruck eines **Prioritätsprinzips;** sie setzt voraus, dass
die verschiedenen Versicherungsverträge zeitlich nacheinander zustande gekommen sind (näher Rn. 60). § 79 Abs. 1 VVG erfasst auch den Fall, dass die Mehrfachversicherung im Einvernehmen der VR eintritt; die Vorschrift enthält insoweit (anders als in Abs. 2 S. 2 für die nachträgliche Mehrfachversicherung) keine Einschränkung[139].

Für die Frage, welcher Vertrag der jüngere ist, kommt es auf den **Abschlusszeitpunkt** 60
nach den allg. rechtsgeschäftlichen Regeln an[140]. Maßgeblich ist mithin regelmäßig der Zugang der Annahmeerklärung gem. § 130 Abs. 1 S. 1 BGB, im Falle des § 151 S. 1 BGB die
Betätigung des Annahmewillens (zum formellen Versicherungsbeginn s. auch § 7 Rn. 49).
Vereinbaren VN und VR die Rücknahme einer (wirksamen) Kündigung, so steht dies im
Rahmen des § 79 VVG einem Neuabschluss gleich[141]. Kommt eine Verlängerungsklausel
zum Zuge, so liegt darin hingegen kein Neuabschluss[142]. Geht ein Versicherungsvertrag
gem. § 95 VVG auf den Erwerber über, so ist der Vertrag als im Zeitpunkt des Übergangs
abgeschlossen anzusehen; macht der Erwerber von seinem Kündigungsrecht nach § 96 Abs. 2
VVG keinen Gebrauch, so kann er bei Mehrfachversicherung die Anpassung des übergegangenen oder eines nach dem Übergang abgeschlossenen anderen Versicherungsvertrages verlangen[143]. **Gleichzeitiger** Abschluss i. S. v. § 79 Abs. 2 S. 2 VVG ist nicht buchstäblich zu verstehen; ein Abschluss beider Verträge ungefähr zur selben Zeit genügt[144].

Bei nur **teilweisen Überschneidungen** des Deckungsumfangs ist der jüngere Vertrag nur 61
dann aufzuheben, wenn jeder davon erfasste Versicherungsfall auch durch den älteren gedeckt
ist. Anderenfalls ist der jüngere Vertrag so zu ändern, dass er den älteren nur mehr ergänzt[145].
Die Prämie ist dann nicht proportional herabzusetzen, sondern nach Maßgabe des Tarifs des
VR, hilfsweise (bei Fehlen einer entspr. Tarifposition) nach billigem Ermessen[146]. Bei nur geringfügigen Überschneidungen kann die Maßgeblichkeit des Tarifs dazu führen, dass sich
keine Herabsetzung der Prämie ergibt; das Anpassungsverlangen ist dann sinnlos.

Nicht gesetzlich geregelt ist der Fall, dass bei einer anfänglichen unbewussten Mehrfach- 62
versicherung die Verträge **gleichzeitig** geschlossen wurden. Diese Lücke ist im Hinblick auf
das gesetzgeberische Ziel, den VN vor unwirtschaftlichen Gestaltungen zu bewahren, durch
eine analoge Heranziehung von § 79 Abs. 2 S. 2 VVG zu schließen[147]. Alle Verträge sind damit verhältnismäßig anzupassen (s. Rn. 63).

Bei der **nachträglichen Mehrfachversicherung** ist zu differenzieren: Sind die Verträge 63
nacheinander zustande gekommen, so kann der VN Aufhebung oder Anpassung des jüngeren Vertrages verlangen (§ 79 Abs. 2 S. 1 mit Abs. 1 VVG). Sind die Verträge **gleichzeitig
oder im Einvernehmen der beteiligten VR** geschlossen worden, so sind sie alle anzupassen. Dies geschieht, indem die Versicherungssummen und die Prämien verhältnismäßig gekürzt werden (§ 79 Abs. 2 S. 2 VVG).

---

[139] A. A. im Ansatz Berliner Kommentar/*Schauer,* § 60 VVG Rn. 8; im Erg. jedoch (über eine Analogie)
wie hier.

[140] *Bruck/Möller/Möller,* § 60 VVG Anm. 5; *Prölss/Martin/Kollhosser,* § 60 VVG Rn. 3, 8.

[141] LG Oldenburg v. 6. 11. 1997, VersR 1998, 1009; *Prölss/Martin/Kollhosser,* § 60 VVG Rn. 8; *Vollmar,*
VersR 1987, 735 (736); abw. *Kohleick,* Doppelversicherung, S. 199.

[142] Berliner Kommentar/*Schauer,* § 60 VVG Rn. 11.

[143] Berliner Kommentar/*Schauer,* § 60 VVG Rn. 12; *Bruck/Möller/Möller,* § 60 VVG Anm. 5; *Prölss/
Martin/Kollhosser,* § 60 VVG Rn. 4; wohl auch *Römer/Langheid/Römer,* § 60 VVG Rn. 4.

[144] Berliner Kommentar/*Schauer,* § 60 VVG Rn. 13; s. auch *Prölss/Martin/Kollhosser,* 26. Aufl., § 60
VVG Rn. 7 („,[nahezu] gleichzeitig").

[145] *Prölss/Martin/Kollhosser,* § 60 VVG Rn. 13; *Schauer,* VersRdsch 1993, 209 (228f.).

[146] Berliner Kommentar/*Schauer,* § 60 VVG Rn. 24.

[147] Berliner Kommentar/*Schauer,* § 60 VVG Rn. 8; *Bruck/Möller/Möller,* § 60 VVG Anm. 5; *Schauer,*
VersRdsch 1993, 209 (227f.).

64   **Übergreifende Regeln** für anfängliche und nachträgliche Mehrfachversicherung: Hatte der VN **Kenntnis** vom Entstehen der Mehrfachversicherung, so stehen ihm die Rechte aus § 79 VVG nicht zu. In diesem Fall hatte der VN es in der Hand, die belastende Wirkung der Mehrfachversicherung zu vermeiden, insbes. durch Verzicht auf den Abschluss des sie auslösenden Versicherungsvertrages oder durch Vereinbarung einer Subsidiarität mit entsprechend niedrigerer Prämie. Schädlich ist nur **positive Kenntnis**, nicht bereits Kennenmüssen. Die Kenntnis ist im Einzelfall zu ermitteln; sie ergibt sich nicht schon aus dem Wissen darum, dass zwei Versicherungsverträge bestehen. Lässt sich Mehrfachversicherung bereits aus der AVB-Überschrift beider Verträge ersehen, so wird dies regelmäßig auf Kenntnis hindeuten[148]. Wenn beim Vertragsschluss ein **Vertreter** mitwirkt, so schadet analog § 2 Abs. 3 VVG auch seine Kenntnis[149].

65   Die verhältnismäßige Herabsetzung der Prämie in einem oder beiden Verträgen ist nur im Rahmen der Aktivenversicherung, hingegen grds. nicht bei der **Passivenversicherung** – bei der ein Versicherungswert fehlt – möglich[150]. Allerdings kommt insoweit in bestimmten Fällen eine **analoge Anwendung** von § 79 VVG in Betracht. Dies gilt zum einen, wenn für die Haftung des VN eine Obergrenze besteht. Zum anderen kann dann, wenn der VN den jüngeren in Unkenntnis des älteren Vertrages geschlossen hat, die Versicherungssumme des älteren Vertrages als Selbstbehalt in den jüngeren aufgenommen werden[151].

66   Das Aufhebungs- oder Anpassungsrecht des VN ist nach heute ganz h. M.[152] ein formlos ausübbares **Gestaltungsrecht**. Die in § 60 Abs. 3 S. 2 VVG a. F. enthaltene zeitliche Beschränkung des Rechts hat der Reformgesetzgeber als sachlich nicht gerechtfertigt angesehen und gestrichen[153].

67   *cc) Rechtsfolgen im Verhältnis der VR untereinander.* Das **Innenverhältnis der beteiligten VR** regelt § 78 Abs. 2 S. 1 VVG. Danach ist die Gesamtentschädigung, auf die sich die Mehrfachversicherung erstreckt, im Verhältnis der jeweils übernommenen Einzelsummen (näher Rn. 70) aufzuteilen[154]. Abweichend von der allg. Ausgleichsregel des § 426 Abs. 1 S. 1 BGB ist also nicht der mehrfach gedeckte Teil der Entschädigung nach Köpfen zu verteilen. Unmittelbar aus § 78 Abs. 2 S. 1 VVG (und nicht aus § 86 VVG)[155] folgt für jeden VR, der eine höhere Entschädigung an den VN geleistet hat, ein **Ausgleichsanspruch** gegen solche VR, die dem VN keinen ihrer Quote entsprechenden Betrag gezahlt haben. Daneben bestehen Ausgleichsansprüche über § 426 Abs. 2 S. 1 BGB (Legalzession) und ggf. aufgrund eines bürgerlich-rechtlichen Innenverhältnisses zwischen den VR[156].

68   **Leistungsfreiheit** eines VR **bei Eintritt des Versicherungsfalles** führt dazu, dass gegen ihn insoweit kein Ausgleichsanspruch entsteht[157]. Eine Ausnahme wird für den Fall erwogen, dass die Leistungsfreiheit auf Verzug mit einer Folgeprämie (§ 38 Abs. 2 VVG) beruht und die ausstehende Prämie nach Eintritt des Versicherungsfalles noch (durch den VN oder den anderen VR) gezahlt wird[158]. Dies ist abzulehnen. Wie aus § 38 Abs. 3 S. 3 VVG hervorgeht, kann

---

[148] *Prölss/Martin/Kollhosser*, 26. Aufl., § 60 VVG Rn. 2; zurückhaltender 27. Aufl., § 60 VVG Rn. 9; *Kohleick*, Doppelversicherung, S. 195; *Römer/Langheid/Römer*, § 60 VVG Rn. 5.

[149] *Römer/Langheid/Römer*, § 60 VVG Rn. 5.

[150] Berliner Kommentar/*Schauer*, § 59 VVG Rn. 6, § 60 Rn. 4, 22; a. A. offenbar *Römer/Langheid/Römer*, § 60 VVG Rn. 3.

[151] *Prölss/Martin/Kollhosser*, 26. Aufl., § 60 VVG Rn. 5; *Schauer*, VersRdsch 1993, 209 (233f.); a. A. *Ehrenzweig*, Versicherungsvertragsrecht, S. 260 Fn. 15.

[152] S. nur Berliner Kommentar/*Schauer*, § 60 VVG Rn. 28; a. A. (nur Anspruch des VN gegen den VR auf Zustimmung zur Änderung oder Aufhebung) *Vollmar*, VersR 1987, 735.

[153] Regierungsbegr., BT-Drucks. 16/3945, S. 79.

[154] Berechnungsbeispiel bei LG Köln v. 24. 2. 1982, VersR 1982, 1165 f.

[155] § 78 Abs. 2 S. 1 VVG ist insoweit abschließend; s. dazu nur *Fenyves*, in FS Welser (2004), S. 173 (181 f.).

[156] S. dazu *Bruck/Möller/Möller*, § 59 VVG Anm. 2.

[157] BGH v. 5. 3. 1986, VersR 1986, 380 (381).

[158] *Prölss/Martin/Kollhosser*, 26. Aufl., § 59 VVG Rn. 18; abw. jetzt 27. Aufl., § 59 VVG Rn. 8.

die nachgeholte Prämienzahlung die eingetretenen Rechtsfolgen nur in ganz begrenztem Umfang beseitigen; eine bereits eingetretene Leistungsfreiheit wird dadurch nicht berührt.

Wird ein ausgleichspflichtiger VR aufgrund eines **nach Eintritt des Versicherungsfalles** 69 eintretenden Umstandes leistungsfrei, so fragt sich, ob hierdurch die Ausgleichspflicht berührt wird. Dies ist ohne weiteres abzulehnen für spätere **Vereinbarungen** des VR mit dem VN (Vergleich, Erlassvertrag[159], rückwirkende Vertragsaufhebung). Anderenfalls könnte der VN den in § 78 Abs. 2 S. 1 VVG angeordneten Ausgleich der VR im Innenverhältnis vereiteln, indem er mit einem der beteiligten VR nachträgliche Abreden trifft. So weit kann die Gestaltungsmacht des VN nicht reichen. Aus dieser Überlegung folgt auch die Antwort auf die umstrittene weitere Frage, ob eine zur Leistungsfreiheit führende **Obliegenheitsverletzung** Einfluss auf die Ausgleichspflicht hat. Dies ist praktisch besonders bedeutsam für den Fall, dass der VN dem ausgleichspflichtigen VR vorsätzlich das Bestehen der Mehrfachversicherung verschweigt. Die Rspr.[160] hat hier bisweilen angenommen, dass infolge einer vorsätzlichen Obliegenheitsverletzung nach Eintritt des Versicherungsfalles dieser rückwirkend kein entschädigungspflichtiger Versicherungsfall mehr sei. Dem ist aus dem genannten Grund nicht zu folgen[161]. Auch der BGH[162] hat sich mittlerweile der hier vertretenen Sichtweise angeschlossen und stellt für die Ausgleichspflicht allein auf den Zeitpunkt des Eintritts des Versicherungsfalls ab.

Die für die Berechnung des Ausgleichsanspruchs maßgeblichen **Einzelsummen** umfassen 70 jeweils den Gesamtanspruch gegen den einzelnen VR, einschließlich der Rettungs- und Schadensermittlungskosten (§§ 83, 85 VVG). Nicht einzubeziehen sind hingegen die Schadensregulierungs- und Prozesskosten[163].

Der Ausgleichsanspruch **entsteht** nicht schon mit Eintritt des Versicherungsfalles[164], da in 71 diesem Zeitpunkt ungewiss ist, wer Anspruchsinhaber wird. Vielmehr entsteht der Anspruch dem Grunde nach (und wird i. d. R. zugleich **fällig**), wenn ein VR einen Entschädigungsbetrag an den VN leistet[165]; die Anspruchshöhe richtet sich dann nach der in Rn. 67 genannten Berechnungsregel. Eine nachfolgende Leistung des ausgleichspflichtigen VR an den VN berührt die einmal eingetretene Ausgleichspflicht gegenüber dem berechtigten VR nicht[166]. Der Anspruch unterliegt der Regelverjährung von drei Jahren (§ 195 BGB, zum Fristbeginn s. § 199 Abs. 1 BGB)[167]. Der ausgleichspflichtige VR kann nicht mit einem ihm gegenüber bestehenden Prämienrückstand des VN **aufrechnen;** die in § 35 VVG geregelte Ausnahme vom Gegenseitigkeitsgrundsatz gilt nicht für den Ausgleichsanspruch nach § 78 Abs. 2 S. 1 VVG[168]. Ein durch den ausgleichsberechtigten VR erlangter **Regressanspruch** gegen einen Dritten (§ 86 VVG) geht im Umfang der erfolgten Ausgleichszahlung auf den ausgleichspflichtigen VR über[169].

[159] *Bruck/Möller/Möller,* § 58 VVG Anm. 36.
[160] OLG Düsseldorf v. 10. 4. 1979, VersR 1979, 639 (offen lassend die Revisionsentscheidung BGH v. 19. 3. 1981, VersR 1981, 625 [626], sowie BGH v. 5. 3. 1986, VersR 1986, 380); *Armbrust,* Subsidiaritätsabreden, S. 46 ff., 49; *Bruck/Möller/Möller,* § 59 VVG Anm. 37; *Kisch,* Mehrfache Versicherung, S. 160 ff.
[161] OLG Düsseldorf v. 3. 8. 1999, VersR 2000, 1353 (1355); OLG München v. 30. 9. 2003, VersR 2005, 645; Berliner Kommentar/*Schauer,* § 59 VVG Rn. 27; *Prölss/Martin/Kollhosser,* § 59 VVG Rn. 15; *Römer/Langheid/Römer,* § 59 VVG Rn. 11; *Zagel,* VersR 1979, 904.
[162] BGH v. 13. 9. 2006, BGHZ 169, 86 (97) = NJW 2006, 3707 m. Anm. *Armbrüster,* S. 3683.
[163] *Prölss/Martin/Kollhosser,* 26. Aufl., § 59 VVG Rn. 17.
[164] So aber BGH v. 21. 11. 1953, BGHZ 11, 170 (174 [zu § 17 StVG]); *Prölss/Martin/Kollhosser,* § 59 VVG Rn. 13.
[165] Vgl. allg. zur Gesamtschuld *Bydlinski,* in: MünchKomm-BGB, 5. Aufl. 2007, § 426 BGB Rn. 12.
[166] *Prölss/Martin/Kollhosser,* § 59 VVG Rn. 14; a. A. *Blanck,* VW 1958, 740.
[167] So auch schon zum alten Recht *Prölss/Martin/Kollhosser,* § 59 VVG Rn. 19. Vgl. zu § 426 Abs. 1 S. 1 BGB Rechtsausschuss, BT-Drs. 14/7052, S. 195.
[168] *Prölss/Martin/Kollhosser,* § 59 VVG Rn. 16.
[169] *Prölss/Martin/Kollhosser,* § 59 VVG Rn. 17.

72 Für Sachverhalte mit **Auslandsbezug** enthält § 78 Abs. 2 S. 2 VVG eine spezielle **Reziprozitätsregel**[170]. Dadurch soll eine Benachteiligung derjenigen VR verhindert werden, auf deren Versicherungsverträge deutsches Recht anwendbar ist (zum anwendbaren Recht s. § 4). Die Vorschrift ist zu einer **allseitigen** Norm auszubauen, d. h. auch zugunsten ausländischer Rückgriffsschuldner anzuwenden[171]. Umstritten ist, ob dem Gegenseitigkeitserfordernis auch dann Genüge getan ist, wenn das ausländische Recht eine **teilweise Haftung** der VR anordnet[172]. Mit Blick auf den Schutzzweck der Regelung ist dies zu bejahen, sofern ein über seinen Anteil hinaus leistender VR nach dem ausländischen Recht auch in diesem Fall einen dem Anspruch nach § 78 Abs. 2 VVG gleichwertigen Rückforderungsanspruch (regelmäßig: gegen den Leistungsempfänger) hat.

73 Die **betrügerische** Mehrfachversicherung führt nach § 78 Abs. 3 Hs. 1 VVG zur Nichtigkeit des Versicherungsvertrages (vgl. auch die Parallelvorschrift zur Überversicherung in § 74 Abs. 2 VVG). Voraussetzung ist betrügerische Absicht; allein ein Vertragsschluss in dem Bewusstsein, dass dadurch oder in Verbindung mit einem beabsichtigten weiteren Vertrag Mehrfachversicherung entsteht, genügt schon im Hinblick auf mögliche redliche Motive hierfür (s. Rn. 49 a. E.) nicht[173]. Bei der **Nichtigkeitsfolge** handelt es sich um eine abschließende Rechtsfolgenanordnung (lex specialis), so dass ein Rückgriff auf die §§ 134 BGB, 263 StGB gesperrt ist[174]. Die Nichtigkeit erfasst jeden in betrügerischer Absicht geschlossenen Vertrag **grds. im Ganzen;** eine partielle Aufrechterhaltung etwa hinsichtlich der keine Mehrfachversicherung begründenden Teile scheidet aus. Der Grund hierfür liegt darin, dass dem VR die Fortsetzung des Vertragsverhältnisses mit dem VN in diesem Fall auch nicht teilweise zugemutet werden kann[175]. Ausnahmsweise kommt eine teilweise Aufrechterhaltung in Betracht, wenn mehrere Verträge nur äußerlich verbunden sind; zwischen den von der Betrugsabsicht erfassten und den übrigen Risiken darf dann aber kein innerer sachlicher Zusammenhang bestehen. Maßgeblicher **Zeitpunkt** für die Beurteilung der betrügerischen Mehrfachversicherung ist (anders als im Regelfall, s. Rn. 54) derjenige des Vertragsschlusses[176].

74 Die **Prämienzahlungspflicht** des VN besteht nur für die Zeit, bis der Versicherer von den die betrügerische Mehrfachversicherung begründenden Umständen erfährt (§ 78 Abs. 3 Hs. 2 VVG; abw. noch § 59 Abs. 3 Hs. 2 VVG a. F. gem. dem Grundsatz der Unteilbarkeit der Prämie)[177].

75 *dd) Abdingbarkeit.* Zum alten Recht war es umstritten, ob der Grundsatz, dass der VN insgesamt keine den Schaden übersteigende **Entschädigung** erhalten darf (Rn. 55), unabdingbar ist. Die h. M.[178] bejahte dies. Indessen hat der BGH[179] schon zum alten Recht im Zusammenhang mit der Neuwertversicherung zutr. ausgeführt, dass es über den begrenzten Anwendungsbereich des § 55 VVG a. F. hinaus ein ungeschriebenes allg. Bereicherungsverbot nicht gibt. Zwar mag das vertragliche Versprechen einer den Schaden übersteigenden Entschädigung gerade mit Blick auf das subjektive Risiko bedenklich erscheinen; eine entsprechende generelle Einschränkung der Privatautonomie ist jedoch nicht angezeigt. Zu Recht hat daher der Reformgesetzgeber § 55 VVG a. F. ersatzlos gestrichen. Eine vertragliche Ver

---

[170] *Kohleick,* Doppelversicherung, S. 110; weiter gehend *W.-H. Roth,* Internationales Versicherungsvertragsrecht, 1985, S. 642.

[171] Berliner Kommentar/*Schauer,* § 59 VVG Rn. 41; *E. Lorenz,* HdV S. 1193.

[172] Bejahend *Prölss/Martin/Kollhosser,* § 59 VVG Rn. 22; verneinend AG Köln v. 7. 10. 1977, VersR 1978, 835 (836); Berliner Kommentar/*Schauer,* § 59 VVG Rn. 42; *Ehrenzweig,* Versicherungsvertragsrecht, S. 258; *Kohleick,* Doppelversicherung, S. 113.

[173] *Bruck/Möller/Möller,* § 59 VVG Anm. 43; a. A. offenbar *Vollmar,* VersR 1987, 735.

[174] S. dazu allg. *Mayer-Maly/Armbrüster,* in: MünchKomm-BGB, 5. Aufl. 2006, § 134 Rn. 3.

[175] *Bruck/Möller/Möller,* § 59 VVG Anm. 44.

[176] *Römer/Langheid/Römer,* § 59 VVG Rn. 15.

[177] Regierungsbegründung, BT-Drucks. 16/3945, S. 79 (zu § 78) mit S. 78 (zu § 74).

[178] Berliner Kommentar/*Schauer,* § 59 VVG Rn. 47; *Prölss/Martin/Kollhosser,* § 59 VVG Rn. 22.

[179] BGH v. 17. 12. 1997, BGHZ 137, 318 (326) = VersR 1998, 305 (307); s. auch BGH v. 4. 4. 2001, VersR 2001, 749 (750).

einbarung des genannten Inhalts ist daher nicht von vornherein unzulässig[180]. Soweit § 78 Abs. 1 VVG darüber hinaus eine **Gesamtschuld** der VR anordnet, ist die Regelung unstreitig dispositiv (arg. e contrario aus § 87 VVG). Abweichende Rechtsfolgenanordnungen können insbes. vorsehen: den **Vor- oder Nachrang** eines oder mehrerer VR (Prioritäts- oder Subsidiaritätsklauseln, s. noch Rn. 80 ff.) oder eine **Teilschuld** im Verhältnis der jeweils übernommenen Haftung (vgl. zum Innenverhältnis § 78 Abs. 2 S. 1 VVG und dazu Rn. 67 ff.) oder im Verhältnis der Versicherungssummen. Dispositiv ist auch die Anpassungsvorschrift des § 79 VVG[181].

Ihren **Innenausgleich** können die VR abweichend von § 78 Abs. 2 S. 1 VVG regeln (arg. **76** e contrario aus § 87 VVG)[182]. **Beispiel:** Nach den „Richtlinien über das Zusammentreffen von Fremd- und Außenversicherung"[183] des Verbandes der Sachversicherer hat der VR des Eigentümers gegen den VR des Fremdbesitzers grds. einen Ausgleichsanspruch in Höhe von dessen Entschädigungspflicht gegenüber dem VN. Zudem können die Wirkungen von § 78 Abs. 2 VVG wegen der darin enthaltenen Anknüpfung an das Außenverhältnis zum VN durch eine Subsidiaritäts- oder Teilschuldabrede (vgl. Rn. 80 ff.) beeinflusst werden. **Nicht** zulässig ist schon nach den allg. Regeln über den Vertrag zu Lasten Dritter eine Abrede zwischen dem VN und einem VR, die den Ausgleichsanspruch eines anderen VR beeinträchtigt.

Unabdingbar ist § 78 Abs. 3 VVG[184]. Dies folgt bereits daraus, dass es sich um eine Spe- **77** zialvorschrift zu den §§ 134 BGB, 263 StGB mit im Kern identischem Normzweck handelt.

ee) Beweislast. Beruft sich ein VR auf seine **Leistungsfreiheit** gegenüber dem VN, da die- **78** ser bereits vollständig entschädigt sei, so trifft die Beweislast hierfür den VR; dasselbe gilt für betrügerische Absicht des VN (§ 78 Abs. 3 VVG) oder für eine Subsidiaritätsabrede. – Die Voraussetzungen des **Aufhebungs- oder Anpassungsanspruchs** gem. § 79 Abs. 1, Abs. 2 S. 1 VVG hat der VN zu beweisen. Zu differenzieren ist hinsichtlich § 79 Abs. 2 S. 2 VVG: Seine Voraussetzungen hat zu beweisen, wer sich auf sie beruft; dies kann der VN oder der VR sein[185]. – Wenn ein VR sich gegen den **Ausgleichsanspruch** eines anderen VR mit der Begründung wendet, es bestehe Leistungsfreiheit gegenüber dem VN, so gelten für die Beweislast dieselben Regeln wie bei einer Inanspruchnahme durch den VN[186].

b) Gesamtschuld. Mehrere VR können sich auch als Gesamtschuldner hinsichtlich ein **79** und desselben Risikos verpflichten. Es gelten dann die §§ 421 ff. BGB, und zwar – anders als bei der Mehrfachversicherung (vgl. Rn. 67 ff.) – ohne die Modifikationen durch § 78 Abs. 2 VVG. Der VN hat die Wahl, von welchem VR er in welcher Höhe Erfüllung verlangt; insgesamt kann er die Leistung jedoch nur einmal fordern. Diese Gestaltung wird bisweilen bei **Konzerngesellschaften** und **Versicherungspools**[187] gewählt; sie ermöglicht es, dem VN weitere liquide Schuldner zur Verfügung zu stellen.

IV. Subsidiäre Haftung (insbesondere: Subsidiaritätsabreden)

1. Überblick

Nebenversicherung und vor allem Mehrfachversicherung lassen sich verhindern, wenn die **80** Nachrangigkeit einer der beiden dasselbe Risiko betreffenden Versicherung vorgesehen wird.

---

[180] *Römer/Langheid/Römer*, § 59 VVG Rn. 17; offen lassend *Kohleick*, Doppelversicherung, S. 123. Zu den Grenzen s. *Armbrüster*, VersR 2008, 853 (854 ff.).

[181] Berliner Kommentar/*Schauer*, § 60 VVG Rn. 31.

[182] Berliner Kommentar/*Schauer*, § 59 VVG Rn. 55.

[183] Abgedruckt bei *Kohleick*, Doppelvrsicherung, S. 255 f.; s. dazu auch *Martin*, Sachversicherungsrecht, V I Rn. 28.

[184] *Bruck/Möller/Möller*, § 59 VVG Anm. 46; *Römer/Langheid/Römer*, § 59 VVG Rn. 17.

[185] Berliner Kommentar/*Schauer*, § 60 VVG Rn. 32.

[186] *Baumgärtel/Prölss*, § 59 VVG Rn. 2 f.; vgl. BGH v. 5. 3. 1986, VersR 1986, 380 (381).

[187] Zum praktisch wichtigen Beispiel des sog. Pharmapools s. *Deutsch*, Versicherungsvertragsrecht, Rn. 118.

Dies ist vereinzelt bereits durch das Gesetz angeordnet (s. Rn. 87). Auf vertraglicher Ebene kann die Nachrangigkeit durch **Subsidiaritätsabreden** erreicht werden. In der Praxis haben sich sehr verschiedenartige Inhalte solcher Abreden herausgebildet. Im Grundsatz lassen sich jedoch zwei Kategorien unterscheiden[188], je nachdem, ob eine Entschädigung (nur) dann ausgeschlossen ist, wenn der Interesseträger Entschädigung aus einem anderen Vertrag verlangen kann (**einfache** Subsidiaritätsabrede, dazu Rn. 84f.) oder ob die Entschädigung für bestimmte Gefahren oder Sachen schon beim Vorhandensein einer konkurrierenden Deckung unabhängig von einer in concreto bestehenden Eintrittspflicht des anderen VR generell ausgeschlossen ist (**qualifizierte** Subsidiaritätsabrede, dazu Rn. 86). Diese Differenzierung spielt insbes. dann eine Rolle, wenn zwei Subsidiaritätsabreden zusammentreffen (s. Rn. 88)[189].

81   Subsidiaritätsabreden sind grds. **wirksam**[190]. Sie sind zu unterscheiden von **Zessionsklauseln,** in denen ein subsidiär haftender VR sich zur Vorausleistung im Gegenzug zur Abtretung des Anspruchs gegen den primär eintrittspflichtigen VR verpflichtet. Derartige Klauseln können nach teils vertretener Ansicht[191] wegen Verstoßes gegen § 78 Abs. 2 VVG (s. Rn. 67) zumindest partiell unwirksam sein. Indessen sind Zessionsklauseln als Kombination von Subsidiaritätsabrede und Forderungsabtretung zu begreifen und geraten als solche nicht in Konflikt mit § 78 Abs. 2 VVG[192].

82   Der **Zweck** einer Subsidiaritätsabrede kann darin bestehen, Deckungslücken zu schließen, ohne dass Mehrfachversicherung eintritt; zugleich kann der VN bezwecken, eine Prämienersparnis zu erzielen[193]. Diese Ersparnis mag bei einer qualifizierten Subsidiaritätsabrede, die den VR in weiterem Umfang leistungsfrei stellt, höher sein als bei einer einfachen. **Im Zweifel** ist freilich angesichts des vorrangigen Interesses des VN daran, Deckungslücken zu vermeiden, eine **einfache** Subsidiaritätsabrede anzunehmen. Dies gilt auch dann, wenn der Wortlaut für eine weitere Auslegung spricht[194].

83   Sofern Subsidiarität besteht, ist der subsidiäre VR **keinem Ausgleichsanspruch** nach § 78 Abs. 2 VVG ausgesetzt. Darüber hinaus kann auch keine Forderung gegen ihn gem. § 86 VVG auf den eintrittspflichtigen VR übergehen, da eine solche Forderung nicht besteht[195]. Umgekehrt geht jedoch in dem Umfang, in dem der subsidiäre VR an den VN geleistet hat, dessen Ersatzanspruch gegen den anderen VR auf den subsidiären VR über[196].

2. Einfache Subsidiaritätsabreden

84   Einfache (eingeschränkte) Subsidiaritätsabreden schließen in der Regel eine Entschädigungspflicht des VR aus, wenn und soweit der VN oder der Versicherte eine **Entschädigung**

---

[188] Grundlegend zu der Unterscheidung *Martin,* VersR 1973, 691 (694). Übersichten bei *Armbrust,* Subsidiaritätsabreden, S. 34 ff.; *Bruck/Möller/Möller,* § 59 VVG Anm. 50 ff.; *Martin,* VersR 1973, 691 (694 ff.); *Kohleick,* Doppelversicherung, S. 147 ff.; *Vogel,* ZVersWiss 1973, 563 (564 ff.); *Segger,* VersR 2006, 38 (41).

[189] Dies übergeht *Boldt,* Die Feuerversicherung, 7. Aufl. 1995, S. 186 f., wenn er die Unterscheidung für praktisch unerheblich erklärt.

[190] BGH v. 21. 4. 2004, VersR 2004, 994; OLG Karlsruhe v. 17. 12. 1975, VersR 1976, 239 (240); Motive, S. 131; *Fenyves,* Subsidiaritätsklausel, S. 4; *Römer/Langheid/Römer,* § 59 VVG Rn. 13. Zur AGB-rechtlichen Kontrolle s. *Winter,* VersR 1991, 527 (529 f.).

[191] *Prölss/Martin/Kollhosser,* 26. Aufl., § 59 VVG Rn. 24, 26 (abw. jetzt 27. Aufl., § 59 VVG Rn. 29); Martin, Sachversicherungsrecht, V I Rn. 25.

[192] Zutr. Berliner Kommentar/*Schauer,* § 59 VVG Rn. 56; i. E. so auch *Kohleick,* Doppelversicherung, S. 152 f.

[193] Vgl. *Bruck/Möller/Möller,* § 59 VVG Anm. 53; *Prölss/Martin/Kollhosser,* § 59 VVG Rn. 24; s. freilich auch *Winter,* VersR 1991, 528 (530).

[194] Berliner Kommentar/*Schauer,* § 59 VVG Rn. 51; *Kohleick,* DoppelV, S. 164; a. A. *Vogel,* ZVersWiss 1973, 563 (571 f.).

[195] BGH v. 23. 11. 1988, VersR 1989, 250 (251); *Römer/Langheid/Römer,* § 59 VVG Rn. 13.

[196] BGH v. 23. 11. 1988, VersR 1989, 250 (251); *Langheid,* BGH-Report 2004, 1156 (1157); *Römer/Langheid/Römer,* § 59 VVG Rn. 13.

wegen desselben Interesses aus einem anderen VV **verlangen kann**[197]. **Beispiele:** § 2 Nr. 7 Abs. 2 AFB 87/94/2001; § 2 Nr. 6 Abs. 2 AERB 87/94/2001. Der subsidiäre Versicherungsschutz greift in solchen Fällen nicht nur dann ein, wenn eine anderweitige Versicherung des Interesses gar nicht besteht, sondern auch, wenn der primär zuständige VR leistungsfrei ist (etwa wegen einer Obliegenheitsverletzung oder wegen Prämienzahlungsverzugs des VN). Ausschlaggebend für die Leistungspflicht des anderen VR ist der **Zeitpunkt,** zu dem der Versicherungsfall eintritt; nachträgliche Obliegenheitsverletzungen oder schuldbefreiende Vereinbarungen mit jenem VR lösen daher keine Eintrittspflicht des subsidiären VR aus[198].

Eine Variante stellen Klauseln dar, die eine **bedingte Vorleistungspflicht** des VR in dem 85 Umfang vorsehen, in dem ohne Verschulden des VN oder Versicherten die Entschädigungspflicht eines anderen VR noch nicht geklärt ist. Soweit sich anschließend ergibt, dass jene Pflicht besteht, kann der subsidiäre VR das Geleistete zurückfordern; es handelt sich dann um eine vorübergehende Liquiditätshilfe für den VN[199].

3. Qualifizierte Subsidiaritätsabreden

Wird die Entschädigung für bestimmte Gefahren oder Sachen generell ausgeschlossen, 86 wenn und solange ein **konkurrierender Versicherungsvertrag besteht,** so liegt eine qualifizierte (uneingeschränkte) Subsidiaritätsabrede vor. Bei ihr kommt es – anders als bei der einfachen Subsidiaritätsabrede – nicht darauf an, ob der konkurrierende VR zur Entschädigungsleistung verpflichtet ist.

4. Gesetzliche Subsidiaritätsregeln

Vereinzelt ordnet das **Gesetz** eine Subsidiarität an. So sieht § 117 Abs. 3 S. 2 VVG für die 87 **Pflicht-Haftpflichtversicherung** vor, dass der gegenüber dem VN leistungsfreie VR auch dem geschädigten Dritten nicht haftet, wenn und soweit dieser Schadensersatz von einem anderen SchadensVR oder von einem Sozialversicherungsträger erlangen kann. Die Zielsetzung dieser Vorschrift ist eine andere als die typische Motivation von Subsidiaritätsabreden: Es geht nicht um die Verhinderung einer Mehrfachversicherung, sondern um die Privilegierung des VR, der gegenüber dem VN leistungsfrei ist, gegenüber anderen VR[200]. Wegen Einzelheiten zu § 117 Abs. 3 S. 2 VVG s. § 24 Rn. 172.

5. Konkurrenzen

Wenn zwei (oder mehrere) **Subsidiaritätsabreden** aus verschiedenen Versicherungsver- 88 trägen **zusammentreffen,** so ist das Konkurrenzverhältnis mangels ausdrücklicher Vereinbarung im Wege ergänzender Vertragsauslegung zu ermitteln. Im Einzelnen gilt hierzu Folgendes:[201] Eine **qualifizierte** Abrede setzt sich gegenüber einer **einfachen** durch[202]. Dies gilt auch dann, wenn die qualifizierte erst nach der einfachen Abrede vereinbart wurde. – **Zwei qualifizierte** Abreden führen hingegen dazu, dass keiner der VR eintrittspflichtig ist[203]. In der entstehenden Deckungslücke realisiert sich das Risiko derartiger Abreden, die Subsidiarität nicht von der Eintrittspflicht eines anderen VR abhängig machen. – Problematisch ist das

---

[197] BGH v. 23. 11. 1988, VersR 1989, 250 f.; BGH v. 21. 4. 2004, VersR 2004, 994 (995); Berliner Kommentar/*Schauer*, § 59 VVG Rn. 50.

[198] ÖOGH v. 25. 4. 1990, VersR 1991, 486 (obiter); Berliner Kommentar/*Schauer*, § 59 VVG Rn. 50; *Fenyves,* Subsidiaritätsklausel, S. 9; *Martin,* Sachversicherungsrecht, V I Rn. 19; *Prölss/Martin/Kollhosser,* § 59 VVG Rn. 27; enger *Armbrust,* Subsidiaritätsabreden, S. 38 ff., 50 (Leistungsfreiheit des subsidiären VR nur bei Vorsatz des VN).

[199] *Fenyves,* Subsidiaritätsklausel, S. 5.

[200] LG Freiburg v. 2. 12. 1980, VersR 1981, 1047 (1048); *Fenyves,* Subsidiaritätsklausel, S. 3.

[201] Eingehend *Armbrust,* Subsidiaritätsabreden, S. 149 ff.

[202] *Armbrust,* S. 168 f.; *Kohleick,* Doppelversicherung, S. 171; *Prölss/Martin/Kollhosser,* § 59 VVG Rn. 26; *Vogel,* ZVersWiss 1973, 563 (573).

[203] *Armbrust,* S. 174 f.; *Kohleick,* DoppelV, S. 171 f.; *Martin,* VersR 1973, 691 (694); *Prölss/Martin/Kollhosser,* § 59 VVG Rn. 27 (unter Hinweis auf mögliche Nichteinbeziehung nach § 305 c Abs. 1 BGB); a. A. *Vollmar,* VersR 1987, 739 (der VR des früheren Vertrages hafte).

Zusammentreffen zweier einfacher Abreden. Nach verbreiteter Ansicht ist auf die zeitliche Abfolge abzustellen und der jüngeren Abrede der Vorrang einzuräumen[204]. Dafür wird der in § 79 VVG zum Ausdruck kommende Gedanke angeführt, wonach in einem jüngeren Versicherungsvertrag die Existenz des älteren Vertrages bei der Prämienbemessung berücksichtigt werden kann[205]. Indessen lässt sich dieses Ergebnis dem mutmaßlichen Willen der Vertragsparteien nicht entnehmen[206]. Auch die von manchen[207] vorgeschlagene anteilige Haftung überzeugt nicht; ihr steht der abweichende Wille der Beteiligten[208] entgegen. Vorzugswürdig ist die Ansicht, wonach sich die Abreden – ebenso wie zwei qualifizierte Subsidiaritätsabreden – gegenseitig aufheben[209]. – Da es für das Rangverhältnis auf die Lage bei Eintritt des Versicherungsfalles ankommt, kann es bei der Auslegung keinen Unterschied machen, ob eine Subsidiaritätsabrede von Anfang an oder erst **nachträglich** (aber vor Eintritt des Versicherungsfalles) in den Vertrag aufgenommen wurde[210].

89   Trifft eine Subsidiaritätsabrede mit einer **gesetzlichen Subsidiaritätsregel** zusammen, so genießt das Gesetz grds. den Vorrang. Die Subsidiaritätsabrede ist dementsprechend unter Beachtung des Schutzzwecks von § 117 Abs. 3 S. 2 VVG (s. dazu Rn. 87) einschränkend auszulegen[211].

6. Beweislast

90   Hinsichtlich der **Beweislast für die Subsidiarität** gilt Folgendes: Die Vereinbarung von Subsidiarität hat der VR zu beweisen, der sich auf sie beruft. Im Übrigen ist zu differenzieren. Bei der **einfachen** Subsidiaritätsabrede hat der VR zu beweisen, dass ein weiterer Versicherungsvertrag besteht, aus dem sich die Leistungspflicht des anderen VR im Zeitpunkt des Eintritts des Versicherungsfalles ergibt. Macht der VN daraufhin dennoch fehlende Deckung aus der anderen Versicherung geltend, so ist er hierfür beweispflichtig[212]. Liegt eine **qualifizierte** Subsidiaritätsklausel vor, so muss der VR nur nachweisen, dass ein weiterer Versicherungsvertrag über dasselbe Risiko besteht. Die Voraussetzungen der **gesetzlichen** Subsidiarität gem. § 117 Abs. 3 S. 2 VVG hat der sie geltend machende VR zu beweisen[213].

C. Drittbegünstigte

I. Versicherung für fremde Rechnung (§§ 43 ff. VVG)

1. Reine Fremdversicherung

91   **a) Allgemeines.** Der Versicherungsvertrag muss nicht durch den Träger des versicherten Interesses abgeschlossen werden. Vielmehr kann der VN als der Vertragspartner des VR (zur Terminologie s. Rn. 1) einen Versicherungsvertrag über ein **fremdes Interesse** abschließen;

---

[204] *Martin,* VersR 1973, 691 (696 ff.); *Vollmar,* VersR 1987, 735 (738).

[205] *Vollmar,* VersR 1987, 735 (738).

[206] Näher *Armbrust,* Subsidiaritätsabreden, S. 178–182.

[207] *Blanck,* Entschädigungsberechnung, S. 84 ff.; *ders.,* VersR 1973, 705 f.; *Kohleick,* Doppelversicherung, S. 178 f.; *Vogel,* ZVersWiss 1973, 563 (573, 577).

[208] *Prölss/Martin/Kollhosser,* 26. Aufl., § 59 VVG Rn. 30, spricht nur vom Willen des VN, aber die pro-rata-Haftung widerspricht auch dem Willen der VR.

[209] LG Hamburg v. 11. 1. 1978, VersR 1978, 933 (934 f.); *Armbrüster,* Haftpflichtinteressen, S. 196; Berliner Kommentar/*Schauer,* § 59 VVG Rn. 52; *Bruck/Möller/Möller,* § 59 VVG Anm. 54; *Jordan,* VersR 1973, 396; nunmehr auch *Prölss/Martin/Kollhosser,* § 59 Rn. 28; wohl auch *Boldt,* Die Feuerversicherung, 7. Aufl. 1995, S. 186 (ohne Differenzierung zwischen einfachen und qualifizierten Subsidiaritätsklauseln).

[210] Abw. (für Nachrangigkeit nachträglicher Abreden) noch *Prölss/Martin/Kollhosser,* 26. Aufl., § 59 VVG Rn. 30.

[211] *Schirmer,* VersR 1986, 825 (832); s. auch *Prölss,* VersR 1977, 367.

[212] *Fenyves,* Subsidiaritätsklausel, S. 9.

[213] BGH v. 4. 4. 1978, VersR 1978, 609 (611); BGH v. 28. 10. 1982, BGHZ 85, 225 (227) = VersR 1983, 84; *Schirmer,* VersR 1986, 825 (831); *Steffen,* VersR 1986, 101 (104).

VN und Interesseträger fallen dann auseinander (**Fremdversicherung, Versicherung für fremde Rechnung**). Dabei handelt es sich um eine besondere Ausprägung des Vertrages zugunsten Dritter (§§ 328 ff. BGB)[214]. Bei der Fremdversicherung ist der VN Schuldner der Prämien, während der Versicherte Inhaber des Anspruchs gegen den VR ist. Die entstehenden Rechtsbeziehungen sind in den §§ 43–48 VVG geregelt. Auf diese Regeln wird in einigen speziellen Vorschriften Bezug genommen (vgl. § 89 Abs. 2 S. 2 für die Sachversicherung, § 102 Abs. 1 S. 2 VVG für die Betriebshaftpflichtversicherung [beides Fälle einer gleichzeitigen Eigen- und Fremdversicherung, s. dazu noch Rn. 123 ff.]; § 179 Abs. 1 S. 2 VVG für die Unfallversicherung [s. Rn. 121]). Praktisch ist die Fremdversicherung für die Schadensversicherung besonders bedeutsam, daneben auch für die Unfallversicherung.

Die Fremdversicherung ist **abzugrenzen** von der Versicherung eigenen Interesses (**Ei-** **92** **genversicherung).** Wer den Versicherungsvertrag in fremdem Namen, und zwar im Namen des Interesseträgers abschließt, handelt als Stellvertreter im Rahmen einer (fremden) Eigenversicherung; im Zweifel ist freilich dann, wenn die Versicherung für einen anderen genommen wird, nach der Auslegungsregel des § 43 Abs. 2 VVG stattdessen ein Auftreten im eigenen Namen für fremde Rechnung anzunehmen (s. Rn. 95). Eine Eigenversicherung wird nicht dadurch zur Fremdversicherung, dass der Anspruch gegen den VR von vornherein einem Dritten zugewandt wird[215]. Dasselbe gilt für die Einsetzung einer vom VN verschiedenen **Gefahrperson** (z. B. in der Familien-Krankenversicherung; s. Rn. 156) oder eines **Bezugsberechtigten** (insbes. in der Lebensversicherung; s. Rn. 153 f. und § 42). Auch die Veräußerung der versicherten Sache führt nicht zu einer Fremdversicherung; vielmehr erlangt der Erwerber als neuer Interesseträger gem. § 95 Abs. 1 VVG kraft Gesetzes die Stellung als VN (s. Rn. 158). Zur Abgrenzung von Fremdversicherung und Eigenversicherung bei der Versicherung einer fremden Sache s. Rn. 138 f.

Soll ein Dritter unmittelbar einen eigenen Anspruch gegen den VR erwerben, ohne in der **93** Verfügungsmacht eingeschränkt zu sein, so liegt keine Fremdversicherung vor, sondern ein **regulärer Vertrag zugunsten Dritter** i. S. v. § 328 BGB[216]. In diesem Fall muss es sich bei dem Dritten nicht um den Inhaber des versicherten Interesses handeln.

Wird für eine **Gesamthandsgemeinschaft** ein Versicherungsvertrag geschlossen (s. **94** Rn. 13), so ist zu differenzieren: Ist die Gesamthand rechtsfähig, so wird sie VN; da sie selbst Interesseträgerin sein kann, handelt es sich bei der Versicherung ihres Interesses um eine Eigenversicherung. Bei Nichtrechtsfähigkeit (Erbengemeinschaft, eheliche Gütergemeinschaft) liegt dann, wenn sämtliche Gesamthänder Vertragspartner sind, eine Eigenversicherung jedes Gesamthänders vor, anderenfalls eine zumindest teilweise Fremdversicherung. Dasselbe wie für die nicht rechtsfähige Gesamthand gilt grds. auch für die **Bruchteilsgemeinschaft.** i. d. R. eine Fremdversicherung vor (s. Rn. 140). Wird namens einer **Wohnungseigentümergemeinschaft** eine Gebäudeversicherung geschlossen, so ist seit der Anerkennung der Teilrechtsfähigkeit dieser Gemeinschaft (s. Rn. 16) sie selbst VN. Die einzelnen Wohnungseigentümer sind Versicherte;[217] und zwar ist hinsichtlich ihres jeweiligen eigenen Sondereigentums und des (wertmäßigen) eigenen Anteils am Gemeinschaftseigentum ihr Sacherhaltungs-, hinsichtlich des fremden Sonder- und Gemeinschaftseigentums ihr Sachersatzinteresse (zum Begriff s. Rn. 133) versichert[218].

---

[214] BGH v. 15. 11. 1978, VersR 1979, 176 (178); Berliner Kommentar/*Hübsch,* § 74 VVG Rn. 5, 14; *Deutsch,* Versicherungsvertragsrecht, Rn. 97; *Ehrenzweig,* Versicherungsvertragsrecht, S. 211; vgl. auch OLG Düsseldorf v. 9. 8. 1995, VersR 1996, 1267 (1268 [Fremdversicherung ähnele dem Vertrag zugunsten Dritter]).

[215] BGH v. 2. 2. 1977, VersR 1977, 346 (347); *Prölss/Martin/Prölss,* Vor §§ 74–80 VVG Rn. 4.

[216] BGH v. 2. 2. 1977, VersR 1977, 346 (347); *Römer/Langheid/Römer,* § 74 VVG Rn. 7.

[217] OLG Hamm v. 3. 1. 2008, ZMR 2008, 401 (402); *Armbrüster,* ZWE 2007, 30 (31); nur im Erg. zutr. BGH v. 10. 11. 2006, VersR 2007, 411 f.

[218] BGH v. 28. 3. 2001, VersR 2001, 713 (714); *Armbrüster,* Haftpflichtinteressen, S. 173; *ders.,* ZMR 2003, 1 (2).

95 Eine Fremdversicherung kann ausdrücklich vereinbart werden, sie kann sich aber auch aus den Umständen ergeben. Für die **Auslegung** hält das Gesetz zwei unterschiedliche Regeln bereit, die im Ergebnis in verschiedene Richtungen weisen: Nach § 43 Abs. 2 VVG ist dann, wenn die Versicherung für einen anderen genommen wird, im Zweifel Fremdversicherung anzunehmen. Demgegenüber enthält § 43 Abs. 3 VVG eine Vermutung für Eigenversicherung, wenn sich nicht aus den Umständen ergibt, dass die Versicherung für einen anderen genommen werden soll. Die Auslegung hat daher in **zwei Schritten** zu erfolgen[219]: In einem ersten Schritt ist zu ermitteln, ob die Versicherung für einen anderen genommen werden sollte (s. Rn. 96), in einem zweiten, ob es sich um Stellvertretung handelt (s. Rn. 97).

96 Die Vermutung des § 43 Abs. 3 VVG für **Eigenversicherung** wird verbreitet als relativ **schwach** angesehen[220]. In der Tat sind keine hohen Anforderungen daran zu stellen, dass durch einen Versicherungsvertrag (auch) fremde Interessen versichert sind[221]. So genügt es i. d. R., wenn ein nach **objektiven Merkmalen** bestimmbares Interesse erkennbar ist, um eine Versicherung für Rechnung des Interesseträgers anzunehmen[222].

97 Die in § 43 Abs. 2 VVG enthaltene Aussage lässt sich auf die Formel zurückführen, dass **im Zweifel der Handelnde** selbst verpflichtet sein soll; sie entspricht damit einem allg. Prinzip des Stellvertretungsrechts (vgl. §§ 164 Abs. 2, 177 ff. BGB) und der Regeln vom Handeln unter fremdem Namen[223]. Auf diese Weise wird erreicht, dass der VR über einen sicher greifbaren Schuldner und einen befugten Adressaten rechtsgeschäftlicher Erklärungen verfügt[224]. Bei § 43 Abs. 2 VVG handelt es sich nicht um eine Rechtsvermutung, sondern lediglich um eine **Auslegungsregel**[225]. Sie greift erst dann ein, wenn die Auslegung nach allg. Grundsätzen nicht zu einem eindeutigen Ergebnis führt. Ihr gehen daher die Regeln über unternehmensbezogene Rechtsgeschäfte vor[226].

98 **b) Stellung von Versichertem und VN. aa) *Verhältnis zum VR*.** Maßgeblich für alle Fragen, die mit Abschluss und Fortbestand des **Versicherungsvertrages** zusammenhängen, ist grds. der VN und nicht der Versicherte. Dies entspricht dem Zweck der gesetzlichen Regeln sicherzustellen, dass der VR sich i. d. R. allein mit dem VN als seinem Vertragspartner auseinandersetzen muss. So kommt es auf die Person des VN an für Wirksamkeitshindernisse (z. B. fehlende Geschäftsfähigkeit) oder Anfechtungsgründe. Ficht der VR den Vertrag wegen **arglistiger Täuschung** durch den VN an (§ 123 BGB i. V. m. § 22 VVG), so wirkt die Anfechtung stets auch gegen den Versicherten; § 123 Abs. 2 BGB ist hier, da der Versicherte im Lager des VN steht und damit kein „Dritter" oder „anderer" i. S. dieser Norm ist, nicht heranziehbar[227]. Freilich kann der VR auch wegen arglistiger Täuschung durch den Versicherten anfechten, da dessen Kenntnis und Verhalten gem. § 47 Abs. 1 VVG zu berücksichtigen ist[228].

---

[219] So der Sache nach auch Berliner Kommentar/*Hübsch*, § 80 VVG Rn. 2.

[220] BGH v. 18. 9. 1991, VersR 1991, 1404; BGH v. 16. 3. 1994, VersR 1994, 1103 (1104); ÖOGH v. 23. 11. 1994, VersR 1995, 1339 (1340); Berliner Kommentar/*Hübsch*, § 80 VVG Rn. 1; *Prölss/Martin/ Prölss*, § 80 VVG Rn. 1; *Römer/Langheid/Römer*, § 80 VVG Rn. 1.

[221] *Ehrenzweig*, Versicherungsvertragsrecht, S. 212 f. mit Fn. 1.

[222] *Prölss/Martin/Prölss*, § 80 VVG Rn. 4; ähnlich BGH v. 18. 10. 2000, VersR 2001, 53 (54); *Römer/ Langheid/Römer*, § 80 VVG Rn. 1: Versicherte seien die Interessen, die nach der „objektiven Rechtslage" als Gegenstand der Versicherung in Betracht kommen. Strenger OLG Karlsruhe v. 21. 6. 1990, VersR 1991, 1048 (Erkennbarkeit des Interesses Dritter für den VR erforderlich); im Ansatz auch ÖOGH v. 13. 3. 1986, VersR 1987, 1204.

[223] S. dazu *Schramm*, in: MünchKomm-BGB, 5. Aufl. 2006, § 164 Rn. 36 ff.

[224] *Kisch*, Privatversicherungsrecht III, S. 390.

[225] BGH v. 7. 1. 1965, VersR 1965, 274 (insoweit nicht abgedruckt in BGHZ 43, 42); BGH v. 11. 12. 1996, VersR 1997, 477 (478).

[226] BGH v. 11. 12. 1996, VersR 1997, 477; *Bruck/Möller/Sieg*, § 74 VVG Anm. 21; *Römer/Langheid/Römer*, § 74 VVG Rn. 26. S. auch den Nachw. in Fn. 15.

[227] OLG Düsseldorf v. 23. 8. 2005, VersR 2006, 785 (786 f.); *Lange*, ZIP 2006, 1680 (1681 f.); *Prölss/ Martin/Prölss*, § 74 VVG Rn. 7.

[228] Im Erg. ebenso bereits zum alten Recht (über § 79 Abs. 1 VVG a. F.) BGH v. 18. 9. 1991, VersR 1991, 1404 (1405); *Prölss/Martin/Prölss*, § 79 VVG Rn. 1.

Dem VN und nicht (auch) dem Versicherten stehen wiederum die auf den Vertrag bezogenen **Gestaltungsrechte** zu, insbes. die Rechte zum Widerspruch gegen den Inhalt des Versicherungsscheins (§ 5 VVG), zum Antrag auf Herabsetzung der Versicherungssumme (§ 74 Abs. 1 VVG) oder zur Kündigung[229]. Umgekehrt ist der VN auch **empfangszuständig** für alle vertragsbezogenen Erklärungen des VR, sofern sie nicht Ansprüche betreffen, die der Versicherte selbst geltend machen kann (s. dazu Rn. 108). Dies gilt auch für die Gruppenversicherung[230].

Der VN hat als Vertragspartner des VR auch die vertraglichen **Pflichten** zu erfüllen, insbes. ist er Schuldner der Prämien. Die vertraglichen und gesetzlichen **Obliegenheiten** und subjektive Risikoausschlüsse (insbes. § 81 VVG) treffen gem. § 47 Abs. 1 VVG neben dem VN **auch den Versicherten**[231]. Dies gilt – was § 47 Abs. 1 VVG durch den Wegfall des Bezugs auf „Vorschriften dieses Gesetzes" (so § 79 Abs. 1 VVG a. F.) klarstellt – gleichermaßen für gesetzliche wie für vertragliche Obliegenheiten und Risikoausschlüsse. Beispielsweise ist der Versicherte gehalten, dem VR vor Vertragsschluss gefahrerhebliche Informationen zu erteilen[232]. § 47 Abs. 2 S. 1 VVG sieht mehrere **Ausnahmen** vor, insbes.: Kenntnis des Versicherten ist unerheblich, wenn der Versicherungsvertrag ohne sein Wissen geschlossen wurde; eine **Gegenausnahme** enthält § 47 Abs. 2 S. 2 VVG. **99**

Hinsichtlich der **Rechtsfolgen** vertragswidrigen (gleichgestellt: einen subjektiven Risikoausschluss verwirklichenden) Verhaltens ist zu differenzieren: Verletzt der **VN** eine Obliegenheit oder seine Prämienzahlungspflicht, so wirken die Folgen grds. auch gegen den Versicherten (Ausnahme: § 123 VVG für die Kfz-Haftpflichtversicherung). Dies gilt insbes. für eine eintretende Leistungsfreiheit des VR[233]. Zu abweichenden Vereinbarungen s. Rn. 150; zu den Folgen einer Obliegenheitsverletzung für den Anspruch des VN in der kombinierten Eigen- und Fremdversicherung s. Rn. 124. **100**

Dem Versicherten gleich stehen soll hinsichtlich der Folgen einer Obliegenheitsverletzung und der Verwirklichung eines subjektiven Risikoausschlusses der sog. **wahre wirtschaftliche Versicherte**[234]. Darunter ist eine Person zu verstehen, die an Stelle der im VersSchein als VN oder Versicherter aufgeführten Person oder neben ihr Träger des versicherten Interesses ist. **Beispiel:** Als VN ist im VersSchein die Ehefrau aufgeführt, sie ist auch Eigentümerin und als solche Trägerin des versicherten Interesses, handelt aber als Treuhänderin ihres Ehemannes[235]. Hier ist der Ehemann freilich ohne weiteres schon im Hinblick auf sein Sachwertinteresse (s. Rn. 128) als Versicherter anzusehen. Auch andere Fälle, in denen eine Fremdversicherung nicht klar zum Ausdruck kommt (VN versichert fremdes Eigentum, ohne dies klarzustellen), lassen sich im Wege der Auslegung als Fremdversicherung erfassen. Die schillernde Figur des wahren wirtschaftlichen Versicherten erweist sich damit als **überflüssig;** sie ist aufzugeben[236]. **101**

Die mit der **Schadensregulierung** verbundenen Befugnisse stehen grds. dem VN zu. So kann er insbes. bei der Feststellung des Schadens mitwirken (insoweit neben dem Versicherten; vgl. zu dessen Obliegenheiten Rn. 99), einen Vertrag zur Schadensfeststellung schlie- **102**

---

[229] *Prölss/Martin/Prölss,* § 74 VVG Rn. 8 (betr. VN); § 75 VVG Rn. 5; ÖOGH v. 11. 12. 1986, VersR 1988, 502 (betr. Versicherten).

[230] *Römer/Langheid/Römer,* §§ 75, 76 VVG Rn. 8; *Wriede,* VersR 1996, 873 f. gegen OLG München v. 27. 10. 1994, VersR 1995, 902.

[231] S. etwa BGH v. 3. 6. 1987, VersR 1987, 924 (925 [Obliegenheit, dem VR Vollmacht zu erteilen]); BGH v. 18. 9. 1991, VersR 1991, 1404 (1405 [Anzeigeobliegenheit nach §§ 16 ff. VVG a. F.], letzteres Urteil freilich unklar: einerseits ist von Zurechnung die Rede, andererseits davon, dass dem Versicherten die Anzeige oblegen hätte; *Römer/Langheid/Römer,* §§ 75, 76 VVG Rn. 9; a. A. etwa *Lange,* VersR 2006, 605 (606).

[232] BGH v. 18. 9. 1991, VersR 1991, 1404 (1405); *Römer/Langheid/Römer,* § 79 VVG Rn. 2.

[233] St. Rspr.; RG v. 27. 6. 1936, RGZ 161, 23 (27); BGH v. 28. 1. 1958, BGHZ 26, 282 (287) = VersR 1958, 158; BGH v. 18. 9. 1991, VersR 1991, 1404 (1405); ÖOGH v. 14. 5. 1981, VersR 1982, 687 (688).

[234] S. nur *Deutsch,* VersVertragsrecht, Rn. 99.

[235] So der Tatbestand in RG v. 15. 10. 1935, RGZ 149, 69.

[236] Tendenziell wie hier *Prölss/Martin/Prölss,* § 75 VVG Rn. 12; krit. auch *Ehrenzweig,* Versicherungsvertragsrecht, S. 214 Fn. 6; offen lassend OLG Hamm v. 29. 10. 1986, VersR 1988, 240 (242).

ßen[237], Prozesse führen, einen Vergleich mit dem VR vereinbaren oder auf den Anspruch gegen ihn verzichten[238]. Wird der Versicherte durch eine rechtsgeschäftliche Handlung in anstößiger Weise benachteiligt, so kommt Nichtigkeit gem. § 138 Abs. 1 BGB in Betracht; zudem kann der VN sich schadensersatzpflichtig machen (s. dazu Rn. 116).

103   **Nicht** befugt ist der VN grds., wie sich aus § 44 Abs. 2 VVG ergibt, zur **Annahme** der Entschädigung und zur **Abtretung** des Anspruchs (und damit auch zu dessen Verpfändung). Diese Befugnisse hat er nur dann, wenn der Versicherte zustimmt, wenn der VN im Besitz des Versicherungsscheins ist oder wenn § 44 Abs. 2 VVG zugunsten des VN abbedungen wurde (zu letzterem s. Rn. 150).

104   Hinsichtlich der **Ansprüche gegen den VR** weist die Versicherung für fremde Rechnung eine Besonderheit auf. Materieller **Anspruchsinhaber** ist der Versicherte (§ 44 Abs. 1 S. 1 VVG). Die formelle **Verfügungsberechtigung** liegt hingegen grds. beim VN (§ 45 Abs. 1 VVG). Mit dieser Aufspaltung soll es zum einen dem VN ermöglicht werden, anstelle der versicherten Sachen nunmehr auf die Entschädigungsleistung zugreifen zu können, zum anderen soll für den VR die Abwicklung vereinfacht werden[239].

105   Die Aufspaltung von Inhaberschaft und Verfügungsberechtigung bezieht sich nicht nur auf den Anspruch auf die Versicherungsleistung, sondern grds. auch auf die damit **zusammenhängenden Ansprüche.** Dazu zählen Zins- und Verzugsschadensersatzansprüche, nicht aber ein Anspruch auf Prämienrückerstattung[240]. Die Ansprüche auf Ersatz von Rettungs- und von Schadensermittlungskosten (§§ 83, 85 VVG) werden nur erfasst, sofern diese Kosten vom Versicherten aufgewandt worden sind[241].

106   Zahlt der VR an den VN, so liegt darin eine **Erfüllung** gegenüber dem Versicherten[242]. Erfolgte eine Zahlung an ihn rechtsgrundlos, so ist allein der VN Bereicherungsschuldner; dasselbe gilt nach st. Rspr. des BGH[243] i. d. R. auch bei Zahlung an den Versicherten in Unkenntnis eines leistungsbefreienden Tatbestands. Dies verdient Zustimmung, und zwar aus Gründen des Vertrauensschutzes und der Risikoverteilung: Der Bereicherungsausgleich soll in demjenigen Rechtsverhältnis stattfinden, in dem ein Fehler aufgetreten ist[244].

107   Prozessual hat die Aufspaltung zur Folge, dass der VN als **Prozessstandschafter** auf Leistung an sich klagen kann. Die Rechtskraft des Urteils erstreckt sich auch auf den Versicherten[245].

108   Abweichend vom Grundsatz des § 44 Abs. 1 VVG kann der Versicherte unter bestimmten Voraussetzungen **selbst über seine Ansprüche verfügen** und sie geltend machen. Es sind dies drei verschiedene Fallgruppen: Der Versicherte ist im Besitz des Versicherungsscheins (§ 44 Abs. 2 VVG); der VN stimmt zu (§§ 183, 185 Abs. 1 BGB; arg. § 44 Abs. 2 VVG); der VN will den Anspruch erkennbar nicht selbst weiterverfolgen[246]. Eine Zustimmung kann auch in der „Abtretung" des Anspruchs an den Versicherten liegen[247], die als solche ins Leere geht, da der Versicherte bereits Anspruchsinhaber ist. Abgrenzungsprobleme wirft insbes. die dritte Fallgruppe auf. So stellt sich die Frage, ob der Versicherte auch dann die Befugnis zur Verfügung und Geltendmachung erlangt, wenn der VN den VR **von Anfang an** nicht in

---

[237] LG Berlin v. 15. 9. 1983, VersR 1984, 250 (251 f.).
[238] BGH v. 23. 4. 1963, VersR 1963, 521 (522).
[239] Motive, S. 148.
[240] *Bruck/Möller/Sieg,* §§ 75, 76 VVG Anm. 4.
[241] *Bruck/Möller/Sieg,* §§ 75, 76 VVG Anm. 4; *Prölss/Martin/Prölss,* § 75 VVG Rn. 3.
[242] BGH v. 12. 6. 1991, VersR 1994, 1101 (1102); OLG Köln v. 18. 10. 1989, VersR 1990, 847 (848); *Römer/Langheid/Römer,* §§ 75, 76 VVG Rn. 5.
[243] BGH v. 10. 3. 1993, BGHZ 122, 46 (50 ff.) = VersR 1994, 208; BGH v. 14. 7. 1993, BGHZ 123, 217 (218) = VersR 1993, 1007.
[244] *Römer/Langheid/Römer,* §§ 75, 76 VVG Rn. 10.
[245] Eingehend zu prozessualen Fragen *Römer/Langheid/Römer,* § 74 VVG Rn. 21–25.
[246] St. Rspr.; s. nur BGH v. 4. 5. 1964, BGHZ 41, 327 (330); BGH v. 14. 12. 1994, VersR 1995, 332 (333); ÖOGH v. 22. 9. 1983, VersR 1984, 1196.
[247] OLG Stuttgart v. 7. 2. 1991, r+s 1992, 331; *Römer/Langheid/Römer,* § 74 VVG Rn. 22; §§ 75, 76 VVG Rn. 13.

Anspruch nehmen will. Richtigerweise ist dies nur dann anzunehmen, wenn der VN keine billigenswerten Gründe für sein Vorgehen gehabt hat; anderenfalls würden die Wertungen des § 46 VVG übergangen[248]. Eine weitere Frage geht dahin, ob der Versicherte die Befugnis zur Geltendmachung erlangt, wenn er eine vom VN mit dem VR ausgehandelte Entschädigung für **unzureichend** hält[249]. Hiergegen spricht entscheidend, dass dann der Zweck des § 44 Abs. 1 VVG, die Regulierung zu vereinfachen (s. Rn. 104), verfehlt würde. Der Versicherte ist vielmehr auf Schadensersatzansprüche gegen den VN (und in Ausnahmefällen gem. § 826 BGB gegen den VR) zu verweisen[250].

Eine Erstreckung der Ausnahme über die in Rn. 108 genannten Fallgruppen auf **weitere** **109** **Fälle** ist abzulehnen. So legitimiert allein der Umstand, dass der VR den Versicherten (etwa aufgrund eines gegen ihn und den VN geführten Prozesses) kennt, letzteren nicht zur Geltendmachung des Anspruchs[251].

bb) Verhältnis untereinander. Der Fremdversicherung liegt im Innenverhältnis zwischen VN **110** und Versichertem regelmäßig ein **bürgerlich-rechtliches Rechtsverhältnis** zugrunde. Es kann sich etwa handeln um einen Transport-, Lager- oder Mietvertrag, einen Auftrag, eine entgeltliche Geschäftsbesorgung oder eine Geschäftsführung ohne Auftrag[252]; in Betracht kommt aber etwa auch eine familiäre Nähebeziehung. Nach dem Inhalt dieses Rechtsverhältnisses richtet sich u. a., ob der VN vom Versicherten die an den VR gezahlten Prämien ersetzt verlangen kann; der vom Gesetzgeber in den §§ 43 ff. VVG verwendete Ausdruck „Versicherung für fremde Rechnung" ist daher irreführend.

Die Aufspaltung in materielle Anspruchsinhaberschaft und formelle Verfügungsbefugnis **111** gem. §§ 44 f. VVG (s. Rn. 104) führt zu einem (ungeschriebenen) **gesetzlichen Treuhand-** **verhältnis**[253]. Jenes Treuhandverhältnis verpflichtet den VN dazu, die Entschädigung für den Versicherten einzuziehen und an diesen auszukehren. Dies gilt unabhängig davon, ob der VN aufgrund des in Rn. 110 genannten bürgerlich-rechtlichen Innenverhältnisses dazu verpflichtet war, Versicherungsschutz für den Versicherten zu beschaffen. Die ältere Ansicht, wonach die Einziehungs- und Auskehrungspflicht aus jenem Innenverhältnis erwachsen sollte[254], kann mittlerweile als überholt angesehen werden; das bürgerlich-rechtliche Innenverhältnis kann die aus dem Treuhandverhältnis folgende Einziehungs- und Auskehrungspflicht allenfalls modifizieren[255]. – Aus dem Treuhandverhältnis folgt auch eine Pflicht des VN, dem Versicherten **Auskünfte** über die Versicherung zu erteilen[256].

Das bürgerlich-rechtliche Innenverhältnis (Rn. 110) ist freilich für den Einziehungs- und **112** Auskehrungsanspruch des Versicherten nicht völlig unerheblich. Vielmehr können dem VN aus diesem Innenverhältnis **Einwendungen** gegen den Anspruch des Versicherten erwachsen. Außerdem kann daraus folgen, dass die **Zustimmung** des Versicherten zur Annahme der Entschädigung durch den VN erforderlich ist. Auch anderweitige, nur mittelbar mit dem Einziehungs- und Auskehrungsanspruch verbundene Pflichten können aus dem Innen-

---

[248] *Prölss/Martin/Prölss,* § 75 VVG Rn. 10.

[249] Dafür LG Berlin v. 15. 9. 1983, VersR 1984, 250 (251).

[250] *Prölss/Martin/Prölss,* § 75 VVG Rn. 10.

[251] *Prölss/Martin/Prölss,* § 75 VVG Rn. 11; a. A. wohl BGH v. 4. 5. 1983, VersR 1983, 823 (824).

[252] S. zur Abgrenzung aber BGH v. 7. 5. 1975, BGHZ 64, 260 = VersR 1975, 703.

[253] BGH v. 7. 5. 1975, BGHZ 64, 260 (264) = VersR 1975, 703 (704); BGH v. 12. 12. 1990, BGHZ 113, 151 (155) = VersR 1991, 299 (300); BGH v. 12. 6. 1991, VersR 1994, 1101 (1102); Berliner Kommentar/*Hübsch,* § 77 VVG Rn. 1; *Prölss/Martin/Prölss,* § 76 VVG Rn. 1; *Römer/Langheid/Römer,* § 77 VVG Rn. 4; krit. *Bruck/Möller/Sieg,* §§ 75, 76 VVG Anm. 22. *Deutsch* (Versicherungsvertragsrecht, Rn. 100) erachtet diese Konstruktion offenbar als auf die Insassenunfallversicherung beschränkt.

[254] S. etwa aus der früheren Rspr. BGH v. 8. 2. 1960, BGHZ 32, 44 (52) = VersR 1960, 339 (Anwendung von §§ 681, 667 BGB); BGH v. 16. 11. 1967, VersR 1968, 138 (139).

[255] BGH v. 7. 5. 1975, BGHZ 64, 260 (264) = VersR 1975, 703 (704); BGH v. 12. 12. 1990, BGHZ 113, 151 (155) = VersR 1991, 299 (300); BGH v. 12. 6. 1991, VersR 1994, 1101 (1102); OLG Oldenburg v. 6. 12. 1995, VersR 1996, 1364 (1366).

[256] BGH v. 12. 6. 1991, VersR 1994, 1101 (1102); *Römer/Langheid/Römer,* § 77 VVG Rn. 6; a. A. LG Bonn v. 24. 10. 1975, VersR 1976, 260.

verhältnis folgen. Dazu zählt etwa die Pflicht zum Ersatz der vom VN verauslagten Prämien oder zur Verwendung der ausgekehrten Entschädigung in bestimmter Weise[257].

113 Das gesetzliche Treuhandverhältnis gebietet es dem VN, auf die **Interessen des Versicherten** in angemessener Weise Rücksicht zu nehmen. So hat der VN dann, wenn beim Zusammentreffen von Eigen- und Fremdversicherung (s. Rn. 123ff.) der Gesamtschaden die VersSumme übersteigt, grds. kein bevorzugtes Befriedigungsrecht. Vielmehr muss er denjenigen Teil der Entschädigung, der dem Anteil des vom Versicherten erlittenen Schadens am Gesamtschaden entspricht, an jenen weiterleiten (zu Grenzen s. sogleich Rn. 114)[258].

114 Die Einziehungs- und Auskehrungspflicht des VN hat verschiedene **Grenzen.** So ist er schon nicht zur Einziehung verpflichtet, sofern der Versicherte gegen einen anderen VR einen **sicheren Anspruch** hat[259]. In diesem Fall ist der Versicherte nicht schutzbedürftig, so dass dem VN die mit einer Inanspruchnahme des VR verbundenen Nachteile (Arbeitsaufwand; Risiko von Rabattverlust, Prämienerhöhung oder Kündigung)[260] oder – bei kombinierter Eigen- und Fremdversicherung – eine Kürzung der eigenen Entschädigung nicht zugemutet werden soll. Eine weitere Grenze der Einziehungs- und Auskehrungspflicht enthält § 46 S. 2 VVG. Danach steht dem VN wegen eigener Ansprüche gegen den Versicherten bezüglich der versicherten Sache ein **vorrangiges Befriedigungsrecht** zu. Diese auf die Sachversicherung bezogene Regelung (s. § 46 S. 1 VVG) lässt sich zwar nicht auf andere Versicherungszweige übertragen. Ähnliche Ergebnisse sind dort aber bisweilen über eine **Aufrechnungsbefugnis** erzielbar. So kann in der Unfallversicherung der VN mit einer eigenen Schadensersatzforderung wegen des Unfalls gegen den Auskehrungsanspruch des Versicherten aufrechnen[261]. Ferner kann er eine **Tilgungsbestimmung** des Inhalts treffen, dass ein Schadensersatzanspruch des Versicherten gegen den VN wegen des Unfalls in Höhe der an den Versicherten ausbezahlten Entschädigung erlischt (sog. **Anrechnung**)[262]. Dasselbe gilt für Ansprüche des Versicherten gegen solche Dritte, an deren Schutz der VN ein berechtigtes Interesse hat. Insoweit muss die Anrechnung allerdings spätestens bei der Auskehrung an den Versicherten erklärt oder vorbehalten sein[263], während die Erklärung hinsichtlich der Anrechnung auf Ansprüche gegen den VN angesichts der erkennbaren Interessenlage ohne weiteres nachgeholt werden kann[264].

115 Aus dem gesetzlichen Treuhandverhältnis folgt kein Anspruch des Versicherten gegen den VN auf Aushändigung des **VersScheins** (arg. § 44 Abs. 1 S. 2, Abs. 2 VVG). Ein solcher Anspruch, der zur Einziehungs- und Verfügungsbefugnis des Versicherten führt, kann sich jedoch aus dem bürgerlich-rechtlichen Innenverhältnis ergeben. Insoweit ist freilich das spezielle **Zurückbehaltungsrecht** des VN gem. § 46 S. 1 VVG zu beachten, das neben die Rechte aus §§ 273, 320 BGB, § 369 HGB tritt.

116 Verletzt der VN schuldhaft seine Pflichten gegenüber dem Versicherten, z. B. indem er einen nachteiligen Schadensfeststellungsvertrag mit dem VR schließt oder diesem gegenüber auf die Forderung verzichtet, so kann dies **Schadensersatzansprüche** auslösen[265]. Dasselbe gilt für Obliegenheitsverletzungen, die zur Leistungsfreiheit des VR führen (s. Rn. 100)[266].

---

[257] S. dazu etwa BGH v. 12. 2. 1985, VersR 1985, 679 (680) m. Anm. *E. Hofmann,* JZ 1985, 800f.

[258] OLG Karlsruhe v. 17. 12. 1975, VersR 1976, 239 (240); OLG Bremen v. 29. 11. 1977, VersR 1978, 315; OLG Hamm v. 3. 1. 2008, ZMR 2008, 401 (402).

[259] BGH v. 7. 5. 1975, BGHZ 64, 260 (267) = VersR 1975, 703 (704); *Zuther,* VersR 1975, 1114 (Anspruch des Versicherten gegen HaftpflichtVR).

[260] *Prölss/Martin/Prölss,* § 77 VVG Rn. 9.

[261] BGH v. 4. 4. 1973, VersR 1973, 634 (635), BGH v. 30. 11. 1973, VersR 1974, 125; a. A. noch OLG Oldenburg v. 2. 12. 1964, VersR 1965, 78.

[262] BGH v. 7. 5. 1975, BGHZ 64, 260 (266) = VersR 1975, 703 (704); BGH v. 13. 1. 1981, VersR 1981, 447 (449); *Prölss/Martin/Prölss,* § 77 VVG Rn. 8.

[263] BGH v. 13. 1. 1981, VersR 1981, 447 (449).

[264] *Prölss/Martin/Prölss,* § 77 VVG Rn. 8.

[265] BGH v. 23. 4. 1963, VersR 1963, 521 (522); *Römer/Langheid/Römer,* §§ 75, 76 VVG Rn. 3; § 75 VVG Rn. 7.

[266] BGH v. 10. 10. 1985, VersR 1986, 285 (286 [Fall einer bestehenden Pflicht des VN zur Versicherung des Versicherten]); *Prölss/Martin/Prölss,* § 77 VVG Rn. 5.

Anspruchsgrundlage ist jeweils unmittelbar das gesetzliche Treuhandverhältnis i. V. m. § 280 Abs. 1 BGB[267]. Daneben kommen Schadensersatzansprüche aufgrund des bürgerlich-rechtlichen Innenverhältnisses[268] und aus § 826 BGB[269] in Betracht.

Ist der **Versicherte** zur Einziehung der Entschädigung befugt (s. Rn. 108), so besteht zwar **117** kein gesetzliches Treuhandverhältnis. Allerdings können aus dem bürgerlich-rechtlichen Innenverhältnis Pflichten des Versicherten folgen. So kann er gehalten sein, eine Entschädigung, die er wegen Beschädigung einer ihm gehörenden Sache aufgrund einer vom VN genommenen Versicherung empfängt, zur **Wiederherstellung** der Sache zu verwenden. Eine Aufrechnung mit einem Anspruch auf Nutzungsentgelt ist in solchen Fällen regelmäßig ausgeschlossen[270].

cc) Verhältnis zu Gläubigern. Wollen Gläubiger des **Versicherten** auf dessen Anspruch **118** gegen den VR zugreifen, so müssen sie auch den Anspruch des Versicherten gegen den VN auf Einwilligung in die Auszahlung pfänden. Dies setzt voraus, dass dem Versicherten ein solcher Anspruch zusteht, was wiederum einen materiellen Zahlungsanspruch des Versicherten gegen den VN voraussetzt[271]. Bei Insolvenz des Versicherten gehört der Anspruch zur Insolvenzmasse. – Gläubiger des **VN** können auf den Anspruch nicht zugreifen, da dieser dem VN nicht zusteht.

c) Besonderheiten bei einzelnen Versicherungszweigen. *aa) Krankentagegeldversiche-* **119** *rung.* Wird eine **Krankentagegeldversicherung** für einen Dritten abgeschlossen, der nicht nur Gefahrperson ist, so liegt eine Fremdversicherung vor. Es handelt sich zwar nicht um eine Schadensversicherung, sondern um eine Summenversicherung; die §§ 43 ff. VVG gelten jedoch entsprechend[272].

bb) Sachversicherung von Leasinggut. Ist der VR wegen der Beschädigung einer **Leasingsa-** **120** **che** eintrittspflichtig, so muss der Leasinggeber als Versicherter die Entschädigungsleistung für die Reparatur der Sache zur Verfügung stellen[273].

cc) Unfallversicherung. Nach § 179 Abs. 1 S. 2 VVG gilt eine Versicherung gegen **Unfälle,** **121** die einem anderen zustoßen, im Zweifel als für Rechnung des anderen genommen. Damit sind die §§ 43 ff. VVG anwendbar. In der Insassenunfallversicherung kann der Versicherte die Geltendmachung seiner Rechte gegen den VR nicht vom VN verlangen[274]; s. zu dieser Versicherung auch Rn. 153.

dd) Vertrauensschadensversicherung. Eine Fremdversicherung zugunsten des Geschädigten ist **122** die **Vertrauensschadensversicherung**[275]. Ein **Beispiel** hierfür bietet die gem. § 67 Abs. 3 Nr. 3 BNotO von den Notarkammern abzuschließende Vertrauensschadensversicherung zugunsten der durch eine notarielle Pflichtverletzung Geschädigten. Die Einordnung als Fremdversicherung führt dazu, dass zwischen der jeweiligen Notarkammer als VN und dem Geschädigten als Versichertem ein Treuhandverhältnis der oben (Rn. 111) allg. gekennzeichneten Art besteht. Es verpflichtet die Notarkammer, die Entschädigung für den Geschädigten einzuziehen und sie an ihn auszukehren[276].

---

[267] *Prölss/Martin/Prölss,* § 77 VVG Rn. 5.
[268] BGH v. 23. 4. 1963, VersR 1963, 521 (522 f.); KG Berlin v. 29. 7. 1954, VersR 1954, 454.
[269] Zum Anspruch aus § 826 BGB gegen den VR bei kollusivem Zusammenwirken mit dem VN s. LG Berlin v. 15. 9. 1983, VersR 1984, 250 (251 f.).
[270] BGH v. 12. 2. 1985, VersR 1985, 679 (680); dazu *E. Hofmann,* JZ 1985, 800 f.
[271] *Deutsch,* Versicherungsvertragsrecht, Rn. 98.
[272] OLG Köln v. 11. 4. 1994, VersR 1994, 1097 (1098); *Römer/Langheid/Römer,* § 74 VVG Rn. 19.
[273] BGH v. 12. 2. 1985, VersR 1985, 679 (680).
[274] BGH v. 7. 5. 1975, BGHZ 64, 260 (267 f.) = VersR 1975, 703 (704).
[275] BGH v. 12. 12. 1990, BGHZ 113, 151 (152) = VersR 1991, 299 (300); *Prölss/Martin/Prölss,* § 74 VVG Rn. 1.
[276] BGH v. 12. 12. 1990, BGHZ 113, 151 (154 f.) = VersR 1991, 299 (300); BGH v. 27. 5. 1998, VersR 1998, 1016 (1017).

2. Zusammentreffen von Fremd- und Eigenversicherung

123   **a) Allgemeines.** Eigen- und Fremdversicherung können auch miteinander **kombiniert** werden. **Beispiele:** Der Mieter schließt eine Gebäudeversicherung ab, die sowohl sein eigenes Sachwert- und Sachersatzinteresse als auch das Sacherhaltungsinteresse des Gebäudeeigentümers deckt (s. Rn. 138). Dabei können die verschiedenen Interessen gleichrangig nebeneinander versichert sein. Möglich sind jedoch auch **Abstufungen.** So kann **vorrangig** das eigene, nachrangig ein fremdes Interesse versichert sein. **Nacheinander** statt nebeneinander sind verschiedene Interessen etwa dann gedeckt, wenn die Versicherung sich auf eine zunächst fremde Sache bezieht, die der Erwerber nach dem Kauf, aber bereits vor dem Eigentumsübergang versichert hat[277]. Der Sicherungsschein in der Kfz-Kaskoversicherung bewirkt, dass eigenes Interesse des VN in dem Umfang mitversichert wird, in dem das fremde Interesse sich verringert[278].

124   Bei gleichzeitiger Eigen- und Fremdversicherung wirkt sich eine zur Leistungsfreiheit führende **Obliegenheitsverletzung** des Versicherten grds. nicht auch zu Lasten des VN aus[279]. Etwas anderes gilt nach den allg. Regeln nur dann, wenn der Versicherte sein Repräsentant war (s. dazu § 17 Rn. 29 ff.)[280]. Umstritten ist, ob in der **Kfz-Haftpflichtversicherung** vorsätzliches Verhalten des Versicherten (Fahrers) zur Leistungsfreiheit des VR gem. § 103 VVG auch gegenüber dem VN (Halter, Eigentümer) führt. Die h. M.[281] verneint dies. Indessen handelt es sich bei der Leistungsfreiheit nach § 103 VVG um einen subjektiven Risikoausschluss, der auch die Haftung gegenüber dem versicherten Dritten entfallen lässt[282].

125   **b) Sachversicherung.** In der Sachversicherung kommt ein Zusammentreffen vom Fremdversicherung und Eigenversicherung in **zwei Grundkonstellationen** vor: Zum einen kann der **Eigentümer** eine Versicherung über die ihm gehörende Sache nehmen und darin neben seinem eigenen Sacherhaltungsinteresse[283] auch Interessen von Dritten (Nichteigentümern) einschließen. Bei diesen Dritten handelt es sich typischerweise, wenn auch nicht notwendig, um Fremdbesitzer der Sache. Zum anderen kann auch ein **Nichteigentümer** eine Sachversicherung über die Sache abschließen und darin das Interesse des Eigentümers einbeziehen. Beide Fallgestaltungen werfen Probleme auf, wenn der Umfang der versicherten Interessen im Versicherungsvertrag nicht klar definiert ist, so dass die Reichweite des Versicherungsschutzes im Wege der Auslegung zu beantworten ist. Die Lage wird dadurch zusätzlich kompliziert, dass ein Schutz des Interesses von Nichteigentümern nicht nur im Wege einer Mitversicherung erzielt werden kann, sondern auch durch einen Regressverzicht (s. dazu näher Rn. 134 ff., 138). Beim Regressverzicht handelt es sich nicht um einen Fall der Versicherung für fremde Rechnung, so dass die Abgrenzung auch im hier interessierenden Kontext bedeutsam ist.

126   Praktisch häufig ist das Zusammentreffen von Fremdversicherung und Eigenversicherung insbes. in der **Gebäudeversicherung** und in der **Kfz-Kaskoversicherung.** Hier kommen bei bestehenden Gebrauchsüberlassungsverhältnissen (z. B. Wohn- oder Geschäftsraummiete, Kfz-Leasing) zwei Personen, nämlich der Eigentümer und der Fremdbesitzer, als Träger versicherter Interessen in Betracht.

---

[277] Vgl. OLG Köln v. 30. 4. 1996, VersR 1997, 613 (614).

[278] S. *Prölss/Martin/Prölss*, § 74 VVG Rn. 1.

[279] BGH v. 13. 6. 1957, BGHZ 24, 378 (381 f.) = VersR 1957, 458; BGH v. 8. 5. 1961, BGHZ 35, 153 (162 f.) = VersR 1961, 555 (557); BGH v. 10. 3. 1966, VersR 1966, 674 (675); *Armbrüster*, Haftpflichtinteressen, S. 155.

[280] *Langheid*, VersR 1997, 348 (349); *Prölss/Martin/Prölss*, § 75 VVG Rn. 7, § 79 VVG Rn. 2.

[281] So zur identischen Vorschrift des § 152 VVG a. F.: BGH v. 15. 12. 1970, VersR 1971, 239 (240); OLG Koblenz v. 25. 6. 1993, VersR 1994, 715 (716); OLG Schleswig v. 15. 11. 1994, VersR 1995, 827; OLG Frankfurt v. 23. 5. 1996, VersR 1997, 224 (225); *Römer/Langheid/Römer*, § 79 VVG Rn. 4; *Schlegelmilch*, VersR 1985, 21 f.

[282] *Langheid*, VersR 1997, 348 f.; *E. Lorenz*, VersR 1997, 349 f.; *Palmer*, VersR 1984, 817 f.; *Rischar*, VersR 1983, 916 f.; rechtspolitisch für Änderung *Heitmann*, VersR 1997, 941 f.

[283] S. dazu nur Berliner Kommentar/*Hübsch*, § 80 VVG Rn. 4, 6.

aa) Einbeziehung fremder Interessen an Sachen des VN. Dritte können unterschiedliche Inte-   **127**
ressen an ihnen nicht gehörenden Sachen haben. Zu unterscheiden sind das **Sachwertinte-**
resse, das **Gebrauchsinteresse** und das **Sachersatzinteresse.** Dabei stellen sich jeweils
zwei Fragen: Zunächst ist zu klären, ob ein Interesse überhaupt **versicherbar** ist; sodann
muss im Wege der Auslegung ermittelt werden, ob es in concreto **versichert** ist.

aaa) Sachwertinteresse. Ein Dritter kann ein Interesse daran haben, dass der **Substanzwert**   **128**
einer fremden Sache Bestandteil des eigenen Vermögens ist (Sachwertinteresse). Dieses Interesse kann in die vom Eigentümer genommene Sachversicherung einbezogen sein. **Bei-**
spiele: Interesse des Vorbehaltskäufers nach Gefahrübergang (s. Rn. 129); Interesse des Mieters an Sachen, die seinem Wegnahmerecht unterliegen (s. Rn. 131).

Umstritten ist die Rechtslage hinsichtlich des Sachwertinteresses eines Erwerbers in der   **129**
Zeit zwischen Gefahrübergang und Eigentumsübergang. Insbes. beim Grundstückserwerb geht gem. § 446 S. 1 BGB die Gegenleistungsgefahr und damit wirtschaftlich zugleich
die Sachgefahr[284] bereits vor dem Eigentumsübergang auf den Erwerber über. Stellt man
allein **formal auf das Eigentum** ab[285], so ist bis zu seinem Übergang allein der Veräußerer,
anschließend allein der Erwerber Träger eines versicherten Interesses[286]. Der Erwerber kann
für die Zeit zwischen Gefahr- und Eigentumsübergang eine eigene Versicherung abschließen, dies freilich zum hohen Kurzzeittarif. Im Übrigen steht ihm, wenn in dem Zwischen-
zeitraum der Versicherungsfall eintritt, der Zugriff auf die Entschädigung gem. § 285 BGB
offen. Diese Lösung begegnet durchgreifenden Bedenken, insbes. da damit dem Erwerber
das Risiko der Insolvenz des Veräußerers zugewiesen wird[287]. Nach der Gegenansicht ist der
Erwerber in den Schutz der vom Veräußerer geschlossenen Versicherung einbezogen. Teils
wird dies damit begründet, dass es für den Übergang der Versicherung gem. **§ 95 VVG** nicht
auf den Eigentumsübergang ankomme, sondern auf den Übergang des versicherten Interesses
(s. dazu Rn. 160)[288]. Vorzugswürdig ist es, durch Auslegung des Versicherungsvertrages eine
Einbeziehung des Interesses des Erwerbers i. S. einer neben die Eigenversicherung tretende
Fremdversicherung anzunehmen[289].

Dasselbe wie für den Grundstückserwerb (Rn. 129) gilt für die Zeit zwischen Gefahr- und   **130**
Eigentumsübergang beim **Versendungskauf** (vgl. § 447 Abs. 1 BGB)[290] und beim Kauf unter
Eigentumsvorbehalt[291] und für sonstige Fälle einer bedingten Übereignung, etwa im Rahmen von Treuhandverhältnissen. In all diesen Fällen ist das Sachwertinteresse des Nichteigentümers als stillschweigend versichert anzusehen. Bei der **Sicherungsübereignung** (s. dazu
auch Rn. 160) wird im Hinblick darauf, dass der Sicherungsgeber „wirtschaftlicher" Eigentümer bleibt, sein Interesse neben demjenigen des Sicherungsnehmers als mitversichert angesehen[292]. Die damit einhergehende Ausnahme vom formalen, an der Eigentumslage orientie-

---

[284] Berliner Kommentar/*Dörner,* § 69 VVG Rn. 19.

[285] Zum formalen Interessebegriff s. BGH v. 4. 3. 1955, VersR 1955, 225; *Kisch,* Die Lehre von dem
Versicherungsinteresse, 1922, S. 95; *Prölss,* VersR 1994, 1404 bei Fn. 5.

[286] RG v. 28. 4. 1914, RGZ 84, 409 (411ff.); s. auch OLG Hamm v. 30. 3. 1973, VersR 1974, 154.

[287] Näher *Armbrüster,* ZfIR 2001, 966 (970); s. a. *Prölss/Martin/Prölss,* § 80 VVG Rn. 39.

[288] *Lenski,* Zur Veräußerung der versicherten Sache, 1965, S. 19; *Möller,* Versicherungsvertragsrecht,
3. Aufl. 1977, S. 50.

[289] BGH v. 13. 11. 1991, NJW 1992, 1635 (1636 [Strafsenat]; für alleinige FremdV); OLG Hamburg v.
22. 6. 1978, VersR 1978, 1138 (1139); *Armbrüster,* ZfIR 2001, 966 (970); Berliner Kommentar/*Hübsch,*
§ 80 VVG Rn. 18; *Brünjes,* VersR 1995, 1416 (1417f.); *Martin,* VersR 1974, 253; *Prölss/Martin/Prölss,*
§ 80 VVG Rn. 39; *Prölss,* r+s 1997, 221 (226); a. A. *Schirmer,* ZVersWiss 1981, 637 (650f.); *Sieg,* VersR
1995, 125.

[290] Berliner Kommentar/*Dörner,* § 69 VVG Rn. 28; *Prölss/Martin/Prölss,* § 80 VVG Rn. 41.

[291] Berliner Kommentar/*Dörner,* § 69 VVG Rn. 30; Berliner Kommentar/*Hübsch,* § 80 VVG Rn. 18;
Prölss/Martin/Prölss, § 80 VVG Rn. 40 (Deckung von Verkäufer- und Käuferinteresse); a. A. *Prölss/Mar-*
tin/Kollhosser, Vor § 51 VVG Rn. 50 (im Zweifel Deckung nur des Verkäuferinteresses).

[292] BGH v. 28. 10. 1953, BGHZ 10, 376 (381); Berliner Kommentar/*Dörner,* § 69 VVG Rn. 34; Berliner Kommentar/*Hübsch,* § 80 VVG Rn. 15f., 19; abw. BGH v. 25. 11. 1963, BGHZ 40, 297 (301 [Kfz-
Sicherungsschein]).

rten Interessebegriff (s. dazu Rn. 129) ist für den Sonderfall der Sicherungsübereignung zu befürworten.

131   Das **Wegnahmerecht des Mieters** gem. § 539 Abs. 2 BGB hinsichtlich der von ihm mit der Mietsache verbundenen Sachen begründet ein in der Sachversicherung versicherbares Sachwertinteresse[293]. Der Eigentümer der Mietsache hat zwar dann, wenn diese Sachen wesentliche Bestandteile i. S. v. §§ 93 f. BGB geworden sind, das Eigentum daran erlangt. Dennoch hat er wegen des Wegnahmerechts kein eigenes Sacherhaltungsinteresse. Der Interessebegriff ist nämlich nicht formal zu verstehen. Anstelle des fehlenden Sacherhaltungsinteresses des Eigentümers ist das Sachwertinteresse des Mieters in der vom Eigentümer genommenen Sachversicherung mitversichert[294].

132   *bbb) Gebrauchsinteresse.* Auch das aufgrund eines schuldrechtlichen Gebrauchsüberlassungsverhältnisses (insbes. Miete, Pacht, Leihe) bestehende **Gebrauchsinteresse** ist versicherbar[295]. Üblicherweise geschieht dies allerdings nicht in der Sachversicherung, sondern in anderer Form, insbes. durch eine Betriebsunterbrechungsversicherung.

133   *ccc) Sachersatzinteresse.* Auch das **Sachersatzinteresse,** also das Interesse daran, nicht wegen der Haftung für die leicht fahrlässige Beschädigung, Zerstörung oder den Verlust einer fremden Sache einen Vermögensnachteil zu erleiden[296], ist grds. in der Sachversicherung **versicherbar.** Rspr.[297] und h. L.[298] hatten dies lange Zeit in Abrede gestellt. Statt auf der versicherungsrechtlichen hat der BGH[299] die Lösung auf der haftungsrechtlichen Ebene gesucht und insbes. den Mieter dadurch vor einem Regress des VR geschützt, dass bei Umlegung der Versicherungsprämie auf ihn ein stillschweigender Haftungsausschluss für leichte Fahrlässigkeit angenommen wurde. Mittlerweile ist diese Rspr. freilich in einer Grundsatzentscheidung[300] zutr. korrigiert worden. Seitdem dürfte die Versicherbarkeit angesichts der auch im Privatversicherungsrecht geltenden Privatautonomie nicht mehr im Streit stehen[301].

134   Die entscheidende Frage lautet damit, **ob und in welcher Weise** das Sachersatzinteresse eines Dritten in einen konkreten, vom Eigentümer abgeschlossenen Sachversicherungsvertrag eingeschlossen ist. Dabei handelt es sich um eine Frage der („eigentlichen", nicht der ergänzenden) Vertragsauslegung[302]. Sie erfordert eine Differenzierung: In einem ersten Aus-

---

[293] BGH v. 16. 3. 1994, VersR 1994, 1103 (1104); Berliner Kommentar/*Hübsch,* § 80 VVG Rn. 22; *E. Lorenz,* VersR 1994, 1104; *Prölss,* VersR 1994, 1404 f. (jeweils zu § 547 a BGB a. F.).

[294] *Prölss/Martin/Prölss,* § 80 VVG Rn. 36; *Prölss,* VersR 1994, 1404; a. A. *E. Lorenz,* VersR 1994, 1104 f.

[295] *Bruck/Möller/Möller,* § 49 VVG Anm. 95; *Bruck/Möller/Johannsen/Johannsen* Bd. III Anm. J 103; *Martin,* Sachversicherungsrecht, J I Rn. 4; *Prölss/Martin/Kollhosser,* Vor § 51 VVG Rn. 30.

[296] Dieses Interesse wird bisweilen auch als „Sacherhaltungsinteresse" bezeichnet, obgleich es von diesem zu unterscheiden ist; vgl. BGH v. 18. 12. 1991, VersR 1992, 311; v. 14. 7. 1993, VersR 1993, 1223; *Römer/Langheid/Römer,* § 74 VVG Rn. 11, 13 (vgl. aber auch § 80 Rn. 3: Das Sacherhaltungsinteresse des Leasingnehmers stehe dem Sachersatzinteresse „im allg." gleich).

[297] S. nur BGH v. 29. 10. 1956, BGHZ 22, 109 (114) = VersR 1956, 725 (726); BGH v. 18. 12. 1991, VersR 1992, 311 = NJW 1992, 980.

[298] *Bruck/Möller/Möller,* § 49 VVG Anm. 95; *Bruck/Möller/Sieg,* § 74 VVG Anm. 8, § 80 VVG Anm. 9; *E. Lorenz,* VersR 1992, 399.

[299] BGH v. 13. 12. 1995, BGHZ 131, 288 (292 ff.) = VersR 1996, 320; so auch *Staudinger/Hager,* BGB, 13. Bearb. 1999, Vor §§ 823 ff. BGB Rn. 45; krit. *Armbrüster,* NJW 1997, 177.

[300] BGH v. 8. 11. 2000, BGHZ 145, 393 (397 f.) = VersR 2001, 94 (95 f.); zust. *Armbrüster,* NVersZ 2001, 193 (194 f.); *Römer/Langheid/Römer,* § 74 VVG Rn. 9.

[301] S. schon *Armbrüster,* Haftpflichtinteressen, S. 72 ff., 90 f.; *ders.,* NJW 1997, 177 (178); Berliner Kommentar/*Hübsch,* § 80 VVG Rn. 7; *Kisch,* Privatversicherungsrecht III; S. 120–128; *Martin,* Sachversicherungsrecht, J I Rn. 7; *ders.,* VersR 1974, 821; *Prölss,* ZMR 2001, 157 f.; *Römer/Langheid/Römer,* § 74 VVG Rn. 9 (anders aber Rn. 11 für die vom Nichteigentümer genommene Sachversicherung; s. dazu Rn. 138); s. auch *H. Honsell,* VersR 1985, 301 ff. So jetzt auch *Bruck/Möller/Johannsen/Johannsen* VVG Bd. III Anm. J 106.

[302] *Armbrüster,* Haftpflichtinteressen, S. 106 f.; *ders.,* NVersZ 2001, 193 (195); insoweit methodisch a. A. (für ergänzende Auslegung) *E. Lorenz,* VersR 2001, 96 (97). Für Ausübungskontrolle nach § 242 BGB als dogmatische Grundlage *Staudinger/Kassing,* VersR 2007, 10 (14 f.).

legungsschritt ist zu ermitteln, ob der Träger des Sachersatzinteresses durch den Versicherungsvertrag vor einem Regress des VR geschützt werden soll. Ist dies zu bejahen, so muss in einem zweiten Schritt geklärt werden, ob die Einbeziehung in Gestalt einer Versicherung des Sachersatzinteresses erfolgt (dann liegt insoweit Fremdversicherung vor) oder durch einen stillschweigenden Regressverzicht (dann keine Fremdversicherung).

Der VN (Eigentümer) hat ein berechtigtes Interesse daran, dass bestimmte Dritte, die mit   **135** der Sache in Berührung kommen, nicht durch den einen Schaden ersetzenden VR im Wege des Regresses nach § 86 VVG belangt werden. Dieses **Schutzinteresse** kann aus einer Pflicht des VN, den potentiell haftpflichtigen Dritten zu schützen, herrühren, es kann sich aber auch aus einer sonstigen (z. B. mietvertraglichen) Rechtsbeziehung ergeben[303]. Erfasst werden alle Dritten, die bestimmungsgemäß am **Gebrauch** der Sache teilhaben oder ihn anstelle des Eigentümers ausüben[304]. Das Interesse des VN am Schutz dieser Dritten ist dem VR auch erkennbar. Der VR hat kein überwiegendes entgegenstehendes Interesse am Regress[305]. Hinsichtlich der genannten Dritten (insbes.: Mieter, Pächter, Leasingnehmer, Entleiher) ist also eine Einbeziehung des Sachersatzinteresses in die vom Eigentümer genommene Sachversicherung zu bejahen[306]. Dies wird freilich auch nach der Kurskorrektur der Rspr., die nunmehr der vers. rechtlichen Lösung zutr. den Vorzug vor der haftungsrechtlichen gibt (Rn. 133), von manchen abgelehnt, die stattdessen einen stillschweigenden Haftungsausschluss für leicht fahrlässig verursachte Schäden annehmen wollen[307].

Der Schutz erfolgt allerdings grds. nicht im Wege der (Fremd-)Versicherung dieses Interes-   **136** ses, sondern durch einen **Regressverzicht** hinsichtlich leichter Fahrlässigkeit[308]. Dies folgt daraus, dass dem für die Vertragsauslegung maßgeblichen Interesse des VN auf diese Weise in vollem Umfang Rechnung getragen wird. Würde man darüber hinausgehend eine Versicherung des Sachersatzinteresses annehmen, so wäre der VN gezwungen, den VR in Anspruch zu nehmen. Damit können Nachteile verbunden sein, z. B. die Kündigung durch den VR oder eine Prämienerhöhung. Ohne eindeutige Anhaltspunkte kann daher nicht unterstellt werden, dass der VN sich der Möglichkeit, den Schädiger endgültig für den Schaden haftbar zu machen, begeben will.

Bei der für eine **Personen- oder Kapitalgesellschaft** oder einen **rechtsfähigen Verein**   **137** genommenen Sachversicherung ist hingegen von einem Einschluss des Sachersatzinteresses im Wege der **Fremdversicherung** auszugehen (zur VN-Eigenschaft von Personengesellschaften s. Rn. 13). Dies ergibt sich im Wege der Vertragsauslegung aus dem Umstand, dass die mit den versicherten Sachen in Berührung kommenden Gesellschafter erkennbar erwarten, als Versicherte einen eigenen Anspruch gegen den VR zu erlangen[309]. Dasselbe gilt hinsichtlich **Organwaltern** (GmbH-Geschäftsführern, Vorstandsmitgliedern einer AG)[310].

bb) Einbeziehung eigener Interessen des VN in die Versicherung fremder Sachen. Wird eine Versi-   **138** cherung für **fremde Sachen** genommen, so kommt grds. eine Einbeziehung der in Rn. 127

[303] Näher *Armbrüster,* Haftpflichtinteressen, S. 114 ff.

[304] *Armbrüster,* Haftpflichtinteressen, S. 149 ff.

[305] S. im Einzelnen *Armbrüster,* Haftpflichtinteressen, S. 126 ff., 138 ff.

[306] S. nur BGH v. 8. 11. 2000, BGHZ 145, 393 (398 ff.) = VersR 2001, 94 (95 f.); BGH v. 14. 2. 2001, VersR 2001, 856 f.; BGH v. 12. 12. 2001, VersR 2002, 433; *Armbrüster,* NVersZ 2001, 193 (195); a. A. ÖOGH v. 7. 4. 2000, VersR 2001, 1011 (1012).

[307] S. etwa *Bruck/Möller/Johannsen/Johannsen* Bd. III Anm. J 110; *Gaul/Pletsch,* NVersZ 2001, 490 (493 ff.); krit. zu der neuen Rspr. auch *Wolter,* VersR 2001, 98 ff.

[308] *Armbrüster,* Haftpflichtinteressen, S. 121 ff.; *Prölss/Martin/Prölss,* § 80 VVG Rn. 26; so jetzt auch BGH v. 8. 11. 2000, BGHZ 145, 393 (398 ff.) = VersR 2001, 94 (96); BGH v. 12. 12. 2001, VersR 2002, 433; BGH v. 13. 9. 2005, BGHZ 169, 86 (88 ff.) = VersR 2006, 1536 (1537 ff.). *Römer/Langheid/Römer,* § 74 VVG Rn. 9.

[309] *Armbrüster,* Haftpflichtinteressen, S. 169; offen lassend *Prölss,* r+s 1997, 221 (224).

[310] *Armbrüster,* Haftpflichtinteressen, S. 170; a. A. *Möller,* DAR 1953, 107 (109); *Bruck/Möller/Sieg,* § 67 VVG Anm. 43.

genannten Interessen des VN in Betracht. Dies gilt nicht nur für das Sachwertinteresse[311] und das Gebrauchsinteresse, sondern auch für das **Sachersatzinteresse;** dieses ist aufgrund der Privatautonomie in der Sachversicherung ebenso wie bei der Versicherung eigener Sachen (s. Rn. 133) versicherbar[312]. Ein Unterschied zu der vom Eigentümer genommenen Versicherung (s. Rn. 136) ergibt sich insoweit freilich hinsichtlich der Art der Einbeziehung: Ist der Träger dieses Interesses selbst VN, so ist von einer Einbeziehung nicht nur in Gestalt eines Regressverzichts, sondern der Versicherung auszugehen. In diesem Fall liegt also eine **Eigenversicherung** des Sachersatzinteresses in Kombination mit einer Fremdversicherung des Sacherhaltungsinteresses des Eigentümers vor. Der Unterschied zur vom Eigentümer genommenen Versicherung liegt darin, dass der potentiell Haftpflichtige mit dem Vertragsschluss das Ziel verfolgt, sich außer vor einem Regress des VR auch vor einer Inanspruchnahme durch den Eigentümer zu schützen[313]. Die Deckung des Sachersatzinteresses ist freilich entgegen dem BGH[314] gegenüber einer zugleich bestehenden Haftpflichtversicherung des potentiell Haftpflichtigen **subsidiär** (s. Rn. 20 a. E.).

139   Hat ein **Leasingnehmer** eine Kfz-Kaskoversicherung abgeschlossen, so umfasst diese außer dem Sacherhaltungsinteresse des Leasinggebers auch das Sachersatzinteresse des Leasingnehmers[315]. Für die Berechnung der vom VR geschuldeten Entschädigung sind dann die Verhältnisse des Leasinggebers und nicht diejenigen des Leasingnehmers (VN) maßgeblich[316].

140   *cc) Kombinierte Versicherung eigener und fremder Sachen.* Werden eigene und fremde Sachen in demselben Vertrag versichert, so ist zu differenzieren: Ist **jeder Sacheigentümer VN,** so ist jeweils das Sacherhaltungsinteresse an den eigenen und das eigene Sachersatzinteresse an den fremden Sachen gedeckt. **Beispiel:** Die Sammelversicherung nach den Sonderbedingungen zur Haftpflicht- und Fahrzeugversicherung für Kfz-Handel und -Handwerk. Soweit diese Versicherung Fahrzeuge erfasst, die nicht oder nicht mehr im Eigentum des VN stehen, handelt es sich um eine Fremdversicherung[317]. Die Wohnungseigentümergemeinschaft bietet hingegen mittlerweile kein weiteres Beispiel für diese Fallgruppe mehr (s. dazu Rn. 94). – Ist ein Sacheigentümer **nicht VN,** so dass sein Sachersatzinteresse nicht gedeckt ist, kommt zu seinen Gunsten ein stillschweigender Regressverzicht nach den oben (Rn. 134 ff.) aufgestellten Regeln in Betracht.

141   **c) Sonstige Versicherungszweige.** *aa) Haftpflichtversicherung.* Bei einer Haftpflichtversicherung sind die **Mitglieder einer Personengesellschaft** im Hinblick auf ihre persönliche Haftung mitversichert[318]. Dasselbe gilt bei juristischen Personen hinsichtlich solcher Tätigkeiten, die **Organwalter** ausüben, zu deren Gunsten[319].

142   *bb) Krankheitskostenversicherung.* In der von einem Unterhaltspflichtigen genommenen Krankheitskostenversicherung (vgl. § 193 VVG) sind minderjährige, nicht erwerbstätige **Kinder** nicht mitversichert, sondern lediglich Gefahrperson. Aufgrund der Unterhaltspflicht handelt es sich um eine Eigenversicherung[320]. **Ehegatten** sind hingegen unabhängig von

---

[311] Vgl. zum Wegnahmerecht OLG Oldenburg v. 6. 12. 1995, VersR 1996, 1364 (1365).

[312] A. A. inkonsequent für die GebäudeV *Römer/Langheid/Römer,* § 74 VVG Rn. 11 (unter Berufung auf die inzwischen überholte Rspr.); zutr. aber für die Kfz-Kaskoversicherung Rn. 13.

[313] *Armbrüster,* Haftpflichtinteressen, S. 154 f.; *Prölss/Martin/Prölss,* § 80 VVG Rn. 15; *Prölss,* r+s 1997, 221 (223).

[314] BGH v. 13. 9. 2005, BGHZ 169, 86 (88 ff.) = VersR 2006, 1536 (1537 ff.).

[315] BGH v. 6. 7. 1988, VersR 1988, 949; OLG Hamm v. 10. 12. 1993, VersR 1994, 1223; Berliner Kommentar/*Hübsch,* § 80 VVG Rn. 21; *Prölss/Martin/Prölss,* § 80 VVG Rn. 23; *Schnepp,* Sachversicherung bei Mobilienleasing, 1989, S. 166.

[316] BGH v. 14. 7. 1993, VersR 1993, 1223 (1224); *Prölss/Martin/Prölss,* § 80 VVG Rn. 23; *Römer/Langheid/Römer,* § 74 VVG Rn. 13.

[317] *Römer/Langheid/Römer,* § 74 VVG Rn. 15.

[318] *Prölss/Martin/Prölss,* § 74 Rn. 2.

[319] *Prölss/Martin/Prölss,* § 80 Rn. 43; a. A. AG Lebach v. 30. 12. 1993, VersR 1995, 287 (289 [betr. Kfz-Haftpflichtversicherung]).

[320] LG Köln v. 14. 7. 1993, VersR 1994, 464 (Ls.).

einem eigenen Erwerbseinkommen Versicherte;[321] ihnen kommt über die vom BGH befürwortete Anwendbarkeit der §§ 328 ff. BGB[322] eine gegenüber den §§ 43 ff. VVG stärker verselbstständigte Position zu.

cc) Rechtsschutzversicherung. In der Rechtsschutzversicherung sind die Mitglieder einer **Personengesellschaft** wegen ihrer Haftung für die Gesellschaftsverbindlichkeiten einbezogen[323].   **143**

dd) Restschuldversicherung. Haften mehrere Kreditnehmer als Gesamtschuldner und hat einer von ihnen eine **Restschuldversicherung** abgeschlossen, so ist auch das Interesse der anderen Gesamtschuldner mitversichert[324].   **144**

3. Versicherung für Rechnung „wen es angeht" (§ 48 VVG)

Bisweilen besteht auch dann ein Bedürfnis, Versicherungsschutz zu vereinbaren, wenn bei Vertragsschluss die **Identität des Interesseträgers ungewiss** ist. Eine solche Ungewissheit über den Träger des versicherten Interesses kann sich bei der Sachversicherung insbes. auf die Eigentumslage beziehen, etwa wenn die Wirksamkeit eines Eigentumsvorbehalts oder einer Sicherungsübereignung fraglich ist oder wenn Zweifel hinsichtlich einer Erbfolge bestehen. Auch der Inhaber des Sachwertinteresses (Rn. 128) kann ungewiss sein, etwa wenn die Identität eines Treugebers unklar ist[325]. Eine Ungewissheit kann aber auch dadurch entstehen, dass mit einem **Wechsel des Interesseträgers** zu rechnen ist. **Beispiele** hierfür bilden das Warenlager mit einem wechselnden Personen gehörenden Bestand oder die geplante Übergabe der versicherten Sache an Spediteur und Frachtführer.   **145**

Wird wegen einer solchen Ungewissheit im Versicherungsvertrag der Interesseträger offen gelassen, so handelt es sich um eine **Versicherung „wen es angeht". Beispiele:** Fremdeigentumsklausel in der Sachversicherung; Sicherungsschein in der Kfz-V; rotes Kfz-Kennzeichen in der Sammelversicherung für Kfz-Handel und -Handwerk. Im Unterschied zu den vorstehend erörterten Fällen eines Einschlusses des Interesses von bei Vertragsschluss nicht individualisierten Personen gehört bei der Versicherung „wen es angeht" auch der VN selbst zu den möglichen Interesseträgern.   **146**

Bei der Versicherung „wen es angeht" stehen die Rechte und Befugnisse eines **Versicherten** (s. dazu Rn. 98 ff., 108, 111 ff.) demjenigen zu, der sich als Träger eines versicherten Interesses auszuweisen vermag. Die Regel des § 45 Abs. 3 VVG, wonach der VR die Zahlung an den VN von dem Nachweis abhängig machen kann, dass der Versicherte seine Zustimmung zu der Versicherung erteilt hat, ist unanwendbar; durch die Vereinbarung einer Versicherung „wen es angeht" hat der VR auf diese Befugnis verzichtet[326].   **147**

Da bei der Versicherung „wen es angeht" von vornherein der jeweilige Interesseträger versichert ist, greifen bei einer **Veräußerung der versicherten Sache** die §§ 95–98 VVG grds. nicht ein[327]. Umstritten ist, ob dies auch dann gilt, wenn der VN selbst die Sache veräußert[328]. Dafür ließe sich vorbringen, dass auch dann der jeweilige Interesseträger versichert sein solle. Indessen hat der VN, wenn er die Sache veräußert hat, regelmäßig kein Interesse daran, weiter Partei des Versicherungsvertrages zu sein. Ein Interesse an der Stellung als VN (und nicht nur als Versicherter) hat dann vielmehr der Erwerber. Gerade jenem Umstand sollen die §§ 95 ff.   **148**

---

[321] OLG Frankfurt/M. v. 2. 8. 2000, VersR 2001, 448 f.
[322] BGH v. 8. 2. 2006, VersR 2006, 686 (688 Rn. 33) m. Anm. *W. Voit,* NJW 2006, 2225 ff.
[323] *Prölss/Martin/Prölss,* § 74 Rn. 2; § 80 VVG Rn. 43; im Erg. ähnlich auch BGH v. 24. 1. 1990, VersR 1990, 380 (Gesellschafter als VN neben der Gesellschaft).
[324] OLG Hamm v. 9. 11. 1988, VersR 1989, 694 (betr. Ehegatten); *Prölss/Martin/Prölss,* § 80 VVG Rn. 44.
[325] Vgl. *Deutsch,* Versicherungsvertragsrecht, Rn. 101.
[326] *Ehrenzweig,* Versicherungsvertragsrecht, S. 214 Fn. 6; zweifelnd *Kisch,* Privatversicherungsrecht III, S. 599.
[327] *Ehrenzweig,* Versicherungsvertragsrecht, S. 214; *Prölss/Martin/Prölss,* § 80 VVG Rn. 45; *Römer/Langheid/Römer,* § 80 VVG Rn. 8.
[328] Dafür *Prölss/Martin/Prölss,* § 80 VVG Rn. 45; dagegen *Dreischmeier* VerBAV 1969, 30.

VVG Rechnung tragen. Diese Interessenlage ist dem VR auch erkennbar. Im Wege der Vertragsauslegung ist die Versicherung „wen es angeht" daher regelmäßig nicht auf solche Personen zu erstrecken, die das Eigentum vom VN erwerben. **Beispiel:** Versichert der Eigentümer sein Gebäude vor einer Aufteilung in **Wohnungseigentum,** so erlangt mit Veräußerung der ersten Wohnung die Wohnungseigentümergemeinschaft analog § 95 VVG die Stellung als VN (s. Rn. 164). Für einen hiervon abweichenden Willen des ursprünglichen VN, auch nach der Veräußerung Vertragspartner des VR (und damit – alleiniger – Prämienschuldner) zu bleiben, bedarf es klarer Anhaltspunkte; es dürfte sich um Ausnahmefälle handeln[329].

4. Abdingbarkeit

149   Im Rahmen einer Fremdversicherung ist § 44 Abs. 1 S. 1 VVG unabdingbar. Dies ist zwar nicht ausdrücklich gesetzlich geregelt, folgt aber aus der Abgrenzung zwischen Versicherung und Wette. Letztere läge nämlich bei einer Eigenversicherung auf fremdes Risiko vor[330].

150   Im Übrigen besteht weitgehend Vertragsfreiheit. So kann etwa vereinbart werden, dass die Rechtsfolgen eines **vertragswidrigen Verhaltens** des VN nicht auch den Versicherten treffen[331]. Auch kann die Auszahlung der **Entschädigung** von einer Einigung zwischen VN und Versichertem abhängig gemacht werden (s. etwa § 10 Nr. 1, 2 AFB 87/94/2001). § 44 Abs. 2 VVG ist gleichfalls abdingbar. Beispielsweise kann die den Versicherten legitimierende Wirkung des Versicherungsscheins (§ 44 Abs. 2 VVG) vertraglich ausgeschlossen werden (s. z. B. § 10 Nr. 2 AFB 87/94/2001). Zudem können die Parteien auch vorsehen, dass der VN zur Annahme der Entschädigung und zur Anspruchsabtretung unabhängig davon befugt sein soll, ob er den Versicherungsschein besitzt. Eine solche Vereinbarung wird in der Praxis häufig getroffen (s. etwa § 10 Nr. 1 S. 1 AFB 87/94/2001). Auch die §§ 45, 46 VVG sind abdingbar. So kann § 45 Abs. 2 VVG in dem Sinne abbedungen werden, dass die dort genannten Befugnisse stets allein dem Versicherten zustehen sollen.

151   Durch Erteilung eines **Sicherungsscheins** lässt sich die Stellung des Versicherten (Kreditgebers) in gewissem Umfang verbessern[332]. So ist der Versicherte als Inhaber eines Sicherungsscheins auch dann zur Geltendmachung der Rechte aus dem Versicherungsvertrag befugt, wenn die oben (Rn. 108) genannten Voraussetzungen nicht vorliegen.

5. Beweislast

152   Der VN trägt die Beweislast dafür, dass die tatsächlichen Voraussetzungen erfüllt sind, unter denen vertragsgemäß ein fremdes Interesse versichert ist[333]. Wenn unklar ist, ob der VN ein fremdes Interesse im eigenen oder in fremdem Namen versichert hat, ist nach der Wertung von § 43 Abs. 2 VVG der VN beweispflichtig für Handeln in fremdem Namen[334]. Verlangt der VN bei der Fremdversicherung Zahlung an sich, ohne im Besitz des Versicherungsscheines zu sein, so trägt er die Beweislast für die Zustimmung des VR. Umgekehrt muss der Versicherte, der seinen Anspruch selbst geltend macht, die in Rn. 108 angeführten Voraussetzungen beweisen.

II. Bezugsberechtigte in der Lebens- und Unfallversicherung

153   In der Lebens- und in der Unfallversicherung können **Bezugsberechtigte** eingesetzt werden. Ebenso wie die oben (Rn. 91 ff.) erörterte Versicherung für fremde Rechnung ermöglicht es die Bezugsberechtigung, einem Dritten das Recht auf die Leistung des VR zuzu-

---

[329] Zweifelhaft daher OLG Koblenz v. 31. 5. 1996, r+s 1996, 450 (451); *Prölss/Martin/Kollhosser,* § 69 VVG Rn. 3.

[330] *Römer/Langheid/Römer,* §§ 75, 76 VVG Rn. 22.

[331] Näher *Prölss/Martin/Prölss,* § 74 VVG Rn. 9.

[332] Näher Berliner Kommentar/*Hübsch,* § 75 VVG Rn. 22 f.; *Römer/Langheid/Römer,* §§ 75, 76 VVG Rn. 18–21.

[333] *Baumgärtel/Prölss,* § 74 VVG Rn. 1; § 80 VVG Rn. 1.

[334] ÖOGH v. 11. 12. 1986, VersR 1988, 502; *Baumgärtel/Prölss,* § 74 VVG Rn. 2.

wenden. Bei der Lebensversicherung ist hierfür allein der Weg der Bezugsberechtigung eröffnet. Demgegenüber stehen bei der Unfallversicherung beide Wege – Bezugsberechtigung wie Versicherung für fremde Rechnung – zur Wahl[335].

Die Einsetzung einer Person als Bezugsberechtigter beruht auf den Vorschriften über den **Vertrag zugunsten Dritter** (§§ 328 ff. BGB). Diese Regeln erfahren allerdings versicherungsvertragsrechtliche Modifikationen. So ist der VN bei der Kapitallebensversicherung im Zweifel berechtigt, einen Bezugsberechtigten zu benennen oder auszuwechseln. Zu den Einzelheiten s. § 42 Rn. 134 ff.

III. Eintrittsberechtigte in der Lebens- und Krankenversicherung (§§ 170, 198 VVG)

Für die **Lebensversicherung** sieht § 170 VVG ein **Eintrittsrecht Dritter** in den Versicherungsvertrag vor. Es setzt voraus, dass in den Anspruch aus der Versicherung ein Arrest oder eine Zwangsvollstreckung erfolgt oder dass das Insolvenzverfahren über das Vermögen des VN eröffnet wird. Eintrittsberechtigt sind der namentlich bezeichnete Bezugsberechtigte (s. Rn. 153), ersatzweise der Ehegatte oder Lebenspartner und die Kinder des VN. Dabei handelt es sich um Personen, die eine Anwartschaft oder zumindest eine tatsächliche Aussicht auf die Versicherungsleistung haben. Ihnen bietet das Eintrittsrecht die Möglichkeit, gegen Entschädigung des Gläubigers in Höhe des Rückkaufswerts der Lebensversicherung (§ 170 Abs. 1 S. 2 VVG) die Versicherungsanwartschaft zu erhalten. Der Eintretende tritt an die Stelle des VN, dieser wird zur Gefahrperson i. S. v. § 150 Abs. 1 Fall 2 VVG (s. auch § 42 Rn. 237 ff.).

In der **Krankenversicherung** ist der VR nach § 198 VVG unter bestimmten Voraussetzungen verpflichtet, ein **neugeborenes Kind** zu versichern. Jedenfalls dann, wenn den VN im Hinblick auf das Kind eine gesetzliche Unterhaltspflicht trifft, erlangt das Kind durch diese Regelung freilich im Zweifel nicht die Stellung eines Versicherten, sondern ist **Gefahrperson** in einer Eigenversicherung des VN[336]. Auch in anderen Fällen bedarf es im Übrigen klarer Anhaltspunkte, um Fremdversicherung (vgl. § 193 Abs. 1 S. 1 Fall 2 VVG)[337] annehmen zu können.

IV. Grundpfandrechtsgläubiger in der Gebäudeversicherung

Eine besondere Stellung räumt das Gesetz **Hypotheken- und Grundschuldgläubigern** ein. Nach § 1127 Abs. 1 BGB erstreckt sich die Hypothek hinsichtlich der ihr unterliegenden versicherten Gegenstände auch auf die Forderung gegen den VR; für die Grundschuld gilt diese Regel entsprechend (§ 1192 Abs. 1 BGB). Nach Eintritt des Versicherungsfalles darf der VR die Entschädigung erst dann an den VN leisten, wenn der Grundpfandrechtsgläubiger nicht widersprochen hat (näher § 1128 BGB). Das VVG enthält in seinen §§ 94, 142 ff. eine Reihe weiterer Vorschriften, die dem Schutz des Grundpfandrechtsgläubigers dienen. Hervorzuheben ist § 143 VVG, wonach der VR grds. gegenüber dem Grundpfandrechtsgläubiger auch dann leistungspflichtig bleibt, wenn im Verhältnis zum VN Leistungsfreiheit eingetreten ist.

V. Erwerber der versicherten Sache (§§ 95 ff. VVG)

Die Veräußerung der versicherten Sache führt nicht zu einer Fremdversicherung, sondern gem. § 95 Abs. 1 VVG dazu, dass der Erwerber kraft Gesetzes anstelle des Veräußerers die

---

[335] *Deutsch,* Versicherungsvertragsrecht, Rn. 102.
[336] So ohne Einschränkung *Prölss/Martin/Prölss,* § 178 d VVG Rn. 2.
[337] § 193 Abs. 1 VVG soll klarstellen, dass es sich um eine Versicherung auf fremde Rechnung (§ 43 VVG) handeln kann; Regierungsbegr., BT-Drs. 16/3945, S. 111; zur insoweit unsicheren früheren Rechtslage s. *Prölss/Martin/Prölss,* § 178 a VVG Rn. 5 ff.

Position des VN erlangt (s. bereits Rn. 92)[338]. Es handelt sich um eine Legalzession bei gleichzeitiger gesetzlicher Schuldübernahme. Die Regelung bezweckt zu verhindern, dass die Versicherung wegen Interessewegfall gem. § 80 Abs. 2 VVG endet.

159   Der **Anwendungsbereich** von § 95 VVG ist teils umstritten. Nach h. M. gilt die Vorschrift nicht nur für die Veräußerung durch den VN in der Eigenversicherung, sondern auch in der **Fremdversicherung**[339]. Dem ist zuzustimmen, da das Gesetz keine Einschränkung enthält und bei einer Beschränkung auf die Eigenversicherung Schutzlücken entstünden[340]. Außer für die sachbezogene Schadensversicherung gilt die Regelung auch für die **Haftpflichtversicherung**[341].

160   Maßgeblich für die **Veräußerung** ist der formelle Eigentumsübergang[342]. Erfasst werden nur **rechtsgeschäftliche** Veräußerungen, nicht also der Eigentumsübergang kraft Hoheitsakts – auf den Erwerb in der **Zwangsversteigerung**[343] sind die §§ 95–98 VVG freilich gem. § 99 VVG entsprechend anwendbar – oder durch Gesamtrechtsnachfolge[344]. Im Wege teleologischer Reduktion ist die **Sicherungsübereignung** nicht als Veräußerung i. S. v. § 95 VVG anzusehen[345]. Eine analoge Anwendung der Vorschrift auf den **Mitgliederwechsel** in einer BGB-Gesellschaft kommt wegen deren Teilrechtsfähigkeit und der daraus folgenden VN-Eigenschaft der Gesellschaft (s. Rn. 13) nicht in Betracht[346]; dasselbe gilt für Personenhandelsgesellschaften. Auch bei einer Veräußerung durch den **Versicherten** sind die §§ 95 ff. VVG nicht analog anwendbar[347]. – Zum Einschluss des Erwerberinteresses in der Zeit zwischen Gefahr- und Eigentumsübergang s. Rn. 129.

161   **Rechtsfolge** der Veräußerung ist zunächst, dass der Erwerber als VN in das Vertragsverhältnis so eintritt, wie es zu diesem Zeitpunkt mit dem Veräußerer bestand. Eine spontane **Beratungspflicht** trifft den VR allein aufgrund des Übergangs regelmäßig nicht[348]. Der **Entschädigungsanspruch** wegen eines vor der Veräußerung eingetretenen Versicherungsfalles verbleibt grds. beim Veräußerer. Bei der **Neuwertversicherung** steht der Anspruch auf den Neuwertanteil jedoch dann dem Erwerber zu, wenn er die Sache wiederherstellt und die Verwendung der Entschädigung hierfür vor Eintritt des Versicherungsfalles nicht sichergestellt war[349]. – Für die laufende **Versicherungsprämie** haften Veräußerer und Erwerber gem. § 95 Abs. 2 VVG als Gesamtschuldner. – Der gutgläubige VR darf den Veräußerer weiterhin als VN behandeln; dies gilt nunmehr schon nach dem Gesetzeswortlaut für alle das Versicherungsverhältnis betreffenden Rechtsgeschäfte und Rechtshandlungen[350].

---

[338] BGH VersR 1990, 881; *Römer/Langheid/Römer,* § 74 VVG Rn. 6.

[339] BGH v. 28. 11. 1957, BGHZ 26, 133 (138) = VersR 1957, 814 (815); KG Berlin v. 11. 4. 1957, VersR 1957, 593 (594); OLG Hamm v. 29. 11. 1985, VersR 1987, 605 (606); Berliner Kommentar/*Dörner,* § 69 VVG Rn. 46; *Prölss/Martin Kollhosser,* § 69 VVG Rn. 18; a. A. *Römer/Langheid/Langheid,* § 69 VVG Rn. 1.

[340] Näher *Prölss/Martin Kollhosser,* § 69 VVG Rn. 18.

[341] *Römer/Langheid/Langheid,* § 69 VVG Rn. 2; a. A. bzgl. der Haftpflichtversicherung Berliner Kommentar/*Dörner,* Vor §§ 69–73 Rn. 7; *Prölss/Martin/Kollhosser,* § 69 VVG Rn. 24.

[342] BGH v. 11. 2. 1987, BGHZ 100, 60 (61); BGH v. 15. 4. 1987, VersR 1987, 704; Berliner Kommentar/*Dörner,* § 69 VVG Rn. 36.

[343] S. dazu etwa BGH v. 28. 4. 2004, VersR 2004, 765 f.

[344] Näher Berliner Kommentar/*Dörner,* § 69 VVG Rn. 14 f.

[345] Berliner Kommentar/*Dörner,* § 69 VVG Rn. 34.

[346] So i. E. auch *Bruck/Möller/Sieg,* § 69 VVG Anm. 5; a. A. noch Berliner Kommentar/*Dörner,* § 69 VVG Rn. 36.

[347] OLG Hamm v. 19. 4. 1996, VersR 1997, 229; *Prölss/Martin Kollhosser,* § 69 VVG Rn. 18; a. A. BGH v. 28. 11. 1957, BGHZ 26, 133 (138) = VersR 1958, 158 (obiter, für § 69 VVG); Berliner Kommentar/*Dörner,* § 69 VVG Rn. 47 (für § 69 Abs. 1 VVG).

[348] LG Düsseldorf v. 1. 9. 2005, VersR 2006, 502.

[349] BGH v. 31. 10. 1984, VersR 1985, 768 (79); *Römer/Langheid/Langheid,* § 69 VVG Rn. 15. Zu weiteren Einzelfragen bei der Neuwertversicherung instruktiv *Schirmer,* r+s 1993, 81 ff.

[350] Vgl. schon zu § 69 Abs. 3 VVG a. F., der nur von Forderungen sprach, BGH v. 12. 7. 1968, VersR 1968, 1035 (betr. Aufhebung des Versicherungsvertrages); BGH v. 6. 6. 1990, VersR 1990, 881 f. (betr. Kündigung).

Beiden Parteien (VR und Erwerber als neuem VN) steht gem. § 96 VVG ein **Kündi-** **162**
gungsrecht zu. Das Kündigungsrecht des VR muss binnen eines Monats ab Kenntniserlangung von der Veräußerung, das des neuen VN binnen eines Monats ab dem Erwerb ausgeübt
werden (§ 96 Abs. 1 S. 2, Abs. 2 S. 2 VVG). Hat der neue VN von der Versicherung keine
Kenntnis, so beginnt die Monatsfrist mit der diesbezüglichen Kenntniserlangung; für letztere
genügt das Wissen darum, dass bestimmte Risiken bei einem bestimmten VR gedeckt sind[351].
Die Kenntnis des neuen VN von seinem Erwerb ist hingegen grds. unerheblich[352]. Die Kündigung des VR wird vorbehaltlich der Sonderregel des § 143 Abs. 2 VVG einen Monat nach
Zugang beim Erwerber **wirksam,** diejenige des VN entweder sofort oder zum Schluss der
laufenden Versicherungsperiode (§ 96 Abs. 1 S. 1, Abs. 2 S. 1 VVG). Wenn Erwerber und
VR kündigen, gilt im Hinblick auf die Gestaltungswirkung der Kündigung das **Prioritäts-**
prinzip[353].

Die Veräußerung der versicherten Sache muss dem VR gem. § 97 Abs. 1 S. 1 VVG unver- **163**
züglich **angezeigt** werden. Unterbleibt die Anzeige, so führt dies nach S. 2 der Regelung
beim späteren Eintritt des Versicherungsfalles zur **Leistungsfreiheit,** wenn der VR nachweisen kann, dass er den Vertrag mit dem Erwerber nicht geschlossen hätte[354]. Der von der Rspr.
zu § 71 Abs. 2 VVG a. F. entwickelte Grundsatz, dass der VR nur dann leistungsfrei werden
soll, wenn dies nicht außer Verhältnis zur Schwere des Verstoßes steht, soll daneben nach der
Gesetzesbegründung weiterhin gelten[355].

Ein Sonderproblem betrifft die **Veräußerung von Wohnungen** durch den ursprünglichen **164**
VN nach der Aufteilung eines Gebäudes in **Wohnungseigentum** nach § 8 WEG. Hierzu ist
vor der Anerkennung der Teilrechtsfähigkeit der Wohnungseigentümergemeinschaft die Frage
lebhaft diskutiert worden, welcher Erwerbsvorgang als Veräußerung der versicherten Sache
i. S. der §§ 95 ff. VVG anzusehen ist[356]. Praktisch bedeutsam war dies insbes. im Hinblick auf
die **Kündigungsrechte** gem. § 96 VVG. Heute stellt sich die Frage in anderer Weise: Zwar
fällt das durch die Aufteilung entstandene Gemeinschaftseigentum nach deren Begründung
nicht ins Vermögen der Gemeinschaft; vielmehr steht es weiterhin jedem Wohnungseigentümer anteilig zu. Die Aufgabe, Sachversicherungsschutz für das Gemeinschaftseigentum zu
beschaffen, gehört freilich zur ordnungsmäßigen Verwaltung (§ 21 Abs. 5 Nr. 3 WEG). Hierfür
ist die Gemeinschaft zuständig, die insoweit gem. § 10 Abs. 6 WEG n. F. rechtsfähig ist und daher selbst VN sein kann (s. Rn. 16). Bislang ist ungeklärt, ob und auf welche Weise die Gemeinschaft die Stellung eines VN hinsichtlich der vor ihrer Entstehung begründeten, auf das
Gemeinschaftseigentum bezogenen Sachversicherungen erlangt. Diese Frage stellt sich im
Übrigen nicht nur bei § 8 WEG, sondern auch für die (praktisch weniger bedeutsame) Begründung von Wohnungseigentum nach § 3 WEG. Vieles spricht dafür, dass **analog § 95**
VVG mit der **Entstehung der Wohnungseigentümergemeinschaft** diese in die Rechte
und Pflichten des ursprünglichen VN (Alleineigentümers) eintritt. Zwar liegt darin keine Veräußerung i. S. dieser Norm; mit der Entstehung der Gemeinschaft ist aber ein neuer Rechtsträger geschaffen, dem das WEG die Verantwortung für den Versicherungsschutz zuordnet. In
den Fällen des § 8 WEG läuft dies praktisch darauf hinaus, dass die erste Veräußerung den
Übergang und damit die Kündigungsrechte nach § 96 VVG auslöst. Dabei ist nicht der Eigen-
tumswechsel maßgeblich; vielmehr genügt bereits die Entstehung einer sog. werdenden Woh-

---

[351] BGH v. 28. 4. 2004, VersR 2004, 765 (766).

[352] Näher *Römer/Langheid/Langheid,* § 70 VVG Rn. 2; a. A. contra legem Berliner Kommentar/*Dörner,*
§ 70 VVG Rn. 34; *Bruck/Möller/Sieg,* § 70 VVG Anm. 31; nun auch *Prölss/Martin/Kollhosser,* § 70 VVG
Rn. 4.

[353] *Römer/Langheid/Langheid,* § 70 VVG Rn. 3; a. A. Berliner Kommentar/*Dörner,* § 70 VVG Rn. 41
(Kündigung des Erwerbers gehe vor).

[354] S. zum alten Recht bereits *Armbrüster,* Das Alles-oder-nichts-Prinzip im Privatversicherungsrecht
(2003), Rn. 251. Vgl. auch § 71 Abs. 2 S. 1 öVVG.

[355] Vgl. BT-Drs. 16/3945, S. 85; BGH v. 11. 2. 1987, BGHZ 100, 60 (63 f.); BGH v. 20. 5. 1987, VersR
1987, 705 (706); zust. etwa Berliner Kommentar/*Dörner,* § 71 VVG Rn. 19.

[356] S. dazu etwa *Armbrüster,* ZMR 2003, 1 (6); *Martin,* VersR 1974, 410 (411).

nungseigentümergemeinschaft dadurch, dass mindestens ein Erwerber bereits eine dinglich gesicherte Rechtsposition erlangt[357]. Der spätere Wechsel einzelner Wohnungseigentümer beeinflusst hingegen, da sie nicht VN, sondern allein Interesseträger (Versicherte) sind und für diese die §§ 95 ff. VVG nicht gelten[358], das Vertragsverhältnis nicht[359].

165   Die §§ 95−97 VVG sind gem. § 98 S. 1 VVG grds. **halbzwingend.** Eine gewisse Verschärfung zu Lasten des VN erlaubt S. 2 dieser Vorschrift nur hinsichtlich der Form von Kündigungserklärung und Veräußerungsanzeige. Deckungslücken, die infolge des in § 95 Abs. 1 VVG angeordneten Übergangs drohen, lassen sich durch die Vereinbarung einer Fremdversicherung (s. Rn. 91 ff.), insbes. im Wege sog. Fremdeigentumsklauseln, vermeiden[360].

166   Die **Beweislast** für die Voraussetzungen des Übergangs nach § 95 VVG trägt diejenige Partei, die sich darauf beruft.

VI. Geschädigter in der Haftpflichtversicherung

167   Die Haftpflichtversicherung dient nicht nur dazu, das Interesse des **potentiell Haftpflichtigen** daran zu wahren, nicht wegen einer Haftpflicht mit Ansprüchen Dritter belastet zu werden. Vielmehr soll diese Versicherung generell – nicht nur im Bereich einer gesetzlichen Versicherungspflicht – auch dem **Geschädigten** einen liquiden Schuldner in der Person des VR zur Verfügung stellen[361]. Dementsprechend ordnet § 108 Abs. 1 VVG an, dass rechtsgeschäftliche oder gerichtlich angeordnete Verfügungen über die Entschädigungsforderung dem geschädigten Dritten gegenüber unwirksam sind. Ist der Anspruch des Geschädigten gegen den VN durch Vergleich, Anerkenntnis oder Urteil festgestellt, so hat der VR an den Geschädigten zu leisten; anderenfalls ist eine Pfändung und Überweisung des Deckungsanspruchs gegen den VR erforderlich, der sich in der Hand des Geschädigten in einen Zahlungsanspruch verwandelt (s. näher § 24 Rn. 146). Im Bereich der Pflichtversicherung ist der Zugriff einfacher; hier steht dem Geschädigten in den Fällen des § 115 Abs. 1 S. 1 Nr. 1−3 VVG ein Direktanspruch gegen den VR zu.

§ 7. Vorläufige Deckung

Inhaltsübersicht

---

[357] Näher *Wenzel*, in: *Bärmann*, WEG, 10. Aufl. 2008, § 10 Rn. 16f.

[358] *Römer/Langheid*, § 69 VVG Rn. 3.

[359] So bereits *Staudinger/Bub*, BGB, 13. Bearb. 2005, § 21 WEG Rn. 190 a. E.

[360] Berliner Kommentar/*Dörner*, § 69 VVG Rn. 62.

[361] *Deutsch*, Versicherungsvertragsrecht, Rn. 107.

Literatur: *Grebe,* Die vorläufige Deckungszusage unter besonderer Berücksichtigung ihrer Handhabung in der Lebensversicherung, 1987; *Henzler,* Theorie und Praxis der vorläufigen Deckungszusage, 1997; *Gitzel,* Die Beendigung des Vertrags über vorläufige Deckung beim Prämienzahlungsverzug nach dem Regierungsentwurf eines Gesetzes zur Reform des Versicherungsvertragsrechts, VersR 2007, 322; *Jabornegg,* Die vorläufige Deckung, Wien 1992; *Maier,* Die vorläufige Deckung nach dem Regierungsentwurf zur VVG-Reform, r+s 2006, 485; *Rixecker,* VVG 2008 – Eine Einführung, ZfS 2007, 314; *Stiefel/Hofmann,* Kraftfahrtversicherung, 17. Aufl. 2000, § 5a VVG Rn. 27–30; § 1 AKB Rn. 67–87.

A. Einleitung

I. Begriff der vorläufigen Deckung

Mit vorläufiger Deckung oder vorläufigem Versicherungsschutz bezeichnet man **Versi- 1 cherungsschutz,** den ein VR schon **vor und unabhängig vom Zustandekommen eines endgültigen Versicherungsvertrags** über dasselbe oder einen Teil desselben Risikos gewährt. Es handelt sich dabei um von vornherein auf begrenzte Zeit angelegte Versicherungsverhältnisse, die der Absicherung des VN in dem Zeitraum dienen, in dem zwischen den Parteien über den Abschluss eines endgültigen Versicherungsvertrages verhandelt wird[1]. Besteht bereits ein Versicherungsvertrag, kommt vorläufige Deckung im Hinblick auf eine beabsichtigte Erweiterung des Versicherungsschutzes in Betracht.

Die weiteste **Verbreitung** findet die vorläufige Deckung im Bereich der Kraftfahrtversi- 2 cherung, in dem nahezu in jedem Fall zunächst vorläufige Deckung gewährt wird, weil der VN auf die vorläufige Deckung als Voraussetzung für die Zulassung des Fahrzeugs angewiesen ist (§ 3 Abs. 1 S. 2, § 23 FZV). Der Anwendungsbereich der vorläufigen Deckung ist jedoch weder auf die Kraftfahrtversicherung noch auf die Schadenversicherung überhaupt beschränkt. Vorläufige Deckungszusagen können grundsätzlich in jeder Versicherungssparte erteilt werden. Sie finden sich vielfach im Bereich der Lebens-, Berufsunfähigkeits- und Unfallversicherung und werden nicht nur auf besonderen Wunsch des VN gegeben, sondern von den VR auch von sich aus gewährt, um eine Bindung des VN zu erreichen.

---

[1] BGH v. 26. 4. 2006, VersR 2006, 913 (unter II 1); v. 25. 1. 1995, VersR 1995, 409 (unter 2b aa).

II. Änderungen durch die VVG-Reform

3   Mit der VVG-Reform sind erstmals Regelungen über die vorläufige Deckung in das Versicherungsvertragsgesetz eingefügt worden. Zuvor enthielt lediglich die Kfz-Pflichtversicherungsverordnung einige Bestimmungen für die vorläufige Deckung. Die neuen Vorschriften betreffen insbesondere den Inhalt des Vertrags, namentlich die Geltung von AVB, sowie die Beendigung des vorläufigen Versicherungsschutzes. Angesichts der erheblichen wirtschaftlichen Bedeutung, die die vorläufige Deckung in einigen Versicherungszweigen hat, hat sich dazu vor der VVG-Reform eine umfangreiche Rechtsprechung gebildet. Die neuen Vorschriften knüpfen daran an. Um den Bedürfnissen der Praxis nach Gewährung eines raschen und leicht handhabbaren vorläufigen Versicherungsschutzes zu entsprechen, ermöglichen sie eine Herabsetzung der Anforderungen an die Information des VN vor Vertragsschluss und erleichtern sie die Einbeziehung von AVB in den Vertrag[2]. Die Regeln über die Beendigung des Vertrags schaffen Klarheit über die Beendigungstatbestände und beruhen auf der Überlegung, dass einerseits der VN sowohl vor einem überraschenden Verlust des vorläufigen Versicherungsschutzes als auch vor einer Mehrfachversicherung geschützt werden muss und andererseits der VR die Möglichkeit haben muss, den Versicherungsschutz mit Wirkung für die Zukunft zu beenden, weil er zunächst Deckungsschutz für noch nicht abschließend geklärte Risiken gewährt[3].

III. Eigenständiger Versicherungsvertrag

4   Der Vertrag über die vorläufige Deckung stellt einen eigenständigen Versicherungsvertrag dar, der von dem in aller Regel sich anschließenden Hauptvertrag zu unterscheiden ist. Das ist nunmehr durch § 49 Abs. 1 S. 1 VVG klargestellt und entspricht der schon bisher in der Rechtsprechung[4] und im Schrifttum[5] ganz herrschenden Auffassung. Danach handelt es sich bei dem Vertrag über die vorläufige Deckung – soweit nichts anderes vereinbart ist – um einen vom endgültigen Versicherungsvertrag losgelösten, rechtlich selbständigen Vertrag, der schon vor Beginn eines endgültigen Versicherungsvertrages und unabhängig von ihm einen Anspruch auf Versicherungsschutz entstehen lässt **(Trennungstheorie).** Die gegenteilige Ansicht[6] ging vor der VVG-Reform von einem regelmäßig auf ein einheitliches Vertragsverhältnis gerichteten Willen der Parteien aus **(Einheitstheorie),** der in einem zusammenfassenden Versicherungsschein, in einer einheitlichen Versicherungsdauer und/oder einer gesamtheitlichen Prämie zum Ausdruck komme.

IV. Abgrenzung zur Rückwärtsversicherung

5   Einen gegenüber dem Zeitpunkt des Zustandekommens des endgültigen Versicherungsvertrags vorverlegten Versicherungsschutz kann neben der vorläufigen Deckung auch die **Rückwärtsversicherung** im Sinne von § 2 VVG bieten, bei der der Versicherungsschutz vereinbarungsgemäß bereits vor dem Zeitpunkt des Vertragsschlusses beginnt. Nach § 2 Abs. 2 S. 2 VVG ist der VR nur dann nicht zur Leistung verpflichtet, wenn der VN schon bei

---

[2] VVG-Reform Regierungsentwurf (2006), S. 184 f.
[3] VVG-Reform Regierungsentwurf (2006), S. 187.
[4] BGH v. 26. 4. 2006, VersR 2006, 913 (unter II 1); BGH v. 21. 2. 2001, VersR 2001, 489 (unter 1a); BGH v. 14. 7. 1999, VersR 1999, 1274 (unter II 1 a); BGH v. 3. 4. 1996, VersR 1996, 743 (unter II 2a); BGH v. 25. 1. 1995, VersR 1995, 409 (unter 2a); BGH v. 13. 2. 1958, VersR 1958, 173 (unter 2b); BGH v. 25. 6. 1956, BGHZ 21, 122 (129).
[5] Berliner Kommentar/*Schwintowski*, § 5a Rn. 94; *E. Hofmann*, Privatversicherungsrecht, § 6 Rn. 9; *Prölss/Martin/Prölss*, Zusatz zu § 1 Rn. 2; *Römer/Langheid/Römer*, Vor § 1 Rn. 26; *Stiefel/Hofmann*, § 1 AKB Rn. 67; *van Bühren/van Bühren*, § 1 Rn. 81.
[6] *Bruck-Möller*, § 1 Anm. 94 ff.; *Henzler*, S. 64 ff.; *Jabornegg*, S. 25 ff.; *Martin*, Sachversicherungsrecht, K II Rn. 10 ff.

Abgabe seiner Vertragserklärung davon Kenntnis hat, dass ein Versicherungsfall eingetreten ist. Da die Vertragserklärung des VN im Regelfall dessen Antrag sein wird, wird also auch mit der Rückwärtsversicherung das Risiko des VN für die Zeit zwischen Antrag und Abschluss des (Haupt-)Vertrages abgesichert. Auf der Grundlage von § 2 Abs. 2 S. 2 VVG a. F., der Leistungsfreiheit des VR bei Kenntnis des VN vom Eintritt des Versicherungsfalls im Zeitpunkt der Schließung des Vertrages vorsah, wurde dasselbe Ziel dadurch erreicht, dass die Leistungsfreiheit im Regelfall konkludent abbedungen wurde mit der Folge, dass Kenntnis nach Antragstellung dem VN nicht schadete[7]. Anders als bei der vorläufigen Deckung **hängt** der **Versicherungsschutz** bei der Rückwärtsversicherung aber **davon ab, dass der Hauptvertrag zustande kommt.** Ist im Versicherungsantrag das Antragsdatum oder ein anderes vor dem formellen Versicherungsbeginn liegendes Datum als Beginn der Versicherung angegeben, ist eine Frage der Auslegung, ob vorläufige Deckung und/oder Rückwärtsversicherung gewollt ist (s. Rn. 10).

B. Rechtliche Rahmenbedingungen

Die vorläufige Deckung ist grundlegend in §§ 49–52 VVG geregelt. Sondervorschriften 6 für die vorläufige Deckung enthalten außerdem § 6 Abs. 2 S. 2 und 3, § 8 Abs. 3 S. 1 Nr. 2 und § 62 Abs. 2 VVG sowie für die Kraftfahrtversicherung § 9 KfzPflVV. Im Übrigen sind die allgemeinen Vorschriften des VVG anwendbar[8], soweit diese nicht unter Berücksichtigung des Zwecks der vorläufigen Deckung als abbedungen angesehen werden müssen. Beginn, Inhalt und Ende der vorläufigen Deckung werden maßgeblich durch die vertraglichen Vereinbarungen, sei es durch Individualvereinbarungen, sei es durch Allgemeine Versicherungsbedingungen, bestimmt. Allgemeine Versicherungsbedingungen, die speziell die vorläufige Deckung regeln, werden vor allem im Bereich der Kraftfahrtversicherung (vgl. Abschn. B.2 AKB 2008[9]) und der Lebensversicherung[10] verwendet.

C. Zustandekommen des Vertrages über die vorläufige Deckung (formeller Versicherungsbeginn)

I. Angebot und Annahme

Die Gewährung vorläufiger Deckung erfolgt trotz gelegentlich abweichender Formulie- 7 rung (vgl. Abschn. B.2.2 AKB 2008: In der Kasko- und der Kfz-Unfallversicherung haben Sie vorläufigen Versicherungsschutz nur, wenn wir dies ausdrücklich zugesagt haben) nicht durch einseitige Zusage des VR[11], sondern durch einen Vertrag (§ 49 Abs. 1 S. 1 VVG), d. h., es sind übereinstimmende Willenserklärungen des VR und des VN erforderlich. Der Vertrag bedarf keiner **Form,** die Willenserklärungen können daher mündlich, schriftlich oder auch konkludent abgegeben werden.

Ein **ausdrückliches Angebot des VR** auf Abschluss eines Vertrages über vorläufigen 8 Versicherungsschutz kann in dem von ihm verwendeten Antragsformular für den Hauptver-

---

[7] BGH v. 21. 3. 1990, VersR 1990, 618 (unter 2a); BGH v. 16. 6. 1982, BGHZ 84, 268 (unter III).

[8] *Henzler,* S. 38 f.; *Jabornegg,* S. 49; VVG-Reform Regierungsentwurf (2006), S. 184.

[9] Allgemeine Bedingungen für die Kfz-Versicherung (AKB 2008) in der Fassung der Unverbindlichen Musterbedingungen des Gesamtverbandes der Deutschen Versicherungswirtschaft e. V., http://www.gdv. de.

[10] Vgl. Allgemeine Bedingungen für den vorläufigen Versicherungsschutz in der Lebensversicherung in der Fassung der Unverbindlichen Musterbedingungen des Gesamtverbandes der Deutschen Versicherungswirtschaft e. V., http://www.gdv.de.

[11] Bedenklich deshalb OLG Köln v. 19. 8. 1997, VersR 1998, 1104.

sicherungsvertrag enthalten sein[12]. Ein solches Angebot nimmt der VN mit Stellung des Antrags für den Hauptvertrag an. Manche VR sagen nach Eingang des Antrags auf Abschluss eines endgültigen Vertrages von sich aus vorläufige Deckung zu, um Zeit für die Antragsbearbeitung zu gewinnen. In einem solchen Fall muss man davon ausgehen, dass der VR nach § 151 S. 1 BGB auf einen Zugang der Annahme verzichtet. Dasselbe gilt, soweit der VR vorläufigen Versicherungsschutz ab einem bestimmten Tag nach Unterzeichnung des Antrags auf Abschluss des Hauptvertrages gewährt, auch wenn der Antrag zu diesem Zeitpunkt noch nicht bei ihm oder seinem Agenten eingegangen ist.

9 Die in einem **telefonisch geführten Informationsgespräch** abgegebenen Erklärungen eines DirektVR dienen, wenn der VR dabei die Übersendung von Antragsformularen oder einer schriftlichen Versicherungsbestätigung ankündigt, auch bei kurzfristig erforderlicher vorläufiger Deckung nur der Vorbereitung der erwarteten schriftlichen Vertragserklärungen[13].

10 Ob die **Angabe des Antragsdatums oder eines vor dem Ablauf der Annahmefrist des VR liegenden Datums als Versicherungsbeginn** für den Hauptvertrag einen Antrag des VN auf vorläufige Deckung beinhaltet, ist streitig. Teilweise wird die Auffassung vertreten, die Angabe eines vor Ablauf der Bindefrist liegenden Versicherungsbeginns beinhalte immer einen Antrag auf vorläufige Deckung, zu dem sich der VR binnen einer kurz bemessenen Frist äußern müsse[14], wenn nicht sogar in der Eintragung des Datums durch einen Agenten oder in der widerspruchslosen Entgegennahme eines solchen Antrags durch den VR die Erteilung einer Deckungszusage zu sehen sei[15]. Nach anderer Ansicht handelt es sich eher um einen Antrag auf Rückwärtsversicherung als auf vorläufige Deckung[16]. Letztlich geht es um eine Auslegung des Antrags im Einzelfall. Der VN wird zwar mit einem als Versicherungsbeginn im Antrag angegebenen Datum in der Regel den materiellen und nicht lediglich den technischen Versicherungsbeginn meinen[17], wird aber – wenn nicht konkrete Anhaltspunkte für das Gegenteil vorhanden sind – Versicherungsschutz nicht unabhängig von dem Zustandekommen des Hauptvertrages erwarten. Wird der Hauptvertrag geschlossen, bietet ihm dieser Versicherungsschutz auch für einen Versicherungsfall in der Zeit zwischen Antragstellung und Vertragsschluss (s. Rn. 5). Dem Verhalten des VN kann deshalb nur dann ein – zusätzlicher – konkludent gestellter Antrag auf vorläufige Deckung entnommen werden, wenn er bei Antragstellung zum Ausdruck gebracht hat, dass er in jedem Fall sofortigen oder kurzfristigen Versicherungsschutz wünscht, auch wenn der Hauptvertrag nicht zustande kommt. Andernfalls würde die für den Vertrag über die vorläufige Deckung erforderliche Willenserklärung des VN schlicht fingiert[18], weil weder der VN eine solche Willenserklärung abgeben wollte noch sie aus der Sicht des VR als Empfänger abgegeben worden ist. Konkrete Anhaltspunkte für den Wunsch des VN nach vorläufiger Deckung, die den Schluss auf eine entsprechende Willenserklärung zulassen, liegen vor, wenn Versicherungsschutz für eine bereits am nächsten Tag beginnende Urlaubsreise begehrt wird und der Agent den VN zur sofortigen Zahlung der Prämie veranlasst[19]. Auch ohne einen Antrag des VN auf vorläufige Deckung kann der VR allerdings zur Gewährung von Versicherungsschutz

---

[12] BGH v. 7. 7. 1999, NVersZ 1999, 471 = VersR 1999, 1266 (unter 2 c); BGH v. 3. 4. 1996, NJW-RR 1996, 856 (unter II 2a); BGH v. 13. 12. 1995, NJW 1996, 729 (unter I); SaarlOLG v. 21. 3. 2001, NVersZ 2001, 506 (unter 1).
[13] OLG Köln v. 29. 4. 1997, VersR 1998, 180.
[14] Berliner Kommentar/*Schwintowski*, § 5a Rn. 88; *Prölss/Martin/Prölss*, Zusatz zu § 1 Rn. 4 und § 3 Rn. 43.
[15] So LG Hannover v. 26. 7. 1979, VersR 1980, 350; *Jabornegg*, S. 45 f.
[16] OLG Hamm v. 24. 10. 1990, VersR 1991, 914; OLG München v. 15. 3. 1988, r+s 1988, 372; *Henzler*, S. 162; *Römer/Langheid/Römer*, Vor § 1 Rn. 28; *Sieg*, VersR 1986, 929; vgl. auch *Martin*, Sachversicherungsrecht, K II Rn. 21.
[17] BGH v. 16. 6. 1982, BGHZ 84, 268 = VersR 1982, 841 (unter II 3).
[18] *Henzler*, S. 162.
[19] OLG Hamm v. 6. 5. 1992, VersR 1992, 1462.

verpflichtet sein, wenn ihm wegen unzureichender Aufklärung über die Notwendigkeit und Möglichkeit vorläufiger Deckung ein Verschulden bei Vertragsschluss zur Last fällt (s. Rn. 81).

Die Zusage vorläufiger Deckung durch den VR kann an bestimmte Bedingungen ge- **11** knüpft sein, deren Vorliegen oder Nichtvorliegen im Zeitpunkt des Vertragsschlusses bereits feststeht, auch wenn subjektiv bei einer oder beiden Vertragsparteien bei Abgabe ihrer Vertragserklärung Ungewissheit darüber bestehen mag. Solche Bedingungen liegen vor, wenn die Zusage vorläufiger Deckung ab Eingang des Antrags für den Hauptvertrag unter der Voraussetzung gegeben wird, dass der beantragte Versicherungsbeginn aus dem Hauptvertrag nicht später als eine näher bestimmte Zeit nach Unterzeichnung des Antrags liegt, dass der Antrag auf Abschluss eines Hauptvertrags den vom VR angebotenen Tarifen und Bedingungen entspricht oder dass der VN bei Antragstellung ein bestimmtes Lebensalter nicht überschritten hat[20]. Anders als bei einer Bedingung im Sinne von § 158 BGB wird die Wirksamkeit des Rechtsgeschäfts in diesen Fällen nicht von einem zukünftigen ungewissen Ereignis abhängig gemacht, sondern geht es allenfalls um die Aufklärung bereits eingetretener Tatsachen. Eine solche sog. **Gegenwartsbedingung** hat je nach dem Ergebnis der Aufklärung zur Folge, dass das Rechtsgeschäft entweder voll wirksam oder in vollem Umfang unwirksam ist[21]. Das heißt, bei Fehlen der genannten Voraussetzungen kommt kein gültiger Vertrag über die vorläufige Deckung zustande. Es wird nicht etwa nur der materielle Versicherungsbeginn aufgeschoben.

In der **Kraftfahrtversicherung** gilt die Aushändigung der zur behördlichen Zulassung **12** notwendigen **Versicherungsbestätigung nach § 23 FZV** als Zusage vorläufiger Deckung[22], die der VN entweder vorher beantragt hat[23] oder spätestens mit der Entgegennahme der Bestätigung – gegebenenfalls unter Verzicht des VR auf den Zugang der Annahme nach § 151 S. 1 BGB – annimmt[24]. An die Stelle der Aushändigung der Versicherungsbestätigung tritt bei elektronischer Übermittlung der Versicherungsbestätigung an die Zulassungsbehörde (§ 23 Abs. 3 S. 1 FZV) die Mitteilung der Versicherungsbestätigungs-Nummer durch den VR, die der VN nach § 6 Abs. 4 Nr. 4 Buchst. b FZV im Zulassungsantrag anzugeben hat (vgl. Abschn. B.2.1 AKB 2008). Für den Fall, dass der VN einen einheitlichen Antrag auf Abschluss einer Kfz-Haftpflicht- und einer Fahrzeugversicherung stellt, hat die Rechtsprechung[25] eine Auslegungsregel entwickelt, nach der die Aushändigung der Versicherungsbestätigung den VR im Wege der Individualvereinbarung regelmäßig **zur Gewährung vorläufigen Deckungsschutzes auch in der Fahrzeugversicherung verpflichtet, wenn er** den VN **nicht deutlich darauf hinweist,** dass **vorläufige Deckung nur in der Haftpflichtversicherung** gewährt wird. Diese Rechtsprechung beruht darauf, dass das Vorgehen des VR bei dem VN nach Treu und Glauben und der Verkehrsauffassung (§§ 133, 157 BGB) die Vorstellung erweckt, der VR behandle die kombinierten Versicherungen im Stadium vorläufigen Deckungsschutzes einheitlich, solange dem VN nichts Gegenteiliges erklärt wird. Die Anwendung dieser Auslegungsregel setzt nicht voraus, dass im Zeitpunkt der Aushändigung der Versicherungsbestätigung (oder der Mitteilung der Versicherungsbestätigungs-Nummer) bereits ein schriftlicher Antrag auf Abschluss des Hauptvertrages gestellt ist. Es genügt, wenn der VN dem VR oder

---

[20] Vgl. § 2 der Allgemeinen Bedingungen für den vorläufigen Versicherungsschutz in der Lebensversicherung (Fn. 10).

[21] Münchener Kommentar BGB/*Westermann,* 5. Aufl., § 158 Rn. 52f.; *Soergel/Wolf,* vor § 158 Rn. 10; *Staudinger/Bork* (2003), Vorbem zu §§ 158–163 Rn. 28.

[22] BGH, v. 15. 3. 1978, VersR 1978, 457 (458); v. 8. 6. 1964, VersR 1964, 840 (841); v. 25. 6. 1956, BGHZ 21, 122 (124ff.), jeweils zu § 29a StVZO.

[23] OLG Frankfurt/M. v. 4. 12. 1992, VersR 1993, 1347 (1348).

[24] OLG Hamburg v. 20. 12. 1985, VersR 1988, 258 (259).

[25] BGH v. 14. 7. 1999, NJW 1999, 3560; v. 19. 3. 1986, VersR 1986, 541 (542); ebenso OLG Schleswig v. 25. 5. 2007, OLGR Schleswig 2007, 726; OLG Karlsruhe v. 20. 7. 2006, NJW-RR 2006, 1540 (unter II 2a); SaarlOLG v. 20. 4. 2006, VersR 2006, 1353 (unter II 1b); v. 22. 3. 2000, VersR 2001, 323 (324); OLG Köln v. 24. 10. 2000, VersR 2002, 970; OLG Hamm v. 28. 5. 1997, NJW-RR 1998, 27; v. 26. 4. 1989, VersR 1990, 82 (84).

seinem Versicherungsvertreter den Wunsch nach Kaskoversicherungsschutz in dem noch abzuschließenden Hauptvertrag telefonisch oder sonst mündlich mitgeteilt hat. Die gebotene
unmissverständliche Klarstellung, dass entgegen dem Wunsch des VN nach Kaskoversicherungsschutz vorläufig nur das Haftpflichtrisiko gedeckt ist, kann nicht durch einen formularmäßigen Hinweis auf der Versicherungsbestätigung erteilt werden, weil die Versicherungsbestätigung nicht in erster Linie für den VN, sondern für die Zulassungsstelle bestimmt ist.
Ebenso wenig genügt der Hinweis in § 1 Abs. 3 AKB 2004[26], wonach die Aushändigung der
Versicherungsbestätigung nur für die Kraftfahrzeug-Haftpflichtversicherung als Zusage vorläufiger Deckung gilt[27]. Ob der Hinweis in Abschn. B.2.2 AKB 2008 („In der Kasko- und der
Kfz-Unfallversicherung haben Sie vorläufigen Versicherungsschutz nur, wenn wir dies ausdrücklich zugesagt haben") ausreicht, wenn dem VN die AKB zusammen mit der Versicherungsbestätigung übermittelt werden, ist zweifelhaft, weil der VN nicht damit rechnet, dass
sein individueller Antrag auf vorläufigen Versicherungsschutz (auch) in der Fahrzeugversicherung durch die Überlassung Allgemeiner Versicherungsbedingungen abgelehnt wird. Allein
mit dieser Bestimmung ändert sich jedenfalls nichts an der Vorstellung des VN von der einheitlichen Behandlung seines Antrags auf Versicherungsschutz in den beiden Versicherungssparten. Derjenige, dem diese Bestimmung der AKB unbekannt oder nicht mehr gegenwärtig ist,
ist unverändert schutz- und aufklärungsbedürftig und versteht die Aushändigung der Versicherungsbestätigung weiterhin auch als vorläufige Deckungszusage in der gewünschten Kaskoversicherung[28]. Empfehlenswert ist eine drucktechnisch deutlich hervorgehobene Belehrung auf
dem – vom VN vorher unterzeichneten – Antragsformular oder eine gesonderte schriftliche
Belehrung[29].

II. Bindung des VR an Zusagen seines Versicherungsvertreters

1. Vertretungsmacht des Versicherungsvertreters

13   Vollmacht für die Zusage vorläufiger Deckung hat nur der Versicherungsvertreter, der damit betraut ist, Versicherungsverträge abzuschließen und nicht lediglich zu vermitteln (§ 59
Abs. 2, §§ 69, 71 VVG). Der VR kann die Vertretungsmacht des Vermittlungsagenten für die
Zusage vorläufiger Deckung **rechtsgeschäftlich** erweitern. Das geschieht etwa dadurch, dass
er ihm blanko unterschriebene Deckungszusagen[30] oder Antragsformulare für den Hauptvertrag überlässt, die für den Fall der Beantragung des Hauptvertrages die Zusage vorläufiger Deckung enthalten. Nach der Rechtsprechung des Bundesgerichtshofes[31] ergibt sich eine Vollmacht des Versicherungsvertreters zur Erteilung einer vorläufigen Deckungszusage zumindest
kraft Rechtsscheins daraus, dass die Versicherung ihm mit faksimilierten Unterschriften
versehene Versicherungsbestätigungen an die Hand gibt. Dasselbe gilt, wenn dem Vermittler,
auch einem Versicherungsmakler, von dem VR Antragsformulare zur Verfügung gestellt werden, die so ausgestaltet sind, dass der VN davon ausgehen muss, der Vermittler sei berechtigt,
durch seine Unterschrift vorläufige Deckung zu gewähren[32].

2. Gewohnheitsrechtliche Erfüllungshaftung

14   Bei Fehlen der Vertretungsmacht des Versicherungsvertreters kommt zwar kein den VR
bindender Vertrag über die vorläufige Deckung zustande, in vielen Fällen wird aber dennoch
eine Verpflichtung des VR zur Gewährung vorläufigen Versicherungsschutzes aufgrund der

---

[26] *Dörner,* Versicherungsbedingungen, S. 344 ff.
[27] SaarOLG v. 20. 4. 2006, VersR 2006, 1353 (unter II 1b); OLG Karlsruhe v. 20. 7. 2006, NJW-RR
2006, 1540 (unter II 2a).
[28] Vgl. SaarOLG v. 20. 4. 2006, VersR 2006, 1353 (unter II 1b).
[29] *Stiefel/Hofmann,* § 1 AKB Rn. 74; *Prölss/Martin/Knappmann,* § 1 AKB Rn. 8.
[30] *Römer/Langheid/Langheid,* § 43 Rn. 37; *Stiefel/Hofmann,* § 1 AKB Rn. 75.
[31] BGH v. 13. 11. 1985, VersR 1986, 541; vgl. auch LG Köln v. 10. 10. 2002, r+s 2003, 100.
[32] OLG Köln v. 6. 7. 2004, Schaden-Praxis 2005, 139; OLG Düsseldorf v. 31. 10. 2003, VersR 2004,
1170.

von der Rechtsprechung[33] anerkannten gewohnheitsrechtlichen Erfüllungshaftung begründet sein[34]. Diese setzt voraus, dass der VN auf die (konkludente) Zusage vorläufiger Deckung durch den Versicherungsvertreter vertraut hat und den VN kein erhebliches eigenes Verschulden an seinem Irrtum trifft.

Es ist streitig, ob ein die **gewohnheitsrechtliche Erfüllungshaftung ausschließendes**   **15** **erhebliches eigenes Verschulden** des VN anzunehmen ist, wenn der VR im Antragsformular für den Hauptvertrag oder in den AVB – sei es für den Hauptvertrag, sei es für den vorläufigen Versicherungsschutz – darauf hinweist, dass dem Versicherungsvertreter (mündliche) Deckungszusagen nicht gestattet sind[35]. Soweit es bei der Zusage vorläufiger Deckung um das „Ob" der Gewährung vorläufigen Versicherungsschutzes geht, kann dem Inhalt der AVB, deren Geltung einen wirksam geschlossenen Vertrag voraussetzt, für die Schutzwürdigkeit des Vertrauens des VN in die Zusage des Versicherungsvertreters von vornherein keine Bedeutung zukommen. Der VN ist deshalb nicht gehalten, zur Vermeidung eines erheblichen Eigenverschuldens ihm überlassene AVB auf eine Bestimmung über die Bevollmächtigung des Versicherungsvertreters für die Zusage vorläufiger Deckung hin zu überprüfen oder gar AVB, die ihm nicht gleichzeitig mit der Zusage überlassen werden, zum Zwecke einer solchen Überprüfung anzufordern. Ob das grundsätzlich berechtigte Vertrauen des VN in die Zusage des Versicherungsvertreters durch einen Hinweis auf dem Antragsformular erschüttert wird, ist eine Frage der Gestaltung im Einzelfall[36]. Nimmt ein VN Hinweise auf der Rückseite des Antragsformulars oder versteckt innerhalb einer Vielzahl anderer Hinweise auf der Vorderseite nicht zur Kenntnis, mag dies einfache Fahrlässigkeit begründen. Ein erhebliches Eigenverschulden wird man dagegen regelmäßig nur bei drucktechnisch deutlich hervorgehobenen, bei der Unterzeichnung des Antrags ins Auge fallenden Hinweisen darauf annehmen können, dass dem Versicherungsvertreter Deckungszusagen verboten sind.

III. Beratungs- und Dokumentationspflichten des VR

Die Informationspflichten, die sich nach den §§ 6 und 62 VVG aus den Beratungs- und   **16** Dokumentationspflichten des VR und des Versicherungsvermittlers ergeben, **bleiben grundsätzlich** auch bei einem Vertrag über vorläufigen Versicherungsschutz **unberührt.** Allerdings dürfen der nach § 6 Abs. 1 VVG zu erteilende Rat und die Gründe hierfür dem VR statt in Textform **mündlich übermittelt** werden, wenn und soweit der VR vorläufige Deckung gewährt (§ 6 Abs. 2 S. 2 VVG). In diesem Fall sind die Angaben unverzüglich nach Vertragsschluss dem VN in Textform zu übermitteln, es sei denn, es handelt sich um einen Vertrag über vorläufige Deckung bei einer Pflichtversicherung. Bei der Kraftfahrtversicherung ist also die nachträgliche Übersendung bezüglich der Haftpflichtversicherung entbehrlich, nicht dagegen bezüglich der Kaskoversicherung[37]. Eine vergleichbare Regelung gilt nach § 62 Abs. 2 VVG für die Informationen nach § 60 Abs. 2 und § 61 Abs. 1 VVG.

---

[33] BGH v. 4. 7. 1989, VersR 1989, 948 = NJW 1989, 3095; v. 15. 3. 1978, VersR 1978, 457.

[34] OLG Hamm v. 20. 12. 1996, r+s 1997, 280; OLG Hamm v. 8. 11. 1996, VersR 1997, 1264 (1265); OLG Köln v. 19. 5. 1994, VersR 1995, 157; OLG Hamm v. 6. 5. 1992, VersR 1992, 1462; OLG Karlsruhe v. 3. 3. 1988, VersR 1990, 889 (891); OLG Köln v. 25. 4. 1985, r+s 1985, 284 (285); Berliner Kommentar/*Schwintowski*, § 5a Rn. 91; Berliner Kommentar/*Gruber*, § 43 Rn. 25, § 45 Rn. 4; *Prölss/Martin/Kollhosser*, § 45 Rn. 4 i. V. m. § 43 Rn. 32; *Römer/Langheid/Langheid*, § 43 Rn. 46; *Sieg*, VersR 1998, 162 (163); a. M.: *Prölss/Martin/Prölss*, Zusatz zu § 1 Rn. 4 und § 3 Rn. 44.

[35] So OLG Frankfurt/M. v. 5. 4. 1989, VersR 1990, 782; OLG Schleswig v. 5. 10. 1984, VersR 1985, 756; *Römer/Langheid/Langheid*, § 43 Rn. 46; *Stiefel/Hofmann*, § 1 AKB Rn. 45; a. M.: OLG Hamm v. 20. 12. 1996, r+s 1997, 280; OLG Karlsruhe v. 3. 3. 1988, VersR 1990, 889 (891); Berliner Kommentar/*Schwintowski*, § 5a Rn. 91.

[36] *Prölss/Martin/Kollhosser*, § 45 Rn. 4.

[37] *Maier*, r+s 2006, 485 (486 f.).

IV. Einbeziehung von AVB

1. Allgemeines

17   Leistungsausschlüsse und Obliegenheiten, aber vor allem auch das versicherte Risiko und der Umfang des Versicherungsschutzes werden in erheblichem Umfang durch Allgemeine Versicherungsbedingungen bestimmt. Sie haben vielfach „**produktfestlegenden Charakter**"[38], ihre Einbeziehung in den Versicherungsvertrag ist deshalb im Hinblick auf die Rechte und Pflichten der Vertragsparteien von grundlegender Bedeutung. Grundsätzlich hat der VR dem VN gemäß § 7 Abs. 1 VVG seine Vertragsbestimmungen einschließlich der Allgemeinen Versicherungsbedingungen sowie die in der Rechtsverordnung nach § 7 Abs. 2 VVG bestimmten Informationen rechtzeitig vor Abgabe von dessen Vertragserklärung in Textform mitzuteilen. Damit werden zugleich die **Anforderungen von § 305 Abs. 2 BGB** für die Einbeziehung der Allgemeinen Versicherungsbedingungen in den Vertrag erfüllt[39].

2. Modifikation der Informationsregelung des § 7 VVG für die vorläufige Deckung

18   Bei einem Versicherungsvertrag, dessen wesentlicher Inhalt die Gewährung vorläufiger Deckung durch den VR ist, **kann** nach § 49 Abs. 1 S. 1 VVG **vereinbart werden,** dass dem VN die Vertragsbestimmungen und die Informationen nach § 7 Abs. 1 in Verbindung mit einer Rechtsverordnung nach § 7 Abs. 2 VVG **nur auf Anforderung und spätestens mit dem Versicherungsschein** vom VR **zu übermitteln** sind. Der Gesetzgeber ist davon ausgegangen, dass die kurze Dauer des Vertrags über vorläufigen Versicherungsschutz und die in § 52 VVG zusätzlich vorgesehenen Möglichkeiten der vorzeitigen Vertragsbeendigung eine unangemessene Benachteiligung des Versicherungsnehmers weitgehend ausschließen[40]. Die Regelung knüpft an § 5a Abs. 3 VVG a. F. an, der bei Gewährung sofortigen Versicherungsschutzes – das ist insbesondere bei der vorläufigen Deckung der Fall – die Möglichkeit eines Verzichts auf die Überlassung der Versicherungsbedingungen und der Verbraucherinformation nach § 10a VAG bei Antragstellung vorsah mit der Folge, dass das ansonsten gegebene Widerspruchsrecht des VN nach Überlassung des Versicherungsscheins und der vorgenannten Unterlagen entfiel[41].

19   Die Anwendung der besonderen Informationsregelung des Satzes 1 von § 49 Abs. 1 VVG ist nach Satz 2 der Vorschrift **ausgeschlossen für** Verträge über vorläufige Deckung, welche die Kriterien eines **Fernabsatzvertrags im Sinne des § 312b Abs. 1 und 2 BGB** erfüllen. Eine Unterrichtung des VN durch den VR erst nach Vertragsschluss ist in diesen Fällen allerdings nach § 7 Abs. 1 S. 3 VVG zulässig, wenn die Vorabinformation nicht möglich ist, weil der Vertrag auf Verlangen des VN telefonisch oder unter Verwendung eines anderen Kommunikationsmittels geschlossen wird, das die Information in Textform vor der Vertragserklärung des VN nicht gestattet, oder wenn der VN durch eine gesonderte schriftliche Erklärung auf eine Information vor Abgabe seiner Vertragserklärung ausdrücklich verzichtet; in beiden Fällen muss die Information unverzüglich nach Vertragsschluss nachgeholt werden.

20   Da § 49 Abs. 1 S. 1 VVG **kein Formerfordernis** statuiert, kann die Vereinbarung darüber, dass dem VN die Vertragsbestimmungen und die Informationen nach § 7 Abs. 1 in Verbindung mit einer Rechtsverordnung nach § 7 Abs. 2 VVG nur auf Anforderung und spätestens mit dem Versicherungsschein vom VR zu übermitteln sind, schriftlich oder mündlich und

---

[38] *Dörner/Hoffmann,* NJW 1996, 153 (155).

[39] *Schimikowski,* r+s 2007, 309 (310).

[40] VVG-Reform Regierungsentwurf (2006), S. 184.

[41] Beschlussempfehlung und Bericht des Finanzausschusses (BT-Drucks. 12/7595, S. 111): „Soweit sofortiger Deckungsschutz gewünscht und vereinbart wird, kann der VN für diesen Zeitraum auf die vorherige Überlassung der Versicherungsbedingungen und der Verbraucherinformation verzichten. In bezug auf den sofortigen Deckungsschutz hat der VN dann aber auch kein Widerspruchsrecht." Vgl. auch *Stiefel/Hofmann,* § 5a VVG Rn. 10 und 27; *Prölss/Martin/Prölss,* § 5a Rn. 60.

auch stillschweigend zustande kommen[42]. Dabei wird man auch eine **formularmäßige Vereinbarung** für wirksam erachten müssen[43].

Unklar ist, **ob** der VR die Unterlagen im Falle des Zustandekommens einer Vereinbarung **21** nach § 49 Abs. 1 S. 1 VVG **nur auf Anforderung** des VN **oder auch ohne eine solche** spätestens mit der Übersendung des Versicherungsscheins zu überlassen hat (vgl. § 5 a Abs. 3 S. 2 VVG a. F.). Der Wortlaut und die Begründung zum Gesetzentwurf[44] sprechen dafür, dass die Pflicht des VR zur Übermittlung der Informationen einschließlich der Vertragsbestimmungen nur durch eine (vor Übersendung des Versicherungsscheins erfolgende) Anforderung des VN ausgelöst wird. Da für die vorläufige Deckung vielfach kein gesonderter Versicherungsschein ausgestellt wird, obwohl es sich dabei um einen eigenständigen Vertrag handelt und § 3 VVG grundsätzlich auch für die vorläufige Deckung gilt[45], muss man die Regelung wohl dahin verstehen, dass der Versicherungsschein für den Hauptvertrag gemeint ist. Für den Hauptvertrag bleibt es bei den Informationspflichten des VR nach § 7 Abs. 1 VVG in Verbindung mit der Rechtsverordnung nach § 7 Abs. 2 VVG[46].

Kommt eine **Vereinbarung** nach § 49 Abs. 1 Satz 1 VVG **nicht zustande,** bleibt es bei **22** der **Verpflichtung des VR zur Übermittlung** der Vertragsbestimmungen und der Informationen nach § 7 Abs. 1 in Verbindung mit einer Rechtsverordnung nach § 7 Abs. 2 VVG **vor** Abgabe der **Vertragserklärung des VN.** Die bei einem Verstoß gegen diese Verpflichtung regelmäßig drohende **Sanktion,** dass dem VN bis zur Übersendung ein **Widerrufsrecht** zusteht (§ 8 Abs. 1 und 2 VVG), **tritt** allerdings bei Versicherungsverträgen über vorläufige Deckung **nicht ein,** es sei denn, es handelt sich um einen Fernabsatzvertrag im Sinne des § 312b Abs. 1 und 2 BGB (§ 8 Abs. 3 S. 1 Nr. 2 VVG).

3. Geltung von AVB

a) Eine Verletzung der Pflicht zur Mitteilung der Vertragsbestimmungen einschließlich **23** der AVB sowie der in einer Rechtsverordnung nach § 7 Abs. 2 VVG bestimmten Informationen vor oder – im Falle einer Vereinbarung gemäß § 49 Abs. 1 S. 1 VVG – auf Anforderung des VN nach Abgabe von dessen Vertragserklärung hat **keinen Einfluss auf die Wirksamkeit des Vertrages** über den vorläufigen Versicherungsschutz **oder die Einbeziehung von AVB**[47]. Denn im Interesse einer möglichst einfachen Handhabung des vorläufigen Versicherungsschutzes nimmt es das Gesetz bei der vorläufigen Deckung nunmehr hin, dass dem VN die AVB nicht nur nicht vor Abgabe seiner Vertragserklärung, sondern bei Vertragsschluss überhaupt nicht ausgehändigt oder auf andere Weise übermittelt werden[48]. Nach § 49 Abs. 2 S. 1 VVG werden in diesem Fall die vom Versicherer zu diesem Zeitpunkt für den vorläufigen Versicherungsschutz **üblicherweise verwendeten Bedingungen,** bei Fehlen solcher Bedingungen die für den Hauptvertrag vom Versicherer verwendeten Bedingungen **auch ohne ausdrücklichen Hinweis** hierauf **Vertragsbestandteil,** und zwar selbst dann, wenn der VN nicht gemäß § 49 Abs. 1 Satz 1 VVG auf die Mitteilung der Vertragsbestimmungen vor Antragstellung verzichtet hat.

Darin liegt eine **Abweichung von § 305 Abs. 2 Nr. 1 und 2 BGB,** die dem Interesse des **24** VN an der Gewährung eines inhaltlich hinreichend bestimmten vorläufigen Versicherungsschutzes Vorrang einräumt vor der Kenntnis der AVB im Einzelnen. Dass Versicherungsschutz

---

[42] VVG-Reform Regierungsentwurf (2006), S. 184.

[43] Ebenso zu § 5 a Abs. 3 S. VVG a. F. *Prölss/Martin/Prölss,* § 5 a Rn. 63; *Schirmer,* VersR 1996, 1045 (1053); *Schirmer/Höhne,* DAR 1996, 477 (480).

[44] VVG-Reform Regierungsentwurf (2006), S. 184 „nur auf Verlangen des VN spätestens mit dem Versicherungsschein".

[45] *Römer/Langheid/Römer,* § 3 Rn. 5.

[46] Ebenso zu § 5 a Abs. 3 VVG a. F. Berliner Kommentar/*Schwintowski,* § 5 a Rn. 95; *Dörner/Hoffmann,* NJW 1996, 153 (158 f.); *Prölss/Martin/Prölss,* § 5 a Rn. 64; *Römer/Langheid/Römer,* § 5 a Rn. 48; *Schimikowski,* r+s 1996, 1 (3); *Schirmer,* VersR 1996, 1045 (1053 f.); *Schirmer/Höhne,* DAR 1996, 477 (484); *Stiefel/Hofmann,* § 5 a VVG Rn. 27.

[47] Vgl. zu § 5 a Abs. 3 VVG a. F. *Prölss/Martin/Prölss,* § 5 a Rn. 65; *Stiefel/Hofmann,* § 5 a VVG Rn. 30.

[48] *Schimikowski,* r+s 2007, 309 (311).

regelmäßig auf der Grundlage von AVB gewährt wird, kann als allgemein bekannt vorausgesetzt werden. Das Schutzbedürfnis des VN ist deshalb, soweit es nicht um die Kenntnis der AVB im Einzelnen, sondern um die Frage geht, ob dem Vertrag überhaupt Allgemeine Versicherungsbedingungen zugrunde liegen, gering.

25   § 49 Abs. 2 S. 2 VVG berücksichtigt den Fall, dass der Versicherer **unterschiedliche AVB** verwendet, ohne die maßgebliche Fassung für die vorläufige Deckungszusage hinreichend genau zu bezeichnen. Sofern sich insoweit die bestehenden Zweifel, insbesondere durch Auslegung der Texte, nicht ausräumen lassen, wird die für den VN im konkreten Fall günstigste Fassung Vertragsbestandteil.

26   **b)** Die Neuregelung greift die schon im Rahmen von § 5a Abs. 3 VVG a. F. zu verzeichnende Tendenz auf, die Einbeziehung von Allgemeinen Versicherungsbedingungen beim Wunsch des VN nach sofortigem Versicherungsschutz weitgehend zu erleichtern[49]. Denn der Inhalt des vorläufigen Versicherungsschutzes ist ohne AVB unklar und jedenfalls in den Randbereichen schwer zu fassen. Soweit nach altem Recht ohne AVB überhaupt eine Einigung über die essentialia negotii des Vertrages zustande kam, musste der Inhalt des Vertrages auf der Grundlage der Regelungen des VVG a. F.[50] und in vielen Fällen in Ermangelung dispositiven Gesetzesrechts durch eine ergänzende Vertragsauslegung[51] von den Gerichten bestimmt werden. Für den VN brachte dies den Nachteil einer nicht unerheblichen Rechtsunsicherheit. Deshalb wurde jedenfalls dann ein konkludenter Verzicht auf die Überlassung der AVB bei Antragstellung angenommen, wenn der VR bei Vertragsschluss ausdrücklich auf die Geltung bestimmter AVB – auch – für den Vertrag über den vorläufigen Versicherungsschutz hingewiesen[52] und der VN dem nicht widersprochen hatte[53]. Ein übereinstimmender Wille der Parteien zur Einbeziehung der vom VR für den Hauptvertrag verwendeten AVB in den Vertrag über den vorläufigen Versicherungsschutz wurde darüber hinaus auch ohne besonderen Hinweis des VR als gegeben erachtet, wenn der vorläufige Versicherungsschutz in unmittelbarem zeitlichen Zusammenhang mit einem Antrag auf Abschluss des Hauptvertrages beantragt oder gewährt und in dem Antrag auf Abschluss des Hauptvertrages auf die AVB hingewiesen wurde[54].

27   Die größten tatsächlichen Schwierigkeiten im Hinblick auf die Einbeziehung von AVB bereitete vor der VVG-Reform der vor allem in der Kraftfahrtversicherung häufige Fall, in dem **vorläufige Deckung telefonisch oder jedenfalls nur mündlich beantragt** wird, ohne dass gleichzeitig ein Antrag auf Abschluss eines Hauptvertrages gestellt und ohne dass dabei nachweisbar über die Geltung von AVB geredet wird. Die Einbeziehung von AVB in den Vertrag ist auch in diesen Fällen zur Erreichung eines Mindestmaßes an inhaltlicher Bestimmtheit nicht zuletzt im Interesse des VN sinnvoll. Der VR wurde deshalb, wenn der VN bei mündlichem Abschluss des Vertrages über die vorläufige Deckung die Überlassung der AVB nicht verlangte und auch im Übrigen keine Einwände gegen deren Einbeziehung erhob, als berechtigt angesehen, dieses Verhalten des VN auch ohne ausdrücklichen Hinweis auf die von dem VR verwendeten AVB als Verzicht auf deren Überlassung und als Einverständnis mit deren Geltung zu verstehen (jedenfalls soweit sie üblich sind und auf der Hand liegen)[55], weil der VN – so schon der Rechtsgedanke des § 5a Abs. 3 VVG a. F. – erkennbar

---

[49] Berliner Kommentar/*Schwintowski*, § 5a Rn. 105; *Schirmer*, VersR 1996, 1045 (1054); *Stiefel/Hofmann*, § 5a VVG Rn. 28.

[50] BGH v. 21. 12. 1981, VersR 1982, 381 (unter 3).

[51] BGH v. 8. 11. 2000, VersR 2001, 94 (96); BGH v. 22. 1. 1992, VersR 1992, 477 (unter 5).

[52] *Bruck/Möller*, § 1 Anm. 100.

[53] *Schirmer/Höhne*, DAR 1996, 477 (479f.), *Schirmer*, VersR 1996, 1045 (1053).

[54] *Martin*, Sachversicherungsrecht, K II Rn. 3; *Jabornegg*, S. 49; SaarlOLG v. 12. 3. 2003, VersR 2004, 50 (unter E 1).

[55] *Prölss/Martin/Prölss*, § 5a Rn. 60, 63, und Zusatz zu § 1 Rn. 9; *Römer/Langheid/Römer*, Vor § 1 Rn. 35; vgl. auch *Henzler*, S. 139 ff.; a. M.: *Blumberg*, NZV 1998, 305 (307, 309 f.); *Schirmer/Höhne*, DAR 1996, 477 (479); wohl auch Berliner Kommentar/*Schwintowski*, § 5a Rn. 104.

dem sofortigen Versicherungsschutz Vorrang vor einer genauen Information über den Vertragsinhalt einräumt.

V. Widerrufsrecht des VN nach § 8 VVG

§ 8 Abs. 1 S. 1 VVG räumt grundsätzlich dem VN das Recht ein, seine Vertragserklärung **28** innerhalb von zwei Wochen (bei Lebensversicherungen innerhalb von 30 Tagen, § 152 Abs. 1 VVG) nach Zugang des Versicherungsscheins und der Vertragsbestimmungen einschließlich der Allgemeinen Versicherungsbedingungen sowie der weiteren Informationen nach § 7 Abs. 1 und 2 VVG sowie einer Belehrung über das **Widerrufsrecht** und über die Rechtsfolgen des Widerrufs zu widerrufen. Bei Versicherungsverträgen über vorläufige Deckung sieht der Gesetzgeber das Widerrufsrecht als mit dem Zweck des vorläufigen Deckungsschutzes nicht vereinbar an[56]; es ist gemäß § 8 Abs. 3 S. 1 Nr. 2 VVG **ausgeschlossen.**

Der Ausschluss des Widerrufsrechts gilt **nicht, wenn** es sich bei dem Vertrag über die vor- **29** läufige Deckung um einen **Fernabsatzvertrag** im Sinne des § 312b Abs. 1 und 2 BGB handelt. In diesem Fall kann das Widerrufsrecht allerdings nach § 8 Abs. 3 S. 1 Nr. 1 VVG entfallen, wenn der Vertrag über die vorläufige Deckung für eine Laufzeit von weniger als einem Monat geschlossen ist. Andernfalls stellt sich die Frage, wann die Widerrufsfrist zu laufen beginnt, weil die Erfüllung der dafür erforderlichen Voraussetzungen des § 8 Abs. 2 VVG bei der vorläufigen Deckung in der Praxis auf nicht unerhebliche Schwierigkeiten stoßen dürfte[57].

Die Regelung ersetzt § 8 Abs. 4 und 5 VVG a. F., der dem VN bei allen Versicherungsver- **30** hältnissen mit einer längeren Laufzeit als einem Jahr ein Widerrufs- bzw. Rücktrittsrecht eingeräumt hat. Auch dieses Widerrufsrecht war für den Fall, dass der VR auf Wunsch des VN sofortigen Versicherungsschutz – damit wird u. a. die vorläufige Deckung erfasst – gewährt, ausgeschlossen (§ 8 Abs. 4 S. 5 VVG a. F.).

VI. Allgemeine Anfechtungs- und Unwirksamkeitsgründe

Im Übrigen gelten für den Vertrag über die vorläufige Deckung die allgemeinen Anfech- **31** tungs- und Unwirksamkeitsgründe. Der Vertrag kann wegen Irrtums (§ 119 BGB)[58], falscher Übermittlung (§ 120 BGB)[59] oder arglistiger Täuschung (§ 123 BGB)[60] **anfechtbar** sein (zur Arglistanfechtung wegen Verletzung einer vorvertraglichen Anzeigeobliegenheit gemäß §§ 19, 22 VVG s. Rn. 46). Dabei bedarf im Hinblick auf die Selbständigkeit des Vertrages über die vorläufige Deckung stets sorgfältiger Prüfung, ob der Anfechtungsgrund auch oder gerade diesen und nicht (nur) den Hauptvertrag betrifft.

Ein **Minderjähriger** bedarf zum Abschluss eines Versicherungsvertrages über die vorläu- **32** fige Deckung der Zustimmung seines gesetzlichen Vertreters, weil der Vertrag im Regelfall eine Verpflichtung zur Zahlung der Prämie für die Dauer des vorläufigen Versicherungsschutzes begründet und deshalb für den minderjährigen VN nicht lediglich rechtlich vorteilhaft ist[61]. **Nichtigkeit** des Vertrags über die vorläufige Deckung **nach § 138 Abs. 1 BGB** kommt nach der Rechtsprechung des Bundesgerichtshofs[62] in Betracht, wenn der VN und der Agent des VR den Vertrag in Kenntnis eines bereits eingetretenen Schadens rückdatieren.

---

[56] VVG-Reform Regierungsentwurf (2006), S. 155.
[57] *Maier,* r+s 2006, 485 (488).
[58] OLG Hamburg v. 20. 12. 1985, VersR 1988, 258.
[59] OLG Hamm v. 1. 7. 1983, VersR 1984, 173.
[60] OLG Schleswig v. 17. 12. 1992, r+s 1995, 26.
[61] BGH v. 2. 10. 2002, NJW 2003, 514 (unter II 2a); AG Eschweiler v. 25. 9. 2002, r+s 2003, 99, für den Fall einer Betreuung mit Einwilligungsvorbehalt.
[62] BGH v. 13. 11. 1985, VersR 1986, 131.

D. Beginn des Versicherungsschutzes
(materieller Versicherungsbeginn)

I. Allgemeines

33   Ohne besondere Vereinbarung ist bei der vorläufigen Deckung der materielle Versicherungsbeginn identisch mit dem formellen Versicherungsbeginn, d. h. der VN genießt Versicherungsschutz vom Zeitpunkt des Zustandekommens des Vertrages über die vorläufige Deckung an. Durch besondere Vereinbarung kann der materielle Versicherungsbeginn von weiteren Voraussetzungen, etwa dem Vorliegen eines unterzeichneten Antrags für einen Hauptvertrag, abhängig gemacht werden[63]. Vorläufige Deckung kann auch als **Rückwärtsversicherung** im Sinne von § 2 VVG, z. B. bezogen auf den Zeitpunkt der Antragstellung durch den VN, genommen werden[64]. In der **Kraftfahrtversicherung** beginnt der materielle Versicherungsschutz aus der vorläufigen Deckung spätestens im Zeitpunkt der Zulassung des Fahrzeuges oder bei einem zugelassenen Fahrzeug im Zeitpunkt der Einreichung der Versicherungsbestätigung bei der Zulassungsstelle (§ 9 S. 1 KfzPflVV).

II. Abhängigkeit von der Prämienzahlung

34   § 37 Abs. 2 VVG ist bei der vorläufigen Deckungszusage **abbedungen;** der VN braucht, wenn nichts anderes vereinbart ist, für die vorläufige Deckung entgegen § 33 Abs. 1 VVG die Prämie erst dann zu zahlen, wenn ihm der endgültige Versicherungsschein zur Einlösung vorgelegt wird (sog. deckende Stundung)[65], unabhängig davon, dass ein gesonderter Versicherungsschein für die vorläufige Deckung vielfach ohnehin nicht erteilt wird. Der VR kann aber auch den materiellen Versicherungsbeginn von einer vorherigen Prämienzahlung abhängig machen[66]. Das ist nunmehr in § 51 VVG ausdrücklich geregelt. Aus der Regelung folgt im Umkehrschluss, dass bei einem Vertrag über vorläufige Deckung das Einlösungsprinzip die Ausnahme und das Zusammenfallen des materiellen Versicherungsbeginns mit dem wirksamen Vertragsschluss die Regel ist[67]. Unabdingbare (vgl. § 51 Abs. 2 VVG) Voraussetzung für die Abhängigkeit des materiellen Versicherungsbeginns von der Prämienzahlung ist, dass der VR den VN darauf durch gesonderte Mitteilung in Textform oder durch einen auffälligen Hinweis im Versicherungsschein (falls ein solcher für die vorläufige Deckung erteilt wird) aufmerksam macht. Kommt der Versicherungsnehmer in einem solchen Fall mit der Zahlung der Prämie für die vorläufige Deckung in Verzug, kann der Versicherer nach § 37 Abs. 1 VVG vom Vertrag zurücktreten, solange die Zahlung nicht bewirkt ist.

III. Vorleistungsklauseln

35   **a)** Insbesondere in der Lebensversicherung wurden bisher Klauseln verwendet, nach denen Voraussetzung für vorläufigen Versicherungsschutz ab Eingang des Antrags auf Abschluss des Hauptvertrages ist, dass der **Einlösungsbeitrag für die beantragte (Haupt-)Versicherung gezahlt oder dem VR eine Ermächtigung zum Beitragseinzug erteilt** ist[68]. Eine solche

---

[63] OLG Köln v. 9. 7. 1996, r+s 1996, 337 (338); *Bruck/Möller*, § 1 Anm. 103.

[64] Berliner Kommentar/*Schwintowski*, § 5a Rn. 108; *Bruck/Möller*, § 1 Anm. 93 a. E.; *Martin,* Sachversicherungsrecht, K II Rn. 6; *Prölss/Martin/Prölss,* Zusatz zu § 1 Rn. 5.

[65] Berliner Kommentar/*Schwintowski*, § 5a Rn. 114; *Prölss/Martin/Prölss,* Zusatz zu § 1 Rn. 5, 10; *Römer/Langheid/Römer*, Vor § 1 Rn. 31; *Stiefel/Hofmann*, § 1 AKB Rn. 76; BGH v. 26. 4. 2006, VersR 2006, 913 (unter II 1 und 2); BGH v. 17. 4. 1967, BGHZ 47, 352 (unter III 2a); BGH v. 25. 6. 1956, BGHZ 21, 122 (unter 3); OLG Köln v. 13. 9. 1999, r+s 1999, 444.

[66] *Bruck/Möller*, § 1 Anm. 103; *Martin,* Sachversicherungsrecht, K II Rn. 5; *Prölss/Martin/Knappmann*, § 1 AKB Rn. 5; *Schimikowski*, Versicherungsvertragsrecht, Rn. 95.

[67] *Gitzel*, VersR 2007, 322 (325).

[68] § 2 der Allgemeinen Bedingungen für den vorläufigen Versicherungsschutz in der Lebensversiche-

Vorleistungsklausel ist dahin auszulegen, dass sie zwar nicht das Zustandekommen eines wirksamen Versicherungsvertrags über die vorläufige Deckung (den formellen Versicherungsbeginn) hindert, aber den materiellen Versicherungsschutz entsprechend § 37 Abs. 2 VVG von den genannten Voraussetzungen abhängig macht. Wenn nicht ausdrücklich gefordert ist, dass bereits bei Antragstellung der Einlösungsbeitrag gezahlt oder eine Einzugsermächtigung erteilt sein muss, wird der durchschnittliche VN, auf dessen Verständnis es für die Auslegung der Klausel ankommt, davon ausgehen, dass er eine der beiden Alternativen auch noch nach Abschluss des vorläufigen Versicherungsvertrages erfüllen und dadurch jedenfalls vom Zeitpunkt der Erfüllung an vorläufigen Versicherungsschutz erlangen kann. Das spricht gegen eine Auslegung als sog. Gegenwartsbedingung[69], die die Unwirksamkeit des Vertrages zur Folge hat, wenn sie nicht bereits im Zeitpunkt des Vertragsschlusses eingetreten ist (s. Rn. 11). Einer Auslegung als aufschiebende Bedingung für den formellen Versicherungsbeginn im Sinne von § 158 BGB (Erteilung der Einzugsermächtigung oder Zahlung des Einlösungsbetrages als zukünftiges ungewisses Ereignis) steht entgegen, dass nach dem Wortlaut und dem erkennbaren Sinn und Zweck der Klausel Versicherungsschutz auch dann zu keinem Zeitpunkt bestehen soll, wenn der VN eine zuvor erteilte Einzugsermächtigung widerruft, bevor der VR davon Gebrauch gemacht hat. Denn auch in diesem Fall fehlt es an der „Voraussetzung für den Versicherungsschutz", dass dem VR eine Ermächtigung zum Beitragseinzug erteilt ist.

b) Die Klausel begegnet Bedenken unter dem Gesichtspunkt einer unangemessenen Benachteiligung des VN im Sinne von § 307 BGB. Sie ist **nicht durch § 307 Abs. 3 S. 1 BGB einer Inhaltskontrolle entzogen**[70]. § 307 Abs. 3 S. 1 BGB beschränkt die Inhaltskontrolle nach § 307 Abs. 1 und 2, §§ 308 f. BGB auf Klauseln, die von Rechtsvorschriften abweichen oder diese ergänzen. Die Vorschrift soll weder eine Kontrolle der Preise oder Leistungsangebote ermöglichen noch sollen Vorschriften anderer Gesetze modifiziert werden. Da das Gesetz den Vertragspartnern grundsätzlich freistellt, Leistung und Gegenleistung im Vertrag frei zu bestimmen, unterliegen bloße Abreden über den unmittelbaren Gegenstand der Hauptleistung (sog. Leistungsbeschreibung) der AGB-rechtlichen Inhaltskontrolle ebenso wenig wie Vereinbarungen über das von dem anderen Teil zu erbringende Entgelt. Der Inhaltskontrolle entzogene Leistungsbeschreibungen sind solche, die Art, Umfang und Güte der geschuldeten Leistung festlegen. Klauseln, die das Hauptleistungsversprechen einschränken, verändern, ausgestalten oder modifizieren, sind hingegen inhaltlich zu kontrollieren. Damit bleibt nach herrschender Auffassung[71] für die der Überprüfung entzogene Leistungsbeschreibung nur der enge Bereich der Leistungsbeschreibung, ohne deren Vorliegen mangels Bestimmtheit oder Bestimmbarkeit des wesentlichen Vertragsinhalts ein wirksamer Vertrag nicht mehr angenommen werden kann. Das ist bei der Vorleistungsklausel nicht der Fall. Der Gegenstand der Hauptleistung besteht in der Gewährung von vorläufigem Versicherungsschutz gegen das Todesfall- oder ein sonstiges Risiko in dem im Einzelfall bestimmten Umfang. Dieses Hauptleistungsversprechen wird teilweise zurückgenommen und modifiziert, dadurch dass es nicht – jedenfalls nicht nur – von einer Gegenleistung, sondern von einer Vorleistung des VN auf den in Aussicht genommenen Hauptvertrag abhängig gemacht wird.

Durch diese Modifikation wird zwar nicht im Sinne von § 307 Abs. 2 Nr. 1 BGB von einer gesetzlichen Regelung abgewichen. Die Bestimmung bedeutet insbesondere **keine Abweichung von dem in § 33 VVG zum Ausdruck kommenden allgemeinen Grundsatz des Vertragsrechts,** nach dem eine Forderung aus einem Vertrag frühestens mit dem Vertragsschluss fällig werden kann[72]. Denn sie verpflichtet den VN nicht zur Zahlung des Einlösungsbeitrages für den Hauptvertrag oder zur Erteilung einer Einzugsermächtigung, sondern

---

rung (Fn. 10) enthält jetzt (Stand Mai 2008) nur noch die Voraussetzung der Ermächtigung zum Beitragseinzug.

[69] Anders für eine frühere Klauselfassung *Grebe,* S. 180 ff.

[70] Vgl. *Grebe,* S. 184 ff.

[71] BGH v. 24. 3. 1999, VersR 1999, 710 (unter A I 2a, st. Rspr.); *Ulmer/Brandner/Hensen/Fuchs,* § 307 BGB Rn. 40; *Wolf/Horn/Lindacher/Wolf,* § 8 Rn. 12.

[72] A. M.: *Grebe,* S. 189.

knüpft an das Unterbleiben der einen und der anderen Handlung lediglich die Rechtsfolge, dass kein vorläufiger Versicherungsschutz besteht.

38   Jedoch werden durch die Bestimmung wesentliche Rechte des VN und Pflichten des VR aus dem Vertrag über den vorläufigen Versicherungsschutz so eingeschränkt, dass die **Erreichung des Vertragszwecks gefährdet** erscheint (§ 307 Abs. 2 Nr. 2 BGB). Sinn und Zweck der vorläufigen Deckung ist die Gewährung von Versicherungsschutz für die Zeit der Vertragsverhandlungen über den Abschluss eines Hauptvertrages unabhängig davon, ob dieser zustande kommt oder nicht. Den Einlösungsbeitrag schuldet der VN dagegen nur, wenn der Hauptvertrag wirksam geschlossen wird. Muss er ihn zur Erlangung von vorläufigem Versicherungsschutz gleichwohl vorauszahlen, wird zum einen Druck auf den VN ausgeübt, den Hauptvertrag tatsächlich abzuschließen, selbst wenn die Bindefrist für seinen Antrag fruchtlos abläuft oder der VR seinen Antrag nur unter Änderungen anzunehmen bereit ist. Zum andern muss er sich jedenfalls tatsächlich so behandeln lassen, als sei ein Hauptvertrag zustande gekommen, wenn er vorläufigen Versicherungsschutz genießen will. Damit wird die Selbständigkeit des vorläufigen Versicherungsverhältnisses gegenüber dem endgültigen Versicherungsvertrag in Frage gestellt. Hinzu kommt, dass ein Einlösungsbeitrag der Höhe nach jedenfalls nicht endgültig feststeht, bevor der Hauptvertrag geschlossen ist und der VN deshalb der Gefahr ausgesetzt ist, einen falschen Betrag zu zahlen[73]. Dieser Gefahr kann der VN zwar durch die Erteilung einer Einzugsermächtigung entgehen. Ein schützenswertes Interesse des VR an einer Ermächtigung zum Einzug der (Erst-)Prämie für den in Aussicht genommenen Hauptvertrag ist jedoch vor dessen Abschluss ebenso wenig erkennbar wie ein berechtigtes Interesse des VR an einer Vorauszahlung dieses Beitrags. Der VR kann die Gewährung von vorläufigem Versicherungsschutz davon abhängig machen, dass der VN dafür eine gesonderte Prämie zahlt oder eine Ermächtigung zum Einzug der dafür vereinbarten Prämie erteilt. Wenn er sich entschließt, vorläufigen Versicherungsschutz unentgeltlich zu gewähren, ist mit dieser Entscheidung unmittelbar die Folge verknüpft, dass ihm ein Anspruch auf eine Gegenleistung des VN nur und erst zusteht, wenn ein endgültiger Versicherungsvertrag zustande kommt. Im Grunde dient die Vorleistungsklausel der Prüfung der Zahlungsfähigkeit oder jedenfalls ernsthaften Zahlungswilligkeit des VN im Hinblick auf den in Aussicht genommenen Hauptvertrag. Dieses Interesse des VR ist jedoch im Hinblick darauf, dass er Versicherungsschutz aus dem Hauptvertrag nach § 37 Abs. 2 VVG erst schuldet, wenn der Einlösungsbeitrag gezahlt ist, nicht schutzwürdig.

E. Inhalt des Vertrages über die vorläufige Deckung

I. Allgemeines

39   Art und Umfang des vom VR im Rahmen der vorläufigen Deckung gewährten Versicherungsschutzes werden durch die **vertraglichen Vereinbarungen** – seien sie individualvertraglicher Natur, seien es wirksam einbezogene AVB – bestimmt. Lücken in der vertraglichen Vereinbarung können gegebenenfalls gemäß §§ 315 f. BGB geschlossen werden[74]. Ohne besondere Vereinbarung ist davon auszugehen, dass der vorläufige Versicherungsschutz im Umfang des beantragten Hauptvertrages gewährt wird[75]. Da der Vertrag über den vorläufigen Versicherungsschutz gegenüber dem in Aussicht genommen Hauptvertrag selbständig ist, muss sein Inhalt jedoch nicht notwendig mit dem Inhalt des beabsichtigten oder später tatsächlich geschlossenen endgültigen Versicherungsvertrags übereinstimmen[76]. So können beispielsweise geringere Höchstsummen vereinbart werden. Umgekehrt kann der Versiche-

---

[73] LG Saarbrücken v. 5. 8. 1998, NVersZ 1999, 371.
[74] SaarOLG v. 20. 4. 2006, VersR 2006, 1353 (unter II 2b) zur Selbstbeteiligung bei der vorläufigen Deckung in der Vollkaskoversicherung.
[75] *Römer/Langheid/Römer,* § 159 Rn. 11; *van Bühren/Teslau,* § 14 Rn. 84.
[76] BGH v. 21. 12. 1981, VersR 1982, 381 (unter 2).

rungsschutz aus der vorläufigen Deckung auch weiter reichen als derjenige aus dem Hauptvertrag, wenn der VR z. B. aufgrund der zwischenzeitlich durchgeführten Risikoprüfung nur
unter Einbeziehung von Ausschlussklauseln zum Abschluss des Hauptvertrages bereit ist oder
in dem endgültigen Versicherungsvertrag das übernommene Risiko in anderer Weise einschränkt[77]. Eine solche Einschränkung des Versicherungsschutzes im Rahmen der endgültigen Deckung wirkt nicht auf den Umfang der vorläufigen Deckung zurück, weil man ohne
besondere Vereinbarung kein Einverständnis des VN mit einer nachträglichen Änderung des
Umfangs der vorläufigen Deckung annehmen kann[78].

II. Prämie

Gelegentlich gewähren VR vorläufige Deckung prämienfrei, weil sie die vorläufige De- **40**
ckung als Marketinginstrument nutzen oder weil die Prüfungszeit für den Hauptvertrag voraussichtlich länger dauern wird. Teilweise wird ein Beitrag nur für den Fall vereinbart, dass
während der vorläufigen Deckung ein Versicherungsfall eintritt[79]. Ist keine ausdrückliche Abrede getroffen, muss man davon ausgehen, dass aufgrund konkludenter Vereinbarung für die
vorläufige Deckung eine **Prämie geschuldet** ist.

Mit der Feststellung einer Prämienzahlungspflicht dem Grunde nach steht allerdings ihre **41**
Höhe noch nicht fest. Kommt später ein Hauptvertrag mit demselben VR zustande, der die
vorläufige Deckung gewährt hat, wird die Prämie für die vorläufige Deckung vielfach **in die
Prämienberechnung für den Hauptvertrag einbezogen,** indem der technische Versi-
cherungsbeginn gegenüber dem formellen und materiellen Versicherungsbeginn entspre-
chend vorverlegt wird. Gegen die Wirksamkeit einer solchen nachträglichen vertraglichen
Bestimmung der Höhe der für die vorläufige Deckung geschuldeten Prämie bestehen keine
Bedenken.

Wenn ein **Hauptvertrag nicht zustande kommt,** muss und kann eine gesonderte Ab- **42**
rechnung der Prämie für die vorläufige Deckung auf der Grundlage des Vertrages über die
vorläufige Deckung erfolgen. Dabei sind für die Höhe der Prämie in erster Linie die von den
Parteien getroffenen **vertraglichen Bestimmungen** maßgeblich. Vereinbart werden können – auch durch AVB – sowohl ein auf die Zeit der vorläufigen Deckung entfallender anteiliger Betrag der Jahresprämie (vgl. Abschn. B.2.7 AKB 2008[80]) als auch der höhere sog. Kurztarif, der den zusätzlichen Aufwand des VR bei einer unter einjährigen Versicherung abgelten
soll. Obwohl durch die VVG-Reform das Prinzip der Unteilbarkeit der Prämie aufgegeben
und an seine Stelle eine pro-rata-temporis-Regel getreten ist[81], bleibt eine solche Vereinbarung in Abweichung von § 50 VVG wirksam[82].

Fehlt es an einer **Vereinbarung** über die Höhe der für die vorläufige Deckung geschulde- **43**
ten Prämie, kann der VR im Falle des Nichtzustandekommens des Hauptvertrags nach § 50
VVG (nur) **einen der Laufzeit der vorläufigen Deckung entsprechenden Teil** der Prämie verlangen, die beim Zustandekommen des Hauptvertrags für diesen zu zahlen wäre. Eine
Bestimmung der Höhe der Prämie durch den VR **gemäß § 315 Abs. 1, § 316 BGB** nach
billigem Ermessen, wie sie vor der VVG-Reform als zulässig angesehen wurde[83], **scheidet**
daher nach geltendem Recht **aus.** Bisher war streitig, ob der VR kraft einseitiger Leistungs-

---

[77] *Rixecker,* ZfS 2007, 314 (315); vgl. auch den Fall OLG Hamm v. 19. 2. 1982, VersR 1982, 1042.
[78] *Jabornegg,* S. 50 f.
[79] Vgl. § 5 der Allgemeinen Bedingungen für den vorläufigen Versicherungsschutz in der Lebensversicherung (Fn. 10); Bedenken dagegen bei *Sieg,* VersR 1986, 929; *Jabornegg,* S. 56 f.
[80] Allgemeine Bedingungen für die Kfz-Versicherung (Fn. 9).
[81] VVG-Reform Regierungsentwurf (2006), S. 180.
[82] VVG-Reform Regierungsentwurf (2006), S. 186.
[83] *Prölss/Martin/Prölss,* Zusatz zu § 1 Rn. 10; *Blumberg,* NZV 1998, 305 (307 f.); OLG Düsseldorf v.
29. 2. 2000, VersR 2000, 1355 (1356); a. M.: *Jabornegg,* S. 55 (stillschweigende Vereinbarung über die Anwendung der in Prämientarifen festgelegten Bemessungsgrundsätze für normale Risiken).

bestimmung immer nur eine Prämie pro rata temporis[84], allenfalls zuzüglich einer angemessenen Geschäftsgebühr[85], verlangen durfte oder ob eine Abrechnung nach Kurztarif nur dann unzulässig war, wenn die Gründe für das Scheitern des Hauptvertrages in der Sphäre des VR lagen, insbesondere wenn er die endgültige Deckung ablehnte[86]. Unter Berücksichtigung des **Sphärengedankens** war eine Beschränkung der Prämie für die vorläufige Deckung auf die Höhe des auf die Zeit des Versicherungsschutzes entfallenden anteiligen Jahresbeitrages bei einer Bestimmung nach billigem Ermessen jedenfalls nicht zwingend, wenn der VN das Scheitern des Hauptvertrages herbeigeführt hat.

44   Ist ein **rückwirkendes Außerkrafttreten der vorläufigen Deckung** im Falle der Nichteinlösung des Versicherungsscheins für den endgültigen Vertrag vereinbart (s. Rn. 62 f.), entfällt auch die Verpflichtung des VN zur Zahlung einer Prämie für die vorläufige Deckung, soweit sie sich ausschließlich aus dem vorläufigen Versicherungsverhältnis ergibt. Etwas anderes kommt nur dann in Betracht, wenn die Schuld durch Einbeziehung in den Hauptvertrag noviert worden ist. Im Falle des rückwirkenden Außerkrafttretens ist die vorläufige Deckung durch Nichteinlösung des Versicherungsscheins auflösend bedingt[87], d. h., der Vertrag als solcher tritt außer Kraft[88] und die Rechtsfolgen des Bedingungseintritts sollen vereinbarungsgemäß auf den Zeitpunkt des Vertragsschlusses zurückbezogen werden (§ 159 BGB). In der Rechtslehre[89] wird die Auffassung vertreten, dem VR stehe in diesem Fall eine Befugnis zur Abrechnung nach § 37 Abs. 1 i. V. m. § 39 Abs. 1 S. 3 VVG (§ 38 Abs. 1 i. V. m. § 40 Abs. 2 S. 2 VVG a. F.) zu, die dem VR beim Rücktritt von einem Kraftfahrtversicherungsvertrag wegen Nichteinlösung des Versicherungsscheins einen Anspruch auf eine angemessene Geschäftsgebühr gewähren. Für die Anwendung von § 37 Abs. 1 VVG, also für einen (fingierten) Rücktritt des VR von dem Vertrag über die vorläufige Deckung, ist jedoch kein Raum, wenn dieser Vertrag vereinbarungsgemäß durch Eintritt einer auflösenden Bedingung unwirksam geworden ist.

45   Wenn die Prämie für die vorläufige Deckung nach dem Vertrag ausnahmsweise schon vor Abschluss der Verhandlungen über den Hauptvertrag fällig ist, kann der VR bei Zahlungsverzug des VN – unabhängig davon, ob er den Beginn des Versicherungsschutzes von der Zahlung abhängig gemacht hat (§§ 51, 37 Abs. 2 VVG) – **gemäß § 37 Abs. 1 VVG vom Vertrag über die vorläufige Deckung zurücktreten.** Der VN schuldet dann nach § 39 Abs. 1 S. 3 VVG eine angemessene Geschäftsgebühr[90]. Die Rücktrittsfiktion des **§ 38 Abs. 1 S. 2 VVG a. F.,** nach der es als Rücktritt galt, wenn der VR den Anspruch auf die Erstprämie nicht innerhalb von drei Monaten vom Fälligkeitstag an geltend machte, und die nach der VVG-Reform ersatzlos entfallen ist[91], war im Bereich der vorläufigen Deckung schon bisher **unanwendbar,** wenn § 38 Abs. 2 VVG a. F. (entsprach § 37 Abs. 2 VVG) abbedungen war[92]. Sie diente dazu, einen Vertrag nicht länger in der Schwebe zu halten, damit der VR nicht zuwarten und die bis zum Verjährungsbeginn aufgelaufene Prämie einklagen konnte, ohne seinerseits Versicherungsschutz gewähren zu müssen. Der Anspruch des VR sollte stattdessen auf eine angemessene Geschäftsgebühr nach § 40 Abs. 2 S. 2 VVG a. F. (jetzt § 39 Abs. 1 S. 3 VVG) reduziert werden. Dafür besteht kein Anlass, wenn der VR bei der vorläufigen Deckung vollen Versicherungsschutz schon vor Zahlung der Prämie übernommen hat.

---

[84] Berliner Kommentar/*Schwintowski,* § 5a Rn. 117; *Blumberg,* NZV 1998, 305 (308).

[85] *Grebe,* S. 106.

[86] *Bruck/Möller,* § 1 Anm. 101; *Prölss/Martin/Prölss,* Zusatz zu § 1 Rn. 10; *Prölss/Martin/Knappmann,* § 1 AKB Rn. 24; *Jabornegg,* S. 55 ff.; OLG Köln v. 5. 6. 1974, VersR 1974, 898 (899).

[87] BGH v. 25. 6. 1956, BGHZ 21, 122 (unter 3).

[88] *Stiefel/Hofmann,* § 1 AKB Rn. 82.

[89] *Stiefel/Hofmann,* § 1 AKB Rn. 87. Die als Beleg angeführte Entscheidung des OLG Köln v. 5. 6. 1974, VersR 1974, 898, betrifft einen Fall der Abrechnung des gesamten VersVerhältnisses nach Kurztarif.

[90] *Gitzel,* VersR 2007, 322 (323).

[91] VVG-Reform Regierungsentwurf (2006), S. 178.

[92] OLG Düsseldorf v. 29. 2. 2000, VersR 2000, 1355 (1356 f.); *Jabornegg,* S. 27; *Prölss/Martin/Prölss,* Zusatz zu § 1 Rn. 10; *Römer/Langheid/Römer,* § 38 Rn. 21.

F. Rücktritt bzw. Kündigung des VR wegen Verletzung vorvertraglicher Anzeigeobliegenheiten (§ 19 VVG) sowie Anfechtung wegen arglistiger Täuschung über Gefahrumstände (§ 22 VVG) durch den VN

Die **§§ 19 ff. VVG finden** grundsätzlich auch auf den Vertrag über die vorläufige Deckung   **46** **Anwendung**[93]. Es bedarf jedoch stets sorgfältiger Prüfung, ob der Rücktritts- bzw. Kündigungsgrund oder der Anfechtungsgrund auch oder gerade den Vertrag über die vorläufige Deckung oder nur den Hauptvertrag betreffen[94]. Sagt der VR schon mit seinem Antragsformular für den Hauptvertrag vorläufige Deckung ab Antragseingang zu, kann diese Zusage nicht durch eine arglistige Täuschung beeinflusst sein, die der VN bei Stellung des Antrags für den Hauptvertrag begeht. Eine Anfechtung der vorläufigen Deckung nach § 123 BGB kommt deshalb nicht in Betracht, der VR hat das Risiko – für den Zeitraum der vorläufigen Deckung – ohne vorherige Prüfung übernommen. Aus diesem Grund scheiden auch ein Rücktritt bzw. eine Kündigung nach § 19 Abs. 2 oder 3 VVG aus, selbst wenn der VR gleichzeitig mit seiner Zusage vorläufiger Deckung für den Abschluss des Hauptvertrages nach gefahrerheblichen Umständen in Textform ausdrücklich gefragt hat. Denn für den VN ist offensichtlich, dass es dem VR für die vorläufige Deckung auf diese Umstände nicht ankommt[95]. Dem VN kann deshalb nicht entgegen gehalten werden, er müsse sich – weil ihm vorläufige Deckung gewährt worden sei – bei den Verhandlungen über den endgültigen Vertrag in besonderem Maße vertragstreu verhalten, eine dabei begangene arglistige Täuschung oder Verletzung einer Anzeigeobliegenheit könne nicht noch mit dem Erhalt der vorläufigen Deckung „prämiert" werden[96].

Bei einer ohne Risikoprüfung zugesagten vorläufigen Deckung kann es berechtig-   **47** ten Interessen des VR entsprechen, durch eine **Ausschlussklausel** Missbrauchsmöglichkeiten des VN entgegenzuwirken, die sich diesem dadurch eröffnen können, dass ihm hinsichtlich der Wahrscheinlichkeit eines Eintritts des Versicherungsfalles in dem (regelmäßig kurzen) Zeitraum der vorläufigen Deckung ein Wissensvorsprung zukommt. Die Klausel darf aber nicht so ausgestaltet sein, dass der VN dadurch schlechter steht, als er bei Durchführung einer Risikoprüfung gemäß §§ 19 ff. VVG stünde (§ 32 VVG, § 34 a a. F.)[97]. Die Rechte des VN aus dem Vertrag über die vorläufige Deckung werden in vertragszweckgefährdender Weise eingeschränkt, wenn sich der VR über eine Ausschlussklausel Leistungsfreiheit in weitergehendem Umfang ausbedingt, als er sie nach Durchführung einer Risikoprüfung erreichen könnte (§ 307 Abs. 2 Nr. 2 BGB)[98].

[93] Vgl. *Prölss/Martin/Prölss,* Zusatz zu § 1 Rn. 3; OLG Karlsruhe v. 20. 7. 2006, NJW-RR 2006, 1540 (unter II 2b); OLG Hamm v. 24. 9. 1986, VersR 1988, 173; LG Münster v. 7. 4. 2003, VersR 2004, 106, jeweils zu §§ 16 ff. VVG a. F.

[94] BGH v. 16. 10. 1991, VersR 1991, 1397 (unter 3); v. 9. 5. 1955, VersR 1955, 339 (340 unter 3); RG v. 12. 5. 1933, RGZ 140, 318 (321 f.); OLG Karlsruhe v. 20. 7. 2006, NJW-RR 2006, 1540 (unter II 2b); Berliner Kommentar/*Schwintowski,* § 5 a Rn. 96; *Bruck/Möller,* § 1 Anm. 102; *Prölss/Martin/Prölss,* Zusatz zu § 1 Rn. 2.

[95] SaarlOLG v. 12. 3. 2003, VersR 2004, 50 (unter B und C); OLG Karlsruhe v. 20. 7. 2006, NJW-RR 2006, 1540 (unter II 2b); vgl. auch *Martin,* Sachversicherungsrecht, K II Rn. 2; OLG Köln v. 23. 10. 1996, r+s 1997, 211 (213).

[96] So aber *Henzler,* S. 100 f., 104 ff.

[97] SaarlOLG v. 11. 7. 2007, VersR 2004, 621.

[98] BGH v. 21. 2. 2001, VersR 2001, 489 (unter 3 c); OLG Hamm v. 24. 9. 1999, NVersZ 2000, 517; vgl. auch SaarlOLG v. 21. 3. 2001, NVersZ 2001, 506.

G. Beendigung des Vertrages über die vorläufige Deckung (Ende des Versicherungsschutzes)

I. Befristung

48 Der Vertrag über die vorläufige Deckung kann auf unbestimmte Zeit oder befristet geschlossen sein. Die **Befristung** ist allerdings nur individualvertraglich uneingeschränkt zulässig. Eine Klausel in AVB, die die Dauer der vorläufigen Deckung ohne Rücksicht auf den Stand der Verhandlungen zum Abschluss des Hauptvertrags kalendermäßig bestimmt, ist wegen einer unangemessenen Benachteiligung des VN gemäß § 307 Abs. 1 und 2 Nr. 2 BGB unwirksam. Zweck der Vereinbarung vorläufiger Deckung ist die Schließung einer Lücke im Versicherungsschutz zwischen Antragstellung und dem Beginn des Versicherungsschutzes aus einem Hauptvertrag. Vorbehaltlich einer besonderen Vereinbarung der Parteien bestimmt dieser Zweck die Dauer der vorläufigen Deckung. Sie bleibt deshalb jedenfalls solange wirksam, bis der endgültige Versicherungsvertrag Versicherungsschutz begründet oder die Vertragsverhandlungen endgültig gescheitert sind, und umfasst damit insbesondere den Zeitraum, in dem beide Teile noch zum Abschluss eines Versicherungsvertrages bereit sind, bis zu einer endgültigen Einigung aber noch Meinungsverschiedenheiten über einige Vertragspunkte ausgeräumt werden müssen. Von diesem typischen Inhalt vertraglich zugesagter vorläufiger Deckung weicht eine Regelung für den VN nachteilig ab, die die Dauer der vorläufigen Deckung – ohne Rücksicht auf den konkreten Stand der Verhandlungen über den Abschluss eines endgültigen Versicherungsvertrags – kalendermäßig begrenzt. Mit ihr zeichnet sich der VR mit Fristablauf von der Verpflichtung, vorläufigen Versicherungsschutz zu gewähren, frei, obwohl der Antragsteller noch keinen Versicherungsschutz aus einem endgültigen Versicherungsvertrag erlangt hat, den abzuschließen beide Vertragsparteien nach wie vor anstreben. Die Klausel eröffnet damit also wieder eine Lücke im Versicherungsschutz, die zu schließen Grund und Ziel des Vertrages über den vorläufigen Versicherungsschutz ausmacht. Sie vereitelt demgemäß die Erreichung des wesentlichen Vertragszwecks, dem Antragsteller während der gesamten Dauer erfolgversprechender Vertragsverhandlungen Versicherungsschutz zu gewähren. Das führt zu einer unangemessenen Benachteiligung des VN und damit zur Unwirksamkeit einer solchen Klausel[99].

II. Beginn des Versicherungsschutzes aus dem Hauptvertrag

1. Erlöschen der vorläufigen Deckung im Zeitpunkt des materiellen Versicherungsbeginns

49 **a)** Der Vertrag über die vorläufige Deckung endet zu dem Zeitpunkt, zu dem der **materielle Versicherungsschutz aus einem Hauptvertrag** beginnt. Das ist nunmehr in § 52 Abs. 1 S. 1 VVG ausdrücklich geregelt und entsprach auch schon bisher allgemeiner Auffassung[100]. Der Beginn des materiellen Versicherungsschutzes aus dem Hauptvertrag setzt nach § 37 Abs. 2 VVG die Einlösung des Versicherungsscheins voraus, allerdings nur, wenn der VR den VN durch gesonderte Mitteilung in Textform oder durch einen auffälligen Hinweis im Versicherungsschein auf die Leistungsfreiheit bei Nichtzahlung der Erstprämie aufmerksam gemacht hat (§ 37 Abs. 2 Satz 2 VVG). Die nach Zustandekommen des Hauptvertrages und Übersendung des Versicherungsscheins zu zahlende erste Prämie ist – auch wenn darin die Prämie für den Zeitraum der vorläufigen Deckung einbezogen ist – Erstprämie im Sinne von

---

[99] BGH v. 3. 4. 1996, VersR 1996, 743 (unter II 2c bb); *Martin,* Sachversicherungsrecht, K II Rn. 8; *Prölss/Martin/Prölss,* Zusatz zu § 1 Rn. 8; *Römer/Langheid/Römer,* Vor § 1 Rn. 37.
[100] *Bruck/Möller,* § 1 Anm. 104; *E. Hofmann,* Privatversicherungsrecht, § 6 Rn. 11; *Henzler,* S. 180f.; *Jabornegg,* S. 89f.; *Prölss/Martin/Prölss,* Zusatz zu § 1 Rn. 6; *Römer/Langheid/Römer,* Vor § 1 Rn. 38 und 45; BGH v. 7. 2. 2007, NJW 2007, 2258 (unter III 1); v. 26. 4. 2006, VersR 2006, 913 (unter II 2); v. 3. 4. 1996, VersR 1996, 743 (unter II 2c bb); v. 25. 1. 1995, VersR 1995, 409 (unter 2b).

§ 37 VVG[101]. Da die vorläufige Deckung eine Lücke im Versicherungsschutz während der Zeit der Vertragsverhandlungen bis zum Beginn des Versicherungsschutzes aus dem Hauptvertrag vermeiden soll, reicht der formelle Versicherungsbeginn, also das bloße Zustandekommen des Hauptvertrages, für die Beendigung der vorläufigen Deckung nicht aus.

b) Beinhaltet der Hauptvertrag eine **Rückwärtsversicherung** im Sinne von § 2 Abs. 1 **50** VVG, bei der der materielle Versicherungsbeginn vor dem formellen Versicherungsbeginn, also vor dem Vertragsschluss liegt, erlischt mit dem rückwirkenden materiellen Versicherungsbeginn aus dem Hauptvertrag die vorläufige Deckung ganz oder teilweise mit entsprechender Rückwirkung[102]. Andernfalls käme es für den Zeitraum zwischen dem Beginn des materiellen Versicherungsschutzes aus dem Hauptvertrag und dem zeitlich danach liegenden formellen Versicherungsbeginn zu einer Mehrfachversicherung durch Hauptvertrag und vorläufige Deckung – § 78 VVG ist entsprechend anzuwenden, wenn der VN dasselbe Interesse durch zwei getrennte Versicherungsverträge bei demselben VR versichert hat oder wenn sich die Deckungsbereiche zweier, von ihm bei demselben VR abgeschlossener Versicherungsverträge überschneiden[103] –, die von keiner der Parteien gewollt ist. Ein Nebeneinander von Hauptvertrag und vorläufiger Deckung widerspricht im Regelfall dem Zweck der vorläufigen Deckung und dem Interesse des VN, der aus beiden Verträgen auf Beitragsleistung in Anspruch genommen werden könnte[104]. Stellt der VR einen einheitlichen Versicherungsschein für die Gesamtzeit aus, bedarf der Auslegung, ob damit nur eine Dokumentation der vorläufigen Deckung erfolgt[105] oder ob eine Rückwärtsversicherung durch den Hauptvertrag gewollt ist.

Der vollständige oder teilweise rückwirkende Wegfall der vorläufigen Deckung durch eine **51** Rückwärtsversicherung kann allerdings für den VN nachteilig sein, wenn zwar der Hauptvertrag wegen arglistiger Täuschung anfechtbar ist oder der VR von dem Hauptvertrag wegen Verletzung vorvertraglicher Anzeigeobliegenheiten durch den VN gemäß § 19 VVG zurücktreten kann, der Anfechtungs- oder Rücktrittsgrund aber nicht die Zusage vorläufiger Deckung erfasst, weil der VR diese ohne Risikoprüfung gewährt hat. Macht der VR von seinem Rücktritts- oder Anfechtungsrecht bzgl. des Hauptvertrages Gebrauch, steht der VN für einen Versicherungsfall, der sich im Zeitraum zwischen dem rückwirkenden materiellen Versicherungsbeginn und dem formellen Versicherungsbeginn des Hauptvertrages ereignet hat, schlechter, als wenn der Hauptvertrag nie zustande gekommen wäre (s. Rn. 46). Der VR kann deshalb die Risiken, die er mit einer prüfungsfreien Zusage vorläufiger Deckung eingegangen ist, **nicht einseitig** auf den VN zurückverlagern, indem er ohne Zustimmung des VN den Zeitraum der vorläufigen Deckung in den materiellen Versicherungsschutz aus dem Hauptvertrag einbezieht. Hat der VN keine Rückwärtsversicherung beantragt, stellt deren Gewährung im Hinblick auf das Ende der vorläufigen Deckung eine nachteilige Abweichung vom Versicherungsantrag dar, auf die der VR bei der Übersendung des Versicherungsscheins nach § 5 Abs. 2 VVG hinweisen muss, damit die Genehmigungsfiktion des § 5 Abs. 1 VVG greifen kann[106].

c) § 52 Abs. 1 S. 1 VVG setzt für die Beendigung der vorläufigen Deckung voraus, dass **52** nach dem Hauptvertrag ein **gleichartiger Versicherungsschutz** beginnt. Nach der Gesetzesbegründung ist ein der vorläufigen Deckung im Wesentlichen entsprechender Versicherungsschutz erforderlich[107]. Ein solcher kann auch dann vorliegen, wenn der **Hauptvertrag mit einem im Vergleich zur vorläufigen Deckungszusage geringeren Leistungsum-**

---

[101] BGH v. 25. 6. 1956, BGHZ 21, 122 (132 f.); BGH v. 17. 4. 1967, BGHZ 47, 352 (unter III 2b); Berliner Kommentar/*Schwintowski,* § 5a Rn. 116; Berliner Kommentar/*Riedler,* § 38 Rn. 21; *Prölss/Martin/ Knappmann,* § 38 Rn. 2.

[102] Vgl. BGH v. 16. 10. 1991, VersR 1991, 1397 (unter 3).

[103] BGH v. 28. 11. 1990, VersR 1991, 172 (unter III 1) zu § 59 VVG a. F.

[104] BGH v. 25. 1. 1995, VersR 1995, 409 (unter 2b bb); VVG-Reform Regierungsentwurf (2006), S. 187.

[105] So für die Kraftfahrtversicherung *Bruck/Möller/Johannsen,* Bd. V 2 Anm. D 8.

[106] SaarlOLG v. 12. 3. 2003, VersR 2004, 50 (unter D).

[107] VVG-Reform Regierungsentwurf (2006), S. 187.

fang zustande kommt[108]. Das gilt allerdings nicht, wenn infolge der Annahmefiktion des § 5 Abs. 3 PflVG ein Kraftfahrthaftpflichtversicherungsvertrag mit den gesetzlichen Mindestversicherungssummen zustande kommt, weil der VR den Antrag auf Abschluss eines Vertrages mit einer höheren Versicherungssumme nicht innerhalb von zwei Wochen nach Eingang abgelehnt oder ein abweichendes schriftliches Angebot unterbreitet hat, die Parteien aber gleichzeitig weiter über den Abschluss des beantragten Versicherungsvertrags verhandeln[109].

53   Die vorläufige Deckung endet auch dann, wenn der VN gleichartigen Versicherungsschutz aus einem weiteren Vertrag über vorläufige Deckung bei demselben VR (§ 52 Abs. 1 S. 1 VVG) oder aus einem Hauptvertrag oder einem weiteren Vertrag über vorläufige Deckung mit einem anderen VR erlangt (§ 52 Abs. 2 S. 1 VVG)[110]. Nach § 52 Abs. 2 S. 2 VVG obliegt es dem VN, dem bisherigen VR den Vertragsschluss mit einem anderen VR unverzüglich mitzuteilen. Der VR hat ein schutzwürdiges Interesse an einer Unterrichtung darüber, dass sein VN sich anderweitig Versicherungsschutz besorgt hat und daher das Vertragsverhältnis mit ihm beendet ist. Bei schuldhafter Verletzung dieser Pflicht kann nach allgemeinem Recht ein Schadensersatzanspruch des VR in Betracht kommen. Die Unterrichtung des bisherigen VR ist aber nicht Voraussetzung für die Beendigung des Vertrags über die vorläufige Deckung[111].

2. Nachträglicher Wegfall des Hauptvertrags

54   **a)** Ist der Hauptvertrag wirksam geschlossen worden und hat der materielle Versicherungsschutz aus dem Hauptvertrag begonnen, **lebt die vorläufige Deckung nicht wieder auf, wenn der Hauptvertrag** später wieder **entfällt** oder aus anderen Gründen keine Leistungspflicht des VR begründet[112]. Die vorläufige Deckung bleibt beendet bei einer einvernehmlichen Aufhebung des Hauptvertrags, ebenso, wenn der VN den Versicherungsschutz etwa durch Verzug mit einer Folgeprämie im Sinne von § 38 VVG verliert. Dasselbe gilt, wenn der VN von einem Widerrufsrecht nach § 8 VVG Gebrauch macht, nachdem der Versicherungsvertrag bereits zustande gekommen war und der materielle Versicherungsschutz eingesetzt hatte[113].

55   **b)** Auch der **Rücktritt des VR vom Hauptvertrag nach § 19 VVG** oder dessen **Anfechtung wegen arglistiger Täuschung** (§ 22 VVG) lassen die vorläufige Deckung nicht wieder in Kraft treten[114]. Zwar ist der Hauptvertrag im Fall der Anfechtung gemäß § 142 Abs. 1 BGB als von Anfang an nichtig anzusehen mit der Folge, dass er zu keinem Zeitpunkt Versicherungsschutz gewährt hat; letzteres gilt – vorbehaltlich der Regelung des § 21 Abs. 2 S. 1 VVG – auch bei einem Rücktritt des VR gemäß § 19 Abs. 2 VVG. Damit scheint mit der Anfechtung oder dem Rücktritt rückwirkend der Grund für die Beendigung der vorläufigen Deckung zu entfallen. Es fehlt jedoch an einem schutzwürdigen Interesse des VN, das ein Wiederaufleben der Deckungszusage rechtfertigen könnte. Juristisch-konstruktiv ist zu unterscheiden zwischen den Rechtsfolgen des Hauptvertrags und der Tatsache, dass der materielle Versicherungsschutz aus dem Hauptvertrag zunächst begonnen hatte. Erstere können

---

[108] *Rixecker,* ZfS 2007, 314 (315); *Maier,* R+s 2006, 485 (489); VVG-Reform Regierungsentwurf (2006), S. 187; vgl. auch SaarlOLG v. 22. 3. 2000, VersR 2001, 323 (unter 2c bb).

[109] BGH v. 9. 7. 1986, VersR 1986, 986 (unter II 2b und c).

[110] Ebenso zur Rechtslage vor der VVG-Reform BGH v. 25. 1. 1995, VersR 1995, 409 (unter 2b); OLG Düsseldorf v. 29. 2. 2000, VersR 2000, 1355 (1356); *Prölss/Martin/Prölss,* Zusatz zu § 1 Rn. 6; *Römer/Langheid/Römer,* Vor § 1 Rn. 38 und 45.

[111] VVG-Reform Regierungsentwurf (2006), S. 188.

[112] *Römer/Langheid/Römer,* Vor § 1 Rn. 38.

[113] Aus der Regelung der Rechtsfolgen des Widerrufs in § 9 VVG ergibt sich, dass der Versicherungsvertrag trotz des Widerrufsrechts des VN zunächst wirksam zustande kommt und durch die Ausübung des Widerrufsrechts lediglich nachträglich wieder beseitigt werden kann (s. § 8 Rn. 18; ebenso für das Widerrufsrecht des VN nach § 8 Abs. 4 VVG a. F. *Prölss/Martin/Prölss,* § 8 Rn. 40; *Reiff,* VersR 1997, 267 (272); *Koch,* VersR 1991, 725 (727); a. A. – Vertrag schwebend unwirksam, solange das Widerrufsrecht besteht – *Schirmer,* VersR 1996, 1045 (1048); *Schimikowski,* r+s 1994, 441 (443)).

[114] SaarlOLG v. 25. 1. 2007, VersR 2007, 1684 (unter c); *Martin,* Sachversicherungsrecht, K II Rn. 9; VVG-Reform Regierungsentwurf (2006), S. 187.

durch Anfechtung und Rücktritt rückwirkend beseitigt werden, letztere ist dagegen als Faktum nicht rückgängig zu machen.

c) Ein schutzwürdiges Interesse des VN an einem Wiederaufleben der vorläufigen Deckung im Falle des Rücktritts wegen der Verletzung vorvertraglicher Anzeigeobliegenheiten oder der Anfechtung wegen arglistiger Täuschung besteht auch dann nicht, wenn es sich bei dem Hauptvertrag um eine **Rückwärtsversicherung** handelt. Die Rückwärtsversicherung hat allerdings zur Folge, dass mit Zustandekommen des Hauptvertrags die vorläufige Deckung ganz oder teilweise rückwirkend durch den Hauptvertrag ersetzt wird. Erfasst der Rücktritts- oder der Anfechtungsgrund nur den Hauptvertrag, nicht dagegen die vorläufige Deckung, weil der VR diese wie häufig ohne Risikoprüfung gewährt hat, geht dem VN durch die Rückwirkung der weitergehende Versicherungsschutz aus der – nicht mit Mängeln behafteten – Zusage vorläufiger Deckung verloren (s. Rn. 51). **56**

Dennoch besteht **kein Grund, den Versicherungsschutz aus der vorläufigen Deckung** nach einer Anfechtung des Hauptvertrages oder eines Rücktritts des VR für die Zeit bis zum (zunächst wirksamen) formellen Versicherungsbeginn aus dem Hauptvertrag **wieder aufleben zu lassen** oder die vorläufige Deckung von vornherein bis zu diesem Zeitpunkt neben dem Versicherungsschutz aus dem Hauptvertrag fortbestehen zu lassen. Hat der VN eine Rückwärtsversicherung beantragt oder hat er der vom VR in Abweichung von seinem Antrag angebotenen Rückwärtsversicherung – trotz eines Hinweises des VR nach § 5 Abs. 2 VVG – nicht widersprochen, hat er den von ihm angestrebten Versicherungsschutz erhalten. Das gilt auch dann, wenn der Antrag formularmäßig auf eine Rückwärtsversicherung, etwa ab Antragseingang, gerichtet ist. Für den Zeitraum, den der wirksam abgeschlossene Hauptvertrag – seinen Fortbestand unterstellt – abdeckt, kann der VN nicht erwarten, zugleich weiterhin oder erneut Versicherungsschutz aus der vorläufigen Deckung zu genießen. Diese ist nach ihrem Zweck nur darauf angelegt, dem VN vor und unabhängig vom endgültigen Zustandekommen eines Hauptvertrags Versicherungsschutz zu gewähren. Dass sie dem redlichen VN, der seinen Anzeigeobliegenheiten bei Abschluss des Hauptvertrages genügt hat, möglicherweise länger Versicherungsschutz bietet, weil der VR seinen auf eine Rückwärtsversicherung gerichteten Antrag nicht annimmt, sondern wegen eines negativen Ausgangs der Risikoprüfung von vornherein ablehnt, bedeutet keinen Wertungswiderspruch. **57**

III. Nicht rechtzeitige Einlösung des Versicherungsscheins für den Hauptvertrag

1. Wegfall der vorläufigen Deckung ex nunc

Ist der Beginn des Versicherungsschutzes nach dem Hauptvertrag (oder dem weiteren Vertrag über die vorläufige Deckung) von der Zahlung der Prämie durch den VN abhängig, endet nach § 52 Abs. 1 S. 2 VVG der Vertrag über vorläufige Deckung bei Nichtzahlung oder verspäteter Zahlung der Prämie spätestens zu dem Zeitpunkt, zu dem der VN **mit der Prämienzahlung in Verzug** ist, wenn der VR den VN durch gesonderte Mitteilung in Textform oder durch einen auffälligen Hinweis im Versicherungsschein auf diese Rechtsfolge aufmerksam gemacht hat (s. zur Belehrungspflicht im einzelnen Rn. 67 ff.). Dass die vorläufige Deckung nach ihrem Zweck außer Kraft tritt, wenn der Hauptvertrag zustande kommt, materiellen Versicherungsschutz aber nach § 37 Abs. 2 VVG wegen nicht rechtzeitiger Zahlung der Erstprämie nicht gewährt, entsprach schon vor der VVG-Reform einhelliger Auffassung[115]. Ab dem Zeitpunkt, von dem an der VN durch Einlösung des Versicherungsscheins Versicherungsschutz aus dem Hauptvertrag erlangen könnte, besteht für die vorläufige De- **58**

---

[115] Berliner Kommentar/*Schwintowski*, § 5a Rn. 111; *Martin*, Sachversicherungsrecht, K II 8; *Prölss/Martin/Prölss*, Zusatz zu § 1 Rn. 2 und 6; BGH v. 14. 10. 1955, VersR 1955, 738 (739); RG v. 23. 10. 1936, RGZ 152, 235 (244 f.); v. 24. 9. 1926, RGZ 114, 321 (324); OLG München v. 30. 7. 2001, VersR 2003, 195.

ckung kein Bedürfnis mehr. Ihr Zweck, die Versicherungslücke bis zum möglichen Eingreifen von Versicherungsschutz durch einen Hauptvertrag zu schließen, ist erreicht.

59   **a)** Voraussetzung ist, dass der Hauptvertrag (oder der weitere Vertrag über die vorläufige Deckung) wirksam geschlossen worden und die **Prämie gemäß § 33 VVG fällig** ist. Daran fehlt es, solange dem VN noch ein Widerspruchsrecht nach § 5 Abs. 1 VVG[116] gegen den Hauptvertrag zusteht. Der Hauptvertrag ist auch dann nicht geschlossen, wenn die Annahme des Antrags durch den VR erst nach Ablauf der Bindungsfrist erfolgt. Sein darin liegendes neues Vertragsangebot (§ 150 Abs. 1 BGB) nimmt der VN häufig erst konkludent mit der Prämienzahlung an.

60   **b)** Es muss weiter eine **wirksame Erstprämienanforderung** im Sinne von § 37 VVG vorliegen. Eine Erstprämienanforderung, die die Rechtswirkungen des § 37 VVG auslöst, muss mit zutreffender Bezifferung und mit richtiger Kennzeichnung denjenigen Betrag ausweisen, den der VN zur Erlangung – bzw. bei vorläufiger Deckungszusage zur Erhaltung – des betreffenden Versicherungsschutzes aufwenden muss[117]. Haben die Parteien durch Erteilung einer Einzugsermächtigung die Prämienzahlung im Lastschriftverfahren vereinbart, muss der VR der ihm benannten Bank unter Hinweis auf die erteilte Einzugsermächtigung einen Lastschriftbeleg vorgelegt haben, der inhaltlich einer Erstprämienanforderung entspricht, damit der VN anhand des Lastschriftbelegs prüfen kann, ob die von seiner Bank ohne Prüfung der Anspruchsberechtigung vorgenommene Buchung auf Grund der Lastschrifteinreichung Bestand haben oder widerrufen werden soll[118]. Außerdem schuldet der VR dem VN eine rechtzeitige Ankündigung der Lastschrifteinreichung, wenn Zeitpunkt und/oder Höhe des Prämieneinzuges nicht im Vorhinein zuverlässig bekannt sind[119]. Die Prämienrechnung muss dem VN vor dem Zeitpunkt zugegangen sein, zu dem der Erstbeitrag seinem Konto belastet wurde[120].

61   **c)** Bei Fälligkeit der Prämie tritt mit Ablauf der in § 33 Abs. 1 VVG bestimmten Zahlungsfrist von zwei Wochen nach Zugang des Versicherungsscheins gemäß § 286 Abs. 2 Nr. 2 BGB zugleich **Verzug** ein[121], es sei denn, die Zahlung unterbleibt infolge eines Umstands, den der VN nicht zu vertreten hat (§ 286 Abs. 4 BGB). Vor der VVG-Reform war die Prämie sofort nach Abschluss des Vertrags fällig (§ 35 VVG a. F.). Dem VN musste deshalb nach Anforderung der Erstprämie eine angemessene Zahlungsfrist zur Erlangung von Versicherungsschutz aus dem Hauptvertrag verbleiben[122]; als angemessen galt in Anlehnung an § 9 S. 2 KfzPflVV jedenfalls eine Frist von 2 Wochen für die Einlösung des Versicherungsscheins[123].

2. Rückwirkender Wegfall der vorläufigen Deckung

62   Der Bundesgerichtshof hat seit seiner Entscheidung vom 25. 6. 1956[124] in ständiger Rechtsprechung[125] auch die Vereinbarung eines **rückwirkenden Wegfalls der vorläufigen Deckung bei nicht rechtzeitiger Einlösung des Versicherungsscheins** zugelassen. In der Rechtslehre war die Frage streitig. Während ein Teil[126] der Rechtsprechung folgte, wurden

---

[116] BGH v. 26. 4. 2006, VersR 2006, 913 (unter II 2) zu § 5a VVG a. F.; OLG Hamm v. 19. 2. 1982, VersR 1982, 1042; *Prölss/Martin/Prölss*, Zusatz zu § 1 Rn. 7; VVG-Reform Regierungsentwurf (2006), S. 176.

[117] BGH v. 9. 7. 1986, VersR 1986, 986 (unter II 2c); OLG Köln v. 17. 6. 2003, r+s 2003, 495; OLG Schleswig v. 18. 12. 1991, VersR 1992, 731, jeweils zu § 38 VVG a. F.

[118] BGH v. 30. 1. 1985, VersR 1985, 447 (unter II 4).

[119] BGH v. 30. 1. 1985, VersR 1985, 447 (unter II 2); SaarlOLG v. 14. 1. 2004, VersR 2005, 215 (unter II 1).

[120] SaarlOLG v. 14. 1. 2004, VersR 2005, 215 (unter II 1).

[121] A. A. *Maier*, r+s 2006, 485 (489).

[122] BGH v. 26. 4. 2006, VersR 2006, 913 (unter II 2); v. 14. 10. 1955, VersR 1955, 738 (739); RG v. 23. 10. 1936, RGZ 152, 235 (244f.); v. 24. 9. 1926, RGZ 114, 321 (324); Berliner Kommentar/*Schwintowski*, § 5a Rn. 111.

[123] *Martin*, Sachversicherungsrecht, K II Rn. 8; vgl. auch OLG Köln v. 17. 4. 1986, r+s 1986, 144.

[124] BGHZ 21, 122 (130f.).

[125] BGH v. 13. 12. 1995, VersR 1996, 445; v. 17. 4. 1967, BGHZ 47, 352 (363).

[126] Berliner Kommentar/*Schwintowski*, § 5a Rn. 111; *Henzler*, S. 81 ff.; *Prölss/Martin/Knappmann*, § 1 AKB Rn. 15; *Stiefel/Hofmann*, § 1 AKB Rn. 81.

von anderer Seite[127] Bedenken im Hinblick auf die Vereinbarkeit mit §§ 38, 39 VVG a. F. geltend gemacht, die einen rückwirkenden Wegfall des Versicherungsschutzes nicht vorsahen. Für den Bereich der Kraftfahrzeughaftpflicht war die Streitfrage bereits durch § 9 S. 2 KfzPflVV, der dem VR erlaubt, sich unter bestimmten Voraussetzungen einen rückwirkenden Wegfall der vorläufigen Deckung vorzubehalten, entschieden. Der Gesetzgeber hat bei der VVG-Reform gegen den Vorschlag der Reformkommission[128] an der Möglichkeit eines rückwirkenden Wegfalls der vorläufigen Deckung für alle Versicherungszweige festgehalten[129].

a) In jedem Fall bedarf der rückwirkende Wegfall der vorläufigen Deckung einer **63** **vertraglichen Vereinbarung**[130], auch wenn § 9 S. 2 KfzPflVV nur von einem „Vorbehalt" des VR spricht. Diese Vereinbarung **gehört der Sache nach in den Vertrag über die vorläufige Deckung**[131]. Im Hauptvertrag wird der VN regelmäßig keine Regelungen vermuten, die ausschließlich den Umfang des Versicherungsschutzes aus der vorläufigen Deckung betreffen[132]. Eine entsprechende Regelung im Hauptvertrag, die den Vertrag über die vorläufige Deckung zum Nachteil des VN ändert, kann deshalb nur als Individualvereinbarung oder – zur Vermeidung einer überraschenden Klausel im Sinne von § 305c Abs. 1 BGB – unter deutlicher drucktechnischer Hervorhebung im Versicherungsantrag bzw. unter den Voraussetzungen von § 5 Abs. 1 und 2 VVG im Versicherungsschein getroffen werden[133].

b) Für einen rückwirkenden Wegfall des vorläufigen Versicherungsschutzes müssen die **64** **allgemeinen Voraussetzungen für einen Wegfall der vorläufigen Deckung** wegen nicht rechtzeitiger Einlösung des Versicherungsscheins für den Hauptvertrag **erfüllt** sein (s. Rn. 59ff.). **§ 9 S. 2 KfzPflVV** verlangt darüber hinaus, dass der VR den **Versicherungsantrag unverändert angenommen** hat. Die weiteren Voraussetzungen von § 9 S. 2 KfzPflVV, dass dem VN im Versicherungsvertrag eine mindestens zweiwöchige Einlösungsfrist gesetzt worden ist und dieser die Verspätung zu vertreten hat, ergeben sich nunmehr auch unmittelbar aus § 33 Abs. 1, § 52 Abs. 1 S. 2 VVG (zur Beweislast s. Rn. 86). Eine verspätete Zahlung ändert am rückwirkenden Wegfall der vorläufigen Deckung nichts, auch wenn in dem Einlösungsbeitrag für den Hauptvertrag die Prämie für die vorläufige Deckung enthalten ist[134].

c) Ist während des Laufs der vorläufigen Deckung ein Versicherungsfall eingetreten, aufgrund dessen dem VN aus ein- und demselben Versicherungsvertrag ein die Erstprämie übersteigender Zahlungsanspruch zusteht, kann sich der VR nach der Rechtsprechung des Bundesgerichtshofs[135] nicht auf die Nichtzahlung der Prämie berufen, wenn der VN den Versicherungsfall innerhalb der für die Prämienzahlung gesetzten Frist angemeldet hat, weil das Interesse des VR an der Erlangung der Erstprämie in diesem Fall durch die **Aufrechnungsmöglichkeit** gewahrt ist. Diese für die Fahrzeugkaskoversicherung entwickelte, aber nicht darauf beschränkte Rechtsprechung ist auf die Haftpflichtversicherung nicht ohne

---

[127] *Bruck/Möller*, § 1 Anm. 97, 104; *Bruck/Möller/Johannsen*, Bd. V Anm. D 9; *Jabornegg*, S. 70ff.; Berliner Kommentar/*Riedler*, § 38 Rn. 68f.

[128] VVG-Reform Abschlussbericht (2004), S. 218, 330.

[129] VVG-Reform Regierungsentwurf (2006), S. 186; *Maier*, r+s 2006, 485; *Rixecker*, ZfS 2007, 314 (315); *Gitzel*, VersR 2007, 322 (324).

[130] BGH v. 26. 4. 2006, VersR 2006, 913 (unter II 2d); *Martin*, Sachversicherungsrecht, K II Rn. 9; *Prölss/Martin/Prölss*, Zusatz zu § 1 Rn. 7; *Römer/Langheid/Römer*, Vor § 1 Rn. 39; *Fenyes*, VersR 1985, 797, 798; BGH v. 26. 4. 2006, VersR 2006, 913 (unter II 2d); SaarlOLG v. 8. 5. 2002, ZfS 2002, 391 (392) m. Anm. Rixecker; a. M. wohl Berliner Kommentar/*Schwintowski*, § 5a Rn. 111.

[131] *Stiefel/Hofmann*, § 5a VVG Rn. 11, § 9 KfzPflVV Rn. 4; *Blumberg*, NZV 1998, 305 (309); a. M.: *Lorenz*, VersR 1997, 994.

[132] *Hofmann*, VersR 1997, 1257 (1258).

[133] *Blumberg*, NZV 1998, 305 (309).

[134] OLG Frankfurt/M. v. 1. 12. 1988, VersR 1988, 1039; *Stiefel/Hofmann*, § 1 AKB Rn. 83; *Prölss/Martin/Knappmann*, § 1 AKB Rn. 24.

[135] BGH v. 12. 6. 1985, VersR 1985, 877 mit ablehnender Anm. von *Hofmann;* zustimmend OLG Köln v. 19. 8. 1997, VersR 1998, 1104 (1106).

weiteres übertragbar. In der Kraftfahrzeughaftpflicht ist der VR nach § 115 Abs. 1 VVG (entspricht § 3 Nr. 1 PflVG a. F.) einem uneingeschränkten Ersatzanspruch des Geschädigten ausgesetzt, im Übrigen ist der Anspruch aus der Haftpflichtversicherung im Regelfall nicht auf Zahlung, sondern auf Freistellung gerichtet. Wegen der typischen Verbindung von Haftpflicht- und Fahrzeugversicherung bei der Kraftfahrtversicherung wird man aber, obwohl es sich jeweils um getrennte Versicherungsverträge handelt, aufgrund der Erwägungen, die der Rechtsprechung des Bundesgerichtshofs zugrunde liegen, dem VR bei einem Entschädigungsanspruch des VN aus der Kaskoversicherung auch die Berufung auf Leistungsfreiheit in der Haftpflichtversicherung wegen desselben Versicherungsfalls versagen müssen, wenn der Entschädigungsanspruch der Höhe nach die für Haftpflicht- und Fahrzeugversicherung insgesamt geschuldete Prämie übersteigt[136].

66   In der Kfz-Haftpflichtversicherung soll der Versicherungsschutz für einen **mitversicherten Fahrer** nach § 123 Abs. 1 VVG (entspricht § 158i S. 1 VVG a. F.) nicht rückwirkend entfallen, wenn dieser von der Nichtzahlung der Prämie durch den VN keine Kenntnis hatte[137].

3. Belehrungspflicht des VR

67   **a)** Voraussetzung für die Beendigung des Vertrags über die vorläufige Deckung bei Verzug mit der Prämienzahlung ist, dass der VR den VN durch gesonderte Mitteilung in Textform oder durch einen auffälligen Hinweis im Versicherungsschein auf diese Rechtsfolge aufmerksam gemacht hat (§ 52 Abs. 1 S. 2 VVG). Diese **Belehrungspflicht** gilt **sowohl für den rückwirkenden Wegfall der vorläufigen Deckung** (vgl. auch § 9 S. 2 KfzPflVV) **als auch für die Beendigung ex nunc.**

68   **b)** Auf das rückwirkende Außerkrafttreten der vorläufigen Deckung konnte sich der VR schon **vor der VVG-Reform** nur berufen, wenn er den VN über die Rechtsfolgen nicht rechtzeitiger Zahlung im Hinblick auf die vorläufige Deckung schriftlich belehrt hatte. Da der VN durch die vorläufige Deckung bereits Versicherungsschutz hat, ist seine Situation derjenigen bei Nichtzahlung einer Folgeprämie im Sinne von § 38 VVG (§ 39 VVG a. F.) angenähert. Er ist in besonderem Maße schutzbedürftig und schutzwürdig, wenn ihm eine Rechtsposition wegen verspäteter Zahlung der Prämie nicht nur für die Zukunft vorenthalten, sondern rückwirkend entzogen wird. Denn er wird kaum auf den Gedanken kommen, er könnte – auch – den ihm bereits gewährten Versicherungsschutz rückwirkend wieder verlieren, wenn er die Prämienrechnung, die ihm oft erst Wochen oder Monate nach der Gewährung vorläufiger Deckung zugeht, nicht fristgerecht bezahlt. Die Rechtsprechung hat deshalb zunächst für den Fall des rückwirkenden Wegfalls der vorläufigen Deckung eine **Belehrungspflicht des VR entsprechend § 39 Abs. 1 S. 2 VVG a. F.** schon vor Inkrafttreten von § 9 S. 2 KfzPflVV entwickelt[138]. Richtiger Ansicht nach war eine Belehrung über die Beendigung der vorläufigen Deckung bei nicht rechtzeitiger Zahlung der Erstprämie immer geboten[139], also auch in dem Fall, dass die Bedingungen keinen rückwirkenden Wegfall der vorläufigen Deckung vorsehen und dieser deshalb nur ex nunc eintreten kann. Die Ableitung des Erfordernisses einer Belehrung aus dem Modell des § 39 VVG a. F. war unabhängig davon, ob der bereits gewährte Versicherungsschutz rückwirkend oder – wie im unmittelbaren Anwen-

---

[136] OLG Hamm v. 22. 11. 1995, VersR 1996, 1048; OLG Koblenz v. 12. 11. 1993, VersR 1995, 527.

[137] OLG Naumburg v. 5. 2. 2004, VersR 2005, 1279.

[138] BGH v. 5. 6. 1985, VersR 1985, 981 (983); v. 4. 7. 1973, VersR 1973, 811 (812f.); v. 17. 4. 1967, BGHZ 47, 352 (unter III 2b); OLG Köln v. 17. 6. 2003, r+s 2003, 495 (496); OLG Frankfurt/M. v. 29. 11. 2000, OLGR 2001, 141; OLG Celle v. 4. 3. 1999, VersR 2000, 314; OLG Koblenz v. 3. 7. 1998, VersR 1999, 1141; OLG Köln v. 4. 9. 1996, VersR 1997, 350; OLG Düsseldorf v. 3. 11. 1992, VersR 1993, 737; OLG Schleswig v. 18. 12. 1991, VersR 1992, 371; OLG Hamm v. 24. 1. 1990, VersR 1991, 220; ebenso Berliner Kommentar/*Riedler*, § 38 Rn. 76; *Prölss/Martin/Knappmann*, § 38 Rn. 29; *Römer/Langheid/Römer*, § 38 Rn. 21.

[139] *Fenyes*, VersR 1985, 797f.; *Henzler*, S. 75f.; *Römer/Langheid/Römer*, § 38 Rn. 21; BGH v. 26. 4. 2006, VersR 2006, 913 (unter II 2b); v. 7. 2. 2007, NJW 2007, 2258 (unter III 1); a. M.: OLG München v. 30. 7. 2001, VersR 2003, 195.

dungsbereich von § 39 VVG a. F. – mit Wirkung nur für die Zukunft entfällt[140]. Auch wenn der VN weiß, dass die vorläufige Deckung nur eine Übergangslösung darstellt, muss er nicht damit rechnen, dass er den Versicherungsschutz durch bloßen Ablauf der Frist für die Einlösung des Versicherungsscheins ohne weitere Mahnung automatisch verliert.

c) § 52 Abs. 1 S. 2 VVG setzt eine **gesonderte Mitteilung in Textform** oder einen **auf- 69 fälligen Hinweis im Versicherungsschein** über den (rückwirkenden) Wegfall der vorläufigen Deckung voraus. Damit hat der Gesetzgeber die Anforderungen übernommen, die schon zuvor von der Rechtsprechung an die Belehrung gestellt worden sind[141]. Sie musste auf dem Versicherungsschein oder einer gesonderten Prämienanforderung erfolgen, ein Hinweis bereits auf dem Antragsformular erfüllt ihren Zweck nicht[142]. Sie muss **drucktechnisch deutlich hervorgehoben** sein[143], eine Belehrung auf der Rückseite genügt nur, wenn darauf auf der Vorderseite ins Auge fallend hingewiesen wird[144]. Inhaltlich muss die Belehrung **richtig, vollständig und eindeutig** sein[145]. Es muss klar erkennbar sein, welcher Betrag für welche Art von Versicherungsschutz als Erstprämie gezahlt werden muss, auch wenn der Versicherungsschein wie etwa in der Kraftfahrtversicherung verschiedene Versicherungen umfasst[146]. Es darf nicht der Eindruck erweckt werden, dass jedwede Versäumung der Zahlungsfrist zum Verlust des Versicherungsschutzes führt, obwohl nur eine schuldhafte schadet, und die Belehrung muss den Hinweis enthalten, dass bei unverschuldeter Fristversäumnis auch eine nachträgliche Zahlung geeignet ist, den Versicherungsschutz rückwirkend zu erhalten[147]. Beginnt die Zahlungsfrist erst nach Ablauf einer Widerspruchsfrist zu laufen (s. Rn. 59), muss sich die Belehrung auch darauf erstrecken[148]. Hat der VN dem VR eine Einzugsermächtigung erteilt, ist über die Folgen eines vergeblichen Einziehungsversuchs infolge des Fehlens von Deckung oder Kredit auf dem angegebenen Konto zu belehren[149]. Die Belehrung muss dem VN zugehen, bevor der VR den Erstbeitrag einzuziehen versucht[150]. Darauf, ob Mängel der Belehrung im Einzelfall zu einer für die verspätete Prämienzahlung ursächlichen Fehlvorstellung des VN geführt haben, kommt es nicht an[151].

IV. Scheitern des Hauptvertrages

1. Fallgruppen

Die Verhandlungen zum Abschluss eines Hauptvertrages können sich auf ganz unter- 70 schiedliche Weise zerschlagen. **Eindeutig** ist das **Scheitern der Verhandlungen,** wenn der VR den ihm vom VN angetragenen Vertragsschluss endgültig ablehnt. Endgültig und eindeutig gescheitert sind die Verhandlungen auch dann, wenn der VN seinen Antrag anficht, von einem Widerrufsrecht nach § 8 VVG Gebrauch macht, seinen Antrag nach Ablauf der

[140] BGH v. 4. 7. 1973, VersR 1973, 811 (812f.).
[141] VVG-Reform Regierungsentwurf (2006), S. 178.
[142] *Prölss/Martin/Knappmann,* § 38 Rn. 29; *Römer/Langheid/Römer,* § 38 Rn. 18.
[143] OLG Celle v. 4. 3. 1999, VersR 2000, 314.
[144] LG Bremen v. 18. 5. 1994, VersR 1995, 287.
[145] BGH v. 26. 4. 2006, VersR 2006, 913 (unter II 2c).
[146] OLG Koblenz v. 3. 7. 1998, VersR 1999, 1141; OLG Köln v. 4. 9. 1996, VersR 1997, 350; OLG Hamm v. 6. 7. 1994, VersR 1995, 1085; OLG Hamm v. 24. 1. 1990, VersR 1991, 220.
[147] BGH v. 26. 4. 2006, VersR 2006, 913 (unter II 2c und d); OLG Hamm v. 29. 1. 1999, VersR 1999, 1229; OLG Köln v. 19. 8. 1997, VersR 1998, 1104 (1106); OLG Koblenz v. 3. 7. 1998, VersR 1999, 1141; OLG Köln v. 4. 9. 1996, VersR 1997, 350; OLG Hamm v. 22. 5. 1995, r+s 1995, 403; OLG Düsseldorf v. 3. 11. 1992, VersR 1993, 737; OLG Schleswig v. 18. 12. 1991, VersR 1992, 371; OLG Hamm v. 24. 1. 1990, VersR 1991, 220.
[148] BGH v. 26. 4. 2006, VersR 2006, 913 (unter II 2d); OLG Köln v. 17. 6. 2003, r+s 2003, 495 (496); OLG Hamm v. 29. 1. 1999, VersR 1999, 1229.
[149] OLG Celle v. 10. 1. 1986, NJW-RR 1986, 1359.
[150] SaarlOLG v. 14. 1. 2004, VersR 2005, 215 (unter II 2).
[151] BGH v. 26. 4. 2006, VersR 2006, 913 (unter II 2f).

Bindefrist zurücknimmt oder ein wegen verspäteter Annahme neues Angebot des VR nach § 150 Abs. 1 BGB seinerseits ausdrücklich zurückweist. Der bloße Ablauf der Bindungsfrist als solche beendet die Vertragsverhandlungen noch nicht, weil bei einer Fortdauer der beiderseitigen grundsätzlichen Bereitschaft zum Vertragsschluss das Verhalten der Parten nach wie vor darauf abzielt, den angestrebten Vertrag zustande zu bringen[152]. Endgültig beendet werden die Vertragsverhandlungen weiter, wenn der VN von einem Widerspruchsrecht nach § 5 VVG Gebrauch macht.

71 Stellt die Annahmeerklärung des VR ein neues Angebot dar, weil die Annahme unter Erweiterungen, Einschränkungen oder sonstigen Änderungen erfolgt (§ 150 Abs. 2 BGB), hängt die Fortdauer der Verhandlungen von der Reaktion des VN ab. Widerspricht er dem neuen Angebot, so bedarf seine Erklärung der **Auslegung** im Hinblick auf die Frage, ob er mit seinem Widerspruch die Vertragsverhandlungen endgültig beendet oder ob er seinerseits dem VR einen neuen Antrag unterbreitet[153]. Etwas anderes gilt nur, wenn die Bindefrist für den Antrag des VN noch nicht abgelaufen war und der VR auf eine Abweichung seiner Annahme von dem Versicherungsantrag nicht hinweist. In diesem Fall gilt der Vertrag unabhängig von dem Widerspruch des VN gemäß § 5 Abs. 3 VVG mit dem Inhalt des Antrags als geschlossen. Reagiert der VN auf das neue Angebot des VR überhaupt nicht, ist aus der Sicht des VR offen, ob der VN an einem Vertragsschluss nicht mehr interessiert ist oder ob das Unterbleiben einer Reaktion andere Ursachen hat. **Wann** die **Vertragsverhandlungen endgültig** als **gescheitert** betrachtet werden können, ist **unklar.** Ob § 5 Abs. 2 und 3 VVG nach Ablauf der Bindefrist analog auf das neue Vertragsangebot des VR anzuwenden ist, ist streitig. Lehnt man dies ab[154], kommt ein wirksamer Vertrag vielfach selbst dann nicht zustande, wenn der VN das neue Angebot des VR ausdrücklich oder durch Zahlung der geforderten Erstprämie konkludent annimmt. Denn sein Verhalten kann nicht in jedem Fall als Einverständnis mit dem geänderten Angebot ausgelegt werden, weil der VR ohne Weiteres davon ausgehen kann, dass dem VN die Abweichungen von seinem ursprünglichen Antrag bewusst sind und er mit einem Vertragsschluss zu den geänderten Konditionen einverstanden ist. Für die Parteien wird das Scheitern des Vertragsschlusses aber regelmäßig erst offenbar werden, wenn ein Versicherungsfall eintritt. Unklar ist der Zeitpunkt des Scheiterns der Verhandlungen zum Abschluss eines Hauptvertrages schließlich auch dann, wenn der VN nach Zusage der vorläufigen Deckung keinen Antrag auf Abschluss eines Hauptvertrages stellt[155].

2. Differenzierende Lösung

72 Die Vielzahl der möglichen Fallgestaltungen, aufgrund derer der Abschluss eines Hauptvertrags scheitern kann, zeigt, dass dieser Tatbestand wegen seiner Unbestimmtheit als **allgemeiner Grund für ein automatisches Erlöschen der vorläufigen Deckung nicht** in Betracht kommt[156]. Vor der VVG-Reform war allerdings streitig, ob das endgültige Scheitern der Verhandlungen zum Abschluss eines Hauptvertrages automatisch zum Erlöschen der vorläufigen Deckung führt. Teilweise wurde die Auffassung vertreten, die vorläufige Deckung ende ohne weiteres, wenn die Verhandlungen über den in Aussicht genommenen Vertrag endgültig gescheitert seien[157]. Nach anderer Ansicht[158] bedurfte es in diesem Fall einer Kündigung durch den VR.

---

[152] Berliner Kommentar/*Schwintowski,* § 5a Rn. 110; BGH v. 3. 4. 1996, VersR 1996, 743 (unter II 2b); BGH v. 9. 5. 1955, VersR 1955, 339 (340); OLG Hamm v. 1. 7. 1983, VersR 1984, 173.

[153] Vgl. BGH v. 9. 7. 1986, VersR 1986, 986.

[154] So BGH v. 22. 6. 1995, BGHR VVG § 5 Deckungszusage, vorläufige 1 (Gründe); BGH v. 9. 7. 1986, VersR 1986, 986 (unter II 2a); *Römer/Langheid/Römer,* § 5 Rn. 12; a. M.: *Prölss/Martin/Prölss,* § 5 Rn. 2.

[155] Vgl. OLG Hamm v. 3. 3. 1992, VersR 1992, 995.

[156] VVG-Reform Zwischenbericht (2002), S. 25f.

[157] Berliner Kommentar/*Schwintowski,* § 5a Rn. 109; *Bruck/Möller,* § 1 Anm. 104; *E. Hofmann,* Privatversicherungsrecht, § 6 Rn. 9; *van Bühren/van Bühren,* § 1 Rn. 86.

[158] *Jabornegg,* S. 87; *Prölss/Martin/Prölss,* Zusatz zu § 1 Rn. 5a; *Prölss/Martin/Knappmann,* § 1 AKB Rn. 14; *Römer/Langheid/Römer,* Vor § 1 Rn. 36; *Stiefel/Hofmann,* § 1 AKB Rn. 85.

a) Durch § 52 Abs. 3 VVG ist nunmehr klargestellt, dass der **Vertrag über die vorläufige**   **73**
Deckung automatisch endet, wenn der Hauptvertrag mit dem Versicherer, mit dem der
Vertrag über die vorläufige Deckung besteht, nicht zustande kommt, weil **der VN seine**
Vertragserklärung nach § 8 VVG widerruft oder nach § 5 Abs. 1 und 2 VVG einen
Widerspruch erklärt. Da der Hauptvertrag eindeutig und offensichtlich gescheitert ist, soll
dann auch der Vertrag über vorläufige Deckung spätestens mit dem Zugang des Widerrufs
oder Widerspruchs beim VR enden, wenn er nicht schon zuvor durch den Beginn des materiellen Versicherungsschutzes aus dem später widerrufenen Vertrag geendet hatte (s. Rn. 54).
Eine zusätzliche Erklärung des VN über den Widerruf oder Widerspruch hinaus ist nicht erforderlich. Erklärt der VN anstelle eines Widerrufs die **Rücknahme seines Antrags auf**
Vertragsschluss, liegt eine vergleichbare Situation vor, die auch ohne ausdrückliche Regelung zu einer entsprechenden Anwendung von § 52 Abs. 3 VVG führen soll[159]. Nichts anderes kann gelten, wenn der **VN seine Vertragserklärung anficht** oder das in einer verspäteten Annahme durch den VR liegende **neue Angebot (§ 150 Abs. 1 BGB) zurückweist.**

In den genannten Fällen ist eine Kündigung der vorläufigen Deckung nicht deshalb gebo-   **74**
ten, weil dem **VN** durch Einräumung einer Kündigungsfrist die vorläufige Deckung für eine
kurze Übergangszeit erhalten bleiben muss, damit er sich anderweit um Versicherungsschutz
bemühen kann. Setzt er selbst die Ursache für das Scheitern des Hauptvertrags, ist er **nicht**
schutzbedürftig, weil er es in der Hand hat, den Zeitpunkt der Beendigung der Vertragsverhandlungen mit dem VR mit der Erlangung von anderweitigem Versicherungsschutz ab-
zustimmen[160].

b) Im Übrigen sieht § 52 Abs. 4 VVG bei einem auf unbestimmte Zeit eingegangenen   **75**
Vertragsverhältnis über vorläufige Deckung nur die Möglichkeit einer **Kündigung** durch
die Vertragsparteien vor. Damit wird die erforderliche **Klarheit** über das Ende der vorläufigen
Deckung (auch) wegen Scheiterns des Hauptvertrages herbeigeführt. Andernfalls könnte
mangels Bestimmtheit des Beendigungstatbestandes für beide Parteien Unsicherheit darüber
entstehen, ob und wie lange die vorläufige Deckung fortbesteht.

Eine Kündigung ist **auch in dem Fall erforderlich, dass** das Scheitern der Verhandlun-   **76**
gen über den Hauptvertrag eindeutig ist, weil der **VR den ihm vom VN angetragenen**
Vertragsschluss endgültig ablehnt. In diesem Fall hat die Rechtsprechung[161] bisher eine
automatische Beendigung der vorläufigen Deckung angenommen. Ausgeschlossen war dies
allerdings, wenn dem VR im Versicherungsvertrag wie in § 1 AKB 2004 (s. Fn. 26) ein allgemeines Kündigungsrecht eingeräumt war[162]. Durch die Notwendigkeit einer Kündigung
wird dem VN zum einen deutlich vor Augen geführt, dass wegen der Beendigung der Vertragsverhandlungen auch die vorläufige Deckung endet[163]. Zum andern soll ihm die Möglichkeit eingeräumt werden, sich kurzfristig anderweit Versicherungsschutz zu beschaffen[164].

Deshalb wird eine **Kündigung des VR erst nach Ablauf von zwei Wochen nach Zu-**   **77**
gang wirksam (§ 52 Abs. 4 S. 2 VVG). Allerdings kann der VN nach § 52 Abs. 1 S. 1, Abs. 2
VVG ein sofortiges Ende der vorläufigen Deckung dadurch herbeiführen, dass er sich Ver-
sicherungsschutz durch einen – vorläufigen oder endgültigen – Vertrag mit einem anderen
VR gewähren lässt[165]. Vor der VVG-Reform war streitig, ob der VR ohne entsprechende
Vereinbarung gehalten war, dem VN mit der Kündigung eine kurze Frist einzuräumen, um

[159] VVG-Reform Regierungsentwurf (2006), S. 188.
[160] VVG-Reform Regierungsentwurf (2006), S. 188.
[161] BGH v. 21. 12. 1981, VersR 1982, 381 (unter 4); BGH v. 14. 10. 1955, VersR 1955, 738 (739).
[162] *Bruck/Möller/Johannsen,* Bd. V Anm. D 7; *Prölss/Martin/Knappmann,* § 1 AKB Rn. 14; *Stiefel/Hof-
mann,* § 1 AKB Rn. 85; OLG Hamm v. 28. 5. 1997, NJW-RR 1998, 27 (unter 4).
[163] Vgl. *Jabornegg,* S. 87; *Prölss/Martin/Prölss,* Zusatz zu § 1 Rn. 5a; *Römer/Langheid/Römer,* Vor § 1
Rn. 36.
[164] VVG-Reform Regierungsentwurf (2006), S. 188f.
[165] BGH v. 25. 1. 1995, VersR 1995, 409 (unter 2b cc); *Stiefel/Hofmann,* § 1 AKB Rn. 85; *Römer/Lang-
heid/Römer,* Vor § 1 Rn. 45.

anderweitigen Versicherungsschutz zu erlangen[166]. Der VN weiß zwar, dass die vorläufige Deckung ihm nur vorübergehend Versicherungsschutz bietet. Dennoch ist er objektiv nicht in der Lage, zeitgleich mit dem Ende der vorläufigen Deckung auf andere Weise für Versicherungsschutz zu sorgen, wenn die Kündigung auf einen Abbruch der Vertragsverhandlungen durch den VR zurückgeht. Dasselbe gilt, wenn der VR die vorläufige Deckung kündigt, weil der VN keinen Antrag auf Abschluss eines Hauptvertrages stellt oder auf ein Angebot des VR nach § 150 Abs. 1 BGB nicht reagiert. Die vorläufige Deckung muss deshalb über die Kündigungserklärung hinaus für den Zeitraum fortdauern, den der VN benötigt, um in zumutbarer Weise anderweitige Deckung zu erlangen.

78 c) Gemäß § 52 Abs. 5 VVG **darf von § 52 Abs. 1 bis 4 VVG nicht zum Nachteil des VN abgewichen werden.** Das dürfte es ausschließen, den Parteien für die Fälle, in denen nach § 52 Abs. 3 VVG die vorläufige Deckung von Gesetzes wegen endet, im Versicherungsvertrag lediglich ein Kündigungsrecht einzuräumen, weil dies den VN dazu zwingen würde, selbst für die Beendigung der vorläufigen Deckung zu sorgen, und er bis dahin zur Prämienzahlung verpflichtet bliebe (§ 50 VVG). Umgekehrt hindert die in § 52 Abs. 4 VVG statuierte Notwendigkeit einer Kündigung der vorläufigen Deckung durch den VR die bisher bestehende Möglichkeit[167], weitere Fälle, in denen die Tatsache und der Zeitpunkt des Scheiterns der Vertragverhandlungen eindeutig bestimmbar sind, im Wege einer vertraglichen Vereinbarung als Erlöschenstatbestände für die vorläufige Deckung auszugestalten, ohne dass es einer Kündigung bedarf.

V. Kündigung

79 Ob der Vertrag über die vorläufige Deckung von beiden Seiten jederzeit **ohne besonderen Grund** und unabhängig von einem Scheitern des Hauptvertrages (s. dazu Rn. 75 f.) gekündigt werden kann, war vor der VVG-Reform streitig. Während die herrschende Meinung[168] eine Kündigung des auf unbestimmte Dauer geschlossenen Vertrages über die vorläufige Deckung zuließ, vertrat *Johannsen*[169] (für den Bereich der Kraftfahrtversicherung) die Auffassung, eine Kündigung des VR komme nur bei wichtigem Grund in Betracht. Dieser Streit ist durch § 52 Abs. 4 VVG geklärt, der beiden Parteien auch ohne besonderen Grund ein Kündigungsrecht einräumt, wenn das Vertragsverhältnis auf unbestimmte Zeit eingegangen ist.

80 Die **Kündigungsfrist** durfte nach § 8 Abs. 2 S. 2 VVG a. F. grundsätzlich nicht weniger als einen Monat betragen. Die Regelung wurde auch bei einer Kündigung der vorläufigen Deckung angewandt, jedenfalls diese nicht mit einem Scheitern des Hauptvertrags in Zusammenhang stand und die Verhandlungen zu dessen Abschluss trotz Kündigung der vorläufigen Deckung fortgesetzt wurden[170]. Nach § 52 Abs. 4 S. 1 VVG können jetzt beide Parteien das Vertragsverhältnis ohne Einhaltung einer Frist kündigen; die Kündigung des VR wird allerdings erst nach Ablauf von zwei Wochen nach Zugang wirksam (§ 52 Abs. 4 S. 2 VVG).

H. Haftung des VR aus culpa in contrahendo (§ 311 Abs. 2 BGB)

81 Ein Anspruch des VN auf Versicherungsschutz – im Umfang einer vorläufigen Deckung – kann sich auch aus einem Verschulden des VR oder seines Erfüllungsgehilfen (§ 278 BGB) bei Vertragsschluss[171] (oder bei Verhandlungen über Änderungen eines bereits bestehenden

---

[166] Dagegen *Jabornegg*, S. 87 f.; *Prölss/Martin/Prölss*, Zusatz zu § 1 Rn. 5a; anders *Römer/Langheid/Römer*, Vor § 1 Rn. 36 und 38; *Martin*, Sachversicherungsrecht, K II Rn. 7, 30, 33.

[167] *Stiefel/Hofmann*, § 1 AKB Rn. 85 a. E.

[168] Berliner Kommentar/*Schwintowski*, § 5a Rn. 113; *Blumberg*, NZV 1998, 305 (308); *Henzler*, S. 175 ff.; *Jabornegg*, S. 83 f.; *Prölss/Martin/Prölss*, Zusatz zu § 1 Rn. 5a.

[169] *Bruck/Möller/Johannsen*, Bd. V Anm. D 14.

[170] *Jabornegg*, S. 85; *Henzler*, S. 175 f.

[171] BGH v. 16. 6. 1982, VersR 1982, 841 (unter III 3); v. 9. 11. 2005, VersR 2006, 112 (unter II 1).

Vertrages aus positiver Vertragsverletzung[172]) ergeben. Hat der VN ein **erkennbares Bedürfnis oder Interesse an sofortigem oder kurzfristigem Versicherungsschutz,** kommt eine Haftung des VR aus culpa in contrahendo in Betracht, wenn er – oder der für ihn handelnde Versicherungsvertreter – den VN nicht über die Notwendigkeit und Möglichkeit einer vorläufigen Deckung aufklärt[173]. Das liegt insbesondere dann nahe, wenn der VN Versicherungsschutz aus dem Hauptvertrag von einem Zeitpunkt an wünscht, der vor Ablauf der Bindungsfrist für den Antrag liegt. Auch das **Unterlassen der** den Umständen nach gebotenen und zu erwartenden **raschen Bearbeitung einer** ausdrücklich oder durch schlüssige Handlung **beantragten Deckungszusage** kann eine Schadensersatzpflicht begründen[174]. Allerdings wird man nicht stets einen schlüssigen Antrag auf vorläufige Deckung annehmen können, wenn der den Antrag aufnehmende Versicherungsvertreter ein vor dem Ablauf der Annahmefrist liegendes Datum als Versicherungsbeginn auf dem Antragsvordruck einträgt (s. Rn. 10)[175]. Gewährt der VR vorläufige Deckung ab Eingang des Antrags auf Abschluss eines Hauptvertrages, macht er seine **Zusage** aber – vor allem im Bereich der Lebensversicherung – **von der Erfüllung bestimmter Voraussetzungen abhängig,** wie z. B. der Übereinstimmung mit seinem Geschäftsplan oder den von ihm gebotenen Tarifen und Bedingungen, muss er den VN oder einen für den VR tätigen Vermittler mit den nötigen Informationen ausstatten, die erforderlich sind, um einen Antrag so zu stellen, dass vorläufiger Versicherungsschutz auf dem vorgesehenen Weg begründet wird. Unterlässt er die gebotene Beratung mit der Folge, dass es vom Zufall abhängt, ob der VN vorläufigen Versicherungsschutz erlangt, liegt darin ebenfalls ein zum Schadensersatz verpflichtendes Verschulden bei Vertragsschluss[176].

Der Anspruch aus Verschulden bei Vertragsverhandlungen umfasst zwar grundsätzlich nur **82** das negative Interesse, kann aber in den vorgenannten Fällen **auf Gewährung von Versicherungsschutz gerichtet** sein, wenn der VN bei ordnungsgemäßer Beratung vorläufige Deckung entweder bei demselben oder zu vergleichbaren Bedingungen bei einem anderen VR beantragt und erhalten hätte[177] und sich der Versicherungsfall in dem Zeitraum ereignet, für den vorläufige Deckung schon oder noch bestanden hätte[178].

Nach der Rechtsprechung des Bundesgerichtshofs[179] kann sich der Schadensersatzanspruch aus Verschulden bei Vertragsschluss **mit einem Erfüllungsanspruch aus der gewohnheitsrechtlichen Erfüllungshaftung** des VR für das Verhalten seines Versicherungsvertreters (s. Rn. 14f.) **überschneiden.** Denn danach kann sich ein Erfüllungsanspruch auch daraus ergeben, dass der Versicherungsvertreter erkennt, dass sich der VN über einen wesentlichen Punkt des Versicherungsvertrags unrichtige Vorstellungen macht, den Irrtum aber nicht aufklärt. Für einen Anspruch aus gewohnheitsrechtlicher Erfüllungshaftung genügt aber nicht schon das erkennbare Bedürfnis des VN nach vorläufiger Deckung[180]. In den Rechtsfolgen unterscheiden sich beide Ansprüche, auch wenn sie übereinstimmend auf die Gewährung von Versicherungsschutz gerichtet sind, dadurch, dass die gewohnheitsrechtliche Erfüllungshaftung bei einem erheblichen Eigenverschulden des VN vollständig entfällt, wäh-

---

[172] BGH v. 5. 11. 1986, VersR 1987, 147 (unter I 3).
[173] BGH v. 21. 3. 1990, VersR 1990, 618 (unter 2c aa); *Bruck/Möller*, § 1 Anm. 98; *Martin*, Sachversicherungsrecht, K II Rn. 22 ff.; *Henzler*, S. 160f.; *Prölss/Martin/Prölss*, § 3 Rn. 43.; *Römer/Langheid/Römer*, Vor § 1 Rn. 29; *Stiefel/Hofmann*, § 1 AKB Rn. 38.
[174] BGH v. 3. 11. 1982, VersR 1983, 121 (unter IV 2); OLG Karlsruhe v. 3. 3. 1988, VersR 1990, 889 (unter I 1c cc); OLG Celle v. 25. 5. 1981, ZfS 1983, 121; *Henzler*, S. 161; *Prölss/Martin/Prölss*, § 3 Rn. 43; *Stiefel/Hofmann*, § 1 AKB Rn. 38.
[175] Vgl. auch *Martin*, Sachversicherungsrecht K II Rn. 21.
[176] OLG Hamm v. 29. 12. 1993, VersR 1994, 1095.
[177] BGH v. 5. 11. 1986, VersR 1987, 147 (unter II 1); OLG Karlsruhe v. 3. 3. 1988, VersR 1990, 889 (unter I 1c bb); *Henzler*, S. 158f.; *Martin*, Sachversicherungsrecht K II Rn. 27.
[178] OLG Köln v. 30. 8. 1990, r+s 1990, 325 (326).
[179] BGH v. 20. 6. 1963, BGHZ 40, 22 (unter I 2); vgl. auch OLG Karlsruhe v. 3. 3. 1988, VersR 1990, 889 (unter I 1c); OLG Köln v. 28. 11. 1985, r+s 1986, 195 (unter 3a); Sieg, VersR 1998, 162 (164).
[180] *Martin*, Sachversicherungsrecht, K II Rn. 19f.

rend ein Mitverschulden bei einer Haftung aus Verschulden bei Vertragsschluss lediglich zu einer quotenmäßigen Kürzung des Schadensersatzanspruchs führt[181].

84   Besteht das Fehlverhalten des VR in der unzureichenden Aufklärung über die Notwendigkeit und Möglichkeit vorläufiger Deckung, kann sich ein **Mitverschulden** des VN zum Beispiel aus einem Hinweis auf dem Antragsformular ergeben, dass Versicherungsschutz nicht vor Antragsannahme durch Übersendung des Versicherungsscheins besteht[182].

I. Beweislastfragen

85   Die Beweislast für das **Zustandekommen eines Vertrages über vorläufige Deckung** trägt der VN, wenn er Rechte aus der vorläufigen Deckung herleitet[183]. Beruft sich der VR darauf, der Vertrag sei, etwa wegen Sittenwidrigkeit nach § 138 BGB, nichtig, muss er die **Voraussetzungen für die Nichtigkeit** beweisen[184]. Zu beweisen hat er auch den von der Rechtsprechung im Bereich der Kraftfahrtversicherung bei einem einheitlichen Antrag auf Haftpflicht- und Fahrzeugversicherung geforderten ausdrücklichen **Hinweis, wenn vorläufige Deckung nur für die Haftpflicht erteilt werden soll** (s. Rn. 12)[185]. Ist streitig, ob ein einheitlicher Antrag auf Haftpflicht- und Fahrzeugversicherung gestellt worden ist, obliegt der Beweis dafür dem VN[186].

86   Die Voraussetzungen für den **Wegfall der vorläufigen Deckung** und dessen Zeitpunkt hat der VR darzulegen und zu beweisen. Das gilt auch für die Voraussetzungen eines rückwirkenden Wegfalls wegen nicht rechtzeitiger Einlösung des Versicherungsscheins, weil es sich bei der dafür erforderlichen vertraglichen Vereinbarung um eine auflösende Bedingung handelt[187]. Zu den Voraussetzungen gehören die Tatsache und der Zeitpunkt des Zugangs des Versicherungsscheins und der Prämienanforderung[188]. Ist – wie nach § 9 S. 2 KfzPflVV – weiter erforderlich, dass der VN die Verspätung der Einlösung zu vertreten hat, trägt der VR auch die Beweislast für das Verschulden des VN[189]. Da es dabei ausschließlich um Umstände aus dem Bereich des VN geht, von denen der VR keine Kenntnis haben kann, trifft den VN aber eine sekundäre Darlegungslast. Das Nichtverschulden ist von ihm substantiiert vorzutragen[190], während der VR diesen Vortrag zu widerlegen hat[191]. Etwas anderes dürfte hinsichtlich des Verschuldens gelten, soweit gemäß § 52 Abs. 1 S. 2 VVG Verzug des VN mit der Zahlung der Prämie Voraussetzung für die Beendigung der vorläufigen Deckung ist. Die Beweislast dafür, dass die Leistung infolge eines Umstandes unterblieben ist, den der VN nicht zu vertreten hat, obliegt nach § 286 Abs. 4 BGB dem VN.

87   Die Beweislast für die einen **Anspruch aus culpa in contrahendo** begründende mangelnde Aufklärung des VN über die Möglichkeit und Notwendigkeit vorläufiger Deckung trägt der VN[192]. Steht das Beratungsverschulden des VR fest, spricht auch im Versicherungs-

---

[181] *Römer/Langheid/Langheid*, § 43 Rn. 52.
[182] *Martin*, Sachversicherungsrecht K II Rn. 27–29.
[183] BGH v. 19. 3. 1986, VersR 1986, 541 (unter II 1 a).
[184] BGH v. 13. 11. 1985, VersR 1986, 131.
[185] LG Frankfurt/M. v. 27. 5. 1993, VersR 1994, 301 (unter I 1); *Römer/Langheid/Römer*, Vor § 1 Rn. 46; *van Bühren/Boudon/Therstappen*, § 2 Rn. 23.
[186] SaarOLG v. 20. 4. 2006, VersR 2006, 1353 (unter II 1 c); OLG Schleswig v. 25. 5. 2007, OLGR Schleswig 2007, 726; *Stiefel/Hofmann*, § 1 AKB Rn. 69.
[187] BGH v. 13. 12. 1995, VersR 1996, 445 (unter II 2 b).
[188] BGH v. 13. 12. 1995, VersR 1996, 445 (unter II 2 b); OLG Frankfurt/M. v. 12. 11. 1997, OLGR 1998, 75, 76; OLG Köln v. 19. 8. 1997, VersR 1998, 1104 (1106); OLG Köln v. 16. 6. 1988, r+s 1989, 138.
[189] *Prölss/Martin/Knappmann*, § 1 AKB Rn. 21; *van Bühren/Boudon/Therstappen*, § 2 Rn. 29; a. M.: *Römer/Langheid/Römer*, Vor § 1 Rn. 48.
[190] OLG Frankfurt/M. v. 1. 12. 1988, VersR 1988, 1039.
[191] *Blumberg*, NZV 1998, 305 (311).
[192] *Baumgärtel/Prölss*, § 44 VVG Rn. 4.

recht eine tatsächliche Vermutung dafür, dass sich der VN beratungsgemäß verhalten[193] und vorläufige Deckung beantragt hätte. Dagegen gibt es keinen allgemeinen Erfahrungssatz, nach dem der VN auf seinen Antrag hin vorläufige Deckung bei demselben oder bei einem anderen VR auch erhalten hätte[194]. Bürdet man jedoch dem VN die Beweislast dafür auf, dass der aufklärungspflichtige VR ihm vorläufige Deckung zugesagt hätte, wäre der Schadenersatzanspruch weitgehend wertlos, weil sich der VR immer darauf berufen könnte, dass er den Antrag auf vorläufige Deckung abgelehnt hätte, zumal der VN keine Kenntnis von den maßgeblichen Entscheidungskriterien des VR haben kann. Das spricht dafür, dem VR die Beweislast dafür aufzuerlegen, dass er einen solchen Antrag im konkreten Fall abgelehnt oder wenigstens nicht so rechtzeitig akzeptiert hätte, dass der eingetretene Schaden gedeckt gewesen wäre[195]. Soweit sich der VN dagegen darauf beruft, dass er vorläufige Deckung von einem anderen VR erhalten hätte, trägt er die Beweislast für die Kausalität zwischen dem Verstoß gegen die Beratungspflicht und dem eingetretenen Schaden[196]. Den Einwand des Mitverschuldens hat der VR zu beweisen[197].

§ 8. Zustandekommen, Dauer und Beendigung des Versicherungsvertrages

Inhaltsübersicht

---

[193] BGH v. 7. 12. 1988, VersR 1989, 472; OLG Köln v. 28. 11. 1985, r+s 1986, 195 (unter 3d); *Baumgärtel/Prölss,* § 44 VVG Rn. 6.

[194] A. M. wohl *Prölss/Martin/Kollhosser,* § 43 Rn. 38.

[195] *Baumgärtel/Prölss,* § 3 VVG Rn. 8; *Martin,* Sachversicherungsrecht, K II Rn. 26.

[196] *Baumgärtel/Prölss,* § 44 VVG Rn. 6; *Römer/Langheid/Langheid,* § 43 Rn. 51; a. M.: *Martin,* Sachversicherungsrecht, K II Rn. 26, 32.

[197] BGH v. 29. 1. 1986, VersR 1986, 329 (unter 2b).

Literatur: *Bach,* Vorvertragliche Informationspflichten des Versicherers nach der VAG-Novelle FS Lorenz (1994), 45; *Baumann,* Es gibt den dritten Weg Ein zusätzliches Vertragsmodell für das neue VVG, VW 2007, 1955; *Dörner/S. Hoffmann,* Der Abschluss von Versicherungsvertrag nach § 5a VVG, NJW 1996, 153; *Ebnet,* Die Kündigung von Versicherungsverträgen, NJW 2006, 1697; *Felsch,* Neuregelung von Obliegenheiten und Gefahrerhöhung, r+s 2007, 485; *Fricke,* Kündigungsrecht im Versicherungsfall für alle Schadensversicherungszweige?, VersR 2000, 16; *Gaul,* Zum Abschluss des Versicherungsvertrags – Alternativen zum Antragsmodell – VersR 2007, 21; *Kagelmacher,* Die Schadenfallkündigung im Versicherungsvertragsrecht, 1992; *Leverenz,* Zurückweisung unwirksamer Kündigungen des VN durch den VR, VersR 1999, 525; *ders.,* Vertragsabschluss nach der VVG-Reform 2008; *Lorenz,* Zu den Informationspflichten des Versicherers und zum Abschluss von Versicherungsverträgen nach neuem Recht, ZVersWiss 1995, 103; *ders.,* Zum Abschluss eines Versicherungsvertrages nach § 5a VVG, VersR 1995, 616; *ders.,* Neue Aspekte zum Abschluss eines Versicherungsvertrages nach § 5a VVG, VersR 1997, 773; *Luckey,* Konsens, Dissens und Anfechtbarkeit – Schicksal der Willenserklärungen und des Versicherungsvertrages unter Berücksichtigung des § 5 VVG, VersR 1994, 1261; *Maenner,* Theorie und Praxis der Rückwärtsversicherung, Heft 65 der Veröffentlichungen des Seminars für VersWissenschaft der Universität Hamburg, 1986; *ders.,* Rückwärtsversicherung in moderner Gestalt, VersR 1984, 717; *Präve,* Zum Für und Wider einer gesetzlichen Fixierung außerordentlicher Kündigungsrechte, VersR 1993, 265; *ders.,* Die VVG-Informationspflichtenverordnung, VersR 2008, 151; *Römer,* Zu den Informationspflichten der Versicherer und ihrer Vermittler, VersR 1998, 1313; *ders.,* Zu ausgewählten Problemen der VVG-Reform nach dem Referentenentwurf vom 13. März 2006 (Teil I) VersR 2006, 740; *ders.,* Zu den Informationspflichten nach dem neuen VVG – Ein Vorblatt zu den AVB oder: weniger ist mehr – VersR 2007, 618; *Rogler,* Pflicht des Versicherers zu Zurückweisung unwirksamer Kündigungen, r+s 2007, 140; *Schimikowski,* Verbraucherinformation – Einbeziehung von AVB und Abschluss des Versicherungsvertrages, r+s 1996, 1; *ders.,* Rechtsprobleme bei papierarmem Vertrieb und neuen Formen des Abschlusses des Versicherungsvertrages, r+s 1997, 89; *ders.,* Abschluss des Versicherungsvertrags nach neuem Recht, r+s 2006, 441; *ders.,* VVG-Reform Die vorvertraglichen Informationspflichten des Versicherers und das Rechtzeitigkeitserfordernis, r+s 2007, 133; *ders.,* Einbeziehung von Allgemeinen Versicherungsbedingungen in den Vertrag, r+s 2007, 309; *Schirmer,* Änderungen des VVG nach der Deregulierung mit den Schwerpunkten: Abschluss des Versicherungsvertrages 2. Einschränkung der Innenhaftung (Öffentlichkeitsklausel) und Einbeziehung von AVB, VersR 1996, 1045; *Schreiber,* Zur Anwendung der „Billigungsklausel" des § 5 VVG, VersR 1994, 760; *Wandt,* Verbraucherinformation und Vertragschluss nach neuem Recht – Dogmatische Einordnung und praktische Handhabung, 1995; *Wandt/Ganster,* Zur Harmonisierung von Versicherungsbeginn und Prämienfälligkeit durch AVB im Rahmen des VVG 2008, VersR 2007, 1034; *dies.,* Die Rechtsfolgen des Widerrufs eines Versicherungsvertrages gem. § 9 VVG 2008, VersR 2008, 425; *Werber,* Alte und neue Informations- und Beratungspflichten des Versicherers und des Vermittlers, ZVersWiss 1994, 321; *ders.,* Transparenzgebot und Verbraucherinformation, VersR 2003, 148; *Werner,* Versicherungsbeginn und Zeitpunkt des Vertragsschlusses im privaten Versicherungsrecht, VersR 1986, 522; *Wille,* Der langjährige Versicherungsvertrag, VersR 1992, 129; *ders.,* Langjährige Schadens- und Unfallversicherungsverträge im Lichte des AGBG, VersR 1995, 1404.

A. Einleitung

1   Die Überschrift von § 8 ist so umfassend, dass der Leser hierunter die Darstellung des gesamten rechtlichen Schicksals des Versicherungsvertrages erwarten könnte. Nach der Konzeption des Handbuchs sollen aber wesentliche Probleme, die auch den Beginn und die Beendigung des Versicherungsvertrages berühren, in besonderen Kapiteln behandelt werden. Zu verweisen ist insbesondere auf die vorläufige Deckung, § 7, die Obliegenheiten, § 13, und die AVB, § 10. Solche Fragen werden deshalb im Folgenden nur angesprochen, soweit das zur Darstellung der rechtlichen Regeln über den Vertragsschluss, die Dauer und die Beendigung des Versicherungsvertrages zwingend geboten ist. Jedoch lassen sich gelegentliche Überschneidungen mit anderen Kapiteln, z. B. solchen, die einzelne Obliegenheiten behandeln, nicht völlig vermeiden.

In diesem Kapitel soll insbesondere aufgezeigt werden, inwieweit der Versicherungsvertrag, der nach herrschender Auffassung einen gegenseitigen Vertrag im Sinne des allgemeinen Schuldrechts nach den §§ 320–326 BGB darstellt, bei seinem Zustandekommen, seiner Dauer und Beendigung besonderen versicherungsrechtlichen Regelungen oder den allgemeinen des BGB unterliegt.

Für den Vertragsschluss waren die vorher nur von wenigen Sonderregelungen überlagerten maßgeblichen Vorschriften des BGB ab 1994 durch die auf europäischem Gemeinschaftsrecht beruhenden Änderungen des VAG mit Einführung der Informationspflichten nach § 10a und deren Übertragung in das Privatrecht durch § 5a VVG weitgehend zurückgedrängt worden. Die Praxis benutzte seit 1995 überwiegend das zu diesen Vorschriften für den Vertragsschluss entwickelte Policenmodell, das eine Information des VN erst mit der Annahmeerklärung des VR gestattete. Die ab 1. 1. 2008 geltenden neuen Vorschriften über den Vertragsschluss zielen auf eine umfassende Beratung und Information des VN bereits vor Abgabe seiner Vertragserklärung und sehen ein generelles Widerrufsrecht vor. Ob hierdurch der Vertragsschluss noch stärker versicherungsrechtlich geprägt wird oder eine Annäherung an die allgemeinen Vorschriften des BGB erfolgt ist, wird im Einzelnen unter B dargestellt werden.

Auch die Dauer des Vertrages wird durch besondere versicherungsrechtliche Vorschriften bestimmt. Die allgemeine Verbraucherschutzdiskussion über langjährige Verträge, die im BGB zu einer Begrenzung der in AGB vereinbarten Laufzeit auf zwei Jahre geführt hat, § 309 Nr. 9 BGB n. F. (vorher § 11 Nr. 12 AGBG), hat einen versicherungsrechtlichen Sonderweg genommen, der sich in den mehrfachen Änderungen des § 8 und in der Neufassung des § 11 VVG widerspiegelt. Im Übrigen ist der Versicherungsvertrag aber ein Dauerschuldverhältnis im Sinne des § 314 BGB, das durchaus auch den entsprechenden Regelungen des BGB unterliegt.

Für die Beendigung des Vertrages finden wir im VVG außer speziellen versicherungsrechtlichen Instituten, wie Beseitigung der Mehrfachversicherung (früher Doppelversicherung) oder Wegfall des versicherten Interesses, die aus der Terminologie des BGB vertrauten Begriffe, wie Rücktritt, Kündigung und Anfechtung. Diese haben aber nicht immer die gleiche Bedeutung wie im BGB, sondern folgen eigenen versicherungsrechtlichen Regeln. Das ist sicher notwendig, soweit die Abweichungen von den im BGB getroffenen Regelungen sich auf den Schutz des VN oder besonders begünstigter Gläubiger beziehen, nicht aber dann, wenn sie aus angeblichen versicherungsrechtlichen Grundregeln wie dem Prinzip der „Unteilbarkeit der Prämie" hergeleitet werden. Es ist deshalb zu begrüßen, dass die unterschiedlichen Rechtsfolgen der Vertragsbeendigung nach dem BGB und dem VVG durch die Neufassung des § 39 VVG (früher § 40 VVG) weitgehend beseitigt worden sind.

B. Abschluss des Vertrages

I. Gesetzliche Grundlagen vor der VVG-Reform

1. Allgemeine Voraussetzungen

Für den Abschluss des Versicherungsvertrages sind in erster Linie BGB-Vorschriften, näm-   **2** lich §§ 311 und 145–155, die den Vertragsschluss durch Angebot und Annahme regeln, maßgeblich. Während früher das VVG nur geringfügige Modifikationen hiervon vorsah, wie z. B. durch § 5 VVG, waren durch die Umsetzung der dritten Richtlinien des Rates der europäischen Gemeinschaften durch das 3. DurchführungsG/EWG zum VAG vom 21. 7. 1994[1] neue Vorschriften geschaffen worden, die den Vertragsschluss in stärkerem Maße versicherungsrechtlich prägten. Die mit § 10a VAG eingeführte öffentlich-rechtliche Verpflichtung der Versicherungsunternehmen, den VN, wenn er eine natürliche Person ist, schon vor Abschluss des Vertrages in einer **Verbraucherinformation** über die für das Versicherungsverhältnis maßgeblichen Tatsachen und Rechte zu unterrichten, ist nämlich durch § 5a VVG in das Privatrecht transformiert worden[2] und hatte damit für den Vertragsschluss entscheidende Bedeutung erlangt.

Wegen der Notwendigkeit der vorherigen umfassenden Unterrichtung des VN und des durch dasselbe Gesetz geregelten Wegfalls der Bedingungsgenehmigung durch das Versiche-

---

[1] BGBl. I S. 1630.
[2] *Lorenz,* ZVersWiss 1995, 103; *ders.*, VersR 1995, 616.

rungs-Aufsichtsamt, die eine erleichterte Einbeziehung von AVB nach § 23 Abs. 3 AGBG ermöglicht hatte[3], konnte der Vertragsschluss seit dem 29. 7. 1994 in den meisten Fällen nicht mehr in der bisher üblichen Weise erfolgen, nämlich dadurch, dass der künftige VN auf einem, ihm meist von dem Versicherungsagenten als dem Abschlusshelfer des VR übergebenen Antragsformular, das einen Hinweis auf die vom VR verwendeten AVB enthielt, eine gemäß § 146 BGB bindende Antragserklärung abgibt, die der VR durch Übersendung des Versicherungsscheins annimmt. Rechtslehre und Versicherungspraxis haben aber neue Modelle entwickelt, die den Voraussetzungen der §§ 10a VAG, 5a VVG a. F. entsprachen und entgegen den ursprünglichen Befürchtungen eine praktische Handhabung des Vertragsschlusses für das Massengeschäft der Versicherung ermöglichten. Nach der von *Lorenz*, a. a. O., eingeführten Terminologie, die inzwischen allgemein üblich geworden ist, konnte der Vertragsschluss entweder nach dem **Antrags- oder dem Policenmodell** erfolgen.

2. Antragsmodell

3   Bei dem der aufsichtsrechtlichen Bestimmung des § 10a VAG a. F. unmittelbar entsprechenden **Antragsmodell** werden dem künftigen VN, bevor er seinen Antrag auf Abschluss eines Versicherungsvertrages unterschreibt und damit eine bindende Erklärung abgibt, die AVB und die Verbraucherinformation ausgehändigt. Der notwendige Inhalt der Verbraucherinformation ergab sich bisher aus der Anlage D zum VAG. Die Liste der für alle Versicherungszweige geltenden Informationen enthält außer rein formalen wie Name, Anschrift, Rechtsform und Sitz des VR und der etwaigen Niederlassung, über die der Vertrag abgeschlossen werden soll, oder Anschrift der zuständigen Aufsichtsbehörde solche, die unmittelbar die Gestaltung des Vertragsverhältnisses betreffen. Wichtigster Inhalt der Verbraucherinformation sind die AVB einschließlich der Tarifbestimmungen, die allerdings materiell ebenfalls AGB darstellen. Die weiter in Nr. 1 c der Anlage D genannten Angaben über Art, Umfang und Fälligkeit der Leistungen des VR brauchten nur gemacht zu werden, wenn keine AVB oder Tarifbestimmungen verwendet wurden, in denen sie enthalten sein müssen. Besonders genannt werden musste aber die Laufzeit des Vertrages. Erforderlich waren ferner Angaben über die Prämienhöhe, Zahlungsweise und etwaige Nebenkosten sowie des insgesamt zu zahlenden Betrages. Für die Lebens-, Unfall- und Krankenversicherung mussten zusätzliche Informationen erteilt werden.

4   Hinsichtlich ihrer **formalen Gestaltung** hatte die Verbraucherinformation hohen Ansprüchen zu entsprechen. Sie hatte schriftlich zu erfolgen und musste eindeutig formuliert, übersichtlich gegliedert und verständlich in deutscher Sprache oder der Muttersprache des VN abgefasst sein. Sie sollte, wie das BAV es in seinen Hinweisen[4] zutreffend ausgedrückt hat, so abgefasst sein, dass sich ein durchschnittlich gebildeter VN ohne anwaltliche Hilfe ein zutreffendes Bild vom Vertragsinhalt machen kann. Dem genügte eine nicht einmal auf die konkrete Versicherung bezogene tabellarische Aufstellung, in der jeweils vorgedruckt angekreuzt ist, welche Angaben der Interessent im „Antrag", in verschiedenen „Bedingungen" oder im „Versicherungsschein" finden kann, nicht[5]. Auch der bloße Hinweis auf gesetzliche Vorschriften reicht nicht aus, so nicht die Angabe, dass die Überschussermittlung in der Lebensversicherung nach den Vorschriften des VAG und des HGB sowie der dazu erlassenen RVOen erfolge[6]. In der Lebensversicherung mussten auch die Rückkaufswerte für die gesamte Vertragslaufzeit vollständig angegeben werden[7].

5   Die **Annahme des Antrages** durch den VR erfolgt bei dem Antragsmodell durch die Übersendung oder Aushändigung des Versicherungsscheines oder eine sonstige Annahmeerklärung, mit deren Zugang der Vertragsschluss vollendet ist. Die Annahme kann nach § 148 BGB nur innerhalb der vom VN bestimmten Annahmefrist erfolgen. Wird keine Frist bestimmt, gilt § 147 Abs. 2 BGB, wonach die Annahme nur bis zu dem Zeitpunkt erfolgen

---

[3] Siehe dazu § 10.
[4] VA 1995, 284.
[5] OLG Oldenburg v. 31. 1. 2001, VersR 2002, 1133.
[6] AG Hamburg v. 7. 8. 2001, VersR 2002, 874.
[7] AG Berlin-Lichtenberg v. 30. 10. 2002, VersR 2003, 451.

kann, in welchem der Antragende den Eingang der Antwort unter regelmäßigen Umständen erwarten darf. Jede Verspätung stellt eine Ablehnung des Antrages dar, die aber gemäß § 150 BGB als neuer Antrag gilt, der nunmehr von dem VN ausdrücklich oder konkludent, z. B. durch Prämienzahlung oder beim Lastschriftverfahren durch Bereitstellung des Geldbetrages auf dem Konto[8] angenommen werden kann. Das Gleiche gilt nach § 150 Abs. 2 BGB für eine Annahme unter Erweiterungen, Einschränkungen oder sonstigen Änderungen. Zu den Besonderheiten der versicherungsrechtlichen Billigungsklausel siehe unter Rn. 27–29.

Die Einbeziehung der AVB des VR als Vertragsgrundlage erfolgt bei dem Antragsmodell seit dem 1. 1. 2002 gemäß § 305 Abs. 2 S. 2 BGB[9], weil der VR dem künftigen VN bei Vertragsschluss die Möglichkeit verschafft, von dem Inhalt der schon vorher übergebenen AVB Kenntnis zu nehmen. Für den Vertragsschluss nach dem Antragsmodell war außerdem § 8 Abs. 4 a. F. VVG erheblich, der für langfristige Verträge galt. Danach konnte der VN, wenn er einen Antrag auf Abschluss eines Versicherungsvertrages (mit Ausnahme der Lebensversicherung) mit längerer Dauer als einem Jahr gestellt hat, diesen innerhalb von 14 Tagen ab Unterzeichnung schriftlich widerrufen[10].

3. Policenmodell

Bei dem aus § 5a VVG a. F. entwickelten **Policenmodell** stellte der künftige VN einen   **6**
Antrag, **bevor** er die Verbraucherinformation und die AVB erhalten hatte. Diesem kommt aber wegen des bis zwei Wochen nach Überlassung dieser Unterlagen eingeräumten Widerspruchsrechts keine bindende Wirkung zu. Das bedeutet auch, dass im Antrag bestimmte Fristen für den VN unerheblich sind. *Renger*[11] meint deshalb, dass überhaupt noch kein Antrag, sondern nur eine Aufforderung zur Abgabe eines Angebotes, invitatio ad offerendum, vorliege. Dem widerspricht aber der eindeutige Wortlaut des Gesetzes, der dem VN die Antragstellung zuweist, auf die der VR mit Übersendung des Versicherungsscheins, der AVB und der Verbraucherinformation reagiert. Der Antrag ist auch nicht völlig unverbindlich, weil das Gesetz dem VN immerhin die Initiative des Widerspruchs zuweist, wenn er es nicht zum Vertragsschluss kommen lassen will[12].

Der Vertragsschluss erfolgte nach § 5a VVG a. F. nicht durch Annahme des nicht bindenden Antrages, sondern er wurde vom Gesetz fingiert, es „gilt der Vertrag auf der Grundlage des Versicherungsscheins, der Versicherungsbedingungen und der weiteren für den Vertragsinhalt maßgeblichen Verbraucherinformation als abgeschlossen, wenn der VN nicht innerhalb von vierzehn Tagen nach Überlassung der Unterlagen schriftlich widerspricht". Damit ermöglichte § 5a VVG für den Inhalt des Vertrages eine von den Anforderungen des § 305 Abs. 2 BGB unabhängige Einbeziehung von AVB.

Der **Zeitpunkt** des Vertragsschlusses ist im Gesetz nicht eindeutig genannt. Von *Dörner/*   **7**
Hoffmann[13] wird vertreten, dass bereits mit der Annahme des Antrags des VN durch den VR ein Vertrag zustande komme, der zunächst inhaltlich nur durch die gesetzlichen Vorschriften bestimmt und nach Ablauf der Widerspruchsfrist durch Einbeziehung der AVB rückwirkend umgestaltet werde[14]. Die Annahme eines solchen Rumpfvertrages wird aber weder den Vorstellungen des Gesetzgebers noch den Interessen der Beteiligten gerecht. Es ist vielmehr mit der h. M.[15] davon auszugehen, dass der Vertrag bis zum Ablauf der Widerspruchsfrist schwebend unwirksam ist und bei Unterbleiben eines Widerspruchs rückwirkend auf den Zeitpunkt zustande kommt, in dem der VN die Police oder eine andere Annahmeerklärung des

---

[8] BGH v. 22. 5. 1991, VersR 1991, 910.
[9] Früher § 2 Abs. 2 AGBG.
[10] Im Einzelnen vgl. dazu unter Rn. 51.
[11] VersR 1994, 753 (758).
[12] *Prölss/Martin/Prölss*, § 5a Rn. 9.
[13] NJW 1996, 153 (160).
[14] Ebenso *Hoffmann*, VersR 1997, 1257.
[15] OLG Frankfurt/M. v. 10. 2. 2003, VersR 2005, 631; *Prölss*, a. a. O., Rn. 10; *Römer/Langheid/Römer*, § 5a Rn. 24, 25; *Lorenz*, VersR 1995, 616 und VersR 1997, 773 (777); *Schirmer*, VersR 1996, 1046 (1051).

VR mit den notwendigen Unterlagen erhalten hat. Das Unterlassen des Widerspruchs ist als Genehmigung anzusehen, für die § 184 BGB Rückwirkung anordnet. Diese Vorschrift, die sich allerdings unmittelbar auf die Genehmigung durch einen Dritten bezieht, enthält einen allgemeinen Rechtsgedanken und kann daher entsprechend auf die Genehmigung durch den VN angewendet werden. Mit der Annahme einer Rückwirkung steht die Auslegung von § 5a VVG auch im Einklang mit § 5 VVG, dem § 5a a. F. VVG ersichtlich nachgebildet worden ist, über die Wirkung des unterbliebenen Widerspruchs bei Abweichungen des Versicherungsscheins vom Antrag oder den getroffenen Vereinbarungen. Sie erfüllt auch den vom Gesetz bezweckten Schutz des VN. Denn auf Grund der Rückwirkung hat der VR für während der Schwebezeit erfolgende Versicherungsfälle einzutreten, wenn der VN sein Widerspruchsrecht nicht ausübt. Der VN wird durch die Rückwirkung auch nicht zusätzlich belastet. Zur Zahlung der Prämie ist er vor Ablauf der Widerspruchsfrist nicht verpflichtet. Er hat auch während der Schwebezeit keine zusätzlichen Obliegenheiten zu erfüllen[16].

8   Außer der vollständigen Übersendung der notwendigen Unterlagen war für den Vertragsschluss nach § 5a VVG a. F. eine **Belehrung des VN über das Widerspruchsrecht** erforderlich, die die „schriftlich und in drucktechnisch deutlicher Form" erfolgen und sich auch auf den Fristbeginn und die Dauer erstrecken musste. Sie durfte nicht versteckt im fortlaufenden, EDV-mäßig gestalteten Text in derselben Typenart und -größe wie die Schilderung der vertraglichen Leistungen ohne jede Hervorhebung untergebracht werden[17]. Die Belehrung konnte bereits im Antragsformular enthalten sein oder später in der Verbraucherinformation oder im Versicherungsschein erfolgen. Das BAV[18] hat eine Belehrung im Antragsformular empfohlen. Dem ist die Praxis weitgehend gefolgt.

Der **Widerspruch** musste nach der ursprünglichen Fassung von § 5a VVG schriftlich erklärt werden. Durch das Textformgesetz vom 13. 7. 2001[19] ist „schriftlich" durch „in Textform" ersetzt worden. Die Erklärung muss zum Ausdruck bringen, dass der VN eine Bindung durch den Versicherungsvertrag ablehnt. Der Verwendung des Wortes Widerspruch oder der Angabe von Gründen bedarf es nicht.

Obwohl dem Gesetz die Vorstellung zu Grunde liegt, dass der VN seine Entscheidung für oder gegen den Vertrag auf Grund einer Prüfung der vollständigen Unterlagen treffen soll, nimmt die überwiegende Meinung in der Literatur zutreffend an, dass er den Widerspruch auch schon vorher erklären kann[20]. Da er an seinen Antrag nicht gebunden ist, wäre es sinnwidrig, wenn er erst den Zugang der Unterlagen abwarten müsste, um seine vorher beschlossene Ablehnung des Vertrages zum Ausdruck zu bringen.

Durch die Ausübung des Widerspruchsrechts wird der schwebend unwirksame Vertrag endgültig nichtig. Die Vertragsverhandlungen sind gescheitert.

9   Außer durch die Erklärung des Widerspruchs oder das Verstreichenlassen der Frist konnte der Schwebezustand nach § 5a Abs. 2 S. 4 VVG durch das **Erlöschen des Widerspruchsrechts** ein Jahr nach Zahlung der ersten Prämie beendet werden. Damit ist der Fall erfasst, in dem der VN, nachdem der VR seinen Antrag angenommen und ihn zur Zahlung aufgefordert hat, die Prämie gezahlt hat, obwohl er entweder die notwendigen Unterlagen nicht erhalten oder über sein Widerspruchsrecht nicht belehrt worden ist. Die Regelung gilt auch für den in der Praxis wichtigeren Fall, dass dem VR der ihm nach § 5a Abs. 2 S. 2 VVG obliegende Beweis des Zugangs der Unterlagen oder der Belehrung nicht gelingt[21]. Wie die Versäumung der Widerspruchsfrist nach Übersendung der Unterlagen und Belehrung hat auch der in § 5a Abs. 2 S. 4 VVG geregelte Zeitablauf zur Folge, dass der bisher schwebend unwirksame Versicherungsvertrag wirksam wird.

---

[16] *Schirmer*, a. a. O., 1054; *Lorenz*, VersR 1995, 621.

[17] OLG Oldenburg v. 31. 1. 2001, VersR 2002, 1133.

[18] VA 1995, 313.

[19] BGBl. I S. 1542.

[20] Berliner Kommentar/*Schwintowski*, § 5a Rn. 82; *Römer/Langheid/Römer*, § 5a Rn. 40; *Lorenz*, VersR 1995, 616 (621); *Schirmer*, VersR 1996, 1045 (1051); a. A. *Peters*, DZWir 1997, 191.

[21] OLG Düsseldorf v. 5. 12. 2000, VersR 2001, 837 = r+s 2001, 269; *Römer/Langheid/Römer*, § 5a Rn. 41.

Das dargestellte Policenmodell ist in der Anfangszeit nach Einführung von § 10a VAG und   **10**
§ 5a VVG als auf Ausnahmefälle beschränkt[22] oder lediglich als zur Korrektur gesetzwidrigen
Verhaltens der VR dienend[23] bewertet worden. Es ist aber, wie die Entstehungsgeschichte
von § 5a VVG eindeutig ergibt, **als gleichberechtigte Alternative** zu dem Vertragsabschluss nach dem Antragsverfahren geschaffen worden, die den Bedürfnissen der Versicherungspraxis nach dem Wegfall der Bedingungsgenehmigung und der damit entfallenen Möglichkeit, AVB abweichend von § 305 Abs. 2 BGB in den Vertrag einzubeziehen, unter
ausreichender Wahrung der Interessen der VN Rechnung trägt. Dass die VR zwischen beiden Modellen wählen konnten, wurde inzwischen von der überwiegenden Meinung in der
Literatur angenommen[24]. Das BAV, das zunächst die Anwendung von § 5a VVG als Ausnahmefall bezeichnet hatte, hat das Wahlrecht der VR später ausdrücklich anerkannt[25]. Für die
Rechtsprechung ist hinzuweisen auf eine Entscheidung des OLG Hamm vom 31. 5. 2000[26],
mit der eine auf das Verbot der Verwendung von Antragsformularen für das Policenmodell
gerichtete Unterlassungsklage mit der Begründung abgewiesen worden ist, dass keine Umgehung von § 2 AGBG vorliege, weil der Gesetzgeber das Policenmodell gleichberechtigt neben das Antragsmodell gestellt habe.

Die beiden erörterten Vertragsabschlussmodelle wurden in der Praxis überwiegend ver-   **11**
wandt. Sie waren aber nicht für alle Fälle zwingend vorgeschrieben, weil der **persönliche
Anwendungsbereich** der §§ 10a VAG, 5a VVG a. F. eingeschränkt ist. Nach § 10a VAG ist
die Verbraucherinformation nur **natürlichen Personen** zu erteilen und ist auch deren
Schutz bei der Versicherung von **Großrisiken** dahin eingeschränkt, dass dem VN lediglich
das anwendbare Recht und die zuständige Aufsichtsbehörde vor Vertragsschluss mitgeteilt
werden müssen. Nur wenn das nicht erfolgt ist, kommt ein Widerspruchsrecht nach § 5a
VVG a. F. in Betracht.

II. Vertragsschluss ab dem 1. 1. 2008

1. Allgemeine Voraussetzungen

Die für den Abschluss von Versicherungsverträgen ab dem 1. 1. 2008 geltende neue Vor-   **12**
schrift des § 7 VVG sieht vor, dass der VR dem VN „rechtzeitig vor Abgabe von dessen Vertragserklärung seine Vertragsbestimmungen einschließlich der AVB sowie die in einer
RechtsVO nach § 7 Abs. 2 bestimmten Informationen in Textform mitzuteilen" hat. Damit
wird der Zeitpunkt der Information des VN vorverlagert von **vor Vertragsschluss** auf **vor
Abgabe seiner Vertragserklärung.** Ziel dieser Gesetzesänderung, die von dem Vorschlag
der Kommission zur Reform des VVG abweicht[27], die das Policenmodell im Grundsatz erhalten wollte, ist nach der Begründung des Gesetzes[28] eine Verbesserung des Verbraucherschutzes. Dem VN soll Gelegenheit gegeben werden, sich vor Abgabe seiner Vertragserklärung mit den Einzelheiten des Vertrages vertraut zu machen, damit er auf Grund der
erlangten Kenntnisse sich für oder gegen den Vertrag entscheiden kann. Damit geht der
Gesetzgeber davon aus, dass der Versicherungsvertrag in Zukunft nach dem **Antragsmodell**
abgeschlossen werden und das Policenmodell keine Anwendung mehr finden soll. Ob daneben auch weitere Vertragsmodelle in Betracht kommen, wie in der Literatur diskutiert wird,
wird unten unter Rn. 20–22 untersucht werden.

---

[22] *Präve,* ZfV 1994, 379; *Werber,* ZVersWiss 1994, 321, (339).
[23] *Dörner/Hoffmann,* NJW 1996, 154.
[24] Vgl. außer den schon Zitierten *Prölss/Reimer Schmidt,* VAG § 10a Rn. 42; *Baumann,* VersR 1997, 1;
Reiff, VersR, 1997, 267 (269); so jetzt auch *Werber,* VersR 2003, 148 (151).
[25] VA 1995, 312.
[26] r+s 2001, 310.
[27] Abschlussbericht § 7 und unter 1.2.5.1.
[28] RegE BT-Drs. 16/3945, S. 122.

13   **a) Rechtzeitigkeit.** Der **Zeitpunkt** der nötigen Information des VN, die dem VR durch § 7 VVG als echte Rechtspflicht auferlegt wird[29], wird in § 7 Abs. 1 näher bestimmt durch den Begriff der **Rechtzeitigkeit.** Welcher Zeitraum ausreichend ist, um festzustellen, dass die Informationen rechtzeitig vor der Vertragserklärung des VN erteilt worden sind, wird nicht generell bestimmt werden können. Abzustellen ist auf den Gesetzeszweck, wonach der VN Gelegenheit haben soll, sich vor Abgabe seiner Vertragserklärung über den Inhalt des Vertrages zu informieren. Eine bestimmte zeitliche Spanne, etwa von drei Tagen zwischen Information und Vertragserklärung, wie in der Literatur zu den Fernabsatzverträgen diskutiert worden ist, kann dafür nicht festgesetzt werden. Ebenso wie nach § 312c BGB, mit dem § 7 Abs. 1 VVG insoweit wörtlich übereinstimmt, kann nur auf die Umstände des Einzelfalles abgestellt werden[30]. Im Regelfall dürfte aber dem Erfordernis der Rechtzeitigkeit nicht genügt werden, wenn der VN seine Erklärung unmittelbar danach abgibt, nachdem er von dem Versicherungsvermittler die einschlägigen Vertragsunterlagen bekommen hat, denn dann hat er noch keine Möglichkeit gehabt, ihren Inhalt zur Kenntnis zu nehmen[31]. Anders kann es nur sein, wenn der Vertrag sich auf ein einfaches Produkt mit kurzen AVB, die der VN schnell durchlesen kann, bezieht, wie z. B. bei einer Reiseversicherung[32]. Es ist deshalb damit zu rechnen, dass sich eine Praxis herausbilden wird, nach der zunächst ein Vorgespräch zwischen Vermittler und VN geführt wird, bei dem dieser alle Vertragsunterlagen und weiteren Informationen erhält, und dass die Antragstellung erst bei einem weiteren Besuch des Vermittlers oder sonstigen Kontakt zwischen diesem und dem VN vollzogen wird[33].

Eine **nachträgliche** Information des VN sieht das Gesetz für den Fall vor, dass der Vertrag auf Verlangen des VN telefonisch oder unter Verwendung eines anderen Kommunikationsmittels geschlossen wird, dass die Information in Textform vor der Vertragserklärung nicht gestattet. Sie muss dann unverzüglich nach Vertragsschluss erfolgen.

14   **b) Umfang der Informationen.** Abgesehen von den nach § 7 Abs. 1 VVG zu übermittelnden Vertragsbestimmungen einschließlich der AVB ergibt sich der Umfang der zu erteilenden Informationen aus der auf der Grundlage von § 7 Abs. 2 erlassenen VO über Informationspflichten bei Versicherungsverträgen (VVG-Informationspflichtenverordnung = VVG-InfoV) vom 18. 12. 2007[34].

In diese sind sowohl die Angaben übernommen worden, die bisher in § 10a VAG geregelt waren sowie die umfangreichen Verpflichtungen, die den VR nach den Vorschriften über die Fernabsatzrichtlinie II obliegen und die durch Art. 6 des Gesetzes zur Änderung der Vorschriften über Fernabsatzverträge bei Finanzdienstleistungen vom 2. 12. 2004[35] in das VVG (§ 48b Anlage) eingefügt worden sind. Obwohl diese Informationen nach europäischem Recht nur für Fernabsatzverträge erteilt werden müssen, hat sich der deutsche Gesetzgeber entschlossen, die umfassende Informationspflicht für alle Versicherungsverträge zu übernehmen, weil die Mehrzahl der Informationen für alle VN unabhängig von der Vertriebsform für ihre Entscheidung zum Abschluss eines Versicherungsvertrages von Bedeutung sind[36].

Im Einzelnen handelt es sich um Informationen über den VR (Nummer 1–5), zur angebotenen Leistung (Nummer 6–11), zum Vertrag (12–18), sowie zum Rechtsweg (Nummer 19–20).

Weitergehende Informationen sind zu bestimmten Verträgen zu erteilen: Von besonderer Bedeutung und bis zuletzt im Gesetzgebungsverfahren umstritten ist die Verpflichtung nach § 2 VVG-InfoV, in der Lebensversicherung und Berufsunfähigkeitsversicherung Angaben zur Höhe der Kosten für die Vermittlung und den Abschluss des Vertrages und den sonstigen in

[29] Begr. S. 151; *Marlow/Spuhl* S. 9, 10.

[30] *Gaul,* VersR 2007, 21 (22); *Palandt/Heinrichs,* § 312 c Rn. 5; *Schimikowski,* r+s 2007, 133 (134).

[31] *Marlow/Spuhl,* S. 12; *Römer,* VersR 2006, 740 (741).

[32] *Schimikowski,* r+s 2007, 133 (135).

[33] *Marlow/Spuhl,* a. a. O.; *Schimikowski,* r+s 2006, 441 (442).

[34] Abgedruckt mit Begründung in VersR 2008, 183; ausführlich dazu *Präve,* VersR 2008, 151.

[35] BGBl. I S. 3202 (3106).

[36] Begr. S. 149.

die Prämie eingerechneten Kosten zu machen. Erforderlich sind weiter Angaben der Berechnungsgrundsätze für die Überschussbeteiligung und den Rückkaufswert sowie unterschiedliche Darstellungen der nach § 154 VVG geschuldeten Modellrechnung. Auch bei der substitutiven Krankenversicherung sind nach § 3 VVG-Info-V die Vermittlungskosten zu nennen, sowie Angaben über die Auswirkungen steigender Krankheitskosten auf die zukünftige Beitragsentwicklung zu machen und die vergangene Beitragsentwicklung darzustellen. Ferner sind zahlreiche Hinweise auf Wechsel innerhalb der Tarife und Beitragsbegrenzungen im Alter erforderlich.

c) Formale Gestaltung. Problematisch ist, in welcher Weise die Fülle der Informationen **15** dem VN dargeboten werden soll, damit das Ziel seiner besseren Unterrichtung erreicht werden kann. Das Gesetz beschränkt sich auf die Forderung: „Die Mitteilungen sind in einer dem eingesetzten Kommunikationsmittel entsprechenden Weise klar und verständlich zu übermitteln", § 7 Abs. 1 S. 2 VVG. Den VR ist damit ein großer Freiraum für die Gestaltung der Mitteilungen überlassen worden. Der Gesetzeszweck kann aber nur erreicht werden, wenn der VN von den ihm gebotenen Möglichkeiten der Unterrichtung auch Gebrauch macht. Von Römer[37] ist der hilfreiche Vorschlag gemacht worden, den zu übermittelnden Unterlagen ein Vorblatt voranzustellen, auf dem in möglichst nicht mehr als 10 Punkten in klarer einfacher Sprache unter Verzicht auf juristische Genauigkeit und Vollständigkeit die wichtigsten Fragen des Vertragsverhältnisses dargestellt werden und im Übrigen deutlich auf die Vertragsunterlagen verwiesen wird. Dem entspricht im Grundsatz § 4 VVG-InfoV, wonach ein „Produktinformationsblatt" den anderen Informationen voranzustellen ist, in dem die im Einzelnen in § 4 Abs. 1 und 2 genannten Informationen „in übersichtlicher und verständlicher Form knapp dargestellt werden." Der VN ist darauf hinzuweisen, dass die Informationen nicht abschließend sind. Soweit die Informationen den Inhalt der vertraglichen Vereinbarung betreffen – das ist bei den meisten der genannten Informationen der Fall – muss auf die jeweils maßgebliche Vertragsbestimmung oder AVB hingewiesen werden. Es bleibt abzuwarten, ob es der Versicherungswirtschaft gelingen wird, ein diesen Anforderungen entsprechendes insbesondere verständliches Informationsblatt zu entwickeln.

Der Personenkreis, dem die Informationen zu erteilen sind, ist ein weiterer als nach der bis- **16** herigen gesetzlichen Regelung. Das Gesetz hat auf eine Beschränkung der Regelung auf Verbraucher im Sinne des § 13 BGB als nicht sachgerecht verzichtet, weil zu dem hierdurch ausgeklammerten Personenkreis auch kleine Unternehmer und Freiberufler gehörten, deren Schutzbedürfnis im Regelfall nicht geringer sei als eines Verbrauchers[38]. Es wird auch nicht mehr zwischen natürlichen und juristischen Personen differenziert. Von der Anwendung des § 7 Abs. 1 VVG ausgenommen sind aber **Großrisiken** im Sinne des § 10 Abs. 1 S. 2 EGVVG.

d) Verzicht. Der VN hat nach § 7 Abs. 1 S. 3 2. Halbs. die Möglichkeit, durch eine ge- **17** sonderte schriftliche Erklärung auf eine Information vor Abgabe seiner Vertragserklärung zu **verzichten.** Auch in diesem Fall muss – wie beim telefonischen Vertragsschluss – die Information unverzüglich nach Vertragsschluss nachgeholt werden. Diese Regelung trägt dem Bedürfnis des VN Rechnung, in Fällen, in denen der angestrebte Vertragsschluss für ihn überschaubar ist, möglichst umgehend Versicherungsschutz zu erhalten[39]. Die zur Wirksamkeit des Verzichts erforderliche ausdrückliche Erklärung in einem gesonderten von VN unterschriebenen Schriftstück soll verhindern, dass ein Verzicht formularmäßig vereinbart wird[40]. Möglich ist aber, dass die VR generell oder nur für bestimmte Sparten vorgefertigte schriftliche Verzichtserklärungen dem VN zur Unterschrift vorlegen, um weiterhin nach dem bewährten Policenmodell verfahren zu können[41]. Ein solches Verhalten wäre aber wegen der ausdrücklichen Bewertung des Gesetzgebers, dass das Policenmodell den Schutz des VN

---

[37] VersR 2006, 740 (741) und VersR 2007, 618.
[38] Begründung S. 150.
[39] Begründung S. 151.
[40] Begründung a. a. O.
[41] Vgl. dazu *Schimikowski,* r+s 2006, 441 (443).

nicht ausreichend gewährleiste[42], bedenklich. Es kommt in Betracht, dass solche Erklärungen als AGB einzuordnen und nach § 307 BGB als unwirksam anzusehen sind[43]. Zu erwägen ist auch, dass ein solches Verhalten der VR als ein Missstand im Sinne des § 81 VAG anzusehen sei, der zu einem Einschreiten der Aufsichtsbehörde führen kann.

18 **e) Widerruf.** Der in § 7 neu geregelte Vertragsschluss steht hinsichtlich seiner Wirksamkeit zunächst unter einem Vorbehalt. Denn der VN kann nach § 8 VVG seine Vertragserklärung innerhalb von zwei Wochen widerrufen. Dieses generelle Widerrufsrecht, dass in Textform erklärt werden muss und keiner Begründung bedarf, löst die frühere Regelung des § 5a VVG über das Widerspruchsrecht und des § 8 Abs. 4 VVG über das Widerrufsrecht bei Verträgen mit einer Laufzeit von mehr als einem Jahr ab. Es stellt – trotz einiger durch die Besonderheiten des Versicherungsvertrages gebotenen Abweichungen – ein Widerrufsrecht im Sinne des § 355 BGB dar, dessen Regelungen, allerdings beschränkt auf Verbraucherverträge, ergänzend Anwendung finden[44]. Aus § 355 BGB ergibt sich auch, dass der entsprechend § 7 VVG abgeschlossene Versicherungsvertrag bis zur Ausübung des Widerrufs wirksam ist und durch diesen in ein Abwicklungsverhältnis umgewandelt wird. Weil in dieser Zwischenzeit ein Schwebezustand besteht, kann man von einer „schwebenden Wirksamkeit" sprechen[45]. Diese löst die komplizierte Konstruktion der schwebenden Unwirksamkeit der §§ 5a und 8 Abs. 4 VVG a. F. unterfallenden Verträge ab. Durch die Einführung des generellen Widerrufsrechts für alle Versicherungsverträge und Abschaffung des besonderen versicherungsrechtlichen Widerrufs- und Widerspruchsrechts ist der Vertragsschluss jetzt wieder stärker durch das BGB geprägt als bisher.

Die zweiwöchige Widerrufsfrist beginnt erst, wenn dem VN der Versicherungsschein, die Vertragsbedingungen einschließlich der AVB und die weiteren Informationen nach § 7 Abs. 1 VVG zugegangen sind sowie eine deutlich gestaltete Belehrung über das Widerrufsrecht und über die Rechtsfolgen des Widerrufs. Diese muss dem VN seine Rechte entsprechend den Erfordernissen des eingesetzten Kommunikationsmittels deutlich machen und den Namen und die Anschrift desjenigen, dem gegenüber der Widerruf zu erklären ist, sowie einen Hinweis auf den Fristbeginn und auf die Regelung des § 8 Abs. 1 S. 2 enthalten. Zu dieser komplizierten Erklärung ist in § 8 Abs. 2 S. 2 ergänzend bestimmt, dass sie den gesetzlichen Anforderungen genügt, wenn das vom Bundesministerium der Justiz auf Grund einer RechtsVO nach § 8 Abs. 5 veröffentlichte Muster verwendet wird.

In § 8 Abs. 3 VVG sind Ausnahmen von der Widerruflichkeit geregelt. Das Widerrufsrecht besteht danach nicht
1. bei Versicherungsverträgen mit einer Laufzeit von weniger als einem Monat
2. bei Versicherungsverträgen über vorläufige Deckung, es sei denn, es handelt sich um einen Fernabsatzvertrag im Sinne des § 312b Abs. 1 und 2 BGB
3. bei Versicherungsverträgen von Pensionskassen, die auf arbeitsrechtlichen Regelungen beruhen (soweit nicht ein Fernabsatzvertrag vorliegt)
4. bei Versicherungsverträgen über Großrisiken im Sinne des § 10 Abs. 1 S. 2 EGVVG.

Ferner ist das Widerrufsrecht ausgeschlossen bei Versicherungsverträgen, die von beiden Vertragsparteien auf ausdrücklichen Wunsch des VN vollständig erfüllt sind, bevor dieser sein Widerrufsrecht ausgeübt hat.

19 **f) Rechtsfolgen des Widerrufs.** Die **Rechtsfolgen** der Ausübung des Widerrufs sind entgegen der auf eine umfassende Regelung hinweisenden Überschrift in § 9 VVG nur ausschnittsweise geregelt, nämlich hinsichtlich der Rückerstattung der vom VN gezahlten Prämien für den Fall, dass er zugestimmt hat, dass der Versicherungsschutz vor dem Ende der Widerrufsfrist beginnt. Für diesen Fall bestimmt § 9 S. 1 VVG, dass der Versicherer **nur** den auf die Zeit nach Zugang des Widerrufs entfallenden Teil der Prämie zu erstatten hat, wenn der VN in der Belehrung nach § 8 Abs. 2 S. 1 Nr. 2 VVG auf sein Widerrufsrecht, die Rechtsfol-

---

[42] Begründung S. 150.
[43] *Schimikowski,* r+s 2007, 133 (136).
[44] Begründung S. 155 (157).
[45] *Marlow/Spuhl,* S. 20.

gen des Widerrufs und den zu zahlenden Betrag hingewiesen worden ist. Bei Unterbleiben der genannten Hinweise hat der VR zusätzlich die für das erste Jahr des Versicherungsschutzes gezahlten Prämien zu erstatten, es sei denn, der VN habe Leistungen aus dem Versicherungsvertrag in Anspruch genommen. Der Verwendung des Wortes „nur" in Satz 1 ist zu entnehmen, dass die Regelung nur die Voraussetzungen bestimmt, unter denen der VR einen Teil der Prämien behalten kann, nicht aber im Übrigen den Rückerstattungsanspruch des VN insbesondere auf die Prämie für die Zeit nach Zugang des Widerrufs beschränkt[46]. Dieser ergibt sich aus §§ 357, 346 BGB, die auch Anwendung finden, wenn die Voraussetzungen des § 9 VVG nicht vorliegen, z. B. wenn der VN nicht zugestimmt hat, dass der Versicherungsschutz vor dem Ende der Widerrufsfrist beginnt[47].

An einer ausdrücklichen Regelung über die Rückerstattung erbrachter Versicherungsleistungen, wie ihn der Vorschlag der Kommission zur Reform des VVG in § 9 enthält, fehlt es. Man wird aber aus § 9 VVG entnehmen können, dass Versicherungsleistungen, die erbracht worden sind, nachdem der VN zugestimmt hat, dass der Versicherungsschutz vor Ende der Widerrufsfrist beginnt, nicht zurückzuerstatten sind, zumal auch der VR für diese Zeit die Prämie behalten darf. Davon geht auch die Gesetzesbegründung bei der Auseinandersetzung mit dem Kommissionsentwurf aus[48]. Davon abgesehen sind aber auch erbrachte Versicherungsleistungen nach §§ 357, 346 BGB zurück zu erstatten.

2. Weitere Vertragsmodelle

Da – wie unter Rn. 13 aufgezeigt – der Vertragsschluss nach den neuen Vorschriften wegen der Notwendigkeit, den VN rechtzeitig vor der Abgabe seiner Vertragserklärung vollständig zu informieren, einen höheren Aufwand für die Verswirtschaft mit sich bringt, weil in der Regel zwei Kontakte zwischen den Vertragsparteien nötig sind, um den Vertrag zustande zu bringen, werden in der Literatur Überlegungen angestellt, ob neben dem vom Gesetzgeber favorisierten Antragsmodell andere Modelle, die die aufgezeigten Nachteile für die Verswirtschaft vermeiden, zulässig sind.

a) Policenmodell. In erster Linie wird erörtert, ob das in der Praxis bewährte **Policen-**   20 **modell** weiter praktiziert werden kann[49]. Dafür könnte sprechen, dass der Gesetzgeber die Wirksamkeit des Vertragsschlusses nicht von der vorher erfolgten Information des VN abhängig gemacht hat. Auch eine ohne vorherige Information abgegebene Vertragserklärung ist wirksam und führt bei ihrer Annahme durch den VR zum Vertragsschluss. Die gesetzliche Sanktion der Verletzung der Informationspflicht besteht nur darin, dass die Widerrufsfrist nach § 8 Abs. 2 VVG nicht zu laufen beginnt, ehe die Informationen erteilt sind, und dass Schadensersatzansprüche nach § 280 BGB in Betracht kommen. Jedoch steht der weiteren Praktizierung des Policenmodells nach Wegfall von § 5a Abs. 1 VVG a. F., der die Einbeziehung von AVB abweichend von § 305 Abs. 2 BGB regelte, entgegen, dass die AVB des VR nicht wirksam in den Vertrag einbezogen werden könnten, weil § 305 Abs. 2 BGB hierfür voraussetzt, dass der Verwender spätestens bei Vertragsschluss auf die AGB hinweist und der anderen Vertragspartei die Möglichkeit verschafft, in zumutbarer Weise von ihrem Inhalt Kenntnis zu erlangen[50]. Erhält der Vertragspartner die AGB erst mit der Annahmeerklärung durch den Verwender, so stellt dies nach § 150 Abs. 2 BGB ein neues Angebot dar, das der VN annehmen müsste. Es hilft auch nicht die Heranziehung von § 49 VVG[51], wonach bei einem Vertrag über vorläufige Deckung die üblicherweise verwendeten Bedingungen Vertragsbestandteil werden, auch wenn sie bei Vertragsschluss nicht übermittelt werden. Denn diese Vorschrift ist erkennbar auf die besonderen Verhältnisse der vorläufigen Deckung bezogen und auf einen anderen Versicherungsvertrag nicht anwendbar. Möglich wäre die Einbe-

---

[46] *Wandt/Gerster,* VersR 2007, 1034 Fn. 32.
[47] Gesetzesbegr. S. 157; *Marlow/Spuhl,* S. 22,
[48] S. 157.
[49] *Gaul,* VersR 2007, 21 (24); *Marlow/Spuhl,* S. 14; *Schimikowski,* r+s 2006, 441 (443).
[50] *Schimikowski,* a. a. O.; zur Auslegung von § 306 BGB vgl. MünchKom/*Basedow* § 305 Rn. 62.
[51] So *Marlow/Spuhl,* S. 15.

ziehung der AVB allerdings bei einem Verzicht des VN auf vorherige Information[52]. Damit kommt die Beibehaltung des Policenmodells für Einzelfälle in Betracht, in denen der VN durch eine gesonderte schriftliche Erklärung auf eine Information vor Abgabe seiner Vertragserklärung verzichtet hat. Die generelle Verwendung vorbereiteter Verzichtserklärungen würde aber, weil sie den Zielen der Gesetzesänderung offensichtlich zuwiderläuft, einer Inhaltskontrolle nach § 307 BGB nicht Stand halten und außerdem einen Missstand im Sinne des § 81 VAG darstellen, der zu einem Einschreiten der Aufsichtsbehörde führen würde[53].

21   **b) Invitatiomodell.** Als weitere Möglichkeit für den Vertragsschluss ist das **Invitatiomodell** entwickelt worden[54]. Es geht davon aus, dass nicht wie in der bisherigen Praxis des Antragsmodells der VN sondern der VR den Vertragsantrag stellt. Vorher teilt der künftige Kunde dem VR bzw. dem Versicherungsvermittler seine Wünsche und Bedürfnisse mit, ohne schon eine Bindung einzugehen. Es handelt sich bei seiner Erklärung um eine invitatio ad offerendum. Auf dieser Grundlage fertigt der VR die Police aus und übersendet sie mit allen notwendigen Informationen dem VN, der diesen Vertragsantrag annehmen kann. Dieses Vertragsschlussmodell ist mit § 7 VVG, der nicht ausdrücklich fordert, dass der VN das Vertragsangebot abgeben muss, sondern auch ein Angebot des VR ermöglicht, vereinbar. Der VR hat nach ihm die Möglichkeit, wie bisher die AVB und alle notwendigen Informationen mit der Police zu übersenden. Schwierigkeiten kann aber die Feststellung der Annahmeerklärung machen[55], wenn nicht der sicherste Weg, dem VN eine vorbereitete Annahmeerklärung zu übersenden, die dieser unterschrieben zurück zu schicken hat, beschritten wird. Die Annahme kann allerdings auch konkludent erklärt werden. So ist in der Zahlung der ersten Prämie eine Annahmeerklärung zu sehen. Zweifelhaft ist aber, ob schon in dem widerspruchslosen Dulden einer Lastschrift durch den Versicherer eine konkludente Annahmeerklärung zu sehen ist[56]. Zu bedenken ist dabei auch, dass der künftige VN eine Einzugsermächtigung regelmäßig nur für den Fall des Vertragsschlusses erteilt, sodass der VR vorher von ihr noch keinen Gebrauch machen darf.

Schwierigkeiten können auch bei Verträgen auftreten, bei denen eine umfangreiche Risikoprüfung des VR erforderlich ist. Die Fragen hierzu müssten bereits in dem ersten von dem Interessenten auszufüllenden Formular enthalten sein, mit der er seine Wünsche für den Abschluss eines Versicherungsvertrages „unverbindlich" mitteilt. Sind sie noch nicht darin enthalten, sind doch mehrere Kontakte zwischen den Parteien vor Vertragsschluss notwendig, die das Modell gerade vermeiden wollte.

Ob sich das Invitatiomodell in der Praxis durchsetzen wird, bleibt abzuwarten.

22   **c) Bedingungsmodell.** Ein weiterer Weg ist von Baumann aufgezeigt worden[57]. Nach seinem Vorschlag stellt der VN zwar, bevor ihm die Informationen nach § 7 Abs. 1 VVG mitgeteilt worden sind, einen Vertragsantrag. Dieser ist aber nicht bindend. Er steht unter der vom VR vorformulierten Bedingung, dass dem VN in einer bestimmten Frist vom VR die erforderlichen Unterlagen zur Verfügung gestellt werden, und der weiteren, dass der VN den Antrag wiederum in bestimmter Frist nicht widerruft. Der Antrag wird durch Übersendung der erforderlichen Informationen und Fristablauf automatisch bindend. Der VR erklärt durch Übersendung des Versicherungsscheins die Annahme und erteilt eine Belehrung über das gesetzliche Widerrufsrecht, sodass der VN nochmals die Möglichkeit hat, vom Vertrag Abstand zu nehmen. Bei diesem Modell muss der VR zwar zweimal Vertragsunterlagen an den VN übermitteln. Nicht erforderlich sind aber der zweimalige Vertreterbesuch wie beim

---

[52] Vgl. dazu *Marlow/Spuhl*, a. a. O.

[53] *Gaul*, VersR 2007, 21 (24); *Römer*, VersR 2006, 740 (742); *Schimikowski*, r+s 2006, 441 (442); und oben Rn. 17.

[54] Vgl. bereits zum früheren Recht *Honsel*, Papierarme Agenturführung Karlsruhe 1996; *Schimikowski*, r+s 1997, 89; zu neuem Recht *ders.*, r+s 2006, 441; *Gaul*, VersR 2007, 21; *Marlow/Spuhl*, S. 15f.

[55] Vgl. dazu *Gaul*, VersR 2007, 21 (24); *Marlow/Spuhl*, S. 16.

[56] Verneint von *Gaul*, a. a. O., *Marlow/Spuhl*, S. 17. in einem besonderen Fall bejaht von BGH 22. 5. 1991 VersR 1991, 910.

[57] VW 2007, 1955.

Antragsmodell oder die Abgabe von zwei auf den Vertragsschluss gerichteten Erklärungen wie beim Invitatiomodell.

Rechtliche Bedenken gegen die Zulässigkeit dieses Modells könnten sich aber daraus ergeben, dass jedenfalls der Wortlaut von § 7 Abs. 1 VVG nicht wie der frühere § 48b VVG, durch den die Fernabsatzrichtlinie umgesetzt worden ist, von einer Bindung des VN spricht, sondern wie § 312c BGB, dem er nachgebildet ist, ohne Einschränkung formuliert „vor Abgabe von dessen Vertragserklärung". Baumann hat aus der Entstehungsgeschichte und der Gesetzesbegründung logisch überzeugend abgeleitet, dass § 7 Abs. 1 VVG dahin auszulegen sei, dass die Information des VN „vor dessen i. S. v. § 145 BGB bindender Vertragserklärung" zu erteilen sei. Zu berücksichtigen ist bei der Auslegung von § 7 Abs. 1 VVG aber, dass es sich um eine Verbraucherschutzvorschrift handelt, die darauf gerichtet ist, dass dem Verbraucher Gelegenheit gegeben werden soll, sich vor Abgabe einer Vertragserklärung mit den Einzelheiten des Vertrags vertraut zu machen[58]. Durch die Neuregelung ist ihm, wie es Römer formuliert hat, „immerhin die Last genommen, von sich aus mit einem Widerspruch tätig zu werden, wenn er nach Erhalt der Vertragsunterlagen sich entschließt, aus welchen Gründen auch immer, diese Versicherung nicht zu wollen"[59]. Diese Last würde ihm aber nach dem Bedingungsmodell verbleiben, er muss die Initiative des Widerrufs ergreifen, wenn er nach Erhalt der Informationen den Vertragsschluss nicht mehr will. Diese Beeinträchtigung seiner Rechtsstellung könnte dafür sprechen, § 7 Abs. 1 auch auf einen bedingten Vertragsantrag anzuwenden.

3. Weitere Voraussetzungen für den Vertragsschluss

Dem Vertragsschluss hat nach der neuen Vorschrift des § 6 VVG eine Beratung des VN voranzugehen, wenn hierfür nach der Schwierigkeit der angebotenen Versicherung oder der Person oder Situation des VN Anlass besteht[60] Die Verletzung der Beratungspflicht kann nach § 6 Abs. 5 VVG zwar Schadensersatzansprüche auslösen, sie hat aber keinen Einfluss auf die Wirksamkeit des Vertragsschlusses.   **23**

Der Abschluss des Versicherungsvertrages erfordert grundsätzlich keine bestimmte **Form,** wenn auch die Schriftform für Antrags- und Annahmeerklärung bisher üblich war[61]. § 7 VVG erwähnt jetzt ausdrücklich den ebenfalls zulässigen Vertragsschluss per Telefon oder durch Verwendung eines anderen Kommunikationsmittels. Die in den meisten Versicherungsbedingungen vorgesehene Schriftform für Erklärungen des VN ist für den Vertragsschluss ohne Bedeutung, weil die AVB erst durch ihn nach § 305 Abs. 2 BGB Vertragsinhalt werden und vorher nicht beachtet zu werden brauchen. Textform ist für die Übermittlung der Informationen vorgeschrieben, Schriftform für den Verzicht auf vorherige Information.

In Einzelfällen ist der Abschluss eines Versicherungsvertrages noch von weiteren Voraussetzungen abhängig. So ist nach § 150 VVG zur Gültigkeit eines Lebensversicherungsvertrages für den Fall des Todes einer anderen Person als des VN dessen **schriftliche Einwilligung** erforderlich, wenn die vereinbarte Leistung den Betrag der gewöhnlichen Beerdigungskosten übersteigt. Auch in der Unfallversicherung ist gemäß § 179 VVG die schriftliche Einwilligung des anderen notwendig, wenn diese gegen Unfälle, die dem anderen zustoßen, von dem VN für eigene Rechnung genommen wird.

Für den Abschluss von Versicherungsverträgen mit **Minderjährigen** ist nicht nur gemäß § 107 BGB die Einwilligung seines gesetzlichen Vertreters, sondern bei langfristigen Verträgen gemäß §§ 1643, 1822 Nr. 5 BGB auch die Genehmigung des Familiengerichts erforderlich, wenn das Kind zu wiederkehrenden Leistungen verpflichtet wird und das Vertragsverhältnis länger als ein Jahr nach dem Eintritt der Volljährigkeit fortdauern soll. Der ohne Genehmigung abgeschlossene Vertrag ist schwebend unwirksam, er kann von dem VN nach Eintritt der Volljährigkeit gemäß § 1829 Abs. 3 BGB genehmigt werden. Unter welchen Voraussetzungen eine konkludente Genehmigung, etwa durch Fortsetzung der Prämienzah-   **24**

---

[58] Begründung A II 2 S. 122.
[59] *Römer,* VersR 2006, 740 (741).
[60] Vgl. zu den Einzelheiten hierüber § 5.
[61] BGH v. 22. 5. 1991, VersR 1991, 910.

lung, angenommen werden kann, ist sehr umstritten[62] und hängt unter Berücksichtigung von Treu und Glauben von den Umständen des Einzelfalles ab.

25   Wichtige Sonderregelungen für den Abschluss eines Versicherungsvertrages enthält § 5 PflVG für die **Kraftfahrzeughaftpflichtversicherung.** Bei dieser besteht nämlich nicht nur, wie bei vielen anderen Pflichthaftpflichtversicherungen, wie z. B. der für Notare, Rechtsanwälte, Luftverkehrsunternehmer, eine Pflicht des VN zum Abschluss des Vertrages, sondern auch ein **Kontrahierungszwang** für den VR. Gemäß § 5 Abs. 2 PflVG sind die im Inland zum Betrieb der Kraftfahrzeug-Haftpflichtversicherung befugten VR verpflichtet, den Haltern von Kraftfahrzeugen oder Anhängern mit regelmäßigem Standort im Inland nach den gesetzlichen Vorschriften Versicherung gegen Haftpflicht zu gewähren. Dieser Kontrahierungszwang wird dadurch realisiert, dass der Antrag auf Abschluss eines Haftpflichtversicherungsvertrages gemäß § 5 Abs. 3 PflVG als angenommen gilt, wenn der VR ihn nicht innerhalb von zwei Wochen schriftlich ablehnt, und dass dem VR durch Abs. 4 der Vorschrift nur ein eingeschränktes Ablehnungsrecht eingeräumt worden ist.

Die **Annahmefiktion** des § 5 Abs. 3 PflVG ist auf Zweiräder, Personen- und Kombikraftwagen bis zu 1 t Nutzlast beschränkt, sodass gewerbliche Risiken von ihr weitgehend ausgeschlossen sind. Ablehnen darf der VR den Abschluss des Vertrages, wenn sachliche oder örtliche Beschränkungen im Geschäftsplan des VR dem Abschluss des Vertrages entgegenstehen oder wenn der Antragsteller bereits bei dem VR versichert war und der VR den Versicherungsvertrag wegen Drohung oder arglistiger Täuschung angefochten hat, wegen Verletzung der vorvertraglichen Anzeigepflicht oder Nichtzahlung der Erstprämie zurückgetreten ist oder ihn wegen Prämienverzugs oder nach Eintritt eines Versicherungsfalls gekündigt hat.

Wenn ein solcher Ablehnungsgrund nicht vorliegt, kann der VR den Antrag nur durch ein schriftliches Gegenangebot ablehnen, wenn wegen einer nachweisbaren höheren Gefahr eine höhere Prämie als diejenige nach dem allgemeinen Unternehmenstarif des VR gerechtfertigt ist.

Das auf Grund der Annahmefiktion begründete Vertragsverhältnis dauert gemäß § 5 Abs. 5 PflVG grundsätzlich ein Jahr und verlängert sich um jeweils ein Jahr, wenn es nicht fristgemäß gekündigt wird.

4. Bedeutung des Verssicherungsscheins

26   Bedeutung für den Vertragsschluss kommt auch den Vorschriften über den **Versicherungsschein** zu. Die in § 3 VVG geregelte gesetzliche Verpflichtung des VR, dem VN „einen Versicherungsschein in Textform, auf dessen Verlangen als Urkunde, zu übermitteln", setzt allerdings einen bereits ohne diese Urkunde zustande gekommenen Vertragsschluss voraus, dessen Inhalt er nachträglich dokumentieren soll. Der Versicherungsschein ist eine **Beweisurkunde** über die von dem VR abgegebenen Erklärungen über den Inhalt des Versicherungsvertrages. Er begründet die – widerlegliche – Vermutung der Vollständigkeit und Richtigkeit der Angaben[63]. Durch Vereinbarung kann dem Versicherungsschein eine stärkere rechtliche Wirkung zugemessen werden. Wird er auf den Inhaber ausgestellt, wie es nach den AVB der Lebensversicherung üblich ist, wird er zwar nicht zum Inhaberpapier, wohl aber gemäß § 4 Abs. 1 VVG zu einem **Legitimationspapier** mit den Wirkungen nach § 808 BGB. Danach darf der VR den Inhaber des Versicherungsscheins als berechtigt ansehen, über die Rechte aus dem Versicherungsvertrag zu verfügen, insbesondere Leistungen in Empfang zu nehmen. Der Aussteller des Versicherungsscheins wird grundsätzlich von seiner Leistungspflicht befreit, wenn er an den Inhaber des Versicherungsscheins zahlt, auch wenn dieser nicht berechtigt ist. Ausnahmen kommen in Betracht, wenn der VR die mangelnde Berechtigung kennt oder sonst die Leistung gegen Treu und Glauben bewirkt[64].

---

[62] Vgl. die Nachweise aus der Rechtsprechung bei *Prölss/Martin/Prölss,* § 3 Rn. 5.

[63] ÖOGH v. 8. 3. 2007, VersR 2007, 1587; OLG Saarbrücken v. 18. 12. 1996, VersR 1997, 863 (864); OLG Karlsruhe v. 17. 6. 1993, VersR 1995, 909.

[64] BGH v. 22. 3. 2000, VersR 2000, 709; OLG Koblenz v. 4. 1. 2002, NVersZ 2002, 212; OLG Karlsruhe v. 3. 9. 1998, NVersZ 1999, 67.

K. Johannsen

Nach dem § 7 VVG zu Grunde liegenden Antragsmodell ist der Versicherungsschein Bestandteil des Vertragsschlusses, er enthält die Annahmeerklärung des VR. Entscheidende Bedeutung kommt ihm für den Widerruf der Vertragserklärung des VN zu. Sein Zugang (zusammen mit den notwendigen Informationen) bestimmt nämlich den Beginn der Widerrufsfrist, auch wenn der Vertrag schon früher, z. B. telefonisch zustande gekommen sein sollte.

Unmittelbar für den Vertragsschluss erheblich ist auch § 5 VVG, der für Abweichungen des **27** Versicherungsscheins vom Antrag des VN oder den getroffenen Vereinbarungen § 150 Abs. 2 BGB abändernde selbstständige versicherungsrechtliche Regelungen trifft. Er enthält die sogenannte **Billigungsklausel,** die besagt, dass die Abweichung als genehmigt gilt, wenn der VN ihr nicht innerhalb eines Monats nach Empfang des Versicherungsscheins schriftlich widerspricht. Diese dem Schweigen des VN beigemessene Wirkung tritt allerdings gemäß § 5 Abs. 2 VVG nur ein, wenn der VR den VN auf die Abweichung hingewiesen und ihn über sein Widerspruchsrecht und die Genehmigungswirkung seines Schweigens belehrt hat. Erfüllt der VR diese Voraussetzungen nicht, so sind die Abweichungen nach § 5 Abs. 3 VVG für den VN unverbindlich. Es gilt vielmehr der Vertrag als mit dem Inhalt des Antrages zustande gekommen. Für den Fall, dass schon vor der Übersendung des Versicherungsscheins von diesem abweichende Vereinbarungen zustande gekommen sind, bleibt es bei diesen. Die eigenartige Regelung des § 5 Abs. 3 VVG, die den VR als Sanktion für die unterlassenen Hinweise an den Inhalt des Antrages, den er nicht akzeptieren wollte, als Vertragsinhalt bindet, wird auch als „umgekehrte Billigungsklausel" bezeichnet[65].

Abweichungen des Versicherungsscheins vom Antrag oder den getroffenen Vereinbarungen kommen in der Praxis bei unterschiedlichen vertraglichen Regelungen vor. Sie können die Prämienzahlung betreffen[66], die Dauer des Versicherungsvertrages[67] oder den Umfang des Versicherungsschutzes[68]. Auseinandersetzungen über den Vertragsinhalt ergeben sich insbesondere häufig daraus, dass es für § 5 VVG nicht nur auf den Inhalt des schriftlichen Antrages ankommt sondern auch auf seine mündlichen Erläuterungen und Ergänzungen im Gespräch zwischen VN und Versicherungsagenten bei der Antragsaufnahme. Denn die Kenntnis des Versicherungsvertreters steht nach § 70 VVG der Kenntnis des VR gleich. Diese Neuregelung der Wissenszurechnung im Verhältnis Versicherungsvertreter und VR entspricht der Auge- und Ohr-Rechtsprechung des BGH, wonach, was bei der Antragsaufnahme dem Agenten gegenüber geäußert wird, der das Auge und Ohr des VR darstellt, gegenüber dem VR erklärt wird[69]. Fertigt der VR einen Versicherungsschein aus, der inhaltlich nicht dem vom Agenten entgegengenommenen mündlich ergänzten Versicherungsantrag entspricht, so findet § 5 VVG Anwendung mit der Folge, dass der Antrag unverändert als angenommen gilt, wenn der VR, weil er irrigerweise glaubt, der Versicherungsschein entspräche dem Antrag, die in § 5 Abs. 2 vorgeschriebene Rechtsbelehrung unterlässt[70]. So hat das OLG Düsseldorf in dem zitierten Fall, in dem mündlich auch eine Kaskoversicherung beantragt worden war, der blanko unterschriebene schriftliche Antrag und der Versicherungsschein aber nur eine Haftpflichtversicherung dokumentierten, einen Vertragsschluss über die Kaskoversicherung bejaht. Das OLG Saarbrücken[71] hat entschieden, dass ein Vertrag über eine Berufsunfähigkeits-

[65] Berliner Kommentar/*Schwintowski*, § 5 Rn. 3.
[66] Vierteljährliche Zahlung statt Jahreszahlung ÖOGH v. 21. 12. 1960, VersR 1961, 476, Zahlung eines Risikozuschlages statt der Tarifprämie OLG Karlsruhe v. 18. 10. 1990, VersR 1992, 227, Überweisung statt Lastschriftverfahren OLG Köln v. 9. 5. 2000, VersR 2000, 1266.
[67] Bestätigung einer Verlängerungsklausel bei beantragtem einjährigen Vertrag ÖOGH v. 24. 4. 1975, VersR 1976, 1195.
[68] Ausschluss von Pelzwaren bei einer für den gesamten Lagerbestand beantragten Versicherung OLG Hamm v. 19. 2. 1982, VersR 1982, 1042; Einfügung einer neuen Trunkenheitsklausel in der Kraftfahrzeug-Haftpflichtversicherung OLG Frankfurt/M. v. 7. 5. 1998, VersR 1998, 1540, OLG Hamm v. 3. 12. 1999, VersR 2000, 719.
[69] BGH v. 11. 11. 1987, BGHZ 102, 194 = VersR 1988, 234, vgl. dazu im Einzelnen in § 5.
[70] BGH v. 19. 9. 2001, NVersZ 2002, 59; OLG Düsseldorf v. 3. 8. 1999, VersR 2000, 1265.
[71] V. 2. 5. 2001, r+s 2003, 3.

versicherung mit einer besonderen auf die Dienstunfähigkeit im Polizeidienst abstellenden Klausel zustande gekommen ist, wenn der Antragsteller gegenüber dem Versicherungsagenten die Absicherung dieses Risikos verlangt hat, der VR aber in Unkenntnis dieses Begehrens die besondere Berufsklausel nicht in den Versicherungsschein aufgenommen und keinen Hinweis auf eine Abweichung vom Antrag erteilt hat.

Zu beachten ist aber hierbei, dass die Beweislast für eine den schriftlichen Antrag ergänzende mündliche Erklärung den VN trifft[72], auch wenn der Agent den schriftlichen Antrag ausgefüllt hat. Denn es muss derjenige, der Rechte aus einem Versicherungsvertrag herleitet, nachweisen, dass ein Vertrag mit dem von ihm behaupteten Inhalt zustande gekommen ist. Dazu gehört auch der Nachweis eines entsprechenden Vertragsangebots.

28 Von § 5 VVG erfasst werden aber nur vertragliche Regelungen, nicht innerhalb des Versicherungsverhältnisses **einseitig zu treffende Bestimmungen** wie die des Bezugsberechtigten in der Lebensversicherung[73]. Wird diese im Versicherungsschein abweichend von der im Antrag von dem VN getroffenen bestätigt, so hat dies keine Auswirkung auf die Rechtsstellung der Beteiligten. Weil der VR an der Bestimmung des Bezugsberechtigten nicht mitzuwirken hat, kann auch eine falsche Bestätigung durch ihn weder die Genehmigungswirkung noch eine Sanktion wegen unterlassener Hinweise auslösen.

29 Unterschiedlich wird in Literatur und Rechtsprechung die Frage behandelt, ob und in welchem Umfang § 5 VVG Anwendung findet, wenn der Versicherungsschein Abweichungen von dem Antrag oder den getroffenen Vereinbarungen enthält, die **für den VN günstig** sind. Der BGH geht davon aus, dass § 5 Abs. 1 VVG unterschiedslos für alle Abweichungen gelte, während die Absätze 2 und 3 als Schutzvorschriften für den VN sich nur auf Abweichungen bezögen, die für diesen nachteilig seien[74]. Demgegenüber wird in der Literatur häufig die Auffassung vertreten, dass § 5 VVG auf den Fall für den VN günstiger Abweichungen überhaupt nicht anwendbar sei. Eine Lösung wird den allgemeinen Vorschriften entnommen, entweder aus § 151 Abs. 1 BGB dahin, dass der Inhalt des Versicherungsscheins ohne weitere Erklärung des VN maßgebend sei[75], oder aus § 150 Abs. 2 BGB, wonach der VN das neue Angebot des VR stillschweigend annehmen könne[76]. Die Auffassung des BGH, der sich auch der ÖOGH angeschlossen hat[77], ist vorzuziehen. Für sie spricht zunächst der Wortlaut des § 5 Abs. 1 VVG, der nicht zwischen günstigen und ungünstigen Abweichungen differenziert. Sie wird aber auch dem Zweck der Vorschrift, mit dem Versicherungsschein als einer erschöpfenden Beweisurkunde über die beiderseitigen Rechte und Pflichten Rechtssicherheit zu schaffen, besser gerecht. Bei einer Lösung nach den allgemeinen Vorschriften können insbesondere Unklarheiten über den Beginn des Versicherungsschutzes entstehen, weil aus den Umständen ermittelt werden müsste, wann der VN den neuen Antrag konkludent angenommen hat. Demgegenüber stellt die von § 5 Abs. 1 VVG angeordnete Rückwirkung der Genehmigung auf den Zeitpunkt des Zugangs des Versicherungsscheins die klarere und damit bessere Lösung dar. Eine Rückwirkung hält auch *Prölss* a. a. O. als für den Schutz des VN geboten und will sie über eine stillschweigend vereinbarte Rückwärtsversicherung begründen; hierauf werden sich aber die Vorstellungen der Parteien kaum erstrecken.

Dass § 5 Abs. 2 und 3 VVG auf den VN begünstigende Abweichungen des Versicherungsscheins von dem Antrag oder den getroffenen Vereinbarungen nicht anwendbar sind, ergibt sich daraus, dass es sich hierbei um reine Schutzvorschriften für den VN handelt, aus

---

[72] BGH v. 3. 7. 2002, NVersZ 2002, 452 = r+s 2003, 53.

[73] OLG Frankfurt/M. v. 31. 3. 1999, VersR 1999, 1353.

[74] V. 22. 2. 1995, VersR 1995, 648, v. 21. 1. 1976, VersR 1976, 477, v. 9. 5. 1990, VersR 1990, 887; ebenso OLG Frankfurt/M. v. 9. 2. 1996, VersR 1996, 1353; OLG Karlsruhe v. 5. 10. 1995, r+s 1997, 178; OLG Düsseldorf v. 24. 4. 2001, VersR 2002, 183; Berliner Kommentar/*Schwintowski*, § 5 Rn. 16; *Römer/Langheid/Römer*, § 5 Rn. 15.

[75] *Bruck/Möller/Möller*, § 5 Anm. 9.

[76] *Koziol*, JBl 1981, 575 (579); *Schreiber*, VersR 1994, 760 (763); *Prölss/Martin/Prölss*, § 5 Rn. 6.

[77] ÖOGH v. 31. 1. 2007 VersR 2007, 1015.

deren Verletzung der VR keine Rechte für sich herleiten darf. Das würde einen Verstoß gegen Treu und Glauben darstellen.

Trotz Anwendbarkeit des § 5 Abs. 1 VVG auf den VN begünstigende Abweichungen des **30** Versicherungsscheins vom Antrag oder den getroffenen Vereinbarungen gibt es Fallgestaltungen, in denen der Vertrag nicht gemäß dem Inhalt des Versicherungsscheins zustande kommt. Wenn der VN nämlich erkennt, dass die von seinem Antrag abweichende Erklärung im Versicherungsschein auf einem **Irrtum des VR** beruht, gilt nicht ihr buchstäblicher Ausdruck sondern ist gemäß § 133 BGB der wahre Wille des Erklärenden maßgeblich, ohne dass es einer Anfechtung bedarf[78]. In dem zitierten, nach einer umfangreichen Beweisaufnahme zu Lasten des VN entschiedenen Fall ging es darum, dass bei der Antragstellung verschiedene Tarife für eine Lebensversicherung mit unterschiedlicher Laufzeit und Prämienhöhe erörtert worden waren und der VN sich für einen Vertrag mit niedriger Prämie und langer Laufzeit entschieden hatte, im Versicherungsschein aber die niedrige Prämie bei kurzer Laufzeit aufgeführt wurde. Das OLG Karlsruhe war davon überzeugt, dass der VN erkannt hatte, dass der Versicherungsschein versehentlich falsch ausgestellt worden war. Eine solche Feststellung wird sich aber nur in seltenen Ausnahmefällen treffen lassen. In aller Regel wird der VN davon ausgehen, dass die im Versicherungsschein genannten Vereinbarungen dem Willen des VR entsprechen[79].

Der Versicherungsschein gibt im Regelfall auch Auskunft darüber, ob **ein Versiche-** **31** **rungsvertrag** oder **mehrere Versicherungsverträge** vorliegen, wenn die Vertragsparteien mehrere Risiken gleichzeitig durch Versicherung abdecken wollen. Wenn nur ein Versicherungsschein ausgestellt wird, spricht nämlich eine tatsächliche Vermutung für das Bestehen eines einheitlichen Vertrages, während umgekehrt aus dem Vorliegen mehrerer Versicherungsscheine im Zweifel auf mehrere Versicherungsverträge zu schließen ist[80]. Jedoch ist stets der durch Auslegung zu ermittelnde Wille der Vertragsparteien maßgeblich[81].

Die Zusammenfassung mehrerer Risiken erfolgt in der Praxis überwiegend in den Formen **32** der kombinierten, gebündelten und gekoppelten Versicherung[82]. Eine **kombinierte Versicherung** liegt vor, wenn auf Grund eines Antrages mehrere Versicherungsarten in einer Vertragsurkunde zusammengefasst werden und dem Vertrag ein einheitliches Bedingungswerk zu Grunde gelegt wird. Typische Beispiele sind die Wohngebäudeversicherung, in der außer dem Deckungsbereich der Feuerversicherung auch die Gefahren Leitungswasser, Frost, Sturm und Hagel erfasst werden, und die Hausratversicherung, die zusätzlich die Gefahren Einbruchdiebstahl, Raub und Vandalismus umfasst. Bei einer **gebündelten Versicherung** wird auf Grund eines Antrags nur ein Versicherungsschein ausgestellt, dem aber unterschiedliche AVB zu Grunde liegen. Beispiele bilden die Familienversicherung, in der die Versicherung von Hausrat, Haftpflicht, Reisegepäck und Unfall enthalten sein kann, und die Kraftfahrzeugversicherung, in der Haftpflicht und Kaskoversicherung zusammengefasst sind[83]. Bei einer **gekoppelten Versicherung** werden auf Grund eines Antrags mehrere Versicherungsscheine ausgestellt, denen unterschiedliche Bedingungswerke zu Grunde liegen. Als Beispiele kommen in Betracht sogenannte Paketversicherungen, z.B. für Hauseigentümer, die Gebäude-, Haftpflicht- und Rechtsschutzversicherung umfassen. Ferner können in den Bei-

---

[78] BGH v. 22. 2. 1995, VersR 1995, 648; Folgeentscheidung OLG Karlsruhe v. 5. 10. 1995, r+s 1997, 178.

[79] OLG Frankfurt/M. v. 9. 2. 1996, VersR 1996, 1353 zum Einschluss des Flugsportrisikos in eine Lebensversicherung; OLG Düsseldorf v. 24. 4. 2001, VersR 2002, 184 zur Einfügung einer Klausel über den Verzicht auf den Einwand der Unterversicherung in der Gebäudeversicherung.

[80] BGH v. 20. 12. 1986, VersR 1989, 689; *Prölss/Martin/Prölss* § 30 Rn. 1; *Römer/Langheid/Römer* § 30 Rn. 3.

[81] *Prölss/Martin/Prölss* § 3 Rn. 9.

[82] Vgl. *Heidel,* VersR 1989, 986; *Rittner,* ZVersWiss 1991, 145; *Präve,* VW 1992, 1529; Berliner Kommentar/*Schauer,* Vorbem. §§ 49–68a Rn. 15–23.

[83] Vom BGH v. 28. 2. 1978, VersR 1978, 436; BGH v. 9. 10. 1985, NJW 1986, 1103 wird die Kfz-Versicherung als gekoppelte Versicherung bezeichnet.

spielsfällen für die gebündelte Versicherung auch mehrere Versicherungsscheine ausgestellt werden.

Die geschilderte Einteilung ist erheblich dafür, ob die zusammengefassten Vertragselemente ein einheitliches oder unterschiedliches rechtliches Schicksal haben[84]. Für den Kopplungsvertrag ergibt sich aus den getrennten Versicherungsscheinen und den unterschiedlichen AVB die Selbstständigkeit der Vertragsteile, für den Kombinationsvertrag aus der einen Vertragsurkunde und einem zu Grunde liegenden Bedingungswerk die Einheitlichkeit des Vertrages. Für die gebündelte Versicherung ist die Beurteilung schwieriger zu treffen, weil die einzige Vertragsurkunde zwar auf einen einheitlichen Vertrag hinweist, die unterschiedlichen Bedingungen aber darauf, dass unterschiedliche rechtliche Regelungen gelten sollen. Das gibt den Ausschlag für die Möglichkeit eines unterschiedlichen rechtlichen Schicksals[85].

III. Wirkungen des Vertragsschlusses

1. Formeller, technischer und materieller Versicherungsbeginn

33   Während bis zum Vertragsschluss die Beziehungen zwischen den Parteien durch ein vorvertragliches Vertrauensverhältnis bestimmt sind, das aber bereits Obliegenheiten begründet, insbesondere die vorvertragliche Anzeigepflicht für den VN[86] und die Risikoprüfungsobliegenheit für den VR[87], beginnt mit diesem das Versicherungsverhältnis seine gesetzlichen oder besonders vereinbarten Wirkungen zu entfalten. Es entstehen die Rechtspflichten des VN zur Zahlung der Prämie und des VR zur Gefahrtragung.

Traditionell wird im Versicherungsrecht zwischen drei Arten des **Versicherungsbeginns** unterschieden, dem formellen, dem technischen und dem materiellen. Mit dem **formellen** Versicherungsbeginn wird der Zeitpunkt des Beginns der rechtlichen Bindung der Vertragspartner bezeichnet. Er bestimmt die Vertragsdauer. Mit dem **technischen** Versicherungsbeginn wird der Beginn des Zeitabschnittes bezeichnet, für den die Prämie berechnet wird. Der **materielle Versicherungsbeginn** betrifft den Zeitpunkt, in dem die Haftung des VR einsetzt, er also für einen eintretenden Schadenfall ersatzpflichtig werden kann.

Die Einführung der generellen Widerruflichkeit von Versicherungsverträgen hat auch Einfluss auf diese Zeitpunkte. So ist die Prämienfälligkeit geändert worden. Sie tritt nicht mehr wie bisher sofort nach Vertragsschluss ein, sondern nach § 33 Abs. 1 VVG „unverzüglich nach Ablauf von zwei Wochen nach Zugang des Versicherungsscheins". Diese Regelung nimmt auf den regelmäßigen Lauf der Widerrufsfrist nach § 8 Abs. 1 und 2 VVG Bezug. Für den Beginn der Gefahrtragung des VR fehlt es an einer entsprechenden eindeutigen Regelung. Der Gesetzgeber hat eine solche wohl für entbehrlich gehalten, weil sie mit Rücksicht darauf, dass die Vertragsparteien den Beginn des Versicherungsschutzes regelmäßig ausdrücklich vereinbaren, in der Praxis kaum Bedeutung hätte[88]. § 9 VVG erwähnt zwar im Rahmen der Regelung der Rechtsfolgen des Widerrufs eine Fallalternative, nach der der Versicherungsschutz „vor Ende der Widerrufsfrist beginnt". Die Vorschrift regelt aber ausdrücklich nur den Umfang der vom VR zurück zu erstattenden Prämien. Aus ihr kann keine eindeutige Aussage darüber entnommen werden, dass der Versicherungsschutz von widerruflichen Verträgen erst nach Ablauf der Widerrufsfrist beginnt[89]. Fehlt es ausnahmsweise an einer Vereinbarung über den Zeitpunkt des materiellen Versicherungsbeginns, liegt es nahe, § 10 heranzuziehen, der für Verträge, deren Dauer nach üblichen Zeitabschnitten bestimmt ist, anordnet, dass die Versicherung mit Beginn des Tages des Vertragsschlusses beginnt. Da die Vorschrift nicht zwischen widerruflichen und unwiderruflichen Verträgen differenziert, gilt

---

[84] So z. B. im Falle einer Kündigung, vgl. dazu Rn. 87.
[85] *Prölss/Martin/Prölss,* § 3 Rn. 8.
[86] Siehe dazu § 14.
[87] Dazu ebenfalls § 14.
[88] *Wandt/Ganster,* VersR 2007, 1034 (1038).
[89] So auch *Wandt/Ganster,* VersR 2007, 1034 (1038).

sie ihrem Wortlaut nach auch für erstere, sodass materieller Versicherungsschutz bereits während der Widerrufsfrist besteht. Das bedeutet aber nicht, dass der Versicherer sofort nach Vertragsschluss leistungspflichtig ist. Wenn es an einer Parteieinbarung über den Beginn des materiellen Versicherungsschutzes fehlt, steht seine Leistungsverpflichtung nämlich unter dem Vorbehalt der Zahlung der Prämie nach § 37 Abs. 2 VVG[90].

Dass die Zeitpunkte des formellen, technischen und materiellen Versicherungsbeginns auseinander fallen können, ergibt sich außer aus § 10 VVG, wonach die Versicherung jetzt am Beginn des Tages des Vertragsschlusses beginnt, auch wenn dieser vorher oder nachher erfolgt, vor allem aus der Regelung der **Rückwärtsversicherung** in § 2 VVG.

2. Rückwärtsversicherung

Eine **Rückwärtsversicherung** liegt nach der vom Reformgesetzgeber in § 2 VVG einge-   **34** fügten Legaldefinition vor, wenn vereinbart wird, „dass der Versicherungsschutz vor dem Zeitpunkt des Vertragsschlusses beginnt".

Das korrespondierende Auseinanderfallen von Vertragsschluss und Haftungsbeginn bei der **Vorwärtsversicherung,** deren Wirkungen nach dem Willen der Vertragspartner erst in der Zukunft eintreten sollen, z. B. der Abschluss einer Reisegepäckversicherung für eine zukünftige Reise, einer Feuerversicherung ab dem Zeitpunkt des zukünftigen Erwerbs eines Gebäudes, ist im Gesetz nicht besonders geregelt, weil es unproblematisch ist. Bei der Rückwärtsversicherung besteht aber ein Regelungsbedarf deshalb, weil dem VN bei Antragstellung bekannt sein kann, dass bereits ein Schadenfall eingetreten ist. Um zu verhindern, dass der VN an den VR mit dem Ziel der Manipulation herantritt, ist in § 2 Abs. 2 S. 2 VVG geregelt, dass der VR leistungsfrei ist, wenn der VN bei Abgabe seiner Vertragserklärung Kenntnis davon hat, dass der Versicherungsfall schon eingetreten ist. Hinsichtlich der Gegenleistung ist vorgesehen, dass dem VR die Prämie nicht zusteht, wenn er bei Vertragschluss weiß, dass die Möglichkeit des Eintritts des Versicherungsfalles schon ausgeschlossen ist. Diese Regelung ist Ausdruck des allgemeinen Rechtsgedankens von der Gleichwertigkeit der Leistungen, kein Vertragspartner soll von den für ihn günstigen Umständen bei Vertragsschluss Kenntnis haben dürfen, ohne den Anspruch auf die Gegenleistung zu verlieren[91].

Die klassische Form der Rückwärtsversicherung, die auch noch der gesetzlichen Regelung   **35** in § 2 VVG a. F. zu Grunde lag, war die Versicherung der Ladung von Segelschiffen, die sich bereits auf der Reise befanden und von der man wegen mangelhafter Nachrichtentechnik nicht wusste, ob sie bereits Schäden erlitten hatte. Durch die Möglichkeiten schnellerer Nachrichtenübermittlung verlor diese Versicherungsart aber schon bald nach Inkrafttreten des VVG ihre Bedeutung. Ein weiterer wichtiger Anwendungsfall bestand in der Vermögensschadenshaftpflichtversicherung, in der für lange zurückliegende Schadenereignisse Deckung gewährt werden kann.

Diese Fälle, in denen die Haftung bereits vor der Antragsstellung beginnen soll, werden als **echte** Rückwärtsversicherung bezeichnet und sind abzugrenzen von den Sachverhalten, bei denen nur der Zeitraum zwischen Antragstellung und formellem Vertragsschluss abgesichert werden soll und die als **unechte** Rückwärtsversicherung bezeichnet werden[92].

Die Rückwärtsversicherung führte bis zu den 80iger Jahren des vorigen Jahrhunderts – wie   **36** es *Maenner*[93] ausdrückt, „ein juristisches Schattendasein", das auch darauf beruhte, dass die Rechtsprechung die Angabe eines vor dem Vertragsschluss liegenden Versicherungsbeginns regelmäßig nur auf den technischen Versicherungsbeginn bezog und eine Rückwärtsversicherung nur in Ausnahmefällen bejahte[94]. Das hat sich aber inzwischen geändert. Die Auffassung, dass der VN, der ein bestimmtes vor Vertragsschluss liegendes Datum für den Versiche-

---

[90] *Bruck/Möller/Möller,* § 7 Anm. 8, der zutreffend zwischen „potentiellem" und „faktischem" Versicherungsbeginn differenziert.

[91] BGH v. 19. 2. 1992 BGHZ 117, 213 = VersR 1992, 484; Berliner Kommentar/*Baumann,* § 2 Rn. 29.

[92] *Baumann,* a. a. O., Rn. 4.

[93] VersR 1984, 717.

[94] BGH v. 30. 5. 1979, VersR, 1979, 709 m. w. N.

rungsbeginn auswählt, damit nicht nur den Beginn der Prämienzahlung bestimmen, sondern von diesem Zeitpunkt an materiellen Versicherungsschutz haben, also eine Rückwärtsversicherung abschließen will, hat sich nunmehr in der Rechtsprechung und der überwiegenden Meinung in der Literatur[95] durchgesetzt. In seiner Grundsatzentscheidung vom 16. 6. 1982[96] hat der BGH unter ausdrücklicher Aufgabe seiner früheren Rechtsprechung das Regel-/Ausnahmeverhältnis neu bestimmt. Er hat angenommen, dass es dem durchschnittlichen VN ohne versicherungsrechtliche Spezialkenntnisse grundsätzlich fern liege, unter dem Begriff „Versicherungsbeginn" nur den Zeitpunkt des Beginns der Prämienzahlung zu verstehen, wovon er in der Regel überhaupt keine Vorteile habe. Mögliche Vertragsgestaltungen in der Lebensversicherung, bei denen der VN durch einen vorverlegten Versicherungsbeginn wegen des niedrigeren Eintrittsalters geringere Prämien zu zahlen habe, oder in der Krankenversicherung Wartezeiten für bestimmte Leistungen abkürzen könne, seien Ausnahmefälle, die möglicherweise abweichend zu beurteilen seien. Im Regelfall sei aber das Interesse des VN erkennbar auf den Abschluss einer Rückwärtsversicherung gerichtet.

Diese Rechtsprechung ist in der Folgezeit durch mehrere Entscheidungen bestätigt worden[97]. Auch bei der Lebensversicherung, für die der BGH zunächst erklärt hatte, dass eine Rückwärtsversicherung nicht möglich sei[98], ist nach der Rechtsprechung von der Vereinbarung einer Rückwärtsversicherung auszugehen, wenn als Versicherungsbeginn ein Datum zwischen Antragstellung und Vertragsschluss gewählt wird[99]. Nur wenn bei der Versicherung des eigenen Lebens ein **vor der Antragstellung** liegender Zeitpunkt gewählt würde, ist eine Rückwärtsversicherung wegen Fehlens der subjektiven Ungewissheit begrifflich ausgeschlossen, wie der BGH, a. a. O., zur Erläuterung seiner Entscheidung vom 22. 2. 1984 richtig gestellt hat.

Lediglich für die Krankenversicherung ist in der Rechtsprechung umstritten, ob die Angabe eines vor Vertragsschluss liegenden Datums als Vereinbarung des materiellen[100] oder lediglich des technischen[101] Versicherungsbeginns auszulegen ist. Die für die Vereinbarung des technischen Versicherungsbeginns verwandte Argumentation, dass die üblichen Krankenversicherungsbedingungen vorsehen, dass die Versicherung nicht vor Abschluss des Vertrages beginne, ist aber nicht überzeugend, weil die vom VR akzeptierte Angabe eines bestimmten Datums eine Individualvereinbarung darstellt, die den AVB vorgeht[102]. Im Übrigen sind derartige Klauseln auch in vielen Sachversicherungsbedingungen enthalten. Eine Auslegung im Sinne des technischen Versicherungsbeginns kommt nur in Betracht, wenn diese geeignet ist, dem VN Vorteile zu bringen. Das kann z. B. der Fall sein, wenn durch die Rückdatierung vereinbarte Wartezeiten abgekürzt werden.

37   Die Vereinbarung einer Rückwärtsversicherung hat zur Folge, dass der VR unter Umständen Schadenfälle zu entschädigen hat, die sich in einer Zeit ereignet haben, für die er eine Prämie (noch) nicht erhalten hat. Das steht im Widerspruch zu dem in § 37 Abs. 2 VVG (früher § 38 Abs. 2) geregelten **Einlösungsprinzip,** nach dem Versicherungsschutz nur besteht, wenn die Erstprämie zur Zeit des Eintritts des Versicherungsfalls bezahlt worden ist. Unter Hinweis darauf, dass eine Rückwärtsversicherung, bei der der VR nur für die nach Zahlung der Erstprämie eintretenden Versicherungsfälle zu haften habe, einen Widerspruch in sich

---

[95] *Maenner*, a. a. O.; *Baumann*, a. a. O., Rn. 10; *Prölss/Martin/Prölss*, § 2 Rn. 2; *Römer/Langheid/Römer*, § 2 Rn. 4; kritisch *Bruck/Möller/Sieg/Johannsen*, Bd. III, D 42; *Werner*, VersR 1985, 522.

[96] BGHZ 84, 268 = VersR 1982, 842.

[97] BGH v. 21. 3. 1990, BGHZ 111, 29 = VersR 1990, 618 zur Kaskoversicherung, v. 21. 3. 1990, BGHZ 111, 44 = VersR 1990, 729 zur Berufsunfähigkeitszusatzversicherung, v. 19. 2. 1992, VersR 1992, 484 zur Unfallversicherung.

[98] BGH v. 22. 2. 1984, VersR 1984, 630 (632).

[99] BGH v. 21. 3. 1990, a. a. O.

[100] So OLG Karlsruhe v. 19. 3. 1992, VersR 1992, 1123; LG München II v. 17. 1. 1990, VersR 1991, 691 bestätigt durch OLG München v. 22. 10. 1990, a. a. O.; OLG Hamm v. 21. 8. 2002, VersR 2003, 185.

[101] So OLG Köln v. 30. 7. 1992, VersR 1992, 1457; OLG Nürnberg v. 8. 2. 1990, VersR 1990, 1112.

[102] *Prölss/Martin/Prölss*, § 2 Rn. 6; *Römer/Langheid/Römer*, § 2 Rn. 6.

darstellen würde, haben die Rechtsprechung[103] und ein Teil der Literatur[104] angenommen, dass § 38 Abs. 2 VVG a. F. von den Vertragsparteien bei der Rückwärtsversicherung stillschweigend abbedungen wird. Der Reformgesetzgeber hat dieser Rechtsprechung nunmehr dadurch Rechnung getragen, dass es in § 2 Abs. 4 heißt: „ § 37 Abs. 2 ist auf die Rückwärtsversicherung nicht anzuwenden".

In der Praxis wurde das Problem weitgehend durch die in zahlreichen Bedingungswerken enthaltenen sog. **erweiterten Einlösungsklauseln**[105] geregelt. Danach beginnt die Haftung des VR mit dem vereinbarten Zeitpunkt auch dann, wenn zur Prämienzahlung erst später aufgefordert, die Prämie aber unverzüglich bezahlt wird. Durch solche Klauseln wird die Haftung zwar nicht völlig von der Prämienzahlung gelöst, aber § 38 Abs. 2 VVG a. F. teilweise zu Gunsten des VN dahin abgeändert, dass Leistungsfreiheit nur bei Verschulden des VN eintritt, wenn dieser die nach Vertragsschluss angeforderte Prämie nicht oder nicht rechtzeitig zahlt. Eine ähnliche Regelung, die das starre Einlösungsprinzip durch die Notwendigkeit einer Prämienanforderung durch den VR und Verschulden des VN abmildert, ist in Österreich durch die am 1. 1. 1995 in Kraft getretene VVG-Reform mit § 38 Abs. 2 ÖVVG n. F. Gesetz geworden[106].

In den Versicherungssparten, in denen die Bedingungen die gesetzliche Regelung des § 38 Abs. 2 VVG a. F. durch sog. **einfache Einlösungsklauseln,** wie z. B. in der Lebensversicherung mit §§ 1 ALB 86, 2 ALB 94 übernommen haben, wurde in der Rechtsprechung ebenfalls angenommen, dass § 38 Abs. 2 stillschweigend abbedungen ist mit der Folge, dass bei Tod des VN zwischen dem vereinbarten Versicherungsbeginn und dem formellen Vertragsschluss die Versicherungssumme gezahlt werden muss, auch wenn die nachträglich angeforderte Prämie nicht gezahlt worden ist[107].

Die in §§ 8 ALB 86, 9 ALB 94 in Abweichung von § 169 VVG vereinbarte **Wartezeit für**   **38** **Selbsttötung,** die an die Zahlung des Einlösungsbetrages anknüpft, wird durch einen vor Vertragschluss liegenden materiellen Versicherungsbeginn nicht verändert[108]. Der BGH hält diese AVB-Regelung zutreffend für so eindeutig, dass eine Auslegung, die auf einen anderen Zeitpunkt als den der Zahlung abstellt, nicht in Betracht kommt. Sie würde im Übrigen auch dem Sinn und Zweck der Regelung widersprechen, durch die die VR auf die Leistungsfreiheit bei Selbsttötung nach dem Ablauf von drei Jahren nach Zahlung des Einlösungsbetrages verzichtet haben. Denn durch die Wartefrist soll verhindert werden, dass ein VN durch den Abschluss des Vertrages mit seinem Leben spekuliert.

Problematisch ist bei der unechten Rückwärtsversicherung die Behandlung der **Kenntnis**   **39** **des VN** von einem zwischen Antragstellung und formellem Vertragsschluss erfolgten Versicherungsfall. Nach dem Wortlaut der früheren gesetzlichen Regelung wäre der VR leistungsfrei. Denn mit der „Schließung des Vertrages" in § 2 Abs. 2 S. 2 VVG a. F. war nicht der Zeitpunkt der Antragstellung gemeint, sondern der Zeitpunkt, in dem die rechtliche Bindung der Vertragsparteien zustande kommt[109]. Dieses Ergebnis ist aber nicht interessegemäß, wenn der VN in seinem Antrag zum Ausdruck gebracht hat, dass er schon vor dem formellen Vertragsschluss von einem bestimmten Zeitpunkt an Versicherungsschutz haben möchte. Der Zweck der Vorschrift, Manipulationen zu verhindern, greift nicht ein, wenn der Versicherungsfall

---

[103] BGH v. 30. 5. 1979, VersR 1979, 709 (710); OLG Köln v. 26. 9. 1996, VersR 1997, 51; OLG Hamm v. 16. 10. 1987, VersR 1988, 1014 (1016), OLG Hamm v. 19. 9. 1986, VersR 1987, 1002; OLG Celle v. 20. 3. 1987, VersR 1987, 1108.

[104] *Prölss/Martin/Knappmann,* § 38 Rn. 26; *Römer/Langheid/Römer,* § 2 Rn. 6.

[105] Vgl. z. B. §§ 3 I AHB, 8 Nr. 3 AFB 87, abgedruckt bei *Dörner,* Versicherungsbedingungen S. 375, 25.

[106] Vgl. dazu *Fenyves,* ZVersWiss 1997, 295, (315.–317); Berliner Kommentar/*Riedler,* § 38 Rn. 104–112.

[107] Vgl. z. B. OLG Köln v. 26. 6. 1996, VersR 1997, 51.

[108] BGH v. 13. 3. 1991, VersR 1991, 574; *Prölss/Martin/Kollhosser,* § 8 ALB 86 Rn. 5.

[109] BGH 21. 3. 1990, BGHZ 111, 44 = VersR 1990, 729 (730); *Bruck/Möller/Möller,* § 2 Anm. 42; *Prölss/Martin/Prölss,* § 2 Rn. 14; Berliner Kommentar/*Baumann,* § 2 Rn. 34; *Römer/Langheid/Römer,* § 2 Rn. 4.

erst dann eintritt, wenn der VN seinen Antrag abgegeben und damit keinen Einfluss mehr auf den Inhalt des Vertrages und den Zeitpunkt seines Zustandekommens hat. Die h. M. hat deshalb zu Recht angenommen, dass bei der Vereinbarung einer unechten Rückwärtsversicherung die Anwendung des § 2 Abs. 2 S. 2 VVG für Versicherungsfälle, die nach Antragstellung eintreten, stillschweigend abbedungen ist[110]. Dasselbe Ergebnis ist erzielt worden durch die in zahlreichen Bedingungswerken insbesondere der Sachversicherung enthaltene sog. **verbesserte Einlösungsklausel**[111], die vorsieht, dass die Haftung des VR mit dem vereinbarten Zeitpunkt beginnt, aber für Versicherungsfälle entfällt, die dem VN im Zeitpunkt der Antragstellung bekannt waren. Durch diese in Nuancen in den einzelnen Bedingungen unterschiedlich formulierte Klausel wird deutlich zum Ausdruck gebracht, dass bei Eintritt eines Versicherungsfalls zwischen dem vereinbarten Versicherungsbeginn und dem formellen Vertragsschluss dem VN die Kenntnis hiervon nur dann schaden soll, wenn er sie bereits bei der Antragstellung hatte.

Nach der Neufassung von § 2 VVG wird für die Kenntnis des VN nicht mehr auf die Schließung des Vertrages abgestellt, sondern auf den Zeitpunkt der Abgabe seiner Vertragserklärung. Damit soll dem eigentlichen Zweck der Rückwärtsversicherung, das Risiko für die Zeit zwischen Antrag und Vertragsschluss abzusichern, Rechnung getragen werden[112]. Auch für die Kenntnis des VR davon, dass der Eintritt des Versicherungsfalles ausgeschlossen ist, kommt es auf den Zeitpunkt der Abgabe seiner Vertragserklärung an. Die Regelung betrifft in erster Linie den Fall, dass bereits ein Totalschaden eingetreten ist. Dann soll der VR keine Prämie erhalten, weil er kein Risiko zu tragen hat. Bei einem Teilschaden ist der Eintritt weiterer Versicherungsfälle nicht ausgeschlossen. Die Regelung des § 2 Abs. 2 S. findet aber Anwendung, wenn der VR in Kenntnis dieses Teilschadens den Vertrag akzeptiert. Es steht ihm dann nur eine anteilige Prämie nach Maßgabe des verbliebenen Versicherungswertes zu[113].

40   Haben **beide Vertragspartner bei** Abgabe des Vertragsangebots bereits Kenntnis von dem Eintritt des Versicherungsfalles, so werden sie an dem Einsetzen der gesetzlichen Regelung, keine Prämienzahlungspflicht des VN, Leistungsfreiheit des VR, kein Interesse haben und diese abbedingen wollen. Ein solcher Vertrag, bei dem es an dem Element der subjektiven Ungewissheit völlig fehlt, ist aber nicht als Versicherungsvertrag zu qualifizieren[114]. Er wird auch häufig wegen Verstoßes gegen die guten Sitten gemäß § 138 BGB unwirksam sein, wenn die Vereinbarung geschlossen wird, um dem VN mit der Entschädigung einen unberechtigten Vorteil zukommen zu lassen[115].

Hingegen ist der Vertrag als Versicherungsvertrag wirksam, wenn beide Vertragsparteien erst **nach Antragstellung** von einem zwischen dem gewünschten Versicherungsbeginn und formellen Vertragsschluss erfolgten Versicherungsfall Kenntnis erlangen und der VR den Antrag dennoch annimmt[116]. Die auf Seiten des VN vorliegende subjektive Ungewissheit im Zeitpunkt der Antragstellung reicht aus. Ein Verstoß gegen die guten Sitten kann in diesem Fall in der Abbedingung der Rechtsfolgen des § 2 Abs. 2 S. 2 VVG in aller Regel nicht gesehen werden. Dem steht in vielen Fällen schon entgegen, dass eine Leistungspflicht des VR für den Versicherungsfall ohnehin in Betracht kommt, weil er vorläufige Deckung versprochen oder einen Hinweis auf diese Möglichkeit unterlassen oder sich wegen der Verzögerung der

---

[110] BGH v. 19. 2. 1992, BGHZ 117, 213 = VersR 1992, 484, BGH v. 21. 3. 1990, VersR 1990, 618; OLG Köln v. 26. 6. 1996, VersR 1997, 51; OLG Hamm v. 21. 8. 2002, VersR 2003, 185; *Maenner*, VersR 1984, 717; *Prölss*, a. a. O., Rn. 17; *Baumann*, a. a. O., Rn. 55; *Römer*, a. a. O.

[111] Vgl. z. B. § 8 Ziff. 3 AFB 87, abgedruckt bei *Dörner*, Versicherungsbedingungen S. 25, §§ 15 Ziff. 3 VHB 92 und 19 Ziff. 3 VGB 88, abgedruckt bei *Prölss/Martin* unter II S. 1428 und VI S. 1097.

[112] Begründung S. 143.

[113] Berliner Kommentar/*Baumann*, § 2 Rn. 42; *Prölss/Martin/Prölss*, § 2 Rn. 9.

[114] *Möller*, a. a. O.; *Baumann*, a. a. O., Rn. 52.

[115] BGH v. 21. 3. 1990, BGHZ 111, 29 = VersR 1990, 618 (619) spricht von Kollusion, vgl. auch BGH v. 16. 6. 1982, BGHZ 84, 268 = VersR 1982, 841 (843).

[116] BGH, a. a. O.; OLG Hamm v. 12. 10. 1988, VersR 1989, 946; OLG Düsseldorf v. 5. 7. 1994, VersR 1995, 460; *Prölss/Martin/Prölss*, § 3 Rn. 18; Berliner Kommentar/*Baumann*, § 2 Rn. 54.

Bearbeitung des Antrages schadensersatzpflichtig gemacht hat. Jede Unsicherheit über eine entsprechende Verpflichtung des VR schließt es schon aus, seine Entschädigungsleistung als eine mit dem Makel der Sittenwidrigkeit behaftete Zuwendung an den VN zu betrachten[117]. Aber auch sonst kann es für den VR wirtschaftlich sinnvoll sein, ohne dass es als Kollusion zu bewerten wäre, wenn er den Antrag unter Abbedingung des § 2 Abs. 2 S. 2 VVG annimmt, sodass Sittenwidrigkeit des Vertrages nur in Ausnahmefällen in Betracht kommt[118].

Streitig war bei der bisherigen Regelung, ob der VN, wenn er von dem Eintritt des Ver-   **41** sicherungsfalls **nach Antragstellung** Kenntnis erlangt, diese noch vor der Annahme des Antrags an den VR weitergeben muss. Der BGH[119] hat das ohne weiteres angenommen und dem VR ausdrücklich das Recht zugebilligt, den beantragten Vertragsschluss wegen des eingetretenen Versicherungsfalles abzulehnen[120]. Damit wäre es aber für den VN weitgehend sinnlos, einen vor dem formellen Vertragsschluss liegenden Versicherungsbeginn zu beantragen. Denn er musste damit rechnen, dass der VR den Antrag ablehnt, wenn er über den Eintritt eines Versicherungsfalles informiert wird. Deshalb wurde in der Literatur mit unterschiedlicher Begründung die Anzeigepflicht überwiegend abgelehnt[121] oder es wurden jedenfalls die Rechtsfolgen einer entsprechenden Obliegenheitsverletzung eingeschränkt[122].

Durch die Neufassung der Vorschriften über die Anzeigepflicht ist aber jetzt klargestellt, dass den VN eine Verpflichtung, den ihm nachträglich bekannt gewordenen Versicherungsfall gegenüber dem VR zu offenbaren, nicht besteht. § 19 VVG stellt nämlich abweichend von § 16 a. F. nicht mehr auf den Vertragsschluss, sondern auf die Abgabe der Vertragserklärung des VN ab und beschränkt im Übrigen die anzeigepflichtigen Umstände auf diejenigen, nach denen der VR gefragt hat. Es kommt auch keine Verletzung der Anzeigepflicht nach § 30 VVG in Betracht, da der VN zur Schadensanzeige nur ihm Rahmen eines bestehenden Versicherungsvertrages, also erst nach der Vertragsannahme verpflichtet ist

Teilt der VN den Eintritt des Versicherungsfalls dem VR vor dessen Annahmeerklärung mit, kann dieser zwar grundsätzlich im Rahmen der Vertragsfreiheit den Vertragsschluss ablehnen. In bestimmten Situationen kann er aber auch zur Annahme des Antrags und zur Deckung des eingetretenen Versicherungsfalls verpflichtet sein. Das ist z. B. dann der Fall, wenn der VR trotz Erkennbarkeit des Interesses des VN an schneller Erledigung die Bearbeitung des Antrags schuldhaft verzögert und gebotene Hinweise auf die Möglichkeit einer vorläufigen Deckung unterlassen hat[123].

C. Dauer des Versicherungsvertrages

I. Rechtliche Grundlagen

Der Versicherungsvertrag begründet ein Dauerschuldverhältnis im Sinne der durch das   **42** Schuldrechtsmodernisierungsgesetz in das BGB eingefügten §§ 308 Nr. 3, 309 Nr. 1 und 9, 314[124]. Er ist nämlich nicht auf einen einmaligen Leistungsaustausch gerichtet, sondern es erwachsen aus ihm während seiner Laufzeit ständig neue Leistungs-, Neben- und Schutzpflichten. Allerdings sind nicht alle Versicherungsverträge auf eine längere Dauer angelegt. Es gibt auch Versicherungsverhältnisse von kurzer Dauer, die meist nicht durch eine Zeitangabe sondern durch den Zweck des Vertrages, ein nur kurzfristig auftretendes Risiko abzudecken, bestimmt wird. Dennoch sind auch sie nicht auf einen einmaligen Leistungsaustausch gerichtet,

---

[117] BGH, a. a. O.
[118] *Römer/Langheid/Römer,* § 2 Rn. 23.
[119] BGH v. 1. 3. 1990, BGHZ 111, 44 = VersR 1990, 729 (731).
[120] BGH v. 21. 3. 1990, BGHZ 111, 29 = VersR 1990, 618.
[121] *Möller,* a. a. O., Anm. 41; *Maenner,* Theorie, 251 f.; *Prölss,* a. a. O., Rn. 15; *Römer,* a. a. O., Rn. 8.
[122] *Baumann,* a. a. O., Rn. 65–73.
[123] Vgl. die Fallbeispiele bei *Baumann,* a. a. O., Rn. 68, 69.
[124] *Bruck/Möller/Möller,* Anm. 41 und 46 zu § 1; Berliner Kommentar/*Dörner,* Einl. Rn. 83.

sondern stellen begrifflich ebenfalls Dauerschuldverhältnisse dar. Typische Beispiele dafür sind die Reisekranken-, Reisegepäck-, Reiseunfall- und Reiserücktrittsversicherung. Besondere Regelung hatten solche kurzfristige Versicherungen im Gesetz gefunden bei der Transport- und der Schiffsversicherung. Nach § 134 a. F. VVG erstreckt sich die Versicherung von Gütern auf die ganze Dauer der versicherten Reise. Beginn und Ende sind in Abs. 2 mit der Übernahme der Güter zum Transport und ihrer Ablieferung, bzw. bei Ablieferungshindernissen ihrer Hinterlegung oder ihres Verkaufs genau bestimmt. In der Praxis wird durch die Vereinbarung der „Haus zu Haus"- Klausel nach 5.1 ADS der Versicherungsschutz dahin erweitert, dass bereits der Transport der Güter von der bisherigen Aufbewahrungsstätte zu dem Ort, an dem die eigentliche Beförderung beginnt, zur versicherten Reise gehört[125]. Die Regelung des § 134 a. F. ist nicht in das neue VVG aufgenommen worden.

Auch für die Schiffsversicherung waren in § 138 VVG a. F. für den Fall, dass die Versicherung für eine bestimmte Reise genommen worden ist, genaue Regelungen für den Beginn, nämlich den Zeitpunkt, in welchem mit der Einnahme der Ladung angefangen wird oder, wenn keine Ladung einzunehmen ist, den der Abfahrt, und das Ende der Reise, nämlich der Zeitpunkt des Löschens der Ladung am Bestimmungsort oder, wenn keine Ladung zu löschen ist, die Ankunft am Bestimmungsort, getroffen worden. Auch diese Regelung ist nicht übernommen worden.

II. Langfristige Verträge

43   Die zentrale Vorschrift für die Dauer von Versicherungsverträgen stellt in Zukunft **§ 11 VVG** dar, sie löst § 8 a. F. ab. Diese Vorschrift diente von Anfang an dem Schutz des VN vor einer **übermäßig langen Bindung** an einen VR und der damit verbundenen Einschränkung seiner Handlungsfreiheit und ist im Zusammenhang mit dem Wandel der Auffassungen hierüber mehrfach geändert worden.

1. Verlängerungsklauseln

44   § 11 Abs. 1 VVG ordnet in inhaltlicher Übereinstimmung mit der Vorgängerregelung des § 8 Abs. 1 für die in der Versicherungspraxis üblichen **Verlängerungsklauseln** bei zeitlich befristeten Versicherungsverträgen an, dass eine Vereinbarung, nach welcher ein Versicherungsverhältnis als stillschweigend verlängert gilt, wenn es nicht vor dem Ablauf der Vertragszeit gekündigt wird, insoweit nichtig ist, als sich die jeweilige Verlängerung auf mehr als ein Jahr erstreckt. Der Gesetzgeber des alten VVG[126] hat es als unbillige Härte angesehen, wenn der VN nur auf Grund seines Schweigens für längere Dauer gebunden bleiben würde. § 11 Abs. 1 VVG widersprechende Vereinbarungen kommen in der Praxis kaum vor. Die in den Standard-AVB enthaltenen Verlängerungsklauseln sehen nur eine einjährige Verlängerung vor. Dass diese mehrfach erfolgen kann, z. B. durch die übliche Klausel „der Vertrag verlängert sich von Jahr zu Jahr, wenn er nicht gekündigt wird", widerspricht § 11 Abs. 1 VVG nicht.

45   Das Schweigen der Vertragsparteien bei vereinbarter Verlängerungsklausel bewirkt, dass der **bisherige Vertrag** fortgesetzt wird. Es tritt kein **neuer Vertrag** an seine Stelle[127]. Der BGH hat für einen Pachtvertrag, nach dem sich das Pachtverhältnis auf bestimmte Zeit verlängert, wenn nicht ein Vertragsteil binnen einer bestimmten Frist vor Vertragsablauf erklärt, den Vertrag nicht verlängern zu wollen, angenommen, dass durch das Schweigen ein **neuer Vertrag** zustande komme, der dem alten inhaltsgleich sei[128]. Dem kann für Versicherungsverträge, bei denen es für viele Rechtsfolgen entscheidend auf den Vertragsbeginn ankommt,

---

[125] Vgl. dazu BGH v. 3. 10. 1983, VersR 1984 S. 56; OLG Hamburg v. 27. 4. 1989, VersR 1991, 544: die Versicherung beginnt bereits mit dem Anheben der Säcke im Kühlhaus.
[126] Begr. I S. 23–24.
[127] RG v. 3. 2. 1926, RGZ 112, 384; OLG Saarbrücken v. 25. 11. 1987, VersR 1989, 245; *Bruck/Möller/Möller*, § 8 Anm. 6; *Prölss/Martin/Prölss*, § 8 Rn. 2; Berliner Kommentar/*Gruber*, § 8 Rn. 9; offen gelassen von *Römer/Langheid/Römer*, § 8 Rn. 2.
[128] BGH v. 16. 10. 1974, NJW 1975, 40.

nicht gefolgt werden. Es braucht also für den Verlängerungsvertrag die vorvertragliche Anzeigepflicht nicht noch einmal erfüllt zu werden, der für den Vertragsbeginn maßgebliche Versicherungswert nicht neu festgesetzt zu werden. Die zu zahlende Prämie ist nicht Erst- sondern Folgeprämie. Es gelten für den verlängerten Vertrag die AVB, die dem ursprünglich vereinbarten Vertrag zu Grund gelegt worden sind. Das gilt auch dann, wenn der VR inzwischen neue Bedingungen entwickelt hat, die bei Neuabschlüssen generell zu Grunde gelegt werden[129]. Die Einbeziehung neuer Bedingungen in laufende Verträge stellt eine Vertragsänderung dar, die der Zustimmung des VN bedarf. Diese kann nicht schon darin gesehen werden, dass der VN, nachdem ihm geänderte Bedingungen übersandt worden sind, weiterhin die Prämien bezahlt[130]. Das Schweigen kommt nur dann als Zustimmung in Betracht, wenn die Änderungen ausschließlich Verbesserungen des Versschutzes bewirken. Auf solche muss der VR im Übrigen den VN nach Treu und Glauben hinweisen. Das gilt nicht nur, wenn er mit ihm Verhandlungen über die Fortsetzung des Vertrages führt, sondern auch dann, wenn er von einer stillschweigenden Verlängerung auf Grund der Verlängerungsklausel ausgeht[131]. Eine besondere Vereinbarung über die Einbeziehung geänderter AVB in den verlängerten Vertrag ist dann nicht erforderlich, wenn die Vertragsparteien ursprünglich einen Änderungsvorbehalt vereinbart haben, der die Einbeziehung geänderter Bedingungen zulässt. Das ist aber nach der Rechtsprechung des BGH nur in engen Grenzen möglich, nämlich unter den Voraussetzungen, dass entweder eine Vertragslücke entstanden ist oder eine Störung des Äquivalenzverhältnisses des Vertrages eingetreten ist[132]. Gesetzlich geregelt ist eine Anpassung von AVB an geänderte Umstände in § 164 (§ 172 Abs. 2 a. F.) VVG für die Lebensversicherung und in § 203 (§ 178g Abs. 3 a. F.) für die Krankenversicherung.

2. Entwicklung des § 8 VVG a. F. bis zu § 11 VVG

a) Die erste Änderung von § 8 VVG erfolgte durch VO vom 19. 12. 1939[133], durch die für **46** auf **unbestimmte Zeit** eingegangene Versicherungsverhältnisse, sogenannte dauernde Versicherungen, nach österreichischem Vorbild mit Absatz II ein Kündigungsrecht eingeführt wurde. Erhebliche Bedeutung kommt der Vorschrift nicht zu, weil auf unbestimmte Zeit abgeschlossene Versicherungsverträge in Deutschland anders als in Österreich[134] mit Ausnahme in der Krankenversicherung, für die besondere Vorschriften gelten[135], nicht üblich sind. Die Regelung ist in die Neufassung als § 11 Abs. 2 VVG nahezu unverändert übernommen worden.

b) Ein starker **Reformbedarf** entstand aber in den letzten beiden Jahrzehnten des vori **47** gen Jahrhunderts hinsichtlich der in der Versicherungspraxis, insbesondere im Massengeschäft der Hausrats-, Unfall-, Privathaftpflicht- und Rechtsschutzversicherung üblichen langfristigen Versicherungsverträgen, die häufig ohne Kündigungsmöglichkeit über Zeiträume von zehn Jahren oder länger liefen. Es wurde in der Literatur geltend gemacht, dass die Dispositionsfreiheit der Verbraucher, ihren Versicherungsbedarf an unvorhergesehene Veränderungen wirtschaftlicher oder persönlicher Umstände anzupassen, hierdurch unangemessen beeinträchtigt sei[136].

Da die meisten der langfristigen Verträge nicht individuell ausgehandelt werden, sondern ihre Laufzeit durch Antragsformulare bestimmt wird, unterliegt sie der Kontrolle durch die §§ 305–310 BGB. Es ist zwar § 309 Nr. 9a BGB, der die Laufzeit von Dauerschuldverhältnissen auf zwei Jahre beschränkt, nicht auf Versicherungsverträge anwendbar. Jedoch ist die Angemessenheit langer Laufzeiten nach § 307 BGB überprüfbar, worauf das BVerfG[137] im Zu-

[129] OLG Saarbrücken, a. a. O.
[130] *Prölss/Martin/Prölss,* Vorbem. I Rn. 25.
[131] *Prölss/Martin/Prölss,* Vorbem. I Rn. 36.
[132] BGH v. 17. 3. 1999, VersR 1999, 697.
[133] RGBl. I S. 2864.
[134] Vgl. dazu *Ehrenzweig,* S. 101.
[135] Vgl. § 195, vorher § 178a Abs. 4 VVG a. F.
[136] Vgl. z. B. v. *Hippel,* JZ 1990, 730–733, 984; *Präve,* ZfV 1992, 62–68.
[137] V. 4. 6. 1985, NJW 1986, 243–244.

sammenhang mit der Feststellung der Verfassungsmäßigkeit von § 11 Nr. 12 AGBG ausdrücklich hingewiesen hat.

48 Nachdem der Gesetzgeber bereits für ab 1. 1. 1991 abgeschlossene langfristige Verträge eine Kündigungsmöglichkeit in § 8 VVG eingefügt hatte[138], wurden zur Überprüfung der vor diesem Zeitpunkt abgeschlossenen Altverträge von Verbraucherschutzverbänden zahlreiche **Verbandsklagen** angestrengt[139]. Sie führten dazu, dass der BGH mit Urteilen vom 13. 7. 1994 zur Unfallversicherung[140], zur Hausratsversicherung[141] und zur Privathaftpflichtversicherung[142], sowie mit Urteil vom 22. 2. 1995[143] zur Wohngebäudeversicherung die formularmäßige Bestimmung einer zehnjährigen Laufzeit wegen Verstoßes gegen § 9 AGBG für unwirksam erklärt hat. Der BGH hat – entgegen der vom OLG Düsseldorf[144] vertretenen Ansicht – ein gesetzliches Leitbild für eine bestimmte Dauer von Versicherungsverträgen verneint, aber auf Grund einer Abwägung der Interessen der Vertragsparteien eine unangemessene Benachteiligung der VN durch eine zehnjährige Vertragsdauer bejaht. Den berechtigten Interessen der Versicherer, die Verträge aus Wettbewerbsgründen so zu gestalten, dass angemessene Prämien zuverlässig kalkuliert werden könnten, stünden erheblichere Belastungen der VN gegenüber, die durch die lange Vertragsdauer daran gehindert seien, ihren Versicherungsbedarf an unvorhergesehene Veränderungen wirtschaftlicher oder persönlicher Umstände anzupassen oder gegebenenfalls ganz darauf zu verzichten, das Risiko weiterhin zu versichern.

Für Verträge mit einer Laufzeit von fünf Jahren hat der BGH hingegen zur Reparaturkostenversicherung[145], zur Unfallversicherung[146] und zur Rechtsschutzversicherung[147] einen Verstoß gegen § 9 AGBG verneint, weil die auch bei solchen Verträgen vorhandene Belastung des VN weniger erheblich sei und er das Risiko bei einem Zeitraum von fünf Jahren besser übersehen könnte.

Für individuell ausgehandelte Verträge hat der BGH in seinen Entscheidungen vom 13. 7. 1994, a. a. O., ausdrücklich offen gelassen, ob eine zehnjährige Dauer wirksam vereinbart werden könne. In Übereinstimmung mit der Rechtsprechung des BGH zu langfristigen Verträgen auf anderen Rechtsgebieten[148] ist davon auszugehen, dass die zehnjährige Dauer allein nicht die Sittenwidrigkeit eines solchen Vertrages begründet, sondern weitere, eine Vertragspartei unzumutbar belastende Umstände hinzutreten müssen[149].

49 Der Gesetzgeber hat auf die Diskussion über die langfristigen Versicherungsverträge zunächst mit dem **Gesetz vom 17. 12. 1990 zur Änderung versicherungsrechtlicher Vorschriften**[150] reagiert, durch das mit § 8 III VVG ein Kündigungsrecht für befristete Versicherungsverträge eingeführt und dem VN mit Absatz 4 die Möglichkeit eingeräumt wurde, seine auf den Abschluss eines Versicherungsvertrages mit einer längeren Laufzeit als einem Jahr gerichtete Willenserklärung binnen zehn Tagen zu widerrufen. Dieses Gesetz gilt – wegen der durch das 3. DurchführungsG/EWG vom 21. 7. 1994[151] erfolgten weiteren Umgestaltung des § 8 VVG nur für in der Zeit zwischen dem 1. 1. 1991 und dem 24. 6. 1994 abgeschlossenen Versicherungsverträgen, von denen aber viele auch bei Inkrafttreten der VVG-Reform

---

[138] Durch G v. 17. 12. 1990, BGBl. I S. 2864.

[139] Vgl. *Heinrichs*, NJW 1994, 1380 (1387); zu den Ergebnissen der einzelnen Verfahren *Wille*, VersR 1992, 129–142, 1172–1187, VersR 1995, 1404–1416.

[140] BGH v. 13. 7. 1994, BGHZ 127, 35–47 = VersR 1994, 1049–1052.

[141] VersR 1994, 1052 (1053) = BB 1994, 1736–1739.

[142] Anm. der Redaktion in VersR 1994, 1049.

[143] VersR 1995, 459 (460).

[144] 5. 4. 1990, VersR 1991, 989–991 mit Anm. v. *Estel*, 991 f.

[145] 28. 6. 1995, VersR 1995, 1185–1188.

[146] 6. 12. 1995, VersR 1996, 177 (178).

[147] 26. 3. 1997, VersR 1997, 685–687.

[148] Z. B. zum Bierlieferungsvertrag BGH v. 27. 2. 1985, NJW 1985, 2693–2696, BGH v. 8. 4. 1992 NJW 1992, 2145 (2146).

[149] So im Ergebnis auch *Prölss/Martin/Prölss*, § 8 Rn. 38.

[150] BGBl. I S. 2864.

[151] BGBl. I S. 1630.

2008 noch bestehen. Diese Verträge können ab einer Vertragsdauer von drei Jahren zum Ende des dritten Jahres oder jedes darauf folgenden unter Einhaltung einer Frist von drei Monaten gekündigt werden, es sei denn, dass der VR dem VN vor Abschluss des Vertrages schriftlich auch Verträge für die Dauer von einem Jahr, drei, fünf und zehn Jahren angeboten hat und dabei auf Verträge mit einer Dauer von fünf und mehr Jahren einen bestimmten Prämiennachlass einräumt. Durch diese Angebote, zu deren Abgabe der VR nicht verpflichtet war[152], erhielt er die Möglichkeit, unkündbare Versicherungsverträge von langjähriger Dauer abzuschließen, bei denen die Interessen der VN durch die günstigere Prämie berücksichtigt werden.

Als weiterer Schutz des VN gegen die Bindung durch langfristige Versicherungsverträge ist **50** mit § 8 Abs. 4 a. F. nach dem Vorbild von Verbraucherschutzgesetzen erstmalig ein **Widerrufsrecht** in das VVG aufgenommen worden, das der VN bei Verträgen mit einer längeren Laufzeit als einem Jahr binnen einer Frist von zehn Tagen nach Unterzeichnung des Vertragsantrages ausüben konnte. Auf die Einzelheiten dieser unvollkommen ausgestalteten und zu zahlreichen Auslegungsproblemen Anlass gebenden Vorschrift soll hier nicht eingegangen werden, da ihre praktische Anwendung wegen Zeitablaufs nur noch auf wenige Ausnahmefälle in Betracht kommt, in denen die Zehn-Tages-Frist wegen Fehlens der vorgeschriebenen Belehrung nicht zu laufen begonnen hat[153].

c) Eine weitere Reform der Regelung langfristiger Versicherungsverträge ist durch das **51** **Gesetz vom 21. 7. 1994** erfolgt, durch das die dritten versicherungsrechtlichen Richtlinien des Rates der EG in deutsches Recht umgesetzt wurden[154]. Das Kündigungsrecht besteht danach nur bei auf eine längere Zeit als fünf Jahre eingegangenen Versicherungsverhältnissen – mit Ausnahme der Lebens- und Krankenversicherung – und kann ab Ende des 5. oder jedes darauf folgenden Jahres unter Einhaltung einer Frist von drei Monaten ausgeübt werden. Es steht nicht mehr nur dem VN sondern auch dem VR zu. Es ist an keine weitere Voraussetzung als an die Dauer des Vertrages geknüpft, wobei allein auf die formelle Vertragsdauer, nicht auf die des gewährten Versicherungsschutzes abzustellen ist. Die Regelung über Vertragsangebote mit unterschiedlichen Laufzeiten und Prämiennachlässen ist ersatzlos entfallen.

Das in § 8 Abs. 4 VVG umgestaltete **Widerrufsrecht** für Verträge mit einer längeren Lauf- **52** zeit als einem Jahr steht nur VN zu, die kein Widerspruchsrecht nach § 5a VVG haben, gilt also nur bei Abschluss des Vertrages nach dem **Antragsmodell.** Es ist auch ausgeschlossen bei der Gewährung vorläufiger Deckung, aber nur für diese selbst, nicht für den anschließenden endgültigen Vertrag. Hinsichtlich des persönlichen Anwendungsbereichs wird nicht mehr wie in der Vorgängerregelung auf den Begriff des Vollkaufmanns abgestellt, sondern an den Begriff des in § 13 BGB definierten Verbrauchers angeknüpft. Das Widerrufsrecht besteht danach nicht, wenn die Versicherung nach dem Inhalt des Antrages für die bereits ausgeübte gewerbliche oder selbstständige berufliche Tätigkeit des VN bestimmt ist.

Die Widerrufsfrist beträgt 14 Tage ab der Unterzeichnung des Antrages. Sie beginnt aber nur zu laufen, wenn der VR den VN über sein Widerrufsrecht belehrt und der VN die Belehrung durch Unterschrift bestätigt hat. Bei Unterbleiben der Belehrung erlischt es einen Monat nach Zahlung der ersten Prämie.

Für die Lebensversicherung gilt wegen der grundsätzlich auf eine lange Dauer angelegten **53** Verträge gemäß § 165 VVG a. F. ein besonderes Kündigungsrecht des VN, das jederzeit für den Schluss der laufenden Versicherungsperiode ausgeübt werden kann. Anstelle des Widerrufsrechts nach § 8 Abs. 4 VVG ist dem VN auf Grund europarechtlicher Vorgaben durch § 8 Abs. 5 VVG ein Rücktrittsrecht eingeräumt worden.

---

[152] OLG Stuttgart v. 17. 12. 1993, VersR 1995, 202; *Wille,* VersR 1995, 1404–1416; *Fetzer,* VersR 1996, 169–171.
[153] Vgl. zu § 8 IV a. F. *Koch,* VersR 1991, 725–731; *Präve,* VW 1991, 488–490, ZfV 1992, 62–68; *Teske,* NJW 1991, 2793–2804.
[154] BGBl. I S. 1630.

Auch für die Krankenversicherung gelten mit §§ 178 h und i VVG a. F. besondere Regelungen, in denen von § 8 VVG abweichend bestimmt ist, dass der VN schon zum Ende des ersten Jahres oder jedes darauf folgenden Jahres unter Einhaltung einer Frist von drei Monaten kündigen kann, während die ordentliche Kündigung des VR weitgehend ausgeschlossen ist[155].

54   **d)** Durch die VVG-Reform ist eine Neuregelung der langfristigen Versicherungsverträge in § 11 Abs. 4 VVG erfolgt. Danach kann ein Versicherungsvertrag, der für die Dauer von mehr als drei Jahren geschlossen worden ist, vom VN zum Schluss des dritten oder jedes darauf folgenden Jahres unter Einhaltung einer Frist von drei Monaten gekündigt werden. Ausgehend von den Vorschlägen der Kommission zur Reform des VVG[156] hält der Gesetzgeber nunmehr bereits eine Bindung von mehr als drei Jahren für regelungsnotwendig. Jedoch wird der Abschluss von Verträgen mit einer über drei Jahre hinausgehenden Laufzeit vom Gesetz nicht untersagt. Es bestimmt nur, dass solche Verträge gekündigt werden können. Erfolgt keine Kündigung, laufen sie für die vereinbarte Laufzeit weiter.

Das gesetzliche Kündigungsrecht ist nicht auf Verbraucher beschränkt. Die Begründung des Gesetzes[157] verweist auf die Schutzbedürftigkeit **aller Versicherungsnehmer** vor einer langfristigen Bindung. Das Kündigungsrecht steht nur dem VN zu. Der VR kann es sich aber vertraglich, auch in AGB ausbedingen. § 18 VVG, der vorsieht, dass von § 11 Abs. 2–4 VVG nicht zum Nachteil des Versicherungsnehmer abgewichen werden kann, steht nicht entgegen. § 11 Abs. 4 VVG hat nur den Zweck, den VN gegen eine unangemessen lange Bindung zu schützen, nicht aber gegen eine Kündigung des Vertrages durch den VR

Für die Krankenversicherung ist die Kündigung in § 205 VVG, für die Lebensversicherung in § 168 VVG besonders geregelt.

Das frühere Widerrufsrecht für Verträge mit einer Laufzeit von mehr als einem Jahr ist entfallen, weil das generelle Widerrufsrecht nach § 8 VVG an seine Stelle getreten ist.

Die Neufassung gilt nach Art. I Abs. 1 EGVVG ab dem 1. 1. 2009 auch für bis zum Inkrafttreten des Gesetzes abgeschlossene Altverträge. Das ist zu begrüßen. Bei den früheren Gesetzesänderungen hatten nämlich die Übergangsbestimmungen dazu geführt, dass für längere Zeiträume bis zu drei unterschiedliche Gesetzesfassungen nebeneinander zur Anwendung kamen. Jetzt ist der Übergangszustand auf das Jahr 2008 beschränkt.

D. Beendigung des Versicherungsvertrages

55   Das Versicherungsverhältnis kann auf dieselbe Weise enden wie Vertragsverhältnisse, die im BGB geregelt sind, nämlich z. B. durch Zeitablauf, einverständliche Aufhebung des Vertrages oder Kündigung. Es gelten dann die allgemeinen Regeln des Schuldrechts, die hier keiner besonderen Erwähnung bedürfen. Daneben gibt es aber spezielle versicherungsrechtliche Beendigungsgründe und Abweichungen von den BGB-Regelungen für die allgemeinen Beendigungsgründe, die im Folgenden dargestellt werden sollen.

I. Rücktritt

Im bisherigen VVG gibt es drei besondere, versicherungsrechtliche Rücktrittsrechte, nämlich den Rücktritt des VR wegen Verletzung vorvertraglicher Anzeigepflichten nach §§ 16, 17 VVG und wegen Nichtzahlung der Erst- oder Einmalprämie nach § 38 Abs. 1 VVG und in der Lebensversicherung den Rücktritt des VN nach § 8 Abs. 5 VVG. Im neuen VVG gibt es nach Aufhebung von § 8 Abs. 5 VVG a. F. nur noch zwei besondere Rücktrittsrechte.

---

[155] Vgl. hierzu im Einzelnen §§ 44 und 45.
[156] Zwischenbericht S. 28.
[157] S. 41.

1. Rücktritt nach § 8 Abs. 5 VVG a. F.

§ 8 Abs. 5 VVG a. F. war auf Grund europarechtlicher Vorgaben, die für die Lebensversi- **56** cherung bei langfristigen Verträgen ein Rücktrittsrecht verlangten, mit Wirkung vom 29. 7. 1994 in das VVG eingefügt worden. Besondere Regelungen über die Voraussetzungen für die Ausübung des Rücktrittsrechts außer einer Frist von 14 Tagen und die Rechtsfolgen des Rücktritts waren nicht vorgesehen. Vielmehr begründete § 8 Abs. 5 ein gesetzliches Rücktrittsrecht im Sinne von § 346 BGB, für das sich die Rechtsfolgen aus den §§ 346–348 BGB ergeben. Das bedeutet, dass der Vertrag rückwirkend außer Kraft tritt und die Vertragsparteien einander die empfangenen Leistungen zurückzugewähren haben[158]. Da der Rücktritt nach § 8 Abs. 5 VVG innerhalb einer Frist von 14 Tagen nach Vertragsschluss erfolgen musste, werden die Parteien in aller Regel erhebliche Leistungen noch nicht erbracht haben. War allerdings die erforderliche Belehrung des VN über sein Rücktrittsrecht nicht erfolgt, so erlosch dieses nach § 8 Abs. 5 S. 4 VVG erst einen Monat nach Zahlung der ersten Prämie. In solchen Fällen konnte es vorkommen, dass der VR die Prämie nach § 346 Abs. 1 BGB zurückzahlen musste und der VN etwa bereits empfangene Versicherungsentschädigungen.

Durch die VVG – Reform ist das Rücktrittsrecht nach § 8 Abs. 5 VVG entfallen. Es ist ersetzt worden durch das allgemeine Widerrufsrecht, das jetzt auch dem Versicherungsnehmer in der Lebensversicherung zusteht, aber in § 152 VVG dahin besonders geregelt ist, dass die Widerrufsfrist 30 Tage beträgt.

2. Rücktritt wegen Verletzung der vorvertraglichen Anzeigepflicht

Das Rücktrittsrecht wegen Verletzung der vorvertraglichen Anzeigepflicht weist gegen- **57** über der Regelung des Rücktrittsrechts im BGB erhebliche versicherungsrechtliche Sonderregelungen auf. Auf die Rücktrittsgründe soll hier nicht eingegangen werden, weil sie Gegenstand von § 12 dieses Handbuchs sind.

Während im BGB der Rücktritt als Gestaltungsrecht grundsätzlich nicht fristgebunden ist[159], ist in § 21 VVG (§ 20 a. F.) eine Rücktrittsfrist von einem Monat bestimmt, die mit dem Zeitpunkt beginnt, in welchem der VR von der Verletzung der Anzeigeobliegenheit Kenntnis erlangt. Gemeint ist eine sichere und zuverlässige Kenntnis, auf einen bloßen Verdacht hin braucht der Rücktritt nicht ausgeübt zu werden[160]. Der VR ist aber verpflichtet, bei Vorliegen konkreter Anhaltspunkte für eine Obliegenheitsverletzung in angemessener Zeit Nachfragen zu stellen, damit zwischen den Vertragsparteien alsbald Klarheit geschaffen wird, ob das Versicherungsverhältnis fortgesetzt werden soll oder nicht[161].

Ob die Rücktrittserklärung mit Gründen versehen sein muss, war bisher streitig[162]. Übereinstimmend wurde aber verlangt, dass aus der Erklärung deutlich hervorgehen müsse, dass der Rücktritt wegen der Verletzung der vorvertraglichen Anzeigepflicht erfolge, was schwerlich ohne Begründung geschehen kann. Für eine Begründungspflicht spricht, dass der VN in die Lage versetzt werden muss, die Berechtigung des Rücktritts zu überprüfen. Durch die Begründungspflicht wird auch der Gefahr begegnet, dass VR, die sich vom Vertrag lösen wollen, vorsorglich den Rücktritt erklären in der Hoffnung, während der Auseinandersetzung hierüber irgendwelche Gründe zu erfahren, die ihrem Rücktritt zum Erfolg verhelfen. Auf

---

[158] *Weyers,* Versicherungsvertragsrecht Rn. 236; für die Anwendung des § 176 VVG in der Kapitallebensversicherung für die Rückabwicklung des Vertrages, so Berliner Kommentar/*Schwintowski,* § 176 Rn. 8, fehlt es an einer gesetzlichen Grundlage und sachlichen Notwendigkeit.

[159] Vgl. dazu BGH v. 18. 10. 2001, NJW 2002, 680.

[160] BGH v. 20. 9. 2000, NVersZ 2001, 69 (71), BGH v. 28. 11. 1990, VersR 1991, 170.

[161] BGH a. a. O.

[162] Die wohl noch überwiegende Meinung verlangt keine Begründung: OLG Hamm v. 19. 12. 1986, r+s 1987, 113; OLG Köln v. 19. 9. 1991, r+s 1992, 326; KG v. 6. 3. 1998, r+s 1998, 471; *Prölss/Martin/ Prölss,* § 20 Rn. 9; *Bruck/Möller/Möller,* § 20 Anm. 20; *Römer/Langheid/Langheid,* § 20 Rn. 9; a. A. aber OLG Oldenburg v. 22. 12. 1993, r+s 1994, 122, für den Fall, dass der Rücktritt gegenüber einem Nachlasspfleger erklärt wird; *Röhr,* Die vorvertragliche Anzeigepflicht 1980 S. 226; *Knappmann,* r+s 1996, 81 (85); Berliner Kommentar/*Voit,* § 20 Rn. 18.

Grund eines Vorschlages der Kommission zur Reform des VVG ist eine Begründungspflicht ausdrücklich in § 21 n. F. aufgenommen werden. Der VR darf aber nachträglich weitere Umstände zur Begründung seiner Erklärung angeben, wenn für diese die Monatsfrist nicht verstrichen ist. Diese Einschränkung hatte die Rechtsprechung, die das Nachschieben von Gründen zuließ, bisher nicht gemacht[163].

Neu eingeführt ist die Regelung des § 21 Abs. 3 VVG, wonach das Rücktrittsrecht fünf Jahre nach Vertragsschluss erlischt, bei vorsätzlicher oder arglistiger Verletzung der Anzeigepflicht nach zehn Jahren. Jedoch gilt dies nicht für Versicherungsfälle, die vor Ablauf dieser Frist eingetreten sind. Dadurch soll dem Interesse des VN Rechnung getragen werden, in einem angemessenen Zeitraum Sicherheit darüber zu erlangen, dass der Vertrag Bestand hat[164]. Die Einschränkung für den Fall eingetretener Versicherungsfälle soll Missbräuche verhindern in den wohl nicht sehr häufigen Fällen, in denen die Meldung des Versicherungsfalles herausgezögert wird, um einen fristgerechten Rücktritt zu verhindern. Die Regelung stellt eine Konkretisierung des allgemeinen Verwirkungsgrundsatzes dar, der für den Rücktritt nach § 346 BGB von der Rechtsprechung entwickelt worden ist[165].

58   Die **Rechtsfolgen** des Rücktritts waren in § 20 Abs. 2 VVG a. F. zunächst dahin geregelt, dass beide Teile verpflichtet sind, einander die empfangenen Leistungen zurückzugewähren. Diese Rechtsfolge wird aber eingeschränkt durch die Einfügung, „soweit dieses Gesetz nicht in Ansehung der Prämie ein anderes bestimmt". Damit wird auf § 40 VVG a. F. hingewiesen, wonach dem VR im Falle des Rücktritts wegen Obliegenheitsverletzung die Prämie bis zum Schluss der Versicherungsperiode gebührt, in der er von der Obliegenheitsverletzung Kenntnis erlangt hat.

Diese Regelung, nach der eine Vertragspartei trotz Rücktritts ihren vertraglichen Anspruch behält, weicht erheblich von der klassischen Rücktrittsregelung ab, so dass das bisherige Rücktrittsrecht nach der Terminologie des BGB mit *Weyers*[166] eher als „Mittelding zwischen Kündigung und Rücktritt" zu charakterisieren ist.

Wegen der Abweichung von den üblichen Rücktrittsfolgen zu Lasten des VN ist die Regelung in der Literatur heftig kritisiert worden[167].

Die Neufassung hat in § 21 auf eine besondere Regelung der Rechtsfolgen des Rücktritts verzichtet. Damit finden die §§ 346, 349 BGB unmittelbar Anwendung. Eine Sonderregelung enthält nur § 39 Abs. 1 S. 2 VVG. Dem VR steht die Prämie bis zum Wirksamwerden der Rücktrittserklärung zu. Das ist angemessen, weil er auch trotz Rückwirkung der Erklärung nach § 21 Abs. 2 VVG zur Leistung verpflichtet ist, wenn die Verletzung der Anzeigepflicht für den Versicherungsfall nicht kausal ist.

Festzuhalten ist, dass die Neuregelung nicht nur gerechter geworden ist, sondern dass sie auch einem klassischen Rücktrittsrecht mehr entspricht als die bisherige Regelung.

59   Einige weitere Abweichungen von dem Leitbild der Rücktrittswirkungen des § 346 BGB sind im Versicherungsrecht zum Schutze **besonders privilegierter Gläubiger geboten.** In der Pflichthaftpflichtversicherung besteht nach einer Beendigung des Versicherungsvertrages, die auch auf einem Rücktritt beruhen kann, gemäß § 117 Abs. 2 (bisher § 158c Abs. 2 VVG a. F.) zu Gunsten des geschädigten Dritten eine sogenannte **Nachhaftung** von einem Monat, nachdem der VR den für die Beendigung maßgebenden Umstand, also den Rücktritt der hierfür zuständigen Stelle angezeigt hat. Die zuständige Stelle ergibt sich aus den jeweiligen Gesetzen, die die Pflichtversicherung anordnen, so ist z. B. gemäß § 29c Abs. 1 StVZO in Verbindung mit § 3 Ziff. 5 PflVG die Zulassungsstelle für die Kraftfahrzeughaftpflichtversicherung zuständig, gemäß § 19a Abs. 5 BNotO die Landesjustizverwaltung für die Berufshaftpflichtversicherung der Notare. Fehlt es an einer zuständigen Stelle, tritt die Nachhaftung nicht ein. In der Gebäudefeuerversicherung wirkt gemäß § 143 VVG (§ 103 a. F.) gegenüber

---

[163] BGH v. 30. 9. 1998, VersR 1999, 217 (219); OLG Frankfurt v. 5. 12. 2001, VersR 2002, 559.
[164] RegE Begr., S. 166.
[165] BGH v. 18. 10. 2001, NJW 2002, 689 mit zahlreichen Nachweisen.
[166] Versicherungsrecht, 2. Aufl. Rn. 236.
[167] *Sieg,* BB 1988, 2249; *Präve,* VW 1992, 737.

dem Hypothekengläubiger, der seine Hypothek dem VR angemeldet hat, ein Rücktritt erst mit dem Ablauf von zwei Monaten (bisher von drei Monaten), nachdem die Vertragsbeendigung ihm durch den VR mitgeteilt oder in anderer Weise zu seiner Kenntnis gelangt ist. In ähnlicher Weise ist die Rücktrittswirkung beschränkt zu Gunsten der Schiffshypothekengläubiger nach § 34 Abs. 2 SchiffsRG.

Betrifft die Verletzung der vorvertraglichen Anzeigepflicht nur **einen Teil der Gegen-**   60
stände oder Personen, auf die sich die Versicherung bezieht, so steht dem VR nach § 29 Abs. 1 VVG (§ 30 Abs. 1 a. F.) das Rücktrittsrecht für den übrigen Teil nur zu, wenn anzunehmen ist, dass für diesen allein der VR den Vertrag unter den gleichen Bedingungen nicht geschlossen haben würde. Die Vorschrift setzt einen einheitlichen Versicherungsvertrag voraus, z. B. eine Feuerversicherung über mehrere Gebäude oder über Gebäude und Inventar, eine Lebensversicherung für mehrere Personen. Sie kommt nicht zur Anwendung, wenn mehrere rechtlich selbstständige Versicherungsverträge vorliegen. Diese sind jeder für sich zu beurteilen. Diese Unterscheidung ist in der Praxis manchmal schwer zu treffen, so können z. B. bei der Verbindung von Kapitallebensversicherung mit Unfallzusatzversicherung und Berufsunfähigkeitzusatzversicherung sowohl ein wie mehrere Verträge vorliegen, was durch Auslegung zu ermitteln ist. Ist nur ein Versicherungsschein ausgestellt worden, spricht eine tatsächliche Vermutung für die Annahme eines einheitlichen Vertrages und ist § 29 VVG (§ 30 a. F.) anwendbar[168]. Die Vorschrift setzt weiter voraus, dass sich der zum Rücktritt berechtigende Umstand nur auf den jeweils betroffenen Vertragsteil ausgewirkt hat, z. B. unrichtige Angaben über den Gesundheitszustand nur einer von mehreren Personen, die Brandgefährlichkeit eines der nicht dicht nebeneinander stehenden Gebäude. Ist das der Fall, ermöglicht § 29 VVG die Aufrechterhaltung des nicht betroffenen Vertragsteils. Der VR hat darzulegen und zu beweisen, dass er den übrig gebliebenen Vertragteil allein nicht abgeschlossen haben würde. Dafür kommt es auf seine allgemeinen Risikoprüfungs- und Abschlussgrundsätze an.

Bei einem Teilrücktritt des VR ist der VN nach § 29 Abs. 2 VVG berechtigt, das Versicherungsverhältnis in Ansehung des restlichen Teils zu kündigen.

Für die Krankenversicherung gilt § 29 VVG nach § 194 nicht (vgl. § 178a Abs. 2 a. F.). § 205 VVG (§ 178h Abs. 5 a. F.) enthält aber eine Sonderregelung für den Rücktritt des VR bezüglich einzelner Personen und Tarife.

3. Rücktritt wegen nicht rechtzeitiger Zahlung der Prämie

Im zweiten Fall des versicherungsrechtlich besonders geregelten Rücktrittsrechts ist der   61
VR wegen **nicht rechtzeitiger Zahlung der ersten oder einmaligen Prämie nach § 37 Abs. 1 VVG,** solange die Zahlung nicht bewirkt ist, zum Rücktritt berechtigt. In Abänderung der Vorgängervorschrift des § 39 VVG ist in § 37 angefügt worden „es sei denn, der Versicherungsnehmer hat die Nichtzahlung nicht zu vertreten". Diese aus Billigkeitsgründen vorgenommene Einschränkung des Einlösungsprinzips[169] dürfte große praktische Bedeutung nicht zukommen. Sie tritt nämlich nicht dann schon ein, wenn der VN unverschuldet in finanzielle Schwierigkeiten geraten ist, sondern nur in den Ausnahmefällen, in denen ein finanziell leistungsfähiger VN durch besondere Umstände wie Krankheit oder Naturereignisse an der Zahlung gehindert wird[170]. Tritt der VR zurück, kann er nach § 39 Abs. 1 S. 3 VVG (bisher § 40 II 2) eine angemessene Geschäftsgebühr verlangen. Diese soll dem Ausgleich des Verwaltungsaufwandes des VR dienen. Während bis 1994 mit Genehmigung der Aufsichtsbehörde in den AVB ein bestimmter Betrag festgesetzt werden konnte, der als angemessen galt, § 40 II 3 VVG a. F., haben nach Wegfall der Bedingungsgenehmigung die VR die Angemessenheit darzulegen und zu beweisen und die Gerichte über die Höhe zu entscheiden.

---

[168] *Prölss/Martin/Prölss,* § 30 Rn. 1 und 2; *Römer/Langheid/Römer,* § 30 Rn. 1; BGH v. 10. 12. 1986, VersR 1987, 177 hat für die von einem Ehepaar „auf verbundene Leben" abgeschlossene Kapital- und Unfallversicherung, BGH v. 8. 3. 1989, VersR 1989, 689 für die Verbindung von Kapitallebensversicherung mit Berufsunfähigkeitsversicherung in einer Urkunde § 30 VVG angewandt.
[169] Vgl. Begründung S. 177.
[170] *R. Johannsen,* FS Schirmer S. 263.

Eine weitere versicherungsrechtliche Besonderheit ist durch die VVG – Reform beseitigt worden. Nach § 38 Abs. 1 S. 2 VVG a. F. gilt es als Rücktritt, wenn der VR den Anspruch auf die Prämie nicht innerhalb von drei Monaten vom Fälligkeitstage an gerichtlich geltend gemacht hat. Durch diese Fiktion sollte dem VR erspart werden, Mühe und Kosten für einen gescheiterten Vertrag aufzuwenden. Seine Interessen sind aber dadurch hinreichend gewahrt, dass er den Rücktritt geltend machen kann[171].

Auch in diesem Fall des Rücktritts greift in der Pflichthaftpflichtversicherung die Nachhaftung nach § 117 Abs. 2 VVG ein. Jedoch kommt der Schutz des Hypothekengläubigers nach § 143 VVG bei Rücktritt wegen unterbliebener Prämienzahlung nicht zur Anwendung.

62   Rücktrittsrechte einer oder beider Vertragsparteien können auch in den Versbedingungen vereinbart werden. Jedoch ist die entsprechende Vertragsfreiheit eingeschränkt durch § 28 Abs. 5 (§ 6 Abs. 4 a. F.) VVG, wonach eine Vereinbarung, nach welcher der VR bei Verletzung einer Obliegenheit zum Rücktritt berechtigt sein soll, unwirksam ist.

Das durch das SchuldrechtsmodernisierungsG neugeschaffene **allgemeine Rücktrittsrecht** des § 323 BGB bei Pflichtverletzungen in gegenseitigen Verträgen kommt für Versicherungsverträge nicht zur Anwendung. Da diese Dauerschuldverhältnisse darstellen, tritt an die Stelle des Rücktritts regelmäßig das außerordentliche Kündigungsrecht aus wichtigem Grund[172], das jetzt in § 314 BGB kodifiziert ist[173].

II. Anfechtung

63   Besondere versicherungsrechtliche **Anfechtungsgründe** regelt das VVG nicht. Soweit die Anfechtung erwähnt wird, z. B. in § 5 Abs. 4 VVG (§ 5 Abs. 4 a. F.) die Anfechtung wegen Irrtums, in § 22 VVG (§ 22 a. F.) die Anfechtung wegen arglistiger Täuschung, wird damit auf die Anfechtungstatbestände des BGB verwiesen. Diese kommen aber für den Versicherungsvertrag nicht uneingeschränkt zur Anwendung, und es gibt auch Abweichungen von den im BGB vorgesehenen Rechtsfolgen.

64   Das Recht des VR, den Versicherungsvertrag wegen Irrtums gemäß § 119 BGB anzufechten, ist durch die Vorschriften über die vorvertragliche Anzeigepflicht **weitgehend ausgeschlossen.** Die §§ 19–22 (früher §§ 16–21) VVG stellen eine gesetzliche Sonderregelung dar, die für einen Irrtum über gefahrerhebliche Umstände die Anwendbarkeit des § 119 Abs. 2 BGB ausschließen[174]. Würde man diese zulassen, wäre der Schutzzweck der §§ 19 Abs. 3–5, 21 Abs. 2 (§§ 16 Abs. 3, 17 Abs. 2 und 21 a. F.) VVG, wonach der Rücktritt bei Fehlen qualifizierten Verschuldens (Vorsatz oder grober Fahrlässigkeit, bisher bei mangelnden Verschulden) des VN ausgeschlossen ist und die Leistungsfreiheit des VR bei fehlender Kausalität entfällt, vereitelt. Nicht ausgeschlossen ist die Irrtumsanfechtung nur hinsichtlich nicht gefahrerheblicher Umstände[175]. Da aber bisher nach § 16 Abs. 1 S. 2 VVG a. F. alle Gefahrumstände erheblich sind, die geeignet sind, auf den Entschluss des VR, den Vertrag überhaupt oder zu dem vereinbarten Inhalt abzuschließen, einen Einfluss auszuüben, wird ein VR nur in Ausnahmefällen in der Lage sein, die Voraussetzungen einer Irrtumsanfechtung darzulegen[176]. Durch die Neuregelung der Anzeigepflicht in § 19 VVG, nach der nur Gefahrumstände anzuzeigen sind, nach denen der VR in Textform gefragt hat, wird die Möglichkeit zur Irrtumsanfechtung nicht erweitert. Bei der Einschränkung der Anzeigepflicht handelt es sich um eine reine Schutzvorschrift für den VN, die es ausschließt, dass bei einem Irrtum über nicht erfragte Umstände nunmehr die Anfechtung zulässig wäre. Als Beispiel für einen Ausnahmefall, in dem eine Irrtumsanfechtung zulässig wäre, kommt aber in Betracht, dass der

---

[171] Begründung S. 178.

[172] BGH v. 11. 2. 1981, NJW 1981, 1264; BGH v. 6. 2. 1985, NJW 1986, 124 (125).

[173] Vgl. dazu unter Rn. 75–78.

[174] BGH v. 22. 5. 1995, VersR 1995, 457 (458), BGH v. 18. 9. 1991, VersR 1991, 1404.

[175] BGH. v. 7. 2. 2007, r+s 2007, 233; v. 22. 5. 1995, VersR 1995, 457.

[176] BGH v. 22. 5. 1995, a. a. O., verneint in der Kaskoversicherung für den Irrtum des VR über den Zustand des Fahrzeugs, das aus gebrauchten Teilen unbekannter Herkunft zusammengebaut war.

VR sich über die finanzielle Leistungsfähigkeit des VN geirrt hat; denn die Gefahr, die Prämien nicht zahlen zu können, gehört nicht zu den anzeigepflichtigen Umständen im Sinne des § 19 (§ 16 a. F.) VVG[177]. Ficht der VR in einem solchen Fall den Versicherungsvertrag an, so genießt der VN zwar keinen besonderen versicherungsrechtlichen Schutz, er kann aber unter Umständen durch die Schadensersatzverpflichtung des VR nach § 122 BGB so gestellt werden, als wenn er vertraglichen Versicherungsschutz hätte[178].

Nicht durch die Sonderregelung der §§ 19–21 (§§ 16–21 a. F.) VVG beeinflusst sind ferner Irrtümer des VR in der Erklärungshandlung selbst, § 119 Abs. 1 BGB. So kann er z. B. seine Annahmeerklärung eines Versicherungsantrages anfechten, wenn die Police nur auf Grund einer fehlerhaften Bedienung der EDV-Anlage an den VN übersandt worden ist[179] oder er dem VN eine falsche Tabelle zur Errechnung der Rückvergütungswerte einer Lebensversicherung übersandt hat, die Vertragsbestandteil geworden ist[180].

Nach § 22 VVG bleibt das Recht des VR, den Vertrag wegen **arglistiger Täuschung** an- **65** zufechten, unberührt. Diese Vorschrift begründet kein besonderes Anfechtungsrecht sondern hat nur die klarstellende Bedeutung, dass die Regelungen der §§ 19–21 VVG, die die Irrtumsanfechtung für den VR weitgehend ausschließen, für die Anfechtung wegen arglistiger Täuschung keine entsprechende Sperrwirkung haben. Die in § 22 a. F. enthaltene Beschränkung der Täuschung über Gefahrumstände ist weggefallen.

Auch die in § 22 VVG nicht erwähnte Anfechtung wegen **Drohung** bleibt unberührt. Für diese bedurfte es einer besonderen Klarstellung nicht, da ein Vorrang der Sonderregelung der §§ 19–21 VVG ersichtlich nicht in Betracht kommt[181].

Die Voraussetzungen des Anfechtungsrechts ergeben sich aus § 123 BGB. Besondere versicherungsrechtliche Regelungen und Grundsätze bestehen insoweit nicht[182].

Die Anfechtung muss ausdrücklich erklärt werden. Die Willenserklärung des VR muss unzweideutig erkennen lassen, dass der Vertrag gerade wegen des Willensmangels rückwirkend beseitigt werden soll[183]. Die Erklärung des Rücktritts wegen verschwiegener Umstände kann nicht als Anfechtungserklärung ausgelegt oder in eine solche umgedeutet werden, da die Anfechtung, für die der Fortbestand der Leistungsverpflichtung nach § 21 VVG nicht gilt, weitergehende Rechtsfolgen als der Rücktritt hat[184].

Die **Wirkung der Anfechtung,** die gemäß § 142 BGB darin besteht, dass der Versiche- **66** rungsvertrag als von Anfang an nichtig anzusehen ist, wird aber aus versicherungsrechtlichen Gründen in einzelnen Fällen eingeschränkt. So bleibt wie im Falle des Rücktritts die Haftung gegenüber privilegierten Gläubigern im bestimmten Umfang bestehen, wie z. B. in der Gebäudefeuerversicherung gemäß § 143 Abs. 4 (§§ 102, 103 a. F.) VVG und in der Pflichthaftpflichtversicherung nach § 117 Abs. 2 VVG (158c) Abs. 2 und § 3 Nr. 5 PflVG a. F.). Die sich aus § 142 BGB ergebende Rechtsfolge, dass die Vertragsparteien die erbrachten Leistungen nach Bereicherungsrechtsgrundsätzen zurückzuerstatten haben, wird hinsichtlich der Prämienzahlung durch § 39 Abs. 1 Abs. 1 VVG dahin abgeändert, dass dem VR die Prämie bis zum Wirksamwerden der Anfechtungserklärung zusteht. Nach § 40 Abs. 1 a. F. gebührte ihm die Prämie sogar bis zum Schluss der Versicherungsperiode, in der er von dem Anfechtungsgrund Kenntnis erlangt hat. In der Lebensversicherung hat der VN gemäß § 169 VVG (§ 176 a. F.) Anspruch auf Erstattung des Rückkaufswerts.

---

[177] OLG Hamm v. 24. 9. 1986, VersR 1988, 173, OLG Hamm v. 16. 1. 1981, VersR 1981, 953 (954); OLG Karlsruhe v. 19. 3. 1992, VersR 1992, 1208; *Bruck/Möller/Möller,* § 22 Anm. 6; *Prölss/Martin/Prölss* §§ 16, 17 Rn. 4; Berliner Kommentar/*Voit,* § 16 Rn. 15; a. A. *Römer/Langheid/Römer,* §§ 16, 17 Rn. 21.

[178] *Möller,* a. a. O.

[179] OLG Köln v. 20. 2. 2001, VersR 2002, 85.

[180] Vgl. den Fall des BGH v. 14. 11. 2001, VersR 2002, 88, in dem allerdings im Ergebnis die Anfechtung wegen Fehlens einer eindeutigen Anfechtungserklärung verneint worden ist.

[181] *Bruck/Möller/Möller,* § 22 Anm. 8; Berliner Kommentar/*Voit,* § 22 Rn. 4.

[182] Für die Einzelheiten wird auf § 14 verwiesen.

[183] BGH v. 14. 11. 2001, VersR 2002, 88; BGH v. 22. 5. 1995, VersR 1995, 648.

[184] BGH v. 9. 6. 1997, r+s 1997, 294 (295).

Gegenüber dem Rückforderungsanspruch wegen empfangener Versicherungsleistungen kann sich der VN aber nicht wie beim Rücktritt mit Erfolg darauf berufen, dass der Umstand, über den er arglistig getäuscht habe, keinerlei Einfluss auf den Eintritt des Versicherungsfalls gehabt hat. § 21 Abs. 2 VVG, der im Übrigen in der Neufassung die arglistige Täuschung ausdrücklich ausschließt, findet im Fall der Anfechtung wegen arglistiger Täuschung gerade keine Anwendung[185].

Vom OLG Nürnberg[186] wurde aus Billigkeitsgründen die Nichtigkeitsfolge der Anfechtung auf die Zukunft beschränkt, wenn zwischen dem arglistig verschwiegenen Umstand und dem Eintritt des Versicherungsfalls kein ursächlicher Zusammenhang besteht. Dem kann nicht gefolgt werden, weil hierdurch der entscheidende Unterschied der Rechtsfolgen von Rücktritt und Anfechtung aufgehoben würde. Trotz der im Einzelfall schwerwiegenden Nachteile für den VN muss dem VR, der ohne die arglistige Täuschung seines Vertragspartners den Vertrag nicht abgeschlossen hätte, die Möglichkeit bleiben, sich von diesem vollständig und mit Rückwirkung zu lösen[187]. Das OLG Nürnberg hat seine Rechtsprechung zu diesem Problem inzwischen ausdrücklich aufgegeben[188].

67   Eine Abweichung von der sonst im bürgerlichen Recht bestehenden Rechtslage ergibt sich ferner, wenn der VR nicht innerhalb der einjährigen Anfechtungsfrist des § 124 Abs. 2 BGB angefochten hat, bei einem eingetretenen Versicherungsfall aber die Leistung unter Berufung auf die arglistige Täuschung des VN verweigern will. Nach der ständigen Rechtsprechung des BGH in nicht versrechtlichen Entscheidungen kann die Leistung in solchen Fällen unter Berufung auf einen Schadensersatzanspruch aus culpa in contrahendo verweigert werden[189]. Dem VR steht ein solches **Leistungsverweigerungsrecht** nach der zutreffenden Rechtsprechung des BGH nicht zu, weil es durch die vorrangige Sonderregelung der §§ 16–21 VVG a. F. ausgeschlossen ist[190]. Es wird aber dann zugelassen, wenn die Vorschriften über die Verletzung der Anzeigepflicht bei Täuschung über andere als gefahrerhebliche Umstände nicht eingreifen oder Ansprüche des VR aus unerlaubter Handlung bestehen. Letzteres wird von *Voit*[191] zu Recht kritisiert, weil durch die arglistige Täuschung im Regelfall zugleich der Tatbestand des § 823 Abs. 2 BGB in Verbindung mit § 263 StGB verwirklicht wird und dem VR nicht gestattet werden dürfe, in Kenntnis der arglistigen Täuschung am Vertrag festzuhalten und die Prämie einzuziehen und dann im Versicherungsfall die Leistung zu verweigern.

68   Für eine Anfechtung des Versicherungsvertrages durch den **VN** gelten keine versrechtlichen Beschränkungen. Für den Fall der inhaltlichen Abweichungen des Versicherungsscheins von dem Antrag oder den getroffenen Vereinbarungen ist sein Recht, den Vertrag wegen Irrtums anzufechten, sogar in § 5 Abs. 4 VVG als unverzichtbar ausgestaltet worden.

Die Rechtsfolgen seiner Anfechtung ergeben sich aus § 142 BGB. Die Sonderregelungen für die Prämie des § 39 VVG (§ 40 a. F.) finden keine Anwendung. Für die Kapitallebensversicherung mit unbedingter Leistungspflicht ordnet zwar § 176 VVG a. F. seinem Wortlaut nach – nur – die Rückzahlung des Rückkaufswerts ohne Rücksicht darauf an, **wer** den Vertrag angefochten hat. Die Vorschrift, die nach ihrem Normzweck eine Schutzvorschrift für den VN darstellt, ist aber einschränkend auszulegen, weil ihre Anwendung auf Fälle der Anfechtung durch den VN zu unbilligen Ergebnissen führen würde. Ficht z. B. der VN den Versicherungsvertrag wegen falscher Angaben des Versicherungsagenten über Steuerfreiheit der

---

[185] OLG Saarbrücken v. 13. 12. 2000, VersR 2001, 751; OLG Köln v. 13. 11. 1996, r+s 1998, 96.

[186] OLG Nürnberg v. 21. 8. 1997 VersR 1998, 217, v. 23. 12. 1999, VersR 2000, 437, v. 26. 10. 2000, VersR 2001, 1368.

[187] H. M. vgl. BGH v. 1. 6. 2005 VersR 2005, 1065; Berliner Kommentar/*Voit*, § 22 Rn. 46; *Dreher*, VersR 1998, 539; *Römer/Langheid/Römer*, § 22 Rn. 19.

[188] Hinweis vom 2. 5. 2006, VersR 2006, 1627.

[189] BGH v. 11. 5. 1979, NJW 1979, 1983 m. w. N.

[190] BGH v. 22. 2. 1984, VersR 1984, 630, BGH v. 8. 2. 1989, VersR 1989, 464, BGH v. 18. 9. 1991, VersR 1991, 1404.

[191] Berliner Kommentar/*Voit*, § 22 Rn. 50, der ein Leistungsverweigerungsrecht in allen genannten Fällen verneint.

Prämien oder Gewährung eines Darlehens durch den VR an, stellt es ein untragbares Ergebnis dar, wenn der VN von den vom ihm eingezahlten Prämien nichts zurückerhält, weil der VR zunächst die Vertreterprovision in Abzug bringen darf[192]. Die Neufassung des § 169 VVG beschränkt den Anwendungsbereich der Vorschrift ausdrücklich auf die Anfechtung durch den VR. Damit ist klargestellt, dass der VN nicht nur den Rückkaufswert sondern alle bisher bezahlten Prämien verlangen kann. Die Beschränkung gilt auch für den Fall der Irrtumsanfechtung. In diesem ist der VR durch die mögliche Schadensersatzverpflichtung des VN nach § 122 BGB hinreichend geschützt[193].

In allen Fällen der Anfechtung kommen die oben erörterten Schutzvorschriften zu Gunsten besonders privilegierter Gläubiger zur Anwendung.

III. Kündigung

1. Vorbemerkung

In der Praxis erfolgt die Beendigung eines Versicherungsvertrages am häufigsten durch **69** **Kündigung.** Das VVG enthält eine Fülle von Möglichkeiten für die Vertragsparteien, sich durch Kündigung von dem Vertragsverhältnis zu lösen. Teilweise steht das Kündigungsrecht allerdings nur einer Partei zu, nämlich dem VR nach § 19 Abs. 3 bei fahrlässiger Anzeigepflichtverletzung des Versicherungsnehmer, nach § 24 wegen Gefahrerhöhung, nach § 28 Abs. 1 wegen Obliegenheitsverletzung, nach § 39 Abs. 3 wegen Prämienverzugs, nach § 56 Abs. 2 wegen Verletzung der Anmelde- oder Antragspflicht bei der laufenden Versicherung, nach § 96 Abs. 1 gegenüber dem Erwerber bei der Veräußerung der versicherten Sache, nach § 131 Abs. 1 wegen Verletzung der Anzeigepflicht in der Transportversicherung, nach § 206 in den ersten drei Jahren einer Krankentagegeldversicherung oder dem **Versicherungsnehmer** nach § 11 Abs. 3 wegen langfristiger Bindung, nach § 19 Abs. 6, wenn sich durch eine Vertragsänderung nach § 19 Abs. 4 die Prämie um mehr als 10% erhöht oder der VR die Gefahrabsicherung für einen nicht angezeigten Umstand ausschließt, nach § 25 Abs. 2, wenn dieselbe Folge auf Grund einer Gefahrerhöhung vom VR verlangt wird, nach § 40 Abs. 1 wegen Prämienerhöhung auf Grund einer Anpassungsklausel, nach §§ 168, 176 jederzeit in der Lebens- und Berufsunfähigkeitsversicherung, nach § 205 bei für die Dauer von mehr als einem Jahr abgeschlossenen Krankenversicherungsverträgen. In anderen Fällen können **beide** Vertragsparteien sich durch Kündigung von dem Versicherungsvertrag lösen, so z. B. nach § 11 Abs. 2 bei auf unbestimmte Zeit eingegangenen Versicherungsverhältnissen, nach § 52 Abs. 4 bei dem Vertrag über die vorläufige Deckung, wenn dieser auf unbestimmte Zeit eingegangen ist, nach § 92 Abs. 1 nach dem Eintritt eines Versicherungsfalls in der Sachversicherung und nach § 111 nach dem Eintritt eines Versicherungsfalls in der Haftpflichtversicherung, wenn der VR den Anspruch des VN auf Freistellung anerkannt oder zu Unrecht abgelehnt hat.

Bei der Verletzung von Obliegenheiten, die vor dem Eintritt des Versicherungsfalls zu erfüllen sind, diente die Kündigung bisher zugleich der Erhaltung der Leistungsfreiheit des VR; kündigte dieser innerhalb eines Monats nicht, so konnte er sich nach § 6 Abs. 1 S. 3 VVG a. F. nicht auf die vereinbarte Leistungsfreiheit berufen. Diese **Kündigungsobliegenheit** des VR, die ihn zu einer alsbaldigen Entscheidung darüber veranlassen sollte, ob er aus der ihm bekannten Obliegenheitsverletzung Rechte herleiten wollte, ist nicht in das neue VVG übernommen worden. In der Begründung[194] wird dazu nur ausgeführt, dass eine Kündigung nicht immer im Interesse des VN liege.

---

[192] Im Regelfall ist nämlich während der ersten zwei Jahre der Rückkaufswert gleich Null, vgl. dazu BGH v. 9. 5. 2001, VersR 2001, 841 (844).

[193] Von der h. M. wird § 176 VVG ohne besondere Problematisierung auch auf die Anfechtung durch den VN angewandt: *Prölss/Martin*/Prölss, § 176 Rn. 6; Berliner Kommentar/*Schwintowski,* § 176 Rn. 10; *Bruck/Möller/Winter,* G 144.

[194] S. 172.

Erhalten geblieben ist das Kündigungserfordernis aber in § 26 Abs. 3 Zif. 2 VVG für die Gefahrerhöhung. Leistungsfreiheit nach § 26 Abs. 1 und 2 tritt nur ein, wenn zur Zeit des Eintritts des Versicherungsfalles die Frist für die Kündigung des VR abgelaufen und eine Kündigung nicht erfolgt war. Da der VR nach der neuen Regelung des § 25 VVG an Stelle einer Kündigung eine höhere Prämie verlangen oder die Absicherung der höheren Gefahr ausschließen kann, entspricht es hier dem Interesse des VN, die Ausübung des Kündigungsrechts als Voraussetzung für die Leistungsfreiheit des VR vorzuschreiben[195]. Da die Vorschrift nach § 32 halbzwingend ausgestaltet ist, muss die Kündigung zu einer **endgültigen Lösung** der Vertragsparteien von dem Versicherungsvertrag führen. Der Schutz des VN ist nicht gewährleistet, wenn es dem VR gestattet wäre, „die dem Buchstaben des Gesetzes nach ausgesprochene Kündigung sofort wieder durch Vereinbarung mit dem VN rückgängig zu machen[196].

Neben den im VVG geregelten Kündigungsmöglichkeiten steht das allgemeine Kündigungsrecht von Parteien von Dauerschuldverhältnissen aus wichtigem Grund, das von der Rechtsprechung entwickelt und nunmehr durch das SchuldrechtsmodernisierungsG in § 314 BGB kodifiziert worden ist.

Außerdem ist in der Versicherungspraxis die vertragliche Einräumung von Kündigungsmöglichkeiten in AVB üblich. Ein besonders wichtiges Beispiel bietet die Kündigung im Falle vereinbarter Verlängerungsklauseln, durch die die Vertragsparteien die sonst eintretende automatische Verlängerung des Vertrages um ein weiteres Jahr verhindern können. In der Krankenversicherung, soweit sie den nach dem gesetzlichen Sozialversicherungssystem bestehenden Versicherungsschutz ersetzen soll, kann allerdings aus sozialen Gründen nach § 195 VVG – von Ausnahmen für bestimmte Versicherungsarten abgesehen – ein ordentliches Kündigungsrecht des VR nicht wirksam vereinbart werden.

Da für die meisten Kündigungsmöglichkeiten ihre Voraussetzungen in den einschlägigen Kapiteln behandelt werden, soll hier nur auf die sonst nicht dargestellte Schadenfallkündigung und die Kündigung aus wichtigem Grund eingegangen werden.

2. Schadenfallkündigung

70   Für einige Versicherungszweige war im VVG bisher ausdrücklich bestimmt, dass beide Vertragsparteien nach dem Eintritt eines Versicherungsfalles das Vertragsverhältnis kündigen können: § 96 für die Feuerversicherung, § 113 für die Hagelversicherung und – unter Bestimmung weiterer Voraussetzungen – § 158 für die Haftpflichtversicherung. Der Grund für diese Regelungen liegt nach den Vorstellungen des Gesetzgebers[197] darin, dass die Vertragsparteien bei den Verhandlungen über die Ermittlung des Versicherungsfalls und die Feststellung des Schadens Wahrnehmungen machen, die den Wunsch hervorrufen, an den Vertrag nicht länger gebunden zu sein. Nach dem Eintritt eines Versicherungsfalls kommt es nämlich regelmäßig zu persönlichen Kontakten zwischen den Vertragsparteien, bei denen diese unterschiedliche Erfahrungen über das Verhalten des Verhandlungspartners gewinnen können. Aus der Sicht des VN kann es dabei für eine Lösung vom Vertrag sprechen, wenn der VR den Schaden nicht schnell reguliert und sich in Bezug auf seine Entstehung und Höhe misstrauisch zeigt, während für den VR die schleppende Erteilung von Auskünften des VN oder dessen Versuch, den Schaden aufzubauschen, den Wunsch nach einer Vertragsbeendigung auslösen kann.

Diese kann nach den genannten Vorschriften erfolgen, ohne dass tatsächlich Gründe vorliegen, die das Misstrauen der Vertragspartner gegeneinander rechtfertigen. Solche Gründe brauchen in einer Auseinandersetzung um die Kündigung nicht vorgetragen und bewiesen zu werden[198].

---

[195] Vgl. Begr. S. 171.
[196] BGH v. 22. 6. 1988, VersR 1988, 1013.
[197] Amtliche Begründung zum VVG, S. 98.
[198] BGH v. 27. 3. 1991, VersR 1991, 580–582.

In Rechtsprechung und Literatur war umstritten, ob die Kündigung im Schadenfall nur in   **71** den genannten Versicherungszweigen[199], darüber hinaus in weiteren[200] oder allen Zweigen der Sachversicherung[201] und auch in der Rechtsschutzversicherung[202] zulässig ist. Der BGH[203] hat die Frage, ob in §§ 96, 113, 158 VVG ein allgemeiner gesetzgeberischer Grundsatz seinen Niederschlag gefunden habe, ausdrücklich offen gelassen.

In der Praxis wurde ein Kündigungsrecht im Schadenfalle den Vertragsparteien in allen für die Schadenversicherung gebräuchlichen Bedingungswerken eingeräumt. Auch in der Rechtsschutzversicherung ist es unter Modifikationen – Kündigungsmöglichkeit nach § 13 Nr. 2 ARB erst nach dem zweiten Rechtsschutzfall – vertraglich vorgesehen.

Der Gesetzgeber des neuen VVG hat mit § 92 ein Kündigungsrecht nach dem Eintritt des Versicherungsfalles in die Vorschriften über die Sachversicherung aufgenommen, womit der Streit um den Anwendungsbereich der bisherigen Schadenfallkündigung erledigt ist. § 92 Abs. 1 und 2 entspricht der bisherigen Regelung des § 96 VVG für die Feuerversicherung, sodass die zu dieser Vorschrift entwickelten Auslegungsgrundsätze weiterhin Geltung haben werden.

Die Berechtigung zur Kündigung entsteht nach § 92 VVG **nach dem Versicherungsfall.**   **72** Dieser Begriff ist nicht dogmatisch zu bestimmen, sondern nach dem Zweck der Vorschriften weit auszulegen. Es muss sich zwar um ein Ereignis handeln, für das bei objektiver Betrachtung Versicherungsschutz zu gewähren ist. Dieses braucht aber nicht zu einer Leistungspflicht des VR zu führen. Denn gerade die Auseinandersetzung um die Leistungspflicht des VR ist die gesetzgeberische Grundlage des Kündigungsrechts.

Allerdings ist die Abgrenzung nicht einfach und in der Literatur heftig umstritten.

Weitgehende Einigkeit besteht nur darüber, dass das Kündigungsrecht gegeben ist, wenn die Leistungspflicht des VR wegen Obliegenheitsverletzung des VN entfällt[204]. Das Gleiche gilt für die Fälle der Nichtzahlung der Erstprämie und des Prämienverzuges.

Hingegen wird für den Fall der vorsätzlichen oder grobfahrlässigen Herbeiführung des Versicherungsfalles das Kündigungsrecht teilweise verneint, weil ein Versicherungsfall dann gar nicht vorliege[205]. Dem ist aber nicht zu folgen, weil gerade Auseinandersetzungen über das Vorliegen des § 81 (§ 61 a. F.) VVG, insbesondere über die Abgrenzung von leichter zu grober Fahrlässigkeit in der Praxis der Sachversicherung zu Verärgerungen führen, die eine Kündigung für beide Teile nahe legen[206].

Ausgeschlossen ist das Kündigungsrecht aber, wenn gesetzliche oder vertragliche Risikoausschlüsse vorliegen, wie z. B. bei Schäden durch Erdbeben oder Kriegsereignisse in der Sachversicherung, oder wenn der Schaden außerhalb des Versicherungsortes eingetreten ist[207].

Weitere Streitpunkte, die nicht generell, sondern nur nach den Umständen des Einzelfalles beurteilt werden können, betreffen Schadenfälle, deren Höhe unterhalb eines vereinbarten Selbstbehalts liegen, Subsidiaritätsklauseln und Kulanzzahlungen[208]. Das Kündigungsrecht

---

[199] So *Fricke*, VersR 2000, 16–23 mit ausführlicher Wiedergabe des Meinungsstandes; *Kagelmacher*, Schadenfallkündigung S. 154; Berliner Kommentar/*Dörner/Staudinger*, § 96 Rn. 2; OLG Düsseldorf v. 31. 10. 1967, VersR 1968, 243.

[200] *Prölss/Martin/Kollhosser*, § 96 Rn. 2.

[201] *Martin*, Sachversicherungsrecht L II 4; *Römer/Langheid/Langheid*, § 96 Rn. 5; *Präve*, VersR 1993, 265 (270).

[202] E. *Prölss*, VersR 1963, 893.

[203] BGH v. 27. 3. 1991, VersR 1991, 580–582.

[204] *Prölss/Martin/Kollhosser*, § 96 Rn. 10; *Römer/Langheid/Langheid*, § 96 Rn. 13 und § 158 Rn. 4; Berliner Kommentar/*Dörner/Staudinger*, § 96 Rn. 5; Berliner Kommentar/*Baumann*, § 158 Rn. 8.

[205] *Kagelmacher*, Schadenfallkündigung S. 127; *Kollhosser* a. a. O.; *Martin*, Sachversicherungsrecht L I 19.

[206] So auch *Langheid*, a. a. O.

[207] *Raiser*, Kommentar der AFB, 2. Aufl., Anm. 6 zu § 19; *Boldt*, Die Feuerversicherung, 7. Aufl. S. 112; a. A. aber *Doerner/Staudinger*, a. a. O., Rn. 4.

[208] Vgl. dazu im Einzelnen *Langheid*, a. a. O., Rn. 13; *Doerner/Staudinger*, a. a. O.; *Bruck/Möller/Sieg/Johannsen*, Bd. III E 15.

im Schadenfall ist gesetzlich nicht als zwingende oder halbzwingende Regelung ausgestaltet. Ihm kommt aber eine Leitbildfunktion im Sinne des früheren § 9 I AGBG (jetzt § 307 BGB) zu, die es verbietet, es in AGB gänzlich auszuschließen[209] oder erheblich einzuschränken, insbesondere dadurch, dass die Voraussetzungen für die Kündigung zum Nachteil des VN nicht für beide Vertragsparteien gleich bestimmt werden[210].

73   Das Kündigungsrecht ist **zeitlich begrenzt.** Die Kündigung darf nach § 92 Abs. 1 VVG ausgeübt werden „nach dem Eintritt des Versicherungsfalls" und ist nach Abs. 2 nur zulässig „bis zum Ablauf eines Monats seit dem Abschluss der Verhandlungen über die Entschädigung". Dieser besteht bei positiver Entscheidung des VR regelmäßig entweder in der Zahlung der Entschädigung oder einer bindenden Einigung der Vertragsparteien über diese, bei negativer Entscheidung in der endgültigen Deckungsablehnung. Schwierig ist der Fristbeginn zu bestimmen, wenn die Verhandlungen keinen eindeutigen Abschluss haben, weil z. B. der VR auf die Schadenanzeige überhaupt nicht reagiert hat oder eine Auseinandersetzung über Grund und Höhe der Entschädigung nicht weitergeführt wird. In diesen Fällen ist nicht auf den Zeitpunkt des Zugangs der Schadenanzeige oder des letzten Schreibens der Korrespondenz abzustellen, sondern auf Grund der Umstände des Einzelfalles ein angemessener Zeitpunkt zu ermitteln, von dem anzunehmen ist, dass nach seinem Ablauf keine Verhandlungen mehr geführt worden wären[211].

Wird von dem VN eine Schadenanzeige überhaupt nicht erstattet und eine Entschädigung nicht verlangt, kann man keinen Zeitpunkt für den Fristbeginn ermitteln oder fingieren[212]. Die Frist beginnt deshalb vorerst gar nicht zu laufen[213]. Der Schutz des VR vor einer späteren, auf einen nicht geltend gemachten Bagatellschaden gestützten Kündigung ist dadurch gewährleistet, dass der VN die Beweislast für die Kündigungsvoraussetzungen hat und die Unaufklärbarkeit durch Zeitablauf sich zu seinen Lasten auswirkt[214].

Eine Deckungsablehnung schließt die Verhandlungen nur ab, wenn sie endgültig ist, nicht aber, wenn der VR den VN auffordert, neue Beweismittel vorzulegen. Auch wenn der VN das von sich aus tut und der VR sich hierauf einlässt, ergibt sich aus nachträglicher Sicht, dass die Verhandlungen durch die Deckungsablehnung noch nicht abgeschlossen waren. Die Kündigung ist nach dem Gesetzeszweck auch dann noch zulässig, wenn die Parteien nach endgültiger Deckungsablehnung und Ablauf der Monatsfrist später wieder in Verhandlungen über die Entschädigung eintreten[215].

74   Die Kündigung kann nach dem Gesetz formlos erfolgen, in den Bedingungen ist allgemein Schriftform vorgeschrieben. Die Angabe eines **Kündigungsgrundes** ist nicht erforderlich.

Die **Kündigungsfrist** ist in § 92 Abs. 2 VVG für die Vertragsparteien unterschiedlich geregelt. Der VR muss eine Kündigungsfrist von einem Monat einhalten. Das ist geboten, damit der VN ausreichende Gelegenheit hat, sich um anderweitigen Versicherungsschutz zu bemühen. Dem VN steht hingegen ein Wahlrecht zu. Er kann mit sofortiger Wirkung kündigen, aber auch mit einer Frist, die zwischen sofort und dem Schluss der laufenden Versicherungsperiode liegt. Das Wahlrecht ist ihm mit Rücksicht darauf eingeräumt worden, dass dem VR nach § 96 Abs. 3 VVG a. F. trotz der Kündigung des VN die Prämie für die gesamte Versicherungsperiode zustand. Der VN sollte die Möglichkeit haben, einen neuen Versicherungsvertrag abzuschließen, ohne doppelte Prämie zahlen zu müssen. In § 92 sind die Vorschriften über die Prämienzahlung wegen der Aufgabe des Prinzips der unteilbaren Prämie

---

[209] OLG Düsseldorf v. 5. 5. 1988, NJW RR 1988, 1051 zu früher verwandten Bedingungen öffentlich-rechtlicher FeuerVR.

[210] BGH v. 27. 3. 1991, VersR 1991, 580; *Wolf/Horn/Lindacher/Horn,* Rn. 490 zu § 23 AGBG.

[211] *Martin,* Sachversicherungsrecht L II 39.

[212] So aber *Martin,* a. a. O. L 41; *Prölss/Martin/Kollhosser,* § 96 Rn. 13.

[213] Berliner Kommentar/*Dörner/Staudinger,* § 96 Rn. 10.

[214] *Prölss,* Beweislast § 96 Rn. 1 und 2.

[215] *Martin,* Sachversicherungsrecht L II 40: *Prölss/Martin/Kollhosser,* § 96 Rn. 13; *Dörner/Staudinger,* a. a. O., Rn. 9.

entfallen. Es gilt § 39 Abs. 1 S. 1 VVG, wonach im Fall der Beendigung des Versicherungsverhältnisses vor Ablauf der Versicherungsperiode dem VR nur derjenige Teil der Prämie zusteht, der dem Zeitraum entspricht, in dem Versicherungsschutz bestanden hat.

Für die Hagelversicherung, die im neuen VVG nicht mehr unter den einzelnen Versicherungszweigen enthalten ist, enthält § 92 Abs. 3 eine Sonderregelung für den Kündigungszeit-
punkt und die Prämienzahlungspflicht, die weitgehend dem bisherigen § 113 entspricht und
dem jahreszeitlich bedingten Besonderheiten dieses Versicherungszweiges Rechnung tragen
soll.

3. Außerordentliche Kündigung aus wichtigem Grund

Eine Regelung, nach der die Vertragsparteien den Versicherungsvertrag auch durch eine   **75**
Kündigung aus **wichtigem Grund** beenden können, ist im VVG nicht enthalten. Die
Rechtsprechung hat eine solche Möglichkeit, sich in außerordentlicher Weise von einem
Versicherungsvertrag lossagen zu können, zunächst für den Fall entwickelt, dass der VR finanziell unsicher geworden ist und deshalb dem VN nicht mehr die für ihn wertvolle Gewissheit zu geben vermag, dass versicherte Schadenfälle bedingungsgemäß entschädigt werden[216].
Inzwischen ist ein Kündigungsrecht beider Parteien eines Versicherungsvertrages aus wichtigem Grund allgemein anerkannt. Es setzt voraus, dass es dem Kündigenden unter Berücksichtigung der beiderseitigen Interessenlage nicht mehr zumutbar ist, den Vertrag fortzusetzen[217]. Als wichtiger Grund für die Kündigung durch den VR kommt in Betracht, dass der
VN Leistungen erschleicht oder zu erschleichen versucht, insbesondere durch falsche Angaben über die Voraussetzungen des Entschädigungsanspruchs[218], Einreichen gefälschter Belege[219] oder Verschweigen bereits erfolgter anderweitiger Entschädigung[220]. Den VN kann
insbesondere eine unberechtigte ernsthafte Verweigerung jeden Entschädigungsanspruchs
zur Kündigung berechtigen[221], auch ein unberechtigter Rücktritt des VR[222] sowie schwere
Verstöße gegen das durch Treu und Glauben geprägte gegenseitige Vertrauensverhältnis[223].

Durch das SchuldrechtsmodernisierungsG vom 26. 11. 2001[224] ist das von Rechtsprechung
und Lehre entwickelte Kündigungsrecht aus wichtigem Grund für Dauerschuldverhältnisse
als § 314 in das BGB eingefügt worden. Das Gesetz ist am 1. 1. 2002 in Kraft getreten. Für
vorher begründete Dauerschuldverhältnisse, also insbesondere auch Versicherungsverträge
gilt § 314 BGB nach der Allgemeinen Überleitungsvorschrift des Art. 229 § 5 EGBGB ab
1. 1. 2003.

Die gesetzliche Definition des wichtigen Grundes, der vorliegt „wenn dem kündigenden   **76**
Teil unter Berücksichtigung aller Umstände des Einzelfalles und unter Abwägung der beiderseitigen Interessen die Fortsetzung des Vertragsverhältnisses bis zur vereinbarten Beendigung
oder bis zum Ablauf einer Kündigungsfrist nicht zugemutet werden kann", entspricht der
Rechtsprechung des BGH[225]. Sie lässt bei der vorzunehmenden umfassenden Würdigung
die Berücksichtigung besonderer Regelungen für einzelne Vertragsverhältnisse zu. So ist zu
beachten, dass im Bereich der substitutiven Krankenversicherung gemäß § 195 VVG wegen
ihres sozialen Schutzzwecks das Recht des VR auf ordentliche Kündigung des Vertrages aus-

---

[216] RG v. 28. 1. 1905, RGZ 60, 56–60; KG Berlin v. 28. 2. 1931, JRPV 1931, 126 – beide Entscheidungen gewähren dem VN ein Rücktrittsrecht; BGH v. 4. 4. 1951, BGHZ 1, 334–341 bejaht ein Kündigungsrecht des VN.

[217] BGH v. 3. 10. 1984, VersR 1985, 54 mit zahlreichen Nachweisen; *Bruck/Möller/Möller,* § 8 Anm. 25;
Römer/Langheid/Römer, § 8 Rn. 4; *Prölss/Martin/Prölss,* § 8 Rn. 26–28.

[218] BGH v. 3. 10. 1984, a. a. O.

[219] OLG Saarbrücken v. 11. 5. 1994, VersR 1996, 362; OLG Koblenz v. 10. 3. 1995, r+s 1995, 234.

[220] OLG Köln v. 31. 5. 1990, VersR 1991, 410.

[221] *Römer/Langheid/Römer,* a. a. O.

[222] OLG Oldenburg v. 8. 2. 1995, VersR 1995, 819.

[223] Wie z. B. in dem Fall BGH v. 7. 6. 1989, VersR 1989, 842, in dem der VR Zahlungen an Zeugen
geleistet hatte, um sie dazu zu veranlassen, den VN der Brandstiftung zu bezichtigen.

[224] BGBl. I S. 3138.

[225] *Palandt/Heinrichs,* § 314 Rn. 1; vgl. BGH v. 17. 12. 1998, NJW 1999, 1177 m. w. N.

geschlossen ist. Deshalb sind dort für die außerordentliche Kündigung deutlich höhere Anforderungen zu stellen[226]. Bereits vor der gesetzlichen Regelung der Krankenversicherung hatte der BGH[227] darauf hingewiesen, dass die Möglichkeit einer Vertragsauflösung im Widerspruch stehe zu ihrer sozialen Schutzfunktion und deshalb besonders strenge Anforderungen an den wichtigen Grund gestellt werden müssten[228]. Auch wiederholte Vertragsverstöße reichen nach der Auffassung des BGH nicht aus. Erforderlich sei vielmehr, dass der VN „in besonders schwerwiegender Weise die Belange des VR seinem Eigennutz hintangestellt habe". Davon sei z. B. auszugehen, wenn der VN Tagegeldleistungen kassiert habe, obwohl er wieder arbeitsfähig und selbstständig tätig gewesen sei, nicht aber, wenn es sich bei seiner Tätigkeit nur um Arbeitsversuche gehandelt habe. Veröffentlichte Entscheidungen von Oberlandesgerichten – mit Ausnahme des OLG Hamm, a. a. O., – lassen hingegen die außerordentliche Kündigung von Krankenversicherungsverträgen unter weniger strengen Voraussetzungen auch bei einmaligem Fehlverhalten durch Täuschung bei den Entschädigungsverhandlungen zu[229]. Dem ist der BGH entschieden entgegengetreten[230]. Auch wenn fest stehe, dass der VN in der Krankentagegeldversicherung verschwiegen habe, dass er trotz Krankheit arbeite, müsse unter Würdigung aller Umstände des Falles festgestellt werden, dass die Fortsetzung des Vertrages für den VR **unzumutbar** sei. Dagegen könne die lange Vertragsdauer sprechen und der Umstand, dass der VR die Tätigkeit des VN durch den Einsatz eines an dieser Tätigkeit angeblich interessierten Beauftragten in unredlicher Weise veranlasst habe.

77   Durch § 314 Abs. 2 BGB ist auch kodifiziert worden, dass der fristlosen Kündigung, wenn der wichtige Grund in der Verletzung einer Pflicht aus dem Vertrage besteht, grundsätzlich eine Fristsetzung oder Abmahnung vorauszugehen hat, die nur unter bestimmten, in § 323 Abs. 2 BGB abschließend aufgezählten Voraussetzungen entbehrlich ist. Unter Pflichtverletzungen im Sinne von § 314 Abs. 2 BGB sind auch die Verletzung versicherungsrechtlicher Obliegenheiten zu subsumieren. Die Frage einer Abmahnung oder Fristsetzung ist für die außerordentliche Kündigung von Versicherungsverträgen in Literatur und Rechtsprechung kaum problematisiert worden, allenfalls in dem Sinne, dass eine Abmahnung nur bei geringeren Verstößen erforderlich sei[231], wird aber in Zukunft bei der Anwendung der neuen Vorschrift des § 314 BGB sorgfältiger zu prüfen sein.

78   Schließlich ist in § 314 Abs. 3 BGB die Regelung aufgenommen worden, dass der Berechtigte nur innerhalb einer **angemessenen Frist** kündigen könne, nachdem er von dem Kündigungsgrund Kenntnis erlangt hat. Von der Festlegung einer bestimmten Frist hat der Gesetzgeber wegen der Vielgestaltigkeit der unter die Vorschrift fallenden Dauerschuldverhältnisse abgesehen und insbesondere von der Heranziehung der zweiwöchigen Frist des § 626 Abs. 2 BGB Abstand genommen[232]. Für Versicherungsverträge wird man – auch in Anlehnung an die für den Rücktritt nach § 21 VVG geltende Frist – im Regelfall einen Monat nach Kenntnis als angemessene Überlegungsfrist ansehen können. Im Einzelfall können die Umstände aber ergeben, dass die angemessene Frist kürzer oder länger sein kann.

4. Einzelprobleme

79   Eine bestimmte **Form** ist für die Kündigung im VVG nur in einem einzigen Fall vorgesehen: wenn der VR nach § 38 Abs. 3 S. 2 VVG die Kündigung bereits mit der Bestimmung der Zahlungsfrist aussprechen will, muss sie, weil für diese nach § 38 Abs. 1 Textform vorgeschrie-

---

[226] *Heinrichs,* a. a. O.; *Römer/Langheid/Römer,* § 8 Rn. 4.
[227] V. 3. 10. 1984, VersR 1985, 54.
[228] BGH v. 18. 7. 2007 VersR 2007, 1260; OLG Hamm v. 24. 2. 2006 VersR 2007, 236; v. 24. 8. 1990, VersR 1991, 452.
[229] OLG Saarbrücken v. 11. 5. 1994, VersR 1996, 362; OLG Koblenz v. 10. 3. 1995, r+s 1995, 234; OLG Köln v. 31. 5. 1990, VersR 1991, 410.
[230] V. 18. 7. 2007, VersR 2007, 1260.
[231] So OLG Saarbrücken a. a. O.
[232] *Heinrichs,* a. a. O., Rn. 10.

ben ist, in Textform erfolgen[233]. Im Übrigen kann die Kündigung also grundsätzlich in jeder beliebigen Form, mündlich oder fernmündlich, schriftlich oder über das Internet oder in anderer elektronischer Form erklärt werden. Fast alle AVB enthalten aber eine Klausel, nach der Anzeigen und Erklärungen der Schriftform bedürfen. Auf diese Vereinbarung kann sich der VR allerdings in den Fällen nicht berufen, in denen das Kündigungsrecht zum Schutze des VN relativ zwingend ausgestaltet worden ist[234]. Das gilt gemäß § 18 VVG für die Kündigung auf unbestimmte Zeit oder für die Dauer von mehr als drei Jahren eingegangener Versicherungsverhältnisse nach § 11 Abs. 2 und 3 VVG[235], nach § 32 für die Kündigung nach einer wegen Gefahrerhöhung nach § 25 Abs. 2 erfolgten Prämienerhöhung und nach § 42 für die Kündigung wegen einer auf Grund einer Anpassungsklausel nach § 40 erfolgten Prämienerhöhung. Die in § 32 VVG zugelassene Vereinbarung der Schrift- oder Textform bezieht sich nur auf dem VN obliegende Anzeigen, nicht auf die Kündigung. Ausnahmefälle stellen aber die Kündigung des VN in der Lebensversicherung nach § 168 VVG und die Kündigung des Erwerbers der versicherten Sache nach § 96 VVG dar, für die §§ 171 und 98 VVG ausdrücklich vorsehen, dass für die Kündigung die Schrift- oder die Text-Form bedungen werden kann.

Aus AGB-rechtlichen Gründen ist die Vereinbarung der Schriftform nicht zu beanstanden, da § 309 Nr. 13 BGB, früher § 11 Nr. 16 AGBG, nur die Vereinbarung strengerer Formen als die Schriftform für die Erklärungen gegenüber dem Verwender für unwirksam erklärt. Unzulässig wäre danach z. B. eine Klausel, wonach die Kündigung durch eingeschriebenen Brief zu erfolgen hat, wie es früher in einigen AVB vorgesehen war.

Für die **Gebäudefeuerversicherung** ist zu beachten, dass eine Kündigung des Vertrages **80** gemäß § 144 VVG nur wirksam ist, wenn der VN mindestens einen Monat vor seinem Ablauf nachgewiesen hat, dass in dem Zeitpunkt, in dem die Kündigung spätestens zulässig war, das Grundstück nicht mit einer Hypothek, Reallast, Grund- oder Rentenschuld belastet war oder der Grundpfandgläubiger der Kündigung zugestimmt hat. Die Zustimmung darf nicht ohne ausreichenden Grund verweigert werden. Der VN muss danach – zwar nicht notwendig zugleich mit der Kündigung aber innerhalb der genannten Frist – bestimmte Belege beibringen. Der Nachweis, dass das Grundstück unbelastet ist, wird in aller Regel durch die Vorlage eines Grundbuchauszuges erbracht, kann aber auch in anderer Weise, etwa durch eine Erklärung des Grundbuchamtes geführt werden. Die Vorschrift des § 144 VVG, die den Zweck hat, zum Schutz der Realgläubiger, die ihr Recht bei dem VR angemeldet haben, die Kündigung zu erschweren, bezieht sich ausdrücklich nicht auf die besonderen Kündigungsfälle nach §§ 92 Abs. 1 und 96 Abs. 2 VVG und findet auch auf die fristlose Kündigung des Vertrages aus wichtigem Grund keine Anwendung[236].

Kündigt der VR wegen Prämienverzuges des VN, muss er gemäß § 142 Abs. 1 S. 2 VVG dem Hypothekengläubiger hiervon Kenntnis geben.

Die für eine Kündigung zu beachtenden **Fristen** sind im VVG sehr unterschiedlich geregelt. **81** Dabei ist zu unterscheiden zwischen der Frist, in der die Kündigung nach einem bestimmten Ereignis erklärt werden muss, und der vom Gesetz so bezeichnete eigentliche Kündigungsfrist, die zwischen dem Zugang der Kündigungserklärung und dem Eintritt der Kündigungswirkung liegen muss. Die erstgenannte Frist beginnt mit dem im Gesetz bezeichneten Ereignis, z. B. Veräußerung der versicherten Sache, § 96 Abs. 1 S. 2, Eingang der Mitteilung über die Prämienerhöhung bei dem VN, § 40, Kenntnis des VR von Gefahrerhöhung oder Obliegenheitsverletzung, §§ 24 Abs. 3, 28 Abs. 1 S. 2, und läuft in der Regel einen Monat nach diesem ab. Daneben gibt es aber auch Fälle, in denen die Kündigung jederzeit erfolgen kann, z. B. nach § 168 VVG in der LebensV, oder binnen angemessener Frist erfolgen muss, so nach § 314 BGB. Abgesehen von den Fällen der fristlosen Kündigung, in denen die

[233] *Römer/Langheid/Römer,* § 8 Rn. 17.
[234] *Bruck/Möller/Möller,* § 8 Anm. 34.
[235] Berliner Kommentar/*Gruber,* § 8 Rn. 43; *Römer/Langheid/Römer,* a. a. O.; *Prölss/Martin/Prölss,* § 8 Rn. 13 nimmt das nur für § 8 Abs. 2 VVG an.
[236] *Bruck/Möller/Sieg/Johannsen,* J 83.

Kündigungswirkung sofort eintritt, z. B. nach §§ 28 Abs. 1, 38 Abs. 3 VVG, sind nach dem VVG Kündigungsfristen von einem Monat, z. B. nach §§ 24 Abs. 2, 92, 96 Abs. 2, und drei Monaten einzuhalten, z. B. nach §§ 11 Abs. 4, 205, 206 VVG, und ist zusätzlich zu berücksichtigen, dass in einigen Fällen die Kündigung nur zum Schluss der Versicherungsperiode erfolgen darf, z. B. nach §§ 11 Abs. 2, 168. Die Kommission zur Reform des VVG hat eine Harmonisierung dieser unterschiedlichen Fristen zu ihren Aufgaben erklärt, aber zugleich darauf hingewiesen, dass es denkbar sei, die unterschiedlichen Fristen beizubehalten, wenn die Überprüfung ergäbe, dass sie sachlich gerechtfertigt seien[237]. Das ist in angemessener Weise geschehen.

82   **Inhaltlich** muss die Kündigungserklärung klar und bestimmt sein. Sie muss unzweideutig erkennen lassen, dass eine Lösung des Vertragsverhältnisses für die Zukunft gewünscht wird[238]. Es braucht zwar das Wort Kündigung nicht ausdrücklich benutzt zu werden. Werden jedoch stattdessen Ausdrücke wie Rücktritt oder Anfechtung verwandt, die eine spezielle andere Bedeutung haben, so liegt keine Kündigung vor, zumal dann, wenn der rechtskundige VR diese Begriffe benutzt. Bei einer Erklärung des VN kann eine Umdeutung einer unwirksamen Anfechtungserklärung in eine Kündigung nach § 140 BGB in Betracht kommen, wenn sich aus dem Gesamtzusammenhang seiner Erklärungen ergibt, dass der VN sich auf jeden Fall von dem Vertrag lösen will[239]. Auch können unbegründete außerordentliche Kündigungen beider Vertragsparteien in ordentliche Kündigungen zum nächstmöglichen Kündigungstermin umgedeutet werden, wenn der Wille des Erklärenden zweifelsfrei darauf gerichtet ist[240].

83   Die Kündigung muss dem Vertragspartner **zugehen,** um wirksam zu sein. Die Voraussetzungen hierfür ergeben sich aus § 130 BGB. Kündigt der VN, so genügt nach § 69 Abs. 1 Nr. 2 VVG der Zugang der Kündigungserklärung bei dem Versicherungsvertreter. Für die Kündigung durch den VR enthält § 13 VVG eine zu seinen Gunsten von § 130 BGB abweichende Sonderregelung. Danach genügt für den Fall, dass der VN seine Wohnung geändert, die Änderung aber dem VR nicht mitgeteilt hat, die Absendung eines eingeschriebenen Briefes nach der letzten dem VR bekannten Adresse, und gilt die Erklärung drei Tage nach der Absendung des Briefes als zugegangen. Die Vorschrift begründet eine gesetzliche Obliegenheit des VN zur Mitteilung von Adressenänderungen, für deren Verletzung es auf Verschulden nicht ankommt. Da die Vorschrift nur verhindern will, dass der VR erforderliche Erklärungen gegenüber dem VN nicht abgeben kann, weil er dessen Anschrift nicht kennt, darf der VR sich nicht auf sie berufen, wenn er zwar eine Mitteilung von dem VN nicht erhalten, aber auf andere Weise von der Adressenänderung Kenntnis erlangt hat[241]. Von der Kenntnis des VR ist auszugehen, wenn die neue Anschrift auf dem Briefkopf des VN aufgeführt war, nicht aber wenn sie sich ohne jeden Hinweis in der Korrespondenz nur bei der Absenderangabe auf dem Briefumschlag befindet.

Wegen der erheblichen nachteiligen Folgen, die ihre Anwendung für den VN haben kann, ist die Vorschrift eng auszulegen. Sie kann insbesondere nicht auf den Fall vorübergehender Abwesenheit des VN von seiner Wohnung[242] und der ursprünglichen Angabe einer falschen Anschrift[243] entsprechend angewandt werden.

Durch die VVG-Reform ist die Vorschrift auf den Fall der Namensänderung des VN erstreckt worden.

84   Für fehlerhafte Kündigungen des VN, insbesondere solche, die den gesetzlichen oder vertraglich vereinbarten Form- und Fristanforderungen nicht entsprechen, hat die Rechtspre-

---

[237] VVG-Reform Zwischenbericht (2002) S. 42.

[238] BGH v. 12. 1. 1981, NJW 1981, 976 (977).

[239] OLG Hamm v. 19. 12. 1980, VersR 1981, 275; *Prölss/Martin/Prölss,* § 8 Rn. 14.

[240] OLG Hamm v. 24. 5. 1985, VersR 1986, 759; *Römer/Langheid/Römer,* § 8 Rn. 16.

[241] BGH v. 6. 6. 1990, VersR 1991, 881 (882); *Bruck/Möller/Möller,* § 10 Anm. 12; *Römer/Langheid/Römer,* § 10 Rn. 7.

[242] BGH v. 18. 12. 1970, VersR 1971, 262.

[243] Dazu ÖOGH v. 22. 12. 1984, VersR 1985, 794.

chung eine Verpflichtung des VR entwickelt, sie **alsbald zurückzuweisen**[244]. Diese beruht auf dem das Versicherungsverhältnis in besonderem Maße prägenden Grundsatz von Treu und Glauben. Der rechtskundigere VR, der Beratungskompetenz für sich in Anspruch nimmt, ist verpflichtet, gegenüber dem ihm an entsprechenden Kenntnissen unterlegenen VN die Rechtslage alsbald zu klären, weil deren Unsicherheit zu Nachteilen für den VN führen kann.

Fraglich ist aber, welche Rechtsfolgen sich aus einem Verstoß gegen die Zurückweisungspflicht ergeben. In der Rechtsprechung der Instanzgerichte wird überwiegend ohne nähere Begründung angenommen, dass die unwirksame Kündigung, wenn sie nicht alsbald zurückgewiesen worden sei, als wirksam zu behandeln sei[245]. Der BGH[246] hat erwogen, dass in einer verspäteten Kündigung ein Angebot zur einvernehmlichen vorzeitigen Aufhebung des Versicherungsvertrages zu sehen sei, das aber in der Regel der Annahme durch den VR bedürfe. Das gelte auch auf der Grundlage einer Zurückweisungspflicht des VR[247]. Auch das BSG hat in einer Entscheidung zur privaten Pflegeversicherung ausgesprochen, dass die fehlende oder nicht rechtzeitig erfolgte Zurückweisung nicht zur Wirksamkeit der Kündigung führe[248] Dem ist zu folgen, weil Schweigen nicht als Zustimmung zu einer Vertragsauflösung angesehen werden kann, zumal VR – für den VN erkennbar – in der Regel eher das Bestreben haben, die vertragliche Bindung des VN aufrecht zu erhalten. Als Rechtsfolge der nicht rechtzeitig erfolgten Zurückweisung der fehlerhaften Kündigung verbleibt somit eine Schadensersatzverpflichtung des VR, wenn der VN, z. B. durch den Abschluss eines neuen Vertrages mit weiterer Prämienzahlungsverpflichtung Nachteile erlitten hat[249]. Die Streitfrage hat nicht in allen Versicherungszweigen große praktische Bedeutung, weil sie in vielen Bedingungswerken eindeutig geregelt ist. So heißt es z. B. in § 20 Nr. 2 AFB 87 im Wesentlichen übereinstimmend mit anderen Bedingungen der Sachversicherung „Ist eine Kündigung des VN unwirksam, ohne dass dies auf Vorsatz oder grober Fahrlässigkeit beruht, so wird die Kündigung wirksam, falls der VR sie nicht unverzüglich zurückweist".

Die **Wirkung** der Kündigung besteht in der Auflösung des Versicherungsvertrages für die   **85** Zukunft. Da die Kündigung ein Gestaltungsrecht ist, dass diese Rechtsfolge unmittelbar auslöst, kann sie nicht einseitig zurückgenommen oder widerrufen werden[250]. Das wirksam gekündigte Vertragsverhältnis kann aber fortbestehen, wenn die Parteien sich hierauf einigen[251]. In der Rücknahme oder dem Widerruf kann ein Antrag auf Fortsetzung des Vertrages liegen, der von dem anderen Vertragspartner ausdrücklich oder konkludent, z. B. durch Anforderung oder Zahlung der Prämie angenommen werden kann.

Ein **gesetzlicher Wegfall** der Kündigungswirkungen ist in § 38 Abs. 3 VVG für den Fall angeordnet, dass der VN innerhalb eines Monats nach der wegen Prämienverzugs erfolgten Kündigung oder des Ablaufs der Zahlungsfrist die Zahlung nachholt, sofern nicht der Versicherungsfall bereits eingetreten ist[252].

---

[244] OLG Hamm v. 29. 6. 1977, VersR 1977, 999; OLG Koblenz v. 14. 8. 1998, r+s 1998, 397; OLG Karlsruhe v. 18. 10. 2001, VersR 2002, 1497; ÖOGH v. 8. 3. 1990, VersR 1991, 367; weitere Nachweise bei *Leverenz*, VersR 1999, 525.

[245] So OLG Hamm, Karlsruhe, Koblenz, a. a. O.; vgl. auch AG Husum v. 12. 4. 2001, VersR 2001, 1368; a. A. aber AG Hamburg v. 3. 11. 1993, VersR 1994, 665; LG Bremen v. 1. 12. 1999, VersR 2000, 305, die als Rechtsfolge nur eine Schadensersatzpflicht in Betracht ziehen.

[246] BGH v. 1. 7. 1987, VersR 1987, 923.

[247] Auch der ÖOGH v. 8. 3. 1990, VersR 1991, 367 geht von einer einvernehmlichen vorzeitigen Auflösung des Vertragsverhältnisses aus, sieht aber die Zustimmung des VR in der nicht rechtzeitigen Zurückweisung der Kündigung.

[248] V. 29. 1. 2006, r+s 2007, 144.

[249] So auch *Prölss/Martin/Prölss*, § 8 Rn. 16: Berliner Kommentar/*Gruber*, § 8 Rn. 49; *Leverenz*, VersR 1999, 525 (534); *Rogler*, r+s 2007, 140, 142; a. A. *Römer/Langheid/Römer*, § 8 Rn. 8, der die Wirksamkeit der Kündigung annimmt.

[250] BGH v. 3. 10. 1984, VersR 1985, 54 (55); OLG Karlsruhe v. 6. 11. 1980, VersR 1981, 646.

[251] BGH v. 22. 6. 1988, VersR 1988, 1013.

[252] Für Einzelheiten dieser Regelung vgl. § 12.

Bei der Lebensversicherung tritt nach § 166 VVG nach einer Kündigung wegen Prämien-verzuges keine Vertragsbeendigung ein, sondern wandelt sich der Vertrag in eine prämienfreie Versicherung im Sinne des § 165 VVG um. Es handelt sich um einen Fall der gesetzlichen Schuldumschaffung.

86 Wie beim Rücktritt und der Anfechtung treten in einigen Fällen zum Schutz vom Gesetz besonders privilegierter Gläubiger die Kündigungswirkungen nur **beschränkt** ein. So be-steht in der Pflichthaftpflichtversicherung nach einer Kündigung des Versicherungsvertrages gemäß § 117 Abs. 2 VVG zu Gunsten des geschädigten Dritten die sogenannte **Nachhaf-tung** von einem Monat, nachdem der VR die Kündigung der hierfür zuständigen Stelle an-gezeigt hat.

In der **Gebäudefeuerversicherung** wirkt gemäß § 143 VVG gegenüber dem Hypothe-kengläubiger, der seine Hypothek dem VR angemeldet hat, eine Kündigung erst mit dem Ablauf von zwei Monaten (nach der bisherigen Regelung in § 103 a. F. drei Monaten), nach-dem die Vertragsbeendigung und, sofern diese noch nicht eingetreten war, der Zeitpunkt der Beendigung ihm durch den VR mitgeteilt worden oder in anderer Weise zu seiner Kenntnis gelangt ist. Abweichend von der Regelung in der Pflichthaftpflichtversicherung gilt dies nicht, wenn die Kündigung wegen unterbliebener Prämienzahlung erfolgt ist.

In ähnlicher Weise ist die Kündigungswirkung beschränkt zu Gunsten der Schiffshypothe-kengläubiger nach § 34 Abs. 2 SchiffsRG.

87 Für bestimmte Kündigungsfälle hatte § 40 VVG a. F. vorgesehen, dass dem VR ein **Prä-mienanspruch** über die Laufzeit des Versicherungsvertrages hinaus zustehe. So gebührte ihm im Falle der Kündigung wegen Obliegenheitsverletzung oder Gefahrerhöhung nach § 40 Abs. 1 VVG die Prämie bis zum Schluss der Versicherungsperiode, in der er von der Ver-letzung Kenntnis erlangt hat. Im Fall der Kündigung nach § 39 VVG wegen nicht rechtzei-ger Zahlung der Folgeprämie stand dem VR nach § 40 Abs. 2 VVG die Prämie bis zur Been-digung der laufenden Versicherungsperiode zu. Diese Regelungen sind in Literatur und Rechtsprechung heftig kritisiert worden und es ist ihre Verfassungswidrigkeit geltend ge-macht worden. Jedoch hat das BVerfG in der Entscheidung vom 8. 3. 1999[253] über eine Ver-fassungsbeschwerde die Regelung für grundgesetzkonform erklärt. Der Gesetzgeber hat aber den kritischen Einwänden Rechnung getragen und in der Neufassung der Vorschrift des § 39 vorgesehen, dass im Fall der Beendigung des Versicherungsverhältnisses vor Ablauf der Versi-cherungsperiode dem VR für diese Versicherungsperiode nur derjenige Teil der Prämie zu-steht, der dem Zeitraum entspricht, in dem Versicherungsschutz bestanden hat. Damit ist das Prinzip der Unteilbarkeit der Prämie endgültig aufgegeben worden.

88 Problematisch ist, ob die **Teilkündigung** eines Versicherungsvertrages zulässig ist. Weil sie auf eine Vertragsänderung gerichtet ist, die grundsätzlich nur im Einverständnis beider Ver-tragspartner erfolgen kann, ist eine Teilkündigung im Regelfall unwirksam[254]. Gesetzliche Ausnahmen stellen § 29 VVG[255] und § 205 Abs. 1 S. 2 VVG dar, wonach in der Kranken-versicherung die Kündigung auf einzelne versicherte Personen oder Tarife beschränkt werden kann. Schon vor Einführung der Vorgängerregelung des § 178 a. F. ist der BGH[256] von einer Teilkündigung in der Krankentagegeldversicherung ausgegangen, wenn ein wichtiger Grund für eine außerordentliche Kündigung nur von dem VN gesetzt worden war, das Vertragsver-hältnis bezüglich der mitversicherten Ehefrau und den Kindern bliebe als Versicherung für fremde Rechnung bestehen[257]. Eine Teilkündigung kann auch vertraglich ausdrücklich ge-stattet sein, wie z. B. nach § 9 Abs. 1 ALB.

Von diesen Fällen abgesehen, kann eine als Teilkündigung bezeichnete Erklärung deshalb zulässig sein, weil der Vertragsteil, auf den sie sich bezieht, trotz äußerlicher Zusammenfas-sung mit anderen in einem Versicherungsvertrag rechtlich selbstständig ist. Das ist bei der **ge-**

---

[253] VersR 1999, 1221.
[254] BGH v. 5. 11. 1992, NJW 1993, 1320; *Römer/Langheid/Römer,* § 8 Rn. 14.
[255] Vgl. dazu unter Rn. 60.
[256] V. 3. 10. 1984, VersR 1985, 54.
[257] Ebenso OLG Koblenz v. 10. 3. 1995, r+s 1995, 234.

bündelten Versicherung der Fall, bei der mehrere Versicherungsverträge unter Zugrundelegung der für jeden einzelnen Vertrag in Betracht kommenden AGB in einer Vertragsurkunde zusammengefasst werden, z. B. bei der Familienversicherung, in der die Versicherung von Hausrat, Haftpflicht, Reisegepäck und Unfall enthalten sein kann, oder der Kraftfahrzeugversicherung, in der Haftpflicht- und Kaskoversicherung zusammengefasst sind[258]. Bei solchen Verträgen ist eine isolierte Kündigung der einzelnen in der gemeinsamen Urkunde zusammengefassten Vertragteile zulässig. Die übrigen werden von der Kündigung nicht berührt und bleiben bestehen. Hingegen kommt bei den **kombinierten Versicherungen,** bei denen in einem einheitlichen Vertrag mehrere Gefahren unter Zugrundelegung eines einheitlichen Bedingungswerks gedeckt werden, wie z. B. bei der Hausrats- und Wohngebäudeversicherung, eine isolierte Kündigung des Vertrages hinsichtlich einzelner der versicherten Gefahren nicht in Betracht[259]. Bei der **Kopplung von Versicherungsverträgen,** bei der auf Grund eines einheitlichen Antrags über mehrere Versicherungen besondere Versicherungsscheine ausgestellt werden und unterschiedliche Bedingungswerke zu Grund liegen, stellt sich das Problem nicht, weil hier für jeden VN erkennbar mehrere Versicherungsverträge vorliegen, die ein unterschiedliches rechtliches Schicksal haben können.

IV. Sonstige Beendigungsgründe

1. Beendigung des Vertrages durch Wegfall des versicherten Interesses

Der Versicherungsvertrag kann durch den **Wegfall des versicherten Interesses** im Sinne   **89** von § 80 (vorher § 68 Abs. 2) VVG beendet werden. Ausdrücklich regelt die Vorschrift zwar nur die Rechtsfolge für die Prämienzahlungspflicht, sie setzt aber voraus, dass der Vertrag ohne das versicherte Interesse nicht weiter bestehen kann und mit seinem nachträglichen Wegfall erlischt[260]. Es muss danach ein versichertes Interesse zunächst vorhanden gewesen und nach dem Vertragsbeginn **vollständig** weggefallen sein. Ein teilweiser Wegfall, wie z. B. die Entwertung eines Gebäudes durch Beschädigung oder Bestimmung zum Abriss oder die Entfernung einzelner Sachen aus einem Warenlager genügt nicht. Nur dann, wenn an dem versicherten Gebäude ein Totalschaden eingetreten ist[261] oder sämtliche Sachen aus dem Warenlager entfernt worden sind[262], kommt es zum Erlöschen des Vertrages. Das bedeutet aber nicht, dass auch sofort alle Verpflichtungen aus dem Vertrag enden. Dieser wandelt sich vielmehr in ein Abwicklungsverhältnis um. Für die Prämienzahlungspflicht ordnete § 68 Abs. 2 VVG an, dass dem VR die Prämie gebührt, die er hätte erheben können, wenn die Versicherung nur bis zu dem Zeitpunkt beantragt worden wäre, in welchem er von dem Wegfall des Interesses Kenntnis erlangt. Das ist eine interessengerechte Lösung, auch wenn die Prämienzahlungsverpflichtung länger besteht als der Versicherungsschutz[263] Sie ist deshalb in das neue VVG übernommen worden. Sie gilt auch für den früher in § 68 Abs. 4 VVG besonders geregelten Fall, dass das versicherte Interesse erst durch den Eintritt des Versicherungsfalles weggefallen ist. Für diesen erhielt der VR die Prämie für die gesamte Versicherungsperiode. Diese Regelung bot Anlass zur Kritik und ist ersatzlos gestrichen worden.

Bei Wegfall des Interesses durch den Eintritt des Versicherungsfalls kann das Abwicklungs-   **90** verhältnis, das hier die Regulierung des Versicherungsfalls umfasst, noch **erhebliche Zeit**

---

[258] Vgl. *Prölss/Martin/Prölss,* § 3 Rn. 8 und § 8 Rn. 12; Berliner Kommentar/*Schauer,* Vorbem. §§ 49–68 a Rn. 15–20. Vom BGH 28. 2. 1978, VersR 1978, 436, und v. 9. 10. 1985, NJW 1986, 1103 wird die Kfz-Versicherung als Kopplung selbstständiger Verträge bezeichnet.

[259] *Prölss/Martin/Prölss,* § 8 Rn. 12.

[260] BGH v. 15. 4. 1987, VersR 1987, 704 (705); OLG Hamm v. 17. 6. 1992, VersR 1993, 48; *Bruck/Möller/Sieg,* § 68 Anm. 10; *Römer/Langheid/Römer,* § 68 Rn. 8; Berliner Kommentar/*Beckmann,* § 68 Rn. 21; a. A. aber *Prölss/Martin/Kollhosser,* § 68 Rn. 13.

[261] BGH v. 8. 7. 1992, VersR 1992, 1121.

[262] OLG Hamm v. 17. 6. 1992, VersR 1993, 48.

[263] Zur Berechnung vgl. OLG Hamm, v. 29. 4. 1993 VersR 1993, 1514 und Berliner Kommentar/*Beckmann,* § 68 Rn. 23.

fortbestehen. Zu denken ist hierbei an die Sachversicherungszweige, in denen Wiederaufbau- und Wiederbeschaffungsklauseln vereinbart sind, nach denen die Voraussetzungen für die Auszahlung der Neuwertentschädigung eventuell erst nach mehreren Jahren verwirklicht werden. Probleme ergeben sich hierbei insbesondere in der Gebäudefeuerversicherung, wenn der VN das Grundstück mit dem vollständig zerstörten Gebäude veräußert. Nach der Rechtsprechung des BGH[264] entsteht der Anspruch auf die Neuwertspitze der Versicherungsentschädigung gemäß § 69 VVG a. F. (§ 95 n. F.) in der Person des Erwerbers, wenn dieser den Wiederaufbau durchführt. Dieser Auffassung ist entgegen der kritischen Einwendung von Schirmer[265], dass ein infolge Interessewegfalls erloschener Vertrag nicht auf einen Erwerber übergehen könne, aus praktischen Gründen zu folgen. Die sich für den VN aus dem beendeten Rechtsverhältnis ergebende Rechtsposition, nach der er bei Wiederaufbau Anspruch auf die Neuwertentschädigung hat, kann nicht durch die Veräußerung entfallen. Bei der Entscheidung darüber, ob sie dem Veräußerer oder dem Erwerber zustehen soll, entspricht es aber dem Zweck einer strengen Wiederherstellungsklausel besser, wenn sie derjenige erhält, der den Wiederaufbau tatsächlich durchführt[266].

91   § 80 VVG gilt entsprechend seiner Stellung im Gesetz grundsätzlich nur für die **Schadensversicherung**[267] und zwar sowohl für die Aktiven- wie für die Passivenversicherung[268]. Gesetzlich angeordnet ist seine Anwendung ferner durch § 194 Abs. 1 VVG für die Krankenversicherung, soweit der Versicherungsschutz nach den Grundsätzen der Schadensversicherung gewährt wird. Das ist bei der Krankheitskostenversicherung der Fall. Das Gleiche gilt für die Versicherung von Heilkosten in der Unfallversicherung, auf die § 80 VVG ebenfalls auch ohne gesetzliche Anordnung anwendbar ist[269].

Hiervon abgesehen können die Vorschriften des § 80 VVG über den Interessewegfall in der Personen- und Summenversicherung auch nicht analog herangezogen werden. Der BGH hat für den Fall der rechtskräftigen Feststellung der Nichtigkeit des Kreditvertrages bei einer Restschuldversicherung die analoge Anwendung des § 68 VVG a. F. abgelehnt, weil versichertes Interesse das Leben einer Person sei, das für die vereinbarte Kreditlaufzeit versichert bleiben müsse[270].

92   Auf dem gleichen Rechtsgedanken wie §§ 68 a. F., 80 VVG beruht die in den Musterbedingungen für die Krankenversicherung enthaltene Vereinbarung, dass das Versicherungsverhältnis mit dem **Tod** des VN endet. Auch die für die Krankentagegeldversicherung vorgesehenen Beendigungsgründe, außer Tod, Bezug von Altersrente, Eintritt der Berufsunfähigkeit[271], berücksichtigen den Wegfall des versicherten Interesses.

In der Schadenversicherung führt der Tod des VN grundsätzlich nicht zur Beendigung des Vertrages wegen Interessewegfalls; § 80 VVG wird insoweit durch die Regelung der §§ 1922, 1967 BGB über die Gesamtrechtsnachfolge verdrängt, nach der die Versicherungsverträge auf den Erben übergehen. Für die Hausratversicherung ist allerdings vertreten worden, dass durch den Tod des VN das versicherte Interesse wegfalle, wenn der Erbe nicht in der versicherten Wohnung lebe[272]. Jedoch hat der Erbe gerade in der Übergangszeit bis zur Klärung, wer die Wohnung in Zukunft benutzen werde, ein evidentes Interesse an dem Fortbestehen des Ver-

---

[264] V. 8. 6. 1988, VersR 1988, 925, BGH v. 8. 7. 1992, VersR 1992, 1221.

[265] r+s 1993, 81 (82).

[266] So auch *Prölss/Martin/Kollhosser*, § 69 Rn. 28; *Römer/Langheid/Römer*, § 69 Rn. 13.

[267] BGH v. 30. 5. 1990, NJW 1990, 2807; *Bruck/Möller/Sieg*, § 68 Anm. 12; *Prölss/Martin/Prölss*, § 68 Rn. 2; *Römer/Langheid/Römer*, § 68 Rn. 1.

[268] *Bruck/Möller/Sieg*, a. a. O.; Berliner Kommentar/*Beckmann*, § 68 Rn. 4.

[269] *Bruck/Möller/Sieg*, § 68 Anm. 14.

[270] BGH v. 30. 5. 1990, NJW 1990, 2807.

[271] Vom BGH v. 22. 1. 1992, VersR 1992, 477; BGH v. 26. 2. 1992 VersR 1992, 479 ist allerdings die Vertragsbeendigung wegen Eintritts der Berufsunfähigkeit für unbillig gehalten und die entsprechende Klausel gemäß § 9 AGBGB für unwirksam erklärt worden.

[272] *Martin*, Sachversicherungsrecht, G IV 94–96, *ders.*, VersR 1986, 562.

sicherungsschutzes[273]. Einen Interessewegfall wird man regelmäßig erst mit der Beendigung der Wohnungsauflösung annehmen können. In den neueren Fassungen der AVB ist das Problem dahin geregelt, dass das Versicherungsverhältnis zwei Monate nach dem Tode des VN endet, wenn nicht spätestens zu diesem Zeitpunkt ein Erbe die Wohnung in derselben Weise nutzt wie der verstorbene VN.

2. Mehrfachversicherung (bisher Doppelversicherung)

Eine eigenartige Beendigung des Versicherungsvertrages, die im BGB keine Entsprechung **93** hat, ist in § 79 VVG als Möglichkeit zur Beseitigung einer **Mehrfachversicherung** geregelt. Eine solche liegt nach § 78 VVG vor, wenn bei mehreren VR ein Interesse gegen dieselbe Gefahr versichert ist und die Versicherungssummen zusammen den Versicherungswert übersteigen oder aus anderen Gründen die Summe der Entschädigungen, die von jedem VR ohne Bestehen der anderen Versicherung zu zahlen wäre, den Gesamtschaden übersteigt. Diese Definition entspricht der nach § 59 a. F. geltenden für die Doppelversicherung. Diese Bezeichnung wurde als nicht ganz präzise aufgegeben, weil mehr als zwei Verträge beteiligt sein können. Die Regelungen über die Doppelversicherung sind aber weitgehend unverändert in das neue VVG übernommen worden. Nach § 79 Abs. 1 VVG kann der VN, wenn er den Vertrag, durch welchen die Mehrfachversicherung entstanden ist, ohne Kenntnis von dem Bestehen einer Mehrfachversicherung geschlossen hat, verlangen, dass der später geschlossene Vertrag aufgehoben wird. Dass der VN keine Kenntnis von dem Entstehen der Mehrfachversicherung hat, kann z. B. vorkommen, wenn er als Erbe einen Versicherungsvertrag über Sachen abgeschlossen hat, die bereits der Erblasser versichert hatte. Dass er bei sorgfältiger Prüfung hätte feststellen können, dass die Sachen bereits versichert waren und der zweite Vertrag zu einer Mehrfachversicherung führt, ist unerheblich, weil es nach § 79 Abs. 1 VVG auf Verschulden nicht ankommt, sondern auf positive Kenntnis abgestellt wird.

Nach der bisherigen Regelung in § 60 Abs. 3 VVG wurde die Aufhebung erst mit dem Ablauf der Versicherungsperiode wirksam, in der sie verlangt wurde. Das bedeutet, dass der Vertrag erst zu diesem Zeitpunkt endigte und bis dahin die Prämienzahlungspflicht des VN und die Eintrittspflicht des VR für Versicherungsfälle im Rahmen des § 59 VVG fortdauerten. Die rechtliche Bedeutung des Verlangens, das demjenigen zur Beseitigung einer Überversicherung im Sinne des § 74 (bisher § 51) VVG entspricht, ist in der Literatur umstritten[274]. Der Wortlaut der Vorschrift spricht dafür, dass es nicht auf eine Mitwirkung des VR ankommt, wie die Vertragstheorie annimmt, sondern dass allein das Verlangen des VN die Beendigung des Vertragsverhältnisses bewirkt, seiner Erklärung also eine Gestaltungswirkung zukommt, die nach der Neufassung der Vorschrift mit ihrem Zugang bei dem VR eintritt. Die frühere Regelung, nach der die Wirkung bis zum Ende der Versicherungsperiode hinausgeschoben war, ist gestrichen worden, weil sie Ausfluss des aufgegebenen Grundsatzes der Unteilbarkeit der Prämie war.

Nach § 79 Abs. 2 VVG kann der VN noch in einem weiteren Fall eine Vertragsaufhebung **94** verlangen, wenn nämlich die Mehrfachversicherung dadurch entstanden ist, dass nach Abschluss der mehreren Versicherungen der Versicherungswert gesunken ist. Das kommt z. B. in Betracht, wenn der VN sein Betriebsinventar im Wert von 1 000 000 € durch zwei Versicherungsverträge über je 500 000 € versichert hat, und der Wert nachträglich infolge von Alter, Abnutzung oder Preisverfall auf 500 000 € sinkt. Da aber bei solcher Fallgestaltung die mehreren Verträge in der Praxis meist im Einvernehmen der VR geschlossen worden sind, ist der VN gemäß § 79 Abs. 2 S. 2 VVG im Regelfall darauf beschränkt, verhältnismäßige Herabsetzung der Versicherungssummen und Prämien zur Beseitigung der Mehrfachversicherung zu verlangen.

Eine andere juristische Konstruktion zur Beseitigung einer Doppelversicherung hatte der Gesetzgeber für die Kraftfahrzeug-Haftpflichtversicherung mit dem 1994 eingefügten § 158h S. 2 VVG gewählt. Für den Fall, dass der Erwerber eines veräußerten Kraftfahrzeugs

---

[273] So BGH v. 24. 3. 1993 VersR 1993, 740; OLG Hamm 29. 11. 1991, VersR 1992, 694.
[274] Vgl. die Übersicht über die vertretenen Theorien bei *Bruck/Möller/Sieg*, § 51 Anm. 23–26.

eine neue Kraftfahrzeug-Haftpflichtversicherung abschließt, ohne die auf ihn gemäß §§ 69, 158h S. 1 VVG übergegangene Versicherung zu kündigen, **gilt** danach mit Beginn des neuen Versicherungsverhältnisses das alte Versicherungsverhältnis **als gekündigt.** Die Vertragsbeendigung wurde also durch eine Fiktion herbeigeführt. Diese Regelung ist jetzt unverändert als § 3b) in das PflVersG übernommen worden.

3. Insolvenz des Versicherers

95   Nach § 16 S. 1 VVG endet das Versicherungsverhältnis mit dem Ablauf eines Monats seit der Eröffnung, wenn über das Vermögen des VR das **Insolvenzverfahren** eröffnet wird. Nach § 16 Abs. 2 VVG bleiben die Vorschriften des VAG über die Wirkungen der Insolvenzeröffnung unberührt. Die Vorschrift ist durch die VVG-Reform nur sprachlich gegenüber der Vorgängerregelung des § 13 a. F. verändert worden, hat diese aber inhaltlich übernommen. Auch § 13 VVG, der in der Fassung des Einführungsgesetzes zur Insolvenzordnung – EGInsO – vom 5. 10. 1994[275] seit dem 1. 1. 1999 gilt, war keine umfassende Neuregelung. Es waren lediglich die Worte Konkurs, Konkursmasse und Konkurseröffnung entsprechend der Terminologie der InsO durch Insolvenzverfahren und Insolvenzmasse ersetzt worden. Erhebliche materielle Änderungen für die Rechtsfolgen einer Eröffnung des Insolvenzverfahrens über das Vermögen eines VR ergeben sich aber aus den mehrfachen Änderungen der einschlägigen Vorschriften des VAG.

Während *Römer* noch 1997 in der 1. Auflage des Kommentars *Römer/Langheid zu § 13 VVG* zutreffend darauf hinweisen konnte, dass die Vorschrift dank der Tätigkeit und der Befugnisse des BAV seit Jahrzehnten ohne große Bedeutung sei, haben sich die Verhältnisse durch die wirtschaftlichen Krisen in der Versicherungswirtschaft seit dem Jahre 2002 entscheidend verändert[276] mit der Folge, dass die Bedeutung der Vorschrift des § 16 und vor allem der in das VAG eingefügten Schutzvorschriften für den Versicherungsnehmer in der Zukunft erheblich zunehmen kann.

Die Eröffnung des Insolvenzverfahrens über das Vermögen eines VU kann nach § 88 Abs. 1 VAG nur von der Aufsichtsbehörde beantragt werden. Insolvenzgründe sind Zahlungsunfähigkeit und Überschuldung.

Die Rechtsfolgen der vom Gericht in eigener Verantwortung[277] zu treffenden Entscheidung über die Eröffnung des Verfahrens ist für die einzelnen Versicherungszweige unterschiedlich. § 16 Abs. 1, der anordnet, dass die Versicherungsverträge noch einen Monat weiter bestehen, damit der Versicherungsnehmer die Möglichkeit hat, sich bei einem anderen Versicherer Versicherungsschutz zu besorgen, gilt für alle Versicherungsverträge, für die das VAG keine abweichenden Wirkungen der Insolvenzeröffnung trifft. Damit sind gemäß § 77b VAG von seiner Anwendung ausgenommen die Lebensversicherungen, Krankenversicherungen der in § 12 VAG genannten Art, also die substitutive Krankenversicherung, die privaten Pflegeversicherungen, die Unfallversicherungen mit Prämienrückgewähr, §§ 65 Abs. 4, 11d VAG, sowie die Unfall- und Haftpflichtversicherungen, soweit Deckungsrückstellungen für Renten erfolgt sind, §§ 65 Abs. 4, 11e VAG. Für diese, die auch zusammenfassend DeckungsstockVR genannt werden, gilt, dass ihre Versicherungsverträge durch die Eröffnung des Insolvenzverfahrens erlöschen. Diese Wirkung tritt gemäß § 77b VAG im Zeitpunkt des Erlasses des Eröffnungsbeschlusses ein.

Um diese schwerwiegende Rechtsfolge für die Versicherungsnehmer der Lebens- und der substitutiven Krankenversicherung weitgehend zu verhindern, ist durch das Gesetz zur Änderung des VAG und anderer Gesetze vom 15. 12. 2004[278] mit den §§ 124–133a VAG den Unternehmen die Pflicht auferlegt worden, einem **Insolvenzsicherungsfonds** anzugehören[279].

---

[275] BGBl. I S. 2911.

[276] Vgl. dazu den eindrucksvollen Rückblick auf das Jahr 2002 von *M. Surminski*, ZfV 2003, 3.

[277] *Bähr* in Dörner Forum Versicherungsrecht 2006 S. 28; *Prölss/Kollhosser*, VAG § 88 Rn. 4. Nach der früheren Fassung von § 88 war das Gericht an den Antrag der Aufsichtsbehörde gebunden.

[278] BGBl. I S. 3416.

[279] Vgl. zu den Einzelheiten *Fricke*, VersR 2005, 161; *Präve*, VersR 2005, 1023.

Dieser hat nach § 126 VAG die Aufgabe, für die Weiterführung der Verträge eines durch Insolvenz bedrohten Unternehmens zu sorgen. Die Aufsichtsbehörde ordnet nämlich nach § 125 Abs. 3 VAG die Übertragung des gesamten Bestandes an Versicherungsverträgen auf den zuständigen Sicherungsfonds an, wenn sie feststellt, dass ein VU nicht mehr imstande ist, seine Verpflichtungen zu erfüllen, oder wenn dieses selbst eine Anzeige seiner Zahlungsunfähigkeit oder Überschuldung nach § 88 Abs. 2 erstattet. Mit dieser Bestandsübertragung gehen die Rechte und Pflichten des übertragenden Unternehmens aus den Versicherungsverträgen nach § 125 Abs. 3 VAG auf den Sicherungsfonds über. Wenn dessen Mittel nicht ausreichen, um die Fortführung der Verträge zu gewährleisten, werden die Verpflichtungen um maximal 5% der garantierten Leistungen von der Aufsichtsbehörde herabgesetzt. Der Sicherungsfonds kann den Bestand auch auf ein anderes Unternehmen übertragen.

Wegen dieses neu geschaffenen Instrumentariums ist damit zu rechnen, dass es in Zukunft zu einem Erlöschen von Versicherungsverträgen nach § 77b VAG in der Lebens- und Krankenversicherung nicht mehr kommen wird, weil Insolvenzen wirksam verhindert werden können.

Kommt es bei einem DeckungsstockVR, z. B. in den anderen oben aufgeführten Versicherungszweigen, zu einem Insolvenzverfahren, so besteht eine Prämienzahlungspflicht für den VN nicht mehr. Die für einen Zeitraum nach der Insolvenzeröffnung im Voraus gezahlte Prämie kann der VN nach § 39 Abs. 2 VVG zurückfordern. Die Forderung ist bei Zahlung vor Insolvenzeröffnung Insolvenzforderung, bei Zahlung danach nach § 55 Abs. 1 Nr. 3 InsO Masseforderung. Vertragliche Erfüllungsansprüche stehen dem VN nicht mehr zu. Die VN haben aber Ansprüche nach § 77b VAG auf einen Anteil am Sicherungsvermögen, die Vorrang vor den Forderungen aller anderer Insolvenzgläubiger genießen[280].

Für die Anwendung des § 16 Abs. 1 verbleibt fast der gesamte Bereich der Schadensversicherungen, weshalb die Vorgängerregelung des § 13 Abs. 1 VVG meist mit Konkurs/Insolvenz des SchadensVR bezeichnet worden ist[281]. Das ist wegen der aufgeführten Sonderregelung für die Haftpflichtversicherung aber nicht ganz zutreffend[282]. **96**

Die Monatsfrist des § 16 Abs. 1 VVG beginnt mit dem Erlass des Eröffnungsbeschlusses. Bis zu ihrem Ablauf ist der VN zur Zahlung der Prämie verpflichtet. Hat er sie schon im Voraus für die gesamte Versicherungsperiode gezahlt, steht ihm nach § 39 Abs. 2 VVG ein Rückzahlungsanspruch zu. Dieser war bis zum 31. 12. 1998 gemäß § 80 VAG eine bevorrechtigte Konkursforderung. § 80 VAG ist durch Art. 87 EGInsO ersatzlos aufgehoben worden, sodass der Anspruch keine Vorrechte mehr genießt.

Tritt während der Monatsfrist ein Versicherungsfall ein, hat der VR diesen zu entschädigen. Die Forderung des VN ist gemäß § 55 Abs. 1 Nr. 2 InsO Masseforderung. Ansprüche wegen eines vor der Eröffnung des Insolvenzverfahrens eingetretenen Versicherungsfalls sind seit der Aufhebung von § 80 VAG nicht mehr bevorrechtigt.

In der **Feuerversicherung** treten zum Schutz des Hypothekengläubigers, der seine Hypothek dem VR angemeldet hat, die Wirkungen der Vertragsbeendigung gemäß § 143 Abs. 2 VVG erst mit dem Ablauf von zwei Monaten nach einer entsprechenden Mitteilung durch den VR ein (nach 103 Abs. 1 a. F. nach drei Monaten).

Für die **Kraftfahrzeughaftpflichtversicherung** ist erheblich, dass nach § 12 Abs. 1 Nr. 4 PflVersG der geschädigte Dritte seine Ansprüche gegen den Halter, Eigentümer oder Fahrer des Fahrzeugs auch gegen den **Entschädigungsfonds für Schäden aus Kraftfahrzeugunfällen** geltend machen kann, wenn über das Vermögen des leistungspflichtigen VR ein Insolvenzverfahren eröffnet worden ist.

Durch das Insolvenzverfahren über das Vermögen des **Versicherungsnehmers** endet der **97** Versicherungsvertrag nicht. Inwieweit er fortzuführen oder abzuwickeln ist, wird im Einzel-

---

[280] Zu den Einzelheiten vgl. *Backes,* Die Insolvenz des Versicherungsunternehmens Diss. 2003, S. 140; *Prölss/Lipowsky,* § 77 VAG Rn. 4; *Prölss/Martin/Prölss,* § 13 Rn. 7.

[281] Berliner Kommentar/*Gruber,* § 13 Rn. 4; *Prölss/Martin/Prölss,* § 13 Rn. 2.

[282] Bereits *Bruck/Möller/Möller* § 13 Anm. 6 hat die früher übliche Einordnung als etwas ungenau bezeichnet.

nen durch die Vorschriften der InsO bestimmt, insbesondere durch § 103 InsO über das Wahlrecht des Insolvenzverwalters bei nicht oder nicht vollständig erfüllten Verträgen. Versicherungsrechtliche Sonderregelungen enthält das neue VVG nicht mehr. Insbesondere ist die Vorschrift des § 14 a. F. VVG, wonach der VR sich für den Fall der Eröffnung des Insolvenzverfahrens über das Vermögen des VN die Befugnis ausbedingen kann, das Versicherungsverhältnis mit einer Frist von einem Monat zu kündigen, ersatzlos gestrichen worden. Damit kann ein Sonderkündigungsrecht für den Fall der Insolvenz des VN nicht mehr wirksam begründet werden. Eine entsprechende Vereinbarung verstößt gegen § 119 InsO, der verbietet, § 103 InsO im Voraus auszuschließen oder zu beschränken[283]. Bis zum Inkrafttreten des neuen VVG auf der Grundlage von § 14 a. F. VVG getroffene Vereinbarungen sind aber weiterhin wirksam. Sie sind in vielen Bedingungswerken enthalten.

§ 9. Abschluss und Abwicklung von Versicherungsverträgen im Internet

Inhaltsübersicht

Literatur: *Abram*, Schriftformprobleme bei versicherungsvertraglichen Belehrungen und Gestaltungsrechten im Internet, NVersZ 2000, 551; *Altenburger*, Sind Versicherungsprodukte für Electronic Business ungeeignet?, ZVersWiss 2001, 621; *Bauer/Sauer/Brugger*, Die Akzeptanz von Versicherungsdienstleistungen im Internet, ZVersWiss 2002, 328; *Ernst*, Missbräuchliche Vertragsklauseln im Internet, in: *Basedow* u. a., Verbraucherschutz durch und im Internet bei Abschluss von privaten Versicherungsverträgen, 2003, 111; *Fricke*, Die teleologische Reduktion des § 48 VVG für Streitigkeiten aus Versicherungsverträgen, die im Internet abgeschlossen wurden, VersR 2001, 925; *Hoeren*, Versicherungen im Internet – Vertragsrechtliche Aspekte, in: *Hoeren/Spindler*, Versicherungen im Internet – Rechtliche Rahmenbedingungen, 2002; *Hoeren/Nielen/Strack*, VersWirtschaft im Internet, 2002; *Hoppmann/Moos*, Rechtsfragen des Inter-

---

[283] BGH v. 26. 11. 2003, VersR 2004, 858; *Simon* in: Dörner Forum Versicherungsrecht 2006, S. 195.

net-Vertriebs von Versicherungsdienstleistungen, NVersZ 1999, 197; *Hoppmann,* Der Abschluss von Versicherungsverträgen im Internet nach deutschem Recht, in: *Kröger,* Internetstrategien für Versicherungen, 2003, 99; *ders.,* Zukunftsperspektiven des Internetvertriebs von Versicherungen, in: *Kröger,* a. a. O., 121; *Köhler,* Die Auswirkungen der E-Commerce-Richtlinie auf die Versicherungswirtschaft, ZVersWiss 2000, 487; *Köndgen,* Beratungspflichten und Haftung für Beratungsfehler im Internet, in: *Basedow* u. a., Verbraucherschutz durch und im Internet bei Abschluss von privaten Versicherungsverträgen, 2003, 139; *Kröger,* Rechtsfragen elektronischer Signaturen und Versicherungsverträge, in: *Kröger,* Internetstrategien für Versicherungen, 2003, 167; *Leverenz,* Rechtliche Aspekte zum Versicherungsgeschäft im Internet, 2001; *ders.,* Auswirkungen des „Gesetzes zur Anpassung der Formvorschriften des Privatrechts und anderer Vorschriften an den modernen Rechtsgeschäftsverkehr" auf die Versicherungswirtschaft, VersR 2002, 1318; *ders.,* Auswirkungen des § 312e BGB auf das Versicherungsgeschäft im Internet, VersR 2003, 698; *Micklitz/Ebers,* Der Abschluss von privaten Versicherungsverträgen im Internet, VersR 2002, 641; *dies.,* Verbraucherschutz durch und im Internet bei Abschluss von privaten Versicherungsverträgen, in: *Basedow* u. a., Verbraucherschutz durch und im Internet bei Abschluss von privaten Versicherungsverträgen, 2003, 43; *Papst/Goslar,* Internationales Versicherungsvertragsrecht und Internationales Zivilverfahrensrecht beim Abschluss von Versicherungsverträgen über das Internet, in: *Kröger,* Internetstrategien für Versicherungen, 2003, 147; *Reusch,* Schriftformerfordernisse beim Abschluss von Versicherungsverträgen über das Internet, NVersZ 1999, 110; *Schimikowski,* Probleme des konventionellen Vertragsabschlusses und des Electronic Commerce in der Versicherungswirtschaft, r+s 1999, 485; *Schneider,* Der Vertrieb von Versicherungen über das Internet nach Inkrafttreten der EG-Richtlinie über den Fernabsatz von Finanzdienstleistungen, 2004; *ders.,* Umsetzung der Fernabsatzrichtlinie 2002/65/EG im VVG, VersR 2004, 696; *Spindler,* Versicherungen im Internet – Haftungsrechtliche Aspekte und Aufsichtsrecht, in: *Hoeren/Spindler,* Versicherungen im Internet – Rechtliche Rahmenbedingungen, 2002; *Vomhof,* Versicherungsverträge im Internet, in: *Hoeren/Sieber,* Handbuch Multimediarecht (Loseblattsammlung 1998 ff.) 13.6; *Wieser,* Der rechtskonforme Abschluss von Versicherungsverträgen im Internet, VersRdsch 2000, 153.

A. Überblick und Rechtsquellen

Da Willenskundgaben nicht an bestimmte Kommunikationsformen gebunden sind und **1** Versicherungsverträge grundsätzlich keinerlei besonderen Formvorschriften unterliegen, gelten für den elektronischen Abschluss von Versicherungsverträgen[1] und für die entsprechende Abgabe anderer Willens- oder Wissenserklärungen im Verlauf der Vertragsabwicklung **zunächst keine Besonderheiten** gegenüber den in § 8 dargestellten Regeln[2]. Maßgebend sind daher auch hier in erster Linie die einschlägigen Bestimmungen insbesondere des **BGB** und **VVG.** Soweit sich spezielle Fragestellungen aus den Besonderheiten des Mediums Internet ergeben, lassen sich diese im Prinzip mit den herkömmlichen rechtsgeschäftlichen Instrumentarien bewältigen.

Allerdings hat der **europäische Gesetzgeber** im Zuge seiner Bemühungen um eine Förde- **2** rung des elektronischen Geschäftsverkehrs einige Rechtsakte verabschiedet, die auch bei der Behandlung versicherungsvertragsrechtlicher Fragen von Bedeutung sind[3]. Dabei handelt es sich um folgende Richtlinien:

(1) Die Vorgaben der Richtlinie 2000/31/EG v. 8. 6. 2000 über bestimmte rechtliche As- **3** pekte der Dienste der Informationsgesellschaft, insbesondere des elektronischen Geschäftsverkehrs, im Binnenmarkt (**„E-Commerce-Richtlinie"**)[4] sind durch das **„Gesetz über rechtliche Rahmenbedingungen für den elektronischen Geschäftsverkehr"** v. 14. 12.

---

[1] Zur Akzeptanz des Internet-Angebots von Versicherungsdienstleistungen: *Altenburger,* ZVersWiss 2001, 621 ff.; *Bauer/Sauer/Brugger,* ZVersWiss 2002, 328 ff. – Zur Vorbereitung eines rechtlich einwandfreien Internetauftritts eines VR: *Leverenz,* S. 9 ff.; *Hoeren/Nielen/Strack,* S. 3 ff.

[2] Zu den mittels Internet geschlossenen grenzüberschreitenden Versicherungsverträgen vgl. etwa *Hoeren,* in: *Hoeren/Spindler* 38 ff.; *Hübner,* ZVersWiss 2001, 351; *Mankowski,* VersR 1999, 923; *Papst/Goslar,* in: *Kröger,* S. 147 ff.; *Spindler,* in: *Hoeren/Spindler,* S. 203 ff.; *ders.,* VersR 2002, 1049.

[3] Vgl. zum Folgenden *Micklitz/Ebers,* VersR 2002, 641 f.

[4] ABl. EG Nr. L 178/1 v. 17. 7. 2000; dazu *Köhler,* ZVersWiss 2000, 487 ff.

2001 (EEG)[5], ferner – was die zivilrechtlichen Vorschriften der Richtlinie (Artt. 9–11) angeht – durch das „Gesetz zur Anpassung der Formvorschriften des Privatrechts und anderer Vorschriften an den modernen Geschäftsverkehr" v. 13. 7. 2001 **(Formanpassungsgesetz)**[6] sowie durch das „Gesetz zur Modernisierung des Schuldrechts" v. 26. 11. 2001 **(Schuldrechtsmodernisierungsgesetz)**[7] in das deutsche Recht transformiert worden.

4   Im **Formanpassungsgesetz** (Rn. 3) hat der deutsche Gesetzgeber mit der elektronischen Form (§§ 126 Abs. 3, 126a BGB) und der Textform (§ 126b BGB) zwei neue Formtypen geschaffen, die erklärtermaßen die Erfüllung von Formvoraussetzungen beim Einsatz elektronischer Willenserklärungen erleichtern sollen (dazu unten Rn. 67ff.).

5   Das **Schuldrechtsmodernisierungsgesetz** (Rn. 3) hat die Vertragsabschlussregeln des BGB im Hinblick auf **„Verträge im elektronischen Geschäftsverkehr"** in den §§ 312e, 312f BGB durch eine Reihe vertraglicher und vorvertraglicher Sonderpflichten ergänzt (dazu unten Rn. 25ff., 41ff., 53ff., 59ff.), die einen missbräuchlichen Einsatz moderner Technologie durch einen den Kommunikationsvorgang beherrschenden Unternehmer verhindern sollen[8].

6   Ein **Vertragsabschluss im elektronischen Geschäftsverkehr** liegt nach § 312e Abs. 1 S. 1 BGB vor, wenn der VR sich beim Abschluss eines Vertrages über Waren oder Dienstleistungen eines Tele- oder Mediendienstes[9] bedient, sich also beispielsweise im Internet an eine unbegrenzte Vielzahl von Versicherungskunden wendet, indem er auf seiner Website sein Angebot vorhält und eine Annahme des Kunden durch Ausfüllung entsprechender Eingabemasken zulässt[10]. Vertragsabschlüsse, die ausschließlich im Wege individueller Kommunikation wie z. B. durch den Austausch von E-Mails zustande kommen, werden nicht erfasst (§ 312e Abs. 2 S. 1 BGB), weil der VR in diesem Fall den Kommunikationsvorgang nicht dominiert.

7   (2) Die **Richtlinie 99/93/EG** v. 13. 12. 1999 über gemeinschaftliche Rahmenbedingungen für **elektronische Signaturen**[11] hat der deutsche Gesetzgeber durch eine Novellierung des „Gesetzes über Rahmenbedingungen für elektronische Signaturen und zur Änderung weiterer Vorschriften" **(Signaturgesetz** – SiG)[12] umgesetzt.

8   (3) Die **Richtlinie 2002/65/EG über den Fernabsatz von Finanzdienstleistungen an Verbraucher** v. 23. 9. 2002[13] zielt ebenso wie die zeitlich vorangehende und für Fernabsatzverträge im allgemeinen, aber gerade nicht für Versicherungs- und Rückversicherungsgeschäfte geltende „Richtlinie über den Verbraucherschutz bei Vertragsabschlüssen im Fernabsatz"[14] (vgl. dort Art. 3 Abs. 1 i. V. m. Anh. II) darauf ab, im Bereich der – infolge „ihrer immateriellen Beschaffenheit ganz besonders für Transaktionen im Fernabsatz" geeigneten[15] – Finanzdienstleistungen ein hohes Verbraucherschutzniveau im Binnenmarkt zu gewährleisten[16]. Das erscheint notwendig, weil bei Vertragsabschlüssen ohne gleichzeitige körperliche Anwesenheit der Parteien Partner und Produkt unsichtbar bleiben und sich der Vertragsabschluss jedenfalls beim Einsatz elektronischer Medien wesentlich anspruchsvoller und komplizierter gestaltet als bei persönlichem Kontakt. Nachdem die Umsetzungsvorschriften für Fernabsatzverträge *über Versicherungen* durch das „Gesetz zur Änderung der Vorschriften über

---

[5] BGBl. I S. 3721.
[6] BGBl. I S. 1542.
[7] BGBl. I S. 3138.
[8] *Staudinger/Thüsing*, BGB, 2005, § 312e Rn. 1.
[9] Zu § 2 Abs. 1–3 TDG a. F. *Staudinger/Thüsing*, a. a. O. § 312e Rn. 8ff.
[10] Einzelheiten bei *Spindler*, in: *Hoeren/Spindler*, S. 121f.; *Leverenz*, VersR 2003, 698 (700).
[11] ABl. EG L 13/12 v. 19. 2. 2000.
[12] Gesetz über Rahmenbedingungen für elektronische Signaturen und zur Änderung weiterer Vorschriften v. 16. 5. 2001 (BGBl. I S. 876).
[13] ABl. EG Nr. L 271/16 v. 9. 10. 2002; dazu *Hoppmann*, in: *Kröger*, S. 121ff.
[14] Richtlinie 97/7/EG v. 20. 5. 1997, ABl. EG Nr. L 144, S. 19.
[15] Vgl. Erwägungsgrund (5).
[16] Vgl. insbes. Erwägungsgrund (13).

Fernabsatzverträge bei Finanzdienstleistungen" v. 2. 12. 2004[17] zunächst als §§ 48a bis 48e in das VVG a. F. eingestellt worden waren, sind die entsprechenden Bestimmungen heute in den §§ 7–9, 18 und 214 VVG n. F. enthalten und im Wesentlichen auf andere, nicht im Wege des Fernabsatzes abgeschlossene Versicherungsverträge ausgeweitet worden.

Die Richtlinie betrifft den Abschluss von **Verträgen über Finanzdienstleistungen,** so-   **9** weit sie zwischen einem Anbieter und einem Verbraucher im Wege des **Fernabsatzes** abgeschlossen werden (vgl. näher Art. 2 lit. a RL). „Finanzdienstleistungen" sind u. a. alle Dienstleistungen, die im Zusammenhang mit einer Versicherung stehen (Art. 2 lit. b RL). Um einen Fernabsatzvertrag handelt es sich dann, wenn der Vertrag im Rahmen eines für den Fernabsatz organisierten Vertriebs- bzw. Dienstleistungssystems des Anbieters unter ausschließlicher Verwendung von Fernkommunikationsmitteln (Art. 2 lit. a RL), d. h. ohne gleichzeitige körperliche Anwesenheit von Anbieter und Verbraucher (vgl. Art. 2 lit. e RL) geschlossen wird. Der deutsche Gesetzgeber hat diese Legaldefinition in § 312b Abs. 1 S. 1 BGB übernommen. Erfasst werden mithin dadurch u. a. Vertragsabschlüsse per Brief, Fax, E-Mail, am Telefon oder eben auch im Rahmen des elektronischen Geschäftsverkehrs (vgl. § 312b Abs. 2 BGB).

Für Fernabsatzverträge über **andere Finanzdienstleistungen** als Versicherungen sowie   **10** für Fernabsatzverträge im Allgemeinen gelten dagegen §§ 312b bis 312d BGB, die wiederum auf Versicherungs- und Versicherungsvermittlungsverträge keine Anwendung finden (vgl. § 312b Abs. 3 Nr. 3 BGB). Dieser Ausschluss ist **richtlinienwidrig,** soweit er auch im Fernabsatz geschlossen Verträge zwischen **Versicherungsmaklern** und potentiellen Versicherungsnehmern erfasst[18]. Derartige Verträge fallen zwar nicht in den Anwendungsbereich der RL über den Fernabsatz von Finanzdienstleistungen, da ein Maklervertrag nicht die Finanzdienstleistung selbst, sondern nur deren Vermittlung betrifft. Sie werden aber nach Art. 18 dieser RL von der allgemeinen Fernabsatzrichtlinie 97/7/EG v. 20. 5. 1997 (Rn. 8) erfasst und hätten daher in § 312b Abs. 3 Nr. 3 BGB nicht ausgeschlossen werden dürfen[19].

B. Abschluss von Versicherungsverträgen

I. Zustandekommen des Vertrages auf elektronischem Wege

1. Vertragsschluss unter Abwesenden

Auch ein auf elektronischem Wege geschlossener Versicherungsvertrag setzt – natürlich –   **11** einen durch Antrag und Annahme nach Maßgabe der §§ 145ff. BGB zustande gekommenen **Konsens** zwischen VR und Versicherungsnehmer voraus. Dabei ist es ohne Belang, ob die Beteiligten individuell formulierte E-Mails austauschen, der Versicherungsnehmer eine Eingabemaske auf einer Webseite des VR ausfüllt oder dieser z. B. einen Antrag unter Rückgriff auf bestehende Programmroutinen von einem Computer ausfertigen lässt („automatisierte Willenserklärung"[20]). Erfolgt im letzten Fall eine automatisierte Verarbeitung personenbezogener Daten, ist § 6a BDSG zu beachten[21]. Danach muss der Versicherungsnehmer bei Ablehnung eines Antrags auf den Umstand der automatisierten Entscheidung hingewiesen und ihm Gelegenheit zu einer individuellen Äußerung gegeben werden.

Der erste Kontakt zwischen den zukünftigen Vertragspartnern kommt häufig dadurch zu-   **12** stande, dass der Interessent die Website des VR aufruft. Ob dessen Internetpräsentation als unverbindliche **invitatio ad offerendum** oder als **verbindlicher Antrag** zu verstehen, genauer[22]: ob die regelmäßig nach Abschluss eines online-Interviews und nach einer interaktiven Präzisierung des Produkts erfolgende Erklärung des VR als verbindlicher Antrag oder

---

[17] BGBl. I S. 3102.
[18] *Schneider,* VersR 2004, 696 (698).
[19] *Schneider,* VersR 2004, 696 (698)
[20] Vgl. *Köhler,* AcP 182 (1982), 126 (132ff.).
[21] *Schneider,* S. 51ff.
[22] *Schneider,* S. 44ff.

als bloße Aufforderung an den Versicherungsnehmer zur Abgabe eines Antrags anzusehen ist, hängt von einer Auslegung (§§ 133, 157 BGB) der betreffenden Erklärung ab. Da der VR nach § 312e Abs. 1 S. 1 Nr. 2 BGB i. V. m. Art. 241 EGBGB und § 3 Nr. 1 BGB-InfoV[23] den Versicherungsnehmer über die zum Vertragsschluss führenden Schritte informieren muss, hat er auch den Rechtscharakter seiner Erklärung zu definieren[24]. Gibt der VR danach einen Antrag ab, wird der Vertrag in der Regel durch eine ebenfalls elektronische Annahmeerklärung des Versicherungsnehmers zustande kommen. Stellt die Erklärung des VR eine bloße Aufforderung dar, geht der Antrag auf Abschluss eines Versicherungsvertrages vom Kunden aus und wird vom VR entweder ebenfalls elektronisch (durch individuelle E-mail oder automatisch erzeugte Erklärung) oder auf dem üblichen Wege (z. B. durch Übersenden des Versicherungsscheins) angenommen.

13   In beiden Fällen muss der VR sicherstellen, dass der Versicherungsnehmer die **Vertragsbestimmungen i. S. des § 7 Abs. 1 VVG rechtzeitig** vor Abgabe seiner eigenen Vertragserklärung erhält. Der VR muss also z. B. nach Abgabe seines Antrags gewährleisten, dass der Versicherungsnehmer die Möglichkeit hat, den Programmablauf zwecks Downloads der Vertragsbestimmungen zu unterbrechen und erst dann fortzusetzen, wenn ihm eine hinreichende Kenntnisnahme der Vertragsbestimmungen möglich war.

14   **Verträge** auf elektronischem Wege – mittels Ausfüllens eines elektronischen Formulars oder durch E-Mail-Austausch – werden **unter Abwesenden** geschlossen. Zwar sieht § 147 Abs. 1 S. 2 BGB in der Fassung des Formanpassungsgesetzes (Rn. 4) nunmehr vor, dass ein mittels Fernsprechers „oder einer sonstigen technischen Einrichtung von Person zu Person" gemachtes Angebot einem Antrag unter Anwesenden gleichzustellen ist (mit der Konsequenz, dass die Annahme des Antrags „sofort" erfolgen muss). Nach der Gesetzesbegründung[25] sind damit aber z. B. nur Videokonferenzen, Internet-„Chats" oder Kommunikation im Wege der Internet-Telefonie gemeint, weil die potentiellen Vertragspartner in diesen Fällen ebenso wie am Telefon sofort auf Äußerungen des Gesprächspartners reagieren können. Fehlt es an einem derart unmittelbaren Kontakt wie etwa bei der Übermittlung elektronischer Briefe, ist § 147 Abs. 2 BGB einschlägig[26]. Damit besteht eine Bindung des Antragenden (§§ 145, 146 BGB) bis zu dem Zeitpunkt, in dem er unter regelmäßigen Umständen eine Antwort erwarten darf. Da ein Antragender aber im Regelfall davon ausgehen kann, eine Reaktion auf sein Angebot auf eben dem von ihm gewählten Kommunikationsweg – also ebenfalls durch eine elektronische Mitteilung – zu erhalten, ist die Annahmefrist angesichts der Schnelligkeit des Mediums stark verkürzt. Ist die Erklärung des VR als verbindlicher Antrag aufzufassen (vgl. Rn. 12), wird die dem Kunden eingeräumte Annahmefrist nach § 147 Abs. 2 BGB daher häufig mit dem Verlassen der Website des VR enden[27]. Im Übrigen steht es dem jeweils Antragenden nach § 148 BGB frei, eine beliebige Annahmefrist zu bestimmen.

2. Widerruf des Vertrages (§ 8 VVG)

15   Art. 6 Abs. 1 S. 1 der **Richtlinie über den Fernabsatz von Finanzdienstleistungen** an Verbraucher (Rn. 8) verpflichtet die Mitgliedstaaten, dem Verbraucher die unabdingbare (Art. 12 Abs. 1 RL) Möglichkeit einzuräumen, innerhalb einer Frist von grundsätzlich 14 Kalendertagen den Vertrag ohne Nennung von Gründen oder Zahlung einer Vertragsstrafe zu **widerrufen.** Die Widerrufsfrist beginnt am Tage des Vertragsschlusses oder, falls der Verbraucher die von Art. 5 Abs. 1 RL vorgeschriebenen Vertragsbedingungen und Informationen (einschließlich der Unterrichtung über das Bestehen eines Widerrufsrechts) erst zu einem späteren Zeitpunkt erhält, zu diesem späteren Zeitpunkt (Art. 6 Abs. 1 S. 3 RL). Bleiben die

---

[23] Verordnung über Informations- und Nachweispflichten nach bürgerlichem Recht i. d. F. der Bekanntmachung v. 5. 8. 2002 (BGBl. I S. 3002).

[24] Vgl. *Dörner*, AcP 202 (2002) 363 (378); *Leverenz*, VersR 2003, 698 (701).

[25] BT-Drucks. 14/4987, S. 21.

[26] Vgl. auch *Micklitz/Ebers*, VersR 2002, 641 (644).

[27] *Schneider*, S. 34 f.

Vertragsbedingungen und Informationen aus, besteht das Widerrufsrecht unbefristet fort. Sonderregeln gelten für Lebensversicherungen (Art. 6 Abs. 1 S. 2, 3 RL). Das Widerrufsrecht ist bei Reise-, Gepäck- und ähnlich kurzfristigen Versicherungen mit einer Laufzeit von weniger als einem Monat ausgeschlossen (Art. 6 Abs. 2 lit. b RL). Die Widerrufsfrist gilt als gewahrt, wenn die Widerrufserklärung vor Fristablauf abgesandt wird (Art. 6 Abs. 6 RL). Als **Rechtsfolge des Widerrufs** sieht Art. Abs. 1, 3 RL vor, dass der Versicherungsnehmer nur eine Vergütung für den bis zum Widerruf gewährten Versicherungsschutz zu leisten braucht, und dies auch nur dann, wenn er vor Abgabe seiner Vertragserklärung auf diese eventuelle Zahlungsverpflichtung hingewiesen wurde und einer Vertragsausführung vor Ablauf der Widerrufsfrist ausdrücklich zugestimmt hatte.

Der deutsche Gesetzgeber hatte das **Widerrufsrecht** zunächst in § 48 c VVG a. F. umge- **16**
setzt[28]. Den Vorgaben der RL entsprechend galt es für Fernabsatzverträge über Versicherungen mit Verbrauchern (§ 48a Abs. 1 S. 1 VVG a. F.). Diese Beschränkung auf den Anwendungsbereich der Richtlinie schien dem VVG-Reformgesetzgeber „aber weder im Hinblick auf den geschützten Personenkreis noch auf die Art des Zustandekommens sachlich gerechtfertigt"[29], da ein entsprechendes Schutzbedürfnis gleichermaßen für alle natürlichen und juristischen Personen (mit Ausnahme von Versicherungsverträgen über Großrisiken) anzunehmen sei. Die sich aus der RL ergebenden Vorgaben für ein Widerrufsrecht bei Fernabsatzverträgen wurden daher in den §§ 8, 9 VVG **auf alle Versicherungsverträge ausgeweitet.** Für Vertragsabschlüsse im Fernabsatz gelten daher in Zukunft dieselben Bestimmungen wie für den Abschluss von Versicherungsverträgen im Allgemeinen, so dass sich eine Spezialdarstellung an dieser Stelle erübrigt und grundsätzlich auf die Ausführungen in § 8 verwiesen werden kann.

Besonderheiten gelten allerdings für die im Wege des **Fernabsatzes** i. S. des § 312b Abs. 1 **17**
und 2 BGB (vgl. Rn. 9) geschlossenen Versicherungsverträge insofern, als der in § 8 Abs. 3 Nr. 2 und 3 VVG im Hinblick auf Verträge über vorläufige Deckung sowie Versicherungsverträge bei Pensionskassen vorgesehene **Ausschluss des Widerrufsrechts** bei Fernabsatzverträgen gerade nicht eingreift. Da § 312b Abs. 1 und 2 BGB auch Vertragsabschlüsse im Internet erfasst (Rn. 9), bleibt demnach das allgemeine Widerrufsrecht auch bei Verträgen nach § 8 Abs. 3 Nr. 2 und 3 VVG bestehen, soweit diese elektronisch abgeschlossen werden.

Der Versicherungsnehmer kann seine Vertragserklärung innerhalb von zwei Wochen wi- **18**
derrufen (§ 8 Abs. 1 S. 1 VVG), wobei die **Widerrufsfrist** grundsätzlich zu dem Zeitpunkt beginnt, in welchem dem Versicherungsnehmer der Versicherungsschein und die nach § 7 Abs. 1 und 2 VVG vorgeschriebenen Informationen, d. h. insbesondere die Vertragsbestimmungen einschließlich der AVB sowie eine Belehrung über das Widerrufsrecht zugegangen sind (§ 8 Abs. 2 S. 1 VVG). Für den **elektronischen Geschäftsverkehr** (vgl. Rn. 6) gilt eine Zusatzregel nach § 8 Abs. 4 VVG. Hier setzt der Fristlauf nach dem Vorbild von § 312e Abs. 3 S. 2 BGB erst ein, wenn der VR die sich aus § 312e Abs. 1 S. 1 BGB ergebenden Pflichten (vgl. dazu Rn. 25 ff., 41 ff., 53 ff., 59 ff.) erfüllt hat.

Die Regelung der **Widerrufsfolgen** in § 9 VVG ist insoweit **europarechtswidrig,** als sie **19**
sich auf Fernabsatzverträge bezieht[30]. Während Art. 7 Abs. 1, 3 RL nämlich vorsieht, dass der VR vom Versicherungskunden nur dann ein Entgelt für das bis zum Zeitpunkt des Widerrufs getragene Risiko verlangen kann, wenn er diesen zuvor über den zu zahlenden Betrag unterrichtet hatte, verpflichtet § 9 S. 2 VVG den VR nur zur Rückzahlung der Prämien des ersten Jahres, und auch dies nur unter der Voraussetzung, dass der Versicherungsnehmer keine Leistungen aus dem Versicherungsvertrag in Anspruch genommen hatte.

---

[28] Gesetz zur Änderung der Vorschriften über Fernabsatzverträge bei Finanzdienstleistungen v. 2. 12. 2004 (BGBl. I S. 3102).
[29] BT-Drucks. 16/3945, S. 61.
[30] *Dörner,* FS Lorenz 2004, S. 195 (208); *Dörner/Staudinger,* WM 2006, 1710 (1713); *Grote/Schneider,* BB 2007, 2689 (2994).

II. Abgabe und Zugang von Willenserklärungen

1. Abgabe elektronischer Willenserklärungen

20   Auch elektronische Willenserklärungen können nur wirksam werden, wenn sie **abgegeben**, d. h. von dem Erklärenden endgültig und erkennbar geäußert und gewollt mit Richtung auf den Empfänger in den Verkehr gebracht worden sind. Das ist der Fall, wenn etwa der Versicherungskunde nach Anfertigung des Textes am Bildschirm oder Ausfüllen eines elektronischen Formulars mit einem Mausklick auf „Send" oder dem Drücken der Enter- oder Returntaste seine Erklärung (auch versehentlich, vgl. aber Rn. 40) in Richtung des VR absendet. Unwillentlich – ohne Wissen des Textverfassers – durch Dritte auf den Weg gebrachte Erklärungen binden den scheinbaren Absender nicht. Allerdings haftet er bei etwa dadurch entstandenen Schäden nach h. M. auf Ersatz, und zwar nach §§ 280 Abs. 1, 311 Abs. 2 BGB oder – nach anderer Auffassung – analog § 122 BGB[31].

2. Zugang elektronischer Willenserklärungen

21   Eine elektronische Willenserklärung wird nach allgemeinen Grundsätzen durch **Zugang** (§ 130 Abs. 1 S. 1 BGB) wirksam (und grundsätzlich unwiderruflich), wenn sie so in den **Machtbereich** des Empfängers **gelangt** ist, dass nach den Gepflogenheiten des Verkehrs unter gewöhnlichen Umständen eine Kenntnisnahme möglich und mit ihr auch zu rechnen ist[32]. Dagegen kommt es nicht darauf an, ob und wann der Empfänger die Erklärung tatsächlich zur Kenntnis nimmt. Wer sich auf den Zugang einer Erklärung beruft, trägt dafür die Beweislast[33]. Die erste Zugangsvoraussetzung – Gelangen in den Machtbereich und damit verbundene Möglichkeit der Kenntnisnahme – ist dann erfüllt, wenn die Erklärung für den Empfänger abrufbar gespeichert wurde, sei es in seiner eigenen Datenverarbeitungsanlage, sei es in einem „elektronischen Briefkasten", den der Empfänger bei einem „Mailserver" unterhält. Die bloße Kenntnisnahme einer auf einer fremden Homepage veröffentlichten Erklärung ohne eigenen Download reicht dazu nicht aus.

22   Eine **Kenntnisnahme unter gewöhnlichen Umständen** – zweite Voraussetzung – kann vom **VR** bzw. dessen Mitarbeitern auf der einen und von einem **unternehmerisch tätigen Versicherungskunden** (vgl. § 14 BGB) auf der anderen Seite regelmäßig am Tage der Speicherung erwartet werden, soweit die elektronische Erklärung den Zielrechner während der normalen Arbeitszeit erreicht. Damit ist der Zugang an diesem Tag erfolgt, auch wenn die elektronische Nachricht von den Mitarbeitern des jeweiligen Unternehmens an diesem Tag de facto noch gar nicht zur Kenntnis genommen worden ist. Die Auffassung, eine Erklärung gehe einem Unternehmer bereits im Moment der Speicherung selbst zu[34], erscheint zu streng, da auch bei unternehmerischer Rechnernutzung angesichts des üblichen Geschäftsbetriebs nicht immer gewährleistet sein kann, dass jede eingegangene Nachricht auch sofort und ohne die geringste zeitliche Verzögerung abgerufen wird bzw. werden kann.

23   Hinsichtlich des **Zugangs** einer Erklärung bei einem **privaten Versicherungsnehmer** (vgl. § 13 BGB) ist zu unterscheiden: Hat er dem VR gegenüber (ausdrücklich oder konkludent) zum Ausdruck gebracht, dass er das Internet als gleichwertiges Mittel rechtsgeschäftlicher Kommunikation ansieht und sich infolgedessen den üblichen Abfragerroutinen unterziehen will – indem er z. B. den Kontakt selbst auf elektronischem Wege aufgenommen hat oder in seinem Briefkopf auch eine E-Mail-Adresse angibt –, so kann auch von ihm erwartet werden, dass er seinen elektronischen Briefkasten regelmäßig – einmal am Tag – auf eingegangene Post hin überprüft. In diesem Fall ist i. d. R. davon auszugehen, dass eine Erklärung

---

[31] Vgl. BGH v. 30. 5. 1975, BGHZ 65, 13 (15); BGH v. 8. 3. 2006, NJW-RR 2006, 847 (849); *Palandt/ Heinrichs/Ellenberger*, BGB, 67. Aufl. 2008, § 122 Rn. 2 u. § 130 Rn. 4; teilweise abweichend etwa Münchener Kommentar/*Einsele*, BGB, Bd. 1, 5. Aufl. 2006, § 130 Rn. 14.

[32] Vgl. BGH v. 3. 11. 1976, BGHZ 67, 271 (275); BGH v. 26. 11. 1997, BGHZ 137, 205 (208). An dieser Definition hat auch § 312e Abs. 1 S. 2 BGB nichts geändert, anders *Hoeren*, in: *Hoeren/Spindler*, S. 10.

[33] BGH v. 13. 5. 1987, BGHZ 101, 49 (54).

[34] Vgl. etwa *Heun*, CR 1994, 595 (598); *Taupitz/Kritter*, JuS 1999, 839 (842).

des VR bereits am Tage der Absendung zugeht. Hat der VN dagegen das Internet *nicht* auf diese Weise als Kommunikationsweg freigegeben, so kann auch nicht ohne weiteres erwartet werden, dass er den elektronischen Posteingang regelmäßig überprüft. Hat der VR gleichwohl die E-Mail-Adresse eines (potentiellen) VN in Erfahrung gebracht, so geht eine elektronische Erklärung erst zu dem Zeitpunkt zu, in dem der VN sie tatsächlich zur Kenntnis nimmt.

Eine Willenserklärung wird nach **§ 130 Abs. 1 S. 1 BGB** nicht wirksam, wenn dem Empfänger vorher oder gleichzeitig ein **Widerruf** zugeht. Entgegen einer weit verbreiteten Vorstellung[35] ist dies auch bei elektronischen Willenserklärungen möglich, wenn z. B. aufgrund technischer Störungen die E-Mail mit dem Widerruf vor der ursprünglichen Erklärung den Zielrechner erreicht oder wenn die Erklärung und ihr Widerruf beide im Zielrechner gespeichert werden, *bevor* eine Kenntnisnahme durch den Empfänger üblicherweise erwartet werden kann (vgl. Rn. 21 f.).   **24**

3. Bestätigung von Antrag und Annahme (§ 312 e Abs. 1 S. 1 Nr. 3 BGB)

Nach § 312 e Abs. 1 S. 1 Nr. 3 BGB ist der Unternehmer, wenn er einen Dienstleistungs- und somit auch einen Versicherungsvertrag[36] im elektronischen Geschäftsverkehr (vgl. Rn. 6) schließen will, verpflichtet, den **Zugang** einer durch elektronische Willenserklärung erfolgten „Bestellung" des Kunden unverzüglich auf elektronischem Wege zu **bestätigen.** Der Kunde soll wissen, ob seine elektronische Erklärung auch angekommen ist. Diese Regelung ist zwingendes Recht (§ 312 f BGB). Unter „Bestellung" ist nicht nur eine Vertragserklärung, sondern darüber hinaus jegliche Kontaktaufnahme im Vorfeld des Vertrages wie z. B. eine Erkundigung über die angebotenen Produkte zu verstehen[37]. Der Zugang der „Bestellung" oder die Wirksamkeit des Vertrages hängt allerdings nicht von einer wirksamen Rückbestätigung ab[38]. In Verträgen zwischen einem VR und einem Unternehmer-Versicherungsnehmer kann die Bestätigungspflicht abbedungen werden (§ 312 e Abs. 2 S. 2 BGB).   **25**

Endet der von der Homepage eines VR ausgehende interaktive Vertragsabschlussprozess mit einer bloßen invitatio ad offerendum des VR und geht daher der Antrag auf Vertragsabschluss vom Versicherungskunden aus (vgl. Rn. 12), so muss der VR nach § 312 e Abs. 1 S. 1 Nr. 3 BGB den **Eingang des Vertragsantrags bestätigen.** Diese Bestätigung hat „unverzüglich" (im Sinne von § 122 BGB[39]) zu erfolgen. Da sich eine Bestätigungserklärung ohne weiteres als automatische Antwort auf den Bestellungseingang programmieren lässt[40], ist jede spätere Reaktion des VR nicht mehr pflichtgemäß[41]. Die Bestätigung kann mit der Annahme des Vertragsantrags verbunden werden (Auslegungsfrage[42]); aus einer isolierten Bestätigung kann der Versicherungskunde nicht schließen, dass der VR den Antrag auch annehmen werde[43]. Die Bestätigung hat per E-mail zu erfolgen; eine Anzeige nur auf einer Website genügt nicht[44].   **26**

Ist die **Bestätigung unterblieben,** kann der VR sie durch eine spätere Reaktion (Rückfrage, Annahme oder Ablehnung des Antrags) – wenn auch verspätet – nachholen[45]. Eine sol-   **27**

---

[35] Vgl. *Leverenz*, S. 69 f. m. w. N.; *Hoppmann*, in: *Kröger*, S. 103.

[36] Vgl. nur *Leverenz*, VersR 2003, 698 (699).

[37] *Staudinger/Thüsing*, a. a. O., § 312 e Rn. 38.

[38] Vgl. BT-Drucks. 14/6040, 173.

[39] Vgl. auch *Staudinger/Thüsing*, a. a. O., § 312 e Rn. 54.

[40] Vgl. *Glatt*, ZUM 2001, 393; *Schneider*, S. 60.

[41] Münchener Kommentar/*Wendehorst*, BGB, Bd. 2, 5. Aufl. 2007, § 312 e Rn. 99; großzügiger *Micklitz/Ebers*, VersR 2002, 641 (645); *Leverenz*, VersR 2003, 698 (704).

[42] Näher Münchener Kommentar/*Wendehorst*, a. a. O., § 312 e Rn. 96; *Staudinger/Thüsing*, a. a. O., § 312 e Rn. 47 f.

[43] Münchener Kommentar/*Wendehorst*, a. a. O., § 312 e Rn. 94.

[44] *Schneider*, S. 59 unter Berufung auf den Wortlaut von Art. 11 Abs. 1, 2. Spiegelstrich der E-Commerce-Richtlinie („eingehen", „abrufbar").

[45] Vgl. *Dörner*, AcP 202 (2002), 363 (378); Münchener Kommentar/*Wendehorst*, a. a. O., § 312 e Rn. 119.

che Nachholmöglichkeit wird von § 312e Abs. 3 S. 2 BGB vorausgesetzt[46]. Ist der Kunde allerdings angesichts der ausbleibenden Eingangsbestätigung davon ausgegangen, dass sein Antrag den VR nicht erreicht hat, und hat er deswegen den ins Auge gefassten Versicherungsvertrag bei einem anderen Anbieter abgeschlossen, so kann die Verletzung der Bestätigungspflicht – wenn der ursprünglich angesprochene VR den Antrag nunmehr annimmt – einen doppelten Vertragsschluss zur Folge haben. In diesem Fall muss der erste VR dem VN aus **culpa in contrahendo** (§§ 280 Abs. 1, 311 Abs. 2, 241 Abs. 2 BGB) den in der Belastung mit dem Zweitvertrag bestehenden **Schaden ersetzen**[47], etwa dadurch, dass er den Versicherungsnehmer von der zweiten Verpflichtung freistellt oder einer Aufhebung des mit ihm geschlossenen ersten Vertrages zustimmt[48].

28   Als weitere Sanktion einer Verletzung der Bestätigungspflicht sehen § 312e Abs. 3 S. 2 BGB und § 8 Abs. 4 VVG als lex specialis für die im elektronischen Geschäftsverkehr (Rn. 6) geschlossenen Versicherungsverträge vor, dass die **Frist** für den Widerruf der Vertragserklärung durch den Kunden bzw. Versicherungsnehmer erst in Gang gesetzt wird, wenn die Bestätigung erfolgt ist.

29   Macht der Versicherungsnehmer von seinem Widerrufsrecht Gebrauch, **entfallen** insoweit die **Voraussetzungen** eines **Anspruchs auf Ersatz** des sich aus der doppelten Vertragsbindung ergebenden Schadens (Rn. 27). Für darüber hinausgehende Schäden (etwa: Porto, Telefonkosten) kann er aber weiterhin vom VR Ersatz verlangen[49].

30   Führt die Webseite zu einem verbindlichen Antrag des VR (vgl. Rn. 12) und nimmt der Kunde diesen an, **bestätigt** der VR die **Vertragsannahme**. Unterbleibt die Bestätigung hier, handelt es sich um die Verletzung einer vertraglichen Nebenpflicht. Soweit daraus ein Schaden entsteht – weil der Versicherungsnehmer nach Ausbleiben einer unverzüglichen Bestätigung annimmt, dass seine Annahmeerklärung den VR nicht erreicht hat, und er daraufhin einen zweiten Vertrag bei einem anderen VR abschließt –, haftet der erste VR wiederum auf Schadensersatz nach § 280 Abs. 1 BGB (Rn. 27).

4. Verteilung von Kommunikationsrisiken

31   Die Definition des „Zugangs" von Willenserklärungen (Rn. 21) enthält eine **Verteilung der Kommunikationsrisiken** in der Weise, dass der Absender die Gefahr der Verzögerung und des Verlustes einer Erklärung bis zu dem Moment trägt, in dem die Erklärung – mit Kenntnisnahmemöglichkeit nach den Gepflogenheiten des Verkehrs – in den Machtbereich des Empfängers gelangt, d. h. bei elektronischen Erklärungen im Empfangsrechner gespeichert ist. Da die Versendung von elektronischen Willenserklärungen um ein Wesentliches störanfälliger ist als herkömmliche Übermittlungsarten, kommt dieser Risikoverteilung in der Praxis besondere Bedeutung zu. Dabei sind mehrere Phasen der Risikotragung zu unterscheiden. Den Zugang einer Erklärung sowie den Zeitpunkt des Zugangs muss beweisen, wer sich darauf beruft[50].

32   a) Geht die elektronische **Willenserklärung** im Netz **verloren** oder wird sie durch Fremdeinwirkung unterwegs abgefangen, erfolgt **kein Zugang**; die Erklärung wird nicht

---

[46] Streng genommen könnte die Pflicht zu „unverzüglicher" Bestätigung überhaupt nicht mehr erbracht werden; bei wörtlicher Auslegung könnte der Lauf einer Widerrufsfrist nach § 312e Abs. 3 S. 2 BGB daher, wenn der Unternehmer den Vertrag annimmt, niemals in Gang gesetzt werden. Auch mit einer späteren Erklärung wird aber die Unsicherheit des Kunden beseitigt, so dass § 312e Abs. 1 S. 1 i. V. m. Abs. 3 S. 2 BGB in der Weise verstanden werden sollte, dass eine Widerrufsfrist u. U. erst beginnt, wenn die Reaktion des Unternehmers dem Kunden zugeht, vgl. *Dörner*, a. a. O., S. 378.

[47] *Dörner*, a. a. O., S. 378f.; Münchener Kommentar/*Wendehorst*, a. a. O., § 312e Rn. 122; *Palandt/Heinrichs*, a. a. O., § 312e Rn. 7.

[48] Vgl. *Prölss/Martin/Prölss*, VVG, 27. Aufl. 2004, Zusatz zu § 3 Rn. 11f.; Münchener Kommentar/ *Wendehorst*, a. a. O., § 312e Rn. 122.

[49] Vgl. *Schneider*, S. 61 Fn. 183.

[50] BGH v. 18. 1. 1978, BGHZ 70, 232 (234); BGH v. 13. 5. 1987, BGHZ 101, 49 (55).

wirksam. Gleiches gilt nach h. M.[51], wenn die elektronische Botschaft zwar den Zielrechner erreicht, aber dort aus irgendeinem Grund (etwa: Systemabsturz, eingebauter Filter) nicht gespeichert werden kann (vgl. aber auch Rn. 33). Demgegenüber wird geltend gemacht, dass angesichts der Störanfälligkeit moderner Kommunikationsmittel das Übermittlungsrisiko strikter nach Einflusssphären verteilt werden und ein Zugang bereits dann bejaht werden müsse, wenn im „Aufnahmebereich" des Empfängers unter gewöhnlichen Umständen nur die „Möglichkeit der Speicherung" bestanden habe[52]. Diese Auffassung ist jedoch nicht zuletzt[53] deswegen abzulehnen, weil eine solche Vorverlagerung der Risikotragung für den Empfänger nicht mit der E-Commerce-Richtlinie (Rn. 3) und deren Umsetzung in § 312e Abs. 1 S. 2 BGB zu vereinbaren ist. Nach dieser Bestimmung setzt nämlich der Zugang einer elektronischen Erklärung deren Abrufbarkeit voraus; abrufbar ist eine Erklärung aber nur, wenn sie gespeichert wurde, und nicht bereits dann, wenn lediglich eine Speichermöglichkeit bestand.

Nach allgemeinen Regeln gilt allerdings eine nicht in den Machtbereich des Empfängers **33** gelangte elektronische Erklärung gleichwohl (arg §§ 162 Abs. 1, 815, 2. Fall BGB) als zugegangen, wenn dieser den **Zugang bewusst verhindert.** Eine erneute Übermittlung durch den Absender ist in diesem Fall entbehrlich[54]. Die Rechtslage ist anders, wenn der Empfänger den **Nichtzugang der Erklärung** aufgrund von Fahrlässigkeit zu **vertreten** hat und er aufgrund seines Berufes oder vorangehenden Verhaltens (Vertragsbeziehungen, Vertragsverhandlungen) mit dem Eingang elektronischer Erklärungen rechnen musste. *Beispiel:* Der VN hat aus Nachlässigkeit seinen „elektronischen Briefkasten" nicht geleert; der Speicher ist voll und nimmt keine neuen E-Mails mehr an. In diesem Fall hat der VR die Erklärung erneut zu übermitteln. Wenn er dies unterlässt, treten die Rechtsfolgen der Erklärung nach h. M. nicht ein. Holt der VR aber die Erklärung nach, muss der Empfänger sich nach § 242 so behandeln lassen, als habe er die Erklärung bereits zum Zeitpunkt des früheren Zugangsversuchs erhalten[55].

b) Ist die elektronische Willenserklärung bereits im **Zielrechner gespeichert,** wird sie **34** danach aber (z. B. aufgrund eines Computerdefekts) *vor dem Zeitpunkt* vernichtet, zu dem unter normalen Umständen vom Empfänger eine Kenntnisnahme hätte erwartet werden können (vgl. Rn. 21 f.), so ist ein **Zugang zu bejahen,** weil bei fortbestehender Funktionsfähigkeit des Empfangsrechners eine Kenntnisnahme möglich gewesen wäre. Das Risiko von Störungen, die *nach* einer Speicherung in seiner Einflusssphäre auftreten, trägt der Empfänger[56]. Gleiches gilt (erst recht), wenn die Erklärung zwar im Zielrechner des Adressaten gespeichert wurde und gespeichert geblieben ist, aufgrund eines technischen Defekts aber zum Zeitpunkt der üblichen Kenntnisnahme nicht abgerufen werden kann. *Beispiele:* Die Erklärung befindet sich auf dem Mailserver des Versicherungsnehmers, kann von dort aber nicht heruntergeladen werden, weil der eigene Computer defekt ist, oder sie befindet sich zwar im eigenen Rechner des Versicherungsnehmers, lässt sich aber wegen einer Störung weder am Bildschirm noch über den Drucker ausgeben. In diesen Fällen kann der VR nach der Verkehrsauffassung gleichwohl mit einer Kenntnisnahme rechnen, weil der Versicherungsnehmer geeignete Vorkehrungen treffen muss, um die in seinen Machtbereich gelangten Erklärungen zur Kenntnis zu nehmen (vgl. aber Rn. 35 f.). Technische Störungen im Verantwortungsbereich des Providers sind dem Empfänger zuzurechnen, weil der Provider als sein Empfangsbote anzusehen ist; der

---

[51] Etwa *Kuhn,* Rechtshandlungen mittels EDV und Telekommunikation (1991), S. 99; *Taupitz/Kritter,* JuS 1999, 839 (842); *Fritzsche,* JZ 1995, 630.

[52] *Heun,* CR 1994, 595 (598); *Burgard,* AcP 195 (1995), 74 (94 ff.); vgl. auch das obiter dictum des BGH v. 7. 12. 1994, NJW 1995, 665 (667).

[53] Vgl. näher *Dörner,* AcP 202 (2002), 363 (370).

[54] Vgl. nur BGH v. 26. 11. 1997, BGHZ 137, 205 (209 f.); *Palandt/Heinrichs/Ellenberger,* a. a. O., § 130 Rn. 16.

[55] Vgl. BGH v. 26. 11. 1997, BGHZ 137, 205 (208 f.); *Palandt/Heinrichs/Ellenberger,* a. a. O., § 130 Rn. 18.

[56] So auch *Taupitz/Kritter,* JuS 1999, 839 (843); anders *Ultsch,* DZWir 1997, 466 (469).

Adressat trägt also das Risiko einer verspäteten, unzutreffenden oder unterbliebenen Weiterleitung. Wird die Erklärung im Empfangsrechner gespeichert, aber etwa vom Versicherungsnehmer als Empfänger nicht gelesen, z. B. aufgrund eines Crashs, Virenbefalls oder weil der Versicherungsnehmer oder ein Dritter die Nachricht versehentlich gelöscht hat, ist die Erklärung natürlich ebenfalls zugegangen[57].

35   c) Zweifelhaft und umstritten ist die Behandlung des **Kompatibilitäts-** und **Update-Risikos**[58]. Es geht um die Fälle, in denen eine elektronische Willenserklärung z. B. des VR zwar auf dem Zielrechner gespeichert wurde, der Versicherungsnehmer sie aber überhaupt nicht oder nur korrumpiert abrufen kann, weil seine technische Ausstattung nicht mit der des VR kompatibel ist, insbesondere weil er nicht über die erforderliche Softwareversion verfügt. Dazu wird die Auffassung vertreten, dass „Zugang" eine zumutbare Möglichkeit inhaltlicher Kenntnisnahme voraussetze und eine nicht lesbare oder aber nicht problemlos konvertierbare Erklärung daher nicht zugegangen sei[59]. Nach anderer Ansicht soll der Empfänger dagegen verpflichtet sein, kompatible Software vorzuhalten, wenn der Absender sich einer „am Markt verbreiteten Technologie" bediene[60]; dies würde bedeuten, dass der Verbraucher seinen technischen Standard immer auf dem neuesten Stand halten muss.

36   Richtig erscheint demgegenüber eine **differenzierende Lösung,** die sich aus den allgemeinen Regeln der Zugangslehre (vgl. Rn. 21 f.) ergibt. Da die Erklärung mit der Speicherung auf dem Zielrechner in den Machtbereich des Empfängers gelangt ist, kommt es entscheidend darauf an, ob diesem nach der Verkehrsanschauung eine Kenntnisnahme möglich ist – z. B. dadurch, dass er seinen Rechner auf den dazu erforderlichen Standard hochrüstet. Von einem Unternehmer wird man in der Tat erwarten können, dass er seine Rechnerausstattung auf den verkehrsüblichen Standard bringt. Diesem ist daher bei einer Ausstattung unter Standard die nicht aufrufbare oder nicht konvertierbare Erklärung ohne weiteres zugegangen. Dagegen ist einem Verbraucher nicht zuzumuten, dass er angesichts des schnellen technologischen Wandels gerade im Bereich des Internet laufend Mittel zur Nachrüstung seiner Hard- und Software aufbringt. Nach der Verkehrsanschauung kann daher bei einem Verbraucher nicht ohne weiteres mit einer Kenntnisnahme gerechnet werden. Der Absender – in der Regel der VR – muss auch auf eine Substandardausstattung gefasst sein und sich darauf einrichten. Die an den privaten Versicherungsnehmer übermittelte Erklärung ist daher bei Inkompatibilität der Systeme nicht zugegangen. Wenn allerdings der Versicherungsnehmer bemerkt, dass ein identifizierbarer Absender versucht hat, eine im Ergebnis nicht lesbare Information zu übermitteln, kann man von ihm nach Treu und Glauben erwarten, dass er den VR von dem fehlgeschlagenen Versuch in Kenntnis setzt. Wenn er dies unterlässt, haftet er für etwa bei dem VR eingetretene Schäden aus culpa in contrahendo (§§ 280 Abs. 1, 241 Abs. 2 BGB).

III. Anfechtung bei Willensmängeln

37   Internet-Nutzer sind bei der Willensbildung und -erklärung denselben **Irrtumsrisiken** ausgesetzt wie im nicht-elektronischen Geschäftsverkehr. Daher gelten für elektronische Erklärungen von VR wie Versicherungsnehmer zunächst die allgemeinen Regeln der §§ 119 ff., 142 BGB und 22 VVG. Je nach Ursache des Irrtums sind im Übrigen einige typische Fälle zu unterscheiden[61]:

---

[57] Vgl. nur *Dörner,* a. a. O., S. 372.

[58] Näher *Dörner,* a. a. O., S. 372 ff.

[59] BT-Drucks. 14/2658, S. 40 (zum Fernabsatzgesetz); BT-Drucks. 14/4987, S. 2 (zum Formanpassungsgesetz); kritisch *Fuchs,* ZIP 2000, 1273 (1279); vgl. dazu auch bereits *Staudinger,* in: Die Schuldrechtsreform vor dem Hintergrund des Gemeinschaftsrechts, hrsg. v. *Schulze/Schulte-Nölke,* 2001, 295 (303).

[60] Vgl. Münchener Kommentar/*Ulmer,* BGB, 4. Aufl. 2001, § 361a Rn. 100.

[61] Vgl. dazu bereits *Kuhn,* Rechtshandlungen mittels EDV und Telekommunikation (1991), 54 ff.; zum Folgenden insbes. *Mehrings,* in: Handbuch Multimediarecht, hrsg. v. *Hoeren/Sieber* (Loseblattausgabe 1998 ff.) 13.1, Rn. 229 ff.

1. Eingabefehler

Besonders häufig sind **Eingabefehler:** Der Computernutzer gibt aus Flüchtigkeit oder **38** mangelnder Konzentration bei der Abgabe einer elektronischen Willenserklärung mit Tastatur oder Maus ein falsches Zeichen (etwa: „Zahlendreher") oder einen falschen Befehl ein oder „verklickt" sich auf einem Feld einer fremden Homepage. In diesen Fällen erklärt der Nutzer etwas anderes, als er eigentlich wollte, und ist daher einem **Erklärungsirrtum** i. S. d. § 119 Abs. 1, 2. Fall BGB erlegen.

Beispiel: Ein Systembetreuer des beklagten VR hatte es versehentlich unterlassen, eine „1" in **39** den Rechner einzugeben. Dies hatte zur Folge, dass versehentlich ein Versicherungsschein an den Versicherungskunden übersandt wurde und dadurch der – irrige – Eindruck entstand, der VR wolle den Antrag auf Abschluss einer Gebäudeversicherung annehmen. Das OLG Köln[62] hat eine Anfechtung wegen Erklärungsirrtums nach § 119 Abs. 1, 2. Fall BGB zugelassen.

Etwas anders liegt die Problematik dann, wenn der Nutzer überhaupt nicht weiß, dass er **40** mit seinem Mausklick oder Tastenschlag überhaupt eine Willenserklärung abgibt, so z. B., wenn er die Homepage des VR verlassen will, statt dessen aber eine Willenserklärung auf den Weg bringt, oder er eine rechtsgeschäftliche Erklärung vorbereitet hat, aber noch nicht abschicken will, und dann aus Versehen auf den „Send"-Befehl drückt. In diesen Fällen **fehlt** dem Betreffenden das **aktuelle Erklärungsbewusstsein.** Gleichwohl wird ihm die Erklärung zugerechnet. Nach mittlerweile ständiger Rechtsprechung des BGH[63] setzt eine Zurechnung voraus, dass der Erklärende bei verkehrsüblicher Sorgfalt hätte erkennen und vermeiden können, dass die Erklärung nach Treu und Glauben und unter Berücksichtigung der Verkehrssitte als Willenserklärung aufgefasst wurde, und der Empfänger sie auch tatsächlich so verstanden hat. Diese Voraussetzungen liegen in den angeführten Beispielen vor; dem Erklärenden musste klar sein, dass seine elektronische Botschaft als Willenserklärung aufgefasst werden würde, und er hätte diesen Eindruck durch einen sorgfältigeren Umgang mit Tastatur oder Maus vermeiden können[64]. Allerdings lässt die h. M.[65] auch in diesem Fall eine Anfechtung analog § 119 Abs. 1 BGB zu. Der Anfechtende ist dann zum Ersatz des Vertrauensschadens verpflichtet (§ 122 BGB).

2. Vermeidung von Eingabefehlern (§ 312 e Abs. 1 S. 1 Nr. 1 BGB)

Um derartige **Eingabefehler** und ihre Folgen nach Möglichkeit zu **vermeiden,** sieht der **41** auf die E-Commerce-Richtlinie (Rn. 3) zurückgehende § 312 e Abs. 1 S. 1 Nr. 1 BGB vor, dass ein im E-Commerce tätiger Unternehmer (vgl. dazu Rn. 6) dem Kunden „angemessene, wirksame und zugängliche technische Mittel zur Verfügung stellen" muss, mit deren Hilfe Eingabefehler vor Abgabe einer Willenserklärung erkannt und korrigiert werden können. Diese Regelung ist zwingend (§ 312f BGB). Es geht also beispielsweise darum, dass der VR dem Versicherungskunden vor der endgültigen Absendung den Text seiner Erklärung noch einmal anzeigt und ihm die Möglichkeit einräumt, Berichtigungen vorzunehmen[66]. Über die Handhabung dieser Korrekturmöglichkeit muss er den Versicherungskunden vor der Bestellung auch klar und verständlich informieren (§ 312e Abs. 1 S. 1 Nr. 2 i. V. m. Art. 241 EGBGB und § 3 Nr. 3 der InformationspflichtenVO[67]). Diese Regelung gilt nicht bei einem im Wege

---

[62] OLG Köln v. 20. 2. 2001, NVersZ 2001, 351; vgl. auch OLG Frankfurt/M. v. 9. 2. 1996, VersR 1996, 1353 (1354).

[63] BGH v. 7. 6. 1984, BGHZ 91, 324 (330); BGH v. 2. 11. 1989, BGHZ 109, 171 (177); BGH v. 7. 11. 2001, BGHZ 149, 129 (136).

[64] Vgl. dazu *Waldenberger,* EuZW 1999, 296 (300); *Mehrings,* a. a. O., 13.1 Rn. 252ff.; anders BT-Drucks. 14/6040173 (keine rechtsverbindliche Willenserklärung).

[65] Vgl. nur BGH v. 7. 6. 1984, BGHZ 91, 324 (329ff.); *Palandt/Heinrichs/Ellenberger,* a. a. O., Einf. vor § 116 Rn. 17.

[66] Einzelheiten bei Münchener Kommentar/*Wendehorst,* a. a. O., § 312e Rn. 66ff.; *Leverenz,* VersR 2003, 698 (700f.).

[67] Verordnung über Informationspflichten nach bürgerlichem Recht (BGB-InfoV) v. 14. 11. 1994 (BGBl. I S. 3436) i. d. F. vom 5. 8. 2002 (BGBl. I S. 3001).

Dörner

individueller Kommunikation geschlossenen Vertrag (§ 312e Abs. 2 S. 1 BGB); sie kann bei Vertragsschlüssen zwischen Unternehmern abbedungen werden (§ 312e Abs. 2 Satz 2 BGB).

42   Hat der VR **keine Korrekturmöglichkeiten installiert** oder über ihre Benutzung nicht hinreichend unterrichtet, soll nach der Gesetzesbegründung[68] und einer im Schrifttum vertretenen Ansicht[69] bei Anfechtung des Kunden der Anspruch auf Ersatz des Vertrauensschadens (§ 122 BGB) gemäß § 242 BGB (Verbot widersprüchlichen Verhaltens) oder § 254 BGB (Mitverschulden) ausgeschlossen sein.

43   Indessen steht dem Versicherungsnehmer neben einem Anfechtungsrecht gemäß § 8 Abs. 1 VVG auch ein Recht zum **Widerruf** seiner Vertragserklärung innerhalb einer Frist von 14 Tagen zu; im elektronischen Geschäftsverkehr beginnt der Fristlauf erst, wenn der VR seine Verpflichtung aus § 312e Abs. 1 S. 1 Nr. 1 BGB erfüllt hat (§ 8 Abs. 4 VVG). Da nun aber die Pflicht zur Installation von Korrekturmechanismen oder zur Belehrung darüber *nach* Abgabe der Willenserklärung des Versicherungsnehmers gar nicht mehr erfüllt werden kann, eben weil die Korrekturmittel eine Berichtigung von Eingabefehlern **vor der Abgabe** ermöglichen müssen, ist dem VR eine Erfüllung seiner Installations- und Belehrungspflicht nach einem bereits erfolgten Vertragsabschluss unmöglich geworden. Damit steht dem VN über die Regelfrist von zwei Wochen hinaus (§ 8 Abs. 1 S. 1 VVG) ein **unbefristetes Widerrufsrecht** zu, das allerdings nach Treu und Glauben (§ 242 BGB) **verwirkt** wird, wenn der VR aus dem Verhalten des Versicherungsnehmers den Eindruck gewinnen darf, dass dieser den Vertrag ungeachtet der in der Vertragsabschlussphase aufgetretenen Defizite abwickeln will. Im Ergebnis ist der Versicherungsnehmer damit auf eine Irrtumsanfechtung gemäß oder analog § 119 Abs. 1 BGB mit ihrer zeitlichen Beschränkung, dem Vertrauensschadensersatz (§ 122 BGB) und ihren Beweisschwierigkeiten nicht angewiesen[70].

44   Steht dem VN dagegen – etwa beim Abschluss eines Versicherungsvertrages mit kürzerer als einmonatiger Laufzeit (vgl. § 8 Abs. 3 S. 1 Nr. 1 VVG) oder bei Verträgen über ein Großrisiko (§ 8 Abs. 3 S. 1 Nr. 4 VVG) – kein Widerrufsrecht zu, so müsste er einen Eingabefehler nachweisen, um seine Erklärung anfechten zu können. Erst *danach* würde sich die Frage stellen, ob dem VR wegen seines eigenen Verstoßes gegen § 312e Abs. 1 S. 1 Nr. 1 BGB ein Anspruch auf Ersatz des Vertrauensschadens zu versagen ist (vgl. Rn. 42). Da der Nachweis eines Erklärungsirrtums einerseits in der Regel nicht leicht zu führen sein wird, andererseits aber Art. 20 der E-Commerce-Richtlinie den Mitgliedstaaten vorschreibt, „wirksame, verhältnismäßige und abschreckende" Sanktionen für den Fall festzusetzen, dass ein Diensteanbieter den in der Richtlinie vorgesehenen Pflichten nicht nachkommt, sollten dem Versicherungsnehmer zumindest – vielleicht durch eine entsprechende Anwendung von § 287 ZPO – Erleichterungen bei der Beweisführung eingeräumt werden[71]. Beweist der Versicherungsnehmer danach die Voraussetzungen eines Anfechtungsrechts, könnte man dem VR einen Anspruch auf Ersatz des Vertrauensschadens – gestützt eventuell auf eine analoge Anwendung von § 122 Abs. 2 BGB – versagen.

45   Ein Anspruch aus **culpa in contrahendo** (§§ 280 Abs. 1, 311 Abs. 2, 241 Abs. 2 BGB) wird dem Versicherungsnehmer dagegen nicht wesentlich weiterhelfen. Zwar könnte er verlangen, so gestellt zu werden, wie wenn der VR seinen Belehrungspflichten ordnungsgemäß nachgekommen wäre. Dies würde aber ebenfalls den Nachweis voraussetzen, dass die unterbliebene Bereitstellung von Korrekturmechanismen bzw. Verletzung der Belehrungspflichten für einen Eingabefehler ursächlich waren.

---

[68] BT-Drucks. 14/6040, S. 173.

[69] *Glatt*, ZUM 2001, 391 (395); *Hoeren*, in: *Hoeren/Spindler* 12; *Palandt/Heinrichs/Ellenberger*, a. a. O., § 312e Rn. 5; vgl. auch *Spindler*, MMR-Beilage 7/2000, S. 11.

[70] Kritisch *Schneider*, S. 62 Fn. 187; einen Rücktritt nach § 323 BGB erwägen *Micklitz/Ebers*, VersR 2002, 641 (650).

[71] Andernfalls müsste bezweifelt werden, ob der deutsche Gesetzgeber der in Art. 20 der E-Commerce-Richtlinie vorgesehenen Verpflichtung zur Festlegung hinreichender Sanktionen in angemessenem Umfang nachgekommen ist. Als Sanktion bliebe nämlich im Wesentlichen nur noch die Möglichkeit einer Unterlassungsklage nach den §§ 2 UKlaG bzw. 8 UWG, vgl. *Micklitz*, EuZW 2001, 133 (142).

3. Übermittlungsfehler

Tritt ein **Übermittlungsfehler** auf – weil die elektronische Erklärung z. B. aufgrund einer **46**
Netzstörung, Virenattacke oder eines Softwarefehlers nur unvollständig oder korrupiert im
Zielrechner ankommt – so gilt die Erklärung so, wie sie aus der Sicht des Empfängers (§§ 133,
157 BGB) verstanden werden musste. Nimmt der Empfänger jetzt den inhaltlich verändert
zugegangenen Antrag an, so kommt der Vertrag mit dem Inhalt zustande, wie er dem Empfänger zugegangen war. Allerdings kann der Absender seine Erklärung unter den Voraussetzungen des **§ 120 BGB wegen falscher Übermittlung** anfechten. Nach Änderung durch
das Formanpassungsgesetz (Rn. 4) ist in § 120 BGB nicht mehr von der Übermittlung durch
eine (Post- oder Telegrafen-) Anstalt, sondern durch eine „Einrichtung" die Rede. Diese Erweiterung des Anwendungsbereichs soll dem Umstand Rechnung tragen, dass gerade elektronische Erklärungen von privaten Dienstleistern weitergeleitet werden, die möglicherweise
gar nicht in die Weiterbeförderung der elektronischen Erklärung eingeschaltet sind, sondern
nur das Leitungsnetz zur Verfügung stellen. Die Vorschrift greift also nicht nur ein, wenn
Störfälle im Rechner des Providers auftreten[72], sondern auch dann, wenn Erklärungen aufgrund einer Netzstörung unrichtig übermittelt werden.

4. Softwarefehler

Dass eine auf elektronischem Wege abgegebene Erklärung nicht dem Willen des Erklären- **47**
den entspricht, kann darauf zurückzuführen sein, dass er selbst eine fehlerhafte Software eingesetzt hat[73]. In Falle eines solchen **Softwarefehlers** liegt der Defekt nicht in der Willenserklärung selbst; der Erklärende irrt sich vielmehr über die Qualität der von ihm eingesetzten
Software und damit über tatsächliche Umstände, die ihn zur Abgabe seiner Erklärung veranlasst haben. Es handelt sich um einen **Motivirrtum,** der lediglich als Eigenschaftsirrtum
i. S. d. § 119 Abs. 2 BGB relevant werden könnte. Ein Irrtum über die Fehlerfreiheit der benutzten Software wird aber nach der Verkehrsanschauung bei Geschäften im E-Commerce
nicht als verkehrswesentlich angesehen, weil das Risiko einer Benutzung fehlerhafter Software von dem Benutzer selbst getragen werden muss. Eine Irrtumsanfechtung ist daher nicht
möglich[74].

IV. Einbeziehung der AVB und Bereitstellung der Vertragsbedingungen

1. Allgemeine Einbeziehungsvoraussetzungen

Auch bei einem auf elektronischem Wege erfolgenden Vertragsschluss werden **AVB** nur **48**
dann **Vertragsbestandteil,** wenn sie nach Maßgabe der §§ 305 Abs. 2, 305 c Abs. 1 BGB
einbezogen worden sind. Der nach § 305 Abs. 2 Nr. 1 BGB erforderliche **ausdrückliche
Hinweis** kann ohne weiteres in einer individuellen E-Mail oder – bei einem Vertragsabschluss im E-Commerce (Rn. 6) – durch eine entsprechende Information auf der Website
des Anbieters erfolgen. Dafür ist ein nicht dezentral platzierter, nicht zu übersehender Button
(am besten mit einem Link auf den AVB-Text) erforderlich[75].

Die dem Vertragspartner zu verschaffende **Möglichkeit,** in zumutbarer Weise vom Inhalt **49**
der AVB **Kenntnis zu nehmen** (§ 305 Abs. 2 Nr. 2 BGB), muss nach völlig h. M. zu dem
Zeitpunkt gewährleistet sein, in dem der Kunde eine verbindliche Vertragserklärung abgibt[76].
Dies ist nicht nur bei einer vorherigen elektronischen Übersendung der Bedingungen der

---

[72] Vgl. OLG Frankfurt/M. v. 20. 11. 2002, OLGR Frankfurt 2003, 88 ff.: Fehler in der vom Provider
benutzten Software.

[73] Vgl. *Mehrings,* in: Handbuch Multimediarecht, hrsg. v. *Hoeren/Sieber* (Loseblattausgabe 1998 ff.) 13.1,
Rn. 244.

[74] Im Ergebnis h. M., vgl. *Köhler,* AcP 182 (1982), 126 (135); *Mehrings,* a. a. O., Rn. 13.1, Rn. 244; *Tau-
pitz/Kritter,* JuS 1999, 839 (843).

[75] Vgl. *Leverenz,* S. 74; *Hoppmann,* in: *Kröger,* S. 107.

[76] Vgl. *Ulmer* in: *Ulmer/Brandner/Hensen,* AGB-Recht, 10. Aufl., 2006, § 305 Rn. 147 a, 155 ff.; Münchener Kommentar/*Basedow,* BGB, Bd: 2, 5. Aufl. 2007, § 305 BGB Rn. 73.

Fall, sondern auch dann, wenn der VN vor Abgabe seiner Erklärung den Text der AVB von der Homepage des VR (mit gängiger Software) herunterladen, auf seinen eigenen Datenträgern speichern bzw. ausdrucken kann[77]. Die damit verbundenen Eigenaktivitäten des Versicherungskunden sind ihm angesichts der hohen Übertragungsgeschwindigkeit und der geringen Übertragungs- bzw. Ausdruckkosten zuzumuten. Dagegen erfüllt eine Nur-Lese-Version auf der Website des VR die Voraussetzung einer zumutbaren Kenntnisnahmemöglichkeit nach h. M. nicht[78], weil dies den Kunden zwingen würde, zum Studium der Bedingungen eine – in der Regel kostenpflichtige – Verbindung aufrechtzuerhalten bzw. wiederholt herzustellen. Es versteht sich von selbst, dass die üblicherweise an AVB im Hinblick auf Übersichtlichkeit und Lesbarkeit zu stellenden Anforderungen eingehalten werden müssen.

50 Sind dem Versicherungskunden die AVB **vor Antragstellung nicht zur Verfügung** gestellt worden, kommt der Vertrag gemäß § 306 Abs. 1 BGB zunächst ohne Einbeziehung der AVB zustande[79]. Eine nachträgliche Einbeziehung kann nur durch einen Änderungsvertrag erfolgen, der allerdings eine ausdrückliche Einverständniserklärung des Versicherungsnehmers voraussetzt[80]. Schlüssiges Verhalten wie z. B. die Überweisung der ersten Prämie reicht demnach nicht aus. Ohne eine solche nachträgliche Einbeziehung muss der Vertragsinhalt grundsätzlich unter Rückgriff auf dispositives Gesetzesrecht (§ 305 Abs. 2 BGB) bestimmt bzw. im Wege einer ergänzenden Vertragsauslegung erschlossen werden[81].

51 Allerdings stellt sich gerade bei Verträgen über das „Rechtsprodukt Versicherung" die Frage, ob ein solches Verfahren überhaupt möglich ist oder aber ein **„Torsovertrag"**[82] ohne AVB notwendig gemäß § 306 Abs. 3 BGB **unwirksam** sein muss. Der BGH hat jedenfalls die Auffassung vertreten, dass eine Nichteinbeziehung von AVB nicht zwingend die Unwirksamkeit des Gesamtvertrages nach sich zieht. Ob sich ein sinnvoller Vertragsinhalt auch ohne AVB ermitteln lasse, hänge vielmehr von den jeweiligen Umständen ab[83]. Dem ist im Ansatz zuzustimmen[84].

52 Das schließlich erforderliche **Einverständnis** des Versicherungskunden (§ 305 Abs. 2 BGB a. E.) wird regelmäßig dadurch erfolgen, dass er – nachdem er vom VR auf dessen Website korrekt (Rn. 48) auf die Geltung der AVB hingewiesen wurde – seinen Antrag (z. B. durch Ausfüllung eines elektronischen Formulars) konkludent unter Bezugnahme auf die AVB abgibt[85].

---

[77] Die für einen Vertragsabschluss per Bildschirmtext geltenden Einschränkungen der Rechtsprechung (vgl. OLG Köln v. 21. 11. 1997, NJW-RR 1998, 1277 [1278]) sind nach übereinstimmender Ansicht auf das Internet wegen dessen wesentlich benutzerfreundlicherer Oberfläche nicht übertragbar, vgl. Münchener Kommentar/*Basedow*, a. a. O., § 305 Rn. 65; *Löhning*, NJW 1997, 1689; *Waldenberger*, BB 1996, 2365 (2368); *Schimikowski*, r+s 1999, 485; *Hoppmann/Moos*, NVersZ 1999, 197 (198 f.); *Reusch*, NVersZ 1999, 110 (115); *Vomhof*, Rn. 20; *Fricke*, VersR 2001, 925 (930); *Hoeren*, in: *Hoeren/Spindler*, S. 15; *Ernst*, in: *Basedow* u. a., S. 116 ff.

[78] Vgl. auch Münchener Kommentar/*Basedow*, a. a. O., § 305 Rn. 65; *Micklitz/Ebers*, VersR 2002, 641 (646); *Schneider*, S. 81 m. w. N.

[79] Vgl. nur *Ulmer*, a. a. O., § 305 Rn. 168.

[80] BGH v. 16. 12. 1982, BGHZ 86, 135 (137); BGH v. 22. 9. 1983, NJW 1984, 1112; *Ulmer*, a. a. O., § 305 Rn. 257; *Palandt/Heinrichs*, a. a. O., § 305 Rn. 47; Münchener Kommentar/*Basedow*, a. a. O., § 305 Rn. 75.

[81] BGH v. 22. 1. 1992, BGHZ 117, 92 (98); BGH v. 13. 11. 1997, BGHZ 137, 153 (157); *H. Schmidt* in: *Ulmer/Brandner/Hensen*, a. a. O., § 306 Rn. 33 ff.

[82] Vgl. *H. Schmidt*, a. a. O., § 306 Rn. 53.

[83] BGH v. 21. 12. 1981, NJW 1982, 824 (825); vgl. auch BGH v. 22. 1. 1992, BGHZ 117, 92 (99); anders – Unwirksamkeit wegen Fehlens dispositiver Vorschriften – OLG Oldenburg v. 28. 2. 1996, WM 1996, 1397 (1398).

[84] Vgl. bereits *Dörner/Hoffmann*, NJW 1996, 153 (155).

[85] Vgl. allgemein *Ulmer*, a. a. O., § 305 Rn. 161; zur Einverständniserklärung auf elektronischem Wege insbes. *Ernst*, in: *Basedow* u. a., S. 115 f.

2. Abruf und Speicherung in wiedergabefähiger Form (§ 312 e Abs. 1 S. 1 Nr. 4 BGB)

In **§ 312 e Abs. 1 S. 1 Nr. 4 BGB** wird dem E-Commerce-Unternehmer (Rn. 6) aus- **53** drücklich vorgeschrieben, dem Kunden bei Vertragsschluss **Abruf und Speicherung** der Vertragsbedingungen zu **ermöglichen.** Diese Bereitstellung von AGB – in § 305 Abs. 2 BGB nur als Einbeziehungsvoraussetzung ausgestaltet (Rn. 48) – wird hier zum Inhalt einer echten Verhaltenspflicht gemacht. Beide Regelungen gelten nebeneinander[86]. Die Verpflichtung besteht ebenfalls, wenn der Vertrag im Wege individueller Kommunikation (etwa durch Austausch von E-Mails) geschlossen wird (arg. § 312 e Abs. 2 S. 1 BGB); sie ist zwingend (§ 312 f BGB) und kann auch im Verhältnis zu einem Unternehmer-Kunden nicht abbedungen werden (arg. § 312 e Abs. 2 S. 2 BGB). Der Vertragspartner eines VR muss infolgedessen die Möglichkeit haben, die AVB (in geschlossener Darstellung) auf seinen Bildschirm zu rufen und auf einem eigenen, einen wiederholten Zugriff ermöglichenden Medium (Festplatte, Diskette, CD, Memory Stick) zu speichern[87]. Die Pflicht ist „bei Vertragsschluss" zu erfüllen; in Ermangelung präziser Vorgaben durch die E-Commerce-Richtlinie (Rn. 3) gilt hinsichtlich dieses Zeitpunkts das zu § 305 Abs. 2 BGB Gesagte (Rn. 49): Da die Informationspflicht ihren Zweck nur erfüllen kann, wenn der bei elektronischen Vertragsabschlüssen besonders schutzbedürftige, weil ohne persönlichen Kontakt mit dem Vertragspartner kontrahierende Kunde vor Übernahme einer Verpflichtung weiß, auf welche Bedingungen er sich einlässt, muss dieser die Möglichkeit zur Erlangung der erforderlichen Informationen besitzen, **bevor** er die ihn bindende Vertragserklärung abgibt[88].

Die Informationspflicht nach § 312 e Abs. 1 S. 1 Nr. 4 BGB ist im Gegensatz zu § 305 Abs. 2 **54** BGB nicht allein auf AVB beschränkt, sondern bezieht sich auf **sämtliche Bedingungen** des Vertrages. Der VR muss daher auch Abreden über essentialia negotii (Leistungsumfang, Prämie) und etwa getroffene individuelle Nebenabreden zum Download bereitstellen. Die Verpflichtung besteht – gegenüber **Unternehmer-Kunden** – ebenfalls dann, wenn die Einbeziehung von AGB auf der Grundlage der §§ 305 Abs. 2, 310 Abs. 1 BGB – etwa aufgrund Branchenüblichkeit oder im Rahmen einer ständigen Geschäftsbeziehung – unter erleichterten Bedingungen erfolgt. Hat der VR zwar die Voraussetzungen des § 305 Abs. 2 BGB, nicht aber die weitergehenden des § 312 e Abs. 1 S. 1 Nr. 4 erfüllt, kommt es zum Abschluss des Versicherungsvertrages auf der Grundlage der einbezogenen AVB. Der Verstoß gegen die Bereitstellungspflicht des § 312 e Abs. 1 S. 1 Nr. 4 BGB verhindert also das Zustandekommen des Vertrages nicht.

Ein VR, der dem Versicherungskunden keinen Abruf nach § 312 e Abs. 1 Satz 1 Nr. 4 BGB **55** ermöglicht, handelt rechtswidrig und setzt sich dadurch **Unterlassungsklagen** nach §§ 2 UKlaG oder 8 UWG aus[89]. Ein grundsätzlich ebenfalls möglicher Schadensersatzanspruch aus culpa in contrahendo (§§ 280 Abs. 1, 311 Abs. 2, 241 Abs. 2 BGB) dürfte dagegen keine große Bedeutung haben. Ohne Abruf- und Speichermöglichkeit werden die AVB in der Regel überhaupt nicht Vertragsinhalt werden (vgl. Rn. 49), so dass allenfalls ein „Torsovertrag" zustande kommt (Rn. 51). Dann erübrigt sich aber auch eine Abspeicherung der AVB. Sind die AVB dagegen – etwa im Verhältnis zu einem Unternehmer-Kunden (Rn. 52) – trotz Verstoßes gegen § 312 Abs. 1 S. 1 Nr. 4 BGB Vertragsbestandteil geworden, so ist nur schwer vorstellbar, wie dem Versicherungsnehmer allein aufgrund der fehlenden Download-Möglichkeit ein Schaden entstanden sein könnte. Immerhin wäre denkbar, dass bei dem Versicherungsnehmer erhöhte Kosten anfallen, wenn er die AVB oder andere Vertragsbedingungen nachträglich einfordert.

---

[86] *Schneider,* S. 84.

[87] Vgl. dazu Münchener Kommentar/*Wendehorst,* a. a. O., § 312 e Rn. 105 ff.

[88] Vgl. *Micklitz/Ebers,* VersR 2002, 641 (647); *Spindler,* in: *Hoeren/Spindler, S.* 127; *Schneider,* S. 85; anders Münchener Kommentar/*Wendehorst,* a. a. O., § 312 e Rn. 108 (innerhalb angemessener Zeitspanne); vgl. auch *Leverenz,* VersR 2003, 698 (704: unmittelbar nach Vertragsannahme); *Grigoleit,* NJW 2002, 1151 (1157: unmittelbar nach Vertragsschluss).

[89] Münchener Kommentar/*Wendehorst,* § 312 e Rn. 125.

56 Soweit dem VN ein Widerrufsrecht nach § 8 Abs. 1 VVG zusteht, setzt der **Fristlauf** für die Ausübung nach § 8 Abs. 4 VVG erst mit der nachgeholten **Erfüllung der Bereitstellungspflicht**[90] ein. Wird diese Verpflichtung vom VR auch nachträglich nicht erfüllt, besteht das jeweilige Recht zur Vertragsauflösung bis zu einer im Einzelfall festzustellenden Verwirkung (§ 242 BGB) fort (vgl. Rn. 43).

V. Beratungs- und Informationspflichten des Versicherers

1. Informationspflichten des E-Commerce (§§ 5, 6 TMG; 312e Abs. 1 S. 1 Nr. 2 BGB)

57 Ein VR, der seine Produkte über das Internet vertreibt, hat die Informationspflichten der §§ 5, 6 **Telemediengesetz** (TMG[91]) zu beachten, welche die Vorgaben von Art. 5 f. der E-Commerce Richtlinie (Rn. 3) in deutsches Recht umsetzen[92]. Er muss bei seinem Internetauftritt beispielsweise Namen, Anschrift und Vertretungsberechtigte nennen (§ 5 Abs. 1 Nr. 1 TMG), Angaben darüber machen, wie eine schnelle elektronische Kontaktaufnahme und unmittelbare Kommunikation möglich ist (§ 5 Abs. 1 Nr. 2 TMG) oder den kommerziellen Zweck seines Internetauftritts klar herausstellen (§ 6 TMG). Die Nichterfüllung der Informationspflicht ist als Ordnungswidrigkeit sanktioniert (§ 16 TMG).

58 Ob Art. 5 Abs. 1c der E-Commerce-Richtlinie bzw. die Umsetzungsvorschrift des § 5 Abs. 1 Nr. 2 TMG („Angaben, die eine schnelle elektronische Kontaktaufnahme und unmittelbare Kommunikation … ermöglichen") vorschreiben, dass ein VR, der Kunden ausschließlich über das Internet anspricht, auf seiner Internetseite auch eine **Telefonnummer angeben** muss, ist **streitig**[93]. Der BGH hat diese Frage dem EuGH zur Vorabentscheidung vorgelegt[94].

59 Der VR ist ferner gemäß § 312e Abs. 1 S. 1 Nr. 2 BGB gehalten, den Kunden rechtzeitig über bestimmte Umstände klar und verständlich zu informieren, bevor dieser eine Bestellung (vgl. Rn. 25), d. h. insbesondere eine auf Abschluss eines Vertrages gerichtete Erklärung[95] abgibt. Bei Verträgen, die ausschließlich aufgrund individueller Kommunikation geschlossen werden, besteht diese Verpflichtung nicht (§ 312e Abs. 2 S. 1 BGB). Die Verpflichtung ist zwingend (§ 312f BGB), kann aber im Verhältnis zu einem Unternehmer-Kunden abbedungen werden (§ 312e Abs. 2 S. 2 BGB). Der Inhalt der Informationspflicht ergibt sich aus § 3 der **BGB-Informationspflichten-Verordnung**[96], die der Bundesjustizminister (gestützt auf Art. 241 EGBGB) erlassen hat.

60 Danach muss der VR informieren
– über die zu einem Vertragsschluss führenden technischen Schritte (§ 3 Nr. 1 BGB-InfoV), insbesondere darüber, durch wessen Erklärung bindend ein Vertrag zustande kommt (vgl. Rn. 12);
– über die Tatsache, ob (besser: wie; vgl. nämlich § 312e Abs. 1 S. 1 Nr. 4 BGB!) der Vertragstext nach Vertragsabschluss vom VR gespeichert wird und auf welche Weise der VN darauf zugreifen kann (§ 3 Nr. 2 BGB-InfoV);
– über die Möglichkeiten, Eingabefehler mit Hilfe der nach § 312e Abs. 1 Satz 1 Nr. 1 BGB (Rn. 41) zur Verfügung gestellten technischen Mittel vor Abgabe der auf den Vertragsabschluss zielenden Erklärung zu erkennen und zu berichtigen (§ 3 Nr. 3 BGB-InfoV)[97];

---

[90] Vgl. Münchener Kommentar/*Wendehorst*, a. a. O., § 312e Rn. 114.
[91] BGBl. 2007 I S. 179.
[92] Näher *Schneider*, S. 29 ff.
[93] Verneinend OLG Hamm v. 17. 3. 2004, VersR 2004 f.
[94] BGH v. 26. 4. 2007, VersR 2007. 929.
[95] Näher *Schneider*, S. 58.
[96] Verordnung über Informationspflichten nach bürgerlichem Recht (BGB-InfoV) v. 14. 11. 1994 (BGBl. I S. 3436) i. d. F. vom 5. 8. 2002 (BGBl. I S. 3001).
[97] Einzelheiten bei Münchener Kommentar/*Wendehorst*, a. a. O. § 312e Rn. 84.

– über die für den Vertragsschluss etwa zur Verfügung stehenden Sprachen (§ 3 Nr. 4 BGB-InfoV); eine Verpflichtung, den Vertragsabschluss in mehreren Sprachen auch zu ermöglichen, ergibt sich daraus jedoch nicht[98];
– darüber, ob er sich bestimmten Verhaltenskodizes seiner Branche (in der Regel freiwillig) unterworfen hat und ob die Möglichkeit eines elektronischen Zugangs zu diesen Regelwerken besteht (§ 3 Nr. 5 BGB-InfoV).

Bei **Verletzung dieser Informationspflichten** gilt das unter Rn. 27 ff., 43 ff. und 55 f. **61** Gesagte: Der VR haftet für etwa dem Versicherungsnehmer daraus entstehende Schäden aus **culpa in contrahendo** (§§ 280 Abs. 1, 311 Abs. 2, 241 Abs. 2 BGB)[99]. Soweit dem Versicherungsnehmer ein **Widerrufsrecht** (§ 8 Abs. 1 VVG) zusteht, setzt der Fristlauf für eine Ausübung dieser Rechte erst ein, wenn der VR die unterlassenen Informationen nachholt (§ 8 Abs. 4 VVG). Geschieht dies nicht, besteht das jeweilige Recht zur Auflösung des Vertrages bis zu einer etwaigen Verwirkung fort.

2. Keine Beratungs- und Dokumentationspflicht nach § 6 Abs. 1 VVG

Von der neuen **Beratungs- und Dokumentationspflicht** der VR (§ 6 Abs. 1 VVG) sind **62** Verträge im Fernabsatz und damit auch elektronisch geschlossene Versicherungsverträge nach § 6 Abs. 6 VVG ausgenommen. Damit soll praktischen Bedenken Rechnung getragen werden, weil für Direktversicherer diese Pflichten im Fernabsatz nur schwer zu erfüllen sind.

3. Verpflichtung zur Information des Versicherungsnehmers (§ 7 VVG)

In Art. 3 der Richtlinie über den Fernabsatz von Finanzdienstleistungen an Verbraucher **63** (Rn. 8) ist vorgesehen, dass der Verbraucher im Fernabsatzvertrieb rechtzeitig vor Vertragsschluss oder Abgabe eines bindenden Angebots über bestimmte **Informationen** verfügen muss (Art. 3 Abs. 1 RL) und diese auf klare und verständliche, in einer dem jeweiligen Fernkommunikationsmittel angepassten Weise zu erteilen sind (Art. 3 Abs. 2 RL).

Im Einzelnen geht es dabei u. a. um **64**
– Informationen über den **Anbieter** (Art. 3 Abs. 1 Nr. 1 RL): Identität und Anschrift des Anbieters und seines Vertreters, ggf. Registereintragung, Angaben zur zuständigen Aufsichtsbehörde;
– Informationen über die Finanzdienstleistung, hier also das **Versicherungsprodukt** (Art. 3 Abs. 1 Nr. 2 RL): Beschreibung seiner wesentlichen Merkmale, Gesamtpreis bzw. Grundlage der Preisberechnung, Angaben zu Steuern und Kosten, Zahlungsmodalitäten;
– Informationen über den Fernabsatzvertrag, hier also den **Versicherungsvertrag** (Art. 3 Abs. 1 Nr. 3 RL): Bestehen oder Nichtbestehen eines Widerrufsrechts (vgl. Rn. 16), Modalitäten seiner Ausübung, Laufzeit des Vertrages, Kündigungsrechte, anwendbares Recht und Gerichtszuständigkeit;
– Informationen über etwaige außergerichtliche **Rechtsbehelfe** (Ombudsmann etc., vgl. Art. 3 Abs. 1 Nr. 4 RL).

Diese gerade auch für den Internetvertrieb maßgebenden Bestimmungen waren zunächst **65** in § 48b VVG a. F. eingestellt worden. Außerdem waren auch bei Vertragsabschlüssen auf elektronischem Wege die für Versicherungsverträge mit Verbrauchern im allgemeinen maßgebenden, ebenfalls auf EU-rechtliche Vorgaben (vgl. jetzt § 7 Abs. 2 S. 2 VVG) zurückgehenden und bis zum 1. 1. 2008 in § 10a Abs. 1 VAG a. F. in Verbindung mit dessen Anlage Teil D Abschnitt I niedergelegten Informationspflichten zu beachten. Der Reformgesetzgeber hat nunmehr in § 7 VVG **sämtliche Informationspflichten des VR zusammengefasst** und zu einer allgemeinen – nicht allein auf den Vertrieb im Fernabsatz und nicht allein auf Verträge mit Verbrauchern beschränkten – Informationsverpflichtung ausgeweitet (Ausnahme: Großrisiken i. S. des § 7 Abs. 5 VVG). Dahinter stand die Überlegung, dass der überwiegende Teil der Informationen für den Versicherungskunden beim Vertragsabschluss unabhängig von der Vertriebsform von Bedeutung sei und es dem VR schwer fallen müsse, bei der

---

[98] Zutreffend Münchener Kommentar/*Wendehorst*, a. a. O., § 312e Rn. 85.
[99] Vgl. Münchener Kommentar/*Wendehorst*, a. a. O. § 312e Rn. 122.

Informationserteilung im konkreten Fall nach der Art und Weise des jeweiligen Vertragsabschlusses zu unterscheiden[100]. Die Einzelheiten der Informationserteilung sind in einer gemäß Art. 7 Abs. 2 VVG vom Bundesjustizminister erlassenen Informationspflichtenverordnung[101] geregelt. Da für den Internetvertrieb somit keine Sonderregeln mehr gelten, kann auf die allgemeine Darstellung der Informationspflichten in § 8 verwiesen werden.

66   Kommt der VR seiner Verpflichtung zur Überlassung der notwendigen Verbraucherinformation vor Vertragsabschluss nicht nach, wird gemäß § 8 Abs. 2 Nr. 1 VVG der Fristablauf für den Widerruf hinausgeschoben. Außerdem haftet der VR dem Versicherungsnehmer aus **culpa in contrahendo** (§§ 280 Abs. 1, 311 Abs. 2, 241 Abs. 2 BGB) für etwa daraus entstehende Schäden[102].

C. Einhaltung von Formvorschriften im elektronischen Geschäftsverkehr

67   Da bereits die Voraussetzungen der einfachen Schriftform i. S. d. § 126 BGB (eigenhändige Namensunterschrift bzw. notariell beglaubigtes Handzeichen) im elektronischen Geschäftsverkehr nicht erfüllt werden können, sind im **Formanpassungsgesetz** v. 13. 7. 2001 (Rn. 4) mit der **elektronischen Form** (126 a BGB) und der **Textform** (§ 126 b BGB) zwei neue Formtypen geschaffen worden, die Abschluss und Abwicklung von Verträgen auf elektronischem Wege ermöglichen bzw. erleichtern sollen. Der deutsche Gesetzgeber ist damit den Vorgaben der E-Commerce-Richtlinie (Rn. 3) nachgekommen, die von den Mitgliedstaaten eine Beseitigung der für elektronische Vertragsabschlüsse bestehenden (insbesondere: Form-) Hindernisse verlangt[103].

I. Elektronische Form (§ 126 a BGB)

1. Voraussetzungen der elektronischen Form

68   Die in § 126 a Abs. 1 BGB geregelte **elektronische Form** setzt voraus, dass der Erklärende einem elektronischen Text seinen Namen hinzufügt und das elektronische Dokument (E-Mail, ausgefülltes Formular auf einer Webseite) anschließend mit einer **qualifizierten elektronischen Signatur** nach § 2 Nr. 3 SigG[104] versieht[105]. Bei Abschluss eines elektronischen Vertrages muss ein gleichlautendes elektronisches Dokument von sämtlichen Vertragsparteien elektronisch signiert werden (§ 126 a Abs. 2 BGB); eine Signatur von Antrag und Annahme durch den jeweils Erklärenden allein reicht nicht aus. Die elektronische Form **ersetzt** die **gesetzlich vorgesehene Schriftform,** soweit das Gesetz dies nicht ausschließt. Die gesetzliche Schriftform (§ 126 Abs. 1 BGB) wird aber auch dann eingehalten, wenn ein Vertragspartner die Voraussetzungen des § 126 Abs. 1 BGB und der andere des § 126 a Abs. 1 BGB erfüllt.

69   Die Parteien eines Rechtsgeschäfts können vereinbaren, dass ihre Erklärungen in elektronischer Form abgeben werden sollen (§ 127 Abs. 1 BGB). Zur Wahrung der **durch Rechtsgeschäft vorgeschriebenen elektronischen Form** ist gemäß § 127 Abs. 3 S. 1 BGB vorbehaltlich eines abweichenden Parteiwillens auch die Verwendung einer **einfachen** (§ 2 Nr. 1 SigG) oder **fortgeschrittenen** (§ 2 Nr. 2 SigG) **elektronischen Signatur** möglich

---

[100] BT-Drucks. 16/3945, S. 59.

[101] Verordnung über Informationspflichten bei Versicherungsverträgen (VVG-InfoV) v. 18. 12. 2007 (BGBl. I S. 3004).

[102] BT-Drucks. 16/3945, S. 60; näher dazu *Dörner,* in: Versicherungswissenschaftliche Studien Bd. 34 (2008).

[103] Vgl. Art. 9 Abs. 1 E-Commerce-RL und dazu insbesondere Erwägungsgrund 34 (ABl. EG Nr. L 178, S. 5, 11).

[104] Signaturgesetz v. 16. 5. 2001 (BGBl. I S. 876).

[105] Näher *Vehslage,* DB 2000, 1801; *Roßnagel,* NJW 2001, 1817; *Scherer/Butt,* DB 2000, 1013; *Hähnchen,* NJW 2001, 2831; *Kröger,* in: *Kröger,* S. 167 ff.

(vgl. Rn. 70). Bei Abschluss eines **Vertrages** wird die Schriftformabrede durch Austausch von zwei jeweils mit (irgend-) einer elektronischen Signatur versehenen Erklärungen erfüllt (§ 127 Abs. 3 S. 1 BGB). Jede Partei hat aber nachträglich Anspruch auf eine Signierung mit einer qualifizierten elektronischen Signatur oder – falls nicht möglich – auf eine dem § 126 BGB entsprechende Beurkundung (§ 127 Abs. 3 S. 2 BGB).

Eine **qualifizierte elektronische Signatur** i. S. d. § 126a Abs. 1 BGB i. V. m. § 2 Nr. 3 **70** SigG liegt nur vor, wenn sie auf einem von einem „Zertifizierungsdiensteanbieter" (§ 2 Nr. 7, 8 und §§ 4 bis 14 SigG) ausgestellten „qualifizierten Zertifikat" (§§ 2 Nr. 7 und § 7 SigG) beruht und unter Beachtung bestimmter technischer Standards (§§ 2 Nr. 10 und 17, 23 SigG) erzeugt worden ist (§ 2 Nr. 3 SigG). Die technische Infrastruktur zur Erstellung elektronischer Signaturen (Chipkarte, PIN, Lesegerät, Verschlüsselungssoftware) wird dem Benutzer von dem Zertifizierungsdiensteanbieter (z. B. Post, Telekom) gegen Entgelt zur Verfügung gestellt. Demgegenüber erfordert die **„einfache elektronische Signatur"** i. S. § 2 Nr. 1 SigG nur etwa eine eingetippte oder eingescannte Unterschrift, eine **„fortgeschrittene elektronische Signatur"** i. S. d. § 2 Nr. 2 SigG lediglich die Benutzung von Verschlüsselungstechniken ohne besondere Anforderungen an die Organisation der Schlüsselverwaltung oder die zugrunde liegenden technischen Standards.

2. Elektronische Form im Versicherungsvertragsrecht

Da der Gesetzgeber im **Versicherungsrecht** die Verwendung der elektronischen Signatur **71** als Schriftformersatz an keiner Stelle ausgeschlossen hat, können **alle „schriftlich" abzugebenden Erklärungen** auch in **elektronischer Form** erfolgen (§ 126 Abs. 3 BGB)[106]; dies gilt unabhängig davon, ob das Schriftformerfordernis „echte" Schriftlichkeit mit Unterschriftsleistung i. S. d. § 126 Abs. 1 BGB oder (im Gegensatz zu mündlichen Erklärungen) nur eine Niederlegung in Papierform verlangt. Soweit das Gesetz die Textform vorsieht (vgl. Rn. 74 ff.), werden deren Voraussetzungen auch durch Einhaltung der elektronischen Form gewahrt.

Eine **eigenhändige Unterschrift** und damit Schriftlichkeit i. S. d. § 126 BGB ist bei **72** spielsweise – wegen der damit verbundenen Warnfunktion – erforderlich für einen Verzicht des Versicherungsnehmers auf Beratung und Dokumentation nach §§ 6 Abs. 3, 61 Abs. 2 VVG oder auf die Vertragsinformationen nach § 7 Abs. 1 S. 3 VVG sowie für die Zustimmung einer Gefahrperson zu dem Abschluss einer Lebens- (§ 150 Abs. 2 S. 1 VVG) oder Unfallversicherung (§ 179 Abs. 2 S. 1 VVG)[107]. Ferner muss der VR sein Rücktritts- und Kündigungsrecht bei Obliegenheitsverletzungen des Versicherungsnehmers schriftlich ausüben (§ 21 Abs. 1 S. 1 VVG). Eine Empfangsvollmacht muss dem Versicherungsvermittler vom Versicherungsnehmer schriftlich erteilt werden (§ 64 VVG). Alle diese Erklärungen können auf elektronischem Wege nur in elektronischer Form (§ 126 Abs. 3, 126a Abs. 1 BGB), nicht dagegen in Textform erfolgen.

Ob sich die Technologie der „elektronischen Signatur" in absehbarer Zeit durchsetzen **73** wird, ist angesichts des damit für Anbieter und Benutzer verbundenen hohen technologischen und finanziellen Aufwands allerdings sehr zweifelhaft[108].

II. Textform (§ 126 b BGB)

1. Voraussetzungen der Textform

Die **Textform** (§ 126 b BGB) will die **Abgabe elektronischer Erklärungen** dadurch **74** **erleichtern,** dass sie in geeigneten Fällen durch Verzicht auf die in § 126 Abs. 1 BGB vorgesehene eigenhändige Unterschrift eine bisher vorgesehene Schriftform „herabstuft"; sie eignet sich daher für Erklärungen, in denen es weniger auf den Beweis von Abgabe und Inhalt,

---

[106] Vgl. *Micklitz/Ebers,* VersR 2002, 641 (655); *Fricke,* VersR 2001, 925 (931); anders *Abram,* NVersZ 2000, 551 (556) und verschiedentlich *Römer/Langheid/Römer,* VVG, 2. Aufl. 2003, vgl. etwa §§ 5a Rn. 13, 43; 8 Rn. 60; 159 Rn. 15.

[107] Vgl. *Fricke,* VersR 2001, 925 (929); *Leverenz,* VersR 2002, 1318 (1321); *Schneider,* S. 100 f.

[108] Vgl. *Fricke,* VersR 2001, 925 (931); vgl. auch *Leverenz,* VersR 2002, 1318 (1320 f.).

die Authentizität des Erklärenden oder eine Warnung vor der Abgabe der Erklärung, sondern vor allem auf eine Dokumentation und Information des Empfängers ankommt. Gleichzeitig sollten eine Reihe bislang im Privatrecht verstreuter Typen unterschriftsloser Erklärungen in einer einheitlichen Form zusammengefasst werden[109].

75   Eine Erklärung in Textform (§ 126 b BGB) muss entweder in einer Urkunde (d. h. hier: in einem Papierdokument) oder auf eine andere zur dauerhaften Wiedergabe in Schriftzeichen geeigneten Weise, d. h. in einem **elektronischen Dokument** (Diskette, CD, Festplatten- speicher eines Rechners mit Ausdruckmöglichkeit oder Möglichkeit einer Wiedergabe auf dem Bildschirm) abgegeben worden sein. Die **Person des Erklärenden** muss genannt wer- den. Der Abschluss der Erklärung kann durch eine bloße **Nachbildung der Namensunter- schrift** (Faksimile, eingescannte Unterschrift) oder **auf andere Weise** kenntlich gemacht werden, so etwa durch einen vorgedruckten Hinweis auf die maschinelle Fertigung der Er- klärung, durch die Eingabe des Namens in ein dafür vorgesehenes Adressfeld oder durch die vorprogrammierte Absenderangabe am Ende einer E-Mail.

76   Soweit Erklärungen in Textform abgegeben werden können, ist danach auch eine **elek- tronische Übermittlung** möglich. Die elektronisch abzugebende Willens- oder Wissenser- klärung muss zugehen; dabei sind die Ausführungen in Rn. 21 f. zum **Zugangszeitpunkt** zu beachten. Dass eine Erklärung lediglich ins Internet gestellt wird, reicht nicht aus, vielmehr ist stets ein Download des „Empfängers" erforderlich[110].

2. Textform im Versicherungsvertragsrecht

77   Nachdem die Textform bereits durch das Formanpassungsgesetz (Rn. 4) in verschiedene Vorschriften des alten VVG übernommen worden war, hat der Reformgesetzgeber sie jetzt zur Regelform des Versicherungsvertragsrechts erhoben und damit die Voraussetzungen dafür geschaffen, dass Versicherungsverträge weitgehend auf elektronischem Wege abgeschlossen und abgewickelt werden können. Soweit die Textform eine bisher vorgeschriebene „Schrift- lichkeit" ersetzt, werden die Anforderungen damit abgesenkt; andererseits stellt der Gesetz- geber klar, dass in diesen Fällen eine bloß mündliche Übermittlung gerade nicht ausreichen soll. Da es sich bei den in Textform abzugebenden Erklärungen nicht immer um Willenserklärun- gen handelt, hat die Nichteinhaltung der Form nicht unbedingt eine Nichtigkeit der Erklä- rung nach § 125 S. 1 BGB zu Folge. Vielmehr hängen die Rechtsfolgen der Nichtbeachtung vom jeweiligen Normzweck ab[111]. Die Verwendung der Textform kann natürlich – ebenso wie bei einer Kommunikation durch einfachen Briefwechsel – zu Beweisschwierigkeiten führen, wenn der Empfänger einen elektronischen Empfang bestreitet. Will der Erklärende solche Schwierigkeiten vermeiden, steht es ihm frei, sich anderer Übermittlungsformen (Ein- schreiben) zu bedienen[112].

78   **a)** Nach neuem Recht kann der VR dem Versicherungsnehmer den **Versicherungs- schein** in Textform übermitteln (§ 3 Abs. 1 VVG). Nach Auffassung des Gesetzgebers wird damit dem Informations-, aber auch dem Beweisbedürfnis des Versicherungsnehmers hin- reichend Rechnung getragen, zumal selbst § 3 Abs. 1 S. 2 VVG a. F. keine Schriftform vor- geschrieben, sondern eine Unterschriftsnachbildung mittels Druck oder Faksimilestempels ermöglicht habe[113]. Diese Formerleichterung ist aber nicht unbedenklich. Zum einen ge- währleistet die einfache Übersendung eines elektronischen Versicherungsscheins per E-Mail nicht, dass der Versicherungsnehmer de facto auch einen Ausdruck vornimmt. Zum andern dürfte angesichts der leichteren Manipulierbarkeit elektronischer Dokumente der Beweiswert eines elektronisch übersandten Versicherungsscheins selbst gegenüber einer mit Faksimileun- terschrift versehenen Papierfassung im Rahmen des § 286 ZPO als geringer zu veranschlagen

---

[109] Vgl. BT-Drucks. 14/4987, S. 12.
[110] KG v. 18. 7. 2006, NJW 2006, 3215; OLG Hamburg v. 24. 8. 2006, NJW-RR 2007, 839; näher *Palandt/Heinrichs/Ellenberger*, a. a. O., § 126 b Rn. 3.
[111] Vgl. Hk/*Dörner*, BGB, 5. Aufl. 2007, § 126 b Rn. 3.
[112] Vgl. dazu BT-Drucks. 14/4987, S. 31.
[113] BT-Drucks. 16/3945, S. 57.

sein[114] mit der Folge, dass der Versicherungsnehmer die für den Versicherer Kosten sparende elektronische Übermittlung des Scheins im Streitfall u. U. mit Beweisschwierigkeiten bezahlen muss. Daher gibt § 3 Abs. 1 VVG dem Versicherungsnehmer das Recht, die Übersendung eines Versicherungsscheins „als Urkunde", d. h. in einem Ausdruck zu verlangen. Die Einhaltung der Schriftform (§ 126 BGB) ist aber auch in diesem Fall nicht erforderlich, so dass es keiner handschriftlichen Unterschrift durch einen Vertreter des VR bedarf. Ist der Versicherungsschein abhanden gekommen oder vernichtet worden, kann der Versicherungsnehmer die Ausstellung eines neuen Scheins – wiederum auf Wunsch in einer Papierversion – beanspruchen (§ 3 Abs. 3 VVG). Soll ein Versicherungsschein auf den Inhaber (§§ 4 Abs. 1 VVG, 808 Abs. 2 S. 1 BGB) oder als Orderpolice (§§ 363 Abs. 1 S. 1 HGB) ausgestellt werden, ist wegen der dafür erforderlichen Schriftlichkeit (vgl. § 808 Abs. 2 BGB, §§ 363 ff. HGB) eine Ausstellung in Textform nicht möglich[115].

b) Weichen der **Inhalt des Versicherungsscheins** und der Antrag bzw. die getroffenen **79** Vereinbarungen voneinander ab, kann die **Genehmigungsfiktion** des § 5 Abs. 1 VVG durch einen in Textform erfolgenden (also durch E-mail möglichen) **Widerspruch** des Versicherungsnehmers verhindert werden. Die Zulassung der Textform in diesem Zusammenhang ermöglicht einerseits dem Versicherungsnehmer die einfache Ausübung seines Widerspruchsrechts. Hält der Versicherungsnehmer die Textform nicht ein, ist der Widerruf nichtig (§ 125 S. 1 BGB). Da die Textform hier aber andererseits in erster Linie Dokumentationszwecken dient und dem VR eine reibungslose Weiterverarbeitung des Widerspruchs erleichtern soll, kann dieser auch eine mündliche Erklärung des Versicherungsnehmers akzeptieren und damit auf die Einhaltung der Form verzichten.

Der VR hat den Versicherungsnehmer bei Übermittlung des Versicherungsscheins auf die **80** Genehmigungsfiktion hinzuweisen sowie durch einen Hinweis im Versicherungsschein auf etwaige Abweichungen und ihre Folgen aufmerksam zu machen (§ 5 Abs. 2 VVG). Diese Hinweise können, wie sich aus einem Vergleich mit der früheren Fassung des § 5 Abs. 2 S. 2 VVG („besondere schriftliche Mitteilung") ergibt, ebenfalls in Textform erfolgen.

c) Die in §§ 6 Abs. 1, 61 Abs. 1 VVG vorgeschriebene **Beratung des Versicherungs-** **81** **nehmers** ist in Textform zu **dokumentieren** (§§ 6 Abs. 2, 62 Abs. 1 VVG). Der VR kann dem Versicherungsnehmer das Ergebnis der Beratung und die dafür maßgebenden Gründe daher auch auf elektronischem Wege übermitten. Diese Informationen erfolgen grundsätzlich vor dem Vertragsabschluss. Die Angaben sind aber unverzüglich nach Vertragsschluss in Textform nachzuholen, wenn sie – auf Wunsch des Versicherungsnehmers oder bei Gewährung vorläufiger Deckung zulässigerweise (vgl. näher §§ 6 Abs. 2 S. 2 und 3, 62 Abs. 2 S. 2 VVG) – zunächst mündlich übermittelt worden sind.

d) Der VR kann auch seine Verpflichtung zur rechtzeitigen **Überlassung der Vertrags-** **82** **bestimmungen nebst AVB** sowie zur **Belehrung des Versicherungsnehmers** über dessen **Widerrufsrecht** in Textform und damit durch elektronische Dokumente erfüllen (§§ 7 Abs. 1 S. 1, 3 VVG i. V. m. der VVG-InfoV; 8 Abs. 2 VVG). Hält der VR die Textform nicht ein, wird der Lauf der Widerrufsfrist nicht in Gang gesetzt (§ 8 Abs. 2 VVG). Eine Überlassung in Textform ist gemäß § 7 Abs. 1, 2 VVG auch für Informationen vorgeschrieben, die nach § 6 VVG-InfoV während der Laufzeit des Vertrages zu übermitteln sind. Der Versicherungsnehmer kann allerdings auch hier vom VR verlangen, dass dieser ihm die Vertragsbestimmungen nebst AVB in einer Urkunde, d. h. in einer Papierversion zur Verfügung stellt (§ 7 Abs. 4 VVG). Eine Unterzeichnung durch den VR ist allerdings nicht erforderlich[116].

Ebenso kann der Versicherungsnehmer bei seinem **Widerruf** von der Textform Gebrauch **83** machen (§ 8 Abs. 1 S. 2 VVG). Nichteinhaltung der Textform führt zur Nichtigkeit des Widerrufs (§ 125 S. 1 BGB), wobei der VR auch in diesem Zusammenhang eine mündliche Erklärung des Versicherungsnehmers akzeptieren kann (vgl. bereits Rn. 79).

---

[114] *Köhler*, ZVersWiss 2000, 487 (501); *Vomhof*, Rn. 36.
[115] Vgl. auch BT-Drucks. 16/3945, S. 57 (zu § 4 VVG).
[116] Vgl. BT-Drucks. 16/3945, S. 61; missverständlich daher der Hinweis a. a. O. auf § 126 BGB.

84   **e)** Hat ein Versicherungsnehmer oder Dritter **bei dem VR einen Anspruch angemeldet,** muss dieser seine **Entscheidung** nicht mehr – wie nach früherem Recht – schriftlich bekannt geben, sondern kann sich dabei der Textform bedienen (§§ 15, 115 Abs. 2 S. 3 VVG). Damit wird jeweils die Verjährungshemmung beendet. Mündliche Erklärungen des VR haben diese Wirkung nicht.

85   Ähnlich hat der VR in der Berufsunfähigkeitsversicherung nach einem Leistungsantrag ein **Anerkenntnis** in Textform abzugeben (§ 173 Abs. 1 VVG) und muss dem Versicherungsnehmer ggf. in Textform darlegen, dass die **Voraussetzungen** der Leistungspflicht wieder **entfallen** sind (§ 174 Abs. 1 VVG). Diese Vorschriften sind halbzwingend (§ 175 VVG). Gibt der VR diese Erklärungen formlos ab, hat der Versicherungsnehmer im ersten Fall einen Anspruch auf Nachholung in Textform, im zweiten wird der VR nach Fristablauf (vgl. § 174 Abs. 2 VVG) nicht leistungsfrei.

86   **f)** Die Einführung der Textform ermöglicht dem VR ferner einen elektronischen Umgang mit **Obliegenheitsverletzungen** des Versicherungsnehmers. Zunächst können Fragen nach gefahrerheblichen Umständen, die eine entsprechende Anzeigepflicht des Versicherungsnehmers auslösen, gemäß § 19 Abs. 1 S. 1 VVG in Textform gestellt werden. Auch der Hinweis auf die Folgen einer Anzeigepflichtverletzung (§ 19 Abs. 5 VVG) oder einer sich nach Eintritt des Versicherungsfalles ergebenden Auskunfts- und Obliegenheitsverletzung des Versicherungsnehmers (§ 28 Abs. 4 VVG), mit denen der VR seine Rechte wahrt, ist in Textform (allerdings nur in einer „gesonderten Mitteilung") möglich. Gleiches gilt in der Haftpflichtversicherung im Verhältnis zu dem verletzten Dritten, dem nach § 120 VVG die Folgen einer Verletzung seiner Anzeige- und Auskunftsobliegenheiten vor Augen geführt werden sollen. Hält der VR in diesen Fällen die Textform nicht ein, kann er aus der Obliegenheitsverletzung von Versicherungsnehmern oder Dritten keine Rechte herleiten.

87   **g)** Auch der Schriftwechsel zur **Prämienverwaltung** kann in Zukunft elektronisch geführt werden. Der VR kann nach § 33 Abs. 2 VVG dem Versicherungsnehmer in Textform mitteilen, dass er jetzt eine Übermittlung der bis dahin beim Versicherungsnehmer eingezogenen Prämie verlangt. Hält der VR die Textform nicht ein, gerät der VN nicht in Verzug. Auch der Hinweis des VR auf die infolge verspäteter Zahlung der Erstprämie ggf. eintretende Leistungsfreiheit ist in Textform möglich (§ 37 Abs. 2 S. 2 VVG), ebenso eine qualifizierte Mahnung des VR nach § 38 Abs. 1 S. 1 VVG bei Ausbleiben einer Folgeprämie. Schon nach altem Recht reichte im letzten Fall ein Schreiben mit Faksimile einer eigenhändigen Unterschrift aus. Nichteinhaltung der Textform verhindert in beiden Fällen den Eintritt der Leistungsfreiheit (§§ 37 Abs. 2 S. 2; 38 Abs. 2 VVG).

88   Wird **vorläufige Deckung** vereinbart, kann der Beginn des Versicherungsschutzes von der Prämienzahlung abhängig gemacht werden, sofern der VR den Versicherungsnehmer darauf in Textform hingewiesen hat (§ 51 Abs. 1 VVG). Gleiches gilt, wenn der Vertrag über die vorläufige Deckung wegen Nichtzahlung oder verspäteter Zahlung der Prämie verzugsbedingt enden soll (§ 52 Abs. 1 S. 2 VVG).

89   **h)** In der **Lebens-** und in der **Unfallversicherung** kann die einvernehmliche **Festlegung** der Umstände, die als **Gefahrerhöhung** angesehen werden sollen, in Textform getroffen werden (§§ 158 Abs. 1, 181 Abs. 1 VVG). Eine solche Vereinbarung kann mithin auch durch Austausch von E-Mails erfolgen. Nichteinhaltung der Textform führt zur Unwirksamkeit des Festlegungsvertrages (§ 125 S. 1 BGB) mit der weiteren Konsequenz, dass die beschriebenen Gefahrumstände nicht als Gefahrerhöhung angesehen werden können.

90   **i)** Das neue VVG ermöglicht dem **VR** noch in einer Reihe weiterer Fälle eine **elektronische Information** von Versicherungsnehmern und Dritten durch Zulassung der Textform. Dies gilt etwa für die Benachrichtigung des Versicherungsnehmers von der **Eröffnung des Insolvenzverfahrens** über das Vermögen des VR in der Pflichthaftpflichtversicherung (§ 117 Abs. 6 S. 2 VVG), für die Benachrichtigung des angemeldeten **Hypothekengläubigers** über einen Zahlungsverzug des Versicherungsnehmers oder über den Eintritt des Versicherungsfalles in der Gebäudefeuerversicherung (§ 142 Abs. 1 S. 1, Abs. 2 VVG), für die jähr-

liche Information des Versicherungsnehmers über die **Anspruchsentwicklung** in der Lebensversicherung mit Überschussbeteiligung (§ 155 VVG) oder für die Unterrichtung der versicherten Person über die Bestimmung einer verzugsbedingten Zahlungsfrist und die kündigungsbedingte Umwandlung in eine prämienfreie Versicherung beim Abschluss einer **Lebensversicherung** durch einen Arbeitgeber zugunsten seiner **Arbeitnehmer** (§ 166 Abs. 4 VVG). Zeigt der Versicherungsnehmer in der **Unfallversicherung** einen **Versicherungsfall** an, muss ihn der VR auf die Anspruchs- und Fälligkeitsvoraussetzungen sowie auf etwa einzuhaltende Fristen in Textform hinweisen; andernfalls kann der VR sich auf eine Fristversäumnis des Versicherungsnehmers nicht berufen (§ 186 VVG). In der **Krankenversicherung** muss die an den Versicherungsnehmer gerichtete Aufforderung, den Eintritt einer gesetzlichen Versicherungspflicht nachzuweisen, in Textform erfolgen (§ 205 Abs. 2 S. 2 VVG). Kündigt der VR eine Krankheitskosten- oder Pflegekrankenversicherung wegen Zahlungsverzuges des Versicherungsnehmers, muss er eine versicherten Personen in gleicher Weise darüber informieren, dass sie die Fortsetzung des Versicherungsverhältnisses unter Benennung eines anderen Versicherungsnehmers verlangen kann (§ 206 Abs. 4 S. 2 VVG).

j) Umgekehrt erleichtert das neue VVG auch Versicherungsnehmern und Dritten eine   **91**
Kommunikation mit Versicherungsunternehmen. Damit eine ohne Sicherung der Wiederherstellung oder Wiederbeschaffung an den Versicherungsnehmer geleistete Zahlung dem **Hypothekengläubiger** gegenüber wirksam ist, muss dieser in der **Gebäudefeuerversicherung** nur noch in Textform zustimmen (§ 94 Abs. 4 VVG). In der **Pflichthaftpflichtversicherung** muss der verletzte Dritte dem Haftpflichtversicherer in Textform anzeigen, dass er aus einem Schadensereignis einen **Anspruch** gegen den VR herleiten will (§ 119 Abs. 1 VVG).

k) Im Übrigen können die Parteien für ihre Erklärungen auch die Einhaltung der **Text-**   **92**
form vereinbaren (§ 127 Abs. 1 BGB). Das VVG sieht dies in seinem § 32 ausdrücklich vor für die vom Versicherungsnehmer gemäß §§ 19 ff. VVG abzugebenden Anzeigen, in § 98 S. 2 VVG für die Kündigungserklärung des Erwerbers einer versicherten Sache sowie in § 171 S. 2 VVG für das Verlangen des Versicherungsnehmers auf Umwandlung einer Lebensversicherung in eine prämienfreie Versicherung. Auch für die Kündigung des Versicherungsnehmers kann nach § 171 S. 2 VVG (Lebensversicherung) und nach § 208 S. 2 VVG (Krankenversicherung) einvernehmlich die Textform bestimmt werden.

3. Einwilligung des Versicherungsnehmers gemäß § 4a Abs. 1 S. 3 BDSG in Textform?

Die gemäß § 4 Abs. 1 BDSG[117] erforderliche Einwilligung des Versicherungskunden in die   **93**
Verarbeitung seiner personenbezogenen Daten bedarf nach § 4a Abs. 1 S. 3 BDSG der Schriftform (i. S. d. § 126 BGB), wenn nicht wegen besonderer Umstände eine andere Form angemessen ist. Dem Formerfordernis kommt Warncharakter zu; dem Einwilligenden soll vor Augen geführt werden, dass er sich des gesetzlichen Datenschutzes begibt. Gleichwohl sollte eine Einwilligung auf elektronischem Wege – also in Textform – dann ausreichen, wenn ein Versicherungsnehmer den Abschluss eines Versicherungsvertrages im elektronischen Geschäftsverkehr sucht und ihm die Notwendigkeit der Einwilligung z. B. bei Ausfüllen eines Vertragsformulars im Internet graphisch und technisch (wiederholte Willensabfrage) deutlich vor Augen geführt wird[118]. Entsprechendes sollte für eine Erklärung gelten, durch die der VN seine behandelnden Ärzte von der Schweigepflicht entbindet[119]. Diese Fragen sind aber einstweilen noch ungeklärt.

---

[117] IdF v. 14. 1. 2003 (BGBl. I S. 66).
[118] Vgl. *Vomhof*, Rn. 61; *Fricke*, VersR 2001, 925 (930); *Leverenz*, VersR 2002, 1318 (1321); zurückhaltend *Reusch*, NVersZ 1999, 110 (112); kritisch *Schneider*, S. 106.
[119] Vgl. *Vomhof*, Rn. 62; *Leverenz*, S. 104; *ders.*, VersR 2002, 1318 (1322).

III. Vereinbarte Schriftform

94   Haben die Parteien – z. B. in AVB – vereinbart, dass bei Abgabe bestimmter Erklärungen die Schriftform eingehalten werden muss, so greift die Auslegungsregel des § 127 Abs. 2 S. 1 BGB ein. Danach reicht grundsätzlich eine telekommunikative Übermittlung[120] der Erklärung – etwa durch E-Mail – aus, soweit nicht ein anderer Wille der Parteien anzunehmen ist. Das ist jeweils im Einzelfall gemäß §§ 133, 157 BGB unter Berücksichtigung von Sinn und Zweck der Formabrede sowie der Interessenlage der Parteien zu ermitteln[121]. Wer sich darauf beruft, dass entgegen der Auslegungsregel des § 127 Abs. 2 S. 1 BGB eine elektronische Übermittlung nicht gestattet sein soll, muss dies beweisen. Dieser Nachweis wird dem VR schwerfallen, wenn die Schriftformklausel in AVB enthalten war[122]. In diesem Fall wäre es ihm nämlich ein Leichtes gewesen, eine entsprechende Klarstellung ebenfalls in seine AVB aufzunehmen.

---

[120] Vgl. § 3 Nr. 22, 23 Telekommunikationsgesetz (TKG) v. 22. 6. 2004 (BGBl. I S. 1190).
[121] Vgl. *Leverenz*, VersR 2002, 1318 (1327).
[122] Vgl. aber auch *Leverenz*, VersR 2002, 1318 (1327).

3. Abschnitt. Versicherungsbedingungen und Vertragsänderungen

§ 10. Allgemeine Versicherungsbedingungen und AGB-Recht

Inhaltsverzeichnis

Literatur: *Bach/Geiger,* Die Entwicklung der Rechtsprechung bei der Anwendung des AGBG auf AVB, VersR 1993, 659; *Bauer,* Das AGB-Gesetz und seine Auswirkungen auf das Recht der Allgemeinen Versicherungsbedingungen (AVB), BB 1978, 476; *Baumann,* Die Bedeutung der Entstehungsgeschichte für die Auslegung von Allgemeinen Geschäfts- und Versicherungsbedingungen, r+s 2005, 513; *Beckmann,* Die neue Rolle des Bundesaufsichtsamtes für das Versicherungswesen bei der Inhaltskontrolle von AVB am Beispiel unzulässiger Vollmachtsbeschränkungen, NVersZ 1998, 19; *ders.,* Nichtigkeit und Personenschutz (1998), Kap. 12, Unwirksamkeit Allgemeiner Geschäftsbedingungen, S. 348 ff.; *Coester,* in: *Staudinger* (2006); *Bunte/Honsel,* Allgemeine Versicherungsbedingungen, in: *Bunte* Lexikon des Rechts, Versicherungsrecht (1998); *Dreher* Die Versicherung als Rechtsprodukt, Die Privatversicherung und ihre rechtliche Gestaltung (1991); *Evermann,* Die Anforderungen des Transparenzgebots an die Gestaltung von Allgemeinen Versicherungsbedingungen (2002); *Hansen,* Die Bedeutung der Klauselverbote des AGBG (§§ 10 und 11) für AVB, VersR 1988, 1110; *Helm,* AGB-Gesetz und Allgemeine Versicherungsbedingungen, NJW 1978, 129; *Heinrichs,* Die EG-Richtlinie über mißbräuchliche Klauseln in Verbraucherverträgen, NJW 1993, 1817; *ders.,* Umsetzung der EG-Richtlinie über mißbräuchliche Klauseln in Verbraucherverträgen durch Auslegung, NJW 1995, 153; *S. Hoffmann,* Verbraucherschutz im deutschen Privatversicherungsrecht nach dem Wegfall der Vorabkontrolle Allgemeiner Versicherungsbedingungen (1998); *Hübner,* Allgemeine Versicherungsbedingungen und AGB-Gesetz, 5. Auflage (1997); *ders.,* Auswirkungen der europarechtlich vorgegebenen Änderungen des AGB-Gesetzes und des Versicherungsaufsichtsrechts auf die richterliche Kontrolle von Allgemeinen Geschäftsbedingungen, in: Karlsruher Forum 1997, 43; *Kieninger,* Nochmals – Grenzen der Inhaltskontrolle Allgemeiner Versicherungsbedingungen, VersR 1999, 951; *Leuschner,* Gebotenheit und Grenzen der AGB-Kontrolle, AcP 207, 491; *Martin,* Inhaltskontrolle von Allgemeinen Versicherungsbedingungen (AVB) nach dem AGBG, VersR 1984, 1107; *Niebling,* Die Schranken der Inhaltskontrolle nach § 8 AGB-Gesetz (1988); *Nitschke,* Maßstäbe für die Transparenz Allgemeiner Versicherungsbedingungen (2002); *Präve,* Allgemeine Versicherungsbedingungen, in: Friedrich Graf von Westphalen, Vertragsrecht und AGB-Klauselwerke, Stand: Mai 2004; *ders.,* in: *Beckmann/Matusche-Beckmann* (2004, Voraufl.) § 10, AVB und AGB-Recht; *ders.,* Das Recht der Allgemeinen Geschäftsbedingungen und die Versicherungswirtschaft, NVersZ 1998, 49; *Prölss,* 50 Jahre BGH – ein Streifzug durch die höchstrichterliche Rechtsprechung zu den AVB, VersR 2000, 1441; *ders.,* Die Berücksichtigung des versicherungswirtschaftlichen Zwecks einer risikobegrenzenden AVB-Klausel nach den Methoden der teleologischen Gesetzesanwendung, NVersZ 1998, 17; *Römer,* Gerichtliche Kontrolle Allgemeiner Versicherungsbedingungen nach den §§ 8, 9 AGBG, NVersZ 1999, 97; *ders.,* Der Prüfungsmaßstab bei der Missstandsaufsicht nach § 81 VAG und der AVB-Kontrolle nach § 9 AGBG (1996); *Schimikowski,* Das rechtliche Gebot zu transparenter und inhaltlich angemessener Gestaltung von AVB, r+s 1998, 353; *ders.,* Einbeziehung von Allgemeinen Versicherungsbedingungen in den Vertrag, r+s 2007, 309; *Sieg,* Auswirkungen des AGB-Gesetzes auf Justiz und Verwaltung im Bereich der Privatversicherung VersR 1977, 489; *ders.,* Die Bedeutung der EG-Richtlinie über mißbräuchliche Klauseln in Verbraucherverträgen für die AVB, VersR 1995, 1305; *Stagl,* Geltung und Transparenz Allgemeiner Geschäfts- und Versicherungsbedingungen (nach österreichischem Recht) (2006); *Staudinger,* Die Kontrolle grenzüberschreitender Versicherungsverträge anhand des AGBG, VersR 1999, 401; *Stoffels,* AGB-Recht (2003); *Terno,* Gerichtliche Inhaltskontrolle Allgemeiner Versicherungsbedingungen, r+s 2004, 45; *Wandt,* Die Kontrolle handschriftlicher AGB im Verbandsklageverfahren gem. § 13 AGBG, VersR 1999,

917; *Ulmer/Brandner/Hensen,* AGB-Recht, 10. Aufl. 2006 (zit.: *Bearbeiter,* in: *Ulmer/Brandner/Hensen*);
Wolf/Horn/Lindacher, AGB-Gesetz, 4. Aufl. 1999 (zit.: *Bearbeiter,* in: *Wolf/Horn/Lindacher*).

I. Funktion und Bedeutung[*]

Bei Allgemeinen Versicherungsbedingungen (AVB) handelt es sich um vorformulierte **1**
Vertragsbestimmungen, die Grundlage der allermeisten Versicherungsverträge sind. Sie stellen die **Allgemeinen Geschäftsbedingungen der Versicherer** dar und unterliegen daher
insbesondere den §§ 305 bis 310 BGB.

AVB bilden mehr noch als in anderen Wirtschaftsbereichen eine entscheidende Grundlage **2**
des zwischen den Parteien bestehenden Vertragsverhältnisses. Die wirtschaftliche und auch
rechtliche Besonderheit von Versicherungen besteht gerade darin, ein „nicht greifbares"[1],
„unsichtbares"[2] Produkt zu sein. Eine Versicherung ist kein gegenständliches, sondern ein abstraktes Produkt, welches erst durch die rechtliche Ausgestaltung des Vertrages und Beschreibung der gegenseitigen Leistungspflichten sowie des angebotenen Versicherungsschutzes fassbar wird, weshalb auch von „Versicherung als Rechtsprodukt"[3] die Rede ist. Gerade AVB
geben dabei dem Versicherungsvertrag erst sein rechtlich ausgestaltetes Gerüst und konstituieren die vertraglichen Rechte und Pflichten[4]. Indem sie hierbei gesetzliche Regelungen weniger ändern als vielmehr ergänzen, bestimmen und konkretisieren AVB den **Vertragsinhalt.**
Darüber hinaus kommt ihnen eine nicht unerhebliche **Informationsfunktion**[5] zu. Diese
grundlegende Aufgabe von AVB, dem VN das durch sie maßgeblich geprägte Leistungsgefüge
transparent zu machen, wird auch in § 7 Abs. 1 VVG (bisher geregelt in §§ 10, 10a i. V. m. Anlage Teil D VAG), aber auch durch § 49 Abs. 2 VVG (vorläufige Deckung) deutlich. Gem. § 7
Abs. 1 VVG hat der VR dem VN rechtzeitig vor Abgabe von dessen Vertragserklärung seine
Vertragsbestimmungen einschließlich der AVB sowie die in der VVG-Informationspflichtenverordnung (VVG-InfoV)[6] bestimmten Informationen in Textform mitzuteilen. § 7 VVG erfasst dabei alle Informationspflichten, die sich besonders aus europarechtlichen Vorgaben für
alle Versicherungszweige ergeben[7]. Verletzt der VR seine Informationspflichten nach § 7
Abs. 1 VVG, beginnt nach § 8 Abs. 2 S. 1 Nr. 1 VVG die Widerrufsfrist nicht zu laufen, so
dass der VN zum Widerruf seiner Vertragserklärung berechtigt bleibt.

Zudem ist im **Massengeschäft** des Versicherungswesens ein Verzicht auf vorformulierte **3**
Bedingungen kaum vorstellbar. Die Versicherung ist ein kollektives Geschäft, bei welchem
eine große Zahl gleichartiger Risiken erfasst werden. Damit liegt ein weiterer wichtiger Grund
für die Herausbildung von AVB in der Notwendigkeit der standardisierten Abwicklung des
Versicherungsgeschäftes[8]. Die AVB üben dabei eine **Rationalisierungsfunktion**[9] aus, da für
möglichst alle Verträge gleiche Vertragsbedingungen gelten sollen. Die Vereinheitlichung des

---

[*] Mit freundlicher Genehmigung beider Verlage zugleich veröffentlicht in: *Bruck/Möller,* 9. Aufl. 2008.
[1] *Werber,* VersR 1986, 1 (2); *Farny,* ZVersWiss. 1975, 168; *Martin,* VersR 1984, 1108.
[2] Vgl. *Dreher,* Die Versicherung als Rechtsprodukt, S. 148; *S.Hoffmann,* Verbraucherschutz im deutschen Privatversicherungsrecht nach dem Wegfall der Vorabkontrolle Allgemeiner Versicherungsbedingungen, S. 70f.; *R. Schmidt,* ZVersWiss. 1973, 529 (539); *L. Raiser,* ZVersWiss. 1978, 375 (386); *Schimikowski,* r+s 1998, 353; *Kieninger,* r+s 1999), 191 (208f.).
[3] *Dreher,* Die Versicherung als Rechtsprodukt, S. 145 ff.; *Dreher/Kling,* Kartell- und Wettbewerbsrecht
der Versicherungsunternehmen (2007), S. 106.
[4] Vgl. auch *Terno,* r+s 2004, 45.
[5] *Bunte/Honsel,* Allgemeine Versicherungsbedingungen, in: *Bunte* Lexikon des Rechts, Versicherungsrecht, S. 6f.; *Evermann,* Die Anforderung des Tranzparenzgebots an die Gestaltung von Allgemeinen Versicherungsbedingungen, S. 28f.; *Beckmann/Matusche-Beckmann/Präve* (2004) § 10 Rn. 2.
[6] Verordnung über Informationspflichten bei Versicherungsverträgen v. 18. 12. 2007, BGBl. I S. 3004.
[7] RegE VVGRefG S. 59.
[8] Vgl. OLG Köln v. 18. 9. 2002, VersR 2003, 448 (449); *Dreher,* Die Versicherung als Rechtsprodukt,
S. 162f.; *Kupper,* Die Allgemeinen Versicherungsbedingungen (1969), S. 19.
[9] *Stoffels,* AGB-Recht, § 4 Rn. 67; *Präve* in: *Beckmann/Matusche-Beckmann,* Versicherungsrechts-Handbuch (2004), § 10 Rn. 1.

Versicherungsschutzes gegenüber allen VN macht eine verlässliche Prämienkalkulation möglich und ist damit wichtiger Grundstein der Versicherungstechnik[10].

4　　Die Bedeutung Allgemeiner Versicherungsbedingungen wird darüber hinaus nicht zuletzt bei Betrachtung der Entstehungsgeschichte des Versicherungsvertragsgesetzes deutlich. Der Gesetzgeber fand bei **Schaffung des VVG** bereits ein System von Versicherungsbedingungen vor[11]. Dieses System sollte nicht durch gesetzliche Regelungen ersetzt werden. Vielmehr bestand das Ziel in der Schaffung eines allgemeinen Rahmens sowie der Ergänzung der vorhandenen AVB[12]. Auch im Rahmen der **aktuellen VVG-Reform** hat die Kommission zur Reform des Versicherungsvertragsrechts erörtert, ob in die Vorschriften über die Verträge der einzelnen Versicherungszweige Grundsätze über die Vertragsgestaltung aufzunehmen sind. Dies wurde indes verworfen, weil ein sinnvolles Maß an Regelungsvorgabe schwer zu finden sei. Ein „lückenhaftes ‚Teilleitbild‘" empfand die Kommission ebensowenig sinnvoll wie einen verbindlich ausgestalteten Standardvertrag[13]. Lediglich für die **Berufsunfähigkeitsversicherung** wurde Regelungsbedarf angenommen[14]. Durch die §§ 172–177 VVG wurden vertragliche Mindeststandards eingeführt, von denen teilweise zum Nachteil des VN gem. § 175 VVG nicht abgewichen werden darf; andererseits wird den VR Spielraum für neue, sich verändernde Produktentwicklungen gelassen[15].

5　　Die Verwendung einheitlicher Versicherungsbedingungen trägt zudem dem **Gebot der Gleichbehandlung**[16] der VN durch den VR Rechnung, wie es im Bereich der Personenversicherung gesetzlich vorgeschrieben ist (§§ 11 Abs. 2, 12 Abs. 4 S. 1 VAG), sowie bei Versicherungsvereinen auf Gegenseitigkeit als vereinsrechtlicher Grundsatz (§ 21 Abs. 1 VAG) gilt. Damit sind i. R. d. Inhaltskontrolle nach § 307 BGB die objektiven Grundentscheidungen des Grundgesetzes zu berücksichtigen, so dass sich AVB auch an Art. 3 GG messen lassen müssen[17]. Auch das aufsichtsrechtliche Sondervergütungs- und Begünstigungsverbot (§ 81 Abs. 2 S. 4 VAG)[18] macht im Ergebnis den Einsatz allgemeiner Versicherungsbedingungen notwendig.

II. Rechtliche Rahmenbedingungen Allgemeiner Versicherungsbedingungen

1. AGB-Recht, §§ 305 ff. BGB

6　　**a) Grundlagen und Bedeutung.** Anwendung finden die **§§ 305 bis 310 BGB** zunächst auf AVB als Allgemeine Geschäftsbedingungen i. S. v. § 305 Abs. 1 BGB. Danach sind Allgemeine Geschäftsbedingungen **alle für eine Vielzahl von Verträgen vorformulierte Vertragsbedingungen, die eine Vertragspartei (Verwender) der anderen Vertragspartei bei Abschluss eines Vertrages stellt.** Diese Voraussetzung ist bei AVB in der Regel erfüllt. Ausnahmen, wie sie etwa § 310 BGB vorsieht, kommen im Privatkundengeschäft grundsätzlich nicht in Betracht. Die Vorschriften des BGB über Allgemeine Geschäftsbedingungen finden daher grundsätzlich Anwendung auf AVB, ebenso wie auf Besondere Bedingungen, Zusatzbedingungen, Klauseln und geschäftsplanmäßige Erklärungen zum Versicherungsvertrag.

---

[10] Siehe nur *Halm/Engelbrecht/Krahe/Wandt*, 1. Kap. Rn. 27 ff.; *Kupper*, Die Allgemeinen Versicherungsbedingungen (1969), S. 29.

[11] Zur geschichtlichen Entwicklung der Allgemeinen Geschäftsbedingungen *Dreher*, Die Versicherung als Rechtsprodukt, S. 21 ff.

[12] *Halm/Engelbrecht/Krahe/Wandt*, 1. Kap. Rn. 42; *Dreher*, Die Versicherung als Rechtsprodukt, S. 28 f.; zur Geschichte des VVG auch *Duvinage*, Die Vorgeschichte und die Entwicklung des Gesetzes über den Versicherungsvertrag, 1987; *Neugebauer*. Versicherungsrecht vor dem Versicherungsvertragsgesetz (1990).

[13] KomE VVGRefG S. 16 f.

[14] KomE VVGRefG S. 130 f.; RegE VVGRefG S. 54.

[15] *Römer*, VersR 2006, 870; *Meixner/Steinbeck*, § 8 Rn. 2.

[16] Dazu *Prölss/Martin/Prölss*[27], Vorbem. II Rn. 2a; *Jannott*, FS E.Lorenz (1994) S. 341.

[17] BVerfG v. 22. 3. 2000, VersR 2000, 835; BVerfG v. 15. 1. 1958, BVerfGE 7, 198; *Prölss/Martin/Prölss*[27], Vorbem. II, Rn. 2a.

[18] Wobei dieses Prinzip rechtspolitisch umstritten ist, siehe *Prölss/Kollhosser*[12,] § 81 VAG, Rn. 77 ff.

Neben der aufsichtsbehördlichen[19] spielt insofern vor allem die zivilgerichtliche Kontrolle der von VR verwendeten Regelwerke eine große und weiter zunehmende Rolle auf dem Gebiet des **Versicherungsnehmerschutzes**[20]. Die stetig steigende Zahl der Inanspruchnahme der zivilgerichtlichen Inhaltskontrolle ist nicht zuletzt Folge der europarechtlich bedingten **Deregulierung des Versicherungsrechts**[21]. Die frühere Notwendigkeit einer behördlichen Vorabgenehmigung der Versicherungsbedingungen durch die Aufsichtsbehörde hatte zum einen branchenspezifisch einheitliche Regelwerke entstehen lassen. Gleichzeitig bestand eine gewisse Gewähr, dass rechtlich bedenkliche Klauseln ausschieden, bevor sie Eingang in die versicherungsvertragliche Praxis finden konnten; nichtsdestotrotz konnte die behördliche Vorabkontrolle eine zivilgerichtliche Inhaltskontrolle nicht ausschließen Seit Wegfall der präventiven Bedingungskontrolle ist die Schaffung individueller Versicherungsbedingungen erleichtert, jedoch richten auch heute noch die meisten VR ihre AVB an den seitens des Gesamtverbandes der Deutschen Versicherungswirtschaft (GDV) empfohlenen Musterbedingungen[22] aus. Dies bedeutet jedoch auch, dass die zivilgerichtliche Überprüfung der AVB an Bedeutung und Umfang weiter zunimmt[23]. Im Mittelpunkt der gerichtlichen Nachkontrolle als Eckpfeiler des Versicherungsnehmerschutzes stehen dabei die AGB-rechtlichen Vorschriften der §§ 305 ff. BGB, die im Kern eine Kodifikation früherer Rspr. und im Wege richterlicher Rechtsfortbildung entwickelter Grundsätze darstellen[24]. Die AGB-Kontrolle anhand der §§ 305 ff. BGB rechtfertigt sich dabei insbesondere durch ihre Funktion zum Schutz des Vertragspartners des Klauselverwenders vor Fremdbestimmung sowie zum Ausgleich der Informationsasymetrie, die dadurch begründet ist, dass der Klauselverwender im Unterschied zu seinem Vertragspartner das Bedingungswerk ohne zeitlichen Druck und i. d. R. unter Hinzuziehung von Rechtsbeistand ausformulieren konnte, während der Vertragspartner unter dem zeitlichen Druck der Abschlusssituation zumeist überfordert ist, deren Angemessenheit zu beurteilen[25]. Im Gegensatz zu Schuldverhältnissen wie Kauf- oder Werkverträgen gestalten Allgemeine Geschäftsbedingungen im Versicherungsgeschäft nicht lediglich Modalitäten und Abwicklung einer vertraglichen Leistungsbeziehung, sie konstituieren das vom VR geschuldete „Produkt Versicherungsschutz" (siehe schon oben Rn. 2).

b) Geltungsumfang bei internationalem Bezug. Bei **Versicherungsverträgen mit** **7** **Auslandsbezug** kann sich die Frage der Anwendbarkeit deutschen AGB-Rechts stellen[26]. Ist indes das deutsche Recht Vertragstatut, so gilt damit auch das deutsche AGB-Recht, also die §§ 305 ff. BGB[27]. Dies betrifft gem. Art. 15 EGVVG i. V. m. Art. 31 Abs. 1 EGBGB grundsätzlich sowohl die Frage, ob die AGB insgesamt oder bestimmte Klauseln in den Vertrag einbezogen wurden (Einbeziehungskontrolle) wie auch die die Frage nach der inhaltlichen Gültigkeit wirksam einbezogener Klausen (Inhaltskontrolle)[28]. Insoweit gelten für die Anwendbarkeit des deutschen AGB-Rechts keine Besonderheiten; vielmehr gelten die allgemeinen Grundsätze zur Anwendbarkeit des nationalen Rechts[29].

---

[19] Dazu Rn. 16 ff.
[20] Vgl. *Terno*, r+s 2004, 45.
[21] Siehe näher Rn. 9.
[22] *Baumann*, r+s 2005, 315; zu deren kartellrechtlicher Zulässigkeit siehe Rn. 46.
[23] *Beckmann*, ZEuP 1999, 814; *Halm/Engelbrecht/Krahe/Wandt*, 1. Kap. Rn. 54; Berliner Kommentar/ *Roth*, Europ. VersR, Rn. 1.
[24] *Ulmer* in: *Ulmer/Brandner/Hensen*[10], § 305 Rn. 4; *Präve* in: *Beckmann/Matusche-Beckmann,* Versicherungsrechts-Handbuch (2004), § 10 Rn. 4.
[25] *Leuscher*, AcP 2007, 492 ff.; *Staudinger/Coester* (2006), § 307 Rn. 3.
[26] *Präve* in: *Beckmann/Matusche-Beckmann*, Versicherungsrechts-Handbuch (2004), § 10 Rn. 32 (zugleich AGB-Klauselwerke/*Präve* Allgemeine Versicherungsbedingungen Rn. 363).
[27] *Ulmer* in: *Ulmer/Brandner/Hensen*[10], § 10 Rn. 35; *Horn* in: *Wolf/Horn/Lindacher*[4], § 24 AGBG Rn. 15.
[28] *Staudinger/Hausmann* (2001), Art. 31 EGBGB Rn. 71, 72, 81.
[29] Dazu etwa *Roth* in: *Beckmann/Matusche-Beckmann*[2],Versicherungsrechts-Handbuch, § 4; *Prölss/Martin/Prölss/Armbrüster*[27], Art. 27 ff. EGVVG.

2. EG-Recht

8   **a) EG-Vertrag und Harmonisierung des Versicherungsaufsichtsrechts.** Das Versicherungsrecht sowie die rechtliche Behandlung von AVB ist eingebettet in europarechtliche Entwicklungen. Der **Versicherungsbinnenmarkt**[30] in Europa ist Folge einer jahrzehntelangen Entstehungsgeschichte. Fundament dieser Entwicklung sind die **Grundfreiheiten** des EG-Vertrages; für den Versicherungsbereich sind dabei die in Art. 43 und 49 niedergelegte Niederlassungs- und Dienstleistungsfreiheit sowie die Freiheit des Kapital- und Zahlungsverkehrs (Art. 56 EGV) von besonderer Bedeutung[31]. Aufgrund der erheblichen Unterschiede in den nationalen aufsichtsrechtlichen Rahmenbedingungen für den Betrieb von Versicherungsgeschäften bedurfte es zunächst einer Angleichung dieser Regelungsmaterie, um einen Versicherungsbinnenmarkt tatsächlich verwirklichen zu können.

9   Diese Harmonisierung des **Versicherungsaufsichtsrechts** hat sich gerade auch auf die Behandlung von AVB ausgewirkt[32]. Diese Harmonisierung erfolgte in einer Reihe von Richtlinien[33], wobei diese jeweils gesondert für die Lebensversicherung, die Schadenversicherung sowie einzelne weitere Sparten (Kfz.-Haftpflichtversicherung, Rechtsschutzversicherung) erlassen wurden. Ziel war zum einen, eine einmalige, für alle Mitgliedstaaten gültige Zulassung einzuführen, damit VU in anderen Mitgliedstaaten tätig werden können, ohne einer weiteren Zulassung zu bedürfen (single-license-Prinzip). Darüber hinaus wurde die Aufsicht über ein VU sowohl für dessen Zulassung als auch hinsichtlich der laufenden Überwachung der zuständigen Aufsichtsbehörde des Landes unterstellt, in welchem das Unternehmen seinen Sitz hat (Sitzlandprinzip)[34]. Die zur Durchsetzung dieser Ziele nötige Angleichung der nationalen Aufsichtsrechte erfolgte im Rahmen der sog. „drei Richtliniengenerationen"[35] und wurde in den 1990er Jahren mit Verabschiedung und Umsetzung der dritten Richtliniengeneration[36] vollendet. Die wesentlichste Änderung des Aufsichtsrechts in Bezug auf das materielle Versicherungsvertragsrecht und damit auch auf AVB stellt dabei die Deregulierung des Versicherungsmarktes und der damit einhergehende **Wegfall der behördlichen Vorabgenehmigungspflicht** für AVB und diesen zugrundeliegenden Versicherungstarife dar[37]. Mit Umsetzung der Dritten Richtlinie durch das Dritte Durchführungsgesetz/EWG zum VAG im Juli 1994[38] sind AVB grundsätzlich nicht länger Bestandteil des Zulassungsverfahrens und bedürfen, wie auch spätere Änderungen, keiner Genehmigung durch die zuständige Aufsichtsbehörde (des Bundesaufsichtsamtes für das Versicherungswesen)[39] Der Wegfall der Vorabkontrolle, die im Ergebnis zur Verwendung weitgehend standar-

---

[30] Vertieft *H.Müller,* Versicherungsbinnenmarkt (1995); *Beckmann,* ZEuP 1999, 809; *Hübner/Matusche-Beckmann,* EuZW 1995, 263 (264); *Matusche-Beckmann,* ERPL 1996, 201; *Mönnich* in: *Beckmann/Matusche-Beckmann,* Versicherungsrechts-Handbuch[2], § 2.

[31] *Mönnich* in: *Beckmann/Matusche-Beckmann,* Versicherungsrechts-Handbuch[2], § 2 Rn. 3 ff.; *Beckmann,* ZEuP 1999, 809.

[32] Dazu *Prölss/Armbrüster,* DZWiR 1993, 397 ff.; 449 ff.; *Roth,* NJW 1993, 3028 ff.; *Beckmann,* ZEuP 1999, 809; *Hübner/Matusche-Beckmann,* EuZW 1995, 263 (264); *Matusche-Beckmann,* ERPL 1996, 201.

[33] Siehe die Übersicht bei *Prölss/Präve*[12], Vorbem. Rn. 29 ff.

[34] *Prölss/Armbrüster,* DZWiR 1993, 397 (398).

[35] Vgl. *Mönnich* in: *Beckmann/Matusche-Beckmann,* Versicherungsrechts-Handbuch (2004), § 2 Rn. 18 ff.; *Matusche-Beckmann,* ERPL 1996, 201, 205.

[36] RL 92/49/EWG des Rates v. 18. 6. 1992, Abl.EG 1992 Nr. L 228/1 (Dritte Richtlinie Schadenversicherung); RL 92/96/EWG des Rates v. 10. 11. 1992, Abl.EG 1992 Nr. L 360/1 (Dritte Richtlinie Lebensversicherung).

[37] Statt aller *Beckmann,* ZEuP 1999, 812.

[38] BGBl. 1994 I S. 1630.

[39] Zwei Ausnahmen lässt die dritte Schadenrichtlinie allerdings zu: Für Pflichtversicherungen und für die substitutive Krankenversicherung – hiermit sind Krankenversicherungen gemeint, die geeignet sind, die gesetzliche Krankenversicherung ganz oder teilweise zu ersetzen (vgl. § 12 Abs. 1 VAG) – sind die Mitgliedsländer berechtigt, die Vorlage der AVB an die Aufsichtsbehörde zu verlangen; vgl. Art. 30 Abs. 2, Art. 54 Abs. 1 der dritten Richtlinie Schadenversicherung. Die Bundesrepublik hat von dieser Möglichkeit in § 5 Abs. 5 Nr. 1 VAG Gebrauch gemacht.

disierter Versicherungsbedingungen geführt hatte, ermöglicht nunmehr ein vielfältigeres und individueller gestaltetes Angebotsspektrum. In einzelnen Versicherungsarten – etwa für die Berufsunfähigkeitsversicherung oder die D&O-Versicherung – hat dies tatsächlich zu unterschiedlichen Produktvarianten geführt[40]. Folglich werden an den Versicherungskunden nunmehr höhere Anforderungen bei der Suche nach geeignetem Versicherungsschutz gestellt, weil er sich einer stetig wachsenden Angebotspalette gegenübersieht[41]. Eine präventive Bedingungskontrolle und die grundsätzlich damit verbundene Richtigkeitsgewähr steht als Schutzmechanismus dabei nicht mehr zur Verfügung. Zur Kontrolle von AVB verbleibt es bei der (indes nachträglichen) behördlichen Missstandsaufsicht gem. § 81 VAG[42] sowie der gerichtlichen Nachkontrolle anhand der AGB-rechtlichen Vorschriften[43].

b) Richtlinie über missbräuchliche Klauseln in Verbraucherverträgen[44]. EG-   10
rechtliche Auswirkungen auf die Behandlung von AVB hat insbesondere die Richtlinie über missbräuchliche Klauseln in Verbraucherverträgen vom 5. 4. 1993[45]. Zur Erreichung allgemeiner verbraucherschützenden Ziele bedurfte es auch einer – zumindest teilweisen – **gemeinschaftsweiten Harmonisierung des Rechts der Allgemeinen Geschäftsbedingungen**[46]. Dabei ist zu beachten, dass die Vorschriften der Richtlinie – wie durch den Namen schon zum Ausdruck kommt – nur für **Verbraucherverträge** gelten[47], d. h. im Hinblick auf das Versicherungsrecht für Versicherungsverträge, die der VN nicht im Zusammenhang mit einer gewerblichen oder selbständigen Tätigkeit, sondern in seiner Rolle als Verbraucher abschließt[48]. In Deutschland ist die Richtlinie mit Gesetz vom 19. 7. 1996[49], in Kraft getreten am 25. 7. 1996, umgesetzt worden. Eingefügt wurde dabei u. a. eine Vorschrift für Verbraucherverträge (§ 24a AGBG a. F., heute § 310 Abs. 3 BGB). Danach erfasst das AGB-Recht auch vorformulierte Vertragsbedingungen, die nur zur einmaligen Verwendung bestimmt sind[50]. Zudem sind im Rahmen der Inhaltskontrolle von Verbraucherverträgen neben dem generell-abstrakten Maßstab des § 307 Abs. 1 BGB (= § 9 Abs. 1 AGBG a. F.) auch die Begleitumstände des Vertragsschlusses, Art der Güter oder Dienstleistungen sowie der Gegenstand des Vertrages zu berücksichtigen[51]. Darüber hinaus waren die Änderungen des AGBG jedoch gering, da das deutsche Recht bereits eine weitgehende Übereinstimmung mit den inhaltlichen Vorgaben der Richtlinie aufwies[52]. Das in der Richtlinie verankerte **Transparenzgebot**[53] ist demgegen-

---

[40] *Halm / Engelbrecht / Krahe / Wandt,* 1. Kap. Rn. 53.

[41] Vgl. z. B. *Matusche-Beckmann,* ERPL 1996, 201 (204).

[42] Dazu Rn. 16.

[43] *Halm / Engelbrecht / Krahe / Wandt,* 1. Kap. Rn. 54.

[44] Dazu auch *Dreher* Die zivilrechtliche Beurteilung von Provisionsabgabevereinbarungen und die Zuständigkeit der Kartellgerichte, VersR 1995 1; *Schmidt-Salzer* EG-Richtlinie über mißbräuchliche Klauseln in Verbraucherverträgen, Inhaltskontrolle von AVB und Deregulierung der Versicherungsaufsicht, VersR 1995 1261

[45] Richtlinie 93/13/EWG des Rates vom 5. 4. 1993 über missbräuchliche Klauseln in Verbraucherverträgen, ABl.EG 1993 Nr. L 95/29; zu deren Auswirkungen auf das Versicherungsvertragsrecht siehe auch *Brandner* Auswirkungen der EU-Richtlinie über missbräuchliche Vertragsklauseln auf Versicherungsverträge, in: *Basedow / Schwark / Schwintowski,* S. 67 ff.; *Hübner,* Auswirkungen der europarechtlich vorgegebenen Änderungen des AGB-Gesetzes und des Versicherungsaufsichtsrechts auf die richterliche Kontrolle von Allgemeinen Geschäftsbedingungen, in: Karlsruher Forum 1997, S. 43 ff.; *Schmidt-Salzer,* VersR 1995, 1261 ff.; *Sieg,* VersR 1993, 1305 ff; *Ulmer* in: *Ulmer / Brandner / Hensen*[10], § 310 Rn. 37.

[46] Erwägungsgründe 6, 8 der Richtlinie.

[47] Erwägungsgrund 10 der Richtlinie.

[48] Zur Beschränkung der Verbrauchereigenschaft auf natürliche Personen EuGH v. 22. 11. 2001, NJW 2002, 205.

[49] BGBl. 1996 I S. 1013.

[50] So auch die Vorgabe in Erwägungsgrund 11 der Richtlinie.

[51] Art. 4 Abs. 1 der Richtlinie.

[52] *Präve:* in *Beckmann / Matusche-Beckmann,* Versicherungsrechts-Handbuch (2004), § 10 Rn. 16 f.

[53] Art. 5 der Richtlinie.

über erst durch das Schuldrechtsmodernisierungsgesetz vom 26. 11. 2001[54] ausdrücklich in § 307 Abs. 1 S. 2 BGB kodifiziert worden[55].

11   Neben den Vorgaben zur Inhaltskontrolle und zur Auslegung von Allgemeinen Geschäftsbedingungen enthält die Richtlinie einen **Anhang** mit als Hinweis auf möglicherweise missbräuchliche Klauseln dienenden Klauselbeispielen. Zwar hat die Liste von Klauseln nur Beispielcharakter[56], da eine Pflicht zur Umsetzung nicht besteht. Dennoch entfalten die Klauselbeispiele eine Indizwirkung bzgl. der Missbräuchlichkeit im Rahmen der Klauselkontrolle in Verbraucherverträgen. Der Liste kommt demnach eine Vermutung für die Missbräuchlichkeit der in ihr enthaltenen Klauseln zu[57]. Gleichwohl impliziert der RichtlinienAnhang keine verbindliche Konkretisierung der Generalklausel des § 307 BGB. Den Gerichten der Mitgliedstaaten steht es folglich frei, eine Klausel auch dann als wirksam anzusehen, wenn sie gegen ein Verbot des Richtlinien-Anhangs verstößt, etwa weil sich deren Wirksamkeit unter Berücksichtigung des rechtlichen Umfelds des Vertrages bzw. der Klausel ergibt[58].

12   Ziel der Richtlinie ist eine **Mindestharmonisierung.** Strengere Bestimmungen, die ein höheres Schutzniveau für den Verbraucher gewährleisten und damit verbraucherfreundlichere Regelungen bleiben daher möglich[59]. Ein Verstoß gegen die Bestimmungen der Richtlinie kommt von vornherein nicht in Betracht, soweit eine Kontrolle nach Maßgabe der §§ 305 ff. BGB zur Unwirksamkeit einer Vertragsklausel führt. Eine Prüfung der Klausel anhand der Wertungen der Richtlinie erfolgt dann nicht. Dennoch sind Wertungswidersprüche mit den Maßgaben des EG-Vertrages, insbesondere mit den Grundfreiheiten des EGVertrages zu vermeiden, die sich aus einer zu weitreichenden Auslegung AGB-rechtlicher Vorgaben ergeben könnten. Daher ist mit der Rechtsprechung des EuGH Maßstab der Auslegung im Rahmen einer AGB-Kontrolle ein informierter, aufmerksamer und damit **verständiger Verbraucher,** nicht hingegen der unkritische[60].

13   Ergibt eine Klauselkontrolle ausschließlich nach §§ 305 ff. BGB hingegen die Wirksamkeit der geprüften Vertragsbedingung, stellt sich die Frage der Richtlinienkonformität dieses Ergebnisses. Als Folge der Harmonisierung der AGB-rechtlichen Vorschriften im Wirkungsbereich der Richtlinie sind die §§ 305 ff. BGB **richtlinienkonform auszulegen**[61]. Danach ist im Zweifel die Auslegung vorzuziehen, die der Richtlinie entspricht[62]. Bei Zweifelsfragen kann aufgrund der Pflicht zur richtlinienkonformen Auslegung der EuGH i. R. d. Vorabentscheidungsverfahrens nach Art. 234 EGV angerufen werden[63]. Dabei gilt jedoch zu beachten, dass der EuGH keine Feststellungen zur Missbräuchlichkeit von konkreten Vertragsklauseln treffen kann, d. h. ihm obliegt nicht die Anwendung von Gemeinschaftsrecht auf Einzel-

[54] BGBl. 2001 I S. 3138.

[55] Siehe zur Pflicht der Mitgliedstaaten zur klaren und eindeutigen Richtlinienumsetzung EuGH v. 10. 5. 2001, NJW 2001, 2244 (2245).

[56] Erwägungsgrund 17 der Richtlinie.

[57] *Ulmer* in: *Ulmer/Brandner/Hensen*[10], § 310 Rn. 94; MünchKomm-BGB/*Basedow*[5], § 308 Rn. 12; zurückhaltender *Palandt/Grüneberg*[67], § 310 Rn. 29; a. A. etwa AnwK-BGB/*Kollmann,* § 310 Rn. 13, gegen eine „gesteigerte Rechtswirkung".

[58] EuGH v. 12. 7. 2001, EuZW 2001, 465, 466; EuGH v. 1. 4. 2004, NJW 2004, 1647; *Palandt/Grüneberg*[67], § 310 Rn. 29.

[59] Siehe Erwägungsgrund 12 und Art. 8 der Richtlinie.

[60] *Präve* in: *Beckmann/Matusche-Beckmann,* Versicherungsrechts-Handbuch(2004), § 10 Rn. 22; *Heinrichs,* NJW 1996, 2190 (2197); *Herrmann,* VersR 2003, 1333 (1337); zur a. A. OLG Brandenburg v. 3. 4. 2002, NJW-RR 2002, 1640; *von Westphalen* NJW 2003, 1635, 1637.

[61] Siehe nur *Ulmer* in: *Ulmer/Brandner/Hensen*[10,] Einl. Rn. 96 ff.; MünchKomm-BGB/*Basedow*[5], Vorbemerkung zu § 305 Rn. 47 ff.; *Palandt/Heinrichs*[67], Einl. Rn. 43; *ders.,* NJW 1998, 1447 (1454); *ders.* NJW 1996, 2190 (2195); *Schmidt-Salzer,* VersR 1995, 1261.

[62] Siehe EuGH v. 16. 12. 1993, NJW 1994, 921 (922); EuGH v. 17. 9. 1997, NJW 1997, 3365 (3367); BGH v. 9. 3. 1993, NJW 1993, 1594; BGH v. 9. 4. 2002, NJW 2002, 1881 (1882).

[63] *Präve* in: *Beckmann/Matusche-Beckmann* Versicherungsrechts-Handbuch (2004), § 10 Rn. 23; *Palandt/ Grüneberg*[67], § 310 Rn. 23; MünchKomm-BGB/*Basedow*[5], Vorbemerkung zu § 305 Rn. 49.

fälle[64]. Die Aufgabe besteht vielmehr darin, die zur Definition des Begriffs der missbräuchlichen Klausel verwendeten allgemeinen Kriterien auszulegen[65]. Die Kontrolle einer bestimmten Klausel erfordert die Prüfung und Beachtung der Umstände des Vertragsschlusses und der Folgen dieser Klausel im jeweiligen nationalstaatlich geprägten Recht[66]. Diese Aufgabe obliegt den nationalen Gerichten. Etwas anderes soll nur für Klauseln gelten, die ausschließlich und ohne Gegenleistung für den Verbraucher einen Vorteil für den Unternehmer beinhalten und alle Kriterien der Missbräuchlichkeit i. S. d. Richtlinie erfüllen, indem sie unabhängig vom Vertragstyp jene Rechte in Frage stellen, die dem Verbraucher durch die Richtlinie zuerkannt sind[67].

Daneben ist zu beachten, dass Klauseln, die den Hauptgegenstand eines Vertrages oder das **14** Preis-/Leistungsverhältnis der Dienstleistung beschreiben, nach Sinn und Zweck der Richtlinie nicht als missbräuchlich beurteilt werden dürfen. Hauptvertragsgegenstand sowie Preis-/Leistungsverhältnis können jedoch bei der Beurteilung anderer Vertragsklauseln eine Rolle spielen. Im Hinblick auf Versicherungsverträge bedeutet dies, dass Klauseln, in denen das versicherte Risiko und die Verpflichtung des VR deutlich festgelegt oder abgegrenzt werden, nicht als missbräuchlich eingestuft werden dürfen, soweit diese Einschränkungen bei der Berechnung der vom VN zu zahlenden Prämie Berücksichtigung finden[68].

Eine Liste von in Europa auf ihre Missbräuchlichkeit hin überprüften Allgemeinen Ge- **15** schäftsbedingungen stellt die European Database on Case Law concerning Unfair Contractual Terms (**CLAB** Europa) zur Verfügung[69].

3. Versicherungsaufsicht

Bis zum Inkrafttreten des 3. Durchführungsgesetzes/EWG zum VAG am 29. Juli 1994[70] **16** mit dem Ziel der Deregulierung des Versicherungsrechts zur Schaffung eines europäischen Versicherungsmarktes unterlagen AVB als Teil des Geschäftsplans der Genehmigung dem damaligen Bundesaufsichtsamt für das Versicherungswesen (jetzt Bundesanstalt für Finanzdienstleistungsaufsicht, BAFin). Eine solche **präventive Bedingungskontrolle**[71] durch die Versicherungsaufsicht besteht seit diesem Zeitpunkt grundsätzlich nicht mehr[72]. Ausnahmen gelten für Pensions- und Sterbekassen, § 5 Abs. 3 Nr. 2 VAG. Die für die substitutive Krankenversicherung und die Pflichtversicherung bestehende Vorlagepflicht nach § 5 Abs. 5 Nr. 1 VAG hinsichtlich der zur Verwendung beabsichtigten AVB lässt diese hingegen nicht zum Bestandteil des Geschäftsplans werden, so dass auch in diesem Bereich ein Genehmigungserfordernis nicht besteht[73]. Die Inhaltskontrolle von AVB ist damit in erster Linie **zivilrechtlich im Rahmen des AGB-Rechts** gem. §§ 305 ff. BGB ausgerichtet.

Unabhängig von der zivilgerichtlichen Kontrolle kann die Aufsichtsbehörde allerdings **17** nach wie vor gegen unwirksame Bestimmungen in AVB im Rahmen der nachträglichen **Missstandsaufsicht** nach § 81 VAG vorgehen. Gem. § 81 Abs. 1 S. 2 VAG achtet die Aufsichtsbehörde auch auf die Einhaltung der Gesetze, die für den Betrieb des Versicherungsgeschäfts gelten. § 81 Abs. 1 S. 4 VAG konkretisiert dies insoweit, als zum Gegenstand der rechtlichen Aufsicht die ordnungsgemäße Durchführung des Geschäftsbetriebs einschließlich der Einhaltung der aufsichtsrechtlichen, der das Versicherungsverhältnis betreffenden und aller sonstigen die Versicherten betreffenden Vorschriften sowie der rechtlichen Grundlagen

---

[64] Siehe etwa *Borges* NJW 2001, 2061 (2062); *Nassall*, JZ 1995, 689 (690); *Dreher*, VersR 1995, 1 (3).

[65] EuGH v. 1. 4. 2004 NJW 2004, 1647; *Palandt/Grüneberg*[67], § 310 Rn. 25 m. w. N.

[66] EuGH v. 1. 4. 2004 NJW 2004, 1647.

[67] EuGH v. 1. 4. 2004 NJW 2004, 1647 unter Verweis auf die Entscheidung EuGH v. 27. 6. 2000, NJW 2000, 2571 zur Missbräuchlichkeit einer Gerichtsstandklausel.

[68] Erwägungsgrund 19 der Richtlinie; vgl. hierzu auch die Ausführungen bei *Prölss/Martin/Prölss*[27], Vorbem. I Rn. 55; zum Umfang der Inhaltskontrolle vgl. noch Rn. 202 ff..

[69] Abrufbar unter http://www.eu-consumer-law.org/casedetails1_de.cfm (Abrufdatum: 26. 2. 2008).

[70] Gesetz vom 21. 7. 1994, BGBl. I S. 1630.

[71] BVerwG v. 25. 6. 1998, BVerwGE 107, 101 = VersR 1998, 1137.

[72] Siehe bereits Rn. 9.

[73] *Prölss/Präve*[12], VAG § 5 Rn. 104 f.

des Geschäftsplans gehört. Zu den Gesetzen i. S. d. Abs. 1 S. 2 bzw. zu den Vorschriften i. S. d. Abs. 2 S. 4 gehören auch AGB-rechtlichen Regelungen des BGB[74]. Europarechtliche Erwägungen stehen dem nicht entgegen[75]. Aus den entsprechenden Versicherungs-Richtlinien ergibt sich lediglich ein grundsätzliches Verbot der aufsichtsbehördlichen AGB-Kontrolle im Zulassungsverfahren. Anlassbezogene nachträgliche Kontrollen im Zuge der laufenden Aufsicht werden dadurch gerade nicht ausgeschlossen.

18   An der Verfassungsmäßigkeit und Europakonformität der allgemeinen Missstandsaufsicht gem. § 81 Abs. 1 S. 2 VAG „zur ausreichenden Wahrung der Belange der Versicherten" sind im Schrifttum **verfassungsrechtliche Bedenken** geäußert worden[76]. So wird etwa vorgebracht, der BAFin werde die Ausfüllung des Missstandsbegriffes ohne abschließende gesetzliche Vorgabe übertragen[77]. Indes ist der Anwendungsbereich dieses allgemeinen Maßstabs aufgrund spezieller Eingriffstatbestände ohnehin eingeschränkt[78]. Für die hier in Rede stehende Misstandsaufsicht im Zusammenhang mit der Behandlung von AVB ist ohnehin auf den Maßstab der Gesetze, die für den Betrieb des Versicherungsgeschäfts gelten, abstellen (siehe zuvor).

19   Das **Verhältnis aufsichtsrechtliche Maßnahmen und zivilgerichtlicher Inhaltskontrolle** ist vielmehr geprägt durch ein grundsätzliches Nebeneinander[79]. Die Aufsichtsbehörde kann auch dann von ihren Aufsichtsbefugnissen Gebrauch machen, wenn gegen die Verwendung bestimmter Klauseln zivilrechtliche Schritte von dritter Seite bisher nicht unternommen worden sind. Anordnungen nach § 81 Abs. 2 S. 1 VAG dürfen nicht nur zur Beseitigung, sondern auch zur Vermeidung von Mißständen ergehen. Die BAFin darf daher auch bei „ungeklärten Klauseln" eingreifen; eines vorherigen Zivilverfahrens und einer vorherigen Mißbilligung der Klausel durch die Zivilgerichte bedarf es nicht[80]. Die Kontrolle der AVB i. R. d. Versicherungsaufsicht ist ebenso notwendig und unabdingbar wie der zivilgerichtliche Rechtsschutz, sind doch beide Kontrollverfahren von unterschiedlichen Intentionen geleitet. Während die Aufsichtsbehörde gemäß § 81 Abs. 1 S. 3 VAG die ihr zugewiesenen Aufgaben nur im öffentlichen Interesse wahrnimmt, zielt die zivilgerichtliche Überprüfung der AVB auf die Gewährung von **Individualrechtrechtsschutz**[81]. Eine völlige Beziehungslosigkeit

---

[74] Gesetzesbegründung BR-Drucks. 23/94, S. 244; BVerwG v. 25. 6. 1998, BVerwGE 107, 101 = VersR 1998, 1137 (1138); *Fahr/Kaulbach/Bähr*[4], § 81 Rn. 17a; *Beckmann*, NVersZ 1998, 19; *Groepper*, NVersZ 1998, 103 (105); *S Hoffmann*, Verbraucherschutz im deutschen Privatversicherungsrecht nach dem Wegfall der Vorabkontrolle Allgemeiner Versicherungsbedingungen, S. 247 ff.; *Miersch*, Versicherungsaufsicht nach den Dritten Richtlinien (1996), S. 94 f.; *Präve* in: *Beckmann/Matusche-Beckmann*, Versicherungsrechts-Handbuch (2004), § 10 Rn. 53; *Prölss/Martin/Prölss*[27], Vorbem. I Rn. 8, 18; *Halm/Engelbrecht/Krahe/Wandt*, 1. Kap. Rn. 148.

[75] *Prölss/Kollhosser*[12], VAG, § 81 Rn. 16 f.; Berliner Kommentar/*Schwintowski*, Vorbem. §§ 159–178 Rn. 37; *Präve* in: *Beckmann/Matusche-Beckmann*, Versicherungsrechts-Handbuch (2004), § 10 Rn. 53; *Präve*, NVersZ 1998, 49 (53); *Hohlfeld*, Auswirkungen der Deregulierung aus aufsichtsbehördlicher Sicht (1996), S. 29 f.; *ders.* Was bleibt von der materiellen Versicherungsaufsicht nach Vollendung des Binnenmarktes? (1992), S. 13 f.; *Korinek*, Rechtsaufsicht über Versicherungsunternehmen (2000), S. 107 f.; a. A. etwa *Eberhardt*, Die Missbrauchsaufsicht des Bundesaufsichtsamtes für das Versicherungswesen (1997), S. 177; *Römer*, Der Prüfungsmaßstab bei der Missstandsaufsicht nach § 81 VAG und der AVB-Kontrolle nach § 9 AGBG, S. 16 ff.

[76] *Dreher*, Die Konkretisierung der Missstandsaufsicht nach § 81 VAG (1997), S. 7 ff.; *ders.*, VersR 1993, 1443 (1452); *Römer*, Der Prüfungsmaßstab bei der Missstandsaufsicht nach § 81 VAG und der AVB-Kontrolle nach § 9 AGBG, S. 7; *Vespermann/Niewerth*, VersR 1996, 1186 (1191). Speziell zur Frage Verfassungskonformität des durch § 81 Abs. 1 S. 3 VAG intendierten Ausschlusses einer Haftung, siehe *Fahr/Kaulbach/Bähr*[4], § 81 Rn. 9 m. w. N.

[77] *Prölss/Kollhosser*[12], VAG § 81 Rn. 13; *Dreher*, WM 1995, 509 ff.

[78] *Fahr/Kaulbach/Bähr*[4], § 81 Rn. 16b.

[79] *Präve* in: *Beckmann/Matusche-Beckmann*, Versicherungsrechts-Handbuch (2004), § 10 Rn. 56; AGB-Klauselwerke/*Präve*, Allgemeine Versicherungsbedingungen Rn. 276; für generelle Subsidiarität aufsichtbehördlicher Tätigkeit etwa *Fahr/Kaulbach/Bähr*[4], § 81 Rn. 17a.

[80] BVerwG v. 25. 6. 1998, BVerwGE 107, 101 = VersR 1998, 1137; *Halm/Engelbrecht/Krahe/Wandt*, 1. Kap. Rn. 55.

[81] *Präve* in: *Beckmann/Matusche-Beckmann*, Verwsicherungsrechts-Handbuch (2004) § 10 Rn. 50, 51.

besteht gleichwohl nicht[82]. So ist die Aufsichtsbehörde, der zur Abwehr benachteiligender Versicherungsbedingungen nach § 81 Abs. 2 S. 1 VAG die Möglichkeit der **Untersagungs-verfügung** gegeben ist, im Rahmen von **Verbandsklageverfahren** nach §§ 1, 3 UKlaG von dem entscheidenden Zivilgericht zu hören, § 8 Abs. 2 Nr. 1 UKlaG. Eine Beschränkung auf genehmigte Versicherungsbedingungen findet dabei seit 1994 nicht mehr statt. Neben der Verzahnung von behördlichem und gerichtlichen Verbraucherschutz dient das **Anhörungs-recht** vor allem der Einbringung der besonderen Sachkenntnis der Aufsichtsbehörde in das Zivilverfahren[83].

4. Kartellrecht

Bei der rechtlichen Beurteilung von AVB ist auch das **Kartellrecht** zu berücksichtigen. **20** Dies gilt im Hinblick auf die Empfehlung gleichförmiger AVB durch **Musterbedingungen** (dazu Rn. 24) sowie die Festsetzung von Versicherungsbedingungen durch **marktbeherr-schende VU** (dazu Rn. 27).

Das deutsche Kartellrecht ist zuletzt durch die 7. GWB-Novelle[84], in Kraft getreten am **21** 1. 7. 2005, Änderungen unterworfen worden[85]. Ergebnis ist ein weitestgehender Gleichklang mit den wettbewerbsrechtlichen Regelungen des EG-Vertrages[86]. Mit dem Gesetz wird eine nahezu umfassende Anpassung des GWB an europäische Vorgaben vollzogen. Dieser Anpassungsbedarf war nicht zuletzt Folge der EG-Kartellverordnung 1/2003[87]. § 1 GWB enthält nunmehr ein allgemeines Kartellverbot, indem er nicht mehr nur horizontale, sondern auch vertikale Wettbewerbsbeschränkungen erfasst und entspricht damit Art. 81 Abs. 1 EGV. Die bisherigen Freistellungstatbestände (§§ 2 bis 8 GWB a. F.) sind einer Generalklausel (§ 2 Abs. 1 GWB) gewichen, die sich an Art. 81 Abs. 3 EGV orientiert[88]. Eine „dynamische" Verweisung[89] auf die auf Grundlage von Art. 81 Abs. 3 EGV erlassenen EG-Gruppenfreistellungsverordnungen (GVO) enthält § 2 Abs. 2 GWB. Neben Sachverhalten, die den zwischenstaatlichen Handel betreffen[90], gelten die europäischen Gruppenfreistellungsverordnungen gem. § 2 Abs. 2 S. 2 GWB somit auch für Inlandssachverhalte[91]. Damit entfällt die Gefahr einer abweichenden Beurteilung von Unternehmensabsprachen aufgrund nationalen Kartellrechts[92].

Eine Befreiung vom Kartellverbot gem. Art. 81 Abs. 1 EGV bzw. § 1 GWB tritt kraft Ge- **22** setzes ein, wenn die Tatbestände nach Art. 81 Abs. 3 bzw. § 2 Abs. 1 GWB erfüllt sind; auf eine präventive behördliche Kontrolle kommt es nicht mehr an. Damt müssen die Unternehmen die kartellrechtliche Zulässigkeir ihrer Absprachen und Empfehlungen im Hinblick auf Empfehlungen nun selbst beurteilen[93].

Eine Sonderregelung für den Bereich der Versicherungswirtschaft enthält das GWB durch **23** Streichung des § 29 a. F. nicht mehr[94]. Ein spezielles Freistellungsverfahren für von Versicherungsverbänden erarbeitete und empfohlene Musterbedingungen besteht daher nicht. Somit ist grundsätzlich zu prüfen, ob eine solche Empfehlung vom Kartellverbot des § 1 GWB er-

---

[82] Siehe bereits Rn. 6, 17.

[83] Siehe *Hensen* in: *Ulmer/Brandner/Hensen*[10,] § 8 UKlaG Rn. 7 f.

[84] BGBl 2005 I S. 1954; Bekanntmachung der GWB-Neufassung, BGBl 2005 I S. 2144.

[85] Zur Entstehungsgeschichte *Bechtold/Buntscheck,* NJW 2005, 2966 (2966 f.); *Kahlenberg/Haellmigk,* BB 2005, 1509.

[86] *Fuchs,* in: *Ulmer/Brandner/Hensen*[10], Vorb. v. § 307 Rn. 83.

[87] VO Nr. 1/2003 des Rates vom 16. 12. 2002 zur Durchführung der in den Art. 81 und 82 des Vertrags niedergelegten Wettbewerbsregeln, ABl.EG Nr. L 1 v. 4. 1. 2003, S. 1.

[88] *Kahlenberg/Haellmigk,* BB 2005, 1509 (1510).

[89] *Bechtold/Buntscheck,* NJW 2005, 2966 (2967).

[90] Für die sich die Anwendung der GVO bereits aus Art. 3 Abs. 2 der VO 1/2003 ergibt.

[91] *Görner,* ZVersWiss. 2005, 739 (740 f.); *Fuchs,* in: *Ulmer/Brandner/Hensen*[10], Vorb. v. § 307 Rn. 83; *Kahlenberg,* WuW 1994, 985 (987).

[92] *Fuchs,* in: *Ulmer/Brandner/Hensen*[10], Vorb. v. § 307 Rn. 83.

[93] *Fuchs,* in: *Ulmer/Brandner/Hensen*[10], Vorb. v. § 307 Rn. 84 f.

[94] *Dreher/Kling,* Kartell- und Wettbewerbsrecht der Versicherungsunternehmen (2007), S. 153.

fasst wird. Ist dies der Fall, bestimmt sich deren Freistellungsfähigkeit nach § 2 GWB bzw. Art. 81 Abs. 3 EGV. Im Rahmen von § 2 Abs. 2 GWB ist hierbei die **Gruppenfreistellungsverordnung für den Versicherungssektor** (im Folgenden: GVO Nr. 358/2003)[95] maßgebend, die damit auch Anwendung findet, wenn Verhaltensweisen ohne zwischenstaatlichen Bezug betroffen sind (Vgl. § 2 Abs. 2 S. 2 GWB).

24   Unter den in Art. 1 c i. V. m. Art. 5 GVO Nr. 358/2003 genannten Voraussetzungen ist die Erstellung von **Muster-AVB** danach vom Verbot wettbewerbsbeschränkender Vereinbarungen und Verhaltensweisen aus Art. 81 EGV bzw. § 1 GWB ausgenommen[96]. Als Vorteile einer Erarbeitung von Musterbedingungen nennt die Verordnung neben Effizienzgewinnen, vereinfachtem Marktzutritt für kleine und unerfahrene VR, die erleichterte Einhaltung rechtlicher Pflichten durch VR sowie die Verwendungsmöglichkeit im Sinne einer Orientierungshilfe für den Vergleich unterschiedlicher Versicherungsangebote[97]. Eine über die dadurch zu erzielende **Transparenz**[98] hinausgehende Vereinheitlichung von Versicherungsprodukten soll jedoch verhindert werden[99]. Die **Zulässigkeit von Muster-AVB** setzt daher den ausdrücklichen Hinweis auf die Unverbindlichkeit (Art. 5 Abs. 1 a)[100] sowie den Hinweis darauf voraus, dass die beteiligten Unternehmen ihren Kunden auch von der Vereinbarung abweichende Klauseln anbieten dürfen (Art. 5 Abs. 1 b); des Weiteren müssen die Muster-AVB für jede interessierte Person zugänglich sein und auf einfache Anfrage hin übermittelt werden (Art. 5 Abs. 1 c)[101].

25   Die Freistellungsverordnung enthält in Art. 6 Abs. 1 zudem eine Liste von **Kernbeschränkungen (sog. „schwarzer Klauseln")**. Musterbedingungen, die eine der dort aufgeführten Inhalte aufweisen, sind von der Freistellung ausgenommen[102]. Dazu gehören u. a. Klauseln, die Angaben über Versicherungssumme, Selbstbehalt[103] oder die Höhe der Bruttoprämien[104] enthalten. Andere Klauseln entsprechen Vertragsbedingungen, die auch in der EG-Richtlinie über missbräuchliche Klauseln in Verbraucherverträgen[105] aufgeführt sind. Dabei handelt es sich um Klauseln, die auf eine stillschweigende Vertragsverlängerung für mehr als ein Jahr abzielen[106], sowie einzelne Bedingungs- und Prämienanpassungsklauseln[107].

---

[95] VO Nr. 358/2003 der Kommission vom 27. 2. 2003 über die Anwendung von Art. 81 Abs. 3 EG auf Gruppen von Vereinbarungen, Beschlüssen und aufeinander abgestimmten Verhaltensweisen im Versicherungssektor, ABl. EG Nr. L 53 v. 28. 2. 2003, S. 8 (im Folgenden GVO Nr. 358/2003); zur Entstehungsgeschichte *Brinker/Schädle,* VersR 2003, 1475.

[96] So die Konsequenz aus dem Anwendungsvorrang des Gemeinschaftsrechts, vgl. hierzu Nagel Wirtschaftsrecht der Europäischen Union (2003), S. 49, 51.

[97] Erwägungsgrund 14 der GVO Nr. 358/2003; vgl. auch *Dreher/Kling,* Kartell- und Wettbewerbsrecht der Versicherungsunternehmen (2007), S. 106.

[98] Vgl. *Präve* in: *Beckmann/Matusche-Beckmann,* Versicherungsrechts-Handbuch (2004) § 10 Rn. 44; *Prölss/Armbrüster,* DZWiR 1993, 450.

[99] Siehe Erwägungsgrund 15 der GVO Nr. 358/2003.

[100] Bei Verwendung unternehmendindividueller AVB ist dieser Hinweis entbehrlich, vgl. *Dreher/Kling,* Kartell- und Wettbewerbsrecht der Versicherungsunternehmen (2007), S. 108 Fn. 464.

[101] Aufgrund der Gruppenfreistellungsverordnung herausgegebene Musterbedingungen finden sich beispielsweise in der Lebens-, Schaden- und Unfallversicherung (jeweils abrufbar auf der Internetseite des Gesamtverbands der deutschen Versicherungswirtschaft e. V. (GDV), www.gdv.de) sowie der Krankenversicherung (abrufbar auf der Internetseite des Verbandes der privaten Krankenversicherung e. V. (PKV), www.pkv.de).

[102] Siehe hierzu auch *Dreher/Kling,* Kartell- und Wettbewerbsrecht der Versicherungsunternehmen (2007), S. 109.

[103] Art. 6 Abs. 2b GVO Nr. 358/2003.

[104] Art. 6 Abs. 2a GVO Nr. 358/2003.

[105] Richtlinie 93/13/EWG des Rates vom 5. 4. 1993 über missbräuchliche Klauseln in Verbraucherverträgen, ABl. EG 1993 Nr. L 95/29.

[106] Art. 6 Abs. 2g GVO Nr. 358/2003, Anhang Nr. 1h der Richtlinie über missbräuchliche Klauseln.

[107] Art. 6 Abs. 2d, e GVO Nr. 358/2003, Anhang Nr. 1j, k, l der Richtlinie über missbräuchliche Klauseln.

Obgleich es sich materiell um Wettbewerbsrecht handelt[108], kommt der Gruppenfreistellungsverordnung aucheine verbraucherschützende Funktion zu[109]. Darüber hinaus wird zu Recht eine Ausstrahlungswirkung der in den schwarzen Klauseln zum Ausdruck kommenden Wertungsvorgaben des europäischen Gesetzgebers auf die Inhaltskontrolle von AVB befürwortet[110].

Nach Art. 10b GVO Nr. 358/2003 ist die Kommission ermächtigt, die **Freistellung zu** **26** **entziehen,** wenn die Muster Allgemeiner Versicherungsbedingungen Klauseln enthalten, die zulasten des VN „ein erhebliches Ungleichgewicht zwischen den sich aus dem Vertrag ergebenden Rechten und Pflichten" zur Folge haben, auch ohne dass diese Klauseln in der Liste der schwarzen Klauseln aufgeführt sind. Insoweit besteht eine **„inhaltliche Parallelität"**[111] zu der Generalklausel des Art. 3 Abs. 1 der Richtlinie über missbräuchliche Klauseln in Verbraucherverträgen[112]. Wegen dieses inhaltlichen Gleichlaufs ist deshalb zu Recht für möglich erachtet, dass eine als missbräuchlich i. S. d. Richtlinie einzustufende Klausel auch einen Widerruf der Freistellung begründet[113].

Hinzuweisen sei schließlich darauf, dass unter den Voraussetzungen des § 19 Abs. 1, 4 Nr. 2 **27** und 3 GWB die Verwendung von AVB durch ein marktbeherrschendes[114] bzw. mehrere marktbeherrschende Unternehmen unzulässig sein kann[115]. **Kartellbehördliche Eingriffsmöglichkeiten** ergeben sich dann aufgrund von § 32 GWB. Erforderlich ist ein missbräuchliches Ausnutzen einer marktbeherrschenden Stellung im Rahmen der Bedingungsgestaltung: Konkret liegt ein Missbrauch gem. § 19 Abs. 4 GWB insbesondere vor, wenn ein marktbeherrschendes Unternehmen als Anbieter oder Nachfrager einer bestimmten Art von Waren oder gewerblichen Leistungen

– Entgelte oder sonstige Geschäftsbedingungen fordert, die von denjenigen abweichen, die sich bei wirksamem Wettbewerb mit hoher Wahrscheinlichkeit ergeben würden (Nr. 2) oder

– ungünstigere Entgelte oder sonstige Geschäftsbedingungen fordert, als sie das das marktbeherrschende Unternehmen selbst auf vergleichbaren Märkten von gleichartigen Abnehmern ohne sachliche Rechtfertigung fordert (Nr. 3).

Aufgrund der Wettbewerbsorientierung der Missbrauchsaufsicht nach dem GWB findet **28** dabei jedoch keine allgemeine Verhaltenskontrolle im Sinne eines umfassenden Verbraucherschutzes vor benachteiligenden Vertragsklauseln statt; dies ist nicht Ziel der kartellbehördlichen Arbeit[116]. Die Rechtsprechung stellt im Rahmen der Missbrauchsaufsicht auf ein Vergleichsmaßkonzept ab; bei der Prüfung, ob bestimmte Geschäftsbedingungen und bestimmte

---

[108] Vgl. *Büchner,* Die Gruppenfreistellungen der EG-Kommission im Versicherungsbereich – insbesondere die Tatbestandsgruppe „Muster allgemeiner Versicherungsbedingungen, in: Dieter Farny und die Versicherungswissenschaft (1994), S. 44, 53; *v.Fürstenwerth,* WM 1994, 365 (369).

[109] Siehe *Präve* in: *Beckmann/Matusche-Beckmann,* Versicherungsrechts-Handbuch (2004) § 10 Rn. 47; *Windhagen,* Die Versicherungswirtschaft im europäischen Kartellrecht, S. 182f.

[110] *Hübner/Matusche-Beckmann,* EuZW 1995, 263, 272; tendenziell auch *Präve* in: *Beckmann/Matusche-Beckmann,* Versicherungsrechts-Handbuch (2004), § 10 Rn. 47; a. A. *Büchner,* Die Gruppenfreistellungen der EG-Kommission im Versicherungsbereich – insbesondere die Tatbestandsgruppe „Muster allgemeiner Versicherungsbedingungen, in: FS Farny (1994), S. 44, 53.

[111] *Präve* in: *Beckmann/Matusche-Beckmann,* Versicherungsrechts-Handbuch (2004), § 10 Rn. 45.

[112] Danach ist eine Vertragsklausel, die nicht im Einzelnen ausgehandelt wurde, als missbräuchlich anzusehen, wenn sie entgegen dem Gebot von Treu und Glauben zum Nachteil des Verbrauchers „ein erhebliches und ungerechtfertigtes Missverhältnis der vertraglichen Rechte und Pflichten der Vertragspartner" verursacht.

[113] So wohl *Präve* in: *Beckmann/Matusche-Beckmann,* Versicherungsrechts-Handbuch (2004), § 10 Rn. 45; a. A. *Schumm,* VersWissStud (Band 2), S. 77; ebenso *Kahlenberg,* WuW 1994, 985 (993), wonach nur wettbewerbsrechtliche Erwägungen einen Entzug der Freistellung rechtfertigen können.

[114] Zur Feststellung einer marktbeherrschenden Stellung vgl. *Dreher/Kling,* Kartell- und Wettbewerbsrecht der Versicherungsunternehmen (2007), S. 154f.

[115] *Dreher/Kling,* Kartell- und Wettbewerbsrecht der Versicherungsunternehmen (2007), S. 156.

[116] *Schultz,* VW 1994, 1597 (1599).

Verhaltensweisen als mißbräuchlich zu werten sind, ist bei der Anwendung des Vergleichs-
marktkonzepts eine „Gesamtbetrachtung des Leistungsbündels" geboten[117]. Wegen der dabei
auftretenden Schwierigkeiten werden im Schrifttum andere Kriterien vorgeschlagen. Heranziehen lässt sich als Beurteilungsmaßstab danach die einseitig belastende Abweichung von den
Gerechtigkeitsvorstellungen, wie sie dem dispositiven Recht zugrunde liegen; Anhaltspunkte
dafür gäben namentlich die §§ 305 ff. BGB[118]. Hält die Kartellbehörde eine von ihr geprüfte
Vertragsklausel für wirksam, hat dies jedoch keinen Einfluss auf die gerichtliche „Ex-post"-
Kontrolle. Die Entscheidung der Verwaltungsbehörde begründet nicht einmal ein Indiz hinsichtlich einer Vereinbarkeit der AGB mit den §§ 307 ff. BGB[119].

III. Begriff der AGB bzw. der AVB, § 305 Abs. 1 BGB

1. Vertragsbedingungen

29   **a) Grundsätze.** Der Begriff der Allgemeinen Geschäftsbedingungen (AGB) wird in § 305
Abs. 1 S. 1 BGB **definiert;** zudem dient die Vorschrift (Abs. 1 S. 3) der **Abgrenzung** von
AGB gegenüber individuell ausgehandelten Vertragsbestandteilen. Darüber hinaus besteht
die Funktion des § 305 Abs. 1 BGB darin, den **Anwendungsbereich der §§ 305 bis 310
BGB** festzulegen[120]. Nach der Begriffsbestimmung des § 305 Abs. 1 BGB richtet sich zu-
gleich die **Anwendbarkeit des Unterlassungsklagengesetz** (UKlaG).

30   Um Vertragsbedingungen i. S. v. § 305 Abs. 1 S. 1 BGB handelt es sich bei Geschäftsbedingungen, die Bestandteil eines zu schließenden Rechtsgeschäfts zwischen Verwender und
einem anderen Teil sind und die Regelung des Vertragsinhalts zum Gegenstand haben[121].
AVB, die durch ihre **produktkonstituierende Wirkung** Rechte und Pflichten der Vertragsparteien festlegen, erfüllen diese Voraussetzung. Strittig ist jedoch, ob dies auch für Vertragsklauseln gilt, die den Inhalt gesetzlicher Vorschriften lediglich wiedergeben und somit
ausschließlich **deklaratorischer** Natur sind. Dies wird zum einen mit dem Hinweis darauf
abgelehnt, solche Bedingungen seien dem VN nicht einseitig auferlegt worden[122]. Zum anderen wird geltend gemacht, dass deren Verwerfung dem VN im Ergebnis keinen Vorteil erbringe, da die Nichtigkeitsfolge die Geltung der gesetzlichen Bestimmungen sei (§ 306 Abs. 2
BGB)[123]. Der grundsätzliche AGB-Charakter deklaratorischer Klauseln ergibt sich jedoch
aus § 307 Abs. 3 S. 1 BGB. Danach erstreckt sich die Inhaltskontrolle nur auf Bestimmungen
in Allgemeinen Geschäftsbedingungen, die von Rechtsvorschriften abweichende oder diese
ergänzende Regelungen beinhalten. Daraus folgt, dass deklaratorische Klauseln, auch wenn
sie nicht der Inhaltskontrolle unterliegen, gleichwohl Allgemeine Geschäftsbedingungen darstellen[124]. Eine deklaratorische Klausel unterliegt jedoch dann der Inhaltskontrolle nach den
§§ 307 ff. BGB, wenn sie die Rechtslage nicht zutreffend wiedergibt, da es sich dann tatsächlich nicht um eine deklaratorische Klausel handelt. Die Klausel enthält vielmehr eine von
Rechtsvorschriften abweichende Regelung[125].

---

[117] BGH WuB 1985, 157 ff. (juris Rn. 23); *Immenga/Mestmäcker/Möschel*[4], GWB § 22 Rn. 174
m. w. N.

[118] *Immenga/Mestmäcker/Möschel*[4], GWB § 22 Rn. 174; *Präve* in: *Beckmann/Matusche-Beckmann*, Versicherungsrechts-Handbuch (2004), § 10 Rn. 36; *Ulmer*, in: *Ulmer/Brandner/Hensen*[10], Einl. Rn. 78; offen
gelassen durch BGH WuB 1985, 157 ff. (juris Rn. 31)

[119] OLG Hamm v. 24. 9. 1980, ZIP 1980, 1102; *Palandt/Grüneberg*[67], Vorb. v. § 307 Rn. 22.

[120] *Ulmer*, in: *Ulmer/Brandner/Hensen*[10], § 305 Rn. 2 f.

[121] *Ulmer*, in: *Ulmer/Brandner/Hensen*[10] § 305 Rn. 9; Münchener Kommentar BGB/*Basedow*[5], § 305
Rn. 9.

[122] *Niebling*, WM 1992, 845 (848 f.); *Fehl*, BB 1983, 223.

[123] *Prölss/Martin/Prölss*[27], Vorbem. I Rn. 53 a.

[124] BGH v. 14. 7. 1988, BGHZ 105, 160 = NJW 1988, 2951; AGB-Klauselwerke/*Präve*, Allgemeine
Versicherungsbedingungen Rn. 267; *Ulmer* in: *Ulmer/Brandner/Hensen*[10], § 305 Rn. 7 a.

[125] BGH v. 14. 7. 1988, BGHZ 105, 160 = NJW 1988, 2951.

b) Bezeichnung. Ohne Bedeutung für die Qualifizierung als AGB ist die Bezeichnung 31
der Bedingungen. So sind auch als **„Besondere Versicherungsbedingungen"** bezeichnete
Versicherungsbedingungen grundsätzlich als AGB einzuordnen[126]. Dies gilt in gleicher Weise
für „Klauseln"[127], „Sonder[128]- oder Zusatzbedingungen"[129]. Um „echte" Besondere Versicherungsbedingungen i. S. einer Individualvereinbarung handelt es sich hingegen, wenn sie
auf ein singuläres und konkretes Risiko zugeschnitten sind[130] und aufgrund individuellen
Aushandelns in den Vertrag aufgenommen werden[131]. Ein auf die besondere Situation des
VN zugeschnittener Risikoausschluss stellt eine individuelle rechtsgeschäftliche Vertragsregelung dar, auch wenn dieser − wie etwa bei der Diabetesklausel in der Unfallversicherung −
vorformuliert ist[132].

Um Allgemeine Versicherungsbedingungen kann es sich ebenso bei **Klauseln im An-** 32
tragsformular selbst handeln[133]. Zwar sind diese als Erklärung des VN vom VR vorformuliert; Allgemeine Geschäftsbedingungen liegen aber dann vor, wenn sie nach Annahme durch
den VN Vertragsbestandteil werden[134]. Dies ist selbst dann der Fall, wenn der VN zwischen
verschiedenen vorgegebenen Regelungsmöglichkeiten wählen kann[135]. Gleiches kann auch
gelten, wenn die entsprechende Klausel in ihrer vorgedruckten Form selbst (noch) keine abgeschlossene Regelung enthält, sondern ergänzungsbedürftig ist. Entschieden wurde dies für
Klauseln, in denen jeweils Vertragsbeginn und -ende auszufüllen waren, gleichzeitig jedoch
eine bestimmte Vertragslaufzeit angegeben wurde und dem VN daher die Möglichkeit nicht
erkennbar sein konnte, auch eine abweichende (kürzere) Laufzeit vereinbaren zu können.
Hier wird die dem Antragsteller mit der Klausel formal eingeräumte Möglichkeit, den Vertragsinhalt hinsichtlich der Vertragsdauer durch eigene Erklärung zu bestimmen, durch den
vorformulierten Vorschlag des VR überlagert[136]. Dies trifft in gleicher Weise auf Bestimmungen zum **Selbstbehalt**[137] zu. Auch dabei handelt es sich um Allgemeine Geschäftsbedingungen, solange der VN das Ob und deren Höhe nicht frei, d. h. ohne durch den VR getroffene
Vorgaben bestimmen kann[138].

---

[126] *Prölss/Martin/Prölss*[27], Vorbem. I Rn. 13; *Präve* in: *Beckmann/Matusche-Beckmann,* Versicherungsrechts-Handbuch (2004), § 10 Rn. 87.

[127] *Prölss/Martin/Prölss*[27], Vorbem. I Rn. 13; *Niebling,* Die Schranken der Inhaltskontrolle nach § 8
AGB-Gesetz, S. 178.

[128] Siehe VerBAV 1990, 275 ff.; 1992, 9; AGB-Klauselwerke/*Präve,* Allgemeine Versicherungsbedingungen Rn. 268; zur Einordnung von Sonderbedingungen als Allgemeine Versicherungsbedingungen
auch BGH v. 12. 6. 1968, VersR 1968, 762.

[129] *H. Schmidt* in: *Ulmer/Brandner/Hensen*[10], Anh. § 310 Rn. 901; *Hofmann,* Privatversicherungsrecht,
S. 16.

[130] *Bruck/Möller*[8], Einl. Anm. 22.; *Prölss/Martin/Prölss*[27], Vorbem. I Rn. 111.

[131] *Halm/Engelbrecht/Krahe/Wandt,* 1. Kap. Rn. 52.

[132] LG Kassel v. 17. 6. 1996, VersR 1997, 1474; LG Dresden v. 22. 11. 1993, VersR 1994, 923; *Prölss/
Martin/Prölss*[27], Vorbem. I Rn. 13.

[133] BGH v. 13. 7. 1994, BGHZ 127, 35 = NJW 1994, 2693 (2694) = VersR 1994, 1049 (1050); BGH v.
16. 6. 1982, BGHZ 84, 268 (277); OLG Frankfurt v. 23. 6. 1989, VersR 1990, 1103; *Terno,* r+s 2004, 45
(46); Berliner Kommentar/*Schwintowski,* § 5a Rn. 29; *Prölss/Martin/Prölss*[27]. Vorbem. I Rn. 14; *Hübner,*
Rn. 34 f.; *Römer,* NVersZ 1999, 97; *H.Schmidt* in: *Ulmer/Brandner/Hensen*[10], Anh. § 310 Rn. 901; *Römer/
Langheid*[2], Vorbem. zu § 1 Rn. 2.

[134] *Römer,* NVersZ 1999, 97.

[135] BGH v. 7. 2. 1996, NJW 1996, 1676 (1677); BGH v. 3. 12. 1991, WM 1992, 50.

[136] BGH v. 13. 7. 1994, BGHZ 127, 35 = NJW 1994, 2693 (2694) = VersR 1994, 1049 (1050); BGH v.
7. 2. 1996, NJW 1996, 1676 (1677).

[137] Die bislang umstrittene Frage, ob entsprechende Selbstbehalte des VN auch im Bereich der Pflichtversicherung zulässig sind (vgl. *Prölss/Martin/Knappmann*[27], § 4 KfzPflVV Rn. 11), ist durch § 114 Abs. 2
VVG positiv beantwortet worden.

[138] *Präve* in: *Beckmann/Matusche-Beckmann,* Versicherungsrechts-Handbuch (2004), § 10 Rn. 94; *Schir-
mer/Höhne,* DAR 1999, 433 (440); AGB-Klauselwerke/*Präve,* Allgemeine Versicherungsbedingungen
Rn. 272.

33   Zu den Allgemeinen Geschäftsbedingungen zählen auch die in der Kraftfahrzeug-Haftpflicht- und Krankenversicherung verwendeten **Tarifbestimmungen**[139]. Diese dienen anders als AVB einzig der Festlegung der Prämienhöhe[140]. Soweit Tarifbestimmungen den in den Allgemeinen Versicherungsbedingungen festgelegten Leistungsumfang näher ausgestalten und modifizieren und daher einen eigenen regelnden Charakter aufweisen, ergibt sich aus dem Zusammenhang beider Regelungswerke die Kontrollbedürftigkeit auch der Tarifbestimmung nach den AGB-rechtlichen Regelungen[141].

34   Vom VN zu beantwortende Fragen im Versicherungsantrag, im Besonderen **Gesundheitsfragen,** unterliegen hingegen nicht der AGB-Kontrolle. Bei ihnen handelt es sich nicht um Allgemeine Geschäftsbedingungen, da sie keine Regelung enthalten, sondern (lediglich) als Grundlage der Risikoeinschätzung durch den VR dienen[142]. Nicht jeder vorformulierte Text in AVB stellt AGB dar. Entscheidend ist, dass es sich um eine Klausel mit Regelungscharakter handelt[143]. Da die Gesundheitsfragen jedoch vom VR formuliert wurden, sind sie im Zweifel zugunsten des VN auszulegen. Unklarheiten gehen dabei zu Lasten des VR[144].

35   Gem. § 7 Abs. 1 VVG hat der VR dem VN rechtzeitig vor Abgabe von dessen Vertragserklärung seine Vertragsbestimmungen einschließlich der AVB sowie die in der VVG-Informationspflichtenverordnung bestimmten **Informationen** in Textform mitzuteilen. Auch wenn es nahe liegt, dass den Vertragsinhalt regelnde Bestimmungen sich ohnehin in den AVB finden, ist es denkbar, dass – außerhalb der eigentlichen AVB – diese Informationen Regelungen des Vertragsinhalts zum Gegenstand haben. Dann lassen sich solche Informationen gleichfalls unter den Begriff der Allgemeinen Geschäftsbedingungen i. S. d. § 305 Abs. 1 BGB einordnen[145].

36   **c) Einseitige Rechtsgeschäfte**[146]**.** Der Wortlaut des § 305 Abs. 1 S. 1 BGB („Vertragsbedingungen") sowie die Stellung der §§ 305 ff. BGB im Recht der Schuldverhältnisse legen nahe, deren Anwendungsbereich auf zweiseitige Rechtsgeschäfte zu beschränken. Gleichwohl kann es erforderlich sein, den Schutz AGB-rechtlicher Vorschriften ebenso auf einseitig vorformulierte, nicht ausgehandelte Rechtsgeschäfte zu erstrecken, um dem Schutzbedürfnis des VN angemessen Rechnung zu tragen. Dies gebietet auch der **Schutzzweck** der Vorschriften über die Allgemeinen Geschäftsbedingungen[147]. Dies gilt insbesondere für die Vorformulierung **einseitiger Erklärungen des VN durch den VR.** Der VR nutzt in einem solchen Fall die seinerseits bestehende überlegene Vertragsgestaltungsmacht, was eine Kon-

---

[139] BGH v. 17. 3. 1999, NJW 1999, 3411 (3412); BGH v. 14. 12. 1994, NJW 1995, 784 = VersR 1995, 328; OLG Celle v. 22. 7. 1999, VersR 2000, 47 (48); siehe auch *Terno*, r+s 2004, 45 (46); *Wandt*, Änderungsklauseln in Versicherungsverträgen (2000), Rn. 210; *H.Schmidt* in: *Ulmer/Brandner/Hensen*[10], Anh. § 310 Rn. 901.

[140] *Halm/Engelbrecht/Krahe/Wandt*, 1. Kap. Rn. 51; *Wandt*, Änderungsklauseln in Versicherungsverträgen (2000), Rn. 210.

[141] Vgl. BGH v. 17. 3. 1999, NJW 1999, 3411 (3412) zu Tarifbestimmungen der privaten Krankenversicherung; BGH v. 14. 12. 1994, NJW 1995, 784 = VersR 1995, 328.

[142] OLG Bremen v. 16. 11. 1993, VersR 1996, 314; *Prölss/Martin/Prölss*[27], §§ 16, 17 Rn. 44; *Heinemann*, VersR 1992, 1319 (1321); offen lassend Berliner Kommentar/*Voit* § 16 Rn. 31; a. A. OLG Frankfurt/Main v. 23. 6. 1989, VersR 1990, 1103.

[143] *Prölss/MartinPrölss*[27], Vorbem. I Rn. 13b.

[144] Siehe BGH v. 22. 9. 1999, VersR 1999, 1481 (1482); *Prölss/Martin/Prölss*[27], §§ 16, 17 Rn. 21 f.; Berliner Kommentar/*Voit*, § 16 Rn. 31 f.

[145] *Präve*, VersR 2008, 151.

[146] Zu einseitigen Erklärungen siehe auch *Borchert* Zur Unwirksamkeit der Schweigepflichtentbindungserklärung in Versicherungsanträgen, NVersZ 2001, 1; *Lettl*, Die AGB-rechtliche Relevanz einer Option in der formularmäßigen Einwilligungserklärung zur Telefonwerbung, Urteilsbesprechung, NJW 2001, 42; *Reiff*, Zur Inhaltskontrolle von Klauseln über die Vertretungsmacht des Versicherungsvermittlers, VersR 1998, 976; *Weigel*, Die Vertreterklausel in Antragsformularen, MDR 1992, 728.

[147] BGH v. 16. 3. 1999, VersR 1999, 971 (972); BGH v. 24. 3. 1999, VersR 1999, 710; BGH v. 10. 2. 1999, VersR 1999, 565; *Ulmer* in: *Ulmer/Brandner/Hensen*[10], § 305 Rn. 16; *Präve* in: *Beckmann/Matusche-Beckmann*, Versicherungsrechts-Handbuch (2004), § 10 Rn. 88.

trolle anhand der Regelungen des AGB-Rechts notwendig macht[148]. Hervorzuheben sind hierbei vorformulierte Erklärungen des VN zur Entbindung von der **Schweigepflicht**[149] oder bezüglich des Einverständnisses mit **telefonischen Beratungsgesprächen**[150]. Auch die **Einziehungsermächtigung** des VR bzgl. der vom VN zu zahlenden Versicherungsprämie stellt eine Vertragsbedingung i. S. d. § 305 Abs. 1 S. 1 BGB dar[151]. Ebenso unterlagen nach alter Rechtslage Klauseln, die die **Empfangszuständigkeit des Versicherungsvertreters** einschränkten, der AGB-rechtlichen Kontrolle[152]. Zum Teil wurde dies jedoch mit der Begründung abgelehnt, es handle sich dabei nicht um eine rechtsgeschäftliche Willenserklärung, die AVB habe selbst keine entsprechende Regelung zum Inhalt[153], der VR setze vielmehr ausschließlich seine eigene Gestaltungsmacht um[154]. Allerdings berührten entsprechende Klauseln nicht nur das Verhältnis zwischen VR und Versicherungsvertreter, sondern tangierten auch die Rechtsstellung des VN, indem von dem in § 43 VVG a. F. festgelegten und durch die Rechtsprechung des BGH konkretisierten Umfang der Empfangsvollmacht abgewichen wurde[155]. Nach Umsetzung der **Reform des VVG**[156] ist dieser konkrete Streit nunmehr jedoch hinfällig. Im Ergebnis ist der Gesetzgeber der zutreffenden Ansicht gefolgt: Aus § 72 VVG folgt, dass die gesetzliche Vollmacht des Versicherungsvertreters nicht durch AVB eingeschränkt werden kann; die gesetzliche Vollmacht des Versicherungsvertrers gem. § 69 VVG ist nicht abdingbar[157]. Die neue Vorschrift schließt zum Schutz des Versicherungsnehmers nunmehr generell (sowohl bereffend Erklärungen vor als auch hinsichtlich solcher nach Vertragsschluss, § 69 Abs. 1 Nr. 2 VVG) aus, dass diesem Beschränkungen der dem Vertreter nach den §§ 69, 71 VVG eingeräumten Vollmacht über AVB entgegengehalten werden können. Eine Bschränkung der Empfangsvollmacht i. S. d. § 69 Abs. 1 VVG liegt etwa auch in einer Klausel, die für Erklärungen des Versicherungnehmers gegenüber dem Vertreter Schrift- oder Textform verlangt[158].

Der Kontrolle des AGB-Rechts unterliegen derartige einseitige Erklärungen auch, wenn **37** sie vom VN zusätzlich unterschrieben wurden[159] und selbst dann, wenn dieser zwischen bestimmten vorgegebenen Alternativen wählen konnte[160].

---

[148] JurisPK-BGB/*Lapp,* § 305 Rn. 10; *Bamberger/Roth/J.Becker*[2], § 305 Rn. 13.

[149] BVerfG v. 23. 10. 2006, VersR 2006, 1669; OLG Hamburg v. 2. 7. 1993, VersR 1994, 1170; *Schwabe,* JZ 2007, 579; *Borchert,* NVersZ 2001, 1.

[150] BGH v. 2. 11. 2000, VersR 2001, 315 (316); BGH v. 27. 1. 2000, VersR 2000, 864 (865) m. Bespr. *Lettl,* NJW 2001, 42; BGH v. 24. 3. 1999, VersR 1999, 710 (713); BGH v. 16. 3. 1999, VersR 1999, 971 (972); AGB-Klauselwerke/*Präve,* Allgemeine Versicherungsbedingungen Rn. 269; *Bamberger/Roth/J.Becker*[2], § 305 Rn. 13.

[151] BGH v. 14. 10. 1981, BGHZ 82, 50 = NJW 1982, 164; *Ulmer* in: Ulmer/Brandner/Hensen[10], § 305 Rn. 19.

[152] BGH v. 10. 2. 1999, VersR 1999, 565 (566f.); BGH v. 24. 3. 1999, VersR 1999, 710; BVerwG v. 25. 6. 1998, VersR 1998, 1137 (1139); *Präve* in: *Beckmann/Matusche-Beckmann,* Versicherungsrechts-Handbuch (2004), § 10 Rn. 89 u. 95; *Beckmann,* NJW 1996, 1378 (1379); *ders.,* NVersZ 1998, 19 (20); str.

[153] *Schütte,* NJW 1979, 592; ähnlich *Prölss/Martin/Prölss*[27], Vorbem. I Rn. 54a: „schlichtes Faktum"; *Ulmer,* in: *Ulmer/Brandner/Hensen*[10], § 305 Rn. 18 (indes ohne Berücksichtigung der Rechtsprechung).

[154] *Weigel,* MDR 1992, 728 (729); *Fricke,* VersR 1993, 399 (402); *Reiff,* VersR 1998, 976; differenzierend und nur bei Verbraucherverträgen eine AGB-Kontrolle bejahend *Heinrichs,* NJW 1996, 2190 (2194); ebenso *Palandt/Heinrichs*[67], § 305 Rn. 7.

[155] BGH v. 10. 2. 1999, VersR 1999, 565 (566f.); *Präve* in: *Beckmann/Matusche-Beckmann,* Versicherungsrechts-Handbuch (2004), § 10 Rn. 89; AGB-Klauselwerke/*Präve,* Allgemeine Versicherungsbedingungen Rn. 270.

[156] Zum Wegfall des Alles-oder-nichts-Prinzips als wichtigste Neuerung i. R. d. VVG-Reform vgl. *Schimikowski,* jurisPR-VersR 7/2007 Anm. 4.

[157] RegE VVGRefG S. 78.

[158] RegE VVGRefG S. 78.

[159] BGH v. 16. 3. 1999, VersR 1999, 971 (972); AGB-Klauselwerke/*Präve,* Allgemeine Versicherungsbedingungen Rn. 269.

[160] BGH v. 2. 11. 2000, VersR 2001, 315 (316); BGH v. 27. 1. 2000, VersR 2000, 864.

2. Vorformulierung von Vertragsbedingungen

38 Vertragsbedingungen sind gem. § 305 Abs. 1 BGB nur dann als AGB einzuordnen, wenn sie „vorformuliert" sind. Vorformuliert sind die Bedingungen schon dann, wenn sie für eine mehrfache Verwendung aufgezeichnet oder in sonstiger Weise fixiert sind[161]. Es kommt nicht darauf an, auf welche Weise der Verwender die Klausel vorformuliert hat. Im Hinblick auf den Schutzzweck des AGB-Rechts macht es keinen Unterschied, ob der Verwender die Vertragsbedingungen in schriftlicher Form vorbereitet oder ob er eine bestimmte Formulierung auswendig lernt[162]. Einer schriftlichen Fixierung bedarf es deshalb nicht zwingend[163]. Auch Vertragsbedingungen, die ausschließlich **im Kopf** des Verwenders bzw. seiner Abschlussgehilfen **gespeichert** sind und aus dem Gedächtnis in eine Vielzahl von Verträge eingefügt werden, sind ebenfalls vorformuliert[164]. Die Schutzbedürftigkeit des VN als Bedingungsempfänger unterscheidet sich hierbei nicht von den Fällen, in denen die entsprechenden Klauseln bereits vor Vertragsschluss in schriftlicher Form vorliegen und an den VN weitergereicht werden. Voraussetzung ist dabei nicht, dass der Verwender den Einsatz der insoweit gespeicherten Bedingungen in allen Verträgen beabsichtigt oder seine Abschlussgehilfen angewiesen hat, in dieser Weise zu verfahren[165]. Insoweit zustande gekommene handschriftliche oder maschinenschriftliche Ergänzungen und Zusätze nehmen dem Vertragstext somit nicht die Eigenschaft als Allgemeine Geschäftsbedingung. Dies gilt auch für **unselbständige Ergänzungen** vorformulierter Vertragsklauseln, die den sachlichen Gehalt der Vertragsregelung nicht beeinflussen, sondern für den konkreten Vertrag notwendige ergänzende Angaben beinhalten, wie etwa Namen etc[166].

3. Für eine Vielzahl von Verträgen

39 Um Allgemeine Geschäftsbedingungen i. S. v. § 305 Abs. 1 S. 1 BGB handelt es sich grundsätzlich nicht bei vorformulierten Vertragsbedingungen, deren Einsatz nur für einen einzigen Vertragsschluss bestimmt ist. Hingegen kommt es nach dem Wortlaut der Vorschrift („für eine Vielzahl") nicht auf eine tatsächliche Mehrfachverwendung an. Entscheidend ist vielmehr eine entsprechende **Absicht des Verwenders** im Zeitpunkt des Vertragsabschlusses[167].

40 Bei **Verbraucherverträgen** bedarf es des Merkmals „für eine Vielzahl von Verträgen" jedoch nicht. Nach § 310 Abs. 3 BGB sind auf Verträge, die zwischen einem Unternehmer und einer natürlichen Person abgeschlossen wurden und der Vertrag weder deren gewerblicher oder selbständig beruflichen Tätigkeit zuzuordnen ist, die Vorschriften der §§ 305c Abs. 2, 306 und 307 bis 309 BGB auch dann anwendbar, wenn diese nur zur einmaligen Verwen-

[161] BGH v. 3. 4. 1998, NJW 1998, 2600; BGH v. 30. 9. 1987, NJW 1988, 410; *Bamberger/Roth/J.Becker*², § 305 Rn. 16.
[162] BGH NJW 1988, 410; *Bamberger/Roth/J.Becker*², § 305 Rn. 16.
[163] BGH v. 30. 9. 1987, NJW 1988, 410; BGH v. 30. 10. 1991, BGHZ 115, 391.
[164] Siehe BGH v. 10. 3. 1999, BGHZ 141, 108 = NJW 1999, 2180 (2181) = VersR 1999, 741; BGH v. 30. 9. 1988, NJW 1988, 410; OLG Köln v. 5. 6. 1998, VersR 1999, 985 (986); OLG Köln v. 24. 3. 1995, VersR 1995, 647; *Ulmer* in: *Ulmer/Brandner/Hensen*¹⁰, § 305 Rn. 20, 36; *Lindacher* in: *Wolf/Horn/Lindacher*⁴, § 1 Rn. 12; Münchener Kommentar BGB/*Basedow*⁵, § 305 Rn. 13; *Präve* in: *Beckmann/Matusche-Beckmann*, Versicherungsrechts-Handbuch (2004), § 10 Rn. 91; kritisch *Prölss*, VersR 2000, 1441.
[165] BGH v. 10. 3. 1999, BGHZ 141, 108 = NJW 1999, 2180 (2181) = VersR 1999, 741; *Präve* in: *Beckmann/Matusche-Beckmann*, Versicherungsrechts-Handbuch (2004)· § 10 Rn. 91; grundsätzlich wohl auch *Prölss/Martin/Prölss*²⁷, Vorbem. I Rn. 13a, den AGB-Charakter allerdings ablehnend, wenn Angestellte oder Vertreter des Versicherers auf bestimmte Ergänzungen (lediglich) hingewirkt haben; a. A. OLG Koblenz v. 14. 8. 1998, NVersZ 1999, 122f.; so wohl auch BGH v. 3. 4. 1996, VersR 1996, 741 (742); BGH v. 7. 2. 1996 VersR 1996, 485, jeweils jedenfalls die Überprüfbarkeit im Verbandsklageverfahren ablehnend; siehe dazu auch *Wandt*, VersR 1999, 917.
[166] BGH v. 2. 7. 1998, NJW 1998, 2815 (2816); BGH v. 10. 6. 1999, NJW 1999, 3260; Münchener Kommentar BGB/*Basedow*⁵, § 305 Rn. 15; *Ulmer* in: *Ulmer/Brandner/Hensen*¹⁰, § 305 Rn. 56.
[167] BGH v. 13. 9. 2001, NJW-RR 2002, 13 (14); BGH v. 10. 3. 1999, BGHZ 141, 108 = NJW 1999, 2180 (2181) = VersR 1999, 741; Münchener Kommentar BGB/*Basedow*⁵, § 305 Rn. 18; *Ulmer* in: *Ulmer/Brandner/Hensen*¹⁰, § 305 Rn. 23 ff.

dung bestimmt sind, soweit der Verbraucher auf Grund der Vorformulierung auf ihren Inhalt keinen Einfluss nehmen konnte, § 310 Abs. 3 Nr. 2 BGB[168]. Im Bereich des Versicherungsrechts ist die Bedeutung dieser Ausnahmevorschrift jedoch gering, da die AVB hier i. d. R. für eine Vielzahl von Verträgen („Massengeschäft") vorformuliert werden[169].

4. Verwender[170]

Entscheidend ist zudem, dass die AVB auf den Klausel**verwender** zurückzuführen sind;   **41** dabei ist dessen Rechtsform bzgl. der Einschlägigkeit des AGB-Rechts nicht von Bedeutung. Den Vorschriften des AGB-Rechts unterfallen Vertragsklauseln daher **grundsätzlich,** gleich ob diese von Aktiengesellschaften, Versicherungsvereinen auf Gegenseitigkeit oder öffentlich-rechtlichen Versicherern verwendet werden[171].

AGB-Recht ist auch auf AVB anwendbar, die in **Satzungen von Versicherungsvereinen**   **42** **auf Gegenseitigkeit** enthalten sind. Dies gilt auch für solche Satzungsbestimmungen, die sowohl das vereinsrechtliche als auch das versicherungsrechtliche Verhältnis betreffen. Ein vorformuliertes Regelungswerk verliert nämlich nicht dadurch seinen Charakter als AVB, weil es in eine Satzung integriert wurde[172]. Soweit die Satzung neben organisationsrechtlichen Bestimmungen auch die Regelung der versicherungsrechtlichen Beziehung zwischen dem VVaG und seinen Mitgliedern enthält, was wegen § 10 Abs. 2 VAG möglich ist, unterliegt sie insoweit den Vorschriften des AGB-Rechts[173]. Ob eine versicherungsrechtliche Regelung Gegenstand einer Satzung oder in Allgemeinen Geschäftsbedingungen geregelt ist, bedeutet hinsichtlich des Schutzbedürfnisses des VN keinen Unterschied; die Bereichsausnahme des § 310 Abs. 4 S. 1 BGB für Verträge auf dem Gebiet des Gesellschaftsrechts greift daher nicht ein[174].

Dies gilt auch für in die Satzung aufgenommene AVB-**Anpassungsklauseln.** Dem steht   **43** insbesondere § 41 Abs. 3 S. 2 VAG nicht entgegen. Danach ist im Falle satzungsrechtlich verankerter Vorbehalte eine Änderung von Bestimmungen für bestehende Versicherungsverhältnisse auch ohne Zustimmung des VN möglich. Die Vorschrift trägt damit grundsätzlich vereinsrechtlichen Bedürfnissen Rechnung. Ausgabendeckung erfolgt im VVaG über die Beiträge der Mitglieder, § 24 VAG. Verluste können dabei, anders als bei Versicherungs-Aktiengesellschaften, nicht durch Kapitalmaßnahmen ausgeglichen werden, sondern machen Beitragserhöhungen oder Leistungsänderungen erforderlich[175]. § 41 Abs. 3 S. 2 VAG erleichtert hierbei die Durchsetzbarkeit notwendiger Anpassungen[176]. Verknüpft ist dies mit dem Gebot des § 21 Abs. 1 VAG, die Vertragsverhältnisse der Mitglieder gleichen Bedingungen zu unterstellen. Dieser vereinsrechtliche bzw. mitgliedschaftliche Aspekt von Änderungsvorbehalten in VVaG-Satzungen ändert jedoch nichts daran, dass auch das versicherungsvertragliche Verhältnis berührt wird. Sie wirken, soweit dadurch Tarif- und/oder Versicherungs-

---

[168] Vgl. *Heinrichs,* NJW 1996, 2190 (2192 f.); *Ulmer* in: *Ulmer/Brandner/Hensen*[10], § 310 Rn. 80.

[169] *Schmidt-Salzer,* VersR 1991, 1261; *Präve* in: *Beckmann/Matusche-Beckmann,* Versicherungsrechts-Handbuch (2004), § 10 Rn. 107.

[170] Zum Begriff des Verwenders auch *Baumann,* Bedingungsanpassungsklauseln bei Versicherungs-Aktiengesellschaften und -Gegenseitigkeitsvereinen, JZ 1999 881; *Lorenz,* Vorbehalt zur Änderung der AVB für bestehende Verträge in der Satzung eines VVaG, VersR 1996 1206; *Präve,* AVB-Änderungsvorbehalte in Satzungen von Versicherungsvereinen auf Gegenseitigkeit, r+s 1996 249.

[171] *Präve* in: *Beckmann/Matusche-Beckmann,* Versicherungsrechts-Handbuch (2004), § 10 Rn. 97.

[172] BGH v. 8. 10. 1997, BGHZ 136, 394 = NJW 1998, 454 f.; *Römer/Langheid*[2], Vorbem. zu § 1 Rn. 1.

[173] BGH v. 8. 10. 1997, BGHZ 136, 394 = NJW 1998, 454 f.; BGH v. 23. 11. 1994, VersR 1995, 77 (78); Münchener Kommentar BGB/*Basedow*[5], § 310 Rn. 84; *Horn* in: *Wolf/Horn/Lindacher*[4], § 23 Rn. 79; *H. Schmidt* in: *Ulmer/Brandner/Hensen*[10], Anh. § 310 Rn. 901, § 310 Rn. 125; *Hübner,* Rn. 45; *Benkel,* Der Versicherungsverein auf Gegenseitigkeit (2002), S. 284 f.; *Präve,* AGB, Rn. 124; a. A. *Löwe/von Westphalen/Trinkner/von Westphalen,* § 23 Rn. 15.

[174] BGH v. 8. 10. 1997, BGHZ 136, 394 = NJW 1998, 454 (455); *Präve,* r+s 1996, 249 (251).

[175] BGH v. 8. 10. 1997, BB 1997, 2551 (2552); *Weber,* VW 1998, 1274 (1275).

[176] BGH v. 8. 10. 1997, BGHZ 136, 394 = NJW 1998, 454 (455); siehe auch Prölss/*Weigel*[12], § 41 Rn. 14; *Präve* in:*Beckmann/Matusche-Beckmann,* Versicherungsrechts-Handbuch (2004), § 10 Rn. 99; *Prölss/Martin/Prölss*[27], Vorbem. I Rn. 32.

bedingungen geändert werden können, direkt auf die Vertragsbeziehung zwischen VR und VN ein und unterliegen daher nach **h. M.** auch der allgemeinen AGB-rechtlichen Kontrolle[177].

44   Ebenso dem AGB-Recht unterfallen bei privatrechtlicher Ausgestaltung des Versicherungsverhältnisses die die Vertragsbeziehungen zum VN betreffenden Bestimmungen in **Satzungen öffentlich-rechtlicher Versicherer,** z. B. der Versorgungsanstalt des Bundes und der Länder[178]. Gleiches gilt auch für öffentlich-rechtliche Feuerversicherer, die nach Abschaffung der Gebäudefeuerversicherungsmonopole[179] und Streichung des § 192 VVG[180] keinen Sonderbestimmungen mehr unterliegen[181].

45   Im Falle einer **öffentlich-rechtlichen Ausgestaltung** des Versicherungsverhältnisses sind die Vorschriften des AGB-Rechts zumindest entsprechend anwendbar[182]. Der Schutz des VN vor missbräuchlichen Klauseln gebietet auch hierbei eine an die AGB-rechtliche Inhaltskontrolle angelehnte Überprüfung. Zudem soll insofern ein Ausweichen auf eine öffentlich-rechtliche Gestaltung des Versicherungsverhältnis mit dem Ziel, sich den Anforderungen des AGB-Rechts zu entziehen, verhindert werden[183].

5. Stellen der Vertragsbedingungen

46   Nach § 305 Abs. 1 S. 1 BGB müssen die Vertragsbedingungen der anderen Vertragspartei vom Verwender bei Abschluss des Vertrages **gestellt** worden sein. Zweck dieser Voraussetzung der Annahme Allgemeiner Geschäftsbedingungen ist es, jener Vertragspartei, auf deren Initiative die Einbringung eines vorformulierten Bedingungswerkes in den Vertrag basiert, die Rolle des Verwenders zuzuschreiben[184].

47   Bei **Verbraucherverträgen** wird das „Stellen" der AGB durch den Unternehmer gem. § 310 Abs. 3 BGB fingiert, soweit sie nicht vom Verbraucher in den Vertrag eingeführt wurden. Unter dieser Voraussetzung fallen somit auch von dritter Seite vorformulierte Bedingungen in den Regelungsbereich der AGB-rechtlichen Vorschriften[185].

48   Von Bedeutung ist in diesem Zusammenhang die Verwendung von **Maklerbedingungen.** Insoweit gilt es indes zu differenzieren. Verwendet der Versicherungsmakler AVB des VR, so handelt es sich um vom VR gestellte AVB; der VR kann sich auf diese Weise nicht der AGB-rechtlichen Kontrolle entziehen[186]. Handelt es sich indes um Bedingungen, die der Versicherungsmakler formuliert hat und hat der Makler sie mit dem VR ausgehandelt, so handelt es sich

---

[177] So BGH v. 8. 10. 1997, BGHZ 136, 394 = NJW 1998, 454 (455 f.); OLG Celle v. 20. 6. 1996, VersR 1996, 1133 (1134); *Präve,* AGB, Rn. 126; *ders.,* r+s 1996, 249 (250); *ders.,* ZfV 1994, 255 (260); *Prölss/Martin/Prölss*[27], Vorbem. I Rn. 32; *Wandt* in: *Beckmann/Matusche-Beckmann,* Versicherungsrechts-Handbuch[2], § 11 Rn. 14 u. 52; im Grundsatz auch *Fricke,* VersR 1996, 1449; a. A. *Baumann,* JZ 1999, 881; *Lorenz,* VersR 1996, 1206 (1207); *Benkel,* Der Versicherungsverein auf Gegenseitigkeit (2002), S. 285; *Prölss/Weigel*[12], § 41 Rn. 15, allerdings für eine Kontrolle nach §§ 242, 315 BGB.
[178] Siehe BGH v. 12. 3. 2003, VersR 2003, 719 (720); BGH v. 10. 9. 2003, VersR 2003, 1386; BGH v. 23. 6. 1999, BGHZ 142, 103 = NJW 1999, 3558; so auch BAG v. 27. 3. 2007, Az 3 AZR 299/06 (juris); *Prölss/Martin/Prölss*[27], Vorbem. I Rn. 32 m. w. N.
[179] *Bruck/Möller/Sieg/Johannsen*[8], Bd. III Anm. zu B 1 und 2.
[180] BGBl. 1994 I, S. 1630; zur Begründung BT-Drucks. 23/94, S. 320 f.
[181] BGH v. 30. 5. 1990, NJW 1990, 2686; OLG Karlsruhe v. 19. 9. 1996, VersR 1997, 1001; AGB-Klauselwerke/*Präve,* Allgemeine Versicherungsbedingungen, Rn. 275.
[182] *H. Schmidt,* in: *Ulmer/Brandner/Hensen*[10], Anh. § 310 Rn. 901; *Schirmer,* Symposion 80 Jahre VVG, S. 276; LG Düsseldorf v. 14. 7. 1987, NJW-RR 1987, 1436; wohl auch *Sieg,* VersR 1977, 490; a. A. etwa *Helm,* NJW 1978, 129.
[183] *Präve* in: *Beckmann/Matusche-Beckmann,* Versicherungsrechts-Handbuch (2004), § 10 Rn. 101; *Schirmer,* Symposion 80 Jahre VVG, S. 276; *Wolf* in: *Wolf/Horn/Lindacher*[4], Einl. Rn. 20.
[184] Siehe BGH v. 24. 5. 1995, BGHZ 130, 50 (57 f.) = NJW 1995, 2034; BGH v. 30. 6. 1994, BGHZ 126, 327 (332) = NJW 1994, 2825; *Ulmer* in: *Ulmer/Brandner/Hensen*[10], § 305 Rn. 27 m. w. N.; Münchener Kommentar BGB/*Basedow*[5], § 305 Rn. 21.
[185] *Wolf* in: *Wolf/Horn/Lindacher*[4], Art. 3 RiLi Rn. 23; *Prölss/Martin/Prölss*[27], Vorbem. I Rn. 20.
[186] *Prölss/Martin/Prölss*[27], Vorbem. I Rn. 15; *Präve* in: *Beckmann/Matusche-Beckmann,* Verisicherungs-rechts-Handbuch (2004), § 10 Rn. 84 m. w. N.

bereits aufgrund von § 305 Abs. 1 S. 3 BGB nicht um AGB[187]. Fehlt es an einem Aushandeln zwischen Versicherungsmakler und VR und hat der Versicherungsmakler die Bedingungen vorformuliert wird man jedenfalls nicht davon ausgehen können, dass der VR die Bedingungen gestellt hat; sie sind ihm dann jedenfalls nicht zurechenbar[188]. Hingegen ist der VR dann Verwender i. S. v. § 305 Abs. 1 BGB, wenn die bei Vertragsschluss verwendeten Klauseln von einem Makler, der als Vertreter des VR auftritt, entworfen wurde[189].

6. Vorbehalt bei ausgehandelten Vertragsbedingungen, § 305 Abs. 1 S. 3 BGB

Allgemeine Geschäftsbedingungen und damit auch AVB liegen nach der Einschränkung[190] des § 305 Abs. 1 S. 3 BGB nicht vor, soweit die Bedingungen zwischen den Vertragsparteien **im Einzelnen ausgehandelt** sind, es sich also um **Individualabreden** handelt. **49**

Voraussetzung für ein Aushandeln der Vertragsbedingungen ist, dass der Verwender den in seinen AGB enthaltenen gesetzesfremden Kerngehalt inhaltlich zur Disposition stellt und dem Verhandlungspartner Gestaltungsfreiheit zur Wahrung eigener Interessen einräumt mit zumindest der realen Möglichkeit, die inhaltliche Ausgestaltung der Vertragsbedingungen zu beeinflussen[191]. Dies ist jedenfalls nach h. M. dann zu bejahen, wenn es als Folge von Verhandlungen zu individuellen Änderungen des vorformulierten Bedingungstextes kommt[192]. Gemeint sind damit jedoch inhaltliche Änderungen, bloße Umformulierungen des Vertragstextes genügen jedenfalls nicht[193]. Wurde der vorformulierte Vertragstext in unveränderter Form Grundlage des Vertragsschlusses, kann dies zwar ein Hinweis auf mangelnde Einflussmöglichkeit sein[194]; dies hindert die Annahme einer ausgehandelten Individualabrede jedoch nicht grundsätzlich[195]. Allerdings kann ein „Aushandeln" dabei nur in Ausnahmefällen angenommen werden; erforderlich ist, dass der Verwender zur Abänderung der Bedingungen bereit und der Vertragspartner sich dessen bei Abschluss des Vertrages auch bewußt war[196]. Eine bloße Erläuterung der Vertragsklauseln durch den Verwender[197] oder dessen Erklärung zur Verhandlungsbereitschaft, ohne dass es tatsächlich zu konkreten Verhandlungen kommt[198], reicht dafür nicht aus. Die Ausnahme greift vielmehr nur dann, wenn eine „gründliche Erörterung"[199] der einzelnen Klausel **50**

---

[187] *Präve* in: *Beckmann/Matusche-Beckmann,* Versicherungsrechts-Handbuch (2004), § 10 Rn. 81.

[188] Ähnlich *Prölss,* VersR VersR 2000, 1441, wonach es sich wenn überhaupt um vom VN gestellte AVB handelt.

[189] Vgl. BGH v. 17. 1. 2001, VersR 2001, 368; *Prölss/Martin/Prölss,* Vorbem. I Rn. 15.

[190] BGH v. 15. 12. 1979, NJW 1976, 624; BGH v. 27. 3. 1991, NJW 1991, 1678; BHG v. 10. 10. 1991, NJW 1992, 1107; Münchener Kommentar BGB/*Basedow*[5], § 305 Rn. 37; *Ulmer,* in: *Ulmer/Brandner/Hensen*[10], § 305 Rn. 41 ff.

[191] BGH v. 28. 1. 1987, BGHZ 99, 374 (377) = NJW 1987, 1634; BGH v. 27. 4. 1988, BGHZ 104, 232 (236) = NJW 1988, 2465; BGH v. 30. 9. 1987, NJW 1988, 410 (411); BGH v. 30. 10. 1987 NJW 1988, 558, 559; BGH v. 27. 3. 1991 NJW 1991, 1678, 1679; BGH v. 10. 10. 1991 NJW 1992, 1107, 1108; BGH v. 25. 6. 1992, NJW 1992, 2759 (2760); BGH v. 23. 1. 2003, BGHZ 153, 311 = ZIP 2003, 908; siehe auch *Ulmer* in: *Ulmer/Brandner/Hensen*[10], § 305 Rn. 48 m. w. N.; Münchener Kommentar BGB/*Basedow*[5], § 305 Rn. 35.

[192] OLG Köln v. 16. 4. 1984 BB 1984, 1388; *Ulmer* in: Ulmer/Brandner/Hensen[10] § 305 Rn. 47.

[193] BGH v. 18. 5. 1995, WM 1995, 1455 (1456); Münchener Kommentar BGB/*Basedow*[5], § 305 Rn. 41.

[194] *Präve* in: *Beckmann/Matusche-Beckmann,* Versicherungsrechts-Handbuch 2004, § 10 Rn. 108.

[195] BGH v. 15. 12. 1976, NJW 1977, 624; BGH v. 9. 10. 1986, NJW-RR 1987, 144; BGH v. 23. 1. 2003, BGHZ 153, 311 = ZIP 2003, 908; BGH v. 3. 11. 1999, NJW 2000, 314.

[196] BGH v. 26. 2. 1986, BB 1981, 756; OLG Karlsruhe v. 1. 12. 1994, VersR 1995, 645.

[197] Vgl. BGH v. 25. 6. 1992, NJW 1992, 2759 (2760); BGH v. 27. 3. 1991, NJW 1991, 1678 (1679); BGH v. 27. 4. 1988, BGHZ 104, 232 (236) = NJW 1988, 2465; BGH v. 30. 9. 1987, NJW 1988, 410; OLG Düsseldorf v. 11. 10. 1996, NJW-RR 1997, 659 (660).

[198] Vgl. BGH v. 10. 10. 1991, NJW 1992, 1107 (1008); BGH v. 37. 3. 1991, NJW 1991, 1678 (1679); *Ulmer* in: *Ulmer/Brandner/Hensen*[10], § 305 Rn. 50 m. w. N.; anders die frühere Rspr., BGH v. 18. 11. 1982, NJW 1983, 385 (386); BGH v. 15. 12. 1976, NJW 1977, 624 (625).

[199] BGH v. 23. 1. 2003, NJW 2003, 1805 (1807); BGH v. 3. 11. 1999, NJW 2000, 1110 (1112); zum Begriff s. *v. Westphalen,* ZIP 2007, 149 (153).

stattgefunden hat und wenn zusätzlich „besondere Umstände"[200] es rechtfertigen, nicht länger von AGB-Klauseln zu sprechen[201]. Unzureichend ist hingegen eine vom Vertragspartner unterschriebene, vorformulierte Erklärung, dass die Vertragsklauseln ausgehandelt wurden und seinen Wünschen entsprechen[202], ebenso die Unterschrift unter eine Allgemeine Geschäftsbedingung[203]. Im Massengeschäft des Versicherungswesens wird ein Aushandeln der Vertragsbedingungen in aller Regel fernliegen. Individuelle Abreden i. S. d. § 305 Abs. 1 S. 3 BGB können im Versicherungssektor eher bei besonderen Großrisiken und individuellen Risiken (z. B. bei Sportausfallversicherungen im Rahmen großer Sportereignisse) Bedeutung zukommen[204].

51   Sieht das Vertragsformular die Möglichkeit der Abwahl bestimmter Regelungen, etwa durch Streichung einzelner Klauseln vor, handelt es sich gleichwohl nicht um eine Individualvereinbarung[205]. Soweit dem VN **Wahlmöglichkeiten zwischen verschieden Klauselinhalten** geboten werden, führt auch dies nicht automatisch zur Annahme einer Individualvereinbarung. Beschränkt sich die Wahlmöglichkeit auf vorformulierte und damit vorgegebene, standardisierte Bedingungen, liegt ein tatsächliches Aushandeln nach **h. M.** grundsätzlich nicht vor[206]. Erforderlich ist auch hierfür die Entscheidung für eine bestimmte Regelungsalternative als Folge echter Wahlfreiheit[207]. Dies ist z. B. der Fall, wenn ein Formular ergänzungsbedürftige Leerräume enthält, deren Ausfüllen der freien Entscheidung unterliegt[208]. An einer solchen Wahlfreiheit fehlt es jedoch, soweit das Formular neben einer Leerstelle vorformulierte Regelungsalternativen enthält, die aufgrund der Struktur der Klausel aus Sicht eines durchschnittlichen VN im Vordergrund stehen und dessen Möglichkeit, eine individuelle Wahl zu treffen, überlagern[209]. Um eine Allgemeine Geschäftsbedingung handelt es sich daher, wenn ein Antragsformular hinsichtlich der Vertragslaufzeit vorgedruckte Alternativen („3 Jahre", „2 Jahre") enthält, welche die darüber hinaus bestehende Möglichkeit, eine abweichende Vertragsdauer einzutragen, überdecken[210]. Gleiches gilt auch, wenn dem VN die Wahl überlassen wird, ein bestimmtes Risiko in die Versicherung einzubeziehen oder dieses auszuschließen[211].

52   Eine Individualvereinbarung liegt auch nicht vor, wenn der Verwender eine vom VN widersprochene Klausel durch eine andere, aber ebenfalls vorformulierte, ersetzt[212].

53   Ausgangspunkt für die Feststellung des Aushandelns sind die **Umstände des Vertragsschlusses,** d. h. der Standort der daran beteiligten Parteien. Geschäftsbedingungen werden daher nicht allein deshalb zu Individualvereinbarungen, weil sie zuvor in kollektiver Weise,

---

[200] BGH v. 23. 1. 2003, NJW 2003, 1805 (1807); BGH v. 3. 11. 1999, NJW 2000, 1110 (1112).

[201] *v. Westphalen,* ZIP 2007, 149 (152).

[202] BGH v. 18. 11. 1982, BGHZ 85, 305 (308) = NJW 1983, 385; BGH v. 15. 12. 1976, NJW 1977, 624 (625).

[203] BGH v. 16. 3. 1999, WM 1999, 841 (842).

[204] *Präve* in:*Beckmann/Matusche-Beckmann,* Versicherungsrechts-Handbuch (2004), § 10 Rn. 109.

[205] BGH v. 9. 4. 1987, NJW 1987, 2011; *Prölss/Martin/Prölss*[27] Vorbem I Rn. 13a.

[206] BGH v. 7. 2. 1996 NJW 1996, 1676 (1677); BGH v. 10. 10. 1991, NJW 1992, 1107 (1108); BGH v. 3. 12. 1991, NJW 1992, 503 (504); BGH v. 3. 11. 1999, BGHZ 143, 104 = NJW 2000, 1110; BGH v. 19. 5. 2005, NJW 2005, 2543; *Ulmer* in: *Ulmer/Brandner/Hensen*[10], § 305 Rn. 53; *Palandt/Heinrichs*[67], § 305 Rn. 12; AGB-Klauselwerke/*Präve,* Allgemeine Versicherungsbedingungen, Rn. 282; kritisch *Prölss,* VersR 2000, 1441; siehe aber auch OLG München v. 16. 5. 1997, VersR 1998, 93, wonach das Nichtankreuzen der im Antragsvordruck enthaltenen Frage „Einschluss von Überspannungsschäden durch Blitz" eine individuelle Vereinbarung über den Ausschluss dieser, von den einschlägigen VHB dem Grunde nach mitumfassten, Schäden darstelle; dazu krit. Anm. *Klimke,* VersR 1998, 94.

[207] Vgl. BGH v. 6. 12. 2002, NJW 2002, 1313 (1314).

[208] BGH v. 13. 11. 1997, NJW 1998, 1066 (1067).

[209] BGH v. 6. 12. 2002, NJW 2003, 1313 (1314); BGH v. 7. 2. 1996, NJW 1996, 1676 (1677); BGH v. 18. 12. 1996, NJW-RR 1997, 1000; *Palandt/Heinrichs*[67], § 305 Rn. 12.

[210] Vgl. Rn. 32.

[211] OLG Hamburg v. 27. 9. 1995, VersR 1998, 92; *Palandt/Heinrichs*[67], § 305 Rn. 12; a. A. OLG München v. 16. 5. 1997, VersR 1998, 93.

[212] Vgl. *Ulmer* in: *Ulmer/Brandner/Hensen*[10], § 305 Rn. 53.

z. B. von Repräsentanten von Versicherungswirtschaft und Verbraucherverbänden ausgehandelt und erstellt wurden[213]. Dies gilt ebenso für die Satzung der Versorgungsanstalt des Bundes und der Länder, auch wenn die Tarifvertragsparteien an deren Änderung mitwirken[214]. Nach der Rechtsprechung des BGH erfordert § 305 Abs. 1 S. 3 BGB als Voraussetzung eines Individualvertrages ein „Aushandeln" auch im unternehmerischen Bereich[215].

Beschränkt sich das Aushandeln auf einzelne Klauseln, so handelt es sich auch nur insoweit **54** um eine Individualvereinbarung, das restliche Klauselwerk stellt nach dem Wortlaut des § 305 Abs. 1 S. 3 BGB („soweit") Allgemeine Geschäftsbedingungen dar[216].

IV. Einbeziehung der AVB in den Versicherungsvertrag

1. Grundsätze

a) Für die Einbeziehung von AVB können unterschiedliche Rahmenbedingungen zur **55** Anwendung gelangen. Zum einen gelten die allgemeinen AGB-rechtlichen Regelungen über die Einbeziehung von AGB: Grundsätzlich gelten die **Einbeziehungsvoraussetzungen nach § 305 Abs. 2 BGB.** § 305 Abs. 2 BGB findet indes gem. § 310 Abs. 1 S. 1 BGB keine Anwendung, wenn AGB **gegenüber einem Unternehmer** verwendet werden (dazu Rn. 96 ff.). Eine spezielle Regelung zur Einbeziehung von AVB in Versicherungsverträgen findet sich in § 49 Abs. 2 VVG für den **Vertrag über die vorläufige Deckung** (dazu Rn. 95).

b) Unabhängig von solchen Regelungen über die Einbeziehung enthält auch das VVG **56** auch im Hinblick auf AVB **besondere Mitteilungserfordernisse.** Gemäß § 7 Abs. 1 VVG ist grundsätzlich erforderlich, dass der VR dem VN rechtzeitig vor Abgabe von dessen Vertragserklärung seine Vertragsbestimmungen einschließlich der AVB in Textform mitteilt[217]. Indes betrifft § 7 Abs. 1 VVG nicht die Einbeziehung von AVB in den Vertrag, die Vorschrift bezweckt die Information des VN über den Vertragsinhalt. Die Verletzung des § 7 Abs. 1 VVG führt deshalb auch nicht zu Rechtsfolgen im Hinblick auf die Einbeziehung von AVB in den Vertrag: Vielmehr kann die Frist zum Widerruf durch den VN gem. § 8 Abs. 2 Nr. 1 VVG erst beginnen, wenn dem VN die Informationen (und damit auch die AVB) zugegangen sind; des Weiteren kann die Verletzung der Pflicht des VR gem. § 7 Abs. 1 VVG Schadensersatzansprüche zugunsten des VN auslösen[218]. Umgekehrt lässt sich aber sagen, dass bei Einhaltung der Voraussetzungen des § 7 Abs. 1 VVG in der Regel auch die Einbeziehungsvoraussetzungen des § 305 Abs. 2 BGB erfüllt sein dürften[219]. Grundsätzlich sind beide Regelungskomplexe – § 7 Abs. 1 VVG einerseits und § 305 Abs. 2 BGB andererseits – im Hinblick auf Tatbestand und Rechtsfolgen nebeneinander anwendbar[220].

---

[213] Siehe *Präve* in: *Beckmann/Matusche-Beckmann,* Verischeurngsrechts-Handbuch (2004), § 10 Rn. 114; *Ulmer* in: *Ulmer/Brandner/Hensen*[10], § 305 Rn. 59, *Hansen,* VersR 1988, 1110 (1111).

[214] BGH v. 23. 6. 1999, BGHZ 142, 103 = NJW 1999, 3558 (3559), wonach dieser Umstand u. U. allerdings im Rahmen der Inhaltskontrolle zu berücksichtigen sei, dazu auch BGH v. 3. 11. 1994, VersR 1995, 604 (605); BGH v. 4. 5. 1995 VersR 1995, 1212.

[215] BGH v. 3. 11. 1999, NJW 2000, 1110; *v. Westphalen,* ZIP 2006, 150; *Berger,* ZIP 2006, 2149 (2152) kritisiert die Auffassung der Rechtsprechung als praxisfern.

[216] Vgl. BGH v. 16. 1. 1985, BGHZ 93, 252 (254 f.) = NJW 1985, 853; BGH v. 6. 3. 1986, BGHZ 97, 212 (215) = NJW 1986, 1803; BGH v. 3. 4. 1998, NJW 1998, 2600 (2601); *Ulmer* in: *Ulmer/Brandner/Hensen*[10], § 305 Rn. 55 m. w. N.; a. A. etwa *Michel/Hilpert,* DB 2000, 2513 (2514); *v. Westphalen,* DB 1977, 947.

[217] Gem. § 7 Abs. 5 VVG finden die Abs. 1 bis 4 auf Versicherungsverträge über ein Großrisiko i. S. d. Art. 10 Abs. 1 S. 2 EGVVG keine Anwendung.

[218] *Marlow/Spuhl*[2], Das Neue VVG, S. 14; *K. Johannsen* in: *Beckmann/Matusche-Beckmann,* Versicherungsrechts-Handbuch[2], § 8 Rn. 20.

[219] So auch *Schimikowski,* r+s 2007, 309, 310; dazu noch unten Rn. 90 f.

[220] Ähnlich *Palandt/Heinrichs*[67], § 305 Rn. 33 betr. andere über § 305 Abs. 2 Nr. 2 BGB hinausgehende Pflichten, z. B. gem. § 312c Abs. 2 BGB oder aufgrund der BGB-Informationspflichten-Verordnung (BGB-InfoV) v. 5. 8. 2002, BGBl. I S. 3002; a. A. *Funck,* VersR 2008, 163 (165); ähnlich *Gaul,* VersR

57   **a) Einbeziehung von AVB gem. § 305 Abs. 2 BGB.** § 305 Abs. 2 BGB setzt voraus, dass der VR den VN bei Vertragsschluss auf die Verwendung der AVB hinweist (dazu Rn. 58 ff.) und dass der VN in zumutbarer Weise Kenntnis von ihrem Inhalt nehmen kann (dazu Rn. 64 ff.); des Weiteren muss der VN mit der Verwendung der AVB zumindest stillschweigend einverstanden sein (dazu Rn. 75 ff.). Diese Einbeziehungsvoraussetzungen müssen kumulativ vorliegen.

58   *aa) Hinweis auf die Versicherungsbedingungen, § 305 Abs. 1 Nr. 1 BGB.* Gemäß § 305 Abs. 2 Nr. 1 BGB muss der Verwender grundsätzlich **ausdrücklich** auf die AGB **hinweisen,** damit diese Vertragsbestandteil werden. Diese Voraussetzung trägt dem Umstand Rechnung, dass ein bloßes Kennenmüssen des Versicherungsnehmers im Hinblick auf den Einbeziehungswillen des Versicherers und der fehlende Widerspruch bei Vertragsschluss nicht zu einer Einbeziehung der AVB führen kann[221]. Der Hinweis muss bei Vertragsschluss für den Versicherungsnehmer klar erkennbar, d. h. selbst bei flüchtiger Betrachtung und unter Zugrundelegung eines durchschnittlichen Aufmerksamkeitsmaßstabes nicht zu übersehen sein[222]. Ein missverständlicher oder versteckter Hinweis genügt nicht[223]. Nicht ausreichend ist daher ein an der Randleiste des Dokuments oder in einer im Vergleich zum sonstigen Vertragstext deutlich kleineren Schrift angebrachter Abdruck[224]. Der Hinweis muss sich zudem auf **bestimmte Vertragsbedingungen** beziehen, woran es etwa mangelt, wenn der Verwender mehrere Fassungen verwendet, ohne dass dem Vertragspartner diejenige erkennbar ist, die dem Vertrag zugrundegelegt werden soll. Unklarheiten gehen hier zu Lasten des Verwenders[225]. Auch die bloße Aushändigung einer Broschüre oder einer CD mit allen AVB, die Verträgen mit Privatkunden zu Grunde liegen können, genügt ohne Hinweis auf die vertragsrelevanten Bedingungen nicht den gesetzlichen Anforderungen[226]. Die AVB, die dem angestrebten Vertrag zugrunde liegen sollen, müssen dem Kunden präzise bezeichnet werden[227].

59   Im Falle schriftlichen Vertragsschlusses, der üblichen Vorgehensweise im Bereich von Versicherungsverträgen[228] ist grundsätzlich auch ein schriftlicher Hinweis auf die einzubeziehenden Versicherungsbedingungen notwendig. Bei einem beidseitig bedruckten Antragsformular ist der Hinweis auf dessen Vorderseite anzubringen, ein bloßer Abdruck der Versicherungsbedingungen auf der Rückseite genügt nicht[229]. Ebenso unzureichend ist die Beifügung der AVB als Anlage ohne Bezugnahme im Vertragsformular[230]. Soweit sich der Hinweis am Fußende des Formulars unterhalb der Unterschriftenzeile des Formulars befindet, muss er durch eine deutliche Form in besonderer Weise hervorgehoben sein, um die Einbeziehung der Vertragsbedingungen zu gewährleisten[231].

2007, 21 (24); *Marlow/Spuhl*[2], Das neue VVG, S. 15; zum Verhältnis zwischen § 305 Abs. 2 BGB und § 7 Abs. 1 VVG, vgl. noch Rn. 90 ff.

[221] *Ulmer* in: *Ulmer/Brandner/Hensen*[10], § 305 Rn. 123.

[222] BGH v. 18. 6. 1986, NJW-RR 1987, 112 (114); OLG Nürnberg v. 21. 3. 1990, BB 1990, 1998; *Präve:* in *Beckmann/Matusche-Beckmann,* Verischeurngsrechts-Handbuch (2004), § 10 Rn. 116; *Palandt/Heinrichs*[67], § 305 Rn. 29; Münchener Kommentar BGB/*Basedow*[5], § 305 Rn. 54.

[223] Vgl. OLG Düsseldorf v. 15. 10. 1982, VersR 1982, 872; OLG Nürnberg v. 21. 3. 1990, BB 1990, 1998, 1999.

[224] OLG Düsseldorf v. 15. 10. 1982, VersR 1982, 872.

[225] Etwa BGH v. 24. 3. 1988, NJW 1988, 2106; Münchener Kommentar BGB/*Basedow*[5], § 305 Rn. 54; *Ulmer* in: *Ulmer/Brandner/Hensen*[10], § 305 Rn. 125 f. m. w. N.

[226] *Schimikowski,* r+s 2007, 309 (310).

[227] *Schimikowski,* r+s 2007, 309 (310).

[228] Vgl. BGH v. 1. 10. 1975, VersR 1975, 1090; BGH v. 22. 5. 1991, VersR 1991, 910; *K. Johannsen* in: *Beckmann/Matusche-Beckmann,* Versicherungsrechts-Handbuch[2], § 8 Rn. 23.

[229] Vgl. BGH v. 14. 1. 1987, NJW 1987, 2431 (2432); OLG Nürnberg v. 21. 3. 1990, BB 1990, 1998; LG Münster v. 25. 7. 1979, VersR 1980, 100; Münchener Kommentar BGB/*Basedow*[5], § 305 Rn. 54; *Palandt/Heinrichs*[67], § 305 Rn. 29.

[230] *Präve* in: *Beckmann/Matusche-Beckmann,* Verischerungsrechts-Handbuch (2004), § 10 Rn. 118; *Ulmer* in: *Ulmer/Brandner/Hensen*[10], § 305 Rn. 129.

[231] *Ulmer* in: *Ulmer/Brandnder/Hensen*[10], § 305 Rn. 129; *Wolf* in: *Wolf/Horn/Lindacher*[4], § 2 Rn. 12.

Bei Formularverträgen, bei denen die Vertragsklauseln als Teil des Vertragstextes in die Ver- **60** tragsurkunde selbst aufgenommen worden sind und somit keinen äußerlich gesonderten Bestandteil bilden (§ 305 Abs. 1 S. 2 BGB), ist ein zusätzlicher Hinweis nicht notwendig[232].

Bei Vertragsabschlüssen über das **Internet** ist ebenfalls ein an diese Vertriebsform angepass- **61** ter Hinweis auf die Vertragsbedingungen erforderlich. Der ausdrückliche Hinweis kann durch eine individuelle E-Mail erfolgen[233]. Im Rahmen des Hinweises ausschließlich über das Internet genügt nicht die bloße Möglichkeit, die Vertragsbedingungen von der Internetseite des Verwenders herunterzuladen[234]. Seinen Einbeziehungswillen dokumentiert der Verwender vielmehr erst dann, wenn er an geeigneter Stelle, etwa durch einen Link, hierauf verweist. Ein Hinweis auf der Eingangsseite des Internetauftritts, außerhalb des Bestellformulars, ist jedenfalls nicht ausreichend. Es genügt auch nicht, dass der Vertragspartner lediglich die Möglichkeit hat, bei einer Recherche im Internet-Auftritt auf AGB des Verwenders zu stoßen, etwa, weil sich die AGB auf einer unteren Ebene des Internetauftritts befinden[235]. Somit wird grundsätzlich zu fordern sein, den Hinweis in deutlicher, nicht zu übersehender Form in die Antragsmaske aufzunehmen[236].

Um **Schadensersatzansprüche auszuschließen,** kann der VR über die allgemeine **62** Hinweispflicht hinaus gehalten sein, den VN auf bestimmte Vertragsklauseln von besonderer Bedeutung zusätzlich gesondert aufmerksam zu machen[237]. Dies ist etwa der Fall, wenn es dem Versicherungskunden erkennbar auf den Schutz vor einem bestimmten Risiko ankommt, dessen Abdeckung nach den Versicherungsbedingungen gerade ausgeschlossen ist. Während nach alter Rechtslage ein entsprechender Schadensersatzanspruch aus c. i. c. herzuleiten war, ergibt sich eine mögliche Haftung des VR nunmehr aus § 6 Abs. 1 und 5 VVG.

Die **besondere Regelung des § 305 Abs. 2 Nr. 1 Alt. 2 BGB** ist für Abschlüsse von **63** Versicherungsverträgen regelmäßig nicht einschlägig. Danach genügt ein Hinweis durch deutlich sichtbaren Aushang, wenn die Art des Vertragsschlusses einen ausdrücklichen Hinweis nur unter unverhältnismäßigen Schwierigkeiten zuließe. Gedacht ist dabei an typische Massengeschäfte des täglichen Lebens mit nur geringem wirtschaftlichen Wert[238]. Dies trifft auf Versicherungsverträge auch aufgrund deren inhaltlicher Komplexität grundsätzlich nicht zu[239].

bb) Möglichkeit zumutbarer Kenntnisnahme, § 305 Abs. 2 Nr. 2 BGB. Als weitere Einbezie- **64** hungsvoraussetzung bestimmt § 305 Abs. 2 Nr. 2 BGB, dass dem VN die Möglichkeit zumutbarer Kenntnisnahme der AGB zu gewähren ist[240]. Ob der Vertragspartner des Klauselverwenders von der Möglichkeit zur Kenntnisnahme tatsächlich Gebrauch macht, ist für die Frage der Einbeziehung der AGB in den Vertrag unerheblich. Die **Anforderungen gem. § 305 Abs. 2 Nr. 2 BGB** richten sich insbesondere nach der Art des Vertragsschlusses.

[232] Zumal ein solcher Hinweis darauf gerichtet wäre, den Vertragspartner auf die AGB-Eigenschaft des Vertragstextes aufmerksam zu machen, was nicht Sinn und Zweck des § 305 Abs. 2 BGB ist; siehe Münchener Kommentar BGB/*Basedow*[5], § 305 Rn. 55.
[233] *Dörner* in: *Beckmann/Matusche-Beckmann,* Versicherungsrechts-Handbuch[2], § 9 Rn. 48.
[234] OLG Hamburg v. 13. 6. 2002, MMR 2002, 677 (678).
[235] *Mehrings,* BB 1998, 2373 (2376); *Hoeren/Oberscheidt,* VuR 1999, 371 (378); siehe auch OLG Hamburg v. 13. 6. 2002, MMR 2002, 677 (678).
[236] BGH v. 14. 6. 2006, BB 2006, 1990 (1991): Möglichkeit des Aufrufens und Ausdruckens über einen auf der Bestellseite gut sichtbaren Link; *Dilger,* Verbraucherschutz bei Vertragsabschlüssen im Internet (2002), S. 43; *Präve* in: *Beckmann/Matusche-Beckmann,* Versicherungsrechts-Handbuch (2004), § 10 Rn. 116; *Mehrings,* BB 1998, 2373 (2377); *v. Westphalen,* NJW 2003, 1635 (1636).
[237] OLG Frankfurt 20. 11. 1997, NJW 1998, 3359; *Römer,* VersR 1998, 1313 (1319 f.); *Präve* in: *Beckmann/Matusche-Beckmann,* Versicherungsrechts-Handbuch (2004),§ 10 Rn. 120; *Bamberger/Roth/Gehrlein/Grüneberg/Sutschet*[2], § 311 Rn. 93; siehe auch OLG Saarbrücken v. 8. 10. 2004, VersR 2005, 971.
[238] *Ulmer* in: *Ulmer/Brandner/Hensen*[10], § 305 Rn. 136.
[239] Vgl. *Präve* in: *Beckmann/Matusche-Beckmann,* Versicherungsrechts-Handbuch (2004), § 10 Rn. 119, mit Hinweis auf eine abweichende Beurteilung z. B. für den Fall der Garderobenversicherung.
[240] Für Einordnung als Obliegenheit des Klauselverwenders etwa *Ulmer,* in: *Ulmer/Brandner/Hensen*[10], § 305 Rn. 145; str.

65 *(1)* Bei einem **schriftlichen Vertragsschluss** unter Abwesenden ist grundsätzlich erforderlich, dass der Klauselverwender die vollständigen AGB dem Vertragspartner **übersendet**[241] (zum Zeitpunkt noch Rn. 77 f.). Geht das Angebot vom Klauselverwender aus, so ist ein ausdrücklicher schriftlicher Hinweis auf die AGB im Angebotstext erforderlich. Die bloße Beifügung der AGB ohne Hinweis im Vertragsangebot ist nicht ausreichend. Gibt umgekehrt der Kunde ein schriftliches Angebot ab und möchte der Klauselverwender nicht ohne seine AGB abschließen, so muss er seinerseits eine neues Angebot unter ausdrücklichem Hinweis auf seine AGB abgeben[242]. Letzteres ist aber nicht erforderlich, wenn schon der Kunde seine Angebot unter Bezugnahme von AGB des Klauselverwenders abgibt; das ist etwa dann der Fall, wenn der Klauselverwender dem Kunden zuvor im Rahmen von Vertragsverhandlungen ein Antragsformular mit Hinweis und die AGB ausgehändigt hat und der Kunde dieses Formular bei Abgabe seines Antrags verwendet. Diese Vorgehensweise entspricht letztlich dem **Antragsmodell**[243].

66 *(2)* Beim **mündlichen Vertragsschluss** (im Versicherungsgeschäft zwar möglich[244], aber allenfalls ein Ausnahmefall) muss der Klauselverwender auf die Einbeziehung der AGB hinweisen, um die Voraussetzungen des § 305 Abs. 2 Nr. 2 BGB zu erfüllen. Die weiteren Voraussetzungen werden unterschiedlich beurteilt: Nach der Rechtsprechung ist jedenfalls ein bloßer Hinweis auf die Geltung der AGB nicht ausreichend[245]. Im Schrifttum wird dementsprechend auch verlangt, dass der Klauselverwender dem Vertragspartner den AGB-Text aushändigt[246]. Demgegenüber wird es für ausreichend erachtet, wenn der Klauselverwender auf die Geltung seiner AGB hinweist, da hierin die Bereitschaft des Klauselverwenders zum Ausdruck komme, dem Kunden Einblick zu gewähren[247]. Indes ist dieser zuletzt genannte Standpunkt mit den Erfordernissen des § 305 Abs. 2 Nr. 2 BGB nicht vereinbar; allein der Hinweis auf die Geltung der AGB verschafft dem Kunden nicht die Möglichkeit, in zumutbarer Weise vom Inhalt der AGB Kenntnis zu nehmen. Unabhängig von diesen unterschiedlichen Auffassungen entspricht der von *Ulmer* vertretene Standpunkt ohnehin nicht den Erfordernissen des § 7 Abs. 1 VVG, auch wenn beide Regelungen (§ 305 Abs. 2 BGB einerseits und § 7 Abs. 1 VVG andererseits) gesondert zu beachten sind (vgl. oben Rn. 56).

67 *(3)* Schwierigkeiten, die Voraussetzungen des § 305 Abs. 2 Nr. 2 BGB zu erfüllen, können im Falle des **fernmündlichen Vertragsabschlusses** entstehen. Keine Probleme bereitet aber zunächst die Situation, dass dem Kunden bei dem Telefonat z. B. aufgrund vorhergehender Vertragsgespräche bereits die AGB in gedruckter Form vorliegen und der Klauselverwender auf die Geltung hingewiesen hat.

68 Ist dies nicht der Fall vertritt die wohl h. M. den Standpunkt, dass auch beim fernmündlichen Vertragsschluss AGB miteinbezogen werden können. Teilweise wird diese Möglichkeit auf der Grundlage eines **individualvertraglich vereinbarten Verzichts** auf Einhaltung der Voraussetzungen des § 305 Abs. 2 Nr. 2 BGB befürwortet; es sei widersinnig, die Obliegenheit zur Kenntnisverschaffung auch gegenüber einem Kunden zu bejahen, der „erklärtermaßen" keine Kenntnis nehmen will[248]. Nach weiterer Ansicht soll bei fernmündlichem

---

[241] OLG München v. 15. 10. 1991, NJW-RR 1992, 349 (350); *Palandt/Heinrichs*[66], § 305 Rn. 35; *Präve* in: *Beckmann/Matusche-Beckmann,* Versicherungsrechts-Handbuch (2004), § 10 Rn. 121; *Staudinger/Schlosser* (2006), § 305 Rn. 145.

[242] Zum Vorstehenden *Ulmer,* in: *Ulmer/Brandner/Hensen*[10], § 305 Rn. 129, 130 m. w. N.

[243] Dazu *K. Johannsen* in: *Beckmann/Matusche-Beckmann,* Versicherungsrechts-Handbuch[2], § 8 Rn. 3; *Schwintowski* in: *Beckmann/Matusche-Beckmann,* Versicherungsrechts-Handbuch[2], § 18 Rn. 20 f.; *Römer/Langheid*[2], § 5a Rn. 14.

[244] *Deutsch*[6], Versicherungsvertragrecht, Rn. 52; OLG Hamm v. 6. 5. 1992, VersR 1992, 1462 Rn. 6; LG Saarbrücken v. 5. 8. 1998, NVersZ 1999, 371 Rn. 37.

[245] BGH v. 9. 11. 1989, NJW 1990, 715 (betr. Einbeziehung von VOB).

[246] *Staudinger/Schlosser* (2006), § 305 Rn. 145.

[247] *Ulmer,* in: *Ulmer/Brandner/Hensen*[10], § 305 Rn. 148.

[248] *Palandt/Heinrichs*[67] § 305 Rn. 37;

Vertragsschluss offenbar sogar schon der ausdrückliche Hinweis des Verwenders auf die Einbeziehung der AGB ausreichen; halte der Kunde in Fällen dieser Art trotz des AGB-Hinweises des Verwenders seine Bestellung kraft individueller Entscheidung aufrecht, so liege hierin ein wirksamer Verzicht auf die Einräumung der Möglichkeit zumutbarer Kenntnisnahme[249]. Der Unterschied dieser beiden Ansätze liegt darin, dass nach dem Standpunkt vom *Ulmer* die Anforderungen an das Vorliegen eines Verzichts offenbar geringer beurteilt werden. Grundsätzlich ist jedenfalls diesem Ansatz über eine Verzichtslösung zuzustimmen, da der Kunde nach h. M. insbesondere auf die Einhaltung von § 305 Abs. 2 Nr. 2 BGB jedenfalls durch **Individualvereinbarung verzichten** kann[250]. Weist der Klauselverwender zudem in dem Telefonat auf seine AGB hin und hält der Kunde gleichwohl am Vertragsschluss fest, so spricht dies in der Tat dafür, dass er auf die Möglichkeit der Kenntnisnahme gem. § 305 Abs. 2 Nr. 2 BGB verzichtet. Auch wenn § 7 VVG und § 305 Abs. 2 BGB grundsätzlich gesondert zu beachten sind (oben Rn. 56 sowie noch Rn. 89 ff.), spricht für die grundsätzliche Möglichkeit des fernmündlichen Vertragsschlusses ohne Vorliegen der AGB beim Kunden – insbesondere für den Abschluss von Versicherungsverträgen – auch die spezielle Regelung des § 7 Abs. 1 S. 3, 1. Hs. VVG: Wird der Vertrag auf Verlangen des VN telefonisch oder unter Verwendung eines anderen Kommunikationsmittels geschlossen, das die Information in Textform vor der Vertragserklärung des VN nicht gestattet, muss die Information nach dieser versicherungsvertraglichen Regelung unverzüglich nach Vertragsschluss nachgeholt werden. Nichtsdestotrotz verbleibt es für die Frage der Einbeziehung der AVB gem. § 305 Abs. 2 BGB dabei, dass der Klauselverwender (VR) den Kunden auf die Geltung der AVB jedenfalls hinweisen muss und der Kunde auf die Möglichkeit der Kenntnisnahme durch Individualabrede verzichtet; an das Vorliegen der Verzichtserklärung sind indes keine besonders hohen Anforderungen zu stellen (dazu noch Rn. 90).

(4) Beim Zustandekommen eines Versicherungsvertrages über das **Internet** werden die   **69** AVB gleichfalls nur in den Vertrag miteinbezogen, wenn die Voraussetzungen des § 305 Abs. 2 BGB erfüllt sind. Im Hinblick auf die hier in Rede stehende Voraussetzung gem. Abs. 2 Nr. 2 werden die gesetzlichen Voraussetzungen jedenfalls dann erfüllt, wenn der VR die AVB dem VN bei Vertragschluss (dazu unten Rn. 77) **in elektronischer Form übersandt** hat[251]. Darüber hinaus (und praktisch relevanter als die Übersendung per E-Mail) genügt nach wohl inzwischen h. M. und richtiger Auffassung der Klauselverwender den Anforderungen des § 305 Abs. 2 Nr. 2 BGB, wenn der VN den Text der AVB von der **Internetseite des VR mit gängiger Software herunterladen kann,** auf seinen eigenen Datenträger speichern bzw. ausdrucken kann[252]/[253]. Dabei hat der VR den AVB-Text graphisch so zu platzieren, dass er vom VN nicht übersehen werden kann[254]. Das Internet ist geprägt durch hohe Übertragungsgeschwindigkeiten und der damit verbundenen Möglichkeit,

[249] *Ulmer,* in: *Ulmer/Brandner/Hensen*[10], § 305 Rn. 149.

[250] LG Braunschweig v. 17. 10. 1985, NJW-RR 1986, 639; Münchener Kommentar BGB/*Basedow*[5], § 305 Rn. 63; *Palandt/Heinrichs*[66], § 305 Rn. 37; *Ulmer* in: *Ulmer/Brandner/Hensen*[10], § 305 Rn. 149; a. A. AG Krefeld v. 1. 4. 1996, NJW-RR 1997, 245. Ein formularmäßiger Verzicht ist nach h. M. allerdings unwirksam; BGH v. 24. 3. 1988, NJW 1988, 2106 (2108); *Wolf* in: *Wolf/Horn/Lindacher*[4], § 2 Rn. 47; *Ulmer,* in: *Ulmer/Brandner/Hensen*[10], § 305 Rn. 149 Fn. 397.

[251] *Dörner* in: *Beckmann/Matusche-Beckmann,* Versicherungsrechts-Handbuch[2], § 9 Rn. 49.

[252] BGH v. 14. 6. 2006, BB 2006, 1990 (1991); *Dörner* in: *Beckmann/Matusche-Beckmann,* Versicherungsrechts-Handbuch[2], § 9 Rn. 49 m. w. N.; a. A. noch *Abram,* NVersZ 2000, 551 (556) wonach die Menge an Informationen in den komplexen Versicherungsbedingungen keine adäquate Vermittlung über das Internet erlaube)

[253] Für einen Vertragsabschluss per Bildschirmtext (BTX) hat die Rechtsprechung Einschränkungen entwickelt (vgl. OLG Köln v. 21. 11. 1997, NJW-RR 1998, 1277 [1278]); diese Einschränkungen finden aber auf das Internet wegen dessen wesentlich benutzerfreundlicherer Oberfläche keine Anwendung; vgl. *Dörner* in: *Beckmann/Matusche-Beckmann,* Versicherungsrechts-Handbuch[2], § 9 Rn. 49 Fn. 47).

[254] *Stoffels,* AGB-Recht, § 9 Rn. 271.

auch umfangreichere Texte in überschaubarer Zeit verfügbar zu machen[255]. Das gebühren-
freie Herunterladen und Ausdrucken der Versicherungsbedingungen ist mit Hilfe der gängigen Technik problemlos möglich. Eine zumutbare Möglichkeit für den VN, sich deren Inhalte zugänglich zu machen, ist daher grundsätzlich gegeben. Inwieweit er von dieser
Möglichkeit Gebrauch macht, obliegt letztlich dem VN selbst; die Aufgabe des VR beschränkt sich darauf, die von ihm zur Verwendung bestimmten Versicherungsbedingungen
zur Verfügung zu stellen und den VN in die Lage zu versetzen, hiervon Kenntnis zu erlangen[256]. Die Möglichkeit zumutbarer Kenntnisnahme durch den VN setzt dabei jedoch,
ebenso wie bei der Verwendung der Papierform[257], deren Lesbarkeit und Übersichtlichkeit
voraus[258]. Eine entsprechende grafische Aufbereitung kann etwa bei längeren Versicherungsbedingungen durch das Voranstellen eines Inhaltsverzeichnisses gewährleistet werden[259].

70   *(5)* Die Verschaffung der Kenntnisnahmemöglichkeit muss für den VN **in zumutbarer
Weise** erfolgen. Dies setzt voraus, dass der Klauselinhalt lesbar und verständlich gehalten ist,
so dass auch der Durchschnittskunde mühelos von dessen Inhalt Kenntnis nehmen kann[260].
Auch wenn das **Transparenzgebot** systematisch als Maßstab der Inhaltskontrolle in der Generalklausel des § 307 Abs. 1 S. 2 BGB verankert ist[261], findet es auch bereits im Rahmen der
Einbeziehungskontrolle nach § 305 Abs. 2 Nr. 2 BGB entsprechende Berücksichtigung[262]. Im
Unterschied zu § 307 Abs. 1 S. 2 BGB geht es hier jedoch in erster Linie um die Präsentation
der Geschäftsbedingungen in ihrer Gesamtheit sowie insbesondere um eine formal-sprach-
liche Würdigung der AVB[263].

71   Die **Lesbarkeit** eines Klauselwerkes setzt zunächst eine Darstellung voraus, die auf unangemessenen Kleindruck verzichtet, um die optische Erkennbarkeit der vorformulierten Regelungsinhalte zu gewährleisten[264]. AVB in einer Schriftgröße und mit einem Zeilenabstand
von je 1 mm erfüllen das Erfordernis der Lesbarkeit damit nicht mehr[265]. Über rein äußerliche
Gestaltungsvorgaben hinaus geht das Gebot der **Verständlichkeit,** das ein Mindestmaß an
Übersichtlichkeit erfordert. Daran fehlt es beispielsweise, wenn eine Klausel auf nicht abgedruckte, gesetzliche Vorschriften verweist und daher nur für Juristen, nicht mehr hingegen
für den durchschnittlichen Vertragspartner aus sich heraus verständlich ist[266]. Verweisungen

---

[255] *Hoeren* in: *Hoeren/Spindler,* Versicherungen im Internet – Rechtliche Rahmenbedingung, S. 15; *Leverenz,* Rechtliche Aspekte zum Versicherungsgeschäft im Internet, S. 75; *Hoppmann/Moos,* NVersZ
1999, 197 (198); *Waldenberger,* BB 1996, 2368.

[256] Siehe *Präve* in: *Beckmann/Matusche-Beckmann,* Versicherungsrechts-Handbuch (2004), § 10 Rn. 126
u. 134.

[257] Allgemein zur Zumutbarkeit der Kenntnisnahme Rn. 64 ff.

[258] *Wolf* in: *Wolf/Horn/Lindacher*[4], § 2 Rn. 27; *Ulmer* in: *Ulmer/Brandner/Hensen*[10], § 305 Rn. 150; *Hübner,* ZVersWiss. 2001, 351 (357); *Hoppmann/Moos,* NVersZ 1999, 197 (198 f.).

[259] *Hoeren* in: *Hoeren/Spindler,* Versicherungen im Internet – Rechtliche Rahmenbedingungen, S. 15;
siehe auch *Hoppmann/Moos,* NVersZ 1999, 197 (199).

[260] BGH v. 3. 2. 1986, NJW-RR 1986, 1311; Münchener Kommentar BGB/*Basedow*[5], § 305 Rn. 67;
Palandt/Heinrichs[67], § 305 Rn. 39.

[261] *Präve* in: *Beckmann/Matusche-Beckmann,* Versicherungsrechts-Handubch (2004), § 10 Rn. 359; Münchener Kommentar BGB/*Basedow*[5], § 305 Rn. 69.

[262] Siehe OLG Schleswig v. 27. 3. 1995, NJW 1995, 2858 (2859); *Palandt/Heinrichs*[67], § 305 Rn. 41;
einschränkend *Prölss/Martin/Prölss*[27], Vorbem. I Rn. 24.

[263] *Ulmer* in: *Ulmer/Brandner/Hensen*[10], § 305 Rn. 150; Münchener Kommentar BGB/*Basedow*[5], § 305
Rn. 69.

[264] Siehe BGH v. 30. 5. 1983, NJW 1983, 2772 (2773); OLG Hamm v. 20. 11. 1987, NJW-RR 1988,
944; OLG Brandenburg v. 3. 5. 2000, NJW-RR 2001, 488 (489); *Ulmer* in: *Ulmer/Brandner/Hensen*[10],
§ 305 Rn. 154; *Präve* in: *Beckmann/Matusche-Beckmann,* Versicherungsrechts-Handbuch (2004), § 10
Rn. 131; *Schimikowski,* r+s 1998, 553 (558).

[265] OLG Hamburg v. 14. 4. 1987, BB 1987, 1703; LG München v. 13. 7. 1995, VuR 1996, 36.

[266] OLG Schleswig v. 27. 3. 1995, NJW 1995, 2858 (2859); siehe auch BGH v. 19. 1. 2005, NJW 2005,
1183 (1184 f.).

auf andere Regelwerke sind jedoch grundsätzlich zulässig[267], solange das dadurch geschaffene Regelwerk nicht so komplex wird, dass es für den Vertragspartner nicht mehr zu durchschauen ist[268]. Ein übermäßiger Gebrauch juristischer oder technischer Fachausdrücke kann ebenso die Verständlichkeit beeinträchtigen[269]. Ein Maß an Unverständlichkeit, welches letztlich die Nichteinbeziehbarkeit eines entsprechende Formulierungen enthaltenen Klauselwerkes zur Folge hat, dürfte allerdings erst dann erreicht sein, wenn dem durchschnittlichen VN der wesentliche Regelungsgehalt der Versicherungsbedingungen hierdurch verschlossen bleibt[270]. Die Notwendigkeit des maßvollen Einsatzes von fachspezifischem Vokabular ist Folge der fachlichen Komplexität des Versicherungsvertragsrechts.

Probleme betr. die Verständlichkeit ergeben sich durch die Verwendung **salvatorischer 72 Klauseln** wie „soweit gesetzlich zulässig". Nach überwiegender Ansicht können solche Klauseln zumindest dann nicht wirksam vereinbart werden, wenn dem Verwender eine genauere Formulierung aufgrund einer unzweifelhaften Rechtslage möglich ist[271]. Da rechtliche Unklarheiten jedoch nicht zu Lasten des Vertragspartners gehen dürfen, ist eine entsprechende Klausel allerdings auch dann nicht Vertragsbestandteil, wenn der Verwender zur Formulierung einer verständlicheren Klausel aufgrund einer unklaren Rechtslage nicht zweifelsfrei in der Lage ist[272].

Im Hinblick auf das Erfordernis der Verständlichkeit ist zu beachten, dass Allgemeine Ge- 73 schäftsbedingungen grundsätzlich in der von den Vertragsparteien gewählten **Verhandlungssprache** auszufertigen sind[273]. Das bedeutet, dass der Verwender nach in deutscher Sprache geführten Vertragsverhandlungen und in Deutschland geschlossenen Verträgen gegenüber Ausländern nicht zur Übersetzung des Klauselwerkes verpflichtet ist[274]. Im Falle mehrsprachiger AGB-Fassungen, die inhaltlich voneinander abweichen, wird die in der Verhandlungssprache verfasste Version Vertragsinhalt[275].

(6) Ist der Vertragspartner für den Verwender erkennbar körperlich behindert, hat der 74 AGB-Verwender hierauf angemessen Rücksicht zu nehmen. Dieser sich bereits aus der Notwendigkeit der Ermöglichung zumutbarer Kenntnisnahme ergebende Grundsatz ist in § 305 Abs. 2 Nr. 2 BGB nunmehr ausdrücklich geregelt. Eine die Wahrnehmungsfähigkeit beeinträchtigende **Behinderung** liegt insbesondere bei Sehbehinderten vor[276]. Um auch diesem Personenkreis die Möglichkeit einer inhaltlichen Erfassung der AVB zu gewährleisten, sind die Vertragsbedingungen in geeigneter Weise, etwa durch Aushändigung in Braille-Schrift bzw. in elektronischer oder akustischer Form zugänglich zu machen[277]. Angemessene Rücksichtnahme bedeutet allerdings nicht, dass der Klauselverwender jede konkret mentale Erkenntnismöglichkeit zu berücksichtigen hat[278]. Eine der individuellen Sehkraft des jeweiligen Vertragspartners in der Schriftgröße angepasste Abfassung der Vertragsbedingungen durch

[267] BGH v. 19. 1. 2005 NJW 2005, 1183, 1184; OLG Nürnberg v. 29. 2. 2000 VersR 2000, 713, 714.
[268] BGH v. 21. 6. 1990, BGHZ 111, 388 = NJW 1990, 3197 (3198).
[269] *Mehrings*, BB 1998, 2373 (2377).
[270] *Präve* in: *Beckmann/Matusche-Beckmann*, Versicherungsrechts-Handbuch (2004), § 10 Rn. 131.
[271] BGH v. 12. 10. 1995, NJW 1996, 1407 (1408); OLG Stuttgart v. 19. 12. 1980, NJW 1981, 1105 (1106); *v. Westphalen*, WM 1983, 974 (985); Münchener Kommentar BGB/*Basedow*[5], § 305 Rn. 71.
[272] Münchener Kommentar BGB/*Basedow*[5], § 305 Rn. 71; *Ulmer* in: *Ulmer/Brandner/Hensen*[10], § 305 Rn. 153; zur a. A. OLG Stuttgart v. 19. 12. 1980, NJW 1981, 1105 (1106); *Bunte*, NJW 1981, 2657 (2661); *Lindacher*, BB 1983, 154 (157).
[273] *Wolf* in: *Wolf/Horn/Lindacher*[4], § 2 Rn. 28.
[274] BGH v. 10. 3. 1983, BGHZ 87, 112 (114f.) = NJW 1983, 1489; *Bamberger/Roth/J.Becker*[2], § 305 Rn. 60; *Palandt/Heinrichs*[67], § 305 Rn. 42 m.w.N.
[275] BGH v. 28. 3. 1996, NJW 1996, 1819.
[276] Vgl. RegBegr. BT-Drucks. 14/6040 S. 150.
[277] *Palandt/Heinrichs*[67], § 305 Rn. 40; *Präve* in: *Beckmann/Matusche-Beckmann*, Versicherungsrechts-Handbuch (2004), § 10 Rn. 137; Münchener Kommentar BGB/*Basedow*[5], § 305 Rn. 68.
[278] Siehe Gesetzesbegründung, BT-Drucks. 14/6040, S. 151.

den Verwender ist daher nicht erforderlich[279]. Nicht in den Regelungsbereich des § 305 Abs. 2 Nr. 2 BGB fallen Analphabeten, da deren Behinderung für den Verwender in der Regel nicht erkennbar ist und diese Einschränkung auch nicht als körperliche Behinderung verstanden werden kann[280].

75   *cc) Einverständnis des Versicherungsnehmers, § 305 Abs. 2 letzter Hs. BGB.* § 305 Abs. 2 BGB enthält als weitere Einbeziehungsvoraussetzung das Einverständnis der anderen Vertragspartei, d. h. des VN, mit der Geltung der Vertragsbedingungen. Das Einverständnis kann dabei auf die AVB in ihrer Gesamtheit bezogen sein. Die Kenntnis des VN vom Inhalt der einzelnen Klauseln ist nicht erforderlich[281]. Das Einverständnis kann zudem nicht nur **ausdrücklich,** sondern auch **konkludent** erklärt werden[282]. Es ist anzunehmen, wenn das Verhalten des Vertragspartners den Umständen nach als Einverständnis mit der Geltung der AGB angesehen werden kann. Auf die Kenntnis des Inhalts der AGB kommt es dabei nicht an[283]. Nach h. M. ist es in der Regel zu bejahen, wenn nach vorheriger Erfüllung von § 305 Abs. 2 Nr. 1 und 2 BGB der Vertrag zustande kommt[284]. An das Einverständnis werden keine hohen Anorderungen gestellt; deshalb reicht es nach wohl h. M. aus, das der Vertragspartner des Klauselverwenders der Einbeziehung der AGB nicht ausdrücklich widerspricht[285]. Auf Versicherungsverträge bezogen bedeutet dies, dass ein VN, der mit der Geltung der AVB nicht einverstanden ist, dies im Regelfall erklären und deren Einbeziehung ausdrücklich widersprechen muss.

76   Im Falle eines **Widerspruchs durch den Kunden** gegen die Einbeziehung der AGB in den Vertrag scheitert gem. § 154 Abs. 1 BGB der Vertragsschluss, wenn die Parteien nicht erkennen lassen, dass sie gleichwohl am Vertrag festhalten wollen[286]. Grundsätzlich denkbar ist des Weiteren – bei Vorliegen der entsprechenden Voraussetzungen – die **Anfechtung des Einverständnisses** durch den Kunden[287].

77   *dd) Maßgeblicher Zeitpunkt für die Erfüllung der Einbeziehungsvoraussetzungen gem. § 305 Abs. 2 BGB.* Die Voraussetzungen insbesondere gem. § 305 Abs. 2 Nr. 1 und Nr. 2 BGB[288] müssen „**bei Vertragsschluss**" vorliegen[289]. Für den maßgeblichen Zeitpunkt wird zwischen den unter Abs. 2 Nr. 1 und Nr. 2 genannten Voraussetzungen unterschieden. Der ausdrückliche Hinweis nach Nr. 1 (dazu oben Rn. 58ff.) hat in dem Zeitpunkt zu erfolgen, in dem der Ver-

---

[279] BT-Drucks. 14/6040, S. 150; Münchener Kommentar BGB/*Basedou*[5], § 305 Rn. 68; *Palandt/Heinrichs*[67], § 305 Rn. 40.
[280] *Heinrichs,* NZM 2003, 6 (8); *Palandt/Heinrichs*[67], § 305 Rn. 40; differenzierend jurisPK/*Lapp*[3], § 305 Rn. 72; a. A. AnwK-Schuldrecht/*Hennrichs* (2002), § 305 Rn. 10.
[281] *Ulmer* in: *Ulmer/Brandner/Hensen*[10], 305 Rn. 161; *Staudinger/Schlosser* (2006), § 305 Rn. 160.
[282] BGH v. 1. 3. 1982, BB 1983, 15; OLG Köln v. 21. 11. 1997, VersR 1998, 725; *Ulmer* in: *Ulmer/Brandner/Hensen*[10], § 305 Rn. 161; *Wolf* in: *Wolf/Horn/Lindacher*[4], § 2 Rn. 43.
[283] *Erman/Roloff*[11], § 305 Rn. 41.
[284] *Palandt/Heinrichs*[67], § 305 Rn. 43; *Erman/Roloff*[11], § 305 Rn. 41; *Schimikowski,* r+s 2007, 309 (310); AnwK-BGB Schuldrecht Bd. 2/*Kollmann* (2005), § 305 Rn. 69.
[285] *Bamberger/Roth/J.Becker*[2], § 305 Rn. 66; *Wolf* in: *Wolf/Horn/Lindacher*[4], § 2 Rn. 43; *Ulmer,* in: *Ulmer/Brandner/Hensen*[10], § 305 Rn. 161.
[286] BGH v. 26. 9. 1973, BGHZ 61, 282 (288); *Ulmer,* in: *Ulmer/Brandner/Hensen*[10], § 305 Rn. 161; *Palandt/Heinrichs*[67], § 305 Rn. 44.
[287] Dazu *Erman/Roloff*[11], § 305 Rn. 41; *Ulmer,* in: *Ulmer/Brandner/Hensen*[10], § 305 Rn. 162.
[288] Münchener Kommentar BGB/*Basedou*[5], § 305 Rn. 72; *Ulmer,* in: *Ulmer/Brandner/Hensen*[10], § 305 Rn. 155.
[289] Im Hinblick auf die Erfordernisse des § 7 Abs. 1 S. 1 VVG ist im Schrifttum ein sog. Bedingungsmodell vorgeschlagen worden (*Baumann,* VW 2007, 1955). Danach kann der VN einen bedingten und deshalb noch nicht bindenden Antrag abgeben: Der Antrag könne unter der vom VR vorformulierten Bedingung gestellt werden, dass dem VN in einer bestimmten Frist vom VR die erforderlichen Unterlagen zur Verfügung gestellt werden, und der weiteren, dass der VN den Antrag wiederum in bestimmter Frist nicht widerruft. Unabhängig von der Vereinbarkeit mit § 7 Abs. 1 VVG stellt sich aber daneben auch die Frage, ob aufgrund des Bedingungsmodells die Einbeziehungsvoraussetzungen des § 305 Abs. 2 BGB eingehalten werden können. Im Hinblick auf den nach § 305 Abs. 2 BGB maßgeblichen Zeitpunkt und dessen Zweck erscheint dies aber eher fraglich.

wender ein bindendes Angebot abgibt. Gibt hingegen der Kunde das Angebot ab und hat der Verwender zuvor noch nicht auf die AGB hingewiesen, gilt die mit einem Einbeziehungsverlangen versehene Annahmeerklärung des Verwenders als neues Angebot[290]. Der Klauselverwender genügt aber den Anforderungen des Nr. 1, wenn zwar das Angebot vom Kunden ausgeht, dieses Angebot aber bereits z. B. aufgrund entsprechender vom Verwender erstellter Antragsformulare schon den Hinweis auf die AGB umfasst[291].

Das **Erfordernis nach Nr. 2** (dazu oben Rn. 64 ff.) muss nach **h. M.** erfüllt sein, bevor   **78** sich der VN durch Abgabe einer Willenserklärung bindet[292]. Man wird aus § 7 Abs. 1 S. 1 VVG („rechtzeitig vor Abgabe" der Vertragserklärung des VN) auch nicht herleiten können, dass nach neuer Rechtslage nun auch die Möglichkeit der zumutbaren Kenntnisnahme i. S. d. § 305 Abs. 2 Nr. 2 BGB ein zeitliches Element haben muss[293]; insoweit wirkt sich § 7 Abs. 1 VVG nicht auf die Einbeziehung der AVB aus. Des Weiteren muss auch das **Einverständnis des Kunden** gem. § 305 Abs. 2 letzter Hs. BGB (dazu Rn. 75 f.) grundsätzlich zu diesem Zeitpunkt vorliegen[294].

ee) Beweislast. Die Beweislast für das Vorliegen der Voraussetzungen des § 305 Abs. 2 BGB   **79** trägt derjenige, der sich auf die AGB beruft; das ist in der Regel der Klauselverwender[295].

ff) Behandlung einer gem. § 305 Abs. 2 BGB misslungenen Einbeziehung. Liegen die Voraus- **80** zungen des § 305 Abs. 2 BGB nicht vor, so kommt der Vertrag grundsätzlich gem. § 306 Abs. 1 BGB ohne Einbeziehung der AGB zustande. An die Stelle der vorgesehenen AGB treten nach § 306 Abs. 2 BGB grundsätzlich die Vorschriften des dispositiven Rechts.

(1) Geltung dispositiven Rechts/ergänzende Vertragsauslegung. Gerade im Versicherungsrecht   **81** wird es jedoch häufig an konkreten, als Ersatzregelung zur Verfügung stehenden gesetzlichen Vorschriften fehlen[296]. Die inhaltliche Ausgestaltung der jeweiligen Versicherungsprodukte erfolgt aufgrund der lediglich rudimentären[297] gesetzlichen Vorgaben gerade mittels Allgemeiner Versicherungsbedingungen. Bedeutung kommt daher dem Rechtsinstitut der **ergänzenden Vertragsauslegung** zu, welche ihre Grundlage in den Bestimmungen der §§ 157, 133 BGB findet, die als Teil der gesetzlichen Vorschriften i. S. v. § 306 Abs. 2 BGB zu verstehen sind[298]. Eine Schließung der durch die Nichteinbeziehung von AGB-Klauseln entstandenen Lücke setzt dabei voraus, dass konkrete gesetzliche Regelungen zur Ausfüllung der Lücke nicht zur Verfügung stehen und die ersatzlose Streichung der unwirksamen Vertragsklauseln nicht zu einer angemessenen, den typischen Interessen des Klausel-Verwenders und des Kunden Rechnung tragenden Lösung führt[299]. Bedingung ist zudem, dass sich die Parteien, unabhängig von den nicht einbezogenen Versicherungsbedingungen, hinsichtlich der

---

[290] *Ulmer* in: *Ulmer/Brandner/Hensen*[10], § 305 Rn. 156; MünchKomm-BGB/*Basedow*[5] § 305 Rn. 72.

[291] *Ulmer* in: *Ulmer/Brandner/Hensen*[10], § 305 Rn. 156.

[292] *Ulmer* in: *Ulmer/Brandner/Hensen*[10], § 305 Rn. 156; *Wolf* in: *Wolf/Horn/Lindacher*[4], § 2 Rn. 35; Münchener Kommentar BGB/*Basedow*[5], § 305 Rn. 73; *Erman/Roloff*[11], § 305 Rn. 40; ähnlich *Schimikowski,* r+s 2007, 309 (310).

[293] *Gaul,* VersR 2007, 21 (22).

[294] *Schimikowski,* r+s 2007, 309 (310).

[295] BGH v. 24. 10. 2002, NJW-RR 2003, 754 (755); BGH v. 18. 6. 1986, NJW-RR 1987, 112 (113); *Palandt/Heinrichs*[67], § 305 Rn. 28; AnwK-BGB/*Kollmann* (2005), § 305 Rn. 75.

[296] Siehe BGH v. 22. 1. 1992, BGHZ 117, 92 = NJW 1992, 1164 (1165).

[297] *Präve* in: *Beckmann/Matusche-Beckmann,* Versicherungsrechts-Handbuch (2004), § 10 Rn. 162.

[298] Grundlegend BGH v. 1. 2. 1984, BGHZ 90, 69 (75) = NJW 1984, 1177 (1178); BGH v. 22. 1. 1992, BGHZ 117, 92 = NJW 1992, 1164 (1165); siehe auch Rn. 306.

[299] BGH v. 1. 2. 1984, BGHZ 90, 69 (75) = NJW 1984, 1177 (1178); BGH v. 31. 10. 1984, NJW 1985, 621 (622); BGH v. 28. 2. 1985, NJW 1985, 2585 (2587); BGH v. 12. 7. 1989, NJW 1990, 115 (116); BGH v. 22. 1. 1992, BGHZ 117, 92 (98) = NJW 1992, 1164 (1165); BGH v. 13. 11. 1997, BGHZ 137, 153 (157) = NJW 1998, 450 (451); BGH v. 4. 7. 2002, NJW 2002, 3098 (3099); BGH v. 12. 10. 2005, NJW 2005, 3559 (3563 f.); BGH v. 18. 7. 2007, VersR 2007, 1211 (1212); BGH v. 26. 9. 2007, NJW-RR 2008, 188 (189); Münchener Kommentar BGB/*Basedow*[5] § 306 Rn. 23 f.; *Staudinger/Schlosser* (2006), § 306 Rn. 12; *Prütting/Wegen/Weinreich/Berger,* § 306 Rn. 14; *Ulmer,* NJW 1981, 2025 (2031).

wesentlichen Vertragspunkte, den essentialia negotii, geeinigt haben. § 306 BGB regelt nicht das Zustandekommen des Vertrages, sondern dessen grundsätzlichen Fortbestand mit verändertem Inhalt, weil ohne die vom Verwender beabsichtigte Ausformung durch die unwirksamen AGB nicht Vertragsbestandteil wurden[300].

82   Die ergänzende Vertragsauslegung hat sich dabei ebenso wie die Auslegung und Inhaltskontrolle Allgemeiner Geschäftsbedingungen an einem **objektiv generalisierenden Maßstab** auszurichten, der sich am Willen und Interesse der typischerweise beteiligten Verkehrskreise orientiert[301]. Aufgrund dieses erhöhten, von den individuellen Umständen des konkreten Vertragsschlusses grundsätzlich abgekoppelten Abstraktionsgrad bei der Suche nach einem inhaltlich tragfähigem Lückenschluss wäre es verfehlt, eine ergänzende Vertragsauslegung bereits immer dann auszuschließen, sobald mehrere Gestaltungsmöglichkeiten zur Behebung der Regelungslücke denkbar sind[302]. Eine Verneinung der Möglichkeit richterlicher Vertragsergänzung würde, da Voraussetzung einer ergänzenden Vertragsauslegung gerade die Ausfüllungsbedürftigkeit der lückenhaften vertraglichen Regelung bei fehlendem dispositivem Recht ist, eine Vielzahl von Verträgen der Unwirksamkeitsfolge des § 306 Abs. 3 BGB aussetzen und zu erheblicher Rechtsunsicherheit führen; ein Ergebnis, mit dem in den überwiegenden Fällen keiner Vertragspartei gedient sein dürfte[303].

83   Eine ergänzende Vertragsauslegung muss sich dabei insoweit eher an der inneren Systematik des ohne die nicht wirksam einbezogenen Klauseln zu betrachtenden vertraglich Vereinbarten orientieren, als dass sie zu keiner Erweiterung des Vertragsgegenstandes führen darf[304]. Das aus einem grundsätzlich objektiv generalisierenden Blickwinkel gewonnene Auslegungsergebnis hat dabei aber unmittelbare, selbstverständliche Folge des vertraglichen Regelungszusammenhangs zu sein. Die ergänzende Vertragsauslegung bedarf damit einer Stütze im Vertrag[305]. Kontrollfunktion erlangt hierbei die Feststellung, dass die Ersatzregelung von den Parteien, das Wissen um die Unwirksamkeit der Vertragsbedingung vorausgesetzt, bei redlicher, sachgerechter Abwägung aller Interessen getroffen worden wäre, um die vertragliche Lücke zu schließen. Bestehen aber keine Anhaltspunkte dafür, welche Regelung die Parteien getroffen hätten, scheidet eine ergänzende Vertragsauslegung aus[306].

84   Als Ergebnis einseitiger, und daher nicht auf die Bedürfnisse aller am Vertrag Beteiligten abzielenden, Interessenwahrnehmung können die von den Versicherungsverbänden erstell-

[300] *H. Schmidt* in: *Ulmer/Brandner/Hensen*[10], § 306 Rn. 10 m.w.N.; vgl. auch BGH v. 21. 12. 1981, NJW 1982, 824 zum Inhalt der Deckungszusage einer (Motorsportboot)Kaskoversicherung bei Nichteinbeziehung der AVB des Kaskoversicherers.
[301] BGH v. 7. 3. 1989, BGHZ 107, 273 (277) = NJW 1989, 3010; BGH v. 12. 10. 2005, NJW 2005, 3559 (3565); BGH v. 18. 7. 2007, VersR 2007, 1211 (1212); *H. Schmidt* in: *Ulmer/Brandner/Hensen*[10], § 306 Rn. 32; für grundsätzliche Beachtlichkeit des (hypothetischen) Willens der konkret am Vertrag Beteiligten etwa *Staudinger/Schlosser* (2006), § 306 Rn. 12.
[302] BGH v. 12. 10. 2005, NJW 2005, 3559 (3565); tendenziell bereits BGH v. 1. 2. 1984, BGHZ 90, 69 (78 ff.) = NJW 1984, 1177 (1179); *H. Schmidt* in: *Ulmer/Brandner/Hensen*[10], § 306 Rn. 38; *Staudinger/Schlosser* (2006), § 306 Rn. 15; a. A. BGH v. 17. 5. 1982, BGHZ 84, 109 (117) = NJW 1982, 2309; BGH v. 7. 3. 1989, BGHZ 107, 273 (276) = NJW 1989, 3010; BGH v. 6. 2. 1985, BGHZ 93, 358 = NJW 1985, 3013 (3016); BGH v. 20. 7. 2005, BB 2005, 2206 (2207); BGH v. 26. 10. 2005, ZIP 2006, 474; Münchener Kommentar BGB/*Basedow*[5], § 306 Rn. 28; *Präve* in: *Beckmann/Matusche-Beckmann,* Versicherungsrechts-Handbuch (2004), § 10 Rn. 162.
[303] So auch *H. Schmidt* in: *Ulmer/Brandner/Hensen*[10], § 306 Rn. 38.
[304] BGH v. 25. 6. 1980, BGHZ 77, 301 (304) = NJW 1980, 2347; BGH v. 22. 1. 1992, BGHZ 117, 92 = NJW 1992, 1164 (1165); OLG Saarbrücken v. 15. 12. 1999, NVersZ 2001, 18 (19); *Staudinger/Schlosser* (2006), § 306 Rn. 15.
[305] BGH v. 25. 6. 1980, BGHZ 77, 301 (304) = NJW 1980, 2347; OLG Saarbrücken v. 15. 12. 1999, NVersZ 2001, 18 (19); *Präve* in: *Beckmann/Matusche-Beckmann,* Versicherungsrechts-Handbuch (2004), § 10 Rn. 162.
[306] BGH v. 22. 1. 1992, BGHZ 117, 92 = NJW 1992, 1164 (1166); OLG Saarbrücken v. 15. 12. 1999, NVersZ 2001, 18 (19).

ten und empfohlenen Musterbedingungen dabei keine geeignete Grundlage für die am Interesse beider Seiten ausgerichtete ergänzende Vertragsauslegung liefern[307].

Im Gegensatz zum Individual- findet die ergänzende Vertragsauslegung im Verbandsprozess nach §§ 1, 3 UKlaG keine Anwendung[308].   **85**

(2) Ausnahmsweise Gesamtunwirksamkeit, § 306 Abs. 3 BGB. Bei Nichtgeltung Allgemeiner **86** Geschäftsbedingungen kommt gem. § 306 Abs. 3 BGB als Ausnahme zu Abs. 1 die **Gesamtunwirksamkeit** des Vertrages in Betracht, wenn einem Vertragsteil das Festhalten als **unzumutbare Härte** nicht abverlangt werden kann. Erforderlich ist hierfür eine durch die Unwirksamkeit der Vertragsklauseln hervorgerufene, grundlegende Störung des vertraglichen Gleichgewichts. Bzgl. der Frage einer unzumutbaren Härte ist dabei nicht auf den Zeitpunkt des Vertragsschlusses, sondern auf den der Geltendmachung von Ansprüchen aus dem Vertrag abzustellen[309]. Dabei genügt jedoch nicht schon das Auftreten eines jeden, wenn auch nicht unbedeutenden wirtschaftlichen Nachteils für den Klauselverwender, weil er infolge des Wegfalls der AGB-Klausel nunmehr Risiken zu tragen hat, die er bei der Kalkulation seiner Prämie oder bei der sonstigen Vertragsgestaltung nicht berücksichtigt hat; der Verwender trägt vielmehr die Verantwortung für den Inhalt und die Einbeziehung der AGB[310]. Eine notwendige einschneidende und krasse Äquivalenzstörung wird nicht *allein* dadurch begründbar, der Verwender hätte den Vertrag unter Geltung dispositiven Rechts nicht geschlossen[311]. In einem vom BGH zu entscheidenden Fall waren die AVB des Kaskoversicherers eines Motorsportbootes mangels Einbeziehung nicht Bestandteil der von diesem erteilten Deckungszusage geworden. Das Gericht lehnte eine Unwirksamkeit des Vertrages ab und zog zur Bestimmung dessen Inhalts die gesetzliche Regelungen der §§ 129 ff VVG a. F., nunmehr §§ 130 ff. VVG, heran[312].

(3) Nachträgliche Einbeziehung nach allgemeinen Grundsätzen. Soweit eine Einbeziehung der **87** Versicherungsbedingungen unter den Voraussetzungen des § 305 Abs. 2 BGB nicht zu Stande kommt, bleibt es den Vertragsparteien unbenommen, eine hierauf gerichtete gesonderte, **nachträgliche Vereinbarung** zu treffen[313]. Hierin liegt indes eine Vertragsänderung, so dass neben dem Vorliegen der Voraussetzungen des § 305 Abs. 2 BGB eine eindeutiges Einverständnis des Kunden vorliegen muss; dabei sind an ein solches Einverständnis zur Vertragsänderung strengere Anforderungen zu stellen als an das Einverständnis im Rahmen von § 305 Abs. 2, letzter Hs. BGB; anders als bei der anfänglichen Einbeziehung gem. § 305 Abs. 2 BGB kann nicht ohne Weiteres auf ein Einverständnis des Kunden geschlossen werden[314]. Deshalb wird man in diesem Fall grundsätzlich ein ausdrückliches Einverständnis des Kunden verlangen müssen[315]; vgl. im Übrigen Rn. 93.

(4) Versicherungsvertragsrechtliche Besonderheiten. (a) Bisherige Rechtslage. Unter Geltung des **88** **§ 5 a VVG a. F.** wurden diese Grundsätze durch die Ermöglichung des Vertragsabschlusses im Wege des **Policenmodells** weitgehend zurückgedrängt. Versicherungsverträge konnten

---

[307] *Präve* in: *Beckmann/Matusche-Beckmann,* Versicherungsrechts-Handbuch (2004), § 10 Rn. 163; *Lindacher* in: *Wolf/Horn/Lindacher*[4], § 6 Rn. 21; offener *Stagl,* Geltung und Transparenz Allgemeiner Geschäfts- und Versicherungsbedingungen (nach österreichischem Recht), S. 63.

[308] *H. Schmidt* in: *Ulmer/Brandner/Hensen*[1], § 306 Rn. 36; *Präve* in: *Beckmann/Matusche-Beckmann,* Versicherungsrechts-Handbuch (2004), § 10 Rn. 162.

[309] BGH v. 27. 6. 1995, BGHZ 130, 115 = NJW 1995, 2221 (2223); BGH v. 14. 5. 1996, BGHZ 133, 25 = NJW 1996, 2092 (2094).

[310] Münchener Kommentar BGB/*Basedou*[5], § 306 Rn. 31.

[311] *Lindacher* in: *Wolf/Horn/Lindacher*[4], § 6 Rn. 61; *Präve* in: *Beckmann/Matusche-Beckmann,* Versicherungsrechts-Handbuch (2004), § 10 Rn. 164.

[312] BGH v. 21. 12. 1981, NJW 1982, 824 (825).

[313] *Ulmer* in: *Ulmer/Brandner/Hensen*[10], § 305 Rn. 157; Münchener Kommentar BGB/*Basedou*[5], § 305 Rn. 75.

[314] Münchener Kommentar BGB/*Basedou*[5], § 305 Rn. 75.

[315] BGH v. 22. 9. 1983, NJW 1984, 1112; Münchener Kommentar BGB/*Basedou*[5], § 305 Rn. 75; *Bamberger/Roth/J.Becker*[2], § 305 Rn. 65.

danach auch dann unter Geltung der vom VR verwendeten Bedingungen zustande kommen, wenn diese dem VN erst mit dem Versicherungsschein zugänglich gemacht wurden[316]. Zudem sah § 5 a Abs. 2 S. 4 VVG a. F. eine Jahresfrist vor, mit deren Ablauf das Widerspruchsrecht des VN erlosch, selbst wenn ihm die nach § 10 a VAG a. F. erforderlichen Informationen einschließlich der Allgemeinen Versicherungsbedingungen zu keinem Zeitpunkt zugänglich gemacht wurden. Auch in diesem Fall galt sah die wohl h. M. den Versicherungsvertrag mit Fortfall des Widerspruchsrechts als auf Grundlage der vom VR verwendeten Allgemeinen Versicherungsbedingungen geschlossen an[317]. § 5 a VVG a. F. wurde daher als **Modifikation des § 305 BGB**[318] mit weitgehender „Reparaturmöglichkeit"[319] mangelhafter Einbeziehung angesehen. Nach diesem Standpunkt kam der Versicherungsvertrag auf der Grundlage der AVB zustande, die entweder in dem Antragsformular bezeichnet waren oder bei Fehlen einer solchen Angabe, die der VR zum Zeitpunkt des Vertragsschlusses üblicherweise einem vergleichbaren Vertrag zugrunde zu legen pflegte[320].

89   *(b) Einbeziehung von AGB nach Wegfall des § 5 a VVG a. F.* Eine vergleichbare Regelung enthält das VVG in seiner Neufassung nicht mehr, der Gesetzgeber wollte das Policenmodell vielmehr ausdrücklich aufgeben[321]. Nichtsdestotrotz werden die **Auswirkungen für die Frage nach der Einbeziehung von AVB** unterschiedlich beurteilt: Teilweise wird konsequent gefolgert, dass sich die Beantwortung dieser Frage nach neuer Rechtslage „**ausschließlich nach den allgemeinen Regeln des AGB-Rechts**" ergibt[322]. Nach anderer Ansicht soll auch nach dem Wegfall des § 5 a VVG a. F. der Vertragsschluss nach dem Policenmodell weiterhin möglich sein[323]. Für die hier in Rede stehende Frage nach der Einbeziehung der AVB soll nach dieser Ansicht „die konstitutive Funktion der Versicherungsbedingungen für den Vertragsinhalt es rechtfertigen, ihre Einbeziehung selbst bei im Policenmodell – also gerade ohne Vorlage der Bedingungen – geschlossenen Verträge anzunehmen"[324]. Zur Begründung für diese Ansicht wird zum einen die Regelung des § 8 Abs. 2 Nr. 1 VVG angeführt, die die Möglichkeit eines Vertragsschlusses ohne Aushändigung der Versicherungsbedingungen voraussetze; des Weiteren wird die Regelung über die vorläufige Deckung gem. § 49 Abs. 2 VVG sowie die Verzichtslösung nach § 7 Abs. 1 S. 2 VVG ins Feld geführt. Insbesondere mit dieser Regelung werde ein materiell rechtliches Tor für die Beibehaltung des Policenmodells geöffnet[325]. In eine ähnliche Richtung wird zumindest der Standpunkt vertreten, dass „für die Einbeziehung von AVB **§ 7 Abs. 1 S. 3 VVG 2008 als speziellere Norm** vorgehe"[326].

90   Indes wird man jedenfalls aus der offensichtlichen Spezialregelung des § 49 Abs. 2 VVG für den Vertrag über die vorläufige Deckung (dazu noch Rn. 95) keine so weitreichenden Schlüsse für sämtliche Vertragsabschlüsse ziehen können, da der Gesetzgeber bewusst vom

---

[316] Etwa *Bruck/Möller/Sieg/Johannsen*[8], Bd. III Anm. D 20; *Schimikowski*, r+s 2007, 309; *Baumann*, r+s 2008, 315.

[317] OLG Koblenz v. 24. 1. 2003, NJW-RR 2003, 749 (751); OLG Köln v. 25. 6. 2002, NVersZ 2002, 507 (508); *Bruck/Möller/Sieg/Johannsen*[8], Bd. III Anm. D 20; Berliner Kommentar/*Schwintowski*, § 5 a Rn. 74; *Prölss/Martin/Prölss*[27], § 5 a Rn. 56; *Präve* in: *Beckmann/Matusche-Beckmann*, Versicherungsrechts-Handbuch (2004), § 10 Rn. 158; *Römer/Langheid*[2], § 5 a Rn. 46; *Schimikowski*, r+s 2007, 309; a. A. *Wandt*, Verbraucherinformation und Vertragsschluss nach neuem Recht, S. 27 ff.; *Dörner/Hoffmann*, NJW 1996, 153 (158); aus der Perspektive österreichischen Versicherungsvertragsrecht auch *Stagl* Geltung und Transparenz Allgemeiner Geschäfts- und Versicherungsbedingungen (nach österreichischem Recht), S. 65 ff.

[318] *Prölss/Martin/Prölss*[27], Vorbem. I Rn. 22.

[319] *Präve* in: *Beckmann/Matusche-Beckmann*, Versicherungsrechts-Handbuch (2004), § 10 Rn. 158.

[320] *Präve* in: *Beckmann/Matusche-Beckmann*, Versicherungsrechts-Handbuch (2004), § 10 Rn. 158; *Prölss/Martin/Prölss*[27], Vorbem. I Rn. 22.

[321] RegE VVGRefG S. 60; ebenso etwa *Baumann*, VW 2007, 1955.

[322] *Schimikowski*, r+s 2007, 309; *Grote/Schneider* BB 2007, 2689 (2691).

[323] So *Marlow/Spuhl*[2], Das neue VVG, S. 14.

[324] So *Marlow/Spuhl*[2], Das neue VVG, S. 15.

[325] So *Marlow/Spuhl*[2], Das neue VVG, S. 15.

[326] *Funck*, VersR 2008, 163 (165); ähnlich *Gaul*, VersR 2007, 21 (24).

Policenmodell Abstand nehmen wollte (oben Rn. 89). Auch wenn der Fristbeginn des zwei-wöchigen Widerspruchsrechts des VN gem. § 8 Abs. 2 VVG ebenso wie § 5a Abs. 2 S. 1 VVG a. F. an den Zugang der Allgemeinen Versicherungsbedingungen anknüpft, folgt daraus keine generelle Abweichung von Einbeziehungsvoraussetzungen des § 305 Abs. 2 BGB. Anders als § 5a Abs. 1 S. 1 VVG a. F. enthält § 8 VVG keine Bestimmung, wonach der Versicherungsver-trag mit Ablauf der Widerspruchsfrist als *auf Grundlage der Versicherungsbedingungen* geschlossen gilt. Eine von § 305 Abs. 2 BGB abweichende (nachträgliche) Einbeziehung AVB ist somit nicht vorgesehen[327]. Auch die in § 7 Abs. 1 S. 3 VVG für bestimmte Konstellationen eröffnete Möglichkeit nachträglicher Information des VN schafft insofern keine erleichterten Einbe-ziehungsvoraussetzungen für AVB. Die Vorschrift lässt sich erkennbar auch als Spezialrege-lung über die Einbeziehung von AVB verstehen (bereits oben Rn. 56). Die dort aufgeführten Fälle, Vertragsschlüsse mittels Telefon oder anderer Kommunikationsmittel, die eine Infor-mation in Textform vor Abgabe der Vertragserklärung des VN nicht gestatten bzw. der geson-dert und schriftlich erklärte Verzicht auf eine Vorabinformation, hindern bereits nach § 305 Abs. 2 BGB eine Einbeziehung der Vertragsbedingungen trotz fehlender Kenntnisnahme-möglichkeit bei Vertragsschluss nicht (oben Rn. 67 f.). Dabei darf der Verzicht des VN jedoch nicht formularmäßig vereinbart werden. Vielmehr muss sich der Verzicht auf Überlassung der Vertragsklauseln vor Abschluss des Versicherungsvertrages als Individualvereinbarung dar-stellen, so dass zu dessen Wirksamkeit eine ausdrückliche Erklärung in einem gesondertern vom VN unterschriebenen Schriftstück erforderlich ist[328]. Im Hinblick auf die andere Fall-gruppe des § 7 Abs. 1 S. 3, 1. Hs. VVG ist für die Einbeziehung der AVB gem. § 305 Abs. 2 BGB gleichfalls grundsätzlich ein AGB-rechtlich zulässiger Verzicht möglich (siehen oben Rn. 68). Jedenfalls kann man nicht davon ausgehen, dass § 7 Abs. 1 S. 3 (1. und 2. Hs.) VVG sämtliche Voraussetzungen des § 305 Abs. 2 BGB verdrängen soll; die Gesetzesbegründung zu § 7 Abs. 1 VVG enthält insoweit keine Hinweise. Demgegenüber weist die Gesetzesbegrün-dung im Rahmen des Vertrags über die vorläufige Deckung darauf hin, dass § 49 Abs. 2 S. 1 VVG die Regelung des § 305 Abs. 2 BGB verdrängt[329]. Zudem soll § 7 Abs. 1 VVG den Schutz des VN im Vergleich zur früheren Rechtslage letztlich erhöhen; sollten indes durch § 7 Abs. 1 S. 3 VVG gänzlich die Einbeziehungsvoraussetzungen des § 305 Abs. 2 BGB ver-drängt werden, würde man diesem Zweck aber nicht gerecht werden können; dies gilt ins-besondere vor dem Hintergrund, dass die Einhaltung der Voraussetzungen des § 305 Abs. 2 BGB auch bei der in § 7 Abs. 1 S. 3 VVG genannten Modalität erfüllbar sind. Schließlich sei darauf hingewiesen, dass sich das zeitliche Element des § 7 Abs. 1 S. 1 VVG (Mitteilung der Informationen „rechtzeitig vor Abgabe" der Vertragserklärung des VN) umgekehrt auch nicht zulasten des VR bei der Einbeziehung der AVB gem. § 305 Abs. 2 BGB auswirkt[330]. Deshalb bleibt auch im Falle des § 7 Abs. 1 S. 3, 1. Hs. VVG daneben § 305 Abs. 2 BGB an-wendbar. Insbesondere muss der VR gem. § 305 Abs. 1 Nr. 1 BGB ausdrücklich auf die AVB hinweisen; im Hinblick auf Möglichkeit zur Kennisverschaffung gem. § 305 Abs. 2 Nr. 2 BGB hilft bereits nach allgemeinen Grundsätzen die „Verzichtslösung" weiter. Weist der Klauselverwender in dem Telefonat auf seine AGB hin und hält der Kunde gleichwohl am

---

[327] Anders offenbar *Römer*, VersR 2006, 740 (742), der einzig auf den verzögerten Beginn der Wider-rufsfrist als Sanktion für die nachträgliche (und damit verspätete) Überlassung der Vertragsunterlagen an den VN abstellt und die Einbeziehung der Versicherungsbedingungen auch in diesen Fällen weiterhin für möglich hält („planmäßige Handhabung zur Aufrechterhaltung des Policenmodells"); bei planmäßiger Handhabung entstünden allerdings Unterlassungsansprüche der Verbraucherverbände sowie Eingriffsbe-fugnisse der Aufsichtsbehörde aufgrund eines Missstandes nach § 81 VAG; nicht eindeutig diesbezüglich allerdings auch die Begründung zum RegE VVGRefG S. 60, wo es (lediglich) heißt: „Verletzt der Ver-sicherer seine Informationspflicht nach Absatz 1, so ergibt sich aus § 8 Abs. 2 S. 1 Nr. 1 VVG-E als Sank-tion, dass die Widerrufspflicht nicht zu laufen beginnt und der VNsomit zum Widerruf seiner Vertrags-erklärung berechtigt bleibt".
[328] RegE VVGRefG S. 60.
[329] RegE VVGRefG S. 74.
[330] Oben Rn. 78; *Gaul*, VersR 2007, 21 (22).

Vertragsschluss fest, so spricht dies dafür, dass er auf die Möglichkeit der Kenntnisnahme gem. § 305 Abs. 2 Nr. 2 BGB verzichtet. (oben Rn. 68).

91 Entsprechendes gilt für den **Fall des § 7 Abs. 1 S. 3, 2 Hs. VVG.** Auch insoweit verbleibt es daneben bei den grundsätzlichen Voraussetzungen gem. § 305 Abs. 2 BGB, d. h. insbesondere bei der Notwendigkeit eines Hinweises gem. Abs. 2 Nr. 1. Konsequenterweise muss im Hinblick auf das Erfordernis nach Abs. 2 Nr. 1 auch die Verzichtslösung greifen können. Insbesondere muss – wie § 7 Abs. 1 S. 3, 2. Hs. VVG voraussetzt – der VN durch „eine gesonderte schriftliche Erklärung" auf eine Information verzichtet; indes muss dabei klar sein, dass er auf die Möglichkeit der Kenntnisnahme gem. § 305 Abs. 2 Nr. 2 VVG verzichtet.

92 *(c) „Versicherungsvertragliche Einbeziehung" von AVB nach misslungener Einbeziehung gem. § 305 Abs. 2 BGB.* Im Schrifttum sind bereits verschiedene Konstellationen von „Störfällen" diskutiert, mit deren Beurteilung sich die Rechtspraxis zukünftig beschäftigen könnte[331]. Für den Fall, dass der Kunde den Antrag stellt, indes entgegen den Vorgaben des § 305 Abs. 2 BGB die **AVB erst nach Antragstellung, aber vor dem Zugang der Police erhält,** hat *Schimikowski* die Geltung der AVB gleichwohl für möglich erachtet: Wenn der VN den verspäteten Erhalt der AVB widerspruchslos akzeptiere, sei von einem Einverständnis mit der Geltung der AVB auszugehen[332]. Indes stellt die Übersendung der Police durch den VR unter Bezugnahme auf die verspätet (nach dem Antrag durch den VN) übersandten AVB die Ablehnung des Antrags des VN und damit gemäß § 150 Abs. 2 BGB einen neuen Antrag durch den VR dar. Nimmt der VN diesen neuen Antrag des VR nicht an, fehlt es letztlich am wirksamen Vertragsschluss. Unabhängig von dieser Ausgangslage besteht indes die Möglichkeit, aufgrund der Umstände des Einzelfalls einen Vertragsschluss unter Einbeziehung der AVB anzunehmen[333]; ohne entsprechende Anhaltspunkte kann eine Einbeziehung aber nicht ohne Weiteres angenommen werden und wäre mit dem Zweck von § 305 Abs. 2 BGB nicht einfach zu vereinbaren.

93 Sind die Einbeziehungsvoraussetzungen gem. § 305 Abs. 2 BGB nicht erfüllt – z. B. weil der VN die AVB erst mit der Police oder zu einem späteren Zeitpunkt erhält –, gelten die unter ff) dargestellten Grundsätze (Rn. 80 ff.). Zur Einbeziehung bedarf es einer Änderungsvereinbarung (oben Rn. 87). Für den Fall, dass der VN während der Vertragslaufzeit den Erhalt der AVB bestreitet und der VR daraufhin dem VN die AVB und die gem. § 7 Abs. 1 VVG erforderlichen Unterlagen zusendet, hat *Schimikowski* eine Absenkung der Einbeziehungsvoraussetzungen befürwortet[334]: Erst mit der vollständigen Zusendung der Informationen beginne gem. § 8 Abs. 2 VVG die Widerrufsfrist zu laufen. Widerrufe der VN hingegen nicht, sei dies als Einverständnis mit der nachträglichen Einbeziehung der ihm nunmehr vorliegenden AVB zu bewerten. Indes erscheint dies fraglich; ein Widerruf gem. § 8 Abs. 1 VVG hat weiter gehende Wirkungen als ein mangelndes Einverständnis zur Einbeziehung von AVB. Deshalb kann ein nicht erfolgte Widerruf nicht ohne Weiteres mit einem Einverständnis gleichgestellt werden.

94 Des Weiteren erachtet es *Schimikowski* für möglich, eine **Änderungsvereinbarung zur Einbeziehung von AVB über § 5 VVG** zustande kommen zu lassen[335]: Der VR könne die AVB mit der Police übersenden, er müsse den Kunden auf die AVB hinweisen und ihn über das Widerspruchsrecht belehren; nutze der Kunde das Widerspruchsrecht nicht, seien die AVB Bestandteil. Indes betrifft § 5 VVG den Inhalt des Versicherungsscheins, die AVB sind grundsätzlich aber nicht Inhalt des Versicherungsscheins. Die pauschale Einbeziehung von AVB ist deshalb nicht vom Anwendungsbereich des § 5 VVG erfasst[336].

---

[331] Vgl. etwa bei *Schimikowski*, r+s 2007, 309 (310f.).

[332] *Schimikowski*, r+s 2007, 309 (310f.).

[333] Vgl. z. B. die von *Schmikowski,i* (r+s 2007, 309 [310] unter 5.1) beschriebene besondere Konstellation, dass der VN das Fehlen der AVB bemängelt hat und nachträgliche Übersendung verlangt hat.

[334] *Schimikowski*, r+s 2007, 309 (311); dagegen *Schwintowski* in: *Beckmann/Matusche-Beckmann*, Versicherungsrechts-Handbuch[2], § 18 Rn. 32.

[335] *Schimikowski*, r+s 2007, 309 (311).

[336] Wohl auch *Prölss/Martin/Prölss*[27], § 5 Rn. 3a, wonach § 5a VVG a. F. gelte. Eine andere Frage ist, ob einzelne Bestimmungen der AVB über § 5 VVG Vertragsbestandteil werden können (so *Präve* in: *Beckmann/Matusche-Beckmann*, Versicherungsrechts-Handbuch [2004], § 10 Rn. 135).

b) Einbeziehung von AVB beim Vertrag über eine vorläufige Deckung. Besonder-   95
heiten bei der Einbeziehung Allgemeiner Versicherungsbedingungen ergeben sich gem. § 49
VVG hingegen für Versicherungsverträge, die eine **vorläufige Deckung** beinhalten. Um
den Bedürfnissen der Praxis nach Gewährung eines raschen vorläufigen Versicherungsschutzes Rechnung zu tragen, kann in diesen Fällen vereinbart werden, dass Allgemeine Versicherungsbedingungen sowie die sonstigen Informationen nach § 7 VVG nur auf Anforderung
und spätestens mit dem Versicherungsschein in Textform zur Verfügung zu stellen sind. Eine
entsprechende Vereinbarung kann auch stillschweigend zustande kommen und entspricht
dem Interesse des VN an frühzeitiger Deckungszusage[337]. Abweichend von § 305 Abs. 2
BGB bestimmt § 49 Abs. 2 VVG, dass die Allgemeinen Versicherungsbedingungen des VR
auch dann Vertragsbestandteil werden, wenn diese nicht bei Vertragsschluss übermittelt wurden[338]. Ein Hinweis auf die Versicherungsbedingungen ist dabei nicht erforderlich[339]. In erster
Linie werden dabei die vom VR für den vorläufigen Deckungsschutz verwendeten Bedingungen Inhalt des geschlossenen Vertrages. Fehlen solche speziellen Bedingungen, gelten die
Bedingungen des VR für den angestrebten Hauptvertrag, § 49 Abs. 2 S. 1 VVG[340]. Verwendet
der VR unterschiedliche AVB und wird die maßgebliche Variante für die vorläufige Deckungszusage nicht ausreichend genau bezeichnet, ist den dadurch aufgeworfenen Zweifeln
zunächst durch Auslegung der Texte zu begegnen. Führt dies zu keinem Ergebnis, so gelten
gem. § 49 Abs. 2 S. 2 VVG die für den VN im konkreten Fall günstigsten Bedingungen[341].
Bedeutsam ist diese Ausnahme von den Einbeziehungsvoraussetzungen des § 305 Abs. 2
BGB sowie den Informationspflichten nach § 7 VVG insbesondere in der Kfz.-Haftpflicht-
versicherung im Rahmen des Deckungskartenverfahrens[342]. Keine Anwendung findet die
Möglichkeit einer Vereinbarung nach § 49 Abs. 1 S. 1 VVG allerdings für Fernabsatzverträge,
§ 49 Abs. 1 S. 2 i. V. m. § 312b Abs. 1 und 2 BGB. Eine nachträgliche Unterrichtung des VN
über die Allgemeinen Versicherungsbedingungen als Teil der vertragsrelevanten Informationen ist in diesen Fällen nur unter den Voraussetzungen des § 7 Abs. 1 S. 3 VVG möglich. Dies
setzt die Unmöglichkeit vorheriger Informationserteilung aufgrund des gewählten Kommunikationsmittels bzw. eine gesonderte schriftliche Verzichtserklärung des VN voraus[343].

c) Einbeziehung von AVB bei Verträgen mit Unternehmen. § 305 Abs. 2 BGB fin-   96
det im geschäftlichen Verkehr gegenüber **Unternehmern** (§ 14 BGB) oder juristischen Personen des öffentlichen Rechts nach § 310 Abs. 1 BGB keine Anwendung. Dies ist zum einen
darauf zurückzuführen, dass hierdurch den Bedürfnissen des Geschäftsverkehrs und der in
diesem Bereich notwendigen Flexibilität entsprochen werden soll, sowie auf die im Unterschied zu Privatpersonen eingeschränktere Schutzbedürftigkeit unternehmerisch Handelnder[344]. Der Begriff des Unternehmers i. S. d. § 310 Abs. 1 BGB entspricht dem des § 14
BGB. Dabei steht der Scheinunternehmer, der fälschlich vorgibt, einer unternehmerischen
Tätigkeit nachzugehen, einem Unternehmer gleich[345].

Allgemeine Geschäftsbedingungen werden allerdings auch im Verkehr zwischen Unter-   97
nehmern grundsätzlich nur unter der Voraussetzung **rechtsgeschäftlicher Einbeziehung**
Vertragsbestandteil. Ausschlaggebend sind insofern die allgemeinen Vorschriften des BGB

---

[337] RegE VVGRefG S. 73.
[338] Zur Geltung der AVB in diesen Fällen nach altem Recht siehe OLG Saarbrücken v. 12. 3. 2003,
NJW-RR 2003, 814 (816); *Prölss/Martin/Prölss*[27], Zusatz zu § 1 Rn. 9, 9a m. w. N.
[339] RegE VVGRefG S. 74; zur alten Rechtslage bereits grundsätzlich *Prölss/Martin/Prölss*[27], Zusatz zu
§ 1 Rn. 9 und § 5a Rn. 70; a. A. etwa Berliner Kommentar/*Schwintowski*, § 5a Rn. 105.
[340] RegE VVGRefG S. 74.
[341] RegE VVGRefG S. 74.
[342] *Präve* in: *Beckmann/Matusche-Beckmann*, Versicherungsrechts-Handbuch (2004), § 10 Rn. 167 (im
Rahmen von § 5a Abs. 3 VVG a. F.).
[343] RegE VVGRefG S. 73f.
[344] Vgl. BT-Drucks. 7/3919, S. 43; *Ulmer* in: *Ulmer/Brandner/Hensen*[10], § 310 Rn. 8.
[345] *Palandt/Grüneberg*[67], § 310 Rn. 2.

und HGB. Erforderlich ist grundsätzlich eine ausdrückliche oder stillschweigende Vereinbarung der Vertragspartner über die Geltung der Vertragsbedingungen[346]. Dabei muss die Absicht des Verwenders, Geschäftsbedingungen zum Vertragsinhalt machen zu wollen, hinreichend zum Ausdruck kommen. Hierfür kann ein stillschweigender, konkludenter Hinweis auf die Vertragsbedingungen genügen[347]. Etwas anderes kann gelten, wenn es sich bei dem Vertragspartner um einen Kleinunternehmer handelt, da diese zumeist nur über geringere Geschäftserfahrung verfügen[348]. Zudem ist auch im Geschäftsverkehr mit Unternehmern dem Vertragspartner die Möglichkeit zumutbarer Kenntnisnahme vom Inhalt der Allgemeinen Geschäftsbedingungen zu gewähren. Eine Aushändigung der Vertragsbedingungen ist dabei jedoch grundsätzlich nicht erforderlich[349]. Ein klarer und eindeutiger Hinweis auf die AGB sowie die Möglichkeit, sich ohne weiteres – z. B. durch Anforderung beim Verwender – Kenntnis verschaffen zu können, genügt jedenfalls[350].

98   Selbst ohne einen entsprechenden ausdrücklichen Hinweis gelten Geschäftsbedingungen als in den Vertrag einbezogen, wenn deren Verwendung branchenüblich ist[351]. Von einer **Branchenüblichkeit** wird dabei auch hinsichtlich Allgemeiner Versicherungsbedingungen ausgegangen[352].

99   Werden dem Vertragspartner die Vertragsbedingungen zur Verfügung gestellt, sind auch hierbei die Grenzen der Verständlichkeit und Lesbarkeit zu beachten. Kaum lesbare Vertragsbedingungen werden daher auch im kaufmännischen Geschäftsverkehr nicht Vertragsbestandteil[353].

100   Auch die Bezugnahme auf Geschäftsbedingungen in einem **kaufmännischen Bestätigungsschreiben** kann zu deren Einbeziehung in den Vertrag führen, selbst wenn diese nicht Gegenstand der Vertragsverhandlungen waren, sofern der andere Teil nicht widerspricht[354]. Das Schweigen des Vertragspartners gilt dann als Einverständnis[355]. Erforderlich ist der ausdrückliche Hinweis auf die AGB im Bestätigungsschreiben. Die bloße Beifügung des Klauseltextes, bzw. der kommentarlose Abdruck auf der Rückseite genügen nicht[356]. Der Beifügung des AGB-Textes bedarf es jedoch auch in diesem Falle nicht[357]. Dem Schweigen auf ein kaufmännisches Bestätigungsschreiben kommt allerdings nur dann Bedeutung zu, wenn darin keine erheblichen Abweichungen von Inhalt und Gegenstand der zuvor geführten Vertrags-

---

[346] BGH v. 28. 6. 1990, NJW-RR 1991, 357; BGH v. 3. 12. 1987, NJW 1988, 1210 (1212); BGH v. 20. 3. 1985, NJW 1985, 1838 (1839); OLG Karlsruhe v. 1. 8. 1997, VersR 1998, 1127; *Präve* in: *Beckmann/Matusche-Beckmann,* Versicherungsrechts-Handbuch (2004), § 10 Rn. 144; *Ulmer* in: *Ulmer/Brandner/Hensen*[10], § 305 Rn. 170*; Prütting/Wegen/Weinreich/Berger,* § 305 Rn. 36.

[347] BGH v. 6. 12. 1990, NJW-RR 1991, 570; *Präve* in: *Beckmann/Matusche-Beckmann,* Versicherungsrechts-Handbuch (2004), § 10 Rn. 144; *Ulmer* in: *Ulmer/Brandner/Hensen*[10], § 305 Rn. 170; *Palandt/Grüneberg*[67], § 310 Rn. 4.

[348] BGH v. 11. 11. 1979, WM 1980, 164 (165).

[349] BGH v. 11. 5. 1989, NJW-RR 1989, 1104; BGH v. 3. 12. 1987, BGHZ 102, 293 = NJW 1988, 1210 (1212); BGH v. 30. 6. 1976, NJW 1976, 1886; *Palandt/Heinrichs*[67], § 305 Rn. 54; *Ulmer* in: *Ulmer/Brandner/Hensen*[10], § 305 Rn. 169.

[350] BGH v. 31. 10. 2001, NJW 2002, 370 (372), allerdings für Übersendung der AGB bei einem dem CISG unterliegenden Vertrag (Übersendung oder sonstige Zugangsverschaffung hier jedenfalls erforderlich); BGH v. 3. 12. 1987, BGHZ 102, 293 = NJW 1988, 1210 (1212).

[351] BGH v. 3. 2. 1953, BGHZ 9, 1; BGH v. 8. 3. 1955, BGHZ 17, 1 = WM 1955, 839.

[352] OLG Koblenz v. 24. 1. 2003, NJW-RR 2003, 749 (750); *Ulmer* in: *Ulmer/Brandner/Hensen*[10], § 305 Rn. 175.

[353] BGH v. 7. 6. 1978, WM 1978, 978 (979); OLG Hamm v. 20. 11. 1987, NJW-RR 1988, 944.

[354] BGH v. 7. 6. 1978, NJW 1978, 2243 (2244); BGH v. 20. 1. 1964, NJW 1964, 589; *Palandt/Heinrichs*[66], § 305 Rn. 53.

[355] *Präve* in: *Beckmann/Matusche-Beckmann,* Versicherungsrechts-Handbuch (2004), § 10 Rn. 145; *Baumbach/Hopt/Hopt,* HGB, § 346 Rn. 17.

[356] OLG Düsseldorf v. 30. 12. 1964, NJW 1965, 761 (762f.); Münchener Kommentar BGB/*Basedou*[5], § 305 Rn. 100.

[357] *Staudinger/Schlosser* (2006), § 305 Rn. 76; *Ulmer* in: *Ulmer/Brandner/Hensen*[10], § 305 Rn. 178.

verhandlungen enthalten sind[358]. Dies ergibt sich aus dem Vorrang der Individualabrede nach § 305b BGB[359] Die Grenze der Zustimmungsfiktion ist dabei nicht erst bei Vorliegen einer unangemessen Benachteiligung gem. § 307 BGB erreicht[360]. Auch unter dieser Schwelle liegende wesentliche Verkürzungen der Rechtsposition des Vertragspartners, die durch die erstmalige oder geänderte Einführung der Vertragsklauseln im Bestätigungsschreiben entstehen, führen dazu, dass der Verwender nicht mehr auf dessen Einverständnis vertrauen darf[361].

Allgemeine Geschäftsbedingungen können auch, soweit die Voraussetzungen rechtsge- **101** schäftlicher Einbeziehung nicht vorliegen, aufgrund **Handelsbrauchs** (§ 346 HGB) Vertragsinhalt werden. Voraussetzung ist eine auf dem Konsens der beteiligten Verkehrskreise beruhende tatsächliche und nicht nur vorübergehende Übung[362]. Ein solcher Brauch kommt nur selten in Betracht und ist daher auch nur vereinzelt, etwa für die Allgemeinen Deutschen Seeversicherungsbedingungen (ADS), anerkannt worden[363].

Überlagert wird diese vereinfachte Form der Einbeziehung vorformulierter Vertragsklau- **102** seln im geschäftlichen Verkehr in Bezug auf Allgemeine Versicherungsbedingungen durch die Neuregelung der **Informationspflichten** des **§ 7 VVG.** Im Gegensatz zu § 10a VAG a. F. ist die Pflicht des VR nach § 7 Abs. 1 VVG, dem VN die in § 7 Abs. 2 VVG in Verbindung mit der zu erlassenden Rechtsverordnung v. 18. 12. 2007 (BGBl. I S. 3004) bestimmten Informationen und die Versicherungsbedingungen in Textform mitzuteilen, nicht auf natürliche Personen als Adressaten beschränkt[364/365]. Der Entwurf verzichtet auf eine Differenzierung zwischen natürlichen und juristischen Personen, da die Rechtsform kein geeignetes Kriterium für die Beurteilung des Schutzbedürfnisses darstellt. Lediglich in § 7 Abs. 5 S. 2 VVG wird die von der Richtlinie 92/49/EWG vorgegebene Differenzierung übernommen, da es sich hierbei um weniger bedeutsame Informationen handelt[366]. Indes sind AGB-rechtliche Einbeziehung und die versicherungsvertraglichen Informationspflichten gem. § 7 VVG grundsätzlich voneinander unabhängig (oben Rn. 56). Deshalb führt die Verletzung der Informationspflichten im unternehmerischen Bereich grundsätzlich nicht zum Scheitern der Einbeziehung der AVB[367].

2. Überraschende Klauseln

a) Grundsätze. Überraschende Klauseln in AGB werden nach § 305c Abs. 1 BGB nicht **103** Bestandteil des Vertrages. Das rechtsgeschäftliche und auch für die Einbeziehung von Geschäftsbedingungen dem Grunde nach maßgebende Konsensprinzip erfährt dabei zugunsten des Kundenschutzes Einschränkungen, indem ungewöhnliche Klauseln trotz Einigung der Vertragsparteien als nicht einbezogen gelten[368]. Als Teil des für vorformulierte Vertragsklauseln geltenden **Transparenzgebots**[369] sanktioniert die Vorschrift dabei nicht – wie die

---

[358] *Wolf* in: *Wolf/Horn/Lindacher*[4], § 2 Rn. 72; *Ulmer* in: *Ulmer/Brandner/Hensen*[10], § 305 Rn. 179; *Präve* in: *Beckmann/Matusche-Beckmann*, Versicherungsrechts-Handbuch (2004), § 10 Rn. 145; *Palandt/Heinrichs*[67], § 305 Rn. 53; *Prütting/Wegen/Weinreich/Berger*, § 305 Rn. 41; *Staudinger/Schlosser* (2006), § 305 Rn. 198.

[359] *Palandt/Heinrichs*[67], § 305 Rn. 53; § 305b Rn. 3.

[360] Zur Frage der AGB-Kontrolle im unternehmerischen Geschäftsverkehr s. *Berger*, ZIP 2006, 2149; *v. Westphalen*, ZIP 2007, 149.

[361] *Präve* in: *Beckmann/Matusche-Beckmann*, Versicherungsrechts-Handbuch (2004), § 10 Rn. 145.

[362] *Ulmer* in: *Ulmer/Brandner/Hensen*[10], § 305 Rn. 180f.; *Baumbach/Hopt/Hopt*, HGB, § 346 Rn. 1, 12.

[363] *Ulmer* in: *Ulmer/Brandner/Hensen*[10], § 305 Rn. 181; *Palandt/Heinrichs*[66], § 305 Rn. 58; *Präve* in: *Beckmann/Matusche-Beckmann*, Versicherungsrechts-Handbuch (2004), § 10 Rn. 146.

[364] RegE VVGRefG S. 59.

[365] Die Anforderung an die Informationserteilung durch den VR besteht nach § 7 Abs. 5 VVG nicht bei Versicherungsverträgen über Großrisiken i. S. v. Art. 10 Abs. 1 S. 2 EGVVG.

[366] RegE VVGRefG S. 60.

[367] Im Ergebnis wohl auch *Schimikowski*, r+s 2007, 309 (310).

[368] *Ulmer* in: *Ulmer/Brandner/Hensen*[10], § 305c Rn. 1.

[369] Siehe Münchener Kommentar BGB/*Basedou*[5], § 305c Rn. 3; *Ulmer* in: *Ulmer/Brandner/Hensen*[10], § 305c Rn. 2.

§§ 307 bis 309 BGB – die Unbilligkeit von Vertragsbestimmungen, sondern deren Ungewöhnlichkeit angesichts einer möglichen Überrumpelungssituation zulasten des Bedingungsadressaten. Ihr Schutzzweck ist darüber hinaus auch auf die Wahrung des Vertrauens in die Redlichkeit des Geschäftsverkehrs im Umgang mit Allgemeinen Geschäftsbedingungen gerichtet[370]. § 305c Abs. 1 BGB statuiert dazu eine **negative Einbeziehungsvoraussetzung** und ist dadurch von der Inhaltskontrolle nach § 307ff. BGB unabhängig. So kommt eine Nichteinbeziehung nach § 305c Abs. 1 BGB auch für Klauseln in Betracht, die der Inhaltskontrolle wegen § 307 Abs. 3 BGB entzogen sind[371].

104   § 305c Abs. 1 BGB ist nicht auf Verbraucherverträge beschränkt und gilt daher grundsätzlich auch gegenüber Unternehmern. Dabei gilt allerdings zu beachten, dass Letztere in der Regel über ein erweitertes Maß an Geschäftserfahrung verfügen. Die Feststellung des überraschenden Charakters auch ungewöhnlicher Vertragsbedingungen unterliegt daher – im Vergleich zur Klauselverwendung gegenüber Verbrauchern – erhöhten Anforderungen[372].

105   Einzelnen AGB-Klauseln wird nach § 305c Abs. 1 BGB die Einbeziehung in den Vertrag versagt, wenn sie nach den Gesamtumständen objektiv **ungewöhnlich** sowie aus Sicht des Klauseladressaten, der aufgrund der Ungewöhnlichkeit und fehlender Aufklärung mit ihnen nicht zu rechnen brauchte, **überraschend** sind. Ob eine Klausel ungewöhnlich ist, bestimmt sich anhand objektiver Maßstäbe. Abzustellen ist dabei auf die Erwartungshaltung an die inhaltliche Vertragsgestaltung, wie sie sich aus Sicht der jeweiligen (redlichen) Verkehrskreise bzw. aufgrund des Verhaltens des Klauselverwenders bei Vertragsschluss ergibt. Auf die Anwendungsverbreitung der Klausel kommt es dabei grundsätzlich nicht an, soweit der als Klauseladressat umworbene uninformierte Verkehrskreis mit ihrer Verwendung nicht zu rechnen brauchte. Daher genügt allein die Branchenüblichkeit bzw. Brancheneinheitlichkeit Allgemeiner Versicherungsbedingungen nicht, um deren Ungewöhnlichkeit auszuschließen[373] Dies ist namentlich bei der Übernahme von **Musterbedingungen** der Versicherverbände der Fall[374]. Keinen Unterschied macht es dabei, ob sich die empfohlenen AVB hierbei im Rahmen der EG-Gruppenfreistellungsverordnung bewegen und dadurch vom Verbot wettbewerbsbeschränkender Vereinbarungen und Verhaltensweisen ausgenommen sind. Auch wenn die Verordnung teilweise verbraucherschützende Mechanismen enthält[375], bietet eine kartellrechtliche Freistellung keinen so hinreichenden Schutz vor ungewöhnlichen Klauseln, dass entsprechende Bedingungswerke dem Anwendungsbereich des § 305c Abs. 1 BGB von vornherein entzogen werden könnten[376]. Gleiches gilt für vormals noch aufsichtsbehördlich genehmigte oder weiterhin der **Genehmigung** unterliegende[377]. Versicherungsbedingungen[378]. Auf der anderen Seite besteht allerdings auch kein Automatismus dergestalt, eine Klausel bereits deshalb als überraschend einzustufen, weil sie von üblicherweise verwendeten Bedingungen abweicht[379].

---

[370] *Präve* in: *Beckmann/Matusche-Beckmann,* Versicherungsrechts-Handbuch (2004), § 10 Rn. 168.

[371] Vgl. BGH v. 10. 11. 1989, BGHZ 109, 197 (200) = NJW 1990, 576 (577); OLG Düsseldorf v. 10. 11. 1983, WM 1984, 82 (83).

[372] Vgl. BGH v. 30. 10. 1987, NJW 1988, 558; OLG Frankfurt v. 3. 2. 1981, DB 1981, 1459; OLG Hamburg v. 26. 10. 1982, ZIP 1982, 1421 (1423); *Ulmer* in: *Ulmer/Brandner/Hensen*[10], § 305c Rn. 54; *Präve* in: *Beckmann/Matusche-Beckmann,* Versicherugnsrechts-Handbuch (2004), § 10 Rn. 168.

[373] Etwa OLG Saarbrücken v. 27. 10. 1993, NJW-RR 1994, 539 (540).

[374] Siehe *Präve* in: *Beckmann/Matusche-Beckmann,* Versicherungsrechts-Handbuch (2004), § 10 Rn. 172; *Ulmer* in: *Ulmer/Brandner/Hensen*[10], § 305c Rn. 14.

[375] Siehe Rn. 25.

[376] *Präve* in: *Beckmann/Matusche-Beckmann,* Versicherungsrechts-Handbuch (2004), § 10 Rn. 176.

[377] Der Sterbe- und Pensionskassen, §§ 5 Abs. 3 Nr. 2 HS 2, 13 Abs. 1, 156a Abs. 3 VAG.

[378] *Prölss/Martin/Prölss*[27], Vorbem. I Rn. 37; *Präve* in: *Beckmann/Matusche-Beckmann,* Versicherungsrechts-Handbuch (2004), § 10 Rn. 176; *Ulmer* in: *Ulmer/Brandner/Hensen*[10], § 305c Rn. 7a; *Lindacher* in: *Wolf/Horn/Lindacher*[4], § 3 Rn. 43; a. A. etwa *Helm,* NJW 1978, 128 (132).

[379] Vgl. BGH v. 28. 3. 2001, NVersZ 2001, 453 (455); OLG Jena v. 23. 8. 2000, NVersZ 2001, 31.

Ausschlaggebend ist, ob der VN aufgrund einer signifikanten Abweichung vom zu erwar- **106** tenden und tatsächlichen Klauselinhalt mit der getroffenen Ausgestaltung vernünftigerweise nicht zu rechnen brauchte[380]. Wichtige Kriterien sind dabei das äußere Erscheinungsbild, wobei etwa die Gestaltung oder Platzierung der Klauseln von Bedeutung sind, sowie der Grad der Abweichung vom dispositiven Recht. So dürfen etwa Risikoausschlüsse nicht unsystematisch und dadurch schwer verständlich angeordnet sein[381]. Auf die individuelle Kenntnis des einzelnen VN kommt es hierbei nicht an[382]. Entscheidend ist grundsätzlich die Sicht des typischerweise zu erwartenden Kundenkreises. Die grundsätzlich gebotene generalisierende Betrachtung kann im Einzelfall jedoch durch die **konkreten Umstände** des Vertragsschlusses überlagert werden. So kann eine objektiv nicht ungewöhnliche Klausel für den VN gleichwohl überraschend i. S. v. § 305c Abs. 1 BGB sein, soweit der Verwender etwa aufgrund von Gang und Inhalt der Vertragsverhandlungen oder spezifischer Werbeaussagen Veranlassung gegeben hat, mit ihrer Verwendung müsse nicht gerechnet werden[383]. Auf der anderen Seite stellt selbst eine ungewöhnliche Klausel keine Überraschung des VN dar, wenn dieser ausdrücklich auf deren Inhalt hingewiesen wurde[384]. Neben der erforderlichen optischen Hervorhebung des Hinweises oder der betreffenden Klausel muss gewährleistet sein, dass sie der Adressat auch inhaltlich erfassen und so deren Tragweite bewerten kann[385]. Eine mehrfach erfolgte deutliche Herausstellung der (ungewöhnlichen) Klausel im Antragsformular und deren Verständlichkeit aus Sicht eines durchschnittlichen VN genügt hierfür[386].

Risikobegrenzungen und –ausschlüsse sind typischer Inhalt Allgemeiner Versiche- **107** rungsbedingungen. Jeder VN muss dabei vernünftigerweise davon ausgehen, dass der VR nicht sämtliche Gefahren, die mit der in Überschriften oder werbenden Anpreisungen benutzten allgemeinen Bezeichnung des versicherten Risikos verbunden sind, zu tragen bereit oder auch nur in der Lage ist[387]. Der Verwendung entsprechender Klauseln wohnt daher nicht bereits per se ein überraschender Charakter inne[388] Von einer Überrumpelung des VN kann dabei insbesondere nicht ausgegangen werden, wenn es sich um bereits lange Zeit verwandte und somit übliche Bestimmungen handelt[389]. Dies gilt ebenso für Ausschlüsse bestimmter Sonderrisiken, da die Deckung der allgemeinen Risiken des jeweils versicherten Gefahrenbereichs auch aus Sicht eines verständigen VN die vorrangige Aufgabe des Versicherungsschutzes darstellt[390].

Soweit der Inhalt einer ungewöhnlichen Klausel den VN **begünstigt,** kommt eine Nicht- **108** einbeziehung nach § 305c Abs. 1 BGB wegen des am Schutz des Bedingungsadressaten orientierten Charakters der Vorschrift nicht in Betracht[391].

---

[380] OLG Saarbrücken v. 15. 4. 1998, NVersZ 1999, 421 (423); OLG Saarbrücken v. 27. 10. 1993, NJW-RR 1994, 539 (540).

[381] LG München v. 29. 6. 1988, NJW-RR 1989, 417: Ausschlussbestimmung auf einem Anlagenblatt.

[382] OLG Hamm v. 4. 10. 1985, VersR 1986, 55; *Prölss/Martin/Prölss*[27], Vorbem. I Rn. 37.

[383] Vgl. etwa BGH v. 30. 10. 1987, BGHZ 102, 152 (159) = NJW 1988, 558 (560); BGH v. 10. 11. 1989, BGHZ 109, 197 (201) = NJW 1990, 576; BGH v. 16. 1. 2001, NJW 2001, 1416 (1417); OLG Hamm v. 4. 10. 1985, VersR 1986, 55; OLG Saarbrücken v. 27. 10. 1993, NJW-RR 1994, 539 (540); OLG Düsseldorf v. 21. 8. 2001, VersR 2002, 1273f.; *Ulmer* in: *Ulmer/Brandner/Hensen*[10], § 305c Rn. 13a.

[384] OLG Hamm v. 20. 12. 1988, VersR 1989, 506 (507); *Prölss/Martin/Prölss*[27], Vorbem. I Rn. 41.

[385] *Ulmer* in: *Ulmer/Brandner/Hensen*[10], § 305c Rn. 23f.

[386] OLG Düsseldorf v. 2. 7. 1996, NJW-RR 1997, 979 (981).

[387] *Prölss/Martin/Prölss*[27], Vorbem. I Rn. 37.

[388] OLG Köln v. 26. 2. 2003, VersR 2003, 899 (900); OLG Köln v. 27. 5. 1998, NVersZ 2000, 23; *Ulmer* in: *Ulmer/Brandner/Hensen*[10], § 305c Rn. 27 und 44.

[389] Zur Angehörigenklausel in der Privathaftpflichtversicherung: OLG Frankfurt v. 7. 4. 1999, NVersZ 2000, 242; OLG Hamm v. 1. 3. 1995, NJW-RR 1995, 1309; *Präve* in: *Beckmann/Matusche-Beckmann*, Versicherungsrechts-Handbuch (2004), § 10 Rn. 171.

[390] Siehe BGH v. 6. 2. 1991, NJW-RR 1991, 668f.; BGH v. 1. 6. 1983, NJW 1984, 47 (48); OLG Hamm v. 11. 12. 1990, VersR 1991, 798 (799); OLG München v. 12. 10. 1982, NJW 1983, 53.

[391] *Ulmer* in: *Ulmer/Brandner/Hensen*[10], § 305c Rn. 21.

109   **b) Judikatur (Auswahl):** Die folgenden Ausführungen – ebenso wie entsprechende Übersichten an anderer Stelle dieses Abschnitts – enthalten eine Auswahl von Einzelfällen, die Gegenstand der Rechtsprechung waren.

110   **Abtretung:** Das Anzeigeerfordernis im Rahmen einer Lebensversicherung hinsichtlich der Abtretung von Versicherungsansprüchen bzw. der Benennung von Bezugsberechtigten stellt für den VN keine überraschende Bestimmung dar, da eine klare und eindeutige Regelung in diesem Bereich i. E. auch seinen Interessen dient[392].

111   **Allmählichkeitsschäden:** Der Ausschluss von sog. Allmählichkeitsschäden in den AVB der Privathaftpflichtversicherung ist wirksam[393].

112   **Altersgrenze:** Eine AGB-Klausel in der Lebensversicherung, wonach bei Erreichen einer bestimmten Altersgrenze des VN eine mitversicherte Berufsunfähigkeitsrente zugunsten einer Erhöhung der Versicherungssumme wegfällt, falls dieser nicht etwas anderes verlangt, ist ebenso wirksamer Vertragsbestandteil[394].

113   **Anspruchsverzicht:** Die Klausel in einem Vordruck, den ein Haftpflichtversicherer für Abfindungserklärungen verwendet, wonach sich der Verzicht des Geschädigten auf weitergehende Ansprüche nicht nur auf den VN und den VR, sondern uneingeschränkt auf „jeden Dritten" erstreckt, ist überraschend und benachteiligt den Geschädigten entgegen den Geboten von Treu und Glauben unangemessen. Sie ist daher unwirksam[395].

114   **Apothekenklausel:** Eine Klausel in den AVB einer Krankheitskostenversicherung, wonach die Kostenerstattungspflicht für Arzneimittel sich auf solche beschränkt, die in Apotheken vertrieben werden, ist wirksam. Die Klausel verstößt weder gegen § 307 BGB noch gegen § 305 c Abs. 1 BGB. Es handelt sich um eine zulässige Bestimmung der Leistungsgrenzen[396].

115   **Beschränkung der Leistungsdauer:** Grundsätzlich rechnen muss der VN einer privaten Krankenversicherung mit einer Beschränkung der Leistungsdauer im Rahmen einer psychotherapeutischen Behandlung, so dass entsprechenden Klauseln zumindest kein Überraschungseffekt innewohnt[397].

116   **Brandstiftung:** siehe rechtskräftige Verurteilung

117   **Dynamik:** Nicht überraschend ist eine Bestimmung, nach der ein bedingungsgemäß vorgesehenes Recht auf planmäßige Erhöhung von Beiträgen und Versicherungsleistungen in der Lebensversicherung mit Berufsunfähigkeitszusatzversicherung bei Eintritt der Berufsunfähigkeit erlischt[398].

118   **Forderungsausfallversicherung:** Nicht überraschend ist eine Ausschlussklausel bei einer in die Privathaftpflichtversicherung einbezogenen Forderungsausfallversicherung in Bezug auf Ansprüche gegen wohnsitzlose Schädiger[399].

119   **Gemischte Anstalten:** Ebenfalls nicht überraschend sind Klauseln, nach denen Kosten für einen Aufenthalt in sog. gemischten Anstalten, die sowohl klinische als auch Kur- und Sanatoriumsbehandlungen durchführen, grundsätzlich nicht und nur bei schriftlicher Leistungszusage des Versicherers vom Versicherungsschutz umfasst sind[400].

120   **Geschäftsgeld:** Nicht überraschend ist der Ausschluss von Geschäftsgeld aus dem Versicherungsschutz in der Hausratversicherung[401].

---

[392] OLG Hamm v. 31. 5. 1996, VersR 1997, 729.
[393] AG Mainz v. 16. 11. 1998, VersR 2000, 45.
[394] BGH v. 28. 3. 2001, NJW-RR 2001, 1242 (1244).
[395] BGH v. 25. 10. 1984, VersR 1985, 165.
[396] LG Düsseldorf v. 22. 3. 2002, VersR 2003, 53.
[397] BGH v. 17. 3. 1999, NJW 1999, 3411 (3413); OLG Köln v. 26. 2. 2003, VersR 2003, 899 (900).
[398] OLG Koblenz v. 16. 4. 1999, NVersZ 1999, 559 (560).
[399] OLG Hamm v. 26. 1. 2005, VersR 2005, 1527.
[400] LG Köln v. 5. 10. 1994, VersR 1995, 1474f.
[401] OLG Jena v. 23. 8. 2000, NVersZ 2001, 31 (32).

Invaliditätsentschädigung: Nicht überraschend ist eine Bestimmung, welche die Invali-   **121** ditätsentschädigung auf Fälle des Totalverlustes eines Gliedes und die Ganzinvalidität be- schränkt[402]. Dies gilt ebenso, soweit eine Entschädigung bei Teilinvalidität nur nach Maßgabe festgelegter Invaliditätsgrade geleistet wird[403].

Kostentragungspflicht: siehe Tarifklausel.

Krankhafte Störungen: Ein Ausschluss des Versicherungsschutzes im Rahmen eines pri-   **122** vaten Unfallversicherungsvertrages für krankhafte Störungen infolge psychischer Reaktionen ist wirksam[404].

Logopäden: Zulässig ist die Beschränkung des Versicherungsschutzes für Stimm-, Sprach-   **123** und Sprachübungstherapie auf ärztliche Behandler (Logopäden) im Rahmen einer Krank- heitskostenversicherung[405].

Lückenloser Versicherungsschutz: Überraschend ist eine Klausel in der Privathaft-   **124** pflichtversicherung, welche die Schäden durch einen in der Kfz-Haftpflichtversicherung nicht mitversicherten Besitzer von der Deckung ausnimmt, wenn dadurch der vom VR pro- pagierte und sich auch aus dem sonstigen Bedingungswerk ergebende lückenlose Versiche- rungsschutz unterlaufen würde[406].

Mehrfachversicherungklausel: Die Mehrfachversicherungsklausel in der Krankentage-   **125** geldversicherung, die dem VR die fristlose Kündigung ermöglicht, soweit der VN ohne Zu- stimmung eine weitere gleichartige Versicherung abschließt, ist nicht überraschend[407].

Mehrwertsteuer: Eine Bestimmung, wonach die Mehrwertsteuer beim Ausgleich der   **126** Wiederherstellungskosten nur im Falle von deren tatsächlicher Entrichtung durch den VN, d. h. bei tatsächlich durchgeführter Reparatur erstattet wird, ist nicht überraschend[408].

Nachtzeit: Unbedenklich ist grundsätzlich auch ein Ausschluss in der Hausrat- bzw. Rei-   **127** segepäckversicherung bezüglich Sachen in einem während der Nachtzeit unbewacht abge- stelltem Kfz[409].

Planmäßige Erhöhung: siehe Dynamik.

Psychotherapeutische Behandlungen: Das Erfordernis, im Rahmen einer privaten   **128** Krankenversicherung psychotherapeutische Behandlungen durch einen approbierten Arzt vornehmen zu lassen, ist nicht überraschend[410].

Rechtskräftige Verurteilung: Kein Verstoß gegen § 305 c Abs. 1 BGB beinhaltet eine   **129** Bestimmung, wonach die vorsätzliche Schadensherbeiführung im Falle einer rechtskräftigen Verurteilung des VN wegen vorsätzlicher Brandstiftung als erwiesen gilt[411].

Reisegepäckversicherung: Nicht überraschend sind Bestimmungen in der Reisege-   **130** päckversicherung, wonach Versicherungsschutz bei unbeaufsichtigt abgestellten Fahrzeugen nur besteht, wenn das Gepäck in einem umschlossenen und mittels Verschluss gesicherten Innen- oder Kofferraum verwahrt wurde[412].

---

[402] OLG Frankfurt v. 20. 9. 2000, NVersZ 2001, 166.

[403] OLG Frankfurt v. 3. 5. 2000, VersR 2001, 853 (854).

[404] LG Waldshut-Tiengen v. 9. 11. 2000, VersR 2002, 430.

[405] BGH v. 27. 10. 2004, NJW-RR 2005, 175 (176 f.).

[406] OLG Hamm v. 9. 12. 1988, VersR 1989, 696 (697).

[407] BGH v. 4. 10. 1989, NJW 1990, 767 (769).

[408] OLG Köln v. 8. 11. 2005, r+s 2006, 102 (103); OLG Frankfurt v. 15. 6. 2004, VersR 2004, 1551; LG Düsseldorf v. 31. 1. 2003, Schaden-Praxis 2003, 321; LG München v. 14. 6. 2000, NJW-RR 2001, 169; AG Köln v. 26. 6. 2003, Schaden-Praxis 2004, 134; AG Koblenz v. 21. 3. 2002, VersR 2002, 1231; AG Karlsruhe v. 7. 9. 2001, VersR 2002, 310; a. A. LG Braunschweig v. 14. 6. 2001, VersR 2001, 1279; LG Deggendorf v. 5. 3. 2002, r+s 2002, 322; AG Heinsberg v. 12. 11. 2001, NVersZ 2002, 132.

[409] OLG München v. 12. 10. 1982, NJW 1983, 53; LG Berlin v. 2. 8. 2001, VersR 2002, 875 (876); anders für die Reisegepäckversicherung LG Frankfurt v. 12. 5. 1981, VersR 1984, 32; so i. E. wohl auch *Präve* in: *Beckmann / Matusche-Beckmann,* Versicherungsrechts-Handbuch (2004), § 10 Rn. 190.

[410] BGH v. 22. 5. 1991, VersR 1991, 911 (912); bestätigt durch BGH v. 15. 2. 2006, VersR 2006, 643 f.

[411] BGH v. 21. 10. 1981, VersR 1982, 81 (82); OLG Karlsruhe v. 16. 4. 1981, VersR 1983, 169 (170); OLG Bamberg v. 8. 8. 2002, VersR 2003, 59.

[412] OLG München v. 30. 11. 1984, VersR 1986, 284.

Ruhende Versicherung: siehe Wiederinkraftsetzung.

131 **Stichtagsmeldung:** Als überraschend wurde eine Klausel in der Feuerversicherung eingestuft, wonach eine fristgerechte Stichtagsmeldung als nicht rechtzeitig gilt, sobald vorher der Versicherungsfall eingetreten ist[413].

132 **Tarifklausel:** Nicht überraschend ist im Ergebnis eine Tarifklausel, wonach die Kostentragungspflicht des VR für zahnärztliche Behandlungen unter Berücksichtigung der Vertragsdauer begrenzt ist[414], sowie für ein dem VR eingeräumtes Recht, Rechnungen bestimmter Ärzte, die überhöht und unangemessen abrechnen, von der Erstattung auszuschließen[415].

133 **Tierkrankheiten:** Nicht überraschend ist eine Bestimmung in der allgemeinen Haftpflichtversicherung, wonach der Versicherungsschutz für Sachschäden durch Tierkrankheiten ausgeschlossen ist, es sei denn der VN hat weder vorsätzlich noch grob fahrlässig gehandelt[416].

134 **Übergangsleistung:** Das Erfordernis der sechsmonatigen ununterbrochenen unfallbedingten Beeinträchtigung der Leistungsfähigkeit für die Gewährung einer Übergangsleistung ist so auszulegen, dass bei sog. mehraktigen Unfallereignissen der Unfallverlauf gesamtschauend zu betrachten ist; andernfalls wäre eine entsprechende Klausel mit § 305c Abs. 1 BGB nicht zu vereinbaren[417].

135 **Verminderung der Versicherungssumme:** Die Klausel in einer kombinierten Hausratversicherung, nach der die Versicherungssumme um den Betrag einer durch den VR erbrachten Versicherungsleistung für den Rest der Versicherungsperiode und bezüglich sämtlicher versicherter Risiken gemindert wird, ist überraschend[418].

Verzicht: siehe Anspruchsverzicht.

136 **Vorherige Zusage:** Unbedenklich sind Klauseln in der Krankheitskostenversicherung, die die Erbringung der Versicherungsleistung von der vorherigen Zusage des VR abhängig machen[419].

137 **Warenkreditversicherung:** Eine Klausel in der Warenkreditversicherung, wonach der Versicherungsfall mit der Zahlungsunfähigkeit des Kunden eintritt und Zahlungsunfähigkeit mit der gerichtlichen Entscheidung über den Konkursantrag vorliegt, ist nicht überraschend, da eine solche Regelung im Interesse der Rechtssicherheit notwendig ist[420]. Gleiches gilt für den Wegfall des Versicherungsschutzes hinsichtlich versicherter Forderungen bei Zahlungsunfähigkeit des Kunden nach der Beendigung des Versicherungsvertrages[421].

138 **Wiederbeschaffungskosten:** Nicht überraschend ist eine Klausel in der Kaskoversicherung, durch welche der Anspruch auf die Kosten für eine fiktive Reparatur auf die Wiederbeschaffungskosten begrenzt wird[422].

139 **Wiederinkraftsetzung:** Als überraschend wurde eine Klausel in der Berufsunfähigkeitszusatzversicherung eingestuft, welche die Leistungspflicht des VR nach Wiederinkraftsetzung einer vormals ruhenden Versicherung für Versicherungsfälle ausschließt, deren Ursache in der Zeit der Unterbrechung liegen[423]. Zeigt der VN bei Beantragung der Wiederinkraftsetzung zuvor eingetretene gesundheitsrelevante Umstände an und nimmt der VR diesen Antrag ohne Einschränkung an, muss der VN mit einer solch weitgehenden Einschränkung des Versicherungsschutzes nicht rechnen.

---

[413] BGH v. 27.3.1991, NJW-RR 1991, 855.
[414] BGH v. 14.12.1994, NJW 1995, 784 (785).
[415] OLG Köln v. 21.12.1995, NJW 1996, 3088; OLG Köln v. 27.5.1998, NVersZ 2000, 23.
[416] OLG Oldenburg v. 8.3.2000, NJW-RR 2000, 985 (986).
[417] OLG München v. 7.7.1999, NJW-RR 2000, 408 (409.)
[418] BGH v. 4.11.1984, NJW 1985, 971f.
[419] BGH v. 17.3.1999, NJW 1999, 3411 (3413).
[420] Siehe BGH v. 2.12.1992, VersR 1993, 223 (225); OLG Koblenz v. 13.12.1996, VersR 1997, 874.
[421] BGH v. 17.7.1986, NJW-RR 1987, 605 (606f.); OLG Koblenz v. 8.11.2002, NJW-RR 2003, 681; zur Wirksamkeit nach § 307 BGB auch BGH v. 26.11.2003, NZI 2004, 144 (145).
[422] OLG Frankfurt v. 12.11.1998, VersR 2000, 1010 (1011); auch kein Verstoß gegen § 307 BGB: OLG Hamm v. 25.2.1999, DAR 1999, 313.
[423] OLG Hamm v. 29.9.1998, NJW-RR 1999, 1120.

V. Einbeziehung geänderter Versicherungsbedingungen in laufende Verträge

1. Allgemeines

Versicherungsverträge sind als langfristige **Dauerschuldverhältnisse** einer stetigen Verän-   **140**
derung des wirtschaftlichen und rechtlichen Umfeldes unterworfen. In gleichem Maße wie
der wissenschaftlich-technische Fortschritt die Lebenserwartung und die Instrumente wirksamer medizinischer Versorgung wachsen lässt, steigen damit einhergehend die finanziellen Belastungen. Die sich hierdurch ergebenden Änderungsrisiken[424] lasten um so mehr auf Versicherungsverträgen, je langfristiger sie angelegt sind.

Auch wenn ein umsichtiger VR diesen Umstand bereits im Stadium der Produktgestaltung   **141**
durch vorausschauende Prämien- und Risikoberechnung sowie durch entsprechende Sicherheitszuschläge berücksichtigen wird[425], ist eine letztlich allumfassend zweifelsfreie Abschätzung zukünftiger Änderungsmomente schwerlich möglich. Grundsätzlich ist es dem VR
zwar oftmals möglich, einem dauerhaften Auseinanderfallen von Prämienaufkommen und
versicherungsvertraglich geschuldeter Leistung durch ordentliche Kündigung zu entgehen;
eine Kündigung dürfte jedoch nur in Ausnahmefällen dem Interesse der am Vertrag Beteiligten entsprechen[426]. Zudem versagt diese Möglichkeit in der Lebens- und Krankenversicherung, die ein ordentliches Kündigungsrecht des VR nicht vorsehen. Logische Folge dessen
ist das Bedürfnis nach einer **Änderungsbefugnis** des VR hinsichtlich der vertraglichen Gestaltung der Prämie und/oder des gebotenen Versicherungsschutzes[427].

In gleicher Weise wie Änderungen der Kalkulationsbasis aufgrund wirtschaftlicher und ge-   **142**
sellschaftlicher Prozesse können auch rechtliche Entwicklungen in Form der Feststellung der
Unwirksamkeit von Klauseln in Allgemeinen Versicherungsbedingungen einschneidenden
Einfluss auf den Versicherungsvertrag haben. Dadurch entstandene Regelungslücken können
die weitere Abwicklung des Vertrages erschwerend beeinflussen und dadurch letztlich unmöglich machen[428]. Auch in diesem Fall besteht für den VR ein Interesse, den Versicherungsvertrag entsprechend anpassen zu können, indem die unwirksame durch eine wirksame Klausel ersetzt wird[429].

2. Anpassungsmöglichkeit an die Regelungen des neuen Versicherungsvertragsgesetzes

Gemäß Art. 1 Abs. 3 EGVVG kann der VR seine Allgemeinen Versicherungsbedingungen   **143**
für Altverträge, soweit sie von den Vorschriften des neuen VVG abweichen, zum 1. Januar
2009 ändern, sofern er dem VN die geänderten Versicherungsbedingungen unter Kenntlichmachung der Unterschiede spätestens einen Monat vor dem Zeitpunkt in Textform mitteilt,
zu dem die Änderungen wirksam werden sollen[430]. Zu beachten ist hierbei, dass es sich nicht
um eine allgemeine Anpassungsbefugnis für Allgemeine Versicherungsbedingungen handelt,
sondern Änderungen nur insoweit zulässig sind, als die bisherigen Regelungen von den Vorschriften des neuen Versicherungsvertragsgesetzes abweichen.

---

[424] *Wandt* in: *Beckmann/Matusche-Beckmann*, Versicherungsrechts-Handbuch[2], § 11 Rn. 1; *Farny*, Versicherungsbetriebslehre (2000), S. 77.
[425] *Prölss/Martin/Prölss*[27], § 31 Rn. 4; *Wandt* in: *Beckmann/Matusche-Beckmann*, Versicherungsrechts-
Handbuch[2], § 11 Rn. 2.
[426] Vgl. BGH v. 31. 1. 2001, VersR 2001, 493; BGH v. 17. 3. 1999, VersR 1999, 697 (698).
[427] Dazu sogleich unter Rn. 144 ff.
[428] Siehe BGH v. 17. 3. 1999, VersR 1999, 697 (698); *Wandt* in: *Beckmann/Matusche-Beckmann*, Versicherungsrechts-Handbuch[2], § 11 Rn. 6.
[429] Hierzu Rn. 151 ff.
[430] Als sachlich nicht gerechtfertigten „Freibrief zur einseitigen Korrektur von Klauseln" kritisieren
diese Regelung *Dörner/Staudinger*, WM 2006, 1710 (1717).

3. Prämien- und Bedingungsänderung

144   **a) Änderung aufgrund gesetzlicher Befugnis.** Gesetzliche Regelungen, die es dem VR ermöglichen, durch einseitige Vertragsänderungen auf Veränderungen des versicherten Bedarfs reagieren zu können, bestanden (eingefügt durch das Dritte DurchführungsG/EWG zum VAG vom 21. 7. 1994[431]) gem. §§ 172, 178g VVG a. F. bereits nach altem Recht für die **Lebens- und Krankenversicherung**[432]. Daneben besteht eine Änderungsbefugnis für bestimmte Kfz.-Haftpflichtversicherungsverträge[433] sowie eine Anpassungsmöglichkeit an die Regelungen des neuen VVG[434].

145   *aa) Gesetzliche Regelungen in Bezug auf die Lebensversicherung.* Das Recht des VR zur **Neufestsetzung der Prämie** in der **Lebensversicherung** findet sich nunmehr in **§ 163 Abs. 1 VVG**[435]. Die Vorschrift übernimmt im wesentlichen die Regelung des § 172 VVG a. F. Inhaltliche Änderungen wurden nicht vorgenommen; die Änderungen des Wortlautes dienen lediglich der Verdeutlichung[436]. Die Vorschrift ist auf Lebensversicherungsverträge anwendbar, die für ein Risiko Versicherungsschutz anbieten, bei dem der Eintritt der Verpflichtung des VR ungewiss ist. Dazu zählen v. a. Risikolebensversicherung, aber auch Berufsunfähigkeits- und Dread-Disease-Versicherungen[437]. Da deren Kostenverlauf nicht mit letzter Sicherheit abschätzbar ist, macht die Gewährleistung einer dauerhaften Erfüllbarkeit der vertraglich vorgesehenen Leistungen die Prämienänderungsbefugnis des VR notwendig[438]. Eine Neufestsetzung der Prämie setzt zum einen eine nicht nur vorübergehende und nicht voraussehbare Änderung des Leistungsbedarfs gegenüber den Rechnungsgrundlagen der vereinbarten Prämie voraus. Zum anderen muss die Prämienanpassung angemessen und erforderlich sein, um die dauernde Erfüllbarkeit der Versicherungsleistung zu gewährleisten. Zuletzt sind diese Voraussetzungen einschließlich der Rechnungsgrundlagen von einem unabhängigen Treuhänder zu überprüfen und zu bestätigen. Der Treuhänder hat damit die Angemessenheit der Änderung festzustellen[439]. Als Neuerung zur Vorgängerregelung bestimmt § 163 VVG in Abs. 1 S. 2, dass eine geänderte Prämienfestsetzung ausgeschlossen ist, soweit die Versicherungsleistung ursprünglich erkennbar unzureichend kalkuliert war[440]. Dies entspricht der Regelung des § 12b Abs. 2 S. 4 VAG für den Bereich der Krankenversicherung[441]. Nachteilige Risikoentwicklungen, die bereits bei Vertragsschluss abschätzbar waren, sollen somit nicht auf die VN durch Prämienerhöhungen abgewälzt werden können[442]. Maßstab für die Bestimmung einer unzureichenden Kalkulation ist dabei die Sichtweise eines ordentlichen und gewissenhaften Aktuars und damit die Frage, ob dieser die unzureichende Kalkulation aufgrund der verfügbaren statistischen Kalkulationsgrundlagen hätte erkennen müssen[443].

146   Gemäß § 163 Abs. 2 S. 1 VVG kann der VN verlangen, dass anstelle einer Erhöhung der Prämie die **Versicherungsleistung** entsprechend **herabgesetzt** wird. Damit wird dem Interesse derjenigen VN entsprochen, die bei einer erhöhten Prämie ihre Verträge nicht mehr

---

[431] BGBl. I S. 1630, in Kraft getreten am 29. 7. 1994.
[432] Siehe die Übersicht *Wandt:* in *Beckmann/Matusche-Beckmann,* Versicherungsrechts-Handbuch², § 11 Rn. 13 ff.
[433] Hierzu Rn. 150.
[434] Hierzu Rn. 143.
[435] Vgl. die Kommentierung dort.
[436] RegE VVGRefG S. 99.
[437] *Wandt* in: *Beckmann/Matusche-Beckmann,* Versicherungsrechts-Handbuch², § 11 Rn. 19; *Prölss/Martin/Kollhosser²⁷,* § 172 Rn. 6; *Römer/Langheid²,* § 172 Rn. 2.
[438] Zu § 172 VVG a. F. Regierungsentwurf BT-Drucks. 12/6959, S. 101.
[439] RegE VVGRefG S. 99.
[440] In § 172 Abs. 1 S. 1 VVG a. F. hieß es: „... nicht vorhersehbaren Änderung des Leistungsbedarfs ...".
[441] Für das entsprechende Prämienanpassungsrecht in der Krankenversicherung wird § 12b Abs. 2 S. 4 VAG durch den Verweis in § 203 Abs. 2 S. 4 VVG in das materielle Versicherungsvertragsrecht implementiert.
[442] RegE VVGRefG S. 99.
[443] RegE VVGRefG S. 99.

weiterführen könnten[444]. Besteht eine **prämienfreie Versicherung,** ist eine Prämienerhöhung durch einseitige Erklärung des VR nicht möglich. Daher sieht § 163 Abs. 2 S. 2 VVG unter den Voraussetzungen, die eine Erhöhung der Prämie rechtfertigen würden, die Herabsetzung der Versicherungsleistung vor. Hierdurch wird eine individualvertragliche Vereinbarung, in der die Vertragsparteien die Aufrechterhaltung der ungekürzten Leistung gegen eine neu aufzunehmende Prämie vereinbaren, nicht ausgeschlossen[445].

Die Regelung des § 163 VVG ist gem. § 176 VVG auf die **Berufsunfähigkeitsversiche-**   **147**
rung entsprechend anzuwenden.

bb) Gesetzliche Regelungen in Bezug auf die Krankenversicherung. Die Befugnis zur **Neufest-**   **148**
setzung der Prämie im Bereich der **Krankenversicherung** ergibt sich aus **§ 203 Abs. 2**
VVG. Die Vorschrift ist auf Krankenversicherungen anwendbar, bei denen das Kündigungsrecht des VR vertraglich oder gesetzlich ausgeschlossen ist. Als Bezugspunkt für die Änderungsbefugnis des VR dient, anders als dies § 178g Abs. 2 VVG a. F. vorsah, nicht die Veränderung des Schadensbedarfes, sondern die Veränderung der für die Prämienkalkulation maßgeblichen Rechnungsgrundlage. Als Rechnungsrundlagen sieht § 203 Abs. 2 S. 3 VVG dabei die Versicherungsleistungen und die Sterbewahrscheinlichkeiten vor. Im Falle vertraglicher Vereinbarung ermöglicht § 203 Abs. 2 S. 2 VVG die Änderung betragsmäßig festgelegter Selbstbehalte und Risikozuschläge. Das Prüfungs- und Genehmigungserfordernis durch einen unabhängigen Treuhänder ergibt sich aus § 203 Abs. 2 S. 1 VVG. Hinsichtlich der dabei zu beachtenden Kriterien verweist § 203 Abs. 2 S. 4 VVG auf § 12 Abs. 1 bis 2a VAG i. V. m. der aufgrund des § 12c VAG erlassen Rechtsverordnung[446].

Das **Anpassungsrecht** des VR hinsichtlich **Versicherungsbedingungen** und Tarifbe-   **149**
stimmungen folgt aus **§ 203 Abs. 3 VVG.** Die Vorschrift übernimmt im Wesentlichen die Regelung des § 178g Abs. 3 S. 1 VVG a. F. Inhaltliche Änderungen wurden nicht vorgenommen. Ein Anpassungsrecht ist danach für Krankenversicherungen eröffnet, deren Prämie nach Art der Lebensversicherung berechnet wird, § 203 Abs. 3 S. 1 i. V. m. Abs. 1 S. 1 VVG. Ebenso wie im Falle der Neufestsetzung der Prämie ist ein gesetzlicher oder vertraglicher Ausschluss des ordentlichen Kündigungsrechts des VR grundlegende Voraussetzung. Weiter ist eine nicht nur vorübergehende Veränderung der Verhältnisse des Gesundheitswesens, die im Ergebnis eine Änderung zur **hinreichenden Wahrung der Belange der VN** notwendig macht, erforderlich. Dies umfasst sowohl gesetzliche als auch rein tatsächliche Änderungen, wie beispielsweise die Kostensteigerung i. R. d. Krankenversicherung durch den medizinischen Fortschritt. Dabei muss sich die Änderung derart auf die Belange der VN auswirken, dass diese ohne die Anpassung eine Beeinträchtigung ihrer Interessen befürchten müßten (Erforderlichkeit der Anpassung)[447]. Ob allein die Änderung einer langjährigen Rechtsprechung für sich genommen zu einer dauerhaften Veränderung des Gesundheitswesens führt, ist in Rechtsprechung und Literatur umstritten[448]. Zu beachten ist jedoch, dass sich nicht jede einschlägige Änderung der Rechtsprechung auch dauerhaft auf das Gesundheitswesen auswirken muss. Richtigerweise ist daher zu differenzieren: Änderungen der Rechtsprechung können zwar zu einer Veränderung der Verhältnisse des Gesundheitswesens führen, stellen diese selbst aber noch nicht dar[449]. Eine Rechtsprechungsänderung ist vielmehr erst dann mit einer Ver-

---

[444] RegE VVGRefG S. 99.
[445] RegE VVGRefG S. 99.
[446] Verordnung über die versicherungsmathematischen Methoden zur Prämienkalkulation und zur Berechnung der Altersrückstellung in der privaten Krankenversicherung (Kalkulationsverordnung – KalV) v. 18. 11. 1996 (BGBl. I S. 1783).
[447] *Prölss/Martin/Prölss*[27], § 178g Rn. 25 f.
[448] Dafür LG Nürnberg-Fürth v. 14. 2. 2005, VersR 2005, 492; *Langheid/Grote,* VersR 2004, 823; *Langheid/Grote,* VersR 2003, 1469; dagegen: OLG Celle v. 15. 6. 2006, VersR 2006, 1105; LG Köln v. 29. 6. 2005, VersR 2005, 1421; *Schünemann,* VersR 2004, 817.
[449] So auch OLG Celle v. 15. 6. 2006, VersR 2006, 1105; LG Köln v. 29. 6. 2005, VersR 2005, 1421; *Schünemann,* VersR 2004, 817.

änderung der Verhältnisse des Gesundheitswesens verbunden, wenn es tatsächlich gerade deshalb zu einer signifikanten Steigerung der Kosten im Gesundheitswesen kommt[450]. Wie nach alter Rechtslage wird die Mitwirkung eines unabhängigen Treuhänders bei der Anpassung der AVB und der Tarifbestimmungen an geänderte Verhältnisse im Gesundheitswesen vorgeschrieben; insoweit geht es auch um die Auswirkungen auf die Kosten und die Prämienkalkulation, so dass versicherungsmathematische Kenntnisse erforderlich sind[451]. Ist hingegen eine Bestimmung in Allgemeinen Versicherungsbedingungen durch höchstrichterliche Entscheidung oder durch einen bestandskräftigen Verwaltungsakt für unwirksam erklärt worden, so bestimmt § 203 Abs. 4 VVG, dass § 164 VVG Anwendung findet[452]. Abweichend von § 178g Abs. 3 S. 2 VVG a. F. wird in diesen Fällen von der Einschaltung eines Treuhänders abgesehen, da es hier im Wesentlichen um eine rechtliche Beurteilung geht[453].

150 *cc) Besonderheiten bei Kfz-Haftpflichtversicherungsverträgen.* Für Kfz-Haftpflichtversicherungsverträge, die bis zum 31. 12. 1994 zu den von der Aufsichtsbehörde vor dem 29. 7. 1994 genehmigten Versicherungsbedingungen geschlossen wurden, sieht die Übergangsregelung des Art. 16 § 8 Drittes DurchführungsG/EWG zum VAG eine inhaltlich ungebundene Änderungsbefugnis der Prämie und Tarifbestimmung vor, um dem Anpassungsbedarf an geänderte Tarifstrukturen Rechnung zu tragen[454].

151 **b) Anpassung aufgrund vertraglicher Änderungsklauseln**[455]. Änderungsklauseln sind, wie sich bereits aus §§ 309 Nr. 1, 308 Nr. 4 BGB ergibt, grundsätzlich zulässig. Welchen inhaltlichen Voraussetzungen sie unterliegen, bestimmt sich nach den Vorgaben des Rechts der Allgemeinen Geschäftsbedingungen, insbesondere der §§ 308 Nr. 4, 307 BGB, die eine umfassende Abwägung der Interessen der am Vertrag Beteiligten erforderlich machten[456]. Der dabei gebotene generalisierende Bewertungsmaßstab hat sich aufgrund der Vielschichtigkeit der unterschiedlichen Versicherungsarten an der Typizität der jeweils zu betrachtenden Vertragsart mit ihren jeweiligen Besonderheiten zu orientieren[457].

152 Um auf Änderungsrisiken auf wirtschaftlicher Ebene reagieren zu können, stehen dem VR im wesentlichen zwei Instrumente zur Verfügung. Er kann zum einen mittels **Prämien- und Tarifänderungsklauseln** Prämie und Tarifbestimmungen den veränderten Rahmenbedingungen anzupassen suchen. Andererseits besteht die Möglichkeit der Implementierung von **Bedingungsänderungsklauseln** zur Absenkung des gewährten Versicherungsschutzes. Nachträgliche Einschränkungen der vertraglich geschuldeten Leistungen berühren das versicherungsvertragliche Synallagma dabei unter Umständen grundlegender als reine Prämienanpassungen. Zudem schränkt ein einseitiges Bedingungsanpassungsrecht das allgemein im Vertragsrecht geltende Konsensprinzip ein[458]. Dieses ist im AGB-Recht explizit in § 305 Abs. 2 BGB aufgegriffen; danach werden Allgemeine Geschäftsbedingungen nur dann Vertragsbestandteil, wenn der Vertragspartner mit deren Einbeziehung einverstanden ist. Ebenso wie im Bereich der gesetzlich vorgesehenen Änderungsbefugnis in der Krankenversicherung[459] ist daher von einem Stufenverhältnis beider Instrumente auszugehen, so dass bei Betrachtung

---

[450] OLG Celle v. 15. 6. 2006, VersR 2006, 1105.

[451] RegE VVGRefG S. 113 f.

[452] Vgl. hierzu Rn. 164.

[453] RegE S. 113; siehe hierzu auch Rn. 162 ff.

[454] BGH v. 31. 1. 2001, VersR 2001, 493 ff.; siehe hierzu auch *Wandt* in: *Beckmann/Matusche-Beckmann,* Versicherungsrechts-Handbuch², § 11 Rn. 43 ff.

[455] Dazu *Matusche-Beckmann,* Die Bedingungsanpassungsklausel – Zulässiges Instrument für den Fall der Unwirksamkeit Allgemeiner Versicherungsbedingungen?, NJW 1998 112; *Reimann,* Bedingungsanpassungsklauseln in Versicherungsverträgen (2007); *Schauer,* Die Anpassungsklauseln im Versicherungsvertragsrecht, VR 1999 21; *Wandt,* Änderungsklauseln in Versicherungsverträgen (2000).

[456] Siehe *Wandt,* Änderungsklauseln in Versicherungsverträgen (2000), Rn. 29; *v. Westphalen/Präve,* Allgemeine Versicherungsbedingungen Rn. 89; *Matusche-Beckmann,* NJW 1998, 112 (114).

[457] Zur Kfz-Haftpflichtversicherung BGH v. 31. 1. 2001, VersR 2001, 493 (495).

[458] *Matusche-Beckmann,* NJW 1998, 112 (114).

[459] Dazu oben Rn. 148 ff.

der Interessen des VR an einer Vertragsanpassung und der Zumutbarkeit für den VN Prämienanpassungen vorrangig in Betracht zu ziehen sind[460].

Die rechtliche Beurteilung von Änderungsklauseln hängt zudem vom zeitlichen Bezugs-   **153** punkt der Entfaltung ihrer beabsichtigten Wirkung ab. So ist danach zu differenzieren, ob sich die Änderung des Vertrages auf einen Zeitraum bezieht, für den sich der VR durch ordentliche Kündigung lösen könnte oder ob für die fragliche Versicherungsperiode ein solches Kündigungsrecht nicht besteht[461].

aa) Neue Bedingungen für Zeitraum nach möglicher Vertragsbeendigung durch Kündigung. Im Falle   **154** des Bestehens eines Kündigungsrechts besteht für den VN ein nur eingeschränktes Vertrauen in die Weitergeltung von Tarifen und Bedingungen über den Zeitpunkt einer möglichen Vertragsbeendigung hinaus. Dennoch bedarf es auch in diesem Fall zur Wirksamkeit der Änderung der Bedingungen der Zustimmung des VN. Bleibt dieser untätig, kommt ein Vertrag unter den geänderten Bedingungen nicht zustande[462]. Dabei genügt seitens des VN auch eine konkludente Zustimmung. Diese ist dann anzunehmen, wenn die neuen AVB für den VN eindeutig vorteilhaft sind und dieser auf das Änderungsangebot des VR schweigt. Eine konkludente Zustimmung ist jedoch dann zu verneinen, wenn die Änderung der Versicherungsbedingungen mit einer Prämienerhöhung verbunden ist[463]. Auch die Nichtkündigung des VN trotz Information über die Vertragsänderung kann nicht als Zustimmung gewertet werden[464]. Enthält der Vertrag hingegen eine **Änderungsklausel,** erfordert dies ein Tätigwerden auf Seiten des VN (Kündigung oder Widerspruch), um sich der Vertragsänderung zu entziehen[465].

Ob Änderungsklauseln in Verträgen mit Kündigungsmöglichkeit des VR auch **inhalt-**   **155** **lichen Schranken** unterworfen sind, ist umstritten[466]. Gegen die Notwendigkeit eines besonderen Anpassungsbedürfnisses und der Bezogenheit der beabsichtigten Änderung hierauf wird u. a. eingewandt, das Kündigungsrecht und der Wettbewerb auf dem Versicherungsmarkt gewährleiste ausreichenden Schutz vor überzogenen Änderungsverlangen durch die VR[467]. Allerdings ist zu beachten, dass kürzere Laufzeiten von Versicherungsverträgen, die den Schutz des VN vor überlanger Bindung bezwecken, nichts daran zu ändern vermögen, dass die Mehrzahl der Verträge auf längerfristige Laufzeiten angelegt sind. Die Kontinuität des Versicherungsverhältnisses dürfte den Interessen einer Mehrheit der VN eher entsprechen, als eine jährliche Suche nach neuem Versicherungsschutz. Von einer verbesserten Planbarkeit aufgrund längerfristiger Bindungen profitieren zuletzt auch die VR. Daher erscheint es notwendig, dem Änderungsrecht des VR auch in Fällen mit Kündigungsmöglichkeit inhaltliche Grenzen zu setzen[468]. Die dabei zugrundezulegenden Veränderungskriterien hängen nicht zuletzt vom jeweils in Rede stehenden Versicherungszweig ab. So bietet sich für Prämienanpassungsklauseln etwa die Orientierung an der Entwicklung des Schadensbedarfes

---

[460] *Wandt* in: *Beckmann/Matusche-Beckmann,* Versicherungsrechts-Handbuch[2], § 11 Rn. 102, aus dem „Gebot des geringstmöglichen Eingriffs"; *Prölss/Martin/Prölss*[27], Vorbem. I Rn. 29 c.

[461] Vgl. *Wandt* in: *Beckmann/Matusche-Beckmann,* Versicherungsrechts-Handbuch[2], § 11 Rn. 67 ff.

[462] Siehe *Wandt* in: *Beckmann/Matusche-Beckmann,* Versicherungsrechts-Handbuch[2], § 11 Rn. 79; a. A. *Prölss/Martin/Prölss*[27], Vorbem. I Rn. 26 a.

[463] LG Düsseldorf v. 6. 5. 1998, r+s 1999, 377; *Prölss/Martin/Prölss*[27], Vorbem. I Rn. 25.

[464] A. A. *Prölss/Martin/Prölss*[27], Vorbem. I Rn. 26 a.

[465] *Wandt* in: *Beckmann/Matusche-Beckmann,* Versicherungsrechts-Handbuch[2], § 11 Rn. 79; *Prölss/Martin/Prölss*[27], Vorbem. I Rn. 28; generell zur Zulässigkeit von Bedingungsanpassungsklauseln *Matusche-Beckmann,* NJW 1998, 112; *Reimann,* Bedingungsanpassungsklauseln in Versicherungsverträgen (2007), S. 109 ff.

[466] Dagegen *Prölss/Martin/Prölss*[27], Vorbem. I Rn. 26 a; *Wandt* in: *Beckmann/Matusche-Beckmann,* Versicherungsrechts-Handbuch[2], § 11 Rn. 94 f., für den Bereich von Änderungsklauseln für Prämie und Tarifbestimmungen dafür *Beckmann,* VersR 1996, 540.

[467] *Wandt* in: *Beckmann/Matusche-Beckmann,* Versicherungsrechts-Handbuch[2], § 11 Rn. 93 *Schauer,* VR 1999, 21.

[468] Siehe *Beckmann,* VersR 1996, 540 für Prämienanpassungsklauseln.

an. In jedem Fall muss das in Bezug genommene Veränderungskriterium sicherstellen, dass
Prämienanpassungen hierbei nur jene VN betreffen, deren versicherte Risiken von der Änderung berührt werden[469].

156   *bb) Neue Bedingungen für Zeitraum ohne ordentliches Kündigungsrecht des Versicherers.* Im Gegensatz zu der soeben beschriebenen Fallgruppe ist das Interesse des VN an einer Fortgeltung
der einmal vereinbarten Vertragsbedingungen als wesentlich gewichtiger einzustufen, wenn
sich das Änderungsverlangen des VR auf einen Zeitraum bezieht, in dem diesem ein ordentliches Kündigungsrecht nicht zur Seite steht. Die Unkündbarkeit des Vertrages für einen bestimmten Zeitraum indiziert gerade die **Bindung des VN** an das von ihm abgegebene Leistungsversprechen. Auf der anderen Seite bestünde bei einer vorbehaltlosen Geltung des
gesamten Klauselinhalts über einen u. U. langen Zeitraum die Gefahr, auf eine eingetretene
Änderung der tatsächlichen Grundlagen des Versicherungsvertrages nicht angemessen reagieren zu können und so die Erfüllbarkeit der zugesagten Leistungen nicht garantieren zu können. Änderungsvorbehalte für versicherte Zeiträume ohne ordentliches Kündigungsrecht des
VR sind daher nicht von vornherein unzulässig[470]. Der VN bedarf hierbei jedoch insbesondere des Schutzes durch die Inhaltskontrolle entsprechender Vorbehaltsklauseln, um seine
durch den Vertragsschluss dokumentierte und den Ausschluss des ordentlichen Kündigungsrechtes verstärkte Leistungserwartung aufrecht zu erhalten. Änderungsvorbehalte unterliegen
daher strengen Anforderungen und ermöglichen eine Revision ursprünglich vereinbarter
Vertragsbedingungen nur in begrenzter Weise[471].

157   Soweit eine AVB-Änderung auf eine Änderung der Leistung abzielt, bestimmt sich die
Zulässigkeit nach § 308 Nr. 4 BGB, andernfalls nach § 307 BGB[472]. Da § 308 Nr. 4 BGB
jedoch nur die äußerste Wirksamkeitsgrenze einer entsprechenden Klausel beschreibt und
ein Rückgriff auf die Kontrollmaßstäbe des § 307 BGB dadurch möglich bleibt, bestehen
i. E. keine differenzierten Wirksamkeitsvoraussetzungen[473]. Kontrollmaßstab ist damit letztlich der Grundsatz von „Treu und Glauben" sowie die Konkretisierungen gem. § 307 Abs. 2
BGB[474].

158   Folgende Anforderungen lassen sich im Wesentlichen nennen: Der Anpassungsvorbehalt
muss hinreichend **bestimmt** und **verständlich** sein. So muss für den Versicherungsnehmer
erkennbar sein, in welchen Bereichen und unter welchen Voraussetzungen mit einer Änderung zu rechnen ist und in welchem Umfang ihn zusätzliche Belastungen treffen werden[475]
Der generelle Vorbehalt, „einzelne Bedingungen" ergänzen oder ersetzen zu dürfen, bedarf
daher in seinen Gestaltungsmöglichkeiten der Konkretisierung[476].

159   Des Weiteren setzen Anpassungsklauseln nach der Rechtsprechung des BGH die Festlegung eines umgrenzten Änderungsanlasses voraus. Erforderlich sind externe, vom VR weder
vorherseh- noch beeinflussbare Umstände, durch die das vertragliche **Äquivalenzverhältnis**
von Leistung und Gegenleistung erheblich gestört ist. Dies ist dann der Fall, wenn den Parteien ohne die Vertragsanpassung die Durchführung und Fortsetzung des Vertrages nicht
oder nur mit Schwierigkeiten möglich ist.

---

[469] Vgl. BVerwG v. 14. 10. 1981, VersR 1981, 221 (224).

[470] Vgl. BGH v. 17. 3. 1999, BGHZ 141, 153 = VersR 1999, 697 = NJW 1999, 1865 (1865 f.); *Prölss/
Martin/Prölss*[27], Vorbem. I Rn. 28 a; *Präve,* Versicherungsbedingungen und AGB-Gesetz, Rn. 446 ff.

[471] Siehe die grundlegende Entscheidung BGH v. 17. 3. 1999. BGHZ 141, 153 = VersR 1999, 697 =
NJW 1999, 1865 zu einer Bedingungsanpassungsklausel in der Rechtsschutzversicherung; bereits BGH v.
8. 10. 1997. BGHZ 136, 394 = NJW 1998, 454 zu Änderungsvorbehalten in einer VVaG-Satzung.

[472] Siehe hierzu auch Rn. 214.

[473] Vgl. BGH v. 17. 3. 1999. BGHZ 141, 153 = VersR 1999, 697 = NJW 1999, 1865 (1866).

[474] *Prölss/Martin/Prölss*[27], Vorbem. I Rn. 28 b.

[475] Siehe BGH v. 8. 10. 1997, BGHZ 136, 394 = NJW 1998, 454 (456); BGH v. 17. 3. 1999,
BGHZ 141, 153 = VersR 1999, 697 = NJW 1999, 1865 (1866); *Bruck/Möller/Sieg/Johannsen*[8], Bd. III
Anm. A 38.

[476] BGH v. 8. 10. 1997, BGHZ 136, 394 (402) = NJW 1998, 454 (456).

Die aufgrund des Vorbehalts vorgesehene Änderung muss **verhältnismäßig** sein. So darf **160**
der VN bei relativer Betrachtung nicht schlechter gestellt werden als er bei Vertragsschluss
stand. Grenze der Vertragsänderung ist daher die Wiederherstellung des ursprünglichen
Äquivalenzverhältnisses, d. h. eine Verschiebung des bei Vertragsschluss festgelegten Verhältnisses von Leistung und Gegenleistung zu Lasten des VN ist ausgeschlossen[477]. Die mögliche
Änderung muss zudem zur Wiederherstellung des Äquivalenzverhältnisses erforderlich sein[478]
Aufgrund dieser Orientierung am ursprünglichen Äquivalenzverhältnis ist es dabei unerheblich, ob die beabsichtigte Neuregelung für sich genommen den Anforderungen einer Inhaltskontrolle nach AGB-rechtlichen Vorschriften entspräche. Der VR als Klauselverwender soll
nicht berechtigt werden, das Risiko der Unwirksamkeit der von ihm verwendeten Klauseln
auf den VN abwälzen zu können. Dem VR soll nicht durch ein nachträgliches Anpassungsrecht ermöglicht werden, zunächst eine seinem Vorteil gereichende Klauseln in den Vertrag
einzubeziehen, die gerade noch vertretbar erscheint, um dann bei nachträglich festgestellter
Unwirksamkeit in der Form gelassen reagieren zu können, als ihm die Möglichkeit zusteht,
ohne Zustimmung des VN eine Ersatzbestimmung neu in den Vertrag einzufügen[479]. Stehen
mehrere Möglichkeiten der Wiederherstellung des Äquivalenzverhältnisses zur Verfügung, ist
der VR zur Wahl des mildesten gehalten. Risiko- oder Kostenänderungen berechtigen daher,
die sonstigen Voraussetzung wie etwa Erheblichkeit etc. vorausgesetzt, lediglich zu Prämienanpassungen, da diese im Vergleich zu Änderungen der Versicherungsbedingungen mit dem
Ziel einer Absenkung des Versicherungsschutzes unter Umständen den geringeren Eingriff in
das Versicherungsverhältnis darstellen[480]. Darüber hinaus untersteht jede Maßnahme des VR
dem Gebot der Rücksichtnahme. Dessen Anforderung bestimmt sich unter Zugrundelegung
eines generalisierenden Maßstabes an den Interessen der Versichertengesamtheit und ist vom
jeweiligen Änderungsanlass und der Versicherungsart abhängig. Das gerade mit dem Abschluss von Versicherungsverträgen typischerweise verfolgte Interesse von VN an Planungssi-
cherheit macht z. B. Prämienanpassungen daher nur zu Beginn der neuen und nicht in der
laufenden Versicherungsperiode möglich[481].

Obgleich sich die Zulässigkeitsschranke eines Änderungsvorbehalts an den Interessen der **161**
Gesamtheit der VN zu orientieren hat, kann ein unter diesen Voraussetzungen grundsätzlich
berechtigtes Änderungsverlangen des VR aus individueller Sicht des einzelnen VN eine nicht
mehr zumutbare Belastung darstellen. Daraus folgt die Notwendigkeit der Einräumung eines
außerordentlichen Kündigungsrechtes zugunsten **des VN**[482]. Auf dieses Kündigungsrecht muss der VR den VN hinweisen.

Für **Prämienerhöhungen** aufgrund einer Anpassungsklausel ergibt sich ein solches Kündigungsrecht aus § 40 Abs. 1 VVG[483]. Von einer (analogen) Anwendung dieser Vorschrift ist
zudem auszugehen, wenn mit der Prämienerhöhung zwar auch eine Verbesserung des Versicherungsschutzes verbunden ist, diese Ausweitung jedoch bei verhältnismäßiger Betrachtung
hinter der Prämienanhebung zurückbleibt (sog. **„versteckte Prämienerhöhung"**)[484].
Durch § 40 Abs. 2 VVG wird nunmehr klargestellt, dass dem VN auch dann ein außerordentliches Kündigungsrecht i. S. v. § 40 Abs. 1 VVG zusteht, wenn der Versicherungsschutz mittels

---

[477] BGH v. 17. 3. 1999, BGHZ 141, 153 = VersR 1999, 697 = NJW 1999, 1865 (1866); OLG Düsseldorf v. 4. 9. 1997, VersR 1997, 1272.
[478] BGH v. 17. 3. 1999, BGHZ 141, 153 = VersR 1999, 697 = NJW 1999, 1865 (1866).
[479] *Matusche-Beckmann,* NJW 1998, 112 (115).
[480] Siehe bereits Rn. 152.
[481] *Wandt* in: *Beckmann/Matusche-Beckman,* Versicherungsrechts-Handbuch[2], § 11 Rn. 105 (auch zum
Vorstehenden).
[482] *Wandt* in: *Beckmann/Matusche-Beckmann*[2], Versicherungsrechts-Handbuch, § 11 Rn. 108 ff. m. w. N.
[483] Zu den Auswirkungen des § 31 VVG a. F. auf die Zulässigkeitsvoraussetzungen von Prämienanpassungsklauseln in Versicherungsverträgen sieh *Beckmann,* VersR 1996, 540 ff.
[484] Siehe zu § 31 VVG a. F. *Prölss/Martin/Prölss*[27], § 31 Rn. 1; *Wandt,* Änderungsklauseln in Versicherungsverträgen (2000), Rn. 173; Berliner Kommentar/*Harrer,* § 31 Rn. 45; a.A: *Römer/Langheid*[2], § 31
Rn. 26.

Anpassungsklausel vermindert wird, ohne dass dies durch entsprechende Prämiensenkungen kompensiert wird. Auch außerhalb des Anwendungsbereiches des § 40 VVG, d. h. bei Anpassungsvorbehalten, die nicht mit einer (wenn auch versteckten) Prämienerhöhung verbunden sind, muss dem VN i. R. d. Anpassungsklausel ein Kündigungsrecht zugesprochen werden; ist dies nicht der Fall, ist die Anpassungsklausel infolge unangemessener Benachteiligung des VN unwirksam[485]. Im Falle von Prämienerhöhungen beträgt die Kündigungsfrist einen Monat, § 40 Abs. 1 S. 1 VVG. Ob für andere, nicht in den Anwendungsbereich der Regelung fallende Änderungsklauseln eine andere (insbesondere längere) Kündigungsfrist vorzusehen ist, ist zweifelhaft. Der BGH hat in seiner grundlegenden Entscheidung zur Bedingungsanpassungsklausel (§ 10 A ARB 94) in der Rechtsschutzversicherung eine Frist von einem Monat als zu kurz erachtet[486]. Die dort geprüfte Klausel bezog sich allerdings im Wesentlichen auf das Instrument der Lückenfüllung bei Unwirksamkeit einzelner Bestimmungen in AVB im Wege der Einfügung von Ersatzregelungen durch den VR[487]. Für die übrigen Anpassungsvorbehalte, die weder der Ersetzung unwirksamer Klauseln dienen, noch mit Prämienerhöhungen verbunden sind und daher nicht der Kündigungsregelung des § 40 VVG unterfallen, scheint eine von § 40 Abs. 1 VVG abweichende (verlängerte) Kündigungsfrist kaum begründbar; eine längere Kündigungsfrist sollte angesichts der genannten Entscheidung des BGH und zur Vermeidung des Unwirksamkeitsrisikos allerdings bedacht werden[488].

162   Die Wirksamkeit einer Anpassungsklausel setzt nach wohl h. M. zudem die Einschaltung eines unabhängigen Treuhänders voraus, der die Änderung ex ante daraufhin untersucht, ob ein zulässiger Anlass zur Vertragsanpassung vorliegt und ob der VR die ihm auferlegten Grenzen seines Anpassungsrechts wahrt[489]. Hierfür lassen sich anderenorts genannte Gründe anführen: Gerade die hinsichtlich Anlass und Inhalt einer möglichen Änderung aufgrund des Bestimmtheits- und Transparenzgebots besonders genau gefassten und detaillierten Klauseln ermöglichen eine eigenständige Prüfung ihrer Anwendung im Einzelfall durch einen durchschnittlichen VN aufgrund fehlender versicherungsmathematischer sowie -rechtlicher Kenntnisse kaum. Dies gilt umso mehr im Falle vorhandener Beurteilungsspielräume des VR. Dadurch bestehende Kontrolldefizite auf Versicherungsnehmerseite können letztlich wirksam nur durch die Einschaltung eines Treuhänders ausgeglichen werden. Den VN lediglich auf die gerichtliche Nachkontrolle der erfolgten Vertragsänderung oder sein Kündigungsrecht zu verweisen[490], ist schon deshalb nicht angezeigt, als dieser aufgrund der erwähnten Kontrolldefizite die Erfolgsaussichten einer Klage nur schwerlich abschätzen kann. Zudem würde diese Verschiebung der Überprüfungslast zu Ungunsten des VN eine kaum begründbare weitere Privilegierung des VR bedeuten, der bereits durch die Ermöglichung einseitiger Vertragsänderung begünstigt ist[491]. Andererseits ist zu berücksichtigen, dass für Fälle **gesetzlicher Bedingungsanpassungen** nach der VVG-Reform auf das Erfordernis der Einschaltung eines unabhängigen Treuhänders verzichtet worden ist[492]. Zur Begründung ist darauf hingewiesen worden, dass nach den Erfahrungen durch die Einschaltung des Treuhänders der damit verfolgte zusätzliche Schutz der Interessen der VN nicht erreicht werde. Im Gegenteil könne durch die Einschaltung eines Treuhänders für den VN der nicht gewollte Eindruck entstehen, dass eine gerichtliche Überprüfung der Wirksamkeit der neuen Klausel von vornherein erfolglos wäre. Diese Aspekte sind bei der Beurteilung **rechtsgeschäftlicher**

---

[485] *Prölss/Martin/Prölss*[27], § 31 Rn. 1, Vorbem. I Rn. 30.

[486] BGH v. 17. 3. 1999, BGHZ 141, 153 = VersR 1999, 697 = NJW 1999, 1865 (1866), allerdings unter dem Aspekt einer Widerspruchsfrist.

[487] Dazu Rn. 165.

[488] Siehe *Prölss/Martin/Prölss*[27], Vorbem I Rn. 30: mehr als vier Wochen; *Wandt,* Änderungsklauseln in Versicherungsverträgen (2000), S. 70 ff.: sechs Wochen.

[489] *Wandt* in: *Beckmann/Matusche-Beckmann,* Versicherungsrechts-Handbuch[2], § 11 Rn. 112 ff.; *Beckmann,* VersR 1996, 540 (545) für Prämienanpassungen; a. A. *Prölss/Martin/Prölss*[27], Vorbem. I Rn. 30 a.

[490] So *Prölss/Martin/Prölss*[27], Vorbem. I Rn. 30 a.

[491] Vgl. *Dörner/Staudinger,* WM 2006, 1710 (1715).

[492] RegE BT-Drucks. 16/3945, S. 100.

Bedingungsanpassungsklauseln gleichfalls zu bedenken und sprechen auch dafür, in diesem Bereich auf dieses Erfordernis zu verzichten.

Die aufgrund eines Änderungsvorbehalts neu gefasste Vertragsbestimmung unterliegt wie **163** auch die Änderungsklausel selbst der **Inhaltskontrolle.** Nichtsdestotrotz sind für Bedingungsanpassungklauseln hohe Zulässigkeitsvoraussetzungen zu stellen[493]. Den Interessen beider Vertragsparteien muss Rechnung getragen werden. Unabhängig von weiteren Voraussetzungen kann ein nachträgliches umfassenden Anpassungsrecht jedenfalls nur dann – auch mittels Zustimmungsfiktion – zulässig sein, wenn die Durchführung des Vertrages ohne die ergänzende Regelung für eine der Vertragsparteien unzumutbar würde[494].

4. Ersetzung unwirksamer AVB-Klauseln[495]

Eine **gesetzliche Ersetzungsbefugnis** des VR hinsichtlich unwirksamer Klauseln in **164** AVB sieht das neue VVG wie bisher nur für die Lebens- (§ 164 VVG) und Krankenversicherung (§ 203 Abs. 4 VVG) vor[496]. Auf die Berufsunfähigkeitsversicherung ist gemäß § 176 VVG die Regelung des § 164 VVG entsprechend anwendbar[497]. Von der Aufnahme einer allgemeinen Regelung zur Anpassung unwirksamer Klauseln in AVB wie dies § 16 des Kommissionsentwurfes vorsah, wurde abgesehen. Allgemeine Anpassungsmöglichkeiten seien ausreichend, da mit unzumutbaren Problemen im Hinblick auf das Fehlen einer über § 306 BGB hinausgehenden Regelung nicht zu rechnen sei. Damit bleibt es grundsätzlich bei der bisherigen Rechtslage, das Risiko der Unwirksamkeit einer vom VR verwendeten Bedingung wird – außerhalb der gesetzlich geregelten Bereiche – damit auch weiterhin dem VR auferlegt[498].

Außerhalb der gesetzlich geregelten Bereiche besteht daher nur die Möglichkeit der Ver- **165** einbarung einer **vertraglichen Ersetzungsklausel,** die es dem VR erlaubt, statt der unwirksamen Klauseln geänderte Bedingungen nachträglich in den Vertrag einzuführen[499]. Solche Ersetzungsklauseln sind grundsätzlich zulässig, unterliegen dabei jedoch der vollen Inhaltskontrolle nach § 307 BGB[500]. Da nachträglich abändernd in einen bestehenden Vertrag eingegriffen werden soll, sind zur Wahrung der Wirksamkeit indes strenge Voraussetzungen zu beachten (vgl. oben Rn. 163). Diese orientieren sich im Wesentlichen am Leitbild der §§ 164, 176, 203 Abs. 3 VVG sowie an § 306 BGB[501].

So ist zunächst erforderlich, dass aufgrund der Unwirksamkeit der Klausel eine **Lücke im Versicherungsverhältnis** entstanden ist, die es den Parteien nur mit Schwierigkeiten ermöglicht, den Vertrag fortzusetzen oder durchzuführen[502]. Gem. §§ 307 Abs. 2 Nr. 1, 306 Abs. 2 BGB ist eine auf Seiten des VR bestehende Ersetzungsbefugnis dann unzulässig, wenn das **dispositive Gesetzesrecht** bereits eine Regelung zur Lückenfüllung bereit hält, die den Besonderheiten des in Rede stehenden Vertrages angemessen Rechnung trägt[503].

---

[493] So auch *Matusche-Beckmann*, NJW 1998, 112 ff.

[494] *Matusche-Beckmann*, NJW 1998, 112 (116).

[495] Dazu *Matusche-Beckmann*, Die Bedingungsanpassungsklausel – Zulässiges Instrument für den Fall der Unwirksamkeit Allgemeiner Versicherungsbedingungen?, NJW 1998 112; *Präve*, Zur Bedingungsanpassungsklausel in der Privatversicherung, VersR 1999 699.

[496] Insofern vgl. die Ausführungen zur Lebensversicherung und zur Krankenversicherung.

[497] Insofern vgl. die Ausführungen zur Berufsunfähigkeitsversicherung.

[498] RegE VVGRefG S. 100.

[499] *Prölss/Martin/Prölss*[27], Vorbem. I Rn. 109; *Matusche-Beckmann*, NJW 1998, 112.

[500] Berliner Kommentar/*Schwintowsk,i* § 175 Rn. 5; *Prölss/Martin/Prölss*[27], Vorbem. I Rn. 109; vgl. hierzu auch Rn. 151.

[501] *Kollhosser*, VersR 2003, 807.

[502] BGH v. 17. 3. 1999, BGHZ 141, 153 = VersR 1999, 697 = NJW 1999, 1865 (1866); *Präve*, VersR 1999, 699.

[503] BGH v. 17. 3. 1999, BGHZ 141, 153 = VersR 1999, 697 = NJW 1999, 1865 (1866); *Prölss/Martin/Prölss*[27], Vorbem. I Rn. 109.

Mit der Ersetzungsbefugnis darf der VR nicht über das hinaus gehen, was zur Füllung der entstandenen Lücke erforderlich ist. Der VN darf **nicht schlechter gestellt werden,** als er bei Vertragsschluss stand[504].

Die Klausel muss auch klar zum Ausdruck bringen, wem die Kompetenz zugewiesen ist, eine **Bedingung für unwirksam zu erklären**[505]. Aufgrund des Erfordernisses der Notwendigkeit einer Anpassung ist die Einschätzung des VR insofern nicht maßgeblich[506]. Meist wird hinsichtlich der Unwirksamkeit einer Klausel auf deren Feststellung durch eine bestandskräftige Entscheidung der BaFin oder der Kartellbehörden sowie durch eine rechtskräftige Entscheidung eines Gerichts abgestellt[507]. Dabei ist nicht erforderlich, dass die maßgebliche Entscheidung gegen den zur Ersetzung befugten VR ergangen ist. Notwendig, aber auch ausreichend ist, dass dieser inhaltsgleiche AVB verwendet[508]. Bei der Beurteilung solcher rechtsgeschäftlicher Bedingungsanpassungsklauseln sollte Berücksichtigung finden, dass der Gesetzgeber aus guten Gründen auf ein allgemeines gesetzliches Bedingungsanpassungsrecht verzichtet hat (vgl. oben Rn. 164). Zu Recht heißt es in der Regierungsbegründung zum neuen VVG, es erscheine angemessen, „außerhalb der Lebensversicherung und der Krankenversicherung das Risiko der Unwirksamkeit einer vom Versicherer verwendeten Bedingung dem Versicherer aufzuerlegen"[509]. Dieser Ansatz gilt auch für rechtsgeschäftliche Bedingungsanpassungsklauseln und spricht gleichfalls für hohe Anforderungen an deren Zulässigkeit (vgl. oben Rn. 163).

VI. Auslegung von AVB

1. Allgemeines

166   Die Aufgabe der Auslegung einer in Allgemeinen Geschäftsbedingungen vorformulierten Klausel besteht zunächst in der Bestimmung ihres Anwendungsbereiches, d. h. des Tatbestandes und der damit verbundenen Rechtsfolge. Dies ist bei Allgemeinen Versicherungsbedingungen aufgrund der darin enthaltenen Vielzahl technischer und juristischer Begriffe und Formeln von hervorgehobener Bedeutung. Zugleich stellt der dadurch gewonnene Klauselinhalt den Prüfungsgegenstand der Inhaltskontrolle dar, so dass die Auslegung einer Prüfung der Vertragsbestimmungen anhand der §§ 307 ff. BGB vorgelagert ist[510].

167   Die Auslegung orientiert sich, wie bei sämtlichen Allgemeinen Geschäftsbedingungen, auch bei AVB, unabhängig ob es sich um Individual- oder Verbandsprozesse handelt, an einem **objektiven Maßstab.** Die besonderen Umstände des Einzelfalles bleiben dabei außer Betracht[511]. Dies folgt aus der Funktion vorformulierter Vertragsklauseln, eine generalisierende Regelung ohne Einflussnahme des individuellen Klauseladressaten zu erreichen[512]. Auszugehen ist dabei vom **Wortlaut** der vorformulierten vertraglichen Bedingung, wie er aus Sicht der typischerweise beteiligten Verkehrskreise zu verstehen ist. Der standardisierende Auslegungsmaßstab richtet sich dabei nach dem Willen verständiger und redlicher Vertrags-

---

[504] BGH v. 17. 3. 1999, BGHZ 141, 153 = VersR 1999, 697 = NJW 1999, 1865 (1866); *Wandt* in: *Beckmann/Matusche-Beckmann,* Versicherungsrechts-Handbuch², § 11 Rn. 163.

[505] BGH v. 17. 3. 1999, BGHZ 141, 153 = VersR 1999, 697 = NJW 1999, 1865 (1866); *Wandt* in: *Beckmann/Matusche-Beckmann,* Versicherungsrechts-Handbuch², § 11 Rn. 164.

[506] BGH v. 17. 3. 1999, BGHZ 141, 153 = VersR 1999, 697 = NJW 1999, 1865 (1866); BGH v. 12. 10. 2005, BGHZ 164, 297 = VersR 2005, 1565; a. A. *Prölss/Martin/Prölss*²⁷, Vorbem. I Rn. 109f.

[507] *Wandt* in: *Beckmann/Matusche-Beckmann,* Versicherungsrechts-Handbuch², § 11 Rn. 164; *Römer,* VersR 1994, 124; *Prölss/Martin/Prölss*²⁷,Vorbem. I Rn. 109f.

[508] *Wandt* in: *Beckmann/Matusche-Beckmann,* Versicherungsrechts-Handbuch², § 11 Rn. 165.

[509] RegE VVGRefG S. 100.

[510] Siehe etwa BGH v. 30. 10. 2002, VersR 2002, 1546 (1547); BGH v. 22. 3. 2000, VersR 2000, 709; BGH v. 17. 3. 1999, VersR 1999, 745 (746).

[511] Münchener Kommtar BGB/*Basedow*⁵, § 305 c Rn. 22; *Rüßmann,* BB 1987, 845.

[512] Dazu nur BGH v. 14. 6. 2006, VersR 2006, 1246 (1248); *Ulmer* in: *Ulmer/Brandner/Hensen*¹⁰, § 305 c Rn. 73 ff.

partner[513], wobei auch die systematische Stellung der jeweiligen Vertragsregelung im Bedingungswerk[514] und der mit ihr verfolgte Sinn und Zweck[515] Berücksichtigung finden. Entscheidend bei der Auslegung Allgemeiner Versicherungsbedingungen ist demnach grundsätzlich die Sicht eines rechtsunkundigen durchschnittlichen VN ohne einschlägige versicherungsspezifische Fachkenntnis. Zu fragen ist, wie dieser die konkrete Klausel bei verständiger Würdigung und aufmerksamer Durchsicht zum Zeitpunkt des Vertragsschlusses[516] verstehen musste[517]. Das Verständnis Dritter ist unerheblich[518], bei Gruppenversicherungen ist hingegen nach dem Verständnis der betroffenen Versicherten zu fragen[519]. Nicht ausschlaggebend ist grundsätzlich das individuelle Verständnis des einzelnen VN[520]. Dies gilt allerdings nicht, soweit ein übereinstimmendes Verständnis der betreffenden Klausel auf Seiten von VR und VN festzustellen ist, welches in diesem Fall maßgeblich ist[521]. Besitzt der als Klauseladressat angesprochene Personenkreis für die Auslegung relevante Vorkenntnisse, sind diese zu berücksichtigen[522].

Neben dem Wortlaut der Klausel sind auch der Sinnzusammenhang sowie der mit der **168** Klausel erkennbar verfolgte Zweck maßgebend[523]. Der Wortlaut der Bedingungen kann allerdings nicht allein maßgebend sein; von wesentlicher Bedeutung für die Auslegung ist vielmehr auch, was ein durchschnittlicher VN billigerweise vom Versicherungsschutz erwarten kann. Diese Erwartungen werden zwar in erster Linie vom Text des Versicherungsvertrages – also des Antrags, des Versicherungsscheins und der allgemeinen Versicherungsbedingungen – bestimmt; es muß dabei aber auch die Verkehrsauffassung und die Interessenlage in Betracht gezogen werden[524]. Die Auslegung von AVB erfolgt dabei aus ihrem Sinnzusammenhang, wie er für den VN **erkennbar** ist. Daher bilden nur die vereinbarten Vertragsklauseln den Gegenstand der Auslegung[525]. Andere Klauselwerke können nicht herangezogen werden, da von einer Kenntnis des VN hiervon nicht ausgegangen werden kann.

AVB-Klauseln, die **Risikoausschlüsse oder –begrenzungen** vorsehen, sind grundsätz- **169** lich eng auszulegen, da der VN mit Verkürzungen des Versicherungsschutzes, die ihm nicht

---

[513] Siehe BGH v. 19. 1. 2005, NJW 2005, 1183 (1184); BGH v. 14. 1. 1999, NJW 1999, 1105 (1106); BGH v. 17. 2. 1993, NJW 1993, 1381 (1382); BGH v. 29. 3. 1974, BGHZ 62, 251 (254); BGH v. 8. 3. 1955, BGHZ 17, 1 (3).

[514] BGH v. 4. 5. 1995, BGHZ 129, 345 (348) = NJW 1995, 3117; BGH v. 15. 10. 1991, NJW 1992, 180 (181); BGH v. 11. 2. 1992, NJW 1992, 1097 (1099); BGH v. 19. 2. 1992, NJW 1992, 1236 (1237); BGH v. 9. 7. 1991, NJW 1991, 2559.

[515] BGH v. 6. 11. 1967, BGHZ 49, 84 (88); BGH v. 14. 1. 1999, NJW 1999, 1105 (1106); BGH v. 17. 2. 1993, NJW 1993, 1381 (1382); BGH v. 14. 2. 1968, NJW 1968, 885; zur Auslegung von AVB auch *Baumann,* r+s 2005, 313 ff., der auch für eine Berücksichtigung der Entstehungsgeschichte plädiert.

[516] Dazu *Lindacher* in: *Wolf/Horn/Lindacher*[4], § 5 Rn. 16.

[517] Vgl. BGH v. 13. 12. 2006, VersR 2007, 388; BGH v. 19. 2. 2003, VersR 2003, 454(455); BGH v. 12. 3. 2003, VersR 2003, 581 (584); BGH v. 26. 3. 2003, VersR 2003, 641 (642); BGH v. 3. 7. 2002, VersR 2002, 1089 (1090); BGH v. 25. 9. 2002, VersR 2002, 1503 (1504); BGH v. 30. 10. 2002, VersR 2002, 1547 (1548); BGH v. 21. 2. 2001, VersR 2001, 489 (490); BGH v. 17. 5. 2000, VersR 2000, 1090; BGH v. 26. 9. 2001, VersR 2001, 1502 (1503); BGH v. 22. 3. 2000, VersR 2000, 709; BGH v. 17. 3. 1999, VersR 1999, 745 (746); BGH v. 14. 4. 1999, VersR 1999, 877 (878).

[518] BGH v. 17. 9. 2003, NJW 2003, 3705 bzgl. des Geschädigten eines Berufshaftpflichtversicherten.

[519] BGH v. 14. 6. 2006, VersR 2006, 1246 (1247); BGH v. 12. 3. 2003, VersR 2003, 719 (720); BGH v. 27. 9. 2000, VersR 2000, 1530; BGH v. 16. 3. 1988, BGHZ 103, 370.

[520] BGH v. 9. 12. 1987, VersR 1988, 282 (283); BGH v. 15. 6. 1983, VersR 1983, 850.

[521] BGH v. 22. 3. 2002, NJW 2002, 2102 (2103); BGH v. 14. 6. 2006, VersR 2006, 1246; *Palandt/Heinrichs*[67], § 305 c Rn. 15.

[522] Berliner Kommentar/*Dallmayr,* Vorbem. §§ 129–148 Rn. 124; *Roth,* WM 1991, 2125 (2129); vgl. dazu auch BGH v. 9. 5. 1984, VersR 1984, 830 (831); OLG Frankfurt v. 22. 9. 1994, VersR 1995, 449 (451).

[523] Siehe BGH v. 18. 12. 1995, NJW-RR 1996, 537; BGH v. 23. 1. 1991, VersR 1991, 417 (418).

[524] Vgl. BGH v. 16. 10. 1991, VersR 1992, 47; BGH v. 4. 12. 1980, VersR 1981, 173 (174).

[525] BGH v. 17. 9. 1986, VersR 1987, 68 (69); OLG Koblenz v. 23. 1. 1998, VersR 1998, 1146 (1147).

hinreichend verdeutlicht wurden, nicht zu rechnen braucht[526]. Entscheidend ist dabei der für den VN erkennbare Sinn der jeweiligen Regelung unter Beachtung ihres Zwecks und der gewählten Ausdrucksweise. Nach der Rechtsprechung des BGH ist auch hierbei die Verständnismöglichkeit eines durchschnittlichen VN maßgebend, eine „gesetzesähnliche" Auslegung von AVB-Bestimmungen soll daraus nicht folgen[527]. Danach spielt nach h. M. auch die **Entstehungsgeschichte** eines bestimmten Klauselwerkes aufgrund grundsätzlich fehlender Kenntnis des VN bei dessen Auslegung keine Rolle[528]. Aus diesem Grund sind auch von Versichererseite bei der Klauselerstellung angestellte Zweckerwägungen bei der Auslegung unerheblich, solange sie sich nicht im Wortlaut und dadurch für den VN erkennbar wiederspiegeln[529]. Dies soll allerdings selbst dann gelten, wenn die Berücksichtigung von Entstehungsgeschichte oder versicherungstechnischem Zweck der Klausel zu einem **für den VN günstigeren** Ergebnis als die an seiner Verständnismöglichkeit orientierte Auslegung führen würde[530]. Eine solche Sichtweise läuft jedoch dem eigentlichen Schutzzweck einer auf den Verständnishorizont des VN ausgerichteten Auslegung Allgemeiner Versicherungsbedingungen zuwider und wird daher i. E. zu Recht kritisiert[531]. Der VN soll durch die Orientierung der Auslegung an der Sichtweise eines durchschnittlichen Klauseladressaten vor einer Verkürzung seines Versicherungsschutzes bewahrt werden, mit der er aufgrund der erkennbaren Interessenlage und des Zwecks der Vertragsbestimmung redlicherweise nicht zu rechnen brauchte. In Anbetracht dieser Schutzrichtung wäre es unbillig, dem VR die Vorteile einer entsprechenden Klausel nur deshalb zu versagen, weil dem VN der mit ihr verfolgte versicherungswirtschaftliche (und zur einschränkenden Auslegung berechtigende) Zweck verborgen geblieben ist[532]. Es gibt deshalb gute Gründe, sowohl die Entstehungsgeschichte als auch der Zweck einer AVB-Klausel im Rahmen der Auslegung zu berücksichtigen, soweit dies zu einem für den VN günstigen Ergebnis führt und dabei unabhängig von dessen darauf bezogener Verständnismöglichkeit[533].

170   Beinhalten AVB juristisches Vokabular mit dem die **Rechtssprache** feststehende Begriffe verbindet, sind die verwendeten Fachbegriffe in diesem Sinne zu verstehen[534]. Dies ergibt sich einschränkungslos, wenn der Begriff auch dem allgemeinen Sprachgebrauch entspricht. Weicht der Begriff jedoch in seiner rechtssprachlichen Bedeutung vom allgemeinen Sprachverständnis in einem Randbereich deutlich ab, ist das von der Rechtssprache abweichende

---

[526] Siehe nur BGH v. 13. 12. 2006, VersR 2007, 388; BGH v. 17. 9. 2003, NJW 2003, 3705 (3706); BGH v. 27. 11. 2002, NJW 2003, 511; BGH v. 19. 2. 2003, NJW-RR 2003, 672 (673); BGH v. 17. 3. 1999, NJW-RR 1999, 1038.

[527] BGH v. 17. 5. 2000, NJW-RR 2000, 1341 (1342); BGH v. 17. 3. 1999, VersR 1999, 748.

[528] BGH v. 6. 3. 1996, r+s 1996, 169 (170); BGH v. 18. 12. 1991, VersR 1992, 349 (350); *Präve* in: *Beckmann/Matusche-Beckmann,* Versicherungsrechts-Handbuch (2004), § 10 Rn. 212; *Ulmer* in: *Ulmer/Brandner/Hensen*[10], § 305c Rn. 82; *Prölss/Martin/Prölss*[27], Vorbem. III Rn. 16; vgl. aber *Baumann,* r+s 2005, 313ff.

[529] BGH v. 17. 5. 2000, NJW-RR 2000, 1341 (1342); BGH v. 5. 7. 1989, VersR 1989, 908 (909); BGH v. 2. 10. 1985, NJW 1986, 431.

[530] BGH v. 25. 9. 2002, NJW 2003, 139; BGH v. 17. 5. 2000, NJW-RR 2000, 1341 (1342); BGH v. 21. 2. 2001, NJW-RR 2001, 741 (742).

[531] Siehe *Präve* in: *Beckmann/Matusche-Beckmann,* Versicherungsrechts-Handbuch (2004), § 10 Rn. 213f.; *Prölss/Martin/Prölss*[27], Vorbem. III Rn. 5f., 16; *Prölss,* NVersZ 1998, 17 (18); vgl. insbesondere *Baumann,* r+s 2005, 313ff.; a. A. *Römer/Langheid*[2], Vorbem. zu § 1 Rn. 17.

[532] *Prölss,* NVersZ 1998, 17 (18).

[533] So auch OLG Nürnberg v. 20. 9. 2001, NVersZ 2002, 136 (137); OLG Nürnberg v. 9. 3. 2000, NVersZ 2001, 216 (217); *Lorenz,* VersR 2000, 1092 (1093).

[534] BGH v. 8. 12. 1999, VersR 2000, 311; BGH v. 11. 12. 2002, VersR 2003, 236; BGH v. 22. 3. 2000, VersR 2000, 709; BGH v. 21. 4. 1999, VersR 1999, 877 (878); BGH v. 26. 9. 2001. VersR 2001, 1502 (1503); BGH v. 5. 7. 1995, VersR 1995, 951 (952); BGH v. 18. 3. 1992, VersR 1992, 606 (607); *Präve* in: *Beckmann/Matusche-Beckmann,* Versicherungsrechts-Handbuch (2004), § 10 Rn. 216; *Palandt/Heinrichs*[67], § 305c Rn. 16; einschränkend *Ulmer* in: *Ulmer/Brandner/Hensen*[10], § 305c Rn. 83; a. A. *Roth,* WM 1991, 2125 (2129f.)

Verständnis maßgebend[535]. Gleiches gilt, wenn sich aus dem Sinnzusammenhang der vertraglichen Regelung eine Begriffsfunktion ergibt, der eine Beschränkung auf die gesetzessprachliche Interpretation nur unzureichend gerecht würde[536]. Ist der verwendete Begriff gleichzeitig auch Teil der Umgangssprache und wird der VN damit nicht zwangsläufig auf dessen rechtssprachlichen Inhalt verwiesen, ist die Bedeutung des Begriffs aus Sicht eines verständigen VN zu ermitteln[537]. Bei Wiedergabe dispositiven Gesetzesrechts unterliegen die entsprechenden AVB-Bestimmungen allgemeiner Gesetzesauslegung[538].

Schließt der VN für dasselbe Risiko mehrere Versicherungsverträge ab und enthalten diese **171** jeweils **Subsidiaritätsklauseln,** die einen Ausschluss der Haftung bei Bestehen anderweitiger Schadensdeckung bedeuten, führt deren Auslegung in einem solchen Fall grundsätzlich zur gegenseitigen Aufhebung, so dass Mehrfachversicherung nach § 78 VVG besteht[539].

2. Judikatur (Auswahl)

Arztwahl: AVB, die eine Einschränkung der Arztwahl auf niedergelassene Ärzt vorsieht, **172** meint Ärzte, die unter Zugrundelegung des Sprachgebrauchs des ärztlichen Berufsrechts die öffentlich erkennbare Bereitschaft zur Ausübung des Arztberufs in selbständiger Praxis an einem bestimmten Ort besitzen[540].

Betriebsschäden: Soweit in den AVB der Kfz.-Versicherung reine Betriebsschäden von **173** der Haftung für Unfallschäden ausgeschlossen sind, bedeutet dies, dass kein Versicherungsschutz für durch gewöhnliche Abnutzung, Material- oder Bedienungsfehler am Kfz. bzw. dessen Teilen entstandene Schäden besteht[541].

Bewusstseinsstörung: Eine Bewusstseinsstörung als Ausschlusstatbestand in der Unfall- **174** versicherung liegt vor, wenn gesundheitliche Beeinträchtigungen der Aufnahme- und Reaktionsfähigkeit den Versicherten außer Stande setzen, den Sicherheitsanforderungen seiner Umwelt zu genügen; eine völlige Bewusstlosigkeit muss hierfür nicht vorliegen, es kann auch ein Zustand genügen, bei welchem dem Versicherten kurzzeitig „schwarz vor Augen" wird[542].

Ereignis: Unter dem Ereignis, das nach den AVB der Haftpflichtversicherer während der **175** Wirksamkeit der Versicherung eingetreten sein muss, ist nicht der Eintritt des „realen Verletzungszustands", sondern vielmehr der vom VN gesetzte oder von ihm zu vertretende Haftungsgrund zu verstehen, der die Schädigung des Dritten zur Folge gehabt hat. Entscheidend ist demnach, dass das haftungsbegründende Ereignis in den Haftungszeitraum fällt; damit muss der VR auch dann vollen Versicherungsschutz gewähren, wenn die schädigenden Folgen erst nach dem Ende der vereinbarten Versicherungszeit hervortreten[543].

---

[535] *Präve* in: *Beckmann/Matusche-Beckmann*[2], Versicherungsrechts-Handbuch, § 10 Rn. 216; BGH v. 8. 12. 1999, NJW 2000, 1194 (1196); BGH v. 26. 3. 1986, VersR 1986, 537; BGH v. 29. 4. 1998, VersR 1998, 887; OLG Saarbrücken v. 1. 2. 1995, VersR 1996, 97.

[536] BGH v. 18. 3. 1992, NJW-RR 1992, 793; BGH v. 26. 3. 1986, NJW-RR 1986, 900 (901).

[537] BGH v. 8. 12. 1999, NJW 2000, 1194 (1196); siehe auch Münchener Kommentar BGB/*Basedow*[5], § 305c Rn. 25; anders *Präve* in: *Beckmann/Matusche-Beckmann,* Versicherungsrechts-Handbuch (2004), § 10 Rn. 216; *Staudinger/Schlosser* (2006), § 305c Rn. 126, Geltung der dem Klauseladressaten günstigere Alternative.

[538] Siehe *Ulmer* in: *Ulmer/Brandner/Hensen*[10], § 305c Rn. 83.

[539] Siehe LG Hamburg v. 11. 1. 1978, VersR 1978, 933; *Präve* in: *Beckmann/Matusche-Beckmann,* Versicherungsrechts-Handbuch (2004), § 10 Rn. 239; Berliner Kommentar/*Schauer*, § 59 Rn. 52; zur Differenzierung bei Vorliegen sog. qualifizierter Subsidiaritätsklauseln *Prölss/Martin/Kollhosser*[27], § 59 Rn. 25ff.

[540] BGH v. 30. 11. 1977, VersR 1978, 267 (268); OLG Düsseldorf v. 9. 2. 1993, VersR 1994, 207; OLG Hamm v. 24. 6. 1992, VersR 1993, 427; OLG Karlsruhe v. 1. 4. 1993, VersR 1994, 1459; OLG München v. 6. 2. 1992, VersR 1993, 428 (429).

[541] BGH v. 6. 3. 1996, VersR 1996, 622, wonach ein solcher Betriebsschaden mangels einheitlicher Betriebseinheit nicht vorliegt, wenn ein KFZ mit Anhänger dadurch beschädigt wird, dass der Anhänger durch die Sogwirkung vorbeifahrender Lastwagen instabil wird und gegen das Kfz. schleudert; BGH v. 23. 10. 1968, VersR 1969, 32 (33).

[542] BGH v. 17. 5. 2000, NJW-RR 2000, 1341 (1343).

[543] BGH v. 4. 12. 1980, VersR 1981, 173 (174ff.); *Präve* in: *Beckmann/Matusche-Beckmann,* Versiche-

176   **Heilbehandlung:** Der den Versicherungsfall auslösende Umstand in der Krankheitskosten- und Krankenhaustagegeldversicherung beginnt mit der medizinisch notwendigen Heilbehandlung. Nicht der Eintritt eines unter den Krankheitsbegriff fallenden Zustandes oder ein Unfall allein begründet den Anspruch auf Versicherungsleistungen, sondern erst eine wegen dieses Zustandes oder Ereignisses vorgenommene medizinisch notwendige Heilbehandlung. Als Heilbehandlung ist jegliche ärztliche Tätigkeit anzusehen, die durch die betreffende Krankheit verursacht worden ist, sofern die Leistung des Arztes von ihrer Art her in den Rahmen der medizinisch notwendigen Krankenpflege fällt und auf Heilung, Besserung oder auch Linderung der Krankheit abzielt. Dem ist eine ärztliche Tätigkeit gleichzustellen, die auf eine Verhinderung der Verschlimmerung einer Krankheit gerichtet ist. Gegenstand der Beurteilung können dabei nur die objektiven medizinischen Befunde und Erkenntnisse im Zeitpunkt der Vornahme der Behandlung sein. Demgemäß liegt eine „medizinisch notwendige" Heilbehandlung jedenfalls dann vor, wenn es nach den objektiven medizinischen Befunden und Erkenntnissen im Zeitpunkt der Vornahme der ärztlichen Behandlung vertretbar war, sie als notwendig anzusehen[544]. Eine Vertretbarkeitskontrolle unter Kostengesichtspunkten findet nach Ansicht des BGH grundsätzlich nicht statt; eine Beschränkung der Leistungspflicht des VR im Rahmen des medizinisch Notwendigen auf die billigste Behandlungsmethode erschließe sich dem VN nicht[545].

177   **„Kleine Benzinklausel":** Die sogenannte „kleine Benzinklausel" der AVB der Privathaftpflichtversicherung stellt auf Gefahren ab, die mit dem Führen und Halten von Kraftfahrzeugen und ihrem Gebrauch verbunden sind. Diese Gefahren sind dem Versicherungsschutz nach der Privathaftpflichtversicherung entzogen. Die Klausel dient der Abgrenzung zwischen den Deckungsbereichen der Privat- und der Kraftfahrzeughaftpflichtversicherung und bezweckt die Verhinderung von Doppelversicherungen. Zur Aufrechterhaltung eines lückenlosen Anschlusses von Privat- an Kfz-Haftpflichtversicherung ist nach der Art des jeweiligen Risikos zu unterscheiden und die Sachlage der entsprechenden Haftpflichtversicherung zuzuweisen[546].

178   **Leistungsmangel:** Ein den Haftpflichtversicherungsfall ausschließender Leistungsmangel liegt dann vor, wenn der Mangel der Leistung des VN unmittelbar anhaftet[547]. Eine unversehrte Leistung hat demnach nicht bestanden, so dass ein durch den VN verursachter Sachschaden auszuschließen ist. Dagegen liegt ein Sachschaden dann vor, wenn von außen eine schädigende oder zerstörende Einwirkung erfolgt[548].

179   **Rückkaufswert:** Der Rückkaufswert einer zur betrieblichen Altersversorgung abgeschlossenen Direktversicherung gebührt in der Insolvenz des Arbeitgebers grundsätzlich dem versicherten Arbeitnehmer, auch wenn dessen unwiderrufliches Bezugsrecht für den Fall des vorzeitigen Ausscheidens aus dem Arbeitsverhältnis eingeschränkt ausgestaltet wurde. Der durch Auslegung zu erzielende Zweck eines solchen Vorbehalts besteht zumindest auch in dem Bemühen des Arbeitgebers, den versicherten Arbeitnehmer zur Betriebstreue anzuhalten; nämlich zu verhindern, dass dieser bereits nach kurzer Zeit unter Mitnahme der versicherungsvertraglichen Ansprüche aus dem Arbeitsverhältnis ausscheidet. Eine (vom Arbeitnehmer unverschuldete) insolvenzbedingte Beendigung des Arbeitsverhältnisses wird hiervon nicht erfasst[549].

---

rungsrechts-Handbuch (2004), § 10 Rn. 230; a. A. OLG Karlsruhe v. 17. 7. 2003, VersR 2003, 1436 (1437); vgl. insbesondere die Ausführungen zur Haftpflichtversicherung.

[544] BGH v. 10. 7. 1996, BGHZ 133, 208 = NJW 1996, 3074; BGH v. 23. 6. 1993, VersR 1993, 957; so auch OLG Koblenz v. 17. 2. 2006, VersR 2007, 680 (681).

[545] BGH v. 12. 3. 2003, NJW 2003, 1596 (1599); a. A. etwa OLG Köln v. 30. 9. 1998, VersR 1999, 302; OLG Köln v. 13. 7. 1995, VersR 1995, 1177 (1178); OLG Düsseldorf v. 7. 5. 1996, VersR 1997, 217 (218); *Präve* in: *Beckmann/Matusche-Beckmann,* Versicherungsrechts-Handbuch (2004), § 10 Rn. 219.

[546] BGH v. 16. 10. 1991, VersR 1992, 47; BGH v. 21. 2. 1990, VersR 1990, 482; BGH v. 14. 12. 1988, VersR 1989, 243 (244).

[547] Zum Ausschluss des Erfüllungsanspruchs vgl. etwa *Littbarski,* AHB, § 1 Rn. 37 m. w. N.

[548] BGH v. 27. 6. 1976, BGHZ 75, 62; OLG Saarbrücken v. 29. 11. 1995, VersR 1996, 1356 (1357).

[549] BGH v. 8. 6. 2005, NJW-RR 2005, 1412 (1414) = VersR 2005, 1134; BGH v. 3. 5. 2006, NJW-RR 2006, 1258 (1259 f.) = VersR 2006, 1059; BAG v. 22. 5. 2007, ZIP 2007, 1169.

Serienschadensklausel: Eine sog. Serienschadensklausel, die hinsichtlich aller Folgen   180
eines, wenn auch mehrfach begangenen, aber auf gleicher Fehlerquelle beruhenden Tun
oder Unterlassen eine (lediglich) einmalige Versicherungsleistung bestimmt, ist u. U. einschränkend auszulegen. In der Berufshaftpflichtversicherung bedeutet danach jede einzelne
Schlechterfüllung selbstständiger Beratungsverhältnisse eines Vermittlers von Immobilien-
fondsbeteiligungen einen separaten Haftungsfall, selbst wenn hierfür dieselbe Fehlvorstellung
des VN ursächlich war[550].

Tätigkeitsklausel: Eine Leistungsausgrenzung i. R. v. Haftpflichtversicherungsbedingun-   181
gen bei gewerblicher oder beruflicher Tätigkeit des VN an oder mit fremden Sachen entstandenen Schäden erfasst über die unmittelbaren Sachschäden hinausgehende Folgeschäden nicht[551].

Übermaßbehandlung: Klauseln in Bedingungen der Krankheitskostenversicherung, die   182
eine Leistungsherabsetzung für den Fall einer sog. Übermaßbehandlung vorsehen, erstrecken
sich nach dem Verständnis eines durchschnittlichen VN nicht auf Fälle überhöhter Vergü-
tungsansätze des Arztes oder Krankenhausträgers (Übermaßvergütung)[552].

Wildschaden: Der Ersatz von Wildschäden in der Teilkaskoversicherung setzt i. d. R. den   183
Zusammenstoß mit dem Wild voraus, wodurch eine Wildberührung als Ursache des Unfall-
schadens vorliegen muss[553]. Umfasst ist dabei jedoch auch ein unfallstiftendes Verhalten des
Fahrers, dessen adäquate Ursache in dem Zusammenstoß mit dem Wild liegt[554].

Wissenschaftlichkeitsklausel: Die Wissenschaftlichkeitsklausel i. R. v. Krankenversiche-   184
rungsbedingungen beschränkt Methoden zur Linderung einer Krankheit auf wissenschaftlich
allgemein anerkannte Behandlungen. Gerade bei unheilbaren Krankheiten, bei denen sich
die Qualität einer Methode nicht am Heilerfolg messen lassen kann, fehlt jedoch den in der
Praxis angewandten Behandlungsmethoden zur Linderung oder auch zur wissenschaftlichen
Erprobung eines Heilerfolges die allgemeine Anerkennung durch die Schulmedizin, so dass
eine Kostenerstattung ausscheidet[555]. Jeder gleichwohl durchgeführten Behandlung kommt
zwangsläufig Versuchscharakter zu, für die der Nachweis medizinischer „Richtigkeit" nicht
geführt werden kann. Wurde jedoch eine Behandlungsmethode angewandt, die geeignet ist,
die Krankheit zu heilen, zu lindern oder ihrer Verschlimmerung entgegenzuwirken, können
demgemäß auch solche medizinischen Erkenntnisse berücksichtigt werden, die sich im
Bereich der so genannten alternativen Medizin ergeben haben oder sich als das Ergebnis der
Anwendung von sogenannten „Außenseitermethoden" darstellen[556].

VII. Mehrdeutige Klauseln

1. Allgemeines

Bestehen bei der Auslegung von Allgemeinen Versicherungsbedingungen Zweifel, d. h.   185
sind diese unklar, geht dies zu Lasten des VR, § 305c Abs. 2 BGB. Als Folge der einseitigen
Vertragsgestaltungsmacht des Verwenders Allgemeiner Geschäftsbedingungen wird diesem
im Ergebnis das **Auslegungsrisiko**[557] auferlegt, denn es ist Sache des Verwenders, sich klar
und verständlich auszudrücken. Die Vorschrift des § 305c Abs. 2 BGB gilt auch für kollektiv
ausgehandelte und von dritter Seite empfohlenen AVB[558].

---

[550] BGH v. 17. 9. 2003, NJW 2003, 3705 f.
[551] BGH v. 17. 3. 1999, VersR 1999, 748 (749); BGH v. 12. 11. 1997, VersR 1998, 228 (229).
[552] BGH v. 12. 3. 2003, NJW 2003, 1596 (1599 f.); *Prölss*, VersR 2003, 981 (982); *Präve* in: *Beckmann/*
Matusche-Beckmann, Versicherungsrechts-Handbuch (2004), § 10 Rn. 219; a. A. noch BGH v. 30. 11.
1977, BGHZ 70, 158 = NJW 1978, 589; OLG Köln v. 13. 6. 1985, VersR 1986, 378; OLG Düsseldorf
v. 7. 5. 1996, NJW-RR 1997, 1522; OLG Hamm v. 14. 8. 1998, NVersZ 1999, 133.
[553] BGH v. 18. 12. 1991, VersR 1992, 349 (350).
[554] BGH v. 18. 12. 1991, VersR 1992, 349 (350).
[555] BGH v. 23. 6. 1993, VersR 1993, 957; BGH v. 2. 12. 1981, VersR 1982, 285.
[556] BGH v. 10. 7. 1996, BGHZ 133, 208 = NJW 1996, 3074; BGH v. 17. 12. 1986, VersR 1987, 278.
[557] AGB-Klauselwerke/*Präve*, Allgemeine Versicherungsbedingungen, Rn. 251.
[558] *Lindacher* in: *Wolf/Horn/Lindacher*[4], § 5 Rn. 26; *Palandt/Heinrichs*[67], § 305c Rn. 18.

186   Voraussetzung der **Unklarheitenregelung** des § 305c Abs. 2 BGB ist die Zwei- oder Mehrdeutigkeit einer vorformulierten Vertragsbestimmung[559]. Dafür genügt es nicht, dass eine Vertragsbestimmung bei erster Ansicht unklar erscheint oder über deren Auslegung Streit herrscht. Die Unklarheitenregelung ist vielmehr gegenüber der objektiven Auslegung subsidiär. Voraussetzung ist nach **h. M.** vielmehr, dass nach Ausschöpfung der in Betracht kommenden Auslegungsmethoden ein nicht behebbarer Zweifel bleibt und mindestens zwei Auslegungsmöglichkeiten rechtlich vertretbar sind[560]. Auf rein theoretische oder abstrakte Auslegungszweifel ist nicht abzustellen. Nach vernünftiger Auslegung aus Sicht der grundsätzlich mit der Klausel beschäftigten Verkehrskreise müssen sich relevante Zweifel an der Kernaussage der Klausel ergeben[561]. Einer Abgrenzung bedarf die Unklarheit einer Vertragsbestimmung nach § 305c Abs. 2 BGB zudem von ihrer Verständlichkeit. Soweit sich Allgemeine Versicherungsbedingungen als unverständlich erweisen, hindert dies bereits deren Einbeziehung in den Vertrag, § 305 Abs. 2 Nr. 2 BGB.

187   Klauseln, die isoliert betrachtet als klar einzustufen wären, können aufgrund der Verwendung **weiterer Klauseln** zu einer Unklarheit i. S. v. § 305c Abs. 2 BGB führen[562]. So besteht in der Betriebshaftpflichtversicherung umfassender Versicherungsschutz für zulassungs- und versicherungspflichtige Gabelstapler, auch wenn der VR die Haftung für zulassungspflichtige Kraftfahrzeuge ausschließt, gleichzeitig aber in einer positiven Risikobeschreibung den Versicherungsschutz auf nichtzulassungs- und versicherungspflichtige Fahrzeuge unter Nennung des Beispiels „Gabelstapler" erstreckt[563].

188   Die Anwendung der Unklarheitenregelung folgte im Individual- und im Verbandsprozess lange Zeit grundsätzlich unterschiedlichen Prinzipien. Danach führte § 305c Abs. 2 BGB im **Individualprozess** zum Gebot der **kundenfreundlichen Auslegung.** Eine objektiv mehrdeutige Klausel war danach im Sinne derjenigen Auslegungsalternative zu verstehen, die sich typischerweise am stärksten zu Gunsten des Klauseladressaten auswirkte[564]. Im **Verbandsprozess** ist eine mehrdeutige Vertragsbestimmung hingegen grundsätzlich in ihrer **kundenfeindlichsten Auslegung** Grundlage der Inhaltskontrolle nach §§ 307 bis 309 BGB[565]. Dies erfordert der mit der Verbandsklage verbundene Zweck des Schutzes des Rechtsverkehrs vor unangemessenen Vertragsbedingungen. Eine kundenfreundliche Auslegung im Verbandsprozess mit dem Ergebnis der Klauselwirksamkeit könnte Verwender dazu verleiten, sich in späteren Fällen gegenüber ihren Kunden auf eine Auslegungsalternative zu berufen, die einer Inhaltskontrolle nicht standgehalten hätte.

189   Diese Gefahr besteht jedoch ebenso bei Zugrundelegung des Prinzips der kundenfreundlichen Auslegung im Individualprozess, soweit man auch hier von einer gewissen Breitenwirkung richterlicher Bedingungskontrolle ausgeht[566]. Im Interesse einer Harmonisierung von Individual- und Verbandsprozess wird daher zunehmend davon ausgegangen, die Unwirksamkeit einer Klausel sei auch im Individualprozess auszusprechen, wenn sie zunächst in ihrer kundenfeindlichsten Auslegung einer Inhaltskontrolle nicht standhält[567].

---

[559] BGH v. 19. 1. 2005, NJW 2005, 1183; BGH v. 22. 3. 2002, NJW 2002, 2102.
[560] BGH v. 21. 4. 1999, VersR 1999, 877 (879); BGH v. 6. 3. 1996, VersR 1996, 622; BGH v. 5. 7. 1995, VersR 1995, 951.
[561] BGH v. 30. 10. 2002, NJW 2003, 294; BGH v. 10. 7. 1990, BGHZ 112, 115 = NJW 1990, 2383; BGH v. 3. 7. 2002, WM 2003, 389.
[562] Siehe *Prölss/Martin/Prölss*[27], Vorbem. III Rn. 20 mit Beispielen.
[563] BGH v. 5. 7. 1995, VersR 1995, 951 (952).
[564] Siehe *Ulmer* in: *Ulmer/Brandner/Hensen*[10], § 305c Rn. 90; Münchener Kommentar BGB/*Basedow*[5], § 305c Rn. 35.
[565] BGH v. 8. 7. 1998, BGHZ 139, 190 (199) = NJW 1998, 3119 (3121); BGH v. 19. 9. 1985, BGHZ 95, 350 (353) = NJW 1986, 43; BGH v. 19. 9. 1985, BGHZ 95, 362 (366) = NJW 1986, 46; *Ulmer* in: *Ulmer/Brandner/Hensen*[10], § 305c Rn. 93; Münchener Kommentar BGB/*Basedow*[5], § 305c Rn. 34; a. A. etwa *Soergel/Stein*, § 5 AGBG Rn. 17.
[566] Siehe Münchener Kommentar BGB/*Basedow*[5], § 305c Rn. 34.
[567] OLG Hamm v. 3. 11. 1999, NJW-RR 2000, 763 (765); OLG Schleswig v. 23. 3. 1995, ZIP 1995, 759; *Ulmer* in: *Ulmer/Brandner/Hensen*[10], § 305c Rn. 91; *Palandt/Heinrichs*[67], § 305c Rn. 20; Münchener

Daraus ergibt sich ein gestaffeltes Vorgehen im Anwendungsbereich des § 305c Abs. 2 **190** BGB. Zunächst ist zu überprüfen, ob die nach objektiver Auslegung mehrdeutige Klausel im Rahmen der Inhaltskontrolle nach § 307ff. BGB in ihrer kundenfeindlichsten Version Bestand haben kann. Ist dies nicht der Fall, verbleibt es bei der Unwirksamkeit der Vertragsbestimmung. Bewegen sich hingegen alle Auslegungsalternativen im Bereich inhaltlicher Wirksamkeit, ist der Bedeutungsgehalt der jeweils kundenfreundlichsten heranzuziehen.

2. Judikatur (Auswahl)

Beamtenklausel: Eine Beamtenklausel, wonach Berufsunfähigkeit bei Versetzung in den **191** Ruhestand wegen allgemeiner Dienstunfähigkeit vorliegt, ist zugunsten des VN grundsätzlich so zu verstehen, dass der VR auf eine eigene Prüfung der Dienstfähigkeit verzichtet und sich der beamtenrechtlichen Beurteilung anschließt[568].

Bedingungsanpassungsklausel: Eine Klausel einer privaten Krankenversicherung, wonach der VR „im Falle der Unwirksamkeit von Bedingungen" zur Anpassung berechtigt sein **192** soll, ist unklar, da aus dieser Formulierung nicht hervorgeht, wem die Kompetenz zugewiesen ist, eine Bedingung für unwirksam zu erklären[569].

Fluguntauglichkeit: Sonderklauseln für Piloten, die den Verlust der Flugtauglichkeit aus **193** gesundheitlichen Gründen abdecken, führen auch für den Fall temporärer Fluguntauglichkeit aufgrund einer Schwangerschaft zur Leistungspflicht des VR, da hierunter jeder körperlich bedingte Verlust der Flugtauglichkeit verstanden werden kann und diese Auslegungsmöglichkeit den VN begünstigt.

Gliedertaxe: Die in der Gliedertaxe enthaltene Bestimmung „Funktionsunfähigkeit … **194** einer Hand im Handgelenk …" ist unklar, so dass für deren Anwendungsbereich i. E. die Funktionsunfähigkeit (nur) des Gelenks genügt[570]. Entsprechendes gilt für die Wendung „Funktionsunfähigkeit eines Armes im Schultergelenk"[571].

Öffentliche Verkehrsmittel: Die Unklarheit, ob eine Versicherung (hier im Rahmen **195** einer Verkehrsmittel-Unfallversicherung eines Kreditkarteninhabers) die Unfälle während der Fahrt mit öffentlichen Verkehrsmitteln abdeckt, auch für Unfälle im Zusammenhang mit umstiegebedingten Aufenthalten an Bahnhöfen einstandspflichtig ist, geht zu Lasten des VR[572].

Pferdehaftpflichtversicherung: Die Klausel, nach der Kutschpferde vom Versicherungsschutz ausgenommen sind, ist unklar i. S. v. § 305c Abs. 2 BGB. Sie kommt daher nicht **196** zum Tragen, wenn auch ein zu anderen Zwecken eingesetztes Pferd als Kutschpferd eingesetzt wird[573].

Pilot: siehe Fluguntauglichkeit.

Rückschauende Befundung: Soweit sich nach einer Klausel in der Krankentagegeldver- **197** sicherung der Eintritt von Berufsunfähigkeit „nach medizinischem Befund" beurteilt, kommt die Möglichkeit einer rückschauenden Befundung des VN mit der eventuellen Folge einer rückwirkenden Feststellung der Berufsfähigkeit als kundenfeindliche Auslegungsalternative dieser Vertragsbedingung nicht in Betracht[574].

Stationäre Heilbehandlung: Der Versicherungsfall der stationären Heilbehandlung in **198** der Krankenhaustagegeldversicherung liegt auch vor, wenn eine sog. teilstationäre Behand-

---

Kommentar BGB/*Basedow*[5], § 305c Rn. 34; *Lindacher* in: *Wolf/Horn/Lindacher*[4] § 5 Rn. 33; wohl auch *Präve* in: *Beckmann/Matusche-Beckmann,* Versicherungsrechts-Handbuch (2004), § 10 Rn. 245; zustimmend, aber im konkreten Fall nicht entscheidungserheblich BGH v. 11. 2. 1992, NJW 1992, 1097 (1099); BGH v. 10. 5. 1994, NJW 1994, 1798 (1799); anders BGH v. 9. 5. 2001, NJW 2001, 2165 (2167); BGH v. 19. 10. 1994, NJW 1995, 56 (57).

[568] OLG Düsseldorf, v. 29. 4. 2003 VersR 2004, 1033.
[569] BGH v. 17. 3. 1999, VersR 1999, 748 (749;) dazu Rn. 227.
[570] BGH v. 9. 7. 2003, VersR 2003, 1163.
[571] BGH v. 24. 5. 2006, VersR 2006, 1117.
[572] LG Dresden v. 9. 6. 1995, VersR 1996, 368 (369).
[573] Münchener Kommentar BGB/*Basedow*[5] § 305c Rn. 36.
[574] OLG Saarbrücken v. 8. 9. 2004, r+s 2005, 515 (217).

lung durchgeführt wurde. Zugunsten des VN ist von einer Vergleichbarkeit der rein stationären Behandlung mit einer Behandlung, die sich aus ambulanten und stationären Phasen zusammensetzt, auszugehen, so dass die weitere Auslegungsalternative, wonach ein durchgehender Krankenhausaufenthalt vorauszusetzen wäre, wegen § 305 c Abs. 2 BGB unbeachtlich bleibt[575].

VIII. Inhaltskontrolle Allgemeiner Versicherungsbedingungen

1. Überblick

199   Die Inhaltskontrolle von AVB folgt den §§ 307 bis 309 BGB. Die §§ 308 und 309 BGB regeln dabei spezielle Klauselverbote, während § 307 BGB die Grundvorschrift zur Unwirksamkeit wegen unangemessener Benachteiligung des Klauseladressaten darstellt. Insofern dient sie in den Fällen auch als Auffangtatbestand der Inhaltskontrolle, in denen die §§ 308 und 309 BGB wegen § 310 Abs. 1 S. 1 BGB unanwendbar sind. Zudem kann eine Klausel, die in den Anwendungsbreich der §§ 308, 309 BGB fällt, auch nach § 307 BGB unwirksam sein, obwohl sie aufgrund der Klauselverbote der §§ 308, 309 BGB nicht zu beanstanden war[576].

200   Der Schutzzweck der Inhaltskontrolle ist dabei nach ständiger Rechtsprechung auf den Ausgleich der einseitigen Inanspruchnahme der Vertragsfreiheit durch den Klauselverwender und den sich hieraus ergebenden Gefahren für den Klauseladressaten gerichtet[577]. Ein Aushandeln vertraglicher Regelung mit der Vermutung einer dabei gewonnenen inhaltlichen Ausgewogenheit findet bei der Verwendung vorformulierter Vertragsklauseln nicht statt, so dass der Adressat auf wirksame Mechanismen zum Schutz vor einer Übervorteilung durch den Verwender angewiesen ist[578]. Eine Angemessenheitskontrolle nach dem Vorbild des § 307 BGB findet daher bei Individualverträgen grundsätzlich nicht statt[579]. Der Inhaltskontrolle vorformulierter Vertragsbedingungen kommt in diesem Sinne auch verfassungsrechtliche Bedeutung zu, indem sie den Schutz der durch Art. 2 Abs. 1 GG geschützen materiellen Vertragsfreiheit gewährleistet[580].

201   Auch wenn eine Klausel der Inhaltskontrolle nach §§ 307 bis 309 BGB standhält, kann eine Berufung des VR hierauf im Einzelfall nach dem Gebot von Treu und Glauben, § 242 BGB, rechtsmissbräuchlich und damit unzulässig sein[581]. Voraussetzung einer solchen, nur in Individualprozessen statthaften sog. Ausübungskontrolle ist das Vorliegen einer atypischen Situation; in einem solchen Ausnahmefall kann offen bleiben, ob eine entsprechende Klausel gem. §§ 307 ff. BGB unwirksam ist[582].

2. Umfang und Schranken der Kontrolle

202   Die Inhaltskontrolle Allgemeiner Versicherungsbedingungen beschränkt sich nach § 307 Abs. 3 S. 1 BGB auf solche, die von Rechtsvorschriften **abweichende** oder **ergänzende Regelungen** enthalten. Vertragsbestimmungen, die mit Regelungen des VVG übereinstimmen oder den VN im Vergleich dazu besser stellen, sind einer Inhaltskontrolle entzogen[583]. Etwas

---

[575] OLG Hamm v. 23. 5. 1986, VersR 1986, 883.

[576] BegrRegE BT-Drucks. 7/3919 S. 22; *Fuchs* in: *Ulmer/Brandner/Hensen*[10], Vorb. v. § 307 Rn. 8; *Palandt/Grüneberg*[67], § 307 Rn. 2.

[577] BGH v. 4. 12. 1986, BGHZ 99, 160 = NJW 1987, 837; BGH v. 30. 6. 1994, BGHZ 126, 326 = NJW 1994, 2825; *Palandt/Heinrichs*[67], Überl. v. § 305 Rn. 8.

[578] Vgl. *Präve* in: *Beckmann/Matusche-Beckmann*, Versicherungsrechts-Handbuch (2004), § 10 Rn. 275; *Fuchs* in: *Ulmer/Brandner/Hensen*[10], Vorb. v. § 307 Rn. 26.

[579] *Stoffels*, AGB- Recht, § 14 Rn. 382.

[580] BVerfG v. 15. 2. 2006, NJW 2006, 1783; *Leuscher*, AcP 2007, 509 ff.

[581] BGH v. 21. 2. 2001, NVersZ 2001, 266 (267); BGH v. 22. 3. 2000, VersR 2000, 709 (711); BGH v. 24. 2. 1999, VersR 1999, 700 (701).

[582] Siehe *Fuchs* in: *Ulmer/Brandner/Hensen*[10], Vorb. v. § 307 BGB Rn. 63 f.; *Prölss/Martin/Prölss*[27], Vorbem. I Rn. 71; AGB-Klauselwerke/*Präve*, Allgemeine Versicherungsbedingungen, Rn. 4.

[583] *Prölss/Martin/Prölss*[27], Vorbem. I Rn. 45.

anderes gilt wegen § 307 Abs. 3 S. 2 BGB für das **Transparenzgebot,** welches unein-geschränkt Anwendung findet. Unter dem Einfluss der auch bei Verwendung Allgemeiner Geschäftsbedingungen, wenn auch der besonderen Abschlusssituation Rechnung tragenden, modifiziert geltenden Vertragsfreiheit ist der Grundsatz kontrollfreier Festsetzung von Leistung und Gegenleistung zu beachten. Die Festlegung eines angemessenen Verhältnisses zwischen Prämie und Versicherungsleistung ist Aufgabe des Wettbewerbs und nicht der gerichtlichen Bedingungskontrolle[584]. Regelungen in Geschäftsbedingungen, die den **Hauptleistungsgegenstand** des Vertrages bestimmen, sind einer inhaltlichen Kontrolle nach AGB-rechtlichen Vorschriften danach grundsätzlich entzogen[585]. Nicht ausgeschlossen ist jedoch wiederum eine Kontrolle anhand des Transparenzgebots gem. § 307 Abs. 3 S. 2 i. V. m. Abs. 1 S. 2 BGB, wobei Prüfungsmaßstab nicht die Angemessenheit, sondern die Klarheit und Verständlichkeit des Leistungsversprechens ist[586]. Welche Regelungen im Einzelnen vom Bereich der kontrollfreien Bestimmung des Hauptgegenstands umfasst sind, wird allerdings nicht eindeutig beurteilt. Erschwert wird eine entsprechende Festlegung durch die bereits beschriebene „produktkonstituierende" Wirkung Allgemeiner Versicherungsbedingungen. Das Wesen von AVB ist in hohem Maße von deren **leistungsbeschreibender** Funktion bestimmt[587]. So beschreiben auch Risikobegrenzungen die Leistung des VR und damit den Hauptgegenstand des Versicherungsvertrages. Diesen Bereich deshalb aber von vornherein einer gerichtlichen Inhaltskontrolle zu entziehen, wäre mit der Komplexität der Regelungen und dem daraus folgenden Kontrolldefizit auf Seiten der VN nicht zu vereinbaren[588].

Nach Ansicht des BGH bleiben jedenfalls reine **Leistungsbezeichnungen** von der AGB-rechtlichen Inhaltskontrolle ausgenommen[589]. Dabei handelt es sich um Klauseln, welche die vertraglich geschuldete Leistung hinsichtlich Art, Umfang und Güte beschreiben. Klauseln, die das Hauptleistungsversprechen hingegen einschränken, verändern, ausgestalten oder modifizieren, sind hingegen inhaltlich zu kontrollieren[590]. Der kontrollfreie **Kernbereich** leistungsbezeichnender Klauseln bezieht sich danach nur auf solche Bestimmungen, ohne deren Vorliegen mangels Bestimmbarkeit des wesentlichen Vertragsinhalts ein wirksamer Vertrag nicht mehr genommen werden kann[591]. **203**

Eine solche Beschränkung der Kontrollfreiheit auf den Bereich der versicherungsvertraglichen „essentialia negoti" und damit auf ein kontrollfreies Minimum[592] ist interessengerecht. Die Komplexität von Versicherungsprodukten bedingt, dass sich eine am Verständnishorizont des VN orientierende Vergleichbarkeit verschiedener Versicherungsangebote nur auf die grundlegenden Charakteristika, wie Art und Umfang der Versicherungsleistung beziehen kann. Allein eine solche Vergleichbarkeit bietet jedoch Gewähr für die privatautonome Abschlussfreiheit des Klauseladressaten mit der Folge einer sich daraus rechtfertigenden Kon- **204**

[584] *Römer,* NVersZ 1999, 97 (98); Münchener Kommentar BGB/*Kieninger*[5], § 307 Rn. 16.

[585] Siehe *Fuchs* in: *Ulmer/Brandner/Hensen*[10], § 307 BGB Rn. 37 ff.; *Präve* in: *Beckmann/Matusche-Beckmann,* Versicherungsrechts-Handbuch (2004), § 10 Rn. 280 ff; *Stoffels,* AGB-Recht, § 15 Rn. 442.

[586] Siehe etwa BGH v. 24. 3. 1999, BGHZ 141, 137 = NJW 1999, 2279; OLG Hamm v. 3. 11. 1999, NVersZ 2000, 227; *Prölss/Martin/Prölss*[27], Vorbem. I Rn. 54; *Präve* in: *Beckmann/Matusche-Beckmann,* Versicherungsrechts-Handbuch (2004), § 10 Rn. 292; *Römer,* NVersZ 1999, 97 (98); *Schwintowski,* NVersZ 1998, 97 (100).

[587] Vgl. Rn. 2.

[588] So auch *Prölss/Martin/Prölss*[27], Vorbem. I Rn. 45.

[589] Etwa BGH v. 21. 4. 1993, VersR 1993, 830.

[590] BGH v. 19. 11. 1997, BGHZ 137, 174 = VersR 1998, 175; BGH v. 24. 3. 1999, NJW 1999, 2279 (2280.)

[591] BGH v. 22. 11. 2000, VersR 2001, 184 (185); BGH v. 28. 3. 2001, VersR 2001, 714 (715); BGH v. 9. 5. 2001, VersR 2001, 841 (843); BGH v. 24. 3. 1999, NJW 1999, 2279 (2280); BGH v. 21. 4. 1993, VersR 1993, 830; BGH v. 23. 6. 1993, VersR 1993, 957; ähnlich i. E. *Prölss/Martin/Prölss*[27], Vorbem. I Rn. 47, wonach der Bereich allgemeinster Beschreibung der Voraussetzungen und des Umfangs der Leistung des VR kontrollfrei sein soll.

[592] BGH v. 24. 3. 1999, NJW 1999, 2279 (2280); BGH v. 17. 3. 1999, VersR 1999, 745 (747); BGH v. 12. 3. 1987, VersR 1987, 712.

trollfreiheit entsprechender Bestimmungen[593]. Hinzu kommt, dass die VN gerade nach Wegfall der aufsichtsrechtlichen Vorabkontrolle der Versicherungsbedingungen auf eine wirksame gerichtliche Nachkontrolle angewiesen sind[594].

205 Etwas anderes ergibt sich im Ergebnis auch nicht aus der EG-Richtlinie über missbräuchliche Klauseln in Verbraucherverträgen[595]. Nach Art. 4 Abs. 2 der Richtlinie sind Hauptgegenstand und Preis-/Leistungsverhältnis von der Inhaltskontrolle, soweit transparent gestaltet, freigestellt. Erwägungsgrund 19 S. 3 leitet daraus ab, dass bei Versicherungsverträgen Klauseln, in denen das versicherte Risiko und die Verpflichtung des VR deutlich festgelegt oder abgegrenzt werden, nicht als missbräuchlich gewertet werden, sofern diese Einschränkungen bei der Berechnung der Prämie Berücksichtigung finden. Daraus jedoch zu folgern, transparente Leistungsbeschreibungen seien deshalb einer Inhaltskontrolle generell entzogen, weil sie der Prämienkalkulation zugrunde liegen[596], wäre schon in Ansehung der umfassenden Missbrauchskontrolle als Richtlinienziel verfehlt[597]. Die Richtlinienvorgaben stellen vielmehr lediglich ein Schutzminimum zugunsten des Verbrauchers dar[598]. Ein darüber hinausgehendes Schutzniveau in einzelnen Mitgliedstaaten bleibt nach Art. 8 der Richtlinie davon unberührt[599]. Modifikationen des Versicherungsschutzes sind daher, ungeachtet deren Prämienwirksamkeit oder transparenter Gestaltung, kontrollfähig[600].

206 **Kontrollfrei** sind nach alledem zunächst Klauseln, die lediglich deklaratorischer Natur sind, d. h. mit dem objektiven Recht übereinstimmen bzw. solche, die das Gesetz wörtlich wiedergeben[601]. So ist dies etwa bei Klauseln in Lebensversicherungsverträgen anzunehmen, die gesetzliche Vorschriften zur Überschussermittlung und -beteiligung wiedergeben[602]. Eine Verwerfung würde dem VN i. E. auch nichts nutzen, da die gesetzliche Regelung in diesem Fall unmittelbar gelten würde. Anders kann – unter dem Gesichtspunkt der Transparenz – zu entscheiden sein, wenn aufgrund der Tragweite und Komplexität der wiedergegebenen Regelung die Notwendigkeit zusätzlicher Information des VN besteht. Der BGH hat dies etwa hinsichtlich von Klauseln zur Kündigung und Beitragsfreistellungen in Lebensversicherungsverträgen bejaht[603]. Um keine deklaratorische Klauseln handelt es sich bei Vertragsbestimmungen aufgrund gesetzlicher Ermächtigung. Bleibt eine Regelung in Allgemeinen Versicherungsbedingungen innerhalb der ihr durch Vorschriften des VVG gesetzten Grenzen, so hindert dies eine Inhaltskontrolle grundsätzlich nicht[604]. Eine Überprüfung nach § 309 BGB hat wegen der dort fehlenden Wertungsmöglichkeit allerdings zu unterbleiben, da die aufgrund der Vorgabe des VVG geschaffene Regelungsmöglichkeit sonst vollständig unterbunden würde[605].

207 In den von der höchstrichterlichen Rechtsprechung gesetzten Grenzen sind zudem die den Hauptgegenstand des Versicherungsvertrages betreffenden Regelungen in AVB kontrollfrei. Dazu gehören die Bestimmungen zu Versicherungsart, Prämienhöhe und Versicherungssumme[606].

---

[593] Vgl. *Fuchs* in: *Ulmer/Brandner/Hensen*[10], § 307 BGB Rn. 56; *Palandt/Grüneberg*[67], § 307 Rn. 57.
[594] *Präve* in: *Beckmann/Matusche-Beckmann,* Versicherungsrechts-Handbuch (2004), § 10 Rn. 286.
[595] Richtlinie 93/13/EWG v. 5. 4. 1993 (ABl. Nr. L 95 v. 21. 4. 1993, S. 29).
[596] So etwa *Langheid*, NVersZ 2000, 63 (65).
[597] *Präve* in: *Beckmann/Matusche-Beckmann,* Versicherungsrechts-Handbuch (2004), § 10 Rn. 298 a. E.
[598] BGH v. 22. 11. 2000, NJW 2001, 1132 (1133).
[599] Siehe *Fuchs* in: *Ulmer/Brandner/Hensen*[10], § 307 BGB Rn. 57; *Prölss/Martin/Prölss*[27], Vorbem. I Rn. 55.
[600] BGH v. 22. 11. 2000, NJW 2001, 1132 (1133 f.).
[601] *Palandt/Grüneberg*[67], § 307 Rn. 63; *Fuchs* in: *Ulmer/Brandner/Hensen*[10], § 307 BGB Rn. 25.
[602] OLG Nürnberg v. 29. 2. 2000, VersR 2000, 713 (715); LG Hamburg v. 15. 5. 1998 VersR 1998, 877, 881; offen lassend BGH v. 9. 5. 2001 VersR 2001, 841, 845.
[603] BGH v. 9. 5. 2001 VersR 2001, 839, 840; BGH v. 9. 5. 2001, VersR 2001, 841 (843 = kritisch etwa *Prölss/Martin/Prölss*[27] Vorbem. I Rn. 89 a.
[604] BGH v. 16. 5. 1990, VersR 1990, 896.
[605] *Prölss/Martin/Prölss*[27], Vorbem. I Rn. 53.
[606] Vgl. Rn. 202.

Kontrollfähig sind hingegen sämtliche Regelungen, die das generelle Leistungsverspre- **208**
chen des VR modifizieren bzw. ergänzen. Dazu zählen namentlich **Risikobeschränkungen**
und –ausschlüsse[607], aber auch (positive) **Risikoabgrenzungen,** die über die vom VN bereits nach dem Vertragszweck und dem Gebot von Treu und Glauben unter Rücksicht auf die
Verkehrssitte zu erwartende Einschränkung des Deckungsumfangs hinausgehen[608]. Die Regelung der Dauer des Versicherungsschutzes, d. h. etwa die **Laufzeit** des Versicherungsvertrages, unterliegt ebenso der Inhaltskontrolle[609]. Gleiches gilt für Klauseln, welche die **Oblie-**
genheiten des VN festlegen[610]. Hierzu gehören auch Klauseln, die in gleicher Weise
bestimmte Verhaltensweisen des VN sanktionieren, jedoch als Risikoausschluss gestaltet sind,
sog. „verhüllte Obliegenheiten"[611].

3. Kontrollgegenstand

Die Inhaltskontrolle bezieht sich auf den im Wege objektiver Auslegung gewonnenen **209**
Regelungsinhalt einer Klausel[612]. Bei einem mehrdeutigen Auslegungsergebnis, d. h. im Falle
der Unklarheit einer Klausel ist im Individualprozess wegen § 305c Abs. 2 BGB die dem
Klauseladressaten günstigste Version maßgebend, während im Verbandsprozess der Grundsatz
kundenfeindlicher Auslegung gilt. Nicht zuletzt um der Gefahr widersprüchlicher Ergebnisse
in beiden Verfahrensarten zu begegnen, ist dies jedoch dahingehend zu modifizieren, dass der
Regelungsgehalt einer Vertragsbestimmung auch im Individualprozess nur dann in seiner
kundenfreundlichsten Auslegungsalternative zu verstehen ist, wenn er in seiner jeweils kundenfeindlichsten Auslegung einer Inhaltskontrolle standhält. Andernfalls ist die Unwirksamkeit der Klausel auszusprechen[613].

4. Klauselverbote nach §§ 308, 309 BGB

Die in den §§ 308 und 309 BGB enthaltenen speziellen Klauselverbote sind auch für All- **210**
gemeine Versicherungsbedingungen von Relevanz. Die beiden Vorschriften unterscheiden
sich im Kern dadurch, dass i. R. d. § 308 BGB zur Feststellung der Unwirksamkeit einer
Klausel aufgrund der Verwendung unbestimmter Rechtsbegriffe eine Interessenabwägung
und damit richterliche Wertung erforderlich ist[614]. Während die Verbote in § 308 BGB entsprechende **Wertungsmöglichkeiten** enthalten, ist dies bei § 309 BGB nicht vorgesehen.
Hierin liegt zugleich der Grund, dass § 309 BGB auf Vertragsbedingungen, die sich im Rahmen halbzwingender Vorschriften des VVG halten, nicht anwendbar ist. Die Regelung des
VVG ist insofern spezieller und steht einer wertungsunabhängigen Verbotsanordnung nach
§ 309 BGB entgegen[615]. Entsprechendes gilt demgegenüber weder für eine Anwendung des
§ 308 BGB noch für eine Prüfung entsprechender Klauseln anhand von § 307 BGB[616].

Nicht anwendbar sind die speziellen Klauselverbote der §§ 308 und 309 BGB im Rechts- **211**
verkehr insbesondere mit Unternehmern, § 310 Abs. 1 S. 1 BGB. Die dort zum Ausdruck

---

[607] Siehe *Präve* in: *Beckmann/Matusche-Beckmann,* Versicherungsrechts-Handbuch (2004), § 10 Rn. 299 f.
mit Beispielkatalog; *H. Schmidt* in: *Ulmer/Brandner/Hensen*[10], Anh. § 310 Rn. 904; *Prölss/Martin/Prölss*[27],
Vorbem. I Rn. 45.

[608] *Fuchs* in: *Ulmer/Brandner/Hensen*[10], § 307 BGB Rn. 58.

[609] BGH v. 18. 12. 1996, NJW-RR 1997, 1000 (1001); BGH v. 13. 7. 1994, BGHZ 127, 35 = NJW
1994, 2693 (2694).

[610] *Ulmer* in: *Ulmer/Brandner/Hensen*[10], Anh. § 310 Rn. 910; *Schirmer,* ZVersWiss 1986, 550.

[611] Vgl. dazu BGH v. 14. 12. 1994, NJW 1995, 784; *H. Schmidt* in: *Ulmer/Brandner/Hensen*[10], Anh.
§ 310 Rn. 910.

[612] Siehe Rn. 167.

[613] Siehe Rn. 186 ff.

[614] *Palandt/Grüneberg*[67], § 308 Rn. 1, § 309 Rn. 1.

[615] *H. Schmidt* in: *Ulmer/Brandner/Hensen*[10], Anh. § 310 BGB Rn. 916; *Prölss/Martin/Prölss*[27], Vorbem. I
Rn. 53.

[616] *H. Schmidt* in: *Ulmer/Brandner/Hensen*[10], Anh. § 310 BGB Rn. 916; *Prölss/Martin/Prölss*[27], Vorbem. I
Rn. 53; *Hansen,* VersR 1988, 1110 (1111); a. A. für § 308 BGB, *Präve* in: *Beckmann/Matusche-Beckmann,*
Versicherungsrecht-Handbuch (2004), § 10 Rn. 467.

kommenden gesetzgeberischen Wertungen sind allerdings im Rahmen der Wirksamkeitskontrolle nach § 307 BGB von Bedeutung, § 310 Abs. 1 S. 2 BGB.

212   Klauseln, die nach §§ 308 und 309 BGB unbedenklich sind, können gleichwohl unter Berücksichtigung der konkreten vertraglichen Situation eine unangemessene Benachteiligung i. S. v. § 307 BGB darstellen[617].

213   Folgende Klauselverbote der §§ 308, 309 BGB können für Allgemeine Versicherungsbedingungen Bedeutung erlangen (Auswahl): **§ 308 Nr. 1** BGB betrifft **Antragsbindungsklauseln** oder Bestimmungen, nach denen die Entschädigungsauszahlung hinausgeschoben wird. Wirksam ist dabei die in der Lebensversicherung verwandte sechswöchige Antragsbindungsfrist[618], was sich aus der Notwendigkeit vorheriger Risikoprüfung und der damit einhergehenden Befassung mit medizinischen Fragen ergibt. **Auszahlungsfristen** bis zu zwei Wochen nach Feststellung der Entschädigungspflicht, wie etwa in der Feuerversicherung, sind unbedenklich[619].

214   **§ 308 Nr. 4 und 5** BGB sind etwa für **AVB-Änderungsklauseln** von Bedeutung. Leistungsbezogene Änderungsvorbehalte fallen dabei unter Nr. 4, während entsprechende Klauseln, die eine Erklärungsfiktion enthalten, an Nr. 5 zu messen sind. Letzteres ist etwa anzunehmen bei der Einbeziehung geänderter AVB nach unterlassenem Widerspruch des VN[620] Durchgreifende Unterschiede ergeben sich aufgrund der jeweiligen Einordnung entsprechender Klauseln allerdings nicht. Dies folgt bereits daraus, dass auch im Anwendungsbereich beider Klauselverbote ein Rückgriff auf die Grundvorschrift des § 307 BGB nicht ausgeschlossen ist[621]. Änderungsvorbehalte sind danach grundsätzlich nur unter engen Voraussetzungen hinsichtlich der Rechtfertigung von Anlass und Inhalt der beabsichtigten Änderung zulässig[622]. Anerkennenswerte Gründe für eine nachträgliche einseitige Vertragsänderung durch den VR sind dabei namentlich eine tiefgreifende Äquivalenzstörung sowie die Ersetzung unwirksamer Klauseln[623]. Keine Leistungsänderung i. S. v. Nr. 4 ist der Ausschluss der Leistungspflicht in der Krankenversicherung aus wichtigem Grund[624]. Eine nach Nr. 5 unwirksame Erklärungsfiktion liegt etwa in einer Klausel in der Reparaturkostenversicherung, nach der Versicherungsschutz für ein bei Wahl des sog. Neukaufzuschusses durch den VN angeschafftes Ersatzgerät begründet wird[625]. Nicht anwendbar ist diese Vorschrift hingegen, wenn entsprechende Erklärungen des VN bereits bei Vertragsschluss abgegeben wurden. So ist dies beispielsweise im Falle einer Vertragsumstellungsbestimmung, wodurch eine im Zusammenhang mit einer Lebensversicherung mit Unfallzusatzversicherung mitversicherte Berufsunfähigkeitsrente bei Vollendung des 30. Lebensjahres wegfällt[626].

215   Eine Unwirksamkeit nach **§ 308 Nr. 6** BGB wegen einer unzulässigen Zugangsfiktion ergibt sich etwa für eine Klausel, nach der eine Mahnung oder Kündigung allein durch einen Aktenvermerk nachgewiesen werden kann[627].

---

[617] Vgl. BGH v. 4. 12. 1996, NJW 1997, 739 (740); BGH v. 29. 4. 1987, BGHZ 100, 373 = NJW 1987, 2012 (2013).

[618] OLG Hamm v. 12. 7. 1985, VersR 1986, 82 (83); OLG Frankfurt v. 12. 5. 1982, VersR 1983, 528 (529); siehe zur Nichtigkeit wegen Unbestimmtheit einer solchen Klausel hingegen LG Köln v. 8. 4. 1987, MDR 1987, 676.

[619] *Hansen,* VersR 1988, 1110 (1116); *Prölss/Martin/Prölss*[27], Vorbem. I Rn. 90, Fristen, „die zwei Wochen … überschreiten, sind bedenklich."

[620] *Prölss/Martin/Prölss*[27] Vorbem. I Rn. 28; der BGH betrachtete eine entsprechende Klausel in seiner grundlegenden Entscheidung zu § 10 A ARB 94 allerdings unter dem Gesichtspunkt eines Änderungsvorbehalts i. S. v. § 308 Nr. 4 BGB, BGH v. 17. 3. 1999, BGHZ 141, 153 = NJW 1999, 1865.

[621] BGH v. 17. 3. 1999, BGHZ 141, 153 = NJW 1999, 1865 (1866).

[622] Siehe hierzu auch *Matusche-Beckmann,* NJW 1998, 112; *Römer,* r+s 2000, 177.

[623] So auch *Prölss/Martin/Prölss*[27] Vorbem. I Rn. 28b; siehe auch Rn. 159 ff.

[624] OLG Köln v. 27. 5. 1998, NVersZ 2000, 23.

[625] BGH v. 28. 6. 1995, VersR 1995, 1185 (1187 f.).

[626] BGH v. 28. 3. 2001, VersR 2001, 752 (753 f.).

[627] OLG Hamburg v. 27. 6. 1980, VersR 1981, 125.

Die Leistungsfreiheit des VR wegen **Obliegenheitsverletzungen** des VN unterfällt nicht   **216**
dem Klauselverbot nach **§ 309 Nr. 5** BGB, da es sich hierbei nicht um pauschalierte Schadensersatzansprüche handelt[628].

Ein wegen **§ 309 Nr. 7** BGB verbotener Haftungsausschluss bei grobem Verschulden des   **217**
Verwenders bzw. dessen Erfüllungsgehilfen ist gegeben, wenn der VR seine Haftung unabhängig vom Verschuldensgrad dadurch abbedingt, dass der Versicherungsagent keine verbindlichen Erklärungen über die Erheblichkeit von Fragen im Antragsformular oder Erkrankungen erteilen darf[629].

Der Anwendungsbereich von **§ 309 Nr. 12** BGB, wonach eine Beweislastumkehr zum
Nachteil des Klauseladressaten verboten ist, ist immer dann eröffnet, wenn die Versicherungsbedingungen von Vorschriften des VVG zur Beweislastumkehr, wie etwa § 28 Abs. 2 VVG,
abweichen. In allen anderen Fällen verbleibt es bei einer Kontrolle nach § 307 BGB.

5. Unangemessene Benachteiligung (§ 307 Abs. 1 S. 1 BGB)

a) **Grundsätze.** § 307 Abs. 1 S. 1 BGB stellt die **Generalklausel** und damit die Grund-   **218**
vorschrift der Inhaltskontrolle Allgemeiner Geschäftsbedingungen dar. Rechtstechnisch handelt es sich bei § 307 Abs. 1 BGB um einen den speziellen Klauselverboten der §§ 308, 309
BGB nachrangigen Auffangtatbestand.

Vertragsbestimmungen, die den Klauseladressaten entgegen Treu und Glauben unangemessen benachteiligen, sind hiernach unwirksam. Zur Feststellung der unangemessenen Beeinträchtigung oder Verkürzung der rechtlichen Stellung des Vertragspartners bedarf es einer
umfassenden Interessenabwägung der widerstreitenden Interessen, nicht jedoch einer
vom Standpunkt des VN aus optimale Gestaltung der Bedingungen[630]. Eine vertragliche Gestaltung, die dem Interesse des VR dient, ist nicht von vornherein unwirksam[631]. Ziel der Interessenabwägung ist dabei die Vermeidung einer treuewidrigen Benachteiligung des Klau-
selgegners. Beschränkungen der Rechtsposition des Vertragspartners können jedoch
aufgrund überwiegender Interessen des Klauselverwenders zulässig sein[632]. Dies gilt auch für
Verkürzungen des Versicherungsschutzes[633]. Gefordert ist vielmehr eine gewichtige Benachteiligung des VN[634].

Ansatzpunkt der Kontrolle einzelner Klauseln im Allgemeinen sowie auch im Hinblick auf   **219**
AVB ist eine **„überindividuell-generalisierende und typisierende Betrachtungsweise"**[635] bei der Gegenstand, Zweck und besondere Eigenart des jeweiligen Geschäfts zu
berücksichtigen sind[636]. Die Beachtung individueller Umstände des einzelnen Versicherungsverhältnisses scheidet im Verbandsprozess aufgrund der vom Einzelfall losgelösten Wirksamkeitsprüfung grundsätzlich aus[637]. Im Individualprozess gilt dies für Verbraucherverträge
wegen § 310 Abs. 3 Nr. 3 BGB indes nicht. Danach sind auch die den Vertragsschluss begleitenden Umstände zu berücksichtigen[638].

---

[628] *Prölss/Martin/Prölss*[27], Vorbem. I Rn. 95; *Hansen,* VersR 1988, 1110 (1113).

[629] BGH v. 18. 12. 1991, VersR 1992, 217 (218).

[630] BGH v. 18. 12. 1985, VersR 1986, 257 (258).

[631] BGH v. 22. 3. 2000, VersR 2000, 709 (710).

[632] *Fuchs* in: *Ulmer/Brandner/Hensen*[10] § 307 Rn. 107; AGB-Klauselwerke/*Präve,* Allgemeine Versicherungsbedingungen, Rn. 45.

[633] BGH v. 6. 12. 1995, VersR 1996, 322 (323); BGH v. 28. 11. 1990, VersR 1991, 175 (176).

[634] BGH v. 21. 2. 2001, VersR 2001, 576 (577); BGH v. 6. 12. 1995, VersR 1996, 322 (323); *Präve* in:
Beckmann/Matusche-Beckmann, Versicherungsrechts-Handbuch (2004), § 10 Rn. 326.

[635] *Prölss/Martin/Prölss*[27], Vorbem. I Rn. 64; *Palandt/Heinrichs*[67], § 307 Rn. 4.

[636] BGH v. 23. 6. 1988, BGHZ 105, 24 = NJW 1988, 2536; BGH v. 9. 2. 1990, BGHZ 110, 241 =
NJW 1990, 1601; BGH v. 13. 12. 2001, NJW 2002, 1713; *Präve* in: *Beckmann/Matusche-Beckmann,* Versicherungsrechts-Handbuch (2004), § 10 Rn. 327.

[637] BGH v. 3. 12. 1991, NJW 1992, 503; BGH v. 10. 3. 1999, VersR 1999, 741.

[638] *Fuchs* in: *Ulmer/Brandner/Hensen*[10], § 307 Rn. 114; *Prölss/Martin/Prölss*[27], Vorbem. I Rn. 67; BGH v.
7. 7. 1992, NJW 1992, 2626.

220 Für Verbraucherverträge ist zudem die **EG-Richtlinie** über missbräuchliche Klauseln in Verbraucherverträgen zu berücksichtigen[639]. Beispiele für missbräuchliche Klauseln enthält der Richtlinienanhang. Eine Klausel, die sich im Richtlinienanhang wieder findet, ist nicht ohne Weiteres unwirksam[640]. Die Feststellung der Unwirksamkeit bedarf vielmehr auch in einem solchen Fall einer umfassenden Interessenabwägung[641].

221 Wertungsgesichtspunkte der Interessenabwägung können sich auch aus anderem höherrangigen Recht, wie etwa dem **Grundgesetz** ergeben. Während dies etwa für Zusatzversorgungskassen unmittelbar gilt[642], bildet § 307 BGB bei Beteiligung privater Unternehmen ein Einfalltor für die **mittelbare Drittwirkung der Grundrechte**[643]. Der Ansatz des Bundesverfassungsgerichts, im Rahmen der §§ 138, 242 BGB zu einer Korrektur von Verträgen, die in ihrer Unausgewogenheit Folge strukturell ungleicher Verhandlungspositionen der beteiligten Parteien sind und damit eine Vertragspartei ungewöhnlich stark belasten, zu gelangen[644], ist auch der Inhaltskontrolle nach § 307 BGB immanent[645].

222 **Maßgeblicher Beurteilungszeitpunkt** für die Kontrolle der Wirksamkeit einer Klausel sind die Verhältnisse bei Vertragsschluss[646]. Dies gilt bereits nach Art. 4 Abs. 1 der EG-Richtlinie über missbräuchliche Klauseln in Verbraucherverträgen, im Übrigen aber auch allgemein. Eine Rückwirkung zwischenzeitlich eingetretener Rechtsprechungsänderungen ist dadurch jedoch nicht zwangsläufig ausgeschlossen[647].

223 Auch wenn sich die Inhaltskontrolle grundsätzlich auf einzelne Klauseln des Vertragswerkes bezieht, kann sich eine unangemessene Benachteiligung auch durch die gegenseitige Verstärkung oder Summierung der belastenden Wirkung mehrerer für sich allein betrachtet hinnehmbarer Klauseln ergeben (sog. **Summierungs- oder Verstärkungseffekt**)[648]. Dies ist selbst dann der Fall, wenn sie rein äußerlich nicht in einem einzigen Klauselwerk zusammengefaßt sind, aber in derart engem Sachzusammenhang stehen, dass sie hierdurch untrennbar miteinander verbunden sind[649].

224 Die unangemessen benachteiligende Wirkung einer Klausel kann unter Umständen auch durch die Einräumung eines rechtlichen Vorteil für den Klauseladressaten **kompensiert** und dadurch vor dem Verdikt der Unwirksamkeit bewahrt werden[650]. Dabei muss es sich allerdings um eine funktionsgleiche Regelung handeln, d. h. sie muss in einem Regelungszusammenhang mit der zu kontrollierenden nachteiligen Klausel stehen und dem Adressaten einen ausreichenden Vorteil mit dem Ergebnis eines angemessenen Ausgleichs für den Nachteil bieten[651]. Nicht ausreichend ist jedenfalls das Versprechen freiwilliger Leistungen im Falle leistungseinschränkender Vertragsbestimmungen. Dem VN wird ein Rechtsanspruch auf weitere Leistungen hierdurch gerade nicht gewährt[652].

---

[639] Siehe Rn. 10 ff.

[640] EuGH v. 7. 5. 2002, EuZW 2002, 465 (466).

[641] *Präve* in: *Beckmann/Matusche-Beckmann,* Versicherungsrechts-Handbuch (2004), § 10 Rn. 324 f.

[642] BGH v. 16. 3. 1988, BGHZ 103, 370 = MDR 1988, 761; BGH v. 14. 5. 2003, VersR 2003, 893 (894); BGH v. 14. 5. 2003, VersR 2003, 895 (896).

[643] *Wolf* in: *Wolf/Horn/Lindacher*[4] § 9 Rn. 113; *Fuchs* in: *Ulmer/Brandner/Hensen*[10] § 307 Rn. 166.

[644] BVerfG v. 19. 10. 1993 NJW 1994, 36 (38 f.)

[645] AGB-Klauselwerke/*Präve,* Allgemeine Versicherungsbedingungen, Rn. 46; *Fuchs* in: *Ulmer/Brandner/Hensen*[10], § 307 Rn. 166.

[646] BGH v. 3. 11. 1999, NJW 2000, 1110 (1113); *Fuchs* in: *Ulmer/Brandner/Hensen*[10] § 307 Rn. 117; *Palandt/Grüneberg*[67], § 307 Rn. 3.

[647] BGH v. 24. 9. 1998, NJW 1998, 3708 (3709 f.); BVerfG v. 9. 5. 1984, WM 1984, 985.

[648] *Fuchs* in: *Ulmer/Brandner/Hensen*[10], § 307 Rn. 155; *Palandt/Grüneberg*[67], § 307 Rn. 9.

[649] BGH v. 25. 6. 2003, NJW 2003, 3192; BGH v. 14. 5. 2003, NJW 2003, 2234; BGH v. 26. 10. 1994, NJW 1995, 254; BGH v. 2. 12. 1992, NJW 1993, 532.

[650] BGH v. 23. 4. 1991, NJW 1991, 1886 (1888); BGH v. 25. 6. 1991, NJW 1991, 2414 (2415.)

[651] BGH v. 29. 11. 2002, NJW 2003, 888 (891); BGH v. 17. 12. 1998, NJW 1999, 942 (943); *Fuchs* in: *Ulmer/Brandner/Hensen*[10],§ 307 Rn. 151.

[652] BGH v. 17. 3. 1999, VersR 1999, 745 (748).

Der **Wettbewerb** zwischen den VR stellt keine ausreichende Kompensation nachteiliger   225
AVB-Bestimmungen dar. Ausschlaggebend ist allein das Klauselwerk des jeweiligen VR; ein
Verweis des VN auf möglicherweise günstigere Vertragsbestimmungen anderer VR hat keinen Einfluss auf die Wirksamkeitsprüfung nach § 307 BGB[653]. Auch die Prämienkalkulation
des VR ist nicht entscheidend für die Frage der Unangemessenheit einer Klausel. Der VR als
Verwender von AGB muss seine Prämie nach Gesichtspunkten kalkulieren, die sich mit Treu
und Glauben vereinbaren lassen[654]. Etwas anderes kann sich bei der Frage ergeben, ob der jeweiligen **Prämienhöhe** kompensierende Wirkung hinsichtlich nachteiliger Vertragsbestimmungen zukommen kann. Zu beachten bleibt dabei jedoch zunächst, dass auch ein niedriger
Preis die Verwendung unangemessener Vertragsbedingungen grundsätzlich nicht zu rechtfertigen vermag[655]. Von dieser grundsätzlichen **Unbeachtlichkeit des Preisarguments** macht
die **h. M.** im Falle einer „echten" oder „offenen" **Tarifwahl** durch den VN eine Ausnahme.
Kann der VR zwischen niedriger Prämie bei reduzierter Haftung und höherer Prämie bei
vollem Versicherungsschutz wählen, kann dies eine ausreichende Kompensation der unvor-
teilhafteren Vertragsgestaltung aufgrund der jeweilig günstigeren Versicherungsalternative
darstellen[656]. Voraussetzung ist dabei eine angemessene Preisdifferenzierung, die namentlich
bei einer überhöhten und damit abschreckenden Prämiengestaltung des „teureren" Versiche-
rungsmodells nicht nur Alibifunktion erfüllt[657]. Zudem darf der Haftungsausschluss aus objektiver Sicht nicht die zentralen Risiken des Versicherungsverhältnisses erfassen, so dass seitens des VN kein vernünftiges Interesse an der Versicherung der restlichen Risiken bestehen
kann[658]. Darüber hinaus hat die Preisgestaltung transparent zu erfolgen. Dies folgt bereits aus
den Vorgaben der EG-Richtlinie über missbräuchliche Klauseln in Verbraucherverträgen[659]
Abgesehen von der Möglichkeit einer Tarifwahl ergibt sich demgegenüber auch aus der
Richtlinie keine Notwendigkeit, Klauseln allein wegen der Günstigkeit des Versicherungs-
angebots einer Inhaltskontrolle zu entziehen[660]. Zwar heißt es in Erwägungsgrund 19 der
Richtlinie, dass bei Versicherungsverträgen die Klauseln, in denen das versicherte Risiko und
die Verpflichtung des VR deutlich festgelegt oder abgegrenzt werden, nicht als missbräuchlich beurteilt werden, sofern diese Einschränkungen bei der Berechnung der vom Verbraucher gezahlten Prämie Berücksichtigung finden. Dies muss jedoch auch im Hinblick auf
Sinn und Zweck der Richtlinie – Schutz des Verbrauchers vor Machtmissbrauch des Klauselverwenders[661] – dahin verstanden werden, dass mit Ausnahme des Falls der offenen Tarifwahl
die Höhe der Prämie im Übrigen für die Inhaltskontrolle nicht von Bedeutung ist[662].

b) Judikatur (Auswahl): Abtretungsverbot: Für den Bereich der Haftpflichtversiche-   226
rung ist gem. § 108 Abs. 2 VVG die Vereinbarung eines Abtretungsverbotes durch AVB unwirksam. Demnach kann der VN seinen Freistellungsanspruch gegen den VR auf den geschädigten Dritten – und nur auf diesen – abtreten, so dass dieser in die Lage versetzt wird,

---

[653] *Fuchs* in: *Ulmer/Brandner/Hensen*[10], § 307 Rn. 150; *Präve* in: *Beckmann/Matusche-Beckmann,* Versicherungsrechts-Handbuch (2004), § 10 Rn. 332.
[654] BGH v. 3. 3. 1982, BGHZ 83, 169 = VersR 1982, 482; BGH v. 29. 10. 1956, BGHZ 22, 90.
[655] BGH v. 25. 2. 1998, BGHZ 138, 1138 = NJW 1998, 1640 (1644); BGH v. 16. 11. 1992,
BGHZ 120, 216 = NJW 1993, 2442 (2444); BGH v. 12. 5. 1980, NJW 1980, 1953 (1954); *Fuchs* in:
Ulmer/Brandner/Hensen[10], § 307 Rn. 145.
[656] *Prölss/Martin/Prölss*[27], Vorbem I Rn. 65; *van de Loo,* Die Angemessenheitskontrolle Allgemeiner Versicherungsbedingungen nach dem AGB-Gesetz, S. 96.; *H. Schmidt* in: *Ulmer/Brandner/Hensen*[10], Anh.
§ 310 Rn. 907, § 307 Rn. 148; *Palandt/Grüneberg*[67], § 307 Rn. 14.
[657] *Präve* in: *Beckmann/Matusche-Beckmann,* Versicherungsrechts-Handbuch (2004), § 10 Rn. 335; BGH
v. 12. 8. 1980, BGHZ 77, 126.
[658] *Prölss/Martin/Prölss*[27], Vorbem I Rn. 65.
[659] Siehe Art. 4 Abs. 2 und Art. 5 der Richtlinie.
[660] *Fuchs* in: *Ulmer/Brandner/Hensen*[10], § 307 Rn. 57, 145; AGB-Klauselwerke/*Präve,* Allgemeine Versicherungsbedingungen, Rn. 55.
[661] Siehe Erwägungsgrund 9 der Richtlinie.
[662] *Wolf* in: *Wolf/Horn/Lindacher*[4], Art. 4 RiLi Rn. 20; *Kieninger,* VersR 1999, 951.

den VR direkt in Anspruch zu nehmen[663]. Unwirksam ist das Abtretungsverbot jedoch nur, wenn es durch AVB vereinbart wird. Individualvereinbarungen hingegen bleiben sowohl bei Abschluss des Versicherungsvertrages als auch nach Eintritt des Versicherungsfalles zulässig[664]. Für die übrigen Versicherungsarten bleibt es bei der bisherigen Regelung, wonach in AVB die Abtretung von Versicherungsansprüchen vor ihrer endgültigen Feststellung von der Zustimmung des VR abhängig gemacht werden kann[665]. Dadurch soll verhindert werden, dass der VR im Schadensfall das Vertragsverhältnis mit einem Dritten abwickeln muss und für den Fall eines Prozesses der VN nicht die Stellung eines Zeugen erhält[666].

227   **Bedingungsanpassungsklausel:** Die Anpassungsbefugnis zugunsten des VR schon „zur Abwendung einer kartell- oder aufsichtsbehördlichen Beanstandung" benachteiligt den VN (hier im Rahmen einer Rechtsschutzversicherung) unangemessen[667]. Damit wird die Schwelle einer notwendigen Anpassung zu sehr vorverlegt. Nach dieser Regelung wäre der VR schon im Vorfeld behördlicher Maßnahmen zur Änderung der vereinbarten Bedingung berechtigt, also zu einem Zeitpunkt, zu dem die Behörde nicht einmal einen Verwaltungsakt erlassen hat. Dem VR, der die Verantwortung für die Zulässigkeit seiner Allgemeinen Versicherungsbedingungen trägt, kann aber zugemutet werden, zumindest die konkrete Entschließung der Behörde abzuwarten, um dann deren Begründung bei nachträglichen Anpassungen der Bedingungen auch zu berücksichtigen[668].

228   **Einzugsermächtigung:** Eine unangemessene Benachteiligung ist nicht anzunehmen, wenn in AVB dem VN für die Prämienzahlung eine Einzugsermächtigung abverlangt wird und dieser dadurch gezwungen wird, ein Girokonto zu unterhalten. Die Lastschriftklausel ist für den VR dazu geeignet, einen erheblichen und wirtschaftlich sinnvollen Rationalisierungserfolg zu erzielen. Er bekommt die Initiative für den Einzug seiner Außenstände in die Hand. Er erhält das ihm zustehende Geld in aller Regel auf den Tag genau rechtzeitig, was mit erheblichen Liquiditäts- und Zinsvorteilen verbunden ist. Im Verhältnis zum Gesamtumsatz ist dieser Rationalisierungseffekt besonders groß, wenn es sich darum handelt, von einer Vielzahl von Kunden jeweils einen relativ geringfügigen Betrag einzuziehen. Dem stehen auf Seiten des VN keine unangemessenen Nachteile gegenüber, da der bargeldlose Zahlungsverkehr inzwischen allgemein verbreitet und üblich ist und i. R. e. Dauerschuldverhältnisses regelmäßig ein bestimmter Betrag gezahlt werden muss. Daher dient das Lastschriftverfahren einer wirtschaftlich sinnvollen Abwicklung des Versicherungsvertrages[669].

229   **Schweigepflichtentbindungserklärung:** Die Schweigepflichtsenbindung erlaubt den privaten Krankenversicherungen zum einen, sich nach dem Antrag auf Abschluss eines Versicherungsvertrages unter anderem auch bei Ärzten zur Prüfung möglicher Versicherungsrisiken des zukünftigen VN zu informieren (sog. Risikoprüfung). Zum anderen wird die Versicherung ermächtigt, im Versicherungsfalle bei Ärzten und Krankenhäusern die maßgeblichen Daten zu erfragen, die zur Beurteilung der Leistungspflicht erforderlich sind (sog. Leistungsprüfung). Dabei ist jedoch zu beachten, dass entsprechende Entbindungen von der Schweigepflicht mit datenschutzrechtlichen Vorgaben übereinstimmen und mit den Aufsichtsbehörden für Datenschutz abgestimmt werden müssen. Aufgrund des datenschutzrechtlichen Transparenzgebotes muss erkennbar bleiben, welche Daten aufgrund der Einwilligung übermittelt werden dürfen und aus welchem Grund diese Übermittlung erforderlich ist[670]. Dies ergibt sich nunmehr auch ausdrücklich aus § 213 VVG, welcher unter Vorgabe einer Ent-

---

[663] VVG RegE, BT-Drucks. S. 87; *Langheid,* VersR 2007, 865; *Deutsch*[6], Versicherungsvertragsrecht, Rn. 309.

[664] VVG RegE, BT-Drucks. S. 87, *Franz,* VersR 2008, 298 (308).

[665] BGH v. 3. 12. 1987, BGHZ 102, 293 = NJW 1988, 1210; BGH v. 26. 3. 1997, VersR 1997, 1088.

[666] BGH v. 26. 3. 1997, VersR 1997, 1988; BGH v. 13. 7. 1983, VersR 1983, 945.

[667] BGH v. 17. 3. 1999, VersR 1999, 697 ff.

[668] BGH v. 17. 3. 1999, VersR 1999, 697 ff.; dazu allgemein zur Bedingungsanpassung Rn. 192.

[669] BGH v. 10. 1. 1996, NJW 1996, 988; *Fuchs* in: *Ulmer/Brandner/Hensen*[10], § 307 Rn. 192; a. A. OLG Koblenz v. 12. 11. 1993, NJW-RR 1994, 689 ff.

[670] VerBAV 1989, 345 f.; www.datenschutzzentrum.de/material/themen/gesund/versentb.htm.

scheidung des BVerfG[671] in das Gesetz eingeführt wurde[672]. Danach muss die Schweige-pflichtentbindung den Wirksamkeitsvoraussetzungen des § 4a Abs. 1 und 3 BDSG entspre-chen. So muss der Versicherte zum Zeitpunkt der Abgabeerklärung klar erkennen können, welche Patientendaten das VU wann, bei welchen Stellen und zu welchem Zweck erheben darf[673] Des Weiteren darf die Klausel zur Verpflichtung der Entbindung von der Schweige-pflicht nicht so weit und umfassend sein, dass das Grundrecht des VN auf informationelle Selbstbestimmung verletzt ist[674]. Eine Klausel, die einer Generalermächtigung nahekommt, sensible Informationen zum Versicherungsfall zu erheben, deren Tragweite der VN kaum zu-verlässig abschätzen kann, ist daher unwirksam[675]. Das BVerfG hat einen Verstoß gegen das Grundrecht der informationellen Selbstbestimmung bei einer Klausel angenommen, durch die der VR ermächtigt wird, von allen Ärzten, Krankenhäusern und Krankenanstalten, bei denen der VN in Behandlung war oder sein wird sowie von seiner Krankenkasse und von Versicherungsgesellschaften, Sozialversicherungsträgern, Behörden, derzeitigen und früheren Arbeitgebern sachdienliche Auskünfte einzuholen[676]. Möglich wäre jedoch, dass das VU im Zusammenhang mit der Mitteilung, welche Informationserhebungen beabsichtigt sind, dem Versicherten die Möglichkeit zur Beschaffung der Informationen oder jedenfalls eine Wider-spruchsmöglichkeit einräumt[677].

6. Transparenzgebot (§ 307 Abs. 1 S. 2 BGB)

a) Grundsätze. Verankert ist das Transparenzgebot nunmehr in § 307 Abs. 1 S. 2 BGB,   **230** während es früher i. R. d. § 9 AGBG a. F. Berücksichtigung fand. Ein ausdrückliches Transpa-renzgebot enthält auch die Richtlinie über mißbräuchliche Klauseln in Verbraucherverträ-gen[678] in Art. 5 S. 1, welches von § 307 Abs. 1 S. 2 BGB übernommen wurde. Die von dem Verwender aufgestellten AGB müssen den Vorgaben des Transparenzgebotes entsprechen[679]. Zudem beinhalten auch die Vorschriften der §§ 305 Abs. 2, 305c Abs. 1, 2 BGB parallel zum § 307 Abs. 1 S. 2 BGB Anknüpfungspunkte im Hinblick auf das Transparenzgebot[680]. Aus letztgenannter Vorschrift ergibt sich aus den vor ihr aufgestellten Voraussetzungen eine **ei-genständige Tranzparenzkontrolle,** welche über den Anwendungsumfang der materiel-len Inhaltskontrolle hinausgeht[681]. Dabei kommt die Grenze des § 307 Abs. 3 S. 1 BGB hier nicht zur Anwendung[682].

Das Transparenzgebot findet in seiner Ausprägung sowohl im Individual- als auch im Ver-   **231** bandsprozess umfassend Anwendung[683]. Aufgrund der Tatsache, dass das Transzparenzgebot auch im unternehmerischen Verkehr gilt[684], kann somit durch die Verpflichtung zur Ab-fassung **eindeutiger und klarer Regelungen** der Gefahr entgegengewirkt werden, dass AGB-Verwender unklare Formulierungen zu ihrem Vorteil gereichen lassen. Sinn und

---

[671] BVerfG v. 23. 10. 2006, VersR 2006, 1669.

[672] *Hinsch-Timm,* Das neue Versicherungsvertragsgesetz in der anwaltlichen Praxis, S. 234; *Marlow/Spuhl²,* das Neue VVG kompakt, S. 175.

[673] RegE VVgRefG S. 117; *Fitzau,* VW 2008, 448.

[674] BVerfG v. 23. 10. 2006, VersR 2006, 1669; *Schwabe,* JZ 2007, 579.

[675] BVerfG v. 23. 10. 2006, VersR 2006, 1669; *Schwabe,* JZ 2007, 579.

[676] BVerfG v. 23. 10. 2006, VersR 2006, 1669.

[677] BVerfG v. 23. 10. 2006, VersR 2006, 1669 (1672).

[678] Richtlinie 93/13 EWG v. 5. 4. 1993 (ABl. Nr. L 95 v. 21. 4. 1993, S. 29).

[679] BGH v. 30. 4. 1991, NJW 1991, 1889; BGH v. 15. 10. 1991, NJW 1992, 179; *Prölss/Martin/Prölss*27, Vorbem I Rn. 80.

[680] *Prölss/Martin/Prölss*27, Vorbem I Rn. 80; *Präve* in: *Beckmann/Matusche-Beckmann,* Versicherungs-rechts-Handbuch (2004), § 10 Rn. 358.

[681] *Fuchs* in: *Ulmer/Brandner/Hensen*10 § 307 Rn. 10.

[682] *Prölss/Martin/Prölss*27, Vorbem I Rn. 80; *Eckert,* WM 1993, 1070; *Schmitt/Salzer,* BB 1995, 1493; *Wolf* in: *Wolf/Horn/Lindacher*4, § 9 Rn. 143.

[683] *Schäfer,* Das Transparenzgebot im Recht der Allgemeinen Geschäftsbedingungen (1992), S. 172; *Hansen,* WM 1990, 1521 (1526f.).

[684] *V. Westphalen* NJW 2003, 1635.

Beckmann

Zweck des Transparenzgebotes ist die Gewissheit des Kunden über seine Rechte und Pflichten im Bezug auf das Vertragsverhältnis sowie durch Preisinformation die Möglichkeit zur Beurteilung des Preis-Leistungsverhältnisses[685].

232   Das Transparenzgebot ist auf AVB umfassend anwendbar[686]. Dabei gilt der Transparenzgrundsatz nicht nur bei schriftlich abgefaßten AVB, sondern etwa auch bei der Bereitstellung via Internet[687]. Im Versicherungsvertragsrecht ergibt sich der Grundsatz des Transparenzgebotes neben § 307 Abs. 1 S. 2 BGB zudem auch aus § 7 Abs. 1 S. 2 VVG, wonach dem VN die maßgeblichen Informationen klar und verständlich zu übermitteln sind; gem. § 7 Abs. 1 S. 1 VVG gilt dies damit auch für AVB. Dies steht aber einer Verwendung unbestimmter Rechtsbegriffe und fachlich determinierter Ausdrücke in AVB nicht entgegen. Die Verpflichtung, den Klauselinhalt klar und deutlich zu formulieren, besteht nur i. R. d. Möglichen[688]. AGB können nicht stets so formuliert werden, daß dem Kunden jedes eigene Nachdenken erspart bleibt[689]. Der Kunde muss allerdings in der Lage sein, die Wirkung einer Klausel ohne Rechtsrat zu erkennen[690]. Dabei ist zu beachten, dass zur Beurteilung der Einhaltung des Transparenzgebotes gerade auf den durchschnittlichen und verständigen VN abzustellen ist[691]. Handelt es sich bei dem VN hingegen etwa um einen Unternehmer, so ist dessen erweiterter Kenntnisstand als entscheidend anzusetzen[692]. Inhaltlich umfaßt das Transparenzgebot keine zutätzliche Belehrungs- und Informationspflicht gegenüber dem VN, aufgrund der maßgebliche Umstände des Einzelfalles kann sich eine solche jedoch durchaus ergeben[693].

233   Das Transparenzgebot zeichnet sich zum einen durch den **Grundsatz der Verständlichkeit** aus. Dementsprechend müssen sich die vom VR verwendeten AVB für den durchschnittlichen VN als verständlich darstellen[694]. Treu und Glauben gebieten es, dass die Vertragsklauseln die wirtschaftlichen Nachteile und Belastungen so weit erkennen lassen, wie dies nach den Umständen des Versicherungsverhältnisses gefordert werden kann[695]. Dabei ist die Verwendung von Fachausdrücken grundsätzlich ebenso zulässig wie die Übernahme von Teilen der gesetzlichen Vorschriften. Wäre der VR gehalten, sämtliche der in den AVB verwendeten Begriffe näher zu erläutern, würde dies zu sehr umfangreichen und in der Folge unübersichtlichen Klauselwerken führen[696]. Dennoch entspricht die bloße Wiedergabe der maßgeblichen Gesetzesvorschriften oder die Verwendung von Fachbegriffen nicht notwendigerweise dem Verständlichkeitsgebot. Etwa aufgrund schwer verständlicher und umfangreicher gesetzlicher Regelungen bleibt gerade im Bereich von Versicherungsverträgen dem durchschnittlichen VN die notwendige Klarheit oft verborgen. In diesem Fall sind die Vertragsklauseln einer auf § 307 Abs. 3 S. 2 BGB gestützten selbständigen Transparenzkontrolle zu unterziehen[697]. Sofern möglich, hat der VR dem VN zum besseren Verständnis Erläute-

---

[685] *Präve* in: *Beckmann/Matusche-Beckmann,* Versicherungsrechts-Handbuch (2004), § 10 Rn. 359; *Fuchs* in: *Ulmer/Brandner/Hensen*[10], § 307 Rn. 338.

[686] BGH v. 24. 3. 1999, VersR 1999, 710; BGH v. 8. 10. 1997, VersR 1997, 1517; *Schwintowski,* VuR 1999, 186.

[687] *Wolf* in: *Wolf/Horn/Lindacher*[4], Art. 5 Rili Rn. 5.

[688] BGH v. 3. 6. 1998, NJW 1998, 3114; BGH v. 3. 11. 1998, ZIP 1999, 103; *Palandt/Grüneberg*[67], § 307 Rn. 18.

[689] BGH v. 10. 7. 1990, BGHZ 112, 115 = ZIP 1990, 980.

[690] OLG Hamburg v. 20. 7. 1999, VersR 1999, 1482; OLG Düsseldorf v. 6. 7. 2000 (juris Rn. 12).

[691] BGH v. 24. 11. 1988, BGHZ 106, 42 = VersR 1989, 81; *Fuchs* in: *Ulmer/Brandner/Hensen*[10] § 307 Rn. 11; *Stoffels,* AGB-Recht, § 17 Rn. 565.

[692] BGH v. 10. 7. 1990, BGHZ 112, 115 = ZIP 1990, 980; *Wolf* in: *Wolf/Horn/Lindacher*[4], § 9 Rn. 147; *Palandt/Grüneberg*[67], § 307 Rn. 17.

[693] *Koch,* WM 2002, 2173; *Armbrüster,* ZVersWiss 2003, 745.

[694] Vgl. bereits Rn. 71.

[695] BGH v. 9. 5. 2001, VersR 2001, 839; BGH v. 24. 3. 1999, BGHZ 141, 137 = VersR 1999, 710; *Wolf* in: *Wolf/Horn/Lindacher*[4], § 9 Rn. 148.

[696] *Prölss/Martin/Prölss*[27], Vorbem I Rn. 83; BGH v. 21. 6. 1990, BGHZ 111, 388 = NJW 1990, 3197 (zur Zulässigkeit der Verweisung auf das Regelwerk der VOB/B).

[697] *Fuchs* in: *Ulmer/Brandner/Hensen*[10], § 307 Rn. 35; a. A. *Prölss/Martin/Prölss*[27], Vorbem I Rn. 84.

rungen etwa in Form von Tabellen oder sonstigen erklärenden Legenden außerhalb der AVB anhand zu geben und in den AVB auf diese zu verweisen[698]. Zudem hat er für eine Zusammenfassung der wichtigsten Gesichtspunkte zu sorgen, pauschale Verweisungen auf den Gesetzeswortlaut können zu Intransparenz führen[699]. Gleiches gilt für eine völlig ohne Zusammenhang erfolgende Auflistung von Regelungen. Bei umfangreichen AVB muss der VR zudem durch Verwendung von Überschriften und Untergliederungspunkten für Verständlichkeit sorgen[700]. Die Verwendung von Fachtermini widerspricht wiederum dem Transparenzgebot, wenn diese die Regelung unübersichtlich und unverständlich machen und damit den VN davon abhalten, die Durchsetzung seiner Rechte zu verfolgen[701]. Bezug nehmend auf Haftungsausschlussklauseln muss sich folglich für den VN unmissverständlich erschließen, wann der VR von seiner Leistungspflicht befreit ist[702].

Der Grundsatz der Verständlichkeit ist auch dann nicht eingehalten, wenn der VR neben Allgemeinen Bedingungen zur Regelung des Versicherungsverhältnisses zudem auf Besondere sowie Sonderbedingungen Bezug nimmt[703].

Das Transparenzgebot ist des Weiteren dann verletzt, wenn der VR es unterläßt, einen ergänzungsbedürtigen gesetzlich vorgegebenen Rahmen auch auszufüllen. So etwa bei unterbliebener Konkretisierung des gsetzlichen Rahmens zur Bestimmung des Rückkaufswertes von Lebensversicherungen, § 169 Abs. 3 VVG[704].

Eine Klausel in den Bedingungen der Kaskoversicherung, wonach der VR die Mehrwertsteuer nur ersetzt, wenn der VN diese tatsächlich bezahlt hat, ist wegen Verstoßes gegen das Transparenzgebot unwirksam, wenn der VN nicht deutlich erkennen kann, dass bei einer Ersatzbeschaffung die Erstattung der dafür gezahlten Mehrwertsteuer ausgeschlossen sein soll[705].

Das Transparenzgebot schließt auch das **Bestimmtheitsgebot** ein. Dieses verlangt, dass   **234** die tatbestandlichen Voraussetzungen und Rechtsfolgen so genau beschrieben werden, dass einerseits für den Verwender keine ungerechtfertigten Beurteilungsspielräume entstehen. Andererseits soll der Vertragspartner ohne fremde Hilfe möglichst klar und einfach seine Rechte feststellen können, damit er nicht von deren Durchsetzung abgehalten wird. Eine Klausel genügt dem Bestimmtheitsgebot nur dann, wenn sie im Rahmen des rechtlich und tatsächlich Zumutbaren die Rechte und Pflichten des Vertragspartners des Klauselverwenders so klar und präzise wie möglich umschreibt[706]. Unter dem Gesichtspunkt der Unbestimmtheit ist demnach ein Verstoß gegen das Transparenzgebot dann zu bejahen, wenn eine Klausel so unpräzise formuliert ist, dass für den VN selbst der Kern der von der Klausel erfaßten Fällen nicht überblickt werden kann[707]. Auf Bestimmtheit ist dabei umso mehr Gewicht zu legen, um so weitreichender und nachteiligen die Folgen sind[708]. Dies gilt insbesondere für Bedingungs- und Prämienanpassungsklauseln. Der VR muss Änderungsgründe und -folgen hinreichend genau konretiesieren. Deshalb verstoßen Anpassungsklauseln, die dem Verwender ein uneingeschränktes Änderungsrecht vorbehalten, ohne dass der Kunde vorhersehen kann, unter welchen Voraussetzungen und in welchem Umfang ihn höhere oder weitere Gebühren treffen, gegen das Transparenzgebot und sind unwirksam. Auch einseitige Bestim-

---

[698] BGH v. 9. 5. 2001, VersR 2001, 839.
[699] *Fuchs* in: *Ulmer/Brandner/Hensen*[10], § 307 Rn. 35.
[700] *Schäfer,* Das Transparenzgebot im Recht der Allgemeinen Geschäftsbedingungen (1992), S. 10; *Nitschke,* Maßstäbe für die Transparenz Allgemeiner Versicherungsbedingungen, S. 83.
[701] *Stoffels,* AGB-Recht, § 17 Rn. 569; *Präve* in: *Beckmann/Matusche-Beckmann,* Versicherungsrechts-Handbuch (2004), § 10 Rn. 368.
[702] BGH v. 22. 11. 2000, VersR 2001, 184; BGH v. 12. 10. 1995, VersR 1996, 651.
[703] OLG Köln v. 11. 4. 1994, VersR 1995, 449; OLG Frankfurt v. 22. 9. 1994, NJW-RR 1995, 283.
[704] BGH v. 9. 5. 2001, VersR 2001, 839; BGH v. 9. 5. 2001, VersR 2001, 841.
[705] BGH v. 24. 5. 2006, VersR 2006, 1066.
[706] BGH v. 26. 10. 2005, ZIP 2006, 474; OLG Düsseldorf v. 17. 6. 1999, VersR 2000, 1093; *Fuchs* in: *Ulmer/Brandner/Hensen*[10], § 307 Rn. 338; *Wolf* in: *Wolf/Horn/Lindacher*[4], § 9 Rn. 150.
[707] *Prölss/Martin/Prölss*[27], Vorbem I Rn. 83.
[708] *Wolf/Ungeheuer,* JZ 1995, 176.

mungsvorbehalte können nur hingenommen werden, soweit sie bei unsicherer Entwicklung der Verhältnisse als Instrument der Anpassung notwendig sind und den Anlaß, aus dem das Bestimmungsrecht entsteht, sowie die Richtlinien und Grenzen seiner Ausübung möglichst konkret angeben[709].

235 Schließlich müssen die AVB auch **vollständig** und **richtig** wiedergegeben werden, um unrichtige und den VN irreführende Klauselwerke zu vermeiden[710].

236 Zur Unwirksamkeit führt ein Verstoß gegen das Transparenzgebot jedoch nur dann, wenn sich hieraus inhaltlich eine **unangemessenen Benachteiligung** des VN ergibt[711]. Bloße Unklarheit oder optisch unübersichtliche Gestaltung genügt nicht. Dies ergibt sich bereits aufgrund des Wortlautes des § 307 Abs. 1 S. 2 BGB. Nach der Gesetzesfassung kann (muss aber nicht) sich eine unangemessene Benachteiligung auch aufgrund einer unklaren und unverständlichen Regelung ergeben[712]. Beide Voraussetzungen müssen demnach erfüllt sein.

237 **b) Judikatur (Auswahl): Arbeitslosenversicherung:** Eine Klausel in der privaten Arbeitslosenversicherung ist wegen Verstoßes gegen das Transparenzgebot unwirksam, die die unfreiwillige Arbeitslosigkeit als Voraussetzung für den Versicherungsschutz in der Weise definiert, dass sie sie auf die Fälle beschränkt, in denen der Arbeitgeber das Arbeitsverhältnis aus Gründen kündigt, die nicht in der Person des VN liegen[713].

238 **Auslandsreisekrankenversicherung:** Undurchschaubar und nicht verständlich ist auch eine Regelung in AVB einer Auslandsreisekrankenversicherung, wonach Ausland nicht das Staatsgebiet ist, dessen Staatsangehörigkeit die versicherte Person besitzt oder in dem sie einen ständigen Wohnsitz hat. Diese Beschränkung des Versicherungsschutzes wird aber sogleich teilweise wieder dadurch aufgehoben, indem VN mit Doppelstaatsbürgerschaft – also der deutschen und einer anderen Staatsbürgerschaft – und VN mit der Staatsangehörigkeit eines EG-Staates bei Reisen in das Staatsgebiet, dessen Staatsangehörigkeit der VN besitzt, Versicherungsschutz zugesagt wird[714].

Ausschlussklausel: siehe Restschuldversicherung.

239 **Lebensversicherung:** Unwirksam sind auch Klauseln in AVB der Lebensversicherung über Beitragsfreistellung, Kündigung, Abschlusskosten und Rückkaufswert, wenn diese dem VN die hierdurch entstehenden erheblichen wirtschaftlichen Nachteile nicht deutlich erkennen lassen[715].

240 **Reiserücktrittsversicherung:** Kein Verstoß gegen das Transparenzgebot liegt vor, wenn der VR in den AVB einer Reiserücktrittskostenversicherung unbestimmte Rechtsbegriffe wie „schwere Unfallverletzung" oder „unerwartete schwere Krankheit" verwendet. Eine Konkretisierung der Leistungspflicht ist hier anderweitig etwa durch enumerative Aufzählung oder Regelbeispiele nicht möglich[716].

241 **Restschuldversicherung;** Eine Ausschlussklausel im Rahmen einer Restschuldversicherung – jedenfalls wenn sie im Rahmen eines Massengeschäfts verwendet werden soll – muss

---

[709] BGH v. 19. 10. 1999, ZIP 2000, 16; BGH v. 8. 10. 1997, BGHZ 136, 394 = VersR 1997, 2123.

[710] *Wolf* in: *Wolf/Horn/Lindacher*[4], § 9 Rn. 153; *Präve* in: *Beckmann/Matusche-Beckmann,* Versicherungsrechts-Handbuch (2004), § 10 Rn. 375, 377.

[711] OLG Brandenburg v. 3. 5. 2000, NJW-RR 2001, 488; *Palandt/Grüneberg*[67], § 307 Rn. 20; *Prölss/Martin/Prölss*[27], Vorbem I Rn. 85; *Fuchs* in: *Ulmer/Brandner/Hensen*[10], § 307 Rn. 360f.; BeckOK BGB/*H.Schmidt,* § 307 Rn. 40; *Stoffels,* AGB-Recht, § 17 Rn. 562; a. A. *Terbille/Terbille,* MAH, § 2 Rn. 76; *Lange,* ZGS 2004, 208 (212); *Terno,* r+s 2004, 45 (51); BGH v. 5. 11. 1998, BGHZ 140, 25 = NJW 1999, 635.

[712] *Palandt/Grüneberg*[67], § 307 Rn. 20.

[713] BGH v. 24. 3. 1999, BGHZ 141, 137 = VersR 1999, 710; *Präve,* VersR 1999, 755.

[714] BGH v. 22. 11. 2000, VersR 2001, 184; OLG München v. 14. 10. 1999, NVersZ 2000, 74; OLG Hamburg v. 20. 7. 1999, VersR 1999, 1482.

[715] BGH v. 9. 5. 2001, BGHZ 147, 373 = VersR 2001, 839; BGH v. 9. 5. 2001, BGHZ 147, 354 = VersR 2001, 841; LG Köln v. 9. 1. 2002, VersR 2002, 741; gilt auch für fondgebundene Lebensversicherung LG Aachen v. 11. 10. 2002, VersR 2003, 716.

[716] LG München v. 30. 3. 2000, VersR 2001, 504.

dem VN bzw. der versicherten Person in einem dem in §§ 16 ff. VVG a. F. (jetzt §§ 19 ff.) vorgesehenen Verfahren und der damit einhergehenden Beratungsintensität vergleichbaren Umfang und einer vergleichbaren Deutlichkeit vor Augen führen, welche Gesundheitsrisiken von dem Versicherungsschutz für welchen Zeitraum nicht gedeckt sind und welche Risiken in Bezug auf das gesicherte finanzierte Geschäft deshalb beim VN verbleiben. Genügt die Klausel diesen Anforderungen nicht, ist sie wegen Verstoßes gegen das Transparenzgebot unwirksam[717].

Unfallversicherung: Keine unangemessene Benachteiligung ergibt sich auch bei Ausschluss des Versicherungsschutzes i. R. e. Unfallversicherung für Unfälle als Pilot, Begleitpersonal oder Flugschüler, wenn sich nach den AVB der Versicherungsschutz auf Unfälle erstreckt, die der Versicherte als Fluggast erleidet[718]. **242**

Zusage vor Behandlungsbeginn: Ist die Leistungspflicht des VR im Rahmen einer privaten Krankenversicherung von einer Zusage vor Behandlungsbeginn abhängig, muss sich aus der Klausel eindeutig entnehmen lassen, unter welchen Voraussetzungen eine entsprechende Zusage erteilt wird[719]. **243**

7. Abweichung von wesentlichen Grundgedanken einer gesetzlichen Norm (§ 307 Abs. 2 Nr. 1 BGB)

a) Grundsätze. § 307 Abs. 2 BGB konkretisiert mit den darin enthaltenen zwei **Regelbeispielen** die Generalklausel des § 307 Abs. 1 BGB. Bei Vorliegen eines Verstoßes gegen wesentliche Grundgedanken einer gesetzlichen Regelung bzw. Gefährdung der Erreichung des Vertragszweckes wird eine **widerlegliche Vermutung** für das Vorliegen einer unangemessenen Benachteiligung und damit die Unwirksamkeit der maßgeblichen Klausel begründet[720]. Die Vermutungswirkung ist dann widerlegt, wenn sich unter Würdigung der Gesamtumstände des Einzelfalles ergibt, dass die Klausel den Vertragspartner nicht unangemessen benachteiligt[721]. Das kann z. B. dann der Fall sein, wenn die den Vertragspartner benachteiligende Abweichung vom dispositiven Gesetzesrecht durch Gewährung anderer rechtlicher Vorteile ausgeglichen (kompensiert) wird oder wenn sie durch höherrangige Interessen des AGB-Verwenders gerechtfertigt ist[722]. Dabei gebietet sich ein restriktiver Umgang bzgl. der Annahme von **Kompensationswirkungen.** Eine erleichterte Geschäftsabwicklung oder ansonsten höhere Versicherungsprämie genügen jedenfalls nicht[723]. Ebenso räumt die Branchenüblichkeit einer Klausel in AVB die Unangemessenheit nach § 307 Abs. 2 Nr. 1 BGB nicht aus[724]. Um Nachteile durch Vorteile kompensieren zu können, müssen die maßgeblichen Regelungen in sachlichem Zusammenhang stehen und einen wechselseitigen Bezug aufweisen[725]. **244**

Gesetzliche Regelungen i. S. d. Vorschrift sind alle formellen und materiellen Gesetze, also auch Rechtsverordnungen ebenso wie Gewohnheitsrecht[726]. Erfasst werden zudem auch in Rechtsprechung und Lehre durch Auslegung, Analogie und Rechtsfortbildung aus einzel- **245**

---

[717] OLG Brandenburg v. 25. 4. 2007, VersR 2007, 1071 (1072); a. A. OLG Dresden v. 30. 6. 2005, VersR 2006, 61.
[718] LG München v. 6. 10. 1989, r+s 1990, 69.
[719] LG Köln v. 4. 7. 2007, Az: 23 O 367/04 Rn. 34/35 (juris).
[720] BGH v. 7. 5. 1996, ZIP 1996, 1079; BGH v. 13. 7. 2004, WRP 2004, 1378; *Palandt/Grüneberg*[67], § 307 Rn. 25; a. A. *Fuchs* in: *Ulmer/Brandner/Hensen*[10] § 307 Rn. 195; *Prölss/Martin/Prölss*[27], Vorbem I Rn. 57.
[721] BGH v. 28. 1. 2003, BGHZ 153, 344 = NJW 2003, 1447.
[722] BGH v. 25. 6. 1991, BGHZ 115, 38 = NJW 1991, 2414; BGH v. 1. 12. 1981, BGHZ 82, 238 = NJW 1982, 644; *Wolf/Ungeheuer,* JZ 1995, 176.
[723] BGH v. 16. 11. 1992, VersR 1993, 312; BGH v. 23. 4. 1991, BGHZ 114, 238 = NJW 1991, 1886.
[724] BGH v. 25. 6. 1991, BGHZ 115, 38 = NJW 1991, 2414.
[725] *Palandt/Grüneberg*[67], § 307 Rn. 10; *Prölss/Martin/Prölss*[27], Vorbem I Rn. 61.
[726] *Fuchs* in: *Ulmer/Brandner/Hensen*[10], § 307 Rn. 207; *Palandt/Grüneberg*[67], § 307 Rn. 26; *Wolf* in: *Wolf/Horn/Lindacher*[4], § 9 Rn. 66.

nen Bestimmungen entwickelte Rechtssätze[727]. Verkehrssitte oder Handelsbrauch scheiden hingegen als Maßstab der Inhaltskontrolle aus[728]. Als Anknüpfungspunkt für eine wertende Auseinandersetzung mit bestehenden gesetzlichen Vorschriften ist zudem das **dispositive Recht** heranzuziehen. Zwingende Gesetzesregelungen entziehen sich dem Vergleichsmaßstab des § 307 Abs. 2 Nr. 1 BGB, da AGB bei einem Verstoß gegen Zwingendes Recht von vornherein keine Wirkung entfaltet[729]. Dem dispositiven Gesetzesrecht sowie den im Übrigen von § 307 Abs. 2 Nr. 1 BGB erfassten „gesetzlichen Regelungen" kommt insoweit bzgl. der Vergleichskontrolle mit den maßgeblichen AGB Leitbildfunktion zu[730]. Je weitreichender von dem daraus hervorgehenden gesetzlichen Leitbild abgewichen wird, desto größer ist die Gefahr einer unangemessenen Benachteiligung des Vertragspartners. Die Unvereinbarkeit mit wesentlichen Grundgedanken der gesetzlichen Regelung indiziert dabei eine gegen Treu und Glauben verstoßende unangemessene Benachteiligung[731].

246   Entscheidend ist, dass von **wesentlichen Grundgedanken** der gesetzlichen Vorschrift abgewichen wird. Nicht ausreichend ist, wenn es sich lediglich um eine Randbestimmung handelt[732]. Von maßgeblicher Bedeutung ist insoweit auch, ob die dispositive gesetzliche Regelung nicht nur auf Zweckmäßigkeitserwägungen beruht, sondern eine Ausprägung des **Gerechtigkeitsgebots** darstellt. Dabei brauchen Grundgedanken eines Rechtsbereichs nicht in Einzelbestimmungen formuliert zu sein. Es reicht aus, dass sie in allgemeinen, am Gerechtigkeitsgedanken ausgerichteten und auf das betreffende Rechtsgebiet anwendbaren Grundsätzen ihren Niederschlag gefunden haben[733]. Zudem ist auch maßgeblich, ob die Klausel dem Schutz und Interesse des VN Rechnung trägt. Wird diese Intension lediglich auf andere Weise als vom Gesetz vorgegeben verfolgt, der Schutzmaßstab des VN im Vergleich hierzu jedoch nicht herabgesetzt, kann nicht von einem Verstoß gegen Grundgedanken des Gesetzes ausgegangen werden[734]. Hierzu ist eine umfassende Abwägung der berechtigten Interessen aller am Vertragsverhältnis Beteiligten vorzunehmen[735].

247   **b) Judikatur (Auswahl): Abtretung:** Eine Klausel einer Lebensversicherung, wonach die Abtretung der Versicherungsansprüche nur und erst dann wirksam ist, wenn sie der bisherige Verfügungsberechtigte schriftlich angezeigt hat, hält einer Inhaltskontrolle stand[736]. Die Abweichung vom Leitbild des § 398 BGB ist nicht unangemessen. Im Übrigen handelt es sich nur um einen abgeschwächten Abtretungsausschluss. Der neue und der alte Gläubiger haben es in der Hand, die Abtretung durch die Anzeige wirksam werden zu lassen[737]; vgl. im Übrigen indes § 108 Abs. 2 VVG (dazu bereits Rn. 226).

248   **Ausgleichsanspruch nach § 89b HGB:** Eine Klausel, wonach der Handelsvertreter mit der Geltendmachung des Ausgleichsanspruchs nach § 89b HGB auf ein unternehmerfinan-

---

[727] BGH v. 21. 4. 1993, VersR 1993, 830; BGH v. 21. 12. 1983, BGHZ 89, 206 = NJW 1984, 1182; BGH v. 12. 3. 1987, BGHZ 100, 158 = NJW 1987, 1931; LG München v. 10. 8. 2000, VersR 2001, 55; *Beckmann,* NJW 1996, 1378 (1380).

[728] *Präve* in: *Beckmann/Matusche-Beckmann,* Versicherungsrechts-Handbuch (2004)·§ 10 Rn. 386; *Fuchs* in: *Ulmer/Brandner/Hensen*[10], § 307 Rn. 207.

[729] *Von Hoyningen-Huene,* Rn. 252; *Palandt/Grüneberg*[67], § 307 Rn. 26; *Fuchs* in: *Ulmer/Brandner/Hensen*[10] § 307 Rn. 208; a. A. *Präve* in: *Beckmann/Matusche-Beckmann,* Versicherungsrechts-Handbuch (2004), § 10 Rn. 385.

[730] *Bamberger/Roth/H.Schmidt*[2], § 307 Rn. 50; *Palandt/Grüneberg*[67], § 307 Rn. 25; BGH v. 21. 12. 1983, BGHZ 89, 206 = MDR 1984, 395; BGH v. 17. 2. 1964, BGHZ 41, 151 = WM 1964, 472.

[731] BGH v. 19. 10. 1999, WM 1999, 2545.

[732] *Von Hoyningen-Huene,* Rn. 262; *Präve* in: *Beckmann/Matusche-Beckmann,* Versicherungsrechts-Handbuch (2004), § 10 Rn. 387.

[733] BGH v. 25. 6. 1991, BGHZ 115, 38 = NJW 1991, 2414; BGH v. 21. 12. 1983, BGHZ 89, 206 = NJW 1984, 1182; BGH v. 9. 10. 1985, BGHZ 96, 103 = WM 1985, 1447.

[734] *Prölss/Martin/Prölss*[27], Vorbem I Rn. 58; *Wolf* in: *Wolf/Horn/Lindacher*[4], § 9 Rn. 70; *Bamberger/Roth/H.Schmidt*[2], § 307 Rn. 50.

[735] BGH v. 28. 1. 2003, BGHZ 153, 344 = WM 2003, 673.

[736] OLG Hamm v. 31. 5. 1996, VersR 1997, 729.

[737] Vgl. BGH v. 31. 10. 1990, NJW 1991, 559; BGH v. 19. 2. 1992, NJW-RR 1992, 790.

ziertes Treuegeld verzichtet, ist wirksam[738]. Es ist in das freie Ermessen des Unternehmers gestellt, durch Vereinbarung mit dem Vertreter von Anfang an den Anspruch auf ein Treuegeld nur in dem eingeschränkten Sinne entstehen zu lassen. Unwirksam ist hingegen eine Klausel, wonach in Höhe des Kapitalwerts einer auf der Grundlage eines Versicherungsvertreterverhältnisses von den VU finanzierten Versorgung aus Billigkeitsgründen kein Ausgleichsanspruch nach § 89b HGB entsteht[739].

Bedingungsanpassungsklausel: Eine Klausel im Rahmen einer Krankheitskostenversicherung, die dem VR eine Änderung der Allgemeinen Versicherungsbedingungen unter anderem bei Änderungen der höchstrichterlichen Rechtsprechung erlaubt, verstößt gegen § 307 Abs. 2 Nr. 1 BGB, weil sie mit Grundgedanken des § 203 Abs. 3 VVG nicht zu vereinbaren ist[740]. Die Klausel würde dem VR bei jeder Änderung der höchstrichterlichen Rechtsprechung eine Anpassungsmöglichkeit eröffnen, ohne dass es einer nachhaltigen Störung des Äquivalenzverhältnisses bedarf. **249**

Auch eine Klausel, die dem VR bei Auslegungszweifeln von Allgemeinen Versicherungsbedingungen eine Änderungsmöglichkeit einräumt, verstößt gegen § 307 Abs. 2 Nr. 1 i.V.m. § 305c Abs. 2 BGB[741]. Der VR entzieht sich durch eine solche Klausel den Folgen des § 305c Abs. 2 BGB, der bezweckt, denjenigen die Nachteile tragen zu lassen, der den Vorteil für sich in Anspruch nimmt, vorformulierte Bedingungen zum Vertragsinhalt werden zu lassen[742] (vgl. im Übrigen bereits Rn. 14ff.).

Beschränkungen der Vollmacht: Beschränkungen der dem Versicherungsvertreter nach den §§ 69 und 71 VVG zustehenden Vertretungsmacht durch Allgemeine Versicherungsbedingungen sind gegenüber dem VN und Dritten bereits gemäß § 72 VVG unwirksam. Ebenfalls unwirksam ist eine Klausel, wonach der Vermittler über die Erheblichkeit von Antragsfragen oder Erkrankungen keine verbindlichen Erklärungen abgeben darf[743]. Für Erklärungen des Kunden, die das bestehende Vertragsverhältnis betreffen, billigte der BGH jedoch eine solche vollmachtsbeschränkende Klausel[744]. Der BGH begründete seine Auffassung damit, dass § 47 VVG a. F. eine Beschränkung der Empfangsvollmacht im Grundsatz zulasse. § 72 VVG hingegen lässt die Wirksamkeit einer solchen Klausel nicht mehr zu. Eine Differenzierung zwischen Erklärungen vor Vertragsschluss und solchen nach Vertragsschluss nimmt das Gesetz nicht vor. Die neue Vorschrift schließt daher zum Schutz des VN zu Recht generell aus, dass ihm Beschränkungen der dem Vertreter nach §§ 69 und 71 VVG eingeräumten Vollmacht über die Allgemeinen Versicherungsbedingungen entgegengehalten werden können[745]. **250**

Bezugsberechtigungen: Eine Klausel, wonach die Änderung der Bezugsberechtigung nur und erst dann wirksam ist, wenn sie die bisherige Verfügungsberechtigte schriftlich angezeigt hat, hält einer Inhaltskontrolle stand[746]. **251**

Datenübermittlung: Eine Klausel, wonach eine Datenübermittlung uneingeschränkt und ohne Interessenabwägung im Einzelfall möglich ist, verstößt gegen den wesentlichen Grundgedanken des § 14 BDSG und ist daher unwirksam[747] (vgl. im Übrigen bereits Rn. 229). Ebenfalls unwirksam ist eine Klausel, in der der Kunde sich durch Ankreuzen in der betreffenden Rubrik damit einverstanden erklärt, zusätzliche Angebote und Informatio- **252**

---

[738] BGH v. 21. 5. 2003, NJW 2003, 3350.
[739] BGH v. 20. 11. 2002, BGHZ 153, 6.
[740] OLG Celle v. 15. 6. 2006, VersR 2006, 1105; BGH v. 23. 1. 2008, VersR 2008, 482.
[741] OLG Celle v. 15. 6. 2006, VersR 2006, 1105; BGH v. 23. 1. 2008, VersR 2008, 482.
[742] OLG Celle v. 15. 6. 2006, VersR 2006, 1105; BGH v. 23. 1. 2008, VersR 2008, 482.
[743] BGH v. 18. 12. 1992, BGHZ 116, 387.
[744] BGH v. 10. 2. 1999, NJW 1999, 1633; kritisch hierzu *Fuchs* in: *Ulmer/Brandner/Hensen*[10], Anh. § 310 BGB Rn. 1021.
[745] RegE VVGRefG S. 78.
[746] Vgl. für den Fall der Abtretung OLG Hamm v. 31. 5. 1996, VersR 1997, 729.
[747] Vgl. BGH v. 19. 9. 1985, NJW 1986, 46.

nen des Vertragspartners und seiner Partnerunternehmen auch im Wege telefonischer Werbe-kontakte zu erhalten[748].

253   **Entschädigungsgrenzen:** Eine Klausel einer Hausratsversicherungsbedingung, wonach sich beim Bestehen mehrerer Versicherungsverträge der Anspruch auf die Versicherungsleis-tung in der Weise ermäßigt, dass aus allen Verträgen insgesamt keine höhere Entschädigung geleistet wird, als wenn der Gesamtbetrag der Versicherungssummen im vorliegenden Vertrag in Deckung gegeben worden wäre, ist mit den wesentlichen Grundgedanken des § 59 Abs. 1 VVG a. F. (jetzt geregelt in § 78 Abs. 1 VVG) vereinbar[749]. Ohne die Vereinbarung einer sol-chen Gesamtentschädigungsgrenze wäre es einem VN möglich, statt eines Vertrages mit hoher Versicherungssumme mehrere Verträge mit niedrigen Versicherungssummen zu schlie-ßen, um dadurch ohne zusätzliche Prämie mehr Versicherungsschutz zu erhalten. Solche Umgehungen zu verhindern, entspricht einem berechtigten Interesse des VR, aber auch einem solchen der Versichertengemeinschaft[750].

254   **Erfüllungsort:** § 36 Abs. 1 VVG, der den Leistungsort für die Zahlung der Prämie festlegt, ist grundsätzlich abänderbar, da die Vorschrift nicht in § 42 VVG genannt ist. Soweit jedoch infolge abweichender Bestimmungen die VN ohne eigenes Verschulden durch Verzögerun-gen der Bank des VR um den Versicherungsschutz gebracht werden könnte, sind sie aller-dings im Hinblick auf § 307 BGB bedenklich[751].

255   **Gerichtsstandsvereinbarungen:** Gemäß § 215 Abs. 1 VVG ist für Klagen aus dem Ver-sicherungsvertrag oder der Versicherungsvermittlung auch das Gericht örtlich zuständig, in dessen Bezirk der VN zur Zeit der Klageerhebung seinen Wohnsitz, in Ermangelung eines solchen seinen gewöhnlichen Aufenthalt hat. Für Klagen gegen den VN ist dieses Gericht ausschließlich zuständig. Gemäß § 215 Abs. 3 VVG kann hiervon nur abgewichen werden, wenn der VN nach Vertragsschluss seinen Wohnsitz oder gewöhnlichen Aufenthalt aus dem Geltungsbereich des VVG verlegt oder sein Wohnsitz oder gewöhnlicher Aufenthalt im Zeit-punkt der Klageerhebung unbekannt ist. Des Weiteren ist gemäß § 210 VVG eine Abwei-chung möglich, wenn es sich um ein in Art. 10 Abs. 1 S. 2 EGVVG genanntes Großrisiko handelt.

256   **Heilbehandlung:** Die Klausel in Allgemeinen Versicherungsbedingungen für die Krank-heitskostenversicherung, wonach sich der Versicherungsschutz auch (und nur) auf die Psy-chotherapie erstreckt, soweit sie eine medizinisch notwendige Heilbehandlung wegen Krankheit ist und von einem niedergelassenen approbierten Arzt oder in einem Krankenhaus durchgeführt wird, ist AGB-rechtlich nicht zu beanstanden[752].

257   **Inhaberklausel:** Eine Klausel eines Lebensversicherungsvertrages, wonach der VR den Inhaber des Versicherungsscheins als berechtigt ansehen kann, über die Rechte aus dem Ver-sicherungsvertrag zu verfügen, insbesondere Leistungen in Empfang zu nehmen, ist mit den wesentlichen Grundgedanken des § 4 VVG zu vereinbaren[753].

258   **Kraftfahrzeug-Kaskoversicherung (Leistungsgrenzen):** Eine Klausel, wonach der Kaskoversicherer bei Beschädigung des Fahrzeuges in den Fällen, in denen das Fahrzeug nicht oder nicht vollständig repariert wird, die geschätzten erforderlichen Kosten der Wiederher-stellung bis zur Höhe der Wiederbeschaffungskosten ersetzt, so dass die Leistungsgrenze dann der um den Restwert des Fahrzeugs verminderte Wiederbeschaffungswert ist, ist mit § 307 Abs. 2 Nr. 1 BGB zu vereinbaren[754]. Auch eine Klausel in den Bedingungen, wonach der VR die Mehrwertsteuer nur ersetzt, wenn der VN diese tatsächlich bezahlt hat, verstößt nicht

---

[748] LG München I v. 1. 2. 2001, VuR 2001, 229; zum Datenschutz im privaten Versicherungsrecht vgl. auch BVerfG v. 23. 10. 2006, VersR 2006, 1669.
[749] BGH v. 6. 12. 1995, VersR 1996, 322.
[750] BGH v. 6. 12. 1995, VersR 1996, 322.
[751] *Prölss/Martin/Knappmann*[27], § 36 Rn. 2; *Horn* in: *Wolf/Horn/Lindacher*[4], § 23 Rn. 474; *Präve* in: *Beckmann/Matusche-Beckmann*, Versicherungsrechts-Handbuch (2004), § 10 Rn. 403.
[752] BGH v. 15. 2. 2006, VersR 2006, 643.
[753] BGH v. 22. 3. 2000, VersR 2000, 709.
[754] OLG Frankfurt v. 12. 11. 1998, VersR 2000, 1010.

gegen § 307 Abs. 2 Nr. 1 BGB[755]. Sofern jedoch der VN nicht deutlich erkennen kann, dass bei einer Ersatzbeschaffung die Erstattung der dafür gezahlten Mehrwertsteuer ausgeschlossen sein soll, liegt ein Verstoß gegen das Transparenzgebot des § 307 Abs. 1 S. 2 BGB vor[756].

Kündigung: Klauseln, in denen sich der VR ein sofortiges Kündigungsrecht für den Fall **259** vorbehält, dass der VN trotz Mahnung mit den Beiträgen in Verzug gerät, und in denen dem VN eine Ablösungspauschale von drei Monatsbeiträgen auferlegt wird, wenn er von seinem nach dem Vertrag allein zulässigen Kündigungsrecht aus wichtigem Grund Gebrauch macht, sind unwirksam[757]. Sie verstoßen bereits gegen die strengen Anforderungen des § 38 VVG. Zugleich liegt eine unangemessene Benachteiligung des VN vor[758].

Hingegen ist eine Klausel in Allgemeinen Versicherungsbedingungen wirksam, die bei einer privaten Rentenversicherung gegen Einmalbeitrag das ordentliche Kündigungsrecht ausschließt, da es bei Rentenversicherungen mit sofort beginnender Rentenzahlung gegen Einmalbetrag ein gesetzliches Leitbild der Kündbarkeit solcher Versicherungen nicht gibt[759].

Mehrfachversicherung: Siehe Entschädigungsgrenzen. **260**

Obliegenheitsverletzungen: Unabhängig von § 307 Abs. 2 Nr. 1 VVG bestimmt bereits **261** § 32 VVG, dass von den §§ 19 bis 28 Abs. 4 VVG und § 31 Abs. 1 S. 2 VVG nicht zum Nachteil des VN abgewichen werden darf. Zwar ist § 28 Abs. 5 VVG in § 32 VVG nicht ausdrücklich genannt, jedoch ergibt sich dessen Unabdingbarkeit aus der Vorschrift selbst[760].

Policendarlehen: Eine Klausel, wonach der Verzug des VN mit Zinsen für ein sog. Poli- **262** cendarlehen die Rechtsfolgen des § 39 VVG a. F. (jetzt § 38) auslöst, benachteiligt den VN entgegen den Geboten von Treu und Glauben unangemessen und ist damit gemäß § 307 Abs. 2 Nr. 1 BGB unwirksam[761]. Sie weicht von den wesentlichen Grundgedanken des § 38 Abs. 2 VVG erheblich ab[762].

Rabattklausel: Eine Bestimmung in AVB einer Luftfahrtkaskoversicherung, nach der VR **263** zu Beginn des Versicherungsjahres einen prozentualen Nachlass auf den Jahresbeitrag gewährt, welcher wieder entfallen soll, wenn der VR während des Versicherungsjahres einen Schaden bezahlt oder der VN den Vertrag nicht um ein weiteres Jahr bei bestimmten VU verlängert, unterliegt als Rabattklausel, welche die Prämienhöhe unmittelbar bestimmt, nicht der Inhaltskontrolle nach den §§ 307 Abs. 1 und 2, 308, 309 BGB[763].

Reiseinsolvenz: In einem Versicherungsvertrag zwischen Reiseveranstalter und VR, mit **264** dem der Reiseveranstalter seiner Verpflichtung aus § 651k BGB zur Absicherung des Risikos der Zahlungsunfähigkeit oder Insolvenz entsprechen will, sind Klauseln unwirksam, die den Versicherungsschutz des Reisenden für Anzahlungen auf Zahlungen bis zu einem bestimmten Höchstbetrag und für weitere Zahlungen auf solche beschränken, die binnen bestimmter Frist vor Reisebeginn erfolgen[764].

Repräsentant: § 61 VVG a. F. (§ 81 Abs. 1 VVG) enthält den wesentlichen Grundgedan- **265** ken, dass der VN (hier eine Feuerversicherung) grundsätzlich nur für sein eigenes Handeln haftet[765]. Jedoch rechnet die Rechtsprechung das Handeln und Wissen eines Dritten dem VN in engen Grenzen zu und bejaht die Repräsentanteneigenschaft des Dritten dann, wenn ihm die alleinige Obhut über die versicherte Sache und die Risikoverwaltung nicht nur vorübergehend übertragen war[766]. Zwar ist die Vorschrift des § 81 Abs. 1 VVG grundsätzlich

---

[755] BGH v. 24. 5. 2006, VersR 2006, 1066.
[756] BGH v. 24. 5. 2006, VersR 2006, 1066.
[757] BGH v. 16. 3. 1988, NJW-RR 1988, 819.
[758] BGH v. 16. 3. 1988, NJW-RR 1988, 819.
[759] LG Dortmund v. 23. 11. 2006, r+s 2008, 159; OLG Hamm v. 17. 8. 2007, VersR 2008, 383.
[760] RegE VVGRefG S. 70.
[761] BGH v. 27. 1. 1999, VersR 1999, 433.
[762] BGH v. 27. 1. 1999, VersR 1999, 433.
[763] BGH v. 13. 7. 2005, VersR 2005, 1417.
[764] BGH v. 28. 3. 2001, VersR 2001, 714.
[765] BGH v. 21. 4. 1993, VersR 1993, 830.
[766] BGH v. 21. 4. 1993, VersR 1993, 830; BGH v. 26. 4. 1989, BGHZ 107, 229 = NJW 1989, 1861.

abänderbar, da sie nicht in § 87 VVG genannt ist. Dieser Umstand erlaubt dem VR aber nicht, § 61 Abs. 1 VVG a. F. schrankenlos durch die Gestaltung seiner AVB auszudehnen. In der Ausgestaltung, die § 81 Abs. 1 VVG durch die Rechtsprechung erfahren hat, kommt dieser Vorschrift jedenfalls für die Hausratversicherung eine Leitbildfunktion zu. Der wesentliche Grundgedanke ist, dass grundsätzlich nur der VN haftet und das Handeln oder Wissen eines Dritten ihm nur in den Grenzen der Repräsentantenhaftung zugerechnet wird[767]. Eine Klausel in der Hausratversicherung, wonach Schäden nicht versichert sind, die eine mit dem VN in häuslicher Gemeinschaft lebende volljährige Person vorsätzlich oder grob fahrlässig herbeiführt, ist daher gemäß § 307 Abs. 1 und Abs. 2 Nr. 1 BGB unwirksam[768]. Ebenfalls unwirksam ist eine Klausel, wonach sich in der Hausratversicherung der Versicherungsschutz gegen Einbruchdiebstahl und Raub nicht erstreckt auf Schäden durch vorsätzliche Handlungen von Hausangestellten oder Personen, die bei dem VN wohnen[769].

266   **Risikoausschlussklauseln:** Die Zulässigkeit von Risikoausschlussklauseln ist vorrangig an den §§ 19 ff. VVG zu messen. Gemäß § 32 VVG darf von den §§ 19 bis 28 Abs. 4 VVG und § 31 Abs. 1 S. 2 VVG nicht zum Nachteil des VN abgewichen werden. Die wichtigste Neuerung ist darin zu sehen, dass der VN grundsätzlich nur solche ihm bekannten Umstände anzeigen muss, nach denen der VR in Textform gefragt hat. Von den Grundsätzen der §§ 19 ff. VVG kann auch dann nicht abgewichen werden, wenn Verträge betroffen sind, die kurzfristig im Massengeschäft getätigt und nur zu einer relativ kurzen Vertragsdauer geschlossen werden, wie dies beispielsweise in der Reisekrankenversicherung der Fall ist[770].

267   **Sachkosten:** Die Erstattungsfähigkeit zahnärztlicher Sachkosten kann durch Einführung von Höchstgrenzen unter Anknüpfung an bestimmte Leistungen in einer dem gewählten Tarif angehängten sog. Sachkostenliste beschränkt werden[771]. Ein Verstoß gegen § 307 Abs. 2 Nr. 1 BGB liegt nicht vor. In diesem Zusammenhang können Regelungen aus dem Bereich der gesetzlichen Krankenversicherung, wie etwa insbesondere die sog. BEL-Liste, nicht herangezogen werden. Private Versicherungen sind nach ihren eigenen privatrechtlichen Regelungen und ihrem eigenen Vertragszweck zu beurteilen. Die Gesetze zur Sozialversicherung geben wegen ihrer Andersartigkeit und ihrer anderen Leistungsvoraussetzungen insoweit keinen tauglichen Maßstab für die Beurteilung, ob der VN einer privaten Krankenversicherung unangemessen benachteiligt wird[772].

268   **Sachverständigenkosten:** Eine Klausel im Rahmen einer Hausratversicherung, wonach der VN abweichend von § 66 Abs. 2 VVG a. F. (§ 85 Abs. 2 VVG) die Kosten eines Sachverständigen auch dann zu tragen hat, wenn er zu der Zuziehung vertraglich verpflichtet oder vom VR dazu aufgefordert wurde, stellt eine unangemessene Benachteiligung des VN dar. Die Bestimmung verstößt gegen wesentliche Grundgedanken des § 66 Abs. 2 VVG a. F. und ist daher gemäß § 307 Abs. 2 Nr. 1 BGB unwirksam[773].

269   **Schlüsselklausel:** Die Beurteilung der sog. Schlüsselklausel, wonach Versicherungsschutz für einen Diebstahl von Hausrat mittels eines echten Schlüssels nur dann besteht, wenn der VN glaubhaft macht, dass der Diebstahl des Schlüssels weder durch eigene Fahrlässigkeit noch die eines anderen Gewahrsamsinhabers begünstigt wurde, ist umstritten. Nach teilweise vertretener Ansicht verstößt die Klausel gegen den wesentlichen Grundgedanken des § 81 Abs. 1 VVG und ist daher gemäß § 307 Abs. 2 Nr. 1 BGB unwirksam[774]. Eine beachtliche

[767] BGH v. 21. 4. 1993, VersR 1993, 830.
[768] BGH v. 21. 4. 1993, VersR 1993, 830.
[769] BGH v. 21. 4. 1993, VersR 1993, 830.
[770] BGH v. 2. 3. 1994, VersR 1994, 549; *Präve* in: *Beckmann/Matusche-Beckmann,* Versicherungsrechts-Handbuch (2004), § 10 Rn. 400 m. w. N.
[771] BGH v. 18. 1. 2006, VersR 2006, 497.
[772] BGH v. 18. 1. 2006, VersR 2006, 497.
[773] BGH v. 3. 3. 1982, VersR 1982, 482.
[774] OLG Karlsruhe v. 19. 9. 1996, VersR 1997, 1230; *Prölss/Martin/Prölss*[27], § 61 Rn. 28; *Präve* in: *Beckmann/Matusche-Beckmann*, Versicherungsrechts-Handbuch (2004), § 10 Rn. 411.

Gegenansicht vermag eine unangemessene Benachteiligung nicht zu erkennen und geht von der Wirksamkeit der Klausel aus[775].

Schriftform: Klauseln eines Lebensversicherungsvertrages, wonach bestimmte Willenserklärungen oder Anzeigen des VN gegenüber dem VR, z. B. die Änderung eines Bezugsrechts oder die Anzeige einer Abtretung, der Schriftform bedürfen, sollen wirksam sein[776].   **270**

Serienschadenklausel: Die Wirksamkeit einer sog. Serienschadenklausel in der Haftpflichtversicherung, wonach mehrfaches, auf gleicher oder gleichartiger Fehlerquelle beruhendes Tun oder Unterlassen als einheitlicher Verstoß gilt, wenn die betreffenden Angelegenheiten miteinander in rechtlichem oder wirtschaftlichem Zusammenhang stehen, hat der BGH ausdrücklich offengelassen[777].   **271**

Telefonwerbung: Eine Klausel, in der der Kunde sich durch Ankreuzen in der betreffenden Rubrik damit einverstanden erklärt, zusätzliche Angebote und Informationen des Vertragspartners und seiner Partnerunternehmen auch im Wege telefonischer Werbekontakte zu erhalten, ist unwirksam[778].   **272**

Vergütung des Versicherungsmaklers: Die Geltung des sog. Schicksalsteilungsgrundsatzes, wonach die Maklerprovision das Schicksal der Versicherungsprämie „im Guten wie im Schlechten" teilt, kann in den Allgemeinen Geschäftsbedingungen einer Provisionsvereinbarung zwischen dem Makler und dem Kunden für die Vermittlung einer Lebensversicherung mit Nettopolice wirksam ausgeschlossen werden. Darin liegt weder eine gegen die Gebote von Treu und Glauben verstoßende unangemessene Benachteiligung des Maklerkunden, noch weicht eine derartige Abrede von wesentlichen Grundgedanken der gesetzlichen Regelung ab[779].   **273**

Vertragsanpassung: Eine Klausel in Bedingungen der Krankheitskostenversicherung, die dem VR eine Änderung der Allgemeinen Versicherungsbedingungen unter anderem bei Änderungen der höchstrichterlichen Rechtsprechung erlaubt, verstößt gegen § 307 Abs. 2 Nr. 1 BGB, weil sie mit dem Grundgedanken des § 178g Abs. 3 VVG a. F. (jetzt § 203 Abs. 3 VVG) nicht zu vereinbaren ist[780]. Aus demselben Grund ist eine Klausel unwirksam, die dem VR bei Auslegungszweifeln von Allgemeinen Versicherungsbedingungen eine Änderungsmöglichkeit einräumt[781].   **274**

Wassersportfahrzeuge: Die Bestimmung in § 5 Nr. 1 Buchst. a AVB Wassersportfahrzeuge 1993, wonach grob fahrlässig durch den VN oder durch den Fahrzeugführer herbeigeführte Schäden nicht versichert sind, verstößt gegen § 307 Abs. 1, Abs. 2 Nr. 1 BGB und ist daher unwirksam[782].   **275**

Zahlungsverzug: Eine Klausel, wonach der VR im Falle des Verzugs mit der Zahlung der Folgeprämie bereits nach Mahnung zur sofortigen Kündigung berechtigt ist, verstößt gegen den wesentlichen Grundgedanken des § 38 VVG und ist daher gemäß § 307 Abs. 2 Nr. 1 BGB unwirksam[783].   **276**

---

[775] OLG Hamm v. 21. 7. 2004, VersR 2005, 220; OLG Koblenz v. 28. 6. 2002, VersR 2002, 1146; OLG Frankfurt v. 21. 12. 1988, VersR 1989, 623.

[776] RegE VVGRefG S. 78; ebenso BGH v. 31. 10. 1990, BGHZ 112, 387; BGH v. 19. 2. 1992, VersR 1992, 561.

[777] BGH v. 17. 9. 2003, VersR 2003, 1389.

[778] LG München I v. 1. 2. 2001, VuR 2001, 229.

[779] BGH v. 20. 1. 2005, VersR 2005, 404; so auch OLG Frankfurt v. 25. 9. 2001, VersR 2003, 1571; OLG Nürnberg v. 24. 4. 2001, VersR 2003, 1574 und OLG Karlsruhe v. 19. 2. 2004, VersR 2004, 999; entgegen LG Karlsruhe v. 3. 7. 2003, VersR 2004, 110; LG Nürnberg-Fürth v. 10. 9. 1999, VersR 2000, 1235 und AG Berlin-Neukölln v. 27. 6. 2002, VersR 2003, 504.

[780] OLG Celle v. 15. 6. 2006, VersR 2006, 1105; BGH v. 23. 1. 2008, VersR 2008, 482.

[781] OLG Celle v. 15. 6. 2006, VersR 2006, 1105; BGH v. 23. 1. 2008, VersR 2008, 482.

[782] OLG München v. 6. 12. 2005, VersR 2006, 970.

[783] BGH v. 16. 3. 1988, NJW-RR 1988, 819.

8. Vertragszweckgefährdende Einschränkung wesentlicher Rechte und Pflichten (§ 307 Abs. 2 Nr. 2 BGB)

277   **a) Grundsätze.** Gemäß § 307 Abs. 2 Nr. 2 BGB ist eine unangemessene Benachteiligung im Zweifel anzunehmen, wenn eine Bestimmung wesentliche Rechte oder Pflichten, die sich aus der Natur des Vertrages ergeben, so einschränkt, dass die Erreichung des Vertragszwecks gefährdet ist. Eine Einschränkung wesentlicher Rechte und Pflichten reicht demnach zur Unwirksamkeit der Klausel nicht aus. Hinzukommen muss als weiteres Tatbestandsmerkmal die Gefährdung des Vertragszwecks[784]. Entsprechend der Unvereinbarkeitsprüfung in § 307 Abs. 2 Nr. 1 BGB liegt hier die abschließende und entscheidende Wertungsstation für den Rechtsanwender; gleichzeitig kommt in ihm der Aushöhlungsgedanke als eigenständiger Wertungsgesichtspunkt besonders deutlich zum Ausdruck[785]. In sachlicher Hinsicht tritt eine Fokussierung auf bestimmte zentrale Kundeninteressen ein[786]. Außerhalb des eigentlichen Vertragszwecks liegende Interessen werden vom Schutz des § 307 Abs. 2 Nr. 2 BGB nicht erfasst[787]. Ebenso gefährdet nicht schon jede Leistungsbegrenzung den Vertragszweck. Eine solche Gefährdung liegt vielmehr erst dann vor, wenn mit der Begrenzung der Leistung der Vertrag ausgehöhlt werden kann und damit der Versicherungsvertrag in Bezug auf das zu versichernde Risiko zwecklos wird[788].

278   **b) Judikatur (Auswahl): Apothekenklausel:** Eine Klausel in den Allgemeinen Versicherungsbedingungen einer Krankheitskostenversicherung, wonach die Kostenerstattungspflicht für Arzneimittel sich auf solche beschränkt, die in Apotheken vertrieben werden, ist wirksam[789].

279   **Auslandsreisekrankenversicherung:** In der Auslandsreisekrankenversicherung verstößt die Klausel „Als Ausland gilt nicht das Staatsgebiet, dessen Staatsangehörigkeit die versicherte Person besitzt" gegen § 307 Abs. 2 Nr. 2 BGB und ist deshalb unwirksam[790]. Teilweise wird eine Unwirksamkeit der Klausel wegen Verstoßes gegen das Transparenzgebot angenommen[791].

Ebenfalls unwirksam ist die Klausel eines Auslandsreise-Krankenversicherungsvertrags, nach der die Erstattungsfähigkeit von Kosten des Rücktransports kumulativ von der medizinischen Notwendigkeit und der ärztlichen Anordnung der Maßnahme abhängt[792].

280   **Berufsunfähigkeitszusatzversicherung:** Die Klausel in der Berufsunfähigkeitszusatzversicherung, wonach der VR dem VN schriftlich mitteilt, ob, in welchem Umfang und für welche Dauer er den geltend gemachten Anspruch anerkennt, ist wegen Verstoßes gegen § 307 Abs. 2 Nr. 2 BGB unwirksam, da sie dem VR die Möglichkeit einräumt, ein Leistungsanerkenntnis generell zeitlich zu befristen[793].

281   **Genesungsgeld:** Die pauschalierte Begrenzung des Genesungsgeldes auf die Dauer des Krankenhausaufenthalts in den besonderen Bedingungen der Krankenhaustagegeldversicherung benachteiligt den VN nicht unangemessen im Sinne des § 307 Abs. 2 Nr. 2 BGB[794].

---

[784] BGH v. 3. 3. 1988, BGHZ 103, 324 = VersR 1988, 847; *Palandt/Grüneberg*[67], § 307 Rn. 34.

[785] *Staudinger/Coester* (2006), § 307 Rn. 278.

[786] *Fuchs* in: *Ulmer/Brandner/Hensen*[10], § 307 Rn. 263.

[787] BGH v. 9. 11. 1989, VersR 1990, 91; *Fuchs* in: *Ulmer/Brandner/Hensen*[10], § 307 Rn. 263; *Palandt/Grüneberg*[67], § 307 Rn. 34.

[788] BGH v. 19. 11. 1997, BGHZ 137, 174 = VersR 1998, 175.

[789] LG Düsseldorf v. 22. 3. 2002, VersR 2003, 53.

[790] OLG Frankfurt/M. v. 20. 1. 2000, VersR 2000, 1097; OLG München v. 14. 10. 1999, VersR 2000, 1098; a. A. LG Frankfurt v. 22. 10. 1998, VersR 1999, 1356; *Präve* in: *Beckmann/Matusche-Beckmann,* Versicherungsrechts-Handbuch (2004), § 10 Rn. 441.

[791] BGH v. 22. 11. 2000, VersR 2001, 184; OLG Hamburg v. 20. 7. 1999, VersR 1999, 1482; a. A. *Präve* in: *Beckmann/Matusche-Beckmann,* Versicherungsrechts-Handbuch (2004), § 10 Rn. 441.

[792] OLG Saarbrücken v. 27. 2. 2002, VersR 2002, 837.

[793] OLG Köln v. 22. 6. 2005, VersR 2006, 351.

[794] OLG Rostock v. 24. 11. 2004, VersR 2006, 207.

Inhaberklausel: Eine Klausel einer Lebensversicherung, wonach der VR den Inhaber des   282
Versicherungsscheins als berechtigt ansehen kann, über die Rechte aus dem Versicherungsvertrag zu verfügen, insbesondere Leistungen in Empfang zu nehmen, hält einer Inhaltskontrolle gemäß § 307 BGB stand[795].

Krankentagegeldversicherung: Mit dem Vertragszweck einer Krankentagegeldversi-   283
cherung ist es unvereinbar, wenn das Versicherungsverhältnis mit der Rentenbezugsberech-
tigung des VN aus einer Berufsunfähigkeitsversicherung endgültig und ersatzlos endet; denn
damit verliert der VN die Möglichkeit, sich bei einer späteren Rückkehr ins Erwerbsleben
wieder sachgerecht zu angemessenen Bedingungen gegen Arbeitsunfähigkeit zu versichern[796]. Unwirksam ist auch eine Klausel, wonach das Versicherungsverhältnis bei Arbeitslosigkeit des VN bedingungsgemäß beendet wird[797].

Logopädenklausel: Eine Klausel, wonach Aufwendungen für eine Stimm-, Sprech- und   284
Sprachübungsbehandlung nur erstattet werden, wenn die Behandlung vom Logopäden ausgeführt ist, gefährdet nicht den Vertragszweck im Sinne des § 307 Abs. 2 Nr. 2 BGB[798]. Die
Begrenzung der Erstattungspflicht im Bereich der Stimm-, Sprech- und Sprachübungstherapie auf ärztliche Behandlung führt nicht zu einer Aushöhlung des Vertrages und damit dazu,
dass der Versicherungsvertrag in Bezug auf das zu versichernde Risiko zwecklos wird[799]. Es
wird insbesondere keine bestimmte Behandlungsmethode vom Leistungsumfang ausgenommen, sondern über die Klausel wird die Erstattungsfähigkeit lediglich auf die Behandlung
durch niedergelassene approbierte Ärzte beschränkt. Das primäre Leistungsversprechen der
Kostenübernahme für die medizinisch notwendige ärztliche Heilbehandlung bleibt unangetastet[800].

Nachweis medizinischer Notwendigkeit: Eine Klausel in der Krankheitskostenversi-   285
cherung, wonach in Bezug auf Zahnersatzleistungen nur eine bestimmte Quote der Aufwendungen bis zu einem gestaffelten Rechnungshöchstbetrag pro Versicherungsjahr erstattet
wird, wobei vom vierten Versicherungsjahr an unbegrenzte Leistungen gewährt werden,
wenn dem VR vor Beginn der Behandlung die medizinische Notwendigkeit der Maßnahmen durch einen Heil- und Kostenplan nachgewiesen wird, ist wirksam[801].

Psychotherapieklausel: Die in einem Krankheitskostenversicherungsvertrag aufgenom-   286
mene sog. Psychotherapieklausel, derzufolge nur die Kosten einer psychotherapeutischen
Behandlung durch einen niedergelassenen approbierten Arzt ohne Weiteres uneingeschränkt
erstattet werden, während die Behandlung durch einen Diplom-Psychologen der vorherigen
Zustimmung bedarf, ist keine überraschende Klausel[802]. Die Klausel stellt auch keine unangemessene Beeinträchtigung des VN durch Gefährdung des Vertragszwecks dar[803].

Ebenfalls wirksam ist die **Tarifklausel** einer privaten Krankenversicherung, der zufolge
Versicherungsschutz auch für „Psychotherapie" besteht, aber nur, soweit sie von einem approbierten psychologischen Psychotherapeuten vorgenommen wird, der entweder die hierfür erforderliche staatliche Prüfung bestanden hat oder über eine abgeschlossene Zusatzaus-
bildung an einem anerkannten Institut verfügt[804].

Unwirksam ist jedoch die **Summenbegrenzung des Versicherungsschutzes** in der
privaten Krankenversicherung für Psychotherapie auf einen Rechnungsbetrag von 2500 DM

---

[795] BGH v. 22. 3. 2000, VersR 2000, 709.
[796] BGH v. 22. 1. 1992, BGHZ 117, 92; anders noch BGH v. 12. 7. 1989, VersR 1989, 943.
[797] OLG Koblenz v. 24. 3. 2000, VersR 2000, 1008; OLG Saarbrücken v. 15. 12. 1999, VersR 2001,
318.
[798] BGH v. 27. 10. 2004, VersR 2005, 64.
[799] Vgl. BGH v. 19. 11. 1997, BGHZ 137, 174.
[800] BGH v. 27. 10. 2004, VersR 2005, 64.
[801] BGH v. 14. 12. 1994, VersR 1995, 328.
[802] LG Köln v. 7. 1. 2004, VersR 2005, 258.
[803] LG Köln v. 7. 1. 2004, VersR 2005, 258.
[804] LG Berlin v. 10. 12. 2002, VersR 2003, 722.

pro Geschäftsjahr[805]. Die Klausel würde dazu führen, dass eine psychotherapeutische Kurz-zeitbehandlung im durchschnittlichen Behandlungsumfang von ca. 25 Sitzungen (entspre-chend der Psychotherapie-Richtlinie des Bundesausschusses für Ärzte und Krankenkassen) nicht von der Versicherungsleistung gedeckt wäre. Diese Nichtabdeckung würde eine Aus-höhlung des Versicherungsschutzes bewirken, da die durchschnittlich erfolgversprechende Heilbehandlung im ambulanten Bereich grundsätzlich von vornherein nicht gewährleistet wäre[806].

Ebenfalls unwirksam ist die in einer privaten Krankenversicherung enthaltene Tarifbedin-gung, nach der die Leistungen des VR für psychotherapeutische Behandlungen auf 30 Sitzungen oder 30 stationäre Behandlungstage während der Vertragsdauer beschränkt werden[807]. Eine solche Beschränkung der Leistungspflicht kommt in ihrer Auswirkung einem Leistungsaus-schluss nahe. Denn schon nach einer Behandlung, die zur Ausschöpfung der zugesagten Leis-tungen von 30 Sitzungen/Behandlungstagen führt, besteht ein Anspruch auf weitere Leistun-gen nicht mehr. Das gilt uneingeschränkt selbst in Fällen, in denen sich auch nach Erreichen der Leistungshöchstgrenze die Fortsetzung der Behandlung als zur Heilung einer Krankheit als medizinisch notwendig erweist; es gilt auch dann, wenn sich nach einer Behandlung – und sei es nach vielen Jahren – eine weitere Behandlung als medizinisch notwendig darstellt, etwa weil eine Erkrankung wieder auftritt oder der VN an einer anderen Krankheit oder einer Unfallfolge leidet. Eine solche Regelung führt zu einer so wesentlichen Beschränkung der Rechte des VN, dass die Erreichung des Vertragszwecks gefährdet ist[808].

Hingegen hält eine Regelung in AVB, nach der Aufwendungen für Psychotherapie höchs-tens für 30 Behandlungen beziehungsweise bei stationärem Krankenhausaufenthalt für 30 Be-handlungstage je Kalenderjahr erstattet werden, einer Inhaltskontrolle gemäß § 307 Abs. 2 Nr. 2 BGB[809] stand. Nach einer Entscheidung des OLG Köln gilt dies auch für eine Rege-lung, die Leistungen für psychotherapeutische Behandlungen auf 20 Sitzungen pro Kalender-jahr beschränkt[810].

287   **Rabattklausel:** Eine Bestimmung in AVB einer Luftfahrtkaskoversicherung, nach der der VR zu Beginn des Versicherungsjahres einen prozentualen Nachlass auf den Jahresbeitrag ge-währt, welcher wieder entfallen soll, wenn der VR während des Versicherungsjahres einen Schaden bezahlt oder der VN den Vertrag nicht um ein weiteres Jahr bei bestimmten VU ver-längert, unterliegt als Rabattklausel, welche die Prämienhöhe unmittelbar bestimmt, nicht der Inhaltskontrolle nach den §§ 307 Abs. 1 und 2, 308, 309 BGB[811].

288   **Reisekrankenversicherung:** Die Klausel in einer Reisekrankenversicherung: „Keine Leistungspflicht besteht für solche Krankheiten oder Unfallfolgen, die bereits vor Beginn des Versicherungsschutzes akut behandlungsbedürftig waren", ist wegen Verstoßes gegen § 307 BGB unwirksam[812].

289   **Sachkosten:** Die Erstattungsfähigkeit zahnärztlicher Sachkosten kann durch Einführung von Höchstgrenzen unter Anknüpfung an bestimmte Leistungen in einer dem gewählten Tarif angehängten sog. Sachkostenliste beschränkt werden[813]. Im Hinblick auf den auch im Interesse des einzelnen VN liegenden Zweck der Sachkostenliste, dem VR eine sichere, ver-tretbare Prämiengestaltung zu ermöglichen und so die Prämie niedrig zu halten, werden die Belange des VN hinreichend berücksichtigt[814].

---

[805] LG München I v. 23. 7. 2003, VersR 2005, 260.
[806] LG München I v. 23. 7. 2003, VersR 2005, 260.
[807] BGH v. 17. 3. 1999, VersR 1999, 745.
[808] BGH v. 17. 3. 1999, VersR 1999, 745.
[809] OLG Oldenburg v. 26. 9. 2001, VersR 2002, 696.
[810] OLG Köln v. 26. 2. 2003, VersR 2003, 899.
[811] BGH v. 13. 7. 2005, VersR 2005, 1417.
[812] BGH v. 2. 3. 1994, VersR 1994, 549.
[813] BGH v. 18. 1. 2006, VersR 2006, 497.
[814] BGH v. 18. 1. 2006, VersR 2006, 497.

Schulmedizinklausel: Als wirksam erachtet wurde folgende Klausel: „Der VR leistet im **290**
vertraglichen Umfang für Untersuchungs- oder Behandlungsmethoden und Arzneimittel,
die von der Schulmedizin überwiegend anerkannt sind. Er leistet darüber hinaus für Methoden und Arzneimittel, die sich in der Praxis als ebenso erfolgversprechend bewährt haben
oder die angewandt werden, weil keine schulmedizinischen Methoden oder Arzneimittel
zur Verfügung stehen; der VR kann jedoch seine Leistungen auf den Betrag herabsetzen, der
bei der Anwendung vorhandener schulmedizinischer Methoden oder Arzneimittel angefallen
wäre"[815]. Die Klausel hat nach Ansicht des BGH weder eine Gefährdung des Vertragszwecks
noch sonst eine unangemessene Benachteiligung des VN zur Folge[816].

Selbstbeteiligung: Die Vereinbarung einer prozentualen Selbstbeteiligung des VN für **291**
den Fall der Krankenhausbehandlung in den alten Bundesländern ist auch dann wirksam,
wenn der VN unfreiwillig in einem dort gelegenen Krankenhaus behandelt wird[817].

Unfallversicherung: Die Ausschlussfristklausel in der privaten Unfallversicherung, wo- **292**
nach die Invalidität innerhalb eines Jahres nach dem Unfall eingetreten sowie innerhalb von
15 Monaten ärztlich festgestellt und geltend gemacht sein muß, verstößt nicht gegen § 307
Abs. 2 Nr. 2 BGB[818]. Der BGH hat wiederum die Klausel in einer Invaliditäts-Zusatzversicherung „Versicherungsschutz besteht nicht für Invalidität, die ganz oder überwiegend eingetreten ist aufgrund angeborener oder solcher Krankheiten, die im ersten Lebensjahr in Erscheinung getreten sind", für unwirksam erklärt; zum anderen würde durch einen derart
weitreichenden Leistungsausschluss Sinn und Zweck der zugrunde liegenden Versicherung
verfehlt, die das Risiko einer Invalidität der versicherten Person vom vollendeten ersten bis
zum vollendeten 16. Lebensjahr durch schwere Krankheit oder Unfall erfasse[819].

Verwandtenklausel: Eine Klausel in der Krankheitskostenversicherung, wonach keine **293**
Leistungspflicht für Behandlungen durch Ehegatten, Eltern oder Kinder besteht, hält einer
Inhaltskontrolle gemäß § 307 BGB stand und ist wirksam[820]. Die Auslegung der Klausel ergibt jedoch, dass die Klausel nur dann eingreift, wenn die darin genannten nahen Angehörigen für die Behandlung selbst liquidationsberechtigt sind[821].

Vorherige Zusage des VR: Eine Klausel in der Krankheitskostenversicherung, die die **294**
Leistungspflicht für bestimmte Behandlungsarten von der vorherigen Zusage des VR abhängig macht, stellt weder eine Gefährdung des Vertragszwecks dar noch lässt die Klausel sonst
eine unangemessene Benachteiligung des VN erkennen[822]. Wirksam ist daher auch die Klausel eines Krankenversicherers, wonach für medizinisch notwendige stationäre Heilbehandlungen in Krankenanstalten, die auch Kuren beziehungsweise Sanatoriumsbehandlungen
durchführen oder Rekonvaleszenten aufnehmen, die tariflichen Leistungen nur dann gewährt werden, wenn der VR diese vor Beginn der Behandlung schriftlich zugesagt hat[823].

Vorläufige Deckung: Eine Klausel bei der vorläufigen Deckung in der Lebensversiche- **295**
rung, wonach die Leistungspflicht ausgeschlossen ist für Versicherungsfälle aufgrund von Ursachen, die vor Unterzeichnung des Antrags erkennbar geworden sind, auch wenn diese im
Antrag angegeben wurden, ist gemäß § 307 Abs. 2 Nr. 2 BGB unwirksam[824]. Die Klausel ist
dahin auszulegen, dass mit der Wendung „Versicherungsfälle aufgrund von Ursachen" jeder

---

[815] BGH v. 30. 10. 2002, BGHZ 152, 262; OLG Karlsruhe v. 31. 8. 2000, VersR 2001, 180; OLG Köln
v. 26. 3. 2001, VersR 2001, 851; OLG Frankfurt v. 18. 4. 2001, VersR 2001, 848.
[816] BGH v. 30. 10. 2002, BGHZ 152, 262.
[817] BGH v. 14. 5. 2003, VersR 2003, 897.
[818] BGH v. 19. 11. 1997, VersR 1998, 175; OLG Frankfurt v. 8. 3. 2003, r+s 2003, 519; OLG Koblenz
v. 23. 3. 2001, r+s 2002, 69; OLG Koblenz v. 27. 8. 1999, r+s 2000, 129.
[819] BGH v. 26. 9. 2007, r+s 2008, 25 (26 ff.); anders noch KG Berlin v. 15. 8. 2006, VersR 2007, 53.
[820] BGH v. 21. 2. 2001, VersR 2001, 576.
[821] BGH v. 21. 2. 2001, VersR 2001, 576; OLG Celle v. 13. 4. 2000, VersR 2001, 182; LG Aachen v.
11. 11. 1998, VersR 1999, 1099; a. A. LG Lüneburg v. 24. 10. 1996, VersR 1997, 689.
[822] BGH v. 17. 3. 1999, NJW 1999, 3411.
[823] OLG Stuttgart v. 19. 2. 1982, VersR 1983, 576.
[824] BGH v. 21. 2. 2001, VersR 2001, 489.

Umstand erfasst wird, der für den Eintritt des Versicherungsfalles ursächlich, wenn auch nur
mitursächlich geworden ist. In dieser Auslegung schränkt die Ausschlussklausel wesentliche
Rechte des VN, die sich aus der Natur eines Vertrages über vorläufigen Versicherungsschutz
ergeben, so sehr ein, dass der Vertragszweck gefährdet wird[825].

296 **Wartefrist:** Die Klausel in den Bedingungen für die Arbeitsunfähigkeits-Zusatzversiche-
rung, wonach eine Wartefrist für die Zahlung einer Arbeitsunfähigkeitsrente auch besteht,
wenn die Arbeitsunfähigkeit auf einer Erkrankung infolge desselben Grundleidens beruht,
dessentwegen der VR bereits früher Arbeitsunfähigkeitsrente bezahlt hat, hält der Kontrolle
nach dem AGBG-Recht nicht stand und ist gemäß § 307 Abs. 2 Nr. 2 BGB unwirksam[826].

297 **Wissenschaftlichkeitsklausel:** Eine Klausel, wonach für den Krankenversicherer keine
Leistungspflicht besteht für wissenschaftlich nicht allgemein anerkannte Untersuchungs-
oder Behandlungsmethoden und Arzneimittel, verstößt gegen § 307 Abs. 2 Nr. 2 BGB und
ist deshalb unwirksam[827].

9. Unwirksamkeitsfolgen

298 **a) Grundsatz.** § 306 Abs. 1 BGB enthält eine Sonderregelung gegenüber § 139 BGB. Im
Gegensatz zu § 139 BGB, der im Zweifel die Nichtigkeit des gesamten Rechtsgeschäfts anordnet, bleibt gemäß § 306 Abs. 1 BGB der Vertrag bei Unwirksamkeit einer AGB im Übrigen
bestehen. Hiermit wird dem Schutzbedürfnis des Kunden Rechnung getragen, der in der Regel trotz der unwirksamen Klausel ein Interesse an der Aufrechterhaltung des Vertrages hat.

299 Gemäß § 306 Abs. 2 BGB treten an die Stelle der unwirksamen Klausel die gesetzlichen
Vorschriften.

300 Lediglich für den Fall, dass ein Festhalten am Vertrag auch unter Berücksichtigung der nach
§ 306 Abs. 2 BGB vorgesehenen Änderungen für eine Vertragspartei eine unzumutbare Härte
darstellen würde, bestimmt § 306 Abs. 3 BGB seine Unwirksamkeit.

301 Die praktischen Auswirkungen der Ausnahmeregelung des § 306 Abs. 3 BGB werden im
Versicherungsrecht für den Bereich der Lebensversicherung, der Berufsunfähigkeitsversicherung und der Krankenversicherung durch die §§ 164, 176 VVG und § 203 VVG weiter eingeschränkt. Nach diesen Vorschriften kann der VR in den genannten Versicherungszweigen
unter bestimmten engen Voraussetzungen eine unwirksame Klausel ersetzen. Ein allgemeines
Bedingungsanpassungsrecht für andere Versicherungszweige findet sich im VVG hingegen
nicht[828].

302 **b) Verbot der geltungserhaltenden Reduktion.** Das Verbot der geltungserhaltenden
Reduktion wurde von der Rechtsprechung entwickelt und in der Literatur weitgehend befürwortet[829]. Es findet auch im Bereich der Allgemeinen Versicherungsbedingungen Anwendung[830].

303 Nach dieser Regel ist es unzulässig, eine unwirksame Klausel mit gerade noch zulässigem
Inhalt aufrecht zu erhalten. Bei der geltungserhaltenden Reduktion geht es daher um Klauseln, die zulässige und unzulässige Tatbestände sprachlich nicht trennbar verbinden, bei denen

---

[825] BGH v. 21. 2. 2001, VersR 2001, 489.

[826] OLG Nürnberg v. 9. 3. 2000, VersR 2000, 1363.

[827] BGH v. 23. 6. 1993, BGHZ 123, 83; OLG München v. 31. 1. 1996, VersR 1997, 439; LG Stuttgart
v. 5. 3. 1991, VuR 1991, 311; LG Düsseldorf v. 21. 8. 1992, NJW-RR 1993, 488; a. A. zuvor OLG
Frankfurt/M. v. 11. 6. 1987, VersR 1988, 733; LG Braunschweig v. 17. 5. 1990, VersR 1990, 1341; LG
Nürnberg-Fürth v. 23. 10. 1991, VersR 1992, 688; LG Duisburg v. 4. 6. 1992, VersR 1992, 1082.

[828] Sowohl im Entwurf der VVG-Kommission (Abschlussbericht, S. 203), als auch im Referentenentwurf (RefE VVGRefG S. 20) fand sich indes in § 16 noch ein allgemeines gesetzliches Bedingungsanpassungsrecht. Mit guten Gründen konnte sich ein solches allgemeines Recht aber nicht durchsetzen.

[829] BGH v. 19. 5. 1982, BGHZ 84, 109; BGH v. 1. 2. 1984, BGHZ 90, 69; BGH v. 16. 10. 1984,
BGHZ 92, 312; BGH v. 24. 9. 1985, BGHZ 96, 18; BGH v. 17. 1. 1989, BGHZ 106, 259; BGH v.
10. 10. 1991, BGHZ 115, 324; BGH v. 4. 11. 1992, BGHZ 120, 108; BGH v. 13. 2. 2001, BGHZ 146,
377; BGH v. 16. 1. 2003, BGHZ 153, 293; *Staudinger/Schlosser* (2006), § 306 Rn. 22; *H. Schmidt* in: *Ul-
mer/Brandner/Hensen*[10], § 306 Rn. 14; *Stoffels*, AGB-Recht, § 20 Rn. 595.

[830] BGH v. 19. 5. 1982, BGHZ 84, 109; *Prölss/Martin/Prölss*[27], Vorbem. I Rn. 102.

daher die Ausgrenzung der unzulässigen und die Aufrechterhaltung der zulässigen Teile nur durch eine sprachliche Umgestaltung erreicht werden könnte, so wenn etwa globale Regelungen über Haftungsausschlüsse, Aufrechnungsverbote oder Beweislastübertragungen auf zulässige Einzeltatbestände beschränkt, überlange oder zu kurze Fristen auf die zulässige Dauer verkürzt oder verlängert, überhöhte Pauschalen für Schadensersatz oder Nutzungsentschädigung auf die zulässige Höhe herabgesetzt werden sollen[831]. Auch salvatorische Klauselzusätze wie z. B. „soweit gesetzlich zulässig" sind unbeachtlich[832]. Die Sanktion der vollständigen Unwirksamkeit soll verhindern, dass Klauselverwender bewusst unwirksame Klauseln in ihre AGB aufnehmen können, ohne dabei ein Risiko der Gesamtunwirksamkeit der Klausel einzugehen[833].

Eine geltungserhaltende Reduktion liegt jedoch nicht vor, wenn in einer Klausel mehrere   **304** eigenständige Regelungen enthalten sind, so dass sich die Aufrechterhaltung zulässiger Teile durch bloße Streichungen unzulässiger Passagen bewerkstelligen lässt (sog. „blue-pencil-test")[834]. Dabei geht es nicht darum, für eine unzulässige Klausel eine neue Fassung zu finden, die für den Verwender möglichst günstig, aber rechtlich gerade noch zulässig ist. Eine sprachlich und inhaltlich teilbare AGB-Bestimmung wird hier vielmehr ohne ihre unzulässigen Bestandteile mit ihrem zulässigen Inhalt aufrechterhalten[835].

Hiervon zu unterscheiden ist wiederum die sog. **„personale Teilunwirksamkeit"**. Sie   **305** kann dann zur Anwendung kommen, wenn eine Bestimmung eine für den Verwender und für den Kunden einheitlich geltende Regelung vorsieht. Dies kann zum Beispiel bei einem Preisänderungsvorbehalt oder der Pflicht zur Zahlung einer Schadenspauschale oder einer Vertragsstrafe der Fall sein[836]. Aufgrund des Schutzzwecks des AGB-Rechts kann hier geboten sein, zwar von einer Unwirksamkeit der Klausel auszugehen, dem Verwender jedoch das Recht abzusprechen, sich darauf berufen zu können[837]. Weitergehend muss es sogar möglich sein, dass sich der Vertragspartner des Klauselverwenders auf den Inhalt einer solchen (an sich unangemessenen) Klausel berufen kann[838].

c) Ergänzende Vertragsauslegung. Von der geltungserhaltenden Reduktion ist die er-   **306** gänzende Vertragsauslegung zu unterscheiden. Bei ihr geht es nicht um eine Rückführung einer unwirksamen Klausel auf einen noch wirksamen Kern; die Klausel bleibt vielmehr vollen Umfangs unwirksam[839]. Es gilt vielmehr, in Ausrichtung an dem hypothetischen Parteiwillen und dem Maßstab von Treu und Glauben eine lückenausfüllende Ersatzregelung zu finden[840]. Die ergänzende Vertragsauslegung findet ihre Grundlage in den §§ 133, 157 BGB. Wie der BGH in seinem Urteil zur Tagespreisklausel ausführt, handelt es sich bei diesen Bestimmungen um „gesetzliche Vorschriften" im Sinne des § 306 Abs. 2 BGB[841]. Der Wortlaut des § 306 Abs. 2 BGB biete keinen Anhaltspunkt dafür, den Begriff der „gesetzlichen Vorschrift" auf Normen mit „sachlichem Regelungsgehalt" zu beschränken und „methodische Vorschriften" auszugrenzen[842]. Dennoch greift die ergänzende Vertragsauslegung grundsätz-

---

[831] BGH v. 28. 5. 1984, NJW 1984, 2816; *Schmidt,* JA 1980, 402; *Ulmer,* NJW 1981, 2025.

[832] BAG v. 28. 9. 2005, NJW 2006, 795; BGH v. 12. 10. 1995, VersR 1996, 651; *H. Schmidt* in: *Ulmer/ Brandner/Hensen*[10], § 306 Rn. 14; *Präve* in: *Beckmann/Matusche-Beckmann,* Versicherungsrechts-Handbuch (2004), § 10 Rn. 507

[833] So auch *Staudinger/Schlosser* (2006), § 306 Rn. 22.

[834] BGH v. 28. 5. 1984, NJW 1984, 2816; BGH v. 19. 9. 1985, BGHZ 95, 362.

[835] BGH v. 28. 5. 1984, NJW 1984, 2816.

[836] *H. Schmidt* in: *Ulmer/Brandner/Hensen*[10], § 306 Rn. 16.

[837] BGH v. 4. 12. 1997, NJW-RR 1998, 594; *H. Schmidt* in: *Ulmer/Brandner/Hensen*[10], § 306 Rn. 16; *Präve* in: *Beckmann/Matusche-Beckmann,* Versicherungsrechts-Handbuch (2004), § 10 Rn. 512; *Beckmann,* Nichtigkeit und Personenschutz (1998), S 349 ff.

[838] *Beckmann,* Nichtigkeit und Personenschutz (1998), S. 352 ff.

[839] BGH v. 1. 2. 1984, BGHZ 90, 69; BGH v. 30. 10. 1984, BGHZ 92, 363; BGH v. 7. 3. 1989, BGHZ 107, 273.

[840] BGH v. 1. 2. 1984, BGHZ 90, 69.

[841] BGH v. 1. 2. 1984, BGHZ 90, 69.

[842] BGH v. 1. 2. 1984, BGHZ 90, 69.

---

lich nur ein, wenn dispositives Gesetzesrecht nicht zur Verfügung steht[843]. Hinzukommen muss, dass die ersatzlose Streichung der unwirksamen Klausel keine angemessene, den typischen Interessen des AGB-Verwenders und des Kunden Rechnung tragende Lösung bietet. Als Folge tritt nach dieser Rechtsprechung diejenige Gestaltungsmöglichkeit ein, die die Parteien bei sachgerechter Abwägung ihrer beiderseitigen Interessen nach Treu und Glauben redlicherweise vereinbart hätten, wenn ihnen die Unwirksamkeit der Klausel bekannt gewesen wäre[844]. Eine ergänzende Vertragsauslegung scheidet jedoch aus, wenn verschiedene Gestaltungsmöglichkeiten zur Ausfüllung einer vertraglichen Regelungslücke in Betracht kommen, aber kein Anhaltspunkt dafür besteht, welche Regelungen die Parteien getroffen hätten[845].

307 Auch im Schrifttum wird die Zulässigkeit der Lückenfüllung durch richterliche Vertragsergänzung von der ganz überwiegenden Ansicht bejaht[846].

308 Die Grundsätze der ergänzenden Vertragsauslegung gelten danach auch für das Versicherungsrecht[847].

§ 11. Prämien- und Bedingungsänderungen in laufenden Versicherungsverträgen

Inhaltsübersicht

---

[843] *Prölss/Martin/Prölss*[27], Vorbem. I Rn. 109; *H. Schmidt* in: *Ulmer/Brandner/Hensen*[10] § 306 Rn. 33; *Staudinger/Schlosser* (2006), § 306 Rn. 12.

[844] BGH v. 1. 2. 1984, BGHZ 90, 69.

[845] BGH v. 6. 2. 1985, BGHZ 90, 358; BGH v. 7. 3. 1989, BGHZ 107, 273.

[846] *H. Schmidt* in: *Ulmer/Brandner/Hensen*[10], § 306 Rn. 33a; *Staudinger/Schlosser* (2006), § 306 Rn. 12ff.; *Palandt/Heinrichs*[67], § 306 Rn. 7; *Präve* in: *Beckmann/Matusche-Beckmann*, Versicherungsrechts-Handbuch (2004), § 10 Rn. 510f.; *Halm/Engelbrecht/Krahe/Wandt*, 1. Kapitel Rn. 65; *Prölss/Martin/Prölss*[27], Vorbem I Rn. 102.

[847] BGH v. 6. 7. 1983, BGHZ 88, 78; BGH v. 22. 1. 1992, BGHZ 117, 92; BGH v. 30. 9. 1998, BGHZ 139, 333.

Literatur: *Baumann,* Bedingungsanpassungsklauseln bei Versicherungsaktiengesellschaften und -Gegenseitigkeitsvereinen, JZ 1999, 881; *Beckmann,* Auswirkungen des § 31 VVG auf die Zulässigkeitsvoraussetzungen von Prämienanpassungsklauseln in Versicherungsverträgen, VersR 1996, 540; *Freund,* Die Änderung Allgemeiner Geschäftsbedingungen in bestehenden Verträgen, 1998; *Fenyves,* Der Einfluß geänderter Verhältnisse auf Langzeitverträge, 1997; *Fricke,* Quomodo pacta sunt servanda?, VersR 2000, 257; *Grote,* Rechtsstellung der Prämien- Bedingungs- und Deckungstreuhänder nach dem VVG und dem VAG, 2002; *Kirsch,* Das Treuhänderverfahren zur Bedingungsänderung in der Lebensversicherung, VersR 2003, 1072, *Kollhosser,* Auslegung des § 172 VVG, VersR 2003, 807; *Langheid / Grote,* Bedingungsanpassung nach Rechtsprechungswechsel, VersR 2003, 1469; *Langheid / Grote,* Wirtschaftlichkeitsgebot als Geschäftsgrundlage – Eine Erwiderung auf den Aufsatz von Schünemann VersR 2004, 817, VersR 2004, 823; *Lorenz,* Anmerkung zu OLG Stuttgart v. 6. 4. 2001, VersR 2001, 1146; *Maier,* AVB: Kann oder muss umgestellt werden?, VW 2008, 986; *Matusche-Beckmann,* Die Bedingungsanpassungsklausel – Zulässiges Instrument für den Fall der Unwirksamkeit Allgemeiner Versicherungsbedingungen?, NJW 1998, 112; *Römer,* Für eine gesetzliche Regelung zur Anpassung Allgemeiner Versicherungsbedingungen, VersR 1994, 125; *Schauer,* Die Anpassungsklauseln im Versicherungsvertragsrecht, VR 1999, 21; *Schulze Schwienhorst,* Aufsichts- und wettbewerbsrechtliche Probleme der Prämienanpassungsklausel, 1988; *Schüneman,* Bedingungsanpassung nach Rechtsprechungswechsel? – Zulässigkeitsprobleme und Haftungsfragen bezüglich des Treuhänders –, VersR 2004, 817; *ders.,* Rechtsgutachten zu den tatbestandlichen Voraussetzungen, dem Inhalt und den Rechtsfolgen des § 172 Abs. 2 VVG in: Ersetzung unwirksamer Klauseln in der kapitalbildenden Lebensversicherung aus verfassungs- und zivilrechtlicher Sicht, hrsg. v. *Bäuerle/Schünemann* (2002), 63; *Wandt*, Änderungsklauseln in Versicherungsverträgen, 2000 (zit: Änderungsklauseln); *ders.*, Ersetzung unwirksamer ALB im Treuhänderverfahren gemäß § 172 VVG, VersR 2001, 1449; *ders.*, Ersetzung unwirksamer AVB der Lebensversicherung im Treuhänderverfahren gemäß § 172 VVG, 2001 (zit.: Ersetzung unwirksamer AVB der Lebensversicherung); *ders.*, Tarifänderungsklauseln in der Kfz-Haftpflichtversicherung, VersR 2000, 129; *ders.*, Änderungsklauseln in Versicherungsverträgen, VR 2002, 4.

A. Einleitung

I. Die Problematik

1. Änderungsrisiken

1   VR und VN leben in einer sich ständig verändernden Welt: Die Lebenserwartung steigt, die Krankheitskosten steigen, neue Techniken schaffen vielfältige neue Risiken, die Rechtsordnung ändert sich etc. Versicherungsverträge sind deshalb in hohem Maße sich verändernden Umständen ausgesetzt, auf deren Entwicklung die Vertragsparteien keinen Einfluss haben. Die daraus resultierenden **Änderungsrisiken**[1] sind für Versicherungsverträge besonders bedeutsam, weil es sich regelmäßig um langfristige **Dauerschuldverhältnisse** handelt.

2   Der VR, der mit Abschluss eines Versicherungsvertrages ein Leistungsversprechen auf Zeit eingeht, muss Änderungsrisiken bei der **Vertragsgestaltung** Rechnung tragen. Er wird diese spezifischen Risiken bei Vertragsschluss abschätzen und in Form von **Sicherheitszuschlägen**[2] jedenfalls teilweise in die Prämie einkalkulieren.

3   Die zukünftige Entwicklung vertragsrelevanter Umstände lässt sich jedoch nur unzureichend abschätzen. Verändern sich Umstände anders als vom VR erwartet, kann dies das **bei Vertragsschluss vereinbarte Äquivalenzverhältnis** zwischen Leistung (Versicherungsschutz) und Gegenleistung (Prämie) erheblich **stören.** Wenn die vom VR bei Vertragsschluss kalkulierte Prämie nicht mehr ausreicht, um die vertraglich geschuldete Leistung, die aufgrund verwirklichter Änderungsrisiken kostenträchtiger geworden ist, zu erfüllen und gleichzeitig noch Gewinn zu machen, so kann sich der VR bei vielen Versicherungsarten nach Ablauf der Versicherungsperiode durch **ordentliche Kündigung** vom Vertrag lösen. Eine Kündigung der Verträge ist jedoch die ultima ratio. Sie entspricht regelmäßig weder dem Interesse des VR noch des VN[3]. Dies gilt auch für eine **Änderungskündigung,** also eine Kündigung verbunden mit dem Angebot einer Vertragsfortsetzung zu geänderten Konditionen. Denn eine Änderungskündigung des VR ist für den VN mit der Gefahr verbunden, unbeabsichtigt zeitweilig ohne Versicherungsschutz zu sein. Der VN, der fortbestehenden Versicherungsbedarf hat, muss nämlich entweder das mit der Kündigung des Altvertrages verbundene neue Vertragsangebot seines VR annehmen oder einen Vertrag mit einem anderen VR abschließen. Versäumt er es, rechtzeitig tätig zu werden, so hat er keinen Versicherungsschutz[4].

4   Abgesehen von diesen Nachteilen einer (Änderungs-) Kündigung ist der VR nicht immer zu einer ordentlichen Kündigung des Versicherungsvertrages berechtigt. Ausgeschlossen ist ein ordentliches Kündigungsrecht grundsätzlich in der Lebens- und Krankenversicherung[5]. Es kann auch vertraglich für einen bestimmten Vertragszeitraum ausgeschlossen sein (vgl. § 11 Abs. 2 und Abs. 4 VVG). Jedenfalls bei ausgeschlossenem ordentlichen Kündigungsrecht ist der VR zur Wiederherstellung des Äquivalenzverhältnisses zwischen Leistung (Versicherungsschutz) und Gegenleistung (Prämie) auf eine **Vertragsänderungsbefugnis** angewie-

---

[1] Zum sog. Änderungsrisiko vgl. *Farny,* Versicherungsbetriebslehre, 4. Aufl. 2006, S. 89; *R. Schmidt,* FS Möller (1972), 443 (450).

[2] Zum sog. Trendzuschlag vgl. *Prölss/Martin/Prölss,* § 31 VVG Rn. 4; *Rehnert,* HdV, 289 (293).

[3] BGH v. 31. 1. 2001, VersR 2001, 493; BGH v. 17. 3. 1999, VersR 1999, 697 (698).

[4] Vgl. *Wandt,* VersR 2000, 129 (136).

[5] *Weyers/Wandt,* Versicherungsvertragsrecht, Rn. 822, 865.

sen[6]. In Betracht kommt eine Änderung der Prämie, eine Änderung des Umfangs des Versicherungsschutzes oder eine Kombination von beiden. Ohne eine Änderungsbefugnis des VR kann die dauernde Erfüllbarkeit der Verträge und im schlimmsten Fall die Existenz des VR gefährdet sein[7].

2. Unwirksamkeit von AVB

Wie eine Änderung vertragsexterner Umstände kann auch die Unwirksamkeit einer Allgemeinen Versicherungsbedingung dazu führen, dass der VR einen Versicherungsschutz zu gewähren hat, der weiter geht als bei der Prämienkalkulation zugrunde gelegt wurde. Gemessen an der Kalkulationsgrundlage des VR[8] kann auch dies eine erhebliche **Störung des Äquivalenzverhältnisses** darstellen.   5

Ungeachtet eines Missverhältnisses von kalkulierter Prämie und vereinbartem Versicherungsschutz kann die Unwirksamkeit einer Allgemeinen Versicherungsbedingung außerdem zu einer **Regelungslücke** führen, die die **Vertragsdurchführung unmöglich** macht oder doch **erheblich erschwert**[9].   6

Die Regelung des **§ 306 Abs. 2 BGB,** wonach an die Stelle einer unwirksamen Vertragsbestimmung die gesetzlichen Vorschriften treten, führt im Versicherungsvertragsrecht häufig nicht zu einer Schließung der Regelungslücke, die durch die Unwirksamkeit einer AVB entstanden ist. Denn das VVG – alt wie neu – regelt zahlreiche Versicherungsarten überhaupt nicht oder nur lückenhaft. Es gibt deshalb häufig keine gesetzlichen Vorschriften, die zur Lückenfüllung herangezogen werden könnten[10].   7

Es bleibt das Instrument der **ergänzenden Vertragsauslegung,** das bei Fehlen gesetzlicher Vorschriften im Sinne von § 306 Abs. 2 BGB grundsätzlich anwendbar ist. Ungeachtet der Anwendungsvoraussetzungen im Einzelnen[11] ist die ergänzende Vertragsauslegung jedoch kein adäquates Mittel zur Lückenschließung in Versicherungsverträgen[12]. Eine ergänzende Vertragsauslegung ist nämlich nur in einem Individualrechtsstreit, nicht aber in einem Verbandsklageverfahren zulässig[13]. Eine Wirkung für die Gesamtheit der Versicherungsverträge ist in der Praxis daher nur bei einer ergänzenden Vertragsauslegung durch den BGH zu erreichen, wenn es sich um eine eher generelle, vom Einzelfall gelöste Vertragsauslegung handelt.   8

Vor der Deregulierung, genauer: **bis zur Aufhebung der „Verordnung über die Anwendung Allgemeiner Versicherungsbedingungen"** im Jahre 1990, war die Aufsichtsbehörde zu einer bestandswirksamen Änderung von AVB befugt. Von dieser Bedingungsänderungsbefugnis machte die Aufsichtsbehörde auch in Fällen Gebrauch, in denen der   9

---

[6] Vgl. zur Problematik eines Verzichts auf eine Prämienanpassungsklausel die Verlautbarung der Aufsichtsbehörde I-O11-A-105/99, VerBAV 2000, 63.

[7] *Schauer,* VR 1999, 21 (31), warnt zu Recht, dass der wirtschaftliche Erfolg eines langfristigen Vertrages davon abhängen kann, ob die Formulierung einer tauglichen Anpassungsklausel gelingt. Vgl. auch *Farny,* Versicherungsbetriebslehre, 4. Aufl. 2006, S. 539 (eine besonders wichtige Maßnahme der Risikopolitik). – Die Triftigkeit dieser Warnungen wurde durch die Geschehnisse um die britische Gesellschaft *equitable life* eindrucksvoll bestätigt. Vgl. das Urteil des House of Lords, *Equitable Life Assurance Society v Hyman,* All England Law Reports 2000, 961.

[8] Auf das vertraglich vereinbarte Äquivalenzverhältnis kann man nicht abstellen, da die unwirksame Bedingung kein Vertragsbestandteil ist.

[9] BGH v. 17. 3. 1999, VersR 1999, 697 (698).

[10] Vgl. BGH v. 22. 1. 1992, VersR 1992, 477 (479) = NJW 1992, 1164 (1165) („Für das Versicherungsvertragsrecht ist es *typisch,* dass im Falle einer Klauselunwirksamkeit … dispositive Gesetzesbestimmungen nicht zur Verfügung stehen"; Hervorhebung hinzugefügt); vgl. auch *Römer,* VersR 1994, 125.

[11] Vgl. BGH v. 1. 2. 1984, BGHZ 90, 69 = NJW 1984, 1177 (Tagespreisklausel im Kfz-Neuwagengeschäft).

[12] Vgl. *Römer,* VersR 1994, 125 (126); *Matusche-Beckmann,* NJW 1998, 112 (113).

[13] Vgl. *Römer,* VersR 1994, 125 (126).

Versicherungsvertrag durch Unwirksamkeit einer AVB lückenhaft geworden war[14]. Erinnert sei beispielsweise an die frühere Wissenschaftsklausel in der Krankenversicherung, die den Umfang des Versicherungsschutzes auf wissenschaftlich allgemein anerkannte Methoden und Arzneimittel beschränkte. Als der BGH diese Klausel im Jahre 1993 für unwirksam erklärte[15], fügten die VR mit Genehmigung der Aufsichtsbehörde sofort eine neue, dem BGH-Urteil angepasste Klausel in die Verträge ein, um das Äquivalenzverhältnis von Leistung und Gegenleistung zu sichern[16].

10   Nach der Aufhebung der „Verordnung über die Anwendung Allgemeiner Versicherungsbedingungen" im Jahre 1990 stellt sich die Frage, ob und unter welchen Voraussetzungen der VR **gesetzlich oder vertraglich** berechtigt ist, eine unwirksame Klausel durch eine wirksame zu ersetzen. Die Problematik der **Ersetzung unwirksamer AVB** hat zwar Berührung zur Änderung wirksamer Vertragsbestandteile in Form der Prämien- oder Bedingungsänderung (zu Letzterem unten B). Sie hat jedoch andere Rechtsgrundlagen und folgt spezifischen Gesichtspunkten. Sie verlangt daher nach einer gesonderten Beurteilung (dazu unten C).

II. Terminologie

11   Der Begriff „Vertragsänderung" umfasst sowohl die **Änderung wirksamer Vertragsbestandteile** in Form der Tarif- und Bedingungsänderung als auch die **Ersetzung einer unwirksamen AVB-Bestimmung.**

12   Die Begriffe „Vertragsänderung" und „Vertragsanpassung" bzw. „Änderungs-„ und „Anpassungsklausel" werden im Schrifttum häufig synonym verwendet[17]. Eine **„Vertragsanpassung"** ist jedoch dadurch gekennzeichnet, dass der bisherige Vertragsinhalt in bestimmten vorgegebenen Grenzen an die Veränderung vertragsexterner Umstände angepasst wird[18]. Hiervon zu unterscheiden ist ein Recht des VR, den Vertragsinhalt (Prämie und/oder Bedingungen) ohne Bindung an gesetzlich vorgegebene Kriterien zu ändern.

B. Prämien- und Bedingungsänderungen

I. Überblick über die Rechtsgrundlagen

1. Gesetz

13   Das VVG enthält **keine allgemeine Regelung,** die den VR berechtigen würde, auf die Verwirklichung von Änderungsrisiken durch eine Änderung des Vertragsinhalts zu reagieren[19]. Lediglich für die **Lebens- und Krankenversicherung,** die der VR grundsätzlich

---

[14] Die Verordnung v. 29. 11. 1940 wurde durch Art. 4 Abs. 2 des Gesetzes zur Änderung versicherungsrechtlicher Vorschriften v. 17. 12. 1990 aufgehoben (BGBl. 1990 I S. 2864). Vgl. dazu *Bach/Geiger,* VersR 1993, 659; *Seybold,* VersR 1989, 1231; *Römer,* VersR 1994, 125 (126). Die Aufsichtsbehörde hatte gestützt auf diese Verordnung beispielsweise die Bestandswirksamkeit einer Änderung der Prämienanpassungsklausel in der Allgemeinen Haftpflichtversicherung herbeigeführt; vgl. dazu *Frey,* ZVersWiss 1972, 315 (322, 325).

[15] BGH v. 23. 6. 1993, VersR 1993, 957.

[16] Die „Wissenschaftsklausel" in § 4 (6) MB/KK 94 hält der Inhaltskontrolle nach § 307 BGB stand; BGH v. 30. 10. 2002, VersR 2002, 1546 = NJW 2003, 294.

[17] Vgl. z. B. *Schauer,* VR 1999, 21, der allgemein von Anpassungsklauseln spricht; dagegen *Schilcher,* VR 1999, 32 (37), der von „Änderungs- oder Anpassungsklauseln" spricht.

[18] Vgl. aber *Baumann,* JZ 1999, 881 (886), der § 41 Abs. 3 Satz 2 VAG als Erlaubnisnorm für den VVaG qualifiziert, die abweichend von § 308 Nr. 4 BGB (Vorgängerregelung: § 10 Nr. 4 AGBG) auch eine Verschlechterung erlaube. Siehe dazu *Wandt,* Änderungsklauseln, Rn. 267.

[19] Entgegen einer Forderung von *Römer,* VersR 1994, 125 (Seine Forderung bezog sich in erster Linie auf eine Regelung zur Ersetzung einer unwirksamen AVB. *Römer* hält aber auch Bedingungsanpassungsklauseln wegen veränderter externer Umstände für zulässig; vgl. VersR 1994, 125 (127)). Vgl. auch *Renger,* VersR 1994, 753 (755). – Das VVG enthält allerdings einige einschlägige spezielle Regelungen; vgl.

nicht ordentlich kündigen kann, hatte der Gesetzgeber im Zuge der EG-bedingten Deregulierung des Versicherungsrechts im Jahre 1994 gesetzliche Regelungen geschaffen, die dem VR ein Recht zu einer einseitigen Vertragsänderung gaben (§§ 172, 178g VVG a. F.). Im neuen VVG ist die Prämien-, Leistungs- und Bedingungsanpassung für die Lebensversicherung in § 163 VVG und für die Krankenversicherung in § 203 VVG geregelt. Für die Berufsunfähigkeitsversicherung ist § 163 VVG entsprechend anwendbar (vgl. § 176 VVG). Für die **Kfz-Haftpflichtversicherung** beschränkt sich das Gesetz auf die Übergangsregelung des Art. 16 § 8 Drittes Durchführungsgesetz/EWG zum VAG[20]. Sie gestattet eine Änderung der Prämie und Tarifbestimmungen von Kraftfahrzeug-Haftpflichtversicherungsverträgen, die bis zum 31. Dezember 1994 zu den von der Aufsichtsbehörde vor dem 29. Juli 1994 genehmigten Versicherungsbedingungen geschlossen wurden (sog. Stichtagsaltverträge).

Für den **VVaG** enthält **§ 41 Abs. 3 VAG** eine allgemeine Regelung. Danach sind Änderungen der Satzung oder der Allgemeinen Versicherungsbedingungen ohne ausdrückliche Zustimmung des Versicherten nur für solche Bestimmungen zulässig, für welche die Satzung ausdrücklich vorsieht, dass sie auch mit Wirkung für die bestehenden Versicherungsverhältnisse geändert werden können. Aus dieser Vorschrift, die nur im Verhältnis zu Mitgliedern anwendbar ist[21], ergibt sich für den VVaG eine gesetzliche Ermächtigung zur Bedingungsänderung[22]. Eine Satzungsbestimmung, die einen Änderungsvorbehalt im Sinne von § 41 Abs. 3 Satz 2 VAG enthält, hat jedoch **Doppelcharakter.** Sie ist einerseits **vereinsrechtliche Kompetenzbestimmung,** soweit sie festlegt, welches Organ des VVaG die Allgemeinen Versicherungsbedingungen mit Wirkung für bestehende Versicherungsverhältnisse ändern darf[23]. Sie ist andererseits eine **Allgemeine Geschäftsbedingung** und unterliegt als solche der Kontrolle nach dem AGB-Recht, soweit sie zu einer bestandswirksamen Änderung von Allgemeinen Versicherungsbedingungen ermächtigt (s. dazu Rn. 61)[24]. **14**

Mit Blick auf die **Reform des Versicherungsvertragsrechts von 2008** gibt **Art. 1 Abs. 3 EGVVG** dem Versicherer für alle Versicherungsarten die Befugnis, bis zum 1. Januar 2009 seine **AVB für Altverträge mit Wirkung zum 1. Januar 2009 zu ändern,** soweit sie von den Vorschriften des reformierten VVG abweichen[25]. Die Anpassungsbefugnis des Versicherers besteht nur insoweit, als eine nach bisherigem Recht wirksame AVB-Bestimmung von den Vorschriften des VVG n. F. abweicht und deshalb gemessen am VVG n. F. unwirksam wäre. Der Versicherer muss dem Versicherungsnehmer die geänderten Versicherungsbedingungen unter Kenntlichmachung der Unterschiede spätestens einen Monat vor dem 1. 1. 2009 in Textform mitteilen. Für die Krankenversicherung ist auch Art. 2 Satz 1 Nr. 2 EGVVG zu beachten. **15**

2. Allgemeine Versicherungsbedingungen

Das Fehlen gesetzlicher **Änderungsbefugnisse** des VR wird regelmäßig **privatautonom durch Allgemeine Versicherungsbedingungen** kompensiert, die den VR zur Anpassung der Prämie und – seltener – des Umfangs des Versicherungsschutzes berechtigen (Änderungs- bzw. Anpassungsklauseln für Prämie und Bedingungen; zur Terminologie s. Rn. 12). **16**

Die **Zulässigkeit** derartiger Klauseln hat die Gerichte **bis zum Jahre 1994** nur selten beschäftigt[26]. Dies lag vor allem daran, dass sie vor ihrer Verwendung durch die Aufsichtsbe- **17**

---

§§ 19 Abs. 4, 41 VVG (§§ 41, 41a VVG a. F.) über eine Vertragsanpassung infolge Fehleinschätzung der Risiken bei Vertragsschluss bzw. Antragstellung sowie z. B. §§ 74, 79, 80 VVG (§§ 51, 60, 68 VVG a. F.). Zu der Regelung des Art. 1 Abs. 3 EGVVG hinsichtlich der AVB-Anpassung an das VVG 2008 s. Rn. 15.

[20] Drittes Durchführungsgesetz/EWG zum VAG v. 21. 7. 1994 (BGBl. I S. 1630).

[21] OLG Hamm v. 25. 6. 1993, VersR 1993, 1342 (1343); *Prölss/Schmidt/Weigel,* § 41 VAG Rn. 1; *Fricke,* VersR 1996, 1449 (1455).

[22] Vgl. *Lorenz,* VersR 1996, 1206 (1207).

[23] Vgl. BGH v. 8. 10. 1997, VersR 1997, 1517, sowie *Lorenz,* VersR 1996, 1206.

[24] Vgl. BGH v. 8. 10. 1977, VersR 1997, 1517.

[25] Zur Frage einer Anpassungspflicht vgl. *Maier,* VW 2008, 986.

[26] Zur Entwicklungsgeschichte von Prämienanpassungsklauseln vgl. *Schulze-Schwienhorst,* Aufsichts- und wettbewerbsrechtliche Probleme der Prämienanpassungsklausel, S. 14.

Wandt

hörde genehmigt werden mussten und manche bedenkliche Klausel die Genehmigung nicht erhielt. Die Aufsichtsbehörde wachte regelmäßig auch darüber, in welcher Art und Weise der VR von einem ihm vertraglich eingeräumten Änderungsrecht Gebrauch machte. Denn sie genehmigte meist nur solche Änderungsklauseln, die eine spätere Prämien- oder Bedingungsänderung wiederum von der Zustimmung der Behörde abhängig machten. Diese (doppelte) Einschaltung der Aufsichtsbehörde war ein wichtiges Kriterium im Rahmen der Angemessenheitsprüfung nach dem AGB-Recht und führte meist zur Bejahung der Wirksamkeit von Änderungsklauseln. Nicht ohne Einfluss auf die AGB-rechtliche Beurteilung war auch die Befugnis der Aufsichtsbehörde zu einer bestandswirksamen Änderung von AVB aufgrund der – inzwischen aufgehobenen – „Verordnung über die Anwendung Allgemeiner Versicherungsbedingungen" von 1940[27]. Denn aufgrund dieser Verordnung waren AVB jedenfalls durch die Aufsichtsbehörde änderbar. Der VN konnte also nicht davon ausgehen, dass die Vertragsbedingungen nur mit seiner Zustimmung geändert werden konnten[28].

18   **Nach der EG-bedingten Deregulierung im Jahre 1994** findet eine Vorabkontrolle von Versicherungsbedingungen durch die Aufsichtsbehörde nicht mehr statt. Auch die Ausübung vertraglicher Änderungsbefugnisse durch den VR kann nicht mehr von der Zustimmung der Aufsichtsbehörde abhängig gemacht werden[29]. Die VR sind gehalten, selbständig Änderungsklauseln zu entwickeln, die einer Wirksamkeitskontrolle nach dem **AGB-Recht** standhalten. Dies ist schwierig. Denn angesichts der auf wenige Versicherungsarten beschränkten gesetzlichen Regelungen, des Ausfalls der Aufsichtsbehörde als Genehmigungsinstanz und der Unklarheiten über Grund und Grenzen des AGB-rechtlichen Transparenzgebotes ist die Rechtsunsicherheit groß[30].

II. Gesetzliche Befugnisse zur Prämien- und Bedingungsänderung

1. Lebensversicherung

19   **a) Neufestsetzung der Prämie (§ 163 Abs. 1 VVG).** § 163 Abs. 1 VVG gibt dem VR eine **gesetzliche Befugnis** zur Neufestsetzung der Prämie, und zwar uneingeschränkt für alle Arten der Lebensversicherung. Die bisherige Regelung des § 172 Abs. 1 S. 1 VVG a. F. war dagegen nur auf Lebensversicherungsverträge anwendbar, die Versicherungsschutz für ein Risiko boten, bei dem der Eintritt der Verpflichtung des VR ungewiss war[31]. Darunter fielen insbesondere die reine Risikolebensversicherung, die Berufsunfähigkeitsversicherung und die Dread-disease-Versicherung[32].

20   Eine Neufestsetzung der Prämie ist nach § 163 Abs. 1 S. 1 Nr. 1 VVG zulässig, wenn sich der Leistungsbedarf nicht nur vorübergehend und nicht voraussehbar gegenüber den Rechnungsgrundlagen geändert hat. Weitere Voraussetzung für eine Neufestsetzung der Prämie entsprechend den berichtigten Berechnungsgrundlagen ist, dass sie angemessen[33] und erfor-

---

[27] Die Verordnung v. 29. 11. 1940 wurde durch Art. 4 Abs. 2 des Gesetzes zur Änderung versicherungsrechtlicher Vorschriften v. 17. 12. 1990 aufgehoben (BGBl. 1990 I S. 2864). Vgl. dazu Fn. 14.

[28] Ebenso war die Situation aufgrund § 10 PflVG a. F. in der Kfz-Haftpflichtversicherung; vgl. dazu BGH v. 31. 1. 2001, VersR 2001, 493 (494) mit Anm. *Feyock* und *Wandt* sowie *Wandt*, Änderungsklauseln, Rn. 208.

[29] Die Zustimmung der Aufsichtsbehörde ist gemäß § 11c VAG ausnahmsweise weiterhin erforderlich für Tarif- und Bedingungsänderungen der Stichtagsaltverträge in der Lebensversicherung; vgl. dazu *Prölss/Schmidt/Frey/Schmidt*, § 11c VAG Rn. 2; *Präve*, ZfV 1994, 168 (171).

[30] *Matusche-Beckmann*, NJW 1998, 112 (113), spricht von einer neuen Dimension; vgl. auch *Pauly*, VersR 1996, 287 (290); Berliner Kommentar/*Harrer*, § 31 VVG Rn. 36; *Baumann*, JZ 1999, 881 (887).

[31] Eingehende Analyse aus aktuarieller Sicht von *Engeländer*, VersR 2000, 274; *Jaeger*, VersR 1999, 26.

[32] *Römer/Langheid/Römer*, § 172 VVG, Rn. 2; s. hierzu *Brömmelmeyer*, § 42 Rn. 67.

[33] Vgl. Regierungsentwurf BT-Drucks. 16/3945 v. 20. 12. 2006, S. 99: Durch das Merkmal der „Angemessenheit" wird klargestellt, dass der Treuhänder kein eigenes Ermessen ausübt. Die Angemessenheit ersetzt das billige Ermessen, dass der Versicherer einhalten müsste, wenn er die die neue Prämie nach § 315 BGB festsetzen könnte.

derlich erscheint, um die **dauernde Erfüllbarkeit der Versicherungsleistung** zu gewährleisten (§ 163 Abs. 1 S. 1 Nr. 2 VVG), und ein **unabhängiger Treuhänder** (s. Rn. 52, s. auch
Brömmelmeyer, § 42 Rn. 71) die Rechnungsgrundlagen und das Vorliegen dieser Voraussetzungen überprüft und bestätigt hat (§ 163 Abs. 1 S. 1 Nr. 3 VVG). Ausgeschlossen ist eine Prämienanpassung gemäß § 163 Abs. 1 S. 2 VVG, wenn Versicherungsleistungen zum Zeitpunkt
der Erst- oder Neukalkulation unzureichend kalkuliert waren und ein ordentlicher und gewissenhafter Aktuar dies insbesondere anhand der zu diesem Zeitpunkt verfügbaren statistischen Kalkulationsgrundlagen hätte erkennen müssen. Damit soll verhindert werden, dass abschätzbare negative Risikoentwicklungen, die schon bei Vertragsschluss vorhersehbar waren,
auf den VN abgewälzt werden[34]. Insoweit erfolgt eine Angleichung an die Krankenversicherung, für die ein vergleichbarer Ausschluss über § 203 Abs. 2 S. 4 VVG in Verbindung mit
§ 12b Abs. 2 S. 4 VAG Anwendung findet.

   b) Leistungsänderung gemäß § 163 Abs. 2 VVG. Der VN kann eine Prämienerhö-   **21**
hung nach § 163 Abs. 1 VVG vermeiden, indem er vom VR die **entsprechende Herabsetzung der Versicherungsleistung** verlangt (§ 163 Abs. 2 Satz 1 VVG). Die Mitwirkung
eines unabhängigen Treuhänders ist insoweit nicht vorgesehen. Der VR ist seinerseits bei
einer prämienfreien Versicherung zu einer Herabsetzung der Versicherungsleistung unter
den Voraussetzungen des § 163 Abs. 1 VVG berechtigt (§ 163 Abs. 2 Satz 2 VVG). Davon unberührt kann er alternativ die ungekürzte Versicherungsleistung gegen eine neue Prämienzahlung anbieten[35].

   c) Wegfall der Bestimmungen zur Überschussbeteiligung (§ 172 Abs. 1 S. 2 VVG   **22**
a. F.). Gemäß § 172 Abs. 1 S. 2 VVG a. F. galt für Änderungen der Bestimmungen über die
Überschussbeteiligung die Regelung des Satzes 1 a. F. über die Neufestsetzung der Prämie (s.
Rn. 18, s. auch *Brömmelmeyer,* § 42 Rn. 77) entsprechend. Diese Regelung wird im neuen
VVG mit der Begründung aufgegeben, dass ein Bedürfnis allenfalls im Hinblick auf Bestandsübertragungen oder für „auslaufende Bestände" in Betracht komme[36]. Im Fall von Bestandsübertragungen würden Fragen des Kosten- und Risikoausgleichs aber bereits von der Aufsichtsbehörde geprüft, die die Belange der Versicherten ohnehin berücksichtigen müsse. Für
die Problematik „auslaufender Bestände" hält der Reformgesetzgeber eine AVB-rechtliche
Lösung für vorzugswürdig[37].

   d) Zeitpunkt des Wirksamwerdens der Vertragsanpassung. Nach § 163 Abs. 3   **23**
VVG wird die Vertragsanpassung zu Beginn des zweiten Monats wirksam, der auf die Mitteilung der Neufestsetzung oder der Herabsetzung und der hierfür maßgeblichen Gründe an
den VN folgt.

   e) Abdingbarkeit. § 163 VVG ist halbzwingend (§ 171 VVG).   **24**

   f) Übergangsregelung. Auf Lebensversicherungsverhältnisse, die zur Zeit des Inkraft-   **25**
tretens des Dritten Durchführungsgesetzes/EWG zum VAG am **29. Juli 1994** bestanden,
sind gemäß Art. 16 § 6 dieses Gesetzes die §§ 173 bis 178 VVG in der vor Inkrafttreten dieses
Gesetzes geltenden Fassung anzuwenden. Das Gleiche gilt für Versicherungsverhältnisse, die
bis zum 31. Dezember 1994 unter Verwendung vor dem 29. Juli 1994 genehmigter Versicherungsbedingungen abgeschlossen wurden[38].

---

[34] Regierungsentwurf BT-Drucks. 16/3945 v. 20. 12. 2006, S. 99.
[35] Regierungsentwurf BT-Drucks. 16/3945 v. 20. 12. 2006, S. 99.
[36] Regierungsentwurf BT-Drucks. 16/3945 v. 20. 12. 2006, S. 99.
[37] Regierungsentwurf BT-Drucks. 16/3945 v. 20. 12. 2006, S. 99. Die in der Gesetzesbegründung angesprochenen Schwierigkeiten begrifflicher Abgrenzungen werden damit auf den AGB-Verwender verlagert. Ob diese Schwierigkeiten wirklich „eher" durch AVB gemeistert werden können, erscheint jedoch zweifelhaft.
[38] Zu der Regelung des Art. 1 Abs. 3 EGVVG hinsichtlich der AVB-Anpassung an das VVG 2008 s.
Rn. 15.

2. Berufsunfähigkeitsversicherung

26   Die Berufunfähigkeitsversicherung ist durch die §§ 172 ff. VVG erstmalig kodifiziert[39]. Über § 176 VVG sind die Vorschriften der Lebensversicherung zur Prämien- und Leistungs- änderung (§ 163 VVG) entsprechend anzuwenden[40].

27   Bemerkenswert ist, dass – anders als in der Lebensversicherung – eine vertragliche Abbedin- gung zum Nachteil des VN möglich ist, soweit sie sich an die allgemeinen Grenzen insbeson- dere des AGB-Rechts hält. Dies ergibt sich aus § 176 VVG, der nur die Vorschriften der §§ 150–170 VVG für entsprechend anwendbar erklärt, nicht aber § 171 VVG, der in der Le- bensversicherung den halbzwingenden Charakter des § 163 VVG festlegt. Begründet wird dies zum einen mit dem Argument der Produktgestaltungsfreiheit des VR, da sich die Berufsunfä- higkeitsversicherung noch in der Entwicklung befände. Zum anderen bestünden rechtssyste- matische Bedenken dagegen, Vorschriften für halbzwingend zu erklären, deren Anwendung nur vorbehaltlich der noch näher zu bestimmenden Besonderheiten der Berufsunfähigkeits- versicherung in Frage kämen[41].

3. Krankenversicherung

28   **a) Neufestsetzung der Prämie, betragsmäßig festgelegtem Selbstbehalt und ver- einbartem Risikozuschlag (§ 203 Abs. 2 VVG).** Wie § 163 Abs. 1 VVG dem Lebensver- sicherer (s. Rn. 18) gibt § 203 Abs. 2 VVG dem Krankenversicherer eine gesetzliche Befugnis zur Neufestsetzung der Prämie[42]. Dies gilt aber nur, wenn das **ordentliche Kündigungs- recht des VR** gesetzlich (vgl. § 206 VVG) oder vertraglich **ausgeschlossen** ist. Weitere Vo- raussetzung ist, dass eine nicht nur als vorübergehend anzusehende **Veränderung einer für die Prämienkalkulation maßgeblichen Rechnungsgrundlage** stattgefunden hat. Maß- gebliche Rechnungsgrundlagen sind die **Versicherungsleistungen und die Sterbewahr- scheinlichkeiten** (§ 203 Abs. 2 S. 3 VVG). Haben sich die Rechnungsgrundlagen verändert, werden sie mit dem Ziel berichtigt, auf dieser Grundlage eine neue Prämie (auch für beste- hende Versicherungsverhältnisse) festzulegen. Damit weicht der neue § 203 Abs. 2 VVG von § 178g Abs. 2 VVG a. F. ab, der ausschließlich auf die **Veränderung des Schadensbedarfs** abstellte. Zukünftig kommt eine Prämienanpassung also auch aufgrund veränderter Sterbe- wahrscheinlichkeiten in Betracht. Damit soll verhindert werden, dass es zu Beitragssprüngen kommt, die sich aus der Kumulierung von Anpassungserfordernissen ergeben können[43].

29   Ein **unabhängiger Treuhänder** (s. Rn. 52) muss die technischen Berechnungsgrundla- gen, die der Neufestsetzung der Prämie zugrunde gelegt wurden, überprüfen und der Prä- mienanpassung zustimmen (§ 203 Abs. 2 S. 1 VVG). Anders als in der Lebensversicherung (§ 163 Abs. 1 S. 1 Nr. 3 VVG) ist es in der Krankenversicherung nicht Aufgabe des Treuhän- ders, die Angemessenheit der Prämienanpassung zu bestätigen[44]. Der Grund liegt darin, dass in der Krankenversicherung die Prämienberechnung durch die §§ 12b Abs. 1 bis 2a, 12c

---

[39] Zu den Erwägungen vgl. Regierungsentwurf BT-Drucks. 16/3945 v. 20. 12. 2006, S. 54.

[40] Die Regierungsbegründung führt §§ 163, 164 VVG explizit als Beispiele für eine entsprechende An- wendung gemäß § 176 VVG an, bei der die Besonderheiten der Berufsunfähigkeitsversicherung nicht entgegenstehen, Regierungsentwurf BT-Drucks. 16/3945 v. 20. 12. 2006, S. 107.

[41] Regierungsentwurf BT-Drucks. 16/3945 v. 20. 12. 2006, S. 107.

[42] Vgl. Regierungsentwurf BT-Drucks. 16/3945 v. 20. 12. 2006, S. 113; vgl. zu dem Gesetzesentwurf des § 178g Abs. 2 VVG a. F. *Renger*, VersR 1993, 678; *ders.*, VersR 1994, 1257; *Wriede*, VersR 1994, 251; s. auch *H. Müller*, § 44 Rn. 37.

[43] Regierungsentwurf BT-Drucks. 16/3945 v. 20. 12. 2006, S. 113.

[44] Zu dem Streit, ob dem Prämientreuhänder gemäß § 178g Abs. 2 VVG a. F. ein eigener Ermessens- spielraum zukommt, der über den Beurteilungsspielraum hinausgeht, der sich aus Ungenauigkeiten von Kalkulationsvorschriften ergibt vgl. *Prölss/Martin/Prölss*, § 178g VVG Rn. 21; Berliner Kommentar/ *Hohlfeld*, § 178g VVG Rn. 10; *Drews*, VersR 1996, 422 (424); *Renger*, VersR 1995, 866. Für eine eigene Angemessenheitsprüfung des Treuhänders: *Grote*, Prämien-, Bedingungs- und Deckungstreuhänder, S. 523. Gegen ein eigenständiges Ermessen des Treuhänders sprechen zahlreiche Gründe, insbesondere der Umkehrschluss zu § 178g Abs. 3 VVG, der dem Bedingungstreuhänder ausdrücklich die Angemes- senheitsprüfung zuweist, sowie § 12b Abs. 1 Satz 5 VAG, der den Treuhänder zur Zustimmung verpflich-

VAG und die Kalkulationsverordnung[45] unter Ausschluss von Angemessenheitskriterien reguliert ist. Über § 203 Abs. 2 Satz 4 VVG werden den aufsichtsrechtlichen Regelungen der §§ 12b Abs. 1 bis 2a i. V. m. der auf Grund des § 12c VAG erlassenen Rechtsverordnung vertragsrechtliche Wirkung verliehen.

Mit der Neufestsetzung der Prämie dürfen auch ein **betragsmäßig festgelegter Selbst-** **behalt** und ein vereinbarter **Risikozuschlag** entsprechend angepasst bzw. geändert werden, soweit dies vertraglich vereinbart ist (§ 203 Abs. 2 S. 2 VVG)[46]. Aufsichtsrechtlich Parallelvorschrift ist § 12b Abs. 2 S. 3 VAG.   30

b) Anpassung von Versicherungsbedingungen und Tarifbestimmungen (§ 203 **Abs. 3 VVG).** § 203 Abs. 3 VVG eröffnet eine gesetzliche Anpassungsbefugnis für Versicherungsbedingungen und Tarifbestimmungen für alle Krankenversicherungsarten, bei denen die Prämie entsprechend den technischen Berechnungsgrundlagen nach den §§ 12, 12a und 12e in Verbindung mit § 12c VAG zu berechnen ist[47]. Damit werden **mit einer Ausnahme** **alle Krankenversicherungsarten** erfasst. Ausgenommen ist lediglich die nicht substitutive Krankenversicherung, wenn sie nach Art der Schadensversicherung betrieben wird.   31

Bei den erfassten Versicherungsarten muss – wie bei einer Prämienänderung nach Absatz 2 – das **ordentliche Kündigungsrecht des VR** gesetzlich oder vertraglich **ausgeschlossen** sein. Im Übrigen ist die Anpassungsbefugnis für Versicherungsbedingungen und Tarifbestimmungen jedoch an strengere Voraussetzungen geknüpft als eine bloße Neufestsetzung der Prämie nach § 203 Abs. 2 VVG. Erforderlich ist, dass eine nicht nur als vorübergehend anzusehende **Veränderung der Verhältnisse des Gesundheitswesens** gegeben ist, die Bedingungsänderung zur **hinreichenden Wahrung der Belange der Versicherungsnehmer** **(Versicherten)**[48] erforderlich erscheint und ein **unabhängiger Treuhänder** (s. Rn. 52) nicht nur die Voraussetzungen für die Änderung überprüft, sondern auch ihre Angemessenheit bestätigt.   32

Die Erklärung dafür, dass eine Anpassung von Versicherungsbedingungen und Tarifbestimmungen nur unter strengeren Voraussetzungen als eine Anpassung der Prämie zulässig ist, ergibt sich aus dem Gebot des **geringstmöglichen Eingriffs in das Vertragsverhältnis**[49]. Die bloße Prämienanpassung ist – bei der gebotenen typisierenden Betrachtung[50] – der geringere Eingriff, weil die Prämie – bei unveränderten Tarifbestimmungen – nur den Veränderungen der bei Vertragsschluss zugrunde gelegten Berechnungsfaktoren angepasst wird. Die Anpassung der Tarif- und Versicherungsbestimmungen ist schwerwiegender. Denn mit ihr greift der VR in die Grundlagen des Vertrages ein. So kann eine Änderung von Tarifbestimmungen zu einer veränderten Abgrenzung von Risikogruppen und damit zu prämienrelevanten Verschiebungen innerhalb des Bestandes führen[51]. Eine Leistungsminderung durch Bedingungsanpassung kann beispielsweise zur Folge haben, dass das ausgeklammerte Risiko gänzlich unversichert bleiben muss, weil dafür wegen seiner Begrenztheit kein anderweitiger Versicherungsschutz erlangt werden kann. Wegen dieser möglichen Auswirkungen genügt es für die Anpassung von Tarifbestimmungen und Bedingungen nicht – wie bei der Prämienanpassung –, dass eine Störung des Äquivalenzverhältnisses vorliegt. Es ist vielmehr zusätzlich erforderlich, dass die Anpassung der Tarifbestimmungen oder Versicherungsbedingungen zur hin-   33

---

tet, wenn die Berechnung der Prämien mit den dafür bestehenden Rechtsvorschriften im Einklang steht. Vgl. hierzu auch OLG Köln v. 27. 5. 1998, VersR 1999, 87.

[45] BGBl. 1996 I S. 1783.
[46] Vgl. zum Ganzen Regierungsentwurf BT-Drucks. 16/3945 v. 20. 12. 2006, S. 113.
[47] *Renger*, VersR 1994, 1257.
[48] Die Vorschrift spricht – anders als § 178g VVG a. F. – zur Vereinheitlichung der Terminologie nicht mehr von Versicherten, sondern von Versicherungsnehmern, ohne dass damit eine sachliche Änderung beabsichtigt ist. Vgl. Regierungsentwurf BT-Drucks. 16/3945 v. 20. 12. 2006, S. 113.
[49] Eingehend dazu *Wandt*, Änderungsklauseln, Rn. 69 ff.; vgl. auch *H. Müller*, § 44 Rn. 177; *Prölss/Martin/Prölss*, § 178g VVG Rn. 26.
[50] Vgl. *Wandt*, Änderungsklauseln, Rn. 30.
[51] Vgl. BVerwG v. 14. 10. 1980, VersR 1981, 221 (224) (Alimentierung einer Risikogruppe).

Wandt

reichenden Wahrung der Belange der Versicherten[52] erforderlich erscheint[53]. Die Prüfung, ob eine Bedingungsanpassung gem. § 203 Abs. 2 VVG zur Wahrung der Belange der Versicherungsnehmer (Versicherten) erforderlich ist, setzt eine abwägende Beurteilung der Gründe und Folgen einer Bedingungsanpassung voraus. Dabei ist auch zu berücksichtigen, ob und inwieweit eine Prämienerhöhung eine Bedingungsanpassung entbehrlich machen würde bzw. welche Auswirkungen eine Bedingungsanpassung auf die spätere Prämienentwicklung hätte. Der Bedingungstreuhänder muss über diese Auswirkungen durch das Versicherungsunternehmen informiert werden[54].

34   Die **Verhältnisse des Gesundheitswesens** werden durch dessen tatsächliche Gegebenheiten sowie durch die Rechtsordnung bestimmt. Eine Veränderung der Verhältnisse des Gesundheitswesens kann deshalb durch tatsächliche oder rechtliche Änderungen eintreten. Rechtliche Änderungen der Verhältnisse des Gesundheitswesens können durch den Gesetzgeber, nach verbreiteter Ansicht aber auch durch die Rechtsprechung erfolgen[55].

35   Unter welchen Voraussetzungen eine **Änderung der Verhältnisse des Gesundheitswesens durch Entscheidungen der Rechtsprechung** zu bejahen ist, ist mangels eines aussagekräftigen Meinungsstandes in der Literatur weitgehend ungeklärt. Unter diesem Vorbehalt ist zu sagen: Eine Änderung der Verhältnisse des Gesundheitswesens durch die Rechtsprechung liegt nicht schon dann vor, wenn Gerichte das gesetzte Recht im Einzelfall lediglich anwenden. Man wird einer Gerichtsentscheidung vielmehr nur dann die Qualität einer Änderung der Verhältnisse des Gesundheitswesens zusprechen können, wenn diese Gerichtsentscheidung in ihrer Wirkung für die Verhältnisse des Gesundheitswesens einer wesentlichen Gesetzesänderung gleichkommt. Dafür genügt einerseits nicht schon jede Fortentwicklung der Rechtsprechung im Detail. Andererseits ist nicht zu erkennen, dass der Gesetzgeber mit dem Begriff „Verhältnisse des Gesundheitswesens" der Bedingungsanpassungsbefugnis des Versicherers enge Grenzen ziehen wollte. Die weite, nicht näher konkretisierte Formulierung „Verhältnisse des Gesundheitswesens" spricht im Gegenteil dafür, dass der Gesetzgeber die Eingangsvoraussetzung der Vorschrift sehr weit verstanden wissen wollte. Dafür spricht auch, dass die zum Schutze der Versicherten notwendige Eingrenzung der Bedingungsanpassungsbefugnis des Versicherers zum einen durch das Kriterium der nicht nur als vorübergehend anzusehende Veränderung und zum anderen durch das Kriterium der Erforderlichkeit zur hinreichenden Wahrung der Belange der Versicherten bewirkt wird.

36   Allein in einer (für den Versicherer ungünstigen) Auslegung einer AVB-Bestimmung durch die Rechtsprechung liegt nach Ansicht des BGH keine Veränderung der Verhältnisse des Gesundheitswesens im Sinne von § 203 Abs. 2 VVG[56]. Dies begründet der BGH damit, dass § 203 Abs. 2 VVG ein spezieller Fall des Wegfalls der Geschäftsgrundlage sei; vor diesem

---

[52] § 203 Abs. 3 VVG benutzt jetzt – einheitlich zu § 164 Abs. 1 S. 2 VVG – die Formulierung „Belange der *Versicherungsnehmer*".

[53] Auch für Bedingungsanpassungsklauseln lässt der BGH eine Störung des Äquivalenzverhältnisses nicht genügen, sondern verlangt zusätzlich, dass die Parteien ohne die Bedingungsanpassung nicht oder nur mit Schwierigkeiten in der Lage sind, den Vertrag fortzusetzen oder durchzuführen; BGH v. 5. 6. 1999, VersR 1999, 697 (698). Vgl. auch *Langheid/Grote,* VersR 2003, 1469.

[54] Vgl. hierzu *Prölss/Martin/Prölss,* § 178g VVG Rn. 26, der darauf hinweist, dass der Bedingungstreuhänder die Kalkulation der alternativ in Betracht kommenden Prämienanpassung mangels Sachkunde nicht überprüfen kann.

[55] Vgl. LG Nürnberg-Fürth VersR 2005, 492; *Werber,* in Festschrift für *Lorenz* 2004, S. 893, 905; *Langheid/Grote* VersR 2003, 1469 und VersR 2004, 823; *Präve* in: *Prölss,* § 12b VAG Rn. 9, der – bei tendenzieller Zurückhaltung – den Anwendungsbereich von § 178g Abs. 3 Satz 1 VVG durch eine Änderung der Rechtsprechung als eröffnet ansieht, wenn diese die Grundlagen der Kalkulation oder sonstige Geschäftsgrundlagen in Frage stellt; Berliner Kommentar/*Hohlfeld,* § 178g VVG Rn. 20, spricht von Gesetzesänderungen, ohne Änderungen der Rechtsprechung zu erwähnen. Dezidiert gegen das Ausreichen einer Rechtsprechungsänderung Schünemann VersR 2004, 817. Auch das LG Köln VersR 2005, 1421 lässt eine Gesetzes- oder Rechtsprechungsänderung allein nicht genügen, sondern stellt auf Kostensteigerungen infolge der Änderung ab.

[56] BGH v. 12. 12. 2007, VersR 2008, 246.

Hintergrund liege eine erhebliche, die Anpassung geschlossener Verträge rechtfertigende Störung des Äquivalenzverhältnisses nicht vor, so weit Veränderungen in die Risikosphäre einer Vertragspartei fallen (bei Verwendung von AVB in die Risikosphäre des Versicherers).

Der Verweis auf die Grundsätze des Wegfalls der Geschäftsgrundlage begegnet keinen Be- **37** denken, soweit es um die Begrenzung des Anpassungsanlasses auf Umstände außerhalb der Risikosphäre des Versicherers geht. Dagegen wäre es nicht sachgerecht, inhaltlich einen Anpassungsanlass zu fordern, der die (hohe) Erheblichkeitsschwelle erreicht, welche allgemein nach den Grundsätzen zum Wegfall der Geschäftsgrundlage verlangt wird. Entsprechend der bisherigen Rechtsprechung sollte vielmehr genügen, dass durch die Änderung vertragsexterner Umstände das bei Vertragsschluss vereinbarte Äquivalenzverhältnis in nicht unbedeutendem Maße gestört worden ist[57]. Die gesetzlichen Anpassungserfordernisse der Erforderlichkeit und Angemessenheit sind vom Gesetzgeber nämlich bewusst flexibel gewählt, um den vielfältigen Anpassungsanlässen gerecht werden zu können.

Die Wirksamkeit der Einbeziehung geänderter AVB gem. § 203 Abs. 3 VVG kann in ana- **38** loger Anwendung von § 1 UKlaG im Verbandsklageverfahren überprüft werden[58].

c) Zeitpunkt des Wirksamwerdens der Vertragsanpassung. Die Vertragsanpassung **39** durch den VR wird zu Beginn des zweiten Monats wirksam, der auf die Mitteilung der Neufestsetzung oder der Änderungen und der hierfür maßgeblichen Gründe an den Versicherungsnehmer folgt (§ 203 Abs. 5 VVG).

d) Abdingbarkeit. § 203 VVG ist gemäß § 208 VVG halbzwingend. Folgerichtig hat der **40** BGH § 18 Abs. 1 Satz 1 Buchst. d und Abs. 4 MB/KK 94 wegen für den VN nachteiliger Abweichung vom Gesetz für unwirksam erklärt[59].

e) Übergangsregelung. Art. 16 § 7 Drittes Durchführungsgesetz/EWG zum VAG ent- **41** hält die Übergangsregelung für Krankenversicherungsverhältnisse, die zur Zeit des Inkrafttretens des Gesetzes am **29. Juli 1994** bestanden. Für damals bestehende Krankenversicherungsverhältnisse, bei denen das **ordentliche Kündigungsrecht des VR ausgeschlossen** ist, bestimmt Art. 16 § 7 Abs. 1 Drittes Durchführungsgesetz/EWG zum VAG, dass Änderungen der Tarife (Prämie und Tarifbestimmungen) nach Maßgabe dieses Gesetzes, gemeint ist § 4 des Gesetzes in Verbindung mit § 203 VVG (§ 178g VVG a. F.[60]), Anwendung finden, wenn der VR dem VN die Tarifänderung unter Kenntlichmachung der Unterschiede des alten und neuen Tarifs spätestens einen Monat vor Inkrafttreten mitteilt und ihn schriftlich über sein Kündigungsrecht belehrt. Ein außerordentliches Kündigungsrecht besteht nach § 205 Abs. 4 VVG (§ 178h Abs. 4 VVG a. F.) allerdings nur bei einer Vertragsanpassung aufgrund einer Anpassungsklausel. Es ist zu überlegen, § 205 Abs. 4 VVG (§ 178h Abs. 4 VVG) auf eine Vertragsanpassung auf gesetzlicher Grundlage entsprechend anzuwenden.

Für am 29. Juli 1994 bestehende Krankenversicherungsverhältnisse, bei denen das **ordent-** **42** **liche Kündigungsrecht des VR nicht ausgeschlossen** ist und auch eine Vereinbarung über eine Prämienanpassung nicht getroffen ist, bestimmt Art. 16 § 7 Abs. 2 Drittes Durchführungsgesetz/EWG zum VAG, dass § 178i VVG a. F. mit der Maßgabe gilt, dass dem VR das Recht zusteht, die Prämie entsprechend den berichtigten Berechnungsgrundlagen neu festzusetzen, wenn ein unabhängiger Treuhänder die Berechnungsgrundlage überprüft und der Prämienanpassung zugestimmt hat.

4. Kfz-Haftpflichtversicherung

a) Übergangsregelung für Tarifänderung (Art. 16 § 8 Drittes Durchführungsge- **43** **setz/EWG zum VAG).** Für die Kfz-Haftpflichtversicherung beschränkt sich das Gesetz auf

---

[57] Vgl. BVerwG VersR 1981, 221, 224; allgemein zum Verhältnis von Anpassungsklauseln zu den Grundsätzen über den Wegfall der Geschäftsgrundlage *Wandt,* Änderungsklauseln, Rn. 52 und 33.

[58] BGH v. 12. 12. 2007, VersR 2008, 246.

[59] BGH v. 23. 1. 2008, VersR 2008, 482.

[60] BT-Drucks. 12/6959 S. 115; Berliner Kommentar/*Hohlfeld,* § 178g VVG Rn. 27.

die **Übergangsregelung** des Art. 16 § 8 Drittes Durchführungsgesetz/EWG zum VAG[61]. Die Vorschrift statuiert eine **gesetzliche Tarifänderungsbefugnis** des VR für Kfz-Haftpflichtversicherungsverträge, die bis zum 31. 12. 1994 zu den von der Aufsichtsbehörde vor dem 29. Juli 1994 genehmigten Versicherungsbedingungen geschlossen wurden (sog. **Stichtagsaltverträge**)[62]. Die Regelung ermächtigt den VR, den Tarif (Prämie und Tarifbestimmungen[63]) eines Stichtagsaltvertrages zu ändern. Die Vorschrift beruht auf der Erkenntnis, dass der ordnungsgemäße Betrieb der Kfz-Haftpflichtversicherung die Veränderbarkeit der Tarife erfordert[64]. Sie soll es den VR deshalb ermöglichen, bestehende Versicherungsverhältnisse an neue Tarifstrukturen anzupassen[65]. **Zeitlich** gilt die Tarifänderungsbefugnis für einen Stichtagsaltvertrag, solange dieser Vertrag besteht, also nicht durch Kündigung oder in anderer Weise beendet wurde[66].

44   Der Gesetzgeber musste bei der Gesetzesnovelle 1994 mit Art. 16 § 8 Drittes Durchführungsgesetz/EWG zum VAG eine **gesetzliche Ersatzregelung** für die Vorgängerregelung des § 10 PflVG a. F. schaffen. Er konnte die VR hinsichtlich des Versicherungsbestandes nicht auf eine vertragliche Änderungsbefugnis verweisen. Die AKB 1988[67], die in ihrem § 9a[68] eine dem § 10 PflVG a. F. entsprechende *vertragliche* Änderungsbefugnis für den Tarif[69] vorsehen[70], gelten zwar für die Stichtagsaltverträge grundsätzlich weiter. Die Änderungsklausel des § 9a AKB 1988 ist jedoch nicht mehr anwendbar. Denn sie macht die Tarifänderung von der Genehmigung des BAV abhängig, die nach Inkrafttreten des Dritten Durchführungsgesetzes/EWG zum VAG nicht mehr erteilt wird[71].

---

[61] Art. 16 § 8 Drittes Durchführungsgesetz/EWG zum VAG bestimmt: „Auf die zur Zeit des Inkrafttretens dieses Gesetzes bestehenden Kraftfahrzeug-Haftpflichtversicherungsverhältnisse finden Änderungen der Tarife (Prämie und Tarifbestimmungen) für die Kraftfahrzeug-Haftpflichtversicherung vom Beginn der nächsten Versicherungsperiode an Anwendung, wenn der VR dem VN die Tarifänderung unter Kenntlichmachung der Unterschiede des alten und neuen Tarifs spätestens einen Monat vor Inkrafttreten mitteilt und ihn schriftlich über sein Kündigungsrecht belehrt. Das gleiche gilt für Versicherungsverhältnisse, die bis zum 31. Dezember 1994 zu den von der Aufsichtsbehörde vor dem 29. Juli 1994 genehmigten Versicherungsbedingungen geschlossen werden." – Kommentierung von *Feyock/Jacobsen/Lemor/Feyock*, PflVG Anh. I.
[62] Zur Vorgängerregelung des § 10 PflVG a. F. vgl. *Wandt*, VersR 2000, 129 (130).
[63] Zur Abgrenzung zwischen Tarifbestimmungen und sonstigen AVB vgl. *Wandt*, VersR 2000, 129 (130).
[64] Vgl. BGH v. 1. 3. 1974, VersR 1974, 459; BVerwG v. 25. 11. 1986, VersR 1987, 320; BVerwG v. 17. 5. 1988, VersR 1988, 818. Vgl. auch *Steindorff*, VersR 2000, 921 (926).
[65] BT-Drucks. 12/6959, S. 115.
[66] BGH v. 31. 1. 2001, VersR 2001, 493 mit Anm. *Feyock* und *Wandt*.
[67] VerBAV 1988, 299; zuletzt geändert am 18. 08. 2007 (AKB 2008).
[68] Die Zulässigkeit dieser – die Genehmigung des BAV voraussetzenden – AKB-Bestimmung wurde vor Inkrafttreten des Dritten Durchführungsgesetzes in Rechtsprechung und Literatur bejaht. Vgl. AG München v. 15. 6. 1984, VersR 1984, 1142; LG Mannheim v. 19. 4. 1984, VersR 1985, 633; *Schwintowski*, VersR 1984, 1142 (1143); zweifelnd ab der 26. Aufl. *Prölss/Martin/Knappmann*, § 9a AKB Rn. 2. – Zur Zulässigkeit vor dem Inkrafttreten des AGBG vgl. BGH v. 1. 3. 1974, VersR 1974, 459.
[69] § 9a AKB 1988 galt nicht nur für Tarifänderungen, sondern auch für Bedingungsanpassungen.
[70] Vgl. *Prölss/Schmidt/Frey/Schmidt*, Zus. 2 § 12d VAG Rn. 52. – Hätte der Gesetzgeber Art. 16 § 8 Drittes Durchführungsgesetz/EWG zum VAG nicht erlassen, so hätte jedenfalls für den Tarif die nicht mehr durchführbare Änderungsklausel des § 9a AKB 1988 im Wege der ergänzenden Vertragsauslegung durch eine neue Änderungsklausel ersetzt werden müssen. Denn andernfalls hätte die Prämie der Altverträge nicht mehr angepasst werden können. Wegen Art. 16 § 8 Drittes Durchführungsgesetz ist die Frage einer ergänzenden Vertragsauslegung hinsichtlich des Tarifs nicht relevant geworden. Hinsichtlich der Änderung von AVB ist aber durchaus zu überlegen, ob die Annahme der Unwirksamkeit von § 9a AKB a. F. zu weit geht und lediglich eine Anpassung der Vertragsregelung an die veränderten Umstände geboten ist, etwa durch Ersetzung des Erfordernisses der Zustimmung des BAV durch die Zustimmung eines unabhängigen Treuhänders.
[71] Vgl. *Schirmer* in: Die Entwicklung des Verbraucherschutzes bei Versicherungsverträgen: Symposion, AGBG und AVB (1993), 61 (76); *Präve*, ZfV 1992, 221.

Zu den **Tarifbestimmungen** im Sinne der Vorschrift gehören alle Bedingungen des Ver- 45
sicherungsvertrages, die der Festlegung der Prämienhöhe dienen[72]. Maßgebliches Kriterium
für die Abgrenzung von Tarifbestimmungen und Allgemeinen Versicherungsbedingungen ist
der materielle Regelungsinhalt[73]. Die Bezeichnung des Regelwerkes oder einer einzelnen
Bestimmung als Allgemeine Versicherungsbedingung oder Tarifbestimmung hat allenfalls Indizwirkung. Bei der gebotenen funktionellen Betrachtung sind auch Tarifänderungsklauseln
als Tarifbestimmungen im Sinne von Art. 16 § 8 Drittes Durchführungsgesetz/EWG zum
VAG zu qualifizieren[74].

Art. 16 § 8 Drittes Durchführungsgesetz/EWG zum VAG knüpft die Tarifänderungsbe- 46
fugnis des VR nur an **formelle Voraussetzungen:** Der VR muss dem VN die Tarifänderung unter Kenntlichmachung der Unterschiede des alten und neuen Tarifs spätestens einen
Monat vor Inkrafttreten mitteilen und ihn schriftlich über sein Kündigungsrecht belehren.

Art. 16 § 8 Drittes Durchführungsgesetz/EWG zum VAG statuiert dagegen **keine inhalt-** 47
lichen Anforderungen an die Tarifänderung. Auf sie hat der Gesetzgeber – wie bei der Vorgängerregelung des § 10 PflVG a. F. – bewusst verzichtet, da die Änderungsbefugnis die Einführung neu zu entwickelnder Tarifstrukturen ermöglichen soll[75] und daher nach Sinn und
Zweck nicht inhaltlich eingegrenzt werden kann. Es handelt sich also nicht nur um eine Anpassungsbefugnis des VR, sondern um eine **inhaltlich ungebundene Änderungsbefugnis**
(s. Rn. 89). Dies erklärt, weshalb das Gesetz hier die Einschaltung eines unabhängigen Treuhänders nicht verlangt – anders als bei den inhaltlich gebundenen Anpassungsbefugnissen in
der Lebens- und Krankenversicherung (§§ 163, 203 VVG; s. Rn. 20, 29)[76].

Art. 16 § 8 Drittes Durchführungsgesetz/EWG zum VAG erlaubt das **Wirksamwerden** 48
einer Tarifänderung nur zum **Beginn der nächsten Versicherungsperiode.**

b) Schutz des Versicherungsnehmers. Obgleich Art. 16 § 8 Drittes Durchführungsge- 49
setz/EWG zum VAG keine inhaltlichen Vorgaben für die Tarifänderung macht, ist der **VN**
ausreichend geschützt. Zum Beginn einer neuen Versicherungsperiode, dem Zeitpunkt
des Wirksamwerdens der Tarifänderung, kann der VN den Vertrag **kündigen,** und zwar gemäß § 5 Abs. 5 Satz 2 und 3 PflVG i. V. m. Art. 16 § 4 Drittes Durchführungsgesetz/EWG
zum VAG oder gemäß § 40 Abs. 1 VVG (§ 31 VVG a. F.) i. V. m. Art. 16 § 5 Abs. 1 Drittes
Durchführungsgesetz/EWG zum VAG. Der VN wird zusätzlich durch den modifizierten
Annahmezwang geschützt, den § 5 Abs. 2–4 PflVG den VR auferlegt. Dieser Annahmezwang garantiert dem VN, der bei einer angekündigten Tarifänderung von seinem Kündigungsrecht Gebrauch macht, den Neuabschluss einer Versicherung zu den im Neugeschäft
verwandten Tarifen. Das Kündigungsrecht des VN bei einer Tarifänderung wird also nicht
mittelbar dadurch entwertet, dass der VN befürchten müsste, nach der Kündigung keinen adäquaten Versicherungsschutz zu erlangen. Er hat vielmehr – abgesehen von den Ausnahmetatbeständen des § 5 Abs. 4 PflVG – einen Anspruch auf Neuabschluss einer Versicherung
zum allgemeinen Unternehmenstarif, und zwar auch bei demjenigen VR, bei dem der
wegen Tarifänderung gekündigte Altvertrag bestand. Wenn der VN mit der vom VR mitgeteilten Tarifänderung nicht einverstanden ist und deshalb den Versicherungsvertrag kündigt,
kann er sich also ohne Schwierigkeiten **zu marktüblichen Konditionen weiterversi-**

---

[72] Vgl. BT-Drucks. 12/6959, S. 50 („Auch die „Tarifbestimmungen in der Kraftfahrzeug-Haftpflichtversicherung" ... sind ... Allgemeine Versicherungsbedingungen, sofern sie nicht die Prämie betreffen").
– § 2 Abs. 3 S. 1 der außer Kraft getretenen Tarifverordnung von 1997 bezeichnete Tarifbestimmungen
als Regelungen über die Anwendung des Unternehmenstarifs, insbesondere die Voraussetzungen von
Beitragszuschlägen und -abschlägen, die Berechnung des Versicherungsbeitrages sowie die Zahlungsweise. Die Aufhebung der Tarifverordnung erfolgte durch Verordnung des Bundesministeriums der
Wirtschaft v. 10. Juni 1994, BGBl. 1994 I S. 1223.
[73] Vgl. *Gärtner,* BB 1980, 448 (450).
[74] Vgl. LG Hannover v. 17. 2. 1998, VersR 1998, 619 mit Anm. *Wandt,* VersR 1998, 621; vgl. auch
Wandt, VersR 1997, 1219 (1221).
[75] Vgl. BT-Drucks. 12/6959, S. 115.
[76] Eingehend hierzu *Wandt,* Änderungsklauseln, Rn. 237.

chern[77]. Da in der Kraftfahrtversicherung nach der Tariffreigabe ein starker **Wettbewerb** herrscht, besteht auch die Gewähr, dass der VN bei einem Wechsel des VR keine überhöhte Prämie zahlen muss[78].

50   **c) Abdingbarkeit.** Die Übergangsregelung des Art. 16 § 8 Drittes Durchführungsgesetz/ EWG zum VAG für Stichtagsaltverträge in der Kfz-Haftpflichtversicherung schließt aufgrund ihres Regelungszwecks nicht aus, dass der VR seine inhaltlich ungebundene gesetzliche Tarif- änderungsbefugnis für Stichtagsaltverträge durch eine **vertragliche Regelung (AVB)** ein- schränkt[79].

51   **Außerhalb des Anwendungsbereichs des Art. 16 § 8 Drittes Durchführungsge- setz/EWG zum VAG,** also für Kfz-Haftpflichtversicherungsverträge, die nach dem 28. 7. 1994 zu nicht mehr von der Aufsichtsbehörde genehmigten AVB geschlossen werden, ist der VR mangels gesetzlichem Vertragsänderungsrecht auf eine Regelung durch AVB angewiesen.

5. Der unabhängige Treuhänder (§§ 163, 203 VVG)

52   **a) Funktion.** Die gesetzlichen Regelungen zur Prämien- und Bedingungsänderung in der Lebens- und Krankenversicherung verlangen, dass ein unabhängiger Treuhänder der Än- derung zustimmt. In der Amtlichen Begründung zu § 178g VVG a. F. wird die Einschaltung des unabhängigen Treuhänders als ein „neues Instrumentarium" bezeichnet, das als **Ersatz für die Genehmigung durch die Aufsichtsbehörde** diene, die vor der Deregulierung er- forderlich war[80]. Aufgabe der Aufsichtsbehörde war es, im Interesse der Gesamtheit der Versi- cherten zu prüfen, ob die Vertragsänderung die Belange der Versicherten ausreichend wahrte und die Verpflichtungen aus den Versicherungen weiterhin dauernd erfüllbar waren[81].

53   Die Funktion des Treuhänders ist als **Kontrolle durch einen unabhängigen Dritten** zu charakterisieren[82]. Der Treuhänder ist nicht Vertreter der VN[83]. Er wahrt nur mittelbar ihre Interessen, indem er überprüft, ob der in der gesetzlichen Anpassungsermächtigung statuierte Anpassungsanlass vorliegt und ob der VR mit der beabsichtigten Vertragsanpassung die Gren- zen seiner Anpassungsbefugnis einhält[84].

---

[77] § 5 Abs. 7 PflVG verpflichtet den VR, dem VN bei der Beendigung des Vertrages eine Bescheini- gung über den Schadensverlauf seines Vertrages auszuhändigen. Damit soll dem VN die Möglichkeit ge- geben werden, bei einem VRwechsel vom neuen VR Schadensfreiheitsrabatt für Vorvertragszeiten bei einem anderen VR zu erhalten (vgl. BT-Drucks. 12/6959, S. 110). – Eine Pflicht zur Tarifierung nach Schadensfreiheit lässt sich nach *Feyock* aus § 5 Abs. 7 PflVG nicht ableiten; vgl. *Feyock/Jacobsen/Lemor/ Feyock*, § 5 PflVG Rn. 81 f. – Vgl. auch *Schauer*, VR 1999, 21 (27) (für Österreich).

[78] Die von *Beckmann*, VersR 1996, 540 (545), vorgetragenen Bedenken sind deshalb jedenfalls bei der Kfz-Haftpflichtversicherung nicht stichhaltig. Ablehnend auch *Marlow*, FS Baumann (1999), S. 209, (224); vgl. auch für Österreich *Schauer*, VR 1999, 21 (27).

[79] Vgl. BGH v. 31. 1. 2001, VersR 2001, 493 mit Anm. *Feyock* und *Wandt; Feyock/Jacobsen/Lemor/ Feyock*, PflVG Anh. I Rn. 50.

[80] BT-Drucks. 12/6959, S. 105.

[81] BVerwG v. 14. 12. 1995, VersR 1996, 1133; zu bereichsspezifischen Prüfungskriterien in der Kfz-Haft- pflichtversicherung vgl. BVerwG v. 25. 1. 1986, VersR 1987, 320; BVerwG v. 14. 10. 1980, VersR 1981, 221; BVerwG v. 12. 12. 1995, VersR 1996, 569; BVerwG v. 1. 1. 1994, VersR 1994, 541; zur bestandswirk- samen Änderung von Bausparbedingungen BGH v. 9. 7. 1991, NJW 1991, 2559 (2564). Für vertragliche Änderungsbefugnisse nahm die Rechtsprechung an, dass die an gesetzliche Kriterien geknüpfte Genehmi- gungspflicht der Aufsichtsbehörde geeignet war, etwaige durch den Regelungsgegenstand bedingte Kon- kretisierungsdefizite des Änderungsvorbehalts zu kompensieren; BGH v. 9. 7. 1991, NJW 1991, 2559, 2564 (Bausparbedingungen); BGH v. 1. 7. 1992, VersR 1992, 1211 (§ 8a MBKK/MBKT); BGH v. 16. 3. 1988, VersR 1988, 575 (VBL-Satzung); LG Hamburg v. 1. 12. 1989, VersR 1990, 303 (§ 16 Nr. 2a VHB 84).

[82] *Entzian*, NVersZ 1998, 65 (66) („unabhängige Instanz"); *Prölss/Präve*, § 12b VAG Rn. 3. Zu Funk- tion und Stellung des Treuhänders vgl. insb. *Grote*, Rechtsstellung der Prämien- Bedingungs- und De- ckungstreuhänder nach dem VVG und dem VAG (2002) sowie *Langheid/Grote*, NVersZ 2002, 49.

[83] Vgl. jedoch die Formulierungen von *Renger*, VersR 1994, 1257; *Künzel*, VersR 1996, 148 (149); Ber- liner Kommentar/*Hohlfeld*, § 178g VVG Rn. 10; zurückhaltend *Prölss/Martin/Prölss*, § 178g VVG Rn. 29.

[84] Für den unabhängigen Treuhänder in der substitutiven Krankenversicherung vgl. BVerwG v. 4. 5. 1999, VersR 1999, 1001 (1003) = NVersZ 1999, 463 (464).

b) Eignung und Bestellung. Als Treuhänder darf nur bestellt werden, wer **zuverlässig,** **54** fachlich geeignet und von dem VU **unabhängig** ist, insbesondere keinen Anstellungsvertrag oder sonstigen Dienstvertrag mit dem VU oder einem mit diesem verbundenen Unternehmen abgeschlossen hat (§ 12b Abs. 3 VAG). Die **fachliche Eignung** des Prämientreuhänders in der Krankenversicherung setzt ausreichende Kenntnisse auf dem Gebiet der Prämienkalkulation in der Krankenversicherung voraus. Entsprechend muss in der Lebensversicherung der Treuhänder für die Änderung der Prämie oder der Bestimmungen der Überschussbeteiligung ausreichende Kenntnisse auf dem Gebiet der Prämienkalkulation in der Lebensversicherung haben (§ 11b VAG).

Der vom VU in Aussicht genommene Treuhänder muss vor seiner Bestellung der **Auf-** **55** **sichtsbehörde** benannt werden. Wenn Tatsachen vorliegen, aus denen sich eine mangelnde Eignung des Treuhänders ergibt, kann die Aufsichtsbehörde verlangen, dass eine andere Person benannt wird. Entsprechendes gilt für die Zeit nach der Bestellung des Treuhänders. In Ausnahmefällen kann die Aufsichtsbehörde den Treuhänder selbst bestellen (vgl. zu allem § 12b Abs. 4 VAG).

Der Treuhänder wird aufgrund eines mit dem VR abgeschlossenen **Geschäftsbesor-** **56** **gungsvertrags** tätig. Er unterliegt nicht der Versicherungsaufsicht und ist der Aufsichtsbehörde gegenüber nicht berichts- oder auskunftspflichtig[85].

6. Gerichtliche Überprüfbarkeit

Die nach §§ 163, 203 VVG gebotene Einschaltung eines unabhängigen Treuhänders **57** schränkt in keiner Weise die gerichtliche Überprüfbarkeit der Vertragsänderung ein[86]. Ein VN kann also gerichtlich überprüfen lassen, ob eine Vertragsänderung, die der VR auf ein gesetzliches Änderungsrecht stützt, **sämtliche Zulässigkeits- und Wirksamkeitsvoraussetzungen** erfüllt hat, welche die gesetzliche Ermächtigungsgrundlage statuiert. Überprüfbar ist insbesondere auch, ob ein wirksam bestellter unabhängiger Treuhänder seinen Aufgaben gemäß §§ 163, 203 VVG nachgekommen ist.

Mit einer **Verbandsklage** kann zur gerichtlichen Überprüfung gestellt werden, ob eine **58** Allgemeine Versicherungsbedingung wirksam ist, die der VR gestützt auf eine gesetzliche Vertragsänderungsbefugnis neu in den Vertrag eingefügt hat. Die Verbandsklage ist nach der geänderten Rechtsprechung des BGH[87] nunmehr auch dann zulässig, wenn es um die Überprüfung geht, ob der VR von der gesetzlichen Bedingungsänderungsbefugnis wirksam Gebrauch gemacht hat.

III. Änderungsklauseln

1. Rechtsgrundlagen

Die Problematik von vertraglichen Änderungsklauseln, insbes. in AVB, liegt nicht bei der **59** Frage ihrer **generellen Zulässigkeit.** Änderungsklauseln sind zulässig. Dies zeigen insbesondere die §§ 308 Nr. 4, 309 Nr. 1 BGB.

Die Problematik von Änderungsklauseln liegt bei den **Wirksamkeitsvoraussetzungen,** **60** also der Frage, unter welchen spezifischen Voraussetzungen und mit welchem spezifischen Inhalt eine Änderungsklausel wirksam ist. Das deutsche Recht[88] gibt keine konkreten Vorgaben. Nach den **maßgebenden Vorschriften §§ 307, 308 Nr. 4 BGB** ist durch eine **umfas-**

---

[85] Vgl. *Renger,* VersR 1994, 1257, 1260; a. A. *Prölss/Präve,* § 12b VAG Rn. 13.
[86] BVerfG v. 28. 12. 1999, VersR 2000, 214 zu § 178g Abs. 3 VVG a. F.
[87] BGH v. 12. 12. 2007, VersR 2008, 246; Vgl. zur aufgegebenen Rspr. BGH v. 16. 10. 2002, VersR 2002, 1498; BGH v. 25. 6. 1986, VersR 1986, 908.
[88] Der Entwurf des COMMON FRAME OF REFERENCE für Versicherungsverträge (CHAPTER III, SECTION IX1; STATUS: 17. December 2007; vgl. http://www.restatement.info/cfr/Draft-CFR-Insurance%20Contract-17122007.pdf) sieht in Article 2:603 folgende Regelung vor:
„Alteration of Terms and Conditions

Wandt   611

sende **Interessenabwägung** zu ermitteln, ob eine Änderungsklausel die Kunden unzumutbar bzw. unangemessen benachteiligt[89].

61 Für die AGB-rechtliche Kontrolle der **Satzungsbestimmung** eines **VVaG,** die gestützt auf § 41 VAG einen Änderungsvorbehalt enthält und die aufgrund ihres Doppelcharakters jedenfalls auch als **AGB** zu qualifizieren ist (s. Rn. 14), gelten grundsätzlich keine Besonderheiten. Die gesetzlich vorgeschriebene **Mitwirkung der obersten Vertretung** an der Ausübung einer Bedingungsänderungsklausel des VVaG (§§ 41 Abs. 1, 39 Abs. 1 VAG) gibt grundsätzlich keine Veranlassung, die allgemeinen AGB-rechtlichen Wirksamkeitsvoraussetzungen an Änderungsklauseln zu modifizieren[90].

2. Methodik

62 Aufgrund der gesetzlichen Kriterien „Zumutbarkeit" oder „Angemessenheit" hängt die Wirksamkeit von Änderungsklauseln von einer **gesetzlich nicht vorstrukturierten Interessenabwägung** ab. Bei dieser Interessenabwägung handelt es sich um eine vielschichtige und facettenreiche Aufgabe.

63 Im Interesse der Rechtssicherheit sind Rechtsprechung und Wissenschaft gefordert, den Prozess der Interessenabwägung, insbesondere die maßgebenden Kriterien, möglichst klar zu strukturieren[91]. Eine solche Strukturierung zeichnet sich in der höchstrichterlichen Rechtsprechung erst langsam und erst in den Grundlinien ab. Hierauf lässt sich aufbauen und eine praxistaugliche **Systematik** entwickeln.

3. Grundlegende Unterscheidungen für die AGB-rechtliche Beurteilung von Änderungsklauseln

64 **a) Spezifika der Versicherungsarten.** Das AGB-Recht sieht grundsätzlich einen **generellen Prüfungsmaßstab** und eine **typisierende Betrachtung** vor[92]. Der Bezugspunkt der typisierenden Betrachtung ist die jeweilige Vertragsart mit ihren Besonderheiten[93]. Ein markantes Beispiel im Versicherungsrecht gibt die Kfz-Haftpflichtversicherung, die aufgrund ihres Charakters als Pflichtversicherung im Vergleich zu freiwilligen Versicherungen zahlreiche Besonderheiten aufweist, welche bei der nach AGB-Recht gebotenen typisierenden Interessenabwägung zu berücksichtigen sind[94].

---

(1) In an insurance contract liable to prolongation under Article 2:602, a clause which allows the insurer to alter the premium or any other term or condition of the contract shall be invalid unless the clause provides that

(a) any alteration shall not take effect before the next prolongation,

(b) the insurer shall send written notice of alteration to the policyholder no later than one month before the expiry of the current contract period, and

(c) the notice shall inform the policyholder about his right of termination and the consequences if the right is not exercised.

(2) Para. 1 shall apply without prejudice to other requirements for the validity of alteration clauses."

Zu beachten ist, dass der Entwurf des COMMON FRAME OF REFERENCE – außerhalb der Personenversicherungen – grundsätzlich von einjährigen Versicherungsverträgen ausgeht (Art. 2:601).

[89] Im Einzelnen dazu *Wandt,* Änderungsklauseln, Rn. 29.

[90] Im Einzelnen dazu *Wandt,* Änderungsklauseln, Rn. 263 ff. Siehe aber auch oben Fn. 18.

[91] Die Konkretisierungen des § 178f Abs. 2 österr. VVG sollen nach den Gesetzesmaterialien ausdrücklich die Justiziabilität verbessern. Vgl. zu den Materialien (EB) *Heiss/Lorenz,* Versicherungsvertragsgesetz: samt Nebengesetzen; Gesetzestexte, Materialien und Kommentierung anhand der österreichischen Rechtsprechung, 2. Aufl. 1996, S. 420 Rn. 5.

[92] *Wolf/Horn/Lindacher/Wolf,* § 9 AGBG Rn. 51.

[93] Für das Versicherungsrecht z. B. BVerwG v. 14. 10. 1980, VersR 1981, 221 (223); BGH v. 3. 3. 1982, VersR 1982, 482 (§ 15 VHB); vgl. auch für die Zulässigkeit von Änderungsvorbehalten eines VVaG die Amtliche Begründung zu § 21 VAG, Motive zum VAG, S. 38 („... mit Rücksicht auf den konkreten Versicherungszweig"); *Schauer,* VR 1999, 21 (22) (für Österreich); allgemein BGH v. 6. 3. 1986, BGHZ 97, 212 = NJW 1986, 1803.

[94] BGH v. 31. 1. 2001, VersR 2001, 493 (495 und passim) mit Anm. *Feyock* und *Wandt;* vgl. auch LG Hannover v. 17. 2. 1998, VersR 1998, 619 mit Anm. *Wandt,* VersR 1998, 621.

b) Laufzeit des Vertrages. Der VR hat vor allem dann ein berechtigtes Interesse an einer   **65** Änderungsbefugnis, wenn der Versicherungsvertrag (typischerweise) langfristig bestehen soll[95]. Bei manchen Versicherungsarten kann der VR wegen der nicht vorhersehbaren Entwicklung externer Umstände zu einer **langfristigen Vertragsbindung** vernünftigerweise nur bereit sein, wenn der Vertrag ihm eine Änderungsbefugnis gewährt[96]. Darauf beruhen die gesetzlichen Anpassungsbefugnisse des VR in der Kranken- und Lebensversicherung. Daraus resultiert auch die wirtschaftliche Relevanz von Änderungsklauseln außerhalb des Bereichs gesetzlicher Anpassungsbefugnisse. *Schauer*[97] warnt zu Recht: „Der wirtschaftliche Erfolg eines langfristigen Vertrages kann davon abhängen, ob die Formulierung einer tauglichen Anpassungsklausel gelingt"[98].

Für **kurze Vertragslaufzeiten,** etwa bis zu einem Jahr, wird man ein berechtigtes Interesse   **66** des VR an einem Änderungsvorbehalt grundsätzlich verneinen können[99]. Denn hier kann der VR die Entwicklung relevanter vertragsexterner Umstände wesentlich besser abschätzen als bei längerfristigen Verträgen. Bei kurzfristigen Versicherungsverhältnissen können die für den VR nachteiligen Änderungen vertragsexterner Umstände außerdem leichter anlässlich von Vertragsverlängerungen und über das Neugeschäft ausgeglichen werden[100].

c) Unterscheidung nach der Kündbarkeit des Vertrages durch den Versicherer.   **67** Änderungsklauseln haben eine unterschiedliche Funktion und ein unterschiedliches Gewicht, je nachdem, ob die Vertragsänderung für einen Zeitraum wirken soll, für den sich der VR durch ordentliche Kündigung vom Vertrag lösen kann oder nicht.

aa) Änderungsklausel für einen Zeitraum ohne ordentliches Kündigungsrecht des Versicherers. Wenn   **68** die Änderungsklausel für einen Zeitraum gelten soll, für den eine ordentliche Kündigung durch den VR ausgeschlossen ist, besteht die Gefahr, dass sich der VR mit Hilfe der Änderungsklausel **berechtigten (Leistungs-) Erwartungen des VN** entzieht.

Der Grundsatz **„pacta sunt servanda"** ist allerdings nicht unmittelbar berührt. Wenn die   **69** Änderungsklausel nämlich wirksamer Bestandteil des Vertrages geworden ist, löst sich der VR, der gestützt auf die Änderungsklausel den Vertragsinhalt einseitig ändert, nicht unberechtigt vom vereinbarten Vertragsinhalt. Er hält sich vielmehr im Rahmen seiner vertraglichen Befugnisse, zu denen auch die Befugnis zu einer einseitigen Vertragsänderung gehört[101]. Wenn die Änderungsklausel wirksam ist, liegt also kein Verstoß gegen den Grundsatz „pacta sunt servanda" vor.

---

[95] Vgl. zum Kriterium der Langfristigkeit BGH v. 17. 3. 1999, VersR 1999, 697 (698); *R. Schmidt*, FS Möller (1972), 443; *Baur*, ZIP 1985, 905 (912); *Herrmann*, Jura 1988, 505 (506); *Horn*, NJW 1985, 1118 (1121); *Römer*, VersR 1994, 125 (126).

[96] In Betracht kommt auch die Einräumung eines außerordentlichen Kündigungsrechts für den VR; vgl. z. B. § 1 Nr. 2b) AHB 1997, wonach der VR bei Erhöhungen des übernommenen Risikos durch Änderung bestehender oder Erlass neuer Rechtsnormen zur Kündigung berechtigt ist. Allgemein: *van de Loo*, Die Angemessenheitskontrolle Allgemeiner Versicherungsbedingungen nach dem AGB-Gesetz (1987), S. 102.

[97] *Schauer*, VR 1999, 21 (31).

[98] Vgl. auch *Feyock/Jacobsen/Lemor/Feyock*, § 15 PflVG (Notlage eines VR durch fehlende oder unzureichende Anpassungsklausel); *Lemor* in: Deregulierung, Private Krankenversicherung, Kfz-Haftpflichtversicherung, hrsg. v. *Schwintowski* (1994), 114 (116); *Wedler*, VW 1996, 369 (373) (in der Lebensversicherung sei es geradezu geboten, dass sich die VR Änderungsmöglichkeiten für Prämien und Bedingungen in den AVB vorbehielten); *Farny*, Versicherungsbetriebslehre, 4. Aufl. 2006, S. 539 (eine besonders wichtige Maßnahme der Risikopolitik).

[99] Eine Ausnahme erfordert beispielsweise eine gesetzliche Änderung der Mindestversicherungssummen in der Kfz-Haftpflichtversicherung gemäß § 10 KfzPflVV; vgl. dazu *Wandt*, Änderungsklauseln, Rn. 135.

[100] Vgl. *Schulze Schwienhorst*, Aufsichts- und wettbewerbsrechtliche Probleme der Prämienanpassungsklausel, S. 22.

[101] BGH v. 22. 9. 1971, VersR 1971, 1116; BVerwG v. 14. 10. 1980, VersR 1981, 221 (224); vgl. auch *Fricke*, VersR 2000, 257.

70   Der Grundsatz „pacta sunt servanda" ist aber gleichwohl ein tauglicher gedanklicher Bezugspunkt für die Frage der Wirksamkeit von Änderungsklauseln für einen kündigungsfesten Zeitraum. Denn es ist eines der Ziele der **Inhaltskontrolle nach dem AGB-Recht,** den Vertragspartner des Klauselverwenders davor zu schützen, dass der von ihm erwartete Vertragsinhalt durch eine Allgemeine Geschäftsbedingung ausgehöhlt wird[102].

71   *bb) Änderungsklausel für einen Zeitraum mit ordentlichem Kündigungsrecht des Versicherers.* Wenn die Änderungsklausel nur den Zeitraum einer **Vertragsverlängerung** betrifft, der VR den Vertrag also ordentlich kündigen kann, dann ist die Änderungsklausel Teil des vereinbarten Verfahrens für eine Vertragsverlängerung über den unkündbaren Zeitraum hinaus. Hieraus folgt ein völlig anderes Prüfungsprogramm für die Angemessenheitsprüfung im Sinne von §§ 307, 308 Nr. 4 BGB als bei einer Änderungsklausel für einen Zeitraum ohne ordentliches Kündigungsrecht des VR[103].

72   **d) Unterscheidung zwischen Tarif- und Bedingungsänderungsklauseln.** Betrachtet man Änderungsklauseln unter dem Gesichtspunkt der möglichen Auswirkungen für die VN, so bestehen zwischen Tarifänderungsklauseln (Änderungsklauseln für Prämie und Tarifbestimmungen) und Bedingungsänderungsklauseln grundsätzliche Unterschiede[104].

73   *aa) Änderungsklauseln für Prämie und Tarifbestimmungen.* Wenn der VR aufgrund einer Anpassungsklausel die **Prämie erhöht,** ohne dass sich der Umfang des Versicherungsschutzes ändert, hat der VN nach § 40 Abs. 1 S. 1 VVG ein **außerordentliches Kündigungsrecht.** Der VN kann sich also einer Prämienerhöhung durch Kündigung des Vertragsverhältnisses entziehen[105]. Das gesetzliche Kündigungsrecht bietet dem VN einen gewissen Schutz, der bei der Wirksamkeitsprüfung einer Prämienänderungsklausel nach dem AGB-Recht zu beachten ist[106].

74   Der Schutz des § 40 Abs. 1 S. 1 VVG greift im Ergebnis auch dann, wenn aufgrund einer Änderungsklausel zunächst nur die Tarifbestimmungen eines Versicherungsvertrages geändert werden, ohne dass damit sofort eine Prämienerhöhung verbunden ist[107]. Der VN kann nämlich gemäß § 40 Abs. 1 S. 1 VVG spätestens kündigen, wenn die **Änderung der Tarifbestimmungen eine Prämienerhöhung bewirkt.** Er kann sich nachteiligen Folgen einer Änderung von Tarifbestimmungen also regelmäßig entziehen[108].

75   Im Übrigen wirkt sich eine Änderung von Tarifbestimmungen im Ergebnis stets nur auf die vom VN geschuldete Prämie und nicht auf die Leistungspflicht des VR aus. Eine **Änderung von Tarifbestimmungen** hat deshalb für den VN grundsätzlich[109] eine **geringere wirtschaftliche Relevanz** als eine Änderung sonstiger Allgemeiner Versicherungsbedin-

---

[102] Vgl. *Freund,* Die Änderung Allgemeiner Geschäftsbedingungen, S. 148; vgl. für eine Stellvertreterklausel in einem Chefarztvertrag *Kubis,* NJW 1989, 1512 (1515).

[103] Vgl. *Seybold,* VersR 1989, 1231. Zu den Einzelheiten siehe unten Rn. 95.

[104] Vgl. *Fricke,* VersR 1996, 1449 (1451); *Wolf/Horn/Lindacher/Horn,* § 23 AGBG Rn. 459; *Freund,* Die Änderung Allgemeiner Geschäftsbedingungen, S. 132.

[105] Zur analogen Anwendung des § 40 Abs. 1 S. 1 VVG bei unechten Prämienerhöhungen siehe unten Rn. 109.

[106] Zu den Einzelheiten siehe unten Rn. 95.

[107] Auch bei einer prämienneutralen Änderung von Tarifbestimmungen besteht ein Kündigungsrecht in der Kfz-Haftpflichtversicherung gemäß Art. 16 § 8 Drittes Durchführungsgesetz/EWG zum VAG.

[108] In Ausnahmefällen kann die Änderung von Tarifbestimmungen für den VN aber Nachteile haben, ohne dass ihm das außerordentliche Kündigungsrecht des § 40 Abs. 1 S. 1 VVG zusteht. Ein Beispiel gibt die Änderung des Systems der Schadensfreiheitsrabatte in der Kfz-Haftpflichtversicherung. Eine für den VN nachteilige Änderung des Systems der Schadensfreiheitsrabatte führt nicht unmittelbar zu einer Prämienerhöhung, so dass § 40 Abs. 1 S. 1 VVG nicht anwendbar ist. Der VN kann zwar später kündigen, wenn der Verlust des Schadensfreiheitsrabatts zu einer höheren Prämie führt. Einen mit der Änderung des Systems der Schadensfreiheitsrabatte verbundenen Nachteil kann er aber nicht mehr abwenden.

[109] Vgl. aber für die Krankenversicherung § 203 Abs. 3 VVG, wo die Änderung von Tarifbestimmungen und die Änderung sonstiger Versicherungsbedingungen wegen der faktischen Unkündbarkeit der Verträge gleichbehandelt werden.

gungen, die zu einer Begrenzung oder völligen Versagung des Versicherungsschutzes führen kann.

bb) Bedingungsänderungsklauseln. Bedingungsänderungsklauseln können die Leistungs- **76** pflicht des VR, also den Inhalt und Umfang des Versicherungsschutzes mindern (vgl. z.B. § 205 Abs. 4 VVG)[110]. Derartige **Leistungseinschränkungen** im Wege der Bedingungsänderung treffen die VN typischerweise ungleich schwerer als bloße Prämienerhöhungen. Bei **Bedingungsänderungen aufgrund von Anpassungsklauseln,** die zu einer Verminderung des Umfangs des Versicherungsschutzes führen, gibt § 40 Abs. 2 VVG dem VN ein **außerordentliches Kündigungsrecht** entsprechend § 40 Abs. 1 S. 1 VVG. Der VR kann dies nur dadurch verhindern, dass er bei Absenkung des Versicherungsschutzes die Prämie entsprechend herabsetzt[111].

4. Änderungsklauseln bei zulässiger Änderungskündigung durch den Versicherer

a) **Die Relevanz der möglichen Änderungskündigung.** Änderungsklauseln, die dem **77** VR eine Vertragsänderung nur für einen Zeitraum erlauben, vor dessen Beginn er sich durch Kündigung vom Vertrag lösen könnte und deshalb auch eine **Änderungskündigung** aussprechen könnte, bilden eine **besondere Kategorie.** Das Besondere dieser Kategorie besteht darin, dass der VN kein berechtigtes Vertrauen in die Fortsetzung des Vertrages mit unverändertem Tarif und unveränderten Bedingungen haben kann, weil der Vertrag vom VR kündbar ist. Der Grundsatz „pacta sunt servanda" ist hinsichtlich der Vertragsverlängerung nicht berührt. Die Änderungsklausel ist hier lediglich **Teil des Verfahrens für eine Vertragsverlängerung** über den unkündbaren Zeitraum hinaus.

Auch der **VN** hat bei einer Vertragsänderung für einen Vertragsverlängerungszeitraum ein **78** **Kündigungsrecht.** Er kann sich durch Ausübung seines Kündigungsrechts jeglicher Vertragsänderung entziehen. Wenn er nicht kündigt, weil er die Vertragsfortsetzung wünscht, liegt darin funktionell die nach allgemeinem Vertragsrecht für eine Vertragsänderung erforderliche Zustimmungserklärung.

Der durch die Änderungsklausel bewirkte **Unterschied zum allgemeinen Vertrags-** **79** **recht** liegt allein darin, dass dem VN eine Handlungslast auferlegt wird, um die Vertragsfortsetzung zu veränderten Bedingungen zu verhindern. Nach allgemeinem Vertragsrecht muss der VN nämlich nichts tun, um nach einer Änderungskündigung durch den VR das Vertragsverhältnis zu beenden. Er muss im Gegenteil aktiv werden, wenn er das Vertragsverhältnis fortsetzen möchte, nämlich das Änderungsangebot des VR annehmen. Bei einer Änderungsklausel verhält es sich gerade umgekehrt. Das Vertragsverhältnis verlängert sich, wenn der VN nicht kündigt, also nichts tut. Der VN muss dagegen aktiv werden, um die Vertragsfortsetzung zu verhindern, eben kündigen[112].

Allein in dieser **Verlagerung der Handlungslast** ist **keine unangemessene Benachtei-** **80** **ligung der VN** zu sehen. Denn bei der gebotenen typisierenden Betrachtung haben beide Vertragsparteien ein Interesse an einem möglichst unkomplizierten und kostengünstigen Verfahren der Vertragsverlängerung. Außerdem liegen die **Gefahren von Änderungskündigungen,** die nach allgemeinem Vertragsrecht eine ausdrückliche oder konkludente Annahmeerklärung durch den VN verlangen, typischerweise weder im Interesse des VR noch im Interesse des VN. Praktische Erfahrung lehrt nämlich, dass viele VN, vor allem Verbraucher,

---

[110] Dies gilt auch dann, wenn der VR Pflichten und Obliegenheiten des VN ändert. Denn Pflicht- oder Obliegenheitsverletzungen durch den VN werden sanktioniert und beeinflussen so mittelbar die Leistungspflicht des VR.

[111] Vgl. Regierungsentwurf BT-Drucks. 16/3945 v. 20. 12. 2006, S. 71.

[112] Zu einer solchen Verlagerung der Handlungslast kommt es übrigens auch dann, wenn die AVB zwar keine Änderungsklausel vorsehen, jedoch bestimmen, dass eine vom VR ausgesprochene Änderungskündigung als angenommen gilt, wenn der VN nicht innerhalb einer bestimmten Frist widerspricht. Eine solche Regelung enthalten beispielsweise § 13 Z. 5.2. der österr. Musterbedingungen für die Rechtsschutzversicherung (ARB 1994) und Art. 2 der Musterbedingungen für die Haftpflichtversicherung (AHVB 1997).

nicht oder nicht rechtzeitig reagieren, wenn ihnen eine Handlungslast auferlegt wird. Dies begründet mit Blick auf eine Änderungskündigung die Gefahr, dass der Vertrag nicht fortgesetzt wird, obwohl ein Versicherungsbedürfnis unverändert besteht und obwohl der VN, wenn er sich seiner Handlungslast bewusst wäre, den Vertrag auch mit dem veränderten Inhalt fortsetzen wollte. Es begründet im Falle einer Änderungskündigung weiter die Gefahr, dass sich der VN nicht rechtzeitig um neuen Versicherungsschutz kümmert und daher zeitweilig ohne Versicherungsschutz ist. Diese Gefahren einer Änderungskündigung sollten im Interesse beider Vertragsparteien möglichst vermieden werden.

81   **b) Schutz des Versicherungsnehmers durch formelle Voraussetzungen.** Zu schützen ist der VN zunächst und vor allem davor, dass er den Vertrag mit verändertem Inhalt fortsetzt, ohne die Vertragsänderung zur Kenntnis genommen oder ihren Inhalt verstanden zu haben. Es bedarf daher **formeller Änderungsvoraussetzungen.** Abzustellen ist in erster Linie auf § 40 Abs. 1 S. 2 und 3 VVG, der über § 40 Abs. 2 VVG entsprechend anwendbar ist. § 40 Abs. 2 VVG betrifft den Fall, in dem der VR auf Grund einer Anpassungsklausel den Umfang des Versicherungsschutzes mindert, ohne die Prämie entsprechend herabzusetzen. Er gilt unabhängig davon, ob der VR zu diesem Zeitpunkt auch eine Änderungskündigung aussprechen hätte können oder nicht. Macht der VR von der Anpassungsklausel Gebrauch, ist der VN in einer Mitteilung auf das außerordentliche Kündigungsrecht hinzuweisen (§ 40 Abs. 1 S. 2 VVG). Die Mitteilung muss dem VN spätestens einen Monat vor dem Wirksamwerden der Minderung des Umfangs des Versicherungsschutzes zugehen (§ 40 Abs. 1 S. 3 VVG). Die Neufassung des **§ 40 VVG** führt also zu gesetzlichen Änderungsvoraussetzungen (außerordentliches Kündigungsrecht und einmonatige Bedenkzeit), die zwingend in die Anpassungsklausel aufzunehmen sind[113]. Als **Leitbild** für formelle Änderungsvoraussetzungen ist darüber hinaus **Art. 16 § 8 Drittes Durchführungsgesetz/EWG zum VAG**[114] heranziehen (s. Rn. 43). Es handelt sich dabei zwar nur um eine Regelung zur Kfz-Haftpflichtversicherung und zudem nur um eine Übergangsregelung[115]. Sie beruht jedoch auf verallgemeinerungsfähigen Überlegungen, jedenfalls soweit es um die formellen Voraussetzungen geht, die an Änderungsklauseln für einen Vertragsverlängerungszeitraum zu stellen sind[116].

82   **Im Einzelnen** muss eine Änderungsklausel diesen formellen Änderungsvoraussetzungen genügen:

83   1. Dem VN muss die für den Beginn einer neuen Versicherungsperiode beabsichtigte Änderung des Tarifs oder der Bedingungen unter Kenntlichmachung der Unterschiede zum bisherigen Vertragsinhalt mitgeteilt werden.

84   2. Der VN muss in der Änderungsmitteilung auf sein außerordentliches Kündigungsrecht (§ 40 Abs. 2 und Abs. 1 VVG) und die Folgen der Nichtausübung des Kündigungsrechts hingewiesen werden[117].

85   3. Die Benachrichtigung des VN muss so rechtzeitig erfolgen, dass er ausreichend Zeit hat, um sich zu entscheiden, ob er eine Vertragsfortsetzung mit dem mitgeteilten neuen Tarif oder den mitgeteilten neuen Bedingungen wünscht oder nicht. Dem VN ist eine einmonatige Bedenkzeit einzuräumen (§ 40 Abs. 2 und Abs. 1 VVG).

---

[113] Von § 40 VVG kann gemäß § 42 VVG nicht zum Nachteil des VN abgewichen werden.

[114] BGBl. 1994 I S. 1630, 1667.

[115] Die gesetzliche Tarifänderungsbefugnis gilt nur für Verträge, die vor dem 29. 7. 1994 (bzw. 31. 12. 1994) geschlossen worden sind. Sie ist aber dennoch nicht auf einen kurzen Übergangszeitraum befristet. Sie gilt nämlich für die gesamte Dauer des Vertrages, also bis zu dessen Kündigung oder anderweitiger Beendigung. Siehe oben Rn. 43 sowie BGH v. 31. 1. 2001, VersR 2001, 493 mit Anm. *Feyock* und *Wandt*.

[116] So im Ergebnis BGH v. 31. 1. 2001, VersR 2001, 493 (Tarifänderungsklauseln in der Kfz-Haftpflichtversicherung für Verträge vor und nach der Deregulierung).

[117] Nach *Schauer*, VR 1999, 21 (28) ist der Kfz-Haftpflichtversicherer nach österr. Recht nicht verpflichtet, auf das Kündigungsrecht des § 14a KHVG bei Prämienerhöhungen hinzuweisen.

4. Die unter 1–3 genannten formellen Voraussetzungen für die Wirksamkeit einer Ände-   **86**
rungsklausel müssen **in der Änderungsklausel normiert** sein. Es genügt also nicht, dass
der VR sie nur tatsächlich beachtet[118].

c) Erfordernis inhaltlicher Schranken? *aa) Grundsätzliche Überlegungen.* Die **Crux** von   **87**
Änderungsklauseln für einen **Vertragsverlängerungszeitraum** liegt bei der Frage, ob die
Änderungsbefugnis des VR in der Klausel inhaltlich einzuschränken ist. Dagegen spricht auf
den ersten Blick, dass der VR eine **Änderungskündigung** aussprechen könnte, die – abgesehen von Treu und Glauben – keinen inhaltlichen Schranken unterliegt. Der VR hat nach
Ablauf der kündigungsfesten Vertragszeit also die Möglichkeit, im Wege der Änderungskündigung das bisherige Äquivalenzverhältnis von Leistung und Gegenleistung zu seinen Gunsten zu verbessern und das heißt zu Lasten des VN zu verschlechtern. Er kann beispielsweise
die Prämie neu kalkulieren oder einen Risikoausschluss erweitern. Eine Änderungskündigung ist allerdings ein scharfes Schwert, das leicht dazu führen kann, dass die Rechtsbeziehung zum VN endgültig gekappt wird. Kein VR hat ein Interesse daran, seinen Bestand
herauszukündigen. Die Gefahr, dass VN, die mit einer Änderungskündigung überzogen
würden, bei unattraktiven Fortsetzungskonditionen wegliefen oder nicht (rechtzeitig) eine
Annahmeerklärung aussprächen, wäre groß. Dies wirkt präventiv.

Bei **Änderungsklauseln** dagegen ist die Gefahr nicht von der Hand zu weisen, dass der   **88**
VR den VN mit einer bewusst zu niedrig kalkulierten Prämie in einen Vertrag lockt und
nach Ablauf der kündigungsfesten Vertragszeit die Änderungsklausel nutzt, um das ursprünglich vereinbarte Äquivalenzverhältnis zu seinen Gunsten zu verbessern, sei es durch
eine Prämienerhöhung, die sich auf eine Neukalkulation stützt, oder durch eine Begrenzung
des Versicherungsschutzes im Wege einer Bedingungsänderung. Es besteht außerdem die Gefahr, dass ein VR eine inhaltlich nicht begrenzte Änderungsbefugnis „überzieht" und dabei
auf das Trägheitsgesetz baut, also hofft, dass VN auf die Mitteilung der Vertragsänderung nicht
oder nicht rechtzeitig durch Kündigung reagieren. Die Nachlässigkeit vieler Verbraucher, die
bei Änderungskündigungen sowohl für den VR als auch für den VN nachteilig ist, entpuppt
sich bei einer Änderungsklausel als einseitiger Vorteil für den VR. Denn sie erhöht die Wahrscheinlichkeit, dass ein VN auch dann nicht oder nicht rechtzeitig reagiert, wenn er den veränderten Vertragsinhalt bei gehöriger Prüfung nicht akzeptieren und deshalb kündigen
würde. Man kann deshalb daran denken, Änderungsklauseln nur dann als angemessen und
dem VN zumutbar zu erachten, wenn der **„Anlockgefahr"** und der **„Beharrungsten-
denz"** durch eine inhaltliche Begrenzung der Änderungsbefugnis des VR begegnet wird.

bb) Kfz-Haftpflichtversicherung. Der deutsche Gesetzgeber hat inhaltliche Schranken für eine   **89**
Tarifänderungsbefugnis in der Kfz-Haftpflichtversicherung gleichwohl nicht für notwendig erachtet, wie Art. 16 § 8 Drittes Durchführungsgesetz/EWG zum VAG[119] zeigt. Inhaltliche Schranken sind in der Kfz-Haftpflichtversicherung verzichtbar, da diese als Pflichtversicherung besonderen Regelungen unterliegt, die die VN ausreichend schützen (s. Rn. 49).

In der Kfz-Haftpflichtversicherung muss eine vertragliche Änderungsbefugnis auch dann   **90**
nicht inhaltlich eingeschränkt werden, wenn es um **andere AVB als Tarifbestimmungen**
geht. Der VN wird nämlich durch die zwingenden Regelungen des Pflichtversicherungsgesetzes (und der Kraftfahrzeug-Pflichtversicherungsverordnung) hinreichend geschützt. Außerdem unterliegt eine neue Bedingung, die der VR gestützt auf eine Änderungsklausel für
einen Vertragsverlängerungszeitraum in den Vertrag einführt, sowohl der Einbeziehungskontrolle nach § 305 BGB[120] als auch der Inhaltskontrolle nach den §§ 307–309 BGB.

---

[118] Vgl. *Wandt,* Änderungsklauseln, Rn. 201.
[119] BGBl. 1994 I S. 1630, 1667.
[120] *Freund,* Die Änderung Allgemeiner Geschäftsbedingungen in bestehenden Verträgen, 221, meint zu
§ 41 Abs. 3 Satz 2 VAG, der maßgeblichen Vorschrift für eine Bedingungsänderung durch einen VVaG:
Die Benennung der änderbaren Bedingungen sei erforderlich, um zu verhindern, dass das Versicherungsverhältnis völlig umgestaltet werde. Diese Aufgabe kann das Benennungserfordernis im Sinne der herrschenden Meinung zu § 41 Abs. 3 Satz 2 VAG jedoch nicht erfüllen, da auch die wesentlichen Versiche-

91   *cc) Andere Versicherungsarten als die Kfz-Haftpflichtversicherung.* Außerhalb des Bereichs der Kfz-Haftpflichtversicherung kann man darüber streiten, ob es geboten ist, Änderungsbefugnisse des VR für einen zukünftigen kündbaren Vertragszeitraum inhaltlich zu beschränken. Die **Kernfrage** lautet, ob das Fehlen inhaltlicher Schranken einer Änderungsklausel die **VN unangemessen benachteiligt.**

92   Dagegen spricht einiges. So wäre es nicht ohne weiteres plausibel, einerseits im Interesse der Belebung des Wettbewerbs z. B. einjährige Verträge vorzuschreiben und andererseits die Änderbarkeit der Verträge nach Ablauf der fest vereinbarten Vertragszeit mit Blick auf etwaige Gefahren des Wettbewerbs inhaltlich zu beschränken. Auch ist am Ausgangspunkt, nämlich der Zulässigkeit einer inhaltlich nicht eingeschränkten Änderungskündigung durch den VR, nicht zu rütteln. Die Frage ist deshalb nur, unter welchen Voraussetzungen die Vertragsparteien anstelle der Änderungskündigung den Weg der Änderungsklausel gehen können. Ein wichtiges Kriterium der **nach AGB-Recht gebotenen umfassenden Interessenabwägung** ist, wie hoch man die Gefahr einschätzt, dass ein VR seine VN mittels einer Änderungsklausel übervorteilt. Ein weiteres Kriterium ist, inwieweit man den VN, die gemäß den formellen Voraussetzungen der Änderungsklausel über eine konkret beabsichtigte Prämien- oder Bedingungsänderung informiert und über ihr Kündigungsrecht belehrt sind, zumutet, sich einer von ihnen nicht gewünschten Vertragsänderung durch Kündigung zu entziehen.

93   Die Gefahr einer Übervorteilung der VN durch Änderungsklauseln für den Tarif (Prämie und Tarifbestimmungen) ist bei einem Kündigungsrecht der VN und funktionierendem Wettbewerb gering einzuschätzen. Das Kündigungsrecht und der Wettbewerb schützen vor unangemessenen Änderungen[121]. Etwaige Zweifel an der Wettbewerbstauglichkeit des durchschnittlichen VN stehen nicht entgegen. Denn es ist derselbe durchschnittliche VN, für den der Vertrag (z. B. wegen gesetzlicher Einjährigkeit) kündbar ist, damit er sich seinen Bedürfnissen entsprechend (jedes Jahr) neu auf dem Markt eindeckt[122]. Es spricht also einiges dafür, dass eine Tarifänderungsklausel auch außerhalb des Bereichs der Kfz-Haftpflichtversicherung keine inhaltliche Schranken vorsehen muss, wenn ein funktionierender Wettbewerb besteht und die VN durch strenge formelle Voraussetzungen geschützt werden (rechtzeitige Mitteilung der Tarifänderung; aussagekräftige Mitteilung; Kündigungsrecht; Belehrung über das Kündigungsrecht etc.)[123].

94   Die **Änderung anderer AVB als Tarifbestimmungen** kann die Leistungspflicht des VR, also den Inhalt und Umfang des Versicherungsschutzes, beeinflussen[124]. Derartige Bedingungsänderungen treffen die VN deshalb typischerweise ungleich schwerer als Änderungen von Tarifbestimmungen oder bloße Prämienerhöhungen (s. Rn. 76). Außerdem erschließt sich die rechtliche und wirtschaftliche Bedeutung derartiger Bedingungsänderungen den VN schwieriger. Deshalb wird die nach AGB-Recht gebotene umfassende Interessenabwägung grundsätzlich dazu führen, dass eine Bedingungsänderungsklausel, auch wenn sie nur für einen Vertragsverlängerungszeitraum gelten soll, die Änderungsbefugnis des VR **inhaltlichen Schranken** unterwerfen muss[125]. Als grundsätzlich ausreichend erscheint es jedoch, wenn die Änderungsbefugnis darauf beschränkt ist, die Bedingungen kündbarer Verträge mit

---

rungsbedingungen unter einen Änderungsvorbehalt gestellt werden dürfen. Der Schutz vor überraschenden Klauseln ist durch § 305 c BGB (bis 1. 1. 2002: § 3 AGBG) sicher zu stellen. Bei Anwendung dieser Vorschrift ist zu berücksichtigen, dass es um die Änderung von Bedingungen eines bestehenden Vertrages geht. Ausführlich hierzu *Wandt,* Änderungsklauseln, Rn. 275.

[121] Vgl. auch *Schauer,* VR 1999, 21.

[122] Diese Wertungen liegen auch Art. 16 § 8 Drittes Durchführungsgesetz für den Bereich der Kfz-Haftpflichtversicherung zugrunde. Vgl. *Wandt,* VersR 2000, 129.

[123] Siehe Rn. 82 f.

[124] Vgl. z. B. § 205 Abs. 4 VVG. Die Leistungspflicht des VR ist auch dann berührt, wenn der VR Pflichten und Obliegenheiten des VN ändert. Denn Pflicht- oder Obliegenheitsverletzungen durch den VN werden sanktioniert und beeinflussen so mittelbar die Leistungspflicht des VR.

[125] Zum Erfordernis eines Treuhänders siehe Rn. 112 und *Wandt,* Änderungsklauseln, Rn. 140 und Rn. 158.

Wirkung für eine kommende Versicherungsperiode auf die **im Neugeschäft verwendeten Bedingungen** umzustellen. Eine solche Änderungsklausel ist bei kündbaren Verträgen grundsätzlich nicht als unangemessene Benachteiligung der VN anzusehen[126].

5. Vertragsanpassung für einen Zeitraum ohne ordentliches Kündigungsrecht des Versicherers

a) Allgemeines. Wenn eine Änderungsklausel für einen Vertragszeitraum gelten soll, der **95** für den VR kündigungsfest ist, für den dieser also kein ordentliches Kündigungsrecht hat, ist die Interessenlage eine völlig andere als bei einer Kündbarkeit des Vertrages. Es besteht hier nämlich ein eindeutiges **Spannungsverhältnis:** Auf der einen Seite soll der (zeitweilige) Ausschluss des ordentlichen Kündigungsrechts des VR seine Bindung an die vertraglich versprochenen Leistungspflichten garantieren. Auf der anderen Seite kann sich ein VR kaum über einen längeren Zeitraum vorbehaltlos binden, will er nicht die Erfüllbarkeit der Verträge gefährden.

Dieses Spannungsverhältnis verlangt, dass die Änderungsklausel die Änderungsbefugnis des **96** VR von **strengen Voraussetzungen** abhängig macht und auch dem Inhalt der Änderung **enge Grenzen** setzt[127]. Zulässig sind daher keine inhaltlich ungebundenen Änderungsbefugnisse des VR, sondern **bloße Anpassungsbefugnisse** (s. Rn. 12).

b) Anforderungen an den Anpassungsanlass. Nach der **Rechtsprechung** des BGH **97** ist ein **zulässiger Anpassungsanlass** gegeben, wenn das bei Vertragsschluss vereinbarte Äquivalenzverhältnis von Leistung und Gegenleistung durch eine Veränderung externer Umstände erheblich gestört ist[128]. Die Veränderung der vertragsexternen Umstände darf für den VR nicht vorhersehbar, nicht abschätzbar und nicht beeinflussbar (gewesen) sein. Diese Voraussetzungen entsprechen grundsätzlich den gesetzlichen Regelungen für die Lebens- und Krankenversicherung[129]. Die genannten Voraussetzungen sind auf der Grundlage der §§ 307ff. BGB auch für die gesetzlich nicht speziell geregelten Versicherungsarten maßgebend. Dies ist für einen durch den VR nicht kündbaren Vertragszeitraum mit Blick auf den Grundsatz **„pacta sunt servanda"** ohne weiteres plausibel[130].

Die genannten Voraussetzungen an den Änderungsanlass gelten grundsätzlich **gleicher-** **98** **maßen für Prämien- und Bedingungsanpassung.** Prämienerhöhungen auf der einen Seite und Veränderungen des Versicherungsschutzes im Wege einer Bedingungsänderung auf der anderen Seite haben bezogen auf für den VR kündigungsfeste Vertragszeiten gleicher-

---

[126] So sieht es auch der schwedische Gesetzgeber, und zwar in seinem speziellen Verbraucherversicherungsgesetz (SFS 1980:38). Art. 17 Abs. 2 dieses Gesetzes bestimmt nämlich: „Where the insurance has sent written notice to the policy holder not later than fourteen days prior to expiry of the policy term requesting an amendment to the terms and conditions of the insurance, the new policy shall apply for the period and on the terms and conditions otherwise offered by the insurance company".

[127] Der BGH hat sich in einem grundlegenden Urteil v. 17. 3. 1999, VersR 1999, 697, mit einer Bedingungsanpassungsklausel für *kündigungsfeste* Zeiträume in der Rechtsschutzversicherung befasst. Bemerkenswert ist, dass sich einige der vom BGH beanstandeten Klauselteile nahezu wortgleich in Art. 14 der österreichischen AKB-Musterbedingungen finden. Allerdings geht es in der Kfz-Haftpflichtversicherung um *kündbare* Vertragsverlängerungszeiträume, bei denen eine weniger strenge Beurteilung angebracht ist (vgl. oben III. 3c)).

[128] Siehe vorige Fn.

[129] § 178f Abs. 2 Ziff. 6 österr. VVG bestimmt ausdrücklich, dass eine Prämienanpassung unzulässig ist, um eine schon bei Eingehung der Versicherung unzureichend kalkulierte Alterungsrückstellung zu ersetzen. Zum Erfordernis der Nichtvorhersehbarkeit der Veränderung des Leistungsbedarfs in der Lebensversicherung s. Rn. 20, anders aber bei der Krankenversicherung s. Rn. 28.

[130] Es sei aber daran erinnert, dass nach der Deregulierung einige VR auch hinsichtlich Änderungsklauseln ein Regulierungsvakuum annahmen und dieses scheinbare Vakuum durch *anlasslose* Änderungsklauseln füllen wollten. Die AGB-rechtliche Unzulässigkeit hat der BGH bereits 1997 in einem wichtigen Urteil zu Änderungsvorbehalten in der Satzung eines VVaG, BGH v. 8. 10. 1997, VersR 1997, 1517, klargestellt und in dem Urteil von 1999 zur Bedingungsanpassungsklausel in der Rechtsschutzversicherung, BGH v. 17. 3. 1999, VersR 1999, 697, nochmals bekräftigt.

maßen das Ziel, eine Störung des Äquivalenzverhältnisses von Leistung und Gegenleistung zu beheben. Es sind nur unterschiedliche Instrumente, um dasselbe Ziel zu erreichen. Dies schließt Abstufungen und Modifikationen im Detail nicht aus.

99   **c) Anforderungen an den Anpassungsinhalt.** Die AGB-rechtlichen Anforderungen an den Inhalt einer Anpassungsklausel, die den VR zu einer einseitigen Vertragsänderung mit Wirkung für einen kündigungsfesten Zeitraum ermächtigt, lassen sich mit dem Stichwort **„Verhältnismäßigkeitsgrundsatz"** zusammenfassen[131]. Hier wie auch sonst ist das Kriterium der Verhältnismäßigkeit jedoch für die praktische Rechtsanwendung zu unbestimmt. Es bedarf daher der **Konkretisierung** durch einzelne Ausprägungen (zum Verschlechterungsverbot s. Rn. 100, zum Gebot des geringstmöglichen Eingriffs s. Rn. 102 und zum Rücksichtnahmegebot s. Rn. 103).

100   *aa) Verschlechterungsverbot.* Eine Vertragsänderung mit Wirkung für einen vom VR nicht kündbaren Vertragszeitraum ist nur zulässig, **wenn und soweit** es der Anlass gebietet (Vertragsanpassung). Es besteht ein **Verschlechterungsverbot.** Maßstab für dieses Verschlechterungsverbot ist das von den Vertragsparteien bei Vertragsschluss vereinbarte Verhältnis von Leistung und Gegenleistung. Die Vertragsänderung durch den VR darf nicht weiter gehen, als es zur **Wiederherstellung des ursprünglichen Äquivalenzverhältnisses** erforderlich ist[132].

101   Dieses Verschlechterungsverbot hat zur Folge, dass die **Änderung einer AVB-Bestimmung** aufgrund einer Anpassungsklausel nicht schon dann zulässig ist, wenn die Bestimmung mit ihrem geänderten Inhalt bei isolierter AGB-rechtlicher Beurteilung einer Inhaltskontrolle nach § 307 BGB standhielte[133]. Denn die geänderte Bestimmung muss an dem bei Vertragsschluss vereinbarten Äquivalenzverhältnis gemessen werden, weil sie erst im Wege einer Vertragsänderung Bestandteil des Vertrages wird. Nur so lässt sich sicherstellen, dass der Grundsatz „pacta sunt servanda" nicht mittels einer Änderungsklausel unterlaufen wird.

102   *bb) Gebot des geringstmöglichen Eingriffs.* Das Verschlechterungsverbot (s. Rn. 100) beschreibt nur die äußerste Grenze des zulässigen Inhalts einer Vertragsanpassung. **Engere Grenzen** können sich aus dem **Gebot des geringstmöglichen Eingriffs** ergeben. Dieses Gebot leitet sich aus den §§ 307 und 308 Nr. 4 BGB ab (Stichworte: berechtigtes Interesse des VR, Angemessenheit und Zumutbarkeit für den VN)[134]. Es hat beispielsweise zur Folge, dass der VR während einer für ihn nicht kündbaren Vertragszeit auf *tatsächliche* Änderungen des Risikos oder der Kosten grundsätzlich nur im Wege einer Prämienanpassung, nicht auch durch eine Verminderung des Versicherungsschutzes reagieren darf. Denn eine **Anpassung der Tarif- und Versicherungsbestimmungen** ist gegenüber einer bloßen Prämienanpassung der schwerwiegendere Vertragseingriff und daher **subsidiär** (zum Stufenverhältnis von Prämienerhöhung und Bedingungsänderung in der Krankenversicherung gemäß § 203 Abs. 1 VVG s. Rn. 33).

103   *cc) Rücksichtnahmegebot.* Die Anpassungsbefugnis des VR für einen durch ihn nicht kündbaren Vertragszeitraum ist schließlich durch das Gebot eingeschränkt, auf die Interessen der VN Rücksicht zu nehmen. Das Rücksichtnahmegebot folgt ebenfalls aus dem **Kriterium der Zumutbarkeit,** das ausdrückliche Wirksamkeitsvoraussetzung für einen Änderungsvorbehalt im Sinne von § 308 Nr. 4 BGB ist, das aber auch im Rahmen der Generalklausel des § 307 BGB gilt.

104   Das **Rücksichtnahmegebot** steht **eigenständig** neben dem Verschlechterungsverbot (s. Rn. 100) und neben dem Gebot des geringstmöglichen Eingriffs (s. Rn. 102). Es schränkt deshalb auch die Möglichkeit des VR ein, das zur Beseitigung der Äquivalenzstörung geeignete mildeste Mittel ohne weiteres einzusetzen.

---

[131] Vgl. *Buchholz-Schuster,* NVersZ 1999, 297.

[132] BGH v. 17. 3. 1999, VersR 1999, 697.

[133] BGH v. 17. 3. 1999, VersR 1999, 697 (698; unter 1. b) der Gründe).

[134] Im österr. Recht lässt es sich hinsichtlich Veränderungen des Versicherungsschutzes auf das Kriterium der Zumutbarkeit in § 6 Abs. 2 Z. 3 ÖKSchG stützen.

Das Rücksichtnahmegebot muss unter Berücksichtigung der jeweiligen Versicherungsart **105** und des jeweiligen Änderungsanlasses konkretisiert werden. **Allgemeine Aussagen** sind daher **nur begrenzt möglich.** Eine allgemeine Konsequenz ist aber beispielsweise, dass eine Prämienerhöhung mit Rücksicht auf die Planungsinteressen der VN grundsätzlich nicht während einer laufenden Versicherungsperiode, sondern nur zum Beginn einer neuen Versicherungsperiode zulässig ist.

Soweit es um den **Inhalt der Vertragsanpassungen** geht, die aufgrund einer Anpas- **106** sungsklausel zulässig sein sollen, kann das Rücksichtnahmegebot nicht auf einen einzelnen individualisierten VN bezogen sein. Es kommt vielmehr auf die Gesamtheit der VN an, die aus versicherungsmathematischen und -technischen Gründen zum Zwecke der Vertragsanpassung ein Kollektiv bilden. Dies folgt aus der **generalisierend-typisierenden Betrachtung** von Allgemeinen Geschäftsbedingungen.

Die generalisierend-typisierende Betrachtung schließt allerdings nicht aus, einem bei der **107** Abwägung unterlegenen Interesse von VN Rechnung zu tragen, wenn es sich nicht nur um das Individualinteresse eines einzelnen VN, sondern ebenfalls um **ein (nachrangiges) typisches Interesse einer Vielzahl von VN** handelt. Auf diesem Gedanken beruht beispielsweise die Regelung des § 178f Abs. 3 österr. VVG, die den VR im Falle einer Prämienerhöhung verpflichtet, dem VN auf dessen Verlangen die Fortsetzung des Vertrages mit höchstens gleichbleibender Prämie und angemessenen geänderten Leistungen anzubieten[135].

d) Erfordernis einer Ausweichmöglichkeit des Versicherungsnehmers. Nach der **108** Rechtsprechung des BGH ist eine Bedingungsanpassungsklausel, deren Inhalt zwangsläufig an den typischen Interessen der Gesamtheit der VN ausgerichtet ist, für den einzelnen **VN** generell nur dann zumutbar, wenn er **den Vertrag kündigen kann.** Denn auch eine Vertragsanpassung, die zulässig ist, weil sie für die Gesamtheit der VN zumutbar ist, kann für den einzelnen VN aus individuellen Gründen unzumutbar sein[136].

Bei **Prämienerhöhungen** besteht ein außerordentliches Kündigungsrecht gemäß § 40 **109** Abs. 1 S. 1 VVG. Ein solches Kündigungsrecht besteht gemäß § 40 Abs. 2 und Abs. 1 S. 1 VVG auch dann, wenn in einer **Bedingungsänderung** eine **versteckte Prämienerhöhung** liegt, wenn also die Prämienerhöhung über das hinaus geht, was durch eine gleichzeitige Ausweitung des Versicherungsschutzes geboten ist bzw. der Versicherungsschutz überhaupt nicht ausgeweitet wird. Ist eine Bedingungsanpassung nicht mit einer (versteckten) Prämienerhöhung verbunden, sondern mindert der VR gemäß § 40 Abs. 2 VVG den Umfang des Versicherungsschutzes und setzt entsprechend die Prämie herab, und steht dem VN daher kein gesetzliches Kündigungsrecht gemäß § 40 Abs. 2 und Abs. 1 S. 1 VVG zu, muss dem VN in der Anpassungsklausel dennoch ein Kündigungsrecht eingeräumt werden. Anderenfalls benachteiligt die Bedingungsanpassungsklausel den VN unangemessen und ist deshalb unwirksam.

Das **Kündigungsrecht des VN** ist **keine freiwillige Draufgabe** des VR, die es ihm im **110** Sinne eines beweglichen Systems erlauben würde, von anderen Wirksamkeitsanforderungen des AGB-Rechts zum Nachteil des VN abzuweichen. Das Kündigungsrecht des VN ist vielmehr der Preis dafür, dass dem VR überhaupt eine Anpassungsbefugnis für einen Zeitraum zukommt, für den er sich gebunden hat, ohne selbst ein eigenes ordentliches Kündigungsrecht zu haben.

Der BGH hatte das Kündigungsrecht allerdings zunächst – insbesondere in den Entschei- **111** dungen zu Preisanpassungsklauseln in Zeitungsabonnementverträgen[137] – als Ausgleich für nicht hinreichend konkretisierte Anpassungsanlässe oder fehlende Anpassungsgrenzen angesehen. Dabei hat er anfangs nicht hinreichend zwischen vermeidbaren und unvermeidbaren Konkretisierungsdefiziten unterschieden. Dies führte zu Missverständnissen und Unsicher-

---

[135] So jetzt auch § 163 Abs. 2 VVG vgl. Rn. 21.
[136] Zur abzulehnenden Forderung nach einem Widerspruchsrecht des VN gegen eine Bedingungsanpassung zur Beseitigung einer Äquivalenzstörung vgl. *Wandt,* Änderungsklauseln, Rn. 195.
[137] BGH v. 26. 5. 1986, NJW 1986, 3134; BGH v. 11. 6. 1980, NJW 1980, 2518.

Wandt

heiten. Wenn es um einen für den VR kündigungsfesten Vertragszeitraum geht, ist es dem VR jedoch nicht zu erlauben, sich in Anlass und Inhalt der Anpassungsklausel willkürlich von den Erfordernissen des AGB-Rechts zu lösen und die so geschaffenen, also vermeidbaren Schutzdefizite durch die Einräumung eines Kündigungsrechts zu kompensieren.

112   **e) Einschaltung eines unabhängigen Treuhänders.** Die umstrittene Frage, ob Anpassungsklauseln für einen durch den VR nicht kündbaren Vertragszeitraum die Einschaltung eines unabhängigen Treuhänders vorsehen müssen, ist zu bejahen. Dafür sprechen die **§§ 163, 203 VVG,** denen insoweit **Leitbildfunktion** zuzumessen ist. Ausschlaggebend hierfür ist, dass sich Anpassungsklauseln kaum jemals so abfassen lassen, dass dem VR keinerlei **Beurteilungsspielräume** verbleiben. Beurteilungsspielräume bestehen insbesondere bei der Wiederherstellung des Äquivalenzverhältnisses von Leistung und Gegenleistung unter Berücksichtigung der versicherungsmathematischen und -technischen Grundsätze. Beurteilungsspielräume bestehen auch, wenn der Regelungsgegenstand die Möglichkeit einer Konkretisierung begrenzt oder das Transparenzgebot eine weiter gehende Konkretisierung verbietet (zum Transparenzgebot s. Rn. 119)[138]. **Defizite der Konkretisierung** einer Anpassungsklausel begründen für die VN **Defizite der Kontrollmöglichkeiten.** Denn der (durchschnittliche) VN ist bei unzureichender Konkretisierung nicht in der Lage, selbst zu überprüfen, ob ein zulässiger Anlass für eine Vertragsanpassung durch den VR vorliegt und ob der VR die Grenzen seiner Anpassungsbefugnis einhält. Schwierigkeiten einer persönlichen Kontrolle durch den VN bestehen in der Regel aber auch, wenn Anlass und Inhalt der Anpassungsbefugnis entsprechend dem Transparenzgebot (s. Rn. 119) bestmöglich konkretisiert sind[139]. Der durchschnittliche VN verfügt nämlich nicht über die notwendigen Fähigkeiten, um die rechtlichen sowie die versicherungsmathematischen und -technischen Voraussetzungen einer Anpassung überprüfen zu können. Beispielsweise kann die Prämienanpassungsbefugnis des VR, die zulässigerweise an einen bestimmten Prozentsatz der Abweichung des erforderlichen von dem kalkulierten Leistungsbedarf anknüpft, durch bestehende Kalkulationsvorschriften bis in die Details konkretisiert sein. Dennoch – oder gerade deshalb – ist der VN persönlich jedoch nicht imstande, eine konkrete Prämienanpassung zu kontrollieren, weil ihm – wie gesagt – die erforderlichen rechtlichen, versicherungsmathematischen und -technischen Kenntnisse fehlen.

113   Die Möglichkeit des VN, eine durchgeführte Vertragsanpassung **gerichtlich auf ihre Rechtmäßigkeit überprüfen** zu lassen, ist kein durchschlagendes Argument gegen das Erfordernis eines unabhängigen Treuhänders[140]. Denn für den VN besteht regelmäßig ein schwer einschätzbares **Prozesskostenrisiko,** weil er aufgrund der Kriterien der Anpassungsklausel meist nicht in der Lage ist, die Erfolgsaussichten eines Prozesses vernünftig einzuschätzen[141]. Es besteht außerdem eine psychologische Hemmschwelle, die Gerichte anzurufen, da

---

[138] Vgl. LG Hamburg v. 1. 12. 1989, VersR 1990, 303; *Beckmann,* VersR 1996, 540 (545); *Römer,* NVersZ 1999, 97 (103).

[139] Vgl. allgemein BGH v. 7. 10. 1981, NJW 1982, 331 (332); *Paulusch* in: Zehn Jahre AGB-Gesetz, hrsg. v. *Heinrichs/Löwe/Ulmer* (1987), 55 (74); *Prölss/Martin/Prölss,* § 31 VVG Rn. 5.

[140] A. A. *Prölss/Martin/Prölss,* § 31 VVG Rn. 13 (in anderen Versicherungszweigen als der Lebens- und Krankenversicherung könnte für eine Prämienanpassungsklausel nicht die Einschaltung eines Treuhänders gefordert werden, sondern dem VN sei zuzumuten, sich mit der gerichtlichen Kontrolle zu begnügen). Vgl. auch *Basedow,* VersR 1999, 1045 (1051) (Verständlichkeitsdefizite bei der Regelung über die Überschussbeteiligung in der Lebensversicherung können dadurch ausgeglichen werden, dass die Klausel die nachträgliche *gerichtliche Überprüfung* der Überschussbeteiligung vorsieht; alternativ sei eine regelmäßige *externe Kontrolle* des Unternehmerverhaltens im Bereich der Verwaltungskosten und der Kapitalanlagen zu erwägen). – Vgl. eingehend (auch zur Verbandsklage und zu den Befugnissen der Aufsichtsbehörde) *Wandt,* Änderungsklauseln, Rn. 147 ff.

[141] Vgl. RV 33 f. zu § 178g österreichisches VVG (abgedruckt bei *Rudisch,* Das neue Versicherungsrecht [1994], 108): „Eine hinreichend effektive Kontrolle der Gesetz- und Vertragsmäßigkeit von Prämienerhöhungen (oder anderen einseitig erklärten Vertragsänderungen) ist jedoch durch das Vorgehen einzelner VN kaum zu erwarten".

der einzelne VN nicht überblicken kann, ob sein Vertragspartner vertragstreu gehandelt hat oder nicht[142].

Es bedarf deshalb grundsätzlich einer **ex ante-Kontrolle durch den unabhängigen** **114** **Treuhänder** als eine unabhängige Instanz, bevor der VR von seiner Anpassungsbefugnis Gebrauch macht[143]. Dies ist für **Prämienanpassungen** unumstritten. Es gilt aber gleichermaßen auch für die Beseitigung einer Äquivalenzstörung durch eine **Bedingungsanpassung.** Bei Bedingungsanpassungsklauseln sind die Konkretisierungs- und Kontrolldefizite sogar noch größer als bei Prämienanpassungsklauseln. Deshalb ist hier die Einschaltung eines unabhängigen Treuhänders noch wichtiger als bei Prämienanpassungsklauseln. Zwar mag es für einen Treuhänder schwieriger sein, die Geeignetheit einer Bedingungsanpassung zur Wiederherstellung des Äquivalenzverhältnisses als die Geeignetheit einer Prämienanpassung zu beurteilen. Diese Schwierigkeiten sind bei der gebotenen fachlichen Eignung des Treuhänders aber zu bewältigen. Gerade diese Beurteilungsschwierigkeiten unterstreichen, dass die Einschaltung eines Treuhänders notwendig ist. **Ausnahmen** von dem Erfordernis der Einschaltung eines Treuhänders sind aus Gründen wirtschaftlicher Relevanz bei sog. **Versicherungsarten der geringen Prämie** zuzulassen.

Das AGB-Recht erfordert nicht, dass dem Treuhänder ein **Ermessen** hinsichtlich seiner **115** Zustimmung eingeräumt wird. Denn der Treuhänder soll nur die in der Person des durchschnittlichen VN begründeten Kontrolldefizite ausgleichen[144]. Die Anpassungsklausel darf deshalb bestimmen, dass der Treuhänder verpflichtet ist, einer vom VR beabsichtigten Vertragsanpassung zuzustimmen, wenn die in der Anpassungsklausel statuierten Voraussetzungen erfüllt sind[145].

Die Frage, ob dem Treuhänder bei einer Vertragsanpassung mit Wirkung für einen kündi- **116** gungsfesten Vertragszeitraum die Befugnis zukommen muss, die **Angemessenheit der Vertragsanpassung zu bestätigen,** lässt sich nur beantworten, wenn Klarheit darüber besteht, was Gegenstand des Angemessenheitsurteils sein kann. Der Treuhänder hat nicht die Angemessenheit der Anpassungsklausel, sondern allenfalls die Angemessenheit einer konkreten Vertragsanpassung in Ausübung der Anpassungsklausel zu bestätigen. Raum für ein Angemessenheitsurteil des Treuhänders besteht deshalb nur, wenn die Klausel die Zulässigkeit späterer Vertragsanpassungen an Angemessenheitskriterien knüpft. Aufgrund des **Bestimmtheitsgebots** (s. Rn. 120) sind derartige Angemessenheitskriterien allerdings grundsätzlich unzulässig[146].

Die Kontrolle durch einen unabhängigen Treuhänder muss **in der Anpassungsklausel** **117** **als Wirksamkeitsvoraussetzung** für eine Vertragsanpassung statuiert sein. Denn die VN sind nur dann angemessen geschützt, wenn die ex ante-Kontrolle verbindlich festgelegt ist[147]. Die Anpassungsklausel muss außerdem möglichst exakt und klar beschreiben, welche Wirksamkeitsvoraussetzungen einer Anpassung durch den unabhängigen Treuhänder zu kontrollieren sind. Eine **Aufschlüsselung des Begriffes „unabhängiger Treuhänder"** ist in

---

[142] Zu der gering einzuschätzenden Gefahr, dass der VR eine wirksame Anpassungsklausel zu Lasten der VN missbraucht, vgl. *Wandt,* Änderungsklauseln, Rn. 146.

[143] *Beckmann,* VersR 1996, 540 (544); a. A. *Prölss/Martin/Prölss,* § 31 VVG Rn. 13; skeptisch hinsichtlich des verbraucherschützenden Nutzens *Römer,* DAR 2001, 258 (259).

[144] Auch bei Einschaltung eines unabhängigen Treuhänders unterliegt die Vertragsanpassung einer umfassenden tatsächlichen und rechtlichen Überprüfung durch die Zivilgerichte; vgl. BVerfG v. 28.12. 1999, VersR 2000, 214 mit Anm. *Reinhard.*

[145] Vgl. § 12b Abs. 1 Satz 5 VAG. Zwischen dem Testat des Treuhänders, dass die Anpassungsvoraussetzungen erfüllt sind, und der Zustimmung zur Anpassung besteht sachlich kein Unterschied; vgl. dazu *Prölss/Martin/Prölss,* § 31 VVG Rn. 13. Entgegen *Drews,* VersR 1996, 422, hat der VR einen einklagbaren vertraglichen Anspruch auf Zustimmung, wenn die Voraussetzungen der Anpassungsklausel erfüllt sind.

[146] *Wandt,* Änderungsklauseln, Rn. 156.

[147] Zum Erfordernis der Pflichtenstatuierung in einer AGB vgl. § 308 Nr. 5 lit. b) (Vorgängerregelung: § 10 Nr. 5 lit. b) AGBG).

Wandt

einer Anpassungsklausel dagegen weder aus Gründen der Konkretisierung noch aus Gründen der Transparenz geboten oder auch nur angezeigt[148].

118   Die Einschaltung eines Treuhänders ist **notwendiger Ausgleich für unvermeidbare Kontrolldefizite** auf Seiten der VN. Der VR kann die Einschaltung eines unabhängigen Treuhänders bei der Abfassung einer Anpassungsklausel grundsätzlich nicht als Instrument nutzen, sich größere Spielräume hinsichtlich der Konkretisierung von Anlass und Grenzen der Anpassungsbefugnis einzuräumen, als unabhängig von der Einschaltung eines unabhängigen Treuhänders gegeben sind. Ein solches Vorgehen widerspräche zwar nicht per se dem System der §§ 308 Nr. 4, 309 Nr. 1 BGB, da diese Vorschriften grundsätzlich eine ergebnisorientierte Gesamtbetrachtung erfordern[149]. Speziell bei Anpassungsklauseln für Versicherungsverträge ist jedoch Zurückhaltung geboten. Die Analyse zu Anlass und Inhalt von Vertragsanpassungen wegen der Veränderung externer Umstände hat nämlich gezeigt, dass aufgrund des Regelungsgegenstandes „Anpassung von Versicherungsverträgen" im Rahmen einiger Kriterien unvermeidbare Beurteilungsspielräume eröffnet sind[150]. Angesichts dieser unvermeidbaren Beurteilungsspielräume wird es regelmäßig kein berechtigtes Interesse des VR geben, willkürlich weitere Beurteilungsspielräume zu eröffnen[151].

6. Bestimmtheit und Verständlichkeit von Änderungsklauseln (Transparenzgebot)

119   Eine AVB-Bestimmung kann unwirksam sein, weil sie unbestimmt, unklar oder unverständlich ist. Dies ist in § 307 Abs. 1 Satz 2 BGB normiert[152]. Die Anforderungen werden allgemein unter den Begriff „Transparenzgebot" gefasst. Die kontroverse Diskussion um **Grund und Grenzen des sog. Transparenzgebotes** macht jedoch deutlich, dass dieser Oberbegriff mehr schadet als nützt. Erkenntnisfortschritt ist nur zu erreichen, wenn man die einzelnen, sehr unterschiedlichen Ausprägungen des Transparenzgebotes exakt auseinander hält.

120   **a) Bestimmtheitsgebot.** Eine der zu unterscheidenden Ausprägungen des Transparenzgebotes ist das Bestimmtheitsgebot. Es verlangt, dass die **tatbestandlichen Voraussetzungen** und die **Rechtsfolgen von Anpassungsklauseln** so bestimmt sind, dass sie dem VR keine ungerechtfertigten Beurteilungsspielräume eröffnen. Nur die Bestimmtheit der Anpassungsklausel bindet den VR und verhindert ungerechtfertigte Beurteilungsspielräume. Erst diese (Selbst-) Bindung des VR gewährleistet die Rechtsposition des VN.

121   **b) Verständlichkeitsgebot.** Eine andere Ausprägung des Transparenzgebotes ist das Verständlichkeitsgebot. Nach der Rechtsprechung soll ein **rechtsunkundiger VN** die ihn benachteiligenden Wirkungen einer Klausel ohne Einholung von Rechtsrat erkennen können[153].

122   **c) Spannungsverhältnis zwischen Bestimmtheits- und Verständlichkeitsgebot.** Dieses Verständlichkeitsgebot steht in einem Spannungsverhältnis zum Bestimmtheitsgebot. Das Bestimmtheitsgebot kann nämlich – insbesondere bei Prämienanpassungsklauseln – zu

---

[148] *Renger,* VersR 1994, 1257 (1259), weist zu Recht darauf hin, dass die Unabhängigkeit des Treuhänders Wirksamkeitsvoraussetzung seiner Zustimmung ist und der Kontrolle durch die Zivilgerichte unterliegt. A. A. OLG Celle v. 22. 7. 1999, VersR 2000, 47 – aufgehoben durch BGH v. 31. 1. 2001, VersR 2001, 493 –; vgl. dazu *Wandt,* VersR 2000, 129.

[149] Vgl. *Wandt,* Änderungsklauseln, Rn. 9, 75, 131.

[150] Vgl. *Lipperheide,* HdV, 541 (545): „Die im strengen Sinne äquivalenzwahrende Prämienanpassungsklausel ist daher ein Ziel, das in der Realität wohl kaum erreichbar ist".

[151] Vgl. zur Unzulässigkeit „ungerechtfertigter" Beurteilungsspielräume des VR *Präve,* Versicherungsbedingungen und AGB-Gesetz (1998), Rn. 433 (451); *Prölss/Martin/Prölss,* § 31 VVG Rn. 10; vgl. auch *Reifner,* VuR 1994, 145 (150) (Gefahr der Unterlaufung des Transparenzgebotes).

[152] Zu Ansatzpunkten für andere Facetten des Transparenzgebotes in §§ 305c BGB (Vorgängerregelungen: §§ 3, 5 AGBG) vgl. *Kreienbaum,* Transparenz und AGB-Gesetz (1998), 71 (106); *Präve,* VersR 2000, 138; *Basedow,* VersR 1999, 1045 (1046); s. auch *Präve,* § 10 Rn. 358.

[153] BGH v. 24. 11. 1988, BGHZ 106, 42, (49) = VersR 1989, 82 (84); OLG Hamburg v. 20. 7. 1999, VersR 1999, 1482; s. auch *Präve,* § 10 Rn. 366.

komplizierten Regelungen führen, die für einen durchschnittlichen VN ohne Einholung von Rechtsrat nicht oder jedenfalls nicht ohne weiteres nachvollziehbar sind.

Das Spannungsverhältnis zwischen Bestimmtheits- und Verständlichkeitsgebot ist von **123** Rechtsprechung und Lehre noch nicht exakt ausgelotet. Im Konfliktfall ist der **Bestimmtheit** der Anpassungsklausel gegenüber der Verständlichkeit für den durchschnittlichen VN **Vorrang** zu geben[154]. Maßgebend hierfür ist, dass sich Defizite der Verständlichkeit für den durchschnittlichen VN kompensieren lassen, beispielsweise durch Einholung von Rechtsrat oder dadurch, dass in der Anpassungsklausel die Vertragsanpassung von der Einschaltung eines unabhängigen Treuhänders abhängig gemacht wird. Bestimmtheitsdefizite lassen sich dagegen nicht ausgleichen[155].

7. Gerichtliche Überprüfbarkeit

Der einzelne VN kann mit einer **Individualklage** nicht nur die Wirksamkeit einer Änderungsklausel überprüfen lassen, sondern auch, ob der VR in zulässiger Weise von einer wirksamen Änderungsklausel Gebrauch gemacht hat. **124**

Eine **Verbandsklage** ist nur hinsichtlich der Wirksamkeit einer Änderungsklausel eröffnet **125** (§ 1 UKlaG), nicht dagegen hinsichtlich der Ausübung der Befugnis aus einer Änderungsklausel[156]. Wenn der VR allerdings gestützt auf eine Bedingungsanpassungs- oder Bedingungsänderungsklausel eine Allgemeine Versicherungsbedingung neu in den Vertrag einfügt, kann die Wirksamkeit dieser neu eingefügten Bestimmung wiederum gemäß § 1 UKlaG mit der Verbandsklage überprüft werden.

C. Ersetzung unwirksamer AVB

I. Überblick

Die im Jahre 1990 aufgehobene „Verordnung über die Anwendung Allgemeiner Versiche- **126** rungsbedingungen" (s. Rn. 9, 16) ermächtigte die Aufsichtsbehörde, AVB mit Wirkung für bestehende Verträge zu ändern. Auf diesem Weg konnte auch eine Regelungslücke beseitigt werden, die sich infolge der Unwirksamkeit einer AVB-Bestimmung ergab (zur Problematik s. Rn. 9). Als **Ersatz für die weggefallene Befugnis der Aufsichtsbehörde** schuf der Gesetzgeber bei der VVG-Novelle 1994 für den Bereich der Lebens- und Krankenversicherung **gesetzliche Befugnisse des VR,** eine unwirksame AVB-Bestimmung durch eine wirksame zu ersetzen (§§ 172 Abs. 2 VVG a. F./§ 164 VVG, 178g Abs. 3 S. 2 VVG a. F./§ 203 VVG). Im Zuge der Reform des VVG im Jahre 2008 wurde diese Befugnis auf die Berufsunfähigkeitsversicherung ausgeweitet (vgl. § 176 VVG). Der Reformgesetzgeber ist jedoch nicht dem

---

[154] Der BGH bringt den Vorrang der Bestimmtheit vor der (Allgemein-) Verständlichkeit zum Ausdruck, wenn er sagt, ein Verstoß gegen das Transparenzgebot liege nicht schon immer dann vor, wenn der VN keine oder nur erschwerte Möglichkeiten hat, ihn betreffende Regelungen zu verstehen, auch wenn der Verwender von AGB nach dem Transparenzgebot gehalten sei, die Rechte und Pflichten seines Vertragspartners *möglichst* klar und durchschaubar darzustellen, vgl. BGH v. 23. 11. 1994, VersR 1995, 77. Für Vorrang der Bestimmtheit auch *Römer,* NVersZ 1999, 97 (104); wohl auch *Prölss/Martin/Prölss,* § 31 VVG Rn. 5; *Beckmann,* VersR 1996, 540 (545); a. A. Berliner Kommentar/*Harrer,* § 31 VVG Rn. 33; *Fricke,* VersR 2000, 257 (262).

[155] Es ist daher missverständlich, wenn der Zweck des Transparenzgebotes darauf reduziert wird, der Gefahr vorzubeugen, dass der VN von der Durchsetzung bestehender Rechte abgehalten werde (vgl. z. B. BGH v. 23. 11. 1994, VersR 1995, 77). Vorrangig dient das Bestimmtheitsgebot dazu, Rechte und Pflichten zu begründen; vgl. OLG Stuttgart v. 28. 5. 1999, VersR 1999, 832 (836 unter dd) der Gründe). Abzulehnen ist daher auch die Ansicht des LG Hamburg v. 1. 12. 1989, VersR 1990, 303, dem VN sei mit einem notwendig komplizierten Zahlenwerk in einer Preisänderungsklausel regelmäßig nicht geholfen. Zutreffend zum Äquivalenzprinzip dagegen *Basedow,* VersR 1999, 1045 (1050).

[156] *Wandt,* Änderungsklauseln, Rn. 148 (noch zu § 13 AGBG).

Vorschlag der Reformkommission gefolgt, für alle Versicherungsarten eine Ersetzungsbefugnis des Versicherers vorzusehen (so aber § 16 Abs. 2 VVG-Reformkommission).

127   Aus dem Umstand, dass eine gesetzliche Ersetzungsermächtigung nur für die Lebens-, Berufsunfähigkeits- und Krankenversicherung vorgesehen ist, ist nicht zu folgern, dass **parteiautonom begründete Ersetzungsbefugnisse** in Form von Ersetzungsklauseln außerhalb des gesetzlich geregelten Bereichs per se unzulässig wären (s. Rn. 159)[157].

II. Gesetzliche Ersetzungsbefugnisse

1. Lebensversicherung

128   **a) Überblick über den Regelungsgehalt von § 164 VVG.** Gemäß § 164 VVG kann der Versicherer eine Bestimmung in den AVB, die durch höchstrichterliche Entscheidung oder bestandskräftigen Verwaltungsakt für unwirksam erklärt wurde, durch eine neue Regelung ersetzen. Voraussetzung hierfür ist, dass die Ersetzung zur Fortführung des Vertrages notwendig ist oder das Festhalten am Vertrag ohne die neue Regelung für eine Vertragspartei auch unter Berücksichtigung der Interessen der anderen Vertragspartei eine unzumutbare Härte darstellen würde. Die neue AVB-Regelung ist nur wirksam, wenn sie unter Wahrung des Vertragsziels die Belange der Versicherungsnehmer angemessen berücksichtigt. Leider spricht die amtliche Überschrift von § 164 VVG von Bedingungsanpassung an Stelle von Bedingungsersetzung (vgl. zur Terminologie Rn. 11 f.).

129   Die Klauselersetzung erfolgt mit Wirkung für bestehende Versicherungsverträge und **ohne Mitwirkung des Vertragspartners, des VN.** Im Gegensatz zur Vorgängerregelung des § 172 Abs. 2 VVG a. F. – und anders als bei der Prämien- und Leistungsänderung gemäß § 163 VVG (s. Rn. 20) – verlangt das neue Recht nicht mehr, dass ein **unabhängiger Treuhänder** bei der Bedingungsanpassung mitwirkt. Der Reformgesetzgeber erachtet die Mitwirkung des Bedingungstreuhänders nicht als zusätzlichen Schutz der Interessen des VN und verweist diesen auf die gerichtliche Überprüfung.[158]

130   § 164 stellt eine Befugnis zur Ersetzung unwirksamer Klauseln **für alle Arten der Lebensversicherung** dar. Dies wurde überwiegend bereits für die Vorgängerregelung des § 172 Abs. 2 VVG a. F. angenommen[159]

131   **b) Regelungszweck des § 164 VVG. Ausgangspunkt der Regelung** zur Ersetzungsbefugnis unwirksamer AVB-Bestimmungen war eine Forderung, die vor allem *Römer* vorgetragen hatte. Er forderte, im Zuge der Deregulierung eine allgemeine gesetzliche Regelung über die Ersetzung unwirksamer AVB-Bestimmungen durch den VR zu schaffen[160]. Der Gesetzgeber hat dieser Forderung im Jahre 1994 zunächst für die Lebens- und Krankenversicherung und im Zuge der Reform 2008 dann auch für die Berufsunfähigkeitsversicherung entsprochen, weil die Verträge sehr lange Laufzeiten haben und für den VR regelmäßig nicht kündbar sind[161].

132   Der **Zweck der Regelung** besteht in erster Linie darin, die bei Versicherungsverträgen begrenzte Funktionsfähigkeit des § 306 Abs. 2 BGB (s. nächste Rn.) auszugleichen und die

---

[157] BGH v. 17. 3. 1999 VersR 1999, 697 mit Anm. *Präve*.

[158] Regierungsentwurf BT-Drucks. 16/3945 v. 20. 12. 2006, S. 100.

[159] Vgl. *Wandt*, Vorauflage § 11 Rn. 126; OLG München v. 1. 7. 2003, VersR 2003, 1024; OLG Stuttgart v. 6. 4. 2001, VersR 2001, 1141 mit Anm. *Lorenz*; Vorinstanz LG Stuttgart v. 1. 8. 2000 VersR 2000, 1136 mit Anm. *Präve*; LG Stuttgart v. 11. 12. 2002, VersR 2003, 313; LG Aachen v. 10. 7. 2003, VersR 2003, 1022; Berliner Kommentar/*Schwintowski*, § 172 VVG Rn. 23; *ders.*, VuR 1996, 337 (340); *Prölss/Martin/Kollhosser*, § 172 VVG Rn. 6 a. E.; *Präve*, Versicherungsbedingungen und AGB-Gesetz, 1998, Rn. 475; *Fricke*, NVersZ 2000, 310; *Baroch Castellvi*, VersR 2000, 1199; *Wandt*, Änderungsklauseln, Rn. 294 ff.; *ders.*, Ersetzung unwirksam AVB der Lebensversicherung, S. 37; *ders.*, VersR 2001, 1449; *Lorenz*, VersR 2001, 1146 (1147); *Langheid/Grote*, NVersZ 2002, 49; *Kollhosser*, VersR 2003, 807 (811).

[160] Vgl. *Römer*, VersR 1994, 125. Zu entsprechenden Forderungen der Versicherungswirtschaft auch für Veränderungen vertragsexterner Umstände vgl. *Renger*, VersR 1994, 753 (755).

[161] Regierungsentwurf BT-Drucks. 16/3945 v. 20. 12. 2006, S. 100.

Nachteile einer richterlichen ergänzenden Vertragsauslegung zu vermeiden (s. Rn. 134). Die Vorschrift soll eine schnelle, einheitliche und klare Vertragsergänzung ermöglichen. Sie soll den einzelnen VN grundsätzlich die Lasten, Kosten und Unsicherheiten individueller Rechtsstreitigkeiten ersparen[162].

§ 306 Abs. 2 BGB[163] führt bei Versicherungsverträgen häufig nicht zu einer Schließung **133** der Vertragslücke, die infolge der Unwirksamkeit einer AVB entstanden ist. Denn gesetzliche Vorschriften, die zur Lückenfüllung herangezogen werden könnten, fehlen im Versicherungsvertragsrecht häufig[164]. Die Produktgestaltung muss nämlich weitgehend dem VR als im Wettbewerb stehenden Unternehmer überlassen bleiben (Stichworte: leistungsbeschreibende AVB und Tarifbestimmungen). Unabhängig davon regelt das Versicherungsvertragsgesetz zahlreiche Versicherungsarten überhaupt nicht oder nur lückenhaft.

Ohne die Befugnis zur Ersetzung unwirksamer Klauseln in den AVB wäre deshalb häufig **134** eine Lückenschließung im Wege **richterlicher ergänzender Vertragsauslegung** vorzunehmen. Die Lückenschließung im Wege ergänzender Vertragsauslegung durch die Gerichte hat jedoch **eine Reihe von Nachteilen,** die dieses Verfahren zur Lückenfüllung von Versicherungsverträgen als grundsätzlich ungeeignet erscheinen lassen[165]. Eine richterliche ergänzende Vertragsauslegung ist nämlich nur in einem Individualprozess, nicht aber in einem Verbandsklageverfahren zulässig[166]. Die einzelnen VN müssen also Individualrechtsstreite führen, um eine gerichtliche Vertragsergänzung zu erlangen. Bei einer ergänzenden Vertragsauslegung durch die Gerichte können Jahre vergehen, bis Klarheit über den Inhalt des Vertrages besteht. Die einzelnen Urteile haben nur Rechtskraft im Verhältnis der Parteien des jeweiligen Rechtsstreits. Angesichts der Wertungen, die mit einer ergänzenden Vertragsauslegung notwendig verbunden sind, kommen verschiedene Gerichte erfahrungsgemäß zu Vertragsergänzungen, die nicht in jeder Hinsicht, nicht in jedem Detail, übereinstimmen. Auf diesem Weg würden Verträge eines ehemals einheitlichen Versicherungsbestandes also unterschiedliche Inhalte erlangen, was dem Gedanken des Risikoausgleichs zuwider liefe und hohe Verwaltungskosten nach sich zöge[167].

c) Kompetenz zur Feststellung der Klauselunwirksamkeit. Die Neuregelung stellt **135** nunmehr klar, dass die Unwirksamkeit einer zu ersetzenden Versicherungsbedingung entweder durch einen **bestandskräftigen Verwaltungsakt (der Aufsichtsbehörde** oder der **Kartellbehörden)** oder durch eine **rechtskräftige höchstrichterliche Gerichtsentscheidung** festgestellt worden sein muss. Für das alte Recht war dagegen mangels ausdrücklicher gesetzlicher Regelung umstritten, ob allein die Feststellung der Klauselunwirksamkeit durch den VR (mit Bestätigung des Treuhänders) als ausreichend angesehen werden konnte[168].

Nach dem Wortlaut von § 164 VVG muss sich die behördliche oder gerichtliche Entscheidung **136** konkret auf diejenige Klausel beziehen, die der VR ersetzen will. Die Gesetzesbegründung macht jedoch deutlich, dass die behördliche oder gerichtliche Entscheidung keine Be-

---

[162] So auch OLG Stuttgart v. 6. 4. 2001, VersR 2001, 1141; Rundschreiben der Aufsichtsbehörde R 1/ 2001 v. 10. 10. 2001, VerBAV 2001, 251; vgl. auch *Prölss/Martin/Kollhosser,* § 172 VVG Rn. 8; *Prölss/ Martin/Prölss,* § 178 g VVG Rn. 35; *Fricke,* NVersZ 2000, 310 (311); *Wandt,* Änderungsklauseln, Rn. 315 und 349; *Lorenz,* VersR 2001, 1146 (1147).

[163] Vor Inkrafttreten des Schuldrechtsmodernisierungsgesetzes: § 6 Abs. 2 AGBG (wortgleich).

[164] Vgl. BGH v. 22. 1. 1992 VersR 1992, 477 (479); *Römer,* VersR 1994, 125.

[165] Vgl. z. B. *Römer,* VersR 1994, 125 ff.; *Matusche-Beckmann,* NJW 1998, 112 (113).

[166] *Römer,* VersR 1994, 125 (126); *Präve,* VersR 1999, 699; *Ulmer/Brandner/Hensen/Schmidt,* AGB-Gesetz, 9. Aufl. 2001, § 6 AGBG Rn. 36.

[167] Zur Ungeeignetheit der richterlichen ergänzenden Vertragsauslegung zur Lückenschließung von Massenverträgen vgl. *Römer,* VersR 1994, 125; *Matusche-Beckmann,* NJW 1998, 112 (113); *Präve,* VersR 1999, 699; *Wandt,* Änderungsklauseln, Rn. 287.

[168] So beispielsweise *Kollhosser,* VersR 2003, 807 (809), dem zuzugeben war, dass die Missbrauchsgefahr gering war (vgl. *Wandt,* Änderungsklauseln, Rn. 146). Gleichwohl ablehnend *Wandt,* Vorauflage § 11 Rn. 127. Zu rechtspolitischen Überlegungen im Zusammenhang mit der Feststellungskompetenz vgl. *Wandt,* Änderungsklauseln, Rn. 325 ff.

stands- oder Rechtskraft gerade gegen den jeweiligen VR haben muss, der von der Ersetzungsbefugnis nach § 164 VVG Gebrauch machen will[169]. Dem ist zuzustimmen. Denn die Regelung bezweckt in erster Linie, Rechtssicherheit zu gewähren. Dies spricht dafür, dass es ausreicht, wenn die Unwirksamkeit einer – in dem fraglichen Punkt – **inhaltsgleichen Bestimmung eines anderen Klauselverwenders** bestands- oder rechtskräftig festgestellt worden ist[170].

137   Dies spricht auch dafür, dass die Ersetzungsbefugnis nicht auf dasjenige **Bedingungswerk** beschränkt ist, das Gegenstand einer behördlichen oder gerichtlichen Unwirksamkeitserklärung war. Ausschlaggebend für die Ersetzungsbefugnis ist vielmehr, ungeachtet der Art oder Bezeichnung des Bedingungswerks, allein die Verwendung einer Klausel, die unter Berücksichtigung einer bestandskräftigen behördlichen oder einer rechtskräftigen höchstrichterlichen Entscheidung als unwirksam zu erachten ist[171].

138   Für die VN kann es jedoch schwierig sein, zu beurteilen, ob aus der behördlichen oder gerichtlichen Entscheidung über eine Klausel eines anderen VR auf die Unwirksamkeit einer Bestimmung ihres Versicherungsvertrages zu schließen ist. Dieses **Kontrolldefizit** wird nach der Neuregelung auch nicht mehr durch den Bedingungstreuhänder ausgeglichen.

139   **d) Notwendigkeit der Vertragsergänzung zur Fortführung des Vertrages.** Eine Befugnis zur Klauselersetzung nach § 164 VVG besteht nur dann. wenn die Klauselersetzung zur Fortführung des Vertrages notwendig ist. Dies ist nicht der Fall, wenn die über § 306 Abs. 2 BGB geltenden gesetzlichen Vorschriften die Vertragslücke sachgerecht schließen. Eine Klauselersetzung ist auch dann nicht notwendig, wenn der Vertrag ausnahmsweise nach § 306 Abs. 3 BGB infolge der Unwirksamkeit einer AVB-Bestimmung insgesamt nichtig ist, weil das Festhalten an ihm auch unter Berücksichtigung einer Lückenfüllung für eine Vertragspartei eine unzumutbare Härte darstellen würde[172].

140   Gemäß dem auf Rechtssicherheit zielenden Regelungszweck von § 164 VVG ist der VR berechtigt, eine gesetzliche Vorschrift, die nach § 306 Abs. 2 BGB an Stelle einer unwirksamen Klausel maßgebend ist, im Wege der Klauselersetzung durch **Wiederholung des Gesetzeswortlautes,** also **rein deklaratorisch,** zum Inhalt der AVB zu machen. Dies kann aufgrund des Transparenzgebotes (s. Rn. 119) sogar geboten sein[173].

141   Eine **Notwendigkeit zur Klauselersetzung** im Verfahren nach § 164 VVG besteht in allen übrigen Fällen, in denen gesetzliche Vorschriften zur Lückenfüllung fehlen und deshalb an sich eine richterliche ergänzende Vertragsauslegung stattfinden müsste[174]. Die vereinzelt vertretene Ansicht, dass nicht nur die Existenz von zur Lückenfüllung geeignetem Gesetzesrecht, sondern schon die Möglichkeit einer richterlichen ergänzenden Vertragsauslegung die Anwendbarkeit des § 164 VVG ausschließe[175], widerspricht dem Regelungszweck der Vorschrift und ließe ihr allenfalls einen marginalen und eher theoretischen Anwendungsbereich[176]. Eine Klauselersetzung gemäß § 164 VVG ist schließlich erforderlich, wenn eine gesetzliche Regelung zur Lückenfüllung ausnahmsweise ungeeignet ist, weil sie für den Regelungsplan der Vertragsparteien in seiner konkreten Ausgestaltung nicht passt. Dazu gehören auch die Fälle, in denen eine ergänzende Vertragsauslegung notwendig ist, weil über

---

[169] Regierungsentwurf BT-Drucks. 16/3945 v. 20. 12. 2006, S. 99.

[170] So auch *Langheid/Grote,* NVersZ 2002, 49 (51).

[171] In diesem Sinne auch das Rundschreiben der Aufsichtsbehörde R 1/2001 v. 10. 10. 2001, VerBAV 2001, 251.

[172] *Kollhosser,* VersR 2003, 807 (809); zu *vertragliche Anpassungsklauseln* vgl. BGH v. 17. 3. 1999 VersR 1999, 697 (698). – Siehe auch unten Fn. 183.

[173] Vgl. dazu *Wandt,* Änderungsklauseln, Rn. 313 f.; *Prölss/Martin/Prölss,* Vorbem. I Rn. 109; *Prölss/Martin/Kollhosser,* § 172 VVG Rn. 6; *Lorenz,* VersR 2001, 1146 (1147); *Fricke,* NVersZ 2000, 310 (314); *Kollhosser,* VersR 2003, 807 (810).

[174] So für § 172 Abs. 2 VVG *Wandt,* Änderungsklauseln, Rn. 304 und 315; *Lorenz,* VersR 2001, 1146; *ders.,* VersR 2002, 410; a. M. *Schünemann,* VersR 2002, 393.

[175] Berliner Kommentar/*Schwintowski,* § 172 VVG Rn. 25.

[176] Ebenso *Kollhosser,* VersR 2003, 807 (812).

die gesetzlichen Regelungen hinaus ein nicht zu übergehendes Bedürfnis des VN nach weiterer – über das Gesetz hinausgehender – Unterrichtung besteht[177].

e) Festhalten am Vertrag ohne Neuregelung als unzumutbare Härte. Der Gesetz- **142** geber hat im Zuge der VVG-Reform 2008 die gesetzliche Anpassungsmöglichkeit um den Fall ergänzt, dass eine Fortführung des Vertrages ohne Klauselersetzung zwar prinzipiell möglich wäre, dies jedoch für eine Vertragspartei auch unter Berücksichtigung der Interessen der anderen Vertragspartei eine unzumutbare Härte darstellen würde[178]. In der Regel wird der ersatzlose Wegfall einer unwirksamen Bestimmung (nur) für den Versicherer eine unzumutbare Härte darstellen. Um zu vermeiden, dass die Anpassungsmöglichkeit einseitig zu Lasten des Versicherungsnehmers genutzt wird, schreibt § 164 Abs. 1 S. 1 VVG vor, dass bei der Beurteilung, ob eine unzumutbare Härte vorliegt, auch die Interessen der anderen Vertragspartei berücksichtigt werden müssen.

f) Zulässiger Inhalt einer zur Lückenschließung eingefügten Klausel. Gemäß **143** § 164 VVG ist die neue Regelung nur dann wirksam, wenn sie unter Wahrung des Vertragsziels die **Belange der Versicherungsnehmer**[179] angemessen berücksichtigt. Dabei wird auf die typischen Belange der Versicherungsnehmer unter Berücksichtigung ihrer Einbindung in das Versichertenkollektiv abzustellen sein. Die Belange gelten dann als gewahrt, wenn die Neuregelung das bei Vertragsschluss vorhandene Äquivalenzverhältnis wieder herstellt[180]. Die neue Regelung muss darüber hinaus den Anforderungen der §§ 307 ff. BGB genügen.

Auch aus dem Regelungszweck des § 164 VVG ergibt sich, dass der VR in der inhaltlichen **144** Ausgestaltung der neuen Klauseln gebunden ist. Der VR darf nur das zum neuen Inhalt der Verträge machen, was nach den **anerkannten Grundsätzen der ergänzenden Vertragsauslegung** zulässiger Inhalt einer richterlichen ergänzenden Vertragsauslegung wäre. § 164 VVG ändert also nichts an den inhaltlichen Maßstäben für eine Vertragsergänzung. Er besagt vielmehr nur, dass der VR selbst berechtigt ist, den lückenhaften Vertrag unter Anwendung der Grundsätze der ergänzenden Vertragsauslegung zu ergänzen; dass es hierzu also nicht eines Rechtsstreites und eines richterlichen Urteiles bedarf[181].

Diese inhaltliche Begrenzung der Ersetzungsbefugnis des VR setzt das nach dem AGB- **145** Recht bestehende **Verbot geltungserhaltender Reduktion** auch im Rahmen von § 164 VVG um[182] und entfaltet hierdurch Präventivfunktion. Die inhaltliche Begrenzung sichert zugleich die Interessen der VN. Die Interessen der VN werden nämlich vollständig gewahrt, wenn die neu in die Verträge eingefügten Klauseln den strengen Kriterien genügen müssen,

---

[177] Vgl. BGH v. 9. 5. 2001 – IV ZR 138/99 – VersR 2001, 839 (unter I. 2. b) der Gründe) mit Anm. von Präve = NVersZ 2001, 313 = ZIP 2001, 1061 mit Anm. von *Reiff* (Vorinstanz OLG Stuttgart, v. 28. 5. 1999, VersR 1999, 832); BGH v. 9. 5. 2001 – IV ZR 121/00 – VersR 2001, 841 mit Anm. von Präve = NVersZ 2001, 308 = ZIP 2001, 1052 mit Anm. von *Reiff* (Vorinstanz OLG Nürnberg v. 29. 2. 2000, VersR 2000, 713); zu beiden Urteilen *Schwintowski,* NVersZ 2001, 337; vgl. auch *Kollhosser,* VersR 2003, 807 (810).
[178] Vgl. Regierungsentwurf BT-Drucks. 16/3945 v. 20. 12. 2006, S. 100. Die Bezugnahme auf § 306 Abs. 3 BGB ist insoweit missverständlich, als dort das Festhalten an dem geänderten Vertrag erheblich ist.
[179] Der Gesetzgeber verwendet den Begriff der Wahrung der Belange der Versicherungsnehmer in Anlehnung an das Versicherungsaufsichtsrecht. Der dort verwendete Begriff der (Wahrung der Belange der) Versicherten, wodurch sowohl Versicherungsnehmer als auch versicherte Personen und Bezugsberechtigte miterfasst sind, wurde jedoch für das VVG als unpassend erachtet, da er sich dort auf die Versicherung auf fremde Rechnung bezieht. Der Gesetzgeber geht jedoch davon aus, dass im Rahmen des § 164 VVG dennoch auch die Belange derjenigen Personen mitberücksichtigt werden sollen, die durch das VAG erfasst sind; vgl. Regierungsentwurf BT-Drucks. 16/3945 v. 20. 12. 2006, S. 100.
[180] Vgl Regierungsentwurf BT-Drucks. 16/3945 v. 20. 12. 2006, S. 100.
[181] Instruktiv *Lorenz,* VersR 2001, 1146 (1147).
[182] Dies kann im Einzelfall bedeuten, dass eine Klausel, die AGB-rechtlich zulässig ist und daher im Neugeschäft verwendet werden darf, nicht über § 164 VVG in bestehende Verträge eingefügt werden darf, weil sie nicht die Regelung darstellt, welche die Parteien bei sachgerechter Abwägung der beiderseitigen Interessen nach Treu und Glauben redlicherweise vereinbart hätten, wenn ihnen die Unwirksamkeit der Klausel bekannt gewesen wäre.

die sich aus den Grundsätzen der ergänzenden Vertragsauslegung ergeben. Die VN können selbstverständlich zur gerichtlichen Überprüfung stellen, ob die ersetzenden Klauseln entsprechend der Grundsätze der ergänzenden Vertragsauslegung unter Wahrung der Interessen beider Vertragsparteien angemessen sind. Weitergehende Rechte haben die VN im Ergebnis auch nicht, wenn die Vertragslücke durch ein Gericht im Wege ergänzender Vertragsauslegung geschlossen werden muss. Die VN erleiden durch § 164 VVG also keine Rechtsnachteile[183]. Sie haben im Gegenteil den Vorteil einer klaren, schnellen und für alle Versicherungsverträge gleichförmigen Lückenfüllung.

146   Es liegt allerdings in der Natur der **Grundsätze der ergänzenden Vertragsauslegung,** dass sich bei Anwendung dieser Grundsätze nicht stets nur eine einzige vertretbare Lösung ergibt. Entscheidend für die Klauselersetzung nach § 164 VVG ist deshalb, dass sich die vom VR neu eingefügte Klausel inhaltlich in dem **Bewertungsrahmen** hält, den die Grundsätze der ergänzenden Vertragsauslegung eröffnen. Dieser Bewertungsrahmen ist jedoch meist relativ eng, da die Unwirksamkeit einer Bestimmung der Allgemeinen VersBedingungen durch ein Gericht, zumindest aber durch die BaFin oder durch die Kartellbehörden festgestellt sein muss. Der VR muss bei der inhaltlichen Ausgestaltung der ersetzenden Klausel die Maßgaben der gerichtlichen oder behördlichen Entscheidung, welche die Unwirksamkeit der alten Klausel festgestellt hat, umsetzen. Es ist zu erwarten, dass die Gerichte insoweit wegen des Ausnahmecharakters des § 164 VVG strenge Anforderungen stellen werden. Ausgehend vom Zweck der Vorschrift, eine rasche und einheitliche Vertragsergänzung zu erreichen, sollten die Anforderungen dennoch nicht überzogen werden. Die Gefahr missbräuchlicher Klauselersetzungen ist aus verschiedenen Gründen sehr gering. Für diese Einschätzung spricht, dass sich aus der die Unwirksamkeit feststellenden Entscheidung eine „gebundene Marschroute" ergibt. Außerdem wirken die Image- und Kostenfolgen eines fehlgeschlagenen Ersetzungsverfahrens präventiv.

147   **g) Zeitpunkt des Wirksamwerdens der Ersetzung.** Eine Klauselersetzung wird gemäß § 164 Abs. 2 VVG zwei Wochen nach Mitteilung der neuen Regelung und der hierfür maßgeblichen Gründe an den VN wirksam.

148   Von dem Zeitpunkt des Wirksamwerdens der Ersetzung ist der Wirkungszeitraum der in den Vertrag eingefügten neuen Bestimmung zu unterscheiden. Nach der Gesetzesbegründung soll die Ersetzung nur für die Zukunft wirken; es stehe den Vertragsparteien jedoch frei, einen anderen Zeitpunkt für das Wirksamwerden, z. B. rückwirkend zum Vertragsschluss, zu vereinbaren, sofern dies für den Versicherungsnehmer nicht nachteilig ist[184]. Der Gesetzesbegründung, die über den objektiven Inhalt von § 164 Abs. 2 VVG hinausgeht, ist nicht zu folgen. Vielmehr ist auch für das neue Recht daran fest zu halten, dass die eingefügte neue Klausel entsprechend dem Zweck der Vorschrift grundsätzlich auf den Zeitpunkt des Vertragsschlusses zurückwirkt, soweit es der Regelungsgehalt der eingefügten Bestimmung erfordert und zulässt. Der Vertrag wird – abgesehen von regelungsspezifischen Ausnahmefällen – so beurteilt, als habe er von Anfang an der inhaltlich sachgerechten Regelung unterlegen. Damit wird dem Interesse des Vertragspartners des AGB-Verwenders an der Geltung inhaltlich angemessener Regelungen und dem Schutzzweck des AGB-Rechts weitestgehend Rechnung getragen[185].

149   **h) Obliegenheit zur ordnungsgemäßen Klauselersetzung nach § 164 VVG.** § 164 VVG begründet seinem Wortlaut nach keine Verpflichtung, sondern nur eine Berechtigung

---

[183] Die Ausnahmeregelung des § 306 Abs. 3 BGB entfaltet ihre Wirkungen ungeachtet des § 164 VVG. Wenn nämlich das Festhalten an dem im Wege der Klauselersetzung nach den Grundsätzen der ergänzenden Vertragsauslegung ergänzten Vertrag für den VN nicht zumutbar ist, ist eine Vertragsergänzung nicht im Sinne von § 164 VVG zur Fortführung des Vertrages notwendig. Den berechtigten Interessen der VN kann jedoch regelmäßig im Rahmen der ergänzenden Vertragsauslegung angemessen Rechnung getragen werden, so dass es für die VN regelmäßig nicht unzumutbar ist, an dem ergänzten Vertrag festgehalten zu werden. Mit einer Unwirksamkeit des Versicherungsvertrages gemäß § 306 Abs. 3 BGB wäre dem VN in aller Regel nicht gedient.
[184] Vgl. Regierungsentwurf BT-Drucks. 16/3945 v. 20. 12. 2006, S. 100.
[185] *Wandt,* VersR 2001, 1449 (1455); *Kollhosser,* VersR 2003, 807 (812); *Prölss/Martin/Kollhosser,* § 172 VVG Rn. 40.

des VR zur Klauselersetzung. § 164 VVG begründet jedoch entgegen seinem Wortlaut nicht eine im Belieben des VR stehende Befugnis zur Klauselersetzung, sondern eine **Obliegenheit** des VR[186]. Denn es ist zu beachten, dass der VR über die Grundsätze der ergänzenden Vertragsauslegung Rechtsnachteile erleiden kann, wenn er eine Klauselersetzung nicht mit dem nach den Grundsätzen der ergänzenden Vertragsauslegung gebotenen Inhalt oder nicht in angemessener Zeit vornimmt.

Wenn nämlich ein VR die Grenzen der ergänzenden Vertragsauslegung bei einer Klausel-   **150** ersetzung nach § 164 VVG nicht einhält, wird die bestehende Vertragslücke nicht wirksam geschlossen. Das Problem der Lückenfüllung besteht deshalb nach wie vor. Im Rahmen der dann nach wie vor notwendigen ergänzenden Vertragsauslegung kann einem Fehlverhalten des VR bei seinem unwirksamen Versuch, die Vertragslücke durch eine Klauselersetzung gemäß § 164 VVG zu schließen, Rechnung getragen werden. Dies kann dazu führen, dass sich die Ersatzregelung, die nach den Grundsätzen der ergänzenden Vertragsauslegung grundsätzlich unter ausgewogener Berücksichtigung der Interessen beider Vertragsparteien zu finden ist, inhaltlich zum Vorteil des VN verändert. Es kann im Extremfall sogar dazu führen, dass eine den VN belastende Regelung ersatzlos wegfällt. Solche **Sanktionen** sind **im Rahmen der Grundsätze der ergänzenden Vertragsauslegung** durchaus systemkonform. Denn gemäß dieser Grundsätze ist auch zu fragen, was die Parteien bei sachgerechter Abwägung der beiderseitigen Interessen nach Treu und Glauben redlicherweise für den Fall vereinbart hätten, dass der VR bei Unwirksamkeit einer AVB die Grenzen des § 164 VVG bei einer Klauselersetzung im Treuhänderverfahren vorwerfbar nicht einhält und deshalb nach wie vor eine zu schließende Vertragslücke besteht[187].

i) Verfassungsmäßigkeit. § 164 VVG ist **verfassungsgemäß**[188]. Die bisher im Schrift-   **151** tum vereinzelt vertretene These, jedenfalls die Anwendung des § 172 Abs. 2 VVG a. F. auf die Kapitallebensversicherung sei verfassungswidrig[189], vermag nicht zu überzeugen. Denn der VN kann uneingeschränkt gerichtlich überprüfen lassen, ob die Voraussetzungen für eine Bedingungsersetzung vorlagen, ob sich der VR bei der Klauselersetzung an die inhaltlichen Grenzen gehalten hat, und schließlich, ob die neu eingefügte Klausel wirksam ist[190].

---

[186] Weitergehend nimmt *Kollhosser,* VersR 2003, 807 (811), eine echte Vertragspflicht des VR an. Vgl. auch *Lorenz,* VersR 2001, 1146 (1148), der die Nichtdurchführung einer Klauselersetzung zutreffend als aufsichtsrechtlichen Missstand qualifiziert; in diesem Sinne auch die Aufsichtsbehörde in dem Rundschreiben R 1/2001 v. 10. 10. 2001.

[187] Die Frage, ob ein VR durch einen missglückten Versuch der Lückenfüllung seine gesetzliche Ersetzungsbefugnis *verwirkt,* ist – soweit ersichtlich – im Schrifttum noch nicht behandelt worden. Insoweit scheint vor allem im Interesse der VN, denen das Treuhänderverfahren in erster Linie dient, Zurückhaltung geboten.

[188] Explizit für Verfassungsmäßigkeit auch *Lorenz,* VersR 2002, 410; *Kollhosser,* VersR 2003, 807.

[189] So *Bäuerle* in *Bäuerle/Schünemann,* Ersetzung unwirksamer Klauseln in der kapitalbildenden Lebensversicherung aus verfassungs- und zivilrechtlicher Sicht, VersWissStud Bd. 20, 2002, S. 9; *Schünemann,* VersR 2002, 393ff.

[190] Ausführlich *Wandt,* Änderungsklauseln, Rn. 349. – Der Einwand von *Schünemann* (in *Bäuerle/Schünemann,* Ersetzung unwirksamer Klauseln in der kapitalbildenden Lebensversicherung aus verfassungs- und zivilrechtlicher Sicht, VersWissStud Bd. 20, 2002, S. 99f.), wegen des uneingeschränkten Rechtsschutzes sei die Schnelligkeit und Gleichförmigkeit einer Klauselersetzung gemäß § 172 Abs. 2 VVG a. F. ein Scheinargument, überzeugt nicht. Denn es ist etwas anderes, ob man – ohne gesetzliche Ersetzungsbefugnis – jeden einzelnen VN zu Gericht *zwingt,* damit die schließungsbedürftige Lücke seines Vertrages im Wege richterlicher ergänzender Vertragsauslegung gefüllt wird, oder ob man den VR gesetzlich ermächtigt, die Vertragslücke in strenger Bindung an das die Unwirksamkeit einer Klausel aussprechende Urteil und an die Grundsätze der ergänzenden Vertragsauslegung mit Zustimmung eines unabhängigen Treuhänders durch Einfügung einer neuen Klausel zu füllen und dies mit der *Möglichkeit* einer gerichtlichen Kontrolle verknüpft. Angesichts der Bindungen des VR bei der Lückenfüllung, dem Massencharakter von Versicherungsverträgen und der knappen Ressource „Recht" ist der Weg über § 172 Abs. 2 VVG für alle Beteiligten der mit Abstand vernünftigere Weg. In diese Richtung weist auch der Abschlussbericht der VVG-Reformkommission; vgl. VVG-Reform Abschlussbericht (2004), S. 45ff.

---

152   **j) Abdingbarkeit.** § 164 VVG ist nun – im Gegensatz zu § 172 Abs. 2 VVGa. F. – gemäß § 171 VVG **halbzwingend.** Von der Regelung darf demnach nicht zum Nachteil des Versicherungsnehmers abgewichen werden. In sofern dürfte es jedoch nur vordergründig zu einer praktischen Änderung gekommen sein, da auch bisher § 172 Abs. 2 VVG a. F. das gesetzliche Leitbild für die AGB-Kontrolle im Sinne von § 307 Abs. 2 Nr. 1 BGB darstellte und eine Abweichung von diesem gesetzlichen Leitbild zu Lasten des VN AGB-rechtlich grundsätzlich nicht zulässig war.

153   **k) Übergangsregelung.** Die Neuregelung des § 164 VVG ist mit dem 1. 1. 2008 in Kraft getreten. Eine diesbezügliche Übergangsregelung existiert nicht.

2. Berufsunfähigkeitsversicherung

154   Durch die VVG-Reform von 2008 ist nunmehr auch die Berufsunfähigkeitsversicherung explizit geregelt worden, während bisher die Vorschriften über die Lebensversicherung entsprechend anwendbar waren. Nach wie vor bleiben jedoch auch nach der Neuregelung die Vorschriften über die Lebensversicherung entsprechend anwendbar, sofern nicht Besonderheiten der Berufsunfähigkeitsversicherung dem entgegenstehen. Für die Ersetzung unwirksamer Klauseln aus den AVB ist **§ 164 VVG entsprechend anwendbar.**

155   Allerdings ist die Regelung des § 164 VVG für die Berufsunfähigkeitsversicherung nicht halbzwingend. Da sich die Berufsunfähigkeitsversicherung noch in der Entwicklung befindet, sollte nach dem Willen des Gesetzgebers die Produktgestaltungsfreiheit nicht entsprechend eingeschränkt werden; ein ausreichender Schutz des Versicherungsnehmers sei hier bereits durch § 307 BGB sichergestellt[191].

3. Krankenversicherung

156   Gemäß § 203 Abs. 4 VVG ist für den Fall, dass eine Bestimmung in den AVB der Krankenversicherung durch höchstrichterliche Entscheidung oder durch einen bestandskräftigen Verwaltungsakt für unwirksam erklärt wurde, § 164 VVG anzuwenden. Hinsichtlich der Einzelheiten kann daher auf die Erläuterungen zu § 164 VVG verwiesen werden (s. Rn. 128).

157   Der Verweis auf § 164 VVG durch § 203 Abs. 4 VVG ersetzt die bisher eigenständige Regelung des § 178g Abs. 3 Satz 3 VVG a. F., die aber schon zuvor als Parallelregelung zur Lebensversicherung anzusehen war.

158   § 164 VVG i. V. m. § 203 VVG ist gemäß § 208 VVG halbzwingend. Insofern findet eine Abkehr von der bisherigen Regelung des § 178g Abs. 3 Satz 3 VVG a. F statt, wonach sich der Zeitpunkt des Wirksamwerdens einer Klauselersetzung in erster Linie nach einer vertraglichen Vereinbarung richtete.

III. Vertragliche Ersetzungsbefugnisse

159   Ersetzungsklauseln sind **zulässig.** Eine generelle Unzulässigkeit folgt weder aus § 306 BGB noch aus anderen Gründen, insbesondere nicht aus einem Umkehrschluss aus §§ 164, 176, 203 VVG. Zwar hält der Gesetzgeber es generell für angemessen, das Risiko einer vom Versicherer verwendeten unwirksamen Bedingung außerhalb der Lebens-, Berufsunfähigkeits- und Krankenversicherung dem VR aufzuerlegen[192]. Deshalb ist der Vorschlag der VVG-Reformkommission nicht Gesetz geworden, für die Schadens- und UnfallV eine allgemeine Ersetzungsregelung zu schaffen, die sich an den §§ 172 Abs. 2 und 178g Abs. 3 Satz 2 VVG a. F. anlehnt[193]. Dem widerspricht es jedoch nicht, dem VR die Befugnis zuzusprechen, das Verwenderrisiko in den Grenzen des AGB-Rechts durch eine vertragliche Ersetzungsbefugnis zu minimieren.

160   Es liegt angesichts der Schutzfunktion des AGB-Rechts allerdings auf der Hand, dass Ersetzungsklauseln sehr **strengen Wirksamkeitsvoraussetzungen** unterliegen[194]. Sie werden

---

[191] Regierungsentwurf BT-Drucks. 16/3945 v. 20. 12. 2006, S. 107.
[192] Regierungsentwurf BT-Drucks. 16/3945 v. 20. 12. 2006, S. 100.
[193] VVG-Reform-Abschlussbericht (2004), S. 46 (§ 16 VVG-E).
[194] Eingehend hierzu *Wandt*, Änderungsklauseln, Rn. 308.

weitgehend durch § 306 BGB und durch die spezielle Ersetzungsregelung des § 164 VVG als **gesetzliches Leitbild** determiniert[195].

Eine Befugnis des VR, eine unwirksame Vertragsbestimmung zu ersetzen, setzt eine **er- 161 hebliche Vertragsstörung** voraus. Sie kann darin liegen, dass durch die Unwirksamkeit einer leistungsbestimmenden AVB das Verhältnis zwischen dem zu gewährenden VersSchutz und der vereinbarten Prämie ungleichgewichtig geworden ist. Sie kann aber auch darin liegen, dass eine im vertraglichen Regelungswerk entstandene Lücke solche Schwierigkeiten bei der Durchführung des Vertrages entstehen lässt, die nur durch eine Ersetzung der unwirksamen Klausel durch den VR zu beseitigen sind.

Die Ersetzung einer unwirksamen Allgemeinen Versicherungsbedingung durch den VR **162** ist unzulässig, wenn **gesetzliche Regelungen zur Lückenfüllung** bereitstehen (§ 307 Abs. 2 Nr. 1 und § 306 Abs. 2 BGB). Voraussetzung ist allerdings, dass die anwendbaren gesetzlichen Vorschriften den Besonderheiten des lückenhaften Vertrages gerecht werden.

Der VR darf in der ersetzenden Bedingung **inhaltlich** nicht zum Nachteil der VN über **163** das hinausgehen, was zur **Beseitigung der Vertragsstörung** erforderlich ist.

Eine Ersetzungsklausel muss eindeutig zum Ausdruck bringen, wem die **Kompetenz** zu- **164** gewiesen ist, eine **Bedingung für unwirksam zu erklären.** Insoweit wird es keinen Spielraum geben, von dem neuen gesetzlichen Leitbild abzuweichen: Die Unwirksamkeit einer Versicherungsbedingung kann deshalb nur durch einen bestandskräftigen Verwaltungsakt oder durch eine höchstrichterliche Entscheidung festgestellt werden.

Die bestands- oder rechtskräftige Entscheidung muss nicht gegen den ersetzenden VR er- **165** gangen sein. Es genügt, dass der ersetzende VR eine **inhaltsgleiche und deshalb ebenfalls unwirksame Bedingung** verwendet.

Für das alte Recht wurde mit Blick auf § 172 VVG a. F. davon ausgegangen, dass die **Ein- 166 schaltung eines unabhängigen Treuhänders** auch und gerade im Rahmen vertraglicher Ersetzungsklauseln notwendig sei, um Kontrolldefizite der Versicherungsnehmer auszugleichen. Dies war auch vor dem Hintergrund zu sehen, dass die Kompetenz zur Feststellung der Unwirksamkeit einer AGB-Bestimmung gesetzlich nicht festgeschrieben war. § 164 VVG ist vom Treuhänderverfahren jedoch bewusst abgekehrt. Ausweislich der Gesetzesbegründung geschah dies aufgrund der Annahme, dem VN könne durch die Bestätigung des Treuhänders der fehlerhafte Eindruck vermittelt werden, dass eine gerichtliche Überprüfung der Wirksamkeit der neuen Klausel von vornherein aussichtslos wäre. Angesichts dieser Begründung kann ein Erfordernis der Einschaltung eines unabhängigen Treuhänders nicht länger bejaht werden; im Gegenteil könnte die Einschaltung – gemessen an der Gesetzesbegründung – als unangemessene Abweichung vom gesetzlichen Leitbild erachtet werden.

Es besteht weitgehend Einigkeit, dass eine Ersetzungsklausel AGB-rechtlich jedenfalls **167** dann zulässig ist, wenn dem VN ein **Widerspruchsrecht** eingeräumt wird und die Ersetzungsklausel in transparenter Weise die übrigen Wirksamkeitsanforderungen erfüllt (Feststellung der Unwirksamkeit durch bestandskräftigen Verwaltungsakt oder rechtskräftiges Urteil; Begrenzung der Ersetzungsbefugnis betreffend Anlass und Inhalt auf das Erforderliche etc.)[196]. Bei Abwägung der berührten Interessen erscheint die Einräumung eines Widerspruchsrechts jedoch nicht als unverzichtbares Wirksamkeitserfordernis[197].

Eine Ersetzungsklausel, die den zuvor herausgearbeiteten formellen und inhaltlichen Kri- **168** terien entspricht, muss dem VN kein **außerordentliches Kündigungsrecht** für den Fall einräumen, dass der VR eine unwirksame Klausel ersetzt. Einen Ansatz für ein solches Erfordernis gibt allerdings die Überlegung, dass die Ersetzungsklausel funktionell an die Stelle einer richterlichen ergänzenden Vertragsauslegung tritt und die durch ergänzende Vertrags-

---

[195] Vgl. *Kollhosser,* VersR 2003, 807.
[196] *Prölss/Martin/Prölss,* Vorbem. I. Rn. 109.
[197] So im Ergebnis auch *Römer,* VersR 1994, 125 (126); *Präve,* Versicherungsbedingungen, Rn. 614. Auch *Matusche-Beckmann,* NJW 1998, 112 (115 Fn. 32) hält eine Einschränkung des vertraglichen Konsensprinzips für „eher gerechtfertigt", wenn die Ersetzung entsprechend §§ 172, 178g VVG die Zustimmung eines unabhängigen Treuhänders voraussetzt.

auslegung zu findende Lückenfüllung je nach Fallkonstellation die Gewährung eines Kündigungsrechts für den Gegner des Klauselverwenders einschließen kann[198]. Voraussetzung ist aber, dass der angemessene Interessenausgleich ein außerordentliches Kündigungsrecht erfordert. Dies ist bei einer Bedingungsersetzung unter Wahrung des Verschlechterungsverbots jedoch grundsätzlich nicht der Fall, weil eine solche Bedingungsersetzung – anders als beispielsweise eine Prämienanpassung[199] – zu keiner unerwarteten Belastung des VN führt.

D. Österreich

169   In Österreich[200] ist die Gesetzeslage ähnlich wie in Deutschland[201]. **Gesetzliche Vertragsänderungsbefugnisse** gibt es allerdings nur für die **Kfz-Haftpflichtversicherung** und auch dort nur für Sondersituationen (§§ 15, 17, 36 Abs. 2 KHVG). Für Prämienanpassungen außerhalb der speziellen Regelungen ist der Kfz-Haftpflichtversicherer wie alle anderen VR auf eine **vertragliche Prämienanpassungsklausel** verwiesen, für deren Inhalt § 14b KHVG allerdings bestimmte (halb-) zwingende Vorgaben macht[202].

170   Auch für die **Lebens- und Krankenversicherung** ist der VR auf **vertragliche Anpassungsvorbehalte** verwiesen, für welche die §§ 178 f und § 172 österr. VVG zusätzlich zu den Anforderungen des Konsumentenschutzgesetzes ebenfalls **(halb-) zwingende gesetzliche Voraussetzungen** statuieren.

171   Bei **Prämienanpassungen** besteht grundsätzlich das Gebot, sie an einen (amtlichen) **Index** zu koppeln. Diesen Weg geht das österr. Recht z. B. in § 14b Abs. 1 Satz 1 KHVG für die Kfz-Haftpflichtversicherung und in §§ 178 f Abs. 2 Z. 1 und 172 VVG für die Lebens- und Krankenversicherung. Im Fall einer beabsichtigten Prämienerhöhung muss der VR dem VN **alternativ einen Vertrag mit reduziertem Leistungsinhalt** zu höchstens gleichbleibender Prämie anbieten (§§ 178 f Abs. 3, 172 VVG).

172   Soweit **andere Faktoren für eine Prämienanpassung** und eine **Veränderung des Versicherungsschutzes** vereinbart werden können, bedarf der VN des Schutzes, wenn er deren Eintritt nicht wie die Veränderung eines amtlichen Indexes ohne weiteres überprüfen kann. Deshalb statuiert **§ 178 g österr. VVG** eine Verpflichtung des Krankenversicherers, die Prämienerhöhung bzw. die Veränderung des Versicherungsschutzes bestimmten Institutionen und Verbänden mitzuteilen, und gewährt den genannten Institutionen eine **Verbandsklagebefugnis**[203].

---

[198] Ein Beispiel gibt die ergänzende Vertragsauslegung durch den BGH infolge Unwirksamkeit der Tagespreisklausel im Kfz-Neuwagengeschäft BGH v. 1. 2. 1984, BGHZ 90, 69 = NJW 1984, 1177 (Rücktrittsrecht des Käufers).

[199] Siehe hierzu § 31 VVG.

[200] Zur Rechtsvergleichung im Versicherungsvertragsrecht allgemein *Basedow/Fock,* Europäisches Versicherungsvertragsrecht, 1. und 2. Band 2002, 3. Band 2003; *Reichert-Facilides* (Hrsg,), Insurance Contracts, IECL Band IX (im Druck). Um wissenschaftliche Vorbereitung einer Harmonisierung auf europäischer Ebene bemüht sich seit 1999 die „Project Group Restatement of European Insurance Contract Law". Vgl. dazu *Basedow/Fock,* Europäisches Versicherungsvertragsrecht, Band I, S. 4 sowie http://zivilrecht2.uibk.ac.at/restatement/portal.html und oben Rn. 87.

[201] Für Österreich vgl. vor allem *Fenyves,* Der Einfluß geänderter Verhältnisse auf Langzeitverträge, 1997; *Fenyves/Kronsteiner/Schauer,* Kommentar zu den Novellen zum VVG, 1998; *Grubmann,* Kraftfahrzeug-Haftpflichtversicherung, 1995; *Schauer,* VR 1999, 21; *Wandt,* VR 2002, 4 ff.

[202] Nach der Gesetzesbegründung (AB 122 BlgNR 19. GP 2) ist § 14b Abs. 1 KHVG nicht abschließend; vgl. auch *Grubmann,* Kraftfahrzeug-Haftpflichtversicherung, 1995, § 14b KHVG Anm. 1 und 2; *Schauer,* VR 1999, 21, 26 (Die Regelung sei nur insoweit abschließend als nur der Index des Österreichischen Statistischen Zentralamtes als Index vereinbart werden darf und auf den individuellen Schadensverlauf nur solange abgestellt werden darf, als der Amtliche Index noch nicht existiert).

[203] Kritisch zur Nichtanwendbarkeit auf die Lebensversicherung *Fenyves/Kronsteiner/Schauer,* Kommentar zu den Novellen zum VVG, 1998, § 172 VVG Rn. 8.

4. Abschnitt. Rechtsstellung des Versicherungsnehmers

§ 12. Prämienzahlungspflicht des Versicherungsnehmers

Inhaltsübersicht

Literatur: *Dörner/Hoffmann,* Der Abschluss von Versicherungsverträgen nach § 5a VVG, NJW 1996, 153; *Gärtner,* Prämienzahlungsverzug, 2. Aufl., 1977; *Gitzel,* Die Beendigung eines Vertrags über vorläufige Deckung bei Prämienzahlungsverzug nach dem Regierungsentwurf eines Gesetzes zur Reform des Versicherungsvertragsrechts, VersR 2007, 322; *Hübner,* Vom Beruf unserer Zeit zur nationalen Gesetzgebung, ZVersWiss 2002, 87; *Johannsen,* Zum Einlösungsprinzip und seinen Abweichungen gemäß dem VVG-Entwurf, Ein Leben mit der Versicherungswissenschaft – Festschrift für Helmut Schirmer, 2005, 263; *Lang,* Prämienverzug, Voraussetzungen und Rechtsfolgen in der Rechtsprechung des BGH, VersR 1987, 1157; *Riedler,* Der Prämienzahlungsverzug bei Erst- und Folgeprämie, 1990; *Wandt/Ganster,* Zur Harmonisierung von Versicherungsbeginn und Prämienfälligkeit durch AVB im Rahmen des VVG 2008, VersR 2007, 1034.

A. Einleitung: zum Prämienbegriff

Die Prämienzahlungspflicht und die Rechtsfolgen einer Nicht-, nicht vollständigen oder **1** nicht rechtzeitigen Erfüllung regelt das VVG in den §§ 33 ff. VVG. Das reformierte VVG bringt neben einer Abschwächung des Einlösungsprinzips eine Reihe von Neuerungen, die überwiegend dem Schutz des VN dienen, wie z. B. die Entlastungsmöglichkeit des VN bei unverschuldetem Zahlungsverzug. Hatte der VR nach alter Rechtslage unabhängig von einem Verschulden des VN das Recht, vom Vertrag zurück zu treten (§ 38 Abs. 1 VVG a. F.), setzt dieses Recht nach § 37 Abs. 1 VVG jetzt voraus, dass der VN die Nichtzahlung zu vertreten hat. Auch der sogenannte Grundsatz der Unteilbarkeit der Prämie ist aufgehoben worden und bei vorzeitiger Beendigung des Vertrags durch eine Verpflichtung zur Prämienzahlung pro rata temporis ersetzt worden. Daneben aber sind wesentliche Strukturelemente des bislang geltenden Prämienrechts auch im neuen VVG wieder zu finden.

Unverändert weisen die Regelungen zur Prämie im VVG Abweichungen gegenüber den allgemeinen zivilrechtlichen Bestimmungen des BGB auf. Eine Besonderheit des Versicherungsrecht stellt bereits die Verwendung des Begriffs „Prämie" dar. Prämie im Sinne der §§ 33 ff. VVG meint das Entgelt, das der VN für die Übernahme des Risikos durch den VR zu entrichten hat[1]. Als **Nettoprämie** bezeichnet man hierbei den Teil der Prämie, der auf das Deckungskapital für das versicherte Risiko entfällt[2]. Demgegenüber schließt die **Bruttoprämie** auch Verwaltungskosten, Reserve und Versicherungssteuer ein[3]. Nicht Bestandteil der Prämie sind die in § 38 Abs. 1 S. 2 VVG aufgeführten Zinsen und Kosten, bei denen es sich um Mahnkosten sowie Zinsen wegen des Prämienrückstands handelt[4].

2   Als Synonym des Begriffs Prämie wird in AVB auch der Begriff **Beitrag** verwendet (z. B. in § 1 Abs. 1 AKB). Da das VVG durchgängig nur von der Prämie spricht, umfasst diese alle Bestandteile des vom VN zu zahlenden Entgelts wie Versicherungssteuer und sogenannte Nebengebühren, auch wenn sie separat neben der Prämie berechnet werden[5].

3   Eine gesetzliche Regelung für die separate Berechnung von Nebengebühren, wie sie etwa im österreichischen Recht (§ 41 b ÖVVG) besteht[6], kennt das deutsche Recht auch in der reformierten Fassung und entgegen mancher Empfehlungen zu einer stärkeren Aufschlüsselung der Prämienbestandteile[7] nicht. Prämie wird hier als **Bruttoprämie** verstanden. Der VR ist jedoch nicht gehindert, die Prämie etwa in einen Risikobestandteil und einen Verwaltungskostenbestandteil aufzufächern.

4   Beim **VVaG** stellt der vom VN zu entrichtende Beitrag als Gegenleistung für die Risikoübernahme eine Prämie im i. S. der §§ 33 ff. VVG dar[8], unabhängig davon, dass es sich bei dem Beitrag formal um einen Mitgliedsbeitrag handelt. § 1 Abs. 2 S. 2 VVG a. F. enthielt insoweit eine Gesetzesfiktion, deren Übernahme in das neue VVG der Gesetzgeber zu Recht für überflüssig hielt.

B. Prämie als Entgelt für Versicherungsschutz

I. Die Prämie im System des Versicherungsvertrags

1. Prämie als Hauptleistungspflicht

5   Nach § 1 S. 2 VVG hat der VN die vereinbarte Prämie zu entrichten. Die Prämie stellt das vertraglich vereinbarte **Entgelt für die Übernahme eines Risikos** durch den VR dar. Die Zahlung der Prämie ist deshalb die vertragliche Hauptleistungspflicht des VN[9]. Die Regelung

---

[1] Allgemeine Meinung, *Bruck/Möller*, § 35, Anm. 6; der Sprachgebrauch des VVG weicht damit ab von der Bedeutung des Wortes Prämie in anderen zivilrechtlichen Zusammenhängen wie z. B. dem Arbeitsrecht, wo die Prämie ein zusätzliches, an eine bestimmte Leistung gebundenes Entgelt meint oder auch den § 1083 Abs. 2 S. 2 BGB, wo die Prämie ebenfalls als Zusatzleistung verstanden wird. Zur Gefahrtragung als Inhalt der Leistungspflicht des VR siehe auch *Dreher*, Versicherung als Rechtsprodukt, 87 ff.; *Riedler*, 34; BGH v. 27. 1. 1999, VersR 1999, 433 (434).

[2] *Riedler*, 34.

[3] *Riedler*, 35.

[4] *Römer/Langheid/Römer*, § 39, Rn. 11; BGH v. 27. 1. 1999, VersR 1999, 433 (434).

[5] *Prölss/Martin/Prölss*, § 35, Rn. 3; *Bruck/Möller*, § 35, Anm. 10; *Riedler*, 35; *Römer/Langheid/Römer*, § 35, Rn. 3.

[6] Vgl. hierzu Berliner Kommentar/*Riedler*, § 35, Rn. 14; § 41 b ÖVVG gibt dem VR das Recht, Mehraufwendungen, die der VN durch sein Verhalten veranlasst hat, separat auszuweisen. Dies soll die Prämientransparenz erhöhen. Für eine Aufschlüsselung de lege ferenda auch *Hübner*, ZVersWiss 2002, 87 (94).

[7] Vgl. Hübner, ZVersWiss 2002, 87 (94).

[8] *Bruck/Möller* § 35, Anm. 6; siehe auch *Gärtner*, S. 37.

[9] *Schimikowski*, Rn. 146; *Bruck/Möller* § 35, Anm. 4.

in § 1 S. 2 VVG hat insoweit lediglich eine bestätigende Funktion als sie wiederholt, was sich aus dem Vertrag ergibt.

Die Pflicht zur Prämienzahlung entsteht mit **Abschluss des Versicherungsvertrages.** 6 Nach dem Wegfall des sog. Policenmodells und der hiermit verbundenen Schwierigkeiten bei der Bestimmung der Prämienzahlungspflicht[10] kommen nach dem neugefassten VVG zwei Möglichkeiten für den Abschluss eines Versicherungsvertrages in Betracht: Entweder unterbreitet der VR dem VN ein Angebot, das dieser annimmt oder der VR fertigt nach einem Beratungsgespräch eine Police aus, die der Kunde durch Zahlung annimmt (sog. Invitationsmodell)[11]. Im Hinblick auf die Entstehung der Prämienzahlungspflicht wie auch der Fälligkeit der Prämie kommt es auf die Art des Zustandekommens des Versicherungsvertrages nicht an.

Fällig wird die Erst- ebenso wie die Folgeprämie abweichend von § 35 S. 1 a. F. VVG nicht 7 mehr sofort mit Vertragsabschluß, sondern unverzüglich nach Ablauf von zwei Wochen nach Zugang des Versicherungsscheins. Die Frist von zwei Wochen entspricht hierbei der Frist für den Widerruf der Vertragserklärung des VN, wobei allerdings der Beginn den Zugang einer Vielzahl von Unterlagen voraussetzt (§ 8 Abs. 2 VVG), so dass ein Gleichlauf von Widerrufs- und Zahlungsfrist nicht zwingend gewährleistet ist.

Da es sich bei § 33 Abs. 1 VVG lediglich um eine Fälligkeitsregelung handelt, bleibt die 8 grundsätzlich mit Vertragsabschluß entstehende Pflicht des VR zur Gewährung von Versicherungsschutz von der hinausgeschobenen Zahlungspflicht unberührt[12]. Hierin liegt eine deutliche Abkehr vom Einlösungsprinzip des alten VVG, das ja Versicherungsschutz und Prämienzahlungspflicht und -fälligkeit zum selben Zeitpunkt mit Abschluss des Versicherungsvertrages entstehen ließ[13].

2. Erst- und Folgeprämie

a) Das VVG knüpft an die nicht rechtzeitige Zahlung der Prämie für den VN gravierende 9 Rechtsfolgen, insbesondere die **Kündigungsmöglichkeit** des VR sowie **die Leistungsfreiheit im Schadensfall,** wobei das neue VVG beide Rechtsfolgen gegenüber dem bisherigen Recht einschränkt. Unverändert gegenüber der bisherigen Rechtslage unterscheidet das Gesetz danach, ob sich der VN mit der Erstprämie (§ 37 VVG) oder einer Folgeprämie (§ 38 VVG) im Rückstand befindet: Dem Gesetz liegt hierbei weiterhin das Verständnis zugrunde, dass die Entstehung des Versicherungsschutzes von der Zahlung der Erstprämie abhängt **(Einlösungsprinzip)**[14]. Der VR soll nicht zur Leistung verpflichtet sein, solange der VN noch nicht einmal die erste Prämie gezahlt hat[15]. Demgegenüber hängt der Fortbestand des Versicherungsschutzes nicht in gleichem Maße von der Zahlung von Folgeprämien ab. Hier muss der VR Mechanismen in Gang setzen, wenn er sich von dem Vertrag und insbesondere seiner Leistungspflicht lösen will. Das Gesetz betrachtet daher den VN bei der Zahlung der Erstprämie als weniger schutzwürdig als bei der Zahlungspflicht für Folgeprämien[16] und gewährt daher bei Zahlungsverzug dem VR nach § 37 VVG unter erleichterten Voraussetzungen ein Lösungsrecht vom Vertrag sowie Leistungsfreiheit bei Eintritt des Versiche-

---

[10] Vgl. Vorauflage, § 12, Rn. 6; näher *Johannsen,* in: Versicherungsrechtshandbuch[2], § 8 Rn. 12.

[11] Vgl. *Marlow/Spuhl,* Das Neue VVG kompakt, 2007, S. 60.

[12] *Johannsen,* FS Schirmer, 263 (264f.), der zu Recht darauf hinweist, dass eine Annahme eines bis zur Zahlung hinausgeschobenen Versicherungsschutzes trotz bestehenden VV einer gesetzlichen Irreführung des VN gleich käme; zur Erwartungshaltung des VN auch Hübner, ZVersWiss 2002, 87 (96).

[13] Ebenso *Johannsen,* FS Schirmer, 263 (265).

[14] Eingehend *Gärtner,* S. 71; für das VVG 2008 *Wandt/Ganster,* VersR 2007, 1034 (1035).

[15] Erklärbar ist diese Besonderheit des Versicherungsrechts nur historisch, vgl. *Gärtner,* 71, der zu Recht darauf hinweist, dass das Einlösungsprinzip weniger auf ökonomischen Notwendigkeiten als vielmehr auf einem Streben nach Symbolik beruht. Das Hinausschieben der Fälligkeit in der Neufassung des § 33 Abs. 1 VVG ist daher zu Recht als deutliche Aufweichung des Einlösungsprinzips verstanden worden, vgl. *Johannsen,* FS Schirmer, 263 (265); *Wandt/Ganster,* VersR 2007, 1034 (1036).

[16] BGH v. 17. 4. 1967, BGHZ 47, 352 (361).

rungsfalls. Folglich kommt der Unterscheidung von Erstprämie, der die Einmalprämie gleichsteht, und der Folgeprämie erhebliche Bedeutung zu.

10   **b)** Begrifflich ist die **Erstprämie** die Prämie, die nach dem Versicherungsvertrag als **zeitlich erste Prämie** zu zahlen ist[17]. Folglich ist z. B. bei einer vereinbarten Ratenzahlung einer Jahresprämie nur die erste Rate Erstprämie im Sinne des Gesetzes[18]. Entgegen einer früher vertretenen Auffassung ist auch bei Stundung die nach Ablauf der Stundungsfrist zu zahlende Prämie Erstprämie und nicht etwa deshalb Folgeprämie, weil der Versicherungsschutz bereits vor Zahlung der ersten Prämie gewährt wird[19].

Nach ihrer **Funktion** ist die Erstprämie diejenige Prämie, deren Zahlung im Regelfall den Beginn des Versicherungsschutzes auslöst (arg. e § 37 Abs. 1 VVG)[20]. Dies wird verdeutlicht in AVB wie z. B. in § 1 Abs. 1 AKB, wonach Versicherungsschutz mit Zahlung des Beitrags (= Prämie) beginnt. Dass dieser Zusammenhang nicht zwingend ist, zeigt auch der praktisch häufige Fall der vorläufigen Deckungszusage ebenso wie die Rückwärtsversicherung, bei denen die erste zu zahlende Prämie nicht schon deshalb Folgeprämie wird, weil sie zeitlich nach dem Beginn des Versicherungsschutzes gezahlt wird[21].

11   Zweifelsfragen können sich ergeben, wenn der **alte Versicherungsvertrag** durch einen neuen **ersetzt** wird, der dasselbe Risiko abdeckt. Maßgebend ist hierbei mangels anders lautender Regelungen im VVG die allgemein-zivilrechtliche Bewertung. Wesentlich ist danach der Wille der Parteien. Haben sie den bestehenden Vertrag verlängert, ggf. auch unter Änderung einzelner Vertragsregelungen, so liegt kein neuer Versicherungsvertrag vor. Dies hat zur Folge, dass die erste Prämie nach der Vertragsänderung Folgeprämie im Sinne von § 38 VVG ist[22]. Eine Einschränkung des Deckungsumfangs einer Versicherung durch die Umwandlung eines Vollkasko- in einen Teilkaskovertrag begründet keinen neuen Vertragsschluss, wohl jedoch die Ausweitung des Deckungsschutzes bei der Umwandlung eines Teilkasko- in einen Vollkaskovertrag[23].

Anders verhält es sich, wenn z. B. der alte Versicherungsvertrag durch **Zeitablauf** endet oder der VR einen Schadensfall gem. § 92 Abs. 1 VVG zur **Kündigung** nutzt, um im ansonsten unveränderten neuen Vertrag eine erhöhte Prämie durchzusetzen. Hier liegt ein neuer Versicherungsvertrag vor, auch wenn außer der Prämie alle anderen Konditionen dieselben sind[24]. Dem gegenüber bleibt es beim bestehenden Vertrag, wenn z. B. in Nachträgen der Versicherungsschutz erweitert oder die Prämie angepasst wird. Für die Abgrenzung maßgeblich ist der Parteiwille. Für die Auslegung sind hierbei die üblichen Kriterien heranzuziehen[25]. Eine wesentliche Rolle spielen wie stets die Umstände des Vertragschlusses, die einer Gesamtwürdigung zu unterziehen sind[26]. Umfassende **Verhandlungen, die Veränderung wesentlicher Vertragsteile** oder die Ausfertigung eines **vollständig neuen Vertragswerkes** ohne Bezugnahme auf den vorhergehenden Vertrag sprechen für einen neuen Vertrag[27]. Bezeichnungen wie „Nachtrag", „Zusatzvereinbarung" oder der Austausch lediglich einzelner Vertragsteile hingegen deuten auf den **Fortbestand des alten Vertrags**[28]. Auch die Bei-

---

[17] *Römer/Langheid/Römer*, § 38, Rn. 4; BGH v. 25. 6. 1956, BGHZ 21, 122 (132); *Riedler*, S. 49.

[18] *Römer/Langheid/Römer*, § 38, Rn. 4; OLG Hamm v. 23. 10. 1981, VersR 1982, 867.

[19] BGH v. 25. 6. 1956, BGHZ 21, 122 (132); *Römer/Langheid/Römer*, § 38; Rn. 5; zur Gegenauffassung vgl. *Bruck/Möller*, § 1, § 38, Anm. 4.

[20] *Römer/Langheid/Römer* § 38, Rn. 4; OLG Hamm v. 23. 10. 1981, VersR 1982, 867.

[21] BGH v. 25. 6. 1956; BGHZ 21, 122 (132).

[22] Ebenso Berliner Kommentar/*Riedler*, § 38, Rn. 14; OLG Hamm v. 29. 9. 1978, VersR 1979, 413; a. A. wohl *Römer/Langheid/Römer*, § 38, Rn. 6 der bei einer Änderung des alten Vertrages durch Abschluss eines Neuen die erst Prämie des neuen Vertrages als Folgeprämie qualifiziert.

[23] *Riedler*, S. 56.

[24] *Riedler*, S. 51.

[25] Berliner Kommentar/*Riedler*, S. 3, 38, Rn. 9; OLG Hamm v. 29. 9. 1978, VersR 1979, 413.

[26] *Römer/Langheid/Römer*, § 38, Rn. 6.

[27] Berliner Kommentar/*Riedler*, § 38, Rn. 6.

[28] Berliner Kommentar/*Riedler*, § 38, Rn. 6.

behaltung der Versicherungsnummer ist ein gewichtiges Indiz für die Fortsetzung des alten Vertrags[29]. Keinen Neuabschluss stellt der Fall des Erwerbs eines versicherten Gegenstands dar (vgl. § 95 VVG), da in diesem Fall der Versicherungsvertrag kraft Gesetzes fortbesteht und lediglich kündbar ist[30] (§ 96 Abs. 1, 2 VVG).

c) Die **Folgeprämie** definiert sich nach alldem negativ: Jede **Prämie, die nicht als Erst-** **12** **prämie** einzuordnen ist, stellt eine Folgeprämie im Sinne des § 38 dar[31]. Hierbei finden sich des Öfteren Regelungen in AVB, die klarstellend oder auch konstitutiv eine Folgeprämie definieren. Ein Beispiel für eine konstitutive Bestimmung findet sich in § 6 Ziff. 5 AKB, der bei einer Versicherung eines Kfz bei dem selben VR innerhalb von sechs Monaten nach Veräußerung des vormals versicherten Kfz festlegt, dass für die dann zu entrichtende erste Prämie die § 38 a. F. VVG, § 1 Abs. 4 S. 2 AKB keine Anwendung finden. Die Regelung ist konstitutiv, da die Veräußerung des alten Kfz und die Versicherung eines neuen nach § 6 Ziff. 1 AKB, § 69 a. F. VVG (§ 95 n. F. VVG) einen neuen Versicherungsvertrag begründet[32]. Rein deklaratorisch ist etwa die Erklärung des VR, dass bei einer Veränderung der AVB die nächste zu zahlende Prämie Folgeprämie ist[33].

3. Einmalprämie

Der Erstprämie in § 37 Abs. 1 VVG gleichgestellt ist die **Einmalprämie.** Die Einmalprä- **13** mie findet sich typischer Weise bei kurz laufenden, ein einzelnes Ereignis abdeckenden Versicherungen wie der Reisegepäckversicherung oder der Reiserücktrittsversicherung. Auch in diesem Fall kann der VR unter erleichterten Voraussetzungen kündigen und wird von der Leistung frei, solange die fällige Prämie nicht gezahlt ist.

4. Prämienhöhe

Die Prämienhöhe unterliegt in vollem Umfang der **parteiautonomen Gestaltung**[34]. In **14** der Regel ist die Prämienhöhe im Versicherungsvertrag als **Zahlbetrag** festgelegt. Dies ist allerdings nicht zwingend. Anzutreffen und üblich sind in bestimmten Versicherungszweigen auch **prozentuale Prämiensätze,** die sich wie z. B. in der Bauleistungsversicherung vom Geldwert der übernommenen Bauleistungen bemessen, oder umsatzabhängige Prämiensätze. Haben die Parteien sich nicht ausdrücklich auf eine bestimmte Prämienhöhe geeinigt, so ist möglicherweise ein Bestimmungsrecht des VR nach § 315 BGB gewollt[35]. In diesem Fall ist der VR in der Regel als verpflichtet anzusehen, die Prämie an vergleichbaren, bei ihm versicherten Risiken auszurichten. Je nach den Umständen des Einzelfalls kann bei fehlender ausdrücklicher Bestimmung der Prämienhöhe auch eine konkludente Vereinbarung der für dieses Risiko üblicherweise von dem VR erhobenen Prämie vorliegen[36]. Anzunehmen ist dies etwa, wenn der VN bereits Kunde des VR ist und für das versicherte Risiko einen neuen Vertrag abschließt oder auch, wenn der VR mit seinen Prämien wirbt und der VN darauf hin einen Antrag stellt.

Änderungen der Prämie können während der Laufzeit des Versicherungsvertrages entwe- **15** der auf Grund **gesetzlicher Anpassungsbestimmung** oder durch Vereinbarung entsprechender **Anpassungsklauseln** erfolgen. Auch das neue VVG sieht ausdrücklich eine Prämienerhöhung aufgrund von vertraglichen Anpassungsklauseln vor (§ 40 VVG). Daneben gibt das Gesetz in § 25 Abs. 1 VVG dem VR für den Fall, dass nachträglich eine Gefahrerhöhung eintritt, das Recht, die Prämie heraufzusetzen. Umgekehrt kann auch der VN eine Prämienherabsetzung fordern, wenn gefahrerhöhende Umstände später wegfallen (§ 41 VVG). Auch

---

[29] OLG Hamm v. 29. 9. 1978, VersR 1979, 413.

[30] Ebenso Berliner Kommentar/*Riedler*, § 38, Rn. 14.

[31] *Römer/Langheid/Römer*, § 38, Rn. 7; *Riedler*, 121.

[32] *Stiefel/Hofmann*, § 6 AKB, Rn. 81.

[33] *Römer/Langheid/Römer*, § 38, Rn. 7.

[34] Vgl. nur Berliner Kommentar/*Riedler*, § 35 Rn. 17.

[35] *Bruck/Möller*, § 35, Anm. 21.

[36] Berliner Kommentar/*Riedler*, § 35, Rn. 17.

bei der von Gesetzes wegen eingeräumten Möglichkeit, wegen einer nachträglichen Gefahrerhöhung die Prämie anzupassen, besteht für den VN ein Kündigungsrecht, wenn die Prämie um mehr als 10% steigt (§ 25 Abs. 2 VVG) Vertragliche Vereinbarungen zu einer einseitigen Prämienanpassung sind etwa solche, die bei Eintritt einer **Gefahrerhöhung** dem VR an Stelle der gesetzlich vorgesehenen Kündigung das Recht einräumen, eine höhere Prämie zu fordern. Allerdings kann der VN im Falle einer Prämienerhöhung aufgrund vertraglicher Anpassungsklauseln den Versicherungsvertrag kündigen (§ 40 VVG). Andere Formen der Prämienanpassung sind etwa die Vereinbarung des gleitenden Neuwerts in der Gebäudeversicherung, die den VR berechtigt, die Prämie dem Baukostenindex entsprechend anzupassen.

5. Besonderheiten bei Rückwärtsversicherung und vorläufiger Deckung

16   **a)**   Die skizzierte Stellung der Prämie im System des Versicherungsvertrages lässt sich nur mit Anpassungen auf besondere Gestaltungen wie die Rückwärtsversicherung und die vorläufige Deckung übertragen.

Die sog. Rückwärtsversicherung (§ 2 Abs. 1 VVG) ist dadurch gekennzeichnet, dass der materielle Versicherungsbeginn bereits vor dem formellen Abschluss des Versicherungsvertrages einsetzt[37]. Typischer Weise wird hierbei als Versicherungsbeginn ein vor der Annahme des Antrags liegender Zeitpunkt vereinbart[38]. Es leuchtet ein, dass in diesem Fall die Erstprämie erst mit formellem Vertragsschluss geschuldet wird, ein versicherter Schadensfall jedoch bereits zuvor eintreten kann. Rechtsprechung und Lehre sind sich im Ergebnis einig, dass dem VN in diesem Fall aus der ohne sein Zutun noch nicht bezahlten Prämie keine Nachteile erwachsen dürfen[39]. Diese bisher schon einhellige Auffassung hat der Gesetzgeber jetzt in § 2 Abs. 4 VVG kodifiziert.

17   **b)**   Der Rückwärtsversicherung vergleichbar ist die insbesondere in der Kfz-Versicherung verbreitete Vereinbarung einer vorläufigen Deckung. Der VN erhält vom VR Versicherungsschutz für einen Zeitraum bis zum Abschluss eines endgültigen Versicherungsvertrages bzw. bis zur Ablehnung seines hierauf bezogenen Antrags[40]. Im Unterschied zur Rückwärtsversicherung wird die vorläufige Deckung nicht erst im endgültigen Versicherungsvertrag vereinbart, sondern mit einer zuvor abgeschlossenen separaten Vereinbarung, die unabhängig vom Zustandekommen eines endgültigen Versicherungsvertrages gilt[41]. Die vorläufige Deckungszusage erfolgt daher nach ganz h. M. auf der Grundlage eines selbständigen Versicherungsvertrag[42]. Dies hat der Gesetzgeber jetzt in § 49 Abs. 1 VVG ausdrücklich bestätigt. Demzufolge entsteht mit der vorläufigen Deckungszusage ein Anspruch des VR auf Zahlung der Erstprämie und ein weiterer Erstprämienanspruch mit Abschluss des endgültigen Versicherungsvertrages, wobei in der Praxis die Prämie für die vorläufige Deckungszusage in die Prämie des endgültigen Versicherungsvertrages einbezogen wird[43]. Ähnlich wie bei der Rückwärtsversicherung kann auch bei der vorläufigen Deckung unter Einbeziehung der Erstprämie in den späteren Hauptvertrag der Versicherungsschutz nicht mit der Zahlung der Erstprämie begin-

---

[37] BGH v. 16. 6. 1982, BGHZ 84, 268 (271); *Römer/Langheid/Römer*, § 2, Rn. 3; *Riedler*, S. 75.

[38] BGH v. 16. 6. 1982, BGHZ 84, 268 (271); zur Auslegung OLG Hamm v. 21. 8. 2002, VersR 2003, 185 f.; *Römer/Langheid/Römer*, § 2, Rn. 3; *Stiefel/Hofmann*, § 2 VVG, Rn. 2 ff.; *Dreher*, Versicherung als Rechtsprodukt, 109.

[39] Näher unten Rn. 63.

[40] BGH v. 25. 1. 1995, VersR 1995, 409 (410) m. Anm. *Hübner*, LM AVB Kraftfahrt-Versicherung, § 1 Nr. 12.; *Römer/Langheid/Römer*, Vor § 1, Rn. 26; *Dreher*, Versicherung als Rechtsprodukt, 105; *Gärtner*, 105; s. im Einzelnen auch § 7.

[41] BGH v. 25. 6. 1956, BGHZ 21, 122 (129); *Römer/Langheid/Römer*, Vor § 1, Rn. 27.

[42] Berliner Kommentar/*Riedler*, § 38, Rn. 21; *Römer/Langheid/Römer*, Vor § 1, Rn. 26; BGH v. 25. 1. 1995, VersR 1995, 409 (410); zu der nur vereinzelt vertretenen Gegenmeinung siehe *Bruck/Möller*, § 1, Anm. 94 ff. Die Gegenmeinung überzeugt schon deshalb nicht, weil sie nicht zu erklären vermag, auf welcher rechtlichen Grundlage Versicherungsschutz gewährt wird, wenn der VR den Antrag auf Abschluss eines endgültige Vertrags ablehnt.

[43] Vgl. nur Berliner Kommentar/*Riedler*, § 38, Rn. 21.

nen, wenn die vorläufige Deckung einen Sinn haben soll. Auf die sich hieraus ergebenden Besonderheiten ist an späterer Stelle einzugehen.

II. Schuldner und Gläubiger der Prämie

Schuldner der Prämie ist der **VN** als Vertragspartei des Versicherungsvertrages. Das Versi- **18** cherungsrecht weicht hier von allgemeinen schuldrechtlichen Bestimmungen insoweit nicht ab als ausschließlich der VN als Vertragspartner oder Dritte, sofern sie sich hierzu vertraglich verpflichtet haben, haften. Abweichend vom allgemeinen Zivilrecht sind bei drohendem Verlust des Versicherungsschutzes hiervon betroffene Dritte berechtigt, die Prämie zu zahlen, die der VR annehmen muss[44]. Mehrere VN haften als Gesamtschuldner, sofern nichts anderes vereinbart ist.

Keine Besonderheiten ergeben sich auch in den Fällen des **gesetzlichen Vertragsüber-** **19** **gangs** (§§ 95 Abs. 1, 122 VVG), bei denen der Erwerber der versicherten Sache VN und damit auch Prämienschuldner wird[45]. Da die Zahlungspflicht Hauptpflicht des VN ist, geht sie mit dem Versicherungsvertrag auf den Erwerber über, so dass es der Anzeige nach § 71 Abs. 1 VVG für den Übergang der Zahlungspflicht nicht bedarf[46]. Erfolgt der Erwerb der versicherten Sache während der laufenden Versicherungsperiode, haften alter und neuer VN dem VR als Gesamtschuldner für die Prämie der Versicherungsperiode (§ 95 Abs. 2 VVG). Hiervon unabhängig bleibt eine zeitanteilige Aufteilung der Prämie zwischen Veräußerer und Erwerber[47].

Gläubiger der Prämie ist der VR. Versichern mehrere VR ein Risiko, so ist zu unterschei- **20** den: Haben sich die VR zu einem **Konsortium** zusammengeschlossen und mit dem VN einen Versicherungsvertrag abgeschlossen, hängt die Gläubigerstellung zunächst davon ab, ob die Beteiligung mehrerer VR offengelegt wird (sog. offene Mitversicherung[48]) oder eine sog. **verdeckte Mitversicherung** vorliegt. Bei dieser ist der handelnde VR Vertragspartner des VN und damit auch alleiniger Gläubiger der Prämie. Bei der offenen Mitversicherung kommt es hingegen darauf an, ob – wie üblich – die Konsorten einen VR zum führenden bestimmt haben. Dieser hat sodann i. d. R. auch Inkassovollmacht[49]. Fehlt es an einer solchen Führungsklausel, so sind die VR bezüglich der Prämie Teilgläubiger i. S. d. § 420 BGB.

C. Rechtzeitigkeit der Prämienzahlung

I. Fälligkeit der Erstprämie

1. Abschluss des Versicherungsvertrags

Nach § 33 Abs. 1 a. F. VVG ist die Erstprämie abweichend von der bisherigen Regelung in **21** § 35 S. 1 VVG unverzüglich nach Ablauf von zwei Wochen ab Zugang des Versicherungs- scheins zu zahlen. Maßgeblicher Zeitpunkt für den Beginn der Zahlungspflicht ist somit nicht der Vertragsschluss. Sinn und Zweck der Regelung ist die Vermeidung einer Prämien- zahlung, während der VN noch die Möglichkeit des Widerrufs hat[50]. Dies führt beim sog. Invitationsmodell zu der widersinnigen Konsequenz, dass die Frist für die Prämienzahlung zu laufen beginnt, obwohl der Versicherungsvertrag noch nicht abgeschlossen ist, der Versi- cherungsschein aber bereits beim VN vorliegt[51]. Auch unabhängig von der Möglichkeit, in

---

[44] Siehe unten Rn. 42 f.
[45] *Römer/Langheid/Römer,* § 35, Rn. 2.
[46] Siehe für die Kfz-Versicherung *Stiefel/Hofmann,* § 6 AKB, Rn. 62.
[47] *Stiefel/Hofmann,* § 6 AKB, Rn. 61.
[48] *Römer/Langheid/Römer,* § 58, Rn. 5.
[49] *Römer/Langheid/Römer,* § 58, Rn. 6.
[50] *Marlow/Spuhl,* 60.
[51] *Marlow/Spuhl,* 60.

AVB eine abweichende Regelung vorzusehen[52], ist § 33 VVG wohl dahin gehend auszulegen, dass jedenfalls in dem Ausnahmefall, dass der Versicherungsschein dem VN vor der Abgabe von dessen Annahmeerklärung zugeht, die Frist für eine Zahlung noch nicht zu laufen beginnt. Weder besteht zum Zeitpunkt des Zugangs des Versicherungsscheins ein Versicherungsvertrag, so dass auch keine Zahlungspflicht besteht, noch hat das Widerrufsrecht des VN zu laufen begonnen, da sein Vertragserklärung noch nicht abgegeben worden ist.

22   Das neue VVG kommt dem VN bei der Bestimmung der Zahlungsfrist gleich zweifach entgegen: Zum einen räumt § 33 Abs. 1 VVG eine Zahlungsfrist von zwei Wochen ein, während demgegenüber die bisherige Rechtslage eine sofortige Zahlung mit Abschluss des Versicherungsvertrags vorsah. Zum anderen ist an die Stelle der „sofortigen" Zahlung die Pflicht zur „unverzüglichen" Zahlung getreten. Meinte die sofortige Zahlung eines Leistung ohne Verzögerung und ohne Rücksicht auf ein Verschulden bei Verzögerungen[53], ist jetzt nach § 121 BGB eine Verzögerung hinzunehmen, wenn der VN sie nicht zu vertreten hat. Mit der Neuregelung sind auch die zum alten Recht angestellten Überlegungen zur Einräumung einer Mindestfrist für die Prämienzahlung obsolet geworden[54], da nunmehr nach § 121 BGB die erforderlichen Zeiträume für eine schnellstmögliche Zahlung nicht vom VN zu vertretende Verzögerungen darstellen.

23   Bei der **Rückwärtsversicherung** gilt für die Fälligkeit der Erstprämie nichts Besonderes: Sie wird fällig mit Übersendung des Versicherungsscheins an den VN. Bei der vorläufigen Deckungszusage, die ja einen eigenständigen Versicherungsvertrag darstellt, gilt § 33 Abs. 1 VVG ebenfalls, allerdings wird in der Praxis regelmäßig vereinbart, dass die Prämie für die vorläufige Deckung mit der Erstprämie des endgültigen Versicherungsvertrages bezahlt wird[55]. Zudem erlaubt § 51 Abs. 1 VVG, dass bei der vorläufigen Deckung der Beginn des Versicherungsschutzes von der Zahlung der Prämie abhängig gemacht wird.

2. Stundung

24   VN und VR können eine Stundung der Erstprämie vereinbaren. Wie auch in anderen Schuldverhältnissen beinhaltet die Stundungsvereinbarung ein Hinausschieben der Fälligkeit der Zahlung[56], hier mithin eine Abweichung von der Zahlungspflicht nach § 33 Abs. 1 VVG. Im Gegensatz zur früheren Rechtslage, bei der wegen § 38 Abs. 2 a. F. VVG eine Regelung zum Beginn des Versicherungsschutzes geboten war[57], bleibt nun im Hinblick auf § 37 Abs. 2 S. 1 VVG die Leistungspflicht des VR bestehen, da ja eine vereinbarungsgemäß hinausgeschobene Prämienzahlung nicht als eine vom VN zu vertretende Nichtzahlung anzusehen ist.

25   Bei der sogenannten **deckenden Stundung** vereinbaren VN und VR, dass die Prämie erst nach Beginn des Versicherungsschutzes zu zahlen ist[58]. Die deckende Stundung ist nach der Neufassung des VVG der Regelfall, da jetzt Versicherungsschutz mit Abschluss des Vertrags besteht, obwohl die Prämie noch nicht fällig ist.

II. Fälligkeit der Folgeprämien

26   Die **Fälligkeit der Folgeprämie** ist auch im neuen VVG **gesetzlich nicht geregelt.** Sie richtet sich demzufolge nach der vertraglichen Vereinbarung[59]. Üblicher Weise wird in den

---

[52] *Marlow/Spuhl,* 60, empfehlen dies zu Recht bei Vertragsabschluß im Wege des Invitationsmodells; zur Zulässigkeit abweichender Fälligkeitsregelungen in AVB *Wandt/Ganster,* VersR 2007, 1034 ff.
[53] Berliner Kommentar/*Riedler,* § 38, Rn. 29; Gärtner, 82.
[54] Vgl. Berliner Kommentar/*Riedler,* § 38, Rn. 29; Gärtner, 82
[55] Berliner Kommentar/*Riedler,* § 38, Rn. 21; *Dreher,* Versicherung als Rechtsprodukt, 105; BGH v. 17. 4. 1967, BGHZ 47, 352.
[56] Münchener Kommentar/*Roth,* a. a. O., § 271, Rn. 21; Berliner Kommentar/*Riedler,* § 38, Rn. 18.
[57] Vgl. Vorauflage, § 12, Rn. 26.
[58] Berliner Kommentar/*Riedler,* § 38, Rn. 19.
[59] *Schimikowski,* Versicherungsvertragsrecht, Rn. 153; *Deutsch,* Versicherungsvertragsrecht, Rn. 182; *Bruck/Möller,* § 35, Anm. 32.

Hahn

AVB vereinbart, dass die Folgeprämie zu Beginn der Versicherungsperiode im Voraus zu zahlen ist (vgl. z. B. § 7 ARB, § 5 AUB).

Im Hinblick auf den Zahlungsverzug gleicht § 38 Abs. 1 VVG die Frist für die Zahlung der Folgeprämie an die Regelung des § 33 Abs. 1 VVG an. Danach muss der VR dem VN bei bestehendem Zahlverzug eine mindestens zweiwöchige Frist unter Beachtung der Textform setzen, ihn über den rückständigen Betrag, aufgeschlüsselt in Prämie, Zinsen und Kosten und über die Rechtsfolgen einer Nichtzahlung informieren.

III. Zahlungsweise

1. Barzahlung und gleichgestellte Zahlungsweise

Rücktrittsrecht und Leistungsfreiheit des VR hängen entscheidend davon ab, ob der VN **27** seine Hauptleistungspflicht bei Fälligkeit erfüllt. **Rechtzeitig ist die Prämienzahlung** nur dann erfolgt, wenn der VN zum Fälligkeitszeitpunkt das seinerseits Erforderliche getan hat (§ 36 Abs. 1 VVG, § 270 Abs. 1 BGB)[60]. Welche Leistungshandlung der VN schuldet, lässt sich § 36 Abs. 1 VVG nicht entnehmen, da dieser lediglich den Leistungsort – Wohnsitz des VN – bestimmt. Die Leistungshandlung des VN, die Art und Weise der Prämienzahlung, bestimmt sich daher mangels näherer Regelungen im VVG primär nach der vertraglichen Vereinbarung. Die Vielfalt der möglichen Zahlungsweisen – Barzahlung, Überweisung, Einzugsermächtigung, Scheckhingabe u. a. m. – erfordert vom VN je unterschiedliche Leistungshandlungen. Haben die Parteien die Zahlungspflicht nicht näher geregelt, obliegt es dem VN gem. § 270 Abs. 1 BGB, die ihm geeignet erscheinende Zahlungsweise auszuwählen[61].

2. Wechsel- und Scheckhingabe

Die Hingabe eines Schecks oder eines Wechsels erfolgt nach allgemein-zivilrechtlichen **28** Grundsätzen nur erfüllungshalber, der Leistungserfolg tritt erst mit Auszahlung des Wechsel- oder Scheckbetrags ein[62]. Wie dargelegt kommt es für die Rechtzeitigkeit der Prämienzahlung jedoch nicht auf den Zeitpunkt der Erfüllung an, sondern auf die rechtzeitige Vornahme der Leistungshandlung. Die Rechtsprechung und die herrschende Lehre lassen es bei der Prämienzahlung mit Scheck daher genügen, dass der VN dem VR den Scheck rechtzeitig übergibt und der Scheck bei Einlösung gedeckt ist[63]. Dass die Zahlung erfolgen muss, ergibt sich bereits daraus, dass nur dann von einer rechtzeitigen Zahlung gesprochen werden kann[64]. Nach dem maßgeblichen § 36 Abs. 1 VVG ist Leistungsort der jeweilige Wohnort des VN. Jedoch wird damit die Prämienzahlungspflicht nicht zur Holschuld, denn § 36 Abs. 1 VVG legt ausdrücklich fest, dass der VN die Prämie auf seine Kosten und seine Gefahr dem VR zu übermitteln hat. Die Prämienzahlungsschuld wird damit zur Schickschuld, bei der Leistungs- und Erfolgsort auseinanderfallen[65]. Die jeweils erforderliche Leistungshandlung bestimmt sich nach der vom VN gewählten Art der Geldübermittlung[66], so dass es für die Rechtzeitigkeit bei Scheck- oder Wechselzahlung allein auf die rechtzeitige Übergabe zur Post, an einen Boten oder an eine für den VR empfangsberechtigte Person ankommt, wobei entscheidend ist, dass der Scheck aus der Verfügungsgewalt des VN herausgelangt ist[67].

---

[60] *Römer/Langheid/Römer,* § 36, Rn. 1; Berliner Kommentar/*Riedler,* § 38, Rn. 28, BGH v. 7. 10. 1965, BGHZ 44, 178 (179).
[61] BGH v. 7. 10. 1965, BGHZ 44, 178 (179), der bei fehlender Regelung eine Beschränkung der zulässigen Zahlungsweise auf Barzahlung oder Überweisung ausdrücklich ablehnt.
[62] BGH v. 7. 10. 1965, BGHZ 44, 178 (179); Berliner Kommentar/*Riedler,* § 38, Rn. 37.
[63] BGH v. 7. 10. 1965; BGHZ 44, 178 (180); eingehend BGH v. 29. 1. 1969, VersR 1969, 875 (872); Berliner Kommentar/*Riedler,* § 38, Rn. 37; *Gärtner,* 92.
[64] Klargestellt in BGH v. 5. 12. 1963, NJW 1964, 499 (500).
[65] *Römer/Langheid/Römer,* § 36, Rn. 1; Berliner Kommentar/*Riedler,* § 36, Rn. 4.
[66] BGH v. 5. 12. 1964, NJW 1964, 499 (500).
[67] BGH v. 29. 1. 1969, VersR 1969, 875 (876).

29   Ein **Ablehnungsrecht** steht dem VR bei Scheckzahlung nach der Rechtsprechung nur in Ausnahmefällen zu, wenn er sich von der Vorlage des Schecks keinen Erfolg verspricht[68]. Sofern der Versicherungsvertrag keine Einschränkungen der Zahlungsweise vorsieht, ist der VR damit grundsätzlich zur Annahme des Schecks verpflichtet[69]. Im begründeten Ausnahmefall – etwa weil frühere Schecks nicht gedeckt waren – kann der VR die Zahlung mit Scheck ablehnen, muss dies aber dem VN unverzüglich mitteilen und den Scheck zurückgeben[70].

30   Die **Zahlung per Scheck** birgt für den VN Risiken: Da die Erfüllung erst eintritt, wenn der Scheckbetrag auf dem Konto des VR gutgeschrieben ist, liegt in der Zulassung dieser Zahlungsweise eine Stundung der Erstprämie, die allerdings den Beginn des Versicherungsschutzes unberührt lässt, wenn die Scheckhingabe rechtzeitig – und dies heißt nach neuer Rechtslage nach Ablauf von zwei Wochen – erfolgt ist[71]. Befand sich hingegen der VN bereits in Verzug, so liegt in der Hingabe und Annahme des Schecks lediglich ein pactum de non petendo, da nicht davon auszugehen ist, dass der VR auf seine bereits entstandenen Rechte aus dem Verzug verzichten will[72].

3. Überweisung

31   Sofern nichts Abweichendes vereinbart ist, kann der VN die **Zahlungsweise** bestimmen. Möglich und gebräuchlich ist die **Überweisung** per Überweisungsauftrag. Die praktisch häufige Übersendung eines bereits teilweise ausgefüllten **Überweisungsträgers** durch den VR darf der VN dahin verstehen, dass die Prämienzahlung per Überweisung vom VR als ordnungsgemäß akzeptiert wird[73]. Einen Ausschluss anderer Zahlungsweisen wird man allein in der Übersendung des Überweisungsträgers hingegen nicht sehen können, da ein solcher Erklärungsinhalt für den durchschnittlich verständigen VN nicht hinreichend deutlich ist[74].

32   Umstritten ist, zu welchen **Leistungshandlungen** der VN bei **Zahlung der Überweisung** verpflichtet ist. Der BGH hat die Frage in einer älteren Entscheidung zunächst offen gelassen und lediglich ausgeschlossen, dass auch die Gutschrift des überwiesenen Betrags noch zu den Leistungshandlungen zählt[75]. In einer nachfolgenden Entscheidung hat er die Zahlung als spätestens mit Abbuchung der Prämie vom Konto des VN als erfolgt angesehen[76]. In der obergerichtlichen Rechtsprechung hat sich die Auffassung durchgesetzt, dass die Zahlung spätestens dann erfolgt ist, wenn der Überweisungsauftrag erteilt und der Prämienbetrag abgebucht ist[77]. Nach in der Literatur vertretenen Ansichten reicht entweder bereits die Absendung des Überweisungsträgers an die Bank[78] oder der Eingang des Überweisungsträgers bei der Bank, wenn diese zur Ausführung verpflichtet ist[79].

    Ausgangspunkt für eine Entscheidung des Meinungsstreits ist die Frage, was **objektiv erforderlich** ist, um die Übermittlung der Prämie sicherzustellen[80]. Nur dieses Verhalten kann die rechtlich geforderte Leistungshandlung im Sinne des § 36 Abs. 1 VVG, § 270 BGB sein. Bei der Zahlung per Überweisung muss der VN demzufolge die überweisende Stelle (Bank, Post u. a.) rechtzeitig durch Übergabe des zutreffend ausgefüllten und unterschriebenen Überweisungsträgers anweisen. Von einer Ausführung der Überweisung darf der VN hierbei

[68] BGH v. 7. 10. 1965, BGHZ 44, 178 (183).

[69] BGH v. 7. 10. 1965, BGHZ 44, 178 (179).

[70] BGH v. 7. 10. 1965, BGHZ 44, 178 (182); *Römer/Langheid/Römer*, § 35, Rn. 8.

[71] Berliner Kommentar/*Riedler*, § 38, Rn. 37; *Bruck/Möller*, § 35, Anm. 56.

[72] Berliner Kommentar/*Riedler*, § 38, Rn. 37.

[73] Berliner Kommentar/*Riedler*, § 38, Rn. 33.

[74] Vgl. BGH v. 7. 10. 1981, BGHZ 44, 178 (179).

[75] BGH v. 5. 12. 1964, NJW 1964, 499 (500); ebenso *Bruck/Möller*, § 36, Anm. 11; zum Meinungsstand auch Berliner Kommentar/*Riedler*, § 38, Rn. 33 m. w. N.

[76] BGH v. 20. 11. 1970, VersR 1971, 216 (217); dem folgend *Römer/Langheid/Römer*, § 35, Rn. 8.

[77] OLG Köln v. 25. 2. 1997, VersR 1998, 317; OLG Hamm v. 10. 3. 1978, VersR 1978, 753 (754).

[78] *Kalka*, VersR 67, 14 (15).

[79] *Schimikowski*, Versicherungsvertragsrecht, Rn. 157. *Prölss/Martin/Knappmann*, § 35, Rn. 15; Berliner Kommentar/*Riedler*, § 38, Rn. 34.

[80] Berliner Kommentar/*Riedler*, § 38, Rn. 29.

nur dann ausgehen, wenn die Bank zur Ausführung auf Grund des bestehenden Geschäftsbesorgungsvertrags verpflichtet ist[81]. Dies kann z. B. voraussetzen, dass das Konto des VN ausreichende Deckung aufweist, wenn ihm keine Überziehung gestattet ist[82]. Damit hat der VN das in seinem Machtbereich Mögliche getan, um die Prämienzahlung auf den Weg zu bringen. Hingegen kann es auf den Zeitpunkt der Abbuchung oder gar der Gutschrift beim VR nicht ankommen, da beide Handlungen bei Vorliegen der genannten Voraussetzungen nicht mehr vom Willen oder Können des VN abhängen und damit seinem Einfluss und Machtbereich entzogen sind. Eine Einstandspflicht für die Rechtzeitigkeit dieser beiden Handlungen kann ihm nicht abgefordert werden.

4. Lastschrift/Einzugsermächtigung

Beim sogenannten **Lastschriftverfahren** erteilt der VN dem VR **Einzugsermächti-**   **33** **gung,** die Prämie von seinem Konto abzubuchen. Da es in diesem Fall Sache des VR ist, sich die Prämie durch Nutzung der Einzugsermächtigung vom VN zu besorgen, wird die Prämienzahlungspflicht zur **Holschuld**[83]. Dies bestimmt Art und Umfang der vom VN rechtlich geforderten Leistungshandlung: Er hat in diesem Fall das seinerseits Erforderliche getan, wenn die Prämie bei Fälligkeit von seinem Konto abgebucht werden kann[84]. Eine verspätete Abbuchung ist demzufolge dem VR zuzurechnen, so dass dieser sich nicht auf die Folgen der verspäteten Prämienzahlung berufen kann[85]. Auch Fehler oder Verzögerungen seitens der Bank des VR sind diesem zuzurechnen[86]. Weitergehend ist der VR sogar grundsätzlich verpflichtet, von einer vertragsgemäß erteilten Einzugsermächtigung Gebrauch zu machen[87]. Schwierigkeiten bei der Einziehung der Prämie in der Vergangenheit berechtigen danach den VR nicht, die Einziehung bei erneut erteilter Einzugsermächtigung zu unterlassen, er muss zumindest eine Einziehung versuchen[88]. Dem ist zuzustimmen: Der VR hat es in der Hand, durch vertragliche Regelung eine bestimmte Zahlungsweise zu vereinbaren oder auszuschließen. Sofern er die Einziehungsermächtigung als eine Zahlungsweise zulässt, darf der VN diesen Weg der Prämienzahlung wählen[89].

Widerruft der VN nach erfolgter Abbuchung die Lastschrift, entfällt die rechtzeitige Zah-   **34** lung rückwirkend, wenn der Widerruf nicht durch eine falsche, z. B. überhöhte Abbuchung, des VR gerechtfertigt ist[90]. So kann der VN die Lastschrift widerrufen, wenn der VR ohne weitere Aufschlüsselung neben der Erstprämie weitere Prämien und sonstige Kosten einzieht[91]. Damit der VN zum einen weiß, in welcher Höhe sein Konto Deckung aufweisen muss und zum anderen die Lastschrift von ihm überprüft werden kann, muss der VR die Lastschrift zuvor ankündigen und hierbei wie bei einer sonstigen Erstprämienanforderung verfahren[92]. Dies bedeutet insbesondere, dass der VR Erstprämie und Folgeprämie getrennt ausweisen und einziehen muss[93].

---

[81] Ebenso Berliner Kommentar/*Riedler,* § 38, Rn. 34.

[82] BGH v. 5. 12. 1964, NJW 1964, 499 (500).

[83] BGH v. 19. 10. 1977, BGHZ 69, 361 (366); Berliner Kommentar/*Riedler,* § 38, Rn. 36.

[84] BGH v. 19. 10. 1977, BGHZ 69, 361 (366); Berliner Kommentar/*Riedler,* § 38, Rn. 36; OLG Hamm v. 26. 10. 1983, VersR 1984, 377; *Lang,* VersR 1987, 1157 (1159).

[85] Berliner Kommentar/*Riedler,* § 38, Rn. 36; BGH v. 19. 19. 1977, BGHZ 69, 361 (366f.).

[86] *Prölss/Martin/Knappmann,* § 35, Rn. 16; *Römer/Langheid/Römer,* § 35, Rn. 9; *Lang,* VersR 1987, 1157 (1159).

[87] BGH v. 19. 10. 1977, BGHZ 69, 361 (368); OLG Köln v. 9. 5. 2000, VersR 2000, 1266.

[88] BGH v. 19. 10. 1977, BGHZ 69, 361 (368).

[89] BGH v. 7. 10. 1965, BGHZ 44, 178 (179).

[90] *Römer/Langheid/Römer,* § 35, Rn. 16; *Lang,* VersR 1987, 1157 (1159).

[91] BGH v. 30. 1. 1985, VersR 1985, 447 (448); *Römer/Langheid/Römer,* § 35, Rn. 11; *Lang,* VersR 1987, 1157 (1159).

[92] BGH v. 30. 1. 1985, VersR 1985, 447 (448); *Lang,* VersR 1987, 1157 (1159); *Römer/Langheid/Römer,* § 35, Rn. 11.

[93] *Römer/Langheid/Römer,* § 35, Rn. 11.

35   Hinzuweisen ist auf die **Selbstbindung des VR,** wenn er die Prämie im Wege des Lastschrifteinzugs oder der Einziehungsermächtigung zuletzt selbst eingezogen hat (vgl. § 33 Abs. 2 VVG). Er ist dann gem. § 33 Abs. 2 VVG nur nach vorheriger Anzeige in Textform berechtigt, zu einer anderen Zahlungsweise überzugehen. Solange eine solche Anzeige nicht erfolgt ist, kann der VN die Zahlung auf einem anderen Wege verweigern. Anders als nach § 37 a. F. VVG reicht jetzt die einmalige Einziehung der Prämie, wenn auf diese Weise die zeitlich letzte Prämienschuld beglichen wurde[94].

5. Abweichende Vereinbarungen zur Zahlungsweise

36   Wie bereits die mögliche Vereinbarung des Lastschriftverfahrens deutlich macht, können die Parteien des Versicherungsvertrages weitgehend frei vereinbaren, auf welche **Art und Weise die Zahlung der Prämie** erfolgen soll. Da § 36 VVG in der Aufzählung der halbzwingenden Bestimmungen in § 42 VVG nicht enthalten ist, sind die Regelungen des § 36 VVG dispositiv[95]. So können die Parteien etwa die Prämienzahlung als **Bringschuld** ausgestalten, so dass die Zahlungspflicht erst mit Eingang des Geldes beim VR erfüllt ist[96]. Umstritten ist, ob mit einer solchen Vereinbarung auch die in der Sphäre der vom VR beauftragten Bank liegenden Risiken auf den VN überwälzt werden können[97]. Hierzu wird die Auffassung vertreten, dass solche Vereinbarungen jedenfalls dann im Hinblick auf § 307 Abs. 2 BGB unwirksam sind, wenn sie dieses Risiko dem VN aufbürden[98]. Nach anderer Ansicht soll jedenfalls ein Fehlverhalten der vom VR beauftragten Bank auch bei Vereinbarung einer Bringschuld vom VR zu tragen sein[99]. Die Argumente für eine Einschränkung der parteiautonomen Entscheidung über die Zahlungsweise überzeugen nicht. § 36 VVG lässt in Übereinstimmung mit den allgemein-zivilrechtlichen Vorschriften entsprechende Vereinbarungen einschließlich der Festlegung einer Bringschuld zu. Kommt es bei der Zahlung trotz rechtzeitiger und korrekter Veranlassung durch den VN zu Verzögerungen bei der vom VR eingesetzten Bank, trägt dieser die sich hieraus ergebenden Folgen, da er sich in entsprechender Anwendung des § 278 BGB Fehlverhalten der von ihm beauftragen Bank zurechnen lassen muss.

IV. Erfüllung

37   Die Neufassung des VVG hat die bisherige Regelung des § 36 VVG a. F. so gut wie unverändert in den neuen § 36 VVG übernommen. Die Regelungen in § 36 Abs. 1, 2 VVG haben zur Folge, dass **Leistungsort und Erfüllungsort** auseinander fallen und damit die Prämienzahlungspflicht in der Regel eine Schickschuld darstellt. Der VN hat je nach Zahlungsweise die erforderlichen Handlungen an seinem Wohnort oder am Ort der Niederlassung (§ 36 Abs. 2 VVG) vorzunehmen, Erfüllung der Zahlungspflicht tritt gem. § 270 Abs. 1 BGB erst ein, wenn das Geld beim VR eingegangen bzw. seinem Konto gutgeschrieben worden ist[100]. Hierbei trägt gem. § 36 Abs. 1 S. 2 VVG der VN die Gefahr, wenn die Prämie beim VR nicht eintrifft. Insoweit bestätigt § 36 Abs. 1 VVG für die Prämienzahlung die allgemein für Geldschulden als sogenannte qualifizierte Schickschulden geltende Regelung des § 270 Abs. 1 BGB[101]. Demzufolge trägt der VN das Risiko des zufälligen Untergangs der von ihm auf den Weg gebrachten Prämie. Geht die Überweisung oder der Scheck auf dem Postweg verloren,

---

[94] Vgl. zu bisherigen Rechtslage Vorauflage, § 12, Rn. 37.
[95] BGH v. 20. 11. 1971, VersR 1971, 216 (217); Berliner Kommentar/*Riedler,* § 36, Rn. 13.
[96] BGH v. 20. 11. 1970, VersR 1971, 216 (217); *Deutsch,* Versicherungsvertragsrecht, Rn. 188; Berliner Kommentar/*Riedler,* § 36, Rn. 14; *Prölss/Martin/Knappmann,* § 36, Rn. 2; a. A. *Gärtner,* 97.
[97] Wegen dieses Risikos lehnt etwas *Gärtner,* 95f., unter Hinweis auf § 9 Abs. 2 S. 1 AGBG (§ 307 Abs. 2 BGB) die Vereinbarung einer Bringschuld ab; kritisch zu diesem Fall auch *Prölss/Martin/Knappmann,* § 36, Rn. 2.
[98] *Prölss/Martin/Knappmann,* § 36, Rn. 2; *Gärtner,* 95.
[99] Berliner Kommentar/*Riedler,* § 36, Rn. 14.
[100] Berliner Kommentar/*Riedler,* § 36, Rn. 4, allg. Münchener Kommentar/*Krüger,* § 270, Rn. 16; BGH v. 20. 11. 1970, NJW 1971, 380 (381).
[101] Berliner Kommentar/*Riedler,* § 36, Rn. 8; BGH v. 20. 11. 1970, NJW 1971, 380.

so tritt keine Erfüllung ein. In diesem Fall muss der VN abermals leisten. Gleichfalls folgt hieraus, dass die Prämienzahlung nicht rechtzeitig erfolgt ist, wenn sie beim VR nicht eintrifft, selbst wenn der VN die Leistungshandlung rechtzeitig vorgenommen hat[102]. Eine vertragliche Änderung der Bestimmungen über Leistungsort und Erfüllungsort in § 36 VVG ist – ebenso wie bei § 270 BGB – möglich, da sie weder durch § 42 VVG noch durch §§ 307 ff. BGB ausgeschlossen ist[103]. Wie insbesondere auch der Vergleich mit dem allgemein als dispositiv angesehenen § 270 Abs. 1 BGB[104] zeigt, verstößt auch die Vereinbarung einer Bringschuld nicht gegen § 307 Abs. 2 Ziffer 1 BGB, da die Ausgestaltung der Geldschuld als Schickschuld nicht zu den wesentlichen Grundgedanken der gesetzlichen Regelungen zählt[105]. Sofern eine Bringschuld vereinbart wird, trägt damit der VN neben dem Übermittlungsrisiko auch das Verspätungsrisiko, soweit die Verspätung nicht vom VR zu vertreten ist.

Fraglich ist die **Erfüllungswirkung** einer Zahlung, wenn der VN **mehrere Prämien,**   38
z. B. Erst- und Folgeprämie, schuldet, die Zahlung oder bei Lastschrifteinzug die auf dem Konto verfügbaren Mittel jedoch nicht zur Tilgung aller Forderungen ausreichen. Die selbe Frage stellt sich, wenn mehrere Versicherungsverträge miteinander verbunden werden, etwa bei der Kfz-Versicherung, wo häufig zugleich Haftpflicht- und Kaskovertrag abgeschlossen werden. Hier liegen trotz Verbindung mehrere selbständige Verträge vor, so dass gleichzeitig mehrere Erstprämien zu zahlen sind[106].

Zunächst maßgeblich ist hier nach allgemeinen Regeln (§ 366 Abs. 1 BGB) die **Tilgungsbestimmung durch den VN**[107]. Fehlt eine Bestimmung durch den VN, ist nach § 366 Abs. 2 BGB zu entscheiden, welche Prämienschuld dem VR geringere Sicherheit bietet. Dies ist bei mehreren Erstprämien diejenige, bei der dem VR die geringste Zeitspanne zur Verfügung steht, um die Prämienforderung gem. § 38 Abs. 1 S. 2 VVG gerichtlich geltend zu machen[108]. Sind die Prämienforderungen gleich sicher, etwa weil mehrere Versicherungsverträge am selben Tag abgeschlossen worden sind, gilt als weitere Tilgungsregel, dass unter den gleich sicheren Forderungen die dem Schuldner lästigere zuerst getilgt wird (§ 366 Abs. 2 BGB). Entscheidend sind hierbei wirtschaftliche Gesichtspunkte zu berücksichtigen[109], so dass zu prüfen ist, welche Versicherung für den VN dringlicher ist[110]. Da die Rücktrittsfiktion nach Ablauf von drei Monaten ab Fälligkeitseintritt gem. § 38 Abs. 1 S. 2 VVG a. F. ersatzlos entfallen ist[111], liefert das VVG jedenfalls keine Auslegungshilfe mehr[112]. Dies führt zurück zu der gesetzlichen Tilgungsbestimmung nach § 366 Abs. 2 BGB.

V. Zurückbehaltungsrecht/Aufrechnung

1. Zurückbehaltungsrecht

Nach der bisherigen Rechtslage ist der VN nur Zug um Zug zur Zahlung der Prämie ver-   39
pflichtet, wenn sich der VR seinerseits verpflichtet hat, dem VN einen Versicherungsschein

---

[102] Berliner Kommentar/*Riedler,* § 36, Rn. 7; Münchener Kommentar/*Krüger,* § 270, Rn. 13.

[103] Berliner Kommentar/*Riedler,* § 36, Rn. 14; *Römer/Langheid/Römer,* § 36, Rn. 2; BGH v. 20. 11. 1970, NJW 1971, 380 (381).

[104] Hierzu Münchener Kommentar/*Krüger,* § 270, Rn. 18; BGH v. 24. 6. 1998, BGHZ 139, 123 (126).

[105] H. M., Berliner Kommentar/*Riedler,* § 36, Rn. 14; *Römer/Langheid/Römer,* § 36, Rn. 2; a. A. *Gärtner,* 93; *Prölss/Martin/Knappmann,* § 36, Rn. 2, der allerdings nur den Sonderfall erwähnt, dass die Bank des VR eine Verzögerung zu vertreten hat Dieser Fall lässt sich jedoch über § 278 BGB lösen und belegt weder die Abweichung von grundlegenden Gesetzesbestimmungen noch eine unbillige Benachteiligung, ebenso Berliner Kommentar/*Riedler,* § 36, Rn. 14.

[106] BGH v. 28. 2. 1978, VersR 1978, 436 (437); *Lang,* VersR 1987, 1157 (1159).

[107] BGH v. 28. 2. 1978, VersR 1978, 436 (437); BGH v. 21. 11. 1975, VersR 1976, 136; *Römer/Langheid/Römer,* § 35, Rn. 12; *Lang,* VersR 1987, 1157 (1159).

[108] BGH v. 21. 11. 1975, VersR 1976, 136, (137 f.); *Lang,* VersR 1987, 1157 (1159).

[109] BGH v. 21. 11. 1975, VersR 1976, 136 (137).

[110] BGH v. 21. 11. 1975, VersR 1976, 136 (138).

[111] Zu der Begründung VVG-Reform Abschlußbericht, 36.

[112] Vgl. Vorauflage, § 12, Rn. 40.

auszuhändigen (§ 35 S. 2 VVG a. F.)[113]. § 35 S. 2 a. F. VVG konkretisierte das in § 273 Abs. 1 BGB geregelte allgemeine Zurückbehaltungsrecht[114]. Die Aushändigung des Versicherungsscheins bedeutete nach dem Wortlaut die Verschaffung des mittelbaren oder unmittelbaren Besitzes[115]. Nach a. A. sollte der Zugang des Versicherungsschein im Sinne des § 130 BGB[116] nicht genügen, da das Gesetz mit der Aushändigung stets eine Besitzverschaffung meint[117]. Dieser Rechtsstreit hat mit der Neufassung des VVG ein Ende gefunden, da die Regelung des § 35 S. 2 a. F. VVG nun entfallen ist und der Zugang des Versicherungsscheins Voraussetzung für die Fälligkeit der Erstprämie ist (§ 33 Abs. 1 VVG). Es bleibt jedoch bei den allgemeinen Bestimmungen zum Zurückbehaltungsrecht, so dass etwa der VN ein Zurückbehaltungsrecht an einer Folgeprämie geltend machen kann, wenn der VR ihm aus einem Versicherungsfall eine Geldzahlung schuldet (vgl. § 14 Abs. 1 VVG).

2. Aufrechnung

40   Die **Aufrechnung** des VN mit eigenen Ansprüchen ist gesetzlich nicht ausgeschlossen, so dass der VN mit einer eigenen Forderung gegen die **Prämienforderung** des VR aufrechnen kann und damit auch die Erstprämie rechtzeitig geleistet hat, wenn bei erstmaliger Aufrechnungslage eine Zahlung noch rechtzeitig gewesen wäre[118]. Demzufolge ist der VR auch nicht leistungsfrei, wenn der Zeitpunkt der erstmaligen Aufrechnungslage vor dem Eintritt des Versicherungsfalls liegt, die Aufrechnung jedoch erst danach erklärt wird[119]. Anders verhält es sich hingegen, wenn die Aufrechnungslage erst nach Eintritt des Versicherungsfalls entsteht. In diesem Fall kann sich der VR gem. § 37 Abs. 2 VVG auf Leistungsfreiheit berufen, wenn auch eine Zahlung der Versicherungsprämie im Zeitpunkt des Versicherungsfalles nicht mehr rechtzeitig im Sinne des § 37 Abs. 1 VVG gewesen wäre und der VN sich nicht mehr entlasten kann. Hat der VR **vorläufige Deckung** gewährt und tritt der Versicherungsfall innerhalb der Einlösungsfrist z. B. nach § 1 Abs. 4 AKB ein, ist ihm die Berufung auf Leistungsfreiheit versagt, da er seinen Prämienanspruch im Wege der Aufrechnung gegen den Leistungsanspruch des VN durchsetzen kann[120]. In diesem Fall ist der VR noch nicht einmal berechtigt, die Prämie anzufordern, wenn die infolge des Schadens entstandene Gegenforderung die Prämie erheblich übersteigt[121]

41   Eine Aufrechnung ist nach der Rechtsprechung auch dann möglich, wenn dem VR eine **Prämienforderung** aus der **Haftpflichtversicherung** zusteht und der VN seinerseits einen **Leistungsanspruch** aus der Kfz-Kaskoversicherung hat[122]. Besteht eine solche Aufrechnungslage, verhält sich der VR treuwidrig, wenn er sich unter Hinweis auf den Prämienzahlungsverzug auf Leistungsfreiheit beruft[123]. Schließlich kann der VR seinen fälligen Prämienzahlungsanspruch gem. § 35 VVG sogar gegenüber einem Dritten durchsetzen, wenn dieser einen Anspruch auf die Versicherungssumme hat[124]. Dies ist auch dann entscheidend, wenn ein Vertrag mehrere Risiken versichert und der Dritte Leistung nur wegen eines verwirklich-

---

[113] Siehe oben Rn. 22.

[114] Berliner Kommentar/*Riedler,* § 35, Rn. 33; Münchener Kommentar/*Krüger,* § 273, Rn. 67.

[115] *Bruck/Möller,* § 35, Anm. 6; *Römer/Langheid/Römer,* § 35, Rn. 13; LG Köln v. 12. 1. 1983, VersR 85, 632.

[116] Berliner Kommentar/*Riedler,* § 35, Rn. 39.

[117] Vgl. beispielsweise § 12 Abs. 2 S. 1 BRAO, § 364 Abs. 3 HGB oder § 785 BGB.

[118] Berliner Kommentar/*Riedler,* § 38, Rn. 38; OLG Köln v. 5. 6. 1974, VersR 1974, 898 (900).

[119] *Römer/Langheid/Römer,* § 38, Rn. 15; Berliner Kommentar/*Riedler,* § 38, Rn. 38; OLG Hamm v. 22. 11. 1995, VersR 1996, 1408.

[120] BGH v. 12. 6. 1985, NJW 1985, 2478 (2479); *Römer/Langheid/Römer,* § 38, Rn. 15.

[121] BGH v. 12. 6. 1985, NJW 1985, 2478 (2479).

[122] OLG Hamm v. 22. 11. 1995, VersR 1996, 1408; Berliner Kommentar/*Riedler,* § 38, Rn. 38; *Römer/Langheid/Römer,* § 38, Rn. 15.

[123] OLG Hamm v. 22. 11. 1995, VersR 1996, 1408; OLG Koblenz v. 12. 11. 1993, VersR 1995, 527.

[124] Dies gilt gem. § 121 VVG nicht für Pflichtversicherung. Maßgeblich ist nach § 35 VVG, dass Prämienschuld und Leistungsanspruch des Dritten aus einem Vertrag folgen.

ten Risikos fordert. Der VR ist auch in diesem Fall berechtigt, die vollständige Prämie einzubehalten und muss sich nicht auf eine anteilige Aufrechnung einlassen[125].

VI. Leistung durch Dritte

Gem. § 267 Abs. 1 BGB kann ein **Dritter** schuldbefreiend leisten, wenn nicht ausnahms-   **42**
weise der Schuldner die Leistung höchstpersönlich erbringen muss. Dies gilt auch für die
Prämienzahlung aus Versicherungsverträgen. Zum Schutz bestimmter in den Versicherungsvertrag einbezogener Personen bestimmt § 34 VVG weitergehend, dass der VR die Prämienzahlung nicht zurückweisen darf, wenn sie an Stelle des VN von der versicherten Person, dem
Bezugsberechtigten der Versicherungsleistung oder dem Pfandgläubiger bewirkt wird.

Die Vorschrift wird entgegen ihrem eindeutigen Wortlaut („… der Versicherer … muss …   **43**
annehmen …") als bloße **Obliegenheit** verstanden, die den VR lediglich daran hindern soll,
sich bei Zurückweisung der Zahlung auf Zahlungsverzug zu berufen[126]. Die Neuregelung in
§ 34 VVG übernimmt insoweit den Wortlaut des § 35 VVG a. F., so dass der Meinungsstreit
weiterhin unentschieden ist. Die eingangs geschilderte Auffassung würde in der Konsequenz
allerdings bedeuten, dass der VN weiterhin die Prämie schuldet, der zur Zahlung Berechtigte
den VR aber nicht auf Annahme verklagen kann. Dieser Schwebezustand ist unbefriedigend
und führt zu weiteren Fragen, z. B. im Falle einer Insolvenz des Dritten. Vorzugswürdig ist
deshalb die Auffassung, die in § 35a VVG a. F. – und damit auch zu § 34 VVG – eine echte
Rechtspflicht des VR erkennt[127], die gegebenenfalls eingeklagt werden kann. Auch das Interesse des VR am Erhalt der fälligen Prämie bei Leistungspflicht gegenüber einem Dritten aus
dem Versicherungsvertrag wird durch das Gesetz geschützt: Anders als bei der Aufrechnung
nach §§ 387 ff. BGB darf der VR auch dann in Höhe der Prämienforderung gegen den Zahlungsanspruch des Dritten aufrechnen.

D. Rechtsfolgen der Nichtzahlung der Erstprämie

I. Voraussetzungen

1. Nicht rechtzeitige Zahlung

Im Hinblick auf die **Rechtsfolgen** bei nicht rechtzeitiger Zahlung der Prämie unterschei-   **44**
det das VVG unverändert zwischen Erst- und Einmalprämie sowie Folgeprämie[128]. An die
Nichtzahlung der Erst- und Einmalprämie knüpft das Gesetz in § 37 VVG gravierende
Rechtsfolgen, die allerdings jetzt dadurch abgemildert werden, dass sie nur bei vom VN zu
vertretender Nichtzahlung eintreten. Entscheidende Voraussetzung für das Kündigungsrecht
und die Leistungsfreiheit im Versicherungsfall ist zunächst nur die nach Fälligkeit nicht erfolgte Prämienzahlung[129].

2. Ordnungsgemäße Prämienanforderung

Der Gesetzgeber hat auch in der Neufassung auf eine Definition der inhaltlichen Anforde-   **45**
rungen an die Prämienrechnung verzichtet. Wegen der für den VN unter Umständen existenzbedrohenden Folgen des § 37 VVG benötigt dieser **eine genaue Information** über
den von ihm als Erstprämie zu entrichtenden Betrag. Die Rechtsprechung stellt deshalb zu
Recht hohe Anforderungen an die **Prämienrechnung und ihre Präsentation gegenüber**

---

[125] Zutreffend BGH v. 2. 2. 1977, VersR 1977, 346 (348); *Römer/Langheid/Römer,* § 35b, Rn. 1.
[126] *Römer/Langheid/Römer,* § 35a, Rn. 1; *Prölss/Martin/Knappmann,* § 35a, Rn. 1; BGH v. 12. 3. 1964,
VersR 1964, 497 (500); str.
[127] Münchener Kommentar/*Krüger,* § 267, Rn. 16.
[128] Siehe oben Rn. 9 ff.
[129] Zur Fälligkeit siehe oben Rn. 21 ff.

dem VN: Zunächst muss die Rechnung dem VN überhaupt einmal zugegangen sein[130]. Zugang ist hierbei im Sinne des § 130 BGB zu verstehen. Nicht erforderlich ist allerdings eine Übersendung als separates Dokument. Zugegangen ist dem VN die Prämienanforderung auch dann, wenn sie im Versicherungsschein ausgewiesen ist und dieser dem VN ausgehändigt worden ist[131]. Bei Verwendung des Lastschriftverfahrens stellt die Lastschrift die Prämienanforderung dar[132], da aus ihr die Höhe der abgerechneten Prämie und der Zeitpunkt der Abrechnung hervorgehen und sie damit dem VN eine Prüfung der Prämienabrechnung ermöglicht.

46   **Inhaltlich** muss die Prämienrechnung eine genaue Angabe des als **Erstprämie** zu zahlenden Betrags enthalten[133]. Eine ordnungsgemäße Erstprämienanforderung liegt demzufolge auch nicht vor, wenn bei vereinbarter monatlicher Prämienzahlung ohne weitere Differenzierung die Prämien für die ersten beiden Monate, also eine Erst- und Folgeprämie angefordert werden[134]. Sofern als Zahlungsweise das Lastschriftverfahren vereinbart ist, muss der VR für die Erstprämie ein gesondertes Einzugsformular ausstellen und die Erstprämie gesondert einziehen, da ein einheitlicher Einzug von Erst- und Folgeprämie dem VN die Möglichkeit nimmt, allein durch Zahlung der Erstprämie Versicherungsschutz zu erlangen[135]. Zu beachten ist bei Vereinbarung des Lastschriftverfahrens auch, dass in diesem Fall in der Übersendung einer Erstprämienanforderung keine ordnungsgemäße Prämienanforderung liegt, da der VR zur Einziehung verpflichtet ist und daher erst die Lastschrift die prüffähige und maßgebliche Prämienanforderung darstellt[136].

3. Sonderfall der Teilleistung

47   Die harten rechtlichen Konsequenzen einer nicht rechtzeitigen Zahlung der Erstprämie führen zu bedenklichen Ergebnissen, wenn der VN die Erstprämie – aus welchen Gründen auch immer – bis auf einen **unbedeutenden Restbetrag** rechtzeitig zahlt. Rechtlich handelt es sich hierbei um eine Teilleistung im Sinne des § 266 BGB mit der Folge, dass der VR diese zurückweisen kann. Tritt nach Zahlung und vor Zurückweisung der Versicherungsfall ein, kann der VR die Leistung nach § 37 Abs. 2 VVG verweigern, wenn der VN den Zahlungsverzug zu vertreten hat. Dieses Ergebnis erscheint zumindest dann nicht haltbar, wenn der fehlende Prämienanteil so geringfügig ist, dass die Berufung des VR auf Leistungsfreiheit rechtsmissbräuchlich ist[137]. Dies nimmt die Rechtsprechung zumindest in den Fällen an, in denen zur vollständigen Prämienzahlung nur ein ganz geringfügiger Restbetrag fehlt[138]. In diesem Fall ist dem VR nach Treue und Glauben eine Berufung auf die Rechtsfolgen des § 37 VVG versagt. Dies setzt allerdings voraus, dass sich der VN nicht seinerseits treuwidrig verhält, etwa in dem er bewusst und gewollt die Prämie kürzt[139].

Der Reformgesetzgeber hat mit gutem Grund auf eine Regelung des geringfügigen Prämienrückstands verzichtet. Der Verweis auf § 39a ÖVVG, wonach ein Rückstand von höchstens 10% der Jahresprämie, maximal 60 €, nicht zur Leistungsfreiheit führt, zeigt die Problematik einer solchen Regelung: Eine vorsätzliche Kürzung der Prämie durch den VN

---

[130] BGH v. 17. 4. 1967, BGHZ 47, 352 (357).
[131] *Römer/Langheid/Römer*, § 38, Rn. 10.
[132] BGH v. 30. 1. 1985, VersR 1985, 447 (448); *Lang*, VersR 1987, 1157 (1159); *Römer/Langheid/Römer*, § 38, Rn. 10.
[133] BGH v. 9. 3. 1988, VersR 1988, 484; OLG Hamm v. 23. 10. 1981, VersR 1982, 867.
[134] OLG Köln v. 9. 5. 2000, VersR 2000, 1266 (1268); OLG Hamm 10. 2. 1988, VersR 1988, 709; *Römer/Langheid/Römer*, § 38, Rn. 11.
[135] BGH v. 30. 1. 1985, VersR 1985, 447 (448); OLG Hamm v. 19. 10. 1983, VersR 1984, 231; *Lang*, VersR 1987, 1157 (1159).
[136] OLG Köln v. 9. 5. 2000, VersR 2000, 1266 (1267).
[137] BGH v. 9. 10. 1985, NJW 1985, 1103.
[138] BGH v. 25. 6. 1956, BGHZ 21, 122 (136); BGH v. 9. 10. 1985, NJW 1986, 1103; Berliner Kommentar/*Riedler* § 38, Rn. 42.
[139] BGH v. 9. 3. 1988, VersR 1988, 484; *Römer/Langheid/Römer*, § 38, Rn. 14; Berliner Kommentar/*Riedler*, § 38, Rn. 43.

unterhalb der Grenzwerte zwingt den VR zur Klage, obwohl eine sofortige und klare Sanktion angemessen wäre. Auch massenhafte Nachlässigkeit der VN mit kleinen Beträgen führt zu hohen Verwaltungskosten, die letztlich von korrekten VN mitbezahlt werden müssen. Schließlich leidet die Regelung – wie jeder Grenzwert – darunter, dass auch bei knapp über der Grenze liegenden Fehlbeträgen die Sanktion unter Umständen in dem einen Fall noch zu hart erscheint, während sie in dem anderen Fall angemessen sein kann[140].

Umstritten ist, bis zu welcher Grenze von einem **geringfügigen Rückstand** gesprochen **48** werden kann. Nach einer Auffassung soll hierzu die ausstehende Prämie ins Verhältnis zur gesamten fälligen Prämie gesetzt werden[141]. Hinzukommen soll eine absolute Betrachtung des rückständigen Betrags, so dass etwa eine Differenz von 52,50 DM bei einer Prämie von 1 052,50 DM nicht mehr als geringfügig angesehen werden kann[142]. Klare Kriterien für die Wertung als nicht geringfügig lassen sich der Rechtsprechung jedoch nicht abgewinnen. Solche Kriterien bietet eine andere Auffassung, die als Grenze die Zinsen oder Kosten im Sinne von § 38 Abs. 1 S. 2 VVG (§ 39 Abs. 2 VVG a. F.) heranziehen will[143]. Allerdings gibt auch diese Auffassung nur einen ungefähren Anhaltspunkt, der allerdings bei Einmalprämien nicht weiter führt. Auch fehlt diesem Ansatz eine Wertung des absoluten Differenzbetrags, der zumindest dann nicht unbeachtlich bleiben kann, wenn von einer hohen Prämie prozentual geringe, absolut jedoch hohe Differenzen bleiben.

Um das berechtigte und gesetzlich abgesicherte Interesse des VR am Erhalt der vollen Prä- **49** mie zu schützen, wird man deshalb an Hand der im Ergebnis zutreffenden Judikatur festzustellen haben, ob der VN versehentlich einen **absolut und relativ vernachlässigbaren Teil der Prämie** nicht gezahlt hat. Nur solche Differenzen können als geringfügig angesehen werden, da sie die erheblichen Konsequenzen des § 37 VVG als unverhältnismäßig erscheinen lassen.

4. Rechtsbelehrung

Schon nach der bisherigen Rechtslage hat die Rechtsprechung und das ihr folgende **50** Schrifttum auch bei der Erstprämie die gravierenden Konsequenzen der Nichtzahlung an eine vorhergehende Belehrung des VN geknüpft, soweit es um die vorläufige Deckung ging[144]. Diese Auffassung hat nun für alle Versicherungen Eingang in § 37 Abs. 2 S. 2 VVG gefunden. Auf Leistungsfreiheit kann der VR sich danach nur berufen, wenn er entweder den VN ausdrücklich mit gesonderter Mitteilung in Textform oder einen hervorgehobenen, das Gesetz spricht von auffälligem, Hinweis im Versicherungsschein auf die Rechtsfolgen einer Nichtzahlung hingewiesen hat.

Inhaltlich muss die Belehrung so verfasst sein, dass der VN **vollständig und unmissver- 51 ständlich** zur Zahlung aufgefordert und auf die Rechtsfolgen einer verspäteten Zahlung hingewiesen worden ist[145]. Bei Zahlung im Wege erteilter Einzugsermächtigung muss nach der Rechtsprechung die Belehrung sowohl einen Hinweis auf die notwendige Deckung des Kontos[146] wie auch auf das gebotenen Verhalten des VN bei verspätetem Einzug durch die Inkassostelle enthalten[147]. Detailliert hat die Rechtsprechung die Belehrungspflicht bei der Kfz-Versicherung vorgegeben: So muss der VR auf den rückwirkenden Verlust des vorläufigen Deckungsschutzes bei nicht erfolgter Zahlung innerhalb der 14-tägigen Frist nach § 1

---

[140] Vgl. zur Begründung VVG-Reform Abschlußbericht, 34f.

[141] BGH v. 25. 6. 1956, BGHZ 21, 122 (136); BGH v. 5. 6. 1985, VersR 1985, 981 (982).

[142] BGH v. 5. 6. 1985, VersR 1985, 981 (982); BGH v. 9. 10. 1985, NJW 1986, 1103, sah auch eine Differenz von 36,70 DM zu 704,40 DM als nicht mehr geringfügig an; vgl. auch den Überblick über die Judikatur bei Berliner Kommentar/*Riedler*, § 38, Rn. 45.

[143] So Berliner Kommentar/*Riedler*, § 38, Rn. 44 m. w. Nw.

[144] Grundlegend BGH v. 17. 4. 1967, BGHZ 47, 352 (362f.); nach OLG Celle v. 4. 3. 1999, VerR 2000, 314, kann die Information auch nicht in der Rücktrittserklärung nachgeholt werden; § 7, Rn. 68.

[145] BGH v. 5. 6. 1985, VersR 1985, 981 (982); *Römer/Langheid/Römer*, § 38, Rn. 18.

[146] OLG Köln v. 20. 6. 1985, NJW-RR 1986, 390 (391); OLG Celle v. 10. 1. 1986, NJW-RR 1986, 1359; *Römer/Langheid/Römer*, § 38, Rn. 20.

[147] OLG Düsseldorf v. 8. 9. 1998, VersR 1999, 829 (830).

Abs. 4 AKB hinweisen[148]. Auch soll nach der Rechtsprechung die Belehrung darüber informieren, dass eine unverschuldete Fristversäumnis bei nachträglicher Zahlung den Versicherungsschutz erhält[149]. Den detaillierten Anforderungen an den Inhalt der Belehrung steht gegenüber die Forderung, die Belehrung nicht zu umfangreich und kompliziert zu gestalten[150]. Angesichts der hohen Risiken für den VR bei einer unzureichenden Belehrung empfiehlt es sich, im Zweifel ausführlich zu belehren.

52   Auch die **formalen Anforderungen** an eine ordnungsgemäße Belehrung sind hoch. So muss die Belehrung entweder im Versicherungsschein oder in einer separaten Mitteilung in Textform erfolgen, damit der VN deutlich auf die Rechtsfolgen der nicht rechtzeitigen Zahlung aufmerksam gemacht wird[151]. Sie muss drucktechnisch im Versicherungsschein auffällig sein, das heißt, so herausgehoben sein, dass der VN die besondere Bedeutung ohne weiteres zu erkennen vermag[152]. Dies wird man erst recht nach der im V Nicht ausreichend ist deshalb der Hinweis auf der Rückseite des Versicherungsscheins[153]. Dies wird man erst recht nach der Kodifizierung der geforderten Mitteilung annehmen müssen.

53   Anders verhält es sich, wenn im Versicherungsvertrag eine sog. **erweiterte Einlösungsklausel** vereinbart worden ist. Auch nach der Reform besteht für den VR die Möglichkeit, den Beginn des Versicherungsschutzes an die Zahlung der Prämie zu knüpfen (Einlösungsklausel)[154]. Auch die erweiterte Einlösungsklausel, bei der Versicherungsschutz rückwirkend mit Zahlung der Prämie gewährt wird[155], bleibt danach möglich. Allerdings gilt auch für die Einlösungsklausel die Regelung in § 37 Abs. 2 S. 2 VVG, wonach eine ausdrückliche separate Mitteilung in Textform oder ein auffälliger Hinweis im Versicherungsschein auf die Rechtsfolgen der Nichtzahlung aufmerksam machen muss[156]. Fehlt die Information, gilt Versicherungsschutz von Beginn des Versicherungsvertrages an.

II. Rücktritt

1. Voraussetzungen

54   Bezahlt der VN die Prämie nicht rechtzeitig, steht dem VR ein **Rücktrittsrecht** nach § 37 Abs. 1 S. 1 VVG zu. Die Rücktrittsfiktion nach 38 Abs. 1 S. 2 VVG a. F. ist ersatzlos entfallen, so dass der VR auch längere Zeit mit der klageweisen Geltendmachung der Prämie zuwarten kann, ohne in das Risiko zu laufen, zur Leistung ohne Prämienvereinnahmung verpflichtet zu sein. Die in § 37 Abs. 2 VVG verankerte Leistungsfreiheit erfordert weder einen vorherigen Rücktritt, noch besteht eine sonstige Ausschlussfrist[157].

In der Neufassung des § 37 Abs. 1 VVG entfällt das Rücktrittsrecht, wenn der VN die Nichtzahlung nicht zu vertreten hat. Unter welchen Voraussetzungen er die Nichtzahlung zu vertreten hat, richtet sich nach allgemeinen zivilrechtlichen Bestimmungen. Bei der hier in Rede stehenden Zahlungspflicht hat der VN das Beschaffungsrisiko unabhängig von einem Verschulden zu tragen und muss mithin stets für mangelnde Zahlungsfähigkeit einstehen[158]. Danach kommen für eine nicht zu vertretende Nichtzahlung nur solche Fälle in Be-

---

[148] BGH v. 17. 4. 1967, BGHZ 47, 352 (364); *Stiefel/Hofmann*, AKB § 1, Rn. 79 m. w. N.

[149] OLG Hamm v. 24. 1. 1990, VersR 1991, 22; OLG Schleswig v. 18. 12. 1991, VersR 1992, 731 (732); *Stiefel/Hofmann*, AKB § 1, Rn. 79.

[150] *Römer/Langheid/Römer*, § 38, Rn. 18 unter Verweis auf OLG Düsseldorf v. 3. 11. 1992, VersR 1993, 737.

[151] *Römer/Langheid/Römer*, § 38, Rn. 18.

[152] OLG Celle v. 4. 3. 1999, VersR 2000, 314 (315); *Römer/Langheid/Römer*, § 38, Rn. 18.

[153] *Römer/Langheid/Römer*, § 38, Rn. 18.

[154] Abschlußbericht, 33; auch § 51 VVG geht von dem Fortbestand des Einlösungsprinzips aus.

[155] *Prölss/Martin/Prölss*, § 38, Rn. 30, OLG München v. 30. 7. 2001, NVersZ 2002, 316;

[156] Insoweit ist *Johannsen*, FS Schirmer, 263 (265), zuzustimmen, dass das Einlösungsprinzip deutliche Einschränkungen erfährt.

[157] *Marlow/Spuhl*, 61; zu der Begründung VVG-Reform Abschlußbericht, 35.

[158] Münchener Kommentar/*Grundmann*, § 276, Rn. 180.

tracht, die nicht in einem Geldmangel des VN ihre Ursache haben. Zu denken ist hier z. B. an eine schwere Erkrankung des VN, die ihm die Zahlung unmöglich macht, oder Streik der Zahlstellenmitarbeiter und ähnliche Fälle[159].

Im Falle der vorläufigen Deckung findet sich in § 50 VVG eine entsprechende Regelung, die dem VR einen Anspruch auf eine der Laufzeit entsprechende Prämie zugesteht, wenn der Hauptvertrag nicht zustande kommt. Gleiches gilt für den Fall, dass noch während der laufenden Deckung der VN in Zahlungsverzug gerät und der VR deshalb kündigt (§ 39 Abs. 1 VVG)[160]. **55**

Will sich der VR vom Vertrag wegen Nichtzahlung der Prämie lösen, muss er den Rücktritt erklären. Hierbei handelt es sich um eine empfangsbedürftige Willenserklärung, mit der dem VN ausdrücklich die Beendigung des Vertrags mitgeteilt wird. Nutzt der VR statt einer ausdrücklichen Erklärung die Fiktion des Rücktritts nach Ablauf von drei Monaten, so darf er dem VN nicht zuvor oder im unmittelbaren Anschluss an den Ablauf der Frist Hinweise geben, die dieser als Willen zur Vertragsfortsetzung verstehen muss[161]. **56**

2. Rechtsfolgen

Folge des Rücktritts ist die **Entstehung eines Rückgewähr-Schuldverhältnisses** (§ 346 Abs. 1 BGB) ab dem Zeitpunkt der Wirksamkeit des Rücktritts. Dem VR steht in diesem Fall lediglich eine angemessene Geschäftsgebühr (§ 39 Abs. 1 S. 2 VVG) zu. Die Regelung entspricht § 40 Abs. 2 S. 2 a. F. VVG. Da der VR infolge des Rücktritts im Regelfall zu keinem Zeitpunkt aus dem Versicherungsvertrag zur Gefahrtragung verpflichtet war, hat die „Geschäftsgebühr" den Charakter einer Entschädigung für den mit dem fehlgeschlagenen Versicherungsverhältnis verbundenen Aufwand. Die Angemessenheit der Geschäftsgebühr bestimmt sich demzufolge nach der Art der Versicherung und der Höhe der dem VN entstandenen Kosten[162]. Da § 39 VVG gem. § 42 VVG halbzwingend ist, sind weitergehende Entschädigungsvereinbarungen zu Lasten des VN unzulässig. **57**

III. Leistungsfreiheit

1. Regelfall

Nach § 37 Abs. 2 VVG ist der VR bei Eintritt des Versicherungsfalls von der Leistung befreit, wenn bis dahin die Erstprämie nicht bezahlt worden ist und der VN die Nichtzahlung zu vertreten hat. die Darlegungs- und Beweislast für das Nicht-Vertreten-Müssen liegt nach dem Wortlaut der Norm bei dem VN. Anders als nach der bisherigen Rechtslage[163] geht das Gesetz jetzt im Regelfall davon aus, dass der Versicherungsschutz ab Beginn des Versicherungsvertrags gilt, auch wenn die Prämie erst nach Ablauf der Frist des § 33 Abs. 1 VVG zu zahlen ist[164]. Hierfür spricht auch die Regelung in § 51 VVG, wonach als Ausnahmefall bei der vorläufigen Deckung der Versicherungsschutz an die Prämienzahlung geknüpft werden kann. Die jetzige Gesetzesfassung bestätigt die in der Vorauflage vertretene Ansicht, dass die Leistungsfreiheit eine Sanktion für die nicht vertragsgemäß erfolgte Prämienzahlung darstellt und den synallagmatischen Zusammenhang von Prämie und Versicherungsschutz durch die Gewährung von Leistungsfreiheit des VR im Falle eines Prämienverzugs nicht durchbricht[165]. **58**

Bei der jetzt gesetzlich geregelten **vorläufigen Deckung** entfällt die Leistungspflicht des VR, wenn der VN die Prämie nicht zahlt und der Beginn des Versicherungsschutzes hiervon abhängt (§ 51 Abs. 1 VVG). Besteht eine solche Vereinbarung nicht, schuldet der VR Ver- **59**

---

[159] Vgl. Münchener Kommentar/*Ernst*, § 286, Rn. 105 ff.
[160] Hierzu *Gitzel*, VersR 2007, 322 ff.
[161] BGH v. 30. 11. 1981, VersR 1982, 358 (359).
[162] Berliner Kommentar/*Riedler*, § 40, Rn. 13; *Bruck/Möller*, § 40, Anm. 12.
[163] Vgl. hierzu Vorauflage, § 12, Rn. 61.
[164] So zu Recht *Johannsen*, FS. Schirmer, 263 (264 f.).
[165] Vgl. Vorauflage, § 12, Rn. 61 m. w. N.

sicherungsleistungen auch dann, wenn die Prämie noch nicht gezahlt worden ist[166]. Der VR muss allerdings zuvor den VN auf diese Rechtsfolge durch gesonderte Mitteilung in Textform oder einen auffälligen Hinweis im Versicherungsschein belehren. Der Vertrag endet ohne weitere Erklärung des VR zum Zeitpunkts des Verzugseintritts, wobei auch hierauf in gesonderter Mitteilung bzw. durch auffälligen Hinweis im Versicherungsschein hingewiesen worden sein muss (§ 52 Abs. 1 S. 2 VVG).

60   Für die **Rückwärtsversichrung** ergeben sich aus der Reform des VVG keine Änderungen. Die Rückwärtsversicherung ist dadurch gekennzeichnet, dass der VN im Versicherungsvertrag für einen vor dem Abschluss liegende Zeitraum Versicherungsschutz erhält (§ 2 Abs. 1 VVG). Dem widerspräche eine Vereinbarung, wonach der Versicherungsschutz nur für die Zeit nach Prämienzahlung besteht[167]. Der Gesetzgeber hat deshalb – klarstellend – die Anwendung des § 37 Abs. 2 VVG für die Rückwärtsversicherung ausdrücklich ausgeschlossen (§ 2 Abs. 2 VVG).

Fraglich ist, was gilt, wenn sich der VN mit der Zahlung der Erstprämie im Rückstand befindet. Ähnlich wie bei der Vereinbarung von vorläufiger Deckung wird man auch bei der Rückwärtsversicherung davon ausgehen müssen, dass der VR den Versicherungsschutz rückwirkend entfallen lassen will, wenn die Erstprämie nicht rechtzeitig gezahlt wird. Auch aus der Sicht des VN besteht kein schutzwürdiges Vertrauen auf den Fortbestand des sogar rückwirkend zugesagten Versicherungsschutzes, wenn er sich seinerseits vertragswidrig verhält. Methodisch handelt es sich um eine – ergänzende – Auslegung des Vertrags, wonach die rückwirkende Deckung nur unter der aufschiebenden Bedingung der rechtzeitigen Prämienzahlung gewährt wird.

2. Ausnahmefall

61   Der typische Fall, in dem die Leistungsfreiheit trotz nicht rechtzeitiger Zahlung der Erstprämie wegen **treuwidrigen Verhaltens** zu versagen ist, ist der einer Vereitelung der Zahlung durch den VR. So musste sich der VR die Verantwortung für eine nicht rechtzeitige Zahlung zuweisen lassen, wenn er die Aushändigung des Versicherungsscheins verzögert[168] oder eine falsche Kontonummer angibt. Der VR verhielte sich treuwidrig, wenn er bei einem aus seiner Sphäre stammenden Grund für die Zahlungsverzögerung das Recht der Leistungsfreiheit für sich in Anspruch nähme[169].

3. Abweichende Regelungen

62   **a)** Abweichend von § 37 Abs. 2 VVG gilt Leistungsfreiheit bei Pflichtversicherung nicht gegenüber dem **geschädigten Dritten** (§ 117 Abs. 1 VVG). Diese Nachhaftung zum Schutz der geschädigten Dritten greift ein, wenn es zum Versicherungsfall nach Eintritt der Voraussetzung der Leistungsfreiheit kommt[170].

63   **b)** Häufig haben bislang **Klauseln in Versicherungsverträgen** die strengen Rechtsfolgen des § 38 Abs. 2 VVG a. F. gemildert. So sehen einzelne Bedingungen etwa vor, dass Leistungsfreiheit nur eintritt, wenn der VN nicht unverzüglich nach Aufforderung bezahlt, so dass hier ein Verschuldenselement zur Voraussetzung der Leistungsfreiheit gemacht wird. Andere Klauseln sehen für die Einlösung des Versicherungsscheins eine zweiwöchige Frist vor und knüpfen einen Wegfall der Leistungspflicht an ein schuldhaftes Überschreiten dieser Frist[171]. Es ist davon auszugehen, dass bei der anstehenden Überarbeitung künftige Versicherungsbedingungen die gesetzliche Regelung wiedergeben werden.

---

[166] *Marlow/Spuhl*, a,a.O, 67.

[167] BGH v. 30. 5. 1979, VersR 1979, 709 (710); *Römer/Langheid/Römer*, § 2, Rn. 6.

[168] Berliner Kommentar/*Riedler*, § 38, Rn. 75.

[169] Im Einzelfall ist umstritten, ob und inwieweit ein Vertretenmüssen erforderlich ist, vgl. Berliner Kommentar/*Riedler*, § 38, Rn. 75 einerseits, *Gärtner*, 124 andererseits.

[170] Vgl. nur *Stiefel/Hofmann*, § 3 PflVG, Rn. 1.

[171] Z. B. § 1 Abs. 4 AKB.

E. Besonderheiten bei Nichtzahlung von Folgeprämien

I. Qualifizierte Mahnung

Die Neuregelung des Verzugs mit einer Folgeprämie in § 38 VVG entspricht im Wesent- 64 lichen der bisherige Regelung in § 39 VVG[172] a. F. Das Kündigungsrecht und die Leistungsfreiheit des VR bei Rückständen des VN mit Folgeprämien knüpft das Gesetz in § 38 VVG an strengere Voraussetzungen als bei Rückständen mit der Erstprämie. So erfordert § 38 Abs. 1 VVG neben einem Rückstand eine qualifizierte Mahnung. Diese muss eine mindestens zweiwöchige Frist setzen[173] und eine Belehrung über die Rechtsfolgen des fortgesetzten Zahlungsverzugs enthalten. Die Belehrung soll den VN in die Lage versetzen, ohne Zeitverlust die erforderlichen Handlungen vornehme zu können, um den Versicherungsschutz zu erhalten[174]. Deswegen dürfen – wie schon nach bisheriger Rechtslage – Mahnung und Belehrung keinerlei Unklarheiten aufweisen, die zu einem weiterer Verzögerung der Zahlung führen könnten. An den Inhalt der Mahnung und insbesondere die Belehrung stellt die Rechtsprechung deshalb außerordentlich hohe Anforderungen:

- Die rückständigen Prämien und Kosten müssen getrennt aufgeführt werden, damit der VN nachprüfen kann welche Beträge im Einzelnen geschuldet werden[175] (§ 38 Abs. 1 S. 2 VVG). Sind mehrere Prämien aus mehreren Verträgen rückständig, müssen sie einzeln angemahnt werden[176] (§ 38 Abs. 1 S. 2 VVG).
- Erst- und Folgeprämie müssen getrennt angegeben werden[177]. Auch muss der VN ohne Rückfrage oder Fachkenntnisse erkennen können, welche Folgen sich aus dem Verzug mit der nicht gezahlten Prämie ergeben[178].
- Die Belehrung darf nicht den Eindruck erwecken, jede Überschreitung der gesetzten Frist führe zum Verlust des Versicherungsschutzes[179]. Vielmehr muss der VN darauf hingewiesen werden, das auch die nach Ablauf der Zahlungsfrist eingezahlte Folgeprämie die Kündigungsfolgen beseitigt.
- Die rückständigen Prämien müssen exakt angegeben werden, auch geringfügige Zuvielforderungen sind schädlich[180].
- Der VN muss zumindest darauf hingewiesen werden, dass er sich bei Eintritt des Versicherungsfalls bzw. der Kündigungserklärung in Verzug befinden muss[181]. Ob auch eine Belehrung bezüglich des Vertretenmüssens erforderlich ist, ist streitig[182]. Zutreffend jedenfalls ist, dass die Verwendung des Begriffs Verzug und der Hinweis auf die Notwendigkeit des Verzugs für die Rechtsfolgen ausreicht. Dies entspricht den Anforderungen an die verzugsbegründende Mahnung nach allgemeinem Schuldrecht. Für eine spezifische weitergehende Erläuterung bei Versicherungsverhältnis besteht danach kein Grund.
- Die Gestaltung des Schreibens muss dem VN den Ernst der Lage und die Konsequenzen vor Augen führen. Dabei muss bereits auf der Vorderseite des Schreibens deutlich gemacht werden, dass der Verlust des Versicherungsschutzes droht[183].
- Die Zahlungsfrist muss mindestens zwei Wochen betragen (§ 38 Abs. 1 S. 1 VVG).

---

[172] VVG-Reform Abschlußbericht, 36.
[173] Die nach § 91 VVG a. F. geltende Fristverlängerung auf 1 Monat ist ersatzlos entfallen.
[174] BGH v. 6. 10. 1999, NVersZ 2000, 72.
[175] BGH v. 9. 10. 1985, VersR 1986, 54 (55); OLG Hamm v. 22. 9. 1998, VersR 1999, 957.
[176] OLG Hamm v. 22. 9. 1998, VersR 1999, 957.
[177] OLG Hamm v. 6. 7. 1994, VersR 1995, 1085.
[178] BGH v. 6. 10. 1999, NVersZ 2000, 72 (73).
[179] BGH v. 9. 3. 1988, VersR 1988, 484f.; OLG Hamm v. 22. 9. 1998, VersR 1999, 957.
[180] BGH v. 7. 10. 1992, VersR 1992, 1501.
[181] OLG Hamm v. 18. 12. 1991, VersR 1992, 1205.
[182] Dafür OLG Hamm v. 3. 7. 1991, VersR 1992, 558, dagegen wohl der selbe Senat OLG Hamm v. 18. 12. 1991, VersR 1992, 1205.
[183] BGH v. 6. 10. 1999, NVersZ 2000, 72.

65   Eine Mahnung, die den genannten Anforderungen nicht genügt, vermag die **Rechtsfolgen des Kündigungsrechts und der Leistungsfreiheit** nicht auszulösen[184]. Eine fehlerhafte Kündigung kann auch nicht durch ein Korrekturschreiben geheilt werden, sondern erzwingt eine erneute Mahnung[185]. Dass die Mahnung der Kündigung vorausgehen muss, ergibt sich jetzt aus § 38 Abs. 3 VVG).

66   Dass die **Mahnung dem VN zugehen** muss, ergibt sich bereits daraus, dass die Mahnung eine empfangsbedürftige Willenserklärung ist. Besonderheiten gegenüber den nach allgemeinem Schuldrecht geltenden Bestimmungen zum Zugang ergeben sich darüber hinaus nicht[186].

II. Verzug

67   Anders als bei einem Rückstand mit der Erstprämie erlangt der VR bei einem **Rückstand mit Folgeprämie** nur dann ein Kündigungsrecht und die Leistungsfreiheit bei Eintritt des Versicherungsfalls, wenn sich der VN zum jeweiligen Zeitpunkt mit der Zahlung der Prämie oder der Zinsen oder der Kosten in Verzug befindet. Maßgeblich ist danach, dass der VN den Zahlungsrückstand zu vertreten hat. Hieran fehlt es z. B. dann, wenn der VN ein Zurückbehaltungsrecht ausübt[187] oder ohne Verschulden davon ausgegangen ist, dass eine Zahlungspflicht nicht besteht[188].

III. Folgen der Kündigung

68   Anders als bei einer Kündigung wegen der nicht rechtzeitig gezahlten Erstprämie schuldete der VN nach § 40 Abs. 2 S. 1 VVG a. F. die Prämie bis zum Ende der Versicherungsperiode. Diese Vorschrift wird gemeinhin als Ausdruck des im VVG herrschenden Grundsatzes der Unteilbarkeit der Prämie angesehen, der seinen Ausdruck in einer Reihe von Vorschriften, u. a. den §§ 2 Abs. 3, 59 Abs. 3, 68 Abs. 4, 158 Abs. 3 VVG a. F. finden soll. Ob ein solcher Grundsatz überhaupt existiert hat, sei dahingestellt[189], jedenfalls ist er durch das neue VVG beseitigt[190]. So gilt gem. § 39 VVG, dass auch bei der Kündigung wegen Zahlungsverzugs nur die Prämie geschuldet wird, die anteilig für den gewährten Versicherungsschutz anfällt. Zusätzlich kann der VR vom VN die Kosten für die Zahlungsaufforderung nach § 38 Abs. 1 VVG verlangen.

F. Verjährung des Anspruchs auf Prämienzahlung

69   Die bisherige besondere Verjährungsregel für den Anspruch auf Prämienzahlung in § 12 VVG a. F. ist ersatzlos entfallen[191]. Die Verjährung des Prämienzahlungsanspruchs richtet sich jetzt nach § 195 BGB und beträgt drei Jahre. Die Verjährungsfrist für die Prämienzahlung beginnt gem. § 199 Abs. 1 BGB mit dem Schluss des Jahres, in dem der Anspruch entstanden ist. Unabhängig von der hinausgeschobenen Zahlungsfrist entsteht der Prämienzahlungsanspruch in dem Jahr des Vertragsabschlusses.

---

[184] BGH v. 6. 10. 1999, NVersZ 2000, 72.
[185] BGH v. 6. 3. 1985, VersR 1985, 533.
[186] Vgl. zum Zugang *Römer/Langheid/Römer*, § 39, Rn. 12; s. auch OLG Hamm v. 11. 5. 2007, VersR 2007, 1397 ff.
[187] *Römer/Langheid/Römer*, § 39, Rn. 14; LG Tübingen v. 29. 2. 1988, VersR 1990, 33.
[188] *Römer/Langheid/Römer*, § 39, Rn. 14.
[189] Kritisch *Bruck/Möller*, § 40, Anm. 3; *Prölss/Martin/Prölss*, § 49 Rn. 1.
[190] Vgl. VVG-Reform Abschlußbericht, 31 ff.; *Langheid*, NJW 2007, 3665 (3670).
[191] Vgl. Abschlußbericht, 47.

§ 13. Grundlagen zu den Obliegenheiten des Versicherungsnehmers

Inhaltsübersicht

Literatur: *Armbrüster,* Abstufungen der Leistungsfreiheit bei grob fahrlässigem Verhalten des VN, in *Basedow/Meyer/Rückle/Schwintowski,* VVG-Reform – Abschlussbericht Rückzug des Staates aus sozialen Sicherungssystemen (VersWissStud 29. Band, 2005), 26; *ders.,* ZVersWiss 2005, 385 ff.; *ders.,* Das Alles-oder-nichts-Prinzip im Privatversicherungsrecht, 2003; *ders.,* Abstufungen der Leistungsfreiheit bei grob fahrlässigem Verhalten des VN, VersR 2003, 675; *Baumann,* Quotenregelung contra Alles-oder-Nichts-Prinzip im Versicherungsfall. Überlegungen zur Reform des § 61 VVG, r+s 2005, 1; *Felsch,* Neuregelung von Obliegenheiten und Gefahrerhöhung, r+s 2007, 485; *Fitzau,* Das dicke Ende kommt noch!, VW 2008, 448; *Grote/Schneider,* VVG 2008: Das neue Versicherungsvertragsrecht, BB 2008, 2689; *Günther/Spielmann,* Vollständige und teilweise Leistungsfreiheit nach dem VVG 2008 am Beispiel der Sachversicherung, r+s 2008, 133 (Teil 1) und 177 (Teil 2); *Hövelmann,* Anpassung der AVB von Altverträgen nach Art. 1 Abs. 3 EGVVG – Option oder Zwang?, VersR 2008, 612; *Honsel,* Umstellung der Schaden-und Unfallbestände auf das VVG-2008, VW 2008, 480; *Knappmann,* Der Eintritt des Versicherungsfalls und die Rechte und Pflichten der Verfahrensbeteiligten, r+s 2002, 485; *ders.,* Versicherungsschutz bei arglistiger Täuschung durch unglaubwürdigen VN, NVersZ 2000, 68; *Langheid,* Die Reform des Versicherungsvertragsgesetzes, NJW 2007, 3665 (Teil 1); *Liebelt-Westphal,* Schadenverhütung und Versicherungsvertragsrecht, 1997; *Looschelders,* Schuldhafte Herbeiführung des Versicherungsfalls nach der VVG-Reform, VersR 2008, 1; *Maier,* Die Leistungsfreiheit bei Obliegenheitsverletzungen nach dem Regierungsentwurf zur VVG-Reform, r+s 2007, 89; *ders.,* AVB: Kann oder muss umgestellt werden?, VW 2008, 986; *Marlow,* Die Verletzung vertraglicher Obliegenheiten nach der VVG-Reform: Alles nichts, oder?, VersR 2007, 43; *Marlow/Spuhl,* Das Neue VVG kompakt, 3. Aufl. Aug. 2008; *Meixner/Steinbeck,* Das neue Versicherungsvertragsrecht, 2007; *Nugel,* Das neue VVG – Quotenbildung bei der Leistungskürzung wegen grober Fahrlässigkeit, MDR 22/2007, S 23; *ders.,* Alles, nichts oder 5000,– €?, NZV 2008, 11; *Pohlmann,* Beweislast für das Verschulden des Versicherungsnehmers bei Obliegenheitsverletzungen, VersR 2008, 437; *Prölss,* Das versicherungsrechtliche Alles-oder-Nichts-Prinzip in der Reformdiskussion, VersR 2003, 669; *Rixecker,* VVG 2008 – Eine Einführung, I. Herbeiführung des Versicherungsfalls, ZfS 2007, 15; *ders.,* VVG 2008 – Eine Einführung, II. Obliegenheiten vor dem Versicherungsfall, ZfS 2007, 73; *Römer,* Zu ausgewählten Problemen der VVG-Reform nach dem Referentenentwurf vom 13. März 2006 (Teil I), VersR 2006, 740; *Schirmer,* Aktuelle Entwicklungen zum Recht der Obliegenheiten, r+s 1990, 217 (Teil I), 253 (Teil II); *Schmidt-Hollburg,* Die Abgrenzung von Risikoausschlüssen und Obliegenheiten in den kaufmännischen Versicherungszweigen, 1991; *Schmidt/ Reimer,* Die Obliegenheiten, 1953; *Schneider,* Neues Recht für alte Verträge?, VersR 2008, 859; *Schütte,* Verhüllte Obliegenheiten im Versicherungsrecht, 1991; *Schwarz,* Das Alles-oder-Nichts-Prinzip im Versicherungsrecht unter Berücksichtigung der Wertungen des allgemeinen Schadensrechts, 1995; *Wegmann,* Oblie-

genheiten in der privaten Krankenversicherung, 1997; *Weidner/Schuster,* Quotelung von Entschädigungsleistungen bei grober Fahrlässigkeit in der Sachversicherung nach neuem VVG, r+s 2007, 363; *Wussow,*
Obliegenheiten in der privaten Unfallversicherung, VersR 2003, 1481.

A. Einleitung

I. Änderungen durch die VVG-Reform

Mit der VVG-Reform wird für sämtliche Verletzungen vertraglicher Pflichten und Oblie-   1
genheiten des VN ein weitgehend einheitliches System von Rechtsfolgen installiert[1]. Für die
Verletzung vertraglicher Obliegenheiten führt dies mit der Neuregelung in **§ 28 VVG** zu erheblichen Abweichungen vom bisherigen § 6 VVG a. F. Als **Rechtsfolgen** bleiben zwar weiterhin **grundsätzlich** das **Kündigungsrecht** bei der Verletzung von Obliegenheiten vor
Eintritt des Versicherungsfalles und die **Leistungsfreiheit** des VR erhalten, doch gibt es **ansonsten** hierbei **grundlegende Änderungen:**
- Das gesetzliche **Kündigungsrecht** bei der Verletzung von Obliegenheiten vor Eintritt des
  Versicherungsfalles besteht **nur noch bei Vorsatz oder grober Fahrlässigkeit,** dagegen
  nicht mehr bei nur einfacher Fahrlässigkeit (§ 28 Abs. 1 VVG).
- Bei der **Leistungsfreiheit** gibt es:
  - **keine Unterscheidung** mehr **zwischen Obliegenheiten vor und nach Eintritt des
    Versicherungsfalles,**
  - **keine Kündigungsobliegenheit** des VR mehr bei Leistungsfreiheit wegen Verletzung
    von Obliegenheiten vor Eintritt des Versicherungsfalles,
  - **Leistungsfreiheit** nur noch **bei vorsätzlichen Obliegenheitsverletzungen** (§ 28
    Abs. 2 S. 1 VVG), ein **Leistungskürzungsrecht bei grober Fahrlässigkeit** (§ 28
    Abs. 2 S. 2 VVG; Aufgabe des sog. Alles-oder-Nichts-Prinzips) und **keine Leistungs-
    freiheit** mehr **bei leicht fahrlässiger Verletzung** von Obliegenheiten (vor Eintritt
    des Versicherungsfalles),
  - die **generelle Möglichkeit des Kausalitätsgegenbeweises** (§ 28 Abs. 3 VVG; Aus-
    nahme: Arglist) und
  - eine **grundsätzliche Belehrungspflicht** des VR bei Auskunfts- und Aufklärungsob-
    liegenheiten (§ 28 Abs. 4 VVG).

II. Übergangsregelungen – zeitliche Geltung des alten und neuen Rechts, AVB-Anpassung

§ 28 VVG gilt mit dem Inkrafttreten des neuen VVG zum **1. 1. 2008** zunächst nur für ab   2
diesem Zeitpunkt geschlossene **Neuverträge.** Für bereits bestehende **Altverträge** gilt § 6
VVG a. F. mit einer **Übergangsfrist von einem Jahr** bis zum 31. 12. 2008 fort (Art. 1 Abs. 1
EGVVG). Erst ab dem 1. 1. 2009 ist dann auch auf diese Altverträge § 28 VVG anzuwenden.
Eine **Ausnahme** besteht aber bei einem bis zum 31. 12. 2008 zu einem Altvertrag eingetre-
nen Versicherungsfall (Art. 1 Abs. 2 EGVVG). § 6 VVG a. F. bleibt in diesem Fall auch über den
31. 12. 2008 weiterhin uneingeschränkt anwendbar, was z. B. zur Konsequenz hat, dass der VR
für die Leistungsfreiheit wegen Verletzung von Obliegenheiten vor Eintritt des Versicherungsfalles die Obliegenheit zur rechtzeitigen Kündigung nach § 6 Abs. 1 S. 3 VVG a. F. zu beachten
hat; andererseits ist dem VN in diesem Fall etwa der Kausalitätsgegenbeweis weiterhin nur eingeschränkt möglich. Tritt der VersFall dagegen erst nach dem 31. 12. 2008 ein, ist auf zuvor
verletzte Obliegenheiten nunmehr § 28 VVG anwendbar[2]. Das folgt ohne weiteres aus Art. 1
Abs. 1 EGVVG; die Obliegenheitsverletzung wirkt sich erst mit dem Eintritt des VersFalles aus,
so dass es damit gerade nicht um einen bereits abgeschlossenen Sachverhalt geht[3].

---

[1] Siehe näher dazu VVG-Reform Regierungsentwurf (2006), S. 123 f.
[2] A. A. wohl *Schneider,* VersR 2008, 859 (862).
[3] Anders wohl *Schneider,* VersR 2008, 859 (862).

3   **Zukünftig verstoßen** vor allem auf der Rechtsfolgenseite zahlreiche **AVB-Regelungen in Altverträgen gegen § 28 VVG**[4]. Denn soweit diese die bisherige Rechtslage wiedergeben, werden sie teilweise zum Nachteil des VN von § 28 VVG abweichen; etwa durch die Einräumung des Kausalitätsgegenbeweises bei der Verletzung von Obliegenheiten nach Eintritt des Versicherungsfalles nur bei grober Fahrlässigkeit (§ 6 Abs. 3 S. 2 VVG a. F.) und nach den Grundsätzen der Relevanzrechtsprechung[5]. Das hat wegen des nach § 32 S. 1 VVG halbzwingenden Charakters von § 28 VVG insgesamt die Unwirksamkeit der Rechtsfolgenvereinbarung zur Folge und damit letztlich dass eine Leistungsfreiheit mangels wirksamer Vereinbarung nicht in Betracht kommt[6]. Der sich aus der zukünftigen Unwirksamkeit ergebenden Notwendigkeit für die VR, im Widerspruch zum neuen Recht stehende Klauseln anzupassen, trägt **Art. 1 Abs. 3 EGVVG** Rechnung. Dieser räumt den VR bei Altverträgen das Recht ein, ihre Versicherungsbedingungen unter Beachtung bestimmter, formeller Voraussetzungen zum 1. 1. 2009 zu ändern, soweit diese von den Vorschriften des neuen VVG abweichen. Wohl vor allem angesichts des mit diesem Verfahren verbundenen Verwaltungs- und Kostenaufwands sowie der Zeitnot der VR werden verschiedene **Alternativen** diskutiert[7]: So soll etwa an die Stelle der allein nichtigen Rechtsfolgeregelung die gesetzliche Regelung in § 28 Abs. 2 VVG treten und die abtrennbare, da selbständige Tatbestandsseite ergänzen[8]. Eine solche Teilbarkeit bzw. „**Teilunwirksamkeit**" wird grundsätzlich zu bejahen sein, da es sich um selbständige Regelungsteile handelt[9]. Zwar beziehen sich Tatbestand und Rechtsfolge regelmäßig aufeinander, doch ändert dies am eigenständigen Charakter der Obliegenheit nichts, an deren Verletzung Leistungsfreiheit nicht zwingend geknüpft sein muss (sog. sanktionslose Obliegenheiten[10])[11]. Die Frage einer **geltungserhaltenden Reduktion** wegen der Obliegenheitsregelung stellt sich dann nicht[12]. Allerdings **fehlt** es **an** einer **wirksamen Rechtsfolgenvereinbarung**. Eine geltungserhaltende Reduktion der Sanktionsregelung allein im Hinblick auf die Vereinbarung von Leistungsfreiheit ist im Ergebnis abzulehnen[13]. Die gesetzliche Regelung in Art. 28 Abs. 2 VVG hilft hier nicht weiter, da sie eine solche Vereinbarung nicht ersetzen kann[14]. Daran scheitert letztlich auch eine **ergänzende Vertragsauslegung** nach § 306 Abs. 2 BGB[15].

Die **Altverträge** enthalten allerdings **nicht nur für den VN nachteilige Bestimmungen:** Das für den VN günstige Erfordernis rechtzeitiger Kündigung des VR für die Leistungsfreiheit nach § 6 Abs. 1 S. 3 VVG a. F. verlangt § 28 VVG z. B. nicht mehr[16]. Ein Bedingungsanpassungsrecht wird dem VR auch insoweit nach Art. 1 Abs. 3 EGVVG zustehen müssen, da

---

[4] Näher dazu *Marlow/Spuhl,* S. 112.

[5] Z. B. § 20 Nr. 2, 3 VGB 88.

[6] Kündigungsrecht oder Leistungsfreiheit des VR haben zur Voraussetzung, dass sowohl die Obliegenheit als solche, aber auch deren Rechtsfolge bei Verletzung wirksam vertraglich vereinbart sind (siehe näher dazu unten Rn. 9).

[7] Vgl. dazu insbesondere *Maier,* VW 2008, 986; *Hövelmann,* VersR 2008, 612 (615f.); *Honsel,* VV 2008, 480; *Fitzau,* VW 2008, 448.

[8] So *Hövelmann,* VersR 2008, 612 (616).

[9] A. A. *Maier,* VW 2008, 986 (987).

[10] Siehe dazu auch unten Rn. 7.

[11] A. A. *Maier,* VW 2008, 986 (987).

[12] Anders *Hövelmann,* VersR 2008, 612 (615f.).

[13] So wohl auch *Maier,* VW 2008, 986 (987f.), auch wenn sich dessen Ausführungen auf Tatbestands- und Rechtsfolgenseite beziehen, der überzeugend darauf hinweist, dass anderenfalls Art. 1 Abs. 3 EGVVG überflüssig wäre; a. A. *Hövelmann,* VersR 2008, 612 (615f.) mit gut vertretbarer Begründung.

[14] A. A. im Ergebnis *Hövelmann,* VersR 2008, 612 (616).

[15] So im Ergebnis auch *Maier,* VW 2008, 986 (988), der sich letztlich wiederum auf Art. 1 Abs. 3 EGVVG stützt.

[16] Der bloße informatorische Klauselhinweis auf § 6 Abs. 1 S. 3 VVG dürfte dabei eine eigenständige Regelung nicht enthalten (z. B. § 20 Nr. 2 S. 1 VGB 88); anders dürfte dies aber bei der Widergabe des Gesetzeswortlaut sein (z. B. § 10 (2) MBKK 94).

dessen Wortlaut allein eine Abweichung voraussetzt und weder Systematik noch Sinn und Zweck der Regelung und auch die Gesetzesbegründung etwas anderes ergeben[17].

III. Begriff und Rechtsnatur der Obliegenheiten

Das Gesetz definiert den Begriff der Obliegenheiten bewusst auch zukünftig nicht, um **4** dessen Weiterentwicklung durch die Rechtsprechung nicht zu erschweren[18]. Nach heute ganz h. M. sind Obliegenheiten keine echten, unmittelbar erzwingbaren Verbindlichkeiten, sondern bloße **Verhaltensnormen,** die jeder VN selbständig beachten muss, wenn er seinen Versicherungsanspruch erhalten will (sog. **Voraussetzungstheorie**)[19]. Sie sind keine selbständigen wirtschaftlichen Gegenleistungen, sondern nur Voraussetzung für die Leistung des VR, die sie ermöglichen und erleichtern sollen. Es sind **keine Rechtspflichten,** die bei Nichterfüllung einklagbar sind oder zu Schadensersatzansprüchen führen[20]; und auf sie ist vor allem auch § 278 BGB nicht anwendbar[21]. Sie begründen für den VN Verhaltenspflichten, z. B. in Form von Anzeige-, Mitteilungs- und Aufklärungspflichten, die dieser gegenüber sich selbst schuldet, die er also zu beachten hat, um seinen Anspruch auf Versicherungsschutz nicht zu verlieren.

IV. Arten und Abgrenzung der Obliegenheiten

1. Gesetzlich geregelte und vertraglich vereinbarte Obliegenheiten

Zu unterscheiden sind insbesondere gesetzlich geregelte und vertraglich vereinbarte Oblie- **5** genheiten; nur für letztere gilt § 28 VVG.

a) Obliegenheiten kraft gesetzlicher Regelung. Die **gesetzlichen Obliegenheiten 6** legen dem VN ein bestimmtes Verhalten ohne weitere Vereinbarung unmittelbar kraft gesetzlicher Regelung auf. Gesetzliche Obliegenheiten für alle Versicherungszweige begründen z. B. die vorvertragliche „Anzeigepflicht" (§ 19 Abs. 1 VVG)[22], die Gefahrerhöhungsregeln mit ihren Gefahrstands- und Anzeigeobliegenheiten (§ 23 VVG)[23], die Obliegenheit zur Anzeige des Versicherungsfalles (§ 30 Abs. 1 VVG) sowie die „Auskunfts- und Belegpflicht" (§ 31 Abs. 1 VVG). Für die Schadensversicherung enthalten die Anzeige von Mehrfachvershy;sicherung (§ 77 Abs. 1 VVG), die Rettungsobliegenheit (§ 82 Abs. 1, 2 VVG)[24] und die Veräußerungsanzeige (§ 97 Abs. 1 VVG) gesetzliche Obliegenheiten. Eine gesetzliche Obliegenheit in einzelnen Versicherungszweigen stellt z. B. die Anzeigepflicht in der Haftpflichtversicherung dar (§ 104 Abs. 1, 2 VVG). Das Gesetz kennt damit etwa Obliegenheiten, die vorvertraglich (§§ 19–22 VVG), vor dem Versicherungsfall (§§ 23–27 VVG) und nach Eintritt des Versicherungsfalles (z. B. §§ 33, 34 VVG) zu erfüllen sind.

b) Obliegenheiten aufgrund vertraglicher Vereinbarung, sanktionslose Oblie- 7 genheiten. Von den gesetzlichen Obliegenheiten sind die zwischen den Parteien – regelmäßig über die Einbeziehung der AVB – **vertraglich vereinbarten Obliegenheiten** zu unter-

---

[17] VVG-Reform Regierungsentwurf (2006), S. 296.

[18] VVG-Reform Regierungsentwurf (2006), S. 172.

[19] Z. B. BGH v. 13. 6. 1957, BGHZ 24, 378 (382) m.w.N. zur Rspr. des RG; BGH v. 7. 11. 1966, VersR 67, 27 (28) m.w.N.; Berliner Kommentar/*Schwintowski,* § 6 VVG Rn. 15 m.w.N.; *Römer/Langheid/Römer,* § 6 VVG Rn. 2; *Sieg,* Versicherungsvertragsrecht, 5.1, S. 110; a. A. sog. Verbindlichkeitstheorie, nach der Obliegenheiten echte Rechtspflichten darstellen, die als solche einklagbar sind und deren Verletzung einen Schadensersatzanspruch begründen kann. z. B. *Prölss/Martin/Prölss,* § 6 VVG Rn. 30 m.w.N.

[20] Siehe nur Berliner Kommentar/*Schwintowski,* § 6 VVG Rn. 17 ff. m. w. N.

[21] St. Rspr. des BGH; z. B. BGH v. 25. 11. 1953, BGHZ 11, 120 (122) = VersR 1953, 494; BGH v. 8. 1. 1981, VersR 1981, 321; BGH v. 30. 4. 1981, VersR 1981, 948 (950).

[22] Näher dazu Kap. 14.

[23] Näher dazu Kap. 20.

[24] Näher dazu Kap. 15.

---

scheiden. § 28 VVG begründet selbst keine Obliegenheit, sondern setzt die Existenz vertraglich vereinbarter Obliegenheiten voraus und unterwirft eine bei der Verletzung dieser Obliegenheiten vereinbarte Leistungsfreiheit zugunsten des VN – nach § 32 S. 1 VVG halbzwingend[25] – Beschränkungen. Auf gesetzliche Obliegenheiten ist § 28 VVG selbst dann nicht
anwendbar, wenn diese unverändert in AVB übernommen worden sind[26].

8   Übernimmt dagegen der VR gesetzliche Obliegenheiten, an deren tatbestandsmäßige Verletzung keine Rechtsfolgen geknüpft sind (sog. **sanktionslose Obliegenheiten**), wie z. B.
die gesetzliche Anzeige- und Auskunftsobliegenheit nach §§ 30, 31 VVG (sog. leges imperfectae), in seine AVB und knüpft an deren Verletzung Leistungsfreiheit, handelt es sich nunmehr um vertragliche Obliegenheiten, auf die § 28 VVG anzuwenden ist[27]. Dasselbe gilt,
wenn eine gesetzliche Obliegenheit auf der Tatbestandsseite durch eine AVB-Regelung ergänzt oder verändert wird[28].

9   Die **wirksame Vereinbarung** vertraglicher Obliegenheiten setzt wegen der mit ihrer Verletzung verbundenen erheblichen Rechtsfolgen für den VN – insbesondere der Leistungsfreiheit des VR[29] – eine **ausdrückliche Regelung** voraus[30]; stillschweigend übernommene Obliegenheiten gibt es nicht[31]. Die Vereinbarung muss zudem **hinreichend deutlich** die dem
VN auferlegte Verhaltensvorschrift (bzw. das danach Gebotene) mit den in der Bestimmung
genannten Rechtsfolgen erkennen lassen[32]. Das dem VN auferlegte Tun oder Unterlassen ist
daher **klar und eindeutig, konkret und umfassend** zu formulieren. Die sachliche Rechtfertigung dafür liegt darin, dass sich die Folge der Verwirkung des Versicherungsanspruchs bei
dem gebotenen Schutz des VN nur an solche Handlungen und Unterlassungen knüpfen lässt,
die vertraglich konkret bestimmt sind. Den **Maßstab** für das Klauselverständnis bildet auch
hier der **durchschnittliche VN**[33]. Etwa aus der **Vereinbarung allgemeiner Sorgfaltspflichten** geht für den VN nicht mit der erforderlichen Klarheit hervor, was er zu tun oder
zu unterlassen hat, um sich den Versicherungsschutz zu erhalten; eine **Obliegenheit** kann dadurch **wirksam nicht vereinbart** werden[34]. **Bedenken gegen** die hinreichende Bestimmt-

---

[25] Näher dazu unten Rn. 10.

[26] Z. B. BGH v. 17. 9. 1986, VersR 1987, 477 (478); *Römer/Langheid/Römer*, § 6 VVG Rn. 3 m. w. N.

[27] *Römer/Langheid/Römer*, § 6 VVG Rn. 3 m. w. N.; *Prölss/Martin/Prölss*, § 6 VVG Rn. 1 m. w. N.

[28] *Römer/Langheid/Römer*, § 6 VVG Rn. 3 m. w. N.

[29] Näher dazu unten Rn. 72 ff.

[30] Z. B. Berliner Kommentar/*Schwintowski*, § 6 VVG Rn. 37 m. w. N.; *Römer/Langheid/Römer*, § 6 VVG
Rn. 16 m. w. N.

[31] *Prölss/Martin/Prölss*, § 6 VVG Rn. 2.; a. A.: *Bruck/Möller/Möller*, § 6 VVG Anm. 16.

[32] Z. B. BGH v. 12. 6. 1985, VersR 1985, 979 (980): „Insbesondere müssen Klauseln, die dem VN besondere auf die Verminderung der Gefahr oder Verhütung einer Gefahrerhöhung gerichtete Obliegenheiten auferlegen, das danach Gebotene deutlich erkennen lassen"; BGH v. 21. 4. 1993, VersR 1993, 830
(832): „Bloße Beschreibungen des Risikos im Antrag sind in aller Regel nicht als vereinbarte Sicherheitsvorschriften dahin auszulegen, dass der VN die bezeichnete Sicherungsanlage auch stets betätigen muss";
OLG Hamm v. 28. 3. 1990, VersR 1990, 1230 (1232): Hinweise, Aufforderungen und Empfehlungen sind
nur dann als Sicherheitsvorschriften i. S. d. § 7 AFB vereinbart, wenn sie hinreichend deutlich als dem VN
auferlegte Verhaltensvorschriften mit den in der Bestimmung genannten Rechtsfolgen erkennbar sind
(verneint für das „Merkblatt für die Brandverhütung – Betrieblicher Brandschutz in Hotels und Gaststät-
ten" des Verbands der Sachversicherer e. V.); Berliner Kommentar/*Schwintowski*, § 6 VVG Rn. 37 m. w. N.

[33] St. Rspr., grundlegend BGHZ 123, 83 (85).

[34] Z. B. BGH v. 24. 11. 1971, VersR 1972, 85 (86): Bei einer solchen Versicherung kann durch die Verpflichtung des VN, die Sorgfalt eines ordentlichen Kaufmanns zu wahren, der in § 61 VVG bestimmte
Sorgfaltsmaßstab vertraglich herabgemindert, nicht dagegen eine Obliegenheit begründet werden. Zustimmend z. B. Berliner Kommentar/*Schwintowski*, § 6 VVG Rn. 39; OLG Oldenburg v. 25. 6. 1997,
VersR 1998, 490: „Hat der VN nach den vereinbarten Sicherheitsvorschriften darauf zu achten, dass ge-
trocknetes Erntegut ständig auf Selbstentzündung überprüft wird, so ist damit nicht eine Obliegenheit
zur Messung der Heutemperatur mit einer Heumeßsonde begründet. Denn daraus kann „nicht abgeleitet werden, dass der VN regelmäßige Temperaturmessungen an dem eingelagerten Erntegut durchzuführen hat. Eine derartige Obliegenheit muss inhaltlich konkret bestimmt sein. Dem VN müssen bestimmte
Verhaltensweisen zur Erhaltung seines VersAnspruchs vorgeschrieben, ihm also Handlungs- und Unter-

heit bestehen danach z. B. auch bei **§ 11 Nr. 1a VGB 88,** soweit der VN „alle gesetzlichen, behördlichen (…) Sicherheitsvorschriften zu beachten hat" oder **§ 11 Nr. 1b VGB 88,** wonach der VN „die versicherten Sachen (…) stets in ordnungsgemäßem Zustand zu erhalten" hat. Auch die z. T. von der Rechtsprechung postulierten **Anforderungen an die sog. Stehlgutliste** (z. B. in § 26 Nr. 1c VHB 2000) überzeugen vor diesem Hintergrund nicht[35].

Aufgrund des nach § 32 S. 1 VVG sog. **halbzwingenden Charakters** von § 28 Abs. 1–4 **10** VVG kann davon zum Nachteil des VN grundsätzlich nicht wirksam abgewichen werden, während Abweichungen zu Gunsten des VN dagegen ohne weiteres zulässig sind. Diese Beschränkungen der Vertragsfreiheit sollen dem Schutz besonders wichtiger Interessen des VN als regelmäßig geschäftsunerfahrenem und schwächerem Vertragsteil dienen[36]. Nach §§ 6, 15a VVG a. F. unwirksam sind z. B. Klauseln, die einen Verzicht auf das Kündigungserfordernis des VR nach § 6 Abs. 1 S. 3 VVG a. F. regeln oder von der Beweislastverteilung zum Nachteil des VN abweichen[37]. Eine **Ausnahme** von den im VVG vorgesehenen Beschränkungen der Vertragsfreiheit – und damit auch von § 32 S. 1 VVG – gilt nach **§ 210 VVG** für bestimmte – in Art. 10 Abs. 1 S. 2 EGVVG aufgeführte – Großrisiken; die zwingenden und halbzwingenden Vorschriften des VVG stehen hier zur Disposition der Vertragspartner[38]. Denn bei diesen Risiken bedarf der VN regelmäßig nicht des gesetzlichen Schutzes, da er typischerweise hinreichend geschäftskundig ist und für seine Interessenwahrung selbst sorgen kann[39]. Eine danach grundsätzlich zulässige Abweichung von den gesetzlichen Regelungen des § 28 VVG muss aber hinreichend klar zum Ausdruck kommen[40]. AVB, die nach § 210 VVG zulässigerweise Vorschriften des VVG abbedingen, unterliegen aber einer Kontrolle nach den **§§ 305ff. BGB bzw. dem AGBG**[41].

---

lassungspflichten vorgegeben werden. Nicht ausreichend ist die Normierung allgemeiner Sorgfaltspflichten, aus denen für den VN nicht mit der erforderlichen Klarheit hervorgeht, was er in einer gegebenen Lage zu tun oder zu unterlassen hat"; OLG Saarbrücken v. 13. 7. 2005, OLGR 2006, 56 (zur Obliegenheit einer Frachtführerhaftpflichtversicherung, Frachtpersonal „sorgfältig auszuwählen").

[35] Z. B. OLG Köln v. 25. 9. 2007, VersR 2008, 917, das u. a. die Angabe des Neuwerts fordert.

[36] BGH v. 3. 6. 1992, VersR 1992, 1089 (1090): „§ 6 Abs. 1 bis 3 VVG gehört gem. § 15a VVG zu den halbzwingenden und damit zu den die Vertragsfreiheit beschränkenden Vorschriften des VVG. Solche Vorschriften hat der Gesetzgeber zum Schutz besonders wichtiger Interessen der VN in das Gesetz aufgenommen. Beim VV ist der VN im allgemeinen der schwächere Teil. Er steht an Geschäftserfahrung dem VR regelmäßig nach".

[37] Näher zur Beweislastverteilung unten Rn. 48ff., 173ff.

[38] BGH v. 3. 6. 1992, VersR 1992, 1089 (1090): „Besteht die Beschränkung der Vertragsfreiheit für die nicht in § 187 VVG genannten Versicherungsarten darin, dass die Vertragspartner die zwingenden und halbzwingenden Vorschriften nicht oder jedenfalls nicht zu Lasten des Geschützten abbedingen dürfen, so folgt aus der Nichtanwendung der Beschränkung, dass diese Vorschriften im Fall des § 187 VVG abbedungen werden dürfen.".

[39] BGH v. 3. 6. 1992, VersR 1992, 1089 (1090): „Das Bedürfnis für solche Vorschriften erstreckt sich jedoch nicht auf alle VersZweige. Bei den in § 187 Abs. 1 VVG genannten VersSparten sind die VN im allgemeinen hinreichend geschäftskundig, um selbst für die Wahrung ihrer Interessen zu sorgen. (…) § 187 Abs. 1 VVG erklärt nicht die zwingenden Vorschriften selbst für unanwendbar, sondern nur die Beschränkung der Vertragsfreiheit, d. h., für die in § 187 VVG genannten VersZweige sind zwingende Vorschriften nicht für unanwendbar erklärt …"

[40] BGH v. 3. 6. 1992, VersR 1992, 1089 (1090): „Den AVB der Bekl. kann nicht entnommen werden, dass § 6 Abs. 1 bis 3 VVG abbedungen ist. Anders als bei den Bedingungen, die der Senat mit seiner Entscheidung vom 9. 5. 1984 (VersR 1984, 830) zu beurteilen hatte, ist in den Bedingungen der Bekl. § 6 VVG nicht ausdrücklich für unanwendbar erklärt. § 7 Nr. 2 AVB-Warenkredit der Bekl. (…) besagt nur, dass die Bekl. leistungsfrei sein soll, wenn der VN eine der ihm nach den Bedingungen obliegenden Pflichten verletzt. Damit ist nicht mehr ausgesprochen, als § 6 Abs. 1 S. 1 VVG zu seiner Anwendung voraussetzt. Der etwaige Wille der Bekl., mit § 7 Nr. 2 AVB-Warenkredit eine von § 6 Abs. 1 bis 3 VVG abweichende Regelung unter Abänderung der gesetzlichen Vorschrift zu treffen, kommt in den Bedingungen auch für einen geschäftskundigen VN jedenfalls nicht zum Ausdruck."

[41] Z. B. BGH v. 2. 12. 1992, VersR 1993, 223: Hat ein VR, der nach § 187 VVG den § 6 VVG abbedingen kann, von dieser Möglichkeit Gebrauch gemacht, sind die AVB bei der Inhaltskontrolle nach § 9

11   Vertraglich vereinbarte Obliegenheiten in AVB unterfallen neben § 28 VVG der **AGB-Kontrolle** nach §§ 305 ff. BGB bzw. dem AGBG[42], sofern dafür neben § 32 S. 1 VVG und § 28 Abs. 5 VVG noch Raum bleibt. Damit gehen etwa Unklarheiten nach § 305 c Abs. 1 BGB bzw. § 5 AGBG zu Lasten des VR und sind die Vereinbarungen der allgemeinen Inhaltskontrolle nach § 307 BGB bzw. § 9 AGBG unterworfen[43].

2. Echte Obliegenheiten einerseits – Risikobeschränkungen, sog. verhüllte Obliegenheiten, Ausschlussfristen und Anspruchsvoraussetzungen andererseits

12   **Abzugrenzen** sind die **vertraglichen Obliegenheiten** vor allem von den sog. (primären und sekundären) **Risikobeschränkungen bzw. -begrenzungen,** die auch „**verhüllt**" eine Obliegenheit enthalten können. Zu unterscheiden sind sie ferner von bloßen **Ausschlussfristen** und reinen **Anspruchsvoraussetzungen.**

13   **a) Abgrenzung zwischen Risikobeschränkungen und vertraglichen Obliegenheiten; sog. verhüllte Obliegenheiten.** Das vom VR übernommene Risiko wird in den AVB oder individualvertraglichen Vereinbarungen beschrieben und dadurch zugleich beschränkt durch sog. **primäre Risikobegrenzungen bzw. Risikobeschreibungen;**[44] und zwar z. B. gegenständlich durch die Bezeichnung der versicherten Sachen, Personen oder Interessen, örtlich durch die Festlegung des Versicherungsortes, zeitlich durch die Bestimmung der Versicherungsdauer oder in Bezug auf die Entschädigung durch die Übernahme nur bestimmter Schäden oder die Beschränkung der Entschädigung durch eine Versicherungssumme[45]. Damit ist andererseits zugleich ein bestimmtes Risiko gegenständlich, örtlich usw. von Anfang an nicht versichert. Der **VN** hat hier ggf. darzulegen und zu **beweisen,** dass der geltend gemachte Schaden in den vom Versicherungsvertrag abgesteckten Versicherungsschutzbereich fällt[46]. Wird ein versichertes Risiko aus dem an sich bestehenden Versicherungsschutz herausgenommen, geht es um sog. **sekundäre Risikobegrenzungen bzw. Risikoausschlüsse;**[47] für diese trifft den **VR** die **Beweislast**[48]. Gegenausnahmen zu Risikoausschlüssen – die also bestimmte durch sekundäre Risikoausschlüsse ausgenommene Umstände wieder in den Versicherungsschutz einbeziehen – werden als sog. **tertiäre Risikobegrenzungen** bezeichnet[49]. Für deren Vorliegen ist wiederum der **VN** darlegungs- und ggf. **beweisbelastet.**

14   **Obliegenheiten** legen dagegen dem VN typischerweise zur Erhaltung seines VersAnspruchs eine bestimmte vorbeugende Verhaltensweise auf; ein Tun oder Unterlassen zur Beeinflussung der Versicherungs- oder Vertragsgefahr[50]. Bei **echten Obliegenheiten** folgt dies klar aus der Formulierung der Klausel.

AGBG doch am Kerngehalt des § 6 VVG, der Verschuldensvoraussetzung, zu messen; OLG Köln v. 14. 6. 1993, VersR 1994, 977; a. A.: *Werber,* Festschrift für Horst Baumann, S. 359, 374 f.; dagegen *Römer/Langheid/Römer,* § 187 VVG Rn. 4 m. w. N.

[42] Näher dazu Kap. 10; z. B. Berliner Kommentar/*Schwintowski,* § 6 VVG Rn. 8 m. w. N.

[43] Z. B. Berliner Kommentar/*Schwintowski,* § 6 VVG Rn. 8 m. w. N.

[44] Z. B. *Liebelt-Westphal,* Schadenverhütung und VersVertragsrecht, S. 49 ff. m. w. N.; *Prölss/Martin/Prölss,* § 49 VVG Rn. 3 m. w. N.

[45] *Bruck/Möller/Möller,* vor §§ 49–80 VVG Anm. 11, *Prölss/Martin/Prölss,* § 49 VVG Rn. 2, 3 m. w. N.

[46] Z. B. BGH v. 14. 1. 1985, VersR 1985, 541 (542) m. w. N.: Zum Nachweis des Versicherungsfalls gehört die Darlegung, dass der geltend gemachte Schaden in den vom Versicherungsvertrag umfassten Schutzbereich fällt. Bei einer Wassersportfahrzeugversicherung muss der VN daher im Fall des Bestreitens in erster Linie nachweisen, dass es sich bei dem als beschädigt angegebenen Boot (hier: für Fischfang ausgerüsteter und mit Fischereikennzeichen versehener Fischkutter) um ein Wassersportfahrzeug gehandelt hat.

[47] Z. B. BGH v. 11. 2. 1985, VersR 1985, 629; OLG Köln v. 18. 2. 1997, VersR 1998, 315; OLG Saarbrücken v. 23. 10. 1996, VersR 1997, 1000; *Schirmer,* r+s 1990, 217; *Bruck/Möller/Möller,* vor §§ 49–80 VVG Anm. 11.

[48] Z. B. BGH v. 14. 1. 1985, VersR 1985, 541 (542) m. w. N.

[49] *Prölss/Martin/Prölss,* § 49 VVG Rn. 3 m. w. N.

[50] Z. B. *Römer/Langheid/Römer,* § 6 VVG Rn. 4 m. w. N.

Erhebliche Bedeutung kommt der **Abgrenzung zwischen Risikobegrenzungen und** 15
Obliegenheiten zu: Während der VR etwa bei einem Risikoausschluss ohne weiteres leistungsfrei ist, wenn dessen Voraussetzungen vorliegen, da der Schaden dann nicht in den Bereich des versicherten Risikos fällt, verliert der VN bei der Verletzung einer vertraglichen Obliegenheit, die vor dem Versicherungsfall zu erfüllen ist, den Versicherungsschutz nach § 28 Abs. 2–4 VVG grundsätzlich nur, wenn die – für den VN günstigen, da „milderen" – Erfordernisse von Verschulden, Kausalität und Belehrung erfüllt sind; darauf kommt es bei Ausschlussklauseln nicht an. So einfach die Unterscheidung theoretisch scheint, so schwierig kann sie praktisch sein[51]. Erscheint eine Klausel etwa nach ihrem Wortlaut, ihrer Stellung – z. B. unter einer bestimmten Überschrift – oder ihrer Regelungssystematik als Risikobegrenzung, verbirgt sich dahinter aber in der Sache eine Obliegenheit, handelt es sich um eine sog. **verhüllte Obliegenheit**[52]. Fast jede Klausel, die zur Leistungsfreiheit des VR führen soll, lässt sich als Obliegenheit oder Risikobegrenzung formulieren[53].

Nach zwischenzeitlich allgemeiner Ansicht kommt es deshalb mit der ständigen Recht-   16
sprechung des BGH bei der **Unterscheidung** zwischen einer Obliegenheit und einer Risikobegrenzung nicht nur auf Wortlaut und Stellung einer Versicherungsklausel an. **Entscheidend** ist vielmehr der **materielle Gehalt** der einzelnen Klauseln. Es kommt darauf an, ob die Klausel eine **individualisierende Beschreibung eines bestimmten Wagnisses** enthält, für das der VR (keinen) Versicherungsschutz gewähren will (= primäre oder sekundäre Risikobeschränkung), **oder** ob sie in erster Linie ein **bestimmtes vorbeugendes Verhalten** des VN fordert, von dem es abhängt, ob er einen zugesagten Versicherungsschutz behält oder ob er ihn verliert (= Obliegenheit)[54]. Wird also von vornherein nur ausschnittsweise Deckung

---

[51] Näher dazu *Römer/Langheid/Römer*, § 6 VVG Rn. 4.

[52] Z. B. *Römer/Langheid/Römer*, § 6 VVG Rn. 6; Berliner Kommentar/*Schwintowski*, § 6 VVG Rn. 24; *Prölss/Martin/Prölss*, § 6 VVG Rn. 7.

[53] Z. B. *Römer/Langheid/Römer*, § 6 VVG Rn. 4 beispielhaft für § 4 Nr. 3f AERB 87.

[54] Z.B. BGH v. 18. 6. 2008, IV ZR 87/07: Die sog. Nachtzeitklauselbei der Mitversicherung des (einfachen) Fahrraddiebstahls in der HausratVers („… und außerdem b) der Diebstahl zwischen 6.00 Uhr und 22.00 Uhr verübt wurde …") ist eine primäre Risikobeschreibung, da sie nicht an ein Verhalten des VN anknüpft, sondern von vornherein nur ausschnittsweise Deckung gewährt. Dasselbe gilt für die anderen unter b) genannten Alternativen."; BGH v. 16. 11. 2005, VersR 2006, 215: Eine Klausel in AVB einer Maschinenbetriebsunterbrechungsversicherung, nach der der Versicherer keine Entschädigung leistet, soweit ein Betriebsunterbrechungsschaden durch den Umstand vergrößert wird, dass dem VN zur Wiederherstellung oder Wiederbeschaffung beschädigter oder zerstörter Sachen oder Daten nicht rechtzeitig genügend Kapital zur Verfügung steht (hier: § 3 Nr. 2d AMBUB 94), stellt einen Risikoausschluss dar; BGH v. 26. 2. 1969, VersR 1969, 507, 508: Keine Risikobeschränkung, sondern eine Obliegenheit liegt vor, wenn der VN durch sein Verhalten dazu beitragen soll, die den versicherten Gegenständen drohenden Gefahren zu vermindern (Verschließen von Behältnissen in der Juwelenversicherung; BGH v. 17. 9. 1986, VersR 1986, 1097 (1098): § 1 Nr. 4 AVBR 60 enthält Risikobeschreibungen, nicht verhüllte Obliegenheiten, da er insgesamt dadurch geprägt ist, dass in einer nicht vollständigen Aufzählung einzelne Risiken nach vorwiegend objektiven Kriterien als versichert beschrieben werden und nicht etwa durchgehend VersSchutz versprochen wird, der nur bei Nichtbeachtung des von einem sorgfältigen Reisenden zu erwartenden Verhaltens ausnahmsweise entfällt.; BGH v. 14. 12. 1994, VersR 1995, 328 (329): Wird in der privaten Krankheitskostenversicherung die unbegrenzte Kostenerstattung (hier: für Zahnersatz) nur für den Fall zugesagt, dass der VN vor Behandlungsbeginn die Notwendigkeit der Heilbehandlung durch Vorlage eines Heil- und Kostenplans nachweist, so wird dadurch keine Obliegenheit des VN begründet, sondern eine Risikobegrenzung vorgenommen.; BGH v. 24. 5. 2000, VersR 2000, 969: Bei der Regelung Nr. 6.1.5 AVB Werkverkehr, wonach Schäden durch nicht verkehrssicheren Zustand der Fahrzeuge von der Haftung ausgeschlossen sind, handelt es sich nicht um einen objektiven Risikoausschluss, sondern um eine verhüllte Obliegenheit. m.w.N.; BGH v. 10. 6. 2004, VersR 2004, 1132: § 4c der Allgemeinen Bedingungen für die Erweiterte Haushaltversicherung (ABEH) enthält keine Risikobeschränkung, sondern eine Obliegenheit des VN. Denn nur wenn er außer Gebrauch befindlichen Schmuckstücke in der geforderten Art und Weise sichert, erhält er sich den Versicherungsschutz. OLG Köln v. 29. 10. 1996, VersR 1997, 1268 (1269): Bei dem in Nr. 4.1.3 AKB-Lu enthaltenen Risikoausschluss für Schäden, die sich infolge ungenügender Sicherungsmaßnahmen während der Ruhe des Flug-

---

gewährt und nicht ein gegebener Versicherungsschutz wegen nachlässigen Verhaltens wieder entzogen, so handelt es sich um eine Risikobegrenzung[55]. Dasselbe gilt, wenn individualisierende Beschreibungen und objektive Voraussetzungen eines bestimmten Wagnisses im Vordergrund stehen, wie z. B. der Versicherungsort oder der Zustand der versicherten Sache, und das an den VN gestellte vorbeugende Verhalten dahinter zurücktritt[56]. Steht dagegen ein besonderes vorbeugendes Verhalten des VN im Vordergrund, liegt eine Obliegenheit vor. Für das Verständnis der betreffenden Klausel kommt es auf den **durchschnittlichen VN** bei aufmerksamer Durchsicht und Berücksichtigung des erkennbaren Sinnzusammenhangs ohne versicherungsrechtliche Spezialkenntnisse und damit auch auf sein Interesse an[57].

17   Bestimmt z. B. eine Klausel in einer Hausratversicherung:
        „Versicherungsschutz besteht nicht für
        c) außer Gebrauch befindliche Schmuckgegenstände und Edelmetalle, deren Gesamtwert 5000 M oder deren Einzelwert 3000 M übersteigt ... wenn sich diese Sachen nicht in verschlossenen und gegen die Wegnahme gesicherten Behältnissen befinden ..." (sog. Schmuckklausel)

handelt es sich um eine **Obliegenheit**[58]. Zwar deute die Fassung der Klausel („Versicherungsschutz besteht nicht für ...") auf eine Risikobegrenzung hin. Ihrem materiellen Gehalt nach stehe aber im Vordergrund, dem VN bei außer Gebrauch befindlichen Schmuckstücken ab einem bestimmten Wert ein risikominderndes Handeln abzuverlangen, durch das er sich den Versicherungsschutz erhält. Gerade die **sog. Verschlussklauseln** sind Gegenstand zahlreicher Entscheidungen auch des BGH[59]. Die Verschlussproblematik ist zwischenzeitlich durch die Formulierung von **Entschädigungsgrenzen** in den AVB entschärft

---

zeugs ereignen, handelt es sich um eine „verhüllte" Obliegenheit; so auch OLG Düsseldorf v. 24. 10. 1995, VersR 1996, 970 (971); OLG Köln v. 21. 1. 1997, VersR 1997, 966: Die Klausel des § 5 Nr. 1b AVBSP 85 enthält eine verhüllte Obliegenheit, weil sie nach ihrem materiellen Gehalt ersichtlich auf ein vorbeugendes Verhalten des VN abstellt, bei dessen Nichtbeachtung er den an sich gegebenen VersSchutz verliert. Die Beweislast für die Voraussetzungen des § 5 Nr. 1b AVBSP 85 obliegt daher dem VR. OLG Köln v. 17. 3. 1998, VersR 1999, 618 (619): Sind in den AVB Sondertransporte grundsätzlich vom VersSchutz ausgeschlossen und ist im Rahmen der Besonderen Vereinbarungen bestimmt, dass Transporte mit Überhöhe, Überbreite und Überlänge mitversichert sind, sofern die Transporte im Rahmen der gesetzlichen Bestimmungen vorgenommen werden, so stellt „die Vornahme der Transporte im Rahmen der gesetzlichen Bestimmungen" eine vom VN und seinen Repräsentanten zu erfüllende (verhüllte) Obliegenheit i. S. d. § 6 Abs. 1 und 2 VVG und nicht einen Risikoausschluss dar. LG Berlin v. 2. 8. 2001, VersR 2002, 975 (976): Bei Nr. 3.3 AVB Autoinhalt 99, die den Ausschluss des Einbruchrisikos vom VersSchutz für den Fall vorsieht, dass „das Kfz in der Zeit von 22.00 bis 6.00 Uhr außerhalb einer abgeschlossenen Einzelgarage unbeaufsichtigt abgestellt" wird, handelt es sich um eine so genannte verhüllte Obliegenheit. OLG Hamm v. 22. 9. 1995, VersR 1996, 1006 (1007): § 4 Nr. 5 AVB Vermögen stellt keine verhüllte Obliegenheit, sondern einen Risikoausschluss dar. *Prölss/Martin/Prölss*, § 6 VVG Rn. 7 ff. m. w. N.; Berliner Kommentar/*Schwintowski*, § 6 VVG Rn. 25 f. m. w. N.

[55] Z. B. BGH v. 24. 5. 2000, VersR 2000, 969 m. w. N.

[56] Z. B. BGH v. 26. 4. 1972, VersR 1972, 575 (576): Soweit Bargeld nur in verschlossenen Behältnissen versichert ist, die eine erhöhte Sicherheit, und zwar auch gegen die Wegnahme der Behältnisse selbst gewähren, handelt es sich um keine „verhüllte Obliegenheit", sondern um eine zulässige Risikobeschränkung.

[57] BGH v. 24. 5. 2000, VersR 2000, 969 m. w. N.

[58] BGH v. 16. 6. 2004, VersR 2004, 1132 zu § 4c der Allgemeinen Bedingungen für die Erweiterte Haushaltversicherung (ABEH) in Abweichung zu der noch in der Vorauflage zitierten Entscheidung des KG v. 18. 6. 1996, 6 U 1678/96.

[59] Z. B. BGH v. 26. 4. 1972, VersR 1972, 575; BGH v. 20. 6. 1973, VersR 1973, 1010: Keine Risikobeschränkung, sondern eine Obliegenheit liegt vor, wenn der VN Schmucksachen, die sich außer Gebrauch befinden, in verschlossenen Behältnissen, die eine erhöhte Sicherheit bieten, verwahren muss, um seinen VersSchutz nicht zu verlieren (§ 3 Abs. 2; VHB 66, § 2 Abs. 4 Buchst. b AVB f. HausratV). Zahlreiche weitere Rspr.-Bsp. finden sich bei *Römer/Langheid/Römer*, § 6 VVG Rn. 8.

worden[60]. Entschädigungsgrenzen sind keine Obliegenheiten, sondern Risikobegrenzungen.

b) Abgrenzung zwischen vertraglichen Obliegenheiten, Ausschlussfristen und **18** **Anspruchsvoraussetzungen.** Nicht um Obliegenheiten, sondern regelmäßig um Risikobegrenzungen handelt es sich bei den sog. **Ausschlussfristen**[61]. Zwar stellen diese Klauseln auch auf ein bestimmtes Verhalten des VN ab, bezwecken aber grundsätzlich objektiv eine zeitliche Begrenzung der Leistungspflicht des VR. Sie begründen nicht vorwiegend eine Verhaltensnorm für den VN, sondern zielen in erster Linie darauf, dass der VR unabhängig vom Verhalten des VN nicht für (regelmäßig schwer aufklärbare und kaum übersehbare) Spätschäden eintreten muss[62]. Versäumt der VN die Geltendmachung seines Anspruchs innerhalb der Frist, ist der VR grundsätzlich ohne weiteres leistungsfrei, ohne dass es auf die Voraussetzungen von § 28 Abs. 2–4 VVG ankommt. Der VR kann sich jedoch nach Treu und Glauben nicht auf die Ausschlussfrist berufen, wenn den VN an der Fristversäumung kein Verschulden trifft[63]. Von den Ausschlussfristen wiederum zu unterscheiden sind solche **Anspruchsvoraussetzungen,** die das Entstehen des Leistungsanspruchs des VN an die Einhaltung einer Frist knüpfen; so setzt z. B. der Anspruch auf Invaliditätsentschädigung nach § 7 I (2) Abs. 2 AUB 88 voraus, dass die Invalidität innerhalb eines Jahres nach dem Unfall eingetreten und innerhalb weiterer drei Monate ärztlich festgestellt wird.

B. Objektiver Tatbestand der Obliegenheitsverletzung

I. Obliegenheitsverletzung

Eine Obliegenheit ist **objektiv verletzt,** wenn der mit der Obliegenheit Belastete während deren Wirkungsdauer gegen die ihm auferlegte Verhaltenspflicht verstößt.

1. Verstoß gegen eine Verhaltensnorm

Dem VN kann (gesetzlich oder vertraglich begründet) ein – einmaliges, wiederkehrendes **19** oder dauerndes – positives Tun oder Unterlassen obliegen. Objektiv verletzt der VN eine ihn treffende **Handlungsobliegenheit,** wenn er die verlangte Handlung – z. B. eine Anzeige (etwa des VersFalles nach § 31 Abs. 1 VVG) oder Auskunft (etwa die Frage nach Vorschäden im Schadensanzeigeformular) – ganz oder zumindest teilweise unterlässt; eine bestehende **Unterlassungsobliegenheit,** wenn er die zu unterlassende Handlung vornimmt – z. B. entgegen § 23 Abs. 1 VVG Gefahrerhöhungen veranlasst[64]. Die Verletzung einer Obliegenheit ist also grundsätzlich durch positives Tun oder durch Unterlassen möglich[65].

Bei den **Anzeige- und Aufklärungsobliegenheiten** setzt der **objektive Tatbestand** **20** der Obliegenheitsverletzung eine **positive Kenntnis des VN von der anzugebenden**

---

[60] Z. B. BGH v. 16. 3. 1983, VersR 1983, 573 (574): Die Bestimmung des § 2 Nr. 8 VHB 74 stellt – anders als § 2 Abs. 4b VHB 66 – eine Begrenzung des versicherten Risikos dar; z. B. § 19 Nr. 3 VHB 84/ 92.

[61] Z. B. § 1 Nr. 3 S. 2 BUZ (z. B. BGH v. 2. 11. 1994, VersR 1995, 82 [83]); § 4 Nr. 4 ARB 75 (z. B. BGH v. 15. 4. 1992, VersR 1992, 819 [820] und § 12 Abs. 3 VVG [siehe dazu unten Kap. 21, Rn. 126 ff.]), näher dazu *Römer/Langheid/Römer,* § 6 VVG Rn. 10; Berliner Kommentar/*Schwintowski,* § 6 VVG Rn. 29 ff., 125 f. m. w. N.

[62] Z. B. BGH v. 24. 3. 1982, VersR 1982, 567 m. w. N.

[63] Z. B. BGH v. 24. 3. 1982, VersR 1982, 567; BGH v. 2. 1. 1994, 1995, 82 m. w. N.; LG Berlin v. 22. 10. 2002, NJW-RR 2003, 803 m. w. N.

[64] *Römer/Langheid/Römer,* § 6 VVG Rn. 19; Berliner Kommentar/*Schwintowski,* § 6 VVG Rn. 41.

[65] Eine Gefahrerhöhung i. S. v. § 23 Abs. 1 VVG durch Unterlassen z. B. lehnt jedoch die Rspr. grundsätzlich ab. Vgl. z. B. BGH v. 11. 12. 1980, VersR 1981, 245 (246); BGH v. 21. 1. 1987, VersR 1987, 653; näher dazu unten Kap. 20 Rn. 12 ff.

(aber nicht oder falsch angegebene) **Tatsache** voraus[66]. Denn eine Anzeige- oder Aufklärungsobliegenheit kann den VN nur im Hinblick auf ihm bekannte Umstände treffen: Er
kann eben nur das anzeigen, was er kennt. Fehlt ihm diese Kenntnis, läuft etwa die Aufklärungsobliegenheit ins Leere. Er kann sie dann schon objektiv nicht verletzen, denn es gibt
nichts, worüber er nach seinem Kenntnisstand aufklären könnte[67]. Um Verschulden geht es
hierbei nicht[68]. Die Kenntnis muss **im Zeitpunkt der Erfüllung der Aufklärungsobliegenheit** (noch oder schon) vorhanden sein; die **Beweislast** dafür trifft den **VR**. Wendet der
VN etwa ein, er habe die mitzuteilenden Umstände beim Ausfüllen des Schadensformulars
bereits wieder **vergessen** gehabt, muss also der VR das Gegenteil beweisen[69]. Dasselbe gilt,
wenn der VN vorträgt, er habe von einem in der **Schadensmeldung nicht angegebenen
Zeugen** für das Abstellen seines (angeblich entwendeten) Fahrzeugs, auf den er sich später im
Prozess als Zeuge beruft, **erst nachträglich erfahren**[70]. Knüpfen Obliegenheiten an den
Eintritt des VersFalles an (z. B. die Obliegenheit zur unverzüglichen Schadensanzeige etwa in
§ 20 Nr. 1 a VGB 88 oder das „Veränderungsverbot" nach § 20 Nr. 1 e VGB 88) muss der VR
im Rahmen des objektiven Tatbestandes der Obliegenheitsverletzung die positive Kenntnis
des VN vom Zeitpunkt des Eintritts des VersFalles beweisen[71]; ein Kennenmüssen aufgrund
eines bestimmten Schadensbildes genügt nicht[72]. Davon **zu unterscheiden** ist die **Kenntnis
des VN von der Obliegenheit** selbst; dies betrifft sein Verschulden[73].

21   **Unklare Fragen** an den VN – z. B. im Schadensanzeigeformular – können eine Obliegenheitsverletzung schon tatbestandsmäßig ausschließen[74] oder aber beim Verschulden Berücksichtigung finden. Für die Auslegung von Formularfragen ist die Verständnismöglichkeit
eines verständigen VN maßgeblich. Konnte dieser die Fragestellung in der schließlich beantworteten Weise verstehen, führt die Fehlerhaftigkeit der Antwort, die sich bei dem vom VR
gemeinten Verständnis der Frage ergibt, nicht zu einer Obliegenheitsverletzung[75]. Die Un-

---

[66] So nunmehr auch der BGH seit 13. 12. 2006, VersR 2007, 389 zu § 7 I Abs. 2 S. 3 AKB m. w. N. zum
bisherigen Meinungsstand; bestätigt durch BGH v. 12. 12. 2007, VersR 2008, 484; so schon die Vorauflage mit KG v. 15. 10. 2002, VersR 2003, 1119, das sich insoweit auf die zutreffenden Ausführungen des
in der Sache bestätigten Urt. des LG Berlin v. 8. 2. 2001, 7 O 249/00 bezieht: Beruft sich der VR auf
Leistungsfreiheit nach §§ 9 II, 10 AUB 88 wegen Nichtanzeige einer Arthrose, dann gehört „zu dem
vom VR darzulegenden objektiven Tatbestand des Verschweigens einer Vorerkrankung (…) auch die
Darlegung von Umständen, aus denen zu entnehmen ist, dass der VN sich der Erkrankung überhaupt
bewusst war." Beschränkt sich der Vortrag allein auf die in einem Gutachten enthaltene Angabe, dass
eine Arthrose vorgelegen habe, genügt dies nicht. „Denn hieraus lässt sich nicht ohne weiteres entnehmen, dass der VN die arthritischen Veränderungen überhaupt bemerkt hat, da solche Veränderungen
durchaus bis zu einem erheblichen Grad stumm, also für den Betroffenen nicht spürbar verlaufen können." Der VR muss „demzufolge zusätzlich zum Bestehen der Arthrose auch näher zur (…) Kenntnis
des VN von der Arthrose vortragen".

[67] So ausdrücklich der BGH v. 13. 12. 2006, VersR 2007, 389.

[68] BGH v. 13. 12. 2006, VersR 2007, 389.

[69] Insoweit unklar BGH v. 13. 12. 2006, VersR 2007, 389: Steht fest, dass der VN zunächst Kenntnis
von dem Versicherer mitzuteilenden Umständen hatte, wird vorsätzliches Handeln vermutet, wenn er
diese dem Versicherer nicht vollständig mitteilt. Für seine Behauptung, die Kenntnis der betreffenden
Umstände nachträglich durch eine tief greifende Bewusstseinsstörung verloren zu haben (hier: retrograde
Amnesie), trägt der VN die Beweislast.

[70] BGH v. 12. 12. 2007, VersR 2008, 484.

[71] BGH v. 30. 4. 2008, VersR 2008, 905.

[72] BGH v. 30. 4. 2008, VersR 2008, 905; die Kenntnis eines Schadensbildes (hier Durchfeuchtungsschaden), das den Schluss auf eine mögliche versicherte Ursache zulässt oder nahelegt, genügt nicht (Leitungswasserschaden oder Rohrbruch).

[73] Näher dazu unten Rn. 82 ff., 89 ff.

[74] Z. B. BGH v. 26. 10. 1988, r+s 1989, 5 (6); OLG Saarbrücken v. 20. 2. 2002, ZfS 2002, 587: Die
Frage „War das Fahrzeug zum Verkauf angeboten?" kann ein verständiger VN nicht dahin verstehen,
dass der VR wissen will, ob das Fahrzeug jemals zum Verkauf angeboten war; OLG Hamm v. 19. 3.
2003, r+s 2003, 317 (318).

[75] OLG Saarbrücken v. 20. 2. 2002, ZfS 2002, 587; OLG Hamm v. 19. 3. 2003, r+s 2003, 317 (318).

klarheit von Fragen geht nach § 305 c Abs. 2 BGB bzw. § 5 AGBG zu Lasten des VR als des Verwenders[76].

2. Verstoß bei (Vor-) Kenntnis oder Kenntnismöglichkeit des VR von anzuzeigenden Tatsachen?

a) **Kenntnis.** Hat der **VR Kenntnis** von den vom VN im Rahmen der Aufklärungsob- 22 liegenheit mitzuteilenden, aber **von** diesem **nicht bzw. falsch angegebenen Tatsachen** (weil er z. B. den vom VN verschwiegenen Vorschaden selbst reguliert hat oder diesen aufgrund eines ihm bereits vorliegenden Gutachtens im Detail kennt), kommt nach herrschender Auffassung im Ergebnis **keine Leistungsfreiheit** des VR wegen Verletzung der Aufklärungsobliegenheit in Betracht[77]. Denn Aufklärungsobliegenheiten dienen dem Zweck, den VR in die Lage zu versetzen, sachgemäße Entschlüsse zu fassen. Fehlt dieses Aufklärungsbedürfnis, weil der VR einen maßgeblichen Umstand bereits kennt, so verletzen unzulängliche Angaben des VN über diesen Umstand keine schutzwürdigen Interessen des VR und können deshalb die Sanktion der Leistungsfreiheit nicht rechtfertigen[78]. Die falschen Angaben des VN sollen dann schon nicht den objektiven Tatbestand einer Aufklärungsobliegenheitsverletzung verwirklichen[79].

Die Frage der rechtlichen Einordnung der Vorkenntnis des VR hat nunmehr **weitgehend** 23 **an Bedeutung verloren,** da dem VN in diesem Fall nunmehr, anders als nach bisher anzuwendenden sog. Relevanzrechtsprechung[80], bei der die generelle Eignung zur ernsthaften Gefährdung der Interessen des VR genügte, regelmäßig der **Kausalitätsgegenbeweis** nach § 28 Abs. 3 VVG gelingen wird.

Der **VR kennt** dasjenige, was sein **Sachbearbeiter** in der konkreten Bearbeitungssitua- 24 tion aktuell noch **erinnert** oder tatsächlich – **aus** eigenen oder fremden **Datenbeständen** oder sonst – **erfährt.** Ihm schadet hierbei nur eine **sichere und umfassende Kenntnis.** Die bloße unbestimmte Vorschadenkenntnis genügt regelmäßig nicht, erforderlich ist vielmehr die Kenntnis auch der **Einzelheiten des Vorschadens** (insbesondere Art und Höhe des Schadens, ob dieser repariert oder nicht repariert war). Der VR muss diese Kenntnis **spätestens im Zeitpunkt der ersten Befassung** mit den (falschen) Angaben des VN haben[81]. Erlangt er sie erst danach, hindert dies eine Verletzung der Aufklärungsobliegenheit nicht mehr; denn sein Aufklärungsbedürfnis kann der VN nun nicht mehr (rückwirkend) befriedigen[82].

Die **Beweislast** für die Kenntnis des VR und deren Zeitpunkt trifft den **VN.** 25

b) **Kenntnismöglichkeit – Kennen müssen.** Hat der VR dagegen **keine Kenntnis** 26 von den anzugebenden Umständen, stellt sich die Frage, ob auch seine bloße **Kenntnismöglichkeit,** z. B. aufgrund früherer Angaben des VN oder möglicher Datenabfragen, die Auf-

---

[76] Z. B. BGH v. 26. 10. 1988, r+s 1989, 5 (6).

[77] Insbes. BGH v. 26. 1. 2005, VersR 2005, 493 (494 f.) m.w.N.; BGH v. 17. 1. 2007, VersR 2007, 481 (482); BGH v. 11. 7. 2007, VersR 2007, 1267 (krit. zu dieser Entscheidung Armbrüster, BOLMK 2007, 239994); *Römer/Langheid/Römer,* § 6 VVG Rn. 20.

[78] So zuletzt BGH v. 11. 7. 2007, VersR 2007, 1267.

[79] Z. B. BGH v. 5. 12. 2001, VersR 2002, 173 (174): „Falsche Angaben erfüllen schon den objektiven Tatbestand dann nicht, wenn sie so falsch berichtigt werden, dass die korrigierte Information dem Versicherer bereits in dem Zeitpunkt vorliegt, in dem er sich erstmals mit dem Vorgang befasst (vgl. dazu BGH vom 30. 11. 1967 – II ZR 13/65 – VersR 1968, 137 unter II; OLG Hamm VersR 2000, 577 unter 1)"; *Römer/Langheid/Römer,* § 6 VVG Rn. 20.A. A. Vorauflage, § 13, Rn. 21 m.w.N.

[80] Näher dazu unten Rn. 127.

[81] BGH v. 5. 12. 2001, VersR 2002, 173 (174): „… in dem Zeitpunkt vorliegt, in dem er sich erstmals mit dem Vorgang befasst (vgl. dazu BGH vom 30. 11. 1967 – II ZR 13/65 – VersR 1968, 137 unter II; OLG Hamm VersR 2000, 577 unter 1)."; BGH v. 17. 1. 2007, VersR 2007, 481 (482) stellt auf den „Eingang des vom VN ausgefüllten Fragebogens" beim VR ab, meint in der Sache aber wohl nichts anderes.

[82] BGH v. 17. 1. 2007, VersR 2007, 481 (482): „liegt auf der Hand, dass durch die so erlangte Kenntnis des Versicherers nicht nachträglich und gewissermaßen rückwirkend dessen Aufklärungsbedürfnis entfallen kann."

klärungsobliegenheit des VN entfallen lässt. Diese Frage ist bisher noch **nicht vollständig geklärt.**

27   Die **Rechtsprechung**[83] betont hierzu regelmäßig, der VR müsse sich darauf verlassen können, dass der VN von sich aus richtige und lückenlose Angaben über den Versicherungsfall mache. Enttäusche er dieses Vertrauen, indem er vorsätzlich Fragen des VR nicht oder nicht richtig beantwortet, könne er sich hinterher nicht darauf berufen, der VR habe den wahren Sachverhalt noch rechtzeitig erfahren oder sich die erforderlichen Kenntnisse anderweitig verschaffen können. Denn Letzteres würde eine Verkennung der **Aufklärungsobliegenheit** bedeuten; sie würde in ihr Gegenteil verkehrt und **in ein Recht zur Lüge verwandelt** werden, wenn der zur Aufklärung gehaltene VN ihre vorsätzliche Verletzung damit rechtfertigen könnte, dass der VR in der Lage gewesen sei, die Unrichtigkeit oder Unvollständigkeit der Angaben zu durchschauen[84].

28   Entscheidend wird letztlich sein, ob der VR den nicht oder falsch angegebenen Umstand **kennen musste.** Kennt der VR bzw. sein Sachbearbeiter diesen nicht, obwohl er ihn hätte kennen müssen, führt dies zu einer **Kenntniszurechnung oder -fiktion.** Wann von einem Kennen müssen auszugehen ist, hängt von einer **Wertung im Einzelfall** ab. **Gesichtspunkte** hierfür können neben den vorgenannten generellen Erwägungen der Rechtsprechung z. B. die **Zumutbarkeit und der Aufwand der Datenermittlung** sein, aber auch, ob bei **ordnungsgemäßer Organisation** des VR eine Kenntnis bei ihm noch – weil die Daten bei ihm selbst irgendwann einmal angefallen sind – hätte vorhanden sein müssen. Auch können **Art und Bedeutung der Information** eine Rolle spielen, ebenso wie der **Zeitpunkt ihrer Erhebung.**

29   Für **interne,** beim VR schon einmal angefallene **Daten** hat der BGH entschieden, dass der VR einen **Vorschaden** in seinen Einzelheiten kennt, den er im Rahmen eines laufenden, auch für den Neuschaden maßgeblichen Vertrages **selbst reguliert** hat[85]. Denn diese Kenntnis ist bei seinem mit der Schadensregulierung befassten Sachbearbeiter und mithin bei ihm selbst angefallen[86]. Wie er dieses Wissen auch anderen Sachbearbeitern zugänglich macht, ist allein eine Frage seiner innerbetrieblichen Organisation[87]. Kennt also der konkrete Sachbearbeiter Daten aufgrund innerbetrieblicher Organisationsmängel nicht, die beim VR selbst schon einmal vorhanden waren, wird ihm diese Kenntnis zugerechnet oder fingiert. Dasselbe gilt, wenn ein Sachbereich (z. B. Gebäudeversicherung) eines VR Informationen hat, die ein anderer Sachbereich (z. B. Haftpflichtversicherung) benötigt und letzterer aus Anlass eines Versicherungsfalles hätte erkennen können und müssen, dass das erforderliche Wissen dort vorhanden ist[88]. Die Zurechnung ist aber durch einen **Sachbezug der Information** zum Schadensfall zu begrenzen. Einen selbst regulierten **Vorschaden** muss der VR noch kennen, wenn er **erst wenige Monate zurückliegt**[89]. Dagegen muss er sich die Kenntnis von **vor zwanzig Jahren** von ihm regulierten Schadensfällen nicht durch Recherche in seinen Archiven verschaffen[90].

30   **Externe Erkenntnismöglichkeiten** des VR in der sog. **Uni-Wagnis-Datei**[91] sollen nach Auffassung des BGH die **Aufklärungsobliegenheit** des VN im Hinblick auf Vorschä-

---

[83] Vgl. dazu nur BGH v. 17. 1. 2007, VersR 2007, 481 (482) m. w. N.

[84] So ausdrücklich BGH v. 17. 1. 2007, VersR 2007, 481 (482).

[85] So BGH v. 11. 7. 2007, VersR 2007, 1267; krit. dazu *Armbrüster* 2007, 239994 und *Höher,* NJW 2007, 2701 f.

[86] BGH v. 11. 7. 2007, VersR 2007, 1267.

[87] BGH v. 11. 7. 2007, VersR 2007, 1267. *Höher,* NJW 2007, 2701 f. will dagegen die Kenntnis von der konkreten Organisation des VR abhängig machen, was allerdings zur Konsequenz hätte, dass der schlecht organisierte VR privilegiert würde, was im Ergebnis nicht gerechtfertigt ist.

[88] BGH v. 28. 9. 2005, VersR 2006, 106

[89] BGH v. 26. 1. 2005, VersR 2005, 493 (494 f.): ca. 5 Monate; BGH v. 11. 7. 2007, VersR 2007, 1267: ca. 8 Monate.

[90] BGH v. 26. 1. 2005, VersR 2006, 493 (495) zustimmend zu KG v. 5. 9. 2003, VersR 2003, 1119.

[91] Beim Gesamtverband der Deutschen Versicherungswirtschaft e. V. (GDV) zu Schadensfällen geführte Datenbank der Kfz-Versicherer.

den **unberührt** lassen, selbst bei genereller Weisung, die Angaben im Schadensfalle stets anhand einer Datenabfrage zu überprüfen[92]. Begründet wird dies damit, dass die Uni-Wagnis-Datei dem VR schon keine umfassende und vollständige Kenntnis über Vorschäden des VN verschaffe[93]. **Weitergehend** wird die **Möglichkeit** der **externen Datenabfrage** generell die **Aufklärungsobliegenheit** des VN **nicht entfallen** lassen. Denn dem VR ist der Aufwand einer Datenermittlung außerhalb seiner Sphäre nicht zuzumuten; schon gar nicht zum Schutz des unredlichen VN. Etwas anderes kann gelten, wenn der VN zur Beantwortung der gestellten Fragen auf dem VR zugängliche Daten in der Datensammlung eines anderen VR hinweist[94]; in jedem Fall fehlt es dann aber an einem Verschulden des VN.

Auch hier schadet dem VR nur ein **Kennen müssen vor der ersten Befassung** mit den   31
(falschen) Angaben[95]; z. B. bei einer notwendigen externen Dateiabfrage des VR unmittelbar nach der telefonischen Schadensanzeige.

Die **Beweislast** liegt insgesamt beim **VN.**   32

Anders als bei positiver Vorkenntnis des VR wird der VN hier **nicht ohne weiteres** den   33
Kausalitätsgegenbeweis nach § 28 Abs. 3 VVG führen können.

3. Berichtigung falscher Angaben

Davon zu unterscheiden ist der Fall, dass der VN falsche Angaben gegenüber dem VR   34
nachträglich selbst **korrigiert;** der VR also keine anderweitige richtige Kenntnis hat[96]. Hierbei kommen folgende **Konstellationen** in Betracht:
– Liegen die korrigierten Angaben dem VR spätestens in dem **Zeitpunkt** vor, in dem er
 sich **erstmals mit dem Vorgang befasst** (was der VN zu beweisen hat), ist schon der **objektive Tatbestand** einer Obliegenheitsverletzung **nicht gegeben**[97].

---

[92] BGH v. 17. 1. 2007, VersR 2007, 481 (482) ausdrücklich entgegen KG v. 8. 12. 2000, VersR 2003, 703 und zustimmend zu OLG Saarbrücken v. 22. 3. 2006, VersR 2006, 1028 (Vorinstanz zu BGH v. 17. 1. 2007, VersR 2007, 481).

[93] So heißt es beim OLG Saarbrücken v. 22. 3. 2006, VersR 2006, 1028 (als Vorinstanz z u BGH v. 17. 1. 2007, VersR 2007, 481): „aus der Uni-Wagnis-Datei nur erfahren, dass wegen eines Schadens vom 25. 10. 2002 Haftpflichtansprüche bei der Z. Versicherung geltend gemacht worden waren und dass es sich hierbei um einen Reparaturschaden gehandelt hatte, der nach Gutachten abgerechnet worden war. Die weiteren Informationen einschließlich des Schadensgutachtens hat sie dann auf Nachfrage von der Z. Versicherung am 25./26. 3. 2004 erhalten."

[94] BGH v. 14. 7. 1993, BGHZ 123, 224 (232) = VersR 1993, 1089 (1090) zu § 16 VVG a. F.: Mit dem Hinweis auf Daten in einer Datensammlung eines anderen Versicherers genügt der Antragsteller seiner Anzeigeobliegenheit, wenn sich der Versicherer im Antragsformular die Einwilligung des Antragstellers hat geben lassen, im Verbund mit dem anderen Versicherer die Daten des Antragstellers zu sammeln.

[95] BGH v. 17. 1. 2007, VersR 2007, 481 (482).

[96] Davon zu unterscheiden sind ferner Falschangaben des VN zunächst allein gegenüber den Verfolgungsbehörden, bei später richtigen Angaben gegenüber dem VR: Hier liegt schon tatbestandsmäßig keine Aufklärungsobliegenheitsverletzung vor. Vgl. dazu z. B. BGH v. 24. 5. 1995, VersR 1995, 1043: „Auch wenn die Aussage des Kl. gegenüber der ihn vernehmenden Polizeibeamtin am 1. 9. 1992 insoweit falsch gewesen ist, kann ihm eine Verletzung der Aufklärungspflicht nicht vorgeworfen werden. Gegenüber der Bekl. hat der Kl. nicht die Angaben zu den Schlüsseln gemacht, die der Tatrichter als unrichtig ansieht. In der bei der Bekl. am 13. 10. 1992 eingegangenen sogenannten „Checkliste" hat er zu dem Fahrzeugschlüssel die Spalte „verlorengegangen" mit der Erläuterung „ein Schlüssel" und weiter die Spalte „Ersatz-/Drittschlüssel wurden angefertigt" angekreuzt mit dem Hinweis „1". Die Ermittlungsakte mit der polizeilichen Aussage hat die Bekl. erst später angefordert.
In der Kraftfahrtversicherung gilt wie in der Feuerversicherung, dass das Verhalten des VN gegenüber den Strafverfolgungsbehörden nur insoweit erheblich ist, als es zugleich das Aufklärungsinteresse des VR unmittelbar berührt".

[97] BGH v. 5. 12. 2001, VersR 2002, 173 (174) m. w. N.; OLG Hamm v. 19. 11. 1999, VersR 2000, 577 (578): „… Es kann sachlich keinen Unterschied machen, ob der Schadensprüfer die unrichtige Anzeige nebst Korrektur zeitgleich durch postalische Übermittlung (vgl. § 130 Abs. 1 BGB) oder zeitgleich durch Übermittlung eines Außendienstmitarbeiters erhält. In beiden Fällen ist schon der objektive Tatbestand einer Aufklärungsobliegenheitsverletzung nicht erfüllt."

Marlow

— **Anderenfalls** liegt zwar tatbestandsmäßig eine Verletzung der Aufklärungsobliegenheit vor, kann die spätere Berichtigung der falschen Angaben **gegen** den vom VR nach § 28 Abs. 2 S. 1 VVG zu beweisenden **Vorsatz sprechen** bzw. die **Vorsatzvermutung** nach § 6 Abs. 3 S. 1 VVG a. F. **widerlegen,** wenn etwa die ursprüngliche Falschangabe den Umständen nach auf einem Irrtum des VN beruht[98].

— Ist auch die Vorsatzvermutung nicht widerlegt, kommt gleichwohl **kein Berufen des VR auf Leistungsfreiheit nach Treu und Glauben** gemäß § 242 BGB in Betracht, wenn der Zweck der Aufklärungsobliegenheit, die Sicherstellung einer sachgerechten Regulierung und der Loyalität des VN, durch die Berichtigung der falschen Angaben letztlich doch erreicht ist[99]: Dies setzt nicht nur voraus, dass der **VN** „den wahren **Sachverhalt aus eigenem Antrieb** vollständig und unmissverständlich **offenbart** und nichts verschleiert oder zurückhält", sondern darüber hinaus, dass dem **VR** „durch die falschen Angaben **noch kein Nachteil,** etwa durch Verlust von Aufklärungsmöglichkeiten, entstanden und ihm die Unrichtigkeit noch nicht aufgefallen ist"[100]. Dass dies geschehen ist, hat der **VN** darzulegen und gegebenenfalls zu **beweisen.** Kann nicht ausgeschlossen werden, dass die falschen Angaben bereits zu einem Nachteil für den VR geführt haben oder nicht freiwillig berichtigt worden sind, bleibt es bei der Leistungsfreiheit[101].

4. Keine oder unvollständige Angaben

35 **Beantwortet der VN ihm gestellte Fragen nicht oder nur unvollständig,** ist auch darin eine Obliegenheitsverletzung zu sehen, da der VN damit seine Aufklärungsobliegenheit verletzt[102]. Zwar ist die Nichtbeantwortung **keine Verneinung** der gestellten Frage[103]. Doch verletzt der VN damit seine Aufklärungsobliegenheit zu vollständigen und richtigen Angaben. Es entspricht gefestigter Rechtsprechung, dass die zulässigerweise gestellten Fragen stets vollständig und zutreffend beantwortet werden müssen, selbst wenn sich der VR die Kenntnis anderweitig hätte verschaffen können[104]. In welchem Umfang Auskunft zu erteilen ist, ist gegebenenfalls nach dem erkennbaren Sinn der Frage zu beurteilen[105]. Das Offenlassen unklarer oder unzulässiger Fragen begründet dagegen keine Obliegenheitsverletzung[106]. Zulässig sind **nur sachdienliche Fragen,** die dem Zweck der Aufklärungsobliegenheit dienen, den VR in die Lage zu versetzen, sachgemäße Entschließungen über die Behandlung des Versicherungsfalles zu treffen; sie müssen also mittelbar oder unmittelbar für Grund oder Umfang seiner Leistung bedeutsam sein können[107]. Wie weit die Aufklärungsobliegenheit im einzelnen geht, ist ggf. durch eine **Auslegung** der Klausel aus Sicht eines **durchschnittlichen VN** zu ermitteln. Dazu kann auch die Angabe solcher mit dem Schadensereignis zusammenhängender Tatsachen gehören, aus denen sich die Leistungsfreiheit des VR ergibt[108]. Der Zweck der Aufklärungsobliegenheit besteht im Wesentlichen darin, den VN zu zwingen, an der Aufklärung des Sachverhalts auch insoweit mitzuwirken, als es um Tatsachen geht, die zum Verlust des Versicherungsschutzes führen können[109].

---

[98] BGH v. 5. 12. 2001, VersR 2002, 173 (174) m. w. N.

[99] BGH v. 5. 12. 2001, VersR 2002, 173 (174) m. w. N.

[100] BGH v. 5. 12. 2001, VersR 2002, 173 (174).

[101] BGH v. 5. 12. 2001, VersR 2002, 173 (174) m. w. N.

[102] So im Ergebnis auch z. B. OLG Köln v. 21. 9. 1989, VersR 1990, 1225 (1226); OLG Hamm v. 22. 8. 1984, VersR 1985, 387 (388); OLG Saarbrücken v. 28. 2. 1990, VersR 1990, 1143. A. A. z. B. *Römer/Langheid/Römer,* § 6 VVG Rn. 23; Berliner Kommentar/*Schwintowski,* § 6 VVG Rn. 43.

[103] OLG Köln v. 21. 1. 1997, VersR 1997, 962.

[104] KG v. 18. 2. 1992, VersR 1993, 92 (93); *Prölss/Martin/Prölss,* § 34 VVG Rn. 11 m. w. N.

[105] Z. B. BGH v. 21. 4. 1993, VersR 1993, 828 (829); *Prölss/Martin/Prölss,* § 34 VVG, Rn. 10 m. w. N.

[106] *Römer/Langheid/Langheid,* § 34 VVG Rn. 14 ff. Siehe dazu auch oben Rn. 20.

[107] Näher dazu *Prölss/Martin/Prölss,* § 34 VVG, Rn. 4 ff. m. w. N.; *Römer/Langheid/Langheid,* § 34 VVG Rn. 14 ff.; Berliner Kommentar/*Dörner,* § 34 VVG Rn. 10 f.

[108] Z. B. BGH v. 13. 12. 2006, VersR 2007, 389 m. w. N.

[109] So BGH z. B. v. 1. 12. 1999, VersR 2000, 222 zu § 7 I Abs. 2 S. 3 AKB m. w. N.

Macht der VN keine oder erkennbar unvollständige Angaben, besteht **keine Nachfrage-** 36 **obliegenheit** des VR nach den zur vorvertraglichen Anzeigepflichtverletzung anerkannten Grundsätzen[110]. Der VR kann sich in diesen Fällen also ohne weiteres auf Leistungsfreiheit berufen, ohne zuvor noch einmal beim VN nachgefragt haben zu müssen. Denn anders als bei der vorvertraglichen Anzeigepflicht, die der Prüfung und Entscheidung des VR über die Übernahme des Risikos dient, ist es bei der Aufklärungsobliegenheit **Sache des VN von sich aus vollständige Angaben zu machen.**

II. Schuldner der Obliegenheiten – Obliegenheiten Dritter

Die Frage nach dem **Obliegenheitsbelasteten** ist zu unterscheiden von der Frage, ob und 37 in welchem Umfang dem VN das Verhalten Dritter zuzurechnen ist[111].

Die Obliegenheiten treffen zunächst den **VN** als Vertragspartner des VR[112]. Dem VN ste- 38 hen seine gesetzlichen Vertreter – bei juristischen Personen deren Vertretungsorgan – und die Parteien kraft Amtes, wie z. B. der Insolvenz-, Zwangs-, Nachlassverwalter oder Testamentsvollstrecker gleich[113].

Bei einer **Mehrheit von VN** einer Versicherung ist nach der Art der Obliegenheiten zu un- 39 terscheiden: Bei Anzeige-, Mitteilungs- oder Auskunftsobliegenheiten genügt die Erfüllung, aber auch der Verstoß nur eines VN[114]. Im Übrigen ist danach zu differenzieren, ob das gemeinschaftliche, gleichartige und ungeteilte Interesse aller VN versichert ist oder nicht[115]. Ist das der Fall – wie z. B. in der Sachversicherung bei Gesamthands- oder Miteigentum an der versicherten Sache – wirkt des Verhalten eines VN für und gegen die anderen[116]. Bei einer gemeinsamen Versicherung mehrerer VN mit jeweils selbständigen eigenen Interessen schadet dagegen die Obliegenheitsverletzung grundsätzlich nur dem einzelnen VN selbst[117]. Es sei denn, der die Obliegenheit verletzende VN ist zugleich Repräsentant[118] der anderen VN oder diese sind an der Obliegenheitsverletzung beteiligt[119]. Ist VN einer **Fremdversicherung**[120], bei der durch den Versicherungsvertrag zwischen VN und VR das Interesse (auch) eines anderen – des Versicherten – (mit-) versichert wird, dagegen nur ein einzelner Beteiligter und verletzt er selbst eine Obliegenheit, schadet dies auch allen anderen Versicherten[121].

Aber auch **sonstige Dritte** können Obliegenheiten treffen. In der **Fremdversiche-** 40 **rung**[122] erstrecken sich nach § 47 Abs. 1 VVG (= § 79 Abs. 1 VVG a. F.) die gesetzlichen und

---

[110] So wohl BGH v. 17. 1. 2007, VersR 2007, 481 (482); a. A. z. B. OLG Köln v. 21. 1. 1997, VersR 1997, 962: Beantwortet der VN ihm gestellte Fragen in der Schadensanzeige nicht, so kommt Leistungsfreiheit des VR wegen der Nichtbeantwortung grundsätzlich nur dann in Betracht, wenn der VR Nachfrage hält und der VN auch darauf nicht reagiert; OLG Hamm v. 8. 2. 1995, VersR 1996, 53: Leistungsfreiheit des VR kommt beim Offenlassen von Fragen im allgemeinen nur dann in Betracht, wenn der VR Nachfrage hält und der VN auch darauf nicht reagiert. Näher zur Nachfrageobliegenheit bei der vorvertraglichen Anzeigepflichtverletzung Kap. 14, Rn. 50 ff.

[111] Näher dazu Kap. 17.

[112] Obliegenheiten können ausnahmsweise auch den VR treffen wie z. B. die Kündigungsobliegenheit nach § 6 Abs. 1 S. 3 VVG a. F. oder die von der Rspr. entwickelte sog. Nachfrage- oder Risikoprüfungsobliegenheit (siehe dazu Kap. 14 Rn. 61).

[113] Näher dazu nur *Prölss/Martin/Prölss*, § 6 VVG Rn. 44 ff.

[114] *Prölss/Martin/Prölss*, § 6 VVG Rn. 39 m. w. N.

[115] *Prölss/Martin/Prölss*, § 6 VVG Rn. 39 m. w. N.; *Römer/Langheid/Römer*, § 6 VVG Rn. 74 m. w. N.

[116] BGH v. 16. 11. 2005, VersR 2006, 258; *Prölss/Martin/Prölss*, § 6 VVG Rn. 40 f.; *Römer/Langheid/Römer*, § 6 VVG Rn. 74.

[117] *Prölss/Martin/Prölss*, § 6 VVG Rn. 40 f.; *Römer/Langheid/Römer*, § 6 VVG Rn. 74.

[118] Näher zur Repräsentantenhaftung Kap. 17 Rn. 29 ff.

[119] Siehe nur *Prölss/Martin/Prölss*, § 6 VVG Rn. 39 m. w. N.

[120] Siehe nähe dazu oben Kap. 6 Rn. 91 ff.

[121] Z. B. *Bruck/Möller/Möller*, § 6 VVG Anm. 65.

[122] Näher dazu oben Kap. 6 Rn. 91 ff.

auch die vertraglichen[123] Obliegenheiten neben dem VN auch auf den **Versicherten**[124]. Hinsichtlich der Rechtsfolgen einer Obliegenheitsverletzung bei der **reinen Fremdversicherung,** die also nur das fremde Interesse eines oder mehrerer Versicherter und nicht zugleich das eigene Interesse des VN abdeckt (z. B. bei einer Kfz.-Teilkaskoversicherung deren VN weder Leasinggeber noch Leasingnehmer des versicherten Fahrzeugs ist[125]), ist zu differenzieren: Eine Obliegenheitsverletzung des VN schadet allen Versicherten[126]. Die Obliegenheitsverletzung eines Versicherten geht nicht nur zu seinen Lasten[127], sondern ist auch dem VN zuzurechnen[128]; denn dieser hat hier kein eigenes schutzwürdiges Interesse versichert. Die Obliegenheitsverletzung nur eines von mehreren Versicherten schadet den anderen dagegen grundsätzlich nicht[129]; es sei denn dieser ist z. B. deren Repräsentant[130].

41   Bei der **kombinierten Eigen- und Fremdversicherung**[131], bei der der VN zugleich eigene und fremde Interessen versichert hat, schaden Obliegenheitsverletzungen des VN auch dem Versicherten, solche des Versicherten dagegen nach § 48 VVG (= § 80 Abs. 2 VVG a. F.) nur ihm selbst, es sei denn er ist Repräsentant des VN[132]. Eine Einschränkung dieses Abhängigkeitsgrundsatzes regelt § 123 VVG (= § 158i VVG a. F.) für die Pflichthaftpflichtversicherung[133].

42   Versichert z. B. ein **Ehepartner** allein den gesamten **Hausrat**, liegt eine Eigenversicherung hinsichtlich der im Alleineigentum des VN stehenden Gegenstände und eine Fremdversicherung hinsichtlich der im Alleineigentum des anderen Ehepartners stehenden Gegenstände vor. Hinsichtlich der im gemeinsamen Miteigentum stehenden Gegenstände ist in Höhe des jeweiligen Bruchteils eine Eigen- und Fremdversicherung gegeben. Verletzt der VN eine Obliegenheit, schadet dies ihm und dem mitversicherten Ehepartner insgesamt. Verletzt dagegen der Ehepartner eine ihn treffende Obliegenheit, wirkt dies nur zu seinen Lasten, nicht aber zugleich gegenüber dem VN; beim Miteigentum in Höhe des jeweiligen Miteigentumsanteils[134].

---

[123] Z. B. BGH v. 29. 1. 2003, VersR 2003, 445, 446.

[124] Siehe dazu nur *Römer/Langheid/Römer,* § 79 VVG Rn. 1 ff. m. w. N.

[125] Z. B. OLG Hamm v. 10. 12. 1993, VersR 1994, 1223.

[126] Z. B. BGH v. 18. 9. 1991, VersR 1991, 1404 (1406): Ein vertragswidriges Verhalten des VN wirkt sich auch auf die Ansprüche des Versicherten aus, weil dieser die Rechte aus der Versicherung nur so erwerben kann, wie der VN sie gestaltet. Nur unter der Voraussetzung, dass der VN seine Obliegenheiten erfüllt und sich redlich verhält, verpflichtet sich der VR, Versicherungsschutz zu gewähren; Berliner Kommentar/*Hübsch,* § 79 VVG Rn. 8 m. w. N.

[127] Z. B. Berliner Kommentar/*Hübsch,* § 79 VVG Rn. 7 m. w. N.

[128] OLG Hamm v. 10. 12. 1993, VersR 1994, 1223: Bei einem geleasten Kfz sind Leasinggeber und -nehmer Versicherte, deren Verhalten dem VN zuzurechnen ist; *Römer/Langheid/Römer,* § 79 VVG Rn. 3.

[129] *Bruck/Möller/Sieg,* § 79 VVG Anm. 12; Berliner Kommentar/*Hübsch,* § 79 VVG Rn. 6 m. w. N.

[130] Z. B. OLG Stuttgart v. 7. 2. 1991, r+s1992, 331 (332).

[131] Näher dazu Kap. 6 Rn. 123 ff.

[132] Z. B. Berliner Kommentar/*Hübsch,* § 79 VVG Rn. 12 f. m. w. N.; *Römer/Langheid/Römer,* § 79 VVG Rn. 4 m. w. N.

[133] *Prölss/Martin/Knappmann,* § 158i VVG Rn. 1.

[134] Vgl. dazu Berliner Kommentar/*Hübsch,* § 79 VVG Rn. 19 ff. m. w. N. OLG Saarbrücken v. 9. 7. 1997, VersR 1998, 883 f.: In Fällen der **Gesamthandsberechtigung** „befreit die Verletzung der zu erfüllenden Obliegenheit durch den Versicherten den VR auch gegenüber dem VN von seiner Leistungspflicht. Denn der Versicherte, der die Obliegenheit verletzt, steht in diesem Fall zu der ganzen versicherten Sache in Beziehung (…); er gehört der Versichertengemeinschaft an, das versicherte Interesse (hier: an der Erhaltung der versicherten Sache) ist unteilbar in der Person jedes Gemeinschaftsangehörigen gegeben (…). Das Verhalten des Versicherten muss deshalb genauso „Gesamtwirkung" haben, wie wenn alle Gesamthänder VN wären …". Ist **Miteigentum** nach Bruchteilen in einem Vertrag versichert, „kann nicht angenommen werden, dass das obliegenheitswidrige Verhalten eines Miteigentümers auch gegen die übrigen wirken muss (so aber *Prölss* in: *Prölss/Martin* a. a. O.). Das Verhalten desjenigen Miteigentümers, der nicht VN ist, wirkt vielmehr nur gegen ihn allein, nicht aber gegen die Übrigen. Der Versicherte verwirkt – sofern er nicht Repräsentant ist – nur seine eigene VersForderung (§ 79 Abs. 1 VVG),

III. Erfüllungszeitpunkt und zeitliche Dauer von Obliegenheiten

Wann Obliegenheiten generell zu erfüllen sind, ergibt sich aus ihrem gesetzlich geregelten   43
oder vertraglich vereinbarten Inhalt[135]. Bei den vertraglich vereinbarten Obliegenheiten des
VN spielt die Unterscheidung, ob sie **vor oder nach Eintritt des Versicherungsfalles** zu
erfüllen sind, bei der Leistungsfreiheit nach § 28 Abs. 2–4 VVG keine Rolle mehr; allein das
Kündigungsrecht besteht weiterhin nur bei der Verletzung von Obliegenheiten vor Eintritt
des Versicherungsfalles (§ 28 Abs. 1 VVG)[136]. Für die Feststellung der zeitlichen Zäsur ist die
Bestimmung des Versicherungsfalles maßgebend, was im Einzelfall schwierig sein kann[137].

Beim **sog. gedehnten Versicherungsfall,** bei dem der Versicherungsfall nicht auf einen   44
bestimmten Zeitpunkt beschränkt ist, sondern über den mit seinem Eintritt geschaffenen
Zustand fortdauert[138], beginnt der Versicherungsfall mit dem Beginn des „gedehnten" Zeitraums und begründet damit die maßgebliche zeitliche Zäsur[139]. Auf eine Kenntnis des VN
vom Eintritt des Versicherungsfalles kommt es für die vor dem Eintritt des Versicherungsfalles
zu erfüllenden Obliegenheiten nicht an. Eine Verletzung von Obliegenheiten, die nach Eintritt des Versicherungsfalles zu erfüllen sind, kommt jedoch erst ab Kenntnis des VN vom
Eintritt des Versicherungsfalles in Betracht[140]. Liegt nicht ein gedehnter Versicherungsfall,
sondern liegen **mehrere einzelne Versicherungsfälle** vor[141], ist der Zeitpunkt des Eintritts
für jeden Versicherungsfall gesondert zu bestimmen.

---

die Rechte der übrigen Miteigentümer bleiben dagegen, weil gesonderte eigene Interessen bestehen, unberührt".

[135] *Prölss/Martin/Prölss,* § 6 VVG Rn. 32.

[136] Siehe näher dazu unten Rn. 61 ff.

[137] So kann z. B. in der **Haftpflichtversicherung** die Feststellung des VersFalles problematisch sein.
Nach BGH v. 3. 6. 1981, VersR 1981, 875 (877) gehört z. B. die in § 10 Nr. 1a) AMBUB enthaltene
Obliegenheit, jeden Sachschaden, der einen Unterbrechungsschaden verursachen könnte, dem VR spätestens innerhalb von 24 Stunden anzuzeigen, zu den vor Eintritt des VersFalles zu erfüllenden Obliegenheiten: Denn der „Versicherungsfall der **Maschinenbetriebsunterbrechungsversicherung** ist in gewissem Sinn zweistufig. Er verlangt auf der ersten Stufe den Eintritt des Maschinenschadens, der auf der
zweiten Stufe zum Eintritt der durch ihn bedingten Betriebsunterbrechung führt. (…) Die genannte Anzeige ist als eine vor Eintritt des VersFalls zu erfüllende Obliegenheit anzusehen. Sie hat ersichtlich den
Zweck, dem VR Gelegenheit zu geben, zur Vermeidung der Betriebsunterbrechung, der „zweiten
Stufe" des VersFalls beizutragen."; zustimmend Berliner Kommentar/*Schwintowski,* § 6 VVG Rn. 49; kritisch dazu *Prölss/Martin/Voit,* § 10 AMBUB Rn. 1. Nach BGH v. 12. 4. 1989, VersR 1989, 588 (589) ist
z. B. in der **Tierversicherung** die Obliegenheit nach § 15 Nr. 1 AVP 77 bei Erkrankungen und Unfällen
des versicherten Tieres unverzüglich einen Tierarzt hinzuzuziehen grundsätzlich eine vor dem Eintritt
des VersFalles (z. B. Tod) zu erfüllende Obliegenheit. Vgl. dazu auch *Prölss/Martin/Kollhosser,* § 122 VVG
Rn. 2.

[138] Z. B. BGH v. 12. 4. 1989, VersR 1989, 588: Wesensmerkmal eines gedehnten VersFalls ist nicht sein
schrittweises Eintreten, sondern die Fortdauer des mit seinem Eintritt geschaffenen Zustands über einen
– mehr oder weniger langen – Zeitraum, sofern diese Fortdauer nicht nur bestimmend ist für die Pflicht
des VR zur Erbringung einer einmaligen VersLeistung, sondern deren Umfang im Einzelfall selbst bestimmt; *Prölss/Martin/Prölss,* § 1 VVG Rn. 32. Gedehnte VersFälle können z. B. auftreten in der Krankheitskostenversicherung, die auf die Dauer der notwendigen medizinischen Heilbehandlung abstellt; es
gibt sie ferner in der Unfall- und der Berufsunfähigkeitsversicherung, in denen Rentenleistungen für
den Fall und die Dauer einer näher umschriebenen Arbeits- oder Berufsunfähigkeit zugesagt sind, und
ebenso in der Betriebsunterbrechungsversicherung.

[139] So auch *Römer/Langheid/Römer,* § 6 VVG Rn. 24 m.wN. Im Ergebnis so wohl auch Berliner Kom-
mentar/*Schwintowski,* § 6 VVG Rn. 47.

[140] Siehe dazu oben Rn. 20.

[141] Z. B. OLG Zweibrücken v. 7. 2. 1992, VersR 1992, 953: Die Schwangerschaft ist nicht ein einziger
zusammenhängender „gedehnter" VersFall. VersFall i. S. d. § 1 Nr. 2a MBKK ist vielmehr jeweils für sich
jede Untersuchung, jede – gegebenenfalls „gedehnte" – medizinisch notwendige Behandlung, die mit
der Schwangerschaft in Zusammenhang steht, sowie die Entbindung.

45   Die Pflicht zur Erfüllung vertraglicher Aufklärungsobliegenheiten **endet** mit der **endgültigen Leistungsablehnung** des VR[142]; diese kann auch durch einen Klageabweisungsantrag
im Prozess erfolgen[143]. Denn die besondere Schutzbedürftigkeit des prüfungs- und verhandlungsbereiten VR, der für eine sachgerechte Regulierung auf die wahrheitsgemäßen Angaben oder die Mitwirkung eines redlichen VN angewiesen ist, entfällt, wenn der VR nicht
mehr prüf- und verhandlungs- und damit letztlich leistungsbereit ist[144]. Der VN ist in Bezug
auf die Obliegenheiten nunmehr frei[145]. Verstöße des VN unterfallen jedoch weiterhin dem
allgemeinen Zivil-, insbesondere dem Schadensersatz-, und Strafrecht[146]. Tritt der VR freiwillig – oder aufgrund gerichtlicher Entscheidung[147] – erneut unmissverständlich in die
Prüfung seiner Leistungspflicht ein, **lebt** die vertragliche Aufklärungsobliegenheit **wieder
auf**[148]. Versucht nach Leistungsablehnung der VN, den VR zu einer Änderung seiner Entscheidung zu bewegen, trifft ihn die Aufklärungsobliegenheit demgemäß erst, wenn der VR
erkennbar wieder prüfbereit ist[149]. Solange die Deckungsablehnung des VR steht, riskiert der
VN nach Maßgabe der Rechtsprechung des BGH keine Leistungsfreiheit wegen Obliegenheitsverletzung. Dies gilt aber nur in Bezug auf den abgelehnten Versicherungsfall; lehnt der
VR z. B. Leistungen wegen einer Fz.-Entwendung ab und wird das Fz. ausgebrannt aufgefunden, gilt für den Brandschaden eine neue Anzeigeobliegenheit[150].

46   **Tritt** der **VR** erkennbar **wieder in die Prüfung seiner Leistungspflicht ein,** hat der
VN seine nach Deckungsablehnung zwischenzeitlich gemachten Falschangaben nunmehr
selbständig zu korrigieren[151]. Diese **Berichtigungsobliegenheit** folgt aus dem wieder bestehenden Schutzbedürfnis des prüfenden VR, für den anderenfalls die Gefahr bestünde,
seine Regulierungsentscheidung – für den VN sanktionslos – auf die zwischenzeitlich gemachten falschen Angaben zu stützen. Unterlässt der VN nach Kenntnis vom Wiedereintritt
des VR in die Leistungsprüfung die Korrektur, verletzt er die ihn nun wieder treffende Aufklärungsobliegenheit. Angesichts der durch die VVG-Reform eingefügten zahlreichen Belehrungspflichten des VR wird dieser nunmehr auch insoweit **belehren müssen,** um Leistungsfreiheit deswegen geltend zu machen[152].

---

[142] Ständige Rspr.; z. B. BGH v. 7. 6. 1989, VersR 1989, 842 (843) m. w. N.: „Für die verschiedenen Arten der Haftpflichtversicherung (Kfz Haftpflichtversicherung, private Haftpflichtversicherung, Berufshaftpflichtversicherung) liegt eine inzwischen drei Jahrzehnte umfassende Rechtsprechung des BGH
dazu vor, dass der VR nach Ablehnung seiner Deckung Leistungsfreiheit nicht mehr wegen schuldhafter
Nichtbeachtung von Obliegenheiten geltend machen kann, deren Erfüllung gerade dazu dienen soll, die
Prüfung und gegebenenfalls die Erfüllung einer geschuldeten Leistung zu ermöglichen"; BGH v. 23. 6.
1999, VersR 1999, 1134 (1136) m. w. N.: Nach einer Leistungsablehnung durch den VR ist der VN nicht
weiter an seine Aufklärungsobliegenheit gebunden.; OLG Koblenz v. 12. 4. 1996, VersR 1997, 1390
(1391); *Römer/Langheid/Römer,* § 6 VVG Rn. 29 m. w. N.; *Römer/Langheid/Langheid,* § 34 VVG Rn. 3
m. w. N.; *Prölss/Martin/Prölss,* § 6 VVG Rn. 33 m. w. N.

[143] BGH v. 7. 6. 1989, VersR 1989, 842 (843).

[144] Z. B. BGH v. 23. 6. 1999, VersR 1999, 1134 (1136) m. w. N.: „Die Wahrnehmung dieser Obliegenheit – und für § 4 Nr. 3 BB-BUZ gilt nichts anderes – soll mithin dazu dienen, dem erfüllungsbereiten
VR die Prüfung seiner Leistungspflicht zu ermöglichen und zu erleichtern. Dessen bedarf er nach endgültiger Leistungsablehnung nicht mehr. Der VN ist demgemäß nach einer Leistungsablehnung nicht
weiter an die Aufklärungsobliegenheit gebunden."

[145] Römer/Langheid/Langheid, § 34 VVG Rn. 3.

[146] Z. B. BGH v. 7. 6. 1989, VersR 1989, 842 (843).

[147] BGH v. 8. 7. 1991, VersR 1991, 1129 (1130); kritisch dazu *Knappmann,* NVersZ 2000, 68 (69)
m. w. N.

[148] Z. B. BGH v. 7. 6. 1989, VersR 1989, 842 (843): „Mit der endgültigen Leistungsablehnung enden,
solange der VR an ihr festhält, die Verhandlungen über eine Entschädigungsleistung des VR, während
deren Verlauf der VR auf Angaben eines redlichen VN angewiesen ist."; BGH v. 8. 7. 1991, VersR
1991, 1129 (1130).

[149] A. A.: Z. B. *Römer/Langheid/Langheid,* § 34 VVG Rn. 4 m. w. N. zum Streitstand.

[150] OLG Naumburg v. 29. 4. 2004, VersR 2004, 1172.

[151] So auch *Knappmann,* NVersZ 2000, 68 (70) m. w. N.

[152] Siehe unten Rn. 152.

Eine – zumindest versuchte – **arglistige Täuschung** des VR durch unrichtige Angaben 47
des VN – inner- und außerprozessual – führt **nach Deckungsablehnung** ebenfalls nicht zu
einer – entweder in den AVB vereinbarten[153] oder aus § 242 BGB[154] hergeleiteten – Leistungsfreiheit des VR (sog. Verwirkung), solange dieser an seiner Leistungsablehnung festhält[155]. Denn auch in diesem Fall fehlt, wie bei der (einfachen) Obliegenheitsverletzung, die
Schutzbedürftigkeit des nicht prüf- und verhandlungsbereiten VR, der in seiner Entscheidung nicht länger vom VN beeinflusst werden kann. Durch bewusst unwahren Vortrag oder
Beweismittelmanipulationen **im Prozess** soll im Übrigen vielmehr allein die Entscheidung
des Gerichts und nicht des VR beeinflusst werden[156].

IV. Beweisfragen

Die Darlegungs- und gegebenenfalls Beweislast für das Vorliegen des **objektiven Tatbe-** 48
standes einer **Obliegenheitsverletzung** trifft den **VR.** Das entspricht allgemeiner Ansicht[157] und ist nunmehr in **§ 69 Abs. 3 S. 2 VVG** geregelt, der alle Obliegenheiten betrifft.
Dazu gehört z. B. bei den Anzeige- und Aufklärungsobliegenheiten auch die **Kenntnis** des
VN von den anzugebenden Umständen im Verletzungszeitpunkt[158] oder vom Zeitpunkt des
Eintritts des Versicherungsfalles. Er hat auch die **wirksame Vereinbarung** der Obliegenheit
zu beweisen.

Sind Obliegenheiten nur auf **Verlangen des VR** zu erfüllen, muss der VR gegebenenfalls 49
den **Zugang** der entsprechenden Aufforderung zur Aufklärung – z. B. des Schadensanzeigeformulars – beim VN beweisen[159].

Der vom **VR** zu beweisende objektive Tatbestand einer Obliegenheitsverletzung umfasst 50
in der Regel auch das im Verantwortungsbereich des VN liegende Verletzungsverhalten. So
trägt er etwa die **Beweislast** für die **nicht rechtzeitige Anzeige** des Versicherungsfalles[160]
oder die **verspätete Absendung einer ordnungsgemäßen Stehlgutliste**[161]. Der VR
muss dabei beweisen, dass der VN die Anzeige nicht rechtzeitig abgesandt hat; nicht, dass
eine solche nicht rechtzeitig bei ihm eingegangen ist[162]. Die mit der Führung eines derartigen

---

[153] Z. B. § 22 Nr. 1 VHB 92, § 21 Nr. 1 VGB 88 oder § 14 Nr. 2 AERB 87.

[154] Z. B. BGH v. 8. 7. 1991, VersR 1991, 1129 (1131). Zur Verwirkung des Leistungsanspruchs bei – zumindest versuchter – arglistiger Täuschung vgl z. B. *Römer/Langheid/Römer*, § 6 VVG Rn. 136f. m. w. N.;
Prölss/Martin/Prölss, § 6 VVG Rn. 84 m. w. N.

[155] St. Rspr. des BGH bei arglistiger Täuschung im Prozess; z. B. BGH v. 22. 9. 1999, VersR 1999, 1535
(1536). Wie hier z. B. auch *Knappmann*, NVersZ 2000, 68 (70). A. A.: z. B. *Prölss/Martin/Prölss*, § 6 VVG
Rn. 34 m. w. N.

[156] BGH v. 22. 9. 1999, VersR 1999, 1535 (1536).

[157] Vgl. nur *Römer/Langheid/Römer*, § 6 VVG Rn. 84, 108ff. m. w. N.

[158] BGH v. 13. 12. 2006, VersR 2007, 389; *Römer/Langheid/Römer*, § 6 VVG Rn. 113 m. w. N.; Berliner
Kommentar/*Schwintowski*, § 6 VVG Rn. 256 m. w. N.; a. A. z. B. *Prölss/Martin/Prölss*, § 34 VVG Rn. 24
m. w. N.

[159] Z. B. OLG Hamm v. 24. 10. 2990, VersR 1991, 923: „Aus § 15 Nr. 1c S. 2 VGB und § 13 Nr. 1d
S. 2 VHB 74 folgt keine allgemeine Obliegenheit des VN, das Schadensbild unverändert zu lassen. Eine
solche kann sich nur mittelbar aus einem Verlangen des VR ergeben, die unveränderte Schadensstelle,
z. B. durch einen Sachverständigen, zur Untersuchung zu besichtigen. Die Stellung dieses Verlangens
steht zur Beweislast des VR.“

[160] Z. B. OLG Köln v. 16. 8. 1994, VersR 1995, 567: Der VR trägt auch dann die Beweislast für die
objektive Verletzung einer Obliegenheit durch den VN, wenn die Obliegenheit ein bestimmtes positives
Tun zum Gegenstand hat; § 5 Nr. 2 AHB; OLG Hamm v. 3. 11. 1989, VersR 1991, 49: Die Obliegenheit
des VN besteht darin, das Schadensanzeigeformular auszufüllen und abzusenden. Es genügt daher zum
Nachweis einer Obliegenheitsverletzung nicht, wenn der VR lediglich darlegen kann, dass bei ihm keine
Schadensanzeige eingegangen ist; § 13 Nr. 1c AFB 30.

[161] Z. B. OLG Hamburg v. 27. 8. 1993, VersR 1994, 668 m. w. N. A. A. z. B. *Römer/Langheid/Langheid*,
§ 33 VVG Rn. 22 m. w. N.

[162] Z. B. OLG Hamm v. 3. 11. 1989, VersR 1991, 49 (50); OLG Hamburg v. 27. 8. 1993, VersR 1994,
668 (669).

Marlow

Negativbeweises verbundenen Schwierigkeiten werden durch eine **erhöhte Substantiie-rungslast** des **VN** (sog. **sekundäre Behauptungslast**[163]) abgemildert. Macht der VN konkrete und plausible Angaben über den Inhalt sowie über Ort, Zeit und weitere Modalitäten der Absendung, muss der VR beweisen, dass die Angaben unzutreffend sind[164].

51   Wendet der VN z. B. ein, er habe die in der **Schadensanzeige** nicht oder falsch beantworteten Fragen dem **Agenten gegenüber richtig mündlich beantwortet,** so hat der **VR** nach Maßgabe der „**Auge und Ohr**"-Rspr. des BGH[165] zu **beweisen,** dass der **VN** den **Agenten nicht oder falsch unterrichtet** hat[166] (nunmehr §§ 69 Abs. 3 S. 2, 70 VVG).

52   Der **VR** trägt auf der Grundlage der h. M., nach der bei einer (Vor-)Kenntnis schon der objektive Tatbestand einer Aufklärungsobliegenheit nicht verletzt ist[167], ferner die **Beweislast** für seine **fehlende (Vor-)Kenntnis**[168].

53   Eine **rechtzeitige Berichtigung falscher Angaben** vor erstmaliger Befassung des zuständigen Sachbearbeiters des VR hat der **VN** zu **beweisen.** Zwar entfällt in diesem Fall schon der objektive Tatbestand einer Aufklärungsobliegenheitsverletzung, für den der VR beweisbelastet ist. Da diese Ansicht aber auf § 130 Abs. 1 S. 2 BGB gestützt wird, bei dem denjenigen die Beweislast für den rechtzeitigen Zugang zutrifft, der sich darauf beruft[169], hat diese Beweislastverteilung konsequenterweise auch hier zu gelten.

54   Für einen **Wiedereintritt in die Leistungsprüfung nach Deckungsablehnung** trifft den **VR** die **Beweislast,** da damit die Pflicht zur Erfüllung der Aufklärungsobliegenheit wieder auflebt.

55   Schließlich hat der **VN** zu **beweisen,** dass eine **Täuschung oder Falschangabe nach Deckungsablehnung** des VR erfolgt ist und damit nicht zur Leistungsfreiheit des VR führt.

C. Rechtsfolgen der Verletzung von Obliegenheiten

I. Übersicht: Vertragsbeendigung, Leistungsfreiheit, sanktionslose Obliegenheiten und Schadensersatz

56   Bei der Verletzung **gesetzlicher Obliegenheiten** durch den VN sieht das Gesetz für den VR die Möglichkeit
– der **Beendigung des Vertrages** – durch Rücktritt oder Kündigung – oder
– **Leistungsfreiheit** bei ansonsten unverändertem Vertragsfortbestand vor.
Ein **Rücktrittsrecht** kann dem VR bei der Verletzung der vorvertraglichen Anzeigeobliegenheit des VN nach § 19 Abs. 2 VVG zustehen[170]. Ein **Kündigungsrecht** räumt dem VR § 19 Abs. 3 S. 2 VVG ein, daneben § 24 Abs. 1, 2 VVG bei Gefahrerhöhungen[171]. **Leistungsfreiheit** sieht § 26 VVG bei Gefahrerhöhung[172], § 82 Abs. 3 VVG bei Verletzung der sog. **Rettungsobliegenheit**[173] und § 97 Abs. 1 VVG bei Verletzung der Obliegenheit zur Veräußerungsanzeige vor.

57   Als Sanktion der Verletzung **vertraglicher Obliegenheiten** ist regelmäßig **Leistungsfreiheit** des VR vertraglich **vereinbart.** Die **vertraglichen Vereinbarungen** unterliegen

---

[163] Z. B. *Zöller/Greger,* Vor § 284 ZPO Rn. 34 m. w. N.
[164] Z. B. OLG Hamburg v. 27. 8. 1993, VersR 1994, 668 (669) m. w. N.
[165] BGH v. 11. 11. 1987, VersR 1988, 234.
[166] Z. B. OLG Hamm v. 12. 11. 1991, VersR 1992, 729 m. w. N.; Berliner Kommentar/*Schwintowski,* § 6 VVG Rn. 256 m. w. N.
[167] Siehe oben Rn. 22 ff.
[168] Näher dazu Vorauflage § 13, Rn. 40.
[169] Z. B. *Palandt/Heinrichs,* § 130 BGB Rn. 21 m. w. N.
[170] Näher zur Verletzung der vorvertraglichen Anzeigepflicht siehe unten Kap. 14.
[171] Näher zu Gefahrerhöhungen siehe unten Kap. 20.
[172] Näher dazu Kap. 20, Rn. 43 ff.
[173] Näher zu den Rettungsobliegenheiten des VN siehe unten Kap. 15.

hierbei unmittelbar den – halbzwingenden – Beschränkungen der § 28 Abs. 2–4 VVG, von denen nach **§ 32 S. 1 VVG** nicht zum Nach-, aber durchaus zum Vorteil des VN abgewichen werden darf[174]. Die **Vereinbarung** eines **Rücktrittsrechts** zugunsten des VR ist nach **§ 28 Abs. 5 VVG** zwingend ausgeschlossen. Ob dem VR bei grob fahrlässiger Obliegenheitsverletzung nach § 28 Abs. 2 S. 2 VVG ein **Leistungskürzungsrecht ohne Vereinbarung kraft Gesetzes** zusteht, erscheint **zweifelhaft**. Zwar spricht der **Wortlaut** in § 28 Abs. 2 S. 2 VVG („ist der Versicherer berechtigt") **dafür**. **Dagegen** steht aber nicht nur die **Systematik,** da § 28 Abs. 2 S. 1 VVG für die vollständige Leistungsfreiheit eine solche Bestimmung im Vertrag voraussetzt, sondern gerade auch, dass nach **Sinn und Zweck** dieser Regelung dem VN die Sanktion der Leistungsfreiheit vor Augen geführt werden soll. Auch wollte der **Gesetzgeber** mit der Quotelung lediglich das Alles-oder-Nichts-Prinzip durchbrechen. Dafür, dass er damit zugleich die Notwendigkeit einer Vereinbarung von (teilweiser) Leistungsfreiheit abschaffen wollte, ist jedenfalls nichts erkennbar.

Ein **fristloses Kündigungsrecht kraft Gesetzes** gewährt § 28 Abs. 1 VVG dem VR bei **58** der mindestens grob fahrlässigen Verletzung vertraglicher Obliegenheiten, die **vor dem Versicherungsfall** zu erfüllen sind[175]; und zwar innerhalb eines Monats ab Kenntnis der Obliegenheitsverletzung. Wird das Vertrauen des VR in die Vertragstreue des VN enttäuscht, so muss sich der VR vor der eventuell ungerechtfertigten künftigen Inanspruchnahme schützen dürfen, indem er sich durch Kündigung von dem unzuverlässigen VN wieder trennt[176]. Das Kündigungsrecht kann jedoch aus Gründen des Rechtsmissbrauches ausgeschlossen sein[177].

Daneben gibt es aber auch – gesetzliche und vertragliche – **sanktionslose Obliegenhei-** **59** **ten,** an deren tatbestandsmäßige Verletzung keine Rechtsfolgen geknüpft sind[178]; so ist z. B. die Verletzung der – gesetzlichen- Anzeige- und Auskunftsobliegenheit nach §§ 30, 31 VVG im Gesetz nicht sanktionsbewehrt (sog. **leges imperfectae**). Wird jedoch in den AVB bei der Verletzung solcher leges imperfectae Leistungsfreiheit vereinbart, handelt es sich nunmehr um vertragliche Obliegenheiten, auf die **§ 28 VVG** anzuwenden ist[179]. Dasselbe gilt auch, wenn eine gesetzliche Obliegenheit auf der Tatbestandsseite durch eine AVB-Regelung ergänzt oder verändert wird[180].

Vertragliche Schadensersatzansprüche des VR aus Verzug, Unmöglichkeit oder posi- **60** tiver Vertragsverletzung kommen bei der Verletzung von Obliegenheiten – z. B. bei unterlassener oder verspäteter Anzeige des Versicherungsfalles oder falschen Angaben in der Schadensanzeige – nach dem Verständnis der h. M. von der Rechtsnatur der Obliegenheiten[181] mangels Rechts- bzw. Pflichtverletzung nicht in Betracht[182]. Dagegen können **deliktische Schadensersatzansprüche** – etwa bei einer arglistigen Täuschung durch den VN – nach § 823 Abs. 2 BGB i. V. m. § 263 StGB, § 826 BGB mit den vorgenannten Rechtsfolgen von Obliegenheitsverletzungen konkurrieren.

---

[174] Z. B. *Römer/Langheid/Römer,* § 6 VVG Rn. 169; Berliner Kommentar/*Schwintowski,* § 6 VVG Rn. 198 ff. Näher dazu auch oben Rn. 10.

[175] Näher dazu *Römer/Langheid/Römer,* § 6 VVG Rn. 91 ff. m. w. N.

[176] BGH v. 4. 10. 1989, VersR 1989, 1250 (1252): „Das Kündigungsrecht nach §§ 9 Abs. 5, 10 Abs. 2 MBKK 76 rührt allein aus der Störung des Vertrauensverhältnisses her, wie es dem Versicherungsvertrag zugrunde liegt, und sanktioniert die schuldhafte Verletzung einer Obliegenheit …".

[177] Näher dazu BGH v. 4. 10. 1989, VersR 1989, 1250 (1253).

[178] Siehe dazu auch oben Rn. 8.

[179] Z. B. *Prölss/Martin/Prölss,* § 6 VVG Rn. 1 m. w. N.; *Römer/Langheid/Römer,* § 6 VVG Rn. 3 m. w. N.

[180] *Römer/Langheid/Römer,* § 6 VVG Rn. 3 m. w. N.

[181] Siehe dazu oben Rn. 4.

[182] A. A. z. B. *Prölss/Martin/Prölss,* § 33 VVG Rn. 9 m. w. N., § 34 VVG Rn. 15 m. w. N.; Berliner Kommentar/*Dörner,* § 33 VVG Rn. 3, 34 m. w. N., *ders.,* § 34 VVG Rn. 2, 43 m. w. N.

II. Gesetzliches Kündigungsrecht bei der Verletzung vertraglicher Obliegenheiten vor Eintritt des Versicherungsfalles

1. Obliegenheitsverletzung vor Eintritt des Versicherungsfalles

61 § 28 Abs. 1 VVG räumt dem VR – wie bisher § 6 Abs. 1 S. 2 VVG a. F. – ein fristloses[183], gesetzliches Kündigungsrecht bei der Verletzung von vertraglich vereinbarten Obliegenheiten ein, die vor dem Eintritt des Versicherungsfalles zu erfüllen sind[184]. Hierbei geht es nach den Kategorien des bisherigen Rechts um einerseits sog. vertragsgefahrmindernde Obliegenheiten[185], andererseits sog. gefahrvorbeugende Obliegenheiten[186]. Diese sind **ab dem formellen Versicherungsbeginn** (also dem Vertragsschluss) während der gesamten Vertragsdauer zu beachten, und zwar unabhängig vom Eintritt eines Versicherungsfalles. Das Kündigungsrecht soll es dem VR ermöglichen, sich von dem unzuverlässigen VN, der sein Vertrauen in die Vertragstreue enttäuscht hat, zu trennen.

2. Mindestens grob fahrlässige Obliegenheitsverletzung

62 Während § 6 Abs. 1 S. 1 VVG a. F. jedes Verschulden genügen ließ, besteht nach § 28 Abs. 1 VVG **kein Kündigungsrecht** mehr **bei nur einfach fahrlässiger Obliegenheitsverletzung.** Dieser Ausschluss des Kündigungsrechts fügt sich in das vom Gesetzgeber proklamierte System, wonach einfach fahrlässig verursachte Verstöße folgenlos bleiben sollen[187]. Andererseits entspricht er einem Korrekturbedürfnis bei existenzsichernden Versicherungen (insbesondere der Krankenversicherung und Berufsunfähigkeitsversicherung), bei denen die Sanktion der Kündigung bei nur geringfügigem Verschulden des VN unverhältnismäßig ist[188]. Zudem sahen die Bedingungswerke vieler VR bereits einen Verzicht auf Sanktionen für einfache Fahrlässigkeit vor[189].

63 Sollte die einfach fahrlässige Obliegenheitsverletzung jedoch zugleich die Qualität einer Gefahrerhöhung haben, kann für den VR ein **Kündigungsrecht nach § 24 VVG** in Betracht kommen[190].

64 Den **VN** trifft wie bisher der **Entschuldigungsbeweis:** Er muss die **gesetzliche Vermutung von Vorsatz oder grober Fahrlässigkeit** nach § 28 Abs. 1 VVG widerlegen. **Anders** ist dies dagegen bei der Leistungsfreiheit nach **§ 28 Abs. 2 VVG,** wo nur grobe Fahrlässigkeit vermutet wird, während der VR Vorsatz beweisen muss.

3. Wirksame Kündigungserklärung

65 Die Kündigung unterliegt als **empfangsbedürftige Willenserklärung** den allgemeinen rechtsgeschäftlichen Wirksamkeitsvoraussetzungen des BGB (§§ 104–185 BGB). Als **Gestal-**

---

[183] Die Regelung von Kündigungsfristen in den AVB (z. B. in § 7 Nr. 2 Abs. 1 S. 2 AFB 87: Kündigungsfrist von einem Monat Zugang) ist zulässig, da hiermit zugunsten des VN von § 6 Abs. 1 VVG abgewichen wird.

[184] Näher zum Erfüllungszeitpunkt siehe oben Rn. 43 ff.

[185] Solche Obliegenheiten iSv. **§ 6 Abs. 1 VVG** a. F. dienen der **Verringerung des subjektiven Risikos,** der sog. **Vertragsgefahr** – also der Gefahr der (unberechtigten) Inanspruchnahme des VR. Hierzu zählt insbesondere die Nichtanzeige der Mehrfachversicherung (z. B. in § 11 VGB 62, § 9 Abs. 1 AFB, §§ 9 Abs. 5, 10 Abs. 2 MBKK, §§ 9 Abs. 6, 10 Abs. 2 MBKT.).

[186] Gefahrvorbeugende Obliegenheiten iSv. § 6 Abs. 2 VVG a. F. sollen den Eintritt des VersFalles verhindern oder erschweren und betreffen damit Obliegenheiten zur Verminderung des objektiven Risikos. Hierbei sind zu unterscheiden Obliegenheiten zum Zweck der Verminderung einer Gefahr und solchen zur Verhütung einer Gefahrerhöhung. Besondere Bedeutung kommt der als vorbeugende Obliegenheiten zum Zwecke der Verminderung der Gefahr oder zur Verhütung von Gefahrerhöhungen häufig vereinbarten Beachtung gesetzlicher, behördlicher oder vertraglich vereinbarter Sicherheitsvorschriften zu; näher dazu die Vorauflage § 13 Rn. 54 m.w.N.

[187] VVG-Regierungsentwurf (2006), S. 124; krit. dazu *Marlow,* VersR 2007, 43.

[188] *Felsch,* r+s 2007, 485 (490); *Römer/Langheid/Römer,* § 6 VVG Rn. 91 m.w.N.

[189] VVG-Regierungsentwurf (2006), S. 172.

[190] Siehe dazu Kap. 20, Rn. 36 ff.

tungsrecht muss sie vor allem die Beendigung des Vertrages wegen eines bestimmten obliegenheitswidrigen Verhaltens des VN klar und eindeutig zum Ausdruck bringen und darf deshalb **nicht** als **auflösend oder aufschiebend bedingt** erklärt werden[191]. Auch sieht das Gesetz in § 28 Abs. 1 VVG keine bestimmte (Schrift-) Form für die Kündigung vor. Diese kann aber in den AVB vereinbart werden, da damit nicht zum Nachteil des VN von § 28 Abs. 1 VVG abgewichen wird (§ 32 S. 1 VVG). § 174 S. 1 BGB ist zu beachten[192].

4. Rechtzeitige Kündigung

Der VR muss **innerhalb eines Monats ab Kenntnis** von der Obliegenheitsverletzung   **66** kündigen (§ 28 Abs. 1 VVG). Die Frist **beginnt** mit der **sicheren Kenntnis** des VR **vom gesamten objektiven Tatbestand** der Obliegenheitsverletzung, während Kenntnis vom Verschulden nicht erforderlich ist[193]. Dabei kann sich die Kenntnis möglicherweise schon aus der Schadensanzeige ergeben[194]. Eigene Kenntnis des VR ist diejenige seiner Organe und der mit der Entscheidung befassten Sachbearbeiter; fremde Kenntnis muss er sich gegebenenfalls zurechnen lassen.

Ein **Kennen müssen** reicht nicht aus[195]. Auch der bloße **Verdacht** eines Obliegenheits-   **67** verstoßes genügt nicht[196]. Der VR ist auch **nicht** etwa ohne weiteres **zu eigenen Ermittlungen** darüber, ob der VN eine Obliegenheit verletzt hat, **verpflichtet**[197].

Nach **bisher h. M.** soll der VR den Beginn der Frist nicht dadurch **unterlaufen** können,   **68** dass er trotz ernstlichen Anlasses zu weiteren **Rückfragen** diese zunächst **unterlässt oder bewusst zurückstellt**[198]. Die Frist soll dann in dem Zeitpunkt zu laufen beginnen, in dem

---

[191] Z. B. OLG Celle v. 15. 4. 1983, VersR 1984, 437 (439): Unwirksam ist eine Kündigung, die der VN als auflösend oder aufschiebend bedingt verstehen kann, weil der VR in ihr das Vorliegen der Voraussetzungen des Kündigungsrechts nicht bestimmt behauptet, sondern lediglich als Gegenstand weiterer Prüfung bezeichnet hat; siehe allgemein dazu *Palandt/Heinrichs*, Überbl. v. § 104 BGB, Rn. 17.

[192] LG Saarbrücken v. 23. 6. 2005, ZfS 2006, 99.

[193] Z. B. BGH v. 14. 11. 1960, VersR 1960, 1131; Berliner Kommentar/*Schwintowski*, § 6 VVG Rn. 82 m. w. N.; a. A. z. B. *Bruck/Möller/Möller*, § 6 VVG Anm. 41.

[194] OLG Köln v. 18. 1. 2000, VersR 2000, 1217: „Allerdings geht der Senat davon aus, dass die Kündigungsfrist noch nicht mit dem Eingang der Schadensanzeige (…) zu laufen begonnen hat. Die Kündigungsfrist beginnt grundsätzlich, sobald der VR den vollen objektiven Sachverhalt positiv kennt (…). Der VN muss die Kenntnis beweisen. Wenn der VR aus der Schadensmeldung nicht die Obliegenheitsverletzung ersehen kann, fängt die Frist nicht an zu laufen. Kennen müssen reicht nicht aus, auch wenn es auf einem sich aufdrängenden Verdacht beruht. Es kann dem VR nicht angesonnen werden, von vornherein dem VN mit Misstrauen zu begegnen und an der Richtigkeit der Angaben zu zweifeln (…). Bei einer Trunkenheitsklausel beginnt die Frist danach in der Regel nur dann mit Eingang der Schadensanzeige, wenn darin Alkoholgenuss und gleichzeitig Führerscheinbeschlagnahme angegeben sind …“.

[195] Z. B. OLG Köln v. 18. 1. 2000, VersR 2000, 1217; Berliner Kommentar/*Schwintowski*, § 6 VVG Rn. 82 m. w. N.

[196] Z. B. OLG Köln v. 18. 1. 2000, VersR 2000, 1217; *Bruck/Möller/Möller*, § 6 Anm. 41.

[197] LG Regensburg v. 6. 12. 1974, VersR 1975, 850 (851).

[198] BGH v. 20. 9. 1989, VersR 1989, 1249 (1250): „Indessen kann es einem Versicherer dabei nicht freistehen, wann er eine von ihm zur Vervollständigung seiner Kenntnisse als geboten angesehene Rückfrage hält, sofern das ihm bereits vorliegende Tatsachenmaterial vor Augen führt, daß ein Rücktritt wegen (Anzeige-) Obliegenheitsverletzung ernstlich in Betracht kommen könnte. (…) Das Gegenteil wäre nicht mit dem versicherungsrechtlichen Grundsatz in Einklang zu bringen, daß zwischen den Vertragsparteien **alsbald Klarheit bestehen soll,** ob ein durch eine **Obliegenheitsverletzung des VN belastetes Versicherungsverhältnis vom Versicherer weiter aufrechterhalten wird oder nicht.** Diesem Grundgedanken des Gesetzgebers ist gerade dadurch Rechnung getragen, daß die im VVG vorgesehenen, verhältnismäßig kurzen Rücktritts- und Kündigungsfristen mit Kenntnis des Versicherers vom Rücktritts- oder Kündigungsgrund zu laufen beginnen. Diesen Fristbeginn kann ein Versicherer nicht dadurch unterlaufen, daß er trotz ernstlichen Anlasses zu weiteren, ihm lediglich abschließende Klarheit über seine Rücktritts- oder Kündigungsberechtigung verschaffenden Rückfragen diese zunächst unterläßt oder bewußt zurückstellt. Auch ein VN, der (schuldhaft) eine Obliegenheitsverletzung begangen hat, kann beanspruchen, alsbald zu erfahren, ob er Versicherungsschutz bei seinem bisherigen Versicherer

---

der VR auf eine Rückfrage hin, für die ihm jedoch angemessen Zeit zu lassen ist, Antwort erhalten hätte[199]. Diese Auffassung begegnet gerade **wegen** der Neuregelung des **§ 28 Abs. 1 VVG Bedenken.** Schon bisher ließ sich dagegen einwenden, dass damit ausnahmsweise doch auf ein Kennen müssen des VR abgestellt werde, was **§ 314 Abs. 3 BGB** widerspreche, der für den Fristbeginn des Kündigungsrechts aus wichtigem Grund bei Dauerschuldverhältnissen (und um nichts anderes geht es bei § 28 Abs. 1 VVG) eine grob fahrlässige Unkenntnis gerade nicht ausreichen lässt[200]. Konnte diese Ausnahme noch damit gerechtfertigt werden, dass (vergleichbar dem Rücktritt bei der vorvertraglichen Anzeigepflichtverletzung) die rechtzeitige Kündigung zugleich Voraussetzung der Leistungsfreiheit ist, ist dies nun nicht mehr möglich: Die **Leistungsfreiheit** bei der Verletzung von Obliegenheiten vor Eintritt des VersFalles **erfordert** gerade **keine rechtzeitige Kündigung mehr.** Das bedeutet, dass die Kündigungsfrist nur noch der Rechtsklarheit dient, was eine Ausnahme nicht zu rechtfertigen vermag.

69 Der VR kann die Frist nicht dadurch verlängern, dass er **weitere Nachforschungen und Nachfragen** beim VN erhebt, die nach Lage der Dinge **unnötig waren,** weil zu diesem Zeitpunkt schon sichere Kenntnis von der Obliegenheitsverletzung bestand[201]. Der Kenntnis gleichzusetzen ist der Fall, dass sich der VR **arglistig der Kenntnis** der Voraussetzungen der Obliegenheitsverletzung **entzieht**[202].

70 **Dauert eine Obliegenheitsverletzung länger an,** entsteht das Kündigungsrecht nur dann erneut, nachdem der VR annehmen durfte, die Obliegenheitsverletzung sei beendet[203].

71 **Beginn und Ende** der Monatsfrist berechnen sich nach §§ 187 Abs. 1, 188 Abs. 2, 3, 193 BGB. Die Kündigung muss dem VN rechtzeitig innerhalb der Frist **zugehen** (§ 130 Abs. 1 S. 1 BGB)[204].

III. Leistungsfreiheit oder Leistungskürzung bei der Verletzung vertraglicher Obliegenheiten

72 Als **weitere Rechtsfolgen** der Verletzung einer vertraglichen Obliegenheit treten neben das Kündigungsrecht und die bisher schon mögliche **Leistungsfreiheit** nunmehr ein **Leistungskürzungsrecht** des VR bei grob fahrlässiger Obliegenheitsverletzung. Eine Leistungsfreiheit oder Leistungskürzung setzt deren **wirksame Vereinbarung** (dazu unter 1.) voraus. Auch wenn **keine Unterscheidung mehr zwischen Obliegenheiten vor und nach Eintritt des Versicherungsfalles** erfolgt (dazu unter 2.), kann bei der Verletzung von Obliegenheiten vor Eintritt des Versicherungsfalles eine **Hinweisobliegenheit** des VR zu beachten sein (dazu unter 3.). Während eine **vorsätzliche Obliegenheitsverletzung** dem VR **Leistungsfreiheit** eröffnet (dazu unter 4.), führt **grobe Fahrlässigkeit** zu einem **Leistungskürzungsrecht** des VR (dazu unter 5.). Eine (vollständige oder teilweise) **Leistungs-**

---

behält oder ob er sich anderweitig darum bemühen muß."; dem folgend OLG Köln v. 18. 1. 2000, VersR 2000, 1217. Krit dazu Langheid/Müller-Frank, NJW 2001, 111 (112) und Langheid, VersR 2007, 629f.

[199] OLG Köln v. 18. 1. 2000, VersR 2000, 1217: „Die Frist beginnt aber auch zu dem Zeitpunkt zu laufen, in dem der Versicherer auf eine gebotene Rückfrage, für den Versicherer angemessen Zeit zu lassen ist, sei es beim VN, sei es bei der Ermittlungsbehörde, Klarheit erlangt hätte (vgl. zu § 20 VVG BGH VersR 1989, 1249 = r+s 1989, 412 = NJW 1990, 47; 1991, 170; *Prölss in Prölss/Martin* aaO § 20 Rn. 3, § 6 Rn. 107)"; OLG Köln v. 23. 8. 2005, ZfS 2006, 98.

[200] Z. B. *Palandt/Grüneberg*, § 314 BGB, Rn. 10 aE m. w. N.

[201] OLG Hamm v. 20. 6. 1997, VersR 1998, 847 (848): „Diesen Fristbeginn kann der VR nicht dadurch beeinflussen, dass er erforderliche Nachfragen unterläßt, die sich bei einer ernsthaft in Betracht kommenden Obliegenheitsverletzung aufdrängen. Umgekehrt kann ein VR die Frist auch nicht dadurch verlängern, dass er weitere Nachforschungen und Nachfragen beim VN erhebt, die nach Lage der Dinge unnötig waren, weil zu diesem Zeitpunkt schon sichere Kenntnis von der Obliegenheitsverletzung bestand."

[202] *Bruck/Möller/Möller*, § 6 VVG Anm. 41.

[203] *Römer/Langheid/Römer*, § 6 VVG Rn. 90 m. w. N.

[204] OLG Karlsruhe v. 18. 12. 2003, 12 U 97/03.

freiheit entfällt, soweit die Obliegenheitsverletzung **nicht kausal** war (dazu unter 6.). Bei den Auskunfts- und Aufklärungsobliegenheiten wird weiter eine **Belehrung** des VR über diese Rechtsfolgen vorausgesetzt (dazu unter 7.).

1. Wirksame Vereinbarung der Rechtsfolge Leistungsfreiheit

Will der VR (vollständige oder teilweise) Leistungsfreiheit in Anspruch nehmen, muss   **73** nicht nur die Obliegenheit selbst ausdrücklich und wirksam **vertraglich vereinbart** sein[205], sondern (anders als z. B. beim gesetzlich begründeten Kündigungsrecht nach § 28 Abs. 1 VVG und dem Kürzungsrecht nach § 28 Abs. 2 S. 2 VVG) auch die **Rechtsfolge der (vollständigen oder teilweisen) Leistungsfreiheit** bei ihrer Verletzung (individualvertraglich oder in den AVB)[206]; und zwar wegen der für den VN besonderen Bedeutung des drohenden Verlustes des Versicherungsschutzes klar und eindeutig[207]. Diesen Anforderungen genügen nicht nur Klauseln, nach denen der VR bei Obliegenheitsverletzungen des VN „leistungsfrei wird" oder „Leistungsfreiheit eintritt", sondern auch die Formulierung „bei Nichtbeachtung der aufgeführten Obliegenheit kann der Versicherungsschutz entfallen"[208]. Klauseln, die bei grob fahrlässiger Obliegenheitsverletzung (weiterhin) ausschließlich vollständige Leistungsfreiheit als Rechtsfolge vorsehen, verstoßen gegen § 32 S. 1 VVG[209].

2. Keine Unterscheidung mehr zwischen der Verletzung von Obliegenheiten vor und nach Eintritt des Versicherungsfalles

Die das bisherige Recht der vertraglichen Obliegenheiten prägende Unterscheidung zwi-   **74** schen der Verletzung von Obliegenheiten vor und nach Eintritt des Versicherungsfalles hat der Gesetzgeber bei der Leistungsfreiheit bzw. Leistungskürzung aufgegeben. Er hält sie sachlich nicht für geboten und zu kompliziert[210].

3. Hinweis- statt Kündigungsobliegenheit bei der Verletzung von Obliegenheiten vor Eintritt des Versicherungsfalles?

Anders als nach § 6 Abs. 1 S. 3 VVG a. F. muss der VR nach § 28 VVG nicht mehr recht-   **75** zeitig kündigen, um sich auf (vollständige oder teilweise) Leistungsfreiheit wegen der Verletzung von Obliegenheiten vor Eintritt des Versicherungsfalles berufen zu können. Der Gesetzgeber begründet die **Abschaffung der Kündigungsobliegenheit** damit, dass eine Kündigung nicht immer im Interesse des VN sei[211]. Er greift damit die bisher an der Kündigungsobliegenheit geäußerte Kritik auf, dass die Notwendigkeit zur endgültigen Vertragsbeendigung dem Bedürfnis der Vertragsparteien, insbesondere aber des VN nicht Rechnung trage, einen vorteilhaften Vertrag fortsetzen zu können[212].

---

[205] Siehe dazu oben Rn. 9.

[206] Das Erfordernis einer besonderen vertraglichen Vereinbarung der Leistungsfreiheit als Rechtsfolge einer Obliegenheitsverletzung folgt schon aus dem Wortlaut des § 28 Abs. 2 S. 1 VVG: „Bestimmt der Vertrag (…) nicht zur Leistung verpflichtet ist …". Für das **Leistungskürzungsrecht** ergibt sich dies aus dem Wortlaut des § 28 Abs. 2 S. 2 VVG nicht, der sogar eher dagegen sprechen dürfte. Allerdings ergibt sich die Notwendigkeit einer besonderen Vereinbarung aus einer Auslegung der Regelung.

[207] Z. B. BGH v. 18. 12. 1989, VersR 1990, 384 m. w. N.: „Hingegen trifft es zu, dass der Wegfall der Leistungspflicht des VR im Fall einer Obliegenheitsverletzung im Versicherungsvertrag vereinbart sein muss (vgl. § 6 Abs. 1 S. 1 VVG), und zwar wegen der besonderen Bedeutung einer solchen Absprache für die Vertragsparteien, insbesondere den VN, klar und eindeutig …".

[208] BGH v. 18. 12. 1989, VersR 1990, 384, 385: „… Das wird im Streitfall durch die … benutzte Formulierung „kann der VersSchutz entfallen" deutlich gemacht. Insoweit kann deshalb von keiner unklaren Regelung … die Rede sein. Die Vorschrift beinhaltet nichts anderes als die Vereinbarung eines Leistungsverweigerungsrechts der Bekl. im Fall einer Obliegenheitsverletzung …"; *Römer/Langheid/Römer,* § 6 VVG Rn. 18.

[209] Siehe dazu auch oben Rn. 3.

[210] VVG-Regierungsentwurf (2006), S. 172.

[211] VVG-Regierungsentwurf (2006), S. 172.

[212] Z. B. *Prölss/Martin/Prölss,* § 6 VVG Rn. 112.

76   Andererseits ist die Streichung der Kündigungsobliegenheit **für den VN** insoweit **nachteilig,** als damit eine **Hürde für die Leistungsfreiheit entfallen** ist, die die VR in der Praxis nicht selten gerissen haben.

77   **a) Hinweisobliegenheit nach Treu und Glauben, Hinweispflicht nach § 6 Abs. 4 S. 1 VVG oder analoge Anwendung von § 26 Abs. 3 Nr. 2 VVG?** Die bisherige Kündigungsobliegenheit in § 6 Abs. 1 S. 3 VVG a. F. sollte den VR dazu anhalten, dem VN alsbald Klarheit darüber zu verschaffen, ob er aus der ihm bekannten Obliegenheitsverletzung Rechte herleiten will oder nicht[213]. Der VR sollte sich auf die Leistungsfreiheit nur berufen können, wenn er nach Abwägung kaufmännischer und rechtlicher Interessen den Verstoß als so schwerwiegend ansah, dass er sich zur Auflösung des Versicherungsvertrages entschloss. Darüber hinaus sollte dem VR dadurch zugleich die Möglichkeit genommen werden, **in Kenntnis der Obliegenheitsverletzung den Versicherungsfall abzuwarten,** um sich dann nach einem längeren Zeitraum seiner Leistungspflicht zu entziehen, gleichwohl aber inzwischen **weiterhin Prämien zu erheben**[214]. Der letztgenannte Gesichtspunkt behält jedoch auch weiterhin seine Berechtigung: Der VR, der die Obliegenheitsverletzung des VN kennt, kann Zuwarten, Prämien einziehen und bei einem späteren, auf der Obliegenheitsverletzung beruhenden Versicherungsfall Leistungsfreiheit geltend machen. Dies bedarf der **Korrektur.** Eine solche kann in Betracht kommen nach **Treu und Glauben** (§ 242 BGB). Der VR, der die Äquivalenzstörung des Vertrages erkennt, muss den VN darauf hinweisen, damit dieser die Möglichkeit hat, die Obliegenheitsverletzung abzustellen. Anderenfalls wird sich der VR nicht auf Leistungsfreiheit berufen können. Einem Rückgriff auf § 242 BGB dürfte jedoch die nach **§ 6 Abs. 4 S. 1 VVG** bestehende, spezielle Beratungspflicht des VR **vorgehen**[215]. Denn die vom VR erkannte Obliegenheitsverletzung des VN – mit der möglichen Folge vollständiger oder teilweiser Leistungsfreiheit – begründet einen entsprechenden Beratungsanlass. Verletzt der VR seine Hinweispflicht, steht dem VN ein **Schadensersatzanspruch nach § 6 Abs. 5 VVG** zu, wobei der Schaden des VN in der Leistungsfreiheit des VR liegt. Eine **analoge Anwendung von § 26 Abs. 3 Nr. 2 VVG,** der die Leistungsfreiheit des VR ausschließt, wenn dieser nicht rechtzeitig gekündigt hat, **scheitert am Bestehen einer (planwidrigen) Lücke:** Nicht nur dass der Gesetzgeber gerade eine Kündigungsobliegenheit des VR, wie sie § 6 Abs. 1 S. 3 VVG a. F. vorsah, abschaffen wollte, besteht wegen § 6 Abs. 4 S. 1 VVG schon keine Lücke.

78   **b) Hinweisfrist?** Auf eine Hinweispflicht nach § 6 Abs. 4 S. 1 VVG lässt sich die Frist nach § 6 Abs. 1 S. 3 VVG a. F. nicht übertragen. Maßgebend ist in diesem Fall allein, ob der VR den VN rechtzeitig vor Eintritt des Versicherungsfalles auf die Obliegenheitsverletzung und die Folge möglicher Leistungsfreiheit hingewiesen hat. Gegen einen Rückgriff auf § 26 Abs. 3 Nr. 2 VVG sprechen die vorgenannten Erwägungen[216].

79   **c) Entbehrlicher Hinweis.** Der Hinweis kann – wie bisher die Kündigung nach § 6 Abs. 1 S. 3 VVG a. F. – in bestimmten Fällen ausnahmsweise **entbehrlich** sein:
Eine Hinweispflicht wird **beim dauernden und vollständigen Wegfall des versicherten Risikos** i. S. v. § 80 Abs. 2 VVG anzunehmen sein, wenn deswegen eine Leistungsfreiheit nicht mehr in Betracht kommt[217]. Ein Hinweis ist ferner dann nicht erforderlich, wenn **das**

---

[213]   Z. B. *Bruck/Möller/Möller,* § 6 VVG Anm. 40–43 m. w. N. zur ständigen Rspr. des BGH.

[214]   Vgl. nur BGH v. 21. 9. 2003, VersR 2003, 445 m. w. N.

[215]   *Marlow/Spuhl,* S. 91 weisen zwar bereits auf § 6 Abs. 4 VVG hin, ziehen dort aber noch nicht die Konsequenz der Unanwendbarkeit von § 242 BGB.

[216]   Anders noch in *Marlow/Spuhl,* S. 91.

[217]   Z. B. BGH v. 24. 4. 1085, VersR 1985, 775 (776) zur bisherigen Kündigungsobliegenheit: Im Hinblick auf den mit ihr verfolgten Zweck wird eine Kündigung entbehrlich, wenn der Versicherungsvertrag durch den dauernden und vollständigen Wegfall des versicherten Interesses vor Ablauf der Kündigungsfrist gegenstandslos wird (…). Mit dem Diebstahl eines Kfz fällt das versicherte Interesse nur eines weiteres weg. Gerade in der Kaskoversicherung ist es nicht ungewöhnlich, dass sich diesem VersFall ein weiterer anschließt. (…) Entwendete Sachen können (…) wiederaufgefunden werden. Allein diese Möglichkeit steht schon der Annahme eines endgültigen Interessewegfalls entgegen (BGH vom 18. 12. 1980 a. a. O.).

Versicherungsverhältnis beendet ist[218]. Dasselbe gilt, wenn der VN anderweitige Kenntnis von der Leistungsfreiheit des VR hat. Verletzt bei einer **Versicherung fremder Interessen**[219] nicht der VN, sondern der (Mit-) **Versicherte** eine Obliegenheit, ohne Repräsentant[220] des VN zu sein, verliert nur dieser seinen eigenen Versicherungsanspruch. Bisher konnte sich der VR in diesem Fall ohne Kündigung auf Leistungsfreiheit gegenüber dem Versicherten berufen[221]. Denn ihm standen weder ein Kündigungsrecht nach § 6 Abs. 1 S. 2 VVG a. F. noch eine Kündigungsobliegenheit nach § 6 Abs. 1 S. 3 VVG a. F. zu. Eine **Hinweispflicht** des VR wird jedoch in diesem Fall **gegenüber dem VN und der VP** zu bejahen sein. Das gilt erst recht, wenn VN und Versicherter gleichermaßen gegen eine Obliegenheit verstoßen.

4. Bei vorsätzlicher Obliegenheitsverletzung: Leistungsfreiheit (§ 28 Abs. 2 S. 1 VVG)

Bei einer vorsätzlichen Obliegenheitsverletzung verbleibt es nach § 28 Abs. 2 S. 1 VVG bei der Rechtsfolge vollständiger Leistungsfreiheit des VR.   **80**

Allerdings besteht die gesetzliche **Vorsatzvermutung** aus § 6 Abs. 1, 3 VVG a. F. im Falle einer tatbestandsmäßigen Obliegenheitsverletzung **nicht mehr**. Den **VR** trifft nunmehr die **Beweislast** für den **Vorsatz** des VN.   **81**

Vorsatz des VN erfordert das **Wollen** der Obliegenheitsverletzung im **Bewusstsein** des Vorhandenseins der Verhaltensnorm[222]. **Bedingter Vorsatz** genügt[223]. Er setzt voraus, dass der VN die Obliegenheitsverletzung immerhin für möglich hält und dennoch billigend in Kauf nimmt[224]. Hierfür genügt es auch, wenn der VN etwa **Erklärungen ins Blaue hinein** abgibt, also ohne zuvor z. B. erkennbar erforderliche Nachfragen zu halten oder bei Zweifeln Aufklärung zu betreiben[225]. Ein **Rechts- oder Tatsachenirrtum** kann Vorsatz ausschließen, aber möglicherweise Fahrlässigkeit begründen[226]. Der VN kann sich allerdings auf einen vorsatzausschließenden Rechtsirrtum nicht berufen, wenn sein Rechtsstandpunkt aus eige-   **82**

Nur wenn unter den gegebenen Umständen keine Aussicht (mehr) besteht, das entwendete Fahrzeug wiederzubeschaffen, entfällt auch das versicherte Risiko (…) Mit dem Hinweis auf den Eigentumsübergang nach § 13 Abs. 7 AKB läßt sich jedoch eine zum Erhalt der Leistungsfreiheit notwendige Kündigung nicht umgehen.; BGH v. 15. 1. 1997, VersR 1997, 443 (444) m. w. N.: Wenn ein im Rahmen einer Kraftfahrtversicherung für Kfz-Handel und -Handwerk versichertes Fahrzeug entwendet wird, setzt die Leistungsfreiheit des VR wegen einer Obliegenheitsverletzung nach § 2 Abs. 2a AKB voraus, dass der VR den VV kündigt, da der Vertrag nicht ein bestimmtes einzelnes Fahrzeug zum Gegenstand hat.; OLG Hamm v. 30. 6. 1993, VersR 1994, 802: Zur Herbeiführung seiner Leistungsfreiheit nach §§ 2 Abs. 2c AKB, 6 Abs. 1 VVG muss der Kfz-Haftpflichtversicherer den VV fristgerecht kündigen. Eine Kündigung ist nur dann entbehrlich, wenn durch den Verkehrsunfall ein dauernder und vollständiger Wegfall des versicherten Interesses eingetreten ist. Dies setzt über einen sogenannten wirtschaftlichen Totalschaden hinaus zumindest einen technischen Totalschaden des versicherten Fahrzeugs voraus. *Römer/Langheid/Römer,* § 6 VVG Rn. 101 ff. m. w. N.; *Prölss/Martin/Prölss,* § 6 VVG Rn. 110 m. w. N.

[218] Zur bisherigen Kündigungsobliegenheit z. B. BGH v. 5. 3. 1986, VersR 1986, 380 (381) m. w. N.; BGH v. 3. 6. 1992, VersR 1992, 1089 (1090) m. w. N.

[219] Näher dazu Kap. 6, Rn. 91 ff.

[220] Näher dazu Kap. 17, Rn. 28 ff.

[221] Z. B. BGH v. 29. 1. 2003, VersR 2003, 445 (446) m. w. N.

[222] Z. B. BGH v. 2. 6. 1993, VersR 1993, 960; OLG Saarbrücken v. 12. 7. 2006, VersR 2007, 532 m. w. N.; *Römer/Langheid/Römer,* § 6 VVG Rn. 76 m. w. N.; *Prölss/Martin/Prölss,* § 6 VVG Rn. 116 m. w. N.

[223] Z. B. OLG Saarbrücken v. 12. 7. 2006, VersR 2007, 532 m. w. N.; *Römer/Langheid/Römer,* § 6 VVG Rn. 80 m. w. N.

[224] Z. B. OLG Saarbrücken v. 12. 7. 2006, VersR 2007, 532 m. w. N.

[225] Z. B. OLG Köln v. 26. 4. 2005, VersR 2005, 1528 m. w. N.; OLG Saarbrücken v. 12. 7. 2006, VersR 2007, 532 m. w. N.; *Römer/Langheid/Römer,* § 6 VVG Rn. 80 m. w. N; a. A. wohl *Günther/Spielmann,* r+s 2008, 133 (136), wonach allein die Behauptung des VN, er habe sich geirrt, generell nicht ausreichen soll. Letztlich ist dies wohl eine Frage der Umstände des Einzelfalls.

[226] Z. B. *Prölss/Martin/Prölss,* § 6 VVG Rn. 122 m. w. N.; *Römer/Langheid/Römer,* § 6 VVG Rn. 80 m. w. N.

ner Sicht unhaltbar ist[227]. Wird der VN beim Ausfüllen eines Schadensanzeigeformulars über den Sinn einer Frage von seinem **Rechtsanwalt falsch beraten,** kann dies eine vorsätzliche Aufklärungsobliegenheitsverletzung ausschließen[228]. Vorsätzliches Handeln bleibt **bis** zum Zustand einer **Zurechnungsunfähigkeit** i. S. v. § 827 BGB möglich, also ein Ausschluss der Wahrnehmungsfähigkeit oder der freien Willensbestimmung noch nicht eingetreten ist[229].

83   Der VR muss also **beweisen,** dass der VN vor oder zumindest im Verletzungszeitpunkt die **Verhaltensnorm** (also z. B. die Obliegenheit vor Eintritt des Versicherungsfalles Sicherheitsvorschriften einzuhalten oder in der Hausratversicherung nach Eintritt des Versicherungsfalles die Stehlgutliste unverzüglich einzureichen) **kannte oder** sie **zumindest für möglich hielt** und darüber hinaus **bewusst dagegen verstoßen** hat **oder** jedenfalls den **Verstoß billigend in Kauf genommen** hat[230].

84   Dabei kommt dem VR **kein Anscheinsbeweis** zugute. Einen solchen gibt es für Vorsatz mangels Typizität menschlichen Verhaltens nicht[231].

85   Der VR kann den Beweis vorsätzlichen Verhaltens regelmäßig nur über **Indizien** führen, die sich auf die Kenntnis von der Verhaltensnorm und den Verstoß dagegen beziehen müssen. Der **VN** wird zu Umständen aus seiner Sphäre, die der VR typischerweise nicht kennt, aufgrund einer **Erstbehauptungslast** Angaben machen müssen[232]. Lässt er sich z. B. dahingehend ein, die Obliegenheit weder gekannt noch für möglich gehalten zu haben und liegt Gegenteiliges nicht auf der Hand, wird dem VR der Vorsatzbeweis kaum gelingen[233]. Dasselbe gilt auf der Tatbestandsebene, wenn der VN vorbringt, weder gewusst noch für möglich gehalten zu haben, gegen die Obliegenheit zu verstoßen und sich auch aus den Umständen nichts anderes beweisen lässt. Verstößt der VN z. B. objektiv gegen die sog. **Trunkenheitsklausel** in § 2b Abs. 1 e) AKB, muss der VR Indizien vorbringen, aus denen folgt, dass der VN seine Fahruntauglichkeit zumindest für möglich gehalten haben muss. Solche Beweisanzeichen können etwa alkoholbedingte Koordinationsschwierigkeiten, Sprach- oder sonstige Verhaltensauffälligkeiten sein. Allein eine bestimmte Blutalkoholkonzentration des VN genügt dafür nicht[234]. **Objektive Falschangaben** allein **indizieren Vorsatz nicht**[235]. Vielmehr muss sich der VN dazu erklären; erst danach lässt sich beurteilen, ob er vorsätzlich gehandelt hat. Lässt sich Vorsatz nicht beweisen, kommt grobe Fahrlässigkeit in Betracht.

86   Geht es um die **Verletzung der Anzeigeobliegenheit** ist zu berücksichtigen, dass schon bisher gegen die Vorsatzvermutung nach § 6 Abs. 3 S. 1 VVG a. F. ein **allgemeiner Erfahrungssatz** angeführt wurde, wonach grundsätzlich davon auszugehen sei, dass ein VN seinen Versicherungsschutz regelmäßig nicht dadurch aufs Spiel setzen will, dass er die Information des VR über das Schadensereignis oder die Erhebung eines Anspruchs willentlich unterlässt oder ihr Ausbleiben wenigstens in Kauf nimmt[236]. Etwas **anderes kann gelten,** wenn die ernstliche Möglichkeit vorsätzlichen Handelns im Raume steht, weil z. B. der VN ein erhebliches Interesse an der verspäteten Aufklärung hat[237]. Für die **Verletzung der Aufklärungs-**

---

[227] BGH v. 7. 7. 2004, VersR 2004, 1117.

[228] OLG Saarbrücken v. 20. 2. 2002, ZfS 2002, 587 (589).

[229] BGH v. 9. 11. 2005, VersR 2006, 108 m. w. N.

[230] *Marlow/Spuhl,* S. 92.

[231] Z. B. BGH v. 18.3.198 (Iva ZR 205/85), VersR 1987, 503; v. 4. 5. 1988 (Iva ZR 278/86), VersR 1988, 683.

[232] *Marlow/Spuhl,* S. 92.

[233] *Marlow/Spuhl,* S. 92.

[234] Zu Recht weist *Maier,* r+s 2007, 90 darauf hin, dass es keinen Erfahrungssatz gibt, wonach ein Fahrer ab einer bestimmten Blutalkoholkonzentration seine Fahruntüchtigkeit kennt.

[235] A. A. *Günther/Spielmann,* r+s 2008, 133 (136).

[236] Z. B. BGH VersR 1979, 1117; BGH v. 8. 1. 1981, VersR 1981, 321 (322); OLG Saarbrücken v. 25. 10. 2000, VersR 2002, 51f. m. w. N.; OLG Düsseldorf v. 11. 4. 2000. VersR 2001, 888 (891) m. w. N.; *Römer/Langheid/Römer,* § 6 VVG Rn. 123 m. w. N.

[237] OLG Naumburg v. 29. 4. 2004, VersR 2004, 1172.

obliegenheit gilt die erleichterte Widerlegung der Vorsatzvermutung dagegen **nicht**[238].

Da Obliegenheiten nach h. M. keine Rechtspflichten sind, kommt eine Haftung des VN **87** für Dritte nach **§ 278 BGB nicht** in Betracht; der VN haftet damit grundsätzlich nur für **eigenes Verschulden**[239]. Ausnahmsweise hat er jedoch für **Repräsentanten, Wissenserklärungs- und Wissensvertreter** einzustehen[240]. **Vereinbarungen** zwischen VR und VN **über die Haftung** des VN für Dritte sind zulässig, soweit sie nicht über die anerkannten Grundsätze der Drittzurechnung hinausgehen[241]. Hat er dritte Hilfspersonen herangezogen, geht es jedoch um ein **Eigenverschulden** des VN **bei unsorgfältiger Auswahl, Überwachung, Belehrung oder mangelhafter Organisation**[242].

5. Bei grob fahrlässiger Obliegenheitsverletzung: Leistungskürzung (§ 28 Abs. 2 S. 2 VVG)

Bei **grober Fahrlässigkeit** steht dem VR nach § 28 Abs. 2 S. 2 VVG nur noch ein **quota- 88 les Leistungskürzungsrecht** nach der **Schwere des Verschuldens** zu, wenn ein solches vereinbart ist. Die **grobe Fahrlässigkeit** selbst wird beim Vorliegen einer Obliegenheitsverletzung weiterhin **vermutet,** der VN hat sich also insoweit wie bisher zu entlasten. Die **Schwere des Verschuldens** bei grober Fahrlässigkeit muss dagegen der **VR beweisen**.

a) Grobe Fahrlässigkeit. Fahrlässig handelt, wer die im Verkehr erforderliche Sorgfalt **89** außer Acht lässt (§ 276 Abs. 2 BGB). **Grobe Fahrlässigkeit** setzt voraus, dass der VN die im Verkehr erforderliche Sorgfalt in ungewöhnlich großem Maß verletzt, ganz naheliegende Überlegungen nicht angestellt oder beiseite geschoben und dasjenige nicht beachtet hat, was in seiner Lage jedem hätte einleuchten müssen, und damit einen objektiv schweren und subjektiv nicht entschuldbaren Verstoß gegen die Anforderungen der im Verkehr erforderlichen Sorgfalt[243]. Bei der Feststellung grober Fahrlässigkeit sind nicht nur objektive auf die Verhaltensanforderungen des Verkehrs abgestellte Maßstäbe anzusetzen, sondern auch subjektive Umstände zu berücksichtigen. Diese betreffen die persönliche Verantwortlichkeit für das Verhalten und können bei objektiv grob fahrlässigem Verhalten den VN gegebenenfalls vom Vorwurf der groben Fahrlässigkeit entlasten, wenn sich das Verhalten als subjektiv entschuldbar darstellt[244]. Grobe Fahrlässigkeit kann z. B bei einem **Verbotsirrtum** des VN entfallen, wenn dieser die vereinbarten Sicherheitsbestimmungen nicht gekannt hat und mit ihrer Existenz auch nicht ohne weiteres rechnen musste[245].

---

[238] OLG Köln v. 28. 1. 1993, r+s 1995, 207.

[239] Vgl. nur *Römer/Langheid/Römer,* § 6 VVG Rn. 71 und 145 m. w. N. zur str. Rspr.

[240] Siehe unten Kap. 17.

[241] Z. B. BGH v. 21. 4. 1993, VersR 1993, 830 (831).

[242] *Römer/Langheid/Römer,* § 6 VVG Rn. 72 f. m. w. N.

[243] Z. B. BGH 30. 1. 2001, VersR 2001, 985 (986); BGH v. 10. 2. 1999, 1999, 1004 (1005); *Prölss/Martin/Prölss,* § 6 VVG Rn. 117 m. w. N. aus der umfangreichen Rspr.; *Römer/Langheid/Römer,* § 6 VVG Rn. 84.

[244] BGH v. 8. 7. 1992, VersR 1992, 1085 f. m. w. N.

[245] Z. B. BGH v. 2. 3. 1977, VersR 1977, 465: „Die völlige Außerachtlassung allgemeingültiger, insbesondere veröffentlichter Sicherheitsregeln oder Sicherheitsvorschriften, die zur Verhütung typischer Gefahren aufgestellt sind, wird zwar häufig den Vorwurf grober Fahrlässigkeit begründen, wenn der VR nach der Art der Sicherheitsbestimmungen und des versicherten Risikos ihre Beachtung erwarten durfte, also mit solchem Fehlverhalten im Rahmen des kalkulierten Nachlässigkeitsrisikos (vgl. § 61 VVG) nicht zu rechnen brauchte. Das kommt etwa in Betracht, wenn die Kenntnis der bezeichneten Regeln oder Vorschriften nach dem Grad ihrer Verbreitung allgemein vorausgesetzt werden muss; ferner dann, wenn eine gefahrenträchtige Anlage wegen der gebotenen Schutzmaßnahme nicht ohne Mitwirkung Sachkundiger installiert oder erstmals in Betrieb genommen werden darf und dies allgemein bekannt ist. Unter solchen Voraussetzungen wird die Unkenntnis regelmäßig auch persönlich nicht entschuldbar sein; denn selbst im Bereich der groben Fahrlässigkeit ist die im Einzelfall behauptete Unkenntnis der Verkehrsanforderungen nicht als genereller Entschuldigungsgrund anzuerkennen (vgl. BGH v. 27. 1. 1965, NJW 1965, 687; BGH v. 30. 5. 1969, JZ 1969, 517 (518); BGH v. 16. 5. 1957, VersR 1957, 386).

90   **Grob fahrlässig** handelt etwa derjenige VN, der eine Obliegenheit nur deshalb nicht einhält, weil ihm die entsprechenden **AVB nicht bekannt** waren. Von einem VN kann und muss erwartet werden, dass er sich spätestens nach Eintritt des Versicherungsfalls über seine Obliegenheiten informiert, um seinen Leistungsanspruch nicht zu verlieren[246]. Liegen ihm etwa die AVB nicht vor, so hat er sich diese zu beschaffen oder in sonstiger Weise über deren Inhalt zu unterrichten[247]. Der VN darf auch nicht ohne weiteres darauf vertrauen, dass sich der VR die erforderlichen Informationen **selbst beschaffen** werde. Beruht die Unkenntnis der AVB etwa auf **Sprachproblemen** des ausländischen VN, handelt dieser grundsätzlich grob fahrlässig, wenn er sich die wichtigsten Bestimmungen nicht übersetzen lässt[248]. Grobe Fahrlässigkeit kann **entfallen,** wenn der VR oder sein Außendienstmitarbeiter die **fehlende Kenntnis** des VN hinsichtlich der in den AVB enthaltenen Bestimmungen **erkennt und** ihn **nicht** entsprechend **aufklärt,** da der VN dann ohne grobe Fahrlässigkeit davon ausgehen darf, er habe sich ordnungsgemäß verhalten[249]. Unterlässt es der Versicherungsagent, den VN bei der mündlichen Schadensanzeige auf das in den AVB vereinbarte **Schriftformerfordernis** und seine **fehlende Empfangszuständigkeit** hinzuweisen, hindert dies in der Regel Vorsatz und grobe Fahrlässigkeit bei einer Obliegenheitsverletzung, da der VN auf einen entsprechenden Hinweis des Versicherungsagenten vertrauen darf[250].

91   Der VN verletzt in der Regel seine Obliegenheit zur Anzeige des Versicherungsfalls nicht grob fahrlässig, wenn er – trotz entgegenstehenden Wortlauts der Versicherungsbedingungen – dem **Rat seines Rechtsanwalts** vertraut, ein bestimmtes Ereignis müsse nicht angezeigt werden[251].

92   **b) Das quotale Leistungskürzungsrecht.** Das quotale Leistungskürzungsrecht stellt **eine der wesentlichen Neuerungen, zugleich** aber auch ein **Kernproblem** der VVG-Reform dar[252]. Es findet sich auch bei den weiteren gesetzlichen Sanktionsregeln grober Fahrlässigkeit, wie im Rahmen der Gefahrerhöhung (§ 26 Abs. 1 S. 2, Abs. 2 S. 2 VVG), der Herbeiführung des Versicherungsfalles (§ 81 Abs. 2 VVG), der Rettungsobliegenheit (§ 82 Abs. 3 S. 2 VVG) und der Obliegenheit nach § 86 Abs. 2 S. 1 und 2 VVG. Für die Ermittlung Leistungskürzungsquote sind **drei Prüfungsschritte** erforderlich:[253] Zum einen muss festgestellt werden, wie schwer die grob fahrlässige Obliegenheitsverletzung im konkreten Einzelfall wiegt, sodann ist zu ermitteln, wie viel Leistungsfreiheit diese so qualifizierte grobe Fahrlässigkeit begründet und zuletzt wie hoch der Gesamtschaden ist, von dem danach zu kürzen ist[254].

93   *aa) Gesetzgeberische Intention.* Hintergrund der Regelung ist vor allem, dass das bisherige „Alles-oder-Nichts-Prinzip" als starr und daher ungerecht empfunden wurde[255]. Die Neuregelung soll im **Einzelfall** Entscheidungen ermöglichen, die den jeweiligen Schutzinteressen des VN **Rechnung tragen.** Der Umfang der **Leistungspflicht** des VR bei grober Fahrlässigkeit soll sich künftig **nach dem Verschuldensmaß** bestimmen: Der VR soll danach be-

---

In dem hier zu entscheidenden Fall liegen die bezeichneten Voraussetzungen – jedenfalls nach den bisherigen Feststellungen jedoch teilweise nicht vor. Der Verbreitungsgrad der TRF steht nicht fest."

[246] Z. B. KG v. 25. 8. 2000, 6 U 465/00, S. 11 f.; OLG Köln v. 21. 2. 1995, r+s 1995, 148; OLG Hamm v. 18. 1. 1985, VersR 1985, 461 f.

[247] Z. B. OLG Hamm v. 18. 1. 1985, VersR 1985, 461 (462).

[248] Z. B. Berliner Kommentar/*Schwintowski,* § 6 VVG Rn. 139 m. w. N.; *Römer/Langheid/Römer,* § 6 VVG Rn. 86 m. w. N.; *Prölss/Martin/Prölss,* § 6 VVG Rn. 121 m. w. N.

[249] OLG Hamm v. 27. 5. 1994, r+s 1994, 307 (308).

[250] Z. B. OLG Hamm v. 12. 4. 2000, VersR 2001, 366 (367).

[251] BGH v. 8. 1. 1981, VersR 1981, 321 (322).

[252] Kritisch dazu vor allem *Armbrüster,* insbesondere S. 12 ff.; *Marlow,* VersR 2007, 43 (44 f.).

[253] *Marlow/Spuhl,* S. 93 f.

[254] *Marlow/Spuhl,* S. 93 f.

[255] So schon der Abschlussbericht der VVG-Reformkommission, S. 37, Nr. 1.2.2.10, und auch die Begründung zum Regierungsentwurf, S. 172.

rechtigt sein, seine Leistung in einem Verhältnis zu kürzen, das dem **Grad der groben Fahrlässigkeit** entspricht. Entscheidend dabei soll sein, ob die **grobe Fahrlässigkeit** im konkreten Falle **nahe beim** bedingten **Vorsatz** oder aber eher im Grenzbereich zur **einfachen Fahrlässigkeit** liegt[256]. Reformkommission und Gesetzgeber räumen dabei durchaus ein, dass die Quotelung zunächst mit nicht unerheblichen Problemen in der praktischen Umsetzung verbunden sein wird. Welche **Kriterien** jedoch in Betracht kommen sollen, dazu schweigt der Gesetzgeber.

bb) Quotelungsbereich: Von Null bis Hundert? Wie weit das quotale Leistungskürzungsrecht **94** bei grober Fahrlässigkeit gehen kann, quantifiziert das Gesetz nicht.

Nach einer Auffassung kann es – in seltenen Ausnahmefällen – hierbei auch zu „**100:0-** **95** **Fällen",** also auch zu vollständiger Leistungsfreiheit oder voller Leistungspflicht des VR kommen[257]. Denn es seien durchaus Fälle vorstellbar, in denen die grobe Fahrlässigkeit ein dem Vorsatz vergleichbares Gewicht erreiche oder umgekehrt kaum schwerer als einfache Fahrlässigkeit wiege[258]. Quoten von 99:1 wären in solchen Fällen eine bloße Förmelei[259].

Diesem Verständnis dürfte nicht nur schon der **Wortlaut,** der von „kürzen" und nicht **96** von „streichen" spricht, **entgegenstehen,** sondern auch die **Systematik** der gesetzlichen Regelung in § 28 Abs. 2 VVG (und vergleichbaren Regelungen, z. B. in § 81 VVG), die zwischen Leistungsfreiheit bei Vorsatz einerseits und einem Leistungskürzungsrecht bei grober Fahrlässigkeit andererseits unterscheidet[260]. Gestützt wird diese Auslegung vor allem aber auch durch die **gesetzgeberische Intention,** das Alles-oder-Nichts-Prinzip zu durchbrechen und bei grob fahrlässiger Obliegenheitsverletzung gerade nicht mehr zu „Null" zu kommen[261]. Etwas anderes lässt sich auch nicht aus dem Umstand ableiten, dass der Gesetzgeber aus der Formulierung in § 28 Abs. 2 S. 1 RegE („nur leistungsfrei, wenn ... vorsätzlich verletzt hat") das Wort „nur" gestrichen hat[262]. Denn eine inhaltliche Änderung sollte dadurch nicht erfolgen. Zudem würde es dadurch zu einem **systemwidrigen Bruch im Verschuldenssystem** kommen, da selbst die schwerste grobe Fahrlässigkeit dem leichtesten Vorsatz nicht gleichstehen kann[263]. Deswegen greift auch der Einwand nicht, der Gesetzgeber habe mit der Aufgabe des „Alles-oder-Nichts-Prinzips" lediglich vermeiden wollen, dass grobe Fahrlässigkeit zwingend zu vollständiger Leistungsfreiheit führt und im Interesse einer sachgemäßen Beschränkung des subjektiven Risikos müsse auch eine Kürzung auf null möglich sein[264]. Letztlich sei noch angemerkt, dass eine Kürzungsmöglichkeit auf Null bei grober Fahrlässigkeit die **Gefahr** birgt, **besonders viele Fälle besonders schwerer Fahrlässigkeit zu „schaffen",** da die Höhe des Schadens in diesem Fall ausgeblendet werden kann.

Eine **100 %-ige Leistungsfreiheit** kann also **nur bei Vorsatz, keine Leistungsfreiheit** **97** **nur bei einfacher Fahrlässigkeit** in Betracht kommen[265]. Dazwischen bleibt alles offen. Eine danach ausnahmsweise durchaus in Betracht kommende Quote von 99:1 kann im Einzelfall auch mehr als nur eine bloße „Förmelei" sein; z. B. bei einem Großschaden von 100 Millionen € 1 Million €. Letztlich wird dieser Einwand einer „99:1 Quote" rein theoretisch

---

[256] Abschlussbericht der VVG-Reformkommission, S. 354 und auch die Begründung zum Regierungsentwurf, S. 172f.

[257] Z. B. *Felsch,* r+s 2007, 485 (492); *Grote/Schneider,* BB 2007, 2689 (2695); *Looschelder,* VersR 2008, 1 (6) zu § 81 Abs. 2 VVG; *Rixecker,* ZfS 2007, 73; *Römer* VersR 2006, 740 (741); *Günther/Spielmann,* r+s 2008, 133 (141f.).

[258] *Felsch,* r+s 2007, 485 (492).

[259] *Felsch,* r+s 2007, 485 (492).

[260] Vgl. dazu auch insges. *Marlow/Spuhl,* S. 95.

[261] Begr. des RegE, S. 172.

[262] So insbes. *Felsch,* r+s 2007, 485 (492).

[263] So auch insges. *Marlow/Spuhl,* S. 95.

[264] So *Looschelders,* VersR 2008, 1 (6).

[265] So auch *Nugel,* MDR 22/2007, 23 (27); *Marlow/Spuhl,* S. 95.

Marlow

sein, da in der Praxis die Kürzungsschritte gröber – regelmäßig in 10%, äußerstenfalls in 5% – sein werden[266].

98   *cc) Ausgangspunkt der Quotelung.* Als **Einstiegsgröße** der Quotelung wird eine Leistungsfreiheitsquote von **50%** vorgeschlagen[267]. Dies korrespondiere der gesetzlich vermuteten groben Fahrlässigkeit, die nicht näher gekennzeichnet und daher im durchschnittlichen, mittleren Bereich anzusiedeln sei[268]. Auch sei ohne einen solchen Richtwert eine befriedigende Handhabung und Übersichtlichkeit nicht zu erreichen[269]. Diejenige Partei, die mehr oder weniger will, müsse entsprechende Umstände geltend machen und letztlich beweisen[270].

99   Dieser Ansatz hat zwar auf erste Sicht den Charme der Praktikabilität für sich, steht jedoch im **Widerspruch zur gesetzlichen Regelung.**[271] § 28 Abs. 2 S. 2 VVG enthält seinem Wortlaut nach nur eine Vermutung für grobe Fahrlässigkeit, nicht aber zugleich auch eine solche für eine bestimmte Schwere des Verschuldens. Zudem gibt die vermutete grobe Fahrlässigkeit dem VR nur ein unbestimmtes Leistungskürzungsrecht an die Hand, das er ausüben kann, begründet aber keine generelle Leistungskürzung von 50%. Darüber hinaus missachtet eine solche pauschale Kürzungsquote, dass für die Schwere des Verschuldens die Umstände des Einzelfalles maßgebend sind.

100   Es ist allein **Sache des VR Umstände für die Schwere des Verschuldens vorzubringen;** aus der vermuteten groben Fahrlässigkeit ergibt sich dazu nichts (**anders** ist dies bei **§ 81 Abs. 2 VVG,** da es dort eine Vermutung grober Fahrlässigkeit nicht gibt). Trägt der VR dazu nichts vor, ist es letztlich Sache des Gerichts, aus den Umständen des Falles die vom VR in Anspruch genommene Leistungskürzung auf ihre Berechtigung zu überprüfen. Anhaltspunkte dafür bietet in jedem Fall die Obliegenheitsverletzung als solche[272].

101   *dd) Kriterien der Quotelung.* Der **Gesetzgeber** zeigt **keine Anhaltspunkte** für eine Quotelung auf.

102   **§ 254 BGB** hält **kein geeignetes Quotelungsmodell** bereit, das auf § 28 Abs. 2 S. 2 VVG übertragen werden kann[273]. Denn bei § 254 BGB geht es um eine relative Verschuldensabwägung zwischen Schädiger und Geschädigtem, während § 28 Abs. 2 S. 2 VVG eine Binnendifferenzierung grober Fahrlässigkeit des VN verlangt[274].

103   Für die Schwere des Verschuldens können dabei auch solche Umstände herangezogen werden, die für die grobe Fahrlässigkeit sprechen. Eine Doppelverwertung ist hier – anders als möglicherweise bei § 81 Abs. 2 VVG – kein Problem, da die grobe Fahrlässigkeit vermutet wird (§ 28 Abs. 2 S. 2 2. Hs. VVG)[275].

104   Zwar werden im Schrifttum bereits einzelne Parameter für die Schwere des Verschuldens diskutiert[276], doch zeigt die folgende Auseinandersetzung damit, dass die Praxis hier noch viel Arbeit vor sich hat. **Maßgebend** kann **letztlich** nur eine **Gesamtbetrachtung aller Umstände des Einzelfalls** sein, wobei sich Kriterien dafür im einzelnen erst noch werden herausbilden müssen. Zu denken ist dabei insbesondere an die **Offenkundigkeit der Obliegenheit bzw. ihrer Verletzung,** die **Schwierigkeit, die Obliegenheit konkret zu erfül-**

---

[266] So z. B. selbst *Felsch,* r+s 2007, 485 (492); *Grote/Schneider,* BB 2007, 2689 (2695); *Looschelders* VersR 2008, 1 (6).
[267] *Felsch,* r+s 2007, 485 (493); *Weidner/Schuster,* r+s 2007, 363 (364); *Nugel,* MDR 22/2007, 23 (26 f.); *Grote/Schneider,* BB 2007, 2689 (2695).
[268] *Felsch,* r+s 2007, 485 (493).
[269] *Weidner/Schuster,* r+s 2007, 363 (364).
[270] *Felsch,* r+s 2007, 485 (493); *Weidner/Schuster,* r+s 2007, 363 (364); *Nugel,* MDR 22/2007, 23 (26).
[271] So auch *Marlow/Spuhl,* S. 96.
[272] A. A. *Weidner/Schuster,* r+s 2007, 363 (365).
[273] Z. B. *Looschelders,* VersR 2008, 1 (6); *Marlow,* VersR 2007, 43 (45); *Rixecker,* ZfS 2007, 15 (16); a. A. z. B. *Römer,* VersR 2006, 740.
[274] So auch *Marlow/Spuhl,* S. 96 f.
[275] Vgl. näher zur Problematik *Felsch,* r+s 2007, 485 (493) m. w. N.
[276] Vor allem *Felsch,* r+s 2007, 485 (493 ff.); vgl. auch *Günther/Spielmann,* r+s 2008, 177 (179 ff.) mit zahlreichen Beispielen.

len, ihre **erkennbare Bedeutung für das versicherte Risiko,** die **vorhersehbare Scha-denshöhe** oder ein **Mitverschulden des VR**[277]. Inwieweit neben subjektiven auch objektive Elemente hierbei eine Rolle spielen können[278], bleibt abzuwarten.

aaa) Objektives Gewicht der verletzten Sorgfaltspflicht. Trotz der zivilrechtlichen Trennung **105**
zwischen objektivem Verstoß und Verschulden soll das Gewicht der verletzten Sorgfaltspflicht das Binnenmaß der groben Fahrlässigkeit mitbestimmen können[279]. So lade derjenige schwerere Schuld auf sich, der grob fahrlässig eine Obliegenheit verletze, die (auch) Leben schützen soll (z. B. die „Trunkenheitsklausel" in § 2b e) AKB), als derjenige, der grob fahrlässig gegen eine Obliegenheit verstößt, die nur dem Schutz von Sachwerten diene[280]. Diese Auffassung **verkennt** jedoch, dass die Schwere des Verschuldens nur im Rahmen des jeweils versicherten Risikos und nicht losgelöst davon im Vergleich mit anderen Verträgen ermittelt werden kann. **Bezugspunkt einer Bewertung** kann **nur die konkret vereinbarte Obliegenheit** sein. Welches Gewicht der Obliegenheit als solche zukommt, kann für die Frage der Schwere des Verschuldens eines Verstoßes dagegen keine Rolle spielen. Vielmehr kommt es auf die subjektiven Umstände des Einzelfalls bei der Verletzung der jeweiligen Obliegenheit selbst an.

Dementsprechend begegnet es auch grundsätzlichen **Bedenken, gestaffelte Quoten bei** **106**
Trunkenheit im Verkehr an bestimmte Alkoholisierungsgrade anzubinden[281]. Sicherlich wird der Alkoholisierungsgrad bei der Schwere des Verschuldens eine Rolle spielen, doch **hängt** diese jeweils **vom Einzelfall und individuellen Unterschieden** (z. B. Alkoholgewöhnung oder -verträglichkeit) ab. Eine absolute Fahruntauglichkeit stets mit schwerster grober Fahrlässigkeit gleichzusetzen[282], trägt dem ebenso wenig Rechnung wie andere feste Kürzungsquoten bei einer bestimmten Alkoholisierung[283]. Dies hätte etwa auch zur Konsequenz, dass derjenige, der schon bei wenig Alkoholisierung subjektiv absolut fahruntauglich ist mit einer geringeren Kürzungsquote davonkäme als der Alkoholgewöhnte. Etwaige shy; Beweisschwierigkeiten des VR für die Umstände des Einzelfalls (z. B. Anhaltspunkte für die Alkoholverträglichkeit des VN), können jedenfalls kein Argument für eine objektive Quotelungslösung sein[284].

bbb) Dauer der Obliegenheitsverletzung. Von Bedeutung für die Quote soll auch sein können, **107**
ob der VN – etwa bei der Versäumung gefahrverhütender Obliegenheiten – den sorgfaltswidrigen Zustand vorwerfbar nur für kurze Zeit oder aber für einen langen Zeitraum aufrechterhält[285]. Die Tragfähigkeit dieses Kriterium mag **bezweifelt** werden, vor allem weil es umgedreht geeignet sein kann, den Verschuldensvorwurf abzumildern: Ist eine grob fahrshy; lässige Obliegenheitsverletzung, bei der es schon lange gut ging wirklich besonders vorwerfbar?[286]

ccc) Grad der Ursächlichkeit – Schadenshöhe. Als mögliches Element bei der Bewertung der **108**
Schwere des Verschuldens kann die **subjektive bzw. vorhersehbare Kausalität** in Betracht

---

[277] *Marlow/Spuhl,* S. 97.
[278] So z. B. *Felsch,* r+s 2007, 485 (493); *Weidner/Schuster,* r+s 2007, 363 (364).
[279] *Felsch,* r+s 2007, 485 (493); *Rixecker,* ZfS 2007, 15 (16).
[280] *Felsch,* r+s 2007, 485 (493), allerdings mit Beispielen zur grob fahrlässigen Herbeiführung des Versicherungsfalles.
[281] So z. B. *Felsch,* r+a 2007, 485 (493); Rixecker, ZfS 2007, 15 (16); *Nugel,* MDR 22/2007, 23 (32).
[282] So *Rixecker,* ZfS 2007, 15 (16) zu § 81 *VVG.*
[283] So schlägt *Rixecker,* ZfS 2007, 15 (16) z. B. bei relativer Fahruntauglichkeit nach dem Grad der Alkoholisierung Kürzungen zwischen 50 und 80% vor. *Maier,* r+s 2007, 89 (90) kommt zu einer Quote von 50% bei grob fahrlässiger Verletzung der Obliegenheit in § 2b Nr. 1e) AKB bei einer Alkoholisierung von 1,1 Promille und will eine Erhöhung bei jedem Kommaschritt um 10% vornehmen. Krit. dazu bereits *Marlow/Spuhl,* S. 98.
[284] *Marlow/Spuhl,* S. 98.
[285] *Felsch,* r+s 2007, 485 (494); die Dauerhaftigkeit des Verstoßes will auch *Rixecker,* ZfS 2007, 15 (16) gewichten.
[286] So auch *Marlow/Spuhl,* S. 98.

Marlow

kommen, die allerdings von der objektiven Kausalität, die beim Kausalitätsgegenbeweis nach § 28 Abs. 3 VVG eine Rolle spielen kann, abzugrenzen ist[287]. Ob die Obliegenheitsverletzung alleinige Ursache für einen bestimmten missbilligten Erfolg ist oder dabei sonstige Umstände mitgewirkt haben, lässt sich im Zeitpunkt der Obliegenheitsverletzung subjektiv wohl nicht fassen und scheint daher ein **ungeeigneter Ansatzpunkt** für die Schwere des Verschuldens zu sein[288].

109   Anders kann dies dagegen bei der vorhersehbaren Schadenshöhe sein[289]. Verletzt der VN grob fahrlässig eine Obliegenheit, kann der dadurch **erkennbar drohende Schaden ein Gesichtspunkt** bei **der Kürzung** sein: Ist er nur klein, wiegt die grobe Fahrlässigkeit nur gering, ist er dagegen groß, wiegt das Verschulden schwer. Allerdings kann dabei **nur** auf den **innerhalb des konkret versicherten Risikos** drohenden Schaden abgestellt werden und **nicht** darauf inwieweit generell ein **Schaden auch bei anderen nicht versicherten Rechtsgütern** möglich ist **(Schutzzweck der Norm)**[290]. Verletzt z. B. der VN in der Gebäudeversicherung eine dem Leitungswasserrisiko vorbeugende Obliegenheit, indem er Wasserleitungen nicht absperrt (§ 11 Nr. 1 c) oder d) VGB 88), kann dies schwerer wiegen, wenn er dies im Dachgeschoss unterlässt, als wenn er im Keller nicht absperrt, da hierbei größerer Schaden droht. Dasselbe ist vorstellbar, bei demjenigen VN, der z. B. alkoholisiert einen LKW und nicht nur einen Kleinwagen fährt, da hierbei vorhersehbar größere Haftpflichtschäden drohen. Dabei darf jedoch nicht in das Äquivalenzverhältnis von Versicherungsschutz und Prämie eingegriffen werden, wonach einem hohen Risiko durch eine entsprechende Prämie Rechnung getragen ist[291].

110   Der **tatsächlich eingetretene Schaden** scheint dagegen ein **untaugliches Kriterium** zu sein. Unabhängig davon, dass dieser Umstand im Zeitpunkt der Obliegenheitsverletzung nicht absehbar ist, würde dies doch letztlich denjenigen privilegieren, bei dem es zufälligerweise nur zu einem geringen Schaden kommt, dagegen denjenigen bestrafen, bei dem der Schaden unvorhergesehen aus dem Ruder läuft[292].

111   *ddd) Wirtschaftliche Verhältnisse des VN, Mitverschulden des VR und bisheriger Versicherungsverlauf.* Der Verschuldensgrad hat **mit den wirtschaftlichen Verhältnissen** des VN in der Regel **nichts zu tun**[293]. Unterlässt der VN etwa aus finanziellen Gründen vereinbarte Sicherungen dürfte Vorsatz vorliegen[294].

112   Hat der **VR** durch missverständliches oder widersprüchliches Verhalten die **grob fahrlässige Obliegenheitsverletzung mit veranlasst,** ist dies sicherlich ein **Gesichtspunkt,** der bei der Schwere des Verschuldens zu berücksichtigen sein kann[295]. Dies kann etwa der Fall sein, wenn in der Einbruchdiebstahlversicherung der Einbau von „Sicherheitsglas" vereinbart ist und der VN anstelle von einbruchshemmendem, nicht splitterndes Glas einbauen lässt; dasselbe ist bei der Obliegenheit zur unverzüglichen Einreichung der Stehlgutliste vorstellbar, wenn der VN aufgrund der regelmäßig unklaren Formulierung keine hinreichend fahndungsgeeigneten Angaben macht[296]. Mit Mitverschulden i. S. v. § 254 BGB hat dies aber letztlich nichts zu tun[297].

113   Der bisherige **Versicherungsverlauf** vermag die Schwere des Verschuldens **nicht** zu beeinflussen[298].

---

[287] So zu Recht *Felsch,* r+s 2007, 485 (494).
[288] So auch *Marlow/Spuhl,* S. 98 f.; a. A. *Felsch,* r+s 2007, 485 (495).
[289] So auch *Felsch,* r+s 2007, 485 (494).
[290] *Marlow/Spuhl,* S. 99.
[291] So z. B. auch *Felsch,* r+s 2007, 485 (494) unter Bezugnahme auf Armbrüster.
[292] Vgl. dazu auch *Marlow/Spuhl,* S. 99.
[293] *Felsch,* r+s 2007, 485 (495); *Looschelders,* VersR 2008, 1 (6 f.) m. w. N.
[294] Anders wohl *Felsch,* r+s 2007, 485 (496), der dies als Entlastungmöglichkeit wertet.
[295] *Felsch,* r+s 2007, 485 (496).
[296] *Marlow/Spuhl,* S. 100.
[297] *Marlow/Spuhl,* S. 100.
[298] *Felsch,* r+s 2007, 485 (496).

eee) Motive und sonstige subjektive Umstände. Eine **„rechtsfeindliche" Grundeinstellung**   **114**
oder Gleichgültigkeit des VN, der z. B. regelmäßig betrunken Auto fährt (§ 2b e) AKB)
oder das Heizungsthermostat in der kalten Jahreszeit immer nur auf „Sternchen" stellt (§ 11
Nr. 1 d) VGB 88), **scheint** als Kürzungskriterium **ungeeignet**[299]. Denn maßgebend ist die
konkrete Obliegenheitsverletzung. Andererseits kann bei wiederholter Obliegenheitsverletzung **Vorsatz** im Raume stehen, wenn es dadurch schon einmal zum Versicherungsfall gekommen ist. Für Vorsatz spricht etwa auch ein gesteigertes Gewinnstreben[300].

Sonstige subjektive Umstände, die die Schuldfähigkeit beeinträchtigen (z. B. Überforde-   **115**
rung, Konzentrationsstörungen) werden sicherlich eine Rolle spielen können[301]. Eine
Schuldkompensation wird dagegen nicht zu berücksichtigen sein[302], ebenso wenig wie späteres Verhalten des VN[303], das möglicherweise nach § 242 BGB bedeutsam sein kann.

ee) Quotelung bei von vornherein beschränkter Leistungsfreiheit des Versicherers. Ist die Leistungs-   **116**
freiheit des VR von vornherein beschränkt, wie z. B. in **§ 5 Abs. 3 KfzPflVV** auf höchstens
5 000,– €, ist es sachgerecht, die **Gesamtforderung** und nicht den Betrag der ohnehin schon
limitierten Leistungsfreiheit **nach der Quote zu kürzen,** allerdings letztlich begrenzt durch
den Höchstbetrag der Leistungsfreiheit[304]. Verursacht der VN einen (Verkehrs-) Haftpflichtschaden iHv. 100 000,– € mit einer Kürzungsquote wegen besonders schwerer grober Fahrlässigkeit von 90%. muss er nach der hier vertretenen, am Gesamtschaden orientierten Auffassung 5 000,– € zahlen, während dies bei anderem Verständnis nur 4 500,– € wären. Diese
4 500,– € müsste er bei Ausrichtung an der Regressbeschränkung auch bei einem Schaden
vor nur 5 000,– € zahlen.

ff) Mehrfache Quotelung. Konnte nach § 6 VVG a. F. eine einzige grob fahrlässige Obliegen-   **117**
heitsverletzung zu vollständiger Leistungsfreiheit führen, ist dies durch das Leistungskürzungsrecht nach § 28 Abs. 2 S. 2 VVG nunmehr anders. Das hat zur Konsequenz, dass **bei**
mehreren grob fahrlässigen Verstößen mehrfache Quotelungen in Betracht kommen.
Werden also z. B. anlässlich eines VersFalles eine Obliegenheit vor und nach dessen Eintritt
grob fahrlässig verletzt oder ist der Versicherungsfall nach § 81 Abs. 2 VVG grob fahrlässig
herbeigeführt und zudem noch gegen eine Obliegenheit grob fahrlässig verstoßen oder ist es
zu mehreren grob fahrlässigen Obliegenheitsverletzungen nach dem Versicherungsfall gekommen[305], stellt sich die Frage wie hierbei zu quotieren ist. Das Gesetz enthält dazu keine
Regelung. Zu denken ist an verschiedene **Modelle**[306]:

In Betracht gezogen werden kann zunächst eine **Addition** der verschiedenen Quoten.   **118**
Eine solche Quotenaddition führt jedoch nicht zu sachgerechten Ergebnissen, da sie der vorgesehenen Leistungskürzung zuwiderläuft[307].

Eine **wertende Gesamtbetrachtung** der verschiedenen Verstöße führt zu einer unge-   **119**
rechtfertigten Privilegierung desjenigen VN, der mehrfach Obliegenheiten verletzt hat. Dieser bekäme letztlich zu Unrecht einen „Rabatt"[308]. Dieser Gesichtspunkt spricht auch gegen
eine **Quotenkonsumption**[309], bei der allein die höchste aller im Raume stehenden Kürzungsquoten zum Zuge kommen soll, während die anderen unberücksichtigt bleiben.

---

[299] *Marlow/Spuhl,* S. 100; a. A. wohl *Felsch,* r+s 2007, 485 (495).
[300] Nach *Felsch,* r+s 2007, 485 (495) soll dies ein Kriterium der Quotelung bei grober Fahrlässigkeit
können.
[301] Näher dazu *Felsch,* r+s 2007, 485 (495).
[302] *Felsch,* r+s 2007, 485 (495).
[303] A. A. *Felsch,* r+ s 2007, 495 (495) im Falle „tätiger Reue".
[304] *Maier,* r+s 2007, 89 (91); *Marlow/Spuhl,* S. 101; so auch *Nugel,* NZV 2008, 11 (14f.).
[305] Beispiele dazu finden sich z. B. *Marlow/Spuhl,* S. 74; *Felsch* r+s 2007, 485 (496).
[306] Vgl. dazu auch *Felsch,* r+s 2007, 485 (496f.); *Marlow/Spuhl,* S. 102.
[307] So auch *Felsch,* r+s 2007, 485 (496); *Marlow/Spuhl,* S. 102.
[308] So auch *Felsch,* r+s 2007, 485 (496f.); *Marlow/Spuhl,* S. 102.
[309] So auch *Felsch,* r+s 2007, 485 (497), der dennoch für dieses Modell plädiert.

120   Vorzugswürdig ist daher ein **Stufen-**[310] oder **Quotenmultiplikationsmodell**[311], bei dem die Obliegenheitsverletzungen ihrer zeitlichen Reihenfolge nach berücksichtigt werden und damit eine Privilegierung von Mehrfachverstößen ausgeschlossen ist: Begründen z. B. zwei aufeinanderfolgende Obliegenheitsverletzungen jeweils eine Leistungskürzungsquote von 50%, führt dies nicht zur vollständigen Leistungsfreiheit des VR. Vielmehr sind von der Gesamtleistung zunächst für die erste Obliegenheitsverletzung 50% abzuziehen und ist die danach verbleibende Leistung sodann nochmals um 50% (auf 25%) zu kürzen[312].

121   Davon **zu unterscheiden** ist der Fall, dass der VN zwar **mehrere Obliegenheiten verletzt** hat, allerdings immer nur eine **bei aufeinanderfolgenden Versicherungsfällen**[313].

122   *gg) Die Quotelung in der Praxis.* Neben bereits schon zuvor erwähnten Gesichtspunkten besteht eine weitere bedeutende Konsequenz der Quotelung für die Praxis darin, dass als **Kürzungsgrundlage** zunächst die der Höhe nach **ungekürzt zu erbringende Leistung** des VR zu ermitteln ist, die dann entsprechend der Quote zu reduzieren ist[314]. Erforderlich ist also z. B. eine **Beweiserhebung zum gesamten Stehlgut und zu dessen Wert,** da nur so die Höhe einer trotz grober Fahrlässigkeit noch zu zahlenden Versicherungsleistung (in Höhe von beispielsweise 50% des entstandenen Schadens) ermittelt werden kann[315]. Das bedeutet einen deutlich erhöhten Prozessaufwand.

123   Die Regelung von **Fallgruppen** mit festen Kürzungswerten begegnet hier wegen **§ 32 S. 1 VVG** Wirksamkeitsbedenken, soweit damit eine Benachteiligung des VN verbunden ist (anders ist dies beim dispositiven § 81 VVG). Daneben bleibt **§ 307 Abs. 2 BGB** zu beachten[316].

124   Angesichts der vielfältigen Probleme, die das quotale Leistungskürzungsrecht aufwirft, bietet es sich für die VR an, **grobe Fahrlässigkeit** ggf. grundsätzlich **gegen** einen **Prämienaufschlag mit zu versichern.**

6. Kausalitätsgegenbeweis (§ 28 Abs. 3 VVG)

125   Der VR bleibt nach § 28 Abs. 3 S. 1 VVG zur **Leistung verpflichtet, „soweit"** die Verletzung der Obliegenheit
– **weder für** den **Eintritt** oder die **Feststellung des Versicherungsfalles**
– **noch für** die **Feststellung** oder den **Umfang der Leistungspflicht**
ursächlich geworden ist. Das gibt in der Sache § 6 Abs. 3 S. 2 VVG a. F. wieder. Dem VN ist damit gegebenenfalls nur der durch seine Verletzung der Obliegenheit entstandene **kausale Mehrschaden** nicht zu ersetzen[317]. Bei **Arglist** besteht der Kausalitätsgegenbeweis nicht (§ 28 Abs. 3 S. 2 VVG).

126   Das führt zu folgenden **Neuerungen:** Während bisher nach § 6 VVG a. F. der **Kausalitätsgegenbeweis**
– bei den Obliegenheiten vor Eintritt des Versicherungsfalles nur bei den gefahrvorbeugenden Obliegenheiten eröffnet war[318] (§ 6 Abs. 2 VVG a. F.) und
– bei den Obliegenheiten nach Eintritt des Versicherungsfalles nur bei grober Fahrlässigkeit in Betracht kam (§ 6 Abs. 3 S. 2 VVG a. F.),

---

[310] *Marlow/Spuhl,* S. 102; zustimmend z. B. *Günther/Spielmann,* r+s 2008, 177 (186).

[311] Diese Begrifflichkeit geht auf *Felsch,* r+s 2007, 485 (496) zurück, der diesem Modell letztlich kritisch gegenübersteht.

[312] *Marlow/Spuhl,* S. 102.

[313] Vgl. dazu BGH v. 9. 11. 2005 (IV ZR 146/04), VersR 2006, 108.

[314] *Marlow/Spuhl,* S. 102f.

[315] *Marlow/Spuhl,* S. 102, 157.

[316] *Felsch,* r+s 2007, 485 (491).

[317] BGH v. 24. 10. 1960, VersR 1960, 1033; so auch *Marlow/Spuhl,* S. 104f.; krit. dazu *Günther/Spielmann,* r+s 2008, 133 (137), die allerdings verkennen, dass es bei § 28 Abs. 3 VVG auf konkrete Kausalität und nicht auf eine generelle Eignung ankommt und die damit letztlich einen Teilkausalitätsgegenbeweis leugnen.

[318] Siehe dazu Vorauflage § 13, Rn. 57f. m. w. N.

steht er nach § 28 Abs. 3 VVG dem VN nun **uneingeschränkt bei jeder Obliegenheitsverletzung** zu; **Arglist ausgenommen.**

Damit ist insbesondere die **sog. Relevanzrechtsprechung**[319] bei vorsätzlicher, folgenlo- **127** ser Obliegenheitsverletzung **hinfällig:** Denn eine **Leistungsfreiheit bei folgenloser Obliegenheitsverletzung gibt es nicht mehr**[320]. § 28 Abs. 3 S. 1 VVG stellt nach seinem klaren Wortlaut auf eine **konkrete** und nicht bloße abstrakte **Kausalität** ab[321]. Dass die Regelung nach der Gesetzesbegründung „in Anlehnung an die sog. Relevanzrechtsprechung des BGH" erfolgte, begründet kein anderes Verständnis, da Voraussetzung für die Anwendung der Relevanzrechtsprechung die konkrete Folgenlosigkeit war[322].

Steht ein (gesetzlich vermutetes) mindestens grob fahrlässiges Verhalten im Raume, kön- **128** nen Einzelheiten der Leistungskürzung nach § 28 Abs. 2 S. 2 VVG offen bleiben, wenn dem VN der Kausalitätsgegenbeweis gelingt, so dass es sich empfehlen kann, **dessen Prüfung vorzuziehen.**

a) Voraussetzungen des Kausalitätsgegenbeweises. *aa) Allgemeines.* Die Kausalität **129** wird wie im Zivilrecht üblich grundsätzlich durch die **sog. Adäquanztheorie**[323] bestimmt. Berücksichtigung finden danach also nur solche Bedingungen, die im allgemeinen und nicht nur unter besonders eigenartigen, unwahrscheinlichen und nach dem gewöhnlichen Verlauf der Dinge außer Betracht zu lassenden Umständen geeignet sind, einen Erfolg der eingetretenen Art herbeizuführen[324]. Dem **VN obliegt** beim Kausalitätsgegenbeweis ein **sog. Negativbeweis,** er muss also beweisen, dass sich die Obliegenheitsverletzung (im Rahmen eines gewöhnlichen Geschehensablaufs) nicht ausgewirkt hat. Dafür kommt es **entscheidend** darauf an, **wie der VR ohne die Obliegenheitsverletzung bezogen auf** die in § 28 Abs. 3 VVG genannten Umstände **(Eintritt des Versicherungsfalles, Umfang der Leistungspflicht und deren Feststellung) stehen würde:** Wäre also der Versicherungsfall auch ohne die Obliegenheitsverletzung in diesem Umfang eingetreten und bestehen insoweit auch insgesamt keine Feststellungsnachteile des VR, hat sich die Obliegenheitsverletzung nicht ausgewirkt; der Kausalitätsgegenbeweis ist geführt.

Eine bloße **Mitursächlichkeit** der Obliegenheitsverletzung für den Versicherungsfall, **130** dessen Umfang oder darauf bezogene Feststellungsnachteile **hindert den** (vollständigen) **Kausalitätsgegenbeweis.**

Den **Kausalitätsgegenbeweis** hat der **VN** zu führen[325]   **131**

bb) Der Kausalitätsgegenbeweis bei vertragsgefahrmindernden Obliegenheiten. aaa) Begriff. Die **132** vertragsgefahrmindernden Obliegenheiten vor Eintritt des Versicherungsfalles (§ 6 Abs. 1 VVG a. F.) dienen der **Verringerung des subjektiven Risikos,** der sog. **Vertragsgefahr** – also der Gefahr der (unberechtigten) Inanspruchnahme des VR[326]. Hierzu zählt insbesondere die Nichtanzeige der Mehrfachversicherung[327].

bbb) Anforderungen an den Kausalitätsgegenbeweis. Nach herrschendem Verständnis der **bis- 133 herigen gesetzlichen Regelung** in § 6 Abs. 1, 2 VVG a. F. stand dem VN bei der Verlet-

---

[319] Siehe näher dazu Vorauflage, § 13, Rn. 101 ff. m. w. N.

[320] *Felsch,* r+s 2007, 485 (490); *Marlow,* VersR 2007, 43 (46); *Marlow/Spuhl,* S. 105; zweifelnd *Grote/Schneider,* BB 2007, 2689 (2696).

[321] *Marlow/Spuhl,* S. 21; a. A. wohl *Günther/Spielmann,* r+s 2008, 133 (137), die den Wortlaut von § 28 Abs. 3 S. 1 VVG („die Verletzung der Obliegenheit weder […] ursächlich ist.") außer acht lassen.

[322] *Marlow/Spuhl,* S. 22; a. A. *Günther/Spielmann,* r+s 2008, 133 (137), die die Anknüpfung an die konkrete Folgenlosigkeit nicht beachten.

[323] Vgl. nur *Palandt/Heinrichs,* Vorb v. § 249 BGB, Rn. 58 ff. m. w. N.

[324] *Palandt/Heinrichs,* Vorb v. § 249 BGB, Rn. 58 ff. m. w. N.

[325] Z. B. BGH v. 4. 4. 2001, VersR 2001, 756 (757) m. w. N.; *Prölss/Martin/Prölss,* § 6 VVG Rn. 124 m. w. N.

[326] Vgl. dazu nur *Prölss/Martin/Prölss,* §§ 16, 17 VVG Rn. 3 m. w. N.; Berliner Kommentar/*Schwintowski,* § 6 VVG Rn. 106 m. w. N.

[327] Z. B. in § 11 VGB 62, § 9 Abs. 1 AFB, §§ 9 Abs. 5, 10 Abs. 2 MBKK, §§ 9 Abs. 6, 10 Abs. 2 MBKT.

zung einer vertragsgefahrmindernden **Obliegenheit kein Kausalitätsgegenbeweis zu**[328]. Zur Vermeidung unbilliger Härten durfte sich der VR jedoch in **Ausnahmefällen** nach den Geboten von **Treu und Glauben** (§ 242 BGB) dann nicht auf Leistungsfreiheit bei der Verletzung vertragsgefahrmindernder Obliegenheiten berufen, wenn die Obliegenheitsverletzung **nur fahrlässig erfolgte und keinen Einfluss auf Art und Umfang der Leistung des VR** gehabt hat[329]. Bei den gesetzlichen Obliegenheiten – z. B. § 71 Abs. 1 S. 2 VVG a. F. = § 97 Abs. 1 S. 2 VVG – war die Leistungsfreiheit korrigierend an Verhältnismäßigkeit und Relevanz des Obliegenheitsverstoßes gekoppelt[330].

134 Der dem VN **nunmehr** ohne weiteres auch bei den vertragsgefahrmindernden Obliegenheiten mögliche **Kausalitätsgegenbeweis setzt voraus,** dass der **Versicherungsfall oder die Leistungspflicht des VR in gleichem Umfang auch ohne die Obliegenheitsverletzung eingetreten wären**[331] Führen **rein objektive,** vom Willen des VN unabhängige **Ereignisse** zum Versicherungsfall, wird ihm der **Kausalitätsgegenbeweis regelmäßig gelingen.** **Anders** ist dies dagegen, wenn der Versicherungsfall von **subjektiven Entschließungen** des VN abhängt. Hat z. B. der VN eine weitere Krankenhaustagegeldversicherung ohne Einwilligung des VR abgeschlossen (§ 9 Abs. 6 MBKT 94), muss er entweder beweisen, dass der VR die Einwilligung erteilt hätte, oder dass der Versicherungsfall und die Leistungspflicht unverändert auch ohne den anderen Versicherungsvertrag eingetreten wären. Allein der Nachweis des Versicherungsfalles genügt nicht[332]. Hängt die Durchführung der stationären Heilbehandlung von seiner Entscheidung ab, wird es ihm kaum gelingen, zu beweisen, dass der weitere Vertrag und damit die erhöhte Krankenhaustagegeldleistung keinen Einfluss auf die Krankenhausbehandlung und ggf. deren Dauer hatten[333]. Anders ist dies nur, wenn die stationäre Heilbehandlung – etwa infolge eines schweren Unfalls – ohne seine Entschließung erfolgte.

135 *cc) Der Kausalitätsgegenbeweis bei gefahrvorbeugenden Obliegenheiten. aaa) Begriff.* Die **gefahrvorbeugenden Obliegenheiten** vor Eintritt des Versicherungsfalles (§ 6 Abs. 2 VVG a. F.) sollen den Eintritt des Versicherungsfalles verhindern oder erschweren[334]; hierbei geht es um

---

[328] Vgl. dazu Vorauflage, § 13, Rn. 57 f.

[329] BGH v. 13. 11. 1980, BGHZ 79, 6 (13) = VersR 1981, 183 (185): Schließt der VN entgegen den Versicherungsbedingungen ohne Einwilligung des VR einen weiteren Krankenhaustagegeldversicherungsvertrag, so verletzt er eine Obliegenheit, die der Verhütung der allgemeinen Gefahr mißbräuchlicher Inanspruchnahme des VR („Vertragsgefahr") dient. Hat der VN nur fahrlässig gehandelt und war die Obliegenheitsverletzung ohne Einfluß auf die Leistung des VR, so kann dieser sich wegen des sozialen Schutzzwecks dieser Versicherung nach Treu und Glauben nicht auf Leistungsfreiheit berufen; eine fristlose Kündigung des Vertrags wird dadurch jedoch nicht ausgeschlossen; OLG Düsseldorf v. 19. 9. 1995, VersR 1996, 835 (836): Hat der VN ohne Einwilligung des VR eine weitere Krankentagegeldversicherung abgeschlossen und dadurch seine Obliegenheit nach § 6 Abs. 1 VVG i. V. m. §§ 10 Abs. 2, 9 Abs. 6 MBKT 78 verletzt, besteht eine ursächliche Erhöhung der Vertragsgefahr und damit ein Rückforderungsanspruch des VR bezüglich geleisteter Krankentagegeldzahlung nur, wenn der VN den weiteren Vertrag in betrügerischer Absicht geschlossen hat oder später die Absicht gefaßt hat, einen oder beide VR betrügerisch zumindest teilweise zu Unrecht in Anspruch zu nehmen; *Römer/Langheid/Römer,* § 6 VVG Rn. 43 m. w. N.

[330] BGH v. 11. 12. 1987, VersR 1987, 477 (478): Ein Verstoß des VN gegen die gesetzliche Obliegenheit zur unverzüglichen Anzeige der Veräußerung des versicherten Gegenstands nach § 71 Abs. 1 S. 1 VVG führt nur dann zur Leistungsfreiheit des VR, wenn diese Rechtsfolge nicht außer Verhältnis zur Schwere des Verstoßes steht. Dabei ist aufseiten des VR abzuwägen, inwieweit seine Interessen in ernster Weise beeinträchtigt sind, aufseiten des VN, in welchem Umfang ihn ein Verschulden trifft und welches Gewicht die Entziehung der VersLeistung hat; vgl. dazu auch *Römer/Langheid/Römer,* § 6 VVG Rn. 44 m. w. N.

[331] Vgl. insges. dazu auch *Marlow/Spuhl,* S. 106.

[332] Anders noch *Marlow* VersR 2007, 43 (46).

[333] So zu recht *Römer/Langheid/Römer,* § 6 VVG Rn. 41 schon für die bisherige Rechtslage.

[334] Z. B. BGH v. 13. 11. 1996, VersR 1997, 485 m. w. N.: „Derartige Obliegenheiten bezwecken und bewirken erfahrungsgemäß, sofern sie beachtet werden, dass der Eintritt des VersFalls verhindert oder erschwert wird. Die Vereinbarung der Leistungsfreiheit bei obliegenheitswidrigem Verhalten hat auch für den durchschnittlichen VN erkennbar den Sinn, den VR und die Gemeinschaft der Versicherten vor

die **Verminderung des sog. objektiven Risikos**[335]. Sie bezwecken entweder die **Verminderung einer Gefahr** oder die **Verhütung einer Gefahrerhöhung.** Obliegenheiten zur Verminderung der Gefahr liegen vor, wenn der VN das versicherte Risiko durch ein aktives Tun – z. B. durch Beseitigung feuergefährlicher Einrichtungen – reduzieren soll[336]. Obliegenheiten zur Verhütung einer Gefahrerhöhung entsprechen § 23 VVG und sollen verhindern, dass ein neuer Zustand erhöhter Gefahr geschaffen wird, der von einer solchen Dauer ist, dass er die Grundlage eines neuen, natürlichen Gefahrenverlaufs bilden kann und damit den Eintritt des Versicherungsfalls generell zu fördern geeignet ist[337].

Besondere Bedeutung kommt der als vorbeugende Obliegenheit zum Zwecke der Verminderung der Gefahr oder zur Verhütung von Gefahrerhöhungen häufig vereinbarten Beachtung gesetzlicher, behördlicher oder vertraglich vereinbarter **Sicherheitsvorschriften** zu[338].   **136**

Ist mit der Verletzung einer Sicherheitsvorschrift zugleich eine **Gefahrerhöhung** verbunden, sind die **§§ 23 ff. VVG** grundsätzlich neben § 28 VVG anwendbar[339]. Dasselbe ist anzunehmen, wenn die Verletzung einer vorbeugenden Obliegenheit zur Begründung der Leistungsfreiheit des VR nach **§ 81 VVG** wegen **grob fahrlässiger Herbeiführung des Versicherungsfalles** herangezogen werden kann[340].   **137**

bbb) Anforderungen an den Kausalitätsgegenbeweis. Hier **ändert sich** zum bisherigen Recht **nichts**[341]: Der Kausalitätsgegenbeweis ist geführt, wenn der VN nachweist, dass die Obliegenheitsverletzung keinen Einfluss auf den Eintritt des Versicherungsfalles oder den Umfang der den VR treffenden Leistung oder der jeweiligen Feststellung gehabt hat; sich also **in keiner Weise** auf den konkreten Versicherungsfall **ausgewirkt hat**[342]. Das ist zu bejahen, wenn der Versicherungsfall in diesem Umfang auch bei Erfüllung der Obliegenheit eingetreten wäre[343]. Lässt z. B. der VN einer Hausratversicherung abrede widrig kein einbruchshemmen-   **138**

---

dem erhöhten Risiko zu schützen, das im allgemeinen mit der Verletzung einer solchen Obliegenheit verbunden ist …“.

[335] Z. B. BGH v. 4. 10. 1989, VersR 1989, 1250 (1252): „An anderer Stelle hat der Senat jedoch klargestellt, dass § 6 Abs. 2 VVG, der die Verletzung von Obliegenheiten zur Verminderung der versicherten objektiven Gefahr betrifft, für die Verletzung der Obliegenheit zur Minderung der „Vertragsgefahr“ (subjektives Risiko) an sich nicht gilt …“; OLG Düsseldorf v. 19. 9. 1995, VersR 1996, 835 (836): „Denn diese Vorschrift betrifft die Verletzung von Obliegenheiten zur Verminderung der versicherten objektiven Gefahr und gilt deshalb für die Verletzung der Obliegenheit zur Verminderung der „Vertragsgefahr“ (subjektives Risiko) an sich nicht …“; Berliner Kommentar/*Schwintowski*, § 6 VVG Rn. 106; *Römer/Langheid/Römer*, § 6 VVG Rn. 33.

[336] Näher dazu z. B. Berliner Kommentar/*Schwintowski*, § 6 VVG Rn. 104 m. w. N.

[337] Näher dazu z. B. Berliner Kommentar/*Schwintowski*, § 6 VVG Rn. 105 m. w. N. Zur Gefahrerhöhung siehe näher unten Kap. 20.

[338] Berliner Kommentar/*Schwintowski*, § 6 VVG Rn. 3; *Römer/Langheid/Langheid*, § 32 VVG Rn. 3 m. w. N. Entsprechende Vereinbarungen finden sich z. B. in § 11 Nr. 1 a) VGB 88, § 14 Nr. 1 a) VHB 84, § 7 AFB 30, § 7 Nr. 1 a) AFB 87.

[339] Z. B. BGH v. 8. 7. 1987, VersR 1987, 921 (922 f.); BGH v. 19. 10. 1994, VersR 1994, 1465 (1466); *Prölss/Martin/Prölss*, § 32 VVG Rn. 1 m. w. N.; *Römer/Langheid/Langheid*, § 32 VVG Rn. 1 m. w. N. Vgl. zu Folgen der Konkurrenz *Römer/Langheid/Langheid*, § 32 VVG Rn. 2 (Unterlassen), 5 f. (Verschulden usw.).

[340] Die Annahme eines solchen Konkurrenzverhältnisses ist str. Wie hier z. B. *Prölss/Martin/Prölss*, § 6 VVG Rn. 134 m. w. N. auch zur a. A.; Berliner Kommentar/*Beckmann*, § 61 VVG Rn. 13 f. m. w. N. auch zur a. A., der zudem näher auf die Problematik des Konkurrenzverhältnisses eingeht.

[341] Siehe dazu auch *Marlow/Spuhl*, S. 105.

[342] Z. B. BGH v. 13. 11. 1996, VersR 1997, 485 (486) m. w. N.: „Der von der Kl. zu führende Kausalitätsgegenbeweis scheitert nicht schon daran, dass die Feuerungsanlage wegen der fehlenden Genehmigung überhaupt nicht hätte in Betrieb gesetzt werden dürfen (…). Die Kl. kann, muss aber auch beweisen, dass entweder der Ofen oder das Abgasrohr nicht die Schadensursache war oder dass der Schaden in dieser Form mit Sicherheit auch dann entstanden wäre, wenn alle Sicherheitsvorschriften beachtet worden wären.“

[343] So auch Berliner Kommentar/*Schwintowski*, § 6 VVG Rn. 115 m. w. N.

Marlow

des Glas einsetzen und brechen die Täter das Schloss der Eingangstür auf, ist der Kausalitätsgegenbeweis geführt.

139 Die Kausalitätsfeststellung kann darüber hinaus eine wertende Berücksichtigung des **Schutzzwecks** der Obliegenheit erfordern. War die Obliegenheitsverletzung zwar conditio sine qua non für den Versicherungsfall, hat sich aber nicht das typische Risiko verwirklicht, dem durch die Obliegenheit vorgebeugt werden soll, hat sich auch in diesem Fall die Obliegenheitsverletzung nicht ausgewirkt[344]. Es kommt also auch dann nicht zur Leistungsfreiheit des VR, wenn ein innerer Zusammenhang zwischen der mit der Verletzung geschaffenen Gefahrenlage und der eingetretenen Schadensfolge fehlt **(Rechtswidrigkeitszusammenhang)**[345]. Beim Vergleich des tatsächlichen mit dem hypothetischen Verlauf ist dementsprechend darauf abzustellen, ob auch bei Vornahme des nach Sinn und Zweck der Obliegenheit gebotenen Handelns der Schaden eingetreten bzw. nicht eingetreten wäre[346]. So ist z. B. in der Kraftfahrzeugversicherung der Kausalitätsgegenbeweis beim Fahren ohne Fahrerlaubnis (Verletzung von § 2b Nr. 1 c) AKB) geführt, wenn es ohne die Fahrt zwar nicht zum Unfall gekommen wäre, der Unfall aber ein unabwendbares Ereignis iSv. § 7 Abs. 2 StVG darstellt[347]. Dasselbe gilt, wenn bei einem nicht genutzten Gebäude unter Verstoß gegen § 11 Nr. 1 c) VGB 88 zwar die Wasserleitungen nicht abgesperrt werden, der Leitungswasserschaden aber Folge eines Einbruchs ist.

140 Ist eine **unterschiedliche Risikoqualität** nicht konkret messbar, soll es genügen, dass das zur Gefahrerhöhung führende Verhalten mit statistisch höherer Wahrscheinlichkeit zum Schaden führt[348].

141 *dd) Der Kausalitätsgegenbeweis bei Obliegenheiten nach Eintritt des Versicherungsfalles. aaa) Begriff.* Die **nach Eintritt des Versicherungsfalles** zu erfüllenden Obliegenheiten bezwecken regelmäßig die **sichere Feststellung des Versicherungsfalles und des Umfangs der** vom VR zu erbringenden **Leistung.** Sie sollen den VR vor vermeidbaren Belastungen und ungerechtfertigten Ansprüchen schützen und der ordnungsgemäßen Abwicklung des eingetretenen Versicherungsfalles dienen, wenn der VR dazu auf die Informationen des VN zwingend angewiesen ist[349]. Es handelt sich hierbei vorwiegend um **Anzeige- oder Auskunfts- und Aufklärungsobliegenheiten.**

142 *bbb) Anforderungen an den Kausalitätsgegenbeweis.* Den **negativen Beweis** der Bedeutungslosigkeit kann der **VN** praktisch regelmäßig weiterhin nur so führen, dass er zunächst die sich aus dem Sachverhalt ergebenden Möglichkeiten ausräumt und dann abwartet, welche Behauptungen der **VR** im Rahmen seiner **sekundären Darlegungslast** über Art und Maß der Kausalität aufstellt, die der VN dann ebenfalls zu widerlegen hat[350]. Der VR muss dazu die konkrete Möglichkeit eines für ihn günstigeren Ergebnisses aufzeigen, indem er z. B. vorträgt, welche Maßnahmen er bei rechtzeitiger oder ordnungsgemäßer Erfüllung der Oblie-

[344] *Römer/Langheid/Römer,* § 6 VVG Rn. 34; Berliner Kommentar/*Schwintowski,* § 6 VVG Rn. 113.
[345] St. Rspr. z. B. BGH v. 17. 4. 2002, VersR 2002, 829 (830) m. w. N.; BGH v. 13. 11. 1996, VersR 1997, 485 m. w. N.
[346] *Römer/Langheid/Römer,* § 6 VVG Rn. 35; Berliner Kommentar/*Schwintowski,* § 6 VVG Rn. 113f.
[347] Bsp. nach *Römer/Langheid/Römer,* § 6 VVG Rn. 34; Berliner Kommentar/*Schwintowski,* § 6 VVG Rn. 113 mit weiteren Bsp.
[348] So *Römer/Langheid/Römer,* § 6 VVG Rn. 36. OLG Düsseldorf v. 22. 6. 1993, r+s 1994, 205 (207); a. A. wohl BGH v. 1. 3. 1972, VersR 1972, 530, 531: „Die unterschiedliche Risikoqualität von Güternahverkehr und Werkverkehr ist aber nicht konkret meßbar, sondern tritt nur statistisch in Erscheinung und kommt in einer entsprechend höheren Tarifeinstufung zum Ausdruck. Das schließt den Nachweis aus, dass die antragswidrige Verwendung des versicherten Fahrzeugs eine Gefahrerhöhung nicht mit sich gebracht hat (...). Der dem VN nach § 6 Abs. 2 VVG offenstehende Nachweis fehlender Kausalität kann nur dahin gehen, dass die auf antragswidriger Verwendung beruhende Gefahrerhöhung für das eingetretene Schadenereignis ohne jede Bedeutung gewesen ist.“
[349] Siehe dazu nur Berliner Kommentar/*Schwintowski,* § 6 VVG Rn. 119 m. w. N.
[350] Z. B. BGH v. 4. 4. 2001, VersR 2001, 756 (757).

genheit getroffen und welchen Erfolg er sich davon versprochen hätte[351]. Dem muss der VN dann entgegentreten, ein bloßes Bestreiten genügt dafür nicht.

Eine **Kausalität** ist nicht schon dann ohne weiteres anzunehmen, wenn das Feststellungs- **143** verfahren irgendwie beeinflusst wurde, also ohne die Obliegenheitsverletzung anders verlaufen wäre[352]. Vielmehr muss **die Feststellung selbst in ihrem Ergebnis** zum Nachteil des VR **beeinflusst** worden sein[353]. Die bloße Erschwerung der Feststellung des Versicherungs- falls oder des Schadensumfangs rechtfertigt ggf. nur den Leistungsentzug in Höhe der damit verbundenen Mehraufwendungen, wenn das Ergebnis selbst keinen Aufklärungsnachteil für den VR bedeutet[354]. Ein **nachteiliger Einfluss** auf die Feststellungen des VR ist jedoch regelmäßig **nur ganz ausnahmsweise zu verneinen**[355]. Einfluss auf die Feststellung des Versicherungsfalls oder die Feststellung oder den Umfang der dem VR obliegenden Leis- tungspflicht kann eine Obliegenheitsverletzung haben, wenn durch sie rechtserhebliche Um- stände unaufgeklärt bleiben, falsch festgestellt oder so spät aufgeklärt wurden, dass die Folgen der Verspätung nicht mehr zu beheben sind[356]. Dazu gehört z. B. die **dauerhafte Hinde- rung zeitnaher Prüfung** von Kopierspuren, da der VR dadurch einen nicht behebbaren Feststellungsnachteil erleidet[357].

Allein dass der VR etwa nicht geleistet hat, führt aber nicht schon zur Folgenlosigkeit der **144** Obliegenheitsverletzung[358].

Verhindert der **VN eigene Feststellungen des VR,** indem er etwa den Schaden (z. B. **145** entgegen § 20 Nr. 1a VGB 88) dem VR nicht unverzüglich meldet, sondern erst nachdem dieser völlig beseitigt ist, muss der **VN grundsätzlich ausschließen,** dass vom VR veran- lasste Feststellungen zu keinem anderen, für diesen vorteilhafteren Ergebnis geführt hätten[359]. Kann er dies nicht, was typischerweise der Fall sein wird, ist der Kausalitätsgegenbeweis nicht geführt. Allerdings muss der **VR** – im Rahmen seiner sekundären Darlegungslast – zunächst vorbringen, dass und **was er** bei rechtzeitiger Meldung **getan hätte;** es sei denn, sein Vorge- hen liegt (z. B. aufgrund der Schadenshöhe) auf der Hand. Hätte er gar keine Feststellungen veranlasst (was z. B. bei Bagatellschäden naheliegt), liegt kein Nachteil des VR vor. Lassen sich **Feststellungen** zum Eintritt des Versicherungsfalls oder zur Leistungspflicht und zu deren Umfang auch **auf der Grundlage anderweit geklärter tatsächlicher Umstände** treffen (z. B. aufgrund eines bereits eingeholten Gutachtens und/oder staatsanwaltschaftlicher Er- mittlungen), liegt ein **Nachteil** für den VR **nicht ohne weiteres** schon darin, dass er eigene Ermittlungen nicht mehr vornehmen kann[360]. Er muss dann vielmehr darlegen, welche Maßnahmen er bei rechtzeitiger Anzeige ergriffen hätte und dass sich daraus für ihn weiter- gehende Feststellungen zum Eintritt des Versicherungsfalls oder der Leistungspflicht hätten treffen lassen[361]. Stehen lediglich die Wahrnehmungen Dritter (z. B. der vom VN beauftrag-

---

[351] Z. B. BGH v. 4. 4. 2001, VersR 2001, 756 (757).

[352] A. A. *Günther/Spielmann,* r+s 2008, 133 (137).

[353] Z. B. BGH v. 4. 4. 2001, VersR 2001, 756 m. w. N.

[354] Z. B. OLG Hamm v. 3. 11. 1972, VersR 1973, 339 m. w. N.: „Eine Obliegenheitsverletzung hat nicht schon dann Einfluß auf die vom VR zu treffenden Feststellungen gehabt, wenn ohne sie das Fest- stellungsverfahren anders verlaufen wäre, sondern nur, wenn durch sie die Feststellungen selbst im Ergeb- nis zum Nachteil des VR beeinflußt worden sind".

[355] BGH v. 4. 4. 2001, VersR 2001, 756 (757).

[356] Z. B. *Baumgärtel/Prölss,* § 6 VVG Rn. 15 f.

[357] BGH v. 7. 7. 2004, VersR 2004, 1117.

[358] BGH v. 7. 7. 2004, VersR 2004, 1117.

[359] Zu undifferenziert *Günther/Spielmann,* r+s 2008, 133 (138), die stets einen Nachteil annehmen wol- len.

[360] BGH v. 4. 4. 2001, VersR 2001, 756: zwischenzeitlich abgerissene brandgeschädigte Lagerhalle, für die aber ein anderweitiges Gutachten zum Gebäudefeuerschaden und weitere tatsächliche Feststellungen aus dem Ermittlungsverfahren vorlagen; a. A. noch Vorauflage unter Bezugnahme auf KG v. 8. 4. 2003, 6 U 89/02.

[361] BGH v. 4. 4. 2001, VersR 2001, 756.

ten Handwerker, Architekten oder Partner) vom Schaden zur Verfügung, gilt grundsätzlich nichts anderes. Hierbei kann jedoch zu berücksichtigen sein, dass nach einem nicht unerheblichen Zeitablauf solche Wahrnehmungen nicht vergleichbar zuverlässig sind wie eine Besichtigung des Schadens durch den VR vor Ort[362]. Allein die Befürchtung fehlender Neutralität der Dritten, sei es als Partner oder da sie im Auftrag des VN tätig waren und möglicherweise durch eigene Interessen (z. B. Erwartung weiterer Aufträge, Befürchtung eines Regresses wegen zu weitgehender Arbeiten) beeinflusst sind, genügt nicht[363].

Verweigert sich der VN ärztlichen Untersuchungen auf Verlangen des VR (entgegen z. B. § 9 IV AUB 88, § 9 Abs. 3 MBKT 94) und legt stattdessen ein eigenes ärztliches Gutachten vor, wird er regelmäßig darlegen und beweisen müssen, dass der VR dadurch keine Nachteile hat. Dasselbe hat zu gelten, wenn der VN Weisungen des VR missachtet[364].

146   Zu den in der **Praxis besonders bedeutsamen Aufklärungsobliegenheiten** gehört die unverzügliche Vorlage der sog. Stehlgutliste (z. B. § 21 Nr. c) VHB 92). Reicht der VN die Stehlgutliste nicht oder nicht rechtzeitig ein, ist beim Kausalitätsgegenbeweis nach dem **Sinn und Zweck der Obliegenheit** zu unterscheiden. Die unverzügliche Einreichung der Stehlgutliste soll zum einen der **polizeilichen Aufklärung** dienen, zum anderen die sog. **Vertragsgefahr** vermindern und vor allem Falschangaben des VN zum Schadensumfang, also eine nachträgliche Aufbauschung des Schadens, verhindern[365]. Dementsprechend ist trotz verspäteter Einreichung der Stehlgutliste der **Kausalitätsgegenbeweis** geführt, wenn bei nicht zweifelsfrei zuzuordnenden **Allerweltssachen** Fahndungserfolge im Hinblick auf die Art des Diebesguts nicht zu erwarten sind **und die Höhe des Schadens unstreitig** ist[366]. Handelt es sich dagegen wegen vorhandener eindeutiger – z. B. Gerätenummer – oder hinreichender – z. B. auf Foto abgebildeter Schmuck – Identifizierungsmerkmale um **identifizierbare Sachen,** gilt dies nicht. Der Kausalitätsgegenbeweis kann in einem solchen Fall aber dadurch geführt sein, dass die Polizei trotz Äußerung eines konkreten Tatverdachts **Fahndungsmaßnahmen ablehnt**[367] oder bei einer Einbruchsserie auch bei anderen Geschädigten trotz individualisierten Diebesgutes **keine Fahndung** durchgeführt hat.

147   Zu einer **bedeutenden Änderung** kommt es durch § 28 Abs. 3 S. 1 VVG **bei der vorsätzlichen, folgenlosen Verletzung der Aufklärungsobliegenheit:** Macht **z. B.** der VN **Falschangaben zu Vorschäden** und erfährt der VR noch vor seiner Leistung davon, war er bisher nach den Grundsätzen der sog. Relevanzrechtsprechung regelmäßig leistungsfrei, weil die Falschangaben generell geeignet waren, seine Interessen ernsthaft zu gefährden. Darauf kommt es nun aber nicht mehr an, da bei § 28 Abs. 3 S. 1 VVG allein auf die konkrete Kausalität abzustellen ist, mit der Folge, dass der VR in diesen Fällen nunmehr leistungspflichtig bleibt[368]. Es sei denn der VR kann **Arglist** beweisen, die damit **zukünftig an Bedeutung gewinnen** wird[369].

---

[362] OLG Hamm v. 20. 10. 2004, VersR 2005, 644.

[363] *Römer/Langheid/Römer,* § 6 VVG Rn. 48; a. A. noch die Vorauflage unter Bezugnahme auf KG v. 8. 4. 2003, 6 U 89/02, S. 3; Berliner Kommentar/*Schwintowski,* § 6 VVG Rn. 145 m. w. N.

[364] Vgl. dazu auch *Günther/Spielmann,* r+s 2008, 133 (139).

[365] Z. B. BGH v. 10. 2. 1999, VersR 1999, 1004 (1005).

[366] Z. B. OLG Köln v. 21. 2. 1995, VersR 1996, 323 (324): Trotz verspäteter Einreichung der Stehlgutliste braucht der VN den Kausalitätsgegenbeweis nicht zu führen, wenn Fahndungserfolge im Hinblick auf die Art des Diebesguts – nicht zweifelsfrei zuzuordnende Allerweltssachen – nicht zu erwarten sind.

[367] Z. B. OLG Hamm v. 4. 2. 2002, VersR 2002, 1233 (1234): Der Kausalitätsgegenbeweis für eine grob fahrlässig verspätet vorgelegte Stehlgutliste ist geführt, wenn die Polizei trotz Äußerung eines konkreten Tatverdachts Fahndungsmaßnahmen ablehnt.

[368] *Marlow/Spuhl,* S. 107; a. A. z. B. *Langheid,* NJW 2007, 3665 (3669); *Günther/Spielmann,* r+s 2008, 133 (137).

[369] Vgl. dazu auch *Nugel,* NZV 2008, 11 (12) m. w. N.; *Marlow/Spuhl,* S. 107.

b) Kein Kausalitätsgegenbeweis bei Arglist. Verletzt der VN die Obliegenheit arg- **148** listig, ist der Kausalitätsgegenbeweis nach § 28 Abs. 3 S. 2 VVG aus generalpräventiven Gründen[370] ausgeschlossen. Eine betrügerische Absicht wird nicht vorausgesetzt[371], da Arglist eine Bereicherungsabsicht nicht verlangt. Es genügt, dass der VN es zumindest für möglich hielt, dass seine Angaben falsch sind und der VR dadurch in seiner Regulierungsentscheidung beeinflusst wird[372].

Die Arglist hat der VR zu **beweisen.** Gelingt ihm dies, ist er kausalitätsunabhängig leis- **149** tungsfrei[373].

c) Kausalitätsgegenbeweis und Quotierung. Die **kausalitätsabhängige Leistungs-** **150** **freiheit ändert** letztlich am grundsätzlichen Umfang der quotalen Leistungsfreiheit bei grober Fahrlässigkeit – oder vollständiger Leistungsfreiheit bei Vorsatz – **nichts**[374]. Führt also z. B. eine grob fahrlässige Obliegenheitsverletzung zu einer Leistungsfreiheitsquote von 50%, ändert sich daran nichts, auch wenn dem VN der Kausalitätsgegenbeweis teilweise gelingt. Eine Leistungsfreiheit i. H. v. 50% besteht dann allerdings nur, soweit sich die Obliegenheitsverletzung ausgewirkt hat; im Übrigen, soweit der Kausalitätsgegenbeweis dagegen Erfolg hat (sich die Obliegenheitsverletzung also nicht ausgewirkt hat), ist die Leistung voll zu erbringen. Kann der VN z. B. den Kausalitätsgegenbeweis bei einer grob fahrlässigen Obliegenheitsverletzung hinsichtlich der Hälfte des eingetretenen Schadens i. H. v. insgesamt 10 000,– € erbringen, ist die Leistungsfreiheitsquote von 50% von den anderen („kausalen") 5000,– € zu bilden[375]. Er bekommt also insgesamt 7500,– €, während er nach früherer Rechtslage nur 5000,– € erhalten hätte.

7. Belehrungspflicht (§ 28 Abs. 4 VVG)

In Anknüpfung an die von der **Relevanzrechtsprechung** aufgestellten Belehrungspflich- **151** ten des VR[376] verlangt § 28 Abs. 4 VVG als **weitere Voraussetzung** der (vollen oder teilweisen) **Leistungsfreiheit** bei Verletzung einer nach Eintritt des Versicherungsfalles bestehenden **Auskunfts- oder Aufklärungsobliegenheit,** dass der VR den VN „durch gesonderte Mitteilung in Textform auf diese Rechtsfolge hingewiesen hat".

a) Nur bei Auskunfts- und Aufklärungsobliegenheiten. Die Belehrungspflicht er- **152** fasst **nur Auskunfts- und Aufklärungsobliegenheiten** nach Eintritt des Versicherungsfalles. **Spontan zu erfüllende Obliegenheiten** nach Eintritt des Versicherungsfalles unterfallen ihr weiterhin **nicht** (z. B. die Obliegenheit zur Anzeige des Versicherungsfalles oder zur unverzüglichen Einreichung einer Stehlgutliste). Für **Obliegenheiten vor Eintritt des Versicherungsfalles** (wie z. B. Sicherheitsvorschriften) gilt das Belehrungserfordernis überhaupt **nicht.** Ansonsten gilt es nunmehr **generell** und nicht nur bei vorsätzlichen, folgenlosen Obliegenheitsverletzungen. Bei Wiedereintritt in seine Leistungsprüfung nach vorheriger Leistungsablehnung wird der VR entsprechend über die **Berichtigungsobliegenheit**[377] des VN belehren müssen.

b) Versicherungsnehmer als Adressat. Nach dem Wortlaut der Regelung ist nur der **153** VN zu belehren. Will sich der VR aber gegenüber **versicherten Personen** auf Leistungsfreiheit berufen, wird er auch diese belehren müssen[378]. Dies entspricht der bisheri-

---

[370] Abschlussbericht der VVG-Reformkommission, S. 318; Begründung zum Regierungsentwurf, S. 173.

[371] So z. B. auch *Nugel,* NZV 2008, 11 (12) m. w. N.

[372] Der Einschätzung von *Günther/Spielmann,* r+s 2008, 133 (140), dass die Schwell zur Arglist keineswegs so hoch ist, ist durchaus zuzustimmen.

[373] Vgl. näher dazu noch *Prölss,* VersR 2003, 669 (671).

[374] *Marlow,* VersR 2007, 43 (46); *Marlow/Spuhl,* S. 108.

[375] Näher dazu *Marlow/Spuhl,* S. 108.

[376] Siehe näher dazu die Vorauflage, § 13, Rn. 105 ff. m. w. N.

[377] Siehe dazu oben Rn. 4 (A III).

[378] *Marlow/Spuhl,* S. 109.

gen Rechtsprechung[379] und ist trotz des entgegenstehenden Wortlauts der Norm sachgerecht[380].

154   **c) Zeitpunkt der Belehrung.** Die gesetzliche Regelung lässt **offen, wann** zu belehren ist.

155   Eine Belehrungspflicht wird zum einen **aus Anlass des konkreten Versicherungsfalles** anzunehmen sein, da nur dies Sinn macht und eine Beachtung durch den VN sicherstellt[381]. Für dieses Verständnis spricht auch die ausdrückliche Bezugnahme auf die bisherige Rechtsprechung[382], die eine solche Belehrungspflicht auch nur in Bezug auf einen konkreten Versicherungsfall annimmt. Eine **Belehrung** z. B. bereits **im Versicherungsschein genügt** damit **nicht.** Darüber hinaus muss die Belehrung **im Zusammenhang mit der in Rede stehenden Auskunfts- oder Aufklärungsobliegenheit** erfolgen. Geht es also z. B. um Angaben im Schadensanzeigeformular, muss aus Anlass von dessen Übersendung belehrt werden; verlangt der VR dagegen die Herausgabe bestimmter Unterlagen oder eine Untersuchung des VN, muss dabei belehrt werden[383].

156   **d) Inhalt und Form der Belehrung.** Eine inhaltlich **richtige Belehrung** wird vorausgesetzt, was – wie die Praxis zu den bereits bestehenden Belehrungspflichten (z. B. gerade im Rahmen der Relevanzrechtsprechung[384]) zeigt – Schwierigkeiten in der Umsetzung bereiten kann. Nach dem Wortlaut von § 28 Abs. 4 VVG ist **nur** eine Belehrung über die **Rechtsfolgen** vollständiger oder teilweiser Leistungsfreiheit bei Verletzung einer nach Eintritt des Versicherungsfalles bestehenden Auskunfts- oder Aufklärungsobliegenheit erforderlich; und zwar wie bisher **klar und unmissverständlich**[385]. Auf die Obliegenheiten selbst oder Einzelheiten ihrer Verletzung ist nicht hinzuweisen[386]. Ebenfalls entbehrlich ist eine Belehrung über die Möglichkeit des Kausalitätsgegenbeweises nach § 28 Abs. 3 VVG[387].

157   Die Belehrung muss auf die jeweils im Raume stehende **Obliegenheit bezogen** sein:
158   Etwa die **Belehrung zum Schadensanzeigeformular**

„Eine grob fahrlässig oder vorsätzlich falsche oder unterlassene Beantwortung nachfolgender Fragen kann zu (vollständiger oder teilweiser) Leistungsfreiheit führen."

dürfte den Anforderungen inhaltlich genügen[388]. **Falsch** sind die **bisher** infolge der Relevanzrechtsprechung **üblichen Belehrungen,** wonach „Bewusst unrichtige oder unvollstän-

---

[379] Z. B. BGH v. 12. 10. 1967, VersR 1967, 1087: Der Haftpflichtversicherer muss auch den mitversicherten Fahrer, der einen Schadenbericht zu erstatten hat, (…) belehren, (…). Tut er das nicht, bleibt er insoweit zur Leistung verpflichtet, als die Verletzung der Aufklärungspflicht Einfluß weder auf die Feststellung des Versicherungsfalls noch auf die Feststellung oder den Umfang der dem VR obliegen Leistung gehabt hat.

[380] *Marlow/Spuhl*, S. 109.

[381] *Marlow/Spuhl*, S. 109.

[382] Begründung zum Regierungsentwurf (2006), S. 173.

[383] *Marlow/Spuhl*, S. 109.

[384] *Römer/Langheid/Römer*, § 6 VVG Rn. 62 f. mit zahlreichen Bsp.

[385] Z. B. BGH v. 21. 1. 1998, VersR 1998, 447.

[386] Anders sieht dies dagegen das Belehrungsmuster des GdV vor: **„Auskunfts- und Aufklärungsobliegenheiten:** Aufgrund der mit Ihnen getroffenen vertraglichen Vereinbarungen können wir von Ihnen nach Eintritt des Versicherungsfalls verlangen, dass Sie uns jede Auskunft erteilen, die zur Feststellung des Versicherungsfalls oder des Umfangs unserer Leistungspflicht erforderlich ist (Auskunftsobliegenheit), und uns die sachgerechte Prüfung unserer Leistungspflicht insoweit ermöglichen, als Sie uns alle Angaben machen, die zur Aufklärung des Tatbestands dienlich sind (Aufklärungsobliegenheit). Wir können ebenfalls verlangen, dass Sie uns Belege zur Verfügung stellen, soweit es Ihnen zugemutet werden kann."

[387] Einen solchen Hinweis enthält dagegen das Belehrungsmuster des GdV: „Trotz Verletzung Ihrer Obliegenheiten zur Auskunft, zur Aufklärung oder zur Beschaffung von Belegen bleiben wir jedoch insoweit zur Leistung verpflichtet, als Sie nachweisen, dass die vorsätzliche oder grob fahrlässige Obliegenheitsverletzung weder für die Feststellung des Versicherungsfalls noch für die Feststellung oder den Umfang unserer Leistungspflicht ursächlich war."

[388] *Marlow/Spuhl*, S. 110. Der GdV schlägt insoweit folgende Belehrung vor: „Machen Sie entgegen der vertraglichen Vereinbarungen vorsätzlich keine oder nicht wahrheitsgemäße Angaben oder stellen Sie

dige Angaben zur Leistungsfreiheit führen können, auch wenn dem VR dadurch kein Nachteil entsteht"[389]. Denn dabei wird nicht berücksichtigt, dass zukünftig auch bei vorsätzlichen Obliegenheitsverletzungen der Kausalitätsgegenbeweis generell möglich ist; folgenlose Obliegenheitsverletzungen also nicht zur Leistungsfreiheit führen.

Geht es dagegen um **sonstige Auskunfts- oder Aufklärungsobliegenheiten** muss der   **159**
VR jeweils aus Anlass seines konkreten Verlangens **darauf abgestimmt belehren.** Verlangt er z. B. in der Krankentagegeldversicherung, dass sich die VP durch einen von ihm beauftragten Arzt untersuchen lässt (§ 9 (3) MBKT 94), muss der VR hierbei besonders darüber belehren, dass die Weigerung zur (vollständigen oder teilweisen) Leistungsfreiheit führen kann[390].

Das Gesetz verlangte eine Belehrung **Textform** nach § 126 b BGB.   **160**

Sie soll **„gesondert"** erfolgen[391]. Nach **Sinn und Zweck** der Belehrungspflicht, den VN   **161**
vor Nachteilen zu warnen, dürfte damit ein äußerlich auffallender Hinweis, so wie er bisher verlangt wird[392], gemeint sein[393]. Ein „Extrablatt" wird regelmäßig nicht notwendig sein, kann sogar der **Warnfunktion** zuwiderlaufen, da es möglicherweise nicht beachtet wird. Die Beantwortung der Frage nach dem Standort des Hinweises hat sich an der hinreichenden Gewährleistung der damit bezweckten Warnfunktion zu orientieren.

Soweit bisher grundsätzlich die Belehrung in deutscher Sprache auch dann als genügend   **162**
angesehen wurde, wenn der VN ein **Ausländer** ist[394], kann daran festgehalten werden. Wirkt dagegen ein **Agent** beim Ausfüllen der Schadensanzeige mit, soll er ihn zusätzlich in verständlicher Weise mündlich über die Folgen falscher Angaben belehren müssen[395].

Ob eine bereits erfolgte **Belehrung zu wiederholen** ist, kann nur aufgrund einer **Ge-**   **163**
samtwürdigung der Umstände des Einzelfalls beantwortet werden und hängt insbesondere auch davon ab, ob der VN ausreichende Anhaltspunkte dafür hat, sich an die frühere Belehrung zu erinnern[396]. Eine erneute Belehrung ist jedenfalls nicht losgelöst von den Fallumstände bei jeder Nachfrage des VR oder nach Ablauf fester Fristen geboten[397]. Sie kann z. B. dann notwendig sein, wenn der VN bei einer späteren Nachfrage den Bezug zur früheren Belehrung nicht ohne Weiteres erkennen kann, oder eine Nachfrage nach besonders langer Zeit erfolgt und deshalb die Sorge begründet, der VN könne die ursprüngliche Belehrung nicht mehr vor Augen haben[398].

e) Ausnahmen vom Belehrungserfordernis. Ist eine Belehrung an sich nach § 28   **164**
Abs. 4 VVG erforderlich, können dennoch besondere Umstände vorliegen, die eine Belehrung gleichsam sinnlos und damit **ausnahmsweise entbehrlich** machen. Dies ist – wie bisher schon – der Fall, wenn dem VN die Rechtsfolgen mangelhafter Angaben über den Schadensfall ohnehin **zweifelsfrei bekannt** sind[399], er **arglistig falsche Angaben**

---

uns vorsätzlich die verlangten Belege nicht zur Verfügung, verlieren Sie Ihren Anspruch auf die Versicherungsleistung. Verstoßen Sie grob fahrlässig gegen diese Obliegenheiten, verlieren Sie Ihren Anspruch zwar nicht vollständig, aber wir können unsere Leistung im Verhältnis zur Schwere Ihres Verschuldens kürzen. Eine Kürzung erfolgt nicht, wenn Sie nachweisen, dass Sie die Obliegenheit nicht grob fahrlässig verletzt haben."

[389] *Marlow/Spuhl,* S. 110.
[390] *Marlow/Spuhl,* S. 110 f.
[391] In Abweichung vom Referentenentwurf, aber in Übereinstimmung mit dem Vorschlag der Reformkommission lässt er keine alternative Belehrung durch einen „auffälligen Vermerk im Versicherungsschein" zu.
[392] Z. B. BGH v. 8. 5. 1967, VersR 1967, 593 (594); Vorauflage, § 13, Rn. 109 ff. m. w. N.
[393] *Marlow/Spuhl,* S. 78.
[394] OLG Nürnberg v. 22. 12. 1994, VersR 1995, 1224 (1224 f.).
[395] OLG Hamm v. 27. 5. 1998, VersR 1998, 1225; OLG Hamm v. 19. 5. 1999, r+s 2000, 9.
[396] BGH v. 28. 2. 2007, VersR 2007, 693.
[397] BGH v. 28. 2. 2007, VersR 2007, 693; a. A. *Römer/Römer/Langheid,* § 6 VVG Rn. 65.
[398] BGH v. 28. 2. 2007, VersR 2007, 683.
[399] Z. B. BGH v. 16. 2. 1967, VersR 1967, 441 (443); OLG Köln v. 5. 3. 1996, VersR 1996, 1098 (1099); OLG Frankfurt/M. v. 25. 11. 1992, VersR 1993, 1003 (1004): Gibt der Mitversicherte auf anwaltlichen Rat hin arglistig einen unwahren Sachverhalt an, so verliert er nicht seine Schutzwürdigkeit,

---

macht[400] oder **hartnäckig an seinen falschen Angaben festhält,** obwohl der VR ihn wiederholt auf die Bedenken, die gegen seine Schilderung des Schadenfalls sprechen, aufmerksam gemacht hat[401].

8. Berufung des Versicherers auf Leistungsfreiheit

165   **Leistungsfreiheit** des VR als Rechtsfolge einer vorsätzlichen Obliegenheitsverletzungen nach § 28 Abs. 2 S. 1 VVG tritt nach allgemeiner Ansicht nicht automatisch ein, der VR muss sich vielmehr hierauf gegenüber dem VN **berufen**[402]. Denn das Recht, Leistungsfreiheit geltend zu machen, steht zur Disposition des VR[403]. Obliegenheitsverletzungen bewirken kein Erlöschen des Versicherungsanspruchs, sondern begründen ein **Leistungsverweigerungsrecht** des VR, in dessen Belieben es steht, ob er sich darauf beruft[404]. Dementsprechend ist Leistungsfreiheit auch im Prozess vom Gericht nicht von Amts wegen zu berücksichtigen, sondern nur soweit sich der VR darauf – zulässigerweise – berufen hat[405]. Dasselbe gilt für das **Leistungskürzungsrecht** des VR bei grober Fahrlässigkeit nach § 28 Abs. 2 S. 2 VVG, das der VR ausüben muss.

9. Ausschluss und Beschränkungen der Leistungsfreiheit

166   Sind die Voraussetzungen der (vollständigen oder teilweisen) Leistungsfreiheit tatbestandlich gegeben, kann deren Geltendmachung dennoch ausnahmsweise ganz oder teilweise aus materiell-rechtlichen Gründen ausgeschlossen sein[406]. Zu unterscheiden sind hierbei einerseits der **Verzicht auf die Einrede der Leistungsfreiheit,** andererseits deren **Verlust nach Treu und Glauben** (§ 242 BGB)[407]. Eine andere Frage ist, ob sich die Leistungsfreiheit des VR bei **Obliegenheitsverletzungen des VN nach Teilleistungen** auch auf die schon erbrachten Leistungen erstreckt und diese zurückzuerstatten sind.

167   **a) Verzicht und Anerkenntnis.** Der VR kann nach Maßgabe der Regeln des allgemeinen Zivilrechts **ausdrücklich oder konkludent auf Leistungsfreiheit verzichten**[408]. Ob – und ggf. in welchem Umfang – ein Verzicht durch schlüssiges Verhalten vorliegt, ist durch **Auslegung** nach § 133 BGB zu ermitteln. Erforderlich ist ein erkennbar von einem **Verzichtswillen getragenes Verhalten** des VR[409], das also dessen rechtsgeschäftlichen Willen offenbart, trotz der erkannten oder zumindest für möglich gehaltenen Leistungsfreiheit sich darauf nicht zu berufen. Ein Verzicht kommt danach insbesondere bei **vorbehaltloser Leis-**

---

wenn der VR es unterlassen hat, den VN ordnungsgemäß zu belehren und so ein Gegengewicht zu dem Einfluss des Anwalts zu schaffen.

[400] Z. B. BGH v. 20. 11. 1970, VersR 1971, 142 (143); BGH v. 12. 3. 1076, VersR 1976, 383; OLG Koblenz v. 12. 4. 1996, VersR 1997, 1390 m. w. N.; OLG Hamm v. 16. 3. 1998, VersR 1999, 89 (90).

[401] Z. B. BGH v. 10. 2. 1971, VersR 1971, 405 (406); BGH v. 12. 3. 1076, VersR 1976, 383; OLG Koblenz v. 12. 4. 1996, VersR 1997, 1390 m. w. N.

[402] Zuletzt BGH v. 26. 1. 2005, VersR 2005, 493; *Bruck/Möller/Möller,* § 6 VVG Anm. 44; *Römer/Langheid/Römer,* § 6 VVG Rn. 130 m. w. N.; Berliner Kommentar/*Schwintowski,* § 6 VVG Rn. 60 m. w. N. A. A. weiterhin *Prölss/Martin/Prölss,* § 6 VVG Rn. 86 m. w. N.

[403] BGH v. 24. 4. 1974, VersR 1974, 689.

[404] BGH v. 7. 7. 1993, VersR 1993, 1222 (1223).

[405] Vgl. nur *Römer/Langheid/Römer,* § 6 VVG Rn. 130 m. w. N.

[406] Ein Ausschluss aus prozessualen Gründen kann in erster Instanz wegen Zurückweisung der Einrede der Leistungsfreiheit als verspätet nach §§ 282 Abs. 1, 296 Abs. 2 ZPO in Betracht kommen. Die in zweiter Instanz erstmals erhobene Einrede der Leistungsfreiheit als Verteidigungsmittel ist nach § 531 Abs. 2 Nr. 3 ZPO nur zuzulassen, wenn die unterlassene Geltendmachung in erster Instanz nicht auf einer Nachlässigkeit – also Fahrlässigkeit – des VR beruhte, was dieser darzulegen und ggf. glaubhaft zu machen hat (§ 531 Abs. 3 ZPO).

[407] *Prölss/Martin/Prölss,* § 6 VVG Rn. 128.

[408] Z. B. Berliner Kommentar/*Schwintowski,* § 6 VVG Rn. 66 m. w. N.

[409] *Römer/Langheid/Römer,* § 6 VVG Rn. 140.

tung des VR in Kenntnis des zur Leistungsfreiheit führenden Tatbestandes in Betracht[410]. Ein (sog. deklaratorisches) **Anerkenntnis** des VR schließt dagegen regelmäßig alle Einwendungen für die Zukunft aus, die der VR bei der Abgabe kannte oder mit denen er zumindest rechnete[411]; also auch die Einrede der Leistungsfreiheit.

b) Unzulässige Rechtsausübung (§ 242 BGB). Die Inanspruchnahme von Leistungs- **168** freiheit hat derjenige VR **verwirkt,** der sich in **schwerwiegender Weise gegenüber dem VN unredlich verhält,** indem er z. B. Zeugen besticht, um einen Prozess zu seinen Gunsten zu beeinflussen, selbst bei arglistiger Täuschung des VN[412].

Der VR darf sich ferner nach **Treu und Glauben** z. B. nicht darauf berufen, eine vor län- **169** gerer Zeit beim VN angeforderte Unfallanzeige sei verspätet, wenn er noch einmal eine Unfallanzeige anfordert und diese unverzüglich bei ihm eingeht[413]. Denn damit würde er sich zu seinem eigenen Verhalten treuwidrig in Widerspruch setzen.

Beruft sich der VR **im Prozess nicht sogleich oder zumindest alsbald in der ersten** **170** **Instanz,** sondern **erst in zweiter Instanz** auf die Obliegenheitsverletzung, steht dies einer Leistungsfreiheit materiell-rechtlich[414] grundsätzlich nicht entgegen[415]. Ein konkludenter Verzicht auf die Leistungsfreiheit kann daraus ohne weiteres nicht abgeleitet werden, da dieser das Vorliegen hinreichender Anhaltspunkte dafür voraussetzt, das der VR das Recht nicht mehr geltend machen will, was allein aus der zunächst unterlassenen Berufung darauf nicht gefolgert werden kann. Auch eine unzulässige Rechtsausübung kann darin nicht ohne weiteres gesehen werden. Ein erstmals im Berufungsrechtszug erhobener Einwand der Leistungsfreiheit wegen Obliegenheitsverletzung ist – wie generell – nur dann rechtsmissbräuchlich, wenn auf Seiten des VN ein vom VR veranlasster Vertrauenstatbestand gegeben ist, der den VN zu Recht zu der Annahme gelangen lassen konnte, der VR werde sich nicht auf Leistungsfreiheit berufen[416]. Das ist etwa dann der Fall, wenn ein Verhalten des VN, das den objektiven Tatbestand einer Obliegenheitsverletzung erfüllt, klar auf der Hand liegt, vom VR aber weder im Rahmen der Leistungsprüfung noch zunächst im Prozess mit irgendeinem Wort erwähnt und zum Anlass genommen wird, die Eintrittspflicht aus diesem Grund in irgendeiner Form in Frage zu stellen[417]. Ein solcher Vertrauenstatbestand ist dagegen nicht gegeben, wenn der VR das Verhalten des VN in anderem Zusammenhang im Rahmen seiner Leistungsprüfung beanstandet und zum Anlass nimmt, seine Eintrittspflicht – auch – aus die-

---

[410] Z. B. *Römer/Langheid/Römer,* § 6 VVG Rn. 131 m. w. N.; Berliner Kommentar/*Schwintowski,* § 6 VVG Rn. 65 ff. m. w. N. Allein durch die Gewährung von Rechtsschutz für den Haftpflichtprozess verliert der VR jedoch regelmäßig nicht sein Recht, sich auf seine Leistungsfreiheit zu berufen: OLG Karlsruhe v. 27. 6. 1996, VersR 1997, 737 (740); KG v. 2. 3. 1999, VersR 2000, 576 (577); *Prölss/Martin/Prölss,* § 6 VVG Rn. 129 m. w. N.

[411] *Prölss/Martin/Prölss,* § 6 VVG Rn. 128 m. w. N.

[412] BGH v. 7. 6. 1989, VersR 1989, 842 (843 f.).

[413] OLG Frankfurt/M. v. 20. 2. 1992, VersR 1992, 1458.

[414] Prozessual wird die Einrede der Leistungsfreiheit in der Berufungsinstanz aber nach § 531 Abs. 2 Nr. 3 ZPO regelmäßig nicht mehr zu berücksichtigen sein.

[415] So aber OLG Düsseldorf v. 4. 8. 1992, VersR 1993, 425: Die behauptete Obliegenheitsverletzung des VN führt nicht zur Leistungsfreiheit des VR, wenn dieser sich nicht sogleich oder zumindest alsbald in der ersten Instanz auf die Obliegenheitsverletzung beruft. Geschieht das erst in zweiter Instanz, so ist daraus zu entnehmen, dass der VR selbst die Obliegenheitsverletzungen nicht als so gravierend angesehen hat, dass sie die Leistungsfreiheit rechtfertigt. Dagegen wie hier: z. B. OLG Schleswig v. 16. 6. 1993, VersR 1994, 169 (169 f.) mit zust. Anm. *Schmalzl,* VersR 1994, 853 f.; *Römer/Langheid/Römer,* § 6 VVG Rn. 140 m. w. N.

[416] Z. B. OLG Köln v. 16. 4. 2002, VersR 2002, 1419 f. m. w. N.; OLG Bremen v. 23. 5. 1995, VersR 1996, 223 (224): Der erst im Berufungsrechtszug erhobene Einwand der Leistungsfreiheit wegen Nichtvorlage eines ärztlichen Gutachtens ist rechtsmissbräuchlich, wenn bis dahin die Eintrittspflicht aus diesem Grund nicht in Frage gestellt und die behauptete Fluguntauglichkeit nie angezweifelt worden ist; so im Ergebnis wohl auch *Römer/Langheid/Römer,* § 6 VVG Rn. 140 m. w. N.

[417] Z. B. OLG Köln v. 16. 4. 2002, VersR 2002, 1419 (1420); OLG Köln v. 12. 4. 1994, VersR 1994, 1183 (1184).

Marlow

sem Grund abzulehnen[418]; einen Vertrauenstatbestand setzt der VR durch sein Verhalten dann schon überhaupt nicht.

171   Des weiteren kann sich die Berufung des VR auf völlige Leistungsfreiheit im Einzelfall als **unzulässige Rechtsausübung i. S. v. § 242 BGB** darstellen, wenn **ganz besondere Umstände** vorliegen, die den **vollständigen Verlust des Versicherungsschutzes** für den VN als eine **übermäßige Härte** erscheinen lassen[419]. Dabei kommt es entscheidend auf das Maß des Verschuldens an und die Folgen, die dem VN bei Wegfall des Versicherungsschutzes drohen. Eine unzulässige Rechtsausübung ist demnach anzunehmen, wenn die **Täuschung lediglich einen geringen Teil des versicherten Schadens betrifft und bei der Billigkeitsprüfung weitere Gesichtspunkte ins Gewicht fallen.** Zu berücksichtigen ist auch, inwieweit die Versagung des Versicherungsschutzes den VN in seiner **Existenz bedroht.** Erforderlich ist immer eine wertende Gesamtschau aller Umstände[420]. In solchen Fällen kann der VN in Abkehr vom „Alles-oder-Nichts-Prinzip" teilweise entschädigt werden. Als Grundlage der **Herabsetzung des Anspruchs** kann § 343 BGB herangezogen werden[421]. Die Kürzung darf dabei jedoch nicht allein im Umfang der Obliegenheitsverletzung erfolgen, da dies dem Präventionscharakter der Leistungsfreiheit zuwiderlaufen würde[422]. Ob sich die Täuschung auf einen nur geringen Teil des versicherten Schadens bezieht, kann nur im Verhältnis zur Höhe des Gesamtschadens beurteilt werden[423]. **Geringfügig** ist die Täuschung in der Regel, wenn sie sich auf **nicht mehr als 10 % des Gesamtschadens** bezieht[424]. Das bei der Einschränkung der Leistungsfreiheit festzustellende Maß des Täuschungsverschuldens des VN hängt aber nicht nur davon ab, in welchem Umfang die VN über den entstandenen Schaden getäuscht hat. Maßgebend sind vielmehr auch die **Beweggründe für die Täuschung,** insbesondere ob eine **Gewinnsucht** vorliegt oder lediglich die Durchsetzung eines berechtigten Anspruchs gefördert werden sollte[425]. Liegt allein ein geringfügiges Täuschungsverschulden vor, fehlt es aber an der Existenzgefährdung, ist es dem VR nicht verwehrt, sich auf die Leistungsfreiheit zu berufen[426]. Zwar hat die Rspr. diese Grundsätze für die Fälle der arglistigen Täuschung entwickelt, doch sind sie erst recht auf die weniger schwerwiegenden **Obliegenheitsverletzung** zu übertragen; denn es kann nicht sein, das der schwere Verstoß – die arglistige Täuschung – die geringere Sanktion – nur Teilverlust – erfährt[427]. Der **VN** hat **nachzuweisen** und ggf. zu **beweisen,** dass die tatsächlichen Voraussetzungen vorliegen, unter denen sich das Verhalten des VR als rechtsmissbräuchlich darstellen würde[428].

172   c) **Leistungsfreiheit bei Obliegenheitsverletzungen nach Teilleistungen.** Hat der VR bereits **Teilleistungen** erbracht und verletzt der VN **nachträglich** Obliegenheiten bezogen allein auf die noch ausstehende Leistung, kommt Leistungsfreiheit auch nur insoweit in

---

[418] Z. B. OLG Köln v. 16. 4. 2002, VersR 2002, 1419 (1420); OLG Köln v. 12. 4. 1994, VersR 1994, 1183 f. m. w. N.

[419] St. Rspr. des BGH: z. B. BGH v. 28. 11. 1963, VersR 1964, 154 (155); BGH v. 2. 10. 1985, VersR 1986, 77 (78); BGH v. 23. 9. 1992, VersR 1992, 1465 f.; BGH v. 16. 6. 1993, VersR 1994, 45 (46) m. w. N.; BGH v. 12. 5. 1993, VersR 1993, 1351 (1352): Der VR handelt nur unter ganz besonderen Umständen rechtsmissbräuchlich, wenn er die völlige Leistungsfreiheit geltend macht. Diese Ausnahme ist nur gegeben, wenn der Täuschungsversuch des VN im ganzen Brandschaden betrifft und wenn der VN erst auf nachhaltiges Befragen die Täuschung zugibt. In diesem Fall erscheint die völlige Leistungsfreiheit des VR selbst bei einer Existenzbedrohung des VN nicht als übermäßige und unbillige Härte; zuletzt BGH v. 13. 7. 2005, r+s 2005, 420; OLG Koblenz v. 24. 1. 2003, VersR 2003, 851.

[420] Z. B. BGH v. 16. 6. 1993, VersR 1994, 45 m. w. N.

[421] OLG Hamm v. 31. 1. 1986, VersR 1986, 1177 (1178).

[422] Zutr. *Römer/Langheid/Römer,* § 6 VVG Rn. 138.

[423] BGH v. 23. 9. 1992, VersR 1992, 1465 (1466); BGH v. 16. 6. 1993, 1994, 45.

[424] *Römer/Langheid/Langheid,* § 34 VVG Rn. 31 ff. mit zahlreichen Bsp. aus der Rspr.

[425] Z. B. BGH v. 8. 2. 1984, VersR 1984, 453 (454); BGH v. 12. 5. 1993, 1993, 1351 (1352).

[426] Z. B. OLG Düsseldorf v. 30. 9. 1997, VersR 1999, 1106 (1108).

[427] Zutr. *Römer/Langheid/Langheid,* § 34 VVG Rn. 37 m. w. N.

[428] Z. B. OLG Saarbrücken v. 9. 10. 1996, VersR 1997, 826 (827).

Betracht. Die bereits empfangenen Leistungen, die ihm zum Zeitpunkt der Erfüllung auch zustanden, hat er wegen der nachträglichen Pflichtverletzung nicht herauszugeben[429].

10. Einzelne Beweisfragen

a) Hinweispflicht bei der Verletzung von Obliegenheiten vor Eintritt des Versi- **173** **cherungsfalles.** Besteht eine Hinweispflicht des VR, da er die Verletzung einer Obliegenheit vor Eintritt des Versicherungsfalles kennt[430], trägt er die Beweislast für deren **rechtzeitige Erfüllung** beim VN[431]. Wendet der **VN** dagegen ein, der Hinweis sei **verspätet,** ist er dafür beweispflichtig, dass der VR früher als behauptet Kenntnis von der Obliegenheitsverletzung erlangt hat[432].

b) Verschulden. Liegt der objektive Tatbestand einer Obliegenheitsverletzung vor, be- **174** steht eine **gesetzliche Vermutung nur noch für grobe Fahrlässigkeit** (§ 28 Abs. 2 S. 2 2. Hs. VVG). Den **VN** trifft der **Entschuldigungsbeweis,** dass ihm keine grobe Fahrlässigkeit an der Obliegenheitsverletzung vorzuwerfen ist[433]. Den **Vorsatz** des VN **muss** der **VR** **beweisen**[434].

c) Schwere des Verschuldens bzw. Grad der Leistungskürzung nach § 28 Abs. 2 **175** **S. 2 VVG.** Während der VN die Vermutung grober Fahrlässigkeit nach § 28 Abs. 2 S. 2 VVG widerlegen muss, trifft den **VR** die Darlegungs- und **Beweislast** für die Schwere des Verschuldens[435]. Gegen diese „aufgespaltene" Beweislastverteilung wird eingewandt, dass es bei Tatsachen, die sowohl für die grobe Fahrlässigkeit, als auch für deren Schwere bedeutsam sind, zu Wertungswidersprüchen bei der Beweislast kommen kann[436]. Solche Unstimmigkeiten sind jedoch bei konsequenter Anwendung der Beweislastgrundregel, wonach jede Partei die ihr günstigen Tatsachen zu beweisen hat[437], hier nicht zu befürchten. Will der **VN** grobe Fahrlässigkeit widerlegen, muss er ihn **Entlastendes beweisen.** Gelingt ihm dies nicht und ist danach von grober Fahrlässigkeit auszugehen, muss der **VR** weitere Umstände, auf die er sein Kürzungsrecht stützt, also zusätzlich **Belastendes beweisen.** Bei diesem Verständnis kommt es zu keiner Beweislastüberschneidung.

Bei § 81 Abs. 2 VVG stellt sich dieses Beweislastproblem nicht, da der VR dort – mangels entsprechender gesetzlicher Vermutung – sowohl die grobe Fahrlässigkeit als auch die Schwere des Verschuldens beweisen muss.

---

[429] Z. B. BGH v. 13. 6. 2001, VersR 2001, 1020 (1021): „Für schon vor dem Eintritt des Verwirkungstatbestands erbrachte Leistungen auf bestehende Verbindlichkeiten entfällt der rechtliche Grund durch die arglistige Täuschung daher nicht. Der Gedanke, dass ein Vertragspartner eine empfangene Leistung, die ihm zum Zeitpunkt der Erfüllung auch zustand, wegen einer nachträglichen Pflichtverletzung herauszugeben hätte, ist dem bürgerlichen Recht fremd (BGHZ 96, 88 [94ff.] = VersR 1986, 77 [79]).“; OLG Schleswig v. 15. 5. 1989, VersR 1990, 517: Eine nach § 13 Abs. 1 AKB geleistete Zeitwertentschädigung braucht nicht zurückgezahlt zu werden wenn die behauptete Obliegenheitsverletzung durch den VN erst nach Empfang der Entschädigung im Rahmen der Verhandlungen über die erhöhte Entschädigung gem. § 13 Abs. 2 und 10 AKB begangen ist. Berliner Kommentar/*Schwintowski*, § 6 VVG, Rn. 128 m.w.N.

[430] Siehe dazu oben Rn. 77

[431] BGH v. 27. 5. 1981, VersR 1981, 921: „Die Kündigung ist eine empfangsbedürftige Willenserklärung i. S. v. § 130 Abs. 1 BGB. Sie ist daher erst mit Zugang bei dem VN wirksam. Daraus folgt, dass den VR die Beweislast für den Zugang der Kündigung trifft …“; *Römer/Langheid/Römer*, § 6 VVG Rn. 126.

[432] Z. B. OLG Köln v. 18. 1. 2000, VersR 2000, 1217.

[433] Siehe dazu auch oben 88. *Römer/Langheid/Römer*, § 6 VVG Rn. 124; Berliner Kommentar/*Schwintowski*, § 6 VVG Rn. 259.

[434] Siehe dazu näher oben Rn. 81 ff.

[435] So z. B. *Marlow/Spuhl*, S. 93; a. A. *Pohlmann*, VersR 2008, 437 (438ff.).

[436] *Pohlmann*, VersR 2008, 437 (439f.), die sich ausführlich mit verschiedenen Modellen auseinandersetzt.

[437] Vgl. nur *Zöller-Greger*, Vor § 284 ZPO, Rn. 17a, wonach den Anspruchsteller die Beweislast für die rechtsbegründenden, den Anspruchsgegner für die rechtsvernichtenden, rechtshindernden und rechtshemmenden Tatbestandsmerkmale trifft.

176   **d) Kausalität.** Den **Kausalitätsgegenbeweis** hat der **VN** zu führen. Er muss **ausschlie-ßen,** dass sich die Obliegenheitsverletzung weder auf den Eintritt oder die Feststellung des Versicherungsfalls noch auf die Feststellung oder den Umfang der Leistungspflicht **ausge-wirkt hat**[438]. Bleiben hierbei **Zweifel, gehen** diese **zu seinen Lasten.**

177   Bei der Verletzung **gefahrvorbeugender Obliegenheiten** hat der **VR** außer dem **ob-jektiven Verstoß** darzulegen und gegebenenfalls zu beweisen, dass die Obliegenheit bei **ab-strakter** vom Einzelfall losgelöster **Betrachtung geeignet ist,** den **Eintritt eines Versi-cherungsfalls** der vorliegenden Art zumindest **zu erschweren**[439]. Dabei genügt es, wenn er darlegt und gegebenenfalls beweist, dass durch die Obliegenheitsverletzung der **Eintritt des Versicherungsfalls wahrscheinlicher** geworden ist. Dem **VN** obliegt es dann nach § 28 Abs. 3 S. 1 VVG zu beweisen, dass die Verletzung **keinen Einfluss** auf den Eintritt des VersFalles oder den Umfang der vom VR zu erbringenden Leistung hatte. Dieser **Kausal-itätsgegenbeweis** ist nur dann erbracht, wenn mit Sicherheit festzustellen ist, dass sich die Obliegenheitsverletzung in keiner Weise auf den Eintritt des konkreten VersFalles ausgewirkt hat[440]. Dies ist etwa der Fall, wenn die Schadensursache mit der Obliegenheit in keinen Zu-sammenhang steht oder der Schaden genauso mit Sicherheit auch bei Beachtung der Oblie-genheit eingetreten wäre.

178   **e) Ordnungsgemäße Belehrung.** Den **VR** trifft die Darlegungs- und ggf. Beweislast dafür, dass er den VN **ordnungsgemäß belehrt** hat[441]. Dementsprechend hat er etwa Gründe, die das Belehrungsgebot ausnahmsweise entbehrlich machen, darzulegen und zu be-weisen[442]. Fehlt es an einer notwendigen ordnungsgemäßen Belehrung des VR, kommt Leis-tungsfreiheit nicht in Betracht, so dass dann die sonstigen Voraussetzungen dahinstehen kön-nen.

§ 14. Verletzung der vorvertraglichen Anzeigepflicht

Inhaltsübersicht

---

[438] Z. B. BGH v. 9. 5. 1984, 1984, 830 (833). Siehe näher dazu oben Rn. 98 ff.

[439] BGH VersR v. 13. 11. 1996, 1997, 485 f. m. w. N.; siehe dazu oben Rn. 138 f.

[440] BGH v. 13. 11. 1996, 1997, 485 (486) m. w. N.

[441] Z. B. BGH v. 8. 5. 1967, VersR 1967, 593 (594).

[442] Z. B. BGH v. 16. 12. 1967, VersR 1967, 441 (443); v. 8. 5. 1967, 1967, 593 (594); OLG Koblenz v. 12. 4. 1996, VersR 1997, 1390 m. w. N.

Literatur: *Armbrüster,* Das Alles-oder-nichts-Prinzip im Privatversicherungsrecht, Karlsruhe 2003; *Bach/ Moser/Bearbeiter,* Private Krankenversicherung, 3. Aufl., 2002; *Baumann,* Zur Bedeutung von Gentests beim Abschluss von Lebens- und Krankenversicherungsverträgen, ZVersWiss 2002, 169; *Bruck/Möller/ Sieg/Johannsen,* Versicherungsvertragsgesetz, Bd. III (FeuerV), 8. Aufl., 2002; *Burmann/Heß/Höke/Stahl,* Das neue VVG im Straßenverkehrsrecht, 2008; *Buyten/Simon,* Gendiagnostik beim Abschluss privater Kranken- und Lebensversicherungsverträgen, VersR 2003, 813; *Dehner,* Zur vorvertraglichen Anzeige- pflicht des VN, NJW 1992, 3007; *Dreher,* Anm. zu BGH v. 25. 3. 1992 – IV ZR 55/91 –, JZ 1992, 926; *Fenger/Schöffski,* Gentests und Lebensversicherung: Juristische und ökonomische Aspekte, NVersZ 2000, 449; *Fenyves,* Zum Ministerialentwurf einer Versicherungsgesetzes – Novelle 1994, VersRdSch 1994, 33; *Franz,* Das Versicherungsvertragsrecht im neuen Gewand – Die Neuregelungen und ausgewählte Pro- bleme, VersR 2008, 298; *Fricke,* Beweislast und Beweisführung bei Verletzung der vertraglichen Anzeige- pflicht, VersR 2007, 1614; *Funck,* Ausgewählte Probleme aus dem allgemeinen Teil zum neuen VVG aus der Sicht einer Rechtsabteilung, VersR 2008, 163; *Günther/Spielmann,* Vollständige und teilweise Leis- tungsfreiheit nach dem VVG 2008 am Beispiel der Sachversicherung, r+s 2008, 133, 177; *Grote/Schnei- der,* VVG 2008: Das neue Versicherungsrecht, BB 2007, 2689; *Grubmann,* Das Versicherungsvertragsge- setz, 4. Aufl., Wien 1995; *Hövel,* Ab wann gilt etwas zur Kenntnis des Versicherers gelangt?, VersR 2008, 315; *Huesmann,* Die vorvertragliche Risikoprüfungsobliegenheit, Diss. Köln 1998; *Klimke,* Anzeige- pflichten des VN bei Abschluss einer Rückwärtsversicherung, VersR 2004, 287; *ders.,* Die Abbedingung des § 2 II 2 VVG bei einem vom VR ausgehenden Angebot auf Abschluss einer Rückwärtsversicherung, VersR 2005, 595; *Knappmann,* Anm. zu OLG Dresden v. 30. 6. 2005, VersR 2006, 495; *ders.,* Anzeige- pflicht hinsichtlich ausgeschlossener Umstände, VersR 2006, 51; *ders.,* Beteiligung von Ärzten bei Ab- schluss eines Versicherungsvertrages oder bei der Regulierung von Versicherungsfällen, VersR 2005, 199; *ders.,* Grenzen und Beschränkungen der Rechte des VR bei Verletzung der Anzeigepflichten durch den VN, r+s 1996, 81; *von Koppenfels-Spies,* Zum Verhältnis der sogenannten Anzeigeobliegenheit des VR zur vorvertraglichen Anzeigepflicht, ZfS 2004, 489; *Kubiak,* Anm. zu LG Bielefeld v. 14. 2. 2007, VersR 2007, 675; *Lange,* Die vorvertragliche Anzeigepflicht in der D&O-Versicherung, VersR 2006, 605; *ders.,* Die vorvertragliche Anzeigepflicht im neuen Recht, r+s 2008, 56; *Langheid,* Die Reform des Versicherungsvertragsgesetzes, NJW 2007, 3665, 3745; *Leverenz,* Anforderungen an eine gesonderte Mitteilug nach dem VVG 2008, VersR 2008, 709; *Lorenz,* Hat der VR eine Risikoprüfungsobliegenheit mit Schutzzweck zugunsten des Antragstellers?, VersR 1993, 513; *ders.,* Anm. zu OLG Hamm v. 27. 1. 1993 und 2. 2. 1993, VersR 1994, 295; *ders.,* Zur Berücksichtigung genetischer Tests uns ihrer Ergebnisse beim Abschluss von Personenversicherungsverträgen, VersR 1999, 1309; *Lücke,* Versicherungsbetrug in der Sachversicherung, VersR 1996, 785; *Marlow/Spuhl,* Das neue VVG, 3. Aufl., 2008; *Müller,* Zur frist- gerechten Ausübung des Rücktrittsrechts nach §§ 16ff. VVG – unter Berücksichtigung des Rücktritts nach Eintritt des Versicherungsfalls, r+s 2000, 485; *Müller-Frank,* Täuschung durch Antragstellers mit Wissen des vom VR beauftragten Arztes, NVersZ 2001, 447; *Müller-Frank/Scherff,* Anm. zu KG v. 30. 9. 1997, VersR 1998, 1362; *Neuhaus,* Die vorvertragliche Anzeigepflichtverletzung im neuen VVG, r+s 2008, 45; *Notthoff,* Die Zukunft der generellen Schweigepflichtentbindung in der BU-Zusatzversiche- rung, ZfS 2008, 234; *Präve,* Das Recht des VN auf gen-informelle Selbstbestimmung, VersR 1992, 279; *Prölss,* Anzeigeobliegenheiten des VN bei Drohungen Dritter, NVersZ 2000, 153; *ders.,* Künftige Sank- tionen der Verletzung von Obliegenheiten des VN: die Reform des § 6 VVG sowie der §§ 16ff. und der §§ 23ff. VVG, ZVersWiss 2001, 471; *Reusch,* Die vorvertraglichen Anzeigepflichten im neuen VVG,

VersR 2007, 1313; *Rixecker*, VVG 2008 – Eine Einführung: VII. Verletzung der vorvertraglichen Anzei-
geobliegenheit, ZfS 2007, 369; *ders.*, Anm. zu OLG Köln vom 22. 5. 2007, ZfS 2008, 340; *Röhr*, Die vorvertragliche Anzeigepflicht, 1980; *Römer*, Obliegenheiten in der Personenversicherung, r+s 1998, 45;
Schimikowski, Überlegungen zur Reform des Versicherungsvertragsrechts, r+s 2000, 353; *Spranger*,
Prädiktive genetische Tests und genetische Diskriminierung im Versicherungswesen, VersR 2000, 815;
Taupitz, Genetische Diagnostik und Versicherungsrecht, Karlsruhe 2000; *Voit (sen.)*, Berufsunfähigkeits-
versicherung, München 1994; *Wendt/Juralic*, Die Einbeziehung des Arztes in das Versicherungsgeschäft,
VersR 2008, 41.

A. Normzweck und Regelungsinhalt

1   **Zweck und Funktionsweise der privaten Versicherung** ist, die Folgen eines Risi-
koeintritts bei dem einzelnen VN auf die abstrakt in (etwa) gleicher Weise gefährdete Vielzahl
von Personen zu verlagern. Dies **erfordert möglichst genaue Kenntnis des individuellen
Risikos,** um es den einzelnen Gefahrengruppen zuordnen zu können. Um dem VR diese
Kenntnis zu vermitteln und eine **asymmetrische Informationsverteilung** zu vermeiden,
hat § 19 VVG dem VN im Interesse der Gefahrengemeinschaft die vorvertragliche Anzeigepflicht im Sinne einer gesetzlichen Obliegenheit auferlegt und es nicht bei dem allgemeinen
Grundsatz belassen, dass sich jede Partei selbst um die von ihr benötigte Kalkulationsgrund-
lagen bemühen muss[1]. Zweck und Funktion bestimmen Inhalt und Auslegung der §§ 19ff.
VVG.

2   Der VN hat bei Abgabe seiner Vertragserklärung alle **risikoerheblichen Umstände,
nach denen** der VR in Textform **gefragt** hat, anzugeben (§ 19 Abs. 1 S. 1 VVG). Nachträglich bis zum Vertragsschluss eintretende Umstände sind nur bei **Nachfrage des VR** anzeigepflichtig (§ 19 Abs. 1 S. 2 VVG). Gefahrerheblich sind alle Umstände, die für den Entschluss
des VR erheblich sind, einen Versicherungsvertrag mit dem vereinbarten Inhalt zu schließen.
Die **Anzeigepflicht** kann **nur für dem VN bekannte Umstände** bestehen, da von ihm
nichts Unmögliches verlangt werden kann. Eine Verletzung der Anzeigepflicht berechtigt
den VR zum Rücktritt (§ 19 Abs. 2 VVG). Handelte der VN nicht vorsätzlich oder grob
fahrlässig, besteht **anstatt des Rücktrittsrechts** nur ein befristetes **Kündigungsrecht** des
VR (§ 19 Abs. 3 VVG).
         Wurde die Anzeigepflicht nicht vorsätzlich verletzt, entfallen Rücktritts- und Kün-
gungsrecht des VR in den Fällen, in denen er den Vertrag auch bei Kenntnis der nicht angezeigten Umstände, wenn auch zu anderen Bedingungen, geschlossen hätte (§ 19 Abs. 4
VVG). Der VR ist berechtigt, diese anderen **Bedingungen,** z. T. auch **rückwirkend, Vertragsinhalt** werden zu lassen. Erhöht sich nach den neuen Bedingungen die Prämie um
mehr als 10% oder verlangt der VR einen Risikoausschluss, hat der VN ein Kündigungsrecht
(§ 19 Abs. 6 VVG).
         Alle Rechte des VR setzen voraus, dass er den VN auf die Folgen einer Anzeigepflichtver-
letzung **hinwies** und seine Rechte innerhalb eines Monats nach Kenntnis geltend machte.
Sie sind ausgeschlossen, wenn er den nicht angezeigten Umstand oder die Unrichtigkeit der
Anzeige **kannte** (§§ 19 Abs. 6, 21 Abs. 1 S. 1 VVG). Dann ist ihm nämlich eine zutreffende
Einschätzung des zu übernehmenden Risikos ohne die Angaben des VN möglich, so dass
trotz bestehender Anzeigepflichtverletzung der Gesetzeszweck keine Sanktion erfordert.
Dem ist nach § 242 BGB gleichzustellen, wenn der VR den Vertrag schließt, obwohl die An-
gaben des VN unklar oder widersprüchlich sind und bei einem sorgfältigen Vorgehen eine
genauere Nachprüfung verlangt hätten („Risikoprüfungsobliegenheit"). Zusätzlich ist der
VR mit allen Rechten ausgeschlossen, wenn seit dem Vertragsschluss mehr als fünf Jahre vergangen sind. Bei Vorsatz und Arglist des VN verlängert sich die Frist auf zehn Jahre. Dieser
Ausschluss betrifft keine Versicherungsfälle, die vor Ablauf der Fristen eintraten (§ 21 Abs. 3
VVG).

---

[1] *Bruck/Möller* § 16 Anm. 4.

Wirkt bei dem Vertragsschluss auf Seiten des VN ein durch Rechtsgeschäft **Bevollmäch-** 3 **tigter** mit, wird über § 166 Abs. 1 BGB hinaus Kenntnis und Verschulden sowohl des Vertreters als auch des Vertretenen zugerechnet (§ 20 VVG). Dies gilt auch für einen Vertreter ohne Vertretungsmacht, der nach Genehmigung rückwirkend als bevollmächtigt gilt (§§ 182, 184 BGB).

Für die **Wirkungen des Rücktritts** gilt grundsätzlich § 346 BGB. Es besteht aber kein 4 uneingeschränktes beiderseitiges Rückgewährsverhältnis. Die Prämien verbleiben bis zur Wirksamkeit des Rücktritts dem VR (§ 39 Abs. 1 S. 2 VVG).

Wenn es sich für den VR nicht nachteilig ausgewirkt haben kann, dass die Risikolage nicht zutreffend beurteilt werden konnte, besteht für ein Leistungsverweigerungsrecht kein Anlass. Dem entspricht **§ 19 Abs. 2 VVG.** Soweit zum Zeitpunkt der Rücktrittserklärung der Versicherungsfall bereits eingetreten war – für spätere Versicherungsfälle bleibt es immer bei der Leistungsfreiheit –, besteht weiterhin eine Leistungspflicht des VR, soweit verschwiegene Umstände sich auf Verssicherungsfall und/oder Leistungshöhe nicht ausgewirkt haben können. Für solche Versicherungsfälle entfällt in entsprechender Anwendung des § 19 Abs. 2 VVG auch die Rückgewährspflicht nach § 346 BGB. Die teilweise Rücknahme einer generellen Rückerstattungspflicht entfällt bei Arglist des VN (§ 21 Abs. 2 S. 2 VVG).

Die Erklärungen des VR müssen schriftlich erfolgen und der VR muss seine Entscheidung 5 **begründen.** Das **Nachschieben** nicht verfristeter Gründe ist gestattet (§ 21 Abs. 1 S. 1, 3 VVG).

Neben dem Rücktritt ist nur eine **Anfechtung wegen arglistiger Täuschung** zugelas- 6 sen. (§ 22 VVG). Hier gilt ohne Einschränkungen allgemeines Zivilrecht. Die Auswirkungen der ex tunc bestehenden Nichtigkeit (§ 142 BGB) sind nicht entsprechend § 21 VVG abgemildert.

Das neue VVG behält damit das Grundprinzip des früheren Rechts bei, das für vor dem 7 1. 1. 2008 geschlossene Versicherungsverträge noch für das Jahr 2008 und für die Regulierung der sich in diesem Jahr ereignenden Versicherungsfälle auch darüber hinaus gilt. Es bleibt bei einer vorvertraglichen Anzeigepflicht des VN, deren schuldhafte Verletzung Sanktionsrechte des VR begründet. In Einzelfragen bestehen trotz identischer Definition der Gefahrerheblichkeit erhebliche **Unterschiede gegenüber §§ 16 ff VVG a. F.** Im Grundsatz besteht nach diesen Vorschriften, unabhängig von Fragen des VR, eine spontane Anzeigepflicht. **Jede schuldhafte Verletzung** führt ohne Beschränkung auf Vorsatz oder grobe Fahrlässigkeit zu einem **Rücktrittsrecht** des VR. Ein Kündigungsrecht ist besteht nur für Sonderfälle, in denen die Anzeigepflicht schuldlos verletzt wurde (§ 41 Abs. 2 S. 1 VVG a. F.). Eine Vertragsanpassung wie in § 19 Abs. 4 VVG ist ebenso wie eine Hinweispflicht des VR (§ 19 Abs. 5 S. 2 VVG) nicht vorgesehen. Der VR ist in der Ausübung seiner Rechte nicht auf eine bestimmte Zeitspanne nach Vertragsschluss beschränkt. Für die Rücktrittserklärung selbst bestehen keine Formvorschriften.

Auf Einzelheiten wird bei der nachfolgen Behandlung von Einzelfragen eingegangen werden.

B. Verletzung der vorvertraglichen Anzeigepflicht und ihre Folgen (§§ 19–21 VVG)

I. Hinweispflicht des Versicherers

Der VR kann aus Anzeigepflichtverletzungen des VN nur dann Rechte herleiten, wenn er 8 den VN auf die Folgen einer Anzeigepflichtverletzung **hingewiesen** hat. Der Hinweis muss den VN **zeitlich vor der Beantwortung der Gefahrfragen** erreichen, weil der Hinweis nur dann die beabsichtigte Warnfunktion wirklich ausfüllen kann. Eine nachträgliche Warnung zwänge nämlich bei fehlerhaften Angaben zu einer Berichtigung und damit vielleicht zu dem Eingeständnis einer Pflichtwidrigkeit. Das ist psychologisch mit der Situation eines vorgewarnten VN bei der ersten Befragung nicht zu vergleichen. Der Hinweis muss bei einem schriftlichen Antragsformular vor den Gefahrfragen stehen und von einem den Antrag aufnehmenden Agenten erteilt werden, bevor er diese Fragen stellte. Ein Hinweis, der den VN erst unmittelbar vor oder beim Unterschreiben des vorher schon ausgefüllten Antragformulars erreicht, reicht nicht[2].

Der Hinweis muss **in Textform** (§ 126b BGB) gemacht werden. Ein nur mündlicher Hinweis ist unzureichend. Ein Hinweis, der nur im Laptop des Agenten enthalten und nicht rechtzeitig vor der Antragsstellung ausgedruckt oder übertragen wurde, ist nicht zugegangen[3]. Das Gesetz verlangt außerdem eine **„gesonderte Mitteilung in Textform"**. **Ob** dies **in einem gesonderten Schriftstück,** einem Extrablatt, geschehen muss, ist **streitig**[4]. Von der VVG-Kommission wurde dies eindeutig nicht verlangt. Die geänderte Formulierung wird in der amtlichen Begründung nicht näher erläutert. Im Referentenentwurf und im Regierungsentwurf wird übereinstimmend „eine besondere Mitteilung" verlangt. Das kann vom Wortsinn her sowohl ein zusätzliches Blatt als auch eine hervorgehobene Art der Mitteilung bedeuten. Wenn eine sachliche Abweichung von dem Vorschlag der Kommission gewollt war, wäre ein entsprechender Hinweis zu erwarten gewesen. Es fällt auch auf, dass diese Formulierung im Gesetz mehrfach gewählt wird[5]. Die dort geregelten Sachverhalte könnten einen Rückschluss auf das Formerfordernis in § 19 Abs. 5 VVG zulassen. So liegt es sehr fern, für die Belehrung bei einer Aufklärungs- oder Auskunftsobliegenheit nach § 28 Abs. 4 VVG neben den erforderlichen Fragen des VR, die diese Obliegenheiten voraussetzen, in einem anderen Blatt, das übersehen und verloren gehen kann, über die Folgen einer Verletzung belehren zu müssen. Der Schutzzweck der Norm wird durch einen deutlichen, von dem übrigen Text abgesonderten Hinweis erheblich besser erfüllt, falls er dem VN vor den Fragen des VR vor Augen kommt. Es reicht ein durch Schrifttype und/oder Farbe hervorstechender Hinweis. Dass die Formulierung zumindest nicht immer ein Extrablatt verlangt, zeigen auch die §§ 37, 52 VVG, da hier ausdrücklich die Möglichkeit eines auffälligen Hinweises im Versicherungsschein als Alternative genannt ist. Auch für § 19 Abs. 5 VVG halte ich eine gesondertes Schriftstück nur dann für erforderlich, wenn nur so eine formgerechte Belehrung des VN vor seinen Angaben sichergestellt (und nachgewiesen) werden kann. Bei der in der Praxis häufigen Antragsaufnahme durch einen Agenten muss sichershy;gestellt sein, dass der Hinweis dem VN in zulässiger Form vor der Behandlung der Gefahrfragen zugänglich gemacht wird. Das könnte durch Übergabe des Antragformulars unter Hinweis auf die darin enthaltene Belehrung oder – wohl besser – durch Aushändigung eines ausgedruckten Hinweises erfolgen.

9 Der Hinweis muss inhaltlich richtig sein und **alle möglichen Rechtsfolgen einer Anzeigepflichtverletzung aufzeigen.** Allgemein mahnende Worte[6] und pauschale Hinweise reichen nicht. Es muss mitgeteilt werden, dass und wann dem VR ein Rücktritts- oder Kündigungsrecht zusteht und wann er eine Vertragsanpassung verlangen kann[7]. Insbesondere muss deutlich werden, dass der VN bei einem Versicherungsfall schutzlos sein und sogar rückwirkend seinen Versicherungsschutz verlieren kann. Der Hinweis im Produktionsinformationsblatt nach § 4 Abs. 2 S. 5 VVG-InfVO ersetzt den nach § 19 Abs. 5 S. 1 VVG nicht. Eine

---

[2] *Lange,* r+s 2008, 57; *Leverenz,* VersR 2008, 712, hält einen Hinweis noch unmittelbar vor der Unterschrift wohl für weniger empfehlenswert, aber für zulässig.

[3] So auch *Meixner/Steinbeck,* Rn. 235; anders wohl *Marlow/Spuhl,* S. 47.

[4] Bejahend *Reusch,* VersR 2007, 1319; *Neuhaus,* r+s 2008, 52; *Funck,* VersR 2008, 166 (Extradokument, das mit anderen Dokumenten verbunden sein kann und kein Extrablatt zu sein braucht). Verneinend *Rixecker,* ZfS 2007, 37; *Grothe/Schneider,* BB 2007, 2692; *Leverenz,* VersR 2008, 710; *Marlow/Spuhl,* S. 50; *Burmann/Heß/Höke/Stahl,* Rn. 81; *Lange,* r+s 2008, 57 (Fn. 14), empfiehlt ein Extradokument als sicheren Weg.

[5] U. a. §§ 6 Abs. 3, 28 Abs. 4, 37 Abs. 2 S. 2, 52 Abs. 1 S. 2 VVG; vgl. auch *Leverenz,* VersR 2008, 709.

[6] *Rixecker* ZfS 2007, 37.

[7] Die von *Marlow/Spuhl* (S. 50), ebenso *Neuhaus* r+s 2008, 52, vorgeschlagene Belehrung ist unzureichend, da mögliche Folgen einer Anzeigepflichtverletzung nur pauschal angedeutet werden.

wörtliche oder inhaltlich richtige Wiedergabe des Gesetzestextes in Abs. 2 bis 4 reicht nicht aus[8]. Vom VR kann nicht verlangt werden, diese Regelung dem VN verständlicher als der Gesetzestext zu vermitteln. Ein Hinweis auf Abs. 6 ist überflüssig, da diese Belehrung erst für das Anpassungsverlangen des VR vorgesehen ist. Auch auf §§ 123 BGB, 22 VVG braucht nicht hingewiesen zu werden. Dabei handelt es sich nicht um Rechte nach Abs. 2–4.

Bei formwidrigen oder inhaltlich unrichtigen oder unvollständigen Hinweisen kann der **10** VR aus einer Anzeigepflichtverletzung **keine Rechte** herleiten.

Bei **ausländischen VN** genügt die Belehrung in deutscher Sprache, wie auch bisher bei **11** den Anforderungen an die Belehrung im Rahmen der Relevanzrechtsprechung angenommen wird[9]. Wenn ein Agent bei der Antragsaufnahme mitwirkt und die Antragsfragen übersetzt und erläutert, ist diese Tätigkeit auch für die Belehrung zu verlangen.

Fraglich kann sein, ob die Hinweispflicht auch gegenüber einem **arglistigen VN** besteht. **12** Dagegen spricht, dass bei Arglist inzwischen ganz überwiegend das Schutzbedürfnis des VN verneint wird[10]. Andererseits schließt das Gesetz mehrfach den VN begünstigende Regelungen für den Fall der Arglist ausdrücklich aus[11]. Dabei handelt es sich aber immer um die rechtlichen Folgen zeitlich zurückliegenden Vorgehens des VN. Belehrungen und Hinweise sollen den VN von einem Verhalten abhalten, indem sie ihm die Folgen vor Augen führen. Das ist auch bei Arglist nicht von vornherein aussichtslos. Deshalb besteht die Hinweispflicht auch bei Arglist des VN. Dafür spricht auch, dass § 28 Abs. 4 VVG, der die bisherige Relevanzrechtsprechung gesetzlich umsetzt[12], die Ausnahme für Arglist, nicht übernimmt. § 19 Abs. 5 S. 1 VVG setzt eine formelle Tatbestandsvoraussetzung für Rechte des VR, die unabhängig von Kenntnis und Absichten des VN oder den Erfolgsaussichten eines Hinweises erfüllt sein muss[13].

II. Anzeigepflichten des Versicherungsnehmers

Anzeigepflichten bestehen nur, wenn und soweit der VR fragt. Die Anzeigepflicht **13** ist damit anders als im früheren Recht auf die Verpflichtung eingeschränkt, Fragen des VR wahrheitsgemäß zu beantworten. Diese Fragen müssen in Textform (§ 126b BGB) gestellt werden und gefahrerhebliche Umstände betreffen. Die Gefahrerheblichkeit wird nicht mehr wie bisher nach § 16 Abs. 1 S. 3 VVG a. F. vermutet. Daraus folgt, dass sich der VR im Streitfall von Anfang an wenigstens allgemein zur Gefahrerheblichkeit einer konkreten Frage erklären muss[14], wenn sie nicht auf der Hand liegt. Einen detaillierten Vortrag wird er bis zum Bestreiten des VN zurückstellen können.

1. Gefahrerhebliche Umstände

Zu beantworten sind Fragen nach **Umständen, die für die Übernahme der Gefahr er-** **14** **heblich sind.** Entsprechend dem Gesetzeszweck zählen dazu alle Umstände, die erforderlich sind, um das konkrete Risiko nach den jeweiligen Grundsätzen des betroffenen VR in die einzelnen Risiko- und Tarifgruppen einzuordnen. Dies ist je nach VR und Versicherungssparte unterschiedlich. Gefahrerheblich sind alle Umstände, bei deren Kenntnis der VR nach seiner zum Zeitpunkt der Annahme geltenden Geschäftspraxis den konkreten Vertrag nicht oder mit anderem Inhalt abgeschlossen hätte. Nach dem Wortlaut der gesetzlichen Definition des § 19 Abs. 1 S. 1 VVG kann nicht auf eine objektive Sicht abgestellt werden, da nicht entscheidend ist, wie ein Risiko allgemein und objektiv zu bewerten wäre. Nur völlig indiffe-

---

[8] *Lange* r+s 2008, 58.
[9] *Prölss/Martin/Knappmann* § 1 7 AKB rn. 92m. w. Nw.; OLG Celle v. 26. 4. 2007, ZfS 2007, 571.
[10] So im Rahmen der Risikoprüfungs- oder der Nachprüfungspflichten (unten Rn. 59, 86 und BGH v. 15. 3. 2006, VersR 2007, 96 und v. 4. 7. 2007, VersR 2007, 1256) und der Relevanzrechtsprechung.
[11] Unter anderem §§ 21 Abs. 22 S. 2, Abs. 3 S. 2, 28 Abs. 3 S. 2 VVG.
[12] Amtliche Begründung zu 28 IV VVG (BT-Drucksache 16/3945 S. 69 (1. Spalte, letzter Absatz)).
[13] Ebenso BGH v. 11. 1. 2006, VersR 2006, 533, zu den Belehrungen nach §§ 12 Abs. 3, 39 VVG a. F.
[14] *Rixecker* ZfS 2007, 370.

rente Gesichtspunkte können auch bei anderer Praxis des VR unberücksichtigt bleiben[15]. Unschädlich ist, dass der VR zum Abschluss des konkreten Vertrages erst nach weiteren Prüfungen bereit gewesen wäre. Dies könnte nur Grundlage einer Anfechtung nach §§ 22 VVG, 123 BGB sein. Es ist nicht erforderlich, dass der konkrete Vertrag tatsächlich nicht abgeschlossen worden wäre, da es ausreicht, dass der nicht oder unrichtig angezeigten Umstand nach der Geschäftspraxis generell „geeignet" gewesen wäre, den Entschluss des VR zu beeinflussen[16]. Dass der VR von seinen Prüfungsgrundsätzen bei einzelnen Kunden abweichen mag, ändert an der Gefahrerheblichkeit nichts.

15   **a) Risikogefahr.** Anzeigepflichtig sind einmal erfragte Umstände, die für die **Wahrscheinlichkeit des Eintritts des versicherten Risikos** oder der Höhe der bei einem Versicherungsfall zu leistenden Entschädigung bedeutsam sind oder sein können. Das können die Beschaffenheit (Bauart, Sicherungseinrichtungen) und die Nutzung der versicherten Sache oder auch der Gesundheitszustand der versicherten Person (bestehende oder frühere Erkrankungen) sein. Bei Geltung der §§ 16ff. VVG a. F. sind auch Absichten und Planungen des VN (Suicid- oder Mordabsicht[17] in der Lebensversicherung, Absicht einer in-vitro-Fertilisation[18]) oder Dritter (Drohung mit Brandstiftung[19]) anzuzeigen. Soweit der VR danach fragte, was die Ausnahme sein dürfte, gilt das auch für § 19 VVG.

16   Anzeigepflichtig sind weiterhin Umstände, die erst im Rückschluss möglicherweise, nach weiteren Ermittlungen, Folgerungen für das zu übernehmende Risiko ermöglichen **(indizierende Umstände).** Hierzu zählen gesundheitliche symptomatische Beschwerden, Krankenhausaufenthalte, frühere Arztbesuche und auch häufiger Arztwechsel, da diese einen Rückschluss auf bestimmte Erkrankungen oder auch allgemein auf den Gesundheitszustand und die Krankheitsanfälligkeit des Versicherten zulassen. Anzugeben sind auch **Vorschäden,** da sie, zumindest wenn sie gehäuft auftraten, auf eine besondere Gefährdung des Objektes oder auch auf eine besondere Sorglosigkeit des VN schließen lassen können, sowie **Vorversicherungen** und hier vor allem die Gründe ihrer Beendung, aus denen unter Umständen auf gefahrerhebliche Umstände rückgeschlossen werden kann[20]. Deshalb können auch Rechtstatsachen (z. B.: Eigentumsverhältnisse an der versicherten Sache oder der Umstand, wer die Vergütungsgefahr trägt[21]) anzugebende Umstände sein.

17   **b) Vertragsgefahr.** Bei bestehendem Versicherungsvertrag trägt der VR faktisch auch die Gefahr, zu Unrecht in Anspruch genommen zu werden **(Vertragsgefahr),** weil der VN trotz eines Risikoausschlusses Ansprüche stellt, einen Versfall vorsätzlich herbeiführt bzw. vortäuscht oder überhöhte Forderungen geltend macht. Umstände, die eine solche Gefahr begründen können, sind ebenfalls anzeigepflichtig. Dazu zählen weitere Versicherungsverträge, da besonders in der Summenversicherung die Möglichkeit, sehr hohe Versicherungsleistungen beanspruchen zu können, ein erhöhtes subjektives Risiko bedeutet[22], und auch einschlägige Vorstrafen (Brandstiftung, Betrug). Die Anzeigepflicht erstreckt sich auch auf **Umstände, die** an sich **ausgeschlossene Risiken betreffen,** da dann die Gefahr besteht, dass

---

[15] OLG Frankfurt v. 5. 12. 2001, NVersZ 2002, 172 = VersR 2002, 559; *Bruck/Möller,* § 16 Anm. 25.

[16] OLG Köln v. 6. 12. 1994, r+s 1995, 242; OLG Saarbrücken v. 25. 11. 1992, VersR 1994, 847; *Bruck/ Möller,* § 16 Anm. 25; abweichend OLG Saarbrücken (v. 9. 7. 1997, VersR 1998, 444), wenn es darauf abstellt, der VN habe nicht bewiesen, dass der VR sich nicht entsprechend seiner üblichen Praxis verhalten hätte.

[17] BGH v. 8. 2. 1989, VersR 1989, 465.

[18] LG Frankfurt v. 16. 11. 1992, VersR 1993, 1091.

[19] KG Berlin v. 6. 3. 1998, r+s 1998, 471 = NVersZ 1999, 225; *Prölss,* NVersZ 2000, 153.

[20] Beispiele aus neuerer Zeit: OLG Saarbrücken v. 13. 12. 2006, VersR 2007, 675 (symptomatische Beschwerden); v. 4. 7. 2005, ZfS 2005, 507 (Vorschäden); OLG Celle 13. 2. 2006, r+s 2006, 192; OLG Frankfurt v. 10. 6. 2005, VersR 2005, 1429 (beide Vorversicherungen); OLG Karlsruhe v. 18. 7. 2002, ZfS 2004, 168 (ärztliche Behandlung).

[21] *Bruck/Möller,* § 16 Anm. 16.

[22] Mehrfachversicherung in der Unfallversicherung: BGH v. 8. 6. 1977, VersR 1977, 660; OLG Hamm v. 29. 1. 1993, VersR 1993, 1135.

der Versicherer bei einem Versicherungsfall den Ausschluss übersieht, weil er vom VN vertuscht wird[23].

Die Nichtanzeige gefahrerheblicher **Umstände, die der VN irrtümlich für gegeben**   **18**
hält (etwa auf Grund einer unzutreffenden ärztlichen Diagnose), betrifft an sich keine anzeigepflichtige Tatsache[24]. Eine nicht vorhandene Krankheit kann nicht gefahrerheblich sein. Auch die Diagnose selbst ist für sich gesehen nicht gefahrerheblich. Sie wird zudem meist von dem üblichen Fragenkatalog nicht umfasst. Nach diesem sind jedoch meist die Arztbesuche und die Beschwerden, die Anlass für die Diagnose waren, anzuzeigen, da üblicherweise nicht nur Krankheiten sondern auch Gesundheitsstörungen und Beschwerden[25], die unterhalb der Krankheitsschwelle anzusiedeln sind, und auch ärztliche Behandlungen erfragt werden[26]. Verdachtsdiagnosen ohne körperliche Beschwerden sind daher hier nicht anzeigepflichtig[27]. Das Gleiche gilt für eine ohne aktuellen Anlass durchgeführte ärztliche Routineuntersuchung[28]. Ein VN, der als Arzt bei sich selbst ein Vorhofflimmern diagnostiziert, hat die zu Grunde liegende Gesundheitsstörung anzuzeigen, wenn die Selbstdiagnose weder bestätigt noch widerlegt wurde[29].

c) Prämiengefahr. Nicht anzeigepflichtig sind Umstände, die die Frage betreffen, ob   **19**
der VR den vereinbarten Beitrag erhält **(Prämiengefahr).** Obwohl dies sicher auch für seine Entscheidung, einen Vertrag abzuschließen, bedeutsam ist, betrifft es nicht die übernommen Gefahr, da Zahlungsfähigkeit und Zahlungswilligkeit des VN keine Faktoren für die richtige Einordnung des Risikos sind. Deshalb ist die **wirtschaftliche Situation des VN** nicht anzeigepflichtig[30]. Dem widerspricht *Langheid*[31], da beengte wirtschaftliche Verhältnisse einen schlechteren Risikoverlauf erwarten ließen. Das ist nicht von vornherein von der Hand zu weisen. Möglich sind zu geringe, weil kostenträchtige, Sicherheitsmaßnahmen und auch ein erhöhtes subjektives Risiko. Es bestehen hier aber kaum generelle Erfahrungssätze[32] und es besteht auch kein Anlass, finanziell schlechter Gestellte allgemein zu verdächtigen[33]. In der Krankentagegeldversicherung ist dagegen das Nettoeinkommen wegen § 4 Abs. 2 MB/KT gefahrerheblich[34]. Fraglich ist, ob **frühere Verträge** zu den anzeigepflichtigen Umständen gehören[35]. Soweit daraus auf frühere Zahlungsschwierigkeiten gefolgert werden kann, ist dies zu verneinen. Andererseits können die Vorverträge aber auch nach Versicherungsfällen oder wegen Gefahrerhöhungen bzw. Anzeigepflichtverletzungen beendet worden sein. Deshalb ist die Gefahrerheblichkeit nicht von vornherein auszuschließen.

2. Gefahrfragen des Versicherers

Der VR muss die gefahrerheblichen Umstände in verständlicher Form, den VN nicht über-   **20**
fordernd[36], erfragt haben. Seine **Gefahrfragen** haben eine andere Bedeutung als in §§ 16

---

[23] Berliner Kommentar/*Voit* § 16 Rn. 14, *Knappmann* VersR 2006, 51. Das OLG Saarbrücken (v. 3. 11. 2004 zu 4, VersR 2005, 929) stellt allein darauf ab, es sei dem VR frei gestellt, VN mit den ausgeschlossenen Erkrankungen nicht zu versichern, und deshalb seien entsprechende Fragen gefahrerheblich.
[24] Anders BGH v. 2. 3. 1994, VersR 1994, 711; zustimmend *Römer/Langheid/Langheid,* §§ 16, 17 Rn. 11.
[25] Z. B.: OLG Hamm v. 5. 1. 1996, r+s 1997, 215.
[26] *Bruck/Möller,* § 16 Anm. 48.
[27] OLG Koblenz v. 16. 3. 2001, NVersZ 2001, 413.
[28] LG Berlin v. 14. 8. 2001, NVersZ 2002, 360 = VersR 2002, 697 (Ls.).
[29] OLG Hamm v. 21. 2. 2001, NVersZ 2001, 4o6 = VersR 2001, 1503.
[30] OLG Hamm v. 24. 9. 1986, VersR 1988, 172; OLG Hamm v. 16. 1. 1981, VersR 1981, 954.
[31] *Römer/Langheid,* §§ 16, 17 Rn. 21.
[32] OLG Hamm v. 24. 9. 1986, VersR 1988, 172.
[33] Ebenso Berliner Kommentar/*Voit,* § 16 Rn. 15.
[34] *Bach/Moser/Schoenfeldt/Kalis,* Private Krankenversicherung, nach § 2 MB/KK, B Rn. 2 (S. 193).
[35] So OLG Frankfurt v. 10. 6. 2005, VersR 2005, 1429; OLG Celle v. 13. 2. 2006, r+s 2006, 192; OLG Hamm v. 16. 1. 1981, VersR 1981, 954.
[36] Zutreffend hat das OLG Stuttgart v. 15. 2. 2007, VersR 2008, 197, eine „Fragenbatterie mit ineinander verschachtelten komplexen Fragen" für unzulässig gehalten.

Abs. 1 S. 3, 18 VVG a. F. Soweit sie risikoerhebliche Umstände betreffen, **begründen und begrenzen** sie **die Anzeigepflicht** des VN. Was nicht erfragt ist, braucht nicht angegeben zu werden. Die Fragen müssen außerdem in Textform (§ 126 b BGB) gestellt sein. Bei Mitwirkung eines Agenten reicht es nicht, dass die Fragen diesem auf seinem Laptop oder einem Formular in **Textform** vorliegen. Das bedeutet für die Praxis, dass der VN bei der Beantwortung auf die Rechtsfolgen einer Pflichtwidrigkeit hingewiesen sein muss[37] und außerdem die Fragen in einem **§ 126 b BGB** entsprechendem Medium lesen oder gelesen haben muss. Werden sie ihm nur vorgelesen, ist der Form nur genügt, wenn dies so geschieht, dass es einer sorgsamen nicht unter Zeitdruck stehenden und gegebenenfalls durch klärende Rückfragen ergänzten Lektüre des Fragentextes gleichzusetzen ist[38]. Die zu beweisen dürfte bei der bisher üblichen Praxis nur schwer gelingen. Insgesamt begründen nur zulässige und der vorgeschriebenen Form entsprechende Fragen eine Anzeigepflicht des VN. Im Telefonvertrieb kann die Form des § 126 b BGB nicht gewahrt werden. Schwierigkeiten bestehen auch, wenn – wie es in der gewerblichen Wirtschaft durchaus gebräuchlich ist – der VN, vielleicht beraten von einem Makler, von sich aus die notwendigen Auskünfte gibt und dann erst den VR kontaktiert[39]. Es fehlen dann Fragen des VR und zudem noch die nach § 19 Abs. 5 S. 1 VVG notwendige Belehrung. Hier sollte sich der VR vor Vertragsschluss die Angaben in einem Fragebogen mit voranstehender Belehrung noch einmal bestätigen lassen. Der **VR** muss Form und Inhalt **beweisen**.

21   Nach **§§ 16, 18 VVG a. F.** haben Gefahrfragen eine andere Funktion, da eine Anzeigepflicht unabhängig von ihnen besteht. Vielmehr wird bei „ausdrücklichen und schriftlichen" Gefahrfragen nach § 16 Abs. 1 S. 3 VVG a. F. die **Gefahrerheblichkeit vermutet.** Der VN kann diese Vermutung widerlegen. Er ist beweispflichtig. Schon bei einem einfachen Bestreiten ist der VR verpflichtet, seine Geschäfts- und Risikogrundsätze darzulegen, um dem VN diesen Beweis zu ermöglichen, wenn nicht die Gefahrerheblichkeit offensichtlich ist. Aus der Vermutung des § 16 VVG a. F. ist im Gegenschluss zu folgern, dass Nichterfragtes auch nicht gefahrerheblich und damit auch nicht anzeigepflichtig ist. Das gilt nicht, wenn es sich um offensichtlich gefahrerhöhende Umstände handelt, die aber so außergewöhnlich sind, dass eine entsprechende Frage des VR nicht erwartet werden kann. Eine Anzeigepflichtverletzung, die Umstände betrifft, die von den Fragen nicht erfasst werden, berechtigt außerdem nach § 18 Abs. 2 VVG a. F. **nur** dann zum **Rücktritt, wenn** der Umstand vom VN **arglistig verschwiegen** wurde. Der VR hat diese Arglist des VN zu beweisen[40].

22   **a) Auslegung der Fragen.** Eine Anzeigepflicht des VN setzt Fragen des VR voraus, die gefahrerhebliche Umstände[41] betreffen müssen[42]. Der Wortlaut der Fragen bestimmt Inhalt und Umfang der erforderlichen Antworten. Der Inhalt der Fragen ist durch Auslegung zu ermitteln. Unabhängig davon, ob man die Gefahrfragen als AGB sieht[43], ist Auslegungsmaßstab der Empfängerhorizont und müssen Unklarheiten zu Gunsten des VN berücksichtigt werden. Die Fragen sind grundsätzlich **eng auszulegen**[44]. Das Risiko einer Fehleinschätzung der Gefahrerheblichkeit ist nach der Absicht des Gesetzes auf den VR verlagert.

---

[37] Vgl. Rn. 8, 9.

[38] BGH v. 25. 5. 1994, r+s 1994, 444 = NJW-RR 1994, 1049 und OLG Stuttgart v. 15. 2. 2007, VersR 2008, 197 zur Schriftform nach § 16 VVG a. F.

[39] *Grote/Schneider* BB 2007, 2692.

[40] Zu Einzelheiten und Begründungen für Rn. 21 vgl. Vorauflage (*Knappmann* § 13 Rn. 15–19) und zur Beweislast bei Arglist zusätzlich BGH v. 14. 7. 2004, VersR 2004, 1297 sowie zur spontanen Anzeigepflicht nach OLG Köln v. 29. 5. 2007, ZfS 2008, 336: Dauerhafte Entwertung durch eine befristete Baugenehmigung muss auch ungefragt angegeben werden.

[41] Vgl. Rn. 14 ff.

[42] Die Auffassung des KG (v. 10. 5. 2006, VersR 2006, 1482) der VN sei verpflichtet, solche nicht erfragten Umstände anzugeben, die ebenso schwer wiegen wie die erfragten, ist auf § 19 VVG nicht zu übertragen.

[43] Dazu Berliner Kommentar/*Voit*, § 16 Rn. 31; OLG Saarbrücken v. 10. 5. 2006, VersR 2006, 1482.

[44] OLG Saarbrücken v. 10. 5. 2006, VersR 2006, 1482: „im Sinne eines vertretbaren Verständnisses des VN".

Ob dies die bisherige Übung sehr pauschaler und umfassender Fragen, wie die nach **22a**
„Krankheiten, Störungen, Beschwerden?"[45] zulässt, ist zweifelhaft und streitig. Überwiegend
wird keine über die bisherige Praxis hinausgehende Konkretisierung verlangt[46] und sogar eine
möglichst weite Fassung empfohlen[47]. Dem ist nicht zuzustimmen. Sehr weit gefasste Fragen
sind immer in ihren Randbereichen unscharf. Sie werden ja auch in dem Bestreben gestellt,
keinen vertragserheblichen Umstand unerfragt und damit nicht anzeigepflichtig werden zu
lassen. Je umfassender eine Frage ist, umso weiter ist ihr nicht mehr gefahrerheblicher Randbereich, zu dem der VN nicht anzeigepflichtig ist. Diesen Randbereich abzugrenzen, wird
bei pauschalen Fragen entgegen der Intention des Gesetzes dem VN aufgegeben. Unabhängig davon, dass einem durchschnittlichen VN die feinen Unterschiede zwischen Krankheiten, Störungen und Beschwerden kaum geläufig sind, ist eine über die bisherige Übung
hinausgehende Konkretisierung der Fragen zu verlangen. Der VN muss klar abgegrenzt erkennen können, was der VR von ihm wissen will[48]. Umfassende Begriffe und Fragen müssen
durch Beispiele und Zusatzfragen erläutert werden[49]. Im Ergebnis könnten die Grundsätze
der österreichischen Rechtsprechung zu § 16 Abs. 3 ÖVersG („ausdrücklich und genau umschrieben") übernommen werden[50]. Bei einer entsprechenden Frage sind ärztliche Untersuchungen anzugeben, auch wenn deren Ergebnis nicht bekannt ist[51]. Andererseits zielen **Fragen nach einem anderen Versicherungsvertrag** nur auf solche Verträge ab, die aktuell
bestehen, nicht aber auf solche, die früher bestanden haben oder nur beantragt[52] sind. Sie umfassen auch nur diejenigen, die der VN selbst abschloss und nicht die Dritter, auch wenn sie
dasselbe Risiko betreffen[53]. Ohne einen erläuternden Zusatz kann die Frage außerdem sowohl als eine solche nach Versicherungsvertrag für das versicherte Objekt als auch nach solchen, die der VN überhaupt einmal abgeschlossen hatte, verstanden werden. Die Frage nach
Vorschäden kann sich ebenfalls sowohl auf das versicherte Risiko als auch auf den Vertragspartner beziehen[54]. Auszuschließen ist auch nicht ein Verständnis dahin, dass nur noch vorhandene Vorschäden[55] oder vom VR regulierte oder auch gerade die von ihm nicht regulierten[56] oder auch nur der letzte[57] erfragt ist. Wenn ausschließlich Gesundheitsstörungen, die
eine pathologische Veränderung, die von einiger Dauer ist und medizinische Behandlung indiziert, voraussetzen, erfragt werden, brauchen Beschwerden nicht angegeben zu werden[58].
Solange eine Antwort einer Verständnisvariante, die mit Wortlaut und Kontext der

---

[45] Zu § 16 VVG a. F. sind Fragen dieser Art unbeanstandet geblieben. Zuletzt noch OLG Celle v. 15. 3.
2007, 1355; OLG Saarbrücken v. 14. 6. 2006, VersR 2007, 193 (auch zeitlich ungebrenzt); OLG Karlsruhe v. 9. 7. 2003, VersR 2004, 186 (geistige und körperliche Beeinträchtigungen, die nicht die Schwere
einer Erkrankung aufweisen).
[46] *Marlow/Spuhl* S. 45; *Franz* VersR 2008, 306; *Neuhaus* r+s 2008, 47; *Lange* r+s 2008, 57; anders aber
Rixecker ZfS 2007, 370.
[47] *Lange* r+s 2008, 57.
[48] *Marlow/Spuhl* S. 45.
[49] Der Vorschlag von *Neuhaus*, r+s 2008, 47, detaillierte Fragen mit der Frage „Litten Sie an Krankheiten und Beschwerden, die nicht erfragt wurden?" abzuschließen, widerspricht sicher der Absicht des
Gesetzes.
[50] Unten Rn. 147.
[51] OLG Karlsruhe v. 18. 7. 2002, NVersZ 2002, 499.
[52] OLG Hamm v. 29. 1. 1993, VersR 1993, 1135.
[53] OLG Köln v. 13. 9. 1990, VersR 1992, 231.
[54] OLG Stuttgart v. 5. 12. 1989, DAR 1991, 150.OLG Saarbrücken v. 4. 7. 2005, ZfS 2005, 507: Frage
nach Vorversicherungen in der Gebäudeversicherung ist objektbezogen; OLG Celle v. 13. 2. 2006, r+s
2006, 192: Frage nach Vorversicherung (nicht Vorversicherungen) meint nur die zeitlich unmittelbar vorangehende Versicherung.
[55] OLG Hamm v. 7. 12. 1990–20 U 96/90–.
[56] KG Berlin v. 16. 9. 1997, MDR 1998, 744; anders LG Hamburg v. 4. 6. 1984, VersR 1985, 132.
[57] Anders OLG München v. 18. 11. 1983, VersR 1994, 636.
[58] OLG Koblenz v. 24. 11. 2000, NVersZ 2001, 355: Schmerzen im HWS-Bereich nach körperlich
schwerer Arbeit müssen keine Gesundheitsstörung sein.

Frage noch zu vereinbaren ist, genügt, scheidet eine Anzeigepflichtverletzung aus[59]. Ist diese Grenze überschritten und wird dennoch ein Missverständnis des VN vorgebracht, kann das nur bei der Prüfung des Verschuldens berücksichtigt werden[60], wenn überhaupt von einem hinreichend substantiierten und glaubhaften Vortrag ausgegangen werden kann.

23   Entsprechend dem **Grundsatz der engen Fragenauslegung** umfasst die Frage nach gekündigten Versicherungsverträgen nicht solche, die durch Rücktritt beendet wurden[61]. Ein VR, der sich eines Fachbegriffs bedient, hat sich an dessen juristischen Inhalt zu halten. Ebenso meinen eine Frage nach Behandlung von Krankheiten nicht reine Diagnosemaßnahmen[62]. Bei Fragen nach Änderung des Gesundheitszustandes muss die Durchführung eines HIV-Tests, dessen Ergebnis (noch) nicht bekannt ist, nicht angegeben werden[63]. Dagegen umfasst eine Frage nach angeratenen Operationen auch solche nach Operationen, die ärztlich empfohlen wurden. Hier besteht nur ein Unterschied in der aus der Art der Erkrankung folgenden Dringlichkeit der ärztlichen Empfehlung[64]. Die Frage nach der Art vorhandenen Heizung erfordert nicht die Angabe eines offenen Kamins, wenn als Antwort Ofen-, Zentral- und Deckenheizung als Alternative vorgegeben waren, zumal da ein offener Kamin auch ohne diese Vorgaben kaum als Heizungsalternative für ein Wohnhaus gesehen wird[65]. Dagegen hat das OLG Koblenz[66] zu Recht die Anzeige eines Bordellbetriebs verlangt, obwohl in der Antwortalternative nur „Stundenhotel" oder „Eroscenter" vorgesehen war, da für den VN eindeutig war, in welcher Richtung der VR Aufklärung erwartete. Schließt eine Frage nach Erkrankungen an eine solche nach ärztlichen Behandlungen in den letzten fünf Jahren an, kann aus dem Kontext diese zeitliche Begrenzung auch für die nachfolgende Frage gefolgert werden[67].

24   Fragen sind so gestellt, wie sie der Vertragsschluss mitwirkende **Agent** dem VN vermittelt und erläutert. Behauptet ein VN, der Agent habe die Fragen anders gestellt, als sie schriftlich vom VR formuliert wurden, oder ihren Frageninhalt eingeschränkt, muss der VR dies widerlegen[68]. Blieb es bei mündlichen Fragen des Agenten, fehlt es außerdem an der notwendigen Textform[69].

25   Wenn bei einzelnen Fragen wegen der Fragestellung oder der Mitwirkung des Agenten die Vermutung des § 16 Abs. 1 S. 3 VVG a. F. verneint wird, besagt dies noch nicht, dass auch die den VN begünstigende Norm des **§ 18 VVG a. F.** nicht eingreift. Auch dann sollen schriftliche Fragen beantwortet werden. Andernfalls könnte der VR aus einem zu beanstandenden Vorgehen Rechte herleiten. „Ausdrücklich gefragt" ist dann nur nach Umständen, die bei zu weit gefassten Fragen den Kernbereich und bei unklaren Fragen dem Verständnis des VN entsprechen. In § 18 VVG a. F. werden schriftliche Fragen verlangt. Anwendbar ist diese Vorschrift aber auch dann, wenn ein Agent dem VN Fragen vorliest, ohne dass den Anforderungen des BGH[70] genügt wurde. Auch dann wird bei dem VN der Eindruck erweckt, den VR interessierten weitere Tatsachen nicht[71]. Weitergehend gilt dies entsprechend, wenn keine

---

[59] *Prölss/Martin/Prölss,* §§ 16, 17 VVG Rn. 22.

[60] Berliner Kommentar/*Voit* § 16 Rn. 34.

[61] OLG Köln v. 29. 10. 1992, r+s 1993, 72.

[62] BGH v. 17. 10. 1990, VersR 1990, 1382.

[63] LG Berlin v. 29. 7. 2001, r+s 2002, 252.

[64] Auf das OLG Hamm (v. 22. 3. 1995, VersR 1996, 441) kann sich die Gegenmeinung nicht stützen. Wenn eine Operation für den Fall eines Misserfolges einer Medikamentenbehandlung erwähnt wird, ist diese weder angeraten noch empfohlen.

[65] OLG Hamm v. 18. 5. 1988, r+s 1991, 275. Entgegen *Prölss* (*Prölss/Martin,* §§ 16, 17 Rn. 22) bestand auch keine Verpflichtung, diesen Umstand ungefragt anzugeben. Vgl. Rn. 17.

[66] Urteil v. 1. 3. 2002, VersR 2002, 1145.

[67] OLG Oldenburg v. 26. 3. 1997, Vers 1998, 835.

[68] BGH v. 10. 10. 2001, VersR 2001, 1541.

[69] Vgl. oben Rn. 20.

[70] Oben Fn. 33

[71] Berliner Kommentar/*Voit* § 18 Rn. 3.

Knappmann

schriftlichen Fragen existieren, der Agent oder ein sonst vom VR eingeschalteter Dritter jedoch mündlich Gefahrumstände detailliert erfragt.

b) Sonderfälle: unzulässige und zu weit gefasste Fragen; Fragen nach Genom- **26** **analysen.** Fragen, die dem VN **Wertungen**[72] abverlangen, sind unzulässig[73]. Sie begründen deshalb keine Anzeigepflicht. Einmal bleiben die Grenzen solcher Fragen immer schwimmend und damit sind sie unklar[74]. Außerdem wird dem VN damit im Ansatz eine Wertung der Risikoerheblichkeit aufgegeben, obwohl dies Sache des VR ist. Der VR muss nach den einer Wertung zugrunde liegenden Tatsachen fragen[75]. Zumindest ist die Antwort erst dann falsch, wenn sie mit der persönlichen Meinung des VN nicht übereinstimmt[76].

Für völlig **nichtssagende und pauschale Fragen** gilt die Vermutung des § 16 Abs. 1 **27** S. 3 VVG a. F. nicht[77]. Soweit umfassende Fragen auf einen Kernbereich zurückgeführt werden können, gilt dieser bei Geltung des VVG a. F. als erfragt[78]. So kann die Frage nach Krankheiten und Beschwerden ohne zeitliche Begrenzung auf eine solche nach ernsthaften Ereignissen in noch nicht zu weit zurückliegender Zeit reduziert werden[79]. In diesem Kernbereich wäre die Frage trotz verschwommener Randbereiche klar. Die Antwort des VN ist erst dann falsch, wenn sie auch dem eng einzugrenzenden Kernbereich nicht genügt[80]. Bei Geltung des § 19 VVG können diese Grundsätze nicht übernommen werden. Sind Fragen zu weit gefasst, muss der VN entscheiden, in welchem Umfang er anzeigepflichtig ist. Es ist nicht seine Aufgabe, den Kernbereich einer Frage zu ermitteln. Das widerspricht der Grundtendenz des Gesetzes. Derartige Fragen sind unzulässig. Sie können keine Anzeigepflicht begründen. Die VR müssen nach neuem Recht konkretere und detailliertere Fragen formulieren.

Werden mit einer Frage **sowohl gefahrrelevante Umstände als auch solche, die es** **28** **nicht sind,** angesprochen, gelten für § 19 VVG die gleichen Grundsätze. Derartige Fragen sind unpräzise. Der VN braucht die gefahrerheblichen Umstände auszusondern und diese Fragen beantworten. Eine **Anzeigepflicht** wird daher **nicht** begründet.

Für **§ 16 VVG a. F.** können falsche Angaben zu Fragen nach nicht risikoerheblichen Umständen schon vom Ansatz her nicht zu einer Anzeigepflichtverletzung führen[81]. Hinsichtlich der anderen Umstände verbleibt es bei der generellen Anzeigepflicht des § 16 Abs. 1 S. 1 VVG a. F. Jedoch gilt die Vermutung des § 16 Abs. 1 S. 3 VVG a. F. für diese konkrete Frage (aber auch nur für diese) nicht[82].

Wird der Gesundheitszustand des VN erfragt, aber auch bei anderen Fragen (z. B.: Fragen **29** nach Vorstrafen), wird immer mehr oder weniger in die **Persönlichkeitssphäre** des VN eingegriffen. Dies ist wegen des berechtigten und durch § 19 Abs. 1 S. 1 VVG auch gesetzlich anerkannten Informationsinteresses des VR zulässig. Die Wertung zwischen den beiderseitigen

---

[72] Beispiel: Ausmaß des Alkoholgenusses oder des Medikamentengebrauchs: „gewohnheitsmäßig, gelegentlich, im Übermaß".

[73] OLG Frankfurt v. 14. 5. 1974, VersR 1975, 632; *Bruck/Möller* § 16 Anm. 25. Anders: *Römer/Langheid/Langheid,* § 16, 17 Rn. 30; Berliner Kommentar/*Voit* § 16 Rn. 33.

[74] OLG Oldenburg 1. 12. 1993, VersR 1994, 1169.

[75] *Knappmann,* VersR 2000, 12.

[76] OLG Hamm v. 4. 12. 2002, VersR 2003, 758 = NJW-RR 2003, 465.

[77] ÖOGH v. 14. 7. 1993, VersR 1994, 627: „Sind Umstände bekannt, die zu einem Schadenereignis führen können?" Zu Unrecht hat der ÖOGH diese Frage als zulässige Frage nach § 6 VVG angesehen (dagegen auch *Fenyves,* VersRdSch 1994, 49) und die Frage einer vorvertraglichen Anzeigepflicht offen gelassen. Diese Frage kann entgegen *Voit* (Berliner Kommentar § 16 Rn. 36) auch nicht auf ihren Kernbereich reduziert werden.

[78] OLG Düsseldorf v. 23. 8. 2005, VersR 2006, 785/6. Eine andere Auffassung leitet die Verpflichtung in diesen Fällen aus der allgemeinen spontan zu erfüllenden Anzeigepflicht her.

[79] *Voit (sen.),* Berufsunfähigkeitsversicherung, Rn. 160ff., 165.

[80] So im Ergebnis auch *Prölss/Martin/Prölss,* §§ 16, 17 VVG Rn. 6.

[81] *Prölss/Martin/Prölss,* §§ 16, 17 VVG Rn. 6; Berliner Kommentar/*Voit,* § 16 Rn. 35. Vgl. auch OLG Düsseldorf v. 23. 8. 2005, VersR 2006, 785/6.

[82] Berliner Kommentar/*Voit,* § 16 Rn. 35.

Interessen zieht hier Grenzen. Diese sind nicht schon bei Fragen nach Umständen, deren Offenbarung dem VN peinlich und unangenehm sein mag und die er deshalb geheim halten möchte, die aber offenkundig unmittelbar gefahrrelevant sind (bestimmte Erkrankungen, Vorstrafen) überschritten. Zutreffend hat das OLG Köln[83] deshalb die Angabe fortlaufender Einnahme von Medikamenten, aus der sich eine frühere Geschlechtsumwandlung ergab, für notwendig gehalten. Zu weitgehend sind den Kernbereich der Persönlichkeitssphäre berührende Fragen, die nur auf Indizien abzielen. Dies gilt für Fragen nach geschlechtlichen Praktiken (gleichgeschlechtliche[84] oder häufig wechselnde Partner), obwohl sie hinsichtlich einer HIV-Infektion oder auch für andere Erkrankungen durchaus bedeutsam sein können. Bei Fragen dieser Art darf der VN nicht nur die Antwort verweigern – dann würde er sie im Ergebnis bejahen – sondern sie auch falsch beantworten[85].

30   Noch ungeklärt sind die Fragerechte der VR und die Auskunftspflichten der VN im Zusammenhang mit **Genomanalysen (Gentests).** Die internationale gesetzliche Regelung ist uneinheitlich. In **Österreich** ist eine Wertung von Gentests umfassend ausgeschlossen[86]. In Deutschland besteht bisher keine Sonderregelung. Eindeutig ist, dass der VR Gentests nicht erzwingen kann und auch nicht ohne das ausdrückliche Einverständnis des Betroffenen durchführen lassen darf. Die Durchführung **prädiktiver Tests** (nicht zu verwechseln mit der molekulare genetische Diagnostik hinsichtlich bestehender Erkrankungen, diagnostische Tests[87]) soll abklären, ob und welche zukünftigen Erkrankungen zu erwarten sind. Dass es sich dabei um gefahrrelevante Umstände handelt, kann nicht bezweifelt werden. Bisher sind monogene Erkrankungen, deren Eintritt der Test sicher voraussagen kann, sehr selten (Chorea Huntington). Wahrscheinlich werden weitere festgestellt werden. Sonst kann ein Test nur Wahrscheinlichkeiten ergeben, die durch Umwelt und Prophylaxe noch gesteuert werden können. Dennoch kann die Kenntnis von dem Ergebnis eines solchen Tests tief greifend in das Lebensgefühl des einzelnen eingreifen und ihm ist ein **„Recht auf Nichtwissen",** das sich aus den allgemeinen Persönlichkeitsrechten und speziell aus dem Recht zur informellen Selbstbestimmung herleitet, zuzubilligen[88]. Dieses darf auch nicht dadurch faktisch unterlaufen werden, dass der Abschluss eines Versicherungsvertrages von der Durchführung solcher Tests abhängig gemacht wird[89]. Andererseits sind die VR zu einer vernünftigen Risikoanalyse auch im Interesse der Versichertengemeinschaft berechtigt und verpflichtet. Vorausschauende (prädiktive) Untersuchungen sind im Übrigen in Form von Familienanamnesen auch zurzeit schon nicht ungebräuchlich. Der Interessenwiderstreit kann nur dann zu Gunsten des VN gelöst werden, wenn für ihn ein überwiegendes Interesse an dem Abschluss eines Versicherungsvertrages besteht. Das dürfte[90] nur für die Verträge gelten, die zur sozialen Absicherung notwendig sind. Dies gilt nicht für alle Personenversicherungen gleichermaßen. Zu bejahen ist es bei der substitutiven Kranken-/Pflegeversicherung und wohl auch bei einer Lebens- oder Berufsunfähigkeitsversicherung, die mittelbar oder unmittelbar der Altersversorgung dienen soll[91]. Bei einer Unfallversicherung oder gar Restschuldversicherung[92] liegt dies eher fern.

---

[83] Urteil v. 5. 12. 2001, VersR 2002, 557.

[84] Hierzu *Weichert,* VersR 1997, 1466.

[85] Zutreffend *Voit (sen.),* Berufsunfähigkeitsversicherung, Rn. 174.

[86] Zu weiteren Regelungen im Ausland: *Taupitz,* S. 16 ff.; *Buyten/Simon,* VersR 2003, 817 ff.

[87] Auf diesen entscheidenden Unterschied weist zutreffend *Kubiak* (VersR 2007, 638 gegen LG Bielefeld v. 14. 2. 2007, VersR 2007, 636) hin. Ebenso OLG Hamm v. 21. 11. 2007, VersR 2008, 774.

[88] *Baumann,* ZVersW 2002, 172 ff.; *Fenger/Schöffski,* NVersZ 2000, 349, 351; *Präve,* VersR 1992, 279; Berliner Kommentar/*Voit,* § 16, Rn. 11. Umfassend: *Taupitz,* Genetische Diagnostik und VersRecht, 2000.

[89] *Präve,* VersR 1992, 281.

[90] Entgegen *Lorenz,* VersR 2001, 1309, 1312. *Taupitz,* S. 41, hält eine Begrenzung der Rechte des VR für verfassungswidrig.

[91] *Präve,* VersR 1992, 281.

[92] *Prölss/Martin/Prölss* §§ 16, 17 VVG Rn. 8a.

Soweit der **VN** aus anderem Anlass **einen prädiktiven Test, hat durchführen lassen,**   **31** hat er sich seines „Rechts auf Nichtwissen" bereits begeben[93]. Deshalb wird **§ 19 VVG** nach derzeitigem Recht[94] **nicht eingeschränkt.** Der VR kann verlangen, dass ihm die Ergebnisse eines bekannten auf Veranlassung des VN durchgeführten Gentests mitgeteilt werden[95]. Dabei ist die Durchführung des Tests selbst kein gefahrerheblicher Umstand. Sie hat auch keine Indizwirkung, da sie nicht auf eine negative Belastung des VN hinweist. Anzugeben ist daher nie der Test, sondern allenfalls einzelne Ergebnisse. Eine entsprechende Frage löst keine Anzeigepflicht aus, da sie keinen gefahrerheblichen (auch nicht indizierend) Umstand betrifft. Da der VN nicht wissen kann, welchen Wahrscheinlichkeitsgrad der VR als risikoerheblich wertet, müssen die Einzelergebnisse konkret nachgefragt werden. Sonst schadet Nichtangabe nur bei Arglist und diese wird nur bei monogenen Erkrankungen angenommen werden können. Hinzu kommt, dass die VR bisher zu diesem Bereich keine Risikoprüfungsgrundsätze für ihre Annahmepolitik entwickelt haben. Das wäre zunächst einmal zwingende Voraussetzung für eine Anzeigepflicht des VN, worauf *Prölss*[96] zutreffend hinweist.

In **Deutschland** haben die Mitgliedsunternehmen des GdV durch eine **freiwillige**   **32** **Selbstverpflichtungserklärung** vom 25. 10. 2001, die bis zum 31. 12. 2006 unkündbar war, auf prädiktive Gentests als Voraussetzungen von Versicherungsverträgen in der Personenversicherung generell verzichtet[97]. Bei Verträgen mit einer VersSumme von unter € 250 000,– oder mit einer Jahresrente von weniger als € 30 000,– verzichten sie darüber hinaus auch auf die Vorlage durchgeführter Tests und die Angabe von Ergebnissen. Die Gefahr, dass diese Begrenzung von VN durch Stückelung des Vertrages unterlaufen wird, liegt auf der Hand.

III. Form der Anzeige

Die Anzeige ist **nicht formbedürftig** und kann mündlich gegenüber jeder empfangsbe-   **33** fugten Person gemacht werden. Empfangsbefugt ist jeder, der mit Willen des VR bei der Vertragsanbahnung und der Erfüllung der Anzeigeobliegenheit mitwirkt und eingeschaltet ist. Das ist zunächst der Agent, der nach § 69 Abs. 1 S. 1 VVG nunmehr generell zur Entgegennahme der Anzeigen berechtigt ist[98]. Empfangsbefugt sind weiter Dritte, die im Rahmen der Risikoprüfung im Auftrag oder auf Wunsch des VR (Arzt[99], Sachverständiger, Bank bei einer Kreditversicherung oder Restschuldversicherung[100]) tätig werden, oder die von einem seinerseits befugten Agenten eingeschaltet werden[101]. Makler sind im Grundsatz vom VN beauftragt und daher von ihrer Stellung her nicht für den VR empfangsbefugt. Etwas anderes gilt, wenn sie in den Vertrieb des VR einem Agenten vergleichbar eingebunden sind oder mit dessen Kenntnis wie Agenten auftreten[102]. Im letzteren Fall dürfte es auch schon an einem Maklervertrag mit dem VN fehlen. „Empfehler" (Versicherungskunden, die einen neuen Kunden

---

[93] Andere Gründe verbietet es dem VR nicht, eine Gentest zu verlangen, wie *Lorenz* (VersR 2001, 1309) überzeugend dargelegt.

[94] Zu den Möglichkeiten und den verfassungsrechtlichen Grenzen einer einschränkenden gesetzlichen Regelung: *Baumann,* ZVersW 2002, 169 ff.

[95] *Buyten/Simon,* VersR 2003, 814; *Prölss/Martin/Prölss* §§ 16, 17 VVG Rn. 8 a.

[96] Vgl. Fn. 86.

[97] Wortlaut: VersR 2002, 35. Diese Selbstverpflichtung ist mit gleichlautendem Wortlaut bis Ende 2011 verlängert worden (http://www.gdv.de).

[98] Nach VVG a. F. ergibt sich diese Befugnis für einen Abschlussagenten aus seinem Recht zur aktiven Stellvertretung (Berliner Kommentar/*Voit* § 16 Rn. 70) und bei einem Vermittlungsagenten aus § 43 Nr. 1 VVG a. F. (Vorauflage/*Reiff* § 13 Rn. 12, 42, 69).

[99] Soweit er vom VR beauftragt wird: BGH v. 7. 3. 2001, VersR 2001, 620 = NVersZ 2001, 306; v. 21. 11. 1989, VersR 1990, 77; OLG Köln v. 25. 3. 1996, VersR 1998, 222; OLG Frankfurt v. 17. 8. 1992, VersR 1993, 425; *Knappmann* VersR 2005, 199; *Wendt/Juralic* VersR 2008, 41.

[100] OLG Koblenz v. 24. 4. 2001, NVersZ 2001, 503 = VersR 2002, 222 (Ls.); OLG Hamm v. 11. 12. 1990, VersR 1991, 798 = NJW 1991, 1118.

[101] OLG Hamm v. 8. 3. 1996, VersR 1996, 697 (700) = NJW-RR 1997, 220.

[102] Einzelheiten: *Reiff* § 5 Rn. 33 ff.

werben) sind ebenso wie die Mitarbeiter einer Hotline des VR den Agenten nicht gleichzu-stellen[103]. Ist ein Dritter nicht empfangsbefugt, ist der Anzeigepflicht erst dann genügt, wenn dieser die Angaben des VN an den VR oder einen Empfangsbefugten weitergeleitet hat.

34   Nach **§ 70 VVG,** der die Grundsätze der „Auge-und-Ohr-Rechtsprechung" gesetzlich umsetzt, ist die Anzeigepflicht durch mündliche Angaben gegenüber einem Empfangsbefug-ten erfüllt, auch wenn dieser sie nicht in ein Auftragsformular aufnimmt oder nicht weiterlei-tet. Dies kann bei Geltung des VVG a. F. für die vorvertragliche Anzeigepflicht nach weitaus h. M. nicht durch eine Beschränkung der Empfangsvollmacht oder durch eine Schriftform-klausel unterlaufen werden. Die Vollmacht des § 70 VVG ist durch Allgemeine Versiche-rungsbedingungen **nicht beschränkbar** (§ 72 VVG). Der VR muss deshalb immer eine substantiierte Behauptung des VN, ihn mündlich zutreffend informiert zu haben, widerle-gen. Ausnahmen sind nur anzuerkennen, wenn der VN mit dem Agenten kollusiv zusammen wirkt oder wenn der Agent für den VN offensichtlich (evident) gegen seine Verpflichtungen ge-genüber dem VR verstößt[104]. Diese Ausnahmen gelten auch für das 2008 in Kraft tretende VVG.

IV. Verletzung der Anzeigepflicht

35   Die Anzeigepflicht ist **verletzt, wenn** formgerecht gestellte **Fragen** nach gefahrerhöhen-den Umständen **unrichtig beantwortet werden** (§ 19 Abs. 1 S. 1 VVG). Inhaltlich unrich-tig sind auch Angaben, die gefahrerhebliche Umstände deutlich verharmlosen[105]. **Entschei-dend ist immer der Wortlaut der Fragen,** die aus der Sicht des VN auszulegen sind. Die Frage nach Krankheiten umfasst z. B. nicht die nach einer solchen nicht zugeordneten ge-sundheitlichen Beschwerden. Diese wären jedoch dann anzugeben, wenn nach Beschwerden oder Gesundheitsstörungen gefragt wurde, dann auch unabhängig davon, ob wegen ihrer ein Arzt aufgesucht wurde[106]. Unzulässige Fragen[107] dürfen falsch oder unvollständig beantwortet werden.
    Da nach **§§ 16ff. VVG a. F.** die Anzeigepflicht im Grundsatz keine Fragen des VR voraus-setzt, wird sie durch unrichtige oder unvollständige Angaben zu gefahrerheblichen Umstän-den verletzt. Werden Fragen gestellt, ist der Umfang der Anzeigepflicht eingeschränkt[108].

36   Der Inhalt der Antworten des VN ist durch Auslegung, die auch den Kontext berücksich-tigen muss, zu ermitteln. Besteht die Antwort in einer Wertung („Bagatellerkrankung"[109]), ist sie nur falsch, wenn sie der Kenntnis und der Auffassung des VN nicht entspricht. **Bleibt** in einem Formular ein **Antwortfeld leer** oder **streicht der VN eine Frage** ganz, wird die Antwort auf diese Frage schlicht verweigert, nicht aber die Frage verneinend beantwortet[110].

---

[103] O LG Saarbrücken v. 30. 7. 2004, ZfS 2005, 242.

[104] BGH v. 30. 1. 2002, VersR 2002, 425 mit zutreffender kritischer Anm. *Reiff* = NJW 2002, 1497; BGH v. 27. 2. 2008, VersR 2008, 765; OLG Zweibrücken v. 26. 9. 2001, VersR 2002, 1017; v. 30. 10. 2002, VersR 2004, 630; OLG Hamm v. 6. 7. 2001, NVersZ 2002, 1o8 mit Anm. *Rixecker* (ZfS 2002, 236); OLG Hamm v. 26. 11. 2004, r+s 2005, 236; OLG Jena v. 5. 10. 2005, r+s 2006, 10.

[105] Z. B.: OLG Hamm v. 18. 9. 1991, r+s 1991, 402: „etwas am Magen" anstatt schwerer Magenerkran-kung mit mehrfacher Krankenhausbehandlung. Häufiger könnten aber derartige Angaben den VR ver-pflichten, näher nachzuprüfen (vgl. Rn. 50).

[106] Dies gilt nur dann, wenn entgegen der hier vertretenen Auffassung (oben Rn. 22a) Fragen nach Krankheiten, Störungen, Beschwerden, ohne nähere Konkretisierung zugelassen werden.

[107] Vgl. oben Rn. 26–32.

[108] Vgl. oben Rn. 21.

[109] OLG Hamm v. 4. 12. 2002, VersR 2003, 758 = NJW-RR 2003, 465.

[110] *Bruck/Möller,* § 16 Anm. 41; *Prölss/Martin/Prölss,* §§ 16, 17 VVG Rn. 24; Berliner Kommentar/*Voit,* § 16 Rn. 65, OLG Hamm v. 13. 4. 2004, VersR 2004, 1398. Anders: OLG Frankfurt v. 10. 6. 1992, VersR 1993, 568; OLG Karlsruhe v. 21. 2. 1985, VersR 1986, 1179 (Ls.); *Römer/Langheid/Langheid,* §§ 16, 17 Rn. 59, 60.

Das gilt auch dann, wenn im Formular vorgesehen ist, dass nicht beantwortete Fragen als verneintgelten[111]. Eine Partei kann nicht einseitig einem vorvertraglichen Verhalten der anderen, das objektiv anders auszulegen ist, eine bestimmte davon abweichende Wertung unterschieben[112]. Das gilt unabhängig von der Anwendbarkeit der §§ 305 ff. BGB. Die Nichtbeantwortung einer formell ordnungsgemäßen und zulässigen Frage ist zwar immer eine Anzeigepflichtverletzung. Die Pflicht zur Anzeige gefahrerheblicher Umstände setzt nämlich ein Fragerecht des VR und eine Antwortpflicht des VN voraus. Nur können aus einer solchen Verletzung keine Rechtsfolgen hergeleitet werden. Ein VR, der trotz offensichtlicher Anzeigepflichtverletzungen ohne Rückfragen den VV abschließt, hat konkludent auf seine Rechte aus §§ 19 ff. VVG verzichtet[113], unabhängig davon, ob eine „Risikoprüfungsobliegenheit"[114] anerkannt wird. Bei einem VN, der eine Frage unbeantwortet lässt in der häufig berechtigten Hoffnung, der VR werde dies übersehen, ist eine Anfechtung nach §§ 22 VVG, 123 BGB nicht von vornherein ausgeschlossen[115].

1. Anzeigepflichtiger

Verpflichtet ist der **VN,** bei mehreren VN jeder von ihnen. Da aber schon die Anzeige **37** eines VN dem VR Kenntnis (§ 19 Abs. 5 S. 2 VVG) vermittelt, bleibt die Pflichtwidrigkeit des anderen folgenlos[116]. Versichern mehrere VN unterschiedliche Interessen an derselben Sache, sind auch ihre Anzeigepflichten unterschiedlich und voneinander unabhängig[117]. Über den Kreis der VN und ihrer gesetzlicher Vertreter[118] hinaus können auch Dritte, die als **Versicherte** oder **Gefahrpersonen** in den Vertrag einbezogen sind (§§ 47, 156, 179 Abs. 3, 194 Abs. 3 VVG) anzeigepflichtig sein[119]. Dies gilt zumindest dann, wenn sie das Antragsformular, in dem die Risikofragen beantwortet wurden, mit unterzeichnen[120]. *Voit*[121] sieht in diesen Vorschriften nur Zurechnungsnormen (vgl. Rn. 41), die keine eigenständige Anzeigepflicht begründen. Die Streitfrage wird besonders bei Verträgen mit einer Vielzahl von Vershy;sicherten[122] bedeutsam.

2. Dauer der Anzeigepflicht

a) §§ 19 ff. VVG. Die **Anzeigepflicht für den VN** besteht nach § 19 Abs. 1 S. 1 VVG **38 bis zur Abgabe seiner Vertragserklärung.** Das wird in der Regel sein Vertragsantrag sein. Bei dem so genannten „Invitatiomodell"[123], bei dem der VN ein Antragsformular ausfüllt und Fragen zur Risikoprüfung beantwortet, aber noch keinen Antrag stellt, sondern dies dem VR überlässt, liegt die Vertragserklärung rechtlich erst in der abschließenden Annahme des VN. Auch dann ist nicht auf diese, sondern auf die erste Anfrage (invitatio ad offerendum) abzustellen[124]. Auch dann geht ein durchschnittlicher VN, ebenso wie bei seinem Vertragsantrag, davon aus, mit wahrheitsgemäßen Antworten bei seiner Anfrage das ihm Obliegende getan zu haben. Nach der entscheidenden Vertragserklärung lebt die Anzeigepflicht erst

---

[111] Hier anders *Prölss/Martin/Prölss,* §§ 16, 17 VVG Rn. 24.

[112] So im Ergebnis auch Berliner Kommentar/*Voit,* § 16 Rn. 65.

[113] *Bruck/Möller,* § 16 Anm. 53; *Prölss/Martin/Prölss,* §§ 16, 17 VVG Rn. 25; Berliner Kommentar/*Voit,* § 16 Rn. 65.

[114] Vgl. dazu unten Rn. 60, 87.

[115] Vgl. unten Rn. 124.

[116] *Prölss/Martin/Prölss,* §§ 17, 17 VVG Rn. 17; Berliner Kommentar/*Voit,* § 16 Rn. 58.

[117] *Röhr,* S. 173.

[118] Auch Betreuer: OLG Nürnberg v. 5. 4. 2001, NJW-RR 2002, 820 für die Anzeigepflicht nach § 23 VVG.

[119] *Prölss/Martin/Prölss,* §§ 16, 17 VVG Rn. 17; *Bruck/Möller/Johannsen,* FeuerV, G 8.

[120] Einzelheiten: Handbuch/*Armbrüster* § 6 Rn. 91 ff., 153 f.

[121] Berliner Kommentar, § 16 Rn. 59. Vgl. *Lange,* VersR 2006, 605 ff., zur D&o-Versicherung.

[122] Vgl. *Lange,* VersR 2006, 605 ff., zur D&O-Versicherung.

[123] *Schimikowski* r+s 2006, 441.

[124] So auch *Marlow/Spuhl* S. 44; *Neuhaus* r+s 2008, 48.

dann wieder auf, wenn der VR erneut in Textform Gefahrfragen stellt (§ 19 Abs. 1 S. 2 VVG) und außerdem erneut einen Hinweis nach § 19 Abs. 5 S. 1 VVG erteilte. Eine erneute Belehrung ist unabhängig davon erforderlich, wie lange der erste Hinweis zurückliegt[125]. Sie darf nicht nur in einer Bezugnahme auf den schon erfolgten Hinweis bestehen.

Bei ordnungsgemäßen erneuten Fragen besteht eine Aufklärungspflicht im Sinne einer umfassenden Pflicht zur Beantwortung dieser Fragen. Weitergehende Offenbahrungspflichten bestehen nicht.

39   **b) §§ 16 ff. VVG a. F.** Die Anzeigepflicht besteht **bis zum Vertragsschluss,** also auch nach Antrag des VN bis zu dessen Annahme durch den VR und deren Zugang[126]. Die **Nachmeldepflicht** setzt keine entsprechende Belehrung des VN voraus[127]. Ein Rücktrittsrecht des VR wegen einer Verletzung der Nachmeldepflicht besteht aber nur, wenn der VR bei rechtzeitiger Anzeige vor der Vertragsannahme noch hätte reagieren können[128]. Ist die Annahme, etwa weil die Antrag festgelegt Bindungsfrist verstrich, verspätet, gilt sie nach § 151 S. 1 BGB als neuer Antrag und der Versicherungsvertrag ist erst geschlossen, wenn der VN diesen (meist konkludent) annimmt[129]. Nach der insoweit eindeutigen gesetzlichen Regelung erlischt auch erst dann die vorvertragliche Anzeigepflicht[130]. Der VN kann die Nachmeldepflicht nicht dadurch unterlaufen, dass er seinerseits den Antrag des VR sofort annimmt. Über anzuzeigende Umstände hat der VN den VR vorher zu informieren und diesem gleichzeitig hinreichende Zeit zu geben, darauf zu reagieren. Andernfalls liefe die Nachmeldepflicht ins Leere[131]. Jedoch wird nur in Ausnahmefällen – ob der vom BGH entschiedene Fall ein solcher war, erscheint sehr zweifelhaft – trotz der Vermutung des § 16 Abs. 3 VVG a. F. ein Verschulden angenommen werden können. Überwiegend werden aus einer solchen Anzeigepflichtverletzung nur Rechte nach § 41 Abs. 1, 2 VVG a. F. herzuleiten sein.

40   Bei einer **Rückwärtsversicherung** (§ 2 VVG a. F.)[132] ist die Nachmeldepflicht insoweit eingeschränkt, als der nach Antrag eingetretene Versicherungsfall nicht angezeigt werden muss[133]. Sonst wäre die Vereinbarung einer Rückwärtsversicherung weitgehend sinnlos, weil der VR den Antrag bei Nachmeldung des Unfalls nicht annehmen wird. Deshalb sind die §§ 2 Abs. 2 S. 2, 33 Abs. 1 VVG a. F. für die Zeit zwischen Antrag und Annahme stillschwei-

---

[125] *Marlow/Spuhl* S. 43; *Burmann/Heß/Höke/Stahl* Rn. 81 (S. 31). Die Rechtsprechung zur Belehrungspflicht bei der Relevanzrechtsprechung zu Obliegenheitsverletzungen nach Versicherungsfall (BGH VersR 2007, 683; OLG Hamm r+s 2001, 140: neue Belehrung erst dann, wenn Warnwirkung der ersten verflogen sein könnte) kann nicht übernommen werden, da in § 19 Abs. 5 VVG die Belehrung Tatbestandsvoraussetzung für Rechte der VR ist.

[126] BGH v. 21. 3. 1990, VersR 1990, 729 = NJW 1990, 1916.

[127] OLG Frankfurt v. 15. 5. 2002, VersR 2003, 357: Das ist aber bei der Prüfung des Verschuldens des VN zu werten. Etwas anders: OLG Saarbrücken v. 25. 1. 2007, VersR 2007, 1684 und v. 13. 12. 2006, r+s 2008, 207: Nur wenn bei Aufnahme des Antrags belehrt wurde oder bei erheblicher Verschlechterung des gesundheitlichen Zustandes.

[128] BGH v. 9. 12. 1992, VersR 1993, 213 zu 4; v. 28. 11. 1990, VersR 1991, 170 zu 3c.

[129] Einzelheiten: *K. Johannsen* § 8 Rn. 5.

[130] *Bruck/Möller,* § 16 Anm. 10; Berliner Kommentar/*Voit,* § 16 Rn. 41. Bedenken bei *Römer,* r+s 1998, 47; *Lücke,* VersR 1996, 786.

[131] BGH v. 9. 12. 1992, VersR 1993, 213 = NJW 1993, 596 zu 4 bei einer reaktiven Depression.

[132] Dazu *K. Johannsen* § 8 Rn. 23 ff., 29, 30.

[133] OLG Hamm v. 21. 8. 2002, r+s 2003, 23 zu 2; *Römer/Langheid/Römer,* § 2 Rn. 4, 8; *Bruck/Möller,* § 2 Anm. 41; *Prölss/Martin/Prölss,* § 2 Rn. 15; *Klimke* VersR 2004, 287 ff. Die vorvertragliche Anzeigepflicht ist hinsichtlich des Eintritts eines Versicherungsfalls abbedungen. Der VR ist für den Fall, dass der Versicherungsfall eine Risikoerhöhung für die Zukunft bedeutet, durch eine analoge Anwendung des § 41 VVG a. F. hinreichend geschützt (*Klimke* VersR 2004, 292). *Baumann* (Berliner Kommentar § 2 Rn. 65, 67) bejaht dagegen die Verpflichtung des VN, einen Versfall anzuzeigen. Deren Verletzung führe aber für die zurückliegende Zeit wegen § 21 VVG nicht zu Leistungsfreiheit, da die Nichtanzeige des VersFalls nicht für dessen Eintritt kausal sein könne.

gend abbedungen[134]. Hinsichtlich anderer gefahrerheblicher Umstände besteht auch bei einer Rückwärtsversicherung die Nachmeldepflicht unbeschränkt[135].

Bei Geltung des **VVG 2008** besteht keine Verpflichtung, ungefragt etwas nachzumelden. **40a** Damit ist das Problem aber nicht behoben. Es besteht immer noch die Möglichkeit, dass der Versicherer bei einer Rückwärtsversicherung nach dem Antrag des VN den zwichenzeitlichen Eintritt eines Versicherungsfalls erfragt. Eine solche Nachfrage widerspricht Sinn und Zweck eines Versicherungsvertrages, bei dem der Versicherungsschutz mit dem Antrag beginnen soll. Lässt der VR einen solchen Antrag zu, ist seine Nachfrage unzulässig. Sie kann daher auch unrichtig beantwortet werden.

Insgesamt ist bei nachzumeldenden Umständen der Umfang der Anzeigepflicht einzu- **41** schränken. Dass der VR auch noch nach dem Antrag, bei dem ein durchschnittlicher VN davon ausgeht, das ihm Obliegende getan zu haben[136], informiert werden muss, ist nicht so offensichtlich wie beim Antrag selbst. Die Nachmeldepflicht ist kaum bekannt[137]. Außerdem wird jetzt vom VN verlangt, von sich aus initiativ zu werden[138]. Deshalb besteht eine Nachmeldepflicht nur bei Umständen von einigem Gewicht, deren Bedeutung auch für den VN offensichtlich ist[139]. Ihr Umfang ist an den Anforderungen auszurichten, die der Antrag selbst an sie stellt[140].

Bei Geltung des **Policenmodells** nach § 5a VVG a. F.[141] besteht keine Nachmeldepflicht **42** bis zum Ablauf der Widerrufsfrist, da auch eine Annahme ohne AVB und Verbraucherinformationen für den VR bindend ist. Für ihn besteht keine Möglichkeit, seine Erklärung wegen einer erneuten Risikoprüfung abzuändern.

Anzeigepflichtig ist der VR immer dann, wenn der VR überprüfen muss, ob er das ihm **43** angetragene Risiko übernehmen will. Das geschieht auch bei der Zusage einer **vorläufigen Deckung**[142]. Stellt der VR zuvor Gefahrfragen und beziehen sich diese nicht nur auf den Hauptvertrag, bestehen nach §§ 16 ff. VVG a. F. und §§ 19 ff. VVG keine Besonderheiten. Beziehen sie sich – wie meist – nur auf den Hauptvertrag, muss der VR nachweisen, dass er die Deckungszusage überhaupt von einer Risikoprüfung abhängig macht und bei dieser die nicht angezeigten Umstände berücksichtigt hätte. Das scheidet aus, wenn Versicherungsschutz sofort ab Eingang des Antrags zugesagt wird. Möglich bliebe dann allerdings der Vortrag des VR, bei wahrheitsgemäßen Angaben hätte er den Hauptvertrag sofort abgelehnt und damit auch rechtzeitig noch vor dem konkreten Versicherungsfall seine Einstandspflicht aus der vorläufigen Deckungszusage beendet[143]. Die Folgen, dass zunächst Deckung ohne Prüfung gewährt wurde, sind nicht durch eine spätere Prüfung zu beheben. Bei **Vertragsänderungen** wird der VN nicht erneut anzeigepflichtig, wenn sich das versicherte Risiko nicht erhöht[144] oder wenn die Risikoerhöhung bereits einkalkulierte Folge des Ursprungsvertrages ist (z. B.: dynamische Anpassung der Verssumme). In diesen Fällen besteht kein Anlass für eine erneute Risikoprüfung bzw. sie ist vertraglich ausgeschlossen, da der VR sich bereits vorher

---

[134] Das gilt auch dann, wenn der Antrag auf Abschluss einer Rückwärtsversicherung vom VR ausgeht (zutreffend *Klimke* VersR 2005, 595 ff).

[135] BGH v. 21. 3. 1990, VersR 1990, 729 = NJW 1990, 1916; *Römer/Langheid/Römer,* § 2 Rn. 8; *Römer/Langheid/Langheid,* § 16, 17 Rn. 31.

[136] *Knappmann,* r+s 1996, 82.

[137] OLG Oldenburg v. 30. 8. 2000, NVersZ 2001, 409.

[138] Berliner Kommentar/*Voit,* § 16 Rn. 43.

[139] OLG Saarbrücken v. 13. 12. 2006, VersR 2007, 675; KG v. 18. 11. 2005, VersR 2006, 1394; OLG Frankfurt v. 15. 5. 2002, VersR 2003, 357; *Römer,* r+s 1998, 46; Berliner Kommentar/*Voit,* § 16 Rn. 43.

[140] OLG Köln v. 29. 5. 2007, VersR 2007, 1355.

[141] *K. Johannsen* § 8 Rn. 6 ff.

[142] *Bruck/Möller,* § 16 Anm. 9; Berliner Kommentar/*Voit,* § 16 Rn. 7; *Röhr,* S. 56; a. A.: OLG Köln v. 23. 10. 1996, r+s 1997, 213.

[143] OLG Saarbrücken v. 12. 3. 2003, VersR 2004, 50.

[144] BGH v. 23. 6. 1993, VersR 1994, 40; *Römer,* r+s 1998, 47; OLG Karlsruhe v. 6. 12. 1990, VVGE § 20 VVG, Nr. 3: Umwandlung einer Kapitallebensversicherung in eine Risikoversicherung.

bindend verpflichtete[145]. Sonst besteht bei einer Vertragsänderung mit neuen oder erhöhten Risiken wieder eine Anzeigepflicht, die sich bei neuen Risiken und der Einbeziehung neuer Versicherungsobjekte auf die diese betreffenden Umstände beschränkt. Dem steht der Wegfall eines zunächst vereinbarten Risikoausschlusses gleich. Bei einer Erhöhung der Versicherungssumme und auch der Verlängerung der Laufzeit kommt es auf das Vorgehen des VR an. Wird deutlich, dass der neue Vertrag den vorangehenden ersetzen soll, besteht eine Anzeigepflicht[146]. Stellt der VR erneut Gefahrfragen ist das ein wichtiges Indiz für deren Bestehen[147]. Wird die Änderung dagegen vorgenommen, ohne dass anders als im früheren Versicherungsantrag gefragt wird, liegt ein Verzicht des VR nahe[148]. Zumindest beschränkt sich die Nachmeldepflicht auf sehr gravierende Umstände. Außerdem ist dann ein Verschulden des VN fraglich. Mit diesen Einschränkungen ist gegen die Auffassung des BGH[149], grundsätzlich seien die §§ 16 ff. VVG a. F. nicht auf den Abschluss eines „neuen" Versicherungsvertrages beschränkt, sie erfassten auch Vereinbarungen, die die Haftung erweiterten oder verlängerten, nichts zu erinnern, da rechtlich jede Abänderung der Abschluss eines anderen also neuen Vertrages ist. Die Änderung der Versicherungsprämie löst dagegen keine Anzeigepflicht aus, es sei denn, dass sie wegen einer Gefahränderung erfolgt[150]. Sie beschränkt sich dann auf die diesen Punkt betreffenden Umstände. **Vertragsverlängerungen** auf Grund einer ausdrücklichen oder auch stillschweigenden Verlängerungsklausel begründen keine erneute Anzeigepflicht[151], wenn nicht ausdrücklich ein Anschlussvertrag nach Ablauf des früheren geschlossen wird und der VR damit zu erkennen gibt, dass er eine erneute Risikoprüfung vorzunehmen gedenkt. Die **Umwandlung in eine prämienfreie Versicherung** nach §§ 174, 175 VVG a. F., 165, 167 VVG bedeutet die Verringerung des übernommenen Risikos und begründet deshalb keine erneute Anzeigepflicht. Wird aber der ursprüngliche Vertrag wiederhergestellt, ist dies, ebenso wie bei der Wiederherstellung eines nach § 38 Abs. 3 VVG gekündigten Vertrages, ein Neuabschluss, auch wenn die Verssumme des ursprünglichen Vertrages nicht erreicht sein sollte[152]. Davon ist die in der Lebensversicherung seltene teilweise Stundung der Prämie zu unterscheiden. Dann werden nur die Sparanteile zeitweise ausgesetzt, es bleibt aber bei dem ursprünglichen Vertrag.

44 **Bei Geltung der §§ 19 ff. VVG muss immer eine formell ordnungsgemäße Gefahrfrage des VR zusammen mit einer Belehrung des VN hinzukommen,** damit überhaupt eine Anzeigepflicht des VN entsteht. Mit diesem Zusatz können die Ausführungen zur Anzeigepflicht nach Antrag auf das neue Recht übertragen werden. Selbst wenn solche Gefahrfragen gestellt wurden, besteht keine Anzeigepflicht, wenn der VR zu einer (erneuten) Risikoprüfung nicht berechtigt ist und die erfragten Gefahrumstände bei dem Vertragsschluss nicht berücksichtigen durfte.

V. Kenntnis des Versicherungsnehmers

1. Positive Kenntnis erforderlich

45 Die Anzeigepflicht besteht nur für solche Umstände, die dem VN bekannt sind. Eine weitergehende Verpflichtung kann auch nicht bestehen, da dem VN sonst etwas Unmögliches abverlangt würde. Erforderlich ist **positive Kenntnis**[153] zu dem Zeitpunkt, zu dem die An-

---

[145] *Römer*, r+s 1998, 47.
[146] *Prölss/Martin/Prölss,* § 16, 17 VVG Rn. 16.
[147] Fall: LG Berlin v. 29. 7. 1999, r+s 2002. 257.
[148] Ähnlich Berliner Kommentar/*Voit*, § 16 Rn. 153.
[149] v. 9. 12. 1992, VersR 1993, 213 = NJW 1993, 596.
[150] OLG Karlsruhe v. 7. 7. 1988, VersR 1990, 781.
[151] *Bruck/Möller*, § 16 Anm. 9.
[152] BGH v. 23. 6. 1993, VersR 1994, 39.
[153] BGH v. 13. 10. 1982, VersR 1983, 25; v. 2. 3. 1994, VersR 1994, 712. Vgl. auch OLG Saarbrücken v. 29. 10. 2003, VersR 2004, 1444: Symptome müssen als Störungen der Gesundheit und nicht als bloße Befindlichkeitsstörungen erkannt und empfunden werden.

zeigepflicht erfüllt wurde oder hätte erfüllt werden müssen. Kennenmüssen reicht nicht[154], ebenso nicht die Kenntnis von Umständen, aus denen auch der VN nach dem Antrag auf das Vorhandensein anzugebender Tatsachen schloss, weil er sie nun richtig als Anzeichen einer Erkrankung interpretierte[155]. Nur wenn der VN sich der Kenntnis arglistig entzogen hatte, wird dies positiver Kenntnis gleichgestellt. Kenntnis umfasst einmal das aktuell vorhandene jederzeit abrufbare Wissen. Dazu zählt weiter das, was man sich mit den für den jeweiligen Anlass angemessenen Bemühungen in sein Gedächtnis zurückrufen kann. Hatte der VN von einem anzugebenden Umstand einmal Kenntnis, so kann er sich auf ein **Vergessen** nur dann berufen, wenn er sich auch bei gehöriger Anspannung nicht hätte erinnern können[156]. Bei den Erinnerungsbemühungen sind auch Unterlagen zu Rate zu ziehen, ohne dass eine Verpflichtung zu detaillierter Erkundigung besteht[157]. Zutreffend weist *Voit*[158] darauf hin, dass ein VN, der intern über eine arbeitsteilige Organisation verfügt, in erhöhtem Maße zum Abruf des in der Organisation vorhandenen Wissens verpflichtet ist. Alles das, was bei zumutbaren Bemühungen hätte erinnert werden können, ist als bekannt zu werten. Weiß der VN um die Unsicherheit seiner Erinnerung, genügt er seiner Anzeigepflicht nur, wenn er dies zum Ausdruck bringt[159]. Fällt dem VN ein bei Antragsstellung vergessener Umstand wieder ein, so muss er diesen **nachmelden**[160]. Diese Verpflichtung besteht, da der VR bereits vorher nach § 19 Abs. 1 VVG gefragt hatte, auch ohne Nachfrage nach § 19 Abs. 1 S. 2 VVG. Eine **Berichtigung** vorheriger Angaben liegt gerade für den VN nahe, der bemerkt, dass er versehentlich falsche oder unvollständige Angaben gemacht hat. Erinnert sich der VN erst nach Vertragsschluss, braucht er den VR nicht mehr zu informieren. Dieser könnte wegen des Wegfalls des § 41 Abs. 1 S. 2 VVG a. F. nach einer solchen Mitteilung keine Rechte geltend machen. Die ihm vorbehaltenen Rechte bei schuldloser Anzeigepflichtverletzung sind nicht einschlägig. Kenntnis des VN ist Teil des objektiven Tatbestandes und kein Aspekt des Verschuldens. War der Umstand vorher nicht erfragt, besteht keine Anzeigepflicht und folgerichtig auch keine Berichtigungspflicht.

Bei Geltung der §§ 16 ff. VVG a. F. besteht die Anzeigepflicht bis zum Vertragsschluss. Unabhängig von Fragen muss nachgemeldet werden. Da sich auch hier eine berichtigende Nachmeldung aufdrängt, ist ein besonderer Hinweis des VR nicht erforderlich. Wegen der Möglichkeit des § 41 Abs. 1 S. 2 VVG a. F. besht die Berichtigungspflicht auch noch nach Vertragsschluss.   **46**

Entzieht sich der VN oder ein Dritter, dessen Kenntnis ihm zuzurechnen ist, arglistig der Kenntnis eines anzuzeigenden Umstandes, stellt dies § 16 Abs. 2 S. 2 VVG a. F. der positiven Kenntnis gleich. Diese Vorschrift ist zwar in das neue Recht nicht übernommen worden. Auch ohne eine solche ausdrückliche Regelung entspricht dies jedoch allgemeinen Rechtsgrundsätzen. **Arglist** geht erheblich über grob fahrlässige Unkenntnis hinaus. Das Unterlassen sich aufdrängender Nachforschungen aus Bequemlichkeit reicht nicht. Erforderlich ist, dass der VN Nachforschungen unterlässt und „Augen und Ohren verschließt"[161] in der Befürchtung, sonst Umstände zu erfahren, mit deren Vorhandensein er insgeheim rechnet[162], zu deren Anzeige er verpflichtet wäre und die den gewünschten Vertragsschluss gefährden könnten.   **47**

[154] BGH v. 20. 4. 1994, VersR 1994, 799; KG v. 15. 8. 2006, VersR 2007, 53: auch wenn infolge grober Fahrlässigkeit unbekannt geblieben.

[155] OLG Koblenz v. 18. 1. 2002, NVersZ 2002 260 = VersR 2002, 1091 (Ls.).

[156] OLG Oldenburg v. 16. 1. 1991, VersR 1992, 434; LG Bielefeld v. 14. 2. 2007, VersR 2007, 636/8; Berliner Kommentar/*Voit*, § 16 Rn. 52; *Knappmann*, r+s 1996, 82; *Terbille* § 2 Rn. 100; grundlegend: *Medicus*, Karlsruher Forum 1994, S. 6. Vgl. auch Rn. 61.

[157] *Bruck/Möller*, § 16 Anm. 32.

[158] Berliner Kommentar, § 16 Rn. 52.

[159] *Bach/Moser*, KrankenV, § 2 MB/KK Rn. 30.

[160] *Voit (sen.)*, Berufsunfähigkeitsversicherung, Rn. 178.

[161] Berliner Kommentar/*Voit*, § 16 Rn. 57.

[162] *E. Hofmann*, Privatversicherungsrecht, S. 116.

2. Kenntnis von der Gefahrerheblichkeit erforderlich?

48   Da der VN nach **§ 19 VVG** nur Fragen beantworten muss, die gefahrerheblich sind und Fragen nicht mehr die Vermutung der Gefahrerheblichkeit begründen, **muss sich die Kenntnis des VN auch auf die Gefahrerheblichkeit beziehen.** Es reicht aus, dass der VN diese für möglich hält.

49   Für **§ 16 VVG a. F.** ist streitig, ob die **Kenntnis des VN sich auf die Gefahrerheblichkeit** des anzugebenden Umstandes **erstrecken muss.** Der Auffassung, die dies nicht für erforderlich hält[163], steht die gegenüber, nach der sich die Kenntnis auch auf die Gefahrerheblichkeit beziehen muss[164]. Folgerichtig berücksichtigt die erste Ansicht diesen Aspekt erst im Rahmen der Verschuldensprüfung. Dem folgen auch das OLG Köln[165] und das OLG Frankfurt[166]. Dies lässt sich jedoch nicht mit dem Wortlaut des § 16 Abs. 1 S. 1 VVG a. F. begründen. Der Relativsatz („die für die Übernahme der Gefahr erheblich sind") formuliert die Gefahrerheblichkeit nicht als nur eine objektive Bedingung für die Geltung der Anzeigeobliegenheit[167], sondern kennzeichnet attributiv die anzuzeigenden Umstände. Auch wenn die Gefahrrelevanz der Umstände aus der Sicht des VR zu beurteilen ist, muss der VN nur solche angeben, bei denen er das auch erkennt. Bei anderen besteht für ihn keine Veranlassung, sie anzuzeigen[168]. Bei Nichtangabe erfragter Umstände wird in entsprechender Anwendung des § 16 Abs. 1 S. 3 VVG a. F. die Kenntnis des VN von der Gefahrerheblichkeit vermutet[169]. In der Praxis wirkt sich dieser Meinungsstreit also nur bei der spontanen Anzeigepflicht aus.

3. Kenntniszurechnung

50   Zuzurechnen ist dem VN zunächst die eigene Kenntnis. Dem steht die **Kenntnis von Dritten,** die als Versicherte oder Gefahrpersonen in den Vertrag einbezogen werden – unabhängig davon, ob sie selbst anzeigepflichtig sind[170] – gleich. Schließt der gesetzliche Vertreter für den VN ab, kommt es nach § 166 Abs. 1 BGB (analog, da Wissens- und nicht Willenerklärung) allein auf das Wissen des Vertretenen an. Ebenso ist es dem Verwalter fremder Vermögen (Insolvenzverwalter, Testamentsvollstrecker)[171]. Bei juristischen Personen ist die Kenntnis des Vertretungsorgans (besteht dieses aus mehreren Personen, die aller Personen) zuzurechnen. Für Bevollmächtigte oder Vertreter ohne Vertretungsmacht erweitert **§ 20 VVG** den Zurechnungsbereich[172]. **Sowohl die Kenntnis des Vertretenen als auch die des Vertreters** ist erheblich. Für weitere Dritte gelten die allgemeinen versicherungsrechtlichen Zurechnungsgrundsätze. Zuzurechnen ist weiter die Kenntnis der **Wissens-** oder **Wissenserklärungsvertreter**[173]. Der vom VR bei der Gesundheitsprüfung hinzugezogene **Arzt** ist auch dann kein Wissenserklärungsvertreter, wenn er auf Veranlassung des VN beteiligt wurde. Er ist dann auf Seiten des VR aus Anlass des Vertragsschlusses beigezogen worden. Anders ist es, wenn der VN aus eigenem Antrieb einen Befundbericht des Arztes bei Antrag-

---

[163] Berliner Kommentar/*Voit,* § 16 Rn. 46; *Römer/Langheid/Langheid,* § 16, 17 Rn. 12; *von Koppenfels-Spies* ZfS 2004, 490; *Schwampe,* VersR 1984, 313 f.

[164] *Bruck/Möller,* § 16 Anm. 34; *Bach/Moser,* KrankenV, § 2 MB/KK Rn. 33.

[165] Urteil v. 25. 3. 1996, VersR 1998, 222.

[166] Urteil v. 25. 1. 1995, r+s 1997, 172.

[167] So aber Berliner Kommentar/*Voit,* § 16 Rn. 46.

[168] So für die Verpflichtung zur spontanen Anzeige nach § 16 Abs. 1 S. 1 VVG a. F. auch *Prölss/Martin/Prölss,* §§ 16, 17 VVG Rn. 13.

[169] So auch *Bruck/Möller,* § 16 Anm. 34; *Bach/Moser/Schoenfeldt/Kalis,* Krankenversicherung, nach § 2 MB/KK Rn. 33. Anders OLG Koblenz v. 18. 1. 2002, NVersZ 2002, 260 zu 1 = r+s 2003, 28 = VersR 2002, 1091 (Ls.) und *Prölss/Prölss/Martin,* §§ 16, 17 VVG Rn. 13, 36, 43 und in NVersZ 2000, 154), der dann eine solche Kenntnis nicht für erforderlich hält.

[170] Vgl. oben Rn. 39.

[171] Berliner Kommentar/*Voit,* § 19 Rn. 3.

[172] Gilt nicht für die Anfechtung, sondern nur für das Rücktrittsrecht.

[173] Einzelheiten: *Looschelders* § 17 Rn. 84 ff., 109 ff.

stellung vorlegt[174]. Eine Repräsentantenstellung des Dritten ist bei einer vorvertraglichen Anzeigepflicht allenfalls bei der Abänderung oder Verlängerung bestehender Verträge denkbar. Vor Abschluss eines Vertrages gibt es weder ein versichertes Risiko noch einen Vertrag, der anstatt durch den VN durch einen Dritten wahrgenommen oder verwaltet werden könnte.

4. Beweisfragen

Dass der VN von einem anzeigepflichtigen Umstand wusste oder sich der **Kenntnis** des-   51 selben arglistig entzog, ist **vom VR** als Anspruchsvoraussetzung zu **beweisen**[175]. Soll sich die Kenntnis aus Schriftstücken ergeben, muss der VR auch deren Zugang beim VN nachweisen[176]. Diese Beweislast verschiebt sich auch nicht, wenn der VN sich auf **Vergessen** beruft[177]. Eine solche Behauptung kann jedoch von vornherein unglaubhaft und deshalb eines Beweises nicht zugänglich sein. Das liegt nahe bei einem eingreifenden offensichtlich gefahrerheblichen Umstand, den der VN auch als solchen erlebt hat und der nicht zu weit zurück liegt. Dann kann davon ausgegangen werden, dass der VN sich bei dem Antrag an ihn erinnerte, es sei denn, dass von alters- oder krankheitsbedingten Erinnerungsstörungen ausgegangen werden kann. Auch für die notwendige Kenntnis von der Gefahrerheblichkeit gilt die Beweislast des VR, soweit nicht hinsichtlich ausdrücklich erfragter Umstände die Kenntnis bei Geltung des § 16 VVG a. F. vermutet wird.

VI. Rechte des Versicherers

Nach einer Anzeigepflichtverletzung stehen dem VR nach § 19 VVG **mehrere Möglich-**   52 **keiten** zu Gebote. Es kann einmal das schon in § 16 VVG a. F. gewährte **Rücktrittsrecht** bestehen. Das bei nur einfacher Fahrlässigkeit oder fehlendem Verschulden an seine Stelle tretende **Kündigungsrecht** entspricht der bisherigen Regelung in § 41 Abs. 1 und 2 VVG a. F. Neu ist der Ausschluss dieser Rechte für den Fall, dass der VR auch bei Kenntnis der nicht angegebenen Umstände abgeschlossen hätte. Der VR kann dann verlangen, dass die von ihm dann gewählten abweichenden Bedingungen von Anfang an Vertragsgegenstand werden und so der Versicherungsvertrag der tatsächlichen Risikolage **angepasst** wird. Diese Anpassung kann unter den Voraussetzungen des § 19 Abs. 6 VVG den VN zur Kündigung berechtigen.

1. Rücktrittsrecht des Versicherers und Ausschlüsse des Rücktrittsrechts

Verletzt der VN seine Anzeigepflicht, ist der VR zum **Rücktritt** berechtigt (§ 19 Abs. 2   53 VVG), wenn der Hinweis nach § 19 Abs. 5 S. 1 VVG erfolgt ist und der VN nicht einen der nachfolgend behandelten Ausschlüsse nachweisen kann.

a) Kenntnis des Versicherers. Bei Kenntnis des VR von den anzuzeigenden Umstän-   54 den ist ein Rücktrittsrecht ausgeschlossen (§ 19 Abs. 5 S. 2 VVG), da ihm dann eine korrekte Risikoeinschätzung möglich gewesen wäre. Ebenso wie beim VN[178] ist **positive Kenntnis** erforderlich. Bei dem Ausschluss ist nicht die durch den VN oder einen Dritten dem VR ver-

---

[174] Berliner Kommentar/*Schwintowski*, § 6 Rn. 247; *Römer/Langheid/Römer*, § 6 Rn. 122; *Knappmann*, VersR 2005, 199, 201; *Wendt/Juralic*, VersR 2008, 42; zweifelnd: OLG Hamm v. 6. 2. 1985, VersR 1985, 1032.
[175] H. M.: BGH v. 7. 3. 1984, VersR 1984, 528; OLG Saarbrücken v. 29 10. 2003, VersR 2004, 1444: Symptome müssen, wenn nach Krankheiten gefragt wurde, als soche einer Krankheit und nicht nur als Befindlichkeitsstörung erkannt werden; *Prölss/Martin/Prölss*, §§ 16, 17 VVG Rn. 41.
[176] LG Berlin v. 14. 1. 2001, NVersZ 2002, 360 = VersR 2002, 697 (Ls.).
[177] Daraus dass der BGH (v. 13. 12. 2006, VersR 2007, 389) einen VN, der behauptete, wegen der Folgen eines Verkehrsunfalls die Person des Fahrers nicht mehr zu wissen, für beweispflichtig hält, ist nicht zu folgern, dass der VN grundsätzlich sein Vergessen beweisen muss (wie sollte das auch geschehen?). Das gilt m. E. nur für den Sonderfall des Erinnerungsverlustes wegen einer Bewusstseinsstörung und folgt schon aus § 827 BGB.
[178] Vgl. oben Rn. 45.

mittelte Kenntnis bei der Vertragserklärung gemeint. In diesen Fällen fehlt es schon an der in § 19 Abs. 5 S. 2 VVG vorausgesetzten Anzeigepflichtverletzung[179].

55   Kenntnis des VR meint zunächst die seiner **Organe** und der **mit der Entscheidung** über den Vertragsschluss **befassten Sachbearbeiter.** Kenntnisse anderer Mitarbeiter schaden nicht, solange diese nicht verpflichtet waren, ihr Wissen an die Vertragsabteilung weiterzuleiten. Der VR hat dabei seinen Betrieb so zu organisieren, dass wesentliche Tatsachen, die ein unzuständiger Mitarbeiter erfährt, dem zuständigen Sachbearbeiter bekannt werden. Fehlt es an einer solchen vorauszusetzenden Organisation, reicht die Kenntnis des nicht mit der Sache befassten Mitarbeiters[180], da die Kenntnis im **Organisationsbereich des VR** vorhanden ist[181]. Informationsweitergabe und -abfrage können trotz moderner Kommunikationsmöglichkeiten nicht umfassend verlangt werden. Für den nicht mit der Antragsannahme Befassten muss es nahe liegend sein, dass sein Wissen für die Vertragsabteilung von Bedeutung sein könnte. Dann ist auch eine vorbeugende Meldung, ohne dass es auf einen gerade aktuell zu entscheidenden Antrag ankommt, zu verlangen. Ebenso muss ein Sachbearbeiter intern nachfragen, wenn dazu Anlass besteht[182]. Ein solcher Anlass kann sich aus dem Antrag selbst, der Person des Antragstellers und auch aus der Art des versicherten Risikos ergeben. Unterlaufen in diesem Informationsfluss Fehler (unrichtige Archivierung, Fehlleitungen) geht das zu Lasten des VR. Deshalb schließt die Abspeicherung einer Information unter einem falschen Namen die Kenntnis des VR nicht aus[183], ebenso wie eine frühzeitige Löschung von Daten die Kenntnis nicht beseitigen kann[184].

56   Nicht alle Informationen, die als Akten oder elektronisch im Organisationsbereich des VR zur Verfügung stehen, können als bekannt gewertet werden. **Archiviertes Wissen**[185] kann nur zugerechnet werden, wenn die **Informationen unschwer zugänglich** sind und außerdem **Anlass** besteht, auf diese zuzugreifen. Das ist ganz eindeutig der Fall, wenn der VN in seinem Antrag auf beim VR vorhandene Informationen ausdrücklich Bezug nimmt[186]. Dabei ist es im Ergebnis weitgehend unerheblich, ob dem Sachbearbeiter diese Informationen zugänglich oder ob sie beim VR überhaupt vorhanden sind. Ein VR, der den dann unvollständigen Antrag nicht moniert, kann sich auf eine Anzeigepflichtverletzung nicht berufen, wenn er nicht arglistiges Verhalten des VN beweisen kann. Sonst ist die Rspr. noch recht zurückhaltend, ohne konkretes Wissen des jeweiligen Sachbearbeiters allein wegen der beim VR vorhandenen Informationen Kenntnis anzunehmen[187]. Diese Zurückhaltung ist wegen der Möglichkeiten der modernen elektronischen Datenverarbeitung heute nicht mehr gerechtfertigt[188]. Wenn intern die Anweisung besteht, vor der Antragsannahme die Datenbestände zu überprüfen, sollen nach KG[189] die Umstände, die sich bei einer solchen Routineabfrage ergeben hätten, bekannt sein. Das ist nicht unbedenklich, da solche vorbeugenden Anweisungen des VR nicht dazu führen dürfen, dass der VN ohne nachteilige Folgen seine Anzeigepflicht verletzen kann[190]. Zunächst ist es Pflicht des VN, den VR im Rahmen der Gefahrfragen über risikoerhebliche Umstände zu informieren. Es wäre kaum einleuchtend, wenn ein besonders vorsichtiger (oder misstrauischer) VR schlechter gestellt ist, weil ihm ein breite-

---

[179] *Prölss/Martin/Prölss,* §§ 16, 17 VVG Rn. 3; Berliner Kommentar/*Voit,* § 16 Rn. 82, 87.

[180] *Bruck/Möller,* § 16 Anm. 37; *Taupitz* S. 680 ff.; Berliner Kommentar/*Voit,* § 16 Rn. 87.

[181] *Prölss/Martin/Prölss,* §§ 16, 17 VVG Rn. 6.

[182] *Prölss/Martin/Prölss,* §§ 16, 17 VVG Rn. 6.

[183] Anders OLG Hamm v. 7. 7. 1995, NJW-RR 1996, 406; *Lücke,* VersR 1996, 788.

[184] BGH v. 2. 2. 1996, VersR 1996, 628/631 (nicht versicherungsrechtlich).

[185] *Rixecker* ZfS 2007, 489.

[186] BGH v. 14. 7. 1993, VersR 1993, 1089.

[187] Vgl. *Prölss/Martin/Prölss,* § 20 VVG Rn. 6.

[188] Berliner Kommentar/*Voit,* § 16 Rn. 87.

[189] KG v. 8. 12. 2000, VersR 2002, 703 zu §§ 6 VVG, 7 AKB; zustimmend *Henning,* ZfS 2001, 504 und *Rixecker* ZfS 2007, 489.

[190] So zutreffend BGH (v. 17. 1. 2007, VersR 2007, 481) für Obliegenheitsverletzungen und der Möglichkeit der Abfrage bei der Uni-Wagnis-Datei.

rer Wissensstand zugerechnet wird. Es muss daher einschränkend auf die übliche und allgemeine Handhabung der VR abgestellt werden. Bestehen auch diese allgemein üblichen Anweisungen nicht, ist zu prüfen, ob dies als interner Organisationsmangel zu werten ist und es dem VR gestattet werden kann, folgenlos bestehende Informationsmöglichkeiten nicht zu nutzen. Soweit die Datenabfrage nicht mit unzumutbarem finanziellem und zeitlichem Aufwand verbunden ist, was eher zu verneinen ist[191], ist es nicht zulässig, sie routinemäßig erst nach einem Versfall vorzunehmen. Soweit ein **Datenverbund** mit einem anderen VR besteht, muss unter den gleichen Voraussetzungen auch diese Möglichkeit genutzt werden. Dabei ist für die Beurteilung unerheblich, ob die Unternehmen in einem gemeinsamen Konzernverbund stehen[192]. Generell kann jedoch auch bei konzernverbundenen Unternehmen eine Wissenszurechnung nicht bejaht werden. Schon aus Gründen des Datenschutzes sind die Möglichkeiten des Zugriffs eingeschränkt[193]. Entsprechend hatte § 32 des Kommissionsentwurfs die Kenntnis anderer VR nur zurechnen wollen, wenn der VR in der Lage war (und auch Anlass bestand), diese abzurufen. Damit sollte nur der der ohnehin bestehende Rechtszustand kodifiziert werden. In einigen Sparten bestehen **zentrale Dateien** der Versicherungsverbände, zu denen abgelehnte oder nur mit Risikozuschlag angenommene Anträge[194] oder auch besondere Versicherungsfälle gemeldet werden. Diese Zentraldateien, die zur umfassenden Information und zur Betrugsabwehr eingerichtet wurden, können von den beteiligten Versicherungsgesellschaften bereits bei Risikoprüfung genutzt werden.

    Die Erhebung personenbezogener Gesundheitsdaten ist durch § 213 VVG erheb-   57
lich erschwert. § 213 VVG beschränkt die möglichen Auskunftsstellen. Die personellen Grenzen sind kaum einleuchtend[195]. Die Befragung von Psychologen und Heilpraktikern, bei denen der VN in Behandlung war, ist ebenfalls zulässig. Die eingeholten Auskünfte müssen zur Beurteilung des zu versichernden Risikos erforderlich sein. Diese Sachdienlichkeit ist bei der Überpüfung des derzeitigen und des früheren Gesundheitszustandes in der Personenversicherung unbedenklich. Notwendig ist die Einwilligung des VN. Diese kann auch unabhängig von einem Antrag, also auch schon vorher erteilt werden. Nach einer solchen Einwilligung muss der VR den VN informieren, wenn er von ihr Gebrauch machen will. Der VN ist darüber zu unterrichten, wer gefragt und was erfragt werden soll. Zugleich ist der VN über seine verschiedenen Rechte zu informieren (§ 213 Abs. 4 VVG) und seine Reaktion für eine angemessene Zeit abzuwarten[196]. Die bisher möglichen routinemäßigen Abfragen scheiden daher von vornherein aus, wenn es sich um Gesundheitsdaten handelt. Das jetzt erforderliche komplizierte und kostenaufwändige Verfahren[197], steht einer generellen Zurechnung des Inhalts externer Dateien und auch der Kenntnis Organisationsfremder entgegen, da beides nicht mehr unschwer zugänglich ist. Widerspricht der VN, nachdem ihm mitgeteilt wurde, wer was gefragt werden soll, ist dieser Widerspruch für den VR bindend[198]. Er muss dann ohne diese Auskunft über die Antragsannahme entscheiden.

    Kenntnisse dritter Personen, die nicht in die Organisation des VR eingegliedert sind,   58
können nur dann zugerechnet werden, wenn sich der VR ihrer bei dem Vertragsschluss als **Hilfspersonen** bedient. Bei **Versicherungsvertretern** (Definition in § 59 Abs. 2 VVG) folgt diese Zurechnung aus der generellen durch Allgemeine Versicherungsbedingungen nicht abänderbare (§ 72 VVG) Vertretungsmacht des § 69 Abs. 1 Nr. 1 VVG. Die aus der Bevollmächtigung folgende **Kenntniszurechnung** ist **durch § 70 VVG eingeschränkt.** Sie

---

[191] *Lücke*, VersR 1996, 788.
[192] Berliner Kommentar/*Voit*, § 16 Rn. 86.
[193] *Römer/Langheid/Langheid*, §§ 16, 17 Rn. 47.
[194] VerBAV 1990, 75: Krankenversicherung.
[195] So auch *Marlow/Spuhl* S. 293.
[196] *Rixecker* ZfS 2007, 556. Das genügt auch den Anforderungen des BVerfG (v. 23. 10. 2006, VersR 2006, 1669) an eine Schweigepflichtsentbindung.
[197] *Rixecker* ZfS 2007, 556.
[198] Das gilt auch für Ermittlungen nach einem Versicherungsfall. Ein unberechtigter Widerspruch (sachdienliche Frage und zutreffende Stelle) ist dann aber seinerseits eine Obliegenheitsverletzung.

gilt nicht für Kenntnisse, die der Vertreter außerhalb seiner Tätigkeit als Vertreter und ohne Zusammenhang mit dem betroffenen Versicherungsvertrag erlangt hat. Obwohl dies im VVG a. F. nicht geregelt ist, bestehen keine Abweichungen. Bei einem Abschlussagenten folgt die Zurechnung aus § 166 Abs. 1 BGB. Bei einem Vermittlungsagenten ist die einengende ist die beschränkte Zurechnung entgegen dem Wortlaut des § 44 VVG a. F. allgemeine Auffassung[199]. Einem Versicherungsvertreter ist der **Arzt** gleichzustellen, der auf Veranlassung des VR beigezogen wird, auch wenn dem VN die Auswahl überlassen geblieben sein mag. Zur Kenntnis gelangt ist alles, was der Arzt anlässlich seiner Untersuchung und Befragung (auch gegen den Willen des VN) erfährt. Zweifelhaft ist, ob auch **Kenntnisse aus früheren Untersuchungen und Behandlungen** zuzurechnen ist. Dass der Arzt bei der Aufnahme der Erklärungen des VN und dessen Untersuchung einem Versicherungsvertreter gleichsteht[200], beantwortet diese Frage noch nicht. Sein ärztliches Vorwissen ist nicht bei diesem Anlass gewonnen und kann deshalb eher der nicht zurechenbaren privaten Kenntnis eines Agenten gleichgestellt werden[201]. Etwas anderes muss gelten, wenn der jeweilige Arzt gerade wegen seines Vorwissens vom VR ausgewählt oder gewünscht wurde. Ist das für Arzt und VN erkennbar, besteht für den Arzt gegenüber dem VR eine Pflicht zur umfassenden Information und diese wird dann auch von Schweigepflichtentbindung des VN umfasst. Die Stellung des Arztes entspricht jetzt eher der eines in die Organisation des VR eingebundenen Dritten, der seine Informationen nicht weiterleitet. Sein Vorwissen ist damit Kenntnis des VR[202].

59   Eine Kenntniszurechnung entfällt immer bei **Kollusion** des VN mit dem Dritten oder wenn erkennbar **(evident)** ist, dass der Dritte nicht gewillt ist, offensichtlich gefahrrelevante Tatsachen entgegen seiner Verpflichtung dem VR mitzuteilen[203]. Dann ist der VN nicht schutzbedürftig.

60   § 19 Abs. 5 S. 2 VVG schließt die Rechte des VR aus, wenn ihm die risikoerheblichen Umstände bekannt waren. Gedacht ist dabei daran, dass sie ihm vom VN verschwiegen wurden. Weiter gehend soll der Ausschluss gelten, wenn der VR nur die **Unrichtigkeit der Angaben kannte.** Dann braucht ihm das Verschwiegene selbst noch nicht bekannt zu sein[204]. Damit wird § 17 Abs. 2 VVG a. F. übernommen. Die Regelung ist gerechtfertigt, weil ein VR, der weiß, dass sein VN ihm Umstände, die für die Beurteilung des Risikos erheblich sind, verschwiegen hat und der dennoch ohne Nachprüfung oder Nachfrage einen Vertrag abschließt, nicht schutzwürdig ist.

61   Der Ausschluss des Rücktrittsrechts bei positiver Kenntnis des VR wird durch die **Nachfrageobliegenheit** (Risikoprüfungsobliegenheit)[205] erheblich ausgeweitet. Wenn sich ein VR trotz erkennbar unklarer und unrichtiger Anzeigen auf einen Vertragsschluss eingelassen hat, kann er trotz der Anzeigepflichtverletzung des VN nicht zurücktreten. Er gibt dann zu erkennen, dass er auf eine abschließende Risikoprüfung vor Vertragsschluss keinen Wert legt. Es widerspricht § 242 BGB und dem allgemeinen Interesse an dem Bestehen eines bestandskräftigen Versicherungsschutzes, wenn ihm gestattet ist, die Überprüfung seines Rücktrittsrechts bis zum Eintritt des Versicherungsfalls „in der Hinterhand" zu halten und damit den Zeitpunkt der Risikoprüfung zu verschieben. Deshalb muss er, wenn sich aus dem Antrag oder den im Rahmen der Vertragsanbahnung gewonnenen Erkenntnissen[206] **ernsthafte An-**

---

[199] Einzelheiten: Handbuch/*Reiff* § 5 Rn. 106 ff.

[200] BGH v. 7. 3. 2001, NVersZ 2001, 306 = VersR 2001, 620.

[201] So wohl *Prölss/Martin/Prölss*, §§ 16, 17 VVG Rn. 27; *Müller-Frank*, NVersZ 2001, 448.

[202] OLG Frankfurt v. 17. 8. 1992, r+s 1994, 193 (nicht tragend); Berliner Kommentar/*Voit*, § 16 Rn. 89; *Knappmann*, r+s 1996, 84; VersR 2005, 199; *Wendt/Juralic* VersR 2008, 42; offen lassend: BGH v. 7. 3. 2001, VersR 2001, 620.

[203] Vgl. oben Rn. 34.

[204] Berliner Kommentar/*Voit*, § 17 Rn. 2.

[205] Die Verpflichtung, das zu übernehmende Risiko vor Vertragsschluss zu prüfen, ergibt sich aus allgemeinen Grundsätzen. Die Verpflichtung zur Nachfrage in Sonderfällen folgt erst aus dieser (so zutreffend *von Koppenfels-Spies* ZfS 2004, 492).

[206] Auch bei optischen Eindrücken des Versagenten: OLG Hamm v. 2. 2. 1993, VersR 1994, 294.

haltspunkte für eine Anzeigepflichtverletzung ergeben, nachforschen. Auf die Tatsachen, die der VR bei diesen Erkundigungen erfahren hätte, kann er sich zur Begründung einer ihn berechtigenden Anzeigepflichtverletzung nicht berufen. Dieser Rspr. des BGH[207] sind die Instanzgerichte[208] und auch überwiegend die Literatur[209] gefolgt. Ihre rechtsdogmatische Begründung ist uneinheitlich. Die Erwähnung eines „vorvertraglichen Vertrauensverhältnisses"[210] deutet auf die Grundsätze der cic (§ 311 Abs. 2 BGB) hin. Diese sind jedoch nicht anwendbar, weil keine gegenüber dem VN bestehende Verpflichtung[211] verletzt wurde und es zudem auf ein Verschulden des VR nicht ankommt. Begründen lässt sich die Ansicht aus den Rechtsgedanken des Verzichts und des venire contra factum proprium. Ein VR, der Maßnahmen unterlässt, die sich bei einer ordnungsgemäßen Risikoprüfung aufdrängen, nimmt eine zum Zwecke der zutreffenden Risikoeinordnung gesetzlich eingeräumte Vorzugsposition[212] nicht wahr. Er macht damit nach außen deutlich, trotz bestehender Unklarheiten zum Vertragsschluss bereit zu sein. An diesem Verhalten hat er sich festhalten zu lassen[213]. Daraus folgt zugleich, **dass nur bei gewichtigen Anhaltspunkten, bei denen sich „aufdrängt"**[214], dass eine sachgerechte Risikoprüfung nicht ohne weitere Aufklärung ausgekommen wäre, diese Grundsätze greifen. Die Nachfrageobliegenheit besteht danach dann, aber auch nur dann, wenn der VR nicht annehmen durfte, die Risikolage sachgerecht einschätzen zu können[215].

Bei eventuell notwendigen Überprüfungen müssen die durch das BVerG und durch § 213 VVG gezogenen Grenzen beachtet werden[216].

Ein **Ausschluss des Rücktrittsrechts** wurde u. a. angenommen: Annahme eines Antrags, obwohl der VN eine Bandscheibenoperation, den Bezug einer Rente aus gesundheitlichen Gründen und die Ablehnung oder Risikozuschläge früherer Versanträge angegeben hatte[217]; bei Kenntnis von Rückenschmerzen[218] und seit Jahren andauernder ärztlicher Behandlung[219]; bei Kenntnis davon, dass der VN mehrerer Ärzte aufgesucht hatte, weil er sich „erschöpft und schlapp" gefühlt habe, diese aber nichts hätten feststellen können, für später festgestellte psychosomatischen Störungen[220]; bei Kenntnis von Ohnmachtsanfall mit anschließenden stationären Aufenthalt ohne medizinische Klärung[221]; bei Diskrepanz zwischen Angaben des VN und von diesem beigefügten ärztlichen Attest[222]. **62**

BGH v. 7. 3. 2007, VersR 2007, 821: Der VR ist nicht berechtigt, dem VN Verharmlosung vorzuwerfen, wenn die Angaben des VN Anlass zur Nachfrage hätte sein müssen.

[207] BGH v. 11. 11. 1992, VersR 1993, 871 = NJW 1993, 401; v. 25. 3. 1992, VersR 1992, 603 = NJW 1992, 1506.

[208] OLG Hamm v. 2. 2. 1993, VersR 1994, 294; OLG Koblenz v. 29. 11. 1996, r+s 1998, 50; OLG München 7. 7. 1997, VersR 1998, 1361.

[209] *Dehner,* NJW 1992, 3007; *Lücke,* VersR 1996, 790; *Römer,* r+s 1998, 48; *Römer/Langheid/Langheid,* §§ 16, 17 Rn. 29; Berliner Kommentar/ *Voit,* § 16 Rn. 90ff.; *Prölss/Martin/Prölss,* §§ 16, 17 VVG Rn. 25; *Neuhaus* r+s 2008, 48 (für VVG 2008); a. A.: *Lorenz,* VersR 1993, 518; *Dreher,* JZ 1992, 926.

[210] BGH v. 11. 11. 92, VersR 1993, 871 = NJW 1993, 401.

[211] So zutreffend *Lorenz,* VersR 1993, 517.

[212] *Bruck/Möller,* § 16 Anm. 4.

[213] *Voit (sen.),* Berufsunfähigkeitsversicherung, Rn. 193.

[214] BGH v. 25. 3. 1992, VersR 1992, 603 = NJW 1992, 1506.

[215] OLG Frankfurt v. 7. 6. 2000, NVersZ 2001, 115; v. 28. 1. 1998, NVersZ 2000, 130.

[216] Oben Rn. 57.

[217] BGH v. 25. 3. 1992, VersR 1992, 603 = NJW 1992, 1506.

[218] BGH v. 5. 3. 2008, VersR 2008, 668.

[219] BGH v. 11. 11. 1992, VersR 1993, 871 = NJW 1993, 401. Bei Kenntnis von Rückenbeschwerden wird in der Berufsunfähigkeitsversicherung wohl immer eine Nachprüfung geboten sein (BGH v. 2. 11. 1994, VersR 1995, 80).

[220] OLG Hamm v. 23. 7. 1999, VersR 2000, 878.

[221] OLG Hamm v. 20. 10. 2000, r+s 2001, 355.

[222] OLG Nürnberg v. 22. 10. 1998, VersR 1999, 609: Die Entscheidung ist für den Einzelfall bedenklich. Zwischen der Angabe „keine Beschwerden" (VN) und „keine wesentlichen Beschwerden" (Attest) besteht kein gravierender Unterschied.

63   Den Verlust des Rücktrittsrechts kann der VR nicht dadurch vermeiden, dass er die **zunächst unterbliebene Risikoprüfung** noch vor dem Eintritt des Versicherungsfalls **nachholt**[223]. Ein solches Zuwarten ist wegen des Erfordernisses, klare Vertragsverhältnisse zu schaffen und auch wegen der Prämienzahlungspflicht des VN (§ 39 Abs. 1 S. 2 VVG) nicht zulässig. Das Argument von *Prölss*[224], der VN hätte auch bei einer Prüfung vor Antragsannahme keinen Versicherungsschutz, geht fehl. Das trifft einmal nur zu, wenn der VN sich auch bei einem anderen VR nicht hätte versichern können. Vor allem ist das ein Argument aus dem Bereich des Schadensersatzrechts, während hier dem VR der Erklärungswert seines Verhaltens, trotz unklarer Risikolage einen Vertrag abzuschließen, zugerechnet wird. Zulässig dürfte es jedoch sein, dass der VR einen Antrag zunächst einmal **vorsorglich annimmt und zeitnah nachprüft**[225], wenn er dies bei seiner Annahmeerklärung deutlich macht.

64   Da die **Anforderungen an die Nachfrageobliegenheit nicht überspannt werden dürfen** und gewichtige Anhaltspunkte für eine Anzeigepflichtverletzung des VN vorliegen müssen, besteht kein Anlass für eine Nachfrage, wenn trotz fehlender Angabe zu Erkrankungen ein Hausarzt benannt wird[226], wenn eine Verletzung oder Operation mit dem Zusatz „ohne Folgen" angegeben wird, es sei denn, dies sei wegen der Art derselben unwahrscheinlich[227], und wohl auch nicht, wenn die allgemeine Frage nach Erkrankungen bejaht und dann die speziellen Gesundheitsfragen verneint werden. Damit werden nur Bagatellerkrankungen eingeräumt. Grundsätzlich ist der VR nicht gehalten, akribisch nach Unklarheiten und Widersprüchen zu suchen, und es ist auch nicht Sinn der Nachfrageobliegenheit, die Wahrheitsliebe des VN zu testen[228]. Deshalb genügt der VR seiner Obliegenheit, wenn ihm bei einer Nachfrage vom VN versichert wird, eine angegebene Erkrankung sei folgenlos ausgeheilt, und er dann nicht mehr den Arzt fragt[229].

65   Nicht endgültig geklärt ist bisher, ob eine unterlassene Nachfrage auch den **Rücktritt wegen** solcher **Umstände** ausschließt, die sich bei Nachforschungen zwar herausgestellt hätten, **wegen derer die Angaben** aber **klar und eindeutig** (und natürlich falsch) waren. *Prölss*[230] bejaht diese Frage. Ihm ist zuzugeben, dass auch in diesem Fall die Nachlässigkeit des VR dafür ursächlich wurde, dass er den anzugebenden Umstand nicht kannte[231]. Zu Unrecht beruft sich *Prölss* aber auf den BGH und das OLG Hamm. In dem vom BGH entschiedenen Fall[232] ergaben sich erhebliche gesundheitliche Beeinträchtigungen, die nicht näher angegeben waren, sich aber bei der gebotenen Arztnachfrage erwiesen hätten, aus dem Antrag selbst und beim OLG Hamm[233] waren die Angaben wegen des diametral entgegengesetzten optischen Eindrucks des Versicherungsagenten nicht eindeutig sondern widersprüchlich. Ein Verlust des Rücktrittsrechts ist nur gerechtfertigt, soweit der VR Unklarheiten in Kauf nimmt. Nur dann kann der Rechtsgedanke eines konkludenten Verzichts tragen. Deshalb bleibt hinsichtlich eindeutig verschwiegener oder klarer aber unrichtiger Angaben der

---

[223] Berliner Kommentar/ *Voit*, § 16 Rn. 94; anders *Prölss/Martin/Prölss,* §§ 16, 17 VVG Rn. 26; OLG Saarbrücken v. 25. 4. 1992, VersR 1994, 847, mit der Einschränkung, dass dies alsbald nach der Vertragsannahme geschehen müsse.

[224] *Prölss/Martin,* §§ 16, 17 VVG Rn. 26.

[225] *Römer/Langheid/Langheid,* §§ 16, 17 Rn. 50.

[226] BGH v. 7. 3. 2001, VersR 2001, 620 = NVersZ 2001, 306; OLG Nürnberg v. 2. 5. 2006, VersR 2006, 1627; OLG Saarbrücken v. 12. 10. 2005, VersR 2006, 824 = VersR 2007, 93; v. 5. 12. 2001, VersR 2003, 891 = NJW-RR 2003, 814;.OLG Stuttgart v. 1. 7. 2004, VersR 2005, 819.

[227] *Knappmann*, r+s 1996, 83. Eine Verpflichtung zur Nachfrage wurde verneint: OLG Koblenz v. 24. 10. 2002, VersR 2003, 494 (Ls.): Angabe einer leichten Rückgratverkrümmung.

[228] BGH v. 3. 5. 1995, VersR 1995, 901; *Lücke,* VersR 1996, 790.

[229] OLG Saarbrücken v. 12. 10. 2005, VersR 2006, 824.

[230] *Prölss/Martin* §§ 16, 17 VVG Rn. 26.

[231] Darauf fußt wohl auch das Urteil des OLG Saarbrücken (v. 17. 6. 1992, VersR 1993, 341), wenn es den Rücktritt wegen einer Lebererkrankung ausschließt, die bei Einholung eines aus anderem Anlass gebotenen Arztberichts bekannt geworden wäre.

[232] BGH v. 25. 3. 1992, VersR 1992, 603.

[233] OLG Hamm v. 2. 2. 1993, VersR 1994, 294.

Rücktritt auch dann zulässig, wenn eine aus anderen Gründen gebotene Nachfrage unterblieb[234].

In der Vergangenheit war länger streitig, ob der VR auch **gegenüber dem arglistigen** **66**
VN sein Rücktrittsrecht verliert, wenn er eine gebotene Nachfrage unterlässt, da dies vom BGH[235] in seiner ersten Entscheidung zur Nachfrageobliegenheit bejaht wurde. In den danach ergangenen Urteilen[236] handelte der VN nicht arglistig. Nunmehr hat sich der BGH der ablehnenden Haltung angeschlossen[237]. Der Gegenmeinung ist zuzugeben ist, dass der Verstoß des VR gegen seine Nachfrageobliegenheit und auch dessen Kausalität für die Antragsannahme ohne ordentliche Risikoprüfung ebenso wie der Erklärungswert dieses Verhalten durch Arglist des VN nicht berührt werden. Deshalb ist vom Ansatz her der Verlust des Rücktrittsrechts auch bei Arglist des VN nicht auszuschließen. Jedoch ist bei Arglist der Unrechtsgehalt des Verhaltens des VN erheblich schwerer zu gewichten. Hinter diesem tritt der in der Regel nur fahrlässige Verstoß des VR deutlich zurück[238]. Diese Wertungsgefälle rechtfertigt es, es bei dem Rücktrittsrecht des VR zu belassen. Auch sonst schließt ein Verschulden des Getäuschten (Unvorsichtigkeit, Leichtgläubigkeit) eine Anfechtung nicht aus[239]. Eine ähnliche Wertung zu Lasten des arglistig Handelnden, der nicht als schutzwürdig angesehen wird, wird auch im Rahmen der Relevanzrechtsprechung getroffen, wenn bei ihm eine Belehrung nicht für erforderlich gehalten wird[240]. Hinzu kommt, dass das Verhalten eines VR, der trotz gebotener Nachfrage ohne diese einen Antrag annimmt, zwar als Einverständnis mit den erkennbaren Unklarheiten und einer unzureichenden Risikoprüfung gewertet werden kann; eine Auslegung dahin, dass er auch damit einverstanden sei, bei Abschluss des Versicherungsvertrages arglistig getäuscht zu werden, ist dagegen lebensfremd[241].

b) Kein Rücktrittsrecht bei einfacher Fahrlässigkeit oder Nichtverschulden. Ein **67**
Rücktrittsrecht des VR besteht **nur bei Vorsatz oder grober Fahrlässigkeit** des VN (§ 19 Abs. 3 S. 1 VVG). Beides wird vermutet und ist vom VN zu widerlegen. Bei **§ 16 VVG a. F.** schadet schon einfaches Verschulden.

Immer ist zu beachten, dass **vor der Prüfung des Verschuldens zunächst eine objektive Anzeigepflichtverletzung festgestellt werden muss.** Da dafür positive Kenntnis von dem anzeigepflichtigen Umstand erforderlich ist, ist ein Verschulden in dieser Hinsicht bis zur Grenze der Arglist unerheblich. Weiterhin sind mehrere Problemkreise, die früher dem Bereich des Verschuldens zugeordnet waren, diesem durch die neuere Rechtsentwicklung entzogen. Verändert ein Dritter, für den der VR einstehen muss, Fragen oder schränkt er sie ein, fehlt es von vornherein an einer Anzeigepflichtverletzung[242], wenn die geänderte Frage zutreffend beantwortet wurde. Zudem muss ein schriftlicher Fragenkatalog dem VR ordnungs-

---

[234] So auch Berliner Kommentar/*Voit*, § 16 Rn. 93, der auf fehlenden Schutzzweckzusammenhang verweist.
[235] v. 25. 3. 1992, VersR 1992, 603 = NJW 1992, 1506. Ebenso: OLG Koblenz v. 29. 11. 1996, r+s 1998, 50; KG v. 30. 9. 1997, VersR 1998, 1362; *Prölss/Martin/Prölss*, §§ 16, 17 VVG Rn. 25; *Dehner*, NJW 1992, 3007; offen lassend: OLG Hamm v. 23. 7. 1999, VersR 2000, 878 = NVersZ 2000, 166.
[236] BGH v. 11. 11. 1993, VersR 1993, 871; v. 2. 11. 1994, VersR 1995, 80; v. 3. 5. 1995, VersR 1995, 901.
[237] BGH v. 15. 3. 2006, VersR 2007, 93. Diese Änderung der Rechtsprechung deutete sich schon in BGH v. 7. 3. 2001, VersR 2001, 620 (keine Anwendung der Auge-und-Ohr-Rsprechung bei Arglist des VN) an (so *Müller-Frank* NVersZ 2001, 446).
[238] OLG Saarbrücken v. 12. 10. 2005, VersR 2006, 824 = VersR 2007, 93; OLG Hamm v. 30. 5. 2001, VersR 2002, 342.
[239] OLG Frankfurt v. 7. 6. 2000, NVersZ 2001, 115; Düsseldorf v. 14. 5. 2002, ZfS 2003, 77 = r+s 2003, 252; *Römer/Langheid/Langheid*, § 22 VVG Rn. 8; *Bruck/Möller/Johannsen*, FeuerV, G 7; *Dreher*, JZ 1992, 926; *Lorenz*, VersR 1993, 513; *Lücke*, VersR 1994, 128; *Knappmann*, r+s 1996, 81; *Müller-Frank/Scherff*, VersR 1998, 1363; *Müller-Frank*, NVersZ 2001, 448, *von Koppenfels-Spies* ZfS 2004, 493.
[240] BGH v. 21. 1. 1998, VersR 1998, 447; v. 10. 10. 2007, VersR 2008, 241.
[241] Zutreffend *Römer* r+s 1998, 49.
[242] Oben Rn. 24.

Knappmann

gemäß zur Kenntnis gebracht sein[243]. Ebenso stellt sich die Frage nach einem Verschulden nicht, wenn eine richtige mündliche Angabe vom Agenten unrichtig in das Antragsformular übertragen wurde[244], es sei denn, der VN bemerkt dies[245]. Dass dem VN vorgeworfen werden könnte, das Antragsformular vor der Unterschrift nicht sorgfältig geprüft zu haben, besagt nichts, da er seine Anzeigepflicht durch die mündlichen Angaben bereits erfüllt hatte. Allerdings kann diese Unterschrift bei ins Auge fallenden Abweichungen durchaus ein gewichtiges Indiz gegen die Richtigkeit der Darstellung des VN sein und so den dem VR obliegenden Gegenbeweis erleichtern.

68   Anders stellt sich die Frage, wenn nach einer **Blankounterschrift** des VN Dritte Formulare falsch ausfüllen. Eine Anzeigepflichtverletzung kann dann nicht mit dem formalen Argument verneint werden, bei der Unterschriftsleistung gebe es noch keine falschen Angaben[246]. Es gibt dann gar keine Angaben und das wäre auch eine Pflichtverletzung. Allenfalls lässt sich argumentieren, mit der Unterschrift habe der VN seiner Anzeigepflicht noch nicht nachkommen wollen. Es kann auch nicht generell von einer dem VN kraft Ermächtigung zuzurechnenden Falschantwort des Dritten ausgegangen werden[247]. Vielmehr sind verschiedene Fallgestaltungen zu unterscheiden[248]. Stellt der Agent nach der Unterschrift erst die Fragen und überträgt er die Antworten falsch, gilt das soeben zu zutreffenden mündlichen Angaben Gesagte. Es kann keinen Unterschied machen, ob vor oder nach der Unterschrift geantwortet wird. Das Gleiche gilt, wenn dem Agenten das Ausfüllen mit Hinweis auf einen Vorantrag oder ein anderes Schriftstück, das inhaltlich richtig ist, überlassen wird. **Nachträgliche Falscheintragungen** sind dem VN bei einer Blankounterschrift nur dann als Anzeigepflichtverletzung zuzurechnen, wenn der Agent das Formular aus eigenem Wissen ausfüllt oder wenn ein nicht dem VR zuzurechnender Dritter (z. B.: Makler) im Einverständnis mit dem VN tätig wird. Dann stellt sich die Frage des Verschuldens. Dieses ist zu bejahen, wenn der Ausfüllende schon wegen fehlender Kenntnis oder falscher Informationen die Anzeigeverpflichtung gar nicht erfüllen konnte und dem VN dies bekannt sein musste[249]. Auch **fehlende Überprüfung** durch den VN **nach dem Ausfüllen des Formulars** kann ein Verschulden begründen[250], ohne dass dies verallgemeinert werden darf. Einem vertrauenswürdigen umfassend informierten Dritten wird das Ausfüllen auch ohne Kontrolle überlassen werden dürfen, wenn darauf vertraut werden kann, er werde bei Zweifeln rückfragen[251]. Nur das entspricht auch den Gepflogenheiten des allgemeinen Geschäftslebens. Zumindest wird häufig das Verdikt grober Fahrlässigkeit nicht gerechtfertigt sein. Das Übersehen von Fehlern bei einem zu flüchtigen Durchlesen des Antragsformulars wird meist nur als (einfach) fahrlässig eingestuft werden können, da der VN in diesen Fällen seiner Prüfungspflicht, wenn auch unvollkommen, nachgekommen ist. Da bei § 16 VVG a. F. jedes Verschulden ausreicht, ist bei Geltung dieser Vorschrift oft anders, zum Nachteil des VN, zu entscheiden.

69   Beruft sich der VN darauf, einen anzuzeigenden Umstand **vergessen** zu haben, muss er darlegen, dass er sich in zumutbarer Weise bemüht hat[252]. Hier besteht zwar ein enger Zusammenhang mit dem Verschuldenserfordernis, jedoch ist dies bei richtiger Sicht nur eine Facette des objektiven Tatbestandes der Anzeigepflicht. Anders als bei § 19 Abs. 3 S. 1 VVG bleibt der VR beweispflichtig. Argumente, die dahin gehen, die Art des nicht angezeigten Umstandes schließe ein Vergessen aus, zielen nicht auf ein Verschulden sondern auf die Glaubwürdigkeit

---

[243] Oben Rn. 22.
[244] Oben Rn. 34.
[245] OLG Hamm v. 12. 9. 2001, r+s 2002, 215.
[246] So aber OLG Köln v. 16. 9. 1993, r+s 1993, 475.
[247] So aber wohl *Römer/Langheid/Langheid*, §§ 16, 17 Rn. 62.
[248] Zutreffend Berliner Kommentar/*Voit*, § 16 Rn. 79.
[249] OLG Frankfurt v. 3. 7. 1991, r+s 1991, 430; OLG Zweibrücken v. 9. 3. 2005, VersR 2005, 1373.
[250] Fall: OLG Frankfurt v. 31. 3. 1993, r+s 1994, 117.
[251] Berliner Kommentar/*Voit*, § 16 Rn. 97.
[252] Oben Rn. 45.

des VN, der behauptet, etwas vergessen oder sich nach Kräften um Information bemüht zu haben.

Soweit Fragen entsprechend § 19 Abs. 1 S. 1 VVG ordnungsgemäß und dem Inhalt nach **70** eindeutig gestellt wurden, ist eine unrichtige Antwort eine Anzeigepflichtverletzung. **Missversteht** der VN eine Frage des VR ist dies eine Frage des Verschuldens. Entscheidend sind die intellektuellen Fähigkeiten des VN und die Schwierigkeiten der jeweiligen Frage. Die Glaubhaftigkeit eines behaupteten Missverständnisses wird häufig daran gemessen werden können, ob die Antworten des VN wenigstens dem behaupteten Verständnis entsprechen. Versteht der VN die Frage nicht oder kann er sie nicht lesen (Analphabet, Sehbehinderter, Ausländer), entlastet ihn das nicht. Sobald ihm bewusst wird, dass der VR Fragen beantwortet haben will, muss er rückfragen und/oder sich die Fragen vorlesen bzw. übersetzen lassen. Andernfalls kann er sich kaum vom Vorwurf grober Fahrlässigkeit entlasten. Sind die ihm dann erteilten **Auskünfte** falsch oder werden ihm die Fragen **von Dritten** falsch übermittelt, ist zu unterscheiden. Ist der Dritte Agent oder vom VR in die Vertragsanbahnung eingeschaltet, scheidet eine Pflichtverletzung aus, wenn die Angaben des VN den Fragen in ihrer geänderten oder erläuterten Fassung genügen. Fehler anderer Personen schließen dagegen ein Anzeigepflichtverletzung nicht aus. Deren Verschulden muss sich der VN nach den allgemeinen Grundsätzen (Wissenserklärungsvertreter, § 20 VVG) zurechnen lassen. Für sein persönliches Verschulden ist entscheidend, ob er deren Kenntnisse und Fähigkeiten ohne grobe Fahrlässigkeit vertrauen durfte. Das entfällt bei einer auch für den VN erkennbaren offensichtlichen Unrichtigkeit einer Auskunft. **Entlasten können vor allem Auskünfte von Ärzten, Rechtsanwälten** und **Sachverständigen.** Das gilt auch für **Makler,** die auf Seiten des VN tätig waren. Wenn diese den Antrag des VN an den VR weiterleiten, sind sie nicht dessen Vertreter mit der Folge des § 19 VVG und sie geben gegenüber dem VR auch keine Erklärung ab, so dass ihr Verschulden dem VN nicht zugerechnet werden kann.

Die Verschuldensfrage wird relevant, wenn ein **VN** trotz eindeutiger und auch richtig ver- **71** standener Frage nach einer objektiv gefahrerheblichen Tatsache **einen Umstand** dennoch **falsch für nicht gefahrerheblich hält.** Das ist grundsätzlich sein Risiko. Die Beurteilung der Gefahrerheblichkeit bleibt Sache des VR[253]. Der VN kann entschuldigt sein, wenn das Ereignis weit zurückliegt[254] oder wenn zahlreiche gravierende Erkrankungen angegeben, leichtere aber weggelassen werden, die zudem nur auf einem besonderen Beiblatt noch hätten aufgeführt werden können[255].

Schuldlos ist auch eine Anzeigepflichtverletzung, wenn richtige Angaben des VN den VR **72** aus Gründen, die der VN nicht zu vertreten hat, nicht oder zu spät (z. B.: bei der Nachmeldung[256]) erreichen[257].

c) Versicherbarkeit bei Kenntnis. Das **Rücktrittsrecht** des VR ist **bei grobfahrlässi- 73 ger Verletzung,** nicht bei Vorsatz, der Anzeigepflicht **eingeschränkt.** Es ist ausgeschlossen, wenn der VR auch bei Kenntnis der nicht oder unrichtig angezeigten Umstände den Vertrag geschlossen hätte (§ 19 Abs. 4 S. 1 VVG). Das ist nicht auf die Fälle beschränkt, in denen für diesen Alternativvertrag andere Bedingungen vereinbart worden wären[258]. Der Ausschluss gilt **auch bei Alternativverträgen ohne abweichende Bedingungen.** Dann ist jedoch vorweg zu prüfen, ob es sich überhaupt um einen gefahrerheblichen Umstand handelte. Das ist nicht von vornherein auszuschließen. Es ist möglich, dass trotz einer gewissen Risikoerhöhung das übernommene Gesamtrisiko noch in dem von den Geschäftsgrundsätzen des VR gesteckten Rahmen bleibt.

---

[253] BGH v. 7. 3. 2007, VersR 2007, 31; KG v. 20. 6. 2006, VersR 2006, 1628; OLG Koblenz v. 8. 9. 2003, VersR 2004, 228.
[254] OLG Hamburg v. 18. 10. 1989, VersR 1990, 610: Frühere folgenlos ausgeheilte Erkrankungen.
[255] OLG Düsseldorf v. 19. 10. 1982, VersR 1984, 1034; *Prölss/Martin/Prölss,* §§ 16, 17 VVG Rn. 39.
[256] Oben Rn. 38, 39.
[257] Berliner Kommentar/*Voit,* § 16 Rn. 101.
[258] *Reusch* VersR 2007, 1316.

74   Wegen der Möglichkeiten des VR nach § 19 Abs. 4 S. 2 VVG ist der Ausschluss **nicht von Amtswegen** zu beachten. Im Streitfall muss sich der VN zunächst auf ihn berufen. Danach hat der VR seine Geschäftsgrundsätze darzulegen, um dem VN den Beweis zu ermöglichen, der VR wäre auch bei Kenntnis abschlussbereit gewesen. Darlegungs- und Beweislast fallen auseinander. Der VR hat eine **sekundäre Darlegungslast**[259].

75   **d) Verfristung.** Der VR muss sein Rücktrittsrecht oder andere ihm aus der Anzeigepflicht des VN erwachsene Rechte, also auch Kündigung und Anpassung, **innerhalb eines Monats nach Kenntnis** in der vorgeschriebenen Form geltend machen (§ 21 Abs. 1 VVG)[260]. Weiterhin erlöschen die Rechte **fünf Jahre nach Vertragsschluss** (§ 21 Abs. 3 VVG). Das gilt **nicht für Versicherungsfälle,** die **vor Ablauf dieser Frist** eingetreten sind. Diese Einschränkung ist erst im Rechtsausschuss des Bundestages eingefügt worden. Nach der Formulierung sind die vor Ablauf der Frist eingetretenen Versicherungsfälle bei der Regulierung so zu behandeln, als sei die Frist bei der Erklärung des VR noch nicht verstrichen gewesen. Danach ist der VR bei einem Rücktrittsrecht der VR für diese Versicherungsfälle leistungsfrei[261], der Versicherungsvertrag besteht jedoch für die Zukunft weiter. Die zeitliche Begrenzung der Rechte aus § 19 Abs. 2–4 VVG ist nur für den jeweiligen Versicherungsfall vor Fristablauf aufgehoben. Im Übrigen bleibt sie bestehen. Andernfalls hätte etwa formuliert werden müssen, „dies gilt nicht, wenn der oder ein Versicherungsfall vor Fristablauf eingetreten ist". Auch die Begründung der nachträglichen Ergänzung durch den Rechtsausschuss des Bundestages stellt auf den nach Fristablauf verzögert gemeldeten Versicherungsfall ab, für den der VR wegen der Anzeigepflichtverletzung an sich nicht eintreten müsste. Hinsichtlich dieses Versicherungsfalls müssten die Rechte des VR erhalten bleiben[262].

Bei **vorsätzlicher oder arglistiger Verletzung** der Anzeigepflicht verlängert sich die Frist auf **zehn Jahre.** Vorsatz verlangt, dass der VN in Kenntnis der anzugebenden Umstände und in Kenntnis seiner Verpflichtung Tatsachen verschweigt oder unrichtig darstellt. Dieses Verhalten ist arglistig, wenn damit bezweckt wird, dadurch das Verhalten des VR zu beeinflussen. Vorsätzliche Falschangaben indizieren nicht zwingend Arglist. Der VN muss aber die Beweggründe für seine Falschangaben darlegen (vgl. unten Rn. 132). **Beweispflichtig** für den Fristablauf ist der VN. Die Voraussetzungen für die Verlängerung der Frist (§ 21 Abs. 3 S. 2 VVG) hat der VR zu beweisen.

2. Kündigungsrecht

76   An die Stelle des Rücktrittsrechts tritt **bei nur einfach fahrlässiger oder auch schuldloser Anzeigepflichtverletzung** ein **befristetes Kündigungsrecht** (§ 19 Abs. 3 VVG), das die Leistungspflicht für den konkreten Versicherungsfall nicht berühren kann. Die Kündigungsfrist beträgt einen Monat[263]. Voraussetzung ist immer eine objektive Verletzung der Anzeigepflicht. Daran fehlt es, wenn der VN den anzuzeigenden Umstand nicht kennt[264]. Anders als in § 41 Abs. 1 S. 2 VVG a. F. besteht dann für den VR keine Möglichkeit sich vom Vertrag zu lösen oder eine Prämienerhöhung durchzusetzen.

---

[259] *Rixecker* ZfS 2007, 371; *Langheid* NJW 2007, 3667; *Reusch* VersR 2007, 1313. Ähnlich *Marlow/Spuhl*, S. 49, die aber bei der Rücktrittserklärung des VR eine entsprechende Darlegung verlangen (Erstdarlegungslast des VR), da der VN sich dazu sonst nur „ins Blaue hinein" erklären könne. Dieser Schluss ist für die vergleichbare Situation nicht gezogen worden (oben Rn. 21): Bei der Widerlegung der Vermutung der Gefahrerheblichkeit (§ 16 Abs. 1 S. 3 VVG a. F.) brauchte der VR erst nach Bestreiten des VN seine Risikoprüfungsgrundsätze darzulegen (BGH ständig, v. 28. 3. 1984, VersR 1984, 629; v. 20. 9. 2000, VersR 2000, 1486; Vorauflage § 14 Rn. 15).

[260] Dazu unten Rn. 77 ff.

[261] Einzelheiten unten Rn. 90 ff.

[262] *Marlow/Spuhl* (S. 60) scheinen der Auffassung zu sein, dem VR blieben in diesen Fällen seine Rechte insgesamt erhalten.

[263] Der VR kann natürlich auch bei vorsätzlicher oder grob fahrlässiger Anzeigepflichtverletzung anstatt eines Rücktritts sich auf sein Kündigungsrecht berufen.

[264] Oben Rn. 45.

Das **Kündigungsrecht** ist, ebenso wie ein Rücktritt, **ausgeschlossen,** wenn der VR   **77** auch bei Kenntnis der nicht angegebenen Umstände zum Vertragsschluss bereit gewesen wäre oder wenn die Fristen nicht eingehalten wurden[265]. Dass die Frist von fünf Jahren (§ 21 Abs. 3 VVG) für Versicherungsfälle, die sich innerhalb dieses Zeitraums ereignen, nicht gilt, ist für das Kündigungsrecht ohne Belang. Da sie nur ex nunc wirkt, ist sie für die Regulierung solcher Versicherungsfälle von vornherein unerheblich.

Nach Eintritt des Versicherungsfalls hat das Kündigungsrecht bei Sachversicherungen nur begrenzte Bedeutung, da nach **§ 92 VVG** dann immer gekündigt werden kann, ohne dass die Erfordernisse der §§ 19 Abs. 4, 5 und 21 Abs. 1, 3 VVG eingehalten werden müssen. Das Kündigungsrecht nach § 19 VVG bleibt wichtig als Voraussetzung für ein Anpassungsverlangen nach § 19 Abs. 4 S. 2 VVG.

3. Recht zur Vertragsanpassung

Ist das Rücktritts- oder Kündigungsrecht des VR ausgeschlossen, weil er auch bei Kenntnis   **78** der nicht angezeigten Umstände einen Versicherungsvertrag geschlossen hätte, kann er verlangen, dass der Vertrag der wirklichen Risikolage angepasst wird. Macht er sein **Gestaltungsrecht** geltend, werden die Bedingungen, zu denen er mit einem Vertragsschluss einverstanden gewesen wäre, **rückwirkend** seit Vertragsschluss **Vertragsbestandteil.** Bei einer schuldlosen Anzeigepflichtverletzung ist die Rückwirkung auf den Beginn der laufenden Versicherungsperiode beschränkt (§ 19 Abs. 4 S. 2 VVG). Wird die Prämie bei dieser Vertragsanpassung um mehr als 10% erhöht oder wird der nicht angezeigte Umstand vom Versicherungsschutz ausgeschlossen, hat der **VN ein Kündigungsrecht,** das innerhalb eines Monats nach Zugang des Anpassungsverlangens ausgeübt werden muss. Der VR muss den VN auf dieses Recht in seiner Mitteilung hinweisen (§ 19 Abs. 6 VVG). Unterbleibt ein solcher Hinweis, kann der VN auch noch nach Fristablauf kündigen. Das Gestaltungsrecht setzt voraus, dass im Ansatz ein Rücktritts- oder Kündigungsrecht des VR besteht und nicht aus einem anderen Grund als dem in § 19 Abs. 4 S. 1 VVG genannten ausgeschlossen ist.

4. Krankenversicherung

Bei einer **schuldlosen Anzeigepflichtverletzung** hat der Krankenversicherer kein   **79** **Kündigungs- und kein Anpassungsrecht** (§ 194 Abs. 1 S. 3 VVG). Die Frist zur Geltendmachung (§ 19 Abs. 3 S. 1 VVG) ist auf drei Jahre verkürzt (§ 194 Abs. 1 S. 4 VVG). Die Erweiterung bei einem Versicherungsfall innerhalb der Frist und die zehnjährige Frist bei Vorsatz oder Arglist bleiben bestehen[266].

In der **Lebensversicherung** ist das Rücktrittsrecht bei unrichtigen Altersangaben eingeschränkt (§ 157 VVG).

VII. Ausübung der Rechte durch den Versicherer

1. Erklärung des Versicherers

Rücktritt, Kündigung und das Verlangen nach Vertragsanpassung erfolgt durch   **80** **eindeutige, empfangsbedürftige und einseitige Erklärung** gegenüber dem VN oder einer Ersatzperson. Eine Rücktrittserklärung muss eindeutig und zweifelsfrei zu erkennen geben, dass der Versicherungsvertrag von Anfang an aufgehoben sein soll und darf nicht an eine Bedingung geknüpft sein. Deshalb reicht eine einfache **Leistungsablehnung** oder eine Berufung auf Leistungsfreiheit[267] ebenso wie eine **Kündigung**[268] nicht aus. Eine **Anfech-**

---

[265] Oben Rn. 73–75.
[266] Einzelheiten § 44.
[267] OLG München v. 30. 1. 1998, NVersZ 1999, 213, 215: Kein Rücktritt, wenn VR sich auf Leistungsfreiheit nach § 39 VVG beruft.
[268] *Prölss/Martin/Prölss,* § 20 VVG Rn. 7; Berliner Kommentar/*Voit,* § 20 Rn. 17.

tung kann nicht in einen Rücktritt **umgedeutet** werden (§ 140 BGB)[269]. Ohne weitere Anhaltspunkte kann nämlich nicht unterstellt werden, dass sich ein VR, der anficht, auf jeden Fall, auch wenn den VN nicht vorsätzlich handelte, von dem Vertrag lösen will[270]. Damit fehlt eine Grundvoraussetzung für die Umdeutung. Zudem wird bei einer Umdeutung die Rechtslage für den VN nachteilig verändert, da er beweisen muss, nicht vorsätzlich oder grob fahrlässig gehandelt zu haben[271], während für Arglist des VR beweispflichtig ist. Mit der Umdeutung eröffnet sich weiterhin für ihn die zusätzliche Möglichkeit des § 21 Abs. 2 VVG, die u. U. nur durch ein zeitnahes Gutachten, das zu beschaffen bei einer Anfechtung kein Anlass besteht, durchgesetzt werden kann[272]. Dies beeinträchtigt die schützenswerten Interessen des VN, während dem rechtskundigen VR eine klare und zutreffende Formulierung zugemutet werden kann, zumal Rücktritt und Anfechtung ohne weiteres nebeneinander erklärt werden können. Bei einer Erklärung des VR, er erkenne seine Leistungspflicht nicht an und betrachte die gezahlten Beiträge als verfallen, ist unklar, ob Anfechtung oder Rücktritt gemeint ist. Sie ist keine wirksame Rücktrittserklärung[273].

Die Umdeutung einer Rücktrittserklärung in eine Anfechtung ist wegen der unterschiedlichen Rechtsfolgen, vor allem entfällt § 21 Abs. 2 VVG, ausgeschlossen. Möglich bleibt eine Anfechtung auch noch nach einem wirksam erklärten Rücktritt[274], wenn die Frist (§ 124 BGB) noch nicht verstrichen ist.

81   Für die **Kündigung** gilt das Vorstehende entsprechend. Rücktritt und Anfechtung können nicht in eine Kündigung umgedeutet werden[275]. Da eine Kündigung nur für die Zukunft wirkt, kann eine Leistungsverweigerung schon deshalb nie als eine Kündigung verstanden werden.

Auch das **Verlangen nach** einer **Vertragsanpassung** muss als Gestaltungsrecht eindeutig sein. Obwohl das Verlangen im Ergebnis zur Leistungsfreiheit führen kann, reicht eine Leistungsverweigerung nicht.

82   Eine Rücktrittserklärung und ein Anpassungsverlangen ist auch noch **nach Beendigung des Versicherungsvertrages** – anders als bei einer Obliegenheitsverletzung oder einer Gefahrerhöhung – notwendig, wenn Leistungsansprüche offen sind oder erbrachte Leistungen zurückgefordert werden sollen. Nur die formelle Rücktrittserklärung beendet den Versicherungsvertrag ex tunc und nur das Geltendmachen des Anpassungsrechts lässt rückwirkend andere Bedingungen Vertragsbestandteil werden.

83   Die Erklärungen des VR müssen **schriftlich** erfolgen. Formwidrige Erklärungen sind unwirksam. Für § 16 VVG a. F. besteht keine Formvorschrift.

Für § 16 VVG a. F. ist streitig, ob der Rücktritt begründet werden muss. Ein solcher Begründungszwang ist letztlich zu verneinen. Erst auf Nachfrage des VN ist der VR verpflichtet, die Gründe für den Rücktritt nachzureichen[276]. Nach § 21 Abs. 1 S. 3 VVG ist er nunmehr verpflichtet, bei der Ausübung seiner Rechte die **Umstände anzugeben, auf die er seine Erklärung stützt.** Das muss so ausführlich geschehen, dass der VN bei angemessener und zumutbarer Überlegung erkennen kann, was der VR ihm konkret vorwirft, und sich darüber schlüssig werden kann, ob und wie er reagieren will. Gründe die zunächst nicht angegeben waren, können nur berücksichtigt werden, wenn sie **fristgerecht nachgeschoben** werden.

---

[269] OLG Frankfurt v. 15. 5. 2002, VersR 2003, 357; OLG Köln v. 16. 9. 1992, VersR 1993, 297; OLG Hamm v. 27. 5. 1987, VersR 1988, 458, 460; OLG Oldenburg v. 17. 1. 1979, VersR 1979, 269; *Bruck/Möller,* § 20 Anm. 12; Berliner Kommentar/*Voit,* § 20 Rn. 17; a. A. *Palandt/Heinrichs,* § 140 Rn. 6; *Prölss/Martin/Prölss,* § 20 VVG Rn. 8; *Martin,* VersR 1979, 269.

[270] OLG Hamm v. 27. 5. 1987, VersR 1988, 458, 460; anders *Martin,* VersR 1979, 269.

[271] Bei Geltung des § 16 VVG a. F. muss er sein Nichtverschulden beweisen: OLG Köln v. 16. 9. 1992, VersR 1993, 297.

[272] Berliner Kommentar/*Voit,* § 20 Rn. 17.

[273] Anders KG Berlin v. 4. 12. 1929, JR 1930, 80.

[274] Unstreitig: *Prölss/Martin/Prölss,* § 22 VVG Rn. 12.

[275] Anders aber *Marlow/Spuhl* S. 39.

[276] Einzelheiten und Nachweise: Vorauflage/*Knappmann* § 14 Rn. 64.

Erklärungen, die mit unzutreffenden Angaben begründet werden, genügen zwar der vorgeschriebenen Form[277], sind dann aber wegen fehlender materieller Berechtigung letztlich wirkungslos.

Die Erklärungen des VR müssen **gegenüber dem Vertragspartner**, d. h. dem VN, bei   **84**
mehreren VN gegenüber allen abgegeben werden. Fristen müssen gegenüber allen gewahrt
sein. Nach dem Tod des VN sind seine **Rechtsnachfolger** Adressaten. Eventuell wird hier
eine öffentliche Zustellung notwendig, wobei der Antrag auf eine solche die Frist wahrt
(§§ 132 Abs. 2 BGB, 204–207 ZPO). Ist ein **Testamentsvollstrecker, Nachlasspfleger,
Nachlassverwalter** oder auch **Insolvenzverwalter** eingesetzt, ist dieser der richtige Adressat.
Zessionare[278] eines Leistungsanspruchs und auch **Bezugsberechtigte**[279] werden nicht Vertragspartner. Erklärungen ihnen gegenüber sind unzureichend. Der VN kann aber eine **Empfangsvollmacht** erteilen und dies darf auch im Rahmen von AVB geschehen[280]. Besteht eine
solche kann sie Erklärung nach dem Tod des VN auch nur gegenüber dem Empfangsberechtigten und nicht gegenüber dem Erben erfolgen[281]. Empfangsvollmachten für einen Dritten
sind für den VN problematisch, da die Gefahr besteht, dass sich das Vertragsverhältnis an ihm
vorbei entwickelt, wenn er als der oft allein Informierte nicht eingebunden und unterrichtet
wird. Zu Lebzeiten des VN ist jedoch die Zulässigkeit solcher Vollmachten bedenklich[282].

2. Fristen

Die Erklärungen müssen innerhalb einer **Frist von einem Monat** zugegangen sein (§ 21   **85**
Abs. 1 S. 1 VVG). Durch diese gesetzliche Ausschlussfrist soll erreicht werden, dass das Beste-
hen und der Inhalt eines Versicherungsvertrages nicht in der Schwebe bleiben[283]. Sie dient der
Klarheit der Rechtsbeziehungen. Beginn und Ende der Frist bemisst sich nicht nach der
Spezialvorschrift des § 10 VVG sondern nach §§ 187 Abs. 1, 188 Abs. 2 und 3, 193 BGB[284].
Unabhängig von der Kenntnis des VR verfristen seine Rechte nach einer Anzeigepflichtver-
letzung des VN nach § 21 Abs. 3 VVG. Dies gilt nach altem VVG nur für einzelne Versicherungssparten[285].

Bestehen **mehrere Rücktrittsgründe** können je nach Zeitpunkt der Kenntniserlangung   **86**
unterschiedliche Fristen laufen[286]. Nach Ablauf der Frist für eine bestimmte Anzeigepflichtverletzung kann sich der VR jedoch nicht mehr darauf berufen, von einer **Vorstufe** derselben erst später erfahren zu haben, selbst wenn diese Vorstufe ihrerseits auch wieder anzeigepflichtig gewesen wäre[287]. Ist die Nichtangabe **mehrerer Umstände** erst **in ihrer
Gesamtheit als Anzeigepflichtverletzung zu werten,** so beginnt die Frist erst mit dem
Zeitpunkt, in dem der letzte Umstand, der diese Gesamtwürdigung rechtfertigt, bekannt
wird[288]. Einem VR, dem mehrere erhebliche Pflichtverletzungen kein Anlass waren, seine
Rechte geltend zu machen, kann es nach **§ 242 BGB** verwehrt sein, sich nach dem Eintritt

---

[277] *Rixecker* ZfS 2007, 370; *Marlow/Spuhl* S. 58.
[278] OLG Hamm v. 3. 4. 1981, VersR 1981, 1148.
[279] OLG Stuttgart v. 20. 5. 1981, VersR 1982, 797.
[280] BGH v. 5. 5. 1982, VersR 1982, 246 = NJW 1982, 2314.
Vgl. §§ 6 Abs. 6 ALB 86, 7 Abs. 7 ALB 94: Nach dem Tod des VN gelten Bezugsberechtigte oder Inhaber des Versicherungsscheins als empfangsberechtigt.
[281] BGH v. 24. 3. 1993, VersR 1993, 868 = NJW-RR 1993, 794.
[282] *Prölss/Martin/Prölss,* Vorbemerkung I Rn. 78; KG Berlin v. 3. 12. 1991, VersR 1993, 557 = VVGE
§ 20 VVG Nr. 4: Bevollmächtigung des Kreditinstitutes bei einer Restschuldversicherung.
[283] *Bruck/Möller,* § 20 Anm. 4.
[284] BGH v. 13. 12. 1989, VersR 1990, 258.
[285] § 163 VVG a. F.: Lebensversicherung; 10 Jahre nach Vertragsschluss (gilt auch für die Berufsunfähigkeitsversicherung). § 178k Abs. 1 VVG a. F.: Krankenversicherung; 3 Jahre, wenn nicht Arglist.
[286] OLG Saarbrücken v. 25. 11. 1992, VersR 1994, 847; *Prölss/Martin/Prölss,* § 20 VVG Rn. 2; *Römer/
Langheid/Langheid,* § 20 Rn. 6; Berliner Kommentar/*Voit,* § 20 Rn. 3.
[287] BGH v. 22. 2. 1984, VersR 1984, 630: dem VR bekannter Herzinfarkt und vorausgegangene, dem
VR aber erst später bekannt gewordene angina pectoris.
[288] *Bruck/Möller,* § 20 Anm. 7.

eines Versicherungsfalls auf eine weniger gewichtige Verletzung als Rücktrittsgrund zu berufen[289]. Bei Kündigung und Vertragsanpassung, wenn diese nicht zu einer rückwirkenden Leistungsfreiheit führt, liegt dies eher fern, da damit nur erreicht werden soll, mit dem VN in Zukunft nicht mehr oder nicht mehr zu denselben Bedingungen zusammen arbeiten zu müssen.

87   Die **Frist beginnt** mit dem Zeitpunkt, zu dem der VR von der Verletzung der Anzeigepflicht **Kenntnis** erlangt hat (§ 20 Abs. 1 S. 2 VVG). Da eine solche das Wissen des VN von dem anzeigepflichtigen Umstand bei seiner Erklärung voraussetzt[290], muss sich die Kenntnis des VR auch auf dieses Wissen erstrecken[291]. Allein das Wissen um eine von dem VN nicht angegebene Erkrankung, verpflichtet den VR noch nicht zu der Entscheidung, ob er seine Rechte geltend machen soll oder nicht[292]. Dagegen soll die Kenntnis des VR nicht auch das **Verschulden des VN** oder eines ihm zuzurechnenden Dritten umfassen müssen[293]. Soweit diese Ansicht damit begründet wird, dass andernfalls der VR seine Ermittlungen mit dem Hinweis verzögern könnte, das Verschulden des VN sei noch zu klären[294], überzeugt das nicht. Zwar mag dies eine Klärung des Versicherungsschutzes hinausschieben, aber das ist bei Ermittlungen zur Kenntnis des VN nicht anders. Stichhaltiger ist schon das dogmatische Argument, § 21 Abs. 2 S. 2 VVG stelle auf eine Kenntnis von der Anzeigepflichtverletzung ab und diese verlange von ihrem Tatbestand her kein Verschulden[295]. Jedoch wird dabei nicht hinreichend beachtet, dass eine Rücktrittserklärung des VR, die unter Geltung des § 16 VVG a. F. wegen fehlenden Verschuldens des VN nicht durchgreift, eine Vertragsverletzung ist, die den VR schadensersatzpflichtig machen kann[296]. Der VR kann nicht gezwungen sein, sich dieser Gefahr auszusetzen und einen Rücktritt erklären zu müssen, bevor er die Ermittlungen hinsichtlich eines Verschuldens des VN und damit über die Erfolgsaussichten seines Vorgehens abgeschlossen hat. Letztlich würde ihm damit eine Erklärung auf Verdacht zugemutet. Nach § 19 VVG sind die Rechte des VR noch differenzierter von Verschulden und Verschuldensgrad des VN abhängig. Auch das spricht dafür, die Frist erst mit dem Zeitpunkt beginnen zu lassen, zu dem eine solche Einschätzung möglich ist[297].

88   **Fristbeginn** ist der **Zeitpunkt der sicheren und zuverlässigen Kenntnis** des VR[298]. Der VR ist nicht verpflichtet, sich auf Verdacht zu erklären. Die Frist beginnt erst, wenn durch Ermittlungen, die unter Berücksichtigung objektiver Gesichtspunkte zügig durchgeführt werden müssen, der Sachverhalt hinreichend geklärt ist. Andererseits ist der VR aber auch verpflichtet, bei ernsthaftem Verdacht nachzuforschen. Er darf mit den notwendigen Erkundigungen nicht (eventuell bis zum Eintritt des Versicherungsfalls) zuwarten. Wegen dieser **Erkundigungs- und Rückfrageobliegenheit** kann auf die Risikoprüfungsobliegenheit bei Vertragsschluss (Rn. 61) verwiesen werden. Wenn die dem VR bekannten Tatsachen eine Anzeigepflichtverletzung ernstlich in Betracht kommen lassen, ist er zu den dann gebo-

---

[289] *Bruck/Möller,* § 20 Anm. 7.

[290] Oben Rn. 46 ff.

[291] BGH v. 20. 9. 2000; VersR 2000, 1486; v. 28. 11. 1990, VersR 1991, 170, 172; Berliner Kommentar/*Voit,* § 20 Rn. 6.

[292] BGH v. 20. 9. 2000, VersR 2000, 1486; anders *Kellner* VersR 1978, 1006.

[293] *Bruck/Möller,* § 20 Anm. 3; *Prölss/Martin/Prölss* § 20 VVG Rn. 3; Berliner Kommentar/*Voit,* § 20 Rn. 6; *Bruck/Möller/Johannsen,* FeuerV, G 18; *Müller,* r+s 2000, 485; a. A.: *Lücke,* VersR 1996, 786, der allerdings zwischen Kenntnis und Verschulden nicht klar unterscheidet; *Römer/Langheid/Langheid,* (2. Aufl.) § 20 Rn. 2.

[294] *Bruck/Möller,* § 20 Anm. 3.

[295] Berliner Kommentar/*Voit,* § 20 Rn. 6.

[296] OLG Oldenburg v. 8. 2. 1995, VersR 1995, 819; *Bruck/Möller,* § 20 Anm. 17; Berliner Kommentar/*Voit,* § 20 Rn. 24.

[297] *Marlow/Spuhl,* S. 56: Der VR muss die Tatsachen kennen, die das Anpassungsrecht begründen, und dazu gehören die für das Verschulden maßgebenden Umstände. Ebenso wohl *Langheid* NJW 2007, 3668. Anders aber *Rixecker* ZfS 2007, 371.

[298] Unstreitig.: BGH v. 20. 9. 2000, VersR 2000, 1486; v. 30. 9. 1998, VersR 1999, 217; *Prölss/Martin/Prölss,* § 20 VVG Rn. 3.

tenen Rückfragen verpflichtet, um abschließende Klarheit zu erhalten[299]. Das schließt nicht aus, dass er einer nachträglich eingeholten ergänzenden Zusicherung des VN vertrauen darf[300]. Der Zweck der recht kurz bemessenen Rücktrittsfrist, schnell zu klären, ob der VN Versicherungsschutz genießt, würde unterlaufen, wenn der VR durch das Hinauszögern von Rückfragen den Zeitpunkt seiner Kenntnis hinaus schieben könnte. Deshalb muss der VR, der von einer nicht angegebenen Erkrankung des VN erfährt, nachfragen, ob diese bei Antragstellung schon behandelt wurde und dem VN bekannt war[301]. Allein aus der Art einer Erkrankung kann folgen, dass sie schon längere Zeit bestanden haben muss. Immer ist zu beachten, dass bei einer unterlassenen Anfrage vor Vertragsschluss der Rücktritt von vornherein ausscheidet und nicht nur verfristet ist. Nach der hier vertretenen Auffassung[302] bezieht sich das nur auf solche Umstände, hinsichtlich derer die gebotene Nachfrage unterlassen wurde. Wird die Erkundigungspflicht nach Vertragsschluss verletzt, beginnt die Rücktrittsfrist zu dem Zeitpunkt, in dem der VR bei unterstellter ordnungsgemäßer Rückfrage zuverlässige Kenntnis erlangt hätte[303].

Wie bei der Kenntnis als Ausschlussgrund nach § 19 Abs. 35 S. 2 VVG ist das **Wissen des** **89** **zuständigen Sachbearbeiters** entscheidend[304]. Deshalb ist nicht auf den Eingang eines Schreibens bei der zentralen Poststelle abzustellen, wenn die Kenntnisnahme durch den Sachbearbeiter nicht ungebührlich verzögert wird[305]. Anders als bei der anfänglichen Risikoprüfung, die vor Vertragsschluss vorgenommen werden muss, besteht während des laufenden Vertrages ohne besonderen Grund keine Veranlassung, die bei Vertragsschluss angenommene Risikolage zu überprüfen. Das ändert sich auch nicht bei Eintritt eines Versicherungsfalls, es sei denn, er weist seiner Art nach darauf hin, dass die Risikoeinschätzung von Anfang an unrichtig war. Das liegt nahe, wenn Leistungen wegen einer Erkrankung geltend gemacht werden, die erfahrungsgemäß schon bei Vertragsschluss vorhanden gewesen sein muss[306]. Dann sind eine Abfrage vorhandener Daten und eventuell weitere Nachfragen erforderlich. Erfährt ein Sachbearbeiter von der Anzeigepflichtverletzung oder der arglistigen Täuschung zu einem Vertrag, muss dies Anlass sein, in Datenbanken und Akten nach anderen Versicherungsverträgen mit derselben Person zu suchen und auch diese zu überprüfen[307].

Zur Fristwahrung muss die Erklärung innerhalb eines Monats dem VN oder einem Emp- **90** fangsbefugten **zugegangen** sein[308].

Eine Schwierigkeit besteht für den VR darin, dass er nicht sicher voraussehen kann, ob **91** und in welchem Umfang sich der VN entlasten kann. Auch die nach Vertragsanpassung geltenden Versicherungsbedingungen sowie die Auswirkungen der Anpassung werden nicht immer vorhergesehen werden können. Der VR kann sich daher zu **Hilfsanträgen** veranlasst sehen. So könnte neben einem Rücktritt hilfsweise eine Kündigung ausgesprochen (hier wäre auch eine Umdeutung der Rücktrittserklärung in eine Kündigung nicht ausgeschlos-

---

[299] BGH v. 20. 9. 1989, VersR 1989, 1249 = NJW-RR 1990, 47.
[300] OLG Oldenburg v. 2. 2. 2005, VersR 2005, 921.
Nach OLG Köln v. 28. 4. 2004 (VersR 2004, 1253) soll eine solche Verpflichtung zur Nachprüfung nicht für Verdachtsmomente gelten, die sich aus einer Arztauskunft ergeben, die routinemäßig ohne konkreten Anlass eingeholt wurde. Dem ist nicht zuzustimmen. Ein VR ist nicht befugt, beliebig Arztauskünfte einzuholen und sie dann nicht zu beachten. Nach § 213 VVG ist jetzt ein solches Vorgehen eindeutig nicht zulässig.
[301] BGH v. 20. 9. 2000, VersR 2000, 1486.
[302] Oben Rn. 65.
[303] *Prölss/Martin/Prölss,* § 20 VVG Rn. 3.
[304] OLG Stuttgart v. 28. 9. 2006, VersR 2007, 340 = NJW-RR 178; OLG Düsseldorf v. 16. 11. 2004, VersR 2005, 1669.
[305] OLG Düsseldorf (s. o.): 14 Tage liegen noch im zulässigen Zeitrahmen.
[306] Beispiel bei Berliner Kommentar/*Voit,* § 20 Rn. 10.
[307] BGH v. 10. 9. 2003, r+s 2003, 468 = ZfS 2004, 73.
[308] Zum Zugang im Einzelnen vgl. *Prölss/Martin/Knappmann,* § 39 VVG Rn. 9–16; *K. Johannsen* § 8 Rn. 73.

sen[309]) oder eine Vertragsanpassung verlangt werden. Möglich wäre auch, sich auf alle Möglichkeiten hintereinander zu berufen. Ob wohl es sich um Gestaltungsrechte handelt und diese grundsätzlich bedingungsfeindlich sind, ist dieses Vorgehen **zulässig,** da es sich bei den jeweiligen Voraussetzungen um Rechtsbedingungen handelt[310]. Voraussetzung bleibt, dass das Rangverhältnis unter den unterschiedlichen Anträgen eindeutig festgelegt wird.

3. Beweisfragen

92   Die Kenntnis des VR von der Anzeigepflichtverletzung folgt schon aus seiner Erklärung selbst. Deren **Zeitpunkt** ist **vom VN,** der sich auf eine Verfristung beruft, **zu beweisen**[311], d. h. er muss nachweisen, dass der VR zu einem so frühen Zeitpunkt Kenntnis erhielt, dass dessen Erklärung nicht mehr rechtzeitig zuging. Um ihm dies zu ermöglichen, muss der VR substantiiert darlegen, wann und wie er Kenntnis erlangt haben will[312]. Entscheidend ist die mit der Rücktrittsentscheidung befassten Stelle[313]. Den rechtzeitigen **Zugang** beim VN als Wirksamkeitsvoraussetzung des Rücktritts ist **vom VR zu beweisen.**

VIII. Rechtsfolgen der Erklärungen des Versicherers

1. Rücktritt

93   **a) Leistungsfreiheit des Versicherers.** Durch wirksamen Rücktritt wird das VersVerhältnis wie im allgemeinen Zivilrecht umgestaltet. Beiderseits empfangene **Leistungen sind zurückzugewähren** (§ 346 Abs. 1 BGB). Keine Rückzahlungspflicht besteht wegen der gezahlten Beiträge (§ 39 Abs. 1 S. 2 VVG). Diese Privilegierung des VR ist wegen der Gefährdung seiner Interessen, wenn er die Pflichtverletzung nicht erkennt, und seiner beschränkten Haftung (§ 19 Abs. 2 VVG) gerechtfertigt[314] Bestand die Versicherungsleistung in Naturalersatz (z. B.: Glasversicherung) muss deren Wert ersetzt werden (§ 346 Abs. 2 S. 1 BGB). Soweit die Leistungen Versicherungsfälle betrafen, für die der VR nach § 19 Abs. 2 VVG einstandspflichtig geblieben wäre, sind diese in entsprechender Anwendung dieser Vorschrift auf bereits erbrachte Leistungen nicht zu erstatten[315].

94   Für **Versicherungsfälle vor Rücktrittserklärung,** die noch nicht reguliert wurden, entfällt eine Leistungspflicht, soweit nicht § 19 Abs. 2 VVG eingreift. Diese Ausnahme gilt für Versicherungsfälle **nach Rücktrittserklärung** nicht[316]. Bei einem **gedehnten Versicherungsfall** kann nach § 19 Abs. 2 VVG die Leistungspflicht des VR auch für Zeiten und Ereignisse nach Rücktrittserklärung bestehen[317].

95   Nur wenn die Verletzung der Anzeigepflicht den gesamten Vertrag betrifft und § 29 VVG **(Teilrücktritt)**[318] entfällt, ist die Wirkung des erklärten Rücktritts umfassend. Wurde die Anzeigepflicht bei einer **Vertragsänderung** verletzt, entfällt bei einem Rücktritt nur die Ri-

---

[309] Zutreffend *Neuhaus* r+s 2008, 51.

[310] *Rixecker* ZfS 2007, 371; *Reusch* VersR 2007, 1316; *Franz* VersR 2008, 306. Wohl auch *Marlow/Spuhl* S. 57.

[311] BGH v. 28. 11. 1990, VersR 1991, 170; *Prölss/Martin/Prölss,* § 20 VVG Rn. 6a; *Römer/Langheid/ Langheid,* § 20 Rn. 7; Berliner Kommentar/ *Voit,* § 20 Rn. 13.

[312] Vgl. OLG Stuttgart v. 28. 9. 2006, VersR 2007, 340.

[313] Der betriebsinterne Postlauf (Posteingangsstelle – Sachbearbeiter) geht damit zu Lasten des VN. Verzögerungen und Fehlleitungen sind für den VN schwer zu klären und nachzuweisen. Dehalb schlägt *Hövel,* VersR 2008, 315 vor, hier pauschal eine Woche anzusetzen. Die Frist liefe dann immer fünf Wochen nach Posteingang ab.

[314] BVerfG v. 8. 3. 1999, VersR 1999, 1221; BGH v. 1. 6. 2005, VersR 2005, 1065
Soweit der Beitrag Anteile enthält, die nicht Ausgleich für das übernommene Risiko sind, besteht eine Ausgleichspflicht (vgl. § 169 VVG zur Lebensversicherung).

[315] *Bruck/Möller,* § 20 Anm. 16; Berliner Kommentar/ *Voit,* § 20 Rn. 19.

[316] BGH v. 23. 5. 2001, VersR 2001, 1014.

[317] *Römer/Langheid/Langheid,* § 20 Rn. 10.

[318] Dazu *K. Johannsen* § 8 Rn. 50.

sikoerhöhung. Der ursprüngliche Vertrag (geringere Versicherungssumme oder/und kürzere Laufzeit, geändertes Risiko) lebt wieder auf[319]. Häufig wird gerade bei einer mit einer Lebensversicherung verbundenen **Berufsunfähigkeitszusatzversicherung** nur hinsichtlich letzterer der Rücktritt erklärt. Das ist erforderlich, da die Gefahrerheblichkeit einzelner Umstände für beide Risiken nicht identisch ist[320]. Wird vom Hauptvertrag (Lebensversicherung) wirksam zurückgetreten, berührt dies aber immer auch den Zusatzvertrag[321].

§ 21 Abs. 2 S. 1 VVG schränkt die Wirkungen eines Rücktritts zugunsten des VN erheblich ein. **Bis zum Rücktritt,** nicht darüber hinaus[322], **bleibt der VR leistungspflichtig, wenn** der nicht oder falsch angezeigte Umstand **keinen Einfluss** auf den Eintritt des Versicherungsfalls oder den Umfang der Leistung hatte. Der VR trägt damit das Risiko, das ihm bei Vertragsschluss offenbart wurde und das er geprüft hat oder hätte prüfen können. Von dieser weiter bestehenden Einstandspflicht kann er sich nur durch Anfechtung (§§ 22 VVG, 123 BGB) befreien. Die **Wirkung des Rücktritts** selbst wird durch § 19 Abs. 2 VVG **nicht berührt.** Deshalb reicht nach Leistungsablehnung und Rücktritt eine Leistungsklage nicht, wenn der VR auch das Versicherungsverhältnis aufrechterhalten haben will. Dazu ist eine zusätzliche **Feststellungsklage** erforderlich[323]. Nur bei einem **gedehnten Versicherungsfall,** der besonders in der Personenversicherung (Kranken-, Berufsunfähigkeitsversicherung) häufig ist[324], dauert die Leistungspflicht des VR auch nach Rücktritt und Aufhebung des Versicherungsvertrages noch an[325]. Die Kosten einer Erkrankung, die nicht auf einem nicht angezeigten Umstand beruht, sind ebenso wie die Rente wegen einer auf eine solche Erkrankung zurückzuführenden Berufunfähigkeit zu zahlen, ohne dass dem VR weiterhin Prämien zustehen. Die Gegenmeinung[326] stellt darauf ab, dass § 21 VVG a. F., der mit § 21 Abs. 2 VVG übereinstimmt, keine Leistungspflicht über den Zeitpunkt des Rücktritts hinaus begründe. Das ist aber nur dann zutreffend, wenn eine Leistungspflicht zu diesem Zeitpunkt nicht bereits bestand. Nur eine Weiterhaftung des VN entspricht der ratio legis, den VR einstehen zu lassen, soweit er sein Risiko prüfen konnte, da auch bei einem ordnungsgemäßen Antrag bei einem gedehnten Versicherungsfall die Leistungspflicht über das Vertragsende hinaus andauert, wenn dessen Beginn noch in den versicherten Zeitraum fällt[327].

Maßgebend für die Leistungsfreiheit ist allein, ob sich der Umstand auf den Eintritt des Versicherungsfalls und/oder nach den Bestimmungen des konkret abgeschlossenen Versicherungsvertrages auf die Entschädigungshöhe auswirkt. Dass der VR den Vertrag bei Kenntnis der nicht angezeigten Umstände nicht abgeschlossen hätte (und deshalb auch nicht einstandspflichtig wäre), interessiert nicht. Die **„Vertragskausalität"** ist nur Voraussetzung der Gefahrerheblichkeit in § 19 Abs. 1 VVG und für den Rücktritt selbst[328]. Die Gegenmeinung[329] übersieht den schon dargelegten Gesetzeszweck des § 21 Abs. 2 VVG (Haftung im Rahmen des geprüften Risikos).

Der Umstand, wegen dessen die Anzeigepflicht verletzt wurde, darf keinen Einfluss auf den Eintritt des Versicherungsfalls gehabt haben. Mitursächlichkeit und mittelbare Ursäch-

---

[319] OLG Saarbrücken v. 16. 5. 2007, VersR 2007, 1681.

[320] OLG Saarbrücken v. 14. 6. 2006, VersR 2007, 193; OLG Düsseldorf v. 29. 2. 2000, VersR 2001, 1408.

[321] OLG Koblenz v. 17. 11. 2000, VersR 2001, 887.

[322] BGH v. 23. 5. 2001, VersR 2001, 1014.

[323] *Römer/Langheid/Langheid,* § 21 Rn. 2.

[324] Vgl. BGH v. 12. 4. 1989, VersR 1989, 588.

[325] BGH v. 16. 6. 1971, VersR 1971, 810; OLG Hamm v. 13. 12. 1978, VersR 1980, 135; *Bruck/Möller,* § 21 Anm. 5, 9; *Römer/Langheid/Langheid,* § 20 Rn. 10, § 21 Rn. 3; Berliner Kommentar/*Voit,* § 21 Rn. 3; *Voit (sen.),* Berufsunfähigkeitsversicherung, Rn. 204.

[326] *Prölss/Martin/Prölss,* § 21 VVG Rn. 10; *Bach/Moser/Schoenfeldt/Kalis,* Krankenversicherung, nach § 2 MB/KK Rn. 58.

[327] Berliner Kommentar/*Voit,* § 21 Rn. 4.

[328] H. M., vgl. Berliner Kommentar/*Voit* § 21 Rn. 4.

[329] *Henrichs* VersR 1989, 231.

lichkeit reichen aus. Es gilt strenge Kausalität (sine qua non)[330]. Auf **Adäquanz** kommt es nicht an, da hier nicht die Zurechnung der Folge eines Fehlverhaltens in Frage steht. **Indizierende Umstände** (Arztbesuche, Beschwerden, Vorschäden, Vorversicherungen) können sich auf den Eintritt eines Versicherungsfalls kaum auswirken. Durch die Nichtangabe von Indiztatsachen verschweigt der VN auch nicht regelmäßig die Haupttatsache, die ihm nicht bekannt gewesen sein muss[331]. Andererseits darf im Interesse der Versichertengemeinschaft, eine Anzeigepflichtverletzung bezüglich Indiztatsachen nicht immer die Leistungspflicht des VR unberührt lassen. Um die Auswirkungen einzugrenzen, ist als zusätzliche Anforderung zu verlangen, dass der VR bei zutreffender Anzeige der indizierenden Umstände durch Ermittlungen, die er dann durchgeführt hätte, Kenntnis von einem gefahrerheblichen Umstand, wegen dessen die Anzeige nicht verletzt wurde – andernfalls stellt sich die Frage nicht –, erlangt hätte. Dabei hat **der VR nachzuweisen, dass er Ermittlungen durchgeführt und dann den Umstand erfahren hätte**[332]. Die fiktiv ermittelten Umstände müssen noch dem „Hinweisbereich" der nicht angezeigten indizierenden Umstände zuzurechnen sein. Für mögliche Zufallsbefunde fehlt der notwendige innere Zusammenhang, der es rechtfertigen würde, den nicht angegebenen indizierenden Umstand dem für den Versicherungsfall kausalen Umstand gleichzusetzen. Erst wenn der VR eine solche Ursachenkette zwischen dem nicht angezeigten indizierenden Umstand und der für den Eintritt des Versicherungsfalls kausalen Tatsache dargelegt und bewiesen hat, kommt es auf den Kausalitätsgegenbeweis des VN nach § 21 Abs. 2 VVG an[333].

99   Ähnlich ist die Situation bei **falsch diagnostizierten Krankheiten**[334]. Fehldiagnosen selbst sind keine gefahrerheblichen Umstände[335]. Soweit sie auf anzeigepflichtigen aber nicht angegebenen Umständen fußen, ist zu prüfen, ob die Mitteilung der zur Fehldiagnose führenden Umstände bei dem VR zur Feststellung der tatsächlich gegebenen gefahrerheblichen Umstände geführt hätte.

100   Bei Anzeigepflichtverletzungen zu Umständen, die das **subjektive Risiko** betreffen (Vorstrafen, Vorversicherungen[336], Vorschäden, andere Versicherungen) wird von der h. M.[337] eine Kausalität verneint. In der Tat kann auch nicht bezweifelt werden, dass diese nicht für einen Versicherungsfall ursächlich werden können. Auf dieses Kausalitätserfordernis kann nach der gesetzlichen Regelung anders als bei Obliegenheiten nach § 6 Abs. 1 VVG a. F., die die Vertragsgefahr betreffen und bei denen gerade eine dem § 21 Abs. 2 VVG. entsprechende

---

[330] *Prölss/Martin/Prölss*, § 21 VGVG Rn. 3; Berliner Kommentar/*Voit*, § 21 Rn. 9; anders: OLG Hamm v. 29. 1. 1992, VersR 1992, 1206; LG Köln v. 22. 6. 1994, NJW-RR 1995, 1496; *Bruck/Möller*, § 21 Anm. 8.

[331] Z. B.: Durch Nichtangabe eines Arztbesuchs wird keine Erkrankung verschwiegen, wenn keine solche festgestellt wurde oder der Arzt seine Feststellungen dem VN nicht mitteilte.

[332] OLG Karlsruhe v. 18. 7. 2002, NVersZ 2002, 490 = r+s 2003, 516; OLG Düsseldorf v. 29. 2. 2000, VersR 2001, 1408 = NVersZ 2001, 544, 547; Berliner Kommentar/*Voit*, § 21 Rn. 12; *Prölss/Martin/Prölss*, § 21 VVG Rn. 5; *Römer/Langheid/Langheid*, § 21 Rn. 11; *Voit (sen.)*, Berufsunfähigkeitsversicherung, Rn. 213ff.; *Knappmann*, r+s 1996, 84.

[333] OLG Karlsruhe v. 18. 7. 2002, ZfS 2004, 168: Bei Gesundheitsbeschwerden kommt es auf die Kausalität der Erkrankung an, deren Anzeichen die Beschwerden waren. Anders OLG Köln v. 4. 3. 1993, r+s 1994, 315: VN muss beweisen, dass die Ermittlungen nicht zur Feststellung der zuletzt für den Versicherungsfall kausalen Erkrankung geführt hätten; ebenso OLG Köln v. 23. 2. 1989, VersR 1989, 505: VN muss beweisen, dass nicht angegebenes Symptom nicht auf die für den Versicherungsfall kausale Erkrankung zurückzuführen ist. Ob letztere bei den Ermittlungen bekannt geworden wäre, wird nicht geprüft (so auch *Bach/Moser/Schoenfeldt/Kalis*, Krankenversicherung, nach § 2 MB/KK Rn. 61).

[334] *Prölss/Martin/Prölss*, § 21 VVG Rn. 6; Berliner Kommentar/*Voit*, § 21 Rn. 10.

[335] Oben Rn. 17.

[336] OLG Frankfurt v. 10. 6. 2005, VersR 2005, 1429.

[337] *Bruck/Möller*, § 21 Anm. 9, 10; *Prölss/Martin/Prölss* § 21 Rn. 2; Berliner Kommentar/*Voit*, § 21 Rn. 14ff.

Regelung fehlt, nicht verzichtet werden. Andererseits ist *Langheid*[338] zuzustimmen, dass solche Umstände Ausdruck von Manipulationsneigung oder besonderer Sorglosigkeit sein mögen, die ihrerseits durchaus für den Eintritt eines Versicherungsfalls ursächlich werden können. Letztlich kann es sich damit auch hier um indizierende Umstände handeln, die die Eigenschaften einer Person oder auch Besonderheiten einer Sache (gefährdete Lage bei häufigen Vorschäden) betreffen. Entsprechend den soeben dargelegten Grundsätzen müsste der VR darlegen und beweisen, dass Ermittlungen, die bei anzeigegerechtem Verhalten aufgenommen worden wären, Tatsachen erbracht hätten, die den Schluss auf bestimmte Eigenschaften und Besonderheiten rechtfertigten. Erst wenn dies feststeht, könnte die Kausalität für den Versicherungsfall geprüft werden[339]. Der einfache Hinweis, der Vertrag wäre bei Kenntnis der nicht angezeigten Umstände so nicht geschlossen worden, reicht nicht.

Der Umstand, wegen dessen dem VN die Verletzung der Anzeigepflicht vorgeworfen **101** wird, darf auch **keine Auswirkungen auf die Höhe der Versicherungsleistung** haben. Die Höhe der Leistung wird u. a. beeinflusst, wenn eine bei Antragstellung bestehende Erkrankung zwar nicht zum Eintritt des Versicherungsfalls beitrug, wohl aber die Genesungsdauer verlängerte, oder wenn brandgefährliche Stoffe zwar nicht den Ausbruch des Brandes, wohl aber dessen Intensität und Ausbreitung förderten. Abzustellen ist auf die nach dem abgeschlossenen Vertrag **rechtlich geschuldete Leistung**[340]. Erhöht sich diese wegen eines nicht angezeigten Umstandes, wird der VR **in vollem Umfang** leistungsfrei. Allenfalls in krassen Einzelfällen wird dieses Ergebnis über § 242 BGB korrigiert werden können[341]. Die geschuldete Versicherungsleistung wird durch **Falschangaben, die nur ausgeschlossene oder nicht versicherte Bereiche berühren,** nicht betroffen[342]. Das gilt auch für Falschangaben zur Vorinvalidität in der Unfallversicherung. Betrifft sie das durch den Unfall betroffene Glied oder die betroffene Funktion, ist bereits nach den Bedingungen (Ziffer 2.1.2.2.3 AUB 07) ein Abzug gerechtfertigt. Derartige Falschangaben bleiben damit auf die geschuldete Versicherungsleistung insoweit ohne Einfluss[343]. Die Gegenansicht[344] stellt zu Unrecht auf die erbrachte oder vom VN verlangte Leistung ab. Wenn der VN wegen Unkenntnis von Umständen des subjektiven Risikos intensivere Ermittlungen zur Höhe unterlässt, mag es sein, dass er deshalb höhere Leistungen erbringt. Seine tatsächliche Verpflichtung berührt das aber nicht, und deshalb hat das auch auf den Umfang seiner geschuldeten Leistung keinen Einfluss[345]. Die von der Gegenmeinung[346] als Beleg zitierten Entscheidungen des BGH und des OLG Hamm[347] betreffen beide § 6 Abs. 1 VVG a. F. und die Frage der Relevanz, die der Gefahrerheblichkeit in § 19 VVG ähnelt, aber zur Kausalität in § 21 Abs. 2 VVG nichts besagt.

Da grundsätzlich nicht zu berücksichtigen ist, welchen Vertrag des VR bei Kenntnis der **102** anzeigepflichtigen Umstände geschlossen hätte, ist die Argumentation, dann hätte man eine **geringere Versicherungssumme** oder einen **Selbstbehalt** vereinbart, ausgeschlossen[348]. Ebenso wie der VR sich nicht darauf berufen kann, er hätte bei Kenntnis von dem Abschluss eines Versicherungsvertrag gänzlich abgesehen, kann er sich nicht darauf stützen, dieser hätte dann einen anderen Inhalt gehabt[349].

---

[338] *Römer/Langheid*, § 21 Rn. 10; *Langheid*, NJW 1991, 271.
[339] Im Ergebnis ähnlich Berliner Kommentar/*Voit*, § 21 Rn. 10.
[340] *Bruck/Möller*, § 21 Anm. 10.
[341] *Bruck/Möller*, § 21 Anm. 10; *Bruck/Möller/Johannsen*, FeuerV, G 20 (S. 357). Zum hier abweichenden österreichischem Recht: Rn. 151.
[342] Vgl. OLG Saarbrücken v. 3. 11. 2004, VersR 2005, 929; *Knappmann* VersR 2006, 51
[343] *Prölss/Martin/Prölss*, § 21 VVG Rn. 7; Berliner Kommentar/*Voit*, § 21 Rn. 18.
[344] *Römer/Langheid/Langheid*, § 21 Rn. 12.
[345] Berliner Kommentar/*Voit*, § 21 Rn. 18; *Lücke*, VersR 1996, 787.
[346] *Römer/Langheid/Langheid*, § 21 Rn. 12, 10.
[347] BGH v. 18. 12. 1989, VersR 1990, 384; OLG Hamm v. 11. 5. 1988, r+s 1988, 347.
[348] *Bruck/Möller*, § 21 Anm. 1; Berliner Kommentar/*Voit*, § 21 Rn. 19.
[349] *Prölss/Martin/Prölss*, § 21 VVG Rn. 1; *Knappmann*, r+s 1996, 84.

Knappmann

103   Die Verletzung der Anzeigepflicht wird **vorwiegend in der Schadenversicherung** Einfluss auf die Höhe der geschuldeten Versicherungsleistung haben. Ausgeschlossen ist es aber auch nicht bei einer Summenversicherung[350].

104   Bei **arglistiger** Verletzung der Anzeigepflicht **entfällt** auch **der eingeschränkte Versicherungsschutz** (§ 21 Abs. 2 S. 2 VVG). Arglistig handelt ein VN, wenn er bezweckt, das Verhalten der VR und dessen Bereitschaft zu beeinflussen, überhaupt einen oder den konkreten Versicherungsvertrag abzuschließen[351]. Das entspricht §§ 123, 142 BGB. Eigenständige Bedeutung hat diese Ausnahme nur dann, wenn der VR eine Anfechtung versäumt oder verspätet erklärt hat.

105   **b) Rückzahlungspflicht des Versicherungsnehmers.** Rückgewährspflichtig ist der **VN,** der als Vertragspartner des Versicherungsvertrags auch Partei des durch den Rücktritt begründeten Rückgewährsschuldverhältnis ist. An seine Stelle treten die Rechtsnachfolger, die voll seine Vertragsposition übernehmen (z. B.: Erben). Soweit an **Dritte** geleistet wurde, die nur einzelne Rechte aus dem Versicherungsvertrag erwarben **(Zessionare, Pfandgläubiger)** bleibt der VN verpflichtet. Bei einem Rückgewährsverhältnis nach § 346 ff. BGB folgt dies auch aus § 348 BGB. Das dort zuerkannte Zurückbehaltungsrecht würde entwertet, wenn der Zurücktretende seine Leistung von Dritten zurück fordern muss[352]. Dass der VR wegen § 39 Abs. 1 S. 2 VVG nichts erstatten muss, rechtfertigt keine abweichende Wertung[353].

106   Schon eher der Stellung eines Vertragspartners angenähert ist die eines **Bezugsberechtigten** oder die eines **Versicherten** bei einer Versicherung auf fremde Rechnung, die selbst anzeigepflichtig sind. Sie sind in das Vertragsverhältnis mit einbezogen. Ihre Rückgewährspflicht ist streitig. Z. T. wird sie neben die des VN gestellt[354]. Der VR hat dann zwei Schuldner. Diese Privilegierung des VR lässt sich dann rechtfertigen, wenn dem Dritten selbst eine Anzeigepflichtverletzung angelastet werden kann. Andere sehen nur den VN[355] oder nur den Bezugsberechtigten[356] als Schuldner.

Gegen die Haftung eines Dritten, der an der Anzeigepflicht nicht „beteiligt" war, könnte eingewandt werden, er werde ungerechtfertigt der strengen Haftung des § 347 S. 1 BGB a. F. ausgesetzt[357]. Für das frühere Recht war das sachlich unzutreffend, da überwiegend bei einem gesetzlichen Rücktrittsrecht bis zur Kenntnis der Rücktrittsgründe nur eine Einstandspflicht nach Bereicherungsgrundsätzen mit der Möglichkeit der Entreicherungseinrede (§ 818 Abs. 3 BGB) angenommen wurde[358]. Nach der Schuldrechtsmodernisierung entfällt diese unterschiedliche Behandlung von gesetzlichen und vertraglichen Rücktrittsschuldnern. Auch der Bezugsberechtigte würde nach den strengen Grundsätzen haften[359]. Aus der Sonderregelung der §§ 102, 103, 107b VVG a. F.[360], die eine zeitlich begrenzte Weitergeltung des Vertrages zugunsten der Realgläubiger anordnet und so zwangsläufig die Rückzahlung früherer Leistungen ausschließt, lässt sich nichts folgern. Damit ist nichts dazu gesagt, ob

---

[350] ÖOGH v. 4. 9. 1991, VersR 1993, 995: Nichtangabe einer Pension, die auf das Unfallkrankentagegeld anzurechnen gewesen wäre.

[351] Zur Arglist vgl. unten Rn. 126 ff.

[352] Berliner Kommentar/ *Voit,* § 20 Rn. 20.

[353] Zum Bereicherungsanspruch nach Anfechtung: Rn. 140.

[354] OLG Düsseldorf v. 28. 10. 1969, VersR 1970, 738: Sonderfall, da die Bezugsberechtigte den Vertrag als gesetzliche Vertreterin mit unterzeichnet hatte und zudem noch Miterbin des VN war; *Palandt/Heinrichs* § 334 Rn. 3).

[355] Berliner Kommentar/ *Voit,* § 20 Rn. 20.

[356] *Prölss/Martin/Prölss,* § 20 VVG Rn. 1.

[357] So Berliner Kommentar/ *Voit,* § 20 Rn. 20.

[358] BGH v. 1. 4. 1992, NJW 1992, 1965; v. 8. 1. 1970, BGHZ 53, 144, 148; *Palandt/Heinrichs* § 347 Rn. 8.

[359] Münchener Kommentar/ *Gaier,* § 346 BGB Rn. 25.

[360] Wurde in § 143 VVG nicht übernommen.

ohne diese Vorschriften Rückzahlungspflichten bestünden. Ohne die Sonderregelung wären Realgläubiger eher Pfandgläubigern gleichzusetzen, die als Leistungsempfänger nicht rückzahlungspflichtig werden. Entscheidend dürfte sein, dass weder der Bezugsberechtigte noch der Versicherte Partei des Versicherungsvertrages sind und dass im Ansatz nur zwischen diesen das Rückgewährsschuldverhältnis besteht. Es erscheint auch gerechtfertigt, nur denjenigen einstehen zu lassen, der durch schuldhaftes Handeln den Rücktritt ausgelöst hat. Im Falle seiner Insolvenz ist in entsprechender Anwendung des § 822 BGB der Durchgriff auf den Dritten als Leistungsempfänger zuzulassen[361]. Unmittelbar ist er nur verpflichtet, wenn ihm selbst eine Anzeigepflichtverletzung vorgeworfen werden kann.

c) Beweisfragen. Nach der Fassung des § 21 Abs. 2 VVG obliegt dem **VN** der **Kausali-**   **107** **tätsgegenbeweis**[362]. Allein das Aufzeigen anderer möglicher Ursachen reicht nicht[363]. Erst wenn nachgewiesen wird, dass der Versicherungsfall auf anderen als den nicht angezeigten Umständen beruht, ist der Beweis positiv erbracht. Wenn ein solcher Umstand nach allgemeiner oder wissenschaftlicher Erfahrung gefahrerhöhend ist, besagt das zur Kausalität zunächst noch nichts[364]. Auch dann ist der Nachweis des Gegenteils im konkreten Fall nicht ausgeschlossen[365].

Ist der nicht angezeigte Umstand nach der Lebenserfahrung für das Risiko, das sich verwirklicht hat, unerheblich, ist damit allein der Gegenbeweis noch nicht erbracht. Die Beweisanforderungen würden aber überspannt, wenn vom VN verlangt würde, alle denkbaren Eventualitäten zu widerlegen. Der VR muss in solchen Fällen vielmehr darlegen, warum und wie im konkreten Fall der nicht angezeigte Umstand dennoch entgegen der Lebenserfahrung für den Eintritt des Versicherungsfalls oder die Höhe der geschuldeten Leistung (mit)ursächlich geworden ist. Da adäquate Kausalität nicht erforderlich ist, entfällt eine Leistungspflicht auch schon bei seltenen Ausnahmefällen und bei nur unwesentlichem Einfluss[366]. Bleibt ein solcher Einfluss aber angesichts der entgegenstehenden Erfahrung sehr unwahrscheinlich, dürfte der dem VN obliegende Beweis erbracht sein.

2. Kündigung

Hier bestehen keine versicherungsvertraglichen Besonderheiten. **Eine Kündigung wirkt**   **108** **nicht zurück.** Sie kann daher nicht zu einem Anspruchsverlust führen, wenn der Versicherungsfall sich vor dem Zeitpunkt ereignete, zu dem die Kündigung wirksam wurde.

3. Vertragsanpassung

Auf Verlangen des VR werden die **Bedingungen,** die er bei Kenntnis der nicht angezeig-   **109** ten Umstände zum Zeitpunkt des Vertragsschlusses vereinbart hätte, **rückwirkend Vertragsbestandteil.** Wären **keine abweichenden Bedingungen** vereinbart worden[367], läuft ein Anpassungsverlangen leer. Der Vertrag besteht unverändert weiter. Da das Anpassungsrecht an die Stelle von Rücktritt und Kündigung tritt, wird deutlich, dass der **Gesetzgeber vorrangig bestrebt** war, den **Versicherungsvertrag** in einer dem tatsächlichen Risiko angepassten Form **bestehen zu lassen.** Er sieht dies als die den VN im Verhältnis zu den anderen Rechten des VR (Rücktritt, Kündigung) weniger belastende Alternative an. Deshalb ist dieses Gestaltungsrecht des VR **nicht auf** die Fälle des **§ 19 Abs. 4 VVG beschränkt.** Es

---

[361] Ähnlich auch Berliner Kommentar/*Voit,* § 20 Rn. 20.

[362] BGH v. 25. 10. 1989, VersR 1990, 297; OLG Karlsruhe v. 18. 7. 2002, ZfS 2004, 168; *Bruck/Möller,* § 21 Anm. 11; *Prölss/Martin/Prölss,* § 21 Rn. 8; *Römer/Langheid/Langheid,* § 21 Rn. 6; Berliner Kommentar/*Voit,* § 21 Rn. 6–9.

[363] LG Aachen v. 30. 11. 1989, VersR 1991, 51, 54.

[364] Anders *Römer/Langheid/Langheid,* § 21 Rn. 6 und wohl auch OLG Hamm v. 21. 1. 1992, VersR 1992, 1206.

[365] Berliner Kommentar/*Voit,* § 21 Rn. 7.

[366] Ähnlich Berliner Kommentar/*Voit,* § 21 Rn. 9.

[367] Oben Rn. 73.

steht dem VR auch bei einer vorsätzlichen oder arglistigen Anzeigepflichtverletzung zu und er kann es auch anstatt eines an sich nicht ausgeschlossenen Rechts geltend machen.

110   Als abweichende Bedingungen kann die Vereinbarung von Prämienzuschlägen, Risikoausschlüssen, Selbstbehalten, Laufzeitänderungen[368] und anderem rückwirkend Vertragsbestandteil werden. Die Auswirkungen sind unterschiedlich[369]. In der Praxis ist es gebräuchlich, es dem VN zu überlassen, zwischen verschiedenen Alternativen (meist Risikoausschluss oder Prämienzuschlag) zu wählen. Bisher ist nicht erörtert, wem dieses **Wahlrecht** bei einem Anpassungsverlangen des VR zusteht. Bei den Überlegungen ist davon auszugehen, dass es erkennbares Ziel der neuen gesetzlichen Regelung ist, die Vertragsbeziehungen der wirklichen Lage anzupassen. Der VR soll so gestellt werden, als sei er bei Vertragsschluss richtig informiert worden. Da er für diesen Fall dem VN das Wahlrecht gelassen hätte, spricht viel dafür, dass es auch bei einem Anpassungsverlangen seinerseits dabei verbleibt. Der Einwand, der VN habe wegen seines Verhaltens sein Wahlrecht verloren, ist nicht zwingend, da das Recht des VR auch dann besteht, wenn den VN kein Verschulden trifft. Es widerspricht zwar allgemeinen versicherungsrechtlichen Grundsätzen, dass die Leistung des VR für einen bereits eingetretenen Versicherungsfall nachträglich bestimmt werden kann. Dagegen wird aber bei einem Wahlrecht immer verstoßen, unabhängig davon, wem es zusteht. Insgesamt entspricht ein **Wahlrecht des VN** am besten System und Zweck der gesetzlichen Regelung.

111   Die **Folgen der rückwirkenden Änderung der Vertragsbedingungen** sind weit reichend und bisher in vielen Fällen ungeklärt[370]. Da die Vertragsanpassung nach § 21 Abs. 3 VVG bis knapp fünf Jahre rückwirkend erfolgen kann, können bei einer **Prämienerhöhung** die zwischenzeitlich aufgelaufenen Differenzen ganz erheblich sein[371]. Die prozentuale Erhöhung ist nämlich nicht begrenzt. Das Kündigungsrecht des VN beendet auch den Versicherungsvertrag nur für die Zukunft. Dennoch ist nach der Wertung des Gesetzgebers die neue Regelung, gemessen an der Regelung des § 16 VVG a. F., für den VN eine Verbesserung. Auch bei einer nicht verschuldeten Anzeigepflichtverletzung ist eine begrenzte Rückwirkung bis zum Beginn der laufenden Versicherungsperiode, also meistens für höchstens knapp ein Jahr (§ 12 VVG), zugelassen. Das entspricht § 41 Abs. 1 S. 1 VVG a. F.[372] Verbessert wird die Stellung eines VN, der den anzuzeigenden Umstand nicht kannte, da § 41 Abs. 1 S. 2 VVG a. F. nicht übernommen wurde[373].

112   Hätten die Alternativbedingungen einen **Risikoausschluss** enthalten, kann der **Versicherungsschutz** für einen zwischenzeitlichen Versicherungsfall **rückwirkend entfallen**. Das ist im Vergleich zur Wirkung einer Kündigung, an deren Stelle das Anpassungsverlangen als weniger einschneidendes Recht treten soll, zunächst überraschend. Es entspricht aber der Intention des Gesetzgebers, das Ungleichgewicht von Prämie und Risiko zu beheben. Außerdem besteht auch im Vergleich zu §§ 16ff. VVG a. F. keine Verschlechterung. Hier bestand bei jeder schuldhaften Anzeigepflichtverletzung ein ex tunc wirkendes Rücktrittsrecht. Darüber geht jedoch die, wenn auch beschränkte Rückwirkung, zum Nachteil eines schuldlosen VN hinaus. Dies ist eine schwerwiegende Verschlechterung seiner Rechtsstellung. Zu diesen Fragen wird vertreten, bei einem bereits eingetretenen Versicherungsfall sei die Rück-

---

[368] *Reusch* VersR 2007, 1314.

[369] Z. B. Zwischenzeitlicher Versicherungsfall: Keine Leistungspflicht bei einem einschlägigen Risikoausschluss.; eventuelle Minderung der Leistung bei einem Selbstbehalt oder einer Prämienerhöhung (Aufrechnung mit den aufgelaufenen Prämiendifferenzen).

[370] *Rixecker* ZfS 2007, 371: „völlig unausgelotet". *Langheid* NJW 2007, 3668: „merkwürdige Ergebnisse".

[371] Bei einer z. B. in der Krankenversicherung nicht seltenen Zuschlag von 50 € im Monat könnte die Nachforderung an 3.000 € heranreichen.

[372] Unrichtig sieht die amtliche Begründung hier eine Schlechterstellung des schuldlosen VN. § 41 Abs. 1 VVG a. F. lässt ebenfalls eine ab dem Beginn der laufenden Versicherungsperiode geltende Prämienerhöhung zu, wenn der VN schuldlos war oder den anzuzeigenden Umstand nicht kannte.

[373] Vgl. oben Rn. 76.

wirkung eines Risikoausschlusses ausgeschlossen, wenn das Anpassungsrecht an die Stelle eines Kündigungsrechts trete[374]. Es fragt sich dann allerdings, weshalb das bei einer rückwirkenden Prämienerhöhung hingenommen werden kann, obwohl deren wirtschaftliche Auswirkungen ebenso gravierend sein können. Da sich die Situation auch gegenüber dem VVG a. F. nicht verschlechterte, ist der generelle Ausschluss einer Rückwirkung nicht anzunehmen. Möglich ist aber, dass die Wirkungen der Rückwirkung eines Risikoausschlusses bei einem schuldlosen VN nicht bedacht wurden[375]. In der Reformkommission ist dies in der Tat nicht erörtert worden. Die Begründung des Kommissionsentwurfs und auch die amtliche Begründung spricht nur eine rückwirkende Prämienerhöhung als mögliche nachteilige Abweichung von § 41 Abs. 1 VVG a. F. an[376]. Der rückwirkende Verlust eines schon entstandenen Leistungsanspruch ist erkennbar nicht gesehen und bedacht worden. Andernfalls wäre eine Erwähnung und Rechtfertigung zu erwarten gewesen. Vielmehr formuliert die Begründung sachlich unrichtig, es werde für eine schuldlose Anzeigepflichtverletzung die Bestimmung des § 41 Abs. 1 S. 1 VVG a. F.) übernommen, „wonach die bei richtiger und vollständiger Anzeige maßgebliche Bedingung des Versicherers, *insbesondere* eine erhöhte Prämie, ab Beginn der laufenden Versicherungsperiode Vertragsbestandteil werden". Das „insbesondere" ist Ausdruck eines Missverständnisses zu § 41 VVG a. F. und soll nicht ein Beispiel für die Auswirkung einer Vertragsanpassung bei einer schuldlosen Anzeigepflichtverletzung sein[377]. Ein rückwirkender Wegfall widerspricht zudem dem generellen Bestreben des Gesetzgebers, „den Bedürfnissen eines modernen Verbraucherschutzes gerecht zu werden". Insgesamt ist von einem **Redaktionsversehen** auszugehen. **Bei schuldloser Anzeigepflichtverletzung ist der rückwirkende Wegfall eines Leistungsanspruches ausgeschlossen.**

IX. Zulässigkeit abweichender Vereinbarungen, Risikoausschlüsse

1. § 32 VVG (§ 34a VVG a. F.)

Die §§ 19–22 VVG sind **halbzwingende** Vorschriften **(§ 32 S. 1 VVG). Auf dem VN**   113
nachteilige Abweichungen kann sich der VR nicht berufen. Obwohl das Gesetz nur den VN nennt, gilt der Schutz des § 32 VVG für alle Personen, die anzeigepflichtig sind[378]. Bei der Prüfung, ob eine Bestimmung der AVB dem VN nachteilig von der gesetzlichen Regelung abweicht, ist eine **abstrakte Gesamtwürdigung** vorzunehmen. Ohne Beschränkung auf den Einzelfall sind Vor- und Nachteile im Gesamtzusammenhang zu werten[379]. Bei einzelvertraglichen Vereinbarungen muss individuell auf den jeweiligen Vertragspartner abgestellt werden. Die Prüfung ist in allen Fällen auf die Abweichungen zu beschränken und nicht der Gesamtinhalt des Vertrages zu beurteilen. **Vor- und Nachteile** der Abänderung **müssen gegeneinander abgewogen werden**[380]. Im Einzelnen ist es dem VN nachteilig, die Anzeigepflicht zu verschärfen, indem der Kreis der Anzeigepflichtigen über den Antragsteller und die ihm gleichgestellten Dritten ausgedehnt[381], die Anzeigepflicht auf andere als gefahrerhebliche oder nicht erfragte Umstände erstreckt oder entgegen § 19 Abs. 3 VVG Anforderungen an das Verschulden des VN verringert werden. Bei Geltung des § 16 Abs. 3 VVG a. F. dürfen die Folgen einer Anzeigepflichtverletzung nicht verschuldensunabhängig ausgestaltet sein.

---

[374] *Marlow/Spuhl* S. 52: Teleologische Reduzierung wegen eines „Wertungswiderspruchs", da es bei unrichtigen Angaben zu den objektiv schwerer wiegenden vertragshindernden Umständen bei dem Kündigungsrecht verbleibe und deshalb ein rückwirkender Leistungsausschluss entfalle.

[375] So auch *Reusch* VersR 2007, 1318. Bedenken auch bei *Höra* r+s 2008, 91 (Fn. 6).

[376] BT-Drucks. 16/3945 S. 65 (Sp. 2, Abs. 5).

[377] Anders *Neuhaus* r+s 2008, 50.

[378] *Bruck/Möller*, § 34a Anm. 9.

[379] OLG Hamm v. 28. 1. 1992, r+s 1992, 391 = VersR 1992, 1338 (Ls.).

[380] *Prölss/Martin/Knappmann*, § 42 VVG Rn. 1; Berliner Kommentar/*Riedler*, § 42 Rn. 2; *Römer/Langheid/Langheid*, § 34a Rn. 1.

[381] *Bruck/Möller*, § 21 Anm. 59.

Knappmann

Unzulässig wäre es auch, entsprechend § 41 Abs. 1 S. 2 VVG a. F. dem VR ein Kündigungs-(und Anpassungsrecht) zuzubilligen, wenn dem VN die anzugebenden Umstände nicht bekannt waren[382].

Sonderfragen ergeben sich bei den so genannten „weichen" Tarifmerkmalen in der Kraftfahrtversicherung[383].

114   § 32 S. 2 VVG gestattet es, für die Anzeigen des VN die **Schriftform** vorzuschreiben. Anforderungen, die über die einfache Schriftform hinausgehen, sind unzulässig (§ 309 Nr. 13 BGB). **Mündliche Angaben** vermitteln dem VN die Kenntnis der mitgeteilten Umstände, so dass sich die Verletzung der Formvorschrift nicht auswirkt. Außerdem verhält sich ein VR, dem mündliche Informationen erteilt werden und der diese nicht unverzüglich als formwidrig zurückweist, vertragswidrig (cic, § 311 Abs. 2 S. 2 BGB). Auch deshalb könnte er keine Rechte nach §§ 19ff. VVG geltend machen[384]. Von § 130 BGB abweichende Zugangserfordernisse können nicht wirksam vereinbart werden (§ 309 Nr. 13 BGB).

115   Von § 21 VVG würde eine Regelung abweichen, die die **Rücktrittsfrist** (§ 21 Abs. 1 VVG) **oder die generelle Verfristung** (§ 21 Abs. 3 VVG) **verlängert** oder die Frist später als zum Zeitpunkt der Kenntniserlangung (etwa zu Beginn der darauf folgenden Versperiode) oder des Vertragsschlusses beginnen lässt. Das Gleiche gilt für eine Regelung, die die rechtzeitige Absendung und nicht erst den Zugang der Rücktrittserklärung zur Fristwahrung ausreichen lässt. Besondere Zugangsvoraussetzungen für Erklärungen des VN dürfen nicht aufgestellt werden (Zugang bei Gesellschaftsvorstand) (§ 308 Nr. 6 BGB). Die Formvorschriften für die Rücktrittserklärung des VR dürfen nicht vermindert werden.

116   Vorvertragliche Anzeigepflichten dürfen **nicht Inhalt von** vor Eintritt des Versicherungsfalls zu erfüllender **Obliegenheiten** (§ 28 VVG) werden. Eine Obliegenheit, alle vor oder bei Vertragsschluss gestellten Fragen wahrheitsgemäß zu beantworten (§ 9 AVB – Flusskasko) umgeht § 21 VVG a. F., da § 6 Abs. 1 VVG a. F. – Abs. 2 ist nicht einschlägig – keinen Kausalitätsgegenbeweis zulässt. Sie ist nach § 34a VVG a. F. unwirksam[385].

Für das VVG 2008 besteht jetzt hinsichtlich der Kausalität kein Unterschied mehr (§§ 21 Abs. 2, 28 Abs. 3 VVG). Die Rechtslage ist für den VN günstiger, weil er nur bei vom VR zu beweisendem Vorsatz ohne Versicherungsschutz ist und ihn bei grober Fahrlässigkeit nicht ganz verliert (§ 28 Abs. 2 VVG). Ein Nachteil besteht darin, dass der Schutz durch Fristen wie § 21 Abs. 1 S. 1, Abs. 3 VVG entfällt. Bei einer Bewertung in der Gesamtschau dürften aber die Vorteile insgesamt überwiegen, so dass § 32 S. 1 VVG jetzt entfällt.

117   Die dargelegten Beschränkungen gelten nicht bei Versicherungsverträgen nach **§§ 209, 210 VVG,** d. h. für See – und Rückversicherung sowie insbesondere Großrisiken. Letztere werden in Art. 10 EGVVG[386], der z. T. weiter verweist auf Anlage A des VAG, definiert. Der Ausschluss der §§ 19ff. VVG bedeutet nicht, dass die Bedingungen dieser Versicherungssparten nicht nach § 307 BGB überprüft werden können. **Vom Kerngehalt einer gesetzlichen Vorschrift darf nicht abgewichen werden.** Zum Kernbereich hat der BGH[387] das Verschuldensprinzip in § 6 VVG a. F. gerechnet. Demgemäß dürfte bei einer nicht verschuldeten Anzeigepflichtverletzung der Versicherungsschutz zumindest für die Vergangenheit nicht entfallen. Nicht zum Kernbereich dürften zählen, dass die anzuzeigenden Umstände dem VN bekannt sein müssen. Durch das Verschuldensprinzip erscheint der VN hinreichend geschützt.

2. Risikoausschlüsse

118   Besonders in Versicherungssparten, die mit relativ geringen Beiträgen kalkulieren (Reise-, Restschuldversicherung) wird häufig auf eine kostenaufwändige Risikoprüfung ganz oder

---

[382] Vgl. oben Rn. 76, 111.

[383] *Prölss/Martin/Prölss* §§ 16, 17 Rn. 44a; *Prölss/Martin/Knappmann* vor AKB Rn. 16.

[384] Vgl. auch *Rüther,* NVersZ 2001, 241ff., 244.

[385] *Morisse,* NVersZ 2000, 209; *Bruck/Möller/Johannsen,* Feuerversicherung, G 3 (S. 342), G 20; anders BGH v. 18. 12. 1989, VersR 1990, 384 zu § 9 AVB – Yachtkasko, ohne dies zu problematisieren.

[386] BGBl I 2000, 154.

[387] BGH v. 2. 12. 1992, VersR 1993, 223 = NJW 1993, 590.

teilweise verzichtet und dafür ein **Risikoausschluss** vereinbart. Es soll dann Leistungsfreiheit bestehen, wenn der Versicherungsfall auf einem im Vertrag näher bezeichneten gefahrerheblichen Umstand beruhte, der bei Antragsannahme bereits vorhanden war. So ist in der Restschuldlebensversicherung der Versicherungsschutz für Gesundheitsstörungen aus den letzten zwölf Monaten vor Vertragsschluss für ein oder zwei Jahre ausgeschlossen[388]. Weitere Beispiele stammen aus der Reisekrankenversicherung, wo Krankheiten, die bereits vor Versicherungsbeginn akut behandlungsbedürftig waren, ausgeschlossen wurden[389] und der vorläufigen Deckungszusage bei der Lebensversicherung, wenn Ursachen, die vor Antrag erkennbar sind, ausgeschlossen werden, auch wenn sie (im Hauptantrag) angegeben waren[390]. Durch derartige Ausschlüsse wird nicht die gleiche Rechtslage hergestellt, wie sie bei einer Risikoprüfung und Geltung der §§ 19 ff. VVG bestünde. Die Leistungsfreiheit wird perpetuiert[391], während sie nach §§ 19, 21 VVG im Interesse der Klarheit der Rechtsbeziehungen an einen fristgerechte Erklärungen des VR geknüpft ist. Ein Verschulden des VN ist abweichend von § 19 Abs. 3 VVG unerheblich. Letzteres gilt unabhängig davon, ob der Ausschluss an dem VN bekannte oder unbekannte Umstände geknüpft ist, da Kenntnis und Verschulden nicht identisch sind. Weiterhin gilt der Ausschluss trotz Kenntnis des VR bei der Antragsannahme. Andererseits berührt der Ausschluss immer nur die Ansprüche aus einem konkreten Versicherungsfall und nicht wie beim Rücktritt und Anpassung den ganzen Versicherungsvertrag. Dies kann eine Abweichung zugunsten des VN sein.

Ob und in welchem Umfang derartige Risikoausschlüsse **wirksam sind, ist streitig.** Unstreitig dürfte sein, dass sie nach § 307 Abs. 2 Nr. 2 BGB unwirksam sein können, wenn das **Leistungsversprechen** des VR weitgehend **ausgehöhlt** wird[392]. Dies wurde zutreffend in der oben wiedergegebenen Regelung für die vorläufige Deckung in der Lebensversicherung bejaht, da wegen der kurzen Vertragslaufzeit praktisch nur noch für Unfallfolgen Versicherungsschutz gewährt wurde[393]. Weiterhin kann die Wirksamkeit solcher Klauseln an fehlender **Transparenz**[394] scheitern (§ 307 Abs. 1 S. 1 BGB), wenn dem durchschnittlichen VN ohne versicherungsrechtliche Spezialkenntnisse, der die Systematik der §§ 19 ff. VVG, die die Anwendung des Ausschlusses einengen könnte, nicht kennt, der Umfang seiner Rechte unklar bleibt[395]. Deshalb muss eindeutig sein, ob der Ausschluss auch beim VN unbekannte oder bei einer Risikoprüfung unerhebliche Umstände erfassen soll. Erörtert und bejaht wird auch eine Unwirksamkeit nach § 307 Abs. 2 Nr. 1 BGB wegen der Abweichung von dem **gesetzlichen Leitbild der §§ 19 ff. VVG,** wenn der Ausschluss auch bei dem VN unbekannten und nicht anzeigepflichtigen (unerheblichen) Umständen ansetzt[396]. Danach werden Aus-

119

---

[388] BGH v. 7. 2. 1996, VersR 1996, 486; OLG Koblenz v. 1. 6. 2007, VersR 2008, 383; OLG Brandenburg v. 25. 4. 2007, VersR 2007, 1071; Dresden v. 30. 6. 2005, VersR 2006, 61; OLG Düsseldorf v. 17. 6. 1999, NVersZ 2001, 264; OLG Hamm v. 16. 10. 1998, NVersZ 1999, 161.

[389] BGH v. 2. 3. 1994, VersR 1994, 549 = NJW 1994, 1534.

[390] BGH v. 21. 2. 2001, VersR 2001, 489 (Vorinstanz: OLG Koblenz v. 29. 10. 1999, r+s 2001, 127); OLG Hamm v. 24. 9. 1999, VersR 2000, 878; OLG Saarbrücken v. 21. 3. 2001, NVersZ 2001, 507 = r+s 2002, 257 und v. 11. 7. 2007, VersR 2008, 621.

[391] *Berliner Kommentar/Voit,* § 16 Rn. 114; OLG Saarbrücken v. 11. 7. 2007, VersR 2008, 621.

[392] *Prölss/Martin/Prölss,* §§ 16, 17 VVG Rn. 45; *Wriede,* VersR 1996, 1475.

[393] BGH und OLG Hamm wie Fn. 329.

[394] *Knappmann*, Festschrift Lorenz 2004, S. 401.

[395] BGH v. 21. 2. 2001, VersR 2001, 489 unter 2 und v. 26. 9. 2007, VersR 2007, 1690.
Das OLG Brandenburg (v. 25. 4. 2007, VersR 2007, 1071) betont, dass bei Versicherungsverträgen, die neben anderen Verträgen (Kauf, Darlehen) abgeschlossen werden, gesteigerte Transparenzanforderungen gestellt werden müssen, da der VN dann kaum durch einen kompetenten Vertreter des VR über die Reichweite und die Grenzen des Versicherungsschutzes informiert werden kann. Mit dieser Begründung hat es einen Ausschluss „bekannter und ernstlicher Erkrankungen", die noch beispielhaft beschrieben wurden, für intransparent gehalten (a. A. zu den gleichen Bedingungen: OLG Dresden v. 30. 6. 2005, VersR 2006, 61 und das OLG Koblenz v. 1. 6. 2007, VersR 2008, 383).

[396] Z. B.: BGH v. 2. 3. 1994, VersR 1994, 549 = NJW 1994, 1534; v. 26. 9. 2007, VersR 2008, 1690 zu 27; OLG Düsseldorf v. 17. 6. 1999, NVersZ 2001, 264.

schlussklauseln nur wirksam, wenn sie an dem VN bekannte gefahrerhebliche Umstände an-knüpfen[397].

120   Kennzeichnend für die hier zu prüfenden Ausschlussklauseln ist, dass sie nicht generell be-stimmte Umstände vom Versicherungsschutz ausschließen, sondern nur solche, die bereits bei Vertragsschluss vorhanden waren. Sie greifen damit in den **Regelungsbereich der §§ 19 ff. VVG** ein. Im Gesetz wird eine Risikoprüfung des VR auf Grund von Angaben des VN vo-rausgesetzt. Nur wenn der VN seine Anzeigepflicht schuldhaft verletzt und der VR seiner Prüfungspflicht nachkommt und dazu noch fristgerecht tätig wird, treten die dem VN nacht-eiligen Folgen rückwirkend ein. Wird das vom VR übernommene Risiko falsch eingeschätzt, gleichgültig ob es nicht bekannt war oder vom VR unrichtig gewertet wurde, geht das immer zu Lasten des VR. Davon weichen Risikoausschlüsse dieser Art immer schon im Ansatz ab. Das ist ein **Verstoß gegen § 32 VVG,** wenn es eine Abweichung zum Nachteil des VN ist[398]. Dass nicht einzelne Regelungen der §§ 19 ff. VVG abgeändert werden, sondern weiter-gehend das gesamte Regelungssystem umgangen wird, kann die Anwendung des § 32 VVG nicht hindern. Eine Abwägung der Vor- und Nachteile der Abweichung vom gesetzlichen System ist schon im Ansatz nicht möglich, da die Reaktion des VR bei Angaben des VN und Risikoprüfung seinerseits unsicher ist. Zwischen schlichter Annahme oder Ablehnung des Antrags gibt es für ihn eine Vielzahl von Möglichkeiten. Daher fehlt ein sicherer Ansatz für die Überprüfung der Auswirkungen des Risikoausschlusses[399]. Vor- und Nachteile kön-nen nicht überprüft werden und das begründet die Unwirksamkeit nach § 32 VVG. Abgese-hen davon steht den aufgezeigten Nachteilen kein ausreichender Vorteil gegenüber. Der Ver-sicherungsschutz bleibt schwer abgrenzbar[400], eine nach § 21 VVG gewollte und durch die Anerkennung der Risikoprüfungspflicht erzwungene schnelle Klärung unterbleibt und die Gefahr der Verkennung des übernommenen Risikos wird auf den VN verlagert. Wegen der Fragepflicht des VR nach § 19 Abs. 1 S. 1 VVG hat dies besonderes Gewicht. Dies alles be-gründet zudem die Gefahr, dass der VN im Vertrauen auf letztlich nicht bestehenden oder beschränkten Versicherungsschutz handelt (z. B. einen Kredit aufnimmt). Deshalb sind Risi-koklauseln, die nicht allgemein bestimmte Umstände (z. B.: Kriegsereignisse) vom Versschutz ausnehmen, sondern nur solche die bei Antragstellung oder Vertragsschluss vorhanden waren, immer **unwirksam**[401]. Der VR müsste einzelne erfragte Umstände im jeweiligen Vertrag ausdrücklich vom Versicherungsschutz ausschließen[402]. Dann wird eindeutig welcher Versi-cherungsschutz im konkreten Einzelfall besteht und in welchem Maße dieser eingeschränkt ist. **Bedingungsgemäße Ausschlüsse sind nur für allgemein bestimmte Umstände möglich, bei denen es auf den Zeitpunkt ihrer Entstehung nicht ankommt.** Wegen nicht angezeigter Umstände bestünden die Rechte nach §§ 19 ff. VVG. Dass dies wahrschein-lich wegen der Ausweitung der Leistungspflicht oder wegen höherer Abschlusskosten zu hö-heren Beiträgen führen wird, muss auch im Interesse der Transparenz in Kauf genommen werden. Außerdem können wirtschaftliche Gründe keine Abweichung von zwingenden ge-setzlichen Vorschriften rechtfertigen.

---

[397] Vgl. auch *Nies,* NVersZ 2001, 537.
[398] Zum Folgenden: *Knappmann,* Festschrift Lorenz 2004, S. 402 und VersR 2006, 495.
[399] Zustimmend OLG Saarbrücken v. 11. 7. 2007, VersR 2008, 621. Das OLG Koblenz v. 1. 6. 2007, VersR 2008, 383, sieht ebenfalls die verschiedenen Reaktionsmöglichkeiten des VR, ohne deshalb Be-denken gegen die Vergleichsmöglichkeiten zu haben.
[400] Berliner Kommentar/ *Voit,* § 16 Rn. 114.
[401] Unwirksamkeit nach § 34a VVG a. F. nehmen auch der BGH (v. 7. 2. 1996, VersR 1996, 486) und das OLG Hamm (v. 16. 10. 1998, NVersZ 1999, 161) an. Der BGH ist allerdings bei diesem Ansatz nicht konsequent, wenn er den Ausschluss dem VN bekannter Umstände zulassen will.
[402] Beispiel: Genereller Ausschluss handlungsbedürftiger psychischer Erkrankungen (OLG Karlsruhe v. 15. 11. 2007, VersR 2008, 524).

X. Konkurrenzen zu §§ 19–21 VVG

§ 19 VVG schließt als Spezialnorm eine **Anfechtung nach § 119 Abs. 2 BGB** aus, so- **121** weit der Irrtum gefahrerhebliche Umstände betrifft. Sonst könnte sich der VR unabhängig von einem Verschulden des VN rückwirkend vom Versicherungsvertrag endgültig lösen. Der Schutzzweck der §§ 19ff VVG würde dadurch vereitelt[403]. Das Gleiche ergibt ein Gegenschluss aus § 22 VVG. Der Ausschluss des Anfechtungsrechts gilt nur soweit die vorvertragliche Anzeigepflicht reicht[404]. Möglich ist daher eine Anfechtung bei Umständen, die allein eine Prämiengefahr begründen, oder bei einem Erklärungsirrtum[405]. Dehnt man bei Angaben zur Prämiengefahr die Anzeigepflicht aus[406], muss zwangsläufig auch hier die Anfechtung ausgeschlossen werden. Die vorrangige Spezialregelung gilt auch dann, wenn Umstände betroffen werden, die nur zum Teil vertragserheblichen Charakter haben[407]. Der anfechtende VR muss einen Irrtum über risikoerhebliche Tatsachen ausschließen[408]. Ein VR, der anfechten kann, kann nach § 122 BGB verpflichtet sein, Versicherungsschutz zu gewähren, wenn der VN sich anderweit wirksam hätte versichern können[409].

Anfechtungsrechte des VN werden durch §§ 19–21 VVG nicht berührt.

Ausgeschlossen sind **Schadensersatzansprüche** aus cic (§ 311 Abs. 2 S. 2 BGB), die sich **122** darauf stützen, der VN habe die Anzeigepflicht verletzt. Bei unrichtigen Angaben zu nicht risikoerheblichen Umständen besteht keine Einschränkung. Die Folgen solcher Pflichtverletzungen sind in den §§ 19ff. VVG abschließend geregelt[410]. Neben Rücktritt Kündigung und Anpassung sind keine Schadenersatzansprüche vorgesehen. Das betrifft auch die Fälle, in denen der Schaden des VR nicht in seiner Leistungspflicht besteht[411]. **Nicht ausgeschlossen** sind Ansprüche aus **§§ 823 Abs. 2, 826 BGB,** mit denen der VR gegenüber einem Leistungsverlangen aufrechnen könnte[412].

Bei Geltung der **§§ 16ff. VVG a. F.** überschneiden sich die Anwendungsbereiche der **123** §§ 16ff. VVG a. F. und der §§ 23ff. VVG a. F. für die Zeit zwischen Antrag und Vertragsschluss, da einerseits die Anzeigepflicht andauert[413] und andererseits § 29a VVG a. F. die Gefahrstandspflicht auf den Zeitpunkt der Antragstellung vorverlagert. Es ist streitig, ob diese Vorschriften für diesen Zeitraum nebeneinander anwendbar sind oder ob die §§ 16ff. VVG a. F. verdrängt werden[414]. Für §§ 19ff. VVG stellt sich die Frage anders. Nach §§ 19 Abs. 1, 23 VVG besteht bis zur Vertragserklärung des VN die Anzeigepflicht und danach die Gefahrstandspflicht. Eine Überschneidung ist nur möglich, wenn der VR nachfragt. Nur soweit die Umstände, die eine Gefahrerhöhung verursachen, auch zugleich erfragte (!) risikoerhebliche Tatsachen sind, besteht eine Überschneidung. Dann sind die Vorschriften nebeneinander anwendbar. Aus der Möglichkeit des VR, die Anzeigepflicht hinauszuschieben, kann nicht geschlossen werden, dass der Bereich der Gefahrstandpflicht entsprechend eingeengt wird.

---

[403] BGH v. 24. 9. 1986, VersR 1986, 1089 = NJW 1987, 148; v. 22. 2. 1995, VersR 1995, 457.

[404] *Bruck/Möller*, § 22 Anm. 6. Zur Anfechtung vgl. auch Handbuch/*K. Johannsen* § 8 Rn. 53 ff.

[405] OLG Köln v. 20. 2. 2001, VersR 2002, 85: Antragsannahme wegen unrichtiger Computereingabe.

[406] So *Römer/Langheid/Langheid,* §§ 16, 17 Rn. 5; vgl. oben Rn. 18.

[407] *Bruck/Möller*, § 16 Anm. 6; Berliner Kommentar/*Voit*, § 16 Rn. 104.

[408] BGH v. 7. 2. 2007, VersR 2007, 630; v. 22. 2. 1995, VersR 1995, 475; v. 18. 9. 1991, VersR 1991, 1404.

[409] *Bruck/Möller*, § 16 Anm. 6.

[410] BGH v. 22. 2. 1984, VersR 1984, 630 = NJW 1984, 2814; *Bruck/Möller*, § 16 Anm. 55; Berliner Kommentar/*Voit*, § 16 Rn. 106; *Röhr* S. 275.

[411] Anders *Prölss/Martin/Prölss*, §§ 16, 17 VVG Rn. 47.

[412] Wenn der VN den Versicherungsvertrag in der vorgefassten Absicht abschließt, diesen für betrügerische Schadensmeldungen zu nutzen oder Versicherungsfälle vorsätzlich herbeizuführen (BGH v. 7. 2. 2007, VersR 2007, 630; v. 8. 9. 1989, VersR 1989, 465).

[413] Oben Rn. 38.

[414] Die h. M. hält §§ 16ff und §§ 23ff für nebeneinander anwendbar (*Römer/langheid/Langheid* § 29a Rn. 2; Münchener Kommentar/*Voit* § 16 Rn. 40; a. A. *Prölss/Martin/Prölss* § 29a Rn. 1).

Knappmann

C. Anfechtung wegen arglistiger Täuschung
(§§ 22 VVG, 123, 142 BGB)

124   **§ 22 VVG hebt die Ausschließlichkeit der gesetzlichen Regelung der §§ 19 ff.** VVG **für Anzeigepflichtverletzungen hinsichtlich gefahrerheblicher Umstände auf,** wenn der VR **arglistig** getäuscht wurde. Eine Anfechtung wegen **Drohung** ist ebenfalls zulässig[415]; obwohl sie im Gesetz nicht erwähnt ist. Bei einer Drohung besteht nämlich sachlich kein Konkurrenzverhältnis zur Anzeigepflichtverletzung. Ausgeschlossen wird eine Anfechtung des VR nach § 119 BGB. Unberührt bleiben Rechte hinsichtlich nicht gefahrerheblicher Umstände und alle Rechte des VN. **Voraussetzungen und Folgen** der Arglistanfechtung richten sich **nach dem BGB.** Die Sondervorschriften des VVG (§§ 20, 21, 29 VVG) gelten nicht. Eine Ausnahme besteht nur für die **Prämie,** die der VR entgegen §§ 142, 812 BGB bis zum Schluss der laufenden Versicherungsperiode behalten darf (§ 39 Abs. 1 S. 2 VVG)[416]. Für die Lebensversicherung gilt die Sonderregel des § 169 VVG.

I. Tatbestand

125   Der Tatbestand einer arglistigen Täuschung verlangt eine **zweckgerichtete Täuschungshandlung** seitens des VN und einen dadurch hervorgerufenen **Irrtum** des VR, der bewirkte, dass er einen Vertrag abschloss, den er ohne den Irrtum so nicht abgeschlossen hätte. Der **VR** ist für alle Tatbestandsmerkmale **beweispflichtig.** Behauptet der VN, den vom VR vermissten Umstand angezeigt zu haben und folgt das nicht aus dem Antragsformular oder sonstigen Urkunden, muss er darlegen, wann und wie dies geschehen sein soll.

1. Täuschungshandlung

126   § 123 BGB sanktioniert den Angriff auf die Entschließungsfreiheit des Vertragspartners. Deshalb kann sich die **Täuschungshandlung** (Vortäuschung falscher Tatsachen, Unterdrückung oder Verschleierung wahrer Tatsachen) auch auf **Indizien**[417] oder **nicht gefahrerhebliche Umstände** beziehen. Sie kann durch Tun oder Unterlassen begangen werden. Letzteres steht nach allgemeinen Rechtsgrundsätzen bei einer **Rechtspflicht zum Handeln** einem positiven Tun gleich. Eine Verpflichtung besteht bei Geltung des VVG a. F. nach §§ 16 Abs. 1 S. 1, 18 Abs. 2 VVG a. F. im Umfang der vorvertraglichen Anzeigepflicht, auch wenn nicht gefragt wurde oder über gestellte Fragen hinaus[418]. Diese ist **durch § 19 VVG auf die wahrheitsgemäße Beantwortung von Fragen des VR eingeschränkt** worden. Soweit nicht gefragt wurde, besteht für gefahrerhebliche Umstände nach dem VVG keine Anzeigepflicht. Auch für die Fälle arglistigen Verhaltens wurde sie nicht erweitert[419]. Die Auffassung der amtlichen Begründung[420], bei arglistigem Verschweigen gefahrerheblicher Umstände, nach denen nicht oder nur mündlich gefragt worden sei, könne ein Anfechtungsrecht nach § 123 BGB bestehen, entspricht nicht der Rechtslage. Sie kann auch aus sich selbst heraus keine über § 19 VVG hinausgehende Anzeigepflicht begründen. Eine Anfechtung wegen Verschweigens risikoerheblicher, aber nicht erfragter Umstände ist daher nach § 19 VVG

---

[415] *Bruck/Möller,* § 22 Anm. 8; Berliner Kommentar/*Voit,* § 22 Rn. 4; jetzt auch: *Römer/Langheid/Langheid,* § 22 Rn. 1.

[416] Zur Wirksamkeit des § 40 Abs. 1 VVG a. F., der dem VR noch weiter gehende Rechte zusprach: BGH v. 1. 6. 2005, VersR 2005, 1065.

[417] OLG Köln v. 22. 5. 2001, NVersZ 2001, 500: unrichtige Angaben über die Beendigung von Vorversicherungen.

[418] Zuletzt noch OLG Köln v. 22. 5. 2007, r+s 2008, 17 = ZfS 336.

[419] § 21 Abs. 5 des Kommissionsentwurfs, der für den Fall der Arglist eine dem § 18 Abs. 2 VVG a. F. entsprechende Regelung vorsah, wurde in § 19 VVG nicht übernommen.

[420] BT-Drucksache 16/3945 S. 64 (2. Spalte, letzter Abs.).

nicht mehr möglich, da eine Rechtspflicht zum Handeln fehlt[421]. *Grothe/Schneider*[422] wollen eine solche Handlungspflicht aus allgemeinen Grundsätzen (§ 242 BGB) herleiten. Dabei wird nicht beachtet, dass es sich bei § 19 Abs. 1 VVG um eine vorrangige Regelung Spezialnorm handelt[423]. Dass keine Anzeigepflicht besteht, wenn nicht formgerecht gefragt wurde, bedeutet nicht, dass der VN berechtigt ist, die Unwahrheit zu sagen. Mündliche Fragen braucht er zwar nicht zu beantworten, er darf aber nicht unrichtig antworten. Ein solches Verhalten kann durchaus bei Arglist eine Anfechtung rechtfertigen. Das gleiche gilt, wenn der VN ungefragt falsche Antworten zu gefahrerheblichen Umständen macht. Soweit die Angaben des VN nicht risikoerhebliche Umstände betreffen, greift § 19 VVG schon im Ansatz nicht. Hier kann sich aus § 242 BGB eine Offenbarungspflicht ergeben.

Die **Nichtbeantwortung einer Frage**[424] täuscht nichts vor und kann auf Seiten des VR   **126a** auch keinen Irrtum erregen. Ein VR täuscht jedoch, wenn er zur Begründung wahrheitswidrig **Unkenntnis** vorschützt[425]. Soweit der VR Gefahrumstände erfragte, schließt eine wahrheitsgemäße Beantwortung dieser Fragen **nur bei Geltung der §§ 16 ff. VVG** eine Täuschung nicht aus[426], wenn gleichzeitig anzeigepflichtige Umstände, die nicht erfragt wurden, nicht angegeben werden. Auch im Rahmen der arglistigen Täuschung gelten die Grundsätze des **§ 70 VVG**[427]. Bei zutreffenden Angaben gegenüber dem Agenten oder sonst einem Empfangsbefugten wurde nicht getäuscht, auch wenn die Antworten schriftlich falsch wiedergegeben wurden. Das Gleiche gilt, wenn Fragen falsch übermittelt werden, diese abgeänderten Fragen aber zutreffend beantwortet werden.

Die Täuschung muss **vorsätzlich** (bedingter Vorsatz reicht) in der **Absicht** vorgenommen   **127** werden, den VR zum Abschluss des Vertrages zu bewegen. Nicht erforderlich ist ein Bereicherungs- oder ein Schädigungswille[428]. Vorsatz verlangt Kenntnis der Unrichtigkeit oder Unvollständigkeit der Angaben und auch **Kenntnis** von der Anzeigepflicht, die insbesondere bei Nachmeldungen, die nach § 16 VVG a. F. auch ohne Nachfragen des VR notwendig sind, genauer zu prüfen ist[429]. Angaben **„ins Blaue hinein"** können bei bedingtem Vorsatz eine Täuschung sein, wenn der VN erkennt, dass sie möglicherweise falsch sind, dies aber billigend in Kauf nimmt, nicht aber wenn er hofft, sie seien richtig[430]. Bedingter Vorsatz und damit auch Arglist ist möglich, wenn der VN einen von Dritten ausgefüllten Antrag ungelesen unterschreibt, obwohl ihm bewusst ist, dass der Dritte nicht annähernd ausreichend informiert war[431] Kenntnis von der Unrichtigkeit fehlt, wenn der VN eine **Frage missversteht** und die

---

[421] So auch *Marlow/Spuhl* S. 46, 47; *Rixecker* ZfS 2008, 340. Anders ohne nähere Begründung: *Langheid* NJW 2007, 3668; *Reusch* VersR 2007, 1321.
Den Zusammenhang der vorvertraglichen Anzeigepflicht und der Rechtspflicht zum Handeln im Rahmen des § 123 VVG erwähnt auch das OLG Koblenz (v. 20. 9. 2002, VersR 2004, 849/50).
[422] BB 2008, 2693.
[423] So auch *Marlow/Spuhl* S. 47.
[424] Vgl. Rn. 36.
Eine Frage könnte auch (in der von vornherein nicht unbegründeten) Hoffnung, der VR werde dies übersehen, nicht beantwortet werden, und das mag auch eine versuchte arglistige Täuschung sein. Eine solche berechtigt aber nicht zur Anfechtung (unrichtig LG Hannover v. 18. 12. 2003, ZfS 2004, 419, mit abl. Anm. *Rixecker*.
[425] Berliner Kommentar/*Voit*, § 22 Rn. 12; *Prölss/Martin/Prölss*, § 22 VVG Rn. 8. Auch das OLG Hamm (v. 6. 12. 1989, r+s 1990, 170) hat in einem solchen Fall nicht die Täuschungshandlung sondern den Täuschungswillen bezweifelt (nicht tragend).
[426] Vgl. Rn. 21.
[427] Vgl. Rn. 34.
[428] Dass eine Lebensversicherung nur zu Kreditzwecken benötigt wurde, schließt Arglist nicht aus (BGH v. 7. 10. 1992, VersR 1993, 170; OLG Saarbrücken v. 12. 10. 2005, VersR 2006, 824).
[429] OLG Düsseldorf v. 29. 2. 2000, NVersZ 2001, 544, 546 = VersR 2001, 1408.
[430] Berliner Kommentar/*Voit*, § 22 Rn. 29.
Anders KG v. 10. 1. 2006, VersR 2007, 381: Arglist auch, wenn in gutem Glauben unrichtige Angaben gemacht werden, ohne deutlich zu machen, dass eine zuverlässige Beurteilungsgrundlage fehlt.
[431] OLG Frankfurt v. 22. 7. 2004, VersR 2005, 1136.

---

falsch verstandene Frage richtig beantwortet. Der VR muss ein behauptetes Missverständnis widerlegen. Dabei nutzt ihm ein Verschulden des VN, das auch darin bestehen kann, dass er unrichtigen Erläuterungen vertraute, nichts. Andererseits ist ein Gericht nicht gehindert, ein unsinniges Frageverständnis schlicht nicht zu glauben oder als durch feststehende Umstände für widerlegt anzusehen[432].

128   **Täuschender** kann zunächst der VN sein. Bei mehreren VN reicht die Täuschung eines einzelnen VN nur bei einem einheitlichen Versicherungsverhältnis. Bei einer Versicherung für fremde Rechnung kann nach § 47 VVG (entsprechend §§ 156, 198 Abs. 2, 178 Abs. 3 VVG für Lebens-, Kranken- und Unfallversicherung) auch die Täuschung durch einen **Versicherten** eine Anfechtung begründen.

129   Für eine Täuschung durch andere Personen gilt **§ 123 Abs. 2 BGB.** Danach ist eine Täuschung durch **„Dritte"** nur anfechtbar, wenn sie dem VN oder Versicherten bekannt war oder hätte bekannt sein müssen. „Dritter" ist nicht jeder, der mit den Genannten nicht identisch ist, sondern nur der, der am Vertragsschluss nicht auf ihrer Seite beteiligt war. Keine Dritte sind auch **Organe** und **Vertreter.** Für letztere gilt nicht § 20 VVG, der nach seinem eindeutigen Wortlaut auf die Rechte nach §§ 19 ff. VVG beschränkt ist, sondern § 166 BGB[433]. Damit schaden nur bei einer Bevollmächtigung Kenntnis und Absicht des Vertreters und die des Vertretenen. Zuzurechen ist auch die Kenntnis von **Verhandlungsgehilfen,** die im Rahmen der Verhandlungen für den VN oder Versicherten auftreten, indem sie etwa Gefahrfragen beantworten oder das zu versichernde Risiko erläutern, ohne Abschlussvollmacht zu haben. Die h. M.[434] lässt auch eine unmaßgebliche Beteiligung ausreichen. Dem ist zuzustimmen. Zwar war in dem vom BGH/OLG Hamm entschiedenen Fall der Verhandlungsgehilfe nicht nur unmaßgeblich beteiligt. Er hatte die Verhandlungen initiiert, war bei diesen zugegen, sorgte für die Unterschrift der VN und sicherte den Beitragseinzug durch eine Einziehungsermächtigung. In der Gesamtwertung war diese Mitwirkung nicht unmaßgeblich[435]. Es erscheint aber generell gerechtfertigt, den VN für das Fehlverhalten eines Dritten, den er selbst in die Verhandlungen einschaltet, ohne die Privilegierung des § 123 Abs. 2 BGB einstehen zu lassen, ohne auf Umfang und Gewicht der Mitwirkung abzustellen. Die Bedenken von *Voit*[436], die Täuschung durch einen Gehilfen, der nur den Antrag weiterleitet oder eine Einziehungsermächtigung unterschreibt, zuzurechnen, sind berechtigt, begründen aber seine Gegenansicht nicht. In diesen Beispielsfällen handelt es sich nicht um Hilfe bei Verhandlungen, so dass die Grundsätze schon im Ansatz nicht gelten. Anders könnte es sein, wenn der Dritte die Verhandlung und den späteren Abschluss des Versicherungsvertrages durch Absicherung der Beitragszahlung fördert, wie es bei einem VN der Fall sein mag, dessen Zahlungsfähigkeit zweifelhaft sein könnte.

130   Die Stellung eines **Maklers** lässt sich nicht generalisieren. Ist er von beiden Parteien beauftragt oder beschränkt sich seine Tätigkeit allein auf den Nachweis von Möglichkeiten, ein Risiko zu versichern, ist er Dritter. Ist er im Interesse des VN intensiver an den Vertragsverhandlungen beteiligt, ist er Verhandlungsgehilfe. Dritter ist immer der **Versicherungsagent**[437].

131   Verhalten eines Verhandlungsgehilfen, der **bewusst gegen die Interessen des VN** oder Versicherten **verstößt**, ist ebenfalls zuzurechnen. Das Risiko interessewidrigen Tätigwerdens ist von dem zu tragen, der sich der Dienste des Dritten bedient[438].

132   Der VR muss die subjektiven Voraussetzungen (Vorsatz, Absicht) **beweisen.** Dieser Beweis ist, von den seltenen Fällen eines Geständnisses oder des Eingeständnisses gegenüber

---

[432] Fall: OLG Frankfurt v. 10. 6. 2005, VersR 2005, 1429.
[433] Zweifelnd *Römer/Langheid/Langheid,* § 19 Rn. 3.
[434] BGH v. 8. 2. 1989, VersR 1989, 465 gegen OLG Hamm v. 27. 5. 1987, VersR 1988, 458; *Römer/Langheid/Langheid,* § 22 Rn. 15; *Prölss/Martin/Prölss,* § 22 VVG Rn. 1.
[435] Anders OLG Hamm. Der BGH brauchte diese Frage nicht zu entscheiden.
[436] Berliner Kommentar, § 22 Rn. 22.
[437] H. M., OLG Frankfurt v. 10. 6. 2005, VersR 2005, 1429.
[438] Berliner Kommentar/*Voit,* § 22 Rn. 23. Ebenso *Römer/Langheid/Römer,* § 6 Rn. 116; *Knappmann,* VersR 1997, 261 (zu interessewidrigem Verhalten eines Repräsentanten).

Dritten abgesehen, nur durch Indizien zu erbringen. Die Grundsätze des Anscheinsbeweises gelten nicht. Aus **wissentlich falschen oder unvollständigen Angaben** kann nicht ohne weiteres auf eine Täuschungsabsicht geschlossen werden. Es gibt keinen allgemeinen Erfahrungssatz. Eine Reihe anderer Gründe für Falschangaben ist denkbar[439]. Der VN ist aber, wenn es sich nicht um Belanglosigkeiten handelt, verpflichtet, plausibel darzulegen, weshalb es zu den Falschangaben gekommen ist[440]. Gelingt ihm das nicht, ist von Arglist auszugehen. Eine plausible Darstellung des VN ist vom VR zu widerlegen. Immer ist Arglist eine Frage des Einzelfalls. Sie liegt nahe, wenn kurz zurückliegende schwerwiegende Ereignisse, die von VN auch als solche empfunden wurden, verschwiegen werden[441]. Fast typisch für Arglist ist die Angabe weit zurückliegender und/oder belangloser Umstände, während offensichtlich erhebliche Gefahrenmomente verschwiegen[442] oder deutlich bagatellisiert und verharmlost werden.

2. Kausaler Irrtum des Versicherers

Die Täuschung muss beim VR zu einem **Irrtum** geführt haben. Die **entfällt bei Kenntnis** des VR von dem wirklichen Sachverhalt.   **133**

Der **Irrtum muss** für die Annahmeentscheidung des VR **kausal geworden sein.** Er   **134** dürfte bei Kenntnis der wahren Sachlage den Versicherungsvertrag nicht oder nicht so (niedrigere Versicherungssumme, Selbstbehalt, Wartezeiten, Risikoausschluss) abgeschlossen haben. Das entfällt, wenn ohne jede Prüfung sofortiger Versicherungsschutz zugesagt wird[443]. Es reicht auch aus, dass er den Vertrag nicht zu dieser Zeit (erst nach weiteren Nachfragen) geschlossen hätte[444]. Ein Schaden des VR braucht nicht entstanden zu sein.

Auch diese **Kausalität ist vom VR zu beweisen.** Dass der Vertrag wahrscheinlich so   **135** nicht abgeschlossen worden wäre, reicht dabei für die Kausalität nicht aus. Jedoch kann von

---

[439] BGH v. 28. 2. 2007, VersR 2007, 785; OLG Koblenz v. 20. 4. 2001, NVersZ 2001, 503 = VersR 2002, 22 (Ls.); v. 14. 6. 2002, r+s 2003, 254; OLG Hamm v. 17. 8. 2007, VersR 2008, 477: Verschweigen einer Alkoholabhängigkeit aus Scham.

[440] BGH v. 12. 3. 2008, VersR 2008, 809; v. 7. 11. 2007, VersR 2008, 242 (diese Darlegungslast trifft auch den Erben des VN als Begünstigten); OLG Frankfurt v. 13. 11. 2002, ZfS 2004, 275; v. 2. 5. 2001, NVersZ 2002, 401 = r+s 2001, 401; v. 7. 6. 2000, NVersZ 2001, 115; OLG Koblenz v. 20. 4. 2001, NVersZ 2001, 503 = VersR 2002, 22 (Ls.); v. 19. 5. 2000, NVersZ 2001, 74; OLG München v. 30. 8. 1998, VersR 2000, 711; OLG Saarbrücken v. 5. 12. 2001, VersR 2003, 891 = NJW-RR 2003, 814.

[441] BGH v. 7. 3. 2001, VersR 2001, 1408 (Verschweigen von Beschwerden im Handgelenk mit dreiwöchiger Arbeitsunfähigkeit vor drei Monaten und noch fortdauernder Behandlung bei Angabe eines belanglosen Arbeitsunfalls vor sieben Jahren); BGH v. 7. 10. 1992, VersR 1993, 170 (aktuelle Behandlung bei mehreren Ärzten wegen phobisch depressiver Gesundheitsstörungen, die sich entgegen der anfänglichen Erwartung verstärkten); OLG Saarbrücken v. 12. 10. 2005, VersR 2006, 824: Verschweigen einer seit Jahren bestehenden und behandelten colitis ulcerosa; OLG Frankfurt v. 7. 7. 2002, VersR 2002, 1134 (Verschweigen eines Suizidversuchs mit anschließender ärztlicher Behandlung und Kur [Diese Entscheidung ist bedenklich, wenn zunächst Kennmüssen -„musste wissen"- dem Wissen gleichgestellt wird. Im Ergebnis wurde aber wohl positive Kenntnis als bewiesen angesehen.]); OLG Koblenz v. 14. 6. 2002, NVersZ 2002, 498; OLG Düsseldorf v. 4. 12. 2001, NVersZ 2002, 500 = VersR 2002, 1362 (Ls.) (Verschweigen einer Bypassoperation bei Angabe älterer Routineuntersuchungen ohne Befund); OLG Düsseldorf v. 29. 2. 2000, VersR 2001, 1408 = NVersZ 2002, 544; OLG Jena v. 28. 7. 1999, VersR 1999, 1526 (keine arglistige Täuschung, wenn eine vor 11 Jahren behandelte Krebserkrankung als geheilt nicht angegeben. Anders OLG Koblenz v. 14. 11. 1997, VersR 1998, 1226, wenn noch Kontrolluntersuchungen laufen).

Sonderfall: OLG Frankfurt v. 15. 5. 2002, ZfS 2003, 188 mit Anm. *Rixecker:* Keine arglistige Täuschung, wenn schwere Erkrankung nicht nachgemeldet wird, da Nachfrage des VR beim informierten Arzt erwartet wird.

[442] BGH v. 7. 3. 1998, VersR 2001, 1408; OLG Saarbrücken v. 15. 4. 1998, NVersZ 1999, 420 (belanglose Ohroperation angegeben, aber nicht aktuelle psychiatrische Gesprächstherapie); OLG Köln v. 28. 11. 1997, NVersZ 1999, 72.

Weitere ältere Entscheidungen: Berliner Kommentar/ *Voit,* § 22 Rn. 30.

[443] Z. B.: bei einer vorläufigen Deckungszusage (OLG Saarbrücken v. 12. 3. 2003, VersR 2004, 50).

[444] *Bruck/Möller,* § 22 Anm. 15.

Knappmann

dem Erfahrungssatz ausgegangen werden, dass sich ein VR bei seiner Annahmeentscheidung von seinen Risikoprüfungsgrundsätzen, die er darlegen und beweisen muss, leiten lässt[445]. Bei **Offenkundigkeit gefahrrelevanter Umstände** erübrigt sich eine solche Darlegung. Immer kann der VN den Anscheinsbeweis entkräften, indem er dartut, dass im konkreten Fall anders verfahren worden wäre.

136   Unzureichende Prüfungen oder Leichtgläubigkeit des VR schließen eine Anfechtung wegen arglistiger Täuschung nicht aus. Auch bei Verletzung der **Nachfrageobliegenheit,** ist der Arglistige nicht schutzwürdig.

II. Anfechtungserklärung

137   Die Anfechtung ist eine **einseitige empfangsbedürftige Willenerklärung,** die fristgerecht zugegangen sein muss. Sie ist als Geltendmachung eines Gestaltungsrechts unwiderruflich und bedingungsfeindlich. Aus der Erklärung muss sich zweifelsfrei ergeben, dass nicht die Leistung verweigert, sondern der Vertrag insgesamt wegen des Willensmangels von Anfang an beseitigt werden soll[446]. Eine **Umdeutung** von Rücktritt, Kündigung oder Anpassungsverlangen in eine Anfechtungserklärung ist unzulässig. Die Anfechtungserklärung braucht nicht begründet zu werden. Eine detaillierte Angabe von Gründen ist erst auf Nachfrage des VN erforderlich. Der **Erklärungsgegner** folgt aus § 143 BGB. In den AVB und einzelvertraglich können auch andere Personen als Adressaten der Anfechtungserklärung bestimmt werden. Erklärungen gegenüber einem unrichtigen Adressaten wahren die einjährige **Anfechtungsfrist** (§ 124 BGB) nicht. Die Frist beginnt mit der positiven Kenntnis des VR von der arglistigen Täuschung. Wegen des Zeitpunktes kann auf den Fristbeginn beim Rücktritt nach § 21 VVG verwiesen werden[447]. Verdacht und Vermutung reichen nicht aus. Sie begründen zwar eine Obliegenheit des VR, sich zu informieren und nachzuforschen[448]. Deren Verletzung kann aber zugunsten des arglistigen VN nicht eine Vorverlagerung des Fristbeginns begründen[449]. Es fehlt die Schutzbedürftigkeit. Wurde mehrfach getäuscht, gilt die Kenntnis einer Täuschung nur dann als Fristbeginn auch für die einer Anfechtung wegen der übrigen, wenn alle zum gleichen Komplex gehören[450].

Zehn Jahre nach der Annahmeerklärung des VR ist eine Anfechtung unabhängig vom Zeitpunkt der Kenntniserlangung immer ausgeschlossen (§ 124 Abs. 3 BGB). Dem ist § 21 Abs. 3 S. 2 VVG angeglichen worden.

III. Verzicht des Versicherers

138   Der VR kann auf sein Anfechtungsrecht **verzichten.** Wird dies nicht ausdrücklich erklärt, sind an die Auslegung seines Verhaltens strenge Anforderungen zu stellen. Voraussetzung ist vor allem die Kenntnis von einer konkreten Anfechtungsmöglichkeit und ein eindeutig zum Ausdruck kommender Verzichtswille. Dem Einzug weiterer Beiträge ist ein solcher Verzichtswille in der Regel nicht zu entnehmen. Das gilt für alle formelhaften, automatisierten Vorgänge, die in der Regel keinen Schluss auf eine weitergehende Erklärung zulassen[451]. Eine **Rücktrittserklärung in Kenntnis von Anfechtungsgründen bedeutet keinen Verzicht** auf die Anfechtung; **anders** aber eine **Kündigung,** da damit für die Vergangenheit der Vertrag bestätigt wird (§ 144 BGB). Ein eventueller Verzicht kann nie generell sein, sondern bezieht sich immer nur auf konkret bekannte Gründe. Neue Gründe sind von ihm nur mit umfasst,

---

[445] OLG Frankfurt v. 7. 7. 2002, VersR 2002, 1134; *Bruck/Möller,* § 22 Anm. 17; *Prölss/Martin/Prölss,* § 22 VVG Rn. 6; Berliner Kommentar/*Voit,* § 22 Rn. 33.
[446] BGH v. 14. 11. 2001, NVersZ 2002, 112 (auch zur Frage einer Teilanfechtung).
[447] Oben Rn. 87 ff.
[448] Vgl. oben Rn. 88.
[449] Anders Berliner Kommentar/*Voit,* § 22 Rn. 38.
[450] Berliner Kommentar/*Voit,* § 22 Rn. 39.
[451] OLG Saarbrücken v. 5. 12. 2001, VersR 2003, 891 = NJW-RR 2003, 814.

wenn sie in den Rahmen der bisher bekannten Täuschung passen. Weniger aus Gründen des Verzichts als vielmehr denen einer Verwirkung könnte ein Verzicht bei schwerwiegenden Anfechtungsgründen auch die Anfechtung wegen später bekannt gewordener leichterer Täuschungen ausschließen. Jedoch können auch solche Gründe wie die berühmten letzten Tropfen, die ein Fass überlaufen lassen, bei dem Anfechtenden zu dem Entschluss geführt haben, sich endgültig vom Vertrag zu lösen. Das kann ihm nicht verwehrt werden. Nicht auszuschließen ist auch, dass der VN durch den VR zu einer arglistigen Täuschung verleitet oder herausgefordert wird[452]. Dann könnte bei einem gravierenden Fehlverhalten des VR je nach Schwere und Intensität der Täuschung eine Anfechtung ausgeschlossen sein. Das liegt näher bei einer Täuschung im Rahmen einer Regulierung, wenn der VR eine Notlage des VN durch Hinauszögern von Teilzahlungen oder die Anforderung immer neuer Belege ausnutzt. Im Rahmen von Vertragsverhandlungen ist eine vergleichbare Situation schwer vorstellbar.

Bei arglistigen **Täuschungen im Rahmen der Schadensermittlung** nach einem Versi- **139** cherungsfall hat die Rechtsprechung die Leistungsfreiheit des VR bei einer **Existenzgefährdung** des VN eingeschränkt, wenn nur ein geringer Teil des geltend gemachten Anspruchs betroffen ist[453]. Dieser Gedanke wird sich kaum auf eine Täuschung bei Vertragsschluss übertragen lassen. Es fehlt an einer bestehenden vertraglichen Beziehung, die den VR zu einem fairen die Interessen des VN respektierenden Verhalten verpflichtet. Zudem entfällt auch eine Notlage und eine Stresssituation, wie sie der Eintritt eines Versicherungsfalls begründen mag[454].

IV. Wirkung der Anfechtung

Ein wirksame Anfechtung führt zur **Nichtigkeit ex tunc** (§ 142 BGB). Der VN muss **140** empfangene Leistungen nach §§ 812, 819, 142 Abs. 2 BGB zurückerstatten. Die Einrede der Entreicherung (§ 818 Abs. 3 BGB) entfällt nach §§ 819, 818 Abs. 4 BGB, da der Täuschende den fehlenden Rechtsgrund bei Empfang der Leistung kannte (§ 142 Abs. 2 BGB: Kenntnis der Anfechtbarkeit reicht). Nach § 47 VVG schadet auch die Kenntnis eines Versicherten[455]. Wurde die **Versicherungsleistung an einen Dritten** (Zessionar, Bezugsberechtigter) **erbracht,** bleibt nach h. M.[456] der VN Schuldner des Bereicherungsanspruchs. Besteht auch in dem Rechtsverhältnis zwischen dem Dritten und dem VN kein Rechtsgrund (Doppelmangel) wird eine Direktkondition für möglich gehalten. Hat der Dritte im Verhältnis zum VN unentgeltlich erhalten, greift § 822 BGB nicht, da die Verpflichtung des VN wegen § 819 BGB nicht entfallen kann und § 822 BGB einen Wegfall des Anspruchs gegen den Vertragspartner, d. h. den VN, aus rechtlichen und nicht aus tatsächlichen Gründen voraussetzt[457].

Die **Nichtigkeit des Vertrages wirkt** grundsätzlich auch **gegenüber** einem **Dritten,** **141** der seine Rechte von VN herleitet (§ 334 BGB). **Ausnahmen** bestehen für die Realgläubiger (§§ 102 Abs. 1 S. 2, 103 Abs. 2 VVG a. F., 34 Abs. 2 SchiffsrechteG, 34 Abs. 2 Gesetz über Rechte an Luftfahrzeugen) und für Geschädigte in der Pflichthaftpflichtversicherung (§§ 117, 115 VVG).

Der VN muss empfangene Leistungen auch dann zurück erstatten und der VR wird auch **142** dann leistungsfrei, wenn der Umstand, über den arglistig getäuscht wurde, den Versicherungsfall oder die Leistung nicht beeinflusst hat. **§ 21 Abs. 2 VVG ist nicht anwendbar**[458].

---

[452] OLG Köln v. 21. 5. 1987, VersR 1988, 706 (Ls.); *Römer/Langheid/Langheid,* § 22 Rn. 13; Berliner Kommentar/*Voit,* § 22 Rn. 19.

[453] Vgl. u. a. *Prölss/Martin/Knappmann* § 22 VHB 84 Rn. 2 m. w. N.

[454] Vgl. auch Berliner Kommentar/*Voit,* § 22 Rn. 43.

[455] BGH v. 18. 9. 1991, VersR 1991, 1404; *Prölss/Martin/Prölss,* § 79 VVG Rn. 1.

[456] BGH v. 2. 11. 1988, VersR 1989, 74 (Zessionar); BGH v. 10. 3. 1993, VersR 1994, 208 (Leasinggeber als Versicherter nach einem vorgetäuschten Versfall) mit abl. Anm. *Sieg;* str.! Vgl. Berliner Kommentar/*Voit,* § 22 Rn. 48.

[457] BGH v. 3. 12. 1998, NJW 1999, 1026; *Palandt/Sprau* § 822 Rn. 7.

[458] OLG Frankfurt v. 2. 5. 2001, r+s 2001, 401; v. 7. 6. 2000, NVersZ 2001, 115; OLG Saarbrücken v. 13. 12. 2000, VersR 2001, 751 = NVersZ 2001, 350; LG Berlin v. 23. 7. 2002, NJW-RR 2003, 246;

Abweichend davon entfällt nach früherer Auffassung des OLG Nürnberg[459] die Leistungspflicht nur für die Zukunft, wenn der verschwiegene Umstand evident und unstreitig nicht kausal wurde. Diese Auffassung hat das Gericht inzwischen aufgegeben[460].

143   Eine Anfechtung erfasst den **ganzen Vertrag**. Der Grundsatz des **§ 29 VVG,** einen Versicherungsvertrag, soweit wie möglich, bestehen zu lassen[461], **gilt nicht**[462]. Das schließt eine Anwendung des § 139 BGB nicht aus. Danach erfasst die Anfechtung im Zweifel das gesamte Rechtsgeschäft, auch wenn mehrere Risiken und Personen versichert wurden. Wer sich dennoch auf Teilwirksamkeit berufen will, muss beweisen, dass auch ein Versicherungsvertrag mit dem von ihm behaupteten beschränkten Inhalt geschlossen worden wäre[463]. Demgegenüber hätte bei Geltung des § 29 VVG der VR zu beweisen, dass er den verbleibenden Teilvertrag nicht abgeschlossen hätte[464].

144   Wurde bei einer **Vertragsänderung** getäuscht, berührt dies den Versicherungsschutz bis zu dieser Abänderung natürlich nicht. Für die Zeit nachher stellt sich die Frage, ob anstatt des abgeänderten der ursprüngliche Vertrag wieder auflebt. Es kann nicht allein darauf abgestellt werden, ob der neue Vertrag den alten ersetzen sollte[465]. Das soll er immer, da er an dessen Stelle tritt. Entscheidend ist, inwieweit die früher versicherten Risiken in dem neuen Vertrag mit gedeckt sind. Zu Recht weist *Voit*[466] darauf hin, dass die Risikoerweiterung auch in einem getrennten Vertrag hätte vereinbart werden können. Dann hätte die Anfechtung nur diesen neuen Vertrag betroffen. Es besteht kein Bedürfnis, eine solche Zufälligkeit entscheiden zu lassen. Nichtig ist damit nur die jeweilige Erhöhung der Versicherungssumme, der Wegfall eines Risikoausschlusses oder die Erweiterung des Risikos (Einbeziehung neuer Risiken, zusätzlich versicherte Sachen)[467]. Wurde nur eine Vertragsverlängerung vereinbart, besteht Versicherungsschutz bis zu dem Zeitpunkt, zu dem der ursprüngliche Vertrag beendet worden wäre. Bei einer Auswechslung versicherter Gegenstände setzt sich das Risiko nicht fort. Ein solcher Vertrag ist nach Anfechtung ersatzlos nichtig.

V. Konkurrenzen

145   Neben einer Anfechtung nach § 123 BGB sind Schadenersatzansprüche wegen Vertragsverletzung ausgeschlossen, da § 22 VVG bei einer arglistigen Täuschung über risikoerhebliche Umstände als Ausnahme von den §§ 19–21 VVG nur die Anfechtung zulässt[468]. Deliktsrechtliche Ansprüche bleiben davon an sich unberührt. Auch sie sind aber ausgeschlossen, soweit die Sperrwirkung der §§ 19 ff. VVG reicht. Danach sind Ansprüche aus § 823 Abs. 2 BGB i. V. m. § 263 StGB, § 826 BGB[469] nur möglich, wenn entweder über nicht risikoerhebliche Umstände (etwa über die Sicherheit künftiger Prämienzahlungen) getäuscht wurde oder eine Person täuschte, die ihrerseits nicht nach § 19 VVG anzeigepflichtig war, z. B. bei einem Verhandlungsgehilfen, der seinerseits nicht anzeigepflichtig war[470], dessen Verhalten sich der VN aber nach § 278 BGB zurechnen lassen muss. Bestehen bereits bei Vertragsabschluss

---

Römer/Langheid/Langheid, § 22 Rn. 19; *Prölss/Martin/Prölss,* § 21 VVG Rn. 11; Berliner Kommentar/ *Voit,* § 22 Rn. 46; *Dreher,* VersR 1998, 539; *Langheid/Müller-Frank,* NJW 1998, 3682; *Tecklenburg,* VersR 2001, 1369.

[459] Urteile v. 26. 10. 2000 VersR 2001, 1369; v. 23. 12. 1999, VersR 2000, 437 = NVersZ 2000, 264; v. 21. 8. 1997, VersR 1998, 217.

[460] OLG Nürnberg v. 2. 5. 2006, VersR 2006, 1627.

[461] *Prölss/Martin/Prölss,* § 30 VVG Rn. 3.

[462] *Prölss/Martin/Prölss,* § 30 VVG Rn. 4.

[463] *Palandt/Heinrichs,* § 139 Rn. 14.

[464] *Prölss/Martin/Prölss,* § 30 VVG Rn. 3; Berliner Kommentar/*Harrer,* § 30 Rn. 3.

[465] So aber *Prölss/Martin/Prölss,* § 22 VVG Rn. 3.

[466] Berliner Kommentar, § 22 Rn. 6.

[467] OLG Saarbrücken v. 16. 5. 2007, VersR 2007, 1681.

[468] Vgl. Rn. 121 ff.

[469] BGH v. 18. 9. 1991, VersR 1991, 1404 zu § 826 BGB.

[470] BGH v. 7. 2. 2007, VersR 2007, 630; v. 8. 2. 1989, VersR 1989, 465.

Schädigungsabsichten des Dritten, kann der VR mit Schadenersatzansprüchen aufrechnen. Das scheidet aus, wenn der Dritte Versicherter ist. Dann ist über § 47 VVG wieder der Regelungsbereich der §§ 19ff. VVG betroffen[471]. Wenn deliktsrechtliche Ansprüche nicht ausgeschlossen sind, begründen sie, auch wenn die Anfechtungsfrist (§ 124 BGB) verstrichen ist, ein Leistungsverweigerungsrecht. Dies ist nicht unbedenklich. Zutreffend weist *Voit*[472] darauf hin, dass es dem Zweck des Versicherungsvertrages nicht entspricht, wenn der VR fortdauernd die Beiträge einziehen kann und ihm dann doch ein Leistungsverweigerungsrecht zustehen sollte. Das widerspricht dem mehrfach deutlich werdenden Bestreben des VVG nach schneller Klärung der versicherungsrechtlichen Beziehungen. Dem entspräche es mehr, wenn nach Ablauf der Frist des § 124 BGB wie bei § 20 VVG der Versicherungsschutz nicht mehr beeinträchtigt würde. Deshalb ist das Leistungsverweigerungsrecht des VR einzuschränken. Es besteht nur gegenüber Ansprüchen aus Versicherungsfällen, deren Vortäuschung oder vorsätzliche Herbeiführung bereits bei Vertragsschluss geplant war. Bei anderen Fällen bleibt ein VR, der die fristgerechte Geltendmachung seiner Rechte versäumte, leistungspflichtig.

D. Österreichisches Recht

§§ 16–22 ÖVersG enthalten die österreichische Regelung zur vorvertraglichen Anzeige- **146** pflicht. Diese ist von einigen sprachlichen Abweichungen abgesehen **weitgehend mit dem deutschen Recht** des VVG a. F. **identisch.**

§ 16 Abs. 1 ÖVersG entspricht vollinhaltlich § 16 Abs. 1 VVG a. F.[473]. Die grundlegende **147** Anzeigepflicht ist nach beiden Rechtssystemen identisch. Bei Anzeigepflichtverletzungen hat der VR ein Rücktrittsrecht. Das Gesetz geht von **„ausdrücklichen und genau umschriebenen"** Gefahrfragen aus (§ 16 Abs. 3 S. 2 2. Hs. ÖVersG). Die Anforderungen an die **Präzision der Fragestellung** des VR dürfen nicht überspannt werden. Das österreichische Gesetz fordert aber von dem VR ein gewisses Maß an Führung des VN durch genaue und präzise Fragen[474]. Dennoch kann in dem Massengeschäft der Versicherungswirtschaft auf eine gewisse Abstraktheit der Fragen nicht verzichtet werden[475], diese müssen aber hinreichend bestimmt bleiben[476]. Sie sind unzureichend, wenn ihnen vom VN nicht mehr eindeutig und sinnvoll mitzuteilende Umstände und Sachverhalte zugeordnet werden können. So sind Fragen nach erheblichen Gesundheitsstörungen innerhalb eines gewissen Zeitraums nicht zu beanstanden. Zutreffend hat der ÖOGH[477] eine Frage nach „ausgeübter Tätigkeit" nicht als eine solche nach außerhalb des Berufes ausgeübte Freizeittätigkeiten verstanden. Da sei nicht hinreichend präzise gefragt[478].

Werden derartige Fragen schriftlich gestellt, so kann der VR aus dem **Verschweigen** nicht **148** erfragter Umstände nur dann ein Rücktrittsrecht herleiten, wenn der VN **arglistig** handelte (§ 18 Abs. 2 ÖVersG). Der VN muss den nicht angegebenen Umstand nicht nur gekannt, sondern ihm muss auch bewusst gewesen sein, dass dieser Umstand für die Entscheidung des VR bedeutsam sein könnte. Der VR muss diese Arglist beweisen[479]. Soweit erfragte Umstände nicht oder nur unvollständig angegeben werden, besteht wie nach § 16 Abs. 2 VVG a. F. ein Rücktrittsrecht, das ausgeschlossen ist, wenn den VN kein Verschulden traf (§ 16 Abs. 3 S. 2 1. Hs. ÖVersG, ebenso § 19 Abs. 5 S. 2 VVG). Der VN muss die Voraussetzungen

---

[471] BGH v. 18. 9. 1991, VersR 1991, 1404.
[472] Berliner Kommentar, § 22 Rn. 50.
[473] Vgl. oben Rn. 21.
[474] *Grubmann*, S. 73.
[475] *Prölss/Martin/Prölss,* §§ 16, 17 VVG Rn. 50; Berliner Kommentar/*Voit,* § 16 Rn. 121.
[476] *Grubmann,* S. 74, 82.
[477] Urteil v. 9. 3. 1999, VersRdsch 2000, 206.
[478] Vgl. oben Rn. 22.
[479] Vgl. oben Rn. 21; BGH v. 14. 7. 2004, VersR 2004, 1297.

dieses Ausschlusses ebenso wie die Tatbestände der übrigen Ausschlüsse (Kenntnis des VR, Nichtverschulden des VN) beweisen.

149   Der Anwendungsbereich des § 16 Abs. 3 S. 2 2. Hs. ÖVersG, nach dem **nur Vorsatz oder grobe Fahrlässigkeit** des VN schadet, ist begrenzt. Gemeint sind die Fälle, bei denen die **Fragen nicht schriftlich** gestellt wurden **oder** bei denen **gar nicht** gefragt wurde[480]. Dann besteht zwar die Anzeigepflicht weiter, da das Bestehen einer spontanen Anzeigepflicht voraussy;gesetzt wird. An deren Erfüllung sollen nicht so hohe Anforderungen gestellt werden wie an Antworten auf genaue Fragen. Praktisch wird dadurch die Anzeigepflicht in diesen Fällen auf solche Umstände begrenzt, deren Risikoerheblichkeit unmittelbar einleuchtet[481]. Der VN muss Vorsatz und grobe Fahrlässigkeit, die vermutet werden, widerlegen. Der zweite Halbsatz des Satzes 2 ist eine Einschränkung des im ersten Halbsatz normierten Ausschlusses. Das ändert an der für Ausschlüsse allgemein geltenden Beweislast des Begünstigten, hier des VN, nichts.

150   Nach § 20 ÖVersG ist das **Rücktrittsrecht** des VR **befristet**. Dies entspricht § 21 Abs. 1 S. 1, 2 VVG. Entgegen § 21 Abs. 1 S. 3 VVG ist **keine Begründung** des Rücktritts **erforderlich**.

151   Die Einschränkung der Leistungsfreiheit des VR für Versicherungsfälle vor Rücktrittserklärung geht in § 21 ÖVersG weiter als in § 21 Abs. 2 VVG. Nach deutschem Recht ist der VR auch dann in vollem Umfang leistungsfrei, wenn der Umstand, wegen dessen die Anzeigepflicht verletzt wurde, überhaupt Auswirkungen auf die Höhe der Versicherungsleistung hat. Dem VN schadet danach schon Mitkausalität[482]. § 21 ÖVersG durchbricht hier das „Alles-oder-Nichts"-Prinzip[483], „**soweit**" der nicht angezeigte Umstand „**keinen Einfluss auf den Umfang der Leistungspflicht**" des VR gehabt hat. Nur soweit dies vom VN nicht ausgeschlossen werden kann, wird der VR frei. Hinsichtlich der Herbeiführung des Versicherungsfalls selbst schadet auch nach den österreichischen Vorschriften schon Mitkausalität umfassend. Die Einschränkung der Leistungspflicht entfällt nicht bei Arglist des VN, da eine dem § 21 Abs. 2 S. 2 VVG entsprechend Regelung fehlt. Da dann aber auch wegen arglistiger Täuschung angefochten werden (§ 22 ÖVersG) und die zur rückwirkende Unwirksamkeit des Versicherungsvertrages führt, ist dieser Unterschied praktisch kaum von Bedeutung.

§ 15. Rettungsobliegenheiten und Rettungskostenersatz

Inhaltsübersicht

---

[480] Berliner Kommentar/*Voit* § 16 Rn. 119.
[481] *Fenyves*, VersRdsch 1994, 50.
[482] Vgl. oben Rn. 101.
[483] *Fenyves* VersRdsch 1994, 50.

Literatur: *Armbrüster,* Künftige Sanktionen der Herbeiführung des Versicherungsfalles und der Verletzung der Rettungsobliegenheit – die Reform des § 61 VVG und der §§ 62, 63 VVG, ZVersWiss 2001, 501; *Beckmann,* Versicherungsschutz für Rückrufkosten – unter besonderer Berücksichtigung eines Anspruches auf Ersatz von Rettungskosten gem. §§ 62, 63 VVG, r+s 1997, 265; *Büchner,* Entschädigungsbegrenzungen und Rettungskostenersatz, VersR 1967, 628; *Dörner,* Zum Ersatz von Rettungskosten aus § 63 VVG beim Ausweichen vor einem Hasen, JR 1997, 501; *Gas,* Anmerkungen zum Rettungskostenersatz und zur Rettungspflicht, VersR 2003, 414; *Herbst,* Die Versicherung von Rettungskosten nach dem Umwelthaftpflichtmodell, VersR 1996, 9; *Hinsch-Timm,* Das neue Versicherungsvertragsgesetz in der anwaltlichen Praxis, 2008 Kap. C I., 4. Rettungsobliegenheit, Rn. 16 ff.; Kap. C II., 3. Erweiterter Aufwendungsersatz, Rn. 53 ff.; *Bruck/Möller/Johannsen,* Bd. III Feuerversicherung, 8. Aufl. 2002, Anm. G 148–166; *Kaufmann,* Der Produktrückruf – Herstellermotivation und Versicherungslösungen, VersR 1999, 551; *Kisch,* Die Rettungspflicht des VN, WuR 1928, 1; *Knappmann,* Der Eintritt des Versicherungsfalles und die Rechte und Pflichten der Vertragsbeteiligten, r+s 2002, 485; *ders.,* Rettungsobliegenheit und Rettungskostenersatz bei der Vorerstreckung, VersR 2002 129; *ders.,* Wildschaden und Rettungskosten, VersR 1989, 113; *Koch,* Rettungskosten und Einwirkungsrisiko in der Gewässerschadenhaftpflichtversicherung, VersR 1993, 537; *Martin,* Aufwendungsersatz nach Abwendungs- und Minderungsmaßnahmen zugleich gegen versicherte und nicht versicherte Schäden in der Sachversicherung, VersR 1969, 909; *Mayer,* Zu den Voraussetzungen der Rettungspflicht gem. § 62 VVG, NZV 1991, 227; *Meixner/Steinbeck,* Versicherungsvertragsrecht, 2008, § 2, 3. Rettungsobliegenheit Rn. 22 ff.; 4. Rettungskosten Rn. 39 ff.; *H. Möller,* Die Verhütung der Gefahrverwirklichung und des Schadens im Versicherungsvertragsrecht, ZVersWiss 1968, 59; *K. Müller,* Die Abwendungsobliegenheit des § 62 VVG vor Eintritt des Versicherungsfalles, VersR 2000, 533; *Pannenbecker,* Produktrückrufpflicht und Kostenersatz in der Haftpflichtversicherung, 1998, 139 ff.; *Reemts,* Umwelthaftpflichtversicherung und Rettungskostenersatz, 1997; *Reichert-Facilides,* Zur Schadensminderungspflicht im bürgerlichen und Versicherungsvertragsrecht, VersRdsch 1973, 129; *Rixecker,* VVG 2008 – Eine Einführung: Rettungsobliegenheit und Rettungskostenersatz, ZfS 2007, 255; *Scherrer,* Versicherungsrechtliche Schadensminderungspflicht, 1992; *Schimikowski,* Vorstreckung des Rettungskostenersatzes in der Reformkommission, r+s 2003, 133; *ders.,* Schadensabwendung und Rettungskosten bei Wildunfällen r+s 1991, 145; *Schimming,* Bergung und Hilfeleistung im Seerecht und im Seeversicherungsrecht, 1971; *R. Schmidt,* Die Verhütung der Gefahrverwirklichung und des Schadens im Versicherungsrecht, ZVersWiss 1968, 81; *Siebeck,* Die Schadensabwendungs- und minderungspflicht des VN, 1963; *Stange,* Rettungsobliegenheiten und Rettungskosten im Versicherungsrecht, 1995; *Thürmann,* Rückruf und Haftpflichtversicherung nach AHB oder ProdHB, NVersZ 1999, 145; *Weiler,* Die Verpflichtung des VN zur Abwendung und Minderung des Schadens, JRPV 1928, 66; *Wilkens,* Die Rettungspflicht, Eine rechtsvergleichende Darstellung im deutschen, schweizerischen, französischen, italienischen und englischen Versicherungsvertragsrecht, 1970; *Woesner,* Die Pflicht des Versicherers zum Ersatz der Aufwendungen des VN zwecks Abwendung und Minderung des Versicherungsschadens, ZVersWiss 1960, 399; *Wussow,* Feuerversicherung, 2. Aufl. 1975.

A. Einleitung und Überblick über Änderungen durch die VVG-Reform

I. Überblick

1   Auch wenn das VVG keine allgemeine Schadensverhütungspflicht begründen soll[1], so werden dem VN in verschiedenen Situationen gleichwohl Verhaltensmaßregeln, die einen Schadenseintritt letztlich doch verhindern sollen, auferlegt; die Verletzung solcher Verhaltensmaßregeln kann insbesondere zur Kürzung oder zum vollständigen Verlust des Versicherungsschutzes führen. Hervorzuheben sind die Vorschriften über die Gefahrerhöhung (insbesondere § 23 VVG), die Herbeiführung des Versicherungsfalles (§§ 81, 103 VVG [§§ 61, 152 VVG a. F.]) sowie die **Rettungsobliegenheit** gem. § 82 VVG. Während die Rettungsobliegenheit und der hiermit im Zusammenhang stehende Anspruch auf Rettungskostenersatz bis zum 31. 12. 2007 in den §§ 62, 63 VVG a. F. geregelt waren, greift die Neufassung diese nunmehr in den §§ 82, 83 VVG auf. Unter anderem berücksichtigt § 82 VVG dabei die im Rahmen der VVG-Reform entwickelten Grundsätze über die Voraussetzungen der Leistungsfreiheit des VR bei Obliegenheitsverletzungen. Insofern weicht diese Vorschrift sowohl sachlich als auch redaktionell von § 62 VVG a. F. ab[2]. § 82 VVG regelt eine dem VN auferlegte Verhaltensmaßregel, die es **„bei Eintritt des Versicherungsfalles"** einzuhalten gilt. Bei Eintritt des Versicherungsfalles hat der VN gem. § 82 Abs. 1 VVG nach Möglichkeit für die **Abwendung und Minderung des Schadens** zu sorgen und dabei gemäß § 82 Abs. 2 S. 1 VVG die **Weisungen des VR** zu befolgen. Der VN darf in dieser Situation also nicht untätig bleiben, nur weil der VR möglicherweise den drohenden Schaden ersetzen muss[3]. Die Vorschrift ist auf die Abwendung und Minderung des drohenden Schadens gerichtet; der VN soll dazu angehalten werden, „die Entwicklung des Schadens nicht mit Blick auf die bestehende Deckung sich selbst zu überlassen, sondern in jedem Fall um seine Abwendung oder Eindämmung bemüht zu sein; d. h. die sich hierfür anbietenden und zumutbaren Möglichkeiten, die generell geeignet sind, einen Schaden abzuwenden oder zu mindern, nicht verstreichen zu lassen"[4]. Damit dient die Rettungsobliegenheit nicht nur dem Schutz des VR, sondern auch der Aufrechterhaltung der Gefahrgemeinschaft der Versicherten[5]. *Johannsen/Johannsen* weisen auf die große Bedeutung der Rettungsobliegenheit hin, insbesondere etwa für den Bereich der Feuerversicherung, wo unermessliche Schäden drohen, wenn Brände nicht rechtzeitig gelöscht und gefährdete Sachen nicht aus dem Gefahrenbereich entfernt werden[6]. Verletzt der VN seine aus § 82 VVG resultierende Rettungsobliegenheit, so droht ihm gem. § 82 Abs. 3 VVG die Einschränkung oder der Verlust des Versicherungsschutzes. Hinsichtlich der Rechtsfolgen einer Verletzung der Rettungsobliegenheiten hat die VVG-Reform die Rechtslage entscheidend verändert. Nach früherer Rechtslage[7] galt auch bei grober Fahrlässigkeit des VN das **Alles-oder-nichts-Prinzip**, d. h. der VR wurde unabhängig von der Schwere des Verschuldens des VN von der Verpflichtung zur Leistung *insgesamt* frei. Die Geltung des Alles-oder-nichts-Prinzips, speziell bei grob-fahrlässigem Verhalten des VN stand schon seit längerer Zeit in der rechtspolitischen Diskussion[8] und wurde dementsprechend im

---

[1] BGH v. 19. 10. 1984, VersR 1994, 1465; BGH v. 5. 10. 1993, VersR 1984, 25; BGH v. 21. 9. 1964, BGHZ 42, 295 (300); *Armbrüster*, ZVersWiss 2001, 501; *Prölss/Martin/Voit/Knappmann*[27], § 62 Rn. 9; *Römer/Langheid/Römer*[2], § 62 Rn. 1; anders noch ältere Rspr. etwa RG v. 20. 2. 1929, RGZ 123, 320 (323); OLG Hamburg v. 20. 5. 1955, VersR 1955, 501 (502).

[2] VVG RegE, BT-Drucks. 16/3945 S. 80.

[3] Berliner Kommentar/*Beckmann*, § 62 Rn. 1; *Knappmann*, VersR 2002, 129 (130).

[4] BGH v. 12. 7. 1972, VersR 1972, 1039 (1040); OLG Hamburg v. 24. 5. 1984, VersR 1984, 1088 (1089).

[5] *Bruck/Möller*[8], § 62 Anm. 3.

[6] *Bruck/Möller/Johannsen*[8], Bd. III, Anm. G 149 (zu § 62 a. F.).

[7] D. h. nach der Rechtslage des VVG in der bis zum 31. 12. 2007 geltenden Fassung.

[8] Vgl. *Bokelmann*, Grobe Fahrlässigkeit, 1973, S. 112 ff.; *Ehrenzweig*, Versicherungsvertragsrecht, S. 265; aus jüngerer Zeit zur Geltung des Alles-oder-nichts-Prinzips i. R. v. § 61 VVG *Armbrüster*, ZVersWiss

Rahmen der Reformüberlegungen aufgegriffen. Die Kommission zur Reform des Versicherungsvertragsrechts sprach sich für die Abschaffung des Alles-oder-nichts-Prinzips für den Fall grob-fahrlässigen Verhaltens des VN aus[9]. So befriedigte die bisherige Regelung vor allem deswegen nicht, als bei nur geringen Verschuldensabweichungen – etwa weil die Grenze zwischen einfacher und grober Fahrlässigkeit gerade überschritten wurde – in einem Fall zu vollem Versicherungsschutz und im anderen, fast gleich gelagerten Fall zur völligen Leistungsfreiheit des VR führte[10]. Durch das am 1. 1. 2008 in Kraft getretene VVG wurde das Alles-oder-nichts-Prinzip ausdrücklich aufgegeben[11]. Abweichend von § 62 VVG a. F. unterscheidet § 82 Abs. 3 VVG nunmehr zwischen vorsätzlichen und grob fahrlässigen Obliegenheitsverletzungen. Während der VR bei einer vorsätzlichen Obliegenheitsverletzung des VN wie bisher in vollem Umfang leistungsfrei ist, kann er bei einer grob fahrlässigen Verletzung nur eine Kürzung seiner Leistung entsprechend der Schwere des Verschuldens des VN verlangen.

In unmittelbarem Zusammenhang zu § 82 VVG, der die Rettungsobliegenheiten des VN   **2** begründet, steht § 83 Abs. 1 VVG. Diese Vorschrift gewährt dem VN gegen den VR einen Anspruch auf Erstattung von Aufwendungen zur Abwendung und Minderung des Schadens (sog. **Rettungskosten**). Der Zweck dieser Regelung besteht darin, dem VR, dem die Einhaltung der Rettungsobliegenheiten zugute kommt, die entsprechenden Kosten aufzubürden; darüber hinaus soll der VN nicht durch drohende Kosten von Rettungsmaßnahmen abgehalten werden, so dass er ein größeres Interesse an der Durchführung auch Kosten hervorrufender Rettungsmaßnahmen hat[12]. Zu Gunsten des VN wird das Erfolgsrisiko solcher Rettungsmaßnahmen des VN dem VR auferlegt, d. h. der Anspruch auf Rettungskostenersatz besteht auch bei erfolglosen Rettungsversuchen. Sachlich entspricht § 83 Abs. 1 VVG dem früheren § 63 Abs. 1 S. 1 und 3 VVG a. F.; indes findet sich in § 90 VVG für die Sachversicherung ein erweiterter Anspruch auf Aufwendungsersatz[13]. Neu ist unter anderem, dass der VR gem. § 83 Abs. 2 VVG den Aufwendungsersatz entsprechend Abs. 1 kürzen kann, wenn er berechtigt ist, seine Versicherungsleistung zu kürzen. Wie schon nach bisherigem Recht gewährt § 83 Abs. 1 S. 2 VVG dem VN auch einen Anspruch auf Vorschuss.

II. Rechtsnatur

Bereits vor Inkrafttreten des neuen VVG ordnete die ganz h. M. die durch § 62 Abs. 1   **3** VVG a. F. statuierten Verhaltensnormen als versicherungsrechtliche **Obliegenheiten** ein[14]. Zwar war der VN nach dem Wortlaut des § 62 Abs. 1 VVG a. F. „verpflichtet", für die Abwendung und Minderung des Schadens zu sorgen. Andererseits sprach das Gesetz in § 62 Abs. 2 VVG a. F. in diesem Zusammenhang von „Obliegenheiten". Durch die VVG-Reform ist dieser Streit im Sinne der h. M. entschieden worden. Nach dem Wortlaut des § 82 Abs. 1 VVG ist nicht mehr von einer Verpflichtung die Rede; der VN hat vielmehr für die Abwendung und Minderung des Schadens „zu sorgen". Des Weiteren bezeichnet § 82 Abs. 3 VVG die in § 82 Abs. 1 und 2 VVG geregelten Verhaltensanforderungen ausdrücklich als Obliegenheiten. Der VR kann die Rettungsmaßnahmen vom VN nicht einklagen und bei Verletzung

---

2001, 501 (503ff.); *ders.,* Das Alles-oder-nichts-Prinzip im Privatversicherungsrecht (2003); Berliner Kommentar/*Beckmann,* § 61 Rn. 5.

[9] VVG-Reform Abschlussbericht (2004), S. 20; schon VVG-Reform Zwischenbericht (2002), S. 79f. (jeweils betr. § 62 VVG a. F.); dagegen zuvor *Armbrüster,* ZVersWiss 2001, 501 (503ff.).

[10] VVG RegE, BT-Drucks. 16/3945 S. 49; so auch *Looschelders,* VersR 2008, 1; *Schimikowski,* jurisPR-VersR 7/2007 Anm. 4.

[11] VVG RegE, BT-Drucks. 16/3945 S. 49.

[12] Berliner Kommentar/*Beckmann,* § 63 Rn. 2 (zu § 63 a. F.).

[13] VVG RegE, BT-Drucks. 16/3945 S. 80.

[14] BGH v. 12. 7. 1972, VersR 1972, 1039f.; Berliner Kommentar/*Beckmann,* § 62 Rn. 4; *Bruck/Möller*[8], § 62 Anm. 5; *Siebeck,* S. 8; *Stange,* S. 8; *Wilkens,* S. 23; a. A. noch *Ehrenzweig,* 272; *Ritter/Abraham,* Seeversicherung, § 41 Anm. 5. Wiederum gegen Einordnung als Risikobeschränkung eingehend *Siebeck,* S. 17ff.

des § 82 Abs. 1 und Abs. 2 VVG durch den VN entsteht kein Schadensersatzanspruch des VR. Eine Einordnung als Verpflichtung des VN würde überdies für die Anwendung des § 278 BGB sprechen, was durch die Entwicklung der Repräsentantenhaftung indes grundsätzlich vermieden werden soll[15]. Hiervon abweichend wird **§ 62 ÖVVG** als echte Verpflichtung verstanden. Dies folgt sowohl aus dem Wortlaut insbesondere von § 62 Abs. 2 ÖVVG wie aus der entsprechenden Gesetzesbegründung[16].

III. Anwendungsbereich

4   Wie sich aus der systematischen Stellung der §§ 82, 83 VVG ergibt, finden die Regelungen über die Rettungsobliegenheiten auf die gesamte **Schadensversicherung** Anwendung[17]; soweit die Krankenversicherung auf die Erstattung von Krankheitskosten gerichtet ist, handelt es sich um eine Schadensversicherung[18], so dass u. a. §§ 82, 83 VVG gem. § 194 Abs. 1 S. 1 VVG zur Anwendung gelangen. Die Regeln über die Rettungsobliegenheit finden hingegen keine Anwendung auf die **Summenversicherung.** Gem. § 184 VVG sind die §§ 82, 83 VVG auf die **Unfallversicherung** nicht anzuwenden. Dies gilt selbst dann, wenn diese als Schadensversicherung ausgestaltet ist[19]. In einzelnen Versicherungszweigen müssen teilweise besondere Regelungen berücksichtigt werden. Beispielsweise erfasst die **Haftpflichtversicherung** gem. § 101 Abs. 1 VVG die Kosten der Rechtsverteidigung, so dass es sich bei diesen Aufwendungen dann nicht um Rettungskosten im Sinne des § 83 VVG handelt, sondern um den Versicherungsschaden im engeren Sinne. In der **Sachversicherung** ist die Neuregelung des § 90 VVG zu beachten. Danach steht dem VN bei der Sachversicherung ein Anspruch auf Ersatz solcher Aufwendungen zu, die er zur Abwehr eines andernfalls unmittelbar bevorstehenden Versicherungsfalles oder zur Minderung des damit verbundenen Schadens tätigt. Die Regelung stellt die Kodifizierung der von der Rechtsprechung zu § 63 VVG a. F. entwickelten sog. **Vorerstreckungstheorie** dar[20]. Zu beachten ist in diesem Zusammenhang, dass die Vorerstreckung nach dem Willen des Gesetzgebers nur hinsichtlich des Aufwendungsersatzes maßgeblich sein soll; eine Vorverlegung der Rettungsobliegenheit nach § 82 Abs. 1 und Abs. 2 VVG soll nicht erfolgen, da dies den VN unangemessen belasten würde und mit einer Aufweichung der bis zum Eintritt des Versicherungsfalles anzuwendenden Regelung des § 81 VVG verbunden wäre[21].

B. Rechtliche Rahmenbedingungen

I. Gesetzliche Rahmenbedingungen

5   Wie bereits zuvor im Rahmen der Einleitung zum Ausdruck gebracht, finden sich für die Schadensversicherung die wichtigsten **gesetzlichen Rahmenbedingungen in §§ 82, 83 VVG.** § 82 VVG regelt die **Obliegenheiten des VN** „bei dem Eintritt des Versicherungsfalles"; danach sind dem VN im Wesentlichen drei Obliegenheiten auferlegt: Zum einen hat er gemäß § 82 Abs. 1 VVG bei Eintritt des Versicherungsfalles nach Möglichkeit für die Abwen-

---

[15] In diesem Handbuch *Looschelders*, § 17 Rn. 23 ff.

[16] *Reichert-Facilides*, VersRdsch 1973, 129 (139 Fn. 71); Stange, S. 8; a. A. *Schauer*, Österreichisches Versicherungsvertragsrecht, S. 319; *Scherrer*, S. 53, 81.

[17] Berliner Kommentar/*Beckmann*, § 62 Rn. 5; *Bruck/Möller*[8], § 62 Anm. 3; *Stange*, S. 3 (jeweils zu § 62 a. F.).

[18] OLG Karlsruhe v. 21. 3. 1996, VersR 1997, 562 (564); Berliner Kommentar/*Hohlfeld*, § 178 a Rn. 1; hiervon abweichend soll indes nach dem Zwischenbericht der Reformkommission eine abweichende Regelung in das VVG aufgenommen werden, vgl. VVG-Reform Zwischenbericht (2002), S. 147 f.; dazu *Gas*, VersR 2003, 414 (418 f.).

[19] VVG RegE, BT-Drucks. 16/3945 S. 80.

[20] VVG RegE, BT-Drucks. 16/3945 S. 82.

[21] VVG RegE, BT-Drucks. 16/3945 S. 83; dazu noch Rn. 19 ff.

dung und Minderung des Schadens zu sorgen. Zum anderen hat er gemäß § 82 Abs. 2 S. 1 VVG Weisungen des Versicherers, soweit für ihn zumutbar, zu befolgen sowie Weisungen einzuholen, wenn die Umstände dies gestatten. Die Vorschrift des § 82 Abs. 2 VVG für den Fall von Weisungen eines oder mehrerer Versicherer entspricht sachlich dem bisherigen § 62 Abs. 1 VVG a. F. Neu in Satz 1 ist lediglich die Voraussetzung für die Obliegenheit des Versicherungsnehmers, Weisungen des Versicherers zu befolgen, dass diese für den Versicherungsnehmer zumutbar sein müssen[22]. Dies bedeutet, dass sich der Versicherer bei Erteilung einer Weisung nicht über berechtigte Interessen des Versicherungsnehmers, die bei Befolgung der Weisung verletzt würden, hinwegsetzen darf[23]. § 82 Abs. 3 VVG regelt die **Rechtsfolge** der Leistungsbefreiung zugunsten des VR im Falle der Obliegenheitsverletzung durch den VN; diese Vorschrift differenziert zwischen grob fahrlässigen und vorsätzlichen Obliegenheitsverletzungen. Dies bedeutet zunächst, dass bei lediglich einfacher Fahrlässigkeit des VN keine Leistungsbefreiung eintritt. Die Abgrenzung der einfachen von der groben Fahrlässigkeit spielt daher eine besondere Rolle. Im Hinblick auf § 82 Abs. 3 VVG ist auch die Unterscheidung zwischen grober Fahrlässigkeit und Vorsatz bedeutsam[24]. Außer im Falle einer arglistigen Obliegenheitsverletzung treten die Rechtsfolgen des § 82 Abs. 3 VVG nach § 82 Abs. 4 S. 1 VVG nicht ein, soweit die Verletzung der Obliegenheit weder für die Feststellung des Versicherungsfalles noch für die Feststellung oder den Umfang der Leistungspflicht ursächlich ist. Damit kann der VN sowohl bei grober Fahrlässigkeit als auch bei Vorsatz den Kausalitätsgegenbeweis führen[25].

Abgrenzungsschwierigkeiten können zu den §§ 23 und 81 VVG auftreten (vgl. Rn. 13).   **6** § 83 VVG stellt wiederum die Kehrseite[26] zu § 82 VGG dar und bürdet die Aufwendungen, die dem VN durch seine Rettungsmaßnahmen entstehen, dem VR auf (sog. Rettungskosten). Zu Gunsten des VN trägt der VR dabei das Erfolgsrisiko; Anspruch auf Rettungskostenersatz besteht auch bei gescheiterten Rettungsversuchen. Schließlich konstituiert § 83 Abs. 1 S. 2 VVG eine Vorschusspflicht des VR.

Für einzelne Versicherungszweige finden sich wiederum **besondere Bedingungen.**   **7** § 184 VVG bestimmt, dass die §§ 82, 83 VVG auf die Unfallversicherung nicht anzuwenden sind. Für den Bereich der Transportversicherung modifiziert § 135 VVG den Rettungskostenersatz aus § 83 VVG.

II. Allgemeine Versicherungsbedingungen

Gem. § 87 VVG kann sich der VR auf eine Vereinbarung, durch welche von den §§ 82, 83   **8** VVG zum Nachteil des VN abgewichen wird, nicht berufen; neben § 82 VVG ist somit nach der neuen Rechtslage auch die Regelung des § 83 VVG über den Rettungskostenersatz **halbzwingend.** Nichtsdestotrotz finden sich in AVB häufig Bestimmungen über Rettungsobliegenheiten und Rettungskosten. Diese haben indes vielfach nur **wiederholenden Charakter** und weichen damit nicht von den gesetzlichen Regelungen ab[27]. Nahezu **wörtliche Wiederholungen** der gesetzlichen Regelungen finden sich beispielsweise in § 13 Ziff. 1 c AFB 87/Fassung 2001, § 13 Ziff. 1 c AERB 87/Fassung 2001, § 13 Ziff. 1 c AWB 87/Fassung 2001; abweichend von § 62 Abs. 1 VVG a. F. (nun geregelt in § 82 Abs. 2 VVG) obliegt es dem VN gem. § 26 Ziff. 1a VHB 2000/Fassung 2001, soweit möglich die Weisungen des VR zur Schadenminderung/-abwendung einzuholen und zu beachten (wörtlich auch § 24 Ziff. 1a VGB 2000/Fassung 2001[28]). Ob hierin indes eine Einschränkung der Obliegenheiten des VN beab-

---

[22] VVG RegE, BT-Drucks. 16/3945 S. 80.
[23] VVG RegE, BT-Drucks. 16/3945 S. 80.
[24] Dazu im Rahmen der Rechtsfolgen Rn. 66 ff.
[25] *Hinsch-Timm,* Das neue VVG, S. 134; *Marlow/Spuhl²,* Das Neue VVG kompakt, S. 116; vgl. auch Rn. 69.
[26] Berliner Kommentar/*Beckmann,* § 63 Rn. 2; *Römer/Langheid/Römer²,* § 63 Rn. 1; *Prölss/Martin/Voit/Knappmann²⁷,* § 63 Rn. 1; *Bruck/Möller⁸,* § 63 Anm. 3 (so bereits zu § 63 a. F.).
[27] Berliner Kommentar/*Beckmann,* § 62 Rn. 60; § 63 Rn. 40.
[28] Alle vorstehenden Bedingungen abgedruckt bei *Dörner⁵,* Versicherungsbedingungen.

sichtigt ist, erscheint zweifelhaft. Zumal nunmehr auch in § 82 Abs. 2 S. 1 VVG vorgesehen ist, dass der VN die Weisungen des VR nicht mehr uneingeschränkt sondern nur dann zu befolgen hat, wenn dies für den VN zumutbar ist. Nichtsdestotrotz können diese Zweifel gem. § 305 c BGB zu Lasten des VR gehen; die vorhergehende Fassung (§ 21 Ziff. 2a VHB 92[29]) enthält schließlich noch eine nahezu wörtliche Wiederholung des § 62 Abs. 1 VVG a. F. Auch die aufgrund der VVG-Reform erforderlich gewordenen Neufassungen der AVB berücksichtigen teilweise den Gesetzestext fast wörtlich, so etwa Abschnitt B, § 8 Ziff. 2a) aa), cc), dd) AFB 2008[30], Abschnitt B, § 8 Ziff. 2a) aa), cc), dd) AERB 2008[31] bzw. AWB 2008[32]. Auf die Formulierung, dass „Weisungen des VR nur soweit möglich" einzuholen und zu beachten sind, wie dies § 26 Ziff. 1a VHB 2000/Fassung 2001 vorsieht, hat die Neufassung des Abschnitt B, § 8 Ziff. 2a) aa), cc), dd) VHB 2008[33] verzichtet. Vielmehr spiegelt sich nunmehr auch hier der Gesetzeswortlaut nahezu wörtlich wieder. Keine Abweichung von § 82 VVG, insbesondere im Hinblick auf den Beginn der Rettungsobliegenheit stellt § 7 Nr. I Abs. 2 S. 3 AKB Fassung 2004[34] dar, obgleich es in der Überschrift „Obliegenheiten *im* Versicherungsfall" heißt[35]. Im Rahmen der Neufassung der AKB im Zuge der VVG-Reform wurde auf diese Formulierung verzichtet. Vielmehr spricht Abschnitt E Ziff. 1.4 AKB 2008[36] ausdrücklich von der Schadensminderungspflicht *bei* Eintritt des Schadensereignisses. Unterschiedlich beurteilt wird wiederum die Frage, wie sich die in § 10 Ziff. 2a FBUB Fassung Januar 2001[37] enthaltene Formulierung „bei Eintritt eines Unterbrechungsschadens" auswirkt[38].

9   Schon vor der VVG-Reform fanden sich in AVB **Konkretisierungen der gesetzlichen Rettungsobliegenheit,** die in § 62 VVG a. F. (jetzt § 82 VVG) sehr allgemein formuliert ist. Beispielsweise ist der VN aufgrund von § 15 AHagB 94[39] verpflichtet, nach dem Schadenfall „auf seine Kosten alle für die Pflege und Fortentwicklung der beschädigten Bodenerzeugnisse erforderlichen Arbeiten und Aufwendungen vorzunehmen"; ausdrücklich bleibt § 83 VVG nach dieser Bestimmung unberührt. Konkretisierungen finden sich auch in der Feuerversicherung und der Hausratversicherung: Gem. § 13 Ziff. 1d AFB 87 hat der VN für zerstörte und abhanden gekommene Wertpapiere- oder sonstige aufgebotsfähige Urkunden unverzüglich das Aufgebotsverfahren einzuleiten und etwaige sonstige Rechte zu wahren, insbesondere abhanden gekommene Sparbücher und andere sperrfähige Urkunden unverzüglich sperren zu lassen. Inhaltsgleiche bzw. vergleichbare Konkretisierungen finden sich auch in § 13 Ziff. 1d AERB 87 oder in § 26 Ziff. 1d VHB 2000. Die Rettungsobliegenheiten werden des Weiteren näher bestimmt durch § 26 Ziff. 1e VHB 2000, wonach die Schadenstelle möglichst so lange unverändert bleiben soll, bis sie durch den VR freigegeben ist. Schließlich wird auch die Verpflichtung des VN, der Polizeidienststelle (bzw. dem VR) unverzüglich ein Verzeichnis der abhanden gekommenen Sachen einzureichen (vgl. § 13 Ziff. 1b AFB 87, § 13 Ziff. 1b AERB 87, § 24 Ziff. 1b VGB 2000, § 26 Ziff. 1c VHB 2000[40]), als Schadensabwendungs- und minderungspflicht eingeordnet, denn sie soll polizeiliche Maßnahmen zur Wie-

---

[29] Abgedruckt bei *Prölss/Martin,* 27. Aufl., S. 1579.
[30] Unverbindliche Bekanntgabe des GDV (abrufbar unter http://www.gdv.de/Downloads/Bedingungen/SU_260_AFB08.pdf [Abrufdatum: 12. 3. 2008]).
[31] Unverbindliche Bekanntgabe des GDV (abrufbar unter http://www.gdv.de/Downloads/Bedingungen/SU_270_AERB08.pdf [Abrufdatum: 12. 3. 2008]).
[32] Unverbindliche Bekanntgabe des GDV (abrufbar unter http://www.gdv.de/Downloads/Bedingungen/SU_271_AWB08.pdf [Abrufdatum: 12. 3. 2008]).
[33] Unverbindliche Bekanntgabe des GDV (abrufbar unter http://www.gdv.de/Downloads/Bedingungen/SU_204_VHB08QM.pdf [Abrufdatum: 12. 3. 2008]).
[34] Abgedruckt bei *Dörner*[5], Versicherungsbedingungen.
[35] BGH v. 20. 2. 1991, VersR 1991, 459 (460).
[36] Unverbindliche Bekanntgabe des GDV (abrufbar unter http://www.gdv.de/Downloads/Bedingungen/AKB_2008.pdf [Abrufdatum: 12. 3. 2008]).
[37] Abgedruckt bei *Dörner*[5], Versicherungsbedingungen.
[38] Vgl. zum Beginn der Rettungsobliegenheit Rn. 17ff.
[39] Abgedruckt bei *Dörner*[5], Versicherungsbedingungen; jeweils Fassung vor der VVG-Reform.
[40] Vorstehende Bedingungen abgedruckt bei *Dörner*[5], Versicherungsbedingungen.

dererlangung der Sachen erleichtern. Vielfach finden sich auch schon in den AVB konkrete Weisungen des VR, die der VN bei Eintritt des Versicherungsfalles einzuhalten hat; hierzu noch Rn. 55 im Rahmen der Weisungsbefolgungsobliegenheit des VN.

Auch die aufgrund des reformierten VVG notwendig gewordenen Neufassungen der AVB   **9a** enthalten weiterhin entsprechende Konkretisierungen der in § 82 VVG allgemein gehaltenen Rettungsobliegenheit. So trifft den VN nach Abschnitt B § 12 Nr. 2b) AHagB 2008 ein Veränderungsverbot, d. h. bis zur Feststellung des Schadens darf der VN an den vom Hagelschlag betroffenen Kulturen ohne Einwilligung des VR nur solche Änderungen vornehmen, die entsprechend den Regeln guter fachlicher Praxis nicht aufgeschoben werden können. Für die Feuerversicherung erläutert Abschnitt B § 8 Ziff. 2a) gg) AFB 2008[41] die Verhaltensmaßgaben des VN dahingehend, dass das Schadensbild so lange unverändert zu lassen ist, bis die Schadenstelle oder die beschädigte Sache durch den VR freigegeben worden sind. Sind Veränderungen unumgänglich, sind nach dieser Bestimmung das Schadenbild nachvollziehbar zu dokumentieren (z. B. durch Fotos) und die beschädigten Sachen bis zu einer Besichtigung durch den VR aufzubewahren. Die §§ 13 Ziff. 1d) AFB 87, 13 Ziff. 1d) AERB 87, 26 Ziff. 1d) VHB 2000 finden ihre Entsprechung in den jeweils Abschnitt B § 8 Ziff. 2a) jj) AFB 2008[42], AERB 2008[43] und VHB 2008[44]. Die Pflicht zur Einreichung eines Schadensverzeichnisses bei der Polizeidienststelle ergibt sich nunmehr aus Abschnitt B § 8 Ziff. 2a) ff) AFB 2008, AERB 2008, VGB 2008[45] sowie VHB 2008.

Konkretisierungen in AVB – insbesondere aus der Zeit **vor der VVG-Reform** – betreffen   **10** vereinzelt auch die **Rechtsfolgen,** die bei Verletzung von Rettungsobliegenheiten eintreten. Im Hinblick auf die soeben erwähnte Pflicht des VN, der Polizeidienststelle ein Verzeichnis der abhanden gekommenen Sachen einzureichen, weicht beispielsweise § 26 Ziff. 2c VHB 2000[46] von der Rechtsfolge des § 62 Abs. 2 VVG a. F. ab; sind abhanden gekommene Sachen der Polizeidienststelle nicht oder nicht unverzüglich angezeigt, so *kann* nach dieser Bestimmung der VR für diese Sachen von der Entschädigungspflicht frei sein. Problematisch ist insoweit, dass diese Regelung nicht die Voraussetzungen für die Leistungsfreiheit näher konkretisiert und damit dem VR offensichtlich eine sehr weite Ermessensentscheidung einräumt.

Darüber hinaus finden sich speziell im Hinblick auf die **Rettungskosten** von § 83 VVG   **11** abweichende Bestimmungen in AVB. Dies gilt beispielsweise für Ziff. 5 der Umwelthaftpflichtbedingungen[47]; diese Bestimmung erstreckt ausdrücklich den Erstattungsanspruch auch auf Aufwendungen, die der VN bereits vor Eintritt des Versicherungsfalles gemacht hat, und regelt den ersatzfähigen Umfang solcher Aufwendungen[48]. § 83 Abs. 4 VVG regelt den Kostenersatz i. R. d. Tierversicherung und ist somit an die Stelle des § 123 Abs. 1 VVG a. F. getreten. Aufgrund des halbzwingenden Charakters der Vorschrift (§ 87 VVG) sind im Unterschied zu früheren Rechtslage weitergehende vertragliche Einschränkungen des Aufwendungsersatzes in der Tierversicherung ausgeschlossen. Die noch in § 123 Abs. 2 VVG a. F. vorgesehene Aufteilung der Kosten der ersten tierärztlichen Untersuchung bleibt der ver-

---

[41] Unverbindliche Bekanntgabe des GDV (abrufbar unter http://www.gdv.de/Downloads/Bedingungen/SU_260_AFB08.pdf [Abrufdatum: 12. 3. 2008]).

[42] Unverbindliche Bekanntgabe des GDV (abrufbar unter http://www.gdv.de/Downloads/Bedingungen/SU_260_AFB08.pdf [Abrufdatum: 12. 3. 2008]).

[43] Unverbindliche Bekanntgabe des GDV (abrufbar unter http://www.gdv.de/Downloads/Bedingungen/SU_270_AERB08.pdf [Abrufdatum: 12. 3. 2008]).

[44] Unverbindliche Bekanntgabe des GDV (abrufbar unter http://www.gdv.de/Downloads/Bedingungen/SU_204_VHB08QM.pdf [Abrufdatum: 12. 3. 2008]).

[45] Unverbindliche Bekanntgabe des GDV (abrufbar unter http://www.gdv.de/Downloads/Bedingungen/SU_200_VGB081914.pdf [Abrufdatum: 12. 3. 2008]).

[46] *Bruck/Möller/Johannsen*[8], Bd. III, Anm. G 149 m. w. N.; abgedruckt bei *Dörner*[5], Versicherungsbedingungen.

[47] Fassung 1997, Abgedruckt in Beilage zur VW 1998, Heft 24.

[48] Zum Verhältnis von Ziff. 5 zu §§ 62, 63 VVG *Herbst,* VersR 1997, 9ff.; *Reemts,* Umwelthaftpflichtversicherung und Rettungskostenersatz (1997); *Vogel,* in: *Vogel/Stockmeier,* Umwelthaftpflichtversicherung, 1997, S. 396.

traglichen Vereinbarung zwischen VR und VN überlassen[49]. Damit dürfte auch der Streit hinfällig geworden sein, ob die §§ 11 Nr. 3 Abs. 2 AVP 92, 11 Nr. 3 Abs. 2 AVR 92 mit § 307 Abs. 2 Nr. 1 BGB vereinbar sind, die dem VN nur dann einen Anspruch auf Kostenersatz der Tierarztbehandlung zusprechen, wenn der VR eine bestimmte „Sonderbehandlung" verlangt hat[50].

12   Die Rettungsobliegenheiten entstehen „bei Eintritt des Versicherungsfalles". Mithin ist der Begriff des **Versicherungsfalles** auch im Rahmen der Rettungsobliegenheiten von zentraler Bedeutung. Das Gesetz enthält jedoch keine Definition dieses Begriffs[51], so dass für die Bestimmung des Versicherungsfalles die AVB vielfach die entscheidenden Rahmenbedingungen bilden. Definition finden sich beispielsweise in § 3 Ziff. 1 VHB 2000/Fassung 2001, § 4 Ziff. 1 VGB 2000/Fassung November 2001, § 1 Abs. 2 MB/KK 94, § 1 Abs. 2 MB/KT 94, § 5 Ziff. 1 AHB Fassung 2002, § 7 Abs. 1 AKB 95[52], in § 5 Ziff. 1 der AVB zur Haftpflichtversicherung für Vermögensschäden[53] oder in Ziff. 2 AVB-AVG[54, 55].

C. Konkurrenzverhältnisse

I. Konkurrenz zu §§ 23 ff. VVG

13   Abgrenzungsfragen können sich ergeben zu den Vorschriften über die Gefahrerhöhung (§§ 23 ff. VVG). Während mancherorts ein Konkurrenzproblem aufgrund mangelnder Überschneidung der in Rede stehenden Tatbestände verneint wird[56], so ist doch zu bedenken, dass sich aus dem Zustand der Gefahrerhöhung das Stadium des Eintritts des Versicherungsfalles entwickeln kann, ohne dass im Einzelfall eine eindeutige Zuordnung möglich ist[57]. Lässt sich ein Sachverhalt unter beide Tatbestände subsumieren, so kann sich der VR sowohl auf die Leistungsfreiheit (und sonstigen Rechtsfolgen) der §§ 23 ff. VVG wie auf § 82 VVG berufen.

II. Konkurrenz zu § 81 VVG

14   Gem. § 81 VVG ist der VR von der Verpflichtung zur Leistung frei, wenn der VN den Versicherungsfall vorsätzlich herbeiführt. Bei grober Fahrlässigkeit ist der VN nur eingeschränkt versichert, weil der VR berechtigt ist, seine Leistung in einem der Schwere des Verschuldens des VN entsprechenden Verhältnis zu kürzen. Dieser subjektive Leistungsausschlussgrund bzw. beschränkt subjektive Leistungsausschluss[58] stellt damit auf den Zeitraum *vor* Eintritt des Versicherungsfalles ab, wohingegen die Rettungsobliegenheit *bei* Eintritt des Versicherungsfalles einsetzt. Nach der früher herrschenden Auffassung von der **Vorerstreckung** griff die Rettungspflicht bereits vor Eintritt des Versicherungsfalles ein; dies war vor der VVG-Reform für die Sachversicherung nahezu anerkannt, lediglich für die Haftpflichtversicherung hatte der BGH die Frage der Vorerstreckung zuletzt offen gelassen[59]. Aus der **Vorerstreckungstheorie** folgte, dass der VN auch schon unmittelbar vor dem Eintritt des

---

[49] VVG RegE, BT-Drucks. 16/3945 S. 81.
[50] Zur alten Rechtslage bejahend *Prölss/Martin/Kollhosser*[27], § 123 Rn. 2; a. A. *Römer/Langheid/Römer*[2], § 123 Rn. 2; Berliner Kommentar/*Dörner*, § 123 Rn. 2.
[51] Berliner Kommentar/*Beckmann*, § 61 Rn. 29 (zur früheren Rechtslage); vgl. auch unten zum Begriff des Versicherungsfalles Rn. 18.
[52] Alle abgedruckt bei *Dörner*[5], Versicherungsbedingungen.
[53] VerBAV 1989, 347.
[54] Zum Versicherungsfall im Rahmen der D&O-Versicherung in diesem Handbuch *Beckmann*, § 28 Rn. 99.
[55] Vgl. hierzu auch Rn. 25.
[56] *Bruck/Möller*[8], § 62 Anm. 7; *Stange*, Rn. 12 (zu § 62 a. F.).
[57] Berliner Kommentar/*Beckmann*, § 62 Rn. 6; *Wilkens*, S. 16 (zu § 62 a. F.).
[58] *Looschelders*, VersR 2008, 1.
[59] Zur Vorerstreckung Rn. 19 ff.

Versicherungsfalles gehalten ist, den Versicherungsfall zu verhindern. Insofern stellte sich die Frage nach dem Konkurrenzverhältnis zu § 61 VVG a. F.; diese Frage wurde indes uneinheitlich beantwortet[60]. Das neue VVG ist der Vorerstreckungstheorie indes nur eingeschränkt gefolgt. Zwar steht dem VN gemäß § 90 VVG in der Sachversicherung ein Anspruch auf Ersatz der Aufwendungen zu, die er zur Abwehr eines andernfalls **unmittelbar bevorstehenden Versicherungsfalles** oder zur Minderung des damit verbundenen Schadens tätigt; § 90 VVG erklärt insoweit § 83 Abs. 1 S. 1, Abs. 2 und 3 VVG für entsprechend anwendbar. Jedoch soll die Vorerstreckung ausweislich der Gesetzesbegründung nur hinsichtlich des Aufwendungsersatzes maßgeblich sein[61], obgleich im Wortlaut des § 82 Abs. 2 VVG eine Klarstellung gegen eine Vorstreckung nicht erfolgt ist. Im Ergebnis nimmt der Gesetzgeber für diesen Bereich eine „Abkoppelung" des Rettungskostenersatzes nach § 83 VVG von der Rettungsobliegenheit gemäß § 82 VVG vor. Für die Haftpflichtversicherung hat sich der Gesetzgeber nicht für eine Anwendbarkeit der Vorerstreckungstheorie entschieden[62].

Geht man davon aus, dass eine Vorerstreckung gem. § 90 VVG nur noch für den Aufwendungsersatz gilt (siehe oben Rn. 14), so hat der frühere Meinungsstreit über das **Konkurrenzverhältnis zwischen §§ 61, 62 VVG a. F.** nach der Reform des VVG an Bedeutung   **15** verloren. Der Anwendungsbereich des § 82 Abs. 1 VVG kommt unter Zugrundelegung dieser Auffassung erst mit Eintritt des Versicherungsfalles zum Tragen, nicht bereits dann, wenn dieser nur unmittelbar bevorsteht. Im Zeitraum des unmittelbaren Bevorstehens des Versicherungsfalles hingegen gilt § 81 Abs. 1 VVG[63]. Durch die Abkehr von der Vorverlegung der Rettungsobliegenheit soll nach dem gesetzgeberischen Willen eine Aufweichung des Anwendungsbereichs des § 81 VVG verhindert werden[64]. Damit kann auch im Falle des Unterlassens durch den VN § 81 VVG zur Anwendung gelangen, so dass der VR nicht wegen Verletzung einer Rettungspflicht, sondern wegen Herbeiführung des Versicherungsfalles durch Unterlassen von seiner Leistungspflicht frei wird[65]. Damit hat sich das Konkurrenzverhältnis zwischen den §§ 81, 82 VVG nach neuem Recht deutlich entschärft. Nichtsdestotrotz kann es noch Bedeutung haben. Erstreckt man § 81 VVG beispielsweise auch auf eine Schadenserhöhung durch den VN bei gedehnten Versicherungsfällen[66], so kann sich die Frage nach dem Konkurrenzverhältnis[67] weiterhin stellen. Nach neuer Rechtslage lässt sich der gesetzgeberische Willen zum neuen VVG heranziehen. Mit der Geltung der Vorerstreckung nur beim Aufwendungsersatz (§ 90 VVG) wollte der Gesetzgeber eine Aufweichung der bis zum Eintritt des Versicherungsfalles anzuwendenden Regelung des § 81 VVG vermeiden; dies lässt sich als Hinweis für den Vorrang des § 81 VVG verstehen. Indes ging es dem Gesetzgeber primär um die Behandlung der Vorerstreckung und nicht um das Konkurrenzverhältnis z. B. beim gedehnten Versicherungsfall. Speziell beim gedehnten Versicherungsfall wird man allerdings § 82 VVG anzuwenden haben, da der Versicherungsfall – auch wenn es anschließend zu einer Ausdehnung kommt – bereits eingetreten ist.

---

[60] Zum Meinungsstreit *Beckmann* (Vorauf.), § 15 Rn. 14 f.

[61] VVG RegE, BT-Drucks. 16/3945 S. 80, 82; ebenso etwa *Langheid,* NJW 2007, 3745, 3746.

[62] Vgl. auch Rn. 19 ff.

[63] VVG RegE, BT-Drucks. 16/3945 S. 80, 83; *Meixner/Steinbeck,* Versicherungsvertragsrecht, S. 125; *Langheid,* NJW 2007, 3745.

[64] VVG RegE, BT-Drucks. 16/3945 S. 83; bereits zur alten Rechtslage schon *Knappmann,* VersR 2002, 129 (130); *Prölss/Martin/Voit/Knappman*[27], § 62 Rn. 6.

[65] *Hinsch-Timm,* Das neue VVG, S. 133; a. A. zur früheren Rechtslage noch Berliner Kommentar/*Beckmann,* § 61 Rn. 16.

[66] *Bruck/Möller*[8], § 61 Anm. 25. (zu § 61 VVG a. F.). Wiederum zum Begriff des gedehnten Versicherungsfalls BGH v. 12. 4. 1989, BGHZ 107, 170, 172 f. (juris Rn. 6).

[67] Zu den zur früheren Rechtslage vertretenen Auffassungen *Beckmann* (Vorauflage), § 15 Rn. 15.

D. Voraussetzungen und Inhalt von Rettungsobliegenheiten gem. § 82 Abs. 1 VVG

I. Überblick

16 § 82 Abs. 1 VVG begründet drei Obliegenheiten des VN: Er ist bei Eintritt des Versicherungsfalles verpflichtet, **nach Möglichkeit für die Abwendung und Minderung des Schadens zu sorgen,** hierbei hat er die **Weisungen des VR, soweit für ihn zumutbar, zu befolgen** und schließlich hat er, wenn es die Umstände gestatten, solche **Weisungen einzuholen.** Die entscheidende Voraussetzung für das Entstehen dieser Obliegenheiten knüpft an ein zeitliches Moment an, namentlich an den **Eintritt des Versicherungsfalles.** Weitere im Folgenden beleuchtete Aspekte sind die **Dauer,** die **Adressaten** sowie der **Inhalt** dieser Obliegenheiten.

II. Beginn der Rettungsobliegenheit

17 Der VN hat Rettungsmaßnahmen „**bei Eintritt des Versicherungsfalles**" vorzunehmen. Der nach dem Wortlaut des Gesetzes bestimmte Zeitpunkt bedarf der Konkretisierung. Zum einen im Hinblick auf den Begriff des Versicherungsfalles, zum andern im Hinblick auf die Formulierung „bei Eintritt". Die Frage, zu welchem Zeitpunkt die Rettungsobliegenheit einsetzt, hat sowohl Bedeutung für den Verlust des Versicherungsschutzes (§ 82 Abs. 3 VVG) wie auch für den Rettungskostenersatzanspruch (§ 83 VVG).

1. Versicherungsfall gem. § 82 Abs. 1 VVG

18 Mit dem Begriff Versicherungsfall ist das Ereignis gemeint, das die Leistungspflicht des VR entstehen lässt[68]. Eine Bestimmung dieses Begriffs ist auch i. R. d. Reform im VVG nicht geregelt worden. Damit richtet sich die Bestimmung des Versicherungsfalles nach der Festlegung in den jeweils zugrundeliegenden AVB. Insbesondere in der Sachversicherung ist der Versicherungsfall auf einen bestimmten Zeitpunkt fixiert, vor allem dann, wenn die AVB auf ein Schadensereignis abstellen. In der Sachversicherung tritt der Versicherungsfall mit der Einwirkung auf die versicherte Sache ein, etwa durch Sturm, Feuer oder Leitungswasser (vgl. etwa § 3 Ziff. 1 VHB 2000/Fassung 2001, § 4 Ziff. 1 VGB 2000/Fassung November 2001[69]); bei der Betriebsunterbrechungsversicherung ist es das Ereignis, das die Betriebsunterbrechung herbeiführt[70]. Problematisch ist die Bestimmung des Versicherungsfalles in der Haftpflichtversicherung, wo verschiedene Ansätze in Betracht kommen[71].

2. Tatbestandsmerkmal „bei Eintritt des Versicherungsfalles"

19 Nach früherer Rechtslage zu § 62 VVG a. F. hat die Frage, welcher Zeitpunkt mit der Formulierung „**bei Eintritt**" des Versicherungsfalles entscheidend für den Beginn der Rettungsobliegenheit ist, Probleme aufgeworfen. Überwiegende Einigkeit besteht darin, dass der genannte Wortlaut der Vorschrift **mehrdeutig und unklar** ist[72]. An diesem Wortlaut der Vorschrift („bei Eintritt des Versicherungsfalles") hat sich indes nichts geändert. Nichtsdestotrotz hat sich die Problematik nach neuem Recht – wie schon im Rahmen der Ausführungen zum Konkurrenzverhältnis zu § 81 VVG zum Ausdruck gebracht (oben Rn. 14) – entschärft.

---

[68] Vgl. Motive, S. 70; Berliner Kommentar/*Schwintowski*, § 1 Rn. 45; v. *Fürstenwerth/Weiß*, VersAlphabet, S. 698.

[69] Abgedruckt bei *Dörner*[5], Versicherungsbedingungen.

[70] Vgl. insoweit die Beispiele bei Berliner Kommentar/*Schwintowski*, § 1 Rn. 46ff (zur Rechtslage vor der VVG-Reform).

[71] Dazu sowie zur Bestimmung des Begriffs Versicherungsfalls durch AVB noch Rn. 24.

[72] *Armbrüster*, ZVersWiss 2001, 501 (509); Berliner Kommentar/*Beckmann*, § 62 Rn. 39; *ders.*, r+s 1997, 265 (268); *Römer/Langheid/Langheid*[2], § 62 Rn. 2.

a) So fand nach bislang h. M., insbesondere auch nach der Rechtsprechung des BGH je- 20
denfalls im Rahmen der **Sachversicherung** die Vorerstreckungstheorie Anwendung[73].
Konsequenz war, dass die Rettungsobliegenheit bereits vor dem Eintritt des Versicherungsfalles einsetzte und zwar zu dem Zeitpunkt, in dem der **Versicherungsfall unmittelbar be-
vorstand.** Gleichwohl fanden sich im Schrifttum auch Gegenstimmen. Diese stellten darauf
ab, dass die Vorerstreckungstheorie letztlich nur darauf abziele, dem VN im Falle von Rettungsmaßnahmen vor Eintritt des Versicherungsfalles auch einen entsprechenden Aufwendungsersatzanspruch gem. § 63 VVG a. F. zuzubilligen, mithin ein Junktim zwischen Bestehen einer Rettungsobliegenheit und dem Aufwendungsersatzanspruch nicht bestehe[74].

Der Gesetzgeber hat die Vorerstreckungstheorie nun teilweise gesetzlich normiert, aller- 21
dings im Rahmen von § 90 VVG nur **im Bereich der Sachversicherung** und nur **im Hinblick auf einen möglichen Aufwendungsersatzanspruch** zugunsten des VN (dazu noch
Rn. 88a). Damit ist im Rahmen dieses Regelungsbereiches die Vorerstreckungstheorie in
Gesetzesform gegossen.

Es stellt sich die Frage, ob darüber hinaus **im Hinblick auf die Rettungsobliegenheit** 22
gem. § 82 VVG gleichwohl noch – wie nach bisherigem Recht von der wohl h. M. vertreten
– die Vorerstreckung Geltung haben kann. Ausdrücklich ist sie im Gesetz nicht geregelt; allerdings ist der Zeitpunkt des Eintritts der Rettungsobliegenheit unverändert: Sowohl nach § 62
Abs. 1 VVG a. F. wie auch nach § 82 Abs. 1 VVG hat der VN „bei Eintritt des Versicherungsfalls" tätig zu werden. Hieraus ließe sich auf den ersten Blick schließen, dass weiterhin auch im
Rahmen des § 82 Abs. 1 VVG eine Vorerstreckung denkbar ist. Indes spricht der gesetzgeberische Wille offenbar gegen diese Möglichkeit. Ausdrücklich heißt es in der Regierungsbegründung: „Die Vorerstreckung soll nur hinsichtlich des Aufwendungsersatzes maßgeblich sein;
eine Vorverlegung der Rettungsobliegenheit nach § 82 Abs. 1 und 2 VVG-E würde den Versicherungsnehmer unangemessen belasten und wäre mit einer Aufweichung der bis zum Eintritt des Versicherungsfalles anzuwendenden Regelung des § 81 VVG-E verbunden."[75] Im
Schrifttum wird hieraus gefolgert, dass für eine Vorerstreckung im Rahmen von § 82 Abs. 1
VVG kein Raum mehr besteht[76]. Angesichts des nicht ganz eindeutigen Gesetzeswortlaut
(„bei Eintritt des Versicherungsfalles") wäre indes auch eine Klarstellung in § 82 Abs. 1 VVG
wünschenswert gewesen; der unveränderte Wortlaut lässt zumindest noch Spielraum für eine
weitergehende Auslegung. Indes wird man angesichts der zumindest recht klaren gesetzgeberischen Absicht davon auszugehen haben, dass im Rahmen der Rettungsobliegenheit die Vorerstreckungstheorie grundsätzlich keine Anwendung mehr findet. Vor Eintritt des Versicherungsfalles gilt somit prinzipiell § 81 VVG und noch nicht § 82 VVG. Angesichts der
Darlegungs- und Beweislast im Rahmen von § 81 VVG und § 82 VVG ist diese neue Rechtslage aus Sicht des VN günstiger. Im Rahmen des § 81 VVG trägt der VR die Beweislast sowohl
für Vorsatz als auch für grobe Fahrlässigkeit des VN;[77] im Rahmen von § 82 VVG trägt der VN
gem. Abs. 3 S. 2, 2. Hs. die Beweislast für das Nichtvorliegen einer groben Fahrlässigkeit.

---

[73] Betr. Bauwesenversicherung BGH v. 6. 2. 1985, VersR 1985, 656 (658); für die Fahrzeugversicherung BGH v. 20. 2. 1991, VersR 1991, 459 (460), BGH v. 13. 7. 1994, VersR 1994, 1181 f.; OLG Köln
v. 30. 4. 2002, VersR 2002, 1231; aus dem Schrifttum Berliner Kommentar/*Beckmann*, § 62 Rn. 40; *E.
Hofmann*, Privatversicherungsrecht, § 16 Rn. 23; *Holzhauer*, Versicherungsvertragsrecht, Rn. 220; *Hüb-
ner/Beckmann*, LM § 63 VVG Nr. 4; *Bruck/Möller/Johannsen*[8], Bd. III, Anm. G 152; *K. Müller*, VersR
2000, 533; *Schimikowski*, VersR 1999, 1193 m. w. N.; *ders.*, Versicherungsvertragsrecht, Rn. 241; *Stange*,
S. 18 ff.; differenzierend *Gas*, VersR 2003, 414 (415 f.).

[74] Bereits nach früherem Recht gegen ein Junktim zwischen dem Bestehen einer Rettungspflicht und
einem Aufwendungsersatzanspruch *Knappmann*, VersR 2002, 129 (130 f.); *Prölss/Martin/Voit/Knapp-
mann*[27], § 62 Rn. 5 f.; insbesondere im Hinblick auf die VVG-Reform *Armbrüster*, ZVersWiss 2001, 501
(509 ff.).

[75] VVG RegE, BT-Drucks. 16/3945 S. 82 f.

[76] Etwa *Langheid*, NJW 2007, 3745; *Hinsch-Timm*, Das neue VVG, S. 133 f.; zurückhaltender *Marlow/
Spuhl*[2], Das Neue VVG kompakt, S. 117.

[77] *Marlow/Spuhl*[2], Das Neue VVG kompakt, S. 116.

23   **b)** Noch problematischer und umstrittener war die Vorerstreckungsfrage im Rahmen der **Haftpflichtversicherung.** Während für Sachversicherung die Geltung der Vorerstreckungstheorie als h. M. bezeichnet werden konnte[78], wurde diese Frage für die **Haftpflichtversicherung** unterschiedlich beantwortet[79]. Zuletzt hatte der BGH die Anwendung der Vorerstreckungstheorie in der Haftpflichtversicherung ausdrücklich offen gelassen[80]. Der Diskussion um die Geltung der Vorerstreckungstheorie und deren Rechtsfolgen i. R. d. Haftpflichtversicherung dürfte der Gesetzgeber nunmehr ein Ende gesetzt haben. Der erweiterte Aufwendungsersatzanspruch gem. § 90 VVG wurde ausdrücklich für den Bereich der Sachversicherung kodifiziert. Als Kompensation für die Abkehr von der Vorerstreckungstheorie billigt der Gesetzgeber dem VN einen erweiterten Kostenersatzanspruch in diesem Bereich zu[81]. Damit ist zugleich aber auch ausgeschlossen, dass auch in der Haftpflichtversicherung entsprechende Rettungsmaßnahmen vor Eintritt des Versicherungsfalles zu ersetzen sind[82]. Die Regelung des § 90 VVG gilt nur für die Sachversicherung. Eine Erstreckung auf andere Zweige der Schadensversicherung ist nicht gewollt[83]. Nach Auffassung des Gesetzgebers würde eine Anwendung des § 90 VVG auch i. R. d. Haftpflichtversicherung teilweise unüberschaubare Konsequenzen nach sich ziehen und in die Produktgestaltung der VR unangemessen eingreifen[84]. Damit erscheint klar, dass auch im Hinblick auf die Haftpflichtversicherung eine Vorverlagerung des Beginns der Rettungsobliegenheit des VN nicht mehr in Betracht kommt. Wie auch im Bereich der Sachversicherung ist der VN nach § 82 Abs. 1 VVG erst dann obliegenheitsbelastet, wenn der Versicherungsfall bereits eingetreten ist[85].

24   Damit setzt das Entstehen der Rettungsobliegenheit in der Sachversicherung und in der Haftpflichtversicherung voraus, dass **der Versicherungsfall bereits eingetreten** ist. Nicht mehr ausreichend ist, wenn dieser lediglich unmittelbar bevorsteht. Da der Begriff des Versicherungsfalls gesetzlich nicht bestimmt ist[86], kommt damit der Bestimmung des Versicherungsfalls durch die AVB des VR große Bedeutung zu (siehe schon oben Rn. 18).

3. Bestimmung des Versicherungsfalls durch AVB

25   Wie schon angesprochen kommen für die Bestimmung des Versicherungsfalls in der Haftpflichtversicherung verschiedene Ansätze in Betracht. Während § 5 Ziff. 1 AHB/Fassung 2002[87] den Versicherungsfall als das „Schadensereignis" definiert, „das Haftpflichtansprüche gegen den Versicherungsnehmer zur Folge haben könnte", geht § 5 Ziff. 1 AVB-Vermögen von der Verstoßtheorie aus: „Versicherungsfall im Sinne dieses Vertrags ist der Verstoß, der Haftpflichtansprüche zur Folge haben könnte." Wiederum hiervon abweichend gilt bei der D&O-Versicherung das Anspruchserhebungsprinzip; Ziff. 2 AVB-AVG beschreibt den Versicherungsfall als „die erstmalige **Geltendmachung eines Haftpflichtanspruchs** gegen eine versicherte Person durch Dritte oder den VN aufgrund einer tatsächlichen oder behaupteten Pflichtverletzung einer versicherten Person"[88].

---

[78] *Knappmann,* VersR 2002, 129 (130); *Schimikowski,* VersR 1999, 1193 m. w. N.; Nachweise vgl. auch oben Fn. 82.
[79] Für grundsätzliche Geltung der Vorerstreckungstheorie in der Haftpflichtversicherung *Beckmann* (Vorauflage), § 15 Rn. 24 ff.; dort auch zum Meinungsstreit.
[80] BGH v. 20. 2. 1991, VersR 1991, 459 (460); BGH v. 13. 7. 1994, VersR 1994, 1181 (1182); BGH v. 29. 9. 2004, ZfS 2005, 250.
[81] *Meixner/Steinbeck,* Versicherungsvertragsrecht, S. 125.
[82] *Rixecker,* ZfS 2007, 255, 256; *Marlow/Spuhl²,* Das Neue VVG kompakt, S. 123.
[83] *Hinsch-Timm,* Das neue VVG, S. 141; *Meixner/Steinbeck,* Versicherungsvertragsrecht, S. 133; VVG RegE, BT-Drucks. 16/3945 S. 83.
[84] VVG RegE, BT-Drucks. 16/3945 S. 83.
[85] A. A. noch Berliner Kommentar/*Beckmann,* § 62 Rn. 41.
[86] So die Konsequenz aus VVG RegE, BT-Drucks. 16/3945 S. 85; *Grote,* BB 2007, 2689.
[87] Abgedruckt bei *Dörner⁴,* Versicherungsbedingungen.
[88] Zum Versicherungsfall bei der D&O-Versicherung in diesem Handbuch *Beckmann,* § 28 Rn. 99.

In Verbindung mit § 22 WHG bedeutet die Begriffsbestimmung des § 5 Nr. 1 AHB/Fas- **26**
sung 2002[89] für den Bereich der Gewässerschadenshaftpflichtversicherung, dass der Versicherungsfall nicht bereits dann eintritt, wenn eine Grundwasserkontamination unmittelbar bevorsteht. Der Versicherungsfall tritt vielmehr erst dann ein, wenn das Grundwasser bereits beeinträchtigt ist und darüber hinaus infolge dessen eine Haftung wegen Verletzung eines privatrechtlich geschützten Rechts eines Dritten unmittelbar bevorsteht[90].

Besonderheiten finden sich beispielsweise auch bei der **Betriebsunterbrechungsversi-** **27**
cherung. Gem. § 10 Ziff. 2 FBUB/Fassung 2004[91] beginnt die Rettungsobliegenheit **bei**
Eintritt eines Unterbrechungsschadens. Teilweise ist hieraus geschlossen, dass den VN
keine Brandlöschungspflicht treffe und der VR dementsprechend auch keine Löschkosten
des VN zu tragen habe[92]. Zur Begründung wird darauf hingewiesen, dass gem. § 10 Ziff. 1
FBUB/Fassung 2004 demgegenüber die *Anzeigepflicht* des VN bereits „im Falle eines Sachschadens" und damit früher eingreife. Im Übrigen ergebe sich in aller Regel ein Ersatzanspruch bezüglich von VN aufgewendeten Brandlöschkosten aus einer entsprechenden Feuerversicherung; der VR der Betriebsunterbrechungsversicherung könne davon ausgehen, dass
der VN auch eine solche Versicherung abgeschlossen hätte. Nach anderer Auffassung ist diese
Formulierung wie die in § 62 Abs. 1 VVG a. F. verwendete verstanden worden mit der Folge,
dass schon der unmittelbar bevorstehende Unterbrechungsschaden die Rettungsobliegenheit
des VN entstehen lässt, so dass auch Löscharbeiten hiervon erfasst sind[93]. Für diesen Standpunkt lässt sich ins Feld führen, dass eine gleichzeitige Ausschaltung der Rettungsobliegenheit
und des Erstattungsanspruchs unzulässig ist[94]. Hiergegen haben *Johannsen/Johannsen* eingewandt, dieser Aspekt greife bei der Feuerbetriebsunterbrechungsversicherung nicht ein, weil
diese in aller Regel mit einer Feuerversicherung parallel existiere, so dass im Ergebnis ein Rettungskostenersatzanspruch des VN – *gegen den Feuerversicherer* – bestehe[95]. Da indes eine Vorerstreckung nach der VVG-Reform abgelehnt wird, muss man § 10 Ziff. 2 FBUB (Fassung
vor der VVG-Reform) dahingehend verstehen, dass vor **Eintritt eines Unterbrechungs-**
schadens keine Rettungsobliegenheit besteht und damit den VN keine Brandlöschpflicht
trifft. Zwar verzichtet die Neufassung der FBUB 2008[96] in Abschnitt B § 8 Nr. 2a) auf die Unterscheidung zwischen Anzeigepflicht und Rettungsobliegenheit, indem nunmehr beide Obliegenheiten an den Eintritt des Versicherungsfalles anknüpfen und nicht mehr an den Eintritt
des Sach-, die andere an den Eintritt des Unterbrechungsschadens. Nichtsdestotrotz stellt sich
auch hier die vorstehend aufgeworfene Frage, da Gegenstand des Versicherungsschutzes eine
Betriebsunterbrechung oder -beeinträchtigung ist. Allerdings ist zu beachten, dass es sich bei
der Betriebsunterbrechungsversicherung um eine Sachversicherung i. S. d. §§ 88 ff. VVG handelt[97], so dass dem VN ein erweiterter Aufwendungsersatzanspruch nach § 90 VVG zusteht
und der VR bei unmittelbarem Bevorstehen des Unterbrechungsschadens auch die Löschkosten zu tragen hat, die der VN zur Abwendung oder Minderung dessen aufgewendet hat.

Ferner sehen die AERB 2008 in Abschnitt A § 1 Ziff. 1[98] vor, dass der Versicherungsfall **27a**
nicht nur bei vollendetem Einbruchdiebstahl oder Raub eintritt, sondern bereits der **Versuch**

---

[89] Abgedruckt bei *Dörner*[4], Versicherungsbedingungen.

[90] OLG Frankfurt v. 8. 12. 2004, VersR 2006, 647, 648; OLG Hamburg v. 4. 3. 1998, VersR 1998, 968,
969f.

[91] Abgedruckt bei *Dörner*[5], Versicherungsbedingungen.

[92] *Boldt,* Die Feuerversicherung, 7. Aufl. 1995, S. 173; *Bruck/Möller/Johannsen*[8], Bd. III, Anm. K 5
(m. w. N.); *Zimmermann,* VW 1964, 988 (992f.).

[93] *Sieg,* DB 1965, 1583; *Schneider,* Die Feuer-Betriebsunterbrechungsversicherung (1997), S. 142.

[94] Zur Rechtslage vor der VVG-Reform *Schirmer,* Symposion AGBG und AVB, 1993, S. 61 (97); a. A.
Stange, S. 262f.

[95] *Bruck/Möller/Johannsen*[8], Bd. III, Anm. K 5.

[96] Unverbindliche Bekanntgabe des GDV (abrufbar unter http://www.gdv.de/Downloads/Bedingungen/SU_264_FBUB08.pdf [Abrufdatum 12. 3. 2008]).

[97] *Prölss/Martin/Kollhosser*[27], § 1 FBUB Rn. 1.

[98] Unverbindliche Bekanntgabe des GDV (abrufbar unter http://www.gdv.de/Downloads/Bedingungen/SU_270_AERB08.pdf [Abrufdatum 12. 3. 2008]).

dieser Taten zum Eintritt des Versicherungsfalles ausreichend ist. Insofern kann sich die Schwierigkeit ergeben, wann bei bloßem Versuch der Tat vom Eintritt des Versicherungsfalles auszugehen ist oder wann dieser lediglich unmittelbar bevorsteht und damit nicht § 82 VVG, sondern § 81 VVG zum Tragen kommt.

III. Ende der Rettungsobliegenheit

28 Die Rettungsobliegenheit stellt eine Daueroblegenheit[99] dar, sie dauert so lange an, wie der Schaden am versicherten Interesse noch abgewendet oder gemindert werden kann[100]. Damit endet die Rettungsobliegenheit erst, wenn eine Schadensabwendung oder eine Schadensminderung nicht mehr möglich ist oder aber eine Rettungsmaßnahme ihren Zweck, die Abwendung und Minderung des Schadens erreicht hat[101]. Demgemäß entspricht es auch allgemeiner Ansicht, dass im Geltungsbereich des VVG der VN zu ansprruchsverfolgenden Maßnahmen gegenüber Dritten nicht verpflichtet ist, wenn die Schadensentwicklung bereits abgeschlossen ist[102]. Gleiches gilt, wenn der VR den Schaden abschließend reguliert hat[103]. Bei zeitlich gedehnten Versicherungsfällen dauert die Rettungsobliegenheit dementsprechend über den gesamten Zeitraum an. Nicht außer Acht zu lassen ist schließlich, dass die Dauer der Rettungsobliegenheit auch durch die richtige Bestimmung des Schadensbegriffs i. S. d. § 82 VVG beeinflusst werden kann[104]. Nach dem Schadensbegriff im engeren Sinne erfasst die Schadenabwendungs- und -minderungsobliegenheit beispielsweise nicht die Schadensfeststellung oder Schadensermittlung oder die Wiederbeschaffung einer entwendeten Sache.

IV. Inhalt der Rettungsobliegenheit

1. Allgemeines

29 Gem. § 82 Abs. 1 VVG hat der VN für die Abwendung und Minderung des Schadens zu sorgen. Einer exakten Abgrenzung zwischen Maßnahmen zur Abwendung des Schadens oder zur Minderung des Schadens bedarf es nicht, da die Grenzen ohnehin fließend[105] sind und jeweils die gleichen Rechtsfolgen eintreten. § 82 Abs. 1 VVG verlangt vom VN grundsätzlich alle Maßnahmen, **die auf die vollständige oder teilweise Verhinderung des Schadeneintritts,** also auch der Schadenerweiterung oder auf die Verminderung des bereits eingetretenen Schadens gerichtet sind[106].

30 § 82 Abs. 2 VVG konkretisiert die Rettungsobliegenheiten insoweit, dass dem VN eine **Weisungsbefolgungs-** und eine **Weisungseinholungsobliegenheit** auferlegt wird[107]. Eine Konkretisierung der vom VN vorzunehmenden Rettungsmaßnahmen kann sich damit vor allem aus den Weisungen des VR ergeben. Für die Tierversicherung fand sich vor der VVG-Reform in § 122 VVG a. F. eine gesetzlich vorgegebene Konkretisierung möglicher Rettungsmaßnahmen[108]. Mit Inkrafttreten des neuen VVG wurde die Regelung des § 122 VVG a. F. ersatzlos gestrichen. § 83 Abs. 4 VVG enthält die einzig verbliebene Sonderregelung

---

[99] *Bruck/Möller*[8], § 62 Anm. 32.

[100] OLG Saarbrücken v. 5. 11. 1997, NJW-RR 1998, 463 (464); *Römer/Langheid/Römer*[2], § 62 Rn. 5; *Wilkens*, S. 71.

[101] *Stange*, S. 55.

[102] LG Hamburg v. 8. 11. 2004, Az. 415 O 108/04 (juris).

[103] *Stange*, S. 55; *Siebeck*, S. 73; einschränkend ÖOGH v. 19. 4. 1979, VersR 1980, 591 (592), wonach sogar nach Zahlung der Entschädigung durch den VR die Rettungsobliegenheit noch bestehen kann.

[104] Zum Schadensbegriff Rn. 32.

[105] Berliner Kommentar/*Beckmann*, § 62 Rn. 8; *Bruck/Möller*[8], § 61 Anm. 16; *Siebeck*, S. 27 (jeweils zu § 62 a. F.).

[106] Zu den Grenzen der Rettungsobliegenheit vgl. Rn. 43 ff.

[107] Zu den Weisungsbefolgungs- und Weisungseinholungsobliegenheit vgl. Rn. 46 ff.

[108] Vgl. oben im Rahmen der Rahmenbedingungen Rn. 8 f.

für den Bereich der Tierversicherung[109]. Möglich ist darüber hinaus eine **Konkretisierung in den AVB** des VR. § 82 Abs. 1 VVG sieht im Übrigen lediglich vor, dass der VN **nach Möglichkeit** für die Abwendung und Minderung des Schadens **zu sorgen** hat. Diese allgemeine Formulierung hat der BGH dahingehend konkretisiert, dass dem VN auferlegt werde, „die in der jeweiligen Situation möglichen und zumutbaren Rettungsmaßnahmen unverzüglich und mit der im Verkehr erforderlichen Sorgfalt zu ergreifen, wie wenn er nicht versichert wäre … Welche Maßnahmen der VR vom VN verlangen darf, bestimmt sich nach dem pflichtgemäßen Ermessen eines ordentlichen VN. Der VN ist allerdings nicht zu Rettungsversuchen verpflichtet, deren Zweck- und Sinnlosigkeit zutage liegt."[110] Darüber hinaus müssen die Maßnahmen für den VN **möglich** und **zumutbar** sein[111]. Für die rechtliche Beurteilung der auf diese Weise zu ermittelnden Rettungsmaßnahme ist der **Zeitpunkt entscheidend, in welchem die Rettungsmaßnahme vorzunehmen ist;** es kommt nicht darauf an, ob sich aus einer ex-post-Betrachtung ergibt, dass die Maßnahme tatsächlich zum Erfolg geführt hätte[112].

§ 82 VVG setzt **kein persönliches Handeln** des VN bzw. Obliegenheitsbelasteten voraus;   **31** je nach Situation ist es zweckmäßig und naheliegend, **Dritte** einzuschalten (etwa Angestellte, Nachbarn, Polizei oder Feuerwehr)[113]. Aus § 83 VVG lässt sich schließen, dass der VN zur Schadenabwendung und -minderung unter Umständen auch **Aufwendungen** aus seinem Vermögen zu machen hat; diese hat der VR dem VN unter den Voraussetzungen des § 83 VVG zu erstatten.

2. Schadensbegriff

§ 82 VVG bezweckt, für die Abwendung und Minderung des **Schadens,** nicht des Versi-   **32** cherungsfalles[114], zu sorgen. Im Schrifttum finden sich unterschiedliche Auffassungen zur **Reichweite des abzuwendenden und zu mindernden Schadens**[115]. Zu § 62 VVG a. F. ist teilweise ein **enger Schadensbegriff**[116] und teilweise ein **weiter Schadensbegriff** zugrunde gelegt worden[117]. Bei dieser Diskussion, die sich nach der VVG-Reform auch auf §§ 82, 83 VVG erstrecken lässt, geht es um die Frage, ob der VN nur das versicherte Gut – die „versicherte Beziehung"[118] – retten bzw. den Schaden gering halten muss, oder ob er sich bemühen soll, den Schaden für den VR – also etwa auch über § 63 VVG a. F. (jetzt § 83 VVG) vom VR zu ersetzende Aufwendungen – generell niedrig zu halten.

Im Schrifttum versteht man unter dem **engen Schadensbegriff** die „konkrete Beein-   **33** trächtigung der versicherten Beziehung"[119]. Nach dem Schadensbegriff im engen Sinne bezieht sich die Schadenabwendungs- und -minderungsobliegenheit beispielsweise nicht auf **Schadensfeststellungs- oder Schadensermittlungskosten;** weiterhin ist die **Erhaltung und Verfolgung von Ersatzansprüchen** nach diesem Standpunkt ebenso wenig Gegenstand dieser Obliegenheit wie grundsätzlich die **Wiederbeschaffung einer entwendeten**

---

[109] Vgl. hierzu Rn. 11.

[110] BGH v. 12. 7. 1972, VersR 1972, 1039 f. (zu § 62 a.F.).

[111] BGH v. 12. 7. 1972, VersR 1972, 1039 f. (zu § 62 a.F.).

[112] BGH v. 12. 7. 1972, VersR 1972, 1039 (1040); OLG Hamburg v. 24. 5. 1984, VersR 1984, 1088 (1089); *Bruck/Möller*[8], § 62 Anm. 33; *Stange,* S. 63; zu einzelnen Maßnahmen Rn. 36 ff.

[113] Berliner Kommentar/*Beckmann,* § 62 Rn. 19; *Bruck/Möller*[8], § 62 Anm. 16; zur Zurechnung des Fehlverhaltens Dritter unten Rn. 57 ff.

[114] OLG Düsseldorf v. 8. 10. 1974, VersR 1975, 462; *Bruck/Möller*[8], § 62 Anm. 17 (zu § 62 a.F.).

[115] Berliner Kommentar/*Beckmann,* § 62 Rn. 11 ff.; *Bruck/Möller*[8], § 62 Anm. 17 ff.; *Römer/Langheid/ Römer*[2], § 62 Rn. 6; *Siebeck,* S. 28 ff.; *Stange,* S. 59 ff.

[116] Berliner Kommentar/*Beckmann,* § 62 Rn. 16; *Bruck/Möller*[8], § 62 Anm. 17; *Ehrenzweig,* Versicherungsvertragsrecht, S. 273; *Siebeck,* S. 32 f.

[117] *Bruck,* Privatversicherungsrecht, S. 344; *Stange,* S. 59 ff.; *Wilkens,* S. 43 ff.

[118] Zum Begriff sogleich Rn. 33.

[119] *Siebeck,* S. 32; *Bruck/Möller*[8], § 62 Anm. 17 („die Negation des versicherten Interesses"): *Wilkens,* S. 43 („versichertes Gut").

Sache[120]. Insbesondere umfasst der Schadenbegriff im engeren Sinne auch nicht Aufwendungen zur Abwendung und Minderung **(Rettungsaufwendungen),** die dem VR gem. § 83 VVG als Versicherungsschaden im weiteren Sinne zur Last fallen[121]. **Versicherungsschaden im weiteren Sinne** soll wiederum der Schaden sein, der letztlich vom VR zu ersetzen ist, hierzu gehören Kosten für Rettungsaufwendungen, die der VR dem VN gem. § 83 VVG zu erstatten hat, zum anderen auch Kosten, die durch die Ermittlung und Feststellung des Versicherungsschadens im engeren Sinne entstehen (§ 85 VVG)[122].

34   Nach der Rechtsprechung des **BGH** hat der VN nur auf eine Beschränkung der den Umfang der Haftpflichtschuld bestimmenden Schadenfolgen hinzuwirken. Seien diese in bestimmtem Umfange eingetreten, so sei kein Raum mehr für die Abwendungs- und Minderungspflicht[123]. Im Hinblick auf Wiederherstellungskosten hat der **ÖOGH** gleichfalls keinen weiten Schadensbegriffs i. R. d. § 62 ÖVVG vertreten; so hat er ausgeführt, dass die Kosten des Wiederaufbaus eines durch Brand zerstörten versicherten Gebäudes keinen Rettungsaufwand darstellten[124].

35   In der Tat beziehen sich die Rettungsobliegenheiten gem. § 82 VVG auf den **Schaden im engeren Sinne.** Der VR ist etwa im Hinblick auf die Rettungskosten durch die spezielle Regelung des § 83 VVG ausreichend geschützt; danach beschränkt sich seine Ersatzpflicht auf die Aufwendungen, die der VN „den Umständen nach für geboten halten durfte". Und gem. § 85 VVG hat der VN einen Anspruch auf Erstattung der Kosten für Schadensermittlung nur dann, wenn „ihre Aufwendung den Umständen nach geboten war". Schließlich spricht der Zweck des § 82 VVG für diesen Standpunkt. Im Rahmen des § 82 VVG geht es darum, dass der VN eine Beeinträchtigung des versicherten Interesses, also den Schaden im engeren Sinne abwendet und mindert. Entscheidend ist deshalb, ob der Schaden am versicherten Interesse noch abgewendet oder gemindert werden kann.

3. Konkretisierung der Rettungsobliegenheit

36   Der VN muss bei Eintritt des Versicherungsfalles die in der Situation möglichen und zumutbaren Rettungsmaßnahmen unverzüglich ergreifen und dabei so handeln, als wenn er nicht versichert wäre[125]. Welche konkrete Maßnahme zu ergreifen ist, richtet sich nach dem „pflichtgemäßen Ermessen eines ordentlichen VN"[126].

37   In der **Sachversicherung** muss der VN die Beeinträchtigung (z. B. Zerstörung, Beschädigung, Entziehung) der versicherten Sache abwenden und mindern. In der **Feuerversicherung** hat der VN im Brandfall z. B. die Feuerwehr zu alarmieren, – soweit möglich und zumutbar – selbst zu löschen und Mobiliar in Sicherheit zu bringen[127]. Weitere denkbare Maßnahmen sind das Niederreißen von Mauern, das Trocknen von vom Löschwasser beschädigten Sachen, das Errichten von Notdächern oder die Bewachung abgebrannter Gebäude[128]. In der **Feuerbetriebsunterbrechungsversicherung** erstreckt sich das Schadensereignis vielfach über einen längeren Zeitraum[129]; deshalb spielt in diesem Versicherungszweig die Rettungsobliegenheit eine wichtige Rolle. Der VN muss sich bemühen, die Betriebsleistung wiederherzustellen und deshalb Maschinen und Fertigungseinrichtungen (auch provisorisch) wieder in Gang zu bringen; er muss u. U. Ersatz für beschädigte Betriebseinrichtungen oder

---

[120] Vgl. andererseits aber auch zur Dauer der Rettungsobliegenheit Rn. 28.
[121] Vgl. *Bruck/Möller*[8], § 62 Anm. 18, 19; *Siebeck*, 34 ff.
[122] *Bruck/Möller*[8], Vor § 49 Anm. 43; *Wilkens*, S. 43 (zu § 63 a. F.).
[123] BGH v. 25. 4. 1955, VersR 1955, 340 (342).
[124] ÖOGH v. 21. 12. 1965, VersR 1966, 1091 f.
[125] BGH v. 12. 7. 1972, VersR 1972, 1039 f.; OLG Hamburg v. 17. 11. 1983, VersR 1984, 258 f.; *Bruck/Möller/Johannsen*[8], Bd. III, Anm. G 150.
[126] BGH v. 12. 7. 1972, VersR 1972, 1039 (1040); *Prölss/Martin/Voit/Knappmann*[27], § 62 Rn. 12.
[127] Berliner Kommentar/*Beckmann*, § 62 Rn. 21; *Bruck/Möller/Johannsen*[8], Bd. III, Anm. G 150.
[128] OLG Hamm v. 6. 5. 1983, VersR 1984, 175 f.; *Bruck/Möller/Johannsen*[8], Bd. III, Anm. G 150; *Stange*, S. 72.
[129] *Bruck/Möller/Johannsen*[8], Bd. III, Anm. G 150; *Stange*, S. 73.

Rohstoffe besorgen. In Betracht kommen auch kostensenkende Maßnahmen, wie ein allgemeiner Abbau unnötig gewordener Kosten; im Schrifttum wird sogar die Obliegenheit genannt, Arbeitnehmer zu entlassen, um Kosten abzubauen[130]. Letzteres erscheint indes wenn überhaupt nur bei einer klaren Rechtslage, die eine Kündigung überhaupt ermöglicht, zutreffend. Werden bei einem Brand Kataloge zerstört, die ein gleichfalls verbranntes Warensortiment bewerben sollen, so kann der VN Entschädigung für die Beschaffung einer die Zahl der verbrannten Kataloge übersteigenden Zahl neuer Kataloge als Rettungskosten beanspruchen. Dies folgt daraus, dass Maßnahmen zur Erhaltung des Kundenstammes, die erforderlich sind, um ein geändertes Kundenverhalten, welches adäquat auf die Betriebsunterbrechung zurückzuführen ist, zu beeinflussen, als Aufwendungen i. S. d. Rettungskostenersatzes anzusehen sind[131].

In der **Teilkaskoversicherung** ist insbesondere das Verhalten bei Tierunfällen von Bedeu- **38** tung. So ist es für den VN grundsätzlich geboten, durch Vollbremsung einer Kollision zu entgehen. Bei kleinen Tieren gilt dies allerdings nicht. Diese Frage spielt insbesondere im Hinblick auf den Rettungskostenersatz eine Rolle und ist dort näher ausgeführt[132].

In der **Rechtsschutzversicherung** kann es dem VN z. B. obliegen, einen überhöhten **39** Kostenansatz des Rechtsanwaltes anzugreifen, um dadurch den Versicherungsschaden gering zu halten. Eine besondere Regelung haben die Rettungsobliegenheiten in § 17 V c) cc) ARB 2008[133] gefunden. Danach muss der VN die Kosten der Rechtsverfolgung möglichst gering halten.

In der **Haftpflichtversicherung** lässt sich die Rettungsobliegenheit des VN dahin ge- **40** hend konkretisieren, dass dieser vor allem die unmittelbaren Folgen des die Haftung auslösenden Ereignisses (also den Personen-, Sach- oder ggf. Vermögensschaden) abzuwenden und sie gering zu halten hat[134]. So hat der VN beispielsweise bei einer von ihm verursachten Körperverletzung oder Gesundheitsbeeinträchtigung für ärztliche Versorgung und Einlieferung in ein Krankenhaus zu sorgen. Denkbar ist auch die Warnung von Menschen, die aufgrund einer Sachbeschädigung durch den VN gefährdet sind[135]. Der BGH hat dagegen keine Verletzung der Rettungsobliegenheit angenommen, wenn der VN bei dem Geschädigten den Entschluss weckt oder fördert, seine berechtigten Haftpflichtansprüche geltend zu machen[136]. Nach den gesetzlichen Rahmenbedingungen der Haftpflichtversicherung obliegt an sich dem VN darüber hinaus die anschließende rechtliche Auseinandersetzung mit dem Geschädigten, also die Anspruchsabwehr, die Prozessführung etc.; den VR trifft insoweit gem. § 101 VVG lediglich eine Kostenübernahmepflicht. Gem. § 3 Abs. 2 Nr. 1 AHB/Fassung 2002[137] hat indes der VR Prüfung der Haftpflichtfrage und Abwehr unberechtigter Ansprüche übernommen. Somit ist die eigenständige Abwendungs- und Minderungsobliegenheit des VN insoweit durch § 3 Abs. 2 Nr. 1 AHB/Fassung 2002[138] eingeschränkt[139].

In der **Krankenversicherung** zwingt § 82 VVG den VN nicht, stets die kostengünstigere **41** Behandlungsmethode in Anspruch zu nehmen; jedenfalls soll kein Verstoß gegen die Schadenminderungspflicht vorliegen, wenn der VN eine Methode in Anspruch nimmt, die auch

---

[130] *Bruck/Möller/Johannsen*[8], Bd. III, Anm. G 150, K 45; *Stange*, S. 73; ausführlich *G. Schmidt*, Schadenminderung in der Feuer-Betriebunterbrechungsversicherung, 1965.
[131] OLG Saarbrücken v. 8. 9. 2004, VersR 2005, 1686, 1687.
[132] Vgl. dazu Rn. 91.
[133] Unverbindliche Bekanntgabe des GDV (abrufbar unter http://www.gdv.de/Downloads/allg_Bedingungen_pSV/ARB_2008.pdf [Abrufdatum: 13. 3. 2008]).
[134] OLG Celle v. 2. 10. 1958, VersR 1958, 800 f.; Berliner Kommentar/*Beckmann*, § 62 Rn. 22.
[135] BGH v. 12. 7. 1972, VersR 1972, 10 939 (1040).
[136] BGH v. 25. 4. 1955, VersR 1955, 340 (342); ablehnend *Stange,* S. 78 f.
[137] Abgedruckt bei *Dörner*[4], Versicherungsbedingungen.
[138] Nunmehr geregelt in Nr. 5 Ziff. 1 AHB 2008, Unverbindliche Bekanntgabe des GDV (abrufbar unter http://www.gdv.de/Downloads/allg_Bedingungen_pSV/AHB_08.pdf [Abrufdatum: 13. 3. 2008]).
[139] Vgl. *Bruck/Möller*[8], § 62 Anm. 17; *Siebeck*, S. 98 ff.; *Stange*, S. 74 ff.

unter Berücksichtigung von Kostengesichtspunkten als medizinisch notwendig anzusehen ist[140]. Nach instanzgerichtlicher Rechtsprechung erfolgen z. B. Maßnahmen der Kryokonservierung und des Auftauens kryokonservierten Materials zur Vermeidung kostenaufwändigerer Maßnahmen, so etwa eine erneute Hormonbehandlung der Frau, die erneute Entnahme von Eizellen und deren erneute Präparierung und Befruchtung bedeuten würde, so dass es sich auch bei diesen Maßnahmen um Rettungshandlungen handelt[141].

42   Allgemein kann der VN unter Umständen zur **Führung eines Rechtsstreits oder zur Ergreifung von Rechtsmitteln** verpflichtet sein[142]. Dies lässt sich auch mit einer Parallele zur Auslegung des § 254 BGB begründen. Auch i. R. d. § 254 BGB kann sich aus der Schadenminderungspflicht ergeben, dass der Geschädigte Rechtsmittel einzulegen hat[143].

4. Grenzen der Rettungsobliegenheit

43   Gem. § 82 Abs. 1 VVG hat der VN „nach Möglichkeit" für die Abwendung und Minderung des Schadens zu sorgen, so dass bereits durch den Wortlaut des Gesetzes Grenzen der Rettungsobliegenheiten aufgezeigt werden. Die Grenzen lassen sich dahingehend konkretisieren, dass der VN nur zu ihm **möglichen, verhältnismäßigen, insbesondere zumutbaren Rettungsmaßnahmen** verpflichtet ist[144]; sinnlose Maßnahmen werden nicht von ihm verlangt. Der VN braucht sich mangels Zumutbarkeit deshalb beispielsweise keiner **Gefahr für Leib oder Leben** auszusetzen[145].

44   Sind bei Eintritt des Versicherungsfalles – etwa bei einem Brand – sowohl versicherte wie auch nicht versicherte Gegenstände bedroht, kann sich für den VN eine **Interessenkollision** ergeben. Im Schrifttum wird der Standpunkt vertreten, dass der VN nicht verpflichtet sei, zunächst die versicherten Gegenstände zu retten[146]. Es sei dem VN nicht zuzumuten, zu seinem eigenen Schaden zu handeln, um den vom VR zu deckenden Schaden möglichst gering zu halten. Selbst wenn die unversicherten Gegenstände wertloser sind als die versicherten, soll keine Pflicht bestehen, die versicherten vorrangig zu retten[147]. Diese Frage kann sowohl im Rahmen der Frage nach der **Zumutbarkeit von Rettungsmaßnahmen** wie auch bei **Verschulden des VN** relevant werden. Auszugehen ist davon, dass dem VN nur zumutbare Rettungshandlungen auferlegt werden können. Deshalb kann ihm nicht zugemutet werden, zu seinem eigenen Schaden zu handeln[148]. Insoweit ist zu berücksichtigen, dass dem VN, der versicherte Gegenstände vorrangig vor unversicherten rettet, nach verbreiteter Auffassung gegen den VR ein **Erstattungsanspruch gem. § 83 VVG für den Verlust der unversicherten Gegenstände** zusteht[149]. Damit handelt er im Falle der vorrangigen Rettung versicherter vor unversicherten Gegenständen nicht per se zu seinem eigenen Schaden. Andererseits ist dem VN vielfach nicht bewusst, welche Gegenstände tatsächlich versichert sind, so dass der VN – wenn man auf diesen Aspekt abstellt – ohnehin nicht schuldhaft handeln würde. Im Einzelfall ist darauf abzustellen, was dem VN zumutbar ist. Ein entscheidendes Kriterium

---

[140] OLG Karlsruhe v. 21. 3. 1996, VersR 1997, 562 (564); zur Rettungsobliegenheit in der Krankenversicherung vgl. *Siebeck,* S. 107 ff.; zur Rettungsobliegenheit in sonstigen Versicherungszweigen *Stange,* S. 71 ff.

[141] LG Magdeburg v. 5. 4. 2006, Az. 11 O 195/06 (juris).

[142] *Bruck,* Privatversicherungsrecht, S. 345; *Stange,* S. 146 bezüglich § 63 VVG.

[143] BGH v. 23. 5. 1991, NJW-RR 1991, 1458 m. w. N.

[144] Vgl. BGH v. 12. 7. 1972, VersR 1972, 1039 (1040); *Bruck/Möller/Johannsen*[8], Bd. III, Anm. G 150 (jeweils zu § 62 a. F.).

[145] BGH v. 14. 3. 2006, VersR 2006, 821, 822.

[146] *Prölss/Martin/Voit/Knappmann*[27], § 62 Rn. 14; *Stange,* S. 66.

[147] *Bruck,* Privatversicherungsrecht, S. 344 f.; *Ehrenberg,* JRPV 1928, 83; demgegenüber *Bruck/Möller*[8], § 62 Anm. 33 a. E.; *Weiler,* JRPV 1928, 66 (67); *Ritter/Abraham,* SeeV I, § 41 Anm. 10, wonach auf den jeweiligen Wert abzustellen ist.

[148] Berliner Kommentar/*Beckmann,* § 62 Rn. 26; *Wussow,* Feuerversicherung, § 13 Anm. 11.

[149] BGH v. 21. 3. 1977, VersR 1977, 709; *Bruck/Möller*[8], § 63 Anm. 11; *Prölss/Martin/Voit/Knappmann*[27], § 63 Rn. 16; vgl. auch Berliner Kommentar/*Beckmann,* § 63 Rn. 18, 35 (jeweils zu § 63 a. F.).

hierfür ist das **Wertverhältnis zwischen den Gütern**[150]. Der VN hat im Falle von Interessenkollisionen grundsätzlich eine Interessenabwägung vorzunehmen. Im Falle des Gleichgewichts der Interessen darf der VN jedenfalls seinen Interessen den Vorrang einzuräumen.

In zeitlicher Hinsicht begrenzt wird die Rettungsobliegenheit durch das Ende der Rettungsobliegenheit. Diese endet, wenn eine Schadensabwendung oder eine Schadensminderung nicht mehr möglich ist oder aber eine Rettungsmaßnahme ihren Zweck, die Abwendung und Minderung des Schadens erreicht hat[151]. Deshalb gilt die Rettungsobliegenheit grundsätzlich nicht für **Wiederherstellungskosten, Reparatur- und Wiederbeschaffungskosten;** d. h. der VN hat diese Kosten jedenfalls nicht aufgrund von § 82 Abs. 1 VVG gering zu halten[152]. Aus § 82 Abs. 1 VVG ergibt sich deshalb keine Obliegenheit des VN, eine **Belohnung oder einen Finderlohn zwecks Wiederbeschaffung** entwendeter Gegenstände auszusetzen[153]. Hiervon zu trennen ist, dass der VR dem VN entsprechende Obliegenheiten – etwa zur Wiederherstellung des versicherten Gegenstands – durch AVB auferlegen kann; gleichwohl handelt es sich dann aber nicht um eine Rettungsobliegenheit i. S. d. § 82 VVG[154].

V. Weisungseinholung und -befolgung

§ 82 Abs. 2 VVG verpflichtet den VN bei Eintritt des Versicherungsfalles zur Einholung von Weisungen des VR und zur Befolgung von Weisungen des VR. Die Regelungen über die Weisungseinholung und -befolgung sind weitestgehend gleich geblieben. Neu in § 82 Abs. 2 VVG wurde lediglich aufgenommen, dass der VN die Weisungen des VR nicht mehr uneingeschränkt befolgen muss, sondern diese vielmehr für den VN auch zumutbar sein müssen[155]. Das Weisungsrecht des VR lässt sich mit der aus der Abwicklung von Versicherungsfällen gewonnenen Sachkompetenz des VR rechtfertigen[156].

1. Weisungseinholungsobliegenheit

§ 82 Abs. 2 S. 1 VVG normiert die **Weisungseinholungsobliegenheit** des VN, wonach dieser – wenn die Umstände es gestatten – Weisungen des VR zur Abwendung und Minderung des Schadens einzuholen hat. Die formlos mögliche Weisungseinholung durch den VN soll dem VR ermöglichen, sich bei der Schadensbekämpfung einzuschalten und dem VN Weisungen zu erteilen, die dieser gem. § 82 Abs. 2 S. 1 VVG zu befolgen hat. Aufwendungen, die der VN weisungsgemäß gemacht hat, sind dem VN gem. § 83 Abs. 1 S. 1 VVG in voller Höhe zu ersetzen. Unterschiedlich beantwortet wird die Frage, ob die Anzeige des Versicherungsfalles für die Weisungseinholung ausreicht[157]. Weisungseinholung setzt indes schon mehr als nur die bloße Mitteilung des Versicherungsfalles voraus. Der VN muss sich zur Entgegennahme von Weisungen bereithalten, unter Umständen muss er dem VR auch mitteilen, auf welche Weise und an welchem Ort er erreichbar ist. Bei Änderung der Umstände ist auch in Betracht zu ziehen, dass der VN wiederholt Weisungen einzuholen hat.

45

46

47

---

[150] Berliner Kommentar/*Beckmann*, § 62 Rn. 26; *Bruck/Möller*[8], § 62 Anm. 33 a. E.; *Weiler*, JRPV 1928, 66 (67); *Ritter/Abraham*, SeeV I, § 41 Anm. 10; vgl. auch OLG Hamburg v. 17. 11. 1983, VersR 1984, 258 (259) betreffend die Befolgung von Weisungen.

[151] Zum Ende Rettungsobliegenheit bereits oben Rn. 28.

[152] Berliner Kommentar/*Beckmann*, § 62 Rn. 27; *Bruck/Möller*[8], § 62 Anm. 18 (jeweils zu § 62 a. F.).

[153] *Prölss/Martin/Voit/Knappmann*[27], § 62 Rn. 13; vgl. aber LG Hannover v. 28. 2. 1996, r+s 1996, 478f. (betreffend § 63 a. F.); eine andere Frage ist aber, ob der VN gem. § 83 VVG Erstattung ausgesetzter Belohnungen oder bezahlter Lösegelder verlangen kann (dazu Rn. 83).

[154] ÖOGH v. 21. 12. 1995, VersR 1966, 1091 (1092); Berliner Kommentar/*Beckmann*, § 62 Rn. 27 (jeweils zu § 62 VVG a. F.).

[155] VVG RegE, BT-Drucks. 16/3945 S. 80; dazu noch unten Rn. 52.

[156] *Bruck/Möller/Johannsen*[8], Bd. III, Anm. G 151.

[157] Ablehnend Berliner Kommentar/*Beckmann*, § 62 Rn. 37; *Bruck/Möller*[8], § 62 Anm. 22; *Römer/Langheid/Römer*[2], § 62 Rn. 10; a. A. *Siebeck*, S. 77; *Stange*; S. 89f.; *Prölss/Martin/Voit/Knappmann*[27], § 62 Rn. 24 (jeweils zu § 62 a. F.).

48   Falls die Umstände es nicht gestatten, besteht schon objektiv keine Weisungseinholungsobliegenheit. Dies ist insbesondere bei **dringenden Rettungsmaßnahmen** der Fall. Ist die
Weisungseinholung objektiv noch möglich, verkennt der VN indes diese Möglichkeit, fehlt
es an dem nach § 82 Abs. 3 VVG erforderlichen Verschulden des VN. Im Schrifttum wird
darüber eine analoge Anwendung des § 33 Abs. 2 VVG a. F. (jetzt § 30 Abs. 2 VVG) für
möglich gehalten[158]. Indes ist zu berücksichtigen, dass dies voraussetzt, dass der VR auch
die Möglichkeit haben muss, dem VN entsprechende Weisungen zu erteilen. Ist dies aufgrund der tatsächlichen Umstände mangels Erreichbarkeit des VN nicht der Fall, erscheint
die entsprechende Anwendung des § 33 Abs. 2 VVG a. F. (jetzt § 30 Abs. 2 VVG) problematisch[159].

49   Die **Weisungseinholung** ist an den VR zu richten oder an die vom VR zuvor angegebene Schadensmeldestelle. Indes wird man dem VN keinen Verschuldensvorwurf machen
können, wenn er angesichts besonderer Umstände sich nicht rechtzeitig an die zuständige
Stelle wenden kann. Im Falle einer Mitversicherung muss die Weisungseinholung bei dem
führenden VR eingeholt werden. Gem. § 69 Abs. 1 Nr. 2 VVG kann der VN die Weisungseinholung auch an den Versicherungsagenten richten[160], nicht hingegen an den Versicherungsmakler, es sei denn dieser ist vom VR entsprechend bevollmächtigt.

2. Weisungsbefolgungsobliegenheit

50   Gem. § 82 Abs. 2 S. 1 VVG hat der VN die Weisungen des VR zu **befolgen.** Weisungen
i. S. d. § 82 Abs. 2 VVG stellen formlose, einseitige und empfangsbedürftige Erklärungen des
VR dar; es handelt sich nicht um Willenserklärungen i. S. d. §§ 116 ff. BGB[161]. Keine Weisungen sind bloße Ratschläge oder Empfehlungen des VR. Deshalb muss eine Weisung auch
bestimmt und unmissverständlich sein; Zweifel gehen zu Lasten des VR, bei der Auslegung von Äußerungen ist auf den Empfängerhorizont des VN abzustellen. Nichtsdestotrotz
müssen Weisungen nicht ausdrücklich erklärt werden, möglich sind auch konkludent erteilte
Weisungen; aus der Erklärung des VR, dass er sich nicht an einer Wiederbeschaffungszahlung
beteiligt, lässt sich etwa für den VN die Weisung entnehmen, dass er eine Wiederbeschaffungszahlung zu unterlassen habe[162]. Weisungen können sowohl zu einem aktiven Tun des
VN wie auch zu einem Unterlassen durch den VN veranlassen. Eine Pflicht des VR zur Erteilung von Weisungen besteht grundsätzlich nicht[163].

51   Erteilen mehrere beteiligte VR entgegenstehende Weisungen, so hat der VN gem. § 82
Abs. 2 S. 2 VVG nach eigenem pflichtgemäßen Ermessen zu handeln. Mehrere VR sind insbesondere im Fall der Mitversicherung beteiligt; allerdings dürften in diesem Fall regelmäßig
keine widersprechenden Weisungen zu erwarten sein, vor allem dann nicht, wenn die Mitversicherung eine Führungsklausel enthält und sich hieraus ergibt, welcher VR einheitliche
Weisungen erteilen darf. Entgegenstehende Weisungen sind deshalb eher zu erwarten, wenn
mehrere verschiedenartige Interessen bei verschiedenen VR versichert sind (z. B. bei einem
Brand eine Gebäudeversicherung und eine Mobiliarversicherung).

52   Grundsätzlich hat der VN die Weisungen des VR möglichst exakt zu befolgen. **Geringfügige Abweichungen** von Weisungen des VR darf der VN vornehmen, wenn sie ohne
Einfluss auf den Rettungszweck sind. Entsprechend § 665 S. 1 BGB stellen weitergehende
Abweichungen keine Verletzung der Weisungsbefolgungsobliegenheit dar, wenn der VN
den Umständen nach annehmen darf, dass der VR bei Kenntnis der Sachlage die Abwei-

---

[158] *Siebeck,* S. 77 f.
[159] Zur Anwendung des inhaltsgleichen § 33 Abs. 2 VVG a. F.: *Bruck/Möller*[8], § 62 Anm. 22; vgl. auch
Stange, S. 91, der eine analoge Anwendung infolge der Relevanzrechtsprechung für entbehrlich erachtet.
[160] Berliner Kommentar/*Beckmann*, § 62 Rn. 37; *Bruck/Möller*[8], § 62 Anm. 22 (zum VVG a. F.).
[161] Berliner Kommentar/*Beckmann*, § 62 Rn. 29; *Bruck/Möller/Johannsen*[8], Bd. III, Anm. G 151; a. A.
OLG Hamburg v. 17. 11. 1983, VersR 1984, 258 (259), *Siebeck,* S. 81; *Stange,* S. 94 (zum VVG a. F.).
[162] OLG Hamburg v. 17. 11. 1983, VersR 1984, 258 (159).
[163] Berliner Kommentar/*Beckmann*, § 62 Rn. 31; *Bruck/Möller/Johannsen*[8], Bd. III, Anm. G 151; *Stange,*
S. 88; a. A. *Wussow,* Feuerversicherung, § 13 Anm. 12 (zur Rechtslage vor der VVG-Reform).

chung billigen würde[164]. Der VN darf eine Weisung nicht deshalb ignorieren, weil er sie für **unzweckmäßig** erachtet; vielmehr hat er seine Bedenken dem VR darzulegen[165]. Nicht befolgen muss der VN hingegen sittenwidrige oder auf einen verbotenen Erfolg gerichtete Weisungen. Gleiches gilt für Weisungen, die offensichtlich sinn- und zwecklos sind, Unbilliges zumuten[166] bzw. zu einer Gefährdung seines Lebens, seiner Gesundheit oder wichtiger unversicherter eigener Vermögensinteressen des VN führen[167]. Wenn sich der VN an die Weisungen des VR hält, kann dieser dem VN grundsätzlich keine Verletzung der Abwendungs- und Minderungsobliegenheit entgegenhalten. Im Einzelfall kann sich aber aus Treu und Glauben eine Pflicht des VN ergeben, von den Weisungen der VR abzuweichen[168]. Das ist beispielsweise dann der Fall, wenn der VR offensichtlich unrichtige Weisungen erteilt hat oder wenn die Weisungen durch zwischenzeitliche Veränderung der Umstände überholt sind; jedenfalls wird man in diesen Fällen eine Pflicht des VN, den VR hierauf hinzuweisen, anzunehmen haben. Zumindest in analoger Anwendung des § 665 S. 2 BGB muss der VN dem VR hiervon Anzeige machen und dessen Entschließung abwarten, falls nicht mit dem Aufschube Gefahr verbunden ist[169]. Hinsichtlich des Umfanges der Weisungsbefolgungsobliegenheit ergibt sich im Zuge der Reform des VVG eine **Einschränkung:** So wurde in § 82 Abs. 2 S. 1 VVG für eine Obliegenheit des VN die Voraussetzung eingeführt, dass der VN nicht mehr zur uneingeschränkten Befolgung der vom VR erteilen Weisungen verpflichtet ist. Vielmehr wird ihm nur noch auferlegt, den für ihn **zumutbaren Weisungen** nachzukommen[170]. Demzufolge darf sich der VR bei der Erteilung von Weisungen nicht über die berechtigten Interessen des VN, die bei Befolgung der Weisung verletzt würden, hinwegsetzen. So ist beispielsweise dem VN die Weisung des Kaskoversicherers nicht zumutbar, nach Entstehung eines Kaskoschadens den beschädigten Neuwagen in einer Werkstatt reparieren zu lassen, die keine Vertragswerkstatt des Kfz-Herstellers ist. Bei Befolgung der vom VR erteilten Weisung würde der VN seine Werksgarantie gefährden. Diese Weisung muss der VN demnach nicht befolgen. Ein Rechtsverlust kann ihm nicht entstehen[171].

Die entscheidende **Wirkung einer vom VR erteilten Weisung** besteht darin, dass der VN diese zu befolgen hat; die Rechtsfolgen der Verletzung der Weisungsbefolgungsobliegenheit ist in § 82 Abs. 3 VVG geregelt. Weisungsgemäß gemachte Aufwendungen hat der VR dem VN gem. § 83 VVG zu erstatten. Weitere Wirkungen lassen sich nicht annehmen. Die Weisung des VR stellt grundsätzlich weder einen Verzicht auf die Geltendmachung von Obliegenheitsverletzungen[172] noch ein Anerkenntnis der Leistungspflicht des VR dem Grunde nach dar. Da es in dieser Situation regelmäßig nur um eine schnelle Bekämpfung der Gefahr geht, fehlt es an der hierfür zumindest erforderlichen rechtlichen Prüfung der Leistungspflicht durch den VR[173]. Erkennt der VR indes, dass kein Versicherungsschutzes besteht, hat er den VN zumindest hierauf aufmerksam zu machen.   **53**

Gibt der VR schuldhaft **falsche und unzweckmäßige Weisungen,** macht er sich gem. § 280 BGB gegenüber dem VN schadensersatzpflichtig[174]; Fehler eines beauftragten Sach-   **54**

---

[164] OLG Hamburg v. 17. 11. 1983, VersR 1984, 258, 259; *Bruck/Möller*[8], § 62 Anm. 23.
[165] OLG Hamburg v. 17. 11. 1983, VersR 1984, 258 (259); *Bruck/Möller*[8], § 62 Anm. 23.
[166] BGH v. 11. 12. 1961, NJW 1962, 491.
[167] OLG Hamburg VersR 1984, 258 (259); Berliner Kommentar/*Beckmann,* § 62 Rn. 32; *Bruck/Möller*[8], § 62 Anm. 23; *Bruck/Möller/Johannsen*[8], Bd. III, Anm. G 151.
[168] Berliner Kommentar/*Beckmann,* § 62 Rn. 33; *Bruck/Möller*[8], § 63 Anm. 21; *Siebeck*, S. 82.
[169] Berliner Kommentar/*Beckmann,* § 62 Rn. 33.
[170] VVG RegE, BT-Drucks. 16/3945 S. 80; *Meixner/Steinbeck,* Versicherungsvertragsrecht, S. 126; *Niederleithinger,* Das neue VVG, S. 47.
[171] VVG RegE, BT-Drucks. 16/3945 S. 80.
[172] So aber OLG Rostock, VA 1928, 241 Nr. 1894.
[173] Berliner Kommentar/*Beckmann,* § 62 Rn. 34; *Siebeck*, S. 82f.
[174] BGH v. 26. 9. 1984, VersR 1984, 1161(1162); OLG Hamm v. 20. 4. 1995, ZfS 1996, 468; Berliner Kommentar/*Beckmann,* § 62 Rn. 34; *Bruck/Möller*[8], § 62 Anm. 24; *Römer/Langheid/Römer*[2], § 62 Rn. 10.

verständigen oder eines Agenten muss sich der VR gem. § 278 BGB zurechnen lassen. Mitverschulden des VN liegt indes nicht fern.

55   Weisungen kann der VR bereits in seinen **AVB** erteilen, z. B. indem der VR dem VN ein
bestimmtes Verhalten bei Eintritt des Versicherungsfalles auferlegt. Solche Verhaltensregeln
finden sich beispielsweise in § 13 Ziff. 1 d AFB 87/Fassung 2004, § 13 Ziff. 1 d AERB 87/Fas-
sung 2004, § 13 Ziff. 1 d AWB 87/Fassung 2004, § 13 Ziff. 1 d AstB, § 26 Ziff. 1 d VHB 2000/
Fassung 2004 **(Einleitung eines Aufgebotsverfahrens bei zerstörten oder abhanden
gekommenen Wertpapieren/Sperrung abhanden gekommener Sparbücher),** § 13
Ziff. 1 f AFB 87/Fassung 2004, § 13 Ziff. 1 f AWB 87/Fassung 2004, § 13 Ziff. 1 f AstB 87/
Fassung 2004, § 26 Ziff. 1 e VHB 2000/Fassung 2004, § 24 Ziff. 1 c VGB 2000/Fassung
2004, § 11 Ziff. 1 d AMB 91/Fassung 2004, § 10 Ziff. 1 d ABE/Fassung 2004 **(Vermeidung
von Veränderungen an der Schadenstelle),** Ziff. 15.3.1 DTV-Güter/Fassung 2004 **(Heranziehen des in der Police genannten Havariekommissars),** § 10 Ziff. 1 b AVBR
1992/Fassung 1994, Ziff. 15.5 DTV-Güter/Fassung 2004, § 9 Ziff. 1.5 ABS 2005 **(Regresswahrung bzw. Unterstützung beim Regress des VR gegen Dritte),** § 4 Ziff. 1 a
ABRV/Fassung 2002 **(Stornierung der Reise),** § 4 Ziff. 1 b ABRV/Fassung 2002, § 10
Ziff. 1 c AVBR 1992/Fassung 1994, § 9 Ziff. 1.4 ABS 2005 (u. a. **Sicherung von Beweis-
mitteln**), § 5 Ziff. 4 AHB/Fassung 2002, § 7 Ziff. II 4 AKB/Fassung 2004 **(Ergreifung von
Rechtsmitteln),** § 7 II 1 S. 6, II 2, 3 AKB **(Anzeige insbesondere von Strafbefehlen,
Klagen gegen den VN),** § 7 Ziff. II 1 AKB/Fassung 2004 **(Unterlassen, den Anspruch
anzuerkennen oder zu befriedigen),** Ziff. 7.1 AUB 99/Fassung 2005, § 7 Ziff. IV 1
AKB/Fassung 2004[175] **(Heranziehen bzw. Aufsuchen eines Arztes).** Auch in den für die
Neuverträge geltenden AVB **nach der VVG-Reform** wurden bereits Konkretisierungen
des Weisungsrechts der VR beachtet. So wird die **Einleitung eines Aufgebotsverfahrens
bei zerstörten oder abhanden gekommenen Wertpapieren bzw. die Sperrung abhanden gekommener Sparbücher** auch von Abschnitt B § 8 Ziff. 2 a) jj) AFB 2008,
AERB 2008 und VHB 2008 vorgeschrieben. Weitere Weisungen enthalten E.3.3 AKB 2008
(Anzeige des Schadensereignisses bei der Polizei), E.5.2 AKB 2008 **(Konsultation
eines Arztes und Entbindung von der Schweigepflicht),** Abschnitt B § 8 Ziff. 2 a) ff)
AFB 2008, AERB 2008, VGB 2008 sowie VHB 2008 **(Einreichung eines Schadenver-
zeichnisses bei der Polizei),** Abschnitt B § 8 Ziff. 2 a) ff) AGIB 2008, Abschnitt B § 8
Ziff. 2 a) gg) AFB 2008, AWB 2008, AstB 2008, AERB 2008 **(Vermeidung von Veränderungen an der Schadenstelle),** Abschnitt B § 8 Ziff. 2 a) ee) AGIB 2008, AFB 2008, AWB
2008, AStB 2008, AERB 2008[176] **(Anzeige strafbarer Handlungen gegen das Eigentum).**

56   Unterschiedlich beurteilt wird indes die Frage, ob es sich bei solchen Verhaltensmaßregeln in AVB um **Weisungen i. S. v. § 82 VVG** handelt[177]. Wäre dies der Fall, würden
sich die Rechtsfolgen der Weisungsbefolgungsverletzung unmittelbar aus § 82 Abs. 3 VVG
ergeben. Erachtet man diese Verhaltensmaßregeln demgegenüber als **vertraglich auferlegte Obliegenheiten,** muss sich die Rechtsfolge der Obliegenheitsverletzung gem. § 28
Abs. 2 VVG unmittelbar aus den AVB ergeben. Letzterem Standpunkt ist zuzustimmen, da
die gem. § 82 Abs. 1 VVG konkret in Betracht kommenden Rettungsmaßnahmen des VN
ebenso einzelfallbezogen sind wie die bei Eintritt des Versicherungsfalles möglichen Weisungen des VR.

---

[175] Alle zuvor genannten AVB abgedruckt bei *Dörner*[5], Versicherungsbedingungen.

[176] Alle genannten AVB aus 2008 abrufbar unter http://www.gdv.de/Publikationen/versicherungs
bedingungen/avb.html (Abrufdatum: 13. 3. 2008).

[177] Bejahend Motive, S. 135; *Stange,* S. 96; *Prölss/Martin/Voit/Knappmann*[27], § 62 Rn. 26; a. A. Berliner
Kommentar/*Beckmann,* § 62 Rn. 30; *Bruck/Möller*[8], § 62 Anm. 24; *Römer/Langheid/Römer*[2], § 62 Rn. 10;
Siebeck, S. 81 (jeweils zu § 62 VVG a. F.).

VI. Adressatenkreis

Adressat der Rettungsobliegenheiten ist primär der VN. Nichtsdestotrotz muss der VN **57** die Rettungsmaßnahmen nicht persönlich erbringen; vielfach ist er hierzu schon gar nicht in der Lage, sondern muss sich der Unterstützung von Rettungskräften bedienen. Bei einer **Mehrzahl von VN** sind alle obliegenheitsbelastet; ebenso wie sich die Erfüllung der Obliegenheit durch einen VN zugunsten der Übrigen auswirkt, wirkt sich auch die Verletzung durch einen VN zulasten der übrigen VN aus. Dies gilt auch, wenn mehrere VN etwa eine Gesamthandsgemeinschaft oder eine Bruchteilsgemeinschaft bilden[178].

Bei der **Versicherung für fremde Rechnung** sind sowohl VN wie auch die versicherte **58** Person obliegenheitsbelastet[179]. Bei einer kombinierten Versicherung für eigene und für fremde Rechnung soll sich eine Obliegenheitsverletzung durch den VN auch zulasten des Versicherten auswirken; andererseits soll eine Verletzung durch einen Versicherten nicht zum Nachteil des VN gereichen[180].

Unterschiedlich beantwortet wird die Frage, ob **Hypotheken- oder Grundschuldinha- 59 ber** einer vom Eigentümer versicherten Sache obliegenheitsbelastet sind[181]. Teilweise wird des Weiteren der Standpunkt vertreten, dass der Hypotheken- bzw. Grundschuldinhaber jedenfalls dann zum Obliegenheitsbelasteten wird, wenn gem. § 143 VVG ein Legalschuldverhältnis zu dem VR entsteht[182]; hiergegen wird indes eingewandt, dass der Realgläubiger durch die gesetzlichen Regelungen geschützt und nicht mit Obliegenheiten belastet werden solle[183]. **Pfändungsgläubiger** oder auch **Eigentumsvorbehaltskäufer** werden aufgrund ihrer rechtlichen Stellung nicht zu Obliegenheitsbelasteten[184]; denkbar ist aber, dass auch sie als Repräsentanten nach allgemeinen Regeln einzuordnen sind (vgl. Rn. 61).

Veräußert der VN den versicherten Gegenstand, so bleibt der Veräußerer bis zum **60** Übergang des Eigentums obliegenheitsbelastet; mit Übereignung geht die Obliegenheit auf den Erwerber über. Streckt sich das Verfügungsgeschäft zeitlich (die Einigung folgt etwa der Übergabe), kann der Erwerber unter den gegebenen Voraussetzungen als Repräsentant für den Veräußerer zu qualifizieren sein[185]. Durch **Abtretung, Verpfändung oder Pfändung der Versicherungsforderung** ändert sich die Rechtsstellung der Parteien nicht. Infolgedessen treffen den Zessionar bzw. den Pfandgläubiger keine eigenständigen Rettungsobliegenheiten gem. § 82 Abs. 1 VVG. Gleichwohl kann er im Einzelfall als Repräsentant einzustufen sein oder ihm kann unter Umständen Arglist entgegengehalten werden, wenn er ohne Schwierigkeiten eine Rettungsmaßnahme hätte ergreifen können und gleichwohl Befriedigung aus der Versicherungsforderung verlangt[186]. Nicht obliegenheitsbelastet gem. § 82 Abs. 1 VVG sind des Weiteren **Drittgeschädigte in der Haftpflichtversicherung;** nichtsdestotrotz trifft den Dritten gem. § 254 Abs. 2 BGB die allgemeine zivilrechtliche Pflicht zur Schadenabwendung und -minderung[187]. Nach § 119 VVG treffen aber den **geschädigten Dritten in der Pflichtversicherung** eigene Anzeige- und Auskunftsobliegenheiten.

---

[178] Berliner Kommentar/*Beckmann*, § 62 Rn. 43; *Bruck/Möller*[8], § 62 Anm. 25; *Stange*, S. 112 f.
[179] H. M. vgl. OLG Hamburg v. 17. 11. 1983, VersR 1984, 258; Berliner Kommentar/*Beckmann*, § 62 Rn. 4; *Bruck/Möller*[8], § 62 Anm. 25; *Bruck/Möller/Johannsen*[8], Bd. III, Anm. G 153; *Siebeck*, S. 25.
[180] Vgl. *Bruck/Möller*[8], § 62 Anm. 25.
[181] Bejahend *Siebeck*, S. 26; a. A. BGH v. 19. 2. 1981, VersR 1981, 521 f.; *Bruck/Möller/Johannsen*[8], Bd. III, Anm. G 153; *Bruck/Möller*[8], § 62 Anm. 25; *Stange*, S. 118; *Prölss/Martin/Kollhosser*[27], § 102 Rn. 14 (zur alten Rechtslage).
[182] So *Bruck/Möller*[8], § 62 Anm. 25 m. w. N.; *Siebeck*, S. 26; ablehnend *Bruck/Möller/Johannsen*[8], Bd. III, Anm. G 153; *Stange*, S. 118 (zum VVG a. F.).
[183] *Bruck/Möller/Johannsen*[8], Bd. III, Anm. G 153; *Stange*, S. 118 (zur Rechtslage vor der VVG-Reform).
[184] *Siebeck*, S. 23 (zur Rechtslage vor der VVG-Reform).
[185] Berliner Kommentar/*Beckmann*, § 62 Rn. 45; *Bruck/Möller/Johannsen*[8], Bd. III, Anm. G 154; *Stange*, S. 116, Zum Repräsentanten, Rn. 61.
[186] *Bruck/Möller*[8], § 62 Anm. 25 (zu § 62 a. F.).
[187] *Bruck/Möller*[8], § 62 Anm. 25 (zu § 62 a. F.).

61   Im Übrigen gelten im Rahmen des § 82 VVG die **allgemeinen Grundsätze zur Repräsentantenhaftung**[188]. Infolgedessen muss sich der VN im Rahmen des § 82 VVG das Verhalten Dritter nur entgegenhalten lassen, wenn es sich um Repräsentanten handelt. § 278 BGB ist im Rahmen des § 82 VVG nicht anwendbar, weil es sich bei den Verhaltensmaßregeln dieser Vorschrift zum einen nicht um eine Verbindlichkeit i. S. d. § 278 BGB handelt; zum anderen, weil anderenfalls der Versicherungsschutz verwässern würde, wenn sich der VN jedes Verhalten einer Hilfsperson zurechnen lassen müsste[189]. Um aber den VN nicht gänzlich von der Verantwortlichkeit für Dritte, die er mit dem versicherten Gegenstand betraut hat, freizustellen, muss sich der VN nach wohl unbestrittener Meinung aber auch im Rahmen des § 82 VVG das Verhalten seines Repräsentanten zurechnen lassen[190]. Zum Begriff des Repräsentanten wird auf die Ausführungen in § 17 (Haftung des Versicherungsnehmers für Dritte) verwiesen. Für das österreichische Recht bleibt der Hinweis, dass die österreichische Rechtsprechung die Repräsentantenhaftung ablehnt, so dass diese auch nicht im Rahmen des § 62 ÖVVG zur Anwendung gelangt[191].

62   Treten **gesetzliche Vertreter** wie die Eltern, Vormund oder Betreuer auf, so sind auch diese obliegenheitsbelastet. Gleiches gilt für **gesetzliche Verwalter** (Insolvenz-, Nachlassverwalter oder Testamentsvollstrecker). Zwar bestehen grundsätzlich Bedenken gegenüber einer Anwendung des § 278 BGB (der auch die Zurechnung des gesetzlichen Vertreters regelt) auf den Versicherungsvertrag, gleichwohl hat der VN für eine Obliegenheitsverletzung seines gesetzlichen Vertreters einzustehen. Teilweise wird dies aus einer entsprechenden Anwendung des § 278 BGB hergeleitet, nach anderer Auffassung lässt sich der gesetzliche Vertreter als Repräsentant einordnen[192].

VII. Subjektive Tatbestandsvoraussetzungen

63   Gem. § 82 Abs. 3 S. 1 VVG ist der VR leistungsfrei, wenn der VN die Rettungsobliegenheit gem. Abs. 1 oder Abs. 2 VVG verletzt und diese Obliegenheitsverletzung auf **Vorsatz** beruht. Im Falle einer **grob fahrlässigen Verletzung** ist der VR anweichend vom früherem Recht nur noch berechtigt, seine Leistung in einem der Schwere des Verschuldens entsprechenden Verhältnis zu kürzen. Der VR wird damit nur bei vorsätzlichem Verstoß gegen die Rettungsobliegenheit vollumfänglich von seiner Leistungspflicht befreit. Bei nicht schuldhafter oder nur einfach fahrlässiger Obliegenheitsverletzung bleibt der VR hingegen vollumfänglich leistungspflichtig. Gem. § 82 Abs. 3 2. Hs. VVG hat der VN zu beweisen, dass die Obliegenheitsverletzung nicht auf grober Fahrlässigkeit beruht[193].

Vorsatz i. S. d. § 82 Abs. 3 VVG setzt **Kenntnis vom Eintritt des Versicherungsfalles**, aber auch **das Wollen der Obliegenheitsverletzung im Bewusstsein des Vorhandenseins der Verhaltensnorm** voraus[194]; Eventualvorsatz reicht aus. Ein Irrtum bzw. Nichtkenntnis über das Bestehen der Rettungsobliegenheit schließt den Vorsatz aus. Dies kann insbesondere Bedeutung im Hinblick auf die Weisungseinholungsobliegenheit oder auf Weisungen, die in AVB formuliert sind (dazu Rn. 55), haben. Schwieriger erscheint es für den VN, sich darauf zu berufen, die allgemeine Rettungsobliegenheit nicht gekannt zu

---

[188] Dazu in diesem Handbuch *Looschelders*, § 17.

[189] Vgl. in diesem Handbuch *Looschelders*, § 17 Rn. 23 ff.; Berliner Kommentar/*Beckmann*, § 62 Rn. 48; *Bruck/Möller*[8], § 62 Anm. 25.

[190] Berliner Kommenbtar/*Beckmann*, § 62 Rn. 48; *Bruck/Möller/Johannsen*[8], Bd. III, Anm. G 153; *Bruck/Möller*[8], § 62 Anm. 25; *Römer/Langheid/Römer*[2], § 62 Rn. 12; *Stange*, S. 113f. (jeweils zu § 62 VVG a. F.).

[191] Vgl. *Heiss/Lorenz*, VVG, § 63 Rn. 15.

[192] Vgl. in diesem Handbuch *Looschelders*, § 17 Rn. 27 m. w. N.; *Bruck/Möller*[8], § 6 Anm. 69; *Prölss/Martin/Prölss*[27], § 6 Rn. 44.

[193] VVG RegE, BT-Drucks. 16/3945 S. 80; zur Beweislast vgl. Rn. 108 ff.

[194] Berliner Kommentar/*Beckmann*, § 62 Rn. 50; *Bruck/Möller*[8], § 62 Anm. 36; *Römer/Langheid/Römer*[2], § 62 Rn. 13; *Siebeck*, S. 85 (jeweils zu § 62 a. F.).

haben[195]. Die Folgen der Obliegenheitsverletzung muss der Obliegenheitsbelastete dagegen nicht kennen. Denkbar ist es, dem strafrechtlichen Vorsatz einer Unfallflucht zugleich den Vorsatz der Verletzung der Rettungsobliegenheit zu entnehmen[196].

Eine **grob fahrlässige** Verletzung der Rettungsobliegenheit setzt voraus, dass der VN die **64** im Verkehr erforderliche Sorgfalt in besonders schwerem Maße verletzt und unbeachtet lässt, was im gegebenen Fall jedem hätte einleuchten müssen[197]. Bei der Frage nach der groben Fahrlässigkeit ist – wie auch bei § 81 VVG – eine **gemischt objektiv-subjektive Beurteilung** zugrunde zu legen[198]. Ausdrücklich hat der BGH ausgeführt, für den Begriff der groben Fahrlässigkeit gelte nicht ein ausschließlich objektiver, lediglich auf Verhaltensanforderungen des Verkehrs abgestellter Maßstab; vielmehr seien auch Umstände zu berücksichtigen, die die subjektive (personale) Seite des Verantwortlichen betreffen[199]. Den Handelnden muss folglich auch in subjektiver Hinsicht ein schweres Verschulden treffen[200]. Damit sind auch in der Individualität des Handelnden begründete Umstände zu berücksichtigen, so dass sich der VN auch auf individuelle Defizite wie Debilität, Übermüdung oder Stress berufen kann[201]. Zwar wurde diese personale Seite der Verantwortlichkeit i. R. d. Geltung des alten Rechts vor allem deshalb so ausgeprägt berücksichtigt, um die Härte des Alles-oder-Nichts-Prinzips abzumildern. Nichtsdestotrotz kann davon ausgegangen werden, dass auch unter Geltung des neuen VVG nach der Abkehr vom Alles-oder-Nichts-Prinzip die subjektive Seite der groben Fahrlässigkeit weiter zum Tragen kommen wird[202], zumal nach der Rechtsprechung für das gesamte Zivilrecht und damit auch für das Privatversicherungsrecht grundsätzlich von einem einheitlichen Begriff der groben Fahrlässigkeit auszugehen ist[203]. Schließlich hatte der BGH auch im Rahmen der §§ 62, 63 VVG a. F. die Grundsätze zum Augenblicksversagen angewandt[204]; nach Abkehr vom Alles-oder-nichts-Prinzip durch die VVG-Reform, erscheint zumindest fraglich, ob diese durch die Rechtsprechung auch zur Abmilderung der Auswirkungen des Alles-oder-nichts-Prinzips entwickelten Grundsätze noch Beachtung finden[205]. Bereits vor der Einführung des Quotenprinzips durch das reformierte VVG wurde jedoch den Ansätzen der Rechsprechung kritisch entgegen getreten. Angeführt wurde vor allem, dass das Kollektiv der Versichertengemeinschaft nicht mit den individuellen Defiziten einzelner VN belastet werden könne[206].

Gerade dadurch, dass für die Frage nach einem grob fahrlässigen Verhalten des VN auch **65** **subjektive Elemente** zu berücksichtigen sind, kann sich im Rahmen des § 82 VVG die konkrete Gefahrensituation entlastend für den VN auswirken. Für eine Yachtkaskoversicherung hat der BGH beispielsweise ausgeführt, bei Verletzung von Rettungsobliegenheiten bei einer

---

[195] Vgl. *Bruck/Möller/Johannsen*[88], Bd. III, Anm. G 156.

[196] Vgl. Berliner Kommentar/*Beckmann,* § 62 Rn. 50; a. A. OLG Stuttgart v. 28. 11. 1957, VersR 1958, 21.

[197] BGH v. 18. 12. 1996, VersR 1997, 351 (352); *Siebeck*, S. 86.

[198] BGH v. 18. 12. 1996, VersR 1997, 351 (352); BGH v. 6. 5. 1982, VersR 1985, 730 (731); BGH v. 12. 7. 1972, NJW 1972, 1810 (= VersR 1972, 1039f. [insoweit verkürzt wiedergegeben]); Berliner Kommentar/*Beckmann,* § 61 Rn. 60; *Bruck/Möller/Johannsen*[8], Bd. III, Anm. G 82; zum Begriff der groben Fahrlässigkeit vgl. auch in diesem Handbuch *Heß*, § 16 Rn. 44ff.

[199] BGH v. 6. 5. 1982, VersR 1985, 730; BGH v. 29. 1. 2003, r+s 2003, 144, m. w. N.

[200] BGH v. 12. 1. 1988, NJW 1988, 1265; BGH v. 30. 1. 2001, NJW 2001, 2092.

[201] BGH v. 5. 12. 1966, VersR 1967, 127; *Looschelders*, VersR 2008, 1ff.

[202] *Schimikowski*, jurisPR-VersR 7/2007 Anm. 4.

[203] BGH v. 17. 10. 1966, VersR 1966, 1150; Berliner Kommentar/*Beckmann,* § 61 Rn. 60 (jeweils zur Rechtslage vor der VVG-Reform); a. A. im Hinblick auf die grobe Fahrlässigkeit i. R. d. § 81 VVG *Looschelders*, VersR 2008, 1ff.

[204] Vgl. BGH v. 18. 12. 1996, VersR 1997, 351 (352) zu § 63 VVG; zum Augenblicksversagen in diesem Handbuch *Heß*, § 16 Rn. 48.

[205] So wohl auch *Looschelders*, VersR 2008, 1ff., einschränkend *Schimikowski*, jurisPR-VersR 7/2007 Anm. 4.

[206] *Prölss/Martin/Prölss*[27], § 61 Rn. 13; kritisch auch *Müller*, VersR 1985, 1101ff.

Beckmann

in Seenot geratenen kaskoversicherten Yacht müsse im Rahmen des Schuldvorwurfs die persönliche Situation des VN (etwa Bemühung um die Rettung seines eigenen Lebens und das seiner verängstigten Frau) berücksichtigt werden[207]. Neben verwirrender Aufregung und lähmendem Schrecken könne auch ein starker Alkoholgenuss die Reaktionsfähigkeit des VN beeinträchtigen und sich damit auf den Schuldvorwurf auswirken[208]. Des Weiteren lässt sich beispielhaft anführen, dass auch eine **falsche Einschätzung der Gefahrenlage** den Vorwurf der groben Fahrlässigkeit entfallen lassen kann; so wurde grobe Fahrlässigkeit verneint, als ein VN nach Wahrnehmung von Brandgeruch sein Fahrzeug nicht sofort angehalten und gelöscht hat, sondern erst den nächsten Parkplatz angefahren hatte[209].

E. Rechtsfolgen der Verletzung der Rettungsobliegenheit

I. Leistungsfreiheit des Versicherers

66   § 82 Abs. 3 VVG ordnet als Rechtsfolge der Verletzung der Rettungsobliegenheit **Leistungsfreiheit** bzw. partielle Leistungsfreiheit des VR an. Allerdings hängt es letztlich vom **Verschuldensgrad** des Obliegenheitsbelasteten ab, ob und in welchem Umfang Leistungsfreiheit eintritt. § 82 Abs. 3 VVG enthält ein abgestuftes Sanktionensystem. Hat der Obliegenheitsbelastete die Rettungsobliegenheit **schuldlos oder leicht fahrlässig** verletzt, so tritt keine Leistungsfreiheit des VR ein. Insoweit ist indes der VN beweispflichtig[210]. Entsprechend der Abkehr vom Alles-oder-nichts-Prinzip und in Anlehnung an die Regelungen der §§ 26 Abs. 1, 28 Abs. 2 VVG wird nunmehr auch i. R. d. § 82 Abs. 3 VVG zwischen vorsätzlicher und grob fahrlässiger Obliegenheitsverletzung unterschieden[211].

67   Bei **vorsätzlicher Obliegenheitsverletzung** ist VR wie bisher in vollem Umfang leistungsfrei[212]. Nach bisher geltender gesetzlichen Konzeption kam es bei Vorsatz grundsätzlich nicht auf die **Kausalität** der Obliegenheitsverletzung an; das Kausalitätserfordernis in § 62 Abs. 2 S. 2 VVG a. F. bezog sich nur auf grob fahrlässige Obliegenheitsverletzungen[213]. In Anlehnung an die **Relevanzrechsprechung**[214] des **BGH** sowie entsprechend der Regelung des § 28 Abs. 3 VVG legt jedoch nunmehr auch § 82 Abs. 4 S. 1 VVG für die Leistungsfreiheit des VR ein Kausalitätserfordernis fest. Dabei wird dieses Kausalitätserfordernis auch auf vorsätzliche Verletzungen erstreckt[215]. Indes wurde in der Rechtspraxis von dem bislang geltenden Konzept auch bei Vorsatz des Obliegenheitsbelasteten abgewichen. So gelten teilweise schon kraft ausdrücklicher Regelung in AVB die Grundsätze der Relevanzrechsprechung[216]; dies gilt beispielsweise für § 26 Ziff. 2b VHB 2000/Fassung 2001, § 24 Ziff. 2b VGB 2000/Fassung 2001[217]. Solchen Bestimmungen kommt nunmehr jedoch bloß deklaratorische Be-

---

[207] BGH v. 6. 5. 1982, VersR 1985, 730 (731).
[208] BGH v. 12. 7. 1972, NJW 1972, 1809 (1810), insoweit nicht abgedruckt in VersR 1972, 1039 f.
[209] OLG Hamm v. 1. 7. 1987, VersR 1988, 708.
[210] Zur Beweislast noch Rn. 108 ff.
[211] VVG RegE, BT-Drucks. 16/3945 S. 80.
[212] Zum Vorsatzbegriff vgl. Rn. 63.
[213] Zur früheren Rechtslage *Beckmann* (Voraufl.), § 15 Rn. 67 ff.
[214] Zur neuen Rechtslage und insbesondere auch zur Relevanzrechsprechung in diesem Handbuch *Marlow*, § 13 Rn. 126 ff.
[215] VVG RegE, BT-Drucks. 16/3945 S. 69, 80.
[216] Zur neuen Rechtslage und insbesondere zur Relevanzrechtsprechung in diesem Handbuch *Marlow*, § 13 Rn. 126 ff.
[217] Alle vorstehenden AVB abgedruckt bei *Dörner*[5], Versicherungsbedingungen; eingeschränkt indes noch § 13 Ziff. 3 AFB 87/Fassung 2201, wo die Übernahme der Relevanzrechtsprechung nur eingeschränkt erfolgt ist. Danach besteht Versicherungsschutz nur, „wenn die Verletzung nicht geeignet war, die Interessen des VR ernsthaft zu beeinträchtigen, *und* wenn außerdem den VN kein erhebliches Verschulden trifft“. Nach der Relevanzrechtsprechung genügt es indes, wenn eine dieser beiden Voraussetzungen erfüllt ist; vgl. *Bruck/Möller/Johannsen*[8], Bd. III, Anm. G 154.

deutung zu[218]. Damit entfällt die infolge Vorsatzes grundsätzlich eintretende vollständige Leistungsfreiheit des VR nach Abs. 3, wenn die Obliegenheitsverletzung weder auf den Versicherungsfall oder dessen Feststellung noch auf den Umfang der Leistungspflicht oder dessen Feststellung Einfluss hat. Dies ist auch sachgerecht, da dem VR kein Nachteil entsteht, wenn die Obliegenheitsverletzung des VN irrelevant ist[219]. Der Kausalitätsgegenbeweis obliegt dabei dem VN[220]. Demnach wird zukünftig ein VR, der den VN vergebens auf ein bestimmtes Erwerbsangebot verweist, keine Entschädigung in Höhe des entgangenen Mehrerlöses mehr gewähren[221]. Indem der VN das vom VR nachgewiesene Erwerbsangebot, welches zur Reduzierung der Schadenskosten beitragen sollte, ungenutzt hat verstreichen lassen, hat er vorsätzlich eine Schadensminderungsmaßnahme unterlassen im Rahmen derer der Kausalitätsgegenbeweis ihm nicht gelingen wird. Der VN konnte das Versicherungsobjekt nur zu einem geringeren Verkaufserlös veräußern als ihm der VR nachgewiesen hatte. Aufgrund dessen hat letzterer für die Verkaufsdifferenz nicht aufzukommen.

Aus der Rechtsprechung lässt sich als Beispiel nennen, dass der BGH die Erheblichkeit   **68** einer Obliegenheitsverletzung durch einen VN verneint hatte, der am Tage auf einer belebten Stadtstraße mit seinem Pkw einen Radfahrer angefahren hatte, zunächst noch zweihundert Meter weitergefahren, aber dann an die Unfallstelle zurückgekehrt ist[222]. Umgekehrt hat der BGH in einem anderen Falle, bei dem der VN ebenfalls einen Menschen angefahren hatte, der aber erst nach einer Viertelstunde an die Unfallstelle zurückgekehrt war, ausgeführt, bei der Frage der Erheblichkeit des Verschuldens seien zwei Aspekte zu berücksichtigen: Zum einen sei die sofortige Fürsorge für den Verletzten eine elementare Rechtspflicht; zum anderen komme es oft auf Minuten an, um das Leben des Verletzten zu retten. Schon aus diesen Gründen sei das Verschulden des VN, der seiner Rettungspflicht nicht genüge tut, nicht nur als „gering" anzusehen[223].

Gem. § 82 Abs. 3 S. 2 VVG kann der VR bei **grob fahrlässiger Verletzung** nur eine Kür-   **69** zung seiner Leistung entsprechend der Schwere des Verschuldens des VN verlangen. Das Alles-oder-nichts-Prinzip wurde damit durch eine Quotelung ersetzt, um im jeweiligen Einzelfall Entscheidungen zu ermöglichen, die den jeweiligen Schutzinteressen des VN Rechnung tragen[224]. Eine vollumfängliche Leistungsfreiheit ist grundsätzlich nicht mehr vorgesehen, aber auch nicht ausgeschlossen. Entscheidend für das Ausmaß der Leistungsfreiheit ist, ob die grobe Fahrlässigkeit im konkreten Fall nahe beim bedingten Vorsatz oder aber im Grenzbereich zur einfachen Fahrlässigkeit liegt[225]. Bei der Umsetzung dieser Vorgaben werden sich zunächst einige Probleme ergeben, zumal das bislang geltende Alles-oder-nichts-Prinzip eine relativ einfache Regelung beinhaltete. Der Gesetzgeber ist davon ausgegangen, dass die Rechtspraxis im Laufe der Zeit handhabbare Kriterien entwickeln wird[226]. Mögliche Kriterien, die im Rahmen des § 82 VVG zur Bestimmung des Kürzungsumfanges herangezogen werden können, sind dabei die Offenkundigkeit der erforderlich gewesenen Schadensminderungsmaßnahme, die Möglichkeit des VN, dieser Maßnahme ohne erhebliche Schwierigkeiten nachzukommen, die objektive Schwere der Sorgfaltspflichtverletzung sowie die für den VN erkennbare

---

[218] Aber auch ohne solche Bestimmungen in AVB war anerkannt, dass im Rahmen des § 62 VVG a. F. die Relevanzrechtsprechung zur Anwendung kommen sollte: BGH v. 9. 2. 1972, VersR 1972, 363; Berliner Kommentar/*Beckmann,* § 62 Rn. 53; *Bruck/Möller/Johannsen*[8], Bd. III, Anm. G 154; *Römer/Langheid/Römer*[2], § 62 Rn. 13; *Prölss/Martin/Voit/Knappmann*[27], § 62 Rn. 31; kritisch aber *Bruck/Möller*[8], § 62 Anm. 39.

[219] VVG RegE, BT-Drucks. 16/3945 S. 69.

[220] VVG RegE, BT-Drucks. 16/3945 S. 80.

[221] *Rixecker,* ZfS 2007, 255 (256).

[222] BGH v. 22. 4. 1970, VersR 1970, 561.

[223] BGH v. 9. 2. 1972, VersR 1972, 363.

[224] VVG RegE, BT-Drucks. 16/3945 S. 69, 80.

[225] VVG RegE, BT-Drucks. 16/3945 S. 69, 80.

[226] VVG RegE, BT-Drucks. 16/3945 S. 69, 49; vgl. zum Quotenprinzip auch *Felsch,* r+s 2007, 485 (490 ff.).

Höhe des andernfalls drohenden Schadens[227]. Daneben wird das Maß der groben Fahrlässigkeit aber auch von der „inneren Tatseite" und damit den Motiven des VN, die ihn zur Verletzung der Obliegenheit bewegt haben, geprägt sein, ebenso wie durch den bisherigen Versicherungsverlauf[228]. Nicht zu beachten sind jedoch die wirtschaftlichen Verhältnisse des VN. Wirtschaftliche Härten für den VN können allenfalls über den Grundsatz von Treu und Glauben nach § 242 BGB, nicht jedoch über die Quote berücksichtigt werden[229]. Eine Anwendung der Grundsätze zum § 254 BGB zur Quotenbildung kommt jedoch nicht in Betracht, da i. R. d. § 254 BGB eine Gewichtung von Schuldanteilen von Schädiger und Geschädigtem erfolgt, die § 82 Abs. 3 VVG nicht immanent ist. Der VR hat vielmehr aufgrund rechtsgeschäftlicher Vereinbarung für den Schaden einzustehen, während der VN für sein tatsächliches Verhalten zur Verantwortung gezogen wird[230]. Nichtsdestotrotz sind auch nach Abkehr vom Alles-oder-nichts-Prinzip Fälle denkbar, in denen bei großer Nähe zur einfachen Fahrlässigkeit nur geringe Kürzungen in Betracht kommen, unter Umständen kann die Leistungspflicht des VR auch vollständig bestehen bleiben. Schließlich ist es auch nicht ausgeschlossen, dass der VR auch ohne vorsätzliches Verhalten seine Leistungen künftig ganz versagen kann[231]. Vereinbarungen über eine pauschalierte Quotelung sind in den Grenzen des § 87 VVG möglich, soweit sie nicht mit einer Benachteiligung des VN einhergehen[232]. Eine Wiedereinführung des Alles-oder-Nichts-Prinzips durch AVB ist demnach jedenfalls nicht zulässig[233]. Auch bei grob fahrlässiger Obliegenheitsverletzung kann der VR nur dann eine Leistungskürzung vornehmen, wenn die Obliegenheitsverletzung des VN **kausal** für den eingetretenen Versicherungsschaden ist; dies folgt aus § 82 Abs. 4 VVG. Insoweit trifft den VN die Beweislast. Der VN muss darlegen und beweisen, dass der Umfang des eingetretenen Schadens auch bei Erfüllung der Obliegenheit nicht geringer gewesen wäre[234] (vgl. insofern die Ausführungen zu Rn. 67). Gelingt dem VN dieser Nachweis, ist der VR uneingeschränkt leistungspflichtig[235/236]. Damit hat bei grob fahrlässigem Verhalten des VN eine zweistufige Prüfung stattzufinden. Im ersten Schritt muss dabei untersucht werden, in welchem Ausmaß ein kausaler Zusammenhang zwischen dem Verhalten des VN und dem Schadenseintritt besteht. Im zweiten Schritt ist dann aufgrund der Verschuldensgesichtspunkte festzulegen, in welchem Maße dieser zuvor festgestellte Anteil zu kürzen ist[237]. Nach § 82 Abs. 4 S. 2 VVG ist der VR jedoch auch bei fehlender Kausalität leistungsfrei, wenn dem VN **arglistiges Verhalten** angelastet werden kann.

69a   In diesem Zusammenhang stellt sich die Frage nach der Rechtsnatur und der **Wirkungsweise der partiellen Leistungsfreiheit** des VR aus § 82 Abs. 3 S. 2 VVG. Insofern gibt der Gesetzeswortlaut wenig Aufschluss. Dieser spricht lediglich von einer Berechtigung des VR zu Leistungskürzung. Daraus kann jedoch noch nicht geschlossen werden, ob der VR sich ausdrücklich auf sein Recht zur Leistungskürzung berufen muss – etwa im Rahmen eines Ge-

---

[227] *Rixecker*, ZfS 2007, 255, 256; *Felsch*, r+s 2007, 485 (494).

[228] *Felsch*, r+s 2007, 485 (494 ff.).

[229] *Felsch*, r+s 2007, 485 (496).

[230] So auch bzgl. § 81 VVG *Rixecker*, ZfS 2007, 15, 16; *Looschelders*, VersR 2008, 1 ff.; a. A. *Terbille*, r+s 2001, 1, 7; *Römer*, VersR 2006, 740 (741); *Felsch*, r+s 2007, 485 (496). Die Autoren beziehen sich dabei teilweise auf das Quotenregelung i. R. d. § 61 VVG. Für § 82 Abs. 3 S. 2 VVG kann insofern jedoch nichts anderes gelten.

[231] Im Hinblick auf § 81 VVG auch *Rixecker*, ZfS 2007, 15 (16); *Looschelders*, VersR 2008, 1 ff.; *Römer*, VersR 2006, 740 (741).

[232] VVG RegE, BT-Drucks. 16/3945 S. 69.

[233] *Rixecker*, ZfS 2007, 15 (16).

[234] BGH v. 12. 7. 1972, VersR 1972, 1039 (1040); *Bruck/Möller/Johannsen*[8], Bd. III, Anm. G 154 (jeweils zu § 62 VVG a. F.).

[235] *Niederleithinger*, Das neue VVG, S. 48; VVG RegE, BT-Drucks. 16/3945 S. 80.

[236] Nach der Rechtslage vor der VVG-Reform war in diesen Fällen die Leistungspflicht des VR auf den Betrag beschränkt, den er bei ordnungsgemäßem Verhalten des VN hätte erbringen müssen, vgl. OLG Hamm v. 23. 6. 1995, r+s 1996, 149; *Bruck/Möller/Johannsen*[88], Bd. III, Anm. G 154 a. E.; *Prölss/Martin/Voit/Knappmann*[27], § 62 Rn. 32 (jeweils zu § 62 VVG a. F.).

[237] *Meixner/Steinbeck*, Versicherungsvertragsrecht, S. 126.

staltungsrechts oder einer Einrede; denkbar ist auch, dass sich um eine von Amts wegen zu berücksichtigende Einwendung handelt. Die Gesetzesbegründung macht hierzu keine gezielten Aussagen. Sie spricht ausschließlich davon, dass der VR bei grob fahrlässigen Verstößen des VN gegen Obliegenheiten seine Leistung entsprechend kürzen *kann*[238]. Indes berechtigt § 82 Abs. 3 S. 2 VVG den VR, „seine Leistung zu kürzen". Daraus lässt sich entnehmen, dass der VR sich ausdrücklich oder konkludent auf die Obliegenheitsverletzung des VR berufen muss, damit seine Verpflichtung entsprechend gekürzt wird. Das Gericht hat § 82 Abs. 3 S. 2 VVG jedenfalls nicht von Amts wegen zu berücksichtigen[239] und auch keinen entsprechenden Hinweis gem. § 139 ZPO zu erteilen; vielmehr muss der VR die Leistungskürzung geltend machen. Mit der Geltendmachung wird die Leistungskürzung bereits bewirkt; eine dementsprechende gerichtliche Entscheidung hat also keine gestaltende Wirkung.

II. Weitere Rechtsfolgen

Da es sich bei den in § 82 VVG normierten Verhaltensregeln um Obliegenheiten handelt, **70** ergeben sich zugunsten des VR bei Verletzung des § 82 VVG durch den VN **keine vertraglichen Schadensersatzansprüche.** Auch **deliktische Schadensersatzansprüche** aufgrund von § 823 Abs. 1 BGB kommen nicht näher in Betracht, da dem VR lediglich ein Vermögensschaden entsteht. Ausnahmsweise möglich erscheinen im Einzelfall Schadensersatzansprüche aufgrund von §§ 823 Abs. 2, 826 BGB, die auch Vermögensschäden erfassen.

Aus einer Verletzung der Obliegenheiten gem. § 82 Abs. 1 VVG lässt sich in aller Regel **71** auch kein **Kündigungsrecht** zugunsten des VR herleiten, weil es an einer dem § 28 Abs. 1 VVG entsprechenden Regelung für die Rettungsobliegenheit fehlt[240]. Eine hiervon zu trennende Frage ist, ob dem VR im Einzelfall über die Grundsätze der außerordentlichen Kündigung eines Dauerschuldverhältnisses ein Recht zur fristlosen Kündigung zusteht; hat der VN sich besonders treuwidrig verhalten, dürfte ihm ein solches Kündigungsrecht nicht abzusprechen sein. Im Übrigen kann sich ein Kündigungsrecht nach Eintritt des Versicherungsfalles ergeben, vgl. § 92 VVG.

F. Rettungskostenersatz

I. Allgemeines

Praxisrelevant ist vor allem der **Rettungskostenersatzanspruch des VN** gem. § 83 **72** VVG, der bei Erfüllung der Obliegenheiten des § 82 VVG entsteht, und zwar unabhängig davon, ob Rettungshandlungen erfolgreich oder erfolglos geblieben sind. Die Pflicht des VR zur Erstattung von Aufwendungen zur Abwendung und Minderung des Schadens – sog. Rettungskosten – wird vielfach als die Kehrseite der Rettungsobliegenheiten des VN gem. § 82 VVG bezeichnet[241]. Die Einhaltung der Rettungsobliegenheit kommt insbesondere dem VR zugute, deshalb ist es sachgerecht und entspricht der Billigkeit, dem VR die Kosten für Rettungsmaßnahmen des VN aufzubürden. Das Festhalten an diesem Prinzip wurde auch im Rahmen der VVG-Reform betont; abweichend vom bislang geltenden Recht wurde die

---

[238] VVG RegE, BT-Drucks. 16/3945 S. 49.

[239] A. A. *Bach,* VersR 1959, 246 (zu § 61 VVG a. F.).

[240] *Stange,* S. 131 f. (zur Rechtslage der der VVG-Reform).

[241] Berliner Kommentar/*Beckmann,* § 63 Rn. 1; *Bruck/Möller/Johannsen*[8], Bd. III, Anm. G 158 („unentbehrliche Kehrseite"); ebenfalls wörtlich *Römer/Langheid/Römer*[2], § 62 Rn. 1; *Knappmann* (VersR 2002, 129 [130 f.]) lehnt indes ein Junktim zwischen Rettungsobliegenheit und Kostenersatz ab; ebenso tendenziell *Armbrüster,* ZVersWiss 2001, 501 (510) (jeweils zu § 63 a. F.). Nicht eindeutig ist der Vorschlag der Kommission zur Reform des Versvertragsrechts aus dem Jahre 2002, wo sich die Kommission einerseits für die grundsätzliche Vorerstreckung in der Sachversicherung ausspricht, im konkreten Vorschlag diese allerdings auf den Rettungskostenersatzanspruch begrenzt; vgl. VVG-Reform Zwischenbericht (2002), S. 80 f.

Regelung über den Rettungskostenersatz auch in den Katalog der halbzwingenden Vorschriften aufgenommen (vgl. § 87 VVG)[242]. Für die Sachversicherung sieht § 90 VVG nunmehr auch einen erweiterten Aufwendungsersatz vor[243].

73 Aus der systematischen Stellung des § 83 VVG ergibt sich die Geltung für den Bereich der **Schadensversicherung.** Vereinzelt wird die Vorschrift ergänzt (etwa in der Transportversicherung durch § 135 VVG). Für die Tierversicherung enthält § 83 Abs. 4 VVG zu einer Teilfrage eine Sonderregelung. Die **Haftpflichtversicherung** erfasst gem. § 101 VVG auch Kosten des Rechtsschutzes, die durch die Verteidigung gegen den von einem Dritten geltend gemachten Anspruch entstehen; mithin sind diese Kosten bei der Haftpflichtversicherung bereits Teil des Versicherungsschadens im engeren Sinne und keine Rettungskosten.

74 § 83 VVG ist kein Spezialfall der bürgerlichrechtlichen Grundsätze über die **Geschäftsführung ohne Auftrag,** vielmehr hat der Anspruch auf Aufwendungsersatz seinen Rechtsgrund im Versicherungsvertrag[244]. Konsequenz ist, dass die §§ 677ff. BGB grundsätzlich neben § 83 VVG anwendbar sind[245]. Indes kommen die §§ 677ff. BGB tatbestandlich nicht näher in Betracht, wenn der VR eine Weisung erteilt hat, so dass die Voraussetzung „ohne Auftrag" schon nicht verwirklicht ist. Nur dann, wenn der VR keine Weisungen erteilt hat oder der VN über solche Weisungen hinaus Rettungsmaßnahmen ergriffen hat, hängt die Verwirklichung der Tatbestandsvoraussetzungen der Geschäftsführung ohne Auftrag von den Umständen des Einzelfalles ab.

75 Abzugrenzen von Rettungskosten gem. § 83 VVG sind **Schadenverhütungskosten bzw. Sacherhaltungskosten** des VN. Diese hat der VN allein zu tragen, da diese nicht zum versicherten Risiko gehören[246]. Als Schadenverhütungskosten werden Aufwendungen definiert, „die zum dem Zwecke erfolgen, um den versicherten Gegenstand der Gefahr, gegen die versichert ist, vor Eintritt eines Unfalles zu entziehen"[247]. Insbesondere beim erweiterten Aufwendungsersatz nach § 90 VVG stellt sich das Problem der Abgrenzung zu erstattungsfähigen Rettungskosten. Im Einzelfall ist darauf abzustellen, ob bereits objektiv der **Versicherungsfall unmittelbar bevorsteht** und damit eine unmittelbare Gefährdung des versicherten Gegenstandes droht oder ob es sich lediglich um eine allgemeine gebotene Vorsichtsmaßnahme handelt, ohne dass bereits eine unmittelbare Gefährdung des versicherten Interesses eingetreten ist. Der Begriff der **Unmittelbarkeit** muss je nach Art und Umfang des bevorstehenden Schadens und je nach Versicherungsart unterschiedlich beurteilt werden. Grundsätzlich ist mit „unmittelbar" gemeint, dass der Versicherungsfall in kurzer Zeit und mit hoher Wahrscheinlichkeit ohne die Rettungsmaßnahme eintreten wird[248]. Die Kommission zur Reform des Versicherungsvertragsrechts formulierte ähnlich, dass die Vorerstreckung auf die Fälle beschränkt bleiben solle, „in denen der konkrete Schaden ohne die Rettungsmaßnahme zwangsläufig eintreten würde"[249]. Nicht als Rettungskosten, sondern als nicht erstattungsfähige Schadenabwendungskosten wurden etwa die Kosten für die **Auswechselung eines Kfz-Türschlosses** nach Entwendung des zugehörigen Schlüssels eingeordnet[250];

[242] VVG RegE, BT-Drucks. 16/3945 S. 81.
[243] Vgl. hierzu Rn. 88a.
[244] Berliner Kommentar/*Beckmann,* § 63 Rn. 3; *Bruck/Möller*[8], § 63 Anm. 4 (jeweils zu § 63 VVG a. F.).
[245] *Schirmer,* Symposion AGBG und AVB, 1993, S. 61 (97); a. A. *Stange,* S. 240f.; *Schauer,* Österreichisches Versicherungsvertragsrecht, S. 323 [für das österreichische Recht]; offenlassend OLG Nürnberg v. 30. 11. 1989, VersR 1990, 299 (300) (jeweils zu § 63 VVG a. F.).
[246] Berliner Kommentar/*Beckmann,* § 63 Rn. 7; *Römer/Langheid/Römer*[2], § 62 Rn. 1; *Stange,* S. 139; *Prölss/Martin/Voit/Knappmann*[27], § 63 Rn. 20 (jeweils zu § 63 a. F.).
[247] RG v. 17. 6. 1916, RGZ 88, 313, 315; *Stange,* S. 139 (jeweils zu § 63 a. F.).
[248] Berliner Kommentar/*Beckmann,* § 62 Rn. 7; BGH v. 13. 7. 1994, VersR 1994, 1181 (1182); vgl. bereits oben Rn. 20.
[249] VVG-Reform Zwischenbericht (2002), S. 80f.
[250] AG Hamm v. 20. 4. 2005, SP 2006, 393; AG Bremen v. 10. 12. 2004, NJW-RR 2005, 1273; AG Karlsruhe v. 23. 8. 1995, ZfS 1996, 19; LG Saarbrücken v. 10. 12. 1979, VersR 1980, 350. Sehr weitgehend ist indes eine Entscheidung AG Köln (v. 17. 9. 1994, Köln ZfS, 1984, 308), wonach das Auswechseln der Schlösser des versicherten Fahrzeugs Rettungskosten darstellen, wenn ein gestohlenes Kfz ohne

Gleiches gilt für die **Kosten für eine Alarmanlage** oder das **Halten eines Wachhundes**[251]. Nicht zu folgen ist allerdings einer Entscheidung, wonach die Beseitigung von Scherben auf einer Bundesstraße zur Vermeidung weiterer Unfälle ebenfalls als allgemeine Schadenverhütungsmaßnahme qualifiziert wurde[252].

II. Tatbestandsvoraussetzungen

1. „Aufwendung, die der Versicherungsnehmer gem. § 82 macht"

a) Der Ersatzanspruch gem. § 83 VVG setzt **„Aufwendungen, die der VN gem. § 82   76 VVG macht",** voraus. Voraussetzung für einen Erstattungsanspruch des VN ist deshalb zunächst die **Vornahme einer Rettungshandlung i. S. d. § 82 Abs. 1 oder Abs. 2 VVG;** durch diese Rettungshandlung muss der VN adäquat kausal eine Aufwendung gemacht haben bzw. diesem muss eine Aufwendung entstanden sein[253].

Der Erstattungsanspruch des VN setzt deshalb voraus, dass dieser zur **Abwendung oder Minderung eines Versicherungsschadens** gehandelt hat. Der Aufwendungsersatzanspruch erfasst nur Aufwendungen für die Abwendung und Minderung **versicherter Schäden;** ist der VR etwa gem. § 81 VVG leistungsfrei, kann zugunsten des VN kein Rettungskostenersatzanspruch entstehen[254].

§ 83 VVG setzt nicht voraus, dass der VN die Abwendung des Schadens **subjektiv be-**   77 **zweckt;** es reicht aus, wenn die Rettungsmaßnahme **objektiv dem Zweck dient,** den Schaden abzuwenden oder zu mindern[255]. Nicht ausreichend ist, dass die Abwendung des Versicherungsschadens lediglich **Reflexwirkung** einer Handlung des VN war. Dazu gehört besonders der mit dem Schutz des Hauptinteresses verbundene Schutz des versicherten Nebeninteresses, das in seinem Schicksal von dem Hauptinteresse abhängig ist[256]. So hat der BGH es beispielsweise nicht ausreichen lassen, dass der VN einem entgegenkommenden Fahrzeug mit dem Hauptziel ausgewichen war, sich selbst vor Schäden an Leib und Leben zu bewahren (Hauptinteresse); die damit verbundene Rettung der versicherten Fahrzeugverglasung sei ein so geringfügiges Nebeninteresse, dass dessen Rettung nur als Reflexwirkung hinter dem Hauptziel angesehen werden könne[257].

Unterschiedlich beantwortet wird die Frage, ob § 83 VVG voraussetzt, dass die Rettungs-   78 obliegenheit **in objektiver Hinsicht** bestehen muss. Teilweise wird der Standpunkt vertreten, dass es für den Anspruch aus § 83 VVG ausreiche, dass der VN annimmt, er müsse Rettungsmaßnahmen vornehmen, obwohl objektiv das Versicherteninteresse überhaupt nicht gefährdet ist[258]. Indes bezieht sich das subjektive Element des § 83 VVG („soweit der VN sie [die Aufwendungen] den Umständen nach für geboten halten durfte") nicht auf das Bestehen der Rettungsobliegenheiten; diese muss objektiv bestehen[259]. Das genannte subjektive Element im Rahmen des § 83 VVG bezieht sich auf die Frage, ob die konkrete Rettungsmaßnahme und die damit verbundene Aufwendung tatsächlich erforderlich und geeignet waren,

---

den mitgestohlenen Schlüssel wiederaufgefunden worden ist und deshalb eine erneute Entwendung durch den Dieb zu befürchten ist.
251 *Deutsch*[6], Versicherungsvertragsrecht, Rn. 282.
252 LG Mönchengladbach v. 23. 5. 1967, VersR 1968, 389.
253 Berliner Kommentar/*Beckmann,* § 62 Rn. 9 (zu § 63 a. F.).
254 BGH v. 6. 2. 1985, VersR 1985, 656; Berliner Kommentar/*Beckmann,* § 63 Rn. 11 (jeweils zu § 63 a. F.).
255 BGH v. 18. 12. 1996, VersR 1997, 351 (352), BGH v. 13. 7. 1994, VersR 1994, 1181 (1182); *Brück/ Möller*[8], § 63 Anm. 20; *Prölss/Martin/Voit/Knappmann*[27], § 63 Rn. 6 (jeweils zu § 63 a. F.).
256 BGH v. 13. 7. 1994, VersR 1994, 1181 (1182).
257 BGH v. 13. 7. 1994, VersR 1994, 1181 (1182).
258 So offenbar *Prölss/Martin/Voit/Knappmann*[27], § 63 Rn. 7; wohl auch OLG Bremen v. 29. 11. 1991, VersR 1992, 739 (jeweils zu § 63 VVG a. F.).
259 *Beckmann,* r + s 1997, 295 (298); Berliner Kommentar/*Beckmann,* § 63 Rn. 14; *Stange,* S. 142 (jeweils zu § 63 VVG a. F.).

den objektiven drohenden Schaden abzuwenden oder zu mindern; insoweit kommt es darauf an, ob der VN die konkret ergriffene Rettungsmaßnahme und die hiermit verbundenen Aufwendungen für geboten halten durfte[260].

79   Unter Aufwendungen i. S. d. § 83 VVG versteht man **jede auch unfreiwillige Vermögensminderung, welche die adäquate Folge einer Maßnahme ist, die der VN zur Schadensabwehr oder -minderung gemacht hat**[261]. Nach dieser Definition können grundsätzlich alle Vermögensminderungen des VN von § 83 VVG erfasst werden, wenn sie adäquate Folge einer Rettungsmaßnahme sind. Insbesondere erfasst § 83 VVG auch Vermögensminderungen des VN, die nach dem Inhalt des Versicherungsvertrags nicht ersetzt würden[262].

80   Erforderlich für den Erstattungsanspruch ist, dass die entsprechenden Vermögensminderungen des VN adäquate Folge einer Rettungsmaßnahme sind; Aufwendungen, die dem VN auch ohne Rücksicht auf die Rettungsmaßnahme entstanden wären, sind ebenso wenig von § 83 VVG erfasst wie allgemeine Schadensverhütungskosten (dazu oben Rn. 75).

81   Als Vermögensminderungen kommen grundsätzlich in Betracht die Beschädigung von Sachen, Aufwendungen von Geld, aber auch Belastungen des VN mit Verbindlichkeiten; letztere können dadurch entstehen, dass der VN Dritte vertraglich zu Rettungsmaßnahmen heranzieht[263]; möglich sind aber auch Verbindlichkeiten des VN, die dadurch entstehen, dass Dritte von sich aus Rettungsmaßnahmen vornehmen und hieraus Ansprüche Dritter gegen den VN aus Geschäftsbesorgung ohne Auftrag gem. §§ 683, 670 BGB entstehen. Der VN hat gegen den VR in diesen Fällen gem. § 257 BGB Anspruch auf Befreiung von diesen Verbindlichkeiten[264]. Dem vergleichbar wurde in der Rechtsprechung als erstattungsfähig anerkannt der geschuldete **Finderlohn** für ein gestohlenes und wieder aufgefundenes Fahrzeug[265].

82   b) **Weitere Einzelfälle:** Die Rechtsprechung musste sich – soweit ersichtlich – noch nicht mit der Frage der Erstattungsfähigkeit von **Gesundheitsschäden** auseinandersetzen. Während ursprünglich die Erstattungsfähigkeit in Zweifel gezogen wurde[266], bejaht die h. M. im Schrifttum indes die Einordnung als Rettungsmaßnahmen; dabei kommen sowohl Gesundheitsschäden Dritter sowie solche des VN in Betracht[267]. Für die h. M. lässt sich insbesondere ins Feld führen, dass Rettungsmaßnahmen gerade die Gefahr von Gesundheitsbeeinträchtigung in sich bergen (etwa im Bereich der Feuerversicherung); ein Hinweis auf eine entsprechende Einschränkung des Anwendungsbereichs des § 83 VVG lässt sich jedoch dem Gesetz nicht entnehmen.

83   Als erstattungsfähig hat das OLG Saarbrücken[268] die Zahlung eines **Lösegeldes** für einen gestohlenen Pkw als Rettungskosten angesehen. Gleichfalls kann die vom VN vorgenommene **Aufopferung von Sachen** als Vermögensminderung i. S. d. Aufwendungsbegriffs angesehen werden; in Betracht kommt sowohl die bewusste Beschädigung oder Zerstörung eigener unversicherter Sachgegenstände durch den VN, um sie bei der Rettungsmaßnahme zu

---

[260] Berliner Kommentar/*Beckmann*, § 63 Rn. 14 (zu § 63 a. F.).
[261] BGH v. 21. 3. 1977, VersR 1977, 709; ähnlich ÖOGH v. 21. 12. 1965, VersR 1966, 1091 (1092); *Bruck/Möller/Johannsen*⁸, Bd. III, Anm. G 159; Berliner Kommentar/*Beckmann*, § 63 Rn. 16 (jeweils zu § 63 VVG a. F.).
[262] BGH v. 5. 8. 1977, VersR 1977, 709; *Bruck/Möller/Johannsen*⁸, Bd. III, Anm. G 159.
[263] Vgl. z. B. OLG Oldenburg v. 8. 11. 1989, VersR 1990, 516, wo es um die vertraglich entstandenen Kosten für den Abtransport beim Löschen ausgetretener Schadstoffe ging.
[264] *Bruck/Möller/Johannsen*⁸, Bd. III, Anm. G 159.
[265] LG Hannover v. 28. 2. 1996, VersR 1996, 577; vgl. aber auch Rn. 28, 33, 85.
[266] *Ehrenzweig*, Versicherungsvertragsrecht, S. 262.
[267] Berliner Kommentar/*Beckmann*, § 63 Rn. 23; *Bruck/Möller/Johannsen*⁸, Bd. III, Anm. G 160; *Stange*, S. 150 ff.; *Prölss/Martin/Voit/Knappmann*²⁷, § 63 Rn. 14; insoweit auch LG Freiburg v. 29. 1. 1992, VersR 1992, 1390 (1391), das einem Pfarrer, der ein in Brand geratenes Fahrzeug gelöscht hatte, Verdienstausfall wegen seiner hierbei erlittenen Verletzung zugesprochen hat (jeweils zu § 63 VVG a. F.).
[268] OLG Saarbrücken v. 5. 11. 1997, NJW-RR 1998, 463 ff.; vgl. auch Rn. 85.

verwenden. Gleichfalls als Aufwendung erfasst sind aber auch durch die Rettungsmaßnahme bedingte unfreiwillige Schäden an nicht versicherten Sachen des VN[269]. Vermögensminderung und damit Aufwendungen i. S. d. § 83 VVG können des Weiteren auch **Gewinnausfälle** sein[270].

Das Eingehen von **Verbindlichkeiten** lässt sich gleichfalls unter den Aufwendungsbegriff **84** subsumieren (vgl. oben Rn. 79). In erster Linie sind damit gemeint die Begründung von Dienst- oder Werkverträgen zur Ergreifung von Rettungshandlungen[271]. Zu den Rettungsobliegenheiten des VN gem. § 82 VVG kann es unter Umständen auch gehören, dass dieser einen Rechtsstreit zu führen hat oder zumindest Rechtsmittel zu ergreifen hat (vgl. oben Rn. 42); aus diesem Grunde können auch im Einzelfall Prozesskosten oder Honorare für Rechtsanwälte als Aufwendungen i. S. d. § 83 VVG einzuordnen sein[272].

Zweifelhaft ist, ob auch vom VN ausgesetzte Belohnungen für die Wiederbeschaffung ge- **85** stohlener versicherter Sachen i. R. d. § 83 VVG erstattungsfähig sind. Dies wird man nur annehmen können, wenn der Schaden am versicherten Interesse hierdurch noch abgewendet oder gemindert werden kann[273]. Nicht nur vertraglich eingegangene Verbindlichkeiten des VN können sich als Aufwendungen i. S. d. § 83 VVG herausstellen; entsprechendes gilt auch für **kraft Gesetzes begründete Verpflichtungen des VN.** Dies würde etwa gelten bei einer gesetzlichen Schadensersatzverpflichtung des VN, die dadurch entstanden ist, dass dieser im Rahmen einer Rettungshandlung fahrlässig Rechtsgüter Dritter verletzt hat. Zweifelhaft ist allerdings, ob auch der **gesetzlich geschuldete Finderlohn** i. R. d. § 83 VVG erstattungsfähig ist; dies ist ebenfalls dann abzulehnen, wenn die Wiederbeschaffung nicht als Rettungsmaßnahme gem. § 82 VVG einzuordnen ist[274].

Wenn der VN durch die Rettungsmaßnahme nicht nur Vermögensminderungen erleidet, **86** sondern auch **Vorteile** erlangt, so sind diese Vorteile im Wege des Vorteilsausgleichs auf den Erstattungsanspruch anzurechnen[275].

Nach wohl h. L. erhält der VN für **eigenen Arbeitsaufwand** grundsätzlich keinen Auf- **87** wendungsersatz, da er aufgrund der gesetzlichen Rettungsobliegenheit zur unentgeltlichen Vornahme von Rettungshandlungen verpflichtet sei[276]. Eine Ausnahme soll aber dann gelten, wenn die Rettungstätigkeit zu den üblichen gewerblichen Tätigkeiten des VN gehört. *Johannsen/Johannsen* nennen das Beispiel des Spediteurs, der seine Möbel beim Brand seines Hauses gerettet hat, sie selbst abtransportiert und in seinem gewerblichen Lagerraum unterstellt; es mache keinen Unterschied, ob der VN in einer solchen Konstellation die geretteten Möbel von einem Dritten abholen und in dessen Lager unterstellen lasse, oder ob er dies in eigener Regie vornehme[277]. Vor der VVG-Reform war die Frage der Vorerstreckung in der Haftpflichtversicherung umstritten (oben Rn. 23); Befürworter einer solchen Vorerstreckung auch in der Haftpflichtversicherung haben es seinerzeit zu Recht für möglich erachtet, dass z. B. Kosten einer Rückrufaktion wegen eines fehlerhaften Produkts von § 63 VVG a. F.

---

[269] *Prölss/Martin/Voit/Knappmann*[27], § 63 Rn. 12 (bei Rettungsmaßnahmen versehentlich zerstörte oder beschädigte Sachen); BGH v. 21. 3. 1977, VersR 1977, 709 (Löschschäden an nicht versicherten Sachen).

[270] *Prölss/Martin/Voit/Knappmann*[27], § 63 Rn. 11 (jeweils zu § 63 VVG a. F.).

[271] *Bruck/Möller*[8], § 63, Anm. 13; ÖOGH v. 14. 4. 1983, VersR 1985, 197 (198).

[272] Berliner Kommentar/*Beckmann*, § 63 Rn. 19; *Stange,* S. 146 (jeweils zu § 63 VVG a. F.).

[273] Vgl. oben Rn. 28, 35.

[274] A. A. allerdings LG Hannover (v. 28. 2. 1996, r+s 1996, 478 f.), das Erstattungsfähigkeit angenommen hat (zu § 63 VVG a. F.).

[275] *Stange,* S. 209 f.

[276] Berliner Kommentar/*Beckmann*, § 63 Rn. 22; *Bruck/Möller/Johannsen*[8], Bd. III, Anm. G 161; *Bruck/Möller*[8], § 63 Anm. 17.

[277] *Bruck/Möller/Johannsen*[8], Bd. III, Anm. G 161; im Ergebnis ebenso Berliner Kommentar/*Beckmann*, § 63 Rn. 22; *Stange,*S. 153; *Prölss/Martin/Voit/Knappmann*[27], § 63 Rn. 15; a. A. *Bruck/Möller*[8], § 63 Anm. 17, wonach ein Aufwendungsersatzanspruch nur zustehen soll, wenn dem VN durch die Rettungstätigkeit ein konkreter anderer Verdienst entgangen ist.

erfasst werden können[278]; hierdurch konnte indes eine Konkurrenz zu einer besondern Versicherung für Rückrufkosten entstehen. Nachdem sich der Gesetzgeber indes für eine Vorerstreckung gem. § 90 VVG nur im Bereich der Sachversicherung entschieden hat, dürfte diese Frage nicht mehr relevant sein.

88   Zu § 63 VVG a. F. (jetzt § 83 VVG) ist des Weiteren die Frage unterschiedlich beantwortet worden, ob die Vorschrift auch **Zinsen** erfasst, wenn der VN zur Finanzierung von Rettungsmaßnahmen einen Kredit aufnimmt. Hiergegen spricht, dass der VN sowohl nach früherer Rechtslage wie auch nach der VVG-Reform gem. § 83 Abs. 1 S. 2 VVG gegen den VR einen Anspruch auf Vorschuss hat, so dass die Notwendigkeit der Kreditaufnahme zweifelhaft erscheint. Indes ist dem VN dieser Anspruch unter Umständen nicht bekannt oder die Geltendmachung dieses Anspruchs kann nicht so schnell durchgesetzt werden wie die Aufnahme eines Kredits. Bei einer solchen Konstellation erscheint die Erstattungsfähigkeit von Zinsen über § 83 VVG zumindest denkbar[279]. Unterschiedlich wird ebenfalls die Frage behandelt, ob der **Rettungsanspruch selbst zu verzinsen** ist; umstritten ist insbesondere die Anwendbarkeit des § 256 BGB[280]. Jedenfalls wird man eine Anwendung des § 256 BGB nicht ablehnen können, wenn der VN tatbestandlich Aufwendungen i. S. dieser Vorschrift, mithin also eine freiwillige Aufopferung von Vermögenswerten vorgenommen hat.

2. Erweiterter Aufwendungsersatz nach § 90 VVG

88a   Nach den zu den §§ 62, 63 VVG. a. F. in der Rechtsprechung entwickelten Grundsätzen der **Vorerstreckungstheorie**[281] stand dem VN in der Sachversicherung ein Anspruch auf Ersatz solcher Aufwendungen zu, die er zur Abwendung eines ansonsten unmittelbar bevorstehenden Versicherungsfalles oder zur Minderung des mit diesem einhergehenden Schadens getätigt hatte. Die Rettungsobliegenheit des VN wurde damit auf den Zeitraum vor Eintritt des Versicherungsfalles erstreckt[282]. Das neue Recht kodifiziert die mit der Vorerstreckungstheorie entwickelten Grundsätze nunmehr für die Sachversicherung ausdrücklich in § 90 VVG. Dem VN sind entsprechend § 83 Abs. 1 S. 1, Abs. 2 und Abs. 3 VVG die Aufwendungen, die er zur Abwehr eines unmittelbar bevorstehenden Versicherungsfalles oder zur Abwehr des damit verbundenen Schadens tätigt, nunmehr nach der gesonderten Anspruchsgrundlage des § 90 VVG zu ersetzen (**erweiterter Aufwendungsersatz**). Eines Rückgriffes auf die Vorerstreckungstheorie bedarf es nicht mehr[283]. Sinn und Zweck dieser Regelung ist es, den Eintritt von Schäden nach Möglichkeit zu verhindern. Eine Vorverlagerung der Rettungsobliegenheit nach § 82 Abs. 1 und Abs. 2 VVG geht damit jedoch nicht einher[284/285]. § 90 VVG ist demnach dann anwendbar, wenn ein Versicherungsfall **unmittelbar bevorsteht**. Nach der Rechtsprechung des BGH muss der Begriff der Unmittelbarkeit je nach Art und Umfang des bevorstehenden Schadens und je nach Versicherungsart unterschiedlich beurteilt werden. Der Begriff diene der Abgrenzung zwischen Sacherhaltungskosten, die der

---

[278] Berliner Kommentar/*Beckmann*, § 63 Rn. 24; *ders.*, r + s 1997, 295 ff.; a. A. *Pannenbecker*, S. 205 ff.

[279] Ebenso *Prölss/Martin/Voit/Knappmann*[27], § 63 Rn. 15; a. A. ÖOGH v. 21. 12. 1965, VersR 1966, 1091 (1093); jeweils zu § 63 VVG a. F.

[280] Bejahend *Brück/Möller*, § 63 Anm. 19; *Stange*, S. 229 ff.; a. A. *Prölss/Martin/Voit/Knappmann*[27], § 63 Rn. 4.

[281] Dazu schon Rn. 20.

[282] Betr. Bauwesenversicherung BGH v. 6. 2. 1985, VersR 1985, 656 (658); für die FahrzeugV BGH v. 20. 2. 1991, VersR 1991, 459 (460), BGH v. 13. 7. 1994, VersR 1994, 1181 f.; ÖOGH v. 30. 9. 1998, VersR 1999, 1263; OLG Köln v. 30. 4. 2002, VersR 2002, 1231; aus dem Schrifttum Berliner Kommentar/*Beckmann*, § 62 Rn. 40; *E. Hofmann*, Privatversicherungsrecht, § 16 Rn. 23; *Holzhauer*, Versicherungsvertragsrecht, Rn. 220; *Hübner/Beckmann*, LM § 63 VVG Nr. 4; *Bruck/Möller/Johannsen*[8], Bd. III, Anm. G 152; *K. Müller*, VersR 2000, 533; *Schimikowski*, VersR 1999, 1193 m. w. N.; *ders.*, Versicherungsvertragsrecht, Rn. 241; *Stange*, S. 18 ff.; differenzierend *Gas*, VersR 2003, 414 (415 f.).

[283] VVG RegE, BT-Drucks. 16/3945 S. 82; *Meixner/Steinbeck*, Versicherungsvertragsrecht, S. 133.

[284] VVG RegE, BT-Drucks. 16/3945 S. 82; *Meixner/Steinbeck*, Versicherungsvertragsrecht, S. 133; *Hinsch-Timm*, Das neue VVG, S. 141.

[285] Vgl. hierzu bereits Rn. 14 ff., 19 ff.

VN selbst zu tragen hat, und den nach § 83 VVG vom VR zu erstattenden Rettungskosten. Generell sei mit „unmittelbar" gemeint, dass der Versicherungsfall in kurzer Zeit und mit hoher Wahrscheinlichkeit ohne die Rettungsmaßnahme eintreten werde[286]. Vergleichbare Formulierungen sind z. B., dass das Eintreten des Versicherungsfalles „auf der Hand liegen" müsse[287] bzw. „ernsthaft zu befürchten" sei[288]. Zudem ist erforderlich, dass der VN diese zum Zwecke der Abwehr des Versicherungsfalles oder zur Minderung des Schadens getätigt hat und diese auch für **geboten** halten durfte (§ 83 Abs. 1 S. 1 VVG)[289]. § 90 VVG setzt hingegen nicht voraus, dass die Aufwendungen des VN auch **erfolgreich** sind[290]. Ein Anspruch auf Vorschuss nach § 83 Abs. 1 S. 2 VVG besteht nicht. Ist der VN zeitlich noch dazu in der Lage, den Umfang seiner Aufwendungen abzuschätzen, zu beziffern, geltend zu machen und noch vor Eintritt des Versicherungsfalles vom VR zu erhalten, wird es in der Regel an der Unmittelbarkeit des Versicherungsfalles fehlen[291]. Anders als § 83 VVG ist § 90 VVG abdingbar, so dass auch abweichende Vereinbarungen zum Nachteil des VN zulässig sind. Dies ist darauf zurückzuführen, dass der VN in der Zeit vor Eintritt des Versicherungsfalles gerade nicht obliegenheitsbelastet ist[292]. Der erweiterte Aufwendungsersatzanspruch gilt nur i. R. d. Sachversicherung, eine Übertragung auf andere Versicherungszweige, vor allem die Haftpflichtversicherung, findet nach überwiegender Ansicht nicht statt[293]. Damit kann der VN z. B. die Erstattung einzelner Positionen der Kosten einer Rückrufaktion wegen eines fehlerhaften Produkts nicht als Rettungskosten i. R. d. Haftpflichtversicherung geltend machen[294]; die Tatsache, dass dies konsequenterweise (jedenfalls über § 83 VVG) auch dann nicht möglich sein soll, wenn diese dazu dienten, eine unmittelbare Gefährdung Dritter durch das fehlerhafte Produkt abwenden, zeigt die Fragwürdigkeit dieser gesetzgeberischen Entscheidung.

3. Erforderlichkeit der Aufwendungen

a) Dem VN steht gem. § 83 Abs. 1 S. 1 VVG ein Anspruch auf Aufwendungen gegen den   **89** VR zu, **„soweit der VN sie den Umständen nach für geboten halten durfte".** Hieraus lässt zunächst entnehmen, dass dem VN **objektiv gebotene Aufwendungen** in jedem Falle zu ersetzen sind, ohne dass es auf die subjektiven Vorstellungen des VN ankommt[295]. Sind die Rettungsmaßnahmen hingegen objektiv nicht geboten, so besteht ein Anspruch gem. § 83 Abs. 1 S. 1 VVG nur, wenn der VN diese für **geboten halten durfte.** Hierbei ist auf die subjektive Sicht eines vernünftigen VN zum Zeitpunkt des Handelns unter Berücksichtigung der konkreten Umstände und der konkreten Lage des VN abzustellen[296]. Ursprünglich hatte der BGH einen Aufwendungsersatzanspruch bereits dann abgelehnt, wenn der VN mit der in der jeweiligen Situation „zumutbaren Sorgfalt" den Rettungsaufwand hätte vermeiden können[297]; danach konnte bereits **jede Fahrlässigkeit** für den Ausschluss des Erstattungsanspruchs genügen. In späteren Entscheidungen hat der BGH jedoch selbst insoweit Bedenken erhoben und ausgeführt, dass es kaum sachgerecht sei, dem VN, der seiner Rettungsobliegenheit nachkomme und lediglich dabei ein Fehler begehe, einem strengeren Maßstab als dem der §§ 61, 62 VVG a. F. (nunmehr §§ 81, 82 VVG) zu unterziehen; allerdings ließ der BGH

---

[286] BGH v. 13. 7. 1994, VersR 1994, 1181 f. (zu §§ 62, 63 a. F., so auch die folgenden Fn.).
[287] *Bruck/Möller/Johannsen*[8], Bd. III, Anm. G 152.
[288] *Martin*, Sachversicherungsrecht, B I 10, S. 350.
[289] Vgl. hierzu auch Rn. 90 ff.
[290] VVG RegE, BT-Drucks. 16/3945 S. 83.
[291] VVG RegE, BT-Drucks. 16/3945 S. 83.
[292] VVG RegE, BT-Drucks. 16/3945 S. 83.
[293] VVG RegE, BT-Drucks. 16/3945 S. 83; *Rixecker*, ZfS 2007, 255 (256); *Marlow/Spuhl*[2], Das Neue VVG kompakt, S. 123.
[294] Vgl. bereits oben Rn. 87.
[295] *Bruck/Möller/Johannsen*[8], Bd. III, Anm. G 158; Berliner Kommentar/*Beckmann*, § 63 Rn. 26.
[296] *Bruck/Möller*[8], § 63 Anm. 21; *Bruck/Möller/Johannsen*[8], Bd. III, Anm. G 158; *Knappmann*, VersR 1989, 113 (114); *Stange*, S. 156 f. (jeweils zu § 63 VVG a. F., auch die folgenden Fußnoten).
[297] BGH v. 13. 6. 1973, VersR 1973, 809 (810).

die Frage offen, ob der Ersatzanspruch nur bei Vorsatz und grober Fahrlässigkeit ausgeschlossen ist[298]. Nach h. M. im Schrifttum und von Instanzgerichten vertretener Auffassung schadet dem VN nur **grobe Fahrlässigkeit** und Vorsatz[299]. Dem Standpunkt der h. M. ist zu folgen; insbesondere spricht der Zusammenhang mit § 82 VVG sowie der Regelung des § 83 Abs. 2 VVG dafür, dass dem VN auch im Rahmen von § 83 VVG lediglich Vorsatz und grobe Fahrlässigkeit schadet: Anspruch auf Rettungskostenersatz hat der der VN nach § 83 Abs. 2 VVG nur insoweit, als der VR auch bei Schadenseintritt leistungspflichtig ist. Demnach hat der VR Rettungskosten nur dann voll zu tragen, wenn er auch für den Schaden voll einzustehen hat[300]. Folglich kann der VN bei einer Quotelung im Falle grober Fahrlässigkeit, beispielsweise bei grob fahrlässiger Herbeiführung des Versicherungsfalles, Ersatz seiner Aufwendungen auch nur entsprechend dieser Quote verlangen[301]. Damit kann aber hinsichtlich der Frage der Gebotenheit der Aufwendungen kein anderer Maßstab gelten als auch i. R. d. § 82 VVG, da § 83 Abs. 2 VVG für die Rettungskosten explizit hierauf Bezug nimmt. Abweichend hiervon hat *Dörner* zu § 63 VVG a. F. wiederum den Standpunkt vertreten, Verschuldenskategorien – jedenfalls in den Fällen des Rettungskostenersatzes beim Ausweichen z. B. vor einem Hasen – seien nicht mit einzubeziehen; vielmehr komme es entscheidend darauf an, ob ein verständiger VN unter Berücksichtigung aller Umstände der konkreten Situation die mit einem plötzlichen Ausweichmanöver verbundenen Gefahren auf sich nehmen durfte[302]. Indes wird man auch nach dieser Auffassung vielfach zu den gleichen Ergebnissen gelangen können wie unter Zugrundelegung der h. M.

90   Bei **Tätigwerden eines Dritten** für den VN wird nach h. M. für den Anspruch aus § 83 VVG auf das Verschulden des Dritten abgestellt, d. h. es kommt darauf an, ob dieser die Aufwendung für geboten halten durfte[303].

91   **b)** Besondere praktische Relevanz hat der Rettungskostenersatzanspruch gem. § 63 VVG a. F. in Zusammenhang mit Kfz-Unfällen mit Haarwild erlangt. Diese Konstellation und hiermit zusammenhängende Fragen lassen sich nach der VVG-Reform auf § 83 VVG übertragen[304]. In einer sehr großen Anzahl von Entscheidungen hat sich die Rechtsprechung immer wieder mit der Frage nach der Erstattung von **Rettungskosten** wegen der Abwendung von Wildunfällen beschäftigen müssen. Hintergrund der Problematik ist § 12 Abs. 1 Nr. I d AKB/Fassung 2004[305], wonach in der **Fahrzeugteilversicherung** Beschädigungen des Fahrzeugs versichert sind, die durch einen Zusammenstoß des in Bewegung befindlichen Fahrzeugs mit Haarwild hervorgerufen worden sind[306]. Voraussetzung für das Eingreifen des Versicherungsschutzes ist indes, dass es zu einem tatsächlichen Zusammenstoß zwischen Fahrzeug und Tier

---

[298] Vgl. BGH v. 21. 3. 1977, VersR 1977, 709 (710 f.); BGH v. 18. 12. 1996, VersR 1997, 351 (352); BGH v. 25. 6. 2003, VersR 2003, 1250.

[299] Berliner Kommentar/*Beckmann,* § 63 Rn. 26; *Bruck/Möller/Johannsen*[8], Bd. III, Anm. G 158; *Bruck/Möller*[8], § 63 Anm. 21; *Knappmann,* VersR 1989, 113 (114); *Prölss/Martin/Voit/Knappmann*[27], § 63 Rn. 9; OLG Hamm v. 16. 12. 1992, VersR 1994, 43; OLG Düsseldorf v. 5. 10. 1993, VersR 1994, 1293 f.; OLG Braunschweig v. 14. 10. 1993, VersR 1994, 1293 (1294); OLG Nürnberg v. 17. 12. 1992, VersR 1993, 1476 f.; a. A. *Schulz,* VersR 1994, 1275 (1277); *Stange,* S. 158.

[300] VVG RegE, BT-Drucks. 16/3945 S. 81; *Marlow/Spuhl*[2], Das Neue VVG kompakt, S. 117.

[301] Vgl. auch Rn. 94.

[302] *Dörner,* JR 1997, 501; offen gelassen durch den BGH (v. 25. 6. 2003, VersR 2003, 1250), ob der h. M. oder dem Standpunkt *Dörners* zu folgen ist.

[303] BGH v. 25. 6. 2003, VersR 2003, 1250; OLG Schleswig v. 12. 9. 1990, r+s 1991, 11 f.; OLG Hamm v. 12. 12. 1997, VersR 1999, 46 f.; Berliner Kommentar/*Beckmann,* § 63 Rn. 27; *Bruck/Möller/Johannsen*[8], Bd. III, Anm. G 158; *Bruck/Möller*[8], § 63 Anm. 21; *Stange,* S. 158 f.; *Pröss/Martin/Voit/Knappmann,* § 63 Rn. 10; nun auch *Römer/Langheid/Römer*[2], § 63 Rn. 8 (anders noch in der Vorauflage) (jeweils zu § 63 a. F.).

[304] *Marlow/Spuhl*[2], Das Neue VVG kompakt, S. 122; *Rixecker,* ZfS 2007, 255 (256).

[305] Abgedruckt bei *Dörner*[5], Versicherungsbedingungen; entspricht nunmehr A.2.2.4 AKB 2008, abrufbar unter http://www.gdv.de/Downloads/Bedingungen/AKB_2008.pdf (Abrufdatum: 13. 3. 2008).

[306] Vgl. hierzu auch das Urteil des AG Coburg v. 23. 11. 2005, SP 2006, 432 (zur früheren Rechtslage).

gekommen ist[307]. Vermeidet der VN allerdings den Zusammenstoß etwa durch Ausweichen und kommt dabei sein Fahrzeug zu Schaden, stellte sich die Frage, ob er diesen Schaden als Rettungskosten gem. § 63 VVG a. F. vom VR verlangen kann. Voraussetzung für die Anwendbarkeit der §§ 62, 63 VVG a. F. war indes die Anerkennung der **Vorerstreckungstheorie,** mithin das Eingreifen dieser Vorschriften in dem Zeitpunkt, in dem der Versicherungsfall unmittelbar bevorsteht (zur Vorerstreckungstheorie vgl. oben Rn. 19 ff.). Mit der Anerkennung der Vorerstreckungstheorie in der Sachversicherung durch den BGH im Jahre 1991[308] hatte der BGH den Weg eröffnet, solche Schäden des VN über § 63 VVG a. F. abzuwickeln. Nunmehr ergibt sich dieser Anspruch ausdrücklich aus § 90 VVG, der den Rettungskostenersatz in den sog. „Haarwildfällen" untermauert[309]. Voraussetzung für einen entsprechenden Anspruch ist zum einen, dass der **Zusammenstoß mit Haarwild** und damit eine Beschädigung des Fahrzeugs unmittelbar bevorsteht. Insoweit wird teilweise bereits argumentiert, dass bei einem Zusammenstoß mit kleineren Tieren (Hasen, Füchsen, etc.) gar kein Schaden für das Fahrzeug drohe, so dass bereits objektiv der Eintritt des Versicherungsfalls auch nicht bevorstehe[310]. Bejaht man hingegen auch bei einem drohenden Zusammenstoß mit kleineren Tieren die Gefahr einer Beschädigung für das Fahrzeug, so stellt sich die entscheidende Frage, ob der VN das Ausweichmanöver mit den hiermit verbundenen Gefahren für das Fahrzeug den Umständen nach für **geboten halten durfte.** Insoweit schadet dem VN – wie oben dargelegt, vgl. Rn. 90 – nach h. M. Vorsatz oder grobe Fahrlässigkeit. In einer neueren Entscheidung hat der BGH indes wieder offen gelassen, ob tatsächlich auf grobe Fahrlässigkeit abzustellen sei[311]. Ob der VN bei einem Ausweichmanöver grob fahrlässig handelt, richtet sich in erster Linie nach der Größe des Haarwilds, dem ausgewichen wird[312]; bei größeren Tieren ist das Ausweichmanöver bereits objektiv erforderlich, um die Beschädigung am Fahrzeug abzuwenden[313], so dass die vollständige Erstattungsfähigkeit über § 83 VVG grundsätzlich zu bejahen ist. Geht es hingegen um die Abwendung des Zusammenstoßes mit kleineren Tieren (Hasen, Marder, Füchsen, etc) fehlt es – jedenfalls aus versicherungsrechtlicher Sicht[314]– an einer objektiven Erforderlichkeit des Ausweichmanövers, um eine Beschädigung des Fahrzeugs zu vermeiden. So hat der BGH ausgeführt, der VN unterliege einem grob fahrlässigen Irrtum über die objektive Notwendigkeit, wenn er als Fahrer eines mittleren Pkw bei einer Geschwindigkeit von ca. 80 km/h einem Hasen ausweicht, um durch einen etwaigen Zusammenstoß mit dem Hasen einen Schaden an dem Fahrzeug zu vermeiden[315]. Die Gefahr für das Fahrzeug, die von einem Zusammenstoß mit einem solchen Tier ausgehe, sei so gering, dass es unverhältnismäßig sei, das hohe Risiko eines ungleich größeren Schadens durch eine plötzliche Fahrtrichtungsänderung in Kauf zu nehmen[316]. Auch Tierschutzaspekte können nach wohl h. M. eine Gebotenheit i. S. d. §§ 90, 83 VVG nicht begründen, da der VR nur für Schäden einzustehen hat, die dem VN entstanden sind, weil er anderen, u. U. größeren,

---

[307] BGH v. 18. 12. 1996, VersR 1997, 351; BGH v. 20. 2. 1991, VersR 1991, 459 (460); vgl. auch in diesem Handbuch *Heß/Höke,* § 30 Rn. 214.

[308] BGH v. 20. 2. 1991, VersR 1991, 459; s. dazu oben Rn. 20.

[309] *Rixecker,* ZfS 2007, 255 (256); *Marlow/Spuhl²,* Das Neue VVG kompakt, S. 122.

[310] *Römer/Langheid/Römer²,* § 63 Rn. 13.

[311] BGH v. 25. 6. 2003, VersR 2003, 1250; dazu bereits Rn. 89.

[312] Vgl. BGH v. 25. 6. 2003, VersR 2003, 1250; BGH v. 18. 12. 1996, VersR 1997, 351 (352); OLG Frankfurt/M. v. 2. 9. 1992, NJW-RR 1993, 355 f.; OLG Schleswig v. 31. 5. 1995, r+s 1995, 290; Berliner Kommentar/*Beckmann,* § 63, Rn. 28; *Römer/Langheid/Römer²,* § 63 Rn. 13; kritisch *Gas* (VersR 2003, 414 [415]), wonach schon eine willentliche Rettungsmaßnahme zweifelhaft sei und eher eine Reflexhandlung anzunehmen sei.

[313] OLG Koblenz v. 19. 5. 2006, VersR 2007, 831 f.

[314] Zur den Auswirkungen des gem. Art. 20a GG nur mehr verfassungsrechtlich berücksichtigten Tierschutzes auf die Kraftfahrzeug-Teilkaskoversicherung vgl. *Leube,* NZV 2002, 545 ff.

[315] BGH v. 18. 12. 1996, VersR 1997, 351 f.; vgl. auch BGH v. 25. 6. 2003, VersR 2003, 1250; entsprechend auch LG Marburg v. 17. 1. 2006, SP 2006, 324.

[316] Anders noch zuvor OLG München v. 12. 3. 1993, VersR 1994, 928; OLG Nürnberg v. 17. 12. 1992, VersR 1993, 476 f.

jedenfalls aber versicherten Schaden vermeiden wollte. Mit der Kaskoversicherung ist jedoch nicht das Leben eines Tieres versichert[317]. Im Unterschied zur früheren Rechtslage sind die Folgen dieses Irrtums jedoch weniger nachteilig. So werden nach *Rixecker* „gerettete Hasen und Füchse den VN in Zukunft nicht mehr die vollen Reparaturkosten „kosten", sondern nur noch einen der Schwere seines Verschuldens entsprechenden Anteil"[318]. D. h. der VN bleibt zukünftig bei grob fahrlässigem Verkennen der Entbehrlichkeit seines Ausweichmanövers nicht mehr vollständig auf den Kosten für die Reparatur seines Fahrzeugs sitzen, vielmehr hat der VR einen der Schwere des Verschuldens seitens des VN entsprechenden Anteil dieser Reparaturkosten zu tragen. Entsprechend § 90 i. V. m. §§ 82 Abs. 3 S. 2 VVG, 83 Abs. 2 VVG ist folglich auch hier eine Quotelung erforderlich[319].

4. Grenzen des Aufwendungsersatzes

92   a) Zunächst stellt sich die Frage nach dem Einfluss der **Versicherungssumme** auf den Anspruch auf Rettungskostenersatz. Gem. § 83 Abs. 3 VVG hat der VR Aufwendungen, die gemäß seinen Weisungen gemacht worden sind, auch insoweit zu ersetzen, als sie zusammen mit der übrigen Entschädigung die Versicherungssumme übersteigen. Hieraus folgt zum einen, dass in Fällen, in denen der VN Aufwendungen aufgrund von Weisungen des VR gemacht hat, die Versicherungssumme keine Rolle spielt; mithin sind die Aufwendungen in vollem Umfang zu ersetzen, auch wenn sie zusammen mit der übrigen Entschädigung die Versicherungssumme übersteigen. Darüber hinaus folgt aus § 83 Abs. 3 VVG im Umkehrschluss, dass im Übrigen der Anspruch auf Erstattung der Aufwendungen auf die Versicherungssumme begrenzt ist. Wenn Aufwendungen und Versicherungsschaden im engeren Sinne die Versicherungssumme übersteigen, gilt also die vereinbarte **Versicherungssumme als Höchstgrenze.** Insoweit bildet § 135 Abs. 1 VVG für die **Transportversicherung** aber eine Sonderregelung, wonach der Anspruch auf Erstattung von Rettungskosten ohne Rücksicht darauf besteht, „ob sie zusammen mit der übrigen Entschädigung die Versicherungssumme übersteigen". Darüber hinaus finden sich auch in einzelnen **AVB** Modifizierungen des § 83 Abs. 3 VVG zugunsten des VN, wonach die Erstattung von Rettungskosten nicht durch die Versicherungssumme begrenzt wird. Dies gilt beispielsweise für die gleitende Neuwertversicherung nach § 13 VGB 88, wonach Rettungskosten unbegrenzt entschädigt werden; eine Sonderregelung findet sich darüber hinaus etwa in § 18 Nr. 7 VHB 92 (indes in der Fassung der VHB 2000 nicht mehr enthalten).

93   Bei Vorliegen einer **Überversicherung** wird die Höchstgrenze des Erstattungsanspruchs durch den Versicherungswert gebildet; dabei kommt es nicht darauf an, ob von einem der Beteiligten eine Beseitigung der Überversicherung verlangt worden ist. Zur Begründung wird angeführt, es möglich sein solle, wegen einer Überversicherung einen erhöhten Rettungskostenersatz zu erreichen[320].

94   § 83 Abs. 2 VVG schreibt vor, dass dem VN ein Anspruch auf Ersatz der gem. § 82 Abs. 1 und Abs. 2 VVG aufgewendeten Kosten zur Abwendung oder Minderung des Schadens nur insoweit gegeben ist, als der Versicherer bei Schadenseintritt leistungspflichtig ist. Demgemäß kann der VN etwa bei einer Quotelung im Falle grob fahrlässiger Herbeiführung des Versicherungsfalles nach § 81 Abs. 2 VVG oder grob fahrlässiger Obliegenheitsverletzung nach § 82 Abs. 3 S. 2 VVG Ersatz seiner Aufwendungen nur entsprechend dieser Quote verlangen. Dementsprechend kann der VN auch in sonstigen Fällen, in denen nur ein quotenmäßiger Ersatz vorgesehen ist, sowie in Fällen der in § 75 VVG geregelten Unterversicherung nur anteiligen Aufwendungsersatz verlangen[321]. Auch im Falle einer Unterversicherung i. S. d. § 75 VVG ist der VR nur zur Leistung in dem Verhältnis verpflichtet, in welchem die Versiche-

---

[317] LG Marburg v. 17. 1. 2006, SP 2006, 324.
[318] *Rixecker*, ZfS 2007, 255 (256).
[319] *Marlow/Spuhl*², Das Neue VVG kompakt, S. 122; *Hinsch-Timm*, Das neue VVG, S. 141; vgl. auch Rn. 91.
[320] *Bruck/Möller*⁸, § 63 Anm. 24.
[321] VVG RegE, BT-Drucks. 16/3945 S. 81.

rungssumme unter dem Versicherungswert zum Zeitpunkt des Eintritts des Versicherungsfalles liegt. Entscheidend ist dabei aber, dass es sich um eine erhebliche Unterversicherung
handelt[322]. Unterschiedlich beantwortet wird die Frage, ob eine proportionale Erstattung
auch zu erfolgen hat, wenn es um weisungsgemäß gemachte Aufwendung geht. Gegen diese
Annahme spricht zwar die systematische Stellung dieser Regelung in Abs. 2, wohingegen
nach bisheriger Regelung der weisungsgemäß gemachten Aufwendungen in § 63 Abs. 1 S. 2
VVG a. F. diese Frage bejaht werden konnte[323]. Nichtsdestotrotz kann auch weiterhin von
einer proportionalen Erstattung bei weisungsgemäß gemachten Aufwendungen ausgegangen
werden, entspricht dies doch dem Grundgedanken des § 83 Abs. 2 VVG, einen Kostenersatzanspruch nur dann anzuerkennen, soweit der VR auch bei Schadenseintritt leistungspflichtig
wäre. Zudem entspricht diese Handhabung auch dem „Quotenprinzip", welches sich wie ein
roter Faden durch die Neuregelungen des VVG zieht. Schließlich ist dies in einzelnen AVB
ohnehin ausdrücklich verankert (vgl. etwa § 3 Nr. 1 S. 3 AFB 87/Fassung 2004; § 3 Nr. 1 S. 3
AERB 87/Fassung 2004)[324]. Auch die nach der VVG-Reform maßgeblichen AVB beziehen
sich ausdrücklich auf eine verhältnismäßige Leistungskürzung im Falle einer Unterversicherung, ohne dabei weisungsgemäß gemachte Aufwendungen von dieser Regelung auszunehmen, vgl. beispielsweise Abschnitt A § 8 Ziff. 5 AFB 2008[325] bzw. AERB 2008[326]. Nach im
Schrifttum vertretener Auffassung ist auch eine mehrfache Quotelung möglich, so etwa bei
grob fahrlässiger Herbeiführung des Versicherungsfalles, § 81 VVG, und grob fahrlässiger Verletzung der Rettungsobliegenheit[327].

Umgekehrt wird in einzelnen Fällen bei einer **Versicherung auf erstes Risiko (Erstri-**   95
sikoversicherung)[328] in AVB teilweise auf den Einwand der Unterversicherung ausdrücklich verzichtet; dies gilt beispielsweise gem. § 11 Nr. 4 AERB 87, § 11 Nr. 4 AFB 87[329]. Die
genannten AVB verweisen jeweils auf § 3 Nr. 3 AERB 87/Fassung 2004 bzw. AFB 87/Fas-
sung 2004 und damit auf Rettungskosten, so dass sich der Verzicht auf den Einwand der Unterversicherung auch auf diese Rettungskosten erstreckt[330]. Die AVB 2008 sehen den Verzicht
auf die Berücksichtigung nunmehr in Abschnitt A § 8 Ziff. 5 der AFB 2008 und AERB 2008
ausdrücklich vor, sofern für einzelne Positionen die Versicherung auf erstes Risiko vereinbart
wurde.

Unterschiedlich beantwortet wird die weitere Frage, ob der Anspruch auf Rettungskosten   96
im Fall einer Erstrisikoversicherung auch dann ungekürzt bleibt, wenn der VN die **Rettungsmaßnahme zur Abwendung oder zur Minderung eines die Versicherungssumme übersteigenden Schadens** vornimmt; mit anderen Worten stellt sich die Frage,
ob Rettungskosten auch dann zu ersetzen sind, wenn der VN nicht nur versicherte, sondern
auch unversicherte Schäden abwendet. Teilweise wird der Standpunkt vertreten, dass der
Rettungskostenersatzanspruch auch in dieser Konstellation nicht zu kürzen sei[331]. Hiervon

---

[322] VVG RegE, BT-Drucks. 16/3945 S. 78.

[323] Berliner Kommentar/*Beckmann*, § 63 Rn. 31; *Bruck/Möller/Johannsen*[8], Bd. III, Anm. G 164; *Bruck/
Möller*[8], § 63 Anm. 25; *Woesner*, ZVersWiss. 1960, 399 (425 ff.); a. A. *Prölss/Martin/Voit/Knappmann*[27],
§ 63 Rn. 31.

[324] Abgedruckt bei *Dörner*[5], Versicherungsbedingungen.

[325] Unverbindliche Bekanntgabe des GDV (abrufbar unter http://www.gdv.de/Downloads/Bedingun-
gen/SU_262_AFB08GN.pdf [Abrufdatum: 13. 3. 2008]).

[326] Unverbindliche Bekanntgabe des GDV (abrufbar unter http://www.gdv.de/Downloads/Bedingun-
gen/SU_270_AERB08.pdf [Abrufdatum: 13. 3. 2008]).

[327] *Langheid,* NJW 2007, 3745, 3746; *Niederleithinger,* Das neue VVG, S. 48.

[328] Hierunter versteht man eine Abweichung von § 56 VVG; bei der Versicherung auf erstes Risiko
wird jeder Schaden bis zur Versicherungssumme entschädigt, ohne dass es darauf ankommt, ob die Versicherungssumme dem Versicherungswert entspricht, vgl. *Prölss/Martin/Kollhosser*[27], § 56 Rn. 19.

[329] Abgedruckt bei *Dörner*[5], Versicherungsbedingungen.

[330] Vgl. Dazu *Bruck/Möller*[8], § 63 Anm. 25; *Büchner*, VersR 1967, 628 (629); *Stange*, S. 218 f.

[331] *Bruck,* Privatversicherungsrecht, S. 355; *Kisch,* WuR 1916, 268 (295); *Wuesner,* ZVersWiss 1960, 399
(427) (jeweils zu § 63 a. F.).

---

abweichend hat insbesondere *Büchner* den Standpunkt entwickelt, die Rettungskosten nach dem Verhältnis der schon bei Eintritt des Versicherungsfalles, also vor jeder Rettungsmaßnahme, von vornherein auf dem Spiel stehenden beiderseitigen Interessen aufzuteilen[332]. Für den zuletzt genannten Standpunkt lässt sich zum einen der Gedanke des § 83 Abs. 3 VVG ins Feld führen. Danach ist der VR nur dann zum Ersatz derjenigen Rettungskosten verpflichtet, die auch über den Wert der Versicherungssumme hinausgehen, als der VN gemäß seinen Weisungen gehandelt hat. Zudem bestimmt auch § 83 Abs. 2 VVG, dass der VN Ersatz der von ihm aufgewendeten Kosten nur insoweit verlangen kann, als der VR bei Schadenseintritt leistungspflichtig wäre. Demgemäß richtet sich der Kostenersatz sowohl nach dem Verhältnis einer vom VR vorzunehmenden Quotelung im Falle grober Fahrlässigkeit seitens des VN als auch nach dem Verhältnis der Unterversicherung i. S. d. § 75 VVG[333]. Dieser Vorschrift ist damit zu entnehmen, dass der VR Aufwendungsersatz nur im Verhältnis der beteiligten Interessen zu tragen hat, mithin nur Rettungskosten, die zur Abwendung oder Minderung des versicherten Interesses aufgewendet worden sind.

97   Vielfach sehen Versicherungsverträge eine **Selbstbeteiligung** bzw. Franchise des VN vor. Für die Frage, ob die Selbstbeteiligungsgrenze betragsmäßig erreicht ist, kommt es grundsätzlich allein auf den Versicherungsschaden im engeren Sinne an; Rettungsaufwendungen des VN sind nicht hinzuzurechnen. §§ 846, 847 HGB; §§ 34 Abs. 2, 117 ADS sehen dies ausdrücklich vor. Im Schrifttum wird typischerweise das Beispiel von einer Selbstbeteiligung von umgerechnet 500 € und einem versicherten Schaden im engeren Sinne von 450 € genannt; dadurch, dass dem VN Rettungskosten i. H. v. 100 € entstehen, wird die Selbstbeteiligungsgrenze bei diese Konstellation nicht überschritten[334].

98   Hiervon zu trennen ist die Frage, ob und wie sich die Selbstbeteiligung auf den Umfang des Anspruchs auf Rettungskosten auswirkt; mit anderen Worten, ob der Rettungskostenersatzanspruch bei Bestehen einer Selbstbeteiligung entsprechend dem Selbstbehalt gekürzt werden oder sogar gänzlich entfallen kann. Die Beantwortung der Frage richtet sich letztendlich nach der Bestimmung über Selbstbeteiligung und ist ggf. durch Auslegung zu ermitteln. Ist im Rahmen der Selbstbeteiligung vereinbart, dass der VN von „jedem Schaden" eine bestimmte Quote selbst zu tragen hat, so bezieht sich die Selbstbeteiligung auch auf den Anspruch auf Rettungskosten[335]. Lässt sich diese Konsequenz aus der Vereinbarung über die Selbstbeteiligung nicht ausdrücklich oder durch Auslegung ermitteln, so ist die Konsequenz umstritten. Einerseits wird argumentiert, dass der Anspruch auf die Versicherungsleistung im eigentlichen Sinne einerseits und der Anspruch auf Rettungskosten andererseits so eigenständig sind, dass eine vereinbarte Selbstbeteiligung keinen Einfluss auf den Anspruch auf Rettungskostenersatz haben soll[336]. Hiervon abweichend haben aber insbesondere Instanzgerichte die Selbstbeteiligung auch auf den Rettungskostenersatzanspruch gem. § 83 VVG bezogen[337]. Darüber hinaus wird im Schrifttum im Rahmen dieser Frage noch nach der Art der Selbstbeteiligung unterschieden. Handelt es sich um sog. **Integralfranchisen,** bei der Schäden bis zu einer gewissen Grenze überhaupt nicht versichert sind, während darüber hinausgehende Schäden in vollem Umfang versichert sind, soll der VR die Aufwendungen nicht ersetzen, wenn der VN einen Schaden abwendet, der die Franchisengrenze nicht erreicht hätte. Im anderen Fall (Franchisengrenze wird nur deshalb unterschritten, weil der VN eine erfolgreiche Rettungsmaßnahme getätigt hat) ist der Rettungsaufwand nach dieser Auf-

---

[332] *Büchner*, VersR 1967, 628 (629 ff.); Zustimmung durch *Bruck/Möller*[8], § 63 Anm. 25; teilweise auch durch *Stange*, S. 220 ff., wenn es sich um „teilbare Rettungshandlungen" handelt.

[333] VVG RegE, BT-Drucks. 16/3945 S. 81.

[334] Beispiel nach *Büchner*, VersR 1967, 628 (632); ebenso *Bruck/Möller*[8], § 62 Anm. 26; *Stange*, S. 185.

[335] Berliner Kommentar/*Beckmann*, § 63 Rn. 34; *Bruck/Möller*[8], § 36 Anm. 26; *Büchner*, VerR 1967, 628 (633).

[336] *Bruck*, Privatversicherungsrecht, S. 357; *Kisch*, WuR 1916, 268 (288).

[337] OLG Karlsruhe v. 16. 9. 1993, VersR 1994, 468 (470), OLG Nürnberg v. 11. 7. 1991, r+s 1991, 297; OLG Hamm v. 29. 11. 1989, VersR 1990, 413.

fassung vom VR in vollem Umfang zu tragen[338]. Hiervon abweichend werden sog. **Abzugsfranchisen** behandelt. Bei Abzugsfranchisen tritt die Selbstbeteiligung bei jedem Versicherungsschaden ein. Nach der genannten differenzierenden Auffassung wird vertreten, dass der VN die Aufwendungen selbst zu tragen hat, wenn der Schaden nicht über den Betrag der Selbstbeteiligung hinauszuwachsen droht. Bestehe hingegen die Gefahr, dass der zu ersetzende Schaden die Grenze des Selbstbehalts überschreitet, so wird eine Aufteilung der Rettungskosten nach dem Verhältnis der schon bei Eintritt des Versicherungsfalles von vornherein auf dem Spiel stehenden beiderseitigen Interesses befürwortet[339].

Eine Begrenzung der Rettungskosten ist auch dann anzunehmen, wenn sich die Rettungs-   **99** kosten teilweise auf die **Rettung unversicherter Interessen** beziehen. Vor allem dann, wenn es sich um **teilbare Rettungshandlungen** handelt, hat der VR nur die Rettungskosten zu tragen, bei denen sich die Rettungshandlungen auf ein versichertes Interesse beziehen[340]. Aber auch dann, wenn Rettungsmaßnahmen nur einheitlich ergriffen werden können, wird der Rettungskostenersatzanspruch des VN sowohl für versicherte wie nicht versicherte Interessen **(unteilbare Rettungshandlungen)** entsprechend begrenzt; d. h. der VR trägt die Rettungskosten nur in dem Verhältnis des abzuwendenden versicherten Schadens zu dem abgewendeten nicht versicherten Schaden. Auch diese Ansicht lässt sich wiederum mit dem Rechtsgedanken aus § 83 Abs. 2 VVG begründen[341].

5. Vorschusspflicht des Versicherers gem. § 83 Abs. 1 S. 2 VVG

§ 83 Abs. 1 S. 2 VVG gewährt dem VN gegen den VR einen Anspruch auf **Vorschuss;**   **100** danach hat der VR den für die Aufwendungen erforderlichen Betrag auf Verlangen des VN vorzuschießen. Die Vorschrift bezweckt, dem VN zu ermöglichen, auch Kosten intensiver Rettungsmaßnahmen überhaupt durchführen zu können; insbesondere wenn der VR hierzu Weisungen erteilt hat[342]. Indes bezieht sich die Vorschrift nicht nur auf Aufwendungen, die der VN auf Weisung des VR macht, sondern auf alle von § 83 Abs. 1 VVG erfassten Aufwendungen des VN[343]. Im Falle des § 90 VVG soll die Vorschusspflicht jedoch ausgeschlossen sein[344]. Je nach den Umständen des Einzelfalls kann der VN auch mehrfach Vorschuss verlangen[345]. Voraussetzung für das Entstehen des Vorschussanspruchs ist zum einen eine entsprechende Aufforderung durch den VN; dieses Verlangen kann ausdrücklich oder stillschweigend erfolgen und ist an keine Form gebunden. Des Weiteren gewährt § 83 Abs. 1 S. 2 VVG den Vorschussanspruch in Höhe des **für die Aufwendungen erforderlichen Betrags.** D. h. neben dem Verlangen durch den VN muss die Leistungspflicht des VR unter dem Gesichtspunkt des Rettungskostenersatzes begründet sein[346]. Die Höhe des Vorschusses unterliegt zwar grundsätzlich einer Schätzung[347], indes konkretisiert sich die Vorschusshöhe, je klarer sich auch die in Rede stehenden Rettungshandlungen und deren Kosten darstellen.

Nach h. M. wird der Vorschussanspruch des VN mit der entsprechenden Aufforderung   **101** gem. § 271 BGB sofort **fällig**[348]. Jedenfalls ist die Fälligkeitsregelung des § 14 VVG auf den

---

[338] Vgl. *Büchner,* VerR 1967, 628 (632f.); *Bruck/Möller*[8], § 62 Anm. 26; *Stange,* S. 186ff.
[339] Vgl. *Büchner,* VersR 1967, 628 (632f.); ebenso *Bruck/Möller*[8], § 62 Anm. 26.
[340] OLG Karlsruhe, v. 19. 9. 1993, VersR 1994, 468 (469); *Bruck/Möller*[8], § 63 Anm. 27; *Martin,* VersR 1968, 909.
[341] Vgl. die Nachweise in der vorhergehenden Fn.; offen gelassen allerdings durch den BGH v. 13. 7. 1994, VersR 1994, 1181 (1182) zu § 63 Abs. 2 VVG a. F.
[342] *Bruck/Möller/Johannsen*[8], Bd. III, Anm. G 162.
[343] Berliner Kommentar/*Beckmann,* § 63 Rn. 36 (zu § 63 a. F.).
[344] VVG RegE, BT-Drucks. 16/3945 S. 83.
[345] *Prölss/Martin/Voit/Knappmann*[27], § 63 Rn. 37.
[346] *Stange,* S. 234.
[347] *Stange,* S. 235; *Prölss/Martin/Voit/Knappmann*[27], § 63 Rn. 37.
[348] Berliner Kommentar/*Beckmann,* § 63 Rn. 36; *Bruck/Möller/Johannsen*[8], Bd. III, Anm. G 162; *Bruck/Möller*[8], § 63 Anm. 28; *Kisch,* WuR 1916, 325; *Stange,* S. 236; einschränkend *Prölss/Martin/Voit/Knapp-*

Vorschussanspruch nicht anwendbar, da § 83 Abs. 1 S. 2 VVG von dieser Regelung abweicht[349].

102   Nach Beendigung der Rettungshandlung findet eine **Abrechnung** zwischen VN und VR statt. Der VN ist zur Rechnungslegung verpflichtet. Dabei kann dahin stehen, ob sich diese Verpflichtung aus dem Rechtsgedanken der §§ 666, 667 BGB[350] oder aufgrund einer Nebenpflicht aus dem Versicherungsvertrag[351] ergibt. Hat der VR einen zu hohen Vorschuss geleistet, hat er zumindest einen Rückzahlungsanspruch aus Bereicherungsrecht (§ 812 Abs. 1 S. 2, 1. Alt. BGB)[352].

103   Kommt der VR seiner Verpflichtung zur Zahlung des Vorschusses nicht nach, so soll dem VN gem. § 273 Abs. 1 BGB das Recht, die Rettungsmaßnahme zu verweigern, bis der Vorschuss geleistet ist, zustehen[353]. Einschränkend vertritt *Stange* den Standpunkt, dass gem. § 242 BGB der VN von dem Leistungsverweigerungsrecht nur Gebrauch machen dürfe, wenn die Durchführung der Rettungsmaßnahme ihm nur mit Hilfe des Vorschusses möglich sei. Insbesondere dann, wenn der VN unproblematisch und ohne Risiko Eigenmittel verwenden könne, dürfe der VN die Rettung nicht unterlassen.

104   Der VN muss jedenfalls keinen **Kredit** aufnehmen, um die Rettung ausführen zu können[354]. Eine andere Frage ist jedoch, ob der VN im Falle der Kreditaufnahme die entsprechenden Zinsen als Rettungskosten vom VR verlangen kann (dazu oben Rn. 88).

6. Fälligkeit und Verjährung

105   Nach h. M. wird der Anspruch auf Rettungskostenersatz gem. § 271 BGB sofort **fällig**[355]. Die Gegenansicht lässt § 11 VVG a. F. (jetzt § 14 VVG) zur Anwendung gelangen und begründet diesen Standpunkt damit, dass die „Versicherungsleistungen" gem. § 11 Abs. 1 VVG a. F. (jetzt § 14 VVG) sich auch auf die Rettungskosten bezögen. Für die **Verjährung des Rettungskostenersatzanspruchs** gilt die allgemeine Vorschrift des § 15 VVG.

G. Anspruchsinhaber

106   Der Rettungskostenersatzanspruch gem. § 83 VVG steht grundsätzlich dem VN zu. Außerhalb des Vertrags stehende Dritte, die z. B. vom VN mit Rettungshandlungen betraut worden sind, haben keinen eigenen Anspruch gegen den VR auf Ersatz ihrer Aufwendungen[356]. Diese haben sich vielmehr aufgrund entsprechenden Vertrages oder aufgrund der Regelungen über die Geschäftsführung ohne Auftrag an den VN zu halten[357]. Ist der Dritte hingegen aufgrund einer **Versicherung für fremde Rechnung** in den Versicherungsvertrag miteinbezogen, so treffen ihn auch die Rettungsobliegenheiten des § 82 VVG. Konsequenterweise hat er bei Vornahme entsprechender Rettungshandlungen auch einen eigenen Er-

---

mann[27], § 63 Rn. 4, 37, wonach der Zeitpunkt der Fälligkeit des Vorschusses davon abhängt, ob der VN für die Rettung Eigenleistungen erbringt oder Fremdleistungen in Anspruch nimmt und ob er letzteren Falls im Voraus oder Zug um Zug erst gegen spätere Rechnung leisten muss; einschränkend ebenfalls *Woesner*, ZVersWiss 1960, 399 (439).

[349] *Bruck/Möller/Johannsen*[8], Bd. III, Anm. G 162; *Stange*, S. 236 (jeweils zu § 64 VVG a. F.).

[350] So *Prölss/Martin/Voit/Knappmann*[27], § 63 Rn. 37.

[351] So *Stange*, S. 236.

[352] *Stange*, S. 237.

[353] *Bruck/Möller*[8], § 63 Anm. 28; *Kisch*, WuR 1916, 326; *Ritter*, Seeversicherung, § 32 Anm. 28, S. 542 f.; RG v. 9. 3. 1882, RGZ 6, 190 (195).

[354] *Stange*, S. 238.

[355] *Berliner Kommentar/Beckmann*, § 63 Rn. 38; *Bruck/Möller/Johannsen*[8], Bd. III, Anm. G 162; *Bruck/Möller*[8], § 63 Anm. 28; a. A. *Prölss/Martin/Voit/Knappmann*[27], § 63 Rn. 37; *Stange*, S. 222 ff. (jeweils zu § 63 VVG a. F.).

[356] *Bruck/Möller*[8], § 63 Anm. 22.

[357] Vgl. *Bruck/Möller*[8], § 63 Anm. 29 m. w. N.

satzanspruch gegen den VR[358]. Aus § 45 VVG soll sich indes ergeben, dass die Geltendmachung solcher Ansprüche des Versicherten Sache des VN sei[359].

Bei einer **Mehrzahl von VN,** die gemeinsam ein Interesse versichert haben, gelten für die **107** Gläubigereigenschaft und Möglichkeit der Geltendmachung des entsprechenden Anspruchs die allgemeinen zivilrechtlichen Regelungen; d. h. es kann sich um eine Bruchteils- oder um eine Gesamthandsgemeinschaft handeln[360].

H. Beweislastfragen

I. Beweislastverteilung bei der Rettungsobliegenheit

Der VR hat den **objektiven Tatbestand der Obliegenheitsverletzung** durch den Ob- **108** liegenheitsbelasteten gem. § 82 Abs. 1 VVG darzulegen und zu beweisen[361]. Infolgedessen muss der VR darlegen und beweisen, dass der VN bei Eintritt des Versicherungsfalles erforderliche und zumutbare Rettungsmaßnahmen nicht oder nicht ausreichend vorgenommen hat, Weisungen nicht befolgt hat oder aber solche Weisungen nicht eingeholt hat.

Was den **subjektiven Tatbestand,** insbesondere das Verschulden des Obliegenheitsbelas- **109** teten betrifft, so muss nach neuer Rechtslage der VR Vorsatz des VN darlegen und beweisen. Von grober Fahrlässigkeit hingegen muss sich der VN gem. § 82 Abs. 3 S. 2, 2. Hs. VVG entlasten, will er die volle Leistung des VR erhalten[362]. Für das Verschuldensmaß, nach welchem sich im Falle grober Fahrlässigkeit der Leistungsumfang des VR richtet, ist dieser wiederum beweisbelastet[363].

Keine Klarheit bestand im Rahmen von § 62 VVG a. F. zu der Frage, wer die Darlegungs- **110** und Beweislast dafür trägt, dass der VN **Kenntnis um den Eintritt des Versicherungsfalles** hat. Im Ansatz ging die überwiegende Meinung zur Rechtslage vor der VVG-Reform davon aus, dass die **Kenntnis des VN vom Versicherungsfall** zum **subjektiven Tatbestand** gehört mit der Konsequenz, dass der VN beweisen musste, dass er keine Kenntnis vom Versicherungsfall hatte[364]. Hiervon ist der BGH allerdings in seiner Entscheidung v. 30. 4. 1969[365] für den Bereich der Kraftfahrzeughaftpflichtversicherung abgewichen: Obwohl der VN behauptet hatte, von einem Unfall nichts bemerkt zu haben und deshalb keine Rettungshandlung vorgenommen zu haben, hat der BGH keine Leistungsfreiheit des VR angenommen; aus Gründen der materiellen Gerechtigkeit sei es untragbar, die Sanktion der völligen Leistungsfreiheit gegen einen VN zu verhängen, dessen Schuld nicht feststehe, sondern lediglich vermutet werde. Diese Rechtsprechung hat mittlerweile in der Formulierung des § 7 Abs. 5 AKB/Fassung 2004[366] Niederschlag gefunden[367]. Aus der genannten Entscheidung wurde

---

[358] Berliner Kommentar/*Beckmann*, § 63 Rn. 37; *Bruck/Möller*[8], § 63 Anm. 22 m. w. N. (jeweils zu § 63 VVG a. F.).

[359] *Stange*, S. 165; *Prölss/Martin/Voit/Knappmann*[27], § 63 Rn. 10; *Kisch,* WuR 1916, 313; a. A. *Woesner*, ZVersWiss 1960, 399 (438).

[360] Berliner Kommentar/*Beckmann*, § 63 Rn. 37; *Bruck/Möller*[8], § 63 Anm. 22.

[361] Ganz h. M.; BGH v. 12. 7. 1972, VersR 1972, 1039 (1040); BGH v. 6. 5. 1985, VersR 1985, 730 (731); Berliner Kommentar/*Beckmann*, § 62 Rn. 58; *Bruck/Möller/Johannsen*[8], Bd. III, Anm. G 155; *Bruck/Möller*[8], § 63 Anm. 38; *Prölss/Martin/Voit/Knappmann*[27], § 62 Rn. 34; VVG RegE, BT-Drucks. 16/3945 S. 80.

[362] VVG RegE, BT-Drucks. 16/3945 S. 80; *Rixecker,* ZfS 2007, 255, 256; *Marlow/Spuhl*[2], Das Neue VVG kompakt, S. 116.

[363] VVG RegE, BT-Drucks. 16/3945 S. 69.

[364] BGH v. 6. 6. 1966, VersR 1966, 745 (746); BGH v. 30. 4. 1969, VersR 1969, 694f.; BGH v. 29. 5. 1970, VersR 1970, 732 (733); *Bruck/Möller*, § 62 Anm. 35; *Prölss/Martin/Voit*, § 62 Rn. 2; a. A. OLG Düsseldorf v. 1. 8. 1967, VersR 1967, 1037.

[365] BGH v. 30. 4. 1969, VersR 1969, 694f. sowie BGH v. 29. 5. 1970, VersR 1970, 732f.

[366] Abgedruckt bei *Dörner*[5], Versicherungsbedingungen.

[367] Vgl. *Bruck/Möller/Johannsen*[8], Bd. III, Anm. G 155.

vielfach als Konsequenz gezogen, dass der VR auch in anderen Versicherungszweigen die Kenntnis des VN vom Eintritt des Versicherungsfalles zu beweisen habe[368]. Abweichend von der Entscheidung des BGH begründeten insbesondere *Johannsen/Johannsen* diesen Standpunkt damit, dass die Kenntnis von dem verfolgten oder unmittelbar bevorstehenden Versicherungsfall zum objektiven Tatbestand der Verletzung der Rettungsobliegenheit gehöre; Verstöße gegen § 82 VVG seinen insoweit nicht anders zu behandeln als solche gegen § 30 VVG. Wie bereits in Rn. 109 dargelegt, wird nach dem reformierten VVG der Vorsatz des VN nicht mehr vermutet, vielmehr trifft den VR insofern die Darlegungs- und Beweislast als dieser dem VN vorwirft, sich vorsätzlich der Kenntnis vom Versicherungsfall verschlossen zu haben. Im Umkehrschluss hat hingegen der VN nachzuweisen, dass ihn hinsichtlich der Unkenntnis vom Eintritt des Versicherungsfalles keine grobe Fahrlässigkeit trifft[369]. Insoweit ist die VVG-Kommission der Rechtsprechung des BGH für den Bereich der Kraftfahrzeughaftpflichtversicherung nunmehr generell gefolgt.

111   Was die **Kausalität** betrifft, so trifft insoweit die Beweislast den VN. Dem VN obliegt der Kausalitätsgegenbeweis nach § 82 Abs. 4 S. 1 VVG, d. h. er muss gegebenenfalls beweisen, dass die vorsätzlich oder grob fahrlässig unterbliebenen Rettungsmaßnahme den Eintritt des Schadens nicht verhindert oder seinen Umfang nicht vergrößert hätte[370] (vgl. im Übrigen auch die Ausführung zu den subjektiven Tatbestandsvoraussetzungen Rn. 63 ff.).

II. Beweislastverteilung beim Rettungskostenersatz

112   Im Rahmen des Anspruch auf Rettungskostenersatz gem. § 83 VVG gelten die allgemeinen Darlegungs- und Beweislastregeln, so dass der VN darlegen und beweisen muss, dass er objektiv erforderliche Rettungsmaßnahmen ergriffen hat und hierdurch Aufwendungen entstanden sind[371]. Fehlt es an der objektiven Erforderlichkeit einer Rettungshandlung, so besteht ein Anspruch auf Ersatz der Aufwendung, wenn der VN die ergriffene Maßnahme für erforderlich halten durfte (vgl. dazu oben Rn. 89). Insoweit wird die Frage nach der Darlegungs- und Beweislast unterschiedlich beantwortet. Wegen einer Wertungsparallele zu den Obliegenheiten der VN trifft den VN die Beweislast dafür, dass er nicht grob fahrlässig gehandelt hat[372]. Entsprechendes gilt auch für § 90 VVG.

I. Abdingbarkeit

I. Abdingbarkeit der Rettungsobliegenheit gem. § 82 VVG

113   Gem. § 87 VVG kann sich der VR auf eine Vereinbarung, durch die von § 82 VVG zum Nachteil des VN abgewiesen wird, nicht berufen. Damit hat § 82 VVG **halbzwingenden Charakter.** Unzulässig wäre es deshalb, kraft vertraglicher Vereinbarung die Leistungsfreiheit des VR bereits bei leicht fahrlässiger Obliegenheitsverletzung eintreten zu lassen. Darüber hinaus ist der VR nicht befugt, neben § 82 Abs. 3 VVG weitere für den VN nachteilige Rechtsfolgen an eine Obliegenheitsverletzung gem. § 82 Abs. 1 VVG zu knüpfen. Wie an anderer

---

[368] Vgl. etwa OLG Oldenburg v. 7. 7. 1994, VersR 1995, 925; *Bruck/Möller/Johannsen*[8], Bd. III, Anm. G 155; *Baumgärtel/Prölss*, § 62 VVG Rn. 1; *Römer/Langheid/Römer*[2], § 63 Rn. 10.

[369] So die Konsequenz aus den Erörterungen in VVG RegE, BT-Drucks. 16/3945 S. 80; *Rixecker*, ZfS 2007, 255 (256); *Marlow/Spuhl*[2], Das Neue VVG kompakt, S. 116.

[370] BGH v. 12. 7. 1972, VersR 1972, 1039 (1040); OLG Hamburg v. 24. 5. 1984, VersR 1984, 1088 (1089); *Bruck/Möller/Johannsen*[8], Bd. III, Anm. G 157.

[371] Berliner Kommentar/*Beckmann*, § 63 Rn. 39; *Bruck/Möller/Johannsen*[8], Bd. III, Anm. G 166; *Stange*, S. 246 f.; *Prölss/Martin/Voit/Knappmann*[27], § 63 Rn. 20 (zu § 63 VVG a. F.).

[372] Berliner Kommentar/*Beckmann*, § 63 Rn. 39; *Baumgärtel/Prölss*, § 63 VVG Rn. 1; *Römer/Langhard/Römer*, § 63 Rn. 11; a. A. *Bruck/Möller/Johannsen*[8], Bd. III, Anm. G 166; *Prölss/Martin/Voit/Knappmann*[27], § 63 Rn. 20 (jeweils zu § 63 a. F.).

Stelle dargelegt (vgl. oben Rn. 9)[373] enthalten zahlreiche AVB allerdings Bestimmungen über Rettungsobliegenheiten des VN. Zum einen kann diesen allerdings lediglich deklaratorische Bedeutung zukommen. Darüber hinaus finden sich vielfach auch Verhaltensweisen, an die sich der VN im Versicherungsfall zu halten hat (vgl. dazu oben Rn. 55).

II. Abdingbarkeit des Rettungskostenersatzanspruchs

§ Abweichend von der bisher geltenden Rechtslage wurde die Regelung über den Ret- **114** tungskostenersatz in den Katalog des § 87 VVG aufgenommen. Folglich hat auch § 83 VVG halbzwingenden Charakter[374]. Dies entspricht der Auslegung des § 63 VVG a. F. im Schrifttum, wonach jedenfalls eine vollständige Abbedingung eines Aufwendungsersatzanspruches gegen § 307 BGB verstoßen würde[375]. Ein Rückgriff auf § 307 Abs. 2 BGB ist nunmehr entbehrlich[376].

Die Regelung des § 90 VVG über den erweiterten Aufwendungsersatz ist in der Aufzäh- **115** lung des § 87 VVG nicht enthalten und damit **abdingbar.** Damit ist anders als beim Anspruch aus § 83 VVG hier eine abweichende Vereinbarung zum Nachteil des VN grundsätzlich zulässig. Dies lässt sich damit rechtfertigen, als den VN bei bloßem unmittelbaren Bevorstehen des Versicherungsfalles keine Rettungsobliegenheit trifft, da insofern eine Vorverlagerung nicht stattfindet[377]. Von dieser Möglichkeit der Einschränkung wurde in den neuen AVB von 2008 teilweise auch schon Gebrauch gemacht. So bestimmen beispielsweise die AGlB 2008[378] in Abschnitt B § 13 Ziff. 1 b), dass der VR im Falle von Aufwendungen, die der VN zur Abwendung oder Minderung eines unmittelbar bevorstehenden Versicherungsfalles getätigt hat, Aufwendungsersatz nur dann leistet, wenn diese Aufwendungen bei einer Betrachtung ex post den Umständen nach verhältnismäßig und erfolgreich waren oder die Aufwendungen auf Weisung des VR erfolgten. Inhaltsgleiche Einschränkungen finden sich beispielsweise auch in Abschnitt B § 13 Ziff. 1 b) der VGB 2008[379], AWB 2008[380], AERB 2008[381], VHB 2008[382] sowie AFB 2008[383]. Damit schränken diese AVB den Rettungskostenersatzanspruch aus § 83 VVG dahingehend ein, dass die Rettungshandlungen des VN erfolgreich gewesen sein müssen, während dies nach § 83 VVG grundsätzlich nicht erforderlich ist[384]. Dies ist schon als erhebliche Einschränkung zu verstehen und legt dem VN das Risiko des Misserfolgs seiner Rettungshandlungen auf. Zudem erfordert der erweiterte Aufwendungsersatz nach diesen Bestimmungen die Verhältnismäßigkeit der Aufwendungen und ist damit gegenüber dem Erfordernis der Gebotenheit aus § 83 VVG strenger. Insofern erscheint fraglich, ob das bei *Meixner/Steinbeck* gewählte Beispiel nach den nunmehr nach der VVG-

---

[373] Zur Betriebsunterbrechungsversicherung siehe bereits oben Rn. 27.

[374] VVG RegE, BT-Drucks. 16/3945 S. 81; *Niederleithinger,* Das neue VVG, S. 48; *Marlow/Spuhl*[2]*,* Das Neue VVG kompakt, S. 117.

[375] VVG RegE, BT-Drucks. 16/3945 S. 81; *Prölss/Martin/Voit/Knappmann*[27], § 63 Rn. 38; *Martin,* Sachversicherungsrecht, W II 29, 31.

[376] *Marlow/Spuhl*[2]*,* Das Neue VVG kompakt, S. 118.

[377] VVG RegE, BT-Drucks. 16/3945 S. 83, 80; *Hinsch-Timm,* Das neue VVG, S. 133.

[378] Unverbindliche Bekanntgabe des GDV (abrufbar unter http://www.gdv.de/Downloads/Bedingungen/SU_208_AGlB08.pdf [Abrufdatum 13. 3. 2008]).

[379] Unverbindliche Bekanntgabe des GDV (abrufbar unter http://www.gdv.de/Downloads/Bedingungen/SU_200_VGB081914.pdf [Abrufdatum: 13. 3. 2008]).

[380] Unverbindliche Bekanntgabe des GDV (abrufbar unter http://www.gdv.de/Downloads/Bedingungen/SU_271_AWB08.pdf [Abrufdatum: 13. 3. 2008]).

[381] Unverbindliche Bekanntgabe des GDV (abrufbar unter http://www.gdv.de/Downloads/Bedingungen/SU_270_AERB08.pdf [Abrufdatum: 13. 3. 2008]).

[382] Unverbindliche Bekanntgabe des GDV (abrufbar unter http://www.gdv.de/Downloads/Bedingungen/SU_204_VHB08QM.pdf [Abrufdatum: 13. 3. 2008]).

[383] Unverbindliche Bekanntgabe des GDV (abrufbar unter http://www.gdv.de/Downloads/Bedingungen/SU_262_AFB08GN.pdf [Abrufdatum: 13. 3. 2008]).

[384] Vgl. Rn. 72.

Reform geltenden AVB tatsächlich zu einem erweiterten Aufwendungsersatzanspruch führt. Darin versucht der VN ein Feuer in seiner Wohnung anstatt mit Wasser mit einem teuren Teppich zu löschen, wodurch das Ausbreiten des Feuers verhindert werden kann[385]. Hier erscheint die Verhältnismäßigkeit der Wahl der Mittel doch fraglich, da der Rettungserfolg auch mit dem zur Verfügung stehenden – preiswerteren – Wasser hätte erzielt werden können.

116   Auch der vorzufindende Ausschluss des Anspruchs des VN auf **Vorschuss** (so etwa in §§ 14 AVB 30, 16 Nr. 1 S. 2 VGB 62) ist problematisch, da der VN ohne entsprechende Vorschüsse des VR unter Umständen gar nicht in der Lage ist, die von ihm abverlangten Rettungshandlungen vorzunehmen[386]. Zudem handelt es sich nach nunmehr geltender Rechtslage um eine nach § 87 VVG unzulässige Abweichung von der Vorschusspflicht des VR aus § 83 Abs. 1 S. 2 VVG, da hierdurch der VN in seinen Rechten beschnitten wird. Abschnitt B § 13 Ziff. 1 e) VGB 2008[387] und AFB 2008[388] sehen den Anspruch auf Vorschuss nunmehr ausdrücklich vor. Für zulässig erachtet wird die Bestimmung, wonach Aufwendungen für Leistungen der Feuerwehren oder anderer im öffentlichen Interesse zur Hilfeleistung Verpflichteter nicht erstattet werden (also z. B. § 3 Ziff. 1 S. 2 AFB 87, § 2 Ziff. 4 VHB 2000; § 4 Ziff. 4 VGB 2000[389]). Hintergrund ist der, dass die Leistungen von Feuerwehren grundsätzlich unentgeltlich erbracht werden[390]. Diesen Ausschluss für Feuerlöschkosten sehen die AFB 2008 nicht mehr vor. Gemäß Abschnitt A § 5 Ziff. 1 d) AFB 2008 werden, soweit dies vereinbart wurde, Aufwendungen für Feuerlöschkosten vom VR ersetzt.

117   Auch die streitige Frage, ob eine **gleichzeitige Ausschaltung der Rettungsobliegenheit** gem. § 62 VVG a. F. und zugleich des Erstattungsanspruchs gem. § 63 VVG a. F. zulässig ist[391], ist damit hinfällig geworden. Da Ziel dieses Vorgehens ist, die Kostentragungspflicht des VR nach nunmehr § 83 VVG auszuschließen, liegt hierin ein unzulässiger Verstoß gegen die §§ 83, 87 VVG[392].

J. Ausländisches Recht

118   Abweichend von der deutschen Fassung in § 82 Abs. 3 VVG spricht § 62 Abs. 2 ÖVVG statt von „Obliegenheiten" von „Verpflichtungen". Hieraus wird für die Rechtsnatur der **österreichischen Fassung** abgeleitet, dass es sich nicht um eine Obliegenheit, sondern um eine echte Rechtspflicht handele[393]. Darüber hinaus spielt eine Rolle, dass in die österreichische Judikatur die **Relevanzrechtsprechung** keinen Eingang gefunden hat; gleichwohl kommt die Neufassung des § 6 Abs. 3 ÖVVG der Relevanzrechtsprechung sehr nahe[394]. Da-

---

[385] *Meixner/Steinbeck,* Versicherungsvertragsrecht, S. 134.

[386] Vgl. BAV VerBAV 1987, 175 (176); Berliner Kommentar/*Beckmann,* § 63 Rn. 42; *Bruck/Möller/ Johannsen*[8], Bd. III, Anm. G165; *Stange,* S. 239; a. A. *Schimikowski,* r+s 1991, 145 (150); *Prölss/Martin/ Voit/Knappmann*[27], § 63 Rn. 39 zum bislang geltenden Recht.

[387] Unverbindliche Bekanntgabe des GDV (abrufbar unter http://www.gdv.de/Downloads/Bedingungen/SU_200_VGB081914.pdf [Abrufdatum: 13. 3. 2008]).

[388] Unverbindliche Bekanntgabe des GDV (abrufbar unter http://www.gdv.de/Downloads/Bedingungen/SU_260_AFB08.pdf [Abrufdatum: 13. 3. 2008]).

[389] Alle abgedruckt bei *Dörner*[5], Versicherungsbedingungen.

[390] Vgl. näher zum Hintergrund dieser Regelung *Bruck/Möller/Johannsen*[8], Bd. III, Anm. G 165.

[391] Für Unzulässigkeit *Schirmer,* Symposion AGBG und AVB (1993), 61 (97); a. A. *Stange,* S. 262 f.; differenzierend *Bruck/Möller/Johannsen*[8], Bd. III, Anm. K 6, wonach bei der Feuerbetriebsunterbrechungsversicherung durch die in § 10 Nr. 2a FBUB enthaltene Formulierung „bei Eintritt eines Unterbrechungsschadens" und der hiermit verbundenen Abweichung zu § 63 VVG der Beginn der Rettungsobliegenheit, aber auch der Rettungskostenersatzanspruch in zulässigerweise zeitlich herausgeschoben wird. Relevant ist dies insbesondere für die vom VN aufgewendeten Brandlöschkosten (vgl. auch oben Rn. 27).

[392] So bereits zur früheren Rechtslage Berliner Kommentar/*Beckmann,* § 63 Rn. 40.

[393] Vgl. *Reichert-Facilides,* VersRdsch 1973, 129 (139 Fn. 71); *Stange,* S. 8 Fn. 30; a. A. *Schauer,* Österreichisches Versicherungsvertragsrecht, S. 319; *Scherrer,* S. 53, 81.

[394] *Schauer,* Österreichisches Versicherungsvertragsrecht, S. 261.

nach ist der Kausalitätsgegenbeweis nunmehr wie auch i. R. d. § 82 Abs. 4 VVG auch bei vorsätzlicher Verletzung vertraglich vereinbarter Obliegenheit prinzipiell möglich. Allerdings enthält § 62 ÖVVG keine dementsprechende Regelung. Gleichwohl wird im Schrifttum vertreten, dass die Regelung des § 6 Abs. 3 ÖVVG auch im Rahmen des § 62 Abs. 2 ÖVVG entsprechend zur Anwendung gelangt[395]. Was den **Rettungskostenersatzanspruch** angeht, entspricht § 63 ÖVVG im Wesentlichen der deutschen Fassung nach früherer Rechtslage, so dass sich insofern grundsätzlich keine deutlichen Abweichungen ergeben[396].

In der **Schweiz** ist die Rettungspflicht in Art. 61 des Bundesgesetzes über den Versicherungsvertrag geregelt. Nach Abs. 1 ist der Anspruchberechtigte verpflichtet, nach Eintritt des befürchteten Ereignisses tunlichst für Minderung des Schadens zu sorgen. Er muss, wenn nicht Gefahr im Verzuge liegt, über die zu ergreifenden Maßregeln die Weisung des VR einholen und befolgen. Aus dieser Formulierung gem. Art. 61 Abs. 1 S. 1 des Bundesgesetzes über den Versicherungsvertrag ("nach Eintritt des befürchteten Ereignisses") ergibt sich, dass nach dem Wortlaut der Vorschrift für eine Vorerstreckung kein Raum ist. Was die in Art. 61 Abs. 2 des Gesetzes über den Versicherungsvertrag geregelte Leistungsfreiheit des VR betrifft, entspricht das deutsche Versicherungsvertragsrecht nunmehr nach § 83 Abs. 2 VVG insoweit dieser Regelung, als nach schweizerischem Recht eine quotenmäßige Kürzung der Versicherungsleistung zu erfolgen hat; gem. Art. 61 Abs. 2 des Bundesgesetzes über den Versicherungsvertrag ist der VR berechtigt, die Entschädigung um den Betrag zu kürzen, um den sie sich bei Erfüllung jener Obliegenheiten vermindert hätte. Darüber hinaus tritt diese Rechtsfolge ein, wenn der Anspruchsberechtigte (VN) die Rettungspflichten "in nicht zu entschuldigender Weise verletzt" hat.

119

§ 16. Herbeiführung des Versicherungsfalles, § 61 VVG, § 81 VVG 2008

Inhaltsübersicht

---

[395] Vgl. *Schauer*, Österreichisches Versicherungsvertragsrecht, S. 322.
[396] Vgl. daher die Ausführungen in der Vorauflage (§ 15 Rn. 72) zu § 63 VVG a. F.

Literatur: *Armbrüster,* Abstufungen der Leistungsfreiheit bei grob fahrlässigem Verhalten des VN, VersR 2003, 675; *C. Bach,* Die Bedeutung des § 61 VVG in der Kaskoversicherung, VersR 1959, 246; *P. Bach,* Entwendungsnachweis und Versicherungsbetrug, VersR 1989, 982; *ders.,* Entwicklung eines differenzierten Repräsentantenbegriffs, VersR 1990, 235; *Bauchwitz,* Über das Recht zur schuldhaften Herbeiführung des Versicherungsfalls, ZVersWiss. 1912, 661; *Berz/Burmann,* Handbuch des Straßenverkehrsrechtes, Loseblatt 2003 (zit.: *Berz/Burmann);* *Boetzinger,* Beweislastfragen in Zusammenhang mit manipulierten Unfällen, ZfS 1997, 201; *Bokelmann,* Grobe Fahrlässigkeit, 1973, S. 95; *Burmann/Heß/Höke/Stahl,* Das neue VVG im Straßenverkehrsrecht, 2008 (zit.: *Burmann/Heß/Höke/Stahl);* *Canaris,* Verstöße gegen das verfassungsrechtliche Übermaßverbot im Recht der Geschäftsfähigkeit und im Schadensersatzrecht, JZ 87, 993 (1003 f.); *Dietz,* Das Delikt des Versicherungsbetrugs, Heidelberger Diss., 1911; *Dobler,* Vertreter und Hilfspersonen im Versicherungsverhältnis, 1961; *Ehrenzweig,* Die schuldhafte Herbeiführung des Versicherungsfalls und die Personenhäufung im Versicherungsverhältnis, ZversWiss. 1923, 34; *Farny,* Das Versicherungsverbrechen, 1959; *Felsch,* Neuregelung von Obliegenheiten und Gefahrerhöhung, r+s 2007, 485 und SpV 2007, 65; *Framhein,* Die Herbeiführung des Versicherungsfalles, 1927; *Frank,* Aufheben von Gegenständen während der Fahrt als grobe Fahrlässigkeit?, ZfS 1997, 361; *Frohn,* Die Auswirkungen des Urteils des BGH vom 3.7. 1951 zur Frage des § 278 BGB auf die Bedeutung des Repräsentantenbegriffs im Versicherungsrecht, Kölner Diss., 1959; *Geyer,* Die „Unfallmanipulation in der Kfz-Haftpflichtversicherung, VersR 1989, 882; *Granitza,* Erfüllungsgehilfen- und Repräsentantenhaftung, Frankfurter Diss., 1968; *Groh/Schneider,* BB 2007, 2689; *Günther/Spielmann,* Vollständige und teilweise Leistungsfreiheit nach dem VVG 2008 am Beispiel der Sachversicherung, r+s 2008, 133 ff., 177 ff.; *Haberstroh,* Das „Augenblicksversagen" – kein Fall grober Fahrlässigkeit, VersR 1998, 943; *Halbreiter,* Haftung des VN für Dritte, 1934; *Heukeshoven,* Die Haftung des VN für das Verhalten Dritter, Kölner Diss., 1938; *Höpfner,* Der Nachweis des Versicherungsfalles, 1996; *Huber,* Die Herbeiführung des Versicherungsfalles durch den VN, Kölner Diss., 1931; *Jabornegg,* Schuldhafte Herbeiführung des Versicherungsfalls, VersRdsch 1957, 100; *Josef,* Die Haftung des VN für Handlungen Dritter, ZVersWiss., 1914, 201; *ders.,* Herbeiführung des Versicherungsfalls durch den VN, WuR 1930, 23; *ders.,* Vorsätzliche Herbeiführung des Versicherungsfalls, ZVersWiss. 1913, 233; *Kampmann,* Änderung der höchstrichterlichen Rechtsprechung zum Repräsentantenbegriff, VersR 1994, 277; *ders.,* Die Repräsentantenhaftung im Privatversicherungsrecht, 1996; *Kirsch,* Die vorsätzliche Herbeiführung des VersFalles in der privaten UnfallV, 1972; *Kisch,* Schuldhafte Herbeiführung des Schadensversicherungsfalles bei

Mehrheit der Interessenten, ZVersWiss. 1939, 4; *ders.*, Herbeiführung des VersFalles durch den gesetzlichen Vertreter des VN, WuR 1939, 41; *Knappmann,* Zurechnung des Verhaltens Dritter zu Lasten des VN, VersR 1997, 261; *ders.*, Anwendbarkeit des § 61 VVG bei Beeinträchtigung der Schuldfähigkeit durch Alkohol und Drogen, NVersZ 1998, 13; *ders.*, Alkoholbeeinträchtigung und Versicherungsschutz, VersR 2000, 11; *ders,*. Zurechnung des Verhaltens Dritter im Privatversicherungsrecht, NJW 1994, 3147; *Knoche,* Anforderungen an die Beweisführung des VR bei der Rückforderung von Versicherungsleistungen, MDR 1990, 965; *Koep,* Die Haftung des VN für das schuldhafte Verhalten Dritter im Rahmen des Versicherungsvertrages, 1968; *Kollhosser,* Beweiserleichterungen bei Entwendungsversicherungen, NJW 1997, 969; *Lang,* Zur entsprechenden Anwendung des § 827 S. 2 BGB im Rahmen des § 61 VVG, NZV 1990, 336; *Langheid,* Die Reform des Versicherungsvertragsgesetzes, NJW 2007, 3665; *ders.*, Nachweis der Eigenbrandstiftung, VersR 1992, 13; *Lorenz,* Der subjektive Risikoausschluss durch § 61 VVG und die Sonderregelung in § 152 VVG, VersR 2000, 2; *Looschelders,* Schuldhafte Herbeiführung des Versicherungsfalles nach der VVG-Reform, VersR 2008, 1; *Lücke,* Aktuelle Rechtsprechungsübersicht zur Betrugsproblematik in der Sachversicherung, VersR 1994, 128; *ders.*, Versicherungsbetrug in der Sachversicherung, VersR 1996, 785; *ders.*, Kfz-Diebstahl und Kaskoversicherung, in: 35. Deutscher Verkehrsgerichtstag 1997, 111ff.; *Marlow/Spuhl,* Das neue VVG 2. Aufl. 2007; *Marohn,* Herbeiführung des Versicherungsfalles durch den VN, WuR 1929, 65; *Meixner/Steinbeck,* Das neue Versicherungsvertragsrecht, 2008; *Mergner,* Auswirkungen der VVG-Reform auf die Kraftfahrtversicherung, NZV 2007, 385; *Menzel,* Verhaltensabhängige Risikoausschlüsse der Versicherungsbedingungen im Lichte des AGB-Gesetzes, Göttinger Diss., 1992; *Meyer,* Der Vorsatzbegriff im Versicherungsrecht, Kölner Diss., 1959; *Möller,* Die rechtliche Konstruktion der Regeln über die schuldhafte Herbeiführung des Versicherungsfalles, JRPV 1929, 325; *K. Mueller,* Überhöhte Geschwindigkeit als grob fahrlässige Herbeiführung des Versicherungsfalles in der Kaskoversicherung, DAR 1981, 5; *ders.*, Die grob fahrlässige Herbeiführung des Versicherungsfalles nach § 61 VVG, VersR 1985, 1101; *Nehrer,* Entwendung und Entwendungsfolgeschäden in der Kraftfahrzeugkaskoversicherung, 1992; *Neubert,* Schuldhafte Herbeiführung des Versicherungsfalles, Leipziger Diss., 1934; *Niethner,* Die Haftung des VN für seinen Repräsentanten im Rahmen des § 61 VVG, Leipziger Diss., 1938; *Nugel,* Das neue VVG – Quotenbildung bei der Leistungskürzung wegen grober Fahrlässigkeit, MDR 2007, 23; *Offermann,* Die Leistungsfreiheit des VR bei vorsätzlicher oder grob fahrlässiger Herbeiführung des Versicherungsfalles durch VN (§ 61 VVG), Erlanger Diss., 1930; *Pauly,* Die neue BGH-Rechtsprechung zum Repräsentantenbegriff, MDR 1995, 874; *Pinckernelle,* Die Herbeiführung des Versicherungsfalls, 1966; *ders.*, Die Verantwortlichkeit des VN für das Verschulden Dritter bei der Herbeiführung des Versicherungsfalls, VersR 1968, 16; *Pott,* Die Bewirkung des Versicherungsfalles durch Dritte nach § 61 VVG, Kölner Diss., 1933; *Prölss,* Repräsentantendämmerung, JRPV 1936, 33, *ders.*, Der Nachweis des Versicherungsfalles in der Diebstahlversicherung, FS Steindorff (1990); *ders.*, Das versicherungsrechtliche Alles-oder-nichts-Prinzip in der Reformdiskussion, VersR 2003, 669; *Rein,* Der VersBetrug, Tübinger Diss., 1932; *Rixecker,* VVG 2008 – Eine Einführung, ZfS 2007, 15; *Römer,* Das sogenannte Augenblickversagen, VersR 1992, 1187; *ders.*, Alles-oder-Nichts-Prinzip, NVersZ 2000, 259; *ders.*, Die Haftung des VN für seinen Repräsentanten, NZV 1993, 249; *ders.*, Höchstrichterliche Rechtsprechung zur SachV, 1994, 41; *ders.*, Der Kraftfahrzeugdiebstahl als VersFall, NJW 1996, 2329; *ders.*, Schwierigkeiten beim Kfz-Entlastungsbeweis, NVersZ 1998, 62; *ders.*, Zu ausgewählten Problemen der VVG-Reform nach dem Referenten Entwurf vom 13. März 2006 (Teil 1), VersR 2006, 740; *ders.*, Zur Beweislastverteilung bei Ansprüchen aus Versicherungsverträgen, r+s 2001, 45; *Rüther,* Die Gefährdung des Versicherungsschutzes durch Alkohol im Straßenverkehr, NZV 1994, 457; *Schad,* Betrügereien gegen Versicherungen, Kieler Diss., 1965; *Schimikowski/Höra;* Das neue Versicherungsvertragsgesetz, 2007; *Schirmer,* ZVersWiss. 1984, 553; *ders.*, Der Repräsentantenbegriff im Wandel der Rechtsprechung, 1995; *Schmid,* Führt ein längeres, unbewachtes Abstellen eines Autos zur Leistungsfreiheit des VR nach § 61 VVG?, DAR 1980, 330; *Schürmann,* Die Anwendbarkeit des § 278 BGB auf § 61 VVG, Kölner Diss., 1972; *Schütz,* Der Begriff der groben Fahrlässigkeit und seine Anwendung auf § 61 VVG, 640 RVO, VersR 1967, 733; *Sieg,* Beweisfragen zur Herbeiführung des Versicherungsfalles durch sogenannte Brandreden, VersR 1995, 369; *Stamm,* Die neue „Trunkenheitsklausel" in der Kfz-Haftpflichtversicherung, VersR 1995, 261; *Terbille,* Grob fahrlässiges Herbeiführen des Versicherungsfalles i. S. d. § 61 VVG, r+s 2000, 45; *v. Reuter,* Grobe Fahrlässigkeit im Privatversicherungsrecht, S. 99, 1977; *Weidner/Schuster,* Quotelung von Entschädigungsleistungen bei grober Fahrlässigkeit des VN in der Sachversicherung nach neuem VVG, r+s 2007, 363; *Werneburg,* Der Kausalzusammenhang zwischen Unterlassungen des VN und Versicherungsschaden, ZVersWiss. 1919, 343; *Weyers,* Unfallschäden – Praxis und Ziele von Haftpflichtversorgungssystemen, S. 11, 1971; *Wussow,* Die Haftung des VN für das Verschulden von Hilfspersonen insbesondere in der Reisegepäckversicherung, VersR 1993, 1454; *Zillmer,* Die Verantwortlichkeit des VN für Dritte bei Herbeiführung des Versicherungsfalls, Göttinger Diss., 1930; *Zopfs,* Der Beweis des Versicherungsfalles, VersR 1993, 140.

A. Einleitung

1   Der Versicherungsvertrag als gegenseitiger Vertrag begründet für den VR und den VN
Haupt – und Nebenpflichten. Allerdings folgt aus dem Versicherungsvertrag keine Pflicht
des VN, das Eintreten des Versicherungsfalles zu vermeiden (keine Schadensverhütungspflicht). Jedoch kann der VR bei Herbeiführung des Versicherungsfalls durch den VN unter
bestimmten Voraussetzungen von seiner vertraglich vereinbarten Eintrittspflicht frei werden.

Die Voraussetzungen hierfür haben durch das neue VVG 2008[1] mit der Beschränkung auf
die vorsätzliche Herbeiführung des Versicherungsfalles eine wesentliche Änderung erfahren
und stellen eines ihrer Kernelemente dar[2]. Nach altem Recht gem. § 61 VVG wird der VR
von seiner Leistungspflicht frei, wenn der VN den Versicherungsfall vorsätzlich oder grob
fahrlässig herbeiführt. Die neue Fassung bestimmt nun in § 81 VVG, dass eine Leistungsbefreiung nur noch bei Vorsatz des VN eintritt. Im Falle grober Fahrlässigkeit ist nun lediglich
eine Kürzung des Anspruchs des VN vorgesehen. Allerdings kann im Einzelfall auch bei grober Fahrlässigkeit eine Kürzung „auf Null" erfolgen[3].

Damit hat die Gesetzgebung das vielfach kritisierte **„Alles–oder–Nichts–Prinzip",** das
auch in anderen Vorschriften des alten VVG seinen Niederschlag gefunden hatte (§ 6 VVG
für Obliegenheiten; §§ 16 ff. VVG für Anzeigepflichtverletzungen; §§ 23 ff. für Fälle der Gefahrerhöhung und den §§ 38, 39 VVG bei Nicht- oder verspäteter Zahlung[4]), für den Fall der
grob fahrlässigen Herbeiführung des Versicherungsfalles durch den VN aufgegeben. Diese
Regelung wurde für den Bereich der groben Fahrlässigkeit als nicht mehr angemessen angesehen wird[5]. Es führt dazu, dass einerseits in jedem Fall einer groben Fahrlässigkeit die vollständige und nicht lediglich eine teilweise Leistungsfreiheit eintritt[6], während andererseits
bei lediglich einfacher Fahrlässigkeit die volle Leistung zu erbringen ist. Am wenigsten befriedigend waren die Ergebnisse in Fällen deren Zuordnung zur einfachen oder groben Fahrlässigkeit grenzwertig war. Eine Quotelung des Anspruchs war nicht möglich. Dem VN konnte
nur der volle Anspruch eingeräumt werden oder aber gar nichts. Vor diesem Hintergrund
hielt man eine Regelung die Spielraum für flexiblere Lösungen lässt, für vorzugswürdig[7]. Abgesehen davon hatten einige VR im Hinblick auf die Unzulänglichkeiten der Regelung des
§ 61 VVG (z. B. in ihren AKB) auf einen Leistungsausschluss bei grober Fahrlässigkeit für bestimmte Bereiche ohnehin schon verzichtet[8].

---

[1] Das neue VVG tritt zum 1. 1. 2008 in Kraft (Art. 10 Abs. 1 EGGVG n. F.) und gilt unmittelbar für die
ab diesem Zeitpunkt abgeschlossenen Verträge. Für sog. Altverträge, d. h. solche die vor diesem Datum
abgeschlossen wurden, gilt das VVG in seiner herkömmlichen Form bis zum 31. 12. 2008 (Art. 1 Abs. 1
EGVVG).

[2] Hierzu allgemein: *Römer*, VersR 2006, 740, *Langheid*, NJW 2006, 3317.

[3] Siehe dazu im Einzelnen Rn. 84 c.

[4] Vgl dazu allgemein *Römer*, NVersZ 2000, 259 ff.; *Terbille*, r+s 2001; 1 ff.

[5] Vgl *Römer*, NVersZ 2000, 259; VersR 2000, 661; *Terbille*, r+s 2001, 1 ff.; *Lorenz*, VersR 2000, 2 ff;
Römer, VersR 2006, 740; s. auch die Entwurfsbegründung S. 123.

[6] BGH v. 18. 2. 1970, VersR 1970, 410: „vertragliche Strafbestimmung von außerordentlicher Schärfe"; Zwischenbericht S. 55.

[7] Allgemein zur Reform des Versicherungsvertragsgesetzes und dem „Alles- oder Nichts-Prinzip" vgl.
Zwischenbericht S. 55 ff.; Kap.; *Schmidt*, NVersZ 1999, 401 ff.; *Römer*, NVersZ 2000, 259; *ders.*, VersR 2000,
661; *Terbille*, r+s 2001, 1 ff.

[8] Allerdings insbesondere kein Verzicht für Trunkenheitsfahrten und Entwendungsfällen. In den neuen
AKB 2008, die überwiegend für Neuverträge vereinbart werden, ist der Einwand der groben Fahrlässigkeit auf diese beiden Fallgruppen der groben Fahrlässigkeit beschränkt (siehe § 12 Abs. 3 AKB 2008; zu
den AKB 2008 siehe auch §§ 29, 30).

I. Altes Recht, § 61 VVG

Nach der alten Fassung tritt gem. § 61 VVG Leistungsfreiheit des VR ein, wenn sich der   **2** VN in Bezug auf das versicherte Risiko völlig sorglos und gleichgültig – eben grob fahrlässig – verhält[9]. Nach dem Grundgedanken der Norm verdient der VN, der in Bezug auf das versicherte Interesse grob leichtfertig handelt und schon einfachste, ganz nahe liegende Überlegungen nicht anstellt oder sich sogar unlauter verhält, keinen Versicherungsschutz. Die Grenze der noch zu akzeptierenden Sorglosigkeit wird regelmäßig bei der Verwirklichung eines gesteigerten Verschuldensgrades (dasjenige, was jedem hätte einleuchten müssen, wird in ungewöhnlich hohem Maß unbeachtet gelassen) überschritten. Kommt es zum Versicherungsfall, weil der VN vorsätzlich oder grob fahrlässig gehandelt hat, ist das **Äquivalenzverhältnis des Versicherungsvertrages** derart gestört, dass der VR nicht zu haften braucht. Eine Leistungspflicht des VR kann nur bei einfacher Fahrlässigkeit angenommen werden. Ist aber die Grenze zur groben Fahrlässigkeit überschritten, wird der VR von seiner Leistungspflicht vollständig frei[10].

Die Rechtsprechung war auf der Grundlage des alten VVG bemüht, die Kluft zwischen den gesetzlichen Vorgaben und dem Willen zu sachgerechten Einzelfallentscheidungen zu schließen bzw. das als überzogen empfundene „Alles- oder-Nichts-Prinzip" abzumildern[11]. So hat der BGH die sog. **Relevanzrechtsprechung** bei Obliegenheitsverletzungen entwickelt[12]. Hierzu gehört auch das **Belehrungserfordernis** des VN durch den VR, Fragen richtig zu beantworten[13]. Im Bereich des § 61 VVG gehört hierzu die Entwicklung des Begriffes **„Augenblicksversagens"**[14], sowie die **Beweiserleichterungen** für den VN beim (Kfz-)Diebstahl[15]. Gleichwohl blieb es aber bei dem Grundsatz des „Alles oder Nichts". Eine Aufteilung nach Quoten – entsprechend der Verschuldensbeiträge – gab es auch bei den von der Rechtsprechung entwickelten Abmilderungen dieses Prinzips nicht. Sie konnte es auch nicht geben, da die Grenze der richterlichen Rechtsfortbildung der klare und eindeutige Wortlaut des § 61 VVG ist[16]. Es ist daher ein erklärtes Ziel der Reform des VVG gewesen, das Versicherungsvertragsrecht mit der rechtspolitischen und tatsächlichen Entwicklung der letzten Jahrzehnte wieder in Einklang zu bringen[17].

II. Neues Recht, § 81 VVG 2008

Vor dem Hintergrund der einhelligen Kritik an dem **„Alles-oder-Nichts-Prinzip"** ist   **3** die neue Fassung in § 81 VVG mit einer Quotelung des Anspruchs des VN für den Fall der grob fahrlässigen Herbeiführung des Versicherungsfalles eingeführt worden. Dort heißt es nun folgerichtig in § 81 VVG:

---

[9] Das neue VVG gilt für alle ab dem 1. 1. 2008 abgeschlossen VV. Für die zuvor abgeschlossenen Verträge gilt übergangsweise zunächst das alte VVG und ab dem 1. 1. 2009 dann ebenfalls die neue Fassung.

[10] Die Ausführungen zu der Frage, unter welchen Umständen von Vorsatz und grober Fahrlässigkeit auszugehen ist, erfolgen im Rahmen von § 81 VVG n. F. Sie gelten für § 61 VVG a. F. entsprechend. Die Normen unterscheiden sich lediglich in ihrer Rechtsfolge im Falle einer grob fahrlässigen Herbeiführung. Nach § 61 VVG a. F. wird der VR leistungsfrei, während er nach § 81 VVG n. F. nur noch ein Kürzungsrecht hat.

[11] Siehe z. B. **Relevanzrechtsprechung, Belehrungserfordernis** bei Obliegenheitsverletzungen siehe dazu im Einzelnen *Marlow*, Kap. 13.

[12] *Römer/Langheid/Römer*, § 6 Rn. 51 ff.; zu Obliegenheiten siehe *Marlow*, § 13.

[13] Nachweise bei *Römer/Langheid/Römer*, § 6 Rn. 3 ff.

[14] Siehe dazu im einzelnen Rn. 48.

[15] Siehe dazu im einzelnen Rn. 99 und *Rüther*, § 23 Rn. 167 ff.

[16] *Römer*, NVersZ 2000, 261.

[17] S. 14 des Zwischenberichtes der Kommission zur Reform des Versicherungsrechtes vom 30. 5. 2002 zitiert: Zwischenbericht. Inzwischen hat die Kommission ihren Abschlussbericht vorgelegt.

(1) Der Versicherer ist nicht zur Leistung verpflichtet, wenn der Versicherungsnehmer vorsätzlich den Versicherungsfall herbeiführt.

(2) Führt der Versicherungsnehmer den Versicherungsfall grob fahrlässig herbei, ist der Versicherer berechtigt, seine Leistung in einem der Schwere des Verschuldens des Versicherungsnehmers entsprechenden Verhältnis zu kürzen[18].

Im Falle einer vorsätzlichen Herbeiführung des Versicherungsfalles durch den VN tritt somit nach wie vor eine Leistungsfreiheit des VR ein. Anders ist aber die Rechtsfolge im Falle einer grob fahrlässigen Herbeiführung. Wurde der VR in diesem Fall bisher ebenso wie bei einer vorsätzlichen Herbeiführung leistungsfrei, steht ihm nunmehr lediglich ein Kürzungsrecht zu. Jedoch schließen weder Wortlaut noch Begründung der Norm aus, dass ein VN auch bei einer grob fahrlässigen Herbeiführung einmal die volle oder auch gar keine Entschädigung enthält[19].

III. Bewertung

4   Für die Fälle des vorsätzlichen Herbeiführens des Versicherungsfalles ist die von § 61 VVG angeordnete völlige Versagung des Versicherungsschutzes – schon um keinen Anreiz für unredliches Verhalten zu schaffen[20] – sachgerecht. Für grob fahrlässige Herbeiführungen dürfte sich die Anpassung, die dem Grad des Verschuldens Rechnung tragen kann, auch als sinnvoll erweisen. Die Ermöglichung der Quotierung, die entsprechend einer Regelung im Schweizer Recht[21] vom Verschuldensgrad abhängig ist, führt dazu, als unbillig empfundene Ergebnisse korrigieren zu können. Innerhalb des Bereichs grober Fahrlässigkeit ergibt sich Spielraum für Differenzierungen und die Rigidität des strengen „Entweder-oder" wird abgelegt[22]. Es ging darum, das Spannungsfeld zwischen Einzelfallgerechtigkeit einerseits sowie Rechtssicherheit und Praktikabilität andererseits, vertretbar zu lösen[23]. Die Rechtsprechung hatte den Anwendungsbereich des § 61 VVG durch die Vorgabe, dass eine grobe Fahrlässigkeit nicht nur objektiv, sondern auch subjektiv eine schwere Sorgfaltsverletzung voraussetzt[24], bereits erheblich eingeschränkt. Dies konnte im Einzelfall zu einer erheblichen Verbesserung der Rechtsstellung des VN führen. An der starren und im Einzelfall unbilligen Regelung des „Alles oder Nichts" wurde dadurch aber nichts geändert. Es wird lediglich die Grenze, ab der die scharfe Sanktion eintritt, hinausgeschoben. Weitere Möglichkeiten zur Abmilderung der Regelung des § 61 VVG hatten der Rechtsprechung angesichts der klaren gesetzlichen Rege-

---

[18] Eine entsprechende Regelung ist im neuen VVG für alle Fälle vorgesehen in denen es um Sanktionen für ein grob fahrlässiges Verhalten des VN geht (s. §§ 26 I S. 2 u. Abs. 2 S. 2, 28 Abs. 2, 81 Abs. 2, 82 Abs. 3 u. 86 Abs. 2 VVG).

[19] *Römer*, VersR 2006, 740; *Rixecker*, ZfS 2007, 15; *Burmann/Heß/Höke/Stahl*, Rn. 356 f.

[20] BT-Dr 16/3945, S. 79.

[21] Wortlaut „Art. 14 (1) Der VR haftet nicht, wenn der VN oder der Anspruchsberechtigte das befürchtete Ereignis absichtlich herbeigeführt hat. (2) Hat der VN oder der Anspruchsberechtigte das Ereignis grob fahrlässig herbeigeführt, so ist der VR berechtigt, seine Leistung in einem dem Grade des Verschuldens entsprechenden Verhältnisses zu kürzen. (3) Ist das Ereignis absichtlich oder grob fahrlässig von einer Person herbeigeführt worden, die mit dem VN oder dem Anspruchsberechtigten in häuslicher Gemeinschaft lebt oder für deren Handlung der VN oder Anspruchsberechtigte einstehen muss, und hat er sich einer groben Fahrlässigkeit schuldig gemacht, so kann der VR seine Leistung in einem Verhältnis kürzen, das dem Grade des Verschuldens des VNs oder des Anspruchsberechtigten entspricht. (4) Hat der VN oder der Anspruchsberechtigte das Ereignis leicht fahrlässig herbeigeführt oder sich einer leichten Fahrlässigkeit im Sinne des vorhergehenden Absatzes schuldig gemacht oder hat eine der übrigen dort aufgeführten Personen das Ereignis leicht fahrlässig herbeigeführt, so haftet der VR in vollem Umfange". Die Regelungen in Absatz 1 und 4 entsprechen der jetzigen. Absatz 2 und 4 normieren entsprechend dem Umfang des Verschuldens eine teilweise Leistungspflicht des VR. Eine Regelung, die der des § 254 BGB entspricht.

[22] *Armbrüster*, VersR 2003, 675.

[23] Vgl. *Terbille*, r+s 2001, 4 ff.; *Canaris*, JZ 1987, 993 ff.

[24] Vgl. dazu im Einzelnen unten Rn. 34.

lung nicht zugestanden[25]. Insbesondere war der Rechtsprechung verwehrt, eine Quotelung der Versicherungsleistung vorzunehmen, die sich an der Schwere des Schuldvorwurfes orientiert. Dies ist der Gesetzgebung vorbehalten. Die Neuregelung, die bei grober Fahrlässigkeit nicht nur die Leistungspflicht an sich, sondern deren Umfang entsprechend dem Grad des Verschuldens abhängig macht, gewährleistet eine höhere Einzelfallgerechtigkeit. Die Rechtssicherheit dürfte hierunter nicht leiden. In der Diskussion zu der Neuregelung wurde auch die Regelung des § 254 BGB angeführt, bei der die jeweiligen Verursachungsbeiträge gegeneinander abgewogen werden, und die sich in der Praxis bewährt hat, ohne dass die Rechtssicherheit hierdurch in unzumutbarer Weise gelitten hätte[26]. Dieses Argument ist aber schon deshalb nicht überzeugend, weil im Rahmen des § 254 BGB die Verursachungsbeiträge der Beteiligten gegeneinander abgewogen werden, während es im Rahmen des neuen § 81 VVG nur um die Bewertung des isolierten Beitrages des VN geht[27]. Außerdem hat sich bei § 254 BGB eine sehr umfangreiche Kasuistik gebildet, die zur Beurteilung des konkreten Einzelfalles auch nur Anhaltspunkte geben kann. Gleichwohl dürften die Schwierigkeiten bei der Einstufung des Verschuldensgrades des VN letztlich nicht größer sein, als die nach dem geltenden § 61 VVG erforderliche Abgrenzung, ob nun eine grobe oder nur eine einfache Fahrlässigkeit vorliegt. Die nun nach der Neuregelung gegebenen Möglichkeit auch auf der Grundlage einer groben Fahrlässigkeit noch eine Differenzierung, nach der Schwere des Verschuldens vornehmen zu können, überwiegt die Nachteile, die durch die nun zusätzlich erforderliche Differenzierung des Verschuldensgrades innerhalb einer groben Fahrlässigkeit entstehen. Die praktische Umsetzung einer Quotenregelung wird dadurch erleichtert werden, dass sich in der Literatur inzwischen die überwiegende Meinung gebildet hat, in großzügigen Quotenschritten (so insbesondere in ¼ – Schritten) vorzugehen[28].

B. Rechtsgrundlagen

I. Anwendungsbereich

Innerhalb der Schadensversicherung ist zwischen dem grundsätzlich für die gesamte Schadensversicherung gültigen § 61 VVG/§ 81 VVG 2008 und versicherungsrechtlich speziell geregelten Bereichen zu unterscheiden. Hierbei ist einerseits eine Differenzierung innerhalb der Schadensversicherung vorzunehmen, andererseits ist der für die Schadensversicherung geltende § 61 VVG/§ 81 VVG 2008 mit anderen, ebenfalls die Folgen eines schuldhaften Herbeiführens des Versicherungsfalles durch den VN in den verschiedenen Summenversicherung zu vergleichen[29]. **5**

1. Schadensversicherung

Für eine **Schadensversicherung** ist kennzeichnend, dass bei Eintritt des Versicherungsfalles keine fest vereinbarte Summe gezahlt wird, sondern der VR die Pflicht hat, den durch den Versicherungsfall eingetretenen Vermögensschaden zu ersetzen, § 1 Abs. 1 S. 1 VVG/§ 1 VVG 2008. Eine Schadensversicherung kann als Nichtpersonenversicherung in Form einer Sach- oder Vermögensversicherung abgeschlossen werden. Bei einer **Aktivenversicherung** werden bestimmte Sachen oder Sachgesamtheiten versichert. Mit einer **Vermögensversicherung** als Passivenversicherung wird das Vermögen des VNs als Ganzes gegen bestimmte Gefahren versichert. Ebenso ist der Abschluss einer Schadensversicherung als Personenver- **6**

---

[25] *Römer,* NVersZ 2000, 261 spricht zu recht davon, dass die Rechtsprechung an Ihre Grenzen gestoßen ist.

[26] So auch *Terbille,* r+s 2001, 7; kritisch hierzu *Lorenz,* VersR 2000, 2 ff.

[27] Vgl. dazu *Rixecker,* ZfS 2007, 15.

[28] *Meixner/Steinbeck,* Rn. 84 ff.; *Burmann/Heß/Höke/Stahl,* Rn. 368; Felsch, r+s 2007, 485 ff.; *Weidner/Schuster,* r+s 2007, 363.

[29] Vgl. allgemein zur Summen- und Schadenversicherung *Höke,* § 19.

sicherung möglich. § 61 VVG/§ 81 VVG 2008 gilt als grundsätzliche Regelung für die Gesamtheit der Formen der **Schadensversicherung**[30]. Zu beachten sind die besonderen Regelungen einzelner Schadensversicherungszweige im VVG, welche im VVG 2008 allerdings teilweise entfallen sind. Die in §§ 81 ff. VVG geregelte Feuerversicherung[31] hat im VVG 2008 keinen eigenen Titel mehr. Die Regelungen zur **Hagelversicherung** gem. §§ 108 ff. VVG enthielten ohnehin keine von § 61 VVG/§ 81 VVG 2008 abweichende spezielle Regelung. Insofern stellt ihr Entfallen im VVG 2008 auch keine inhaltliche Änderung dar.

7   Dagegen wird die in § 61 VVG/§ 81 VVG 2008 getroffene allgemeine Regelung durch gesetzliche Sondervorschriften der übrigen Schadensversicherungszweige (§§ 126, 130, 131, 152 VVG/§§ 137, 103 VVG 2008) abgeändert. Bei der **Tierversicherung** kamen gem. § 125 VVG neben Vorsatz und grober Fahrlässigkeit noch schwere Misshandlung oder schwere Vernachlässigung als Sorgfaltskriterien zur Verwirklichung des Tatbestandes hinzu. Nach dem VVG 2008 ist diese Sonderregelung allerdings entfallen. In der **Transportversicherung**[32] schadete gem. § 130 Satz 1 VVG neben der vorsätzlichen Herbeiführung schon einfache Fahrlässigkeit. Nach § 130 Satz 2 VVG setzte die Leistungsfreiheit des VR für das Führen von Schiffen nur eine „bösliche Handlungsweise" voraus[33]. Gem. § 137 Abs. 1 VVG 2008 ist für die Transportversicherung die Voraussetzung der „böslichen Handlungsweise" zwar entfallen, dafür ist aber grobe Fahrlässigkeit des VN erforderlich. Besonders bedeutsam für die Praxis ist die Sonderregelung des § 152 VVG/§ 103 VVG 2008 im Bereich der **Haftpflichtversicherung**[34]. § 152 VVG/§ 103 VVG 2008 erweitert für diesen Versicherungszweig die Eintrittspflicht des VR gegenüber der Regelung in § 61 VVG/§ 81 VVG 2008 auch auf grobe Fahrlässigkeit. Hier führt allein die vorsätzliche widerrechtliche Herbeiführung des Drittschadens durch den VN zur Leistungsfreiheit des VR (vgl. die entsprechende Regelung in § 4 Abs. 2 Ziff. 1 AHB). Im Bereich der **Kraftfahrt-Haftpflichtversicherung**[35] schließt daher nur die vorsätzliche Herbeiführung des Versicherungsfalles (§ 152 VVG/§ 81 VVG 2008) einen Direktanspruch des geschädigten Dritten nach § 3 PflVG aus[36] § 3 Nr. 4 PflVG und § 158 c Abs. 1 VVG/§ 117 VVG 2008 gelten insoweit nicht. Vorsatztaten fallen nicht unter den Schutz der KH-V[37]. In der Vertrauensschadenversicherung (Unterfall der Haftpflichtversicherung) schadet dem VN ebenfalls nur die vorsätzliche Herbeiführung des Versicherungsfalles[38]. Zu diesen gesetzlich geregelten Versicherungszweigen haben sich aus der Versicherungspraxis neue Schadensversicherungszweige entwickelt z. B. Hausrat, Einbruch, Glas, Montage, Reisegepäck oder Sturm. Diese sind nicht im Besonderen Teil erwähnt, so dass die Vorschriften des 1. Titels im 1. Abschnitt des VVG und die AVB zur Anwendung kommen.

8   Zu beachten ist, dass nicht nur die Verletzungshandlung, sondern auch die Verletzungsfolgen vom Vorsatz – allerdings nicht in seinen Einzelheiten -umfasst sein müssen. Ausreichend ist, dass der Täter sich die Verletzungsfolgen in ihren Grundzügen vorgestellt hat[39]. Dabei reicht **bedingter Vorsatz** bezüglich **Handlung** und **Folgen** aus[40].

---

[30] BGH v. 5. 12. 1990, VersR 1991, 289; OLG Hamm v. 2. 3. 1984, VersR 1985, 561; *Hofmann*, S. 184.

[31] Siehe im einzelnen *Philipp*, § 31.

[32] Vgl. dazu im einzelnen *Heiss*, § 38.

[33] Vgl. *Heiss*, § 38.

[34] Siehe *Johannsen*, § 25.

[35] Siehe *Heß/Höke*, § 29 Rn. 54.

[36] Vgl. hierzu im Einzelnen § 29; die Regelungen des § 3 PflVG sind nun in den §§ 113 ff. VVG 2008 überführt worden.

[37] BGH v. 15. 12. 1970, VersR 1971, 239 = NJW 1971, 459; OLG Hamm v. 23. 1. 1996, r+s 1996, 435 m. Anm. *Lemcke*.

[38] BGH v. 5. 1. 1999, NVersZ 1999, 42.

[39] BGH v. 17. 6. 1998, NJW-RR 1998, 1321; OLG Köln v. 11. 9. 1996, ZfS 1997, 177.

[40] BGH v. 26. 9. 1990, VersR 1991, 176; OLG Köln v. 16. 3. 1999, NVersZ 1999, 288; *Stiefel/Hofmann*, § 10 Rn. 55.

2. Summenversicherungen

Im Vergleich zu § 61 VVG/§ 81 VVG 2008 als allgemeine Regelung der Schadensversiche- 9
rung gelten im Bereich der **Summenversicherung** Spezialvorschriften mit leistungsbefreiender Wirkung. Kommt es bei einer Summenversicherung zum Versicherungsfall, löst dieser die Verpflichtung des VR aus, eine vereinbarte Summe zu zahlen. Bei den Summenversicherung handelt es sich stets auch um **Personenversicherung,** für die § 61 VVG/§ 81 VVG 2008 nicht zur Anwendung kommt.

Es gelten als Sonderregeln für die **Lebensversicherung** die §§ 169, 170 VVG[41]/§§ 161, 10
162 VVG 2008 (Keine Versicherungsleistung für den Selbstmord[42] und Mord des Versicherten durch den VN bzw. den Bezugsberechtigten). Für die **Unfallversicherung**[43] kommt § 180a VVG/§ 178 VVG 2008 zur Anwendung (versichert ist die – vermutete[44] – unfreiwillige Gesundheitsbeschädigung)[45]. Für die **Krankenversicherung**[46] als **Summenversicherung** gelten die §§ 178a ff. VVG/§§ 193ff. VVG 2008 als speziellere Vorschriften. § 61 VVG/§ 81 VVG 2008 ist nicht anwendbar. Die Vorschriften über die Verletzung von Obliegenheiten (§ 6 VVG/§ 28 VVG 2008) und die Gefahrerhöhung (§§ 23 ff. VVG/§§ 23 ff. VVG 2008) bleiben neben § 61 VVG/§ 81 VVG anwendbar[47].

II. § 61 VVG/§ 81 VVG 2008 als subjektiver Risikoausschluss

Nach h. M. stellt die Vorschrift des § 61 VVG keine allgemeine Vorschrift zur Schadensver- 11
hütungspflicht des VN, sondern einen **subjektiven Risikoausschluss** dar[48]. An dieser Bewertung ändert sich durch die Neuregelung in § 81 VVG 2008 nichts. § 61 VVG/§ 81 VVG 2008 dient in erster Linie der Reduzierung des subjektiven Risikos. Der Anspruch des VN ist ausgeschlossen, wenn er sich in Bezug auf das versicherte Interesse und Risiko völlig sorglos (zumindest grob fahrlässig) verhält. Gegen die Annahme eines solchen subjektiven Risikoausschlusses wird eingewandt, dass dem Wortlaut des § 61 VVG der Ausschluss eines Risikos nicht zu entnehmen ist. § 61 VVG spricht von der Leistungsfreiheit des VR, die eintritt, wenn der Versicherungsfall vorsätzlich oder grob fahrlässig herbeigeführt wird[49]. Teilweise wurde § 61 VVG als Begründung einer allgemeinen Schadensverhütungspflicht – Pflicht des VN, Vorsatz und grobe Fahrlässigkeit in Bezug auf das versicherte Risiko zu vermeiden – eingeordnet[50].

Allerdings besteht die gesetzliche Verpflichtung, den Schaden zu verhindern bzw. abzumildern gem. § 62 VVG/§ 82 VVG 2008 erst **nach** Eintritt des Versicherungsfalles. Für einen subjektiven Risikoausschluss sprechen daher neben dem Gesetzeswortlaut, auch die Motive des Gesetzgebers[51]. **Subjektive Risikoausschlüsse** zeichnen sich dadurch aus, dass an die Gefahrumstände angeknüpft wird, die ihre Ursache in der Person des VN haben.

Dagegen sind **objektive Risikoausschlüsse** solche, bei denen das Verhalten und Verschul- 12
den des VN keine Rolle spielen. Im Gegensatz zu den subjektiven Risikoausschlüssen kommt

---

[41] Siehe *Brömmelmeyer,* § 42.

[42] Selbstmord ist aber wiederum gem. § 10 ALB für Jahre nach Einlösung des Versicherungsscheines wieder versichert.

[43] Siehe *Mangen,* § 47.

[44] BGH v. 29. 4. 1998, VersR 1998, 1231.

[45] Siehe im einzelnen *Mangen* § 47.

[46] Siehe *Müller* § 44.

[47] *Prölss/Martin/Prölss,* § 6, Anm. 17, § 23, Anm. 7; *Römer/Langheid/Langheid,* § 61, Rn. 62; zur Abgrenzung zu § 61 VVG siehe unten.

[48] BGH v. 21. 9. 1964, BGHZ 42, 295; BGH v. 18. 1. 1965, BGHZ 43, 88; BGH v. 10. 7. 1976, VersR 1976, 649; *Bruck/Möller-Sieg,* § 61, Rn. 17; *Prölss/Martin/Prölss,* § 61, Rn. 1; *Römer/Langheid/Langheid,* § 61, Rn. 1; Berliner Kommentar/*Beckmann,* § 61, Rn. 6; i. E.: *Lorenz,* VersR 2000, 2ff.

[49] *Lorenz,* VersR 2000, 2.

[50] Sog. Verbindlichkeitstheorie; vgl. *Marohn,* WuR 1929, 65; ausdrücklich a. A. BGH v. 5. 1. 1984, VersR 1984, 25; Berliner Kommentar/*Beckmann* § 61, Rn. 7 m. w. N.

[51] Vgl. Motive zum VVG, Bericht der VIII. Kommission, S. 329.

Heß   819

es lediglich darauf an, ob ein bestimmter Sachverhalt erfüllt ist, den der VR vom Deckungsschutz ausklammern will z. B. der Tätigkeitsschadensauschluss gem. § 4 Abs. 1 Nr. 6b) AHB. Es kann eine primäre Risikoabgrenzung vorgenommen werden. So wird in der Versicherung bezeichnet, welche Gefahren und welche Schäden vom Versicherungsschutz umfasst werden sollen. Was nicht erwähnt ist, ist auch nicht versichert. Daraus ergibt sich der **primäre Risikoausschluss**. Weitere Einschränkungen der versicherten Risiken erfolgen durch **sekundäre Risikoausschlüsse**. So sind nur bestimmte Verwirklichungsmöglichkeiten grundsätzlich versicherter Gefahren von der Haftung ausgeschlossen. In der **Feuerversicherung** ist die Haftung des VR nach § 1 Nr. 7 AFB in den Fällen eines Krieges, innerer Unruhen, bei Erdbeben und Kernenergie ausgeschlossen. In der **Unfallversicherung** wird die Haftung bei bestimmten Unfallursachen ausgeschlossen, § 2 AUB. Bei bestimmten Arten von Heilbehandlungen wird die Haftung des VR in der **Krankenversicherung** ausgeschlossen, § 5 Nr. 1 d, e MBKV. In der **Umwelthaftpflichtversicherung** kommt es zum Ausschluss der Haftung für solche Schäden, die aufgrund von sog. Altlasten entstanden sind, Ziff. 6.3 – 6.5 UmwHB.

13   Der **Zweck** solcher in den **subjektiven Risikoausschlüssen** vorgesehenen Leistungsfreiheiten des VR liegt darin, dass bei zumindest grob fahrlässiger und damit rechtsmissbräuchlicher Herbeiführung des Versicherungsfalles durch den VN eine Leistung des VR ausgeschlossen werden soll. In den Fällen eines subjektiven Risikoausschlusses zeichnet sich der VN verantwortlich für die Gefahrumstände, so dass die von § 61 VVG erfassten Gefahrumstände nicht vom Versicherungsschutz gedeckt sind. Es genügt jedes kausale Verhalten des VN bzw. eines ihm zuzurechnenden Dritten. Der Verstoß gegen Vorgaben aus Vertrag oder Gesetz wird von einem subjektiven Risikoausschluss eben nicht gefordert[52]. Eine Leistungspflicht des VR gelangt dann erst gar nicht zur Entstehung.

III. Abgrenzung

14   Von Bedeutung ist die Abgrenzung eines solchen subjektiven Risikoausschlusses wie in § 61 VVG/§ 81 VVG 2008 zu den **Gefahrstandspflichten**. Die Unterscheidung zwischen gesetzlichen, vertraglichen, echten und „verhüllten"[53] Obliegenheiten ist für die praktische Anwendung von nicht unerheblicher Bedeutung. Im Rahmen des § 61 VVG/§ 81 VVG 2008 ist allerdings nur die Abgrenzung zu vertraglichen Obliegenheiten erheblich. Die Rechtsfolgen vertraglicher Obliegenheitsverletzungen sind in § 6 VVG/§ 28 VVG 2008 geregelt und werden regelmäßig in AVB's und in Ausnahmefällen individuell vereinbart. Ob die Verletzung einer vertraglichen Obliegenheit vor dem Eintritt des Versicherungsfalles gleichzeitig eine grob fahrlässige Herbeiführung des VersFalles gem. § 61 VVG/§ 81 VVG 2008 begründen kann, ist streitig. Dies wird mit der Begründung verneint, dass ansonsten die für Obliegenheitsverletzungen geltenden Regelungen (z. B. das Kündigungsgebot gem. § 6 Abs. 1 S. 3 VVG/§ 28 Abs. 1 VVG 2008 für den VR) entbehrlich wären[54].

1. Abgrenzung zu den Obliegenheiten i. S. d. § 6 Abs. 1 VVG/ § 28 Abs. 1 VVG 2008

15   Zunächst ist die in § 61 VVG/§ 81 VVG 2008 getroffene Regelung von den vertraglich vereinbarten Gefahrstandspflichten, nämlich der vom VN **vor dem Eintritt** des Versicherungsfalls gegenüber dem VR zu erfüllenden Obliegenheiten gem. § 6 Abs. 1 VVG/§ 28

---

[52] *Römer/Langheid/Langheid,* § 61 Rn. 2; demgegenüber verlangt *Martin,* SVR O I Rn. 61 ff. eine „objektive Vertragswidrigkeit".

[53] Klauseln, die als Risikobegrenzungen formuliert sind, hinter denen sich aber eine Obliegenheit des VN verbirgt. Für die Abgrenzung ist aber nicht der Wortlaut, sondern der Inhalt der Klausel entscheidend – BGH v. 31. 1. 1990, r+s 1990, 230 = VersR 1990, 482; siehe im einzeln § 13 Obliegenheiten; *Marlow.*

[54] So OLG Hamm v. 11. 9. 1997, r+s 1989, 92; OLG Karlsruhe v. 29. 9. 1988, r+s 1990, 177; a. A. KG Berlin v. 26. 3. 1996, r+s 1996, 277.

Abs. 1 VVG 2008 zu unterscheiden[55]. **Obliegenheiten im Versicherungsrecht** sind nach h. M. keine echten, d. h. unmittelbar erzwingbaren Verbindlichkeiten. Es handelt sich vielmehr um bloße Verhaltensnormen, die jeder VN beachten muss, wenn er seinen Anspruch auf Leistung gegenüber dem VR behalten will[56]. So scheidet dementsprechend auch eine Haftung des VN für Erfüllungsgehilfen gem. § 278 BGB (auch nicht entsprechend) aus[57]. Die Sicherheitsvorschriften, an die § 6 VVG/§ 28 VVG 2008 die Rechtsfolgen knüpft zielen darauf ab, Ge- bzw. Verbote aufzustellen, die vom VN im Hinblick auf den möglichst zu vermeidenden Gefahreintritt berücksichtigt werden müssen. Vertragliche **Obliegenheiten** sind z. B. wahrheitsgemäße Angaben zum Schadenshergang, zur Schadenshöhe, die wahrheitsgemäße und vollständige Beantwortung von Fragen und sachdienliche Angaben für den VR sowie ein gefahrminderndes Verhalten des VN.

Der BGH begründet seine Rechtsprechung damit, dass wegen des Inhaltes des gesetzlich   **16** normierten subjektiven Risikoausschlusses in § 61 VVG nicht **jede Verletzung** einer gefahrmindernden oder gefahrverhütenden Obliegenheit ausreichen kann, um schon eine zumindest grob fahrlässige Herbeiführung des Versicherungsfalles i. S. v. § 61 VVG anzunehmen. Deshalb kann die Verletzung einer vertraglichen Obliegenheit vor dem Versicherungsfall auch nicht gleichzeitig zur Begründung der Leistungsfreiheit des VR wegen grob fahrlässiger Herbeiführung des Versicherungsfalles herangezogen werden[58]. Das allgemeine Risiko, einen Schaden zu erleiden wird durch die Verletzung einer vertraglich normierten Obliegenheit zwar erhöht, jedoch muss sich die Gefahr nicht notwendigerweise verwirklichen[59]. Nicht jede grob fahrlässige oder vorsätzliche Verletzung einer vertraglich vereinbarten Obliegenheit führt daher zur Herbeiführung des Versicherungsfalles gem. § 61 VVG[60]. Dies gilt auch für die gesetzliche Neuregelung in § 81 VVG 2008. Die in § 61 VVG getroffene Regelung begründet somit weder eine allgemeine Schadensverhütungspflicht noch eine Schadensverhütungsobliegenheit des VN. Bejaht man eine nach § 61 VVG bestehende allgemeine Schadensverhütungspflicht des VN gegenüber dem VR, wäre auch § 278 BGB anwendbar. Dies war aber vom Gesetzgeber ausdrücklich nicht gewollt[61].

Ferner unterscheiden sich vertraglich vereinbarte Obliegenheiten i. S. v. § 6 Abs. 1 VVG/   **17** § 28 VVG 2008 und der subjektive Risikoausschluss in § 61 VVG/§ 81 VVG 2008 in der Verteilung der **Beweislast.** Der § 6 VVG begründet die Pflicht des VN, zu beweisen, dass ihn bei einer (feststehenden oder bewiesenen) Obliegenheitsverletzung kein Verschulden in der Form des Vorsatzes oder der groben Fahrlässigkeit trifft[62]. Diese Beweisregel wird zwar in § 28 VVG 2008 abgeändert[63]. Danach wird nun nicht mehr Vorsatz, sondern nur grobe Fahrlässigkeit vermutet (§ 28 Abs. 2 S. 2 letzter Hs. VVG 2008). Im Rahmen des § 61 VVG/§ 81 VVG 2008 obliegt dem VR dagegen bei einem feststehenden Versicherungsfall die Pflicht, den Nachweis der vorsätzlichen oder nach § 81 VVG 2008 – für eine Quotelung – grob fahrlässigen Herbeiführung zu erbringen. Ebenso muss der VR bei § 61 VVG/§ 81 VVG 2008 die Kausalität zwischen Handeln des VN und Eintritt des Versicherungsfalles darlegen[64]. Bei § 6 VVG muss der VN nachweisen, dass die Obliegenheitsverletzung nicht kausal war. Auch

---

[55] Ausführlich zu den Rettungsobliegenheiten s. o. *Beckmann,* § 16.
[56] BGH v. 13. 6. 1957, BGHZ 24, 378 (382); BGH v. 7. 11. 1966, NJW 1967, 202; OLG Hamm v. 12. 11. 1969, VersR 1970, 319.; OLG Nürnberg v. 1. 3. 1979, VersR 1979, 561; *Römer/Langheid/Römer,* § 6 Rn. 2.
[57] OLG Nürnberg v. 1. 3. 1979, VersR 1979, 561; *Bruck/Möller* Anm. 75 zu § 6 VVG.
[58] BGH v. 21. 9. 1964, BGHZ 42, 295; OLG Karlsruhe v. 29. 9. 1988, r+s 1990, 177 = VersR 1990, 786; a. A. OLG Saarbrücken v. 20. 4. 1988, VersR 1989, 397 allerdings mit der Einschränkung, dass der Versicherungsfall noch durch weitere Umstände herbeigeführt worden sein muss.
[59] BGH v. 21. 9. 1964, BGHZ 42, 295; *Römer/Langheid/Römer,* § 6 Rn. 9.
[60] BGH v. 5. 10. 1983, VersR 1984, 25; BGH v. 24. 2. 1986, VersR 1986, 696.
[61] Vgl. Motive zum VVG, a. a. O.
[62] Siehe dazu *Marlow,* § 13.
[63] Vgl. dazu Verweis auf die Kapitel zu den Obliegenheiten; vgl. auch §§ 29, § 30.
[64] Ausführlich dazu s. Rn. 82.

nach der Neuregelung des Obliegenheitsrechts (§ 28 VVG 2008) obliegt dem VN der Kausalitätsgegenbeweis[65].

2. Abgrenzung zur Gefahrerhöhung gem. §§ 23 ff. VVG / §§ 23 ff. VVG 2008

18   Ferner ist die Herbeiführung des Versicherungsfalles nach § 61 VVG / § 81 VVG 2008 von einer durch den VN vorgenommenen **Gefahrerhöhung** abzugrenzen[66]. § 61 VVG und die Vorschriften über die Leistungsfreiheit wegen einer Gefahrerhöhung sind grundsätzlich nebeneinander anwendbar[67]. Eine Gefahrerhöhung des VN führt regelmäßig schon bei leichter Fahrlässigkeit (grobe Fahrlässigkeit wie bei § 61 VVG ist nicht erforderlich) zur Befreiung des VR von seiner Leistungspflicht (§ 25 VVG). Dabei führt aber nicht jede bloße Vermehrung des Risikos gleichsam zum Eintritt des Versicherungsfalles. So **kann** die Gefahrerhöhung den Versicherungsfall herbeiführen, muss es aber nicht. Dagegen setzt die Anwendung des § 61 VVG gerade den Eintritt des Versicherungsfalles voraus. An diesem Grundsatz dürfte sich durch die Neuregelung VVG 2008 (§ 81 VVG 2008 sowie §§ 26 f. VVG 2008) etwas ändern. Insbesondere ist gem. § 26 Abs. 1 VVG 2008 für den Anspruch des VN nur eine grob fahrlässige Gefahrerhöhung schädlich. Und ebenso wie in § 81 Abs. 2 VVG 2008 ist der VR ggf. nur zu einer Kürzung des Anspruchs berechtigt.

19   Entscheidend ist die Abgrenzung zu der **schuldhaften Gefahrerhöhung** gem. § 23 Abs. 1 VVG. Aus § 23 Abs. 1 VVG geht hervor, dass der VN ohne Einwilligung des VR keine Erhöhung der Gefahr vornehmen oder durch einen Dritten gestatten darf. Es handelt sich um einen gesetzlich geregelten Fall einer Obliegenheit. Dem Gesetz kann allerdings kein Interesse des VR entnommen werden, dass dieser die Befugnisse des Eigentümers i. R. d. allgemeinen Gesetze nach Belieben zu verfahren, einschränken will. Der VR kann aus einer Gefahrerhöhung lediglich Schlussfolgerungen für die Deckung von Schadensfällen und für den Fortbestand des Versicherungsvertrages ziehen. Auch die Neuregelung des VVG knüpft bei der Gefahrerhöhung an die Unterscheidung zwischen subjektiver und objektiver Gefahrerhöhung an (§§ 23 ff. VVG).

Die Abgrenzung zwischen einer Gefahrerhöhung und § 61 VVG ist auch wegen der unterschiedlichen **Voraussetzungen** von Bedeutung. Verletzt der VN schuldhaft die Anzeigepflicht nach § 23 Abs. 2 VVG, so trägt er selbst das Risiko der Gefahrverwirklichung (§§ 24 Abs. 1, 25 Abs. 1 VVG). Hingegen setzt die aus § 61 VVG resultierende Leistungsfreiheit des VR neben dem Eintritt noch eine grob fahrlässige oder vorsätzliche Herbeiführung durch den VN voraus. Diese Herbeiführung des Versicherungsfalls kann vom VN durch aktives Tun oder durch ein Unterlassen erfolgen[68]. Die h. M. schließt jedoch die Vornahme einer Gefahrerhöhung vom VN durch Unterlassen aus[69]. Der VR muss die Gefahrerhöhung beweisen, der VN muss sich wegen eines Verschuldens entlasten (§ 25 Abs. 2 S. 1 VVG). Bei § 61 liegt die Beweislast für diesen Ausschlusstatbestand beim VR[70]. Auch obliegt nach § 25 Abs. 3 VVG dem VN der Kausalitätsgegenbeweis, während der VR bei § 61 VVG die Kausalität zu beweisen hat[71].

20   Dagegen ist die Abgrenzung zur **objektiven Gefahrerhöhung** gem. § 27 VVG[72] von untergeordneter Bedeutung. Die Gefahrerhöhung muss erheblich (§ 29 VVG / § 27 VVG 2008)

---

[65] Vgl. dazu *Marlow,* § 13.

[66] S. *Hahn,* § 20; vgl. auch Berliner Kommentar/*Beckmann,* § 61, Rn. 9–17.

[67] OLG Köln v. 20. 4. 1989, r+s 1989, 160; Zu einem Sonderfall OLG Hamm v. 18. 5. 1988, r+s 1991, 30, wenn die Gefahrenlage bereits **bei** Vertragsabschluss bestanden hat sind die §§ 16 ff., 23 ff. VVG lex specialis zu § 61 VVG, da § 61 VVG auf eine grobe Fahrlässigkeit **während** der Vertragsdauer abstellt.

[68] S. u. Rn. 23 ff.

[69] Vgl. hierzu *Römer/Langheid/Langheid,* § 23, Rn. 17 ff.

[70] S. im Einzelnen Rn. 91 f.

[71] Siehe Rn. 117, da der Beweis häufig schwierig bis gar nicht zu führen ist, ist es schon entscheidend, ob der Risikoausschluss des § 61 VVG oder die Regeln über die Gefahrerhöhung eingreifen.

[72] Vgl. dazu im einzelnen *Hahn* § 20.

und nicht nur ganz kurzfristig sein[73]. Der VR kann mit einer Frist von einem Monat kündigen (§ 27 Abs. 1 VVG). Der VN muss die Gefahrerhöhung dem VR unverzüglich mitteilen (§ 27 Abs. 2 VVG), damit keine Leistungsfreiheit des VR eintritt (§ 28 Abs. 1 VVG). Der VR hat die objektive Gefahrerhöhung und die positive Kenntnis (grobe Fahrlässigkeit reicht nicht[74]) des VN zu beweisen.

Der Begriff der Gefahrerhöhung ändert sich durch das VVG 2008 nicht. Das neue Recht greift die bisherige Unterscheidung zwischen einer vom VN vorgenommenen (§ 23 Abs. 1 VVG 2008) und einer ohne seinen Willen eingetretenen Gefahrerhöhung (§ 23 Abs. 2 VVG 2008) auf. Anders geregelt sind allerdings die Rechtsfolgen einer Gefahrerhöhung. Bei Vorsatz und grober Fahrlässigkeit kann der VR fristlos, bei leichtem Verschulden befristet kündigen (§ 24 VVG 2008). Ferner kann der VR gem. § 25 Abs. 1 VVG 2008 auch die Prämie an die erhöhte Gefahr anpassen oder die Absicherung der höheren Gefahr nachträglich ausschließen. Bei einer Erhöhung von mehr als 10% kann der VN innerhalb eines Monats fristlos kündigen, § 25 Abs. 2 VVG 2008. Darüber hinaus kann der VR gem. § 26 Abs. 2 S. 1 VVG ggf. von seiner Leistungspflicht frei werden, wenn der VN seinen Verpflichtungen aus § 23 Abs. 2, Abs. 3 VVG 2008 nicht nachgekommen ist.

C. Voraussetzungen und Rechtsfolgen des § 81 VVG 2008

Der Nachweis, dass ein Versicherungsfall vorliegt, obliegt auch nach der Neuregelung des VVG dem VN. So muss dieser nachweisen, dass z.B. ein Unfall im Sinne der Bedingungen der Unfallversicherung vorgelegen hat[75]. Auch der Nachweis einer Entwendung obliegt – mit den entsprechenden von der Rechtsprechung entwickelten Beweiserleichterungen[76] nach wie vor dem VN. Die Neuregelung des § 81 VVG 2008 knüpft ebenso wie die alte Fassung des § 61 VVG sich erst an den Nachweis, dass ein Versicherungsfall vorliegt. Danach erfolgt die Prüfung, wie dieser herbeigeführt worden ist. Der VN verliert nach § 81 Abs. 1 VVG den Versicherungsschutz, wenn er den Versicherungsfall vorsätzlich herbeigeführt hat. Hat er ihn grob fahrlässig herbeigeführt, kann der VR seine Leistung gem. § 81 Abs. 2 VVG kürzen[77].

I. Objektive Voraussetzungen

Damit § 81 VVG für den VR leistungsbefreiend bzw. kürzend wirkt, muss der Versicherungsfall durch den VN herbeigeführt worden sein.

1. Herbeiführung des Versicherungsfalls und Kausalität

Zur Erfüllung des Tatbestandes des § 81 VVG ist die Herbeiführung eines Versicherungs-   **21** falls durch jedes adäquat kausale Verhalten des VN ausreichend[78]. Allerdings ist die deutliche Unterschreitung des bei Abschluss des Versichrungsvertrages bestehenden vertraglich vorausgesetzten **Sicherheitsstandards** oder die Erhöhung des Risikopotentials durch den VN erforderlich[79]. So ist z.B. in der Kaskoversicherung der Sicherheitsstandard gegenüber der Diebstahlsgefahr einzuhalten (Verschließen des Fahrzeuges; Sichern der Fahrzeugschlüssel

---

[73] BGH v. 21. 4. 1993, r+s 1993, 362 = ZfS 1993, 241; *van Bühren*, § 1 Rn. 196.

[74] BGH v. 27. 1. 1999, r+s 1999, 207; OLG Köln r+s 1996, 192.

[75] Vgl. dazu im Einzelnen Rn. 91 ff.

[76] Siehe dazu im einzeln §§ 29, 30.

[77] Nach altem Recht verliert der VN gem. § 61 VVG den Versicherungsschutz sowohl bei vorsätzlicher als auch bei grob fahrlässiger Herbeiführung des Versicherungsfalles.

[78] OLG Hamm v. 24. 8. 1990, NZV 1991, 116.

[79] BGH v. 12. 10. 1988, NJW-RR 1989, 213; BGH v. 5. 10. 1983, VersR 1984, 29; BGH v. 12. 10. 1988, VersR 1989, 141; OLG Köln v. 21. 9. 1989, VersR 1990, 383; OLG Hamm v. 15. 2. 1989, VersR 1989, 803.

etc.). Ein Verstoß gegen objektive Normen, vertraglicher oder gesetzlicher Natur, ist dagegen nicht zu verlangen[80]. Ein Verstoß des VN gegen objektive Schadensverhütungspflichten kann ausreichen[81].

22 Der im § 81 VVG 2008 verwandte Begriff des „Versicherungsfalles" ist dabei – wie bei § 61 VVG – ungenau. Im Ergebnis liegt kein VersFall im eigentlichen Sinne vor. Ein Versicherungsfall ist erst dann gegeben, wenn durch die Verwirklichung einer versicherten Gefahr ein versicherter Schaden entstanden ist; kurz gesagt, wenn sich ein versichertes Risiko verwirklicht hat. Um das Vorliegen eines VersFalles festzustellen, muss untersucht werden, ob das tatsächlich verwirklichte Risiko auch von der Versicherung umfasst wird. Dabei sind stets die primären Risikoausschlüsse zu beachten[82]. Allerdings verwirklicht sich im Rahmen des § 81 VVG 2008 wie bei § 61 VVG gerade ein ausdrücklich ausgeschlossenes Risiko[83].

2. Herbeiführung durch positives Tun oder Unterlassen

23 Die Herbeiführung des Versicherungsfalles i. S. v. § 81 VVG 2008 kann ebenso wie bei § 61 VVG a. F. durch positives Tun sowie durch Unterlassen erfolgen[84]. Eine Herbeiführung des Versicherungsfalles ist regelmäßig anzunehmen, wenn sich der VN in Bezug auf die versicherten Interessen völlig sorglos oder gar unlauter verhält[85].

24 Bei einer Herbeiführung durch **positives Tun** muss der VN das Risikopotential vergrößert oder den bestehenden Sicherheitsstandard deutlich unterschritten haben.

25 Ob das schlichte **Unterlassen** einer Rettungsmaßnahme als „Herbeiführung des Versicherungsfalls" i. S. d. § 81 VVG genügt, kann – ebenso wie bei § 61 VVG a. F. – nicht durch die Beantwortung der Frage nach einer Handlungspflicht beantwortet werden. Eine solche „Pflicht" des VNs besteht gerade nicht[86]. Vielmehr fordert die Herbeiführung durch Unterlassen, dass der VN die Entwicklung und die drohende Verwirklichung der Gefahr zulässt, obwohl er über geeignete Mittel zum Schutz des versicherten Interesses verfügt, und deren Einsatz von ihm auch erwartet werden kann[87]. Es ist anerkannt, dass der VN den Versicherungsfall auch durch Unterlassen herbeiführen kann[88]. Das Verhalten des VN muss nicht zwingend und unmittelbar zum Versicherungsfall führen. Auch eine „Garantenstellung" des VN ist nicht erforderlich, ebenso wenig wie ein Verstoß gegen vertragliche oder gesetzliche Normen vorliegen muss[89]. Der VN muss das zum Schadenseintritt führende Geschehen bzw. die Umstände, durch die der Versicherungsfall in den Bereich des Möglichen gerät[90], allerdings **gekannt** oder **grob fahrlässig nicht gekannt** haben[91]. Außerdem muss es dem VN in zumutbarer Art und Weise möglich gewesen sein, den Eintritt des Schadens durch geeignete Mittel abzuwenden[92] (Beispiel: Der VN fährt seinen Pkw trotz drohenden Hochwassers

---

[80] *Römer/Langheid/Langheid* § 61, Rn. 11; *Prölss/Martin/Prölss* § 61 Rn. 8; *Schirmer,* ZVersWiss 84, 577; a. A. KG Berlin v. 25. 9. 1984, VersR 1985, 465.

[81] Siehe Rn. 25.

[82] *Lorenz,* VersR 2000, 2 (3).

[83] *Lorenz,* VersR 2000, 2 ff.; Berliner Kommentar/*Beckmann,* § 61, Rn. 6.

[84] BGH v. 14. 4. 1976, VersR 1976, 649; BGH v. 14. 7. 1986, VersR 1986, 962; BGH v. 8. 2. 1989, VersR 1989, 582 (583); OLG Hamm v. 18. 11. 1988, VersR 1989, 1083; OLG Hamm v. 26. 10. 1990, NZV 1991, 195; OLG Hamm v. 6. 10. 1993, VersR 1994, 1294.

[85] *Schimikowski,* Rn. 264.

[86] S. oben Rn. 11 ff.

[87] BGH v. 14. 4. 1976, VersR 1976, 649; BGH v. 14. 7. 1986, VersR 1986, 962; OLG Hamm v. 10. 7. 1987, VersR 1988, 394; OLG Hamm v. 18. 11. 1988, VersR 1989, 1083; OLG Stuttgart v. 13. 12. 1990, VersR 1991, 1049; OLG Oldenburg v. 16. 2. 1994, VersR 1994, 1336.

[88] BGH v. 14. 4. 1976, VersR 1976, 649; BGH v. 8. 2. 1989, VersR 1989, 583; *Römer/Langheid/Langheid,* § 61 Rn. 12.

[89] *Römer/Langheid/Langheid,* § 61, Rn. 5.

[90] BGH v. 14. 7. 1986, NJW 1986, 2838.

[91] BGH v. 14. 7. 1986, VersR 1986, 962; *Martin,* VersR 1988, 209.

[92] BGH v. 14. 4. 1976, VersR 1976, 649; BGH v. 14. 7. 1986, VersR 1986, 962; BGH v. 8. 2. 1989, VersR 1989, 583; OLG Hamm v. 10. 7. 1987, VersR 1988, 394; OLG Hamm v. 18. 11. 1988, VersR

nicht weg[93]). Letztlich setzt die Herbeiführung des Versicherungsfalles durch Unterlassen voraus, dass das Verhalten des VN zumindest mitursächlich für den Eintritt war[94]. In einem solchen Fall zerstört der VN zurechenbar zu Lasten des VR das bei Vertragsschluss bestehende Äquivalenzverhältnis. Durch dieses besonders sorglose Verhalten setzt er den vertraglich vorausgesetzten Sicherheitsstandard nachträglich erheblich herab[95].

3. Einstehen für Dritte

Der Versicherungsfall kann vom VN oder einer Person, deren Verhalten sich der VN zurech- 26
nen lassen muss, herbeigeführt worden sein[96]. Dem Versicherungsvertragsrecht ist die Zurechnung des Verhaltens und des Verschuldens Dritter zu Lasten des VN vom Ansatz her fremd. Grundsätzlich schadet nur Vorsatz und grobe Fahrlässigkeit des VN (§ 81 VVG 2008) oder des Versicherten. Wird der Versicherungsfall durch eine versicherte Person herbeigeführt, so schadet ihr Verhalten grundsätzlich nur ihr selbst (§ 47 Abs. 1 VVG[97] – beschränkt auf sein versichertes Interesse) und nicht dem VN. Gleichwohl findet unter bestimmten – engen – Voraussetzungen eine Zurechnung des Verhaltens Dritter statt. So muss der VN für seinen Repräsentanten einstehen. Streitig ist, für welche Dritten und in welchem Umfang der VN haften soll[98].

a) **Repräsentantenhaftung.** Die Probleme bei der Zurechnung des Verhaltens Dritter 27
zum VN haben im Versicherungsrecht zu der Entwicklung der Figur des sog. **Repräsentanten** geführt[99]. Der Ausgangspunkt ist, dass der VN sich nicht im Grundsatz deshalb besser stellen darf, weil er Dritte für sich handeln lässt[100]. Allerdings würde eine Zurechnung im Umfang von § 278 BGB – uneingeschränkte Haftung für Erfüllungsgehilfen – den Versicherungsschutz zu stark entwerten, weil danach eine Zurechnung schon dann erfolgen würde, wenn Dritte bewusst und gewollt im versicherten Bereich tätig sind. Die Bestimmung des Repräsentanten, für dessen Verhalten der VN stets einzustehen hat[101], ist daher einschränkend gegenüber § 278 BGB vorzunehmen.

Die maßgebenden Kriterien zur Bestimmung der Repräsentanteneigenschaft sind die **Ob-** 28
huts- und die Vertragsverwaltung. Der Begriff des Repräsentanten bzw. die Anforderungen an die Repräsentanteneigenschaft haben sich im Laufe der Zeit gewandelt. Repräsentant war nach der Definition des **Reichsgerichts** derjenige, der mit dem Willen des VN im Hinblick auf das versicherte Risiko an die Stelle des VNs tritt[102]. Die bloße Überlassung zur Obhut reichte danach nicht aus. Im Jahre 1989 hat der BGH[103] die Anforderungen an das Vorliegen eines Repräsentanten an engere Voraussetzungen geknüpft. Danach konnte Repräsentant nur noch sein, wer befugt ist, selbständig in einem gewissen, nicht ganz unbedeutendem Umfang für den VN zu handeln **und** dabei auch dessen Rechte und Pflichten als VN wahrnehmen darf[104]. Die Überlassung der Obhut über die versicherte Sache war dabei ein wichtiges Indiz, konnte aber allein keine Repräsentanteneigenschaft begründen. Dies setzte zu einer Obhutsverwaltung zusätzlich voraus, dass der Dritte darüber hinaus befugt war, selb-

---

1989, 1083; OLG Hamburg v. 18. 8. 1983, VersR 1983, 1151; OLG Hamburg v. 29. 3. 1984, VersR 1984, 953; OLG Stuttgart v. 13. 12. 1990 VersR 1991, 1049.

[93] BGH v. 14. 4. 1976, VersR 1976, 649; OLG Köln v. 19. 8. 1997, VersR 1998, 1227.
[94] *Schimikowski,* Rn. 265.
[95] BGH v. 12. 10. 1988, VersR 1989, 141.
[96] Vgl. umfassend zum Einstehen für Dritte *Looschelders,* § 17.
[97] Vgl. § 79 VVG a. F.
[98] Eine ausführliche Darstellung der Haftung des VN für Dritte erfolgt bei *Looschelders,* § 17; allgemein zur Repräsentantenhaftung vgl. auch *Lücke,* VersR 1993, 1098; *Knappmann,* NJW 1994, 3147; VersR 1997, 261; *Römer,* NZV 1993, 249.
[99] *Prölss/Martin/Prölss* § 6 Rn. 57 ff.; BGH v. 26. 4. 1989, NJW 1989, 1861; BGH v. 24. 4. 1993, NJW 1993, 1862; *Knappmann,* VersR 1997, 261; *Looschelders,* VersR 1999, 666.
[100] *Römer,* NZV 1993, 249 ff. m. w. N.
[101] S. u. *Looschelders* § 17.
[102] RG Berlin v. 18. 10. 1901, RGZ 51, 20; zuletzt RG Berlin v. 15. 3. 1932, RGZ 135, 370.
[103] BGH v. 26. 4. 1989, r+s 1989, 262 = VersR 1989, 737.
[104] BGH v. 24. 4. 1993, NJW 1993, 1862.

Heß   825

ständig in einem nicht ganz unbedeutenden Umfang für den VN zu handeln (d. h. dessen Rechte und Pflichten als VN wahrzunehmen)[105]. Danach war somit für die Bejahung der Eigenschaft als Repräsentant neben der faktischen Obhut über das versicherte Interesse (sog. **Risikoverwaltung**[106]) hinaus eine Befugnis zum selbständigen rechtsgeschäftlichen Handeln einschließlich der Wahrnehmung der Rechte und Pflichten aus dem Versicherungsvertrag (sog. **Vertragsverwaltung**) erforderlich (sog. **Zweigliedrigkeit**). Dies führte dazu, dass für die Annahme einer Repräsentanteneigenschaft kaum noch Raum blieb. Der BGH hat in seiner grundlegenden Entscheidung vom 21. 4. 1993[107] diese Rechtsprechung geändert und das kumulative Erfordernis der Risiko- **und** der Vertragsverwaltung aufgegeben. Der Tatbestand kann somit auch alternativ (nicht mehr kumulativ) durch Risiko- **oder** durch Vertragsverwaltung verwirklicht werden. Repräsentant kann sowohl grundsätzliche derjenige sein, der befugt ist, auf das Schicksal des Versichrungsvertrages Einfluss zu nehmen, als auch derjenige, der die tatsächliche Obhut inne hat[108].

29   Danach kann nun auch die bloße tatsächliche Obhut ebenso wie die Vertragsverwaltung[109] jeweils für sich zur Begründung einer Repräsentanteneigenschaft ausreichen. Dieser Rechtsprechung ist zuzustimmen, da es der Dritte mit seinem Verhalten in den Händen hat, ob sich das Gefahrenpotential des versicherten Risikos in seiner Obhut verwirklicht oder nicht[110]. Im Gegensatz zur früheren Rechtsprechung kann somit auch Repräsentant sein, wer nicht Rechte und Pflichten aus dem Versichrungsvertrag wahrzunehmen hat. Allerdings führt nicht jede bloße und noch so kurzfristige Gebrauchsüberlassung durch den VN bereits zur Repräsentanteneigenschaft des Dritten. Erforderlich ist vielmehr die Übertragung der gesamten Risikoverwaltung für gewisse Dauer[111]. Hieraus folgt gleichzeitig, dass der VN dem Dritten die **alleinige Obhut** über die versicherte Sache überlassen muss[112]. Hierzu gehört auch, dass der Repräsentant berechtigt und verpflichtet ist, die zur Er- und Unterhaltung notwendigen Arbeiten in Auftrag zu geben[113]. Für die Obhuts – und Risikoverwaltung kommt es nicht darauf an, wer die finanziellen Lasten der versicherten Sache (bei Kfz z. B. Steuer, Versicherung, Kaufpreis etc.) trägt. Maßgeblich ist die tatsächliche Betreuung, d. h. ob die wesentlichen Aufgaben und Befugnisse dem Dritten zur selbständigen umfassenden Erledigung übertragen worden sind[114].

---

[105] BGH v. 26. 4. 1989, VersR 1989, 737 = r+s 1989, 262.

[106] Zur Risikoverwaltung gehört das Umgehen mit dem versicherten Gegenstand, sei es um vorbeugende Maßnahmen (§§ 6, 23 VVG) zu treffen, sei es, dass bei Eintritt des Versicherungsfalles kein Fehlverhalten ursächlich wird (§ 61 VVG).

[107] BGH v. 24. 4. 1993, BGHZ 122, 253 = VersR 1993, 828 = r+s 1993, 321 = NJW 1993, 1862; Anm. *Johannsen*, DZWir 1994, 249; ablehnende Anm. *Lücke*, VersR 1993, 1098, der nicht zu Unrecht darauf hinweist, dass hierdurch die Grenzen zum Wissensvertreter/Wissenserklärungsvertreter verwischt werden.

[108] BGH v. 24. 4. 1993, NJW 1993, 1862.

(LS 1) „Im Versicherungsrecht ist Repräsentant, wer in dem Geschäftsbereich, zu dem das versicherte Risiko gehört, aufgrund eines Vertretungs- oder ähnlichen Verhältnisses an die Stelle des VN getreten ist. Die bloße Überlassung der Obhut über die versicherte Sache reicht hierbei nicht aus. Repräsentant kann nur sein, wer befugt ist, selbständig in einem gewissen, nicht ganz unbedeutenden Umfang für den VN zu handeln (Risikoverwaltung). Es braucht nicht noch hinzuzutreten, dass der Dritte auch Rechte und Pflichten aus dem VV wahrzunehmen hat.

(2) Übt der Dritte aufgrund eines Vertretungs- oder ähnlichen Verhältnisses die Verwaltung des VV eigenverantwortlich aus, kann dies unabhängig von einer Übergabe der versicherten Sache für Repräsentantenstellung sprechen."

Differenziert OLG Hamm v. 2. 11. 1994, VersR 1995, 1348 mit Hinweis auf *Lücke*, VersR 1993, 1098.

[109] So im Fall des OLG Köln v. 27. 9. 2002, r+s 2003, 56.

[110] *Römer/Langheid/Langheid*, § 61 Rn. 19.

[111] BGH v. 10. 7. 1996, VersR 1996, 1229; m. w. N. und ausführlicher Rechtsprechungsübersicht s. *Looschelders*, Kap. 18.

[112] *Römer/Langheid/Langheid*, § 61 Rn. 20.

[113] BGH v. 10. 7. 1996, Zfs 1996, 418 = VersR 1996, 1229.

[114] BGH v. 10. 7. 1996, r+s 1996, 385 = VersR 1996, 1229.

Mit diesen Einschränkungen ermöglicht die Repräsentantenhaftung eine Zurechnung des   30
Verhaltens eines Dritten, soweit dieser die Verwirklichung eines Gefahrenpotentials in dem
dargestellten umfassenden Sinn in den Händen hält. Liegt eine Repräsentanz vor, so werden
alle Handlungen des Repräsentanten dem VN zugerechnet. Ein sog. Repräsentantenexzess ist nicht anzuerkennen[115]. Somit ist auch die Unfallflucht dem VN zuzurechnen, da
auch die Wartepflicht nach einem Unfall zur Risikoverwaltung gehört[116]. Der BGH hat jedoch einschränkend entschieden, dass sofern der VN dem Dritten die selbstständige Wahrnehmung seiner Befugnisse nur in einem konkreten, abgrenzbaren Geschäftsbereich übertragen hat, die Zurechnung des Verhaltens des Repräsentanten hierauf beschränkt ist und nicht
auf andere Tätigkeitsbereiche ausgedehnt werden kann[117]. Im Falle einer übertragenen Vertragsverwaltung muss der VN sich nur das Fehlverhalten des Repräsentanten in Vertragsangelegenheiten zurechnen lassen. Hingegen braucht er sich nicht ein Verhalten des Vertragsver-
walters zurechnen lassen – sofern diesem nicht auch die Gefahrverwaltung übertragen ist –,
das zum Eintritt des Versicherungsfalles geführt hat[118]. Die **Beweislast** für die Tatsachen, aus
denen sich die Repräsentantenstellung ergibt, liegt beim VR[119].

b) Rechtsprechung zum Repräsentanten. Familienangehörige (auch Lebensge-   31
fährten; Haus- und Wohngenossen) sind grundsätzlich nicht als Repräsentanten anzusehen,
da diese in der Regel nur eine Mitobhut über die versicherten Sachen haben. Der VN wird
sich regelmäßig nicht – wie erforderlich – von jedweder Risikoverwaltung und Benutzung
zurückgezogen haben[120].

Leitende Mitarbeiter sind unter den dargestellten Voraussetzungen ebenfalls Repräsentanten[121]. Allerdings reicht **allein** die Tatsache, dass ein Außendienstmitarbeiter einen Firmenwagen zur Verfügung hat noch nicht aus[122] Zu beachten ist allerdings, dass – soweit eine
juristische Person VN ist – für deren gesetzliche Vertreter/Organe wie Vorstand (z. B. AG)
oder Geschäftführer (GmbH) die Zurechnung zur juristischen Person/VN bereits über § 31
BGB erfolgt. Ein Rückgriff auf die Rechtsfigur des Repräsentanten ist für den **gesetzlichen
Vertreter** nicht erforderlich[123].

Im Rahmen der **Hausratversicherung** reicht die bloße Obhut über die versicherte Sache
grds. nicht aus[124]. Es muss schon eine alleinige Risikoverwaltung für eine gewisse Dauer vorliegen. Unter dieser Voraussetzung kann ausnahmsweise ein anwesender Ehegatte bzw. nichtehelicher Lebensgefährte Repräsentant des abwesenden Partners sein[125].

---

[115] *Römer/Langheid/Langheid*, § 61 Rn. 22; a. A. OLG Köln v. 19. 9. 1995, r+s 1995, 402; BGH v. 14. 3.
2007, NJW 2007, 2038.
[116] BGH v. 10. 7. 1996, r+s 1996, 385 = VersR 1996, 1229; *van Bühren* § 1 Rn. 259.
[117] BGH v. 14. 3. 2007, NJW 2007, 2038.
[118] BGH v. 14. 3. 2007, NJW 2007, 2038 (2039).
[119] OLG Hamm v. 26. 10. 1994, NJW-RR 1995, 602; OLG Koblenz v. 20. 11. 1998 NJW-RR 1999,
536.
[120] BGH v. 2. 5. 1990, VersR 1990, 736 = r+s 1990, 242; OLG Hamm v. 6. 9. 1989, VersR 1990, 420
= r+s 1990, 133 (Lebensgefährte in der Hausratversicherung); OLG Hamm v. 24. 1. 1990, r+s 1992, 243;
OLG Frankfurt/M. v. 11. 8. 2004, VersR 2005, 1232 (Ehegatte, Kinder); für Ehegatte als Repräsentant
OLG Karlsruhe v. 20. 11. 1997, r+s 1998, 162 mit ablehnender Anm. *Knappmann*, VersR 1197, 261;
OLG Karlsruhe v. 16. 3. 1995, r+s 1995, 442.
[121] BGH v. 9. 4. 1997, r+s 1997, 294; OLG Köln v. 17. 8. 2004, r+s 2004, 464 (Betriebsleiter als Repräsentant); OLG Köln v. 19. 9. 1995, r+s 1995, 402; OLG Köln v. 24. 8. 1999, r+s 1999, 517 (Hausverwalter als Repräsentant).
[122] OLG Karlsruhe v. 16. 3. 1995, r+s 1995, 442; die Grenze ist dort überschritten, wo z. B. ein Handelsvertreter den Pkw ausschließlich zur eigenen – auch privaten Nutzung – zur Verfügung hat und auch
allein und umfassend bestimmen kann (Reparaturen etc.) – OLG Koblenz v. 20. 12. 2000, VersR 2001,
1507.
[123] *Knappmann*, VersR 1997, 261.
[124] BGH v. 24. 2. 1986, VersR 1986, 696.
[125] LG Hamburg v. 7. 12. 1983, ZfS 1984, 26; LG Karlsruhe v. 30. 11. 1984, VersR 1985, 380; die Stellung als Ehegatte oder Lebensgefährte als solche begründet keine Repräsentantenstellung in der Hausrat-

In der **Gebäudeversicherung** wird der Mieter bzw. Pächter nicht schon mit Vertragsschluss zum Repräsentanten des VN. Etwas anderes gilt nur, wenn dies individualvertraglich bestimmt worden ist[126]. Innerhalb der **Reisegepäckversicherung**[127] ist derjenige Repräsentant, der in Abwesenheit des VN dessen Gepäck beaufsichtigt[128]. In der Reisegepäckversicherung werden Reisebegleiter und Familienangehörige im Gegensatz zu der Rechtsprechung in anderen Versicherungszweigen eher als Repräsentanten des VN angesehen[129]. In der **Kraftfahrt-Haftpflichtversicherung** ist der Fahrer grundsätzlich kein Repräsentant des Halters, sondern mitversichert (§ 10 Nr. 2c AKB/§ 10 Nr. 2c AKB 2008)[130].

Für die **Kaskoversicherung** gilt, dass nicht jede bloß kurzfristige Gebrauchsüberlassung bereits zur Repräsentanz eines Dritten führt[131]. Auch in der Kaskoversicherung ist daher der Fahrer regelmäßig nicht Repräsentant des VN[132]. Voraussetzung für eine Repräsentantenstellung ist die alleinige Verantwortung für das Fahrzeug[133]. Es reicht dabei noch nicht aus, dass dem Dritten das Fahrzeug übergeben worden ist[134]. Es ist entscheidend, dass in dem Zeitraum, in dem der Sicherheitsstandard drastisch reduziert wird und dadurch der Versicherungsfall herbeigeführt wird, der Dritte die alleinige Risikoverwaltung über das versicherte Objekt übernommen hat. Generalisierende Zuordnungen können nicht getroffen werden, stets kommt es auf die Umstände des Einzelfalles, d. h. inwieweit eine alleinige Risikoverwaltung übertragen wurde, an[135]. Repräsentant des VN ist auch (Vertragsverwaltung)[136], wer

- eigenverantwortlich die den Versicherungsvertrag für das Kfz betreffenden Entscheidungen trifft[137],
- sämtliche Versicherungsbeiträge anweist,
- die Versicherungsdoppelkarte auf ihn ausgestellt ist,
- alleiniger Halter des Pkw's ist
- tritt Ansprüche „aus seiner Vollkaskoversicherung" abtritt[138].

32   **c) Delegation.** Wenn ein Repräsentant mit Kenntnis und Billigung des VN seine Rechte und Pflichten auf eine andere Person weiter überträgt, so wird auch diese zum Repräsentanten des VN. Eine Erweiterung der Pflichten des VN ist und kann auch nicht mit diesem Wechsel in der Person des Repräsentanten verbunden sein[139].

---

versicherung – BGH v. 2. 5. 1990, VersR 1990, 736 = r+s 1990, 242; OLG Hamm VersR 1992, 353 = r+s 1991, 314.

[126] BGH v. 26. 4. 1989, NJW 1989, 1861 = VersR 1989, 737; OLG Köln v. 6. 12. 1990, VersR 1991, 533; OLG Hamburg v. 9. 11. 1988, VersR 1990, 264; BGH v. 7. 6. 1989, NJW 1989, 2474.

[127] Vgl. *Wussow*, VersR 1993, 1454 mit großzügiger Tendenz zur Bejahung der Repräsentanteneigenschaft.

[128] LG Nürnberg-Fürth v. 2. 10. 1990, VersR 1991, 224; *Wussow*, VersR 1993, 1454.

[129] OLG Düsseldorf v. 29. 9. 1994, r+s 1995, 428 = VersR 1996, 749; LG Duisburg v. 27. 5. 1993, r+s 1994, 29 (jeweils der Ehemann als Repräsentant) zu recht dagegen OLG Köln v. 3. 11. 1988, r+s 1991, 138.

[130] BGH v. 20. 5. 1969, NJW 1969, 1387; vgl. hierzu *Römer*, NZV 1993, 249ff.

[131] Siehe im einzelnen *Heß/Höke* § 30.

[132] Siehe *Heß/Höke*, § 30; st. Rspr. vgl. nur: BGH v. 21. 4. 1993, VersR 1993, 828 = r+s 1993, 321; OLG Hamm v. 25. 10. 1989, VersR 1990, 516; OLG Karlsruhe v. 16. 5. 1991, VersR 1992, 1391; OLG Köln v. 29. 3. 1990, r+s 1990, 192; VersR 1992, 996; OLG Oldenburg v. 13. 11. 1996, r+s 1997, 10; OLG Düsseldorf v. 27. 2. 2007, VersR 2007, 982.

[133] BGH v. 10. 7. 1996, VersR 1996, 1229; OLG Hamm v. 8. 3. 1995 VersR 1996, 225.

[134] nach OLG Koblenz v. 4. 2. 2005, NJW-RR 2005, 828 begründet die bloße Überlassung insbes. auch keinen Anscheinsbeweis für eine Übernahme der Risikoverwaltung durch den Dritten.

[135] BGH v. 16. 6. 1991, NJW-RR 91, 1307.

[136] Siehe OLG Köln v. 27. 9. 2002, r+s 2003, 56.

[137] So auch OLG Oldenburg v. 8. 3. 1995, r+s 1995, 331.

[138] Vgl. zur Repräsentanz allgemein *Looschelders*, § 17.

[139] OLG Hamm v. 12. 12. 1986, VersR 1988, 509; *Römer/Langheid/Römer*, § 61, Rn. 23.

d) Der Mitversicherte[140]. Nur wenn der **Mitversicherte** Repräsentant des VN ist, wird 33 sein Verhalten diesem zugerechnet[141]. Entschädigt dann der VR den VN, so kann er z. B. bei dem grob fahrlässig handelnden Fahrer Regress nehmen. Der gesetzliche Forderungsübergang nach § 86 VVG[142] begründet aber keinen eigenen Anspruch des VR. Vielmehr ist es nur die Überleitungsvorschrift für den Übergang des Schadensersatzanspruches des VN gegenüber dem Fahrer[143]. Dem Mitversicherten schadet darüber hinaus gem. § 47 VVG nicht nur eigenes Verschulden, sondern er muss sich auch ein Verschulden des VN zurechnen lassen[144]. Diese umfassende Zurechnung des Verhaltens des VN auf den Mitversicherten folgt daraus, dass dieser die Rechte aus der Versicherung in der Form hat, wie diese vom VN gestaltet worden sind und werden (Abhängigkeitsgrundsatz; Gleichstellung des Versicherten mit dem VN[145]). Eigenes Verschulden (z. B. grobe Fahrlässigkeit) des Mitversicherten führt nach § 47 Abs. 1 VVG[146] zur Leistungsfreiheit des VR[147].

e) Mehrheit von VN. Gehört die versicherte Sache mehreren VN zur **gesamten Hand,** 34 so erfolgt die umfassende Zurechnung auch von Handlungen nur eines VN auf die anderen VN/Mitversicherten[148]. Auf eine Repräsentanteneigenschaft kommt es dabei nicht an. Steht die versicherte Sache im **Bruchteilseigentum** wird dies unterschiedlich gesehen. Teilweise wird auch für diesen Fall eine umfassende Zurechnung vertreten[149], nach a. A. schadet das Verhalten eines Bruchteilseigentümers den anderen Bruchteilseigentümern nicht, wenn dieser kein Repräsentant war[150]. Dieser Auffassung ist zuzustimmen, da diese der Rechtsfigur des Bruchteilseigentum und der nicht notwendig gleichen Interessen der Bruchteilseigentümer eher entspricht.

II. Subjektive Voraussetzungen

Die Anwendung des § 61 VVG, § 81 VVG 2008 setzt weiter voraus, dass der VN bei der Herbeiführung **schuldhaft,** also vorsätzlich oder zumindest grob fahrlässig, gehandelt hat. Bisher konnten die Gerichte unter der Geltung des § 61 VVG a. F. offen lassen, ob der VN vorsätzlich oder grob fahrlässig gehandelt hat. Eine Leistungsfreiheit des VR trat in beiden Fällen ein. Nach dem teilweisen Wegfall des „Alles-oder-Nichts-Prinzips" unter § 81 VVG 2008 wird in Prozessen künftig verstärkt der Streit darum gehen, ob der VN vorsätzlich – mit der Folge der Leistungsfreiheit des VR – oder grob fahrlässig gehandelt hat und dem VR daher lediglich ein Kürzungsrecht zusteht.

1. Verschulden

a) Vorsatz. Der VR wird von der Pflicht zur Leistung frei, wenn der VN den Eintritt des 35 Schadens vorsätzlich herbeiführt.

Im Versicherungsrecht gilt der zivilrechtliche Vorsatzbegriff. **Direkter Vorsatz** ist das Wissen und Wollen des rechtswidrigen Erfolges[151]. Der Vorsatz braucht sich nur auf das Scha-

---

[140] Zur Versicherung für fremde Rechnung siehe Kap. *Armbrüster* § 6.
[141] BGH v. 10. 3. 1966, VersR 1966, 674; OLG Karlsruhe v. 4. 7. 1996, VersR 1997, 104; OLG Saarbrücken v. 9. 7. 1997, VersR 1998, 883 = NZV 1999, 131.
[142] Vgl. § 67 VVG a. F.
[143] Vgl. im Einzelnen *Hormuth* § 22.
[144] BGH v. 18. 9. 1991, VersR 1991, 1404 = r+s 1991, 423.
[145] Ausnahmen vgl. Realgläubiger § 102 Abs. 1 VVG; Regelungen in Sicherungsscheinen; § 158i für die Pflichthaftpflichtversicherung.
[146] Vgl. § 79 Abs. 1 VVG a. F.
[147] OLG Köln v. 11. 4. 1997, VersR 1994, 1097.
[148] OLG Hamm v. 28. 1. 1987, r+s 1987, 167.
[149] *Martin,* SVR O II Rn. 16.
[150] *Prölss/Martin/Prölss,* § 6 Rn. 39; *Römer/Langheid/Römer,* § 61 Rn. 37; so auch ÖOGH v. 29. 10. 1997, VersR 1998, 1535.
[151] *Palandt/Heinrichs,* § 276 BGB, Rn. 10.

densereignis (Handlung und Erfolg) zu beziehen, nicht aber auf das Vorhandensein eines Versicherungsvertrages oder auf den konkreten Schadensumfang[152]. Hierin unterscheidet sich § 81 VVG von § 103 VVG[153], bei dem auch die Schadensfolgen vom Vorsatz (zumindest im Großen und Ganzen) umfasst sein müssen und die Kenntnis der Rechtswidrigkeit erforderlich ist[154]. **Eventualvorsatz** als billigende Inkaufnahme des rechtswidrigen Erfolges reicht jedoch zur Verwirklichung des Tatbestandes ebenfalls aus[155].

36   In der Haftpflichtversicherung muss sich der Vorsatz auch auf die Verletzungsfolgen beziehen[156]. Schadensfolgen, die er nicht, oder nicht in ihrem wesentlichen Umfang als möglich erkannt und für den Fall des Eintritts nicht einmal billigend in Kauf genommen hat, können dem Schädiger daher nicht als vorsätzlich zugerechnet werden[157]. Das Wissen und Wollen des VN muss sich aber nicht auf das Vorhandensein eines Versicherungsvertrages oder den konkreten Schadensumfang erstrecken.

37   Beispiele aus der Rechtsprechung
   – **(Vorsatz bejaht):** beim Stoß eines erheblich Alkoholisierten eine Treppe hinunter[158]; Stoß mit abgebrochenem Bierglas in das Gesicht[159]; Faustschlag ins Gesicht[160];
   – **(Vorsatz verneint):** bei Schlag in das Gesicht eines Brillenträgers mit Erblindung auf einem Auge[161]; beim Abfeuern von Sylvesterraketen auf eine Personengruppe[162]; tödlicher Messerstich in die Brust[163].

38   Eine **Notwehrhandlung** einschließlich der Putativnotwehr schließt die Rechtswidrigkeit des Verhaltens aus, so dass eine vorsätzliche Begehung ausscheidet[164].

39   Die vorsätzliche Herbeiführung des Versicherungsfalles hat ihre große praktische Bedeutung im **Versicherungsbetrug,** der eine ziel- und zweckgerichtete Verwirklichung des Versicherungsfalls durch vorsätzliches Handeln voraussetzt. Die Verwirklichung des Versicherungsfalles geschieht, um einen ungerechtfertigten Vorteil zu erlangen. Die verschiedenen Erscheinungsformen eines manipulierten Versicherungsfalles fallen unter die Leistungsfreiheit des VR gem. § 61 VVG; § 81 VVG 2008[165].

40   Wie bei einer Unfallmanipulation kann man auch im allgemeinen Versicherungsrecht eine Einteilung des Versicherungsbetruges in vier Hauptgruppen (gestellter, provozierter, fiktiver und ausgenutzter Fall) vornehmen[166]. Bei einem **gestellten** Versicherungsfall wird das Schadensereignis absichtlich nach Verabredung herbeigeführt. Ein **provoziertes** Schadenereignis bezeichnet die Herbeiführung eines Unfalles durch ein einseitig doloses Verhalten, in dem die Unaufmerksamkeit eines an der Manipulation nicht beteiligten Dritten ausgenutzt wird. Bei einem **fingierten (fiktiven)** Schadensfall gibt es gar kein Schadensereignis, sondern dieses wird nur vorgetäuscht. Die **Ausnutzung eines Schadensereignisses** liegt vor, wenn ein echter Versicherungsfall ausgenutzt wird, um einen höheren Schaden geltend zu machen[167]. Bei den beiden zuletzt genannten Fallgruppen handelt es sich allerdings nicht um Fälle des § 81 VVG. Im Fall eines fingierten (fiktiven) Schadensfalles ist ein Versicherungsfall gar nicht

---

[152] *Römer/Langheid/Römer,* § 61 Rn. 41.
[153] Vgl. §§ 61, 152 VVG a. F.
[154] *Römer/Langheid/Römer,* § 61 Rn. 42; *Römer/Langheid/Langheid,* § 152 Rn. 3.
[155] BGH v. 10. 2. 1973, VersR 1973, 145.
[156] OLG Köln v. 17. 9. 1996, r+s 1997, 95.
[157] BGH v. 17. 6. 1998, r+s 1998, 367.
[158] OLG Hamburg v. 23. 10. 1991, r+s 1993, 174.
[159] OLG Köln v. 31. 5. 1994, r+s 1995, 9 – bedingter Vorsatz bzgl. Verletzungsfolgen im Gesicht und Auge.
[160] OLG Karlsruhe v. 26. 3. 1996, r+s 1996, 301 – auch für knöcherne Verletzungen.
[161] OLG Hamm v. 6. 11. 1996, r+s 1997, 103.
[162] OLG Karlsruhe v. 21. 8. 1997, r+s 1998, 189.
[163] OLG Hamm v. 3. 2. 1993, r+s 1993, 209.
[164] OLG Düsseldorf v. 11. 1. 1994, VersR 1994, 850.
[165] *Römer/Langheid/Langheid,* § 61 Rn. 4.
[166] *Lemcke,* Anwaltshandbuch, Teil 6, Rn. 11 ff. m. w. N.; *Dannert,* r+s 1990, 361; *Lemcke,* r+s 1993, 121.
[167] *Römer/Langheid/Langheid,* § 61, Rn. 4.

eingetreten, sondern wird lediglich vorgespiegelt. Bei einem ausgenutzten Versicherungsfall fehlt es in Höhe des erhöhten Schadens insoweit an einem eingetretenen Versicherungsfall. Fest steht, dass eine Eintrittspflicht des VR für keinen dieser manipulierten Schadensereignisse besteht.

Die praktische Bedeutung der vorsätzlichen Herbeiführung des Versicherungsfalles besteht   **41** in der **Beweislast.** Während der VN den Versicherungsfall beweisen muss, obliegt dem VR der Nachweis der vorsätzlichen Herbeiführung[168]. Im Falle eines nur vorgespiegelten Versicherungsfalles, liegt die Beweislast für den Eintritt des Versicherungsfalles beim VN. Ist der Versicherungsfall aber unstreitig oder bewiesen, so liegt die Beweislast dafür, dass die Herbeiführung vorsätzlich erfolgte, beim VR[169].

b) Grobe Fahrlässigkeit. Im Falle grob fahrlässiger Herbeiführung des Versicherungsfal-   **42** les steht dem VR nun statt der Leistungsfreiheit nur gem. § 81 Abs. 2 VVG 2008 ein Kürzungsrecht zu. Die Frage, ob eine grobe Fahrlässigkeit vorliegt, hat der Tatrichter je nach den Besonderheiten des Einzelfalles zu beurteilen. Aus diesem Grunde gibt es eine zu verschiedenen Versicherungsbereichen (insbesondere im Bereich der Kaskoversicherung[170]) kaum mehr überschaubare Kasuistik. Hieran wird sich so durch die Neuregelung nichts ändern. Im Gegenteil wird nun zusätzlich die Feststellung des Grades der groben Fahrlässigkeit für die Bildung einer Quote erforderlich. Die Frage, ob der VR von seinem nun durch das neue VVG eingeräumte Kürzungsrecht richtig Gebrauch gemacht hat, ist auch keine Ermessensentscheidung des VR, sondern obliegt im vollen Umfang der Überprüfung durch den Tatrichter. Ebenfalls wird die Frage, ob eine – leistungskürzende – grobe oder nur eine unschädlich einfache Fahrlässigkeit vorliegt, nach wie vor der revisionsrechtlichen Überprüfung unterliegen[171]. Im übrigen wird die tatrichterlich Entscheidung zu der vom VR vorgenommenen Kürzung durch den BGH nur daraufhin überprüft werden, ob der Tatrichter von den richtigen Voraussetzungen ausgegangen ist[172].

Es wird auch interessant zu beobachten sein, ob sich die nun eingeräumte Möglichkeit einer Quotierung bei einer groben Fahrlässigkeit nicht auch auf die Annahme einer groben Fahrlässigkeit selbst auswirkt. Sicherlich führte die mit der Bejahung einer groben Fahrlässigkeit notwendige rechtliche Konsequenz nach § 61 VVG a. F. der völligen Versagung des Versicherungsschutzes in der Tendenz eher zu einer gewissen Zurückhaltung, eine solche erhöhte Schuldform anzuwenden. Es bleibt nun abzuwarten, ob die neu in § 81 VVG geschaffene Möglichkeit einer Abwägung auch innerhalb der groben Fahrlässigkeit in der Tendenz zu einer weitergehenden Annahme des Tatbestandes einer groben Fahrlässigkeit führt[173].

aa) Grundlagen. Wird der VR durch eine vorsätzliche Herbeiführung des Versicherungsfal-   **43** les von der Pflicht zur Leistung frei, so steht ihm im Falle einer grob fahrlässigen Herbeiführung nach § 81 Abs. 2 VVG 2008 nur noch ein Kürzungsrecht zu. Zukünftig wird sich daher nicht nur die Frage stellen, ob grobe Fahrlässigkeit vorliegt, sondern auch in welcher Höhe die Kürzung zu erfolgen hat.

Grobe Fahrlässigkeit liegt vor, wenn der VN die im Verkehr erforderliche Sorgfalt in   **44** einem besonders schwerem Maße verletzt[174]. Grob fahrlässig handelt, wer schon einfachste, ganz nahe liegende Überlegungen nicht anstellt und in ungewöhnlich hohem Maße dasjenige unbeachtet lässt, was im gegebenen Fall jedem hätte einleuchten müssen[175]. Im Hinblick auf § 81 Abs. 2 VVG 2008 setzt dies ein Verhalten des VN voraus, von dem er wusste

---

[168] Zur Beweissituation vgl. noch unten; *Römer/Langheid/Langheid,* § 61 Anm. 5.
[169] Siehe umfassend zur Beweislast unten Rn. 91 ff.
[170] Vgl. dazu im Einzelnen *Heß/Höke,* § 30.
[171] BGH v. 10. 2. 1999, VersR 1999, 1004.
[172] Allgemeiner Grundsatz der Überprüfung durch das Revisionsgericht.
[173] Vgl. hierzu *Felsch,* r+s 2007, 485.
[174] *Palandt/Heinrichs,* § 276 BGB, Rn. 14; vgl. ständige Rechtsprechung des BGH seit BGHZ 10, 14 = VersR 53, 335; **„wie kann man nur";** BGH v. 12. 10. 1988, r+s 1989, 62 = VersR 1989, 141 = ZfS 1989, 140; *Prölss/Martin/Prölss,* § 61 VVG Rn. 11 ff. m. w. N.
[175] Ständige Rechtsprechung, vgl. nur *Prölss/Martin/Prölss,* § 61 VVG, Rn. 11 ff. m. w. N.

oder hätte wissen müssen, dass es geeignet war, den Eintritt oder die Vergrößerung des Schadens zu fördern[176]. Die Schadenswahrscheinlichkeit muss nahegelegen haben und für den VN muss es ohne weiteres möglich gewesen sein, ein anderes als das tatsächlich geübte Verhalten an den Tag zu legen[177].

Ob ein grob fahrlässiges Handeln vorliegt, ist letztlich immer eine Frage des Einzelfalles. Allgemein gilt aber, dass die **Größe der Gefahr** und die **Höhe des zu erwartenden Schadens** für die an einen VN i. S. d. Definition der groben Fahrlässigkeit zu stellenden Anforderungen mitentscheidend sind (z. B. große Gefahr durch Alkohol beim Führen eines Kfz's oder beim Überfahren einer roten Ampel[178])[179]. Außerdem ist zu beachten, dass einzelne, für sich genommen nicht grob fahrlässige Fehlhandlungen in ihrer Summe den Vorwurf grober Fahrlässigkeit begründen können[180].

Das **positive Tun** des VNs ist grob fahrlässig, wenn der Schadenseintritt nahe lag und es für den VN ohne weiteres möglich gewesen wäre, ein anderes, schadensvermeidendes Verhalten an den Tag zu legen[181]. Dagegen hat der VN bei der Herbeiführung durch ein **Unterlassen** die „möglichen, geeigneten und zumutbaren Maßnahmen" gerade nicht ergriffen[182].

45   Hierbei ist der Begriff der groben Fahrlässigkeit – im Interesse der einheitlichen Rechtsanwendung auch **einheitlich** für das Zivilrecht zu bestimmen[183]. Grob fahrlässig handelt danach, wer die im Verkehr erforderliche Sorgfalt nach den gesamten Umständen in ungewöhnlich hohem Maße verletzt und unbeachtet lässt, was im gegebenen Fall jedem hätte einleuchten müssen. Im Gegensatz zur einfachen Fahrlässigkeit muss es sich bei einem grob fahrlässigen Verhalten um ein auch in subjektiver Hinsicht unentschuldbares Fehlverhalten handeln, das ein gewöhnliches Maß erheblich übersteigt[184].

46   *bb) Objektive und subjektive Voraussetzungen der groben Fahrlässigkeit.* Die grobe Fahrlässigkeit besteht aus einer objektiven und subjektiven (kumulativ) Seite[185]. Der **objektive** Sorgfaltsmaßstab richtet sich nach allgemein anerkannten Sorgfalts- und Verkehrsbedürfnissen, die in besonders schwerwiegendem Maße, also grob fahrlässig, verletzt sein müssen[186].

47   Auch in **subjektiver** Hinsicht muss den VN im gegenüber der einfachen Fahrlässigkeit gesteigertes und somit schweres Verschulden treffen[187]. Ist ein solches nicht anzunehmen, wird der VN vom Vorwurf der groben Fahrlässigkeit frei. Das Verschulden des VN ist als schwer einzustufen, wenn sein Fehlverhalten schlicht unentschuldbar ist[188]. Die im Verkehr erforderliche Sorgfalt muss durch ein subjektiv unentschuldbares Fehlverhalten in hohem Maße außer Acht gelassen worden sein. Dabei sind stets auch seelische und physische Umstände der betreffenden Person zu berücksichtigen[189]. Es kommt somit auch auf die persönlichen Fähigkeiten, die berufliche Stellung, die Lebenserfahrung und die besondere persönliche Situation an[190]. Generelle oder momentane Schwächen können den VN also

---

[176] BGH v. 19. 12. 1979, VersR 1980, 180; OLG Hamm v. 12. 2. 1982, VersR 1982, 1042; OLG Hamm v. 26. 4. 1991, r+s 1991, 331; OLG Oldenburg v. 20. 12. 1989, r+s 1990, 406.

[177] OLG Hamm v. 26. 4. 1991, r+s 1991, 331.

[178] Siehe dazu im Einzelnen *Heß/Höke* § 30.

[179] Ergänzend können in Zweifelsfällen auch die unter Rn. 84 aufgeführten Kriterien zur Bestimmung des grades grober Fahrlässigkeit herangezogen werden.

[180] *Prölls/Martin,* VVG, § 61 Rn 15.

[181] OLG Hamm v. 26. 4. 1991, r+s 1991, 331.

[182] BGH v. 5. 10. 1983, VersR 1984, 25.

[183] BGH v. 17. 10. 1966, VersR 1966, 1150; BGH v. 29. 1. 2003, r+s 2003, 144 (145); Vgl. insoweit auch *Römer,* NVersZ 2001, 539.

[184] St. Rspr. BGH v. 16. 12. 1996, r+s 1997, 98 = VersR 1997, 351; BGH v. 29. 1. 2003, r+s 2003, 144 (145).

[185] BGH v. 8. 7. 1992, NJW 1992, 2418.

[186] *Van Bühren,* Handbuch 2. Aufl., S. 52.

[187] BGH v. 12. 1. 1988, VersR 1988, 474.

[188] BGH v. 5. 4. 1989, VersR 1989, 840.

[189] BGH v. 5. 4. 1989, VersR 1989, 840.

[190] BGH v. 18. 10. 1988, NJW-RR 1989, 339 (340); OLG Stuttgart v. 2. 2. 1989, NJW-RR 1989, 682.

entlasten[191]. So kann im Einzelfall der Schuldvorwurf geringer sein, wenn die Fehlentscheidung in Eile getroffen werden musste[192]. Ob der VN bewusst oder unbewusst gegen Sorgfaltsanforderungen verstößt, bezeichnet in erster Linie nur die Fälle der unbewussten Fahrlässigkeit, die ihrerseits grob oder nur leicht fahrlässig sein kann. Allerdings begründet (Gesamtabwägung) ein bewusster Verstoß eher den Vorwurf des grob fahrlässigen Verhaltens als ein unbewusster.

Grobe Fahrlässigkeit setzt somit objektiv **und** subjektiv voraus, das dasjenige, was jedem in der gegebenen Situation einleuchtet, außer Acht gelassen wurde[193].

cc) Das Augenblicksversagen. Der VN kann aber, wenn er oder eine Person, deren Verhalten   48
ihm zuzurechnen ist, objektiv grob fahrlässig den Schaden verursacht hat, durch subjektive Gründe vom Vorwurf der groben Fahrlässigkeit befreit werden[194]. Das ist insbesondere der Fall, wenn der VN nur für einen Augenblick versagt hat[195]. Diese Rechtsfigur des **sog. Augenblicksversagens** hat der BGH[196] zur Abmilderung der harten Rechtsfolge des § 61 VVG a. F. (völliges Freiwerden des VR) bei grober Fahrlässigkeit eingeführt. In der Individualität des Handelnden begründete Umstände können somit geeignet sein, die subjektive, personale Seite der Verantwortlichkeit geringer als grob fahrlässig einzustufen[197]. Hierzu kann auch eine verminderte Einsichtsfähigkeit zum Zeitpunkt der Schadensverursachung zählen[198]. Es kommt wiederum auf die persönlichen Fähigkeiten und die besondere persönliche konkrete Situation an. Allerdings kann eine Minderung des Schuldvorwurfs nur durch das Vorliegen besonderer Umstände gerechtfertigt werden[199]. Der BGH hat mit seinen beiden zitierten Urteilen[200] zum sog. Augenblicksversagen somit einen weiteren Umstand zur Beurteilung des Fahrlässigkeitsgrades begründet[201]. Ein Augenblicksversagen stellt ein im Rahmen von Routinehandlungen vorkommendes einmaliges Fehlverhalten dar. Ein Augenblicksversagen als entschuldbares Versagen sollte den Vorwurf der groben Fahrlässigkeit ausschließen können. Häufig wurde danach von der Rechtsprechung eine grobe Fahrlässigkeit gem. § 61 VVG a. F. mit dem Hinweis verneint, der VN habe nur für einen Augenblick versagt (sog. Ausrutscher)[202].

Da diese Rechtsfigur, bzw. die Ausfüllung dieses Begriffes bei den Instanzgerichten dazu   49
führte, fast jedes Fehlverhalten im Straßenverkehr mit der Bezugnahme auf das Augenblicksversagen nur noch als einfache Fahrlässigkeit zu qualifizieren, hat der **BGH** mit seiner Entscheidung vom 8. 7. 1992[203] zur Kaskoversicherung bei einem Rotlichtverstoß **einschränkend** entschieden[204]. Danach ist ein Augenblicksversagen **allein** nicht ausreichend um den

---

[191] BGH v. 22. 2. 1989, NJW 1989, 1612.

[192] BGH v 8. 2. 1989, VersR 1989, 582 = NJW 1989, 1354; *Römer*, VersR 1992, 1187.

[193] BGH v. 12. 10. 1988, NJW-RR 1989, 213; BGH v. 12. 10. 1988, VersR 1989, 141; *Berz/Burmann*, 7 H Rn. 6.

[194] BGH v. 11. 7. 1967, VersR 1967, 909.

[195] BGH v. 8. 2. 1989, VersR 1989, 582; OLG Hamm v. 31. 1. 1990, VersR 1991, 223; OLG Frankfurt v. 19. 2. 1991, VersR 1992, 230.

[196] BGH v. 14. 7. 1986, VersR 1986, 962; BGH v. 8. 2. 1989, NJW 1989, 1354.

[197] *Römer*, VersR 1992, 1187 ff.; BGH v. 22. 2. 1984, VersR 1984, 480; BGH v. 22. 2. 1985, VersR 1985, 540; BGH v. 4. 12. 1985, VersR 1986, 254; BGH v. 14. 7. 1986, VersR 1986, 962; BGH v. 12. 10. 1988, VersR 1989, 141; BGH v. 8. 2. 1989, VersR 1989, 582; BGH v. 5. 4. 1989, VersR 1989, 840; BGH v. 8. 7. 1992, VersR 1992, 1085.

[198] BGH v. 23. 1. 1985, VersR 1985, 440; BGH v. 22. 2. 1989, VersR 1989, 469.

[199] BGH v. 8. 7. 1992, NJW 1992, 2418 f.

[200] Siehe Rn. 196.

[201] BGH v. 8. 2. 1989, VersR 1989, 582; BGH v. 5. 4. 1989, VersR 1989, 840.

[202] BGH v. 8. 2. 1989, VersR 1989, 582; OLG Hamm v. 31. 1. 1990, VersR 1991, 223; OLG Frankfurt v. 19. 2. 1991, VersR 1992, 230.

[203] BGH v. 8. 7. 1992, VersR 1992, 1085; „Rotlicht"-Entscheidung. „Ein Augenblicksversagen ist allein noch kein Grund, den Schuldvorwurf der groben Fahrlässigkeit herabzustufen, wenn die objektiven Merkmale der groben Fahrlässigkeit gegeben sind."

[204] *Römer*, VersR 1992, 1187.

Verschuldensvorwurf zu verneinen. Vielmehr sind die gesamten Umstände, die zu dem Eintritt des Schadens herbeiführenden einmaligen Versagen führten, in die Überlegung einzubeziehen. Soweit das dem Eintritt des Schadens vorangehende Verhalten durch physische oder psychische Umstände in subjektiv entschuldbarer Weise herbeigeführt wurde, kann dies den Handelnden entlasten. Somit müssen weitere Umstände hinzutreten, die den Grad des momentanen Versagens in einem milderen Licht erscheinen lassen[205]. Allein die objektiven Merkmale eines Augenblickversagens reichen somit nicht, um den Vorwurf der groben Fahrlässigkeit entfallen zu lassen. Die bloße Berufung auf ein sog. Augenblicksversagen reicht somit nicht aus, eine grobe Fahrlässigkeit zu verneinen[206]. Das Verhalten des VNs wird nur dann mit Hilfe des sog. Augenblicksversagens „entschuldigt" werden können, wenn das vorangehende Verhalten des VN, dass zu der Unaufmerksamkeit führte, von diesem nicht in subjektiv unentschuldbarer Weise (physisch oder psychisch) herbeigeführt worden ist[207]. Behauptet der Handelnde z. B. er sei abgelenkt worden, so wird es auf den Grund der Ablenkung ankommen. Dieser ist zu dem Grad der Gefährlichkeit und der Handlung in Bezug zu setzen. Je gefährlicher das Verhalten des VN ist, desto weniger kann es ihn entlasten, dass er sich hat ablenken lassen[208]. Obwohl der BGH zur Kaskoversicherung (Rotlichtverstoß[209]) entschieden hat, ist die Entscheidung auch für andere Versicherungszweige von Bedeutung.

50   Die Entwicklung der Rechtsprechung basiert auf der – zutreffenden – Annahme, dass ein Moment der Unaufmerksamkeit typischerweise nur die unbewusste Fahrlässigkeit kennzeichnet, wenn objektiv die Situation erhöhte Aufmerksamkeit und Konzentration erfordert. Stellt man auf die objektive Gefährlichkeit ab, wird man nicht sagen können, dass ein kurzfristiges Versagen generell geringer zu bewerten sein soll, als ein langfristiges[210]. Maßgeblich wird sein, ob – auch im Hinblick auf die Interessenlage bei Abschluss des Versicherungsvertrages – ein Augenblicksversagen dazu führt, dass das mittlere Maß der Schadensträchtigkeit überschritten wird[211]. Bewertet man allerdings die aktuelle Rechtsprechung des BGH zum Rotlichtverstoß[212], so war die Tendenz unverkennbar, den Tatbestand einer groben Fahrlässigkeit wieder nur mit größerer Zurückhaltung zu bejahen[213].

Vor dem Hintergrund der Aufgabe des „Alles-oder-Nichts-Prinzips" für die grobe Fahrlässigkeit gem. § 81 Abs. 2 VVG 2008 erscheint es allerdings als nicht unwahrscheinlich, dass die Rechtsprechung nach der Neuregelung mit der Annahme des Augenblicksversagens nun wesentlich restriktiver umgehen wird. Das hieße, sie würde in derartigen Fällen zwar zunächst von grober Fahrlässigkeit ausgehen, im Rahmen einer weniger starken Kürzung des Leistungsanspruchs des VN im Rahmen von § 81 Abs. 2 VVG 2008 anschließend aber das nur kurze Fehlverhalten berücksichtigen[214].

51   *dd) Rechtsprechung.* Für den Bereich der groben Fahrlässigkeit haben sich je nach Versicherung und je nach Sorgfaltsverstoß typisierte Fallgruppen herausgebildet. Aufgrund des Wegfalls des „Alles-oder-Nichts-Prinzips" erscheint es als nahe liegend, dass die Gerichte künftig mit der Annahme grober Fahrlässigkeit weniger restriktiv umgehen werden als bisher. Insofern ist es durchaus realistisch, dass es in einzelnen Fallgruppen, in denen grobe Fahrlässigkeit bisher abgelehnt wurde, künftig zu gegenteiligem Ergebnis kommen kann. Eine Korrektur wird dann – teilweise – über die im Rahmen der groben Fahrlässigkeit mögliche Quotierung vorgenommen werden.

---

[205] BGH v. 8. 7. 1992, NJW 1992, 2418; BGH v. 29. 1. 2003, r + s 2003, 144f.
[206] BGH v. 29. 1. 2003, r + s 2003, 144f.
[207] *Riedmeyer,* ZfS 2001, 345.
[208] *Römer,* VersR 1992, 1187 (1189); *Berz/Burmann,* 7 H Rn. 10.
[209] Siehe dazu unten Rn. 51.
[210] Vgl. auch *Berz/Burmann,* 7 H Rn. 8.
[211] *Römer,* VersR 1992, 1187ff.
[212] Insbesondere die Entscheidung vom 29. 1. 2003, r+s 2003, 364f.
[213] *Burmann/Heß/Höke/Stahl,* Rn. 347.
[214] *Looschelders,* VersR 2008, 6.

(1) Kaskoversicherung[215]*:* Vor der Prüfung eines Verschuldens des VN an der Herbeiführung des Versicherungsfalles ist die Vertragslage zu prüfen. Viele Kaskoversicherer übernehmen inhaltlich die neuen AKB 2008, in denen der Einwand eines grob fahrlässigen Verhaltens auf die Fälle der Fahruntüchtigkeit sowie Entwendungsfälle beschränkt wird[216].

(a) Ein **Rotlichtverstoß** stellt objektiv einen besonders schwerwiegenden Verstoß gegen die im Verkehr erforderliche Sorgfalt dar. Wegen der besonderen Gefährlichkeit führen **Rotlichtverstöße** regelmäßig zur Annahme grober Fahrlässigkeit[217]. Allerdings kann aus der Rechtsprechung des BGH gerade nicht abgeleitet werden, dass schlechthin jedes Überfahren einer roten Ampel grob fahrlässig ist[218]. Auch nach der Entscheidung des BGH vom 8.9. 1992 zum Augenblicksversagen[219] ist die Missachtung des roten Ampellichtes nicht immer grob fahrlässig[220]. Stets sind die Umstände des einzelnen Falles maßgeblich. Allerdings ist das Überfahren einer roten Ampel **in aller Regel** als objektiv wie auch subjektiv grob fahrlässig zu bewerten[221]. Insbesondere kann aber im Einzelfall unter dem Gesichtspunkt der fehlenden subjektiven groben Fahrlässigkeit eine andere Beurteilung angezeigt sein. Dies setzt voraus, dass der VN Umstände darlegt, die den Verkehrsverstoß in einem milderen Licht erscheinen lassen z. B. zunächst hält der Fahrer bei „Rot" an und fährt dann in der irrigen aber begründeten Annahme, die Ampel habe auf „Grün" umgeschaltet, wieder an[222]. Der grundsätzlich beweisbelastete VR muss dann ein solches Vorbringen, dass einer groben Fahrlässigkeit entgegensteht, widerlegen[223] Es ist in jedem Fall eine **Einzelabwägung** erforderlich, so dass sich feste Regeln verbieten[224]. Gerade wegen der „Verschlingung" objektiver und subjektiver Gesichtspunkte und der Notwendigkeit der (tatrichterlichen) Würdigung aller Umstände des Einzelfalles hat insbesondere der BGH immer große Vorbehalte bei der Aufstellung allgemeiner Regeln zu Bejahung grober Fahrlässigkeit gehabt[225]. Es wird insbesondere darauf ankommen, was den insoweit darlegungspflichtigen Fahrer zur Weiterfahrt (Überfahren der roten Ampel) veranlasst hat. Die Grundsätze des **Anscheinsbeweises** sind nicht anwendbar[226]. Die **Beweislast** für die grobe Fahrlässigkeit trifft den VR. Nach allgemeinen Grundsätzen des Prozessrechtes trifft aber den VN als nicht beweisbelastete Partei eine erhöhte Substantiierungslast[227]. Ihm sind die maßgebenden Tatsachen bekannt und daher entsprechende

---

[215] Siehe dazu umfassend *Heß/Höke,* § 31 Rn. 42 ff.

[216] Vgl. dazu im Einzelnen *Heß/Höke,* §§ 29, 30.

[217] BGH v. 8.7. 1992, NJW 1992, 2418; OLG Köln v. 19.8. 1997, NZV 1999, 90; OLG Köln v. 25.6. 2002, ZfS 2002, 586; OLG Hamm v. 25.10. 2000, ZfS 2001, 215; OLG Koblenz v. 23.3. 2001, ZfS 2001, 415; vgl. auch *Römer,* ZfS 2002, 292.

[218] BGH v. 29.1. 2003, r+s 2003, 364; *Römer,* a.a.O.

[219] BGH v. 8.7. 1992, BGHZ 119, 147.

[220] BGH v. 29.1. 2003, r+s 2003, 144 (145); *Römer,* DAR 2001, 258 (261).

[221] BGH v. 29.1. 2003, r+s 2003, 364 f.; siehe BGHZ 119, 147; OLG Köln v. 20.2. 2001 NVersZ 2001, 466; OLG Köln v. 4.12. 2001, NVersZ 2002, 225; OLG Köln v. 12.3. 2002, ZfS 2002, 293; OLG Hamm v. 10.1. 2001, r+s 2001, 275; OLG Celle v. 27.10. 1994, NZV 1995, 363.

[222] OLG Hamm v. 26.10. 2000, r+s 2000, 232; OLG Jena v. 30.10. 1996 VersR 1997, 691 f.; OLG München v. 28.7. 1995, NJW-RR 1996, 407.

[223] OLG Köln v. 20.2. 2001, NVersZ 2001, 466; OLG Hamm v. 25.10. 2000, ZfS 2001, 215; OLG Hamm v. 26.1. 2000, ZfS 2000, 346.

[224] BGH Urt. v. 29.1. 2003, r + s 2003, 144.

[225] BGH v. 11.7. 1967, VersR 1967, 909; BGH v. 29.1. 2003, VersR 2003, 364 (365).

[226] Vgl. nur BGH v. 21.4. 1970, VersR 1970, 568.

[227] BGH v. 3.2. 1999, VersR 2000, 511; NJW 1994, 2289 (2292): „Wie der BGH wiederholt entschieden hat, kann sich unter bestimmten Voraussetzungen aus dem im Prozessrecht zu beachtenden Grundsatz von Treu und Glauben eine Verpflichtung der nicht beweisbelasteten Partei ergeben, dem Gegner gewisse Informationen zur Erleichterung seiner Beweisführung zu bieten, zu denen namentlich die Spezifizierung von Tatsachen gehören kann, wenn und soweit diese der Kenntnis der mit dem Beweis belasteten Partei nicht oder nur unter unverhältnismäßigen Erschwerungen zugänglich sind, während eine Offenlegung für den Gegner sowohl ohne weiteres möglich, als auch bei Berücksichtigung der maßgeblichen Umstände und Interessen zumutbar erscheint." BGH v. 15.5. 1996, VersR 1997, 128 (129) = ZfS 1996, 285; *Zöller/Greger,* ZPO, 23. Aufl. vor § 284 Rn. 24, 34 ff.; vgl. im Einzelnen *Rüther,* § 23.

Angaben zuzumuten. Rechtfertigt dessen – glaubhafter – Vortrag, die Wertung eines milderen (nicht grob fahrlässigen) Verstoßes, so gehört es dann zur Darlegungs- und Beweislast des VR, diesen Sachverhalt zu widerlegen[228]. Das OLG Köln[229] sieht in dem Überfahren einer roten Ampel ein objektiv grob fahrlässiges Verhalten, dass auch Indizwirkung für ein subjektiv grob fahrlässiges Verhalten hat. Der VN muss dann besondere Umstände zur Entlastung darlegen, die dann der beweisbelastete VR widerlegen muss. Dies entspricht dem allgemeinen prozessualen Grundsatz, wonach dann die nicht beweisbelastete Partei (hier der VN) eine Substantierungspflicht trifft, wenn ihm die Tatsachen bekannt sind, dem darlegungspflichtshy;tigen Gegner (hier dem VR) aber nicht[230]. An der Beweislast des VR ändert sich dadurch nichts[231]. Die erhöhte Substantiierungslast soll die beweisbelastete Partei erst in die Lage versetzen, ihrer Beweislast nachzukommen. Kommt daher die nicht beweisbelastete Partei ihrer Substantierunglast nicht nach, so gilt gem. § 138 Abs. 3 ZPO der Vortrag der Gegenseite (hier der des VR) als zugestanden[232].

52   **Einzelfälle zum Rotlichtverstoß** – Die Fälle, in denen eine **grobe Fahrlässigkeit** bei einem Rotlichtverstoß **bejaht** wurde, sind in § 30 bei *Heß/Höke* Rn. 43 ff. dargestellt.

53   Zu den Fällen, in denen bei einem Rotlichtverstoß **grobe Fahrlässigkeit verneint** wurde, insbesondere wegen des Fehlens der subjektiven Komponente; vgl. im Einzelnen § 30 *Heß/Höke* Rn. 46 f.

54   *(b) Stoppschild[233]:* Nicht eindeutig in Rspr. und Literatur ist, ob ein Kraftfahrer, der ein **Stoppschild** ohne anzuhalten überfährt, grds ebenfalls grob fahrlässig handelt[234]. Eine verbreitete Meinung (auch in der Rechtsprechung) nimmt im Regelfall, wie bei einem Rotlichtverstoß, grobe Fahrlässigkeit an[235]. Teilweise wird sich gegen diese Gleichsetzung des **Überfahrens eines Stoppschildes** mit dem Überfahren einer roten Ampel ausgesprochen[236]. Trotz der auffallenden Form und der roten Farbe des Stoppschildes sei kein vergleichbarer optischer Effekt wie bei einer roten Ampel gegeben[237]. Der VN müsse, um von einem grob fahrlässigen Verhalten auszugehen, noch andere Warnhinweise nicht beachtet haben[238]. Richtig dürfte auch hier – wie bei einer roten Ampel – sein, im Grundsatz von einer groben Fahrlässigkeit (auch in subjektiver Hinsicht) zumindest dann auszugehen, wenn auf das Stoppschild noch besonders hingewiesen wurde oder andere Warnhinweise gegeben wurden (Vorwarnung – Überfahren eines angekündigten Stoppschildes[239]; Geschwindig-

---

[228] BGH v. 29. 1. 2002, VersR 2003, 364; OLG Hamm v. 26. 1. 2000, ZfS 2000, 346; OLG Hamm v. 25. 10. 2000 ZfS 2001, 215.

[229] Vgl. u. a. BGH. v. 25. 6. 2002, r+s 2002, 407.

[230] BGH v. 29. 1. 2003, r+s 2003, 144 (146); BGH v. 3. 2. 1999, NJW 1999, 1404; *Zöller/Greger*, ZPO 23. Aufl. vor § 284 Rn. 24, 34 ff.

[231] BGH v. 23. 1. 2003, r+s 2003, 144 (146); OLG Hamm v. 25. 10. 2000, VersR 2002, 603.

[232] BGH v. 11. 6. 1985, VersR 1986, 239 (240) = r+s 1985, 258.

[233] Vgl. auch *Heß/Höke*, § 30 Rn. 47.

[234] So OLG Hamm v. 16. 2. 1998, ZfS 1998, 262; KG Berlin v. 12. 12. 2000, ZfS 2001, 216; OLG Köln v. 22. 5. 2001, NJW-RR 2002, 535.

[235] OLG Zweibrücken v. 12. 7. 1991, NZV 1992, 76 = VersR 93, 218; OLG Hamm v. 16. 2. 1998, ZfS 1998, 262; OLG Köln v. 22. 5. 2001, r+s 2002, 57 = ZfS 2001, 417 – objektiv grob fahrlässig und Indiz für grobe Fahrlässigkeit in subjektiver Sicht; OLG Oldenburg v. 23. 11. 1994, r+s 1995, 42.; *van Bühren/Boudon,* § 2 Rn. 100.

[236] KG Berlin v. 12. 12. 2000, DAR 2001, 211 = ZfS 2001, 216 m. w. N.; OLG Bremen v. 23. 11. 2002, VersR 2002, 1502; *van Bühren/Römer*, Handbuch Verkehrsrecht, Teil 7 Rn. 352.

[237] OLG Hamm v. 20. 3. 1992, VersR 1993, 218; KG Berlin v. 12. 12. 2000, VersR 2002, 477.

[238] KG Berlin v. 12. 12. 2000, NVersZ 2001, 319; OLG Köln v. 22. 5. 2001, r+s 2002, 57; OLG Nürnberg v. 4. 5. 1995, NJW-RR 1996, 988; OLG Oldenburg v. 23. 11. 1994, r+s 1995, 42; OLG Zweibrücken v. 12. 7. 1991, VersR 1993, 218; OLG Bremen v. 23. 4. 2002, VersR 2002, 1502 (zusätzliche Hinweis- und Gebotszeichen).

[239] OLG Zweibrücken v. 12. 7. 1991, VersR 1993, 218; OLG Nürnberg 26. 6. 1997, r+s 1997, 409; OLG Köln v. 19. 2. 2002, NVersZ 2002, 409 m. w. N. örtliche Umstände; OLG Köln v. 18. 1. 2005, r+s 2005, 149.

keitsbegrenzung; Darstellung der vorfahrtsberechtigten kreuzenden Straße auf einem Vorwegweiserschild; Stoppschild auch am linken Rand). Der VN hat in jedem Fall aber die Möglichkeit, substantiiert und glaubhaft Umstände darzulegen, die im Einzelfall gegen eine grobe Fahrlässigkeit trotz des Überfahrens des Stoppschildes sprechen (so z. B. schlechte Sichtbarkeit des Schildes und fehlende Vorankündigung[240]). Dies muss dann wiederum der VR widerlegen[241].

(c) Alkohol[242]: Ein – leider – häufiger Anwendungsfall der groben Fahrlässigkeit ist die Herbeiführung des VersFalles unter Alkoholeinfluss. Maßgebend für die juristische Bewertung ist die **Blutalkoholkonzentration**[243] im Zeitpunkt des Unfalles. Der Ermittlung des BAK-Wertes für diesen Zeitpunkt kommt daher entscheidende Bedeutung zu. Eine Rückrechnung erfolgt wie im Strafrecht nach hM erst vom Zeitpunkt der Resorptionsphase an. Eine Rückrechnung in den ersten zwei Stunden nach Trinkende ist daher nicht zulässig[244]. Danach kommt ein höherer Abbauwert als 0,1 Promille pro Stunde bei der Rückrechnung nicht in Betracht. Für die Feststellung der Unzurechnungsfähigkeit[245] gelten andere Rückrechnungsregeln. Anders als bei der Fahruntüchtigkeit (s. o.) sind die ersten zwei Stunden von der Rückrechnung nicht ausgenommen. Die Rückrechnung erfolgt von der ersten Stunde an mit 0,2 Promille pro Stunde zzgl. eines einmaligen Sicherheitsaufschlages von 0,2 Promille[246]. **55**

Bei **absoluter Fahruntüchtigkeit** infolge Alkoholkonsums wird zu recht fast ausnahmslos grobe Fahrlässigkeit angenommen[247]. Der Zustand der absoluten Fahruntüchtigkeit setzt **ab 1,1 ‰** BAK ein[248]. Insoweit gilt auch im Versicherungsrecht der strafrechtliche Wert der absoluten Fahruntüchtigkeit[249]. Die Fahruntüchtigkeit folgt zwingend aus dem Blutalkoholgehalt[250]. Um die Kausalität zwischen der **absoluten Fahruntüchtigkeit** und dem eingetretenen Unfall bejahen zu können, reicht des Beweis des ersten Anscheins aus, wenn der Unfall dem Fahrer bei einer Verkehrslage und unter Umständen zustößt, die ein nüchterner Fahrer i. d. R. gemeistert hätte[251]. **56**

Auch bei **relativer Fahruntüchtigkeit** (bei einer BAK **unter 1,1‰**), liegt regelmäßig grobe Fahrlässigkeit vor. Allerdings müssen über die Alkoholmenge hinaus weitere Anzeichen vorliegen, die die Alkoholbedingtheit des Unfalls belegen[252]. Es müssen Fahrfehler oder Ausfallerscheinungen (insbes. Einschränkungen des Reaktions- und Koordinationsvermögen, er- **57**

---

[240] OLG Nürnberg v. 4. 5. 1995, NJW-RR 1996, 988.

[241] S. o. Rn. 51.

[242] Vgl. auch *Heß/Höke,* § 30 Rn. 48 ff.

[243] Vgl. *Rüther,* NZV 1994, 457; Stamm VersR 1995, 261; Zur Berechnung und zu den Messtoleranzen vgl. Auch BGH v. 20. 7. 1999, VersR 1999, 1300 = NJW 1999, 3058; eine niederländische Blutprobe (nur ADH) ist nur mit höherem Sicherheitsabschlag verwertbar – OLG Köln v. 19. 10. 1999, NVersZ 2000, 484; zu den Besonderheiten der Blutentnahme bei Leichen BGH v. 3. 7. 2002, VersR 2002, 1135.

[244] BGH VersR 1990, 1269 = r+s 1990, 430; OLG Köln v. 1. 7. 1993, r+s 1993, 286; BGH v. 9. 10. 1991, ZfS 1992, 15; OLG Schleswig, r+s 1991, 392.

[245] Siehe dazu Rn. 59.

[246] BGH v. 28. 6. 1990, BGHSt 37, 231 (237) = NJW 1990, 2393.

[247] OLG Karlsruhe v. 12. 2. 1991, VersR 1992, 567; OLG München 12. 3. 1991, VersR 1991, 1240; OLG Hamm v. 22. 11. 1991, r+s 1992, 42; OLG Köln v. 23. 1. 1992, r+s 1992, 115; OLG Karlsruhe v. 20. 6. 1991, r+s 1991, 332; OLG Düsseldorf v. 13. 6. 2000, VersR 2001, 454; LG Freiburg v. 12. 10. 1990, r+s 1991, 259; LG Köln v. 17. 4. 1991, r+s 1992, 9; ausführlich: *Knappmann,* VersR 2000, 11 ff. Alkoholbeeinträchtigung und Versicherungsschutz.

[248] BGH v. 9. 10. 1991, VersR 1991, 1367 = ZfS 1992, 15.

[249] BGH v. 9. 10. 1991, ZfS 1992, 15.

[250] OLG Köln v. 13. 11. 2001, r+s 2002, 277.

[251] OLG Köln v. 19. 10. 1999, ZfS 2000, 111; OLG Hamm v. 7. 8. 1985, VersR 1986, 1185; OLG Hamm v. 10. 4. 1988, VersR 1988, 369.

[252] OLG Frankfurt v. 9. 3. 1995, VersR 1996, 52; OLG Köln v. 17. 11. 1988, VersR 1989; r+s 1993, 286; OLG Karlsruhe v. 21. 2. 2002, VersR 2002, 969 = NZV 2002 227; OLG Hamm v. 20. 1. 1993, r+s 1993, 172; OLG Hamm v. 27. 10. 1993, NZV 1994, 112.

höhte Risikobereitschaft) festgestellt werden, die typischerweise auf den Alkoholgehalt zurückzuführen sind[253]. Alkoholbedingte Ausfallerscheinungen lassen sich u. U. schon aus der polizeilichen Unfallanzeige oder dem Blutentnahmeprotokoll ableiten[254] So beruht es typischerweise auf den alkoholbedingten Ausfallerscheinungen, dass der Kraftfahrer aufgrund des eingeschränkten Blickfeldes in Verbindung mit einer verminderten Reaktionszeit, z. B. eine Kurve falsch einschätzt und aus dieser herausgetragen wird[255]. Vielfach wird ein Anscheinsbeweis bei relativer Fahruntüchtigkeit befürwortet, wenn derlei Umstände nachgewiesen werden[256]. Teilweise soll dagegen der nachgewiesene Alkoholgehalt im Blut als Anscheinsbeweis ausreichen[257]. An diese Ausfallerscheinungen sind umso geringere Anforderungen zu stellen, je mehr sich die BAK dem Grenzwert von 1,1 Promille nähert[258]. Der Grenzwert von 1,1‰ hat dabei die Bedeutung einer prozessualen Beweisregel[259]. Umgekehrt müssen die Ausfallerscheinungen gewichtiger sein, je geringer der BAK ist[260]. Grobe Fahrlässigkeit ist bei einer BAK in Höhe von 0,9‰ dann zu verneinen, wenn die Ausfallerscheinungen auch eine andere Ursache haben könnten[261]. Allerdings reicht die Feststellung, dass der Fahrfehler auch einem Nüchternen hätte unterlaufen können, als Entlastung nicht aus. Solche Fahrfehler gibt es nicht. Es gibt aber typische alkoholbedingte Fehlverhaltensmuster:
– Alkoholbedingte Euphorie, die zu Enthemmung und z. B. im Fahrzeugverkehr zu Leichtsinn („Rasen"; riskante Fahrmanöver wie insbesondere Überholen, Auffahren etc.) führen.
– Alkoholbedingte verlangsamte Reaktionen: z. B. zu spätes Erkennen von Hindernissen (Folge: keine Reaktion vor Unfall)
– Beeinträchtigung der Sinne (Sehvermögen/Gleichgewicht/Einschränkung der Koordinationsfähigkeit – unverständlich falsche Reaktion; das „Nichtmeistern" einer unproblematischen alltäglichen Fahrsituation)
Häufig kommen mehrere Gesichtspunkte zusammen, was die Feststellung der alkoholbedingten Fahruntüchtigkeit erleichtert.

58   Auch bei einer BAK **unter 0,8 Promille** ist die Annahme grober Fahrlässigkeit möglich[262]. Auch bei solch geringeren BAK-Werten kann eine relative Fahruntüchtigkeit vorliegen[263]. Es kommt darauf an, ob es sich bei den Fahrfehlern um Fahrfehler handelt, die typischerweise auf den Alkoholgenuss zurückzuführen sind[264] (Fahrfehler, die bei nüchternen Fahrern kaum vorkommen[265]; 5 Stunden nach Trinkende BAK von 0,65 Promille und Abkommen von der Fahrbahn[266]). Bei BAK's **von 0,5‰ und darunter** sind erhebliche Anforderungen an die Ausfallerscheinungen bzw. an das alkoholbedingte Fehlverhalten zu stellen. In diesen Fällen wird sich daher häufig schon der Vorwurf der Fahruntüchtigkeit nicht begründen lassen[267].

---

[253] OLG Köln v. 17. 11. 1988, VersR 1989, 139; OLG Frankfurt v. 9. 3. 1995, VersR 1996, 52.
[254] *Rüther,* NZV 1994, 458.
[255] OLG Hamm v. 27. 10. 1993, ZfS 1994, 134; OLG Frankfurt v. 12. 9. 2001 NVersZ 2002, 129.
[256] OLG Köln v. 16. 9. 1993, VersR 1993, 406.
[257] OLG Karlsruhe v. 11. 5. 1989, VersR 1991, 181; anders aber BGH v. 24. 2. 1988, NJW 1988, 1846.
[258] BGH v. 22. 4. 1982, NJW 1982, 2612; OLG Saarbrücken v. 7. 4. 2004, NJW-RR 2004, 1404; *Berz/ Burmann/Heß* a. a. O. 7 H Rn. 27.
[259] *Burmann/Heß/Höke/Stahl,* Rn. 381 mwN.
[260] OLG Koblenz v. 25. 2. 2002, VersR 2002, 1551 – grobe Fahrlässigkeit bejaht bei 0,85 Promille und typischen alkoholbedingten Fahrfehlern (falsches Überholen; zu spätes Bremsen; heftige Lenkreaktion).
[261] OLG Köln v. 9. 6. 1998, r+s 1999, 269.
[262] KG Berlin v. 9. 6. 1995, NZV 1996, 200; OLG Frankfurt v. 9. 3. 1995, VersR 1996, 52; a. A. *Stiefel/ Hofmann,* § 12 Rn. 100.
[263] OLG Hamm v. 10. 5. 1989, VersR 1990, 43 – BAK-Wert von 0,3 Promille.
[264] BGH v. 30. 10. 1985, VersR 1986, 141; *Lang,* NZV 1990, 169, 171.
[265] OLG Koblenz v. 25. 2. 2002, NVersZ 2002, 272; *Knappmann,* VersR 2000, 11, 14.
[266] OLG Karlsruhe 21. 2. 2002, NVersZ 2002, 268.
[267] *Burmann/Heß/Höke/Stahl,* Rn. 383; vgl im Einzelnen zu der Fahruntüchtigkeit auch *Heß/Höke* in §§ 29, 30.

Nach einer Entscheidung des OLG Hamm liegt grobe Fahrlässigkeit auch bei alkoholbe- **59** dingter **Aufhebung der Schuldfähigkeit** vor[268]. Das lässt sich damit begründen, dass die Regeln der von den Strafsenaten des BGH in Bezug auf Straßenverkehrsdelikte zwischenzeitlich aufgegebenen Grundsatz der **„actio libera in causa"** im Versicherungsrecht weiter gelten sollen[269]. Der Fahrer muss sich in den Zustand der Unzurechnungsfähigkeit versetzt haben, ohne auszuschließen, dass er sein Kfz noch bewegt[270]. Der BGH nimmt – ohne besonderen Bezug auf die Grundsätze der actio libera in causa – grobe Fahrlässigkeit an, weil er – zu recht – davon ausgeht, dass das Wissen um die Gefährlichkeit von Alkoholfahrten Allgemeingut sei, so dass dies auch noch von hochgradig alkoholisierten Personen berücksichtigt werde[271]. Der BGH hat in diesem Sinne auch einen vergleichbaren Fall bei Tablettenkonsum entschieden[272]. Insoweit wird der Verschuldensvorwurf auf den Zeitpunkt vor dem Trinkbeginn vorverlegt[273]. Die **Beweislast** für eine Unzurechnungsfähigkeit durch Trunkenheit liegt beim VN[274].

Bei einer BAK von 3 Promille liegt nicht notwendigerweise Schuldunfähigkeit vor[275].

Grobe Fahrlässigkeit wurde **verneint,** wenn der VN den Versicherungsfall mit 1,3‰ (alter **60** Grenzwert) herbeigeführt hat, obwohl er beabsichtigte, nach dem Genuss des Alkohols nicht mehr zu fahren. Insbesondere handelt der VN nicht grob fahrlässig, wenn er sogar entsprechende **Vorkehrungen** getroffen hat, nicht selbst fahren zu müssen und schon im Zustand alkoholbedingter verminderter Schuldfähigkeit nur aufgrund besonderer Umstände gefahren ist (von Ehefrau gesteuerter Pkw war in morastigem Gelände stecken geblieben[276]). Ferner kann dem VN nicht angelastet werden, dass er seinen Pkw einer für ihn nicht erkennbar alkoholisierten Person überlässt[277]. Auch handelt der VN u. U. nicht grob fahrlässig, wenn er um 4:30 Uhr mit 0,9‰ BAK auf einen Lkw auffährt, nachdem er das letzte alkoholische Getränk am Vorabend um 22:00 Uhr zu sich genommen hat. Dann kann es an der Kenntnis seiner relativen Fahruntüchtigkeit fehlen[278].

Bei absoluter, aber auch bei relativer Fahruntüchtigkeit kann von dem objektiven Tatbe- **61** stand auf ein auch subjektiv schlechthin unentschuldbares Verhalten geschlossen werden[279]. Ein Kraftfahrer, der sich trotz erheblichen Alkoholkonsums ans Steuer setzt, handelt in der Regel schlechthin unentschuldbar[280]. Jedem Kraftfahrer ist bekannt, dass Alkohol einer der Hauptursachen für Verkehrsunfälle ist. Dies führt dann – auch wenn es sonst grundsätzlich bei grober Fahrlässigkeit nach § 81 VVG 2008 zu einer Quotelung kommt – zu einer völligen Leistungsfreiheit des VR[281].

(d) Drogen/Medikamente: Da es keinen Beweis-Grenzwert für die Annahme einer absolu- **62** ten Fahruntüchtigkeit nach **Rauschmittelkonsum** gibt[282], ist eine Fahruntüchtigkeit entsprechend den Grundsätzen zur Beurteilung der alkoholbedingten relativen Fahruntüchtig-

---

[268] OLG Hamm v. 31. 5. 2000, ZfS 2001, 119.

[269] *Lang,* NZV 1990, 336 (337); Münchener Kommentar BGB/*Mertens,* § 837 Rn. 8; *Riedmeyer,* ZfS 2001, 348.

[270] OLG Frankfurt v. 26. 2. 1986, ZfS 1986, 183; OLG Oldenburg v. 4. 12. 1991, ZfS 1992, 345; OLG Oldenburg v. 17. 8. 1995, VersR 1996, 1270; OLG Hamm v. 22. 11. 1991, VersR 1992, 818.

[271] BGH v. 22. 2. 1989, NJW 1989, 1612; *Riedmeyer* ZfS 2001, 348.

[272] BGH v. 30. 1. 1985, VersR 1985, 444.

[273] OLG Köln v. 7. 6. 1994. VersR 1995, 205; OLG Hamm v. 31. 5. 2000, r+s 2001, 55.

[274] Vgl. Rn. 94; BGH v. 22. 2. 1989, VersR 1989, 469 = NJW 1989, 1612; OLG Hamm v. 22. 11. 1991, VersR 1992, 818.

[275] OLG Hamm v. 22. 11. 1991, VersR 1992, 818.

[276] OLG Hamm v. 12. 11. 1986, VersR 1988, 369.

[277] OLG Karlsruhe VersR 1961, 1106.

[278] OLG Köln v. 9. 6. 1998, VersR 1999, 577.

[279] *van Bühren/Römer,* Handbuch Verkehrsrecht, Teil 7 Rn. 363.

[280] Zutreffend *Rüther,* NZV 1994, 459.

[281] Vgl. dazu unten Rn. 84c und *Burmann/Heß/Höke/Stahl,* Rn. 392f.

[282] BGH v. 25. 5. 2000, NZV 2000, 419.

Heß

keit festzustellen[283]. Der Feststellung eines Fahrfehlers bedarf es dabei nicht unbedingt. Es genügt, wenn die erhebliche drogenbedingte Beeinträchtigung des Reaktions- oder Wahrnehmungsvermögens auf irgendeine andere Weise festgestellt wird[284]. Auch hier gilt, dass die an das Art und das Ausmaß der drogenbedingten Ausfallerscheinungen zu stellenden Anforderungen umso geringer sind, je höher die festgestellte Wirkstoffkonzentration ist.

Schwieriger als beim Alkohol und bei Drogen ist die Beeinträchtigung des Fahrverhalten durch die Einnahme von **Medikamenten.** Hier wird es im Wesentlichen bei der Bewertung der subjektiven Seite darauf ankommen, inwieweit dem Fahrer auch subjektiv ein schwerer Schuldvorwurf gemacht werden kann. Dies kann sich z. B. aus dem Weiterfahren trotz eindeutiger Warnsignale ergeben, ebenso wie aus eindeutigen Warnhinweisen z. B. des behandelnden Arztes bzw. auf Beipackzetteln. Auch spielt die Erfahrung des Fahrers mit dem Medikament eine Rolle[285]. So kann im Einzelfall grobe Fahrlässigkeit verneint werden, wenn morgens das Medikament eingenommen wurde und trotz langfristiger Einnahme bislang noch keine Ausfallerscheinungen aufgetreten sind[286].

63 *(e) verkehrswidriges Verhalten:* Grundsätzlich ist es der Sinn der Kaskoversicherung, dem VN auch solche Schäden zu ersetzen, die durch eigenes schuldhaftes Verhalten entstanden sind: Grundsätzlich führt daher ein Fahrfehler nicht ohne weiteres zu der Annahme einer groben Fahrlässigkeit. Allerdings wird bei **besonders verkehrswidrigem** Verhalten grobe Fahrlässigkeit **bejaht:**

64 **Überholen** ist grundsätzlich grob fahrlässig, wenn der Straßenverlauf unübersichtlich ist oder nicht übersehen werden kann, so dass eine gefahrlose Durchführung des Überholvorganges nicht möglich ist[287]; schlichtes Übersehen des Gegenverkehrs[288]; Überholen eines die Sicht behindernden Lkw's mit anschließendem Unfall[289]; bei gefährlichem Überholen in gefährlichen bzw. unübersichtlichen Kurven[290]; Überholen eines Lkw auf verengter Fahrbahn[291]; der VN, der mit seinem Pkw bei einer Geschwindigkeit von 140 km/h auf einer Bundesstraße mit einer zulässigen Höchstgeschwindigkeit einen Überholvorgang einleitet, diesen abbrechen muss, weil er ein entgegenkommendes Fahrzeug übersehen oder sich verschätzt hat, deshalb ins Schleudern gerät und von der Straße abkommt, hat den Versicherungsfall grob fahrlässig herbeigeführt[292]; Überholen auf der Autobahn bei angeordnetem Überholverbot[293]. **Wenden** auf der Autobahn[294]; bei verbotswidrigem Linksabbiegen ohne hinreichende Beachtung des Gegenverkehrs[295]; **Hineinfahren** in eine von weitem erkennbare und durch Blaulicht und Warnblicklicht abgesicherte Unfallstelle[296];

65 **Unsorgfältiges Verhalten im Straßenverkehr; grobe Fahrlässigkeit bejaht:** Nichtanziehen der Handbremse trotz eingelegten Ganges bei abschüssiger Straße[297]; lediglich Einlegen des dritten Ganges und Anziehen der Handbremse bei Gefälle von 10 %[298]; Anziehen

[283] BGH v. 25. 5. 2000, NZV 2000, 419; OLG Düsseldorf v. 24. 8. 1998, NZV 1999, 174.
[284] *Burmann/Heß/Höke/Stahl,* Rn. 390.
[285] OLG Düsseldorf v 19. 9. 2000, VersR 2002, 477; *van Bühren/Römer,* Handbuch Teil 7 Rn. 364.
[286] OLG Düsseldorf v 19. 9. 2000, VersR 2002, 477; zu Medikamenten vgl. auch *Burmann/Heß/Höke/Stahl,* Rn. 391.
[287] OLG Frankfurt v. 23. 5. 1995, NZV 1995, 363; OLG Hamm v. 8. 3. 1995, VersR 1996, 181.
[288] OLG Karlsruhe v. 4. 3. 2004, VersR 2004, 776.
[289] BGH v. 30. 6. 1982, VersR 1982, 892.
[290] OLG München v. 24. 11. 1993, r+s 1995, 8; OLG Karlsruhe v. 18. 3. 1993, VersR 1994, 1180; OLG Köln v. 5. 6. 1986, VersR 1987, 1207.
[291] OLG Karlsruhe v. 19. 3. 1992, r+s 1992, 154.
[292] OLG Düsseldorf v. 28. 9. 2000, VersR 2001, 1020.
[293] LG Darmstadt v. 9. 10. 74, VersR 1976, 335.
[294] OLG Hamm v. 29. 11. 1991, r+s 1992, 42.
[295] OLG Köln v. 16. 9. 1993, r+s 1993, 406.
[296] OLG München v. 5. 11. 1993, NZV 1994, 113.
[297] OLG Düsseldorf v. 18. 12. 2001, VersR 2002, 1503; LG Frankfurt v. 19. 12. 1990, VersR 1991, 1050; OLG Karlsruhe v. 8. 3. 2007, r+s 2007, 190.
[298] OLG Karlsruhe v. 8. 3. 2007, VersR 2007, 1405.

der Handbremse zu lediglich ¾ und kein Einlegen eines Ganges auf stark abschüssiger Rampe vor einem Fluss[299]; Fahrräder auf dem Pkw-Dach bei Einfahrt auf ein Tankstellengelände[300]; Einfahrt mit einem „Hochraumbully" in eine zu niedrige Einfahrt[301]; Verstellen des Fahrersitzes während einer Autobahnfahrt[302]; Handy Telefonat und überhöhte Geschwindigkeit beim Einfahren in eine Kurve[303]; Befahren einer unbefestigten Steilböschung[304]; Überqueren eines gesicherten Bahnüberganges[305]; **Haustiere** dürfen im Auto nur so mitgeführt werden, dass sie die Fahrt nicht behindern[306].

Grobe Fahrlässigkeit **verneint** hingegen bei folgenden Verkehrsverstößen/Fahrfehlern: Abkommen von einer schmalen Fahrbahn mit unbefestigtem Randstreifen[307]; Ausweichen vor einem Fuchs[308]; Grob verkehrswidriges **Überholen** bei Gegenverkehr, weil die momentane Unaufmerksamkeit des Fahrers im Sinne eines Augenblicksversagens nicht auszuschließen ist[309]; ein eigentlich zu bewältigendes Überholen führt zum Unfall, weil der Fahrer unerfahren ist;

Parken bei 2–3% Gefälle mit unzureichend angezogener Handbremse[310]; bei Aquaplaning[311]; Befahren eines für den öffentlichen Verkehr gesperrten Waldweges trotz ungeeigneten Fahrzeugs, wenn der VN die wegen mangelnder Ausstattung bestehende Geländeuntauglichkeit nicht erkannt hatte[312]; Unfall, der möglicherweise auf einem Bedienungsfehler beruht, indem der bis dahin nur ans Schaltgetriebe gewöhnte VN bei einem Automatik Getriebe anstatt wie beabsichtigt in einen höheren Gang zu schalten versehentlich auf das Bremspedal getreten hat[313]; Durchfahrt durch eine Unterführung, die für die Höhe des Fahrzeuges nicht zugelassen ist[314]; Lkw-Fahrer vergisst das Senken der Kippermulde[315]; das Fahren mit einem verkehrsunsicheren Fahrzeug (Reifen, Beladung etc.)[316]; Auffahren auf eine Verkehrsinsel[317].

Häufig ist auch **überhöhte Geschwindigkeit** Ursache einer grob fahrlässigen Herbeiführung des Versicherungsfalles[318]. Hier kommt es aber besonders auf die Umstände des Einzelfalles (Verkehrsverhältnisse, Verkehrsdichte; Zustand der Straße etc.) an. Wettrennen mit überhöhter Geschwindigkeit[319]; Fahrtgeschwindigkeit von 80 km/h bei Nebel mit Sichtweite von 20 bis 30 Metern[320]; Aufschließen mit einer Geschwindigkeit von mehr als 200 km/h auf ein mit 180 km/h vorausfahrendes Fahrzeug im Vertrauen darauf, dieser werde die Überholspur geräumt haben[321]; Überschreitung der Höchstgeschwindigkeit auf Landstra-   **66**

---

[299] OLG Hamburg v. 16. 8. 2004, r+s 2005, 57.

[300] AG München v. 20. 1. 1993, VersR 1994, 594; AG Würzburg v. 23. 4. 1993, DAR 1993, 473.

[301] OLG Oldenburg v. 25. 1. 1995, r+s 1995, 128; für Fahrt mit einem LKW unter eine zu niedrige Brücke ebenso OLG Karlsruhe v. 29. 7. 2004, 234, VersR 2004, 1305.

[302] OLG Saarbrücken v. 15. 10. 2003, VersR 2004, 1308.

[303] AG Berlin-Mitte v. 4. 11. 2004, r+s 2005, 243.

[304] OLG Karlsruhe v. 30. 6. 1994, r+s 1997, 102.

[305] OLG Oldenburg v. 20. 12. 1989, r+s 1990, 406.

[306] OLG Nürnberg v. 14. 10. 1993, VersR 1994, 1291 – Hund (Zwergpudelhündin) im Fußraum.

[307] OLG Hamm v. 7. 2. 2007, r+s 2007, 188.

[308] BGH v. 11. 7. 2007, r+s 2007, 410.

[309] OLG Hamm v. 7. 7. 1982, VersR 1982, 1138.

[310] OLG Düsseldorf v. 11. 7. 2000, ZfS 2001, 173.

[311] OLG Hamm v. 5. 4. 2000, ZfS 2000, 496.

[312] OLG Hamburg v. 9. 3. 1990, r+s 1990, 293.

[313] OLG Düsseldorf v. 2. 9. 2003, VersR 2004, 1450.

[314] OLG München v. 16. 6. 1999, DAR 1999, 506.

[315] OLG Hamm v. 29. 9. 1999, ZfS 2000, 218; anders OLG Düsseldorf v. 28. 9. 2000, ZfS 2001, 217.

[316] BGH v. 17. 12. 1064, VersR 1965, 149; *van Bühren/Boudon*, § 2 Rn. 100; OLG Köln v. 25. 4. 2006, 368; OLG Frankfurt v. 10. 7. 2003, VersR 2004, 1260; OLG Köln v. 25. 4. 2006, VersR 2007, 204.

[317] OLG Nürnberg v. 25. 4. 2005, r+s 2005, 372.

[318] OLG Hamm v. 26. 1. 1993, VersR 1994, 42; OLG Düsseldorf v. 15. 12. 1998, NVersZ 2000, 32.

[319] OLG Köln v. 16. 5. 2000, ZfS 2000, 450.

[320] OLG Nürnberg v. 27. 10. 1988 VersR 1989, 284.

[321] OLG Hamm v. 4. 9. 1991, VersR 1992, 691.

ßen zur Nachtzeit[322]; Überschreiten der höchstzulässigen Geschwindigkeit von 70 km/h um 24 km/h bei Restalkohol und unangepasster Fahrweise[323] Fahren mit einer Geschwindigkeit von 85–90 km/h auf schneeglatter Fahrbahn[324].

Grobe Fahrlässigkeit verneint: bei Unfall mit 95 km/h kurz nach Geschwindigkeitsbegrenzung auf 50 km/h[325]. Fahrgeschwindigkeit von 165 km/h bei guten Witterungsverhältnissen auf der Autobahn[326]; Fahrgeschwindigkeit von 45 km/h statt zugelassener 30 km/h und Verletzung von „rechts vor links"[327]; Verlust der Kontrolle über das Fahrzeug bei einem Spurenwechsel, wenn nahe liegend ist, dass nicht einheitlicher Straßenbelag zwischen den Spuren den Unfall begünstigt hat[328]; Fahren mit nahezu der erlaubten Höchstgeschwindigkeit mit einem Motorrad bei dem Schild „Wildwechsel"[329].

67   **Verhalten im Fahrzeug/Hantieren mit Gegenständen:** Grundsätzlich wird man ein – nicht unumgängliches – Verhalten des Fahrers während der Fahrt, dass ihn wesentlich von dem Verkehrsgeschehen ablenkt, als grob fahrlässig einstufen müssen. Dies gilt insbesondere für **das Hantieren mit Gegenständen während der Fahrt**[330].

68   **Rspr.:** Abkommen von der Fahrbahn, weil der VN nach Gegenständen auf dem Beifahrersitz gegriffen hat[331]; Kollision mit der Leitplanke, verursacht durch das Ergreifen, Öffnen, Schließen, Weglegen und Hantieren mit bzw. von Gegenständen während der Fahrt, ohne dass besondere Umstände vorgetragen werden oder ersichtlich sind, die das Verhalten des Fahrers ausnahmsweise subjektiv als entschuldbar erscheinen lassen[332]; Bücken bzw. Greifen nach Gegenständen (Musikkassette, Bonbon, Zigarettenanzünder) während der Fahrt[333]; der VN handelt grob fahrlässig, wenn er während der Fahrt bei einem Fahrstreifenwechsel über einen längeren Zeitraum damit beschäftigt ist, einen über die Freisprechanlage seines Autoradios eingehenden Anruf abzuweisen und dadurch eine Kollision verursacht[334]; Mitführen eines Hundes mit einer Schulterhöhe von 6 cm im Fußraum vor dem Beifahrersitz bzw. auf dem Beifahrersitz[335]; auch bei einem Zwergpudel bejaht[336]; bei Wechseln einer Kassette[337]; Beschäftigung mit dem Gurtschloss für 10 Sekunden bei geringer Geschwindigkeit, wenn währenddessen die Fahrbahn nicht beobachtet wird[338]; längerer Blick in den Rückspiegel[339]; Suchen einer heruntergefallenen Zigarette[340].

---

[322] OLG Karlsruhe v. 17. 2. 1994, NZV 1994, 443.
[323] OLG Hamm v. 29. 5. 1985, VersR 1987, 89.
[324] LG Hannover v. 8. 10. 2003, VersR 2004, 857.
[325] OLG Frankfurt v. 31. 10. 2001, NVersZ 2002, 179.
[326] OLG Hamm v. 11. 6. 1986, VersR 1987, 1206.
[327] OLG Düsseldorf v. 5. 7. 1996, r+s 1996, 429.
[328] OLG Köln v. 9. 5. 2006, r+s 2006, 416.
[329] OLG Koblenz v. 19. 5. 2006, VersR 2006, 831.
[330] OLG Hamm v. 28. 11. 2001, r+s 2002, 145.
[331] OLG Frankfurt v. 8. 2. 1995, r+s 1997, 101.
[332] OLG Hamm v. 28. 11. 2001, r+s 2002, 145.
[333] OLG Hamm v. 24. 11. 1989, NJW-RR 1990, 929; OLG Hamm v. 28. 11. 2001, r+s 2002, 145; OLG Köln v. 10. 3. 1998, r+s 1998, 273; OLG Zweibrücken v. 10. 3. 1999, r+s 1999, 406; OLG Stuttgart, v. 22. 10. 1998, r+s 1999, 56; OLG Frankfurt v. 8. 2. 1995, r+s 1997, 101; OLG Düsseldorf v. 29. 4. 1980, VersR 1980, 1020; siehe aber OLG Dresden – das bloße Bücken nach Gegenständen ohne besondere Gefahrensituation ist nicht grob fahrlässig.
[334] OLG Frankfurt v. 21. 5. 2001, NZV 2001, 480.
[335] OLG Nürnberg v. 2. 11. 1989, r+s 1990, 81.
[336] OLG Nürnberg v. 14. 10. 1993, VersR 1994, 1291.
[337] OLG Nürnberg v. 25. 10. 1990, NZV 1992, 193.
[338] OLG Karlsruhe v. 5. 1. 1989, VersR 1991, 181; ähnlich OLG München v. 27. 1. 1994, VersR 1995, 165.
[339] OLG Nürnberg v. 14. 1. 1988, ZfS 1988, 146.
[340] OLG Hamm v. 26. 1. 2000, ZfS 2000, 347; 28. 11. 2001, r+s 2002, 145; vgl. auch OLG Karlsruhe v. 21. 5. 1994, VersR 1993, 1096; OLG Düsseldorf v. 29. 4. 1980, VersR 1980, 1020; OLG Frankfurt v. 8. 2. 1995, r+s 1997, 101; OLG Köln v. 10. 3. 1998, r+s 1998, 273; a. A. OLG Dresden v. 15. 6. 2001, r+s 2003, 7.

Abkommen von der Fahrbahn bei der Bedienung eines CD-Wechslers[341]; Rauchen während der Fahrt und dadurch bedingter Verkehrsunfall[342]; Verscheuchen eines Insektes[343]; Bücken nach einer heruntergefallenen Zigarette[344]; Kassettenwechsel beim Autofahren[345]; Ertasten einer Kassette auf dem Fahrzeugboden[346]; Suchen eines heruntergefallenen Handys im Fußraum[347]; Papiere im Handschuhfach[348]; Griff nach Kaffeekanne[349]; Telefonieren mit dem Handy ohne Freisprechanlage zumindest bei Hinzutreten weiterer Umstände[350]. Das Telefonieren mit einer Freisprechanlage dürfte nicht als grobe Fahrlässigkeit zu werten sein[351].

(f) Unfälle durch Übermüdung (Sekundenschlaf). können dann den Vorwurf der groben Fahr-   **69** lässigkeit rechtfertigen, wenn der Fahrer sich bewusst über erkannte deutliche Vorzeichen der Übermüdung hinweggesetzt hat. Nach OLG Hamm gehen dem Einnicken am Steuer stets für den Fahrer unübersehbare Anzeichen voraus[352]. Diese Auffassung wird u. a. vom OLG Koblenz nicht geteilt[353] Der BGH[354] hat ebenfalls entschieden, dass es keinen Erfahrungssatz gibt, dass es jedem Kraftfahrer sofort einleuchtet, dass er bei Auftauchen derartiger Symptome mit einem sog. Sekundenschlaf rechnen muss. Die Feststellung (Beweislast beim VR), dass sich der Fahrer über solche Anzeichen bewusst hinweggesetzt, wird daher regelmäßig nicht getroffen werden können[355].

Grobe Fahrlässigkeit bejaht: Krankenschwester tritt nach 16 Stunden ohne Schlaf die Heimfahrt an[356]; Fahrer tritt, nachdem er das Wochenende mit seiner Freundin verbracht hat morgens um 6.30 Uhr ohne Frühstück die Fahrt an[357];

Grobe Fahrlässigkeit **verneint:** wenn keine deutlichen Vorzeichen für den Fahrer erkennbar waren[358]; Fahrer hat die tatsächliche Übermüdung nicht erkannt und diese hat sich ihm auch nicht aufgedrängt z. B. Verkürzung des regelmäßigen Schlafpensums aufgrund sexueller Betätigung[359]; Fahrt nach 11- statt sonst 9-stündiger Nachtschicht[360]; wenn ein Fernfahrer auf dem Beifahrersitz über einer letzten Zigarette einschläft[361]; wenn der Fahrer vor dem Unfall mehrfach längere Pausen eingelegt hat, und es nicht mit der erforderlichen Sicherheit feststellbar war, dass es deutliche Vorzeichen einer Übermüdung gegeben hat[362]; für grobe Fahr-

---

[341] OLG Hamm v. 18. 10. 2000, VersR 2001, 893.
[342] OLG Stuttgart v. 20. 6. 1986, VersR 1986, 1119.
[343] OLG Bamberg v. 20. 9. 1990, NZV 1991, 473.
[344] LG München v. 10. 8. 1988, NJW-RR 1989, 95.
[345] OLG München v. 24. 1. 1992, NJW-RR 1992, 538.
[346] OLG Hamm v. 31. 8. 1990, NZV 1991, 234; OLG München v. 10. 8. 1988, NJW-RR 1992; OLG Köln 1998, 273.
[347] OLG Frankfurt v. 21. 2. 2001, VersR 2001, 1105.
[348] OLG Stuttgart v. 22. 10. 1998, VersR 1999, 1359.
[349] OLG Köln v. 10. 5. 2000, NVersZ 2000, 578.
[350] OLG Köln v. 19. 9. 2000, r+s 2000, 494; OLG Koblenz v. 14. 5. 1998, MDR 1999, 481 bei 170 km/h; *van Bühren/Römer,* Handbuch Teil 7 Rn. 356.
[351] Vgl. auch *Riedmeyer,* ZfS 2001, 347.
[352] OLG Hamm v. 5. 11. 1997, NZV 1998, 210; OLG Frankfurt v. 26. 5. 1992, NJW-RR 1993, 102f.; LG Stendal v. 4. 12. 2002, r+s 2003, 105.
[353] OLG Koblenz, r+s 2007, 151, so auch OLG Karlsruhe, VersR 1996, 781; OLG Oldenburg, VersR 1999, 1105.
[354] Urt. v. 31. 3. 2007, MDR 2007, 1383.
[355] OLG Oldenburg v. 16. 9. 1998, NJW-RR 1999, 469; OLG Schleswig v. 15. 6. 2000, DAR 2001, 463; OLG Koblenz v. 8. 6. 2006, VersR 2007, 57.
[356] OLG Frankfurt v. 26. 5. 1992, NZV 1993, 32.
[357] OLG Nürnberg v. 21. 5. 1987, ZfS 1987, 277.
[358] BGH v. 5. 2. 1974, VersR 1974, 593; BGH v. 1. 3. 1977, VersR 1977, 619; OLG Koblenz v. 14. 8. 1998, NVersZ 1999, 122; OLG Frankfurt v. 26. 5. 1992, NZV 1993, 32; OLG Oldenburg v. 16. 9. 1998, NVersZ 1999, 80 m. w. N.
[359] OGH Wien v. 13. 1. 1977, VersR 1977, 1020.
[360] OLG Celle v. 3. 2. 2005, r+s 2005, 456.
[361] OLG Stuttgart v. 19. 10. 2000, NVersZ 2001, 170.
[362] OLG Düsseldorf v. 14. 3. 2002, r+s 2003, 10.

Heß   843

lässigkeit nicht ausreichend ist die bloße Tatsache, dass ein junger und gesunder Mensch nachts eine 550 km lange Strecke zurücklegt[363].

Lenkzeitüberschreitungen durch den Fahrer werden dem VN zugerechnet, wenn er dies bewusst anordnet bzw. Fahrtzeiten anweist, die ohne Verstoß gegen die Lenkzeiten nicht zu bewältigen sind[364].

70 *(g) Entwendung:* Wird das Kfz ordnungsgemäß gesichert (abgeschlossen) auf einem Parkplatz abgestellt, so ist der Vorwurf der grob fahrlässigen Herbeiführung der Entwendung i. d. R. nicht berechtigt[365]. Es müssen besondere Umstände hinzukommen, die über das Abstellen/Parken hinaus den vertraglich vorausgesetzten Sicherheitsstandard wesentlich unterschreiten, so insbesondere das Zurücklassen von Schlüsseln bzw. des Fahrzeugscheins oder dem Fahrzeugbrief. Es kommt aber zusätzlich darauf an, dass die Entwendung auf diesen Umständen, die die grobe Fahrlässigkeit begründen, beruht **(Kausalitätserfordernis)**[366]. Es muss vom VR dargelegt und bewiesen werden, dass der Umstand, der die grobe Fahrlässigkeit begründet auch den Diebstahl ermöglicht oder zumindest erleichtert hat (unten Rn. 82)[367].

71 Im Zusammenhang mit **Kfz-Entwendungen** wurde **grobe Fahrlässigkeit bejaht** bei: **Schlüssel** im unverschlossenen Handschuhfach des Pkw[368]; abgestellter verschlossener Wagen steht in einer polnischen Stadt und Jacke mit Ersatzschlüssel für den PKW, mit Geld und Papieren wird im Wagen zurückgelassen[369]; Motorradschlüssel in einer Jacke, die unbeaufsichtigt auf dem Oktoberfest an der Garderobe hängen gelassen wird[370]; Schlüssel wird während eines Kartenspieles in einer gut besuchten Gaststätte in einer nicht beaufsichtigten Jacke aufbewahrt[371]; Schlüssel in einer Jacke, die in einer öffentlich zugänglichen Turnhalle verwahrt wird[372]; Ablegen von Fahrzeugschlüsseln auf der Theke einer Gaststätte, in der der VN mit seinem Fahrzeug als Stammgast bekannt war[373]; Zurücklassen der Ersatzschlüssel im Auto[374]; Schlüssel hinter der Sonnenblende bei unverschlossenem Kfz[375]; Notschlüssel wird im Motorraum aufbewahrt, weil das Werk diesen serienmäßig dort eingebaut hat[376]; Einwurf von Schlüssel und Papieren in einen Briefschlitz auf Aufforderung der Autofirma, wobei ein Herausangeln unproblematisch und erkennbar möglich ist[377]; Beibehalten der Codierung nach Schlüsselverlust nur bei möglicher Zuordnung zum Fahrzeug[378]; unterlassene Auswechslung des Schlosses trotz Kenntnis, das Dritter Schlüssel aus dem Schloss der Fahrzeugtür gezogen hat – auch im Falle der Umkodierung der Wegfahrsperre und Erklärung der Fachwerkstatt, dass ein Anlassen dadurch nicht mehr möglich sei – bei erneutem Abstellen an diesem Ort[379]; kurzfristiges Zurücklassen eines Wohnmobils mit geöffneter Schiebetür, auch

---

[363] OLG Karlsruhe VersR 1961, 530.

[364] *van Bühren/Boudon,* § 2 Rn. 100.

[365] BGH v. 21. 1. 1998, VersR 1998, 44.

[366] OLG Karlsruhe v. 20. 6. 2002, VersR 2002, 1550; siehe zum Kausalitätserfordernis Rn. 82.

[367] BGH v. 6. 3. 1996, NJW-RR 1996, 734;

[368] BGH v. 8. 2. 1989, VersR 1989, 582; OLG Celle v. 14. 2. 1990, r+s 1990, 154; OLG Frankfurt v. 28. 1. 1988, VersR 1988, 1122; OLG Köln v. 13. 12. 1994, r+s 1995, 42.

[369] LG Koblenz v. 14. 11. 2005, r+s 2007, 414.

[370] OLG München v. 24. 11. 1993, VersR 1994, 1060; ebenso AG Wetzlar v. 10. 6. 2003 für Schülerin die Schlüssel für Motorroller während des Unterrichts unbeaufsichtigt in ihrer Jacke an der Schulgarderobe gelassen hat.

[371] OLG Köln v. 17. 6. 1997, r+s 1997, 409.

[372] OLG Koblenz v. 19. 2. 1999, NVersZ 1999, 429.

[373] OLG Hamm v. 18. 10. 1991, VersR 1992, 308.

[374] OLG Köln v. 13. 12. 1994, VersR 1995, 1438; LG Darmstadt v. 19. 3. 1992, ZfS 1993, 236.

[375] OLG Hamm v. 13. 6. 1997, VersR 1998, 489.

[376] OLG Nürnberg v. 28. 10. 1993, r+s 1994, 86.

[377] LG Hanau v. 22. 6. 1990, NZV 1990, 480; vgl. auch OLG Hamm v. 14. 9. 2005, VersR 2006, 403.

[378] OLG Frankfurt v. 2. 4. 2003, VersR 2004, 232.

[379] LG Magdeburg v. 5. 3. 2002, r+s 2004, 498.

wenn sich möglicherweise noch Kinder in dem Wohnmobil befanden[380]. Überlassen des Fahrzeuges und der Schlüssel zu einer Probefahrt, ohne dass sich der VN von der Identität des Kaufinteressenten informiert hat[381]; keine geeigneten Vorkehrungen nach Kfz-Schlüsseldiebstahl, um eine anschließende Entwendung des Pkw mit eben diesen Schlüsseln zu verhindern[382]; Verlassen des Fahrzeuges ohne jede Sicherheitsvorkehrung[383]; unverschlossenes Stehenlassen des PKW bei laufendem Motor in einer Großstadt ohne Sichtkontakt zu dem Wagen[384]; steckengelassener Zündschlüssel, um eine Telefonzelle aufzusuchen[385]; **Abstellen** eines Cabriolet mit geöffnetem Verdeck über Nacht im Zentrum einer Großstadt[386]; Stehen lassen eines Motorrades auf dem Parkplatz einer Autobahnraststätte über einen Zeitraum von 6 Tagen, wobei das Motorrad nur mit dem Lenkradschloss gesichert ist[387]; Zurücklassen des Kfz-Briefes im Wagen[388].

Demgegenüber wurde **grobe Fahrlässigkeit verneint** bei: Aufbewahrung der **Schlüssel**   72 in einem Scheibensafe[389]; Kellner legt Schlüssel in einem offenen Thekenfach ab, das dem Zugriff der Gäste entzogen ist[390]; Aufbewahrung des Fahrzeugschlüssels am Schlüsselbrett, von dem es ein minderjähriger Besucher nach gemeinsamem Alkoholgenuss entwendet[391]; Aufbewahrung eines Schlüssels im Büroraum einer Werkstatthalle in der kein freier Publikumsverkehr besteht[392]; Aufbewahrung der Kfz-Schlüssel in einer Jacke, die in einer Entfernung von 2 bis 3 Schritten in einer Diskothek abgelegt wird[393]; Diebstahl des Zweitschlüssels aus unverschlossenem Spind aus einem Privatraum in einer Arztpraxis, auch nicht durch Unterlassen einer gezielten Prüfung, ob der Zweitschlüssel gestohlen wurde[394]; Entwendung eines Pkw, in dem sich der Originalschlüssel des Opel Astra des VNs befindet und darauffolgendes Unterlassen geeigneter Schutzmaßnahmen zur Vermeidung eines Diebstahls des Pkw Opel Astra, der noch am gleichen Tag entwendet wird[395]; Schlüssel im abgeschlossenen Handschuhfach[396]; Haustür zum Lüften für ca. anderthalb Stunden geöffnet, Schlüssel für BMW 530 D liegt auf Tisch des Wohnzimmers und Dieb musste zunächst einen das Grundstück umgebenen verschlossenen Metallzaun überwinden[397]; nach Feststellung der Entwendung der Schlüssel findet VN das KfZ auf Abstellplatz noch vor und lässt es etwa 5 Minuten ohne Bewachung um übers Telefon einen Zweitschlüssel zu organisieren[398]; **Abstellen** eines ordnungsgemäß verschlossenen Porsche für einen Tag auf einer belebten Straße in Mailand[399]; Abstellen eines BMW Z 1 auf einem gemieteten Stellplatz in einer frei zugänglichen Tiefgarage; danach grobe Fahrlässigkeit in solchen Fällen nur dann, wenn sich eine dringende

---

[380] OLG Hamburg v. 23. 12. 2004, VersR 2005, 1528.
[381] OLG Frankfurt v. 20. 2. 2002, VersR 2002, 1550; LG Gießen v. 8. 7. 1991, VersR 1993, 348.
[382] OLG Frankfurt v. 13. 11. 1991, NJW-RR 1992, 537.
[383] OLG Hamm v. 26. 10. 1990, VersR 1991, 881.
[384] OLG Koblenz v. 12. 3. 2004, r+s 2004, 279.
[385] OLG Hamm v. 26. 10. 1990, NZV 1991, 195; LG Traunstein v. 19. 12. 1991, VersR 1993, 47.
[386] LG Aachen v. 19. 12. 1991, VersR 1992, 997.
[387] OLG Köln v. 27. 2. 1991, VersR 1991, 1240.
[388] OLG Köln v. 16. 8. 1994, VersR 1995, 456; OLG Köln v. 21. 2. 1995, r+s 1995, 203; LG Stuttgart v. 11. 6. 1992, VersR 1993, 46.
[389] OLG Oldenburg v. 3. 3. 1993, VersR 1994, 170; a. A. LG Hamburg v. 31. 7. 1991, VersR 1992, 1464.
[390] OLG Hamm v. 9. 2. 1994, VersR 1994, 1462.
[391] OLG München v. 29. 1. 1988, VersR 1988, 1017.
[392] OLG Saarbrücken v. 12. 7. 2006, VersR 2007, 238.
[393] OLG Stuttgart v. 16. 5. 1991, VersR 1992, 567.
[394] OLG Celle v. 23. 9. 2004, VersR 2005, 641.
[395] OLG Koblenz v. 11. 5. 2001 – 10 U 1251/00 (juris).
[396] BGH v. 14. 7. 1986, VersR 1986, 962.
[397] OLG Karlsruhe v. 21. 11. 2006, r+s 2007, 54.
[398] OLG Schleswig v. 1. 7. 2004, r+s 2005, 151.
[399] BGH v. 21. 2. 1996, NJW 1996, 1411.

Diebstahlsgefahr praktisch aufdrängt[400]; Rolls Royce während 22.00 – 24.00 Uhr in der Bahnhofsstrasse von Kattowitz ordnungsgemäß verschlossen abgestellt[401]; Abstellen eines unverschlossenen Pkw's in einem Innenhof, dessen Tor mit zwei Vorhängeschlössern gesichert ist[402]; Abstellen eines Cabriolets auf einem belebten Platz für weniger als eine Stunde; Zurücklassen des Kfz-Scheins im Pkw, da nicht kausal für die Entwendung[403]; VN nutzt nicht die Codierungsmöglichkeit der Zündung seines Pkw[404].

73   *(h) Kfz-Brand:* Bei Kfz-Bränden wird grobe Fahrlässigkeit **bejaht:** Brand infolge von Schweißarbeiten mit unzureichenden Sicherheitsmaßnahmen[405]; bei Schweißarbeiten an einem vollgetankten Pkw[406]; bei Schweißarbeiten an der Auspuffanlage des Pkw[407]; bei Schweißarbeiten in der Nähe des Treibstofftanks oder der Benzinleitung[408]; in liegender Stellung an der Unterseite eines aufgebockten Kfz[409].

Grobe Fahrlässigkeit wird **verneint,** wenn der VN trotz eines Gummigeruchs, der auf das Schmoren eines Kabels zurückzuführen ist, nicht auf einen Brand schließt[410]; bei einem in der Scheune abgestellten Traktor[411].

74   *(2) Sachversicherung:* Vor der Prüfung, ob grobe Fahrlässigkeit vorliegt, ist zu prüfen, ob nach den jeweiligen Versicherungsbedingungen (AVB) der Einwand einer groben Fahrlässigkeit nicht teilweise aufgegeben bzw. an bestimmte Beträge geknüpft ist.

(a) Im Rahmen der **Gebäudeversicherung** wurde grobe Fahrlässigkeit **bejaht** bei: Verlassen des Hauses bei angestelltem Herd auf dem sich ein Topf mit vier Blöcken Fett befinden, um in einem 200 m entferntem Geschäft eine fehlende Zutat zu kaufen[412]; Manipulation am Gasherd[413]; Rauchen im Bett unter Alkoholeinfluss[414]; Rauchen im Bett bei Benutzung eines Aschenbechers mit Drehmechanismus[415]; Umfüllen von Zigarettenresten in einen Plastikmüllsack, wenn sich aufdrängen musste, dass die Zigarettenreste noch eine zündfähige Temperatur haben könnten[416]; Verlassen der Wohnung für längere Zeit im Hochsommer, obwohl Kerzen in einem seit einem halben Jahr regelmäßig genutzten Adventsgesteck aus Tannenzweigen brennen[417]; Brennenlassen eines Adventskranzes[418]; unbeaufsichtigtes Feuer im offenen Kamin eines Freisitzes und Funkenflug[419]; Brennenlassen einer Kerze in der Nähe entzündbarer Gegenstände ohne zuverlässige Überwachung[420]; Lagerung leicht brennbarer

---

[400] BGH v. 6.3.1996, VersR 1996, 621.

[401] OLG Hamm v. 26.2.1996, r+s 1996, 430.

[402] OLG Düsseldorf v. 5.12.1989, VersR 1991, 541.

[403] BGH v. 17.5.1995, r+s 1995, 288; BGH v. 6.3.1996, r+s 1996, 168; OLG Düsseldorf v. 29.10. 1996, VersR 1997, 304; OLG Hamm v. 21.12.1995, r+s 1996, 295; OLG Hamm v. 24.8.1990, r+s 1991, 44; OLG Hamm v. 24.6.1998, r+s 1998, 491; OLG Köln v. 22.4.1997, r+s 1997, 317.

[404] OLG Hamm v. 15.1.1993, NZV 1993, 400.

[405] OLG Hamm v. 28.9.1998, VersR 1985, 383; OLG München v. 19.2.1986, ZfS 1986, 214.

[406] OLG Celle v. 2.12.1987, ZfS 1988, 57.

[407] LG Bochum v. 10.5.1991, VersR 1991, 1401.

[408] OLG München v. 10.6.1991, VersR 1992, 869; OLG Hamm v. 2.11.1983, VersR 1984, 726.

[409] OLG Hamm v. 28.9.1984, VersR 1985, 383.

[410] BGH v. 28.5.1962, VersR 1962, 601.

[411] OLG Hamm v. 12.4.1978, VersR 1979, 49.

[412] LG Köln v. 27.10.2005, VersR 2006, 695.

[413] OLG Bremen v. 17.8.2004, VersR 2005, 788.

[414] OLG Oldenburg v. 10.10.1990, r+s 1992, 208; OLG Köln v. 16.9.1993, r+s 1994, 24.

[415] LG Oldenburg v. 19.9.2003, r+s 2004, 12.

[416] BGH v. 14.3.1990, r+s 1990, 243 = VersR 1990, 893;OLG Hamm v. 28.3.1990, VersR 1990, 1230.

[417] OLG Oldenburg v. 17.1.2001, r+s 2002, 74.= NVerZ 2001, 89.

[418] OLG Hamburg v. 5.5.1993, VersR 1994, 89 = r+s 1994, 184; LG Koblenz v. 29.10.1993, r+s 1994, 185; LG Baden-Baden v. 21.3.1986, r+s 1986, 289; AG Fürth v. 22.11.1984, VersR 1985, 773.

[419] OLG Koblenz. v. 6.12.2002, r+s 2003, 112; OLG Köln v. 14.10.1998, NVersZ 1999, 143; LG Frankfurt/M. v. 16.10.1998, NVersZ 1999, 41.

[420] AG Ludwigslust v. 22.6.2006, VersR 2007, 206.

Gegenstände in Ofennähe[421]; Kurze Wartezeit auf der Wohnzimmercouch, wenn nebenan eine Friteuse unbeaufsichtigt bleibt[422]; unbeobachtetes Propangasfeuer unter einem vorschriftswidrig installierten Kessel[423]; Schweißarbeiten ohne entsprechende Sicherheitsvorkehrungen[424]; „Flexen" von Eisenträgern in einer Durchfahrt zu einer Scheune, in der Stroh bzw. Heu gelagert wird[425]; Unterlassen von Vorkehrungen gegen unbefugtes Betreten des versicherten leer stehenden Objekts (insbesondere ohne regelmäßige Kontrollen)[426].

Leitungswasser; grobe Fahrlässigkeit bejaht: Antritt einer Urlaubsreise ohne die Zulauf-   **75** leitung zur Waschmaschine oder zum Geschirrspüler abzusperren[427]; unbewachtes Laufenlassen einer Waschmaschine[428]; Grobe Fahrlässigkeit wenn Waschmaschine unbeaufsichtigt in Betrieb gelassen und auch noch längere Zeit nach Beendigung des Waschvorganges eingeschaltet und unter Druck gelassen wird[429]; nicht beseitigen von Baumängeln im Wasser- und Leitungssystem, die für den zuvor erfolgten Erwerb in einem Verkehrswertgutachten festgestellt worden waren, wenn es anschließend nach Frosteinbruch zum Leitungswasserschaden kommt[430].

Grobe Fahrlässigkeit hingegen **abgelehnt:** Schadenentstehung während des Betriebes der Spülmaschine durch nicht verschlossenen Wasserhahn für den Zulaufschlauch[431]; sich schlafen legen ohne den Waschvorgang abzuwarten, wenn nicht besondere Umstände wie z. B. Alter des Schlauchs hinzutreten[432].

In der **Gebäudeversicherung** wurde grobe Fahrlässigkeit **verneint** bei: fehlerhafter In-   **76** stallation eines Kamin-Einbausatzes[433]; zu geringem Sicherheitsabstand zwischen Feuerstätte und Holzverkleidung[434]; unsachgemäß entzündetem Feuer[435]; Brennenlassen von Kerzen, nachdem alle Personen das Zimmer verlassen haben[436]; unbeaufsichtigtes Brennenlassen einer Kerze[437]; Brand durch Adventsgesteck im Sommer[438]; Brennenlassen von Kerzen, wenn der VN der sicheren Überzeugung ist, sämtliche Kerzen gelöscht zu haben[439]; es ist nach einem Feuer nicht mehr zu ermitteln, ob der VN die Kerzen des Adventskranzes hat brennen lassen, oder ob durch Funkenflug beim Ausblasen die Grundlage des Feuers geschaffen worden ist[440]; Umfüllen von Aschenbechern in Plastikbehälter, wenn glaubhaft dargelegt wird, dass der Inhalt der Aschenbecher seit Jahrzehnten in einem Metallbehälter entleert wird, der erst kurz

---

[421] OLG Hamm v. 27. 3. 1985, VersR 1986, 561.
[422] OLG Köln v. 25. 10. 1995, r+s 1995, 444.
[423] BGH v. 5. 10. 1983, r+s 1983, 260.
[424] OLG München v. 10. 7. 1991, r+s 1992, 207.
[425] OLG Köln v. 21. 9. 1989, r+s 1989, 366.
[426] LG Köln v. 16. 10. 2003, VersR 2004, 734.
[427] OLG Oldenburg v. 18. 10. 1995, r+s 1996, 236; OLG Düsseldorf v. 16. 8. 1988, VersR 1989, 697.
[428] OLG Karlsruhe v. 4. 12. 1986, ZfS 1987, 91.
[429] OLG Koblenz v. 20. 4. 2001, NVersZ 2002, 25; LG Passau v. 20. 2. 2006, VersR 2007, 242; zur groben Fahrlässigkeit bei einem Wasserschaden durch unzureichende Beaufsichtigung einer Wasch- oder Geschirrspülmaschine; vgl. auch OLG Karlsruhe v. 4. 12. 1986, NJW-RR 1987, 861; OLG Hamm v. 27. 3. 1984, NJW 1985, 332; OLG Düsseldorf v. 16. 8. 1988, NJW-RR 1989, 798; OLG Oldenburg v. 18. 10. 1995, NJWE-MietR 1996, 194; LG Düsseldorf v. 29. 10. 1993 r+s 1994, 109; LG München v. 24. 2. 1994, NJW-RR 1995, 860; AG Bielefeld v. 26. 1. 1993, VersR 1995, 210; AG Weilburg v. 6. 11. 2001, NVersZ 2002, 325.
[430] OLG Rostock v. 23. 7. 2003, VersR 2004, 61.
[431] OLG München v. 13. 1. 2005.
[432] AG Köln v. 23. 5. 2006, VersR 2007, 242.
[433] OLG Hamm v. 18. 5. 1988, r+s 1991, 30.
[434] OLG Saarbrücken v. 29. 1. 1992, r+s 1992, 130.
[435] OLG Hamm v. 24. 10. 1990, r+s 1991, 58.
[436] OLG Hamm v. 3. 5. 1989, r+s 1989, 334.
[437] OLG Hamm v. 3. 5. 1989, VersR 1989, 1295.
[438] OLG Oldenburg v. 17. 1. 2001, NVersZ 2002, 89.
[439] BGH v. 4. 12. 1985, NJW-RR 1986, 705 = VersR 1986, 254.
[440] OLG Köln v. 27. 9. 1994 r+s 1994, 428.

ɔr der abendlichen Schließung in einem Plastikbehälter umgefüllt wird[441]; Verlassen der Wohnung bei eingeschaltetem Herd[442]; unvorsichtige Lagerung von Brennmaterialien im Kamin, die bei unvorsichtiger Entzündung herausfallen[443]; vorsätzlich in Brand gesetztes Haus wird vom VN nicht mit der gebotenen Aufmerksamkeit bewacht[444]; Überprüfung von eingelagertem Erntegut auf Selbstentzündung wird trotz Warn-Merkblatt der Versicherung versäumt[445].

77   *(b)* In der **Einbruch,- Diebstahl- und Beraubungsversicherung** wurde grobe Fahrlässigkeit **bejaht** bei: auf „Kipp" stehendem Fenster im rückwärtigen Bereich eines Hauses[446]; Belassen eines Erdgeschossfensters in Kippstellung während der Abwesenheit[447]; offen gebliebenem bzw. über Nacht geöffnetem Kellerfenster[448]; defektem Fenster, das sich auch in geschlossenem Zustand von außen aufdrücken lässt[449]; Entwendung wertvoller Sachen aus einem Kellerraum ohne Einbruchspuren – auch bei bestehendem Sichtschutz – nachdem ein Jahr zuvor schon Täter in den Raum eingedrungen waren[450]; Dieb dringt mit richtigem Schlüssel in die Wohnung ein, den er zuvor aus dem abgestellten Pkw des VN entwendet hat und der VN den Diebstahl des Schlüssels fahrlässig begünstigt hat[451]; unterlassene Auswechslung des Schlosses nach einem Einbruchdiebstahl bei dem Hauptschlüssel entwendet wurde[452]; fest schlafendem Zuggast wird wertvoll aussehende sichtbare Uhr vom Handgelenk geklaut[453]; Zurücklassen von hochwertigen Gegenständen im Auto – unabhängig von ihrer Sichtbarkeit von außen – in einer gefährlichen Gegend[454]; einer nur ins Schloss gezogenen, nicht abgeschlossenen Wohnungstür[455]; nächtlichem Öffnen der Hintertür in ländlicher Gegend in der irrigen Annahme, es kämen bekannte Besucher und keine Räuber[456]; eine Zufallsbekanntschaft alleine in der Wohnung lassen[457]; unbeaufsichtigter Aufbewahrung von Schmuck mit erheblichem Wert in einem Hotelzimmer über fast einen Tag lang[458]; wertvolle Uhr (55 000,– DM) geht bei Motorradfahrt durch unwegsames Gelände verloren[459]; Schmuck im Wert von 20 000 DM wird zu einem Krankenhausaufenthalt mitgenommen und während eines Cafeteriaaufenthaltes im Einzelzimmer unbeachtet und unverschlossen zurückgelassen[460]; Mitnahme von unbekannter Dame auf ein Hotelzimmer bei einem Urlaub in Thailand, welche den VN durch Bedrohung mit einem Obstmesser dazu zwingt, ein Bier mit KO-Tropfen zu trinken, und anschließend Bargeld und Wertsachen in Höhe von ca.

---

[441] OLG Düsseldorf v. 22. 4. 1986, r+s 1988, 83 (vom BGH bestätigt).

[442] BGH v. 5. 4. 1989, VersR 1989, 840; LG Köln v. 27. 10. 2005, VersR 2002, 311.

[443] OLG Hamm v. 24. 10. 1990, VersR 1991, 923.

[444] OLG Celle v. 2. 6. 1989, r+s 1990, 93.

[445] OLG Oldenburg v. 25. 6. 1997, VersR 1998, 490.

[446] OLG Celle v. 15. 10. 1992, r+s 1994, 189; nach OLG Saarbrücken v. 4. 6. 2003, VersR 2004, 1265 auch sofern Fenster für Dritte nicht einsehbar ist bei einer Abwesenheit von 14 Tagen.

[447] OLG Celle v. 10. 6. 1992, VersR 1993, 572; LG Köln v. 19. 6. 1991, ZfS 1991, 318.

[448] OLG Düsseldorf v. 10. 3. 1992, r+s 1993, 152; OLG Celle v. 10. 6. 1992, VersR 1993, 572; LG München v. 14. 9. 1988, VersR 1989, 740.

[449] LG Braunschweig v. 2. 12. 1987, r+s 1989, 26.

[450] LG Köln v. 11. 1. 2006, r+s 2007.

[451] OLG Hamm v. 19. 12. 1990, MDR 1991, 447.

[452] OLG Köln v. 17. 8. 2004, r+s 2004, 464.

[453] OLG Düsseldorf v. 15. 11. 2005, VersR 2006, 923.

[454] LG Köln v. 21. 2. 2007, VersR 2007, 990.

[455] OLG Bremen 8. 1. 1991, VersR 1991, 1240; LG Krefeld v. 14. 1. 1988, VersR 1988, 1285; LG Koblenz v. 23. 12. 2005, r+s 2006, 288.

[456] BGH v. 23. 3. 1985, VersR 1988, 569.

[457] OLG München v. 11. 4. 1985, VersR 1985, 558.

[458] OLG Frankfurt v. 15. 3. 1993 VersR 1995, 207; ungesicherter Schmuck im Hotelzimmer vgl. auch AG München v. 17. 9. 1998, NVersZ 2000, 187.

[459] OLG Oldenburg v. 22. 6. 1994, r+s 1994, 389.

[460] OLG Karlsruhe v. 15. 3. 2001, NVersZ 2002, 78.

10 000 € entwendet, wenn der VN schon mehrfach Opfer eines Raubes, u. a. in einem Bordell, gewesen ist[461].

Grobe Fahrlässigkeit **verneint** bei: lediglich, einfachem (nicht zweifachen) Umdrehen des **78** Schlüssels im Türschloss[462] Belassen eines Erdgeschossfensters bis zu 10 Stunden in Kippstellung während Abwesenheit, wobei stets die konkreten Umstände des Einzelfalles berücksichtigt werden müssen[463]; nur ins Schloss gezogener, nicht abgeschlossener Wohnungstür[464]; Belassen einer Verbindungstür zwischen Wintergarten und Wohnraum in Kippstellung[465]; VN vertraut darauf, dass Ehefrau Fenster vor Verlassen der Wohnung schließt[466]; Pelzjacke wird an Weiberfastnacht an einen Garderobenhaken einer Gaststätte gehängt, ist aber von einer langen Lederjacke verdeckt und befindet sich in unmittelbarer Nähe des VN[467]; stark angetrunkener VN nimmt eine wertvolle Armbanduhr, Schmuck und eine nicht unerhebliche Menge Bargeld mit auf das Oktoberfest[468]; Tragen einer goldenen Rolex-Uhr bei einem Spaziergang durch Neapel[469].

(c) In der **Reisegepäckversicherung** wird grobe Fahrlässigkeit i. d. R. **bejaht,** wenn kein **79** ständiger Sicht bzw. Körperkontakt gehalten wird[470]; dies gilt insbesondere, auf belebten Plätzen (z. B. Bahnhöfen, Flugplätzen)[471]; VN belässt die gestohlenen Gegenstände über 5 Stunden im Kofferraum seines Pkw in Messina, Italien[472]; VN bewahrt Gepäck in einem abgestelltem Pkw auf dem Rücksitz des Fahrzeuges auf, weil der Kofferraum bereits voll war; von außen sichtbares Zurücklassen von wertvollem Reisegepäck im abgestellten Fahrzeug[473]; VN verlässt Taxi, in dem sich sein Gepäck befindet[474]; Besitzerin stellt Koffer im Eingangsbereich eines Flughafens neben sich ab, ohne ihn durch körperlichen oder Sichtkontakt gegen Wegnahme zu sichern[475]; VN lässt Mantel und Koffer im geschlossenen Cabriolet zurück, obwohl es für ihn ohne weiteres zumutbar war, die Sachen mit ins Haus zu nehmen[476]; VN ist mit Schmuck und Bargeld von nicht unerheblichem Wert in einer Grünanlage in Marseille gegen 22:00 Uhr unterwegs[477]; VN klemmt seine Videoausrüstung (7 000,– DM) zwischen seine Knie in einem Linienbus in Kenia, ohne sie darüber hinausgehend zu sichern[478]; Abstellen eines Pilotenkoffers mit einem wertvollen Notebook außerhalb des Sichtfeldes in einem überfülltem Zug[479]; Diebstahl einer Aktentasche mit Schmuck im Wert von über 180 000 US-Dollar, die an der Rezeption im Diamantenviertel in Antwerpen abgestellt wurde[480].

---

[461] LG Berlin v. 21. 12. 2004, r+s 2005, 423.

[462] OLG Frankfurt v. 20. 9. 2000, r+s 2002, 512; anders u. U., wenn die Tür lediglich geschlossen, aber nicht verschlossen worden wäre.

[463] OLG Hamm v. 20. 12. 1991, VersR 1993, 96; OLG Hamburg v. 31. 3. 1987, NJW-RR 1989, 797; OLG Oldenburg v. 9. 3. 1994, r+s 1994, 309.

[464] OLG Düsseldorf v. 19. 3. 1996, VersR 1996, 1534; OLG Nürnberg v. 7. 3. 1996, VersR 1996, 1534; LG Karlsruhe v. 16. 11. 1990, NJW-RR 1991, 1183.

[465] OLG Karlsruhe v. 4. 7. 1996, r+s 1997, 73.

[466] OLG Hamm v. 17. 2. 1993, VersR 1993, 1265.

[467] OLG Düsseldorf v. 16. 1. 1996, r+s 1996, 237.

[468] OLG Hamm v. 9. 5. 1990, VersR 1991, 29.

[469] OLG Köln v. 13. 3. 2007, r+s 2007, 330.

[470] OLG Bremen v. 29. 10. 1981, VersR 1983, 260; OLG Karlsruhe v. 1. 4. 1982, VersR 1983, 479; OLG Düsseldorf v. 5. 2. 2002, NVersZ 2002, 425.

[471] *Van Bühren/Wettengel,* § 7 Rn. 98 ff.

[472] LG München I v. 26. 5. 1992, VersR 1993, 1145.

[473] OLG München v. 13. 6. 1989, VersR 1989, 1258.

[474] LG Itzehoe v. 3. 3. 1988, VersR 1988, 797.

[475] LG Hamburg v. 19. 6. 1992, VersR 1993, 226.

[476] OLG Köln v. 19. 6. 1992, VersR 1994, 49 = r+s 1993, 313.

[477] OLG Celle v. 13. 1. 1988, VersR 1989, 364.

[478] OLG Nürnberg v. 17. 12. 1987, VersR 1988, 1176.

[479] AG Köln v. 12. 7. 2006, VersR 2007, 62.

[480] OLG Düsseldorf v. 5. 2. 2002, NVersZ 2002, 425.

Grobe Fahrlässigkeit **verneint:** Aufbewahrung von Gepäck auf dem Rücksitz eines abgestellten Autos[481]; Ein Leopardenmantel im Wert von 55 000 DM verbleibt während eines Abendessens in Lyon in einem Porsche, der im Lichtkegel des Eingangs eines großen Hotels abgestellt ist[482]; VN nimmt eine sehr viel jüngere Diebin mit auf das Hotelzimmer, nachdem die Täterin sich das Vertrauen des VN, der im Laufe des Abends dem Alkohol erheblich zugesprochen hatte, erschlichen hat[483]; Gepäck darf um 7:30 Uhr in einer mitteleuropäischen Großstadt verstaut werden, um noch frühstücken gehen zu können[484]; Fotoapparat in verschlossener nicht einsehbarer Reisetasche, die im Gepäckraum des Reisebusses verstaut ist[485].

2. Schuldfähigkeit

81   Der Handelnde muss zum Zeitpunkt der vorsätzlichen oder grob fahrlässigen Herbeiführung schuldfähig gewesen sein. Die Regelung des § 827 BGB zur Schuldunfähigkeit ist auch im Rahmen von § 61 VVG, § 81 VVG 2008 anwendbar[486]. Soweit der VN sich auf eine Schuldunfähigkeit i. S. d. § 827 S. 1 BGB beruft, muss er diese auch beweisen[487]. Der Alkoholgehalt im Blut von 3‰ kann nicht als Anscheinsbeweis genügen, um die Schuldunfähigkeit des VNs zu belegen[488]. Soweit dem VN der Beweis gelingt, dass er sich im Zustand der Schuldunfähigkeit befunden hat z. B. wegen Alkoholgenusses, obliegt ihm die Pflicht, zu beweisen, dass er sich weder vorsätzlich noch grob fahrlässig in diesen Zustand versetzt hat (entsprechende Anwendung des § 827 S. 2 BGB[489]). Die Rechtsordnung geht – wie auch § 827 BGB zeigt – von der grundsätzlichen Verantwortlichkeit von Personen aus. Beruft sich jemand auf den Ausnahmefall der Schuldunfähigkeit muss er diesen somit auch beweisen. Dies gilt auch im Bereich des § 61 VVG, § 81 VVG 2008, bei dem der VR die Beweislast für die subjektiven Voraussetzungen der groben Fahrlässigkeit trägt[490]. Der VN kann sich somit z. B. nicht damit entschuldigen, dass er die Zusammensetzung des Getränkes (Klosterfrau-Melissengeist) nicht gekannt habe[491]. Ebenso ist die Beweisregel des § 828 Abs. 2 BGB (Nachweis fehlender Einsichtsfähigkeit) anwendbar[492].

III. Kausalität

82   Zwischen dem Verhalten des VN und dem Eintritt des Versicherungsfalles muss **Kausalität** bestehen („**Herbeiführen** des Versicherungsfalles"). Die Feststellung, dass ein Verhalten

---

[481] OLG Hamm v. 17. 6. 1992, NJW-RR 1992, 1447.
[482] BGH v. 12. 10. 1988, NJW-RR 1989, 213.
[483] OLG Hamm v. 16. 11. 1990, r+s 1991, 64 = NJW-RR 1991, 355.
[484] OLG Karlsruhe v. 2. 4. 1987, VersR 1988, 400.
[485] LG Frankfurt v. 4. 8. 1986, NJW-RR 1986, 1156.
[486] Allerdings noch zu § 61 VVG: Einhellige Rechtsprechung, vgl. nur: BGH v. 23. 1. 1985, NJW 1985, 2648 = VersR 1985, 44; BGH v. 22. 2. 1989, VersR 1989, 469 = NJW 1989, 1612; *Knappmann,* NVersZ 1998, 13f.
[487] BGH v. 22. 2. 1989, r+s 1989, 349; vgl. auch OLG Hamm v. 10. 7. 1987, r+s 1988, 2; OLG Köln v. 26. 9. 1991, r+s 1992, 7; OLG Köln v. 27. 9. 2002, r+s 2003, 56; ausführlich: *Knappmann,* VersR 2000, 11 ff.
[488] OLG Hamm v. 22. 11. 1991, ZfS 1992, 86.; OLG Frankfurt v. 14. 4. 1999, VersR 2000, 883 = r+s 2000, 364; OLG Hamm v. 31. 5. 2000, NVersZ 2000, 524 für 2,96 Promille.
[489] BGH v. 23. 1. 1985, VersR 1985, 440; BGH v. 22. 2. 1989, VersR 1989, 469 (470); OLG Hamm v. 25. 6. 1980, VersR 1981, 178; OLG Oldenburg v. 4. 12. 1991, ZfS 1992, 345; OLG Saarbrücken v. 11. 12. 2002, r+s 2003, 101; LG Bochum v. 26. 11. 1975, VersR 1976; 949, a. A. *Baumgärtel,* Handbuch der Beweislast im Privatrecht, Band 5 § 61.
[490] OLG Saarbrücken v. 11. 12. 2002, r+s 2003, 101; zur subjektiven Seite grober Fahrlässigkeit vgl. Rn. 42 ff.
[491] *Römer/Langheid/Langheid,* § 61 Rn. 82; m. w. N. OLG Oldenburg v. 17. 2. 1966, VRS 31, 349.
[492] OLG Hamm v. 25. 6. 1980, VersR 1981, 178; *Römer/Langheid/Langheid,* § 61 Rn. 82; a. A. *Prölss/Martin/Prölss,* § 61 Rn. 25.

des VN vorsätzlich oder grob fahrlässig war, reicht daher für die Leistungsfreiheit bzw. das Kürzungsrecht des VR nicht aus. Es wird häufig nicht beachtet, dass der Versicherungsfall gerade die **Folge** des Verhaltens des VN sein muss, um die Rechtsfolge des § 81 VVG zu begründen. Dies war auch gem. § 61 VVG a. F. nicht anders. Nicht erforderlich ist, dass das Verhalten des VN die alleinige Ursache des Versicherungsfalles war, eine Mitursächlichkeit reicht aus[493]. § 61 VVG, § 81 VVG 2008 setzt voraus, dass der Schaden durch das vorsätzliche bzw. grob fahrlässige Verhalten des VNs verursacht worden ist[494]. Besondere Bedeutung hat die Frage nach der Kausalität im Bereich des Diebstahls/Entwendung. Dieser Nachweis der Kausalität ist vom VR zu führen[495]. Er ist z. B. nicht geführt, wenn nicht ausgeschlossen werden kann, dass die Entwendung zu einem Zeitpunkt stattgefunden hat, als das Verhalten des VN noch nicht grob fahrlässig war[496]. So etwa bei einem Abstellen des Fahrzeuges für eine zu lange Zeit an gefährdeter Stelle, und nicht geklärt werden kann, ob der Diebstahl nicht schon zu einem Zeitpunkt stattgefunden hat, an dem das unbeaufsichtigte Abstellen, noch nicht als grob fahrlässig bewertet werden kann. Gleiches gilt für einen **Einbruchsdiebstahl** und einem Fenster, das auf „Kipp" gelassen wurde. Auch hier kommt es für die Kausalität (wenn das Verhalten als grob fahrlässig angesehen werden soll) darauf an, wann genau der Dieb durch dieses Fenster eingestiegen ist. Bei dem **Zurücklassen von Kraftfahrzeugpapieren** (Kfz-Brief bzw. -schein), muss zu der Feststellung des grob fahrlässigen Verhaltens noch die Kausalität für den Diebstahl hinzukommen. Diese fehlt z. B., wenn der Täter die Papiere bzw. Fahrzeugschlüssel vor dem Öffnen des Fahrzeuges gar nicht sehen konnte[497].

IV. Rechtsfolgen der vorsätzlichen bzw. grob fahrlässigen Herbeiführung des Versicherungsfalls

1. Vollständige Leistungsfreiheit bei Vorsatz und bei grober Fahrlässigkeit gem. § 61 VVG a. F.

Auf der Rechtsfolgenseite wird der VR bei der vorsätzlichen Herbeiführung des Versicherungsfalles wie bei § 61 VVG auch gem. § 81 Abs. 1 VVG 2008 von seiner Pflicht zu leisten frei. Für diese Tatbestands-Variante hat sich im Vergleich zur bisherigen Regelung des § 61 VVG a. F. nichts geändert, d. h. für die vorsätzliche Herbeiführung bleibt es beim „Alles-oder-Nichts-Prinzip". Aus diesem folgt, dass der VR berechtigt ist, dem VN die **gesamte,** mit der Versicherungsprämie erworbene Leistung zu verweigern[498].   83

Die Existenz des Versicherungsvertrages bleibt von der Leistungsfreiheit unberührt[499]. Der Versicherungsvertrag erlischt nur, wenn der herbeigeführte Versicherungsfall zum Wegfall des Interesses führt, § 80 VVG[500]. Ansonsten kann die Herbeiführung des Versicherungsfalles dem VR unter bestimmten Voraussetzungen ein Kündigungsrecht einräumen. So hat nach § 92 Abs. 1 VVG[501] der VR in der Feuerversicherung und gem. § 111 Abs. 1 Satz 1 VVG[502] der Haftpflichtversicherer eine an den VersFall (nicht an eine Entschädigungszahlung) geknüpfte Kündigungsmöglichkeit.

---

[493] BGH v. 14. 7. 1986, NJW 1986, 2838; *Römer* in Handbuch Verkehrsrecht, Teil 7 Rn. 345.

[494] BGH v. 17. 5. 1995, VersR 1995, 909; OLG Karlsruhe v. 20. 6. 2002, VersR 2002, 1550; *Knappmann*, r+s 1995, 128.

[495] Vgl. nur OLG Karlsruhe v. 20. 6. 2002, VersR 2002, 1550; *Knappmann* r+s 1995, 128.

[496] OLG Karlsruhe v. 20. 6. 2002, VersR 2002, 1550; *Knappmann,* r+s 1995, 128.

[497] BGH v. 17. 5. 1995, VersR 1995, 909f.; OLG Düsseldorf v. 29. 10. 1996, VersR 1997, 304; OLG Hamm v. 24. 6. 1998, r+s 1998, 491; OLG Celle v. 27. 3. 1997, VersR 1998, 314.

[498] Zum „Alles-oder-Nichts-Prinzip" siehe oben Rn. 1 ff.; noch zum „Alles-oder-Nichts-Prinzip" mit Bezug auf § 61 VVG a. F. *Römer*, VersR 2000, 661 (663); *Prölss,* VersR 2003, 669 ff.; *Armbrüster,* VersR 2003, 675 ff.

[499] *Römer/Langheid/Langheid* § 61 Rn. 95.

[500] *Römer/Langheid/Langheid* § 61 Rn. 97; vgl. § 68 VVG a. F.

[501] § 96 Abs. 1 VVG a. F.

[502] § 158 Abs. 1 S. 1 VVG a. F.

.. Kürzungsrecht des VR bei grober Fahrlässigkeit des VN nach § 81 VVG 2008

Die massive Kritik am „Alles-oder-Nichts-Prinzip" für Fälle grober Fahrlässigkeit hat zu dessen Aufgabe durch das neue VVG 2008 geführt. Nun bestimmt § 81 Abs. 2 VVG 2008 „Führt der Versicherungsnehmer den Versicherungsfall grob fahrlässig herbei, ist der Versicherer berechtigt, seine Leistung in einem der Schwere des Verschuldens des Versicherungsnehmers entsprechenden Verhältnis zu kürzen." Die vollständige Leistungsfreiheit des VR nach § 61 VVG a. F. ist im Falle grober Fahrlässigkeit durch ein Kürzungsrecht des VR gem. § 81 VVG 2008 ersetzt worden.

84a   **a) Leistungsbestimmungsrecht des VR?** Nach der Formulierung des Gesetzes in § 81 Abs. 2 VVG 2008 („... berechtigt, seine Leistung ... zu kürzen") könnte man ein einseitiges **Leistungsbestimmungsrecht** des VR i. S. v. § 315 Abs. 1 BGB annehmen. In diesem Fall stünde dem VR bzgl. der Höhe der Kürzung seiner Leistung ein Ermessen zu dessen Grenze die Billigkeit wäre. Erst wenn der VR diesen Rahmen überschreiten würde, wäre die Entscheidung unverbindlich[503] (vgl. § 315 Abs. 3 BGB).

Jedoch ist § 315 BGB in Bezug auf § 81 VVG 2008 nicht anwendbar. Dazu wäre erforderlich, dass der Umfang der Leistungspflicht nicht durch einen objektiven Beurteilungsmaßstab festgelegt ist[504]. Ein solcher ist in § 81 Abs. 2 VVG 2008 aber mit der „Schwere des Verschuldens des VN" für den Umfang der Kürzung vorgegeben. Die Kürzung des VR unterliegt damit in vollem Umfang der gerichtlichen Kontrolle[505].

Auch sind **vertraglich vereinbarte Kürzungspauschalen** für bestimmte Konstellationen in AGBs prinzipiell denkbar, weil nach § 87 VVG 2008 abweichende Regelungen von § 81 VVG 2008 möglich sind. Allerdings liefe ein durch die Hintertür in Form von AGBs wiedereingeführtes „Alles-oder-Nichts-Prinzip" sicherlich Gefahr als unangemessene Benachteiligung i. S. v. § 307 Abs. 1 BGB angesehen zu werden und damit nichtig zu sein.

84b   **b) Quotierungsstufen.** Kriterien nach denen der Umfang der Leistungskürzung zu ermitteln ist, sind vom Gesetz nicht vorgegeben. Und auch der Regierungsentwurf äußert sich mit der Formulierung „Für das Ausmaß der Leistungsfreiheit des Versicherers ist entscheidend, ob die grobe Fahrlässigkeit im konkreten Falle nahe beim bedingten Vorsatz oder aber eher im Grenzbereich zur einfachen Fahrlässigkeit liegt[506]" nur knapp. Insofern ist es eine der wesentlichen von der VVG Reform aufgeworfenen Fragen, nach welchen Maßstäben das Kürzungsrecht des VR erfolgt.

Im Interesse einer möglichst guten Kommunizierbarkeit und Vorhersehbarkeit sollte die Quotierung nicht danach streben zu prozentgenauen Antworten zu kommen, sondern vielmehr einem Grobraster folgen[507]. Sinnvoll erscheint eine Eingliederung der grob fahrlässigen Herbeiführung des Versicherungsfalles in Kategorien von leichter, normaler und schwerer grober Fahrlässigkeit. Für die erste Stufe ist dann ein Abzug von 25%, für die zweite von 50% und für die schwerste dritte Stufe ein Abzug von 75% angemessen. Dieses Raster schließt natürlich nicht aus, dass im Einzelfall auch geringere oder höhere Quoten in Betracht kommen[508].

---

[503] Münchner Kommentar/*Gottwald,* § 315 BGB Rn. 44.

[504] *Palandt/Heinrichs,* § 315 BGB Rn. 6.

[505] *Burmann/Heß/Höke/Stahl,* Rn. 355.

[506] Vgl. BT-Drucks. 16/3945 S. 69.

[507] So auch *Felsch,* r+s 2007, 485; *Rixecker,* ZfS 2007, 15; *Burmann/Heß/Höke/Stahl,* Rn. 367 f.; *Nugel,* MDR 2007, 23.

[508] Einen anderen Ansatz verfolgen *Weidner/Schuster,* r+s 2007, 363. Danach soll im Regelfall von einer 50%igen Leistungskürzung ausgegangen werden. Sofern der VR einen höheren Kürzungsgrad durchsetzen will, müsse er die Umstände dafür ebenso beweisen wie der VN, der einen geringeren Kürzungsgrad erreichen will; ähnlich *Felsch,* SpV 2007, 65 (74); *Langheid,* NJW 2007, 3665 (3669); ebenso wird noch eine Abstufung der Kürzung in Schritten von 10% diskutiert: s. *Nugel,* MDR 2007, 23; *Günther/Spielmann,* r+s 2008, 178.

c) Extremfälle. Weder Wortlaut noch Begründung der Norm schließen aus, dass ein VN   **84c** im Einzelfall auch mal eine volle oder gar keine Entschädigung erhält[509]. Im Interesse der Zielrichtung der Reform eine möglichst flexible Regelung zu schaffen, sollte von dieser Möglichkeit – sofern es als angebracht erscheint – auch Gebrauch gemacht werden[510]. Eine vollständige Leistungskürzung durch den VR käme insbesondere in Betracht, wenn die grobe Fahrlässigkeit des VN einem zumindest bedingtem Vorsatz sehr nahe kommt oder sich ein sehr hohes Gefährdungspotential verwirklicht (z. B. alkoholbedingte Fahruntüchtigkeit). Der umgekehrte Fall mit einer ungekürzten Leistungspflicht wäre in Fällen denkbar in denen die – nur „leichte" – grobe Fahrlässigkeit besonders dicht an der einfachen Fahrlässigkeit liegt[511].

d) Bestimmung des Grades der groben Fahrlässigkeit. Für die Beantwortung der   **84d** Frage in welche der Stufen von leichter, normaler und schwerer grob fahrlässiger Herbeiführung des Versicherungsfalles ein Pflichtverstoß einzuordnen ist, kommen verschiedene Parameter in Betracht. Aus Wortlaut und Gesetzesbegründung folgt, dass es für den Umfang der Kürzung allein auf das Maß des Verschuldens ankommt. Kriterien, wie z. B. Grad der Ursächlichkeit und insbesondere auch die wirtschaftlichen Verhältnisse des Versicherungsnehmers spielen daher keine Rolle[512].

aa) Einstufung des Pflichtverstoßes in anderen Rechtsgebieten. Für die Einstufung der Schwere   **84e** des Pflichtverstoßes kann in Einzelfällen auch auf gesetzgeberische Einstufungen in anderen Rechtsgebieten zurückgegriffen werden. So können beispielsweise Alkoholfahrten Straftaten nach § 315c Abs. 1 Nr. 1, 316 StGB sein oder sich lediglich als Ordnungswidrigkeitentatbestand nach § 24a StVG darstellen. Ein Verstoß gegen Straftatbestände beinhaltet regelmäßig einen erheblich höheren Unrechtsgehalt als ein Verstoß gegen einen Ordnungswidrigkeitentatbestand. Dementsprechend wäre die Verwirklichung eines Straftatbestandes bei der Bestimmung des Maßes an grober Fahrlässigkeit typischerweise auch stärker zu berücksichtigen[513].

Ebenso können Ordnungswidrigkeiten, die mit Punkten oder darüber hinaus gar mit einem Fahrverbot belegt sind eine Indizwirkung hinzukommen. Fahrverbote können gem. § 25 StVG bei Ordnungswidrigkeiten festgesetzt werden, die der Kraftfahrer unter grober oder beharrlicher Verletzung der Pflichten eines Kraftfahrzeugführers begangen hat. Im Rahmen von § 81 Abs. 2 VVG 2008 dürften regelmäßig nur die groben Pflichtverletzungen von Belang sein. Grobe Pflichtverletzungen i. S. d. § 25 StVG sind solche von besonderem Gewicht, die objektiv als häufige Unfallursachen besonders gefährlich sind und subjektiv besonders verantwortungslos erscheinen.

bb) Offenkundigkeit des Pflichtverstoßes. Ein weiteres Kriterium ist die Offenkundigkeit des   **84f** Pflichtverstoßes. Je offensichtlicher das Gefährdungspotenzial gewesen ist, umso schwerer wiegt auch das Verschulden. Dass das Fahren unter Alkoholeinfluss/Drogen besonders gefährlich ist, kann für den durchschnittlichen Autofahrer als bekannt vorausgesetzt werden. Für Fahrten unter dem Einfluss von Medikamenten ist dies möglicherweise differenzierter zu sehen.

cc) Gewicht des Pflichtverstoßes. Ebenso kann das Gewicht des Pflichtverstoßes für die versi-   **84g** cherte Gefahr ein maßgebliches Kriterium bilden. Wird die erforderliche Sorgfalt über einen längeren Zeitraum in einem für die Annahme grober Fahrlässigkeit erforderlichen Ausmaß verletzt oder handelt es sich um einen nur kurzweiligen Verstoß? Je länger die Dauer des Verstoßes ist, umso mehr spricht dafür ihn im oberen Bereich der groben Fahrlässigkeit anzusiedeln. In diesem Zusammenhang kann insbesondere die Frage des Augenblicksversagens zu diskutieren sein[514].

Weiter kann in diesem Zusammenhang von Bedeutung sein, ob die Größe des sich bei einem Verstoß ergebenden Risikos für den VN deutlich erkennbar ist. Je größer das Risiko

---

[509] *Rixecker*, ZfS 2007, 15; *Römer*, VersR 2006, 740 (741); *Looschelders*, VersR 2008, 6.
[510] I. E. so auch *Weidner/Schuster*, r+s 2007, 363.
[511] *Weidner/Schuster*, r+s 2007, 363.
[512] Vgl. *Looschelders*, VersR 2008, 6.
[513] *Burmann/Heß/Höke/Stahl*, Rn. 359; *Nugel*, MDR 2007, 22 (29).
[514] S. oben Rn. 48.

...nd je deutlicher sein Ausmaß erkennbar ist, desto schwerer wiegt das Verschulden. So liegt es z. B. auf der Hand, dass das Überfahren einer Rotlicht zeigenden Ampel ein sehr ausgeprägtes Unfallrisiko aufweist. Beim Überschreiten der zulässigen Höchstgeschwindigkeit hängt es hingegen regelmäßig von der Verkehrssituation ab, inwieweit dadurch eine signifikante Steigerung des Unfallrisikos besteht.

84h   *dd) Motive des Handelnden.* Im Einzelfall können die Motive des VN von Bedeutung sein. Verursacht jemand einen Unfall infolge überhöhter Geschwindigkeit, weil er als Arzt auf dem Weg zu einem Notfallpatienten war, ist ihm ein geringeres Verschulden als im Normalfall anzulasten[515].

Ausnahmsweise kann es den VN auch mal entlasten, wenn er eine Ablenkung infolge beruflicher oder privater Probleme ins Feld führt. Dabei ist der Grund der Ablenkung im Bezug zu dem Grad der Gefährlichkeit der Handlung zu setzen. Je gefährlicher das Verhalten des VN ist, umso weniger ist die Ablenkung geeignet, ihn zu entlasten[516].

84i   *ee) Eintragungen im Straf-/Verkehrszentralregister.* Voreintragungen des VN im Straf- oder im Verkehrszentralregister sind durchaus geeignet, diesen im Hinblick auf die Gefährlichkeit und die Folgen seiner Pflichtverstöße zu warnen. Insofern ist es sachgerecht, infolge von einschlägigen Voreintragungen z. B. bei Trunkenheit oder Geschwindigkeitsverstößen einen höheren Grad an Verschulden anzunehmen. Im Strafrecht wird dieser Grundsatz regelmäßig angewandt. Vorstrafen wirken schulderhöhend und damit strafschärfend, sofern sie einschlägig sind oder erkennen lassen, dass der Täter sich über derartige Warnungen hinweggesetzt[517]. Diese Wertung dürfte auch bei der Abwägung eine Rolle spielen.

84j   **e) Einzelfälle.** Bei den Einzelfällen ist zu beachten, dass sie in einem ersten Schritt als grob fahrlässig eingestuft werden müssen[518]. Im zweiten Schritt stellt sich dann die Frage, welcher Grad grober Fahrlässigkeit vorliegt: handelt es sich um einfache, mittlere oder schwere grobe Fahrlässigkeit. Je nach Fallgruppe sollte dann eine Kürzung von 25%, 50% bzw. 75% erfolgen. Dieses Grobraster schließt natürlich nicht aus, dass im Einzelfall eine abweichende Quote gebildet wird[519].

84k   *aa) Kaskoversicherung[520]. (1) Rotlichtverstoß.* Rotlichtverstöße begründen wegen ihrer besonderen Gefährlichkeit regelmäßig die Annahme grober Fahrlässigkeit, wenngleich natürlich die Einzelfallumstände zu berücksichtigen sind[521].

Bei der Einschätzung des Grades des groben Verschuldens ist zu berücksichtigen, dass nach der Bußgeldverordnung bei einem Rotlichtverstoß, der zu einem Sachschaden geführt hat (vgl. Ziffer 132.1 BKatV) ein Fahrverbot von einem Monat vorgesehen ist. Unter der zusätzlichen Voraussetzung, dass die Rotphase bereits länger als eine Sekunde gedauert hat, wird der verwirkte Regelsatz des Bußgeldes von 125 € auf 200 € angehoben (Ziffer 132.2.1. BKatV). Bei Versicherungsfällen in der Kaskoversicherung werden die genannten Tatbestände der BKatV regelmäßig vorliegen, da im Versicherungsfall Unfall ein Sachschaden regelmäßig vorliegt. Die Anordnung eines Regelfahrverbotes im Rahmen der BKatV zeigt, dass der Gesetzgeber hier von einem ganz erheblichen Verschulden ausgeht. Dies hat den Hintergrund, dass die Nichtbeachtung von Lichtzeichenanlagen eine erhebliche Unfallursache darstellt und eine besondere Gefährlichkeit aufweist, weil andere Verkehrsteilnehmer, insbesondere Kinder und Radfahrer, in besonderer Weise auf das Grünlicht vertrauen[522].

---

[515] *Nugel,* MDR 2007, 22 (30).
[516] *Römer,* VersR 1992, 1187 (1189).
[517] BGHSt 24, 198; *Tröndle/Fischer,* § 46 StGB, Rn. 38.; *Burmann/Heß/Höke/Stahl,* Rn. 366.
[518] Vgl. zu den dafür maßgeblichen Kriterien Rn. 42ff. und zu den einzelnen Fallgruppen Rn. 51ff.
[519] *Günther/Spielmann,* r+s 2008, plädieren für die Sachversicherung für eine feinere Unterteilung; so auch *Grote/Schneider,* BB 2007, 2689.
[520] Vgl. auch *Heß/Höke* §§ 29, 30.
[521] Vgl. § 30 bei *Heß/Höke* Rn. 43.
[522] BayObLG NZV 1997, 84.

Vor diesem Hintergrund erscheint es als angebracht bei Rotlichtverstößen von einer „normalen" groben Fahrlässigkeit mit der einhergehenden Kürzung von 50% auszugehen[523].

Im Rahmen der Fallgruppe der Rotlichtverstöße wird künftig genauer zu prüfen sein, ob der Verstoß nicht vorsätzlich erfolgt ist. Insbesondere bei sog. qualifizierten Rotlichtverstößen – die LZA zeigte bereits länger als eine Sekunde rot – liegt es nahe, dass der Kraftfahrer das Rotlicht bewusst nicht abwarten wollte. Dabei ist allerdings zu beachten, dass allein wegen eines vorsätzlichem Pflichtverstoßes kein vorsätzlich herbeigeführter Versicherungsfall vorliegt. Dazu wäre erforderlich, dass der VN neben der vorsätzlichen zum Versicherungsfall führenden Handlung auch den Erfolg herbeiführen wollte[524]. Dies wird regelmäßig nicht der Fall sein. Sofern jedoch der Verkehrsverstoß vorsätzlich begangen ist, ist das Verschulden erheblich gewichtiger. Daher sollte dann von einer „schweren" groben Fahrlässigkeit mit einer Kürzung von 75% ausgegangen werden.

Gleichzeitig sind auch Fälle denkbar, in denen nur eine „leichte" grobe Fahrlässigkeit vorliegt. Das kann beispielsweise der Fall sein, wenn nachvollziehbare Gründe für die Ablenkung des Kraftfahrers vorliegen. Etwa wenn der Kraftfahrer kurzzeitig abgelenkt war, weil seine Gedanken bei seiner kranken, im Sterben liegenden Mutter waren[525].

(2) Stoppschild. Das Überfahren von Stoppschildern weist in der Regel keine ganz so große **84m** Gefahr auf wie Rotlichtverstöße. Es wird sich im Einzelfall auch darüber diskutieren lassen, ob die Entscheidung überhaupt eine grobe Fahrlässigkeit vorliegt. Dies hängt u. a. damit zusammen, dass der Verkehr auf die Beachtung von Stoppschildern nicht ganz so stark vertraut wie dies bei Lichtzeichenanlagen der Fall ist. Letztlich wird dies auch davon abhängen, inwieweit vorher durch Hinweisschilder auf das Stoppschild hingewiesen wurde[526]. Aber auch bei Annahme einer groben Fahrlässigkeit entspricht es der Wertung des Gesetzgebers, einen Verstoß geringer zu sanktionieren als einen Rotlichtverstoß. Nach Ziffer 34 BKatV kommt nur die Verhängung eines Bußgeldes von 50 € sowie die Eintragung von 3 Punkten in das Flensburger Register in Betracht. Sofern daher nicht besondere erschwerende Umstände vorliegen, ist daher die Annahme „einfacher" grober Fahrlässigkeit mit einer Kürzungsquote von 25% angebracht[527].

(3) Alkohol. Jedem Kraftfahrer ist insbesondere bekannt, dass Alkohol zu Fahruntauglich- **84n** keit führt und eine der Hauptunfallursachen bildet. Zudem stellt die Herbeiführung eines Unfalls im Zustande einer alkoholbedingten Fahruntauglichkeit typischerweise eine Verwirklichung des Straftatbestandes des § 315c Abs. 1a StGB dar. Vor diesem Hintergrund ist im Falle alkoholbedingter Fahruntüchtigkeit von einem besonders gravierenden Verstoß auszugehen bei dem regelmäßig keine Entschädigung gezahlt werden sollte[528].

Teilweise wird insoweit vertreten, es sei zu differenzieren zwischen den Fällen relativer und absoluter Fahruntauglichkeit. Bei ersterer Variante solle nur eine reduzierte Kürzung zwischen 50% und 80% erfolgen[529]. Dem kann jedoch nicht gefolgt werden. Es ist zu beachten, dass in beiden Fällen eine Fahruntauglichkeit vorliegt. Der Unterschied zwischen den beiden Formen liegt lediglich in der Erbringung des Beweises der Fahruntauglichkeit[530]. Auch im Versicherungsvertragsrecht gilt, dass ein Kraftfahrer mit einer BAK von 1,1 Promille absolut fahruntüchtig ist[531] ohne dass die Erbringung eines Gegenbeweises möglich ist. Liegt die

---

[523] *Burmann/Heß/Höke/Stahl*, Rn. 369 ff.
[524] *Langheid/Römer/Langheid*, § 61 VVG, Rn. 41.
[525] Vgl. OLG Hamm NZV 2005, 95.
[526] OLG Karlsruhe v. 24. 5. 2002, NZV 2003, 420; *Burmann/Heß/Höke/Stahl* Rn. 377.
[527] *Burmann/Heß/Höke/Stahl*, Rn. 378.
[528] *Burmann/Heß/Höke/Stahl*, Rn. 392; *Römer*, VersR 2006, 740; differenzierend: *Rixecker*, ZfS 2007, 15 (16); a. A. *Nugel*, MDR 2007, 22 (32): Kürzung i. H. v. 50% – 90%.
[529] *Rixecker*, ZfS 2007, 15 (16).
[530] BGHSt 31, 42 (44); BayObLG, NZV 1997, 127; *Tröndle/Fischer*, § 316 StGB Rn. 12.; *Burmann/Heß/Höke/Stahl*, Rn. 381.
[531] BGH, NJW 1991, 119.

BAK darunter, kann eine sog. relative Fahruntauglichkeit vorliegen. Das ist der Fall, wenn neben der BAK alkoholbedingte Ausfallerscheinungen auftreten. Insofern ist die relative Fahruntauglichkeit keineswegs als minder schwerer Fall der absoluten Fahruntauglichkeit einzustufen. Vielmehr stellt sie den gesetzlichen Grundfall des § 316 StGB dar[532]. Gegen das bloße Abstellen auf die BAK spricht auch schon, dass die Auswirkungen von dieser individuell unterschiedlich abhängig von Faktoren wie Größe, Körpergewicht etc. ausfallen. Damit ist bei der Kürzung eine Differenzierung zwischen der absoluten und der relativen Fahruntauglichkeit abzulehnen. In beiden Fällen handelt es sich um einen besonders gravierenden Verstoß, der eine vollständige Kürzung der Leistung rechtfertigt[533].

Im Einzelfall kann eine weniger starke Kürzung in Betracht kommen. Dies dürfte aber nur in eng begrenzten Ausnahmefällen in Betracht kommen. Beruht die Fahruntauglichkeit auf Restalkohol ist zu bedenken, dass die groben Trunkenheitssymptome nach einer Schlafphase deutlich abgeklungen sein können. Nichtsdestotrotz sind auch die Beeinträchtigungen von Restalkohol erheblich. Zudem sind die Wirkungen eines „Katers" als allgemein bekannt anzusehen[534]. Insbesondere weiß auch jeder Kraftfahrer, dass die Wartezeit nach der man wieder fahrtüchtig ist von der Menge des zu sich genommenen Alkohols abhängt[535]. Auch bei Restalkohol kann es daher nur im Ausnahmefall gerechtfertigt sein, einen leichten oder mittleren Grad der groben Fahrlässigkeit anzunehmen[536].

84o   *(4) Drogen/Medikamente.* Wie bei Alkohol stellt auch die Herbeiführung eines Unfalles im Zustand sonstiger (außer Alkohol) **berauschender Mittel** einen Straftatbestand (§ 315c Abs. 1 Nr. 1a StGB) dar. Bei einer drogenbedingten Fahruntüchtigkeit ist daher – ebenso wie bei Alkohol – von einem äußerst gravierenden Verstoß auszugehen, so dass regelmäßig keine Entschädigung zu zahlen ist[537].

Anders kann es bei **Medikamenten** zu beurteilen sein. Im Unterschied zum Alkohol kann die Wirkung von Medikamenten auf die Fahrtüchtigkeit nicht zwingend als allgemein bekannt vorausgesetzt werden. In diesem Fall kann es daher gerechtfertigt sein, nur eine „leichte" grobe Fahrlässigkeit (Kürzung um 25%) anzunehmen[538]. Anders läge der Fall allerdings, wenn die Ausfallerscheinungen für den Fahrer offen zutage getreten sind, bzw. wenn er genau um die beeinträchtigende Wirkung weiß, z. B. weil er hierauf (z. B. vom Arzt) besonders hingewiesen wurde.

84p   *(5) Verkehrswidriges Verhalten.* Vor dem Hintergrund des Schutzzweckes der Kaskoversicherung – der VN soll vor Schäden geschützt werden, die durch eigenes schuldhaftes Verhalten entstanden sind – führen Fahrfehler grundsätzlich nicht zu der Annahme grober Fahrlässigkeit. Erst bei besonders verkehrswidrigem Verhalten ist grobe Fahrlässigkeit anzunehmen[539].

Überholen

Hierbei sind die Kürzungen regelmäßig wohl im mittleren Bereich, also i. H. v. 50%, anzusetzen[540]. Zu berücksichtigen ist, dass bei Unfällen mit einer Kollision gem. Ziffer 19.1.1 BKatV ein Fahrverbot von einem Monat vorgesehen ist und zusätzlich 4 Punkte in das Flensburger Zentralregister eingetragen werden. Sofern ein in der Form des § 315c Abs. 1 Nr. 2b StGB qualifiziertes verkehrswidriges Verhalten vorliegt, dürfte eine Kürzung i. H. v. 75% angemessen sein. Dabei ist aber zu beachten, dass für diesen strafrechtlichen Tatbestand neben dem grob verkehrswidrigen Fahrverhalten zusätzlich noch eine rücksichtslose Handlungsweise des VN vorgelegen haben muss. Rücksichtslos handelt, wer sich aus eigensüchtigen

---

[532] *Tröndle/Fischer*, § 316 StGB, Rn. 12 ff.; *Burmann/Jagow/Burmann/Heß*, § 316 StGB, Rn. 26.
[533] *Burmann/Heß/Höke/Stahl*, Rn. 392.
[534] *Hentschel/König*, § 316 StGB, Rn. 8.
[535] *Burmann/Heß/Höke/Stahl*, Rn. 395.
[536] *Burmann/Heß/Höke/Stahl*, Rn. 395.
[537] *Burmann/Heß/Höke/Stahl* Rn. 392.
[538] *Burmann/Heß/Höke/Stahl* Rn. 397.
[539] Zu der Quotierung in Fällen verkehrswidrigen Verhalten vgl. *Burmann/Heß/Höke/Stahl*, Rn. 398 ff.
[540] *Burmann/Heß/Höke/Stahl*, Rn. 399; *Nugel*, MDR 2007, 23.

Gründen über seine Pflichten gegenüber anderen Verkehrsteilnehmern bewusst hinwegsetzt oder aus Gleichgültigkeit keine Bedenken aufkommen lässt, sondern unbekümmert um die Folgen seines Verhaltens losfährt[541].

Geschwindigkeitsüberschreitungen

Ist der VN an einer unübersichtlichen Stelle, einer Straßenkreuzung, Straßeneinmündung oder einem Bahnübergang zu schnell gefahren und hat dadurch den Unfall verursacht, kann der Tatbestand des § 315 c Abs. 1 Nr. 2 d StGB vorliegen. Voraussetzung ist, dass die durch den Fahrfehler herbeigeführte Gefahr in einem inneren Zusammenhang mit der besonderen Gefahrenlage im Bereich der genannten Örtlichkeiten steht[542]. Unter diesen Umständen ist das Fehlverhalten als „schwere" grobe Fahrlässigkeit einzustufen, die eine Kürzung von 75% rechtfertigt[543].

In anderen Fällen kann auch eine „leichte" oder „mittlere" grobe Fahrlässigkeit vorliegen. Den mittleren Schweregrad sollte man jedenfalls annehmen, wenn eine Geschwindigkeitsüberschreitung vorliegt, die ein Fahrverbot nach der BKatV rechtfertigen würde. Das ist innerorts der Fall bei einer Geschwindigkeitsüberschreitung von 31 km/h und außerorts von bei einer Geschwindigkeitsüberschreitung von 41 km/h.

Kann der Versicherer im Falle eines Unfalls der infolge von **Übermüdung** eingetreten ist beweisen[544], dass der VN sich bewusst über Anzeichen der Ermüdung hinweggesetzt hat, ist ihm eine Kürzung i. H. v. 75% zuzugestehen[545]. Denn kommt es bei dem Unfall nicht nur zu einem Eigenschaden, hat der VN den Tatbestand des § 315 c Abs. 1 b StGB verwirklicht.

Verhalten im Fahrzeug/Hantieren mit Gegenständen

Beim Bücken nach im Auto herabgefallenen Gegenständen hat der fahrende VN die Fahrbahn nicht mehr im Blickfeld. Aufgrund der damit verbundenen mangelnden Kontrollmöglichkeit besteht ein enormes Schadenspotential. Vor diesem Hintergrund ist eine „mittlere" grobe Fahrlässigkeit mit einer Kürzung von 50% anzunehmen.

Milder können andere Konstellationen zu bewerten sein, in denen je nach Einzelfall grobe Fahrlässigkeit vorliegen kann oder nicht. So etwa bei einem Umdrehen des Fahrers nach einem Kleinkind auf dem Rücksitz[546] oder für einen durch den Kassettenwechsel während der Fahrt verursachten Unfall[547]. In solchen Fällen ist lediglich „leichte" grobe Fahrlässigkeit (25%) anzunehmen.

In Fällen der **Entwendung** des KFZ aufgrund unzureichender Sicherung der Schlüssel ist zu bedenken, dass es neben dem fehlerhaften Verhalten des VN noch eines kriminellen Handelns eines Dritten bedarf. Im Regelfall dürfte daher an eine „leichte" grobe Fahrlässigkeit zu denken sein. Es können jedoch erschwerende Umstände hinzutreten, die eine andere Beurteilung erforderlich machen. Werden Schlüssel von Kundenfahrzeugen, die in einer Werkstatt am Schlüsselbrett in der Kundenannahme für jedermann sichtbar aufgehängt und die Kundenannahme ist nicht ständig besetzt, liegt eine „schwere" grobe Fahrlässigkeit vor. Ein vergleichbarer Fall liegt vor, wenn der VN in einer Gastwirtschaft lautstark von seinem neuen PKW spricht, für jedermann sichtlich die Schlüssel in seiner Jacke verstaut und die Jacke unbeaufsichtigt an die Garderobe hängt[548].

bb) In der Sachversicherung stellt sich – wie bei der Kaskoversicherung – ebenfalls die   **84q**
Frage nach der Quote bei einer grob fahrlässigen Herbeiführung des Verkehrsunfalles. Auch hier gelten die schon dargestellten Quotierungskriterien:
– Gewicht des Pflichtenverstoßes
– Höhe des Risikos für die versicherte Gefahr

---

[541] *Jagow/Burmann/Heß/Burmann,* § 315 c StGB, Rn. 15.
[542] BGH, NStZ 2007, 222.
[543] *Burmann/Heß/Höke/Stahl,* Rn. 402.
[544] S. o. Rn. 69.
[545] *Burmann/Heß/Höke/Stahl,* Rn. 380.
[546] OLG Brandenburg, NJWE-VHR 1997, 272.
[547] OLG Nürnberg, NZV 1992, 193.
[548] *Burmann/Heß/Höke/Stahl,* Rn. 409.

Heß

− Offenkundigkeit des Pflichtenverstoßes
− Motive des Versicherungsnehmers
− Eventuelle Vorschäden/Wiederholung durch Versicherungsnehmer

Weidner/Schuster[549] schlagen hier ein grundsätzliches Kürzungsrecht als „Leitlinie" bei grober Fahrlässigkeit von 50% vor. Dies kann durchaus praktikabel sein, wobei im Rahmen des § 81 VVG 2008 der Versicherer auch das Maß des Verschuldens nachzuweisen hat[550]. Kann der Versicherer daher nur eine grobe Fahrlässigkeit ohne besondere weitere erschwerende Umstände beweisen, so erscheint eher eine Kürzung um 25% gerechtfertigt. Letztlich hängt es von den feststehenden bzw. beweisbaren Umständen ab.

84r   **f) Sonderproblem: Zusammentreffen einer grob fahrlässigen Herbeiführung des Versicherungsfalles und einer Obliegenheitsverletzung.** *(1) Kerzen-Herdplattenfälle.* Bei dem unbeaufsichtigten Brennenlassen von Kerzen bzw. Herdplatten bietet sich die Einstiegsquote von 50% an[551]. Erhöhend können z. B. besonders hohe Brandgefahr oder lange Abwesenheit, mildernd unerwartete Ablenkung berücksichtigt werden.

(2) Wasch-Spülmaschinenfälle. Auch wird eine 50%-Einstiegsquote vorgeschlagen[552], die nach den besonderen Umständen (Dauer der Abwesenheit, Aufstellort, unsichere Schlauchverbindung) sich auch erhöhen kann.

(3) Keine ausreichende Wohnungssicherung. Auch in dieser Fallgruppe (Kippfenster, Wohnungstür nicht verschlossen) ist eine Einstiegsquote von 50% nicht unangemessen[553].

Ein Sonderproblem des neuen Kürzungsverfahrens ergibt sich daraus, dass nicht mehr wie bisher schon eine Obliegenheitsverletzung für sich[554] oder die grob fahrlässige Herbeiführung für sich[555] zu einer vollständigen Leistungsfreiheit des VR führt. Stattdessen führen beide auch im Falle ihres Zusammentreffens grundsätzlich nur zu einem Kürzungsrecht des VR (vgl. §§ 28 Abs. 2 S. 2, 81 Abs. 2 VVG 2008).

Ein Beispielsfall zu dieser Konstellation könnte so aussehen: Im Fall einer Vollkaskoversicherung verursacht der VN den Schaden durch grob fahrlässige Nichtbeachtung einer roten LZA und macht hinterher grob fahrlässig falsche Angaben zu den Vorschäden an seinem Fahrzeug[556].

Vor der VVG Reform konnten der VR und das Gericht sich in solchen Fällen auf die am einfachsten nachzuweisende Fehlhandlung des VN beschränken, da diese dann schon für sich zum vollständigen Freiwerden des VR führte. Nach der VVG-Neuregelung berechtigen selbst beide gemeinsam im Regelfall nur zu einem Kürzungsrecht des VR. Nähme man in dem Beispiel an, dass die Nichtbeachtung der roten LZA zu einer Kürzung von 60% und die grob fahrlässige falsche Angabe zu den Vorschäden zu einer Kürzung von 40% führt, würde die bloße Summe der beiden zur vollständigen Leistungsfreiheit des VR führen. Dies würde im Ergebnis auf eine starke Annäherung an das alte „Alles-oder-Nichts-Prinzip" bedeuten. Es werden hierzu vier Lösungsmodelle vertreten:[557]

− eine Addition der verschiedenen Quoten (Additionsmodell)
− eine Gesamtbewertung sämtlicher verwirklichter Quoten (Gesamtbetrachtungsmodell)[558]
− die Berücksichtigung der einzelnen Quoten nach einer bestimmten Reihenfolge (sog. Stufenmodell)[559]

---

[549] R+s 2007, 363.

[550] Vgl. auch *Rixecker*, ZfS 2007, 15; *Burmann/Heß/Höke/Stahl*, Rn. 414; *Günther/Spielmann*, r+s 2008, 178 schlagen je nach Fallgruppe für die Sachversicherung eine Einstiegsquote vor.

[551] *Günther/Spielmann* gehen von 60% als Einstiegsqote aus.

[552] *Günther/Spielmann*, r+r 2008, 183.

[553] *Günther/Spielmann*, r+r 2008, 184 differenzieren (Kippfenster 60%; Wohnungstür 40%).

[554] Vgl. § 6 VVG a. F.

[555] Vgl. § 61 VVG a. F.

[556] So Nugel, MDR 2007, 23.

[557] Vgl. *Günther/Spielmann*, r+s 2008, 185.

[558] *Grote/Schneider*, BB 2007, 2689.

[559] *Günther/Spielmann*, r+s 2008, 186.

– die Berücksichtigung des schwersten Verstoßes und die Konsumtion der quotenmäßig leichteren Verstöße (sog. Konsumtionsmodell)[560].

In solchen Fällen bietet sich u. E. an, – ähnlich der Gesamtstrafenbildung im Strafrecht – zunächst die Pflichtverletzung des VN zugrunde zu legen, die zu der höchsten Kürzung führt und für die zweite Pflichtverletzung noch einen Zuschlag zu berechnen[561]. In dem Beispiel würde dies zu einer Kürzung im Bereich von 80% führen.

3. Verhältnis zu § 242 BGB

Die Rechtsprechung zog bisher unter der Geltung des § 61 VVG a. F. den Grundsatz von **85** **Treu und Glauben** gem. § 242 BGB heran, um bei besonders harten, dem Verhalten des VN nicht mehr angemessenen Ergebnissen, eine Milderung des „Alles-oder-Nichts-Prinzips" vorzunehmen[562]. Im Hinblick auf die grobe Fahrlässigkeit des VN wird – jedenfalls im Falle einer Anwendung von § 61 VVG a. F. – vertreten, dass die in diesem Falle gegebene Leistungsfreiheit des VR durch den Grundsatz von Treu und Glauben eingeschränkt wird und sogar entfallen kann[563]. Allerdings stellen die gesetzlichen Risikoausschlüsse einen Anwendungsfall des § 162 Abs. 2 BGB dar. Das in dieser Vorschrift des BGB enthaltene Kriterium „wider Treu und Glauben" wird in § 61 VVG a. F. durch die Verschuldensgrade „Vorsatz" und „grobe Fahrlässigkeit" konkretisiert und auch besonders und abschließend geregelt[564]. Ein Rückgriff auf den § 242 BGB ist somit ausgeschlossen. Wenn ein Anspruch des VN durch eine Regelung des VVG als lex speciales ausgeschlossen ist, so kann er auch nicht mit dem Grundsatz von Treu und Glauben begründet werden. Die durch den Gesetzgeber erfolgte auffällig unterschiedliche Konkretisierung des Grundsatzes in § 61 VVG a. F. und in § 152 VVG a. F. bzw. nach dem neuen VVG in § 81 VVG und § 152 VVG (s. Rn. 6 f.) ist sachlich begründet und auch geboten.

Canaris[565] hat diesen Streit weitergehend auf die verfassungsrechtliche Ebene gehoben: Die **86** in § 61 VVG a. F. bestimmte vollständige Leistungsfreiheit des VR bei vorsätzlicher oder grob fahrlässiger Herbeiführung des Versicherungsfalls sei jedenfalls bei ruinösen und katastrophalen Schäden und darüber hinaus wohl auch bei sonstigen exorbitanten Schäden mit dem verfassungsrechtlichen Übermaßverbot nicht vereinbar[566]. Der Verstoß gegen das verfassungsrechtliche Übermaßverbot führe zwar nicht zur Nichtigkeit des § 61 VVG a. F., wohl aber zu einer verfassungskonformen Einschränkung mit Hilfe des Rechtsmissbrauchseinwands nach § 242 BGB[567]. Gestützt wird dies u. a. auf Art. 14 Abs. 1 GG, weil der VN den Anspruch auf Versicherungsschutz, den ihm § 61 VVG a. F. nehme, durch Prämienzahlungen, also durch Vermögensopfer, erworben habe[568]. Allerdings ist zu berücksichtigen, dass das Risiko der Herbeiführung des Versicherungsfalls durch grob fahrlässiges Verhalten des VNs von vornherein ausgeschlossen und somit von vornherein nicht versichert ist[569]. Der VN bezahlt seine Prämien eben nicht für die Entschädigungsansprüche, die auf der grob fahrlässigen Herbeiführung des Versicherungsfalls beruhen, weil das Risiko hiefür von vornherein ausgeschlossen ist. Unerheblich ist hierbei auch, ob ein Schaden katastrophal, ruinös oder exorbitant ist, sofern er grob fahrlässig herbeigeführt wurde[570]. Folglich ist der von *Canaris* verfolgte Ansatz abzulehnen.

---

[560] *Felsch*, r+s 2007, 485.
[561] Anderer Ansatz: Stufenmodell von *Nugel*, MDR 2007, 23 (33).
[562] *Hofmann*, S. 129.
[563] *Canaris*, JZ 1987, 993 (1003).
[564] So zutreffend *Lorenz*, VersR 2000, 2 (7); mit Berufung auf BGH VersR 1952, 387 (389).
[565] *Canaris*, JZ 1987, 993 ff.
[566] *Canaris*, JZ 1987, 993 (1003); zustimmend: *Terbille*, r+s 2000, 45 ff., ablehnend: *Lorenz*, VersR 2000, 2 (7).
[567] *Canaris*, JZ 1987, 993 (1003); a. A. *Lorenz*, VersR 2000, 2 (8).
[568] *Canaris*, JZ 1987, 993 (1003).
[569] S. o. C I. 1.; vgl. zutreffend *Lorenz*, VersR 2000, 2 (8).
[570] So zutreffend *Lorenz*, VersR 2000, 2 (9).

Durch die Neufassung des § 61 VVG a. F. in § 81 VVG 2008 ist den Bedenken von Canaris aber ohnehin weitgehend Rechnung getragen. Bei vorsätzlicher Herbeiführung des Versicherungsfalls entfällt der Anspruch des VN gem. § 81 Abs. 1 VVG 2008 zwar nach wie vor vollständig, allerdings sind die Belange des VN in dieser Konstellation nicht als schützenswert angesehen werden. Im Falle grob fahrlässiger Herbeiführung kommt es gem. § 81 Abs. 2 VVG 2008 lediglich zu einer Kürzung des Anspruchs des VN. Die Schärfe des bisherigen „Alles-oder-Nichts-Prinzips" besteht nicht mehr. Für eine darüber hinausgehende Anwendung des § 242 BGB ist daher – auch angesichts der gesetzgeberischen Entscheidung – kein Raum.

D. Abdingbarkeit des § 81 VVG 2008

87   Die in § 61 VVG a. F. getroffene Regelung ist vertraglich abänderbar[571]. In vielen vertraglichen Änderungen wird (unnötigerweise) die gesetzliche Regelung wiederholt. Es ist allerdings in einzelnen Versicherungszweigen zulässig, Leistungsfreiheit auch bei einfacher Fahrlässigkeit zu vereinbaren[572]. Hieran dürfte sich durch die Neuregelung in § 81 VVG 2008 nichts ändern[573]. Die betreffenden Klauseln der AVB müssen sich aber an § 307 BGB messen lassen. Insbesondere dürfte eine Rückkehr zum Modell des § 61 VVG a. F. durch AVB unzulässig sein[574].

I. Versicherungsschutz bei Vorsatz und grober Fahrlässigkeit

88   Eine Klausel, die die Einbeziehung von vorsätzlich herbeigeführten Versicherungsfällen durch den VN in den Versicherungsschutz zum Inhalt hat, verstößt meist gegen die **guten Sitten i. S. d. § 138 BGB** und ist folglich nichtig. Allerdings gibt es Fälle, in denen ein solcher Verstoß nicht vorliegt oder bei denen die Ausweitung des Versicherungsschutzes auf Vorsatz eine wirtschaftliche Notwendigkeit darstellt[575].

Dagegen ist eine Abbedingung gerichtet auf Fälle der grob fahrlässigen Herbeiführung grundsätzlich möglich. Allerdings kann dies bedenklich sein, wenn sie nur zugunsten einzelner VN vereinbart wird[576]. Einige VR verzichten allerdings von vornherein auf den Einwand der groben Fahrlässigkeit in der Fahrzeugversicherung, ausgenommen bei alkoholbedingter Fahruntüchtigkeit und grob fahrlässiger Herbeiführung des Fahrzeugdiebstahls (vgl. auch AKB 2008)[577]. Dies ist – natürlich – zulässig.

II. Leistungsfreiheit bei einfacher Fahrlässigkeit

89   Die Leistungsfreiheit des VR kann umgekehrt sogar auf die einfache Fahrlässigkeit ausgeweitet werden[578]. Dies geschieht des Öfteren durch wenig konkret formulierte Obliegenheiten, die der Sache nach nur die Einhaltung der erforderlichen Sorgfalt verlangen. Eine solche Klausel kann jedoch nach § 307 Abs. 2 Nr. 1 BGB (§ 9 Abs. 2 Nr. 1 AGBG a. F.) entsprechend nichtig sein[579]. Die gesetzlich konkretisierte Beschränkung der Leistungsfreiheit des VR auf die grob fahrlässige und vorsätzliche Herbeiführung des Versicherungsfalls durch den VN soll

---

[571] BGH v. 24. 11. 1971, VersR 1972, 85; vgl. auch § 87 VVG n. F.
[572] Vgl. OLG Hamm VersR 1997, 310 – Revision vom BGH nicht angenommen – bei der Transportversicherung; vgl. im einzelnen *Heiss,* § 38 zu Vereinbarungen über die Beweislast vgl. Rn. 91 ff.
[573] § 81 VVG 2008 ist wie § 61 VVG dispositiv (§ 87 VVG 2008).
[574] *Looschelders,* VersR 2008, 7.
[575] M. Bsp. *Prölss / Martin / Prölss* § 61 VVG, Anm. 8.
[576] LG Saarbrücken v. 19. 1. 2002, VersR 1982, 892.
[577] S. o. Rn. 55 ff.; 71 f.
[578] BGH v. 24. 11. 1971, VersR 1972, 85; BGH v. 28. 4. 1976, VersR 76, 676; BGH v. 1. 6. 1983, VersR 1983, 821; OLG Hamm v. 18. 9. 1996, VersR 1997, 310.
[579] *Römer / Langheid / Langheid,* § 61 Rn. 98.

verhindern, dass der Versicherungsschutz wertlos wird. Somit steht zur Überprüfung, ob eine solche Klausel dem Sinn und Zweck der abgeschlossenen Versicherung nicht entgegensteht. In besonders gelagerten Fällen kann ein schutzwürdiges Interesse des VR an einem strengeren Sorgfaltsmaßstab als grober Fahrlässigkeit bestehen z. B. bei der Versicherung von wertvollem Schmuck.

Im Einzelfall ist zu ermitteln, ob der übliche Umgang mit dem versicherten Objekt insofern gefahrgeneigt ist, als auch einem durchschnittlich sorgfältigen VN leicht ein Fehlverhalten unterlaufen kann, was zu erheblichen Schäden führen kann[580].

III. Erstreckung der Leistungsfreiheit auf Dritte

Eine Bestimmung, die eine Haftung des **VN für Dritte** vorsieht hat lediglich deklaratori- **90** sche Bedeutung. Für seine Repräsentanten hat der VN schon aufgrund objektiven Rechtes einzustehen[581]. Eine darüber hinausgehende Fremdhaftung ist im Einzelfall am Maßstab des § 307 Abs. 2 Nr. 1 BGB (§ 9 Abs. 2 Nr. 1 AGBG a. F.) entsprechend zu überprüfen[582].

E. Beweisfragen

I. Beweislast

Der VN muss die tatsächlichen Voraussetzungen, aus denen sich sein Anspruch ergibt (den **91** Versicherungsfall), grundsätzlich (zur Ausnahme bei Entwendung s. u.) voll gem. § 286 ZPO beweisen[583]. Zugunsten des **VR** bestehende Einwendungstatbestände muss dieser beweisen. Die Darlegungs- und Beweislast für das Vorliegen der Voraussetzungen einer Leistungsfreiheit nach § 81 VVG 2008 trifft demnach – ebenso wie für § 61 VVG a. F. – den **VR**[584]. Er trägt die volle **Beweislast** für den subjektiven Risikoausschluss bzw. sein Kürzungsrecht aus § 61 VVG a. F., § 81 VVG 2008, d. h. die Pflichtwidrigkeit, das qualifizierte Verschulden (mindestens grobe Fahrlässigkeit) und die Kausalität. Insbesondere muss der VR daher nicht nur die objektiv grob fahrlässige Herbeiführung des Versicherungsfalles beweisen, sondern auch umfassend den Nachweis über das Verschulden des VN führen, d. h. dass auch auf der subjektiven Seite zumindest grobe Fahrlässigkeit vorliegen muss[585]. Im Hinblick auf das Kausalitätserfordernis muss der VR beweisen, dass der Versicherungsfall ohne das Tun oder Unterlassen des VN in der konkreten Form nicht eingetreten wäre (d. h. dass die Pflichtverletzung kausal war)[586].

Auch hinsichtlich solcher Entschuldigungsgründe, die der VN zur Darlegung eines geringeren Verschuldens als grober Fahrlässigkeit vorträgt, liegt die Beweislast beim VR. Dieser muss in schlüssiger Form vorgebrachte subjektive Entlastungsgründe ausräumen[587].

Bzgl. der Beweislast ist durch das VVG 2008 die Frage hinzugekommen, wer für die konkrete Höhe der Kürzung bei einer grob fahrlässigen Herbeiführung des Versicherungsfalls durch den VN im Rahmen von § 81 Abs. 2 VVG 2008 die Beweislast trägt. Dabei geht es

---

[580] So zutreffend *Prölss/Martin/Prölss,* § 61 VVG, Anm. 8.
[581] S. o. Rn. 27 ff.
[582] BGH v. 14. 2. 1990, VersR 1990, 487; OLG Hamm v. 6. 9. 1989, VersR 1990, 420.
[583] *Römer,* r+s 2001, 45 ff.; siehe umfassend *Rüther,* § 23.
[584] St. Rechtsprechung des BGH vgl. etwa BGH v. 23. 1. 1985, VersR 1985, 440; BGH v. 31. 10. 1984, VersR 1985, 78; BGH v. 15. 12. 1982, VersR 1983, 289; BGH v. 9. 11. 1977, VersR 1978, 74; *Römer,* r+s 2001, 45 ff.
[585] BGH v. 8. 2. 1989, NJW 1989, 1354.
[586] *Römer/Langheid/Langheid,* § 61 Rn. 92.
[587] OLG Hamm v. 26. 1. 2000, ZfS 2000, 346; OLGHamm v. 25. 10. 2000, ZfS 2001, 215; *Knappmann,* NVersZ 1998, 13 (17); liegen die Umstände aber nur in der Sphäre des VN trifft diesen die Substantiierungslast die maßgebenden Tatsachen vorzutragen, diese muss dann der beweispflichtige VR widerlegen – BGH v. 29. 1. 2003, r+s 2003, 144 (146); *Zöller/Greger,* ZPO, 23. Aufl. vor § 284 Rn. 24, 34 ff.

um die Frage, ob eine leichte, normale oder schwere grobe Fahrlässigkeit vorliegt. Grundsätzlich muss der Versicherer das Maß des Verschuldens nachweisen[588]. Dies kann aber natürlich nicht die Konsequenz haben, dass bei grober Fahrlässigkeit grundsätzlich nur von einer Kürzungsmöglichkeit von 1% ausgegangen wird und ein „Mehr" vom Versicherer zu beweisen ist. Es spricht daher einiges dafür, ohne besondere zusätzliche Umstände zumindest eine Quote von 25% anzunehmen[589]. Für die Praxis erscheint es aber auch nicht unvertretbar zu sein, von einer „normalen" groben Fahrlässigkeit mit einer Kürzungsquote von 50% auszugehen[590].

92   Zunächst hat allerdings der **VN** den Eintritt des Versicherungsfalls zu beweisen, d. h. er muss die tatsächlichen Voraussetzungen, aus denen sich ein Anspruch ergibt – den Versicherungsfall – voll beweisen[591]. Hierbei ist allerdings keine an Sicherheit grenzende Wahrscheinlichkeit erforderlich, sondern auch für § 286 ZPO reicht ein für das praktische Leben brauchbarer Grad von Gewissheit, der „Zweifeln Schweigen gebietet, ohne sie völlig auszuschließen", aus[592]. Die Anforderungen auch an den **Vollbeweis des § 286 ZPO** dürfen nicht überspannt werden. Der VN muss den Beweis antreten, dass sich das versicherte Risiko, in der versicherten Zeit am versicherten Ort realisiert hat. Beweiserleichterungen wie bei dem Versicherungsfall „Entwendung"[593] kommen dem VN nicht zugute. Es ist daher seine Sache, den Versicherungsfall, soweit wie möglich, substantiiert darzulegen und im Falle des Bestreitens zu beweisen. Da sich der Versicherungsfall außerhalb der Sphäre des VR abgespielt hat, kann er sich auf ein Bestreiten mit Nichtwissen (§ 138 Abs. 4 ZPO) berufen. Verbleiben nach der Beweisaufnahme nicht behebbare Zweifel daran, ob sich der Versicherungsfall derart ereignet hat, wird die Klage des VN abgewiesen. Weil der VN den Beweis zu führen hat, unterliegt er daher schon dann, wenn nur offen bleibt (non liquet), ob es zu einem Versicherungsfall gekommen ist. Es muss daher noch nicht einmal feststehen, dass sich ein Versicherungsfall nicht ereignet hat[594].

93   Bei der Frage der Beweislast ist die vorsätzliche Herbeiführung des Versicherungsfalles von der **Vortäuschung des Versicherungsfalles** zu unterscheiden. Die vorsätzliche Herbeiführung (als Ausschlusstatbestand) muss der VR beweisen. Bei der Vortäuschung eines Versicherungsfalles geht es um den von dem VN zuerst zu erbringenden Nachweis, dass überhaupt ein Versicherungsfall vorgelegen hat. Dies kann daher der VR bestreiten, wobei dieses Bestreiten häufig aber nicht weiter führt, wenn der Versicherungsfall (z. B. Brand) nicht zu bestreiten ist und es nur darum geht, ob es durch Vorsatz des VN zum Versicherungsfall z. B. einem Brand gekommen ist[595]. Der VR ist wiederum beweispflichtig für die Tatsachen, aus denen sich ein für ihn günstiger Wiedereinschlusstatbestand (Vorsatz/grobe Fahrlässigkeit) ergibt.

Letztlich muss jede Partei die tatsächlichen Voraussetzungen der Rechtsnorm oder der vertraglichen Regelung vortragen – und im Falle des Bestreitens – beweisen, aus deren Rechtsfolge sie Ansprüche herleitet[596]. Im Versicherungsrecht gilt im Grundsatz somit keine andere Beweislastverteilung als im übrigen Zivilrecht.

94   Verteidigt sich der VN damit, dass er **unzurechnungsfähig** gewesen sei, so muss er dies beweisen. Die Beweisregel des § 827 S. 1 BGB kommt auch bei § 61 VVG entsprechend zur Anwendung[597]. Der VN muss daher nicht nur nachweisen, dass er alkoholbedingt unzurech-

---

[588] *Rixecker*, ZfS 2007, 15; *Burmann/Heß/Höke/Stahl*, Rn. 413.

[589] *Burmann/Heß/Höke/Stahl*, Rn. 413.

[590] I. E. ebenso *Nugel*, MDR 2007, 23 (26); *Felsch*, SpV 2007, 65 (74).

[591] Vgl. nur *Römer/Langheid/Langheid*, § 61 Rn. 84, *Rüther* § 23, Rn. 158ff. m. w. N.

[592] So wörtlich BGH v. 9. 5. 1989, VersR 1989, 758 (75) = NJW 1989, 2948; BGH v. 18. 4. 1977, VersR 1977, 721.

[593] Vgl. dazu umfassend *Rüther* § 23, Rn. 158ff.

[594] OLG Saarbrücken v. 21. 9. 1994, r+s 1995, 268.

[595] *Lücke*, VersR 1996, 794.

[596] *Römer*, r+s 2001, 45; vgl. auch schon BGH v. 8. 11. 1951, BGHZ 3, 342.

[597] S. o. BGH v. 23. 1. 1985, NJW 1985, 2648; BGH v. 22. 2. 1989, NJW 1989, 1612; OLG Hamm v. 2. 2. 2000, NZV 2001, 17.

nungsfähig war, sondern auch dass er sich nicht grob fahrlässig in diesen Zustand versetzt hat. Dieser Nachweis dürfte schwerlich zu führen sein, da das „Sichbetrinken" in der Regel sogar vorsätzlich erfolgt[598].

Beweisschema:
– Der VN muss beweisen, dass sich das versicherte Risiko in der versicherten Zeit am versicherten Ort verwirklicht hat.
– Der VR muss die Voraussetzungen des Ausschlussgrundes, d. h. das Vorliegen des subjektiven Risikoausschlusses § 61 VVG a. F. bzw. des Kürzungsrechts aus § 81 VVG 2008 darlegen und beweisen.
– Im Übrigen ist der VN für das Vorliegen eines Wiedereinschlusstatbestandes (z. B. Unzurechnungsfähigkeit) darlegungs- und beweisbelastet.

II. Beweisführung

1. Anscheinsbeweis

Früher wurde dem VR die Erleichterungen in der Beweisführung für Vorsatz durch den **95** **Anscheinsbeweis** von der Rechtsprechung ermöglicht[599]. Der Anscheinsbeweis ist eine Erleichterung für den Beweisführer, weil damit von dem vorliegenden und bekannten Handlungserfolg auf den dagegen nicht bekannten Handlungstatbestand geschlossen werden kann. Die Rechtsprechung hält den Anscheinsbeweis als Beweiserleichterung weder für Vorsatz noch für grobe Fahrlässigkeit nicht mehr für anwendbar[600]. Dem VR steht diese Beweiserleichterung damit nicht mehr zur Verfügung. Der Anscheinsbeweis setzt einen typischen Geschehensablauf voraus, der nach der Lebenserfahrung auf bestimmte typische Umstände hinweist[601]. Diese Typizität lässt sich bei dem menschlichen Handeln mit den innewohnenden Unwägbarkeiten jedenfalls dann nicht feststellen, wenn es auf einen individuellen Handlungsentschluss ankommt[602]. Allerdings kann durchaus aus bestimmten Indizien, Verhalten und äußeren Umständen auf bestimmte innere Tatsachen und Vorgänge geschlossen werden[603]. Das Gericht darf im Rahmen des § 286 ZPO von dem objektiven Sachverhalt Schlüsse auf das Vorliegen der subjektiven Seite der groben Fahrlässigkeit ziehen[604]. Dieser Schluss wird regelmäßig für das Führen von Kraftfahrzeugen im Zustand alkoholbedingter Fahruntüchtigkeit gezogen werden können[605]. Die allgemeine Möglichkeit, dass der Unfall auch einem Nüchternen hätte unterlaufen können, reicht nicht aus[606].

2. Indizienbeweis

Beweismittel zur Beweisführung in Form des Zeugen- und des Urkundenbeweises stehen **96** dem VR in den seltensten Fällen zur Verfügung[607]. Der VR kann dann nur den oft schwierig

---

[598] *Lang*, NZV 1990, 336; *Berz/Burmann*, 7 H Rn. 48.
[599] Vgl. BGH VersR 1956, 84; BGH VersR 1978, 74; weitere Nachweise bei *Römer/Langheid/Langheid*, § 61 Rn. 84.
[600] Vgl. nur BGH v. 4. 5. 1988, VersR 1988, 683 = r+s 1988, 239.
[601] *Zöller/Greger*, Vor § 284 Rn. 29 m. w. N.
[602] BGH v. 4. 5. 1988, VersR 1988, 683= r+s 1988, 239; auch schon BGH v. 9. 11. 1977, VersR 1978, 74; *Lücke*, VersR 1996, 795; *Zöller/Greger*, Vor § 284 Rn. 31 m. w. N.; Ausnahmen hiervon s. *Römer/Langheid/Römer*, § 61 VVG, Rn. 50.
[603] BGH VersR 1954, 84 (147); BGH v. 9. 11. 1977, 1978, 74; BGH v. 4. 5. 1988, BGHZ 104, 256 = VersR 1988, 683; BGH v. 5. 2. 1987, BGHZ 100, 31; BGH v. 3. 7. 1990, VersR 1991, 195; OLG Karlsruhe, VersR 1994, 221; OLG Nürnberg v. 28. 4. 1994, VersR 1995, 331.
[604] BGH v. 8. 2. 1989, NJW 1989, 1354; OLG Köln v. 25. 6. 2002, ZfS 2002, 586; OLG Nürnberg DAR 2000, 572.
[605] BGH 23. 1. 1985, NJW 1985, 2648; BGH v. 22. 2. 1989, NJW 1989, 1612.
[606] BGH v. 30. 10. 1985, NJW-RR 1986, 323; OLG Düsseldorf v. 13. 6. 2000, NJW-RR 2001, 101 – jeder Unfall kann auch einem Nüchternen passieren.
[607] Ausführlich: *Langheid*, VersR 1992, 13ff.; zum Indizienbeweis vgl. insbesondere *Rüther* § 23, Rn. 214ff.

zu führenden **Indizienbeweis** antreten (z. B. bei einer Eigenbrandstiftung)[608]. Der Indizienbeweis des VR gem. § 286 ZPO muss dem Tatrichter die zu beweisende Tatsache mit einem „praktischen Maß an Gewissheit" vermitteln, das „vernünftigen Zweifeln" Schweigen gebietet, ohne sie völlig auszuschließen"[609]. Dazu muss der VR alle für die Beweisführung nicht unerheblichen Umstände des Versicherungsfalles vortragen. Der Nachweis einer bestimmten Begehungsweise ist nicht erforderlich. Letztlich ist die Überzeugungsbildung über eine Täterschaft des VN entscheidend. Zu dieser Überzeugungsbildung ist eine umfassende Würdigung und eine Gesamtschau aller Indizien erforderlich. Auch wenn einzelne Indizien für sich genommen für die Überzeugungsbildung nicht ausreichen, kann dies doch in Ihrer Gesamtheit der Fall sein[610]. Der Beweiswert eines für sich genommen wenig aussagekräftigen Indizes kann im Zusammenhang mit anderen bedeutsam sein[611].

3. Darlegung und Beweis der Kfz-Unfallmanipulationen

97   Auf der ersten Beweisstufe ist der Geschädigte (ebenso wie der VN für den Versicherungsfall s. o.) für die Feststellung eines äußeren Schadensbildes darlegungs – und beweispflichtig[612]. Ist der äußere Schadenshergang unstreitig oder bewiesen, so muss der VR darlegen und beweisen, dass der Unfall absichtlich (**Unfallmanipulation**[613]) herbeigeführt worden ist[614].

98   Ein **Anscheinsbeweis** kommt im Ausnahmefällen nur nach dem für das Haftpflichtrecht zuständigen VI. Zivilsenat des BGH auch für die Feststellung der vorsätzlichen Unfallmanipulation in Betracht[615]. Im Übrigen gilt auch für den Bereich der Unfallmanipulation, dass die Indizien feststehen müssen (Verdachtsmomente reichen nicht) und das im Rahmen einer Gesamtschau eine Bewertung vorzunehmen ist. Hilfreich haben sich Checklisten zur Feststellung der Einwilligung (des Vorsatzes) bei einem gestellten Unfall erwiesen. Zu berücksichtigen sind Motiv, Art und Hergang des Unfalles, Unfallfolgen, die beteiligten Kfz und Personen sowie das Verhalten nach dem Unfall[616]. Auch und insbesondere im Bereich des Vorsatz bei der Herbeiführung eines Verkehrsunfalles kommt es auf die technische und allgemeine Plausibilität des geschilderten Vorganges an[617].

4. Darlegungs- und Beweisregeln bei Entwendung

99   **a) Einbruchs-, Diebstahl- und Beraubungsversicherung.** Bei **Entwendungsfällen** (Fahrzeugdiebstahl, Diebstahl, Einbruchsdiebstahl, Raub) werden dem VN **Darlegungs- und Beweiserleichterungen** eingeräumt und somit die Ausgangslage des VN verbessert[618]. Diese Beweiserleichterung beruht darauf, dass dem VN in der Regel keine Zeugen für den

---

[608] *Römer/Langheid/Langheid,* § 61 Rn. 51.

[609] So wörtlich BGH v. 8. 2. 1987, r+s 1987, 173; ebenso OLG Hamm v. 7. 12. 1988, r+s 1989, 131.

[610] BGH v. 20. 4. 1994, VersR 1994, 1054 = r+s 1994, 401.

[611] BGH v. 20. 4. 1994, VersR 1994, 1054 (1055); *Rüther* § 23 Rn. 228.

[612] BGH v. 9. 6. 1992, MDR 1993, 803 = r+s 1993, 333; OLG Köln v. 23. 8. 2000, VersR 2002, 252; OLG Köln v. 26. 6. 1994, NJW-RR 1995, 546; vgl. umfassend *van Bühren/Lemcke,* Handbuch, Teil 6, Rn. 28 ff.

[613] Zu den verschiedenen Formen der Unfallmanipulation (gestellter, provozierter, fiktiver und ausgenutzter Verkehrsunfall) siehe *van Bühren/Lemcke,* Handbuch, Teil 6 Rn. 11 ff.; *Lemcke,* r+s 1993, 121; *Born,* NZV 1996, 257.

[614] Vgl. *van Bühren/Lemcke,* Handbuch, Teil 6 Rn. 50 mit umfangreichen Nachweisen.

[615] BGH v. 5. 12. 1978, r+s 1979, 99 = VersR 1979, 281; BGH v. 6. 3. 1978, VersR 1979, 514; OLG Köln v. 29. 3. 1995, r+s 1995, 412; im Gegensatz dazu gibt es für den für das Versicherungsrecht zuständigen IV. Zivilsenat keinen Anscheinsbeweis s. Rn. 95; BGH v. 18. 3. 1987, VersR 1987, 503; BGH v. 4. 5. 1988, VersR 1988, 863.

[616] Vgl. insbesondere *van Bühren/Lemcke,* Handbuch, Teil 6, Rn. 97.

[617] *van Bühren/Lemcke,* Handbuch, Teil 6 Rn. 92 ff.

[618] Grundlegend für die Hausratsversicherung BGH VersR 1957, 325; ständige Rspr. seit BGH v. 5. 10. 1983, VersR 1984, 29; BGH NJW-RR 1990, 92; BGH v. 2. 5. 1990, VersR 1990, 736; BGH v. 12. 4. 1989, r+s 1990, 130; BGH v. 14. 2. 1996, NJW-RR 1996, 981 m. w. N.; allgemein auch zu Beweiserleichterungen bei Entwendungsversicherung *Kollhosser,* NJW 1997, 969.

Nachweis der Entwendung zur Verfügung stehen. Ein Festhalten an den allgemeinen Beweisgrundsätzen im Entwendungsfall würde daher zu einer weitgehenden Entwertung des Versicherungsschutzes führen. Aus der vorgenommenen Auslegung des Versicherungsvertrages vertritt der BGH daher in ständiger Rechtsprechung insbesondere seit der Entscheidung vom 5. 10. 1983[619]eine materiell-rechtliche Risikoverteilung, die zu dieser Herabsetzung des Beweismaßes führt[620]. Dieses vom BGH entwickelte System der Beweiserleichterung ist materiell-rechtlich im Versicherungsvertrag verankert[621]. Diese Beweisgrundsätze sind daher aber auf die Diebstahlsversicherung beschränkt und nicht auf andere Fallgruppen übertragbar[622].

Es genügt daher, wenn ein äußerer Sachverhalt **(das äußere Bild eines Diebstahls)** fest- **100** steht, der nach der Lebenserfahrung mit ausreichender Wahrscheinlichkeit darauf schließen lässt, dass versicherte Gegenstände in einer den Versicherungsbedingungen entsprechenden Weise entwendet worden sind[623]. Für die Hausratsversicherung gehört es bei einem Einbruch im Normalfall auch noch zum äußeren Bild dazu, dass Einbruchsspuren (z. B. Glassplitter etc.) vorhanden sind[624]. Aber auch ohne Einbruchsspuren kann der VN den erleichterten Beweis führen, wenn z. B. sämtliche unversicherte Begehungsweisen unwahrscheinlich waren und auch die Möglichkeit bestand, dass die Täter spurenlos ins Haus gelangt sind[625]. Allerdings muss der VN mehr beweisen, als das bloße ungeklärte Abhandenkommen von Sachen aus dem versicherten Raum, andererseits braucht er aber nicht sämtliche Möglichkeiten einer nicht versicherten Entwendung ausschließen[626].

Dem VN kommen auch für den Nachweis eines Einbruchs bei dem Versicherungsfall Van- **101** dalismus und für den Beweis eines Raubes die Beweiserleichterungen zu, die ihm beim Nachweis des Versicherungsfalls Einbruchdiebstahl zustehen[627]. Auch für den Beweis eines Raubes ist dem VN die für einen Diebstahl anerkannte erleichterte Beweisführung zuzubilligen[628].

b) Diese allgemeinen Grundsätze für eine Diebstahlversicherung hat der BGH mit dem **102** sog. 2-Stufen-Modell (besser 3 Stufen) für die **Kfz-Diebstahlversicherung** weiterentwickelt: In der Kraftfahrtversicherung hat der **VN** wie in der Einbruchdiebstahlversicherung die Beweislast dafür, dass die versicherte Sache ihm tatsächlich entwendet worden ist[629]. Die Beweisführung unterliegt jedoch auch hier keinen allzu strengen Anforderungen, braucht mithin nicht völlig lückenlos sein.

1. Stufe – der VN muss den Minimalbeweis des äußeren Bildes führen.

2. Stufe – der VR muss Tatsachen belegen, die mit erheblicher Wahrscheinlichkeit den Schluss auf eine Vortäuschung des Versicherungsfalles nahe legen.

3. Stufe – ist diese erhebliche Wahrscheinlichkeit gegeben, muss der VN den Vollbeweis für die Entwendung führen (regelmäßig nicht möglich)[630].

---

[619] BGH v. 14. 12. 1996, VersR 1984, 29.

[620] *Zopfs,* VersR 1993, 140 ff.; vgl. auch *Berz/Burmann,* 7 C Rn. 18 ff.

[621] BGH v. 5. 10. 1983, VersR 1984, 29; *Römer,* NJW 1996, 2329; NVersZ 1998, 63: *Rüther* § 23 Rn. 167.

[622] *Van Bühren/Römer,* Handbuch, Teil 7, Rn. 315.

[623] BGH v. 17. 5. 1995, r+s 1995, 288 = NJW 1995, 2169; BGH v. 14. 6. 1995, r+s 1995, 345 = VersR 1995, 956.

[624] Das äußere Bild eines Einbruchsdiebstahls liegt z. B. nicht vor, wenn die Glassplitter draußen und nicht im Haus liegen.

[625] OLG Hamm v. 22. 6. 1994, VersR 1995, 1233 – Beweis für Einbruchdiebstahl geführt; OLG Karlsruhe v. 5. 5. 1994, VersR 1996, 846 – Beweis nicht geführt.

[626] BGH v. 9. 1. 1991, VersR 1991, 297.

[627] BGH v. 6. 2. 2002, r+s 2002, 163; BGH v. 8. 11. 1995, 1996, 29; OLG Hamburg v. 7. 5. 1999, r+s 2000, 99.

[628] OLG Hamburg v. 7. 5. 1999, r+s 2000, 99.

[629] BGH v. 5. 10. 1983, VersR 1984, 29.

[630] Umfassend zu den einzelnen Beweisstufen bei Entwendung *Rüther,* § 23, *Heß/Höke,* § 30, Rn. 136 ff.

Heß

5. Feuerversicherung – Darlegung und Beweis einer Eigenbrandsetzung

103   Eine Übertragung der Regeln über die Beweiserleichterung im Bereich der Entwendungsfälle auf **Brandschäden** wird von der Rechtsprechung abgelehnt[631]. Die Konsequenzen dieser Rechtsprechung scheinen eine besondere Härte für den VR darzustellen, da sich der „Brand" als Versicherungsfall von selbst beweist. Der VR muss daher zu dem von ihm zu erbringenden Nachweis der Eigenbrandstiftung möglichst viele (nicht nur zahlreiche, sondern insbesondere gewichtige) Indiztatsachen zusammentragen, die zumindest in Ihrer Gesamtheit eine auch für § 286 ZPO ausreichende Gewissheit einer vorsätzlichen Eigeninbrandsetzung ergeben[632].

104   Dieser Nachweis, den der VR ohne Beweiserleichterungen erbringen muss, ist schwierig zu führen. Es müssen möglichst viele und auch gewichtige Indizien vortragen werden, die im Wege der **Gesamtabwägung** eine solche Feststellung rechtfertigen[633]. Allerdings gilt, dass es mathematisch anzuwendende Wahrscheinlichkeitsregeln für die Bewertung bestimmter Indizien nicht gibt[634] und auch nicht geben kann. Die Bewertung der Indizien erfolgt in Hinblick auf den konkreten Einzelfall. Folgende Indiztatsachen können Bedeutung haben[635]:
– früheres Verhalten des VN
– die Frage des wirtschaftlichen Nutzens
– Verhalten des VN (insbesondere am Tattag)
– vertragliche Umstände (Vorschäden, Dauer der Versicherung; Höher-; Überversicherung)
– der Umstand, dass Schützenswertes geschützt wurde (Tiere etc.)
– Widersprüche im Sach- und Prozessvortrag
– Brandreden
– wirtschaftliche Schwierigkeiten
– Vortäuschung von Spuren
– einschlägige kriminelle Erfahrung
– keine weiteren Täter wahrscheinlich (z. B. fehlende Zutrittsmöglichkeit für Fremde)

105   Es kommt auch bei dem Versicherungsfall „Brand" in der Kaskoversicherung nicht zu einer **Umkehr der Beweislast,** wenn dem VR der Nachweis der erheblichen Wahrscheinlichkeit für eine Vortäuschung eines Diebstahls gelungen ist[636]. Allerdings ist dies natürlich für die Beweisführung durch den VR für eine vorsätzliche Inbrandsetzung durch den VN ein nicht unerhebliches Indiz[637]. Der Beweis der vorsätzlichen Inbrandsetzung ist daher erst recht nicht schon allein dadurch geführt, dass der VN für den Diebstahl des Kfz's – auch unter den erleichterten Voraussetzungen – beweisfällig geblieben ist[638].

6. Kumulierter Schaden Brand/Diebstahl

106   Im Bereich der Kaskoversicherung kommen im Falle eines **„kumulierten Schadens"** **(Diebstahl/Brand)** die unterschiedlichen Beweisregeln zusammen zur Anwendung. Es handelt sich um selbständige Versicherungsfälle, die deshalb vom VN auch selbständig nebeneinander geltend gemacht werden können[639] Ein solcher Schaden liegt vor, wenn das entwendete Kfz anschließend verbrannt ist. So können zwar im Rahmen der Beweisführung In-

---

[631] BGH v. 4. 5. 1988, VersR 1988, 683 = NJW 1988, 2040; BGH v. 25. 4. 1990, VersR 1990, 894; BGH v. 14. 4. 1999, NVersZ 1999, 390 = NJW-RR 1999, 1184; kritisch hierzu – gegenüber dem VR zu hart – *Römer/Langheid/Langheid*, § 61 Rn. 90.

[632] Vgl. im Einzelnen § 30 Rn. 207 und *Rüther*, § 30, Rn. 273 ff.

[633] Vgl. insbesondere *Lücke*, VersR 1996, 795; *Langheid*, VersR 1992, 13.

[634] BGH v. 28. 3. 1989, VersR 1989, 637.

[635] Vgl. *Lücke*, VersR 1996, 795; zu den Beweisanzeichen *Rüther*, § 23, Rn. 276.

[636] S. o. Rn. 104; OLG Hamm v. 14. 6. 2002, r+s 2002, 359 – Beweis dem VR gelungen; OLG Köln v. 9. 7. 2002, r+s 2002, 360 – Beweis nicht gelungen; zum kumulierten Schaden/Brand/Diebstahl siehe Rn. 114.

[637] BGH v. 31. 12. 1984, VersR 1985, 78 – Beweis der Eigenbrandstiftung nicht geführt; OLG Hamm v. 21. 10. 1998, VersR 1999, 1358 = r+s 1999, 144 – Beweis der Eigenbrandstiftung geführt.

[638] OLG Naumburg v. 17. 2. 2000, VersR 2001, 500.

[639] St. Rspr. des BGH seit dem Urteil v. 16. 5. 1979, VersR 1979, 805 (806) = r+s 1979, 226.

Heß

dizien gegen eine Entwendung gleichzeitig als Indiz gegen eine Fremd- und für eine Eigenbrandstiftung gewertet werden[640], allerdings ist im Ausgangspunkt davon auszugehen, dass nach der ständigen Rechtsprechung die Tatbestände des § 12 AKB/AKB 2002 (Brand und Entwendung) selbständig und gleichwertig nebeneinander stehen[641]. Dieses Nebeneinander der Beweisregeln ist nicht auf die Kaskoversicherung beschränkt, sondern gilt allgemein für die Sachversicherung[642]. Das bedeutet, dass der VN, der den Tatbestand der Entwendung nicht beweisen kann, immer noch unter dem Gesichtspunkt des Fahrzeugverlustes durch Brand Anspruch auf die Versicherungsleistung haben kann.

7. Mutwillige Beschädigung

Die Beweisregeln zur Entwendung gelten für **mutwillige Schäden** am Fahrzeug nicht.   **107** Dies ist konsequent, da es sich um Sonderregeln handelt, die nur aus der Sondersituation der Entwendung heraus entwickelt worden sind und deren Anwendung hierauf beschränkt ist. Der VN muss daher den Brand – bzw. Zerstörungsfall voll (§ 286 ZPO) nachweisen, was er in der Regel kann. Wendet der VR ein, dass der VN den Brand vorsätzlich gelegt hat, muss er dies (ebenfalls durch Vollbeweis nach § 286 ZPO) beweisen. Dieser Beweis ist nicht schon dann erbracht, wenn der VN die Entwendung nicht bewiesen hat[643]. Hat der VR Tatsachen bewiesen, aus denen sich die erhebliche Wahrscheinlichkeit für die Vortäuschung einer Entwendung ergibt, so ist dieser Umstand allerdings auch bei dem Nachweis einer Eigenbrandstiftung – ggf. mit anderen Umständen – von erheblicher Bedeutung[644].

8. Rechtsschutzversicherung

Täuscht der Verkäufer den Käufer arglistig über Mängel (z.B. Feuchtigkeit), so kann   **108** gleichzeitig eine vorsätzliche Herbeiführung des Rechtsschutz-Versicherungsfalles mit der Folge der Leistungsfreiheit vorliegen[645].

9. Nachweis der Kausalität

Der VR muss die Kausalität zwischen dem vorsätzlichen oder grob fahrlässigen Verhalten   **109** des VN und dem Eintritt des VersFalls beweisen. Dies verlangt aber nur negativ den Beweis, dass der VersFall ohne das Verhalten des VN nicht so wie tatsächlich geschehen eingetreten wäre[646]. Gleichwohl ist dieser Beweis im Einzelfall (z.B. bei Entwendung) nicht immer leicht zu führen[647].

Den Beweis, dass der Versicherungsfall auch bei einem nicht grob fahrlässigen Verhalten des VN in gleicher Weise eingetreten wäre, muss vom VN erbracht werden[648].

10. Nachweis des Verschuldens

Der VR trägt die Darlegungs- und Beweislast auch für den Vorwurf des subjektiv unent-   **110** schuldbaren Fehlverhaltens[649]. So muss der VR beweisen, dass der VN den Versicherungsfall grob fahrlässig oder vorsätzlich herbeigeführt hat. Dem VR bleibt oftmals auch in diesem Zusammenhang nur der Rückgriff auf den Indizienbeweis[650].

---

[640] BGH v. 8. 11. 1994, NJW-RR 1996, 275 = VersR 1996, 186; OLG Hamm v. 15. 1. 1993, VersR 1994, 212; OLG Hamm v. 10. 12. 1993, VersR 1994, 1223; OLG Nürnberg v. 1. 4. 1993, VersR 1994, 87.

[641] BGH v. 15. 12. 1982, NJW 1983, 943; BGH v. 31. 10. 1984, 1985, 917.

[642] BGH v. 8. 11. 1995, VersR 1996, 186 = r+s 1996, 410.

[643] OLG Naumburg v. 17. 2. 2000, VersR 2001, 500.

[644] BGH v. 31. 10. 1984, VersR 1985, 78; OLG Hamm v. 21. 10. 1998, VersR 1999, 1358; *van Bühren/ Römer*, Handbuch Teil 7 Rn. 314.

[645] OLG Düsseldorf v. 16. 7. 2002, r+s 2002, 422.

[646] BGH v. 14. 7. 1986, VersR 1986, 962; LG Bonn v. 1. 2. 1990 VersR 1991, 221; a. A. KG Berlin v. 25. 9. 1984, VersR 1985, 465.

[647] Siehe Rn. 91, so auch OLG Karlsruhe v. 20. 6. 2002, VersR 2002, 1550 – es konnte nicht ausgeschlossen werden, dass der Diebstahl nicht bereits in den ersten Stunden nach dem Abstellen erfolgt ist.

[648] OLG Frankfurt v. 14. 7. 1986, NJW-RR 1986, 1154.

[649] BGH v. 8. 2. 1989, VersR 1989, 582.

[650] S. o. Rn. 96.

Dies gilt insbesondere für den vom VR zu führenden Beweis des vorsätzlichen Herbeiführen des Versicherungsfalles durch den VN. Die Grundsätze des Anscheinsbeweises kommen dem VR hierbei nicht – angesichts der Vielfalt individueller Verhaltsweisen von Menschen – zu Hilfe[651]. Ein typischer Geschehensablauf, der nach der Lebenserfahrung auf eine bestimmte Ursache hinweist (Grundlage eines Anscheinsbeweises), lässt sich, wenn ein bewusst gefasster Willensentschluss in die Tat umgesetzt wird, nicht feststellen. Allerdings dürfen die Anforderungen an die Beweisführung für den VR nicht überspannt werden. Wie allgemein bei § 286 ZPO gilt auch hier, dass die richterliche Überzeugung keine absolute unumstößliche Gewissheit und auch keine an Sicherheit grenzende Wahrscheinlichkeit voraussetzt Es reicht aus, wenn

„... ein für das praktische Leben brauchbarer Grad von Gewissheit vorliegt, der Zweifeln Schweigen gebietet, ohne sie völlig auszuschließen."[652]

111 Der **Nachweis** vorsätzlichen Handelns setzt nicht unbedingt voraus, dass der VR beweist, in welcher **konkreten Art und Weise** der VN am Eintritt des Versicherungsfalles vorsätzlich mitgewirkt hat[653]. Es reicht aus, dass der Beweis geführt ist, dass der Versicherungsfall mit Wissen und Wollen des VN herbeigeführt worden ist.

Dieser Beweis kann – und muss häufig – durch Indizien geführt werden[654]. Beweiskräftige Indizien können sich nicht nur aus tatbezogenen Umständen, sondern auch aus der Persönlichkeit des VN und seinen persönlichen und wirtschaftlichen Verhältnissen ergeben, wie etwa:

– frühere Straftaten, soweit in ihrem Unrechtsgehalt vergleichbar[655]
– Ankündigung der Tat (Brandreden)
– persönliche Glaubwürdigkeit des VN ist durch
– durch nachweisbar unrichtige Angaben (nicht lediglich Verdachtmomente) erschüttert
– Ein Tatmotiv ist vorhanden[656].

Zunächst ist bei der Bewertung jedes Indiz für sich und sodann sind alle Indizien in einer Gesamtschau zu werten[657]. Auch wenn einzelne Hilfstatsachen für sich genommen nicht ausreichen, können doch mehrere von ihnen in der Gesamtheit bzw. in Verbindung mit den übrigen eine tragfähige Grundlage für die Feststellung der Haupttatsache (vorsätzliche Herbeiführung) sein[658]. So kann auch ein isoliert wenig beweiskräftiges Indiz in seinem Stellenwert in der Gesamtschau mit anderen Umständen steigen. Tritt z. B. zu einem „Gerücht" ein passender Geschehensablauf hinzu, kann dem Gerücht, dass isoliert gerade für den Vorsatznachweis nicht ausreicht, eine ganz andere Bedeutung beigemessen werden. Feste Regeln lassen sich nicht aufstellen. Es kommt – wie auch sonst im Rahmen des § 286 ZPO – auf die Bewertung des Sachverhaltes, d. h. der gesamten Umstände des Einzelfalles durch den Tatrichter an.

Der VR muss alle Tatsachen vortragen und beweisen, aus denen der Tatrichter auf den Vorsatz oder die grobe Fahrlässigkeit schließen muss[659]. In diesem Zusammenhang muss der

---

[651] S. o. BGH v. 4. 5. 1988, VersR 1988, 683; BGH v. 25. 4. 1990, VersR 1990, 894; OLG Köln v. 24. 1. 1991, r+s 1991, 82; OLG Karlsruhe v. 16. 6. 1994, r+s 1995, 408.
[652] St. Rspr. BGH v. 9. 5. 1989, VersR 1989, 758 (759) m. w. N.; OLG Köln v. 2. 5. 1991, VersR 1992, 562; *Rüther*, § 23 Rn. 158.
[653] BGH v. 9. 4. 1997, r+s 1997, 294.
[654] Zu dem Nachweis einer Eigenbrandstiftung vgl. oben Rn. 111 ff. – Übersicht bei *Lücke*, VersR 1996, 802; VersR 1994, 128 ff.; *Langheid*, Beweisführung bei der Eigenbrandstiftung VersR 1992, 13; *Lemcke*, Unfallmanipulation r+s 1993, 121 (161).
[655] OLG Düsseldorf v. 23. 10. 2001, NVersZ 2002, 320 – eine Vielzahl von auf Gutachtenbasis abgerechneten Verkehrsunfällen (mehr als zehn in zweieinhalb Jahren) kann auch den Schluss auf die Vortäuschung eines gemeldeten Diebstahls zulassen.
[656] BGH v. 15. 1. 1996, NJW-RR 1996, 664.
[657] BGH v. 24. 1. 1996, r+s 1996, 146; OLG Hamm v. 22. 3. 1991, VersR 1992, 736.
[658] BGH v. 15. 6. 1994, r+s 1994, 394 – viele Indiztatsachen für Eigenbrandstiftung; OLG Schleswig v. 27. 2. 1991, VersR 1992, 1258.
[659] *Römer/Langheid/Römer*, § 61 VVG, Rn. 57.

Heß

VR alle naheliegenden Möglichkeiten, die das Verhalten des VN „in einem milderen Licht erscheinen lassen", zu widerlegen versuchen[660]. Insbesondere bei der Abgrenzung zwischen einfacher und grober Fahrlässigkeit entsteht an dieser Stelle ein Wertungsspielraum, so dass vermeintlich gleiche Sachverhalte mit unterschiedlichen Verschuldensgraden bewertet werden. Die Rechtsprechung zu den einzelnen Tatbeständen des Fehlverhaltens im Straßenverkehr[661] ist hierfür ein eindrucksvoller Beleg.

Beruft sich der VN auf seine Schuldunfähigkeit, so muss er diese entsprechend der Beweisregel des § 827 S. 1 BGB beweisen[662].

11. Strafurteile

Strafurteile, in denen der VN rechtskräftig verurteilt worden ist (wegen vorsätzlicher Begehung einer Straftat), binden im Zivilprozess nicht. Ggf. muss der Zivilrichter die bereits im Strafverfahren gehörten Zeugen erneut vernehmen[663]. Gleichwohl ist eine Verurteilung wegen Vorsatz natürlich ein gewichtiger Umstand, der im Rahmen der Bewertung nach § 286 ZPO dafür spricht, auch in einem Zivilverfahren von einer vorsätzlichen Begehung auszugehen. Streitig ist auch, ob der VR in seinen AVB zulässigerweise vereinbaren kann, dass bei einer rechtskräftigen Verurteilung wegen einer Vorsatztat auch die vorsätzliche Herbeiführung des Schadens als bewiesen gilt[664].

Ist ein Strafverfahren, in dem es um denselben Vorwurf geht (vorsätzliche Herbeiführung) noch nicht abgeschlossen, so kann der Zivilprozess bis zum rechtskräftigen Abschluss des Strafverfahrens ausgesetzt werden (§ 149 ZPO). Ein Anspruch auf Aussetzung besteht allerdings nicht[665].

12. Hypothetische Kausalität

Ist durch den VR der Beweis der Leistungsfreiheit bzw. der Kürzungsberechtigung nach § 61 VVG a. F. § 81 VVG 2008 geführt, so ist dem VN der Nachweis noch möglich, dass der Versicherungsfall auch dann eingetreten wäre, wenn ihm lediglich einfache Fahrlässigkeit zur Last gefallen wäre. Die Darlegungs- und Beweislast für diesen – schwer zu führenden – Einwand der **hypothetischen Kausalität** liegt in vollem Umfang beim VN[666].

13. Vereinbarungen zur Beweislast

Bedingungen, die dem VN die Beweislast für fehlendes Verschulden und für fehlende Kausalität auferlegen, sind entsprechend § 307 Abs. 2 Nr. 1 BGB nichtig[667]. Allenfalls sind Bestimmungen zulässig, wonach der VR nur nachweisen muss, dass der VN zumindest fahrlässig gehandelt hat, und es dann dem VN obliegt, das Fehlen zusätzlicher Tatsachen nachzuweisen, die den Vorwurf der groben Fahrlässigkeit begründen[668]. Das OLG Bamberg[669] hat eine Ver-

---

[660] BGH v. 4. 12. 1985, VersR 1986, 254; OLG Düsseldorf v. 3. 3. 1998, r+s 1998, 424; vgl. im einzelnen beim Rotlichtverstoß Rn. 51.

[661] Vgl. oben Rn. 51 ff.

[662] Siehe dazu schon Rn. 94; BGH v. 22. 2. 1989, VersR 1989, 469 = NZV 1989, 228; OLG Saarbrücken r+s 2003, 101.

[663] BGH v. 6. 6. 1988, NJW-RR 1988, 1527.

[664] So OLG Bamberg v. 8. 8. 2002, VersR 2003, 59 für vorsätzliche Brandstiftung (§ 14 Nr. 1 S 2 AFB 87); so auch BGH v. 21. 10. 1981, VersR 1982, 81 für eine vergleichbare Klausel; a. A. OLG Hamm v. 15. 7. 2002, r+s 2002, 423 das dazu neigt, § 14 Abs. 2 S. 2 AFB 87, wonach eine arglistige Täuschung des VN bei seiner rechtskräftigen Verurteilung wegen Betruges (-versuches) als bewiesen gilt wegen Verstoßes gegen §§ 9, 11 Nr. 5 AGBG als nichtig anzusehen – (einseitige Bindung, weil der VR trotz Freispruches nicht gehindert ist, sich auf Vorsatz zu berufen).

[665] OLG Hamm v. 19. 1. 1994, VersR 1994, 1419 (1420).

[666] BGH v. 14. 7. 1986, NJW 1986, 2838; *Baumgärtel/Prölss,* § 61 Rn. 4.

[667] *Prölss/Martin/Prölss,* § 61 Rn. 28; *Römer/Langheid/Langheid,* § 61 VVG, Rn. 61.

[668] *Prölss/Martin/Prölss,* § 61 VVG, Anm. 8.

[669] OLG Bamberg v. 8. 8. 2002, VersR 2003, 59.

einbarung in den AVB (§ 14 Nr. 1 S. 2 AFB 87) für zulässig erachtet, wonach die vorsätzliche Herbeiführung des Schadens (§ 61 VVG) bei einer rechtskräftigen Verurteilung des VN wegen Brandstiftung als bewiesen gilt[670]. Das OLG Hamm[671] neigt dazu, eine Klausel, nach der eine arglistige Täuschung bewiesen ist, wenn der VNs wegen Betruges oder Betrugsversuches rechtskräftig verurteilt worden ist (§ 14 Abs. 2 S. 2 AERB 87) als nichtig anzusehen, weil hierdurch die Beweislast einseitig zum Nachteil des VN verändert wird (der VR kann sich trotz eines Freispruches nach wie vor auf Vorsatz berufen).

F. Rückforderung des Versicherers bei vorsätzlicher/ grob fahrlässiger Herbeiführung des Versicherungsfalles durch den Versicherungsnehmer

115   Fordert der VR die erbrachten Zahlungen zurück, weil eine Zahlungspflicht nicht bestand (z. B. der Brand war vorsätzlich oder grob fahrlässig von dem VN gelegt worden), so gelten die **allgemeinen Darlegungs- und Beweisregeln der §§ 812 ff. BGB,** bzw. der unerlaubten Handlung gem. **§§ 823 ff. BGB.** Der VR muss den Vollbeweis dafür erbringen, dass die Zahlung „ohne Rechtsgrund" erfolgt ist, bzw. dass er durch eine unerlaubte Handlung des VN zu der Zahlung veranlasst worden ist. An dieser Verteilung der Beweislast ändert sich auch dadurch nichts, dass die Zahlung „ohne Anerkennung einer Rechtspflicht"[672], als „Vorschuss bzw. unter Vorbehalt"[673], bzw. als Abschlagszahlung i. S. v. § 11 Abs. 2 VVG 2008/§ 14 Abs. 2 VVG erbracht worden ist. Dies gilt nicht nur für eine Rückforderung wegen eines Brandes, sondern auch wegen einer gezahlten Diebstahlsentschädigung. Die besonderen Grundsätze zur Darlegungs- und Beweislast in den Entwendungsfällen[674], kommen für die Rückforderung der gezahlten Entschädigungssumme nicht zur Anwendung[675]. Im Rückforderungsprozess muss daher der VR den Vollbeweis dafür führen, dass ein Diebstahl nicht vorgelegen hat, sondern nur vorgetäuscht wurde. Auf die Beweiserleichterungen nach der sog. Stufen-Lehre[676] kann er sich nicht berufen[677]. Eine erhebliche Wahrscheinlichkeit reicht daher nicht aus[678].

116   Auch wenn die Versicherungsleistung unmittelbar an den **Versicherten** (z. B. den Leasinggeber) erbracht worden ist, bleibt der VN Bereicherungsschuldner einer Rückforderung durch den VR[679].

117   Auf eine **Entreicherung** kann sich der bösgläubige VN nicht berufen (§§ 819, 818 Abs. 4 BGB). Dies gilt insbesondere bei einem vorsätzlich herbeigeführten Versicherungsfall.

---

[670] Weder Verstoß gegen §§ 3, 9 und 11 AGBG Nr. 15) noch gegen Beweisgrundsätze gem. § 286 ZPO; so für eine vergleichbare Klausel auch BGH v. 21. 10. 1981, VersR 1982, 81.

[671] R+s 2002, 423.

[672] BGH v. 9. 6. 1992, r+s 1993, 333 (335) = NZV 1992, 339.

[673] *Lücke,* VersR 1996, 802 nur Ausschluss der Wirkung des § 814 BGB.

[674] Siehe dazu oben Rn. 99.

[675] St Rspr. des BGH seit Urt. v. 14. 7. 1993, VersR 1993, 1007 (1008); vgl. *Rüther,* § 23, Rn. 123.

[676] S. o. Rn. 102.

[677] BGH v. 14. 7. 1993, VersR 1993, 1007 = r+s 1993, 327.

[678] BGH v. 14. 7. 1993, VersR 1993, 1007.

[679] BGH v. 10. 3. 1993, VersR 1994, 208; OLG Hamm v. 24. 3. 1992, NJW-RR 1992, 1304 – Gleiches gilt für die Zahlung an einen Zessionar – BGH v. 2. 11. 1988, VersR 1989, 74; BGH v. 10. 3. 1993, VersR 1994, 208 (209).

§ 17. Haftung des Versicherungsnehmers für Dritte

Inhaltsübersicht

Literatur: *Bach,* Entwicklung eines differenzierten Repräsentantenbegriffs, VersR 1990, 235; *Behrens,* Drittzurechnung im Privatversicherungsrecht, 1980; *Bruns,* Voraussetzungen und Auswirkungen der Zurechnung von Wissen und Wissenserklärungen im allgemeinen Privatrecht und im Privatversicherungsrecht, 2007; *Cyrus,* Repräsentantenhaftung des VN in Deutschland und Österreich, 1998; *Jabornegg,* Die Verantwortlichkeit des VN für Dritte bei schuldhafter Herbeiführung des Versicherungsfalles und sonstigem gefährdendem Verhalten, VersRdsch 1975, 100; *Kampmann,* Änderung der höchstrichterlichen Rechtsprechung zum Repräsentantenbegriff, VersR 1994, 277; *ders.,* Die Repräsentantenhaftung im Privatversicherungsrecht, 1996; *Knappmann,* Zurechnung des Verhaltens Dritter im Privatversicherungsrecht, NJW 1994, 3147; *ders.,* Zurechnung des Verhaltens Dritter zu Lasten des VN, VersR 1997, 261; *ders.,* Beteiligung von Ärzten beim Abschluss eines Versicherungsvertrags oder bei der Regulierung von Versicherungsfällen, VersR 2005, 199; *Langheid,* Der obliegenheitsbezogene Repräsentantenbegriff: Versuch einer Wiederbelebung, FS Schirmer (2005), 353; *Looschelders,* Die Haftung des VN für seinen Repräsentanten – eine gelungene Rechtsfortbildung?, VersR 1999, 666; *Leonhardt,* Die Repräsentantendoktrin im Privatversicherungsrecht, 1999; *Medicus,* Probleme der Wissenszurechnung, Karlsruher Forum 1994, 4; *Möller,* Verantwortlichkeit des VN für das Verhalten Dritter, 1939; *Mordfeld,* Der Repräsentant im Privatversicherungsrecht, Diss. Hamburg 1995; *Pauly,* Die neue BGH-Rechtsprechung zum Repräsentantenbegriff, MDR 1995, 874; *ders.,* Das Einstehenmüssen des Versicherungsnehmers für das Fehlverhalten Dritter, ZfS 1996, 281; *Reme,* Gedanken zum Repräsentanten in der Transportversicherung, VersR 1989, 115; *Richardi,* Die Wissenszurechnung, AcP 169 (1969), 385; *Römer,* Die Haftung des VN für seinen Repräsentanten, NZV 1993, 249; *Schirmer,* Die Repräsentantenhaftung im Wandel der Rechtsprechung, 1995; *Schultz,* Zur Vertretung im Wissen, NJW 1990, 477; *Winter,* Die Repräsentantenhaftung in Allgemeinen Versicherungsbedingungen, FS Egon Lorenz (1994), 723.

A. Einleitung

I. Problemstellung

1   Das VVG und die in den einzelnen Versicherungssparten geltenden AVB enthalten zahlreiche Bestimmungen, die an ein Verhalten des VN bestimmte Rechtsnachteile (insbesondere Leistungsfreiheit oder Kürzungsrecht des VR) knüpfen. Der Eintritt des Rechtsnachteils hängt dabei teilweise davon ab, dass dem VN bestimmte Tatsachen bekannt waren. In all diesen Fällen stellt sich die Frage, ob der VN sich das Verhalten oder Wissen eines **Dritten** zurechnen lassen muss.

II. Fallgruppen

2   Bei der Haftung des VN für Dritte lassen sich drei Problemkreise unterscheiden, die in der Rechtsprechung allerdings nicht immer klar auseinander gehalten werden.

1. Zurechnung tatsächlichen Verhaltens

Praktisch besonders wichtig ist die Einstandspflicht des VN für das **tatsächliche Verhalten** Dritter beim Umgang mit dem versicherten Risiko. Dabei geht es zum einen um die Verletzung vertraglicher oder gesetzlicher Obliegenheiten, die den Eintritt des Versicherungsfalles verhindern oder den daraus folgenden Schaden gering halten sollen (§§ 26, 28, 82 VVG). Das tatsächliche Verhalten eines Dritten kann zum anderen aber auch im Zusammenhang mit der Leistungsfreiheit bzw. dem Leistungskürzungsrecht des VR bei schuldhafter Verursachung des Versicherungsfalles (§§ 81, 103, 139 VVG) relevant werden. Zur Lösung dieser Problematik haben Rechtsprechung und Literatur die Lehre von der Repräsentantenhaftung entwickelt. Der VN muss sich das Verhalten eines Dritten danach nur dann zurechnen lassen, wenn dieser als sein **Repräsentant** zu qualifizieren ist[1].

---

[1] Ausführlich dazu unten Rn. 29 ff.

2. Zurechnung von Wissenserklärungen

Schwierige Zurechnungsprobleme können sich auch ergeben, wenn der VN einen Drit- **3**
ten mit der Erfüllung von **Anzeigeobliegenheiten** (z. B. §§ 19, 23 Abs. 2 und 3, 30 VVG)
oder der Abgabe **sonstiger Erklärungen** über tatsächliche Umstände betraut hat. Kommt
der Dritte der Obliegenheit nicht oder nicht rechtzeitig nach oder erweisen sich seine Angaben als unzutreffend, so stellt sich die Frage, inwieweit dies zu Lasten des VN geht. Die h. M.
arbeitet hier mit der Figur des **Wissenserklärungsvertreters** (§ 166 BGB analog); teilweise
wird aber auch auf die Regeln der Repräsentantenhaftung zurückgegriffen[2].

3. Wissenszurechnung

Zahlreiche Obliegenheiten knüpfen an die Kenntnis des VN an. So kann der VN seine **4**
Anzeige- und Aufklärungsobliegenheiten gegenüber dem VR nur dann sachgemäß erfüllen,
wenn ihm die jeweils relevanten Tatsachen bekannt sind. In diesem Zusammenhang stellt sich
die Frage, unter welchen Voraussetzungen der VN sich das **Wissen** eines Dritten zurechnen
lassen muss. Die h. M. wendet auch hier § 166 BGB analog an. Der VN kann sich nicht auf
die eigene Unkenntnis von Tatsachen berufen, die seinem **Wissensvertreter** bekannt sind[3].

B. Rechtsgrundlagen

I. Versicherungsrecht

1. Auswirkungen der VVG-Reform

Im Vorfeld der **VVG-Reform** ist darüber diskutiert worden, ob die **Repräsentantenhaf-** **5**
tung gesetzlich geregelt werden sollte[4]. Der Gesetzgeber hat sich jedoch dafür entschieden,
die Beurteilung der Frage weiterhin der Rechtsprechung zu überlassen, „da durch eine gesetzliche Regelung den vielfältigen Kriterien des Einzelfalles, die für die Zuordnung zur Repräsentation des Versicherungsnehmers maßgeblich sein können, nicht entsprochen werden
könnte"[5]. So finden sich auch im neuen VVG lediglich Vorschriften, die das Problem der
Drittzurechnung für eng begrenzte **Sonderfälle** regeln und daher nicht verallgemeinert werden können. Festzuhalten ist damit, dass die VVG-Reform keine inhaltlichen Auswirkungen
auf die Problematik hat.

2. Vertragsschluss durch Vertreter (§§ 2 Abs. 3, 20 VVG)

§ 2 Abs. 3 VVG und § 20 VVG regeln die Zurechnung von **Wissen** bei Abschluss des Ver- **6**
sicherungsvertrages durch einen **Vertreter**. Es handelt sich jeweils um Sonderregeln zu § 166
BGB, die die allgemeinen Regeln des Vertretungsrechts modifizieren.

a) § 2 Abs. 3 VVG betrifft die **Rückwärtsversicherung** (§ 2 Abs. 1 VVG). Hier ist der **7**
VR nach § 2 Abs. 2 S. 2 VVG von der Verpflichtung zur Leistung frei, wenn der VN bei Ab-
gabe seiner Vertragserklärung gewusst hat, dass der Versicherungsfall schon eingetreten ist.
Hat der VN den Vertrag durch einen Vertreter geschlossen, so stellt sich die Frage, auf wessen
Kenntnis abzustellen ist: die des VN oder die des Vertreters. Nach allgemeinen Grundsätzen
(§ 166 Abs. 1 BGB) wäre in der Regel allein die Kenntnis des Vertreters maßgeblich. Um den
VR vor Manipulationen zu schützen, schreibt § 2 Abs. 3 VVG jedoch vor, dass das Wissen des
Vertretenen ebenfalls relevant ist[6]. Aus dem Wortlaut des § 2 Abs. 3 VVG folgt, dass die Vor-
schrift nur für die gewillkürte Stellvertretung gilt. Bei gesetzlicher Stellvertretung bleibt es da-

---

[2] Ausführlich dazu unten Rn. 84 ff.
[3] Vgl. unten Rn. 109 ff.
[4] Vgl. etwa *R. Schmidt*, NVersZ 1999, 401 (403 f.).
[5] Begr. RegE. BT-Drucks. 16/3945 S. 79.
[6] Zum Schutzzweck des § 2 Abs. 3 VVG BGH v. 19. 2. 1992, BGHZ 117, 213 (216) = VersR 1992, 484
(485); *Bruns*, Zurechnung, S. 58.

her bei den allgemeinen Regeln des § 166 BGB[7]. Die §§ 166 BGB, 2 Abs. 3 VVG regeln die Wissenszurechnung im Rahmen der Rückwärtsversicherung **nicht abschließend**. Es kann daher ergänzend auf die allgemeinen Grundsätze der Wissenszurechnung zurückgegriffen werden[8].

8   b) Eine weitere Sonderregelung für die Wissenszurechnung bei Vertragsschluss durch Vertreter findet sich im Zusammenhang mit den Vorschriften über die Verletzung **vorvertraglicher Anzeigepflichten** (§§ 19 ff. VVG). Im Einklang mit § 2 Abs. 3 VVG sieht § 20 S. 1 VVG vor, dass dem VN in diesem Fall nicht nur die **Kenntnis** und die **Arglist** des Vertreters, sondern auch die eigene Kenntnis und die eigene Arglist schaden. Dementsprechend greift auch der Ausschluss des Rücktrittsrechts nach § 19 Abs. 3 VVG nur dann ein, wenn weder dem Versicherungsnehmer selbst noch dem Vertreter **Vorsatz** oder **grobe Fahrlässigkeit** zur Last fällt (§ 20 S. 2 VVG). Die Vorschrift betrifft damit nicht nur die Wissens-, sondern auch die Verschuldenszurechnung. Da der Anwendungsbereich der Vorschrift recht eng ist, scheidet sie aber als Grundlage für eine allgemeine Lösung der Zurechnungsproblematik im Versicherungsrecht aus[9].

3. Versicherung für fremde Rechnung, Mehrheit von Versicherungsnehmern und Fremdpersonenversicherung

9   a) Bei der **Versicherung für fremde Rechnung** muss der VN sich das Wissen und Verhalten des **Versicherten** nach § 47 VVG zurechnen lassen. Dies gilt sowohl für Obliegenheitsverletzungen als auch für subjektive Risikoausschlüsse[10]. Dabei kommt es nicht darauf an, ob der Versicherte Repräsentant oder Wissensvertreter des VN ist[11]. Im Unterschied zur Vorläuferregelung des § 79 VVG a. F. befindet sich die Vorschrift im Allgemeinen Teil des VVG und ist damit nicht nur auf die Schadensversicherung unmittelbar anwendbar. Inhaltlich hat sich bei der Zurechnung aber nichts geändert. Für die Lebens-, Unfall- und Krankenversicherung enthalten die §§ 156, 179 Abs. 3 und 193 Abs. 2 VVG entsprechende Regelungen (dazu unten Rn. 13).

10   Bei einer **kombinierten Eigen- und Fremdversicherung** beschränken sich die nachteiligen Wirkungen der Zurechnung gemäß § 47 Abs. 1 VVG grundsätzlich auf das mitversicherte Interesse des Dritten. Das eigene Interesse des VN bleibt also unberührt[12]. In der Hausratversicherung erstreckt sich die Leistungsfreiheit bzw. das Kürzungsrecht des VR wegen vorsätzlicher oder grob fahrlässiger Herbeiführung des Versicherungsfalles **durch den Versicherten** (§ 81 VVG) daher nur auf die Gegenstände, die im Alleineigentum des Versicherten stehen, sowie auf den Miteigentumsanteil des Versicherten. In Bezug auf die im Alleineigentum des VN stehenden Gegenstände und den Miteigentumsanteil des VN greifen die Rechtsfolgen des § 81 Abs. 2 VVG dagegen nur dann ein, wenn der Versicherte Repräsentant des VN ist[13]. Gehört der versicherte Gegenstand dem VN und dem Versicherten zur gesamten Hand (z. B. Gütergemeinschaft, Miterbengemeinschaft), so ist eine solche Differen-

---

[7] Berliner Kommentar/*Baumann*, § 2 Rn. 45; *Bruck/Möller/Möller*, § 2 Anm. 40. Eine Ausnahme soll gelten, wenn der Vertretene den Vertreter arglistig zum Vertragsschluss bestimmt hat. Dieser Fall dürfte jedoch durch die entsprechende Anwendung des § 166 Abs. 2 BGB zu lösen sein (vgl. BGH v. 10. 10. 1962, BGHZ 38, 65 [67 ff.]; Münchener Kommentar BGB/*Schramm*, § 166 Rn. 58).

[8] So auch *Römer/Langheid/Römer*, § 2 Rn. 25.

[9] So auch *Bruns*, Zurechnung, S. 60 (zu § 19 VVG a. F.).

[10] Zur parallelen Rechtslage bei § 79 VVG a. F. Berliner Kommentar/*Hübsch*, § 79 Rn. 1.

[11] OLG Hamm v. 4. 2. 1994, VersR 1994, 1464; *Römer/Langheid/Römer*, § 79 Rn. 1.

[12] Vgl. BGH v. 13. 6. 1957, BGHZ 24, 378 (384) = VersR 1957, 458 (459); BGH v. 13. 7. 1971, VersR 1971, 1119 (1121); BGH v. 29. 1. 2003, VersR 2003, 445; OLG Saarbrücken v. 9. 7. 1997, VersR 1998, 883; Berliner Kommentar/*Hübsch*, § 79 Rn. 12; *Prölss/Martin/Prölss*, § 79 Rn. 2; *Römer/Langheid/Römer*, § 79 Rn. 4.

[13] OLG Hamm v. 4. 2. 1994, VersR 1994, 1464; OLG Karlsruhe v. 5. 4. 1986, VersR 1986, 985; OLG Saarbrücken v. 9. 7. 1997, VersR 1998, 883; Berliner Kommentar/*Hübsch*, § 79 Rn. 19 ff.; *Knappmann*, r+s 1998, 250; *Martin*, Sachversicherungsrecht, Rn. H IV 67; a. A. OLG Karlsruhe v. 20. 11. 1997, r+s 1998, 162 (163); *Prölss/Martin/Prölss*, § 6 Rn. 41.

zierung nicht durchführbar. Das Verhalten des Versicherten wirkt sich daher in vollem Umfang zu Lasten des VN aus[14]. Umgekehrt muss der Versicherte sich das **Verschulden des VN** in jedem Fall nach § 334 BGB entgegenhalten lassen[15].

b) Von der Versicherung für fremde Rechnung ist der im Gesetz nicht gesondert geregelte   **11** Fall zu unterscheiden, dass **mehrere VN gemeinsam** für ein einheitliches Risiko einen Versicherungsvertrag abgeschlossen haben. Besondere Bedeutung hat dies in der **Sachversicherung** (z. B. bei Abschluss einer Hausratversicherung durch beide Ehegatten). Bezieht sich der gemeinschaftliche Versicherungsvertrag auf dieselbe Sache, so folgert die h. M. aus der Einheitlichkeit des versicherten Interesses, dass jeder VN sich das Verhalten des anderen in vollem Umfang zurechnen lassen muss. Dies gilt im Unterschied zur parallelen Problematik bei § 47 Abs. 1 VVG auch dann, wenn die versicherte Sache im **Miteigentum** der VN steht[16]. Jedem Miteigentümer soll es aber frei stehen, nur seinen jeweiligen Anteil zu versichern. Da die Versicherung dann nicht auf einen einheitlichen Gegenstand bezogen sei, komme eine wechselseitige Zurechnung nicht in Betracht[17]. Die h. M. kann indes nicht überzeugen. Nach allgemeinen Regeln handelt es sich bei einer Mehrheit von Versicherungsnehmern um einen Fall der Gesamtschuld (vgl. §§ 421, 427 BGB). Gemäß § 425 Abs. 2 BGB würde das Verschulden eines Vertragspartners damit nicht zu Lasten des anderen Vertragspartners gehen. Dieser Grundsatz steht zwar unter dem Vorbehalt, dass sich nicht „aus dem Schuldverhältnis ein anderes ergibt" (§ 425 Abs. 1 BGB). Wenn die Einheitlichkeit des versicherten Interesses bei Miteigentümern im Fall der Versicherung für fremde Rechnung nicht daran hindert, die Wirkungen des Verschuldens des Versicherten auf dessen Miteigentumsanteil zu beschränken, so kann dieser Aspekt im Fall der Gesamtschuld aber auch nicht die Durchbrechung des § 425 Abs. 2 BGB rechtfertigen. Im Unterschied zur Versicherung für fremde Rechnung haben zwar beide Miteigentümer die Stellung einer Vertragspartei. Nach der Wertung des § 425 BGB ist dieser Umstand für sich genommen aber gerade nicht geeignet, eine wechselseitige Zurechnung des Verschuldens zu rechtfertigen. Steht den VN das Eigentum zur **gesamten Hand** zu, so ist eine Trennung allerdings ebenso wenig möglich wie bei der Versicherung für fremde Rechnung[18].

Eine wechselseitige Zurechnung muss auch nach der h. M. ausscheiden, wenn mehrere   **12** Personen für ein gemeinschaftlich gehaltenes Kfz eine **KH-Versicherung** abgeschlossen haben. Denn hier bezieht sich die Versicherung nicht auf ein einheitliches Interesse, sondern auf das Interesse jedes einzelnen VN an der Freistellung von Ersatzansprüchen, die ihm gegenüber geltend gemacht werden[19].

c) Besonderheiten gelten schließlich bei der **Fremdpersonenversicherung.** Nach   **13** §§ 156, 179 Abs. 3 und 193 Abs. 2 VVG muss der VN sich das Verhalten und die Kenntnis eines Dritten zurechnen lassen, auf dessen Person er eine **Lebens-, Unfall- oder Krankenversicherung** genommen hat. Im Verhältnis zu § 47 VVG ergibt sich die Notwendigkeit dieser Vorschriften daraus, dass die betreffenden Versicherungen regelmäßig nicht für fremde, sondern für **eigene Rechnung** abgeschlossen werden[20]. Der Zweck der Vorschriften besteht

---

[14] OLG Saarbrücken v. 9. 7. 1997, VersR 1998, 883; *Römer/Langheid/Römer,* § 61 Rn. 37.

[15] Vgl. *Bruck/Möller/Sieg,* § 79 Anm. 9; *Nießen,* Die Rechtswirkungen der Versicherung für fremde Rechnung unter besonderer Berücksichtigung des Innenverhältnisses zwischen Versichertem und Versicherungsnehmer, 2004, S. 97.

[16] Vgl. BGH v. 30. 4. 1991, NJW-RR 1991, 1372; BGH v. 24. 1. 1996, NJW-RR 1996, 665 (666); BGH v. 16. 11. 2005, NJW-RR 2006, 460 (461 f.); OLG Hamm v. 28. 1. 1987, VersR 1988, 508; OLG Hamm v. 20. 9. 1989, VersR 1990, 846; OLG Düsseldorf v. 28. 2. 1984, VersR 1984, 1060; *Bruck/Möller/Möller,* § 6 Anm. 66; *Prölss/Martin/Prölss,* § 6 Rn. 39; *Martin,* Sachversicherungsrecht, Rn. H IV 73 ff. und O II 16; a. A. RG v. 13. 5. 1938, RGZ 157, 314 (320); *Hofmann,* Privatversicherungsrecht, § 11 Rn. 77.

[17] Berliner Kommentar/*Beckmann,* § 61 Rn. 37.

[18] Zutreffend insoweit BGH v. 24. 1. 1996, NJW-RR 1996, 665 (666).

[19] BGH v. 13. 6. 1957, BGHZ 24, 378 (380 ff.); BGH v. 15. 6. 1961, VersR 1961, 651 (653); OLG Düsseldorf v. 28. 2. 1984, VersR 1984, 1060; *Prölss/Martin/Prölss,* § 6 Rn. 39.

[20] Vgl. Begr. RegE., BT-Drucks. 16/3945 S. 98.

vor allem darin, den VR im Rahmen des § 19 VVG vor falschen Angaben über gefahrerhebliche Umstände (z. B. Gesundheitszustand des Versicherten) zu schützen, die nur der versicherten Person bekannt sind[21].

4. Besonderheiten bei der Transportversicherung

14 Für die schuldhafte Herbeiführung des Versicherungsfalles in der Transportversicherung enthält § 137 VVG eine Sonderregelung zu § 81 VVG. Im Zusammenhang mit der Drittzurechnung ist § 137 Abs. 2 VVG von Bedeutung. Die Vorschrift stellt klar, dass der Versicherungsnehmer das Verhalten der **Schiffsbesatzung** bei der Führung des Schiffes nicht zu vertreten hat. Der Versicherungsnehmer haftet damit in der Transportversicherung auch nicht für das Verschulden des **Kapitäns** (vgl. auch unten Rn. 78).

II. Zurechnungsvorschriften des BGB

15 Soweit das VVG keine Sondervorschriften enthält, sind im Versicherungsrecht die allgemeinen Vorschriften des BGB anzuwenden. Folgende Zurechnungsnormen kommen in Betracht.

1. Organhaftung (§§ 31, 89 BGB)

a) Ist der VN eine **juristische Person,** so muss er nach allgemeinen Grundsätzen für das Verhalten und die Kenntnis seiner Organe einstehen[22]. Da es nicht um Schadensersatzpflichten geht, können die §§ 31, 89 BGB zwar nicht unmittelbar angewendet werden. Ihr Rechtsgedanke trifft aber auch hier zu, so dass eine Analogie möglich ist.

16 Nach §§ 31, 89 BGB setzt die Einstandspflicht der juristischen Person voraus, dass das Organ in Ausführung der ihm zustehenden Verrichtungen, also gleichsam in **amtlicher Eigenschaft**[23] gehandelt hat. Im Anschluss an eine Entscheidung des RG[24] wird in der Literatur die Auffassung vertreten, dass diese Einschränkung im Versicherungsrecht unbeachtlich sei, weil jedes Organ stets alle Obliegenheiten zu erfüllen habe[25]. Zwingende Gründe für eine solche Haftungsverschärfung zu Lasten des VN sind jedoch nicht ersichtlich. Unangemessene Ergebnisse lassen sich durch eine sachgemäße Auslegung des Merkmals „in Ausführung der ihm zustehenden Verrichtungen" vermeiden. Die Zurechnung kann danach insbesondere nicht mit der Erwägung verneint werden, das Organ habe nicht in amtlicher Eigenschaft gehandelt, weil der Schaden von einem Nichtorgan in gleicher Weise hätte verursacht werden können[26].

17 **b)** Soweit § 31 BGB auf **rechtsfähige Personengesellschaften** i. S. d. § 14 BGB entsprechend anwendbar ist, gilt dies auch im Versicherungsrecht. Eine **Handelsgesellschaft** (OHG, KG) muss sich daher als VN das Verschulden und Wissen ihrer vertretungsberechtigten Gesellschafter nach § 31 BGB analog zurechnen lassen[27]. Zum gleichen Ergebnis gelangt man, wenn man mit dem BGH davon ausgeht, dass die vertretungsberechtigten Gesellschafter einer Handelsgesellschaft im Rahmen eines von dieser geschlossenen Versicherungsvertrages

---

[21] Vgl. Berliner Kommentar/*Schwintowski,* § 161 Rn. 2 und § 179 Rn. 34; *Römer/Langheid/Römer,* § 178a Rn. 3; *Bruns,* Zurechnung, S. 63.

[22] Vgl. RG v. 4. 6. 1907, RGZ 66, 181 (184); BGH v. 27. 6. 1953, VersR 1953, 316; OLG Karlsruhe v. 15. 10. 1981, VersR 1982, 1189 (1190); OLG Köln v. 7. 6. 1994, VersR 1995, 205; Berliner Kommentar/ *Beckmann,* § 61 Rn. 43; *Bruck/Möller/Möller,* § 6 Anm. 62 und § 61 Anm. 61; *Prölss/Martin/Prölss,* § 6 Rn. 44; *Knappmann,* VersR 1997, 261; *Lücke,* VersR 1996, 785 (795).

[23] Vgl. BGH v. 20. 2. 1979, NJW 1980, 115; Münchener Kommentar BGB/*Reuter,* § 31 Rn. 33; *Palandt/Heinrichs,* § 31 Rn. 10.

[24] RG v. 4. 6. 1907, RGZ 66, 181 (184).

[25] So *Bruck/Möller/Möller,* § 6 Anm. 62.

[26] Vgl. BGH v. 21. 9. 1971, NJW 1972, 334; *Palandt/Heinrichs,* § 31 Rn. 10.

[27] Vgl. *Prölss/Martin/Prölss,* § 6 Rn. 40; *Knappmann,* VersR 1997, 261.

als VN anzusehen sind[28], was mit der rechtlichen Verselbständigung von OHG und KG aber schwer vereinbar ist. Da § 31 BGB auf **Kommanditisten** nicht anwendbar ist[29], muss die KG für deren Verhalten nur nach den Grundsätzen der Repräsentantenhaftung einstehen[30].

c) Ob § 31 BGB auf die **BGB-Gesellschaft** entsprechend angewendet werden kann, war **18** lange Zeit umstritten. Der BGH hatte die Analogie zunächst abgelehnt[31]. Nach der neueren Rechtsprechung ist die BGB-Gesellschaft jedoch rechtsfähig, soweit sie als Außengesellschaft durch Teilnahme am Rechtsverkehr eigene Rechte und Pflichten begründet[32]. Konsequenz hieraus ist, dass die BGB-Gesellschaft als solche Vertragspartnerin des VR sein kann[33] und dann als VN nach § 31 BGB analog für das Verschulden und das Wissen ihrer Gesellschafter einstehen muss[34].

d) In Rechtsprechung und Literatur besteht Einigkeit, dass der VN sich auch das Verschul- **19** den und das Wissen einer **Partei kraft Amtes** (Testamentsvollstrecker, Nachlass-, Insolvenz- oder Zwangsverwalter) zurechnen lassen muss, soweit diese im Rahmen ihres Aufgabenbe- reichs handelt[35]. Die h. M. greift hier auf die Repräsentantenhaftung zurück[36]. Da § 31 BGB auf Parteien kraft Amtes analog angewendet werden kann[37], ist dies jedoch nicht erforderlich.

2. Die Anwendbarkeit des § 166 BGB

a) Beim Abschluss des Versicherungsvertrages durch einen **Stellvertreter** muss der VN **20** sich dessen Wissen nach § 166 Abs. 1 BGB zurechnen lassen[38]. Hiervon gehen auch die §§ 2 Abs. 3, 20 VVG aus.

b) § 166 BGB gilt unmittelbar nur für die Abgabe von Willenserklärungen durch einen **21** Vertreter. Der Rechtsgedanke der Vorschrift passt aber auf alle Fälle, in denen jemand für einen anderen rechtlich erhebliche Erklärungen abgibt[39]. § 166 BGB kann daher entspre- chend angewendet werden, wenn jemand von einem anderen als **Wissenserklärungsver- treter** mit der Erfüllung von Aufklärungs- und Auskunftspflichten betraut worden ist[40].

c) Im allgemeinen Zivilrecht wird § 166 Abs. 1 BGB als Anknüpfungspunkt der **Wissens-** **22** **zurechnung** bei arbeitsteiliger Aufteilung der Zuständigkeiten für die Entgegennahme und Weiterleitung von Informationen herangezogen[41]. Die hierzu entwickelten Grundsätze kön-

---

[28] BGH v. 24. 1. 1990, VersR 1990, 380. Für Repräsentantenstellung des persönlich haftenden Gesell- schafters einer OHG/KG OLG Hamm v. 9. 5. 1958, VersR 1958, 778 (779); OLG Celle v. 9. 11. 1973, VersR 1974, 737.

[29] Vgl. BGH v. 27. 4. 1961, VersR 1962, 664 (665).

[30] So auch *Prölss/Martin/Prölss*, § 6 Rn. 40; a. A. Berliner Kommentar/*Beckmann*, § 6 Rn. 36.

[31] Vgl. BGH v. 30. 6. 1966, BGHZ 45, 311 (312).

[32] BGH v. 29. 1. 2001, BGHZ 146, 341 = VersR 2001, 510 m. Anm. *Reiff*.

[33] Anders noch OLG Celle v. 9. 11. 1973, VersR 1974, 737: Gesellschafter der BGB-Gesellschaft als VN.

[34] Zur Anwendbarkeit des § 31 BGB auf die BGB-Gesellschaft vgl. BGH v. 24. 2. 2003, NJW 2003, 1445 (1446); Hk-BGB/*Saenger*, § 705 Rn. 20; *Palandt/Heinrichs*, § 31 Rn. 3.

[35] Vgl. LG Wuppertal v. 27. 10. 1961, VersR 1962, 629; Berliner Kommentar/*Beckmann*, § 61 Rn. 45; *Bruck/Möller/Möller*, § 6 Anm. 70 und § 61 Rn. 66; *Prölss/Martin/Prölss*, § 6 Rn. 44.

[36] Vgl. BGH v. 19. 10. 1994, VersR 1994, 1465; *Bruck/Möller/Johannsen/Johannsen*, Feuerversicherung, Anm. G 56; *Römer/Langheid/Römer*, § 6 Rn. 155: Zwangsverwalter als Repräsentant.

[37] Münchener Kommentar BGB/*Reuter*, § 31 Rn. 17; *Palandt/Heinrichs*, § 31 Rn. 3; a. A. *Erman/Wester- mann*, § 31 Rn. 1.

[38] Vgl. *van Bühren/van Bühren*, § 1 Rn. 260.

[39] Vgl. *Staudinger/Schilken* (2004), vor §§ 164ff. Rn. 86.

[40] BGH v. 2. 6. 1993, BGHZ 122, 388 (389); *Römer/Langheid/Römer*, § 6 Rn. 159; krit. Berliner Kom- mentar/*Schwintowski*, § 6 Rn. 204; *Prölss/Martin/Prölss*, § 6 Rn. 52; *Martin*, Sachversicherungsrecht, Rn. O II 6ff., die eine entsprechende Anwendung des § 278 BGB befürworten. Eingehend dazu unten Rn. 86ff.

[41] Vgl. BGH v. 2. 2. 1996, BGHZ 132, 30 (35ff.) = VersR 1996, 628, 630f. = JZ 1996, 731 m. Anm. *Taupitz*; BGH v. 24. 1. 1992, BGHZ 117, 104 (106ff.); *Erman/Palm*, § 166 Rn. 1, 7; Münchener Kom- mentar BGB/*Schramm*, § 166 Rn. 24ff.; *Palandt/Heinrichs*, § 166 Rn. 6ff.; krit. *Koller*, JZ 1998, 75ff.

nen auf die Frage übertragen werden, inwieweit der VN sich bei der Abgabe eigener Wissenserklärungen die Kenntnisse Dritter zurechnen lassen muss. Das Gleiche gilt für den Fall, dass der VN aufgrund eigener Unkenntnis eine an sich erforderliche Erklärung nicht abgibt[42].

3. Haftung für Erfüllungsgehilfen und gesetzliche Vertreter (§ 278 BGB)

23   a) Soweit es um die Zurechnung des **tatsächlichen Verhaltens** von Dritten im Umgang mit der versicherten Sache geht, scheidet eine analoge Anwendung des § 166 Abs. 1 BGB aus, weil jeder Bezug zu rechtsgeschäftlichem und rechtsgeschäftsähnlichem Handeln fehlt[43]. § 831 BGB kommt schon deshalb nicht in Betracht, weil es nicht um deliktische Schädigungen geht[44]. Denkbar ist aber die (entsprechende) Anwendung des **§ 278 BGB**. Rechtsprechung und Literatur lehnen dies jedoch ganz überwiegend ab[45]. Dabei wird mit Blick auf Obliegenheitsverletzungen (§ 28 VVG = § 6 VVG a. F.) darauf hingewiesen, dass § 278 BGB nur auf echte Rechtspflichten anwendbar sei[46]. Im gleichen Sinne wird bei § 81 VVG (§ 61 VVG a. F.) darauf abgestellt, dass subjektive Risikoausschlüsse nicht an die Verletzung einer Rechtspflicht des VN zur Vermeidung des Versicherungsfalles anknüpfen[47]. Ergänzend wird jeweils damit argumentiert, dass die von § 278 BGB angeordnete Einstandspflicht für sämtliche Hilfspersonen den Versicherungsschutz in einer Weise einschränken würde, die mit dem Zweck der Versicherung nicht vereinbar wäre[48]. Nach einer in der Literatur vertretenen Gegenauffassung ist § 278 BGB auf Obliegenheitsverletzungen entsprechend anwendbar. Dabei wird allerdings eingeräumt, dass der Zweck der Versicherung eine restriktive Anwendung der Vorschrift gebiete[49]. Auf den subjektiven Risikoausschluss des § 81 VVG kann § 278 BGB auch nach dieser Auffassung nicht angewendet werden[50].

24   b) Der Mindermeinung in der Literatur ist zuzugeben, dass die entsprechende Anwendung des § 278 BGB aus **dogmatischer Sicht** zumindest bei Obliegenheitsverletzungen nicht zwingend ausgeschlossen ist. Das Fehlen einer Rechtspflicht steht zwar der unmittelbaren Anwendung des § 278 BGB entgegen. Da Pflichten und Obliegenheiten in wesentlichen Punkten die gleiche Struktur haben[51], begegnet eine Analogie aber keinen rechtstheoretischen Bedenken. Ein guter Beleg dafür ist § 254 Abs. 2 S. 2 BGB, der für das Mitverschulden auf § 278 BGB verweist, obwohl den Geschädigten nach allgemeiner Ansicht keine Rechtspflicht zur Vermeidung des Schadens trifft[52]. Im Übrigen sind auch die Verfasser des VVG da-

---

[42] Vgl. BGH v. 14. 4. 1971, VersR 1971, 538 (539); *Prölss/Martin/Prölss*, § 6 Rn. 79 ff.; *Römer/Langheid/Römer*, § 6 Rn. 167; krit. *Bruck/Möller/Möller*, § 6 Anm. 80. Eingehend dazu unten Rn. 109 ff.

[43] Vgl. *Mordfeld*, Repräsentant, S. 40 ff.; a. A. *Behrens*, Drittzurechnung, S. 97 ff.

[44] Zur Unanwendbarkeit des § 831 BGB vgl. *Bruck/Möller/Möller*, § 6 Anm. 77.

[45] BGH v. 25. 11. 1953, BGHZ 11, 120 (122 ff.) = VersR 1953, 494; BGH v. 8. 4. 1981, VersR 1981, 321; BGH v. 30. 4. 1981, VersR 1981, 948 (950); Berliner Kommentar/*Beckmann*, § 61 Rn. 46; *Bruck/Möller/Möller*, § 6 Anm. 73; *Bruck/Möller/Johannsen/Johannsen*, Feuerversicherung, Anm. G 48; Münchener Kommentar BGB/*Grundmann*, § 278 Rn. 11; *Römer/Langheid/Römer*, § 6 Rn. 145; *Knappmann*, VersR 1997, 261 (262).

[46] Vgl. RG v. 21. 12. 1905, RGZ 62, 190 (191 f.); BGH v. 8. 4. 1981, VersR 1981, 321; *Bruck/Möller/Möller*, § 6 Anm. 73; *Römer/Langheid/Römer*, § 6 Rn. 145; *Knappmann*, VersR 1997, 261 (262).

[47] RG v. 4. 6. 1913; RGZ 83, 43 (44); BGH v. 25. 11. 1953, BGHZ 11, 120 (122 f.); Berliner Kommentar/*Beckmann*, § 61 Rn. 46; *Bruck/Möller/Möller*, § 61 Rn. 72; *Knappmann*, VersR 1997, 261 (262). Hiervon ist auch der historische VVG-Gesetzgeber ausgegangen, vgl. Bericht der XIII. Kommission, RT-Drucks. Nr. 364 12. Legislaturperiode I. Session 1907 Anl. II S. 60.

[48] BGH v. 25. 11. 1953, BGHZ 11, 120 (123); Berliner Kommentar/*Beckmann*, § 61 Rn. 46; *Bruck/Möller/Möller*, § 6 Anm. 73; *Römer/Langheid/Römer*, § 6 Rn. 145; *Knappmann*, VersR 1997, 261 (262).

[49] *Prölss/Martin/Prölss*, § 6 Rn. 48; vgl. auch *Weyers/Wandt*, Versicherungsvertragsrecht, Rn. 465.

[50] *Prölss/Martin/Prölss*, § 61 Rn. 3 f.; *Weyers/Wandt*, Versicherungsvertragsrecht, Rn. 684 (zu § 61 VVG a. F.).

[51] *Looschelders*, Schuldrecht Allgemeiner Teil, 5. Aufl. 2007, Rn. 26.

[52] Zu dieser Parallele *R. Schmidt*, Die Obliegenheiten (1953), S. 283 ff.; *Prölss/Martin/Prölss*, § 6 Rn. 48; Zu den dogmatischen Grundlagen des § 254 BGB eingehend *Looschelders*, Die Mitverantwortlichkeit des Geschädigten im Privatrecht (1999), S. 115 ff.

von ausgegangen, dass § 278 BGB auf die „Pflichten" des VN zur Verminderung der Gefahr und zur Abwendung des Schadens selbstverständlich anwendbar sei[53].

Nach allgemeinen methodischen Grundsätzen setzt eine Analogie jedoch voraus, dass die **25** **Wertung** der Vorschrift auf den in Frage stehenden Interessenkonflikt zutrifft. Beim Erlass des § 278 BGB ist der historische Gesetzgeber davon ausgegangen, dass der Verkehr in dem Leistungsversprechen des Schuldners die Übernahme einer Garantie für das ordnungsgemäße Verhalten seiner Hilfspersonen sieht[54]. Dies lässt sich dahingehend präzisieren, dass es mit dem Zweck des Leistungsversprechens unvereinbar wäre, wenn der Schuldner sich damit entlasten könnte, dass er sich zur Erfüllung seines Versprechens einer Hilfsperson bedient hat[55]. Eine entsprechende Wertung ist im Verhältnis von VN und VR nicht gerechtfertigt. Der VN hat ein legitimes Interesse daran, die Obhut über die versicherte Sache durch Hilfspersonen ausüben zu lassen, ohne den Verlust des Versicherungsschutzes befürchten zu müssen. Der Versicherungsvertrag soll den VN daher auch vor Schäden zu schützen, die durch das schuldhafte Verhalten von Hilfspersonen verursacht werden. Es widerspräche also dem **Zweck des Versicherungsvertrages,** wenn der VN nach § 278 BGB für sämtliche Hilfspersonen einstehen müsste[56].

c) Die vorstehenden Überlegungen schließen es nicht aus, die Einstandspflicht des VN für **26** Dritte auf eine restriktive, den Besonderheiten des Versicherungsvertrages entsprechende Anwendung des § 278 BGB zu stützen. § 278 BGB beruht indessen maßgeblich auf der Erwägung, dass der Schuldner für alle Personen einstehen muss, deren er sich zu Erfüllung seiner Verbindlichkeit bedient. Wenn diese Wertung der Funktion des Versicherungsvertrages widerspricht, so muss die Einstandspflicht des VN für Dritte mit **eigenständigen versicherungsrechtlichen Erwägungen** begründet werden[57]. Die Lehre von der Repräsentantenhaftung hat hier also einen legitimen Anwendungsbereich.

d) Der Zweck des Versicherungsvertrages gebietet es nicht, die Einstandspflicht des VN **27** für das Verhalten von **gesetzlichen Vertretern** einzuschränken. Ist der VN nicht (voll) geschäftsfähig, so haftet er daher nach § 278 BGB analog für das Verschulden seiner Eltern bzw. seines Vormunds[58].

III. Zusammenfassung

Ob und unter welchen Voraussetzungen der VN sich das Verschulden oder die Kenntnisse **28** eines Dritten zurechnen lassen muss, ist im VVG nur rudimentär geregelt. Im Übrigen kann auf die allgemeinen Regeln des BGB zurückgegriffen werden, soweit nach dem Zweck des Versicherungsvertrages keine abweichende Beurteilung notwendig ist. Dies führt zu einer

---

[53] Bericht der XIII. Kommission, RT-Drucks. Nr. 364 12. Legislaturperiode I. Session 1907 Anl. II S. 60.

[54] Motive zu dem Entwurfe eines Bürgerlichen Gesetzbuches für das Deutsche Reich, Bd. II, Recht der Schuldverhältnisse, 1888, S. 30.

[55] Grundlegend *E. Lorenz,* Festgabe BGH Bd. I (2000), S. 329 (334 ff.). Zur Ratio des § 278 BGB vgl. auch *Looschelders,* Schuldrecht Allgemeiner Teil, 5. Aufl. 2007, Rn. 542.

[56] Vgl. BGH v. 25. 11. 1953, BGHZ 11, 120 (123); Berliner Kommentar/*Beckmann,* § 61 Rn. 46; *Bruck/Möller/Möller,* § 6 Anm. 73; *Römer/Langheid/Römer,* § 6 Rn. 145; *Martin,* Sachversicherungsrecht, Rn. O II 5. Zur Übertragbarkeit dieses Gedankens auf den Regressanspruch des VR gegen den Mieter des VN in der Gebäudeversicherung vgl. BGH v. 13. 9. 2006, VersR 2006, 1530 (1533) = JR 2007, 420 m. Anm. *Looschelders.* Der Mieter muss also in dieser Konstellation für das Verhalten Dritter ebenfalls nur nach den Grundsätzen der Repräsentantenhaftung einstehen.

[57] Vgl. *Looschelders,* VersR 1999, 666 (670); *Mordfeld,* Repräsentant, S. 35.

[58] Vgl. *Hofmann,* Privatversicherungsrecht, § 11 Rn. 80; *Prölss/Martin/Prölss,* § 6 Anm. 44. Demgegenüber hat das Reichsgericht (RG v. 15. 3. 1932, RGZ 135, 370 (371 f.) die Anwendbarkeit des § 278 BGB auch für diese Konstellation abgelehnt und stattdessen mit den Kriterien der Repräsentantenhaftung argumentiert. Vgl. zum Ganzen auch *Bruck/Möller/Möller,* § 6 Anm. 69, wo ebenfalls nicht auf § 278 BGB abgestellt wird.

Looschelders

Zweiteilung. Für die Verletzung von **Verhaltensobliegenheiten** im Umgang mit dem versicherten Risiko sowie die schuldhafte **Herbeiführung des Versicherungsfalles** wäre an sich § 278 BGB maßgeblich. Dem Rückgriff auf diese Vorschrift steht jedoch entgegen, dass eine Einstandspflicht des VN für sämtliche Obhutsgehilfen den Versicherungsschutz übermäßig beschränken würde. In diesem Bereich besteht daher eine Regelungslücke, die durch die ungeschriebenen Grundsätze der Repräsentantenhaftung zu füllen ist. Auf die Verletzung von **Anzeige- und Auskunftsobliegenheiten** sind die §§ 164 ff. BGB entsprechend anwendbar. Hat der VN einen Dritten mit der Erfüllung einer solchen Obliegenheit betraut, so muss er für die Erklärungen seines Wissenserklärungsvertreters einstehen, wie wenn er sie selbst abgegeben hätte. Geht es um eigene Fehler oder Versäumnisse bei der Erfüllung von Erklärungsobliegenheiten, so muss der VN sich die Kenntnisse seines Wissensvertreters nach § 166 Abs. 1 BGB zurechnen lassen.

C. Die Haftung des Versicherungsnehmers für Repräsentanten

I. Die Entwicklung der Rechtsprechung zur Repräsentantenhaftung

29   Das RG hat die Lehre von der Repräsentantenhaftung vor Inkrafttreten von BGB und VVG entwickelt[59]. Seitdem hat die Rechtsprechung die Voraussetzungen der Haftung mehrfach modifiziert. Die einzelnen Phasen sind schon öfter dargestellt worden[60]. Wenn sie hier dennoch skizziert werden, beruht dies auf der Erwägung, dass die aktuelle Rechtsprechung vor dem Hintergrund dieses Prozesses verstanden werden muss. Außerdem soll deutlich werden, dass ältere Entscheidungen nicht unbesehen auf die heutige Rechtslage übertragen werden können.

1. Die Rechtsprechung des RG

30   In den frühesten Entscheidungen hat das RG noch allein darauf abgestellt, dass der Dritte „auf Grund eines Vertretungs- oder ähnlichen Verhältnisses an die Stelle des VN getreten" sein muss[61]. Die weitere Entwicklung der Rechtsprechung ist durch das Bemühen gekennzeichnet, die Voraussetzungen der Repräsentantenhaftung zu präzisieren und einzugrenzen. Eine erste Präzisierung bestand darin, dass die Repräsentanz sich auf den **Geschäftsbereich** beziehen muss, zu dem das versicherte Risiko gehört[62]. Sodann wurde zusätzlich gefordert, dass der Dritte „zu **selbständigem rechtsgeschäftlichem Handeln** für den VN innerhalb des in Frage stehenden Geschäftskreises, einschließlich der Wahrnehmung der für diesen aus dem Versicherungsvertrag hervorgehenden Rechte und Pflichten" befugt sein muss[63]. In einem weiteren Schritt wurde die Haftung schließlich auf Fälle beschränkt, in denen das Versicherungsverhältnis sich auf einen **„Geschäftsbereich von einiger Bedeutung"** bezog und ein **„Bedürfnis nach Repräsentanz"** bestand, weil der VN die Geschäfte nicht selbst wahrnehmen konnte oder wollte und ihm dies billigerweise auch nicht zugemutet werden konnte[64].

---

[59] Grundlegend RG v. 26. 5. 1883, RGZ 9, 118 (123); RG v. 22. 10. 1895, RGZ 37, 149 (150); RG v. 18. 10. 1901, RGZ 51, 20 (21 ff.); RG v. 22. 4. 1903, JW 1903, 251. Die beiden letzteren Entscheidungen sind zwar nach Inkrafttreten des BGB ergangen, beziehen sich aber noch auf das gemeine Recht. Zu den historischen Wurzeln der Repräsentantenhaftung vgl. *Cyrus,* Repräsentantenhaftung, Rn. 10 ff.; *Looschelders,* VersR 1999, 666 (667).
[60] Vgl. *Bruck/Möller/Möller,* § 6 Anm. 92 ff.; *Cyrus,* Repräsentantenhaftung, Rn. 54 ff.; *Kampmann,* Repräsentantenhaftung, S. 43 ff.; *Mordfeld,* Repräsentant, S. 4 ff.; *Schirmer,* Repräsentantenhaftung, S. 18 ff.
[61] Vgl. RG v. 22. 10. 1895, RGZ 37, 149 (150).
[62] RG v. 18. 10. 1901, RGZ 51, 20 (21 ff.); RG v. 4. 6. 1913, RGZ 83, 43 (44).
[63] RG v. 4. 10. 1929, WarnRspr. 1929 Nr. 188; RG v. 15. 3. 1932, RGZ 135, 370 (372).
[64] RG v. 15. 10. 1935, RGZ 149, 69 (72).

2. Die Rechtsprechung des BGH

Der BGH hat zunächst an der Rechtsprechung des RG festgehalten[65], die einschränken- **31** den Kriterien mit der Zeit aber teilweise aufgegeben oder relativiert. So stellt der BGH seit längerem nicht mehr darauf ab, ob das Versicherungsverhältnis sich auf einen Geschäftsbereich von einiger Bedeutung bezieht und ein Bedürfnis zur Repräsentanz besteht[66]. Außerdem hat das Gericht klargestellt, dass eine **rechtsgeschäftliche Vertretungsbefugnis** nicht erforderlich ist[67]. In der grundlegenden Entscheidung vom 21. 4. 1993[68] hat der BGH schließlich dargelegt, dass der Repräsentant über die Risikoverwaltung hinaus nicht zusätzlich zur Wahrnehmung der Rechte und Pflichten aus dem Versicherungsvertrag − also zur sog. **Vertragsverwaltung** − befugt sein muss. Die eigenverantwortliche Verwaltung des Versicherungsvertrages soll aber „unabhängig von einer etwaigen Übergabe der versicherten Sache" für eine Repräsentantenstellung sprechen können[69].

II. Dogmatische Grundlagen

1. Die Grundgedanken der Repräsentantenhaftung

Die bis heute maßgebliche **Begründung** für die Repräsentantenhaftung hat das RG in der **32** Entscheidung vom 22. 4. 1903[70] herausgearbeitet. Ausgangspunkt ist die Feststellung, dass der VN für eigenes Verschulden bei der Betreuung der versicherten Sache haftet. Es dürfe ihm daher nicht freistehen, „die Lage des VR dadurch wesentlich zu verschlechtern, dass er die versicherte Sache aus der Hand gibt und sich der Obhut über sie mit der Folge entschlägt, dass der VR gegen den Schaden ungedeckt bleibt, der ihm durch die Fahrlässigkeit des Vertreters des Versicherten erwächst". Die Überlegungen des RG lassen sich nach geltendem Recht wie folgt präzisieren. Die **Obliegenheiten** und der **subjektive Risikoausschluss** des § 81 VVG haben den **Zweck,** den VN zu einem sorgfältigen Umgang mit dem versicherten Risiko anzuhalten und die Leistungspflicht des VR sachgemäß zu begrenzen. Die einschlägigen Vorschriften stellen zwar allein auf das Verschulden des VN ab. Sie gehen dabei jedoch von dem Regelfall aus, dass der VN das versicherte Risiko selbst verwaltet. Die intendierte Risikoverteilung wird daher in Frage gestellt, wenn der VN sich bei der Verwaltung des versicherten Risikos durch einen Dritten „ersetzen" lässt. Müsste der VN in diesem Fall nicht für den Dritten einstehen, so würde die Haftung des VR für Fälle erweitert, in denen der Eintritt des Versicherungsfalles auf einer Obliegenheitsverletzung oder einem groben Verschulden des „Risikoverwalters" beruht. Damit wäre die **Äquivalenz von Versicherungsleistung und Prämie** gestört. Der Betroffene würde außerdem gegenüber allen VN begünstigt, die das Risiko selbst verwalten und deshalb bei einem Fehlverhalten Gefahr laufen, den Versicherungsanspruch zumindest partiell einzubüßen[71]. Die Repräsentantenhaftung dient damit auch der **gleichmäßigen Behandlung** der VN[72].

---

[65] Vgl. BGH v. 25. 11. 1953, BGHZ 11, 120 (124).

[66] Vgl. BGH v. 13. 6. 1957, BGHZ 24, 378 (385 f.); *Prölss/Martin/Prölss,* § 6 Rn. 58.

[67] BGH v. 14. 4. 1971, VersR 1971, 538 (539); BGH v. 1. 10. 1969, VersR 1969, 1086 (1087).

[68] BGHZ 122, 250 (253) = VersR 1993, 828 (829) = LM § 6 VVG Nr. 83 m. Anm. *Hübner;* anders noch BGH v. 26. 4. 1989, BGHZ 107, 229 (231) = VersR 1989, 737.

[69] Vgl. dazu aus neuerer Zeit auch BGH v. 10. 7. 1996, VersR 1996, 1229 = NJW 1996, 2935; BGH v. 14. 3. 2007, VersR 2007, 673 (674).

[70] RG, JW 1903, 251; hieran anknüpfend BGH v. 26. 4. 1989, BGHZ 107, 229 (232 f.) = VersR 1989, 737 (738); BGH v. 14. 3. 2007, VersR 2007, 673 (674).

[71] Vgl. Berliner Kommentar/*Beckmann*, § 61 Rn. 46; *Cyrus*, Repräsentantenhaftung, Rn. 209; *Knappmann*, VersR 1997, 261 (262); *Looschelders,* VersR 1999, 666 (668); *Römer*, NZV 1993, 249 (250).

[72] Vgl. *Möller,* Verantwortlichkeit, S. 95, wonach die Repräsentantenhaftung „im Interesse der gleichmäßigen Behandlung aller Mitglieder der Versichertengemeinschaft notwendig und deshalb gerecht und billig" ist.

2. Zulässigkeit der Rechtsfortbildung

33   In der älteren Literatur wurde die Auffassung vertreten, die Repräsentantenhaftung sei mit dem VVG nicht vereinbar, weil die einschlägigen Vorschriften (§§ 6, 23 Abs. 1, 61, 62 VVG a. F.) **allein** auf das **Verschulden des VN** abstellen[73]. Im Hinblick auf § 61 VVG a. F. (§ 81 VVG n. F.) sind auch in neuerer Zeit noch zahlreiche Autoren davon ausgegangen, dass der VN nur für eigenes Verschulden einstehen müsse[74]. Dabei wurde teilweise darauf verwiesen, der Gesetzgeber habe die Herbeiführung des Versicherungsfalles durch Dritte in § 67 VVG a. F. (§ 86 VVG n. F.) abschließend geregelt[75].

34   Bei der Würdigung dieser Einwände ist zu beachten, dass es sich bei der Repräsentantenhaftung um einen Fall der Rechtsfortbildung handelt. Der **Wortlaut** des Gesetzes ist zwar die Grenze der Auslegung, nicht aber der Rechtsfortbildung[76]. Die Schaffung einer Einstandspflicht des VN für Dritte wäre deshalb nur dann ausgeschlossen gewesen, wenn dem Gesetz die **Wertung** zu Grunde gelegen hätte, dass der VN nur für eigenes Verschulden einstehen soll. Eine solche Wertung ist jedoch nicht feststellbar. Die Verfasser des **VVG 1908** haben sich vielmehr in Kenntnis der reichsgerichtlichen Rechtsprechung gegen eine Regelung entschieden, wonach nur das eigene Verschulden des VN den Anspruch aus der Versicherung ausschließen sollte. Maßgeblich war dabei die Erwägung, dass „ein zu weitgehender Ausschluss der Haftung für Vertreter notwendigerweise die Großen vor den Kleinen begünstigen [müsse], weil letztere ihre Angelegenheiten meist selbst wahrzunehmen pflegten und jene sich in weiterem Umfang dritter Personen bedienten"[77]. Der historische Gesetzgeber hat somit bewusst Raum für die Repräsentantenhaftung gelassen, um eine gleichmäßige Behandlung der VN zu ermöglichen. Im **neuen VVG** sprechen die einschlägigen Vorschriften zwar weiterhin allein vom Verschulden des VN. Der Gesetzesbegründung ist jedoch klar zu entnehmen, dass damit keine Abkehr von der Repräsentantenhaftung intendiert ist[78]. Dies gilt nicht zuletzt auch im Hinblick auf § 81 VVG. Denn die einschlägige Begründung bezieht sich gerade auf diese Vorschrift.

3. Gewohnheitsrechtliche Anerkennung

35   Die h. M. geht seit längerem davon aus, dass die Repräsentantenhaftung gewohnheitsrechtlich anerkannt sei[79]. Diese Annahme ist jedoch problematisch, weil die Gerichte an eine zu Gewohnheitsrecht erstarkte Rechtsprechung in gleicher Weise wie an geschriebene Normen gebunden sind[80], die einzelnen Voraussetzungen der Repräsentantenhaftung aber bis in neuere Zeit immer wieder modifiziert worden und auch heute noch sehr umstritten

---

[73] So *Bruck*, Versicherungsvertrag, § 6 Anm. 14f. und § 61 Anm. 10f.

[74] So *Prölss/Martin/Prölss*, § 61 Rn. 3ff.; *Weyers/Wandt*, Versicherungsvertragsrecht, Rn. 685; *Winter*, FS E. Lorenz (1994), 723 (728f.).

[75] So *Bruck*, Privatversicherungsrecht, S. 652; vgl. auch *Prölss/Martin/Prölss*, § 61 Rn. 4 mit dem Hinweis, dass die mit dem Selbstverschuldensprinzip verbundenen Nachteile für den VR durch die Möglichkeit eines Regresses gegen den Repräsentanten abgemildert werden; dagegen *E. Lorenz*, VersR 2000, 2 (6) mit der Erwägung, dass der Repräsentant nicht als Dritter i. S. d. § 67 VVG a. F. (§ 86 VVG n. F.) anzusehen ist.

[76] Vgl. dazu speziell mit Blick auf die Repräsentantenhaftung bei § 61 VVG a. F. (§ 81 VVG n. F.) *E. Lorenz*, VersR 2000, 2 (5f.). Allgemein zur Bedeutung des Gesetzeswortlauts *Looschelders/Roth*, Juristische Methodik im Prozess der Rechtsanwendung (1996), S. 66ff., 244ff.

[77] Bericht der XIII. Kommission, RT-Drucks. Nr. 364 12. Legislaturperiod I. Session 1907 An. II S. 60f.

[78] Vgl. oben Rn. 5.

[79] Vgl. OLG Oldenburg v. 18.7. 1951, VersR 1951, 272 (273); Berliner Kommentar/*Beckmann*, § 61 Rn. 46; *Bruck/Möller/Möller*, § 61 Anm. 74; *Cyrus*, Repräsentantenhaftung, Rn. 53; *Deutsch*, Versicherungsvertragsrecht, Rn. 217; *Hofmann*, Privatversicherungsrecht, § 9 Rn. 5; *Schirmer*, Repräsentantenhaftung, S. 46.

[80] Zur Bindungswirkung von Gewohnheitsrecht vgl. BGH v. 19.6. 1962, BGHZ 37, 219 (224); *Looschelders/Roth*, Juristische Methodik im Prozess der Rechtsanwendung (1996), S. 322ff.

sind[81]. In der Literatur wird deshalb die Auffassung vertreten, die Repräsentantenhaftung sei nur als solche Gewohnheitsrecht, nicht aber im Hinblick auf ihre einzelnen Merkmale[82]. Dem ist jedoch entgegenzuhalten, dass eine richterliche Rechtsfortbildung aus Gründen der Rechtssicherheit erst dann als Gewohnheitsrecht anerkannt werden kann, wenn sie sich zu einem Rechtssatz mit hinreichend bestimmten tatbestandlichen Voraussetzungen verfestigt hat[83]. Hiervon kann aber noch nicht ausgegangen werden. Daran ändert auch die prinzipielle Anerkennung der Repräsentantenhaftung in der Regierungsbegründung[84] nichts.

III. Der Begriff des Repräsentanten in der neueren Rechtsprechung

Nach dem aktuellen Stand der Rechtsprechung setzt die Repräsentantenhaftung voraus, **36** dass der Dritte „in dem Geschäftsbereich, zu dem das versicherte Risiko gehört, aufgrund eines Vertretungs- oder ähnlichen Verhältnisses an die Stelle des VN getreten ist"[85]. Hierzu gibt es zwei Möglichkeiten: die Übernahme der **Risikoverwaltung** oder der **Vertragsverwaltung.**

1. Der Repräsentant kraft Risikoverwaltung

a) Die Repräsentantenstellung kraft Risikoverwaltung setzt voraus, dass der Dritte an die **37** Stelle des VN getreten ist, diesen also „ersetzt" hat. Die „Ersetzung" muss sich auf den **Geschäftsbereich** beziehen, zu dem das versicherte Risiko gehört. Die Wendung „Geschäftsbereich" besagt nicht, dass die Repräsentantenhaftung nur im geschäftlichen Bereich in Betracht kommt. Sie ist vielmehr auch im privaten Bereich anerkannt[86]. Nach dem Grundgedanken der Repräsentantenhaftung kann es auch nicht darauf ankommen, ob es sich um einen Geschäftsbereich von einiger Bedeutung handelt, den der VN nicht selbst wahrnehmen kann oder will. Der BGH hat diese einschränkenden Kriterien daher zu Recht aufgegeben[87].

b) Entscheidend ist damit, unter welchen Voraussetzungen davon gesprochen werden **38** kann, dass der Dritte den VN bei der Verwaltung des versicherten Risikos „**ersetzt**" hat. Der Rechtsprechung lassen sich zwei Kriterien entnehmen, die aber nicht immer klar voneinander getrennt werden.

aa) Erforderlich ist zunächst, dass der VN dem Dritten die **alleinige Obhut** über die ver- **39** sicherte Sache überlassen hat[88]. Diese Voraussetzung liegt nur dann vor, wenn der VN sich der Verfügungsbefugnis und der Verantwortlichkeit für die Sache „vollständig begeben" hat[89]. Dass der Dritte die Sache in gleichem Umfang wie der VN benutzen kann, genügt nicht[90]. Solange der VN selbst Mitobhut über die versicherte Sache hat, kommt ein eigenes Verschul-

---

[81] Ablehnend oder zweifelnd daher Berliner Kommentar/*Schwintowski*, § 6 Rn. 206; *Prölss/Martin/Kollhosser*, § 6 Rn. 57; *Sieg*, Versicherungsvertragsrecht, S. 30; *Behrens*, Drittzurechnung, S 67.

[82] So *Kampmann*, Repräsentantenhaftung, S. 85 ff.; *ders.*, VersR 1994, 277 (280).

[83] Ähnlich Berliner Kommentar/*Schwintowski*, § 6 Rn. 206.

[84] Begr. RegE. BT-Drucks. 16/3945 S. 79.

[85] BGH v. 21. 4. 1993, BGHZ 122, 250 (253).

[86] *Schirmer*, Repräsentantenhaftung, S. 20.

[87] Vgl. oben Rn. 31.

[88] Vgl. BGH v. 26. 4. 1989, BGHZ 107, 229 (235) = VersR 1989, 737; *Prölss/Martin/Prölss,* § 6 Rn. 58.

[89] BGH v. 26. 4. 1989, BGHZ 107, 229 (233) = VersR 1989, 737; BGH v. 20. 5. 1969, VersR 1969, 695 (696). In terminologischer Hinsicht ist zu beachten, dass der Begriff der Verfügungsbefugnis nicht im Sinne einer rechtlichen Befugnis zu rechtsgeschäftlichen Verfügungen über die Sache zu verstehen ist. Es geht vielmehr um Befugnisse im tatsächlichen Umgang mit der Sache. *Kampmann*, Repräsentantenhaftung, S. 101 schlägt deshalb vor, die Verfügungsbefugnis durch den Begriff der Dispositionsbefugnis zu ersetzen.

[90] OLG Hamm v. 29. 10. 1986, VersR 1988, 240 (241); OLG Hamm v. 26. 10. 1994, VersR 1995, 1086 (1087); OLG Karlsruhe v. 21. 6. 1990, VersR 1991, 1048 (1049); *Prölss/Martin/Prölss,* § 6 Rn. 58; *Martin*, Sachversicherungsrecht, Rn. O II 34 ff.; *Römer*, NZV 1993, 249 (251); a. A. OLG Karlsruhe v. 17. 8. 1989, VersR 1990, 1222 [LS]; OLG München v. 17. 1. 1986 VersR 1986, 585; LG Karlsruhe v. 30. 11. 1984, VersR 1985, 380.

den bei der Risikoverwaltung in Betracht. Der Versicherungsschutz würde daher übermäßig beschränkt, wenn der VN auch noch für das Verschulden eines Dritten einstehen müsste.

40   Der VN muss dem Dritten die alleinige Obhut für eine **gewisse Dauer,** also nicht nur vorübergehend, übertragen haben[91]. Welcher Zeitraum erforderlich ist, kann nicht einheitlich bestimmt werden, sondern hängt primär von der Art des versicherten Risikos ab[92]. Besonders problematisch ist unter diesem Aspekt die **Reisegepäckversicherung.** Hier soll eine Repräsentantenhaftung schon dann in Betracht kommen, wenn der VN dem Dritten die vollständige Obhut über sein Reisegepäck für einen „von vornherein nicht sicher abschätzbaren Zeitraum" überlassen hat[93]. Diese Auffassung ist jedoch abzulehnen. Die vorübergehende Überlassung der Obhut über das Reisegepäck an Dritte ist eine übliche Gewahrsamlockerung, die nach dem Sinn und Zweck der Reisegepäckversicherung den Versicherungsschutz nicht in Frage stellen darf[94].

41   *bb)* Die vollständige Überlassung der Obhut reicht im Allgemeinen nicht für die Repräsentantenstellung aus. Der Dritte muss vielmehr außerdem befugt sein, „**selbständig** in einem gewissen, nicht ganz unbedeutenden Umfang **für den VN** zu **handeln**"[95]. Diese zusätzliche Voraussetzung korrespondiert damit, dass der Dritte „aufgrund eines Vertretungs- oder ähnlichen Verhältnisses" an die Stelle des VN getreten sein muss. Der VN haftet damit nicht für untergeordnete Hilfspersonen, die keine selbständigen Entscheidungsbefugnisse haben.

42   Die Entscheidungsbefugnisse des Dritten müssen sich auf die Verwaltung des versicherten Risikos beziehen. Eine Befugnis zu **rechtsgeschäftlichem** Handeln ist nach dem Grundgedanken der Repräsentantenhaftung nicht erforderlich[96]. Denn die Zuständigkeit für die Risikoverwaltung hängt nicht davon ab, ob der Dritte zu einer rechtsgeschäftlichen Vertretung des VN befugt ist[97]. Nach Sinn und Zweck der Repräsentantenhaftung ist es auch unerheblich, ob der Dritte zusätzlich zu der Risikoverwaltung die **Vertragsverwaltung** übernommen hat. Der BGH hat daher auch dieses einschränkende Kriterium zu Recht aufgegeben[98].

43   Welche Handlungsbefugnisse dem Dritten zukommen müssen, um die Repräsentantenstellung zu bejahen, lässt sich nicht einheitlich festlegen. In Grenzfällen kann die Entscheidung nur aufgrund einer umfassenden Interessenabwägung getroffen werden. Ein wichtiges Kriterium ist dabei die Frage, welche Handlungen typischerweise vorgenommen werden müssen, um die Verwirklichung des versicherten Risikos zu verhindern. Dies hängt in erster Linie von der **Art des versicherten Risikos** und der **Beschaffenheit der versicherten Sache** ab[99]. Bedarf die versicherte Sache einer **ständigen Betreuung** (z. B. Wertsachen, Reisegepäck), um die Verwirklichung des versicherten Risikos (z. B. Diebstahl) zu verhindern, so geht die Ausübung der alleinigen Obhut im Allgemeinen mit der alleinigen Risikoverwaltung einher[100]. Da die Risikoverwaltung sich in solchen Fällen auf die Betreuung der

---

[91] BGH v. 21. 4. 1993, BGHZ 122, 250 (253); *Martin,* Sachversicherungsrecht, Rn. O II 35; *Prölss/ Martin/Prölss,* § 6 Rn. 58; *Römer,* NZV 1993, 249 (251); krit. *Römer/Langheid/Langheid,* § 61 Rn. 20.
[92] Vgl. *Kampmann,* Repräsentantenhaftung, S. 105 f.; *Prölss/Martin/Knappmann,* § 11 AVBR 92 Rn. 3.
[93] LG Hamburg v. 19. 6. 1992, VersR 1993, 226; ähnlich LG Nürnberg-Fürth v. 2. 10. 1990, VersR 1991, 224 (225) (vorübergehende Übertragung der Aufsicht für ca. eine Stunde ausreichend); zustimmend Münchener Kommentar BGB/*Grundmann,* § 278 Rn. 11; *Wussow,* VersR 1993, 1454.
[94] So i. E. auch *Prölss/Martin/Knappmann,* § 11 AVBR 92 Rn. 3.
[95] BGH v. 21. 4. 1993, BGHZ 122, 250 (253).
[96] BGH v. 1. 10. 1969, VersR 1969, 1086 (1087); BGH v. 14. 4. 1971, VersR 1971, 538 (539).
[97] Vgl. *Bruck/Möller/Möller,* § 6 Anm. 94; *Römer,* NZV 1993, 249 (251).
[98] BGH v. 21. 4. 1993, BGHZ 122, 250 (253). Der Verzicht auf die Vertragsverwaltung als zusätzliche Voraussetzung der Repräsentantenhaftung ist in der Literatur auf einhellige Zustimmung gestoßen; vgl. nur *Johannsen,* DZWir 1994, 249; *Kampmann,* VersR 1994, 277 (279); *Knappmann,* VersR 1997, 261 (262); *Langheid/Müller-Frank,* NJW 1993, 2652 (2653); *Looschelders,* VersR 1999, 666 (671); *Lücke,* VersR 1993, 1098; *Römer,* NZV 1993, 249 (250); *Schirmer,* Repräsentantenhaftung, S. 29; *Winter,* FS E. Lorenz (1994), 723 (726).
[99] BGH v. 26. 4. 1989, BGHZ 107, 229 (234) = VersR 1989, 737.
[100] BGH v. 21. 4. 1993, BGHZ 122, 250 (253); *Prölss/Martin/Prölss,* § 6 Rn. 58.

versicherten Sache beschränkt, hängt die Repräsentantenstellung nicht von der Einräumung zusätzlicher Handlungsbefugnisse ab. Bei **Kfz** kann die Repräsentantenstellung dagegen nicht allein mit der vollständigen Obhutsübertragung begründet werden[101]. Erforderlich ist vielmehr darüber hinaus, dass der Dritte in umfassender Weise für die Verkehrssicherheit des Fahrzeugs zu sorgen hat[102]. Besonders strenge Anforderungen werden von der Rechtsprechung in Bezug auf **unbewegliche Sachen** gestellt. So soll es bei der Feuerversicherung für die Repräsentantenstellung des Mieters nicht ausreichen, dass dieser für die Erhaltung des Grundstücks und die Instandhaltung der elektrischen und sanitären Anlagen sowie der technischen Einrichtungen verantwortlich ist[103].

2. Der Repräsentant kraft Vertragsverwaltung

a) Nach der neueren Rechtsprechung kann eine Repräsentantenstellung auch allein darauf gestützt werden, dass der Dritte aufgrund eines Vertretungs- oder ähnlichen Verhältnisses für die **Verwaltung des Versicherungsvertrages** verantwortlich ist[104]. Ob dem Dritten die Obhut über die versicherte Sache übertragen worden ist, soll dabei irrelevant sein. In der Literatur ist diese Auffassung auf starke **Kritik** gestoßen[105]. Beanstandet wird, dass die Anknüpfung an die Vertragsverwaltung mit dem Grundgedanken der Repräsentantenhaftung unvereinbar sei. Außerdem bestehe für die Repräsentantenhaftung kraft Vertragsverwaltung kein Bedürfnis, weil die in diesem Zusammenhang relevanten Fälle mit anderen Zurechnungsgründen gelöst werden könnten. **44**

b) Bei der Repräsentantenhaftung geht es in erster Linie um die Verletzung von Verhaltensanforderungen, die den **Eintritt des Versicherungsfalles** verhindern sollen. Hier kann es nach dem Grundgedanken der Haftung nicht darauf ankommen, ob der Dritte bei der Vertragsverwaltung an die Stelle des VN getreten ist. Denn die Zuständigkeit für die Vertragsverwaltung steht in keinem inneren Zusammenhang mit dem Ziel, den Eintritt des Versicherungsfalles zu verhindern[106]. Die Übernahme der Vertragsverwaltung durch den Dritten kann in diesem Bereich daher nicht einmal als Indiz für die Repräsentantenstellung herangezogen werden[107]. Dies hat auch der BGH in einer neueren Entscheidung ausdrücklich anerkannt[108]. **45**

c) Eine andere Beurteilung könnte für die Verletzung von **Anzeige-, Aufklärungs-** und **Auskunftsobliegenheiten** geboten sein[109]. Denn die Erfüllung dieser Obliegenheiten **46**

---

[101] Eingehend dazu unten Rn. 73 ff.

[102] BGH v. 10. 7. 1996, VersR 1996, 1229 (1231); BGH v. 14. 4. 1971, VersR 1971, 538 (539); OLG Koblenz v. 17. 9. 1982, VersR 1983, 870 (870); OLG Oldenburg v. 8. 3. 1995, VersR 1996, 841.

[103] BGH v. 26. 4. 1989, BGHZ 107, 229 (234 f.). Ausführlich dazu unten Rn. 66 ff.

[104] BGH v. 21. 4. 1993, BGHZ 122, 250 (254) = VersR 1993, 828 (829); BGH v. 10. 7. 1995, VersR 1996, 1229 (1230); BGH v. 14. 3. 2007, VersR 2007, 673 (674); OLG Bremen v. 29. 7. 1997, VersR 1998, 1149; OLG Hamm v. 12. 9. 2001, VersR 2002, 433 (435 f.) = NVersZ 2002, 26 (27).

[105] Vgl. *Cyrus*, Repräsentantenhaftung, Rn. 227 ff.; *Kampmann*, Repräsentantenhaftung, S. 80 ff.; *Looschelders*, VersR 1999, 666 (671); *Lücke*, VersR 1993, 1098; *ders.*, VersR 1996, 785 (796); *Pauly*, MDR 1995, 874 (875); *Schirmer*, Repräsentantenbegriff, S. 30 ff.; zustimmend aber *Knappmann*, VersR 1997, 261 (263); *Römer/Langheid/Römer*, § 6 Rn. 147 ff.; *Römer*, NZV 1993, 249 (251); *Schimikowski*, Versicherungsvertragsrecht, Rn. 279.

[106] Vgl. *Knappmann*, VersR 1997, 261 (263); *Looschelders*, VersR 1999, 666 (671); *Lücke*, VersR 1993, 1098; *Römer/Langheid/Langheid*, § 61 Rn. 19; unzutreffend daher OLG Hamm v. 12. 9. 2001, VersR 2002, 433, wo im Rahmen des § 61 VVG a. F. auch die Repräsentanz kraft Vertragsverwaltung geprüft (und verneint) worden ist.

[107] *Bruck/Möller/Johannsen/Johannsen*, Feuerversicherung, Anm. G 49; *Kampmann*, Repräsentantenhaftung, S. 82; a. A. (Vertragsverwaltung als Indiz für Repräsentantenstellung) OLG Oldenburg v. 8. 3. 1995, VersR 1996, 841; *Hübner*, LM § 6 VVG Nr. 83; *Knappmann*, NJW 1994, 3147 (3148).

[108] BGH v. 14. 3. 2007, VersR 2007, 673 (674).

[109] In diese Richtung BGH v. 14. 3. 2007, VersR 2007, 673 (674); *Bruck/Möller/Johannsen/Johannsen*, Feuerversicherung, Anm. G 49; vgl. auch *Prölss/Martin/Prölss*, § 6 Rn. 58; *Römer/Langheid/Römer*, § 6 Rn. 151; *Knappmann*, VersR 1997, 261 (263).

steht in einem sachlichen Zusammenhang mit der Zuständigkeit für die Vertragsverwaltung. Soweit in der Rechtsprechung mit dem Repräsentanten kraft Vertragsverwaltung argumentiert worden ist, ging es in der Tat meist um die Verletzung von Erklärungsobliegenheiten, und zwar vor allem bei der Abwicklung des Versicherungsfalles[110]. Der BGH hat in neuerer Zeit allerdings klargestellt, dass eine Repräsentation kraft Vertragsverwaltung auch schon vor Eintritt des Versicherungsfalles in Betracht kommen kann[111]. Entscheidend sei, dass sich das Fehlverhalten auf **Vertragsangelegenheiten** bezieht. Probleme bereitet bei dieser Betrachtung die Abgrenzung zur Haftung des VN für seine **Wissenserklärungsvertreter** (§§ 164ff. BGB analog). In der Entscheidung vom 21. 4. 1993 hat der BGH beide Figuren nebeneinander angeführt[112]. Soweit es um die Abgabe von Wissenserklärungen durch Dritte geht, erscheint die entsprechende Anwendung des §§ 164ff. BGB indes vorzugswürdig, weil danach allein auf die Zuständigkeit für die Abgabe der konkreten Erklärung abzustellen ist[113]. Muss der VN hiernach nicht für die Erklärungen des Dritten einstehen, so kommt eine Zurechnung nach den strengeren Kriterien der Repräsentation kraft Vertragsverwaltung erst recht nicht in Betracht. Die letztere Rechtsfigur hat daher auch hier keine praktische Bedeutung.

47   **d)** In der Literatur wird darauf hingewiesen, dass es im Abwicklungsstadium des Versicherungsvertrages Obliegenheitsverletzungen Dritter gebe, die nicht analog § 166 BGB zugerechnet werden könnten, weil es nicht um die Abgabe von Wissenserklärungen gehe[114]. Dabei wird zum einen an die Verletzung von Aufklärungsobliegenheiten durch **tatsächliches Handeln** (z. B. Verändern und Vernichten von Beweisen) gedacht[115], zum anderen an die Fälle des **schlichten Unterlassens**[116]. Hier soll die Figur des Repräsentanten kraft Vertragsverwaltung einen eigenständigen Anwendungsbereich haben. Diese Ansicht führt jedoch zu Wertungswidersprüchen. Es ist nicht einsichtig, warum der VN für die Verletzung von Aufklärungsobliegenheiten durch das tatsächliche Handeln oder Unterlassen eines Dritten unter anderen (strengeren) Voraussetzungen einstehen muss als für die Abgabe von Wissenserklärungen durch den Dritten. Innerer Grund für die Zurechnung ist in all diesen Fällen, dass der VN den Dritten mit der Erfüllung der verletzten Erklärungsobliegenheit betraut hat. Diese „Betrauung" rechtfertigt es aber, dem VN nach § 164 Abs. 1 BGB analog sämtliches Fehlverhalten des Dritten zuzurechnen, welches in einem inneren Zusammenhang mit der übertragenen Zuständigkeit steht[117].

IV. Der obliegenheitsbezogene Repräsentantenbegriff in der Literatur

48   In der Literatur wird teilweise dafür plädiert, den einheitlichen Repräsentantenbegriff im Versicherungsrecht aufzugeben und zwischen der Dritthaftung des VN für Obliegenheitsverletzungen einerseits und für die Herbeiführung des Versicherungsfalles andererseits zu unterscheiden. Eine vollständige Übertragung der Risikoverwaltung sei nur bei der Herbeiführung des Versicherungsfalles erforderlich. Dagegen soll es bei Obliegenheitsverletzungen genügen,

---

[110] BGH v. 21. 4. 1993, BGHZ 122, 250 (255); OLG Bremen v. 29. 7. 1997, VersR 1998, 1149; vgl. aber auch OLG Hamm v. 12. 9. 2001, VersR 2002, 433 = NVersZ 2002, 26 (zu § 61 VVG a. F.).
[111] BGH v. 14. 3. 2007, VersR 2007, 673 (674); a. A. *Bruck/Möller/Johannsen/Johannsen*, Feuerversicherung, Anm. G 49.
[112] BGH v. 21. 4. 1993, BGHZ 122, 250 (252); krit. *Pauly*, MDR 1995, 874 (875). In der Entscheidung vom 14. 3. 2007 wird die Problematik nicht angesprochen, weil es ohnehin um kein Fehlverhalten in Vertragsangelegenheiten ging.
[113] So auch OLG Düsseldorf v. 30. 9. 1997, VersR 1999, 1106 (1107); *Bruns*, Zurechnung, S. 126ff.; *Knappmann*, VersR 1997, 261 (263).
[114] So *Knappmann*, VersR 1997, 261 (263); *Prölss/Martin/Prölss*, § 6 Rn. 62.
[115] So *Knappmann*, VersR 1997, 261 (263); *Bruck/Möller/Johannsen/Johannsen*, Feuerversicherung, Anm. G 49.
[116] *Prölss/Martin/Prölss*, § 6 Rn. 62.
[117] So auch *Bruns*, Zurechnung, S. 128. Ausführlicher dazu unten Rn. 51ff.

dass der Dritte für die eigenverantwortliche Wahrnehmung der in Frage stehenden Obliegenheit zuständig war (sog. **obliegenheitsbezogener Repräsentantenbegriff**)[118].

Gegen diesen differenzierenden Ansatz spricht, dass die Repräsentantenhaftung auf einem **49** **einheitlichen Grundgedanken** beruht. Hiernach hat die Einstandspflicht des VN den Zweck, die vollständige Übertragung der Risikoverwaltung zu kompensieren. Der obliegenheitsbezogene Repräsentantenbegriff würde die Haftung des VN für Dritte erheblich ausweiten. Der VN müsste sich danach auch das Verschulden von Hilfspersonen zurechnen lassen, die für die selbständige Wahrnehmung **einzelner** Obliegenheiten zuständig sind (z. B. Hausmeister). Gegen eine solche Ausweitung der Haftung sprechen die gleichen Argumente wie gegen die analoge Anwendung des § 278 BGB. Die Versicherung soll den VN auch vor Schäden schützen, die auf dem schuldhaften Verhalten von Hilfspersonen beruhen. Der **Versicherungsschutz** würde daher **entwertet,** wenn er sich deren Verschulden zurechnen lassen müsste[119].

V. Allgemeine Voraussetzungen der Haftung

1. Übertragung der Risikoverwaltung durch den Versicherungsnehmer

Innerer Grund für die Repräsentantenhaftung ist die **freiwillige Übertragung** der Risi- **50** koverwaltung. Die Haftung ist daher ausgeschlossen, wenn der Dritte die Risikoverwaltung ohne oder gegen den Willen des VN übernommen hat[120]. Entsprechend dem Rechtsgedanken der Duldungsvollmacht muss der VN aber gleichwohl für den Dritten einstehen, wenn er von dessen Eigenmächtigkeit gewusst hat und dennoch nicht eingeschritten ist[121]. Bloße Fahrlässigkeit (im Sinne der Anscheinsvollmacht) ist kein ausreichender Zurechnungsgrund. Hat der Repräsentant seine Stellung auf einen Vierten übertragen, so muss sich der VN dies entgegenhalten lassen, wenn er von der Übertragung gewusst und sie gebilligt oder geduldet hat[122].

2. Objektive Zurechnung

a) Die Einstandspflicht des VN setzt voraus, dass das Verhalten des Dritten in einem **inne-** **51** **ren Zusammenhang** mit der ihm übertragenen **Risikoverwaltung** steht[123]. Erfasst werden damit alle Fälle, in denen der Repräsentant den Versicherungsfall herbeiführt oder eine Obliegenheit verletzt, die den Eintritt des Versicherungsfalles verhindern soll. Verletzt der Repräsentant eine Anzeige-, Aufklärungs- oder Auskunftsobliegenheit, so fehlt es dagegen im Allgemeinen an dem erforderlichen Zusammenhang mit der Risikoverwaltung[124]. Dies ist der innere Grund dafür, dass die Repräsentantenhaftung kraft Risikoverwaltung bei **Erklärungsobliegenheiten** grundsätzlich nicht eingreift[125]. Es gibt allerdings einige nach Eintritt des Versicherungsfalles zu erfüllende Erklärungsobliegenheiten, die in einem so engen Zusammenhang mit der Risikoverwaltung stehen, dass die Zurechenbarkeit kraft Sachzusammenhangs bejaht werden muss. Dies gilt insbesondere für Aufklärungsobliegenheiten, die unmittelbar an den Eintritt des Versicherungsfalles anknüpfen. Hat der Repräsentant den

---

[118] *Bach,* VersR 1990, 235 ff.; *Kampmann,* Repräsentantenhaftung, S. 118 ff.; *ders.,* VersR 1994, 277 (278); *Langheid,* NJW 1991, 268 (269); *ders.,* FS Schirmer (2005), 353 ff.; *Leonhardt,* Repräsentantendoktrin, S. 100 ff.; *Pauly,* MDR 1995, 874 (875); *Schirmer,* Repräsentantenbegriff, S. 38.

[119] Zur Kritik an der Aufspaltung des Repräsentantenbegriffs vgl. auch *Römer,* NZV 1993, 249 (254).

[120] Vgl. OLG Hamm v. 9. 3. 1988, NJW-RR 1988, 989; LG Münster v. 10. 6. 1987, VersR 1988, 732; Berliner Kommentar/*Beckmann,* § 61 Rn. 46; *Prölss/Martin/Prölss,* § 6 Rn. 59; *Knappmann,* VersR 1997, 261 (263).

[121] *Knappmann,* VersR 1997, 261 (263).

[122] Vgl. OLG Hamm v. 12. 12. 1986, VersR 1988, 509; *Langheid,* NJW 1990, 221 (223); *Prölss/Martin/Prölss,* § 6 Rn. 60; *Römer/Langheid/Römer,* § 61 Rn. 36.

[123] *Knappmann,* VersR 1997, 261 (263).

[124] *Prölss/Martin/Prölss,* § 6 Rn. 62; *Lücke,* VersR 1993, 1098; *Looschelders,* VersR 1999, 666 (671).

[125] Vgl. zu diesem Grundsatz *Bruck/Möller/Möller,* § 6 Anm. 102; *Pauly,* MDR 1995, 874 (875).

Versicherungsfall herbeigeführt, so umfasst seine Stellung die Wahrnehmung dieser Obliegenheiten. Denn auch hier widerspräche es dem Gedanken der ausgleichenden Gerechtigkeit, wenn der VN sich damit entlasten könnte, dass er die Risikoverwaltung auf einen anderen übertragen hat. Besondere Bedeutung hat dies bei der **Kaskoversicherung.** Verletzt der Repräsentant durch Unfallflucht seine Aufklärungsobliegenheit, nachdem er den Versicherungsfall herbeigeführt hat, so muss der VN sich dies zurechnen lassen[126]. Entsprechende Grenzen gelten für die Zurechnung bei der Repräsentation kraft **Vertragsverwaltung,** sofern man diese Rechtsfigur anerkennt. Nach der Rechtsprechung muss der VN sich das Verschulden eines solchen Repräsentanten daher nur in Vertragsangelegenheiten zurechnen lassen, nicht aber bei einem Verhalten, das zum Eintritt des Versicherungsfalles führt[127].

52   **b)** In der Literatur wird teilweise die Auffassung vertreten, der VN müsse für das Verhalten des Repräsentanten nur dann einstehen, wenn dieser **innerhalb seiner Repräsentantenstellung** gehandelt habe. Nicht zurechenbar wären danach Schäden, die von sonstigen Personen in gleicher Weise hätten verursacht werden können[128]. In der Feuerversicherung wäre die Einstandspflicht des VN also zu verneinen, wenn der Eintritt des Versicherungsfalles darauf beruht, dass der Repräsentant Zigarrenreste in einen Plastikmüllsack geworfen hat. Denn das Entleeren von Aschenbechern ist keine spezifische Aufgabe von Repräsentanten[129]. Gegen eine solche Einschränkung der Zurechenbarkeit spricht jedoch, dass die Repräsentantenhaftung auf der vollständigen Übertragung der **Risikoverwaltung** beruht. Erforderlich ist daher lediglich, dass das Verhalten des Dritten in einem inneren Zusammenhang mit der Risikoverwaltung steht[130]. Die Risikoverwaltung umfasst aber den gesamten Umgang mit der versicherten Sache. Dazu gehören auch untergeordnete Tätigkeiten wie das Entleeren von Aschenbechern[131].

53   **c)** Besondere Probleme bereitet der Fall, dass der Repräsentant den Versicherungsfall **vorsätzlich** herbeiführt, um den VN zu **schädigen.** Rechtsprechung und h. L. bejahen auch hier die Zurechenbarkeit[132]. Für diese Auffassung spricht, dass der Repräsentant bei der Risikoverwaltung in vollem Umfang an die Stelle des VN tritt[133]. Auf der anderen Seite beruht die Repräsentantenhaftung jedoch auf der Erwägung, der VN dürfe sich nicht dadurch unverdiente Vorteile verschaffen können, dass er die Risikoverwaltung vollständig aus der Hand gibt. Der VN soll also genauso gestellt werden, wie wenn er das versicherte Risiko selbst verwaltet hätte. Nach dem Grundgedanken der Repräsentantenhaftung sind deshalb nur solche

---

[126] BGH v. 10. 7. 1996, VersR 1996, 1229 = NJW 1996, 2935; OLG Oldenburg v. 21. 6. 1995, VersR 1996, 746; *Knappmann,* VersR 1997, 261 (264); *Prölss/Martin/Prölss,* § 6 Rn. 59; *Römer/Langheid/Langheid,* § 61 Rn. 22; a. A. OLG Köln v. 19. 9. 1996, VersR 1996, 839 (vom BGH aufgehoben); OLG Frankfurt v. 14. 3. 1985, VersR 1986, 1095; OLG Stuttgart v. 1. 12. 1975, VersR 1977, 173; *Bruck/Möller/Möller,* § 6 Anm. 107; *Schimikowski,* Versicherungsvertragsrecht, Rn. 280. Zur Repräsentantenhaftung in der Kraftfahrtversicherung s. auch unten Rn. 73ff.

[127] BGH v. 14. 3. 2007, VersR 2007, 673 (674); vgl. dazu auch oben Rn. 45.

[128] So *Martin,* Sachversicherungsrecht, Rn. O II 48; dem folgend *Winter,* FS E. Lorenz (1994), 723 (728); dagegen BGH v. 23. 3. 1988, VersR 1988, 506; OLG Oldenburg v. 21. 6. 1995, VersR 1996, 746.

[129] Vgl. *Martin,* Sachversicherungsrecht, Rn. O II 49ff. gegen OLG Hamm v. 27. 6. 1986, VersR 1988, 26, wo die Repräsentantenhaftung bejaht worden ist. Der BGH (23. 3. 1988, VersR 1988, 506) hat die Entscheidung des OLG Hamm aufgehoben, weil Zweifel bestanden, ob der Repräsentant grob fahrlässig gehandelt hatte.

[130] So auch *Römer/Langheid/Langheid,* § 61 Rn. 22.

[131] Vgl. *Looschelders,* VersR 1999, 666 (673); *Römer,* NZV 1993, 249 (252f.).

[132] Vgl. BGH v. 14. 3. 2007, VersR 2007, 673; BGH v. 20. 5. 1981, VersR 1981, 822; Berliner Kommentar/*Beckmann,* § 61 Rn. 46; Berliner Kommentar/*Schwintowski,* § 6 Rn. 212; *Bruck/Möller/Johannsen/Johannsen,* Feuerversicherung, Anm. G 51; *Prölss/Martin/Knappmann,* § 12 AKB Rn. 70; *Römer/Langheid/Römer,* § 6 Rn. 148; *Knappmann,* VersR 1997, 261 (263); *Mordfeld,* Repräsentant, S. 170ff.; a. A. *Martin,* Sachversicherungsrecht, Rn. O II 49ff.; Münchener Kommentar BGB/*Grundmann,* § 278 Rn. 11; *Looschelders,* VersR 1999, 666 (673); *Winter,* FS E. Lorenz (1994), 723 (727f.); ders., JR 1990, 197 (198).

[133] Hierauf abstellend *E. Lorenz,* VersR 2000, 2 (6 Fn. 20).

Risiken zurechenbar, die sich ebenso gut in der Hand des VN hätten realisieren können. Die absichtliche Schädigung durch den Repräsentanten ist ein Risiko, das erst durch die Übertragung der Repräsentantenstellung geschaffen wird. Müsste der VN sich auch dieses Risiko zurechnen lassen, so stünde er schlechter, als wenn er die Risikoverwaltung nicht übertragen hätte.

Die vorstehenden Überlegungen werden durch **Sinn und Zweck des § 81 VVG** bestätigt. Wenn der VN den Versicherungsfall selbst vorsätzlich herbeiführt, so wird es ihm in aller Regel darum gehen, sich in betrügerischer Weise die Versicherungsleistung zu verschaffen. Dem soll mit der Leistungsfreiheit des VR entgegengewirkt werden. Will der Repräsentant den VN schädigen, so trifft dieser Schutzzweck nicht zu. Es ist daher nicht gerechtfertigt, den Anwendungsbereich des § 81 VVG auf solche Fälle zu erstrecken[134].   **54**

VI. Einzelne Fallgruppen

1. Familiärer Bereich

a) Ein wichtiges Feld der Repräsentantenhaftung ist der familiäre Bereich. In der Praxis stellt sich insbesondere die Frage, ob der **Ehegatte** des VN dessen Repräsentant ist. In Rechtsprechung und Literatur ist heute anerkannt, dass die Ehe als solche keine Repräsentantenstellung begründen kann[135]. Es müssen also die allgemeinen Kriterien geprüft werden. Erforderlich ist damit, dass der VN die **Risikoverwaltung** vollständig auf den Ehegatten übertragen hat.   **55**

aa) Der Ehegatte muss für eine gewisse Dauer die **alleinige Obhut** über die versicherte Sache ausüben. Diese Voraussetzung wird im Allgemeinen vorliegen, wenn die versicherte Sache dem persönlichen Gebrauch des Ehegatten dient[136]. Dass der Ehegatte aufgrund der ehelichen Lebensgemeinschaft Mitobhut an den versicherten Sachen hat und diese ebenso wie der VN selbst nutzen darf, genügt dagegen nicht[137]. Die Mitobhut des Ehepartners ist nämlich eine „normale" Situation, die nicht zu Lücken im Versicherungsschutz führen darf[138].   **56**

Nach allgemeinen Grundsätzen lässt sich die Repräsentantenstellung auch nicht damit begründen, dass der Ehegatte die alleinige Obhut über die versicherten Sachen bei **vorübergehender** Abwesenheit des VN (z. B. während einer Geschäftsreise[139] oder eines Krankenhausaufenthalts[140]) ausübt. Erst recht kann es für die Repräsentantenhaftung nicht ausreichen, dass   **57**

---

[134] *Looschelders,* VersR 1999, 666 (673); Münchener Kommentar BGB/*Grundmann,* § 278 Rn. 11 (jeweils zu § 61 VVG a. F.).

[135] BGH v. 8. 2. 1965, VersR 1965, 425 (429); BGH v. 2. 5. 1990, VersR 1990, 736 (736); OLG Braunschweig v. 8. 5. 1985, VersR 1986, 331 (331); OLG Karlsruhe v. 21. 6. 1990, VersR 1991, 1048 (1048); LG Berlin v. 11. 12. 1980, VersR 1982, 83 (84); LG Münster v. 10. 6. 1987, VersR 1988, 732 (733); Berliner Kommentar/*Schwintowski,* § 6 Rn. 215; *Bruck/Möller/Möller,* § 6 Anm. 98; *Prölss/Martin/Prölss,* § 6 Rn. 76; *van Bühren,* MDR 2002, 1410 (1411); *Stürmer,* VersR 1983, 310 ff.; *Wenzel,* VersR 1990, 1310 ff.

[136] OLG Köln v. 23. 6. 1998, VersR 1999, 311 (Schmuck). Einschränkend Berliner Kommentar/*Schwintowski,* § 6 Rn. 217 und *Prölss/Martin/Prölss,* § 6 Rn. 76: „i. d. R."; vgl. auch OLG Düsseldorf v. 27. 9. 1994, VersR 1996, 749 (betr. Reisegepäckversicherung), wo die versicherten Sachen aber schon deshalb der alleinigen Obhut des Ehegatten unterstanden, weil dieser sie auf eine allein unternommene Reise mitgenommen hatte.

[137] BGH v. 8. 2. 1965, VersR 1965, 425 (429); OLG Braunschweig v. 8. 5. 1985, VersR 1986, 330; OLG Köln v. 21. 6. 1990, VersR 1991, 1048; OLG Hamm v. 29. 10. 86, VersR 1986, 240; Berliner Kommentar/*Schwintowski,* § 6 Rn. 215; *Martin,* Sachversicherungsrecht, Rn. O II 115; a. A. noch (bei intakter Ehe) *Prölss/Martin/Martin,* VVG, 24. Aufl. (1988), § 9 VHB 84 Anm. 2 B b; OLG München v. 17. 1. 1986, VersR 1986, 585; LG Braunschweig v. 20. 10. 1982, VersR 1983, 453. Zum Problem der Mitobhut s. auch oben Rn. 39.

[138] Vgl. *Martin,* Sachversicherungsrecht, Rn. O II 115; *Looschelders,* VersR 1999, 666 (673).

[139] RG v. 28. 6. 1927, RGZ 117, 327 (329).

[140] OLG Köln v. 29. 3. 1990, VersR 1990, 1226; krit. *Römer/Langheid/Römer,* § 61 Rn. 32, wonach der Fall nach der neueren Rechtsprechung des BGH anders zu beurteilen wäre, weil die Risikoverwaltung

der VN die Wohnung regelmäßig vor seinem Ehegatten verlässt[141] oder dass dieser für einen Teil der Risikoverwaltung – nämlich das Schließen der Fenster und Türen beim Verlassen des Hauses – zuständig ist[142]. In der Reisegepäckversicherung ist der Ehegatte Repräsentant des VN, wenn er die Reise ohne dessen Begleitung unternimmt[143]. Die kurzzeitige Übertragung der alleinigen Obhut über das Reisegepäck auf den mitreisenden Ehegatten genügt dagegen nicht[144].

58   *bb)* Selbst wenn dem Ehegatten die alleinige Obhut über die Sache übertragen worden ist, ist er nicht notwendig Repräsentant. Grundsätzlich muss vielmehr hinzukommen, dass der Ehegatte im Rahmen der Risikoverwaltung zu **selbständigem Handeln** für den VN berechtigt ist[145]. Diese Berechtigung kann nicht allein auf die eheliche Lebensgemeinschaft gestützt werden[146]. So ist der Ehegatte in der Kaskoversicherung nicht schon deshalb Repräsentant des VN, weil er das Kfz überwiegend oder sogar ausschließlich nutzt[147]. Etwas anders gilt, wenn der Ehegatte Leasingnehmer, Besitzer und Halter des Kfz ist und alle damit verbundenen Kosten (Benzin, Reparaturen, Leasingraten, Kfz-Steuern etc.) trägt[148]. In der Feuerversicherung ist der Ehegatte Repräsentant des VN, wenn er dessen Einzelhandelsgeschäft als Geschäftsführer leitet[149]. Ist der Ehegatte nur „einfacher Angestellter", so ist die Repräsentantenstellung zu verneinen[150].

59   **b)** Zur Repräsentantenstellung des **eingetragenen Lebenspartners** (§ 1 LPartG) gibt es bislang noch keine veröffentlichten Entscheidungen. Es können aber keine Zweifel daran bestehen, dass die für den Ehegatten entwickelten Grundsätze auf den Lebenspartner zu übertragen sind. Der Lebenspartner ist daher als solcher ebenfalls nicht als Repräsentant des VN anzusehen.

60   **c)** Die gleichen Grundsätze wie für Ehegatten und Lebenspartner gelten für **Lebensgefährten** und **sonstige Angehörige** des VN. Hier kann erst recht nicht davon ausgegangen werden, dass die persönliche oder familiäre Verbundenheit als solche eine Repräsentantenstellung begründet[151]. In der Hausratversicherung sind die betreffenden Personen daher auch dann nicht Repräsentanten, wenn sie mit dem VN in häuslicher Gemeinschaft leben und die versicherten Sachen in gleicher Weise wie dieser benutzen[152]. Eine Repräsentantenstellung kommt aber in Betracht, wenn der Lebensgefährte oder Angehörige während eines längeren

---

dauerhaft auf den Ehegatten übergangen sei. Dem ist jedoch entgegenzuhalten, dass bei einem vorübergehenden Krankenhausaufenthalt nicht von einem dauerhaften Übergang der Risikoverwaltung gesprochen werden kann.

[141] LG Berlin v. 11. 12. 1980, VersR 1982, 83; *Bruck/Möller/Johannsen/Johannsen,* Feuerversicherung, Anm. G 53; a. A. OLG München v. 17. 1. 1986, VersR 1986, 585.

[142] *Knappmann,* r+s 1998, 250; *Looschelders,* VersR 1999, 666 (672); a. A. OLG Karlsruhe v. 20. 11. 1997, r+s 1998, 162 (163).

[143] OLG Hamburg v. 24. 1. 1979, VersR 1979, 736; OLG Düsseldorf v. 27. 9. 1994, VersR 1996, 749.

[144] Zu den Voraussetzungen der Repräsentantenhaftung bei der Reisegepäckversicherung s. o. Rn. 40.

[145] BGH v. 2. 5. 1990, VersR 1990, 736 (736); Berliner Kommentar/*Schwintowski,* § 6 Rn. 216.

[146] *Martin,* Sachversicherungsrecht, Rn. O II 115; vgl. auch BGH v. 10. 2. 1982, VersR 1982, 463, wo allerdings darauf abgestellt wird, dass die Ehegatten in Scheidung gelebt haben.

[147] Zur überwiegenden Nutzung vgl. OLG Hamm v. 29. 10. 1986, VersR 1988, 240; LG Aachen v. 10. 11. 1986, VersR 1986, 105; Berliner Kommentar/*Schwintowski,* § 6 Rn. 218f.

[148] OLG Hamm v. 8. 3. 1995, VersR 1996, 225.

[149] OLG Hamm v. 27. 6. 1986, VersR 1988, 26; BGH v. 23. 3. 1988, VersR 1988, 506; *Bruck/Möller/Johannsen/Johannsen,* Feuerversicherung, Anm. G 53.

[150] OLG Hamm v. 28. 3. 1990, VersR 1990, 1230; *Prölss/Martin/Prölss,* § 6 Rn. 76.

[151] Vgl. *Bruck/Möller/Johannsen/Johannsen,* Feuerversicherung, Anm. G 54; *Martin,* Sachversicherungsrecht, Rn. O II 123.

[152] BGH v. 2. 5. 1990, VersR 1990, 736; OLG Karlsruhe v. 16. 5. 1991, VersR 1992, 1391 (Lebensgefährte des VN); OLG Hamm v. 9. 1. 1991, VersR 1992, 570 (Bruder des VN); *Martin,* Sachversicherungsrecht, Rn. O II 117; *Prölss/Martin/Prölss,* § 6 Rn. 77; a. A. für die Lebensgefährtin des VN bei häuslicher Gemeinschaft LG Karlsruhe v. 30. 11. 1984, VersR 1985, 380.

Auslandsaufenthalts des VN bei der Betreuung des versicherten Risikos an dessen Stelle getreten ist[153].

2. Betrieblicher Bereich

   a) Große Bedeutung hat die Repräsentantenhaftung im betrieblichen Bereich. Hier muss   **61** allerdings streng darauf geachtet werden, dass die Einstandspflicht **nicht** auf **alle Mitarbeiter** ausgedehnt wird, die für den VN die Obhut über die versicherte Sache ausüben. Denn der Geschäftsherr will sich mit dem Abschluss des Versicherungsvertrages regelmäßig auch vor Schäden schützen, die durch das schuldhafte Verhalten seiner Beschäftigten verursacht werden[154]. Der in Frage stehende Mitarbeiter muss daher im Betrieb des VN eine herausgehobene Stellung haben, die selbständige Entscheidungsbefugnisse in Bezug auf das versicherte Risiko umfasst. Dass der Mitarbeiter die ihm übertragenen Aufgaben ohne dauernde Überwachung ausübt, genügt nicht[155].

   b) Die Voraussetzungen der Repräsentantenhaftung liegen bei allen Personen vor, die den   **62** **Betrieb anstelle des VN selbständig leiten**[156]. In der Geschäftsversicherung für eine Gaststätte ist der Vater des VN daher dessen Repräsentant, wenn er das Lokal allein führt und der Sohn nur der Form halber für seinen überschuldeten Vater als VN und Pächter auftritt[157]. Das Gleiche gilt, wenn der Vater den Betrieb formal auf seinen Sohn überträgt, faktisch aber der „eigentliche Chef" bleibt[158]. Die Eltern des VN, die dessen Betrieb an bestimmten Tagen leiten, sind keine Repräsentanten, wenn der VN den Betrieb an den übrigen Tagen selbst führt. Denn in diesem Fall hat der VN die Verantwortlichkeit für den Betrieb nicht vollständig übertragen[159].

   c) Schwieriger zu beantworten ist die Frage, unter welchen Voraussetzungen ein **leiten-**   **63** **der Mitarbeiter** des VN als Repräsentant angesehen werden kann. Eine generelle Antwort ist hier nicht möglich. Vielmehr muss im Einzelfall geprüft werden, ob der VN dem betreffenden Mitarbeiter die Verwaltung des versicherten Risikos **vollständig** übertragen hat[160]. Dabei kommt es auf die konkreten Befugnisse des Mitarbeiters in Bezug auf die versicherte Sache an. Nach der neueren Rechtsprechung des BGH ist die Repräsentantenstellung leitender Mitarbeiter zu verneinen, wenn der VN jederzeit in die Risikoverwaltung eingreifen kann und dazu bereit ist. Der VN muss sich daher das Verhalten seines **Betriebsleiters** nicht zurechnen lassen, wenn er Kontrollmechanismen eingerichtet hat, die ihm ein Eingreifen ermöglichen[161]. Da solche Kontrollmechanismen meist vorhanden sein werden, wird die Repräsentantenhaftung für leitende Mitarbeiter erheblich eingeschränkt[162]. Der VR wird dadurch jedoch nicht unbillig belastet. Verfügt der VN über Kontrollmöglichkeiten, so kommt ein eigenes Verschulden bei der Überwachung des in Frage stehenden Mitarbeiters in Betracht. Es ist daher nicht erforderlich, dem VN darüber hinaus noch das Verschulden des Mitarbeiters anzulasten.

---

[153] Vgl. OLG Frankfurt a. M. v. 2.7. 1987, VersR 1988, 820. Da die Lebensgefährtin die Schadensanzeige mit Einwilligung des VN ausgefüllt hatte, musste dieser sich die falschen Angaben nach der hier vertretenen Auffassung allerdings schon nach § 166 Abs. 1 BGB analog zurechnen lassen (vgl. unten Rn. 103).

[154] Vgl. *Martin,* Sachversicherungsrecht, Rn. O II 74.

[155] OLG Koblenz v. 13. 1. 2006, VersR 2007, 787.

[156] Vgl. BGH v. 21. 9. 1967, VersR 1967, 990; BGH v. 20. 5. 1981, VersR 1981, 822; BGH v. 23. 3. 1988, VersR 1988, 506; OLG Hamm v. 27. 6. 1986, VersR 1988, 26; OLG Koblenz v. 16. 10. 2003, VersR 2004, 642.

[157] BGH v. 19. 6. 1991, NJW-RR 1991, 1307 (1308).

[158] OLG Köln v. 21. 2. 1995, VersR 1996, 94.

[159] OLG Köln v. 14. 9. 1989, VersR 1990, 1270 (betr. Gaststätte).

[160] BGH v. 25. 3. 1992, VersR 1992, 865; *Römer,* NZV 1993, 249 (253).

[161] BGH v. 25. 3. 1992, VersR 1992, 865.

[162] Vgl. *Winter,* FS E. Lorenz (1994), S. 723 (726).

64   Von einer vollständigen Übertragung des versicherten Risikos kann im Übrigen nur dann
ausgegangen werden, wenn der in Frage stehende Mitarbeiter befugt ist, **selbständig** in
einem gewissen nicht ganz unbedeutenden Umfang für den Betriebsinhaber zu handeln. Bei
einer Spedition können die **Fahrer** der Lastzüge somit schon aufgrund ihrer unselbständigen
Stellung nicht als Repräsentanten des VN angesehen werden[163]. Dagegen soll der Angestellte
einer Spedition, der die Mitteilungen der Fahrer über vorhandene Mängel entgegenzunehmen und nach dieser Maßgabe für den verkehrssicheren Zustand der Fahrzeuge zu sorgen
hat, auch dann Repräsentant des VN sein, wenn er selbst keine kraftfahrtechnischen Kenntnisse hat[164]. Das Gleiche soll für den **technischen Betriebsleiter** gelten, der den Einsatz der
Fahrzeuge zu planen und die Fahrtzeiten der Fahrer zu überwachen hat[165]. Bei Bauunternehmen wird der **örtliche Bauleiter** als Repräsentant angesehen, nicht aber der **Schachtmeis-
ter** oder **Polier**[166]. Bei einem Straßenbauunternehmen hat der BGH die Repräsentantenstellung des verantwortlichen **Betriebsleiters** bejaht[167]. Demgegenüber muss der Betreiber
einer Gaststätte sich das Verschulden der **Kellnerin** nicht unter dem Aspekt der Repräsentantenhaftung zurechnen lassen. In Betracht kommt aber ein eigenes Überwachungsverschulden
des VN[168].

65   **d)** Ob der VN sich das Verhalten seines **Prokuristen** zurechnen lassen muss, lässt sich
nicht einheitlich beurteilen[169]. Zwar stehen dem Prokuristen grundsätzlich selbständige Entscheidungsbefugnisse zu. Entscheidend ist aber, ob der VN die Verwaltung des versicherten
Risikos vollständig aufgegeben hat. Ist dem Prokuristen ein Dienstfahrzeug überlassen worden, so hat er in der Kaskoversicherung die Stellung eines Repräsentanten, wenn er die wesentlichen Aufgaben im Bereich der Risikoverwaltung (Sorge für die Verkehrssicherheit,
Wartung und Pflege des Kfz) eigenverantwortlich wahrzunehmen hat. Etwaige verbleibende
Kontroll- und Zugriffsrechte des VN haben hier keine so große Bedeutung, weil sie im Allgemeinen nicht effektiv sind[170].

3. Überlassung von Grundstücken, Gebäuden und Wohnungen

66   **a)** Ein weiterer wichtiger Anwendungsbereich der Repräsentantenhaftung ist die Überlassung von Grundstücken, Gebäuden und Wohnungen an Dritte, insbesondere im Rahmen
von **Miete** und **Pacht**. In früherer Zeit ist die Repräsentantenstellung des Mieters oder
Pächters von unbeweglichen Sachen überwiegend bejaht worden[171]. So hat das OLG Hamm
einen Mieter, der den Betrieb der Heizungsanlage und den Öleinkauf übernommen hatte, in
Bezug auf den Frostschutz für Heizung und Wasserleitungen als Repräsentanten des Vermieters angesehen[172]. Der BGH hat die Frage lange Zeit offen gelassen[173]. In neuerer Zeit hat er
aber klargestellt, dass der Mieter/Pächter eines Gebäudes als solcher nicht Repräsentant des

---

[163] BGH v. 14. 4. 1971, VersR 1971, 538.

[164] BGH v. 14. 4. 1971, VersR 1971, 538.

[165] OLG Hamm v. 9. 7. 1976, VersR 1978, 221.

[166] Vgl. BayObLG v. 20. 10. 1975, VersR 1976, 33; OLG Hamm v. 16. 6. 1999, VersR 2000, 1104;
OLG Celle v. 18. 3. 1999, VersR 2001, 453.

[167] BGH v. 18. 11. 1965, VersR 1966, 131.

[168] BGH v. 10. 5. 2000, VersR 2000, 846, wo ein eigenes Verschulden des VN aber nicht festgestellt
worden ist.

[169] Die Repräsentantenstellung des Prokuristen bejahend BGH v. 10. 7. 1996, VersR 1996, 1229; OLG
Hamburg v. 17. 3. 1988, VersR 1988, 1147; ablehnend OLG Hamm v. 26. 10. 1994, VersR 1995, 1086.

[170] BGH v. 10. 7. 1996, VersR 1996, 1229.

[171] Vgl. etwa OLG Hamm v. 27. 3. 1981, VersR 1981, 1173; LG Hannover v. 16. 12. 1982, VersR
1983, 950; LG Mönchengladbach v. 9. 11. 1988, VersR 1989, 845; *Zierke*, VersR 1987, 132ff.; einschränkend OLG Hamburg v. 9. 11. 1988, VersR 1990, 264 (betr. privaten Wohnungsmieter in Mehrfamilienhaus).

[172] OLG Hamm v. 24. 2. 1989, VersR 1989, 265 (266). Die Entscheidung verstößt allerdings gegen den
Grundsatz, dass die Repräsentantenhaftung eine umfassende Übertragung der Risikoverwaltung voraussetzt.

[173] BGH v. 21. 10. 1981, VersR 1982, 81.

VN ist[174]. Etwas anderes komme nur Betracht, wenn die Parteien die Stellung des Mieters/ Pächters durch Vertrag abweichend von den dispositiven Regeln der §§ 535 ff. BGB verstärkt hätten.

b) Die neuere Rechtsprechung des BGH hat zur Folge, dass die Repräsentantenstellung **67** des Mieters bzw. Pächters nach allgemeinen Grundsätzen geprüft werden muss. Erforderlich ist also, dass der Mieter bzw. Pächter die **alleinige Obhut** über das Grundstück oder Gebäude ausübt. Nach Ansicht des BGH ist schon diese Voraussetzung im Regelfall zu verneinen. Dass der Mieter oder Pächter die versicherte Sache in Besitz habe, bedeute jedenfalls noch nicht, dass ihm die alleinige Obhut übertragen worden sei. Als Vermieter bzw. Verpächter und mittelbarer Besitzer habe der VN nämlich weiter die Möglichkeit, selbst für die Erhaltung der Sache zu sorgen. Solange der VN von dieser Möglichkeit Gebrauch mache und sich nicht allein auf den Mieter oder Pächter verlasse, verbleibe die Sache in seiner Obhutsphäre[175].

c) Selbst wenn der Mieter/Pächter die alleinige Obhut über das versicherte Gebäude aus- **68** übt, kann er nur dann als Repräsentant angesehen werden, wenn er im Rahmen der Risikoverwaltung in nicht ganz unbedeutendem Umfang zu **selbständigem Handeln** für den VN befugt ist[176]. Die Übertragung von Instandhaltungs- und Verkehrspflichten genügt dafür nach Ansicht des BGH nicht[177]. Hieran anknüpfend hat das OLG Hamm die Repräsentantenstellung eines Mieters verneint, der gelegentlich im Rahmen der Risikoverwaltung tätig geworden war, dabei aber stets mit Wissen und im Auftrag des an einem anderen Ort wohnhaften Vermieters gehandelt hatte[178]. Im gleichen Sinne hat es das OLG Köln für die Repräsentantenstellung des Mieters oder Pächters nicht ausreichen lassen, dass diesem die Pflicht zur Tragung der Feuerversicherung auferlegt und ein dingliches Vorkaufsrechts eingeräumt worden war[179].

d) Die restriktive Auffassung des BGH ist in der **Literatur** auf Widerspruch gestoßen[180]. **69** Dabei wird geltend gemacht, dass die Anforderungen an die alleinige Obhut überspannt werden, wenn man es für die Mitobhut des VN ausreichen lässt, dass er sich wenigstens gelegentlich um die Sache kümmert[181]. Die Stellung des Mieters/Pächters sei schon dann in dem erforderlichen Maße verstärkt, wenn er für die Instandhaltung des Gebäudes zuständig sei[182].

e) Für eine Ausweitung der Repräsentantenhaftung im Fall der Vermietung oder Ver- **70** pachtung spricht, dass die Einwirkungsmöglichkeiten des Vermieters bzw. Verpächters auf das versicherte Gebäude trotz aller rechtlichen Befugnisse aus tatsächlichen Gründen begrenzt sind. Der Mieter oder Pächter hat damit eine sehr **selbständige Stellung.** Auf der anderen Seite ist jedoch zu beachten, dass der Grundgedanke der Repräsentantenhaftung auf die Vermietung oder Verpachtung im Allgemeinen nicht zutrifft. Denn dem VN geht es hier typischerweise nicht darum, die Lasten der Risikoverwaltung auf einen anderen zu übertragen. Die Vermietung oder Verpachtung der versicherten Sache ist vielmehr erforderlich, um eine

---

[174] BGH v. 26. 4. 1989, BGHZ 107, 229 (232) = VersR 1989, 737; BGH v. 7. 6. 1989, VersR 1989, 909; ebenso OLG Köln v. 6. 12. 1990, VersR 1991, 533; OLG Hamm v. 12. 9. 2001, VersR 2002, 433.
[175] BGH v. 26. 4. 1989, BGHZ 107, 229 (233 ff.).
[176] BGH v. 26. 4. 1989, BGHZ 107, 229 (235); OLG Hamm v. 12. 9. 2001, VersR 2002, 433.
[177] BGH v. 26. 4. 1989, BGHZ 107, 229 (232); BGH v. 7. 6. 1989, VersR 1989, 909.
[178] OLG Hamm v. 12. 9. 2001, VersR 2002, 433 (434 f.). Wenn das OLG Hamm darüber hinaus eine Repräsentantenstellung kraft Vertragsverwaltung geprüft hat, so war dies nach der hier vertretenen Auffassung (oben Rn. 45) nicht angebracht, weil die schuldhafte Herbeiführung des Versicherungsfalls in keinem inneren Zusammenhang mit der Vertragsverwaltung steht.
[179] OLG Köln v. 6. 12. 1990, VersR 1991, 533.
[180] *Prölss/Martin/Prölss,* § 6 Rn. 73; *Martin,* Sachversicherungsrecht, Rn. O II 82 ff.; *Bach,* VersR 1990, 737 ff.; *Kampmann,* Repräsentantenhaftung, S. 162 ff.; zustimmend aber *Cyrus,* Repräsentantenhaftung, Rn. 236 ff.; *Looschelders,* VersR 1999, 666 (672); *Römer,* NZV 1993, 249 (253); *Winter,* FS E. Lorenz (1994), 723 (724 f.).
[181] *Martin,* Sachversicherungsrecht, Rn. O II 86.
[182] *Martin,* Sachversicherungsrecht, Rn. O II 96.

angemessene wirtschaftliche Nutzung des Gebäudes zu verwirklichen. Soweit der Mieter/Pächter die Obhut über die versicherte Sache ausübt, handelt er deshalb nicht als „Vertrauensmann" oder Sachwalter des VN, sondern verfolgt eigene Interessen, die nicht mit den Interessen des VN deckungsgleich sind[183]. In dieser Situation hat der VN ein schutzwürdiges Interesse daran, dass der Versicherungsschutz auch Schäden erfasst, die durch das vorsätzliche oder grob fahrlässige Verhalten des Mieters oder Pächters herbeigeführt werden. Die Vermietung oder Verpachtung eines Gebäudes wäre für ihn sonst mit unannehmbaren Risiken verbunden[184]. Die restriktive Haltung des BGH wird somit durch Sinn und Zweck des Versicherungsvertrages gerechtfertigt.

71   **f)** Die für die Miete und Pacht entwickelten Grundsätze lassen sich nicht auf alle Fälle der Gebrauchsüberlassung bei unbeweglichen Sachen übertragen. So muss der VN sich das Verhalten einer **Maklerfirma** zurechnen lassen, der er die alleinige Obhut über sein leerstehendes Haus übertragen hat[185]. Der entscheidende Unterschied gegenüber Miete und Pacht liegt darin, dass der Makler die Obhut über die versicherte Sache im alleinigen Interesse des VN ausübt und damit „im Lager des VN" steht. Die Übertragung der Obhut über die versicherte Sache stellt außerdem kein notwendiges Element des Maklervertrages dar. Der VN wäre durch den Vertrag nicht gehindert, die Obhut selbst auszuüben. Wenn der VN die Obhut gleichwohl auf den Makler überträgt, so geht es ihm typischerweise darum, sich von den Lasten der Risikoverwaltung zu befreien. Nach dem Grundgedanken der Repräsentantenhaftung soll ihm dies aber nur um den Preis einer Einstandspflicht für den Dritten möglich sein.

72   **g)** Den vorstehenden Grundsätzen entsprechend hat das OLG Celle einen **Ingenieur** als Repräsentanten angesehen, dem die Eigentümerin für ein Jahr die Betreuung eines unbewohnten Gebäudes einschließlich der Befugnis zur Erteilung von Reparaturaufträgen übertragen hatte[186]. Desgleichen ist ein **Hausverwalter** Repräsentant, wenn er die alleinige Obhut über das Gebäude ausübt und selbständige Entscheidungsbefugnisse bei der Risikoverwaltung hat[187].

4. Überlassung von Kfz

73   **a)** Eine besonders wichtige Fallgruppe der Repräsentantenhaftung ist die Überlassung von Kfz. Hier besteht Einigkeit, dass der **Fahrer** des versicherten Kfz als solcher nicht Repräsentant des VN ist[188]. Das Gleiche gilt für den **Mieter**[189]. Es muss also im Einzelfall festgestellt werden, ob der VN die Risikoverwaltung vollständig auf den Dritten übertragen hat.

74   Die Repräsentantenstellung setzt zunächst voraus, dass der Dritte die **alleinige Obhut** über das versicherte Fahrzeug ausübt. Anders als bei der Vermietung oder Verpachtung von unbeweglichen Sachen kommt es dabei nicht darauf an, ob der VN sich jeglicher Kontrollmöglichkeiten begeben hat[190]. Die unterschiedliche Behandlung gegenüber unbeweglichen Sachen rechtfertigt sich daraus, dass etwaige Kontrollmöglichkeiten bei Kfz aus tatsächlichen Gründen wesentlich weniger effektiv sind als bei Grundstücken oder Gebäuden.

75   Neben der alleinigen Obhut ist erforderlich, dass der Dritte allein und umfassend für die **Verkehrssicherheit** und **Erhaltung des Fahrzeugs** zu sorgen hat und in diesem Bereich

---

[183] Vgl. BGH v. 26. 4. 1989, BGHZ 107, 229 (233.).

[184] Vgl. *Cyrus,* Repräsentantenhaftung, Rn. 240; *Looschelders,* VersR 1999, 666 (672); *Winter,* JR 1990, 197. Zum Problem des fehlenden Versicherungsschutzes vgl. auch *Zierke,* MDR 1989, 872 (874).

[185] OLG Braunschweig v. 13. 7. 1971, VersR 1971, 812.

[186] OLG Celle v. 25. 4. 1986, r+s 1986, 214 (LS).

[187] Vgl. Berliner Kommentar/*Schwintowski,* § 6 Rn. 225.

[188] Vgl. BGH v. 14. 11. 1960, BGHZ 33, 281 (286); BGH v. 14. 4. 1971, VersR 1971, 538 (539); BGH v. 21. 4. 1993, BGHZ 122, 250 (253); Berliner Kommentar/*Schwintowski,* § 6 Rn. 229; *Prölss/Martin/Prölss,* § 6 Rn. 72; *van Bühren/Boudon,* § 2 Rn. 104.

[189] Vgl. BGH v. 20. 5. 1969, VersR 1969, 695 (696); Berliner Kommentar/*Schwintowski,* § 6 Rn. 230; *Prölss/Martin/Prölss,* § 6 Rn. 72.

[190] BGH v. 10. 7. 1996, VersR 1996, 1229.

selbständig für den VN handeln kann[191]. Diese Voraussetzung liegt häufig bei der Überlassung von Kfz als Dienstwagen vor[192]; sie kann aber auch im familiären Bereich gegeben sein[193]. Dies gilt insbesondere für den Fall, dass das Kfz des Sohnes oder der Tochter allein wegen der günstigeren Versicherungsprämien als Zweitwagen eines Elternteils versichert worden ist[194].

b) In der **KH-Versicherung** muss der VN sich das Verhalten des **Fahrers** selbst dann **76** nicht zurechnen lassen, wenn dieser nach allgemeinen Grundsätzen als Repräsentant anzusehen ist[195]. Denn die KH-Versicherung soll den VN auch vor Haftungsrisiken schützen, die aus dem Gebrauch des Kfz durch berechtigte Dritte drohen. Dies zeigt sich insbesondere daran, dass der Fahrer nach § 10 Abs. 2c AKB mitversichert ist. Die Einschränkung der Repräsentantenhaftung gilt an sich nur für das Fahren; sie wird wegen des Sachzusammenhangs aber auf den Fall erstreckt, dass der Fahrer durch Unfallflucht die Aufklärungsobliegenheit aus § 7 I Abs. 2 S. 3 AKB verletzt[196].

c) In Rechtsprechung und Literatur war früher die Auffassung verbreitet, dass diese **77** Grundsätze auf die **Kaskoversicherung** übertragbar seien[197]. Das Fahren eines Kfz wäre danach generell kein Fall der Repräsentation. Gegen diese Auffassung spricht jedoch, dass der Fahrer in der Kaskoversicherung nicht die Stellung eines Mitversicherten hat. Die Kaskoversicherung weist insoweit also keine Besonderheiten gegenüber einer sonstigen Sachversicherung auf. In einer neueren Entscheidung hat der BGH daher klargestellt, dass die Repräsentantenhaftung in der Kaskoversicherung allgemeinen Regeln folgt[198]. Die Einstandspflicht des VN erfasst dabei insbesondere auch den Fall, dass der Repräsentant nach Eintritt des Versicherungsfalles die Obliegenheit aus § 7 I Abs. 2 S. 3 AKB verletzt[199].

5. Transport von Gütern

In der **Transportversicherung** ist der **Fahrer** des Transportfahrzeugs nicht allein deshalb **78** Repräsentant des VN, weil er für die Dauer des Transports die Obhut über die versicherte Sache ausübt[200]. Demgegenüber ist eine **Speditionsfirma** als Repräsentantin des VN anzusehen, wenn sie mit dem eigenverantwortlichen Verpacken und Verladen des Transportguts

---

[191] BGH v. 10. 7. 1996, VersR 1996, 1229; vgl. auch OLG Frankfurt a. M. v. 27. 7. 1994, VersR 1996, 838; OLG Hamm v. 26. 10. 1994, VersR 1995, 1086; OLG Hamm v. 2. 11. 1994, VersR 1995, 1348; OLG Hamm v. 25. 10. 1989, VersR 1990, 516; OLG Hamm v. 29. 10. 1986, VersR 1988, 240; OLG Koblenz v. 17. 9. 1982, VersR 1983, 870; OLG Köln v. 19. 3. 1992, VersR 1992, 996; OLG Oldenburg v. 8. 3. 1995, VersR 1996, 841; OLG Oldenburg v. 21. 6. 1995, VersR 1996, 746. Zusammenfassend *Klutinius*, MDR 1999, 8 (9).

[192] Vgl. BGH v. 10. 7. 1996, VersR 1996, 1229 (Prokurist); OLG Frankfurt a. M. v. 27. 7. 1994, VersR 1996, 838 (Handelsvertreter); dazu *Lohr*, MDR 1999, 1353 (1359).

[193] Vgl. OLG Hamm v. 8. 3. 1995, VersR 1996, 225; OLG Oldenburg v. 21. 6. 1995, VersR 1996, 746 (Ehegatte); OLG Oldenburg v. 8. 3. 1995, VersR 1996, 841; LG Karlsruhe v. 5. 8. 2000, VersR 2000, 967 (Sohn).

[194] LG Karlsruhe v. 5. 8. 2000, VersR 2000, 967.

[195] BGH v. 20. 5. 1969, VersR 1969, 695 (696) = NJW 1969, 1387; BGH v. 10. 7. 1996, VersR 1996, 1229; OLG Oldenburg v. 21. 6. 1995, VersR 1996, 746; OLG Köln v. 30. 5. 2000, VersR 2000, 1140; OLG Nürnberg v. 14. 9. 2000, r+s 2001, 100; Berliner Kommentar/*Schwintowski*, § 6 Rn. 234; *Römer/Langheid/Langheid*, § 61 Rn. 29; *Prölss/Martin/Prölss*, § 6 Rn. 59; *Stiefel/Hofmann*, Kraftfahrtversicherung, 17. Aufl. 2000, § 7 AKB Rn. 33; *van Bühren/Boudon*, § 2 Rn. 104; *Römer*, NZV 1993, 249 (252); krit. *Kalb*, ZfS 1998, 42 (43).

[196] BGH v. 20. 5. 1969, VersR 1969, 695 (696); BGH v. 10. 7. 1996, VersR 1996, 1229 (1230).

[197] Vgl. OLG Köln v. 19. 9. 1996, VersR 1996, 839; OLG Frankfurt v. 14. 3. 1985, VersR 1986, 1095; OLG Stuttgart v. 1. 12. 1975, VersR 1977, 173; *Bruck/Möller/Möller*, § 6 Anm. 107; *Bruck/Möller/Johannsen*, Kraftfahrtversicherung, Anm. J 85; zweifelnd OLG Hamm v. 26. 10. 1994, VersR 1995, 1006.

[198] BGH v. 10. 7. 1996, VersR 1996, 1229 = NJW 1996, 2935; vgl. auch OLG Oldenburg v. 21. 6. 1995, VersR 1996, 746; Berliner Kommentar/*Schwintowski*, § 6 Rn. 234; *Prölss/Martin/Prölss*, § 6 Rn. 59; *Römer/Langheid/Langheid*, § 61 Rn. 22; *Knappmann*, VersR 1997, 261 (264).

[199] BGH v. 10. 7. 1996, VersR 1996, 1229 (1230). Zu den damit verbundenen Zurechnungsfragen s. o. Rn. 51.

[200] BGH v. 24. 2. 1986, VersR 1986, 696 (697); LG Berlin v. 27. 6. 1989, VersR 1990, 1006.

betraut worden ist[201]. Der **Kapitän** eines Seeschiffes hat nicht die Aufgabe, für den VN die laufende Betreuung der versicherten Ladung wahrzunehmen. Das Verschulden des Kapitäns ist dem VN daher in der Güterversicherung – anders als in der Schiffskaskoversicherung[202] – nicht zurechenbar[203]. § 137 Abs. 2 VVG stellt hierzu jetzt generell klar, dass der Versicherungsnehmer das Verhalten der **Schiffsbesatzung** bei der vorsätzlichen oder grob fahrlässigen Herbeiführung des Versicherungsfalles (§ 137 Abs. 1 VVG) nicht zu vertreten hat[204].

6. Rechtsanwalt

79   Praktisch sehr wichtig ist schließlich die Frage, ob der **Rechtsanwalt** des VN als Repräsentant anzusehen ist. Hier ist zwischen den einzelnen Versicherungssparten zu unterscheiden.

a) In der **Sachversicherung** und der **Haftpflichtversicherung** ist der Rechtsanwalt grundsätzlich kein Repräsentant des VN[205]. Denn der Rechtsanwalt wird regelmäßig nicht mit der Verwaltung des versicherten Risikos, sondern mit der Abwicklung des Versicherungsfalles oder der Abgabe bestimmter Erklärungen gegenüber dem VR betraut. In Betracht kommt daher allenfalls eine Repräsentation kraft Vertragsverwaltung. Nach der hier vertretenen Auffassung ist dies aber ein Problemkreis, der nach den Regeln über die Wissenserklärungsvertretung zu beurteilen ist[206].

80   **b)** Eine besondere Rechtslage besteht nach h. M. bei der **Rechtsschutzversicherung.** Hier wird der mit der Prozessführung beauftragte Rechtsanwalt nicht nur als Wissenserklärungsvertreter, sondern auch als Repräsentant des VN angesehen[207]. Der Rechtsanwalt trete bei der Prozessführung vollständig an die Stelle des VN, weil dieser aus tatsächlichen oder rechtlichen Gründen (keine Postulationsfähigkeit) seine Angelegenheiten nicht selbst wahrnehmen könne. Der VN muss sich hiernach nicht nur **unzutreffende Erklärungen** seines Anwalts gegenüber dem VR zurechnen lassen, sondern auch für dessen **fehlerhafte Prozessführung** einstehen[208]. Ob dieser Ansicht zu folgen ist, erscheint jedoch zweifelhaft. Die Rechtsschutzversicherung hat den Zweck, dem VN die sachgemäße Wahrnehmung seiner rechtlichen Interessen zu ermöglichen und ihm das damit verbundene Kostenrisiko abzunehmen. Zur sachgemäßen Interessenwahrung gehört die Einschaltung eines Rechtsanwalts. Die im Versicherungsvertrag zugrunde gelegte Risikoverteilung wird dadurch also nicht verschoben. Vielmehr wird umgekehrt der Zweck der Rechtsschutzversicherung gefährdet, wenn der VN für anwaltliche Fehler bei der Prozessführung einstehen muss.

---

[201] OLG Hamburg v. 6. 3. 1969, VersR 1969, 558.

[202] BGH v. 7. 2. 1983, VersR 1983, 479; OLG Hamburg v. 11. 6. 1987, VersR 1987, 1004 (1006); *Looks,* VersR 2003, 1509 ff.

[203] BGH v. 28. 4. 1980, BGHZ 77, 88 (91) = VersR 1980, 964 (965); OLG Hamburg v. 18. 8. 1983, VersR 1983, 1151 (1152); OLG Karlsruhe v. 2. 6. 1981, VersR 1983, 74 m. Anm. *Bauer.*

[204] Vgl. dazu Begr. RegE., BT-Drucks. 16/3945 S. 93.

[205] Vgl. BGH v. 8. 1. 1981, VersR 1981, 321 (321); Berliner Kommentar/*Schwintowski,* § 6 Rn. 228; *Bruck/Möller/Johannsen/Johannsen,* Feuerversicherung, Anm. G 56; *Römer/Langheid/Römer,* § 6 Rn. 155; *Martin,* Sachversicherungsrecht, O II 11; *Schimikowski,* Versicherungsvertragsrecht, Rn. 284; a. A. *Römer/Langheid/Langheid,* § 61 Rn. 33.

[206] Zur Stellung des Rechtsanwalts als Wissenserklärungsvertreter s. unten Rn. 107.

[207] OLG Hamm v. 9. 11. 1990, VersR 1991, 806; OLG Hamm v. 13. 5. 1983, VersR 1984, 31; OLG Nürnberg v. 26. 11. 1981, VersR 1982, 695; v. 5. 3. 1992, NJW-RR 1993, 602; LG Hannover v. 3. 11. 2000, VersR 2002, 93; *Böhme,* ARB, 11. Aufl. (2000), § 15 Rn. 11; *Harbauer,* Rechtsschutzversicherung, 6. Aufl. (1998) § 15 ARB 75 Rn. 31; Berliner Kommentar/*Schwintowski,* § 6 Rn. 228; *Halm/Engelbrecht/Krahe/Mathy* Rn. 34/479; für Anwendung des § 278 BGB *Prölss/Martin/Prölss/Armbrüster,* § 15 ARB 75 Rn. 12.

[208] Vgl. OLG Köln v. 24. 9. 2001, VersR 2002, 704 (705); AG Böblingen v. 22. 10. 1982, VersR 1983, 826; i. E. auch *Harbauer/Bauer,* Rechtsschutzversicherung, 7. Aufl. (2004), § 15 ARB 75 Rn. 31; *Schirmer,* r+s 1999, 45 (48).

VII. Abdingbarkeit

1. Versicherungsvertrag über Massenrisiken

a) Soweit es um **Obliegenheitsverletzungen** geht, können die Parteien die Einstands- **81** pflicht des VN für Dritte bei Versicherungsverträgen über Massenrisiken **nicht** über den aner-kannten Kreis von Repräsentanten hinaus **erweitern.** Denn nach den §§ 32 und 87 VVG kann der VR sich weder auf AVB noch auf Individualvereinbarungen berufen, durch welche zum Nachteil des VN von den §§ 19–28 Abs. 4 und VVG abgewichen wird. Die §§ 19, 23 ff., 28 und 82 VVG regeln die Einstandspflicht des VN für Dritte zwar nicht ausdrücklich. Das Verbot einer Abweichung zum Nachteil des VN gilt jedoch auch für Regeln, welche die Rechtspre-chung durch Auslegung oder Rechtsfortbildung aus den betreffenden Vorschriften herleitet[209].

b) Größere Schwierigkeiten bereitet die Frage der Abdingbarkeit bei dem **subjektiven** **82** **Risikoausschluss** des § 81 VVG. Da diese Vorschrift in § 87 VVG nicht genannt wird, kann die Einstandspflicht des VN für die grob schuldhafte Herbeiführung des Versicherungsfalles durch Dritte kraft Individualvereinbarung verschärft werden. AVB-Klauseln, welche die Ein-standspflicht des VN auf Nicht-Repräsentanten erweitern, werden jedoch regelmäßig wegen unangemessener Benachteiligung des VN nach § 307 Abs. 1 und Abs. 2 Nr. 1 BGB unwirksam sein[210]. Auch hier besteht zwar das Problem, dass die gesetzliche Regelung (§ 81 VVG) die Einstandspflicht des VN für Dritte nicht ausdrücklich regelt. Indessen muss man sich auch bei der AGB-Kontrolle nach § 307 Abs. 2 Nr. 1 BGB an dem Inhalt orientieren, den die Rechtsprechung der Vorschrift durch Auslegung und Rechtsfortbildung entnommen hat[211]. Zu den wesentlichen Grundgedanken des § 81 VVG gehört damit auch der zu § 61 VVG a. F. entwickelte Grundsatz, dass der VN für das Verschulden von Dritten nur unter den Voraus-setzungen der Repräsentantenhaftung einstehen muss. In der Hausratversicherung sind des-halb Klauseln unwirksam, nach denen der Versicherungsschutz sich nicht auf Schäden er-streckt, die durch das vorsätzliche oder grob fahrlässige Verhalten einer mit dem VN in häuslicher Gemeinschaft lebenden volljährigen Person herbeigeführt werden[212]. Das Gleiche gilt für Klauseln, nach denen der VN bei Einbruch und Raub für das vorsätzliche Verhalten seiner Hausangestellten oder Arbeitnehmer haftet[213].

2. Großrisiken und laufende Versicherungen

Gemäß § 210 VVG sind die in den §§ 32 und 87 VVG geregelten Beschränkungen der **83** Vertragsfreiheit auf Versicherungsverträge über **Großrisiken** (§ 10 EGVVG) und **laufende** **Versicherungen** (§§ 53–58 VVG) nicht anwendbar. Eine Inhaltskontrolle nach § 307 BGB ist damit zwar nicht ausgeschlossen[214]. Wie § 210 VVG zeigt, ist der VN in diesem Bereich aber weniger schutzwürdig. Hier kann daher **nicht generell** angenommen werden, dass der VN durch eine Ausweitung der Einstandspflicht für Dritte unangemessen benachteiligt wird[215]. Es handelt sich vielmehr um eine Frage, die im Einzelfall aufgrund einer Interessen-abwägung beantwortet werden muss.

---

[209] Vgl. *Martin,* Sachversicherungsrecht, Rn. O II 63; *Winter,* FS E. Lorenz (1994), S. 723 (729 f.).
[210] So auch *Martin,* Sachversicherungsrecht, Rn. O II 64; *Römer/Langheid/Langheid,* § 61 Rn. 40.
[211] BGH v. 12. 3. 1987, BGHZ 100, 157 (163); BGH v. 21. 4. 1993, VersR 1993, 830 (831); ebenso OLG Hamm v. 6. 9. 1989, VersR 1990, 420; *Winter,* FS E. Lorenz (1994), S. 723 (731).
[212] BGH v. 21. 4. 1993, VersR 1993, 830 (831), OLG Hamm v. 6. 9. 1989, VersR 1990, 420; *Martin,* Sachversicherungsrecht, Rn. O II 122; *Winter,* FS E. Lorenz (1994), S. 723 (732), jeweils zu § 9 Nr. 1a VHB 84 und § 61 VVG a. F.
[213] BGH v. 21. 4. 1993, VersR 1993, 830 (831) zu § 9 Nr. 3a VHB 84; vgl. auch *Prölss/Martin/Kollhos-ser,* § 1 AERB 81 Rn. 53; *Winter,* FS E. Lorenz (1994), S. 723 (734 f.) zu § 1 Nr. 6a und b AERB 81 und § 61 VVG a. F.
[214] BGH v. 2. 12. 1992, BGHZ 120, 290 (295) = VersR 1993, 223; BGH v. 9. 5. 1984, VersR 1984, 830; *Prölss/Martin/Kollhosser,* § 187 Rn. 5; *Römer/Langheid/Römer,* § 187 Rn. 4.
[215] In diesem Sinne auch *Schirmer,* Repräsentantenbegriff, S. 45 f.; *Winter,* FS E. Lorenz (1994), S. 723 (730).

D. Die Haftung für Wissenserklärungsvertreter

I. Allgemeines

1. Der Begriff des Wissenserklärungsvertreters

84   Im VVG und in den AVB finden sich zahlreiche Bestimmungen, nach denen der VN gegenüber dem VR **Erklärungen** über **tatsächliche Umstände** abzugeben hat. Zu nennen sind insbesondere die Anzeigepflicht bei Abschluss des Versicherungsvertrages (§ 19 VVG), die Pflicht zur Anzeige von Gefahrerhöhungen (§ 23 Abs. 2 und 3 VVG), die Pflicht zur Anzeige des Versicherungsfalles (§ 30 VVG) sowie die Auskunftspflicht nach Eintritt des Versicherungsfalles (§ 31 VVG). Der VN muss diese Erklärungen nicht selbst abgeben; er kann auch einen Dritten damit betrauen. Macht der Dritte unzutreffende Angaben oder gibt er die Erklärung nicht rechtzeitig ab, so stellt sich die Frage, ob der VN für das Verschulden des Dritten einstehen muss.

85   Nach Rechtsprechung und h. L. ist die Zurechnung in solchen Fällen zu bejahen, wenn der Dritte als **Wissenserklärungsvertreter** des VN anzusehen ist. Dies setzt nicht voraus, dass der VN dem Dritten rechtsgeschäftliche Vertretungsmacht eingeräumt hat; es genügt vielmehr, dass der VN den Dritten mit der Erfüllung seiner Obliegenheiten gegenüber dem VR betraut und der Dritte die Erklärung anstelle des VN abgegeben hat[216]. Das obliegenheitswidrige Unterlassen einer Erklärung steht der Abgabe einer falschen Erklärung gleich[217].

2. Dogmatische Grundlagen

86   **a)** Die **dogmatischen Grundlagen** der Wissenserklärungsvertretung sind nicht abschließend geklärt. Anerkannt ist jedoch, dass die Haftung des VN für Wissenserklärungsvertreter kein Sonderfall der Repräsentantenhaftung ist, sondern auf einem eigenständigen Zurechnungsgrund beruht[218]. Die h. M. stützt sich auf eine Analogie zu **§ 166 Abs. 1 BGB**[219]. Dem wird von einer Mindermeinung in Rechtsprechung und Literatur entgegengehalten, dass es bei der Wissenserklärungsvertretung zumindest auch um die Zurechnung des Erklärungsaktes bzw. des Unterlassens gehe. Diese Zurechnung lasse sich aber nur auf **§ 278 BGB** stützen[220].

87   Bei der **Würdigung** des Meinungsstreits ist davon auszugehen, dass § 166 Abs. 1 BGB nur die Zurechnung von Wissen regelt. Die Vorschrift setzt dabei voraus, dass der Vertretene sich den Erklärungsakt nach anderen Bestimmungen – namentlich § 164 Abs. 1 BGB – zurechnen lassen muss[221]. Dieser Struktur muss auch bei der Wissenserklärungsvertretung Rechnung getragen werden. Die Zurechenbarkeit des Erklärungsakts muss also auch hier selbständig begründet werden. Gegen den Rückgriff auf § 278 BGB spricht jedoch, dass

---

[216] Vgl. BGH v. 2. 6. 1993, BGHZ 122, 388 (389) = VersR 1993, 960 (961); BGH v. 14. 12. 1994, VersR 1995, 281; BGH v. 22. 4. 1981, VersR 1981, 847 (848); BGH v. 19. 1. 1967, VersR 1967, 343 (344); Berliner Kommentar/*Schwintowski,* § 6 Rn. 238; *Bruck/Möller/Möller,* § 6 Anm. 78 ff.; *Prölss/Martin/Prölss,* § 6 Rn. 52; *Römer/Langheid/Römer,* § 6 Rn. 159.

[217] OLG Hamm v. 31. 5. 1996, NJW-RR 1997, 91 (92); OLG Koblenz v. 26. 2. 1999, VersR 2000, 315 (316); *Prölss/Martin/Prölss,* § 6 Rn. 52; *Schirmer,* Repräsentantenbegriff, S. 11.

[218] BGH v. 2. 6. 1993, BGHZ 122, 388 (389); BGH v. 19. 1. 1967, VersR 1967, 343 (344); Berliner Kommentar/*Schwintowski,* § 6 Rn. 239; *Prölss/Martin/Prölss,* § 6 Rn. 52; *Römer/Langheid/Römer,* § 6 Rn. 160.

[219] Vgl. RG v. 12. 12. 1919, RGZ 97, 279 (281 f.); BGH v. 2. 6. 1993, BGHZ 122, 388 (389); Berliner Kommentar/*Schwintowski,* § 6 Rn. 238; *Römer/Langheid/Römer,* § 6 Rn. 160; *Knappmann,* VersR 1997, 261 (265); *Lücke,* VersR 1996, 785 (801); *Richardi,* AcP 169 (1969), 385 (387); aus dem allgemeinen Schrifttum Münchener Kommentar BGB/*Grundmann,* § 278 Rn. 12; *Staudinger/Schilken* (2004), vor §§ 164 ff. Rn. 86.

[220] So LG Würzburg v. 22. 2. 1982, VersR 1983, 723 (724); *Prölss/Martin/Prölss,* § 6 Rn. 52; *Martin,* Sachversicherungsrecht, O II 6 ff.; für eine solche Konzeption auch Berliner Kommentar/*Schwintowski,* § 6 Rn. 204.

[221] Vgl. *Richardi,* AcP 169 (1969), 385 (387): akzessorische Wissenszurechnung.

Looschelders

der Begriff des Erfüllungsgehilfen nicht nur Wissenserklärungsvertreter des VN erfasst, sondern auch bloße „Erklärungsgehilfen". Die Einstandspflicht des VN würde somit unangemessen erweitert. Vorzugswürdig ist eine Analogie zu § 164 Abs. 1 BGB. Diese Analogie wird dadurch gerechtfertigt, dass die Abgabe einer Wissenserklärung eine rechtsgeschäftsähnliche Handlung ist, auf welche die Regeln über die Stellvertretung entsprechend anwendbar sind[222].

b) Zu beachten ist allerdings, dass Anzeige- und Aufklärungspflichten nicht nur durch falsche Erklärungen, sondern auch durch **tatsächliche Handlungen** (z. B. Vernichten von Beweismitteln) oder **Unterlassungen** verletzt werden können. Da es hier nicht um die Zurechnung von Erklärungsakten geht, scheint eine analoge Anwendung des § 164 Abs. 1 BGB nicht in Betracht zu kommen[223]. Bei genauerer Betrachtung zeigt sich jedoch, dass auch in diesem Bereich weder auf § 278 BGB noch auf die Repräsentation kraft Vertragsverwaltung zurückgegriffen werden muss[224]. Bei der Wissenserklärungsvertretung besteht der innere Grund für die Zurechnung des Erklärungsaktes darin, dass der VN den Dritten mit der Erfüllung der in Frage stehenden Obliegenheit betraut hat. Dieser Grund rechtfertigt auch dann eine Zurechnung, wenn der „Vertreter" die Obliegenheit durch tatsächliches Handeln oder Unterlassen verletzt[225]. **88**

c) Die entsprechende Anwendung der §§ 164 ff. BGB hat zur Folge, dass der VN für das Verschulden von Wissenserklärungsvertretern nach den **gleichen Grundsätzen wie bei allen anderen Vertragsverhältnissen** einstehen muss. Dies erscheint sachgemäß. Der Zweck des Versicherungsvertrages rechtfertigt hier nämlich – anders als im Rahmen der Risikoverwaltung – keine Einschränkung der allgemeinen Zurechnungsregeln zugunsten des VN[226]. **89**

II. Voraussetzungen der Wissenserklärungsvertretung

Die Voraussetzungen der Wissenserklärungsvertretung lassen sich parallel zu den Merkmalen der **gewillkürten Stellvertretung** nach §§ 164 ff. BGB formulieren. Entscheidend sind danach folgende drei Kriterien. **90**

1. Beauftragung mit der Erfüllung einer Erklärungsobliegenheit

Die Einstandspflicht für Wissenserklärungsvertreter setzt zunächst voraus, dass der VN den Dritten mit der Erfüllung der in Frage stehenden Anzeige- oder Aufklärungsobliegenheit betraut hat. Der Begriff des Wissenserklärungsvertreters ist damit – anders als der Repräsentantenbegriff – auf die **konkrete Obliegenheit** bezogen, die von dem Dritten verletzt worden ist. Eine umfassende Übertragung der Vertragsverwaltung oder der Zuständigkeit für die Abwicklung des Versicherungsfalles ist also nicht erforderlich. Es genügt, dass der Dritte im Einzelfall mit der Abgabe der betreffenden Erklärung (z. B. Schadensanzeige) betraut worden ist[227]. Auf der anderen Seite ist der Versicherungsnehmer allerdings nicht gehindert, einen Dritten mit der Abgabe sämtlicher im Rahmen des Versicherungsverhältnisses anfallender Erklärungsobliegenheiten zu betrauen (sog. **Generalerklärungsmacht**)[228]. **91**

---

[222] *Staudinger/Schilken* (2004), vor §§ 164 ff. Rn. 86. Ausführlich dazu *Bruns,* Zurechnung, S. 50 ff. und 70 f.

[223] Zur Problemstellung *R. Schmidt,* Die Obliegenheiten (1953), S. 287.

[224] So für den Fall des Unterlassens auch *Behrens,* Drittzurechnung, S. 36 ff. Zur Entbehrlichkeit des Repräsentanten kraft Vertragsverwaltung in solchen Fällen s. auch oben Rn. 47.

[225] So jetzt auch *Bruns,* Zurechnung, S. 55 f.

[226] Vgl. LG Würzburg v. 22. 2. 1982, VersR 1983, 723 (724); *Martin,* Sachversicherungsrecht, Rn. O II 6; *Prölss/Martin/Prölss,* § 6 Rn. 48; *Looschelders,* VersR 1999, 666 (671); *Schirmer,* Repräsentantenhaftung, S. 12.

[227] Vgl. *Knappmann,* VersR 1997, 261 (265); *Looschelders,* VersR 1999, 666 (671); *Lücke,* VersR 1996, 785 (801); *Bruns,* Zurechnung, S. 89; a. A. OLG Bremen v. 29. 7. 1997, VersR 1998, 1149.

[228] Vgl. *Bruns,* Zurechnung, S. 89.

92 Die Betrauung mit der Abgabe von Wissenserklärungen ist eine **rechtsgeschäftsähnliche Handlung**[229]. Die allgemeinen Vorschriften über Rechtsgeschäfte (§§ 104 ff. BGB) sind daher entsprechend anwendbar. Der VN kann den Dritten ausdrücklich oder konkludent mit der Abgabe der Wissenserklärung betrauen[230]. Außerdem sind die Regeln über die Duldungs- und Anscheinsvollmacht entsprechend anwendbar. Hat ein Dritter für den VN eine Wissenserklärung abgegeben, ohne damit betraut worden zu sein, so muss der VN sich dies darüber hinaus nur dann zurechnen lassen, wenn er die Erklärung genehmigt (§ 177 Abs. 1 BGB analog)[231].

2. Abgabe einer eigenen Wissenserklärung

93 Der Wissenserklärungsvertreter muss entsprechend § 164 Abs. 1 BGB eine **eigene Wissenserklärung** gegenüber dem VR abgeben. Dass die Erklärung auf dem eigenen Wissen des Dritten beruht, ist nicht erforderlich[232]. Entscheidend ist, ob es sich aus Sicht des VR um eine eigene Wissenserklärung des Dritten handelt. Hat der Dritte dem VR zu erkennen gegeben, dass er eine Erklärung des VN übermittelt, so liegt diese Voraussetzung nicht vor. Der Dritte ist daher kein Wissenserklärungsvertreter, sondern **Bote**. Für Boten muss der VN aber nur einstehen, wenn ihn ein eigenes Auswahl- oder Kontrollverschulden trifft[233].

94 Unterschreibt der VN ein Schadensformular, das ein Dritter aus eigenem Wissen falsch ausgefüllt hat, so haftet er ebenfalls nicht unter dem Aspekt der Wissenserklärungsvertretung. Denn aus Sicht des VR handelt es sich um eine **Erklärung des VN**[234]. Dies gilt auch dann, wenn der VN eine Blankounterschrift leistet oder das Formular ungelesen unterschreibt. Da in solchen Fällen regelmäßig ein eigenes Verschulden des VN vorliegt[235], sind Manipulationen zu Lasten des VR ausgeschlossen. Im Übrigen wird der VR dadurch geschützt, dass der VN sich das Wissen des Dritten zurechnen lassen muss, falls dieser sein Wissensvertreter ist.

95 Keine eigene Wissenserklärung gibt ab, wer den VN beim Ausfüllen des Schadensformulars unterstützt. Solche **Erklärungsgehilfen** sind daher keine Wissenserklärungsvertreter[236].

3. Handeln im Namen des Versicherungsnehmers

96 Der Dritte muss die Wissenserklärung **anstelle des VN** abgeben. Dem VN sind daher keine Erklärungen zuzurechnen, die ein Dritter im eigenen Namen und Interesse abgibt[237]. Dass der Dritte die Erklärung im fremden Namen abgibt, kann sich auch **aus den Umständen** ergeben (vgl. § 164 Abs. 1 S. 2 BGB). Gibt ein Mitarbeiter des VN gegenüber dem VR eine Erklärung über vertragliche Angelegenheiten ab, so wird er dabei im Zweifel nicht im eigenen Namen, sondern im Namen des VN handeln[238].

---

[229] Vgl. *Bruck/Möller/Möller*, § 6 Rn. 84, wonach es sich sogar um eine Willenserklärung handeln soll.

[230] *Schimikowski*, Versicherungsvertragsrecht, Rn. 282; *Bruns*, Zurechnung, S. 89.

[231] Vgl. *Bruck/Möller/Möller*, § 6 Anm. 90; *Lücke*, VersR 1996, 785 (802).

[232] OLG Hamm v. 31. 5. 1996, NJW-RR 1997, 91 (92); Berliner Kommentar/*Schwintowski*, § 6 Rn. 241; *Bruck/Möller/Möller*, § 6 Anm. 87; *Prölss/Martin/Prölss*, § 6 Rn. 53; *Bruns*, Zurechnung, S. 77; *Knappmann*, VersR 1997, 261 (265); anders noch BGH v. 25. 10. 1952, VersR 1952, 428; OLG Köln v. 26. 11. 1979, VersR 1981, 669 (670), wonach eigenes Wissen mitgeteilt werden muss.

[233] Vgl. RG v. 30. 12. 1901, RGZ 50, 295 (297); Berliner Kommentar/*Schwintowski*, § 6 Rn. 241; *Bruck/Möller/Möller*, § 6 Anm. 89; *Prölss/Martin/Prölss*, § 6 Rn. 56; *Römer/Langheid/Römer*, § 6 Rn. 163.

[234] BGH v. 14. 12. 1994, BGHZ 128, 167 = VersR 1995, 281; BGH v. 14. 12. 1967, VersR 1968, 185 (186); OLG Hamm v. 29. 9. 1993, VersR 1994, 802 (804); OLG Köln v. 12. 5. 1998, VersR 1999, 704 (705); Berliner Kommentar/*Schwintowski*, § 6 Rn. 58; *Römer/Langheid/Römer*, § 6 Rn. 162; *Stiefel/Hofmann*, § 6 VVG Rn. 61; *Bruns*, Zurechnung, S. 78; *Knappmann*, VersR 1997, 261 (265); *Lücke*, VersR 1996, 785 (801); a. A. OLG Stuttgart v. 24. 6. 1975, VersR 1979, 366 (367); OLG Frankfurt a. M. v. 12. 7. 1989, VersR 1989, 951; *Prölss/Martin/Prölss*, § 6 Rn. 55.

[235] *Prölss/Martin/Prölss*, § 6 Rn. 55; *Römer/Langheid/Römer*, § 6 Rn. 162.

[236] OLG Hamm v. 22. 4. 1983, VersR 1983, 1174; Berliner Kommentar/*Schwintowski*, § 6 Rn. 242.

[237] *Stiefel/Hofmann*, § 6 VVG Rn. 61. Zu den Auswirkungen dieses Grundsatzes auf die Rechtsstellung des Fahrers in der KH-Versicherung s. unten Rn. 106.

[238] Vgl. *Bruns*, Zurechnung, S. 82.

III. Rechtsfolgen

Ist der Dritte Wissenserklärungsvertreter, so muss der VN sich dessen Angaben nach § 164 **97** Abs. 1 BGB analog zurechnen lassen. Dies gilt auch dann, wenn der Dritte ohne Wissen und Billigung des VN bewusst falsche Angaben gemacht hat[239]. Eine Ausnahme gilt nur für den Fall, dass der Erklärungsempfänger bösgläubig ist[240]. Soweit es auf das Wissen oder Verschulden ankommt, ist entsprechend § 166 Abs. 1 BGB auf die **Person des Dritten** abzustellen[241]. Ein weitergehendes Wissen des VN ist nur dann erheblich, wenn der Dritte die Erklärung nach dessen **Weisungen** abgegeben hat (§ 166 Abs. 2 BGB analog)[242]. Der Begriff der „Weisungen" ist dabei weit auszulegen[243]. Es genügt, dass der VN den Dritten die Erklärung abgeben lässt, ohne ihn über die relevanten Tatsachen zu informieren[244].

Auf der Grundlage des alten Rechts wurde teilweise in Zweifel gezogen, ob der VN sich **98** den **Vorsatz** des Wissenserklärungsvertreters auch dann zurechnen lassen muss, wenn die für die vorsätzliche Verletzung einer Obliegenheit vorgesehene Sanktion **generalpräventiven** oder **pönalen Zwecken** dient[245]. Praktische Bedeutung hatte die Frage bei § 6 Abs. 3 S. 2 VVG a. F., wonach der VR bei vorsätzlicher Verletzung einer nach Eintritt des Versicherungsfalles zu erfüllenden Obliegenheit grundsätzlich auch dann leistungsfrei war, wenn die Verletzung im Einzelfall folgenlos blieb. Da der Reformgesetzgeber das Kausalitätserfordernis in § 28 Abs. 3 S. 1 VVG auf den Vorsatz ausgedehnt hat, ist dieses Problem weitgehend entfallen. Eine Ausnahme vom Kausalitätserfordernis gilt allerdings noch für den Fall der **Arglist** (§ 28 Abs. 3 S. 2 VVG). Der Zweck dieser Ausnahme trifft auch bei Arglist des Wissenserklärungsvertreters zu. Denn der VR muss hier in gleicher Weise wie gegenüber der Arglist des VN selbst geschützt werden[246].

IV. Einzelne Fallgruppen

1. Familiärer Bereich

a) Nach der neueren Rechtsprechung des BGH kann der **Ehegatte** des VN auch bei in- **99** takter ehelicher Lebensgemeinschaft nicht ohne weiteres als Wissenserklärungsvertreter angesehen werden[247]. Es muss vielmehr nach allgemeinen Grundsätzen festgestellt werden, dass der VN den Ehegatten zumindest konkludent mit der Abgabe der betreffenden Erklärung betraut hat[248]. § 1357 BGB ist auf diese Problematik weder unmittelbar noch entsprechend anwendbar[248]. Die Vorschrift ermöglicht jedem Ehegatten, bestimmte Verträge mit Wirkung auch für und gegen den anderen Ehegatten zu schließen. Sie begründet dagegen keine Zuständigkeit des Ehegatten in Bezug auf Verträge, bei denen der andere Ehegatte alleiniger Vertragspartner ist.

b) An die **stillschweigende Betrauung** des Ehegatten mit der Abgabe von Wissenser- **100** klärungen dürfen keine allzu hohen Anforderungen gestellt werden. Erfüllt der Ehegatte mit Wissen des VN die in Frage stehende Obliegenheit, so wird man regelmäßig von einer still-

---

[239] OLG Düsseldorf v. 30. 9. 1998, ZfS 1999, 165 (166).

[240] Vgl. *Bruns*, Zurechnung, S. 95.

[241] *Prölss/Martin/Prölss*, § 6 Rn. 52.

[242] OLG Hamm v. 14. 7. 1995, NJW-RR 1996, 96; Berliner Kommentar/*Schwintowski*, § 6 Rn. 243.

[243] Vgl. dazu allgemein *Erman/Palm*, § 166 Rn. 16; *Schultz,* NJW 1996, 1392 (1393).

[244] *Prölss/Martin/Prölss*, § 6 Rn. 53.

[245] So *Prölss/Martin/Prölss*, § 6 Rn. 52 a. E. mit Rn. 81; dagegen *Bruns*, Zurechnung, S. 95 ff. sowie Voraufl. Rn. 98.

[246] Ähnlich zum alten Recht *Römer/Langheid/Römer*, § 34 Rn. 1.

[247] BGH v. 2. 6. 1993, BGHZ 122, 388 (389) = VersR 1993, 960 (961); ebenso OLG Düsseldorf v. 23. 3. 1999, VersR 2000, 310 (311); Berliner Kommentar/*Schwintowski*, § 6 Rn. 244; *Bruck/Möller/Möller*, § 6 Anm. 90; *Prölss/Martin/Prölss*, § 6 Rn. 54; *Römer/Langheid/Römer*, § 6 Rn. 164.

[248] BGH v. 2. 6. 1993, BGHZ 122, 388 (390); *Palandt/Brudermüller*, § 1357 Rn. 11; *Bruns*, Zurechnung, S. 87 und 102.

schweigenden Betrauung ausgehen können. War der VN bei Abgabe der Erklärung durch den Ehegatten bewusstlos, so ist ein solcher Schluss nicht möglich. In diesem Fall muss der VN sich die Erklärung des Ehegatten daher nur zurechnen lassen, wenn er diesen im Vornherein damit betraut hat, nach Eintritt eines etwaigen Versicherungsfalles die erforderlichen Erklärungen abzugeben. Hierfür genügt die Feststellung, dass der Ehegatte vor Eintritt des Versicherungsfalles generell dafür zuständig war, entsprechende Angelegenheiten für den VN zu regeln. Eine solche Zuständigkeit kann allerdings nicht allein aus der **Mitarbeit im Betrieb** des VN abgeleitet werden. Entscheidend ist vielmehr, welche Aufgaben der Ehegatte in dem Betrieb wahrgenommen hat[249]. Hatte der Ehegatte alle schriftlichen Angelegenheiten für den VN zu regeln, so wird er regelmäßig als Wissenserklärungsvertreter anzusehen sein[250].

101   c) In der Literatur wird teilweise die Auffassung vertreten, eine Betrauung des Ehegatten mit der in Frage stehenden Obliegenheit sei bei intakter Ehe verzichtbar, wenn der VN die Erklärung aus konstitutionellen Gründen (z. B. **Bewusstlosigkeit**) für längere Zeit nicht selbst abgeben könne[251]. Für diese Auffassung spricht, dass es in solchen Fällen regelmäßig dem mutmaßlichen Willen des VN entspricht, wenn der Ehegatte die notwendigen Erklärungen für ihn abgibt. Auf der anderen Seite ist jedoch zu beachten, dass die Grundsätze über die **mutmaßliche Einwilligung** auf die Abgabe von Willens- oder Wissenserklärungen nicht anwendbar sind[252]. Eine generelle „**Notvertretungsmacht**" des Ehegatten ist dem geltenden Familienrecht des BGB fremd[253]. Es ist daher auch bei der Abgabe von Wissenserklärungen nicht gerechtfertigt, den Ehegatten ohne weiteres als „Vertreter" des nicht handlungsfähigen VN anzusehen[254]. Gibt der Ehegatte gleichwohl eine solche Erklärung ab, so gelten die Vorschriften über die Vertretung ohne Vertretungsmacht entsprechend. Der VN hat damit die Möglichkeit, die Erklärung nach § 177 BGB analog zu genehmigen. Im Übrigen lässt sich das Problem der Wissenserklärungsvertretung bei Bewusstlosigkeit des VN nur durch Bestellung eines **Betreuers** (§ 1896 BGB) lösen[255].

102   d) Der Ehegatte ist schon dann Wissenserklärungsvertreter des VN, wenn dieser ihn mit der Abwicklung des **konkreten** Schadensfalls betraut hat[256]. Dass er sämtliche Versicherungsangelegenheiten bezüglich der beschädigten Sache wahrzunehmen hat, ist nicht erforderlich[257].

103   e) **Eingetragene Lebenspartner** (§ 1 LPartG), **Lebensgefährten** oder **Verlobte** des VN haben ebenfalls nur dann die Stellung eines Wissenserklärungsvertreters, wenn der VN sie mit der Erfüllung der in Frage stehenden Erklärungsobliegenheit betraut hat[258]. Das Gleiche gilt für **sonstige Angehörige** (Eltern, Kinder, Geschwister etc.). So muss der VN für die Erklärungen seines Sohnes einstehen, wenn er diesen damit beauftragt hat, den Versicherungsfall abzuwickeln und die ihm sachdienlich erscheinenden Erklärungen gegenüber dem VR abzugeben[259].

---

[249] BGH v. 2. 6. 1993, BGHZ 122, 388 (390).

[250] Vgl. *Römer/Langheid/Römer*, § 6 Rn. 164.

[251] So *Prölss/Martin/Prölss*, § 6 Rn. 54.

[252] *Bruns,* Zurechnung, S. 104.

[253] Zur rechtspolitischen Diskussion der Problematik *Pohlenz,* Gesetzliche Vertretungsmacht für nahe Angehörige (2007).

[254] BGH v. 2. 6. 1993, BGHZ 122, 388 (390); OLG Düsseldorf v. 23. 3. 1999, VersR 2000, 310 (311); ebenso bei nicht intakter Ehe schon BGH v. 10. 2. 1982, VersR 1982, 463 (465).

[255] Vgl. (mit unterschiedlicher dogmatischer Begründung) *Prölss/Martin/Prölss,* § 6 Rn. 54; *Bruns,* Zurechnung, S. 86, 104f.

[256] OLG Köln v. 29. 10. 1990, VersR 1991, 95 (96).

[257] A. A. OLG Bremen v. 29. 7. 1997, VersR 1998, 1149, wo aber der Repräsentantenbegriff herangezogen wird.

[258] Vgl. OLG Frankfurt a. M. v. 12. 7. 1989, VersR 1989, 951 (Verlobter); ferner OLG Frankfurt v. 2. 7. 1987, VersR 1988, 820 (821) (Lebensgefährtin), wo aber mit der Repräsentantenhaftung argumentiert wird.

[259] OLG Hamm v. 20. 1. 1997, VersR 1998, 622 (623).

2. Betrieblicher Bereich

Große praktische Bedeutung hat die Wissenserklärungsvertretung im betrieblichen Be-   **104**
reich. Entscheidend ist hier, ob der betreffende **Mitarbeiter** im Betrieb des VN dafür zuständig ist, an dessen Stelle die in Frage stehenden Erklärungen abzugeben. Eine solche Zuständigkeit kann sich daraus ergeben, dass der Mitarbeiter vom VN mit der Bearbeitung des
konkreten Versicherungsfalles betraut worden ist[260]. Es genügt aber auch, dass der Mitarbeiter aufgrund seiner betrieblichen Stellung **generell** die entsprechenden Angelegenheiten zu
regeln hat[261].

3. Gebrauchsüberlassungen

a) Der **Mieter** eines Hauses kann grundsätzlich auch dann nicht als Wissenserklärungsver-   **105**
treter des VN angesehen werden, wenn dieser ihm die vollständige Verwaltung des versicherten Risikos übertragen hat. Denn aus der Zuständigkeit für die Risikoverwaltung folgt nicht,
dass der Mieter auch mit der Abgabe von Wissenserklärungen für den VN betraut worden
ist[262].

b) In der **KH-Versicherung** ist der **Fahrer** des versicherten Kfz grundsätzlich kein Wis-   **106**
senserklärungsvertreter des VN. Da der Fahrer in der KH-Versicherung Mitversicherter ist,
wird er bei der Abgabe von Wissenserklärungen nämlich nicht im Namen und Interesse des
VN, sondern im eigenen Namen und Interesse tätig[263]. Eine andere Beurteilung ist aber in
dem Fall geboten, dass der VN dem Dritten das Fahrzeug für einen längeren Zeitraum (z. B.
während eines Auslandsaufenthalts) zur Nutzung überlassen und ihn mit der Erledigung aller
versicherungsrechtlichen Angelegenheiten betraut hat[264].

4. Selbständige Vertrauenspersonen (Rechtsanwälte, Ärzte)

a) Der **Rechtsanwalt** des VN hat nicht ohne weiteres die Stellung eines Wissenserklä-   **107**
rungsvertreters. Erforderlich ist vielmehr, dass er vom VN damit betraut worden ist, dessen
Anzeige- und Auskunftsobliegenheiten gegenüber dem VR zu erfüllen[265]. Hiervon ist auszugehen, wenn der VN den Rechtsanwalt mit der Abwicklung des Versicherungsfalles beauftragt hat[266].

b) Hat der **VN einen Arzt** mit der Beantwortung von Gesundheitsfragen gegenüber dem   **108**
VR **betraut,** so muss er sich dessen Angaben nach den Grundsätzen über die Wissenserklärungsvertretung zurechnen lassen[267]. Problematisch erscheint zwar, dass der VN auf den Inhalt der ärztlichen Erklärungen im Allgemeinen keinen Einfluss hat und sich außerdem mangels Sachkunde auf deren Richtigkeit verlassen können muss[268]. Diese Erwägungen schließen
jedoch nur das eigene Verschulden des VN aus, nicht aber die Zurechenbarkeit fremden Ver-

---

[260] OLG Köln v,. 21. 9. 1989, VersR 1990, 1225; Berliner Kommentar/*Schwintowski*, § 6 Rn. 247.

[261] Vgl. BGH v. 2. 6. 1993, BGHZ 122, 388 (390); *Römer/Langheid/Römer*, § 6 Rn. 166.

[262] OLG Hamm v. 24. 2. 1989, VersR 1990, 265 (266); *Prölss/Martin/Prölss*, § 6 Rn. 54.

[263] BGH v. 20.5. 1969, VersR 1969, 695 (696); *Stiefel/Hofmann,* Kraftfahrtversicherung, 17. Aufl.
(2000), § 6 Rn. 61; *Bruns,* Zurechnung, S. 119.

[264] Vgl. OLG Köln v. 2. 12. 1993, r+s 1994, 245 (246); OLG Nürnberg v. 12. 6. 1975, VersR 1976, 674
(675); *Bruns,* Zurechnung, S. 120.

[265] Vgl. OLG Celle v. 5.7. 1989, VersR 1990, 376; OLG Hamm v. 31.5. 1996, NJW-RR 1997, 91
(92); OLG Köln v. 15. 4. 1997, VersR 1997, 1394; OLG Koblenz v. 26. 2. 1999, VersR 2000, 315 (316);
OLG Nürnberg v. 26. 11. 1981, VersR 1982, 695; Berliner Kommentar/*Schwintowski,* § 6 Rn. 246;
Prölss/Martin/Prölss, § 6 Rn. 54; *Bruns,* Zurechnung, S. 114; *Martin,* Sachversicherungsrecht, Rn. O II 11.

[266] Vgl. OLG Koblenz v. 6. 8. 1999, VersR 2000, 180; *Römer/Langheid/Römer,* § 6 Rn. 165.

[267] So Berliner Kommentar/*Schwintowski,* § 6 Rn. 247; *Römer/Langheid/Römer,* § 6 Rn. 166; *Bruns,* Zurechnung, S. 111; *Knappmann,* VersR 2005, 199 (201); zweifelnd *Prölss/Martin/Prölss,* § 6 Rn. 54; anders
noch Voraufl.

[268] Vgl. BGH v. 2. 11. 1989, VersR 1990, 77 (78). Das OLG Hamm hat in seiner Entscheidung vom
6. 2. 1985 (VersR 1985, 1032 [1033]) deshalb dazu tendiert, die Zurechnung zu verneinen. Die Frage
wurde letztlich aber offen gelassen, weil der Arzt nicht schuldhaft gehandelt hatte.

schuldens[269]. Die Zurechenbarkeit ist auch dann zu bejahen, wenn das Gutachten in einem verschlossenen Umschlag dem VN übergeben oder vom Arzt unmittelbar an den VR übermittelt wird. In solchen Fällen hat der VN zwar keine Möglichkeit, die Angaben des Arztes zur Kenntnis zu nehmen. Ob eine solche Möglichkeit besteht, ist hier aber ebenso irrelevant wie im unmittelbaren Anwendungsbereich der §§ 164 ff. BGB[270]. Hat der **VR den Arzt** mit der Erstellung des Gesundheitszeugnisses **beauftragt,** so fehlt auf Seiten des VN jeder Zurechnungsgrund. Es ist daher anerkannt, dass der VN nicht analog §§ 164 ff. BGB für die Angaben des Arztes einzustehen hat[271]. Vielmehr muss der VR sich in diesem Fall das Wissen des Arztes zurechnen lassen[272].

E. Die Zurechnung des Wissens von Wissensvertretern

109   Der letzte Problemkreis betrifft die Frage, unter welchen Voraussetzungen der VN sich bei eigenen Handlungen oder Unterlassungen das **Wissen eines Dritten** zurechnen lassen muss. Diese Frage stellt sich vor allem im Zusammenhang mit den **Aufklärungs-** und **Anzeigeobliegenheiten** des VN. Hier kann zum einen das Problem auftreten, dass der VN gegenüber dem VR falsche Angaben macht, weil ihm Informationen fehlen, welche dem Dritten vorliegen. Praktisch wichtig ist zum anderen der Fall, dass der VN dem VR einen erheblichen Umstand (Gefahrerhöhung, Eintritt des Versicherungsfalles etc.) entgegen einer entsprechenden Obliegenheit nicht anzeigt, weil dieser Umstand ihm nicht (wohl aber dem Dritten) bekannt ist.

I. Der Begriff des Wissensvertreters

1. Wissensvertretung im Versicherungsrecht und im allgemeinen Zivilrecht

110   Zur Lösung dieser Probleme hat die Rechtsprechung die Figur des **Wissensvertreters** entwickelt[273]. Nach der im **Versicherungsrecht** traditionell verwendeten Formel setzt die Wissenszurechnung voraus, dass der Dritte von dem VN in nicht ganz untergeordneter Stellung damit betraut worden ist, rechtserhebliche Tatsachen für ihn zur Kenntnis zu nehmen[274].

111   Das Problem der Wissenszurechnung stellt sich nicht nur im Versicherungsrecht, sondern auch im **allgemeinen Zivilrecht.** Hier wird jedoch meistens eine abweichende Formel verwendet. Wissensvertreter ist danach jede Person, die nach der Arbeitsorganisation des Geschäftsherrn dazu berufen ist, im Rechtsverkehr als dessen Repräsentant bestimmte Aufgaben in eigener Verantwortung zu erledigen und die dabei angefallenen Informationen zur Kenntnis zu nehmen sowie gegebenenfalls weiterzuleiten[275]. Diese Formel hat der BGH in neuerer Zeit auf das Versicherungsrecht übertragen[276]. Es stellt sich damit die Frage, welche Auswir-

---

[269] So überzeugend *Knappmann,* VersR 2005, 199 (201).

[270] *Bruns,* Zurechnung, S. 112.

[271] OLG Frankfurt a. M. v. 17. 8. 1992, VersR 1993, 425 (427); Berliner Kommentar/*Schwintowski,* § 6 Rn. 247; *Prölss/Martin/Prölss,* § 6 Rn. 54; *Römer/Langheid/Römer,* § 6 Rn. 166.

[272] Vgl. BGH v. 7. 3. 2001, NJW-RR 2001, 889; OLG Hamm v. 3. 8. 2005, VersR 2005, 1572; *Knappmann,* VersR 2005, 199; *Müller-Frank,* NVersZ 2001, 447 ff.

[273] Grundlegend RG v. 8. 3. 1921, RGZ 101, 402 (403).

[274] BGH v. 14. 4. 1971, VersR 1971, 538 (539); OLG Hamm v. 23. 11. 1994, VersR 1995, 1437 (1438); Berliner Kommentar/*Schwintowski,* § 6 Rn. 249; *Prölss/Martin/Prölss,* § 6 Rn. 79; *Römer/Langheid/Römer,* § 6 Rn. 167; *Schimikowski,* Versicherungsvertragsrecht, Rn. 283; vgl. auch RGRK-*Steffen,* vor § 164 Rn. 19.

[275] So BGH v. 24. 1. 1992, BGHZ 117, 104 (106 f.); BGH v. 2. 2. 1996, BGHZ 132, 30 (35 ff.); Münchener Kommentar BGB/*Schramm,* § 166 Rn. 41; *Palandt/Heinrichs,* § 166 Rn. 6; *Soergel/Leptien,* § 164 Rn. 11; *Staudinger/Schilken* (2004), vor §§ 164 ff. Rn. 86. Grundlegend dazu *Richardi,* AcP 169 (1969), 384 ff.

[276] BGH v. 21. 6. 2000, VersR 2000, 1133 (1134).

kungen dies auf die einzelnen Voraussetzungen der Wissenszurechnung im Versicherungsrecht hat.

2. Zuständigkeit für die Entgegennahme von Informationen

Der auffälligste Unterschied zwischen beiden Ansätzen besteht darin, dass die traditionelle **112**
versicherungsrechtliche Definition **konkret** darauf abstellt, ob der Dritte damit betraut worden ist, die in Frage stehenden Tatsachen für den VN zur Kenntnis zu nehmen. Demgegenüber wird im allgemeinen Zivilrecht der **faktisch-organisatorische** Aspekt betont. Entscheidend ist, dass der Dritte im Betrieb des Geschäftsherrn tatsächlich eine Stellung
einnimmt, zu welcher die Entgegennahme und Weiterleitung der betreffenden Informationen gehört. Eine ausdrückliche Bestellung zum Wissensvertreter ist nicht erforderlich[277].

Bei genauerer Betrachtung zeigt sich, dass zwischen beiden Formeln **keine sachlichen** **113**
Unterschiede bestehen[278]. Denn einerseits ist auch im Versicherungsrecht anerkannt, dass
der Dritte konkludent mit der Wissensvertretung betraut werden kann. Eine solche konkludente „Bestellung" kann insbesondere aus der tatsächlichen Stellung des Dritten im Rahmen
einer betrieblichen Organisation abgeleitet werden[279]. Ob der Dritte die im konkreten Fall
relevanten Informationen mit Wissen und Wollen des VN entgegengenommen hat, ist dann
irrelevant[280]. Auf der anderen Seite wird auch im allgemeinen Zivilrecht nicht allein auf die
tatsächlichen Verhältnisse abgestellt. Ebenso wie im Versicherungsrecht ist vielmehr erforderlich, dass der Dritte die betreffenden Aufgaben mit Wissen und Wollen des Geschäftsherrn
wahrnimmt[281].

Die neue Formel des BGH darf nicht darüber hinwegtäuschen, dass sich das Problem der **114**
Wissenszurechnung gerade im Versicherungsrecht nicht nur im betrieblichen Bereich
stellt[282]. Im **privaten** und **familiären** Bereich kann man zwar nicht auf die betriebliche Zuständigkeit abstellen; entscheidend ist aber auch hier, dass der Dritte mit Wissen und Wollen
des VN für die Entgegennahme und Weiterleitung der in Frage stehenden Informationen zuständig ist.

3. Eigenverantwortlichkeit des Dritten

Beide Formeln stimmen darin überein, dass nicht jede untergeordnete Hilfsperson, die **115**
aufgrund ihrer tatsächlichen Stellung im Betrieb des Geschäftsherrn (VN) von erheblichen
Tatsachen Kenntnis erlangt hat, als Wissensvertreter angesehen werden kann. Im Versicherungsrecht muss dies vor dem Hintergrund gesehen werden, dass der Versicherungsschutz
nicht durch die uneingeschränkte Zurechnung des Wissens von Dritten entwertet werden
darf[283]. Hier wird daher gefordert, dass der Dritte eine **nicht ganz untergeordnete Stel-**
lung haben muss. Damit korrespondiert im allgemeinen Zivilrecht die Wendung, dass der
Dritte seine Aufgaben **in eigener Verantwortung** zu erledigen hat[284]. Wenn der Dritte darüber hinaus als **„Repräsentant"** des Geschäftsherrn bezeichnet wird, so steht dies in keinem
Zusammenhang mit dem versicherungsrechtlichen Repräsentantenbegriff. Es soll vielmehr
klargestellt werden, dass der Dritte den Geschäftsherrn aufgrund seiner selbständigen Stellung

---

[277] BGH v. 24. 1. 1992, BGHZ 117, 104 (106 f.); BGH v. 2. 2. 1996, BGHZ 132, 30 (35 ff.).

[278] So auch *Bruns,* Zurechnung, S. 170 ff.

[279] Vgl. RG v. 8. 3. 1921, RGZ 101, 402 (403); BGH v. 13. 5. 1970, VersR 1970, 613 (614); *Bruck/Möl-*
ler/Möller, § 6 Anm. 80 ff.; *Prölss/Martin/Prölss,* § 6 Rn. 79; *Stiefel/Hofmann,* § 6 VVG Rn. 56; *Pauly,* MDR
1995, 874.

[280] *Bruck/Möller/Möller,* § 6 Anm. 84.

[281] Vgl. Münchener Kommentar BGB/*Schramm* § 166 Rn. 36; *Richardi,* AcP 169 (1969), 385 (398).

[282] Vgl. *Bruck/Möller/Möller,* § 6 Anm. 82.

[283] Berliner Kommentar/*Schwintowski,* § 6 Rn. 248; *Römer/Langheid/Römer,* § 6 Rn. 167.

[284] Zur Notwendigkeit der Eigenverantwortlichkeit vgl. BGH v. 9. 3. 2000, VersR 2000, 1277 (1278 f.);
Richardi, AcP 169 (1969), 385 (397 ff.); *Schultz,* NJW 1990, 477 (480 f.); Münchener Kommentar BGB/
Schramm, § 166 Rn. 41; einschränkend *Medicus,* Karlsruher Forum 1994, 4 (10); *Waltermann,* AcP 192
(192), 181 (200); ablehnend *Prölss/Martin/Prölss,* § 6 Rn. 80b.

in ähnlicher Weise wie ein Stellvertreter im rechtsgeschäftlichen Bereich „repräsentieren" muss[285]. Ein Auftreten nach außen ist hierfür nicht erforderlich[286].

116 Um den Versicherungsschutz nicht übermäßig zu beschränken, wird im versicherungsrechtlichen Schrifttum teilweise gefordert, die Wissenszurechnung nur dann zu bejahen, wenn der Dritte in einem **Geschäftsbereich von einiger Bedeutung** für den VN tätig wird[287]. Nach dem Grundgedanken der Wissenszurechnung kommt es jedoch allein darauf an, dass der Dritte in einer verantwortlichen Stellung für die Entgegennahme und Weiterleitung der in Frage stehenden Informationen zuständig ist. Welche Bedeutung der vom Dritten wahrgenommene Geschäftsbereich hat, ist hier ebenso irrelevant wie bei der Repräsentantenhaftung[288].

4. Kenntniserlangung im Rahmen der übertragenen Zuständigkeit

117 Der Geschäftsherr (VN) muss sich nicht alle Kenntnisse des Wissensvertreters zurechnen lassen. Erforderlich ist vielmehr, dass der Dritte die betreffenden Informationen **im Rahmen der** ihm übertragenen **Zuständigkeit** erworben hat. Nicht zurechenbar sind damit Kenntnisse, die der Wissensvertreter außerhalb seines betrieblichen Aufgabenbereichs erlangt hat[289].

II. Dogmatische Grundlagen

118 Die dogmatischen Grundlagen der Wissenszurechnung sind **umstritten.** Die h. M. stellt auf den Rechtsgedanken des § 166 Abs. 1 BGB ab[290]. Die Gegenauffassung greift auf § 242 BGB zurück[291]; teilweise wird auch die analoge Anwendung des § 278 BGB befürwortet[292]. Nach Ansicht von *Prölss* bedarf die Wissenszurechnung keiner ausdrücklichen gesetzlichen Legitimation. Maßgeblich sei vielmehr der Gleichbehandlungsgrundsatz[293]. *Prölss* sieht die Wissenszurechnung als „Identitätsfiktion" an, die nicht auf einem originären Haftungsgrund beruht. Dahinter steht der Gedanke, dass die Aufspaltung von Wissendem (hier: dem Dritten) und Zurechnungssubjekt (hier: dem VN) einem Außenstehenden (hier: dem VR) nach Sinn und Zweck der jeweiligen Haftungsnormen nicht zum Nachteil gereichen dürfe.

119 Für die entsprechende Anwendung des **§ 166 Abs. 1 BGB** spricht, dass dies die einzige Vorschrift ist, die auf das Problem der Wissenszurechnung zugeschnitten ist. Der unmittelbare Anwendungsbereich ist zwar auf die Stellvertretung bei der Abgabe oder dem Empfang von Willenserklärungen beschränkt. Soweit es um die Zuständigkeit für die Entgegennahme von Wissenserklärungen geht, besteht aber eine deutliche Parallele zur passiven Stellvertretung

---

[285] Sehr deutlich *Richardi*, AcP 169 (1969), 385 (403).

[286] So i. E. auch *Prölss/Martin/Prölss,* § 6 Rn. 80b.

[287] So *Knappmann*, VersR 1997, 261 (266).

[288] So i. E. auch BGH v. 13. 5. 1970, VersR 1970, 613 (614); *Prölss/Martin/Prölss,* § 6 Rn. 79; *Schirmer,* Repräsentantenbegriff, S. 4; *Schultz,* NJW 1990, 477 (479). Zur parallelen Problematik bei der Repräsentantenhaftung s. o. Rn. 37.

[289] Vgl. *Medicus,* Karlsruher Forum 1994, 4 (11); *Bruns,* Zurechnung, S. 179 f.; weitergehend *Buck,* Wissen und juristische Person (2001), S. 166 f.

[290] Vgl. BGH v. 24. 5. 1977, VersR 1977, 739 (740); BGH v. 24. 1. 1992, BGHZ 117, 104 (106 f.); BGH v. 2. 2. 1996, BGHZ 132, 30 (35 ff.); BGH v. 21. 6. 2000, VersR 2000, 1133 (1134); Hk-BGB/*Dörner,* § 166 Rn. 7; Münchener Kommentar BGB/*Schramm,* § 166 Rn. 36; *Palandt/Heinrichs,* § 166 Rn. 6; *Staudinger/Schilken* (2004), § 166 Rn. 7; *Stiefel/Hofmann,* § 6 VVG Rn. 56; *Behrens,* Drittzurechnung, S. 44 ff.; *Schirmer,* Repräsentantenbegriff, S. 4; *Knappmann,* VersR 1997, 261 (266); *Looschelders,* VersR 1999, 666 (672); *Richardi,* AcP 169 (1969), 385 ff.; *Schultz,* NJW 1990, 477 ff.; krit. *Bruck/Möller/Möller,* § 6 Anm. 80; *Prölss/Martin/Prölss,* § 6 Rn. 80; *Bruns,* Zurechnung, S. 132 ff.

[291] Vgl. RG v. 8. 3. 1921, RGZ 101, 402 (403); OLG Hamm v. 26. 1. 1976, VersR 1977, 132.

[292] So Berliner Kommentar/*Schwintowski,* § 6 Rn. 204; *Martin,* Sachversicherungsrecht, Rn. 6 ff.

[293] Vgl. *Prölss/Martin/Prölss,* § 6 Rn. 80.; ähnlich *Medicus,* Karlsruher Forum 1994, 4 (11 ff.). *Medicus* argumentiert zwar primär mit der Gleichbehandlung von arbeitsteiligen Organisationen und Einzelpersonen; er will den Gleichbehandlungsgedanken aber auch auf den Einsatz von Gehilfen durch natürliche Personen anwenden.

nach **§ 164 Abs. 3 BGB**[294]. Diese Vorschrift hilft auch über das Problem hinweg, dass § 166 Abs. 1 BGB für sich genommen keinen Zurechnungsgrund liefern kann[295]. Im Übrigen steht hinter § 166 Abs. 1 BGB der **allgemeine Rechtsgedanke,** dass jemand, der einen anderen mit der **eigenverantwortlichen** Wahrnehmung bestimmter Angelegenheiten betraut hat, sich das in diesem Rahmen erlangte Wissen des Dritten zurechnen lassen muss[296]. Hier liegt der rechtliche Grund dafür, warum der Geschäftsherr (VN) nicht für das Wissen jeder untergeordneten Hilfsperson einstehen muss, die im Rahmen ihrer Tätigkeit rechtserhebliche Tatsachen zur Kenntnis genommen hat[297]. Diese Einschränkung lässt sich mit dem **Gleichbehandlungsgrundsatz** nicht erklären. *Prölss* will daher konsequent auf das Erfordernis der Eigenverantwortlichkeit verzichten[298]. Die damit verbundene Ausweitung der Zurechnung führt jedoch zu einer übermäßigen Belastung des VN. Die Anwendung des **§ 278 BGB** würde ebenfalls eine weitergehende Zurechnung nahe legen. Was schließlich den Grundsatz von Treu und Glauben **(§ 242 BGB)** betrifft, so ist dieser zu unspezifisch, um eine sachgemäße Eingrenzung der Wissensvertretung zu ermöglichen[299].

III. Abgrenzungen

1. Wissensvertretung und Wissenserklärungsvertretung

Im Unterschied zum **Wissenserklärungsvertreter** ist der Wissensvertreter nicht notwendig mit der Abgabe rechtlich erheblicher Erklärungen gegenüber dem VR betraut. In der Praxis wird der Wissensvertreter aber nicht selten auch Wissenserklärungsvertreter sein. Hat der VN einen Dritten mit der Abgabe von Wissenserklärungen betraut, so findet die Wissenszurechnung nach § 166 Abs. 1 BGB analog statt, ohne dass die Voraussetzungen der Wissensvertretung geprüft werden müssen[300]. **120**

2. Wissensvertretung und Repräsentantenhaftung

Der Wissensvertreter ist auch vom **Repräsentanten** zu unterscheiden. Denn anders als die Repräsentantenstellung setzt die Wissensvertretung nicht voraus, dass der Dritte bei der Risiko- oder Vertragsverwaltung in vollem Umfang an die Stelle des VN getreten ist[301]. **121**

a) Wissensvertretung und **Repräsentantenhaftung kraft Risikoverwaltung** lassen sich im Ansatz klar voneinander abgrenzen. Während die Repräsentantenhaftung sich auf den tatsächlichen Umgang mit dem versicherten Risiko bezieht, geht es bei der Wissenszurechnung in erster Linie um die Verletzung von Erklärungsobliegenheiten. Es gibt jedoch Überschneidungen. Dies gilt insbesondere für die Anzeigepflichten des VN bei nachträglicher **Gefahrerhöhung** (§ 23 Abs. 2 und 3 VVG), weil diese einen engen Zusammenhang mit der Risikoverwaltung aufweisen. Die Anzeigepflichten bei nachträglicher Gefahrerhöhung setzen voraus, dass der VN die Umstände kennt, aus denen sich die Gefahrerhöhung ergibt[302]. Hat der VN die Risikoverwaltung vollständig auf einen Dritten übertragen, so ist dieser im Allgemeinen auch dafür zuständig, die für eine etwaige Gefahrerhöhung maßgeblichen Tatsachen **122**

---

[294] Zu dieser Parallele *Richardi,* AcP 169 (1969), 385 (398 ff.); *Behrens,* Drittzurechnung, S. 45 ff.

[295] Dazu *Bruns,* Zurechnung, S. 135 f., die § 164 Abs. 3 BGB aber als alleinige Zurechnungsgrundlage ansieht.

[296] Grundlegend *Richardi,* AcP 169 (1969), 385 (397 ff.); vgl. auch *Bork,* Allgemeiner Teil des Bürgerlichen Gesetzbuchs (2001), Rn. 1662; *Bayreuther,* JA 1998, 459 ff.; *Schultz,* NJW 1990, 477 (478).

[297] *Richardi,* AcP 169 (1969), 385 (397).

[298] *Prölss/Martin/Prölss,* § 6 Rn. 80 b.

[299] So auch *Bruns,* Zurechnung, S. 143.

[300] RG v. 12. 12. 1919, RGZ 97, 279 (282); *Bruck/Möller/Möller,* § 6 Anm. 86; *Prölss/Martin/Prölss,* § 6 Rn. 82; *Bruns,* Zurechnung, S. 224.

[301] *Schirmer,* Repräsentantenbegriff, S. 4 f., 13 ff.; *Knappmann,* NJW 1994, 3147 (3149); *ders.,* VersR 1997, 261 (266); *Looschelders,* VersR 1999, 666 (672).

[302] *Römer/Langheid/Langheid,* §§ 23–25 Rn. 28 und §§ 27, 28 Rn. 3; *Knappmann,* NJW 1994, 3147 (3148 f.).

zur Kenntnis zu nehmen und den VN darüber zu informieren. Denn bei vollständiger Übertragung der Risikoverwaltung hat der VN keine Möglichkeit, Gefahrerhöhungen selbst festzustellen. Der **Repräsentant** ist hier daher grundsätzlich auch **Wissensvertreter** des VN[303].

123   Fraglich ist dagegen, ob der Dritte im Hinblick auf die Kenntnis von Gefahrerhöhungen auch dann **Wissensvertreter** des VN sein kann, wenn er **nicht** dessen **Repräsentant** ist. In der Literatur wird nämlich darauf hingewiesen, dass die Wissenszurechnung im Bereich der Risikoverwaltung nicht die strengen Voraussetzungen der Repräsentantenhaftung außer Kraft setzen darf[304]. Die Problematik lässt sich an folgendem Beispiel verdeutlichen. Nach der Rechtsprechung ist der **Mieter eines Gebäudes** grundsätzlich kein Repräsentant des VN[305]. Nimmt er eine Gefahrerhöhung vor, so ist dies dem VN daher nicht als Verletzung der Gefahrstandspflicht (§ 23 Abs. 1 VVG) zuzurechnen. Nach § 23 Abs. 3 VVG hat der VN die Gefahrerhöhung aber dem VR anzuzeigen, sobald er davon Kenntnis erlangt. Sieht man den Mieter als Wissensvertreter an, so muss der VN gewärtigen, wegen unterlassener Anzeige den Anspruch auf die Versicherungsleistung nach § 23 Abs. 3 VVG ganz oder teilweise zu verlieren. Dies führt auf den ersten Blick zu Wertungswidersprüchen. Bei genauerer Betrachtung zeigt das Beispiel aber nur, dass ein Dritter **nicht schon aufgrund seiner Stellung** als Mieter zum Wissensvertreter des VN wird. Hat der VN den Mieter aber im Einzelfall als Wissensvertreter eingesetzt, so hängt die Wissenszurechnung analog § 166 Abs. 1 BGB nicht davon ab, ob der Mieter auch noch als Repräsentant des VN anzusehen ist[306].

124   Entsprechende Probleme stellen sich im Hinblick auf die Verletzung von **kenntnisabhängigen Verhaltensobliegenheiten** im Rahmen der Risikoverwaltung. So ist der VN bei der Leitungswasserversicherung nach § 9 Nr. 2b VGB 62 gehalten, die Wasserleitungen in nicht benutzten Gebäuden abzusperren und entleert zu halten. Der VN kann diese Obliegenheit nur erfüllen, wenn er weiß, dass das Gebäude nicht benutzt wird. Ist das Gebäude vermietet, so stellt sich wiederum die Frage, ob der VN sich das Wissen des **Mieters** zurechnen lassen muss. Die Lösung ergibt sich auch hier daraus, dass der Mieter nicht schon aufgrund seiner Stellung als Wissensvertreter des VN anzusehen ist. Der **Hausmeister** des VN kann dagegen schon aufgrund seiner Stellung die Merkmale eines Wissensvertreters erfüllen[307]. Im Einzelnen hängt dies aber von der konkreten Ausgestaltung seines Aufgabenbereichs ab[308].

125   **b)** In welchem Verhältnis die **Repräsentantenhaftung kraft Vertragsverwaltung** zur Wissenszurechnung steht, ist in der Rechtsprechung nicht abschließend geklärt. Nach der hier vertretenen Auffassung ist die Figur des Repräsentanten kraft Vertragsverwaltung entbehrlich[309]. Entscheidend ist allein, ob der Dritte damit betraut worden ist, die in Frage stehenden Tatsachen für den VN zur Kenntnis zu nehmen. Hat der VN einem Dritten die gesamte Vertragsverwaltung übertragen, so beinhaltet dies allerdings die Einsetzung als Wissensvertreter[310].

IV. Einzelne Fallgruppen

1. Familiärer Bereich

126   Der **Ehegatte** des VN kann als solcher nicht als Wissensvertreter angesehen werden. Denn das Bestehen einer intakten ehelichen Lebensgemeinschaft rechtfertigt für sich genommen keine wechselseitige Wissenszurechnung. Der VN muss sich das Wissen seines Ehegatten daher nur zurechnen lassen, wenn er ihn ausdrücklich oder konkludent damit betraut hat, die in

---

[303] Vgl. BGH v. 14. 4. 1971, VersR 1971, 538 (539); *Bruns,* Zurechnung, S. 224.

[304] So namentlich *Schirmer,* Repräsentantenbegriff, S. 47 f.

[305] S. oben Rn. 66 ff.

[306] Vgl. *Bruns,* Zurechnung, S. 225; anders noch Voraufl.

[307] Vgl. OLG München v. 13. 7. 1998, VersR 2000, 1030 (1031) (betr. Wissenszurechnung bei § 823 Abs. 1 BGB).

[308] Ähnlich *Knappmann,* VersR 1997, 261 (266).

[309] S. o. Rn. 44 ff.

[310] So i. E. auch BGH v. 21. 4. 1993, BGHZ 122, 250 (255); a. A. *Bruns,* Zurechnung, S. 225.

Frage stehenden Tatsachen zur Kenntnis zu nehmen. Eine konkludente Einsetzung als Wissensvertreter kann dabei auch aus der ehelichen Aufgabenverteilung oder der alleinigen Zuständigkeit für die Betreuung der versicherten Sache abgeleitet werden. Ist der Ehegatte des VN in der Kaskoversicherung Repräsentant, so wird er im Allgemeinen auch Wissensvertreter sein[311].

2. Betrieblicher Bereich

Im betrieblichen Bereich ist ein **Angestellter** Wissensvertreter des VN, wenn er in nicht   **127** ganz untergeordneter Stellung (d. h. eigenverantwortlich) einen Aufgabenbereich wahrnimmt, der die Erlangung und Weiterleitung der betreffenden Informationen umfasst. Wer in einer **Spedition** dafür zuständig ist, die Mitteilungen der Fahrer über das Auftreten von Mängeln an den Lkw entgegenzunehmen und die mangelhaften Fahrzeuge in eine Werkstatt bringen zu lassen, ist daher nicht nur Repräsentant, sondern auch Wissensvertreter des VN[312]. Die einzelnen Fahrer sind dagegen aufgrund ihrer untergeordneten Stellung weder Repräsentanten noch Wissensvertreter des VN[313]. Ist der Angestellte eines Mietwagenunternehmens für den ordnungsgemäßen Abschluss eines Mietvertrages verantwortlich, so muss das Unternehmen sich dessen Kenntnis von der fehlenden Fahrberechtigung des Mieters auch dann zurechnen lassen, wenn der Betreffende nicht ständig mit der Ausgabe von Mietwagen betraut ist[314].

3. Sonstige Fälle

Der **Rechtsanwalt**[315] oder **Steuerberater**[316] des VN ist dessen Wissensvertreter, wenn er   **128** mit der Entgegennahme der in Frage stehenden Informationen betraut worden ist. Nach Ansicht des BGH ist auch der **Versicherungsmakler,** den der VN mit der Weiterleitung des Versicherungsantrags an den VR beauftragt hat, als Wissensvertreter zu qualifizieren[317]. Weiß der Versicherungsmakler bei der Weiterleitung des Versicherungsantrags, dass der Versicherungsfall bereits eingetreten ist, so soll der VN sich dies daher im Rahmen des § 2 Abs. 2 S. 2 VVG entgegenhalten lassen müssen. Die Auffassung des BGH kann indes nicht überzeugen. Ist der Makler allein mit der Weiterleitung des Antrags betraut, so hat er die Stellung eines Boten. Da die Entgegennahme und Weiterleitung von Informationen somit nicht zu seinen Aufgaben gehört, kann er auch nicht als Wissensvertreter des VN angesehen werden[318]. Ebenso ist der **Mieter eines Gebäudes** nicht schon aufgrund seiner Stellung Wissensvertreter des Vermieters (VN)[319].

F. Beweislastfragen

I. Drittzurechnung bei Obliegenheitsverletzungen

Der VR muss im Rahmen des § 28 Abs. 2 VVG darlegen und beweisen, dass der VN den   **129** objektiven Tatbestand einer **Obliegenheitsverletzung** verwirklicht hat. Es gelten insoweit also die gleichen Grundsätze wie bei § 6 VVG a. F.[320]. Beruft der VR sich auf das Verhalten

---

[311] Vgl. OLG München v. 12. 6. 1975, VersR 1976, 674 (675) (betr. geschiedenen Ehemann der VN).
[312] BGH v. 14. 4. 1971, VersR 1971, 538 (539). Zur Repräsentantenstellung s. o. Rn. 58.
[313] BGH v. 14. 4. 1971, VersR 1971, 538 (539); OLG Hamm v. 17. 12. 1980, VersR 1981, 227 (228); Berliner Kommentar/*Schwintowski*, § 6 Rn. 252; a. A. *Bruns,* Zurechnung, S. 214f.
[314] BGH v. 13. 5. 1970, VersR 1970, 613 (614); *Knappmann,* VersR 1997, 261 (266).
[315] LG Köln v. 20. 2. 1997, VersR 1997, 1529; *Bruns,* Zurechnung, S. 202ff.; vgl. auch OLG Düsseldorf v. 6. 11. 1998, VersR 1999, 893 (894).
[316] Vgl. LG Würzburg v. 22. 2. 1982, VersR 1983, 723.
[317] BGH v. 21. 6. 2000, VersR 2000, 1133 (1134).
[318] So auch *Prölss/Martin/Prölss,* § 2 Rn. 14 und § 6 Rn. 80f; *Bruns,* Zurechnung, S. 206f.
[319] S. o. Rn. 123f.
[320] Dazu Berliner Kommentar/*Schwintowski,* § 6 Rn. 254; *Römer/Langheid/Römer,* § 6 Rn. 107.

eines Dritten, so trägt er auch die Beweislast für die tatsächlichen Umstände, aus denen sich dessen Stellung als **Repräsentant** oder **Wissenserklärungsvertreter** ergibt[321]. Der VR muss ggf. außerdem den Vorsatz des Dritten nachweisen. Will der VN trotz der Obliegenheitsverletzung die volle Leistung erhalten, so hat er sich nach § 28 Abs. 2 S. 2 HS. 2 VVG auch im Hinblick auf seine Repräsentanten oder Wissenserklärungsvertreter vom Vorwurf der groben Fahrlässigkeit zu entlasten.

130   Bei der Verletzung von **kenntnisabhängigen** Obliegenheiten (z. B. Anzeigepflichten) gehört die Kenntnis der relevanten Tatsachen zum objektiven Tatbestand[322]. Macht der VR geltend, dem VN sei das Wissen eines Dritten zuzurechnen, so muss er deshalb Tatsachen darlegen und beweisen, aus denen sich die Stellung des Dritten als **Wissensvertreter** ergibt[323]. Soweit die Zuständigkeit des Dritten aus der innerbetrieblichen Organisation des VN abzuleiten ist, kommen allerdings Beweiserleichterungen zugunsten des VR in Betracht.

II. Herbeiführung des Versicherungsfalles

131   Im Rahmen des § 81 VVG muss der VR – wie schon bei § 61 VVG a. F.[324] – sowohl die objektiven als auch die subjektiven Voraussetzungen der Leistungsfreiheit bzw. des Kürzungsrechts darlegen und beweisen[325]. Hat ein Dritter den Versicherungsfall herbeigeführt, so hat der VR deshalb nicht nur die tatsächlichen Umstände nachzuweisen, aus denen sich die **Repräsentantenstellung** ergibt[326]. Der VR muss vielmehr auch darlegen und beweisen, dass der Dritte **vorsätzlich** oder **grob fahrlässig** gehandelt hat.

G. Die Rechtslage in Österreich

I. Einstandspflicht des Versicherungsnehmers für Dritte

1. Ablehnung der Repräsentantenhaftung

132   Der VN muss sich das Verschulden seiner Erfüllungsgehilfen auch in Österreich nicht nach allgemeinen Regeln (§ 1313a ABGB) zurechnen lassen[327]. Zur Begründung wird ebenso wie in Deutschland darauf abgestellt, dass die versicherungsrechtlichen Obliegenheiten keine echten Rechtspflichten seien. Die in Deutschland entwickelte **Repräsentantenhaftung** wird von der österreichischen Rechtsprechung ebenfalls abgelehnt[328]. Maßgeblich ist die Erwägung, dass das österreichische VersVG für eine solche Einstandspflicht des VN keine Grundlage enthalte[329]. Außerdem ergebe sich aus dem Zweck der Versicherung, dass die Gefahr der Herbeiführung des Versicherungsfalles durch Dritte typischerweise vom VR mit übernommen werde[330]. Im Ausgangspunkt gilt in Österreich also das **Selbstverschuldensprinzip.**

---

[321] Vgl. BGH v. 19. 6. 1991, NJW-RR 1991, 1307 (1308); OLG Karlsruhe v. 21. 6. 1990, VersR 1991, 1048 (1049); OLG Karlsruhe v. 16. 5. 1991, VersR 1992, 1391 (1392).

[322] BGH v. 30. 4. 1969, VersR 1969, 694 (695); OLG Hamm v. 1. 7. 1994, VersR 1995, 1476 (LS); Berliner Kommentar/*Schwintowski,* § 6 Rn. 256; a. A. OLG Oldenburg v. 7. 12. 1994, VersR 1995, 952 (953).

[323] Vgl. OLG Hamm v. 23. 11. 1994, VersR 1995, 1437 (1438).

[324] Berliner Kommentar/*Beckmann,* § 6 Rn. 99; *Prölss/Martin/Prölss,* § 61 Rn. 21.

[325] Vgl. Begr. RegE. BT-Drucks. 16/3945 S. 80.

[326] OLG Köln v. 19. 3. 1992, VersR 1992, 996 (997); Berliner Kommentar/*Beckmann,* § 61 Rn. 99.

[327] ÖOGH v. 25. 4. 1990, VersR 1991, 571 (572); *Prölss/Martin/Prölss,* § 6 Rn. 51.

[328] ÖOGH v. 1. 2. 1961, VersR 1961, 960; ÖOGH v. 5. 5. 1984, VersR 1985, 580; ÖOGH v. 12. 9. 1985, VersR 1987, 395 (396); ÖOGH v. 22. 11. 1995, VersR 1997, 343 (344); ÖOGH v. 26. 2. 1997, VersR 1998, 391; std. Rspr.

[329] ÖOGH v. 12. 9. 1985, VersR 1987, 395 (396); ÖOGH v. 29. 10. 1997, VersR 1998, 1535 (1536). Zu den dogmatischen Gründen für die abweichende Lösung vgl. *Jabornegg,* VersRdsch 1975, 100 (116 ff.); *Cyrus,* Repräsentantenhaftung, Rn. 424 ff.; *Looschelders,* VersR 1999, 666 (669 Fn. 47).

[330] ÖOGH v. 26. 2. 1997, VersR 1998, 391.

2. Einstandspflicht des Versicherungsnehmers auf anderer Grundlage

Die Ablehnung der Repräsentantenhaftung hat nicht zur Folge, dass der VN sich das Ver- **133** halten von Dritten in keinem Fall zurechnen lassen muss. Es gibt vielmehr einige Konstellationen, in denen die Zurechnung mit anderen rechtlichen Erwägungen bejaht wird.

a) In der österreichischen Rechtsprechung ist anerkannt, dass juristische Personen sich auch als VN das Verhalten und Wissen ihrer **Vertretungsorgane** zurechnen lassen müssen. Dabei soll es ebenso wie in Deutschland[331] nicht darauf ankommen, ob das Organ in Ausführung der ihm zustehenden Verrichtungen gehandelt hat[332]. Der VR kann danach gemäß § 61 VersVG leistungsfrei sein, wenn ein Organ des VN nicht einschreitet, obwohl sich in seinem Beisein Vorfälle ereignen, die den Eintritt des Versicherungsfalles erheblich begünstigen[333]. Die Einstandspflicht für Organe ist keine echte Durchbrechung des Selbstverschuldensprinzips. Da juristische Personen durch ihre Organe handeln, geht es letztlich um eigenes Verschulden.

b) Ebenso wie im deutschen Recht muss der VN für seine **gesetzlichen Vertreter** sowie **134** für **Parteien kraft Amtes** (z. B. Konkursverwalter) einstehen. Bei letzteren gilt dies allerdings auch in Österreich nur, wenn sie innerhalb ihres Pflichtenkreises gehandelt haben[334].

c) In einigen Bereichen wird die Einstandspflicht des VN für Dritte durch **AVB** begrün- **135** det. So hat der ÖOGH für die betriebliche Brandversicherung entschieden, dass der VN sich das vorsätzliche oder grob fahrlässige Verhalten eines Mitversicherten, dem er die **Führung des Betriebs** überlassen hat, nach Art. 12 Abs. 1 ABS zurechnen lassen muss[335]. Fehlt in den AVB eine entsprechende Regelung, so muss der VN für das Verschulden des Betriebsleiters nicht einstehen[336]. Das Verhalten von Erfüllungsgehilfen hat der VN in der Betriebshaftpflichtversicherung auch dann nicht nach Art. 7.2 AHVB 78 zu verantworten, wenn diese einen Auftrag selbständig ausführen[337].

d) Haben zwei **Miteigentümer** gemeinsam eine Sachversicherung abgeschlossen, so fin- **136** det keine wechselseitige Zurechnung statt. Führt ein Miteigentümer den Versicherungsfall vorsätzlich oder grob fahrlässig herbei, so ist der VR damit nur gegenüber diesem leistungsfrei; dem anderen Miteigentümer muss er den Schaden ersetzen, der seinem Miteigentumsanteil entspricht[338]. Bei einer **Versicherung für fremde Rechnung** muss der VN sich dagegen das Verhalten des Versicherten nach § 78 VersVG zurechnen lassen[339].

e) Besonderheiten gelten bei der Verletzung von **Anzeigepflichten.** Hier hat der **137** ÖOGH schon vor längerem klargestellt, dass der VN für das Verhalten eines Dritten jedenfalls dann nach Vollmachtsrecht (§ 1017 ABGB) einstehen muss, wenn er diesen für die Abwicklung des gesamten Versicherungsverhältnisses zum Vertreter bestellt hat[340]. In einer neueren Entscheidung hat das Gericht für die Zurechnung ausreichen lassen, dass der VN den Dritten mit der Anzeige des Versicherungsfalles beauftragt hat[341]. Maßgeblich war dabei die Erwägung, der VN dürfe sich nicht dadurch aller versicherungsrechtlichen Nachteile entziehen können, dass er einen Dritten damit betraut, den VR über den Versicherungsfall zu informieren.

---

[331] Oben Rn. 16.
[332] ÖOGH v. 21. 10. 1982, VersR 1984, 974 (975).
[333] ÖOGH v. 23. 5. 1991, VersR 1992, 520.
[334] ÖOGH v. 25. 4. 1990, VersR 1991, 571 (572).
[335] ÖOGH v. 24. 5. 1984, VersR 1986, 199 (200).
[336] ÖOGH v. 13. 1. 1977, VersR 1977, 756.
[337] ÖOGH v. 22. 11. 1995, VersR 1997, 343 (344).
[338] ÖOGH v. 29. 10. 1997, VersR 1998, 1535 (1536).
[339] Vgl. ÖOGH v. 13. 3. 1986, VersR 1987, 1204.
[340] ÖOGH v. 30. 6. 1980, VersR 1981, 1166 f. (betr. Ehemann der VN).
[341] ÖOGH v. 26. 2. 1997, VersR 1998, 391 f. (betr. Rechtsanwalt des VN).

II. Haftung für eigenes Verschulden

138   Die österreichische Rechtsprechung kompensiert das Fehlen der Repräsentantenhaftung im Übrigen nicht selten durch eine strenge Prüfung des **eigenen Verschuldens** des VN[342]. Besondere Bedeutung hat dies im **betrieblichen Bereich.** Hier wird ein eigenes Verschulden des VN angenommen, wenn der Betrieb Organisationsmängel aufweist, weil der VN als Betriebsleiter nicht die erforderliche Sorgfalt beachtet hat[343]. Darüber hinaus kommt ein Auswahl- und Überwachungsverschulden in Bezug auf einzelne Mitarbeiter in Betracht[344].

139   Das eigene Verschulden des VN ist auch im **familiären Bereich** beachtlich. So hat der ÖOGH in der KH-Versicherung das Verschulden einer VN bejaht, die ihrem Ehemann das Fahrzeug überlassen hatte, obwohl sie wusste, dass er nicht im Besitz einer gültigen Fahrerlaubnis war[345].

---

[342] Vgl. ÖOGH v. 13. 3. 1980, VersR 1981, 1167 (1168); ÖOGH v. 5. 4. 1984, VersR 1985, 580; ÖOGH vom 23. 5. 1991, VersR 1992, 520; ÖOGH v. 22. 11. 1995, VersR 1997, 343; krit. *Schauer,* Österreichisches Versicherungsvertragsrecht, S. 269. Eingehender dazu *Cyrus,* Repräsentantenhaftung, Rn. 391 ff. und 419 ff.; *Schirmer,* Repräsentantenbegriff, S. 8 mit Fn. 23; *Looschelders,* VersR 1999, 666 (668).

[343] ÖOGH v. 5. 4. 1984, VersR 1985, 580; ÖOGH v. 22. 11. 1995, VersR 1997, 343 (344).

[344] Vgl. ÖOGH v. 25. 4. 1990, VersR 1991, 571 (572), wo aber kein Verschulden des VN gegeben war.

[345] ÖOGH v. 13. 3. 1980, VersR 1981, 1167 (1168).

5. Abschnitt. Rechtsstellung des Versicherers

§ 18. Informationspflichten des Versicherers

Inhaltsübersicht

Literatur: *Dörner/Staudinger,* Kritische Bemerkungen zum Referentenentwurf eines Gesetzes zur Reform des Versicherungsvertragsrechts, WM 2006, 1710; *Gaul,* Zum Abschluss eines Versicherungsvertrages, VersR 2007, 21; *Honsell,* Vertreterdirekteingabe nach Abschaffung des Policenmodells, VW 2007, 359; *Kieninger,* Informations-, Aufklärungs- und Beratungspflichten beim Abschluss von Versicherungsverträgen, AcP 199 (1999), 190; *Matusche,* Pflicht und Haftung des Versicherungsmaklers, 4. Aufl., 1995; *dies.,* Probleme bei der Abgrenzung des Versicherungsagenten vom Versicherungsmakler, VersR 1995, 1391; *Micklitz/Ebers,* Der Abschluss von privaten Versicherungsverträgen im Internet, VersR 2002, 641; *Ortmann,* Kostentransparenz in der Lebensversicherung, VW 2007, 824–827; *Präve,* Die VVG-Informationspflichtenverordnung, VersR 2008, 151; *Röhr,* Die vorvertragliche Anzeigepflicht, 1980; *Römer,* Zu den Informationspflichten der Versicherer und ihrer Vermittler, VersR 1998, 1313; *ders.,* Die Entwicklung der BGH-Rechtsprechung zum Versicherungsvertragsrecht seit der Deregulierung und künftige Tendenzen, NVersZ 2002, 532; *ders.,* Zu ausgewählten Problemen der VVG-Reform nach dem Referentenentwurf vom 13. März 2006 (Teil I), VersR 2006, 740; *Schimikowski,* VVG-Reform – Die vorvertraglichen Informationspflichten des Versicherers und das Rechtzeitigkeitserfordernis, r+s 2007, 133; *ders.,* Vertragsschluss nach der Invitatio-Lösung und das neue VVG, VW 2007, 715; *ders.,* Einbeziehung von Allgemeinen Versicherungsbedingungen in den Vertrag, r+s 2007, 309; *Schlossareck,* Ansprüche des Versicherungsnehmers aus culpa in contrahendo: Ein Beitrag zur culpa in contrahendo im Privatversicherungsrecht, 1995; *Schwintowski,* Transparenzgebot im Privatversicherungsrecht, VersWissStud., Bd. 15, S. 87, 2000; *ders.,* Informationspflichten in der Lebensversicherung, VersWissStud, Bd. 2, 1995, 11; *ders.,* Anleger- und objektgerechte Beratung in der Lebensversicherung, VuR 1997, 83; *Schwintowski/Ebers,* Lebensversicherung – stille Reserven – Überschussbeteiligung, ZVersWiss 2002, 393; *Taupitz,* Die Rolle der Versicherungsvertreter, Versicherungsmakler und Versicherungsberater unter Wettbewerbsbedingungen, VersWissStud, Bd. 4, S. 105; *Werber,* Alte und neue Informations- und Beratungspflichten des Versicherers und des Vermittlers, ZVersWiss 1994, 321.

A. Einleitung

I. Grundsätze

1   Das VVG regelt in § 7 die Informationspflichten des Versicherers gegenüber allen Versicherungsnehmern insgesamt und unmittelbar im Vertragsrecht[1]. Damit wird nicht nur § 10a VAG abgelöst, sondern zugleich werden die Vorgaben des Gemeinschaftsrechts erfüllt, soweit sie sich auf alle Versicherungszweige erstrecken[2]. Dabei handelt es sich zum einen um die sehr beschränkten Vorgaben nach Art. 31 der Richtlinie 92/49/EWG[3]. Zum anderen handelt es sich um die umfangreichen Informationspflichten, die den Versicherern nach den Art. 3 und 5 der Richtlinie 2002/65/EG[4] obliegen[5]. Diese Verpflichtungen gelten zwar nur für Fernabsatzverträge. Der überwiegende Teil dieser Informationen ist aber für die Versicherungsnehmer unabhängig von der Vertriebsform von Bedeutung[6]. Im Hinblick auf die den deutschen Gesetzgeber bindende Umsetzungsfrist in der genannten Richtlinie wurden die Informationspflichten bei Fernabsatzverträgen schon vor dieser Reform in das alte VVG (§ 48b a. F. und Anlage) übernommen[7].

2   Die Informationspflichten, die der Versicherer den Versicherungsnehmern nach § 7 VVG schuldet, werden durch die VVG-InfoV vom 18. 12. 2007[8] konkretisiert. Rechtsgrundlage für die VVG-InfoV ist § 7 Abs. 2 VVG. Die VVG-InfoV verpflichtet den Versicherer zunächst einmal zu den Informationen, die er zuvor bereits nach § 10a VAG in Verbindung mit Anlage Teil D Abschnitt I und II zum VAG schuldete. Neu ist, dass Angaben über Kosten teilweise in Euro und Cent zu erfolgen haben (§ 1 Abs. 2 VVG-InfoV). Neu ist ferner die Festlegung der Rahmenbedingungen für die Modellrechnung (§ 1 Abs. 3 InfoV). Ferner gibt es ein Produktinformationsblatt (§ 4 VVG-InfoV), mit dessen Hilfe die Informationskomplexität auf das Wesentliche für den Versicherungsnehmer reduziert werden soll (§ 4 Abs. 5 VVG-InfoV). Die VVG-InfoV tritt in wesentlichen Teilen am 1. Juli 2008 in Kraft (§ 7 VVG-InfoV).

3   Die vom Versicherer gegenüber den Versicherungsnehmern geschuldeten Informationspflichten nach § 7 VVG-InfoV sind strikt zu unterscheiden von den Beratungspflichten, die den Versicherer vor Abschluss eines Versicherungsvertrages treffen. Soweit diese Beratungspflichten den Versicherer selbst treffen, ist die Rechtsgrundlage § 6 VVG. Soweit die Beratungspflichten den Versicherungsvermittler (gebundene Versicherungsvertreter und Versicherungsmakler) betreffen, finden sich die Regelungen dafür in den §§ 59 bis 67 VVG. Erstmals sind auch die Versicherungsberater und die sie treffenden Beratungs- und Dokumentationspflichten ausdrücklich erfasst (§ 68 VVG).

4   Das Gesetz (§ 7 Abs. 1 VVG) verlangt, dass der Versicherer dem Versicherungsnehmer rechtzeitig vor Abgabe von dessen Vertragserklärung die notwendigen Informationen in Textform mitteilt. Die Informationen sind also dem Versicherungsnehmer zu übermitteln, bevor dieser an seine Vertragserklärung nach § 145 BGB gebunden ist[9]. Dies geschieht zur Verbesserung des Verbraucherschutzes; dem Verbraucher wird Gelegenheit gegeben, sich vor Abgabe seiner Vertragserklärung mit den Einzelheiten des Vertrages vertraut zu machen[10]. Die Informationen sind klar und verständlich zu übermitteln. Wird der Vertrag auf Verlangen des Versicherungsnehmers telefonisch geschlossen, so muss die Information unverzüglich

---

[1] BT-Drucks. 16/3945, S. 47.
[2] BT-Drucks. 16/3945, S. 47.
[3] 3. Schadensrichtlinie.
[4] Fernabsatzrichtlinie für Finanzdienstleistungen – Fernabsatzrichtlinie II.
[5] BT-Drucks. 16/3945, S. 47/48.
[6] BT-Drucks. 16/3945, S. 48.
[7] Vgl. Art. 6 des Gesetzes zur Änderung der Vorschriften über Fernabsatzverträge bei Finanzdienstleistungen vom 2. Dezember 2004 – BGBl. I S. 3102, 3106.
[8] BGBl. I Nr. 66 vom 21. 12. 2007, S. 3004.
[9] BT-Drucks. 16/3945, S. 48.
[10] BT-Drucks. 16/3945, S. 48.

nach Vertragsschluss nachgeholt werden. Dies gilt auch, wenn der Versicherungsnehmer durch eine gesonderte schriftliche Erklärung auf die Information vor Abgabe seiner Vertragserklärung ausdrücklich verzichtet.

Das Gesetz geht insoweit davon aus, dass der „mündige Verbraucher" in der Lage ist zu **5** entscheiden, ob er die ihm regelmäßig vor seiner Vertragserklärung zu überlassenden Informationen zunächst durchsehen möchte, um danach zu entscheiden, welchen Versicherungsvertrag er schließen möchte, oder ob er sofortigen Versicherungsschutz haben möchte und die Details der Vertrages erst nach seiner Vertragserklärung erhalten und zur Kenntnis nehmen will[11]. Der Gesetzgeber verkennt dabei nicht, dass viele Verbraucher die ihnen überlassenen Informationen aus unterschiedlichen Gründen nicht vollständig zur Kenntnis nehmen. Diese Entscheidung muss jedoch jedem Verbraucher überlassen bleiben. Eine gesetzliche Regelung, nach der ein Verbraucher einen Vertrag erst schließen darf, wenn eine bestimmte Frist zwischen Informationserteilung und Vertragserklärung verstrichen ist, kommt nicht in Betracht[12]. Dies würde – um den Begriff des „mündigen Verbrauchers" erneut aufzugreifen – eine Entmündigung des Verbrauchers bedeuten und dem Ziel, den Verbraucher in seiner Eigenverantwortung zu stärken, widersprechen[13].

II. Abgrenzung zu den §§ 19–27 VVG

Vorvertragliche Anzeigepflichten des VN gegenüber dem VR werden durch die **6** §§ 19–27 VVG abschließend geregelt[14]. Während es bei vorvertraglichen Informationen des VR gegenüber dem VN um die Berücksichtigung der Rechtsgüter und Interessen des VN geht, trägt die vorvertragliche Anzeigepflicht des zukünftigen VN zur richtigen **Risikoeinschätzung** durch den Versicherer bei. Durch die Angaben des Antragstellers soll der VR das zu versichernde Risiko umfassend und zutreffend einschätzen, die Zuordnung des Antragstellers zu einem bestimmten Risikokollektiv vornehmen, die Prämie zutreffend berechnen und evtl. Leistungsausschlüsse festlegen. Die anzeigepflichtigen Umstände entstammen regelmäßig der Sphäre des VN, so dass der VR in besonderer Weise auf zutreffende, vollständige und wahrheitsgemäße Angaben des Antragstellers angewiesen ist. Es ist die Aufgabe der §§ 19–22 VVG, die korrekte Beantwortung der Antragsfragen sicherzustellen und eine interessen- und sachgerechte Regelung für den Fall der Falschbeantwortung zu finden.

III. Freizeichnungsklauseln – Haftungsausschlussverbote

Freizeichnungsklauseln für fehlerhafte Beratung und Information spielen im Versiche- **7** rungsrecht keine Rolle. Das liegt einerseits an § 309 Nr. 7 BGB, der eine Freizeichnung für Körperschäden und grobes Verschulden verbietet. Darüber hinaus kann die Haftung für einfache Fahrlässigkeit nach § 307 BGB auch dann nicht ausgeschlossen werden, wenn der Klauselverwender in besonderer Weise **Vertrauen** für sich in Anspruch nimmt[15] oder kraft seines Berufes eine **qualifizierte Vertrauensstellung** einnimmt[16]. Beispiele sind Ärzte oder der Treuhänder beim Bauherrenmodell[17]. Für Rechtsanwälte, Steuerberater und Wirtschaftsprüfer gelten berufsständige Sonderregelungen. Darüber hinaus ist anerkannt, dass die Haftung auch für einfache Fahrlässigkeit nicht ausgeschlossen werden kann, soweit der Klauselverwender gesetzlich oder standesrechtlich ein **Haftpflichtversicherung** abschließen muss[18].

---

[11] BT-Drucks. 16/3945, S. 48.
[12] BT-Drucks. 16/3945, S. 48.
[13] BT-Drucks. 16/3945, S. 48.
[14] BGH VersR 1984, 631 = NJW 1984, 2814; eingehend *Röhr*, 273 ff.
[15] BGH NJW-RR, 1986, 272.
[16] *Palandt/Heinrichs*, § 307, Rn. 46.
[17] OLG Celle, NJW 1986, 260.
[18] OLG Hamburg DAR 1984, 260; KG NJW-RR 1991, 699.

IV. Beziehungen zum Transparenzgebot

8   Die Mitteilungen, die der VR dem VN schuldet, sind „klar und verständlich zu übermitteln" (§ 7 Abs. 1 S. 2 VVG). Werden die Informationen nicht klar und verständlich übermittelt, so verstößt dies gegen das Transparenzgebot. Nach § 307 Abs. 1 S. 1 BGB sind Bestimmungen in Allgemeinen Geschäftsbedingungen unwirksam, wenn sie den Vertragspartner des Verwenders entgegen den Geboten von Treu und Glauben unangemessen benachteiligen. Die hierin angelegte **materielle Inhaltskontrolle** der AVB wird durch eine weniger einschneidende **formelle Kontrolle** in § 307 Abs. 1 S. 2 BGB ergänzt. Danach kann sich eine unangemessene Benachteiligung auch daraus ergeben, dass die Bestimmung nicht **klar und verständlich** ist **(Transparenzgebot).** In jüngerer Zeit ist zu beobachten, dass der BGH eine formelle Kontrolle da vorzieht, wo dies möglich erscheint. Sie belastet den VR weniger. Denn wenn eine Regelung aus formellen Gründen, z. B. wegen unklarer Formulierung, für unwirksam erklärt wird, bleibt dem VR materiell, d. h. in der Sache, die Regelung erhalten, er muss sie nur hinreichend klar formulieren. Allerdings hat der BGH mit Urteil vom 12. 10. 2005[19] klargestellt, dass intransparente Klauseln – es ging im vorliegenden Fall um die Abschlusskostenklausel – jedenfalls nicht rückwirkend durch ein Treuhänderverfahren (§ 172 Abs. 2 VVG a. F.) transparent und damit wirksam gemacht werden könnten. Das gilt nicht nur im Bereich der kapitalbildenden, sondern auch im Bereich der fondsgebundenen Lebensversicherung[20].

9   Der BGH hat erstmals das Transparenzgebot im Versicherungsrecht im Urteil vom 8. Oktober 1997[21] zu einer Tarif- und Bedingungsanpassungsklausel angewandt. Er fordert im Wesentlichen, dass die Rechtspositionen des Vertragspartners klar und durchschaubar geregelt werden muss[22]. Er soll durch Klarheit und Bestimmtheit der Regelung Gewissheit über den Umfang seiner Rechte und Pflichten haben[23]. Er darf nicht durch unklare Formulierungen von der Wahrnehmung seiner Rechte abgehalten werden[24]. Bei AVB kommt es insbesondere auch darauf an, dass die Klausel die wirtschaftlichen Nachteile und Belastungen soweit erkennen lässt, wie es nach den Umständen gefordert werden kann[25]. Maßstab ist ein **durchschnittlicher VN,** der bei verständiger Würdigung, aufmerksamer Durchsicht und Berücksichtigung des erkennbaren Sinnzusammenhanges ohne versicherungsrechtliche Spezialkenntnisse die jeweiligen Formulierungen verstehen muss[26].

B. Rechtsgrundlagen

I. § 7 VVG[27]

§ 7 Information des Versicherungsnehmers

10   (1) [1]Der Versicherer hat dem Versicherungsnehmer rechtzeitig vor Abgabe von dessen Vertragserklärung seine Vertragsbestimmungen einschließlich der Allgemeinen Versicherungsbedingungen sowie die in einer Rechtsverordnung nach Absatz 2 bestimmten Informationen in Textform mitzuteilen. [2]Die Mitteilungen sind in einer dem eingesetzten Kom-

---

[19] VersR 2005, 1565 = BGHZ 164, 297.

[20] Urteil des BGH vom 26. 9. 2007 VersR 2007, 1547.

[21] BGH vom 08. 10. 1997, BGHZ 136, 401 = VersR 1997, 1517 = NVersZ 1998, 29 = NJW 1998, 454.

[22] BGH VersR 2001, 841 = NVersZ 2001, 308.

[23] BGHZ 106, 42 (49) = NJW 1989, 222.

[24] BGHZ 104, 82 (93) = NJW 1988, 1726.

[25] BGH VersR 2001, 841 = NVersZ 2001, 308.

[26] BGHZ 123, 83, 85 = VersR 1993, 957; BGH VersR 2001, 1502 = NVersZ 2002, 64; NVersZ 2001, 262 = VersR 2001, 489; *Schwintowski,* VersWissStud, Bd. 15, 2000, S. 87 ff.

[27] Gesetz zur Reform des Versicherungsvertragsrechtes, BGBl. I Nr. 59 vom 29. 11. 2007, S. 2631–2684.

munikationsmittel entsprechenden Weise klar und verständlich zu übermitteln. [3]Wird der Vertrag auf Verlangen des Versicherungsnehmers telefonisch oder unter Verwendung eines anderen Kommunikationsmittels geschlossen, das die Information in Textform vor der Vertragserklärung des Versicherungsnehmers nicht gestattet, muss die Information unverzüglich nach Vertragsschluss nachgeholt werden; dies gilt auch, wenn der Versicherungsnehmer durch eine gesonderte schriftliche Erklärung auf eine Information vor Abgabe seiner Vertragserklärung ausdrücklich verzichtet.

(2) [1]Das Bundesministerium der Justiz wird ermächtigt, im Einvernehmen mit dem Bun- **11** desministerium der Finanzen und im Benehmen mit dem Bundesministerium für Ernährung, Landwirtschaft und Verbraucherschutz durch Rechtsverordnung ohne Zustimmung des Bundesrates zum Zweck einer umfassenden Information des Versicherungsnehmers festzulegen,

1. welche Einzelheiten des Vertrags, insbesondere zum Versicherer, zur angebotenen Leistung und zu den Allgemeinen Versicherungsbedingungen sowie zum Bestehen eines Widerrufsrechts, dem Versicherungsnehmer mitzuteilen sind,

2. welche weiteren Informationen dem Versicherungsnehmer bei der Lebensversicherung, insbesondere über die zu erwartenden Leistungen, ihre Ermittlung und Berechnung, über eine Modellrechnung sowie über die Abschluss- und Vertriebskosten, soweit eine Verrechnung mit Prämien erfolgt, und über sonstige Kosten mitzuteilen sind,

3. welche weiteren Informationen bei der Krankenversicherung, insbesondere über die Prämienentwicklung und -gestaltung sowie die Abschluss- und Vertriebskosten, mitzuteilen sind,

4. was dem Versicherungsnehmer mitzuteilen ist, wenn der Versicherer mit ihm telefonisch Kontakt aufgenommen hat und

5. in welcher Art und Weise die Informationen zu erteilen sind.

[2]Bei der Festlegung der Mitteilungen nach Satz 1 sind die vorgeschriebenen Angaben nach der Richtlinie 92/49/EWG des Rates vom 18. Juni 1992 zur Koordinierung der Rechts- und Verwaltungsvorschriften für die Direktversicherung (mit Ausnahme der Lebensversicherung) sowie zur Änderung der Richtlinien 73/239/EWG und 88/357/EWG (ABl. EG Nr. L 228 S. 1), der Richtlinie 2002/65/EG des Europäischen Parlaments und des Rates vom 23. September 2002 über den Fernabsatz von Finanzdienstleistungen an Verbraucher und zur Änderung der Richtlinie 90/619/EWG des Rates und der Richtlinien 97/7/EG und 98/27/EG (ABl. EG Nr. L 271 S. 16) sowie der Richtlinie 2002/83/EG des Europäischen Parlaments und des Rates vom 5. November 2002 über Lebensversicherungen (ABl. EG Nr. L 345 S. 1) zu beachten.

(3) In der Rechtsverordnung nach Absatz 2 ist ferner zu bestimmen, was der Versicherer **12** während der Laufzeit des Vertrags in Textform mitteilen muss; dies gilt insbesondere bei Änderungen früherer Informationen, ferner bei der Krankenversicherung bei Prämienerhöhungen und hinsichtlich der Möglichkeit eines Tarifwechsels sowie bei der Lebensversicherung mit Überschussbeteiligung hinsichtlich der Entwicklung der Ansprüche des Versicherungsnehmers.

(4) Der Versicherungsnehmer kann während der Laufzeit des Vertrags jederzeit vom Ver- **13** sicherer verlangen, dass ihm dieser die Vertragsbestimmungen einschließlich der Allgemeinen Versicherungsbedingungen in einer Urkunde übermittelt; die Kosten für die erste Übermittlung hat der Versicherer zu tragen.

(5) [1]Die Absätze 1 bis 4 sind auf Versicherungsverträge über ein Großrisiko im Sinn des **14** Artikels 10 Abs. 1 Satz 2 des Einführungsgesetzes zum Versicherungsvertragsgesetz nicht anzuwenden. [2]Ist bei einem solchen Vertrag der Versicherungsnehmer eine natürliche Person, hat ihm der Versicherer vor Vertragsschluss das anwendbare Recht und die zuständige Aufsichtsbehörde in Textform mitzuteilen.

II. Die Tatbestandsvoraussetzungen von § 7 VVG

1. § 7 Abs. 1

15   **a) Grundkonzept.** Die Vorschrift ist neu; sie erfasst die Informationen, die von allen Versicherern den Versicherungsnehmern mitzuteilen sind, bevor diese ihre auf den Abschluss eines Versicherungsvertrags gerichtete Willenserklärung abgeben[28]. In § 7 VVG werden alle Informationspflichten zusammengefasst, die sich aus EG-rechtlichen Vorgaben für alle Versicherungszweige ergeben. Dies sind zum einen die Angaben, die bisher in § 10a VAG i. V. m. der Anlage zum VAG unter Teil D Abschnitt I und II geregelt waren. Zum anderen handelt es sich um die umfangreichen Informationspflichten, die den Versicherern nach Art. 3 und 5 der Fernabsatzrichtlinie II obliegen und die durch Art. 6 des Gesetzes zur Änderung der Vorschriften über Fernabsatzverträge bei Finanzdienstleistungen vom 2. 12. 2004[29] in das VVG – dort § 48b a. F. Anlage – eingefügt wurden[30].

16   Diese Verpflichtungen gelten zwar nur für Fernabsatzverträge. Der überwiegende Teil dieser Informationen ist aber für die VN unabhängig von der Vertriebsform für ihre Entscheidung über den Abschluss eines Versicherungsvertrags von Bedeutung[31]. Außerdem würde es einem VR schwer fallen, bei der Informationserteilung zuverlässig zu unterscheiden, in welcher Form ein Vertrag zustande gekommen ist. Daher verzichtet das Gesetz bei den Informationspflichten auf eine Differenzierung nach der Art des Zustandekommens des Vertrages[32]. Vergleichbares gilt auch für das Widerrufsrecht nach § 8 VVG und für die Regelung der Schlichtungsstelle (§ 214 VVG).

17   Wird der Versicherungsvertrag durch einen Versicherungsvermittler (§ 59 Abs. 1 VVG) vermittelt, hat der zur Information verpflichtete Versicherer dafür zu sorgen, dass dem Versicherungsnehmer vor Abgabe von dessen Vertragserklärung die vorgeschriebenen Mitteilungen übermittelt werden[33]. Bei einem Versicherungsvertreter wird der VR im Vertretervertrag eine entsprechende Verpflichtung des Vertreters festlegen[34]. Für den Versicherungsmakler kann dies in den in der Praxis üblichen Rahmenabkommen zwischen VR und Makler bestimmt werden[35].

18   An der Erfüllung der Informationspflichten nach § 7 VVG hat auch der Versicherungsvermittler ein eigenes Interesse, da der VN zum Widerruf seiner Vertragserklärung nach § 8 VVG berechtigt ist, solange dem VN nicht sämtliche Unterlagen und Mitteilungen zugegangen sind. Eine eigenständige Informationspflicht des Versicherungsvermittlers neben der des VR ist gemeinschaftsrechtlich hier – anders als bei den Pflichten des Vermittlers nach der Vermittlerrichtlinie – nicht vorgegeben und sachlich auch nicht geboten[36].

19   Die Informationspflichten nach § 7 Abs. 1 S. 1 VVG gelten grundsätzlich für alle VN. Ausgenommen sind lediglich Verträge über Großrisiken (§ 7 Abs. 5 VVG). Eine Beschränkung auf Verbraucher im Sinne des § 13 BGB, wie sie bzgl. der Informationen nach der Fernabsatzrichtlinie II möglich wäre, erscheint nicht sachgerecht[37]. Zu dem dort ausgeklammerten Personenkreis, der einen Versicherungsvertrag in Ausübung der gewerblichen oder selbständigen beruflichen Tätigkeit schließt, gehören auch kleine Unternehmer und Freiberufler. Ihr Schutzbedürfnis ist in aller Regel nicht geringer als das eines Verbrauchers[38]. Das Gesetz verzichtet ferner auf eine Differenzierung zwischen natürlichen und juristischen Personen, da die

---

[28] BT-Drucks. 16/3945, S. 59.
[29] BGBl. I S. 3102, 3106.
[30] BT-Drucks. 16/3945, S. 59.
[31] BT-Drucks. 16/3945, S. 59.
[32] BT-Drucks. 16/3945, S. 59.
[33] BT-Drucks. 16/3945, S. 59.
[34] BT-Drucks. 16/3945, S. 59.
[35] BT-Drucks. 16/3945, S. 59.
[36] BT-Drucks. 16/3945, S. 59.
[37] BT-Drucks. 16/3945, S. 59/60.
[38] BT-Drucks. 16/3945, S. 60.

Rechtsform kein geeignetes Kriterium für die Beurteilung des Schutzbedürfnisses darstellt[39]. Lediglich in Abs. 5 S. 2 wird diese von der Richtlinie 92/49/EWG vorgegebene Differenzierung übernommen, da es sich hierbei um weniger bedeutsame Informationen handelt[40].

b) Antragsmodell. Maßgeblicher Zeitpunkt, zu dem die Informationen nach S. 1 spätes-   **20** tens erteilt werden müssen, ist die **Abgabe der Vertragserklärung** des VN, in der Regel sein Vertragsantrag[41]. Diese Regelung übernimmt den Wortlaut des § 312c Abs. 1 BGB, mit dem Art. 3 Abs. 1 und Art. 5 Abs. 1 der Fernabsatzrichtlinie II umgesetzt worden sind. Er ist der Formulierung des alten § 48b Abs. 1 VVG vorzuziehen, denn an dieser Formulierung („Rechtzeitig vor dessen Bindung"), der für die Information des VN maßgebliche Zeitpunkt nicht eindeutig bestimmt wird. Nunmehr ist klargestellt, dass die vorgeschriebenen Informationen nicht erst bei Vertragsschluss, in der Regel mit der Übersendung des Versicherungsscheins, erteilt werden dürften, wie das bisher nach § 5a VVG a. F. zulässig war[42]. Dieses sog. Policenmodell trägt dem berechtigten Interesse des VN an einer möglichst frühzeitigen Information über den Inhalt des angestrebten Vertrags nicht hinreichend Rechnung[43]. Ferner ist seine Vereinbarkeit mit den europarechtlichen Vorgaben, insbesondere der Fernabsatzrichtlinie II nicht zweifelsfrei[44]. Damit hat sich das **Antragsmodell** als Regelmodell durchgesetzt. Wenn in dem Antrag des VN alle für die Annahmeentscheidung des VR notwendigen Angaben enthalten sind und der VN vorher bereits alle vorgeschriebenen Informationen erhalten hat, kommt der Vertrag auf diese Weise relativ einfach und schnell zustande[45]. Typischerweise nimmt der VR diesen Antrag des VN durch Übersenden der Police innerhalb der Antragsbindefrist an.

Der VR kann den Antrag des VN auch **konkludent annehmen.** Allerdings ist die Entge-   **21** gennahme der Erstprämie oder die Einlösung eines Verrechnungsschecks für sich genommen noch keine Annahmeerklärung[46]. Etwas anders gilt für die Einziehung der Prämie nach einiger Zeit[47]. Das bloße Schweigen des VR auf ein Vertragsangebot ist nicht als Annahme zu werten[48]. Allerdings gilt der Antrag des Kunden in der Kfz-Haftpflichtversicherung als angenommen (§ 5 Abs. 3 S. 1 PflVG), wenn der VR ihn nicht innerhalb einer Frist von zwei Wochen ab Eingang schriftlich ablehnt.

c) Rechtzeitig vor Abgabe der Vertragerklärung. Der VR hat dem VN **rechtzeitig**   **22** vor Abgabe von dessen Vertragserklärungen die notwendigen Informationen mitzuteilen. Das wirft die Frage auf, was mit dem Wort **rechtzeitig** inhaltlich gemeint ist. Rechtzeitig bedeutet zunächst einmal, dass die Informationen spätestens vor Abgabe der Vertragserklärung des VN, in der Regel also vor seiner Antragstellung vorliegen müssen[49]. Mit Blick auf § 312c BGB kann man sagen, dass dem VN nach Erhalt der Information eine ausreichende Zeitspanne verbleiben muss, damit er eine informierte Entscheidung treffen kann. In der Literatur wird deshalb vorgeschlagen, die AVB zwei bis drei Minuten vor Unterschrift auszuhändigen, den VN sodann zu bitten, sich mit den AVN zu beschäftigen und danach wiederzukehren und nunmehr die Unterschrift zu verlangen[50]. Dabei wird zwischen einfachen Standardprodukten, Sach- und Haftpflichtversicherungen differenziert. Bei Personenversicherungen seien regelmäßig zwei Termine – bei Gewerbekunden eventuell noch mehr, erforderlich[51]. Eine solche Differenzierung nach schwierigen und weniger schwierigen Versicherungsverträgen ist nicht sachgerecht.

---

[39] BT-Drucks. 16/3945, S. 60.
[40] BT-Drucks. 16/3945, S. 60.
[41] BT-Drucks. 16/3945, S. 60.
[42] BT-Drucks. 16/3945, S. 60.
[43] BT-Drucks. 16/3945, S. 60.
[44] BT-Drucks. 16/3945, S. 60.
[45] BT-Drucks. 16/3945, S. 48.
[46] BGH VersR 1975, 1090; 1983, 121.
[47] BGH VersR 1975, 1090.
[48] BGH VersR 1987, 923.
[49] BT-Drucks. 16/3945, S. 60.
[50] Schimikowski, r+s 2007, 135.
[51] Schimikowski, r+s 2007, 135.

Funktional geht es um die Frage, unter welchen Voraussetzungen der VN in der Lage ist, eine informierte Entscheidung zu treffen. Ein VN, der noch niemals eine Hausratversicherung oder eine private Haftpflichtversicherung abgeschlossen hat, ist jedenfalls nicht ausreichend über die AVB informiert, wenn man sie ihm zwei bis drei Minuten vor Unterschrift in die Hand drückt. Deshalb ist die Differenzierung nach schwierigen und weniger schwierigen Versicherungsverträgen nicht sinnvoll – es kommt allein auf die Frage an, ob der VN aufgrund der Beratung durch den VR oder Vermittler in der Lage ist, eine informierte Entscheidung zu treffen. Davon geht auch § 4 Abs. 5 VVG-InfoV aus. Im Produktinformationsblatt sind nämlich die wesentlichsten Informationen über den Versicherungsvertrag herauszuheben und verkürzt dem VN so darzustellen, dass dieser den Vertrag versteht. Dabei wird ausdrücklich verlangt, dass bei den Informationen, die den Inhalt der vertraglichen Vereinbarung betreffen, jeweils auf die maßgebliche Bestimmung in den AVB hinzuweisen ist (§ 4 Abs. 5 VVG-InfoV).

23   Aus diesem Konzept lässt sich der Begriff *rechtzeitig* **funktional** entwickeln. VR oder Vermittler bieten dem Kunden zunächst einmal anhand des Produktinformationsblattes eine AVB-basierte Beratung. D. h. die wichtigsten den Versicherungsvertrag bestimmenden Informationen, z. B. über die Prämienhöhe, über die Risikoausschlüsse und die wichtigsten Obliegenheiten, werden unter Zuhilfenahme der jeweiligen Regelung in den AVB dem Kunden erklärt. Wenn der VR oder Vermittler den Kunden auf diese Weise über den wesentlichen Vertragsinhalt informiert hat, so trifft der Kunde eine informierte Entscheidung. Bei einer AVB-basierten Beratung bedarf es folglich keiner Differenzierung zwischen Versicherungsarten oder Privat- und Gewerbekunden. Vielmehr ermittelt der VR oder Vermittler die Wünsche und Bedürfnisse des Kunden. Es wird eine Risikoanalyse durchgeführt und dabei die Komplexität des Produktes berücksichtigt und schließlich empfiehlt der Vermittler, und zwar AVB-basiert durch Verweis auf die wichtigsten Leistungsbeschreibungen in den AVB eines oder mehrere Versicherungsprodukte. Danach entscheidet der Kunde, welches der ihm angebotenen Möglichkeiten ihm optimal erscheint.

24   Der Begriff rechtzeitig ist somit ein funktionaler Begriff, der voraussetzt, dass der Kunde eine informierte Entscheidung treffen kann. Der Kunde kann eine informierte Entscheidung treffen, wenn er über die wesentlichen Inhalte des Versicherungsvertrages anhand des Produktinformationsblattes AVB-basiert beraten worden ist.

25   **d) Invitatio-Modell.** Der VR kann dem VN rechtzeitig vor Abgabe von dessen Vertragserklärung die notwendigen Informationen auch im Rahmen des **Invitatio-Modells** mitteilen. Beim Invitatio-Modell fordert der Kunde den VR zur Abgabe eines Angebotes auf. Der VR übermittelt sein Angebot – der Kunde hat nunmehr die Möglichkeit, dieses Angebot anzunehmen. Die Übermittlung des Angebotes beinhaltet die Übermittlung der AVB sowie der Informationen nach der VVG-InfoV, d. h. der VN hat sämtliche Informationen, die seine Entscheidung beeinflussen können, rechtzeitig vor Abgabe von einer Vertragserklärung auch im Invitatio-Modell erhalten.

26   Das Invitatio-Modell dürfte vor allem im **Makler-Vertrieb** große praktische Bedeutung erlangen. Makler sind häufig aufgrund einer entsprechenden Vollmacht des Kunden berechtigt, den Kunden wirksam gegenüber dem VR zu vertreten. Im Rahmen einer solchen Vollmacht ist der Makler auch zur Entgegennahme der Vertragsinformationen nach § 7 VVG ermächtigt. Der VN muss sich die Kenntnis des von ihm bevollmächtigten Maklers nach § 166 Abs. 1 BGB zurechnen lassen. Im Innenverhältnis zum VN obliegt es dem Makler zu prüfen, ob das vom VR vorgelegte verbindliche Vertragsangebot den Wünschen und Bedürfnissen des Kunden entspricht.

27   Das Invitatio-Modell wirft einige Fragen auf, die zurzeit nur angeschnitten, aber nicht geklärt werden können. Die Vorschriften des VVG insbesondere zum Widerruf (§ 8), zu den vorvertraglichen Anzeigepflichten (§§ 19 ff.) und zur Prämienfälligkeit (§§ 33 ff.) sind auf das Antragsmodell – nicht aber auf das Invitatio-Modell zugeschnitten. Wichtig ist auch, dass beim Invitatio-Modell der Versicherungsvertrag erst durch die Annahmeerklärung des VN zustande kommt. Wenn und soweit der VN durch seinen Makler vertreten wird, ist dies unproblematisch, da der Makler weiß, dass er den Antrag sofort annehmen muss, damit der VN

Versicherungsschutz hat. Wird dagegen das Invitatio-Modell zwischen Kunden und VR direkt praktiziert, so wird dem Kunden häufig nicht bewusst sein, dass er nach Übersenden des verbindlichen Angebots des VR dieses nunmehr annehmen muss. Bloßes Nichtstun genügt für die Annahme nicht – es gibt keine entsprechende Verkehrssitte (§ 151 BGB). In diesen Fällen wird man vom VR erwarten müssen, dass er den Kunden **darauf hinweist,** dass dieser erst dann Versicherungsschutz hat, wenn der den Antrag gegenüber dem VR annimmt. Man wird ferner vom VR erwarten müssen, dass dieser dem Kunden in Form von Beispielen erklärt, wie dieser den Antrag des VR verbindlich annehmen kann. Noch einfacher dürfte es sein, wenn der VR dem Kunden mitteilt, dass er mit Übermitteln des Angebotes vorläufigen Deckungsschutz genießt und dieser erst dann wieder außer Kraft tritt, wenn der Kunde das verbindliche Angebot des VR ablehnt. Für diesen Fall, in dem der Kunde den vorläufigen Deckungsschutz nicht beantragt hat, kann der VR allerdings keine Prämie für die vorläufige Deckung verlangen, es sei denn, er hat durch gesonderte Mitteilung in Textform darauf ausdrücklich aufmerksam gemacht (§ 51 VVG).

Jedenfalls erfolgt der Vertragsschluss im Zweifel **konkludent,** wenn der VN die Erstprä- **28** mie überweist[52]. Das Gleiche gilt, wenn der Kunde dem VR eine durch den Vertragsschluss aufschiebend bedingte Einziehungsermächtigung erteilt hat und den Prämieneinzug widerspruchslos duldet[53]. Schweigt der Kunde dagegen auf das Vertragsangebot des VR, so liegt darin keine Annahme, es sei denn, es gibt Anhaltspunkte dafür, das Schweigen als „beredtes Schweigen" zu werten. Dies könnte etwa dann der Fall sein, wenn der Kunde in laufenden Geschäftsbeziehungen zum VR steht, mit diesem bereits mehrere Versicherungsverträge vereinbart hat und typischerweise davon auszugehen ist, dass nunmehr auch der nächste Vertrag zustande kommt, ganz gleichgültig, ob sich der Kunde ausdrücklich erklärt oder nicht. Die Annahme des VN nach Ablauf einer bestimmten Frist durch die AVB zu fingieren (§§ 308 Nr. 5; 307 Abs. 2 BGB) erscheint problematisch[54]. Ließe man derartige Fiktionen zu, so würde dies letztlich dazu führen, das Antragsmodell, das dem Gesetzgeber als Leitbild vorschwebt, womöglich durch das Invitatio-Modell zu ersetzen. Damit würde letztlich das Policenmodell durch die Hintertür wieder eingeführt werden können. Hier ist Vorsicht geboten.

Nachteile dieser Art vermeidet das **Vorschlagsverfahren.**[55] Bei diesem Modell gibt der **29** VR im Anschluss an die invitatio des Kunden noch kein verbindliches Angebot ab, sondern unterbreitet einen unverbindlichen Vorschlag. Auf der Grundlage dieses Vorschlags stellt der Kunde seinen Antrag, den der VR nunmehr annehmen kann. Das Vorschlagsverfahren ist also nichts anderes als ein modifiziertes Antragsmodell, das allerdings den Nachteil hat, dass sich die Dinge zeitlich in die Länge ziehen.

e) Einbeziehung der AVB. Sowohl auf der Grundlage des Antrags- als auch auf der **30** Grundlage des Invitatio-Modells richtet sich die Einbeziehung der AVB in Zukunft nach den allgemeinen Regeln des AGB-Rechts, also nach den §§ 305 ff. BGB[56]. Der VR muss dem Kunden also ein Exemplar der AVB aushändigen oder zusenden. Bei Online-Geschäften reicht es aus, wenn die Klauseln über einen auf der Bestellseite gut sichtbaren Link aufgerufen und ausgedruckt werden können[57]. Bei fernmündlichem Vertragsschluss muss die Information, also auch die Übersendung der AVB, unverzüglich nach Vertragsschluss nachgeholt werden (§ 7 Abs. 1 S. 3 VVG). Das erforderliche **Einverständnis** des Kunden (§ 305 Abs. 2 BGB) liegt vor, wenn er die AVB in zumutbarer Weise zur Kenntnis nehmen konnte und es danach durch Annahme des VR zum Vertragsschluss kommt[58].

---

[52] *Gaul,* VersR 2007, 21.
[53] BGH VersR 1991, 910 Für den Fall, dass der VR die Antragsbindefrist verstreichen lässt; LG Berlin r+s 2002, 474; a. A. *Gaul,* VersR 2007, 21.
[54] Dafür *Schimikowski,* VW 2007, 715; dagegen *Marlow/Spuhl,* Das neue VVG kompakt, S. 17.
[55] *Honsell,* VW 2007, 359.
[56] *Schimikowski,* r+s 2007, 309; *Micklitz/Ebers,* VersR 2002, 641, 646.
[57] BGH VersR 2007, 1436.
[58] *Palandt/Heinrichs,* § 305 BGB Rn. 43.

31   Im unternehmerischen Geschäftsverkehr (§ 14 BGB) sind die Einbeziehungsvoraussetzungen weniger streng, da § 305 Abs. 2 BGB keine Anwendung findet (§ 310 Abs. 1 BGB). Die AVB können durch schlüssiges Verhalten einbezogen werden[59]. Allerdings muss auch im unternehmerischen Geschäftsverkehr Klarheit darüber bestehen, welche Klauseln für den konkreten Vertrag gelten sollen[60].

32   Bei Scheitern der Einbeziehung der AVB sind die Vertragslücken (§ 306 Abs. 2 BGB) unter Rückgriff auf das dispositive Gesetzesrecht zu schließen. Ist dies nicht möglich, ist die Lücke durch ergänzende Vertragsauslegung zu schließen[61]. Auch eine nachträgliche Einbeziehungsvereinbarung ist möglich, allerdings sind strenge Anforderungen an eine solche Vereinbarung zu stellen[62]. Die Rechtsprechung verlangt eine ausdrückliche Zustimmung des Kunden[63]. Es gibt keinerlei Anhaltspunkte dafür, warum diese Maßstäbe nicht auch im Versicherungsrecht gelten sollten[64]. Sind die AVB für den VN ausschließlich vorteilhaft, so kann in der Prämienzahlung des VN eine konkludente Einbeziehungsvereinbarung liegen.

33   **f) Form – Telefonabschluss.** Die Informationen sind **in Textform** (§ 126b BGB) zu übermitteln. Zulässig sind folglich Papierdokumente, aber auch elektronische Dokumente wie etwa E-Mails, Disketten oder CD-ROMs. Informationen, die der VN auf einer Homepage abrufen kann, gehen ihm erst dann in Textform zu, wenn er die Informationen ausdruckt oder herunterlädt[65].

34   Bei **telefonischem Vertragsschluss** muss die Information unverzüglich nach Vertragsschluss nachgeholt werden (§ 7 Abs. 1 S. 32 VVG). Das gilt auch bei Verwendung eines anderen Kommunikationsmittels, bei dem die Information in Textform vor der Vertragserklärung nicht möglich ist. Das Gleiche soll nach § 7 Abs. 1 S. 3 VVG bei Verzicht des VN auf eine schriftliche Information vor Abgabe seiner Vertragserklärung möglich sein[66]. Der mündige Verbraucher soll die Möglichkeit behalten, sich für den Abschluss des gewünschten Versicherungsvertrages schon vor der Überlassung sämtlicher Informationsunterlagen des VR zu entscheiden, z. B. dann, wenn es ihm darum geht, möglichst umgehend Versicherungsschutz zu erhalten und der von ihm angestrebte Vertrag und dessen Konsequenzen für ihn überschaubar sind[67]. Dies ist nicht nur bei einem Vertrag über vorläufige Deckung (§§ 49 ff. VVG) der Fall, sondern auch bei einer nicht nur vorläufigen Haftpflicht- oder Sachversicherung[68]. Bei einem Vertrag über eine Lebens- oder Krankenversicherung wird sich der VN dagegen sorgfältig zu überlegen haben, ob er trotz der erheblichen Bedeutung dieser Versicherungen und der regelmäßig langen Bindung auf eine Vorabinformation verzichtet[69]. Auch insoweit kann einem Verbraucher der Verzicht allerdings nicht völlig verwehrt werden; gegen seinen Willen muss sich niemand beraten und informieren lassen[70].

35   **g) Verzicht auf Information.** Der Gesetzgeber verweist zu Recht darauf, dass weder die Fernabsatzrichtlinie noch die Vermittlerrichtlinie einen solchen **Verzicht auf Information** enthalten. Er meint aber, dass ein solcher Verzicht auch formularmäßig zulässig sein müsse. Er bedürfe dann zu seiner Wirksamkeit einer ausdrücklichen Erklärung in einem gesondert vom VN unterschriebenen Schriftstück[71]. In jedem Fall müssten aber die vorgeschriebenen Mitteilungen unverzüglich nach Abschluss des Vertrages dem VN übermittelt werden. Erst dann

---

[59] BGH NJW 1988, 1210 (1212).
[60] *Schimikowski,* r+s 2007, 309 (310).
[61] BGHZ 96, 18 (26).
[62] BGH NJW-RR 1987, 113 (114).
[63] BGH NJW 1984, 1112.
[64] Für eine deutliche Absenkung dagegen *Schimikowski,* r+s 2007, 309 (311).
[65] KG NJW 2006, 3215 (3217); OLG Hamburg NJW-RR 2007, 839 (840).
[66] BT-Drucks. 16/3945, S. 60.
[67] BT-Drucks. 16/3945, S. 60.
[68] BT-Drucks. 16/3945, S. 60.
[69] BT-Drucks. 16/3945, S. 60.
[70] BT-Drucks. 16/3945, S. 60.
[71] BT-Drucks. 16/3945, S. 60.

beginne die Frist für die Ausübung des Widerrufsrechts nach § 8 VVG, das dem VN auch bei einem Verzicht auf eine vollständige Vorabinformation zusteht[72].

Die Erwägungen des Gesetzgebers zum ausdrücklichen Informationsverzicht sind im Kern **36** **nicht überzeugend.** Zunächst einmal ist darauf hinzuweisen, dass Art. 12 Abs. 1 Fernabsatzrichtlinie II ausdrücklich besagt, dass der Verbraucher auf die ihm durch die Richtlinie eingeräumten Rechte nicht verzichten kann. Insoweit ist der Verzicht in § 7 VVG gemeinschaftsrechtswidrig[73]. Auch Art. 36 Abs. 1 der Lebensversicherungsrichtlinie sieht keine Verzichtsmöglichkeit vor. Hiervon abgesehen wird der Verbraucher aber auch nicht „entmündigt", wenn ihm keine ausdrückliche Verzichtsmöglichkeit eingeräumt wird. Er kann nämlich im Rahmen der Dokumentierung erklären, ein ganz bestimmtes Produkt von einem ganz bestimmten Versicherer erwerben zu wollen und darüber hinaus keinen weiteren Informations- und Beratungsbedarf zu haben.

Damit wird dokumentiert, dass der VN auf eine weitergehende Information und Beratung **37** keinen Wert legt; es wird aber nicht dokumentiert, dass der VN ganz generell auf Information und Beratung verzichtet. Der Unterschied ist, dass die Dokumentation der Wünsche und Bedürfnisse des Kunden klarstellt, dass der Kunde ganz bestimmte Wünsche und Bedürfnisse hatte und darüber hinaus keine Beratung wünscht. Das ist eine Information, die im späteren Deckungs- und/oder Haftpflichtprozess zwischen Versicherer und/oder Vermittler und Kunden von großer Bedeutung sein kann. Verzichtet der Kunde demgegenüber auf weitergehende Informationen, so bleibt unklar, warum er dies tut; es kann insbesondere nicht ausgeschlossen werden, dass der Kunde durch den Vertrieb zum schriftlichen Verzicht etwa durch den Hinweis gebracht wurde: „Sie sind doch sicher mit uns der Auffassung, dass das viele Kleingedruckte völlig überflüssig ist und es sehr viel einfacher und vernünftiger ist, wenn wir uns jetzt einmal über die Kernfragen Ihres Versicherungsvertrages unterhalten. Deshalb brauchen wir erst einmal eine Unterschrift, damit uns das Kleingedruckte weiter nicht stören muss."

Hiervon ausgehend ist der in § 7 Abs. 1 S. 3 vorgesehene ausdrückliche Informationsver- **38** zicht mit dem Europäischen Recht nicht zu vereinbaren und folglich gemeinschaftsrechtswidrig.

2. § 7 Abs. 2

Nach § 7 Abs. 2 VVG ist das BMJ berechtigt, durch Rechtsverordnung die vom Versicherer **39** mitzuteilenden Informationen im Einzelnen zu regeln[74]. Die Informationen werden weitgehend durch die Vorgaben der in Bezug genommenen Fernabsatzrichtlinie II und der für die Lebensversicherung geltenden Richtlinie 2002/83/EG konkretisiert[75]. Soweit die Richtlinien die Informationspflichten nicht abschließend regeln, kann der Gesetzgeber weitere Informationen vorschreiben, wenn sie für die Entscheidung des VN von Bedeutung sind[76]. Dies trifft insbesondere bei der Lebensversicherung auf die Überschussbeteiligung (§ 153 VVG), ihre Ermittlung und Berechnung, den Rückkaufswert nach § 169 VVG und die bei dessen Berechnung zugrunde gelegten Abschluss- und Vertriebskosten sowie auf die Modellrechnung (§ 154 VVG) zu. Ergänzende Informationen sind auch bei der Unfall- und der Berufsunfähigkeitsversicherung mit Beitragsrückgewähr zulässig. Das gleiche gilt für die Krankenversicherung entsprechend der bisher in der Anlage zum VAG unter Buchstabe D Abschnitt I Nr. 3 geregelten Informationen.

§ 7 Abs. 2 VVG und die auf dieser Grundlage erlassene VVG-InfoV vom 18. 12. 2007[77] **40** sollen nach dem Wunsch des Gesetzgebers zur Verbesserung der Transparenz deutlich beitragen[78]. Dies gilt insbesondere für die Lebensversicherung, für die das Bundesverfassungsgericht

---

[72] BT-Drucks. 16/3945, S. 60.
[73] *Dörner/Staudinger,* WM 2006, 1710 (1712); *Schimikowski,* r+s 2007, 133 (136).
[74] BT-Drucks. 16/3945, S. 60.
[75] BT-Drucks. 16/3945, S. 60.
[76] BT-Drucks. 16/3945, S. 60.
[77] BGBl. 2007 Teil I Nr. 66 v. 21. 12. 2007, S. 3004–3007.
[78] BT-Drucks. 16/3945, S. 61.

im Urteil 1 BvR 80/95[79] eine Verbesserung der Transparenz angemahnt hat. Die Rechtsverordnung ist im Einvernehmen mit dem BMF zu erlassen, da dieses für mehrere einschlägige, d. h. Informationspflichten vorsehende Richtlinien der Europäischen Union federführend zuständig ist[80]. Daneben ist das Benehmen mit dem Bundesministerium für Ernährung, Landwirtschaft und Verbraucherschutz mit Rücksicht auf dessen allgemeine Zuständigkeit für den Verbraucherschutz herzustellen[81].

3. § 7 Abs. 3

41   Mit § 7 Abs. 3 VVG werden die Informationen erfasst, die bei einem bereits bestehenden Vertragsverhältnis während der Laufzeit des Vertrags mit Blick auf Änderungen erteilter Informationen sowie bei der Krankenversicherung nach der bisherigen Anlage zum VAG unter Buchstabe D Abschnitt II Nr. 4 zu erteilen waren. Die Norm soll nicht die Möglichkeit eröffnen, Änderungen des Vertragsinhaltes vorzunehmen. Soweit Änderungen allerdings durch das Gesetz zugelassen oder vereinbart worden sind, muss über sie informiert werden[82].

42   Bei der Lebensversicherung mit Beitragsrückgewähr muss der VN jährlich über die Entwicklung seiner Ansprüche informiert werden. Bei der Krankenversicherung ist der Verordnungsgeber aufgefordert, sicherzustellen, dass der VN bei Vertragsabschluss über die für ihn mögliche Prämienentwicklung zu informieren ist, und zwar so, dass der VN die für ihn mögliche Prämienentwicklung beurteilen und zur Grundlage seiner Entscheidung machen kann[83]. Diese Information kann auf der Grundlage der zurückliegenden Prämienentwicklung und -gestaltung gegeben werden[84].

4. § 7 Abs. 4

43   Der VN kann vom VR während der Laufzeit des Vertrages jederzeit die maßgeblichen AVB in Papierform verlangen. Dies ist durch Art. 5 Abs. 3 S. 1 der Fernabsatzrichtlinie II vorgegeben[85]. Dieses Recht kann sich auch auf den Zeitraum nach Vertragsbeendigung erstrecken, wenn der VN die Unterlagen für die Abwicklung des Vertrags benötigt[86]. Der Wortlaut dieser Vorschrift stimmt mit dem alten § 48b VVG überein. Wie in dem neuen § 312c BGB wird mit dem Begriff der Urkunde an § 126 BGB angeknüpft[87]. Einer Unterzeichnung der Urkunde bedarf es nicht[88]. Eine ergänzende Regelung enthält das Gesetz in §§ 3, 4 VVG bzgl. eines verlorenen oder vernichteten Versicherungsscheins sowie für Abschriften von Erklärungen des VN. Im Einklang mit der Kostenregelung nach § 3 Abs. 5 VVG wird in Abs. 4 bestimmt, dass die Kosten für die erstmalige Übermittlung der Unterlagen in Papierform vom VR zu tragen sind.

5. § 7 Abs. 5

44   Die Ausnahme für Großrisiken in S. 1 von den Informationspflichten nach den Abs. 1 bis 4 entspricht sowohl den EG-rechtlichen Vorgaben als auch den allgemeinen Grundsätzen des VVG. Mit der Ausnahmevorschrift in S. 2 wird den Erfordernissen der Richtlinie 92/49/EWG[89], die bisher in § 10a Abs. 1 S. 2 VAG geregelt waren, entsprochen[90].

---

[79] BVerfG VersR 2005, 1127.
[80] BT-Drucks. 16/3945, S. 61.
[81] BT-Drucks. 16/3945, S. 61.
[82] BT-Drucks. 16/3945, S. 61.
[83] BT-Drucks. 16/3945, S. 61.
[84] BT-Drucks. 16/3945, S. 61.
[85] BT-Drucks. 16/3945, S. 61.
[86] BT-Drucks. 16/3945, S. 61.
[87] BT-Drucks. 16/3945, S. 61.
[88] BT-Drucks. 16/3945, S. 61.
[89] 3. Richtlinie Schadensversicherung, Art. 31.
[90] BT-Drucks. 16/3945, S. 61.

C. Verordnung über Informationspflichten bei Versicherungsverträgen (VVG-InfoV)[91]

I. Text der VVG-InfoV

Eingangsformel

Auf Grund des § 7 Abs. 2 und 3 des Versicherungsvertragsgesetzes vom 23. November **45** 2007 (BGBl. I S. 2631) verordnet das Bundesministerium der Justiz im Einvernehmen mit dem Bundesministerium der Finanzen und im Benehmen mit dem Bundesministerium für Ernährung, Landwirtschaft und Verbraucherschutz:

§ 1 Informationspflichten bei allen Versicherungszweigen   **46**

(1) Der Versicherer hat dem Versicherungsnehmer gemäß § 7 Abs. 1 Satz 1 des Versicherungsvertragsgesetzes folgende Informationen zur Verfügung zu stellen:
1. die Identität des Versicherers und der etwaigen Niederlassung, über die der Vertrag abgeschlossen werden soll; anzugeben ist auch das Handelsregister, bei dem der Rechtsträger eingetragen ist, und die zugehörige Registernummer;
2. die Identität eines Vertreters des Versicherers in dem Mitgliedstaat der Europäischen Union, in dem der Versicherungsnehmer seinen Wohnsitz hat, wenn es einen solchen Vertreter gibt, oder die Identität einer anderen gewerblich tätigen Person als dem Anbieter, wenn der Versicherungsnehmer mit dieser geschäftlich zu tun hat, und die Eigenschaft, in der diese Person gegenüber dem Versicherungsnehmer tätig wird;
3. die ladungsfähige Anschrift des Versicherers und jede andere Anschrift, die für die Geschäftsbeziehung zwischen dem Versicherer, seinem Vertreter oder einer anderen gewerblich tätigen Person gemäß Nummer 2 und dem Versicherungsnehmer maßgeblich ist, bei juristischen Personen, Personenvereinigungen oder -gruppen auch den Namen eines Vertretungsberechtigten;
4. die Hauptgeschäftstätigkeit des Versicherers;
5. Angaben über das Bestehen eines Garantiefonds oder anderer Entschädigungsregelungen, die nicht unter die Richtlinie 94/19/EG des Europäischen Parlaments und des Rates vom 30. Mai 1994 über Einlagensicherungssysteme (ABl. EG Nr. L 135 S. 5) und die Richtlinie 97/9/EG des Europäischen Parlaments und des Rates vom 3. März 1997 über Systeme für die Entschädigung der Anleger (ABl. EG Nr. L 84 S. 22) fallen; Name und Anschrift des Garantiefonds sind anzugeben;
6. a) die für das Versicherungsverhältnis geltenden Allgemeinen Versicherungsbedingungen einschließlich der Tarifbestimmungen;
   b) die wesentlichen Merkmale der Versicherungsleistung, insbesondere Angaben über Art, Umfang und Fälligkeit der Leistung des Versicherers;
7. den Gesamtpreis der Versicherung einschließlich aller Steuern und sonstigen Preisbestandteile, wobei die Prämien einzeln auszuweisen sind, wenn das Versicherungsverhältnis mehrere selbständige Versicherungsverträge umfassen soll, oder, wenn ein genauer Preis nicht angegeben werden kann, Angaben zu den Grundlagen seiner Berechnung, die dem Versicherungsnehmer eine Überprüfung des Preises ermöglichen;
8. gegebenenfalls zusätzlich anfallende Kosten unter Angabe des insgesamt zu zahlenden Betrages sowie mögliche weitere Steuern, Gebühren oder Kosten, die nicht über den Versicherer abgeführt oder von ihm in Rechnung gestellt werden; anzugeben sind auch alle Kosten, die dem Versicherungsnehmer für die Benutzung von Fernkommunikationsmitteln entstehen, wenn solche zusätzlichen Kosten in Rechnung gestellt werden;
9. Einzelheiten hinsichtlich der Zahlung und der Erfüllung, insbesondere zur Zahlungsweise der Prämien;

---

[91] V. 18. 12. 2007, BGBl Teil I Nr. 66 v. 21. 12. 2007, S. 3004–3007.

10. die Befristung der Gültigkeitsdauer der zur Verfügung gestellten Informationen, beispielsweise die Gültigkeitsdauer befristeter Angebote, insbesondere hinsichtlich des Preises;

11. gegebenenfalls den Hinweis, dass sich die Finanzdienstleistung auf Finanzinstrumente bezieht, die wegen ihrer spezifischen Merkmale oder der durchzuführenden Vorgänge mit speziellen Risiken behaftet sind, oder deren Preis Schwankungen auf dem Finanzmarkt unterliegt, auf die der Versicherer keinen Einfluss hat, und dass in der Vergangenheit erwirtschaftete Beträge kein Indikator für künftige Erträge sind; die jeweiligen Umstände und Risiken sind zu bezeichnen;

12. Angaben darüber, wie der Vertrag zustande kommt, insbesondere über den Beginn der Versicherung und des Versicherungsschutzes sowie die Dauer der Frist, während der der Antragsteller an den Antrag gebunden sein soll;

13. das Bestehen oder Nichtbestehen eines Widerrufsrechts sowie die Bedingungen, Einzelheiten der Ausübung, insbesondere Namen und Anschrift derjenigen Person, gegenüber der der Widerruf zu erklären ist, und die Rechtsfolgen des Widerrufs einschließlich Informationen über den Betrag, den der Versicherungsnehmer im Falle des Widerrufs gegebenenfalls zu zahlen hat;

14. Angaben zur Laufzeit und gegebenenfalls zur Mindestlaufzeit des Vertrages;

15. Angaben zur Beendigung des Vertrages, insbesondere zu den vertraglichen Kündigungsbedingungen einschließlich etwaiger Vertragsstrafen;

16. die Mitgliedstaaten der Europäischen Union, deren Recht der Versicherer der Aufnahme von Beziehungen zum Versicherungsnehmer vor Abschluss des Versicherungsvertrages zugrunde legt;

17. das auf den Vertrag anwendbare Recht, eine Vertragsklausel über das auf den Vertrag anwendbare Recht oder über das zuständige Gericht;

18. die Sprachen, in welchen die Vertragsbedingungen und die in dieser Vorschrift genannten Vorabinformationen mitgeteilt werden, sowie die Sprachen, in welchen sich der Versicherer verpflichtet, mit Zustimmung des Versicherungsnehmers die Kommunikation während der Laufzeit dieses Vertrages zu führen;

19. einen möglichen Zugang des Versicherungsnehmers zu einem außergerichtlichen Beschwerde- und Rechtsbehelfsverfahren und gegebenenfalls die Voraussetzungen für diesen Zugang; dabei ist ausdrücklich darauf hinzuweisen, dass die Möglichkeit für den Versicherungsnehmer, den Rechtsweg zu beschreiten, hiervon unberührt bleibt;

20. Name und Anschrift der zuständigen Aufsichtsbehörde sowie die Möglichkeit einer Beschwerde bei dieser Aufsichtsbehörde.

(2) Soweit die Mitteilung durch Übermittlung der Vertragsbestimmungen einschließlich der Allgemeinen Versicherungsbedingungen erfolgt, bedürfen die Informationen nach Absatz 1 Nr. 3, 13 und 15 einer hervorgehobenen und deutlich gestalteten Form.

---

47   § 2 Informationspflichten bei der Lebensversicherung, der Berufsunfähigkeitsversicherung und der Unfallversicherung mit Prämienrückgewähr

(1) Bei der Lebensversicherung hat der Versicherer dem Versicherungsnehmer gemäß § 7 Abs. 1 Satz 1 des Versicherungsvertragsgesetzes zusätzlich zu den in § 1 Abs. 1 genannten Informationen die folgenden Informationen zur Verfügung zu stellen:

1. Angaben zur Höhe der in die Prämie einkalkulierten Kosten; dabei sind die einkalkulierten Abschlusskosten als einheitlicher Gesamtbetrag und die übrigen einkalkulierten Kosten als Anteil der Jahresprämie unter Angabe der jeweiligen Laufzeit auszuweisen;

2. Angaben zu möglichen sonstigen Kosten, insbesondere zu Kosten, die einmalig oder aus besonderem Anlass entstehen können;

3. Angaben über die für die Überschussermittlung und Überschussbeteiligung geltenden Berechnungsgrundsätze und Maßstäbe;

4. Angabe der in Betracht kommenden Rückkaufswerte;
5. Angaben über den Mindestversicherungsbetrag für eine Umwandlung in eine prämienfreie oder eine prämienreduzierte Versicherung und über die Leistungen aus einer prämienfreien oder prämienreduzierten Versicherung;
6. das Ausmaß, in dem die Leistungen nach den Nummern 4 und 5 garantiert sind;
7. bei fondsgebundenen Versicherungen Angaben über die der Versicherung zugrunde liegenden Fonds und die Art der darin enthaltenen Vermögenswerte;
8. allgemeine Angaben über die für diese Versicherungsart geltende Steuerregelung.

(2) Die Angaben nach Absatz 1 Nr. 1, 2, 4 und 5 haben in Euro zu erfolgen. Bei Absatz 1
Nr. 6 gilt Satz 1 mit der Maßgabe, dass das Ausmaß der Garantie in Euro anzugeben ist.

(3) Die vom Versicherer zu übermittelnde Modellrechnung im Sinne von § 154 Abs. 1 des
Versicherungsvertragsgesetzes ist mit folgenden Zinssätzen darzustellen:
1. dem Höchstrechnungszinssatz, multipliziert mit 1,67,
2. dem Zinssatz nach Nummer 1 zuzüglich eines Prozentpunktes und
3. dem Zinssatz nach Nummer 1 abzüglich eines Prozentpunktes.

(4) [1]Auf die Berufsunfähigkeitsversicherung sind die Absätze 1 und 2 entsprechend anzuwenden. [2]Darüber hinaus ist darauf hinzuweisen, dass der in den Versicherungsbedingungen
verwendete Begriff der Berufsunfähigkeit nicht mit dem Begriff der Berufsunfähigkeit oder
der Erwerbsminderung im sozialrechtlichen Sinne oder dem Begriff der Berufsunfähigkeit
im Sinne der Versicherungsbedingungen in der Krankentagegeldversicherung übereinstimmt.

(5) Auf die Unfallversicherung mit Prämienrückgewähr sind Absatz 1 Nr. 3 bis 8 und Absatz 2 entsprechend anzuwenden.

§ 3 Informationspflichten bei der Krankenversicherung 48

(1) Bei der substitutiven Krankenversicherung (§ 12 Abs. 1 des Versicherungsaufsichtsgesetzes) hat der Versicherer dem Versicherungsnehmer gemäß § 7 Abs. 1 Satz 1 des Versicherungsvertragsgesetzes zusätzlich zu den in § 1 Abs. 1 genannten Informationen folgende Informationen zur Verfügung zu stellen:
1. Angaben zur Höhe der in die Prämie einkalkulierten Kosten; dabei sind die einkalkulierten Abschlusskosten als einheitlicher Gesamtbetrag und die übrigen einkalkulierten Kosten
   als Anteil der Jahresprämie unter Angabe der jeweiligen Laufzeit auszuweisen;
2. Angaben zu möglichen sonstigen Kosten, insbesondere zu Kosten, die einmalig oder aus
   besonderem Anlass entstehen können;
3. Angaben über die Auswirkungen steigender Krankheitskosten auf die zukünftige Beitragsentwicklung;
4. Hinweise auf die Möglichkeiten zur Beitragsbegrenzung im Alter, insbesondere auf die
   Möglichkeiten eines Wechsels in den Standardtarif oder Basistarif oder in andere Tarife gemäß § 204 des Versicherungsvertragsgesetzes und der Vereinbarung von Leistungsausschlüssen, sowie auf die Möglichkeit einer Prämienminderung gemäß § 12 Abs. 1c des
   Versicherungsaufsichtsgesetzes;
5. einen Hinweis, dass ein Wechsel von der privaten in die gesetzliche Krankenversicherung
   in fortgeschrittenem Alter in der Regel ausgeschlossen ist;
6. einen Hinweis, dass ein Wechsel innerhalb der privaten Krankenversicherung in fortgeschrittenem Alter mit höheren Beiträgen verbunden sein kann und gegebenenfalls auf
   einen Wechsel in den Standardtarif oder Basistarif beschränkt ist;
7. eine Übersicht über die Beitragsentwicklung im Zeitraum der dem Angebot vorangehenden zehn Jahre; anzugeben ist, welcher monatliche Beitrag in den dem Angebot vorangehenden zehn Jahren jeweils zu entrichten gewesen wäre, wenn der Versicherungsvertrag
   zum damaligen Zeitpunkt von einer Person gleichen Geschlechts wie der Antragsteller
   mit Eintrittsalter von 35 Jahren abgeschlossen worden wäre; besteht der angebotene Tarif
   noch nicht seit zehn Jahren, so ist auf den Zeitpunkt der Einführung des Tarifs abzustellen,
   und es ist darauf hinzuweisen, dass die Aussagekraft der Übersicht wegen der kurzen Zeit,

die seit der Einführung des Tarifs vergangen ist, begrenzt ist; ergänzend ist die Entwicklung eines vergleichbaren Tarifs, der bereits seit zehn Jahren besteht, darzustellen.

(2) Die Angaben zu Absatz 1 Nr. 1, 2 und 7 haben in Euro zu erfolgen.

49 § 4 Produktinformationsblatt

(1) Ist der Versicherungsnehmer ein Verbraucher, so hat der Versicherer ihm ein Produktinformationsblatt zur Verfügung zu stellen, das diejenigen Informationen enthält, die für den Abschluss oder die Erfüllung des Versicherungsvertrages von besonderer Bedeutung sind.

(2) Informationen im Sinne des Absatzes 1 sind:

1. Angaben zur Art des angebotenen Versicherungsvertrages;
2. eine Beschreibung des durch den Vertrag versicherten Risikos und der ausgeschlossenen Risiken;
3. Angaben zur Höhe der Prämie in Euro, zur Fälligkeit und zum Zeitraum, für den die Prämie zu entrichten ist, sowie zu den Folgen unterbliebener oder verspäteter Zahlung;
4. Hinweise auf im Vertrag enthaltene Leistungsausschlüsse;
5. Hinweise auf bei Vertragsschluss zu beachtende Obliegenheiten und die Rechtsfolgen ihrer Nichtbeachtung;
6. Hinweise auf während der Laufzeit des Vertrages zu beachtende Obliegenheiten und die Rechtsfolgen ihrer Nichtbeachtung;
7. Hinweise auf bei Eintritt des Versicherungsfalles zu beachtende Obliegenheiten und die Rechtsfolgen ihrer Nichtbeachtung;
8. Angabe von Beginn und Ende des Versicherungsschutzes;
9. Hinweise zu den Möglichkeiten einer Beendigung des Vertrages.

(3) Bei der Lebensversicherung mit Überschussbeteiligung ist Absatz 2 Nr. 2 mit der Maßgabe anzuwenden, dass zusätzlich auf die vom Versicherer zu übermittelnde Modellrechnung gemäß § 154 Abs. 1 des Versicherungsvertragsgesetzes hinzuweisen ist.

(4) Bei der Lebensversicherung, der Berufsunfähigkeitsversicherung und der Krankenversicherung ist Absatz 2 Nr. 3 mit der Maßgabe anzuwenden, dass die Abschluss- und Vertriebskosten (§ 2 Abs. 1 Nr. 1, § 3 Abs. 1 Nr. 1) sowie die sonstigen Kosten (§ 2 Abs. 1 Nr. 2, § 3 Abs. 1 Nr. 2) jeweils in Euro gesondert auszuweisen sind.

(5) Das Produktinformationsblatt ist als solches zu bezeichnen und den anderen zu erteilenden Informationen voranzustellen. Die nach den Absätzen 1 und 2 mitzuteilenden Informationen müssen in übersichtlicher und verständlicher Form knapp dargestellt werden; der Versicherungsnehmer ist darauf hinzuweisen, dass die Informationen nicht abschließend sind. Die in Absatz 2 vorgegebene Reihenfolge ist einzuhalten. Soweit die Informationen den Inhalt der vertraglichen Vereinbarung betreffen, ist auf die jeweils maßgebliche Bestimmung des Vertrages oder der dem Vertrag zugrunde liegenden Allgemeinen Versicherungsbedingungen hinzuweisen.

50 § 5 Informationspflichten bei Telefongesprächen

(1) Nimmt der Versicherer mit dem Versicherungsnehmer telefonischen Kontakt auf, muss er seine Identität und den geschäftlichen Zweck des Kontakts bereits zu Beginn eines jeden Gesprächs ausdrücklich offenlegen.

(2) [1]Bei Telefongesprächen hat der Versicherer dem Versicherungsnehmer aus diesem Anlass nur die Informationen nach § 1 Abs. 1 Nr. 1 bis 3, 6 Buchstabe b, Nr. 7 bis 10 und 12 bis 14 mitzuteilen. [2]Satz 1 gilt nur, wenn der Versicherer den Versicherungsnehmer darüber informiert hat, dass auf Wunsch weitere Informationen mitgeteilt werden können und welcher Art diese Informationen sind, und der Versicherungsnehmer ausdrücklich auf die Mitteilung der weiteren Informationen zu diesem Zeitpunkt verzichtet.

(3) Die in §§ 1 bis 4 vorgesehenen Informationspflichten bleiben unberührt.

§ 6 Informationspflichten während der Laufzeit des Vertrages   51

(1) Der Versicherer hat dem Versicherungsnehmer während der Laufzeit des Versicherungsvertrages folgende Informationen mitzuteilen:

1. jede Änderung der Identität oder der ladungsfähigen Anschrift des Versicherers und der etwaigen Niederlassung, über die der Vertrag abgeschlossen worden ist;
2. Änderungen bei den Angaben nach § 1 Abs. 1 Nr. 6 Buchstabe b, Nr. 7 bis 9 und 14 sowie nach § 2 Abs. 1 Nr. 3 bis 7, sofern sie sich aus Änderungen von Rechtsvorschriften ergeben;
3. soweit nach dem Vertrag eine Überschussbeteiligung vorgesehen ist, alljährlich eine Information über den Stand der Überschussbeteiligung sowie Informationen darüber, inwieweit diese Überschussbeteiligung garantiert ist; dies gilt nicht für die Krankenversicherung.

(2) ¹Bei der substitutiven Krankenversicherung nach § 12 Abs. 1 des Versicherungsaufsichtsgesetzes hat der Versicherer bei jeder Prämienerhöhung unter Beifügung des Textes der gesetzlichen Regelung auf die Möglichkeit des Tarifwechsels (Umstufung) gemäß § 204 des Versicherungsvertragsgesetzes hinzuweisen. ²Bei Versicherten, die das 60. Lebensjahr vollendet haben, ist der Versicherungsnehmer auf Tarife, die einen gleichartigen Versicherungsschutz wie die bisher vereinbarten Tarife bieten und bei denen eine Umstufung zu einer Prämienreduzierung führen würde, hinzuweisen. ³Der Hinweis muss solche Tarife enthalten, die bei verständiger Würdigung der Interessen des Versicherungsnehmers für eine Umstufung besonders in Betracht kommen. ⁴Zu den in Satz 2 genannten Tarifen zählen jedenfalls diejenigen Tarife mit Ausnahme des Basistarifs, die jeweils im abgelaufenen Geschäftsjahr den höchsten Neuzugang, gemessen an der Zahl der versicherten Personen, zu verzeichnen hatten. ⁵Insgesamt dürfen nicht mehr als zehn Tarife genannt werden. ⁶Dabei ist jeweils anzugeben, welche Prämien für die versicherten Personen im Falle eines Wechsels in den jeweiligen Tarif zu zahlen wären. ⁷Darüber hinaus ist auf die Möglichkeit eines Wechsels in den Standardtarif oder Basistarif hinzuweisen. ⁸Dabei sind die Voraussetzungen des Wechsels in den Standardtarif oder Basistarif, die in diesem Falle zu entrichtende Prämie sowie die Möglichkeit einer Prämienminderung im Basistarif gemäß § 12 Abs. 1c des Versicherungsaufsichtsgesetzes mitzuteilen. ⁹Auf Anfrage ist dem Versicherungsnehmer der Übertragungswert gemäß § 12 Abs. 1 Nr. 5 des Versicherungsaufsichtsgesetzes anzugeben; ab dem 1. Januar 2013 ist der Übertragungswert jährlich mitzuteilen.

§ 7 Übergangsvorschrift; Inkrafttreten   52

(1) Der Versicherer kann die in dieser Verordnung bestimmten Informationspflichten bis zum 30. Juni 2008 auch dadurch erfüllen, dass er nach den Vorgaben des bis zum 31. Dezember 2007 geltenden Rechts informiert.

(2) ¹§ 2 Abs. 1 Nr. 1 und 2 und Abs. 2, § 3 Abs. 1 Nr. 1 und 2 und Abs. 2 sowie § 4 treten am 1. Juli 2008 in Kraft. ²Im Übrigen tritt diese Verordnung am 1. Januar 2008 in Kraft.

II. Begründung des Gesetzgebers zur VVG-InfoV

A. Allgemeiner Teil

Durch § 7 Abs. 2 des Versicherungsvertragsgesetzes (VVG) in der Fassung des Gesetzes zur   53
Reform des Versicherungsvertragsrechts vom 23. November 2007 (BGBl. I, S. 2631) wird das Bundesministerium der Justiz ermächtigt, im Einvernehmen mit dem Bundesministerium der Finanzen und im Benehmen mit dem Bundesministerium für Ernährung, Landwirtschaft und Verbraucherschutz durch Rechtsverordnung ohne Zustimmung des Bundesrates die vom Versicherer vor Abschluss des Versicherungsvertrages mitzuteilenden Informationen zu regeln.

Im einzelnen wird durch die Verordnung bestimmt,   54
– welche Einzelheiten des Vertrags, insbesondere zum Versicherer, zur angebotenen Leistung und zu den Allgemeinen Versicherungsbedingungen sowie zum Bestehen eines Widerrufsrechts, dem Versicherungsnehmer mitzuteilen sind (§ 1);

- welche weiteren Informationen dem Versicherungsnehmer bei der Lebensversicherung, insbesondere über die zu erwartenden Leistungen, ihre Ermittlung und Berechnung, über eine Modellrechnung, über den Rückkaufswert und das Ausmaß, in dem er garantiert ist, sowie über die Abschluss- und Vertriebskosten, soweit eine Verrechnung mit Prämien erfolgt, und über sonstige Kosten, mitzuteilen sind (§ 2);
- welche weiteren Informationen bei der Krankenversicherung, insbesondere über die Prämienentwicklung und -gestaltung sowie die Abschluss- und Vertriebskosten, mitzuteilen sind (§ 3);
- in welcher Art und Weise die Informationen zu erteilen sind (§ 4); hierbei wird insbesondere die Erteilung eines Produktinformationsblattes vorgesehen;
- was dem Versicherungsnehmer mitzuteilen ist, wenn der Versicherer mit ihm telefonisch Kontakt aufgenommen hat (§ 5);
- was der Versicherer während der Laufzeit des Vertrages in Textform mitteilen muss (§ 6).

55   Die Verordnung gilt für alle in Deutschland vermarkteten Versicherungsverträge.

56   Die Ermächtigung des Bundesministeriums der Justiz wird weitgehend durch die Vorgaben der in Bezug genommenen EG-Richtlinien konkretisiert. So sind bei der Festlegung der Mitteilungen die vorgeschriebenen Angaben nach der Richtlinie 92/49/EWG des Rates vom 18. Juni 1992 zur Koordinierung der Rechts und Verwaltungsvorschriften für die Direktversicherung (mit Ausnahme der Lebensversicherung) sowie zur Änderung der Richtlinien 73/239/EWG und 88/357/EWG (ABl. EG Nr. L 228 S. 1) und der Richtlinie 2002/83/EG des Europäischen Parlaments und des Rates vom 5. November 2002 über Lebensversicherungen (ABl. EG Nr. L 345 S. 1) zu beachten, die schon bislang in Anlage D, Abschnitt I zum Versicherungsaufsichtsgesetz (VAG) umgesetzt waren. Berücksichtigt werden auch die Vorgaben der Richtlinie 2002/65/EG des Europäischen Parlaments und des Rates vom 23. September 2002 über den Fernabsatz von Finanzdienstleistungen an Verbraucher und zur Änderung der Richtlinie 90/619/EWG des Rates und der Richtlinien 97/7/EG und 98/27/EG (ABl. EG Nr. L 271 S. 16), die bislang in der Anlage zu § 48b VVG a. F. umgesetzt waren.

57   Diese werden nunmehr im Sinne einer einheitlichen Behandlung auf alle Versicherungsverträge – unabhängig vom Vertriebsweg – erstreckt. Weitere, von der Verordnung vorgeschriebene Informationen ergeben sich aus dem Umfang der gesetzlichen Ermächtigung und den Vorgaben des VVG, die zum Teil über die der – insoweit nicht abschließenden – Richtlinien hinausgehen. Dies betrifft vor allem die Informationen zur Berechnung von Rückkaufswerten bei der Lebensversicherung, zur Höhe der Abschluss- und Vertriebskosten sowie der vorgesehenen Modellrechnung.

58   Der Verordnungstext übernimmt in erster Linie und weitgehend unverändert die bestehenden, bislang in den Anlagen zum VAG sowie zum VVG enthaltenen Regelungen, die sich in der Praxis bewährt haben. Diese werden nunmehr in den §§ 1 bis 3 zusammengeführt, wobei sich die Systematik jetzt im wesentlichen an den bisherigen Vorschriften für Fernabsatzgeschäfte (Anlage zu § 48b VVG a. F.) orientiert. Die neuen Informationspflichten gelten einheitlich für alle Versicherungsverträge; die Unterscheidung zwischen Fernabsatzgeschäften und Versicherungsverträgen, die auf konventionellem Vertriebsweg geschlossen werden, entfällt. Da der Umfang der zu erteilenden Informationen weitgehend durch europäisches Recht vorgegeben ist und die bisherigen Regelungen diesem Erfordernis beanstandungslos entsprechen, waren grundlegende inhaltliche Änderungen nicht angezeigt. Lediglich einige vereinzelte Bestimmungen der neuen Verordnung sind über das geltende Recht hinaus durch erläuternde Zusätze präzisiert und, soweit dies unter dem Gesichtspunkt des Verbraucherschutzes angezeigt schien, im Einzelfall um weiterreichende Vorgaben ergänzt worden; insoweit wird auf die Erläuterungen der jeweiligen Einzelvorschrift verwiesen. Darüber hinaus waren kleinere Korrekturen im Wortlaut einzelner Bestimmungen durch die infolge des Zusammenführens der bislang getrennten Vorschriften bedingten Überschneidungen im Regelungsgehalt veranlasst; inhaltliche Änderungen des geltenden Rechts sind hiermit ebenfalls nicht verbunden.

Eine durch die Verordnung erstmals begründete wesentliche Neuerung ist – neben den   **59** Ausführungsvorschriften zu den Informationspflichten im Bereich der Lebensversicherung (§ 2 Abs. 2 und 3) – die Einführung einer Verpflichtung der Versicherer, den zu erteilenden Informationen ein „Produktinformationsblatt" voranzustellen (§ 4). Damit wird einer vielfach geäußerten Forderung Rechnung getragen, wonach dem Versicherungsnehmer vor Vertragsschluss ein Merkblatt ausgehändigt werden soll, in welchem die für seine Entscheidung maßgeblichen Einzelheiten des Vertrages in kurzer, prägnanter und verständlicher Weise erläutert werden. Die zu erteilenden Informationen werden in § 4 Abs. 2 abschließend aufgezählt; Inhalt und Darstellung des Produktinformationsblattes haben den in § 4 Abs. 3 genannten Anforderungen zu genügen. Die in § 4 aufgestellten Vorgaben sind generell gehalten, da die Vorschriften der Verordnung auf alle Versicherungsverträge Anwendung finden. Es obliegt dem einzelnen Versicherer, in Erfüllung dieser Vorgaben die in Abhängigkeit des von ihm angebotenen Produktes zu erteilenden Informationen in einer den Anforderungen der Verordnung entsprechenden Darstellung dem Versicherungsnehmer zur Verfügung zu stellen.

B. Besonderer Teil

Zu den Vorschriften im einzelnen:

Zu § 1: Informationspflichten bei allen Versicherungszweigen

Die Vorschrift bestimmt, welche Informationspflichten der Versicherer in sämtlichen Ver-   **60** sicherungszweigen zu erfüllen hat. Rechtsgrundlage ist § 7 Abs. 2 Satz 1 Nr. 1 VVG. Berücksichtigt werden die Vorgaben aus Artikel 3 der Richtlinie 2002/65/EG, aus Artikel 31 der Richtlinie 92/49/EWG sowie aus Artikel 36 und Anhang III der Richtlinie 2002/83/EG. Inhaltlich entspricht die Vorschrift im wesentlichen den Bestimmungen der Anlage zu § 48b VVG sowie Abschnitt 1 Nr. 1 der Anlage zu § 10a VAG.

Absatz 1 nennt die im einzelnen zu erteilenden Informationen. Diese untergliedern sich in   **61** Informationen zum Versicherer (Nummern 1 bis 5), Informationen zur angebotenen Leistung (Nummern 6 bis 11), Informationen zum Vertrag (Nummern 12 bis 18) sowie Informationen zum Rechtweg (Nummern 19 und 20).

Informationen zum Versicherer: **62**

Die Nummern 1 bis 3 übernehmen die Vorgaben von Anhang III zu Artikel 36 der Richtlinie 2002/83/EG, die bislang in Anlage D, Abschnitt I, Nr. 1 a) zu § 10a VAG umgesetzt waren; zugleich wird damit den Vorgaben für Fernabsatzverträge von Artikel 3 Nr. 1 der Richtlinie 2002/65/EG (bislang Nummer 1a bis c der Anlage zu § 48b VVG a. F.) entsprochen. Nummer 4 entspricht Nummer 2a der Anlage zu § 48b VVG a. F., wobei der Hinweis auf die für die Zulassung des Versicherers zuständige Aufsichtsbehörde wegen Sachzusammenhanges mit dem Hinweis auf die Beschwerdemöglichkeit nach Nummer 20 ausgegliedert wurde. Nummer 5 übernimmt Nummer 2h der Anlage zu § 48b VVG a. F. und erfasst damit zugleich die bislang in Anlage D, Abschnitt I, Nr. 1i der Anlage zu § 10a VAG enthaltene Informationspflicht; klargestellt wird jetzt auch, dass nicht lediglich über die Zugehörigkeit zu einem Garantiefonds Auskunft zu erteilen ist, sondern dass zudem Name und Anschrift des Garantiefonds anzugeben sind. Die Vorschrift unterscheidet nicht danach, ob es sich um einen deutschen oder einen ausländischen Garantiefonds handelt.

Informationen zur angebotenen Leistung: **63**

Nummer 6a bestimmt, dass der Versicherer dem Versicherungsnehmer die für das Versicherungsverhältnis geltenden Allgemeinen Versicherungsbedingungen einschließlich der Tarifbestimmungen zur Verfügung zu stellen hat. Diese Informationspflicht war bislang in Nummer 1c der Anlage D, Abschnitt I zu § 10a VAG enthalten. Die dort ebenfalls vorgesehene Verpflichtung zur Angabe des auf den Vertrag anwendbaren Rechts ist wegen Sachzusammenhanges nach Nummer 17 ausgegliedert worden. Nummer 6b übernimmt die bislang für Fernabsatzverträge in Nummer 1d der Anlage zu § 48b VVG a. F. enthaltene Verpflichtung, den Versicherungsnehmer über die wesentlichen Merkmale der Versicherung aufzuklären. Diese Verpflichtung wird dahingehend konkretisiert, dass insbesondere über die ausdrücklich genannten Umstände (Angaben über Art, Umfang und Fälligkeit der Leistung) aufzuklären ist. Diese Aufzählung übernimmt die bislang in Anlage D, Abschnitt I, Nr. 1 c zu § 10a VAG enthaltene Regelung. Sie gibt zwingende Angaben vor, ist jedoch nicht abschließend, denn der aus Nr. 1 d der Anlage zu § 48b VVG a. F. stammende Begriff „wesentliche Merkmale der Versicherung" ist – im Einklang mit der bisherigen Rechtslage bei Fernabsatzgeschäften – unter Berücksichtigung des konkret angebotenen Vertrages im Einzelfall auszufüllen (vgl. MünchKomm/Wendehorst, BGB, 4. Aufl., § 1 BGBInfoV, Rn. 22; in diesem Sinne auch LG Magdeburg, NJW-RR 2003, 409, zu § 2 Abs. 2 Nr. 2 FernabsG). Durch das Abstellen auf den Oberbegriff der „wesentlichen Merkmale" wird auch insoweit eine einheitliche Behandlung aller Versicherungsverträge unabhängig vom Vertriebsweg erreicht. Eine merkbare zusätzliche Belastung der Versicherer wird dadurch nicht begründet, da diese Informationen auch schon bislang bei Fernabsatzgeschäften gegeben werden mussten. Aus denselben Erwägungen und im Sinne eines effektiven Verbraucherschutzes ist die bislang in Anlage D, Abschnitt I, Nr. 1 c zu § 10a VAG vorgesehene Verzichtbarkeit von Angaben über Art, Umfang und Fälligkeit der Leistung des Versicherers bei Verwendung allgemeiner Versicherungsbedingungen oder Tarifbestimmungen entfallen.

64   Die Nummern 7 bis 9 enthalten Vorgaben zu den erforderlichen Angaben hinsichtlich des Preises und der Kosten. Die Bestimmungen übernehmen die Regelungen von Anlage D, Abschnitt I, Nr. 1 e zu § 10a VAG sowie von Nummer 1 f bis h der Anlage zu § 48b VVG a. F. Unter dem in Nummer 7 genannten Gesamtpreis der Versicherung ist die vom Versicherungsnehmer für einen bestimmten, ausdrücklich zu nennenden Zeitraum zu entrichtende Bruttoprämie (einschließlich aller Steuern und sonstigen Prämienbestandteile) zu verstehen, die sich ergibt, wenn der konkret beantragte Versicherungsvertrag zum vorgesehenen Zeitpunkt geschlossen wird. Anzugeben sind schließlich auch die in Nummer 1 j der Anlage zu § 48b VVG a. F. genannten Kosten der Benutzung von Fernkommunikationsmitteln, wobei im Hinblick auf den Wortlaut der Richtlinie auf eine Beschränkung auf diejenigen Kosten, die über die üblichen Grundtarife hinausgehen, verzichtet wurde. Nummer 10 entspricht Nummer 1 k der Anlage zu § 48b VVG a. F.; Nummer 11 übernimmt Nummer 2 b der Anlage zu § 48b VVG a. F.

65   Informationen zum Vertrag:
Nummer 12 übernimmt für alle Versicherungsverträge die bislang schon für Fernabsatzgeschäfte in Nummer 1 d der Anlage zu § 48b VVG a. F. enthaltene Verpflichtung, anzugeben, wie der Vertrag zustande kommt. Eine allgemeine Regelung erscheint bereits deshalb angebracht, da hinsichtlich des Zustandekommens von Versicherungsverträgen Besonderheiten bestehen können, die dem durchschnittlichen Versicherungsnehmer nicht zwangsläufig bekannt sein müssen. Insbesondere soll darauf hingewiesen werden, wann der Vertrag beginnt und ab welchem Zeitpunkt Versicherungsschutz besteht. Soweit der Versicherungsnehmer den Antrag auf Abschluss eines Versicherungsvertrages gestellt hat, der vom Versicherer angenommen werden muss, besteht die aus Anlage D, Abschnitt I, Nr. 1 f zu § 10a VAG übernommene Verpflichtung, ihn über die Dauer der Frist zu belehren, während der er an seinen Antrag gebunden sein soll, fort. Nummer 13 schreibt eine umfassende Aufklärung über das neue Widerrufsrecht (§§ 8, 9 VVG) vor. Die Vorschrift ersetzt die bislang für Fernabsatzverträge geltende Nummer 1 i der Anlage zu § 48b VVG a. F. sowie die in Anlage D, Abschnitt I, Nr. 1 g zu § 10a VAG enthaltene Bestimmung. Nummer 14 fordert Angaben zur Laufzeit des Vertrages. Die Regelung übernimmt die Bestimmung aus Anlage D, Abschnitt I, Nr. 1 d zu § 10a VAG und steht zugleich im Einklang mit der bisherigen Nummer 1 e der Anlage zu § 48b VVG a. F. Nummer 15 verlangt Angaben zur Beendigung des Vertrages, insbesondere zum Kündigungsrecht des Versicherungsnehmers. Der Versicherungsnehmer soll darüber aufgeklärt werden, wie lange der Versicherungsschutz andauert und unter welchen Bedingungen er den Vertrag einseitig beenden kann. Die Regelung erfasst in verallgemeinerter Form die bisherige Nummer 2 c der Anlage zu § 48b VVG a. F. Die Nummern 16 bis 18 entsprechen Nummer 2 d bis f der Anlage zu § 48b VVG a. F.; der in Nummer 17 vorgesehene zusätzliche Hinweis auf das auf den Vertrag anwendbare Recht war bislang in Anlage D, Abschnitt I, Nr. 1 b zu § 10a VAG vorgesehen.

Informationen zum Rechtsweg: **66**

Nummer 19 übernimmt Nummer 2g der Anlage zu § 48b VVG a. F. Die Bestimmung wurde um die Verpflichtung ergänzt, bei der Information zu außergerichtlichen Rechtsbehelfen ausdrücklich darauf hinzuweisen, dass die Inanspruchnahme des Rechtsweges durch den Versicherungsnehmer hiervon unberührt bleibt. Dadurch soll etwaigen Fehlvorstellungen vorgebeugt und die Bereitschaft zur vorrangigen Inanspruchnahme außergerichtlicher Rechtsbehelfe gefördert werden. Nummer 20 verpflichtet den Versicherer, Name und Anschrift der zuständigen Aufsichtsbehörde anzugeben sowie auf die Möglichkeit einer Beschwerde bei dieser Aufsichtsbehörde hinzuweisen. Die Bestimmung übernimmt in klarer gefasster Form die bislang in Anlage D, Abschnitt 1 Nr. 1h zu § 10a VAG bzw. Nr. 2a der Anlage zu § 48b VVG a. F. vorgesehenen Informationspflichten.

Absatz 2 bestimmt, dass bestimmte Informationen einer hervorgehobenen und deutlich   **67**
gestalteten Form bedürfen, soweit die Mitteilung durch Übermittlung der Vertragsbestimmungen einschließlich der Allgemeinen Versicherungsbedingungen erfolgt. Damit wird sachlich die bislang für Fernabsatzgeschäfte in § 48b Abs. 4 VVG a. F. enthaltene Regelung übernommen.

Zu § 2: Informationspflichten bei der Lebensversicherung, der Berufsunfähigkeitsversicherung und der Unfallversicherung mit Prämienrückgewähr

Die Vorschrift bestimmt, welche weiteren Informationen der Versicherer dem Versiche-   **68**
rungsnehmer bei der Lebensversicherung und den ihr verwandten Erscheinungsformen der Personenversicherung zur Verfügung zu stellen hat. Rechtsgrundlage ist § 7 Abs. Satz 1 Nr. 2 VVG. Die hiernach vorgeschriebenen Informationen tragen den Besonderheiten dieser Versicherungsart Rechnung und sind zusätzlich zu den in § 1 genannten Informationen zu erteilen.

Absatz 1 nennt die im einzelnen zu erteilenden Informationen. Die Vorschrift übernimmt   **69**
zunächst die bislang in Anlage D, Abschnitt I, Nr. 2 der Anlage zu § 10a VAG enthaltenen, in Umsetzung der Richtlinie 2002/83/EG ergangenen Bestimmungen; diese finden sich jetzt in den Nummern 3 bis 8 wieder. Dabei wird in Nummer 4, die die in § 169 Abs. 3 Satz 2 VVG niedergelegte Verpflichtung zur Mitteilung des Rückkaufswertes näher konkretisiert, von der bisherigen Formulierung geringfügig abweichend ausgeführt, dass dem Versicherungsnehmer die „in Betracht kommenden" Rückkaufswerte mitzuteilen sind. Dadurch soll klargestellt werden, dass dem Versicherungsnehmer für den Zeitraum der gesamten Vertragslaufzeit eine repräsentative Auswahl von Rückkaufswerten mitzuteilen ist. Bei der Wahl der Darstellung sollte berücksichtigt werden, dass der Versicherungsnehmer den Vertrag jederzeit kündigen kann und er daher eine anschauliche Darstellung der Entwicklung seiner Versicherung erwartet. Vor diesem Hintergrund kann sich insbesondere eine Angabe in jährlichen Abständen empfehlen; in Betracht kommen aber auch kürzere Abstände, vor allem für die ersten Jahre der Laufzeit des Vertrages, in denen der Rückkaufswert wegen der üblichen Verrechnung der Abschluss- und Vertriebskosten größeren Schwankungen unterliegt. Absatz 1 Nr. 1 und 2 enthalten neue Regelungen zur Mitteilung der Abschluss-, Vertriebsund sonstigen Kosten des Vertrages. Gemäß Nummer 1 ist der Versicherer künftig gehalten, dem Versicherungsnehmer vor Abgabe von dessen Vertragserklärung Angaben zur Höhe der in die Prämie einkalkulierten Kosten zu machen. Dabei sind die Abschlusskosten als einheitlicher Gesamtbetrag anzugeben; die übrigen Kosten sind als Anteil der Jahresprämie unter Angabe der jeweiligen Laufzeit auszuweisen. Gemäß Nummer 2 sind Angaben zu möglichen sonstigen Kosten, insbesondere zu Kosten, die einmalig oder aus besonderem Anlass entstehen können, zu machen. Durch Absatz 2 Satz 1 (dazu i. e. unten) wird zudem klargestellt, dass die Kosten jeweils in Euro-Beträgen – und nicht lediglich als prozentualer Anteil der Prämie oder einer anderen Bezugsgröße – auszuweisen sind.

Die Verpflichtung zur Offenlegung der Abschluss-, Vertriebs- und sonstigen Kosten findet   **70**
ihre gesetzliche Grundlage in § 7 Abs. 2 Satz 1 Nr. 2 VVG. Sie dient dem Anliegen, die Transparenz im Bereich der Lebensversicherung zu verbessern. Zugleich wird damit auch den Anforderungen der höchstrichterlichen Rechtsprechung entsprochen. Das Bundesverfassungs-

gericht hat zuletzt in seiner Entscheidung vom 15. Februar 2006 – 1 BvR 1317/96 – u. a. ausdrücklich klargestellt, dass die in Artikel 2 Abs. 1 und Artikel 14 Abs. 1 des Grundgesetzes enthaltenen objektivrechtlichen Schutzaufträge Vorkehrungen dafür erfordern, dass die Versicherungsnehmer einer kapitalbildenden Lebensversicherung erkennen können, in welcher Höhe Abschlusskosten mit der Prämie verrechnet werden dürfen. Diese Vorkehrungen erfordern, dass die Verbraucher – wie nunmehr vorgesehen – über die Höhe der Kosten unterrichtet werden. Denn: „bleiben den Versicherungsnehmern Art und Höhe der zu verrechnenden Abschlusskosten und der Verrechnungsmodus unbekannt, ist ihnen eine eigenbestimmte Entscheidung darüber unmöglich, ob sie einen Vertrag zu den konkreten Konditionen abschließen wollen" (BVerfG, a. a. O.). Erst die Kenntnis dieser bislang „versteckten" Kosten ermöglicht es dem Kunden, zu beurteilen, ob das ihm unterbreitete Angebot für ihn attraktiv ist oder nicht. Nach der gesetzlichen Regelung sind deshalb künftig alle für den konkret angebotenen Vertrag entstehenden Kosten im einzelnen anzugeben. § 2 Abs. 1 Nr. 1 der Verordnung nennt hierbei zunächst die in die Prämie einkalkulierten Kosten. Dazu gehören insbesondere die Abschluss- und Vertriebskosten, aber auch alle sonstigen Kosten, die in die Prämie einkalkuliert sind und damit über die Prämie vom Versicherungsnehmer getragen werden. Maßgeblich sind die rechnungsmäßig angesetzten Kosten, nicht die tatsächlichen Aufwände, wobei laufende Zuschläge zur Deckung von Abschlussaufwendungen (sog. Amortisationszuschläge) mit auszuweisen sind. Die Kosten sind in Euro auszuweisen (§ 2 Abs. 2 Satz 1). Der Verbraucher soll erfahren, welchen Betrag er effektiv als in den Prämien enthaltenen Kostenanteil an den Versicherer zahlen muss, wenn er den angebotenen Vertrag abschließt. Unzureichend sind lediglich prozentuale Angaben oder Berechnungsgrundlagen, denn der Verbraucher muss anhand der Mitteilung die Höhe der Kosten ohne weiteres, insbesondere ohne weitere Berechnung, erkennen können. Gemäß Absatz 1 Nr. 2 sind darüber hinaus auch alle möglichen sonstigen Kosten, insbesondere Kosten, die einmalig oder aus besonderem Anlass entstehen können, anzugeben. Im Einklang mit der gesetzlichen Ermächtigung ist hier eine Beschränkung auf die mit der Prämie verrechneten Kosten nicht vorgesehen. Daher sind an dieser Stelle alle anderen Kosten anzugeben, die dem Versicherungsnehmer aufgrund des eingegangenen Vertragsverhältnisses entstehen, und zwar auch dann, wenn diese sich nicht in der Prämie des konkreten Vertrages niederschlagen; dazu gehören beispielsweise die Kosten für die Ausstellung einer Ersatzurkunde, aber nicht Stornokosten. Beiträge, die für den Versicherungsschutz zu zahlen sind, sind keine Kosten im Sinne dieser Regelung.

71   Für die Darstellung der in die Prämie einkalkulierten Kosten gelten die Vorgaben in § 2 Abs. 1 Nr. 1. Danach sind die Abschlusskosten grundsätzlich als einheitlicher Betrag auszuweisen. Das ist notwendig, da es sich bei diesen Kosten in der Regel um größere Beträge handelt, die nicht über die gesamte Laufzeit des Vertrages einheitlich in die Prämie einkalkuliert werden. Alle anderen in die Prämie einkalkulierten Kosten sind als Anteil der Jahresprämie unter Angabe der jeweiligen Laufzeit auszuweisen. Dieser Unterschied ist in der Darstellung hinreichend kenntlich zu machen. Es kann beispielsweise wie folgt formuliert werden: „Für diesen Vertrag sind Abschlusskosten und weitere Kosten zu entrichten, die in der kalkulierten Prämie von jährlich zzz,- Euro bereits enthalten sind. Diese Kosten bestehen aus einem einmaligen Betrag von xxx,- Euro und weiteren Beträgen von jährlich yyy,- Euro für eine Laufzeit von 25 Jahren". Sonstige Kosten, die dem Versicherungsnehmer lediglich einmalig oder aus Anlass besonderer Leistungen in Rechnung gestellt werden, sind zusätzlich gesondert anzugeben (§ 2 Abs. 1 Nr. 2).

72   Absatz 2 sieht vor, dass die Angaben nach § 2 Abs. 1 Nr. 1, 2, 4 und 5 in Euro zu machen sind. Bei Absatz 1 Nr. 6 gilt Satz 1 mit der Maßgabe, dass das Ausmaß der Garantie in Euro anzugeben ist. Die Verpflichtung gilt zunächst insbesondere für die Angabe der Abschluss- und Vertriebs sowie der sonstigen Kosten (Absatz 1 Nr. 1 und 2), die für den jeweiligen Vertrag konkret zu beziffern und nicht lediglich etwa als Vomhundertsatz eines Bezugswertes anzugeben sind; die konkrete Angabe ist deutlich besser verständlich und aus Gründen der Transparenz geboten. Die Forderung, den Verbraucher durch konkrete Angaben in verständlicher Weise über die mit einem Geschäft verbundenen Kosten zu informieren, wird von vielen Seiten seit langem erhoben und in zunehmendem Maße auch durch Gesetz und Rechtsprechung betont. Im Bereich des Wertpapierhandels kann nach Gemeinschaftsrecht (Richtline 2006/73/EG vom 10. August 2006, Artikel 26) u. a. die Offenlegung des Betrages von Gebühren, Provisionen oder Zuwendungen ein Kriterium der Lauterkeit der Tätigkeit von Wertpapierfirmen darstellen. Aufgrund des Urteils des Bundesgerichtshofes vom 16. Dezember 2006 (XI ZR 56/05, NJW 2007, 1876) muss eine Bank, die Fondsanteile empfiehlt, darauf hinweisen, dass und in welcher Höhe sie Rückvergütungen aus Ausgabeaufschlägen und Verwaltungskosten von der Fondsgesellschaft erhält. All diesen Bestrebungen liegt die Erwägung zugrunde, dem Kunden durch Offenheit in der Information eine selbstbestimmte Entscheidung beim Vertragsschluss zu ermöglichen. Durch die Verpflichtung zur Bezifferung der Kosten bei Lebens-, Berufsunfähigkeits- und Krankenversicherung, also Verträgen, bei denen typischerweise besonders hohe Kosten anfallen, soll die an anderer Stelle verwirklichte Kostentransparenz nunmehr auch in das Versicherungsvertragsrecht Einzug erhalten.

Gemäß § 2 Abs. 2 zu beziffern sind auch die vom Versicherer zu erbringenden, in Absatz 1 **73** Nr. 4 und 5 genannten Leistungen sowie der Umfang, in dem diese Leistungen garantiert werden (Absatz 1 Nr. 6). Auch insoweit müssen dem Kunden aus Gründen der Verständlichkeit konkrete, der Vorstellungskraft zugängliche Angaben zur Verfügung gestellt werden. Absatz 2 Satz 2 stellt in diesem Zusammenhang klar, dass Absatz 2 Satz 1 bei der Angabe nach Absatz 1 Nr. 6 mit der Maßgabe gilt, dass das Ausmaß der Garantie in Euro anzugeben ist. Das bedeutet, dass soweit eine Garantie überhaupt nicht übernommen wird, eine Bezifferung in Höhe von „0 (Null) Euro" vorzunehmen ist.

Absatz 3 regelt Einzelheiten der gemäß § 154 Absatz 1 VVG zu übermittelnden Modell- **74** rechnung. Bei dieser ist die mögliche Ablaufleistung unter Zugrundelegung der Rechnungsgrundlagen für die Prämienkalkulation mit drei verschiedenen Zinssätzen darzustellen. Die maßgeblichen Zinssätze sind durch diese Verordnung zu regeln (vgl. Begründung des Regierungsentwurfes zu § 154 VVG, BT-Drucks. 16/3945, S. 97). Die in den Nummern 1 bis 3 gewählten Zinssätze entsprechen dem von der VVG-Kommission vorgeschlagenen und eingehend begründeten (vgl. Abschlussbericht der Kommission zur Reform des Versicherungsvertragsrechts, VersR-Schriftenreihe, Bd. 25, Karlsruhe, 2004, S. 121 ff.) Modell, das eine sachgerechte und für den Verbraucher nachvollziehbare Darstellung ermöglicht.

Nach den Absätzen 4 und 5 sind die Absätze 1 und 2 auf die Berufsunfähigkeitsversiche- **75** rung, Absatz 1 Nr. 3 bis 8 und Absatz 2 auch auf die Unfallversicherung mit Prämienrückgewähr entsprechend anzuwenden. Die Regelung beinhaltet eine zulässige Ausweitung der in der Richtlinie 2002/83/EG vorgesehenen Informationspflichten und wird von der Verordnungsermächtigung erfasst (vgl. Begründung des Regierungsentwurfes zu § 7 Abs. 2 VVG, BR-Drucks. 707/06, S. 152). Bei den von ihr betroffenen Versicherungen ist der Versicherungsnehmer ebenso auf diese Informationen angewiesen, wie bei der Lebensversicherung. Hinsichtlich der in Absatz 1 Nr. 3 bis 8 enthaltenen Informationspflichten entspricht dies auch der bisherigen Rechtslage (vgl. Anlage D, Abschnitt 1, Nr. 2 zu § 10a VAG); dies soll für die Unfallversicherung mit Prämienrückgewähr unverändert beibehalten werden. Die Berufsunfähigkeitsversicherung war unter Geltung des bisherigen VVG gesetzlich nicht geregelt; sie wurde seit jeher als Unterfall der Lebensversicherung angesehen (vgl. nur BGH, Urt. v. 5. Oktober 1988, VersR 1988, 1233; *Prölss/Martin/Voit/Knappmann,* VVG, 27. Aufl., Vorb. BUZ, Rn. 3). Da das Gesetz zur Reform des Versicherungsvertragsrechts die Berufsunfähigkeitsversicherung in den §§ 172 ff. VVG-E als eigenständigen Vertragstypus kodifiziert, muss sie jetzt auch an dieser Stelle ausdrücklich erwähnt und in ihrer Behandlung der Lebensversicherung gleichgestellt werden. Bei der Berufsunfähigkeitsversicherung ist gemäß Absatz 4 Satz 2 darüber hinaus darauf hinzuweisen, dass der in den Versicherungsbedingungen verwendete Begriff der Berufsunfähigkeit nicht mit dem Begriff der Berufsunfähigkeit im sozialrechtlichen Sinne (§ 43 Abs. 2 SGB VI a. F., jetzt „teilweise oder volle Erwerbsminderung" gem. § 43 Abs. 1 und 2 SGB VI) oder dem Begriff der Berufsunfähigkeit im Sinne der Versicherungsbedingungen in der Krankentagegeldversicherung (vgl. z. B. § 15 Buchstabe b MB/ KT 94) übereinstimmt. Damit soll der Versicherungsnehmer auf den vom Sozialversicherungsrecht abweichenden Umfang der Versicherung sowie auf das Risiko eventueller Deckungslücken im Verhältnis zur Krankentagegeldversicherung ausdrücklich hingewiesen werden.

Zu § 3: Informationspflichten bei der Krankenversicherung

76 § 3 bestimmt, welche weiteren Informationen der Versicherer dem Versicherungsnehmer bei der Krankenversicherung zu erteilen hat. Rechtsgrundlage der Bestimmung ist § 7 Abs. 2 Satz 1 Nr. 3 VVG. Die hiernach vorgeschriebenen Informationen tragen den Besonderheiten dieser Versicherungsart Rechnung und sind zusätzlich zu den in § 1 genannten Informationen zu erteilen. Die in § 3 geregelten Verpflichtungen betreffen nur die substitutive Krankenversicherung (§ 12 Abs. 1 VAG), da diese für den Versicherungsnehmer von hoher wirtschaftlicher Bedeutung und die Rechtslage insoweit der bei der Lebensversicherung vergleichbar ist. Andere Krankenversicherungen, insbesondere Zusatzversicherungen, sollen angesichts ihrer auch im Hinblick auf Leistung und Prämie in der Regel geringeren Bedeutung nicht erfasst werden.

77 Absatz 1 benennt die vom Versicherer zu erteilenden Informationen. Die Nummern 1 und 2 normieren auch hier zunächst eine neue Verpflichtung zur Mitteilung der Abschluss-, Vertriebs- und der sonstigen Kosten. Die Bestimmungen finden ihre gesetzliche Grundlage in § 7 Abs. 2 Satz 1 Nr. 3 VVG; sie entsprechen § 2 Abs. 1 Nr. 1 und 2, so dass insoweit zunächst auf die dortige Begründung verwiesen werden kann. Auch bei der Krankenversicherung hat der Versicherungsnehmer vor Abschluss des Vertrages ein hohes Interesse, über die mit dem Vertrag verbundenen, bisweilen erheblichen Kosten informiert zu werden, um sich in Kenntnis dieser Umstände selbstbestimmt für das ihm angebotene Produkt entscheiden zu können. Die Angabe der Kosten hat auch hier in Euro-Beträgen zu erfolgen (Absatz 2 Satz 1, dazu unten). Hinsichtlich der Darstellung gelten die Ausführungen zu § 2 Abs. 1 Nr. 1 und 2 entsprechend. Die Abschlusskosten sind auch hier grundsätzlich als einheitlicher Betrag anzugeben; alle anderen in die Prämie einkalkulierten Kosten sind als Anteil der Jahresprämie unter Angabe der jeweiligen Laufzeit auszuweisen (§ 3 Abs. 1 Nr. 1). Sonstige Kosten, die dem Versicherungsnehmer lediglich einmalig oder aus Anlass besonderer Leistungen in Rechnung gestellt werden, sind zusätzlich gesondert anzugeben (§ 3 Abs. 1 Nr. 2).

78 Der weitere Inhalt der gemäß Absatz 1 zu erteilenden Informationen orientiert sich vornehmlich am Katalog der bisherigen Anlage D, Abschnitt I, Nr. 3 zu § 10a VAG; dieser wurde übernommen und, soweit angezeigt, um konkretisierende Beispiele ergänzt. So haben sich etwa die gemäß Absatz 1 Nr. 4 zu erteilenden Hinweise auf die Möglichkeiten zur Beitragsbegrenzung im Alter, insbesondere auf die Möglichkeit eines Wechsels in den Standardtarif bzw. den Basistarif sowie auf die Möglichkeit einer Beitragsreduzierung nach § 12 Abs. 1c VAG zu erstrecken. Hinzugekommen ist die unter Nummer 6 normierte Verpflichtung, darauf hinzuweisen, dass ein Wechsel innerhalb der privaten Krankenversicherung in fortgeschrittenem Alter mit höheren Beiträgen verbunden und ggf. auf den Standardtarif bzw. den Basistarif beschränkt sein kann. Damit soll Versicherungsnehmern schon vor Abschluss des Vertrages die Tragweite ihrer Entscheidung für eine bestimmte Versicherungsgesellschaft verdeutlicht werden. Nummer 7 schließlich schreibt vor, dass die Informationen eine Übersicht über die Beitragsentwicklung im Zeitraum der dem Angebot vorangehenden zehn Jahre enthalten soll, damit sich der Antragsteller anhand reeller Zahlen eine Vorstellung über die Beitragsentwicklung in dem angebotenen Tarif machen kann. Um eine möglichst realistische Darstellung zu erhalten, die allerdings auch den Versicherer nicht vor unüberwindbare Schwierigkeiten in der praktischen Durchführung stellt, hat dieser eine Übersicht vorzulegen, aus der sich ergibt, welcher monatliche Beitrag im Zeitraum der dem Angebot vorangehenden zehn Jahre jeweils zu entrichten gewesen wäre, wenn der Versicherungsvertrag zum damaligen Zeitpunkt von einer Person gleichen Geschlechts wie der Antragsteller mit Eintrittsalter von 35 Jahren abgeschlossen worden wäre. Aus der vorzulegenden Übersicht muss erkennbar sein, wie hoch der Beitrag bei einem Vertragsschluss zehn Jahre vor Antragstellung unter Zugrundelegung der genannten Kriterien gewesen wäre und wie sich dieser Beitrag in der Folgezeit bis zum Zeitpunkt der Übermittlung der Information entwickelt hätte. Bestand der angebotene Tarif noch nicht seit zehn Jahren, so ist auf den Zeitpunkt der Einführung des Tarifs abzustellen. Um falsche Vorstellungen zu vermeiden, ist in diesem Fall allerdings darauf hinzuweisen, dass die Aussagekraft der Übersicht wegen der kurzen Zeit, die seit der Einführung des Tarifs vergangen ist, begrenzt ist. Darüber hinaus ist ergänzend die Entwicklung eines vergleichbaren Tarifs, der bereits seit zehn Jahren besteht, darzustellen.

Absatz 2 bestimmt, dass die Angaben nach Absatz 1 Nr. 1, 2 und 7 in Euro auszuweisen **79** sind. Betroffen sind neben den Angaben zu den Abschluss- und Vertriebskosten die Angaben zur Beitragsentwicklung. Auch insoweit versteht es sich von selbst, dass dem Versicherungsnehmer konkrete Beträge genannt werden müssen, damit er in Kenntnis aller Umstände die Leistungsfähigkeit des angebotenen Tarifes beurteilen kann.

Zu § 4: Produktinformationsblatt

Mit § 4 wird Vorschlägen entsprochen, wonach dem Versicherungsnehmer die wichtigsten **80** Informationen zu dem von ihm in Aussicht genommenen Vertrag in gesondert hervorgehobener Form mitgeteilt werden müssen. Das sogenannte „Produktinformationsblatt" soll es dem Antragsteller ermöglichen, sich anhand einer knappen, verständlichen und daher auch keinesfalls abschließend gewollten Darstellung einen Überblick über die wesentlichen Merkmale des Vertrages zu verschaffen. Deshalb soll es auch nur solche Informationen enthalten, die aus Sicht des Verbrauchers für die Auswahl des geeigneten Produktes im Zeitpunkt der Entscheidungsfindung von Bedeutung sind. Das Produktinformationsblatt soll dem Versicherungsnehmer eine erste Orientierungshilfe bieten, sich rasch mit den wesentlichen Rechten und Pflichten des Vertrages vertraut zu machen; durch die in Absatz 5 Satz 4 vorgesehene Bezugnahme auf die jeweilige Vertragbestimmung kann es für den an Einzelheiten interessierten Leser zugleich den Ausgangspunkt einer vertieften Befassung mit den dem Vertrag zugrunde liegenden Bedingungswerken bilden.

§ 4 bestimmt, dass ein Produktinformationsblatt zu erteilen ist (Absatz 1), welche Informationen **81** tionen es enthalten muss (Absätze 2 bis 4) und welche Mindestanforderungen bei der Erteilung dieser Informationen zu beachten sind (Absatz 5). Die genaue Form der Erteilung der Informationen, insbesondere die Formulierung, wird dagegen nicht vorgeschrieben. Aufgrund der Vielzahl in der Praxis angebotener unterschiedlicher Versicherungsverträge, auf die das Produktinformationsblatt jeweils zugeschnitten werden muss, können derart konkrete Vorgaben in einer abstrakt-generellen Verordnungsregelung nicht erfolgen. Die Gestaltung des Produktinformationsblattes im Einzelfall muss daher den Anwendern überlassen bleiben. Aus demselben Grund kommt auch die Vorgabe eines Musters durch den Verordnungsgeber nicht in Betracht.

Absatz 1 sieht vor, dass der Versicherer dem Versicherungsnehmer, wenn dieser Verbraucher **82** cher (§ 13 BGB) ist, ein Produktinformationsblatt zur Verfügung zu stellen hat, das diejenigen Informationen enthält, die für den Abschluss oder die Erfüllung des Versicherungsvertrages von besonderer Bedeutung sind. Die Vorschrift normiert eine Verpflichtung des Versicherers zur Erteilung des Produktinformationsblattes; zugleich enthält sie eine gesetzliche Definition dieses Instruments. Der unbestimmte Rechtsbegriff der „Informationen, die für den Abschluss oder die Erfüllung des Versicherungsvertrages von besonderer Bedeutung sind", wird durch Absatz 2 der Vorschrift ausgefüllt.

Absatz 2 enthält eine enumerative Aufzählung der Informationen, die im Sinne des Absatzes **83** zes 1 von besonderer Bedeutung sind. Im einzelnen sind – in der vorgegebenen Reihenfolge (§ 4 Abs. 5 Satz 3) – aufzuführen:

1. Angaben zur Art des angebotenen Versicherungsvertrages; darzulegen ist also, um welchen Vertragstyp (z. B. Lebens-, Unfall- oder Haftpflichtversicherung) es sich handelt;
2. eine Beschreibung des durch den Vertrag versicherten Risikos und der ausgeschlossenen Risiken. Hier ist zunächst positiv zu beschreiben, welche Risiken vom Versicherungsschutz umfasst werden bzw. welche Leistungen der Versicherer aufgrund des Vertrages erbringt; darüber hinaus ist auf typische Risiken hinzuweisen, die – möglicherweise entgegen bestehender Erwartungen – nicht versichert sind. Das in Absatz 5 normierte Gebot der Verständlichkeit gebietet gerade an dieser Stelle eine anschauliche Darstellung. So sollte sich

die Beschreibung beispielsweise eines Privathaftpflichtversicherungsvertrages nicht in der Wiedergabe der Allgemeinen Versicherungsbedingungen („versichert ist die gesetzliche Haftpflicht des Versicherungsnehmers als Privatperson …") erschöpfen, sondern es sollten gegebenenfalls auch einzelne, besonders typische Beispiele genannt werden, in denen Art und Umfang des Versicherungsschutzes in positiver und negativer Hinsicht verdeutlicht werden. Andererseits wird gerade an dieser Stelle keine erschöpfende Darstellung verlangt, zumal dies aus Platzgründen in der Regel auch selten möglich sein wird. In diesem Fall erlangt die durch Absatz 5 Satz 4 gegebene Verweisungsmöglichkeit besondere Bedeutung;

3. Angaben zur Höhe der Prämie in Euro, zur Fälligkeit und zum Zeitraum, für den die Prämie zu entrichten ist sowie zu den Folgen unterbliebener oder verspäteter Zahlung. Anzugeben sind die Daten, die für den bei Erteilung des Produktinformationsblattes in Aussicht genommenen Vertrag maßgeblich sind. Die Darstellung soll gewährleisten, dass der Versicherungsnehmer auf einen Blick erkennt, zu welchem Zeitpunkt er welchen Betrag zu entrichten hat und für welchen Zeitraum er im Gegenzug Versicherungsschutz erlangt. Darüber hinaus soll er darauf hingewiesen werden, welche Folgen bei unterbliebener oder verspäteter Zahlung drohen;

4. Hinweise auf im Vertrag enthaltene Leistungsausschlüsse. Vielen Versicherungsnehmern ist bis zum Eintritt des Versicherungsfalles nicht bewusst, dass der von ihnen unterhaltene Vertrag unter Umständen keinen umfassenden Versicherungsschutz bietet. Auf diesen Umstand sollen sie daher im Produktinformationsblatt hingewiesen werden. Das Produktinformationsblatt sollte auch hier – neben generellen Ausführungen – beispielhaft einzelne, praktisch bedeutsame Leistungsausschlüsse darstellen. Auch diese Darstellung kann und muss nicht abschließend sein, worauf der Versicherer allerdings hinweisen muss (Absatz 5 Satz 2). Von besonderer Bedeutung ist auch hier die in Absatz 5 Satz 4 normierte Verpflichtung, auf die weiterführenden Bestimmungen des Vertrages bzw. der dem Vertrag zugrunde liegenden Allgemeinen Versicherungsbedingungen hinzuweisen;

5. Hinweise auf die bei Vertragsschluss zu beachtenden Obliegenheiten sowie die Rechtsfolgen ihrer Nichtbeachtung. Hierzu zählen insbesondere die in § 19 VVG normierten Anzeigepflichten. Das Produktinformationsblatt soll auf deren Existenz hinweisen und die wesentlichen bei Vertragsschluss zu beachtenden Obliegenheiten beispielhaft aufzählen. Soweit die Darstellung nicht erschöpfend sein muss und kann, gelten die Ausführungen zu Nummer 4 entsprechend. Der Versicherungsnehmer soll darauf hingewiesen werden, dass Obliegenheiten bestehen und wo diese im Vertrag bzw. den Versicherungsbedingungen geregelt sind. Darüber hinaus hat der Versicherer in prägnanten Worten auf die möglichen Konsequenzen der Nichtbeachtung von Obliegenheiten aufmerksam zu machen. Dem Versicherungsnehmer soll verdeutlicht werden, dass die fehlende Beachtung mit erheblichen Nachteilen verbunden sein kann und welcher Art diese Nachteile sein können. An diesem Zweck hat sich die Darstellung zu orientieren;

6. Hinweise auf die während der Laufzeit des Vertrages zu beachtenden Obliegenheiten, etwa zur Verminderung der Gefahr oder bei Gefahrerhöhung sowie die Rechtsfolgen ihrer Nichtbeachtung. Es gelten insoweit die Ausführungen zu Nummer 5 entsprechend;

7. Hinweise auf die bei Eintritt des Versicherungsfalles zu beachtenden Obliegenheiten sowie die Rechtsfolgen ihrer Nichtbeachtung. Unentbehrlich ist an dieser Stelle vor allem ein Hinweis auf die bei Eintritt des Versicherungsfalles bestehenden Anzeigepflichten, die in der Praxis von Versicherungsnehmern mangels Kenntnis oft übersehen werden. Im übrigen gelten auch insoweit die Ausführungen zu Nummer 5 entsprechend;

8. Angabe von Beginn und Ende des Versicherungsschutzes. Der Versicherungsnehmer muss wissen, ab wann und bis zu welchem Zeitpunkt er Versicherungsschutz genießt. Diese Angabe ist dann besonders wichtig, wenn der versicherte Zeitraum nicht mit der Laufzeit des Vertrages übereinstimmt, hat aber aus Klarstellungsgründen stets zu erfolgen;

9. Hinweise zu den Möglichkeiten einer Beendigung des Vertrages. Dem Versicherungsnehmer soll deutlich gemacht werden, unter welchen Voraussetzungen er den Vertrag (ggf. auch vorzeitig) beenden kann.

Absatz 3 modifiziert für den Bereich der Lebensversicherung die gemäß Absatz 2 Nr. 2 zu **84** erteilenden Angaben dahingehend, dass neben der Beschreibung des versicherten Risikos (bzw. der aufgrund des Vertrages vom Versicherer zu erbringenden Leistungen) auf die vom Versicherer zu übermittelnde Modellrechnung gemäß § 154 Abs. 1 VVG hinzuweisen ist. Die Vorschriften über die Modellrechnung stellen sicher, dass der Versicherungsnehmer bei Überlassung einer Beispielsrechnung standardisierte Informationen mit vergleichbaren Informationen erhält. Durch die Aufnahme eines besonderen Hinweises in das Produktinformationsblatt soll der Versicherungsnehmer auf die Existenz der Modellrechnung aufmerksam gemacht werden. Keinesfalls ist allerdings die Modellrechnung selbst in das Produktinformationsblatt aufzunehmen, denn dies würde zu einer Überfrachtung führen.

Absatz 4 modifiziert für den Bereich der Lebens- und der Krankenversicherung die gemäß **85** Absatz 2 Nr. 3 zu tätigenden Angaben dahingehend, dass neben der hiernach anzugebenden Prämie auch die Kosten im Sinne des § 2 Abs. 1 Nr. 1 und 2 bzw. des § 3 Abs. 1 Nr. 1 und 2 gesondert auszuweisen sind. Auch anhand des Produktinformationsblattes soll der Versicherungsnehmer auf einen Blick erkennen, welche Kosten mit dem Abschluss des Vertrages verbunden sind. Die Kosten sind wie die Prämie selbst auch an dieser Stelle in Euro auszuweisen. Die Darstellung hat auch hier den zu §§ 2 und 3 niedergelegten Grundsätzen zu entsprechen.

Absatz 5 normiert Vorgaben für die Gestaltung des Produktinformationsblattes. Dieses soll **86** sich von den anderen Informationen in für den Versicherungsnehmer erkennbarer Weise abheben und ihm auf diese Weise die besondere Bedeutung der dort enthaltenen Informationen verdeutlichen. Deshalb soll das Produktinformationsblatt als solches bezeichnet und den anderen zu erteilenden Informationen vorangestellt werden. Darüber hinaus müssen die mitzuteilenden Informationen in übersichtlicher und verständlicher Form knapp dargestellt werden. Bei der Beschreibung der Anforderungen an die Darstellung lässt der Verordnungscharakter insoweit nur die Normierung abstrakter Vorgaben zu. Die verwendeten Begriffe sind jedoch üblich und einer unter Umständen auch gerichtlichen Auslegung ohne weiteres zugänglich. In Anbetracht des nicht abschließenden Charakters des Produktinformationsblattes hat der Versicherer – auch schon im eigenen Interesse – darauf hinzuweisen, dass die mitzuteilenden Informationen nicht abschließend sind; dies wird durch Absatz 5 Satz 2 vorgegeben. Des weiteren wird klargestellt, dass bei der Darstellung die in Absatz 2 vorgegebene Reihenfolge einzuhalten ist. Schließlich haben die mitzuteilenden Informationen, soweit diese den Inhalt der vertraglichen Vereinbarung betreffen, auf die jeweils maßgebliche Bestimmung des Vertrages oder der dem Vertrag zugrunde liegenden Allgemeinen Versicherungsbedingungen zu verweisen. Damit soll der Versicherungsnehmer nochmals auf den nicht abschließenden Charakter der auf dem Produktinformationsblatt enthaltenen Informationen hingewiesen werden; zugleich soll ihm die Möglichkeit gegeben werden, sich anhand der erteilten Information weitergehende Kenntnisse vom Inhalt des Vertrages unschwer zu verschaffen.

Zu § 5: Informationspflichten bei Telefongesprächen

§ 5 regelt die Informationspflichten bei Telefongesprächen und telefonischer Kontaktauf- **87** nahme. Die Vorschrift übernimmt den Regelungsgehalt des bisherigen § 48b Abs. 1 Satz 2 und Abs. 3 VVG a. F., mit dem Artikel 3 Absatz 3 der Richtlinie 2002/65/EG umgesetzt worden ist.

Absatz 1 betrifft den Fall, dass der Versicherer mit dem Versicherungsnehmer telefonischen **88** Kontakt aufnimmt (vgl. § 7 Abs. 2 Satz 1 Nr. 4 VVG); der bisherige § 48b Abs. 1 Satz 2 VVG a. F. spricht von „vom Versicherer veranlassten Telefongesprächen"; das ist in der Sache nichts anderes. Die Vorschrift regelt, welche Informationspflichten in diesem Fall bestehen. Ob ein solcher Anruf überhaupt wettbewerbsrechtlich zulässig ist, richtet sich hingegen allein nach dem Gesetz gegen den unlauteren Wettbewerb (UWG). Auch gewerberechtliche Regelungen werden hierdurch nicht berührt. Nach dem UWG waren und sind Anrufe ohne Zustimmung des Verbrauchers nicht zulässig; dies gilt unverändert auch für die hier geregelten, „vom Anbieter initiierten Anrufe" (vgl. Begründung des Entwurfes eines Gesetzes zur Änderung der Vorschriften über Fernabsatzverträge bei Finanzdienstleistungen v. 22. April 2004, BT-

Drucks. 15/2946, S. 29). Absatz 1 sieht vor, dass der Versicherer bei telefonischer Kontaktaufnahme seine Identität und den geschäftlichen Zweck des Kontakts bereits zu Beginn eines jeden Gesprächs ausdrücklich offenlegen muss. Der Versicherungsnehmer soll von Anfang an darüber im Klaren sein, mit wem er geschäftlich verkehrt.

89 Absatz 2 betrifft alle Fälle fernmündlicher Kommunikation mit dem Versicherer. Hier gelten eingeschränkte Informationspflichten, die ihrem Inhalte nach auf die zu diesem Zeitpunkt unabdingbaren Informationen beschränkt sind. Die Vorschrift entspricht im wesentlichen dem Inhalt des bisherigen § 48b Abs. 3 Satz 1 VVG a. F., musste jedoch aufgrund der neuen Systematik der §§ 1 ff. dieser Verordnung sprachlich angepasst werden. Die im Zuge der Neufassung des § 1 eingeführten Präzisierungen, die sich aufgrund der Zusammenführung der bisher in VVG und VAG getrennt geregelten Informationspflichten ergibt, gelten infolge der Verweisung nunmehr auch bei Telefongesprächen. In Übereinstimmung mit den Vorgaben der Richtlinie ist die in Absatz 2 enthaltene Beschränkung der Informationspflichten nur dann einschlägig, wenn der Versicherer den Versicherungsnehmer darüber informiert hat, dass auf Wunsch weitere Informationen mitgeteilt werden können und welcher Art diese Informationen sind, und der Versicherungsnehmer ausdrücklich auf die Mitteilung der weiteren Informationen zu diesem Zeitpunkt verzichtet.

90 Absatz 3 stellt klar, dass der Anbieter zu gegebenem Zeitpunkt, also grundsätzlich vor Abgabe der Vertragserklärung des Versicherungsnehmers (§ 7 Abs. 1 Satz 1 VVG), sämtliche in §§ 1 bis 4 genannten Informationspflichten zu erfüllen hat. Wenn allerdings auf Verlangen des Versicherungsnehmers der Vertrag telefonisch oder unter Verwendung eines anderen Fernkommunikationsmittels geschlossen wird, das die Mitteilung in Textform vor Vertragsschluss nicht gestattet, müssen die in den §§ 1 bis 4 vorgesehenen Informationspflichten unverzüglich nach Abschluss des Vertrages nachgeholt werden. Dies ergibt sich aus § 7 Abs. 1 Satz 3 VVG und muss deshalb in der Verordnung nicht ausdrücklich erwähnt werden.

Zu § 6: Informationspflichten während der Laufzeit des Vertrags

91 Während der Laufzeit eines Vertrages bestehende Informationspflichten ergeben sich aus Anhang III, Abschnitt B der Richtlinie 2002/83/EG und waren bislang in Anlage D Abschnitt II zu § 10a VAG geregelt. Die vorliegende Bestimmung übernimmt dessen Vorgaben.

92 Absatz 1 nimmt auf die in §§ 1 und 2 genannten Informationspflichten Bezug und bestimmt, welche Änderungen dem Versicherungsnehmer während der Laufzeit des Vertrages mitgeteilt werden müssen. Nummer 1 übernimmt die in Anlage D, Abschnitt II, Nr. 1 zu § 10a VAG normierte Verpflichtung. Anzugeben ist jede Änderung der Identität oder der ladungsfähigen Anschrift des Versicherers und der etwaigen Niederlassung, über die der Vertrag abgeschlossen worden ist. Nummer 2 übernimmt die in Anlage D, Abschnitt II, Nr. 2 zu § 10a VAG normierte Verpflichtung. Diese wird insoweit geringfügig erweitert, als sich die nunmehr nach §§ 1 und 2 zu erteilenden Informationen jetzt auch an den Vorgaben der Fernabsatzrichtlinie orientieren. Das erscheint aus Gründen der Vereinheitlichung angemessen. Allerdings besteht die Verpflichtung zur Erteilung der geänderten Angaben auch weiterhin nur, sofern diese sich aus Änderungen von Rechtsvorschriften ergeben.

93 Nummer 3 entspricht inhaltlich der Regelung aus Anlage D, Abschnitt II, Nr. 3 zu § 10a VAG; darüber hinaus ist nunmehr anzugeben, inwieweit eine Überschussbeteiligung garantiert ist. Da Nummer 3 allgemein auf Verträge mit Überschussbeteiligung abstellt, wird klargestellt, dass diese Verpflichtung nicht für die Krankenversicherung gilt, da die Überschüsse hier in der Regel nicht ausgekehrt, sondern zur Senkung der Prämien verwendet werden.

94 Absatz 2 bezieht sich ausschließlich auf die substitutive Krankenversicherung (§ 12 Abs. 1 VAG) und übernimmt zunächst die bislang in Anlage D, Abschnitt II, Nr. 4 zu § 10a VAG enthaltene Regelung. Geringfügig angepasst wurde die Verpflichtung, Versicherte, die das 60. Lebensjahr vollendet haben, unter Hinweis auf vergleichbare Tarife auf das Umstufungsrecht gemäß § 204 VVG hinzuweisen. Die vorgenommene Änderung soll sicherstellen, dass dem Versicherungsnehmer mehrere vergleichbare Tarife zur Auswahl angeboten werden, die für ihn besonders in Betracht kommen. Das Kriterium der Gleichartigkeit ist hier großzügig zu verstehen. Besteht der Versicherungsschutz beispielsweise aus mehreren Tarifen, die getrennt Versicherungsschutz für ambulante Heilbehandlung, stationäre Heilbehandlung sowie für Zahnbehandlung und Zahnersatz vorsehen, so erfüllt auch ein einziger Tarif, der alle vorgenannten Leistungsbereiche enthält, das Kriterium der Gleichartigkeit im Sinne von Satz 2. Ferner wird nunmehr unterstellt, dass zu den in Satz 2 genannten Tarifen jedenfalls diejenigen Tarife mit Ausnahme des Basistarifs zählen, die jeweils im abgelaufenen Geschäftsjahr den höchsten Neuzugang, gemessen an der Zahl der versicherten Personen, zu verzeichnen hatten. Die besondere Eignung im Sinne von Satz 3 der in Satz 4 genannten Tarife wird allein durch die dort genannten Kriterien begründet; weitere Erwägungen – etwa der Vergleich von Leistungsmerkmalen wie Wahlleistungen in Stationärtarifen, das Bestehen eines Hausarztprinzips sowie unterschiedliche Begrenzungen der maximal erstattungsfähigen Gebührenhöhe – sind hier nicht zulässig. Darüber hinaus wurde im Vorgriff auf die zum 1. Januar 2009 in Kraft tretenden Bestimmungen der Gesundheitsreform die Verpflichtung zum Hinweis auf die Wechselmöglichkeit in den Standardtarif um den neu einzuführenden Basistarif sowie auf die damit verbundenen Möglichkeiten einer Prämienminderung erweitert und Modalitäten zur Mitteilung des Übertragungswertes gemäß § 12 Abs. 1c VAG vorgesehen.

Zu § 7: Übergangsvorschrift; Inkrafttreten

Die in § 7 Abs. 1 vorgesehene Übergangsvorschrift gestattet es dem Versicherer, die in die-   **95** ser Verordnung bestimmten Informationspflichten bis zum 30. Juni 2008 auch dadurch zu erfüllen, dass er nach den Vorgaben des bis zum 31. Dezember 2007 geltenden Rechts informiert. Das bedeutet, dass Unterlagen zur Information der Versicherungsnehmer, die den Anforderungen des bis zum 31. Dezember 2007 geltenden Rechts entsprechen, noch bis zum 30. Juni 2008 verwendet werden dürfen. Die Einräumung einer Übergangsfrist erfolgt im Hinblick auf den verbleibenden Zeitraum zwischen Verkündung und Inkrafttreten der Verordnung (dazu Absatz 2). Es bestehen Zweifel, ob der mit der Herstellung des Informationsmaterials verbundene Aufwand innerhalb dieses kurzen Zeitraumes abschließend bewältigt werden kann. Deshalb soll den Unternehmen die Möglichkeit gegeben werden, bis zur Herstellung des neuen Informationsmaterials, höchstens aber für eine Übergangszeit von sechs Monaten die existierenden Bestände an Informationsmaterial weiterzuverwenden. Dies erscheint auch deswegen vertretbar, weil die meisten der in §§ 1 bis 3 enthaltenen Informationspflichten ohnehin seit langem geltendes Recht sind. Informationspflichten, die durch diese Verordnung neu geschaffen werden, müssen damit faktisch spätestens ab 1. Juli 2008 erfüllt werden.

§ 7 Abs. 2 regelt das Inkrafttreten der Verordnung. Als Ausführungsverordnung zum VVG   **96** soll diese grundsätzlich am 1. Januar 2008, zeitgleich mit dem Inkrafttreten des Gesetzes zur Reform des Versicherungsvertragsrechts, in Kraft treten. Eine Ausnahme ist allerdings für die Angabe der Kosten bei der Lebens-, Berufsunfähigkeits- und Krankenversicherung (§ 2 Abs. 1 Nr. 1 und 2 und Abs. 2, § 3 Abs. 1 Nr. 1 und 2 und Abs. 2) sowie für das Produktinformationsblatt nach § 4 vorgesehen. Diese Vorschriften treten erst am 1. Juli 2008 in Kraft. Auch insoweit gilt, dass diese Vorgaben von den Versicherern in die Praxis umgesetzt werden müssen. Dazu soll ihnen eine Übergangsfrist eingeräumt werden. Es liegt auch im Interesse des Verbrauchers, dass er sorgfältig ausgearbeitete und damit für ihn auch nützliche Informationen erhält.

III. Ergänzende Bemerkungen zur VVG-InfoV

1. Angaben zur Höhe der in die Prämie einkalkulierten Kosten (§ 2 Abs. 1 Nr. 1 und 2)

Die Regelungen zur Kostentransparenz sind neu. Die in die Prämie einkalkulierten Ab-   **97** schlusskosten sind als einheitlicher Gesamtbetrag in Euro (§ 2 Abs. 2) auszuweisen. Die übrigen einkalkulierten Kosten sind als Anteil der Jahresprämie unter Angabe der jeweiligen Laufzeit auszuweisen. In der Begründung zur VVG-InfoV wird als Rechtsgrundlage auf § 7 Abs. 2 S. 1 Nr. 2 VVG verwiesen. Dieser Hinweis greift zu kurz; tatsächlich konkretisieren die Neuregelungen das Transparenzgebot im Sinne des § 307 Abs. 1 S. 2 BGB. Die Regelungen geben danach Grundsätze wieder, die – von Modifizierungen abgesehen – de lege lata gelten.

98   Das Transparenzgebot ist als Rechtsprinzip in der Europäischen Missbrauchsrichtlinie verankert, um dem Kunden eine **informierte Entscheidung** zu ermöglichen. Dabei geht es um zwei ganz unterschiedliche Entscheidungen. Auf der Ebene der Vermittlungs- und Beratungsdienstleistung geht es um die (Preis-)Transparenz für diese Beratungs- und Vermittlungsdienstleistung. Der Kunde soll wissen, welchen Preis er für diese Dienstleistung zu zahlen hat, um darüber nachdenken zu können, ob es für ihn möglicherweise andere, eventuell preiswertere, Dienstleistungen gibt, die er stattdessen in Anspruch nehmen könnte. Transparenz über die Höhe des Vermittlungs- und Beratungsentgeltes führt zu funktionsfähigem Wettbewerb um die Vermittlungs- und Beratungsdienstleistung. Insoweit ist darauf hinzuweisen, dass der Bundesgerichtshof schon heute in ständiger Rechtsprechung Nettotarife[92], und zwar auch in der Lebensversicherung, anerkennt, sodass sich Vermittlungs- und Beratungsentgelte schon heute nicht nur in Form von Provisionen und Courtagen, sondern auch als Folge von Honorarvereinbarungen bilden. Mit Blick auf Honorarvereinbarungen dieser Art wäre es gut gewesen, wenn der Gesetzgeber darauf hingewiesen hätte, dass die für Courtagen und Provisionen geltenden Rechte und Pflichten – z. B. die Verrechnung der Abschlusskosten auf die ersten fünf Jahre bei Frühstorno – auch im Falle von Honorarvereinbarungen gelten. Dies ergibt sich auch der Sachnähe und daraus, dass die Zahlung eines Mindestrückkaufswertes ganz unabhängig davon geschuldet ist, ob und in welcher Höhe Provisionen oder Courtagen geschuldet werden.

99   Die Offenlegung der Kosten im Sinne von § 2 Ziff. 1 und 2 bildet das Transparenzgebot des § 307 Abs. 1 S. 2 BGB nur teilweise ab. Das Transparenzgebot des § 307 Abs. 1 S. 2 BGB erschöpft sich nicht in der Offenlegung bestimmter Kostenbestandteile. Es verlangt vielmehr, dass alle Bestimmungen eines Vertrages **klar und verständlich** sind. Nur dann, wenn die Bestimmungen eines Vertrages **klar und verständlich** sind, werden sie Bestandteil eines Vertrages (§ 305 Abs. 2 BGB). Nur auf diese Weise kann gewährleistet werden, dass der Kunde eine **informierte Entscheidung** treffen kann. Dies bedeutet, dass zwischen dem Kunden und dem Versicherer eine klare und verständliche Vereinbarung im Versicherungsvertrag über die Verrechnung von Abschlusskosten und allgemeinen Verwaltungskosten, sowie über die Belastung mit Risikoprämien und über das Zuführen von Kapitalanlagezinsen getroffen werden muss. Eine solche Absprache wird durch § 2 Abs. 1 Nr. 1 und 2 VVG-InfoV nicht ersetzt. Eine sehr einfache und transparente Prämienverwendungsklausel, die Gegenstand der AVB wäre, könnte wie folgt aussehen:

- Eingezahlte Prämie
- Abzüglich an den Vermittler zu zahlende Abschlusskosten
- Abzüglich laufende Verwaltungskosten, so wie sie jährlich anfallen
- Abzüglich Risikoprämie
- Verbleibt der anzulegende Kapitalbetrag
- Zuzüglich Kapitalanlageergebnis (Zinsen)
- Verbleibt das Beitragsguthaben zugunsten des Kunden, aufgegliedert nach garantiertem und nicht garantiertem Anteil
- Ergänzung: Ausweis der Beitragsrendite, d. h. des Prozentsatzes, mit welchem sich der bisher eingezahlte Beitrag bezogen auf das Beitragsergebnis positiv oder negativ verzinst hat.

100   Schließlich sollte zur Herstellung von Transparenz bei den laufenden Verwaltungskosten klargestellt werden, dass diese zwar von Jahr zu Jahr variabel sein können, dass die jährliche Steigerung aber einen bestimmten Prozentsatz (beispielsweise 3%) nicht übersteigen wird, es sei denn, es treten schwerwiegende, nicht vorhersehbare Umstände im Sinne des § 313 Abs. 1 BGB ein.

---

[92] BGH v. 20. 1. 2005 = VersR 2005, 206; BGH v. 14. 6. 2007 = VersR 2007, 1127; VuR 2007, 465.

2. Angaben zu den Vermittlungs- und Abschlusskosten (§ 2 Abs. 1 Ziff. 1)

Nach § 2 Abs. 1 Nr. 1 sind die einkalkulierten Abschlusskosten als einheitlicher Gesamtbe- **101**
trag auszuweisen. Der Verordnungsgeber gibt ein praktisches Beispiel und formuliert wie
folgt: „Für diesen Vertrag sind Abschlusskosten und weitere Kosten zu entrichten, die in der
kalkulierten Prämie von jährlich zzz,- € bereits enthalten sind. Diese Kosten bestehen aus
einem einmaligen Betrag von xxx,- € und weiteren Beträgen von jährlich yyy,- € für eine
Laufzeit von 25 Jahren.“

Maßgeblich sind die einkalkulierten, also die rechnungsmäßig angesetzten Kosten, nicht **102**
der tatsächliche Aufwand, wobei laufende Zuschläge zur Deckung von Abschlussaufwendungen (sog. Amortisationszuschläge) mit auszuweisen sind.

Hierzu im Gegensatz steht der nächste Satz in der Begründung zur VVG-InfoV: „Der Ver- **103**
braucher soll erfahren, welchen Betrag er effektiv als in den Prämien enthaltenen Kostenanteil
an den Versicherer zahlen muss.“

Genau das muss der Versicherer dem Verbraucher nach dem Wortlaut des § 2 Abs. 1 Nr. 1 **104**
nicht sagen, es genügt, wenn der Versicherer die **einkalkulierten,** also die rechnungsmäßigen Abschlusskosten mitteilt. Das gilt auch für die übrigen einkalkulierten Kosten. Der Verbraucher erfährt also nicht, wie hoch die Abschlusskosten tatsächlich sind. Er erfährt auch
nicht, welcher Anteil der Abschlusskosten an den Vermittler fließt und welche Teile dieser
Kosten beim Versicherer als Abschlusskosten, beispielsweise für Werbung oder Schulungs-
maßnahmen, verbleiben. Der Verbraucher erfährt auch nicht, ob der Versicherer mit den einkalkulierten Abschlusskosten zurechtkommt oder ob er möglicherweise geringere Aufwendungen oder höhere Aufwendungen hat. Aus dem Sinn und Sachzusammenhang des § 2
Nr. 1 folgt allerdings, dass der Versicherer höhere Abschlusskosten als die, die er einkalkuliert
hat, den Verträgen mit dem Kunden nicht anlasten darf.

Das Ziel, durch Offenlegung der Abschlusskosten funktionsfähigen Wettbewerb auf den **105**
Märkten für Vermittlungs- und Beratungsdienstleistungen herzustellen, wird durch § 2
Abs. 1 Nr. 1 verfehlt. Der Kunde erfährt nicht, in welchem Umfang der Vermittler entlohnt
wird, er kann allenfalls einen Vergleich der jeweils einkalkulierten Abschlusskosten zwischen
den Versicherern vornehmen. Der Vermittler ist danach auch nicht verpflichtet, dem Kunden
zu sagen, in welchem Umfang er von den einkalkulierten Abschlusskosten profitiert. Das ist
nur inzident anders, wenn der Vermittler mit dem Kunden einen Nettotarif und daneben
eine ihm zufließende Provision vereinbart.

Die Offenlegung der einkalkulierten Abschlusskosten ändert am höchstzulässigen Zillmer- **106**
satz (derzeit 4%: § 4 Deckungsrückstellungsverordnung) nichts. Die Zillmerung ist ein rein
bilanztechnisches Abschlusskostenverrechnungsverfahren. Der Höchstzillmersatz legt fest,
dass höchstens 4% der insgesamt einmal eingezahlten Prämie dem virtuellen Kundenkonto
bei Abschluss des Vertrages als Debet angelastet werden dürfen. Ob der Versicherer für dieses
Debet dem Kunden einen Zins berechnen darf, wie es wohl in der Praxis üblich ist, ist zumindest eine offene Frage. Die Berechtigung, einen solchen Zins zu nehmen, ergibt sich weder
aus dem geltenden Bilanzrecht, noch aus dem geltenden Aufsichtsrecht – privatrechtlich
wird der Zillmersatz regelmäßig nicht vereinbart; d. h. der Kunde erfährt gar nicht, dass der
Versicherer ihm für einen Teil der Abschlusskosten einen Kredit gewährt. Für einen solchen
privatrechtlich nicht gewährten Kredit dürfen folglich auch keine Zinsen erhoben werden.

Die Begründung zur VVG-InfoV verweist ausdrücklich auf die Rechtsprechung des BGH **107**
zur Unzulässigkeit von Kick-backs (Gewährung von verdeckten Provisionen) im Wertpapierhandel[93]. Eine Bank, die Fondsanteile empfiehlt, muss darauf hinweisen, dass und in welcher
Höhe sie Rückvergütungen aus Ausgabeaufschlägen und Verwaltungskosten von der Fondsgesellschaft erhält. Dem liegt, so die Begründung weiter, die Erwägung zugrunde, dem Kunden
durch Offenheit in der Information eine selbstbestimmte Entscheidung beim Vertragsschluss
zu ermöglichen. Daraus folgt, dass Provisionszahlungen, die verdeckt bleiben, unzulässig sind
und eine Rückzahlungsverpflichtung auslösen.

---

[93] BGH NJW 2007, 1876.

3. Die übrigen einkalkulierten Kosten

108   Die übrigen in die Prämie einkalkulierten Kosten sind nach § 2 Abs. 1 Ziff. 1 „als Anteil der Jahresprämie unter Angabe der jeweiligen Laufzeit auszuweisen."

109   Daneben sind Angaben zu sonstigen Kosten, insbesondere zu Kosten, die einmalig oder aus besonderem Anlass entstehen können, zu machen (§ 2 Abs. 1 Nr. 2).

110   Der Wortlaut von § 2 Abs. 1 Nr. 1 ist eindeutig – die übrigen einkalkulierten Kosten sind als Anteil der Jahresprämie genauso wie die einkalkulierten Abschlusskosten **auszuweisen.** Das entspricht der Verordnungsermächtigung in § 7 Abs. 2 Nr. 2 VVG. Danach ist in der Verordnung festzulegen, welche weiteren Informationen dem Versicherungsnehmer „über sonstige Kosten mitzuteilen sind"[94]. Der Versicherer hat also mit Blick auf allgemeine Verwaltungskosten mitzuteilen, in welcher Höhe diese jährlich anfallen und gleichzeitig mitzuteilen, über welche Laufzeit dies der Fall sein wird. Der Formulierungsvorschlag in der Verordnungsbegründung lautet: „Diese Kosten bestehen aus … weiteren Beträgen von jährlich yyy,- € für eine Laufzeit von 25 Jahren." Die Begründung zur Verordnung weist ausdrücklich darauf hin, dass sonstige Kosten, die dem Versicherungsnehmer lediglich einmalig oder aus Anlass besonderer Leistungen in Rechung gestellt werden, zusätzlich gesondert anzugeben sind (§ 2 Abs. 1 Nr. 2).

111   *Präve*[95], der im Gesamtverband der Deutschen Versicherungswirtschaft (GDV) die Lebensversicherung maßgeblich vertritt, entwickelt in einem Beitrag die Auffassung, dass dieser Teil der VVG-InfoV verfassungswidrig und damit nichtig ist, weil es insoweit an einer ausdrücklichen Ermächtigung nach Art. 80 Abs. 1 S. 2 GG fehle. *Präve* meint, der verfassungsrechtliche **Bestimmtheitsgrundsatz** sei verletzt. Der Gesetzgeber müsse bereits im VVG selbst – also in § 7 Abs. 2 – regeln, was vom Adressaten der Verordnung erwartet werde[96]. Die Argumentation von *Präve* ist nicht schwer nachzuvollziehen. Der Wortlaut von § 7 Abs. 2 Nr. 2 VVG ist eindeutig: Der Verordnungsgeber wird bei der Lebensversicherung ermächtigt, den VN über „sonstige Kosten" zu informieren. Unter „sonstige Kosten" fallen alle Kosten, die nach Abschluss des Vertrages außerhalb der Vertriebskosten anfallen, sofern sie unmittelbar auf den geschlossenen Vertrag zurückzuführen sind. In der Gesetzesbegründung heißt es deshalb: „Zusätzlich soll sichergestellt werden, dass der Versicherungsnehmer über die für ihn voraussichtlich zu erwartende Prämienentwicklung, d. h. von Vertragsbeginn bis zum Vertragsende, informiert wird[97]. Er soll dadurch in die Lage versetzt werden, die für ihn mögliche Prämienentwicklung zu beurteilen und zur Grundlage seiner Entscheidung zu machen[98].

112   Nach Art. 80 Abs. 1 S. 2 GG ist der Verordnungsgeber nicht nur formal, sondern auch inhaltlich an den Willen des Gesetzgebers gebunden. Daraus wird das Gebot an den Gesetzgeber abgeleitet, Inhalt, Zweck und Ausmaß der Ermächtigung im Gesetz festzulegen. „Der Gesetzgeber muss selbst die Entscheidung treffen, welche Fragen durch Verordnung geregelt werden sollen (Inhalt), er muss die Grenzen einer solchen Regelung festsetzen (Ausmaß) und angeben, welchem Ziel die Regelung dienen soll (Zweck) – **Selbstentscheidungsformel**"[99]. Aus dem Gesetz selbst muss sich – so das Bundesverfassungsgericht ergänzend – ergeben, welches „Programm" durch die Verordnung erreicht werden soll – **Programmformel**.[100] Dieser Pflicht des Gesetzgebers zur Selbstentscheidung entspricht aus Sicht des betroffenen Bürgers die Möglichkeit, bereits aus dem Gesetz zu ersehen, in welchem *Regelungsspielraum* sich die Exekutive

---

[94] Die entgegenstehende Auffassung von *Präve* in: VersR 2008, 151 (155), wonach die Verordnungsermächtigung ausdrücklich nur die Offenlegung der Abschluss- und Vertriebskosten, nicht aber der Verwaltungskosten und sonstiger Kosten vorsieht, ist somit mit dem Wortlaut des § 7 Abs. 2 Nr. 2 VVG nicht zu vereinbaren.
[95] VersR 2008, 151 ff.
[96] BVerfGE 7, 282, 301; zustimmend *Mauntel* in: *Schwintowski/Brömmelmeyer*, VVG-Komm. Lexis-Nexis § 2 zur VVG-InfoV, Rn. 3.
[97] BT-Drucks. 16/3945, S. 60.
[98] BT-Drucks. 16/3945, S. 60/61.
[99] BVerfGE 2, 307 (334); 23, 62 (72); 80, 1 (21).
[100] BVerfGE 5, 71(77); 58, 257 (277); 80, 1 (21).

zu bewegen hat[101]. Die Ermächtigung ist erst dann unbestimmt, wenn nicht mehr vorausgesehen werden kann, in welchen Fällen und mit welcher Tendenz von ihr Gebrauch gemacht wird und welcher Inhalt die aufgrund der Ermächtigung erlassenen Rechtsverordnungen haben können – **Vorhersehbarkeitsformel.**[102] Dabei ist anerkannt, dass die Bestimmtheit einer Verordnungsermächtigung zunächst einmal durch **Auslegung** zu ermitteln ist, und zwar durch Auslegung des gesamten Gesetzes, das die Ermächtigung enthält, nicht nur der Ermächtigungsvorschrift[103]. Im vorliegenden Fall heißt es in § 7 Abs. 2 VVG, dass der Verordnungsgeber durch Rechtsverordnung festlegen soll, „welche weiteren Informationen dem Versicherungsnehmer bei der Lebensversicherung insbesondere über die zu erwartenden Leistungen, ihre Ermittlung und Berechnung, über eine Modellrechnung sowie über die Abschluss- und Vertriebskosten, soweit eine Verrechnung mit Prämien erfolgt und über sonstige Kosten mitzuteilen sind." Der Zweck der Regelung ist es somit, dem VN zwei Dinge mitzuteilen: Welche Leistungen ihn erwarten und wie diese ermittelt und berechnet werden.

Um diesen Zweck zu erfüllen, muss man inhaltlich über die Abschluss- und Vertriebskos- **113** ten sowie über die sonstigen Kosten informieren. Wenn man dies nicht täte, könnte man nämlich nicht die zu erwartenden Leistungen beschreiben. In welchem Umfang und Ausmaß diese Leistungen erwartet werden, ergibt sich aus der **Modellrechnung.** Damit ist die vom Verfassungsgericht geforderte Trias (Zweck, Inhalt, Ausmaß) durch § 7 Abs. 2 Nr. 2 VVG in vollem Umfange erfüllt. Die Information über die „sonstigen Kosten" sind im Kontext mit den Informationen zu sehen, die insgesamt erforderlich sind, um die zu erwartenden Leistungen hinreichend zu beschreiben. Es genügt nicht, nur die Abschluss- und Vertriebskosten zu benennen, man muss auch die allgemeinen Verwaltungskosten kennen, um eine annähernde Vorstellung davon zu haben, ob das Preis-Leistungsverhältnis für eine Lebensversicherung eher günstig oder eher ungünstig ist. Die allgemeinen Verwaltungskosten machen bei manchen Versicherern über 10% des gesamten eingezahlten Beitrags in den Lebensversicherungsvertrag aus. Andere Versicherer sind deutlich günstiger und schaffen es mit 3–5% zurechtzukommen – keine Frage, dass sich das unterschiedliche Kostenniveau auf die zu erwartenden Leistungen im Zeitpunkt des Ablaufes des Vertrages – aber auch im Falle des Frühstornos – auswirken. Genau das will aber § 7 Abs. 2 Nr. 2 VVG vermeiden, sodass die am Sinn und Zweck der Norm orientierte Auslegung keinen Zweifel darüber lässt, dass mit den **sonstigen Kosten** zumindest auch die allgemeinen Verwaltungskosten gemeint sind.

Das Bundesverfassungsgericht geht aber noch einen Schritt weiter. Eine Ermächtigung ist **114** nach der Rechtsprechung des Gerichtes nämlich nicht schon dann unbestimmt, wenn sie vage formuliert ist und zu Auslegungsschwierigkeiten Anlass gibt. Vielmehr ist sie mit allen hermeneutischen Mitteln zu konkretisieren[104]. Dabei erweist sich der **Zweck** der Ermächtigung als die eigentlich zentrale Kategorie, da sich Inhalt und Ausmaß in weitem Umfang durch Auslegung erschließen lassen, wenn der Zweck bestimmt ist[105]. Im vorliegenden Fall ist aber nicht einmal der Zweck unbestimmt oder vage oder unklar – im Gegenteil, er ergibt sich präzise aus § 7 Abs. 2 Nr. 2 VVG. Dem Versicherungsnehmer sind Informationen über die zu erwartenden Leistungen sowie ihre Ermittlung und Berechnung mitzuteilen. Dies kann nur geschehen, indem man auf der einen Seite klärt, welche Rechnungsposten von der jeweils eingezahlten Prämie abgezogen werden und welche Rechnungsposten dem Versicherungsnehmer jeweils gutgeschrieben werden. Dabei kann nur nochmals betont werden, dass zu den abzuziehenden Positionen die Abschlusskosten und natürlich auch die laufenden Verwaltungskosten gehören, ebenso die Risikoprämie. Gutzuschreiben sind die Zinsen, die such aus der Kapitalanlage ergeben, sowie die anteiligen stillen Reserven.

---

[101] *Bryde*, in: *von Münch/Kulig,* GG-Komm., 5. Aufl., Art. 80 Rn. 20.
[102] BVerfGE 1, 14 (60); 42, 191 (200).
[103] BVerfGE 8, 274 (307); 58, 257 (277); 80, 1 (20).
[104] BVerfGE 8, 274 (324); leicht einschränkend BVerfGE 20, 257 (269).
[105] BVerfGE 4, 7 (22); 10, 20 (53); 20, 296 (306); *Bryde,* in: *von Münch/Kunig,* GG-Komm., 5. Aufl., Art. 80 Rn. 22.

115   Nach alledem kann von einer Verletzung des verfassungsrechtlichen Bestimmtheitsgrund-
satzes nicht gesprochen werden. Auch der Verordnungsgeber ging wie selbstverständlich davon aus, dass der Versicherer den Gesamtbetrag der allgemeinen Verwaltungskosten, verteilt
auf die Laufzeit des Vertrages, mitzuteilen habe. Deshalb lautet der Formulierungsvorschlag
in der Verordnungsbegründung: „Diese Kosten bestehen aus … weiteren Beträgen von jährlich yyy € für eine Laufzeit von 25 Jahren." Zusätzlich – und ganz unabhängig von den allgemeinen Verwaltungskosten – weist die Begründung zur Verordnung darauf hin, dass sonstige
Kosten, die dem Versicherungsnehmer lediglich einmalig oder aus Anlass besonderer Leistungen in Rechnung gestellt werden – z. B. Übermittlung zusätzlicher Versicherungsurkunden –
zusätzlich gesondert anzugeben sind (§ 2 Abs. 1 Nr. 2 VVG-InfoV).

116   Da der Versicherer die einkalkulierten Kosten als Anteil der Jahresprämie vor Abschluss des
Vertrages ausweist, braucht er während der Laufzeit des Vertrages über diese einkalkulierten
Verwaltungskosten nicht erneut zu informieren – sie ändern sich nicht. Insofern ist § 6
VVG-InfoV konsequent. Das Ziel, das der Gesetzgeber mit der Angabe der laufenden Verwaltungskosten zu erreichen suchte, dem VN nämlich eine informierte Entscheidung zu ermöglichen, wird allerdings nicht erreicht. Denn die Angabe der einkalkulierten Verwaltungskosten informiert den VN gerade nicht darüber, wie hoch diese Verwaltungskosten
tatsächlich sind. Allerdings folgt aus der Formulierung des § 2 Abs. 1 Nr. 1, dass der Versicherer keine höheren Verwaltungskosten verlangen kann, als die von ihm einkalkulierten Kosten.
Gelingt es aber dem einen Versicherer, die Verwaltungskosten im Zeitablauf zu senken, so erfahren dies die Versicherten nicht, weil die Angabe der jährlichen Entwicklung der tatsächlich
aufgewandten Verwaltungskosten nicht vorgesehen ist. Folglich ist auch ein Wechsel zu
einem Versicherer, der mit deutlich geringeren Verwaltungskosten auskommt, nicht möglich,
weil insoweit keine Transparenz besteht.

117   Dies ließe sich nur ändern, wenn die Versicherer verpflichtet wären, nicht nur vor Abschluss des Vertrages die anteiligen auf das jeweilige Jahr entfallenden Verwaltungskosten zu
benennen, sondern wenn sie darüber hinaus verpflichtet wären, in der jährlichen Mitteilung
die tatsächlich entstandenen und abgerechneten allgemeinen Verwaltungskosten auszuweisen. Außerdem müssten die Kosten der Kapitalanlage, die derzeit nach der ZRQuotenV mit
dem Kapitalanlageergebnis verrechnet werden dürfen, in die Kostenrechnung mit einbezogen werden. Ferner müsste es für die Versicherten möglich sein, während der Laufzeit des
Vertrages den Anbieter der Lebensversicherung ohne Kostenbelastung immer dann zu wechseln, wenn andere Versicherer entweder eine bessere Performance oder aber eine bessere Kostenquote haben. In Großbritannien soll ein solcher Wechsel ohne Weiteres möglich sein und
wird vielfältig praktiziert[106]. Solange in Deutschland ein solcher Wechsel nicht möglich ist –
zum einen wegen der Verluste beim Ausstieg aus dem Versicherungsvertrag und zum anderen
wegen der Kosten beim Einstieg in einen neuen Versicherungsvertrag – kann es zu einem
funktionsfähigen Wettbewerb um Kostenquoten, Rückkaufswerte und Überschussbeteiligungen nicht kommen. Zugleich resultiert daraus, dass die vom Gesetzgeber den Versicherern
aufgegebenen Informationspflichten jedenfalls nicht die Transparenz herstellen, die erforderlich ist, um funktionsfähigen Wettbewerb zu realisieren. Damit bleibt der deutsche Gesetzgeber hinter den Zielen der europäischen Richtlinien zurück.

118   Nur dann, wenn während der Laufzeit des Vertrages jederzeit der Wechsel zu einem anderen Versicherer möglich ist, kann sich die in Großbritannien praktizierte Methode des Brut-
torenditenvergleichs durchsetzen und sinnvoll sein. Diese Methode trägt den Namen *reduction
in yield*[107]. Verglichen wird die Bruttorendite der Kapitalanlage ohne Kosten mit der Netto-
beitragsrendite des Vertrags unter Einbeziehung aller Kosten. Sie ist ein Maß für die durchschnittliche Renditeminderung pro Jahr aufgrund der eingerechneten Kosten. Bei diesem
Verfahren stehen die Versicherer über die Höhe der Effektivkosten im Wettbewerb. Die Kunden wechseln jeweils zu den Versicherern, die die niedrigsten Kosten im jeweiligen Jahr aus-

---

[106] So die Informationen von Marktteilnehmern in UK.
[107] *Ortmann*, VW 2007, 824–827.

weisen. Die aus der Perspektive des deutschen und europäischen Rechts zu stellende Frage lautet, ob der vom deutschen Gesetzgeber zur Verfügung gestellte Rechtsrahmen die Schutzinteressen der Verbraucher in hinreichendem Maße wahrt und ob die im deutschen Rechtsrahmen implizit enthaltenen Wettbewerbsbeschränkungen mit den Vorgaben des europäischen Wettbewerbsrechtes – insbesondere des Art. 86 EG – zu vereinbaren sind. Zweifel daran sind erlaubt.

Die unverbindliche Empfehlung des GDV zur Darstellung der Kosten bei Lebensversicherungen vom 25. 3. 2008[108] bleibt, worauf das Institut für Transparenz in der Altersvorsorge (ITA)[109] zu Recht hinweist, nicht nur hinter der in UK bewährten reduction in yield Methode zurück, sondern ist darüber hinaus irreführend. Der GDV schlägt den Unternehmen vor, in Zukunft (freiwillig) den Kunden den **Renditeeffekt** mitzuteilen. Dieser Renditeeffekt gibt an, um welchen Prozentsatz die Beitragsrendite durch die auf den Vertrag entfallenden Kosten gemindert werden muss. Der GDV unterlegt seine Empfehlung mit einem Beispiel. Aus diesem Beispiel wird deutlich, dass der GDV bei der Errechnung des Renditeeffektes sowohl die Abschlusskosten als auch die Kosten für die Kapitalanlage nicht berücksichtigt. Auf diese Weise erfährt der Kunde die wirkliche Kostenbelastung nicht – er glaubt, die Kostenbelastung sei sehr viel niedriger als sie tatsächlich ist. Ein solches Konzept ist in jedem Fall irreführend und mit den Grundsätzen eines lauteren Wettbewerbs ebenso wenig zu vereinbaren, wie mit dem Transparenzgebot des § 307 BGB. Ferner verstößt ein solches Konzept, wenn es denn praktiziert wird, gegen § 81 VAG – die BaFin müsste wegen eines Missstandes eingreifen. In welchem Umfang sich die Irreführung auswirkt, zeigen folgende Beispiele:[110]   **119**

Beispiele zur Unterscheidung von Renditeeffekt nach GDV und Effektivkosten   **120**
nach ITA[111]

---

[108] Rundschreiben des GDV.

[109] Presseinformation des ITA zum Vorschlag des GDV – dazu Versicherungsjournal v. 3. 4. 2008, Irreführende Transparenz der Lebensversicherer?

[110] Die Beispiele stammen von Mark Ortmann, Geschäftsführer ITA Berlin, VuR 2008, 256–264.

[111] **Erläuterung:** In den Beispielen 1 und 2 sind die Abschlusskosten gleich hoch (4% der Beitragssumme). Nach Vorstellung des GDV kann man jetzt den Renditeeffekt nach GDV heranziehen, um die Produkte zu vergleichen. Danach ist Produkt 1 günstiger (Renditeeffekt nach GDV 0,23%) als Produkt 2 (Renditeeffekt nach GDV 0,47%). Dabei wird allerdings völlig außer Acht gelassen, dass außerdem Kapitalanlagekosten anfallen. Die Effektivkosten nach ITA beziehen neben den laufenden Kosten auch die einmaligen Abschlusskosten und vor allem die Kosten auf die Kapitalanlage ein. Bezieht man die Kosten ein, ergibt sich ein ganz anderes Bild. In Wirklichkeit ist Produkt 2 günstiger (Effektivkosten nach ITA: 2,0%) als Produkt 1 (Effektivkosten nach ITA: 2,23%). Der Unterschied liegt in den unterschiedlich hohen Kosten auf die Kapitalanlage (Produkt 1: 1,5%, Produkt 2: 1,0%). Der Vergleich zeigt eindrucksvoll, dass ein Vergleich nur der laufenden Kosten ein falsches Bild liefert.
Vergleicht man Produkte mit identischen Kosten auf die Kapitalanlage (Produkte 2 und 3: jeweils 1,0%), könnte der Renditeeffekt nach GDV weiterhelfen, das günstigste Produkt zu finden. Der Renditeeffekt nach GDV weist Produkt 3 als günstiger aus (Renditeeffekt nach GDV: 0,11%) als Produkt 2 (Renditeeffekt nach GDV: 0,47%). Der Renditeeffekt nach GDV berücksichtigt aber nicht die einmaligen Abschlusskosten, die allerdings in den Effektivkosten nach ITA enthalten sind. Der Vergleich der Effektivkosten nach ITA zeigt, dass eigentlich Produkt 2 günstiger ist (Effektivkosten nach ITA: 2,0%) als Produkt 3 (Effektivkosten nach ITA: 2,17%). Grund sind die unterschiedlich hohen einmaligen Abschlusskosten, die bei den Effektivkosten nach ITA berücksichtigt sind, bei dem Renditeeffekt nach GDV aber nicht.
Eine andere interessante Erkenntnis bringt der Vergleich der Produkte 1 und 3. Produkt 3 hat doppelt so hohe einmalige Abschlusskosten (Produkt 3: 5.760 €) wie Produkt 1 (Produkt 1: 2.880 €). Dennoch ist Produkt 3 mit Effektivkosten nach ITA von 2,17% p. a. günstiger als Produkt 1 mit Effektivkosten nach ITA von 2,24% p. a. Dies ist vor allem auf die niedrigeren Kosten auf die Kapitalanlage zurückzuführen. Der Vergleich der Abschlusskosten zusammen mit dem Renditeeffekt nach GDV führt also nicht zum günstigsten Produkt.
Und noch eine wichtige Erkenntnis ergibt sich hieraus: Das Produkt 1 weist mit 171 476 € die höchste Ablaufleistung aus. Dennoch ist es mit Effektivkosten nach ITA von 2,24% p. a. das teuerste Produkt. Das günstigste der drei Produkte ist Produkt 2 mit Effektivkosten nach ITA von 2,0% p. a. bei einer ausgewie-

Produkt 1:

Beitrag:	200 Euro monatlich
Laufzeit:	30 Jahre
Laufende Kosten:	96 Euro p. a.
Einmalige Kosten:	2.880 Euro in den ersten fünf Jahren
Ablaufleistung bei 6%:	171 476 Euro
Kosten der Kapitalanlage:	1,5% p. a.
Beitragsrendite:	5,26% p. a.
Beitragsrendite ohne lfd. K.:	5,49% p. a.
Renditeeffekt nach GDV:	**0,23% p. a.**
Effektivkosten nach ITA:	**2,24% p. a.**

Produkt 2:

Beitrag:	200 Euro monatlich
Laufzeit:	30 Jahre
Laufende Kosten:	192 Euro p. a.
Einmalige Kosten:	2.880 Euro in den ersten fünf Jahren
Ablaufleistung bei 6%:	163 642 Euro
Kosten der Kapitalanlage:	1,0% p. a.
Beitragsrendite:	5,00% p. a.
Beitragsrendite ohne lfd. K.:	5,47% p. a.
Renditeeffekt nach GDV:	**0,47% p. a.**
Effektivkosten nach ITA:	**2,00% p. a.**

Produkt 3:

Beitrag:	200 Euro monatlich
Laufzeit:	30 Jahre
Laufende Kosten:	48 Euro p. a.
Einmalige Kosten:	5.760 Euro in den ersten fünf Jahren
Ablaufleistung bei 6%:	158 852 Euro
Kosten der Kapitalanlage:	1,0% p. a.
Beitragsrendite:	4,83% p. a.
Beitragsrendite ohne lfd. K.:	4,94% p. a.
Renditeeffekt nach GDV:	**0,11% p. a.**
Effektivkosten nach ITA:	**2,17% p. a.**

121   Ganz unabhängig davon, dass die Empfehlung des GDV in die Irre führt, ist darauf hinzuweisen, dass ein Kostenvergleichskonzept ganz generell dem Kunden nicht die Informationen
gibt, die er benötigt, um zu entscheiden, ob er den richtigen Versicherer gewählt hat und ob
er bei diesem bleiben sollte. Für den Kunden sind nämlich nicht die Kosten, die auf seinem
Vertrag lasten, entscheidend, sondern letztlich ausschlaggebend ist, wie sich der von ihm
eingezahlte Beitrag verzinst – den Kunden interessiert also seine **Effektivrendite.** Die Effektivrendite wird aber nicht nur von den Kosten beeinflusst, die auf dem Vertrag lasten. Diese
Kosten – Abschlusskosten, allgemeine Verwaltungskosten, Kapitalanlagekosten – spielen
selbstverständlich eine Rolle. Daneben aber schreibt § 1 ZRQuotenV vor, dass die VN an
den Risikoüberschüssen **angemessen** zu beteiligen sind, sofern die Ergebnisquelle positiv
ist. Letzteres ist wegen der Sicherheitszuschläge in den Sterbetafeln regelmäßig der Fall. Allerdings stellt sich die Frage, was „angemessen" ist. Anders als bei der Mindestzuweisung des
Kapitalanlageergebnisses in Höhe von 90% gibt es hier keine Regelung in der ZRQuo-

---

senen Ablaufleistung von 163 642 €. Produkt 3 mit der geringsten ausgewiesenen Ablaufleistung von
158 852 € ist mit Effektivkosten nach ITA von 2,17% p. a. immer noch günstiger als Produkt 1 (Effektivkosten nach ITA von 2,24% p. a.) mit einer hohen illustrierten Ablaufleistung von 171 476 €.

tenV[112]. Bis zu einem gewissen Grad haben die Versicherer also Verrechnungsspielräume. Zwar ist eine Querverrechnung mit anderen negativen Ergebnisquellen nicht erlaubt. Sollte der Versicherer aber etwa im Bereich der Abschluss- und/oder allgemeinen Verwaltungskosten Verluste haben, so kann er von seinen Spielräumen bei der angemessenen Beteiligung an den Risikoüberschüssen Gebrauch machen und diese so lange verkürzen, bis das Kriterium der Angemessenheit gerade noch gewahrt ist. Entsprechende Justierungsspielräume bestehen beim Kapitalanlageergebnis unter anderem dadurch, dass es im Ermessen des Versicherers liegt, ob und wie weit er über die 90% Mindestzuweisung hinausgeht. Wegen dieser Spielräume kann die Beteiligung eines Versicherungsnehmers beim Versicherer A gänzlich anders ausfallen als beim Versicherer B, auch wenn beide womöglich die gleichen Kosten ausweisen sollten. Das bedeutet, dass es für den Versicherungsnehmer letztlich nicht auf Kostentransparenz, sondern entscheidend darauf ankommt, wie sich der von ihm eingezahlte Beitrag Jahr für Jahr eigentlich verzinst. Dass die Verzinsung niedriger ausfällt als bei einem reinen Bankprodukt liegt auf der Hand – dies liegt an der Risikoprämie für den Todesfallschutz, die in der Gesamtprämie enthalten ist. Ein wirklich überzeugendes, dem Transparenzgebot des europäischen und des nationalen Rechts angemessenes Informationskonzept würde also an die **Effektivrendite** anknüpfen. Die Versicherer würden die Effektivrendite Jahr für Jahr den Kunden mitteilen und diese könnten dann entscheiden, ob sie zu einem anderen Versicherer wechseln oder nicht.

4. Produktinformationsblatt (§ 4)

Produktinformationsblatt soll es dem Antragsteller ermöglichen, sich anhand einer knappen, verständlichen und daher auch keineswegs abschließend gewollten Darstellung einen Überblick über die wesentlichen Merkmale des Vertrags zu verschaffen[113]. Deshalb soll es nur solche Informationen enthalten, die aus Sicht des Verbrauchers für die Auswahl des geeigneten Produktes im Zeitpunkt der Entscheidungsfindung von Bedeutung sind. Das Produktinformationsblatt soll dem Verbraucher also eine erste Orientierungshilfe bieten, um sich rasch mit den wesentlichen Rechten und Pflichten des Vertrages vertraut zu machen. Wesentlich ist zunächst einmal die Art des angebotenen Versicherungsvertrags (Abs. 2 Ziff. 1). Sehr wichtig sind die Risikoausschlüsse (Abs. 2 Ziff. 2) und von besonderer Bedeutung für jeden Verbraucher ist die Frage, was das alles kostet (Abs. 2 Ziff. 3). Es schließen sich weitere im Vertrag enthaltene Leistungsausschlüsse und die wichtigsten Obliegenheiten an.   **122**

Schließlich ist es für jeden Verbraucher von Bedeutung zu wissen, wann der Vertrag beginnt und wann er endet (Abs. 2 Ziff. 8) und die Frage wie man den Vertrag beenden kann ist für jeden Kunden von großer Bedeutung (Abs. 2 Ziff. 9). Bei der Lebensversicherung spielt die Modellrechnung eine große Rolle (§ 4 Abs. 3) und die Abschluss- und Vertriebskosten sowie die sonstigen Kosten sind in Euro gesondert auszuweisen (§ 4 Abs. 4).   **123**

Das Produktinformationsblatt dient also der **Informationsreduktion** auf das Wichtigste. Deshalb erwartet der Gesetzgeber auch nicht, dass die Informationen vollständig sind – dann könnte er sich das Produktinformationsblatt auch sparen. Rechtlich geschuldet ist eine Information, die dem Kunden die Entscheidung für oder gegen den Versicherungsvertrag **leicht macht.** Es geht nicht darum, alle denkbaren rechtlichen und tatsächlichen Fallgestaltungen durchzuspielen, die im Versicherungsfall von Bedeutung werden könnten. Das ist dem Kunden auch ausdrücklich so zu sagen; das Produktinformationsblatt gibt die wichtigsten, das Produkt strukturierenden, Informationen weiter, nicht jede kleine Verästelung, die sich bei der Bearbeitung eines konkreten Versicherungsfalles ergeben kann.   **124**

Um die Informationsreduktion zu gewährleisten und um den Kunden durch das Produktinformationsblatt eine eigenständige und fundierte Entscheidung zu ermöglichen, sind die   **125**

---

[112] Die BaFin überarbeitet (Stand 04/2008) die ZRQuotenV. In Zukunft sollen die Versicherten mit 75% am (positiven) Risikoergebnis und mit 50% am (positiven) Kostenergebnis beteiligt werden. Siehe dazu http://www.bafin.de/cln_043/nn_722552/SharedDocs/Downloads/DE/Unternehmen/Konsultationen/2007/kon__1307__begr.html?__nnn=true.

[113] So die Begründung zu § 4 VVG-InfoV.

Informationen „in übersichtlicher und verständlicher Form **knapp** darzustellen (§ 4 Abs. 5). Der Versicherungsnehmer ist ausdrücklich darauf hinzuweisen, dass die Informationen **nicht abschließend** sind (§ 4 Abs. 5). Damit eine gewisse Standardisierung eintritt, ist die in § 4 Abs. 2 vorgesehene Reihenfolge der Informationen einzuhalten.

126   Schließlich ist, soweit die Informationen den Inhalt der vertraglichen Vereinbarung betreffen, auf die jeweils maßgebliche Bestimmung des Vertrages oder der dem Vertrag zugrunde liegenden Allgemeinen Versicherungsbedingung hinzuweisen (§ 4 Abs. 5). Auf diese Weise entsteht die **AVB-basierte Beratung.** Wenn beispielsweise der Vermittler dem Kunden erklärt, welche Risiken ausgeschlossen sind (Abs. 2 Ziff. 2), so findet er im Produktinformationsblatt zugleich den Hinweis auf die Regelung in den AVB, die die Risikoausschlüsse enthält. D. h. der Vermittler wird in Zukunft auf der Grundlage des Produktinformationsblattes mit dem Kunden einen kurzen Blick in die AVB werfen. Das wird den Kunden die Scheu vor den AVB nehmen und ihnen klarmachen, dass wichtige Grundlagen ihres Vertrages tatsächlich in den AVB stehen. Außerdem gibt ihnen das Produktinformationsblatt den Hinweis auf die entsprechende Norm in den AVB. Diese AVB-basierte Beratung wird dazu führen, dass Kunden am Ende der neun oder zehn Informationen des Produktinformationsblattes insgesamt fast zehn Mal in die AVB geschaut haben. Natürlich nur kurz, aber der Vermittler wird ihnen erklären, dass eine bestimmte Obliegenheit oder eine bestimmte Begrenzung des Leistungsumfanges in den AVB steht. Die AVB als Grundlage des Vertrages werden erstmals begriffen. Am Ende eines solchen AVB-basierten Beratungsgespräches **weiß der Kunde,** was für einen Vertrag er abschließt, welche Risiken versichert sind, welche Prämie er zu bezahlen hat und wo die Tretminen sind, auf die er unbedingt achten muss. Weil er dies alles weiß, ist er nunmehr in der Lage, eine informierte Entscheidung zu treffen. Das bedeutet, die AVB-basierte Beratung führt automatisch dazu, dass der Kunde die für ihn wichtigen Informationen **rechtzeitig** vor Abgabe seiner Vertragserklärung hat. Der Vermittler muss ihm nach Abschluss des Beratungsgespräches nicht noch zwei oder drei Minuten Zeit geben und dem Kunden sagen, er möchte sich doch jetzt bitte einmal mit den AVB beschäftigen und diese inhaltlich aufnehmen. Eine solche Konzeption kann nur schief gehen – kein Kunde würde im Anschluss an ein Beratungsgespräch verstehen, warum man nun noch die hochkomplizierten und eng gedruckten AVB lesen sollte. Demgegenüber wird es einem Kunden überhaupt nicht schwer fallen, einen Blick in wesentliche Teile der AVB zu werfen, wenn ihn der Vermittler insoweit an die Hand nimmt und ihn darauf hinweist, wo besonders wichtige Dinge seines Vertrages in den AVB wiederzufinden sind. Im Ergebnis bedeutet dies, dass der Begriff **rechtzeitig,** wie er in § 7 Abs. 1 VVG benutzt wird, über § 4 Abs. 5 VVG-InfoV zu entwickeln ist. Rechtzeitig ist die Information, die der Kunde für seine informierte Entscheidung benötigt, immer dann, wenn eine AVB-basierte Beratung stattgefunden hat, wenn also ein direkter Zusammenhang zwischen dem Produktinformationsblatt und den AVB hergestellt wurde.

127   Das Produktinformationsblatt **muss** die Informationen **knapp** darstellen. Das ist rechtlich geboten – kein Richter kann und wird aus der Reduktion der Information im Produktinformationsblatt dem Versicherer den Vorwurf machen, er habe den Versicherungsnehmer ja nicht vollständig beraten. Das sollte er auch nicht, das ist nebenbei gesagt bei so komplexen Produkten wie Versicherungsverträgen auch praktisch ausgeschlossen, sondern es sollte eine auf das wesentliche beschränkte Information stattfinden, um dem Kunden die Möglichkeit einer informierten Entscheidung zu eröffnen.

128   Produktinformationsblätter, die überfrachtet sind mit Informationen, verstoßen gegen die VVG-InfoV und sind folglich unzulässig. Ein Versicherer, der es nicht vermag, die Information im Produktinformationsblatt auf das Wesentliche zu reduzieren, verletzt seinen Verpflichtungen aus der VVG-InfoV. Erleidet ein Versicherungsnehmer dadurch einen Schaden, dass er wegen der Unübersichtlichkeit des Produktinformationsblattes den Wald vor lauter Bäumen nicht erkennen konnte, so löst das einen Schadensersatzanspruch gegen den Versicherer nach §§ 311 Abs. 2, 280 BGB aus. Umgekehrt muss ein Versicherer eine angemessene und auf das Wesentliche beschränkte Auswahl an Informationen liefern. Das gilt für Risikoausschlüsse ebenso wie für Obliegenheiten. Wenn Versicherer nicht sicher sind, welche Risikoausschlüsse oder welche Obliegenheiten für die Kunden besonders wesentlich sind, auf welche also im Produktinformationsblatt ausdrücklich hinzuweisen ist, so können sie diese Defizite durch empirische Befragungen überwinden. Befragungen dieser Art werden aus der Perspektive der Verständlichkeit von Rechtstexten seit langem durchgeführt. Klauselverwender lernen auf diese Weise, welche Klauseln für die Kunden besonders wichtig und welche eher unwichtig sind. Empirische Tests dieser Art können zugleich über die Texttransparenz und über die Textlinearität (Gliederungslogik) Aussagen machen.

D. Rechtsfolgen

Informationspflichten sind **Nebenleistungspflichten** mit dem Inhalt, den anderen Teil unaufgefordert über entscheidungserhebliche Umstände zu informieren[114]. Aus dem vorvertraglichen Schuldverhältnis erwachsen keine primären Leistungspflichten, sondern nur die in § 241 Abs. 2 BGB angesprochenen Pflichten zur Rücksichtnahme auf die Rechte, Rechtsgüter und Interessen des anderen Vertragsteils (Verhaltenspflichten). Inhalt und Umfang des Pflichtenprogramms hängt jeweils davon ab, inwieweit durch den vorvertraglichen Kontakt ein Vertrauensverhältnis entstanden ist[115]. Damit kodifiziert § 7 VVG i. V. m. § 311 Abs. 2 BGB das seit langem anerkannte Prinzip, wonach Aufklärungspflichten durch die Aufnahme von Vertragsverhandlungen oder durch rechtsgeschäftlichen Kontakt entstehen, und zwar als **gesetzliches Schuldverhältnis** aufgrund vorvertraglichen Vertrauens, das bei Missachtung der hieraus entstehenden Sorgfaltspflichten eine Haftung aus culpa in contrahendo[116] ausgelöst[117]. An die Stelle der Haftung aus c. i. c. sind seit 1. 1. 2002 §§ 311 Abs. 2, 280 Abs. 1 BGB getreten. Verletzt danach der Schuldner eine Pflicht aus dem Schuldverhältnis, so kann der Gläubiger Ersatz des hierdurch entstehenden Schadens verlangen. Dies gilt nicht, wenn der Schuldner die Pflichtverletzung nicht zu vertreten hat. Daneben können sich Aufklärungs-, Beratungs- und Warnpflichten aus einem gesondert geschlossenen Beratungsvertrag ergeben[118].   **129**

Der Anspruch aus § 7 VVG i. V. m. §§ 311 Abs. 2, 280 Abs. 1 BGB geht grundsätzlich auf das negative Interesse[119], ist aber anders als im Falle der §§ 122, 179 BGB der Höhe nach nicht auf das Erfüllungsinteresse beschränkt[120]. Der Versicherer haftet aber auf **Erfüllung,** wenn der Vertrag ohne die Pflichtverletzung mit dem VR zu günstigeren Bedingungen zustande gekommen wäre[121]. Das gilt auch, wenn der VN bei pflichtgemäßem Verhalten rechtzeitig den Versicherungsschutz erhalten hätte[122]. Der Vertrag wird im Sinne der dem VN günstigen Aufklärung für die Zukunft umgestaltet, ohne dass der VR nach § 119 BGB anfechten könnte[123].   **130**

Verletzt der VR seine Informationspflicht nach Abs. 1, so ergibt sich aus § 8 Abs. 2 VVG als Sanktion, dass die Widerrufsfrist nicht zu laufen beginnt und der VN somit zum Widerruf seiner Vertragserklärung berechtigt bleibt[124]. Bei nachhaltiger, schwerwiegender Verletzung der Verpflichtungen kann schließlich ein Widerruf der Erlaubnis des Versicherers zum Geschäftsbetrieb durch die Aufsichtsbehörde in Betracht kommen[125].   **131**

---

[114] *Münchener Kommentar BGB/Roth,* 4. Aufl., § 242, Rn. 199.
[115] *Palandt/Heinrichs,* 67. Aufl., § 311, Rn. 21; *Römer,* VersR 1998, 1313 (1317 f.); *Kieninger,* AcP 199 (1999), 191 (217 ff.), *Werber,* ZVersWiss 1994, 321 (323 ff.).
[116] Umfassend *Schlossareck,* Ansprüche des VN aus c. i. c., 1995, S. 255 ff.
[117] So st. Rspr. RGZ 95, 58; 162, 156; BGHZ 6, 330 (333); BGH VersR 1966, 457.
[118] *Römer,* VersWissStud, Bd. 11, S. 23 (28).
[119] BGHZ 114, 87 (94); BGH NJW 2001, 2875.
[120] BGHZ 57, 193; 69, 56.
[121] BGHZ 108, 200; BGH NJW 1998, 1900.
[122] BGH VersR 1991, 914.
[123] BGH VersR 1979, 343 = NJW 1979, 981; BGHZ 120, 87 = VersR 1993, 88 = ZfS 1993, 55.
[124] BT-Drucks. 16/3945, S. 60.
[125] BT-Drucks. 16/3945, S. 60.

132   Die Tatsache, dass die Widerrufsfrist nicht zu laufen beginnt, ändert nichts daran, dass der VN einen Anspruch aus §§ 280, 311 Abs. 2 BGB haben kann[126]. Die Sanktionen stehen nebeneinander und schließen sich nicht gegenseitig aus sie weisen eine unterschiedliche Schutzrichtung auf.

133   Bei einem Verstoß gegen vorvertragliche Informationspflichten kann der VN – wie bei einem Verstoß gegen Beratungspflichten (§ 6 Abs. 5 VVG 2008) **Aufhebung des Vertrages** verlangen. Voraussetzung ist allerdings, dass die Informationen für den VN **entscheidungserheblich** sind. Das ist bei all den Informationen der Fall, die nach dem Produktinformationsblatt geschuldet sind. Bei darüber hinausgehenden Informationen muss im einzelnen dargetan werden, dass sie für den Entscheidungsprozess des VN erheblich waren. Die Beweislast insoweit trifft den VN.

134   Informiert der VR den VN während der **Laufzeit des Vertrages** nicht hinreichend (§ 7 Abs. 4 i. V. m. § 6 VVG-InfoV), so kann dies Schadensersatzansprüche begründen. Bei einem **systematischen Verstoß** gegen die Informationspflichten nach § 7/VVG-InfoV kommen aufsichtsrechtliche Maßnahmen nach § 81 VVG in Betracht. Ein Missstand liegt insbesondere vor, wenn das Policenmodell von den VR standardmäßig aufrecht erhalten wird[127]. Bei nachhaltiger, schwerwiegender Verletzung von Informationspflichten kann als ultima ratio ein Widerruf der Erlaubnis des VR zum Geschäftsbetrieb durch die Aufsichtsbehörde in Betracht kommen[128].

135   Informationspflichtenverstöße können auch das UWG verletzen, die betreffenden Normen sind Marktverhaltensregeln im Sinne des § 4 Nr. 11 UWG[129]. Verbraucherverbände können nach § 8 UWG auf Beseitigung und Unterlassung und nach § 10 UWG auf Gewinnabschöpfung klagen. Mitbewerber können nach § 9 UWG Schadensersatz geltend machen. Verbraucherverbände können nach § 2 UKlaG Unterlassungsansprüche durchsetzen; das UKlaG ist neben dem UWG anwendbar[130].

§ 18a.   Beratungspflichten des Versicherers

Inhaltsübersicht

---

[126] BT-Drucks. 16/3945, S. 60; *Dörner/Staudinger,* WM 2006, 1710 (1713); *Schimikowski,* r+s 2007, 133 (137).

[127] *Römer,* VersR 2006, 740.

[128] BT-Drucks. 16/3945, S. 60.

[129] BGH NJW 2006, 2633; OLG Hamburg WRP 2007, 674; KG NJW-RR 2007, 1050; OLG Jena GRUG-RR 2006, 283.

[130] OLG Jena GRUR-RR 2006, 283.

Literatur: *Honsel,* Vertreterdirekteingabe nach Abschaffung des Policenmodells, VW 2007, 359; *Kieninger,* Informations-, Aufklärungs- und Beratungspflichten bei Abschluss von Versicherungsverträge, AcP (199) 1999, 190; *Römer,* Zu den Informationspflichten der Versicherer und ihrer Vermittler, VersR 1998, 1313; *Werber,* Information und Beratung des Versicherungsnehmers vor und nach Abschluss des Versicherungsvertrags, VersR 2007, 1153; *ders.,* § 6 VVG und die Haftung des Versicherers für Fehlberatung, VersR 2008, 285.

A. Grundlagen der Beratungspflicht des Versicherers bei Vertragsabschluss

I. Gesetzliche Regelung

Mit dem Gedanken der Privatautonomie schwer vereinbar scheint das Verlangen nach **1** Pflichten eines Marktteilnehmers, seinen künftigen oder gegenwärtigen Partner über Voraussetzungen und Folgen des verhandelten Geschäfts aufzuklären. Niemand schuldet einem Anderen ohne weiteres Pädagogik. Versicherungsschutz als Rechtsprodukt können Personen, die ihn erwerben wollen, aber nicht sehen, hören oder fühlen. Seine Erscheinung, seine Wirkungsweise und sein Nutzen sind – zunächst – ein abstraktes Gemälde, das, um verstanden zu werden, interpretiert und veranschaulicht werden muss. Je nach dem Ausschnitt der Wirklichkeit, dessen Risiken abgesichert werden sollen, erschließen sich Grundlage und Reichweite des Schutzes einem Bedürftigen in unterschiedlichem Maße. Beschreibungen der zu erwerbenden „Ware", der Voraussetzungen, Möglichkeiten und Grenzen ihrer Verwendung tun also Not. Neben diesem **Informationsungleichgewicht** zwischen dem „Hersteller" von Versicherungsschutz und seinen Nachfragern besteht ungeachtet der nach der Deregulierung des Versicherungsmarktes entstandenen Vielfalt von Versicherungsprodukten ein **Verhandlungsungleichgewicht.** Die gewährte Absicherung ist in mehrerlei Hinsicht standardisiert. VR kennen anders als ihre Kunden nicht nur die typischen Risiken und die auf sie bezogene abstrakt-generelle Vorsorge. Sie kennen auch die Weisen ihrer Verwirklichung und die Zulänglichkeit der angebotenen Vorkehrungen. Zugleich geht es nicht um einen Markt, auf dem man sich umschauen kann aber nicht muss. Auf Versicherungsschutz sind seine Besucher in aller Regel angewiesen, in vielen Fällen existenziell: Sie müssen an einem seiner Stände „kaufen". Das rechtfertigt – und begrenzt – schadensersatzbewehrte Beratungspflichten des VR. Vor diesem Hintergrund hat die Rechtsprechung daher schon seit langem Informations- und Beratungspflichten entwickelt, die eine freie, verantwortungsvolle und verständige Entscheidung des Interessenten über Art und Maß des von ihm erworbenen Versicherungsschutzes unterstützen sollen.

Normativ ist dieses Anliegen erstmals mit der **Richtlinie 2002/92/EG über Versiche- 2 rungsvermittlung** aufgegriffen worden. Sie hat allerdings nur den Versicherungsvermittler im Auge, dem sie die Erforschung der Wünsche und Bedürfnisse des Kunden, seine Beratung und deren Dokumentation auferlegt. Es ist jedoch nicht konsequent, dem in den Vertrieb von Versicherungsprodukten eingebundenen Vermittler, nicht aber dessen Geschäftsherrn, dem VR, ausdrücklich eine solche Pflicht zur besonderen Rücksichtnahme aufzuerlegen. Deshalb erlegt jetzt § 6 VVG auch dem VR ausdrücklich die Beratung seiner (auch nur potenziellen) Vertragspartner auf. Dabei geht die legislatorische Umsetzung über die bisherige Rechtsprechung nicht unerheblich hinaus. Der **Anlass zur Beratung** ergibt sich im Allgemeinen aus einer **Interessenabwägung.** Überlegene, aus der Erfahrung einer Vielzahl von Fällen resultierende tatsächliche, versicherungstechnische und rechtliche Kenntnisse des VR, vor allem aber nicht nur durch Fragen erkennbare Informationsdefizite des VN, vom VN mitgeteilte Zwecke der angestrebten Absicherung, komplexe Risiken, die Veränderung von Umständen, die einem bisherigen Vertrag zugrunde lagen oder auch ein vom VR zu verantwortendes vorangehendes Tun lösen in aller Regel die Frage nach der Beratung aus.

3   Das Gesetz kennt **drei** nicht scharf voneinander zu trennende **Pflichtenkreise:** Der VR muss (unter bestimmten Bedingungen) die Wünsche und Bedürfnisse des VNs erkunden, er hat ihm auf dieser Grundlage einen begründeten Rat zu erteilen, diesen Rat schließlich zu dokumentieren und dem Kunden die Dokumentation zu übermitteln. Voraussetzungslos bestehen diese Pflichten indessen nicht. Sie entstehen, wenn ein Anlass dazu besteht. Das Gesetz nennt in § 6 Abs. 1 als Auslöser Gründe, die in der Person der VN liegen, Gründe, die sich aus seiner Situation ergeben und Gründe, die aus der Schwierigkeit, das nachgefragte Versicherungsprodukt zu beurteilen, folgen. Zugleich begrenzt es Ob und Maß der Beratungspflicht durch Verhältnismäßigkeitserwägungen. Das zentrale Merkmal ist der **Anlass.** Einen am Bedarf des VN orientierten verlässlichen Rat schuldet der VR nicht allein schon deshalb, weil er dem VN einen Versicherungsvertrag anbietet. Und auch wenn eine Bedarfserkundung und Beratung angezeigt sind, schuldet der VR **keine Betreuung,** sondern eine **Hilfestellung,** die es dem VN ermöglichen soll, selbst frei zu wählen, ob und welchen Versicherungsschutz er erwerben will. Sein Rat kann sich dort, wo Inhalt und Wirkungsweise des vertriebenen Produkts überschreitende Fragen auftreten – bausachverständige Bewertungen oder steuer- und sozialrechtliche Verhältnisse –, darauf beschränken, den VN an andere Sachkundige zu verweisen.

4   Das Gesetz kennt Beratungs- und Informationspflichten. Sie sind voneinander zu unterscheiden. Die **Informationspflichten** des § 7 VVG (und der auf seiner Grundlage erlassenen VVG-InfoV)[1] betreffen das Versicherungsprodukt selbst. Sie sind gewissermaßen **generell-abstrakter Natur** und sollen das jeweilige Rechtsprodukt Versicherung für den VN so weit wie möglich veranschaulichen, seine wesentlichen Inhalte, seine allgemeinen Voraussetzungen, seine Wirkungsweisen und die von dem VN, der sich den eingekauften und seinen Vorstellungen entsprechenden Schutz dauerhaft erhalten will, zu beachtenden Verhaltensweisen darstellen. Die **Beratungspflichten** des § 6 VVG haben einen anderen Sinn. Sie knüpfen an die **konkret-individuelle Lage** des Versicherungsinteressenten an, an seine dem VR erkennbaren spezifischen Bedürfnisse, Interessen und Verständnismöglichkeiten. Daher geht es ihnen nicht darum, die auf der Grundlage des § 7 VVG erteilten Informationen zu wiederholen. Ihre Aufgabe ist es vielmehr, sie mit Blick auf den jeweiligen VN zu ergänzen.

5   Das Gesetz kennt davon abgesehen eine Vielzahl von **Belehrungspflichten,** deren Erfüllung den VN auf Risiken seines Verhaltens aufmerksam machen soll. Beispiele dafür sind § 19 Abs. 5 VVG, der Lösungsrechte wegen Verletzung der vorvertraglichen Anzeigeobliegenheit von einer entsprechenden Belehrung abhängig macht, oder § 28 Abs. 4 VVG, der die Leistungsfreiheit des VRs bei Verletzung von Auskunfts- oder Aufklärungsobliegenheiten an eine entsprechende Warnung knüpft. Diese Regelungen sind von der Beratungspflicht zu unterscheiden, weil es sich nicht um gesetzlich geregelte, schadensersatzbewehrte Nebenpflichten des mit der Vertragsanbahnung entstehenden Rechtsverhältnisses sondern um Voraussetzungen des Bestehens von Rechten des VRs handelt.

II. Selbständiger Beratungsvertrag

6   Vor Inkrafttreten des VVG 2008 ist vorgeschlagen worden, für das **Anlagengeschäft** entwickelte Rechtsgedanken zu übernehmen[2] und den stillschweigenden Abschluss eines selbständigen Beratungsvertrages in den Fällen anzunehmen, in denen der Versicherungsinteressent die besonderen Kenntnisse und Verbindungen des Versicherungsvermittlers in Anspruch

---

[1] VVG-InfoVO v. 18. 12. 2007, BGBl. I S. 3004.
[2] Vgl. u. a. BGH v. 4. 3. 1987, BGHZ 100, 117; v. 6. 7. 1993, BGHZ 123, 126.

nimmt, um eine auf seine Person und seine wirtschaftlichen Verhältnisse und Erwartungen bezogene Absicherung, vor allem eine Vermögenssicherung, zu erlangen. Die Bedeutung dieses Ansatzes verringert sich naturgemäß mit der Aufnahme von Beratungspflichten für VR und Vermittler in das Gesetz. Die Rechtsfolgen der Verletzung von Pflichten eines selbständigen Beratungsvertrages und jener, die aus § 6 VVG, § 61 VVG folgen, sind schwerlich verschieden. Bittet ein Versicherungsinteressent allerdings einen VR oder einen Versicherungsvermittler **losgelöst von einem bestimmten Produkt und einem Antrag** auf Abschluss eines typisierten Versicherungsvertrages um die Entwicklung eines Konzepts zur Absicherung komplexer Risiken oder zur Vermögenssicherung, so kann je nach dem wirtschaftlichen Umfang und der Bedeutung des Interesses des potenziellen Kunden weiterhin ein selbständiger Beratungsvertrag zustande kommen, wenn sich der VR darauf einlässt. Der rechtliche Unterschied zwischen den aus einem solchen Vertrag, der eine Geschäftsbesorgung zum Gegenstand hat, folgenden Erfordernissen und den mit vielleicht nachfolgenden Anträgen auf Abschluss bestimmter Versicherungsverträge entstehenden kann dann darin liegen, dass der selbständige Beratungsvertrag weiter gehende, von den spezifischen Kundenwünschen definierte und unter Umständen über die produktbezogene Unterrichtung hinaus gehende – technische, steuerliche oder andere zivilrechtliche Gestaltungen wie beispielsweise letztwillige Verfügungen beeinflussende – Konsequenzen hat.

III. Voraussetzungen der Beratungspflicht als gesetzlicher Nebenpflicht

1. Allgemeine Grundsätze

Das Gesetz knüpft die Beratungspflicht an das Erfordernis, die Wünsche und Bedürfnisse des   **7** VNs zu erforschen, soweit nach der Schwierigkeit, das angebotene Produkt zu beurteilen oder nach der Person oder der Situation des VNs hierzu Anlass besteht. Das entscheidende Kriterium, das eine Beratungspflicht erzeugt, ist damit der **Anlass.** Weil eine Beratung voraussetzt, dass ermittelt wird, was der zu Beratende eigentlich will oder benötigt, ist erster Anlass einer Beratung – unabhängig von Produkt, Person oder Situation – das offenbarte Informationsinteresse des VNs. Seine **Fragen** müssen richtig und umfassend beantwortet werden. Erkundigt sich der VN nach dem Verbleib der Police, kann der VR (sein Vertreter) daher nicht folgenlos erklären, die (bislang nicht gewährte) Deckung des Betriebs bestehe auch ohne dass dem VN der Versicherungsschein zugegangen wäre[3]. Seinen Bitten um Aufklärung ist wahrheitsgemäß zu entsprechen. Unzutreffende Auskünfte zur erfragten steuerlichen Absetzbarkeit von Prämien sind ein Beratungsfehler[4]. **Hilfen,** die der VR gewährt, müssen sachgerecht erfolgen. Auf **Irrtümer,** die der VR erkennt oder die sich ihm aufdrängen müssen, muss er aufmerksam machen[5]. Daher dürfen ein VR oder sein Vertreter bei Antragsaufnahme Hinweise des VNs, die erkennen lassen, dass die schriftlich festgehaltenen Antworten auf die Antragsfragen nicht zutreffen können, nicht ignorieren sondern müssen auf eine korrekte Angabe der Risikoumstände hinweisen[6]. Allerdings begründen allgemeine Anpreisungen – „eine gute Geldanlage" – auch keine Pflicht zu sie klar stellender Aufklärung[7]. Die Beratung hat nach dem Wortlaut des Gesetzes **„vor Vertragsschluss"** zu erfolgen. Das macht keinen rechten Sinn, weil sie ja Grundlage der Entschließung des VN sein soll und muss[8]. Rät der VR daher erst nach Abgabe der Vertragserklärung durch den VN muss er dem VN zugleich die Möglichkeit eröffnen, sich von einem diesen bereits bindenden Antrag wieder zu lösen.

Die Pflichten des VRs gehen aber darüber hinaus. Er muss sicher stellen, dass das Richtige   **8** auch gefragt wird. Zu seinen Aufgaben gehört indessen nicht, den VN wie einen Betreuungs-

---

[3] BGH v. 29. 1. 1986, VersR 1986, 329.
[4] OLG Hamm v. 10. 4. 1997, VersR 1988, 623.
[5] BGH v. 9. 5. 1951, BGHZ 2, 87; OLG Hamm v. 14. 6. 1991, r+s 1991, 312; OLG Frankfurt v. 30. 1. 2002, Vers R 2002, 1011.
[6] BGH v. 18. 12. 1991, VersR 1992, 217.
[7] OLG Frankfurt v. 1. 7. 1999, VersR 1999, 1397.
[8] *Meixner/Steinbeck,* Das neue Versicherungsvertragsrecht, 2008, S. 15.

bedürftigen oder Minderjährigen an der Hand zu nehmen, sein **objektiven, „wahren" Bedürfnisse** zu ermitteln und ohne Initiative des VNs darauf hinzuwirken, dass ein Kunde nur
den Schutz erwirbt, den er tatsächlich „braucht" und sich auch leisten kann. Der Schadensersatzanspruch wegen Verletzung der Beratungspflicht gewährt kein allgemeines Lösungsrecht
bei Vertragsreue. Abgesehen von den Fällen, in denen ein Versicherungsinteressent mit ganz
präzisen und erkennbar irrtumsfreien Vorstellungen über den abzuschließenden Vertrag an
den VR herantritt, muss der VR sich allerdings bemühen festzustellen, welches Interesse gegen
welche Risiken (in welchem Maße) abgesichert werden soll und mit welchen versicherungsvertraglichen Instrumenten dies angemessen bewirkt werden kann. Neben dem geschilderten
Anliegen des Versicherungsinteressenten und seinen Fragen nennt § 6 VVG die drei zentralen
Kriterien, die Anlass zu einer Beratung sein können: Person des VN, Situation des VN und
Produkt.

2. Person des Versicherungsnehmers

9   Ein VN ist für seinen Entschluss, einen bestimmten Versicherungsschutz zu erwerben, selbst
verantwortlich. Wendet er sich allerdings mit der Bitte um Versicherungsschutz an einen VR,
so ergibt sich allein schon aus dem in aller Regel unterschiedlichen Informationsstand, der versicherungstechnischen Unterlegenheit des VN, ein Anlass, den Wissensstand des VN in Bezug
auf das nachgefragte Produkt zu ermitteln. Je höher der Bildungsstand des VN, je größer seine
Erfahrungen in Versicherungsangelegenheiten sind, desto begrenzter ist die Notwendigkeit,
ihn weiter aufzuklären[9]. Kein Beratungsbedarf besteht, wenn der VN **selbst sachkundig** ist
oder er über **sachkundigen Beistand** verfügt. Dieser Grundsatz darf allerdings nicht allzu
vereinfachend übernommen werden. In der Gebäudeversicherung genügt es nicht von vornherein, dass ein Gebäudeeigentümer über eine mit Bauangelegenheiten befasste Verwaltung
verfügt[10]. Geht es aber um die Ermittlung der richtigen Versicherungssumme für ein Gebäude,
so ist eine Beratung durch den VR nicht erforderlich, wenn der VN durch einen Architekten
beraten ist[11]. Voraussetzung ist allerdings, dass der VN auf den Architekten tatsächlich zurückzugreifen vermag; handelt es sich um einen „Stempelarchitekten", so ist der VN tatsächlich
und erkennbar nicht beraten[12]. Kaufmännische oder unternehmerische Erfahrungen des VNs
entbinden den VR grundsätzlich nicht davon, an die Schwierigkeiten zu erinnern, den Versicherungswert richtig zu ermitteln[13]. Das gilt vor allem dann uneingeschränkt, wenn der VN
den VR um eine entsprechende Hilfe gebeten hat oder dem VR auffallen musste, dass von unterschiedlichen Bezugspunkten der Wertermittlung die Rede gewesen ist[14]. Bezogen auf die
Hausratversicherung kann allerdings von einem wirtschaftlich einigermaßen erfahrenen VN
erwartet werden, dass er selbst in der Lage ist, die richtige Versicherungssumme seiner Hausratversicherung festzulegen[15].

3. Situation des Versicherungsnehmers

10   Die Situation des VN wird im Wesentlichen durch das **Interesse** gekennzeichnet, das er in
einem bestimmten Maße **versichert** sehen will. Aber auch die tatsächlichen, wirtschaftlichen
und rechtlichen Gegebenheiten, in denen der VN sich bewegt, können eine Beratungspflicht
auslösen. So kann die Beantragung einer Lebensversicherung notwendig machen zu prüfen,
ob der VN sich die Prämien nachhaltig leisten kann, eine alsbaldige Zweckverfehlung ihrer
Investition also nicht droht. Vor Abschluss einer Berufsunfähigkeitsversicherung können bestimmte vom VN bei Antragstellung ausgeübte Berufe dazu nötigen, erkennbare Fehlvorstel-

---

[9] *Römer*, a. a. O., S. 1317; keine Aufklärung über günstigere Vertragskonstellation bei Arbeitslosigkeit,
AG Düsseldorf v. 3. 5. 2007, VersR 2008, 767.
[10] OLG Düsseldorf v. 13. 12. 2005, ZfS 2006, 249.
[11] OLG Saarbrücken v. 18. 1. 2006, OLGR 2006, 483.
[12] OLG Saarbrücken v. 30. 6. 2005, ZfS 2006, 36.
[13] OLG Saarbrücken v. 8. 9. 2004, ZfS 2005, 299.
[14] BGH v. 28. 10. 1963, VersR 1964, 36 (Industriefeuerversicherung).
[15] OLG Düsseldorf v. 17. 12. 1996, VersR 1998, 845.

lungen des VN über den Versicherungsfall zu korrigieren. In der Krankenversicherung ist von Bedeutung, über welchen Krankenversicherungsschutz der VN bereits verfügt. Vor Abschluss einer Haftpflichtversicherung muss bedacht werden, ob nahe liegende Risiken aus Haushalt und Tätigkeit des VN, beispielsweise das Halten von Tieren oder die entgeltliche Betreuung von Kindern, keine Zusatzvereinbarungen nahe legen. Und selbst in der vermeintlich beratungsfreien Kraftfahrtversicherung kann die Wahl eines bestimmten preiswerten Tarifs, die zu schärferen Rückstufungsregeln im Schadenfall führen kann, Aufklärung gebieten.

Im Vordergrund der aus der Situation des VN folgenden Beratungsanlässe stehen allerdings **11** die von dem VN **unerkannten – räumlichen, zeitlichen und sachlichen – Deckungslücken.** Wenn Anhaltspunkte dafür bestehen, dass der VN sich über den „örtlichen" Deckungsbereich im Unklaren ist, muss er entsprechend unterrichtet werden. Erkennbare zeitliche Grenzen des Versicherungsschutzes, die der VN übersehen kann – die Erweiterung der Police einer Feuerversicherung für ein gewerbliches Objekt wird erst wenige Wochen vor deren Ablauf übersandt – müssen Anlass sein, den VN vor dem baldigen Ende der Deckung zu warnen[16]. Der VR ist im Übrigen zwar nicht gehalten, alle möglichen von dem ins Auge gefassten Vertrag nicht gedeckten Gefahren anzusprechen. Bittet der VN indessen um umfassenden Versicherungsschutz für ein bestimmtes Interesse oder erkennt der VR, dass das von ihm angebotene Produkt zwar viele, nicht aber alle nicht ganz fern liegenden Risiken absichert, so muss er den VN darüber aufklären. Voraussetzung dafür ist allerdings, dass der VR die Schutzlücke sieht oder wenigstens bei rücksichtsvoller Abschätzung der Interessen des VN unschwer entdecken kann, oder dass der Vertrag aus der fachkundigen Sicht des VR den dem versicherten Interesse im Allgemeinen drohenden Gefahren nur unzulänglich gerecht wird. Erbittet ein VN Gebäudeversicherungsschutz für seine Industriehalle und bleibt im Rahmen der anzukreuzenden versicherten Gefahren die Position „Hagelschaden" offen, ohne dass ein Grund dafür ersichtlich wäre, so muss der VR auf die fehlende Absicherung dieses Risikos hinweisen[17]. Soll ein frei und leer stehendes, abgelegenes Hotelgebäude versichert werde, so muss auf ein nicht gedecktes Risiko von Vandalismusschäden aufmerksam gemacht werden[18]. Gleiches gilt, wenn ein erkennbares Risiko – Schäden, die aus einer besonderen Anlage drohen können – nicht von der allgemein für ein Unternehmen genommenen Deckung erfasst werden[19]. Erfährt ein VR allerdings nicht, dass der VN seinem Gebäude zwischenzeitlich einen von der bisherigen Leitungswasserdeckung nicht umfassten Anbau hinzugefügt hat, so hat er auch keinen Grund, die Erweiterung des Versicherungsschutzes zu empfehlen[20].

VR müssen darauf achten, ob die Lage des VN nicht die Gewährung (eines vom VR **12** grundsätzlich angebotenen) **vorläufigen Versicherungsschutzes** sinnvoll oder gar notwendig erscheinen lässt[21]. Das gilt vor allem dann, wenn der VR erkennen muss, dass der VN meint, mit der Stellung des Antrags, gar eines solchen mit der Bitte um rückwirkenden Beginn des materiellen Versicherungsbeginns, genug getan zu haben um schon Deckung erlangt zu haben. Gleiches gilt, wenn bei Antragstellung das abzusichernde Risiko bereits besteht oder sein Eintritt unmittelbar bevorsteht[22]. Beantragt ein VN vor Antritt eines Urlaubs (unter Hinweis darauf) eine Vollkaskoversicherung, so muss der VR die Notwendigkeit vorläufiger Deckung ansprechen. Erfährt der VR von der Verlegung eines gegen Feuer versicherten Unternehmens – und damit von dem möglicherweise bereits eingetretenen Verlust des Versicherungsschutzes durch Aufgabe des Versicherungsortes –, muss er gewärtigen, dass sich der VN über das mögliche Erlöschen der Deckung im Unklaren ist und Rat zu einer sofortigen anderen Deckung erteilen[23]. Ähnliches gilt, wenn die Gewährung des vom VN er-

---

[16] BGH v. 10. 5. 2000, NVersZ 2000, 389 (allerdings einen Versicherungsmakler betreffend).
[17] OLG Hamm v. 23. 8. 2000, NVersZ 2001, 88.
[18] OLG Karlsruhe v. 5. 11. 1992, r+s 1994, 264.
[19] BGH v. 28. 10. 1963, NJW 1964, 244; OLG Köln v. 14. 1. 1993, VersR 1993, 1385.
[20] LG Stuttgart v. 23. 12. 2004, ZfS 2006, 580.
[21] Vgl. *Beckmann/Matusche-Beckmann/Hermanns,* Versicherungsrechts-Handbuch, 2. Aufl., Rn. 81 ff.
[22] OLG Karlsruhe v. 15. 1. 2003, ZfS 2004, 121.
[23] BGH v. 5. 11. 1986, VersR 1987, 147.

strebten Versicherungsschutzes für ein bereits bestehendes Risiko sich aus Gründen im Verantwortungsbereich des VRs verzögert; dann muss gleichfalls auf die Möglichkeit vorläufiger Deckung hingewiesen werden[24].

13   Zu den aus den Umständen des Vertragsabschlusses folgenden Beratungsanlässen können die **Vertragsverlängerung,** die **Vertragsauflösung** oder auch die **Auswechslung des VNs** gehören. Mit ihnen ist zuweilen verbunden, dass der Schutzstandard des Vertrages vorübergehend sinkt. Ein Beispiel dafür sind neue Karenzfristen in der Rechtsschutz- und Krankentagegeldversicherung, eine zeitliche Schutzlücke[25] oder eine neue Ausschlussfrist in der Lebensversicherung, innerhalb deren Suizide nicht versichert sind. Führen Veränderungen der Vertragslage aus welchem Anlass auch immer dazu, dass der VN eine bisher genossene Deckung einbüßt, so muss der VR darauf aufmerksam machen. Das ist in den Fällen von besonderer Bedeutung, in denen einem VN durch Änderungen seines Versicherungsschutzes **zeitliche Lücken des Versicherungsschutzes** drohen: Darüber muss der VR aufklären[26]. Aufgabe des VRs ist es insoweit gewiss nicht, alle für den Vertragsabschluss wesentlichen Umstände zu erforschen und den VN über zweckmäßigere oder günstigere Vertragsgestaltungen zu belehren. Muss der VR jedoch erkennen, dass der VN ein bestimmtes Produkt gar nicht benötigt, das selbst aber aufgrund versicherungstechnischer Unerfahrenheit nicht sieht, so hat er darauf aufmerksam zu machen. Ist eine Betriebsaufnahme in der industriellen Feuerversicherung mehr als fraglich oder gar auf absehbare Zeit auszuschließen, so wird vom VR verlangt, dass er das bei seinem Angebot bedenkt und gegebenenfalls eine schlichte Versicherung für die gelagerten Bestände und Maschinen, nicht aber für den Betrieb, anbietet[27].

4. Komplexität des Produkts

14   Der VR schuldet Beratung in erster Linie, soweit nach der Schwierigkeit, das angebotene Produkt zu beurteilen, hierfür Anlass besteht. Diese Schwierigkeit kann allgemeiner Natur sein und jeden VN treffen; sie kann aber auch nur für den konkreten Versicherungsinteressenten bestehen und führt daher auch zu einem Aufklärungsanlass wegen der Person des VN. Die produktbezogene Beratungspflicht kann sich zum einen **aus den Bedingungen selbst** ergeben. Aus ihnen kann sich zuweilen die **Reichweite der Deckung** für einen Laien nicht ohne weiteres erschließen. Hat der VR Anhaltspunkte dafür, dass der VN unter Umständen einer Deckung bedarf, die aufgrund von Ausschlüssen gar nicht gewährt werden kann, muss er den VN darauf aufmerksam machen. Aufklärungsnotwendigkeiten können sich aber auch aus dem Zusammenhang des Produkts – vor allem einer Personenversicherung – und dem dem VR bekannt gewordenen ökonomischen, sozialen oder familiären Status des VNs ergeben. LebensVR müssen daher auf nahe liegende oder denkbare steuerrechtliche Konsequenzen hinweisen. KrankenVR müssen einen dem Personenstand und der übrigen Absicherung des VN gerecht werdenden Schutz anbieten. HaftpflichtVR müssen das Fehlen einer Deckung für Risiken, mit denen der VR erkennbar in Kontakt kommen kann, offenbaren. Aber auch im Bereich der geschäftlichen Sachversicherung können aus der Kombination von Versicherungsverträgen, die den zuweilen unrichtigen Eindruck erwecken kann, der VN genieße umfassenden Versicherungsschutz, Beratungsanlässe entstehen. Unterhält der VN für sein Gaststättenanwesen eine Gebäude- und eine Inventarversicherung, deren Deckungssummen aufeinander abgestimmt sind, und kündigt bei Veräußerung des Gebäudes der neue Eigentümer die Gebäudeversicherung, so muss der VR darauf aufmerksam machen, dass die Versicherungssumme der Inventarversicherung zur Vermeidung einer Unterversicherung erhöht werden muss[28].

15   Die Schwierigkeit, das angebotene Produkt zu beurteilen, kann sich aber auch aus anderen, **gleichartigen, vom VR angebotenen Produkten** ergeben. Denn eine solche Palette

---

[24] BGH v. 15. 3. 1978, VersR 1978, 457.
[25] BGH v. 30. 5. 1979, VersR 1979, 709.
[26] BGH v. 30. 5. 1979, VersR 1979, 709.
[27] BGH v. 5. 2. 1981, VersR 1981, 621.
[28] OLG Köln v. 3. 6. 1993, VersR 1994, 342.

von „Tarifen" zeigt, dass ein jedes Modell für sich Vor- und Nachteile hat, die ein Unkundiger erst im Versicherungsfall erkennt. VN meinen daher gelegentlich, für das von ihnen genannte Risiko „günstigen" Versicherungsschutz oder „umfassende" Deckung erworben zu haben, schätzen aber zum einen die Nachteile eines preiswerten Tarifs zu gering ein oder die Vorteile eines angepriesenen teuren zu hoch. Beratungspflichten entstehen – angesichts der vorangehenden Informationen über das Produkt selbst – allerdings nur, soweit die konkreten Verhältnisse des VNs zusätzliche Hinweise geboten erscheinen lassen. So kann sich selbst in der Kraftfahrtversicherung ein günstiger „Basistarif" bei einem bereits bestehenden hohen Schadenfreiheitsrabatt im jederzeit nahe liegenden Schadenfall als erheblich nachteilig erweisen, wenn die Rückstufung deutlich höher ist als bei einem zu einem geringen Aufschlag zu erwerbenden „Normaltarif". Ist allerdings der VN darauf aufmerksam gemacht worden, kann er seine eigenverantwortliche Wahl nicht später über einen Schadensersatzanspruch wegen mangelnder Beratung korrigieren.

5. Verhältnis von Aufwand und Prämie

Voraussetzung des Bestehens einer Beratungspflicht ist nach § 6 Abs. 1 S. 1 VVG ein angemessenes Verhältnis von Beratungsaufwand und zu zahlender Prämie. Kriterien für diese die Beratungspflicht begrenzenden Merkmale sind weder dem Gesetz noch seiner Begründung zu entnehmen. Eine Annahme, Versicherungsverträge mit typischerweise geringer Prämie – im Bereiche der Kraftfahrt- oder der privaten Haftpflichtversicherung – seien damit beratungsfrei, wäre verfehlt. **„Alltagsverträge"** führen zwar in aller Regel zu einer geringen Prämienbelastung des VNs; der Aufwand, auf ihre spezifischen Probleme, den geografischen Deckungsbereich der Kraftfahrtversicherung, den sachlichen der Allgemeinen Haftpflichtversicherung, hinzuweisen, ist aber gleichfalls nicht besonders groß[29]. Unterstellt man die Beratungspflicht dem Verhältnismäßigkeitsprinzip, so kann das folglich nur in Fällen relevant werden, in denen ein VN entweder ein Risiko decken will, dessen Komplexität und (finanzielle) Größe an sich eine „externe", aufwändige aber neutrale Beratung angezeigt erscheinen lässt, oder das Versicherungsprodukt mit anderen finanziellen Entscheidungen des VNs in einem solchen Zusammenhang steht, der eine typischerweise kostenaufwändige Beratung bei verständiger Betrachtung nahe legt. Die Beratungspflicht verlangt daher nicht, dass der VR selbst Sachverständigengutachten einholt, um den zutreffenden Versicherungswert zu ermitteln.

6. Bedingungs- und Konkurrenzberatung

Die Beratungspflicht beinhaltet weder eine Pflicht, die das Versicherungsprodukt konzipierenden **Bedingungen** vorzulesen noch gar sie zu **interpretieren und zu kommentieren.** Vertragstexte muss der VN lesen und verstehen. Dabei auftretende Probleme sind solche der Transparenzkontrolle, nicht der Beratungspflicht. Das gilt auch, wenn AVB mit weiteren Produktinformationen, kundenfreundlich gestalteten Erläuterungen oder „Verhaltensregeln" verbunden werden. Dabei auftretende Unklarheiten fallen nicht unter das Beratungsregime. Der VR ist auch nicht nach § 6 VVG gehalten, seinen Kunden über die Informationspflichten hinaus, die sich aus § 7 VVG ergeben, generell noch einmal auf wichtige Ausschlüsse und Obliegenheiten aufmerksam zu machen. Schließlich besteht von vornherein keine Pflicht, auf die **Produkte anderer VR,** die einen möglicherweise besseren oder preiswerteren gleichen Schutz gewähren, hinzuweisen[30]. Ergeben sich jedoch aus dem Regelungswerk der Bedingungen Umstände, die den VN im Unklaren über die Reichweite seines Schutzes oder mit der Wahl eines bestimmten Produkts verbundene andere Risiken lassen können, so muss der VR entsprechend aufklären. Das gilt wiederum vor allem dort, wo er dasselbe Risiko zu unterschiedlichen Prämien – als Basis (und „Basis-light") – oder Komforttarife (und „comfort plus") mit weiteren Abstufungen – abzusichern anbietet. So mag er gegen Berufsunfähigkeit

---

[29] Vgl. *Marlow/Spul,* Das Neue VVG, 2. Aufl., S. 26.
[30] OLG Köln v. 30. 4. 2002, NVersZ 2002, 519; OLG Hamm v. 25. 11. 1994, VersR 1995, 1345; abl. auch zur Beachtung über alternative Sparanlagen OLG Hamm v. 1. 8. 2007, r+s 2008, 161.

ohne Verweisungsmöglichkeit, mit konkreter oder mit abstrakter Verweisung Schutz versprechen oder in der Kraftfahrtversicherung freie Werkstattwahl oder Reparatur in vom VR bestimmten Werkstätten zusagen. Dann genügt nicht, dass dem VN abstrakt dargestellt wird,
was Inhalt des Angebots ist; der VR muss vielmehr erläutern, welche Konsequenzen die
preisgünstigere Wahl – auch außerhalb des Versicherungsvertrages selbst, in der Kaskoversicherung beispielsweise für die Gewährleistung – nach sich zieht.

B. Ausnahmen

I. Verzicht auf Beratung

18   Von den sich aus § 6 VVG ergebenden Pflichten kann sich der VR nicht durch Vereinbarung befreien (§ 18 VVG). Allerdings kann der VN sowohl auf eine Beratung als auch auf ihre
Dokumentation **verzichten** (§ 6 Abs. 3 VVG. Das entspricht der privatautonomen Gestaltung von Vertragsbeziehungen durch mündige Verbraucher. Niemand muss sich einen Rat
aufdrängen lassen. Jedoch gilt es, die Risiken eines den VN überfallenden oder unerwarteten
Verzichts zu vermeiden. Daher setzt der Verzicht eine **gesonderte schriftliche Erklärung**
voraus, in der der VR vor dessen nachteiligen Folgen ausdrücklich gewarnt haben muss. Das
Gesetz verlangt dafür kein eigenes, gegenständlich separiertes Dokument, wohl aber eine Ab-
sonderung von den übrigen Texten des Vertrages. Zwar spricht die Begründung des Gesetz-
entwurfs zu der vergleichbaren Regelung des § 7 Abs. 1 Satz 3 2.Halbsatz VVG von einem
„gesonderten Schriftstück". Das kann aber nicht als Verlangen nach einem eigenen, vom Antrag auch technisch gelösten Dokument, einem einzelnen, unverbundenen Papier, verstanden
werden. Dem Schutz des VNs (und dem Wortlaut der Norm) genügt, wenn die Verzichtserklärung getrennt von dem Antrag und den in ihm enthaltenen Informationen als selbständige,
vom VN eigenständig unterschriebene Erklärung erscheint[31].

19   Die Möglichkeit eines Verzichts würde auch grundlos erschwert und über ähnliche andere,
verbraucherschutzrechtlich vorgesehene Warnungen (§ 312c Abs. 2, § 355 Abs. 2 BGB)
würde ohne Gewinn an Vergewisserung des VNs über hingenommene Gefahren hinausge-
gangen, schlösse man **vorformulierte Erklärungen** aus. Das zeigt auch der Unterschied zu
§ 6 Abs. 4 Satz 2 VVG. Dort wird eine schriftliche Erklärung im Einzelfall, also gerade kein
vorab formularmäßiger Erlass von Beratungspflichten verlangt. Allerdings verlangt der Schutzzweck des § 6 Abs. 3 VVG, dass die der Verzichtserklärung voranzustellende Belehrung, ohne
die sie unwirksam ist, drucktechnisch hervorgehoben und deutlich gestaltet ist[32]. Vorformulierte Verzichtserklärungen sind auch nicht nach § 309 Nr. 12 BGB unwirksam, weil sie Willenserklärungen und keine Bestätigungen von Tatsachen enthalten. Wirksam sind sie allerdings
nur in den Grenzen des allgemeinen Zivilrechts. Sind sie Ausdruck des Verhandlungsungleich-
gewichts zwischen VR und VN, nutzt der VR also sein überlegenes Wissen bei auf der Hand
liegendem Beratungsbedarf des unerfahrenen VNs aus, um einen Vertragsabschluss zu erzielen,
zu dem es so bei sachgerechter Beratung nicht gekommen wäre, scheitert die Wirksamkeit
einer dann letztlich erschlichenen Verzichtserklärung an § 138 Abs. 1 BGB.

20   Von der Überlassung der Dokumentation darf der VR absehen, wenn der **Vertrag nicht
zustande kommt** und wenn es sich um einen **Vertrag über eine vorläufige Deckung bei
einer Pflichtversicherung** handelt (§ 6 Abs. 2 S. 3 VVG). Das bedeutet aber nicht, dass in
solchen Fällen ein Schadensersatzanspruch wegen unterlassener oder fehlerhafter Beratung
nicht in Betracht kommt. Hat der VR einmal vom Abschluss eines Vertrages abgeraten oder
hat der VN aufgrund eines fehlerhaften Rates einen Vertrag zum Zeitpunkt des Versicherungsfalls noch nicht abgeschlossen, so schuldet der VR gleichwohl Schadensersatz. Auch in
solchen Fällen kann sich der VN dann beweisrechtlich grundsätzlich auf die vom VR zu do-
kumentierende Beratung oder das Fehlen einer Dokumentation berufen. Das Gesetz verlangt

---

[31] *Gaul*, VersR 2007, 21, 23.
[32] Vgl. § 1 Abs. 2 BGB-InfoVO.

allerdings nicht, dass der VR oder sein Vermittler Beratungsunterlagen aufbewahren. Sind sie folglich vernichtet worden, kann daraus kein beweisrechtlicher Nachteil für den VR folgen.

II. Beteiligung von Versicherungsmaklern. Großrisiken

Ist der Vertrag durch einen Versicherungsmakler (der VNs) vermittelt worden, treffen den   **21** VR **keine gesetzlichen Beratungspflichten (§ 6 Abs. 6 VVG).** Das hat seinen Grund darin, dass der Versicherungsmakler als „professioneller" Berater des VNs betrachtet wird, der dessen ausreichenden Schutz eigenständig zu gewährleisten vermag. Gerade bei komplexeren Versicherungsprodukten gilt das allerdings nur als Grundsatz. Erkennt der VR nämlich, dass der Versicherungsmakler sich grundlegend über Inhalt und Reichweite des verhandelten Schutzes irrt, gebietet die Pflicht zur gegenseitigen Rücksichtnahme, dass er trotz sachkundiger Betreuung des VNs entsprechende Hinweise erteilt[33]. Rechtsgrundlage der Beratungspflicht und der Sanktionierung ihrer Verletzung ist dann allerdings nicht § 6 VVG; vielmehr sind es die Vorschriften des allgemeinen Zivilrechts (§§ 241, 311, 280 BGB). Zu keiner Beratung ist der VR auch bei Versicherung von Großrisiken (§ 10 Abs. 1 Satz 2 EGGVG) verpflichtet (§ 6 Abs. 6 VVG). Jedoch kann es auch in solchen Fällen, wenn auch gewiss ganz selten, zu Beratungspflichten aufgrund des Gebots der Rücksichtnahme auf die Interessen des VN kommen.

III. Beratung bei Vertragsabschlüssen im Fernabsatz

Von der gesetzlich geregelten Beratungspflicht sind DirektVR, die in aller Regel aus-   **22** schließlich im Fernabsatz tätig werden – im Wesentlichen also, aber nicht nur **DirektVR** –, ausgenommen (§ 6 Abs. 6 VVG). Der Grund dafür ist, dass § 6 VVG die durch die Vermittlerrichtlinie vorgegebenen Beratungspflichten des Vermittlers (§ 61 VVG) übernimmt und der Gesetzgeber deren Übernahme für die nicht vertriebsvermittelten Produkte zu Unrecht nicht für geboten erachtet hat[34]. Damit werden DirektVR jedoch keineswegs von Beratungspflichten befreit. Lediglich die von § 6 Abs. 1, 2 VVG vorgesehenen Dokumentations- und Dokumentationsübermittlungspflichten (und deren beweisrechtliche Konsequenzen) gelten für DirektVR nicht. Davon abgesehen treffen DirektVR aber die von der Rechtsprechung schon bislang entwickelten Beratungspflichten als vorvertragliche Pflichten zur Rücksichtnahme oder vertragliche Nebenpflichten[35]. Ihren Grund haben sie in der von redlichen Vertragspartnern einander in jedem Fall geschuldeten Loyalität, im gegebenen Fall auch in den Erklärungen von VRn, über eine „Hotline" erbetene Informationen zu übermitteln. Inkonsequent ist § 6 Abs. 6 VVG im Übrigen auch, weil **Versicherungsvermittlern,** die mit den Mitteln des Fernabsatzes tätig werden, eine solche ausdrückliche Befreiung von einer gesetzlichen Beratungspflicht nicht zuteil wird.

C. Laufende Beratung während des Versicherungsverhältnisses

Beratungspflichten – nicht aber Dokumentationspflichten – bestehen auch „**während der**   **23** **Dauer des Versicherungsverhältnisses" (§ Abs. 4 VVG).** Ihr Grund muss allerdings ein „Anlass" zur Nachfrage und Aufklärung sein. Anders als bei Aufnahme eines Versicherungsantrags und Abschluss des Vertrages liegt eine begleitende Beratung nicht immer nahe. Dennoch gibt es im Verlauf einer Versicherungsvertragsgeschichte Einschnitte, die zu einem Überdenken des Engagements führen können und müssen. Das sind zum einen die Fälle der

---

[33] *Marlow/Spuhl,* Das Neue VVG, 2. Aufl., S. 20; vgl. zur Haftungsbeschränkung für Versicherungsmakler *Werber,* a. a. O. S. 1155 m. w. N.

[34] Ablehnend schon der Abschlussbericht der Sachverständigenkommission unter 1.2.2.3.

[35] *Römer,* VersR 1998, 1314.

Nachfrage des VNs. Ergibt sich aus ihnen eine Deckungslücke oder ein anderweitiger Änderungsbedarf, so muss der VR darauf hinweisen. Zum anderen sind es die Fälle der **Auswechselung des Vertragspartners** – vor allem bei Veränderungen des Inhabers des versicherten Interesses – bei langfristigen Verträgen in der Sachversicherung. Mit der dann erfolgenden „Wiedervorlage" der Akten muss ein VR sich gehalten sehen, die Vertragsgrundlagen noch einmal zu prüfen. Daher schuldet ein VR Beratung über die richtige Höhe der Versicherungssumme durch Hinweise auf die Schwierigkeit sie zu ermitteln nicht nur bei deren erstmaliger Festlegung sondern auch dann, wenn der Vertrag mit einem neuen Eigentümer fortgesetzt wird. Dazu genügt indessen nicht die gesetzliche Vertragsübernahme (§ 95 VVG); erst bei **tatsächlicher Umstellung des Vertrages** ist ein Hinweis zu erwarten. Dann sind es Mitteilungen des VNs, die den VR aufgrund seiner überlegenen Sachkunde erkennen lassen, dass tarifliche Veränderungen in Betracht kommen. Dazu gehört vor allem, wenn in der privaten Krankenversicherung über eine Veränderung der persönlichen Verhältnisse – Berufstätigkeit des mitversicherten Angehörigen unterrichtet wird.

24   Fraglich ist, ob auch **sonstige, nicht vom VN überbrachte Informationen** eine Beratung veranlassen. Muss ein VR, dessen Vermittler von Anbauten oder Modernisierung und damit von Wertsteigerungen des versicherten Objektes „zufällig" erfährt, auf eine möglicherweise notwendige Anpassung der Versicherungssumme aufmerksam machen? Privates Wissen des Vermittlers (oder auch einmal eines Mitarbeiters des VRs) löst einen Beratungsanlass gewiss nicht aus. Was aber gilt, wenn der Vermittler bei Aufnahme oder Pflege anderer Produkte des VRs Hinweise auf einen davon gar nicht betroffenen Vertrag erhält? Weil die Beratungspflicht auf das Versicherungsverhältnis bezogen ist, muss sich aus ihm der Bedarf nach ergänzender Beratung ergeben Im Zusammenhang mit einem Kontakt in anderer Sache erworbene Kenntnisse lösen keine Beratungspflicht aus. Anlässe zur Beratung können sich allerdings grundsätzlich aus einer **Veränderung der Rahmenbedingungen des Versicherungsvertrages** ergeben. VR sind allerdings keine Steuerberater. Verbinden sich jedoch mit einem konkreten Produkt steuerrechtliche, dem VN nachteilige Änderungen, die bei Vertragsabschluss nicht vorauszusehen waren und auf die der VN noch reagieren kann, wird vom VR zu erwarten sein, dass er seinem Vertragspartner eine entsprechende Reaktion ermöglicht. Ähnliches gilt bei verbreiteten technischen Änderungen, die ein erworbenes Versicherungsprodukt aufgrund von Risikoausschlüssen „unrentabel" gestalten. Darauf muss ein VR aufmerksam machen.

25   Fraglich ist, ob der VR darüber beraten muss, wenn er während der Laufzeit eines Vertrages ein vergleichbares Produkt zu **„verbesserten" Bedingungen** anbietet, also bestimmte Risikoausschlüsse nicht mehr oder nicht mehr in diesem Umfang vorsieht oder Risikoeinschlüsse oder zusätzliche Leistungen verspricht. Die Rechtsprechung hat sich zu dieser Frage bislang zurückhaltend geäußert. Wenn ein VR über die Fortsetzung oder Umgestaltung eines Versicherungsvertrags verhandelt und mittlerweile Bedingungen anbietet, die den VN ausschließlich günstiger stellen, so soll er gehalten sein darauf hinzuweisen. Erhöht sich indessen durch eine erweiterte Absicherung auch die Prämie oder kann nicht festgestellt werden, ob die AVB im Saldo günstiger oder ungünstiger sind, gilt Anderes. Verbesserte Invaliditätsleistungen bei höherer Prämie sind daher kein Beratungsanlass, Einschränkungen des Deckungsausschlusses bei Schädigung durch Angehörige können es sein[36], auf Streitfälle reagierende Klarstellungen des Beginns der Haftzeit in der Maschinenversicherung sind es[37]. Auch insoweit gilt, dass das den Rahmen der Beratungspflicht zeichnende Versicherungsverhältnis von den ihm zugrunde liegenden AVB bestimmt wird, „neue Produkte", also bei Neuverträgen vereinbarte „günstigere" AVB die konkrete vertragliche Beziehung nicht beeinflussen. **Verhandelt** allerdings **der VR** über eine Verlängerung oder Umgestaltung des Vertrages, ändert

---

[36] OLG Hamm v. 21. 1. 2000, VersR 2000, 1231; vgl. a. OLG Hamm v. 17. 3. 1993, VersR 1994, 37; OLG Saarbrücken v. 25. 11. 1987, VersR 1989, 245.
[37] Vgl. BGH v. 23. 9. 1981, VersR 1982, 37 (MBUB 1959/1966); OLG Hamm v. 17. 3. 1993, VersR 1994, 37 (AUB); v. 21. 1. 2000, VersR 2000, 1231 (AHB); OLG Saarbrücken v. 25. 11. 1987, VersR 1989, 245 (AHB) m. kritischer Anm. *Voit,* VersR 1989, 834.

sich die Lage: Hat er mittlerweile erkannt, dass bestimmte häufig auftretende Risiken, die auch bei seinem Kunden jederzeit eintreten können, nur mit von ihm inzwischen angebotenen AVB gedeckt werden können, so muss er eine entsprechende Information erteilen. Das gilt auch dann ohne die Voraussetzung der Aufnahme von Verhandlungen, wenn sich im Verlauf langjähriger vertraglicher Beziehungen Risiken verändern, auf die der VR durch die Aufgabe von Risikoausschlüssen oder durch Deckungserweiterungen Dritten gegenüber schon reagiert hat. Dann kann es, ist eine potenzielle Betroffenheit des VNs nicht auszuschließen, loyaler Rücksichtnahme entsprechen, wenn der VR auf mögliche Vertragsanpassungen hinweist. Angebote anderer VR, die während der Laufzeit des Vertrages die Deckung erweitern, sind für den VR indessen kein Anlass zur Beratung[38].

Auch allgemein bekannte **technische Veränderungen** können während der Laufzeit von **26** Verträgen Beratungspflichten auslösen. Die Reisegepäckversicherung erfasste früher nur in verschlossenen Kofferräumen verwahrte Sachen. Reisegepäck in mit der Weiterentwicklung des Fahrzeugsbaus zunehmend vorhandenen Fahrzeugen, die keinen gegen das Fahrzeuginnere abgeschlossenen Kofferraum hatten, war folglich „unbemerkt" nicht versichert. Darüber musste der VR unterrichten[39]. Daraus lässt sich ein allgemeiner Grundsatz ableiten: VR müssen die technischen Entwicklung der von ihnen in Deckung genommenen Risiken beobachten und wenigstens durch Aufklärung der VN reagieren, wenn ihre Bedingungen Risiken, die fortschrittsbedingt vermehrt auftreten können, nicht erfassen. Darüber hinaus kann eine veränderte Rechtsprechung zu Hinweispflichten führen: Deckt die Versicherungssumme einer Berufshaftpflichtversicherung Risiken nicht mehr, für die die Rechtsprechung nunmehr eine Eintrittspflicht annimmt, so muss der VR aufgrund seiner überlegenen Sachkunde an den VN herantreten und ihm diese ihm drohenden Gefahren darstellen[40]. Veränderungen der Gesetzgebung müssen einen VR dann zu Ratschlägen veranlassen, wenn das von ihm veräußerte Produkt auf eine bestimmte normative Lage abgestimmt war, die nun nicht mehr gelten soll, und wenn der VN noch Maßnahmen treffen kann, ihm dadurch entstehende Nachteile abzuwenden.

Beratungspflichten können auch bei der **Schadenanzeige** und **Schadenregulierung 27** entstehen. Das ist der Fall, wenn der VN erkennt oder unschwer erkennen kann, dass die Angaben des VN in der Schadenanzeige fehler- oder auch nur zweifelhaft sind. Das gilt vor allem, wenn der VN um Hilfe bei ihrer Ausfüllung bittet[41]. Erklärt ein VR nach einem Verkehrsunfall, die Kosten für einen Mietwagen würden ersetzt, so schuldet er sie[42]. Allerdings ist der VR auch insoweit nicht der Betreuer des VN: Er muss einen Vertragspartner grundsätzlich nicht veranlassen, Schadenspositionen, die dieser noch gar nicht erkannt oder geltend gemacht hat, nachzureichen. VR, die nach Anzeige eines Versicherungsfalls von den durch die Bedingungen vorgesehenen Wegen der Prüfung und Regulierung durch individuelle Vereinbarung abweichen wollen, unterliegen besonderen Aufklärungspflichten. Von ihnen wird verlangt, dass sie redlich, lauter und verständnisvoll mit ihrem Vertragspartner zusammenwirken, ihm die tatsächliche Sach- und Rechtslage darstellen und keine Abreden treffen, die mit Blick darauf unangemessen sind. So darf der HaftpflichtVR mit seinem VN nicht ohne solche Information absprechen, er solle die gegen ihn erhobenen Ansprüche selbst abwehren, sich aber zugleich alle Einwendungen haftpflicht- und versicherungsvertraglicher Natur vorbehalten[43]. In der Berufsunfähigkeitsversicherung darf sich der VR nicht auf ein von den Bedingungen nicht vorgesehenes befristetes Anerkenntnis berufen, wenn er den VN nicht zuvor umfassend und zutreffend über die wahre Sach- und Rechtslage unterrichtet hat[44]. Beratungspflichten knüp-

---

[38] OLG Hamm v. 25. 11. 1994, VersR 1995, 1345.
[39] BGH v. 7. 12. 1978, VersR 1979, 345.
[40] OLG Hamm v. 12. 5. 1995, MedR 1997, 463.
[41] Vgl. LG Hannover v. 5. 2. 2003, ZfS 2003, 357 m. Anm. *Rixecker;* OLG Saarbrücken v. 22. 10. 1997, r+s 1999, 96.
[42] OLG Frankfurt v. 12. 12. 2001, NVersZ 2002, 319.
[43] BGH v. 7. 2. 2007VersR 2007, 1116.
[44] BGH v. 28. 2. 2007, VersR 2007, 777.

fen insoweit also an die vom VR vorgeschlagene „außervertragliche" Neuregelung des Versicherungsverhältnisses an. VR dürfen die mögliche Verunsicherung des VN, der einen Versicherungsfall behauptet, über die Voraussetzungen und die Reichweite seiner Rechte nicht ausnutzen, um sich eine günstigere Rechtsposition zu verschaffen. VR, die dies missachten, dürfen sich auf eine so erzielte Absprache nicht berufen.

D. Dokumentationspflicht

28   Der VR muss seine Ermittlung der Wünsche und Bedürfnisse des VNs und seinen daraufhin erteilten Rat mitsamt seiner Gründe dokumentieren (§ 6 Abs. 1 S. 2 VVG-E). Das ist der bisherigen Rechtslage gegenüber neu. Daher stellt sich die Frage, was **Inhalt dieser Pflicht und was Voraussetzungen und Rechtsfolgen ihrer Verletzung** sind. Inhaltlich wird verlangt, dass der VR textlich festhält, was der VN von sich aus gewünscht hat – also welches allgemeine Risiko er abdecken wollte, welche Aufklärungsbedürfnisse insoweit erkennbar waren und welche Fragen der VN gestellt hat. Zu notieren ist ferner im Allgemeinen, welche Fragen der VR selbst gestellt hat. Sodann muss festgehalten werden, was und wozu der VR geraten hat. Wortprotokolle werden nicht erwartet. Die Dokumentation muss also in aller Kürze eine zusammenfassende, knappe Darstellung der Ermittlung der Interessen und des Bedarfs des VNs sowie der Vorschläge des VRs, wie sie zu befriedigen sind, enthalten. Die Dokumentationspflicht erfasst das Verhalten der Vertragsparteien, das der subjektiven und objektiven Bedarfsermittlung und Bedarfsbefriedigung dient. Das ist ihr Rahmen. Sie darf allerdings nicht dazu missbraucht werden, den Versicherungsnehmer in anderer Hinsicht zu überrumpeln. Dokumentationen, die dazu dienen sollen, die Erfüllung (oder Nichterfüllung) der **vorvertraglichen Anzeigeobliegenheit** zu beurkunden, fallen nicht unter das Regime des § 6 Abs. 2 VVG.

29   Die Dokumentation muss der VR dem VN im Regelfall dem VN **in Textform vor Abschluss des Vertrages übermitteln** (§ 6 Abs. 2 VVG-E). Sie darf also in aller Regel nicht zusammen mit der Übersendung der Police zur Verfügung gestellt werden, weil das dann „mit" und nicht „vor" dem Vertragsschluss geschähe. Mündlich darf die Übermittlung erfolgen, wenn der VN dies wünscht oder wenn vorläufige Deckung gewährt wird: In solchen Fällen muss die Übermittlung in Textform nach Vertragsschluss unverzüglich nachgeholt werden, es sei denn, ein Vertrag kommt nicht zustande oder es handelt sich um einen Vertrag über die Gewährung vorläufiger Deckung bei einer Pflichtversicherung. Fraglich ist allerdings, wie eine Verletzung dieser Pflichten sanktioniert wäre. Natürlich ist denkbar – wenn auch recht hypothetisch –, dass der VN einen Schadensersatzanspruch wegen Pflichtverletzung mit der Begründung geltend macht, hätte er die Dokumentation rechtzeitig und formgerecht in Händen gehabt, hätte er sich bemüht, sich von seinem Antrag oder von dem Vertrag zu lösen. Dazu müsste es ihm aber voraussichtlich gelingen, auch den dokumentierten Rat zu leugnen, weil ansonsten nahe läge einzuwenden, der VN hätte sich das alles schon früher überlegen können.

30   Das Gesetz verlangt nicht, **dass der VN die ihm überlassene Dokumentation abzeichnet** oder sonst bestätigt. Ein solches Vorgehen des VR ist aber nicht von vornherein anstößig. Zuweilen, vor allem bei wechselvollen Verhandlungen, können gute Gründe dafür sprechen, dem VN noch einmal textlich vor Auge zu führen, um welche Risiken und Sicherungen und um welche Bedingungen es letztendlich geht. In solchen Fällen muss von einem verständigen VN auch erwartet werden, dass er Verhandlungs„protokolle" liest und bewusst billigt oder ihrem Inhalt widerspricht. Allerdings stellt die überlassene Dokumentation kein „versicherungsrechtliches Bestätigungsschreiben" dar. Der VN ist kein geschäftskundiger Kaufmann, den man an sein Schweigen binden darf. Das schließt jedoch nicht aus, die unwidersprochene Hinnahme eines angeblich erteilten Rates als Indiz für das tatsächliche Geschehen anzusehen.

E. Rechtsfolgen der Verletzung der Beratungspflicht

Verletzt der VR die ihn aus § 6 Abs. 1, 2, 4 VVG treffenden Pflichten, schuldet er dem VN **31**
Ersatz des hierdurch entstandenen Schadens. Das bedeutet, er muss den VN so stellen
wie er stünde, wären dessen Wünsche und Bedürfnisse ausreichend ermittelt, wäre der auf
dieser Grundlage gebotene Rat erteilt, dokumentiert und übermittelt worden. Das kann verschiedene Konsequenzen haben: Hätte der VN in einem solchen Fall den konkreten Vertrag
nicht abgeschlossen und auch keinen anderen, seinen Interessen besser gerecht werdenden, ist
der Vertrag rückabzuwickeln. Prämien und etwaige Leistungen des VRs sind gegenseitig zu
erstatten, weitere wirtschaftliche Nachteile, entgangene Steuervorteile beispielsweise, auszugleichen. Hätte der VN günstigeren Versicherungsschutz bei diesem oder einem anderen VR
erlangt, so muss der VR ihn so stellen, als ob ein solcher Schutz bestünde. Ist Folge der unzulänglichen Beratung gewesen, dass der VN eine ausreichende Absicherung seiner Risiken unterlassen hat, muss der VR sie ihm nachträglich gewähren. So kann sich in der Kraftfahrtversicherung ergeben, dass für Versicherungsfälle außerhalb des geografischen Deckungsbereichs
des Vertrages Deckung besteht, in der Gebäudeversicherung, dass der VR sich nicht auf eine
Unterversicherung berufen darf und in der Haftpflichtversicherung, dass er gegen den VN
berechtigt erhobene Ansprüche befriedigen muss. Allerdings ist ein etwaiges **Mitverschul-**
den des VNs zu berücksichtigen. Hätte der VN den Schaden durch eine aufmerksame Lektüre der Police oder der Bedingungen unschwer abwenden können oder musste sich ihm aufdrängen, dass er unzulänglich abgesichert ist, wird sich eine Teilung der Nachteile anbieten. Je
unerfahrener der VN ist, je schwieriger es ist, Art und Maß der Absicherung des Risikos einzuschätzen, je näher wird es liegen, den VR voll haften zu lassen. Das gilt auch in den Fällen,
in denen der VN ausdrücklich gefragt oder sein durch den Versicherungsvertrag nicht befrie-
digtes Interesse laienhaft dargestellt hat.

F. Verhältnis der Beratungspflichten von Versicherer
und Versicherungsvertreter

Beratungs- und Dokumentationspflichten treffen nicht nur den VR sondern auch – als ei- **32**
genständige gesetzliche Pflichten – den Versicherungsvermittler (§ 61 Abs. 1 VVG). Die Er-
kundungs-, Beratungs- und Dokumentationspflichten des VR auf der einen und seines Vermittlers auf der anderen Seite stehen zwar **selbständig nebeneinander,** sind aber nur einmal
zu erfüllen: Mit der Beratung durch den Versicherungsvertreter erfüllt der Versicherer seine
eigene Beratungspflicht. Auch die Verletzung der Beratungspflicht des Versicherungsvertreters löst allerdings nach § 63 VVG einen Schadensersatzanspruch aus. Zwischen VR und Versicherungsvertreter besteht dann ungeachtet der unterschiedlichen rechtlichen Grundlagen
ihrer Pflichten ein **Gesamtschuldverhältnis (§§ 422 ff. BGB).** Beide haften also in der Regel gesamtschuldnerisch auf Schadensersatz, wenn sie ein jeder für sich eine Erforschung der
Wünsche und Bedürfnisse des Kunden unterlassen oder ihn gar nicht, unzulänglich oder
falsch beraten, die gebotene Dokumentation unterlassen oder nicht übermittelt haben. Überlässt der VR die Vertragsanbahnung seinem Vertreter, so überlässt er ihm auch die Erfüllung
der ihn selbst treffenden Beratungs- und Dokumentationspflicht. Seine eigene Haftung (neben jener des Vertreters) ergibt sich dann aus der Haftung für seinen **Erfüllungsgehilfen**
§ 278 BGB. In den gewiss seltenen Fällen, in denen nur der VR, nicht aber sein Vertreter Anlass zur Unterrichtung des Versicherungsinteressenten hatte, haftet nur er selbst. Handelt es
sich bei dem Vermittler um einen **Makler,** so richten sich Schadensersatzansprüche des VNs
grundsätzlich nur gegen ihn, wie sich aus § 6 Abs. 6 VVG ergibt; lediglich dann, wenn auch
der VR aufgrund überlegener Sachkunde ins Gewicht fallende Irrtümer des Maklers bemerkt, kann es zu einer gesamtschuldnerischen Haftung zwischen VR und Vermittler kommen.

33   Ähnliches gilt für die **Beratungspflicht während der Laufzeit** eines Vertrages: Weil sie nach dem Gesetz nur den VR trifft, kommt eine gesamtschuldnerische Haftung mit dem Versicherungsvertreter grundsätzlich nicht in Betracht. Zwar ergibt sich der Anlass für eine vertragsbegleitende Beratung zuweilen gerade aus Beobachtungen des Versicherungsvertreters im Rahmen der Kundenbetreuung. Dort wird er aber lediglich als Erfüllungsgehilfe des VRs tätig. Von einer Eigenhaftung ist er also nur in den ganz seltenen Fällen der so genannten Sachwalterhaftung bei besonderem eigenen wirtschaftlichen Interesse und der Inanspruchnahme eines besonderen persönlichen Vertrauens getroffen. Demgegenüber ist einem Versicherungsmakler häufig die laufende Verwaltung und Erfüllung von Versicherungsverträgen vom VN überlassen. Dann ist der VR wiederum nach § 6 Abs. 6 VVG grundsätzlich – soweit er nicht erhebliche Fehlvorstellungen des Versicherungsmaklers erkennt – davon befreit, bei gegebenem Anlass Rat zu erteilen. Ist das einmal anders, so wird im Innenverhältnis allerdings regelmäßig der Versicherungsmakler den Schaden zu tragen haben. Der Ausgleich im Innenverhältnis der Gesamtschuldner ist meist in den Verträgen zwischen VR und Vertreter geregelt und auf Fälle grober Fahrlässigkeit oder Vorsatz beschränkt. Wenn es an einer solchen Regelung fehlt, kommt es darauf an, in welchem Maße der eine oder der andere Anlass zur Beratung hatte und welches Gewicht der gegen ihn erhobene Vorwurf hat.

G. Einzelne Versicherungszweige

1. Kraftfahrtversicherung

34   Die Kraftfahrtversicherung ist als das einem Kunden typischerweise geläufige und in ihren Regelungen überschaubare Produkt weitgehend „beratungsfrei", sofern sich nicht vor allem für die Voll- oder die Teilkaskoversicherung aus vom VR angebotenen **unterschiedlichen Tarifen** Fehlvorstellungen des VNs über deren jeweiligen Deckungsumfang ergeben können[45]. Allerdings hat die Rechtsprechung schon bislang Beratungspflichten angenommen, die aus der **beschränkten geografischen Reichweite** des Schutzes der Kraftfahrzeughaftpflichtversicherung – er umfasst regelmäßig Europa und das Staatsgebiet der Mitglieder der EG – aber auch einmal daraus folgen können, dass nach den vertraglichen Grundlagen Kraftfahrzeughaftpflicht- und Kaskoversicherung formal unterschiedlich behandelt werden oder letztere gar zuweilen nach der Art des Versicherungsfalls (Unfall, Entwendung) innerhalb Europas unterscheidet. Wenn der VR in einem solchen Fall irrige Vorstellungen des VNs erkennt oder sich ihm aufdrängen muss, dass der VN den räumlichen Deckungsbereich verlassen könnte, so muss er darüber aufklären. Eine solche Notwendigkeit entsteht allerdings nicht schon dann, wenn ein türkischer Staatsbürger einen Kraftfahrtversicherungsvertrag abschließt[46]. Denn allein aus der fremden Staatsangehörigkeit eines in Deutschland lebenden VNs ergibt sich noch kein Anlass anzunehmen, er könne sich jederzeit mit dem versicherten Kraftfahrzeug in seine Heimat begeben. Anderes, also ein Beratungsbedarf, ergibt sich selbstverständlich, wenn der VN nach der Deckung fragt[47], vor allem aber auch dann, wenn dem VR oder seinem Vermittler durch das Verlangen nach einer Grünen Karte bei Abschluss oder während der Laufzeit eines Vertrages erkennbar wird, dass eine Reise in das außereuropäische Ausland in Betracht kommen könnte[48]. Gewährt ein VR dann Kraftfahrzeughaftpflichtschutz, so muss er seinen Vertragspartner bei Bestehen eines Kaskoversicherungsvertrages unterrichten, wenn er nicht gleichzeitig auch dessen örtlichen Deckungsbereich erweitern will.

---

[45] Vgl. Rn. 15.
[46] So aber OLG Frankfurt v. 20. 11. 1997, VersR 1998, 1103.
[47] OLG Köln v. 30. 8. 1990, r+s 1990, 400.
[48] Vgl. BGH v. 13. 4. 2005, VersR 2005, 824; v. 4. 7. 1989, BGHZ 108, 200; vgl. auch zu einer ähnlichen Problematik BGH v. 28. 10. 1992, BGHZ 120, 87; i. ü. u. a. OLG Saarbrücken v. 8. 10. 2004, VersR 2005, 971; OLG Oldenburg v. 29. 9. 1999, NVersZ 2000, 388; OLG Hamm v. 30. 11. 1999, VersR 1991, 1238; OLG Stuttgart v. 24. 9. 1992, VersR 1993, 347; OLG Frankfurt v. 20. 11. 1997, VersR 1998, 1103.

Rixecker

Demgegenüber muss der VR weder darauf hinweisen, dass nicht alle Kraftfahrzeugschäden, beispielsweise nicht Betriebsschäden[49], gedeckt sind noch die Reichweite einzelner vor dem Versicherungsfall zu erfüllender Obliegenheiten – die die Verwendung eines landwirtschaftlichen Fahrzeugs für Faschingsumzüge aus der Deckung nimmt[50] – erläutern, so lange der VN keine konkreten Fragen stellt oder sich dem VR ein bestimmtes Risiko als konkret nahe liegend aufdrängen muss.

In zeitlicher Hinsicht kann ein VR gehalten sein, auf das **Fehlen von vorläufiger De-** 35 **ckung** hinzuweisen, wenn unmittelbar vor Antritt einer Auslandsreise unter Hinweis darauf Kaskoschutz beantragt wird[51]. Ohne einen solchen besonderen Anlass, sich Gedanken über den zeitlichen Beginn von Versicherungsschutz zu machen, besteht jedoch kein Grund, generell auf die Möglichkeit vorläufiger Deckung hinzuweisen. Zum **sachlichen Deckungsbereich** der Kraftfahrtversicherung ergeben sich nur aus besonderem Anlass Beratungsnotwendigkeiten. Das kann bei einem VRwechsel der Fall sein, wenn der VR oder sein Vermittler erkennen konnten, dass der VN denselben Versicherungsschutz wie bisher behalten wollte aber (aufgrund des verlorenen Einschlusses von Brems- und Betriebsschäden) nicht erhielt[52]. Die Rechtsprechung hat eine Beratungspflicht darüber hinaus angenommen, wenn der Vermittler eine Zweitwagenversicherung für das von dem Ehepartner gefahrene Kraftfahrzeug empfohlen hat und sich daraus ein Ausschluss der Deckung von Haftpflichtansprüchen ergibt[53]. Je nach den Umständen des Einzelfalls soll auch ein Hinweis auf die fehlende Deckung des Unterschlagungsrisikos bei Versicherung eines zur Vermietung bestimmten Kraftfahrzeugs bestehen oder fehlen[54]. Das ist beides zweifelhaft, weil damit auf Ausschlüsse für einen zwar theoretisch möglichen aber doch nicht nahe liegenden Risikoeintritt aufmerksam gemacht werden müsste, der VR dann aber konsequenterweise über alle sich denkbar aktualisierenden Begrenzungen seiner Eintrittspflicht zu belehren hätte. Verletzungen der **Beratungspflicht nach Eintritt eines Versicherungsfalls** (regelmäßig nur durch einen Vermittler) können sich im Rahmen der Aufklärungsobliegenheit ergeben, werden aber künftig nur dann eine Rolle spielen, wenn ein unterlassener oder fehlerhafter Rat nicht zum Wegfall der subjektiven Voraussetzungen von Leistungsfreiheit führt[55].

2. Sachversicherung

In der **Gebäudeversicherung** bereichert die immer wieder auftretende Problematik der 36 **Unterversicherung** die Diskussion um Beratungspflichten. Grundsätzlich ist es auch hier Sache des VN, die zutreffende Versicherungssumme zu ermitteln. Er ist in aller Regel besser darüber unterrichtet, mit welchem Betrag er das zu versichernde Risiko decken will. Daher bestehen bei einer Gebäudeversicherung zu einem festen Neubauwert in aller Regel keine die Versicherungssumme betreffende n Beratungspflichten[56]. Von diesem Grundsatz gibt es jedoch viele Ausnahmen. Das gilt zunächst in den Fällen, in denen der VR (oder sein Vertreter) die Ermittlung der richtigen Versicherungssumme ausdrücklich übernimmt und Maßnahmen der Wertermittlung des versicherten Interesses selbst trifft[57]. Sodann handelt es sich um die Fälle, in denen der VN dem VR zu erkennen gibt, er wolle „richtig versichert" sein

---

[49] OLG Hamm v. 25. 11. 1994, VersR 1995, 1345.
[50] OLG Karlsruhe v. 30. 4. 1986, VersR 1986, 1180.
[51] Zur ausdrücklichen Gewährung von vorläufiger Deckung bei „Urlaubskasko" vgl. BGH v. 13. 12. 1995, VersR 1996, 445.
[52] OLG Koblenz v. 27. 10. 2006, VersR 2007, 482.
[53] Vgl. § 11 Nr. 2 AKB; OLG Stuttgart v. 18. 4. 1986, NJW-RR 1986, 904.
[54] Vgl. § 12 Nr. 1 I b AKB; OLG Köln v. 19. 9. 1995, VersR 1996, 1265.
[55] Vgl. OLG Hamm v. 19. 6. 2000, VersR 2001, 583 (zum Versicherungsmakler bei Rat zum Verschweigen von Vorschäden); OLG Saarbrücken v. 22. 10. 1997, r+s 1999, 96 (zum Rat zur Vorlage falscher Schlüssel).
[56] LG Düsseldorf v. 1. 9. 2005, VersR 2006, 502.
[57] Vgl. BGH v. 6. 12. 2006, VersR 2007, 537; OLG Saarbrücken v. 5. 12. 2001, VersR 2003, 195; v. 30. 6. 2005, ZfS 2006, 36; KG v. 11. 5. 2007, VersR 2007, 1649.

und der VR den VN daraufhin im Glauben lässt, diesem Anliegen sei entsprochen[58]. Ein solcher Anschein kann auch dadurch vermittelt werden, dass der VR einen „Sicherheitszuschlag" oder einen Zuschlag „zum Ausgleich einer Unterversicherung" vorsieht ohne deutlich zu machen, dass damit kein Unterversicherungsverzicht verbunden ist. Ein VR ist auch gehalten, die sich einem Verbraucher nicht ohne weiteres erschließenden Wertbegriffe des Versicherungsvertragsrechts und die sich aus ihnen im Versicherungsfall möglicherweise ergebenden Konsequenzen zu erläutern[59]. Vor allem aber muss er in Fällen, in denen die Ermittlung des Versicherungswerts nach den Bedingungen schwierig und regelmäßig nur mit sachkundiger Hilfe zu leisten ist, den VN darauf aufmerksam machen, sie selbst übernehmen oder ihm die Inanspruchnahme sachverständiger Hilfe zu empfehlen[60]. Das gilt nicht nur dort, wo die Versicherungssumme nach dem **„Wert 1914"** zu ermitteln ist. Auch die in neueren Bedingungswerken vorgesehene Bemessung nach der Wohnfläche, die ein Laie gar nicht verlässlich errechnen kann, zählt dazu. Aber auch allgemeine Schwierigkeiten der Errechnung, die bei besonders gestalteten Bauwerken, Schlossbauten beispielsweise, auftreten können, lösen eine Beratungspflicht aus[61]. Warnen vor einer Unterversicherung muss ein VR naturgemäß auch dann, wenn sie ihm bekannt ist oder während der Laufzeit des Vertrages durch Information über werterhöhende Umbauten bekannt wird[62]. Derartige Beratungspflichten entfallen nicht dadurch, dass das versicherte Interesse schon früher bei einem anderen VR oder bei demselben VR durch einen früheren VN – zu einer unzulänglichen Versicherungssumme – versichert war[63].

37 Anders als die Gebäudeversicherung ist die **Hausratversicherung** kein komplexes Produkt. Daher trifft in aller Regel allein den VN die Verantwortung, die richtige Versicherungssumme zu ermitteln und sich zu vergewissern, welcher „Hausrat", vor allem welche Wertsachen, versichert sind. Das ist dann anders, wenn der VR sich an der Wertermittlung beteiligt[64]. Grundsätzlich gilt allerdings, dass von einem einigermaßen erfahrenen VN erwartet werden darf, die richtige Versicherungssumme selbst zu verantworten[65]. Auch ist ein VR nicht gehalten darüber aufklären, welche örtlichen und sachlichen Voraussetzungen ein Versicherungsfall hat. Daher muss der in einem Mehrparteienanwesen wohnende Versicherte grundsätzlich nicht unterrichtet werden, dass Deckung nur besteht, wenn in seine Wohn- oder Geschäftseinheit eingebrochen wird[66]. Anderes kann gelten, wenn sich dem VR aufdrängen musste, dass die räumliche Verbindung des versicherten Bereichs mit einem nicht versicherten aber einbruchsgefährdeten ein besonderes Risiko des VNs begründet.

38 Beratungspflichten können sich gerade während der Laufzeit des Vertrages auch in den Zweigen der **Geschäftsversicherung** ergeben. Dabei ist einmal auf Veränderungen des örtlichen Deckungsbereichs zu achten, die bei Betriebsverlegungen, von denen der Versicherungsvertreter regelmäßig erfährt, eine Rolle spielen können und die unter Umständen auch Hinweise auf vorübergehende vorläufige Deckung für den neuen Sitz auslösen können. Zeitliche Umstände können dort Hinweispflichten auslösen, wo der Betriebsbeginn und Deckungszusage auseinander fallen. In sachlicher Hinsicht kann die bekannt werdende Erweiterung eines Unternehmens zur Notwendigkeit einer Beratung über die Erstreckung des Versicherungsschutzes auf neue Gebäude oder zusätzliche Maschinen oder auf die Anpassung von Versicherungssummen auslösen[67].

---

[58] OLG Saarbrücken v. 8. 9. 2004, ZfS 2005, 299; OLG Celle v. 20.11.2003, NJW-RR 2004, 604.
[59] OLG Köln v. 12. 11. 1996, VersR 1997, 1530; OLG Koblenz v. 25. 10. 1996, VersR 1997, 1226.
[60] BGH v. 7. 12. 1988, VersR 1989, 472.
[61] OLG Düsseldorf v. 13. 12. 2005, ZfS 2006, 249.
[62] OLG Hamm v. 13. 1. 2006, ZfS 2006, 462; v. 15. 10. 2004, VersR 2005, 685.
[63] Vgl. BGH v. 23. 5. 2007, VersR 2007, 1411.
[64] OLG Frankfurt v. 11. 11. 2005, VersR 2006, 406.
[65] OLG Düsseldorf v. 17. 12. 1996, VersR 1998, 845.
[66] OLG Karlsruhe v. 22. 11. 2003, VersR 2004, 273.
[67] BGH v. 5. 2. 1981, VersR 1982, 621; v. 29. 3. 1963, VersR 1964, 144.

Rixecker

3. Sonstige Vermögensschadensversicherungen

Für die Reiseversicherung hat die Rechtsprechung eine Pflicht zur Beratung über die **39** Möglichkeit, neben einer **Ausfallkosten- auch eine Abbruch- oder Rückführungskostenversicherung** abzuschließen verneint[68]. Zweifellos verlangt § 6 Abs. 2 lit. 9 BGB-InfoV einen solchen Hinweis reisevertragsrechtlich nicht. Dennoch kann sich aus § 6 Abs. 1 VVG seine Notwendigkeit ergeben, wenn der VR oder sein Vermittler (das Reisebüro) erkennen kann, dass sich der Erwerb dieses Produkts wegen der Dauer oder der Beschwerlichkeit der Reise oder wegen des Alters der Reisenden empfehlen könnte und sich der VN über den beschränkten erworbenen Schutz nicht im Klaren ist[69].

4. Haftpflichtversicherung

Die private wie die betriebliche Haftpflichtversicherung sind von einer für einen Laien **40** kaum überschaubaren Zahl von **differenzierten Risikoausschlüssen** gekennzeichnet, die zuweilen durch Zusatzvereinbarungen wieder aufgehoben werden können. Daher handelt es sich häufig um komplizierte Bedingungswerke, denen nicht ohne weiteres zu entnehmen ist, ob sie den Absicherungsbedürfnissen des VNs gerecht werden. Daher ergibt sich immer wieder die Notwendigkeit, den VN darauf hinzuweisen, dass bestimmte ihn vor allem in einem Betrieb treffende und dem VR oder seinem Vermittler ins Auge fallende Risiken nicht versichert sind oder der Vereinbarung zusätzlicher Risikoeinschlüsse bedürften. Die Beratung wird in solchen Fällen nicht nur durch das Verlangen des VNs nach „umfassendem Versicherungsschutz" sondern auch dadurch ausgelöst, dass die dem VR obliegende Aufnahme der Deckungsbedürfnisse seines Kunden typische, nicht zu deckende oder noch nicht gedeckte Risiken ergibt. In der Rechtsprechung sind daher Beratungspflichten angenommen worden, wenn der VR entweder dem erkennbaren Wunsch des VNs, umfassend abgesichert zu sein, nach seinen AVB aufgrund der Herausnahme eines Anlagenrisikos nicht entsprochen hat[70], oder wenn eine Deckungslücke zwischen der Kraftfahrzeughaftpflichtversicherung und der Betriebshaftpflichtversicherung bestand, die sich jederzeit realisieren konnte[71] oder eine Erweiterung des Versicherungsschutzes nach den Gegebenheiten des Betriebs nahe lag – wie beispielsweise bei dem Gerüstverleihrisiko bei Dachdeckerunternehmen[72]. Auch muss der VR eruieren, inwieweit der VN, der um Haftpflichtversicherungsschutz bittet, Risiken – wie beispielsweise aus der Haltung von Tieren oder aus der Betreuung fremder Kinder – verwaltet, deren Absicherung zusätzlicher Vereinbarungen bedarf.

5. Krankenversicherung

Die in aller Regel besondere Angewiesenheit eines VNs auf das Bestehen eines angemessenen **41** Krankenversicherungsschutzes und die Komplexität der Absicherung des Krankheitsrisikos durch gesetzliche und/oder private VR führen dazu, dass rascher als sonst Beratungspflichten ausgelöst werden. Die Rechtsprechung hat die **unterschiedlichen Leistungstatbestände** der gesetzlichen und der privaten Krankenversicherung bislang nicht als einen eine Beratungspflicht auslösenden Anlass betrachtet[73]. Weil von einem VN erwartet werden kann, sich selbst darüber zu informieren, welchen Umfang sein Versicherungsschutz

---

[68] BGH v. 25. 7. 2006, NJW 206, 3137.
[69] OLG Koblenz v. 24. 4. 2001, OLGR 2001, 373; OLG Saarbrücken v. 14. 4. 1999, VersR 1999, 1367 (vorausgesetzt, ein entsprechendes Produkt wird angeboten); abl. AG München v. 19. 8. 2002, RRa 2003, 91.
[70] OLG Hamm v. 23. 11. 1983, VersR 1984, 853 (Tankanlage eines Tiefbauunternehmers).
[71] OLG Köln v. 9. 3. 1999, VersR 2000, 352 (Gabelstapler eines Großhandels); v. 17. 9. 1992, VersR 1993, 304 (Verwendung eines Rasenmähertraktors im Betrieb).
[72] BGH v. 9. 10. 1974, VersR 1975, 77; OLG Köln v. 14. 1. 1993, VersR 1993, 1385 (Anlagenrisiko für Gewässerschäden); OLG Köln v. 12. 6. 1986, r+s 1986, 273 (Ausschluss von Abwässerschäden eines Rohrreinigungsunternehmers).
[73] Vgl. OLG Stuttgart v. 12. 11. 1998, VersR 1999, 1268 (Erstattungsfähigkeit von Kosten der Fortpflanzungsmedizin); anders möglicherweise OLG Köln v. 21. 3. 1991, VersR 1991, 1279 (Erstattungsfähigkeit von Heilpraktikerkosten).

„im Wesentlichen" hat, und weil angesichts der öffentlichen Diskussion um die Erstattungsfähigkeit medizinischer Leistungen ohnehin Problembewusstsein vorausgesetzt werden darf,
muss ein VR über etwaige Unterschiede in der Erstattungsfähigkeit von Heilbehandlungs-
kosten grundsätzlich nicht aufklären. Das ist in den Fällen anders, in denen er mit dem Argument wirbt, der durch ihn gebotene Schutz sei vorzugswürdig oder in denen er von seinem
Kunden entsprechend befragt wird. Aber auch dann, wenn ein im Allgemeinen zu erwartender Versicherungsschutz nur eingeschränkt gewährt wird, muss der VR darüber aufklären[74].
Zur differenzierenden Gegenüberstellung der Vor- und Nachteile einzelner Tarife kann der
VR vor allem dort gehalten sein, wo der VN allgemein nach Krankenversicherungsschutz
fragt und unterschiedlich günstige Deckungskonzepte für ihn in Betracht kommen. Der VR
muss auch nicht ungefragt und ohne besondere Anhaltspunkte über **Veränderungen der
Beihilfetarife** und daraus zu ziehende Folgerungen belehren, wenn er erfährt, dass eine versicherte Person nunmehr gesetzlich versicherungspflichtig ist[75].

42   **Wechselt** der VN indessen **das System,** so muss der VR, der typischerweise über überlegene Sachkenntnis verfügt, indessen über die Möglichkeiten und Zeitpunkte eines Wechsels
unterrichten – oder wenigstens den VN auf eine Nachfrage bei seinem gesetzlichen VR verweisen –, um eine Doppelversicherung zu vermeiden. Ihm obliegt jedoch nicht, über die einzelnen Voraussetzungen der gesetzlichen Versicherungspflicht und ihres Wegfalls aufzuklären.
Die Rechtsprechung hat bislang auch eine Pflicht zur Beratung über unterschiedliche Tarife in
der privaten Krankenversicherung abgelehnt[76]. Daran ist gewiss richtig, dass von einem VR erwartet werden darf, sich über das generelle (prozentuale) Maß der Erstattung von Krankheitskosten, die Art der zu erstattenden Krankheitskosten (beispielsweise für alternative medizinische Methoden) oder etwaige Selbstbehalte selbst kundig zu machen. Von keinem VR ist zu
erwarten, dass er die Ausschlüsse oder Beschränkungen bestimmter Behandlungen (der Psychotherapie, Psychologie oder gar Pädagogik) ausdrücklich erläutert: Seine Kunde weiß aufgrund der Produktinformationen, dass nicht alle Kosten aller Behandlungen erstattet werden.
Erkennt der VR indessen, dass der VN heilberufliche oder ähnliche Leistungen in Anspruch
nimmt, die nicht oder nicht in vollem Umfang erstattungsfähig sind oder hat er vielleicht sogar
einmal kulanzhalber einen Ausgleich übernommen, so muss er, will er sich künftig nicht beteiligen, darauf ebenso ausdrücklich hinweisen wie er selbstverständlich entsprechende Fragen
des VN zutreffend beantworten muss. Bietet der VR die Erstattungsfähigkeit unterschiedlich
weit ziehende Produkte an, so bedarf es einer entsprechenden Information des VN.

6. Berufsunfähigkeits- und Lebensversicherung

43   Erfüllt ein VR seine Informationspflichten nach § 7 VVG in der **Berufsunfähigkeitsversicherung,** bestehen insoweit keine weiter reichenden konkret-individuellen, das „Produkt"
betreffenden Beratungspflichten. Bietet der VR jedoch unterschiedliche Produkte an – solche mit konkreter und abstrakter Verweisung beispielsweise, oder schützt der vorgesehene
Vertrag nur, wenn der VN eine bestimmte allgemein beschriebene Tätigkeit (und nicht die
zuletzt von ihm ausgeübte), gesundheitsbedingt nicht mehr fortführen kann, oder begrenzt
der Vertrag die Versicherungsleistung auch bei Eintritt des Versicherungsfalls auf einen Zeitraum, der vor dem Beginn einer sonstigen Versorgung des VN endet, so kann der VR gehalten sein, den VN darauf ausdrücklich aufmerksam zu machen, wenn unklar ist, ob sich der
VN der Begrenzungen der Schutzzusage bewusst ist.

44   Die Vermittlung von **Kapitallebensversicherungen** ist von vornherein beratungsinten-
siv, weil sie mit dem Versicherungsschutz in vielfältigen Formen Vermögensbildungs- und
Vermögensanlagekonzepte verbinden und sich ihr Nutzen und Wert für den Verbraucher
regelmäßig schwer einschätzen lässt. Wesentliche Aufklärung über das Produkt wird dem
VN allerdings schon durch die nach § 7 VVG i. V. m. § 2, 4 Abs. 4 VVG-InfoV zu erteilenden

---

[74] OLG Stuttgart v. 12. 11. 1998, VersR 1999, 1268.
[75] OLG Saarbrücken v. 20. 9. 1995, r+s 1997, 208.
[76] OLG Stuttgart v. 12. 11. 1998, VersR 1999, 1268.

Informationen vermittelt. Das schließt nicht aus, dass aufgrund der besonderen Umstände des Einzelfalls zusätzlicher Beratungsbedarf besteht. Allerdings hat die Rechtsprechung sich bei der fondsgebundenen Lebens- und Rentenversicherung eher zurückhaltend zu einem Beratungsbedarf geäußert: Weder bedarf es eines besonderen Hinweises darauf, dass nicht alle Prämien in den Fond investiert werden[77] noch muss der VR darauf aufmerksam machen, dass der Wert der Fondsanteile schwanken kann. Auch muss der VR nicht beraten, wenn eine Sofortrentenversicherung objektiv nicht wirtschaftlich nachteilig erscheinen musste und lediglich andere Sparzulagen in Betracht kamen[78]. Das ist dann anders, wenn der VR erkennen kann, dass der VN die Prämien des Versicherungsvertrages aus dem dem VR zur Fondsanlage überlassenen Kapital entrichten will und nicht mit einer zusätzlichen Prämienbelastung bei negativer Fondsentwicklung rechnet[79]. Im Übrigen gelten insoweit die Grundsätze der anlegergerechten Beratung, die im Bankrecht entwickelt worden sind, entsprechend[80]. Der VR muss also über alle für den Anlageentschluss des VN bedeutsamen Umstände unterrichten und darf die Risiken der Anlage – beispielsweise das Spekulative von Wertentwicklungen – nicht verschweigen und auch selbst dann nicht verharmlosen, wenn die Informationen nach § 7 VVG einen entsprechenden Hinweis enthalten[81].

Davon abgesehen bestehen Beratungspflichten vor allem dort, wo ein **Vertrag fremd-** **45** **finanziert** wird[82]. Jedenfalls geschäftsunerfahrene VN müssen über die vertragsspezifischen Nachteile eines mit einem Kreditvertrag verbundenen Lebensversicherungsvertrags, die langfristige Bindung des VN und Darlehensnehmers, die Risiken vorzeitiger Auflösung eines oder beider Verträge, aufgeklärt werden[83]. Aber auch über die Risiken der Finanzierbarkeit der Prämien bei steigenden Kreditzinsen muss der VN aufgeklärt werden[84]. Eine Beratung über die steuerrechtlichen Konsequenzen eines bestimmten Versicherungsprodukts schuldet der VR nicht von vornherein und ungefragt. Die Rechtsprechung meint auch, dass der VR während der Laufzeit des Vertrages nicht auf bevorstehende anlageschädliche steuerrechtliche oder sozialrechtliche gesetzliche Änderungen hinweisen muss, deren nachteilige Folgen der VN noch abwenden könnte[85]. Darüber kann man zumindest dann streiten und zu einem anderen Ergebnis kommen, wenn das Produkt einmal auf der Grundlage einer so in Zukunft nicht mehr geltenden Rechtslage beworben und vermittelt wurde und auf diese Rechtslage zugeschnitten war; dann erkennt der VR regelmäßig als an Sachkunde überlegen die für seinen Kunden entstehenden Risiken und muss ihn darauf aufmerksam machen. Weist der VR auf bestimmte seines Erachtens bestehenden steuerrechtlichen Vorteile hin oder fragt der VN nach ihnen, so schuldet der VR eine korrekte Auskunft oder wenigstens den Hinweis, dass der VN sich um einen insoweit sachkundigen Rat selbst bemühen müsse[86].

Warnungen muss ein VR auch dann aussprechen, wenn er erkennt, dass die mit dem Ab- **46** schluss des Vertrages verfolgten **Zwecke gefährdet** zu werden drohen. Das ist der Fall, wenn eine Kapitallebensversicherung zur Ablösung eines Baudarlehens abgeschlossen worden ist und sich infolge des unerwarteten Rückgangs von Überschüssen eine Finanzierungslücke abzeichnet[87]. Schließlich kann ein VR von vornherein erkennen, dass die kontinuierliche Bedienung eines Kapitallebensversicherungsvertrages – ein alkoholkranker Langzeitarbeitsloser müsste 25 % seiner Versorgung für Prämien aufwenden – erheblich gefährdet ist: Dann

---

[77] OLG Hamm v. 31. 8. 2005, VersR 2006, 777
[78] Vgl. OLG Hamm v. 1. 8. 2007, r+s 2008, 161.
[79] OLG Celle v. 24. 11. 2005, NdsRpfl 2006, 209.
[80] Vgl. BGH v. 19. 12. 2006, NJW 2007, 1876; *Baumbach/Hopt*, HGB, 33. Aufl., § 347 Rn. 17, 23; *Schimansky/Bunk/Lwowski/Siol*, Bankrechtshandbuch Bd. 1, S. 733 ff.
[81] Vgl. OLG Düsseldorf v. 30. 3. 2004, VersR 2005, 62.
[82] BGH v. 9. 7. 1998, VersR 1998, 1093.
[83] BGH v. 9. 3. 1989, VersR 1989, 596.
[84] BGH v. 9. 7. 1997, NJW 1998, 2898.
[85] OLG Hamm v. 18. 10. 2006 VersR 2007, 631.
[86] OLG Hamm v. 10. 4. 1987, VersR 1988, 623.
[87] Vgl. Abschlussbericht der Sachverständigenkommission Ziff. 1.2.2.3.

muss er von dem Vertragsabschluss abraten[88]. Hinweispflichten lösen auch im Rahmen der **betrieblichen Altersversorgung** abgeschlossene Verträge aus, wie § 166 Abs. 4 VVG ausdrücklich bestimmt. Darüber hinaus kann ein VR gehalten sein, bei Vertragsverhandlungen aus Anlass des Wechsels des Arbeitgebers auf unterschiedliche Tarife und Leistungen aufmerksam zu machen[89].

H. Beweisrecht

47   Macht ein VN Schadensersatz wegen Verletzung der Beratungspflicht geltend, so muss er die Voraussetzungen eines solchen Anspruchs beweisen[90]. **Der VN muss also das Bestehen einer Beratungspflicht,** im Wesentlichen also den **Anlass zur Beratung,** sowie deren **Nicht- oder Schlechterfüllung beweisen.** Allerdings wird – im Sinne einer **sekundären Darlegungslast** – zu verlangen sein, dass der VR darlegt, welche Informationen er oder sein Vermittler dem VN gegeben haben wollen. Vermag ein VR das nicht, spricht eine tatsächliche Vermutung für die Verletzung der Beratungspflicht. Trägt ein VR vor, er habe den VN auf die Notwendigkeit eines besseren Schutzes aufmerksam gemacht, der VN habe indessen aus Gründen der Prämienersparnis auf weitere Informationen verzichtet, so behauptet der VR einen Verzicht des VN auf eine nähere Beratung. Das muss dann der VR beweisen[91]. Weil das Gesetz dem VR jedoch auch eine Dokumentationspflicht auferlegt, wird sich im Streitfall aus der von dem VR vorzulegenden Dokumentation unschwer ergeben, ob und welchen Rat der VR erteilt hat. Diese Grundsätze bedürfen jedoch der Korrektur für die Beratung bei vertriebsvermittelten Versicherungsprodukten im Rahmen der Vertragsanbahnung: Weil VR (und ihre Vertreter) den Rat und seine Gründe dokumentieren müssen und diese Dokumente dem VN vor oder ausnahmsweise nach Vertragsschluss zu übermitteln sind, trifft den VR auch ein beweisrechtliches Risiko: Kann er eine entsprechende Dokumentation oder ihre Übermittlung an den VN, also auch ausreichende Vorkehrungen für ihren bei regelmäßigem Geschehensablauf erfolgenden Zugang, **nicht darlegen** – den Beweis der Pflichtverletzung muss der VN führen –, genießt der VN wie in anderen Fällen der Versäumung von Dokumentionsobliegenheiten[92] auch **Beweiserleichterungen bis hin zur Beweislastumkehr.** Das heißt in aller Regel, dass von dem Beweis der Beratungspflichtverletzung auszugehen ist. Liegt umgekehrt eine Dokumentation und der Nachweis ihres Zugangs vor, schließt das eine Beweisführung durch den VN nicht aus, weil das Gesetz ihn nicht verpflichtet, dem übermittelten Urkundeninhalt zu widersprechen; das Gewicht des Indizes eines ausgebliebenen Widerspruchs wird der VN jedoch selten entkräften können.

48   Ferner muss der VN von dem ihm entstandenen **Schaden** (mit den durch § 287 ZPO gewährten Erleichterungen) überzeugen. Das wird im Allgemeinen keine besonderen Probleme verursachen: Die räumliche, sachliche oder wertmäßige Lücke im Versicherungsschutz wird meist der Anlass des Streits sein. Beratungsschäden in der Lebensversicherung werden entweder die Prämien sein, die der VN bei ordnungsgemäßer Beratung nicht aufgewandt hätte, oder es wird sich um weitere materielle Einbußen handeln, die durch den seinen Sinn verfehlenden Vertragsabschluss entstanden sind. Der dem VN entstandene Schaden kann allerdings auch einmal darin bestehen, dass er bei richtiger Aufklärung bei demselben oder einem anderen VR besseren Versicherungsschutz erlangt hätte. Auch das muss der VN beweisen. Für den ursächlichen Zusammenhang zwischen der Pflichtverletzung und dem Schaden gilt die **Vermutung aufklärungsrichtigen Verhaltens:** Es wird bis zu ihrer Widerlegung

---

[88] *Römer,* a. a. O., S. 1317.

[89] OLG Celle v. 13. 9. 2007, VersR 2008, 60.

[90] Vgl. zuletzt BGH v. 23. 5. 2007, VersR 2007, 1411.

[91] Vgl. OLG Saarbrücken v. 5. 12. 2001, VersR 2003, 195.

[92] Vgl. zu den beweisrechtlichen Konsequenzen der Dokumentationspflichtverletzung im Arzthaftungsrecht u. a. *Geigel/Wellner,* Der Haftpflichtprozess, 25. Aufl. 2008, Kap. 14, Rn. 266.

davon ausgegangen, dass der VN die aus dem Rat folgenden und ihm günstigen Konsequenzen gezogen hätte.

Weil das Gesetz **DirektVRn** keine Dokumentationspflichten auferlegt, auch wenn als vor-   **49** vertragliche Rücksichtnahmepflicht Beratung geschuldet ist, gelten insoweit keine Beweiserleichterungen für den VN. Allerdings trifft den VN eine sekundäre Darlegungslast. Da DirektVR gelegentlich über „Hotlines" Rat versprechen – aber auch unabhängig davon –, kann das Problem entstehen, dass Aufzeichnungen behaupteter Kontakte des VNs mit einem solchen „Service" fehlen. Das entbindet den VR aber keineswegs von dem von ihm zu erwartetenden Vortrag, welchen Rat er bei dem vom VN zu beweisenden Gespräch erteilt haben will. Leugnet er, dass er ein Beratungsbedürfnis habe erkennen können, muss er zur Vermeidung prozessualer Nachteile darlegen, welche organisatorischen Vorkehrungen er getroffen hat, um die Zulänglichkeit seiner Begleitung der Vertragsanbahnung darstellen zu können. Auch in den Fällen der Beratung während der Laufzeit des Vertrages gelten keine aus Dokumentationspflichten folgenden Beweiserleichterungen für den VN. Jedoch trifft den VR auch hier eine sekundäre Darlegungslast: Hat der VN bewiesen, dass ein dem VR erkennbarer Anlass zu einer solchen Beratung bestand, so muss der VR vortragen, wie er reagiert und mit dem VN kommuniziert hat.

I. Sonstige Rücksichtnahmepflichten. Erfüllungs- und Vertrauenshaftung des VRs

1. Bescheidung des Antrags

Von den Beratungspflichten abgesehen treffen einen VR bei der Vertragsanbahnung wei-   **50** tere Pflichten zur Rücksichtnahme auf die Interessen des VNs. Dazu zählt vor allem die Pflicht, **alsbald über die Annahme oder Ablehnung des Versicherungsantrags zu entscheiden.** Zwar gilt § 663 BGB insoweit nicht unmittelbar, weil ein VR sich nicht öffentlich zu einer „Besorgung von Geschäften" anbietet. Da aber in aller Regel erkennbar ist, dass der Antragsteller auf eine raschen Information über die Absicherung des Risikos angewiesen ist, ist die Interessenlage ohne weiteres vergleichbar. Daher muss ein VR sich alle ihm noch fehlenden Unterlagen zur Risikoprüfung zeitnah beschaffen und nach Vorlage unverzüglich über Annahme oder Ablehnung des Antrags entscheiden. Lässt er ihn liegen oder bearbeitet er ihn vorwerfbar (§ 276 BGB) zögerlich und nicht Ziel führend nach und nach, so haftet er, tritt ein „Versicherungsfall in ungedeckter Zeit ein, auf Schadensersatz Während der VR sich vom Verschulden entlasten muss (§ 280 Abs. 1 S. 2 BGB), muss der VN nicht nur die Verletzung einer solchen Rücksichtnahmepflicht darlegen und beweisen, sondern auch, dass sein Antrag bei zügigerer Bearbeitung angenommen worden wäre oder er sich im Falle einer Ablehnung anderweitig rechtzeitig hätte versichern können[93].

2. Erfüllungs- und Vertrauenshaftung

Die Rechtsprechung nimmt als gewohnheitsrechtlich begründet eine Vertrauens- und Er-   **51** füllungshaftung des VRs für **Zusagen** seines Vermittlers und für die **Unterlassung der Korrektur von Fehlvorstellungen** des VNs im Zuge der Vertragsanbahnung aber auch während des Laufs des Versicherungsverhältnisses an[94]. Dabei soll es sich um einen verschuldensunabhängigen Vertragserfüllungs- und nicht um einen Schadensersatzanspruch handeln, der entfällt, wenn den VN ein erhebliches Eigenverschulden an seinem Irrtum trifft. Wiegt beispielsweise der Vermittler bei Anbahnung einer Sturmversicherung den sich danach erkundigen VN in Sicherheit, auch Sturmflutschäden würden entschädigt, so werden sie es[95]. Bringt er zum Ausdruck, dass eine Geschäftsversicherung trotz Betriebsverlegung fortbesteht,

---

[93] OLG Saarbrücken v. 11. 1. 2006, VersR 2006, 1345.
[94] Vgl. zuletzt inzident BGH v. 21. 1. 2004 – IV ZR 44/03, VersR 2004, 361 bei Vertrauen auf die Versicherung „lebenden Inventars"; OLG Celle v. 13. 9. 2007, VersR 2008, 60.
[95] RGZ 86, 128.

so ist das Risiko trotz anderen Bedingungswortlauts gedeckt[96]. Wird einem erkennbaren Bedarf nach einem den AVB gegenüber weiteren räumlichen Deckungsbereich oder einer korrekten wertmäßigen Erfassung des zu versichernden Unternehmens oder wird der Frage nach dem Inhaber des versicherten Interesses vom Vermittler nicht nachgegangen, so genießt der VN Erfüllungsschutz[97]. Gleiches soll geltend, wenn erkennbare Fehlvorstellungen über das Konzept einer Versicherung – der aus einer Rentenversicherung zu erwartenden Leistung beispielsweise – nicht berichtigt werden[98] oder der Anschein eines tatsächlich gar nicht erfolgten Leistungsversprechen erzeugt wird[99].

52 Der Rechtsfigur der Vertrauens- und Erfüllungshaftung, die immer schon ein **Fremdkörper im Versicherungsvertragsrecht** war und über deren gewohnheitsrechtliche Begründung und dogmatische Rechtfertigung man trefflich streiten konnte[100] ist mit der VVG-Reform in jedem Fall die Grundlage entzogen. Beratungs- und Aufklärungspflichten des VRs und seiner Vermittler sind durch § 6 umfassend und damit abschließend geregelt worden. Ausdrückliche und konkludente Zusagen sind durch das Vertragsabschlussrecht und § 5 Abs. 3 erfasst. Für eine Pflicht des VRs, darüber hinaus für erteilte oder unterlassene Auskünfte, die er selbst oder seine Vermittler gegeben haben, einstehen zu müssen, ist ebenso wenig Raum wie für einen vollständigen Wegfall von Ansprüchen des VNs bei erheblichem Eigenverschulden.

§ 19. Umfang der Leistung des Versicherers

Inhaltsübersicht

---

[96] BGH v. 21. 1. 1951 – II ZR 8/51, BGHZ 2, 87.

[97] BGH v. 20. 6. 1963, BGHZ 40, 22 und BGH v. 4. 7. 1989, VersR 1989, 948 (räumlicher Deckungsbereich); BGH v. 28. 10. 1963, VersR 1964, 36 (erforderlicher Umfang der Nachversicherung); RGZ 147, 186, 188 (Inhaber des versicherten Interesses); OLG Düsseldorf 7. 6. 2005, r+s 2005, 465 (versicherte Objekte).

[98] OLG Stuttgart v. 9. 6. 2004, VersR 2004, 1161; OLG Hamm v. 20. 12. 2000, r+s 2001, 295 (Unterversicherung).

[99] OLG Saarbrücken v. 4. 4. 2001, VersR 2001, 1405 (Zusage einer Rentendynamisierung).

[100] Vgl. nur umfassend und abl. *Kollhosser*, r+s 2001, 89.

Literatur: *Burmann/Heß/Höke/Stahl*, Das neue VVG im Straßenverkehrsrecht, 2007, zit. *Burmann/Heß/Höke/Stahl*, Das neue VVG im StraßenverkR; *Koch/Holthausen*, Individualversicherung-Versicherungslehre 1, 5. Aufl. 2002, zit. *Koch/Holthausen*, Versicherungslehre 1; *Marlow/Spuhl*, Das Neue VVG kompakt, 2007, zit. *Marlow/Spuhl*, Das Neue VVG; *Schimikowski/Höra*, Das neue Versicherungsvertragsgesetz, 2007, zit. *Schimikowski/Höra*, Das neue VVG; *Schwintowski/Brömmelmeyer*, Praxiskommentar zum Versicherungsvertragsrecht, 2008.

A. Einleitung

Mit der Neugestaltung des VVG hat der Gesetzgeber auch die Gelegenheit genutzt, zahl- **1** reiche Diskussionspunkte im Versicherungsrecht einer Klärung zuzuführen. Das gilt auch für Fragen zur Ausgestaltung und den Umfang der Versicherungsleistung, die sich in den letzten Jahrzehnten der Geltung des alten VVG in zahlreichen Versicherungssparten sowohl inhaltlich wie auch in der rechtlichen Bewertung fortentwickelt haben. So galt es auch, sowohl höchstrichterliche Entscheidungen der Zivilgerichte als auch Urteile des Bundesverfassungsgerichtes umzusetzen.

In § 1 Abs. 1 VVG n. F. hat der Gesetzgeber die in der früheren Vorschrift enthaltene Un- **2** terscheidung zwischen der Leistungspflicht des Versicherers aus der Schadenversicherung und aus der Personenversicherung aufgegeben. Sie war nicht trennscharf genug und entsprach inhaltlich immer weniger den tatsächlichen Gegebenheiten. Auch die Bestimmung in § 49 VVG a. F., nach der in der Schadenversicherung der Ersatz in Geld zu leisten ist, ist ersatzlos entfallen. Nun bestimmt § 1 VVG n. F., dass der Versicherer „verpflichtet ist, ein bestimmtes Risiko des Versicherungsnehmers oder eines Dritten durch eine Leistung abzusichern, die er bei Eintritt des Versicherungsfalles zu erbringen hat."

Damit findet die früher vertretene Geldleistungstheorie[1], nach der die Hauptleistung des **3** Versicherers in der Zahlung einer Geldleistung bestehe, keine Stütze mehr. Vielmehr wird die andere, vielfach vertretene Gefahrtragungslehre, durch die Neuregelungen des VVG bestätigt. Nach Meinung deren Vertreter wird die Hauptleistungspflicht des VR definiert als bindende Übernahme einer durch den Eintritt des Versicherungsfalles bedingten Entschädigungspflicht. Hauptbestandteile der Gefahrtragung sind die Organisation der Gefahrengemeinschaft, die Bildung von Rücklagen und die Rückversicherung als Hauptleistungspflicht[2]. Die Anhänger der Geldleistungstheorie argumentieren, die Gefahrtragungslehre sei abzulehnen, weil sie bereits bloße Vorbereitungshandlungen, die in unterschiedlicher Ausgestaltung und Intensität bei jedem Vertragstyp notwendig seien, als Erfüllung gelten lasse. Die Gefahrtragung als solche sei jedoch nicht Leistung im Sinne des § 241 BGB, sondern ein Haftungszustand, der aus dem bedingten Leistungsversprechen folge[3].

Nun findet sich in den Neuregelungen des VVG ausdrücklich der Begriff der Gefahrtra- **4** gung in § 130 VVG zur Transportversicherung.

Außerdem ist zunehmend die Tendenz zu verzeichnen, dass die VR, die in den jeweiligen **5** Sparten über enormes auch beispielsweise technisches oder medizinisches Fach- und Spezialwissen verfügen und entsprechenden Zugang zu nicht jedermann offenstehenden wissenschaftlichen Informationsquellen haben, ihre ursprüngliche Kernleistung durch umfassende Beratung, Vorbeugemaßnahmen oder Assistanceleistungen erweitern. Diese Gegebenheit als Ausfluss eines erweiterten Selbstverständnisses der VR im Sinne eines auf Dienstleistung und Service ausgerichteten Verhältnisses zum VN spricht dafür, dass in der Praxis eher ein ausgedehnterer Leistungsbegriff Bedeutung erlangt. Darüber hinaus ist es praxisgerecht und entspricht in der Regel dem Erwartungshorizont des VN, wenn der Versicherungsschutz neben der reinen benenn- und gegebenenfalls bezifferbaren Leistung auch die Übernahme des Risikos enthält. Die Komplexität der sich teils ergänzenden, teils überschneidenden Denk-

---

[1] *Prölss/Martin/Prölss*, § 1 VVG Rn. 21 m. w. N.
[2] *Koch/Holthausen*, VersLehre 1, S. 135.
[3] *Prölss/Martin/Prölss*, § 1 VVG Rn. 22.

ansätze ist jedoch für die Regulierungspraxis unmittelbar nicht bedeutend. Realisiert sich das Risiko in der Form, dass sich die Situation ereignet, für deren Eintritt die Versicherung abgeschlossen wurde, liegt der Versicherungsfall vor. Dieser löst eine faktische Versicherungsleistung aus. Eine angenommene Gefahrtragungspflicht geht dann in die reale Leistungspflicht über. Praktische Relevanz hat die dogmatische Einordnung der Versicherungshauptleistung bei der Rückabwicklung oder der vorzeitigen Beendigung der Versicherungserträge. Nach der Geldleistungstheorie kann nämlich der VR dem VN nicht entgegenhalten, er habe zumindest zeitweise eine Leistung erbracht, die sich der VN bei der Rückabwicklung anrechnen lassen müsse[4]. Der Gefahrtragungslehre entspricht es, dass dem VR auch dann die Prämie zusteht, wenn das Versicherungsverhältnis durch Anfechtung oder Rücktritt aufgelöst wird[5]. Diese Regelung findet sich in § 39 Abs. 1 VVG nun explizit für alle Versicherungszweige.

B. Den Umfang der Leistung ausgestaltende Faktoren

I. Rechtliche Rahmenbedingungen und Rechtsgrundlagen

6   Die rechtlichen Grundlagen für die Leistung des VR finden sich vorrangig in VVG und AVB, darüber hinaus in Individualabreden, welche vor oder nach dem Eintritt des Versicherungsfalles getroffen worden sein können. Im Gegensatz zu zahlreichen anderen häufig verwendeten Vertragstypen ist der Versicherungsvertrag nicht ausdrücklich im BGB geregelt. Rechtsgrundlage ist vielmehr das VVG. Da das BGB jedoch für alle privatrechtlichen Schuldverhältnisse gilt, ist es auch auf den Versicherungsvertrag anzuwenden, wenn nicht die Vorschriften des VVG als des spezielleren Normenwerks vorgehen. Insbesondere der Allgemeine Teil des BGB mit den Regelungskreisen Geschäftsfähigkeit (§ 104 BGB bis § 115 BGB), Willenserklärung (§ 116 BGB bis § 144 BGB), Vertrag (§ 145 BGB bis § 157 BGB), Vertretung/Vollmacht (§ 164 BGB bis § 181 BGB) und das Recht der Allgemeinen Geschäftsbedingungen (§ 305 BGB bis § 310 BGB) sind anwendbar. Darüber hinaus enthält das BGB einige wenige versicherungsrechtliche Tatbestände, die jedoch für den Umfang der Leistung des VR nicht relevant sind.

7   Das VVG gilt für sämtliche Versicherungszweige mit Ausnahme der See- und der Rückversicherung (§ 209 VVG). Es ist durch einen ausgeprägten Schutzcharakter gegenüber dem VN gekennzeichnet. Bei der See- und der Rückversicherung hielt der Gesetzgeber die Berücksichtigung des Schutzgedankens für verzichtbar, weil sich bei der Seeversicherung Kaufleute und bei der Rückversicherung Versicherungsfachleute gegenüber stehen[6]; die Inhaltskontrolle nach §§ 305 bis 310 BGB ist jedoch auch auf diese Verträge anwendbar.
   Entsprechend des im 2. Buch des BGB (Recht der Schuldverhältnisse) verankerten Grundsatzes der Vertragsfreiheit besteht auch im Rahmen des VVG die Möglichkeit, von den gesetzlichen Bestimmungen abzuweichen. Es handelt sich dabei um die abdingbaren Normen. Der das VVG durchziehende Schutzgedanke sieht in Teilbereichen den Ausschluss oder Einschränkungen der Vertragsfreiheit vor. Dem entsprechend gibt es im VVG neben den abdingbaren Normen zwingende Vorschriften, welche nicht abänderbar sind, und halb zwingende Vorschriften, die nur zum Vorteil des VN abgeändert werden können. Eine zwingende Vorschrift liegt vor, wenn aus dem Gesetzeswortlaut ersichtlich ist, dass eine von der gesetzlichen Regelung abweichende Vereinbarung unwirksam ist. Halbzwingende Vorschriften sind dadurch gekennzeichnet, dass sich der VR nicht auf eine von der gesetzlichen Regelung abweichende Vereinbarung berufen kann. Derartige Vereinbarungen muss der VN nicht gegen sich gelten lassen. Die Schutzwirkung der halbzwingenden Vorschriften zugunsten des VN gilt gemäß § 210 VVG nicht für die Vers von Großrisiken im Sinne von Art. 10 Abs. 1 EGVVG und – erstmals – für die Laufende Versicherung, weil derartige Verträge regelmäßig

---

[4] *Prölss/Martin/Prölss*, § 1 VVG Rn. 25.
[5] *Schwintowski/Brömmelmeyer/Ebers*, Praxiskommentar zum VVG, § 1 Rn. 17 f.
[6] *Schimikowski/Höra*, Das neue VVG, 4.1, S. 217.

von einem geschäftserfahrenen Personenkreis abgeschlossen werden. Maßgeblich in Bezug auf die Leistung des VR sind insbesondere die §§ 74 bis 87 VVG für die gesamte Schadensversicherung sowie einzelne Vorschriften bei den jeweiligen Sparten.

Die **AVB** sind vorformulierte Vertragsbedingungen, die der Gesamtheit von Versiche- 8 rungsverträgen eines Versicherungszweiges zugrundeliegen. Bei VVaG sind sie durch die Satzung ersetzbar. Ihr Zweck ist vor allem die Gleichartigkeit der Gestaltung der Verträge im Interesse einer einheitlichen Behandlung der VN. Sie regeln die Rechte und Pflichten der Vertragsparteien und legen den Umfang des versicherten Risikos fest (**primäre Risikobeschreibung**). In Hinblick auf die weitreichende Informationsfunktion der AVB benennt § 10 VAG einige Kernbereiche, die zwingend in den AVB genannt sein müssen. Es handelt sich dabei um einen umfassenden Katalog, der in § 10 Abs. 1 Nr. 2 VAG ausdrücklich Art, Umfang und Fälligkeit der Leistungen des VR benennt. Darüber hinaus ersetzen die AVB in einigen Fällen fehlende gesetzliche Regelungen des VVG. Dies ist bei den Sparten der Fall, die im VVG nicht ausdrücklich geregelt sind. Die AVB unterliegen verschiedenen Kontrollmechanismen. Bis Mitte des Jahres 1994 waren AVB und ihre Änderungen durch das Bundesaufsichtsamt zu genehmigen (regulierter Versicherungsmarkt). Ab Mitte 1994 ist die Pflicht zur aufsichtsbehördlichen Vorabgenehmigung entfallen (deregulierter EU-Versicherungsmarkt). Die Versicherungsaufsichtsbehörde hat nur noch Missbrauchsaufsicht und Rechtskontrollmöglichkeit im Einzelfall. Als dem VN seitens des VR einseitig auferlegte und nicht ausgehandelte Bedingungen unterfallen die AVB dem Recht der Allgemeinen Geschäftsbedingungen, §§ 305 ff. BGB, und somit einer gesetzlichen Kontrolle, soweit es sich um Verträge handelt, die nach dem 31. 12. 1994 abgeschlossen wurden (Art. 16 § 11, 3, DurchfG/EWG). Voraussetzung der Gültigkeit der AVB für den jeweiligen Versicherungsvertrag ist die Einbeziehung der AGB in den Vertrag, § 305 Abs. 2 Nr. 1 und 2 BGB. Dies geschieht regelmäßig durch Hinweis auf die maßgeblichen AVB im Antragsformular. Zudem muss sich der VN mit der Geltung der AVB einverstanden erklären und die AVB müssen nach dem Antragsmodell dem VN mit dem Antrag ausgehändigt werden. Überraschende Klauseln werden gemäß § 305 c BGB nicht Vertragsbestandteil. Inhaltlich unterliegen die AVB einer Kontrolle im Rahmen des § 307 BGB. Danach bezieht sich die Inhaltskontrolle auf Regelungen, die von Rechtsvorschriften abweichen oder diese ergänzen. Die Regelungen dürfen den VN nach Treu und Glauben nicht unangemessen benachteiligen. Eine unangemessene Benachteiligung ist anzunehmen, wenn AVB-Bestimmungen mit wesentlichen Grundgedanken der gesetzlichen Regelung, von der abgewichen wird, nicht zu vereinbaren sind, oder wenn sie wesentliche Rechte und Pflichten, die dem Vertrag zu eigen sind, in einer die Erreichung des Vertragszwecks gefährdenden Weise einschränken. AVB, die mit den Vorschriften des VVG übereinstimmen oder den VN begünstigen, unterliegen nicht der Kontrolle mit Ausnahme des Transparenzgebotes.

Neben den Allgemeinen Versicherungsbedingungen, die die Hauptleistung des VR regeln, 9 gibt es **Besondere Versicherungsbedingungen, Sonderbedingungen, Zusatzbedingungen und Klauseln, die Ein- und Ausschlüsse** vorsehen können (**sekundäre Risikobeschreibung**). Mit den Besonderen Versicherungsbedingungen, Sonder- und Zusatzbedingungen werden spezielle Regelungen getroffen, die innerhalb einer Sparte für besondere Risikobereiche gelten. Klauseln sind vorformulierte Bedingungen, die vorrangig im gewerblichen Bereich individuell zugestanden werden. Typischerweise dienen sie der Erweiterung des Versicherungsschutzes. Darüber hinaus bietet der Versicherungsvertrag Raum für **Individualvereinbarungen.** Häufig beziehen sich diese auf den Einbezug bestimmter Risiken, welche standardmäßig nicht vom Versicherungsschutz umfasst sind. So ist gegen entsprechende Beitragszahlung die Abdeckung außergewöhnlicher Risiken möglich. Durch Individualabreden ist regelbar, welche Gefahren und Schäden dem versicherten Risiko zuzuschreiben sind, wie die Versicherungsleistung lautet und wie sich die Leistung auf den Bestand des Versicherungsvertrages auswirkt. Eine Individualabrede ist auch noch nach Eintritt des Versicherungsfalles möglich.

II. Ausgestaltung für alle Versicherungszweige

1. Grundsätzliches

10   Festlegungen für den Umfang der Leistung des Versicherers, die für alle Zweige gelten, trifft das neue VVG nicht. Es gelten daher die o. g. Rahmenbedingungen, die die Vertragsfreiheit begrenzen, sowie die speziellen Regelungen für einzelne Versicherungsarten im VVG.

2. Zusätzliche Leistungen: Geldleistungen (Fälligkeit, Zinsen)

11   In § 14 Abs. 2 VVG ist für fällig gewordene Geldleistungen geregelt, dass der VN Abschlagszahlungen verlangen kann, wenn die Erhebungen zur Feststellung des Versicherungsfalles und des Umfanges der Leistung einen Monat nach Meldung des Falles nicht abgeschlossen werden konnten, ohne dass den VN ein Verschulden daran trifft.

12   In 14 Abs. 3 VVG wird darauf hingewiesen, dass eine Vereinbarung, die den Versicherer von der Zahlung von Verzugszinsen befreit, unwirksam ist.

13   Damit wird klargestellt, dass der Versicherer seine Prüfungs- und Feststellungspflichten nicht über Gebühr ausdehnen darf und nach einem Monat Abschlagszahlungen zu leisten hat sowie nach den normalen Regelungen des BGB Verzugszinsen entstehen können.

III. Ausgestaltung für die Schadensversicherung

14   Zunächst fällt auf, dass der Gesetzgeber den Begriff der Schadensversicherung nicht definiert hat. Nach altem Recht wurde unterschieden zwischen Summenversicherung und Schadensversicherung. In der **Schadensversicherung** ist der VR verpflichtet, dem VN nach Eintritt des Versicherungsfalles den dadurch verursachten Vermögensschaden zu ersetzen, soweit die vertraglich vereinbarte Versicherungssumme ausreicht. Die Schadensversicherung ist auf die konkrete Bedarfsdeckung zugeschnitten[7]. Es ist davon auszugehen, dass diese Definition weiterhin gilt. Hierzu zählen bspw. die im VVG nicht gesondert geregelte Kraftfahrzeugversicherung, die Hausratversicherung u. a.

1. Versicherungswert

15   Der Versicherungswert ist für die gesamte Schadensversicherung nicht festgelegt, die frühere Regelung zur Begrenzung auf die Versicherungssumme (§ 50 VVG a. F.) wurde ersatzlos gestrichen. § 74 Abs. 1 VVG enthält lediglich eine Begriffsdefinition: „… Wert des versicherten Interesses (Versicherungswert)…" Gem. § 76 S. 1 VVG kann der Versicherungswert auch „durch Vereinbarung auf einen bestimmten Wert (Taxe)" festgelegt werden.

2. Zusätzliche Leistungen

16   **a) Aufwendungsersatz (Rettungskosten).** § 82 VVG erlegt dem VN eine Pflicht zur Abwendung und Minderung des Schadens auf. Ebenso wie im alten § 63 ist im neuen § 83 VVG ein Erstattungsanspruch des VN gegen seinen Versicherer, auch wenn die Bemühungen erfolglos bleiben, soweit der VN sie nur für geboten erachten durfte. Dabei kann auch gem. § 83 Abs. 3 VVG die Versicherungssumme zusammen mit der sonstigen Entschädigung überschritten werden.

17   In der Neuregelung wird auch der neue Grundsatz im VVG berücksichtigt, bei grob fahrlässig begangenen Obliegenheitsverletzungen nicht mehr nach dem Alles-oder-nichts-Prinzip zu verfahren, sondern eine Leistungsminderung entsprechend der Schwere des Verschuldens des VN vorzunehmen. Gem. § 83 Abs. 2 VVG kann der Versicherer seinen Aufwendungsersatz ebenfalls entsprechend reduzieren.

18   Die Rechtsprechung des BGH zur Vorerstreckungstheorie in der Kraftfahrzeugversicherung, nach der auch Aufwendungen des VN zu ersetzen sind, die unmittelbar vor Eintritt eines Schadenfalles zu dessen Abwehr erbracht werden[8], haben keinen Eingang in die über-

---

[7] *Koch/Holthausen*, Versicherungslehre 1, S. 24.
[8] BGH, NJW 1991, 1609; s. zuvor III.2.a.

greifende Regelung zur Schadensversicherung gefunden[9]. Sie ist lediglich zur Sachversicherung in § 90 VVG eingeflossen (s. u.). Daraus ist zu schließen, dass die Anwendung dieser Regelung auf die Sachversicherung beschränkt sein soll[10].

b) Schadenermittlungskosten. Gem. § 85 Abs. 1 VVG hat der Versicherer die nach den 19
Umständen gebotenen Aufwendungen zur Ermittlung und Festsetzung des Schadens zu erstatten, auch wenn dadurch zusammen mit der Entschädigungsleistung die Versicherungssumme überschritten wird.

Ebenso wie beim Aufwendungsersatz nach § 83 VVG kann der Versicherer die Erstattung kürzen, soweit er auch berechtigt ist, seine Leistung zu kürzen.

IV. Ausgestaltung für die Sachversicherung

1. Versicherungswert

In § 88 VVG ist der Versicherungswert in der Form des Zeitwertes festgeschrieben, die Re- 20
gelung ist aber abdingbar. Beim **Zeitwert** handelt es sich um den Wert, den die versicherte Sache am Tag des Schadens hat[11]. Die Bemessung des Zeitwertes erfolgt durch einen Abzug vom Neuwert entsprechend dem Zustand der Sache. Gegenbegriff zum Zeitwert ist der **Neuwert.** Darunter ist der Betrag zu verstehen, der zur Wiederbeschaffung ohne Abzug neu für alt aufzuwenden ist. Maßgeblich ist der Wiederbeschaffungsaufwand zum Zeitpunkt des Versicherungsfalles, nicht der Anschaffungspreis[12].In der Praxis wird der Wert häufig anders vereinbart, so dass die hier getroffene Regelung eher geringe Bedeutung erlangen wird.

Maßgebliche Bedeutung hat der Versicherungswert für die Feststellung einer Über- oder Unterversicherung[13].

Der **gemeine Wert** einer Sache ist ihr **Verkehrswert.** Darunter ist der Wert zu verstehen, 21
den die Sache objektiv ohne Rücksicht auf Besonderheiten und individuelle Verhältnisse hat. Falls die Parteien nicht in zulässiger Weise eine andere Vereinbarung getroffen haben, handelt es sich bei dem Verkehrswert um den **Wiederbeschaffungswert.** Das ist der Betrag, den der VN im Versicherungsfall höchstens aufzuwenden hat, um Ersatz gleicher Art und Güte für den Verlust oder die Zerstörung der versicherten Sache zu erlangen. Für den Verbraucher, der die Sache beim Händler wiederbeschafft, umfasst der Wiederbeschaffungswert auch die Handelsspanne und die Umsatzsteuer[14]. Der Gegenbegriff zum Wiederbeschaffungswert ist der Veräußerungswert.

2. Wiederherstellungsklausel

Insbesondere in der Gebäudeversicherung und der Fahrzeugversicherung finden sich in der 22
Praxis häufig Bedingungen, nach denen der VN einen Ersatzanspruch über den Zeit- oder Wiederbeschaffungswert der Sache hinaus bis zum Neuwert erlangt, wenn die Neuanschaffung oder Wiederherstellung gesichert ist („Kleine Wiederherstellungsklausel") oder tatsächlich stattgefunden hat („Strenge Wiederherstellungsklausel"). § 93 VVG regelt jetzt den Fall der kleinen Wiederherstellungsklausel in Form einer Fälligkeitsregel, die als Auslegungshilfe für entsprechende AVB anzusehen ist. Neu ist die Bestimmung in § 93 S. 2 VVG, die den VN zur Rückzahlung der Neuwertspitze verpflichtet, wenn die Wiederherstellung oder Wiederbeschaffung nicht innerhalb „einer angemessenen Frist" vorgenommen wird. Damit entfällt der früher notwendige Umweg über §§ 812/826 BGB, um eine Rückzahlungsverpflichtung herzuleiten.

---

[9] RegE S. 80.
[10] *Rixecker,* ZfS 2007, 256; *Marlow/Spuhl,* Das Neue VVG, IX. 3., S. 89; *Burmann/Heß/Höke/Stahl,* Das neue VVG im StraßenverkR, Rz. 425; kritisch *Schimikowski/Höra,* Das neue VVG, 2.12.4, S. 152f.; *Schwintowski/Brömmelmeyer/Hammel,* Praxiskommentar zum VVG, § 88 Rn. 2.
[11] *Römer/Langheid/Römer,* § 52 VVG Rn. 6.
[12] *Römer/Langheid/Römer,* § 52 VVG Rn. 7 m.w.N.
[13] S. dazu unten, Rn. 41ff.
[14] *Römer/Langheid/Römer,* § 52 VVG Rn. 5.

23   Da die Regelung abdingbar ist, kann die strenge Wiederherstellungsklausel weiterhin verwendet werden.

3. Zusätzliche Leistungen

24   **a) Inbegriff von Sachen.** Gem. § 89 Abs. 2 VVG wird der Versicherungsschutz bei einer Versicherung für einen Inbegriff von Sachen (z. B. die Hausratversicherung) ausgedehnt auf diejenigen Sachen, die eine in häuslicher Gemeinschaft mit VN lebende Person eingebracht hat. Auf die Eigenschaft als Familienangehöriger kommt es nicht an. Die Deckung wirkt hier als Versicherung für fremde Rechnung.

25   **b) Erweiterter Aufwendungsersatz (Rettungskosten).** Gem. § 90 VVG erstreckt sich der oben zur Schadensversicherung erörterte Aufwendungsersatz bei Abwendung/Minderung eines Schadens in der Sachversicherung auch auf die Abwehrmaßnahmen, die unmittelbar vor Eintritt des Schadenfalles ergriffen werden (sog. Vorerstreckungstheorie[15]). Aus der Stellung im Gesetz ist zu schließen, dass die Regelung allein für die Sachversicherung gelten soll[16]; anderenfalls hätte sie in den Vorschriften zur Schadensversicherung oder denjenigen für alle Versicherungszweige stehen müssen.

26   **c) Verzinsung der Entschädigung.** Soweit der VR seine Leistung in Geld zu erbringen hat, sei es als Entschädigungsleistung, sei es als Kostenersatz, besteht Verzinsungspflicht gemäß § 91 S. 1 VVG. Der Zinssatz nach dieser Vorschrift beträgt 4%. Die Zinspflicht setzt mit dem Ablauf eines Monats seit der Anzeige des Versicherungsfalles ein. Gesetzliche Zinsen aus anderem Rechtsgrund sind darüber hinaus möglich. Zu denken ist an vertraglich vereinbarte Zinsen oder an einen weitergehenden Verzugsschaden. Eine Kumulation der Zinsen tritt nicht ein; vielmehr wird der jeweils höhere Zins geschuldet[17]. Solange die Feststellungen des Versicherers durch Verschulden des VN gehindert sind, ist die Frist gehemmt, § 91 S. 2 VVG.

V. Ausgestaltung für einzelne Versicherungszweige

Für bestimmte, im VVG geregelte Versicherungszweige ist der Umfang der Leistung des Versicherers näher geregelt.

1. Ausgestaltung für die Haftpflichtversicherung

27   In § 100 VVG ist die Leistung des Haftpflichtversicherers als Pflicht zur Freistellung von Ansprüchen geregelt, denen der VN gegenüber einem Dritten aufgrund einer Tatsache ausgesetzt ist, die während der Vertragslaufzeit eingetreten ist. Bis zur Höhe der in der Praxis vereinbarten Versicherungssumme hat der Versicherer also den Dritten zu entschädigen.

Nach der Begründung zum Regierungsentwurf soll das Abstellen auf eine Tatsache Raum lassen für die unterschiedlichen Definitionen des Versicherungsfalles (z. B. Anspruchserhebungs-/Verstoß-/Schadenereignisprinzip)[18]. Das entspricht der h. M. zum geltenden Recht[19].

28   In § 100 2. Hs. VVG wird klargestellt, dass der Versicherer auch verpflichtet ist, unbegründete Ansprüche abzuwehren. Das bezeichnet die Rechtsschutzfunktion der Haftpflichtversicherung. Folgerichtig hat er gem. § 101 VVG die notwendigen Kosten dieser Abwehrmaßnahmen zu tragen, auch wenn diese zusammen mit einer etwaigen Entschädigungsleistung eine vereinbarte Versicherungssumme übersteigen.

29   In der Betriebshaftpflichtversicherung umfasst die Deckung auch die Personen, die zur Vertretung des Unternehmens befugt sind und diejenigen, die in einem Dienstverhältnis zu dem Unternehmen stehen, § 102 VVG.

---

[15] BGH, NJW 1991, 1609.
[16] S. o. Fn 9.
[17] OLG Hamburg, NJW-RR 1989, 680.
[18] RegE S. 85.
[19] *Prölss/Martin/Knappmann*, § 149 VVG Rn. 12.

In der Pflichthaftpflichtversicherung sind in § 114 Abs. 1 VVG nunmehr Mindestde- **30** ckungssummen festgelegt: 250 000 EUR je Versicherungsfall mit einer Limitierung auf 1 Mio. EUR je Versicherungsjahr.

2. Sonstige Versicherungszweige

Auch in der Rechtsschutzversicherung, § 125 VVG, Transportversicherung, § 130 VVG, **31** der Berufsunfähigkeitsversicherung, § 172 VVG, der Unfallversicherung, § 178 VVG und der Krankenversicherung, § 192 VVG ist die Leistungspflicht des Versicherers gesetzlich beschrieben. In der Lebensversicherung ist lediglich in § 153 VVG die Beteiligung des VN an den Überschüssen und -neu- an den Bewertungsreserven geregelt.

Die Leistungsinhalte vieler anderer Versicherungsarten wie z. B. der Kraftfahrzeugversiche- **32** rung sind nicht im Gesetz beschrieben und können in den Grenzen der AGB-Regeln des BGB und den jeweiligen VVG-Regelungen frei vereinbart werden. In der Praxis finden sich in den klassischen Versicherungszweigen zunehmend Leistungserweiterungen in Form von Beistands-/Assistanceleistungen. Darin wird die Organisation von Hilfeleistungen mit oder ohne Übernahme der dadurch entstehenden Kosten nach einem Versicherungsfall versprochen.

Daneben entstehen auch unabhängig von einem sonstigen Schadenereignis eines anderen Versicherungszweiges gebündelte Assistanceprodukte.

3. Managed care/Naturalersatz

In der Privaten Krankenversicherung hat der Kostenanstieg als Folge einer problematischen **33** Entwicklung im Gesundheitssystem dazu geführt, dass die VR zunehmend Maßnahmen in den Bereichen Leistungsmanagement und **Gesundheitsmanagement** ergreifen. Das Gesundheitsmanagement ist primär durch Vorbeugung, Aufklärung und Beratung gekennzeichnet. Damit bietet der KrankenVR ein erweitertes Leistungsspektrum an, das über den bisherigen hauptsächlichen Leistungsinhalt der Erstattung bereits angefallener Aufwendungen deutlich hinausgeht. Eine ähnliche Entwicklung ist in zahlreichen anderen Sparten zu verzeichnen. Maßnahmen des Gesundheitsmanagements sind im konkreten Fall auf ihre versicherungsvertragliche, versicherungsaufsichtsrechtliche und wettbewerbsrechtliche Zulässigkeit hin zu überprüfen, wobei für den VR in der Regel keine größeren Hindernisse auftreten, weil die Leistungserweiterung dem VN zugute kommt. Da der bisher gezeigte Effekt dieser Leistungserweiterung jedoch in erster Linie als Servicezuwachs zutage getreten ist, nicht aber zu einer wirklich einschneidenden Herabsetzung der Kostenlast geführt hat, gewinnen zunehmend **Managed-Care**-Modelle an Bedeutung, die in der Schweiz und in den USA bereits erfolgreich praktiziert werden[20]. Bestandteile dieser Modelle sind primär **Ärztenetzwerke** in Form von Zusammenschlüssen zwischen Haus- und Fachärzten zur Vermeidung von Doppelbehandlungen und wissenschaftlich abgesicherte, auf neuestem Stand befindliche **Behandlungsrichtlinien.** Inzwischen gibt es auch privatrechtlich betriebene Klinikketten und Reha-Einrichtungen, mit denen Krankenversicherer kooperieren. Als Folge werden Genesungszeiten verkürzt und Heilungschancen verbessert. Durch vertragliche Bindung mit den Netzwerken können die VR inhaltlich und preislich Einfluss nehmen[21]. Rechtlich sind derartige Modelle in vielfacher Hinsicht genauestens zu überprüfen bzw. in Einklang mit der bestehenden Rechtslage zu bringen. Im Rahmen dieser Abhandlung sei nur andeutungsweise auf mögliche Kollisionen hingewiesen. So darf es sich bei dem erweiterten Leistungsangebot nicht um ein versicherungsfremdes Geschäft im Sinne von § 7 Abs. 2 S. 1 VAG handeln. Kartellrechtliche Aspekte sind zu beachten, § 14 GWB. Möchte der KrankenVR selbst medizinische Sachleistungen erbringen, sind diese unter haftungs- und versicherungsvertragsrechtlichen Gesichtspunkten zu überprüfen.

Schließlich muss eine von der GOÄ abweichende Vergütungsregelung zulässig sein[22].

---

[20] *Schoenfeldt/Kalis,* VersR 2001, S. 1325 (1329).
[21] *Schoenfeldt/Kalis,* wie vor.
[22] *Schoenfeldt/Kalis,* VersR 2001, S. 1325 (1334).

In § 192 Abs. 3 VVG ist die Möglichkeit, Zusatzdienstleistungen anzubieten, ausdrücklich aufgenommen worden. Die dortige Aufzählung ist nicht abschließend, so dass weitere Angebote, die unter Heilungs- und Kostenaspekten gleichermaßen von hohem Nutzen sind, möglich sind.

34   **Naturalersatz,** wird zunehmend in den Zweigen der Schadenversicherung angeboten, d. h. statt Ersatz eines Schadens in Geld wird dem VN die Beseitigung des Schadens durch vom VR beauftragte oder organisierte Dienstleister/Handwerkerksbetriebe vertraglich versprochen. Teilweise sieht dieses Angebot eine Reduzierung der Versicherungsprämie gegenüber einem Vertrag mit Geldersatzleistung vor, weil man davon ausgeht, durch die Steuerung der Schadensbeseitigung seitens des VRs sonst häufig eintretende Schadensausweitungen verhindern zu können; daraus resultiert ein geringerer Schadenaufwand, an dessen positiver Ertragswirkung der VN beteiligt werden soll.

C. Den Umfang der Leistung begrenzende Faktoren

I. Regelungen für alle Versicherungszweige

1. Leistungsfreiheit wegen Verletzungen der Prämienzahlungspflicht

35   Verletzt der VN seine Hauptleistungspflicht, die Prämienzahlung, kann dieser Verstoß zur Leistungsfreiheit des VR führen, §§ 37, 38 VVG[23].

2. Leistungsfreiheit wegen sonstiger Pflichtverletzungen des VN

36   Den VN treffen aus dem Vertragsverhältnis regelmäßig auch nebenvertragliche Pflichten, wie z. B. Anzeige- und Auskunftspflichten. So regelt § 19 VVG vorvertragliche Anzeigepflichten, die Einfluss haben auf die Entscheidung des VRs, ob er das Risiko überhaupt oder nur unter Auflagen oder gegen Prämienzuschläge zu übernehmen bereit ist. Neu ist die Einschränkung, dass nur solche Angaben zu den relevanten Gefahrumständen erfasst sind, nach denen der VR in Textform gefragt hat. Die vorsätzliche Verletzung dieser Pflicht führt zum Rücktrittsrecht des VRs vom Vertrag, § 19 Abs. 2 VVG. Wird die Verletzung grob fahrlässig begangen, ergibt sich das Rücktrittsrecht nur dann, wenn der VR das Risiko in Kenntnis der verschwiegenen Umstände auch unter anderen Bedingungen nicht angenommen hätte, § 19 Abs. 4 VVG. In allen anderen Fällen ergibt sich lediglich ein Kündigungsrecht, das keinen Einfluss auf die Leistung hat[24].

37   § 30 Abs. 1 VVG normiert die Pflicht des VN zur Anzeige des Versicherungsfalles. Die Leistungspflicht des VRs ist gem. Abs. 2 dieser Vorschrift nur berührt, wenn sie vertraglich geregelt ist und der VR nicht auf andere Weise rechtzeitig vom Eintritt des Versicherungsfalles erfährt.

38   Arglistige Täuschung, § 22 VVG, führt zur Anfechtbarkeit des Versicherungsvertrages.

39   Gefahrerhöhung, §§ 23 bis 27 VVG. In diesen Regelungen zeigt sich erstmals eine gravierende Neuerung des VVG: Die Aufgabe des sog. Alles-oder-nichts-Prinzips. Während nach früherem Recht die Verletzung bestimmter Pflichten durch den VN zur vollständigen Leistungsfreiheit führte, wird jetzt nach der Schwere des Verstoßes differenziert. Die vorsätzliche Verletzung führt regelmäßig zur Leistungsfreiheit, so auch hier: § 26 Abs. 1 VVG. Bei grob fahrlässiger Verletzung dagegen kann der VR seine Leistung in einem der Schwere des Verstoßes entsprechenden Verhältnis kürzen[25].

40   Die Verletzung vertraglich vereinbarter Obliegenheiten kann gem. § 28 VVG ebenfalls zur vollen oder teilweisen Leistungsfreiheit führen[26].

---

[23] Näheres s. o. § 12.
[24] Näheres s. o. § 14.
[25] Näheres s. u. § 20.
[26] Einzelheiten s. o. § 13.

II. Regelungen für die Schadensversicherung

1. Über-/Unterversicherung

Übersteigt die Versicherungssumme den Versicherungswert erheblich, liegt eine **Überver-** **41** **sicherung** vor, § 74 Abs. 1 S. 1 VVG. Beide Vertragsseiten können dann eine Herabsetzung von Versicherungssumme und Versicherungsprämie verlangen, damit Vollversicherung mit Übereinstimmung von Versicherungssumme und Versicherungswert besteht. Bei Eintritt des Versicherungsfalles wird der Schaden nur bis zur Höhe des Versicherungswertes ersetzt. Wird die Überversicherung in betrügerischer Absicht abgeschlossen, ist der Versicherungsvertrag nichtig, § 74 Abs. 2 VVG.

Von einer **Unterversicherung** spricht man, wenn die **Versicherungssumme** zum Zeit- **42** punkt des Schadenseintritts **niedriger als der Versicherungswert** ist. In diesem Fall haftet der VR nur im Verhältnis der Versicherungssumme zu diesem Wert, § 75 VVG. Dies ist darauf zurückzuführen, dass bei fehlender Deckung von Versicherungswert und Versicherungs- summe der VN für eine zu geringe Summe die Versicherungsprämie entrichtet hat. Die ihm noch zustehende Entschädigung verhält sich zum Schaden wie die Versicherungssumme zum Versicherungswert. Die Berechnung der Entschädigung erfolgt nach der **Proportionalitäts- regel.** Dazu wird die Höhe des Schadens mit der Versicherungssumme multipliziert und an- schließend das Ergebnis durch den Versicherungswert dividiert. Diese Regel greift nur bei Teilschäden. Bei Vollschäden, bei denen die Höhe des Schadens und damit der Versicherungs- wert über der Versicherungssumme liegt, entspricht die Entschädigung der Versicherungs- summe[27]. Sind durch ein Schadensereignis mehrere Versicherungsarten zugleich betroffen (z. B. durch ein Feuerereignis die Gebäude-, Inhalts- und Betriebsunterbrechungsversiche- rung), ist die Unterversicherung je Versicherungsart separat zu ermitteln. Die Unterversiche- rungsregeln beziehen sich auch auf Nebenleistungen. Auch diese sind verhältnismäßig zu kür- zen. **Neu** ist gegenüber der früheren Regelung (§ 57 VVG a. F.), dass die Unterversicherung nur bei **erheblicher Abweichung von** Versicherungswert und Versicherungssumme greift. Hier sollte offenbar die zur früheren Regelung ergangene Rechtsprechung, nach der eine Ab- weichung von bis zu 10 % nicht zur Anwendung der Unterversicherung führen soll[28], über- nommen werden[29].

Die Regelung des § 75 VVG ist abdingbar. Häufig liegt es im Interesse des VN, einen Un- **43** terversicherungsverzicht zu vereinbaren. Dies ist insbesondere im Bereich der Hausratver- sicherung sinnvoll und in der Praxis weit verbreitet. Häufig erhöht sich der Versicherungswert während der Vertragslaufzeit durch Anschaffung weiterer Gegenstände oder der Versiche- rungswert nimmt durch Preissteigerungen zu.

2. Mehrfachversicherung

Die frühere „Doppelversicherung" ist im neuen VVG nun als Mehrfachversicherung aus- **44** gestaltet worden. Durch die Regelungen in § 78 VVG wird die Gesamtleistung mehrerer Versicherungen für dasselbe Risiko begrenzt auf den tatsächlichen Schaden. Für die in § 77 VVG enthaltene Anzeigepflicht des VN ist keine Nachteilige Wirkung einer Verletzung die- ser Obliegenheit auf die Leistungspflicht vorgesehen. In zahlreichen Versicherungsbedingun- gen werden hier Regelungen vereinbart, die die Leistungsfreiheit bei Verletzung der Anzei- gepflicht vorsehen. Sie müssen sich nun an den Vorgaben in § 28 VVG orientieren.

3. Selbstbehalt

Die vertragliche Vereinbarung eines Selbstbehaltes oder einer **Selbstbeteiligung** stellt **45** eine bewusste Form der Unterversicherung dar. Diese kann gestaltet werden als sog. **Integ- ralfranchise,** wobei kleinere Schäden zwecks Kostenersparnis unversichert bleiben, oder als

---

[27] *Römer/Langheid/Römer*, § 56 VVG Rn. 3.
[28] *Prölss/Martin/Kollhosser*, § 57 Rn. 11 m. w. N.
[29] *Schimikowski/Höra*, Das neue VVG, 2.12.1, S. 147.

Höke   983

Abzugsfranchise, wobei ein Abzug an jedem Schaden vorgenommen wird[30]. Es ist möglich, diesen Abzug als festen Betrag oder als Abzugsprozentsatz zu gestalten. Der Abzug erfolgt von der Entschädigung, wie sie ohne Selbstbehalt zu leisten wäre.

4. Herbeiführung des Versicherungsfalles

46   In § 81 VVG ist die frühere Regelung des § 61 VVG a. F. Dahingehend modifiziert worden, dass die grob fahrlässige Herbeiführung des Versicherungsfalles nicht mehr von vornherein zur vollen Leistungsfreiheit führt, sondern eine der Schwere des Verstoßes entsprechende Kürzung vorgenommen werden kann, § 81 Abs. 2 VVG[31].

III. Regelungen für die sonstigen Versicherungszweige

47   Auch in den übrigen Versicherungszweigen sind ähnliche Regelungen enthalten (so z. B. die Herbeiführung des Versicherungsfalles in § 137 VVG für die Transportversicherung, in §§ 161 und 162 VVG für die Lebensversicherung, § 183 VVG für die Unfallversicherung oder die Regelungen zur Gefahrerhöhung in § 132 VVG für die Transportversicherung und § 181 VG für die Unfallversicherung)[32].

48   Neu ist in der Pflichthaftpflichtversicherung die Möglichkeit, eine Selbstbeteiligung vorzusehen, § 114 Abs. 2 S. 2 VVG.

§ 20. Gefahrerhöhungen

Inhaltsübersicht

---

[30] *Prölss/Martin/Kollhosser,* § 56 VVG Rn. 11.
[31] Näheres s. o. § 16.
[32] S. jeweils bei den Versicherungszweigen.

Literatur: *Beckmann,* Kündbarkeit einer Sportveranstaltungs-Ausfallversicherung wegen Gefahrerhöhung – unter Berücksichtigung der Ausfallversicherung der Fußball-Weltmeisterschaft 2002, ZIP 2002, 1125; *Hofmann,* Neue Tendenzen der Rechtsprechung zur Gefahrerhöhung in der Kraft-Haftpflicht-Versicherung, NJW 1975, 2181; *Honsell,* Beweislast- und Kompensationsprobleme bei der Gefahrerhöhung, VersR 1981, 1094; *ders.,* Der rechtliche Schutz der Privatversicherer vor dem sogenannten subjektiven Risiko, VersR 1982, 112; *Langheid,* Ausfallversicherung und Gefahrerhöhung, NVersZ 2002, 433; *Martin,* Verstoß gegen vereinbarte Sicherheitsvorschriften als Vornahme einer Gefahrerhöhung?, VersR 1988, 209; *Prölss,* Anzeigeobliegenheiten des VN bei Drohungen Dritter – Zugleich ein Beitrag zur Mitversicherung von Gefahrerhöhungen, NVersZ 2000, 153; *ders.,* Der VR als „Treuhänder der Gefahrengemeinschaft" – Zur Wahrnehmung kollektiver Belange der VN durch den Privatversicherer, FS für Karl Larenz, 1983, 487; *ders.,* Künftige Sanktionen der Verletzung von Obliegenheiten des VN: die Reform des § 6 VVG sowie der §§ 16ff. VVG und der §§ 23ff. VVG, ZVersWiss 2001, 471; *Werber,* Haftungsverschärfendes Gesetz und Haftpflichtversicherung, VersR 1991, 522; *ders.,* Die Gefahrerhöhung im deutschen, schweizerischen, französischen, italienischen, schwedischen und englischen Versicherungsvertragsrecht, 1967.

A. Einleitung: Überblick über die gesetzlichen Regelungen nach der Reform des VVG

Der Gesetzgeber ist bei der Neufassung der §§ 23 VVG den Vorschlägen der Kommission **1** zur Reform des Versicherungsvertragsrechts inhaltlich gefolgt[1]. Die Neufassung der Bestimmungen ist durch die weitgehende Abkehr vom Alles-oder-Nichts-Prinzip sowie eine Differenzierung der Rechtsfolgen nach dem Verschuldensgrad geprägt. Die Folgen einer Gefahrerhöhung sind jetzt flexibler geregelt: Im Grundsatz kann der VR den Versicherungsvertrag kündigen, einseitig eine Prämienanpassung vornehmen oder die Gefahrerhöhung im Wege einer Vertragsanpassung ausschließen. Hierauf kann der VN gegebenenfalls mit einer Kündigung des Versicherungsvertrages reagieren (§ 25 Abs. 2 VVG). Der Gesetzgeber hat damit gleichzeitig die lange umstrittene Frage salomonisch gelöst, ob die §§ 23ff. VVG eine Ausprägung der Lehre von der Geschäftsgrundlage oder eine Regelung zur Optimierung der Prämienkalkulation darstellen[2]: Da die Rechtsfolgen einer Gefahrerhöhung wahlweise in einer Prämienanpassung, einem Ausschluss der Gefahr oder einer Kündigung bestehen, können beide Seiten ihren Standpunkt im Gesetz wieder finden.

Auch nach der Neufassung des VVG bleibt es bei dem Grundsatz, dass der VN keine ein- **2** seitige Gefahrerhöhung vornehmen darf (§ 23 Abs. 1 VVG). Das Gesetz unterscheidet weiterhin im Wesentlichen zwei Modalitäten der Gefahrerhöhung: die willkürliche (subjektive) Gefahrerhöhung einerseits (§ 23 Abs. 1, 2 VVG) und die nicht veranlasste (objektive) Gefahrerhöhung andererseits (§ 23 Abs. 3 VVG). Während diese den VR lediglich zur Kündigung berechtigt, kann jene zur Leistungsfreiheit im Schadensfall führen. Neu eingeführt hat das Gesetz eine Differenzierung bei der willentlichen Gefahrerhöhung, bei der es der erst nachträglich als solcher erkannten Gefahrerhöhung eine eigene Regelung zuweist (§ 23 Abs. 2 VVG) und sie milder beurteilt als die von Anfang an erkannte und gewollte Gefahrerhöhung. Den VN trifft in diesem Fall wie bei der ungewollten Gefahrerhöhung eine Anzeigepflicht, wobei eine Verletzung dieser Pflicht unter Umständen ihrerseits die Leistungsfreiheit des VR auch bei nachträglich erkannter oder nicht veranlasster Gefahrerhöhung nach sich ziehen kann. Kennzeichen der Neufassung der Regelungen zur Gefahrerhöhung ist der weitgehende Verzicht auf das Alles-oder-Nichts-Prinzip, das nur noch bei einer vorsätzlich herbeigeführten Gefahrerhöhung gilt. Auch werden die Kündigungsfristen bei Verletzung der Anzeigepflicht danach ausgerichtet, ob sie vorsätzlich oder grob fahrlässig erfolgte. In den letztgenannten Fällen ist der VR zu einer sofortigen Kündigung berechtigt, während in allen anderen Fällen eine Monatsfrist zu beachten ist. Unverändert kennt das Gesetz einige Ausnahmefälle, in denen die Gefahrerhöhung folgenlos bleibt, insbesondere bei belanglosen oder mitversicherten Gefahrerhöhungen (§ 27 VVG). Zwar sind die Regelungen zur Gefah-

---

[1] VVG-Reform Zwischenbericht, 50ff.
[2] Vgl. Vorauflage, § 20, Rn. 2.

rerhöhungen nach der Reform etwas klarer und von praktisch bedeutungslosen Vorschriften befreit, jedoch liegt in der Abgrenzung der Rechtsfolgen nach dem Verschuldensgrad eine hohe Unsicherheit, die eine Streitanfälligkeit nach sich ziehen kann.

B. Fälle der Gefahrerhöhung

I. Abgrenzung zu §§ 28, 81 VVG

1. Begriff der Gefahrerhöhung

3   Das Gesetz definiert unverändert die Gefahrerhöhung nicht. Hieraus darf der Schluss gezogen werden, dass der Gesetzgeber den von Rechtsprechung und Lehre entwickelten Begriff billigt und unverändert fortführt. Die h. M. versteht die Gefahrerhöhung als eine **nachträgliche Änderung der bei Vertragsabschluss tatsächlich vorhandenen gefahrerheblichen Umstände, die den Eintritt eines Versicherungsfalls oder eine Vergrößerung des Schadens wahrscheinlicher machen**[3]. Die Rechtsprechung fordert zusätzlich, dass der gefahrerhöhende Umstand von einer solchen **Dauerhaftigkeit** sein muss, dass er die Grundlage eines neuen natürlichen Gefahrenverlaufs bilden kann und damit geeignet ist, den Eintritt des Versicherungsfalls generell zu fördern, ohne dass allerdings der Umstand der erhöhten Gefahren tatsächlich lang angedauert haben muss[4].

4   Umstritten ist, ob das Kriterium der Dauerhaftigkeit ein **konstitutives Merkmal der Gefahrerhöhung** darstellt[5]. Zu unterschiedlichen Ergebnissen führen die Ansichten insbesondere in Fällen, in denen eine Gefahrerhöhung nur kurzzeitig andauert, z. B. bei einer einmaligen Trunkenheitsfahrt, die ja für sich bereits die Gefahr eines Schadensfall erhöht, nach der Rechtsprechung jedoch mangels Dauerhaftigkeit noch nicht als Gefahrerhöhung im Sinne des § 23 Abs. 1 VVG qualifiziert wird[6]. Zuzugeben ist den kritischen Stimmen, dass die Dauerhaftigkeit für die in den §§ 23 ff. VVG erfasste veränderte Risikolage keine notwendige Voraussetzung ist. Auch kurzzeitige Verhaltensweisen oder Veränderungen von Umständen können den Eintritt der versicherten Gefahr erhöhen. So gerät die Rechtsprechung etwa bei sogenannten Brandreden mit dem Erfordernis der Dauerhaftigkeit in Schwierigkeiten, da sie – wenig überzeugend – in diesem Fall fordert, dass zwischen Gefahrerhöhung und Schadensfall ein zeitlicher Abstand liegen muss, um das Kriterium der Dauerhaftigkeit zu erfüllen[7]. Auch die Fälle des Führens eines nicht verkehrssicheren Fahrzeugs oder der subjektiven Fahruntauglichkeit lassen sich mit dem Kriterium der Dauerhaftigkeit nicht überzeugend abgrenzen, da in diesen Fällen die Dauerhaftigkeit mit der wiederholten Vornahme des gefahrerhöhenden Verhaltens gleichgesetzt wird und damit lediglich ein quantitatives, nicht aber ein qualitatives Abgrenzungskriterium gefunden wird.

    Dem gegenüber ist allerdings den Bemühungen der Rechtsprechung zu konzedieren, dass sie mit dem Erfordernis der Dauerhaftigkeit **kurzzeitige oder einmalige folgenlose Gefahrerhöhungen** ausschließen und damit die scharfen Rechtsfolgen der §§ 23 ff. VVG

---

[3] *Prölss/Martin/Prölss*, § 23, Rn. 4; Berliner Kommentar/*Harrer*, § 23, Rn. 4; *Werber*, VersR 1991, 522 (523); *ders.*, 15; *Römer/Langheid/Langheid*, §§ 23–25, Rn. 5; *Schimikowski*, VersVertragsrecht, Rn. 200; OLG Düsseldorf v. 27. 6. 1995, VersR 1997, 231 (232); BGH v. 15. 11. 1978, VersR 1979, 73 (74); keine Gefahrerhöhung liegt in der bloßen nachträglichen Erweiterung der Wohnung, OLG Hamm v. 19. 1. 2000, NVersZ 2000, 282 (283).

[4] BGH v. 18. 10. 1952, BGHZ 7, 311 (317); BGH v. 24. 1. 1957, BGHZ 23, 142 (146) und in ständiger Rechtsprechung; ebenso *Schimikowski*, VersVertragsrecht, Rn. 200; *Werber*, 29.

[5] Kritisch *Prölss/Martin/Prölss*, § 23, Rn. 12; Berliner Kommentar/*Harrer*, § 23, Rn. 5; *Römer/Langheid Langheid*, § 3 23–25, Rn. 21.

[6] BGH v. 16. 6. 1971, VersR 1971, 808.

[7] OLG Düsseldorf v. 27. 6. 1995, VersR 1997, (232), das es an der Dauerhaftigkeit fehlen lässt, wenn die Brandrede am Vorabend des Brandes gehalten wurde. Ausreichend für eine Gefahrerhöhung soll hingegen eine zweimalige Brandrede sein, wenn zwischen der letzten Rede und dem Brand sieben Monate liegen, siehe auch OLG Brandenburg v. 15. 12. 1998, VersR 2000, 1014 (1015).

vermeiden will. Die Rechtsprechung hat mit dem Merkmal der Dauerhaftigkeit letztlich die unangemessen erscheinenden Ergebnisse des in den §§ 23 ff. a. F. VVG angelegten Alles-oder-Nichts-Prinzips entschärft. Diese einschränkende Auslegung des Begriffs der Gefahrerhöhung ist auch unter der Geltung des neuen VVG sachgerecht, wenn man bedenkt, dass eine Gefahrerhöhung ja schon dann vorliegt, wenn sie nur abstrakt geeignet ist, den Versicherungsfall herbeizuführen. Auf eine tatsächliche Kausalität für den Schaden kommt es hingegen nicht an. Die Rechtsprechung schließt damit insbesondere Fälle der **einmaligen Trunkenheitsfahrt**[8] **oder sonstiges einmaliges Fehlverhalten**[9], insbesondere im Straßenverkehr, aus. Die Kritiker der Rechtsprechung kommen demgegenüber in den genannten Fällen konsequent zu einer Bejahung der Gefahrerhöhung und damit zu einer erheblichen Ausweitung der unter die §§ 23 ff. VVG fallenden Sachverhalte[10].

Zutreffend ist die **vermittelnde Auffassung,** die in dem Kriterium der Dauerhaftigkeit lediglich ein **Indiz für eine Gefahrerhöhung** sehen will[11]. Schon aus dem Begriff der Gefahrerhöhung lässt sich nicht ableiten, dass zwingend nur dauerhafte Ereignisse erfasst werden. Andererseits gebietet der Sinn und Zweck der Normen, vor allem mit Blick auf die immer noch gravierenden Rechtsfolgen, eine einschränkende Auslegung schon auf der Ebene der rechtlichen Voraussetzungen, so dass ganz kurz andauernde Gefahrerhöhungen auszuscheiden sind. Danach spricht eine gewisse dauerhafte Erhöhung der Eintrittswahrscheinlichkeit eines Schadens für eine Gefahrerhöhung, während eine einmalige oder nur ganz kurzzeitige Erhöhung des Gefahreintritts lediglich eine übliche, vom Vertrag gedeckte Risikoänderung darstellt[12].

2. Abgrenzung zu § 28 VVG

§ 23 Abs. 1 VVG verbietet dem VN die Vornahme einer nachträglichen Gefahrerhöhung,   5 ist mithin also als eine **gesetzliche Obliegenheit** ausgestaltet[13]. Häufig werden Verpflichtungen des VN zur Vermeidung von Risiken konkret im VV geregelt, z. B. die Verpflichtung des VN zur Instandhaltung und Instandsetzung des Gebäudes in der Gebäudeversicherung, § 24 Ziff. 1b VGB 2000. Dies wirft die Frage auf, wie sich die Regelungen der §§ 23 ff. VVG zu den vertraglichen Obliegenheiten verhalten. Hierzu bestimmte § 32 VVG a. F., dass die §§ 23 ff. VVG vertragliche Obliegenheiten, und zwar solche, die der Verminderung der Gefahr oder dem Zweck der Verhütung einer Gefahrerhöhung dienen, nicht berühren. Das hat eine inzwischen aufgegebene Rechtsprechung in einer Einzelfallentscheidung dahingehend verstanden, dass bei einer Verletzung einer vertraglichen Obliegenheit, in der gleichzeitig eine Gefahrerhöhung liegt, die §§ 23 ff. VVG hinter § 6 i. V. m. § 32 VVG a. F. zurücktreten[14]. Die Neufassung des VVG enthält die Regelung des § 32 VVG a. F. nicht mehr. Es ist daher der gesetzgeberische Wille dahin zu verstehen, dass die Frage des Konkurrenzverhältnisses von Lehre und Rechtsprechung entschieden werden soll.

Die bislang h. M. nimmt an, dass die Regelungen zur Gefahrerhöhung neben den Bestimmungen zu den vertraglichen Obliegenheiten anwendbar sind[15]. Die Begründung stützte sich

---

[8] BGH v. 18. 10. 1952, BGHZ 7, 311 (317).

[9] Beispiele bei Berliner Kommentar/*Harrer,* § 23, Rn. 52.

[10] Vgl. nur *Römer/Langheid/Langheid,* §§ 23–25, Rn. 76, die in der Benutzung eines nicht verkehrssicheren Fahrzeugs immer eine Gefahrerhöhung sehen; ebenso für die Trunkenheitsfahrt Berliner Kommentar/*Harrer,* § 23, Rn. 5.

[11] *Prölss/Martin/Prölss,* § 23, Rn. 12; Berliner Kommentar/*Harrer,* § 23, Rn. 5.

[12] Berliner Kommentar/*Harrer,* § 23, Rn. 5.

[13] BGH v. 21. 1. 1987, BGH VersR 87, 921; *Schimikowski,* VersVertragsrecht, Rn. 210; *Werber,* 6.

[14] BGH v. 21. 9. 1964, BGHZ 42, 295 (297). Dass der BGH hier eine allgemein gültige Aussage treffen wollte, erscheint zweifelhaft: Er hat entschieden, dass die in Rede stehende Klausel, die Pflicht zur Absperrung von Wasserleitungen in unbewohnten Häusern, so auszulegen sei, dass der in der Klausel speziell erfasste Gefahrenumstand Teil der versicherten Gefahr ist und der Eintritt dieses Umstands daher nicht als Gefahrerhöhung zu qualifizieren ist.

[15] OLG Hamm v. 21. 4. 1989, VersR 1990, 86 (87); BGH v. 8. 7. 1978, VersR 1987, 921 (922 f.); *Prölss/Martin/Prölss,* § 32, Rn. 1; *Martin,* VersR 1988, 209 (210); *Römer/Langheid/Langheid,* § 32, Rn. 1; § 13, Rn. 56.

Hahn

auf § 32 VVG a. F., der für bestimmte vertragliche Obliegenheiten regelt, dass diese durch die §§ 23 ff. VVG unberührt bleiben. Die umgekehrte Geltung der Gefahrerhöhungsbestimmung neben den vertraglichen Obliegenheiten wird mithin als selbstverständlich unterstellt. Auch in anderen Fällen pflegt das Gesetz nicht die Geltung gesetzlicher Regelungen zu bestätigen[16]. Ein Verzicht auf die dem VR zu gute kommenden Rechtsfolgen der §§ 23, 25 VVG zu Gunsten der ausschließlichen Geltung der Bestimmungen über vertragliche Obliegenheiten ließe sich nur im Wege einer Auslegung ermitteln. Die Annahme eines solch weitgehenden Verzichts auf gesetzliche Rechte zu Gunsten des VN setzt jedoch mehr voraus als die Statuierung konkreter Gefahrverhütungsobliegenheiten im Versicherungsvertrag[17]. Dem ist – auch unter der Geltung des neuen VVG – unverändert zuzustimmen: Es sind keine rechtslogischen oder rechtssystematischen Gründe erkennbar, die eine Anwendbarkeit der §§ 23 ff. VVG neben § 28 VVG ausschließen. Vielmehr – und dies zeigt auch die Judikatur – findet sich häufiger der Fall, dass der VR in AVB konkrete Gefahrerhöhungen durch Festlegung von Obliegenheiten zu vermindern versucht, z. B. durch den Hinweis auf die gebotene Einhaltung von Sicherheitsvorschriften oder die Verpflichtung, wasserführende Anlagen und Einrichtungen ebenso wie Dächer in ordnungsgemäßem Zustand zu erhalten und Mängel unverzüglich zu beseitigen (§ 24 Ziff. 1 a), b) VGB 2000). Verletzt der VN eine solche Obliegenheit und erfüllt er damit zugleich den Tatbestand einer Gefahrerhöhung[18], bestimmen sich die Rechtsfolgen wie auch sonst in Fällen von Anspruchskonkurrenz nach den jeweils einschlägigen Bestimmungen. Auch sofern Wertungswidersprüche zwischen vertraglichen Obliegenheiten und den Regelungen zur Gefahrerhöhung auftreten, lassen diese sich mit den bekannten Auslegungsmethoden bewältigen. So gilt z. B. ein strengerer Haftungsmaßstab in AVB auch für die Prüfung einer Gefahrerhöhung im Sinne des § 23 VVG[19]. Sofern in AVB nicht klar geregelt ist, welcher Verschuldensmaßstab für eine Obliegenheitsverletzung gilt, wenn diese zugleich eine Gefahrerhöhung darstellt, greift zu Gunsten des VN § 305 c Abs. 2 BGB ein mit der Folge, dass der mildere Verschuldensmaßstab gilt[20]. Fraglich ist, ob auch dann eine einheitliche Vertragsauslegung geboten ist, wenn die Obliegenheitsverletzung ohne Rechtsfolgen bleibt, jedoch eine Kündigung wegen Gefahrerhöhung noch möglich ist. Dies ist etwa der Fall, wenn die Kündigungsfrist nach § 28 Abs. 1 VVG bereits abgelaufen ist. So könnte in dem Verstreichenlassen der Kündigungsfrist ein stillschweigender Verzicht auch auf die Berufung auf die §§ 23 VVG zu sehen sein[21]. Für eine solche Auslegung müssten zumindest Indizien vorliegen, aus denen der Wille des VR ableitbar ist, auf die für ihn positiven Rechtsfolgen der §§ 23 ff. VVG abschließend zu verzichten. Hierfür reicht jedoch nicht aus, dass der VR lediglich eine nach einer Bestimmung mögliche Rechtsfolge nicht geltend macht, sofern eine hiervon unabhängige Vorschrift ebenfalls eine Möglichkeit der Lösung vom Vertrag vorsieht. Anders als bei der Frage eines unterschiedlichen Verschuldensmaßstabs ist bei der Ausübung von Gestaltungsrechten der VN auch nicht im Hinblick auf Unklarheiten schutzbedürftig, da hier nicht sein eigenes Verhalten verschiedenen Bewertungen unterworfen wird, sondern lediglich ein Unterlassen des VR und dessen Bedeutung in Rede stehen[22].

---

[16] *Martin,* VersR 1988, 209 (210).

[17] BGH v. 8. 7. 1987, VersR 1987, 921 (923); *Martin,* VersR 1988, 209 (210).

[18] Zu Recht weist *Prölss/Martin/Prölss,* § 32, Rn. 1, darauf hin, dass nicht jede Obliegenheitsverletzung zugleich eine Gefahrerhöhung darstellt.

[19] *Prölss/Martin/Prölss,* § 32, Rn. 2.

[20] Vgl. BGH v. 19. 10. 1994, VersR 1994, 1465 m. Anm. *Hübner,* LM AGBG, § 5, Nr. 23; kritisch hierzu *Römer/Langheid/Langheid,* § 32, Rn. 5, die allerdings nicht ausreichend berücksichtigen, dass widersprüchliche Verschuldensgrade für das selbe Verhalten im Interesse einer kohärenten Vertragsauslegung aufgelöst werden müssen.

[21] Vgl. BGH v. 21. 9. 1964, BGHZ 42, 295 (298), kritisch *Martin,* VersR 1988, 209 (211); der BGH hatte entschieden, dass die Regelungen der §§ 23 ff. VVG neben den Sicherheitsvorschriften der LeitungswasserV nicht zur Anwendung kommen.

[22] Ebenso *Römer/Langheid/Langheid,* § 32, Rn. 6; *Prölss/Martin/Prölss,* § 32, Rn. 2; *Martin,* VersR 1988, 209 (217 f.).

Zweifelhaft ist schließlich auch der Fall, dass der VN in **Erfüllung einer vertraglichen** 6 **Obliegenheit** gerade die zur Gefahrerhöhung führenden Maßnahmen vornimmt. Diese Konstellation fand sich etwa in dem Fall, dass der VN einer Gebäudeversicherung die ihm obliegenden Instandhaltungsmaßnahmen durchführt und zu diesem Zweck ein Gerüst aufstellt oder Teile des Dachs entfernt[23]. Der BGH hat diesen Fall dadurch gelöst, dass er in der Reparatur nur eine vorübergehende Gefahrerhöhung gesehen hat, die keine dauerhaft erhöhte Wahrscheinlichkeit eines Schadenseintritts begründet[24]. Zutreffender und vom Einzelfall losgelöst wäre in diesen Fällen im Wege der Auslegung zu ermitteln, ob nicht VR und VN in der Vereinbarung konkreter vertraglicher Obliegenheiten zugleich einen Verzicht auf die Qualifizierung dieser Obliegenheiten als Gefahrerhöhung vereinbart haben. Hierfür spricht, dass die Erfüllung einer Obliegenheit zwar objektiv eine Gefahrerhöhung darstellen mag, eine Nichterfüllung jedoch in höherem Maße eine Gefahrerhöhung nach sich zieht, da dann der Eintritt des Versicherungsfalls wahrscheinlicher wird. Folglich entspricht es einer verständigen Auslegung, in der Vereinbarung gefahrenabwendender Obliegenheiten einen Ausschluss der §§ 23 ff. VVG zu Gunsten des VN zu sehen, wenn die Erfüllung der Obliegenheit mit einer Gefahrenerhöhung einhergeht[25].

3. Verhältnis zu § 81 VVG

Denkbar ist, dass die **Tatbestände des § 81 VVG und §§ 23 ff. VVG zusammen fallen,** 7 etwa wenn der Versicherungsfall durch eine vorhergehende vorsätzliche Gefahrerhöhung herbeigeführt wird[26]. Da in diesem Fall sowohl nach § 26 Abs. 1 VVG wie nach § 81 Abs. 1 VVG Leistungsfreiheit eintritt, entstehen keine Konkurrenzprobleme[27]. Auch insoweit gilt wie für das Verhältnis zu vertraglichen Obliegenheiten, dass § 81 VVG und die §§ 23 ff. VVG grundsätzlich nebeneinander anwendbar sind[28].

Denkbar ist ein **Konkurrenzproblem** etwa in dem Fall, dass eine nicht durch § 23 VVG 8 erfasste Gefahrerhöhung, der z. B. das Dauermoment fehlt, den Versicherungsfall herbeiführt und auch die übrigen Voraussetzungen für die Leistungsfreiheit nach § 81 VVG vorliegen. Hier stellt sich die Frage, ob nicht eine im Rahmen der §§ 23 ff. VVG vom VR hinzunehmende Gefahrerhöhung eine Berufung auf die Leistungsfreiheit nach § 81 VVG ausschließt[29]. Zweck der §§ 23 ff. VVG ist es, der gegenüber dem Vertragsschluss veränderten Risikolage Rechnung zu tragen[30]. Dem gegenüber will § 81 VVG ein bestimmtes vom VN bewirktes Risiko von der Leistungspflicht des VR ausschließen (subjektiver Risikoausschluss)[31]. Der Zweck der Normen deckt sich somit nicht einmal teilweise. Auch bezüglich des Anwendungsbereichs lässt sich keine Deckungsgleichheit feststellen[32]. Vielmehr muss der in § 23

---

[23] BGH v. 18. 3. 1992, VersR 1992, 606.

[24] BGH v. 18. 3. 1992, VersR 1992, 606 (607).

[25] Denkbar ist auch, in den behandelten Fällen eine Einwilligung des VR in die Gefahrerhöhung zu sehen.

[26] Instruktiv zu den Unterschieden von §§ 23 ff. VVG und 61 a. F. VVG, OLG Koblenz v. 25. 4. 1997, VersR 1998, 233; siehe auch *Prölss/Martin/Prölss,* § 23, Rn. 45. Die Auffassung, wonach sich Gefahrerhöhung und Herbeiführung des Versicherungsfalls stets ausschließen, kann als überholt betrachtet werden, da ihr ein heute nicht mehr vertretener Gefahrerhöhungsbegriff zu Grunde liegt, vgl. zu den früheren Auffassungen *Bruck/Möller,* § 61, Anm. 4; *Prölss/Martin/Prölss,* § 23, Rn. 45; BGH v. 18. 10. 1952, BGHZ 7, 311 (314).

[27] *Prölss/Martin/Prölss,* § 23, Rn. 45; ebenso BGH v. 18. 10. 1952, BGHZ 7, 311 (314).

[28] *Römer/Langheid/Langheid,* §§ 23–25, Rn. 55; *Prölss/Martin/Prölss,* § 23, Rn. 45; *Bruck/Möller,* § 23, Anm. 11; *Stiefel/Hofmann,* Kraftfahrtversicherung, 17. Aufl. 2000 (nachfolgend zit.: *Stiefel/Hofmann*) § 23 VVG, Rn. 8; instruktiv auch OLG Koblenz v. 25. 4. 1997, VersR 1998, 233 (234); OLG Köln v. 25. 4. 2006, r+s 2006, 369 (370).

[29] Offen gelassen in BGH v. 18. 10. 1952, BGHZ 7, 311 (315).

[30] Vgl. oben, Rn. 2.

[31] Berliner Kommentar/*Harrer,* § 23, Rn. 15.

[32] Unzutreffend in so weit OLG Koblenz v. 25. 4. 1997, VersR 1998, 233 (234), das von „teilkongruenten" Normen spricht.

VVG erfasste Fall der Gefahrerhöhung zeitlich zwingend dem in § 81 VVG geregelten Eintritt des Versicherungsfalls vorausgehen, ohne dass umgekehrt zwingend jedem in § 81 VVG erfassten Fall eine Gefahrerhöhung vorhergehen muss. Es lässt sich somit nicht feststellen, dass die §§ 23 ff. VVG einen Spezialfall des § 81 VVG erfassen, damit im Sinne einer lex specialis vorgehen und ggf. Sperrwirkung hinsichtlich der Anwendung des § 81 VVG entfalten.

9   Schließlich ist der Vollständigkeit halber noch auf die Fälle hinzuweisen, in denen zwar der Tatbestand des § 81 VVG, nicht jedoch der §§ 23 ff. VVG erfüllt ist. Dies sind insbesondere die Fälle, in denen der **Gefahrverwirklichung keine Gefahrerhöhung vorhergeht**, z. B. Fälle des Augenblicksversagens wie Überfahren einer roten Ampel oder der einmaligen Trunkenheitsfahrt, die zu einem Verkehrsunfall führt[33].

II. Grundfall: willentliche Gefahrerhöhung

1. Vornahme der Gefahrerhöhung

10   Der **Grundfall der Gefahrerhöhung** in § 23 Abs. 1 VVG ist die sogenannte willkürliche oder willentliche Gefahrerhöhung. Sie ist zunächst im Sinne der oben angeführten Definition gekennzeichnet durch eine – nach der Neufassung des § 23 VVG auf den Zeitpunkt der Abgabe der Vertragserklärung des VN vorverlagerte – Veränderung gefahrerheblicher Umstände, die den Eintritt des Versicherungsfalls oder eine Vergrößerung des Schadens wahrscheinlich machen[34]. Das **voluntative Element** der Gefahrerhöhung kommt jedoch in dieser Definition nicht zur Geltung und liegt in der vom Gesetz auch in der Neufassung geforderten „Vornahme" der Gefahrerhöhung. Der vom VN vorgenommenen Gefahrerhöhung steht die von ihm gestattete Vornahme durch einen Dritten gleich (§ 23 Abs. 1 VVG).

11   Neu in das VVG aufgenommen hat der Gesetzgeber den Fall der erst nachträglich erkannten Gefahrerhöhung (§ 23 Abs. 2 VVG). Maßgeblich ist hierbei, dass der VN die Gefahrerhöhung vornimmt oder gestattet, ihm jedoch erst anschließend sein Verhalten als Gefahrerhöhung bewusst wird. Letztlich handelt es sich um eine wertende Erkenntnis, die bei dem VN erst nach Eintritt der Gefahrerhöhung heranreift[35]. § 23 Abs. 1, 2 VVG unterscheiden sich mithin nur dadurch, dass der VN einmal mit der vollständigen Kenntnis des gefahrerhöhenden Charakters seines Verhaltens handelt und im anderen Fall dieser innere Prozess erst nachträglich eintritt. Der Sinn der Neuregelung erschließt sich erst mit Blick auf die Rechtsfolgen: Die nachträglich erkannte Gefahrerhöhung wird der ungewollten gleichgestellt damit milder sanktioniert[36].

12   Die Frage, ob eine Gefahrerhöhung auch durch Unterlassen möglich ist, war schon nach dem früheren VVG offen und ist auch vom Reformgesetzgeber nicht geregelt worden. Aus dem Begriff der Vornahme leitet insbesondere die Rechtsprechung ab, dass der VN eine Gefahrerhöhung im Sinne des § 23 Abs. 1 VVG nur durch **aktives Handeln** herbeiführen kann[37]. Dies erfordert eine finale, das heißt **auf Änderung der Gefahrenlage bezogene Verhaltensweise**[38]. Subjektiv muss der VN mit Handlungswillen die Gefahrerhöhung herbeiführen oder gestatten[39]. Ausreichend ist hierbei, dass der VN die gefahrerhöhenden Umstände kennt. Nicht erforderlich hingegen ist die Kenntnis derjenigen Eigenschaft, die sich gefahrerhöhend auswirkt[40].

---

[33] *Römer/Langheid/Langheid,* §§ 23–25, Rn. 55.
[34] Vgl. oben, Rn. 3.
[35] *Marlow/Spuhl,* Das Neue VVG kompakt, 36.
[36] VVG-Reform Zwischenbericht, 51.
[37] BGH v. 21. 1. 1987, VersR 1987, 653; BGH v. 25. 9. 1968, BGHZ 50, 385 (387).
[38] BGH v. 25. 9. 1968, BGHZ 50, 385 (387).
[39] BGH v. 25. 9. 1968, BGHZ 50, 385 (388).
[40] BGH v. 25. 9. 1968, BGHZ 50, 385 (388); OLG Nürnberg v. 22. 4. 1999, VerR 2000, 46; *Stiefel/Hofmann,* § 2 AKB, Rn. 107.

Die Rechtsprechung und die ihr folgende Lehre schließen infolgedessen eine Vornahme der Gefahrerhöhung durch Unterlassen aus[41]. Wie auch andernorts kann die Abgrenzung von Tun und Unterlassen im Einzelfall schwierig sein. Die von der Rechtsprechung zu typischen Fällen aus einzelnen Versicherungszweigen entwickelten Lösungen lassen sich am besten in Gruppen zusammenfassen: So liegt in der **Weiterbenutzung eines nicht verkehrssicheren Fahrzeugs** dann eine Gefahrerhöhung, wenn das Fahrzeug trotz Kenntnis des Defekts für eine Vielzahl von Fahrten eingesetzt wird und damit dauerhaft eine erhöhte Gefahrenlage geschaffen wird[42]. Gleiches gilt für die **wiederholte Weiterbenutzung eines Kfz bei Fahruntüchtigkeit des Fahrers** wegen Trunkenheit[43] oder durch äußere Umstände herbeigeführter Neigung zu Epilepsie[44]. Eine Gefahrerhöhung stellt auch die wiederholte Überlassung an **fahruntüchtige Personen** dar[45]. Versucht man, aus dieser Judikatur ein Abgrenzungselement der Vornahme vom bloßen Unterlassen zu destillieren, so lässt sich allenfalls festhalten, dass allen Fällen gemeinsam ist ein Verlagerung der Gefahrerhöhung von der erst- oder einmaligen Benutzung auf einen späteren Zeitpunkt der Wiederholung dieses Verhaltens.

Bei der Gebäudeversicherung erhöht sich die Brandgefahr noch nicht durch bloßes **Leerstehen-lassen eines Gebäudes**[46]. Es müssen Umstände hinzu kommen, die den Eintritt des Versicherungsfalls konkret wahrscheinlich machen, wie z. B. die dem VN bekannte Absperrung des Stroms und der daraus folgenden Unbeheizbarkeit des Dachgeschosses mit der weiteren Folge eines Leitungswasserschadens[47]. Ebenfalls als Gefahrerhöhung durch aktives Tun hat die Rechtsprechung den Fall angesehen, dass mit Kenntnis des VN **Strom und Wasser im Wohngebäude gesperrt** und dadurch die Unbewohnbarkeit des Hauses mit der Folge einer Brandstiftung durch einen Bewohner herbeigeführt wird[48]. Als eine Gefahrerhöhung soll schließlich auch die **mangelnde Beaufsichtigung eines seit längerem leer stehenden Gebäudes** gelten, wenn die Verwahrlosung des Gebäudes offenkundig wird und es sich in erheblicher Entfernung vom Ortskern befindet[49]. Ob die mangelnde Beaufsichtigung tatsächlich noch als aktives Tun im Sinne der Rechtsprechung verstanden werden kann, erscheint zweifelhaft, da hier ein rein passives Verhalten festzustellen ist. Bedeutung hat die Unterscheidung schließlich auch in den Fällen der Verletzung einer vertraglichen Obliegenheit, wenn damit zugleich eine Gefahrerhöhung verbunden ist. Hier liegt eine Gefahrerhöhung durch Unterlassen typischer Weise dann vor, wenn die vertragliche Obliegenheit ein aktives Tun erfordert, z. B. die Instandsetzung einer wasserführenden Anlage nach § 24 Ziff. 1 b) VGB 2000, und der VN die Gefahrerhöhung gerade dadurch herbeiführt, dass er die Obliegenheit nicht erfüllt. Ihrer Auffassung folgend sieht die Rechtsprechung hier regelmäßig keine Gefahrerhöhung in dem Unterlassen, sondern, wie etwa bei verkehrsunsicheren Fahrzeugen, in der fortgesetzten Nutzung trotz Kenntnis der Mangelhaftigkeit[50].

---

[41] Dies stellt BGH v. 11. 12. 1980, BGHZ 79, 156 (161) klar; ebenso Berliner Kommentar/*Harrer*, § 23, Rn. 11.

[42] BGH v. 24. 1. 1957, BGHZ 23, 142 (147 f.); BGH v. 25. 9. 1968, BGHZ 50, 385 (390); BGH v. 14. 4. 1971, VersR 1971, 538 (539); *Stiefel/Hofmann*, § 23 VVG, Rn. 19 m. w. N.; ebenso für die Benutzung eines infolge abgefahrener Reifen verkehrsunsicheren Fahrzeugs OLG Köln v. 25. 4. 2006, r+s 2006, 369, allerdings muss der VN positive Kenntnis von den gefahrerhöhenden Umständen haben.

[43] *Stiefel/Hofmann*, § 23 VVG, Rn. 29 m. w. N.

[44] OLG Nürnberg v. 22. 4. 1999, VersR 2000, 46; OLG Stuttgart v. 25. 4. 1996; VersR 1997, 1141 (1142).

[45] *Stiefel/Hofmann*, § 23 VVG, Rn. 29 m. w. N.

[46] BGH v. 13. 1. 1982, VersR 1982, 466.

[47] BGH v. 13. 1. 1982, VersR 1982, 466; OLG Hamm v. 6. 2. 1998, VersR 1999, 359 (360); OLG Köln v. 19. 8. 1997, VersR 1998, 1233 (1234).

[48] OLG Hamm v. 24. 10. 1997, VersR 1999, 49 (50); die Entscheidung ist meines Erachtens zumindest in der Begründung fragwürdig, da das Absperren von Strom und Wasser nicht zu einer erhöhten Gefahr durch einen Dritten vorsätzlich vorgenommene Brandstiftung führt.

[49] BGH v. 13. 1. 1982, VersR 1982, 466; OLG Hamm v. 17. 9. 1997, VersR 1998, 1152 (1153); sofern in AVB/VHB ein mehr als sechzig Tage dauernder Leerstand als Gefahrerhöhung angesehen wird, soll ein Leerstand von weniger als sechzig Tagen als mitversicherte Gefahrerhöhung angesehen werden.

[50] BGH v. 25. 9. 1968, BGHZ 50, 385 (390).

13   Anders als die Rechtsprechung hält die wohl **überwiegende Lehrmeinung** die **Vornahme einer Gefahrerhöhung durch Unterlassen** für möglich[51]. Danach soll eine willentliche Gefahrerhöhung vorliegen, wenn der VN eine unabhängig von seinem Verhalten eingetretene Gefahrerhöhung kennt und sie ohne weiteres beseitigen könnte, dies aber unterlässt[52]. Der positiven Kenntnis gleichgestellt wird der Fall, dass sich der VN der Kenntnisnahme bewusst entzieht[53]. Die Vertreter dieser Auffassung sehen in dem Unterlassen der Beseitigung einer Gefahrerhöhung über einen gewissen Zeitraum ein dem positiven Tun wertungsmäßig gleichgestelltes Verhalten, das unter § 23 VVG fällt[54]. Einschränkend wird vereinzelt auch gefordert, dass eine Vornahme der Gefahrerhöhung durch Unterlassen nur in Betracht kommen kann, wenn den VN eine Verpflichtung zur Erhaltung des ursprünglichen Gefahrenzustands trifft[55]. Dem gegenüber erfasst die Rechtsprechung solche Fälle nicht über §§ 23 ff. VVG, sondern beurteilt sie als objektive (ungewollte) Gefahrerhöhung nach §§ 27, 28 VVG a. F. (jetzt § 23 Abs. 3 VVG)[56]. Dem wiederum begegnet die Lehre mit dem Einwand, dass die §§ 27, 28 VVG a. F. nur auf solche Fälle zugeschnitten seien, in denen der VN die Gefahrerhöhung kennt, jedoch keine Möglichkeit hat, sie zu beseitigen[57].

Die Diskussion über eine Vornahme einer Gefahrerhöhung durch Unterlassen spielt insbesondere in den Fällen der **mangelnden Verkehrssicherheit von Kfz** eine Rolle. Folgt man hier der Auffassung, die eine Gefahrerhöhung durch Unterlassen für möglich hält, so liegt eine Gefahrerhöhung bereits dann vor, wenn das Kfz auf Grund eines Defekts nicht mehr verkehrssicher ist, der VN dies weiß, aber die Möglichkeit der Beseitigung nicht nutzt[58]. Dem gegenüber verlagert die Rechtsprechung in diesen Fällen die Gefahrerhöhung auf den (späteren) Zeitpunkt der wiederholten Nutzung des Fahrzeugs.

Auch in den Fällen eines **Gebäudeleerstands** vermag die Lehre vom Unterlassen ohne weiteres eine Gefahrerhöhung allein in dem Leer-stehen-lassen ohne ausreichende Schutzvorkehrungen zu sehen[59]. Dem gegenüber fordert die Rechtsprechung wie aufgezeigt ein über das Leer-stehen-lassen hinausgehendes aktives Verhalten[60]. In den Fällen einer Gefahrerhöhung durch Unterlassen von vertraglich auferlegten Gefahrverminderungspflichten u. ä. nimmt die Lehre eine Gefahrerhöhung an, wenn der VN die Umstände kennt, die ohne sein Eingreifen die Gefahr erhöhen, und Gelegenheit hat, sie in zumutbarer Weise zu beseitigen[61].

14   Es erscheint fraglich, ob in einem **Unterlassen** die von § 23 Abs. 1 VVG geforderte **Vornahme einer Gefahrerhöhung** gesehen werden kann. Hiergegen spricht nicht nur die Wortlautauslegung, wonach eine Vornahme ein aktives Verhalten und nicht lediglich ein passives Geschehenlassen meint[62]. Auch der im reformierten VVG unverändert bestehende systematische Zusammenhang zwischen der willkürlichen Gefahrerhöhung nach § 23 Abs. 1 VVG

---

[51] *Werber*, 37; *Prölss/Martin/Prölss*, § 23, Rn. 38; *Prölss*, FS Larenz, 487 (509); *Martin*, VersR 1988, 209 (213), *ders.*, N III, Rn. 4; ähnlich auch Berliner Kommentar/*Harrer* § 23, Rn. 12 der eine Unterscheidung von Tun und Lassen im Rahmen des § 23 ablehnt und vorschlägt, nur nach der „Vornahme" zu fragen. Der Ansatz führt allerdings zu einem Zirkelschluss, da ja gerade fraglich ist, ob durch ein passives Verhalten eine Gefahrerhöhung „vorgenommen" werden kann.

[52] *Werber*, 57; *Prölss*, FS Larenz, 487 (509); Berliner Kommentar/*Harrer*, § 23, Rn. 12; einschränkend *Prölss/Martin/Prölss*, § 23 Rn. 38, der zu Recht darauf hinweist, dass für eine Gefahrerhöhung durch Unterlassen jedenfalls dann Raum ist, wenn bereits ein Handlungsgebot den VN verpflichtet, bestimmte gefahrerhöhende Verhaltensweisen zu unterlassen.

[53] *Martin*, VersR 1988, 209 (213).

[54] *Martin*, VersR 1988, 209 (213); *Römer/Langheid/Langheid*, §§ 23–25, Rn. 26.

[55] *Werber*, 38.

[56] BGH v. 11. 12. 1980, VersR 1981, 245 (246).

[57] *Prölss*, FS Larenz, 487 (509).

[58] So *Römer/Langheid/Langheid*, §§ 23–25, Rn. 25.

[59] Vgl. *Martin*, VersR 1988, 209 (214).

[60] Vgl. oben, Rn. 11.

[61] *Martin*, VersR 1988, 209 (214); *Römer/Langheid/Römer*, §§ 23–25, Rn. 27.

[62] Dies konzediert auch *Martin*, VersR 1988, 209 (213); ebenso Berliner Kommentar/*Harrer*, § 23, Rn. 10.

und der ungewollten Gefahrerhöhung nach § 23 Abs. 3 VVG spricht gegen eine Einbeziehung des Unterlassens in § 23 Abs. 1 VVG. Nach § 23 Abs. 3 VVG ist der VN nicht verpflichtet, eine unabhängig von seinem Willen eingetretene Gefahrerhöhung zu beseitigen, sondern muss diese dem VR lediglich anzeigen. Die typischen Fälle, in denen eine Gefahrerhöhung durch Unterlassen diskutiert wird, zeigen, dass das Risiko des Schadenseintritts nicht auf willensgesteuerten Akten, sondern auf einer Veränderung von Umständen beruht, gegen die der VN nichts unternimmt. Folglich verschiebt die Subsumtion des Unterlassens unter den Begriff der Vornahme die an sich unter § 23 Abs. 3 VVG fallenden Sachverhalte in den Anwendungsbereich des für den VN ungünstigeren § 23 Abs. 1, 2 VVG. Für den Anwendungsbereich des § 23 Abs. 3 VVG bleiben die Fälle der ungewollten Gefahrerhöhung, die unabwendbar sind[63]. Für diese Grenzziehung des Anwendungsbereichs aber finden sich im Wortlaut des § 23 Abs. 3 VVG keine Hinweise, da die Norm nicht zwischen abwendbaren und unabwendbaren Gefahrerhöhung unterscheidet. Mag auch für die Lehre sprechen, dass Tun und Unterlassen im gesamten Recht als gleichwertige Verhaltensformen angesehen werden[64], so findet sich indes für diese Gleichsetzung bei der Gefahrerhöhung keine Grundlage. Vielmehr setzt sich eine Gleichbehandlung über den Wortlaut der § 23 Abs. 1, 2 VVG hinweg und verengt zugleich den Anwendungsbereich des § 23 Abs. 3 VVG über den Wortlaut hinaus durch Einfügung eines ungeschriebenen Merkmals der Unabwendbarkeit. Daher ist mit der Rechtsprechung eine Gefahrerhöhung durch Unterlassen nicht als Anwendungsfall des § 23 Abs. 1, 2 VVG einzuordnen. Weitere Konsequenz ist, dass im Einzelfall festzustellen ist, ob das zu beurteilende Verhalten im Hinblick auf die Gefahrerhöhung seinen Schwerpunkt in einem positiven Tun oder einem Unterlassen hat. Vernachlässigt etwa der VN seine ihm nach den VGB obliegenden Instandhaltungspflichten, wird man dies nicht auch als Gefahrerhöhung ansehen können. Benutzt hingegen eine subjektiv nicht verkehrstauglicher Fahrer in Kenntnis dieses Defizits wiederholt ein Kfz oder wird ein nicht verkehrstaugliches Fahrzeug wiederholt benutzt, wird die Nutzung als Vornahme einer Gefahrerhöhung anzusehen sein.

2. Gestattung der Gefahrerhöhung

Die **Gestattung einer durch Dritte vorgenommene Gefahrerhöhung** ist unverändert **15** in § 23 Abs. 1 VVG der Vornahme durch den VN **gleichgestellt.** Eine Gestattung im Sinne des § 23 Abs. 1 VVG liegt immer dann vor, wenn der VN einwilligt oder duldet, dass ein Dritter die Gefahrerhöhung vornimmt[65]. Dieser Dritte kann, muss aber nicht zwingend Repräsentant des VN sein[66]. Eine Gestattung setzt voraus, dass der VN Kenntnis der gefahrerhöhenden Umstände hat und sie trotzdem zulässt. Bezüglich des subjektiven Tatbestands ist Vorsatz nicht zwingend, es reicht vielmehr für ein Gestatten aus, dass der **VN mit der Möglichkeit der Gefahrerhöhung rechnet und sie billigend in Kauf nimmt**[67]. Des Weiteren kann von einer Gestattung nur dann gesprochen werden, wenn der VN der Gefahrerhöhung im Sinne einer gewollten Risikoveränderung gegenübersteht. Widerspricht er ausdrücklich und ernsthaft der Benutzung eines nicht verkehrssicheren Kfz, so kann von einer Gestattung der in der Benutzung liegenden Gefahrerhöhung nicht gesprochen werden[68].

Fraglich ist, in wie weit der VN eine **Gefahrerhöhung gestattet,** wenn er nicht in eige- **16** ner Person, sondern durch **Dritte das Risiko beherrscht.** Zu denken ist hierbei insbesondere an Unternehmen, die Pkw-Parks unterhalten oder sonstige Risiken in dezentraler Organisationsform beherrschen[69]. Hier gilt – wie auch sonst im Versicherungsrecht –, dass sich der

---

[63] So ausdrücklich *Prölss,* FS Larenz, 487 (509) unter Hinweis auf die Motive.
[64] Berliner Kommentar/*Harrer,* § 23, Rn. 12; *Werber,* 37.
[65] *Prölss/Martin/Prölss,* § 23, Rn. 40.
[66] *Römer/Langheid/Langheid,* §§ 23–25, Rn. 28; a. A. *Werber,* 40.
[67] BGH v. 17. 9. 1975, VersR 1975, 1017; *Stiefel/Hofmann,* § 23 VVG, Rn. 25.
[68] BGH v. 23. 10. 1968, VersR 1969, 27; BGH v. 17. 9. 1975, VersR 1975, 1017 (1018).
[69] Vgl. hierzu *Hofmann,* NJW 1975, 2181; *Stiefel/Hofmann,* § 23 VVG, Rn. 40. Die Rechtsprechung hat sich vor allem mit Kfz-Parks befasst, vgl. nur BGH v. 23. 10. 1968, VersR 1969, 27, sowie BGH v. 12. 3. 1975, VersR 1975, 461.

VN Handlungen seines Repräsentanten zurechnen lassen muss, also auch dessen Gestattung einer Gefahrerhöhung[70]. Hingegen reicht die bloße Kenntnis eines gefahrerhöhenden Umstands durch einen Wissensvertreter nicht aus, um dem VN eine Gestattung der Gefahrerhöhung zuzurechnen[71]. Sind allerdings die Betriebsabläufe in einer Weise organisiert, die geradezu darauf abzielt, die Kenntnis von Gefahrerhöhung nicht bis zum VN oder einem Repräsentanten gelangen zu lassen, wird man eine arglistige Nichtkenntnis annehmen müssen, wenn der VN auf Grund der Art seines Geschäfts mit Gefahrerhöhungen rechnen muss[72]. Sofern in diesem Fall Gefahrerhöhungen eintreten, ist in der absichtlich unzureichenden Betriebsorganisation ein Gestatten dieser Gefahrerhöhung zu sehen.

3. Fehlende Einwilligung des Versicherers

17   Die Gefahrerhöhung ist dem VN nur dann untersagt, wenn sie nicht durch eine **Einwilligung** des VR gedeckt ist. Die Einwilligung ist – wie auch sonst im Zivilrecht – eine empfangsbedürftige Willenserklärung, die entweder als Zustimmung zur Vornahme der Gefahrerhöhung oder nachträglich als Genehmigung erteilt werden kann[73]. Eine solche **Einwilligung kann auch in AVB** erteilt werden[74]. So spricht z. B. einiges dafür, in bestimmten Obliegenheiten der Sachversicherung zur Verhütung von Schadensfällen zugleich eine Einwilligung des VR in die mit den geforderten Maßnahmen zwingend verbundenen Gefahrerhöhungen zu sehen. Ebenso hat die Rechtsprechung eine Einwilligung in eine Gefahrerhöhung darin gesehen, dass in den AVB nur ein Leerstand eines Gebäudes von mehr als 60 Tagen als Gefahrerhöhung anzusehen ist[75]. Gleichfalls kann in der Vereinbarung von Prämienanpassungsklauseln für ein bestimmtes gefahrerhöhendes Verhalten eine Einwilligung des VR zur Vornahme dieser Gefahrerhöhung gesehen werden[76].

4. Maßgeblicher Zeitpunkt

18   Kennzeichen der Gefahrerhöhung ist, dass sich eine **Veränderung des Risikos** ergibt. Maßgeblich für die Ausgangssituation war nach dem früheren Recht **der Zustand bei Vertragsschluss.** Nach der Neuregelung des § 23 VVG wird der Zeitpunkt nun vorverlagert auf die Abgabe der Vertragserklärung. Eine Vorverlagung hatte allerdings auch schon § 29a VVG a. F. gebracht, wonach der Anwendungsbereich der §§ 23–29 VVG a. F. auf Gefahrerhöhungen erweitert wurde, die zwischen Antragstellung und Annahme des Antrags eingetreten und dem VR nicht bekannt gewesen sind **(sogenannte vorverlegte Gefahrerhöhung).** Maßgeblich für die Gefahrerhöhung nach § 23 VVG ist der tatsächliche Gefahrzustand bei Abgabe der Vertragserklärung des VN, gegenüber dem eine Gefahrerhöhung eingetreten sein muss[77]. Hierbei kommt es auf die **wirkliche Gefahrenlage** an, unerheblich ist mithin, welche Absicht z. B. einer zukünftigen Nutzung der versicherten Sache die Parteien bei Abschluss des Versicherungsvertrages zu Grunde gelegt haben[78]. Ein Übergang des VV auf den Erwerber der versicherten Sache ändert an dem für die Beurteilung der Gefahrerhöhung

---

[70] Vgl. nur *Stiefel/Hofmannn,* § 23 VVG, Rn. 39.

[71] OLG Hamm v. 17. 12. 1980, VersR 1981, 227 (228).

[72] BGH v. 12. 3. 1975, VersR 1975, 461 (462); *Stiefel/Hofmann,* § 23 VVG, Rn. 40.

[73] Vgl. statt aller *Prölss/Martin/Prölss,* § 23, Rn. 42.

[74] Vgl. OLG Hamm v. 17. 9. 1997, VersR 1998, 1152, wo eine Einwilligung des VR in eine Gefahrerhöhung darin gesehen wurde, dass dieser in den VHB eine Gefahrerhöhung im Leerstehenlassen eines Gebäudes nur dann gesehen hat, wenn dieser Leerstand länger als 60 Tage andauert.

[75] OLG Hamm v. 17. 9. 1997, VersR 1998, 1152.

[76] *Römer/Langheid/Langheid,* §§ 23–25, Rn. 41, die zu Recht beispielhaft auf § 11 Ziff. 3 VHB 84 verweisen, wonach der Bezug einer neuen Wohnung als eine zu einer Prämienanpassung berechtigende Gefahrerhöhung angesehen wird.

[77] BGH v. 27. 6. 1995, VersR 1997, 231 (232); BGH v. 15. 11. 1978, VersR 1979, 73; *Prölss/Martin/Prölss,* § 23, Rn. 5; *Stiefel/Hofmann,* VVG § 23, Rn. 1.

[78] OLG Düsseldorf v. 27. 6. 1995, VersR 1997, 231 (232).

maßgeblichen Zeitpunkt nichts[79]. Vor dem Erwerb bereits eingetretene Gefahrerhöhungen werden auch nach neuem Recht gleichsam „miterworben".

Einzubeziehen in die Betrachtung der Gefahrenlage ist der für den VR **vorauszusehende** **19** **und gefahrerhöhende bestimmungsgemäße Gebrauch der versicherten Sache.** Kommt es durch den bestimmungsgemäßen Gebrauch zu der erwarteten Gefahrerhöhung, kann dies nicht zu einer Kündigung oder gar Leistungsfreiheit des VR führen[80]. Entsprechend der vom BGH verfolgten Differenzierung nach Versicherungszweigen[81] sind Besonderheiten bei der Kfz-Versicherung zu beachten. Hier liegt – wie aufgezeigt – bei der Führung eines nicht verkehrssicheren Fahrzeugs die Gefahrerhöhung in der wiederholten Weiterbenutzung trotz Kenntnis des Defekts[82]. Demzufolge entlastet den VN nicht der Hinweis darauf, dass der verkehrsunsichere Zustand des Kfz bei Vertragsschluss vorgelegen habe[83]. Gleiches gilt im Fall der Fahruntüchtigkeit aufgrund von Krankheit oder sonstiger Ungeeignetheit zum Führen eines Kfz. Auch hier liegt die Gefahrerhöhung in der Benutzung des Fahrzeugs, so dass der VN sich nicht darauf berufen kann, die Ungeeignetheit habe bereits bei Vertragsschluss vorgelegen[84]. Ebenso ist zu differenzieren für die Fälle des **Leerstands von Gebäuden.** So kann sich bei einem schon bei Vertragsabschluss leerstehenden Gebäude eine Gefahrerhöhung dadurch ergeben, dass nachträgliche gefahrerhöhende Umstände hinzutreten wie z. B. wiederholtes Eindringen Unbefugter[85], Führen von Brandreden[86], Zeitablauf seit Auszug des letzten Bewohners, beträchtliche Entfernung des Gebäudes vom Ortskern und Erkennbarkeit des Leerstands durch Verwahrlosung[87].

5. Abgrenzung von mitversicherten Gefahrerhöhungen

Schwierig kann im Einzelfall die Frage zu entscheiden sein, **welcher Veränderungsgrad** **20** erreicht sein muss, um eine bestimmungsgemäße, von vorne herein eingeplante immanente Gefahrerhöhung (Risikoerhöhung[88]) von einer Gefahrerhöhung im Sinne des § 23 VVG zu unterscheiden. Die Neufassung des § 29 a. F. VVG in § 27 VVG bringt keine Klarheit, da der Reformgesetzgeber es bei einer sprachlichen Modernisierung belassen hat und weiterhin letztlich für die Frage der Mitversicherung auf die Vertragsauslegung verweist. Ein eindeutiges Abgrenzungskriterium für mitversicherte und nicht mitversicherte Gefahrerhöhungen hat sich bislang nicht herausbilden lassen. Generell gilt, dass die Frage, ob eine Veränderung eine Gefahrerhöhung bewirkt hat, aus **versicherungstechnischer Sicht** zu beurteilen ist[89]. So verwendet die Rechtsprechung die Formel der sachgemäßen und vernünftigen Versicherungstechnik, anhand der zu prüfen ist, ob die **Gefahrerhöhung Anlass für eine Prämienerhöhung** sein könnte[90]. Entscheidend soll hierbei nach der Rechtsprechung sein, ob die

---

[79] BGH v. 13. 1. 1982, VersR 1982, 466 (467).

[80] BGH v. 15. 11. 1978, VersR 1979, 73 (74); OLG Düsseldorf v. 27. 6. 1995, VersR 1997, 231 (232); *Prölss/Martin/Prölss,* § 23, Rn. 5.

[81] Vgl. BGH v. 15. 11. 1978, VersR 1979, 73 (74); BGH v. 25. 9. 1968, BGHZ 50, 385 (389).

[82] Siehe oben Rn. 11; BGH v. 25. 9. 1968, BGHZ 50, 385 (390); *Stiefel/Hofmann,* § 23 VVG, Rn. 14 m. w. N.

[83] BGH v. 22. 6. 1967, VersR 1967, 746; zustimmend *Stiefel/Hofmann,* § 23 VVG, Rn. 14.

[84] OLG Stuttgart v. 25. 4. 1996, VersR 1997, 1141 (1142); *Stiefel/Hofmann,* § 23 VVG, Rn. 29 m. w. N.

[85] OLG Köln v. 19. 8. 1997, VersR 1998, 1233 (1234).

[86] OLG Düsseldorf v. 27. 6. 1995, VersR 1997, 231 (232); OLG Hamm v. 19. 1. 1994, VersR 1994, 1419 (1420).

[87] BGH v. 13. 1. 1982, VersR 1982, 466 (467).

[88] Der insbesondere von *Römer/Langheid/Langheid,* §§ 23–25, Rn. 12; *Langheid,* NVersZ 2002, 433, (435) und *Martin,* Sachversicherungsrecht, N III, Rn. 28 ff. verwendete Begriff der Risikoerhöhung soll die mitversicherten und mithin nicht unter die §§ 23–25 ff., 27 VVG fallenden Gefahrerhöhungen bezeichnen. Der Begriff erscheint jedoch wenig geeignet hierfür, da zwischen Risiko und Gefahr kein Unterschied erkennbar ist und damit die Begriffe Risikoerhöhung und Gefahrerhöhung Synonyme sind. Besser sollte man von einer mitversicherten Gefahr sprechen.

[89] BGH v. 11. 12. 1980, BGHZ 79, 156 (158); *Prölss/Martin/Prölss,* § 23, Rn. 14; *Werber,* 25.

[90] BGH v. 11. 12. 1980, BGHZ 79, 156 (158); *Werber,* 25.

neu eingetretene Gefahrenlage den VR bei Kenntnis zum Zeitpunkt des Vertragsabschlusses (jetzt: Abgabe der Vertragserklärung des VN) veranlasst hätte, den Versicherungsvertrag nicht oder nicht mit der vereinbarten Prämie abzuschließen[91]. Der Maßstab der Rechtsprechung ist zutreffend als wenig praktikabel und im Einzelfall auch unzutreffend kritisiert worden. So führt die Maßgeblichkeit der Versicherungstechnik dazu, dass typischer Weise im Versicherungsvertrag erfasste Gefahrerhöhungen eigentlich als nicht erfasst anzusehen sein müssten, wie z. B. der Alterungsprozess in der Krankenversicherung, da in diesem Versicherungszweig gerade das Alter prämienbestimmend ist[92].

21   Nach anderer Auffassung soll es in Anlehnung an § 29 VVG a. F., § 27 VVG, deshalb darauf ankommen, ob es sich um eine **unerhebliche,** dann mitversicherte, oder erhebliche **Gefahr- erhöhung,** die nicht mitversichert ist, handelt[93]. Unerheblich sind entweder **quantitativ oder qualtitativ unerhebliche Gefahrerhöhungen,** die gem. § 27 VVG mitversichert sind[94]. Entscheidend ist bei dieser Unterscheidung letztendlich die Auslegung des Versicherungsvertrages dahin gehend, welche Gefahrerhöhungen von den Parteien eingeschlossen sind und welche als Gefahrerhöhung nach § 23 VVG gelten sollen[95]. Der Ansatz der Literatur geht zutreffend vom Vertrag aus, nicht wie die Rechtsprechung einseitig von der Sichtweise des VR. Es lassen sich mit diesem Ansatz Kriterien finden, die für eine eingeschlossene Gefahrerhöhung sprechen. So ist etwa ein sozialadäquates und übliches legales Verhalten in aller Regel auch dann in den Versicherungsvertrag eingeschlossen, wenn der VN dieses Verhalten erst nach Vertragsschluss aufnimmt und dadurch das Risiko eines Gefahreintritts erhöht (z. B. Einstellen von sportlicher Betätigung, Aufnahme einer Risikosportart u. ä.). Auch Aktivitäten wie Grillen oder die Verwendung von Kerzen in Wohnungen sind als qualitative Gefahrerhöhung wegen ihrer Sozialadäquanz mitversichert. Ebenso fallen unter die mitversicherten Gefahrerhöhungen solche Veränderungen, die mit Sicherheit oder großer Wahrscheinlichkeit schon bei Vertragsabschluss zu erwarten sind, z. B. solche, die auf Grund Zeitablaufs bei allen oder den meisten VN eintreten, wie beispielsweise erhöhtes Krankheits- oder Verletzungsrisiko auf Grund Alterns[96].

Schon die Beispiele machen deutlich, dass im Ergebnis zwischen der Ansicht der Rechtsprechung und dem Ansatz in der Literatur keine Unterschiede zu erwarten sind. Die von der Lehre entwickelte Differenzierung nach quantitativ oder qualitativ unerheblichen Gefahrerhöhungen bietet ebenso wenig wie die Formel der Rechtsprechung klare Kriterien für eine Zuordnung[97]. Sinnvoll ist es deshalb, mittels beider Kriterien eine Einordnung mitversicherter und nicht mitversicherter Gefahrerhöhungen zu versuchen und hierbei vom Versicherungsvertrag auszugehen.

22   Die **Darlegungs- und Beweislast** für eine eingetretene Gefahrerhöhung folgt allgemeinen Regeln und liegt daher beim VR, der aus dem Vorliegen einer Gefahrerhöhung eine für ihn günstige Rechtsfolge – Kündigung, Leistungsfreiheit – ableiten will[98]. Dies umfasst den Nachweis der Kenntnis des VR von den gefahrerhöhenden Umständen[99]. Lediglich, wenn der VN die Beweisführung z. B. durch Vernichtung des gefahrerhöhenden Umstands, unmöglich macht, kommt eine Umkehr der Beweislast in Betracht[100]. Auch trifft den VN die

---

[91] Vgl. Nachweise in Fn. 90.

[92] *Martin,* Sachversicherungsrecht, N III, Rn. 2.; *Römer/Langheid/Langheid,* §§ 23–25, Rn. 15.

[93] *Römer/Langheid/Langheid,* §§ 23–25, Rn. 15; *Martin,* Sachversicherungsrecht, N III, Rn. 2.

[94] Die Unterscheidung geht zurück auf *Martin,* Sachversicherungsrecht, N III, Rn. 2, 3; dem ausdrücklich folgende *Römer/Langheid/Langheid,* §§ 29, Rn. 1.

[95] *Römer/Langheid/Langheid,* §§ 23–25, Rn. 15; *Martin,* Sachversicherungsrecht, N III, Rn. 3.

[96] *Prölss,* FS Larenz, 487 (498).

[97] Dies gestehen auch die Vertreter dieses Ansatzes zu, vgl. *Römer/Langheid/Langheid,* §§ 23–25, Rn. 12.

[98] Ständige Rechtsprechung, BGH v. 10. 4. 1968, VersR 1968, 590; BGH v. 25. 9. 1968, BGHZ 50, 385 (391); OLG Nürnberg v. 22. 4. 1999, VersR 2000, 46; Berliner Kommentar/*Harrer,* § 23, Rn. 14; *Römer/Langheid/Römer,* § 23, Rn. 28.

[99] BGH v. 10. 4. 1968, VersR 1968, 590.

[100] BGH v. 10. 4. 1968, VersR 1968, 590.

Darlegungs- und Beweislast für die Gefahr mindernde Umstände, die eine Gefahrerhöhung kompensieren sollen[101].

6. Gefahrkompensation

Bei der Frage, ob sich die Gefahr des Schadenseintritts oder eines größeren Schadens ge-   **23** genüber dem maßgeblichen Zeitpunkt erhöht hat, müssen **alle gefahrerheblichen Umstände** in die Betrachtung einbezogen werden, um ein zutreffendes Bild über die Veränderung der Risikosituation zu gewinnen. Es muss die Entwicklung der Risikolage im Ganzen seit Abgabe der Vertragserklärung des VN bewertet werden[102]. Demzufolge können nach Vertragsschluss eingetretene **Gefahrminderungen eine Gefahrerhöhung kompensieren** mit der Folge, dass insgesamt keine Gefahrerhöhung im Sinne von § 23 VVG vorliegt[103].

Dieser von der Rechtsprechung entwickelte Grundsatz sieht sich **kritischen Einwänden** ausgesetzt, da zum einen das Gesetz eine Kompensation nicht kennt und zum anderen eine Gefahrerhöhung nicht dadurch ihre Eigenschaft verliert, dass an anderer Stelle eine Gefahrminderung eingetreten ist[104]. Jedoch ist die Zulassung einer Gefahrenkompensation durch den Sinn und Zweck der §§ 23 ff. VVG nachgerade zwingend konsequent: Wenn der VR durch die §§ 23 ff. VVG davor geschützt werden soll, mögliche, bei Vertragsabschluss in die Prämienkalkulation nicht einbezogene Risiken zum selben Preis weiterversichern zu müssen, dann kann hierbei eine Egalisierung des höheren Risikos an anderer Stelle bei der Prämienkalkulation nicht außer Betracht bleiben.

Die Gefahrenkompensation setzt nicht voraus, dass die Gefahrminderung gerade durch die   **24** Handlung herbeigeführt wird, durch die auch die Gefahrerhöhung bewirkt wird (sogenannte **Kompensationsinkongruenz**)[105]. Dies ist zutreffend, da die Regelungen über die Gefahrerhöhung wie aufgezeigt dem VR Schutz gegen nachträglich eingetretene, nicht in die Prämie einkalkulierte Gefahrveränderungen bieten sollen. An einer solchen Veränderung der Kalkulationsgrundlage fehlt es, wenn insgesamt das Risiko nicht steigt. Gleiches muss gelten, wenn in einem Vertrag mehrere unterschiedliche Gefahren versichert sind[106]. Auch in diesem Fall liegt dem Versicherungsvertrag eine – gebündelte – Risikobetrachtung zu Grunde, so dass die Erhöhung einer Gefahr durchaus kompensiert werden kann durch Gefahrverminderungen bei einem anderen Risiko[107].

Für die Gefahrenkompensation kommt es auch nicht darauf an, dass die **Kompensationswirkung zum selben Zeitpunkt** eintritt wie die Gefahrerhöhung. Denkbar ist vielmehr, dass eine Gefahrminderung vor einer Gefahrerhöhung eintritt[108] oder umgekehrt. Möglich ist auch ein Wechsel von Gefahrerhöhungen und Gefahrminderungen, wobei in allen Fällen eine Saldierung zu einer Gefahrerhöhung führen muss, wenn der VR die Recht aus §§ 23 ff. VVG geltend machen will[109].

Schließlich ist zu klären, wie sich die Möglichkeit einer Gefahrenkompensation zu dem **Anspruch des VN nach § 41 VVG** verhält, wonach der VN eine Prämienermäßigung bei Wegfall eines gefahrerhöhenden Umstands fordern kann. Nach Ansicht Honsells soll der VN verpflichtet sein, zunächst diesen Weg zu gehen. Nutzt der VN das Recht nicht, so soll er die

---

[101] BGH v. 9. 7. 1975, VersR 1975, 845 (846); BGH v. 11. 12. 1980, BGHZ 79, 156 (159); Berliner Kommentar/*Harrer*, § 23, Rn. 8; *Prölss/Martin/Prölss*, § 23, Rn. 15; *Römer/Langheid/Langheid*, §§ 23–25, Rn. 31.

[102] BGH v. 11. 12. 1980, BGHZ 79, 156 (159); BGH v. 23. 6. 2004, VersR 2005, 218 (219).

[103] *Prölss/Martin/Prölss*, § 23, Rn. 15; *Römer/Langheid/Langheid*, §§ 23–25, Rn. 31; BGH v. 11. 12. 1980, BGHZ 79, 156 (159); BGH v. 23. 6. 2004, VersR 2005, 218 (219).

[104] *Honsell*, VersR 1981, 1094 (1096).

[105] H. M., Berliner Kommentar/*Harrer*, § 23, Rn. 8; ebenso BGH v. 6. 6. 1990, VersR 1990, 881 (882); *Prölss/Martin/Prölss*, § 23, Rn. 15; a. A. *Honsell*, VersR 1981, 1094.

[106] Vgl. BGH v. 6. 6. 1990, VersR 1990, 881 (882).

[107] Ebenso BGH v. 6. 6. 1990, VersR 1990, 881 (882); a. A. *Prölss/Martin/Prölss*, § 23, Rn. 5.

[108] So Sachverhalt in BGH v. 11. 12. 1980, BGHZ 79, 157.

[109] BGH v. 11. 12. 1980, BGHZ 79, 157 (159); *Römer/Langheid/Langheid*, §§ 23–25, Rn. 31; kritisch *Honsell*, VersR 1981, 1094 (1096).

Gefahrminderung auch nicht mehr im Rahmen einer Gefahrkompensation vortragen dürfen, da die Regelung des § 41 VVG abschließend sei[110]. Dem ist jedoch nicht zu folgen, da § 41 VVG bereits voraussetzt, dass der Gefahrminderung keine Gefahrerhöhung gegenübersteht, da ansonsten die Prämie ja wiederum angemessen ist. Auch lässt sich dem Gesetz – auch nicht nach der Reform – kein Anhaltspunkt entnehmen, der eine Sperrwirkung des § 41 VVG bezüglich der Geltendmachung von Gefahrminderungen rechtfertigt[111].

III. Ungewollte Gefahrerhöhungen (§ 23 Abs. 3 VVG)

25   Der Reformgesetzgeber hat die ungewollte (objektive) Gefahrerhöhung jetzt in § 23 Abs. 3 VVG aufgenommen und damit die Erscheinungsformen der Gefahrerhöhung in einer Norm zusammengefasst. Inhaltlich ergeben sich für die ungewollte Gefahrerhöhung nur auf der Rechtsfolgenseite Veränderungen gegenüber der bisherigen Rechtslage.

    Merkmal der **ungewollten Gefahrerhöhung** in § 23 Abs. 3 VVG ist in Abgrenzung zur gewollten Gefahrerhöhung, dass der VN die Gefahrerhöhung weder bewirkt hat noch ihre Vornahme einem Dritten gestattet hat. Da der VN auf die ungewollte Gefahrerhöhung keinen Einfluss nehmen kann, ist sie nach der gesetzlichen Regelung auch nicht als Verbot ausgestaltet. Dem zu folge trifft den VN lediglich eine Anzeigepflicht gegenüber dem VR, sobald ihm die Gefahrerhöhung bekannt ist.

26   Festzustellen ist eine ungewollte Gefahrerhöhung ex negativo durch die Prüfung, ob der VN die Gefahrerhöhung vorgenommen oder gestattet hat[112]. Während die Vornahme als aktives Tun noch vergleichsweise einfach feststellbar ist, können sich zwischen einer **Gestattung der Vornahme** einer Gefahrerhöhung einerseits und der **ungewollten Gefahrerhöhung durch Dritte** andererseits **Abgrenzungsprobleme** ergeben. Sie treten z. B. auf, wenn der VN sein Gebäude leer stehen lässt und die zunehmende Verwahrlosung das Eindringen Dritter anlockt, die dann im Gebäude zündeln[113]. Maßgebliches Abgrenzungskriterium kann nach Wortlaut und Zweck der Regelung letztlich nur die innere Einstellung des VN zum Geschehen sein: Hat der VN die Vornahme der Gefahrerhöhung gekannt und stand er ihr gleichgültig oder gar wohlwollend gegenüber, spricht dies für eine Gestattung. War ihm zum Zeitpunkt der Vornahme die Gefahrerhöhung nicht bekannt oder hatte er der Vornahme durch den Dritten widersprochen, liegt eine ungewollte Gefahrerhöhung nahe[114].

    Fraglich ist, ob bei einer Gefahrenkompensation eine ungewollte Gefahrenerhöhung vorliegt, wenn zwar die Gefahrerhöhung willentlich vorgenommen wurde, der gefahrmindernde Umstand jedoch ohne Wissen und Wollen des VN später wieder wegfällt[115]. Hier wirkt die ursprüngliche willentliche Gefahrerhöhung fort, was gegen die Annahme einer ungewollten Gefahrerhöhung spricht, zumal es allein Sache des VN ist, für eine Gefahrminderung zu sorgen[116]. Entscheidend ist jedoch zu berücksichtigen, dass ja der VN vom Fortbestand der Gefahrminderung ausgeht und – sofern der kompensierende Umstand ohne sein Wissen und Wollen entfällt – auch ausgehen darf. Dies verändert den Charakter der willent-

---

[110] *Honsell,* VersR 1981, 1094 (1096), zu § 41a VVG a. F., der nahezu unverändert in § 41 VVG übernommen worden ist.

[111] BGH v. 11. 12. 1980, BGHZ 79, 157 (160); *Prölss/Martin/Prölss,* § 23, Rn. 15; *Römer/Langheid/Römer,* §§ 23–25, Rn. 39.

[112] *Prölss/Martin/Prölss,* § 27, Rn. 1.

[113] Vgl. Sachverhalt bei OLG Karlsruhe v. 7. 11. 1996, VersR 1997, 1224 (1225); ähnlich Sachverhalt bei OLG Hamm v. 24. 10. 1997, VersR 1999, 49. Während das OLG Karlsruhe eine ungewollte Gefahrerhöhung annahm, gelangte das OLG Hamm zur Feststellung einer gewollten Gefahrerhöhung. Kritisch zur Entscheidung des OLG Karlsruhe *Prölss/Martin/Prölss,* § 27, Rn. 1.

[114] *Schimikowski,* VersVertragsrecht, Rn. 204.

[115] *Martin,* Sachversicherungsrecht, N III, Rn. 21, nennt als Beispiel den gefahrerhöhenden Gebäudeumbau, dem der VN gefahrmindernd mit dem Einsatz eines Wachmanns begegnet, der dann jedoch plötzlich wegen Erkrankung ausfällt.

[116] *Römer/Langheid/Langheid,* §§ 23–25, Rn. 33.

lichen Gefahrerhöhung, da sie ja nach dem Willen und der Vorstellung des VN ausgeglichen ist. Daher ist aus der willentlichen Gefahrerhöhung nunmehr eine unwillentliche Gefahrerhöhung geworden[117].

Keine Abgrenzungsprobleme tauchen auf, wenn die Gefahrerhöhung durch Dritte in einer Art und Weise erfolgt ist, auf die der VN **keine Möglichkeit einer Einflussnahme** hat. Typische Fälle sind etwa der **Erlass haftungsverschärfender Gesetze**[118], **Änderung der Rechtsprechung** sowie **Naturereignisse.** Auch das **Verhalten Dritter** kann eine objektive Gefahrerhöhung begründen[119]. So ist etwa eine ausgesprochene und ernst gemeinte Drohung mit der Herbeiführung des Versicherungsfalls vom VN anzuzeigen[120] wenn dieser die Drohung ernst genommen hat[121]. Allerdings ist in den Fällen der Drohung stets besonders sorgfältig zu prüfen, ob es sich nicht um mitversicherte Gefahrerhöhungen handelt (§ 29 S. 2 VVG). Dies ist insbesondere dann der Fall, wenn die Drohung Zwischenstation zu einem Schaden ist, der als Versicherungsfall mitversichert ist[122]. Auch wenn der Ausschluss des angedrohten Schadens aus der Deckung nicht wirksam wäre, ist die Drohung als mitversicherte Gefahrerhöhung anzusehen[123]. **27**

Umstritten ist, ob **drohende terroristische Anschläge** eine zur Kündigung des Vertrags berechtigende Gefahrerhöhung darstellen. Kaum verallgemeinerungsfähig ist hierbei die Entscheidung des LG München zu der Frage, ob die Ausrufung des „Heiligen Krieges" nach den Anschlägen vom 11. 9. 2001 eine Gefahrerhöhung darstellt[124]. Entsprechend der oben vorgestellten Unterscheidung danach, ob ein der Drohung folgender Schadensfall wirksam aus der Deckung ausgeschlossen werden kann, wird man bei Drohungen mit terroristischen Anschlägen durch bislang nicht bekannte Tätergruppen eine nicht mitversicherte Gefahrerhöhung annehmen müssen, wenn diese Drohungen ernst gemeint sind und ebenso aufgefasst werden. **28**

IV. Sonderfälle

1. Gefahrerhöhung im Drittinteresse

Hatte der VN die Gefahrerhöhung vorgenommen, weil diese im **Interesse des VR** lag oder durch ein **Gebot der Menschlichkeit** veranlasst worden war, blieb dies ohne Rechtsfolgen (§ 26 VVG a. F.). Gleiches galt, wenn die Gefahrerhöhung durch ein Ereignis veranlasst worden ist, für welches der VR haftet. **29**

Der Reformgesetzgeber hat sich – der Kommissionsempfehlung folgend – entschieden, die praktisch bedeutungslose Regelung des § 26 VVG a. F. ersatzlos entfallen zu lassen. Man mag daran zweifeln, dass die Rechtsfolge des § 26 VVG a. F. rechtspolitisch richtig ist, wenn eine Gefahrerhöhung aus einer Notstandssituation heraus vorgenommen wird[125]. Jedoch entschärft sich das Problem dadurch, dass die Rechtsfolgen nach neuem Recht deutlich abgemildert sind und in der Regel bei einer Gefahrerhöhung aufgrund eines Notstands wohl nicht von einer vorsätzlichen Gefahrerhöhung gesprochen werden kann, da der Wille gerade nicht

---

[117] Zutreffend *Martin*, Sachversicherungsrecht, N III, Rn. 21; vorsichtig zustimmend auch *Römer/Langheid/Langheid*, §§ 23–25, Rn. 33.

[118] *Berliner Kommentar/Harrer*, § 27, Rn. 1; *Schimikowski*, VersVertragsrecht, Rn. 204; ausführlich *Werber*, VersR 1991, 522 ff.

[119] BGH v. 27. 1. 1999, VersR 1999, 484.

[120] VVG-Zwischenbericht, 52.

[121] BGH v. 27. 1. 1999, VersR 1999, 484; *Prölss*, NVersZ 2000, 153 (156).

[122] Zutreffend *Prölss*, NVersZ 2000, 153 (157).

[123] *Prölss*, NversZ 2000, 153 (157).

[124] LG München v. 16. 4. 2002, NVersZ 2002, 454, hat dies für die in Rede stehende Ausfallversicherung für Sportveranstaltungen zutreffend verneint, da bereits zuvor Terroranschläge der selben Gruppe erfolgt waren, a. A. *Langheid*, NVersZ 2002, 433 (434).

[125] Vgl. zu dem ähnlichen Fall der Herbeiführung des Versicherungsfalls aus Gründen des Notstands *Prölss/Martin/Prölss*, § 61, Rn. 9.

auf die Herbeiführung der Gefahrerhöhung, sondern z. B. die Rettung von Leben gerichtet ist. Leistungsfreiheit wird daher in der Regel in diesen Fällen nicht mehr drohen.

2. Unerhebliche Gefahrerhöhung (§ 27 VVG)

30   Auch die **unerhebliche Gefahrerhöhung** fällt gem. § 27 VVG aus dem Anwendungsbereich der §§ 23 ff. VVG heraus. Die Neufassung entspricht dem § 29 VVG a. F., so dass die bisherigen Auslegungsergebnisse auch auf die Neufassung der Norm anwendbar bleiben. § 27 VVG gehört gem. § 32 VVG zu den halbzwingenden Bestimmungen, von denen nicht zum Nachteil des VN abgewichen werden darf.

31   Die Unerheblichkeit bezieht sich hierbei auf die Wahrscheinlichkeit des Eintritts des Versicherungsfalls, die sich nur unwesentlich erhöht haben darf[126]. Nach der von *Martin* entwickelten Abgrenzung[127] erfasst § 29 VVG a. F. (jetzt § 27 VVG) quantitativ unerhebliche Gefahrerhöhungen, die als unwesentliche Erhöhungen der Wahrscheinlichkeit des Eintritts des Versicherungsfalls verstanden werden[128]. Die Beurteilung, ob bestimmte Umstände die Eintrittswahrscheinlichkeit für den Versicherungsfall wesentlich oder nur unwesentlich erhöhen, bleibt letztlich Ergebnis eines Wertungsprozesses. In der Praxis erfolgt die Prüfung des Ausschlusstatbestands des § 27 VVG in der Regel im Rahmen der Feststellung einer Gefahrerhöhung nach § 23 VVG[129]. Anhaltspunkte für die Unerheblichkeit einer Gefahrerhöhung lassen sich mithin nur anhand der Fälle aus der Judikatur gewinnen: So soll das Leerstehen eines Gebäudes für einen Zeitraum von weniger als 60 Tagen unerheblich sein[130]. Gleichfalls soll der Leerstand eines Wohngebäudes bei gleichzeitiger Gefahrminderung durch Auszug der Bewohner nur eine unerhebliche Gefahrerhöhung darstellen[131]. Eine Brandrede im alkoholisiertem Zustand vier – fünf Monate vor der Brandstiftung soll bei nicht festgestellter Ernstlichkeit ebenfalls nur eine unerhebliche Gefahrerhöhung darstellen[132].

32   Der zweite unter der Überschrift „Unerheblichen Gefahrerhöhung" nicht ganz zutreffend erfasste Fall des § 27 VVG ist derjenige, in dem nach den Umständen die **Gefahrerhöhung als mitversichert** angesehen werden soll (§ 27 2. Hs. VVG). Diese Regelung lässt sich zum einen als eine – lediglich klarstellende – Auslegungsnorm verstehen[133], wonach bei der Ermittlung des Deckungsumfangs ein Einschluss der gefahrerhöhenden Umstände Tatbestand und Rechtsfolgen der §§ 23 ff. VVG ausschließt. Danach sind etwa Gefahrerhöhungen mitversichert, die sich aus bekannten natürlichen Abläufen (z. B. Alterung) ergeben, ebenso Gefahrerhöhungen, deren Eintritt bei Abschluss des Versicherungsvertrages bekannt ist[134]. Gleiches gilt für Gefahrerhöhung, die üblich sind oder durch deren Subsumtion unter §§ 23 ff. VVG der Versicherungsschutz entwertet würde[135]. Mitversichert sind auch solche gefahrerhöhenden Umstände, die nach § 19 VVG gefahrerheblich gewesen wären, wenn sie zum Zeitpunkt des Vertragsabschlusses eingetreten wären, nach denen jedoch der VR nicht gefragt hat und deren Verschweigen durch den VN nicht arglistig gewesen wäre[136]. Hier wird

---

[126] *Römer/Langheid/Langheid,* § 29, Rn. 2, 3; die Unterscheidung passt schon deshalb nicht, weil beiden Fallgruppen ein qualitatives Element zu eigen ist und außerdem die Differenzierung in der Sache keine Kriterien für hier eigentlich maßgebliche Einordnung als unerheblich an die Hand gibt.

[127] *Martin,* Sachversicherungsrecht, N III, Rn. 2; ihm folgend *Römer/Langheid/Langheid,* § 29, Rn. 1; bereits an anderer Stelle ist darauf hingewiesen worden, dass die Unterscheidung in qualitative und quantitative Gefahrerhöhung nur sehr bedingt zu einer Einordnung des konkreten Sachverhalts taugt, siehe oben Rn. 20.

[128] *Martin,* Sachversicherungsrecht, N III, Rn. 28.

[129] Vgl. nur OLG Düsseldorf v. 27. 6. 1995, VersR 1997, 231 (233); OLG Koblenz v. 25. 4. 1997, VersR 1998, 233.

[130] OLG Hamm v. 17. 9. 1997, VersR 1998, 1152 (1153).

[131] OLG Hamm v. 6. 2. 1998, VersR 1999, 359 (360).

[132] OLG Düsseldorf v. 27. 6. 1995, VersR 1997, 231 (233).

[133] *Bruck/Möller,* § 29, Anm. 9.

[134] *Prölss/Martin/Prölss,* § 23, Rn. 16.

[135] *Prölss/Martin/Prölss,* § 29, Rn. 2; OLG Köln v. 4. 4. 2000, VersR 2001, 580 (581).

[136] LG Oldenburg v. 23. 11. 1987, NJW-RR 1988, 667; *Prölss/Martin/Prölss,* § 23, Rn. 6.

der VR letztlich so gestellt wie er stünde, wenn der gefahrerhebliche Umstand schon bei Vertragsabschluss vorgelegen hätte, von ihm jedoch ignoriert worden wäre. Dies ist zutreffend, da auch eine Auslegung des Versicherungsvertrages in diesem Fall zu dem Ergebnis kommen muss, dass der VR solche Gefahrerhöhung zu tragen bereit war.

Daneben wird die jetzt in § 27 2. Hs. VVG enthaltene Regelung auch so verstanden, dass sie eine **objektive Risikoverteilung** zwischen VN und VR sicherstellen soll[137]. Dieses Verständnis ermöglicht es, losgelöst von einer Vertragsauslegung nach objektivem Maßstab bestimmte Gefahrerhöhungen dem VR zuzuschreiben. So soll etwa die Aufstellung eines Baugerüsts eine vom VR zu tragende Gefahrerhöhung darstellen, da die hiermit bezweckte Instandsetzung des Gebäudes auch im Interesse des VR notwendig und üblich ist[138]. Allerdings spricht gegen diese Auffassung schon der Wortlaut der Norm, die auf die „Umstände" und damit letztlich auf die Auslegung des Versicherungsvertrages Bezug nimmt, also gerade keine hiervon losgelöste objektive Risikoverteilung statuiert[139]. Auch ergibt sich nur im Wege einer Auslegung des Vertrags eine Antwort auf die Frage, ob eine bestimmte Gefahrerhöhung mitversichert ist, so dass es einer objektiven Risikoverteilung neben dem Vertrag weder bedarf noch hierfür Raum bleibt[140].

Zu den bei der Ermittlung einer mitversicherten Gefahrerhöhung maßgeblichen Umständen zählen der Vertrag, insbesondere der Vertragszweck, alle Umstände des Vertragsschlusses ebenso wie die Besonderheiten des jeweiligen Versicherunszweigs[141].

C. Anzeigepflicht nach § 23 Abs. 2, 3 VVG

Die Neuregelung des § 23 modifiziert die bisherige Anzeigepflicht geringfügig. Danach **33** besteht eine Anzeigepflicht nur noch in den Fällen der nachträglich erkannten subjektiven Gefahrerhöhung (§ 23 Abs. 2 VVG) sowie der objektiven Gefahrerhöhung (§ 23 Abs 3 VVG). Nimmt der VN hingegen in voller Kenntnis aller Umstände einschließlich der fehlenden Einwilligung des Versicherers und dem Bewusstsein, die Eintrittswahrscheinlichkeit des versicherten Risikos zu erhöhen, eine Gefahrerhöhung vor, ist eine Anzeigpflicht nicht vorgesehen. Dies erscheint gesetzgeberisch nicht überzeugend: Auch bei einer willentlichen Gefahrerhöhung, bei der der VN von Beginn an die Umstände und Folgen erkennt, wäre eine Anzeigpflicht sinnvoll, um die Rechtsfolgen beim VR auszulösen. Die Entscheidung über eine Anzeigpflicht danach, ob der VN bereits bei Vornahme der Gefahrerhöhung zutreffend alle Umstände kannte und würdigte oder ihm erst nachträglich diese Erkenntnis zuwuchs, ist im Hinblick auf das Interesse des VR an einer Anzeige der Gefahrerhöhung unbedeutend. Auch ist nicht nachvollziehbar, warum dem erst nachträglich auf die Gefahrerhöhung aufmerksam gewordenen VN eine weitergehende Pflicht treffen soll. Erklären lässt sich dies wohl nur mit der Annahme, dass in den Fällen des § 23 Abs. 1 VVG regelmäßig die Gefahrerhöhung vorsätzlich oder jedenfalls grob fahrlässig vorgenommen worden ist und daher mit einer Anzeige durch den VN sowieso nicht zu rechnen ist.

Die Anzeigepflicht nach § 23 Abs. 2 VVG setzt voraus, dass der VN Kenntnis vom Eintritt **34** einer von ihm vorgenommenen oder gestatteten Gefahrerhöhung hat, diese jedoch erst nachträglich erkannt hat. Die Erkenntnis muss sich sowohl auf die gefahrerhöhenden Umstände wie auch auf die Wertung als gefahrerhöhend sowie auf die fehlende Einwilligung des Versicherers beziehen. Dem zu Folge muss die Gefahrerhöhung objektiv eingetreten sein, mithin die verbotene gefahrerhöhende Handlung auch tatsächlich zu einer Gefahrerhöhung geführt haben[142].

---

[137] Berliner Kommentar/*Harrer*, § 29, Rn. 3; *Werber*, 28; ähnlich *Prölss/Martin/Prölss*, § 29, Rn. 2.
[138] Berliner Kommentar/*Harrer*, § 29, Rn. 3.
[139] Ebenso *Beckmann*, ZIP 2002, 1125 (1128); ähnlich *Martin*, Sachversicherungsrecht, N III, Rn. 30.
[140] *Beckmann*, ZIP 2002, 1125 (1129).
[141] *Beckmann*, ZIP 2002, 1125 (1130) zu den Besonderheiten einer Ausfallversicherung.
[142] *Berliner Kommentar/Harrer*, § 23, Rn. 50.

Subjektiv verlangt § 23 Abs. 2 VVG, dass der VN weiß, dass die von ihm vorgenommene oder gestattete Handlung zu einer Gefahrerhöhung geführt hat[143]. Die vom Gesetz geforderte positive Kenntnis schließt eine bloß fahrlässige Nicht-Kenntnis aus[144], arglistige Unkenntnis steht der positiven Kenntnis gleich[145].

Liegen die subjektiven und objektiven Voraussetzungen des § 23 Abs. 2 VVG vor, ist der VN zur **unverzüglichen Anzeige** verpflichtet. Unverzüglich ist hier schon wegen der für den VR gravierenden Folge einer Gefahrerhöhung im Sinne von § 121 BGB als ohne schuldhaftes Zögern zu verstehen[146]. Die Anzeige selbst ist eine **formlose Mitteilung** an den VR über die Tatsache der Gefahrerhöhung. Der VR hat gem. § 32 S. 2 VVG das Recht, für die Anzeige **die Schrift- oder Textform** zu verlangen.

35   Bei der ungewollten Gefahrerhöhung nach § 23 Abs. 3 VVG entsteht die Anzeigepflicht mit Kenntnis der eingetretenen Gefahrerhöhung. Hierbei muss die Kenntnis in der Person des VN vorliegen, in Fällen der Rechtsnachfolge also in der Person des Rechtsnachfolgers[147]. Auch hier ist die Anzeigepflicht unverzüglich zu erfüllen.

D. Rechtsfolgen

I. Recht zur Kündigung

1. Art. 24 Abs. 1 VVG

36   Liegt eine Gefahrerhöhung im Sinne des § 23 Abs. 1 VVG vor, ist der VR auch nach der Neufassung des VVG zur **Kündigung des Versicherungsvertrages** berechtigt. Im Hinblick auf die Kündigungsfristen differenziert § 24 Abs. 1 VVG danach, ob der VN die Gefahrerhöhung vorsätzlich oder grob fahrlässig oder nur fahrlässig vorgenommen hat. In beiden erstgenannten Fällen kann der VR ohne Einhaltung einer Kündigungsfrist mit sofortiger Wirkung den Versicherungsvertrag beenden, bei einfacher Fahrlässigkeit kann der er den Versicherungsvertrag mit einmonatiger Frist kündigen[148]. Für die Frage des Verschuldensgrads ist die Beweislast von wesentlicher Bedeutung, da insbesondere die subjektiven Voraussetzungen von Vorsatz und grober Fahrlässigkeit in der Regel schwierig zu beweisen sind. Die Neuregelung in § 24 Abs. 1 VVG verpflichtet den VN, sich vom Vorwurf des Vorsatzes oder der groben Fahrlässigkeit zu entlasten[149]. Eine gesetzliche Vermutung, dass im Falle einer Gefahrerhöhung nach § 23 Abs. 1 VVG von vorsätzlicher oder grob fahrlässiger Vornahme auszugehen ist, lässt sich dem § 24 Abs. 1 VVG allerdings nicht entnehmen[150].

37   Fraglich ist, ob eine im Fall einer unverschuldeten oder fahrlässigen Gefahrerhöhung ausgesprochene fristlose Kündigung in eine fristgerechte Kündigung **umgedeutet** werden kann. Die Formulierung des Gesetzes macht deutlich, dass bei fehlendem Verschulden der VN ein Recht hat, die Kündigungsfolgen bis zum Ablauf eines Monats ab Zugang der Kündigung hinauszuziehen. Daraus folgt, dass der VR auch bei schuldloser oder fahrlässiger Gefahrerhöhung eine fristlose Kündigung aussprechen kann, diese jedoch zu Gunsten des VN erst nach Ablauf eines Monats wirksam wird. Eine fristlose Kündigung im Falle der unver-

---

[143] So zu § 23 Abs. 1 a. F. VVG BGH v. 27. 1. 1999, VersR 1999, 484; *Prölss/Martin/Prölss,* § 23, Rn. 43.

[144] BGH v. 27. 1. 1999, VersR 1999, 484; Berliner Kommentar/*Harrer,* § 23, Rn. 50; *Prölss/Martin/Prölss,* § 23, Rn. 45.

[145] *Prölss/Martin/Prölss,* § 23, Rn. 43.

[146] BGH v. 10. 1. 1951, VersR 1951, 67 (68); Berliner Kommentar/*Harrer,* § 23, Rn. 51.

[147] OLG Hamm v. 6. 2. 1998, VersR 1999, 359 (360); Berliner Kommentar/*Harrrer,* § 27, Rn. 4.

[148] Man wird auch nach der Neufassung des VVG davon ausgehen dürfen, dass der VR frei ist, statt fristlos auch mit Frist zu kündigen, *Prölss/Martin/Prölss,* § 24, Rn. 2; Berliner Kommentar/*Harrer,* § 24, Rn. 2.

[149] Vgl. *Marlow/Spuhl,* Das Neue VVG kompakt, 2007, S. 37.

[150] So aber wohl *Marlow/Spuhl,* Das Neue VVG kompakt, 2007, S. 37.

schuldeten Gefahrerhöhung ist deshalb nicht unwirksam. Einer Umdeutung bedarf es daher nicht[151].

Der Verschuldensbegriff wird in § 24 Abs. 1 VVG vorausgesetzt, meint mithin Fahrlässigkeit und Vorsatz in allen Abstufungen[152]. Hierbei handelt der VN hinsichtlich der Gefahrerhöhung auch dann fahrlässig, wenn er die gefahrerhöhende Qualität der von ihm herbeigeführten Umstände fahrlässig verkennt[153]. Hingegen scheidet ein Verschulden dann aus, wenn der VN die gefahrerhöhende Qualität der von ihm vorgenommenen Gefahrerhöhung nicht erkennt, z. B. weil ihm von dritter kompetenter Seite die Weiterbenutzung eines nicht verkehrssicheren Fahrzeugs nicht untersagt wurde[154].

2. Ausschlussfrist (§ 24 Abs. 3 VVG)

Der VN soll nach der Vorstellung des Gesetzes schnell wissen, woran er ist. Deshalb beschränkt § 24 Abs. 3 VVG die **Kündigungsmöglichkeit des VR auf einen Zeitraum von einem Monat ab Kenntniserlangung** von der Gefahrerhöhung. Dies gilt gleicher Maßen für das Recht zur fristlosen Kündigung bei vorsätzlicher oder grob fahrlässiger Gefahrerhöhung nach §§ 23 Abs. 1, 24 Abs. 1 VVG wie auch bei fahrlässiger Herbeiführung der Gefahrerhöhung (§ 24 Abs. 1 VVG) und erst nachträglich erkannter oder ungewollter Gefahrerhöhung (§ 24 Abs. 2 VVG). **38**

Kenntnis hat der VR erlangt, wenn er zuverlässig von der Gefahrerhöhung weiß. Ausreichend ist mithin nicht, dass er Umstände kennt, aus denen eine Gefahrerhöhung möglicher Weise, aber noch nicht sicher abgeleitet werden kann. Hat der VR allerdings Anhaltspunkte, dass sich aus dem bekannten Umständen eine Gefahrerhöhung ergeben kann, darf er, wenn er kündigen will, den Beginn des Fristlaufs nicht durch das Zurückstellen oder Unterlassen von Rückfragen verzögern[155]. Dies wird insbesondere bedeutsam, wenn der VN seiner Anzeigepflicht genügt, die Anzeige jedoch unverständlich oder unklar ist. Solche Mängel der Anzeige gehen mithin nicht zu Lasten des VN. Vielmehr beginnt dann die Frist in dem Zeitpunkt zu laufen, in dem der VR eine Antwort auf eine Rückfrage hätte erhalten können, wobei eine übliche und angemessene Rücklaufzeit für die Antwort des VN einzuhalten ist[156]. **39**

Fraglich ist, ob von einer Kenntniserlangung auch dann noch gesprochen werden kann, wenn in einem größeren VU oder gar einem Konzern die **Information bei einer ganz nachgeordneten Stelle** oder einem für den betroffenen Versicherungszweig nicht **zuständigen Mitarbeiter des VR** bekannt wird. Die selbe Frage tritt auf bei Kenntniserlangung durch **Mitarbeiter einer Niederlassung oder des Außendienstes des VR**. Ohne dass hier eine ausführliche Darstellung der Wissenszurechnung in komplexen Organisationen erfolgen kann[157], lassen sich insbesondere aus der Rechtsprechung Leitlinien entwickeln. Die Zurechnung von Wissen erfolgt als wertende Beurteilung[158]. Zurechenbar ist danach das Wissen, über das diejenigen Personen innerhalb einer Organisation verfügen, die bestimmte Aufgaben in eigener Verantwortung erledigen und hierbei anfallende Informationen zur Kenntnis nehmen und ggf. weiterleiten[159]. Dasjenige Wissen ist zuzurechnen, von dem der Rechtsverkehr erwarten darf, dass es typischer Weise aktenmäßig festgehalten wird[160]. Die Verfügbarkeit muss **40**

---

[151] A. A. offenbar Berliner Kommentar/*Harrer,* § 24, Rn. 2, dessen Empfehlung allerdings trotzdem beherzigenswert ist, bei Unsicherheit über das Verschulden eine dem Rechnung tragende Formulierung zu wählen.

[152] Berliner Kommentar/*Harrer,* § 24, Rn. 2; BGH v. 21. 1. 1963, NJW 1963, 1053f.

[153] BGH v. 18. 12. 1968, NJW 1969, 464 (465); BGH v. 21. 1. 1963, NJW 1963, 1053f.; *Prölss/Martin/ Prölss,* § 25, Rn. 2.

[154] BGH v. 20. 12. 1974, VersR 1975, 366; kritisch Berliner Kommentar/*Harrer,* § 25, Rn. 2.

[155] BGH v. 20. 9. 1989, BGHZ 108, 326 (329); *Prölss/Martin/Prölss,* § 20, Rn. 3.

[156] *Prölss/Martin/Prölss,* § 20, Rn. 3; BGH v. 20. 9. 1989, BGHZ 108, 326 (329).

[157] Vgl. hierzu allg. Münchener Kommentar/*Schramm,* 5. Auflage 2006, § 166, Rn. 23ff.

[158] BGH v. 8. 12. 1989, BGHZ 109, 327 (331); BGH v. 2. 2. 1996, BGHZ 132, 30 (35).

[159] BGH v. 2. 2. 1996, BGHZ 132, 30 (35); Münchener Kommentar/*Schramm,* § 166, Rn. 25.

[160] BGH v. 2. 2. 1996, BGHZ 132, 30 (35).

Hahn

organisatorisch gesichert werden, andernfalls muss sich die juristische Person so behandeln lassen, als habe sie das fragliche Wissen[161]. Die Kommunikationsförderung durch Einsatz von EDV ist hierbei in die Betrachtung einzubeziehen. Diese Leitlinien sprechen dafür, auch Wissen im dezentralen Organisationseinheiten dem VR zuzurechnen, sofern Informationen dem genannten Personenkreis vorliegen. Auch spricht die Loslösung der Zurechnung von formalen Vertretungsregeln dafür, den Personenkreis der Wissensträger weit zu fassen und z. B. auch die Kenntnis einer Gefahrerhöhung bei einem nicht zuständigen Sachbearbeiter des VR zuzurechnen. Als Grenze lässt sich die jeweilige Organisationseinheit fassen, da diese den Verantwortungsbereich der unmittelbar verantwortlichen Geschäftsführung abgrenzt, so dass Kenntnis bei Mitarbeitern einer anderen Konzerngesellschaft des VR oder eines anderen Versicherungszweigs nicht zugerechnet werden kann[162].

41   Das Kündigungsrecht kann außer durch Zeitablauf auch dadurch erlöschen, dass der vor der **Gefahrerhöhung bestehende Zustand wieder hergestellt** wird (§ 24 Abs. 2 VVG). Die Wiederherstellung kann entweder durch die Beseitigung des gefahrerhöhenden Umstandes erfolgen oder durch einen die Gefahrerhöhung kompensierenden gefahrmindernden Umstand[163]. Ist die Kündigung bereits erfolgt, muss die Wiederherstellung des ursprünglichen Zustandes vor dem Ende der einmonatigen Frist erfolgen, da nach Ablauf der Monatsfrist der Versicherungsvertrag in Folge der Kündigung nicht mehr besteht[164].

II. Vertragsanpassung

42   Neu eingeführt hat der Gesetzgeber das Recht des VR, im Falle einer Gefahrerhöhung statt einer Kündigung eine Prämienerhöhung oder den Ausschluss der Gefahrerhöhung aus dem Versicherungsschutz zu verlangen und damit einseitig eine Vertragsänderung herbeizuführen (§ 25 Abs. 1 VVG). Auch zur Ausübung dieser Gestaltungsrechte steht dem VR die einmonatige Frist des § 24 Abs. 3 VVG zur Verfügung. Jedoch braucht der VN nicht jede Prämienerhöhung oder einen Risikoausschluss zu akzeptieren, sondern kann seinerseits innerhalb einer Frist von einem Monat nach Zugang der Änderungserklärung den Versicherungsvertrag ohne Einhaltung einer Frist kündigen, wenn die Prämienerhöhung mehr als 10% beträgt oder der VR das erhöhte Risiko aus dem Versicherungsschutz ausschließt.

III. Leistungsfreiheit bei Eintritt des Versicherungsfalls

1. Leistungsfreiheit bei vorsätzlicher Gefahrerhöhung sowie vorsätzlich unterlassener Anzeige (§ 26 Abs. 1, 2 VVG)

43   Die Leistungsfreiheit, die nach dem früheren VVG den Regelfall bei einer Gefahrerhöhung darstellte, ist mit der Aufgabe des Alles-oder-Nichts-Prinzips im neuen VVG der Ausnahmefall geworden, der nur noch für die vorsätzlich herbeigeführte Gefahrerhöhung (§ 26 Abs. 1 VVG) sowie dem gleichgestellt für die vorsätzlich unterlassene Anzeige nach § 23 Abs. 2, 3 VVG gilt.

Die Regelung des § 26 Abs. 1 VVG begründet für den VR eine rechtsvernichtende Einwendung. Anders als bei der fristlosen Kündigung nach § 25 Abs. 1 VVG muss bei der Leistungsfreiheit der Versicherer nach den üblichen Beweislastregeln den Vorsatz darlegen und beweisen[165].

Die Wirksamkeit des Versicherungsvertrages bleibt von der Leistungsfreiheit im Schadensfall unberührt, zu seiner Beendigung bedarf es einer Kündigung. Umgekehrt bedarf daher auch die Geltendmachung des Leistungsverweigerungsrechts keiner zuvor erklärten Kündi-

---

[161] BGH v. 2. 2. 1996, BGHZ 132, 30 (36); Münchener Kommentar/*Schramm*, § 166, Rn. 25.

[162] Ebenso *Prölss/Martin/Prölss*, § 20, Rn. 6.

[163] Siehe zur Gefahrkompensation oben, Rn. 22 f.; *Prölss/Martin/Prölss*, § 24, Rn. 3; *Werber*, 35; a. A. *Honsell*, VersR 1981, 1094, (1096).

[164] *Prölss/Martin/Prölss*, § 24, Rn. 3.

[165] Ebenso *Marlow/Spruh*, Das Neue VVG kompakt, 2007, 39.

gung des Versicherungsvertrages[166]. Allerdings muss wegen § 24 Abs. 3 VVG die Frist für eine Kündigung noch laufen.

Reguliert der VR trotz Befreiung von der Leistungspflicht den Schaden aus Kulanz, richtet sich die Abwicklung daher nach dem ungekündigten Versicherungsvertrag.

2. Kürzung der Leistung im Falle grober Fahrlässigkeit (§ 26 Abs. 1 Satz 2, Abs. 2 S. 1, VVG)

Erfolgte die Gefahrerhöhung grob fahrlässig, ist der VR berechtigt, die Leistung nach der **44** Schwere der Schuld zu kürzen (§ 26 Abs. 1 S. 2 VVG). Dies gilt auch, wenn der VN eine nachträglich erkannte Gefahrerhöhung grob fahrlässig nicht oder nicht innerhalb der Frist gemeldet hat. Gleiches gilt bei grob fahrlässiger Verletzung der Anzeigepflicht (§ 26 Abs. 2 VVG). Damit hat der Gesetzgeber das Alles-oder-Nichts-Prinzip bei der Leistungsfreiheit auf die Fälle vorsätzlicher Gefahrerhöhung begrenzt. Anders als bei der Leistungsfreiheit wegen vorsätzlicher Herbeiführung der Gefahrerhöhung muss der VN sich von dem Vorwurf der groben Fahrlässigkeit entlasten (§ 26 Abs. 1 S. 2 VVG). Damit gilt, dass die Leistungsfreiheit oder eine Leistungskürzung nicht mehr möglich ist, wenn die Gefahrerhöhung bzw. die Verletzung der Anzeigepflicht nur mit normaler Fahrlässigkeit erfolgte.

Wie künftig eine Leistungsquote zu ermitteln ist, lässt der Gesetzgeber wohlweislich offen. Erste Vorschläge in der Literatur halten als Ausgangsgröße eine Quote von 50% für angemessen[167]. Es ist dann Sache des VR die Umstände darzulegen, die für eine besondere Schwere des Verschuldens sprechen. Umgekehrt muss der VN Gründe für eine höhere Leistungsquote darlegen. Damit ist die Möglichkeit eingeschlossen, von einer vollständigen Versicherungsleistung bis hin zu einer Quote „0" nach der Schwere des Verschuldens zu gewichten.

3. Ausschluss der Leistungsfreiheit bei nicht erfolgter Kündigung ̇r Relevanz der Gefahrerhöhung (§ 26 Abs. 3 VVG)

Zwei weitere, auch im alten VVG bereits vorhandene Ausnahmefäll ̇ freiheit regelt jetzt § 26 Abs. 3 VVG.

Danach besteht die Leistungspflicht des VR fort, wenn er eine wegen Gefahrerhöhung ̇ stehende **Kündigungsmöglichkeit nicht genutzt** hat und der Versicherungsfall nach Ablauf der Kündigungsfrist eingetreten ist (§ 26 Abs. 3 Nr. 2 VVG). Die Regelung knüpft an § 24 Abs. 3 VVG an und leitet aus der nicht erfolgten Kündigung ab, dass der VN die eingetretene Gefahrerhöhung hinzunehmen bereit ist. Konsequenter Weise darf er sich auch bei Eintritt eines Schadens nicht auf Leistungsfreiheit berufen.

Der zweite in § 26 Abs. 3 Nr. 1 VVG geregelte Fall hat größere praktische Bedeutung, wie die zahlreich vorliegende Rechtsprechung zu dem dort normierten so genannten Kausalitätsgegenbeweis zeigt. Sprachlich hat der Reformgesetzgeber jetzt klargestellt, dass es um die Kausalität der Gefahrerhöhung für den Eintritt der Gefahr oder den Umfang der Leistungspflicht geht. Demgegenüber sprach § 25 Abs. 3 a. F. VVG noch missverständlich von dem „Einfluss" der Gefahrerhöhung. Inhaltlich haben Rechtsprechung und Lehre auch schon die alte Fassung der Norm dahin gehend verstanden, dass es auf die Kausalität der Gefahrerhöhung für den Eintritt der Gefahr bzw. für den Leistungsumfang ankommt, so dass an die Rechtsprechung und Lehre zu früheren Recht insoweit angeknüpft werden kann. Da allerdings die Leistungsfreiheit nach neuem Recht ein auf Vorsatzfälle beschränkter Ausnahmefall ist, wird die Bedeutung des Kausalitätsgegenbeweises zunehmen. Ach nach der Neufassung bleibt der VR trotz Gefahrerhöhung zur Leistung verpflichtet, wenn die **Gefahrerhöhung keinen Einfluss auf den Eintritt des Versicherungsfalls** und den Umfang der Leistung des VR gehabt hat. Vorausgesetzt wird, dass jegliche Mitverursachung des Versicherungsfalls

---

[166] *Schimikowski,* VersVertragsrecht, Rn. 206.
[167] *Weidner/Schuster,* Quotelung von Entschädigungsleistungen bei grober Fahrlässigkeit des VN in de Sachversicherung nach neuem VVG, r+s 2007, 363 (364); *Grote/Schneider,* VVG 2008: Das neue Ve̱ sicherungsvertragsrecht, BB 2007, 2689, 2695.

oder des Schadensumfangs durch die Gefahrerhöhung ausgeschlossen ist[168]. Bleiben Zweifel, ob die Gefahrerhöhung mitursächlich geworden ist, geht dies zu Lasten des darlegungs- und beweispflichtigen VN, der die Mitursächlichkeit ausschließen muss[169]. Ausreichend ist daher für die Leistungsfreiheit bereits die Möglichkeit, dass die Gefahrerhöhung eine Ursache für den Eintritt des Versicherungsfalls oder eines größeren Schadensumfangs gesetzt hat[170]. Ob in einem Schadensfall jeglicher Ursachenbeitrag durch die Gefahrerhöhung ausgeschlossen ist, ist eine Rechtsfrage, die einen Vergleich mit einem hypothetischen Geschehensverlauf ohne Gefahrerhöhung erfordert[171]. Die Abschätzung des hypothetischen Kausalverlaufs kann im Einzelfall schwierig sein. So wird nur schwer festzustellen sein, ob ein durch zu spätes Reagieren verursachter Kfz-Unfall anders verlaufen wäre, wenn die nicht verkehrssicheren Bremsen oder Reifen in einem ordnungsgemäßen Zustand gewesen wären[172].

Der **Beweis der fehlenden Ursächlichkeit** ist erbracht, wenn ein praktisch brauchbarer Grad persönlicher Gewissheit erreicht ist, dass die Gefahrerhöhung als Ursache ausscheidet[173]. Die Möglichkeit eines Verursachungsbeitrags muss so entfernt sein, dass ihre Widerlegung nicht verlangt werden kann[174]. Es ist die Frage aufgeworfen worden, ob bei einer nur **ganz geringen Ursächlichkeit der Gefahrerhöhung** die Berufung auf die Leistungsfreiheit wegen Verstoßes gegen Treu und Glauben versagt werden soll[175]. Dagegen spricht, dass das Gesetz eine Aufteilung des Schadens entsprechend den Verursachungsbeiträgen gerade nicht vorsieht. Damit hat der Gesetzgeber eine Wertung vorgenommen, die jede ursächlich geworde- ne Gefahrerhöhung sanktioniert, unabhängig von dem oftmals nur schwer feststellbaren Grad der Ursächlichkeit. Dieses aus heutiger Sicht unter Umständen nicht mehr als gerecht empfundene strenge Prinzip zu modifizieren ist Sache des Gesetzgebers. Eine Verteilung des Schadens nach Ursachenbeiträgen unter Berufung auf § 242 BGB untergräbt die dem Gesetz zu Grunde liegende Wertung und greift dem Gesetzgeber vor. Sie ist deshalb abzulehnen.

E. Beweislast

46   Die **Darlegungs- und Beweislast** folgt mit Ausnahme des § 24 Abs. 1 VVG den allge- meinen Regelungen. Danach hat jede Seite diejenigen Tatsachen darzulegen und ggf. zu be- weisen, aus denen sich die für sie günstigen Rechtsfolgen ableiten[176]. Dies bedeutet, dass der VR die Voraussetzungen für eine Kündigung nach § 24 Abs. 1, 2 VVG bzw. eine Vertragsan- passung nach § 25 VVG beweisen muss. Er hat mithin den **Eintritt einer Gefahrerhöhung** darzulegen. Gleiches gilt für den Vorsatz, wenn der VR sich auf die hieran anknüpfenden Rechtsfolgen berufen will. Eine Ausnahme bildet die Kündigung bei vorsätzlicher oder grob fahrlässiger Gefahrerhöhung, bei der sich der VN entlasten muss (§ 24 Abs. 1 S. 1 VVG). Da als Gefahrerhöhung immer die erhebliche Gefahrerhöhung zu verstehen ist, muss der VR in- direkt auch beweisen, dass Unerheblichkeit im Sinne von § 27 VVG ausscheidet[177].

---

[168] *Prölss/Martin/Prölss,* § 25, Rn. 4; *Stiefel/Hofmann,* § 25 VVG, Rn. 3; BGH v. 10. 4. 1968, VersR 1968, 590.

[169] BGH v. 26. 6. 1968, VersR 1968, 834; *Prölss/Martin/Prölss,* § 25, Rn. 5.

[170] Allgemeine Meinung, BGH v. 26. 6. 1968, VersR 1968, 785 (786); *Prölss/Martin/Prölss,* § 25, Rn. 4; Berliner Kommentar/*Harrer,* § 25, Rn. 7.

[171] BGH v. 11. 7. 1969, NJW 1969, 1763 (1764); *Prölss/Martin/Prölss,* § 25, Rn. 4; Berliner Kommen- tar/*Harrer,* § 25, Rn. 7.

[172] Vgl. aus der Rechtsprechung einerseits BGH v. 31. 5. 1965, VersR 1965, 752; zum Ganzen auch *Stiefel/Hofmann,* § 25 VVG, Rn. 4 m. w. N.

[173] BGH v. 8. 1. 1969, VersR 1969, 247; BGH v. 23. 11. 1977, NJW 1978, 19; *Stiefel/Hofmann,* § 25 VVG, Rn. 6 m. w. N.; Berliner Kommentar/*Harrer,* § 25, Rn. 7; die hohen Anforderungen zeigt ein- drücklich die Entscheidung des OLG Koblenz v. 14. 7. 2007, VersR 2007, 534 (535).

[174] BGH v. 22. 6. 1964, VersR 1964, 813 (814); *Stiefel/Hofmann,* § 23 VVG, Rn. 6.

[175] Offen gelassen in BGH v. 2. 7. 1964, VersR 1964, 841 (842); *Prölss/Martin/Prölss,* § 25, Rn. 4.

[176] Vgl. *Prölss/Martin/Prölss,* § 25, Rn. 5; Berliner Kommentar/*Harrer,* § 23, Rn. 14.

[177] Berliner Kommentar/*Harrer,* § 29, Rn. 4.

Gleiches gilt für die **Kenntnis des VN von der Gefahrerhöhung** im Fall des § 23 Abs. 2 **47**
VVG. Bei der Kenntnis handelt es sich um eine sog. innere Tatsache, die nur schwer eines Beweises durch den VR zugänglich ist[178]. In der Regel wird die Kenntnis der Gefahrerhöhung
nur durch Indizien beweisbar sein. So sollen auffallende Mängel an einem PKW ein starkes
Indiz für Kenntnis der Gefahrerhöhung sein[179]. Allerdings ist bei der Annahme einer Indizwirkung von Mängeln an einem PKW zu berücksichtigen, dass den VN keine Pflicht trifft,
das Fahrzeug ständig auf Mängelfreiheit zu überprüfen[180]. Die Heranziehung eines Mangels
als Indiz für Kenntnis der Gefahrerhöhung muss daher auf auch dem Laien auffallende,
schwerwiegende Mängel beschränkt bleiben, um nicht über den Weg der Beweislastverteil-
lung zu einer allgemeinen und permanenten Prüfungspflicht für die Verkehrstauglichkeit zurück zu kehren.

Der VN hat seinerseits diejenigen Tatsachen darzulegen und zu beweisen, die für seine **48**
Rechtsposition streiten. So muss er etwa beweisen, dass der VR in eine **Gefahrerhöhung**
eingewilligt hat (§ 23 Abs. 1, 2 VVG), und er die Gefahrerhöhung nach § 23 Abs. 2, § 24
Abs. 2 VVG **rechtzeitig angezeigt** hat[181].

Gleiches gilt für die Voraussetzung des § 26 Abs. 3 VVG, insbesondere für den Kausalitätsgegenbeweis[182]. Auch eine die Gefahrerhöhung kompensierende Gefahrminderung ist vom
VN zu beweisen[183]. Die für den VN günstigen Voraussetzungen des § 27 VVG hat er ebenfalls
zu beweisen.

Umstritten war die Beweislastverteilung bei § 29 S. 2 a. F. VVG, der sich im wesentlichen **49**
unverändert in § 27 2. Hs. VVG wieder findet. Der Meinungsstreit ist mithin vom Gesetzgeber nicht entschieden worden. Die h. M. sieht in dieser Norm eine Auslegungsregel, so
dass die Tatsache des Einschlusses einer Gefahrerhöhung in den Versicherungsvertrag als für
den VN günstige Regelung von diesem darzulegen und zu beweisen ist[184]. Versteht man die
Vorschrift hingegen als eine Regelung zur objektiven Risikoverteilung, ist es konsequent,
dem VR die Beweislast für die ihm günstige Voraussetzung aufzubürden, dass eine Ge-
fahrshy;erhöhung nicht in seine Risikosphäre fällt[185]. Der letzteren Auffassung ist zuzustimmen: Der Wortlaut auch des § 27 2. Hs. spricht dafür, dass hier im Grunde lediglich eine allgemeine Auslegungsregel gleichsam zur Klarstellung zitiert wird. Auch ohne die Bestimmung
müssten bei einer unklaren Vertragsregelungen auch die Umstände des Vertragsabschlusses in
die Auslegung einbezogen werden, um den Willen der Vertragsparteien zu ermitteln. Kommt
man daher bei der Auslegung zu einem Einschluss der Gefahrerhöhung, muss der VR den
Beweis erbringen, dass dies gerade nicht gewollt war.

F. Besonderheiten bei einzelnen Versicherungszweigen

I. Pflichtversicherung

Naturgemäß spielt die Gefahrerhöhung eine große Rolle bei der **Kfz-Versicherung.** Auf **50**
die Abweichungen bezüglich des Vergleichsmaßstabs bei der Benutzung eines nicht verkehrssicheren Kfz ist bereits an anderer Stelle eingegangen worden[186]. Im Hinblick auf die Kfz-
Haftpflichtversicherung und die hierbei im Vordergrund stehenden Belange des geschädigten
Dritten ist § 3 Nr. 4 PflVG a. F. (jetzt § 117 Abs. 1 VVG) in Zusammenhang mit der Gefahr-

---

[178] *Römer/Langheid/Langheid,* §§ 23–25 VVG, Rn. 30; OLG Saarbrücken v. 17. 3. 1989, VersR 1990,
779.
[179] *Römer/Langheid/Römer,* §§ 23–25, Rn. 30.
[180] BGH v. 12. 3. 1975, VersR 1975, 461; *Stiefel/Hofmann,* § 23 VVG, Rn. 15.
[181] *Prölss/Martin/Prölss,* § 25, Rn. 5; BGH v. 14. 3. 1963, NJW 1963, 1052 (1053).
[182] *Prölss/Martin/Prölss,* § 25, Rn. 5.
[183] Siehe oben, Rn. 22f.
[184] I. E. RG v. 14. 3. 1963; RGZ 150, 48 (50); *Prölss/Martin/Prölss,* § 29, Rn. 2.
[185] So Berliner Kommentar/*Harrer,* § 29, Rn. 4; *Römer/Langheid/Römer,* § 29, Rn. 4.
[186] Siehe oben, Rn. 11.

erhöhung bedeutsam. Danach kann der VR gegenüber dem **Direktanspruch** nicht einwenden, dass er im Verhältnis zum VN von der Leistungspflicht freigeworden sei. Dies gilt für alle gesetzlichen und vertraglichen Befreiungstatbestände, mithin auch für die Leistungsverweigerung bzw. Leistungskürzung in Folge einer Gefahrerhöhung[187].

II. Lebensversicherung

51   Die allgemeinen Regelungen zur Gefahrerhöhung werden für die **Lebensversicherung** durch § 164 VVG a. F. (jetzt § 158 VVG) stark **eingeschränkt.** Danach sind in der Lebensversicherung nur solche Umstände als Gefahrerhöhung anzusehen, die ausdrücklich als Gefahrerhöhung vereinbart worden sind (§ 158 Abs. 1 VVG). Die Vereinbarung bedarf jetzt mindestens der Textform (§ 158 Abs. 1 2. Hs. VVG). Die Geltendmachung einer Gefahrerhöhung durch den VR ist zudem nur in einem Zeitraum von fünf Jahren – nach altem Recht zehn Jahren – ab Erhöhung möglich, es sei denn, der VN hat seine Pflicht zur Einholung einer Einwilligung oder einer Anzeige arglistig verletzt (§ 158 Abs. 2 VVG). Eine vertragliche Abweichung von den Bestimmungen ist zum Nachteil des VN nicht zulässig (§ 171 VVG).

III. Güterversicherung, Schiffsversicherung

52   Abweichungen von den §§ 23 ff. VVG enthält § 132 VVG für auf **der Reise befindliche Gegenstände.** Danach darf der VN eine Gefahrerhöhung vornehme, muss diese aber unverzüglich anzeigen (§ 132 Abs. 1 VVG). eine Kündigung wegen der Gefahrerhöhung ist ausdrücklich ausgeschlossen (§ 132 Abs. 3 VVG).Nur bei vorsätzlicher oder grob fahrlässiger Nichtanzeige tritt Leistungsfreiheit des VR ein, es sei denn, die Gefahrerhöhung war weder ursächlich für den Eintritt des Schadens noch den Umfang der Versicherungsleistung (§ 132 Abs. 2 Nr. 2 und 3 VVG).

IV. Entsprechende Anwendung des § 132 VVG?

53   Den §§ 142, 143 VVG a. F. (jetzt § 132 VVG) liegt der Gedanke zugrunde, dass es für den VN schwierig, wenn nicht sogar unmöglich ist, für auf der Reise befindliche Güter bzw. Schiffe **anderweitigen Versicherungsschutz** zu erhalten, wenn der VR die Versicherung wegen einer Gefahrerhöhung kündigt[188]. Anlässlich der Diskussion über die Frage einer Kündigung von Versicherungsverträgen in der Ausfallversicherung für Sportereignisse nach den Anschlägen vom 11. 9. 2001 ist diskutiert worden, ob die §§ 142, 143 VVG a. F. auf andere Versicherungszweige analog anwendbar sind[189]. Für eine Analogie spricht, dass zumindest der den §§ 142, 143 VVG a. F. zugrunde liegende Rechtsgedanke grundsätzlich auch auf andere Versicherungszweige passt. Die Gefahr, während der bereits laufenden Vorbereitungen eines versicherten Ereignisses nach einer Kündigung wegen einer ungewollten Gefahrerhöhung keinen anderweitigen Versicherungsschutz mehr zu erlangen und letztlich die Veranstaltung deswegen absagen zu müssen, entspricht den §§ 142, 143 VVG a. F. zugrunde liegenden Sachverhalten. Gegen eine Analogie spricht jedoch bereits die Tatsache, dass die Voraussetzungen der Analogie nicht vorliegen. So ist bereits eine **planwidrige Gesetzeslücke** nicht erkennbar, da bei der Kündigung wegen einer ungewollten Gefahrerhöhung der VN auch in anderen Versicherungszweigen vor dem Problem steht, u. U. kurzfristig keinen anderen Versicherungsschutz zu erhalten. Auch der Reformgesetzgeber hat von einer Ausweitung der Regelung in § 132 VVG Abstand genommen, so dass der gesetzgeberische Wille dahin zu interpretieren ist, dass er ein entsprechendes Regelungsbedürfnis nicht festgestellt hat. Gestützt wird diese Ansicht zusätzlich durch den Charakter der §§ 142, 143 VVG a. F., die Spezialfälle erfassen

---

[187] Vgl. *Stiefel/Hofmann*, PflVG § 3 Nr. 4, Rn. 3.

[188] *Beckmann*, ZIP 2002, 1125 (1131); *Römer/Langheid/Langheid*, § 142.

[189] Dafür *Beckmann*, ZIP 2002, 1125 (1131); dagegen *Langheid*, NVersZ 2002, 434 (435).

und aus dem allgemeinen Anwendungsbereich der §§ 23 ff. VVG ausnehmen. Als **eng auszulegende Ausnahmevorschriften** aber sind sie grundsätzlich der Analogie nicht zugänglich[190].

G. Abweichungen in Versicherungsbedingungen

Die **Bestimmungen über die Gefahrerhöhung** in §§ 23 ff. VVG sind **halbzwingend**   **54** (§ 32 VVG), das heißt zum Nachteil des VN dürfen Abweichungen nicht vereinbart werden. Trotzdem vereinbarte **Abweichungen** sind **unwirksam**[191]. Abweichungen sind in Klauseln zur Gefahrerhöhung in zwei Richtungen denkbar: Zum einen können sie härtere Rechtsfolgen im Falle von Gefahrerhöhungen vorsehen bzw. das Lösungsrecht des VR an geringere Voraussetzungen knüpfen. Solche Abweichungen sind allerdings selten, weil eindeutig unzulässig[192]. Zum anderen sind Klauseln denkbar, die bestimmte Sachverhalte als Gefahrerhöhungsfälle definieren. So enthielten in der Vergangenheit AVB des Öfteren Klauseln, die als **„Gefahrerhöhung" konkrete Fälle** aufführten. Als Beispiel sei auf die VHB 84 verwiesen, die in § 13 Ziff. 3 festgelegt haben, dass eine Gefahrerhöhung insbesondere dann vorliegt, wenn sich anlässlich eines Wohnungswechsels oder aus sonstigen Gründen ein Umstand ändert, nach dem ausdrücklich gefragt worden ist oder wenn eine ansonsten ständig bewohnte Wohnung länger als 60 Tage unbewohnt bleibt und nicht beaufsichtigt wird. Ähnliche Regelungen finden sich auch in den VGB und anderen Klauselwerken[193]. Solche Regelungen zur Gefahrerhöhung insbesondere in der AVB, sind wegen § 32 VVG stets auf ihre Abweichung von den gesetzlichen Vorschriften zu prüfen. So hat die Rechtsprechung die konstitutive Festlegung von Gefahrerhöhungstatbeständen in AVB zu Recht abgelehnt[194]. Ob die konkrete Benennung von Gefahrerhöhungstatbeständen in AVB konstitutiv ist, bedarf der Klärung im Einzelfall. Konstitutiv ist in jedem Fall eine Bestimmung, die unerhebliche Gefahrerhöhungen im Sinne des § 27 VVG zu erheblichen Gefahrerhöhungen aufwertet[195]. Daneben kommen als konstitutiv insbesondere solche Bestimmungen in Betracht, die Umstände als Gefahrerhöhung definieren, denen eines oder mehrere der Definitionsmerkmale der Gefahrerhöhung fehlen. Zu denken ist hier z. B. an ganz kurzzeitige Gefahrerhöhungen, denen das Merkmal der Dauerhaftigkeit fehlt.

In der Vergangenheit war umstritten, inwieweit **Prämienanpassungsklauseln** im Falle   **55** einer Gefahrerhöhung zum Nachteil des VN von den gesetzlichen Bestimmungen abweichen[196]. Hier hat der Gesetzgeber nunmehr durch die Kodifizierung eines Prämienerhöhungsrechts für den VR dem Meinungsstreit die Grundlage entzogen. Prämienanpassungsklauseln, die sich im Rahmen des § 25 VVG bewegen, sind danach zulässig. Unzulässig hingegen wären Anpassungsklauseln, die beispielsweise einer Erhöhung um mehr als 10% das Kündigungsrecht des VN ausschließen oder eine längere Bedenkzeit des VR als in § 24 Abs. 3 VVG vorgesehen zugestehen.

Neben der Prüfung nach § 32 VVG unterliegen Regelungen zur Gefahrerhöhung in AVB   **56** den **Bestimmungen der §§ 305 ff. BGB.** Die Rechtsprechung hatte bisher soweit ersichtlich selten Anlass, Klauseln zur Gefahrerhöhung zu prüfen. So hat sie mehrfach Klauseln wegen § 5 AGBG a. F. (§ 305c Abs. 2 BGB) zu Gunsten des VN ausgelegt, die für ein und

---

[190] Zutreffend *Langheid,* NVersz 2002, 434 (435); allgemein *Larenz,* Methodenlehre der Rechtswissenschaft, Studienausgabe 1983, 229 f.

[191] *Martin,* Sachversicherungsrecht, N IV, Rn. 1; OLG Hamm v. 28. 5. 1986, VersR 1987, 1105.

[192] *Martin,* Sachversicherungsrecht, N IV, Rn. 3.

[193] Übersicht zur Sachversicherung bei *Martin,* Sachversicherungsrecht, N IV, Rn. 49 ff.

[194] OLG v. 28. 5. 1986, VersR 1987, 1105; ebenso *Martin,* Sachversicherungsrecht, N IV, Rn. 30; *Prölss/Martin/Prölss,* § 23, Rn. 20.

[195] *Martin,* Sachversicherungsrecht, N IV, Rn. 32.

[196] Vgl. Vorauflage, § 20, Rn. 55.

dasselbe Verhalten unterschiedliche Haftungsmaßstäbe statuierten, je nach dem, ob eine Obliegenheitsverletzung oder eine Gefahrerhöhung die Leistungsfreiheit begründen sollte[197].

§ 21. Fälligkeit und Verjährung

Inhaltsübersicht

A. Änderungen durch die VVG-Reform

1   Die bisherige **Sonderregelung der Verjährung** ist **weggefallen.** Auch für Ansprüche aus dem Versicherungsvertrag gilt nunmehr die regelmäßige Verjährungsfrist von **drei Jahren** (§ 195 BGB), und zwar auch für die Lebensversicherung.

2   § 12 Abs. 2 VVG a. F. hat die **Hemmung der Verjährung** geregelt. Insoweit gilt jetzt **§ 15 VVG.** Inhaltlich gibt es keine wesentlichen Änderungen. § 203 BGB (Hemmung der Verjährung durch Verhandlungen) hätte nicht genügt. Es musste sichergestellt werden, dass die Verjährung nach der Schadenmeldung so lange gehemmt ist, bis dem Anspruchsteller, also nicht nur dem VN, sondern auch einem Pfandgläubiger oder einem Zessionar die **Entscheidung des Versicherers in Textform** (vgl. § 126b BGB) zugeht. Von der bisher erforderlichen Schriftform (§ 126 BGB) ist man abgerückt, um auch E-Mails ausreichen zu lassen.

3   Den **Anspruchsverlust** allein **aus zeitlichen Gründen** (bisher § 12 Abs. 3 VVG a. F.) **gibt es in Allgemeinen Versicherungsbedingungen künftig nicht mehr.** Die Bestimmung ist ersatzlos gestrichen worden. Zu dieser Vorschrift wird auf die Vorauflage verwiesen.

4   Die bisher in § 11 VVG a. F. geregelte **Fälligkeit** finden wir jetzt in **§ 14 VVG.** Von redaktionellen Änderungen abgesehen gibt es keine sachlichen Abweichungen. Deshalb können die im Folgenden im Zusammenhang mit § 11 VVG a. F. zitierten Entscheidungen und Kommentierungen auch zu § 14 VVG hilfreich sein.

B. Fälligkeit

5   Geht es um die Erfüllung einer Geldschuld, ist es für den Gläubiger von wesentlicher Bedeutung zu wissen, wann er die **Zahlung verlangen** kann, wann sie fällig ist.

6   Vom **Fälligkeitszeitpunkt** hängt es unter anderem ab, wann mit Erfolgsaussicht Klage erhoben werden und ab wann Verzug eintreten kann. Außerdem setzt § 199 Abs. 1 Nr. 1 BGB

---

[197] BGH v. 13. 11. 1996, VersR 1997, 485 zu § 7 Nr. 2 AFB; BGH v. 19. 10. 1994, VersR 1994, 1465 zu §§ 8, 9 VGB 62 gleich LM AGBG § 5 Nr. 23 m. Anm. *Hübner.*

Hahn / Schlegelmilch

für den Beginn der Verjährung eines Anspruchs u. a. dessen Fälligkeit voraus. Entstanden ist der Anspruch nämlich, sobald er im Wege der Klage geltend gemacht werden kann[1].

Nach § 271 BGB kann der Gläubiger die Leistung sofort verlangen, wenn eine Zeit für sie **7** weder bestimmt noch aus den Umständen zu entnehmen ist. Diese Regelung passt nicht für die Zahlungspflicht des VR aus dem Versicherungsvertrag. Dieses Rechtsverhältnis zeichnet sich nämlich dadurch aus, dass der VR die von ihm für einen bestimmten Schadenfall versprochene Geldleistung überhaupt erst dann erbringen kann, wenn ihm eine entsprechende Schadenmeldung zugeht und er daraufhin die Möglichkeit hat, alle für seine Leistungspflicht maßgeblichen Feststellungen zu treffen. Darauf hebt § 14 Abs. 1 VVG ab. Es heißt dort, dass die Fälligkeit von Geldleistungen mit **Beendigung der** zur Feststellung des Versicherungsfalls und des Umfangs der Leistung **nötigen Erhebungen** eintritt.

Die Vorschrift gilt ausdrücklich nur für die Fälligkeit von Geldleistungen. Sie bezieht sich **8** nicht auf andere Leistungspflichten von VR wie z. B. die Pflicht des HaftpflichtVR, die Sach- und Rechtslage zu prüfen, begründete Ansprüche zu befriedigen und unbegründete abzuwehren, oder die Pflicht des RechtsschutzVR zur Sorgeleistung und Kostenbefreiung[2]. Die Fälligkeit des Befreiungsanspruchs in der Haftpflichtversicherung ist ohne sachliche Änderungen in § 106 VVG geregelt, früher in § 154 VVG a. F. Das OLG Karlsruhe[3] hat allerdings bei der Umwandlung des Befreiungsanspruchs in einen Kostenerstattungsanspruch nach Zahlung des VN an den Geschädigten auf dessen Fälligkeit § 11 Abs. 1 VVG a. F. angewendet.

Außerhalb der Haftpflichtversicherung[4] tritt Fälligkeit vor dem in § 14 Abs. 1 VVG ge- **9** nannten **Zeitpunkt** ein, sobald dem VN eine unbegründete Deckungsablehnung oder eine Weigerung des VR zugeht, den Schaden festzustellen[5]. Es muss sich um eine eindeutige, endgültige und abschließende Stellungnahme des VR handeln, die so **eindeutig** ist, dass der VN daraus zweifelsfrei entnehmen kann, dass der VR seine Leistungspflicht verneint[6]. Voraussetzung ist allerdings, dass der Anspruch des VN als solcher bereits entstanden war[7]. Mit der Leistungsablehnung bringt der VR nämlich zum Ausdruck, dass keine weiteren Feststellungen zur Entscheidung über den erhobenen Anspruch mehr erforderlich sind. Dann aber besteht kein Grund mehr, die Fälligkeit weiter hinauszuschieben[8]. Die Ablehnung bewirkt also nur das Ende des dem VR durch § 14 Abs. 1 VVG eingeräumten Aufschubs. Ein noch gar nicht entstandener Anspruch wird dadurch nicht fällig.

I. Prüfung der Leistungspflicht durch den Versicherer (§ 14 Abs. 1 VVG)

Der VR verspricht dem VN, ihm oder einer versicherten Person für einen im Versiche- **10** rungsschein bzw. in den zu Grunde liegenden und vereinbarten Versicherungsbedingungen näher bestimmten Leistungsfall die zugesagten Leistungen zu erbringen. Das Essentielle der unsichtbaren Ware „Versicherungsschutz" ist, dass beide Vertragsparteien nichts über die möglichen Geschehensabläufe wissen, die einen Versicherungsfall darstellen können. Auch die Höhe versicherter Schäden ist unbekannt. Deshalb sehen alle Versicherungsbedingungen eine möglichst rasche Schadenmeldpflicht vor. Durch die Meldung des Schadens soll der VR in die Lage versetzt werden, seine Leistungspflicht dem Grunde und der Höhe nach zu überprüfen.

---

[1] BGH v. 17. 2. 1971 BGHZ 55, 340; v. 22. 2. 1979 BGHZ 73, 365; v. 18. 12. 1980 BGHZ 79, 178.
[2] Vgl. dazu unten Rn. 82, 85.
[3] OLG Karlsruhe v. 4. 7. 1991, VersR 1992, 735.
[4] Vgl. dazu unten Rn. 82 ff.
[5] Vgl. *Prölss/Martin/Prölss,* § 11 Rn. 1 m. w. N.; BGH v. 6. 12. 2006, r+s 2007, 103.
[6] OLG Karlsruhe v. 1. 10. 1998, r+s 2002, 469.
[7] BGH v. 27. 2. 2002, VersR 2002, 472 (473 unter 1b a. E.).
[8] BGH v. 22. 3. 2000, VersR 2000, 753.

Schlegelmilch

1. Einleitung und Durchführung nötiger Erhebungen

11   Nach Erhalt der Schadenmeldung zieht der VR die Police bei, um festzustellen, ob das in der Schadenanzeige näher beschriebene Ereignis ein **versichertes Risiko** betrifft.

12   Ist das der Fall, muss zunächst einmal festgestellt werden, ob die Angaben in der Schadenanzeige ausreichen, um die Frage der Eintrittspflicht dem Grunde nach beantworten zu können. **Fehlen** für die Entscheidung **wesentliche Angaben,** muss der VN befragt werden, was regelmäßig schriftlich erfolgt, aber auch durch einen Schadenprüfer vor Ort geschehen kann. Letzteres empfiehlt sich vor allem bei größeren Schadenfällen, weil der Mitarbeiter in diesem Stadium dann nicht nur die fehlenden Angaben einholen, sondern auch von sich aus noch weitere Feststellungen treffen kann, von denen er annimmt, dass sie für die weitere Bearbeitung von Bedeutung sein können. Soll sich der VN schriftlich äußern oder Unterlagen beibringen, kann keine Fälligkeit eintreten, solange er dies nicht getan hat.

13   Der VR prüft außerdem, ob die Angaben in der Schadenanzeige **plausibel** sind. Dies im Hinblick auf die den VN treffende **Wahrheitspflicht.** Hat der VR Anlass, am Wahrheitsgehalt bestimmter Angaben in der Schadenanzeige zu zweifeln, muss er dem nachgehen. Zweifel dürfen nicht unterdrückt werden, ist der VR doch allen VN gegenüber verpflichtet, nur solche Leistungen zu erbringen, auf die ein rechtlich begründeter Anspruch besteht. Die Überprüfung der Richtigkeit der Angaben in der Schadenanzeige wird sehr oft die Einschaltung eines Schadenprüfers vor Ort erfordern. Er kann nicht nur den VN befragen und den Augenschein einnehmen, sondern auch unbeteiligte Dritte befragen, wie sich etwas ereignet oder abgespielt hat.

14   In einigen Sparten, z. B. in der Feuer- und der Einbruch-Diebstahl-, aber auch in der Kraftfahrt-Kaskoversicherung kommt es häufig auf das Ergebnis polizeilicher Ermittlungen an. Die VR beantragen in diesen Fällen regelmäßig bei der zuständigen Staatsanwaltschaft **Einsichtnahme in die amtlichen Ermittlungsakten,** sobald sie dorthin abgegeben worden sind. Wenn das Ermittlungsergebnis nicht ausreicht, kann es erforderlich sein, das **Ergebnis eines Strafverfahrens** abzuwarten. Es kommt in jedem Einzelfall darauf an, ab wann die amtlich getroffenen Feststellungen für den VR eine genügende Entscheidungsgrundlage darstellen. Ein Verfahren darf nur abgewartet werden, wenn es für die Entscheidung des VR über seine Leistungspflicht in irgendeiner Weise von Bedeutung ist[9]. Das kann auch der Fall sein, wenn sich das Verfahren nicht gegen den VN richtet[10]. Zeitlich ist maßgeblich, wann es dem VR möglich gewesen ist, durch Akteneinsicht das Ergebnis der Ermittlungen für seine Entscheidung nutzbar zu machen[11].

15   Auch die **Einschaltung eines Sachverständigen** kann erforderlich werden. Geht es z. B. in der **Kraftfahrt-Kaskoversicherung** um die Frage, ob der Lenker eines Langholzfahrzeuges beim Durchfahren einer Kurve grob fahrlässig zu schnell gefahren ist und dadurch das Umstürzen des Fahrzeugs verursacht hat, muss in der Regel ein Sachverständiger den Fahrtenschreiber auswerten[12]. Wird ein Fahrzeug als gestohlen gemeldet, ist der Kasko-VR in vielen Fällen auf die Einholung eines sog. Schlüsselgutachtens angewiesen. Auch kann es erforderlich sein, ein verkehrstechnisches Gutachten einzuholen, um Klarheit über den Schadenhergang zu erlangen. In der **Feuerversicherung** ist es bei Brandschäden oft unumgänglich, einen Brandsachverständigen einzuschalten, um die Brandursache festzustellen und den Brandverlauf nachvollziehen zu können. Das ist insbesondere dann wichtig, wenn der Verdacht besteht, dass der VN den Brand vorsätzlich gelegt hat. In der **Unfallversicherung** ist es regelmäßig erforderlich, den VN oder die versicherte Person ärztlich begutachten zu lassen. Auf jeden Fall müssen aber Arztberichte über die Verletzungen und ihre Behandlung eingeholt werden. In der **Lebensversicherung** darf der Versicherer den Abschluss sachverständiger Ermittlungen

---

[9] BGH v. 9. 1. 1991, VersR 1991, 331 (332 unter II 2); OLG Saarbrücken 5 U 286/05 – 26, v. 9. 11. 2005, http://www.rechtsprechung.saarland.de.
[10] OLG Köln v. 4. 12. 2001, r+s 2002, 188.
[11] OLG Frankfurt/M. v. 16. 5. 2001, VersR 2002, 566.
[12] OLG Saarbrücken v. 8. 8. 2001, ZfS 2002, 80.

nur abwarten, wenn objektive Anhaltspunkte für eine Selbsttötung des VN vorliegen, der mit seinem PKW bei einem Verkehrsunfall auf regennasser Straße ins Schleudern geraten und tödlich verunglückt war[13].

Spielen die Wetterverhältnisse eine Rolle, wird es erforderlich sein, eine **amtliche Wet-** **16** **terauskunft** beim Deutschen Wetterdienst einzuholen.

Zur Feststellung, dass die Eintrittspflicht als solche gegeben ist, gehört auch die Prüfung der **17** Frage, ob etwa Rücktrittsvoraussetzungen wegen Verletzung vorvertraglicher Anzeigepflichten (§ 19 Abs. 2 VVG) oder Gründe für eine Anfechtung des Vertrages wegen arglistiger Täuschung (§ 22 VVG) vorliegen. Entsprechendes gilt auch bei der Verletzung von vertraglichen Obliegenheiten, die vor oder nach dem Schadenfall zu erfüllen sind (§ 28 VVG). Auch hierzu muss der VR ermitteln können, wenn Anlass zu der Annahme besteht, dass Leistungsfreiheit eingetreten sein könnte.

Ist die Eintrittspflicht des VR dem Grunde nach geklärt, schließen sich die nötigen **Erhe-** **18** **bungen zur Schadenhöhe** an. Bei Schäden von einigem Gewicht wird der VR wiederum Sachverständige beauftragen, die Höhe der eingetretenen Schäden festzustellen. Ist der VN mit dem Ergebnis nicht einverstanden, wird es zu einem **Sachverständigenverfahren** kommen, wenn dies in den Versicherungsbedingungen vertraglich vorgesehen ist[14]. Solange dieses Verfahren läuft, tritt keine Fälligkeit ein[15].

Die Fälligkeit nach § 14 Abs. 1 VVG tritt erst ein, wenn alle nötigen Erhebungen abge- **19** schlossen sind und der VR die ihm dann vorliegenden Unterlagen und Erkenntnisse geprüft hat, er also weiß, dass und in welcher Höhe er leisten muss. Eine Prüfungs- bzw. **Überle-** **gungszeit** muss daher für den VR mit eingerechnet werden.

Selbstverständlich ist der VR verpflichtet, seine Feststellungen so **zügig** wie möglich **20** durchzuführen und jede unnötige Verzögerung zu vermeiden. Das gilt insbesondere bei größeren Schäden, wenn ohne eine Entschädigungsleistung der wirtschaftliche Fortbestand eines vom VN betriebenen Unternehmens gefährdet ist. Verletzt der VR schuldhaft diese Pflicht, tritt Fälligkeit in dem Zeitpunkt ein, in dem die nötigen Erhebungen bei pflichtgemäßem Verhalten abgeschlossen gewesen wären[16].

Bejaht der VR seine Leistungspflicht, so erklärt er damit die nötigen Erhebungen für abge- **21** schlossen. Dies ist auch anzunehmen, wenn er dem VN den Zeitwertschaden zahlt. Den Neuwertanteil kann er dann nicht mehr mit der Begründung zurückhalten, es handele sich um einen zweifelhaften Versicherungsfall, der weitere Erhebungen zum Grunde der Eintrittspflicht nötig mache[17]. Die Erklärung des VR über seine Leistungspflicht begründet die Fälligkeit der Versicherungsleistung. Sie stellt aber weder ein selbständiges noch ein deklaratorisches Anerkenntnis dar[18]. Der VR kann also u. U. seine Leistung zurückfordern, wobei er aber für das Fehlen der Leistungsvoraussetzungen beweispflichtig ist[19].

Nach § 31 VVG kann der VR vom VN **Auskünfte** und die Vorlage bestimmter **Belege** **22** verlangen, letztere nach Abs. 1 S. 2 dieser Vorschrift aber nur, soweit ihm die Beschaffung billigerweise zugemutet werden kann. So müssen z. B. in der KrankenV grundsätzlich die Originalrechnungen eingereicht werden. Gehen diese auf dem Postweg verloren, können sie nicht mehr vorgelegt werden. Das wiederum ist unter diesen Umständen kein Hindernis für den Eintritt der Fälligkeit[20].

Nach Eintritt der Fälligkeit kann es Situationen geben, die es erforderlich machen, die **23** Frage der Eintrittspflicht des VR dem Grunde nach erneut zu stellen, also wiederum Erhe-

---

[13] OLG Saarbrücken v. 9. 11. 2005, 5 U 286/05 – 26, http://www.rechtsprechung.saarland.de/cgi-bin/rechtsprechung/document.py?Gericht=.

[14] Vgl. z. B. § 15 AFB 87, abgedruckt bei *Prölss/Martin* S. 1169.

[15] OLG Köln v. 4. 12. 2001, r+s 2002, 188.

[16] OLG Hamm v. 23. 8. 2000, r+s 2001, 263.

[17] OLG Schleswig v. 29. 12. 1994, VersR 1996, 93.

[18] OLG Frankfurt/M. v. 1. 7. 1999, r+s 2002, 85.

[19] OLG Köln v. 23. 1. 2007 r+s 2007, 101.

[20] OLG Oldenburg v. 15. 6. 1994, VersR 1995, 90.

bungen anzustellen, die sich im Nachhinein als nötig herausgestellt haben. Das ist z. B. dann der Fall, wenn ein Ermittlungsverfahren noch nicht rechtskräftig eingestellt worden ist, vielmehr auf eine Beschwerde des VR hin wieder **aufgenommen worden ist.**

24   Hat der VR zu dieser Zeit bereits eine **Deckungsablehnung** ausgesprochen, ist die Fälligkeit regelmäßig mit Zugang dieser Erklärung eingetreten[21].

25   Ist dies nicht geschehen, ermittelt der VR also weiter, sind nach einer Auffassung[22] die nötigen Erhebungen noch nicht abgeschlossen. Fälligkeit ist danach nicht eingetreten, auch nicht in dem Zeitpunkt, als das Ermittlungsverfahren eingestellt wurde. Das hätte zur Folge, dass man bis zur Entscheidung über die Beschwerde des VR gegen die Einstellung des Ermittlungsverfahrens nicht weiß, ob Fälligkeit eingetreten ist oder nicht. Vorzuziehen ist daher die Auffassung[23], dass in diesen Fällen die Fälligkeit zunächst eintritt, allerdings unter der **auflösenden Bedingung,** dass weitere Ermittlungen notwendig werden.

2. Mitwirkungspflichten des Versicherungsnehmers

26   Der VN ist nach § 30 VVG zur unverzüglichen Schadenmeldung verpflichtet. Eine entsprechende Obliegenheit enthalten auch die jeweiligen Allgemeinen Versicherungsbedingungen[24]. Gleiches gilt für die in § 31 VVG verankerte Pflicht, dem VR alle notwendigen Auskünfte zu erteilen und ihm bei der Aufklärung des Versicherungsfalls, also bei den nötigen Erhebungen behilflich zu sein[25].

27   Diese Pflichten liegen auch im eigenen Interesse des VN. Er kann durch eine aktive Teilnahme an den Feststellungen seines VR maßgeblich dazu beitragen, dass diese recht bald abgeschlossen sind. Soweit ihm dabei Kosten entstehen, die er als geboten ansehen durfte, sind diese ihm nach §§ 83, 85 VVG zu erstatten.

28   Verletzt der VN seine Mitwirkungspflichten schuldhaft, so kann sich nicht nur der Eintritt der Fälligkeit verzögern. Sein Verhalten hat auch Auswirkungen auf die Pflicht des VR, Abschlagszahlungen zu erbringen[26].

II. Abweichungen in AVB

29   § 14 Abs. 1 VVG ist abänderbar. Diese Bestimmung über die Fälligkeit ist in § 18 VVG nicht aufgeführt. Abänderungen findet man in verschiedenen Allgemeinen Versicherungsbedingungen. Sie sind aber **nur scheinbarer Natur.**

30   In einigen älteren AVB heißt es, dass die Entschädigung nach Ablauf von zwei Wochen nach Beendigung der nötigen Erhebungen „**fällig**" wird[27]. Neuere AVB und die Neufassungen der älteren AVB sprechen nunmehr davon, dass die „**Auszahlung binnen zwei Wochen**" zu erfolgen hat[28].

31   Das bedeutet, dass der VR innerhalb dieser zwei Wochen die Entschädigungsleistung erbringen muss. Hat der VN nach Ablauf der zwei Wochen die Zahlung nicht erhalten, gerät der VR in **Verzug**[29]. Die zwei Wochen sind nicht etwa dafür gedacht, dass der VR das Ergebnis seiner Erhebungen überdenkt und sich entscheidet. Diese Überlegungsfrist ist vielmehr in die Zeit der nötigen Erhebungen einzubeziehen[30].

---

[21] Vgl. im Einzelnen o. Rn. 9.
[22] Vgl. dazu LG Bonn v. 26. 9. 1989, VersR 1990, 303.
[23] Vgl. *Prölss/Martin/Prölss,* § 11 Rn. 4.
[24] Z. B. § 13 AFB 87, § 20 VGB 88, § 21 VHB 92, § 7 AKB, § 9 AUB 94, abgedruckt bei *Prölss/Martin,* S. 1167, S. 1209, S. 1579, S. 1702, S. 2540.
[25] S. Fn. 15.
[26] S. u. Rn. 45.
[27] Vgl. im einzelnen *Martin,* Sachversicherungsrecht Y II 1.
[28] *Martin,* a. a. O.
[29] *Martin,* a. a. O.
[30] *Martin,* a. a. O., Y II 2.

Wollte man die Regelungen in den AVB dahingehend verstehen, dass damit eine echte Ab-   **32**
änderung des § 14 Abs. 1 VVG vereinbart worden wäre, die Fälligkeit also um zwei Wochen
hinausgeschoben würde, hätte der VR in diesen zwei Wochen gar nichts zu veranlassen. Die
Überlegungsfrist läge zeitlich vor dem Beginn der zwei Wochen, die Zahlung müsste erst zeitlich danach in die Wege geleitet werden. Damit aber würde der VR unangemessen von § 14
Abs. 1 VVG abweichen. Das aber würde **gegen § 307 Abs. 2 Nr. 1 BGB verstoßen**[31].

Wenn eine **Wiederherstellungsklausel** vereinbart ist[32], der VN also die Differenz zwi-   **33**
schen dem Zeitwert- und dem Neuwertschaden erst beanspruchen kann, wenn die Verwendung der Entschädigung für die Wiederherstellung sichergestellt ist, wird die Versicherungsleistung (Ersatz des Neuwertanteils) frühestens in dem Zeitpunkt fällig, in dem diese
Voraussetzung erfüllt ist.

Im konkreten Schadenfall können die Parteien die Fälligkeit auch dadurch beeinflussen,   **34**
dass sie eine **Stundung** vereinbaren, z. B. durch ein sog. pactum de non petendo. Eine bereits
eingetretene Fälligkeit wird dadurch aufgehoben und auf einen bestimmten Zeitpunkt nach
hinten verschoben, nämlich auf den Tag, an dem die Stundung enden soll.

III. Pflicht des Versicherers zur Leistung von Abschlagszahlungen

Die nötigen Erhebungen des VR können sich über längere Zeiten, Monate oder sogar   **35**
Jahre hinziehen. Der Gesetzgeber musste daher eine Regelung schaffen, die es dem VN sowie
sonstigen anspruchsberechtigten Personen ermöglicht, **Abschlagszahlungen** verlangen zu
können. Dies ist mit § 14 Abs. 2 S. 1 VVG geschehen, einer Bestimmung, die nach § 18
VVG nicht zum Nachteil des VN abgeändert werden darf (halbzwingende Vorschrift). Danach können Abschlagszahlungen verlangt werden, wenn die Erhebungen bis zum Ablauf
eines Monats nach der Schadenmeldung nicht beendet sind.

Voraussetzung ist allerdings, dass die Eintrittspflicht des VR dem Grunde nach feststeht. Die   **36**
nötigen Erhebungen müssen also ergeben haben. Ausreichend ist auch eine entsprechende Erklärung des VR, mit der er bindend zum Ausdruck bringt, eintrittspflichtig zu sein. Zum
Grunde der Eintrittspflicht darf es keine Zweifel oder Unsicherheiten mehr geben[33]. Ist
also gegen den VN ein behördliches Verfahren, z. B. ein polizeiliches Ermittlungsverfahren
oder gar ein Strafverfahren anhängig, dessen Ergebnis möglicherweise eine Leistungsfreiheit
des VR zur Folge haben könnte, besteht kein Anspruch auf Zahlung einer Abschlagszahlung[34].
Das folgt auch aus § 14 Abs. 2 S. 2 VVG für den Fall, dass die Erhebungen durch Verschulden
des VN nicht beendet werden können. Dann nämlich ist der Ablauf der Monatsfrist gehemmt[35].

Steht die **Eintrittspflicht** des VR dem Grunde nach **nicht fest** und ist dies darauf zurück-   **37**
zuführen, dass er seine Erhebungen nicht zügig durchgeführt hat, kann der VN oder die anspruchsberechtigte Person auf Leistung einer Abschlagszahlung klagen. Eine einstweilige Verfügung ist grundsätzlich nicht zulässig[36]. Das Gericht muss in einem ordentlichen Prozess
entscheiden, ob es möglich ist, dem Kläger trotz des noch ausstehenden Ergebnisses der Erhebungen einen gewissen Betrag zuzusprechen[37]. Dabei wird in Kauf genommen, dass der VN
die Leistung nach § 812 BGB wegen ungerechtfertigter Bereicherung zurückzahlen muss,
wenn sich später herausstellt, dass die Eintrittspflicht doch nicht gegeben ist. Besteht im Rückforderungsprozess darüber Streit, trifft den VN allerdings die Beweislast, dass die Eintrittspflicht gegeben ist, stand doch zu Beginn des ersten Prozesses gerade nicht fest, dass der VR
eintrittspflichtig war.

---

[31] *Martin,* a. a. O., Y II 3; *Römer/Langheid/Römer,* § 11 VVG Rn. 28.
[32] Vgl. z. B. § 11 Ziff. 5 AFB 87, abgedruckt bei *Prölss/Martin,* S. 1058, 59.
[33] BGH v. 2. 10. 1985, VersR 1986, 77 (78) unter Pos. 4a).
[34] OLG Hamm v. 23. 6. 1993, VersR 1994, 717.
[35] Vgl. dazu unten Rn. 45.
[36] *Prölss/Martin/Prölss,* § 11 Rn. 11.
[37] Vgl. *Bruck/Möller,* § 11 Rn. 34.

1. Fälligkeit und Höhe der Abschlagszahlungen

38   Ist die Eintrittspflicht dem Grunde nach klar, können Abschlagszahlungen verlangt werden, wenn die nötigen Erhebungen zur Leistungshöhe **bis zum Ablauf eines Monats** seit der Schadenanzeige beim VR nicht beendet sind. Diese Monatsfrist kann der VR auch einhalten, wenn der VN die Abschlagszahlung bereits früher fordert[38].

39   Ist die Monatsfrist abgelaufen, löst die **Anforderung** der Abschlagszahlung die **Fälligkeit** aus. Die Leistung ist nach § 271 BGB sofort fällig. Es muss sich allerdings, wenn auch konkludent, erkennbar darum handeln, dass nicht etwa die gesamte Entschädigung, sondern nur ein Teil verlangt wird, von dem anzunehmen ist, dass der VR in dieser Höhe unbeschadet der weiteren Erhebungen leistungspflichtig ist[39]. Dem VR steht nach Eintritt der Fälligkeit nur eine sehr kurze Zeit zur Verfügung, um die Abschlagszahlung auf den Weg zu bringen.

40   **Höhenmäßig** geht der Anspruch auf Zahlung einer Abschlagszahlung auf das, was der VR nach dem Stand der Feststellungen zur Höhe des Schadens auf jeden Fall zahlen muss[40]. Das gilt auch dann, wenn ein Sachverständigenverfahren läuft. Die Sachverständigen unterrichten den VR in regelmäßigen Abständen, ob und in welcher Höhe der VR Abschlagszahlungen erbringen kann und auf welche Positionen des Schadens dies erfolgen soll. Die Pflicht des VR zur Leistung von Abschlagszahlungen besteht nämlich nach Ablauf der Monatsfrist ohne Unterbrechung bis zum Ende der Regulierung des Schadens in jedem Stadium der Schadenregulierung[41].

41   Leistet der VR nach Ablauf der Monatsfrist keine Abschlagszahlungen, obwohl seine Eintrittspflicht klar ist, **Fälligkeit** nach § 271 BGB also **eingetreten** ist, kommt er in **Verzug**. Einer Mahnung bedarf es nicht. Der Verzugsschaden[42] ist zu ersetzen.

42   Ist **keine Fälligkeit** eingetreten, weil z. B. die Eintrittspflicht dem Grunde nach nicht feststeht oder weil man höhenmäßig absolut nicht sagen kann, was der VN zumindest verlangen kann, und zahlt der VR dann nicht, so ist dies für ihn unschädlich[43].

43   In dieser Lage hat der VR allerdings die Möglichkeit, eine **Leistung unter Vorbehalt** zu erbringen, bei der es sich dann in Ermangelung der notwendigen Voraussetzungen gerade **nicht um eine Abschlagszahlung** handelt. Nach Erhalt einer solchen Leistung unter Vorbehalt befindet sich der VN in der gleichen Situation, wie sie oben Rn. 37 beschrieben worden ist. Das bedeutet, dass er bei einer Klage des VR auf Rückzahlung aus § 812 BGB seinerseits beweisen muss, dass dieser leistungspflichtig ist, wenn er Klageabweisung erreichen will[44]. In diesem Stadium des Verfahrens kann gerade nicht davon ausgegangen werden, dass der Vorbehalt nur die Bedeutung hätte, dass der VR auf die Rückforderungsmöglichkeit hinweisen und sich gegen den Einwand aus § 814 BGB absichern will[45]. Trotzdem sollte der VR dies deutlich zum Ausdruck bringen.

2. Auswirkungen von Pflichtverletzungen des Versicherungsnehmers

44   Verletzt der VN oder eine sonstige anspruchsberechtigte Person die sie treffende **Aufklärungs- bzw. Mitwirkungspflichten** bei den Erhebungen durch den VR, so hat dies regelmäßig zur Folge, dass diese nicht abgeschlossen werden können, bis die Hindernisse beseitigt sind. Das wiederum hat möglicherweise Konsequenzen für die Fälligkeit[46], setzt diese doch nach § 14 Abs. 1 VVG gerade den Abschluss der nötigen Erhebungen voraus.

45   Speziell im Zusammenhang mit der für die Fälligkeit von Abschlagszahlungen vorgesehenen Monatsfrist in § 14 Abs. 2 S. 1 VVG sieht § 14 Abs. 2 S. 2 VVG vor, dass der Ablauf dieser

---

[38] LG Essen v. 1. 9. 1972, VersR 1973, 558.
[39] ÖOGH v. 8. 6. 1994, VersR 1995, 607.
[40] *Römer/Langheid/Römer,* § 11 Rn. 16 m. w. N.
[41] *Römer/Langheid/Römer,* § 11 Rn. 17.
[42] S. dazu unten Rn. 61 ff.
[43] *Prölss/Martin/Prölss,* § 11 Rn. 13.
[44] OLG Düsseldorf v. 14. 3. 1995, VersR 1996, 89.
[45] Vgl. dazu *Prölss/Martin/Prölss,* § 11 Rn. 16.
[46] S. dazu u. Rn. 5 ff.

Frist **gehemmt** ist, solange die Erhebungen durch **Verschulden** des VN oder eines anderen Anspruchsberechtigten nicht zu Ende geführt werden können.

Verschulden in diesem Sinne umfasst **Vorsatz und Fahrlässigkeit.** Einfache Fahrlässig- **46** keit genügt. Im Allgemeinen reicht es also für die Hemmung aus, wenn gegen den VN oder eine anspruchsberechtigte Person ein polizeiliches bzw. staatsanwaltschaftliches Ermittlungs- verfahren oder gar ein Strafverfahren, in der Feuerversicherung z. B. im Zusammenhang mit dem Verdacht auf Brandstiftung läuft.

Die **Beweislast** für die Hemmung liegt beim VR. Wenn das Verhalten versicherter Perso- **47** nen, das zur Hemmung führt, objektiv feststeht, könnte man daran denken, dem VN den Entlastungsbeweis für fehlendes Verschulden (Entschuldigungsbeweis) aufzuerlegen. Da § 14 Abs. 2 VVG aber halbzwingend ist, also nicht zum Nachteil des VN abgeändert werden darf, sollte es nicht angehen, den Eintritt der Wirkungen des Fristablaufs (Fälligkeit von Abschlags- zahlungen) dadurch zu erschweren, dass man dem VN auferlegt, den Nachweis dafür zu er- bringen, dass er die Beendigung der nötigen Erhebungen nicht schuldhaft behindert hat[47].

Bedient sich der VN bei der Erfüllung seiner Aufklärungs- und Mitwirkungspflichten der **48** Mitarbeit dritter Personen, so haftet er für deren Fehler und Versäumnisse nur dann, wenn es sich bei ihnen um seine **Repräsentanten** handelt[48].

Ist **die Monatsfrist** des § 14 Abs. 2 S. 1 VVG **abgelaufen** und erschwert der VN danach **49** weitere Erhebungen, so ist dies für ihn unschädlich, soweit es um die Verzinsung fälliger Leis- tungen geht[49].

IV. Verzug

1. Die Verzugsvoraussetzungen

Nach § 286 Abs. 1 BGB kommt der Schuldner in Verzug, sobald er auf eine **Mahnung** des **50** Gläubigers, die **nach dem Eintritt der Fälligkeit** erfolgt, nicht leistet. Nach Abs. 2 Ziff. 3 dieser Vorschrift bedarf es **keiner Mahnung,** wenn der Schuldner die Leistung **ernsthaft und endgültig verweigert.** Diese Regelung im neuen Schuldrecht bedeutet auch für das Versicherungsrecht nichts Neues. Mit einer Deckungsablehnung durch den VR trat auch schon unter der Geltung des § 284 BGB a. F. Verzug ein, da es unter diesen Umständen auch schon früher einer Mahnung – weil offensichtlich zwecklos – nicht bedurfte[50]. Voraussetzung ist aber auch hier, dass der Anspruch des VN als solcher überhaupt bereits entstanden ist, weil es sonst an der Fälligkeit mangelt[51], ohne die kein Verzug eintreten kann.

Leistet der VR **unter Vorbehalt,** also ohne Anerkennung einer Rechtspflicht, so hat dies **51** im Allgemeinen[52] nur die Bedeutung, dass der VR die Wirkung des § 814 BGB ausschließen, sich also die Rückforderung aus § 812 BGB vorbehalten will, wobei die Beweislast für das Vorliegen einer ungerechtfertigten Bereicherung bei ihm verbleibt, nicht etwa der VN be- weispflichtig dafür ist, dass ihm die erbrachte Leistung zusteht. Eine solche Leistung hat somit Erfüllungswirkung[53].

Ob eine Zahlung unter Vorbehalt eine **Nichtzahlung** darstellt, kann allerdings in der Pra- **52** xis meist offen bleiben, entsteht dem VN doch durch den Erhalt der Zahlung gerade kein Schaden. Etwas anderes ist es nur, wenn er die Zahlung wegen des Vorbehalts ablehnt[54].

Nach § 286 Abs. 4 BGB (§ 285 BGB a. F.) kommt der Schuldner **nicht in Verzug,** solange **53** die Leistung wegen eines Umstandes unterbleibt, den er nicht zu vertreten hat. Folglich hat

---

[47] Vgl. dazu auch *Römer/Langheid/Römer*, § 11 Rn. 19.
[48] Vgl. dazu § 17 Rn. 29 ff.
[49] BGH v. 19. 9. 1984, VersR 1984, 1137 (1138) unter I 2 a.
[50] Vgl. *Prölss/Martin/Prölss*, § 11 Rn. 17 m. w. N.; *Römer/Langheid/Römer*, § 11 Rn. 12 m. w. N.
[51] S. o. Rn. 9 unter Hinweis auf BGH v. 27. 2. 2002, VersR 2002, 472 (473 unter 1b).
[52] Vgl. zu den Sonderfällen o. Rn. 37, 43.
[53] *Römer/Langheid/Römer*, § 11 Rn. 25 unter Hinweis auf BGH v. 8. 2. 1984, NJW 1984, 2826 (unter I 2a).
[54] *Prölss/Martin/Prölss*, § 11 Rn. 16.

Schlegelmilch

auch der VR die Möglichkeit, den Eintritt des Verzuges mit dem Hinweis zu bestreiten, dass er die Leistung bisher zu Recht nicht erbracht hat, weil er zu ihr nicht verpflichtet war bzw. nicht verpflichtet ist.

54   Ein **unverschuldeter Rechts- oder Tatsachenirrtum** steht also dem Eintritt des Verzuges auf Seiten des VR entgegen. Allerdings sind die Anforderungen, die die Rechtsprechung an die Möglichkeit der Entlastung des VR stellt, sehr hoch[55].

55   Der **Rechtsirrtum** ist nur dann entschuldigt, wenn es zu einer schwierigen Rechtsfrage noch keine herrschende Meinung gibt und der VR in dieser Lage seine Rechtsauffassung mit der erforderlichen, d. h. den an ihn zu stellenden Anforderungen genügenden Sorgfalt erarbeitet[56]. Er muss nachweisen, dass er als Ergebnis seiner sorgfältigen Prüfung mit einem Unterliegen im Deckungsprozess nicht zu rechnen brauchte[57].

56   Eine **falsche Einschätzung** der Sach- und Rechtslage bei unübersichtlichen Sachverhalten durch den VR ist nur dann ausnahmsweise zu entschuldigen, wenn sich die bisher herrschende Rechtsprechung ändert oder ähnliche Sachverhalte vorliegen[58].

57   Auch der **Tatsachenirrtum** führt nur dann zur Entschuldigung des VR, wenn der VR den Sachverhalt gründlich überprüft hat und dabei zu dem überzeugenden Ergebnis kommen konnte, dass auch unter Berücksichtigung der Frage der Beweislast mit einem Verlust des Deckungsprozesses nicht zu rechnen ist[59].

58   Die Hürden bei der Erbringung des Beweises dafür, dass der VR unverschuldet einem Irrtum erlegen ist, sind beim Rechts- und beim Tatsachenirrtum gleich hoch[60]. Was speziell mögliche **Betrugsfälle** anbetrifft, kann sich der VR bei schwierig gelagerten Sachverhalten so lange in einem unverschuldeten Tatsachenirrtum befinden, bis der VN imstande ist, vor Gericht die Richtigkeit seines Vortrags zu beweisen, an dem der VR berechtigte Zweifel haben durfte[61].

59   Das Risiko, die Rechtslage nicht zutreffend einzuschätzen, trägt grundsätzlich der Schuldner[62]. Dazu gehört auch die Einschätzung der Schwierigkeiten, die mit einer notwendigen **Beweisführung** verbunden sein können. Geht es, wie in der Praxis häufig, um die Frage, ob der VR berechtigt ist, die Leistung wegen **Vorsatz** oder **grober Fahrlässigkeit** (§ 81 VVG) ganz oder teilweise zu verweigern, muss er besonders bedenken, dass ihn insoweit die volle Beweislast trifft[63]. Das Risiko, diesen Beweis nicht erbringen, das Gericht also nicht überzeugen zu können, trägt allein der VR. Er kann es nicht auf den VN abwälzen[64]. Gleiches gilt auch, wenn es um den Nachweis geht, dass sich der VN das Verhalten einer bestimmten Person als **Repräsentant** zurechnen lassen muss[65].

60   Kann sich der VR **nicht entlasten,** leistet er also schuldhaft nicht, befindet er sich in Verzug und ist verpflichtet, dem VN den Verzugsschaden zu ersetzen.

2. Der Verzugsschaden

61   Erfüllt der Schuldner eine Geldschuld **nicht pünktlich,** ist der Gläubiger nicht in der Lage, mit dem Geld zu arbeiten, es z. B. fruchtbringend anzulegen oder auf andere Weise mit ihm Erträge zu erzielen, Gewinne zu machen. Das Vermögen des Gläubigers vermehrt sich also nicht so, wie es bei pflichtgemäßer Leistung des Schuldners der Fall gewesen wäre.

---

[55] Vgl. *Prölss/Martin/Prölss,* § 11 Rn. 18, 19 m. w. N.; *Römer/Langheid/Römer,* § 11 Rn. 26, 27 m. w. N.
[56] BGH v. 19. 9. 1984, VersR 1984, 1137.
[57] BGH v. 20. 11. 1990, r+s 1991, 37; OLG Saarbrücken v. 8. 8. 2001, ZfS 2002, 80.
[58] BGH v. 16. 5. 1990, r+s 1990, 243 (unter III).
[59] OLG Stuttgart v. 16. 12. 1993, r+s 1994, 313.
[60] BGH v. 20. 11. 1990, r+s 1991, 37.
[61] BGH a. a. O.
[62] BGH v. 11. 1. 1984, BGHZ 89, 296 (303).
[63] Vgl. u. a. *Prölss/Martin/Prölss,* § 61 Rn. 21 m. w. N.; *Römer/Langheid/Langheid,* § 61 Rn. 50 m. w. N.
[64] OLG Saarbrücken v. 8. 8. 2001, ZfS 2002, 80 zu einem Fall behaupteter grober Fahrlässigkeit.
[65] BGH v. 27. 9. 1989, VersR 1990, 153.

Die durch die zu späte Leistung entgangene Gewinnerzielungsmöglichkeit ist der dem Gläubiger entstandene **Verzugsschaden.**

Der Schuldner, der sich schuldhaft in Verzug befindet, ist verpflichtet, dem Gläubiger den **62** Verzugsschaden zu ersetzen. Das ergibt sich aus § 288 BGB Abs. 3 und 4. Beide Absätze stellen klar, dass der säumige Schuldner den **gesamten Verzugsschaden** zu ersetzen hat. Über die normalen Zinsen hinaus können auch weitere Schäden geltend gemacht werden. Nach Abs. 3 können aus einem anderen Rechtsgrund, z. B. einer vertraglichen Vereinbarung höhere Zinsen verlangt werden. Bei Absatz 4 ist an die fehlende Möglichkeit zu denken, höhere Anlagezinsen zu erwirtschaften, aber auch an die Notwendigkeit, teure Kreditzinsen aufwenden zu müssen[66].

Die Regelung, den Verzugsschaden zunächst mit einer bestimmten Zinszahlung auszuglei- **63** chen, beruht auf dem Gedanken, dass es in der Praxis sinnvoll und vor allem leichter zu handhaben ist, wenn man den Verzugsschaden grundsätzlich **pauschaliert.** Nur in den Fällen, in denen ein weiterer Verzugsschaden eingetreten ist, soll der Gläubiger die Möglichkeit haben, diesen konkret nachzuweisen und geltend zu machen. Die Pflicht, im Verzugsfall Zinsen zu zahlen, kann nicht abbedungen werden. Die Regelung ist **zwingend**[67].

Nach § 288 BGB in der bis zum 31. 12. 2001 geltenden Fassung beliefen sich die Verzugs- **64** zinsen für das Jahr auf **5 Prozentpunkte** über dem Basiszinssatz nach § 1 des Diskontsatz-Überleitungsgesetzes vom 9. Juni 1998[68].

Daran hat sich auch **nach dem 1. Januar 2002** im Grundsatz nichts geändert. Unverän- **65** dert beträgt der Zinssatz bei Verzug für das Jahr 5 Prozentpunkte über dem Basiszinssatz, der allerdings nunmehr in § 247 BGB geregelt, aber nach wie vor variabel ist, also regelmäßigen Änderungen bzw. Anpassungen zum 1. Januar und dem 1. Juli eines jeden Jahres unterworfen ist.

Besonders wichtig für VR **gewerblicher Kunden** ist § 288 Abs. 2 BGB. Für Gläubiger, **66** die keine Verbraucher i. S. d. § 13 BGB sind, erhöht sich der Zinssatz nämlich auf **8 Prozentpunkte** über dem Basiszinssatz.

Einige AVB[69], aber auch das Gesetz[70] verpflichten den VR zu Zinszahlungen **unabhängig** **67** **von der Fälligkeit und einem Verzug.** Solche Regelungen sollen den VN dafür entschädigen, dass er die Versicherungsleistung nicht alsbald nach der Schadenmeldung erhält[71]. Die Frist zur Zinszahlung ist nach § 91 VVG allerdings gehemmt, solange „infolge eines Verschuldens des VN die Festsetzung des Schadens nicht erfolgen kann".

Solche **Vertragszinsen** werden **nicht neben** den Verzugszinsen geschuldet, sind vielmehr **68** anzurechnen[72], dienen sie doch dem Ausgleich desselben Schadens[73].

Sonstige Verzugsschäden können nach § 288 Abs. 4 BGB geltend gemacht werden, **69** müssen aber konkret also solche nachgewiesen sein. Außerdem ist zu beachten, dass sich der VN stets die erhaltenen Zinsleistungen auf den weiteren Verzugsschaden anrechnen lassen muss, sollen die Zinszahlungen doch in pauschalierter Form den Verzugsschaden als solchen ausgleichen[74].

Kosten der Anspruchsverfolgung, insbesondere **Rechtsanwaltskosten** sind vom VR zu **70** erstatten, soweit sie **nach** Eintritt des Verzuges entstanden sind[75]. Anders liegt es, wenn der

---

[66] *Palandt/Heinrichs,* § 288 Rn. 12; i. ü. s. u. Rn. 69.

[67] Abweichende Vereinbarungen sind unwirksam (§ 14 Abs. 3 VVG).

[68] BGBl. 1998 I S. 1242.

[69] Vgl. z. B. § 16 AFB 87 (*Prölss/Martin,* S. 1170), § 24 VHB 84 (*Prölss/Martin,* S. 1565).

[70] Vgl. § 91 VVG.

[71] BGH v. 19. 9. 1984, VersR 1984, 1137 (unter IV.).

[72] LG Hamburg v. 7. 9. 1988, NJW-RR 1989, 681; OLG Hamburg v. 23. 2. 2989, NJW-RR. 1989, 680.

[73] Vgl. BGH a. a. O., Rn. 63.

[74] Vgl. BGH a. a. O., Rn. 63.

[75] OLG Köln v. 21. 1. 1982, VersR 1983, 922, für den Fall zutreffend kritisiert von *Klimke,* VersR 1984, 230.

Schlegelmilch

VR schon zuvor Abzüge vornimmt, von denen er weiß, dass er dazu nicht berechtigt ist **(sog. Selbstmahnung)**[76].

71   Leistet der KaskoVR nicht und gerät er in Verzug, ist er nicht verpflichtet dem VN Schadenersatz dafür zu leisten, dass dieser eine entsprechend längere Zeit ohne Fahrzeug auskommen muss. Es entsteht also **keine Pflicht** des KaskoVR, dem VN ab Verzugseintritt **Nutzungsausfall** zu zahlen[77]. Der Ersatz von Nutzungsausfallschäden gehört nicht in den Deckungsbereich der Kaskoversicherung. Daran ändert auch der Verzug des VR nichts.

C. Verjährung

I. Allgemeines

72   Die Verjährung eines Anspruchs durch einen bestimmten Zeitablauf gibt dem Schuldner ein Leistungsverweigerungsrecht (§ 214 Abs. 1 BGB). Er kann es durch Einrede geltend machen, muss dies aber nicht tun. Die Schuld wird zur Naturalobligation. Der Gesetzgeber will damit erreichen, dass nach einer bestimmten Zeit ohne Einverständnis des Schuldners nicht mehr gestritten werden kann. Das Gericht muss die Verjährung nicht von Amts wegen beachten, aber die erhobene Einrede. Auf diese Weise sollen nach einem bestimmten Zeitablauf Rechtsfrieden und Rechtssicherheit einkehren.

73   Mit § 12 VVG a. F. ist der Gesetzgeber von Anfang an einen **Sonderweg** gegangen und von den Verjährungsfristen des BGB abgewichen. Das hat mit der **VVG-Reform sein Ende gefunden.**

74   Auch für die Ansprüche aus dem Versicherungsvertrag gilt § 195 BGB. Damit beträgt die **Verjährungsfrist 3 Jahre.**

75   Nach § 199 Abs. 1 BGB beginnt die Verjährungsfrist mit dem **Schluss des Jahres,** in dem einmal der Anspruch entstanden ist und der Gläubiger von den den Anspruch begründenden Umständen und der Person des Schuldners Kenntnis erlangt oder ohne grobe Fahrlässigkeit erlangen müsste. Ohne Rücksicht auf die Kenntnis oder grob fahrlässige Unkenntnis verjähren die Ansprüche aus dem Versicherungsvertrag nach § 199 Abs. 4 BGB in **zehn Jahren von ihrer Entstehung an.** Mit dem Abstellen auf den Schluss des betreffenden Jahres ist der Gesetzgeber des BGB dem Vorbild des § 12 Abs. 1 VVG a. F. gefolgt. Soweit es darauf ankommt, kann also auch weiterhin auf Entscheidungen und Kommentierungen zu dieser Vorschrift zurückgegriffen werden.

76   Auch im Versicherungsrecht sind für die Verjährung die **allgemeinen Vorschriften** der §§ 202 bis 217 BGB maßgeblich. Allerdings gilt für die sogleich weiter unten behandelte Hemmung der Verjährung[78] § 15 VVG. Zur Anwendung kommen auch die allgemeinen Grundsätze, wonach z. B. auf die Einrede der Verjährung **verzichtet** werden kann[79]. Durch Rechtsgeschäft darf aber die Verjährung nicht über eine Dauer von 30 Jahren seit dem Verjährungsbeginn hinaus erschwert werden[80].

77   Der VN kann sich gegenüber der Verjährungseinrede auf Treu und Glauben berufen und seinerseits die **Einrede der Arglist** erheben, wenn der VR bei ihm gewollt oder ungewollt den berechtigten Eindruck erweckt hat, die Ansprüche würden befriedigt oder nur mit sachlichen Argumenten bekämpft, die Verjährungseinrede werde nicht erhoben, und wenn er im Vertrauen darauf keine rechtzeitige Deckungsklage erhoben hat[81].

78   Hat der VN eine **Teilklage** erhoben, muss ihn der VR nicht auf die Gefahr hinweisen, dass wegen der restlichen Ansprüche Verjährung drohen könnte[82]. Das gilt auch dann, wenn sich

---

[76] LG Münster v. 15. 2. 1989, VersR 1989, 844.
[77] AG Oldenburg v. 9. 4. 1990, ZfS 1990, 314.
[78] S. u. Rn. 87 ff.
[79] BGH v. 18. 12. 1980, VersR 1981, 328.
[80] § 202 Abs. 2 BGB.
[81] Vgl. BGH v. 18. 12. 1981, VersR 1982, 365.
[82] BGH v. 27. 11. 1958, NJW 1959, 241.

der VR gegen die Teilklage nur mit sachlichen Argumenten wehrt und die Einrede der Verjährung erst **nach dem Eintritt der Verjährung** der restlichen Ansprüche erhebt.

Verzichtet der VR **nach dem Eintritt der Verjährung** auf die Verjährungseinrede, so **79** muss der VN beweisen, dass dem VR bekannt war oder es zumindest für möglich gehalten hat, dass die Verjährung bereits eingetreten war[83].

Die **Aufrechnung mit einer verjährten Forderung** unter der Voraussetzung, dass die **80** Aufrechnungslage in unverjährter Zeit bestanden hat, ist ab 1. Januar 2002 weiterhin **möglich**. Zwar ist § 390 Satz 2 BGB a. F. aufgehoben worden[84], doch ist die Regelung jetzt in § 215 BGB enthalten.

Ansprüche eines Geschädigten gegen den Pflichthaftpflichtversicherer in der **Kraftfahrt-** **81** **haftpflichtversicherung** verjähren nach Maßgabe des § 3 Nr. 3 PflVG. Sie unterliegen der gleichen Verjährung wie die Ansprüche gegen den haftpflichtigen VN.

In der **Haftpflichtversicherung** umfasst die Leistungspflicht des VR die Prüfung der Haf- **82** tungsfrage, die Abwehr unbegründeter Ansprüche und die Befriedigung begründeter Schadenersatzansprüche[85]. Diese drei Leistungspflichten sind Teile einer **einheitlichen Vertragspflicht** des HaftpflichtVR[86]. Folglich beginnt die Verjährung der Ansprüche des VN gegen den VR mit dem Schluss des Jahres, in dem er ernsthaft von einem Dritten wegen eines im Deckungsbereich des Vertrages liegenden Schadenereignisses[87] **auf Ersatz in Anspruch** genommen wird[88]. Dabei genügt bereits außergerichtlich jede Form einer ernsthaften Inanspruchnahme. Wenn der Dritte aber nur um den Verzicht auf die Verjährungseinrede bittet, bringt er zum Ausdruck, dass er sich noch überlegen will, ob er ernsthaft Ansprüche erheben will[89].

Für den **Befreiungsanspruch** von der Haftpflichtverbindlichkeit, d. h. für die Pflicht des **83** VR zur Befriedigung begründeter Ansprüche, also zur Zahlung gilt im Übrigen noch die Besonderheit des § 106 VVG. Er wird zwei Wochen nach Befriedigung des Dritten durch den VN, soweit diese mit bindender Wirkung erfolgt war, nach Rechtskraft eines entsprechenden Urteils, nach Anerkenntnis oder Vergleich fällig. Daraus folgt auch eine neue eigenständige Verjährungsfrist.

Verwandelt sich der **unverjährte Deckungsanspruch** des HaftpflichtVN gegen den **84** VR aus anderen Gründen in einen **Zahlungsanspruch,** so läuft für diese Geldforderung ebenfalls eine neue Verjährungsfrist[90]. Diese Umwandlung tritt ein, wenn sich der Anspruchsteller den Freistellungsanspruch des VN gegen den VR durch entsprechenden Gerichtsbeschluss pfänden und überweisen lässt oder im Insolvenzfall des VN nach § 110 VVG vorgeht. In der Person des VN findet die Umwandlung statt, wenn er berechtigt war, den Dritten zu befriedigen[91].

In der **Rechtsschutzversicherung** hat der VR nach Eintritt eines Versicherungsfalles für **85** die Wahrnehmung der rechtlichen Interessen des VN zu sorgen[92]. Die **Pflicht zur Sorge-** **leistung** wird fällig, wenn sich die Notwendigkeit der Wahrnehmung seiner rechtlichen Interessen so konkret abzeichnet, dass er ebenso konkret mit der Entstehung entsprechender Kosten rechnen muss[93]. Die **Pflicht zur Übernahme von Kosten** wird fällig, sobald der VN wegen versicherter Kosten in Anspruch genommen wird[94]. Hat der VN die Kosten-

---

[83] Vgl. BGH v. 22. 4. 1982, NJW 1982, 1815 (unter 4).

[84] Art. 1 Ziff. 28 des Ges. zur Modernisierung des Schuldrechts v. 26. 11. 2001 (BGBl. I S. 3138 [3154]).

[85] § 3 II Ziff. 1 Abs. 1 AHB (*Prölss/Martin,* S. 1280); BGH v. 7. 2. 2007, r+s 2007, 191.

[86] BGH v. 12. 5. 1960, NJW 1960, 1346 unter Hinweis auf RG v. 7. 2. 1936, RGZ 150, 227; v. 7. 2. 2007 r+s 2007, 191.

[87] Vgl. dazu BGH v. 18. 1. 1965, BGHZ 43, 88.

[88] BGH v. 21. 1. 1976, VersR 1976, 477 (unter III 4); OLG Köln v. 30. 10. 2001, r+s 2002, 58.

[89] BGH v. 3. 10. 1979, VersR 1979, 1117.

[90] BGH v. 12. 5. 1960, NJW 1960, 1346.

[91] Vgl. *Prölss/Martin/Voit,* § 149 Rn. 3.

[92] § 1 Abs. 1 ARB 94 (*Prölss/Martin,* S. 1916).

[93] OLG Köln v. 29. 3. 1990, VersR 1991, 295; a. A. OLG Frankfurt/M. v. 28. 3. 1990, VersR 1991, 66.

[94] § 5 Abs. 2a ARB 94 (*Prölss/Martin,* S. 1932).

schuld bereits beglichen, verwandelt sich sein Befreiungsanspruch in einen Zahlungsanspruch um. War der Befreiungsanspruch zur Zeit der Zahlung bereits fällig, ändert sich auch für den Zahlungsanspruch daran nichts[95].

86 Wird vom Rechtsschutzversicherung **keine Sorgeleistung mehr** geschuldet, verjähren die Ansprüche auf Erstattung bestimmter Rechtsverfolgungs- oder Verteidigungskosten jeweils gesondert ab dem Schluss des Jahres, in dem jeweils die Fälligkeit eingetreten ist[96]. Wenn der Anspruch auf Sorgeleistung verjährt ist, kann der VR später entstandenen Einzelansprüchen auf Kostenerstattung mit der Verjährungseinrede begegnen[97].

II. Die Hemmung der Verjährung

87 Ist die **Verjährung** gehemmt, bedeutet dies, dass sie **ruht,** solange die Hemmung andauert. Die bis zum Eintritt der Hemmung abgelaufene Zeit zählt mit. Endet die Hemmung, so verlängert sich die betreffende Verjährungsfrist lediglich um die Zeitdauer der Hemmung. Diese wird in die Zeitdauer nicht eingerechnet[98]. Dadurch unterscheidet sich die Hemmung von der bloßen Ablaufhemmung[99], die nur das Ende der Verjährung zeitlich nach hinten schiebt.

88 Da die Zeit der Hemmung **keine Frist** ist, findet auf ihren Beginn § 187 Abs. 1 BGB keine Anwendung. Die Hemmung beginnt daher sofort mit dem Eintritt des Hemmungsgrundes, wie sie auch mit dessen Wegfall sofort mit der Wirkung endet, dass die Verjährungsfrist weiterläuft[100]. Voraussetzung ist allerdings, dass die Verjährung bei Eintritt des Hemmungsgrundes läuft, also bereits begonnen hat[101].

89 Mit dem Institut der Hemmung will der Gesetzgeber verhindern, dass die Verjährung unter bestimmten Gegebenheiten gewissermaßen zu früh eintritt. Sie soll hinausgeschoben werden, soweit dies im **Interesse des Gläubigers** und zu seinem Schutz erforderlich und gerechtfertigt ist.

90 Das Institut der **Unterbrechung der Verjährung** ist mit dem 1. 1. 2002 weggefallen. Insbesondere führt die Rechtsverfolgung nicht mehr zur Unterbrechung, sondern nur noch zur Hemmung der Verjährung[102]. Dagegen **beginnt die Verjährung erneut,** wenn der Schuldner dem Gläubiger gegenüber den Anspruch durch Abschlagszahlung, Zinszahlung, Sicherheitsleistung oder in anderer Weise **anerkennt** oder bestimmte Vollstreckungshandlungen vorgenommen oder beantragt werden[103].

91 Die Verjährung von Ansprüchen aus dem Versicherungsvertrag kann aus **verschiedenen Gründen** gehemmt sein.

1. Die Hemmung nach § 15 VVG

92 Durch § 15 VVG soll der Anspruchsteller davor geschützt werden, dass ihm Verjährung droht, während über seine Ansprüche aus dem Versicherungsvertrag im Zusammenhang mit einem bestimmten Schadenfall noch **Verhandlungen** laufen, die Sache also noch in der Schwebe ist. Deshalb ist die Verjährung nach Anmeldung des Anspruchs beim VR bis zu dessen Entscheidung in Textform (§ 126b BGB) gehemmt. Die Hemmung endet also kraft Gesetzes erst dann, wenn der VR die **nötige Klarheit** geschaffen hat, der Anspruchsteller also weiß, wie der VR zu seinen Ansprüchen steht, ob er sie anerkennt und befriedigen will, oder ob sie ganz oder teilweise abgelehnt werden.

---

[95] Vgl. OLG Hamm v. 16. 10. 1985, VersR 1987, 92.
[96] OLG München v. 29. 11. 1989, VersR 1990, 651.
[97] OLG Hamm v. 29. 5. 1996, VersR 1997, 231.
[98] § 209 BGB.
[99] §§ 210, 211 BGB.
[100] RG v. 1. 9. 1939, RGZ 161, 125 (127).
[101] Vgl. im Einzelnen zu § 15 VVG unten Rn. 92 ff.
[102] § 204 BGB.
[103] § 212 BGB.

Voraussetzung für den Eintritt der Hemmung ist nach dem Wortlaut des Gesetzes, dass ein **93** **Anspruch** beim VR **angemeldet** worden ist. An diese Anmeldung dürfen keine überhöhten Anforderungen gestellt werden. Es muss genügen, dass der VN einen Schaden zu einer Police meldet und damit zu erkennen gibt, dass er wegen dieses Schadens Versicherungsschutz haben möchte, also die ihm nach seiner Auffassung zustehenden Leistungen erwartet[104]. Bei nicht ausreichenden Angaben, die der VN dann auch nicht etwa mit einem ihm zugesandten Formular nachholt, fehlt es an einer Anmeldung[105]. In bestimmten Fällen, z. B. in der **Unfallversicherung** muss der VN konkret erklären, welche der versicherten Leistungen gefordert werden Es kann sich um Invaliditätsentschädigung, Heilkosten, Tagegeld, Übergangsgeld oder Genesungsgeld handeln. Etwas anderes gilt nur, wenn sich aus den eingereichten Unterlagen ohne jeden Zweifel ergibt, dass es sich bei der geforderten Leistung nur um die Invaliditätsentschädigung handeln kann[106].

Nicht nur der VN kann Ansprüche beim VR anmelden, sondern auch **mitversicherte** **94** **Personen,** soweit sie dazu berechtigt sind[107], sowie **Bezugsberechtigte, Realgläubiger** **und Zessionare.** Für jeden von ihnen ist gesondert zu prüfen, ob sie Ansprüche angemeldet haben[108].

Meldet der VN dem Kraftfahrversicherung einen Schaden und gibt er dabei den Fahrer mit **95** dessen Duldung oder Mitwirkung als berechtigten Fahrer an, kann man darin auch die Anmeldung von Ansprüchen des mitversicherten Fahrers erblicken[109]. Ist der Fahrer beim VN angestellt, stellt die Schadenmeldung durch den VN = Arbeitgeber auch eine Anmeldung von Ansprüchen des Fahrers dar[110].

Ergibt sich die Vollmacht des VN, für den Mitversicherten Ansprüche anzumelden, nicht aus **96** den Umständen, muss eine ausdrückliche **Vollmacht** des Mitversicherten verlangt werden, wenn seinerseits eine Anspruchsanmeldung i. S. d. § 15 VVG angenommen werden soll[111].

Macht der **geschädigte Dritte** in der Kraftfahrt-Haftpflichtversicherung Schadenersatz- **97** ansprüche beim VR geltend, so ist dies keine Anmeldung von Ansprüchen nach Maßgabe des § 15 VVG, sondern löst allein die Hemmung der Verjährung der Ersatzansprüche nach § 3 Nr. 3 S. 3 PflVG aus[112].

Die Meldung eines Schadens kann zu einer Zeit erfolgen, in der die **Verjährung noch gar** **98** **nicht begonnen hat.** Wird z. B. der VN einer Haftpflichtversicherung Ende Juni eines Jahres ernsthaft auf Schadenersatz in Anspruch genommen, beginnt die Verjährung mit dem Schluss dieses Jahres des Fälligkeitseintritts. Meldet der VN den Schaden dem VR bereits wenige Tage später, also Anfang Juli, ändert dies an der Fälligkeit und am Verjährungsbeginn nichts. Die Zeit von der Schadenmeldung bis zum Schluss des Jahres ist also keine Hemmungszeit, wird somit später nicht hinzugerechnet. Die Schadenmeldung bewirkt nach § 15 VVG in diesen Fällen nur, dass die Verjährung ab dem Schluss des Jahres bis zur Entscheidung des VR gehemmt ist. Die Hemmung beginnt dann also mit dem ersten Tage der sonst laufenden Verjährungsfrist. Geht dem VN aber schon **vor dem Schluss des Jahres des Fälligkeitseintritts** eine schriftliche Entscheidung des VR zu, z. B. im Oktober eine schriftliche Deckungsablehnung, greift § 15 VVG nicht ein. Es kommt zu keiner Hemmung der Verjährung. Dafür besteht dann auch keine Notwendigkeit, da der VN nicht mehr im Unklaren ist.

Die **Entscheidung** des VR **in Textform** muss eindeutig und abschließend sein[113]. Sie **99** muss alle geltend gemachten Ansprüche erfassen, also bei möglichen Zukunftsschäden auch

---

[104] BGH v. 25. 1. 1978, VersR 1978, 313.
[105] OLG Düsseldorf v. 13. 3. 1990, r+s 1992, 322.
[106] OLG Hamm v. 13. 1. 1993, VersR 1993, 1473.
[107] Vgl. z. B. § 10 Abs. 4 AKB (*Prölss/Martin*, S. 1547), vor allem aber § 75 VVG.
[108] BGH v. 5. 3. 1964, VersR 1964, 477; OLG Karlsruhe v. 30. 4. 1986, VersR 1986, 1180.
[109] OLG München v. 1. 7. 1960, VersR 1962, 34.
[110] BGH v. 5. 4. 1963, VersR 1964, 477.
[111] BGH v. 5. 3. 1964, VersR 1964, 477.
[112] OLG Koblenz v. 11. 12. 1975, VersR 1976, 1080.
[113] OLG Köln v. 30. 10. 2001, r+s 2002, 58.

Schlegelmilch

den Anspruch auf deren Anerkennung mit Wirkung eines Feststellungsurteils. Es darf, wenn der VN die Entscheidung erhalten hat, für ihn nichts mehr offen oder unklar sein. Dabei spielt es keine Rolle, ob der VR ablehnt oder anerkennt[114].

100   Die Regelung in § 15 VVG entspricht der in **§ 3 Nr. 3 S. 3 PflVG.** Daher kann auch auf die zu dieser Bestimmung vorhandene, sehr viel zahlreichere Rechtsprechung zurückgegriffen werden[115]. Statt der Schriftform der Entscheidung des VR genügt nach § 15 VVG die Textform.

101   **Beantwortet der VN Fragen des VR nicht** oder behindert er anderweitig dessen Regulierungstätigkeit, so dass er seine Entscheidung gar nicht oder erst später treffen kann, endet die Hemmung nicht etwa in dem Zeitpunkt, in dem die Antwort zu erwarten[116] oder die Entscheidung bei ordnungsgemäßem Verhalten des VN diesem zugegangen wäre. Der VR kann in dieser Situation eine Ablehnung aussprechen und mit deren Zugang beim Empfänger die Hemmung beenden, also die Verjährung wieder in Gang setzen. Verhält sich der nicht mitwirkungsbereite VN insoweit außerdem nicht obliegenheitsgemäß, ist der VR in der Lage, daraus die möglichen versicherungsrechtlichen Konsequenzen zu ziehen[117]. Das genügt. Es muss nicht zusätzlich noch der zu Gunsten des VN geschaffene Tatbestand der Verjährungshemmung fiktiv beendet werden[118], zumal der VR ja wie eben dargestellt ablehnen und damit seinerseits die Verjährung erneut laufen lassen kann.

102   Etwas anderes kann nur gelten, wenn der **VN** deutlich macht oder aus den gesamten Umständen, insbesondere dem Verhalten des VN hervorgeht, dass er seine **Ansprüche nicht weiter verfolgt**[119], oder wenn der **VR** im Hinblick auf die fehlende Mitwirkung des VN ebenso deutlich erkennbar zum Ausdruck bringt, dass unter diesen Umständen wenigstens bis auf weiteres **mit seiner Entscheidung nicht gerechnet werden kann**[120]. In beiden Fällen muss dem VN klar sein, dass mit einer Entscheidung des VR entweder gar nicht mehr oder wenigstens nicht mehr in absehbarer Zeit gerechnet werden kann. Dann aber entfällt die Rechtfertigung für eine Fortdauer der Verjährungshemmung. Der VN ist dann nicht mehr schutzbedürftig[121].

103   Eines Bescheides bedarf es auch dann ausnahmsweise nicht, wenn alles klar ist, eine Entscheidung also nicht mehr als eine bloße „Förmelei" wäre[122]. Die Hemmung endet dann in dem Zeitpunkt, in dem die Unklarheiten beseitigt sind, für den VN also keine solchen mehr bestehen. Gleiches gilt, wenn die Beteiligten dreieinhalb Jahre nach kommentarloser Zahlung des VR an den VN nichts mehr unternehmen[123]

104   Der klarstellende Bescheid, z. B. die Ablehnung des Anspruchs muss dem **Anspruchsinhaber** zugehen, der die Anmeldung vorgenommen hat. Nur dann endet die Hemmung. Benachrichtigt der VR den Anspruchsinhaber lediglich davon, dass er die Ansprüche gegenüber einem Dritten abgelehnt habe, so reicht das nicht aus[124]. Hat der VN einen Makler umfassend mit der Wahrnehmung seiner Interessen beauftragt, reicht der Zugang bei diesem aus[125].

105   Korrespondieren der Anspruchsinhaber und der VR nach dessen Entscheidung weiter, findet also ein fortdauernder Gedankenaustausch statt, bedeutet das allein nicht, dass erneut eine Hemmung eintritt. Von **erneuten Verhandlungen** mit der Folge einer erneuten Hemmung

---

[114] BGH v. 30. 4. 1991, NJW 1991, 1954 (unter II 1a).
[115] Vgl. u. a. *Prölss/Martin/Knappmann,* § 3 Nr. 3 PflVG Rn. 1–6; *Geigel/Hübinger,* Der Haftpflichtprozeß, 25. Aufl., 11. Kap. Rn. 23 m. w. N.
[116] So aber OLG Hamm v. 3. 11. 1976, VersR 1977, 1155.
[117] Vgl. dazu § 28 VVG.
[118] Im Ergebnis ebenso *Prölss/Martin/Prölss,* § 12 Rn. 17; *Römer/Langheid/Römer,* § 12 Rn. 24.
[119] OLG Düsseldorf v. 14. 7. 1989, NZV 1990, 74; OLG Hamm v. 19. 12. 1990, r+s 1991, 289.
[120] OLG Celle v. 20. 10. 1994, VersR 1995, 1173.
[121] Vgl. BGH v. 14. 12. 1976, NJW 1977, 674; OLG Celle v. 20. 10. 1994, VersR 1995, 1173.
[122] Vgl. BGH v. 13. 7. 1982, VersR 1982, 1006.
[123] OLG Oldenburg v. 9. 2. 2000, r+s 2001, 480.
[124] Vgl. in diesem Zusammenhang BGH v. 3. 3. 1993, VersR 1993, 553.
[125] OLG Köln v. 30. 10. 2001, r+s 2002, 58 unter Hinweis auf § 164 Abs. 3 BGB.

i. S. d. § 15 VVG kann man vielmehr nur ausgehen, wenn der VR zum Ausdruck bringt, dass er an seiner ablehnenden Stellungnahme nicht mehr festhält, vielmehr bereit ist, die erhobenen Ansprüche wiederum mit dem Ziel zu prüfen, eine erneute Entscheidung zu treffen[126]. Die Hemmung dauert dann wieder bis zu dieser Entscheidung des VR.

2. Die Hemmung aus anderen Gründen

Nach § 3 Abs. 4 VVG kann der VN jederzeit **Abschriften der Erklärungen** fordern, die er mit Bezug auf den Versicherungsvertrag abgegeben hat. Wenn der VN diese Unterlagen für die Vornahme von Handlungen gegenüber dem VR, die an eine bestimmte Frist gebunden sind, so ist der Lauf der **Frist** von der Stellung des Verlangens bis zum Eingang der Abschriften **gehemmt** ist, wenn sie ihm nicht schon früher ausgehändigt worden sind. **106**

§ 203 BGB regelt die Hemmung der Verjährung bei **Verhandlungen.** Im Hinblick auf § 15 VVG kommt dieser Bestimmung im Versicherungsrecht keine eigenständige Bedeutung zu. Sie entspricht der bis 31. 12. 2001 geltenden Regelung in § 852 Abs. 2 BGB a. F. **107**

Anders ist es mit § 205 BGB, wonach die Verjährung gehemmt ist, solange der Schuldner auf Grund einer Vereinbarung mit dem Gläubiger vorübergehend die Leistung verweigern darf. Das ist im Versicherungsrecht z. B. dann der Fall, wenn VR und VN nach dem Bescheid in Textform (§ 15 VVG), der zum Ende der nach Anspruchsanmeldung zunächst eingetretenen Hemmung führt, vereinbaren, dass der VN den VR für eine bestimmte Zeit nicht auf die Leistung in Anspruch nehmen, ihn insbesondere nicht verklagen soll **(pactum de non petendo).** **108**

Gleiches gilt aber auch für den Fall, dass ein Sachverständigenverfahren durchgeführt wird. Auch dann ist der VR berechtigt, die Leistung bis zum Abschluss des Verfahrens zu verweigern[127]. **109**

§ 204 BGB regelt die **Hemmung der Verjährung durch Rechtsverfolgung,** z. B. durch Klageerhebung, Zustellung eines Mahnbescheids, einer Streitverkündung, eines Antrags auf Durchführung eines selbständigen Beweisverfahrens, durch Veranlassung der Bekanntgabe eines Güteantrags, durch die Geltendmachung der Aufrechnung des Anspruchs im Prozess sowie in den anderen in § 204 Abs. 1 Ziff. 8–14 aufgeführten Fällen. Bis zum 31. 12. 2001 führte die gerichtliche Geltendmachung von Ansprüchen zur Unterbrechung der Verjährung (§ 209 BGB a. F.). Das hat sich zum 1. 1. 2002 durch die Schuldrechtsreform grundsätzlich geändert. Nach § 212 BGB beginnt die Verjährung nur noch dann erneut, wenn der Schuldner dem Gläubiger gegenüber den Anspruch durch Abschlagszahlung, Zinszahlung, Sicherheitsleistung oder in anderer Weise anerkennt oder eine gerichtliche oder behördliche Vollstreckungshandlung vorgenommen oder beantragt wird. Die Rechtsverfolgung führt nunmehr zur Hemmung der Verjährung, die nach § 204 Abs. 2 BGB sechs Monate nach der rechtskräftigen Entscheidung oder anderweitigen Beendigung des eingeleiteten Verfahrens endet. Betreiben die Parteien das Verfahren nicht weiter, so tritt an die Stelle der Beendigung des Verfahrens die letzte Verfahrenshandlung. Betreibt eine Partei das Verfahren weiter, beginnt die Hemmung erneut (§ 204 Abs. 2 S. 3 BGB). **110**

Ist der Gläubiger in den letzten 6 Monaten der Verjährungsfrist durch **höhere Gewalt** an der Rechtsverfolgung gehindert, ist die Verjährung ebenfalls gehemmt (§ 206 BGB). **111**

Für das Versicherungsrecht bedeutsam können noch die Vorschriften über die **Ablaufhemmung** bei nicht voll Geschäftsfähigen[128] (§ 210 BGB) sowie in Nachlassfällen sein (§ 211 BGB). **112**

Die Hemmung, die Ablaufhemmung oder der erneute Verjährungsbeginn gelten auch für **Ansprüche,** die aus demselben Grunde wahlweise neben dem Anspruch oder an seiner Stelle gegeben sind (§ 213 BGB). **113**

---

[126] OLG Hamm v. 14. 7. 1993, VersR 1994, 465; OLG Hamm v. 24. 11. 2000, r+s 2001, 445.
[127] BGH v. 10. 2. 1971, VersR 1971, 433; OLG Hamm v. 23. 4. 1982, VersR 1982, 1091.
[128] Vgl. OLG Hamm v. 24. 11. 2000, r+s 2001, 445.

114   Wird der **Versicherungsombudsmann** angerufen, gilt die Verjährung gegenüber dem Versicherer als gehemmt (vgl. § 12 der Verfahrensordnung des Versicherungsombudsmanns [NVersZ 2002, 296]).

D. Übergangsfragen

115   Das Übergangsrecht ist im ersten Kapitel des Einführungsgesetzes zum Versicherungsvertragsgesetz (EGVVG) geregelt.

116   Art. 1 Abs. 1 EGVVG prägt den Begriff der **Altverträge.** Das sind alle Versicherungsverträge, die bis zum Inkrafttreten des Versicherungsvertragsgesetzes am 1. Januar 2008 entstanden sind. Für sie gilt grundsätzlich das VVG in der Fassung bis zum 31. Dezember 2007, soweit die Absätze 2 und 3 nichts anderes bestimmen.

117   Für alle **Schadenfälle,** die zu Altverträgen bis zum 31. Dezember 2008 eintreten, gilt das VVG in der Fassung bis zum 31. Dezember 2007. Das bedeutet insbesondere, dass die Versicherer in solchen Schadenfällen nach wie vor die Klagefrist nach § 12 Abs. 3 VVG a. F. setzen können[129], obwohl die Vorschrift ersatzlos gestrichen worden ist[130] (Art. 1 Abs. 2 EGVVG).

118   Haben nach § 12 Abs. 3 VVG a. F. gesetzte Fristen vor dem 1. Januar 2008 begonnen, ist die eben genannte Vorschrift auch nach dem 1. Januar 2008 anzuwenden. Das stellt Art. 1 Abs. 4 EGVVG ausdrücklich klar.

119   Soweit in Altverträgen die **Versicherungsbedingungen vom neuen VVG abweichen,** können die Versicherer die Bedingungen vor dem 1. Januar 2009 ändern, allerdings nur mit Wirkung zum 1. Januar 2009 (Art. 1 Abs. 3 EGVVG). Das muss dem VN unter entsprechenden Kenntlichmachung der Unterschiede spätestens einen Monat vor diesem Zeitpunkt in Textform mitgeteilt werden.

120   Für **Ansprüche, die am 1. Januar 2008 noch nicht verjährt** sind, gilt § 195 BGB (Art. 3 Abs. 1 EGVVG).

121   Ist die **Verjährungsfrist nach § 195 BGB länger** als die aus § 12 Abs. 1 VVG a. F., gilt § 12 Abs. 1 VVG a. F. weiter (Art. 3 Abs. 2 EGVVG).

122   Ist die **Verjährungsfrist nach § 195 BGB kürzer** als die aus § 12 Abs. 1 VVG, wird die kürzere Frist vom 1. Januar 2008 an berechnet (Art. 3 Abs. 3 S. 1 EGVVG). Wenn aber die längere Frist aus § 12 Abs. 1 VVG a. F. früher als die Frist aus § 195 BGB abläuft, ist die Verjährung mit dem Ablauf der längeren Frist vollendet (Art. 3 Abs. 3 S. 2 EGVVG).

123   Art. 3 Abs. 4 EGVVG bestimmt, dass die Absätze 1 bis 3 dieses Artikels **entsprechend** auf Fristen anzuwenden sind, die für die **Geltendmachung** oder den **Erwerb** oder den **Verlust eines Rechtes** maßgebend sind. Das hat allerdings für § 12 Abs. 3 VVG a. F. keine Bedeutung, da diese Vorschrift ersatzlos weggefallen ist.

124   Wenn **Versicherungsbedingungen** eine Regelung enthalten, die dem weggefallenen **§ 12 Abs. 3 VVG a. F. entsprechen,** sind diese für Schadenfälle aus Altverträgen ab 1. Januar 2009 nicht mehr anzuwenden, da sie als unwirksam im Sinne von § 307 Abs. 2 BGB anzusehen sind[131].

125   Da § 307 BGB nicht auf **Individualvereinbarungen** anwendbar ist, können Ausschlussfristen, die dem weggefallenen § 12 Abs. 3 VVG a. F. entsprechen, künftig individuell vereinbart werden. Allerdings wird die Rechtsprechung **hohe Anforderungen an das individuelle Aushandeln** stellen.

126   Für die tägliche Praxis ist davon auszugehen, dass für **alle neuen Versicherungsverträge,** die nach dem 1. Januar 2008 entstehen, § 12 Abs. 3 VVG a. F. keine Rolle mehr spielt.

---

[129] Vgl. hierzu das 21. Kap. der vorigen Ausgabe Rn. 126 ff.
[130] Vgl. *Neuhaus,* r+s 2007, 177 ff.; a. A. *Schneider,* VersR 2008, 859 [864].
[131] Vgl. auch *Neuhaus* a. a. O. [Fn. 130] S. 181 sowie r+s 2007, 441.

§ 22. Übergang des Ersatzanspruchs, § 86 VVG

Inhaltsübersicht

Literatur (ohne Urteilsanmerkungen): *Armbrüster,* Das versicherte Interesse bei Sachversicherungen im Zusammenhang mit Kapital- und Personengesellschaften, ZVersWiss 1993, 245; *ders.,* Der Schutz von Haftpflichtinteressen in der Sachversicherung, 1994; *ders.,* Zum vertraglichen und gesetzlichen Schutz des Haftpflichtigen vor einem Regreß des Sachversicherers, VersR 1994, 893; *ders.,* Zur Haftung des

Mieters für Sachschäden bei bestehender Sachversicherung des Vermieters, NJW 1997, 177; *ders.,* Zum Schutz von Haftpflichtinteressen in der Sachversicherung, NVersZ 2001, 193; *Baumann,* Grundzüge zum Regreß des Kraftverkehrs-Haftpflichtversicherers, ZVersWiss 1970, 193; *Bayer,* Die Zession von Ersatzansprüchen gegen den nach § 67 Abs. 2 VVG privilegierten Schädiger, VersR 1989, 1123; *Bischoff,* Regreßverzicht der Feuerversicherer – rechtliche und praktische Auswirkungen für Versicherungsnehmer und Versicherungsunternehmung, VerBAV 1961, 31; *Bischoff,* Das Teilungsabkommen als wechselseitige Rückversicherung, VersR 1974, 217; *Boin,* Die Versicherungsumlage und ihre Folgen für den Mieter, VersR 1997, 671; *Ebert/Segger,* Abschied vom Quotenvorrecht, VersR 2001, 143; *Essert,* Regreßverzichtabkommen der Feuerversicherer, VersR 1981, 1111; *Gaul/Pletsch,* Neueste Rechtsprechung des BGH zum Regress des Sachversicherers gegen den schädigenden Mieter, NVersZ 2001, 490; *Grommelt,* Ausgleichsanspruch gem. § 59 II 1 VVG analog und Regressverzichtsabkommen der Feuerversicherer bei übergreifenden Schadenereignissen, r+s 2007, 230; *Günther,* Der Regress des Sachversicherers, 2. Aufl. 2005; *Huber,* Rechtsfolgen der Überwälzung von Prämien einer Sachversicherung, VersR 1998, 265; *Ihne,* Zum Mieterregreß in der Gebäudeversicherung – Korrektur des haftungsrechtlichen Lösungsansatzes des BGH, r+s 1999, 89; *Jendrek,* Haftung des Mieters für Brand- und Leitungswasserschäden, WuM 1992, 341; *ders.,* Mietrecht und Versicherungsrecht, NZM 2003, 697; *Martin,* Grundprobleme bei der Neufassung allgemeiner Sachversicherungs-Bedingungen, ZVersWiss 1973, 493; *Martin,* Schadenteilung zwischen VR und Garant?, VersR 1975, 101; *Müller,* Das Quotenvorrecht in der Kaskoversicherung, VersR 1989, 317; *Müller,* Verjährung des Gesamtschuldnerausgleichsanspruchs aus § 426 Abs. 1 BGB, VersR 2001, 429; *Neeße,* Übergang der Schadenersatzforderung, die der VN gegen seinen Schädiger hat, auf den VR in der privaten Krankenversicherung, VersR 1976, 704; *Prölss,* Stille Teilhabe an fremden Versicherungsverträgen – zur konkludenten Einbeziehung von Drittinteressen in der Sachversicherung, r+s 1997, 221; *Sblowski,* Zur Anwendung der Differenztheorie in der Sachversicherung – § 67 Abs 1 VVG, r+s 1985, 313; *Schirmer,* Das „kranke" Versicherungsverhältnis zwischen KH-Versicherer und Versicherungsnehmer, VersR 1987, 19; *Schwarzer,* Zur Haftung des Wohnungsmieters für Gebäude-Brandschäden, r+s 1996, 86; *Schwickert,* Mieterregresse in der Sach- und Haftpflichtversicherung, VersR 2007, 773; *Staudinger/Kassing,* Der Regress des Gebäudeversicherers gegen den Mieter im Lichte der VVG-Reform, VersR 2007, 10; *Theda,* Fragen zum Forderungsübergang nach § 67 VVG, DAR 1984, 201; *Tribess,* Die Leistungsfreiheit des VR aus § 86 Abs. 1 Satz 3 im Falle des Vorausverzichts, 1991; *Wilmes/Müller-Frank,* Die Rechtsprechung zur Krankentagegeldversicherung seit 1984, VersR 1990, 345.

A. Einleitung

1   Nach § 86 Abs. 1 S. 1 VVG geht der Ersatzanspruch, der dem VN gegen einen Dritten zusteht, auf den VR über. Die Kernaussage des § 67 VVG a. F. blieb inhaltlich unverändert. Materielle Änderungen wurden beim Aufgabeverbot (§ 86 Abs. 2 VVG)[1] und beim Angehörigenprivileg (§ 86 Abs. 3 VVG)[2] vorgenommen.

I. Funktion des § 86 VVG: Vorteilsausgleich

2   Nach den Motiven des Gesetzgebers zu § 67 VVG a. F. verfolgt diese Vorschrift zwei Ziele: Der Schädiger soll durch die Leistung des VR nicht entlastet werden, während sich umgekehrt der Versicherte nicht an der Leistung des VR bereichern soll[3].

Ein allgemeines Bereicherungsverbot kennt die Schadensversicherung nicht. Es war vom BGH schon zu § 55 VVG a. F. verworfen worden[4]. Die Regelung des § 86 VVG wird daher richtigerweise als **Präzisierung der Leistung des VR** und als **Mittel der Schadensdistribution**[5] bezeichnet. Wenn § 86 VVG eingreift, erhält der Versicherte die Versicherungsleistung, verliert aber seinen Ersatzanspruch gegen Dritte. Es handelt sich um die **versiche-**

---

[1] S. u. § 22 Rn. 58 bis 62.

[2] S. u. § 22 Rn. 68 bis 77.

[3] Motive 139; BGH v. 17. 3. 1954, BGHZ 13, 28 (30).

[4] BGH v. 17. 12. 1997, BGHZ 137, 319 = VersR 1998, 305 = NJW 1998, 1072; BGH v. 4. 4. 2001, VersR 2001, 749 = NVersZ 2001, 304 = r+s 2001, 252; a. A. noch BGH v. 8. 2. 1988, BGHZ 103, 228 = VersR 1988, 463 = NJW 1988, 1590; *Bruck/Möller/Sieg,* § 55 Anm. 6.

[5] *Prölss/Martin/Prölss,* § 67 Rn. 1; Berliner Kommentar/*Baumann,* § 67 Rn. 4.

rungsrechtliche Ausprägung des Grundsatzes der Vorteilsausgleichung[6], die dazu führt, dass eine Vorteilsausgleichung nach bürgerlich-rechtlichen Grundsätzen, also die Minderung des Schadens durch die Leistung des VR, unter Hinweis auf den Anspruchsübergang nach § 86 VVG nicht diskutiert wird[7].

Damit stellt § 86 VVG zugleich klar, dass der Ersatzanspruch gegen den Dritten unabhängig von der Leistung des VR fortbesteht und nach Erbringung der vertraglich geschuldeten Entschädigung vom VR weiterverfolgt werden kann.

Der § 86 VVG zugrunde liegende Gedanke einer „richtigen" Schadensdistribution findet **3** sich in vergleichbaren Vorschriften wieder, so in den **Parallelvorschriften des Sozialrechts und des Beamtenrechts** (§ 116 SGB X, § 87a BBG, § 52 BRRG), in § 268 Abs. 3 BGB sowie in § 255 BGB, dort allerdings nicht als gesetzlicher Forderungsübergang, sondern als Anspruch auf Abtretung geregelt. Auch in Allgemeinen Versicherungsbedingungen finden sich § 86 VVG ergänzende Regelungen wie z. B. in § 13 Nr. 7 S. 2 AKB.

§ 255 BGB kann für den Bereich der Schadensversicherung neben § 86 VVG Bedeutung erlangen, soweit es um andere Ansprüche als Ersatzansprüche geht, z. B. dingliche Herausgabeansprüche[8].

II. Abgrenzung zu ähnlichen Regelungen

1. Gesamtschuld

VR und schädigender Dritter sind keine Gesamtschuldner[9], da es an der Gleichstufigkeit **4** der Verpflichtungen fehlt. Etwas anders gilt in der Haftpflichtversicherung, wenn ein Direktanspruch des Geschädigten gegen den VR nach § 115 VVG besteht. Nach § 115 Abs. 1 S. 4 VVG haften der VR und der ersatzpflichtige VN als Gesamtschuldner. Im Falle der Leistungsfreiheit des VR regelt sich der Rechtsübergang nach § 426 Abs. 2 S. 1 BGB i. V. m. § 116 Abs. 1 S. 2 VVG und nicht nach § 86 VVG[10]. Sind in der Kraftfahrthaftpflichtversicherung mehrere Fahrzeugführer für einen Schadenseintritt mitverantwortlich, besteht kein einheitliches Gesamtschuldverhältnis, weshalb hier ein Anspruchsübergang nach § 86 Abs. 1 S. 1 VVG stattfindet[11].

2. Mehrfachversicherung

Bestehen für ein Risiko zwei oder mehrere Schadensversicherungen, und tritt ein VR mit **5** der Entschädigungsleistung in Vorlage, regelt sich die Ausgleichspflicht unter den VR nicht nach § 86 VVG. Vielmehr liegt eine Mehrfachversicherung nach §§ 77, 78 VVG vor, die Ausgleichspflicht nach § 78 VVG geht § 86 VVG vor[12]. § 86 VVG ist jedoch anwendbar, wenn ein subsidiär haftender VR die Versicherungsleistung statt des primär haftenden VR erbringt. In diesem Fall geht der Anspruch gegen den primär haftenden VR nach § 86 VVG auf den subsidiär haftenden VR über[13].

3. Übergang der Hypothek nach § 145 VVG

Nach § 143 Abs. 1 VVG ist der Gebäudefeuerversicherer, der wegen nicht rechtzeitiger **6** Zahlung einer Folgeprämie gegenüber dem VN leistungsfrei ist, dem Hypothekengläubiger unter Umständen gleichwohl zur Leistung verpflichtet. Nach § 144 VVG kann der VR dem

---

[6] *Palandt/Heinrichs*, Vorbem. v. § 249 Rn. 119 ff.

[7] *Palandt/Heinrichs*, Vorbem. v. § 249 Rn. 132.

[8] *Prölss/Martin/Prölss*, § 67 Rn. 5; *Bruck/Möller/Sieg*, § 67 Anm. 28; Berliner Kommentar/*Baumann*, § 67 Rn. 47.

[9] *Prölss/Martin/Prölss*, § 67 Rn. 1; *Bruck/Möller/Sieg*, § 67 Anm. 8; Berliner Kommentar/*Baumann*, § 67 Rn. 15.

[10] Berliner Kommentar/*Baumann*, § 67 Rn. 194.

[11] BGH v. 30. 10. 1980, VersR 1981, 134; OLG Hamm v. 10. 1. 1991, VersR 1992, 249; Berliner Kommentar/*Baumann*, § 67 Rn. 194.

[12] BGH v. 23. 11. 1988, VersR 1989, 250.

[13] BGH v. 23. 11. 1988, VersR 1989, 250 (251); Berliner Kommentar/*Baumann*, § 67 Rn. 114.

Hypothekengläubiger auch bei Kündigung des Versicherungsvertrages zur Leistung verpflichtet sein. In diesen Fällen ordnet § 145 VVG den Übergang der Hypothek auf den VR an. Da es sich hierbei um keine Leistung an den Versicherten handelt, bewirkt die Leistung nach § 143 VVG nur den Übergang der Hypothek, nicht aber den Übergang etwaiger Ansprüche des Versicherten gegen Dritte[14].

B. Anwendungsbereich des § 86 VVG

7   § 86 VVG findet sich in dem mit „Schadensversicherung" überschriebenen zweiten Abschnitt des Gesetzes unter dem ersten Titel „Vorschriften für die gesamte Schadensversicherung".

I. Schadensversicherung

8   § 86 VVG betrifft nach seiner Stellung im Gesetz die gesamte Schadensversicherung, aber grundsätzlich auch nur diese.

Schadensversicherung sind nicht nur die im Gesetz ausdrücklich erwähnten Versicherungszweige wie Haftpflichtversicherung, Rechtsschutzversicherung und Sachversicherung mit den Sparten Transportversicherung und Gebäudefeuerversicherung, sondern auch die im VVG nicht ausdrücklich geregelten Sparten der Sachversicherung wie die Gebäude-, Hausrat- und Inventarversicherung mit den Risiken Einbruchdiebstahl, Leitungswasser und Rohrbruch, Sturm und Hagel, die Betriebsunterbrechungsversicherung, die Fahrzeugversicherung, die Reisegepäckversicherung und die technischen Versicherungen.

II. Personenversicherung

9   Auf die Personenversicherung ist § 86 VVG nach seiner Stellung im Gesetz als allgemeine Vorschrift für die Schadensversicherung nicht anwendbar.

Dies ist unbestritten für den Bereich der **Summenversicherung,** bei der die Versicherungssumme nicht an einen konkreten Schaden und einen hierdurch verursachten konkreten Bedarf anknüpft, sondern bei der im Versicherungsfall eine vorab vertraglich festgelegte Summe unabhängig von der Höhe des eingetretenen Schadens zu zahlen ist.

Die klassischen Sparten der Personenversicherung (Lebensversicherung, Berufsunfähigkeitsversicherung und Unfallversicherung) sind Summenversicherungen. Sie stellen **private Vorsorge** dar, deren Leistungen zwar einerseits, wie in der Schadensversicherung, den Schädiger nicht entlasten sollen, bei denen aber andererseits ein Zusammentreffen von Leistungen des VR mit Schadensersatzansprüchen des Versicherten akzeptiert wird. Wer sich durch Beitragszahlungen die Vorsorge für Schicksalsschläge wie Tod, Unfalltod, unfallbedingte Invalidität und Berufsunfähigkeit erkauft, soll im Versicherungsfall die Früchte dieser privaten Vorsorge auch in Anspruch nehmen dürfen ohne Anrechnung auf etwaige Schadensersatzansprüche gegen Dritte. Dies setzt voraus, dass Schadensersatzansprüche gegen Dritte beim Versicherten verbleiben und nicht nach § 86 VVG auf den VR übergehen.

10   Doch gibt es auch in der Personenversicherung Vertragsformen, bei denen sich die Leistung des VR an einem bestimmten Schaden oder Aufwand des Versicherten ausrichtet. Das sind die **Krankheitskostenversicherung** nach § 192 Abs. 1 bis 3 VVG sowie die private Pflegekostenversicherung nach § 192 Abs. 6 VVG. Für diese ordnet § 194 Abs. 1 S. 1 VVG die Anwendung des § 86 VVG ausdrücklich an, soweit der Versicherungsschutz **nach den Grundsätzen der Schadensversicherung** gewährt wird. Ein Anspruchsübergang findet gleichfalls statt, wenn in einer Sterbegeldversicherung nur konkret nachgewiesene Bestattungskosten ersetzt werden[15].

---

[14] *Bruck/Möller/Sieg,* § 67 Anm. 147.
[15] *Bruck/Möller/Sieg,* § 67 Anm. 20.

Streitig ist die Anwendbarkeit des § 86 VVG für die Versicherungsleistungen in der Perso- **11**
nenversicherung, die **pauschaliert** zum Ausgleich bestimmter Schadenspositionen bestimmt
sind. Dies betrifft in der Krankenversicherung das **Krankentagegeld** (§ 192 Abs. 5 VVG), das
einen durch Krankheit verursachten Verdienstausfall kompensieren soll, und das **Krankenhaustagegeld** (§ 192 Abs. 4 VVG), das z. B. dazu dient, die von den Trägern der gesetzlichen
Krankenversicherung nicht getragenen Mehrkosten für Chefarztbehandlung oder für die Inanspruchnahme von Ein- oder Zweibettzimmer pauschal abzugelten. Auch in der privaten
Unfallversicherung kann die Zahlung von Krankengeldern, Krankenhaustagegeldern und
Genesungsgeldern vereinbart werden (§ 7 III, IV und V AUB 88/94).

Die ablehnende Meinung[16] wird damit begründet, dass Krankentagegeldversicherung und **12**
Krankenhaustagegeldversicherung formal Summenversicherungen sind, bei denen die Versicherungsleistung ohne Rücksicht auf den konkreten Schaden erbracht wird. Die Befürworter
einer Anwendung des § 86 VVG[17] verweisen darauf, dass hier lediglich in pauschalierter Form
Ersatz für einen konkret eintretenden Vermögensschaden gewährt werde. Der Unterschied zur
gesetzlichen Krankenversicherung, wo der Ersatzanspruch des Versicherten gegen den schädigenden Dritten auf den Kostenträger übergeht, sei nicht zu rechtfertigen. Bei Nichtselbständigen werde das Krankentagegeld häufig erst für die Zeit im Anschluss an die Lohnfortzahlung
des Arbeitgebers, also ab dem 43. Krankheitstag, vereinbart, so dass die Ausgleichsfunktion für
den entstehenden Vermögensschaden im Vordergrund stehe[18]. Es sei nicht nachvollziehbar,
dass der Ersatzanspruch für die Dauer der Lohnfortzahlung auf den Arbeitgeber übergehe und
für die Dauer der Krankentagegeldzahlung durch den gesetzlichen Krankenversicherer auf diesen, während der Versicherte in der privaten Krankentagegeldversicherung etwaigen Verdienstausfall beim Schädiger liquidieren könne und damit doppelt entschädigt werde[19]. Eine
vermittelnde Auffassung befürwortet einen Anspruchsübergang bis zur Höhe des tatsächlich
entstandenen Schadens, darüber hinaus aber nicht[20].

Der zutreffende Lösungsweg ist derjenige, der es dem VR auferlegt, in seinen Bedingun- **13**
gen für klare Verhältnisse zu sorgen. § 194 Abs. 1 S. 1 erklärt § 86 VVG für anwendbar nur
und soweit Versicherungsschutz nach den Grundsätzen der Schadensversicherung gewährt
wird. Der VR hat es in der Hand, dies in seinen Bedingungen klarzustellen. Wird dort die
Deckung eines konkreten Schadens versprochen, handelt es sich um eine Versicherung nach
den Grundsätzen der Schadensversicherung mit der Folge des Anspruchsübergangs nach § 86
VVG. Wird eine pauschalierte Leistung als Summenversicherung versprochen, handelt es sich
nicht um Versicherungsschutz nach den Grundsätzen der Schadensversicherung, so dass ein
etwaiger Anspruch gegen den Schädiger beim Versicherten verbleibt[21]. Diskutiert wird, ob
sich der VR durch Individualvereinbarung den Schadensersatzanspruch gegen den Dritten
vom Versicherten abtreten lassen darf oder ob dies eine Umgehung des § 87 VVG darstellt,
wonach Vereinbarungen, durch die zum Nachteil des Versicherten von § 86 VVG abgewichen wird, unzulässig sind[22].

---

[16] BGH v. 11. 5. 1976, VersR 1976, 756 = NJW 1976, 2349; BGH v. 15. 5. 1984, VersR 1984, 690 =
NJW 1984, 2627; OLG Nürnberg v. 11. 4. 1985, VersR 1986, 588; OLG Hamm v. 26. 2. 1987,
ZfS 1988, 309; OLG Köln v. 13. 1. 1993, VersR 1994, 356.
[17] *Bruck/Möller/Sieg,* § 67 Anm. 20, 21; *Prölss/Martin/Prölss,* 25. Aufl., § 67 Rn. 2; *Wilmes/Müller-Frank,*
VersR 1990, 354.
[18] *Wilmes/Müller-Frank,* VersR 1990, 345 (354).
[19] *Bruck/Möller/Sieg,* § 67 Anm. 21; Berliner Kommentar/*Baumann,* § 67 Rn. 26.
[20] LG Regensburg v. 21. 12. 1984, VersR 1986, 481.
[21] BGH v. 4. 7. 2001, VersR 2001, 1100 = NVersZ 2001, 457 = r+s 2001, 431; *Römer/Langheid/Römer,*
§ 178a Rn. 2; OLG Hamm v. 25. 3. 1994, VersR 1996, 880; OLG Hamm v. 26. 6. 1996, VersR 1997,
862f; LG Heidelberg v. 10. 9. 1997, NJW-RR 1998, 463; im Ergebnis auch Berliner Kommentar/*Baumann,* § 67 Rn. 26 a. E.; a. A. *Prölss/Martin/Prölss,* § 67 Rn. 2; *Wilmes/Müller-Frank,* VersR 1990, 345
(354).
[22] Vgl. hierzu *Neeße,* VersR 1976, 704; *Prölss/Martin/Prölss,* § 67 Rn. 2.

14 Für die private Unfallversicherung fehlt eine § 194 Abs. 1 S. 1 VVG entsprechende Regelung. Todesfall- und Invaliditätsleistung sind, auch wenn sie die abstrakte Kompensation eines durch den Unfall eingetretenen Vermögensschadens bezwecken, reine Summenversicherung, ein Anspruchsübergang findet nicht statt[23]. Allerdings gibt es auch in der privaten Unfallversicherung Leistungsarten nach den Grundsätzen der Schadensversicherung wie Kur-, Heil- und Bestattungskostenersatz. Wenn sich dieser Ersatz der Höhe nach an den konkreten Kosten ausrichtet, handelt es sich um Schadensversicherung mit der Folge des Anspruchsübergangs. Dagegen gilt für die Leistungsarten Krankentagegeld, Krankenhaustagegeld und Genesungsgeld in der privaten Unfallversicherung das oben zu den entsprechenden Leistungsarten in der privaten Krankenversicherung Gesagte.

C. Voraussetzungen des Übergangs

15 Als Voraussetzungen für den Anspruchsübergang nennt das Gesetz drei Tatbestandsmerkmale:
- Es muss ein Ersatzanspruch bestehen,
- dieser muss sich gegen einen Dritten richten und
- der VR muss eine Ersatzleistung erbracht haben.

I. Ersatzanspruch

16 Während § 67 Abs. 1 S. 1 VVG a. F. von Ansprüchen auf Ersatz des **Schadens** sprach, erwähnt § 86 Abs. 1 S. 1 VVG nur noch Ersatzansprüche und zieht den Anwendungskreis damit weiter, was aber schon der einhelligen Auffassung zu § 67 VVG a. F. entsprach.

1. Schadensersatzansprüche

Der Übergang betrifft alle klassischen Schadensersatzansprüche, gleich ob auf Geld- oder Naturalersatz gerichtet, gleich ob aus Delikt oder aus vertraglichen oder vertragsähnlichen Schuldverhältnissen, gleich ob verschuldensabhängig oder aus Gefährdungshaftung, gleich ob auf Naturalrestitution[24], auf Zahlung oder auf Freistellung[25] gerichtet. Die einzige Einschränkung, die zu beachten ist, ist diejenige der Kongruenz[26].

2. Gewährleistungsansprüche

17 Unter die vertraglichen Schadensersatzansprüche, die übergehen, fallen nicht nur solche wegen Nichterfüllung, positiver Forderungsverletzung und Verzug, sondern auch Gewährleistungsansprüche, sofern sie zu Schadensersatz verpflichten (§§ 463, 480 Abs. 2, 635 BGB)[27].
Die nicht auf Schadensersatz gerichteten Gewährleistungsansprüche auf Nacherfüllung, Rücktritt und Minderung gingen nach § 67 VVG a. F. nicht über[28]. Trotz der sprachlich weiteren Fassung des § 86 VVG (Ersatzansprüche) ist hieran festzuhalten, da ein Bedürfnis für den Übergang von Ansprüchen auf Nacherfüllung, Rücktritt und Minderung nicht besteht: Wenn aus einer mangelhaften Vertragserfüllung Gewährleistungsansprüche entstehen, die durch auf Nacherfüllung, Rücktritt und Minderung zu erledigen sind, entsteht im allgemei-

---

[23] BGH v. 17. 10. 1957, BGHZ 25, 322 (328); BGH v. 5. 2. 1957, NJW 1957, 905; BGH v. 18. 12. 1967, VersR 1968, 351.
[24] *Bruck/Möller/Sieg,* § 67 Anm. 36; *Prölss/Martin/Prölss,* § 67 Rn. 4.
[25] BGH v. 14. 3. 1985, VersR 1985, 753; BGH v. 26. 3. 1997, VersR 1997, 1088 (1090) = r+s 1997, 325; *Bruck/Möller/Sieg,* § 67 Anm. 36; *Prölss/Martin/Prölss,* § 67 Rn. 4.
[26] S. u. § 22 Rn. 49, 50.
[27] BGH v. 26. 2. 1991, r+s 1991, 264 = NJW-RR 1992, 283; *Prölss/Martin/Prölss,* § 67 Rn. 4; Berliner Kommentar/*Baumann,* § 67 Rn. 30.
[28] *Prölss/Martin/Prölss,* § 67 Rn. 4; *Bruck/Möller/Sieg,* § 67 Anm. 34; Berliner Kommentar/*Baumann,* § 67 Rn. 30.

nen kein ersatzpflichtiger Schaden, der über einen Schadensversicherer abzurechnen wäre. Umgekehrt: Entsteht aus einer mangelhaften Vertragsleistung ein Schaden an Rechtsgütern des Bestellers und Versicherten, für die ein Schadensversicherer eintrittspflichtig ist, z. B. ein Feuerschaden aufgrund fehlerhaften Einbaus von elektrischen Leitungen, Heizungs- oder Kaminanlagen, Leitungswasserschaden durch fehlerhaften Einbau von wasserführenden Rohren, so ist der hierdurch entstehende Schaden im allgemeinen nicht durch auf Nacherfüllung, Rücktritt und Minderung auszugleichen, sondern es entsteht ein „echter" Schaden sowohl an den gelieferten Leistungen als auch an sonstigen Rechtsgütern des Versicherten. Wenn der VR für diesen Schaden aufkommt und beim Handwerker Regress nimmt, entspricht der Anspruchsübergang der „richtigen" Schadensdistribution als *ratio legis* des § 86 VVG.

3. Ansprüche aus Garantievertrag

Kontroversen bestehen für den praktisch wohl nicht sonderlich bedeutsamen Fall des selbständigen Garantievertrags. Verspricht ein Lieferant, im Rahmen einer selbständigen Garantiezusage ohne Rücksicht auf die Vorschriften über die Gewährleistung für Schäden an der gelieferten Sache aufzukommen, stellt sich die Frage, wer den Schaden letztlich zu tragen hat, der VR oder der Garant?

Teils wird die Garantiezusage als materieller Versicherungsvertrag verstanden mit der Folge einer Mehrfachversicherung und einer Aufteilung der Verpflichtungen nach Maßgabe des § 78 VVG[29], teils wird ein Forderungsübergang mit voller Regressmöglichkeit nach § 86 VVG angenommen, so dass der Garant im Verhältnis zum VR den Schaden allein trägt[30], teils wird die Anwendung der Regeln über das Gesamtschuldverhältnis befürwortet[31].

Baumann[32] weist zu Recht darauf hin, dass eine Auslegung der Garantiezusage i. d. R. schon ergeben wird, dass das Regressinteresse des VR nicht von der Garantie umfasst ist, die Garantie also nur dort eingreift, wo kein Versicherungsschutz besteht[33]. Sollte die Auslegung ergeben, dass der Garant unabhängig von dem Bestehen einer Versicherung eintreten will, ist der Auffassung der Vorzug zu geben, die dem VR dann die volle Regressmöglichkeit einräumt. Die Vorschriften über die Mehrfachversicherung sind weder direkt noch analog anwendbar, weil die Regelungen über die Mehrfachversicherung als spezielle Regelung der Eintrittspflicht von zwei VR für dasselbe Schadensereignis auf Fälle der privatrechtlichen Garantiezusage nicht übertragbar erscheinen. Wollte man § 426 BGB anwenden, wird eine sachgerechte Auslegung der Garantiezusage i. d. R. eine eindeutige Zuweisung im Sinne des § 426 Abs. 1 S. 1, letzter Absatz, BGB ergeben, dass also der Garant entweder voll regresspflichtig ist oder nur subsidiär haftet.

4. Ausgleichsansprüche unter Gesamtschuldnern

Der Rechtsübergang erfasst auch Ausgleichsansprüche des Versicherten, die dieser nach § 426 Abs. 1 S. 1 BGB gegen einen nicht mitversicherten Mitverantwortlichen hat[34]. Dies betrifft maßgeblich die Haftpflichtversicherung und dort insbesondere das Massengeschäft der Kraftfahrthaftpflichtversicherung. Sofern der mithaftende Gesamtschuldner seinerseits haftpflichtversichert ist, treten häufig Teilungsabkommen an die Stelle einer streitigen Ausfechtung der jeweiligen Haftungsanteile durch die beteiligten VR[35].

---

[29] *Prölss/Martin/Prölss,* § 67 Rn. 6; *Bruck/Möller/Sieg,* § 67 Anm. 35.

[30] LG Heilbronn v. 18. 7. 1974, VersR 1975, 30; AG Heilbronn v. 7. 1. 1976, VersR 1976, 529; *Martin,* VersR 1975, 101 ff.

[31] Berliner Kommentar/*Baumann,* § 67 Rn. 31.

[32] Berliner Kommentar/*Baumann,* § 67 Rn. 31.

[33] Vgl. auch *Bruck/Möller/Sieg,* § 67 Anm. 35.

[34] BGH v. 13. 5. 1955, BGHZ 17, 214 (221); BGH v. 13. 6. 1957, BGHZ 24, 378 (385) = NJW 1957, 1233; BGH v. 25. 4. 1989, VersR 1989, 730 (731) = r+s 1989, 311; BGH v. 24. 4. 1990, VersR 1990, 1283 = NJW 1992, 41 (42); *Prölss/Martin/Prölss,* § 67 Rn. 4; *Römer/Langheid/Langheid,* § 67 Rn. 13.

[35] S. u. § 22 Rn. 115.

Hormuth

5. Bereicherungsansprüche

21   Entgegen überwiegend dogmatisch begründeten Bedenken[36] erfasst der Rechtsübergang nach § 86 VVG auch Bereicherungsansprüche[37]. § 86 VVG ist eine Vorschrift aus der Schadensversicherung, d. h. es geht um einen Schaden des Versicherten. Bezieht man den „Ersatzanspruch" in § 86 Abs. 1 S. 1 VVG auf den Geschädigten, also den Versicherten, ist auch ein Bereicherungsanspruch, wenn er den beim Versicherten eingetretenen Schaden kompensiert, ein „Ersatzanspruch". Deshalb gehen alle Ansprüche aus den §§ 812, 816, 951 BGB[38], die im Ergebnis dazu bestimmt sind, eine Vermögenseinbuße des Versicherten auszugleichen, nach § 86 VVG über, auch wenn der ersatzpflichtige Dritte nicht schadensersatzpflichtig ist, sondern den dem Versicherten entstandenen Vermögensverlust nur nach Bereicherungsgrundsätzen auszugleichen hat.

Einigkeit besteht auch bei den Gegnern eines direkten Übergangs von Bereicherungsansprüche, dass der Versicherte solche Ansprüche, wenn sie nicht nach § 86 VVG übergehen, dann zumindest nach § 255 BGB abtreten muss[39].

6. Aufwendungsersatzansprüche

22   Übergangsfähig ist jeder Anspruch, der das Ziel hat, eine beim Versicherten eingetretene Vermögenseinbuße zu kompensieren. Aufwendungen, die der Versicherte als Beauftragter oder als Geschäftsführer ohne Auftrag hat, sind Vermögenseinbußen. Ansprüche nach §§ 683, 670 BGB sind schon begrifflich Ersatzansprüche und gehen über. Dies war auch schon zu § 67 VVG a. F. einhellige Auffassung[40].

7. Ansprüche aus Enteignung

23   Wenn der Anspruch gegen den Dritten im Zusammenhang mit einer dem Versicherten entstandenen Vermögenseinbuße steht, gehen auch hieraus entstehende Ansprüche aus Enteignung, enteignungsgleichem Eingriff und Aufopferung nach § 86 VVG über[41], ebenso der verschuldensunabhängige nachbarrechtliche Ausgleichsanspruch nach § 906 Abs. 2 S. 2 BGB[42].

8. Amtshaftungsansprüche

24   Bei Amtshaftungsansprüchen ist fraglich, ob Ansprüche auf die Versicherungsleistung eine anderweitige Haftung begründen. Wäre dies zu bejahen, könnte ein übergangsfähiger Amtshaftungsanspruch im Hinblick auf die Subsidiaritätsklausel nach § 839 Abs. 1 S. 2 BGB gar nicht erst entstehen.

Hier muss unterschieden werden zwischen der Sachversicherung und der Haftpflichtversicherung. In der Sachversicherung erkauft sich der Versicherte den Versicherungsschutz mit seinen Beiträgen. Der durch eigenen Vermögenseinsatz zusätzlich geschützte Bürger darf im Falle eines Schadens durch Amtspflichtverletzung nicht schlechter stehen als derjenige, der sich „sorglos" nicht um Versicherungsschutz gekümmert hat[43]. Das wäre aber der Fall, wenn

---

[36] *Bruck/Möller/Sieg,* § 67 Anm. 27.

[37] RG v. 17. 1. 1940, RGZ 163, 21; BGH v. 6. 5. 1971, BGHZ 56, 131 = VersR 1971, 658 = NJW 1971, 1452; OLG Hamm v. 10. 4. 1970, VersR 1970, 729; OLG Hamm v. 17. 6. 1993, VersR 1994, 975 f; a. A. *Bruck/Möller/Sieg,* § 67 Anm. 27; differenzierend Berliner Kommentar/*Baumann,* § 67 Rn. 33.

[38] Vgl. Beispiele bei *Bruck/Möller/Sieg,* § 67 Rn. 27.

[39] *Bruck/Möller/Sieg,* § 67 Anm. 27; Berliner Kommentar/*Baumann,* § 67 Rn. 33.

[40] OLG Hamm v. 10. 4. 1970, VersR 1970, 729; Berliner Kommentar/*Baumann,* § 67 Rn. 43; *Prölss/Martin/Prölss,* § 67 Rn. 4.

[41] BGH v. 31. 1. 1966, VersR 1966, 366 = NJW 1966, 881; *Bruck/Möller/Sieg,* § 67 Anm. 31; Berliner Kommentar/*Baumann,* § 67 Rn. 34; *Tribess,* S. 41.

[42] OLG Düsseldorf v. 10. 1. 2001, VersR 2003, 455; OLG Stuttgart v. 22. 5. 2003, r+s 2004, 110; OLG Stuttgart v. 23. 2. 2007, ZMR 2007, 371; *Prölss/Martin/Prölss,* § 67 Rn. 4; Berliner Kommentar/*Baumann,* § 67 Rn. 49; *Günther,* S. 3.

[43] Grundlegend BGH v. 10. 11. 1977, BGHZ 70, 7 (9) = VersR 1978, 231 = NJW 1978, 495; BGH v. 28. 10. 1982, BGHZ 85, 230 (233 f) = VersR 1983, 85 = NJW 1983, 1668; Berliner Kommentar/*Baumann,* § 67 Rn. 36; *Prölss/Martin/Prölss,* § 67 Rn. 7.

der versicherte Geschädigte sich nur an seinen Sachversicherer wenden könnte, während der nicht versicherte Geschädigte vom Amtsträger entschädigt würde. Die Konsequenz ist, dass der Amtshaftungsanspruch nach § 86 VVG auf den Sachversicherer übergeht.

Wenn ein Geschädigter wegen desselben Schadensereignisses sowohl Schadensersatzansprüche gegen einen haftpflichtversicherten Dritten als auch Amtshaftungsansprüche gegen einen Amtsträger hat, stellt der Anspruch gegen den Dritten eine anderweitige Ersatzmöglichkeit dar, die die Inanspruchnahme des Amtsträgers nach § 839 Abs. 1 S. 2 BGB ausschließt. Ersetzt der Haftpflichtversicherer des schädigenden Dritten den Schaden, besteht kein Amtshaftungsanspruch, der nach § 86 VVG übergehen könnte[44].

Allerdings unterstellt der BGH die Teilnahme am Straßenverkehr sowie die Wahrnehmung von Verkehrssicherungspflichten durch öffentliche Körperschaften nicht der Regelung des § 839 BGB, sondern den allgemeinen Regeln (§§ 823 ff. BGB, §§ 7, 18 StVG)[45], was mit dem Grundsatz der haftungsrechtlichen Gleichbehandlung aller Verkehrsteilnehmer erklärt wird[46]. Dies gilt wiederum nicht bei Fahrten mit Sonderzeichen oder bei Inanspruchnahme von Sonderrechten (Grasmäharbeiten an der Autobahn[47]), hier greift das Verweisungsprivileg ein[48].

9. Prozessuale Kostenerstattungsansprüche

Soweit die geschuldete Leistung aus dem Versicherungsvertrag – auch – darin besteht, Ansprüche abzuwehren (Haftpflichtversicherung) oder Kosten der Rechtsverfolgung/Rechtsverteidigung zu tragen (Rechtsschutzversicherung), erfasst der Rechtsübergang nach § 86 VVG auch Erstattungsansprüche für durch prozessuale oder vorprozessuale Auseinandersetzungen entstandene Kosten[49].   **25**

10. Dingliche Herausgabeansprüche

Der Herausgabeanspruch des Eigentümers nach § 985 BGB ist kein Ersatzanspruch. Er geht nicht nach § 86 VVG über[50]. Hat der VR in der Einbruchdiebstahlversicherung den Versicherten wegen eines gestohlenen Gegenstandes entschädigt und taucht dieser Gegenstand wieder auf, so steht der Herausgabeanspruch nach § 985 BGB i. V. m. § 935 BGB allein dem Versicherten zu. Macht er hiervon Gebrauch, muss er allerdings die empfangene Entschädigung zurückgewähren. Will der Versicherte von seinem Herausgabeanspruch keinen Gebrauch machen, wird richtigerweise ein Anspruch des VR auf Abtretung nach § 255 BGB zu bejahen sein[51]. Die Kaskoversicherung versucht, dieses Problem zu umgehen, indem § 13 Nr. 7 S. 2 AKB bestimmt, dass entwendete Gegenstände Eigentum des VR werden, wenn sie nicht innerhalb eines Monats nach Anzeige des Schadens wieder beigebracht werden können[52].   **26**

---

[44] BGH v. 28. 10. 1982, BGHZ 85, 225 = VersR 1983, 84 = NJW 1983, 1667; BGH v. 5. 4. 1984, BGHZ 91, 48 = BGH VersR 1984, 759 = NJW 1984, 2097; Berliner Kommentar/*Baumann,* § 67 Rn. 38; *Prölss/Martin/Prölss,* § 67 Rn. 7; *Römer/Langheid/Langheid,* § 67 Rn. 18.

[45] BGH v. 27. 1. 1977, BGHZ 68, 217 (220 ff.) = VersR 1977, 541 = NJW 1977, 1238; BGH v. 5. 4. 1984, BGHZ 91, 48 = BGH VersR 1984, 759 (760) = NJW 1984, 2097; BGH v. 13. 12. 1990, BGHZ 113, 164 = VersR 1991, 925 = NJW 1991, 1171.

[46] Berliner Kommentar/*Baumann,* § 67 Rn. 41.

[47] BGH v. 13. 12. 1990, BGHZ 113, 164 = VersR 1991, 925 = NJW 1991, 1171.

[48] BGH v. 28. 10. 1982, BGHZ 85, 225 (229) = VersR 1983, 84 = NJW 1983, 1667; BGH v. 5. 4. 1984, BGHZ 91, 48 = BGH VersR 1984, 759 (761) = NJW 1984, 2097; BGH v. 13. 12. 1990, BGHZ 113, 164 = VersR 1991, 925 = NJW 1991, 1171; Berliner Kommentar/*Baumann,* § 67 Rn. 41.

[49] OLG Köln v. 14. 11. 1972, NJW 1973, 905; OLG Köln v. 3. 12. 1976, VersR 1977, 317; OLG Köln v. 29. 6. 1993, NJW-RR 1994, 27 (28); Berliner Kommentar/*Baumann,* § 67 Rn. 45; *Prölss/Martin/Prölss,* § 67 Rn. 4.

[50] RG v. 4. 3. 1927, RGZ 108, 110; *Bruck/Möller/Sieg,* § 67 Anm. 28; Berliner Kommentar/*Baumann,* § 67 Rn. 47; *Prölss/Martin/Prölss,* § 67 Rn. 5; zweifelnd *Römer/Langheid/Langheid,* § 67 Rn. 16; a. A. für das österreichische Recht OGH v. 15. 12. 1971, VersR 1972, 845.

[51] Berliner Kommentar/*Baumann,* § 67 Rn. 47.

[52] Zur Konstruktion des Eigentumsübergangs als vorweggenommene, durch Nichtherbeischaffung binnen eines Monats aufschiebend bedingte Einigung bei Abtretung des Herausgabeanspruchs nach § 931 BGB vgl. *Prölss/Martin/Knappmann,* § 13 AKB Rn. 26.

II. Anspruch gegen einen Dritten

27 Der Gesetzeswortlaut beschreibt als übergangsfähig den Ersatzanspruch des VN gegen einen „Dritten". In diese auf den ersten Blick unscheinbare Formulierung verlagern sich weite Bereiche der *ratio legis* des § 86 VVG als Mittel der Schadensdistribution[53]. Der Personenkreis, gegen den ein Regress im Sinne einer „richtigen" Schadensdistribution unerwünscht ist, muss aus dem Kreise der „Dritten" nach § 86 Abs. 1 S. 1 VVG ausgegrenzt werden, etwa indem er in den Schutz des Versicherungsvertrages einbezogen, also zum „Mitversicherten" erhoben wird[54].

Nach einer gängigen Formulierung ist **Dritter** i. S. d. § 86 Abs. 1 S. 1 VVG **jeder, der nicht VN** oder **Versicherter ist**[55]. Die Unterscheidung zwischen VN und Versichertem findet man bei der Versicherung für fremde Rechnung (§§ 43 bis 48 VVG). Wird eine Versicherung erkennbar für einen anderen genommen, so ist, wenn der andere namentlich nicht benannt wird, nach § 43 Abs. 2 VVG im Zweifel anzunehmen, dass der VN nicht als Vertreter, sondern im eigenen Namen für fremde Rechnung handelt. Wenn eine Versicherung nicht ausdrücklich für eigene oder fremde Rechnung geschlossen wurde, sondern dies offen gelassen wird, gelten die Vorschriften für die Versicherung für fremde Rechnung, wenn sich aus den Umständen ergibt, dass fremdes Interesse versichert ist (§ 43 Abs. 3 VVG, § 48 VVG).

Der Regress kann im Versicherungsvertrag oder in Versicherungsbedingungen ausgeschlossen oder eingeschränkt werden (z. B. § 15 Nr. 2 AKB)[56]. In Vertragsbeziehungen kann zwischen potenziellem Geschädigten und potenziellem Schädiger eine Haftungsbeschränkung oder ein Haftungsverzicht vereinbart werden[57] was einen späteren Regress einschränkt oder ausschließt. Die in diesem Zusammenhang vorkommenden Formen der Regressbeschränkung werden unten in einem besonderen Abschnitt behandelt[58].

1. Versicherungsnehmer als Dritter

28 Schließt der Mieter eines Gebäudes für dieses eine Feuerversicherung ab, etwa weil der Mietvertrag dies von ihm verlangt, so ist der Mieter VN und der Eigentümer Versicherter. Verursacht der Mieter durch Fahrlässigkeit einen Brand, ist er als VN nicht Dritter, kann also vom VR nicht in Regress genommen werden.

Für die Transportversicherung hat der BGH dies anders gesehen. Schließt der Frachtführer im Interesse des Eigentümers des transportierten Guts eine Transportversicherung ab, decke diese nicht zugleich das Sachersatzinteresse des Frachtführers ab, da das Haftpflichtinteresse des Frachtführers durch eine Güterschadenhaftpflichtversicherung (§ 7a Abs. 1 GüKG) abgedeckt werde müsse[59]. Die gilt nicht, wenn eine Güterschadenhaftpflichtversicherung nicht besteht[60].

Der Regress gegen den VN ist allerdings möglich, wenn dieser den Versicherungsschutz verwirkt hat, z. B. durch Prämienverzug (§ 38 VVG) oder durch Obliegenheitsverletzung vor oder nach Eintritt des Versicherungsfalls (§ 28 VVG), der VR aber gegenüber dem Mitversicherten gleichwohl leistungspflichtig bleibt. Hat der geschädigte Dritte unabhängig von der Leistungsfreiheit des Kraftfahrthaftpflichtversicherers im Verhältnis zum VN einen Direktanspruch nach §§ 115, 117 VVG gegen den VR, erfolgt der Anspruchsübergang nach § 426 Abs. 2 S. 1 BGB i. V. m. § 116 Abs. 1 S. 2 VVG und nicht nach § 86 VVG.

---

[53] S. o. § 22 Rn. 2.
[54] S. u. § 22 Rn. 78 ff.
[55] BGH v. 30. 4. 1959, BGHZ 30, 40 (42) = VersR 1959, 500 = NJW 1959, 1221; Berliner Kommentar/*Baumann*, § 67 Rn. 51; *Prölss/Martin/Prölss*, § 67 Rn. 12.
[56] S. u. § 22 Rn. 89.
[57] S. u. § 22 Rn. 81 bis 87.
[58] S. u. § 22 Rn. 78 bis 102.
[59] BGH v. 7. 5. 2003, VersR 2003, 1171 = r+s 2003, 431; a. A. *Prölss/Martin/Prölss*, § 80 Rn. 29.
[60] OLG Hamm v. 12. 3. 2003, VersR 2003, 1252 = r+s 2004, 35.

2. Versicherte und Mitversicherte als Dritte

Wenn der Mieter eines Gebäudes für dieses die Feuerversicherung abschließt, ist der Ei- **29**
gentümer als Versicherter ebenso wenig Dritter wie der Mieter als VN. Verursacht der Eigentümer leicht fahrlässig einen Brand, kann der VR auch bei ihm keinen Regress nehmen.

Ob andere Personen als Versicherte oder Mitversicherte in den Versicherungsschutz einbezogen sind, muss im Versicherungsvertrag geregelt sein, entweder durch ausdrückliche Erwähnung im Versicherungsschein, durch Regelung in den Versicherungsbedingungen oder
durch Auslegung.

Wenn andere Personen Mitversicherte und folglich keine Dritten im Sinne des § 86 Abs. 1
S. 1 VVG sind, stellt sich im Versicherungsfall zugleich die Frage, welche Auswirkungen die
Leistungsfreiheit des VR gegenüber einem Mitversicherten auf die Leistungspflicht gegenüber
der übrigen Mitversicherten hat. Nach § 47 Abs. 1 VVG ist bei der Versicherung für fremde
Rechnung auch die Kenntnis (z. B. das Verschweigen regulierungsrelevanter Tatsachen im
Rahmen einer Aufklärungsobliegenheit) und das Verhalten (vorsätzliche oder grob fahrlässige
Herbeiführung des Versicherungsfalls) des Versicherten zu berücksichtigen. Wenn die Mit-
versicherten vor Regressen geschützt sind, muss dann nicht, gleichsam als „Kehrseite der
Medaille", gelten, dass Leistungsfreiheit des VR gegenüber einem Mitversicherten auch zur
Leistungsfreiheit gegenüber allen anderen führt?

a) Sachversicherung. In der Sachversicherung kommt die Versicherung für fremde **30**
Rechnung relativ häufig vor. Wenn ein Arbeitnehmer in sein Dienstfahrzeug eine Musikanlage einbaut, ist die Kaskoversicherung für das Fahrzeug bezüglich der Musikanlage eine Versicherung für fremde Rechnung. In der Hausratversicherung ist fremdes Eigentum, etwa des
Lebensgefährten des VN, mitversichert (§ 1 Nr. 3 VHB 84), insoweit liegt eine Versicherung
für fremde Rechnung vor. Verursacht der Lebensgefährte leicht fahrlässig einen Brand, so ist
er wegen des in seinem Eigentum stehenden Hausrats nicht Dritter, sondern Versicherter,
und könnte nicht in Regress genommen werden, wenn er nicht ohnehin das Regressprivileg
der häuslichen Gemeinschaft nach § 86 Abs. 3 VVG in Anspruch nehmen könnte[61].

b) Haftpflichtversicherung. Der praktisch bedeutsamste Fall der Versicherung für **31**
fremde Rechnung in der Haftpflichtversicherung findet sich in der Kraftfahrthaftpflichtversicherung. Hier erstreckt § 10 Nr. 2 AKB den Versicherungsschutz gleich auf eine Mehrzahl
mitversicherter Personen. Halter, Eigentümer, Fahrer, Beifahrer etc. sind, sofern sie nicht
selbst VN sind, mitversicherte Personen, für sie besteht eine Versicherung für fremde Rechnung. Verursacht der Fahrer einen Schaden, ist er als mitversicherte Person nicht Dritter im
Sinne des § 86 Abs. 1 S. 1 VVG und somit vor einem Regress geschützt. Gleichwohl besteht
Einigkeit, dass der Versicherungsschutz abweichend von § 47 Abs. 1 VVG für jede (mit-)ver-
sicherte Person nach ihrer eigenen Kenntnis und ihrem eigenen Verhalten zu beurteilen ist[62].
Prölss[63] begründet dies damit, dass der Versicherungsvertrag nach § 10 Nr. 2 AKB *expressis verbis* eine Eigen- und eine Fremdversicherung umfasse.

In der Privathaftpflichtversicherung sind die Familienangehörigen ebenso wie in der Betriebshaftpflichtversicherung die Betriebsangehörigen Mitversicherte einer Versicherung für
fremde Rechnung, sie können nur in Regress genommen werden, wenn im Verhältnis zu
ihnen Leistungsfreiheit des VR wegen Vorsatzes nach § 103 VVG besteht.

3. Personenmehrheiten

Ist VN eine Gesellschaft, eine Bruchteilsgemeinschaft oder eine andere Form der Perso- **32**
nenmehrheit, etwa eine Erbengemeinschaft oder eine Wohnungseigentümergemeinschaft,

---

[61] S. u. § 22 Rn. 68 bis 77.
[62] BGH v. 14. 12. 1967, BGHZ 49, 130 = NJW 1968, 447 = VersR 1968, 185; BGH v. 15. 12. 1970,
VersR 1971, 239 = NJW 1971, 459; OLG Hamm v. 28. 9. 1972, VersR 1993, 1372 = NJW-RR 1993,
1180; Berliner Kommentar/*Baumann,* § 67 Rn. 72.
[63] *Prölss/Martin/Prölss,* § 67 Rn. 16.

ist fraglich, ob die Gesellschafter bzw. Gemeinschafter sowie die Organe (Geschäftsführer, Vorstand) mitversichert oder Dritte i. S. d. § 86 Abs. 1 S. 1 VVG sind.

33   **a) Juristische Personen.** Ist VN eine juristische Person (GmbH, Aktiengesellschaft, eingetragener Verein), sind die Gesellschafter (Aktionäre, Vereinsmitglieder) ebenso Dritte wie die Organe (Geschäftsführer, Vorstand)[64], da unterschiedliche Rechtspersönlichkeiten. Der Versicherungsvertrag, den die juristische Person für sich und ihre Rechtsgüter abschließt, ist ausschließlich Versicherung für eigene Rechnung und nicht zugleich Versicherung für fremde Rechnung, nämlich für Rechnung der Gesellschafter oder der Gesellschaftsorgane. Im Schadensfalle kann der VR dort Regress nehmen, wenn nicht dem Versicherungsvertrag, etwa durch ergänzende Auslegung, ein Regressverzicht für Fälle der einfachen Fahrlässigkeit entnommen werden kann[65].

34   **b) Personengesellschaften und Gemeinschaften.** Schwieriger ist die Abgrenzung bei den Personengesellschaften (GbR, oHG, KG), den sonstigen Gesamthandsgemeinschaften (Erbengemeinschaft, Gütergemeinschaft) und den Bruchteilsgemeinschaften.

Die Probleme sind vielschichtig und die Rechtsprechung hierzu ist unübersichtlich, dies auch im Hinblick auf die oben[66] bereits angesprochene Frage, welche Auswirkungen die Leistungsfreiheit des VR gegenüber einem Gesellschafter/Gemeinschafter auf die Leistungspflicht gegenüber der Gesellschaft/Gemeinschaft bzw. den übrigen Gesellschaftern/Gemeinschaftern hat.

35   Die Leistungsfreiheit gegenüber einem Gesellschafter/Gemeinschafter, etwa nach § 81 VVG oder nach § 103 VVG, soll zur Leistungsfreiheit gegenüber der Gesellschaft/Gemeinschaft und den weiteren Gesellschaftern/Gemeinschaftern als Mitversicherten führen, wenn ein **gemeinschaftliches, gleichartiges und ungeteiltes Interesse** aller Gesellschafter/Gemeinschafter versichert ist[67]. Wenn der VR leistungsfrei ist, stellt sich die Frage eines Anspruchsübergangs gegen den mitversicherten Gesellschafter nicht mehr.

36   Andererseits soll bei einer Mehrheit von VN oder mitversicherten Personen mit **selbständigen eigenen Interessen** die Berufung auf Leistungsfreiheit nur gegenüber dem Mitversicherten zulässig sein, in dessen Person sich der mit Leistungsfreiheit sanktionierte Sachverhalt ereignet hat[68] mit der Folge, dass die Leistungspflicht gegenüber der Gesellschaft/Gemeinschaft erhalten bleibt. In solchen Fällen kann der Gesellschafter/Gemeinschafter, dem gegenüber Leistungsfreiheit besteht, in Regress genommen werden.

Prüft man die Rechtsprechung hierzu, ist festzustellen, dass ein gemeinschaftliches, gleichartiges und ungeteiltes Interesse immer nur dann bejaht wurde, wenn eine Personengesellschaft eine Sachversicherung (Sacherhaltungsinteresse für beschädigte oder zerstörte Gegenstände) unterhielt[69], während ein selbständiges, eigenes Interesse der Mitversicherten

[64] BGH v. 4. 6. 1985, VersR 1985, 983; BGH v. 27. 10. 1993, NJW 1994, 585 (586) = r+s 1994, 3; OLG Celle v. 1. 7. 1971, VersR 1972, 1015 (1016); OLG Frankfurt v. 6. 6. 1994, VersR 1995, 452 (454); OLG Karlsruhe v. 29. 7. 2004, r+s 2006, 72; *Bruck/Möller/Sieg*, § 67 Rn. 48; Berliner Kommentar/*Baumann*, § 67 Rn. 54; *Römer/Langheid/Langheid*, § 67 Rn. 24.
[65] Vgl. *Armbrüster*, NVersZ 2001, 193 (195 f) im Hinblick auf BGH v. 8. 11. 2000, BGHZ 145, 393 = VersR 2001, 94 = NJW 2001, 1353 = r+s 2001, 71; zu Einzelheiten s. u. ausführlich § 22 Rn. 100.
[66] S. o. § 22 Rn. 29 bis 31 ff.
[67] BGH v. 13. 6. 1957, BGHZ 24, 378 = NJW 1957, 1233; BGH v. 30. 4. 1991, r+s 1992, 240 = NJW-RR 1991, 1372; OLG Hamm v. 28. 1. 1987, VersR 1988, 508; OLG Düsseldorf v. 16. 8. 1988, r+s 1989, 43 (44); OLG Hamm v. 20. 9. 1989, VersR 1990, 846; OLG Hamm v. 12. 4. 2000, NVersZ 2000, 542; *Prölss/Martin/Prölss*, § 6 Rn. 39.
[68] BGH v. 13. 6. 1957, BGHZ 24, 378 = NJW 1957, 1233; BGH v. 28. 1. 1958, BGHZ 26, 282; BGH v. 15. 6. 1961, VersR 1961, 651; BGH v. 14. 12. 1967, VersR 1968, 185 = NJW 1968, 447; BGH v. 15. 12. 1970, VersR 1971, 239 = NJW 1971, 459; OLG Hamm v. 28. 9. 1992, VersR 1993, 1372; Berliner Kommentar/*Baumann*, § 67 Rn. 65; *Prölss/Martin/Prölss*, § 6 Rn. 39.
[69] BGH v. 30. 4. 1991, r+s 1992, 240 = NJW-RR 1991, 1372; OLG Hamm v. 28. 1. 1987, VersR 1988, 508; OLG Düsseldorf v. 16. 8. 1988, r+s 1989, 43 (44); OLG Hamm v. 20. 9. 1989, VersR 1990, 846; OLG Hamm v. 12. 4. 2000, NVersZ 2000, 542; der von BGH v. 24. 1. 1990, BGHZ 110, 127 =

ausschließlich in der Haftpflichtversicherung (Freistellung von begründeten Haftpflichtansprüchen, Abwehr von unbegründeten Haftpflichtansprüchen) angenommen wurde[70].

aa) Personengesellschaften. In der Sachversicherung sind die Gesellschafter Miteigentümer zur **37**
gesamten Hand, weshalb die Rechtsprechung zu Recht davon ausgeht, dass die Gesellschafter Mitversicherte und keine Dritten im Sinne des § 86 Abs. 1 S. 1 VVG sind. Dies gilt selbst dann, wenn der Versicherungsvertrag nicht namens der Gesellschaft, sondern namens eines einzelnen Gesellschafters abgeschlossen wurde[71]. Dies ist entgegen der Mutmaßung von *Prölss*[72] auch nicht korrekturbedürftig, obwohl die Personenhandelsgesellschaften und nunmehr auch die Gesellschaft bürgerlichen Rechts[73] als rechtsfähig und parteifähig angesehen werden. Auch wenn den Personengesellschaften eine den juristischen Personen nahekommende Verselbständigung zugebilligt wird, lässt dies die dingliche Mitberechtigung des Gesellschafters am Gesamthandseigentum unberührt. Deshalb sind die Gesellschafter der Personengesellschaften in der Sachversicherung weiterhin als mitversichert und somit nicht als Dritte im Sinne des § 86 Abs. 1 S. 1 VVG anzusehen[74]. Selbst den Kommanditisten wird man als mitversichert und somit vor einem Regress geschützt ansehen können[75]. In diesem Sinne wird die Versicherung eines Gesamthandvermögens als Eigenversicherung angesehen[76]. Dann muss aber auch gegenüber der Gesamthand und allen mitversicherten Gesellschaftern Leistungsfreiheit bestehen, wenn auch nur ein Gesellschafter den mit Leistungsfreiheit sanktionierten Tatbestand realisiert.

Demgegenüber besteht in der Haftpflichtversicherung der **Gesamthandsgesellschaft** **38**
nach Auffassung des BGH[77] kein gemeinschaftliches Interesse, sondern nur das Individualinteresse jedes einzelnen persönlich haftenden Gesellschafters auf seine eigene Freistellung von der Haftpflicht, weshalb kein „gemeinschaftliches, gleichartiges und ungeteiltes Interesse" versichert sei und Leistungsfreiheit nur gegenüber dem Gesellschafter bestehe, in dessen Person sich das mit Leistungsfreiheit sanktionierte Verhalten realisiert habe, womit zugleich der Rückgriff des VR gegen diesen Gesellschafter eröffnet sei[78]. Dem ist zuzustimmen, da das „gemeinschaftliche Interesse" in der Sachversicherung ein anderes ist als in der Haftpflichtversicherung[79].

bb) Bruchteilsgemeinschaften. Im Gegensatz zu den Personengesellschaften und anderen Ge **39**
samthandsgemeinschaften werden bei der Bruchteilsgemeinschaft auch in der Sachversicherung teilbare und selbständige versicherte Interessen der Miteigentümer angenommen, weshalb bezüglich des Bruchteiles des jeweils anderen Fremdversicherung vorliege[80]. Dies

---

VersR 1990, 380 = NJW 1990, 1181 = r+s 1990, 127 entschiedene Fall betraf eine Rechtsschutzversicherung.
  [70] BGH v. 13. 6. 1957, BGHZ 24, 378 = NJW 1957, 1233; BGH v. 15. 6. 1961, VersR 1961, 651; BGH v. 14. 12. 1967, VersR 1968, 185 = NJW 1968, 447; BGH v. 15. 12. 1970, VersR 1971, 239 = NJW 1971, 459; OLG Hamm v. 28. 9. 1992, VersR 1993, 1372.
  [71] BGH v. 13. 6. 1957, BGHZ 24, 378 = NJW 1957, 1233; BGH v. 9. 3. 1964, VersR 1964, 479; BGH v. 24. 1. 1990, VersR 1990, 380 = NJW 1990, 1181 = r+s 1990, 123; *Bruck/Möller/Sieg,* § 67 Anm. 40; Berliner Kommentar/*Baumann,* § 67 Rn. 63; *Prölss/Martin/Prölss,* § 74 Rn. 2; *Armbrüster,* ZVersWiss 1993, 245 (251 f.); *Theda,* DAR 1984, 201 (203); *Tribess,* S. 52.
  [72] *Prölss/Martin/Prölss,* § 6 Rn. 40.
  [73] BGH v. 29. 1. 2001, BGHZ 146, 341 ff. = NJW 2001, 1056 ff. = VersR 2001, 510 ff.; BGH v. 18. 2. 2002, NJW 2002, 1207.
  [74] Berliner Kommentar/*Baumann,* § 67 Rn. 64 ff.; *Armbrüster,* S. 171 f.
  [75] OLG Frankfurt r+s 1993, 131 (132); *Armbrüster,* ZVersWiss 1993, 245 (252); zweifelnd Berliner Kommentar/*Baumann,* § 67 Rn. 62.
  [76] BGH v. 24. 1. 1990, BGHZ 110, 127 = VersR 1990, 380 = NJW 1990, 1181 = r+s 1990, 127; BGH v. 9. 3. 1964, VersR 1964, 479; *Prölss/Martin/Prölss,* § 74 Rn. 2; *Römer/Langheid/Römer,* § 74 Rn. 8.
  [77] BGH v. 13. 6. 1957, BGHZ 24, 378 (380) = NJW 1957, 1233.
  [78] BGH v. 13. 6. 1957, BGHZ 24, 378 (380) = NJW 1957, 1233; *Bruck/Möller/Sieg,* § 67 Anm. 40; Berliner Kommentar/*Baumann,* § 67 Rn. 65; *Prölss/Martin/Prölss,* § 74 Rn. 2.
  [79] Kritisch hierzu *Tribess,* S. 55 ff.
  [80] *Prölss/Martin/Prölss,* § 80 Rn. 4; *Römer/Langheid/Römer,* § 80 Rn. 4; zweifelnd: *Bruck/Möller/Sieg,* § 67 Anm. 42; Berliner Kommentar/*Baumann,* § 67 Rn. 67.

---

rechtfertigt sich aus dem loseren Verbund, den die Gemeinschafter der Bruchteilsgemeinschaft gegenüber der Gesellschaftern einer Personengesellschaft, die durch einen gemeinsamen Gesellschaftszweck miteinander verbunden sind, haben. In der Bruchteilsgemeinschaft gibt es i. d. R. kein gemeinsames Sacherhaltungsinteresse, sondern nur das Interesse des einzelnen, seinen Anteil am gemeinschaftlichen Vermögen wertmäßig abzusichern. Deshalb müssen, wenn Leistungsfreiheit zu einem Miteigentümer besteht, die anderen Miteigentümer entsprechend ihrem jeweiligen Anteil entschädigt werden[81]. Dass dieser für die Hausratversicherung entwickelte Grundsatz in der gleich gelagerten Gebäudeversicherung nicht mehr gelten soll[82], erscheint inkonsequent.

Allerdings wird auch für die Wohnungseigentümergemeinschaft angenommen, dass der einzelne Wohnungseigentümer nicht Dritter, sondern VN[83] oder Mitversicherter[84] ist und deshalb für Schäden sowohl am Gemeinschaftseigentum als auch an Sondereigentum nicht in Regress genommen werden kann[85].

III. Ersatzleistung des Versicherers

40   Der Anspruchsübergang erfolgt erst in dem **Zeitpunkt,** zu dem die Ersatzleistung des VR tatsächlich stattfindet, in der Sachversicherung an den VN oder an den Versicherten, in der Haftpflichtversicherung an den Geschädigten. Diese Regelung unterscheidet sich von der Sozialversicherung, wo sich der Anspruchsübergang bereits mit dem Schadenseintritt vollzieht. Wird die Entschädigung in mehreren Teilbeträgen geleistet, geht der Anspruch jeweils nur in der geleisteten Höhe über[86].

1. Versicherung für fremde Rechnung

41   In der Versicherung für fremde Rechnung kann im Einzelfall zweifelhaft sein, an wen die Versicherungsleistung auszuzahlen ist (vgl. §§ 44 bis 46 VVG). Auch hier ist für den Anspruchsübergang nur die **Leistung des VR** maßgeblich unabhängig davon, ob und wann diese Leistung beim materiell Berechtigten ankommt, dies auch dann, wenn der Versicherte als materiell Geschädigter gar keine Kenntnis von dem Bestehen der Versicherung hat[87].

2. Ersatzleistung trotz fraglicher oder nicht bestehender Leistungspflicht

42   Nach nahezu einhelliger Auffassung findet ein Anspruchsübergang auch statt, wenn der VR seine Leistung eigentlich nicht oder jedenfalls nicht in der tatsächlich erbrachten Höhe schuldete, so bei
- irrtümlicher Leistung[88]
- bewusster „Liberalität"[89]

---

[81] OLG Hamm v. 4. 2. 1994, VersR 1994, 1464 = NJW-RR 1995, 287; *Römer/Langheid/Römer,* § 79 Rn. 5, jeweils für einen Fall aus der Hausratversicherung.

[82] So aber *Römer/Langheid/Römer,* § 79 Rn. 5 im Anschluss an BGH v. 30. 4. 1991, r+s 1992, 240 = NJW-RR 1991, 1372.

[83] OLG Köln v. 23. 6. 1999, NVersZ 2000, 140.

[84] OLG Hamm v. 3. 3. 1995, VersR 1996, 1234.

[85] BGH v. 28. 3. 2001, VersR 2001, 213, a. A. *Günther,* S. 5; s. a. *Schirmer,* r+s 1999, 334; OLG Düsseldorf, v. 28. 10. 1997, r+s 1998, 337; OLG Köln v. 23. 6. 1999, NVersZ 2000, 140 (141).

[86] *Bruck/Möller/Sieg,* § 67 Anm. 47; Berliner Kommentar/*Baumann,* § 67 Rn. 88; *Prölss/Martin/Prölss,* § 67 Rn. 17.

[87] Berliner Kommentar/*Baumann,* § 67 Rn. 75; *Prölss/Martin/Prölss,* § 67 Rn. 17; a. A. *Bruck/Möller/ Sieg,* § 67 Anm. 126; OLG München v. 26. 6. 2987, NJW-RR 1988, 34 (35).

[88] BGH v. 28. 9. 1961, VersR 1961, 992 (993); BGH v. 15. 10. 1963, VersR 1963, 1192 (1193); *Bruck/ Möller/Sieg,* § 67 Anm. 55; Berliner Kommentar/*Baumann,* § 67 Rn. 82; *Römer/Langheid/Langheid,* § 67 Rn. 28.

[89] BGH v 23. 11. 1988, VersR 1989, 250 = NJW-RR 1989, 922; BAG v. 9. 11. 1967, VersR 1968, 266 = NJW 1968, 717; *Bruck/Möller/Sieg,* § 67 Anm. 54; Berliner Kommentar/*Baumann,* § 67 Rn. 80; *Prölss/ Martin/Prölss,* § 67 Rn. 20; *Römer/Langheid/Langheid,* § 67 Rn. 26, a. A. OLG Oldenburg v. 11. 2. 1955, VersR 1955, 181; OLG Köln v. 9. 4. 1959, VersR 1960, 894.

- Kulanz[90]
- gestörtem Deckungsverhältnis[91]
- nachträglich eintretender Leistungsfreiheit.

Grund für den Anspruchsübergang in diesen Fällen, in denen die Eintrittspflicht des VR fraglich ist, er aber gleichwohl geleistet hat, ist der § 86 VVG zugrunde liegende Gedanke der „richtigen" Schadensdistribution[92]: Hat ein VR geleistet, obwohl er möglicherweise nicht eintrittspflichtig war, sollen hiervon weder der Geschädigte, der andernfalls doppelt liquidieren könnte, noch der Schädiger profitieren.

Häufig konkurriert in diesen Fällen der nach § 86 VVG auf den VR übergegangene Anspruch gegen den Dritten mit einem Bereicherungsanspruch des VR gegen den VN bzw. – in der Haftpflichtversicherung – gegen den Geschädigten. Der VR kann nicht beide Ansprüche geltend machen. Macht er den Bereicherungsanspruch gegen den VN bzw. gegen den Geschädigten geltend, ist er Zug um Zug zur Rückzession des übergegangenen Anspruchs gegen den schädigenden Dritten verpflichtet[93]. Hat der VR bereits beim schädigenden Dritten regressiert, entfällt der Bereicherungsanspruch, weil der VN bzw. der Geschädigte nichts mehr „auf Kosten" des VR erlangt hat[94].

3. Ersatzleistung bei Nichtbestehen eines Versicherungsvertrags

Leistet der VR, obwohl der Versicherungsvertrag gar nicht wirksam zustande gekommen **43** oder durch Anfechtung als von Anfang an nichtig anzusehen ist, soll nach *Sieg*[95] ein Anspruchsübergang nicht stattfinden, da es bei fehlendem Versicherungsvertrag keinen VR und keinen Versicherten gebe. Vielmehr müsse der Versicherte die bereits erhaltene Entschädigung nach § 812 BGB zurückgewähren. Diese dogmatisch ohne Zweifel zutreffende Argumentation erscheint unter dem übergeordneten Gesichtspunkt der „richtigen" Schadensdistribution diskussionswürdig. Warum soll nicht auch hier, wie in den Fällen, in denen der VR trotz wirksamen Versicherungsvertrags aus anderen Gründen leistungsfrei ist, der VR wählen können, ob er nach § 812 BGB gegen den ScheinVN oder aus übergangenen Recht gegen den schädigenden Dritten vorgeht? Der VR wird jedenfalls den Regress gegen den haftpflichtversicherten Schädiger einer Rückforderung der Versicherungsleistung z. B. vom geschäftsunfähigen ScheinVN vorziehen.

4. Ersatzleistung aus Verschulden bei Vertragsverhandlungen

Ein Anspruchsübergang findet auch statt, wenn die Zahlungspflicht des VR nicht aus **44** einem bestehenden Versicherungsvertrag erfolgt, sondern aus Verschulden bei Vertragsverhandlungen (§ 311 Abs. 2 BGB) oder aus der gewohnheitsrechtlichen Vertrauenshaftung des VR für seinen Agenten[96].

5. Kosten für Schadensabwendung und Schadensminderung als Ersatzleistung

Ersatzleistung des VR im Sinne des § 86 Abs. 1 S. 1 VVG ist nicht nur die Entschädigungs- **45** leistung in der Sachversicherung bzw. die Schadensersatzleistung an den Geschädigten in der Haftpflichtversicherung. Auch wenn ein Versicherungsfall gar nicht eingetreten ist, etwa wegen Maßnahmen des Versicherten nach §§ 82, 83 VVG, geht, wenn der VN wegen solcher Aufwendungen einen Ersatzanspruch gegen den Schädiger hat, dieser Anspruch im Falle der

---

[90] Berliner Kommentar/*Baumann,* § 67 Rn. 81.
[91] *Bruck/Möller/Sieg* § 67 Anm. 56; Berliner Kommentar/*Baumann,* § 67 Rn. 86.
[92] S. o. § 22 Rn. 2.
[93] Berliner Kommentar/*Baumann,* § 67 Rn. 83; *Prölss/Martin/Prölss,* § 67 Rn. 20; *Baumann,* ZVersWiss 1970, 193; *Römer/Langheid/Langheid,* § 67 Rn. 28; vgl. auch BGH v 23. 11. 1988, VersR 1989, 250 = NJW-RR 1989, 922.
[94] Berliner Kommentar/*Baumann,* § 67 Rn. 83; *Prölss/Martin/Prölss,* § 67 Rn. 20; *Römer/Langheid/Langheid,* § 67 Rn. 28; *Schirmer,* VersR 1987, 19 (25).
[95] *Bruck/Möller/Sieg,* § 67 Anm. 57.
[96] *Bruck/Möller/Sieg,* § 67 Anm. 58.

Ersatzleistung des VR nach den §§ 82, 83 VVG auf den VR über[97]. Daher können auch Auslobungen z. B. für die Herbeischaffung von versichertem Diebesgut oder für sachliche Hinweise auf ersatzpflichtige Dritte regressiert werden[98].

6. Regulierungskosten als Ersatzleistung

46   Sonstige Aufwendungen, die der VR im Zusammenhang mit der Prüfung seiner Eintrittspflicht nach Grund und Höhe hat, können vom schädigenden Dritten nur verlangt werden,
wenn der Versicherte auch dann, wenn man sich die bestehende Versicherung hinweg denkt,
einen diesbezüglichen Anspruch gegen den Dritten hätte.

So sind in der Haftpflichtversicherung Gutachterkosten, Kosten der Akteneinsicht und
Prozesskosten uneingeschränkt übergangsfähig und vom mitschädigenden Dritten auszugleichen[99], da der Versicherte auch ohne Versicherungsschutz aus einer Haftpflichtversicherung
wegen dieser Kosten einen Ausgleichsanspruch gegen den mitschädigenden Dritten hat.

In der Sachversicherung sollen sog. Regulierungskosten nicht ausgleichspflichtig sein[100],
was unzutreffend erscheint, soweit es sich um die normalen Kosten der Schadensfeststellung
handelt wie Gutachterkosten, Kosten der Akteneinsicht, Kosten der Beweissicherung. Insoweit hat der Versicherte ganz unabhängig vom Versicherungsschutz in der Sachversicherung
einen Schadensersatzanspruch gegen den Schädiger, der nach § 86 Abs. 1 S. 1 VVG übergangsfähig ist. Dass der VR auch ohne das Vorhandensein eines für den Schaden verantwortlichen Dritten diese Kosten aufgrund des bestehenden Versicherungsvertrages hätte aufwenden müssen, da sie auch der Feststellung seiner vertragliche Leistungspflicht dienen[101], kann
kein Argument gegen den Übergang mit dem Ziele einer „richtigen" Schadensdistribution[102]
sein.

7. Allgemeinkosten als Ersatzleistung

47   Nicht ausgleichsfähig, weder in der Haftpflichtversicherung, noch in der Sachversicherung,
sind allein Allgemeinkosten des VR wie Personalkosten, Raumkosten, Reisekosten des angestellten Regulierers etc.

D. Umfang des Übergangs

48   Der Anspruch geht über, „soweit" der VR den Schaden ersetzt (§ 86 Abs. 1 S. 1 VVG). Fragestellungen, die sich ergeben, wenn der VR nur für einen Teil der Schäden eintrittspflichtig
ist, werden mit dem Kongruenzprinzip und der Differenztheorie (Quotenvorrecht) gelöst.

I. Kongruenzprinzip

49   Das Kongruenzprinzip besagt, dass der Ersatzanspruch des Versicherten gegen den Dritten
und der Entschädigungsanspruch des Versicherten gegen den VR **deckungsgleich** sein müssen. Darin liegt die an sich selbstverständliche Aussage, dass nur diejenigen Ansprüche des

---

[97] *Bruck/Möller/Sieg*, § 67 Anm. 50.
[98] BGH v. 24. 10. 1967, VersR 1967, 1168; BayObLG v. 25. 3. 1966, VersR 1966, 556; *Bruck/Möller/*
Sieg, § 67 Anm. 50.
[99] BGH v. 3. 7. 1962, BGHZ 37, 306 = VersR 1962, 725 = NJW 1962, 1678; OLG Jena v. 24. 2. 2004,
r+s 2004, 331 (333); *Bruck/Möller/Sieg*, § 67 Anm. 51; Berliner Kommentar/*Baumann*, § 67 Rn. 79;
Prölss/Martin/Prölss, § 67 Rn. 18; *Römer/Langheid/Langheid*, § 67 Rn. 29.
[100] BGH v. 17. 9. 1962, VersR 1962, 1103 (1104); *Bruck/Möller/Sieg*, § 67 Anm. 50; Berliner Kommen-
tar/*Baumann*, § 67 Rn. 78; *Prölss/Martin/Prölss*, § 67 Rn. 18; *Römer/Langheid/Langheid*, § 67 Rn. 29;
Theda, DAR 1984, 201 (203f).
[101] So aber BGH v. 17. 9. 1962, VersR 1962, 1103 (1104); *Bruck/Möller/Sieg*, § 67 Anm. 50; Berliner
Kommentar/*Baumann*, § 67 Rn. 78; *Prölss/Martin/Prölss*, § 67 Rn. 18; *Römer/Langheid/Langheid*, § 67
Rn. 29.
[102] S. o. § 22 Rn. 2.

Versicherten auf den VR übergehen, für die nach dem Versicherungsvertrag Ersatz geleistet wird.

Beispiel: Wird ein Fahrzeug beschädigt, kann der Geschädigte vom Schädiger folgende Schadenspositionen ersetzt verlangen:

- Fahrzeugschaden (Reparaturkosten oder Wiederbeschaffungswert)
- technischer und merkantiler Minderwert
- Abschleppkosten
- Sachverständigenkosten
- Nutzungsausfall oder Mietwagenkosten.

Nimmt der Geschädigte vorrangig seinen Kaskoversicherer in Anspruch, so erhält er von diesem nach § 13 AKB nur die Reparaturkosten, den technischen und merkantilen Minderwert, die Abschleppkosten bis zur nächsten zuverlässigen Werkstatt sowie unter Umständen die Gutachterkosten ersetzt, nicht aber Nutzungsausfall oder Mietwagenkosten. Diese Schäden Sind in der Kaskoversicherung nicht „kongruent" mit der Versicherungsleistung, der diesbezügliche Ersatzanspruch gegen den schädigenden Dritten geht also nicht auf den VR über.

Ist in einer Gebäudefeuerversicherung der Mietausfall nicht mitversichert, verbleiben die Ansprüche des Versicherten gegen den Schädiger auf Ersatz des Mietausfalls beim Versicherten.

Kongruenz fehlt auch dort, wo der Entschädigungsanspruch des Versicherten gegen den **50** VR weitergeht als der bürgerlich-rechtliche Schadensersatzanspruch gegen den schädigenden Dritten. Auch wenn der VR nicht nur den Wiederbeschaffungswert (Zeitwert), sondern den Neuwert zu ersetzen hat, hat der geschädigte Versicherte gegen den schädigenden Dritten gleichwohl nur einen Anspruch auf den Wiederbeschaffungswert. Die **Neuwertspitze** ist **nicht kongruent.**

In der Rechtsschutzversicherung sind Ersatzansprüche des Versicherten gegen den fehlerhaft agierenden Anwalt nur in Höhe der Prozesskosten kongruent, nicht aber wegen der sonstigen Vermögensschäden des Versicherten.

Es ist also jeweils darauf abzustellen, welche Gefahr bzw. welches Risiko versichert ist und ob die Ersatzansprüche des Geschädigten in den Schutzbereich des Versicherungsvertrags fallen[103].

II. Differenztheorie und Quotenvorrecht

Die Übergänge zwischen Kongruenzprinzip und Differenztheorie/Quotenvorrecht sind **51** fließend.

Ist in der Fahrzeugversicherung eine **Selbstbeteiligung** vereinbart, könnte man den Übergang in Höhe der Selbstbeteiligung mit der Begründung ablehnen, insoweit fehle es an der Kongruenz[104]. Üblicherweise wird die Selbstbeteiligung aber der sog. Differenztheorie zugeordnet.

Die Differenztheorie und das hieraus abgeleitete Quotenvorrecht erlangen Bedeutung, wenn der Ersatzanspruch des Versicherten gegen den schädigenden Dritten oder der Entschädigungsanspruch des Versicherten gegen den VR geringer ist als der tatsächlich entstandene materielle Schaden.

Der Ersatzanspruch des Versicherten gegen den schädigenden Dritten ist z. B. dann geringer als der entstandene Schaden, wenn sich der Versicherte ein **Mitverschulden** anrechnen lassen muss.

Der Entschädigungsanspruch des Versicherten gegen den VR kann dann geringer sein als der materielle Schaden, wenn eine Selbstbeteiligung vereinbart ist, bei **Unterversicherung**

---

[103] Grundlegend BGH v. 30. 9. 1957, BGHZ 25, 340/342 f.; *Bruck/Möller/Sieg*, § 67 Anm. 59 ff.; Berliner Kommentar/*Baumann*, § 67 Rn. 89 ff.; *Prölss/Martin/Prölss*, § 67 Rn. 8 bis 10.

[104] Vgl. *Bruck/Möller/Sieg*, § 67 Anm. 62.

oder wenn bestimmte Schäden vom Versicherungsschutz nicht erfasst oder ausdrücklich ausgeschlossen sind.

52   Die Differenztheorie besagt, dass die Ansprüche des Versicherten nur in Höhe der Differenz zwischen der Summe von Versicherungsleistung und Haftpflichtanspruch einerseits und dem Schaden andererseits auf den VR übergehen[105].

Dies entspricht der Formel

(Versicherungsleistung + Haftpflichtanspruch) ./. materieller Schaden = Anspruchsübergang

und sei an folgendem Beispiel erläutert:

Materieller Schaden des Versicherten	100 000,00 €
Versicherungsleistung (wegen Unterversicherung)	80 000,00 €
Anspruch gegen schädigenden Dritten (wegen Mitverschuldens)	50 000,00 €

Nach obiger Formel errechnet sich der Anspruchübergang nach der Differenztheorie wie folgt:

Versicherungsleistung	80 000,00 €
Haftpflichtanspruch	50 000,00 €
Summe	130 000,00 €
./. Schaden	100 000,00 €
Differenz	30 000,00 €

Der Anspruch des Versicherten gegen den schädigenden Dritten geht also nur in Höhe von 30 000,00 € auf den VR über. Dies wird durch folgende Kontrollberechnung bestätigt:

Versicherter erhält von VR	80 000,00 €
Versicherter erhält von schädigendem Dritten	20 000,00 €
Gesamtschaden	100 000,00 €

Da der Anspruch gegen den Dritten in Höhe von 30 000,00 € auf den VR übergegangen ist, kann der Versicherte noch 20 000,00 € vom Dritten fordern. Damit ist der Gesamtschaden des Versicherten in Höhe von 100 000,00 € gedeckt.

Schädigender Dritter zahlt an Versicherten	20 000,00 €
Schädigender Dritter zahlt an VR	30 000,00 €
Summe	50 000,00 €

Damit ist der schädigende Dritte in Rahmen seiner hälftigen Haftung auf 50% des Gesamtschadens des Versicherten haftbar gemacht worden.

VR zahlt an Versicherten	80 000,00 €
VR erhält vom schädigenden Dritten	30 000,00 €
Differenz	50 000,00 €

53   Da der schädigende Dritte von vornherein nicht auf mehr in Anspruch genommen werden kann, als dies seiner materiellrechtlichen Haftung entspricht, zeigt die vorstehende Berechnung, dass der Differenzschaden in voller Höhe zu Lasten des VR geht, während der Versicherte, obwohl wegen Unterversicherung nicht voll versichert, seinen materiellen Schaden voll ersetzt verlangt. Aus diesem Grunde wird das Ergebnis der Differenztheorie auch als **Quotenvorrecht** des Versicherten bezeichnet.

---

[105] BGH v. 17. 3. 1954, BGHZ 13, 28 (30); BGH v. 30. 9. 1957, BGHZ 25, 340 (343); BGH v. 4. 4. 1967, BGHZ 47, 308 (310) = VersR 1967, 674 = NJW 1967, 1419; *Bruck/Möller/Sieg*, § 67 Anm. 65 ff.; Berliner Kommentar/*Baumann*, § 67 Rn. 98 ff.; *Prölss/Martin/Prölss*, § 67 Rn. 22 ff.

Zwei Sonderfälle sind zu beachten: Ist ein Teil des dem Versicherten entstandenen Scha-   **54** dens nicht kongruent, also nicht deckungsgleich mit der aus dem Versicherungsvertrag geschuldeten Leistung des VR, soll das Quotenvorrecht nur für den kongruenten Teil des Schadens gelten nach dem Grundsatz „**Kongruenz vor Differenz**"[106]. Teilt sich in obigem Beispiel der Schaden des Versicherten von 100 000,00 € auf in einen Gebäudeschaden von 90 000,00 € und nicht versicherte Mietausfallschäden von 10 000,00 €, gilt folgendes:

Materieller Schaden	
(90 000,00 € Gebäudeschaden, 10 000,00 € Mietausfallschaden)	100 000,00 €
Versicherungsleistung (nur Gebäudeschaden)	90 000,00 €
Anspruch gegen schädigenden Dritten (wegen 50% Mitverschuldens)	50 000,00 €

Hier darf nur der kongruente Schaden von 90 000,00 € in die Berechnungsformel eingestellt werden mit folgendem Ergebnis:

Versicherungsleistung	90 000,00 €
Haftpflichtanspruch (nur bezogen auf kongruenten Schaden)	45 000,00 €
Summe	135 000,00 €
./. kongruenter Schaden	90 000,00 €
Differenz	45 000,00 €

Der Anspruchsübergang auf den VR findet in Höhe von 45 000,00 € statt. Auf den nicht kongruenten Schaden erhält der Versicherte vom schädigenden Dritten lediglich 50% = 5 000,00 €.

Versicherter erhält von VR	90 000,00 €
Versicherter erhält vom schädigenden Dritten	5 000,00 €
Gesamtleistung	95 000,00 €

50% des nicht kongruenten Schadens (5 000,00 €) erhält der Versicherte von keiner Seite ersetzt.

Schädigender Dritter zahlt an Versicherten	5 000,00 €
Schädigender Dritter zahlt an VR	45 000,00 €
Summe	50 000,00 €

Der schädigende Dritte haftet unverändert auf seine hälftige Quote, wird also vom Kongruenzprinzip und von der Differenztheorie nicht begünstigt.

VR zahlt an Versicherten	90 000,00 €
VR erhält vom schädigenden Dritten	45 000,00 €
Differenz	45 000,00 €

Eine weitere Besonderheit gilt in der **Neuwertversicherung,** weil hier der versicherungs-   **55** rechtliche Entschädigungsanspruch höher als der haftungsrechtliche materielle Schaden ist. Hier ist in der obigen Formel der Begriff des materiellen Schadens zu ersetzen durch den

---

[106] BGH v. 30. 9. 1957, BGHZ 25, 340; BGH v. 28. 1. 1958, VersR 1958, 161; BGH v. 18. 1. 1966, BGHZ 44, 382 = VersR 1966, 256 = NJW 1966, 654; BGH v. 20. 3. 1967, BGHZ 47, 196 = VersR 1967, 505 = NJW 1967, 1273; BGH v. 8. 12. 1981, BGHZ 82, 338 = VersR 1982, 283 = NJW 1982, 827; BGH v. 12. 1. 1982, VersR 1982, 383; *Bruck/Möller/Sieg,* § 67 Anm. 67; Berliner Kommentar/*Baumann,* § 67 Rn. 102; *Prölss/Martin/Prölss,* § 67 Rn. 23; *Römer/Langheid/Langheid,* § 67 Rn. 40; *Sblowski,* r+s 1985, 313.

„versicherungsrechtlichen Schaden"[107] bzw. den „normierten Versicherungsschaden"[108]. Die obige Formel ändert sich also in

> *(Versicherungsleistung + Haftpflichtanspruch) ./. normierter Versicherungsschaden = Anspruchsübergang.*

Zur Verdeutlichung wird das obige Beispiel wie folgt abgewandelt:

Neuwertschaden (normierter Versicherungsschaden)	120 000,00 €
Zeitwertschaden	100 000,00 €
Versicherungsleistung (wegen Unterversicherung)	80 000,00 €
Anspruch gegen schädigenden Dritten (wegen Mitverschuldens)	50 000,00 €

Der Anspruchsübergang ermittelt sich nunmehr wie folgt:

Versicherungsleistung	80 000,00 €
Haftpflichtanspruch	50 000,00 €
Summe	130 000,00 €
./. normierter Versicherungsschaden	120 000,00 €
Differenz	10 000,00 €

Bei dieser Berechnung geht der Anspruch des Versicherten gegen den schädigenden Dritten nur in Höhe von 10 000,00 € auf den VR über, d. h. der Versicherte kann neben der Versicherungsleistung von 80 000,00 € aus seinem materiellen Schadensersatzanspruch 40 000,00 € gegen den schädigenden Dritten geltend machen und kommt so auf eine Gesamtentschädigung von 120 000,00 €, wie er sie auch als Neuwertentschädigung erhalten hätte, wenn keine Unterversicherung vorgelegen hätte[109].

56 Dass der Versicherte auch bei Unterversicherung oder Selbstbeteiligung über die solchermaßen gekürzte Leistung des VR hinaus den vollen Neuwertschaden durch Geltendmachung beim schädigenden Dritten „auffüllen" darf, überzeugt nicht. Schließlich gereicht dem Versicherten auch die Prämienersparnis, die er durch die Unterversicherung oder durch die Vereinbarung einer Selbstbeteiligung erzielt, allein zu seinem Vorteil. Durch die Anwendung der Differenztheorie im Sinne der herrschenden Meinung zu Lasten des VR erlangt er diesen Vorteil, ohne eine entsprechende Gegenleistung in Form von Prämien zu erbringen[110].

Dem wird entgegenhalten, dass der VR auch dann leistungspflichtig ist, wenn kein Dritter für den Schaden verantwortlich gemacht werden kann[111], so dass jedenfalls dann, wenn ein solcher Anspruch besteht, dieser dem Versicherten verbleiben muss, soweit er aus dem Versicherungsvertrag nicht in Höhe eines vollen Schadens entschädigt wird.

Dieses Argument überzeugt jedoch in den Fällen nicht, in denen der unterversicherte oder mit einer Selbstbeteiligung belastete VN sein Quotenvorrecht bis hin zur Neuwertgrenze, also in einer seinen materiellen Schaden übersteigenden Höhe, geltend machen kann. Hier erhält er aufgrund der Differenztheorie in der Ausprägung, die sie durch die Rechtsprechung gefunden hat, mehr, als ihm sowohl auf der haftungsrechtlichen als auch auf der versicherungsrechtlichen Ebene, jeweils isoliert betrachtet, zustehen würde. Dieses Ergebnis lässt sich

---

[107] Berliner Kommentar/*Baumann*, § 67 Rn. 99.

[108] *Römer/Langheid/Langheid*, § 67 Rn. 39.

[109] BGH v. 4. 4. 1967, BGHZ 47, 308 = VersR 1967, 674 = NJW 1967, 1419; OLG Köln v. 25. 8. 1983, VersR 1985, 631; OLG Köln v. 8. 3. 1988, r+s 1989, 1 (2); OLG Hamm v. 21. 9. 1989, NJW-RR 1990, 39; OLG Karlsruhe v. 18. 10. 1990, VersR 1991, 1127 (1128); OLG Köln v. 21. 7. 1992, r+s 1992, 326.

[110] *Langheid*, Anm. zu OLG Köln, r+s 1992, 326; *Römer/Langheid/Langheid*, § 67 Rn. 39; *Ebert/Segger*, VersR 2001, 143; *Günther*, S. 10 f.

[111] So BGH v. 17. 3. 1954, BGHZ 13, 28 (31 f.); Berliner Kommentar/*Baumann*, § 67 Rn. 106; *Müller*, VersR 1989, 317; *Tribess*, S. 69, 71.

weder aus dem „Zweck des Versicherungsvertrags"[112] noch aus einer „modernen Auffassung vom Wesen der Assekuranz"[113] rechtfertigen, insbesondere nicht mit dem Argument der Prämienzahlung als Gegenleistung[114], da der unterversicherte oder mit einer Selbstbeteiligung belastete Versicherte ja gerade eine Prämienersparnis erzielt[115]. Dass es kein Dogma gibt, wonach der Versicherte stets vorrangig vor einem Anspruchsübergang auf den VR seinen „normierten Versicherungsschaden" erhalten muss, zeigt, worauf *Langheid* zutreffend hinweist[116], bereits der oben erörterte Grundsatz „Kongruenz vor Differenz".

Richtigerweise muss daher der materielle Schaden nach Haftpflichtrecht die Obergrenze **57** für die Anwendung der Differenztheorie sein, so dass die Ansprüche nur bis zu dieser Höhe beim Versicherten verbleiben, im übrigen muss der Anspruch auf den eintrittpflichtigen VR übergehen. § 86 Abs. 1 S. 2 VVG, wonach der Anspruchsübergang nicht zum Nachteil des Versicherten geltend gemacht werden kann, steht einer solchen Begrenzung der Auswirkungen der Differenztheorie nicht entgegen. Wenn dasjenige, was der Versicherte erhält, nach oben begrenzt wird durch seinen materiellen Schaden nach Haftpflichtrecht, entsteht ihm hieraus kein Nachteil, jedenfalls dann nicht, wenn auch nach dem Versicherungsvertrag kein höherer Anspruch begründet wäre.

Auch in der Rechtsprechung hat es vereinzelt Ansätze gegeben, das Quotenvorrecht einzuschränken[117], ohne dass spätere Gerichtsentscheidungen sich hiermit allerdings näher auseinandergesetzt hätten.

III. Anspruchsicherungs- und Mitwirkungsobliegenheit – § 86 Abs. 2 VVG

Das in § 67 Abs. 1 S. 3 VVG a. F. normierte Aufgabeverbot ist durch die VVG-Reform **58** wegen der Abkehr vom Alles-oder-Nichts-Prinzip abgewandelt worden und wird nun in § 86 Abs. 2 VVG geregelt. Es wird dort ausdrücklich als gesetzliche Obliegenheit bezeichnet, als die auch schon das Aufgabeverbot nach § 67 Abs. 1 S. 3 VVG a.F zu recht angesehen wurde[118], d. h. es besteht keine einklagbare Verpflichtung des VN, den Regressanspruch zu wahren und durchzusetzen. Doch hat der VR ein Leistungsverweigerungsrecht, wenn der VN es ablehnt, zur Verfolgung des Regressanspruchs erforderliche Auskünfte zu erteilen oder bei der Durchsetzung der Ansprüche mitzuwirken[119]. Diese Regelung dient der Sicherung des Forderungsübergangs, indem sie die Aufgabe oder mangelnde Sicherung des Ersatzanspruchs sowie die fehlende Mitwirkung bei dessen Durchsetzung mit dem Verlust oder der Kürzung der Versicherungsleistung sanktioniert.

Hiernach hat der VN seinen Anspruch gegen den Dritten oder ein zur Sicherung dieses Anspruchs dienendes Recht unter Beachtung der Form- und Fristvorschriften zu wahren und bei dessen Durchsetzung durch den VR mitzuwirken, soweit erforderlich (§ 86 Abs. 2 S. 1 VVG). Verletzt er diese „Anspruchssicherungs- und Mitwirkungsobliegenheit" vorsätzlich und kann der VR deshalb keinen Ersatz von dem Dritten erlangen, ist der VR insoweit von seiner Leistungspflicht befreit (§ 86 Abs. 2 S. 2 VVG). Erfolgt die Obliegenheitsverletzung grob fahrlässig, kann der VR die Leistung entsprechend der Schwere des Verschuldens kürzen (§ 86 Abs. 2 S. 3 VVG). Die Einstufung als Obliegenheit hat zur Folge, dass der VN

---

[112] Berliner Kommentar/*Baumann,* § 67 Rn. 106.
[113] *Bruck/Möller/Sieg,* § 67 Anm. 66.
[114] So aber *Bruck/Möller/Sieg,* § 67 Anm. 66.
[115] *Römer/Langheid/Langheid,* § 67 Rn. 39.
[116] *Römer/Langheid/Langheid,* § 67 Rn. 41.
[117] BGH v. 30. 6. 1964, VersR 1964, 966; OLG Hamm v. 6. 11. 1973, MDR 1974, 943 m. Anm. *Finzel,* MDR 1975, 583.
[118] OLG Hamm v. 23. 8. 1991, r+s 1991, 401 (402); *Bruck/Möller/Sieg,* § 67 Anm. 71; Berliner Kommentar/*Baumann,* § 67 Rn. 150; *Römer/Langheid/Langheid,* § 67 Rn. 42; a. A. *Prölss/Martin/Prölss,* § 67 Rn. 31; *Günther,* S. 14 (Risikobeschränkung).
[119] OLG Hamm v. 23. 8. 1991, r+s 1991, 401 (402); Berliner Kommentar/*Baumann,* § 67 Rn. 115.

außer für eigenes Handeln nur für das Handeln von Repräsentanten oder bevollmächtigten Vertretern einzustehen hat[120].

59   Da nur ein Anspruch gewahrt werden kann, der bereits entstanden ist, wird die Obliegenheit nach § 86 Abs. 2 VVG auf den Zeitraum nach Eintritt des Versicherungsfalls beschränkt[121]. Haftungserleichternde und haftungsbefreiende Abreden vor Eintritt des Versicherungsfalls fallen also nicht unter die Obliegenheit, auch wenn sie als solche nicht unproblematisch sind[122].

Die Obliegenheit wird durch jede Maßnahme verletzt, die zum Verlust des Ersatzanspruchs führt oder seine Durchsetzung hindert, z. B. Erlass, Verzicht, Vergleich, Aufrechnung, Abtretung, Verpfändung[123]. Eine Stundung kann zum Verlust des Anspruchs führen, wenn dieser bei späterer Fälligkeit nicht mehr durchsetzbar ist[124]. Nicht unter die Obliegenheit fällt die Pfändung und Überweisung des Anspruch im Wege der Zwangsvollstreckung durch einen Gläubiger des VN[125].

60   Keine Obliegenheitsverletzung liegt vor, wenn der VN den Regressanspruch selbst einzieht[126], weil der Anspruch hierdurch nicht aufgegeben wird und weil sich der VN die Leistungen des schädigenden Dritten auf die vom VR zu erbringende Leistung anrechnen lassen muss. Etwas anderes muss gelten, wenn der VR seine Leistung bereits erbracht hat und der Dritte in Unkenntnis der bereits erfolgten Leistung des VR an den VN zahlt, da der VR diese Zahlung gegen sich gelten lassen muss[127]. Problematisch ist auch, wenn im Falle einer Fremdversicherung der VN den Anspruch einzieht, obwohl die vom VR zu leistenden Entschädigung dem Versicherten zusteht, praktisch relevant beim fremdfinanzierten Kraftfahrzeug, wenn der VN den Anspruch gegen den Dritten einzieht, der Kaskoversicherer aber an die finanzierende Bank hätte zahlen müssen. Hier soll sich der Versicherte nach § 79 Abs. 1 VVG das Verhalten des VN entgegenhalten lassen müssen[128].

Keine Obliegenheitsverletzung liegt vor, wenn der schädigende Dritte mit einem ihm gegen den Versicherten zustehenden Anspruch aufrechnet, sofern dies im Hinblick auf § 393 BGB überhaupt zulässig ist, da der Versicherte die Aufrechnung durch den Dritten nicht verhindern kann, also kein vorsätzliches Aufgabeverhalten vorliegt[129]. Doch führt auch die Aufrechnung durch den Versicherten oder die einvernehmliche Verrechnung nicht zur Leistungsfreiheit wegen Verstoßes gegen die Obliegenheit, da dieser Vorgang nicht anders zu sehen ist als die Einziehung der Forderung gegen den Dritten durch den Versicherten. Durch sie wird der VR im Verhältnis zum Versicherten entlastet[130].

61   Anders als das Aufgabeverbot nach § 67 Abs. 1 S. 3 VVG a. F., das nur bei Vorsatz zur Leistungsfreiheit führte[131], wird bei der Verletzung der Anspruchssicherungs- und Mitwirkungsobliegenheit nach § 86 Abs. 2 VVG auch grob fahrlässiges Verhalten sanktioniert (§ 86 Abs. 2 S. 3 VVG), einer der wenigen Fälle, in denen die VVG-Reform die Rechte des VN maßvoll verkürzt.

Die Obliegenheitsverletzung führt nur zur Leistungsfreiheit oder Leistungskürzung, soweit sie ganz oder teilweise dafür **kausal** geworden ist, dass der VR keinen Regress nehmen kann,

---

[120] *Bruck/Möller/Sieg,* § 67 Anm. 71.

[121] *Bruck/Möller/Sieg,* § 67 Anm. 70; Berliner Kommentar/*Baumann,* 67 Rn. 115; *Prölss/Martin/Prölss,* § 67 Rn. 35.

[122] Einzelheiten hierzu s. u. § 22 Rn. 82.

[123] *Bruck/Möller/Sieg,* § 67 Anm. 78; Berliner Kommentar/*Baumann,* § 67 Rn. 116; *Prölss/Martin/Prölss,* § 67 Rn. 31 mit Nachweisen aus der Rechtsprechung.

[124] *Bruck/Möller/Sieg,* § 67 Anm. 73.

[125] *Bruck/Möller/Sieg,* § 67 Anm. 76.

[126] *Bruck/Möller/Sieg,* § 67 Anm. 75; Berliner Kommentar/*Baumann,* § 67 Rn. 127; *Prölss/Martin/Prölss,* § 67 Rn. 31.

[127] S. u. § 22 Rn. 64.

[128] *Bruck/Möller/Sieg,* § 67 Anm. 75; *Matusche,* VersR 1964, 1224f.

[129] *Bruck/Möller/Sieg,* § 67 Anm. 75; Berliner Kommentar/*Baumann,* § 67 Rn. 128.

[130] *Bruck/Möller/Sieg,* § 67 Anm. 75; Berliner Kommentar/*Baumann,* § 67 Rn. 128.

[131] *Bruck/Möller/Sieg,* § 67 Anm. 78; Berliner Kommentar/*Baumann,* § 67 Rn. 117; *Prölss/Martin/Prölss,* § 67 Rn. 33; *Römer/Langheid/Langheid,* § 76 Rn. 44.

was voraussetzt, dass der Anspruch andernfalls hätte realisiert werden können („insoweit …, als"). War der Anspruch uneinbringlich, findet keine Leistungsfreiheit oder Leistungskürzung statt[132]. Anders als bei der Verletzung vertraglich vereinbarter Obliegenheiten hat der VR jede Form des schweren Verschuldens und auch die Kausalität zu **beweisen**[133].

In der Regel wird ein Verstoß gegen die Anspruchssicherungs- und Mitwirkungsobliegen- **62** heit zwar nach Eintritt des Versicherungsfalls, aber vor Erbringung der Ersatzleistung erfolgen. Nach Erbringung der Ersatzleistung ist der Rechtsübergang vollendet[134], so dass der Versicherte über den Ersatzanspruch grundsätzlich nicht mehr verfügen kann. Er muss aber weiterhin bei der Wahrung von Form- und Fristvorschriften und bei der Durchsetzung mitwirken. Auch sind nach § 412 BGB i. V. m. § 407 Abs. 1 BGB Rechtsgeschäfte (z. B. Erlass) gegenüber dem VR bindend, wenn der schädigende Dritte keine Kenntnis von dem Rechtsübergang hat[135]. Deshalb gilt die Anspruchssicherungs- und Mitwirkungsobliegenheit auch nach Erbringung der Ersatzleistung durch den VR. Verzichtet der Versicherte in der Rechtsschutzversicherung auf Kostenerstattungsansprüche gegen den Prozessgegner, obwohl diese in Höhe der geleisteten Anwaltsvorschüsse bereits auf den Rechtsschutzversicherer übergegangen sind, ist dieser bei vorsätzlichem oder grob fahrlässigem Verstoß gegen die Anspruchssicherungs- und Mitwirkungsobliegenheit ganz oder teilweise leistungsfrei und hat insoweit einen Rückforderungsanspruch gegen den Versicherten.

E. Rechtsfolgen des Übergangs

I. Anwendung der Vorschriften über die Forderungsabtretung

Nach § 412 BGB gelten die Vorschriften über die Abtretung (§§ 399–410 BGB) auf den **63** gesetzlichen Forderungsübergang entsprechend. Ausgenommen ist lediglich § 405 BGB.

§ 400 BGB (kein Übergang unpfändbarer Forderungen) findet auf den gesetzlichen Forderungsübergang nur Anwendung, soweit der Gedanke des Gläubigerschutzes dies erfordert[136]. Nach § 401 BGB gehen Sicherungsrechte (Pfandrechte und Bürgschaften) über. Nach § 402 BGB ist der Versicherte dem VR zu den Auskünften verpflichtet, die zur Geltendmachung der Forderung erforderlich sind. Der VR muss sich nach § 404 BGB alle Einwendungen, die der Dritte gegenüber dem Versicherten erheben kann, entgegenhalten lassen, darin eingeschlossen eine Aufrechnung nach Maßgabe des § 406 BGB.

Nach § 407 BGB muss der VR sich Leistungen des Dritten an den Versicherten und **64** Rechtsgeschäfte zwischen dem Drittem und dem Versicherten entgegenhalten lassen, es sei denn, der Dritte hatte Kenntnis vom gesetzlichen Forderungsübergang. Während in der gesetzlichen Sozialversicherung die Kenntnis des Bestehens der Versicherung ausreicht, da sich der Anspruchsübergang bereits mit Schadenseintritt vollzieht, erfordert Kenntnis im Sinne des § 407 BGB für den Anspruchsübergang nach § 86 VVG auch Kenntnis der Leistung des VR[137]. Führt dies dazu, dass der VR mit seiner Forderung gegen den Dritten ausfällt, besteht Leistungsfreiheit des VR wegen Verstoßes gegen die Anspruchssicherungs- und Mitwirkungsobliegenheit[138] mit der Folge, dass die bereits geleistete Entschädigung zurückzuzahlen ist.

---

[132] *Bruck/Möller/Sieg,* § 67 Anm. 79; Berliner Kommentar/*Baumann,* § 67 Rn. 118; *Prölss/Martin/Prölss,* § 67 Rn. 34; Tribess S. 93.
[133] *Bruck/Möller/Sieg,* § 67 Anm. 81; Berliner Kommentar/*Baumann,* § 67 Rn. 119; *Prölss/Martin/Prölss,* § 67 Rn. 34.
[134] S. o. § 22 Rn. 40.
[135] S. u. § 22 Rn. 64.
[136] BGH v. 31. 5. 1954, BGHZ 13, 360 (370).
[137] BGH v. 7. 2. 1966, VersR 1966, 330; *Bruck/Möller/Sieg,* § 67 Anm. 99; Berliner Kommentar/*Baumann,* § 67 Rn. 141; *Prölss/Martin/Prölss,* § 67 Rn. 27.
[138] S. o. § 22 Rn. 62.

II. Befriedigungsvorrecht des Versicherungsnehmers

65 Nach § 86 Abs. 1 S. 2 VVG darf der Übergang nicht zum Nachteil des VN geltend gemacht werden. Dies betrifft Fälle, in denen der Anspruch gegen den Dritten nur teilweise auf den VR übergeht und im übrigen beim Versicherten verbleibt.

Reicht das Vermögen des Dritten nicht aus, um Versicherten und VR zu befriedigen, besteht nach § 86 Abs. 1 S. 2 VVG ein Befriedigungsvorrecht des Versicherten. Entsprechende Regelungen finden sich in § 268 Abs. 3 BGB, § 426 Abs. 2 S. 3 BGB und § 774 Abs. 1 S. 2 BGB.

Allerdings kann sich der Dritte gegenüber einer Inanspruchnahme durch den VR nicht damit verteidigen, er müsse vorrangig den Versicherten befriedigen[139], vielmehr hat der VR, wenn er zu Unrecht vorrangig vor dem Versicherten befriedigt wurde, das Erlangte an den Versicherten herauszugeben[140].

Das **Befriedigungsvorrecht** begünstigt den Versicherten **nur bei kongruenten Schäden**. Ersatzansprüche wegen Schäden, die mangels Kongruenz nicht übergehen, werden durch § 86 Abs. 1 S. 2 VVG nicht privilegiert[141].

III. Verjährung des Regressanspruchs

66 Da der nach § 86 Abs. 1 S. 1 VVG übergehende Anspruch durch den Übergang seine Rechtsnatur nicht verändert, gelten nicht nur dieselben Verjährungsvorschriften wie vor dem Rechtsübergang, sondern es laufen auch bereits begonnene Verjährungsfristen weiter. Dies kann in der Praxis bei kurzen Verjährungsfristen wie § 548 BGB zu kritischen Situationen führen, da der VR im Zeitpunkt des Verjährungseintritts häufig noch keine ausreichenden Informationen zur Anspruchsfeststellung und eventuellen Verjährungsunterbrechung hat. Dem versucht die gegenüber dem Aufgabeverbot nach § 67 Abs. 1 S. 3 VVG a. F. inhaltlich erweiterte Anspruchssicherungs- und Mitwirkungsobliegenheit nach § 86 Abs. 2 VVG entgegenzuwirken. Ist der Dritte bereits bekannt, kann aber noch nicht sicher beurteilt werden, ob und in welcher Höhe ein Ersatzanspruch besteht, kann dem durch die befristete Vereinbarung eines Verjährungsverzichts begegnet werden.

Für die Berechnung der Verjährungsfrist kann der VR auf Auskünfte des Versicherten angewiesen sein, die der Versicherte nicht nur nach §§ 412, 402 BGB schuldet, sondern bei deren Verweigerung er Leistungsfreiheit nach § 86 Abs. 2 S. 1 VVG (Mitwirkungsobliegenheit) riskiert[142]. Der übergegangene Anspruch kann ferner mit tarifvertraglichen Ausschlussfristen, wie sie das Arbeitsrecht kennt, oder mit Anmeldefristen für Stationierungsschäden belastet sein.

IV. Rechtsweg und Gerichtsstand

67 Für Rechtsweg und Gerichtsstand des übergegangenen Anspruchs bleibt das ursprüngliche Rechtsverhältnis maßgeblich. Übergegangene Ansprüche gegen den Arbeitnehmer des Versicherten sind vor dem Arbeitsgericht einzuklagen. Bestand ein Beamtenverhältnis, ist das Verwaltungsgericht zuständig. Auch die örtliche und sachliche Zuständigkeit des angerufenen Gerichts bestimmt sich nach dem Gerichtsstand, der im ursprünglichen Rechtsverhältnis maßgeblich war.

---

[139] Berliner Kommentar/*Baumann*, § 67 Rn. 145.

[140] *Bruck/Möller/Sieg*, § 67 Anm. 88; Berliner Kommentar/*Baumann*, § 67 Rn. 145; *Prölss/Martin/Prölss*, § 67 Rn. 28.

[141] *Bruck/Möller/Sieg*, § 67 Anm. 90; Berliner Kommentar/*Baumann*, § 67 Rn. 144; *Prölss/Martin/Prölss*, § 67 Rn. 28.

[142] Berliner Kommentar/*Baumann*, § 67 Rn. 138.

F. Einschränkung von Übergang und Regress

Vor dem Hintergrund der „richtigen" Schadensdistribution gibt es zahlreiche Einschrän- **68** kungen, die auf Gesetz, richterlicher Rechtsfortbildung, Versicherungsbedingungen oder Verträgen (Rahmenverträge oder Individualverträge) beruhen können.

I. Personen in häuslicher Gemeinschaft mit dem VN

Eine wichtige gesetzliche Regressbeschränkung findet sich in § 86 Abs. 3 VVG: Richtet sich der Ersatzanspruch des Versicherten gegen eine Person, die mit ihm bei Eintritt des Schadens in häuslicher Gemeinschaft lebte, ist der Übergang ausgeschlossen, es sei denn, dies Person hat den Schaden vorsätzlich verursacht.

Mit dem **Regressprivileg der häuslichen Gemeinschaft** soll eine mittelbare Belastung des Versicherten vermieden werden[143], wie dies der Fall sein kann, wenn der Versicherte dem schädigenden Mitglied der häuslichen Gemeinschaft unterhaltspflichtig ist. Doch gilt das Regressprivileg unabhängig von einer Unterhaltspflicht und auch unabhängig davon, ob für das schädigende Mitglied der häuslichen Gemeinschaft eine Haftpflichtversicherung besteht, die im Regressfalle eintrittspflichtig wäre[144].

§ 86 Abs. 3 VVG enthält gegenüber dem bisherigen Recht eine wesentliche inhaltliche Erweiterung und eine Klarstellung, die zwei langjährig geführte Auslegungsstreitigkeiten zu § 67 Abs. 1 Satz 3 VVG a. F. beilegen.

1. Begünstigter Personenkreis

Während § 67 Abs. 1 Satz 3 VVG a. F. nur Familienangehörige (Ehegatten, Verwandte und **69** Verschwägerte im Rechtssinne, Pflegekinder und Stiefkinder) privilegierte, sofern sie in häuslicher Gemeinschaft mit dem Versicherten lebten, lässt § 86 Abs. 3 VVG die Beschränkung auf Familienangehörige fallen. Privilegiert ist nun jede Person in häuslicher Gemeinschaft mit dem Versicherten. Die streitige Frage, ob das Regressprivileg nach § 67 Abs. 1 Satz 3 VVG a. F. auf **Partner einer nichtehelichen Lebensgemeinschaft** entsprechend anzuwenden ist, erledigt sich damit[145].

Die von den Gegnern einer Erweiterung des Regressprivilegs auf jede Person in häuslicher **70** Gemeinschaft mit dem Versicherten angeführte Missbrauchsgefahr muss weiterhin beachtet werden, auch dürften in der Praxis Beweisfragen, ob die häusliche Gemeinschaft, häufig in der Form der nichtehelichen Lebensgemeinschaft, tatsächlich besteht, die VR und die Gerichte beschäftigen. Für die Ausnahmevorschrift des § 86 Abs. 3 VVG ist derjenige beweispflichtig, der sich hierauf beruft. Es muss also der in Regress genommene Partner beweisen, dass das Verhältnis zum Versicherten eine häusliche Gemeinschaft einschloss. Wer melderechtlich keinen gemeinsamen Wohnsitz nachweisen kann, wird sich schwer tun, eine nichteheliche Lebensgemeinschaft zu beweisen, umgekehrt stellt eine gemeinsame Meldeadresse ein Indiz dafür dar, dass eine häuslichen Gemeinschaft bestanden hat.

Juristische Personen können keiner häuslichen Gemeinschaft angehören. Folglich ist **71** nicht nur der Regress des VR der GmbH gegen den Geschäftsführer eröffnet, sondern auch der Regress des VR der GmbH gegen Personen, die in häuslicher Gemeinschaft mit dem Ge-

---

[143] BGH v. 11. 2. 1964, BGHZ 41, 79 = VersR 1964, 391 = NJW 1964, 860; *Prölss/Martin/Prölss,* § 67 Rn. 36.
[144] BGH v. 29. 1. 1985, VersR 1985, 471 = NJW 1985, 1958; *Römer/Langheid/Langheid,* § 67 Rn. 50; a. A.: *Prölss/Martin/Prölss,* § 67 Rn. 36.
[145] Gegen analoge Anwendung: OLG München v. 26. 6. 1987, NJW-RR 1988, 34 (35); OLG Köln v. 17. 10. 1990, VersR 1991, 1237; OLG Frankfurt v. 22. 9. 1995, VersR 1997, 561; *Römer/Langheid/Langheid,* § 67 Rn. 51: *Günther,* S. 19. Dafür: OLG Naumburg v. 15. 5. 2007, r+s 2008, 144; OLG Brandenburg, v. 6. 3. 2002, VersR 2002, 839; LG Saarbrücken v. 19. 9. 1994, VersR 1995, 158 f; *Prölss/Martin/ Prölss,* § 67 Rn. 37; Berliner Kommentar/*Baumann,* § 67 Rn. 162 ff.

schäftsführer leben[146], sofern nicht der Versicherungsvertrag ausdrücklich oder durch ergänzende Auslegung[147] einen Regressverzicht für Fälle der einfachen Fahrlässigkeit enthält.

Sind bei **Personengesellschaften** und sonstigen Personenmehrheiten die Gesellschafter bzw. Mitglieder mitversichert, also keine Dritten im Sinne des § 86 Abs. 1 S. 1 VVG[148], können Personen, die mit den Gesellschaftern in häuslicher Gemeinschaft leben, das Privileg des § 86 Abs. 3 VVG in Anspruch nehmen[149].

2. Häusliche Gemeinschaft

72   Die häusliche Gemeinschaft erfordert mehr als nur die schlichte Wohngemeinschaft. Sie wird bestimmt von einer gemeinsamen Wirtschaftsführung, denn gerade die „gemeinsame Kasse" soll durch § 86 Abs. 3 VVG geschützt werden[150].

Die häusliche Gemeinschaft muss auf Dauer angelegt sein. Gelegentliche Besuche, auch von längerer Dauer, reichen nicht[151], ebenso wie vorübergehende Abwesenheit aus beruflichen Gründen oder durch Studium oder Wehrdienst die häusliche Gemeinschaft nicht aufhebt[152].

3. Zeitpunkt

73   Nach § 67 Abs. 1 Satz 3 VVG a. F. war fraglich und streitig, zu welchem Zeitpunkt die häusliche Gemeinschaft bestanden haben muss.

Einigkeit bestand darüber, dass das Regressprivileg erhalten blieb, wenn die häusliche Gemeinschaft **bei Eintritt des Schadensfalls** bestanden hat, auch wenn sie später gelöst wurde[153]. Streitig war, ob das Regressprivileg auch galt, wenn die häusliche Gemeinschaft erst **nach Eintritt des Schadensfalls** begründet worden war[154].

Der Gesetzgeber hat sich mit der VVG-Reform dafür entschieden, das Regressprivileg nur dann zu gewähren, wenn die häusliche Gemeinschaft bei Eintritt des Schadens bereits bestand (§ 86 Abs. 3 VVG). Er ist damit von der Parallelvorschrift des § 116 Abs. 6 S. 2 SGB X abgewichen.

4. Vorsatz

74   Nach § 86 Abs. 3, 2. Halbsatz, VVG gilt das Regressprivileg nicht, wenn der Schaden vorsätzlich herbeigeführt worden ist. Dabei muss sich der Vorsatz auf den Schaden erstrecken. Wenn eine Verletzungshandlung als solche zwar vorsätzlich erfolgt, der Schädiger aber den tatsächlich eingetretenen Schaden nicht herbeiführen wollte, bleibt das Regressprivileg erhalten[155].

---

[146] BGH v. 27. 10. 1993, VersR 1994, 85 = NJW 1994, 585 = r+s 1994, 3; Berliner Kommentar/*Baumann*, § 67 Rn. 161; *Prölss/Martin/Prölss*, § 67 Rn. 36; OLG Düsseldorf NJW-RR 1993, 1122.

[147] Vgl. *Armbrüster*, NVersZ 2001, 193 (195 f.) im Hinblick auf BGH v. 8. 11. 2000, BGHZ 145, 393 = VersR 2001, 94 = NJW 2001, 1353 = r+s 2001, 71; zu Einzelheiten s. u. ausführlich § 22 Rn. 100.

[148] S. o. § 22 Rn. 37.

[149] BGH v. 9. 3. 1964, VersR 1964, 479; Berliner Kommentar/*Baumann*, § 67 Rn. 161.

[150] BGH v. 15. 1. 1980, VersR 1980, 644 (645) = r+s 1980, 133; Berliner Kommentar/*Baumann*, § 67 Rn. 156; *Günther*, S. 20; *Staudinger/Kassing*, VersR 2007, 10 (13).

[151] *Bruck/Möller/Sieg*, § 67 Anm. 106.

[152] BGH v. 16. 2. 1971, VersR 1971, 478 (479 f.); *Bruck/Möller/Sieg*, § 67 Anm. 106; Berliner Kommentar/*Baumann*, § 67 Rn. 156.

[153] *Bruck/Möller/Sieg*, § 67 Anm. 107; OLG Nürnberg v. 16. 10. 1959, VersR 1960, 975 f; BGH v. 30. 6. 1971, VersR 1971, 901; BGH v. 15. 1. 1980 VersR 1980, 644 (645) = r+s 1980, 133; Berliner Kommentar/*Baumann*, § 67 Rn. 157.

[154] Dafür: BGH v. 9. 5. 1972, VersR 1972, 764 = NJW 1972, 1372; BGH v. 25. 11. 1975, VersR 1976, 289 = NJW 1976, 1152; BGH v. 21. 9. 1976, VersR 1977, 149 = NJW 1977, 108 = r+s 1977, 59; BGH v. 29. 1. 1985, VersR 1985, 471 = NJW 1985, 1958 = r+s 1985, 128; OLG Hamburg v. 28. 4. 1992, VersR 1992, 685; *Prölss/Martin/Prölss*, § 67 Rn. 39; OLG Köln v. 17. 10. 1990, VersR 1991, 1237 = NJW-RR 1991, 670. Dagegen: *Bruck/Möller/Sieg*, § 67 Anm. 107; Berliner Kommentar/*Baumann*, § 67 Rn. 157; *Römer/Langheid/Langheid*, § 67 Rn. 52; *Günther*, S. 21.

[155] BGH v. 2. 11. 1961, VersR 1961, 1077 (1078) = NJW 1962, 41; BGH v. 8. 11. 1985, VersR 1986, 233 (235) = r+s 1985, 300 = NJW-RR 1986, 1606; *Bruck/Möller/Sieg*, § 67 Anm. 108; Berliner Kom-

Hormuth

5. Sonstiges

Das Regressprivileg hindert nur den Rechtsübergang, steht aber einer Geltendmachung **75** der Forderung durch den Versicherten gegen einen in häuslicher Gemeinschaft mit ihm lebenden Schädiger nicht entgegen. Dies darf nicht dazu führen, dass der Versicherte seinen Schaden zweimal ersetzt erhält, einmal von dem – möglicherweise haftpflichtversicherten – Angehörigen der häuslichen Gemeinschaft und ein weiteres Mal von seinem Sachversicherer. Nimmt der Geschädigte erst seinen VR und dann den nach § 86 Abs. 3 VVG privilegierten Angehörigen der häuslichen Gemeinschaft in Anspruch, soll das vom Angehörigen Erlangte nach den Grundsätzen der ungerechtfertigten Bereicherung an den VR auszukehren sein[156].

Auch bei Geltung des Regressprivilegs ist es dem Versicherten unbenommen, die hiernach **76** bei ihm verbleibende Forderung an den VR abzutreten[157]. Zwar ist § 86 VVG halbzwingend (§ 87 VVG), unwirksam sind jedoch nur Vereinbarungen, durch die zu Lasten des Versicherten abgewichen wird. Eine Abweichung zu Lasten des Schädigers ist zulässig. Ob die **Abtretung** dem Versicherten nachteilig ist, etwa durch mittelbare Belastung des Budgets der häuslichen Gemeinschaft, muss im Einzelfall geprüft werden und kann nicht von vornherein ausgeschlossen werden[158], weshalb es durchaus darauf ankommen kann, ob der Versicherte Kenntnis vom Regressprivileg hatte, als er die Abtretung vornahm[159].

Wenn der Anspruch des Geschädigten nicht nach § 86 Abs. 1 VVG, sondern nach § 426 **77** Abs. 2 BGB auf den VR übergeht, gilt das Regressprivileg nach § 86 Abs. 3 nicht, auch nicht analog. Der Übergang nach § 426 Abs. 2 BGB findet in der Kraftfahrthaftpflichtversicherung statt, wo der VR aufgrund des Direktanspruchs neben den Versicherten als Gesamtschuldner haftet. Ist der VR gegenüber einem Versicherten leistungsfrei, geht der Anspruch des Geschädigten nach der Ersatzleistung nicht nach § 86 Abs. 1 VVG auf den VR über, sondern nach § 116 Abs. 1 S. 2 VVG in Verbindung mit § 426 Abs. 2 BGB. Hierauf ist das Regressprivileg der häuslichen Gemeinschaft nach § 86 Abs. 3 VVG weder direkt noch analog anwendbar, auch wenn der Versicherte mit dem VN in der Kraftfahrthaftpflichtversicherung in häuslicher Gemeinschaft lebt[160].

II. Kein Regress gegen Mitversicherte

Voraussetzung des Übergangs ist das Bestehen eines Anspruchs **gegen einen Dritten**[161]. **78** Insoweit böte es sich an, immer dort, wo ein Regress als Mittel zur „richtigen" Schadensdistribution vermieden werden soll, den Schädiger in den Schutz des Versicherungsvertrages einzubeziehen, ihn also zum „Mitversicherten" zu erheben und damit den Regress auszuschließen.

Die Rechtsprechung hat sich seit den neunziger Jahren immer wieder mit dem **Mieter-** **79** **regress,** also dem Regress des Gebäudeversicherers gegen den Mieter, befassen müssen, der aufgrund der rigiden Haftungsmaßstäbe im bestehenden Mietverhältnis, wo sich der Mieter jedenfalls dann, wenn die Mietsache selbst als Schadensursache ausscheidet, sowohl wegen der zu vermutenden Kausalität auch als wegen des zu vermutenden Verschuldens entlasten

---

mentar/*Baumann,* § 67 Rn. 151; *Prölss/Martin/Prölss,* § 67 Rn. 41; *Römer/Langheid/Langheid,* § 67 Rn. 55.

[156] OLG Bamberg v. 20. 4. 1993, VersR 1994, 995; *Bruck/Möller/Sieg,* § 67 Anm. 114; Berliner Kommentar/*Baumann,* § 67 Rn. 152; *Prölss/Martin/Prölss,* § 67 Rn. 40; *Römer/Langheid/Langheid,* § 67 Rn. 54.

[157] *Bruck/Möller/Sieg,* § 67 Anm. 114; *Prölss/Martin/Prölss,* § 67 Rn. 51; a. A. OLG Frankfurt v. 30. 9. 1982, VersR 1984, 254; OLG Saarbrücken v. 26. 2. 1988, VersR 1988, 1038.

[158] A. A. *Prölss/Martin/Prölss,* § 67 Rn. 51.

[159] OLG Hamburg v. 28. 4. 1992, VersR 1992, 685; *Günther,* S. 24; a. A. *Prölss/Martin/Prölss,* § 67 Rn. 52.

[160] BGH v. 13. 7. 1988, VersR 1988, 1062 = r+s 1988, 284; OLG Hamm v. 1. 2. 2006, VersR 2006, 965.

[161] S. o. § 22 Rn. 27 ff.

muss[162], als zu streng empfunden wurde. Hierbei wurde erwogen, den Mieter in den Schutz der vom Vermieter für die vermietete Sache abgeschlossene Sachversicherung einzubeziehen, wodurch er „mitversichert" und somit vor dem Regress des Sachversicherers geschützt wäre[163].

80   Mit Urteil vom 7. 3. 1990[164] hatte der BGH es zunächst befürwortet, den **Mieter als Mitversicherten in die Sachversicherung des Vermieters** einzuschließen. Ähnlich hatte der BGH bereits früher entschieden, dass der Mieter eines Kraftfahrzeugs, der laut Mietvertrag die Kaskoprämie übernehme, mitversichert sei und deshalb nicht in Regress genommen werden könne[165]. Schon kurze Zeit später ist der BGH von der Einbeziehung des Mieters in den Schutzbereich des Sachversicherungsvertrages wieder abgerückt[166]. Auch in seiner späteren, unten noch näher zu behandelnden Entscheidung vom 8. 11. 2000[167], mit der der BGH den Mieter im Ergebnis doch in den Schutzbereich der Gebäudeversicherung einbezieht[168], wird ausdrücklich erklärt, der Mieter sei nicht mitversichert und habe kein eigenen Ansprüche aus dem Versicherungsvertrag, wie sie einem Mitversicherten unter Umständen nach § 44 Abs. 2 VVG zustehen können.

Hiernach verbleibt es trotz verschiedener Wendungen in der Rechtsprechung des BGH dabei: Der Mieter ist in Gebäudeversicherung des Vermieters nicht mitversichert.

III. Regressbeschränkung durch Vereinbarung zwischen Versicherungsnehmer und Schädiger

81   Sofern der Geschädigte und der Schädiger in vertraglichen oder quasi-vertraglichen Beziehungen (Gefälligkeitsverhältnis) stehen, können sie im Rahmen der Vertragsfreiheit eine Haftung vertraglich ausschließen.

1. Haftungsverzicht vor Abschluss des Versicherungsvertrages

82   Innerhalb eines Vertragsverhältnisses können die Vertragsparteien bei Eingehung vertraglicher Beziehungen die Haftung einseitig oder wechselseitig generell oder für bestimmte Fälle vertraglich ausschließen. Schließt ein Vertragspartner erst nachträglich für das Risiko, für das der vertraglicher Haftungsverzicht erklärt wurde, eine Sachversicherung ab, so ist dem VR im Schadensfalle der Regress aufgrund der zeitlich früheren Haftungsverzichtsvereinbarung der Vertragsparteien verschlossen, ohne dass der Versicherungsschutz hierdurch gefährdet wäre.

Die Anspruchssicherungs- und Mitwirkungsobliegenheit nach § 86 Abs. 2 VVG entsteht erst nach Schadenseintritt und ganz sicher nicht schon vor Abschluss eines Versicherungsvertrags[169]. Auswirkungen auf den Versicherungsschutz sind allenfalls denkbar, wenn der VR bei Abschluss des Versicherungsvertrags nach diesbezüglichen Abreden im Sinne eines gefahrerheblichen Umstands nach § 19 VVG fragt und der VN eine solche Frage schuldhaft falsch beantwortet[170].

---

[162] *Jendrek,* WuM 1992, 341.

[163] Für Mitversicherung des Mieters jedenfalls bei Umlage der Versicherungsprämie: *Boin,* VersR 1997, 671; für Mitversicherung des Mieters bei gewerblicher Miete und bei Einfamilienhäusern, nicht aber bei Mehrfamilienhäusern: *Martin,* Sachversicherungsrecht, Kap. J II Rn. 11 ff.

[164] BGH v. 7. 3. 1990, VersR 1990, 625 ff.

[165] BGH v. 29. 10. 1956, BGHZ 22, 109 = VersR 1956, 725.

[166] BGH v. 23. 1. 1991, VersR 1991, 462 f. = r+s 1991, 96 = NJW-RR 1991, 527; BGH v. 18. 12. 1991, VersR 1992, 311 = r+s 1992, 58 = NJW 1992, 980.

[167] BGH v. 8. 11. 2000, BGHZ 145, 393 ff., = NJW 2001, 1353 ff., = VersR 2001, 94 ff., = r+s 2001, 71 ff.

[168] S. u. § 22, Rn. 90 ff.

[169] BGH v. 13. 12. 1995, BGHZ 131, 288 715 = VersR 1996, 320 = NJW 1996.

[170] *Prölss/Martin/Prölss,* § 67 Rn. 35.

2. Haftungsverzicht vor Eintritt des Versicherungsfalls

Auch wenn ein Versicherungsvertrag bereits besteht, können ein potenzieller Schädiger **83** und ein potenzieller Geschädigter einen Haftungsverzicht vereinbaren.

Auch hier ist § 86 Abs. 2 VVG (Anspruchssicherungs- und Mitwirkungsobliegenheit) nicht direkt anwendbar, weil die Vorschrift nur bereits entstandene Ansprüche erfasst. Doch wurde bei ungewöhnlichen Abreden, wie dies z. B. ein vertraglicher Haftungsverzicht auch bei Vorsatz und ggf. auch bei grober Fahrlässigkeit darstellt, in analoger Anwendung des § 68 Abs. 1 S. 3 VVG a. F. für unzulässig gehalten[171]. Zu demselben Ergebnis gelangt man, wenn man eine nach Abschluss des Versicherungsvertrags erfolgende Haftungsfreistellung als Gefahrerhöhung einstuft[172].

Der BGH (VIII. Zivilsenat) war mit Urteil vom 13. 12. 1995[173] zu der Auffassung gelangt, **84** jedenfalls dann, wenn der Vermieter die Prämie für die Gebäudeversicherung im Rahmen der sog. **Betriebskosten** auf die Mieter umlege, ergäbe sich im Wege der konkludenten Auslegung des Mietvertrags ein auf Vorsatz und grobe Fahrlässigkeit begrenzter **Haftungsverzicht** des Vermieters (sog. **haftungsrechtliche Lösung**).

Mit dem Argument, die Kosten für die Sachversicherung seien in den Mietpreis einkalku- **85** liert, hatte sich zuvor schon der IV. Zivilsenat auseinandergesetzt und gemeint, dies sei regelmäßig der Fall, ohne dass hieraus ein Haftungsverzicht herzuleiten sei[174]. Sehr viel früher schon hatte der VI. Zivilsenat die Annahme einer stillschweigend vereinbarten Haftungsbeschränkung im Wege der ergänzenden Vertragsauslegung als „künstliche Rechtskonstruktion" bezeichnet, die regelmäßig ausgeschlossen sei, wenn hinter dem Schädiger eine Versicherung stehe, da ein Haftungsverzicht, der lediglich den VR entlaste, in der Regel nicht dem Willen der Beteiligten und ihrem wohlverstandenen Interesse entspräche[175].

Die haftungsrechtliche Lösung des VIII. Zivilsenats hat Zustimmung[176], aber auch Kritik **86** erfahren[177]. Auch wenn das Urteil vom 13. 12. 1995 durch die nachfolgende Rechtsprechung des BGH (Urteil des IV. Zivilsenats vom 8. 11. 2000[178]) Rechtsgeschichte ist, bleibt an dieser Stelle festzuhalten, dass grundsätzlich ein Haftungsverzicht zwischen Geschädigtem und Schädiger vor Eintritt des Versicherungsfalls einem Regress entgegenstehen kann.

3. Haftungsverzicht nach Eintritt des Versicherungsfalls

Eine Abrede zwischen Schädiger und Geschädigtem über einen Haftungsverzicht oder **87** eine Haftungsbeschränkung, die nach Schadenseintritt getroffen wird, stellt, wenn der Geschädigte versichert ist, eine Obliegenheitsverletzung nach § 86 Abs. 2 VVG dar, die zur Leistungsfreiheit oder Leistungseinschränkung führen kann, soweit der VR den Schädiger in Regress hätte nehmen können.

IV. Regressbeschränkung durch Versicherungsvertrag

Eine Regressbeschränkung kann selbstverständlich auch zwischen VR und VN im Versi- **88** cherungsvertrag vereinbart werden.

---

[171] BGH v. 29. 10. 1956, BGHZ 22, 109 = VersR 1956, 725; BGH v. 30. 4. 1959, BGHZ 30, 40 = VersR 1959, 500 = NJW 1959, 1221; BGH v. 13. 1. 1975, VersR 1975, 317 = NJW 1975, 686; *Huber,* VersR 1998, 265 (267); s. a. *Günther,* S. 16.

[172] BGH v. 29. 10. 1956, BGHZ 22, 109 = VersR 1956, 725; OLG Karlsruhe VersR 1971, 159; *Prölss/ Martin/Prölss,* § 67 Rn. 35.

[173] BGH v. 13. 12. 1995, BGHZ 131, 288 = VersR 1996, 320 = NJW 1996, 715.

[174] BGH v. 23. 1. 1991, VersR 1991, 462f. = r+s 1991, 96 = NJW-RR 1991, 527

[175] BGH v. 9. 6. 1992, VersR 1992, 1145/1147 = NJW 1992, 2474 = r+s 1992, 373; ebenso schon BGH v. 5. 3. 1963, BGHZ 39, 156/158; BGH v. 10. 7. 1974, BGHZ 63, 51/58 = NJW 1974, 2124.

[176] *Huber,* VersR 1998, 265.

[177] *Schwarzer,* r+s 1996, 86; *Armbrüster,* NJW 1997, 177; *Prölss,* r+s 1997, 221; *Ihne,* r+s 1999, 89.

[178] BGH v. 8. 11. 2000, BGHZ 145, 393 = VersR 2001, 94 = NJW 2000, 1353 = NVersZ 2001, 84.

1. Regressbeschränkung durch Allgemeine Versicherungsbedingungen

Eine Regressbeschränkung kann in den Versicherungsbedingungen geregelt werden. So beschränkt § 15 Nr. 2 AKB den Regress gegen den berechtigten Fahrer und andere in der Haftpflichtversicherung mitversicherte Personen (§ 10 Nr. 2 AKB) sowie den Mieter und Entleiher auf Vorsatz und grobe Fahrlässigkeit. Nach § 7 Nr. 4 Abs. 2 AVB-Vermögen ist der Regress gegen Angestellte des VN gleichfalls auf Vorsatz und grobe Fahrlässigkeit beschränkt.

2. Ausdrückliche Regressbeschränkung im Versicherungsvertrag

89   In der Industrieversicherung werden regressbeschränkende Vereinbarungen zugunsten der Geschäftsführer oder bestimmter Geschäftspartner des öfteren bereits im Versicherungsvertrag getroffen oder es wird dem VN ein Haftungsverzicht ausdrücklich freigestellt, ohne dass dies seinen Versicherungsschutz gefährdet. Auch finden sich Klauseln, wonach sich der VR verpflichtet, Regresse nur „im Einvernehmen" mit dem VN durchzuführen.

3. Regressbeschränkung durch ergänzende Auslegung des Versicherungsvertrags

90   Mit Urteil vom 8. 11. 2000[179] ersetzte der IV. Zivilsenat des BGH die Konstruktion der konkludenten Vereinbarung einer Haftungsbeschränkung im Mietvertrag[180] (haftungsrechtliche Lösung) durch eine aus ergänzender Auslegung des Versicherungsvertrages abgeleitete Beschränkung des Regresses gegen den Mieter auf Vorsatz und grobe Fahrlässigkeit (**versicherungsvertragliche Lösung**).

91   Der BGH hält weiterhin daran fest, dass der **Mieter** in der Gebäudeversicherung des Vermieters **nicht mitversichert** ist. Er gibt jedoch die Auffassung auf, das Sachersatzinteresse des Mieters könne in die Sachversicherung nicht einbezogen werden. Dem Mieter sei unverständlich, dass er für einen nur leicht fahrlässig verursachten Brand einzustehen habe, wenn das Gebäude gegen Brand versichert sei. Er müsse davor geschützt werden, bei leicht fahrlässig verursachtem Brandschaden vom Gebäudefeuerversicherer in Anspruch genommen zu werden. Die Regressbeschränkung leitet der BGH aus einer ergänzenden Auslegung des Versicherungsvertrages ab und begründet sie mit dem für den VR erkennbaren Interesse des Vermieters, das in der Regel auf längere Zeit angelegte Vertragsverhältnis zu seinem Mieter nicht zu belasten. Dem Vermieter sei es grundsätzlich lieber, seinen Schaden über den Sachversicherer ausgleichen zu lassen als den Mieter in Anspruch zu nehmen. Auch liege es im Interesse des Vermieters an einem solventen Mieter, dass dieser nicht mit Regressforderungen des VR belastet werde. Dasselbe soll für unentgeltliche Nutzungsverhältnisse gelten[181].

92   Den Einwand, der Mieter könne sich durch Abschluss einer Haftpflichtversicherung gegen eine Inanspruchnahme absichern, lässt der BGH weiterhin nicht gelten. Bei Abschluss des Versicherungsvertrags, um dessen ergänzende Auslegung es gehe, sei häufig nicht bekannt, ob der Mieter haftpflichtversichert sei. Auch sei nach § 4 I Nr. 6a AHB 99 der Versicherungsschutz für gemietete Sachen in der privaten Haftpflichtversicherung ausgeschlossen. Zwar könne dieser Ausschluss aufgehoben werden, doch sähen Mieter häufig nicht die Notwendigkeit hierfür.

93   Auch die versicherungsvertragliche Lösung hat starken Widerspruch gefunden. Sie ist nicht in jeder Hinsicht überzeugend. So erscheint es fraglich, ob sich Mieterinteressen als Gegenstand einer ergänzenden Auslegung des Versicherungsvertrags zwischen Vermieter und VR aufdrängen. Während dem VR die Interessen des Mieters gleichgültig sind, können sie für den Vermieter allenfalls insoweit von Belang sein, als sie mit seinen eigenen Interessen deckungsgleich sind.

Die Annahme, der Vermieter nehme im Schadensfalle lieber seinen VR in Anspruch als seinen Mieter, überzeugt nicht. So riskiert der Vermieter bei ungünstigem Schadensverlauf eine Schadensfallkündigung nach § 92 VVG. Auch wenn in der Gebäudeversicherung die Schadensquote des einzelnen Vertrags nicht, wie in der Kraftfahrtversicherung, unmittelbar auf die

---

[179] BGH v. 8. 11. 2000, BGHZ 145, 393 = VersR 2001, 94 = NJW 2000, 1353 = NVersZ 2001, 84.
[180] BGH v. 13. 12. 1995, BGHZ 131, 288 = VersR 1996, 320 = NJW 1996, 715.
[181] BGH v. 13. 9. 2006, VersR 2006, 1533.

Hormuth

Prämien durchschlägt, kann der Schadensverlauf für das laufende Vertragsverhältnis von Bedeutung sein. Dies gilt sowohl für die Prämiengestaltung als auch für etwaige Kulanz. Bei einem mit hohen oder häufigen Schäden belasteten Objekt besteht generell wenig Bereitschaft des VR, in kleinen Schadensfällen Kulanz zu gewähren. Nicht nur für Großkunden besteht bei der Prämienfrage Verhandlungsspielraum, auch Privatkunden werden im Einzelfall Prämiennachlässe gewährt, um ein Abwandern zur Konkurrenz zu vermeiden. Dabei spielt der Schadensverlauf eine wichtige Rolle. Noch bedeutsamer ist der Schadensverlauf bei Großkunden wie Wohnungsunternehmen, die eine Vielzahl von Wohnungen im Bestand halten. Hier unterliegt das laufende Vertragsverhältnis einer ständigen Rentabilitätskontrolle im Hinblick auf Schadenshäufigkeit und Prämie. Es kann dem Vermieter und VN also keineswegs gleichgültig sein, ob er seinen Gebäudeschaden von seinem Gebäudeversicherer oder von seinem Mieter bzw. vom Haftpflichtversicherer des Mieters erstattet erhält.

Da das Ziel der Regressbeschränkung, den Mieter vor einem Regress für einen leicht fahr- **94** lässig verursachten Gebäudeschaden zu schützen, verfehlt würde, wenn der Vermieter anstelle des Gebäudeversicherers doch seinen Mieter in Anspruch nehmen könnte, soll der gebäudeversicherte Vermieter nach § 242 BGB gehindert sein, den Mieter bei leichter Fahrlässigkeit in Anspruch zu nehmen, falls er nicht ausnahmsweise ein besonderes Interesse an einem Schadensausgleich durch den Mieter hat[182]. Es fragt sich allerdings, ob der Mieter diesen Schutz wirklich will. Hat er eine Privathaftpflichtversicherung abgeschlossen, sind Mietsachschäden durch Ziff. 4.2 der Besonderen Bedingungen und Risikobeschreibungen für die Privathaftpflichtversicherung ohne Prämienaufschlag mit eingeschlossen, weshalb der Mieter seinerseits ein Interesse daran haben dürfte, dass sein Haftpflichtversicherer für den Schaden aufkommt, um sein Verhältnis zum Vermieter nicht zu belasten.

Ebenso wie die haftungsrechtliche Lösung[183] lässt auch die versicherungsvertragliche Lö- **95** sung eine Auseinandersetzung mit der Auffassung[184] vermissen, wonach sich die Annahme von Haftungsbeschränkungen im Wege ergänzender Vertragsauslegung regelmäßig verbiete, wenn hinter dem Schädiger ein Haftpflichtversicherer stehe. Ergänzende Vertragsauslegung stellt darauf ab, was die Parteien vereinbart hätten, wenn sie einen nicht geregelten, aber regelungsbedürftigen Punkt bedacht hätten. Hätten die Parteien des Versicherungsvertrages den Regressschutz des Mieters bei leichter Fahrlässigkeit sowie das Interesse des VN, das Verhältnis zu seinem Mieter nicht durch Regresse des VR zu belasten, bedacht, hätten sie einen Regressverzicht von vornherein nur für die Fälle vereinbart, in denen der Mieter nicht haftpflichtversichert ist[185].

Die versicherungsvertragliche Lösung gewährte dem Mieter den Regressschutz nur bei **96** leicht fahrlässiger Schadensherbeiführung, während er bei grober Fahrlässigkeit ebenso uneingeschränkt in Regress genommen werden konnte, wie der VN bei grob fahrlässiger Herbeiführung des Versicherungsfalls nach § 61 VVG a. F. leer ausging („Gleichlauf der Haftung von VN und Mieter"[186]). Nachdem § 82 VVG bei grob fahrlässiger Herbeiführung des Versicherungsfalls durch den VN keine uneingeschränkte Leistungsfreiheit des VR mehr zulässt, sondern die Leistungsfreiheit entsprechend dem Grad der groben Fahrlässigkeit quotiert, wird der grob fahrlässig handelnde Mieter nicht schlechter gestellt werden dürfen als der grob fahrlässig handelnde VN, d. h. es erscheint nur konsequent, nach der VVG-Reform die Einschränkung des Mieterregresses im Wege ergänzender Vertragsauslegung im Interesse eines Gleichlaufs der

---

[182] BGH (VIII. Zivilsenat) v. 3. 11. 2004, VersR 2005, 498; ebenso *Armbrüster*, NVersZ 2001, 193 (196); *Jendrek*, NMZ 2003, 697 (700); kritisch *Breideneichen*, VersR 2005, 501; BGH v. 10. 11. 2006 (V. Zivilsenat), VersR 2007, 411, erweitert dies auf das Verhältnis von Mitgliedern einer Wohnungseigentümergemeinschaft untereinander bei Gebäudeschäden.

[183] BGH v. 13. 12. 1995, BGHZ 131, 288 = VersR 1996, 320 = NJW 1996, 715.

[184] BGH v. 9. 6. 1992, VersR 1992, 1145/1147= NJW 1992, 2474 = r+s 1992, 373.

[185] OLG Köln v. 23. 12. 2004, VersR 2004, 593; *Gaul/Pletsch*, NVersZ 2001, 490 (493); *Günther*, VersR 2004, 595 (597); in den Urteilen v. 13. 9. 2006, VersR 2006, 1530, und VersR 2006, 1534, bezeichnet der BGH diese Kritik als „teilweise berechtigt".

[186] *Staudinger/Kassing*, VersR 2007, 10 (11).

Haftung von VN und Mieter dahingehend auszuweiten, dass der Regress gegen den grob fahrlässig handelnden Mieter entsprechend dem Verschuldensgrad entsprechend § 82 VVG zu
quotieren ist[187].

97 Wenn der „Gleichlauf der Haftung von VN und Mieter" konsequent zu Ende gedacht
wird, müssen in häuslicher Gemeinschaft mit dem Mieter lebende Personen analog § 86
Abs. 3 VVG denselben Regressschutz genießen wie Personen, die bei Schadenseintritt in
häuslicher Gemeinschaft mit dem VN leben. Allerdings reicht das Regressprivileg der in
häuslicher Gemeinschaft lebenden Personen nach § 86 Abs. 3 VVG weiter als der Regressschutz des Mieters, es erfasst auch grobe Fahrlässigkeit ohne die Möglichkeit einer Quotierung nach § 82 VVG, was die Frage aufwirft, ob Personen, die in häuslicher Gemeinschaft
mit dem VN oder dem Mieter des VN leben, besser gestellt sein sollen als der Mieter und
der VN selbst, also bei grober Fahrlässigkeit nicht einmal mit einer Regressquote rechnen
müssen? Da der Regressschutz der Personen, die in häuslicher Gemeinschaft mit dem VN
leben, schon vor der VVG-Reform bei grober Fahrlässigkeit nach § 67 Abs. 1 S. 3 VVG a. F.
weiter ging als der Vertragsschutz des VN selbst nach § 61 VVG a. F., ist davon auszugehen,
dass der Gesetzgeber dies im Rahmen der VVG-Reform unverändert belassen wollte[188]. Die
Regressbeschränkung soll aber nicht auf Besucher des Mieters ausgedehnt werden[189].

98 Wenn das Sachersatzinteresse des Mieters in den Versicherungsschutz in der Sachversicherung zumindest als Regressschutz einbezogen ist, stellt sich die Frage[190], ob die Überlegungen
zum Regressschutz des Mieters in der Gebäudefeuerversicherung nicht auf andere Sparten
(Hausratversicherung, Inventarversicherung) und auf andere Risiken (Leitungswasserversicherung) der Sachversicherung übertragen werden können, und ob über den Mieter hinaus
nicht noch weitere Personenkreise, die dem versicherten Gegenstand ähnlich nahe stehen wie
der Mieter dem vermieteten Gebäude, Regressschutz in der Sachversicherung beanspruchen
können.

99 Für die Leitungswasserversicherung als weiteres versichertes Risiko in der verbundenen
Gebäudeversicherung gilt dasselbe wie für die Gebäudefeuerversicherung, der Regressschutz
des Mieters erstreckt sich auch auf leicht fahrlässig herbeigeführte Leitungswasserschäden[191].
Dagegen hat der BGH dies für die Hausratversicherung verneint[192], da die Hausratversiche-
rung des Vermieters, anders als die Gebäudeversicherung, nicht den Gegenstand des Mietver-
trags, das Gebäude, betrifft[193]. Der BGH hat einen Regressschutz ferner verneint für die
Transportversicherung, obwohl der Frachtführer diese selbst für das transportierte Gut als
VN einer Versicherung für fremde Rechnung abschließt[194].

100 Schützt der Sachversicherungsvertrag der GmbH auch das Sachersatzinteresse des Allein-
gesellschafters und Geschäftsführers oder der Sachversicherungsvertrag des eingetragenen
Vereins auch das Sachersatzinteresse des Mitglieds? Hier erscheint die vom BGH zum Schutz
des Mieters angenommene ergänzende Vertragsauslegung wegen der Nähe zum versicherten
Objekt übertragbar[195]. Wenn der Alleingesellschafter und Geschäftsführer der GmbH im Ver-
sicherungsvertrag der GmbH ebenso wie das Vereinsmitglied im Versicherungsvertrag des
Vereins Dritter ist[196], liegt jedenfalls die Annahme nahe, dass der Versicherungsvertrag eine
Regressbeschränkung gegen den Alleingesellschafter bzw. gegen das Vereinsmitglied beinhal-

---

[187] *Staudinger/Kassing,* VersR 2007, 10 (11 f.).
[188] A. A. *Staudinger/Kassing,* VersR 2007, 10 (13), die den Regressschutz nach § 86 Abs. 3 VVG insoweit
einer teleologischen Reduktion unterziehen wollen.
[189] OLG Hamm v. 14. 9. 2000, r+s 2003, 110.
[190] *Armbrüster,* NVersZ 2001, 193/196 f.
[191] BGH v. 13. 9. 2006, VersR 2006, 1536.
[192] BGH v. 13. 9. 2006, VersR 2006, 1398 = r+s 2006, 454.
[193] Ebenso *Günther,* VersR 2004, 595.
[194] S. o. § 22 Rn 28.
[195] *Armbrüster,* NVersZ 2001, 193/196; *ders.,* VersR 1994, 893 (897); A. A. OLG Karlsruhe v. 29. 7.
2004, r+s 2006, 72.
[196] S. o. § 22 Rn. 33.

tet, das sich analog § 86 Abs. 3 VVG dann auch auf die Personen zu erstrecken hätte, die mit ihnen in häuslicher Gemeinschaft leben[197]. Auch bei Mitgliedern von Personenmehrheiten, für die keine Mitversicherung im Versicherungsvertrag der Gesellschaft/Gemeinschaft für den gemeinsamen Gegenstand angenommen wird und die folglich „Dritte" i. S. d. § 86 Abs. 1 S. 1 VVG sind[198], ist zu prüfen, ob nach der Interessenlage des jeweiligen VN nicht auch das Sachersatzinteresse der übrigen Mitglieder der Personenmehrheit im Sinne einer Regressbeschränkung in den Versicherungsschutz einbezogen ist. Im Regelfall wird dies zu bejahen sein.

Für die Wohnungseigentümergemeinschaft verneint der BGH allerdings schon, dass der **101** Gemeinschafter Dritter i. S. d. § 86 Abs. 1 S. 1 VVG sei, und dies nicht nur bei Beschädigung von Gemeinschaftseigentum, sondern auch von Sondereigentum[199]. Dies gilt auch nur für Gebäudeschäden, nicht für Hausratschäden[200].

V. Ausgleich zwischen Sachversicherer und Haftpflichtversicherer

Da der BGH trotz der geäußerten Kritik an der versicherungsvertraglichen Lösung unver- **102** ändert festgehalten hat, haben sich Rechtsprechung und Versicherungspraxis in der Folgezeit den im Anschluss an das Urteil vom 8. 11. 2000 noch offenen Fragen zugewandt.

Der BGH hat im Urteil vom 8. 11. 2000 ausgeführt, die zu einem Regressverzicht für leichte Fahrlässigkeit führende ergänzende Vertragsauslegung könne nicht davon abhängen, ob der Mieter im Einzelfall Deckung durch eine Haftpflichtversicherung habe. Er hat im entschiedenen Fall aber offen gelassen, ob in den Fällen, in denen der Mieter eine Haftpflichtversicherung abgeschlossen habe, ein **Ausgleich zwischen dem Haftpflichtversicherer und dem Feuerversicherer** stattfinden könne, da zum Bestehen einer Haftpflichtversicherung nichts vorgetragen worden war.

Darüber, wie ein solcher für möglich gehaltener Ausgleich stattzufinden habe, ist deshalb **103** im Anschluss an das Urteil vom 8. 11. 2000 verstärkt nachgedacht worden. Instanzrechtsprechung und Schrifttum haben verschiedene Lösungswege vorgestellt. So hielt man den Regressschutz des Mieters bei leichter Fahrlässigkeit durch ergänzende Vertragsauslegung für entbehrlich, wenn der Mieter Haftpflichtdeckung hat und der Haftpflichtversicherer für den Schaden eintritt[201]. Der Regressschutz des Mieters sei nur erforderlich, wenn dies den Interessen des Mieters – und nicht den Interessen des Haftpflichtversicherers des Mieters – auch tatsächlich helfe. Auch hielt man den Mieter bei gleichzeitiger Abweisung der Regressansprüche für verpflichtet, seine Deckungsansprüche aus der Haftpflichtversicherung an den Gebäudefeuerversicherer abzutreten[202]. Der Ausgleich zwischen Feuerversicherer und Haftpflichtversicherer wurde in direkter[203] oder analoger[204] Anwendung von § 59 VVG a. F. (Doppelversicherung, jetzt §§ 77, 78 VVG: Mehrfachversicherung) befürwortet oder auch mangels Anspruchsgrundlage abgelehnt[205].

Mit drei Urteilen vom 13. 9. 2006 hat der BGH (IV. Zivilsenat) die Beschränkung des **104** Regresses gegen den Mieter auf Vorsatz und grobe Fahrlässigkeit trotz Haftpflichtdeckung

---

[197] *Armbrüster,* NVersZ 2001, 193/196; *ders.,* VersR 1994, 897.
[198] S. o. § 22 Rn. 38.
[199] BGH v. 28. 3. 2001, VersR 2001, 713 = r+s 2001, 254; BGH v. 10. 11. 2006, VersR 2007, 411 (412); a. A. *Günther,* S. 5.
[200] OLG Stuttgart v. 27. 10. 2005, VersR 2006, 539.
[201] OLG Köln v. 23. 12. 2004, VersR 2004, 593; OLG Hamm v. 28. 10. 2005, VersR 2006, 690; OLG Düsseldorf v. 22. 2. 2006, VersR 2006, 541; *Wolter,* VersR 2001, 98/99; *Armbrüster,* NVersZ 2001, 193 (195f.); *Günther,* S. 111.
[202] OLG Dresden v. 24. 4. 2004, VersR 2003, 1391, mit zustimmender Anmerkung von *Wolter.*
[203] OLG München v. 13. 1. 2005, VersR 2005, 500 = r+s 2005, 107 mit abl. Anm. *Ihne,* r+s 2005, 109; *Gaul/Pletsch,* NVersZ 2001, 490 (497).
[204] *Günther,* VersR 2004, 595 (598).
[205] OLG Koblenz v. 28. 10. 2005, VersR 2006, 542.

beim Mieter bestätigt[206], sich aber für einen Ausgleich zwischen Gebäudefeuerversicherer und Haftpflichtversicherer durch analoge Anwendung des § 59 VVG a. F. ausgesprochen[207]. Der Vorwurf grober Fahrlässigkeit muss sich gegen den Mieter persönlich oder gegen einen Repräsentanten des Mieters richten. § 278 BGB ist insoweit nicht anwendbar[208].

105   Weitere Einzelprobleme, die sich aus der analogen Anwendung des § 78 VVG ergeben, sind nach den Urteilen des BGH vom 13. 9. 2006 noch offen geblieben, so die Berechnung des Ausgleichsanspruchs, das Verhältnis zum Abkommen über den Regressverzicht der Feuerversicherer bei übergreifenden Schadenereignissen[209] und die Verjährung.

106   Bei Mehrfachversicherung richtet sich die Haftungsquote unter den beteiligten VR nach dem Verhältnis der Beträge zueinander, die jeweils dem VN ohne Berücksichtigung der Mehrfachversicherung zu zahlen wären (§ 78 Abs. 2 S. 1 VVG). Diesen Ausgleich nach dem jeweiligen Verhältnis der Leistungspflicht hält der BGH auch bei analoger Anwendung auf den Ausgleich zwischen Gebäudefeuerversicherer des Vermieters und Haftpflichtversicherer des Mieters für grundsätzlich anwendbar[210]. Wenn die Ersatzpflichten deckungsgleich sind, haftet jeder VR auf 50%[211]. Wie der Ausgleich zu berechnen ist, wenn der Leistungsumfang in der Gebäudefeuerversicherung und der Leistungsumfang in der Haftpflichtversicherung nicht deckungsgleich sind, ist streitig. Müssen Leistungsteile, die nur in der einen Sparte erbracht werden müssen, so etwa die Neuwertspitze in der Gebäudeversicherung, aus der Ausgleichsberechnung ausgeklammert werden, so dass sie nicht, auch nicht anteilig, auf die andere Sparte abgewälzt werden können? Hierfür spricht der Hinweis des BGH darauf, dass nur die Leistungspflichten auszugleichen sind, die deckungsgleich sind[212]. Dann hätte der Gebäudefeuerversicherer die Neuwertspitze allein zu tragen, da der Haftpflichtversicherer nach schadensrechtlichen Grundsätzen nur den Wiederbeschaffungswert, der dem Zeitwert in etwa gleichgesetzt werden kann, zu ersetzen hat[213]. Oder ist § 78 Abs. 2 S. 1 VVG (ebenso § 59 Abs. 2 S. 1 VVG a. F.) streng wörtlich zu nehmen? Dann müssten die jeweiligen Leistungspflichten addiert und müsste der prozentuale Anteil jedes VR hieran ermittelt werden, der zugleich den Leistungsteil des jeweiligen VR am Gesamtschaden bestimmt[214]. Beispiel: Beträgt die vom Gebäudefeuerversicherer geschuldete Neuwertentschädigung 90 000,00 € und beträgt der vom Haftpflichtversicherer geschuldete Wiederbeschaffungswert 60 000,00 €, so wären 60 000,00 € deckungsgleich, so dass der Haftpflichtversicherer nach der ersten Auffassung[215] 60 000,00 € : 2 = 30 000,00 € und nach der zweiten Auffassung[216] 40% von 90 000,00 € = 36 000,00 € ausgleichen müsste (60 000,00 € = 40% von 90 000,00 € + 60 000,00 €).

107   Da der **Analogieschluss** zur Mehrfachversicherung nach § 78 VVG **nur für die deckungsgleichen Leistungsteile** gerechtfertigt ist, ist der ersten Auffassung[217] der Vorzug zu geben. Der Analogieschluss erfordert nicht, den Haftpflichtversicherer auch an der Neuwert-

---

[206] BGH v. 13. 9. 2006, VersR 2006, 1530; BGH v. 13. 9. 2006, VersR 2006, 1533; BGH v. 13. 9. 2006, VersR 2006, 1534; ebenso BGH (VIII. Zivilsenat) v. 20. 12. 2006, VersR 2007, 539.

[207] BGH v. 13. 9. 2006, VersR 2006, 1534.

[208] BGH v. 13. 9. 2006, VersR 2006, 1530.

[209] S. u. § 22 Rn. 112 bis 114.

[210] BGH v. 13. 9. 2006, VersR 2006, 1534 (1539).

[211] OLG Koblenz v. 9. 3. 2007, r+s 2007, 376.

[212] BGH v. 13. 9. 2006, VersR 2006, 1534 (1539).

[213] OLG Koblenz v. 9. 3. 2007, r+s 2007, 376; OLG Köln v. 3. 7. 2007, r+s 2007, 377; OLG Karlsruhe v. 7. 2. 2008, VersR 2008, 639 = r+s 2008, 108; *Grommelt,* r+s 2007, 230.

[214] LG Kassel v. 25. 1. 2007, VersR 2007, 986, mit zust. Anm. *Wolter;* LG Karlsruhe v. 29. 6. 2007, r+s 2007, 379; *Günther,* VersR 2006, 1542; *Wälder,* r+s 2007, 381.

[215] OLG Koblenz v. 9. 3. 2007, r+s 2007, 376; OLG Köln v. 3. 7. 2007, VersR 2007, 1411 = r+s 2007, 377; OLG Karlsruhe v. 7. 2. 2008, VersR 2008, 639 = r+s 2008, 108.

[216] LG Kassel v. 25. 1. 2007, VersR 2007, 986 = r+s 2007, 378; LG Karlsruhe v. 29. 6. 2007, r+s 2007, 379; *Wolter* VersR 2007, 987; *Günther,* VersR 2006, 1542; *Wälder,* r+s 2007, 381.

[217] OLG Koblenz v. 9. 3. 2007, r+s 2007, 376; OLG Köln v. 3. 7. 2007, r+s 2007, 377; OLG Karlsruhe v. 7. 2. 2008, VersR 2008, 639 = r+s 2008, 108; *Grommelt,* r+s 2007, 230.

spitze, für die er bei isolierter Betrachtung der Haftpflichtversicherung nicht entrittspflichtig wäre, zu beteiligen.

Kann der Haftpflichtversicherer zur teilweisen Abwehr der Ansprüche gegen seinen VN   **108** Mitverschulden des Geschädigten einwenden, ist nur die Haftungsquote, für die der Haftpflichtversicherer einzustehen hat, deckungsgleich und in die Ausgleichsberechnung einzustellen. Ist der Gebäudefeuerversicherer nicht in voller Höhe eintrittspflichtig, etwa wegen Unterversicherung oder wegen Kürzung des Deckungsanspruchs aufgrund grob fahrlässiger Herbeiführung des Versicherungsfalls (§ 82 Abs. 2 VVG), grob fahrlässiger Obliegenheitsverletzung vor Eintritt des Versicherungsfalls (§ 28 Abs. 1 und Abs. 2 S. 2 VVG) oder grob fahrlässiger Gefahrerhöhung (§ 26 Abs. 1 S. 2 VVG), so ist nur der gekürzte Leistungsteil deckungsgleich und mindert dies den Haftungsanteil des Gebäudefeuerversicherers im Verhältnis zum Haftpflichtversicherer analog § 78 VVG auf weniger als 50% des Gesamtschadens.

Während nach § 86 Abs. 1 S. 1 VVG der Anspruchsübergang erst mit der Ersatzleistung des   **109** VR erfolgt, entsteht die Ausgleichspflicht nach § 78 Abs. 2 VVG bereits mit Eintritt des Versicherungsfalls, so dass Leistungskürzungen und sogar Leistungsfreiheit zugunsten des Gebäudeversicherers, die sich erst **nach Eintritt des Versicherungsfalls** realisieren (grob fahrlässige Obliegenheitsverletzung nach Eintritt des Versicherungsfalls nach § 28 Abs. 2 S. 2 VVG, Verjährung, Verfristung nach § 12 Abs. 3 VVG a. F.), einem Ausgleichsanspruch nicht entgegenstehen sollen[218].

Da das Regressprivileg der häuslichen Gemeinschaft (§ 86 Abs. 3 VVG) nur den Schutz der   **110** hiervon begünstigten Personen bezweckt, ist deren Haftpflichtversicherer analog § 78 Abs. 2 VVG zum anteiligen Ausgleich verpflichtet, auch wenn sein VN in der Haftpflichtversicherung wegen des Regressprivilegs der häuslichen Gemeinschaft (§ 86 Abs. 3 VVG) gar nicht in Regress genommen werden könnte. Der Ausgleich nach § 78 Abs. 3 VVG findet auf einer anderen Ebene statt, § 78 Abs. 2 VVG begründet einen selbstständiger Ausgleichsanspruch unter Gesamtschuldnern und setzt gerade keinen Anspruchsübergang nach § 86 Abs. 1 VVG voraus. Deshalb richtet sich die Verjährung nach §§ 195, 199 BGB und nicht nach § 548 BGB[219].

Konsequenterweise muss der Ausgleich auch in umgekehrter Richtung stattfinden. Der   **111** Haftpflichtversicherer des Mieters, der zunächst eintrittspflichtig ist, weil der Vermieter, der insoweit die Wahl hat, nicht seinen Gebäudeversicherer, sondern den Mieter und dessen Haftpflichtversicherer in Anspruch nimmt, kann also analog § 78 Abs. 2 VVG einen Ausgleich beim Gebäudeversicherer des Vermieters herbeiführen.

VI. Regressverzichtsabkommen der Feuerversicherer bei übergreifenden Schadenereignissen

Die meisten deutschen Feuerversicherer sind dem „Abkommen über den Regressverzicht   **112** der Feuerversicherer bei übergreifenden Schadenereignissen"[220] beigetreten. Durch den Regressverzicht wird der leicht fahrlässig handelnde Verursacher eines Schadenfeuers, das von seinen eigenen auf fremde Sachen übergegriffen hat, begünstigt, sofern er selbst wegen seines eigenen Schadens feuerversichert ist. Damit soll erreicht werden, dass er die Entschädigung, die er für den Verlust eigener Sachen erhält, nicht durch den Regress des Feuerversicherers eines anderen, durch dasselbe Feuer Geschädigten gleich wieder verliert.

Voraussetzung ist nach Ziff. 2 des Abkommens, dass der in Regress zu nehmende Schädi-   **113** ger durch dasselbe Feuer einen Versicherungsfall in seiner Feuerversicherung erlitten hat. Der Regressverzicht erstreckt sich auf Repräsentanten, gesetzliche Vertreter, Familienangehörige, Teilhaber und Gesellschafter des Regressschuldners sowie deren Familienangehörige, ferner

---

[218] So BGH v. 13. 9. 2007, 1536 (1539); *Prölss/Martin/Kollhosser,* § 59 Rn. 15; *Römer/Langheid/Römer,* § 59 Rn. 11.
[219] *Günther,* VersR 2006, 1541; *Staudinger/Kassing,* VersR 2007, 10; a. A. *Müller,* VersR 2001, 429.
[220] Erstfassung vom 1. 11. 1961, VerBAV 1978, 137; Wortlaut abgedruckt bei *Günther,* 25 ff.

auf im Betrieb oder Haushalt des Regressschuldners angestellte Personen (Ziff. 4a des Abkommens). Der Regressverzicht ist ausgeschlossen bei vorsätzlicher oder grob fahrlässiger Herbeiführung des Schadens (Ziff. 5 des Abkommens). Der Regressverzicht ist der Höhe nach nach oben und unten begrenzt, nach unten jedoch nur, soweit eine Haftpflichtversicherung keine Deckung bieten würde (Ziff. 6 des Abkommens)[221].

114   Im Anschluss an die Rechtsprechung des BGH zur analogen Anwendung des § 59 Abs. 2 VVG a. F. fragt es sich, ob durch das Regressverzichtsabkommen auch Ausgleichsansprüche gegen den Haftpflichtversicherer des Mieters analog § 78 Abs. 2 VVG ausgeschlossen sind mit der Begründung, wenn das Regressverzichtsabkommen eine Regressnahme des Mieters ausschließe, was auch dem Haftpflichtversicherer des Mieters zugute komme, könne die Inanspruchnahme des Haftpflichtversicherer nicht über eine analoge Anwendung des § 78 Abs. 2 VVG wieder eröffnet werden. Doch beschränkt sich das Regressverzichtsabkommen auf nach § 67 VVG (a. F.) oder den entsprechenden landesrechtlichen Bestimmungen übergegangene Ansprüche. Da das Regressverzichtsabkommen den Mieter schützen will[222], kommt eine ergänzende Auslegung des Abkommen zugunsten des Haftpflichtversicherer nicht in Betracht[223]. Es wäre Sache der dem Abkommen beigetretenen VR, das Abkommen inhaltlich zu erweitern.

VII. Regressregelung durch Teilungsabkommen

115   Schadensteilungsabkommen werden zwischen Haftpflicht- und Sachversicherern sowie zwischen Haftpflichtversicherern und Sozialversicherungsträgern abgeschlossen. Sie verfolgen den Zweck, die Regresskosten der beteiligten Gesellschaften abzusenken, indem die Regulierung nicht nach Prüfung der Sach- und Rechtslage, sondern nach einer bestimmte Durchschnittsquote erfolgt[224].

Soweit sich Sachversicherer und Sozialversicherungsträger als Beteiligte solcher Teilungsabkommen gegenüber dem Haftpflichtversicherer des Schädigers auf eine Quote des entstandenen Schadens beschränken, liegt darin zugleich ein Regressverzicht gegenüber dem beim Haftpflichtversicherer versicherten Schädiger persönlich. Das Bestehen des Teilungsabkommens verpflichtet den Sachversicherer bzw. Sozialversicherungsträger als Regressgläubiger zu einem *pactum de non petendo*[225]. Hat der Haftpflichtversicherer die nach dem Abkommen auf ihn entfallende Quote geleistet, sind damit nach materieller Rechtslage eventuell weitergehende Ansprüche gegen den haftpflichtversicherten Schädiger erfüllt und erloschen[226].

VIII. Regressverzicht durch geschäftsplanmäßige Erklärung

116   Vor Inkrafttreten der Kraftfahrzeug-Pflichtversicherungsverordnung vom 29. 7. 1994[227], die in § 5 die Vereinbarung von Obliegenheiten vor Eintritt des Versicherungsfalls in Allgemeinen, Versicherungsbedingungen für die Kraftfahrthaftpflichtversicherung nur erlaubt, wenn die Leistungsfreiheit auf höchstens 5 000,00 € beschränkt wird, hatten sich die Kraftfahrthaftpflichtversicherer bereits durch sog. geschäftsplanmäßige Erklärung bereit gefunden, bei Verletzung der Obliegenheiten vor Eintritt des Versicherungsfalls nach § 2 Nr. 2 AKB (Fassung bis 1993) den bei Leistungsfreiheit zulässigen Regress gegen den VN und gegen

---

[221] Nähere Ausführungen zum Regressverzicht finden sich bei *Bischoff*, VerBAV 1961, 31; *Martin*, ZVersWiss 1973, 493 (501); *Essert*, VersR 1981, 1111; *Günther*, S. 27 ff.

[222] S. o. Kap 23 Rn. 112.

[223] LG Coburg v. 8. 5. 2007, r+s 2007, 421; *Günther*, VersR 2006, 1539 (1540); *Schwickert*, VersR 2007, 773 (774).

[224] *Bischoff*, VersR 1974, 217.

[225] BGH v. 13. 12. 1977, VersR 1978, 278 (280); BGH v. 13. 6. 1978, VersR 1978, 843 (844); BGH v. 7. 2. 1984, VersR 1984, 526 (527); BGH v. 25. 5. 1993, VersR 1993, 881 (883).

[226] BGH v. 25. 5. 1993, VersR 1993, 981 (982).

[227] BGBl. 1994 I S. 1837.

Mitversicherte auf 5 000,00 DM zu beschränken, soweit der Fahrer das Fahrzeug nicht durch strafbare Handlung erlangt hat. Mit Inkrafttreten der Kraftfahrzeug-Pflichtversicherungsverordnung haben die Kraftfahrtversicherer entsprechende Regelungen in die AKB übernommen, nach der Vorgabe in § 5 Abs. 3 KfzPflVV allerdings nicht mehr als Regressverzicht, sondern als Beschränkung der Leistungsfreiheit auf einen Betrag von höchstens 5 000,00 €. Damit ist der Versicherte in der Kraftfahrthaftpflichtversicherung, der gegen eine der in § 2b Nr. 1 AKB (Fassung ab 1995) geregelten Obliegenheiten verstoßen hat, wegen des über 5 000,00 € hinausgehenden Betrages auch vor dem Regress eines anderen Sachversicherers oder eines Sozialversicherungsträgers geschützt, da der Kraftfahrthaftpflichtversicherer den Geschädigten nicht mehr nach § 3 Nr. 6 PflVG i. V. m. § 158 c Abs. 4 VVG a. F. auf die Inanspruchnahme anderer Schadensversicherer oder Sozialversicherungsträger verweisen kann.

G. Abdingbarkeit

Nach § 87 VVG sind Vereinbarungen zwischen VR und VN, mit denen von § 86 VVG **117** zum Nachteil des VN abgewichen wird, unwirksam. Unwirksam sind hiernach Regelungen, die den VN verpflichten, Ansprüche gegen Dritte selbst beizutreiben.

Das Regressprivileg der häuslichen Gemeinschaft nach § 86 Abs. 3 VVG soll auch den **118** Frieden in der Gemeinschaft und deren gemeinsame Haushaltskasse schützen, so dass Vereinbarungen, die vor Eintritt eines Versicherungsfalls, etwa in Versicherungsbedingungen, getroffen werden, unwirksam sind[228]. § 11 MBKK ist also unwirksam, soweit die Regelung den VN verpflichtet, Ansprüche gegen Familienangehörige in häuslicher Gemeinschaft abzutreten[229].

Ob die Abtretung eines Anspruchs gegen eine nach § 86 Abs. 3 VVG privilegierte Person **119** in häuslicher Gemeinschaft mit dem VN nach Eintritt des Versicherungsfalls zulässig ist, ist streitig[230]. Richtigerweise ist darauf abzustellen, ob die Abtretung im Einzelfall dem VN (und nicht dem Schädiger) nachteilig ist[231].

Zu Lasten des VR darf von der Regelung des § 86 VVG abgewichen werden, so dass alle **120** Formen des Regressverzichts durch Vereinbarung zwischen VR und VN unbedenklich sind. Abweichungen von § 86 VVG zum Nachteil des VR sollen aber unwirksam sein, wenn sie gegen das Bereicherungsverbot verstoßen[232], was aber zweifelhaft erscheint, nachdem der BGH ein aus § 55 VVG a. F. abzuleitendes allgemeines Bereicherungsverbot in der Schadensversicherung bereits ausdrücklich verworfen hatte[233] und § 55 VVG a. F. mit der VVG-Reform ersatzlos weggefallen ist.

H. Verfahrensfragen

Da der Anspruch erst mit der Leistung des VR übergeht, ist der Versicherte bis dahin aktiv-**121** legitimiert, den Anspruch selbst geltend zu machen. Der bei der Erbringung der Leistung stattfindende Rechtsübergang führt nach § 265 ZPO weder zum Wegfall der Aktivlegitimation noch zur Erledigung der Hauptsache, sondern dazu, dass der Versicherte die Klage umstellen muss auf Leistung an den VR, etwa wenn ein geschädigter Fahrzeughalter zunächst den Schädiger in Anspruch nimmt und sich erst später, weil ihm der Rechtsstreit zu langwierig wird, dazu entschließt, doch seinen Kaskoversicherer in Anspruch zu nehmen. Da das

---

[228] Berliner Kommentar/*Baumann,* § 67 Rn. 190; *Bayer,* VersR 1989, 1123 (1124); BGH v. 24. 9. 1969, BGHZ 52, 350.
[229] BGH v. 24. 9. 1969, BGHZ 52, 350.
[230] S. o. § 22 Rn. 76.
[231] S. o. § 22 Rn. 76.
[232] *Bruck/Möller/Sieg,* § 67 Anm. 173; *Prölss/Martin/Prölss,* § 67 Rn. 50.
[233] S. o. § 22 Rn. 2.

Urteil nach § 325 Abs. 1 ZPO auch für und gegen den VR wirkt, kann dieser dem Verfahren als Nebenintervenient beitreten (§§ 66, 67 ZPO).

122   Der VR kann bereits vor Rechtsübergang Feststellungsklage gegen den Schädiger erheben, wenn das nach § 256 ZPO erforderliche Feststellungsinteresse gegeben ist, das etwa darin liegen kann, durch die Klage den Lauf von Verjährungs- oder Ausschlussfristen zu unterbrechen[234]. Nachdem der Anspruch übergegangen ist, ist der Versicherte für eine klageweise Geltendmachung nicht mehr aktivlegitimiert, doch kann mit Einwilligung des VR die Zulässigkeit einer gewillkürten Prozessstandschaft bejaht werden, wenn ein schutzwürdiges Interesse des Versicherten besteht, z. B. seinen Vertrag möglichst schadensfrei zu halten[235].

123   Für Rechtsweg und Gerichtsstand bleibt das ursprüngliche Rechtsverhältnis maßgeblich[236]. Erfolgt der Rechtsübergang erst, nachdem der Prozess des VN gegen den Schädiger rechtskräftig entschieden ist, kann der VR den Titel nach § 727 ZPO auf sich umschreiben lassen, sofern es ihm gelingt, die Rechtsnachfolge offenkundig zu machen oder durch öffentliche oder öffentlich beglaubigte Urkunden nachzuweisen (§ 727 Abs. 1 ZPO). Ist der Rechtsübergang nur teilweise erfolgt, können VR und VN als einfache Streitgenossen gem. §§ 59, 60 ZPO klagen, müssen dies aber nicht. Ist der Rechtsübergang streitig, muss er im Regressprozess vom VR bewiesen werden[237].

---

[234] *Bruck/Möller/Sieg,* § 67 Anm. 139.

[235] BGH v. 8. 2. 1952, BGHZ 5, 105 (110); OLG Düsseldorf v. 27. 2. 1998, NJW-RR 1998, 964; OLG Köln v. 29. 6. 1993, NJW-RR 1994, 27; Berliner Kommentar/*Baumann,* § 67 Rn. 203; *Prölss/Martin/ Prölss,* § 67 Rn. 29a; a. A. *Bruck/Möller/Sieg,* § 67 Anm. 143, der bezweifelt, dass sich ein schützwürdiges Interesse begründen lässt.

[236] S. o. § 22 Rn. 67.

[237] Berliner Kommentar/*Baumann,* § 67 Rn. 204.

6. Abschnitt. Rechtsdurchsetzung

§ 23. Prozessuale Typizitäten und Besonderheiten sowie außergerichtliche Streitbeilegung

Inhaltsübersicht

Literatur: *Bach*, Zum Feststellungsinteresse des VN gemäß § 256 ZPO im Deckungsprozess, VersR 1979, 506; *Borgmann*, Typische anwaltliche Fehler im Versicherungsprozess, r+s 2001, 221; *Burmann*, Der Sachverständigenbeweis im Haftpflichtprozess, ZfSch 2003, 4; *Fricke*, Die teleologische Reduktion des § 48 VVG bei Streitigkeiten aus VV, die im Internet abgeschlossen wurden, VersR 2001, 925; *R. Johannsen*, Beweislast und Beweisführung im Versicherungsvertragsrecht, in: Symposion „80 Jahre VVG" – Das Versicherungsvertragsrecht in Rechtsprechung und Regulierungspraxis, hrsg. v. *Bach* (1988), 194; *Knappmann*, Unfallversicherung: Kausalitäts- und Beweisfragen, NVersZ 2002, 1; *Krämer*, Prozessuale Besonderheiten des Haftpflicht- und Versicherungsprozesses, r+s 2001, 177; *Lanz*, Zweiklassenrecht durch Gutachterkauf – Zur mangelnden Neutralität gerichtlicher Gutachter, in: Brennpunkte des Sozialrechts 1999, hrsg. vom DAI – Fachinstitut für Sozialrecht (1999), 63; *Looschelders*, Ausschluss der Klagebefugnis des Mitversicherten und Teilklageobliegenheit des VN in der Rechtsschutzversicherung nach den ARB 75, VersR 2000, 23; *Römer*, Zur Beweislastverteilung bei Ansprüchen aus dem Versicherungsvertrag, r+s 2001, 45; *Sieg*, Die Prozessstandschaft bei Abwicklung von Versicherungsfällen, VersR 1997, 159; weitere Literaturhinweise im jeweiligen Zusammenhang.

A. Prozessuale Vorfragen im Deckungsprozess

I. Gerichtsstände

1. Gerichtsstände für den VN

Für Klagen, **die gegen einen VR** gerichtet sind, können mehrere Gerichtsstände in Betracht kommen, unter denen der Anspruchsteller die freie Wahl hat (§ 35 ZPO): **1**

a) generelle Gerichtsstände der ZPO. *aa) Allgemeiner Gerichtsstand, der durch den Sitz* **2** *des VR bestimmt wird (§ 17 Abs. 1 ZPO).* Gemäß § 17 Abs. 1 S. 2 ZPO gilt als Sitz der Gesellschaft, sofern sich nichts anderes ergibt, der Ort, an dem die Verwaltung geführt wird, also i. d. R. der Sitz der Hauptverwaltung[1].

bb) Besonderer Gerichtsstand des Erfüllungsortes, der in Bezug auf die Leistungen des VR **3** ebenfalls regelmäßig am Sitz des VR liegt (§ 29 Abs. 1 ZPO; §§ 269, 270 BGB).

cc) Besonderer Gerichtsstand der Niederlassung. Der besondere Gerichtsstand der Niederlassung ist gegeben, wenn die Klage einen Bezug zum Geschäftsbetrieb der Niederlassung hat (§ 21 Abs. 1 ZPO)[2]. Das ist dann der Fall, wenn über die Niederlassung der Versicherungsvertrag geschlossen worden ist oder zumindest abgewickelt[3] wird. **Niederlassung** ist jede Geschäftsstelle, die ein VR außerhalb seines Sitzes für eine gewisse Dauer eingerichtet hat und selbständig – d. h. mit eigenständiger Berechtigung zu Vertragsabschlüssen – betreibt[4]. Ausreichend ist ein Geschäftsbetrieb, der nach Außen den Anschein einer selbständigen Niederlassung erweckt („Filialdirektion", „Bezirksdirektion", etc.)[5]. **4**

b) Gerichtsstände des VVG. *aa) Besonderer Gerichtsstand des Wohnsitzes des VN (§ 215* **5** *VVG).* Gemäß § 215 Abs. 1 S. 1 VVG ist für Klagen aus dem Versicherungsvertrag oder der Versicherungsvermittlung auch das Gericht örtlich zuständig, in dessen Bezirk der Versicherungsnehmer zur Zeit der Klageerhebung seinen Wohnsitz, in Ermangelung eines solchen, seinen gewöhnlichen Aufenthalt hat.

aaa) Sinn und Zweck der Regelung. Die Vorschrift des § 215 VVG ist an die Norm des **6** § 29c ZPO[6] angelehnt worden, die den besonderen Gerichtsstand für Haustürgeschäfte re-

---

[1] BGH v. 16. 11. 2004, WuM 2005, 67 (67).
[2] BGH v. 22. 11. 1994, NJW 1995, 1225 (1226).
[3] *Bruck/Möller/Bruck*, Bd. I, § 48 VVG Anm. 19.
[4] BGH v. 30. 7. 1987, NJW 1987, 3081 (3082 unter II 3b); OLG Naumburg v. 30. 7. 2001, OLGR 2002, 105 m. w. N.; OLG Köln v. 24. 3. 1993, VersR 1993, 1172.
[5] OLG Naumburg v. 30. 7. 2001, OLGR 2002, 105; OLG Düsseldorf v. 26. 1. 1988, NJW-RR 1989, 432 (433 unter 1).
[6] Ob § 29c ZPO auf Versicherungsverträge Anwendung findet, ist umstritten, da ein Widerrufs- und Rückgaberecht bei Versicherungsverträgen gemäß § 312 Abs. 3 BGB nicht besteht. Bejahend: OLG Frankfurt, OLGR 2005, 568; LG Landshut, NJW 2003, 1197; *Musielak*, ZPO, § 29c Rn 7; Ablehnend:

gelt[7]. Der prozessuale Rechtsschutz des Verbrauchers soll dadurch erheblich gestärkt werden[8]. Der Gerichtsstand des Wohnsitzes des VN ist für diesen noch vorteilhafter, als der frühere Gerichtsstand der Agentur, da der VN noch zeit- und kostengünstiger prozessieren kann. Außerdem sollte eine klare und eindeutige Regelung getroffen werden, da § 48 VVG a. F. in der Vergangenheit zu Unklarheiten und Streitigkeiten geführt hat[9].

7   *bbb) Sachlicher Anwendungsbereich.* Der sachliche Anwendungsbereich des § 215 VVG ist in Anlehnung an die zu § 48 VVG a. F. entwickelte Definition weit zu fassen, so dass unter „Klagen aus dem Versicherungsvertrag" alle Streitigkeiten fallen, die sich aus einem Versicherungsvertrag ergeben können[10]. „Klagen aus der Versicherungsvermittlung" sind insbesondere Klagen von VN gegen VR und/oder Versicherungsvermittler auf Schadensersatz nach den §§ 6 Abs. 5, 63 VVG wegen unzureichender Beratung und Information im Rahmen der Vertragsanbahnung[11].

Hinsichtlich der Frage, wer als Versicherungsvermittler zu qualifizieren ist, kann auf die Grundsätze verwiesen werden, die bereits schon zu § 48 VVG a. F. entwickelt wurden[12].

Aus dem Wortlaut des § 215 VVG geht nicht eindeutig hervor, ob dieser auch anwendbar ist, wenn es sich bei dem Versicherungsnehmer nicht um eine natürliche, sondern um eine juristische Person handelt. Für eine Anwendbarkeit spricht zwar, dass § 215 VVG allgemein das Wort Versicherungsnehmer enthält und nicht nur den Begriff Verbraucher wie z. B. § 29c ZPO. Wortlaut, Sinn und Zweck des § 215 VVG n. F. und die einheitliche Auslegung von Begriffen im Prozessrecht lassen aber nur das Ergebnis zu, dass § 215 VVG lediglich auf natürliche Personen Anwendung findet[13].

Die Verwendung des Wortes „Wohnsitz", die auch § 13 ZPO und § 29c ZPO entspricht, die nur für natürliche Personen gelten, spricht dafür, dass nur natürliche Personen erfasst sein sollen. Juristische Personen haben keinen Wohnsitz und sie können auch keinen gewöhnlichen Aufenthalt haben. Für Juristische Personen ist gemäß § 17 ZPO ihr Sitz entscheidend, um ihren allgemeinen Gerichtsstand zu bestimmen. Außerdem sollten mit § 215 VVG die Verbraucherrechte gestärkt werden und Verbraucher sind gemäß § 13 BGB ausschließlich natürliche Personen[14].

Juristische Personen sind dann folglich auf die Gerichtsstände aus §§ 17, 21, 29 ZPO beschränkt[15].

8   *ccc) Örtliche Zuständigkeit.* Der Begriff des Wohnsitzes ist den §§ 7–11 BGB zu entnehmen. Wohnsitz ist grundsätzlich der Ort, an dem sich jemand ständig niederlässt, in der Absicht, ihn zum Mittelpunkt seiner wirtschaftlichen und gesellschaftlichen Tätigkeit zu machen[16]. Maßgeblich ist der Wohnsitz zur Zeit der Klageerhebung i. S. d. § 253 Abs. 1 ZPO.

OLG München, NJOZ 2006, 3066; LG Berlin, VersR 2005, 1259. Da § 215 VVG n. F. auch den Wohnsitz als Gerichtsstand bestimmt, ist der Streit nicht mehr von so großer Bedeutung.

[7] Siehe Gesetzesentwurf der Bundesregierung, Entwurf eines Gesetzes zur Reform des Versicherungsvertragsrechts, Besonderer Teil zu Artikel 1 – Gesetz über den Versicherungsvertrag (Versicherungsvertragsgesetz – VVG 2006), zu § 215 S. 293.

[8] Siehe BT- Drucks. 16/3945, Begründung Besonderer Teil zu Artikel 1, zu § 215, S. 117; *Marlow/Spuhl,* Das neue VVG kompakt, S. 178.

[9] Siehe Gesetzesentwurf der Bundesregierung, Entwurf eines Gesetzes zur Reform des Versicherungsvertragsrechts, Besonderer Teil zu Artikel 1 – Gesetz über den Versicherungsvertrag (Versicherungsvertragsgesetz – VVG 2006), zu § 215 S. 293.

[10] *Marlow/Spuhl,* Das neue VVG kompakt, S. 178.

[11] *Marlow/Spuhl,* Das neue VVG kompakt, S. 178.

[12] Siehe 4. b) zu § 48 VVG a. F.; siehe auch § 5 Rn 131.

[13] So auch *Marlow/Spuhl,* Das neue VVG kompakt, S. 178f.

[14] EUGH NJW 2002, 205; *Heinrichs,* in: Palandt, BGB, § 13 Rn. 2.

[15] *Marlow/Spuhl,* Das neue VVG kompakt, S. 179.

[16] *Vollkommer,* in: Zöller, ZPO, § 13 Rn. 4.

Wenn eine Person keinen Wohnsitz hat, ist deren gewöhnlicher Aufenthaltsort entscheidend. Das ist der Ort, an dem sich jemand ständig, für längere Zeit und nicht nur vorübergehend im Zeitpunkt der Klaggeerhebung aufhält[17].

bb) Besonderer Gerichtsstand der Agentur (§ 48 VVG a. F.). § 48 Abs. 1 VVG a. F. bestimmt, **9** dass in Fällen, in denen ein **Versicherungsagent den Vertrag vermittelt oder abgeschlossen** hat, für Klagen, die aus dem Versicherungsverhältnis gegen den VR erhoben werden, das Gericht des Ortes zuständig ist, in dem der Agent zur Zeit der Vermittlung oder Schließung des Vertrags seine **geschäftliche Niederlassung** oder – falls es eine solche nicht gab – seinen **Wohnsitz** hatte[18].

aaa) Zeitlicher Anwendungsbereich. § 48 VVG a. F. ist mit der VVG- Reform aufgehoben **10** worden. Er gilt aber weiterhin für bis zum 31. 12. 2008 eingetretenen Versicherungsfälle aus sog. Altverträgen, d. h. die vor dem Inkrafttreten des neuen VVG geschlossen wurden[19]. § 48 VVG a. F. findet außerdem bis zum 31. 12. 2008 Anwendung auf Versicherungsverhältnisse, die bis zum Inkrafttreten des neuen VVG entstanden sind.

bbb) Vermittlung oder Abschluss durch Agent. Da der Begriff des Agenten in § 48 VVG nicht **11** eigenständig definiert ist, gilt das allgemeine Verständnis des VVG. Es muss sich um einen Vermittler handeln, der **in die Vertriebsorganisation des VR eingegliedert** ist. Eine solche Eingliederung ist immer dann anzunehmen, wenn der Vermittler bei Antragstellung als „Auge und Ohr" des VR anzusehen ist[20]. Unerheblich ist, ob er als Außendienstmitarbeiter oder außerhalb eines Angestelltenverhältnisses – sei es auch nur nebenberuflich – tätig geworden, ob er Ausschließlichkeits- oder Mehrfachagent ist. Auch Mitarbeiter von Reisebüros, die ihren Kunden Reiseversicherung vermitteln, sowie Bankangestellte/Autoverkäufer hinsichtlich der Vermittlung von Restschuldversicherung/Kraftfahrtversicherung sind als Agenten anzusehen.

Wirken **mehrere Agenten,** die alle gegenüber dem VN auftreten, zusammen, hat jener **12** ein Wahlrecht zwischen den verschiedenen Gerichtsständen des § 48 VVG a. F[21].

Ist für einen (General-)Agenten ein **Unteragent** aufgetreten, bezieht sich § 48 VVG a. F. **13** aufgrund seiner Schutzfunktion auf die Verhältnisse des Unteragenten[22].

Nicht anwendbar ist § 48 VVG a. F., wenn der beteiligte VR ein Direktversicherer ist, der **14** keine Agenten beschäftigt oder wenn der VN den von ihm ausgefüllten Antrag bei einem Schadenbüro des Direktversicherers eingereicht hat[23].

Kein Agent ist der im alleinigen Interesse des Vertragsinteressenten aufgetretene **Versiche- 15 rungsmakler**[24]. Entscheidend ist jedoch nicht die Bezeichnung des Vermittlers, sondern die Funktion, in der er **im konkreten Einzelfall** tätig geworden ist. Deshalb kann in Ausnahmefällen ein als Makler firmierender Vermittler aufgrund besonderer Umstände gleichwohl als Agent zu sehen sein[25]. Dies lässt sich aber nicht bereits damit begründen, dass der Makler vom VR zur Schadensregulierung bevollmächtigt worden ist[26].

---

[17] *Vollkommer,* in: Zöller, ZPO, § 29 c Rn. 6.

[18] § 48 Abs. 2 VVG gilt nach § 187 VVG jedoch nicht für die in Art. 10 Abs. 1 EGVVG genannten Großrisiken (*Prölss/Martin/Kollhosser,* § 48 VVG Rn. 5; Berliner Kommentar/ *Gruber,* § 48 VVG Rn. 7; a. M.: *Bruck/Möller/Bruck,* Bd. I, § 48 VVG Anm. 26.

[19] § 1 Abs. 2 EGVVG

[20] Vgl. dazu BGH v. 19. 9. 2001, VersR 2001, 1498 (1499); BGH v. 22. 9. 1999, VersR 1999, 1481 unter 2.; OLG Hamm v. 18. 12. 2002, NJW-RR 2003, 608 (609 unter 1 c).

[21] *Bruck/Möller/Bruck,* Bd. I, § 48 VVG Anm. 20.

[22] *Prölss/Martin/Kollhosser,* § 48 VVG Rn. 3; *Römer/Langheid/Langheid* § 48 VVG Rn. 2; *Bruck/Möller/ Bruck,* Bd. I, § 48 VVG Anm. 20.

[23] *Römer/Langheid/*Langheid, § 48 VVG Rn. 2; LG Karlsruhe v. 22. 11. 1995, VersR 1997, 384.

[24] LG Duisburg v. 28. 7. 1999, VersR 2001, 178; *Prölss/Martin/Kollhosser,* § 48 VVG Rn. 3; *Römer/Langheid/Langheid,* § 48 VVG Rn. 2 m. w. N.

[25] *Prölss/Martin/Kollhosser,* § 48 VVG Rn. 3; *Römer/Langheid/Langheid,* § 48 VVG Rn. 2; Berliner Kommentar/ *Gruber,* § 48 VVG Rn. 3; *Bruck/Möller/Bruck,* Bd. I, § 48 VVG Anm. 20; vgl. auch BGH v. 22. 9. 1999, VersR 1999, 1481 unter 2.

[26] A. M.: LG Bonn v. 19. 2. 1988 – 15 O 343/87.

16   *ccc) Sachlicher Anwendungsbereich.* Der Agenturgerichtsstand erfasst sämtliche gegen einen VR gerichtete Klagen aus einem unter Agentenbeteiligung zustande gekommenen Versicherungsverhältnis[27], so dass auch Schadenersatzklagen deshalb in Betracht kommen. Für die gerichtliche Geltendmachung des Direktanspruchs eines außerhalb des Versicherungsverhältnisses stehenden Geschädigten in der Kraftfahrthaftpflichtversicherung (§ 3 Nr. 1 PflVG) gilt § 48 VVG a. F. nach h. M. allerdings nicht[28].

17   Außer dem VN können deshalb ohne weiteres auch Versicherte, Bezugsberechtigte, Zessionare, Pfandgläubiger, etc. Kläger sein.

18   **Verklagt** werden muss der VR oder sein Rechtsnachfolger[29]. Da § 48 VVG a. F. die gesetzliche Empfangsvollmacht des Agenten (§ 43 VVG a. F./§ 69 VVG 2008) nicht erweitert, kann die Klage nicht wirksam an den Agenten zugestellt werden[30].

19   Für **Klagen des VR** gilt § 48 VVG a. F. nicht. Sie müssen im allgemeinen Gerichtsstand des Prozessgegners (§§ 12 ff. ZPO) oder – etwa bei Prämienklagen – im besonderen Gerichtsstand des Erfüllungsortes (§ 29 Abs. 1 ZPO) erhoben werden.

20   *ddd) Örtliche Zuständigkeit.* Maßgeblich ist, wo der Agent zum maßgeblichen **Zeitpunkt der Vermittlung oder Schließung des Vertrags** seine **gewerbliche Niederlassung** oder in Ermangelung derselben seinen **Wohnsitz** hatte. Spätere Ortsveränderungen oder gar die völlige Aufgabe der Agentur berühren den einmal begründeten Gerichtsstand nicht.

21   *eee) Prorogationsverbot.* Diese örtliche Zuständigkeit kann durch eine Vereinbarung nicht ausgeschlossen werden (§ 48 Abs. 2 VVG a. F.)[31]. Der VR darf sie auch nicht umgehen, indem etwa beim Gericht seines Sitzes eine negative Feststellungsklage gegen den VN erhebt[32].

2. Ausschließlicher Gerichtsstand für den VR

22   Für Klagen des VR gegen den VN ist nach § 215 Abs. 1 S. 2 VVG das Gericht am Wohnsitz des VN ausschließlich zuständig.

Dieser ausschließliche Gerichtsstand gilt aus den zuvor genannten Gründen nur für Klagen gegen natürliche Personen und nicht gegen juristische Personen[33]. Der sachliche Anwendungsbereich beinhaltet wiederum sowohl Klagen aus dem Versicherungsvertrag als auch aus der Versicherungsvermittlung[34].

23   Der ausschließliche Gerichtsstand gilt aber nicht für konnexe Widerklagen, da § 33 Abs. 2 ZPO gemäß § 215 Abs. 2 VVG keine Anwendung findet. Der VR oder Versicherungsvermittler kann damit eine konnexe Widerklage gegen den VN auch dann erheben, falls dieser außerhalb des ausschließlichen Gerichtsstandes nach § 215 Abs. 1 S. 2 VVG geklagt hat[35].

24   § 215 Abs. 3 VVG macht von dem grundsätzlich geltenden Prorogationsverbot des § 40 Abs. 2 ZPO für ausschließliche Gerichtsstände eine Ausnahme für die Fälle, dass der VN nach Vertragsschluss seinen Wohnsitz oder gewöhnlichen Aufenthalt aus dem Geltungsbe-

---

[27] Streitig ist, ob § 48 VVG auch dann gilt, wenn der Agent als Kläger Ansprüche aus einem von ihm selbst als VN abgeschlossenen Vertrag geltend macht (ablehnend: LG Bad Kreuznach v. 6. 4. 1994, VersR 1994, 1094; *Prölss/Martin/Kollhosser*, § 48 VVG Rn. 3; tendenziell bejahend: OLG Hamm v. 13. 7. 1988 – 20 W 22/88 [insoweit in VersR 1989, 40 nicht abgedruckt]: Es bestehe kein Grund, den Agenten bei einem Eigengeschäft rechtlich schlechter zu stellen als die von ihm betreuten VN, deren Verträge er vermittelt habe).

[28] LG München I v. 11. 4. 1974, VersR 1974, 738; *Prölss/Martin/Kollhosser*, § 48 VVG Rn. 1; *Römer/Langheid/Langheid*, § 48 VVG Rn. 3; Berliner Kommentar/*Gruber*, § 48 VVG Rn. 4; *Theil*, VersR 1980, 810; a. M.: LG Hanau v. 27. 4. 1970, VersR 1971, 661; *Schade*, VersR 1974, 738.

[29] Z. B. nach einer Bestandsübertragung, § 14 Abs. 1 S. 3 VAG.

[30] *Bruck/Möller/Bruck*, Bd. I, § 48 VVG Anm. 22.

[31] § 48 Abs. 2 VVG a. F. gilt nach § 187 VVG jedoch nicht für die in Art. 10 Abs. 1 EGVVG genannten Großrisiken (*Prölss/Martin/Kollhosser*, § 48 VVG Rn. 5; Berliner Kommentar/*Gruber*, § 48 VVG Rn. 7; a. M.: *Bruck/Möller/Bruck*, Bd. I, § 48 VVG Anm. 26).

[32] *Prölss/Martin/Kollhosser*, § 48 VVG Rn. 2; *Bruck/Möller/Bruck*, Bd. I, § 48 VVG Anm. 26.

[33] *Marlow/Spuhl*, Das neue VVG kompakt, S. 179.

[34] *Marlow/Spuhl*, Das neue VVG kompakt, S. 179.

[35] *Marlow/Spuhl*, Das neue VVG kompakt, S. 179.

reich des VVG verlegt oder weder der Wohnsitz noch der gewöhnliche Aufenthalt im Zeitpunkt der Klageerhebung bekannt sind. Die Norm entspricht in ihrem Anwendungsbereich § 38 Abs. 3 Nr. 2 ZPO[36]. Es steht zu erwarten, dass in die AVB Vereinbarungen von Hilfsgerichtsständen aufgenommen werden.

II. Klageart

1. Zulässigkeit von Feststellungsklagen

Eine Besonderheit von Deckungsprozessen besteht darin, dass häufig Feststellungsklagen **25** (§ 256 ZPO) gegen VR erhoben werden. Diese Klagen sind durchweg auf die **Verpflichtung zur Gewährung bedingungsgemäßen Versicherungsschutzes** aus Anlass eines bestimmten Versicherungsfalls gerichtet. In den weitaus überwiegenden Fällen sind sie zulässig.

Missglückte Feststellungsanträge müssen unter Beachtung des erkennbar verfolgten Rechts- **26** schutzziels **ausgelegt**[37], ggf. mit richterlicher Hilfe **korrigiert** werden (§ 139 ZPO). Bei der gebotenen interessengerechten Auslegung des Rechtsschutzbegehrens ist zugunsten der Prozesspartei stets davon auszugehen, dass sie im Zweifel mit ihrer Prozesshandlung das bezweckt, was nach Maßgabe der Rechtsordnung **vernünftig** ist und was ihrer recht verstandenen Interessenlage entspricht[38].

Nicht selten wird die begehrte Feststellung nicht – wie § 256 Abs. 1 ZPO verlangt – für das Bestehen oder Nichtbestehen eines **Rechtsverhältnisses,** sondern für die Klärung **einzelner Vorfragen** oder zur Klärung der **Elemente eines Anspruchs** begehrt. Die isolierte Feststellung, dass etwa ein bestimmter Ausschluss nicht eingreift[39], kann aber ebenso wenig getroffen werden wie die Feststellung, dass ein vom VR erklärter Rücktritt oder eine Arglistanfechtung nicht wirksam sind. Richtigerweise muss die Feststellung sich bei der ersten Alternative auf die Deckungsverpflichtung des VR, bei der zweiten auf den Fortbestand des Versicherungsverhältnisses richten. Die streitigen Fragen werden dabei (lediglich) inzidenter geprüft und beantwortet.

Ein **schutzwürdiges Interesse an alsbaldiger Feststellung** des im Streit befindlichen **27** Rechtsverhältnisses ist regelmäßig gegeben, wenn der VR das Recht – insbesondere durch Ablehnung geltend gemachter Leistungsansprüche – ernsthaft bestreitet[40].

Eine allgemeine Subsidiarität der Feststellungsklage gegenüber der Leistungsklage besteht **28** nicht, so dass eine **Feststellungsklage** trotz der Möglichkeit, Leistungsklage zu erheben, stets dann unzulässig ist, wenn die Durchführung des Feststellungsverfahrens unter dem Gesichtspunkt der **Prozesswirtschaftlichkeit** zu einer sinnvollen und sachgemäßen Erledigung der aufgetretenen Streitpunkte führt[41]. Bei Klagen gegen öffentliche Körperschaften oder Anstalten[42] und der staatlichen Aufsicht unterliegenden Banken[43] ist trotz möglicher Leistungsklage regelmäßig auch eine Feststellungsklage zulässig, weil von solchen Beklagten zu erwarten ist, dass sie sich **bereits einem Feststellungsurteil beugen** werden. Dies lässt sich auch auf den Versicherungsvertragsprozess übertragen. Ist die Höhe der vom VN erstrebten Versicherungsleistung außer Streit, kann auch von einem der Versicherungsaufsicht unterliegenden VR mit hinreichender Gewähr erwartet werden, dass er einen Versicherungsfall bereits auf ein den Grund seiner Einstandspflicht bejahendes Feststellungsurteil hin ordnungsgemäß regulieren

---

[36] *Vollkommer,* in: Zöller, ZPO, § 38 Rn. 36.

[37] BGH v. 27. 11. 2002, VersR 2003, 187 (188 unter II 2a); BGH v. 28. 11. 1990, NJW-RR 1991, 984 (985 unter I); BGH v. 4. 12. 1980, VersR 1981, 173 unter I 3.

[38] BGH v. 27. 11. 2002, VersR 2003, 187 (188 unter II 2a) bzgl. eines Feststellungsantrags gegenüber einem Haftpflichtversicherer.

[39] BGH v. 16. 10. 1985, VersR 1986, 132 (133 unter 1).

[40] BGH v. 14. 4. 1999, VersR 1999, 706 (707 unter 2b).

[41] BGH v. 28. 9. 1999, VersR 1999, 1555 (1556 unter II 1b, cc); BGH v. 11. 11. 1993, VersR 1994, 170 (171 unter II 2b) m.w.N.

[42] BGH v. 9. 6. 1983, NJW 1984, 1118 (1119 unter 3c).

[43] BGH v. 30. 5. 1994, VersR 1995, 970 (971 unter A1); BGH v. 30. 4. 1991, NJW 1991, 1889 unter 1.

wird[44]. Dies muss insbesondere dann gelten, wenn der VN gezwungen ist, zur Abwehr eines Anspruchsverlustes wegen Verjährung alsbald gerichtliche Schritte einzuleiten[45].

29   Wird es dem VN (erst) während des Rechtsstreits möglich, seinen Leistungsanspruch zu beziffern, braucht er nach allgemeinen Grundsätzen nicht zur Leistungsklage überzugehen[46]. Dies gilt auch im Deckungsprozess. Ein Feststellungsantrag, der **zum Zeitpunkt der Rechtshängigkeit zulässig** war, kann deshalb weiter verfolgt werden.

30   Beansprucht der VN **Leistungen** aufgrund eines bestimmten Versicherungsfalls (Leistungsantrag) und beruft der VR sich demgegenüber auf Rücktritt, Arglistanfechtung oder Kündigung des Versicherungsvertrages, kann der VN zur Klärung seines Versicherungsschutzes für **zukünftige Versicherungsfälle** zusätzlich die **Feststellung des Fortbestehens des Versicherungsverhältnisses** entgegen der vertragsbeendenden Erklärung des VR beantragen (§ 256 Abs. 2 ZPO)[47].

2. Haftpflichtversicherung

31   **a) Klage des Versicherungsnehmers.** Im Haftpflichtversicherungsprozess kommt aufgrund der Besonderheiten des Leistungsversprechens des VR[48] eine **(Leistungs-)Klage** des VN auf Befreiung von der gegen ihn geltend gemachten Haftpflichtverbindlichkeit[49] – nicht etwa auf Zahlung an den Geschädigten – oder auf Erstattung eines von ihm an den Geschädigten gezahlten Schadenersatzbetrages[50] erst dann in Betracht, wenn das Bestehen des Haftpflichtanspruchs **unstreitig oder bereits rechtskräftig festgestellt** worden ist (vgl. § 106 S. 1 VVG). Solange dies nicht der Fall ist, klagt der VN richtigerweise auf **Feststellung,** dass der VR wegen einer – im Einzelnen zu bezeichnenden – Haftpflichtforderung **Versicherungsschutz zu gewähren** habe[51].

32   **b) Klage des Geschädigten.** Der Geschädigte hat, soweit ihm nicht ausnahmsweise gemäß § 115 VVG ein Direktanspruch[52] zusteht, keinen eigenen Deckungsanspruch gegen den Haftpflichtversicherer des Schädigers. Heute kann sich der Geschädigte faktisch einen Direktanspruch durch **Abtretung des Freistellungsanspruchs** verschaffen. Das bislang in Ziff. 28 AHB bzw. § 7 Abs. 3 AHB a. F. enthaltene Abtretungsverbots gilt wegen § 108 Abs. 2 VVG nur noch gegenüber sonstigen Dritten, vgl. auch Ziff. 28 AHB 2008. Dieser abgetretene „Direktanspruch" unterscheidet sich vom Direktanspruch nach § 115 VVG dadurch, dass dort der VR im Außenverhältnis gesamtschuldnerisch haftet, Deckungsfragen also nur eine begrenzte Rolle spielen. Mit der Abtretung erwirbt der Geschädigte demgegenüber den versicherungsvertraglichen Freistellungsanspruch des VN, der sich in seiner Hand **nach Maßgabe des Deckungsverhältnisses** in einem unmittelbaren Zahlungsanspruch umwandelt. Hiergegen

---

[44] BGH v. 28. 9. 1999, VersR 1999, 1555 (1556 unter II 1b, cc); OLG Hamm v. 10. 4. 2002, NVersZ 2002, 398 unter I; OLG Hamm v. 24. 9. 1986, VersR 1988, 173 unter I; OLG Hamm v. 7. 6. 1972, VersR 1972, 967 unter I; *Wussow,* WI 1996, 1; a. M.: OLG Düsseldorf v. 16. 8. 1994, VersR 1995, 1301 (1302 unter I).

[45] BGH v. 28. 11. 1990, VersR 1991, 172 (173 unter II 2).

[46] BGH v. 28. 9. 1999, VersR 1999, 1555 (1556 unter II 1b, cc) m. w. N.

[47] A. M. *Bach,* VersR 1979, 506.

[48] Die Entscheidung, ob er die gegen den VN erhobenen Haftpflichtansprüche erfüllen oder den Versuch einer Abwehr dieser Ansprüche unternehmen will, steht im pflichtgemäßen Ermessen des Haftpflichtversicherers.

[49] Vgl. OLG Köln v. 29. 10. 1990, VersR 1991, 654.

[50] Vgl. OLG Düsseldorf v. 21. 8. 2001, VersR 2002, 1273 unter 1; OLG Saarbrücken v. 25. 10. 2000, VersR 2002, 51 unter 1.

[51] BGH v. 21. 9. 1983, VersR 1984, 252 (253 unter II 2); BGH v. 4. 12. 1980, VersR 1981, 173 unter I 2; OLG Frankfurt v. 18. 12. 2002, VersR 2003, 588; *Prölss/Martin/Voit/Knappmann,* § 149 VVG Rn. 8 m. w. N.; *Römer/Langheid/Langheid,* § 149 VVG Rn. 28.

[52] Die Möglichkeit der unmittelbaren Inanspruchnahme des Haftpflichtversicherers des Schädigers durch den Geschädigten im Wege des Direktanspruchs ist eine Besonderheit der Kraftfahrzeughaftpflichtversicherung (§ 3 Nr. 1 PflVG); ansonsten ist sie nur bei Insolvenz oder unbekanntem Aufenthalt des VN möglich.

wird eingewandt, auch nach Abtretung des Freistellungsanspruchs bleibe dem VR das Wahlrecht zwischen Abwehr und Befreiung. Solange der VN den Haftungsanspruch nicht anerkannt habe, könne der vom Geschädigten in Anspruch genommene VR sich auf sein Erfül-
lungswahlrecht berufen; eine Zahlungsklage sei deshalb unbegründet, ohne dass es auf die
Klärung des Haftungsverhältnisses ankomme[53]. Diese Auffassung verkennt, dass es sich hierbei
nicht um zwei getrennte Ansprüche handelt, sondern um Ausprägungen eines einheitlichen
Deckungsanspruchs[54]. Zum alten Recht hatte der BGH entschieden, dass wenn der Versicherungsanspruch (durch Abtretung oder Pfändung) auf den Geschädigten selbst übertragen
wird, er sich in seiner Person der Befreiungsanspruch in einen Zahlungsanspruch umsetzt[55].
Auch verletzt die direkte Zahlungsklage des Geschädigten nicht die Prozessführungsauto-
nomie des VR. Dieser kann der Zahlungsklage auch mit Einwendungen aus dem Haftpflichtverhältnis begegnen, also sich für Abwehr entscheiden. Alles andere würde schließlich das
gesetzgeberische Ziel konterkarieren. Die Abtretung sollte dem Geschädigten gerade die **unmittelbare Inanspruchnahme** des VR ermöglichen[56]. Dogmatische Hindernisse bestehen
nicht[57] Auf der anderen Seite bleibt festzuhalten, dass eine Zahlungsklage gegen den VR nicht
zwingend zur Klärung des Haftungsverhältnisses führt, da die Klage auch oder schon bei mangelndem Versicherungsschutz unbegründet ist. Erfolgen im Urteil Feststellungen zum Haf-
tungsverhältnis, erlangen sie keine Bindungswirkung im Verhältnis Geschädigter zu VN[58].
Hier muss der Geschädigte entweder den VN mitverklagen, soweit mit der Abtretung des
Freistellungsanspruchs keine Stundung vereinbart wurde[59] oder ihm den Streit verkünden.
Anders als beim echten Direktanspruch mit Gesamtschuldnerverhältnis ist dann eine Streitverkündung zulässig, da der VN nur subsidiär in Anspruch genommen werden kann[60].

Ist der Freistellungsanspruch nicht abgetreten und der VN trotz Deckungsablehnung nicht
bereit, gegen den Haftpflichtversicherer gerichtlich vorzugehen, so ist der geschädigte Dritte
befugt, seinerseits auf **Feststellung** zu klagen, dass der VR **dem VN gegenüber** zur Gewährung vertraglichen Versicherungsschutzes verpflichtet ist[61]. In diesem Fall kann er erst dann im
Wege der **Leistungsklage** gegen den Haftpflichtversicherer vorgehen, wenn der **Haftpflichtanspruch rechtskräftig festgestellt** ist und der Dritte daraufhin den Deckungsanspruch des VN gepfändet und sich zur Einziehung hat überweisen lassen. Dadurch hat sich der
Befreiungsanspruch des VN in der Hand des Geschädigten in einen Zahlungsanspruch umgewandelt[62].

3. AVB mit fakultativem Sachverständigenverfahren

Die meisten AVB der Schadenversicherung[63] sehen die Möglichkeit eines **Sachverständi-   33
genverfahrens zur außergerichtlichen Ermittlung der Schadenhöhe** vor, das i. d. R.
der VN (oder sonst jede Partei) ohne Zustimmung der anderen in Gang bringen kann. Solange der VN das Recht hat, ein solches Sachverständigenverfahren zu verlangen, ist eine

---

[53] *Lange* r+s 2007, 401 (403f.).
[54] BGH v. 21.5. 2003, NJW 2003, 2376; BGH v. 9.6. 2004, VersR 2004, 1043.
[55] BGH v. 8.10. 1952, BGHZ 7, 244; Bei der Inanspruchnahme des VR in der Insolvenz aus abgeson-
derter Befriedigung betont der BGH allerdings, dass die Zahlungsanspruch die vorangegangene Feststellung des Haftpflichtanspruchs voraussetzt, BGH v. 17.3. 2004, VersR 2004, 634 (635).
[56] BT-Drucks 16/3945, S. 86 (Begründung zu § 105 VVG).
[57] Vgl. *Grote/Schneider* BB 2007, 2689 (2698); *Langheid* VersR 2007, 865 (866f.).
[58] *Grote/Schneider* BB 2007, 2689 (2698); *Langheid* VersR 2007, 865 (867).
[59] Erfolgte die Abtretung nicht vorab sicherungshalber, sondern nach Eintritt des Schadensfalls erfüllungshalber, wird hierin regelmäßig zumindest ein (vorläufiger) Ausschluss der Klagbarkeit liegen, vgl.
BGH v. 11.12. 1991, BGHZ 116, 278 (282); näher *Köhler* WM 1977, s. 242ff.
[60] *Vollkommer* in Zöller, ZPO, § 72 Rn. 8 m. w. N.
[61] BGH v. 15.11. 2000, VersR 2001, 90 (91); OLG Köln v. 15.6. 2001, VersR 2002, 730 unter I; *R.
Johannsen*, r+s 1997, 309 (313); *Späte*, AHB, § 1 Rn. 199.
[62] *Prölss/Martin/Voit/Knappmann*, § 156 VVG Rn. 11 m. w. N.
[63] Z. B. § 15 AFB 87; § 12 FBUB/Fass. Januar 2001; § 15 AERB 87; § 14 AKB; § 34 VHB 2000; § 29
VGB 2000; § 15 AWB 87; § 15 AStB 87; § 13 AMB 91; § 12 ABE/Fass. Januar 2001.

Feststellungsklage, mit der die Einstandspflicht des VR **dem Grunde nach** geklärt werden soll, nicht zu beanstanden[64]. Eine Verpflichtung, sich schon im Rechtsstreit dazu zu erklären, ob das Sachverständigenverfahren beantragt wird, besteht nicht[65].

4. Rechtsschutzversicherung

34   Der VN kann zunächst auf **Feststellung** klagen, dass der Rechtsschutzversicherer verpflichtet ist, ihm Rechtsschutz in bestimmten Angelegenheiten zu gewähren[66]. Eine **Leistungsklage** zur Geltendmachung eines Befreiungs- oder Erstattungsanspruchs ist gem. § 5 Abs. 2 lit. a ARB 2000 erst dann möglich, wenn der in Rede stehende Anspruch durch den Nachweis einer Kosten- bzw. Vorschussrechnung (Befreiungsanspruch) oder der Befriedigung des Kostengläubigers (Erstattungsanspruch) fällig geworden ist.

5. Krankenversicherung

35   Hier hat der VN die Möglichkeit, die Deckungspflicht des VR für eine in Kürze **beabsichtigte konkrete Heilbehandlung,** die jener ablehnt, **feststellen zu lassen** (vorgezogene Prüfung der Leistungspflicht). Die Möglichkeit, diese streitige Frage im Wege einer Leistungsklage entscheiden zu lassen, besteht noch nicht, weil die Kosten noch nicht entstanden sind. Der VN kann ein berechtigtes Interesse daran haben, den Streit schon jetzt – d. h. vor Beginn der Behandlung – klären zu lassen, weil er sonst gezwungen wäre, entweder die Behandlung nicht durchführen zu lassen oder das Risiko einzugehen, die Behandlungskosten eventuell selbst tragen zu müssen. Beides ist ihm – unabhängig von seinen Einkommensverhältnissen – regelmäßig nicht zuzumuten und deshalb ein Interesse an alsbaldiger Feststellung gegeben[67]. Erforderlich ist jedoch eine derart **konkrete Bezeichnung** der beabsichtigten medizinischen Behandlung – z. B. durch Vorlage eines zahnärztlichen Behandlungs- und Kostenplans –, dass eine umfassende Prüfung der Einstandspflicht des VR möglich ist.

6. Unfallversicherung

36   Bestreitet ein Unfallversicherer den Grund seiner Leistungsverpflichtung, darf der VN sich auf eine darauf bezogene **Feststellungsklage** beschränken, wenn ihm die Ermittlung des Invaliditätsgrades und damit die Bezifferung eines Leistungsantrags **Schwierigkeiten bereitet.** Dies galt bislang insbesondere dann, wenn der VN wegen einer Fristsetzung des VR nach § 12 Abs. 3 VVG a. F. unter Zeitdruck stand oder Verjährung droht. Er ist deshalb nicht gezwungen, zur Vorbereitung einer Leistungsklage einen medizinischen Privatgutachter zu beauftragen, sondern kann für den Fall eines Erfolgs der Feststellungsklage die sich anschließenden Ermittlungen des VR zur Anspruchshöhe abwarten.

III. Hinreichende Bestimmtheit des Klageantrags

37   Vor allem dann, wenn ein VN – etwa aus Kostengründen oder wegen Bestehens einer Doppelversicherung – nur einen **Teilbetrag** der von ihm für gerechtfertigt gehaltenen Entschädigungsforderung geltend macht, können sich Probleme hinsichtlich der hinreichenden Bestimmtheit des Klagegrundes (§ 253 Abs. 2 Nr. 2 ZPO) ergeben. Stets muss klar sein, **über welche Ansprüche** das Gericht eine rechtskräftige Entscheidung treffen soll. Dabei muss zwischen selbständigen Ansprüchen und unselbständigen Rechnungsposten unterschieden werden.

---

[64] BGH v. 16. 4. 1986, VersR 1986, 675 unter 1; OLG Düsseldorf v. 29. 2. 2000, NVersZ 2001, 422 (424 unter II 3a); OLG Köln v. 14. 12. 1999, r+s 2000, 382; OLG Hamm v. 15. 11. 1991, r+s 1992, 61 (62).
[65] BGH v. 17. 12. 1997, VersR 1998, 305 unter A.; BGH v. 16. 4. 1986, VersR 1986, 675 unter 1b.
[66] BGH v. 14. 4. 1999, VersR 1999, 706 (707 unter 2b); BGH v. 10. 11. 1993, VersR 1994, 44 (45 unter 1); BGH v. 16. 10. 1985, VersR 86, 132 (133 unter 1).
[67] BGH v. 23. 9. 1987, VersR 1987, 1107; OLG Schleswig v. 27. 1. 2000, VersR 2002, 428 (429 unter 1); LG Berlin v. 4. 6. 2002, r+s 2002, 384 (385).

Setzt sich ein Gesamtschaden aus mehreren selbständigen Ansprüchen zusammen und wird **38** hiervon nur ein Teilbetrag eingeklagt, hat der VN genau anzugeben, **welcher prozessual selbständige Anspruch in welcher Höhe und in welcher Reihenfolge** von der Teilklage erfasst sein soll. Nur so wird die für die Frage der Rechtskraft und Verjährungshemmung notwendige Gewissheit erreicht, in welcher Höhe welche Position der nicht voll rechtshängigen Gesamtsumme geltend gemacht wird[68]. Nach rechtskräftiger Entscheidung über eine – auch verdeckte – Teilklage ist der VN aus Gründen der Rechtskraft (§ 322 Abs. 1 ZPO) nicht gehindert, den restlichen Teil des Gesamtschadens in einem neuen Prozess einzuklagen[69].

Insbesondere bei Brandschäden kommt es regelmäßig vor, dass die geltend gemachte Entschädigungsforderung sich aus **verschiedenen Schadengruppen** zusammensetzt (z. B. Inventar-, Hausrat-, Betriebsunterbrechungsschaden, etc.). Soweit es sich dabei um selbständige prozessuale Ansprüche handelt, muss der klagende VN angeben, welcher Teilbetrag seiner Klage auf welche Schadengruppe entfällt[70]. Innerhalb der einzelnen Schadengruppen kann er die Bestimmtheit der Klageforderung dadurch erreichen, dass er von seiner diesbezüglichen Schadenaufstellung bestimmte Positionen benennt, die in ihrem Gesamtwert der auf diese Schadengruppe entfallenden Teil-Klagesumme entsprechen (z. B. „Position 1–25 der Schadenaufstellung zum Inventarschaden, hilfsweise numerisch fortlaufend"). Bei einer **klar abgrenzbaren Sachgesamtheit** (z. B. Gaststätteninventar oder Hausrat) braucht er eine derart konkrete Aufteilung der Teil-Klagesumme auf einzelne Stücke jedoch nicht unbedingt vorzunehmen. In diesen Fällen ist das Klagebegehren durch den zusammenfassenden Oberbegriff der Sachgesamtheit so hinreichend deutlich bestimmt, dass den Einzelstücken innerhalb der Sachgesamtheit für die Schadensberechnung nur die Bedeutung eines **unselbständigen Rechnungspostens** zukommt[71]. Für die Abgrenzung des geltend gemachten Teilbetrages aus dem Schaden an einer solchen Sachgesamtheit genügt dann die Angabe der Rangstelle des Teilbetrages innerhalb des Gesamtschadens (z. B. „erstrangige 50 000 DM des gesamten Inventarschadens").

Bei einer **Feststellungsklage** ist eine hinreichende Bestimmtheit des Feststellungsbegeh- **40** rens (§ 253 Abs. 2 Nr. 2 ZPO) bereits dann gegeben, wenn der Klageantrag mit der notwendigen Klarheit erkennen lässt, wofür der VR Deckung gewähren soll[72]. Auf die Vollstreckungsfähigkeit des Antrags kommt es hier nicht an.

IV. Prozessführungsbefugnis der klagenden Partei

Prozessführungsbefugnis ist die Befugnis, über das streitige Recht (oder Rechtsverhältnis) **41** einen **Rechtsstreit im eigenen Namen** führen zu dürfen. Dies ist bei eigenen Rechten meistens unproblematisch. **Fremde Rechte** dürfen jedoch nur unter den Voraussetzungen einer **gesetzlichen oder gewillkürten Prozessstandschaft** gerichtlich geltend gemacht werden. Dies gilt auch für die nicht seltenen Deckungsklagen von **Versicherten** im Rahmen einer Fremdversicherung, die – obwohl materiell Rechtsinhaber – ohne eigene Verfügungs- und damit auch Prozessführungsbefugnis sind (§ 44 VVG)[73]. Fehlt die Prozessführungsbefugnis, muss die Klage als **unzulässig** abgewiesen werden[74]. Klagt ein Prozessführungsberechtigter auf **Leistung an sich,** so kann er Zahlung nur verlangen, wenn er materiell auch zur Einziehung berechtigt ist. Dafür ist neben der Prozessführungsermächtigung auch eine wirk-

---

[68] OLG Hamm v. 6. 6. 1990 – 20 U 228/89.
[69] BGH v. 9. 4. 1997, VersR 1997, 898.
[70] BGH v. 22. 5. 1984, VersR 1984, 782 (783 unter 1).
[71] OLG Hamm v. 6. 6. 1990 – 20 U 228/89 unter Bezugnahme auf BGH v. 22. 5. 1984, VersR 1984, 782 (783 unter 1).
[72] BGH v. 27. 11. 2002, VersR 2003, 187 (188 unter II 2b).
[73] Berliner Kommentar/*Hübsch,* § 75 VVG, Rn. 11 m. w. N.
[74] Dies wird in der gerichtlichen Praxis häufig verkannt, indem Deckungsklagen von Versicherten mangels Prozessführungsbefugnis als „unbegründet" zurückgewiesen werden.

same **Einziehungsermächtigung** bzgl. der gerichtlich geltend gemachten fremden Forderung erforderlich[75].

1. Klagen des Versicherungsnehmers

42   a) **Eigenversicherung.** Zur gerichtlichen Geltendmachung eigener Ansprüche ist der VN problemlos befugt.

43   Falls er seine **Versicherungsansprüche wirksam abgetreten** hat, bedarf er zu einer auf die abgetretene Forderung bezogenen Klage nach allgemeinen Regeln neben einem eigenen schutzwürdigen Interesse auch einer Ermächtigung des Zessionars (gewillkürte Prozessstandschaft)[76]. Bei einer **Sicherungsabtretung** sind diese Voraussetzungen problemlos gegeben; die Ermächtigung gilt regelmäßig als stillschweigend erteilt[77]. Soweit zwischen VN und Zessionar nichts anderes vereinbart ist, muss bei offener Sicherungsabtretung allerdings auf **Leistung an den Zessionar** (oder auf Feststellung der Leistungspflicht gegenüber dem Zessionar) geklagt werden[78].

44   **Mehrere VN** – insbesondere Eheleute – bilden hinsichtlich des Entschädigungsanspruchs meistens eine **einfache Forderungsgemeinschaft.** Sie sind gegenüber dem VR gemeinschaftliche Gläubiger i. S. d. § 432 BGB[79]. Dies schließt nach § 432 Abs. 1 S. 1 BGB nicht aus, dass nur einer von ihnen Klage gegen den VR erhebt. Allerdings muss der Klageantrag auf **Leistung an alle VN gemeinschaftlich** lauten, sofern nicht der klagende VN – was insbesondere zwischen Eheleuten üblich ist – von dem/den anderen VN ermächtigt worden ist, **Zahlung an sich** zu beantragen. Hat einer der gemeinschaftlichen Gläubiger (z. B. Ehemann) den Entschädigungsanspruch in erster Instanz als – angeblich – alleiniger Gläubiger ohne Erfolg geltend gemacht und verfolgt er mit seiner Berufung nunmehr im Wege der **Klageänderung** den gemeinschaftlichen Anspruch, so ist das Rechtsmittel unzulässig, weil der VN nicht die Beseitigung der im angefochtenen Urteil liegenden Beschwer erstrebt[80].

45   Sind die VN in einer **BGB-Gesellschaft** miteinander verbunden, ist im Allgemeinen ein Gesellschafter allein nicht berechtigt, eine der Gesellschaft zustehende Forderung gegen den VR im eigenen Namen geltend zu machen. Nach §§ 709 Abs. 1, 730 Abs. 2 S. 2 BGB können die Gesellschafter, falls nicht etwas anderes vereinbart ist (§ 710 BGB), die Geschäfte der Gesellschaft nur gemeinschaftlich führen, also auch nur gemeinschaftlich die Forderung einklagen. Bei Erfolg der Gesellschafterklage wird der VR verurteilt, die Entschädigung **„an die Kläger als Mitgläubiger zur gesamten Hand"** zu zahlen. Die Gesellschafter können aber auch einen Gesellschafter im Wege der gewillkürten Prozessstandschaft ermächtigen, einen Anspruch der Gesellschaft allein gerichtlich geltend zu machen[81]. Umfasst diese Ermächtigung auch die Einziehung der Forderung, kann der Klageantrag auf **Zahlung an den klagenden Gesellschafter** gerichtet werden.

46   Ist eine vom Eigentümer versicherte Sache mit einem **Grundpfandrecht** (Hypothek oder Grundschuld) zugunsten eines Dritten belastet, das jenem eine Forderung gegen den Gebäudeversicherer verschafft (§§ 1127, 1192 BGB), steht auch dies weder der Aktivlegitimation noch der Prozessführungsbefugnis des VN entgegen. Dem **Schutz des Rechtsinhabers** ist aber beim **Klageantrag** Rechnung zu tragen:

---

[75] BGH v. 23. 3. 1999, VersR 1999, 892 unter II 1a; BGH v. 24. 2. 1994, NJW 1994, 2549 (2551 unter III 2d).

[76] Vgl. BGH v. 7. 6. 2001, NVersZ 2002, 14 unter II 1b m. w. N.

[77] BGH v. 23. 3. 1999, VersR 1999, 892 unter II 1a; BGH v. 7. 2. 1992, NJW 1992, 1384 unter I; OLG Hamm v. 20. 5. 1985, VersR 1986, 758; *Sieg*, VersR 1997, 159 (162).

[78] BGH v. 23. 3. 1999, 892 unter II 1b, aa m. w. N.

[79] Vgl. OLG Saarbrücken v. 5. 12. 2001, VersR 2002, 1091; OLG Hamm v. 6. 12. 1989, r+s 1990, 168 (169 unter 1); *Martin*, Sachversicherungsrecht, H IV Rn. 73f.

[80] OLG Saarbrücken v. 5. 12. 2001, VersR 2002, 1091. Allerdings war das erstinstanzliche Gericht gem. § 139 ZPO verpflichtet, auf eine sachgerechte Antragstellung hinzuwirken.

[81] BGH v. 20. 6. 1996, VersR 1996, 1306.

v. Rintelen

- **Vor der Pfandreife** (vgl. §§ 1281, 1128 Abs. 3 BGB) ist auf Zahlung an den VN und den Grundpfandgläubiger gemeinschaftlich zu klagen.
- **Nach der Pfandreife** ist auch der Grundpfandgläubiger zur Einziehung der Entschädigungssumme berechtigt. Da der VN aber trotz Pfandreife Inhaber der Forderung geblieben ist, behält er zwar die Prozessführungsbefugnis, muss jedoch nunmehr den Klageantrag auf Zahlung an den Grundpfandgläubiger richten[82].

b) Versicherung für fremde Rechnung. *aa) Gesetzliche Prozessstandschaft des Versiche-* **47** *rungsnehmers (§ 45 VVG).* Bei der Versicherung für fremde Rechnung in der Sach- und Unfallversicherung[83] ist Inhaber der Versicherungsansprüche zwar der Versicherte/Mitversicherte (§ 44 Abs. 1 VVG). **Materiell verfügungsberechtigt** (§ 45 Abs. 1 VVG) und **zur gerichtlichen Geltendmachung dieser Ansprüche befugt** (vgl. § 44 Abs. 2 VVG) ist jedoch grds. der **VN** als Vertragspartner des VR. Rechtsinhaberschaft und Verfügungs-/Prozessführungsbefugnis fallen also auseinander. Deshalb darf der VN auch diese, ihm materiell nicht zustehenden Ansprüche **im eigenen Namen einklagen** (gesetzliche Prozessstandschaft, § 45 VVG[84]), selbstverständlich auch einen Vergleich mit dem VR schließen[85]. Soweit bedingungsgemäß nichts anderes geregelt ist[86], kann er dabei aufgrund seiner Verfügungsbefugnis ohne weiteres auch **Zahlung an sich** verlangen[87].

Prozesskostenhilfe zur Geltendmachung eines dem Versicherten zustehenden Anspruchs **48** kann dem VN allerdings grds. nur dann bewilligt werden, wenn sowohl in seiner als auch in der Person **des Versicherten** die dazu erforderlichen wirtschaftlichen Voraussetzungen (§ 114f. ZPO) vorliegen[88]. Dies gilt zumindest dann, wenn der Versicherte zur Tragung der Prozesskosten in der Lage ist und der VN gegen ihn gem. § 669 BGB einen durchsetzbaren Anspruch auf Kostenvorschuss hat[89].

bb) Erteilung eines Sicherungsscheins. Hat jedoch der VR – insbesondere dem Leasinggeber **49** oder einem finanzierenden Sicherungseigentümer – zur Stärkung und Sicherung dessen Rechte antragsgemäß einen **Sicherungsschein** (oder eine Sicherungsbestätigung)[90] ausgestellt, wodurch zugunsten des Versicherten die §§ 44 Abs. 2, 45 Abs. 1 VVG abbedungen sind, ist **ausschließlich der Versicherte** im Rahmen der getroffenen Regelungen verfügungsbefugt[91].

Beispiel:[92]
„Der VN ist in Abweichung von §§ 10 AFB 87, 76 VVG a. F. nicht befugt, über die Rechte, die dem Kreditinstitut aus dem Versicherungsvertrag zustehen, im eigenen Namen zu verfügen. Berechtigt zur

---

[82] BGH v. 13. 12. 2000, NVersZ 2001, 179 (180 unter I 2c); BGH v. 9. 1. 1991, VersR 1991, 331 (332 unter I); OLG Hamm v. 14. 2. 1992, VersR 1992, 737 (738 unter 1).

[83] Nach § 179 Abs. 2 VVG finden die §§ 75 bis 79 VVG bei einer Versicherung gegen Unfälle, die einem anderen zustoßen, entsprechende Anwendung.

[84] Es handelt sich dabei zugleich um eine Vollstreckungsstandschaft, die den VN auch zum Betreiben der Zwangsvollstreckung berechtigt, vgl. *Sieg* VersR 1997, 197 (160 unter A I 2a).

[85] Vgl. dazu OLG Hamm v. 12. 9. 2001, NVersZ 2002, 181.

[86] Z. B. § 3 Abs. 2 S. 2 AKB: In der Kraftfahrtunfallversicherung darf der VN nur auf Leistung an sich klagen, wenn der verletzte Versicherte zugestimmt hat. Ohne diese Zustimmung muss auf Leistung an den Versicherten geklagt werden.

[87] Instruktiv OLG Hamm v. 12. 9. 2001, NVersZ 2002, 181: Die gesetzliche Prozessführungsbefugnis des VN wird durch Vereinbarungen zwischen VN und Versichertem nicht eingeschränkt; solche Regelungen im Innenverhältnis haben nur obligatorische Wirkungen. Einen weitergehenden Schutz kann der Versicherte nur durch einen Sicherungsschein erreichen.

[88] OLG Hamm v. 9. 10. 1990; r+s 1991, 38; OLG Hamm v. 22. 5. 1981, VersR 1982, 381; Berliner Kommentar/*Hübsch*, § 76 Rn. 7.

[89] *Römer/Langheid/Römer*, § 74 VVG Rn. 23; Berliner Kommentar/*Hübsch*, § 76 VVG Rn. 7.

[90] Beispiele bei *Martin*, Sachversicherungsrecht, Texte 52 und 53. Zum Sinn und Zweck eines Sicherungsscheins vgl. BGH v. 6. 12. 2000, VersR 2001, 235 (236 unter II 2a) m. w. N.

[91] Vgl. OLG Düsseldorf v. 5. 12. 2000, NVersZ 2001, 177 unter 1b.

[92] *Martin*, Sachversicherungsrecht, Texte 52.

Verfügung über diese Rechte, insbesondere zur Annahme der Entschädigung, ist allein das Kreditinstitut, und zwar auch dann, wenn es sich nicht im Besitz des Versicherungsscheins befindet."

50   Allerdings kann im Sicherungsschein die Verfügungsbefugnis des Versicherten im Hinblick auf sein **Sicherungsbedürfnis** (Höhe der Verbindlichkeiten des VN) davon abhängig gemacht werden, dass er dem VR gegenüber die Erklärung abgibt, zur Einziehung berechtigt zu sein[93]. Ist sie beschränkt auf den Betrag der offenen Verbindlichkeiten des VN, muss der Versicherte zumindest schlüssig darlegen, dass die Schuld des VN die Höhe der geltend gemachten Versicherungsleistung erreicht[94].

51   In der gerichtlichen Praxis sind Deckungsklagen von Sicherungsscheininhabern gleichwohl eher selten, weil – meistens bereits im Kredit- oder Leasingvertrag – der VN[95] vom Versicherten ermächtigt wird, den Versicherungsanspruch im Wege **gewillkürter Prozessstandschaft** treuhänderisch geltend zu machen[96]. Das für die Prozessführung erforderliche **eigene schutzwürdige Interesse des VN** ergibt sich zwanglos daraus, dass er durch die erstrebte Versicherungsleistung in entsprechender Höhe von seiner eigenen Zahlungsverpflichtung gegenüber dem Sicherungsscheininhaber befreit wird. Der Sicherungsscheininhaber als Versicherter ist dadurch hinreichend geschützt, dass der Klageantrag in aller Regel vereinbarungsgemäß auf **Zahlung an ihn** gerichtet sein muss[97].

2. Klagen Versicherter/Mitversicherter

52   **a) Eigene Prozessführungsbefugnis des Versicherten durch AVB.** Da die §§ 44 Abs. 2, 45 Abs. 1 VVG **dispositiv** sind, kann vertraglich etwas anderes geregelt werden. Eine **Stärkung der Rechtsposition des Versicherten,** die ihm die selbständige Geltendmachung seiner Versicherungsansprüche gestattet, findet sich gelegentlich in **Gruppenversicherung.** Ansonsten ist sie eher selten (z. B. § 10 Abs. 4 AKB für in der Kraftfahrt-Haftpflichtversicherung mitversicherte Personen[98]; § 17 Abs. 3 S. 2 AKB für in der Kraftfahrtunfallversicherung namentlich Versicherte; § 15 Abs. 2 ARB 2000 für in der Rechtsschutzversicherung mitversicherte Personen, wobei hier dem VN jedoch ein Widerspruchsrecht eingeräumt wird, soweit der Mitversicherte nicht sein „ehelicher/eingetragener Lebenspartner" ist[99]).

53   **b) Eigene Prozessführungsbefugnis des Versicherten gemäß § 44 Abs. 2 VVG.** *aa) Gesetzliche Regelung.* Das Gesetz gewährt dem Versicherten eine eigene Berechtigung zur gerichtlichen Geltendmachung der ihm zustehenden Versicherungsansprüche[100] nur, wenn der **VN zustimmt** oder der Versicherte **selbst im Besitz des Versscheins** ist (§ 44 Abs. 2 VVG). Die Zustimmung (§ 185 BGB) kann ausdrücklich oder auch lediglich konkludent vom VN erteilt werden[101]. Stillschweigende Zustimmung ist insbesondere dann anzunehmen, wenn der VN dem Versicherten den Versicherungsanspruch **„abgetreten"** hat. Diese Abtretungserklärung geht zwar ins Leere, weil der Versicherte ohnehin bereits materieller

---

[93] OLG Düsseldorf v. 5. 12. 2000, NVersZ 2001, 177 unter 1 b.

[94] OLG Hamm v. 20. 6. 1980, VersR 1980, 1039.

[95] Die Ermächtigung gilt regelmäßig nur für die klageweise Geltendmachung durch den VN und erlaubt diesem nicht, seinerseits einen Dritten zur Prozessführung zu ermächtigen (OLG Hamm v. 5. 12. 1997, VersR 1999, 44 [45]).

[96] BGH v. 5. 6. 1985, VersR 1985, 981 (982 unter I) m. w. N.; OLG Hamm v. 5. 12. 1997, VersR 1999, 44 (45); OLG Hamm v. 20. 11. 1987, VersR 1988, 926 unter I 2; OLG Saarbrücken v. 20. 4. 1988, VersR 1989, 38 unter 1.; OLG Köln v. 14. 6. 1984, VersR 1986, 229; *Römer/Langheid/Römer,* §§ 75, 76 VVG Rn. 21; *Prölss/Martin/Knappmann,* § 15 AKB Rn. 6.

[97] Berliner Kommentar/*Hübsch,* § 75 VVG Rn. 22 m. w. N.

[98] Vorgeschrieben in § 2 Abs. 3 KfzPflVV.

[99] Vgl. dazu *Looschelders,* VersR 2000, 23 (26).

[100] Eine Nebenintervention des Rechtsinhabers ist jedoch in allen Fällen der Prozessstandschaft zulässig (*Bruck/MöllerSieg,* Bd. II, §§ 75, 76 Anm. 24; *Sieg,* VersR 1997, 159 [162]; Berliner Kommentar/*Hübsch,* § 76 VVG Rn. 6).

[101] Eine vom VN erklärte Zustimmung hat auch nach Eröffnung des Insolvenzverfahrens Bestand (OLG Frankfurt v. 7. 8. 2001, NVersZ 2002, 180).

Anspruchsinhaber ist[102]. Immerhin enthält sie aber als Minus den Erklärungsinhalt, dass der VN mit der gerichtlichen Verfolgung des Anspruchs durch den Versicherten einverstanden ist[103].

bb) Rechtsmissbräuchliche Berufung des Versicherers auf Fehlen der Zustimmung. Erteilt der VN **54** die Zustimmung nicht und macht er die Leistungsansprüche des Versicherten auch nicht selbst geltend, wäre der Versicherte nach allgemeinen Regeln zunächst gezwungen, aus dem zwischen ihm und dem VN bestehenden gesetzlichen Treuhandverhältnis[104] **klageweise gegen den VN** auf Erteilung der Zustimmung vorzugehen, bevor er aus dem dann auf ihn übergegangenen Recht des VN selbst Deckungsklage gegen den VR erheben könnte.

Dieser umständliche und zeitraubende Weg wird ihm durch die Rechtsprechung jedoch **55** häufig erspart: Danach darf der Versicherte seinen Deckungsanspruch bereits dann selbst einklagen, wenn der VN zu erkennen gegeben hat, dass er von seinem Recht zur gerichtlichen Geltendmachung des Versicherungsanspruchs (§ 45 Abs. 1 VVG) **keinen Gebrauch machen** will, ohne dass dafür – im Verhältnis zum Versicherten – **billigenswerte Gründe** gegeben sind[105]. In derartigen Fällen wird die Berufung des VR auf fehlende Prozessführungsbefugnis des Versicherten als **rechtsmissbräuchlich** angesehen.

Hintergrund dieser Rechtsprechung ist der vom Gesetzgeber bei der Fremdversicherung **56** mit dem Auseinanderfallen von Rechtsinhaberschaft und Verfügungsbefugnis verfolgte **Sinn und Zweck.** Durch das Zustimmungserfordernis soll der VN ausreichenden Schutz erhalten „für die zahlreichen Fälle, in denen er sich wegen des von ihm als Prämie im Interesse des Versicherten bezahlten Vertrags oder wegen sonstiger Forderungen aus seinem Geschäftsverhältnisse zu dem Versicherten an die in seinem Besitze befindlichen, den Gegenstand der Versicherung bildenden Sachen halten kann"[106]. Die gerichtliche Praxis zeigt jedoch, dass in den meisten einschlägigen Fällen eine derartige **Schutzwürdigkeit des VN** (Bestehen von Ansprüchen auf Prämienausgleich, Schadenersatz o. ä. gegen den Versicherten, sonstige Wahrung eigener Interessen[107]) nicht gegeben ist. Regelmäßig besteht für den VN das Motiv, nicht selbst als Kläger zugunsten des Versicherten aufzutreten, schlicht darin, dass er meint, jener könne und solle seine eigenen Interessen **besser selbst** und **zudem auf eigene Kosten** wahrnehmen. Das aber ist regelmäßig kein im Sinne einer Schutzbedürftigkeit des VN billigenswerter Grund.

Allerdings muss – um Treuwidrigkeit begründen zu können – zum Schutz des VR sicher- **57** gestellt sein, dass die **Gefahr einer weiteren Inanspruchnahme durch den VN** mit der

---

[102] OLG Hamm v. 12. 3. 1999, VersR 1999, 964 (965 unter 1); *Römer/Langheid/Römer*, § 74 VVG Rn. 22; *Looschelders*, VersR 2000, 23 (24); *Sieg*, VersR 1994, 210 unter 1; *R. Johannsen*, r+s 1997, 309 (316). A. M.: BGH v. 22. 3. 2000, VersR 2000, 753 (754 unter 2a): Die Aktivlegitimation eines Versicherten in der Unfallversicherung soll nur dann gegeben sein, wenn er den Anspruch vor Fälligkeit durch wirksame Abtretung des VN erlangt hat.

[103] OLG Stuttgart v. 7. 2. 1991, r+s 1992, 331 unter I; *Römer/Langheid/Römer*, §§ 75, 76 VVG Rn. 13; Berliner Kommentar/*Hübsch*, § 76 VVG Rn. 10.

[104] BGH v. 12. 6. 1991, VersR 1994, 1101 (1102 unter 1 c) m. w. N. Der Versicherte kann den VN grds. nicht zwingen, die Rechte aus der Fremdversicherung für ihn geltend zu machen; vgl. BGH v. 20. 7. 1998, VersR 1998, 887 (888 unter 2b); BGH v. 7. 5. 1975, VersR 1975, 703.

[105] BGH v. 20. 7. 1998, VersR 1998, 887 (888 unter 2b) – Rechtsschutzversicherung; BGH v. 27. 5. 1998, VersR 1998, 1016 (1017 unter 2b) – Vertrauensschadenversicherung; BGH v. 14. 12. 1994, VersR 1995, 332 (333 unter 2) – Insassenunfallversicherung; BGH v. 11. 3. 1987, r+s 1987, 155 (156 unter 3b und c) – Fahrzeughändler- und Fahrzeughandwerkerversicherung; BGH v. 4. 5. 1983, VersR 1983, 823 (824 unter II 1) – Haftpflichtversicherung; BGH v. 4. 5. 1964, VersR 1964, 709 (710 unter I) – Betriebshaftpflichtversicherung OLG Hamm v. 12. 3. 1999, VersR 1999, 964 (965 unter 1) mit Anm. *Looschelders*, VersR 2000, 23 (24 ff.) – Rechtsschutzversicherung; OLG Hamm v. 1. 3. 1996, VersR 1997, 309 – Hausratversicherung; OLG Hamm v. 3. 3. 1995, VersR 1996, 1234 (1235) – Wohngebäudeversicherung.

[106] Motive S. 148. Könnte der Versicherte trotz des gesetzlichen Pfandrechts des VN an den versicherten Sachen (§§ 647 BGB; 397, 410, 421, 623 HGB) bei deren Untergang die Versicherungsleistung selbst einziehen, wäre die Position des VN entwertet (*Looschelders*, VersR 2000, 23 [24]).

[107] Vgl. *Prölss/Martin/Prölss*, § 77 VVG Rn. 6 ff.; *Römer/Langheid/Römer*, §§ 75, 76 VVG Rn. 15.

---

erforderlichen Sicherheit ausgeschlossen ist. Dies hat ggf. der klagende Versicherte vorzutragen und zu belegen. Zum Nachweis mangelnder Prozessführungsbereitschaft bietet sich die Vorlage einer entsprechenden **Bestätigung des VN** an. Eine solche Erklärung kann durchaus auch auf informatorische richterlichen Befragung in einem Verhandlungstermin des Deckungsprozesses, zu dem der VN den Versicherten – z. B. seinen Ehegatten – begleitet hat, erfolgen[108]. Wenn und soweit zwischen VN und Versichertem Uneinigkeit hinsichtlich des Bestehens „billigenswerter Gründe" besteht, muss dies – notfalls gerichtlich – **in ihrem Innenverhältnis geklärt** werden, zumal der VR die Motive des VN für dessen weigerliches Verhalten regelmäßig nicht kennt und es ihm deshalb weder möglich noch zumutbar ist, hierüber einen Rechtsstreit mit dem Versicherten zu führen[109].

58   Vielfach haben Bedingungswerke **im** Interesse des VR einschränkend geregelt, dass **ausschließlich der VN** zur Geltendmachung sämtlicher Versicherungsansprüche berechtigt ist[110]. Dadurch wird – über § 44 Abs. 2 VVG hinausgehend – das Verfügungsrecht des Versicherten über den ihm materiell zustehenden Versicherungsanspruch gänzlich ausgeschlossen[111]. Der VR will vermeiden, den Versicherungsfall mit einer unbestimmten Vielzahl ihm unbekannter Personen abwickeln zu müssen, statt sich allein mit dem VN als seinem Vertragspartner auseinander zu setzen[112]. Ihm soll nicht zugemutet werden, ohne weiteres auf das Ansinnen eines Dritten eingehen zu müssen, der behauptet, ein Recht aus der Versicherung zu haben[113].

59   Auch wenn derartige Regelungen nach §§ 307 ff. BGB inhaltlich kaum zu beanstanden sind, prüft die Rechtsprechung in jedem Einzelfall, ob **konkret** ein solches **schutzwürdiges Eigeninteresse des VR gegeben** ist. Meistens ist das nicht der Fall. Wenn feststeht – etwa durch namentliche Bezeichnung des Versicherten im Versicherungsschein – oder für den VR sonst leicht feststellbar ist, dass der den Anspruch erhebende Versicherte in den Deckungsbereich des Versicherungsvertrages einbezogen ist, darf sich der VR mangels eigener Schutzbedürftigkeit nach Treu und Glauben nicht auf die Abbedingung der in § 44 Abs. 2 VVG genannten Voraussetzungen für ein eigenes Verfügungsrecht des Versicherten berufen[114]. Dann kommt es auch in diesen Fällen ausschließlich darauf an, ob der VN einer gerichtlichen Geltendmachung des Deckungsanspruchs durch den Versicherten **zugestimmt** hat oder eine eigene Klageerhebung aus **nicht billigenswerten Gründen** unterlässt.

60   Dies gilt erst recht, wenn der VR sich vorprozessual darauf eingelassen hat, mit dem Versicherten zu korrespondieren[115] oder der Prozessführung des Versicherten im ersten Rechtszug nicht widersprochen[116] hat. Damit bringt er – sei es auch nur stillschweigend – zum Ausdruck, dass er gegen eine von ihm anstelle des VN erhobene Klage **nichts einzuwenden** hat.

---

[108] OLG Hamm v. 12. 3. 1999, VersR 1999, 964 (965 unter 1). Eine solche Erklärung wird oft sogar als – konkludente – Zustimmung des VN i. S. d. § 75 Abs. 2 VVG gewertet werden können.

[109] *Looschelders,* VersR 2000, 23 (25).

[110] Z. B. § 3 Abs. 2 S. 1 AKB; § 7 Abs. 1 S. 2 AHB; § 10 Nr. 1 und 2 AFB 87; 11 Abs. 2 S. 1 ARB 75; 12 Nr. 1 AUB 1999.

[111] A. M. *Bruck/Möller/Sieg,* Bd. II, §§ 75, 76 Rn. 47, wonach solche Klauseln einschränkend dahin zu verstehen sein sollen, dass zwar die Legitimationsfunktion des Versicherungsscheins, nicht aber die Zustimmungsbefugnis des VN ausgeschlossen werden soll.

[112] BGH v. 4. 5. 1983, VersR 1983, 823 (824 unter II 1); BGH v. 4. 5. 1964, VersR 1964, 709 (710 unter I).

[113] *Römer/Langheid/Römer,* §§ 75, 76 VVG Rn. 16.

[114] BGH v. 4. 5. 1983, VersR 1983, 823 (824 unter II 1); BGH v. 4. 5. 1964, VersR 1964, 709 (710 unter I); OLG Stuttgart v. 7. 2. 1992, r+s 1992, 331 unter I; *Römer/Langheid/Römer,* §§ 75, 76 VVG Rn. 16; *Looschelders,* VersR 2000, 23 (26). Anders kann es sein, wenn – etwa in der betrieblichen Haftpflicht- oder der Lagerversicherung – der Kreis der Versicherten schwer überschaubar ist (*Looschelders* VersR 2000, 23 [24]).

[115] BGH v. 7. 1. 1965, VersR 1965, 274 unter II; OLG Hamm v. 23. 2. 1994, r+s 1994, 248 (249 unter 1); OLG Düsseldorf v. 11. 4. 2000, VersR 2001, 888 (889 unter 2.).

[116] BGH v. 7. 1. 1965, VersR 1965, 274 unter I; OLG Köln v. 18. 2. 2003, ZfSch 2003, 294 (295); OGH v. 9. 3. 1999, VersR 2000, 478 (479).

Dass neben einer Klausel, mit der die ausschließliche Verfügungsbefugnis des VN für sämt-   **61** liche Versicherungsansprüche geregelt worden ist, vielfach flankierend auch ein **Abtretungs-verbot** vereinbart ist, ist unerheblich[117]. Da der Versicherte materiell bereits Anspruchs-inhaber ist, ist in seinem Rechtsverhältnis zum VN das Abtretungsverbot gegenstandslos[118].

3. Klagen des Zessionars

Klagt der Zessionar einen ihm vom VN abgetretenen Versicherungsanspruch ein, ist er –   **62** wenn die **Abtretung wirksam** war – Forderungsinhaber und ohne weiteres klagebefugt.

Einige Bedingungswerke enthalten jedoch **Abtretungsverbote**[119]. Diese werden von der   **63** Rechtsprechung durchweg als **wirksam** angesehen[120], soweit nicht gesetzliche Hindernisse entgegenstehen[121]. Es ist nicht zu beanstanden, dass ein VR verhindern will, sich nach einem Versicherungsfall mit einem ihm unbekannten, vom VN aufgedrängten Dritten, der außer-halb des Versicherungsverhältnisses steht, auseinandersetzen zu müssen[122]. Dem Sinn des Abtretungsverbots entsprechend ist auch die (bloße) **Ermächtigung des Dritten zur Ein-ziehung und gerichtlichen Geltendmachung** des Anspruchs im Wege gewillkürter Pro-zessstandschaft unwirksam[123]. Beruft sich der VR auf ein wirksames Abtretungsverbot, sind Aktivlegitimation und Prozessführungsbefugnis des vermeintlichen Zessionars deshalb grds. zu verneinen.

Eine Änderung hat sich durch die VVG-Reform für die **Haftpflichtversicherung** erge-   **64** ben. Nach § 108 Abs. 2 VVG 2008 kann die Abtretung des Freistellungsanspruchs an den **ge-schädigten Dritten** nicht durch AVB ausgeschlossen werden. Der VN kann damit nunmehr dem Geschädigten auch über den Bereich des § 115 Abs. 1 VVG einen Direktanspruch gegen den VR verschaffen. Das generelle Abtretungsverbot der Ziff. 28 AHB (§ 7 Nr. 3 AHB a. F.) wirkte bislang auch gegenüber dem Geschädigten[124] und ist nun entsprechend eingeschränkt worden. Der Geschädigte konnte vor endgültiger Feststellung seines Haftpflichtanspruchs gegen den Haftpflichtversicherer des Schädigers nur auf **Feststellung** klagen, dass der VR seinem VN Deckungsschutz zu gewähren habe[125]. Nun kann er unmittelbar **auf Zahlung** klagen (vgl. Rn. 36).

Für Altverträge gilt bis Ende 2008 die Rechtsprechung fort, wonach eine Berufung des   **65** VR auf das Abtretungsverbot in bestimmten Fallkonstellationen rechtsmissbräuchlich sein kann:

• Als **stillschweigende Zustimmung** ist zu werten, wenn der VR sich vorprozessual auf die Schadenanmeldung des Zessionars einlässt und die Versicherungsforderung ausschließ-lich mit ihm erörtert, ohne auf das Abtretungsverbot hinzuweisen. Zumindest verhält der VR sich widersprüchlich und damit treuwidrig, wenn er sich gleichwohl im späteren Pro-zess auf das Abtretungsverbot beruft.

---

[117] A. M.: OLG Köln v. 18. 1. 2000, NVersZ 2000, 577 (578).
[118] Siehe Fn. 79.
[119] Z. B. § 3 Abs. 4 AKB; § 17 Abs. 7 ARB 2000; § 19 Abs. 5 AHagB 94; Nr. 12.3 AUB 2000 (Abtre-tungsverbot nur bis zur Fälligkeit der Versicherungsansprüche).
[120] Zu § 3 Abs. 4 AKB vgl. OLG Hamm v. 5. 12. 1997, VersR 1999, 44 (45); zu § 7 Abs. 3 AHB vgl. BGH v. 26. 3. 1997, VersR 1997, 1088 (1090 unter 5 c, bb); OLG Düsseldorf v. 10. 9. 1996, VersR 1997, 1094 (1095 unter 1); OLG München v. 2. 10. 1990, VersR 1991, 456; zu § 12 Abs. 3 AUB 88 vgl. BGH v. 22. 3. 2000, VersR 2000, 753 (754 unter 2).
[121] Z. B. § 108 Abs. 2 VVG für die Haftpflichtversicherung sowie generell § 358 a HGB für Versiche-rungsverträge, die für beide Parteien ein Handelsgeschäft sind (OLG Köln v. 20. 11. 2001, NVersZ 2002, 270 [271]; OLG Hamm v. 5. 12. 1997, VersR 1999, 44 [45]; *Prölss/Martin/Knappmann,* § 3 AKB Rn. 6).
[122] BGH v. 26. 3. 1997, VersR 1997, 1088 (1090 unter 5 c, bb); BGH v. 13. 7. 1983, VersR 1983, 945 unter I.
[123] BGH v. 11. 2. 1960, VersR 1960, 300 (301 unter 3); OLG Düsseldorf v. 10. 9. 1996, VersR 1997, 1094 (1095).
[124] OLG Düsseldorf v. 10. 9. 1996, VersR 1997, 1094 (1095).
[125] BGH v. 15. 11. 2000, VersR 2001, 90 (91).

- Treuwidrigkeit ist auch dann anzunehmen, wenn der VR sich zunächst auf die Klage des Zessionars einlässt, ohne fehlende Aktivlegitimation oder Prozessführungsbefugnis zu rügen, so dass der VN (Zedent) bedenkenlos nach bisherigem Recht die Klagefrist des § 12 Abs. 3 VVG a. F. oder nunmehr **die Verjährungsfrist verstreichen** lässt, der VR sich dann aber nach Fristablauf auf das Abtretungsverbot beruft[126].

V. Passivlegitimation und Prozessführungsbefugnis bei offener Mitversicherung

66   Bei einer **Mehrheit von VR** schließt der VN mit jedem der am Konsortium beteiligten VR einen **rechtlich selbständigen Vertrag** über dessen anteilige Haftung[127].

67   Da keine Gesamthaftung besteht, kann der VN wählen, ob er sämtliche VR ganz oder teilweise verklagen will oder er einen VR seiner Wahl auf dessen Haftungsanteil in Anspruch nimmt. Das Verfahren gegen einen VR hemmt aber nicht die Verjährung gegenüber den Mitversicherern; ein gegen einen VR ergehendes Urteil hat auch – soweit keine anderslautende Abrede getroffen ist – **keine Bindungswirkung** für die anderen VR[128]. Die Vereinbarung einer einfachen **Führungsklausel**[129] reicht nicht aus; sie begründet zunächst nur eine passive Empfangsvollmacht und ggf. eine aktive Vollmacht des führenden VR[130].

68   Ist demgegenüber für den Fall einer gerichtlichen Auseinandersetzung auch eine **Prozessführungsklausel** vereinbart, geht die Bindungswirkung des vom VN gegen den führenden VR erstrittenen Urteils weiter. Sinn und Zweck einer Prozessführungsklausel ist es u. a., den VN nicht dadurch schlechter zu stellen, dass das zu versichernde Risiko auf mehrere VR verteilt wird[131]. Er soll es praktisch **nur mit einem VR** zu tun haben, gegen den allein er im Streitfall gerichtlich vorgehen muss. Die anderen VR erkennen die in diesem Rechtsstreit ergehende Entscheidung und einen vom führenden VR geschlossenen Prozessvergleich als auch für sie verbindlich an.

Beispiel: Klausel 1802[132]: Prozessführung
Soweit die vertraglichen Vereinbarungen für die beteiligten VR die gleichen sind, ist folgendes vereinbart:
1. Der VN wird bei Streitigkeiten aus diesem Vertrag seine Ansprüche nur gegen den führenden VR und nur wegen dessen Anteil gerichtlich geltend machen.
2. Die beteiligten VR erkennen die gegen den führenden VR rechtskräftig gewordene Entscheidung sowie die von diesem mit dem VN nach Rechtshängigkeit geschlossenen Vergleiche als auch für sich verbindlich an.
3. Falls der Anteil des führenden VR die Berufungs- oder Revisionssumme nicht erreicht, ist der VN berechtigt und auf Verlangen des führenden oder eines mitbeteiligten VR verpflichtet, die Klage auf einen zweiten, erforderlichenfalls auf weitere VR auszudehnen, bis diese Summe erreicht ist. Wird diesem Verlangen nicht entsprochen, so gilt Nr. 2 nicht.

Danach muss der VN seine Deckungsklage grundsätzlich nicht nur **personell** auf den führenden VR, sondern auch **der Höhe nach** auf dessen Anteil beschränken. Soweit die Klage darüber hinaus geht, ist sie unzulässig[133]. Wird der Führungsversicherer verurteilt, sind

---

[126] BGH v. 11. 6. 1996, VersR 1996, 1113 (1114 unter II 1 c); BGH v. 11. 2. 1960, VersR 1960, 300 (301 unter 5).

[127] Vgl. § 6 Rn. 40 ff.

[128] Vgl. § 6 Rn. 46.

[129] Vgl. dazu *Prölss/Martin/Kollhosser*, Vor § 58 VVG Rn. 3 ff.; *Römer/Langheid/Römer*, § 58 VVG Rn. 6.

[130] Vgl. § 6 Rn. 44 ff.

[131] BGH v. 7. 6. 2001, NVersZ 2002, 14 (15 unter II 1 b, aa); *Römer/Langheid/Römer*, § 58 VVG Rn. 6.

[132] Klausel 1802 kann vereinbart werden in der gewerblichen Feuer-, Einbruchdiebstahl- und Raub-, Leitungswasser- und Sturmversicherung; sachlich gleich Klausel 7811 für die Verbundene Hausratsversicherung, Klausel 8882 für die Mietverlustversicherung, Klausel 782 für die Glasversicherung.

[133] OLG Düsseldorf v. 5. 12. 2000, NVersZ 2001, 177 (178 unter 3); anders wegen Unklarheit der Regelung *Kretschmer* VersR 2008, 33, 38.

die Mitversicherer materiellrechtlich **entsprechend ihrer Beteiligung gebunden.** Kommen sie jedoch ihrer Verpflichtung nicht nach, müsste der VN zum Zwecke der Zwangsvollstreckung allerdings einen Titel auch gegen sie erwirken. Das wäre dann im Urkundsprozess möglich.

Schließt ein auf seinen Anteil verklagter führender VR mit dem VN einen **Prozessvergleich,** ohne zu wissen, dass wegen der Prozessführungsklausel dieser Vergleich auch für die übrigen VR verbindlich ist und diese deshalb entsprechend der Vergleichsquote und ihrer vertraglichen Beteiligung den Schaden ebenfalls zu regulieren haben, ist das ein **unbeachtlicher Rechtsfolgenirrtum,** der nicht zur Anfechtung des Vergleichs wegen Irrtums berechtigt[134].   **69**

Nicht jede Prozessführungsklausel ist allerdings derart unmissverständlich formuliert wie die Klausel 1802[135]:   **70**

- Wenn die Auslegung ergibt, dass der VN die Klage zwar auf den führenden VR und dessen Anteil (Beteiligungsquote) beschränken darf, dies aber **nicht muss,** ist der VN nicht gebunden. Er kann deshalb nach Wahl auch weitere VR und deren Anteile in den Prozess einbeziehen.   **71**

- Ist der führende VR von den Mitversicherern ermächtigt worden, „alle Rechtsstreitigkeiten auch bezüglich ihrer Anteile als Kläger oder Beklagter zu führen; ein gegen den oder von den führenden VR erstrittenes Urteil wird deshalb von den Mitversicherern als auch für sie verbindlich anerkannt", begründet dies die Passivlegitimation des Führungsversicherers **auch hinsichtlich der Haftungsanteile der Mitversicherer entsprechend deren Beteiligungsquoten**[136]. Die Klausel ist dahin auszulegen, dass der führende VR zugunsten des VN mit seinen Mitversicherern nach § 328 Abs. 1 BGB vereinbart hat, dass er zur Ermöglichung einer umfassenden Klage des VN kumulativ die Mitschuld für die Teilschulden der Mitversicherer übernommen hat, die ihm ihrerseits im Fall der Verurteilung Freistellung in Höhe ihrer Beteiligungsquote versprochen haben[137]. Deshalb braucht der VN die Klage nicht auf den quotenmäßigen Anteil des führenden VR zu beschränken, sondern kann gegen ihn den **Gesamtschaden** einklagen. Auf diese Weise kann er die Unsicherheit vermeiden, trotz materiell klarer Rechtslage ggf. noch weitere Prozesse gegen Mitversicherer führen zu müssen.   **72**

B. Darlegung und Beweislast im Deckungsprozess

I. Grundsätze

1. Darlegung

Im Zivil- und damit auch im Versicherungsvertragsprozess kann und darf nur über den Sachverhalt entschieden werden, der dem Gericht vorgetragen wird. Dieser sog. **Beibringungsgrundsatz** beruht auf der liberalen Vorstellung, dass die Parteien eigenverantwortlich sind und selbst am besten wissen, was sie zur Stützung ihres Prozessziels anführen **können und wollen**[138]. Sie allein entscheiden darüber, welchen Tatsachenstoff sie dem Gericht unterbreiten – also behaupten, bestreiten oder zugestehen wollen[139]. Deshalb darf sich der Rich-   **73**

---

[134] OLG Hamm v. 13.6. 997, VersR 1998, 1440.

[135] *Langheid/Müller-Frank,* NJW 2003, 399 (402), weisen darauf hin, namentlich in Verträgen der Industrieversicherung fänden sich unklar formulierte Führungsklauseln erstaunlich häufig. Vgl. auch *Kretschmer,* VersR 2008, 33 ff., zu Auslegung und Unklarheiten von Führungsklauseln in der Haftpflichtversicherung.

[136] Vgl. OLG Bremen v. 13. 1. 1994, VersR 1994, 709 (710 unter 2); zustimmend *Römer/Langheid/Römer,* § 58 VVG Rn. 6.

[137] *Prölss/Martin/Kollhosser,* Vor § 58 VVG Rn. 11; vgl. dort auch zu weiteren Klauselgestaltungen.

[138] *Lange,* NJW 2002, 476 (478).

[139] *Baumbach/Lauterbach/Hartmann,* Grdz § 128 ZPO Rn. 22.

ter nur mit dem **Parteivortrag** auseinandersetzen. Tatsachen, die keine Partei nach § 138 ZPO vorgebracht hat, dürfen grds. bei der Entscheidungsfindung nicht berücksichtigt werden[140].

74 Bekundet allerdings **im Rahmen einer Beweisaufnahme** ein Zeuge eine Tatsache, die bis dahin von keiner Partei schriftsätzlich oder im Rahmen einer Anhörung nach § 141 ZPO vorgetragen war, darf dies nicht unbeachtet bleiben. Es entspricht nämlich einem allgemeinen prozessualen Grundsatz, dass sich eine Partei die bei einer Beweisaufnahme zutage tretenden Umstände, soweit sie ihre Rechtsposition zu stützen geeignet sind, **stillschweigend hilfsweise zu Eigen** und damit zum Gegenstand des eigenen Vortrags macht. Dies gilt vor allem für eine der Partei **günstige Zeugenaussage**[141]. Deshalb ist es ein bei Instanzgerichten immer wieder auftretender Fehler, wenn im Rahmen der Beweiswürdigung – etwa zur Frage einer vorvertraglichen Anzeigepflichtverletzung – eine einer Prozesspartei vorteilhafte Zeugenaussage mit der Begründung unberücksichtigt bleibt, dies habe die Partei selbst nicht vorgetragen. Was den **Beweiswert** einer derartigen Zeugenaussage anbelangt, kann selbstverständlich von Bedeutung sein, warum die Partei die in Rede stehende(n) Tatsache(n) nicht vorgebracht hat. Ggf. muss dies vom Gericht geklärt werden.

75 Nicht selten geschieht es, dass eine Partei ihr vorprozessuales Vorbringen im Prozess **ändert** oder gar im Laufe des Rechtsstreits **unterschiedlich vorträgt**. Daran ist sie – von Verspätungs- oder sonstigen Präklusionsvorschriften abgesehen – nicht gehindert. Solange keine Bindung an ein gerichtliches Geständnis anzunehmen ist (§ 288 ZPO), sind Änderungen des Parteivortrags ebenso wie Präzisierungen oder Ergänzungen zulässig. Für die Schlüssigkeitsprüfung maßgebend ist dann der zum Zeitpunkt der letzten mündlichen Tatsachenverhandlung **aktuelle Tatsachenvortrag**. Deshalb darf der Tatrichter Parteivorbringen nicht unter Hinweis auf seine Widersprüchlichkeit als unschlüssig betrachten und deshalb von einer Beweisaufnahme absehen[142]. Die Modifikation des Vorbringens kann und muss jedoch im Rahmen der **Beweiswürdigung** Berücksichtigung finden, wenn sie nicht hinreichend plausibel erklärt worden ist[143]. Wenn etwa der VN seine Darstellung des Versicherungsfalls, nachdem diese sich als unrichtig herausgestellt hat, der für ihn unangreifbaren Erkenntnislage anpasst, ohne nachvollziehbar begründen zu können, wie es zu seinen ursprünglichen abweichenden Angaben gekommen ist, ist dies regelmäßig ein nicht unbedeutendes Indiz gegen die Richtigkeit des Klagevortrags. Darüber hinaus ist dem VR auch unbenommen, geändertes Vorbringen sich **hilfsweise zu Eigen** und wegen der anderslautenden Darstellung des VN im Regulierungsverfahren Leistungsfreiheit wegen **Aufklärungsobliegenheitsverletzung** geltend zu machen[144].

76 Eine **Erklärung mit Nichtwissen** ist nur über Tatsachen zulässig, die weder eigene Handlungen der Partei noch Gegenstand ihrer eigenen Wahrnehmung gewesen sind (§ 138 Abs. 4 ZPO). Dabei stehen Handlungen und Wahrnehmungen der Partei solche ihrer **Erfüllungs- und Verrichtungsgehilfen** sowie sonstiger Personen, die in ihrem Geschäftsbereich tätig geworden sind, gleich. Über Vorgänge, an denen nach der Behauptung des VN ein Schadenprüfer, Außendienstmitarbeiter, Agent o. ä. beteiligt gewesen sein soll, kann der VR sich deshalb

---

[140] BGH v. 21. 12. 2000, NJW 2001, 1285 (1287 unter III 2b, aa); OLG Hamm v. 4. 3. 1998, r+s 1998, 318 (319).

[141] BGH v. 10. 10. 2001, VersR 2001, 1541 (1542 unter II 1a); BGH v. 3. 4. 2001, VersR 2001, 1174 unter II 1. Dies gilt nicht nur für Zeugenaussagen, sondern auch für die einer Partei günstigen Umstände, die sich aus Darlegungen eines gerichtlichen Sachverständigen ergeben (BGH v. 8. 1. 1991, VersR 1991, 467 [468 unter 3b]).

[142] BGH v. 1. 7. 1999, NJW-RR 2000, 208 unter II; BGH v. 5. 7. 1995, NJW-RR 1995, 1340 (1341 unter 2b). Unrichtig OLG Köln v. 4. 8. 1998, r+s 1998, 425 (427), das den Klagevortrag zu einem Sturmschaden unter Hinweis auf Widersprüche zur vorprozessualen Darstellung des VN sowie zu gutachterlichen Äußerungen als unschlüssig angesehen hat.

[143] BGH v. 5. 7. 1995, NJW-RR 1995, 1340 (1341 unter 2b).

[144] Instruktiv BGH v. 24. 6. 1998, NVersZ 1998, 31 zur Unfallversicherung; vgl. dazu unten Rn. 302f.

nur dann mit Nichtwissen erklären, wenn er zuvor ohne Erfolg bei diesem Beteiligten **Erkun-**
digungen angestellt hat[145].

Nur ausnahmsweise kommt ein Bestreiten eigener Handlungen und Wahrnehmungen mit   **77**
Nichtwissen dann in Betracht, wenn die Partei nach der Lebenserfahrung glaubhaft macht,
sich an gewisse Vorgänge **nicht mehr erinnern** zu können[146]. Die bloße Behauptung, sich
nicht zu erinnern, reicht nicht aus.

2. Beweislast

Auch was die Beweislast[147] anbetrifft, gilt im Versicherungsprozess die **allgemeine zivil-**   **78**
rechtliche Grundregel: Jede Partei hat die tatsächlichen Voraussetzungen des ihr günstigen
Rechtssatzes zu beweisen, dessen Rechtsfolge sie geltend macht[148]. Den Anspruchsteller trifft
also die Beweislast für die anspruchsbegründenden Tatsachen, der Gegner muss Beweis für
rechtshindernde, rechtsvernichtende oder rechtshemmende Tatsachen erbringen.

a) Beweislast des VN. Der VN ist danach beweispflichtig für die tatsächlichen Vorausset-   **79**
zungen der ihm günstigen Regelungen, aus denen er seinen **Anspruch herleitet.**
— Dies betrifft zunächst den **Umfang des vereinbarten Versicherungsschutzes.** Der VN   **80**
muss beweisen, dass ein Versicherungsvertrag mit dem behaupteten Inhalt zustande gekommen ist. Dazu gehört auch der Nachweis eines entsprechenden Vertragsangebots,
wenn er sich etwa auf eine mündliche Ergänzung seines schriftlichen Versicherungsantrags
beruft[149].
— Darüber hinaus muss der VN den Eintritt eines Versicherungsfalls sowie ggf. erforderlicher   **81**
weiterer leistungsbegründender Tatsachen[150] beweisen. Das erfordert den Nachweis, dass
sich ein **versichertes Risiko in versicherter Zeit am versicherten Ort** realisiert hat
(sog. primäre Risikobegrenzung).
— Auch die **Höhe der geltend gemachten Forderung** unterliegt seiner Beweislast.   **82**
— Nicht selten hat der VN die Möglichkeit, die ihm nachteiligen Rechtsfolgen eines Leis-   **83**
tungsausschlusses oder einer Verwirkungsregelung dadurch abzuwenden, dass er seinerseits
die Voraussetzungen einer ihm günstigen **Gegenausnahme** beweist[151].

b) Beweislast des VR. Der VR trägt die Beweislast dafür, dass eine aus dem Deckungs-   **84**
bereich herausgenommene Gefahr gegeben ist. Deshalb ist er beweispflichtig für die tatsächlichen Voraussetzungen eines ihm günstigen **Ausschlusstatbestandes** (sog. sekundäre Risikobegrenzung).

Was **Verwirkungsregelungen** (z. B. vorvertragliche Anzeigepflichtverletzung, Prämien-   **85**
verzug, Gefahrerhöhung, Obliegenheitsverletzung, etc.) anbetrifft, muss er regelmäßig **zu-**
mindest deren objektiven Tatbestand beweisen.

II. Beweislastmodifizierungen durch AVB

Die gesetzliche Beweislastverteilung kann durch AVB vom VN **auf den VR verlagert**   **86**
worden sein.

Beispiele:
— In der Kfz-Haftpflichtversicherung weicht § 7 V Abs. 1 S. 1 AKB von § 28 Abs. 2 VVG, wonach der
VN sich von der gesetzlich vermuteten groben Fahrlässigkeit zu entlasten hat, ausdrücklich ab. Des-

---

[145] BGH v. 10. 10. 1994, VersR 1995, 181 (182 unter 3 d); BGH v. 15. 11. 1989, NJW 1990, 453 (454
unter II); LG Berlin v. 19. 12. 2000, VersR 2001, 1226 (1228 unter 2 a, bb).
[146] BGH v. 10. 10. 1994, VersR 1995, 181 (182 unter 3 d); OLG Hamm v. 22. 11. 1995, VersR 1996,
1408 (Zugangszeitpunkt von Postsendungen eines VR).
[147] Vgl. dazu *Baumgärtel/Prölss*, § 1 VVG Rn. 5 ff.; *Hansen*, Beweislast, S. 70 ff.; *Römer*, r+s 2001, 45.
[148] BGH v. 3. 7. 2002, VersR 2002, 1089 (1090 unter II 1 b, bb).
[149] BGH v. 3. 7. 2002, VersR 2002, 1089 (1090 unter II 1 b, bb).
[150] In der Unfallversicherung sind z. B. nur bestimmte Folgen eines Unfall leistungsbegründend, nicht
bereits der Versicherungsfall als solcher (vgl. die Leistungsarten in Nr. 2 AUB 99).
[151] Z. B. Wiedereinschluss bei einer Ausschlussregelung; Führung von Kausalitätsgegenbeweisen; etc.

halb kann Leistungsfreiheit nur eintreten, wenn der VR neben dem objektiven Tatbestand einer in § 7 I und II AKB für Haftpflichtschäden niedergelegten Obliegenheit auch ein grobes Verschulden des VN beweist[152].

- In manchen Klauseln älterer Bedingungswerke der Sachversicherung, die **Sicherheitsobliegenheiten** regeln, war die gesetzliche Vermutung des § 6 Abs. 1 S. 1 VVG a. F. für Verschulden des VN dahingehend abgeändert, dass der VR insoweit beweispflichtig war[153]. Diese kundenfreundliche Beweislastmodifikation hat sich jedoch nicht durchzusetzen vermocht. Schon seit längerer Zeit sind die Versicherungsunternehmen zur gesetzlichen Regelung zurückgekehrt.

III. Auseinanderfallen von Darlegungs- und Beweislast

87   Von großer Bedeutung in Versicherungsprozessen ist der allgemeine prozessuale **Grundsatz der Substantiierungslast der nicht beweisbelasteten Partei.** Wenn eine Partei für Tatsachen beweispflichtig ist, die sich außerhalb ihres eigenen Wahrnehmungsbereichs in der **Sphäre des Gegners** ereignet haben, ist ihr mangels eigener Kenntnis die Beweisführung ohne entsprechende Vorgabe der anderen Partei kaum möglich. Deshalb hat nach dem auch im Prozessrecht zu beachtenden Grundsatz von Treu und Glauben[154] zunächst der Gegner – soweit ihm **möglich** und bei Berücksichtigung der maßgeblichen Umstände und Interessen **zumutbar** – den aus seiner Sphäre stammenden Geschehensablauf substantiiert (d. h. mit näheren positiven Angaben) darzulegen und einer Nachprüfung zugänglich zu machen[155]. Erst wenn er seiner Substantiierungspflicht (sog. sekundäre Behauptungslast) nachgekommen ist, ist die beweisbelastete Partei am Zuge und muss nun diesen Sachvortrag widerlegen. Dies führt nicht etwa zu einer Umkehr der Beweislast[156], sondern schafft lediglich die tatsächlichen Voraussetzungen dafür, dass die beweispflichtige Partei überhaupt erst in der Lage ist, ihrer Beweislast nachzukommen.

88   Diese Beweisführungserleichterung kommt insbesondere beim **Nachweis innerer Tatsachen** zum Tragen.

Beispiele:

- Auch für die subjektive Seite des Vorwurfs **grober Fahrlässigkeit** gem. § 81 VVG ist der VR darlegungs- und beweispflichtig. Insoweit kann zwar – insbesondere bei groben Verkehrsverstößen – vom äußeren Geschehensablauf und vom Ausmaß des objektiven Pflichtverstoßes auf innere Vorgänge und deren gesteigerte Vorwerfbarkeit geschlossen werden[157]. Dies darf jedoch nicht im Sinne einer Regelhaftigkeit (miss-)verstanden werden[158]. Es ist vielmehr Sache des **VN,** ihn entlastende Tatsachen vorzutragen, die – soweit sie den Vorwurf groben Verschuldens nicht rechtfertigen – der **VR** sodann zu widerlegen hat[159].
- Muss der VR für eine objektiv feststehende Falschangabe des VN **Arglist** als Motiv beweisen – etwa zur Begründung einer Anfechtung nach §§ 22 VVG, 123 BGB oder einer Leistungsfreiheit wegen arglistiger Täuschung bei den Regulierungsverhandlungen – ist er dazu allenfalls dann in der Lage,

---

[152] BGH v. 3. 6. 1977, VersR 1977, 733 (734 unter 2a); *Prölss/Martin/Knappmann,* § 7 AKB Rn. 72.

[153] Z. B. § 7 S. 2 AFB 30; § 7 S. 3 AEB; § 6 Abs. 1 S. 2 AStB 68; § 6 Abs. 1 S. 2 AWB 87; § 9 Abs. 1 S. 2 VGB 62.

[154] Insoweit ist eine Ausnahme von dem zivilprozessualen Grundsatz gerechtfertigt, wonach keine Partei gehalten ist, dem Gegner für seinen Prozesssieg das Material zu verschaffen, über das er nicht schon von sich aus verfügt.

[155] BGH v. 29. 1. 2003, VersR 2003, 364 (365 unter II 4a); BGH v. 3. 2. 1999, NJW 1999, 1404 (1405 unter II 2b, aa) m. w. N.

[156] BGH v. 29. 1. 2003, VersR 2003, 364 (365 unter II 4a); OLG Hamm v. 25. 10. 2000, VersR 2002, 603.

[157] BGH v. 29. 1. 2003, VersR 2003, 364 (365 unter II 4a) m. w. N.; BGH v. 8. 7. 1992, BGHZ 119, 147 (151).

[158] Insoweit ist die Rspr. des BGH zum sog. „Augenblicksversagen" (Urteile v. 8. 7. 1992, VersR 1992, 1085, und v. 18. 12. 1996, VersR 1997, 351) von Instanzgerichten oft falsch verstanden worden.

[159] BGH v. 29. 1. 2003, VersR 2003, 364 (365 unter II 4a); *Römer* NVersZ 2001, 539.

wenn der VN[160] vorab offenbart, wie es zu der unstreitigen oder bewiesenen Unrichtigkeit gekommen ist[161].

Über Geschehensabläufe in der eigenen Sphäre hinaus wird die Substantiierungslast der   **89** nicht beweisbelasteten Partei ausgedehnt auf sämtliche entscheidungsrelevanten Umstände, die nur diese Partei kennt und deren Offenbarung zur sachgerechten Beweisführung durch den Gegner erforderlich und zumutbar sind. Dies gilt insbesondere, wenn es um einen **Negativbeweis** geht.

Beispiele:
- Behauptet der VN, eine bestimmte Anzeige oder Liste **fristgerecht abgesandt** zu haben, kann der für eine Obliegenheitsverletzung beweispflichtige VR dies nur dann widerlegen, wenn der VN die näheren Umstände des Absendevorgangs (Zeit, Ort, beteiligte Person, etc.) darlegt[162].
- Wenn der VN einen **Kausalitätsgegenbeweis** zu führen hat, wird ihm das in vielen Fällen nur dann möglich sein, wenn der VR zuvor aufzeigt, inwieweit sich die Möglichkeit einer konkreten Verbesserung seine Interessenlage bei obliegenheitsgerechtem Verhalten des VN hätte ergeben können[163].
- Der VN, der bei grob fahrlässiger Verletzung der vorvertraglichen Anzeigeobliegenheit den Ausschluss des Rücktrittsrechts nach § 19 Abs. 4 VVG geltend macht, ist ebenso wie der VN, der früher wegen der gesetzlichen Vermutung des § 16 Abs. 1 S. 2 VVG a. F. beweisen musste, dass ein bei Antragstellung von ihm unrichtig angegebener oder verschwiegener Umstand **nicht gefahrerheblich** war, darauf angewiesen, dass der VR ihm dazu seine Risikoprüfungs- und Vertragsannahmegrundsätze offen legt[164].
- In der Berufsunfähigkeitsversicherung muss der VN beweisen, dass er aus gesundheitlichen Gründen nicht nur zur Ausübung seines tatsächlichen Berufs, sondern auch eines sog. Vergleichsberufs zum vereinbarten Grad (meistens: mindestens 50%) außerstande ist. Da vom BGH (nur) der VR als branchenerfahren angesehen wird, ist es zunächst dessen Sache, eine für eine abstrakte Verweisung in Betracht kommende **Vergleichstätigkeit** substantiiert aufzuzeigen[165]. Erst danach ist der VN imstande, sich sachgerecht gegen seine Verweisbarkeit zur Wehr zu setzen, indem er die Ungeeignetheit des vom VR vorgeschlagenen Vergleichsberufs beweist.

IV. Geltendmachung von Verteidigungsvorbringen durch VR

1. Keine Berücksichtigung von Amts wegen

Auch wenn die Dinge insoweit noch nicht umfassend geklärt sind, dürfte die höchst-   **90** richterliche Rechtsprechung dahin zu verstehen sein, dass Verteidigungsvorbringen (Ausschluss- und Verwirkungstatbestände) im Prozess nur insoweit Berücksichtigung findet, als der VR sich, nicht nur vorprozessual[166], **darauf berufen** hat. Für Obliegenheitsverletzungen ist dies vom BGH mehrfach entschieden worden[167]. Es gilt aber auch darüber

---

[160] Ist der VN verstorben, trifft die Darlegungslast selbstverständlich nicht seine Rechtsnachfolgerin, soweit diese nicht eigene Kenntnisse über seine Motivation zur Falschangabe hat (A. M.: OLG Frankfurt v. 10. 5. 2000, NVersZ 2000, 514 [515]).

[161] BGH v. 19. 2. 1981, VersR 1981, 446; BGH v. 20. 11. 1970, VersR 1971, 142 (144 unter II 3); OLG Frankfurt v. 2. 5. 2001, NVersZ 2002, 401 (402); OLG München v. 30. 11. 1998, VersR 2000, 711; OLG Hamm v. 1. 10. 1997, ZfSch 1998, 435; OLG Hamm v. 16. 1. 1991, r+s 1992, 358 (359 unter 2 d); KG Berlin v. 23. 2. 1996, r+s 1997, 346 (347); OLG Oldenburg v. 22. 10. 1986, r+s 1988, 31 (32). Unrichtig OLG Frankfurt v. 7. 6. 2000, NVersZ 2001, 115 (116), soweit es den VN insoweit auch für beweispflichtig erklärt.

[162] Vgl. *Römer/Langheid/Römer*, § 6 VVG Rn. 112.

[163] Instruktiv BGH v. 4. 4. 2001, VersR 2001, 756 (757 unter 2b) zum Kausalitätsgegenbeweis bei verspäteter Anzeige des Versicherungsfalls.

[164] BGH v. 8. 3. 1989, r+s 1989, 201 unter 3; BGH v. 28. 3. 1984, VersR 1984, 629 (630 unter I); einschränkend BGH v. 20. 9. 2000, VersR 2000, 1486 unter 1b, bb.

[165] BGH v. 29. 6. 1994, VersR 1994, 1095 (1096 unter 2b).

[166] OLG Köln v. 17. 3. 1998, r+s 1998, 294.

[167] BGH v. 18. 12. 1989, VersR 1990, 384 unter 3; BGH v. 24. 4. 1974, VersR 1974, 689 (690 unter 2); OLG Köln v. 12. 4. 1994, VersR 1994, 1183 (1184); OLG Hamm v. 4. 12. 1992, r+s 1993, 246 (247 unter 4); *Römer/Langheid/Römer*, § 6 VVG Rn. 101; a. M.: *Prölss/Martin/Prölss*, § 6 VVG Rn. 86.

v. Rintelen

hinaus[168], weil Ausschluss- und Verwirkungsregelungen – selbst wenn sie außer in AVB auch gesetzlich niedergelegt sind[169] – im Interesse des VR bestehen und deshalb auch zu seiner Disposition stehen. Dies schließt ihr selbsttätiges Eingreifen aus[170].

91   Im Schrifttum wird das allerdings teilweise anders gesehen. So soll etwa der subjektive Risikoausschluss des § 81 VVG von Amts wegen zu berücksichtigen sein, weil insoweit – anders als bei Obliegenheitsverletzungen – **von vornherein kein Versicherungsschutz** bestehe[171]. Gleichwohl kann ein VR auch auf den Schutz von Risikobeschränkungen verzichten[172], so dass auch die Geltendmachung solcher Verteidigungsmittel seiner Dispositionsbefugnis unterliegt[173]. Ein solcher (auch stillschweigend möglicher) Verzicht wäre aber ausgeschlossen, wenn die Rechtsfolge der Leistungsfreiheit zwingend eintreten würde[174].

92   Darüber hinaus ist aus der gerichtlichen Praxis bekannt, dass VR den Einsatz ihrer sich aus Gesetz und AVB ergebenden Verteidigungsmöglichkeiten aus verschiedenen Gründen nicht stets an rein rechtlichen Erwägungen ausrichten, so dass ein Geltungsmachungserfordernis statt aufgedrängter Leistungsfreiheit auch durchaus **interessengerecht** erscheint.

Beispiel:

Die Beurteilung, ob ein schadenstiftendes Verhalten des VN den Grad grober Fahrlässigkeit i. S. d. § 81 VVG erreicht (oder ob im Streitfall eine Gefahrerhöhung gegeben ist), ist häufig schwierig, das Ergebnis in vielen Fällen nicht zweifelsfrei. Wenn ein VR an einer möglichst einheitlichen dabei kundenfreundlichen Regulierungspraxis seines Hauses interessiert ist, wird er – zumindest für typische Fallkonstellationen (z. B. Kippfensterproblematik, leer stehende Gebäude) – seinen Schadenprüfern grundsätzliche Vorgaben dazu machen, ob der Level für die Annahme grober Fahrlässigkeit (oder einer Gefahrerhöhung) hoch oder eher niedriger anzusetzen ist. Entscheidet er sich aus Überzeugung oder sonstigen Gründen für eine großzügige Handhabung und stützt deshalb im konkreten Streitfall seine Rechtsverteidigung nicht auf § 81 VVG oder §§ 23 ff. VVG, entspricht es **beiderseitigem Parteiinteresse,** dass das Gericht insoweit von einer Prüfung Abstand nimmt.

2. Rechtzeitigkeit der Geltendmachung

93   Unter Hinweis auf den im Versicherungsverhältnis in besonderem Maße geltenden Grundsatz von Treu und Glauben stehen manche Richter auf dem Standpunkt, der VR sei gehalten, sämtliche Einwendungen **bereits vorprozessual** – spätestens im Ablehnungsschreiben – vorzubringen. Der VN dürfe darauf vertrauen, dass andere rechtliche Gesichtspunkte zur Begründung der Deckungsverweigerung später nicht mehr herangezogen würden[175].

94   Eine derart rigorose Sicht ist verfehlt. Solange er gegenüber dem VN nicht einen besonderen Vertrauenstatbestand gesetzt hat oder durch AVB zur unverzüglichen Geltendmachung des Verteidigungsvorbringens angehalten wird[176], ist ein VR grds. nicht gehindert, im Deckungs-

---

[168] Vgl. BGH v. 2. 5. 1990, VersR 1990, 736 unter 1 b, betr. den Risikoausschluss nach § 9 Abs. 3 a VHB 84, die Sicherheitsobliegenheit des § 14 Abs. 2 VHB 84 sowie Obliegenheiten nach § 21 Abs. 1 und 2 VHB 84.

[169] Differenzierend nach gesetzlichen und vertraglichen Regelungen jedoch OGH v. 9. 3. 1999, VersR 2000, 478; OGH v. 17. 7. 1996, VersR 1997, 1035.

[170] So zur Klagefrist nach § 12 Abs. 3 VVG *Römer/Langheid/Römer,* § 12 VVG Rn. 32; a. A. *Prölss/Martin/Prölss,* § 12 VVG Rn. 45 m. w. N.

[171] *Bruck/Möller/Sieg/Johannsen,* Bd. III, Anm. H 71; Berliner Kommentar/*Beckmann,* § 61 VVG Rn. 98; *Bach,* VersR 1959, 246.

[172] *Bruck/Möller/Sieg/Johannsen,* Bd. III, Anm. H 71 m. w. N.

[173] Vgl. auch die höchstrichterliche Rechtsprechung zur handelsrechtlichen Rügepflicht. Danach kommt ein stillschweigender Verzicht des Verkäufers auf die Rechtsfolgen aus § 377 Abs. 2 und 3 HGB u. a. dann in Betracht, wenn er den Einwand verspäteter Mängelanzeige im Prozess nicht erhoben hat (BGH v. 19. 6. 1991, NJW 1991, 2633 [2634 unter II 1 c, aa] (m. w. N.).

[174] BGH v. 24. 4. 1974, 689 (690 unter 2).

[175] Vgl. *Wussow,* WI 2002, 194 (195). *Römer,* r+s 1998, 45, 50, bezeichnet es als „abschließend nicht geklärt", ob sich der VR erstmals im gerichtlichen Verfahren auf eine Obliegenheitsverletzung berufen darf, die er in der Vorkorrespondenz nicht erwähnt hat.

[176] Ein Rechtsschutzversicherer darf sich wegen der Besonderheit des § 17 Abs. 1 S. 2 ARB 75 (§ 18 Abs. 1 ARB 94), der insoweit Unverzüglichkeit verlangt, nicht erst im Deckungsprozess auf fehlende Er-

prozess seine Leistungsverweigerung auch auf **zusätzliche oder sogar gänzlich andere Gründe** zu stützen, als sie im Ablehnungsschreiben genannt wurden[177]. Das zwischen den Vertragsparteien bestehende besondere Vertrauensverhältnis geht nicht so weit, eine Rechtsverteidigung, die im Regulierungsverfahren – aus welchen Gründen auch immer – nicht vorgebracht worden ist, für die sich anschließende gerichtliche Auseinandersetzung auszuschließen.

Schwierigkeiten, einem Einwand Gehör zu verschaffen, haben VR jedoch zunehmend **95** dann, wenn dieser **erstmals in der Berufungsinstanz** vorgebracht wird. Aufgrund der ZPO-Reform, die neue Angriffs- und Verteidigungsmittel im Berufungsrechtszug weitestgehend ausgeschlossen hat (§ 531 Abs. 2 ZPO), muss nunmehr jegliches Angriffs- und Verteidigungsmittel (vgl. § 282 Abs. 1 ZPO) in der ersten Instanz vorgebracht werden, soweit es dem VR bekannt war oder ohne Nachlässigkeit hätte bekannt sein können. Geschieht das nicht, muss mit seiner Zurückweisung durch das Berufungsgericht gerechnet werden, wenn es erstmals im zweiten Rechtszug geltend gemacht wird. Ist der zugrunde liegende Sachverhalt allerdings unstreitig, ist das neue Vorbringen selbst dann zu berücksichtigen, wenn es nun eine Beweisbedürftigkeit bei anschließenden Fragen auslöst[178]. Unabhängig von der Frage der verfahrensrechtlichen Präklusion hatten bereits nach altem Recht einige Berufungsgerichte einen erst in der Berufungsinstanz erhobenen Einwand der Leistungsfreiheit wegen Obliegenheitsverletzung Rechtsmissbräuchlichkeit nach § 242 BGB entgegengehalten[179]: der VR habe durch ein derart spätes Vorbringen einer Obliegenheitsverletzung zu erkennen gegeben, dass er selbst sie nicht als so gravierend angesehen habe, um eine Berufung auf Leistungsfreiheit rechtfertigen zu können. Die strengen Voraussetzungen des Rechtsmissbrauchs werden aber wohl nur selten vorliegen[180]. Ein genereller materieller Ausschluss durch spätes prozessuales Vorbringen ist überwiegend zu Recht als zu weitgehend abgelehnt worden[181].

C. Beweismittel

I. Zeugenbeweis

1. Zeugentauglichkeit

Bei der Würdigung von Zeugenaussagen ist – wie der BGH stets betont[182] – der Unter- **96** schied zwischen der **Glaubhaftigkeit der Aussage** und der **allgemeinen persönlichen Glaubwürdigkeit des aussagenden Zeugen** zu beachten. Nur die glaubhafte Bekundung eines glaubwürdigen Zeugen zählt. Deshalb muss die richterliche Beweiswürdigung beide Aspekte berücksichtigen.

Zeugen, die **dem VN nahe stehen** (Ehepartner, Verwandte, Freunde, Arbeitskollegen, **97** etc.), sind **nicht von vornherein** als unglaubwürdig oder weniger glaubwürdig als neutrale Zeugen zu behandeln. Selbstverständlich darf bei der Beweiswürdigung nicht außer Acht bleiben, ob ein Zeuge ein **Interesse am Obsiegen der Partei** hat, zu deren Gunsten er aussagt. Es verstößt aber gegen den Grundsatz der freien Beweiswürdigung (§ 286 ZPO), den

---

folgsaussicht der vom VN begehrten Rechtswahrnehmung berufen (BGH v. 19. 3. 2003, VersR 2003, 638 unter 2 m. w. N.).

[177] BGH v. 22. 5. 1970, VersR 1970, 826 (827 unter 3); OLG Hamm v. 2. 10. 1992, NJW-RR 93, 537 (539).

[178] BGH

[179] OLG Düsseldorf v. 4. 8. 1992, VersR 1993, 425; OLG Bremen v. 23. 5. 1995, VersR 1996, 223 unter 2.

[180] Vgl. OLG Karlsruhe v. 18. 2. 1993, VersR 1994, 1138; so auch *Römer/Langheid/Römer,* § 6 VVG Rn. 140 zu Verzicht und Verwirkung.

[181] OLG Köln v. 16. 4. 2002, VersR 2002, 1419 unter 5; OLG Köln v. 12. 4. 1994, VersR 1994, 1183 (1184); OLG Celle v. 4. 4. 1996, VersR 1997, 98, 99 unter 1b, bb; OLG Schleswig v. 16. 6. 1993, VersR 1994, 169 mit Anm. *Schmalzl,* VersR 1994, 853.

[182] BGH v. 16. 10. 1996, VersR 1997, 53 (54 unter I 1 c); BGH v. 13. 3. 1991, VersR 1991, 924 (925 unter II 1).

Bekundungen derartig interessierter Zeugen allenfalls dann zu glauben, wenn sonstige objektive Gesichtspunkte für die Richtigkeit ihrer Aussagen sprechen. Zu einem zulässigen Argument bei der Beweiswürdigung wird der Gesichtspunkt der Interessenbeteiligung des Zeugen nur dann, wenn das Gericht ein (vor allem wirtschaftliches) Interesse des Zeugen am Prozessausgang feststellt und sich darüber hinaus aufgrund des persönlichen Eindrucks von dem Zeugen davon überzeugt, dass dieses Interesse den Inhalt seiner Aussage **beeinflusst hat oder zumindest haben kann**[183].

98   Auch ein Zeuge, gegen den wegen der Tatsachen, zu denen er aussagen soll, eine **strafrechtliche Ermittlung läuft,** darf allein aus diesem Grund nicht ohne weiteres als unglaubwürdig behandelt werden[184]. Es kommt darauf an, ob sich aus anderen Gründen, insbesondere dem Inhalt seiner Aussage, durchgreifende Bedenken gegen seine Glaubwürdigkeit und/oder die Glaubhaftigkeit seiner Aussage ergeben.

99   Gelegentlich schalten VR zur Sachermittlung **Detektive** ein. Das ist an sich nicht zu beanstanden, aber stets Anlass für eine genaue Prüfung des Gerichts, was die Seriosität der Ermittlungstätigkeit anbetrifft[185]. Hat der Detektiv einen Zeugen – insbesondere durch das **Inaussichtstellen finanzieller Vorteile** – zu einer Aussage bewegt, ist bei der Würdigung dieser Bekundung besondere Vorsicht im Hinblick auf die Gefahr einer unsachgemäßen Zeugenbeeinflussung geboten. Es ist keineswegs von vornherein auszuschließen, dass ein Ermittler oder auch eigene Mitarbeiter eines VR Zeugen zu bestechen versuchen[186]. Gleiches gilt für Belastungszeugen, die sich auf **Auslobungen** gemeldet und für ihre Aussagebereitschaft vom VR belohnt worden sind.

2. Ladungsprobleme

100   Oft geschieht es, dass schriftsätzlich ein Zeuge benannt und dazu mitgeteilt wird, man sei **um die Ermittlung seiner ladungsfähigen Anschrift bemüht.** Ein solcher Beweisantritt darf vom Gericht – insoweit anders als bei Benennung eines **Zeugen „N. N.",** die (soweit nicht hinreichend individualisierbar[187]) unbeachtlich ist[188] – nicht übergangen werden. Der Beweisaufnahme steht allerdings ein **„Hindernis von ungewisser Dauer"** i. S. d. § 356 ZPO entgegen, so dass dem Beweisführer durch förmlich zuzustellenden Beschluss (§ 329 Abs. 2 S. 2 ZPO)[189] eine Frist zur Beibringung der ladungsfähigen Zeugenanschrift zu bestimmen ist. Erst danach darf bei fruchtlosem Fristablauf unter den weiteren Voraussetzungen des § 356 ZPO von einer Beweiserhebung abgesehen werden[190].

101   Zunehmend werden **im Ausland wohnhafte Zeugen** benannt. Die dadurch gegebene Problematik für die Führung und insbesondere die Dauer des Rechtsstreits ist vor allem durch die politischen Veränderungen im früheren Ostblock zwar deutlich geringer geworden; sie kann gleichwohl im Einzelfall den Deckungsprozess auf unabsehbare Zeit blockieren. Vernünftigerweise wird das Gericht zunächst über die Partei, die den Zeugen benannt hat, klären, ob dieser bereit ist, zur Vernehmung nach Deutschland zu kommen. Erklärt der Zeuge – was erstaunlich oft der Fall ist – seine Bereitschaft zur Anreise zum Gerichtstermin, ist das Problem gelöst. Kommt eine Vernehmung des ausländischen Zeugen an Gerichtsstelle nicht in Betracht, muss der Richter nach §§ 363, 364 ZPO vorgehen. Kann die Beweisaufnahme nicht durch einen Bundeskonsul erfolgen (§ 363 Abs. 2 ZPO), ist sie regelmäßig von Amts

[183] BGH v. 11. 7. 1990, NJW 1990, 3088 (3089 unter I 1).

[184] BVerfG v. 20. 2. 2002, NJW-RR 2002, 1069.

[185] Vgl. OLG Hamburg v. 18. 1. 2002, VersR 2003, 615 (616): Der vom Kraftfahrthaftpflichtversicherer beauftragte Detektiv hatte sich das Vertrauen eines Anspruchstellers erschlichen, um eine Unfallmanipulation aufzudecken (Zeugenaussage des Detektivs glaubhaft).

[186] Vgl. BGH v. 13. 3. 1991, VersR 1991, 924 (925 unter II 1 c); BGH v. 7. 6. 1989, VersR 1989, 842 (843 unter 3).

[187] BGH v. 5. 5. 1998, r+s 1998, 396 m. w. N.; BGH v. 31. 3. 1993, NJW 1993, 1926 (1927 unter B I 2b, bb).

[188] BGH v. 16. 3. 1983, NJW 1983, 1905 (1908 unter IV).

[189] BGH v. 16. 9. 1988, NJW 1989, 227 (228).

[190] BGH v. 31. 3. 1993, NJW 1993, 1926 (1927 unter B I 2b, bb).

wegen durch **Rechtshilfeersuchen an die zuständige ausländische Behörde** einzuleiten (§ 363 Abs. 1 ZPO). Die gerichtliche Anordnung, der Beweisführer möge die Beweisaufnahme im Ausland selbst betreiben (§ 364 ZPO), ist keine freie Alternative zum Vorgehen nach § 363 Abs. 1 ZPO, sondern nur eingeschränkt möglich[191].

Selbst wenn die Beweisaufnahme im Ausland gelungen ist, ist der Beweisführer nicht immer bereits am Ziel. Stehen sich die Bekundung des ausländischen Zeugen und eines vom deutschen Gericht selbst gehörten Zeugen **objektiv unvereinbar gegenüber,** hängt die Entscheidung davon ab, welchen der beiden Zeugen das Gericht für glaubwürdig hält. Insoweit ist es verfahrensrechtlich von großer Bedeutung, ob das Vernehmungsprotokoll des Rechtshilferichters Rückschlüsse auf die Glaubwürdigkeit des ausländischen Zeugen zulässt. Ist das nicht der Fall, muss ggf. dessen Vernehmung – möglichst vor dem Prozessgericht und unter Gegenüberstellung mit dem anderen Zeugen (§ 394 Abs. 2 ZPO) – **wiederholt** werden[192].   **102**

Geht es demgegenüber nicht um die Klärung sich widersprechender Zeugenaussagen, kann eine vor einem ausländischen Gericht gemachte Zeugenbekundung **ausreichen,** auch wenn der deutsche Richter sich über die Glaubwürdigkeit des Zeugen kein eigenes Bild machen kann.   **103**

Beispiel:
Zwei im Wege der Rechtshilfe von einem italienischen Gericht vernommene Zeugen hatten das **äußere Bild eines behaupteten Fahrzeugdiebstahls** (Abstellen und Nichtwiederauffinden des versicherten Fahrzeugs) bestätigt. Der VR hatte der Vernehmung durch einen ausländischen Richter widersprochen, weil es sich bei den Zeugen um den Bruder bzw. Freund des Geschäftsführers der VN handelte.
Das OLG Saarbrücken[193] hat keinen Anlass gesehen, die beiden Zeugen zu laden und zu versuchen, sie persönlich zu vernehmen. Ihre Aussagen seien klar und widerspruchsfrei; auch sonstige Umstände, die Zweifel an ihrer Darstellung begründen könnten, seien nicht ersichtlich. Allein die verwandtschaftliche bzw. freundschaftliche Beziehung zum Geschäftsführer der VN schränke ihre persönliche Glaubwürdigkeit nicht von vornherein ein.

3. Aussageverweigerungsrecht

Ein Zeuge, der in einer in § 383 Abs. 1 Nr. 1–3 ZPO genannten **engen persönlichen Beziehung zum VN** steht, hat ein Aussageverweigerungsrecht, das ihn vor einem Gewissenskonflikt schützen soll, der durch seine Wahrheitspflicht einerseits und seine sozialen und familiären Pflichten andererseits entstehen kann. Darüber ist er zu belehren (§ 383 Abs. 2 ZPO). Macht er von seinem Aussageverweigerungsrecht Gebrauch, darf er nicht vernommen werden.   **104**

Ärzte, die in personenversicherungsrechtlichen Streitfällen gelegentlich als sachverständige Zeugen benannt werden, unterliegen grundsätzlich der **ärztlichen Schweigepflicht**[194], deren Verletzung strafbar ist (§ 203 Abs. 1 Nr. 1 StGB). Deshalb steht auch ihnen ein Aussageverweigerungsrecht zu (§ 383 Abs. 1 Nr. 6 ZPO). Ohne wirksame Schweigepflichtentbindung durch den Geheimhaltungsberechtigten darf ein Arzt nichts darüber aussagen, was er mit oder ohne Kenntnis des Patienten erfahren hat[195]. Auf diese Verschwiegenheitspflicht muss das Gericht bei seiner Befragung Rücksicht nehmen (§ 383 Abs. 3 ZPO). Nach dem Tod des VN/Versicherten geht die Befugnis zur Schweigepflichtentbindung nicht auf die Erben über[196].   **105**

---

[191] BGH v. 27. 10. 1988, NJW-RR 1989, 160 (161 zu I 2c).

[192] BGH v. 11. 7. 1990, NJW 1990, 3088 (3089 unter II).

[193] OLG Saarbrücken v. 20. 2. 2002, ZfSch 2002, 587.

[194] Vgl. dazu BGH v. 31. 5. 1983, VersR 1984, 834 (835 unter II 3). Bedenklich ist die Entscheidung des OLG Nürnberg v. 7. 12. 2000, VersR 2002, 179, das ein prozessuales Verwertungsverbot hinsichtlich ärztlicher Auskünfte, die von einem Krankentagegeldversicherer unter Missachtung der ärztlichen Schweigepflicht eingeholt worden waren, verneint hat.

[195] Die Weigerung des VN zur Schweigepflichtentbindung wird allerdings regelmäßig obliegenheitswidrig sein.

[196] BGH v. 31. 5. 1983, VersR 1983, 834 (836 unter II 3c); OLG Frankfurt v. 30. 9. 1998, NVersZ 1999, 523 mit Anm. *Knappmann,* NVersZ 1999, 511.

Deshalb muss der Arzt unter Wahrung der Geheimhaltungsinteressen des Verstorbenen in eigener Verantwortung entscheiden, ob er sich zur Aussage bereit findet oder nicht[197].

106   Zur Aussageverweigerung berechtigt ist ein Zeuge auch dann, falls ihm oder einem nahen Angehörigen die Beantwortung bestimmter Fragen zur Unehre gereichen oder die Gefahr zuziehen würde, **wegen einer Straftat oder Ordnungswidrigkeit verfolgt** zu werden (§ 384 Nr. 2 ZPO). Anders als in den Fällen des § 383 Nr. 1–3 ZPO ist dieses Zeugnisverweigerungsrecht jedoch gegenständlich beschränkt. Es gibt dem Zeugen grds. nicht das Recht, die Aussage insgesamt zu verweigern, sondern gestattet ihm nur, solche Fragen nicht zu beantworten, die ihn in die vom Gesetz beschriebene Konfliktlage bringen können. Dies kann zwar im Einzelfall dazu führen, dass der Zeuge zur Sache gar nicht auszusagen braucht. Der Regelfall ist das aber nicht. Vielmehr müssen dem Zeugen **zunächst einmal Fragen gestellt** werden; es liegt dann an ihm, sich auf sein Recht, eine einzelne Frage nicht zu beantworten, zu berufen. Erst dann ist es für den Richter möglich – und zwar in weitergehendem Umfang als in den Fällen des § 383 Abs. 1 Nr. 1–3 ZPO –, aus der Weigerung des Zeugen, eine bestimmte Frage zu beantworten, Schlüsse zu ziehen[198].

4. Beweisverwertungsverbot

107   Nicht selten geschieht es, dass ein Zeuge, der im Deckungsprozess berechtigterweise von **seinem Zeugnisverweigerungsrecht Gebrauch** macht, in einem vorangegangenen anderen Verfahren (insbesondere Ermittlungsverfahren) bereits eine Aussage zum Beweisthema – sei es ebenfalls als Zeuge oder als Beschuldigter – gemacht hat. Dann stellt sich für das Gericht die Frage, ob eine urkundsbeweisliche Verwertung der Niederschrift über diese frühere Aussage und/oder die von einer Partei beantragte Vernehmung der Verhörsperson als Zeuge über den Inhalt der damaligen Angaben zulässig ist.

108   Anders als im Strafprozess (§ 252 StPO) schließt die Zeugnisverweigerung im Zivilprozess die Verwertung von Protokollen über frühere Vernehmungen nicht aus. Deshalb kann sowohl die **Niederschrift der polizeilichen/staatsanwaltschaftlichen Vernehmung** des Zeugen im Wege des Urkundsbeweises verwertet als auch die damalige **Verhörsperson als Zeuge** vernommen werden[199]. Dies gilt auch dann, wenn der Zeuge – soweit er seinerzeit als Beschuldigter vernommen worden war – nicht der Wahrheitspflicht unterlegen hat; selbstverständlich muss dies aber im Rahmen der Beweiswürdigung berücksichtigt werden[200].

109   Wird jedoch von einer Partei geltend gemacht[201], der Zeuge sei bei seiner früheren Vernehmung über sein Zeugnisverweigerungsrecht als Angehöriger (§§ 52 Abs. 3, 163a Abs. 5 StPO) bzw. über seine Aussagefreiheit als Beschuldigter (§§ 136 Abs. 1 S. 2, 163a Abs. 4 StPO) **nicht ordnungsgemäß belehrt** worden, muss dem nachgegangen werden. Lässt sich die Richtigkeit dieser Behauptung feststellen[202], ist eine besondere Schutzwürdigkeit des Zeugen anzuerkennen, die ein **Verwertungsverbot** der gesetzwidrig zustande gekommenen Aussage auch für den späteren Zivilprozess erfordert[203]. In der Praxis sind dies vor allem Fälle, in denen bei der Unfallaufnahme oder Tatortbesichtigung durch die Polizei **Angehörige des VN infor-**

---

[197] Vgl. *Knappmann,* NVersZ 1999, 511.

[198] BGH v. 18. 10. 1993, NJW 1994, 197 unter I 2a.

[199] OLG Hamm v. 29. 7. 1998, NVersZ 1998, 4; OLG Köln v. 15. 6. 1992, VersR 1993, 335; *Musilak/Huber,* ZPO, 3. Aufl., § 383 ZPO Rn. 8 m. w. N.; a. M.: OLG Frankfurt v. 4. 12. 1985, MDR 1987, 151, das § 252 StPO entsprechend anwendet.

[200] OLG Hamm v. 29. 7. 1998, NVersZ 1998, 44; OLG Köln v. 15. 6. 1992, VersR 1993, 335.

[201] Ohne derartige prozessuale Rüge ist § 295 ZPO anwendbar (BGH v. 19. 1. 1984, VersR 1984, 458 [459 unter II 2]).

[202] BGH v. 10. 12. 2002, VersR 2003, 924 unter II b, aa: Bei der Feststellung kann im Wege des sog. Freibeweises verfahren werden.

[203] BGH v. 10. 12. 2002, VersR 2003, 924 (925 unter II b, bb [3]); BGH v. 12. 2. 1985, VersR 1985, 573 unter II 2.

matorisch befragt** und deren ihn belastende Angaben sodann in einem polizeilichen Bericht wiedergegeben sind[204].

Kein Verwertungsverbot besteht allerdings dann, wenn sich der Zeuge im Deckungspro- **110** zess trotz Belehrung über sein Zeugnisverweigerungsrecht (§ 383 Abs. 2 ZPO) **zur Aussage bereit erklärt.** Dann besteht kein Anlass mehr, ihn vor seiner früheren Aussage (sei es als Zeuge, sei es als Beschuldigter), die er ohne die gebotene Belehrung über sein Aussageverweigerungsrecht gemacht hat, zu schützen. Verzichtet er derart auf den Schutz des Zeugnisverweigerungsrechts, können ihm sowohl der Inhalt seiner früheren Vernehmung vorgehalten als auch die Verhörsperson zeugenschaftlich vernommen werden[205].

Auch dann, wenn im Deckungsprozess ein Zeuge **in erster Instanz ausgesagt,** im Be- **111** rufungsverfahren aber berechtigterweise die Aussage verweigert hat, besteht kein Hindernisgrund, die Niederschrift seiner erstinstanzlichen Bekundung urkundenbeweislich zu verwerten, wenn er in der früheren Verhandlung **auf sein Zeugnisverweigerungsrecht ordnungsgemäß hingewiesen** wurde und er sich gleichwohl zur Aussage bereitgefunden hatte[206].

Ist nicht ein Zeuge, sondern **der klagende VN selbst** in einem vorangegangenen Ermitt- **112** lungsverfahren als **Beschuldigter** vernommen worden, ohne gemäß §§ 136 Abs. 1 S. 2, 163a Abs. 4 StPO ordnungsgemäß über seine Aussagefreiheit belehrt worden zu sein, führt dies nicht zwingend zu einem Beweisverbot hinsichtlich der Vernehmung der Verhörsperson als Zeuge und der urkundlichen Verwertung der früheren Vernehmungsniederschrift[207]. Die Problematik der **Verwertbarkeit unzulässig erlangter Beweismittel** ist in der ZPO nicht ausdrücklich geregelt. Nach der Rechtsprechung des BGH sind rechtswidrig geschaffene oder erlangte Beweismittel im Zivilprozess nicht schlechthin unverwertbar. Über die Frage ihrer Verwertbarkeit ist vielmehr stets aufgrund einer **Interessen- und Güterabwägung** nach den im Einzelfall gegebenen Umständen zu entscheiden[208]. Die strafprozessuale Belehrung des Beschuldigten ist nicht darauf ausgerichtet, ihn vor einer zivilrechtlichen Inanspruchnahme zu schützen. Sie soll ihn vielmehr davor bewahren, aktiv zu seiner strafrechtlichen Verfolgung beizutragen und damit den Grundsatz zu verwirklichen, dass niemand im Strafverfahren gegen sich selbst auszusagen braucht. Deshalb ist ein Schutzbedürfnis des Betroffenen jedenfalls dann grds. nicht mehr anzuerkennen, wenn das Strafverfahren bereits rechtskräftig zu einem Freispruch geführt hat und deshalb ein **strafrechtlicher Nachteil** nicht mehr zu befürchten ist.

In Versicherungsprozessen war es fast schon zur Regel geworden, dass VN sich zum Nach- **113** weis einer von einem Versicherungsmitarbeiter oder Agenten angeblich telefonisch abgegebenen Erklärung auf das Zeugnis einer Person beriefen, die dieses Telefonat – insbesondere über eine Freisprechanlage – mitgehört haben soll. Seit dem grundlegenden Beschluss des BVerfG vom 9. 10. 2002[209] ist nunmehr geklärt, dass allein das Interesse einer Partei, sich ein Beweismittel für zivilrechtliche Ansprüche zu sichern[210], nicht ausreicht, um im Rahmen der gebotenen Interessen- und Güterabwägung einen Eingriff in das Persönlichkeitsrecht des Gesprächspartners (Schutz des Rechts am gesprochenen Wort) zu rechtfertigen. Deshalb dürfen **Mithörzeugen** nur und erst dann vernommen werden, wenn das ausdrückliche oder kon-

---

[204] Vgl. BGH v. 19. 1. 1984, VersR 1984, 458 (459 unter II 2); OLG Hamm v. 18. 1. 2002, NVersZ 2002, 478.

[205] BGH v. 12. 2. 1985, VersR 1985, 573 (574 unter II 3); OLG Hamm v. 18. 1. 2002, NVersZ 2002, 478.

[206] OLG Saarbrücken v. 14. 10. 1998, VersR 1999, 750 (751): Gleichwohl scheiterte der Urkundsbeweis, weil das Berufungsgericht sich außerstande sah, die Glaubwürdigkeit des Zeugen zu beurteilen.

[207] BGH v. 10. 12. 2002, VersR 2003, 924 (925 unter II 2b, bb).

[208] BGH v. 10. 12. 2002, VersR 924 (925 unter II 2b, bb [1]) m. w. N.

[209] BVerfG v. 9. 10. 2002, NJW 2002, 3619.

[210] Anders ist es, wenn über das „schlichte" Beweiserhebungsinteresse hinaus weitere Aspekte in Form einer Notsituation hinzutreten, die eine Beeinträchtigung des allgemeinen Persönlichkeitsrechts rechtfertigen können; vgl. BVerfG v. 9. 10. 2002, NJW 2002, 3619 (3624 unter C II 4a, bb).

kludente[211] **Einverständnis des Gesprächspartners** festgestellt worden ist. Lässt sich eine derartige Feststellung nicht treffen, bietet sich – falls andere Beweismittel nicht zur Verfügung stehen – nach Auffassung des BVerfG „insbesondere eine **Anhörung oder eine Parteiver-nehmung beider Gesprächspartner**" an[212].

II. Beweis durch Sachverständige

114   Im Deckungsprozess der Personenversicherung wird fast regelmäßig die Einholung eines **medizinischen** Sachverständigengutachtens[213] beantragt. Auch in der Sachversicherung ist ein Gutachtenbeweisantritt neben dem Zeugenbeweis nicht selten (vor allem **technische** Gutachten), insbesondere dann, wenn der Streit der Parteien darum geht, ob ein unstreitiger Schaden aufgrund eines versicherten Risikos (z. B. Sturm) oder aber einer nichtversicherten Ursache eingetreten ist[214]. Gelegentlich müssen auch medizinische und technische Gutachter **zusammenwirken** – etwa dann, wenn der Mediziner zur Beurteilung der Folgen eines Un-falls wissen muss, welche Kräfte mit welcher Intensität auf den Körper des VN eingewirkt haben.

1. Privatgutachten

115   Die beweisbelastete Partei oder der Prozessgegner haben häufiger bereits vorprozessual ein eigenes Gutachten (sog. **Privatgutachten**) zum Beweisthema eingeholt. Ein solches Privat-gutachten kann zwar ohne weiteres zur Stützung der Sachdarstellung in den Prozess einge-führt werden[215]. Prozessual ist es aber nur **urkundlich belegter qualifizierter Sachvortrag** – auch wenn der Prozessgegner der Verwertung widerspricht – der Partei, die es vorgelegt hat[216]. Als Sachverständigengutachten im Sinne eines **Beweismittels** (§§ 402 ff. ZPO) kann ein Privatgutachten grds. nur mit Zustimmung beider Parteien herangezogen werden[217].

116   Ohne diese Zustimmung soll es nach einigen Entscheidungen des BGH die Einholung eines gerichtlichen Gutachtens ausnahmsweise dann entbehrlich machen, wenn der Tatrich-ter es im Wege des Urkundenbeweises für eine zuverlässige Beantwortung der Beweisfrage für ausreichend halten darf[218]. Er muss dazu in der Lage sein, **aufgrund eigener besonderer Sachkunde** das Privatgutachten kritisch zu überprüfen und für zweifelsfrei zutreffend zu be-finden; sein Erfahrungswissen muss er sodann in den Prozess einführen[219] **und** später im Ur-

---

[211] Vgl. dazu BVerfG v. 2. 4. 2003, NJW 2003, 2375: Stillschweigende Einwilligung in das Mithören bejaht, wenn der Telefonpartner auf die Mitteilung, der Lautsprecher werde eingeschaltet und eine wei-tere Person sei im Zimmer, nicht mit Widerspruch reagiert.

[212] BVerfG v. 9. 10. 2002, NJW 2002, 3619 (3624 unter C II 4b). Vgl. dazu unten Rn. 142 ff.

[213] Zum Sachverständigenbeweis instruktiv *Burmann*, ZfSch 2003, 4.

[214] Vgl. OLG Koblenz v. 11. 8. 2000, VersR 2002, 753: Hagel- oder Allmählichkeitsschaden?

[215] Im Gegensatz zu den Kosten eines selbständigen Beweisverfahrens gem. § 485 ZPO sind die Kosten eines vom VN in Auftrag gegebenen Privatgutachtens im Rahmen der Rechtsschutzversicherung aller-dings nicht mitversichert.

[216] BGH v. 24. 1. 2002, VersR 2002, 1040 (1041 unter 2b) m. w. N.

[217] BGH v. 16. 7. 2003, r+s 2003, 378 (379 unter B I 3b); BGH v. 11. 5. 1993, VersR 1993, 899 (890 unter II 3b); BGH v. 5. 5. 1986, NJW 1986, 3077 (3079 unter III 1); *Gehrlein*, VersR 2003, 574. Stimmt der Gegner der beweispflichtigen Partei der Verwertung eines Privatgutachtens zu, dürfte dies nahezu re-gelmäßig sogar als Unstreitigstellen der bis dahin streitigen Beweistatsache zu verstehen sein.

[218] BGH v. 9. 4. 1997, r+s 1997, 294, 295 unter II 1: Die Frage, ob ein technischer Defekt auszuschlie-ßen und deshalb Brandstiftung anzunehmen sei, wurde durch ein Privatgutachten, das vier im Ermitt-lungsverfahren erstattete Gutachten auswertete, für zuverlässig beantwortet erklärt; BGH v. 12. 4. 1989, VersR 1989, 587 unter 2: Das Privatgutachten war auch ohne Sachkunde nachvollziehbar, weil die zu klärenden Tatsachen (durchgedrückte Schriftzeichen) optisch ohne weiteres zu erkennen waren und wei-tere Indiztatsachen hinzukamen; OLG Hamm v. 1. 12. 1995, VersR 1997, 1229 unter 1a: Ohne Sach-kunde nachvollziehbares Privatgutachten nebst Lichtbilddokumentation betr. untaugliche Aufbruchspu-ren an einem Fenster; vgl. auch BGH v. 11. 5. 1993, VersR 1993, 899 (890 unter II 3b); BGH v. 18. 2. 1987, VersR 1987, 1007 (1008 unter 2b).

[219] BGH v. 7. 3. 1967, VersR 1967, 585.

teil belegen. Der Gegner des Beweisführers verbleibt in jedem Fall das Recht, die Vernehmung des Privatgutachters zu verlangen[220] Diese Rechtsprechung ist auf Kritik gestoßen[221]: Als bloßes Parteivorbringen kann ein Privatgutachten die sachverständige Beratung durch einen gerichtlichen Sachverständigen niemals entbehrlich machen: wenn der Prozessgegner die Richtigkeit eines solchen Gutachtens bestreitet, ist auf Antrag der beweisbelasteten Partei ein gerichtliches Gutachten einzuholen. Diesen Standpunkt hat sich der BGH in einer neueren Entscheidung ohne Auseinandersetzung mit seiner bisherigen Rechtsprechung zu eigen gemacht[222]. Ob die frühere Rechtsprechung damit aufgeben werden soll, kann letztlich offen bleiben. Die strengen Voraussetzungen für die Verwertung eines Privatgutachtens gegen den Widerspruch der anderen Partei werden im prozessualen Alltag fast nie gegeben sein. Voraussetzung ist eigene Sachkunde des Gerichts, es reicht nicht aus, dass das Privatgutachten nach Auffassung des Gerichts erschöpfend ist[223]. Notwendig wird deshalb regelmäßig ein Gerichtsgutachten, in dem sich der Sachverständige dann auch mit den Ausführungen des Privatgutachters sorgfältig und umfassend auseinander zu setzen hat[224]. Dies gilt erst recht, wenn zwei sich in wesentlichen Punkten widersprechende Privatgutachten kompetenter Sachverständiger vorliegen[225].

2. Kritische Würdigung gerichtlicher Gutachten

Sachverständigengutachten hat das Gericht sorgfältig und kritisch zu würdigen. Dabei ist **117** insbesondere auf typische Fehlerquellen, z. B. unterschiedliche Kausalitätsbegriffe[226], zu achten. Unklarheiten und Zweifel sind **von Amts wegen** auszuräumen[227].

Aufgabe des Gutachters ist es, seine Methodik und die Ergebnisse seiner Tätigkeit in **allge-** **118** **mein verständlicher Form** darzustellen. Dies bleibt in der forensischen Praxis aber leider oft ein frommer Wunsch. Deshalb sollten sich weder Richter noch Parteien scheuen, dem Sachverständigen auch laienhaft formulierte Fragen zu stellen, bis sie im Rahmen des Möglichen alles Wichtige verstanden haben[228].

§ 411 Abs. 3 ZPO stellt die mündliche Anhörung des Sachverständigen zwar in das Ermes- **119** sen des Gerichts. Dieses Ermessen ist aber gebunden und muss dahin ausgeübt werden, dass vorhandene Aufklärungsmöglichkeiten zur Beseitigung von **objektiv erkennbaren Unklarheiten oder sonstigen Unzulänglichkeiten des Gutachtens** nicht ungenutzt bleiben dürfen. Dies gilt selbst dann, wenn die betroffene Partei das ihr nach § 411 Abs. 4 ZPO zustehende Recht zur Beantragung der Ladung des Sachverständigen wegen Verspätung verloren hat[229].

Es ist eine unbestreitbare Tatsache, dass Richter dem Ergebnis gerichtlicher Gutachten **120** **häufig kritiklos** folgen. Damit muss eine Partei rechnen und sich deshalb, wenn sie mit dem Inhalt des Gutachtens nicht einverstanden ist, rechtzeitig dagegen zur Wehr setzen. Dies kann sie dadurch tun, dass sie ihre **Einwände substantiiert darlegt,** insbesondere auf Wi-

---

[220] BGH v. 7. 3. 1967, VersR 1967, 585

[221] *Gehrlein,* VersR 2003, 574 (575) m. w. N.

[222] BGH v. 16. 7. 2003, r+s 2003, 378 (379 unter B I 3b) unter ausdrücklicher Bezugnahme auf *Gehrlein,* VersR 2003, 574; OLG Frankfurt v. 17. 6. 2005 ZfSch 2006, 524, geht weiter von dem Grundsatz aus.

[223] BGH v. 14. 4. 1981, VersR 1981, 576; OLG Naumburg v. 28. 6. 2000, OLGR 2001, 249.

[224] BGH v. 15. 7. 1998, NVersZ 1998, 84 unter 2a; BGH v. 13. 10. 1993, VersR 1994, 162 (163 unter 2a); BGH v. 11. 5. 1993, VersR 1993, 899 (900 unter II 3 c).

[225] BGH v. 6. 2. 2002, VersR 2002, 480 (481 unter 2a) m. w. N.; BGH v. 17. 10. 2001, VersR 2001, 1547 (1548 unter II 1b); BGH v. 11. 5. 1993, VersR 1993, 899 (900 unter II 3 c).

[226] Die medizinischen Sachverständigen gehen durchweg vom sozialrechtlichen Kausalitätsverständnis der wesentlichen Bedingung aus. Deshalb werden untergeordnete Ursachen („Gelegenheitsursachen"), obwohl zivilrechtlich adäquat kausal und damit mitursächlich, nicht anerkannt (vgl. *Knappmann,* NVersZ 2002, 1 (2); *Lemcke,* NZV 1996, 337).

[227] BGH v. 15. 6. 1994, VersR 1994, 1054 unter 1 m. w. N.

[228] *Voit,* in: Symposion „80 Jahre VVG", 170 (177).

[229] BGH v. 15. 7. 1998, NVersZ 1998, 84 unter 2a; BGH v. 10. 12. 1991, VersR 1992, 722.

dersprüchlichkeiten oder sonstige inhaltliche Unrichtigkeiten hinweist. Noch wirkungsvoller ist die Vorlage eines **abweichenden Privatgutachtens.**

121   Das Gericht wird sodann den von ihm bestellten Sachverständigen unter Vorhalt der geltend gemachten Einwände zur – schriftlichen oder mündlichen – **Ergänzung seines Gutachtens** veranlassen. Dem rechtzeitig (§ 411 Abs. 4 ZPO) von einer Partei gestellten **Antrag auf Ladung des Sachverständigen** zur Erläuterung seines Gutachtens muss es stets nachkommen, damit diese – ggf. im Beistand ihres Privatgutachters – ihr Fragerecht ausüben kann. Dies gilt zur Gewährleistung des rechtlichen Gehörs (§§ 397, 402 ZPO) auch dann, wenn den Richtern das Gutachten überzeugend und nicht mehr erläuterungsbedürftig erscheint[230].

122   Gelegentlich wird beantragt, **auch den Privatgutachter** zu diesem Beweisaufnahmetermin zu laden. Dazu ist das Gericht mangels gesetzlicher Regelung jedoch nicht verpflichtet[231]. Es steht vielmehr jeder Partei frei, ihren Privatgutachter als Befragungs- oder Erklärungshelfer auf eigene Kosten zum Termin mitzubringen. Wenn allerdings der Privatgutachter – etwa der behandelnde Arzt in einer Krankentagegeldsache – als **sachverständiger Zeuge** in Betracht kommt, muss er in dieser Eigenschaft geladen werden, um ggf. dem gerichtlichen Sachverständigen die für seine Begutachtung erforderlichen Anknüpfungstatsachen zu liefern[232].

123   Gelingt es einer Partei auch im Wege einer ergänzenden Befragung des gerichtlichen Sachverständigen nicht, ihren abweichenden Standpunkt durchzusetzen, bleibt als letzte Möglichkeit der Antrag auf Einholung eines **neuen Gutachtens**[233]. Ein solcher Antrag hat erfahrungsgemäß jedoch nur selten Erfolg. Ob ein Richter der Anregung folgt, liegt in seinem pflichtgemäßen Ermessen (§ 412 ZPO). Geboten ist dies nur (ausnahmsweise) dann, wenn das Gericht auch nach ergänzender Befragung des Sachverständigen aus dem Gutachten **keine sichere Überzeugung** gewinnt (etwa weil die Sachkunde des Gutachters zweifelhaft ist), oder das Gutachten von **unzutreffenden tatsächlichen Voraussetzungen** ausgegangen ist, einen **nicht lösbaren Widerspruch** enthält, oder ein anderer Gutachter über **überlegene Forschungsmittel** verfügt[234].

124   Haben der gerichtlich bestellte Sachverständige und ein Privatgutachter **widerstreitende Gutachten** erstellt und kann der Richter auch nach ergänzender Anhörung eine persönliche Überzeugung nicht gewinnen, wird er von der Einholung eines Obergutachtens kaum absehen können. Ohne eine einleuchtende und logisch nachvollziehbare Begründung darf er jedenfalls einem der Gutachten nicht den Vorrang geben[235].

3. Befangenheit des Sachverständigen

125   **a) Ablehnungsfristen.** Ein auf Ablehnung des gerichtlichen Sachverständigen wegen Befangenheit gerichteter Antrag einer Partei ist **fristgebunden.** Er ist binnen zwei Wochen nach Verkündung oder Zustellung des Ernennungsbeschlusses zu stellen bzw. bei umgehender Anhörung spätestens vor der Vernehmung des Gutachters, (§ 406 Abs. 2 S. 1 ZPO). Hat sich der Befangenheitsgrund erst während der gutachterlichen Tätigkeit ergeben, muss der Ablehnungsgrund unverzüglich vorgebracht werden (§ 406 Abs. 2 S. 2 ZPO).

126   Andernfalls geht das Ablehnungsrecht für alle Instanzen verloren, was die betroffene Partei aber nicht daran hindern sollte, ihre Ablehnungsgründe gleichwohl vorzutragen. Das Gericht wird sie nämlich **im Rahmen seiner Beweiswürdigung** berücksichtigen müssen, soweit

---

[230] BVerfG v. 3.2. 1998, NJW 1998, 2273 unter II 2a; BGH v. 29.10. 2002, r+s 2003, 131 m.w.N.; BGH v. 22.5. 2001, VersR 2002, 120 (121 unter II 2c); BGH v. 17.12. 1996, VersR 1997, 509 unter II 1a.
[231] OLG Karlsruhe v. 20.2. 2003, VersR 2003, 977.
[232] BGH v. 17.7. 2002, VersR 2002, 1258 (1259 unter II).
[233] Oft „Obergutachten" genannt, was aber zumindest dann unscharf ist, wenn es neben dem gerichtlichen Gutachten bisher kein zweites Gutachten gibt.
[234] BGH v. 17.2. 1970, NJW 1970, 946 (949 unter III 7).
[235] BGH v. 17.10. 001, VersR 2001, 1547 (1548 unter II 1b); BGH v. 13.10. 1993, 162 (163 unter 2a).

v. Rintelen

der Beweiswert des Gutachtens durch objektiv begründete Zweifel an der Unvoreingenommenheit des Sachverständigen beeinträchtigt ist[236].

b) Ablehnungsgründe. Die Tatsache, dass der gerichtliche Sachverständige in einer **127**
Vielzahl von Fällen **außergerichtlich als Gutachter für Versicherungsunternehmen** –
u. a. auch für den im Streitfall beteiligten VR – tätig war, vermag für sich allein die Besorgnis
einer Befangenheit noch nicht zu begründen[237]. Es ist Fakt, dass die meisten qualifizierten
Spezialisten – etwa leitende Klinikärzte oder Brandsachverständige – im Rahmen ihrer umfassenden Gutachtertätigkeit auch Privatgutachten für VR erstellen. Dies rechtfertigt aber
nicht generell die Befürchtung, sie könnten im konkreten Rechtsstreit, in dem **Auftraggeber ein Gericht** ist, parteiisch zugunsten des VR agieren.

Dies ist selbstverständlich dann anders zu beurteilen, wenn der Sachverständige **im kon-** **128**
kreten Streitfall bereits beratend oder sogar formell als Gutachter für eine Partei tätig geworden ist[238]. Dann ist aus Sicht der Gegenpartei seine Unparteilichkeit ernsthaft in Frage gestellt, so dass die Übernahme eines gerichtlichen Gutachterauftrags ausscheidet. Gleiches gilt
für die Beauftragung eines Gutachters, der zu dem im Rechtsstreit beteiligten VR gewissermaßen als **„Haussachverständiger"** in abhängiger oder zumindest ständiger Verbindung
steht[239]. Bedenklich ist auch die Auswahl eines Sachverständigen, der in seiner außergerichtlichen Gutachtertätigkeit **niemals für Privatpersonen** tätig wird, sondern nur Aufträge aus
der Versicherungswirtschaft oder von ähnlichen Institutionen (Berufsgenossenschaften, BfA,
etc.) bearbeitet. Auch hier wird man aus verständiger Sicht eines Versicherten die Besorgnis
einer generellen Voreingenommenheit dieses Gutachters gegenüber privaten Anspruchstellern nicht verneinen können.

Insbesondere im Bereich der Personenversicherung gibt es nicht selten Versicherte, die **129**
dem Gutachter von vornherein mit einer überzogen kritischen Grundeinstellung oder gar
unverhohlener Abneigung begegnen. Dies darf den Sachverständigen nicht dazu verleiten,
seinerseits die **gebotene Gelassenheit und Distanz** aufzugeben und im Gutachten den Anspruchsteller als Person oder die Qualität seiner Äußerungen abwertend darzustellen oder zu
beurteilen. Tut er dies gleichwohl, kann er für sich eine Neutralität bei der Beantwortung der
Beweisfragen nicht in Anspruch nehmen.

Umgekehrt kommt es vor, dass ein VN aufgrund der ärztlichen Untersuchung durch den **130**
qualifizierten gerichtlichen Gutachter und des dabei geführten Gesprächs Vertrauen in dessen
therapeutische Fähigkeiten gewinnt und sich deshalb nach Erstellung des schriftlichen Gutachtens von ihm **als Patient behandeln** lässt. Stellt sich dann in der Folgezeit die Notwendigkeit zur Ergänzung oder Erläuterung des Gutachtens heraus, wird ein Befangenheitsantrag
des VR kaum abzulehnen sein.

Problematisch kann auch der Sachverständige sein, der in seinem Gutachten **über die ihm** **131**
gestellten Beweisfragen hinausgeht und ungefragt weitere – ihm wichtig erscheinende –
Erkenntnisse zum Nachteil einer Partei vorträgt. Dies mag solange hinzunehmen sein, wie es
dem Gutachter erkennbar allein um die Sache geht. Nicht selten ist aber die Befürchtung gerechtfertigt, der Sachverständige mache sich zum Sachwalter der Partei, deren prozessuales
Obsiegen er für wünschenswert hält. Dies betrifft beispielsweise Fälle, in denen der Gutachter
Überlegungen dazu anstellt, wie der vom VN geltend gemachte Anspruch aus einem bisher
vom VR nicht vorgebrachten rechtlichen oder tatsächlichen Gesichtspunkt abschlägig zu bescheiden sei.

---

[236] BGH v. 12. 3. 1981, NJW 1981, 2009 (2010 unter II 2): Es war davon auszugehen, dass der medizinische Sachverständige den von ihm zu untersuchenden Kläger mit den Worten empfangen hatte: „Sie
sind ein Säufer, Sie können mir nichts vormachen."
[237] OLG Celle v. 18. 1. 2002, DAR 2003, 66; OLG Koblenz v. 10.1. 992, NJW-RR 1992, 1470; OLG
Karlsruhe v. 5. 4. 1973, VersR 1973, 865; kritisch *Lanz,* in Brennpunkte des Sozialrechts 1999, 63.
[238] BGH v. 1. 2. 1972, NJW 1972, 1133 (1134 unter II 2); OLG Köln v. 30. 11. 1998, r+s 2000, 130.
[239] OLG Koblenz v. 10. 1. 1992, NJW-RR 1992, 1470 (1471 unter 1).

Beispiel:

In einem BUZ-Fall beschränkt der gerichtliche Gutachter sich nicht auf die ihm im Beweisbeschluss allein gestellte Frage nach bedingungsgemäßer Berufsunfähigkeit in dem vom VN tatsächlich ausgeübten Beruf, sondern macht darüber hinaus ungefragt auch Ausführungen zur Verweisbarkeit.

III. Beweis durch Urkunden

1. Verwertungsmöglichkeiten

132   Nach **§ 142 ZPO** kann das Gericht anordnen, dass **eine Partei oder ein Dritter** die in ihrem oder seinem Besitz befindlichen Urkunden und sonstigen Unterlagen, auf die sich eine Partei bezogen hat, vorlegt[240]. So können beispielsweise entscheidungsrelevante Krankenunterlagen unmittelbar vom behandelnden Arzt angefordert werden, wenn die erforderliche Schweigepflichtentbindungserklärung des Versicherten vorliegt[241]. Für Dritte besteht eine Vorlegungspflicht nur insoweit nicht, als ihnen die Vorlage nicht zumutbar ist oder sie zur Zeugnisverweigerung gem. §§ 383 bis 385 ZPO berechtigt sind.

133   Ob **ausländische öffentliche Urkunden** (z. B. Registrierung des versicherten Fahrzeugs beim Grenzübertritt bereits vor der angeblichen Entwendung in Deutschland) ohne näheren Nachweis als echt anzusehen sind, hat das Gericht nach den Umständen des Falles zu ermessen (§ 438 ZPO). Sie können u. U. einem Zeugenbeweis (z. B. Zeugen für das **spätere** Abstellen und Nichtwiederauffinden des Fahrzeugs in Deutschland) überlegen sein[242].

134   **Schriftliche Aussagen oder Protokolle** über die Aussagen von Zeugen[243] sowie Sachverständigengutachten **aus einem anderen Verfahren** (insbesondere Ermittlungsverfahren) dürfen im Wege des **Urkundsbeweises** verwertet werden (§§ 415 ff. ZPO), wenn die beweispflichtige Partei dies beantragt oder sich zumindest auf diese Urkunden berufen hat[244]. Einer Zustimmung des Gegners bedarf es nicht. Er kann deshalb die Beziehung von Ermittlungsakten nicht verhindern.

135   Gleichwohl sollte die beweisbelastete Partei, die sich zum Urkundsbeweis auf den Inhalt von Ermittlungsakten bezieht[245], nicht versäumen, sich zum Zwecke des unmittelbaren Beweises zusätzlich auf das **Zeugnis der betreffenden Beweisperson** zu berufen; ggf. ist ein richterlicher Hinweis nach § 139 ZPO erforderlich. Einer Urkunde über die frühere Vernehmung des Zeugen in einem anderen Verfahren kommt nämlich im Allgemeinen ein **geringerer Beweiswert** zu als dem unmittelbaren Zeugenbeweis (vgl. § 355 Abs. 1 ZPO); je nach Sachlage kann er sogar gänzlich fehlen[246]. Dies beruht im Wesentlichen darauf, dass die Verfahrensbeteiligten von dem Zeugen **keinen persönlichen Eindruck** haben, ihm keine Fragen stellen und Vorhalte machen können sowie Gegenüberstellungen nicht möglich sind. Insbesondere die **Glaubwürdigkeit eines Zeugen,** den er niemals gesehen hat, kann der Richter kaum sachgerecht beurteilen. Eine Glaubwürdigkeitsbeurteilung ist nach den Grundsätzen der Unmittelbarkeit der Beweisaufnahme nur dann möglich, wenn die an der Entscheidung beteiligten Richter die Zeugenaussage selbst wahrgenommen haben oder die

---

[240] Wird der Anordnung nicht Folge geleistet, kann sie mit Ordnungsmitteln durchgesetzt werden (§§ 142 Abs. 2 S. 2, 390 ZPO).

[241] Vgl. LG Saarbrücken v. 7. 1. 2003, VersR 2003, 234.

[242] OLG Köln v. 3. 3. 1998, Schaden-Praxis 1998, 287; OLG Hamm v. 14. 1. 1998, ZfSch 1998, 301.

[243] Dies setzt selbstverständlich voraus, dass die frühere Aussage ordnungsgemäß gewonnen, insbesondere der Zeuge ausreichend belehrt wurde (BGH v. 12. 2. 1985, VersR 1985, 573 unter 2).

[244] BGH v. 23. 4. 2002, VersR 2002, 911 (912 unter II 2b); BGH v. 30. 11. 1999, VersR 2000, 610 (611 unter II 2a); BGH v. 13. 6. 1995, VersR 1995, 1370 (1371 unter II 2a).

[245] Ein ordnungsgemäßer Beweisantrag setzt die substantiierte Bezeichnung der zur Beweisführung maßgeblichen Aktenteile voraus (BGH v. 9. 6. 1964, VersR 1994, 1231 [1233 unter II 1b]).

[246] BGH v. 30. 11. 1999, VersR 2000, 610 (612 unter II 2b, aa); BGH v. 13. 6. 1995, VersR 1995, 1370 (1371 unter II 2a) m.w.N.; OLG Saarbrücken v. 14. 10. 1998, VersR 1999, 750 (751) bzgl. eines erstinstanzlich vernommenen Zeugen, der im Berufungsrechtszug berechtigterweise die Aussage verweigert hatte.

für die Würdigung maßgeblichen Umstände in den Akten festgehalten sind und die Parteien Gelegenheit hatten, sich dazu zu erklären. An die Einhaltung dieses prozessrechtlichen Grundsatzes sind umso strengere Anforderungen zu stellen, **je wichtiger** die Aussage des betreffenden Zeugen für den Ausgang des Rechtsstreits ist[247].

Beispiel:

Der VN hatte seinem Kaskoversicherer den Diebstahl eines versicherten Traktors, den er geleast hatte, gemeldet. Gestützt auf einen Sicherungsschein klagte die Leasinggesellschaft gegen den VR auf Zahlung der Diebstahlsentschädigung. Da der VN unbekannten Aufenthalts war, berief sie sich zum Beweis für das äußere Bild der streitigen Entwendung auf die diesbezüglich in den Ermittlungsakten protokollierten Angaben des VN.

Das OLG Hamm[248] hat die Klage abgewiesen. Grundsätzliche prozessuale Bedenken gegen die Verwertung der polizeilichen Zeugenaussage des VN im Wege des Urkundsbeweises bestanden zwar nicht. Gleichwohl vermochte der Senat allein aufgrund der schriftlichen Zeugenbekundung die erforderliche Überzeugung von ihrer Richtigkeit nicht zu gewinnen. Nicht zuletzt aufgrund der ungewöhnlichen Tatsache, dass der VN seit längerer Zeit unbekannten Aufenthalts war und ihm an der gerichtlichen Durchsetzung des Kaskoentschädigungsanspruchs offenbar wenig gelegen war, erschien es dem Gericht unerlässlich, sich einen **persönlichen Eindruck vom VN und seiner Glaubwürdigkeit** zu verschaffen. Außerdem konnten sich aufdrängende Vorhalte – vor allem zu streitigen Fragen der Fahrzeugschlüsselübersendung an den VR – nicht gemacht werden.

2. Verwertungshindernisse und –einschränkungen

Unzulässig ist die Verwertung der früheren Aussage im Wege des Urkundsbeweises allerdings dann, wenn eine Partei zum Zwecke des unmittelbaren Beweises die **Vernehmung des betreffenden Zeugen beantragt**[249]. Diesem Beweisantrag kann das Gericht sich auch nicht dadurch entziehen, dass es das anwaltliche Einverständnis mit der beweismäßigen Verwertung der Ermittlungsakten einholt und protokolliert, weil darin nicht ohne weiteres ein Verzicht auf die beantragte Vernehmung des Zeugen gesehen werden kann[250]. **136**

Gleiches gilt für den Urkundsbeweis durch **Sachverständigengutachten**[251]. Der Urkundenbeweis darf nicht dazu führen, dass den Parteien das ihnen zustehende Recht, dem Sachverständigen Fragen zu stellen, verkürzt wird. Wenn deshalb ein urkundenbeweislich herangezogenes Gutachten **nicht ausreicht,** um die von einer Partei zum Beweisthema angestellten Überlegungen und die in ihrem Vortrag angesprochenen aufklärungsbedürftigen Fragen zu beantworten, muss das Gericht auf Antrag der Partei einen Sachverständigen hinzuziehen und eine schriftliche oder mündliche Begutachtung nach §§ 402 ff. ZPO anordnen. Dies ist nicht erst dann anzunehmen, wenn die Partei zu erkennen gibt, dass sie von einem Sachverständigen die Beantwortung bisher nicht angesprochener, das Beweisthema betreffender Fragen erwartet. Ausreichend ist vielmehr bereits das Angreifen einer vom Gutachter getroffenen entscheidungserheblichen Feststellung, die die Partei aus von ihr dargelegten Gründen für unrichtig hält. Ob die Parteidarstellung in der urkundsbeweislich herangezogenen Begutachtung eine Stütze findet oder nicht, ist unerheblich[252]. **137**

Zur Klärung derartiger Fragen bedarf es allerdings nicht zwingend der Beauftragung eines anderen Gutachters. Wenn es dem Gericht zweckmäßig erscheint, kann es sich auch damit begnügen, den bereits in einem anderen Verfahren tätig gewordenen Sachverständigen – etwa den im Ermittlungsverfahren beauftragten Brandsachverständigen – zur **Ergänzung seines Gutachtens** heranzuziehen[253]. **138**

---

[247] BGH v. 30. 11. 1999, VersR 2000, 610 (612 unter II 2b, bb).
[248] OLG Hamm v. 10. 5. 2000 – 20 U 5/00. Vgl. auch OLG Nürnberg v. 16. 9. 1999, Schaden-Praxis 2000, 61 unter 2e.
[249] BGH v. 30. 11. 1999, VersR 2000, 610 (611 unter II 2a) m. w. N.
[250] OLG Hamm v. 6. 2. 2002, NJW-RR 2002, 1653.
[251] BGH v. 23. 4. 2002, VersR 2002, 911 (912 unter II 2b) m. w. N.
[252] BGH v. 23. 4. 2002, VersR 2002, 911 (912 unter II 2b m. w. N.).
[253] BGH v. 23. 4. 2002, VersR 2002, 911 (912 unter II 2b) m. w. N.; BGH v. 26. 5. 1982, VersR 1982, 793 (795).

139   Nach § 411a ZPO besteht nunmehr auch die Möglichkeit, die Einholung eines schriftlichen Sachverständigengutachtens durch die Verwertung eines **in einem anderen Verfahren gerichtlich eingeholten Sachverständigengutachtens** zu ersetzen, was zur Folge hat, dass das Gutachten dann als **Sachverständigenbeweis** und nicht lediglich im Wege des Urkundsbeweises verwertet werden kann. Voraussetzung ist, das das Gutachten durch ein Gericht – auch einer anderen Gerichtsbarkeit, z. B. ein Strafgericht – eingeholt wurde. Es liegt im pflichtgemäßen Ermessen des Gerichts, ob es der Verwertung des verfahrensfremden Gutachtens oder aber der Einholung eines neuen Gutachtens den Vorzug gibt. Die Parteirechte bleiben im Übrigen unberührt. Die Parteien können den anderweitig tätig gewordenen Sachverständigen aufgrund der Besorgnis der Befangenheit fristgerecht ablehnen oder beim erkennenden Gericht die mündliche Erläuterung oder Ergänzung des Gutachtens beantragen[254].

3. Insbesondere: Strafurteile

140   Nach bisherigem Recht ist die Beweiskraft eines in einem Straf- oder Bußgeldverfahren gegen den VN ergangenen rechtskräftigen Urteils auf die Wirkungen des § 415 ZPO beschränkt. Deshalb ist das Zivilgericht **an strafrichterliche Feststellungen nicht gebunden** und muss daher die für sein Verfahren erforderlichen Beweise selbst erheben. Dies führt in Versicherungsprozessen, in denen es erfahrungsgemäß häufig um auch strafrechtlich relevante Vorgänge geht, zu zeitaufwändigen Wiederholungen strafrichterlicher Beweisaufnahmen.

141   In einigen Bedingungswerken der Sachversicherung finden sich jedoch **Klauseln,** die zugunsten des VR eine **Bindungswirkung bestimmter strafgerichtlicher Verurteilungen** auch für die zivilrechtliche Beurteilung des Deckungsanspruchs anordnen. Ist der VN wegen **vorsätzlicher Brandstiftung** hinsichtlich eines versicherten Objekts[255] oder wegen **Betrugs oder Betrugsversuchs** durch Täuschung über regulierungsrelevante Tatsachen (Grund und Höhe der Entschädigung)[256] rechtskräftig verurteilt, soll dies auch versicherungsrechtlich als Beweis im Sinne einer unwiderlegbaren Vermutung gelten.

142   Der BGH hat gegen die Wirksamkeit einer an die rechtskräftige Verurteilung des VN wegen vorsätzlicher Brandstiftung anknüpfenden Beweisklausel keine durchgreifenden Bedenken geäußert[257]. Es sei für den VN **weder überraschend noch unangemessen,** dass das Strafurteil zur Begründung von Leistungsfreiheit ausreichend sein solle. Auch die Gerechtigkeit gebiete nicht, dass er im Zivilprozess eine erneute Überprüfung des Vorwurfs verlangen könne, zumal die im Strafverfahren im Hinblick auf den dort geltenden Amtsermittlungsgrundsatz gegebenen Möglichkeiten zur Sachaufklärung sämtlicher den VN be- und entlastender Umstände ohnehin größer seien.

143   Gleichwohl wird die Rechtswirksamkeit derartiger Klauseln nicht ohne Grund **ernsthaft in Frage gestellt**[258]. Durch sie würden sowohl die allgemeine Regel des Zivilprozesses, wonach der Zivilrichter an eine rechtskräftige Entscheidung im Strafprozess nicht gebunden sei, als auch der Grundsatz der freien Beweiswürdigung (§ 286 ZPO) zum Nachteil des VN abgeändert[259]. Außerdem liege eine nachteilige Änderung der Beweislast i. S. d. § 309 Nr. 12 BGB vor, wenn der VN mit bestimmten Beweismitteln – insbesondere dem Zeugenbeweis – ausgeschlossen werde[260]. Schließlich werde der VN auch deshalb unangemessen benachteiligt,

---

[254] Begr. Regierungsentwurf zu Nr. 14 (§ 411a – neu).

[255] Z. B. § 14 Nr. 1 S. 2 AFB 87; § 31 Nr. 2 S. 2 VHB 2000; § 27 Nr. 2 S. 2 VGB 2000.

[256] Z. B. § 14 Nr. 2 S. 2 AFB 87; § 31 Nr. 1 S. 2 VHB 2000; § 27 Nr. 1 S. 2 VGB 2000; § 14 Nr. 2 S. 2 AERB 87; § 14 Nr. 2 S. 2 AWB; § 14 Nr. 2 S. 2 AStB 87; § 13 Nr. 2 S. 2 AGlB 94; § 12 Nr. 1 S. 2 AMB 91; § 11 Nr. 1 S. 2 ABE/Fass. Januar 2001.

[257] BGH v. 21. 10. 1981, VersR 1982, 81 (82 unter 2); zustimmend: OLG Bamberg v. 8. 8. 2002, VersR 2003, 59; OLG Hamm v. 31. 1. 1986, VersR 1986, 1177 (1178); OLG Karlsruhe v. 16. 4. 1981, VersR 1983, 169 (170); *Sieg,* VersR 1995, 369 (370); *Martin,* Sachversicherungsrecht, X II 23; *Baumgärtel/Prölss,* § 14 AFB 87 Rn. 4; *Bruck/Möller/Möller,* Bd. II, § 61 VVG Anm. 39.

[258] Zum Meinungsstand vgl. *Bruck/Möller/Sieg/Johannsen,* Bd. III, Anm. H 80.

[259] *Bruck/Möller/Sieg/Johannsen,* Bd. III, Anm. H 80.

[260] *Prölss/Martin/Kollhosser,* § 14 AFB 87 Rn. 3; *Hansen,* Beweislast, S. 57; *Bruck/Möller/Sieg/Johannsen,* Bd. III, Anm. H 80; ÖOGH v. 6. 11. 1980, VersR 1982, 988 – LS.

weil die im rechtskräftigen Strafurteil getroffenen Feststellungen nur einseitig – nämlich im Falle seiner Verurteilung, nicht aber bei einem Freispruch – verbindlich sein sollen[261].

Sollten die Vorschläge der Bundesregierung zum Justizmodernisierungsgesetz und der da- **144** rin vorgesehene § 415a ZPO-neu Gesetz werden, werden rechtskräftige Urteile über Strafta- ten und Ordnungswidrigkeiten zukünftig **vollen Beweis der darin für erwiesen erachte- ten Tatsachen** begründen. Diese Beweisregel hätte eine grundsätzliche Bindung des Zivilrichters an strafrichterliche Tatsachenfeststellungen zur Folge. Eine erneute Beweisauf- nahme soll auf begründeten Antrag einer Prozesspartei unter § 520 Abs. 3 ZPO entsprechen- den Voraussetzungen möglich sein.

4. Schriftliche Wissenserklärungen des Versicherungsnehmers

Die **Vermutung der Vollständigkeit und Richtigkeit** einer über ein Rechtsgeschäft **145** aufgenommenen Urkunde[262] gilt **nicht für bloße Wissenserklärungen.** Deshalb kann sich ein VR, der den objektiven Tatbestand einer vorvertraglichen Anzeigepflicht- oder einer Aufklärungsobliegenheitsverletzung beweisen muss, nicht auf eine Vermutung des Inhalts stützen, die **vom Agenten** nach Befragen des VN im Antrags- oder Schadenanzeigeformular gemachten Einträge gäben die tatsächlichen Angaben des VN **richtig und vollständig** wie- der[263].

Derartige Einträge haben **noch nicht einmal eine eingeschränkte Beweiskraft,** wie sie **146** bloßen Erklärungen über Tatsachen, insbesondere Quittungen, zuerkannt wird[264]. Zwar werden sie vom VN unterschrieben. Die Besonderheit besteht jedoch darin, dass sie nicht ei- genhändig von ihm selbst, sondern vom Agenten nach Durchführung eines Frage-/Antwort- spiels ausgefüllt worden sind.

Wenn deshalb der VN substantiiert behauptet, den Agenten **mündlich zutreffend infor- 147 miert** zu haben, ist eine objektive Obliegenheitsverletzung nicht schon dann bewiesen, wenn die im Formular dokumentierten Einträge des Agenten damit nicht übereinstimmen. Der dem VR obliegende Nachweis ist vielmehr regelmäßig nur durch eine **Zeugenaussage des Agenten** zu führen, mit der dieser zur Überzeugung des Richters darzutun vermag, dass er alle Fragen, die er schriftlich im Formular beantwortet hat, dem Antragsteller tatsächlich vorgelesen und dabei von ihm nur das zur Antwort erhalten hat, was er im Formular jeweils vermerkt hat[265].

IV. Beweis durch Augenschein

In Versicherungsvertragsprozessen ist der häufigste Augenscheinbeweisantritt (§ 371 ZPO) **148** auf Durchführung einer **Ortsbesichtigung** gerichtet. Gelegentlich geht es aber auch um einen **bestimmten Gegenstand** (z.B. ein brüchiges Rohrstück).

Befindet sich der Gegenstand, der in Augenschein genommen werden soll, im **Besitz 149 eines Dritten,** ermöglicht § 371 Abs. 2 ZPO die an den Dritten gerichtete gerichtliche Vor- lageanordnung unter den Voraussetzungen des § 144 ZPO.

Vereitelt eine Partei die ihr zumutbare Einnahme des Augenscheins, können die Behaup- **150** tungen des Gegners über die Beschaffenheit des Gegenstandes als bewiesen angesehen wer- den (§ 371 Abs. 3 ZPO).

Die Vorlage von **Fotografien und Skizzen** zur Verdeutlichung örtlicher Verhältnisse **151** oder zur Veranschaulichung bestimmter Gegenstände ist für den Richter eine wertvolle Hilfe.

---

[261] OLG Hamm v. 15.7.2002, r+s 2002, 423 (425 unter B II 1).
[262] Vgl. BGH v. 5.2.1999, VersR 1999, 1373 (1374 unter II 1b) m.w.N.
[263] BGH v. 3.7.2002, VersR 2002, 1089 (1090 unter II 1b, bb); BGH v. 23.5.1989, VersR 1989, 833 (834 unter 3b).
[264] Die Quittung ist ein erschütterbares Indiz für die Wahrheit der in ihr bestätigten Tatsache und unter- liegt der freien richterlichen Beweiswürdigung (BGH v. 23.5.1989, VersR 1989, 833 [834 unter 3b] (m.w.N.).
[265] BGH v. 23.5.1989, VersR 1989, 833 (834 unter 3b).

Vielfach finden sich derartige Erkenntnisquellen in Ermittlungsakten. Auch sie werden durch Augenscheineinnahme zum Gegenstand der mündlichen Verhandlung gemacht. Oft lässt sich dadurch eine Ortsbesichtigung vermeiden.

152   Das Gericht ist nicht verpflichtet, dem **(zusätzlich) gestellten Beweisantrag auf Augenscheineinnahme** einer Örtlichkeit stattzugeben, wenn eine von derselben Partei vorgelegte Fotografie die Örtlichkeit in ihren für die rechtliche Beurteilung maßgebenden Merkmalen hinreichend ausweist und die Partei keine vom Lichtbild abweichenden Merkmale behauptet[266]. Dies stellt keine unzulässige vorweggenommene Beweiswürdigung dar.

V. Parteivernehmung

153   Die **Parteivernehmung des Gegners** (§ 445 ZPO) wird in Deckungsprozessen zwar gelegentlich beantragt und auch durchgeführt. Die dadurch für den Beweisführer erzielten Erfolge sind aber eher bescheiden.

154   Häufiger ist der Antrag eines beweispflichtigen VN auf **eigene Parteivernehmung.** Wenn – wie regelmäßig – der VR nicht zustimmt (vgl. § 447 ZPO), müssen die Voraussetzungen einer **Parteivernehmung nach § 448 ZPO** gegeben sein. Danach kann das Gericht, wenn das bisherige Ergebnis der Verhandlungen und einer etwaigen Beweisaufnahme nicht ausreicht, um seine Überzeugung von der Wahrheit oder Unwahrheit einer zu erweisenden Tatsache zu begründen, **von Amts wegen** die Vernehmung einer Partei oder beider Parteien über die Tatsache anordnen. Trotz Non-Liquet-Lage muss jedoch bereits ein **Anbeweis** („gewisse Wahrscheinlichkeit") für die zu beweisende Tatsache erbracht sein[267], sei es auch ohne Beweisaufnahme nur aufgrund der Lebenserfahrung. Die Einschätzung, dass der Klagevortrag ebenso gut wahr wie unwahr sein kann, reicht dazu allerdings ebenso wenig aus wie das bloße Fehlen von Bedenken gegen die Glaubwürdigkeit der Partei[268]. Vielmehr müssen Anhaltspunkte gegeben sein, die die Behauptung **in gewissem Maß wahrscheinlich** machen. Wie gewichtig der Anbeweis zu sein hat, richtet sich nach den Umständen des Einzelfalls. Wenn etwa eine Behauptung vom Gegner schlicht mit Nichtwissen bestritten, ihre Richtigkeit also nicht substantiiert in Zweifel gezogen wird, kann schon ein geringerer Anbeweis ausreichen, um den Weg zur Parteivernehmung frei zu machen.

Beispiel:
Hat der VN einer Unfallversicherung für den behaupteten Unfall keinen Zeugen, wird das Gericht eine Parteivernehmung nach § 448 ZPO bereits dann durchführen können, wenn die Verletzungen zum behaupteten Unfallgeschehen passen und auch sonst nichts gegen die Richtigkeit des Klagevortrags spricht. Erst recht gilt das, wenn der VN zusätzlich noch zeitnah einem Zeugen von seinem Unfall berichtet hat.

155   In den meisten Fällen wird das Gericht die **beweispflichtige Partei selbst** vernehmen, um über den zu ihren Gunsten bereits gegebenen Anbeweis hinaus die abschließende Überzeugung von der Richtigkeit der von ihr behaupteten Tatsache zu gewinnen. Prozessual zulässig ist jedoch auch die **Vernehmung des Prozessgegners.** Welche Partei nach § 448 ZPO zu vernehmen ist, bestimmt der Richter **ohne Rücksicht auf die Beweislast** allein danach, welche Partei zum Beweisthema eigene Wahrnehmungen bekunden kann[269].

Beispiel[270]:
Der Kläger hatte behauptet, sein Prozessgegner habe bei einem bestimmten Gesprächstermin versucht, einen seiner Mitarbeiter wettbewerbswidrig abzuwerben. Das LG hatte dazu zunächst diesen Mitarbeiter

---

[266] BGH v. 23. 6. 1987, VersR 1988, 79 (80 unter II B 2).

[267] BGH v. 22. 5. 2001, VersR 2002, 120 (121 unter II 1 a); BGH v. 16. 7. 1998, VersR 1999, 994 (995 unter II 2 b, bb); BGH v. 28. 11. 1979, VersR 1980, 229 unter 3.

[268] BGH v. 25. 3. 1992, VersR 1992, 867 (868 unter 2). Zum Anbeweis vgl. *Lange,* NJW 2002, 476 (481 f.).

[269] BGH v. 16. 7. 1998, VersR 1999, 994 (995 unter II 2 b, bb); BAG v. 6. 12. 2001, DB 2002, 1328 unter B III 2 b, bb.

[270] BGH v. 16. 7. 1998, VersR 1999, 994. Der BGH hat die prozessuale Vorgehensweise gebilligt.

(Zeuge des Klägers) und einen vom Gegner benannten Gegenzeugen vernommen. Obwohl die Zeugenaussagen nicht vollständig übereinstimmten, hatte es zugunsten des Klägers einen Anbeweis bejaht und sodann von Amts wegen den **Prozessgegner** als Partei nach § 448 ZPO vernommen. Wie zu erwarten, widersprach dieser dem Klagevorbringen, so dass die Klage wegen Beweisfälligkeit des Klägers abgewiesen wurde.

Nach der neueren höchstrichterlichen Rechtsprechung – initiiert durch eine Entscheidung des Europäischen Gerichtshofs für Menschenrechte (EMRK) vom 27. 10. 1993[271] – ist bei der gerichtlichen Prüfung, ob eine Parteivernehmung nach § 448 ZPO in Betracht kommt, auch der **Gesichtspunkt der Chancengleichheit** zu beachten. Wenn für ein **Vier-Augen-Gespräch,** dessen entscheidungserheblicher Inhalt streitig ist, der einen Partei ein Zeuge (regelmäßig ein Mitarbeiter oder Familienangehöriger) zur Verfügung steht, während sich die Gegenseite, die selbst die Verhandlung geführt hat, auf keinen Zeugen stützen kann, stellt dies in einem späteren Gerichtsverfahren eine Benachteiligung der zeugenlosen Partei dar. Deshalb muss dieser durch ihre prozessuale (Partei-)Stellung bei der Aufklärung des Gesprächsinhalts[272] benachteiligten Partei aus Gründen der Waffengleichheit Gelegenheit gegeben werden, ihre Darstellung persönlich in den Prozess einzubringen, wenn ihr Gesprächspartner als Zeuge vernommen wird. Dies kann zum einen im Wege der **Parteivernehmung nach § 448 ZPO** geschehen, wobei auf das Erfordernis eines Anbeweises verzichtet wird. Ausreichend ist aber auch eine **Parteianhörung nach § 141 ZPO**[273]. **156**

Beispiel:

Beruft der VR sich zum Beweis einer vorvertraglichen Anzeigepflichtverletzung auf das Zeugnis seines Agenten und wird dieser vom Gericht vernommen, muss der VN, dem für seine abweichende Darstellung kein Zeuge zur Verfügung steht, zumindest nach § 141 ZPO angehört werden.

VI. Parteianhörung nach § 141 ZPO

Im Gegensatz zur Parteivernehmung ist die persönliche Anhörung der Partei „zur Aufklärung des Sachverhalts" nach § 141 ZPO zwar kein förmliches Beweismittel. Gleichwohl ist sie **in Deckungsprozessen von großer Bedeutung.** Sind entscheidungserhebliche Tatsachen streitig, sollte das Gericht im Wege prozessleitender Verfügung (§§ 273 Abs. 2 Nr. 3, 278 Abs. 3 ZPO) stets das persönliche Erscheinen der Parteien anordnen, um sie persönlich anhören zu können. **157**

Die Anhörung – insbesondere die des VN – dient zum einen dazu, **tatsächliche Streitpunkte klarer herauszuarbeiten**[274]. Dies führt durchaus nicht selten zur Ergänzung oder gar Korrektur schriftsätzlichen Anwaltsvortrags[275] bis hin zur Unstreitigstellung bisher streitiger Tatsachen. Dadurch mag manche anwaltliche Prozessstrategie durchkreuzt werden, was jedoch angesichts der prozessualen Wahrheitspflicht der Parteien kaum ein vom Gesetzgeber unerwünschtes Ergebnis sein dürfte[276]. Im Rahmen seiner **prozessualen Fürsorgepflicht** ist der Richter gehalten, durch Erörterung des Sach- und Streitverhältnisses sowie sachdien- **158**

---

[271] EMRK v. 27. 10. 1993, NJW 1995, 1413; vgl. auch BVerfG v. 21. 2. 2001, NJW 2001, 2531 (2532 unter III 1 b); zum Meinungsstand vgl. *Reinkendorf,* JuS 2002, 645.

[272] Dem Vier-Augen-Gespräch gleichzustellen ist jeder zwischen den Parteien unmittelbar stattgefundene streitige Kontakt, vgl. BGH v. 24. 6. 2003, NJW 2003, 2527 (2528 unter II 1 b): Zur Wahrung der Waffengleichheit reicht es aus, dass eine Partei, die wegen sexueller Missbrauchshandlungen von der gegnerischen Partei auf Schadenersatz in Anspruch genommen wird, nach § 141 ZPO angehört wird.

[273] BGH v. 24. 6. 2003, NJW 2003, 2527 (2528 unter II 1 b);BGH v. 19. 12. 2002, NJW-RR 2003, 1002 (1003 unter II 2b, aa); BGH v. 22. 5. 2001, VersR 2002, 120 (121 unter II 1 a); BGH v. 16. 7. 1998, VersR 1999, 994 (995 unter II b, bb) m.w.N.; BGH v. 9. 10. 1997, NJW 1998, 306; vgl. auch BAG v. 6. 12. 2001, DB 2002, 1328 unter B III 2b, bb; zum Meinungsstand im Schrifttum vgl. *Lange,* NJW 2002, 476 (477).

[274] Instruktiv *Lange,* NJW 2002, 476 (477 ff.).

[275] Missverständnisse und Sachverhaltsverkürzungen bei der Informationsübermittlung von der Partei zum Anwalt und anschließend vom Anwalt zum Gericht sind häufig.

[276] So zutreffend *Schöpflin,* NJW 1996, 2134.

liche Fragenstellung dahin zu wirken, „dass die Parteien sich rechtzeitig und vollständig über alle erheblichen Tatsachen erklären, insbesondere ungenügende Angaben zu den geltend gemachten Tatsachen ergänzen, die Beweismittel bezeichnen und die sachdienlichen Anträge stellen" (§ 139 Abs. 1 ZPO). Dies fördert nicht nur eine Verfahrensbeschleunigung, sondern soll – selbstverständlich unter Wahrung richterlicher Neutralität – auch schwächere Parteien vor vermeidbaren Prozessnachteilen schützen. Insbesondere für Versicherungsprozesse nicht zu Unrecht weist *Lange*[277] darauf hin, der Vorwurf zu weit gehender richterlicher Aufklärung komme meistens von Rechtsanwälten, die ihrem Gegner überlegen seien und deshalb kompensatorische Stützen zu Gunsten der schwächer vertretenen Partei, die häufig auch die intellektuell und wirtschaftlich schwächere sei (hier: VN), nicht akzeptieren wollten.

159   Darüber hinaus wird die Parteianhörung von der Rechtsprechung zunehmend auch als Quasi-Beweismittel[278] im Rahmen der **Klärung streitiger Tatsachen** eingesetzt. Im Zivilprozess gilt der **Grundsatz der freien Beweiswürdigung.** Gemäß § 286 ZPO hat das Gericht unter Berücksichtigung des gesamten Inhalts der Verhandlungen und des Ergebnisses einer etwaigen Beweisaufnahme nach freier Überzeugung zu entscheiden, ob eine tatsächliche Behauptung für wahr oder für nicht wahr zu erachten sei („Verhandlungswürdigung"). Deshalb ist eine Beweisaufnahme durch Parteivernehmung nach § 448 ZPO nicht zwingend erforderlich, wenn der Richter die erforderliche Überzeugung von der Richtigkeit einer Behauptung bereits aufgrund der **Anhörung der beweispflichtigen Partei nach § 141 ZPO** gewinnen kann. Er kann sogar einer Parteierklärung, auch wenn sie außerhalb einer förmlichen Parteivernehmung erfolgt ist, den **Vorzug vor den Bekundungen eines Zeugen** geben[279].

160   In Deckungsprozessen wird von der Parteianhörung **weit häufiger** Gebrauch gemacht als von der förmlichen Parteivernehmung nach § 448 ZPO[280].

Beispiele:

– Hört etwa das Gericht den VN zur **Verschuldensproblematik** im Rahmen einer objektiv feststehenden Obliegenheitsverletzung (§ 28 Abs. 1, 2 VVG) an, geschieht dies regelmäßig im Rahmen einer bloßen Anhörung nach § 141 ZPO. Sind die Angaben glaubhaft und der VN auch persönlich glaubwürdig, wird eine förmliche Beweisaufnahme durch Parteivernehmung in der gerichtlichen Praxis kaum noch durchgeführt.
– Gleiches gilt beim Nachweis des **äußeren Bildes einer behaupteten Entwendung,** wenn es dafür keinen Zeugen gibt und deshalb als **Auskunftsperson nur der VN selbst** zur Verfügung steht. Nach der Rechtsprechung des BGH muss den Angaben des in Beweisnot befindlichen VN geglaubt werden, soweit seine Redlichkeit/Glaubwürdigkeit nicht durch unstreitige oder vom VR zu beweisende Umstände erschüttert ist[281]. Eine Parteivernehmung nach § 448 ZPO findet auch hier eher selten statt.

161   Höchstrichterlich bisher noch nicht entschieden ist die Frage, ob über Entwendungsfälle hinaus im Deckungsprozess **generell** gilt, dass das Gericht einem VN, der zum Nachweis eines Versicherungsfalls keinen Zeugen hat, seine eigene Darstellung bereits dann **glauben muss,** wenn seine Glaubwürdigkeit nicht beeinträchtigt ist. Diese Problematik stellt sich besonders häufig in der Teilkaskoversicherung, wenn der VN behauptet, das versicherte Fahrzeug sei beim Versuch beschädigt worden, einen unmittelbar bevorstehenden Unfall mit Haarwild zu vermeiden. Gibt es dafür keinen Zeugen, ist der VN zwar in Beweisnot. Allein dies rechtfertigt aber nicht, ihn derart umfassend zu privilegieren, dass bereits dann, wenn seine Redlichkeit nicht ernsthaft in Frage gestellt werden kann, der VR ohne weiteres zum

---

[277] *Lange,* NJW 2002, 476 (479 Fn. 33).
[278] Vgl. *Schöpflin,* NJW 1996, 2134 unter II.
[279] BGH v. 16. 7. 1998, VersR 1999, 994 (995 unter II 2b, bb) m. w. N.; BGH v. 9. 10. 1997, NJW 1998, 306.
[280] Kritisch *Lange,* NJW 2002, 476 (480 ff.), der für ein Beibehalten der terminologischen und dogmatischen Abgrenzung von Parteianhörung und Parteivernehmung plädiert und deshalb vorschlägt, nach Anhörung der Partei bei gegebenem Anbeweis noch eine Parteivernehmung nach § 448 ZPO durchzuführen.
[281] Vgl. dazu Rn. 178 ff.

Rettungskostenersatz zu verurteilen ist. Eine durch das Fehlen von Zeugen begründete Beweisnot gehört zum **allgemeinen Lebensrisiko eines jeden Klägers,** der einen materiell begründeten Anspruch prozessual deshalb nicht durchsetzen kann, weil sein Prozessgegner den Sachvortrag zulässigerweise mit Nichtwissen bestreitet[282]. Zu Recht geht deshalb das OLG Düsseldorf[283] davon aus, die vom BGH für Entwendungsfälle entwickelte Beweiserleichterung für zeugenlose VN – zweifelsfrei eine Abweichung von allgemeinen Rechtsgrundsätzen – müsse schon aus Gründen der Rechtseinheitlichkeit **restriktiv gehandhabt** werden. Für eine **allgemeine Besserstellung zeugenloser VN** gibt es kein unabweisbares Bedürfnis. Darüber hinaus besteht auch ein sachlicher Unterschied zwischen Entwendungen und sonstigen Versicherungsfällen: Tragender Grund für die Zubilligung von Beweiserleichterungen in Entwendungsfällen ist die Tatsache, dass VN dort **nahezu ausnahmslos in extremer Beweisnot** sind, weil eine Entwendung typischerweise unbeobachtet geschieht. Eine vergleichbare Typizität gibt es bei anderen Versicherungsfällen nicht. Ein VN, der für einen Nichtentwendungs-Versicherungsfall keinen Zeugen hat, ist deshalb darauf angewiesen, dass über seine allgemeine Glaubwürdigkeit hinaus **bestimmte Anhaltspunkte** gegeben sind, die seine Angaben stützen. Dann ist das Gericht weder gehindert, als Ergebnis seiner freien Beweiswürdigung nach § 286 Abs. 1 ZPO die vom VN bei seiner Anhörung nach § 141 ZPO gemachten Angaben zu glauben, noch (ergänzend) eine Parteivernehmung nach § 448 ZPO vorzunehmen.

D. Nachweis des Versicherungsfalls im Deckungsprozess

Da der behauptete Eintritt des Versicherungsfalls sich nicht im Wahrnehmungsbereich des VR abgespielt hat, kann dieser sich meistens – insbesondere in Entwendungsfällen – auf ein **Bestreiten mit Nichtwissen** beschränken (vgl. § 138 Abs. 4 ZPO).   **162**

Ein **substantiiertes Bestreiten** (§ 138 Abs. 2 ZPO) ist nur dann und insoweit geboten, als es um Tatsachen geht, die eigene Handlungen oder Gegenstand der eigenen Wahrnehmung des VR gewesen sind.   **163**

Beispiel[284]:
Ein Schadenregulierer hatte einen Leitungswasserschaden besichtigt und danach eine Entschädigungsberechnung erstellt. Im Hinblick auf die dabei erlangten Kenntnisse ist das unsubstantiierte Bestreiten eines Versicherungsfalls durch den VR im Deckungsprozess unbeachtlich (§ 138 Abs. 2 und 3 ZPO).

I. Keine Beweisbedürftigkeit

Ist der Versicherungsfall wirksam bestritten, ist der VN zwar beweispflichtig. Seine Beweislast ist jedoch für Versicherungsfälle, die **unstreitig oder offenkundig** sind, bedeutungslos. Diese triviale Erkenntnis gerät in Deckungsprozessen gelegentlich in Vergessenheit – etwa wenn ein VR den klagebegründenden Vortrag des VN nicht glaubt und deshalb ohne Nachdenken pauschal alles bestreitet. Versicherungsfälle wie Brand oder Fahrzeugunfall sind aber durchweg unstreitig, auch wenn viel für eine vorsätzliche oder grob fahrlässige Herbeiführung durch den VN sprechen mag. Auf die Brand- oder Unfallursache kommt es in diesem Zusammenhang nicht an.   **164**

Die aufgrund eines unstreitigen oder unbestreitbaren[285] Versicherungsfalls gegebene Beweisfreiheit darf auch nicht – wie dies gelegentlich geschieht – durch **unzulässige Anforde-**   **165**

---

[282] OLG Jena v. 7. 3. 2001, VersR 2001, 855 (856 unter 3).

[283] OLG Düsseldorf v. 2. 5. 2000, VersR 2001, 322; im Ergebnis ebenso: OLG Jena v. 7. 3. 2001, VersR 2001, 855; OLG Jena v. 12. 5. 1999, VersR 2000, 578; *Lange,* NJW 2002, 476 (480 f.).

[284] LG Berlin v. 13. 12. 2001, VersR 2003, 195 (LS).

[285] Vgl. OLG Hamm v. 25. 10. 1995, r+s 1996, 50: Wenn die Beschädigungen des versicherten Kfz nur auf einem Unfall beruhen können, ist der Versicherungsfall Unfall (§ 12 Nr. 1 II lit. e AKB) nachgewiesen.

rungen an die Darlegungslast unterlaufen werden. Die Darlegungslast des VN ist auf Tatsachen, die den Schluss auf ein versichertes Ereignis begründen, beschränkt. Steht der Versicherungsfall fest, muss dazu nichts mehr vorgetragen werden.

Beispiel:

Ein VN hatte die Polizei angerufen und mitgeteilt, sein vor dem Haus geparktes Fahrzeug sei von Unbekannten beschädigt worden (Versicherungsfall Unfall, § 12 Abs. 1 II lit. e AKB). Die Polizeibeamten stellten fest, dass der Wagen erhebliche Unfallspuren aufwies. Allerdings gab es Auffälligkeiten: Der Motor war noch warm, das Cabrioletverdeck aufgeschlitzt, das Lenkradschloss unversehrt und die Zündung nicht kurzgeschlossen. Der Vollkaskoversicherer nahm deshalb an, der VN selbst habe – möglicherweise in alkoholisiertem Zustand – den Unfall verursacht.

Das OLG Düsseldorf[286] hat die Klage des VN abgewiesen. Eine Beschädigung des Fahrzeugs durch Unfall sei zwar durch eindeutige Spuren belegt. Zur substantiierten Darlegung des Versicherungsfalls gehörten jedoch zusätzlich **nähere Angaben des VN zu Hergang, Ort und Zeit des Ereignisses.** Nur so könne der VR Überprüfungen anstellen, insbesondere ermitteln, ob Leistungsfreiheitstatbestände – etwa nach § 81 VVG im Hinblick auf Trunkenheit im Straßenverkehr – in Betracht kämen. Zu derartigen Angaben sei der VN auch in der Lage, da nach Lage der Dinge davon auszugehen sei, dass er selbst das versicherte Fahrzeug zum Unfallzeitpunkt gefahren habe.

Dieses Urteil ist nur im Ergebnis, nicht aber in der Begründung richtig. Das Vorliegen eines Versicherungsfalls Unfall i. S. des § 12 Abs. 1 II lit. e AKB war unstreitig und bedurfte deshalb keiner weiteren Darlegung. Sicherlich war der VN – falls er, wie vom OLG als bewiesen angesehen, selbst der Unfallfahrer gewesen sein sollte – gehalten, im **Schadenanzeigeformular** die dort erfragten Angaben zu Hergang, Ort und Zeit des Unfallereignisses zu machen. Dass er dies unterlassen und stattdessen einen unbekannten Fahrzeugdieb vorgeschoben hat, vermag jedoch lediglich die Leistungsfreiheit des VR wegen **Aufklärungsobliegenheitsverletzung** (§§ 7 I Abs. 2 S. 3 i. V. m. V Abs. 4 AKB, 28 Abs. 1, 4 VVG) zu begründen, nicht aber den unstreitigen Versicherungsfall in Frage zu stellen.

166   Auch eine nach §§ 288 Abs. 1, 535 ZPO **zugestandene Tatsache** ist nicht beweisbedürftig. Sie muss der gerichtlichen Entscheidung als unstreitig zugrundegelegt werden. Typischerweise wird das Zugeständnis einer vom Gegner vorgetragenen Tatsache **nicht ausdrücklich zu Protokoll** erklärt. Meistens beruht es auf einer richterlichen Wertung schriftsätzlichen Sachvortrags, wenn ihm ein zumindest konkludenter Geständniswille entnommen werden kann. Zu einem **wirksamen Geständnis** wird schriftsätzlicher Vortrag aber erst dann, wenn die Partei – regelmäßig auch unbemerkt – in der mündlichen Verhandlung stillschweigend auf ihre vorbereitenden Schriftsätze und damit auch auf die darin enthaltenen zugestandenen Tatsachen Bezug nimmt (§ 137 Abs. 3 S. 1 ZPO)[287].

167   Wann ein Geständnis in **Abgrenzung zum bloßen Nichtbestreiten** anzunehmen ist, ist oft schwierig zu entscheiden. Maßgeblich ist, ob die Erklärung der Partei den Willen erkennen lässt, der gegnerischen Behauptung **nicht oder nicht mehr entgegentreten** zu wollen[288]. Insbesondere dann, wenn im Laufe eines Deckungsprozesses durch Beweisaufnahme Aufklärung betrieben worden ist, ist es für die Partei, die nach wie vor an ihrem Bestreiten festhalten will, ratsam, dies hinreichend deutlich zu machen und sich nicht auf die Diskussion weiterer Streitpunkte zu beschränken. Andernfalls läuft sie Gefahr, dass ihr Prozessverhalten vom Gericht als **bewusste Aufgabe des bisherigen Bestreitens** und damit als Zugestehen der gegnerischen Behauptung gewertet wird.

Beispiel:

Ein Berufsunfähigkeitsversicherer hatte schriftsätzlich das Ergebnis eines vom Gericht eingeholten medizinischen Sachverständigengutachtens referiert, wonach der VN zur Ausübung seines Berufs als selbständiger Masseur und medizinischer Bademeister zu 100% außerstande war. Anschließend hatte er eingehend begründet, gleichwohl sei der VN bedingungsgemäß nicht berufsunfähig, weil eine **Umorganisation der Massagepraxis,** zumindest aber eine **Verweisung** möglich und zumutbar seien.

---

[286] OLG Düsseldorf v. 7. 12. 1993, VersR 1995, 567.
[287] BGH v. 14. 4. 1999, VersR 1999, 838 (839 unter I 1).
[288] BGH v. 12.3 1991, VersR 1991, 1421 (1422 unter II 1).

Der BGH[289] hat dieses Vorbringen des VR nicht nur als Aufgabe des bisherigen Bestreitens einer zur Berufsunfähigkeit als Masseur/Bademeister führenden Erkrankung des VN gewertet, sondern darüber hinaus auch als **Geständnis des diesbezüglichen Klagevortrags.** Eine spätere Rückkehr des VR zum ursprünglichen Bestreiten (konkludenter Widerruf des Geständnisses) wurde als unerheblich angesehen, weil das Geständnis **nicht durch Irrtum veranlasst** gewesen sei (§ 290 ZPO).

Nach neuerer Rechtsprechung des BGH enthalten Erklärungen, die eine Partei im Rah- **168** men ihrer **Parteivernehmung gem. § 445 ZPO** abgibt, kein Geständnis[290]. Beweisaufnahme und Geständnis schließen sich gegenseitig aus. Die persönliche Vernehmung der Partei, für die die Wahrheitspflicht gilt, stellt ein Beweismittel dar, das nach §§ 286 Abs. 1, 453 Abs. 1 ZPO vom Gericht frei zu würdigen ist. Ein Geständnis – vom Fall seiner betrügerischen Abgabe abgesehen – entfaltet demgegenüber bindende Wirkung unabhängig von der Wahrheitspflicht. Im Rahmen einer **Parteianhörung nach § 141 ZPO,** die kein Beweismittel ist, ist ein Geständnis jedoch möglich[291].

II. Regelfall Vollbeweis (§ 286 ZPO)

In allen Fällen, in denen es **nicht um eine Entwendung** geht, muss der VN den **vollen** **169** **Beweis** dafür erbringen, dass sich ein Versicherungsfall entsprechend seiner Sachdarstellung ereignet hat. Bewiesen ist eine Behauptung dann, wenn der Tatrichter unter Berücksichtigung des Gesamtergebnisses der mündlichen Verhandlung und einer etwaigen Beweisaufnahme **von ihrer Wahrheit überzeugt** ist (§ 286 Abs. 1 ZPO). Erforderlich ist seine **persönliche Gewissheit,** die jedoch eine von allen Zweifeln freie Überzeugung im Sinne einer mathematischen Sicherheit nicht voraussetzt. Der Richter muss sich mit einem **für das praktische Leben brauchbaren Grad von Gewissheit** begnügen, der etwaigen noch verbliebenen Zweifeln Schweigen gebietet. Ausreichend ist ein so hoher Grad von Wahrscheinlichkeit, dass ein vernünftiger, die Lebensverhältnisse klar überschauender Mensch nicht mehr an der Wahrheit zweifelt[292]. Diese vom BGH formulierten Vorgaben für die Beweiswürdigung eröffnen dem Tatrichter einen gewissen Beurteilungsspielraum und ermöglichen so **lebensnahe Entscheidungen** ohne übertriebene Anforderungen.

Die Beweisführung kann **unmittelbar oder im Wege des Indizienbeweises** erfolgen. **170** Sie braucht nicht zwingend in der Weise geführt zu werden, dass sämtliche Tatbestandsmerkmale **positiv festgestellt** werden. Insbesondere in Fällen, in denen der behauptete Versicherungsfall sich nicht im Wahrnehmungsbereich des VN ereignet hat, ist auch eine **Beweisführung ex negativo** denkbar: Wenn von den für den Schadenfall in Betracht kommenden Ursachen sämtliche nicht versicherten ausgeschlossen werden können, kann dies den Schluss auf eine versicherte Ursachenalternative (Versicherungsfall) rechtfertigen.

Streitigkeiten über den Eintritt des Versicherungsfalls treten besonders häufig in der **171** **Sturm- und Hagelversicherung** auf. Typische Streitpunkte sind hier das Erreichen der bedingungsgemäß erforderlichen Windstärke[293], die Unmittelbarkeit einer Sturmeinwirkung[294] sowie die Abgrenzung eines Versicherungsfalls von Allmählichkeitsschäden[295]. Ob der erforderliche Vollbeweis für ein versichertes Ereignis geführt ist, lässt sich ohne sachverständige Beratung meistens nicht beurteilen.

---

[289] BGH v. 14. 4. 1999, VersR 1999, 838 (839 unter I 1).

[290] BGH v. 14. 3. 1995, VersR 1995, 678.

[291] BGH v. 11. 1. 1966, VersR 1966, 269 (270); OLG Brandenburg v. 11. 3. 1997, OLGR 1997, 326 (327); offen gelassen von BGH v. 14. 3. 1995, VersR 1995, 678 unter II 1d; a. M.: OLG Hamm v. 28. 12. 1995, NJW-RR 1997, 999.

[292] BGH v. 11. 7. 1991, VersR 1992, 58 (59 unter I 4b); BGH v. 9. 5. 1989, VersR 1989, 758 (759 unter 1b, aa); BGH v. 17. 2. 1970, NJW 1970, 946 (948 unter II 2a).

[293] Vgl. OLG Hamm v. 23. 8. 2000, NJW-RR 2001, 239; OLG Oldenburg v. 5. 7. 2000, VersR 2001, 1233.

[294] Vgl. LG Mönchengladbach v. 9. 2. 2001, r+s 2002, 27 (Lichtschachtproblematik).

[295] Vgl. OLG Koblenz v. 11. 8. 2000, VersR 2002, 753.

Beispiel:

Der VN behauptete, sein versichertes Gebäude sei dadurch beschädigt worden, dass durch Sturm Äste auf das Dach geworfen worden seien und dort Schäden verursacht hätten.

Das OLG Köln[296] hat eine geradezu schulmäßige Beweisführung für einen Versicherungsfall nach § 1 Nr. 1 lit. b AStB 68 durchgeführt:

- Am angegebenen Tag herrschte am Schadenort nachweislich Sturm, d. h. eine Luftbewegung von mindestens Windstärke 8.
- Ein Sachverständiger hatte bestätigt, dass die Schäden am Dach durch mechanische Einwirkungen entstanden waren.
- Zeugen hatten in unmittelbarem zeitlichen Zusammenhang mit dem Sturm herabgefallene Äste genau auf den beschädigten Dachstellen vorgefunden.
- Der VR konnte keine plausible Erklärung für eine andere – nicht versicherte – Entstehung des Schadenbildes geben.

III. Unterschiedliche Beweismaßanforderungen (Beispiel: Unfallversicherung)

172   In der **Unfallversicherung**[297] besteht die Besonderheit darin, dass allein der Eintritt des Versfalls Unfall (Nr. 1.3 AUB 99) noch keine Leistungspflicht des VR auslöst. Leistungsbegründend sind vielmehr erst die im Rahmen der vereinbarten Leistungsarten beschriebenen **Unfallfolgen**[298] (prozessual am bedeutsamsten: **Invalidität**). Daraus ergibt sich für den VN eine **unterschiedliche Beweismaßanforderung:** Neben die Wahrheitsüberzeugung des § 286 ZPO tritt ein Wahrscheinlichkeitsurteil nach § 287 ZPO.

1. Vollbeweis (§ 286 ZPO)

173   Zunächst muss der VN – insoweit keine Besonderheit – den **Vollbeweis** (§ 286 ZPO) für den **Eintritt eines Versicherungsfalls** (Verursachung einer Gesundheitsbeschädigung durch ein Unfallereignis, Nr. 1.3 AUB 99) sowie die behauptete **Unfallfolge** (bei Invalidität: konkrete Ausgestaltung des Dauerschadens) erbringen[299]. Der erforderliche Nachweis erfordert nicht die vollständige Klärung das Unfallgeschehens, wenn nach Lage der Dinge die Verletzung nur durch eine äußere Einwirkung zugefügt worden sein kann; nicht bewiesen werden muss die Ursache des Unfalls[300]. Schwierigkeiten bereitet das grundsätzlich hohe Beweismaß des Vollbeweises in den Fällen, in denen statt eines Unfalls auch nicht versicherte körperinnere Vorgänge ursächlich gewesen sein können, z. B. Badetod statt Ertrinken oder Hirnblutung als Sturzursache statt als Sturzfolge. Der Beweis eines Versicherungsfalls ist nicht erbracht, wenn es möglich oder wahrscheinlich bleibt, dass der VN auch einem sofortigen Herztod[301] oder einer Hirnblutung[302] erlegen ist. Darlegungs- und beweispflichtig für die Kausalität des Unfallereignisses für die Gesundheitsbeschädigung ist in vollem Umfang der VN[303]. Der Anscheinsbeweis hilft nur dort weiter, wo es typische Geschehensabläufe gibt[304]. Es verbleibt aber die Möglichkeit der Parteivernehmung des VN, wenn die Verletzungsfolgen zu seiner Unfallschilderung passen (Rn. 143). Nach Auffassung des BGH legt die Interessenlage der Parteien im Hinblick

---

[296] OLG Köln v. 14. 12. 1999, r+s 2000, 382.

[297] Instruktiv *Knappmann,* NVersZ 2002, 1.

[298] Nr. 2 AUB 99: Neben der Invalidität (Leistungsart: Invaliditätsleistung) können auch ein Krankenhausaufenthalt oder eine Arbeitsunfähigkeit leistungsbegründend sein (Leistungsarten: Übergangsleistung, Tage-, Krankenhaustage- und Genesungsgeld).

[299] BGH v. 17. 10. 2001, VersR 2001, 1547 (1548 unter II 2); BGH v. 12. 11. 1997, r+s 1998, 80 unter 4.

[300] Vgl. OLG Oldenburg v. 14. 7. 1999, r+s 2000, 304. Soweit die Klärung des Unfallhergangs für einen Ausschluss von Bedeutung sein kann, ist der VR beweispflichtig.

[301] BGH v. 23. 4. 1965, VersR 1965, 713 (714) – Haftungsfall; LG Stuttgart v. 8. 1. 1986, VersR 1986, 1236; Eichelmann VersR 1972, 411, 413

[302] OLG Schleswig v. 13. 7. 1990, VersR 1991, 91; OLG Köln v. 1. 2. 1990, r+s 1991, 356.

[303] OLG Celle v. 20. 11. 2003, OLGR 2004, 302.

[304] BGH v. 3. 2. 1954, VersR 1954, 143; BGH v. 23. 4. 1965, VersR 1965, 713.

auf das bedingungsgemäße Risiko des Versicherungsvertrages weitere Beweiserleichterungen nicht nahe; anders als beim Entwendungsgeschehen ist der VN in der Regel bei einem Unfallgeschehen nicht von vornherein und unabwendbar in Beweisnot. Selbst für den Versicherungsfall „Unfalltod" kann durch eine Obduktion hinreichende Klärung gebracht werden[305]. Wo aber insbesondere bei letalen Unfällen Gewissheit nicht zu erlangen ist, darf das Beweismaß für ein Überzeugtsein nicht überspannt werden[306]; denn Versicherungsschutz wird für alle Unfälle versprochen.

2. Beweiserleichterung (§ 287 ZPO)

Häufig besteht Streit darüber, ob eine nach dem Unfall festgestellte Invalidität (oder andere **174** Unfallfolge: Arbeitsunfähigkeit; Krankenhausaufenthalt, etc.) überhaupt in einem ursächlichen – zumindest mitursächlichen – Zusammenhang mit dem Versicherungsfall steht. Oft kommt nämlich auch eine **unfallunabhängige Genese** in Betracht – vor allem Degenerationserscheinungen, die vor dem Unfall noch keine Beschwerden bereitet haben. Dieser Ursachenzusammenhang ist regelmäßig nur mit sachverständiger medizinischer Hilfe zu klären. Beweispflichtig ist zwar auch insoweit der anspruchstellende VN. Für den Nachweis der **„haftungsausfüllenden" Kausalität** (adäquater Kausalzusammenhang zwischen dem Versicherungsfall und der Unfallfolge, deretwegen Leistungen beansprucht wird) gelten jedoch die **geringeren Anforderungen des § 287 ZPO**[307]. Für die richterliche Überzeugungsbildung reicht dann eine **überwiegende, auf gesicherter Grundlage beruhende Wahrscheinlichkeit** gegenüber anderen Geschehensabläufen aus[308]. Neben dem Sachverständigen- und Zeugenbeweis (Familienangehörige, Arbeitskollegen, etc.) kommt – in der gerichtlichen Praxis oft übersehen – insoweit auch die Parteivernehmung des verletzten VN nach § 287 Abs. 1 S. 3 ZPO in Betracht.

IV. Beweismaßabsenkungen

Beweismaßabsenkungen können bereits **durch den Beweisgegenstand vorgegeben** **175** sein.

Beispiel:

In der Berufsunfähigkeitsversicherung geht es zunehmend um die Problematik des Nachweises organisch nicht begründbarer körperlicher oder geistiger Beeinträchtigungen als Ursache für die behauptete Berufsunfähigkeit. Dabei handelt es sich meistens um psychische Störungen. Psychiatrische Gutachter, die die geklagten Einschränkungen für glaubhaft erklären und einem im ICD 10 definierten Krankheits-/Beschwerdebild zuordnen, sind oft aber nicht in der Lage, dies mit einer an Sicherheit grenzenden Wahrscheinlichkeit im naturwissenschaftlichen Sinne zu begründen. Ein derart hohes Maß an Erkenntnissicherheit, was die Beurteilung der Glaubhaftigkeit der vom Patienten geschilderten Beschwerden anbetrifft, gibt es in der Psychiatrie nämlich nicht. Wenn deshalb nach Ausschöpfung aller Erkenntnismöglichkeiten dieser medizinischen Fachdisziplin eine Beurteilungssicherheit von maximal 80–90% – gemessen am Ideal naturwissenschaftlicher Genauigkeit – erreicht werden kann, muss dies auch für den vom VN zu führenden Nachweis einer psychisch verursachten Berufsunfähigkeit nach § 286 ZPO durchschlagen und ausreichend sein[309].

Typischen branchenspezifischen Beweisschwierigkeiten kann dadurch Rechnung **176** getragen werden, dass **in den AVB** bestimmte Beweiserleichterungen für den VN vorgesehen sind.

---

[305] BGH v. 18. 2. 1987, VersR 1987, 1007.
[306] Vgl. OLG Hamm v. 15. 8. 2007, r+s 2007, 518 zur Kausalität beim Umknicken auf einen unebenen Platz.
[307] BGH v. 17. 10. 2001, VersR 2001, 1547 (1548 unter II 1); BGH v. 23. 9. 1992, VersR 1992, 1503 (1504 unter 1.); BGH v. 12. 11. 1997, r+s 1998, 80 unter 4.
[308] BGH v. 17. 10. 2001, VersR 2001, 1547 (1548 unter II 1); *Knappmann*, NVersZ 2002, 1 (2 unter II.): Von mehreren Möglichkeiten muss die Ursächlichkeit des Unfalls „eindeutig die wahrscheinlichere sein".
[309] OLG Hamm v. 21. 6. 1996, VersR 1997, 817.

Beispiel:

Ein Sturmschaden setzt eine wetterbedingte Windbewegung von mindestens Windstärke 8 zum Schadenzeitpunkt voraus (§ 1 Nr. 2 S. 1 AStB 87[310]). Ist diese Windstärke für den Versicherungsort nicht feststellbar, wird nach § 1 Nr. 2 S. 2 AStB 87[311] ein versichertes Sturmereignis bereits dann unterstellt, wenn
der VN nachweist, dass entweder die Luftbewegung in der Umgebung des Versicherungsortes Schäden
an Gebäuden in einwandfreiem Zustand bzw. an ebenso widerstandsfähigen anderen Sachen angerichtet
hat, oder dass der Schaden wegen des einwandfreien Zustandes des versicherten Gebäudes bzw. des
Gebäudes, in dem sich die versicherten Sachen befunden haben, nur durch Sturm entstanden sein kann.
Danach reicht es zum Ursachennachweis aus, wenn der VN bestimmte Hilfstatsachen beweist.

177   Sehen die AVB trotz typischer Beweisschwierigkeiten des VN keine Beweismaßabsenkung
vor, kann ggf. durch die Annahme einer **stillschweigenden versicherungsvertraglichen
Vereinbarung** geholfen werden. Das ist der dogmatische Ansatz, den der BGH zur Lösung
der **Entwendungsfälle** begründet und in Form eines interessengerechten Stufenschemas
ausgebildet hat. Würde nämlich die Durchsetzung von Versicherungsansprüchen relativ häufig an der Unaufklärbarkeit des Sachverhalts scheitern, wäre dies eine erhebliche, mit der
Plansicherungsfunktion des Versicherungsvertrages unvereinbare Einbuße an effektivem Versicherungsschutz[312]. Deshalb müssen die Anforderungen an die Beweisführung so ausgestaltet
sein, dass die Durchsetzung von Ansprüchen generell möglich ist und nur aufgrund konkreter
einzelfallbezogener Umstände scheitern kann.

V. Speziell: Beweismaßabsenkungen in Entwendungsfällen

Literatur: *Bach,* Beweisanforderungen und Beweisführung beim Nachweis der Versicherungsfälle
„Entwendung" und „Einbruchdiebstahl", in: Symposion gegen Versicherungsbetrug – Schwerpunkte:
Kraftfahrt- und Sachversicherung, hrsg. v. *Bach* (1990), 187; *ders.,* Entwendungsnachweis und Versicherungsbetrug – Eine kritische Zusammenfassung der Rechtsprechung zu den Beweisregeln beim Entwendungsnachweis, VersR 1989, 982; *Bach/Günther,* Der Entwendungsnachweis in der Kfz-Kaskoversicherung, 1997; *Van Bühren,* Der Beweis für den Eintritt des Versicherungsfalles, in: Grundsatzprobleme der
Reisegepäckversicherung und AVBR 92, 27; *Deichl,* Beweisprobleme bei der Regulierung des Kraftfahr-
zeugunfalls, in: Beweiserleichterungen im Haftpflicht- und Versicherungsrecht (Homburger Tage 1991),
1992, 7; *Demuth,* Probleme der Beweisführung und Beweiserleichterung in Diebstahl- und Fahrzeugversicherung, in: Beweiserleichterungen im Haftpflicht- und Versicherungsrecht (Homburger Tage 1991),
1992, 22; *Diehl,* Der Nachweis des versicherten Kfz-Diebstahls, ZfSch 2000, 187; *Göth,* Der vorgetäuschte Diebstahl, in: Die Aufklärung des Kfz-Versicherungsbetrugs, hrsg. v. *Weber* (1995), 537; *Günther,*
Entwendungen von Kfz mit eingebauter elektronischer Wegfahrsperre, NVersZ 1999, 57; *Hansen,* Die
Beweismaßänderung beim Nachweis des Versicherungsfalls in der Diebstahlversicherung als Beispiel
richterlicher Rechtsfortbildung, ZVersWiss 1991, 355; *ders.,* Das „äußere Bild" eines Diebstahls, VersR
1992, 23; *Hofmann,* Der Beweis des Versicherungsfalls Diebstahl, ZfSch 1995, 83; *Knappmann,* Versicherungsschutz bei arglistiger Täuschung durch unglaubwürdigen VN, NVersZ 2000, 68; *ders.,* Anhörung
des VN nach Kfz-Diebstahl nur bei persönlicher Glaubwürdigkeit?, NVersZ 1998, 107; *Knoche,* Beweiserleichterungen zugunsten des VN in streitigen Entwendungsfällen, MDR 1992, 101; *ders.,* Brand oder
Unfall nach nicht bewiesenem Kfz-Diebstahl als selbständige Versicherungsfälle in der Kfz-Kaskoversicherung?, VersR 1990, 829; *Kollhosser,* Beweiserleichterungen bei Entwendungsversicherung, NJW
1997, 969; *Mittendorf,* Beweisprobleme des unredlichen VN in Entwendungsfällen, VersR 2000, 297;
Prölss, Der Nachweis des Versicherungsfalles in der Diebstahlversicherung, FS Steindorff (1990), 755; *Ro-
dewald,* Die Zerstörung des äußeren Bildes durch Merkwürdigkeiten, VersR 1994, 412; *Römer,* Schwierigkeiten beim Kfz-Entwendungsbeweis, NVersZ 1998, 63; *ders.,* Der Kraftfahrzeugdiebstahl als Versicherungsfall, NJW 1996, 2329; *Spielmann,* Der Versicherungsfall Einbruchdiebstahl, VersR 2004, 964:
Sohn, Zur Bedeutung von Schlüssel- und Schlossgutachten im Bereich des Kaskoprozesses, r+s 1997,
397; *Terbille,* Parteianhörung und Parteivernehmung im Rechtsstreit um die Leistungspflicht der VR aus
Diebstahlversicherungsvertrag, VersR 1996, 408; *Voit,* Beweislast und Beweisführung im Versicherungsrecht, in: Symposion „80 Jahre VVG" – Das Versicherungsvertragsrecht in Rechtsprechung und Regulie-

---

[310] Sachlich gleich §§ 8 Nr. 1 S. 1 VGB 2000; 8 Nr. 1 S. 1 VHB 2000.
[311] Sachlich gleich §§ 8 Nr. 1 S. 2 VGB 2000; 8 Nr. 1 S. 2 VHB 2000.
[312] *Prölss,* FS Steindorff (1990), S. 755.

rungspraxis, hrsg. von *Bach* (1988), 170; *Janpeter Zopfs,* Der Beweis des Versicherungsfalls, VersR 1993, 140.

1. Grundschema

In den in der prozessualen Praxis häufigen Fällen **versicherter Entwendungen** (Fahrzeugentwendung, Reisegepäck- und sonstiger einfacher Diebstahl, Einbruchdiebstahl und Raub) werden dem VN **Darlegungs- und Beweiserleichterungen** eingeräumt, ohne die sein Versicherungsschutz faktisch nicht viel wert wäre. Der BGH hat dies im Wege ergänzender Vertragsauslegung mit einer **stillschweigenden Vereinbarung der Vertragsparteien** über die Herabsetzung des Beweismaßes (Verschiebung des Eintrittsrisikos im Wege einer materiellrechtlichen Risikozuweisung) begründet[313]: Als Opfer einer Entwendung, die sich regelmäßig im Verborgenen abspielt, befindet der VN sich in einer **typischen Beweisnot.** Regelmäßig ist er nicht in der Lage, den eigentlichen Entwendungsakt zu beweisen, weil weder er selbst noch ihm bekannte Tatzeugen dabei zugegen gewesen sind. Deshalb kann der VR redlicherweise den Vollbeweis für eine versicherte Entwendung nicht erwarten, sondern muss sich mit einem Beweismaß begnügen, das dem VN nach Lage der Dinge zu erbringen möglich ist. Eine solche vertragliche Beweiserleichterung darf jedoch nicht einseitig sein. Im Interesse **ausgleichender Vertragsgerechtigkeit** muss sie auch dem VR bei Vortäuschungsverdacht zum Schutz gegen Missbrauch zugute kommen, indem ihm ein Vollbeweis nicht abverlangt wird. **178**

Auf der Grundlage dieser Überlegungen hat der BGH folgendes **Schema für die Beweisführung in Entwendungsfällen**[314] entwickelt: **179**

- Auf der ersten Stufe muss der **VN** lediglich den **Minimalbeweis des sog. äußeren Bildes** einer versicherten Entwendung[315] darlegen und erforderlichenfalls beweisen. Dazu gehört ein Mindestmaß an Tatsachen, die nach der Lebenserfahrung mit **hinreichender Wahrscheinlichkeit** den Schluss auf die versicherte Entwendung zulassen. Für die Tatsachen, die das äußere Bild ausmachen, ist der Vollbeweis erforderlich. **180**

- Gelingt dem VN dieser Nachweis, ist der **VR** am Zuge. Wenn er den VN für unredlich hält, muss er Tatsachen vortragen und bei Bestreiten beweisen, die (zumindest) mit **erheblicher Wahrscheinlichkeit** den Schluss auf eine Vortäuschung des Versicherungsfalls nahe legen. Der volle Nachweis, dass der behauptete Versicherungsfall „nicht echt" ist, wird nicht verlangt. **181**

- Erst wenn die erhebliche Wahrscheinlichkeit einer Vortäuschung anzunehmen ist, muss der **VN** – praktisch kaum realistisch – den **Vollbeweis der Entwendung** führen. **182**

Dieses Beweisführungsmodell, das **anfangs deutliche Kritik** erfahren hat[316], hat sich im Schrifttum[317] und in der Rechtsprechung der Instanzgerichte voll durchgesetzt[318]. Anfängliche Irritationen und Zweifelsfragen sind mit Hilfe des BGH geklärt worden, so dass inzwi- **183**

---

[313] Grundlegend: BGH v. 5. 10. 1983, VersR 1984, 29 unter I; vgl. auch BGH v. 22. 9. 1999, VersR 1999, 1535 (1536 unter 2); BGH v. 14. 7. 1993, VersR 1993, 1007 (1008 zu 4.); *Hoegen,* VersR 1987, 221 unter I; *Prölss/Martin/Kollhosser,* § 49 VVG Rn. 43 ff.; *Römer/Langheid/Römer,* § 49 VVG Rn. 15. Es handelt sich also nicht um eine prozessrechtliche Beweiserleichterung.

[314] Ständ. Rspr. seit dem Urteil v. 4. 4. 1957, VersR 1957, 325; BGH v. 18. 10. 2006, VersR 2007, 102; vgl. *Prölss/Martin/Kollhosser,* § 49 VVG Rn. 43 ff.; *Römer/Langheid/Römer,* § 49 VVG Rn. 13 ff.; Berliner Kommentar/*Schauer,* Vorbem. §§ 49–68a VVG, Rn. 75 ff.; *Voit,* in: Symposion „80 Jahre VVG", 170 (182 ff.); *Römer* NJW 1996, 2329.

[315] Die gebräuchliche Bezeichnung als „Anzeichenbeweis" darf nicht mit dem Anscheinsbeweis verwechselt werden (BGH v. 24. 2. 1993, r+s 1993, 190 [191]). Die Beweiserleichterungen gelten nämlich auch dann, wenn kein typischer Geschehensablauf vorliegt.

[316] Z. B. *Bach,* VersR 1989, 982; *Prölss,* FS Steindorff (1990), 755; *Knoche,* MDR 1992, 101; *Kuhn,* in: Symposion „80 Jahre VVG", 117 (140 ff.).

[317] Vgl. die Nachw. bei Berliner Kommentar/*Schauer,* Vorbem. §§ 49–68a Rn. 76.

[318] Geradezu klassisch geworden ist die tatrichterliche Vereinfachung des Beweisschemas durch *Voit,* in: Symposion „80 Jahre VVG", 170 (183): „Auf beiden Seiten entfällt die an Sicherheit grenzende Wahrscheinlichkeit, und für die Vortäuschung muss der VR deutlich mehr an Tatsachen bringen als der VN für den Eintritt des Versicherungsfalls. Der Rest ist Sache der tatrichterlichen Würdigung."

schen eine weitgehend einheitliche richterliche Handhabung des Entwendungsnachweises[319] und damit **ausreichende Rechtssicherheit** für VN und VR gegeben ist. Die Erfahrung zeigt, dass bei der Tatsachenfeststellung der Verzicht auf Sicherheit zugunsten einer Wahrscheinlichkeit in unterschiedlichen Graden beiden Vertragsparteien auch tatsächlich zugute kommt. Dass der VN mehr davon profitiert, ist gewollt, weil die Unaufklärbarkeit eines Entwendungsfalls nach Sinn und Zweck einer Entwendungsversicherung nach Möglichkeit nicht zu seinen Lasten gehen soll.

2. „Äußeres Bild" einer typischerweise spurenlosen Entwendung, insbesondere eines Fahrzeugdiebstahls

184   **a) Beschreibung und Begrenzung.** Die besondere Beweisnot eines VN, dessen Fahrzeug gestohlen worden ist, besteht darin, dass **objektivierbare Diebstahlspuren nicht gesichert** werden können; das Auto ist verschwunden. Deshalb muss für das äußere Entwendungsbild zwangsläufig auf einen **Beweis tatnaher Indizien** zurückgegriffen werden. Der VN hat deshalb darzulegen und ggf. zu beweisen, dass er selbst oder eine andere Person den Wagen **zu einer bestimmten Zeit an einem bestimmten Ort abgestellt** und ihn **bei Rückkehr zum Abstellort dort nicht mehr vorgefunden** hat[320]. Steht dies fest, kann nach der Lebenserfahrung mit hinreichender Wahrscheinlichkeit auf einen versicherten Diebstahl geschlossen werden[321].

185   Dieses Mindestmaß an Beweisanforderungen ist ein **Muss.** Es kann und darf nicht unterschritten werden. Wenn etwa ein Zeuge gemeinsam mit dem VN im versicherten Fahrzeug zum Abstellort gefahren, dann aber vorab ausgestiegen ist und deshalb den Abstellakt selbst nicht unmittelbar wahrgenommen hat, ist mit seiner Hilfe der erforderliche Minimalbeweis nicht zu führen[322]. Gleiches gilt, wenn der Zeuge das Nichtwiederauffinden des Wagens durch den VN aus eigener Anschauung nicht bestätigen kann, wohl aber glaubhaft bekundet, der VN habe ihn bereits vom Abstellort aus angerufen und vom Diebstahl berichtet[323]. Der Nachweis solcher **Rahmensachverhalte** ist nicht ausreichend[324]. Dies gilt erst recht für die Erstattung einer Diebstahlsanzeige bei der Polizei, die auch für einen Versicherungsbetrüger, der sein Vorhaben ja nicht durch einen groben Obliegenheitsverstoß gefährden will, obligatorisch ist[325].

186   Oft stellt sich jedoch die Frage, ob dieser Minimalbeweis auch bei einer **vom Üblichen abweichenden Sachlage** ausreichend ist – etwa wenn das als gestohlen gemeldete Fahrzeug nach Ablauf der Monatsfrist des § 13 Abs. 7 AKB mit unbeschädigter Schließanlage wiederaufgefunden worden ist (keine Beschädigung des Zündschlosses; kein Kurzschließen der Zündung, keine gewaltsame Überwindung der Lenkradsperre). Dieser Befund erlaubt regelmäßig den Schluss, dass der Täter mit einem passenden Schlüssel gefahren sein muss. Lässt sich bei einem solchen – **für eine Entwendung untypischen – Spurenbild** noch sagen, allein das bewiesene Abstellen und Nichtwiederauffinden des Wagens begründe nach der Lebenserfahrung die hinreichende Wahrscheinlichkeit einer versicherten Entwendung? Oder muss in diesen Fällen vom VN **mehr verlangt** werden, nämlich dass er hinreichend wahrscheinlich macht – d. h. plausibel erklärt –, wie der Täter in den Besitz eines passenden Schlüssels gelangen konnte?

---

[319] Neben einfachen und qualifizierten Diebstählen kommen auch Raub und räuberische Erpressung als Entwendungsfälle in Betracht (BGH v. 13. 3. 1991, VersR 1991, 924 [925 unter I]).

[320] BGH v. 30. 1. 2002, VersR 2002, 431 (432 unter 2a); BGH v. 17. 5. 1995, VersR 1995, 909 (910 unter 3a und b); *Römer*, NVersZ 1998, 63.

[321] BGH v. 17. 5. 1995, VersR 1995, 909 (910 unter 3b).

[322] BGH v. 19. 2. 1997, VersR 1997, 691 unter 1b.

[323] BGH v. 30. 1. 2002, VersR 2002, 431 unter 2b.

[324] Zu Recht wird der Begriff des Rahmensachverhalts von *Römer/Langheid/Römer*, § 49 VVG Rn. 23, als „diffus" bezeichnet.

[325] BGH v. 17. 3. 1993, VersR 1993, 571 (572 unter 1a).

                                                          v. Rintelen

Ein Teil der obergerichtlichen Rechtsprechung hatte sich auf den Standpunkt gestellt, in **187** solchen Fällen müssten die Anforderungen an das äußere Bild erhöht werden. Dem ist der BGH nicht gefolgt[326]. Der Beweis des äußeren Bildes ist **kein sich auf einen typischen Geschehensablauf gründender Anscheinsbeweis.** Deshalb entfällt das äußere Bild einer Kfz-Entwendung nicht dadurch, dass das Fahrzeug später ohne Spuren an den Schließzylindern wieder aufgefunden wird. Der VN braucht auch nicht plausibel zu erklären, wie der Täter an einen passenden Schlüssel gelangt sein kann. Dies gilt selbst dann, wenn

- der VN ohne Erklärung nicht alle beim Erwerb erhaltenen Fahrzeugschlüssel vorlegen kann[327];
- der VN nicht erklären kann, wo der Ersatzschlüssel für das Fahrzeug verblieben ist, und nicht exakt angeben kann, wann und wie oft er das Fahrzeug verliehen hat[328];
- der VR nachweist, dass ein Fahrzeugschlüssel kopiert worden ist und der VN dafür keine Erklärung hat[329];
- die im Besitz des VN befindlichen Originalschlüssel keine Kopierspuren aufweisen[330].

Aufschlussreich sind die dafür vom BGH gegebenen Begründungen: **188**

- Das Unvermögen des VN, sämtliche Originalschlüssel vorzulegen, könne ohne weiteres auch **andere Gründe** haben als den, dass er den fehlenden Schlüssel einem Dritten zum Zwecke des einvernehmlichen Wegschaffens des Wagens übergeben habe. Denkbar sei, dass er ihn verlegt oder unbemerkt verloren habe; keineswegs ausgeschlossen sei auch, dass er ihm vom Täter unbemerkt als Vorbereitung für den Fahrzeugdiebstahl gestohlen worden sei[331].
- Die Möglichkeit, dass eine Kopie des Fahrzeugschlüssels ohne Kenntnis und Billigung des VN durch einen unbefugten Dritten angefertigt und mit ihr der Wagen entwendet worden sei, sei **nicht nur theoretisch** – insbesondere bei Werkstattaufenthalten müsse der Fahrzeugschlüssel abgegeben werden[332].
- Auch für ein spurenloses Kopieren eines Fahrzeugschlüssels ohne Wissen des VN gebe es **realistische Möglichkeiten** – etwa einen elektronischen Kopiervorgang[333].

Daraus lässt sich – verallgemeinerungsfähig für alle Entwendungsfälle – entnehmen, dass **189** der BGH die hinreichende Wahrscheinlichkeit des Eintritts des Entwendungsfalls in Gestalt seines äußeren Bildes bereits dann annimmt, wenn ein **Grundmuster feststeht** (Abstellen und Nichtwiederauffinden des Fahrzeugs am Abstellort). Selbst wenn **untypische Indizien hinzukommen,** sind sie für die Beurteilung des äußeren Bildes so lange unerheblich, als sie nicht zwingend der Annahme eines für Diebstahl sprechenden Bildes widersprechen. Da die Beweiserleichterung kein Anscheinsbeweis ist, darf vom VN der volle Beweis nicht schon dann verlangt werden, wenn kein typischer Entwendungs-Geschehensablauf vorliegt oder nur die ernsthafte Möglichkeit eines anderen Geschehensablaufs besteht[334]. Damit wird selbstverständlich nicht ausgeschlossen, dass untypische Indizien im Einzelfall Bedeutung erlangen können. Dies ist aber erst auf der Stufe der **erheblichen Wahrscheinlichkeit der Vortäuschung** des Versicherungsfalles im Rahmen der dort erforderlichen Gesamtwürdigung aller bedeutsamen Umstände zu prüfen[335].

---

[326] BGH v. 17. 5. 1995, VersR 1995, 909; BGH v. 13. 12. 1995, VersR 1996, 319; BGH v. 26. 6. 1996, VersR 1996, 1135; BGH v. 23. 10. 1996, VersR 1997, 102.

[327] BGH v. 17. 5. 1995, VersR 1995, 909.

[328] OLG Koblenz v. 1. 10. 1999, OLGR 2000, 445.

[329] BGH v. 13. 12. 1995, VersR 1996, 319; BGH v. 26. 6. 1996, VersR 1996, 1135.

[330] BGH v. 23. 10. 1996, VersR 1997, 102.

[331] BGH v. 17. 5. 1995, VersR 1995, 909 (910).

[332] BGH v. 13. 12. 1995, VersR 1996, 319 (320).

[333] BGH v. 23. 10. 1996, VersR 1997, 102.

[334] *Hoegen,* VersR 1987, 221 unter I 4.

[335] Vgl. dazu unten Rn. 224 ff.

190 Zum äußeren Bild eines **Reisegepäckdiebstahls** gehört die Darlegung und der Beweis,
- dass der VN eine **Reise angetreten** hatte, die einen Bezug zum mitgeführten Gepäck erkennen lässt[336];
- dass das angeblich entwendete Gepäckstück vor der Entwendung vorhanden und danach nicht mehr aufzufinden war.

191 **b) Nachweis.** *aa) Zeugen.* Zum Nachweis des äußeren Bildes hat das Gericht die insoweit vom VN benannten **Zeugen** – und ggf. auch Gegenzeugen des VR – zu vernehmen. Gibt es Zeugen, müssen sie benannt und vom Gericht gehört werden. Es besteht kein Grund, von den allgemeinen zivilprozessualen Erfordernissen der Beweisführung abzuweichen, wenn der VN sich im konkreten Einzelfall nicht in Beweisnot befindet.

192 Zeugenbeweis ist deshalb **stets vorrangig,** selbst wenn der VN persönlich glaubwürdig ist[337]. Benennt er ihm bekannte Zeugen nicht, bleibt er beweisfällig[338]. Auf eine Anhörung nach § 141 ZPO oder eine Parteivernehmung nach § 448 ZPO kann er sich dann nicht berufen.

193 Die bloße Behauptung, die derzeitige Anschrift des Zeugen sei ihm unbekannt, ist nicht ausreichend, um von einer Benennung dieses Zeugen abzusehen. Erforderlich ist vielmehr, dass der VN substantiiert vorträgt und in geeigneter Form belegt, alle nach Lage der Dinge in Betracht kommenden Anstrengungen unternommen zu haben, um die ladungsfähige Anschrift des Zeugen zu ermitteln[339]. **Unerreichbar** ist ein Zeuge nur dann, wenn er auf unabsehbare Zeit vom Gericht nicht erreicht werden kann. Dies gilt auch für einen im Ausland wohnhaften Zeugen. Solange dessen Vernehmung vor dem Prozessgericht oder im Wege der Rechtshilfe nicht auf unüberwindliche Schwierigkeiten stößt, ist eine Unerreichbarkeit nicht anzunehmen[340]. Auch ein Zeuge, dem aus persönlichen Gründen ein **Zeugnisverweigerungsrecht** (§ 383 Abs. 1 Nr. 1–3 ZPO) zusteht, muss benannt werden, soweit nicht bereits feststeht, dass er von seinem Recht Gebrauch machen will[341].

194 Ist das äußere Bild der behaupteten Entwendung **durch Zeugen bewiesen,** kommt es auf dieser Stufe der Beweisführung auf die Glaubwürdigkeit des VN nicht an. Der in Schriftsätzen von VR immer wieder zu lesende Satz, ein unglaubwürdiger VN könne für sich keine Beweiserleichterung, die für den redlichen VN entwickelt worden seien, beanspruchen, ist in dieser Allgemeinheit unrichtig[342]. Die stillschweigende materiell-rechtliche Risikoverteilung, aus der die Beweismaßabsenkung abgeleitet wird, ist **jedem Versicherungsvertrag als solchem immanent** und hängt nicht von der Glaubwürdigkeit des konkreten VN ab. Deshalb kann auch ein unglaubwürdiger VN den Beweis des äußeren Bildes durch glaubwürdige Zeugen führen. Die Berücksichtigung seiner Unglaubwürdigkeit und der sie begründenden Umstände erfolgt dann erst – ggf. gemeinsam mit anderen gegen die Echtheit des Versicherungsfalls sprechenden Gesichtspunkten – im Rahmen der Prüfung der **erheblichen Wahrscheinlichkeit der Vortäuschung.** Mit der persönlichen Unglaubwürdigkeit des VN allein wird der VR diese erhebliche Wahrscheinlichkeit im Regelfall allerdings nicht begründen können.

195 *bb) Eigene Angaben des glaubwürdigen Versicherungsnehmers.* Steht dem VN **kein Zeuge** für das äußere Bild zur Verfügung oder hat er einen **Zeugen nur für einen Teilakt** (z. B. nur für das Abstellen des Wagens), muss diese Beweislücke nicht zwingend zum Prozessverlust

---

[336] OLG Düsseldorf v. 4.8. 1992, VersR 1993, 1103 (1104 unter 1b); *Römer/Langheid/Römer,* § 49 VVG Rn. 22.

[337] BGH v. 26.3. 1997, VersR 1997, 733 unter I 2.

[338] OLG Hamm v. 28.8. 1997, r+s 1997, 491; OLG Brandenburg v. 10.8. 1998, NVersZ 1998, 127 (128) mit Anm. *Knappmann,* NVersZ 1998, 107 unter I; OLG Koblenz v. 26.1. 2001, r+s 2001, 187 unter 1.

[339] OLG Köln v. 25.8. 1998, ZfSch 1999, 197.

[340] BGH v. 26.3. 1997, VersR 1997, 733 unter I 2c; BGH v. 29.1. 1992, NJW 1992, 1768 (1769 unter II).

[341] OLG Hamm v. 28.8. 1997, r+s 1997, 491.

[342] BGH v. 22.9. 1999, VersR 1999, 1535 (1536 unter 2); BGH v. 11.2. 1998, r+s 1998, 141 (142 unter 2); *Knappmann,* NVersZ 2000, 68 unter II; *Römer,* NJW 1996, 2329 unter IV 1a.

führen. Erstmals in seiner Entscheidung vom 24. 4. 1991[343] hat der BGH nämlich eine **zusätzliche Beweiserleichterung** begründet: Ausgangspunkt ist § 286 Abs. 1 ZPO, wonach das Gericht im Rahmen der freien Würdigung des Verhandlungsergebnisses nicht gehindert ist, den Behauptungen und Angaben (§ 141 ZPO) des VN zum äußeren Bild unter bestimmten Umständen auch dann zu glauben, wenn er ihre Richtigkeit sonst nicht beweisen kann. Dabei sei – so der BGH[344] – zu berücksichtigen, dass nicht der unredliche, sondern der redliche VN der Regelfall sei. Da bis zum Beweis des Gegenteils die **Redlichkeit des VN zu vermuten** sei, reichten seine eigenen stimmigen Angaben zum erforderlichen Minimalbeweis des äußeren Bildes aus, solange seine persönliche Glaubwürdigkeit nicht durch unstreitige oder vom VR zu beweisende Umstände **erschüttert** sei[345].

Rechtsfolge dieser Beweiserleichterung ist, dass der Richter das äußere Bild **als bewiesen ansehen muss,** wenn der dafür erforderliche Minimalsachverhalt von einem VN, dessen Glaubwürdigkeit/Redlichkeit[346] nicht nachweislich ernsthaft in Frage gestellt ist, stimmig bestätigt wird, auch wenn es **darüber hinaus kein Indiz** für die Richtigkeit dieser Angaben gibt.   **196**

Über die Tragfähigkeit dieser Redlichkeitsvermutung und ihrer nachteiligen Folgen für VR ist viel diskutiert und gestritten worden[347]. Da der BGH sie als stillschweigende Vereinbarung dem Versicherungsvertrag entnimmt, kommt es selbstverständlich nicht auf statistische Belege an. Nicht ohne Anlass hat das OLG Düsseldorf[348] gemutmaßt, sie lasse sich wohl nur als **juristische „Hilfskonstruktion"** verstehen, um praktischen Bedürfnissen genügen zu können. Im prozessualen Alltag hat sich diese weitere Beweiserleichterung jedenfalls durchgesetzt. Ist schlüssiger schriftsätzlicher Klagevortrag zum äußeren Bild vorhanden, wird der glaubwürdige VN, soweit es um eigene Wahrnehmungen geht, dazu **nach § 141 ZPO ergänzend angehört**[349]. Einer förmlichen Beweisaufnahme durch Parteivernehmung nach § 448 ZPO bedarf es darüber hinaus in aller Regel nicht mehr[350].   **197**

Widerlegt ist die Redlichkeitsvermutung nicht erst dann, wenn der VR das Gericht von der Unredlichkeit des VN überzeugt hat. Andererseits geht die gelegentlich in Schriftsätzen von VR zu lesende Anforderung, der VN müsse uneingeschränkt glaubwürdig sein, um die Vermutung für sich in Anspruch nehmen zu können, zu weit. Ausreichend – aber auch erforderlich – ist vielmehr, dass sich **ernsthafte, schwerwiegende Zweifel an der Glaubwürdigkeit** des VN und damit auch an der Richtigkeit der von ihm aufgestellten Entwendungsbehauptung aufdrängen[351]. Welche Tatsachen dazu ausreichen, lässt sich nicht generell   **198**

---

[343] BGH v. 24. 4. 1991, VersR 1991, 917 (918 unter 2).

[344] BGH v. 21. 2. 1996, VersR 1996, 575 unter 2.

[345] BGH v. 30.1 2002, VersR 2002, 431 (432 unter 2b); BGH v. 19. 2. 1997, VersR 1997, 691 unter 1b; BGH v. 24. 4. 1991, 917 (918 unter 2). Bleibt der VN dem Anhörungstermin unentschuldigt fern, bleibt er für das äußere Bild der Entwendung beweisfällig (OLG Frankfurt v. 15. 9. 1999, NVersZ 2000, 527).

[346] Die beiden Begriffe werden in diesem Zusammenhang oft synonym verwendet. *Voit,* in: Symposion „80 Jahre VVG", 170 (185), unterscheidet demgegenüber: „Redlich" sei derjenige VN, der den Versicherungsfall nicht vortäusche, „glaubwürdig" derjenige, der im allgemeinen die Wahrheit sage und nicht zu Verstößen gegen die Rechtsordnung neige.

[347] Vgl. *Prölss/Martin/Kollhosser,* § 49 VVG Rn. 60ff. m.w.N.

[348] OLG Düsseldorf v. 2. 5. 2000, VersR 2001, 322. Deshalb dürfte die Auffassung *Kollhossers* (NJW 1997, 972), es handele sich um eine Tatsachenvermutung, nicht zutreffen (vgl. Berliner Kommentar/ *Schauer,* Vorbem. §§ 49–68 a VVG Rn. 80: am ehesten „besondere Art von Beweiswürdigungsregel").

[349] Wegen der besonderen Bedeutung der persönlichen Anhörung des VN im Rahmen des Entwendungsnachweises wird sogar vertreten, im Erfolgsfalle löse sie eine anwaltliche Beweisgebühr aus (OLG Bremen v. 28. 10. 2002, NJW-RR 2003, 606).

[350] Selbstverständlich ist sie nicht ausgeschlossen, vgl. BGH v. 14. 6. 1995, VersR 1995, 956 (957 unter 3d); BGH v. 24. 4. 1991, VersR 1991, 917 (918 unter 2). Auch in Entwendungsfällen kann jedoch auf einen Anbeweis als Voraussetzung für eine Parteivernehmung nach § 448 ZPO nicht verzichtet werden (BGH v. 25. 3. 1992, VersR 1992, 867 [868 unter 2]; BGH v. 24. 4. 1991, VersR 1991, 917 [918 unter 2]).

[351] BGH v. 21. 2. 1996, VersR 1996, 575 unter 2; BGH v. 17. 3. 1993, VersR 1993, 571 (572 unter 2).

sagen[352]. Das ist eine **Frage des Einzelfalls** und der tatrichterlichen Gesamtwürdigung nach § 286 ZPO. Es kann auch davon abhängen, ob mehrere Umstände zusammenkommen, die im Rahmen einer Gesamtschau zu dem Ergebnis führen, dass dem VN seine Entwendungsschilderung nicht geglaubt werden kann[353]. Den Nachweis der erheblichen Wahrscheinlichkeit einer Vortäuschung des Versicherungsfalls braucht der VR in diesem Verfahrensstadium jedoch nicht zu erbringen[354].

199   Die Glaubwürdigkeit kann zum einen durch Umstände in Frage gestellt werden, die im **Zusammenhang mit dem aktuellen Versicherungsfall** stehen (z. B. widersprüchlicher Vortrag[355], nachweisbare Falschangaben zu bedeutsamen Umständen, usw.). Insbesondere beim Raub oder Trickdiebstahl schildert der VN regelmäßig ein differenzierteres Tatgeschehen als bei sonstigen Entwendungen. Ist es fingiert, hat der VR erfahrungsgemäß gute Chancen, **Auffälligkeiten, Ungereimtheiten und Widersprüche** aufzuzeigen, die dann in ihrer Gesamtheit dazu führen können, dass die Glaubwürdigkeit des VN zu verneinen und deshalb der Nachweis eines äußeres Raubbildes nicht zu führen ist[356]. Es ist in diesen Fällen unerlässlich, dass das Gericht den VN eingehend anhört, um durch Nachfragen und Vorhalte Auffälligkeiten und Unklarheiten entweder zu seinen Gunsten klären oder aber als Zweifel begründende Aspekte besonders deutlich herausarbeiten zu können.

200   Neben diesen fallbezogenen Aspekten können aber auch Umstände Bedeutung gewinnen, die in **keinem direkten Bezug zum umstrittenen Versicherungsfall** stehen[357]. Dazu zählen insbesondere **Unredlichkeiten** des VN, die seine persönliche Integrität in Frage stellen[358]. Solche Tatsachen müssen aber – um gegen ihn verwendet werden zu können – feststehen, d. h. **unstreitig oder bewiesen** sein. Außerdem müssen sie **nach Gewicht und Zeitnähe** geeignet sein, die Redlichkeitsvermutung auch im streitigen Versicherungsfall als widerlegt anzusehen.

201   Eine **Straftat** muss deshalb vom **Unrechtscharakter** her mit dem Vortäuschen der aktuell in Rede stehenden Entwendung vergleichbar sein[359]. Bei Vermögens- und Eigentumsdelikten von einigem Gewicht sowie Aussagestraftaten – auch wenn sie nicht gegen die Interessen eines VR gerichtet waren – ist das im Regelfall anzunehmen, bei den meisten anderen Straftaten des StGB allerdings kaum.

202   Ob eine länger zurückliegende strafgerichtliche Verurteilung für die Glaubwürdigkeitsbeurteilung noch Bedeutung haben kann, richtet sich nach den **Tilgungsfristen des BundeszentralregisterG** (§§ 51, 52 BZRG)[360]. Sind Verurteilungen des VN im Strafregister getilgt worden oder hätten sie bei korrekter Handhabung getilgt werden müssen, müssen die der Verurteilung zugrunde liegenden Taten bei der Beurteilung seiner Glaubwürdigkeit außer Acht bleiben.

203   **Bloße Verdachtsmomente** – insbesondere ein ohne rechtskräftige Verurteilung des VN durchgeführtes Strafverfahren, selbst wenn es nur gegen Zahlung einer Geldbuße gem. § 153a StPO eingestellt worden ist – reichen zur Begründung ernsthafter Glaubwürdigkeits-

---

[352] *Römer/Langheid/Römer,* § 49 VVG Rn. 27: „Die in Betracht kommende Palette ist groß.“

[353] BGH v. 21. 2. 1996, VersR 1996, 575 unter 2.

[354] BGH v. 26. 3. 1997, VersR 1997, 733 (734 unter II 1 b).

[355] Insbesondere unvereinbare Angaben gegenüber der Polizei und dem VR, vgl. BGH v. 30. 1. 2002, VersR 2002, 431 unter 3.

[356] Instruktiv OLG Köln v. 13. 12. 1994, r+s 1996, 234 (Raub); OLG Köln v. 4. 2. 2003, r+s 2003, 154 (Trickdiebstahl).

[357] BGH v. 21. 2. 1996, VersR 1996, 575 unter 2; BGH v. 24. 4. 1991, VersR 1991, 917 (918 unter 2).

[358] Dabei wird es sich vor allem um frühere Unredlichkeiten handeln. Zur Erschütterung der Glaubwürdigkeit des VN geeignet kann aber auch eine zeitnah nach der behaupteten Entwendung begangene Straftat sein (OLG Düsseldorf v. 17. 6. 1997, r+s 1997, 447: Banküberfall).

[359] *Römer,* NJW 1996, 2329 (2334).

[360] BGH v. 11. 2. 1998, VersR 1998, 488 (489 unter 3). Bedenklich OLG Köln v. 4. 9. 2001, VersR 2002, 478, das die Unaufklärbarkeit der Frage, ob wegen der zeitlichen Verhältnisse ein Verwertungsverbot gilt, dem VN mit der Begründung anlastet, er habe dazu keine substantiierten Angaben gemacht.

zweifel nicht aus[361]. Gleichwohl ist der VR nicht gehindert, frühere strafrechtliche Vorwürfe, die nicht zu einer Verurteilung des VN geführt haben, im Deckungsprozess vorzubringen. Der Zivilrichter muss sich dann **selbst davon überzeugen,** ob die diesbezüglichen Behauptungen des – beweisbelasteten – VR nachweisbar sind oder nicht. Ggf. muss dazu im Rahmen des aktuellen Deckungsprozesses eine Beweisaufnahme durchgeführt werden.

Nicht selten stellt sich die Frage, ob bereits eine **ungewöhnliche Häufung von gleichartigen Versicherungsfällen** (z. B. Fahrzeugdiebstählen) in der Vergangenheit ein taugliches Indiz für die Unredlichkeit des VN sein kann[362]. Dies ist ohne weiteres zu bejahen, wenn es bei früheren Schadensfällen nachweislich Unredlichkeiten des VN gegeben hat. Sind aber Regulierungen stets beanstandungsfrei abgewickelt worden, ist die Indizwirkung zweifelhaft. Bejaht wird sie gleichwohl vom OLG Düsseldorf[363]. In seiner zustimmenden Anmerkung argumentiert *Römer*[364], hier sei die ungewöhnliche Häufung die feststehende Tatsache, die nach der Lebenserfahrung darauf schließen lasse, dass der VN zumindest den einen oder anderen „Diebstahl" selbst inszeniert habe und nicht lediglich vom Pech verfolgt sei.   **204**

Der BGH hat keinen Anstoß daran genommen, dass ein Berufungsgericht seine erheblichen Zweifel gegenüber der Schilderung des VN zum äußeren Bild einer Fahrzeugentwendung entscheidend darauf gestützt hat, dass er „im Hinblick auf seine persönliche Glaubwürdigkeit einen **negativen Eindruck hinterlassen**" habe[365]. Wie bei jeder anderen Beweisperson dürfe der Tatrichter bei seiner Beurteilung den vom VN gewonnenen persönlichen Eindruck zugrunde legen und sogar allein darauf seine Entscheidung stützen. Konsequent weist *Römer*[366] darauf hin, an die notwendige Begründung[367] dafür, weshalb der Richter dem VN nicht glaubt, sollten keine zu hohen Anforderungen gestellt werden.   **205**

Neben nachgewiesener Unredlichkeit kann die Glaubwürdigkeit eines VN auch aus gesundheitlichen Gründen (erhebliche geistige Einschränkung) erschüttert sein, wenn eine deutliche Wahrscheinlichkeit dafür besteht, dass er sich an Tatsachen, die das äußere Bild der behaupteten Entwendung ausmachen, **nicht zuverlässig erinnert.**   **206**

Beispiel[368]:

Das äußere Bild eines Raubs, für den es keinen Tatzeugen gibt, ist nicht bewiesen, wenn der VN als angebliches Opfer wegen **verwirrten Geisteszustands** zumindest zeitweise in seiner Wahrnehmungsfähigkeit erheblich eingeschränkt und deshalb außerstande ist, sich an das Tatgeschehen konkret zu erinnern.

Ein glaubwürdiger VN, der nur einen **untauglichen oder unglaubwürdigen Zeugen** für das äußere Bild der Entwendung aufbieten kann, befindet sich in derselben Beweisnot wie derjenige, der gar keinen Zeugen hat. Deshalb kann auch hier auf die glaubhaften Angaben des VN zurückgegriffen werden, sofern nicht die Gründe, aus denen die Glaubwürdigkeit des Zeugen oder die Glaubhaftigkeit seiner Aussage verneint werden muss, **gleichzeitig die Glaubwürdigkeit des VN beeinträchtigen**[369].   **207**

---

[361] BGH v. 16. 10. 1996, VersR 1997, 53 (54 unter II 2a); BGH v. 21. 2. 1996, VersR 1996, 575 unter 2: Der BGH bemüht hier sogar die Unschuldsvermutung nach Art. 6 Abs. 2 EMRK.

[362] Ist beim VN objektiv ein besonderes Schadenrisiko gegeben, ist eine Schadenhäufung jedoch kaum ungewöhnlich (vgl. OLG Düsseldorf v. 24. 4. 2001, VersR 2002, 308 [309 unter 2c]: großer Kfz-Händler).

[363] OLG Düsseldorf v. 24. 3. 1998, VersR 1998, 1107 (1108); *Knoche,* MDR 1992, 101 (103).

[364] *Römer,* NVersZ 1998, 63.

[365] BGH v. 15. 10. 1997, NJWE-VHR 1998, 77 (Revisions-Nichtannahmebeschluss zu OLG Köln v. 18. 3. 1997, NJWE-VHR 1998, 77).

[366] *Römer/Langheid/Römer,* § 49 VVG Rn. 24.

[367] BGH v. 24. 4. 1991, VersR 1991, 917 (918 unter 2): Der Tatrichter muss im Urteil in nachprüfbarer Weise darlegen, warum er den Angaben des VN zum äußeren Bild der behaupteten Entwendung nicht glaubt.

[368] OLG Oldenburg v. 2. 12. 1998, r+s 1999, 161.

[369] BGH v. 27. 5. 1998, VersR 1998, 1012 (1013 unter 2b) bzgl. einer glaubwürdigen Zeugin, die beim Akt des Nichtwiederauffindens des versicherten Fahrzeugs zwar zugegen, jedoch nicht in der Lage war,

Beispiele:

– Der Zeuge bestätigt den Klagevortrag nicht mit der Begründung, er sei seinerzeit **zu betrunken** gewesen, um eigene Wahrnehmungen machen zu können (Rückgriff auf eigene Angaben des glaubwürdigen VN möglich).

– Der Zeuge bestätigt den Klagevortrag nicht mit der Begründung, er sei (entgegen den Angaben des VN) zur Tatzeit **nicht mit ihm zusammen gewesen**[370] (Rückgriff auf eigene Angaben des VN nicht möglich, weil der Inhalt der Zeugenaussage die Glaubwürdigkeit des VN erschüttert).

208 Ist das Gericht zur Auffassung gelangt, die Glaubwürdigkeit des zeugenlosen VN sei bereits durch Umstände, die in keinem direkten Bezug zum umstrittenen Versfall stehen (vor allem frühere Straftaten), erschüttert, stellt sich die prozessuale Frage, ob es dann überhaupt noch seiner **Anhörung zum äußeren Diebstahlbild (§ 141 ZPO)** bedarf. Geboten erscheint dies nicht[371], soweit der VN nicht nach § 137 Abs. 4 ZPO selbst beantragt, sich äußern zu dürfen[372]. Das Verbot vorweggenommener Beweiswürdigung gilt für die Parteianhörung nach § 141 ZPO nicht. Anderseits sollte die Anhörung einem Richter unbenommen sein, wenn er sich (auch) einen persönlichen Eindruck vom VN verschaffen oder die Akzeptanz seiner Entscheidung erhöhen möchte[373].

3. Äußeres Bild einer typischerweise Spuren hinterlassenden Entwendung (Einbruchdiebstahl)

209 Anders als beim „einfachen" Diebstahl hat das äußere Bild eines versicherten Einbruchdiebstahls **zwei Komponenten**[374]:

• Zunächst müssen Einbruchspuren vorhanden sein, sofern nicht eine spurenlose versicherte Begehungsweise – insbesondere ein Nachschlüsseldiebstahl – in Betracht kommt (**äußeres Bild des Einbruchakts**[375]).

• Darüber hinaus bedarf es des Nachweises, dass jedenfalls ein Teil des angegebenen Diebesguts vor der Tat am angegebenen Ort vorhanden und danach nicht mehr aufzufinden war (**äußeres Bild des Diebstahls**).

210 a) **Äußeres Bild des Einbruchakts.** *aa) Spurenbild.* Erforderlich sind **einbruchspezifische Tatortspuren,** die erkennen lassen, wie die Täter in die versicherten Räume hineingelangt sein können (insbesondere Aufbruchspuren an der Wohnungseingangstür oder einem Fenster).

211 Neben **Spuren im Innern** können u. U. zusätzlich auch Spuren für ein gewaltsames Eindringen der Täter **in das Gebäude von außen** erforderlich sein. Zwar setzt ein Einbruchdiebstahl nicht bedingungsgemäß den Aufbruch einer Außentür oder eines Fensters voraus. Wenn aber im Einzelfall die Umstände darauf schließen lassen, dass der Täter – um überhaupt zu dem aufgebrochenen Raum zu gelangen – **gewaltsam** von außen in das (abgeschlossene)

---

diese Örtlichkeit exakt zu lokalisieren; OLG Hamm v. 16. 4. 1997, ZfSch 1997, 475 mit Anm. *Hofmann;* OLG Hamm v. 15. 10. 1999, ZfSch 2000, 208 mit Anm. *Rixecker,* der meint, es liege nahe, dass ein Gericht in solchen Fällen „genau hinschauen" und die Hürde von Zweifeln ein wenig höher sein werde als sonst; *Knappmann,* NVersZ 1998, 107 (108); *Römer,* NJW 1996, 2329 (2332). A. M.: OLG Hamburg v. 29. 1. 1999, NVersZ 1999, 576, das darauf verweist, die durch das „Versagen" eines Zeugen begründete Beweisnot eines VN sei nicht größer als die eines jeden Klägers in vergleichbarer Lage und deshalb ein normales prozessuales Risiko.

[370] KG Berlin v. 20. 1. 1998, Schaden-Praxis 1999, 21.

[371] OLG Köln v. 4. 9. 2001, VersR 2002, 478; *Römer,* NJW 1996, 2329 (2333); *Römer/Langheid/Römer,* § 49 VVG Rn. 24; *Mittendorf,* VersR 2000, 297 (299f.); *Knappmann,* NVersZ 1998, 107. A. M.: *Terbille,* VersR 1996, 408 (409).

[372] Zu dieser Einschränkung vgl. *Mittendorf,* VersR 2000, 297 (300).

[373] *Knappmann,* NVersZ 1998, 107; kritisch *Mittendorf,* VersR 2000, 297 (300).

[374] BGH v. 14. 6. 1995, VersR 1995, 956 unter 2.

[375] Soweit ein Einbruch (oder zumindest Einbruchsversuch) bedingungsgemäße Vortat für einen versicherten Vandalismus ist, kommt dem VN zum Nachweis dieser Vortat ebenfalls die Beweiserleichterung zugute, so dass er (zunächst) nur das äußere Bild beweisen muss (BGH v. 6. 2. 2002, VersR 2002, 480 [481 unter 2]; BGH v. 14. 4. 1999, NVersZ 1999, 390 unter II 1).

Gebäude eindringen musste, so verlangt das äußere Bild eines Einbruchs auch entsprechende Spuren[376].

Zur Begründung der hinreichenden Wahrscheinlichkeit eines Einbruchdiebstahls geeignet **212** sind Spuren nur dann, wenn sie technisch einer **erfolgreichen Aufbruchaktion zugeordnet** werden können. Ein solches taugliches Spurenbild, das einen gewaltsamen Aufbruch als möglich erscheinen lässt, hat der **VN** – ggf. mit sachverständiger Hilfe – zu beweisen[377]. Dies gelingt nicht immer, weil manche Spuren zwar auf den ersten Blick **aufbruchsgeeignet erscheinen,** dann aber vom Sachverständigen als „rein oberflächlich"[378], oder „schon älter" erklärt werden oder aus sonstigen Gründen unstimmig sind.

Beispiele:

– Ein professionell aufgebohrtes Profilzylinderschloss einer Wohnungseingangstür ist nicht geeignet, das äußere Bild eines Einbruchs zu belegen, wenn sich bei sachverständiger Untersuchung ein auffälliges Spurenbild eines Zangenwerkzeugs zeigt, das nur dadurch zu erklären ist, dass der Schließzylinder **in ausgebautem Zustand** – eingespannt in einen Schraubstock – aufgebohrt worden ist[379].
– Zur Begründung der hinreichenden Wahrscheinlichkeit eines Einbruchs unstimmig ist auch ein Spurenbild, bei dem sich Glassplitter, Bohrreste, etc. **auf der „falschen Seite"** einer Tür oder eines Fensters befinden[380]. Soll etwa ein Fenster von außen eingeschlagen worden sein, fallen Glassplitter nach den Gesetzen der Physik zumindest überwiegend nach innen. Werden sie deshalb nur außen vorgefunden, spricht viel dafür, dass das Fenster von innen zerstört worden ist. Wegen möglicher Schwingungen der Scheibe vor dem Zerspringen ist das aber nicht zwingend.
– Wenn im Schließzylinder der Eingangstür ein **abgebrochener Schlüssel** steckt, deutet dies allenfalls auf einen erfolglosen Einbruchsversuch mit einem nicht genau passenden Schlüssel hin[381].

Untauglich kann auch ein **unvollständiges Spurenbild** sein.   **213**

Beispiele:

– Trotz vorgefundener Aufbruchspuren an Schloss oder Tür werden **keinerlei Bohrreste** (Bohrstaub, Splitter, Späne, etc) auf dem Fußboden vorgefunden, obwohl sie – technisch zwingend – angefallen sein müssten.
Das OLG Köln[382] hat entschieden, ohne das Vorhandensein derartiger Spuren sei ein stimmiges äußeres Einbruchsbild nicht gegeben. Die theoretische Möglichkeit, dass der Täter einen Bohrstaubfänger benutzt oder die Bohrreste während der Tatausführung weggesaugt, weggeputzt oder in sonstiger Weise entfernt habe, stehe **außerhalb jeglicher Lebenserfahrung.** Da bei der Beurteilung des äußeren Bildes auf solche Umstände abzustellen sei, die nach der Lebenserfahrung mit hinreichender Wahrscheinlichkeit den Schluss auf einen Einbruchdiebstahl zulassen, seien fernliegende und außerordentlich ungewöhnliche Verhaltensweisen von Tätern nicht einzubeziehen.
– Nach einem behaupteten Einbruch fehlt der zum Schloss der Wohnungseingangstür gehörende Schließzylinder. Eine sachverständige Schlossuntersuchung ergibt keine Spuren einer gewaltsamen Entfernung.
Das OLG Frankfurt[383] hat – sachverständig beraten – das äußere Bild eines versicherten Einbruchs verneint: Obwohl es technisch nicht ausgeschlossen sei, dass geübte Einbrecher den Schließzylinder spurenlos ausgebaut haben könnten, sei dies aber **nicht hinreichend wahrscheinlich,** weil die üblichen Nachsperrpraktiken von Dieben Spuren hinterließen.
Auch wenn einzuräumen ist, dass es sich hierbei um einen Grenzfall handelt, ist die Verneinung des äußeren Bildes zweifelhaft. Immerhin gab es eine Einbruchspur in Form des Fehlens des Schließzylinders, die darauf hindeutete, dass die Wohnungseingangstür durch das Entfernen des Zylinders auf versicherte Weise geöffnet worden war. Dass am Schloss keine Aufbruchspuren gefunden werden konnten, steht der Wertung dieses Befunds als äußeres Einbruchsbild nicht zwingend entgegen, da der Sachverständige bestätigt hatte, professionelle Täter seien zur spurenlosen Entfernung eines Schließ-

---

[376] BGH v. 14. 4. 1999, r+s 1999, 247 (248 unter II 1).
[377] OLG Hamm v. 28. 4. 1999, VersR 2000, 357 (358).
[378] OLG Köln v. 11. 9. 2001, NVersZ 2002, 86.
[379] OLG Köln v. 4. 7. 2000, NVersZ 2001, 33.
[380] OLG Karlsruhe v. 5. 6. 1997, VersR 1998, 757.
[381] OLG Düsseldorf v. 11. 5. 1999, r+s 2000, 26.
[382] OLG Köln v. 4. 7. 2000, NVersZ 2001, 33; OLG Köln v. 12. 12. 2000, r+s 2001, 205.
[383] OLG Frankfurt v. 10. 8. 2000, VersR 2001, 759.

zylinders durchaus in der Lage. Deshalb lässt sich nur schwer begründen, dies liege außerhalb jeglicher Lebenserfahrung. Es mag **ungewöhnlich** sein, dass Diebe beim Entfernen eines Schließzylinders derart sorgfältig vorgehen, dass sie keinerlei Gewaltspuren hinterlassen, und dann auch noch den Zylinder mitnehmen. Diese Auffälligkeit ist aber erst im Rahmen der Prüfung der **erheblichen Wahrscheinlichkeit einer Vortäuschung** des Versicherungsfalles zu würdigen und kann – für sich allein gesehen – kaum ausreichen, um die Leistungsfreiheit des VR zu begründen.

– VN, die an Tür oder Fenster keine Aufbruchspuren vorweisen können, finden manchmal an der Außenwand ihres Hauses **Schmutz- oder Kratzspuren** und behaupten dann, diese Spuren seien neu und rührten vom Dieb her, der außen hoch- oder von oben herabgeklettert sei.

Allein das Vorhandensein derartiger Schmutz- oder Kratzspuren wird regelmäßig nicht genügen, um das äußere Bild eines versicherten Einbruchs oder Einsteigens begründen zu können[384]. Hinzutreten muss mindestens der Nachweis einer konkreten Möglichkeit, wie der Täter nach seinem Kletterakt ins Innere des Hauses hineingelangt sein kann (z. B. offen stehendes Fenster, geöffnete Balkontür, etc)[385].

214   Ebenso wenig wie beim Fahrzeugdiebstahl wird auch beim Einbruchdiebstahl das äußere Bild dadurch in Frage gestellt, dass **untypische Indizien** Zweifel an der Echtheit der Tat begründen.

Beispiel:

Trotz einbruchspezifischer Tatortspuren hatte ein Berufungsgericht das äußere Bild eines Einbruchdiebstahls im Hinblick auf weitere Auffälligkeiten verneint: Nach Lage der Dinge sei insbesondere der **Abtransport der Beute unerklärlich;** es gebe insoweit keinerlei Spuren, niemand habe etwas gehört oder gesehen. Auch sei ausgeschlossen, dass das Hausmeisterehepaar die **Alarmanlage nicht gehört** habe; näher liege, dass die Alarmanlage schon vorher innerhalb der Geschäftsräume des VN zerstört und damit abgestellt worden sei.

Der BGH[386] hat beanstandet, hier seien unzutreffend Einzelheiten unter der Fragestellung „äußeres Bild" behandelt worden. Die vom VR vorgetragenen Bedenken beträfen nicht mehr das äußere Bild, sondern könnten nur als Indizien für eine **Vortäuschung des Versicherungsfalls** in Betracht kommen[387].

215   Das äußere Bild wird schließlich auch nicht dadurch ausgeschlossen, dass sich – etwa an der Eingangstür – neben tauglichen Aufbruchspuren **auch untaugliche Spuren** befinden. Soweit unsinnige Spuren einen Verdacht auf das Legen falscher Spuren begründen, ist dem im Rahmen der Prüfung der erheblichen Wahrscheinlichkeit der Vortäuschung des Versicherungsfalls nachzugehen. Wenn nicht fernliegend ist, dass ein fremder Täter in Irreführungsabsicht falsche Spuren gelegt hat, um nicht als Benutzer eines Nachschlüssels in Verdacht zu geraten, ist die Schlussfolgerung auf eine erheblich wahrscheinliche Tatbeteiligung des VN kaum gerechtfertigt[388].

216   *bb) Spurenloser Einbruch.* In der gerichtlichen Praxis mehren sich Fälle, in denen vom VN ein spurenloser Einbruch behauptet wird[389]. Dazu wird häufig vorgetragen, neben passenden Schlüsseln gebe es bekanntermaßen technische Hilfsmittel zum Aufsperren verschlossener Türen, die **keinerlei mechanische Schäden am Schloss** erkennen ließen. Dies ist allenfalls insoweit richtig, als es Öffnungsmethoden gibt, die keine mit bloßem Auge sichtbaren Spuren hinterlassen. Bei **mikroskopischer Untersuchung** des Schließzylinders sind aber stets

---

[384] OLG Karlsruhe v. 16. 11. 1995, r+s 1996, 322 (LS).

[385] Selbst wenn in derartigen „Fassadenklettererfällen" das äußere Bild eines Einbruchs bejaht werden sollte, dürfte nicht selten die erhebliche Wahrscheinlichkeit einer Vortäuschung anzunehmen sein. In diesen Fällen ist es typischerweise so, dass der VN vor dem Entdecken des Einbruchs die Wohnungseingangstür unversehrt in verschlossenem Zustand vorgefunden haben will. Dann aber stellt sich – jedenfalls bei angeblich umfangreicher und sperriger Beute – die Frage, wie der Täter, wenn nicht durch die Eingangstür, das Diebesgut abtransportiert haben kann.

[386] BGH v. 14. 6. 1995, VersR 1995, 956 unter 2.

[387] Vgl. aber BGH v. 16. 6. 1993, VersR 1994, 45 (46 unter I 2b), wonach die Klärung der streitigen Frage, ob zur Tatzeit am Tatort eine Alarmanlage vom VN in Funktionsbereitschaft versetzt worden war, bereits zur Prüfung des behaupteten Bildes des behaupteten Einbruchdiebstahls gehören soll.

[388] OLG Hamm v. 17. 1. 2001, r+s 2001, 425.

[389] Zum äußeren Bild eines spurenlosen Einschleichens oder sich Verbergens i. S. d. § 1 Nr. 2 lit. c AERB 87 vgl. OLG Köln v. 11. 9. 2001, NVersZ 2002, 86.

Spuren solcher Nachsperrmaßnahmen zu erkennen. Führt eine solche sachverständige Untersuchung zu einem negativen Ergebnis, ist der Einsatz eines Öffnungswerkzeugs zumindest nicht hinreichend wahrscheinlicher[390].

Im Anschluss an drei Entscheidungen des BGH zum Nachschlüsseldiebstahl[391] geht die Instanzrechtsprechung davon aus, dass ein VN auch beim **Fehlen jeglicher Einbruchspur** den erleichterten Beweis für die hinreichende Wahrscheinlichkeit eines versicherten Einbruchdiebstahls führen kann. Dafür muss aber mehr bewiesen werden als das ungeklärte Abhandenkommen von Sachen aus den versicherten Räumen. Andererseits braucht der VN nicht sämtliche Möglichkeiten einer nicht versicherten Entwendung auszuschließen; denn dann hätte er bereits den Vollbeweis erbracht[392]. Ausreichend ist vielmehr der Nachweis, dass bei mehreren in Betracht kommenden Tatmodalitäten **unversicherte Begehungsweisen** ausgeschlossen oder zumindest so unwahrscheinlich sind, dass sich daraus (und ggf. auch aus anderen Umständen) im Gegenschluss eine hinreichende Wahrscheinlichkeit für einen versicherten Einbruchsdiebstahl folgern lässt[393]. 217

Konkret vollzieht sich die Beweisführung nach Art **eines Ausschlussverfahrens:** 218

Sämtliche in Betracht kommenden unversicherten Begehungsweisen müssen unwahr- 219 scheinlich oder gar ausgeschlossen sein. Insoweit ist zunächst zu klären, ob zur Tatzeit die **Eingangstür verschlossen** war; denn „einfacher" Diebstahl ist vom Versicherungsschutz der Einbruchdiebstahlversicherung nicht umfasst. Da auch die Verwendung eines richtigen Schlüssels grds. nicht versichert ist[394], muss der VN darüber hinaus darlegen und erforderlichenfalls beweisen, dass es zumindest unwahrscheinlich ist, dass die Täter mit einem **Originalschlüssel** an den Tatort gelangt sind. Dazu ist aufzuzeigen und unter Beweis zu stellen, wo sich sämtliche richtigen Schlüssel zur Tatzeit befunden haben und dass ihre Verwendung zur Begehung des Diebstahls nicht ernsthaft in Frage kommen kann[395].

Außerdem muss nach Lage der Dinge auch mit hinreichender Wahrscheinlichkeit eine re- 220 **alistische Möglichkeit** bestanden haben, wie die Täter – ohne Spuren zu hinterlassen – auf versicherte Weise in die versicherten Räumlichkeiten gelangt sein können[396]. Dies ist jedenfalls dann zu verneinen, wenn die vorhandenen Originalschlüssel sachverständig mit negativem Ergebnis auf Kopierspuren hin untersucht worden sind und feststeht, dass die Benutzung eines Nachschlüssels wegen seiner scharfkantigen Form atypische Spuren im Schließzylinder hätte hinterlassen müssen[397]. Selbst wenn ein Schlüssel Kopierspuren aufweist, ist damit das äußere Bild eines versicherten Nachschlüsseldiebstahls nicht ohne weiteres gegeben – etwa wenn die Kopieraktion nach Lage der Dinge nur mit Wissen des dies bestreitenden VN erfolgt sein kann[398].

---

[390] Instruktiv OLG Hamm v. 1. 12. 1995, VersR 1997, 1229 (1230 unter 3.) mit technischen Nachweisen.

[391] BGH v. 9. 1. 1991, VersR 1991, 297 (298 unter II 3); BGH v. 9. 1. 1991, VersR 1991, 543 unter 2; BGH v. 7. 2. 1990, NJW-RR 1990, 607.

[392] BGH v. 9. 1. 1991, VersR 1991, 297 (298 unter II 3). Zu eng deshalb *Römer/Langheid/Römer*, § 49 VVG Rn. 21 und 23, wonach beim Fehlen von Einbruchspuren der Nachweis des äußeren Bildes eines Einbruchs nur dann zu führen sei, wenn jede andere Möglichkeit als die des Einbruchs „ausgeschlossen" werden könne.

[393] OLG Hamm v. 22. 6. 1994, VersR 1995, 1233 (äußeres Bild bejaht); OLG Karlsruhe v. 5. 5. 1994, VersR 1996, 846 (äußeres Bild verneint); OLG Saarbrücken v. 15. 1. 2003, ZfSch 2003, 246 (äußeres Bild eines Einbruchs in ein Hotelzimmer verneint); KG v. 24. 10. 2003, VersR 2004, 733 (äußeres Bild verneint).

[394] Ausnahme: sog. Schlüsselklauseln (z. B. § 5 Nr. 1 lit. c und d VHB 2000).

[395] Wird zum Verbleib sämtlicher Originalschlüssel nicht schlüssig vorgetragen, ist der Prozess für den VN bereits verloren: OLG Hamm v. 28. 4. 1999, VersR 2000, 357 (358).

[396] OLG Hamm v. 1. 12. 1995, VersR 1997, 1229 (1230); OLG Düsseldorf v. 3. 3. 1998, VersR 1999, 182; OLG Köln v. 26. 5. 1998, VersR 1999, 309.

[397] OLG Düsseldorf v. 23. 3. 1999, VersR 2000, 225.

[398] OLG Hamm v. 23. 7. 1999, r+s 1999, 516 (517).

226 **b) Äußeres Bild des Diebstahls.** Bis zur Entscheidung des BGH v. 14. 6. 1995[399] wurde von der instanzgerichtlichen Rechtsprechung das äußere Diebstahlsbild durchweg in Auffälligkeiten gesehen, die auf die **Tätigkeit eines Diebs** in versicherten Räumlichkeiten hindeuten (zerwühlte Wohnung, herausgerissene Schubladen, Lücken in Regalen oder Schränken, etc.). Das Diebesgut spielte insoweit keine Rolle; die Ermittlung des Schadenumfangs und seiner Höhe vollzog sich ausschließlich nach § 287 ZPO.

221 Der BGH hat demgegenüber die **Zweigliedrigkeit** des Begriffs des äußeren Bildes eines Einbruchdiebstahls betont. Zu dem dafür erforderlichen Minimum an Tatsachen gehöre neben dem Vorhandensein von Einbruchspuren, dass „die als gestohlen gemeldeten Sachen" vor dem behaupteten Diebstahl am angegebenen Ort vorhanden und danach nicht mehr aufzufinden gewesen seien[400]. Dies ist vereinzelt dahin missverstanden worden, als verlange die höchstrichterliche Rechtsprechung zum Nachweis des äußeren Diebstahlsbildes den Vollbeweis dafür, dass **sämtliche** als gestohlen angegebenen Sachen tatsächlich entwendet worden sind[401]. So weitgehende Anforderungen hat der BGH jedoch ersichtlich nicht aufstellen wollen, zumal es bereits unter Nr. 3a der Urteilsgründe einschränkend heißt, der VN müsse den Vollbeweis (nur) insoweit führen, als das behauptete Diebesgut „im Wesentlichen in der angegebenen Menge" vor dem Diebstahl vorhanden war. Diese Formulierung ist von einem Teil der obergerichtlichen Rechtsprechung[402] übernommen worden: Für den Nachweis des äußeren Bildes des Diebstahls ist dem VN zwar nicht der Vollbeweis für das Vorhandensein und Nichtwiederauffinden jedes Einzelstücks abzuverlangen, aber doch der Nachweis zu fordern, dass jedenfalls Sachen vorhanden waren, die der angegebenen Menge in etwa („im wesentlichen") entsprechen[403]; erst dann verbleibt die Möglichkeit der Schadenermittlung nach § 287 ZPO.

222 Gegen die Formulierung des BGH ist kritisch eingewandt worden, ein Versicherungsfall sei bedingungsgemäß bereits beim Diebstahl weniger Gegenstände, ja sogar eines einzigen Beutestücks, gegeben[404]. *Römer*[405] und die Oberlandesgerichte Düsseldorf[406] und Hamm[407] wollen den Nachweis ausreichen lassen, dass **„jedenfalls einige der als Diebesgut gemeldeten Sachen"** vor der Tat vorhanden und nachher verschwunden waren. Der BGH hat jedoch erst jüngst betont, dass dem VN keine weitere Beweiserleichterungen zuzubilligen seien. Denn hinsichtlich des Vorhandenseins der als gestohlen gemeldeten Sachen befindet er sich nicht in einer typischen Beweisnot. Der Nachweis eines einzigen Beutestücks reiche keinesfalls aus[408]. Dem ist zuzustimmen. Wenn der VN den Verlust einer Vielzahl von Gegenständen beklagt, kann die hinreichende Wahrscheinlichkeit und damit das äußere Bild **„dieses Diebstahls"** kaum bereits dann angenommen werden, wenn die Entwendung lediglich eines einzigen Beutestücks oder auch nur einiger Sachen voll bewiesen ist. Ein ausgewogenes Verhältnis zwischen dem äußeren Diebstahlsbild (Vollbeweis erforderlich) und dem Anwendungsbereich des vom Gesetz für die Schadenermittlung vorgesehenen § 287 ZPO (Beweiserleichterung) ist gewährleistet, wenn das äußere Bild bereits beim Vollbeweis eines „we-

---

[399] BGH v. 14. 6. 1995, VersR 1995, 956: Im Streitfall ging es um einen streitigen Einbruchdiebstahl von Pelzen und Fellen im Gesamtwert von ca. 650 000 DM aus einem Pelzgroßhandelsgeschäft.

[400] BGH v. 14. 6. 1995, VersR 1995, 956 unter 2; bestätigt durch BGH v. 18. 10. 2006, VersR 2007, 102 (Tz 16 ff).

[401] OLG Köln v. 9. 5. 2000, OLGR 2001, 6; OLG Köln v. 12. 12. 2000, r+s 2001, 205; OLG Köln v. 4. 7. 2000, NVersZ 2001, 33; LG München I v. 22. 9. 1998, VersR 2000, 98 (Berufungszurückweisung durch OLG München v. 1. 3. 1999) mit Anm. *Mittendorf*, VersR 2000, 297; *Wussow*, WI 1998, 137; *Jestaedt*, VersR 1999, 753 (754).

[402] OLG Hamm v. 28. 4. 1999, VersR 2000, 357 (358); OLG Hamm v. 24. 1. 1997, VersR 1998, 316; OLG Saarbrücken v. 14. 10. 1998, VersR 1999, 750 (751).

[403] BGH v. 18. 10. 2006, VersR 2007, 102 (Tz. 17).

[404] Berliner Kommentar/*Schauer*, Vorb. §§ 49–86a VVG Rn. 91; *Lücke*, VersR 1996, 785 (793).

[405] *Römer/Langheid/Römer*, § 49 VVG Rn. 21; zustimmend *Mittendorf*, VersR 2000, 297 (298).

[406] OLG Düsseldorf v. 21. 9. 1999, r+s 1999, 514; v. 31. 8. 1999, NVersZ 2000, 182.

[407] OLG Hamm v. 2. 10. 1998, r+s 1999, 33.

[408] BGH v. 18. 10. 2006, VersR 2007, 102 (Tz. 18).

sentlichen Teils" der Stehlgutliste bejaht wird[409]. Im Übrigen ist eine Schadenschätzung nach § 287 ZPO möglich. Bei der Nachweisführung ist auch zu berücksichtigen, dass bei Diebstählen in Geschäftsräumen aufgrund der buchhalterischen Unterlagen der volle Schadennachweis erheblich leichter zu führen ist als beim Einbruchdiebstahl in Privaträume.

Soweit für das äußere Bild des Diebstahls der Vollbeweis zu führen ist, reicht es nicht aus, **223** durch Vorlage von Anschaffungsrechnungen, Wertgutachten oder Lichtbildern zu belegen, dass der VN **irgendwann einmal** in den Besitz der angeblich entwendeten Sachen gelangt ist. Erforderlich ist vielmehr der Nachweis, dass sie sich am Tattage – **zumindest zeitnah** – in den versicherten Räumen befunden und nach dem Einbruch verschwunden waren[410]. Deshalb ist der VN insoweit grds. auf **Zeugen** angewiesen, die er – insbesondere Mitbewohner[411] – auch benennen muss. Gibt es keinen tauglichen Zeugen wird der VN den erforderlichen Beweis auch durch **eigene Angaben** erbringen können und dürfte dabei für ihn die Vermutung der Redlichkeit streiten[412]. Bei der Nachweisführung ist auch zu berücksichtigen, dass beim Einbruchdiebstahl in Geschäftsräume aufgrund der buchhalterischen Unterlagen der volle Schadennachweis erheblich leichter zu führen ist als beim Einbruchdiebstahl in Privaträume. Ist der VN aber unglaubwürdig und zeugenlos, muss die Entschädigungsklage abgewiesen werden[413].

4. Erhebliche Wahrscheinlichkeit der Vortäuschung der Entwendung

Ist das äußere Bild unstreitig oder bewiesen, ist für den vom VR zu führenden Gegen- **224** beweis erforderlich, dass konkrete Tatsachen festgestellt werden, die jedenfalls in ihrer Summe die Annahme einer Vortäuschung mit **erheblicher Wahrscheinlichkeit** nahe legen. Erhebliche ist mehr als hinreichende, aber weniger als an Sicherheit grenzende Wahrscheinlichkeit. Nicht jeder Zweifel des Tatrichters, ob sich tatsächlich ein Diebstahl unter Beteiligung Dritter abgespielt hat, reicht für den Gegenbeweis des VR aus[414]. Vorschläge, die unterschiedlichen Wahrscheinlichkeitsgrade durch **Prozentzahlen** zu quantifizieren[415], haben sich nicht als praktikabel erwiesen[416].

Bei seiner Prüfung muss das Gericht zunächst die vom VR vorgebrachte Argumentation **225** sorgsam daraufhin abklopfen, inwieweit sie überhaupt **taugliche beweisrelevante Indizien** enthält. Sodann ist eine Gesamtbetrachtung aller für und gegen die Echtheit der Entwendung sprechenden Gesichtspunkte vorzunehmen; denn nur die **Gesamtschau aller bedeutsamen Umstände** und ihre gewichtende Wertung kann verlässlich darüber Auskunft gegeben,

[409] OLG Hamm v. 24. 1. 1997, VersR 1998, 316 unter 1
[410] OLG Köln v. 16. 4. 2002, r+s 2002, 249; OLG Köln v. 9. 5. 2000, OLGR 2001, 6; OLG Hamm v. 19. 1. 2001, r+s 2001, 382; OLG Düsseldorf v. 21. 9. 1999, r+s 1999, 514; OLG Düsseldorf v. 31. 8. 1999, NVersZ 2000, 182 („… kann dem VN auch das Zeugnis seines erstinstanzlichen Prozessbevollmächtigten, der die Uhr bei einer früheren Besprechung am Arm des VN bemerkt haben soll, nicht weiterhelfen."); LG München I v. 22. 9. 1998, VersR 2000, 98 (Berufungszurückweisung durch OLG München v. 1. 3. 1999) mit Anm. *Mittendorf,* VersR 2000, 297.
[411] OLG Düsseldorf v. 31. 8. 1999, NVersZ 2000, 182.
[412] OLG Hamm v. 25. 04. 2007, VersR 2007, 1512; OLG Hamm v. 19. 1. 2001, VersR 2001, 1509; OLG Oldenburg v. 2. 12. 1998, VersR 1999, 1490; OLG Düsseldorf v. 3. 3. 1998, VersR 1999, 182.
[413] OLG Köln v. 16. 4. 2002, r+s 2002, 249; OLG Köln v. 9. 5. 2000, OLGR 2001, 6; OLG Hamm v. 19. 1. 2001, VersR 2001, 1509; OLG Hamm v. 3. 11. 2000, NVersZ 2001, 231; OLG Düsseldorf v. 31. 8. 1999, NVersZ 2000, 182; OLG Saarbrücken v. 14. 10. 1998, VersR 1999, 750 (752 zu 1) mit Anm. *Jestaedt;* LG München I v. 22. 9. 1998, VersR 2000, 98 (Berufungszurückweisung durch OLG München v. 1. 3. 1999) mit Anm. *Mittendorf,* VersR 2000, 297.
[414] BGH v. 18. 10. 1989, VersR 1990, 45 (46): „Den Gegenbeweis des VR sieht das Berufungsgericht zu Unrecht schon deshalb als geführt an, weil schwerwiegende, nicht ausgeräumte Ungereimtheiten und Verdachtsmomente vorliegen, die die ernsthafte Möglichkeit eines anderen Geschehensablaufs ergäben."
[415] *Prölss/Martin/Martin,* 24. Aufl., § 49 VVG Anm. 3 A, c und B: Die Vortäuschungswahrscheinlichkeit soll „hinreichend" ab 51%, „erheblich" zwischen 25 und 50% sein (vgl. auch *Martin,* Sachversicherungsrecht, D XVI Rn. 16).
[416] Vgl. *Römer/Langheid/Römer,* § 49 VVG Rn. 19; *Zopfs,* VersR 1993, 140 (141); *Bach,* VersR 1989, 982 (983): „Mathematische Scheinkategorien".

ob der Grad der erheblichen Wahrscheinlichkeit der Vortäuschung des Versicherungsfalls erreicht wird.

226   **a) Taugliche Indizien.** Indizien müssen **unstreitig oder festgestellt** sein. Nur dann können sie für die Rechtsverteidigung des VR wirksam werden. Darauf wird nicht immer mit der erforderlichen Sorgfalt geachtet.

227   Oft wird – unkritisch übernommen aus Ermittlungsakten – etwas als objektiv feststehende Tatsache vorgetragen, was bei realistischer Betrachtung nicht mehr ist als eine **ungesicherte Behauptung,** die tatsächlich erst der Klärung bedarf.

Beispiele:

– Der Gesichtspunkt, kein Hausbewohner habe **Geräusche gehört** oder **Verdächtiges gesehen,** kann solange nicht gegen die Echtheit eines Einbruchdiebstahls ins Feld geführt werden, als nicht feststeht, dass die befragten Hausgenossen während der gesamten für die Tat in Betracht kommenden Zeitspanne zu Hause waren und überdies das Haus so hellhörig ist, dass typische Einbruchsgeräusche in ihren Wohnungen überhaupt hörbar sind[417].

– Der vielfach geäußerte Einwand, der Abtransport der behaupteten Beute hätte tatsächlich nicht vorhandene **Spuren hinterlassen** müssen, ist so lange ohne indizielles Gewicht, als nicht feststeht, dass überhaupt und ggf. wie sorgfältig eine Spurensuche durchgeführt worden ist[418].

228   Gelegentlich werden auch Behauptungen, die auf **bloßer Spekulation oder Gerüchten** beruhen, als angeblich nicht beweisbedürftige allgemeine Erfahrungssätze in den Raum gestellt. Solche unbelegten „Indizien" sind wertlos.

Beispiel:

„Die Revision beanstandet zu Recht die pauschale Annahme des Tatrichters, im „südlichen Ausland" bestehe bekanntermaßen eine gesteigerte Diebstahlsgefahr. Ein so **undifferenzierter Erfahrungssatz** kann nicht anerkannt werden. Die Revision wirft zu Recht die Frage auf, ob die Diebstahlsgefahr in Lyon größer ist als etwa in Hamburg[419]".

229   Davon zu trennen, ist die prozessuale Frage, ob ein VR zur Wahrung des **Wahrheitsgebots des § 138 Abs. 1 ZPO** nur solche Tatsachen behaupten darf, von deren Wahrheit er überzeugt ist. Dies würde das Äußern bloßer Verdächtigungen und Vermutungen ausschließen und damit die Rechtsverteidigung in unzumutbarer Weise beeinträchtigen. Deshalb kann eine Partei zu Geschehnissen, die sie selbst nicht wahrgenommen hat auch Behauptungen aufstellen, deren Richtigkeit sie nur vermutet, die sie nach Lage der Dinge aber für **möglich oder wahrscheinlich** hält[420]. Ein solcher Prozessvortrag darf auch nicht – wie gelegentlich in Urteilen zu lesen ist – als „unzulässige Ausforschung" abgetan werden[421]. Darauf bezogenen Beweisantritten muss das Gericht nachkommen. Die Grenze zur prozessualen Unbeachtlichkeit solcher Behauptungen und Beweisangebote wegen Rechtsmissbrauchs ist da zu ziehen, wo sie **willkürlich aus der Luft gegriffen,** d. h. „aufs Geratewohl" oder „ins Blaue hinein" aufgestellt werden. Dies ist aber nur dann anzunehmen, wenn die Partei keinerlei tatsächliche Anhaltspunkte für die Richtigkeit ihrer Vermutung hatte[422].

230   Durch den prozessualen Vortrag lediglich vermuteter **ehrverletzender Tatsachen** (z. B. Vortäuschung der Entwendung; Falschangaben zum Schadenumfang) läuft der VR auch nicht Gefahr, sich **strafrechtlichen Vorwürfen** (§§ 185 ff. StGB: Üble Nachrede, Verleumdung) oder einer **Widerrufs- oder Unterlassungsklage** des VN (§§ 823 Abs. 2, 1004 BGB) auszusetzen[423]. Ein wirkungsvoller Rechtsschutz setzt voraus, dass der Rechtsuchende gegenüber den Organen der Rechtspflege – ohne Nachteile befürchten zu müssen – jene Handlun-

---

[417] BGH v. 14. 6. 1995, VersR 1995, 956 unter 3b und c.
[418] BGH v. 14. 6. 1995, VersR 1995, 956 unter 3c.
[419] BGH v. 12. 10. 1988, VersR 1989, 141 (142 unter 2).
[420] BGH v. 25. 4. 1995, VersR 1995, 852 (853 unter II 2).
[421] BGH v. 10. 1. 1995, VersR 1995, 433 (434 unter II 1).
[422] BGH v. 8. 11. 1995, VersR 1996, 1169 unter III; BGH v. 25. 4. 1995, VersR 1995, 852 (853 unter II 2).
[423] BVerfG v. 23. 6. 1990, NJW 1991, 29 unter IV 1a.

gen vornehmen kann, die nach seiner **von gutem Glauben bestimmten Sicht** geeignet sind, sich im Prozess zu behaupten. Deshalb dürfen ihm keine Rechtsnachteile drohen, wenn er im Zivilprozess zur unmittelbaren Verteidigung seiner Rechtsposition nicht leichtfertig Behauptungen in Bezug auf rechtsbegründende oder rechtsvernichtende Tatsachen oder die Eignung eines Beweismittels, insbesondere die Glaubwürdigkeit eines VN oder Zeugen, aufstellt. Eine solche Behauptung muss allerdings mit Blick auf die konkrete Prozesssituation zur Rechtswahrung geeignet und erforderlich erscheinen sowie der Rechtsgüter- und Pflichtenlage angemessen sein[424].

Nach wie vor aktuell ist jedoch der mahnende Hinweis von *Voit*[425]: **Unbeweisbare Verdächtigungen** gegenüber dem VN, der immerhin ihr Vertragspartner ist, schaden dem Ansehen der VR bei Gericht und in der Öffentlichkeit und setzen die Hemmschwelle auf Seiten der VN immer mehr herab. Wer selbst unfair handelt, darf sich nicht wundern, wenn er seinerseits unfair behandelt wird. Mit **bloßer Stimmungsmache** in der Hoffnung, etwas werde schon hängen bleiben und den Richter – sei es auch unbewusst – beeinflussen, tun VR und ihre Anwälte sich selbst einen Bärendienst. Ein seriöser VR sollte deshalb an Vorwürfen nur das vortragen lassen, was er voraussichtlich auch beweisen kann.   **231**

b) Beweisrelevante Indizien. Bedenken gegen die Echtheit des Versicherungsfalls können sich sowohl aus den **Tatumständen** (gravierende Ungereimtheiten; unüberbrückbare Widersprüche oder gar nachweisbare Unrichtigkeiten des Klagevortrags[426]; etc.) als auch – wie bei der Beurteilung seiner Glaubwürdigkeit[427] – aus der **Person des VN** (eingeschränkte Glaubwürdigkeit; unredliches Verhalten im Rechtsverkehr, insbesondere wiederholt bewusst unrichtig gemachte Angaben zur Durchsetzung seiner Vermögensinteressen in Versicherungsangelegenheiten[428]; nachweislich schlechte Vermögensverhältnisse zur Tatzeit als Motiv einer Vortäuschung; etc.) ergeben.   **232**

Die **Wertigkeit eines jeden Indizes** muss sorgfältig ermittelt werden. Die Würdigung ist darauf auszurichten, ob der in Rede stehende Umstand überhaupt und mit welcher Wahrscheinlichkeit die Annahme einer Vortäuschung des Versicherungsfalls nahe legt[429].   **233**

Geht es etwa um Unklarheiten oder Änderungen von Angaben des VN, kann dies u. U. auf harmlosen Ursachen beruhen. **Unklarheiten** kann ein Beweiswert überhaupt nur dann zuerkannt werden, wenn nach Lage der Dinge vom VN klarere Angaben erwartet werden konnten. Begründet er nachvollziehbar, warum er mehr nicht gewusst hat, sind unklare oder unvollständige Angaben unauffällig. Auch die **Änderung von Angaben** kann vielfach eine einfache Erklärung haben. Der VN kann sich geirrt, er kann etwas übersehen oder vergessen haben. Möglicherweise ist er auch nur falsch verstanden worden oder hat sich in der ersten Aufregung „schief" ausgedrückt. Solche unauffälligen Gründe müssen zumindest unwahrscheinlich sein, wenn wechselnde Angaben dem VN als verdachtbegründender Umstand entgegengehalten werden sollen.   **234**

Bei **widersprüchlichen Angaben** ist zu unterscheiden: **235**
- Hat der **VN selbst** sich widersprüchlich geäußert, ist dies – falls es nicht plausibel als unauffällig erklärt werden kann – regelmäßig ein verdachtbegründendes Indiz gegen seine Glaubwürdigkeit.

---

[424] BVerfG v. 23. 6. 1990, NJW 1991, 29 unter IV 1a.

[425] *Voit*, in: Symposion „80 Jahre VVG", 170 (175).

[426] Es muss sich allerdings um Falschangaben handeln, die mit dem Versicherungsfall und der Versicherungsleistung zu tun haben. Unrichtige Angaben zur Höhe der Verzugszinsen sind deshalb unschädlich (BGH v. 22. 9. 1999, VersR 1999, 1535 1536 unter III 1b]).

[427] Vgl. oben Rn. 207.

[428] BGH v. 16. 10. 1996, VersR 1997, 53 (54 unter II 2b); v. 18. 11. 1986, VersR 1987, 61 (62 unter II 6).

[429] BGH v. 14. 2. 1996, NJW-RR 1996, 981 (982 unter 1b): Eine unsubstantiierte Auflistung von Änderungen oder Unklarheiten hinsichtlich der Angaben des VN nach Eintritt des behaupteten Versicherungsfalls reicht nicht aus.

- Besteht der Widerspruch jedoch zwischen den **Angaben des VN und denen eines Zeugen,** ohne dass die Unrichtigkeit der Angaben des **VN** festgestellt werden kann, ist diese Schlussfolgerung nicht gerechtfertigt.

Beispiel:

Das äußere Bild einer Fahrzeugentwendung ist durch Zeugen bewiesen. Der Kaskoversicherer begründet die erhebliche Wahrscheinlichkeit einer Vortäuschung u. a. damit, dass der VN und seine Lebensgefährtin unterschiedliche Angaben dazu gemacht haben, wer von ihnen mit dem versicherten Fahrzeug zum Abstellort gefahren ist.

Der BGH[430] hat ausgeführt, aus diesem in der Tat erstaunlichen Widerspruch ergebe sich lediglich, dass **entweder der VN oder seine Freundin** unwahre Angaben gemacht habe. Da nicht zu widerlegen sei, dass der VN die Wahrheit gesagt habe, sei ein festgestellter Anknüpfungspunkt für seine vom Berufungsgericht angenommene Unglaubwürdigkeit insoweit nicht gegeben.

Dem ist zuzustimmen; aus der Unglaubwürdigkeit der Aussage eines Zeugen kann als solches („ohne weitere Anhaltspunkte") nicht auf die Unglaubwürdigkeit der Partei geschlossen werden. Allerdings dürfte die Tatsache, dass zwischen den Angaben des VN und seiner Lebensgefährtin zu einer das Kerngeschehen der behaupteten Entwendung betreffenden Frage ein **unerklärlicher Widerspruch** besteht, ein – wenn auch nicht allein ausreichendes – Indiz für die erhebliche Wahrscheinlichkeit der Vortäuschung sein.

236   **Unrichtige Angaben des VN** sind nur dann relevant, wenn sie konkret in Beziehung zum Vortäuschungsverdacht des VR gebracht werden können und **insoweit Wertigkeit** haben. Unrichtige Angaben zu eher unwichtigen Details sind meistens bedeutungslos.

Beispiel:

Nicht selten gibt es unzulängliche Angaben des VN zum Erwerb eines versicherten Gegenstands, die jedoch zur Begründung der erheblichen Wahrscheinlichkeit einer Entwendungsvortäuschung unerheblich sind, wenn unstreitig oder belegt ist, dass der VN diesen Gegenstand tatsächlich gekauft hat.

237   Der Beweiswert eines Indizes muss immer daran gemessen werden, mit welcher Wahrscheinlichkeit es auf die Vortäuschung des Versicherungsfalls hindeutet. Der BGH hat insoweit Veranlassung zu dem Hinweis gesehen, nicht jede bewusst **falsche Angabe des VN zur Schadenhöhe** rechtfertige bereits **zwingend** den Schluss, dass eine erhebliche Wahrscheinlichkeit für die Vortäuschung des behaupteten Einbruchdiebstahls bestehe[431]. Zwischen dem Ausnutzen der durch einen Versicherungsfall geschaffenen Situation zur Geltendmachung einer überhöhten Entschädigungssumme und dem Entschluss, einen Einbruchdiebstahl überhaupt vorzutäuschen, könne schon **psychologisch ein erheblicher Unterschied** bestehen, weil beim betrügerischen Aufbauschen eines tatsächlich eingetretenen Schadens die moralische Hemmschwelle und die kriminelle Energie erheblich niedriger liegen könnten als beim gänzlichen Vortäuschen einer Entwendung. Auch in der praktischen Durchführung sei die Vortäuschung weitaus schwieriger als die schlichte Angabe einer überhöhten Schadensumme. Diese Ausführungen des BGH werden von Instanzgerichten **vielfach fehlinterpretiert.** Keineswegs sollte damit zum Ausdruck gebracht werden, dass nachgewiesene Falschangaben des VN zur Schadenhöhe kein taugliches Indiz für eine Vortäuschung des Versicherungsfalls sein können. Es ging lediglich um die **Schärfung des richterlichen Bewusstseins,** die aufgezeigten Unterschiede im Rahmen der Beweiswürdigung im Blick zu haben, um eine zwangsläufige Gleichsetzung von Schadenaufbauschung und erheblicher Wahrscheinlichkeit der Entwendungsvortäuschung zu verhindern[432]. Zumindest gemeinsam mit anderen Gliedern einer Indizienkette können Falschangaben des VN zur Schadenhöhe durchaus ein ausreichendes Beweisergebnis bewirken.

238   **c) Gesamtschau aller bedeutsamen Umstände.** Wie immer bei Indizienbeweisen ist die abschließende **mosaikartige Gesamtbetrachtung** aller für und gegen die Echtheit der

---

[430] BGH v. 4. 11. 1998, VersR 1999, 181 (182 unter 2b).
[431] BGH v. 18. 11. 1986, VersR 1987, 61 (62 unter II 6).
[432] Vgl. *Hoegen* (Diskussionsbeitrag), in: Symposion „80 Jahre VVG", 257.

behaupteten Entwendung sprechenden Umstände von entscheidender Bedeutung für die richterliche Überzeugungsbildung.

Für die Praxis der Beweiswürdigung ist es geradezu typisch, dass **ein Indiz allein** – etwa die Unwahrscheinlichkeit eines mit dem behaupteten Einbruch zu vereinbarenden Geschehensablaufs[433] oder die persönliche Unglaubwürdigkeit des VN – regelmäßig nicht ausreicht, um die erhebliche Wahrscheinlichkeit einer Vortäuschung des Versicherungsfalls nahe zu legen. Erst im **Zusammenwirken mit anderen** kann es entscheidende Bedeutung gewinnen. **239**

Hinzu kommt, dass Indizien vielfach **unterschiedliches Gewicht** haben. Manche sind – für sich gesehen – vom indiziellen Wert her eher unbedeutend. An passender Stelle im Gesamtbild können aber auch solche zunächst schwachen Mosaiksteinchen deutlich **an Wertigkeit gewinnen.** **240**

Beispiel:

Weist nach einer gemeldeten Fahrzeugentwendung ein im Besitz des VN befindlicher Fahrzeugschlüssel Kopierspuren auf, die der VN nicht erklären kann, reicht dies allein zur Begründung der erheblichen Wahrscheinlichkeit einer Vortäuschung nicht aus.

Ist das Fahrzeug aber ohne Aufbruchspuren wieder aufgefunden worden, erlaubt dies den Schluss, dass es mit einem passenden Schlüssel gefahren sein muss. In Verbindung mit der ungeklärten Nachschlüsselfertigung verdichtet sich der Verdacht auf einen vorgetäuschten Diebstahl.

Letzte Bedenken werden beseitigt, wenn der Wagen an einer Stelle entwendet worden sein soll, an der er üblicherweise nicht abgestellt wird. Es widerspricht jeglicher Lebenserfahrung, dass ein Täter ohne Wissen und Wollen des VN in den Besitz eines Nachschlüssels gelangt ist, sodann zufällig das Mittelklassefahrzeug an ungewöhnlichem Ort findet und es mit Hilfe der mitgeführten Schlüsselkopie entwendet.

5. Zusammentreffen einer Entwendung mit einem anderen Versicherungsfall

Gelegentlich kommt es vor, dass sich in engem zeitlichen Zusammenhang mit einer behaupteten Entwendung ein **weiteres versichertes Risiko** am Entwendungsobjekt verwirklicht. Hauptsächlich geht es dabei um Fälle aus der Kaskoversicherung. **241**

Beispiel:

Der VN meldet den **Diebstahl** seines teilkaskoversicherten Fahrzeugs. Kurze Zeit später wird der Wagen **ausgebrannt** aufgefunden. Der Kaskoversicherer bestreitet den Diebstahl und dringt damit im Deckungsprozess durch, weil entweder der VN das äußere Bild nicht beweisen kann oder vom Gericht sogar die erhebliche Wahrscheinlichkeit einer Vortäuschung bejaht wird. Kann der VN sich jetzt hilfsweise auf den **unstreitigen Versicherungsfall „Brand"** (§ 12 Abs. 1 I lit. a AKB) berufen?

Die Regulierungspraxis der Kaskoversicherer hatte das verneint und dazu den Standpunkt vertreten, bei einem Diebstahl mit anschließendem Brand handele es sich um einen **einheitlichen Lebensvorgang,** der nicht in die Komplexe Diebstahl und Brand zerlegt werden könne. Wenn deshalb der Versicherungsfall durch die Entwendung des Fahrzeugs eingetreten sei, könne er sich nicht ein zweites Mal durch Brand verwirklichen[434]. **242**

Dieser Auffassung haben der BGH und die Instanzgerichte sich nicht angeschlossen[435]. Die in den AKB beschriebenen Versicherungsfälle sind nach dem Klauselwerk **selbständig und gleichwertig** und können deshalb auch im Deckungsprozess **nebeneinander geltend gemacht** werden. Ein VN, der den Nachweis eines Fahrzeugdiebstahls nicht erbringen kann, ist demnach nicht gehindert, sich hilfsweise auf einen unstreitigen anderen Versicherungsfall (Brand oder – falls eine Vollkaskoversicherung besteht – auch Unfall) zu berufen. Dies gilt nicht nur dann, wenn ihm der Beweis des äußeren Bildes der behaupteten Entwendung nicht gelungen ist, sondern selbst bei Annahme einer erheblichen Wahrscheinlichkeit der Vortäuschung. Die Ausdehnung des versprochenen Versicherungsschutzes auf den Versicherungsfall Entwendung darf bei unstreitigem Brand nicht zu einem Weniger an Entschädigungsleistung **243**

---

[433] BGH v. 24. 2. 1993, r+s 1993, 190 (191 unter 3b).
[434] *Kuhn,* in Symposion „80 Jahre VVG", 119 (143).
[435] Grundlegend BGH v. 16. 5. 1979, VersR 1979, 805 (Entwendung und Brand eines Fahrzeugs); *Hoegen,* VersR 1987, 221 unter II; kritisch *Hofmann,* VersR 1982, 330.

führen. Auch ein nachweislich unredlicher VN kann sich deshalb auf die Beweislastregel des § 81 VVG berufen, die den VR zum Vollbeweis einer vorsätzlichen Herbeiführung des Brandes durch seinen VN zwingt. Eine Umkehr der Beweislast hat der BGH nicht zugelassen[436].

244   Allerdings darf der Richter die **Entwendungsproblematik nicht ignorieren.** Wird neben Diebstahl auch ein anderer Versicherungsfall geltend gemacht, darf er trotz Gleichwertigkeit der Versicherungsfälle nicht offen lassen, ob die Entwendung nur vorgetäuscht war. Dies kann nämlich von **erheblicher indizieller Bedeutung** für die Frage sein, ob der VN den anderen Schadenfall vorsätzlich i. S. d. § 81 VVG herbeigeführt hat. Deshalb ist das für VR bestehende Beweisproblem nicht unlösbar. Es gibt durchaus Fälle, in denen die erhebliche Wahrscheinlichkeit eines vorgetäuschten Diebstahls in Verbindung mit anderen Indizien den Tatrichter zur Überzeugung bringen kann, der unstreitige Brand sei vom VN selbst oder jedenfalls mit seinem Einverständnis vorsätzlich gelegt worden[437]. Aus revisionsrichterlicher Sicht hat *Hoegen*[438] in diesem Zusammenhang die Tatrichter ermuntert, sich in geeigneten Fällen den „Ruck" zur Annahme einer vorsätzlichen Eigenbrandstiftung zu geben.

245   Dieses Nebeneinander mehrerer Versicherungsfälle gilt – wie der BGH konsequent bestätigt hat[439] – für die **Sachversicherung allgemein.** In solchen Fällen muss strikt auf die **unterschiedlichen Beweismaßanforderungen** für das Verteidigungsvorbringen des VR geachtet werden. Während für die Abwehr der Entwendungsentschädigungsforderung bereits das Fehlen des äußeren Bildes bzw. die erhebliche Wahrscheinlichkeit der Vortäuschung genügt, ist zur Bekämpfung der auf einen anderen Versicherungsfall gestützten Entschädigungsforderung der Vollbeweis vorsätzlicher Herbeiführung erforderlich.

E. Nachweis des Schadenumfangs und der Schadenhöhe (§ 287 ZPO)

246   § 287 ZPO dient dazu, dem Geschädigten den Nachweis seines Schadens zu erleichtern. Es soll verhindert werden, dass eine Klage allein deshalb abgewiesen werden muss, weil er nicht in der Lage ist, den vollen Beweis für einen ihm entstandenen Nachteil zu erbringen. Darüber hinaus ermöglicht die Vorschrift, der im Deckungsprozess eine überragende Bedeutung zukommt, eine **Vereinfachung und Beschleunigung der Schadenermittlung**[440].

247   Beweisschwierigkeiten des VN zur Schadenhöhe sind in der Regulierungspraxis viel häufiger als Nachweisprobleme zum Grund der Einstandspflicht des VR. In aller Regel werden sie ohne Inanspruchnahme der Gerichte zur Zufriedenheit aller Beteiligten gelöst, indem übertriebene Anforderungen vermieden, **lebensnahe Überlegungen** angestellt und **vernünftige Kompromisse** gefunden werden. Für erfahrene Schadenregulierer gibt es kaum ein unlösbares Bewertungsproblem.

248   Andernfalls wäre insbesondere bei Versicherungsfällen, die sich **im Privatbereich** ereignet haben, ein interessengerechter Ermittlungsabschluss zur Schadenhöhe vielfach überhaupt nicht oder zumindest nicht in vertretbarem zeitlichen und kostenmäßigen Rahmen möglich. Anders als bei vergleichbaren betrieblichen Schäden kann der privat – etwa durch Brand seines Wohnhauses oder umfangreiche Entwendung durch Einbrecher – Geschädigte regelmäßig nicht auf Inventuren oder eine umfassende Sammlung aufbewahrter Anschaffungsrechnungen zurückgreifen, um Schadenumfang und -höhe zu belegen.

---

[436] BGH v. 5. 4. 1985, VersR 1985, 330 (331 unter II); *Hoegen,* VersR 1987, 221 unter II.

[437] Bei nachgewiesener Vortäuschung der Entwendung dürfte der VR – jedenfalls bei engem zeitlichen Zusammenhang mit dem Brand – bereits wegen Aufklärungsobliegenheitsverletzung insgesamt leistungsfrei sein (*Hoegen* [Diskussionsbeitrag], in: Symposion „80 Jahre VVG", 260).

[438] *Hoegen* (Diskussionsbeitrag), in Karlsruher Forum 1985 – Grenzen richterlicher Rechtsfortbildung insbesondere im Haftungs- und Versicherungsrecht, 40.

[439] Vgl. BGH v. 8. 11. 1995, VersR 1996, 186: Zusammentreffen von Einbruchdiebstahl, Brand und Vandalismus nach einem Einbruch.

[440] BGH v. 2. 12. 1975, VersR 1976, 389 (390 unter I); *Römer/Langheid/Römer,* § 49 VVG Rn. 31.

I. Schadenversicherung

Geht es um **Anzahl und Wert** von einer Entwendung betroffener Sachen, gelten die für   249
den Anspruchsgrund geltenden Beweiserleichterungen zwar nicht[441]. Wie bei allen Schadenfällen der Sachversicherung hat das Gericht jedoch gem. § 287 ZPO die Möglichkeit einer
nicht an strenge Beweisregeln gebundenen Schadenermittlung in Form einer **Schadenschätzung**[442]. Dies stellt sich für den VN ebenfalls als **Beweiserleichterung** dar. Er braucht
nicht den Vollbeweis zu führen.

Diese Beweiserleichterung zur Ermittlung der Höhe der vom VR geschuldeten Entschädi-   250
gungsleistung erstreckt sich auf zwei Bereiche:

- **Ausmaß des entstandenen Schadens** (Welche Gegenstände sind entwendet worden?
  Welche Beschädigungen sind durch einen Versicherungsfall entstanden? etc.)
- **Bewertung des Schadens** (Höhe der erforderlichen Wiederbeschaffungs- oder Wieder-
  herstellungskostenkosten; etc.).

Als Grundsatz gilt, dass die Schadenschätzung dem wahren Wert der in Frage stehenden   251
Entschädigung **so nahe wie möglich** kommen soll. Deshalb darf sie nicht im luftleeren
Raum stattfinden. Der VN muss – soweit ihm möglich und zumutbar – **greifbare Ausgangs-
und Anknüpfungstatsachen** (z. B. Anschaffungsrechnungen; Beschreibungen oder Licht-
bilder der entwendeten oder zerstörten Gegenstände; Zeugenbeweisangebote; etc.) bringen[443].

Ein bei Instanzgerichten immer wieder zu beobachtender Fehler besteht darin, dass unter   252
Hinweis auf die den Anspruchsteller (auch) zur Höhe des behaupteten Schadens treffende Beweislast **nur ein Mindestschaden geschätzt** wird. Damit werden die dem Richter durch
§ 287 ZPO eröffneten Möglichkeiten einer vereinfachten, gleichwohl aber realistischen Schadenermittlung verkannt. § 287 ZPO bezweckt, dem Geschädigten den Nachweis seines Schadens zu erleichtern, indem diese Bestimmung an die Stelle der sonst erforderlichen Einzelbe-
gründung das freie Ermessen des Gerichts setzt, nicht aber dazu, den bestehenden Anspruch zu
verkürzen[444]. Insbesondere darf ein unverschuldeter Verlust von Unterlagen nicht dazu führen,
dass die Schadensregulierung auf den durch vorhandene Belege nachgewiesenen Schaden begrenzt wird[445]. Vielmehr muss – ggf. mit sachverständiger Hilfe – versucht werden, den Schaden auf der Grundlage der verfügbaren Unterlagen und etwaiger weiterer Erkenntnisquellen
zu berechnen bzw. zu schätzen. Bei Schätztoleranzen auf genügender Grundlage ist in aller
Regel ein **mittlerer Wert** in Ansatz zu bringen. Die Schätzung (nur) eines Mindestschadens
kommt dann in Betracht, wenn die vorhandenen Schätzungsgrundlagen derart dürftig sind,
dass ein hinreichend zuverlässiges Bild zum Schadenumfang nicht gewonnen werden kann.

Eine vollständige Abweisung einer Entschädigungsklage ist nur in Ausnahmefällen unver-   253
meidbar[446]. Regelmäßig wird sich **zumindest ein Mindestschaden** ermitteln lassen[447].
Eine Schätzung zugunsten einer Partei scheidet allerdings aus, wenn sie die Aufklärung der
Schätzgrundlagen bewusst behindert[448].

---

[441] BGH v. 13. 3. 1991, VersR 1991, 924 (925 unter I); BGH v. 11. 11. 1987, VersR 1988, 75 (76
unter 3).

[442] BGH v. 11. 11. 1987, VersR 1988, 75; BGH v. 26. 9. 1984, VersR 1984, 1161 (1162); OLG Oldenburg v. 29. 11. 2000, OLGR 2001, 331; OLG Hamm v. 16. 4. 1999, VersR 2000, 845.

[443] Instruktiv OLG Köln v. 18. 6. 2002, NVersZ 2002, 509: Schätzung des Umfangs und Wertes einer
Video- und CD-Sammlung unter Zuhilfenahme von Lichtbildern.

[444] BGH v. 16. 12. 1963, NJW 1964, 589 (590).

[445] BGH v. 24. 1. 2001, r + s 2001, 120 (121 unter II 2).

[446] Bedenklich deshalb AG Düsseldorf v. 27. 7. 1999, NVersZ 2001, 41: Da die VN immerhin eine
Schadenaufstellung vorgelegt und differenzierte Stückzahlen zu den abhanden gekommenen Kleidungsstücken gemacht hatte, wäre die Ermittlung eines Mindestschadens statt Klageabweisung durchaus möglich gewesen.

[447] BGH v. 26. 11. 1986, NJW 1987, 909.

[448] BGH v. 10. 2. 1981, NJW 1981, 1454; OLG Hamm v. 4. 10. 1989, NJW-RR 1990, 42.

v. Rintelen

254   Wenn ein Schadenermittler bereits eine **Entschädigungsberechnung erstellt** hatte, bevor der VR den Grund seiner Einstandspflicht verneint und Leistungen abgelehnt hat, beziehen VN sich im Deckungsprozess zur Begründung der Schadenshöhe häufig auf diese Schadenaufstellung und -bewertung. Dem darf der VR nicht durch pauschales Bestreiten der Richtigkeit dieser Entschädigungsberechnung begegnen. Erforderlich ist vielmehr ein substantiiertes Bestreiten in Form konkreter Einwendungen. Werden diese trotz richterlichen Hinweises (§ 139 ZPO) nicht geltend gemacht, gilt das Ergebnis der Schadenermittlung als zugestanden (§ 138 Abs. 2 und 3 ZPO)[449].

255   Ob das Gericht eine **Beweisaufnahme** durchführt, insbesondere einen Sachverständigen anhört, oder davon aus prozesswirtschaftlichen Gründen absieht, steht in seinem pflichtgemäßen Ermessen. Eine Bindung an Parteianträge besteht insoweit nicht (§ 287 Abs. 1 S. 2 ZPO).

256   Nach § 287 Abs. 1 S. 3 ZPO darf auch der Beweisführer als Partei – notfalls eidlich – über den Schaden vernommen werden. Weithin unbekannt ist, dass diese **eigene Parteivernehmung** – anders als die nach § 448 ZPO – eine bereits durch andere Beweismittel ermittelte gewisse Wahrscheinlichkeit der Richtigkeit des Klagevortrags zur Schadenhöhe (Anbeweis) nicht voraussetzt. Sie ist auch nicht subsidiär gegenüber anderen Beweismitteln.

257   Die Beweiserleichterung kann grds. selbst einem VN, dessen **Glaubwürdigkeit erschüttert** ist, zugute kommen. Unter Hinweis auf die Erfahrungstatsache, dass es Zeugen und Belege für das Vorhandensein und die Beschaffenheit jedes Einzelstück entwendeten Hausrats regelmäßig nicht gibt, hat der BGH entschieden, daran dürfe auch bei einem nicht glaubwürdigen VN der Schadennachweis nicht scheitern[450]. Allerdings muss dieser Umstand im Rahmen der Prüfung der Anspruchshöhe angemessen berücksichtigt werden, indem etwa die **Beweisanforderungen heraufgesetzt** werden. Ein unglaubwürdiger VN muss deshalb mehr beweisen als der glaubwürdige[451]. Gelingt ihm das nur unzureichend, hat er zumindest finanzielle Abstriche an seiner Klageforderung hinzunehmen.

258   Die festgestellte Unglaubwürdigkeit eines zeugenlosen VN kann sich demnach im Deckungsprozess **auf unterschiedliche Weise auswirken.**

Beispiel[452]:

Ein wegen Betruges vorbestrafter und deshalb unglaubwürdiger VN nimmt seinen Hausratversicherer wegen eines **Einbruchdiebstahls- und Vandalismusschadens** in Anspruch.

- Hat er keinen Zeugen dafür, dass die angeblich entwendeten Gegenstände in etwa der angegebenen Menge vorhanden und nach dem Einbruch nicht mehr aufzufinden waren (äußeres Bild eines Diebstahls im Rahmen des äußeren Bildes eines versicherten Einbruchdiebstahls), kann er wegen seiner Unglaubwürdigkeit die Beweislücke durch eigene Angaben nicht schließen. Damit ist sein Entschädigungsanspruch hinsichtlich des **Einbruchdiebstahls** schon dem Grunde nach nicht gegeben. Auf die Anspruchshöhe und damit auch die einem unglaubwürdigen VN grds. nicht verschlossene Beweiserleichterung nach § 287 ZPO kommt es nicht mehr an.
- Anders ist es bei einem dem Grunde nach unstreitigen **Vandalismusschaden.** Dessen Höhe kann nach § 287 ZPO geschätzt werden, wobei das Gericht nicht gehindert ist, den VN trotz seiner Unglaubwürdigkeit nach § 287 Abs. 1 S. 3 ZPO dazu als Partei zu vernehmen. Werden seine Angaben zumindest teilweise durch geeignete Unterlagen gestützt, bestehen gegen eine Schadenschätzung – ggf. mit Sicherheitsabschlag – keine Bedenken.

---

[449] LG Berlin v. 13. 12. 2001, VersR 2003, 195 (LS).

[450] BGH v. 11. 11. 1987, VersR 1988, 75 (76 unter 3a): Der VN hatte knapp 2½ Jahre vor dem Versicherungsfall eine bewusst falsche eidesstattliche Versicherung abgegeben; OLG Saarbrücken v. 14. 10. 1998, VersR 1999, 750 (752 unter 2).

[451] BGH v. 11. 11. 1987, VersR 1988, 75 (76 unter 3); *Römer/Langheid/Römer*, § 49 VVG Rn. 32.

[452] OLG Saarbrücken vom 14. 10. 1998, VersR 1999, 750 mit Anm. *Jestaedt,* der dem OLG zu Unrecht eine widersprüchliche Vorgehensweise vorwirft.

II. Personenversicherung

Hier geht es meistens um die Frage, ob ein bedingungsgemäß geforderter **Grad einer be-** **259** **stimmten gesundheitlichen Beeinträchtigung** (Berufsunfähigkeitsversicherung) bzw. welcher Grad (Unfallversicherung) gegeben ist.

Häufig wird verkannt, dass die Bewertung eines Berufsunfähigkeits- oder Invaliditätsgrades **260** nicht zum originären Aufgabenbereich eines medizinischen Sachverständigen gehört, weil dies keine ausschließlich an medizinischen Gesichtspunkten orientierte Leistung ist. Der ärztliche Gutachter hat lediglich die **medizinischen Anknüpfungstatsachen** zu ermitteln, die für die sodann nach § 287 ZPO vorzunehmende richterliche Schätzung erforderlich sind. Der Hinweis *Wussows*[453] auf in der unfallmedizinischen Fachliteratur niedergelegte Bemessungskriterien für die Bemessung des Invaliditätsgrads verkennt, dass die dort zu findenden graduellen Einschätzungen **lediglich Orientierungshilfen** sind, die – abgesehen von Divergenzen der Ratgeber – zudem häufig auch eine Beurteilungsbandbreite (Schätzungsrahmen) ausweisen. Als solche sind sie für die richterliche Schätzung hilfreich, jedoch nicht verbindlich.

Deshalb ist die Aufnahme der Frage nach dem Grad der körperlichen Beeinträchtigung des **261** Versicherten in einen **Beweisbeschluss** nicht unbedenklich. Gleichwohl erfolgt sie nahezu regelmäßig, weil das Gericht sich auch für die entscheidungserhebliche Schätzung sachverständige Hilfestellung verspricht. Will es dem Bewertungsvorschlag des Gutachters folgen, sollte es in seiner Urteilsbegründung aber erkennbar werden lassen, dass dies nicht allein auf der Vorgabe des Gutachtens, sondern letztendlich auf einer **eigenen rechtlichen Bewertung** in Anwendung des § 287 ZPO beruht.

Zu den vom ärztlichen Gutachter zu ermittelnden Anknüpfungstatsachen gehört selbstver- **262** ständlich **nicht nur eine Diagnose.** Vielmehr muss der Sachverständige auch deutlich machen, inwieweit der VN hinsichtlich der beeinträchtigten Gliedmaßen, Organe, etc. **konkret beeinträchtigt** ist (Ausmaß von Bewegungseinschränkungen oder sonstiger körperlicher/ geistiger Leistungseinbuße, Schmerzhaftigkeit, etc.).

Bei der sich anschließenden Bewertung des Grades dieser Beeinträchtigung durch das **263** Gericht geht es darum, den medizinischen Befund in **wertende Beziehung zu einem au-** **ßermedizinischen Tatbestand** zu setzen – in der Berufsunfähigkeitsversicherung zum Anforderungsprofil des vom VN ausgeübten Berufs bzw. eines Vergleichsberufs, in der Unfallversicherung vor allem zum vertraglich vorgegebenen Bewertungsschema der Gliedertaxe.

F. Prozessuale Verteidigung des Versicherers bei Betrugsverdacht

Literatur: *Ayasse,* Betrug zu Lasten der Versicherungswirtschaft kein Kavaliersdelikt, VersR 1989, 778; Symposion gegen Versicherungsbetrug – Schwerpunkte: Kraftfahrt- und Sachversicherung, hrsg. v. *Bach* (1990); *Bayer,* Kein Schutz des Haftpflichtversicherers vor nachteiliger Prozessführung durch den VN?, NVersZ 1998, 9; *Berg,* Rechtliche Möglichkeiten des Informationsaustauschs zwischen Sachversicherer, Polizei und Staatsanwaltschaft – Zur Zusammenarbeit bei der Bekämpfung und Verhütung von Eigenbrandstiftung und vorgetäuschtem Einbruchdiebstahl, VersR 1994, 258; *Boetzinger,* Beweislastfragen in Zusammenhang mit manipulierten Unfällen, ZfSch 1997, 201; *Born,* Der manipulierte Unfall im Wandel der Zeit, NVZ 1996, 257; *Dannert,* Die Abwehr vorgetäuschter und manipulierter Verkehrshaftpflichtansprüche, r+s 1989, 381 und 1990, 1; *Etzel,* Versicherungsbetrug in Allgemeiner Haftpflicht, VW 1994, 701 und 768; *Freyberger,* Neues vom manipulierten Verkehrsunfall: der gutgläubige Eigentümer, VersR 1998, 1214; *Göth,* Brandstifter – VN, VW 1999, 1785; *Günther,* Betrugsaufklärung versus Datenschutz am Beispiel der Sachversicherung, VersR 2003, 18; *Hansen,* Anscheins- und Indizienbeweis bei § 180a VVG – Stellungnahme zu dem Aufsatz von Zeiler, VersR 1990, 461; *Harbort,* Bemerkungen zur versicherungsrechtlichen Beurteilung des Autofahrersuizides aus kriminalistischer Sicht, VersR 1994, 1400; *Hildebrand/Hitzer/Püschel,* Simulation und Selbstbeschädigung, 2001; *Klein,* Versicherungsbetrug

---

[453] *Wussow,* WI 2002, 203.

in der Kfz-Versicherung – Formen, Folgen, Konsequenzen –, 2002; *Knoche,* Besorgnis richterlicher Befangenheit wegen der Veranlassung strafrechtlicher Schritte, MDR 2000, 371; *ders.,* Vorgetäuschte und vorsätzlich herbeigeführte Versicherungsfälle, 1991; *Langheid,* Nachweis der Eigenbrandstiftung, VersR 1992, 13; *Lemcke,* Neue Wege zur Abwehr des Versicherungsbetruges in der Haftpflichtversicherung?, VersR 1995, 989; *ders.,* Probleme des Haftpflichtprozesses bei behaupteter Unfallmanipulation, in: *Weber,* Die Aufklärung des Kfz-Versicherungsbetrugs (1995), 647; *ders.,* Probleme des Haftpflichtprozesses bei behaupteter Unfallmanipulation, r+s 1993, 121 und 161; *Lücke,* Versicherungsbetrug in der Sachversicherung, VersR 1996, 785; *ders.,* Der Betrug in der Kasko-Versicherung, in: Die Aufklärung des Kfz-Versicherungsbetrugs, hrsg. von *Weber* (1995), 677; *ders.,* Aktuelle Rechtsprechungsübersicht zur Betrugsproblematik in der Sachversicherung, VersR 1994, 128; *E. Müller,* Selbsttötung im Straßenverkehr, NZV 1990, 333; *Münstermann,* Versicherungsbetrug in der Kaskoversicherung, DAR 1994, 388; *Nack,* Anspruchsgrundlagen und Beweisführung im Haftpflicht- und Deckungsprozess bei fingierten Schäden, in: Symposion gegen Versicherungsbetrug – Schwerpunkte: Kraftfahrt- und Sachversicherung, hrsg. von *Bach* (1990), 161; *Sieg,* Beweisfragen zur Herbeiführung des Versicherungsfalles durch sogenannte Brandreden, VersR 1995, 369; *Staab,* Betrug in der Kfz-Haftpflichtversicherung – Fingierte, gestellte und manipulierte Verkehrsunfälle, 1991; *Staak,* Simulation und Selbstbeschädigung, ZVersWiss 1994, 299; *Trompetter,* Prüfung der Leistungspflicht in der Lebens- und Unfallversicherung bei unnatürlichen Todesfällen, 1996; *Weber,* Die Aufklärung des Kfz-Versicherungsbetrugs – Grundlagen der Kompatibilitätsanalyse und Plausibilitätsprüfung, 1995; *Will,* Vorgetäuschter Kraftfahrzeugdiebstahl und Versicherungsbetrug, VW 1993, 132; *Wittkämper/Wulff-Nienhüser/Kammer,* Versicherung und Kriminalität: Lagebild, Ursachen und Einflüsse, 1990; *R.-J. Wussow,* Gefahrerhöhung in der Feuerversicherung, VersR 2001, 678; *Zeiler,* Beweisfragen im Rahmen des § 180a Abs. 1 VVG – zugleich ein Beitrag zur Abgrenzung von Indizienbeweis und Anscheinsbeweis, VersR 1990, 461; *Jan Zopfs,* Erfordert der Schutz des VR den strafrechtlichen Tatbestand des Versicherungsmissbrauchs (§ 265 StGB)?, VersR 1999, 265.

264   Ein Betrugsverdacht[454] kann sich auf den **Grund und/oder die Höhe** der geltend gemachten Versicherungsleistung beziehen. Durch den zivilprozessualen Beibringungsgrundsatz und bestimmte Beweislastregelungen sind VR gezwungen, geeignete Ermittlungen zur Betrugsabwehr bereits **im Vorfeld eines Deckungsprozesses** rechtzeitig und umfassend durchzuführen. Nur dann sind sie – falls der Anfangsverdacht sich zu einer nachweisbaren Gewissheit verdichtet hat – in der Lage, ihre Erkenntnisse im Rechtsstreit substantiiert vorzutragen und erforderlichenfalls unter Beweis zu stellen.

265   **Im Deckungsprozess** ist die Betrugsabwehr typischerweise dadurch gekennzeichnet, dass **mehrere Verteidigungslinien aufgebaut** werden, um – auf welchem Weg auch immer – zum Ziel der Klageabweisung zu gelangen[455]. Ein solches Vorgehen ist strategisch sinnvoll, weil die prozessualen Anforderungen an die verschiedenen Verteidigungsmittel unterschiedlich sind.

Beispiel:

Jede betrügerische Inanspruchnahme eines VR ist mit **unrichtigen Angaben** des VN verbunden. Selbst wenn eine vorsätzliche Herbeiführung des Versicherungsfalls (§ 81 VVG) nicht mit der erforderlichen Sicherheit beweisbar sein sollte, bleibt die Chance, zumindest durch den Nachweis einer Aufklärungsobliegenheitsverletzung oder arglistigen Täuschung im Regulierungsverfahren leistungsfrei werden zu können.

I. Vorbereitungshandlungen

266   Da betrügerische Aktionen von VN nicht selten längerfristig geplant werden, kann ein Ansatzpunkt für deren Abwehr **bereits im vorvertraglichen Stadium** zu finden sein.

---

[454] Der Begriff des Versicherungsbetrugs wird hier nicht im engen strafrechtlichen Verständnis der §§ 263, 265 StGB gebraucht. Es geht vielmehr allgemein um Handlungen eines VN, seines Repräsentanten oder eines Versicherten, durch die ein Versicherungsfall vorgetäuscht oder vorsätzlich herbeigeführt oder ein überhöhter Anspruch geltend gemacht wird.

[455] Z. B. OLG Hamm v. 10. 4. 2002, r+s 2002, 427 (Verteidigungslinien: § 61 VVG; Arglistige Täuschung im Regulierungsverfahren; Aufklärungsobliegenheitsverletzung; Verletzung der Buchführungsobliegenheit; Gefahrerhöhung).

1. §§ 823 Abs. 2, 826 BGB

Nach ständiger Rechtsprechung des BGH kann der VR sich auf Vorschriften der **uner-** 267 **laubten Handlung** (§ 823 Abs. 2 BGB i.V.m. §§ 263, 265 StGB, § 826 BGB) berufen, wenn und soweit die versicherungsrechtliche Sonderregelung der §§ 19 ff. VVG nicht eingreift (z.B. bei Täuschung über andere als gefahrrehebliche Umstände) oder andere geschützte Interessen durch sie nicht abschließend behandelt sind[456]. Letzteres ist insbesondere dann der Fall, wenn **schon bei Vertragsschluss** eine betrügerische Inanspruchnahme des Versicherungsunternehmens beabsichtigt war. Dies muss allerdings der VR beweisen, was sich in der Praxis – wenn nicht ausnahmsweise ein glaubwürdiger Zeuge zur Verfügung steht – als nahezu unmöglich erweist.

2. Vorvertragliche Anzeigepflichtverletzung (§§ 19 ff. VVG)

Weitaus günstiger ist die Beweislage im Rahmen der §§ 19 ff. VVG. Vorvertragliche Anzei- 268 gepflichtverletzungen können nämlich auch im Hinblick auf Antragsfragen gegeben sein, die das sog. **subjektive ("moralische") Risiko** betreffen und einer erhöhten Vertragsgefahr vorbeugen wollen. Fragt der VR im Antragsformular etwa nach **Vorversicherungen, abgelehnten Versicherungsanträgen oder Vorschäden,** möchte er dadurch in Erfahrung bringen, ob der Antragsteller bereits in einem früheren Versicherungsverhältnis auffällig geworden oder jedenfalls eine Schadenhäufigkeit zu befürchten ist. Das **Bestehen weiterer einschlägiger Versicherungsvertrag,** nach dem sich vor allem Personenversicherer erkundigen, kann für den Antragsteller Anreiz sein oder werden, Versicherungsfälle zu fingieren oder aufzubauschen, um in den Genuss kumulierter Versicherungsleistungen zu gelangen.

Die Chance, diesbezüglich unrichtige Angaben nach Meldung eines als zweifelhaft ange- 269 sehenen Versicherungsfalls aufdecken zu können, sind für VR nicht schlecht. Erkenntnismöglichkeiten können sich zum einen durch Anfragen bei den zur Betrugsabwehr eingerichteten **Datensammlungen der Versicherungswirtschaft** ergeben. Daneben ist aber auch die Auswertung von **Ermittlungsakten** hilfreich, aus denen sich oft Hinweise auf zurückliegende Schadenfälle und deren versicherungsmäßige Abwicklung finden lassen.

Wird der Schadenprüfer fündig und will deshalb eine vorvertragliche Anzeigepflichtverlet- 270 zung zum Anlass für eine Leistungsverweigerung nehmen, darf er sich allerdings nicht auf einen Rücktritt beschränken, sondern muss binnen Jahresfrist die **Anfechtung des Versicherungsvertrages wegen arglistiger Täuschung** (§§ 22 VVG, 123 BGB) erklären. Das Verschweigen von Vorversicherungen, früher abgelehnten Versicherungsanträgen, Vorschäden oder anderweitig bestehenden Versicherungen berechtigt den VR zwar auch zum Rücktritt mit der Rechtsfolge rückwirkender Vertragsbeendigung. **Leistungsfreiheit** für einen bereits eingetretenen Versicherungsfall kann dieser Rücktritt aber nicht bewirken, weil der **Kausalitätsgegenbeweis des § 21 Abs. 2 VVG** entgegensteht. Das wird von VR und Gerichten[457] oft übersehen.

Vorvertragliche Anzeigepflichtverletzungen, die **ausschließlich das subjektive Risiko** 271 betreffen, haben regelmäßig keinen Einfluss auf den Eintritt des aktuellen Versicherungsfalls[458]. Der Umfang der Versicherungsleistung mag zwar im Einzelfall generell beeinflusst werden können, weil aufgrund der unauffälligen Ausfüllung des Antragsformulars die Gefahr bestehen kann, dass der Leistungsprüfer von andernfalls vorgenommenen intensiveren Ermittlungen zum Schadenfall im Hinblick auf eine betrügerische Inanspruchnahme abgehal-

---

[456] BGH v. 18. 9. 1991, VersR 1991, 1404 unter 2b; BGH v. 8. 2. 1989, VersR 1989, 465; BGH v. 22. 2. 1984, VersR 1984, 630.

[457] Z. B. OLG Düsseldorf v. 2. 3. 1999, r+s 1999, 356 mit Anm. *Münstermann.*

[458] BGH v. 5. 10. 1988, VersR 1988, 1233 (1234 unter 4); BGH v. 8. 6. 1977, VersR 1977, 660; OLG Köln v. 29. 10. 1992, r+s 1993, 72 (74 unter II); OLG Frankfurt v. 29. 1. 1991, VersR 1992, 41 (43); OLG Frankfurt v. 3. 7. 1979, VersR 1980, 449; OLG Hamm v. 28. 10. 1988, r+s 1989, 1 unter 1; *Prölss/Martin/ Prölss,* § 21 VVG Rn. 4; Berliner Kommentar/*Voit,* § 21 VVG Rn. 16; *Martin,* Sachversicherungsrecht, N II 17; *Bruck/Möller/Sieg/Johannsen,* Bd. III, Anm. G 21. Kritisch: *Langheid,* NJW 1991, 268 (271); *Römer/ Langheid/Langheid,* § 21 VVG Rn. 9f.

ten wird. Beim Kausalitätsgegenbeweis nach § 21 Abs. 2 VVG kommt es jedoch auf eine **konkrete Beeinflussung des Leistungsumfangs** an, die regelmäßig zu verneinen ist, wenn der VR die Anzeigepflichtverletzung im Rahmen der Leistungsprüfung aufgedeckt hat und deshalb sein Regulierungsverfahren an dieser Erkenntnis ausrichten kann[459]. Durch eine folgenlos gebliebene Verletzung der Anzeigepflicht soll der VN nach der Regelung des § 21 Abs. 2 VVG nicht benachteiligt werden[460].

272   Das in Schriftsätzen immer wieder zu lesende Argument, bei Kenntnis des wahren Sachverhalts hätte der VR den Vertrag nicht oder nur mit Einschränkungen angenommen, betrifft (nur) die sog. **Vertragsgefahr** (vgl. § 19 Abs. 1 VVG), d. h. den Kausalzusammenhang zwischen dem nicht oder unrichtig angegebenen Umstand und dem Vertragsschluss. Demgegenüber bezieht § 21 Abs. 2 VVG sich ausschließlich auf den ursächlichen Zusammenhang zwischen dem unrichtig angegebenen Umstand und dem **Eintritt des Versicherungsfalls bzw. dem Umfang der Leistung des VR**[461]. Leistungsfreiheit kann deshalb in diesen Fällen nur nach erfolgreicher Arglistanfechtung, auf die § 21 Abs. 2 VVG nicht anwendbar ist, eintreten. Hier kommt es allein auf den Kausalzusammenhang zwischen der arglistigen Täuschung des VN und der Annahmeentscheidung des VR an.

273   Für den **Nachweis von Arglist** gilt: Einen Anscheinsbeweis für individuelle Verhaltensweisen von Menschen in bestimmten Lebenslagen gibt es nach der höchstrichterlichen Rechtsprechung zwar nicht[462]. Da der VR aber regelmäßig nicht wissen kann, warum der VN Falschangaben gemacht hat, ist es im Prozess **zunächst Sache des VN, seine Gründe darzulegen**. Lässt dieser Vortrag arglistiges Handeln nicht erkennen, muss der beweispflichtige VR ihn widerlegen[463].

3. Betrügerische Überversicherung (§ 74 Abs. 2 VVG)

274   Eine **Überversicherung in der Sachversicherung** ist dann gegeben, wenn die Versicherungssumme den Wert des versicherten Interesses (Versicherungswert) erheblich übersteigt (§ 74 Abs. 2 VVG). Nach Abs. 3 ist ein Versicherungsvertrag nichtig, den der VN in der Absicht schließt, sich aus einer Überversicherung einen **rechtswidrigen Vermögensvorteil** zu verschaffen.

Diese gesetzliche Regelung spielt in der gerichtlichen Praxis jedoch keine Rolle. Um die Nichtigkeit des Vertrags zur Leistungsabwehr einsetzen zu können, muss der VR nämlich über die objektive Überversicherung hinaus beweisen, dass die unredliche Absicht des VN **schon bei Vertragsschluss vorhanden** war[464]. Dieser Nachweis ist praktisch kaum zu führen.

II. Unredlichkeiten beim Versicherungsfall

275   Vorgetäuscht (fingiert) wird ein Versicherungsfall, den es **tatsächlich nicht gegeben** hat. Davon zu unterscheiden ist der Versicherungsfall, der zwar eingetreten ist, jedoch mit Wissen und Wollen des VN und damit vorsätzlich und deshalb **nicht unfreiwillig.**

---

[459] Anders ist es bei einer vorsätzlichen Aufklärungsobliegenheitsverletzung im Rahmen der dort einschlägigen Relevanzrechtsprechung. Dies wird in der Entscheidung des BGH (II. Zivilsenat) v. 18. 12. 1989, VersR 1990, 384, verkannt; vgl. *Morisse*, NVersZ 2000, 209; *Bruck/Möller/Sieg/Johannsen*, Bd. III, Anm. G 21.

[460] BGH v. 8. 6. 1977, VersR 1977, 660 (661).

[461] BGH v. 11. 7. 1990, VersR 1990, 1002 (1003 unter 2b).

[462] Vgl. dazu Rn. 279.

[463] BGH v. 19. 2. 1981, VersR 1981, 446; BGH v. 20. 11. 1970, VersR 1971, 142 (144 unter II 3); OLG Frankfurt v. 2. 5. 2001, NVersZ 2002, 401 (402); OLG München v. 30. 11. 1998, VersR 2000, 711; KG Berlin v. 23. 2. 1996, r+s 1997, 346 (347); OLG Hamm v. 16. 1. 1991, r+s 1992, 358 (359 unter 2d); OLG Hamm v. 6. 12. 1989, r+s 1990, 170 (171); OLG Oldenburg v. 22. 10. 1986, r+s 1988, 31 (32). Unrichtig OLG Frankfurt v. 7. 6. 2000, NVersZ 2001, 115 (116), das den VN nicht nur für darlegungs-, sondern auch für beweispflichtig erklärt. Vgl. dazu auch Rn. 77.

[464] BGH v. 4. 7. 1990, NJW-RR 1990, 1305 unter I 2.

1. Vortäuschen eines Versicherungsfalls

In der gerichtlichen Praxis sind das hauptsächlich Fälle einer **vorgetäuschten Entwen-** 276 **dung.** Hier gilt das vom BGH entwickelte Modell der **beiderseitigen Beweismaßabsenkung**[465]. Wenn dem VN der Nachweis des äußeren Bildes der behaupteten Entwendung gelungen ist, muss der VR Tatsachen vortragen und beweisen, die – jedenfalls in ihrer Gesamtheit – die erhebliche Wahrscheinlichkeit einer Vortäuschung nahe legen.

Bei allen **anderen Versicherungsfällen,** deren Echtheit der VR nicht glaubt, kann er sich 277 zwar meistens auf das **schlichte Bestreiten** des behaupteten Versicherungsfalls (oder – in der Unfallversicherung – seiner angeblichen Folgen) mit Nichtwissen (§ 138 Abs. 4 ZPO) beschränken. Bei Betrugsverdacht wird er jedoch in der Lage sein, seine Zweifel **substantiiert** – ggf. gestützt durch Privatgutachten, zumindest unter Beweisantritt – darzulegen, um aktiv eine Überzeugungsbildung des Richters von der Authentizität des Versicherungsfalls zu verhindern.

Beispiele:
- Ein Unfallversicherer hält aufgrund ihm vorliegender ärztlicher Befunde oder Gutachten die zur Begründung einer unfallbedingten Invalidität vorgebrachten Beschwerden, ein Berufsunfähigkeits- oder Krankentagegeldversicherer die für eine Berufsunfähigkeit/Arbeitsunfähigkeit behaupteten gesundheitlichen Leistungseinbußen für **Simulation oder Aggravation.**
- Ein Krankentagegeldversicherer hat durch einen Außendienstmitarbeiter oder Detektiv ermittelt, dass der von seinem Hausarzt langfristig arbeitsunfähig geschriebene VN **seine berufliche Tätigkeit gleichwohl ausübt.**

Eine Vortäuschung ist auch dann gegeben, wenn das tatsächliche Schadenbild für sich ge- 278 nommen die bedingungsgemäßen Voraussetzungen eines Versicherungsfalls zwar erfüllt, gleichwohl aber **keinem Deckungsschutz unterliegt.** Bezweifelt etwa der VR, dass der behauptete Vorfall sich **in versicherter Zeit** oder **am versicherten Ort** ereignet hat, reicht es aus, wenn er diese anspruchsbegründenden Tatsachen bestreitet. Dadurch zwingt er den VN zum Nachweis (Vollbeweis).

2. Vorsätzliches/Freiwilliges Herbeiführen des Versicherungsfalls

Nach ständiger Rechtsprechung des BGH, der die Instanzgerichte folgen, gibt es für **indi-** 279 **viduelle Verhaltensweisen** von Menschen in bestimmten Lebenslagen **keinen Anscheinsbeweis.** Der Beweis des ersten Anscheins kommt nur dann in Betracht, wenn im Einzelfall ein **typischer Geschehensablauf** vorliegt, der nach der Lebenserfahrung auf eine bestimmte Ursache hinweist und so sehr das Gepräge des Gewöhnlichen und Üblichen trägt, dass die besonderen individuellen Umstände in ihrer Bedeutung zurücktreten. Eine solche Typizität ist nicht feststellbar, wenn ein bewusst gefasster Willensentschluss bewusst in die Tat umgesetzt wird. Ob dem VN ein vorsätzliches Herbeiführen des Versicherungsfalls (u. U. ein kriminelles Verhalten) zuzutrauen ist, hängt so stark von seiner **Persönlichkeit und seinen Wert- und Moralvorstellungen** ab, dass die Annahme einer Typizität für solches Vorgehen ausscheidet[466].

Auch andere Beweiserleichterungen kommen für den VR insoweit nicht in Betracht. Die 280 in Entwendungsfällen (auch) ihm zugebilligte Beweismaßabsenkung für den Nachweis eines unredlichen Verhaltens des VN („erhebliche Wahrscheinlichkeit" einer Vortäuschung reicht aus) ist das Korrelat dafür, dass dem VN seinerseits vertragsgemäß eine erhebliche Beweiserleichterung für den Beweis des Eintritts des Versicherungsfalls zugute kommt. Diese Beweiserleichterungsregeln sind **auf Entwendungen beschränkt** und können nicht auf Fälle ausgedehnt werden, in denen der Eintritt des Versicherungsfalles vom VN voll zu beweisen (oder unstreitig) ist und der VR den Nachweis führen will, der VN habe den Schadenfall **selbst herbeigeführt**[467].

---

[465] Vgl. Rn. 168 ff.

[466] Zu § 61 VVG vgl. BGH v. 5. 3. 2002, VersR 2002, 613 (615 unter 3a); BGH v. 4. 5. 1988, VersR 1988, 683 (684 unter 3).

[467] BGH v. 25. 4. 1990, VersR 1990, 894; BGH v. 17. 5. 1989, VersR 1989, 841 (842 unter 1); *Bruck/Möller/Sieg/Johannsen,* VVG Bd. III, Anm. H 73. Kritisch *Langheid,* VersR 1992, 13 (14), unter Hinweis auf die Schutzbedürftigkeit der Versicherungsunternehmen gegen betrügerische Inanspruchnahme.

281   Der VR muss deshalb eine vorsätzliche Herbeiführung des Versicherungsfalls durch den VN[468] **voll beweisen** (§ 286 Abs. 1 S. 1 ZPO). Allerdings dürfen die Anforderungen an seine Beweisführung, die regelmäßig in Form des Indizienbeweises stattfindet, **nicht überspannt** werden[469]. Da nach der Rechtsprechung des BGH die nach § 286 ZPO erforderliche richterliche Überzeugung von der Wahrheit keine absolute oder unumstößliche Gewissheit erfordert, ist es rechtsfehlerhaft, einen Beweis deshalb als nicht erbracht anzusehen, weil eine über jeden denkbaren Zweifel erhabene Sicherheit nicht gewonnen werden konnte[470]. Der Tatrichter ist aufgerufen, die Wahrheitsfindung **gewissenhaft, aber ohne übertriebene Skrupel** zu betreiben. Nicht auszuräumende Restbedenken im Hinblick auf einen (allenfalls) theoretisch denkbaren anders gearteten Geschehensablauf, die es erfahrungsgemäß bei der überwiegenden Zahl von Beweiswürdigungen gibt, sollen und dürfen die richterliche Feststellung der Wahrheit oder Unwahrheit einer Tatsache nicht hindern[471]. Deshalb ist ein Indizienbeweis bereits dann überzeugungskräftig, wenn bei der Gesamtwürdigung aller Umstände andere Schlussfolgerungen als Vorsatz/Freiwilligkeit ernstlich nicht in Betracht kommen.

282   Aufgrund dieser höchstrichterlichen Rechtsprechung werden für den Strengbeweis **keine unüberwindbaren Hürden** errichtet. Dies setzt allerdings eine konsequente Umsetzung durch die Instanzgerichte voraus, die in der Praxis nicht immer erfolgt. Obwohl die tatrichterliche Überzeugungsbildung keinen festen Beweisregeln unterliegt und deshalb revisionsrechtlich nicht angreifbar ist, beklagen Revisionsrichter gleichwohl des Öfteren **unverständliche tatrichterliche Beweiswürdigungen,** die in einem non liquet statt klarer Entscheidung enden. *Steffen*[472] hat daraus die Vermutung abgeleitet, den „wohl aus revisionsrichterlicher Not erfundenen Anscheinsbeweis" gebe es in dieser Form wahrscheinlich ohnehin nicht, „wenn die Richter mutiger mit den Indizien umgehen würden und gelegentlich auch mit ihrer eigenen Lebensklugheit".

283   **a) § 81 VVG.** Haupterscheinungsfall der vorsätzlichen Herbeiführung des Versicherungsfalls i. S. d. § 81 VVG ist die **Eigenbrandstiftung** durch den VN.

284   Hierzu muss zunächst festgestellt werden, ob überhaupt eine vorsätzliche Brandstiftung erfolgt ist. Zwar kann für die Feststellung der Brandursache der Anscheinsbeweis in Betracht kommen[473]. Dies setzt jedoch einen typischen Geschehensablauf voraus, der meistens nicht gegeben ist. In der gerichtlichen Praxis dominiert deshalb der **Sachverständigenbeweis.** Üblicherweise gehen Brandsachverständige in Form eines **Eliminationsverfahrens**[474] vor: Alle denkbaren Brandursachen werden untersucht. Kann jede andere Ursache – insbesondere naturwissenschaftliche Vorgänge – mit der erforderlichen Sicherheit ausgeschlossen werden, folgt daraus die sachverständige Schlussfolgerung auf Brandstiftung. Lassen sich am Brandort ausreichende Hinweise (vor allem auf die Verwendung eines Brandbeschleunigers) finden, ist der positive Nachweis für eine **vorsätzliche Brandstiftung** geführt. Können solche eindeutigen Spuren nicht gesichert werden, muss regelmäßig offen bleiben, ob die Brandstiftung vorsätzlich oder lediglich fahrlässig begangen worden ist.

285   Steht eine vorsätzliche Brandstiftung fest, muss in einem zweiten Schritt geklärt werden, ob der VN damit etwas zu schaffen hat. Dies setzt nicht unbedingt voraus, dass vom VR be-

---

[468] Bzw. eine Person, deren Fehlverhalten den Versicherungsschutz ebenfalls beeinträchtigt (Repräsentant; Versicherter).

[469] BGH v. 15. 1. 1996, NJW-RR 1996, 664 unter 4: „Der Tatrichter muss dem außerhalb des Geschehensablaufs stehenden VR Gelegenheit geben, durch Zulassung eines mittelbaren oder Indizienbeweises seiner Beweispflicht zu genügen."

[470] BGH v. 14. 4. 1999, r+s 1999, 247 (248 unter II 2a); BGH v. 14. 7. 1993, VersR 1993, 1007 (1008 unter 4b, bb); BGH v. 17. 5. 1989, VersR 1989, 841 unter 2 und 3. Vgl. auch Rn. 169.

[471] BGH v. 14. 4. 1999, r+s 1999, 247 (248 unter II 2a).

[472] *Steffen* (Diskussionsbeitrag), in Karlsruher Forum 1989 – Beweiserleichterungen für den Geschädigten, 19.

[473] BGH v. 12. 5. 1993, VersR 1993, 1351 unter I 2; BGH v. 6. 3. 1991, VersR 1991, 460 unter II 2; *Bruck/Möller/Sieg/Johannsen,* VVG Bd. III, Anm. H 75.

[474] *Langheid,* VersR 1992, 13 (16 und 18f.); vgl. auch BGH v. 6. 3. 1991, VersR 1991, 460.

wiesen wird, **in welcher konkreten Art und Weise** der VN am Eintritt des Versicherungs-falls mitgewirkt hat[475]. Selbstverständlich ist auch keine eigenhändige Tatbeteiligung des VN erforderlich[476]. Ausreichend ist der Nachweis, dass der Brand **unter Beteiligung des VN** – sei es als Täter, Anstifter oder Gehilfe – gelegt worden ist.

Falls es nicht ausnahmsweise einen unmittelbaren Zeugen für die Tatbeteiligung des VN   **286** gibt, ist der VR regelmäßig darauf angewiesen, einen **Indizienbeweis** zu führen. Dies ver-langt eine schlüssige Kette von Beweisanzeichen, die den VN der Eigenbrandstiftung über-führt[477]. Wie beim Nachweis der erheblichen Wahrscheinlichkeit einer Entwendung können beweiskräftige Indizien sich auch hier nicht nur aus **tatbezogenen Umständen,** sondern auch aus der **Persönlichkeit des VN** und seinen **persönlichen und wirtschaftlichen Ver-hältnissen** ergeben[478].

Wenngleich die veröffentlichten Urteile zu Fällen, in denen es um den Verdacht einer Ei-   **287** genbrandstiftung geht, durchweg Einzelfallentscheidungen sind, lassen sich doch einige **Be-weisanzeichen von genereller Bedeutung** aufzeigen:

- Verdächtig ist bereits **jedes auffällige Verhalten des VN gegenüber der Polizei oder dem VR** (widersprüchliche oder gar nachweislich unrichtige Angaben zu einem nicht un-wesentlichen Umstand, insbesondere zur Anwesenheit am Brandort in zeitlicher Nähe zur Brandlegung; unüberbrückbare Widersprüche zu Zeugenaussagen oder objektiv feststeh-enden Sachverhalten; etc.).
- Schwerwiegende Indizien sind festgestellte **Aktivitäten des VN am Tatort,** die in einen Zusammenhang mit dem Brandstiftungsszenario gebracht werden können (Wegschaffen von Personen, Tieren oder Wertsachen kurz vor dem Brand ohne plausiblen Grund; Be-seitigen von Spuren; Vortäuschen eines Eindringens Dritter[479]; etc.).
- Hinweise dafür, dass **dem VN die Tat zuzutrauen** ist, können vor allem frühere Straf-taten, soweit sie in ihrem Unrechtsgehalt vergleichbar sind, und Ankündigungen oder Prahlereien im Bekanntenkreis (insbesondere „Brandreden"[480]) geben.
- Von besonderer indizieller Bedeutung ist das **Vorhandensein eines Tatmotivs.** Insoweit kommt neben wirtschaftlichen Schwierigkeiten des VN und/oder seines Betriebs in Be-tracht, dass ein Versicherungsfall für ihn deutlich lukrativer ist als eine wirtschaftliche Ver-wertung der versicherten Sache durch Verkauf oder Zwangsversteigerung.
- Eine Fremdbrandstiftung ist höchst unwahrscheinlich, wenn der **Brandort nur für den VN zugänglich** war oder keine Aufbruchspuren o. ä. vorhanden sind, obwohl sie bei einer Fremdtat zu erwarten gewesen wären.
- Da es um die zielgerichtete Inanspruchnahme eines VR geht, kann schließlich auch das **Versicherungsverhältnis** von Bedeutung sein, soweit es zeitnah zum Brand Auffälligkeit-ten (z. B. unplausible Erhöhung der Versicherungssumme) gegeben hat.

Alle bedeutsamen Umstände – mögen sie **für oder gegen** eine Tatbeteiligung des VN   **288** sprechen – sind umfassend zu würdigen. Sämtliche Anzeichen müssen **zunächst jedes für sich** und sodann im Wege einer **Gesamtschau und Gesamtwürdigung** unter Berücksich-tigung des gesamten Prozessstoffs gewertet werden. Wie bei jedem Indizienbeweis gilt auch

---

[475] BGH v. 9. 4. 1997, r+s 1997, 294 (296 unter II 2 c).

[476] Auffallend häufig sind des Betrugs verdächtigte VN während des Brandes in einem „spontanen Kurzurlaub", vgl. OLG Hamm v. 22. 3. 1991, VersR 1992, 736.

[477] Instruktiv aus neuerer Zeit: OLG Celle v. 12. 9. 2002, VersR 2003, 453 (Flugzeug); OLG Düsseldorf v. 25. 9. 2001, r+s 2002, 379 (Betriebshalle); OLG Düsseldorf v. 8. 12. 1998, NVersZ 2000, 584 (Disko-thek); OLG Düsseldorf v. 3. 2. 1998, r+s 1999, 208 (landwirtschaftliches Anwesen); OLG Bremen v. 19. 1. 1999, VersR 2000, 759 (leer stehendes Wohngebäude); OLG Koblenz v. 20. 9. 1996, VersR 1998, 181 (Fertigungshalle); OLG Stuttgart v. 9. 5. 1996, VersR 1997, 824 (türkischer Lebensmittelladen).

[478] Vgl. *Langheid,* VersR 1992, 13, und die dort referierten Urteile.

[479] BGH v. 24. 1. 1996, r+s 1996, 146 unter II 1.

[480] BGH v. 13. 3. 1991, VersR 1991, 924 (925 unter II 1 d); OLG Schleswig v. 27. 2. 1991, VersR 1992, 1258 zu 1 (Mehrfache Aufforderung zur Brandlegung; Anbieten erheblicher Geldbeträge); vgl. auch *Sieg,* VersR 1995, 369 unter II.

hier, dass der Stellenwert eines bei isolierter Betrachtung an sich wenig beweiskräftigen Indizes in der Gesamtschau mit anderen Umständen steigen kann[481]. Das Fehlen einer umfassenden Gesamtwürdigung ist der häufigste Kritikpunkt des BGH an Berufungsurteilen, die sich mit dem Nachweis einer vorsätzlichen Herbeiführung des Versicherungsfalles befassen.

289   Eine entscheidende Weichenstellung, ob dem VR der Nachweis der Eigenbrandstiftung gelingt oder nicht, vollzieht sich oft dort, wo es um den **Ausschluss einer Fremdbrandstiftung** geht. Unbestreitbar gibt es Pyromanen, die aus reiner Lust am Feuer Gebäude und sonstige Sachen in Brand stecken. Häufig verweisen VN auch auf Personen, denen sie aus Rache, zur Konkurrenzvernichtung oder aus ähnlichen niedrigen Beweggründen eine Brandstiftung zutrauen. Bekanntermaßen versuchen auch Einbrecher gelegentlich, verräterische Spuren durch Brandlegung zu vernichten. Dadurch gegebene Möglichkeiten einer Fremdbrandstiftung sind **fast nie gänzlich auszuschließen.** Für die Überzeugungsbildung des Richters ist jedoch entscheidend, ob es sich um bloße Restzweifel rein theoretischer Art handelt[482] oder ob nach Lage der Dinge die Möglichkeit einer Fremdverursachung nicht derart fernliegend ist, um sie mit der erforderlichen Sicherheit verneinen zu können[483]. Je stärker die auf Eigenbrandstiftung hindeutenden Indizien sind, umso unwahrscheinlicher ist eine Fremdbrandstiftung.

290   Die in diesem Zusammenhang immer wieder zu hörende Klage betroffener VR, Richter favorisierten **Beweislastentscheidungen,** weil sie zu wenig Mut hätten, „Farbe zu bekennen", dürfte zwar in dieser Allgemeinheit übertrieben, in manchen Fällen aber sachlich berechtigt sein. Insbesondere in Brandsachen hat auch der BGH deutliche Appelle an die nachgeordneten Instanzen gerichtet, nicht vorschnell ein offenes Beweisergebnis anzunehmen. Dies gilt nicht nur im Hinblick auf eine Brandstiftung unbekannter Dritter[484]. Instruktiv sind die kritischen Ausführungen in einem Deckungsprozess, in dem der VR dem VN vorwarf, er habe seine versicherte Yacht auf hoher See selbst in Brand gesetzt, das Berufungsgericht aber einen **technischen Defekt als Brandursache nicht ausschließen** wollte[485]:

„Es ist nicht ohne weiteres nachzuvollziehen, dass es an einem für das praktische Leben brauchbaren Grad von Gewissheit fehlt, wenn

- ein VR von der unmittelbar bevorstehenden Inbrandsetzung eines Schiffes (anonym) unterrichtet wird,
- dieses kurz darauf tatsächlich abbrennt,
- der Sachverständige einen technischen Defekt als Brandursache als sehr unwahrscheinlich bezeichnet,
- Unvereinbarkeiten zwischen dem Klagevorbringen und anderen Erkenntnisquellen bestehen
- und ... ein Tatmotiv durchaus erkennbar ist."

291   Ist ein wegen der Brandsache anhängiges **Strafverfahren noch nicht abgeschlossen** und versprechen sich VR oder VN daraus Erkenntnisse, die möglicherweise auch für den zivilrechtlichen Entschädigungsrechtsstreit Bedeutung haben, können sie die **Aussetzung des Deckungsprozesses** bis zur Erledigung des Strafverfahrens beantragen (§ 149 Abs. 1 ZPO). Die gerichtliche Aussetzungsbefugnis hat den Zweck, dem Zivilrichter – selbstverständlich unter Beachtung des Beschleunigungsgebot – die Möglichkeit zu geben, sich die besseren Erkenntnismöglichkeiten eines Strafverfahrens dann zunutze zu machen, wenn sich eine

---

[481] BGH v. 15. 1. 1996, NJW-RR 1996, 664 (665); BGH v. 15. 6. 1994, VersR 1994, 1054 (1055 unter 2).

[482] BGH v. 14. 4. 1999, r+s 1999, 247 (248 unter II 2); BGH v. 24. 1. 1996, r+s 1996, 146 (147 unter II 3).

[483] BGH v. 17. 5. 1989, VersR 1989, 841 (842 unter 2); OLG Koblenz v. 20. 9. 1998, VersR 1998, 181 (182).

[484] Vgl. BGH v. 14. 4. 1999, r+s 1999, 247 (248 unter II 2a): „Das Berufungsgericht hat demgegenüber unzulässigerweise zum einen bloß theoretischen Zweifeln Raum gegeben und zum anderen einen naturwissenschaftlich zwingenden Beweis gefordert.".

[485] BGH v. 15. 1. 1996, NJW-RR 1996, 664 unter 5.

schwierige Beweislage im Zivilrechtsstreit voraussichtlich nicht oder nicht so gut wie im Strafverfahren klären lassen wird[486]. Ein Anspruch auf Verfahrensaussetzung besteht jedoch nicht (Ermessensentscheidung)[487]. Deshalb sollte ein Aussetzungsantrag nicht formularmäßig gestellt werden, sondern hinreichend substantiiert erkennen lassen, in welcher Richtung erfolgversprechende weitere Ermittlungen im Strafverfahren überhaupt möglich und ob ein Abschluss der Ermittlungen in absehbarer Zeit zu erwarten ist. Nach § 149 Abs. 2 ZPO muss die Verhandlung auf Antrag einer Partei fortgesetzt werden, wenn seit der Aussetzung **ein Jahr verstrichen** ist, soweit nicht gewichtige Gründe für eine Fortdauer sprechen.

Hat das strafrechtliche Ermittlungsverfahren **keine rechtskräftige Verurteilung des VN** **292** erbracht, muss dem Antrag des VR auf erneute Vernehmung der bereits im Strafverfahren gehörten Zeugen nachgekommen werden[488]. Es ist zwar nicht häufig, kommt aber durchaus vor, dass das Zivilgericht im Deckungsprozess zu einem anderen Beweisergebnis gelangt als zuvor der freisprechende Strafrichter[489] oder die Staatsanwaltschaft, wenn sie ein gegen den VN geführtes Ermittlungsverfahren nach § 170 Abs. 2 StPO eingestellt hat.

Ist der VN **rechtskräftig wegen vorsätzlicher Brandstiftung verurteilt** worden, **293** kommt es darauf an, ob im Versicherungsvertrag wirksam eine Klausel vereinbart worden ist, durch die für diesen Fall im Rahmen des § 81 VVG eine **unwiderlegbare Vermutung für eine vorsätzliche Brandstiftung** des VN begründet wird (vgl. § 14 Nr. 1 S. 2 AFB 87)[490]. Andernfalls muss trotz des rechtskräftigen Strafurteils die Beweisaufnahme wiederholt werden, weil de lege lata Strafurteile den Zivilrichter nicht binden[491].

b) Unfreiwilligkeit der Gesundheitsbeschädigung in der Unfallversicherung **294** **(§ 178 Abs. 2 VVG).** Die **gesetzliche Vermutung für die Unfreiwilligkeit** der vom VN erlittenen Gesundheitsbeschädigung in der Unfallversicherung (§ 78 Abs. 2 VVG) lässt sich regelmäßig nur mit sachverständiger (meist rechtsmedizinischer) Hilfe widerlegen[492]. Ein Anscheinsbeweis scheidet auch hier aus. Zu prüfen ist, ob die **Unfalldarstellung des VN plausibel** ist, insbesondere die Verletzungen zum geschilderten Szenario (häufig Arbeitsabläufe) passen. Wie stets bei Indizienbeweisen ist – über die Prüfung der Einzelumstände hinaus – eine Würdigung aller indiziell bedeutsamen Indizien im Wege der **Gesamtschau** geboten[493].

Unproblematisch ist der Fall, dass vom VR der **positive Nachweis für eine Selbstschä-** **295** **digung** erbracht wird (§ 286 Abs. 1 ZPO)[494]. Dieser Beweis ist mit der erforderlichen Sicherheit jedoch nicht leicht zu führen. Die Nachweischancen verbessern sich allerdings, wenn außerhalb des eigentlichen Unfallgeschehens zusätzlich bestimmte Auffälligkeiten aufgezeigt und erforderlichenfalls bewiesen werden können, die auf ein **zielgerichtetes Vorgehen** des Verletzten hindeuten (z. B. Ungewöhnlich enger zeitlicher Zusammenhang zwischen Vertragsschluss bzw. Erhöhung der Versicherungssumme(n) und dem Unfall; Unterhalten mehrerer werthaltiger Unfallversicherungsvertrag; Keine Mitwirkung des VN bei Heilungsbemühungen; verschwundenes Amputat oder Tatwerkzeug; etc.)[495].

Von praktischer Bedeutung ist die vom BGH zugelassene **vereinfachte Beweisführung:** **296** Danach kann Freiwilligkeit einer Gesundheitsschädigung bereits dann angenommen werden,

---

[486] OLG Frankfurt v. 1. 2. 2001, VersR 2002, 635 m. w. N.

[487] OLG Hamm v. 19. 1. 1994, VersR 1994, 1419 (1420 unter 2).

[488] BGH v. 6. 6. 1988, NJW-RR 1988, 1527 (1528 unter 1).

[489] Vgl. OLG Düsseldorf v. 3. 2. 1998, VersR 1999, 1013.

[490] Vgl. dazu Rn. 140 ff.

[491] Vgl. dazu Rn. 139.

[492] Vgl. die Rechtsprechungsübersichten bei *Hildebrand/Hitzer/Püschel,* Simulation und Selbstverstümmelung, S. 118 ff., und *Römer/Langheid/Römer,* § 180a VVG Rn. 7. Auffallend ist, dass die weitaus meisten der veröffentlichten Entscheidungen Klageabweisungen sind.

[493] BGH v. 15. 6. 1994, VersR 1994, 1054 (1055 unter 2).

[494] Vgl. OLG Düsseldorf v. 11. 5. 1999, NVersZ 2000, 378.

[495] Vgl. BGH v. 15. 6. 1994, VersR 1994, 1054 (1055); OLG Düsseldorf v. 9. 6. 1998, VersR 2000, 1227 (1230 unter 3). Vgl. auch die Check-Liste von Verdachtsmomenten/Indizien für die Freiwilligkeit einer Verletzung bei *Hildebrand/Hitzer/Püschel,* Simulation und Selbstbeschädigung, S. 116 f.

wenn feststeht, dass die **Unfallschilderung des VN nicht zutreffen kann,** weil sie in wesentlichen Punkten (Kernbereich) mit der Realität oder mit ärztlichen Befunden über das Verletzungsbild nicht übereinstimmt[496]. Selbstverständlich reicht dazu nicht schon jede beliebige Lücke oder Ungenauigkeit aus, weil ein Verletzungsvorgang regelmäßig ein **schnell ablaufendes Ereignis** ist, von dem der Betroffene überrascht wird, so dass sich ihm Einzelheiten nicht ohne weiteres zuverlässig einprägen, falls sie ihm überhaupt zu Bewusstsein gekommen sind. Dies ist jedoch – so der BGH – anders in der **Situation, die dem Unfall vorausgeht.** Gerade sie bildet den Ansatz für eine Beurteilung, ob sich wirklich ein Unfall ereignet hat. Kommen aus medizinischer Sicht mehrere Unfallabläufe in Betracht, muss der VR zum Nachweis der Freiwilligkeit eine wesentliche Abweichung der Unfallschilderung von all diesen Abläufen nachweisen.

297   **c) Suizid (§§ 161 VVG, 9 ALB 94 und 178 Abs. 2 VVG).** Nach § 161 VVG, besteht bei einem Suizid des Versicherten vor Ablauf der **Wartefrist von drei Jahren** keine Leistungpflicht aus einer **Lebensversicherung;** es sei denn, die Tat wurde in einem die freie Willensbestimmung ausschließenden Zustand krankhafter Störung der Geistestätigkeit begangen.

298   In der **Unfalltod-Zusatzversicherung** ist eine Selbsttötung generell vom Versicherungsschutz ausgeschlossen.

299   Die **Beweislast** dafür, dass der Versicherte sich selbst getötet hat, liegt stets beim **VR**[497]. Ein Anscheinsbeweis kommt auch beim Freitod nicht in Betracht, weil dieser so sehr von den besonderen Lebensumständen, der Persönlichkeitsstruktur, der augenblicklichen Gemütslage und der subjektiven – oft irrationalen – Einschätzung der Situation des Versicherten abhängig ist, dass von einem typischen Geschehensablauf nicht gesprochen werden kann[498].

300   Der VR muss deshalb einen **Indizienbeweis** führen (§ 286 Abs. 1 S. 1 ZPO)[499]. Oft gibt der Inhalt des bei ungeklärten Todesfällen geführten staatsanwaltschaftlichen Ermittlungsverfahrens nähere Erkenntnisse. Wurde – wie regelmäßig in diesen Fällen – eine **Obduktion** der Leiche (§ 87 StPO) durchgeführt, lässt sich meistens verlässlich klären, ob eine **natürliche Todesursache** (sog. plötzlicher Tod) ausscheidet. Ist eine Obduktion unterblieben, kann der VR von den zur Totensorge berechtigten Angehörigen des Verstorbenen ggf. eine Exhumierung der Leiche zu Untersuchungszwecken verlangen, falls greifbare Anhaltspunkte für eine Selbsttötung bestehen[500].

301   Steht ein unnatürlicher Tod fest, müssen für den Nachweis der Selbsttötung ein **Fremdverschulden** oder ein **tödlicher Unfall** aufgrund der gebotenen Gesamtwürdigung aller Umstände mit der erforderlichen Sicherheit verneint werden können. Das wird vielfach nur über einen Indizienbeweis möglich sein. Das Gericht kann im Wege freier Beweiswürdigung (§ 286 ZPO) Erfahrungssätze und Hilfstatsachen verwerten und so zu der Überzeugung gelangen, die Vermutung des § 180a VVG sei widerlegt[501]. Das ist dann der Fall, wenn etwas anderes als ein Suizid außerhalb der realistisch in Betracht zu ziehenden Möglichkeiten ist[502].

302   **Indizien** für einen Suizid sind insbesondere:

• Vorhandensein eines **Abschiedsbriefs**
• **Zeitnahes Äußern von Suizidabsichten** oder gar ein früherer Selbsttötungsversuch
• **Psychische Labilität** des Versicherten

---

[496] BGH v. 17. 4. 1991, r+s 1991, 285; OLG Saarbrücken v. 31. 1. 1990, VersR 1990, 968.

[497] BGH v. 10. 4. 1991, VersR 1991, 870 unter 1; OLG Köln v. 21. 2. 2001, VersR 2002, 384.

[498] BGH v. 10. 4. 1991, VersR 91, 870 unter 1; BGH v. 26. 4. 1989, VersR 1989, 729; BGH v. 18. 3. 1987, VersR 1987, 503; *Römer/Langheid/Römer,* § 169 VVG Rn. 11 m. w. N. Kritisch *Baumgärtel/Prölss,* § 169 VVG Rn. 2. Die frühere – teilweise abweichende – Rspr. des BGH ist überholt.

[499] BGH v. 10. 4. 1991, VersR 1991, 870 unter 2; OLG Oldenburg v. 28. 11. 1990, VersR 1991, 985.

[500] BGH v. 10. 4. 1991, VersR 1991, 870 unter 3; *Römer/Langheid/Römer,* § 169 VVG Rn. 15f.

[501] OLG Koblenz v. 31. 8. 2006 – 10 U 1763/05 (juris).

[502] OLG Düsseldorf v. 27. 8. 2002, NJW-RR 2003, 530 (531).

- **Selbstmordmotiv** (Beziehungsprobleme, unheilbare Krankheit, hohe Verschuldung oder andere wirtschaftliche Schwierigkeiten, etc.)[503]
- **Zeitnaher Abschluss einer oder gar mehrerer Todesfallversicherung** aus eigener Initiative.

In Strangulationsfällen muss ggf. ein Zusammenhang mit einem **autoerotischen Geschehen** (bewusste Reduzierung der Sauerstoffzufuhr aus sexuellen Motiven) in Betracht gezogen werden. Kann eine solche unfreiwillige Todesursache nicht mit der erforderlichen Sicherheit ausgeschlossen werden, ist der Lebensversicherer leistungspflichtig. In der Unfalltod-Zusatzversicherung besteht jedoch regelmäßig ein **Leistungsausschluss** für Gesundheitsschäden durch Eingriffe am Körper der versicherten Person[504]. **303**

Besondere Schwierigkeiten macht der Nachweis eines Freitodes beim sog. **Autofahrer-suizid,** wenn kein Abschiedsbrief vorliegt. Diese Fälle sind dadurch gekennzeichnet, dass der Versicherte mit seinem Fahrzeug am Ende einer Geraden oder kurvenarmen Strecke (Bundesautobahn, Schnellstraße) mit hoher Geschwindigkeit frontal gegen ein feststehendes Hindernis (Baum, Brückenpfeiler) prallt und Hinweise auf eine unfallabwehrende Reaktion des Fahrers, insbesondere den Versuch eines Brems- oder Ausweichmanövers, sich am Unfallort nicht finden lassen[505]. Als Unfallursache ist deshalb ein **verschleierter Suizid zur finanziellen Besserstellung der Hinterbliebenen** denkbar. Bewiesen ist er aber erst, wenn ein unfreiwilliger Tod – etwa durch technisches Versagen oder fahrlässig überhöhte Geschwindigkeit – mit der gebotenen Sicherheit widerlegt ist[506]. **304**

Auch und vor allem für Selbsttötungsfälle gilt, dass sich ein anderer Geschehensablauf rein **theoretisch nahezu nie ausschließen** lässt. Dies kann und darf aber die richterliche Überzeugungsbildung nicht hindern[507]. Nicht ohne Anlass hat *Johannsen*[508] darauf hingewiesen, manchmal habe man beim Studium der einschlägigen Entscheidungen den Eindruck, als wenn nachträgliche Überlegungen des Tatrichters als unbeteiligter Beobachter dahingehend, dass bei objektiver Würdigung der Lebensumstände des Betroffenen eine **Selbsttötung eigentlich unverständlich** sei, zu sehr in eine konkrete Zweifelsfeststellung umgedeutet würden. Dabei werde außer Acht gelassen, dass Suizide häufig als psychische Kurzschlussreaktionen und aus nichtigen Anlässen vorgenommen würden. **305**

d) Rechtsmissbräuchliches Leistungsverlangen. Ausnahmsweise kann sich ein Abwehrrecht des VR gegen eine betrügerische Inanspruchnahme auch aus **Treu und Glauben** (§ 242 BGB) ergeben. **306**

Hauptanwendungsfall ist die **Aussteuerversicherung.** Hierbei verspricht der VR dem VN die Auszahlung der vereinbarten Versicherungssumme für den Fall der Eheschließung eines Kindes. Kann der VR im Wege des Indizienbeweises beweisen, dass es sich bei der ihm angezeigten Heirat der Gefahrperson um eine **Scheinehe** handelt, ist das Leistungsverlangen des VN rechtsmissbräuchlich[509]. Es ist treuwidrig, die Eheschließung ausschließlich für die Erlangung von Versicherungsleistungen zu instrumentalisieren. **307**

---

[503] Vgl. OLG Düsseldorf v. 27. 8. 2002, NJW-RR 2003, 530: Auch ohne ersichtliches Motiv und das Vorhandensein eines Abschiedsbriefs kann ein Freitodnachweis möglich sein, wenn jede versicherte Todesursache „geradezu unvorstellbar" ist.

[504] Vgl. BGH v. 8. 11. 2000, VersR 2001, 227.

[505] *Harbort,* VersR 1994, 1400.

[506] Z. B. OLG Hamm v. 7. 12. 1988, VersR 1989, 695; LG Köln v. 2. 3. 1989, r+s 1989, 235. Vgl. auch die Indizienauflistung bei *Harbort,* VersR 1994, 1400 (1403).

[507] OLG Oldenburg v. 28. 11. 1990, VersR 1991, 985; OLG Hamm v. 7. 12. 1988, VersR 1989, 695.

[508] *R. Johannsen,* in: Symposion „80 Jahre VVG", 194 (222).

[509] OLG Düsseldorf v. 13. 11. 2001, VersR 2002, 1092; OLG Düsseldorf v. 21. 3. 2000, NVersZ 2000, 541. Legt der VN gefälschte Eheschließungsdokumente vor, fehlt es bereits am Versicherungsfall, zumindest an der Fälligkeit des Zahlungsanspruchs (OLG Hamm v. 1. 10. 1999, VersR 2000, 1219).

III. Unredlichkeiten im Regulierungsverfahren

1. Obliegenheitsverletzungen

308   Der **einfachste und erfolgversprechendste Weg** zur Abwehr einer betrügerischen Inanspruchnahme des VR bleibt auch nach der VVG-Reform die nunmehr erschwerte Geltendmachung von Leistungsfreiheit wegen einer **Obliegenheitsverletzung.** Neben Verstößen des VN gegen die Schadenminderungsobliegenheit (§ 82 Abs. 1 VVG)[510] sind hier vor
allem Verletzungen der Anzeige-, Aufklärungs- und Stehlgutlistenobliegenheit von Bedeutung.

309   **a) Anzeigeobliegenheitsverletzung (§§ 310, 28 Abs. 2 VVG).** Die für den Fall verspäteter Anzeige des Versicherungsfalls in AVB regelmäßig vereinbarte Sanktion der Leistungsfreiheit kommt trotz Erfüllung des objektiven Tatbestands in den meisten Fällen nicht
zum Tragen. Nach der Neuregelung des § 28 Abs. 2 Satz 1 VVG muss nun der VR den Vorsatz beweisen. Das wird nur in Ausnahmefällen gelingen. Schon bislang half die Rechtsprechung dem nach § 6 Abs. 3 Satz 1 VVG a. F. beweisbelasteten VN bei der Widerlegung mit
dem Lebenserfahrungssatz, dass soweit nicht andere Umstände entgegenstehen, kein vernünftiger VN **bewusst und willentlich** seinen Versicherungsschutz durch eine Anzeigeobliegenheitsverletzung (i. d. R. Verspätung der Schadenanzeige) gefährden will[511]. Dies ist keine
Beweislastumkehr, sondern Beweiswürdigung unter Beachtung einer allgemeinen Lebenserfahrung[512]. Der verbleibende Vorwurf **grober Fahrlässigkeit** ist regelmäßig unschädlich,
weil der **Kausalitätsgegenbeweis** (§ 28 Abs. 3 S. 2 VVG) unschwer geführt werden kann.

310   Nach der VVG-Reform lassen sich Fälle, in denen es um **Betrugsverdacht** geht, nicht
mehr so leicht über eine Leistungsfreiheit wegen Anzeigenobliegenheitsverletzung lösen. Be-
trugsverdachtsfälle zeichnen sich oft dadurch aus, dass im Regulierungsverfahren üblicherweise gegebene und auch wahrgenommene Aufklärungsmöglichkeiten durch ein bestimmtes
Verhalten des VN **objektiv vereitelt oder zumindest erschwert** werden. Dazu dient insbesondere die verspätete Anzeige des Versicherungsfalls, oft flankiert durch zwischenzeitlich
vorgenommene Veränderungen am Schadenort. Gibt es konkrete Anhaltspunkte dafür, dass
eine objektive Anzeigeverzögerung nicht auf bloße Nachlässigkeit, sondern auf ein **gezieltes
planvolles Vorgehen** zurückzuführen sein könnte, konnte bislang der o. g. Lebenserfahrungssatz keine Anwendung finden und der VN sich deshalb nur schwierig vom Vorsatz entlasten. Die Anhaltspunkte für einen Betrugsverdacht werden aber i. d. R. nicht ausreichen,
um den heute vom VR zu beweisenden Vorsatz nachzuweisen. Es verbleibt dann nur das
quotale Leistungskürzungsrecht. Andererseits wird der VN den Kausalitätsgegenbeweis nicht
führen können, wenn durch die Obliegenheitsverletzung eine dem VR im Ergebnis nachteilige Beeinflussung der Feststellungen zum Versicherungsfall oder zu seiner Leistungspflicht
und deren Umfang eingetreten ist[513].

311   **b) Aufklärungsobliegenheitsverletzung (§§ 31, 28 Abs. 1 VVG).** In den Fällen, in
denen der VR einen Betrugsvorwurf nicht beweisen kann, kann er oft durch Berufung auf
Aufklärungsobliegenheitsverletzung zur Leistungsfreiheit gelangen[514]. Eine unstreitige oder
nachgewiesene Falschangabe des VN gegenüber dem VR reicht als **ein Indiz** regelmäßig
nicht zur Beweisführung einer Vortäuschung oder vorsätzlichen Herbeiführung eines Versicherungsfalls aus. Wird sie demgegenüber zur Begründung einer Aufklärungsobliegenheitsverletzung herangezogen, kann **sie allein** bereits Leistungsfreiheit bewirken.

---

[510] Instruktiv: OLG Düsseldorf v. 29. 2. 2000, NVersZ 2001, 422 (Sturmschaden).
[511] BGH v. 8. 1. 1981, VersR 1981, 321 (322 unter II); BGH v. 3. 10. 1979, VersR 1979, 1117 (1119
unter II 5); OLG Düsseldorf v. 29. 2. 2000, NVersZ 2002, 422 (424 unter II 3b).
[512] Dieser Lebenserfahrungssatz gilt nur für verspätete Schadenanzeigen und kann deshalb nicht auf
Aufklärungsobliegenheitsverletzungen ausgedehnt werden (unrichtig: OLG Hamm v. 21. 7. 1993, VersR
1994, 590 unter b).
[513] Vgl. BGH v. 4. 4. 2001, VersR 2001, 756; OLG Köln v. 23. 2. 2001, r+s 2001, 255.
[514] Instruktiv BGH v. 9. 11. 1977, VersR 1978, 74 (vom VR vermutete Eigenbrandstiftung).

Kein Betrüger kommt ohne unrichtige Angaben aus. Falschangaben können sich zum **312** einen **unmittelbar auf den behaupteten Versicherungsfall** (Eintritt und Schaden) beziehen. Der VR ist jedoch nicht gehindert, sein Auskunftsverlangen in sachgerechtem Umfang auszudehnen, da die Aufklärungsobliegenheit durchaus auch Tatsachen erfassen kann, die seine Leistungsfreiheit begründen können[515]. Insbesondere darf er dem VN Fragen zur **Abklärung eines möglichen Motivs** für eine Vortäuschung oder vorsätzliche Herbeiführung eines Versicherungsfalls stellen[516]. Auch nach Umständen, die im Zusammenhang mit der Prüfung sonstiger **Ausschlusstatbestände** oder **Obliegenheitsverletzungen** (insbesondere gefahrvorbeugende Obliegenheiten i. S. d. § 28 Abs. 1 VVG) von Bedeutung sein können, darf er sich erkundigen[517]. Je mehr der Schadenprüfer von dieser weitreichenden Aufklärungsbefugnis Gebrauch macht, desto höher ist die Chance dafür, dass ein unredlicher VN sich zu einer unrichtigen Antwort veranlasst sieht und dies auch **erkannt und nachgewiesen** werden kann.

Wirksam kann die Berufung auf Aufklärungsobliegenheitsverletzung auch bei **wechseln- 313 dem Vorbringen** des VN sein.

Beispiele:

– Der VN, ein Chirurg, hatte gegenüber seinem Unfallversicherer in der Schadenanzeige angegeben, er habe mit einer elektrischen Säge ein **Brett** zersägen wollen; dabei sei er abgerutscht und mit der linken Hand in die Säge geraten, wodurch sein linker Zeigefinger abgetrennt worden sei. Dem vom VR sodann beauftragten rechtsmedizinischen Sachverständigen gab er demgegenüber an, die Fingeramputation sei während des Zersägens eines **gebogenen Aststücks** von einem Obstbaum geschehen. Der Gutachter stellte fest, nur die letztgenannte Version sei mit dem Verletzungsbefund in Einklang zu bringen. Im Deckungsprozess verteidigte der VR sich in erster Linie mit der Behauptung einer Selbstverstümmelung. Dazu hätte er widerlegen müssen, dass die Verletzung beim Zersägen eines Astes geschehen war (§ 178 Abs. 2 VVG). **Hilfsweise** machte er sich aber den Klagevortrag (Zersägen eines gebogenen Asts) zu Eigen und berief sich auf **Aufklärungsobliegenheitsverletzung,** weil der VN ihm gegenüber zunächst – wahrheitswidrig – das Zersägen eines Bretts angegeben hatte. Der BGH[518] hat diese Vorgehensweise des VR **gebilligt.** Der objektive Tatbestand einer Aufklärungsobliegenheitsverletzung war erfüllt. Deshalb musste der VN nach § 6 Abs. 3 VVG a. F. beweisen, dass die Falschangabe „Brett" weder auf Vorsatz noch auf grober Fahrlässigkeit beruhte. Es verstößt auch nicht gegen Treu und Glauben, wenn der VR eine Behauptung des VN, die ihm als eine unrichtige Schutzbehauptung erscheint, zunächst bestreitet, sie dann aber, nachdem der VN nachdrücklich an ihr festgehalten hat, sich hilfsweise zu Eigen macht und nunmehr aus ihr seine Leistungsfreiheit wegen Aufklärungsobliegenheitsverletzung herleitet[519].

– Der VN hatte in ein Formular seines Kaskoversicherers auf die Frage „Wer war **Zeuge** für das Abstellen und Nichtwiederauffinden des Fahrzeuges?" eingetragen: „Keine". Im Berufungsrechtszug des Deckungsprozesses benannte er überraschend fünf Zeugen.
Das OLG Köln[520] hat die Klage wegen Aufklärungsobliegenheitsverletzung (Falscheintrag: „keine") abgewiesen, ohne sich mit dem Nachweis des behaupteten Versicherungsfalls zu befassen.

Das hilfsweise Geltendmachen einer Aufklärungsobliegenheitsverletzung ist somit ein pro- **314** bates Reaktionsmittel des VR auf ein **Anpassen des vorprozessualen Sachvortrags** durch den VN, nachdem ihm vom Schadenprüfer, Gutachter oder Richter die Unrichtigkeit seiner ursprünglichen Angaben vorgehalten worden ist. Heute muss der VN allerdings nicht mehr das Gericht von einem **Irrtum** überzeugen, um eine völlige Leistungsfreiheit des VR zu verhindern, sondern lediglich eine die Vorsatzfeststellung ausschließende Entschuldigung vor-

---

[515] BGH v. 12. 11. 1997, VersR 1998, 228 (229 unter II 1 b); BGH v. 12. 11. 1975, VersR 1976, 84 (85 unter 1 a).

[516] OLG Hamm v. 10. 4. 2002, r+s 2002, 427 (428 unter I 3): Abklären der wirtschaftlichen Verhältnisse bei einer vom VR vermuteten Eigenbrandstiftung.

[517] OLG Hamm v. 23. 2. 2001, r+s 2001, 203 (Abklärung einer Sicherheitsobliegenheitsverletzung nach § 11 Nr. 1 lit. b VGB 88 und einer Gefahrerhöhung); OLG Köln v. 5. 12. 2000, NVersZ 2001, 180.

[518] BGH v. 24. 6. 1998, NVersZ 1998, 31.

[519] BGH v. 22. 5. 1970, 826 (827 unter 3) zu einem vom VN behaupteten Nachtrunk.

[520] OLG Köln v. 13. 8. 2002, NJW-RR 2003, 391.

bringen. Der Nachweis des (bedingten) Vorsatzes wird regelmäßig nur über Indizien zu führen sein. Hierzu reicht es aus, wenn die vorhandenen Indizien nach der Lebenserfahrung für die Kenntnis des VN sprechen[521]. Es gelten die gleichen Beweisanforderungen wie für die Kenntnis als objektiver Tatbestand einer Obliegenheitsverletzung[522].

315   Nicht oft genug kann darauf hingewiesen werden, dass mit der **endgültigen Leistungsablehnung** durch den VR jegliche Obliegenheitsgebundenheit des VN entfällt. Nur ein prüfungs- und damit verhandlungsbereiter VR ist zur sachgerechten Regulierung auf ein obliegenheitsgerechtes Verhalten seines VN, insbesondere auf dessen wahrheitsgemäße Angaben zum Versicherungsfall und zur Schadenhöhe, angewiesen[523]. Solange ein VR an seiner unmissverständlich erklärten Leistungsablehnung[524] festhält, kann der VN bereits objektiv eine Aufklärungsobliegenheitsverletzung nicht begehen. Verstöße gegen das Wahrheitsgebot unterliegen dann nicht mehr der versicherungsvertraglich vereinbarten Sanktion (Leistungsfreiheit), sondern nur noch den allgemeinen Regelungen des Zivil- und Strafrechts (ggf. Schadenersatzpflicht des VN). VR sind deshalb gut beraten, **bereits vor einer Leistungsablehnung** alle regulierungsrelevanten Informationen vom VN einzuholen und nachweisbar – in der Regel schriftlich – festzuhalten.

316   **c) Verletzung der Stehlgutlistenobliegenheit.** Die Stehlgutlistenobliegenheit ist ein wirksames Instrument gegen die **Aufbauschung eines Entwendungsschadens.** Sie zwingt VN dazu, sich alsbald nach Schadeneintritt über den Schadenumfang Klarheit zu verschaffen und festzulegen. Zum anderen erhöht sie die Hemmschwelle zum Versicherungsbetrug, indem sie vom VN verlangt, die Liste unverzüglich nicht nur beim VR, sondern auch bei der **Polizei** einzureichen.

317   Behauptet der VN jedoch, er habe die unstreitig dort nicht eingegangene Stehlgutliste **rechtzeitig in einen Briefkasten der Deutschen Post AG eingeworfen,** ist nach wohl überwiegender Meinung der objektive Tatbestand der Obliegenheitsverletzung erst dann gegeben, wenn der VR dies widerlegt[525]. Die Gegenauffassung beruft sich auf den Wortlaut der Klausel, die das „Einreichen" der Liste bei der Polizei erfordere, was objektiv mehr sei als das bloße Absenden[526]. Dass ihm das Risiko des Misserfolgs seines Übersendebemühens aufgebürdet werden soll, erschließt sich dem durchschnittlichen VN durch den Ausdruck „Einreichen" jedoch kaum mit der erforderlichen Deutlichkeit. Es spricht deshalb viel dafür, die Obliegenheit nicht über den Akt eines sachgerechten Absendens hinaus zu erstrecken. Allerdings darf der VN sich nicht damit begnügen, das Abschicken der Liste an die zuständige Polizeidienststelle schlicht zu behaupten. Erforderlich ist vielmehr substantiierter Vortrag zum **Zeitpunkt** und **Ort** des Briefeinwurfs sowie zur **Person** des Einwerfenden, damit der VR Anknüpfungspunkte bekommt, ohne die er seiner Beweislast unmöglich nachkommen kann[527].

---

[521] BVerfG v. 30. 6. 1993, NJW 1993, 2165; BGH v. 13. 11. 1970 – I ZR 102/68 (lexisnexis); Baumgärtel, Beweislastpraxis im Privatrecht, 1996, Rn. 273 ff.

[522] BGH v. 13. 12. 2006, VersR 2007, 389.

[523] BGH v. 22. 9. 1999, VersR 1999, 1535 (1536 unter II) mit Anm. *Knappmann,* NVersZ 2000, 68; BGH v. 23. 6. 1999, VersR 1999, 1134 (1136 unter 4); BGH v. 12. 11. 1997, VersR 1998, 228 (229 unter II 1 c); BGH v. 7. 6. 1989, VersR 1989, 842 (843 unter 2a); *Römer/Langheid/Römer,* § 6 VVG Rn. 29 und 142 ff.

[524] Ist eine endgültige Leistungsablehnung vorprozessual nicht erfolgt, ist sie spätestens in der Einreichung eines mit Klageabweisungsantrag versehenen prozessualen Schriftsatzes des VR zu sehen (BGH v. 7. 6. 1989, VersR 1989, 842 843 unter 2b]).

[525] LG Berlin v. 25. 5. 2000, ZfSch 2001, 125; *Römer/Langheid/Römer,* § 6 VVG Rn. 109 ff.; offengelassen von OLG Köln v. 28. 3. 2000, NVersZ 2002, 531 (532). Diese Auffassung orientiert sich an der h. M. zu Anzeige- und Aufklärungsobliegenheitsverletzungen (vgl. die Nachw. bei OLG Köln v. 28. 3. 2000, NVersZ 2002, 531 [532]). A. M.: LG Kassel v. 30. 3. 1995, r+s 1997, 339.

[526] *Rixecker,* Anm. zu LG München I v. 13. 9. 2000, ZfSch 2001, 24; *Baumgärtel-Prölss,* § 6 VVG Rn. 2.

[527] Vgl. Rn. 89.

Der Nachweis einer vorsätzlichen Obliegenheitsverletzung wird für den VR nur schwer zu **318** führen sein, da man nicht davon ausgehen kann, dass die Stehlgutlistenobliegenheit ebenso allgemein bekannt ist wie etwa die Obliegenheit zur unverzüglichen Anzeige einer Entwendungstat bei der Polizei[528]. Die Verteidigung des VN, dass er die Obliegenheit, wonach Stehlgutlisten unverzüglich oder binnen weniger Tage nach der Tat beim VR und der Polizei einzureichen sind, **nicht gekannt** und deshalb nicht befolgt hat, wird der VR nur bei entsprechenden Hinweisen an den VN[529] widerlegen können.

Auch wenn Vorsatz nicht nachgewiesen werden kann, bleibt bei Nichtkenntnis der Obliegenheit infolge Nichtlesens des Bedingungswerks oft der **Vorwurf grober Fahrlässigkeit**[530]. **319** Der dem VN dann mögliche **Kausalitätsgegenbeweis** (§ 28 Abs. 3 VVG) ist schwierig zu führen. Er erfordert den Nachweis (§ 286 Abs. 1 ZPO), dass die gestohlenen Sachen auch dann, wenn die Stehlgutliste rechtzeitig bei der Polizei eingereicht worden wäre, nicht wieder herbeigeschafft worden wären. Eine hohe oder gar nur überwiegende Wahrscheinlichkeit eines polizeilichen Misserfolgs auch bei früherer Listeneinreichung genügt nicht. Da nach Diebesgut nur dann sachgerecht gefahndet werden kann, wenn die Polizei **möglichst zeitnah zur Tat** erfährt, worum es konkret überhaupt geht, muss der Kausalitätsgegenbeweis jedenfalls dann scheitern, wenn und soweit die Beute aus individualisierbaren und deshalb konkret identifizierbaren Gegenständen besteht. Insoweit kann regelmäßig nicht ausgeschlossen werden, dass bei fristgerechter Vorlage einer ordnungsgemäßen Stehlgutliste die Chancen für einen Fahndungserfolg besser gewesen wären; nicht zuletzt deshalb, weil die Daten derartiger Beutestücke – vor allem Gerätenummern – **im Fahndungscomputer gespeichert** werden und deshalb auch der ortsfremden Polizei zur Identifizierung zur Verfügung stehen[531]. Eine andere Beurteilung ist nur dann angezeigt, wenn der VN nachweisen kann, dass die Polizei tatsächlich keinerlei Fahndungsmaßnahmen ergriffen hat und das auch bei obliegenheitsgerechtem Verhalten nicht anders gewesen wäre[532]. Dies wird von der Instanzrechtsprechung auch ohne konkreten Nachweis aufgrund der Lebenserfahrung unterstellt, wenn es sich bei den abhanden gekommenen Gegenständen um **Allerweltssachen ohne besondere Identifikationsmerkmale** handelt, bei denen ein Fahndungserfolg oder eine Identifizierbarkeit bei Zufallsfund von vornherein gänzlich unrealistisch erscheint[533].

2. Arglistige Täuschung nach Eintritt des Versicherungsfalls

Der im VVG nicht enthaltene Einwand versuchter arglistiger Täuschung bei der Schadenregulierung, die Leistungsfreiheit des VR zur Folge hat, ist in den **meisten Bedingungswerken der Sachversicherung** vorgesehen[534]. Er dient dem Schutzbedürfnis der VR, die **320** für eine sachgerechte Regulierung auf wahrheitsgemäße Angaben des VN angewiesen sind. Wie bei Obliegenheitsverletzungen ist eine **nach Leistungsablehnung** vom VN begangene arglistige Täuschung versicherungsrechtlich unschädlich[535].

---

[528] Vgl. OLG Hamm v. 18. 5. 1994, VersR 1995, 289 (290).

[529] Es besteht keine Belehrungspflicht, OLG Celle v. 25. 10. 2006, ZfSch 2007, 637 m. w. N.

[530] Vgl. OLG Celle v. 25. 10. 2006, ZfSch 2007, 637; beim VN entstandene Missverständnisse hinsichtlich der Obliegenheitsanforderungen diesen Vorwurf jedoch entfallen lassen, vgl. BGH v. 10. 2. 1999, VersR 1999, 1004 (1005 unter II 2) mit Anm. *E. Lorenz*.

[531] Vgl. OLG Köln v. 19. 10. 1999, NVersZ 2000, 287 (288); OLG Hamm v. 19. 6. 1991, VersR 1992, 489 (490 unter 3).

[532] OLG Hamm v. 4. 2. 2002, NVersZ 2002, 324.

[533] OLG Köln v. 21. 2. 1995, VersR 1996, 323; OLG Frankfurt v. 20. 7. 2000, r+s 2000, 464 unter II 2b. Kritisch *Römer/Langheid/Römer*, § 6 VVG Rn. 120. Die Ausdehnung dieser Rechtsprechung auf Schmuckstücke (LG Mannheim v. 24. 9. 1999, ZfSch 2000, 214; AG St. Ingbert v. 22. 9. 2000, ZfSch 2001, 220) ist bedenklich.

[534] Z. B. § 14 Abs. 2 AFB 87; § 14 II AERB 87; § 31 Abs. 1 S. 1 VHB 2000; § 28 Abs. 1 S. 1 VGB 2000.

[535] BGH v. 22. 9. 1999, VersR 1999, 1535 (1536 unter II) betr. arglistig falschen Prozessvortrag; OLG Hamm v. 12. 6. 1991, VersR 1992, 301 mit krit. Anm. *Bach* und weiteren krit. Anm. von *F. Baumgärtel*, VersR 1992, 601, und *Langheid*, r+s 1992, 109; *Römer/Langheid/Römer*, § 6 VVG Rn. 142ff.; *Knappmann*, NVersZ 2000, 68.

321 Unlautere Mittel im Regulierungsverfahren sind neben Falschangaben vor allem **ge- oder verfälschte Belege** (Rechnungen, Quittungen, etc.) zum Nachweis der Existenz und/oder des Wertes entwendeter oder beschädigter/zerstörter Gegenstände. Zunehmend setzen VR Außendienstmitarbeiter oder Detektive ein, um durch Recherchen bei den Belegausstellern etwaige Manipulationen der VN aufzuspüren[536]. Im Hinblick auf die in neuen Bedingungswerken der Sachversicherung enthaltene Regelung, wonach **Mehrwertsteuer** nur noch ersetzt wird, soweit der VN sie **tatsächlich gezahlt** hat[537], ist eine vermehrte Vorlage betrügerisch manipulierter Erstbeschaffungs- und Reparaturrechnungen zu erwarten.

Der VR trägt die **volle Beweislast.**

322 – Zum Nachweis des **objektiven Tatbestands** beruft man sich bevorzugt auf das Zeugnis von Personen, die durch **eigene Recherchen vor Ort** Unrichtigkeiten aufgedeckt haben (Außendienstmitarbeiter, Detektive, etc.). Auch das **Internet** wird mittlerweile zur Ermittlungstätigkeit genutzt. Nach wie vor unentbehrlich bleibt aber die Beweisführung durch **Sachverständige** (Schriftgutachter).

323 – Der **Arglistnachweis** wird dem VR dadurch erleichtert, dass zunächst der VN darlegen muss, wie es zu der (versuchten) Täuschungshandlung gekommen ist. Soweit ein nicht auf Arglist hindeutender Grund vorgetragen wird, muss der VR diesen widerlegen[538].

324 Unzulässig ist die Berufung des VR auf vollständige Leistungsfreiheit nur in ganz seltenen Ausnahmefällen, in denen der Verlust des Versicherungsschutzes für den VN eine **übermäßige Härte** darstellt[539]. Allein die Tatsache, dass die arglistige Täuschung nur einen geringen Teil des versicherten Schadens betrifft, reicht dazu nicht aus. Hinzukommen müssen vielmehr weitere Gesichtspunkte, vor allem das Maß des Verschuldens und die dem VN bei Wegfall des Versicherungsschutzes drohenden Folgen (insbesondere **Existenzbedrohung** bei Bejahung von Leistungsfreiheit).

325 Von großer prozessualer Bedeutung ist die Rechtsprechung des BGH, wonach wegen der im Rahmen der Prüfung des Arglisteinwands stets erforderlichen Gesamtbetrachtung aller Umstände der Erlass eines **Grundurteils** vor vollständiger Aufklärung auch zur Höhe des Anspruchs regelmäßig nicht in Betracht kommt[540]. Ein Grundurteil ist nur dann möglich, wenn ein Anspruch zwar nach Grund und Betrag streitig ist, jedoch **alle Fragen, die zum Grund gehören, erledigt** sind und nach Lage der Dinge zumindest wahrscheinlich ist, dass dem VN wenigstens ein Teil des geltend gemachten Anspruchs zusteht. Diese Voraussetzungen sind dann gegeben, wenn die Einstandspflicht des VR für das Gericht dem Grunde nach feststeht und im offenen Betragsverfahren nur noch über die Schadenhöhe gestritten wird. Hat jedoch der VR sein Bestreiten der Schadenhöhe mit einem **Arglisteinwand** verbunden, lässt sich vor einer Klärung dieses Vorwurfs nicht feststellen, dass Leistungsfreiheit nicht eingetreten und deshalb die Deckungspflicht dem Grunde nach gegeben ist. Diese Rechtsprechung ist für die Interessen der VR von Vorteil, weil ihnen so die Möglichkeit erhalten bleibt, zusätzliche Tatsachen zur Begründung des Arglisteinwandes **nachzuschieben,** die ggf. erst im Rahmen der gerichtlichen Prüfung der Anspruchshöhe festgestellt werden.

IV. Insbesondere: Allgemeine Haftpflichtversicherung

1. Betrugsnachweis

326 Das Spektrum betrügerischer Handlungsweisen in der Haftpflichtversicherung ist weit:
- Vorgetäuschter Haftpflichtfall (Ein Haftpflichtfall hat überhaupt nicht stattgefunden.)
  - Es gibt weder eine schadenstiftende Handlung noch einen Schaden

---

[536] Vgl. OLG Köln v. 11. 9. 2001, r+s 2001, 513 unter II 2a.

[537] Vgl. § 13 Abs. 5 AKB n. F.; § 27 Abs. 3 VHB 2000; § 26 Abs. 5 VGB 2000.

[538] Vgl. Rn. 88.

[539] BGH v. 16. 6. 1993, VersR 1994, 45 (47 unter II 2a); BGH v. 12. 5. 1993, VersR 1993, 1351 unter II 3; BGH v. 23. 9. 1992, VersR 1992, 1465 unter I 2; *Römer/Langheid/Römer*, § 6 VVG Rn. 133 m. w. N.

[540] BGH v. 16. 6. 1993, VersR 1994, 45 (47 unter II 2c); BGH v. 23. 9. 1992, VersR 1992, 1465; BGH v. 27. 5. 1992, VersR 1992, 1087 (1088); OLG Köln v. 20. 1. 1998, r+s 1998, 341.

– Eine bereits eingetretene Sach- oder Gesundheitsbeschädigung wird ausgenutzt, um durch Hinzudichten einer schadenstiftenden Handlung einen aktuellen Haftpflichtversicherungsfall zu konstruieren

- Gestellter Haftpflichtfall (Verabredete Schädigung des „Geschädigten" durch den VN)
- Provozierter Haftpflichtfall (Ein Haftpflichtfall hat zwar stattgefunden, ist aber vom „Geschädigten" bewusst unter Ausnutzung einer Unaufmerksamkeit des gutgläubigen VN herbeigeführt worden).
- Ausgenutzter Haftpflichtfall (Betrügerisches Ausnutzen eines tatsächlich eingetretenen Haftpflichtfalls)
  – Überhöhte Schadenersatzforderung
  – Verschweigen unreparierter Vorschäden
- Vorgetäuschter Versicherungsfall (Ein Haftpflichtfall hat zwar stattgefunden, ist aber **nicht versichert**)
  – Der Schädiger ist nicht haftpflichtversichert (Schadenverlagerung zum VN)
  – Für den Schadenfall besteht kein Deckungsschutz (Schadenverlagerung zum Versicherungsvertrag)

Um einen Betrugsversuch erkennen und seine Vollendung verhindern zu können, ist der **327** von den am angeblichen Haftpflichtfall Beteiligten **vorgetragene Geschehensablauf,** der zum Schadeneintritt geführt haben soll, von überragender Bedeutung. Kfz-Haftpflichtversicherer lassen eine Unfallschilderung, die sie anzweifeln, üblicherweise unter zwei Gesichtspunkten technisch überprüfen: **Kompatibilität der Schäden** an den unfallbeteiligten Fahrzeugen und **Plausibilität der Unfalldarstellung.** Im Bereich der Allgemeinen Haftpflichtversicherung steht eindeutig die Prüfung der **Plausibilität des behaupteten Schadenszenarios und seiner angeblichen Folgen** (Unfallhergang und Schadensbild) im Vordergrund. Manchmal ergeben sich bereits aus der Schilderung des Schadensereignisses durch den VN und den Anspruchsteller Widersprüche, Ungereimtheiten oder gar offensichtliche Unrichtigkeiten, die einen Betrugsvorwurf nahe legen oder sogar als sicher erscheinen lassen. Darüber hinaus lässt sich in geeigneten Fällen mit **sachverständiger Unterstützung** (meist technischer oder medizinischer Art) nachweisen, dass der behauptete Geschehensablauf nicht so gewesen sein kann, wie er behauptet wird[541]. In den meisten Fällen der Gelegenheitsbetrügerei liegen jedoch **unauffällige Geschehensabläufe** zugrunde, bei denen sich durchgreifende Bedenken gegen ihre Plausibilität kaum finden lassen.

Check-Listen, wie sie für die Kraftfahrt-Haftpflichtversicherung entwickelt und von der **328** Rechtsprechung gebilligt worden sind, um Anhaltspunkte für oder gegen eine Unfallverabredung zu gewinnen, sind im Bereich der Allgemeinen Haftpflichtversicherung nicht tauglich. Dafür sind die denkbaren Fallgestaltungen zu verschieden. Auch dürften hier **gestellte** Schadenfälle gegenüber solchen, die dem Geschädigten **unfreiwillig** zugestoßen (aber nicht versichert) sind, eine eher untergeordnete Rolle spielen.

2. Trennung von Haftpflicht- und Deckungsebene

Die Betrugsabwehr in der Haftpflichtversicherung ist dadurch erschwert, dass zwischen **329** den Beteiligten getrennte Rechtsbeziehungen bestehen, die üblicherweise als **Haftpflicht- und Deckungsverhältnis** bezeichnet werden.

Auf der **Haftpflichtebene** geht es um die Frage, ob der VN/Versicherte[542] vom geschä- **330** digten Dritten zu recht als Schädiger auf Schadensersatz in Anspruch genommen wird. Kommt es hierüber zu einer gerichtlichen Auseinandersetzung, geschieht sie im **Haftpflichtprozess.**

---

[541] Vgl. etwa die instruktiven Sachverständigendarstellungen zu Brillenschäden bei *Etzel,* VW 1994, 701 und 768, sowie zu Privathaftpflichtschäden in Verbindung mit Kfz bei *Weber,* Die Aufklärung des Kfz-Versicherungsbetruges, S. 335.
[542] In der Haftpflichtversicherung gibt es typischerweise mehr mitversicherte Personen als in anderen Sparten.

331   Die **Deckungsebene** betrifft demgegenüber die versicherungsrechtliche Frage, ob der Haftpflichtversicherer dem VN hinsichtlich dessen Inanspruchnahme durch den Dritten Versicherungsschutz zu gewähren hat. Gerichtlich wird dies im **Deckungsprozess** entschieden.

332   Diese beiden Ebenen müssen stets auseinandergehalten werden. Das **Trennungsprinzip** besagt, dass die **Haftpflichtfrage** nicht im Deckungsverhältnis zwischen VR und VN, sondern **ausschließlich im Haftpflichtverhältnis** zwischen VN und Drittem entschieden oder anderweitig festgestellt wird. Im Deckungsprozess kommt es deshalb auf die Haftpflichtproblematik nicht an. Ist die Haftpflichtfrage noch offen (vorweggenommener Deckungsprozess), bleibt sie es auch. Ist sie bereits entschieden[543] (nachfolgender Deckungsprozess), ist dies auch für die Deckungsebene maßgeblich (**Bindungswirkung des Haftpflichturteils**).

3. Die Einflussmöglichkeiten des Versicherers im Haftpflichtprozess

333   Die dem VR nach Ziff. 5.2 AHB zustehende **Prozessführungsberechtigung** führt in Fällen, in denen der Betrugsverdacht sich **ausschließlich gegen den anspruchstellenden Dritten** richtet (z. B. beim provozierten Schadenfall), dazu, dass der VR sein auf eine Abwehr der Haftpflichtansprüche gerichtetes Interesse sachgerecht wahrnehmen kann. Da eine Kollision mit den Interessen des redlichen VN nicht besteht, lässt dieser den VR im Regelfall bei der Prozessführung und damit auch beim Prozessvortrag nach eigenem Gutdünken schalten und walten; zumindest durchkreuzt er dessen Verteidigungsstrategie nicht.

334   Problematisch für Haftpflichtversicherer sind demgegenüber die Fälle, in denen der Verdacht besteht, dass der VN (= Schädiger) mit dem angeblich Geschädigten **kollusiv zum Zwecke des Versicherungsbetruges zusammenwirkt.** Bei einem Haftpflichtprozess zwischen Betrügern fehlt es an einem natürlichen Interessenwiderstreit zwischen den Prozessparteien, weil es beiden gezielt nur um eines – die Verurteilung des VR – geht. Bestätigt der VN den vom Geschädigten vorgetragenen Geschehensablauf (schadenstiftende Handlung) als zutreffend, hat dies prozessual grundsätzlich zur Folge, dass der Klagevortrag des Geschädigten als zugestanden und deshalb **ohne Beweisaufnahme als richtig zu unterstellen** ist (§ 138 Abs. 3 ZPO). Deshalb wird der VN (= Schädiger) ohne weiteres zur Schadensersatzleistung verurteilt.

335   Dieses Dilemma kann der nach Ziff. 5.2 Abs. 2 S. 2 AHB vom VR für den VN bestellte Anwalt nicht dadurch abwenden, dass er entgegen dem Vortrag seines Mandanten eine dem Betrugsverdacht des VR entsprechende **abweichende Sachdarstellung** gibt. Dies wäre nicht nur standes- und vertragswidrig[544], sondern vor allem auch prozessual unbeachtlich, da grundsätzlich der Parteierklärung Vorrang gebührt[545]. Auch die von Haftpflichtversicherern neuerdings bevorzugte Alternative, dem VN **als Streithelfer beizutreten** und sich selbst dabei anwaltlich vertreten zu lassen[546], vermag eine unerwünschte Verurteilung des VN nicht verlässlich zu verhindern. Aufgrund seines Beitritts kann der VR als Streithelfer zwar **eigenen Sachvortrag** bringen, also auch ein kollusives Zusammenwirken zwischen VN und Geschädigtem behaupten. Seine Einwirkungsmöglichkeit auf das Prozessgeschehen ist jedoch insoweit beschränkt, als seine Erklärungen und Handlungen **nicht in Widerspruch zu Erklärungen und Handlungen der unterstützten Partei** stehen dürfen (§ 67 Hs. 2 ZPO)[547]. Da der VR im Rahmen des Haftpflichtprozesses somit praktisch kaum eine Chance hat, seinen

---

[543] Auch einem Versäumnis- oder Anerkenntnisurteil kann Bindungswirkung zukommen.

[544] Vgl. BGH v. 30. 9. 1992, VersR 1992, 1504 (1505 unter 2b, bb).

[545] BGH v. 22. 10. 1968, VersR 1969, 58 (59 unter 3); *Lemcke,* VersR 1995, 989 (991).

[546] BGH v. 9. 3. 1993, VersR 1993, 625 (626 unter 1); instruktiv *Lemcke,* VersR 1995, 989; *ders.,* r+s 1993, 161 (162); *Höfle,* ZfSch 2003, 325 (329) m. w. N. aus der Instanzrechtsprechung; *Römer/Langheid/ Langheid,* § 149 VVG Rn. 18 f.

[547] OLG Hamm v. 29. 4. 1996, VersR 1997, 853; OLG Hamm v. 10. 11. 1997, VersR 1998, 1274 mit Anm. *Beyer* VersR 1999, 224; *Höfle,* ZfSch 2003, 325 (328 f.); *Lemcke,* VersR 195, 989 (991). Ist ein nicht anwaltlich vertretener VN jedoch nicht nur nach § 141 ZPO gehört, sondern förmlich als Partei vernommen worden, sollen die von ihm dabei gemachten Angaben kein vorrangiger Parteivortrag sein: OLG Köln v. 12. 1. 1999, VersR 2000, 1302; OLG Celle v. 29. 11. 2001, OLGR 2002, 88.

Betrugsvorwurf entgegen den Angaben des betrügenden VN zum Gegenstand richterlicher Prüfung und Entscheidung zu machen, muss er vielfach hilflos zusehen, wie ein seiner Auffassung nach der wahren Sachlage grob widersprechendes Haftpflichturteil zugunsten des angeblich Geschädigten gesprochen wird.

Vor diesem Hintergrund wird nicht ohne Anlass die Frage diskutiert, ob der VR auch in diesen Fällen durch die vom Haftpflichturteil ausgehende Bindungswirkung gehindert ist, sich **zumindest im Deckungsprozess** gegen eine **betrügerische Inanspruchnahme** zur Wehr zu setzen. Trennungsprinzip und Bindungswirkung sind zwar wichtige und richtige Grundprinzipien des Haftpflichtversicherungsrechts, aber keine formalen Dogmen, die um ihrer selbst willen unumstößlich sind. Es widerspricht jeglichem Gerechtigkeitsempfinden, dass ein VR, der den Nachweis dafür erbringen kann, von seinem VN betrogen zu werden, dies dem Betrüger nicht mit Erfolg im Deckungsprozess entgegenhalten darf. Deshalb wird von Teilen des Schrifttums die Auffassung vertreten, bei nachgewiesener Kollusion zwischen den Parteien des Haftpflichtprozesses zum Nachteil des Haftpflichtversicherers solle eine **Bindungswirkung (ausnahmsweise) entfallen**[548]. Dafür spricht, dass nach der VVG-Reform ein Anerkenntnis des VN grundsätzlich zulässig ist, aber entgegen bisheriger Rechtslage keine Bindungswirkung mehr entfaltet. Ein anderer rechtlicher Ansatz billigt dem VR im Deckungsprozess den **Arglisteinwand** zur Abwehr einer betrügerischen Inanspruchnahme durch den Versicherten im Deckungsprozess zu[549]. Unabhängig von diesen Überlegungen kommt die Rechtsprechung auch bislang mit **rein versicherungsrechtlichen Instrumentarien** zu praxisgerechten Lösungen. **336**

4. Versicherungsrechtliche Einwendungen

Unbestritten ist es dem Haftpflichtversicherer unbenommen, auf der Deckungsebene versicherungsrechtliche Einwendungen zu erheben, soweit nicht gerade über diese Fragen auch der Haftpflichtprozess bereits geführt wurde. Insoweit kommt insbes. das Geltendmachen von Leistungsfreiheit wegen **Obliegenheitsverletzung** (Ziff. 24, 25 AHB) in Betracht. Kann der VR nicht Vorsatz des VN beweisen, führt eine Obliegenheitsverletzung (nur) zu einem quotalen Leistungsverweigerungsrecht. Relevant wird hier schon die Obliegenheit zur **unverzüglichen Anzeige des Versicherungsfalls** (Ziff. 25.1 AHB)[550]. **337**

Bislang hatte insoweit auch das inzwischen entfallene **Anerkenntnis- und Befriedigungsverbot** (§ 5 Abs. 5 AHB a. F.) Bedeutung, das bis zur Deckungsablehnung Geltung hatte. Der VN war danach grundsätzlich nicht berechtigt, ohne vorherige Zustimmung des VR einen Haftpflichtanspruch ganz oder zum Teil oder vergleichsweise anzuerkennen oder zu befriedigen. Sinn und Zweck dieser Regelung war, dass der VN sich nicht mit dem Dritten zu Lasten des VR unter Ausschluss von dessen Prüfungs- und Regulierungsbefugnis arrangieren können sollte. Erfasst wurden jedoch nur deklaratorische, konstitutive oder prozessuale Anerkenntnisse. Bloße Schilderungen des Schadenereignisses (Erklärungen über Tatsachen) reichten jedoch zur Annahme eines **Anerkenntnisses** im Sinne von § 5 Abs. 5 AHB a. F. nicht aus. Deshalb verhielt ein VN sich nicht schon deshalb obliegenheitswidrig, wenn er im Haftpflichtprozess den vom Geschädigten vorgetragenen Sachverhalt unstreitig stellt oder gar – etwa bei seiner Parteianhörung nach § 141 ZPO – ausdrücklich einräumt. Ob seine Angaben wahr sind oder nicht, war in diesem Zusammenhang unerheblich. **338**

---

[548] Vgl. *Baumgärtel/Prölss*, § 3 Nr. 1 PflVG Rn. 12f.; *Bruck/Möller/Johannsen*, VVG, Bd. IV, Anm. B 64; *Römer/Langheid/Langheid*, § 149 VVG Rn. 19; tendenziell auch *Lemcke*, VersR 1995, 989 (992).

[549] Vgl. *Bruck/Möller/Johannsen*, VVG, Bd. V, Anm. G 11; *Gottwald/Adolphsen*, NZV 1995, 129 (131); *Lemcke* in: Die Aufklärung des Kfz-Versicherungsbetruges, hrsg. von *Weber* (1995), 647 (662); Staab, Betrug in der Kfz-Haftpflichtversicherung, S. 114 ff.; *Lücke*, in: Die Aufklärung des Kfz-Haftpflichtversicherungsbetrugs, hrsg. von *Weber* (1995), 677 (700); *Keilbar* NZV 1991, 335 (338); vgl. auch OLG Hamm v. 3. 7. 1981, VersR 1982, 642 unter I; OLG Hamm v. 14. 5. 1985, VersR 1986, 1179 (1180): „Damit gehört die Frage des Einverständnisses (des Dritten mit der Schädigung), soweit sie nicht besondere Einwendungen des VR z. B. nach §§ 7 AKB (Aufklärungspflichtverletzung), §§ 823 Abs. 2, 826 BGB (Betrug) oder §§ 61, 152 VVG (vorsätzliche Herbeiführung des Versicherungsfalles) begründet, in den Haftpflichtprozess".

[550] Zur Anzeigeobliegenheitsverletzung vgl. Rn. 309f.

339   Weit effizienter für die Betrugsabwehr ist das Rechtsinstitut der **Aufklärungsobliegenheitsverletzung** (Ziff. 25.2 AHB). Den Vorwurf einer solchen Obliegenheitsverletzung
zieht der VN sich dann zu, wenn er gegenüber dem Haftpflichtversicherer vor dessen Deckungsablehnung **wahrheitswidrige Angaben zum Schadengeschehen** macht. Dies ist
bei Betrugsversuchen **regelmäßig** der Fall. Auch in der Haftpflichtversicherung kann der be-
trügende VN sein Vorhaben ohne falsche Angaben gegenüber dem VR kaum durchführen,
weil er den wahren Sachverhalt zwangsläufig nicht offenbaren will und wird. Die Bindungswirkung der Haftpflichtentscheidung steht dem Geltendmachen einer Aufklärungsobliegenheitsverletzung im Deckungsprozess nicht entgegen, weil es sich dabei um eine eigenständig
zu prüfende versicherungsrechtliche Einwendung handelt[551].

340   Über diesen „Umweg" der Berufung auf Aufklärungsobliegenheitsverletzung hat der
Haftpflichtversicherer die Möglichkeit, im Deckungsprozess seinen Betrugsverdacht vorzubringen und zu beweisen. Erforderlich ist selbstverständlich der **Vollbeweis** (§ 286 Abs. 1
ZPO). Bloße Zweifel an der Richtigkeit des behaupteten Haftpflichtfalls reichen nicht aus.
Aus einzelnen Indizien oder ihrer Summe (Gesamtschau) muss sich die **richterliche Überzeugung** von einer betrügerischen Inanspruchnahme des VR mit der erforderlichen Sicherheit gewinnen lassen.

341   Wichtig ist jedoch, dass der VR hinreichend deutlich macht, dass er seinen Betrugsvorwurf
(auch) unter dem rechtlichen Gesichtspunkt einer Aufklärungsobliegenheitsverletzung **als
versicherungsrechtlicher Einwendung vorbringt.** Greift er lediglich die Richtigkeit des
Haftpflichturteils an, läuft er Gefahr, dass ihm das Trennungsprinzip und die Bindungswirkung dieses Urteils entgegengehalten wird[552].

V. Gerichtliche Betrugsbekämpfung

342   Neben Betrügern mit hoher krimineller Energie, die Versicherungsfälle vortäuschen oder
gezielt herbeiführen, gibt es bekanntlich eine große Zahl von **Gelegenheitstätern,** die –
ohne hemmende Skrupel zu verspüren – einen tatsächlich und unfreiwillig eingetretenen
Schadenfall ausnutzen, um durch Falschangaben im Regulierungsverfahren eine der Höhe
nach ungerechtfertigte Versicherungsleistung zu kassieren. Die Versicherungsunternehmen
sind deshalb seit geraumer Zeit darum bemüht, nicht nur gezielte Maßnahmen zum Erkennen betrügerischer Inanspruchnahmen zu ergreifen und fortzuentwickeln, sondern überdies
das derzeit vorherrschende gesellschaftliche Bewusstsein, wonach Versicherungsbetrug tole-
rabler „Volkssport" sei, zu verändern.

343   Zum **zivilrichterlichen Aufgabenbereich** zählt die gezielte Bekämpfung volkswirtschaftlich unerwünschten Versicherungsbetrugs als übergeordnetes rechtspolitisches Anliegen
jedoch nicht. Der Zivilrichter ist zur streitbeendenden Entscheidung einer ihm von den beteiligten Parteien vorgetragenen rechtlichen Auseinandersetzung aufgerufen. Dabei geht es –
zumindest was die Feststellung entscheidungsrelevanter Tatsachen anbelangt – stets nur um
Einzelfallgerechtigkeit.

344   Gleichwohl darf es auch einem Zivilgericht als Organ der Rechtspflege nicht gleichgültig
sein, wenn seine rechtsprechende Tätigkeit zur Durchsetzung betrügerischer Absichten einer
Partei **missbraucht** werden soll. Kein Richter will und darf seine Hand einem VN leihen, der
sich auf Betrugskurs befindet[553]. Auch die **Glaubwürdigkeit der Justiz** würde beschädigt,

---

[551] BGH v. 20. 9. 1978, VersR 1978, 1105 unter I; OLG Hamm v. 30. 1. 1990, r+s 1990, 267; OLG
Hamm v. 2. 10. 1985, VersR 1987, 88 (89 unter II 2); OLG Hamm v. 5. 10. 1977, VersR 1980, 1061;
OLG Köln v. 30. 11. 1989, r+s 1990, 9 (10); *Prölss/Martin/Voit/Knappmann*, § 149 VVG Rn. 32; *Römer/
Langheid/Langheid*, § 149 VVG Rn. 12; *Bruck/Möller/Johannsen*, VVG, Bd. IV, Anm. B 63; *Späte*, AHB,
§ 3 Rn. 46; *Lücke*, in: Die Aufklärung des Kfz-Versicherungsbetrugs, hrsg. v. *Weber* (1995), 677 (700); un-
richtig OLG Koblenz v. 7. 10. 1994, VersR 1995, 1298 zu 2.

[552] Vgl. z. B. OLG Köln v. 30. 11. 1989, r+s 1990, 9 (10).

[553] *Hoegen*, VersR 1987, 221 unter II.

wenn ein Richter auf vor seinen Augen begangene Straftaten (z. B. versuchter Prozessbetrug und Aussagedelikte) mit stillschweigender Duldung passiv reagiere. Deshalb muss auch er daran interessiert sein, dass derartige Delikte zur **Kenntnis der Strafverfolgungsorgane** gelangen und verfolgt werden. Zu diesem Zweck sollte er – falls deutliche Anhaltspunkte für eine strafbare Handlung gegeben sind – jedenfalls nach Abschluss des Deckungsprozesses die Akten der zuständigen Staatsanwaltschaft zur Prüfung strafrechtlicher Konsequenzen übersenden[554]. Trotz handgreiflicher Unwahrheiten einer Partei geschieht das äußerst selten. Ist eine Straftat, etwa eine falsche Zeugenaussage, in der Sitzung begangen worden, ist der Richter nach § 183 GVG sogar **verpflichtet,** den Tatbestand festzustellen und der zuständigen Behörde das darüber aufgenommene Protokoll mitzuteilen.

G. Rückforderungsprozess

Gelegentlich werden einem VR **erst nach erbrachter Regulierungsleistung** Umstände   345
bekannt, die – aus welchem Grund auch immer – seine Leistungsfreiheit begründen[555]. Dann wird er versuchen, seine zu Unrecht geleistete Zahlung zurückzuerhalten. Grds. ist es unerheblich, ob es sich dabei um die „**endgültige**" **Entschädigungsleistung** oder um **Abschlagszahlungen** i. S. d. § 14 Abs. 2 VVG handelt. Wenn Abschlagzahlungen nicht unter einem besonderen Vorbehalt stehen (Rn. 339 f), unterscheiden sie sich rechtlich nicht von der endgültigen Entschädigung[556].

Hat jedoch der VN eine Obliegenheitsverletzung oder arglistige Täuschung erst zu einem   346
Zeitpunkt begangen, nachdem der VR an ihn bereits Abschlagszahlungen erbracht hatte, erfasst die dadurch ausgelöste Leistungsfreiheit die schon erfolgten Zahlungen **nicht rückwirkend,** sondern erstreckt sich nur auf den noch offenen Entschädigungsanspruch[557]. Gleiches gilt, wenn der VR eine Zeitwertentschädigung gezahlt und der VN sodann eine Täuschung bzgl. der noch offenen Neuwertspitze begangen hat[558]. Der Gedanke, dass ein Vertragspartner eine empfangene Leistung, die ihm zum **Zeitpunkt der Erfüllung** auch zustand, wegen einer nachträglichen Pflichtverletzung herauszugeben hätte, ist dem bürgerlichen Recht fremd. Auch die Besonderheiten des Versicherungsverhältnisses können keine Ausnahme von diesem Grundsatz rechtfertigen. Ein Rückzahlungsanspruch steht dem VR deshalb insoweit nicht zu.

I. Rückforderungsansprüche aus ungerechtfertigter Bereicherung

1. Beweislast

Der VR, der seine Entschädigungszahlung aus dem Gesichtspunkt ungerechtfertigter **Be-**   347
reicherung (§ 812 Abs. 1 S. 1 BGB) zurückverlangt, muss nach allgemeinen Regeln den Vollbeweis dafür erbringen, dass die Zahlung **rechtsgrundlos** erfolgt ist[559].

---

[554] Vor Abschluss des Deckungsprozesses ist die Veranlassung strafrechtlicher Ermittlungen gegen den VN in der Praxis eher unüblich, weil der Richter damit geradezu einen Befangenheitsantrag provoziert (vgl. aber *Knoche,* MDR 2000, 371 (374), der beklagt, dass der von § 149 ZPO eröffnete Weg der Verfahrensaussetzung beim Verdacht eines Versicherungsbetrugs zu wenig beschritten werde).

[555] Hat der VR demgegenüber vorbehaltlos reguliert, obwohl er Kenntnis von Leistungsfreiheit begründenden Umständen hatte, kommt insoweit eine Kondiktion nicht in Betracht (OLG Karlsruhe v. 17. 9. 1998, NVersZ 1999, 275: Die Regulierung müsse so verstanden werden, dass aus einer Aufklärungsobliegenheitsverletzung keine Konsequenzen gezogen werden sollten).

[556] BGH v. 2. 10. 1985, VersR 1986, 77 (78 unter III 4a).

[557] BGH v. 2. 10. 1985, VersR 1986, 77 (79 unter III 4).

[558] BGH v. 13. 6. 2001, VersR 2001, 1020 (1021 unter II 2); OLG Hamm v. 23. 9. 1992, VersR 1993, 737 (738 unter 2); OLG Schleswig v. 17. 5. 1989, VersR 1990, 517 (518).

[559] BGH v. 13. 6. 2001, VersR 2001, 1020 (1021 unter II 3).

353   Die vor allem unter Oberlandesgerichten lange Zeit höchst umstrittene Frage, ob dies auch in **Entwendungsfällen** anzunehmen ist[560], ist durch die grundlegende Entscheidung des BGH vom 14. 7. 1993 geklärt[561]: Die **Beweiserleichterungen,** die im Deckungsprozess aufgrund der stillschweigenden Einigung der Vertragsparteien über eine Herabsetzung des Beweismaßes Anwendung finden[562], gelten **im Rückforderungsprozess nicht.** Es reicht deshalb nicht aus, dass der VR zur Begründung seines Rückzahlungsverlangens beweist, dass es am äußeren Bild einer versicherten Entwendung fehlt oder eine erhebliche Wahrscheinlichkeit für eine Vortäuschung besteht. Erforderlich ist vielmehr der Vollbeweis, dass eine „echte Entwendung" nicht stattgefunden hat (§ 286 Abs. 1 ZPO). Der BGH begründet dies damit, die konkludente Vereinbarung der Vertragsparteien über eine Beweismaßabsenkung erstrecke sich nicht auf eine materiell-rechtliche Veränderung des Rechtsgrundes für die Leistungsverpflichtung des VR; die **Grauzone der ungeklärten Fälle** liege vielmehr im Risikobereich der (auch) dafür bezahlten Versicherungsunternehmen[563]. Dem Einwand, der Vollbeweis einer vorgetäuschten Entwendung sei in praxi kaum zu führen[564], hat er unter Hinweis auf die Möglichkeiten des oft auch mit sachverständiger Unterstützung zu führenden Indizienbeweises ausdrücklich widersprochen. Diese Beweisführung sei keineswegs aussichtslos. Nicht nur in Ausnahmefällen könne der Grad der Wahrscheinlichkeit dafür, dass der VN etwa bei einer angeblichen (Kfz-)Entwendung mitgewirkt habe, so hoch sein, dass vernünftige Zweifel an seiner Beteiligung nicht mehr verblieben[565].

348   Hat der VR erst nachträglich eine **Obliegenheitsverletzung** des VN erkannt, die ihn bei rechtzeitiger Kenntnisnahme zur Nichtregulierung veranlasst hätte, gilt – so die konsequente Rechtsprechung des BGH – nichts anderes. Der VR hat auch hier den Vollbeweis der Rechtsgrundlosigkeit seiner Leistung zu führen (§ 286 Abs. 1 ZPO). Deshalb sind im Rückforderungsprozess die in § 6 VVG enthaltenen Beweislastzuweisungen an den VN im Bereich des **Verschuldens**[566] und des **Kausalitätsgegenbeweises**[567] nicht anzuwenden, so dass der VR das Vorliegen der Voraussetzungen einer zu seiner Leistungsfreiheit führenden Obliegenheitsverletzung **umfassend zu beweisen** hat[568]. Dies gilt gleichermaßen für eine zunächst unerkannt gebliebene arglistige Täuschung bei den Regulierungsverhandlungen.

349   Dieser Beweislastzuweisung kann der VR sich im Regelfall auch nicht dadurch entziehen, dass er seine Leistungen „**unter Vorbehalt**" erbringt. Ein solcher Vorbehalt steht nämlich im Allgemeinen der Erfüllungswirkung der Zahlung nicht entgegen, sondern ist ohne weitere Erläuterung vom Empfänger lediglich dahin zu verstehen, dass der VR dem Verständnis seiner Leistung als Anerkenntnis (§ 208 BGB) entgegentreten und damit die Wirkung des

---

[560] Vgl. die Nachweise bei BGH v. 14. 7. 1993, VersR 1993, 1007 unter 3 und *Glauber,* VersR 1993, 1263.

[561] BGH v. 14. 7. 1993, VersR 1993, 1007; *Römer/Langheid/Römer,* § 49 VVG Rn. 30; *Glauber,* VersR 1993, 1263.

[562] Siehe Rn. 179 ff.

[563] BGH v. 14. 7. 1993, VersR 1993, 1007 (1008 unter 4b, aa) unter Bezugnahme auf *Hoegen,* in „Symposion „80 Jahre VVG", hrsg. von *Bach* (1988), 256. Die Gegenmeinung ging davon aus, dass der rechtliche Grund für die Regulierungsleistung des VR nicht der Eintritt des Versicherungsfalls, sondern die Vertragsvereinbarung sei, wonach eine Leistung bereits dann erbracht werden müsse, wenn das äußere Bild der behaupteten Entwendung gegeben sei und es an einer erheblichen Wahrscheinlichkeit der Vortäuschung fehle.

[564] Z. B. *Knoche,* MDR 1990, 965 (967): Die Möglichkeit eines Vollbeweises sei „bloße Fiktion".

[565] BGH v. 14. 7. 1993, VersR 1993, 1007 (1008 unter 4b, bb). *Knoche,* MDR 1993, 1056, hebt hervor, dieser praxisorientierte Hinweis des BGH als Appell an die Instanzgerichte verdiene ausdrückliche Erwähnung.

[566] BGH v. 14. 12. 1994, VersR 1995, 281 (282 unter 3); OLG Hamm v. 30. 6. 1995, r+s 1995, 441 unter 3a; OLG Naumburg v. 16. 10. 2003, VersR 2004, 226.

[567] OLG Köln v. 12. 5. 1998, VersR 1999, 704.

[568] *Römer/Langheid/Römer,* § 6 VVG Rn. 127. Bei einer vorsätzlichen Obliegenheitsverletzung erstreckt sich die Beweislast des VR auch auf die Relevanz i. S. d. Relevanzrechtsprechung (OLG Hamm v. 30. 6. 1995, r+s 1995, 441 unter 3).

§ 814 BGB ausschließen will, um sich die Möglichkeit einer Rückforderung nach § 812 BGB offen zu halten[569]. Das gleiche gilt, wenn die Leistung vom VR als **„Vorschuss"** bezeichnet[570] oder erklärt wird, gezahlt werde **„ohne Anerkenntnis einer Rechtspflicht"**[571]. Denn der VR muss auch Abschlagzahlungen erst leisten, wenn er dem Grunde nach eintrittspflichtig ist.

Möglich ist aber auch ein **qualifizierter Vorbehalt.** Wenn der VR in Erwartung einer   350 noch nicht festgestellten Schuld Vorauszahlungen leistet, kann er durch den **Vorbehalt des Bestehens des Schuldgrundes** die Beweislast für das Bestehen des Anspruchs unverändert beim Gläubiger/VN lassen. Eine unter einem derartigen Vorbehalt geleistete Zahlung hat keine Erfüllungswirkung; der Empfänger kann sich wegen des vorläufigen Charakters auch nicht auf eine Entreicherung berufen[572]. Als einen solchen qualifizierten Vorbehalt des Bestehens des Schuldgrundes hat das OLG Düsseldorf einen vom Hausratversicherer erklärten Vorbehalt („vorbehaltlich Einsichtnahme in die amtlichen Ermittlungsakten") ausgelegt, weil die Regulierungsleistung erkennbar als Vorleistung des VR bereits zu einem Zeitpunkt erfolgt sei, als der Versicherungsfall Einbruchdiebstahl noch nicht i. S. d. § 11 Abs. 2 VVG festgestellt und die Entschädigungsforderung deshalb **noch nicht fällig** gewesen sei[573]. Wenn sich später aus den Ermittlungsakten das Fehlen von Einbruchspuren ergebe, brauche der VR zur Begründung seiner Rückforderung nicht den Vollbeweis dafür zu erbringen, dass sich ein Versicherungsfall tatsächlich nicht ereignet habe; ausreichend sei vielmehr der Nachweis, dass das **äußere Bild des behaupteten Einbruchs nicht gegeben** sei. Dem ist zuzustimmen. Reguliert der VR trotz bestehender und gegenüber dem Empfänger zum Ausdruck gebrachter Unsicherheit bezüglich des Bestehens seiner Leistungsverpflichtung, will und darf er – was die Beweislast anbetrifft – nicht schlechter stehen als bei einer Leistungsverweigerung. Allerdings muss er dann auch die **Kehrseite** akzeptieren: Eine Entschädigungsleistung, die unter einem derart erweiterten Vorbehalt steht, lässt – solange der Vorbehalt andauert – die Schuldtilgung in der Schwebe und ist deshalb **keine Erfüllung** i. S. d. § 362 BGB[574]. Dies hat zur Folge, dass der VR trotz seiner Zahlung ggf. Verzugszinsen zahlen muss, wenn der VN wegen der durch den Vorbehalt geschaffenen Unsicherheit die empfangene Geldsumme nicht so werthaltig einsetzt, wie er es bei endgültiger Leistung getan hätte[575].

Der BGH hat den im Abrechnungsschreiben eines Unfallversicherers enthaltenen Hin-   351 weis, die Übergangsleistung dürfe der VN nur behalten, wenn von ärztlicher Seite festgestellt werde, dass eine unstreitige Absprengung Unfallfolge sei und die normale körperliche und geistige Leistungsfähigkeit unmittelbar nach dem Unfall für mindestens sechs Monate um mehr als 50% beeinträchtigt gewesen sei (Anspruchsvoraussetzungen nach § 7 II AUB 88), ebenfalls als **Vorbehalt des Bestehens des Schuldgrundes** gewertet[576]. Mit diesem Vorbehalt habe der VR klar erkennbar für den Fall eines späteren Rückforderungsstreits dem VN die Beweislast für das Bestehen des Anspruchs aufgebürdet. Auch der Vorschuss auf eine etwaige Leistungspflicht des Haftpflichtversicherers an den Geschädigten begründet einen qualifizierten Vorbehalt[577].

---

[569] BGH v. 9. 6. 1992, VersR 1992, 1028 (1029 unter II 2b); BGH v. 9. 1. 1991, VersR 1991, 331 (333 unter IV 1); BGH v. 8. 2. 1984, NJW 1984, 2826 unter I 2a; OLG Köln v. 12. 5. 1995, r+s 1995, 265 (266); *Römer/Langheid/Römer,* § 11 VVG Rn. 25.

[570] BGH v. 9. 6. 1992, VersR 1992, 1028 (1030 unter II 2b) m. w. N.

[571] BGH v. 9. 6. 1992, VersR 1992, 1028 (1029 unter II 2b); *Römer/Langheid/Römer,* § 11 VVG Rn. 25.

[572] BGH v. 8. 6. 1988, NJW 1989, 161 (162).

[573] OLG Düsseldorf v. 14. 3. 1995, VersR 1996, 89; OLG Düsseldorf v. 16.3. 988, NJW-RR 1989, 27 (29); ebenso AG Bersenbrück v. 5. 1. 2001; r+s 2001, 297 (LS).

[574] BGH v. 8. 2. 1984, NJW 1984, 2826; *Glauber,* VersR 1993, 1263 (1264) m. w. N. in Fn. 12.

[575] Selbstverständlich hat der VN auch das Recht, im Wege der Feststellungsklage gerichtlich klären zu lassen, dass dem VR kein Rückforderungsanspruch zusteht (*R. Johannsen,* in Symposion „80 Jahre VVG", hrsg. v. *Bach* 1988], 194 [236]).

[576] BGH v. 16. 7. 2003, VersR 2003, 1165 (1166 unter B II).

[577] BGH v. 29. 2. 2000, VersR 2000, 905 m. w. N.

2. Bereicherungsschuldner bei Zahlung an Versicherten oder Zessionar

352   Hat der VR die Versicherungsleistung in Unkenntnis eines leistungsbefreienden Tatbestandes nicht an den VN, sondern **unmittelbar an den Versicherten** (insbes. an den mit einem Sicherungsschein ausgestatteten Leasinggeber oder Sicherungseigentümer) erbracht, ist Bereicherungsschuldner und damit „richtiger Beklagter" im Rückforderungsprozess nach Auffassung des BGH und der h. M. gleichwohl der **VN**[578]. Der Bereicherungsausgleich hat in der Rechtsbeziehung stattzufinden, in der ein Fehler aufgetreten ist. Das ist die Rechtsbeziehung der Vertragsparteien, weil alle Beteiligten übereinstimmend davon ausgehen, dass mit der Zahlung die Verbindlichkeit des VR aus dem zum VN bestehenden Versicherungsvertrag erfüllt werden soll.

353   Gleiches gilt bei rechtsgrundloser Zahlung des VR an einen **Zessionar.** Auch hier richtet sich der Rückzahlungsanspruch gegen den **VN** als Vertragspartner des VR[579]. Anders ist die Rechtslage bei Zahlung des Haftpflichtversicherers an den scheinbar Geschädigten. Dieser hat als Dritter (§ 267 BGB) auf eine fremde Verbindlichkeit in Erfüllung seiner Freistellungspflicht gegenüber dem VN geleistet. Im Falle einer derartigen Drittzahlung erwirbt der zahlende VR einen unmittelbaren Anspruch gegen den Scheingläubiger[580].

3. Entreicherungseinwand des Versicherungsnehmers (§ 818 Abs. 3 BGB)

354   Bei einem qualifizierten Vorbehalt kann sich der Empfänger wegen des vorläufigen Charakters von vornherein nicht auf eine Entreicherung berufen[581]. Im Übrigen ist eine Berufung auf den Wegfall der Bereicherung ausgeschlossen, wenn der VN den VR auf betrügerische Weise zu Regulierungsleistungen veranlasst hat oder zumindest beim Empfang der Versicherungsleistung deren **Rechtsgrundlosigkeit kennt** (§ 819 Abs. 1 BGB)[582]. Ein solcher VN weiß bereits beim Empfang der Entschädigungsleistung, dass er sie zu Unrecht erhält und deshalb nicht behalten darf.

355   In den Fällen rechtsgrundloser Regulierungsleistung an einen „gutgläubig" bereicherten **VN** entfällt dessen Erstattungspflicht bei Inanspruchnahme wegen ungerechtfertigter Bereicherung nach § 818 Abs. 3 BGB insoweit, als er **nicht mehr bereichert** ist. Darlegungs- und beweispflichtig für den Wegfall der Bereicherung ist der VN. In der gerichtlichen Praxis scheitert der Entreicherungseinwand meistens schon an unzureichender Substantiierung des dazu vorgetragenen Sachverhalts, weil ein Bereicherungswegfall nicht ohne weiteres bereits dann anzunehmen ist, wenn das **empfangene Geld ausgegeben** worden ist. Dafür hat der VN ja regelmäßig einen Gegenwert erhalten, den er – denkt man sich die Zahlung des VR weg – normalerweise mit anderem vorhandenen oder durch Kreditinanspruchnahme beschafften Geld bezahlt hätte. Wenn und soweit deshalb der VN sich mit der empfangenen Versicherungsleistung Werte und Vorteile verschafft hat, die sich **noch in seinem Vermögen befinden,** ist er nicht entreichert[583]. Gleiches gilt, wenn durch die Tilgung von Schulden bei ihm eine Schuldbefreiung eingetreten ist[584].

Von einem Wegfall der Bereicherung kann deshalb nur dann die Rede sein, wenn die empfangene Versicherungsleistung **ersatzlos und ohne Ersparnis an anderer Stelle ver-**

---

[578] BGH v. 4. 5. 1994, r+s 1994, 284 unter I 1 mit abl. Anm. *Sieg;* BGH v. 14. 7. 1993, VersR 1993, 1007 unter 1; BGH v. 10. 3. 1993, VersR 1994, 208; OLG Hamm v. 20. 5. 1992, r+s 1992, 282 (283 unter 1 a); *Römer/Langheid/Römer,* §§ 75, 76 VVG Rn. 10. A. M.: *Prölss/Martin/Prölss,* § 75 VVG Rn. 14 m. w. N.; Berliner Kommentar/*Hübsch,* § 76 VVG, Rn. 15 m. w. N. zum Meinungsstand.

[579] BGH v. 2. 11. 1988, VersR 1989, 74.

[580] BGH v. 29. 2. 2000, VersR 2000, 905 (906).

[581] BGH v. 8. 6. 1988, NJW 1989, 161 (162).

[582] Außerdem ist der Betrüger dem VR auch zur Schadenersatzleistung aus unerlaubter Handlung nach § 823 Abs. 2 BGB i. V. m. § 263 StGB, § 826 BGB verpflichtet, wobei § 818 Abs. 3 BGB nicht anwendbar ist.

[583] Vgl. BGH v. 12. 7. 1989, VersR 1989, 943 (944 unter 4) zur angeblichen Entreicherung eines VN, der Krankentagegeldleistungen zur Bezahlung von betrieblichen Aushilfskräften verwendet hatte.

[584] OLG Köln v. 22. 11. 1990, VersR 1991, 648 (649); LG Berlin v. 8. 8. 2000, r+s 2002, 473 (474).

braucht worden ist[585]. Dies kann insbes. dann angenommen werden, wenn der gutgläubige VN sie nachweislich für außergewöhnliche Anlässe oder Vergnügungen (sog. Luxusausgaben) verwendet hat, die er sich sonst nicht verschafft hätte[586].

Beispiel:

Nachträglich stellt sich heraus, dass ein Krankenhausaufenthalt des VN nicht medizinisch notwendig war. Deshalb verlangt der Krankenversicherer die Rückzahlung der von ihm unmittelbar an den Krankenhausträger gezahlten Krankenhauskosten.

Das OLG Hamm hat den Entreicherungseinwand des VN durchgreifen lassen, soweit das Rückzahlungsverlangen sich auf den **Einzelzimmerzuschlag** bezog[587]. Der irrtümlich von einer Leistungspflicht des VR ausgehende VN habe glaubhaft vorgetragen, den Luxus eines Einzelzimmers hätte er sich **ohne Versicherungsschutz nicht geleistet**. Ein Wegfall der Bereicherung scheitere auch nicht daran, dass der VN die auf das Einzelzimmer bezogenen Kostenverpflichtungen gegenüber dem Krankenhausträger bereits vor der Leistung des VR eingegangen sei.

Nach der Lebenserfahrung werden insbes. bei unteren und mittleren Einkommen Geld-   **356** beträge, die zusätzlich zur Verfügung stehen und aus denen keine Rücklagen oder andere Vermögensvorteile gebildet worden sind, zur **Verbesserung des Lebensstandards** ausgegeben. Deshalb kann in geeigneten Fällen insoweit eine Entreicherung bejaht werden, selbst wenn dies **nicht im Einzelnen belegt** werden kann[588].

II. Rückforderungsansprüche aus unerlaubter Handlung

Auch wenn der VR seinen Rückgriff auf **unerlaubte Handlung** (§§ 823, 826 BGB)   **357** stützt, ist er selbstverständlich in vollem Umfang beweispflichtig. Typischerweise sind das Fälle, in denen **nicht der VN** in Anspruch genommen wird, weil er nicht mehr existent oder zumindest nicht mehr solvent ist, sondern die für den VN Handelnden.

Ein VR ist nicht gehindert, Regress wegen einer ungerechtfertigten Regulierungsleistung   **358** auch bei einem **Zeugen** wegen dessen **prozessualer Falschaussage** zu nehmen, wenn dadurch das Gericht zu Unrecht einen Versicherungsfall angenommen und den VR dementsprechend verurteilt hat[589]. § 153 StGB (Falsche uneidliche Aussage) stellt ein Schutzgesetz i. S. d. § 823 Abs. 2 BGB dar. Zwar dient es hauptsächlich dem Schutz der staatlichen Rechtspflege, die durch falsche Aussagen gefährdet wird. Daneben bezweckt es aber auch den Schutz derjenigen Personen, die durch eine vorsätzliche Falschaussage Rechtsnachteile erleiden.

Wird der Rückforderungsanspruch wegen **arglistiger Täuschung zur Anspruchshöhe**   **359** auf unerlaubte Handlung gestützt, ist vom Täuschenden nicht die gesamte Regulierungsleistung zu erstatten, sondern nur der Betrag, hinsichtlich dessen **erfolgreich getäuscht** worden ist. Das wird häufig übersehen.

Beispiel[590]:

Der VR hatte die Entschädigungsleistung wegen Einbruchdiebstahls an eine GmbH als VN geleistet, die später **in Konkurs gefallen** war. Nachdem er festgestellt hatte, dass die vom Geschäftsführer der GmbH eingereichte Stehlgutliste überhöht gewesen war, nahm der VR den Geschäftsführer auf Rückzahlung der gesamten Regulierungsleistung in Anspruch.

Ein Anspruch aus **ungerechtfertigter Bereicherung** (§ 812 Abs. 1 BGB) kommt nicht in Betracht, weil die Entschädigung an die **GmbH als VN** geleistet worden war und die Voraussetzungen einer Durchgriffshaftung gegen den Geschäftsführer nicht dargetan waren. Der Anspruch aus **unerlaubter**

---

[585] BGH v. 9. 11. 1994, VersR 1995, 184 (185 unter II 1 c).

[586] Insbesondere teure Reisen, die ohne das jetzt zurückgeforderte Geld nicht angetreten worden wären.

[587] OLG Hamm v. 10. 11. 1995, r+s 1996, 113.

[588] BGH v. 9. 11. 1994, VersR 1995, 184 (185 unter II 1 c); BGH v. 17. 6. 1992, NJW 1992, 2415 (2416 unter II 1 b).

[589] LG Duisburg v. 28. 7. 1999, Schaden-Praxis 2000, 62.

[590] OLG Hamm v. 15. 8. 1997, VersR 1998, 1014.

Handlung (§ 823 Abs. 2 BGB i. V. m. § 263 StGB) kann nur auf Ausgleich des **durch den Betrug entstandenen Schadens** gerichtet sein. Dies ist lediglich der Betrag, den der VR für nachweislich nicht gestohlene Gegenstände entschädigt hat. Der Gesichtspunkt vertraglich vereinbarter vollständiger Leistungsfreiheit (hier: § 14 Abs. 2 AERB 87) kommt gegenüber einem außerhalb des Versicherungsvertrages stehenden Schädiger nicht zum Tragen.

III. Kostenerstattungsanspruch des Versicherers

360   Ein VR, der einen **Betrugsversuch des VN aufgedeckt** hat, hat gegen diesen einen Anspruch auf Erstattung der zur Aufklärung und Überführung aufgewendeten Kosten. Erstattungsfähig sind sämtliche durch das strafbare Verhalten des VN veranlasste Aufwendungen, soweit sie aus der Sicht eines verständigen VR erforderlich waren. Dazu zählen insbesondere **Privatgutachter-**[591], **Detektiv-**[592] und **Prozesskosten**. Anspruchsgrundlagen sind vertragliche Pflichtverletzung (§ 280 Abs. 1 BGB) und unerlaubte Handlung (§ 823 Abs. 2 BGB i. V. m. §§ 263, 23 oder §§ 265, 23 StGB; § 826 BGB).

361   Ein VR, dem derartige Kosten entstanden sind, sollte sie auf jeden Fall als Schadensersatzpositionen in seinen **Klageantrag** aufnehmen, da die Chance, diese Aufwendungen als notwendige Kosten der Rechtsverfolgung im **Kostenerstattungsverfahren** nach §§ 103 ff. ZPO erfolgreich in Ansatz bringen zu können, zumindest unsicher ist[593]. Die Kostenrechtsprechung geht nämlich durchweg davon aus, dass vom VR veranlasste Ermittlungen in aller Regel vorrangig der **Prüfung seiner Einstandspflicht** nach Grund und Höhe dienen. Vorprozessual entstandene Privatgutachter- und sonstige Aufklärungskosten werden daher den allgemeinen Betriebskosten zugeordnet und deshalb nicht als notwendige Prozesskosten i. S. d. § 91 ZPO anerkannt[594]. Demgegenüber hat der BGH jedoch neuerdings einschränkend darauf hingewiesen, ein Privatgutachten sei bereits dann unmittelbar prozessbezogen, wenn es vom VR zu einem Zeitpunkt in Auftrag gegeben wird, als ihm eine **Klage bereits angedroht** worden war[595]. Zur zweckentsprechenden Rechtsverfolgung ist es dann notwendig, wenn eine Partei infolge fehlender Sachkenntnisse **zu einem sachgerechten Vortrag nicht in der Lage** ist und sich deshalb sachkundig beraten lässt. Besteht der Verdacht auf Versicherungsbetrug, ist dies für einen VR regelmäßig zu bejahen[596]. Er kann deshalb nicht darauf verwiesen werden, zunächst die Einholung eines Sachverständigengutachtens durch das Gericht abzuwarten.

362   Soweit sich eine Leistungsfreiheit des VR **nicht auf ein betrügerisches Verhalten** des VN gründet, ist ein Kostenerstattungsanspruch kaum rechtlich zu begründen. Denn die Verletzung bloßer Obliegenheiten ist als solche nicht geeignet, einen Schadensersatzanspruch zu begründen. Das Besondere an Obliegenheiten und ihre Abgrenzung zu Vertragspflichten besteht ja gerade darin, dass ihre Verletzung nie Schadensersatzansprüche, sondern nur sonstige negative Rechtsfolgen auslöst[597]. Ein Schadensersatzanspruch ließe sich deshalb nur deliktisch oder ausnahmsweise mit einer gleichzeitig erfolgenden Verletzung der allgemeinen vertraglichen Treuepflicht begründen[598]. Deshalb ist es im Ergebnis richtig, wenn dem VR ein Kostenerstattungsanspruch lediglich bei schwerem Verschulden in Form **nachweisbar vorsätz-**

---

[591] OLG Düsseldorf v. 6. 12. 1994, VersR 1996, 884 (885 unter III).

[592] OLG Oldenburg v. 11. 12. 1991, VersR 1992, 1150; OLG Düsseldorf v. 26. 9. 2000, NVersZ 2001, 478; vgl. auch BGH v. 24. 4. 1990, VersR 1990, 749 (751 unter II 2c).

[593] Wegen dieser Unsicherheit lässt sich das Rechtsschutzinteresse für eine klageweise Geltendmachung solcher Aufwendungen nicht verneinen (BGH v. 24. 4. 1990, VersR 1990, 749 [750 unter II]); vgl. auch OLG Köln v. 14. 10. 1985, VersR 1985, 1166.

[594] Zum Meinungsstand vgl. BGH v. 17. 12. 2002, VersR 2003, 481 unter II 1.

[595] BGH v. 17. 12. 2002, VersR 2003, 481 unter II 1.

[596] BGH v. 17. 12. 2002, VersR 2003, 481 (482 unter II 2).

[597] R. Schmidt, Die Obliegenheiten (1953), S. 314 f.

[598] BGH v. 20. 6. 1980, VersR 1960, 693 (694); vgl. dazu Hüffer, Leistungsstörungen durch Gläubigerhandeln (1976), S. 49 ff.

licher Obliegenheitsverletzungen zugebilligt wird[599]. Der Hinweis, dass die Versicherungsunternehmen das finanzielle Risiko der Entstehung von Regulierungskosten durch ihre Prämiengestaltung mit abdecken, trägt demgegenüber nicht.

IV. Rechtslage nach Vergleichen

Hat ein VR sich – außergerichtlich oder im Deckungsprozess – mit dem anspruchstellen-   **363** den VN **verglichen,** im Nachhinein aufgrund neuer Erkenntnisse aber festgestellt, dass der VN ihn zum Grund oder der Höhe der Entschädigungspflicht **arglistig getäuscht** hat, stellt sich die Frage nach der **Rückforderbarkeit des gezahlten Vergleichsbetrags.** Dies hängt entscheidend davon ab, ob der zur Leistungsfreiheit führende Umstand (Vortäuschung des Versicherungsfalls, Täuschung zur Schadenhöhe, etc.) vom VR zum Zeitpunkt des Vergleichsabschlusses **bereits ernsthaft ins Kalkül gezogen** und deshalb auch **beim Vergleich berücksichtigt** worden ist oder nicht.

Beispiel:

Ein Hausratversicherer, der im Deckungsprozess erhebliche Bedenken gegen die Richtigkeit der vom VN aus Anlass eines Einbruchdiebstahls vorgelegten Schadenaufstellung geäußert hatte, verglich sich gleichwohl auf eine Entschädigungszahlung von 50 000 DM. Wäre die eingereichte Stehlgutliste zutreffend gewesen, hätte sich der Schaden auf 57 000 DM belaufen. Nachdem der Vergleichsbetrag gezahlt worden war, fand die Polizei bei einer Durchsuchung der Wohnung des VN eine Collierkette im Werte von 2 500 DM, von der der VR behauptete, sie sei Bestandteil der ihm vorgelegten Schadenliste gewesen.

Das OLG Hamm[600] hat einen auf **ungerechtfertigte Bereicherung** gestützten Rückzahlungsanspruch des VR verneint. Die Unwirksamkeit eines Vergleichs nach **§ 779 Abs. 1 BGB** setzt voraus, dass die Vergleichsparteien sich über Tatfragen geirrt haben, die sie dem Vergleich **als feststehend zugrundegelegt** haben. Davon konnte jedoch keine Rede sein, weil die Richtigkeit der Stehlgutliste von keiner Partei zur Vergleichsgrundlage gemacht worden war. Auch der VR hatte den Vergleich ja gerade deswegen geschlossen, weil er an dieser Richtigkeit zweifelte.

An diesem für den VR negativen Ergebnis hätte sich auch dann nichts geändert, wenn er   **364** den Vergleich **wegen arglistiger Täuschung angefochten** (§ 123 BGB) oder **Schadenersatz verlangt** (Pflichtverletzung; § 823 Abs. 2 BGB i. V. m. § 263 StGB; § 826 BGB[601]) hätte. Beides wäre nämlich unbegründet gewesen. Ein **adäquat-ursächlicher Zusammenhang** zwischen der Täuschungshandlung des VN (Aufbauschung des Schadens) und dem Abschluss des Vergleichs/Zahlung der Vergleichssumme lässt sich dann nicht bejahen, wenn der VR sich zum Vergleich bereit findet, obwohl er ernsthafte Zweifel an der Richtigkeit der Angaben des VN zum Schadenumfang hat. Ausschlaggebend für seinen Entschluss zum Abschluss des Vergleichs sind dann in erster Linie **wirtschaftliche Überlegungen** (Zahlung der Vergleichssumme zur Vermeidung des Risikos einer Verurteilung zur höheren Klagesumme) und nicht mehr die als unrichtig gewerteten Schadensangaben des VN. Stellt sich später heraus, dass der Umfang der tatsächlichen Täuschung nicht über die Vorstellung des VR hinaus ging, fehlt es am erforderlichen Kausalzusammenhang zwischen Täuschung und Schaden. Gleiches gilt, wenn der VR eine behauptete Entwendung für vorgetäuscht hält, sich aber auf Vorschlag des Gerichts gleichwohl mit dem VN vergleicht[602].

---

[599] So z. B. OLG Celle v. 14. 2. 1990, r+s 1990, 154, *Martin,* Sachversicherungsrecht, X I Rn. 6 ff; *Wussow,* WI 1992, 187. die Rechtsnatur von Obliegenheiten aber nicht berücksichtigen.

[600] OLG Hamm v. 30. 6. 1995, r+s 1995, 441 unter 2.

[601] Ein betrogener VR ist nicht gezwungen, den Vergleich wegen arglistiger Täuschung anzufechten. Deshalb schadet ihm auch die Versäumung der Anfechtungsfrist nicht. Er kann vielmehr ohne weiteres den betrügenden VN auf Schadensersatz in Anspruch nehmen (BGH v. 24. 10. 1996, NJW 1997, 254 unter 2; OLG Düsseldorf v. 26. 9. 2000, NVersZ 2001, 478 [479 unter II 2(m. w. N.).

[602] Vgl. aber OLG Düsseldorf v. 26. 9. 2000, NVersZ 2001, 478, das bei einer modifizierten Fallgestaltung die fortdauernde Ursächlichkeit der Täuschung des VN angenommen hat.

365   **Begründet** ist eine Vergleichsanfechtung/Schadensersatzforderung des VR jedoch dann, wenn die Täuschung des VN sich (auch) auf einen Punkt bezieht, der **nicht Gegenstand des Streites** der Parteien war.

Beispiel:
Die Parteien streiten **ausschließlich über die Schadenhöhe** und vergleichen sich darüber. Später stellt sich heraus, dass der Versicherungsfall vorgetäuscht worden war.

oder wenn die Täuschung über den Umfang des Streites hinaus reichte.

Beispiel:
Die Parteien streiten über die **Schadenhöhe.** Der VN verlangt 50 000 €, der VR hält – weil er den behaupteten Schadenumfang nicht glaubt – nur 35 000 € für richtig. Man vergleicht sich auf eine Entschädigungszahlung von 40 000 €. Später stellt sich heraus, dass die Schadenaufstellung noch weit mehr überzogen war, als der VR bei Vergleichsschluss befürchtet hatte; der tatsächliche Schaden belief sich auf allenfalls 20 000 €.

In beiden Beispielsfällen bleibt der VR an den Vergleich **nicht gebunden.** Er kann deshalb den VN auf Rückzahlung der Vergleichssumme zuzüglich etwaiger Nebenkosten (Kosten des Deckungsprozesses, Aufklärungskosten, etc.) in Anspruch nehmen.

366   Will der VR sich von einem Prozessvergleich lösen, braucht er keinen gesonderten Rückzahlungsprozess gegen den VN anzustrengen, sondern kann den **Deckungsprozess fortsetzen**[603]. Erweist sich der Vergleich als wirksam, ergeht ein Feststellungsurteil, das die Erledigung des Rechtsstreits durch den Vergleich ausspricht[604]. Ist der Vergleich demgegenüber unwirksam oder infolge einer Arglistanfechtung nichtig, ist dies durch Zwischenurteil oder in den Gründen des Endurteils auszusprechen und dem Rückforderungsbegehren des VR stattzugeben.

H. Außergerichtliche Streitbeilegung

Literatur: *Abrahams/Lorsch,* Die Beschwerdebearbeitung des BAV, in: 100 Jahre materielle Versicherungsaufsicht in Deutschland; hrsg. v. BAV (2001), 413; *Angerer,* Das BAV als Beschwerdeinstanz, 1986; *Bultmann,* Der Versicherungsombudsmann e.V. – Die Organisation, in: Der Versicherungs-Ombudsmann e.V. (2002), 1; *Bundschuh,* Erfahrungen mit dem Bankombudsmann, in: Anleger- und objektgerechte Beratung, Private Krankenversicherung, Ein Ombudsmann für Versicherungen (1999), hrsg. v. *Basedow/Donath/U. Meyer/Rückle/Schwintowski,* 213; *Heckelmann,* Beschwerdemanagement in Versicherungsunternehmen, 1997; *Friedrich,* Das Ombudsmannverfahren in der Versicherungswirtschaft für Verbraucher, DAR 2002, 157; *T. v. Hippel,* Der Ombudsmann im Bank- und Versicherungswesen, 2000; *Hoeren,* Der englische Versicherungs-Ombudsmann – ein Modell auch für die deutsche Versicherungswirtschaft?, ZVersWiss 1992, 495; *Hohlfeld,* Überlegungen zur Einführung eines Ombudsmanns im Versicherungsbereich, in: Anleger- und objektgerechte Beratung, Private Krankenversicherung, Ein Ombudsmann für Versicherungen (1999), hrsg. v. *Basedow/Donath/U. Meyer/Rückle/Schwintowski,* 223; *Jordans,* Der rechtliche Charakter von Ombudsmann-Systemen und ihren Entscheidungen, VuR 2003, 253; *Kalis,* Der Ombudsmann in der privaten Krankenversicherung, VersR 2002, 292; *Knauth,* Der Versicherungsombudsmann e.V. – Die Erwartungen der Versicherungswirtschaft, in: Der Versicherungsombudsmann e.V. (2002), 7; *ders.,* Versicherungsombudsmann – private Streitbeilegung für Verbraucher, WM 2001, 2325; *Knospe,* Erfolgsstory trotz Beschwerdeflut – Die Ombudsmänner der Assekuranz haben viel zu tun, ZfV 2003, 210; *Labes,* Der Ombudsmann der Versicherungswirtschaft, FS Winter (2002), 149; *E. Lorenz,* Der Versicherungsombudsmann – eine neue Institution im Versicherungswesen, VersR 2004 (Heft 13); *Michaels,* Die Unabhängigkeit des Ombudsmanns ist oberster Grundsatz, VW 2000, 396; *Müller,* Der Ombudsmann in der Versicherungswirtschaft – brauchen wir noch die Beschwerdebearbeitung durch das BAV, VGA-Nachrichten 2000, 76; *Reichert-Facilides,* Der Versicherungsombudsmann im Ausland – Ein vergleichender Überblick, in: Anleger- und objektgerechte Beratung, Private Kran-

---

[603] Ständ. Rspr. des BGH, zuletzt v. 29.7.1999, NJW 1999, 2903 m.w.N. OLG Düsseldorf v. 26.9. 2000, NVersZ 2001, 478 unter I, hat das Rechtsschutzbedürfnis für eine neue Klage bejaht, wenn der VR von einer Arglistanfechtung des Vergleichs abgesehen hat und es im Rückforderungsprozess nicht nur um die Vergleichssumme, sondern auch um andere Schadenpositionen geht.

[604] BGH v. 3.11.1971, NJW 1972, 159.

kenversicherung, Ein Ombudsmann für Versicherungen (1999), hrsg. v. *Basedow/Donath/U. Meyer/ Rückle/Schwintowski,* 169; *Römer,* Erste Erfahrungen des Ombudsmannes für Versicherungen, ZfS 2003, 158; *ders.,* Offene und beantwortete Fragen zum Verfahren vor dem Ombudsmann, NVersZ 2002, 289; *ders.,* Schlichtungsstelle für Versicherungen, ZKM 2002, 212; *Rühl,* Außergerichtliche Streitbeilegung in Versicherungssachen im Vereinigten Königreich – Der Financial Ombudsman Service (FOS), NVersZ 2002, 245; *Scherpe,* Der deutsche Versicherungsombudsmann, NVersZ 2002, 97; *ders.,* Außergerichtliche Streitbeilegung in Verbrauchersachen, 2002; *ders.,* Vorschläge für eine Rahmengesetzgebung für die außergerichtliche Streitbeilegung in Verbrauchersachen, VuR 2002, 277; *ders.,* Der Bankenombudsmann – Zu den Änderungen der Verfahrensordnung seit 1992, WM 2001, 2321; *Scholl,* Der Versicherungsombudsmann e. V. – Die Erwartungen der Verbraucher, in: Der Versicherungsombudsmann e. V. (2002), 19; *Steuer,* Schlichtungsverfahren: Ombudsmann, in: Bankrechts-Handbuch, Bd. I, 2. Aufl., hrsg. v. *Schimansky/Bunte/Lwowski,* 32; *A. Surminski,* Zwischen den Parteien vermitteln – Sechs Monate PKV-Ombudsmann (Interview), ZfV 2002, 212; *ders.,* Der Ombudsmann zum Dritten, ZfV 2000, 166; *Tiffe,* Eineinhalb Jahre Versicherungsombudsmann e. V., VuR 2003, 260.

I. Allgemeines

Die **Erwartungen** an Einrichtungen, die sich um eine außergerichtliche Streitbeilegung **367** bemühen, sind vielfältig:

- Vereinfachung des Zugangs zum Recht
- Verkürzung der Verfahrensdauer
- Reduzierung der Verfahrenskosten
- Akzeptable Ergebnisse für alle Beteiligten
- Entlastung der Gerichte.

Erfreulich ist deshalb, dass es in Versicherungsangelegenheiten mittlerweile **mehrere Alternativen** gibt, um das Ziel einer erwartungsgerechten Lösung des zwischen Vertragspartnern aufgetretenen Streitfalls außerhalb der Gerichte zu erreichen. Dies dient nicht zuletzt auch der **Stärkung des Kundenvertrauens** und der **Verbesserung des Ansehens der Versicherungswirtschaft** in der Öffentlichkeit.

Eine Konfliktlösung zur Vermeidung einer gerichtlichen Auseinandersetzung kann zum **368** einen im **unmittelbaren Kontakt zwischen den Betroffenen** – VN und Versicherungsunternehmen – versucht werden. Dazu haben die VR eigene **hausinterne Beschwerdemanagements** eingerichtet, die sich mit Kundenbeschwerden befassen. Primäres Ziel ist die Wiederherstellung einer ungetrübten Geschäftsbeziehung. Dazu wird geprüft, ob und inwieweit dem Beschwerdebegehren – sei es auch nur im Kulanzwege – entsprochen werden kann. Kommt eine Abhilfemaßnahme nicht in Betracht, wird zumindest versucht, sprachlich verständlich und sachlich nachvollziehbar um Verständnis für den eigenen Standpunkt zu werben. Insoweit stellt eine kundenfreundlich ausgerichtete Beschwerdebearbeitung ein **Marketinginstrument** zur Erhaltung und Stärkung dauerhafter geschäftlicher Beziehungen dar. Gleichzeitig wird aber auch einem eigenen unternehmerischen Erkenntnisinteresse gedient. Da Beschwerden eine **Artikulation von Kundenunzufriedenheit** sind, geben sie dem Versicherungsunternehmen wertvolle betriebswirtschaftliche Informationen über von Kunden subjektiv empfundene Missstände, die – über den Einzelfall hinaus – Anlass für innerbetriebliche Klärungs- und Veränderungsprozesse im Sinne einer **geschäftlichen Optimierung** sein können.

Neben firmeneigenen Beschwerdestellen bestehen Einrichtungen, die als **externe Ratgeber und Helfer** darum bemüht sind, berechtigte Interessen der VN zu wahren. **369**

- Traditionell ist dies die **Beschwerdeabteilung der Versicherungsaufsichtsbehörde,** die bereits seit 1901 für die Belange der Versicherungskunden eintritt.
- Daneben hat die Versicherungswirtschaft – wenn auch erst nach jahrelanger zäher Diskussion[605] und neun Jahre später als die privaten Banken – die **Institution eines Ombudsmanns** geschaffen. Diese späte Einsicht beruhte auf der zunehmenden Erkenntnis, dass

---

[605] Instruktiv *Knauth,* in: Der Versicherungsombudsmann e. V., 7 (8 ff.); Labes, FS Winter (2002), 149 (164 f.).

auch VR stärker als bisher **Verbraucherschutz ernst nehmen** müssen[606]. Allerdings hat man sich innerhalb der Branche auf ein einheitliches Modell nicht einigen können, so dass seit dem 1. 10. 2001 zwei Ombudsmänner im Versicherungsbereich tätig sind[607]:

– der **Ombudsmann des Vereins Versicherungsombudsmann e. V.**
– der **Ombudsmann des Verbandes der privaten Krankenversicherung** (PKV).

370   **Vereinfachung des Zugangs zum Recht** setzt voraus, dass ein Beschwerdeverfahren von jedem Betroffenen **ohne besondere Formalitäten** oder andere Barrieren eingeleitet und durchgeführt werden kann. Dies wird – ebenso wie die **Kostenfreiheit für den Beschwerdeführer**[608] – von allen genannten außergerichtlichen Streitschlichtungseinrichtungen gewährleistet. Beschwerden können in jeder geeigneten Weise mündlich (telefonisch oder im Wege persönlicher Vorsprache) oder schriftlich (Brief, Fax oder E-Mail) eingelegt werden.

371   Eine **Entlastung der Gerichte** wird nicht selten selbst dann erreicht, wenn eine Beschwerde sachlich keinen Erfolg hat. Oft sind es nämlich **reine Verständnisprobleme,** die Veranlassung zur Beschwerde geben, weil der VN die maßgeblichen Vertragsunterlagen (insbesondere AVB) und/oder die Begründung einer Leistungsablehnung nicht (richtig) gelesen oder verstanden hat[609]. Von den mit Beschwerden befassten Stellen wird deshalb besonderer Wert darauf gelegt, die meist ohne Beistand[610] agierenden Beschwerdeführer in einer sprachlich allgemein verständlichen und sachlich nachvollziehbaren Weise zu bescheiden[611]. Es hat sich gezeigt, dass in vielen Fällen auch ein im Ergebnis negatives Beschwerdeergebnis den VN zufrieden stellen, zumindest seine Unzufriedenheit mindern kann, wenn es ihm **nach zügiger Bearbeitung in individueller Weise verständlich erläutert** wird, so dass er berechtigterweise das Gefühl haben kann, mit seinem Anliegen ernst genommen und von einer aussichtslosen Klage abgehalten worden zu sein[612].

II. Beschwerde bei der Versicherungs-Aufsichtsbehörde

1. Organisation und Selbstverständnis

372   **Rechtsgrundlage** für die Beschwerdebearbeitung in der Bundesanstalt für Finanzdienstleistungsaufsicht (BaFin)[613] ist das **Petitionsrecht des Art. 17 GG** sowie **§ 81 VAG**[614]. Nach

---

[606] *Knauth,* in: Der Versicherungsombudsmann e. V., 7 (13); *E. Lorenz,* VersR 2004 (Heft 13); *T. v. Hippel,* Ombudsmann, S. 20 ff.

[607] Der PKV begründet dies mit Besonderheiten seiner Branche (vgl. Tätigkeitsbericht 1. 10. 2001 – 31. 12. 2002, S. 6; *A. Surminski* ZfV 2000, 166). Der Versicherungsombudsmann spricht demgegenüber von einem „Konstruktionsfehler" (VW 2002, 1709 [1710]).

[608] Lediglich notwendige Aufwendungen, die bei ihm selbst – typischerweise in geringwertigem Umfang – anfallen (Telefon- und Kopierkosten, Porti, etc.), hat ein Beschwerdeführer selbst zu tragen. Soweit ihm weitere Kosten durch freiwillige Hinzuziehung eines Beistands entstehen, geht dies zusätzlich zu seinen Lasten.

[609] Darauf wird in den ersten Tätigkeitsberichten beider Ombudsmänner ausdrücklich hingewiesen („für den Kunden unverständliche Leistungsablehnungen"; „falsche Tonlage").

[610] Selbstverständlich dürfen sie sich auch in Beschwerdeverfahren – allerdings auf eigene Kosten – eines Beistands (Anwalt, Versicherungsmakler, Verbraucherberater, etc.) bedienen (vgl. § 8 VerfO Versicherungsombudsmann; § 4 Abs. 2 Statut PKV-Ombudsmann).

[611] Vgl. *Römer,* ZfSch 2003, 158 (159).

[612] *Römer* in der Pressekonferenz des Versicherungsombudsmanns vom 21. 10. 2003.

[613] Bundesanstalt für Finanzdienstleistungsaufsicht Dienstsitz Bonn – Referat Q 24, Graurheindorfer Str. 108, 53117 Bonn; (Internet: www.bafin.de/verbraucher/hinweise.html). Zum 1. 5. 2002 ist das Bundesamt für Versicherungswesen (BAV) und das Bundesamt für das Kreditwesen und für den Wertpapierhandel in der BaFin zusammengefasst worden. Die Zuständigkeit der BaFin erstreckt sich auf unter Bundesaufsicht stehende private Versicherungsunternehmen. Gesetzliche Renten- oder Krankenversicherungsträger werden vom Bundesversicherungsamt beaufsichtigt.

[614] *Abrahams/Lorsch,* in: 100 Jahre materielle Versicherungsaufsicht in Deutschland; hrsg. v. BAV (2001), 413 (416 ff.); *Hohlfeld,* in: Anleger- und objektgerechte Beratung, Private Krankenversicherung, Ein

Art. 17 GG hat jedermann das Recht, sich mit Bitten oder Beschwerden an die zuständigen Stellen zu wenden. Für jede sachlich zuständige Stelle – im Falle der Versicherungsaufsicht ist das die BaFin – ergibt sich daraus die verfassungsrechtliche Pflicht, Petitionen der Bürger entgegenzunehmen und zu bearbeiten. § 81 Abs. 1 S. 2 VAG verpflichtet die Versicherungsaufsicht, auf die ausreichende Wahrung der Belange der Versicherten zu achten.

Beschwerden sind für die Aufsichtsbehörde eine unverzichtbare **Erkenntnisquelle** über   373
das Geschäftsgebaren der Versicherungsunternehmen bei der Gestaltung und Abwicklung von Versicherungsverträgen[615], die seit der Deregulierung im Jahre 1994 noch an Bedeutung gewonnen hat. Die Beschwerdebearbeitung und -auswertung ist deshalb gewissermaßen **„Auge und Ohr"** der BaFin zum Erkennen von Schwachstellen im Versicherungswesen[616]. Sie gibt Aufschluss darüber, ob über den Einzelfall hinaus **Missstände i. S. d. § 81 Abs. 2 VAG** – insbesondere Fehlentwicklungen im Wettbewerb oder im Umgang mit den Versicherten – und damit Anlass für ein behördliches Einschreiten vorliegen. Außerdem vermittelt sie Informationen und Erfahrungen für Gerichtsverfahren, in denen die BaFin nach § 8 Abs. 2 Nr. 1 Unterlassungsklagengesetz (UklaG) Stellung zu nehmen hat.

Obwohl die Förderung der Interessen und Ansprüche Einzelner nicht Aufgabe der Auf-   374
sichtsbehörde ist (vgl. § 81 Abs. 1 S. 3 VAG), ist diese gleichwohl bemüht, erkannte Unkorrektheiten beim Versicherungsunternehmen auch dann abzustellen, wenn sie **einzelfallbezogen** sind und keinen aufsichtsrelevanten Missstand darstellen. Deshalb wird in geeigneten Fällen im Sinne einer **Befriedungsfunktion** versucht, zwischen dem Beschwerdeführer und dem betroffenen VR zu vermitteln („Bürgerservice"[617]). Durchsetzungsmittel stehen der BaFin insoweit allerdings nicht zu. Hält sie eine Beschwerde für begründet, kann sie ihre Auffassung gegenüber dem betroffenen VR nur im Rahmen einer **unverbindlichen Empfehlung** artikulieren.

Publiziert werden die Aktivitäten der mit 35 Mitarbeitern besetzen „Arbeitsgruppe Ver-   375
braucherbeschwerden" im jährlichen **Geschäftsbericht der BaFin.** Aufgrund eines Urteils des OVG Berlin müssen darin auch die Beschwerdezahlen und ihre Verteilung auf Sparten je VR **mit Unternehmensnennung** aufgelistet werden[618].

Die seitens des BAV über Jahre hinweg geäußerte Zurückhaltung und Skepsis gegenüber   376
der Einrichtung eines Ombudsmanns für Versicherungsangelegenheiten als **„Konkurrenz"**-**Einrichtung**[619] hat sich als unbegründet erwiesen. Ein Beschwerdenrückgang seit dem 1. 10. 2001 ist nicht eingetreten[620], so dass die eigenen Erkenntnismöglichkeiten der BaFin erhalten geblieben sind. Außerdem hat sich der Versicherungsombudsmann e. V. in Gesprächen mit der Aufsichtsbehörde bereit erklärt, ihr die für ihre Arbeit wichtigen Informationen über Häufig-

---

Ombudsmann für Versicherungen, hrsg. v. *Basedow/Donath/U. Meyer/Rückle/Schwintowski* (1999), 223 (225); Geschäftsbericht BAV 2001 (Teil A), S. 16.

[615] BAV-Rundschreiben R 2/95, VerBAV 1995, 314.

[616] *Abrahams/Lorsch,* in: 100 Jahre materielle Versicherungsaufsicht in Deutschland; hrsg. v. BAV (2001), 413 (415.); *Angerer,* Das BAV als Beschwerdeinstanz, S. 16; Geschäftsbericht BaFin 2002 (Teil A), S. 27.

[617] Geschäftsbericht BAV 2001 (Teil A), S. 16.

[618] OVG Berlin v. 25. 7. 1995, VersR 1995, 1217 mit krit. Anm. *Präve.* Dieses Urteil bestätigt den medienrechtlichen Auskunftsanspruch eines Fernsehsenders gegenüber der Aufsichtsbehörde hinsichtlich der unternehmensindividuellen Beschwerdezahlen, um eine kritische Auseinandersetzung der Presse mit den Geschäftspraktiken der Versicherungswirtschaft und einzelner Versicherungsunternehmen zu ermöglichen.

[619] *Knauth,* in: Der Versicherungsombudsmann e. V., 7 (8) m. w. N.; *Angerer,* Das BAV als Beschwerdeinstanz, S. 19ff.; *Hohlfeld,* in: Anleger- und objektgerechte Beratung, Private Krankenversicherung, Ein Ombudsmann für Versicherungen, hrsg. v. *Basedow/Donath/U. Meyer/Rückle/Schwintowski* (1999), 223; *Abrahams/Lorsch,* in: 100 Jahre materielle Versicherungsaufsicht in Deutschland; hrsg. v. BAV (2001), 413 (427 f.).

[620] Vgl. Geschäftsbericht BaFin 2002 (Teil A), S. 27: Anzahl der Versicherungsbeschwerden 2002 (18834) gegenüber 2001 (18463).

keit von Beschwerden, thematische Schwerpunkte, etc. aus seinem Geschäftsbereich zur Verfügung zu stellen[621].

2. Verfahrensgang

377 Der Verfahrensgang ist im **Rundschreiben 1/2006 (VA)** des BaFin[622] niedergelegt. Maßstab und Grenze des aufsichtsbehördlichen Handelns ist das VAG.

378 Von den derzeit pro Jahr eingehenden knapp 15 000 Beschwerden[623] ist nur ein ganz geringer Teil so offensichtlich unbegründet, dass er ohne Weiterleitung an das betroffene Versicherungsunternehmen **sofort abschlägig beschieden** werden kann. Dies betrifft insbesondere Fälle, deren Beschwerdegegenstand bereits bei Gericht anhängig oder gar rechtskräftig entschieden ist.

Die weit überwiegende Zahl wird an die Versicherungsunternehmen zur **ausführlichen Stellungnahme** binnen vier Wochen übersandt. Besteht nach Eingang des von mindestens einem Vorstandsmitglied[624] zu unterzeichnenden Unternehmensberichts kein Anlass für ergänzende Nachfragen und erweist sich die Beschwerde als **unbegründet,** wird dem Beschwerdeführer ein abschließender Bescheid unter Beifügung der Stellungnahme des VR erteilt.

Erfolglos bleibt eine Beschwerde auch dann, wenn entscheidungserhebliche Tatsachen streitig sind, da im Beschwerdeverfahren eine **Beweisaufnahme nicht vorgesehen** ist und deshalb insoweit auf den Rechtsweg verwiesen werden muss. Gleiches gilt, wenn nach Auffassung der BaFin **offene Rechtsfragen entscheidungsrelevant** sind[625]. Als Verwaltungsbehörde kann sie weder einen streitigen Sachverhalt aufklären, noch kann sie sich bei unterschiedlichen, aber vertretbaren Rechtsauffassungen „zum Richter aufschwingen"[626].

379 Hält der Sachbearbeiter die Stellungnahme des VR für **sachlich unrichtig,** wird dieser zur Überprüfung aufgefordert. Verbleibt er bei seiner Einschätzung, übermittelt die BaFin seine Stellungnahmen dem Beschwerdeführer und **weist auf ihre abweichende Auffassung hin**[627]. Von diesem Schreiben erhält auch das Versicherungsunternehmen eine Durchschrift. Sofern ein über den Einzelfall hinaus gehender Missstand i. S. d. § 81 VAG erkennbar wird, wird die Angelegenheit an die zuständige operative Abteilung abgegeben, die dann prüft, ob ggf. **aufsichtsrechtliche Maßnahmen** geboten sind.

380 Nach dem BAV-Rundschreiben R 2/1995[628] waren die betroffenen VR aufgefordert, sich auf einen während des Beschwerdeverfahrens eingetretenen **Ablauf der Verjährungsfrist** nicht zu berufen. Diese Aufforderung ist im Rundschreiben 1/2006 (VA) nicht mehr enthalten. Sie hatte auch keine unmittelbare Rechtswirkung. Als bloße Petition hemmt die Beschwerde keine vertraglichen oder gesetzlichen Fristen.

---

[621] *Knauth,* in: Der Versicherungsombudsmann e. V., 7 (12). Außerdem sind zwei Vertreter der Versicherungsaufsicht satzungsgemäß im Beirat des Versicherungsombudsmann vertreten (§ 12 Abs. 1 Satzung).

[622] Vgl. auch zum Rundschreiben R 2/1995 *Abrahams/Lorsch,* in: 100 Jahre materielle Versicherungsaufsicht in Deutschland; hrsg. v. BAV (2001), 413 (422 ff.).

[623] Beschwerdezahlen: 17 675 (2006); 17 531 (2005); 22 306 (2004); 18 834 (2002); 18 463 (2001); 17 443 (2000), 20 834 (1999), 24 104 (1998).

[624] BaFin-Rundschreiben R 1/2006 (VA), S. 4. *Heckelmann,* Beschwerdemanagement in Versicherungsunternehmen, S. 45, weist darauf hin, die notwendige Beteiligung eines Vorstandsmitglieds sei für die betroffenen Abteilungen des Versicherungsunternehmens sehr unangenehm und deshalb ein psychologisch wesentlicher Unterschied zu einem Rechtsstreit.

[625] *Angerer,* Das BAV als Beschwerdeinstanz, S. 10; *Hohlfeld,* in: Anleger- und objektgerechte Beratung, Private Krankenversicherung, Ein Ombudsmann für Versicherungen, hrsg. v. *Basedow/Donath/U. Meyer/ Rückle/Schwintowski* (1999), 223 (226); Geschäftsbericht BAV 2001 (Teil A), S. 16.

[626] *Angerer,* in: Symposion „80 Jahre VVG" – Das Versicherungsvertragsrecht in Rechtsprechung und Regulierungspraxis, hrsg. v. *Bach* (1988), 40 (61).

[627] *Abrahams/Lorsch,* in: 100 Jahre materielle Versicherungsaufsicht in Deutschland; hrsg. v. BAV (2001), 413 [424]: „mehr oder weniger deutlich".

[628] VerBAV 1995, 314 (315 unter 3): „Es wird erwartet, dass der VR sich bis zum Abschluss der Beschwerdeprüfung durch das Amt nicht auf einen Fristablauf beruft, der eine Einrede begründet, und dass er andere Fristen entsprechend verlängert."

3. Ergebnisse

Die Beschwerdenbearbeitung der BaFin umfasst **sämtliche Streitfragen,** die sich aus Versicherungsverträgen, die mit privaten Versicherungsunternehmen unter Bundesaufsicht bestehen, ergeben können. Als **Beschwerdegegenstand** tragen die Beschwerdeführer am häufigsten Probleme zum Vertragsverlauf und Beschwerden zur Schadenbearbeitung bzw. Regulierung von Leistungsfällen in der Lebensversicherung. Danach folgen die Vertragsbeendigung, die Vertragsanbahnung sowie die Kategorie Sonstiges[629]. **381**

Trotz des rechtlich unverbindlichen Charakters der Meinungsäußerungen der Aufsichtsbehörde ist die **Erfolgsquote für VN** (2002: ca 24,5%; 2007: 33%[630]) nicht schlecht. Aus welchen Gründen die betroffenen VR ihre ursprünglich ablehnende Haltung geändert haben – ob aufgrund besserer Einsicht oder bloßer Kulanz – ist statistisch nicht erfasst und dürfte für die Beschwerdeführer auch eher zweitrangig sein. **382**

III. Beschwerde beim Ombudsmann des Vereins „Versicherungsombudsmann e. V."

Ombudsmanneinrichtungen[631], die es weltweit in unterschiedlichen Bereichen des gesellschaftlichen und wirtschaftlichen Lebens gibt, sind durch zwei prägende Besonderheiten gekennzeichnet[632]: **383**

- Sie dienen regelmäßig dem **Schutz des Schwächeren,** indem sie eine bestehende Waffenungleichheit eliminieren sollen.
- Zu diesem Zweck haben sie **Untersuchungsbefugnisse,** traditionell aber allenfalls **limitierte Exekutionsgewalt** im Rahmen eines zwischen Recht und Billigkeit angesiedelten soft law, das vor allem durch Aufklärung, Vermittlung und Überzeugung durchgesetzt werden muss. Vor allem in neueren Institutionen kann die Exekutionsgewalt partiell aber auch weiter gehen.

Im Gegensatz zum traditionellen Ombudsmann, der als staatlicher Beauftragter zur Verhinderung und/oder Beseitigung von Missständen in der öffentlichen Verwaltung tätig ist, wirken privatrechtliche Ombudsleute als Beschwerdestelle bei Streitigkeiten zwischen Kunden und Anbietern[633]. Im **Bereich des Versicherungswesens** gibt es Ombudsmänner als außergerichtliche Streitbeilegungseinrichtungen **in vielen EU-Ländern** schon seit längerer Zeit (Schweiz, Großbritannien, skandinavische Staaten, Niederlande, Belgien, Frankreich, Österreich, etc.[634]). Sie können öffentlich-rechtlich, privatwirtschaftlich oder in Mischformen organisiert sein. In Großbritannien, das im Ombudsmann-Wesen führend ist, sind zum 1. 4. 2001 alle bis dahin im Finanzdienstleistungssektor tätigen Streitbeilegungsstellen unter dem Dach des staatlich eingesetzten Financial Ombudsman Service (FOS) vereinigt worden[635]. **384**

---

[629] Jahresbericht BaFin 2006, S. 205, 2007, S. 221.

[630] Geschäftsbericht BaFin 2002 (Teil A), S. 27, 2007, S. 221. Von den erfolgreichen 24,5% (2001: 26,1%) der Beschwerden wurden 5,7% von der Aufsichtsbehörde als begründet angesehen, die anderen 18,8% betrafen freiwillige Abhilfeentscheidungen der Versicherungsunternehmen.

[631] Das schwedische Wort „ombud" bedeutet „Vertreter". Zur geschichtlichen Entwicklung des Ombudsmannwesens vgl. *Steuer,* in: Bankrechts-Handbuch, Bd. I, hrsg. v. *Schimansky/Bunte/Lwowski,* 32 (33 ff.) und *T. v. Hippel,* Ombudsmann, S. 2 ff.

[632] *Reichert-Facilides,* in: Anleger- und objektgerechte Beratung, Private Krankenversicherung, Ein Ombudsmann für Versicherungen (1999), hrsg. v. *Basedow/Donath/U. Meyer/Rückle/Schwintowski,* 169 (172).

[633] Vgl. *T. v. Hippel,* Ombudsmann, S. 5.

[634] Vgl. *Reichert-Facilides,* in: Anleger- und objektgerechte Beratung, Private Krankenversicherung, Ein Ombudsmann für Versicherungen (1999), hrsg. v. *Basedow/Donath/U. Meyer/Rückle/Schwintowski,* 169 (173); *Labes* in FS Winter (2002), 149 (158 ff.).

[635] Instruktiv *Rühl,* NVersZ 2002, 245. Mit 17 Ombudsleuten, 400 Mitarbeitern und 10 000 angeschlossenen Unternehmen ist die weltweit größte außergerichtliche Streitbeilegungsstelle entstanden.

385   Mit der Schaffung des sog. **Versicherungsombudsmanns**[636] im Jahre 2001 hat auch der Gesamtverband der Deutschen Versicherungswirtschaft (GdV) einen mutigen und sachlich überzeugenden Schritt in Richtung **effizienten Verbraucherschutzes** getan[637]. Orientiert hat man sich dabei am erfolgreichen englischen System, jedoch Veränderungen vorgenommen[638]. Außerdem wurden die Erfahrungen der privaten Bankwirtschaft mit ihrer Ombudsmanneinrichtung verwertet[639].

386   **Verbraucherschutz** ist eines der **erklärten Ziele der EU** (Art. 100 und 129a EGV). Unter dem Leitmotiv der „Verbesserung des Zugangs des einzelnen Verbrauchers zum Recht" gehört dazu auch die **Förderung effizienter sog. „nicht-legislativer" Initiativen**[640].

387   Wichtig ist deshalb, dass bei der Institution des Versicherungsombudsmanns die grundlegende Empfehlung der EU-Kommission vom 30. 3. 1998 zur außergerichtlichen Streitbeilegung in Verbraucherrechtsstreitigkeiten[641] beachtet und – was Streitigkeiten bis zu einem Wertlimit von 5.000 € anbetrifft – in vollem Umfang befolgt worden ist.

388   Nach dieser Empfehlung sind für außergerichtliche Streitbeilegungseinrichtungen folgende **Mindestkriterien** zu beachten:

- Die zur Entscheidung berufene Person muss geeignet (insbesondere auch zur Beurteilung von Rechtsfragen) und unabhängig sein, um ein unparteiisches Handeln sicherzustellen **(Grundsatz der Unabhängigkeit)**.
- Die Modalitäten des Verfahrens und die Arbeitsergebnisse der Einrichtung müssen hinreichend transparent sein **(Grundsatz der Transparenz)**.
- Das Recht, den eigenen Standpunkt zu vertreten, sowie das rechtliche Gehör der am Verfahren beteiligten Parteien ist zu gewährleisten **(Grundsatz der kontradiktorischen Verfahrensweise)**.
- Das Verfahren muss effizient (kein Erfordernis eines Rechtsvertreters; Unentgeltlichkeit oder zumindest Kostengünstigkeit für den Verbraucher; rasche Abwicklung durch garantiert kurze Fristen; aktive Ermittlungsmöglichkeiten der Einrichtung) sein **(Grundsatz der Effizienz)**.
- Der Verbraucher darf sich jederzeit durch einen Dritten unterstützen oder vertreten lassen **(Grundsatz der Vertretung)**.
- Die den Parteien schriftlich zu begründende Entscheidung der Einrichtung darf das Schutzniveau des gesetzlich zwingenden Verbraucherrechtsschutzes nicht unterschreiten **(Grundsatz der Rechtmäßigkeit)**.
- Die Verbindlichkeit einer Entscheidung bedarf des Einverständnisses beider Parteien **(Grundsatz der Handlungsfreiheit)**.

389   Typisches Merkmal der meisten Verbraucherrechtsstreitigkeiten ist ein **Missverhältnis** zwischen dem, was wirtschaftlich auf dem Spiel steht, und den Kosten für eine Streitbeilegung auf dem Rechtsweg. Dies kann Betroffene davon abhalten, ihre Rechte gerichtlich durchzusetzen. Sinn und Zweck der Empfehlungs-Vorgaben ist deshalb die Stärkung des Ver-

---

[636] Versicherungsombudsmann e. V., Kronenstraße 13, 10117 Berlin; (Internet: www.versicherungsombudsmann.de).

[637] Nicht ohne Anlass bezeichnet *Knauth,* in: Der Versicherungsombudsmann e. V., 7 (17), den deutschen Vers-Ombudsmann als eines der modernsten und effizientesten Streitschlichtungssysteme in Europa. Zur Erforderlichkeit eines Versicherungsombudsmanns aus rechtlicher Sicht vgl. *E. Lorenz,* VersR 2004 (Heft 13).

[638] *Knauth,* in: Der Versicherungsombudsmann e. V., 7 (9).

[639] Zu den Änderungen der VerfO-Bankombudsmann seit 1992 vgl. *Scherpe,* WM 2001, 2321.

[640] *Steuer,* in: Bankrechts-Handbuch, Bd. I, hrsg. v. *Schimansky/Bunte/Lwowski,* 32 (37).

[641] Empfehlung der Kommission vom 30. 3. 1998 (98/257/CE) betreffend die Grundsätze für Einrichtungen, die für die außergerichtliche Beilegung von Verbraucherstreitigkeiten zuständig sind (Abl. EG Nr. L 115 v. 17. 4. 1998, S. 31 ff.). Gesetzliche Mindestanforderungen für privatrechtliche Schlichtungsstellen gibt es bisher noch nicht (vgl. dazu die Vorschläge von *Scherpe,* VuR 2002, 277).

trauens der Verbraucher in das Funktionieren des Binnenmarkts, indem ihnen ein einfacher Zugang zu **praktikablen, effektiven und kostengünstigen** außergerichtlichen Möglichkeiten der Rechtsdurchsetzung eröffnet wird[642].

1. Organisation und Selbstverständnis

Um die **institutionelle Unabhängigkeit** des Ombudsmanns zu gewährleisten, wurde **390** vom GdV der **Verein „Versicherungsombudsmann e. V."** als eigenständiger Träger der Institution gegründet. Mitglied dieses Vereins kann jedes Mitglied des GdV werden. Die Bereitschaft der Versicherungsunternehmen, im Rahmen der Vereinssatzung und Verfahrensordnung die Ombudsmanntätigkeit für die Erledigung außergerichtlicher Streitigkeiten mit eigenen Kunden nutzbar zu machen, war von Anfang an hoch. Derzeit beträgt der Marktanteil der Versicherungsunternehmen, die neben dem GdV Vereinsmitglieder sind, mehr als 95%[643]. Durch ihre Mitgliedschaft unterwerfen sie sich den Entscheidungen des Ombudsmanns im Rahmen der von ihnen als verbindlich anerkannten Verfahrensordnung (§ 5 Abs. 2 Satzung[644]).

Von besonderer Bedeutung ist die Einrichtung eines **Beirats** (§ 12 Satzung), durch den die **391** institutionelle Unabhängigkeit der Ombudsmanntätigkeit von der Versicherungswirtschaft unter ausdrücklicher **Einbeziehung von Organisationen des Verbraucherschutzes** gefördert und betont werden soll[645]. Dieses aus 28 Mitgliedern bestehende Gremium setzt sich pluralistisch wie folgt zusammen: acht Vertreter der Mitgliedsunternehmen, acht Vertreter von Verbraucherschutzorganisationen (vier Vertreter des Bundesverbands der Verbraucherzentralen und Verbraucherverbände, zwei Vertreter der Stiftung Warentest, ein Vertreter des Bundes der Versicherten, ein Vertreter des ADAC), zwei Vertreter der Versicherungsaufsicht, drei Vertreter der Wissenschaft und sieben Vertreter des öffentlichen Lebens (je zwei Vertreter der SPD- und CDU/CSU-, je ein Vertreter der Bündnis 90/Die Grünen- und FDP-Bundestagstagsfraktion, ein Vertreter der Die Linke.-Bundestagsfraktion). Dem jährlich zweimal tagenden Beirat kommen **wesentliche Kontroll-, Mitwirkungs- und Beratungsfunktionen** zu (§ 12 Abs. 5 Satzung). Gegen sein Votum kann weder ein Ombudsmann berufen noch die Verfahrensordnung (VerfO[646]) geändert werden[647]. Weitere Organe sind die Mitgliederversammlung und der Vorstand (§§ 7 f. der Satzung). Die Mitglieder üben ihre Rechte in der Mitgliederversammlung aus, die gemäß § 11 der Satzung u. a. zuständig ist für Änderungen der Satzung und der VerfO, die Wahl des Vorstandes und des Ombudsmanns sowie für die Entscheidung finanzieller Fragen. Der Vorstand hat gemäß § 7 Abs. 4 der Satzung insbesondere folgende Aufgaben: Vertretung des Vereins nach außen, Vorschlag und Ernennung des Ombudsmanns, Aufstellung des Wirtschaftsplanes, Bestellung und Abberufung des Geschäftsführers sowie dessen Beaufsichtigung.

---

[642] Auch der deutsche Gesetzgeber fördert außergerichtliche Schlichtungsverfahren für Bagatellstreitigkeiten durch die Öffnungsklausel des § 15a EGZPO.

[643] Bemerkenswert ist, dass zwei große Reiseversicherer sich bisher nicht zu einer Mitgliedschaft haben entschließen können, so dass diese Branche trotz hoher Konfliktträchtigkeit in der Tätigkeit des Versicherungsombudsmanns derzeit unterrepräsentiert ist.

[644] Satzung des Trägervereins: Rn. 424.

[645] Vgl. *Michaels*, VW 2000, 396: „Die Unabhängigkeit des Ombudsmannes von allen anderen Institutionen, natürlich auch von der Versicherungswirtschaft, ist oberster Grundsatz." Diese institutionelle Unabhängigkeit ist der wesentlichste Unterschied zum Bankombudsmann. Kritisch *Tiffe*, VuR 2003, 260 (261), der insbesondere die finanzielle Abhängigkeit der Institution von der Versicherungswirtschaft hervorhebt und daraus ableitet, der Versicherungsombudsmann könne nicht als „unabhängig", sondern allenfalls als „nicht weisungsgebunden" bezeichnet werden.

[646] VerfO des Versicherungsombudsmanns: Rn. 425.

[647] Die von *Tiffe*, VuR 2003, 260 (261), geäußerte Befürchtung, wie viele andere Beiräte habe auch dieser Beirat „doch möglicherweise nur die Funktion eines schmückenden Beiwerks", ist deshalb unberechtigt.

392   Der Ombudsmann, dessen **Amtszeit 5 Jahre** beträgt (§ 13 Abs. 1 Satzung)[648] und einmal verlängert werden kann[649], muss ein in Versicherungssachen besonders erfahrener Volljurist sein[650]. In den letzten drei Jahren vor Amtsantritt darf er nicht hauptberuflich für ein Versicherungsunternehmen, eine Interessenvertretung der Branche oder als Vermittler bzw. Makler tätig gewesen sein. Hinsichtlich seiner Entscheidungen, seiner Verfahrens- und Amtsführung ist er **unabhängig** und keinen Weisungen unterworfen. Als Entscheidungsgrundlagen hat er **Gesetz und Recht** zu beachten, ist also kein Mediator[651].

393   Die Vereinskosten werden **ausschließlich durch die Mitglieder** gedeckt (Beiträge im Umlageverfahren sowie Aufwandsentschädigungen für jede gegen ein Mitglied erhobene Beschwerde). Für die Beschwerdeführer entstehen durch die Inanspruchnahme des Ombudsmanns keine Kosten.

394   Keine Festlegung treffen Satzung und VerfO zur **Publizierung der Entschließungen** des Ombudsmanns. Geregelt ist lediglich als Aufgabe des Beirats die Unterstützung des Ombudsmann in Fragen seiner Öffentlichkeitsarbeit (u. a. Internet-Homepage und Publikationen). Sicherlich wäre – wie in anderen Ländern teilweise geschieht[652] – eine offensive Publikation zur Orientierung der Verbraucher und Versicherungsunternehmen sowie zur kritischen rechtswissenschaftlichen Begleitung der Ombudsmanntätigkeit wünschenswert[653]. Die Empfehlung der EU-Kommission vom 30. 3. 1998 verlangt unter dem Gesichtspunkt der Transparenz die Veröffentlichung eines jährlichen Berichts über die ergangenen Entscheidungen, „damit die Ergebnisse der Entscheidungen evaluiert und die Art der Streitfälle, mit denen diese Einrichtung befasst wurde, festgestellt werden können"[654]. Ziel muss es sein, der Tätigkeit des Ombudsmanns über die behandelten Einzelfälle hinaus eine **(Breiten-)Wirkung,** die der veröffentlichten Rechtsprechung ähnlich ist, zu verschaffen. Danach sind der ausführliche **jährliche Geschäftsbericht** mit aussagekräftigen Statistiken über Beschwerden (Zahlen/Gegenstände) und Verfahrensausgänge sowie die zunehmend erweiterte **Internetpräsentation** besonders bedeutsamer – mit Leitsätzen versehener und nach Sparten geordneter – Entschließungen[655] richtige Schritte in Richtung notwendiger Transparenz. Ob die Vereinsgremien sich zu einer weitergehenden Veröffentlichungspraxis (z. B. lückenlose Entscheidungssammlungen) werden verstehen können, bleibt abzuwarten. Ein dringender Handlungsbedarf besteht insoweit nicht. Sicher ist das öffentliche Interesse weniger darauf gerichtet, welches Versicherungsunternehmen mit welcher Beschwerdehäufigkeit an Ombudsmannverfahren

---

[648] Eine Abberufung vor Ablauf der Amtszeit ist nur aus wichtigem Grund möglich (§ 16 Abs. 2 Satzung).

[649] Dadurch soll bereits der Anschein vermieden werden, dass der Ombudsmann mit seinen Entschließungen auf eine Wiederwahl Einfluss nehmen könnte (*Römer,* ZfSch 2003, 158).

[650] Gem. § 13 Abs. 2 Satzung ist ebenso wie beim Bankombudsmann (§ 1 Abs. 3 VerfO-Bankombudsmann) eine Berufung mehrerer Personen zum Ombudsmann, die nach einem Geschäftsverteilungsplan tätig werden, möglich. Erster Ombudsmann (seit 1. 10. 2001) ist RiBGH a. D. Prof. Wolfgang Römer.

[651] Meditation ist eine Streitbeilegungsmethode, die in den letzten Jahren insbes. in Familien- und Geschäftsstreitigkeiten an Bedeutung gewonnen hat. Als unabhängiger Dritter unterstützt der Mediator die Parteien bei ihrem Bemühen um Streitbeilegung, indem er – ohne eigene Entscheidungsbefugnis und frei von rechtlichen Einschränkungen – versucht, gemeinsam mit ihnen eine Konfliktlösung zu finden, die den Interessen und Bedürfnissen aller Beteiligten gerecht wird (vgl. *Jordan,* VuR 2003, 253 [257]).

[652] Vgl. *Reichert-Facilides,* in: Anleger- und objektgerechte Beratung, Private Krankenversicherung, Ein Ombudsmann für Versicherungen (1999), hrsg. v. *Basedow/Donath/U. Meyer/Rückle/Schwintowski,* 169 (181); *Rühl,* NVersZ 2002, 245 (251).

[653] Dies ist vor allem eine Forderung der Verbraucherorganisationen (vgl. *Scholl,* in: Der Versicherungsombudsmann e. V., 19 [28]; *Tiffe,* VuR 2003, 260 [262]).

[654] Empfehlung der Kommission vom 30. 3. 1998 (98/257/CE) betreffend die Grundsätze für Einrichtungen, die für die außergerichtliche Beilegung von Verbraucherstreitigkeiten zuständig sind (Abl. EG Nr. L 115 v. 17. 4. 1998 S. 31).

[655] *Tiffe,* VuR 2003, 260 (262), beanstandet, es sei unklar, nach welchen Kriterien die Internetveröffentlichung (www. Versicherungsombudsmann.de) erfolge.

beteiligt war[656]. Bedeutsam sind vielmehr die Erkenntnisse, die sich aufgrund **typischer Beschwerden** in Bezug auf Kundenunzufriedenheit und deren Ursachen gewinnen lassen, und die dazu vom Ombudsmann vorgeschlagenen Lösungen.

2. Verfahrensgang

Das zügig durchzuführende Ombudsmannverfahren[657] verläuft in **zwei Schritten.** Zu- 395 nächst wird durch die sog. Eingabestelle[658] die **Zulässigkeit** einer eingegangenen Beschwerde geprüft. Wird diese bejaht, schließt sich die **Sachprüfung** (Hauptverfahren) durch den Ombudsmann an.

a) Beschwerdeeinlegung. Gemäß § 3 Abs. 1 der VerfO beginnt das Verfahren mit der 396 Anrufung des Ombudsmanns. Die Beschwerdeeinlegung kann mündlich, schriftlich oder in jeder anderen geeigneten Form erfolgen. Daraus ergibt sich, dass die Beschwerde auch telefonisch, per Fax oder Email eingelegt werden kann[659]. Der Ombudsmann bestätigt daraufhin den Eingang der Beschwerde und unterrichtet den Beschwerdeführer über den weiteren Verfahrensgang (§ 3 Abs. 2 der VerfO).

Es ist erforderlich, dass der Beschwerdeführer gemäß § 3 Abs. 3 VerfO einen klaren und eindeutigen Antrag stellt und alle zur Beurteilung des Falles geeigneten und erforderlichen Tatsachen mitteilt, sowie die erforderlichen Unterlagen beifügt. Kommt der Beschwerdeführer diesen Anforderungen nicht nach, nimmt der Ombudsmann Kontakt zu ihm auf und unterstützt ihn dabei, diese Voraussetzungen zu erfüllen. Lässt sich der Gegenstand der Beschwerde nicht aufklären, kann das Verfahren nicht durchgeführt werden (§ 3 Abs. 4 VerfO).

b) Zulässigkeitsprüfung. Der Ombudsmann prüft nach dem Eingang der Beschwerde 397 gemäß § 5 der VerfO, ob das Verfahren zulässig ist. Bei Streitigkeiten über die Zulässigkeit der Beschwerde entscheidet der Ombudsmann. Den Parteien ist Gelegenheit zu geben, ihre Auffassung diesbezüglich zu vertreten. Der Ombudsmann weist die Beschwerde dann entweder mit einer Begründung als unzulässig ab oder ordnet die Fortführung des Verfahrens an.

aa) Personelle Voraussetzungen. **Beschwerdebefugt** sind nur **Verbraucher**[660]. Nach der in 398 § 1 Abs. 1 VerfO enthaltenen, an § 13 BGB orientierten Definition sind dies **natürliche Personen,** die ein Rechtsgeschäft zu einem Zweck abschließen, der **weder ihrer gewerblichen noch ihrer selbständigen beruflichen Tätigkeit zugerechnet** werden kann[661]. Zur Abgrenzung zwischen privatem und gewerblichem/beruflichem Zweck kann nach Auf-

---

[656] Zu recht weist *Knauth,* in: Der Versicherungsombudsmann e. V., 7, (12), darauf hin, „Prangereffekte" seien dem Wesen einer Schlichtungsstelle, die für eine erfolgreiche Beschwerdebearbeitung die Anonymität der Beteiligten wahren müsse, fremd (A. M.: *Scholl,* in: Der Versicherungsombudsmann e. V., 19 [28]). Es steht auch nicht zu erwarten, dass die Mitgliedsunternehmen in gleicher Weise wie die Aufsichtsbehörde durch Gerichte zu einer Namensnennung verpflichtet werden könnten.

[657] Vgl. die Verfahrensordnung des Vereins unten zu 4b. Außer dem Ombudsmann sind neun Volljuristen, zwölf Versicherungskaufleute und 10 weitere Mitarbeiter tätig.

[658] Anders als in anderen Wirtschaftszweigen ist diese Eingabestelle nicht dem Verband (GdV) zugeordnet, sondern untersteht allein dem fachlichen Aufsichts- und Weisungsrecht des Ombudsmanns (§ 2 Abs. 2 VerfO). Dadurch wird sichergestellt, dass tatsächlich alle Beschwerden ungefiltert zu seiner Kenntnis gelangen.

[659] 402 *Halm/Engelbrecht/Krahe/Hövel/leissner,* Handbuch FA VersR, 3. Kap., III. Rn 11.

[660] Die Beschränkung der Beschwerdebefugnis auf Verbraucher beruht darauf, dass im deutschen und europäischen Recht bei Schutzfragen mehr oder weniger durchgängig zwischen Verbrauchern und Nichtverbrauchern unterschieden wird (vgl. *E. Lorenz,* VersR 2004 [Heft 13]).

[661] Nach Auffassung des Ombudsmanns sollte überlegt werden, auch Kleingewerbetreibende und sonstige „verbraucherähnliche Personen" in den Kreis der Beschwerdeberechtigten aufzunehmen (vgl. Geschäftsbericht 21. 10. 2001–30. 9. 2002, S. 5; *Römer,* ZfSch 2003, 158 [159 unter Fn. 6]); zustimmend *E. Lorenz,* VersR 2004, (Heft 13).

fassung des Ombudsmanns die Rechtsprechung des BGH zur ähnlich gelagerten Problematik in der Rechtsschutzversicherung[662] herangezogen werden[663].

399   **Beschwerdegegner** muss ein VR sein, der **Mitglied des Vereins „Versicherungsombudsmann e. V."** ist[664]. Welche Versicherungsunternehmen Vereinsmitglieder sind, lässt sich über die Internetseite des Versicherungsombudsmann e. V. leicht feststellen.

400   *bb) Sachliche Voraussetzungen.* Gegenstand des Beschwerdeverfahrens können nur sein:
- ein **eigener vertraglicher Anspruch** des Beschwerdeführers aus einem Versicherungsvertrag[665] oder einem Vertrag, der in einem wirtschaftlichen Zusammenhang[666] mit einem Versicherungsvertrag steht (§ 2 Abs. 1 lit. a VerfO), oder
- ein gegen einen VR gerichteter Anspruch aus der **Vermittlung oder Anbahnung** eines solchen Vertrages (§ 2 Abs. 1 lit. b VerfO).

401   *cc) Ausschlüsse.* **Ausgeschlossen** ist das Ombudsmannverfahren (§ 2 Abs. 3 VerfO):

402   – bei Beschwerden, deren **Wert 80 000 € übersteigt.** Für die Wertermittlung sind die Grundsätze der ZPO zum Streitwert heranzuziehen; bei einer offen gelegten Teilbeschwerde ist der erkennbare Gesamtwert zu berücksichtigen (§ 2 Abs. 3 lit. a VerfO). Diese Beschwerdewertobergrenze ist **derzeit bindend**[667]. Sie kann von den Parteien auch nicht einvernehmlich außer Kraft gesetzt werden[668]. Dadurch werden viele Streitigkeiten vor allem aus der Berufsunfähigkeits- und Unfallversicherung dem Ombudsmannverfahren entzogen. Es ist deshalb beabsichtigt, das derzeitige Limit nach ersten Praxiserfahrungen zu überprüfen.

403   – bei Beschwerden, die Ansprüche aus einem **Kranken-**[669]**, Pflege- oder Kreditversicherungsvertrag** zum Gegenstand haben (§ 2 Abs. 3 lit. b VerfO).

404   – bei Beschwerden, deren Gegenstand die bei der versicherungsmathematischen Berechnung angewandten **Methoden oder Formeln** sind (§ 2 Abs. 3 lit. c VerfO).
Bei diesem Ausschluss geht es nur um die Methoden oder Formeln selbst, nicht aber um die vom VR auf ihrer Grundlage vorgenommenen **konkreten Berechnungen.** Die Überprüfung solcher Abrechnungen auf ihre rechnerische Richtigkeit kann deshalb Gegenstand des Beschwerdeverfahrens sein (vgl. § 7 Abs. 4 VerfO) und ist es auch oft (insbesondere Ablaufleistungen oder Rückkaufwerte bei Kapitallebensversicherung).

405   – bei **Ansprüchen eines Dritten auf die Versicherungsleistung** (§ 2 Abs. 3 lit. d VerfO). Das ist die in der Praxis **bedeutsamste Einschränkung.** Ausgeschlossen vom Ombudsmannverfahren sind dadurch vor allem Schadenersatzansprüche, die ein **Geschädigter** unmittelbar beim Haftpflichtversicherer des Schädigers angemeldet hat, selbst wenn ihm insoweit kraft Gesetzes ein Direktanspruch gegen den VR zusteht (z. B. § 3 Nr. 1 PflVG)[670].

---

[662] Vgl. dazu BGH v. 23. 9. 1992, VersR 1992, 1510.

[663] *Römer,* NVersZ 2002, 289.

[664] Ist ein Konzern Vereinsmitglied, Beschwerdegegner aber eine seiner Töchter, muss durch Nachfrage geklärt werden, ob die Beitrittserklärung auch diese erfassen sollte, vgl. *Römer,* NVersZ 2002, 289 (290).

[665] Dass der Beschwerdeführer Kunde des Versicherungsunternehmens sein muss, wird damit begründet, beim Ombudsmann handele es sich um einen besonderen Kunden-Service von Mitgliedern des Trägervereins (*Knauth,* WM 2001, 2325 [2328 Fn. 21; *Friedrich,* DAR 2002, 157, [158]).

[666] Vgl. dazu *Römer,* NVersZ 2002, 289 (290).

[667] Beim PKV- und Bankombudsmann ist demgegenüber ein Schlichtungsverfahren für Streitwerte in unbegrenzter Höhe möglich.

[668] Dies wird vom Ombudsmann als unbefriedigend empfunden (vgl. Geschäftsbericht 21. 10. 2001–30. 9. 2002, S. 6).

[669] Auch wenn eine Weiterverweisung unzulässiger Beschwerden aus dem Bereich der Kranken- und Pflegeversicherung an den PKV-Ombudsmann in der VerfO nicht vorgesehen ist, dürfte nichts entgegenstehen, sie mit Zustimmung des Beschwerdeführers unbürokratisch zu veranlassen (vgl. § 2 Abs. 4 Statut PKV-Ombudsmann).

[670] Versicherungsombudsmann v. 14. 8. 2003 (AZ 3744/2002 – M). Vor allem diese Einschränkung des Zuständigkeitsbereichs wird von Verbraucherseite bedauert (vgl. *Scholl,* in: Der Versicherungsombudsmann e. V., 19 [34]). Falls zwischen VN und Haftpflichtversicherer Streit über den Grund der Deckungs-

Wie weit der Begriff des „**Dritten**" im Übrigen reicht, ist zweifelhaft. Die Präambel der VerfO nennt als beschwerdeberechtigte Verbraucher (nur) **VN.** § 2 Abs. 1 lit. a VerfO setzt als Beschwerdegegenstand einen **eigenen vertraglichen Anspruch** des Beschwerdeführers gegen den VR voraus. Ob dies dazu führen muss, als „Dritten" jeden anzusehen, der nicht als Vertragspartner des VR einen eigenen Anspruch gegen ihn geltend macht, ist derzeit noch ungeklärt[671]. In seiner Entscheidung v. 14. 8. 2003 (AZ 3744/2002 – M) hat der Ombudsmann jedenfalls den Bezugsberechtigten aus einer Lebensversicherung nicht als Dritten bezeichnet und dies damit begründet, mit dem Ausschluss des § 2 Abs. 3 lit. d VerfO sollten (nur?) solche Personen als Dritte vom Ombudsmannverfahren ausgeschlossen werden, die als Geschädigte einen Anspruch unmittelbar gegen den Haftpflichtversicherer des Schädigers geltend machen könnten. Man wird abwarten müssen, wie – ggf. nach Beratung in den zuständigen Gremien des Vereins (Beirat, Mitgliederversammlung) – bestimmte Zweifelsfälle in der zukünftigen Praxis gehandhabt werden (Beschwerden von Erben des VN oder Zessionaren; Beschwerden des VN selbst zugunsten [mit-]versicherter Personen aus einer Fremdversicherung, etc.). In der Spruchpraxis der **Bankombudsmänner** hat sich zu der dort gleich gelagerten Problematik eine großzügige Verfahrensweise herausgebildet. Auch wenn ein Beschwerdeführer nicht selbst Kunde der betroffenen Bank ist, stehen ihm die Möglichkeiten für eine außergerichtliche Schlichtung offen, wenn er als Verbraucher im Zusammenhang mit der Durchführung von Bankgeschäften **unmittelbar durch Aktivitäten der Bank betroffen** ist (z. B. als Bürge) und sich hieraus konkrete Ansprüche ergeben, die Gegenstand einer gerichtlichen Auseinandersetzung sein könnten[672].

– bei Beschwerden, deren Gegenstand bereits vor einem Gericht, Schiedsgericht, dem Versicherungsombudsmann e. V. oder einer anderen Streitschlichtungseinrichtung **anhängig** ist oder von solchen Stellen **entschieden oder geschlichtet worden** ist. Das Gleiche gilt, wenn der Beschwerdegegenstand **während des Ombudsmannverfahrens** gerichtlich oder bei einer anderen Schlichtungsstelle anhängig gemacht wird, die Streitigkeit durch außergerichtlichen Vergleich beigelegt oder ein Antrag auf Prozesskostenhilfe wegen fehlender Erfolgsaussicht der beabsichtigten Rechtsverfolgung abgewiesen wurde (§ 2 Abs. 3 lit. e, f VerfO).

406

Nach dem Klauselwortlaut ist es unerheblich, **von welcher Partei** der Beschwerdegegenstand während des Ombudsmannverfahrens gerichtlich anhängig gemacht worden ist. Dies eröffnet dem Versicherungsunternehmen die Möglichkeit, durch Erhebung einer gegen den VN gerichteten negativen Feststellungsklage – gerichtet auf Feststellung des Nichtbestehens des geltend gemachten Versicherungsanspruchs – das Ombudsmannverfahren zu **umgehen.** Um dies zu vermeiden, plädiert *Friedrich*[673] dafür, § 2 Abs. 3 lit. e VerfO einschränkend dahin zu verstehen, dass **nur die Klageeinreichung durch den Beschwerdeführer** die Unzulässigkeit des Ombudsmannverfahrens zur Folge haben soll. Eine solche Reduktion des Anwendungsbereichs des Ausschlusses mag wünschenswert sein, ist jedoch in Anbetracht seines eindeutigen Wortlauts, der – anders als § 2 Abs. 3, 1. Alt. Statut PKV-Ombudsmann und § 2 Abs. 2 lit. a VerfO-Bankombudsmann – nicht auf eine während des Verfahrens „von dem Beschwerdeführer" bewirkte gerichtliche Anhängigmachung des Beschwerdegegenstands abstellt, kaum vertretbar. Sollte sich wider Erwarten herausstellen, dass Versicherungsunternehmen gezielt gerichtliche Verfahren zur Begründung des Ausschlusstatbestands des § 2 Abs. 3 lit. e VerfO einleiten und damit dem Sinn und Zweck des

---

pflicht besteht, ist selbstverständlich ein Beschwerderecht des VN gegenüber der ablehnenden Haltung des VR gegeben. Vgl. dazu auch *E. Lorenz,* VersR 2004 (Heft 13).

[671] Der Ombudsmann hat sich bisher darauf beschränkt, dazu offene Fragen zu formulieren (vgl. *Römer,* NVersZ 2002, 289 [290]).

[672] *Steuer,* in: Bankrechts-Handbuch, Bd. I, hrsg. v. *Schimansky/Bunte/Lwowski,* 32 (56 f.).

[673] *Friedrich,* DAR 2002, 157 (160) unter Hinweis auf die entsprechende Regelung in Nr. 2 Abs. 2 lit. a VerfO-Bankombudsmann.

Ombudsmannverfahrens bewusst zuwiderhandeln, müsste die VerfO überprüft und ggf. geändert werden.

Vom Ausschluss nicht erfasst ist der Fall der vom VN erklärten **Klagerücknahme.**

407 – bei Beschwerden, die **bei der Versicherungsaufsicht anhängig** sind (§ 2 Abs. 3 lit. e VerfO).

Damit soll eine **ineffiziente Parallelbearbeitung** des Beschwerdegegenstands vermieden werden. Eine für den VN erfolglos gebliebene Beschwerde bei der BaFin hindert die Inanspruchnahme des Ombudsmanns nicht[674].

408 – wenn vom Beschwerdeführer wegen des Beschwerdegegenstandes **Strafanzeige erstattet** worden ist oder während des Verfahrens erstattet wird (§ 2 Abs. 3 lit. g VerfO).

Dieser Ausschluss, der wegen **Bedeutungslosigkeit** aus der VerfO-Bankombudsmann gestrichen worden ist, spielt auch in der Praxis des Versicherungsombudsmanns keine Rolle[675]. Der umgekehrte Fall einer vom VR gegen den VN erstatteten Strafanzeige ist zwar häufiger, begründet aber die Unzulässigkeit des Ombudsmannverfahrens nicht.

409 – wenn die **Beschwerde offensichtlich ohne Erfolg erhoben** worden ist (§ 2 Abs. 3 lit. h VerfO).

Dadurch soll eine zusätzliche Arbeitsbelastung des Ombudsmanns mit rein querulatorischen und anderen **greifbar unsinnigen Beschwerden** verhindert werden[676]. Es muss jedoch eine Kontrolle der Eingangsstelle dahin gehend gewährleistet sein, dass **nur zweifelsfrei unbegründete Beschwerden** bereits bei der Zulässigkeitsprüfung scheitern[677].

410 – wenn der Anspruch **bereits verjährt** ist und sich der Beschwerdegegner auf die Verjährung beruft (§ 2 Abs. 3 lit. i VerfO).

Dieser Ausschluss ist **systemwidrig** den Unzulässigkeitsgründen zugeordnet. Materiellrechtlich ist ein verjährter Anspruch unbegründet[678].

411 *dd) Weitere Zulässigkeitsvoraussetzungen.* Der Ombudsmann darf sich mit einer Beschwerde erst dann befassen, wenn der **Anspruch zuvor gegenüber dem VR geltend gemacht** und ihm **mindestens sechs Wochen** Zeit gegeben wurde, den Anspruch abschließend zu bescheiden[679]. Damit soll gewährleistet werden, dass das betroffene Versicherungsunternehmen Gelegenheit und ausreichend Zeit hat, sich mit dem Vorgang zunächst in ausschließlich eigener Zuständigkeit zu befassen, bevor der Ombudsmann vom VN eingeschaltet werden kann. Andererseits wird klar gestellt (§ 2 Abs. 2 VerfO), dass das Ombudsmannverfahren **kein Vorverfahren** in Form einer Beschwerde beim VR voraussetzt.

412 Die Beschwerde zum Ombudsmann ist aber nicht nur dann eröffnet, wenn und soweit der VR den bei ihm geltend gemachten Anspruch endgültig abgelehnt hat. Beschwerdegrund kann auch sein, dass eine abschließende Bescheidung nicht innerhalb eines Zeitraums von **sechs Wochen** erfolgt ist. Diese sog. **Untätigkeitsbeschwerde** gibt dem VN in Fällen ungebührlich lang empfundener Leistungsprüfung die Möglichkeit, mit Hilfe des Ombudsmanns auf eine **Beschleunigung des Regulierungsverfahrens** hinzuwirken.

---

[674] Dies wird damit begründet, dass die Aufsichtsbehörde keinen Schlichtungsvorschlag abgibt (*Knauth,* WM 2001, 2325 [2328 Fn. 22]).

[675] Im ersten Geschäftsjahr waren es nur zwei von 3811 unzulässigen Beschwerden.

[676] Vgl. *Römer,* NVersZ 2002, 289 (291).

[677] Im ersten Geschäftsjahr waren es nur acht von 3811 unzulässigen Beschwerden.

[678] Zu Recht weist der Ombudsmann darauf hin, der logische Bruch zeige sich auch darin, dass der VR in Verjährungsfällen um eine Stellungnahme gebeten werden müsse, um festzustellen, ob er sich auf die Verjährung beruft (*Römer,* NVersZ 2002, 289 [291]).

[679] Soweit Streitgegenstand kein Anspruch des VN ist, sondern ausschließlich die Klärung eines Rechtsverhältnisses gewünscht wird (z. B. die Berechtigung einer Kündigung oder einer sonstigen vertragsbeendenden Erklärung des VR), setzt § 2 Abs. 2 VerfO eine vorherige Befassung des VR damit nicht zwingend voraus.

ee) Vorbereitung der sachlichen Beschwerdeprüfung. Muss die Beschwerde **nicht als unzulässig** 413
abgewiesen werden (§ 10 Abs. 1 VerfO)[680], leitet die Eingabestelle sie an das betroffene Versicherungsunternehmen[681] weiter, verbunden mit der Aufforderung, dazu binnen eines Monats – eine Fristverlängerung um einen weiteren Monat ist möglich – **Stellung zu nehmen** (§ 6 Abs. 1 VerfO). Macht der VR von seinem Recht zur Stellungnahme nicht fristgerecht Gebrauch, ist das Vorbringen des Beschwerdeführers **alleinige Entscheidungsgrundlage** (§ 7 Abs. 2 S. 1 VerfO).

Selbstverständlich kann das Versicherungsunternehmen bereits in diesem Verfahrensstadium der Beschwerde **abhelfen.** Geschieht dies **nur teilweise,** muss abgeklärt werden, ob 414
der VN sich damit begnügt[682]. Akzeptiert er, ist das Beschwerdeverfahren beendet; andernfalls muss es hinsichtlich des nicht erledigten Teils fortgesetzt werden.

Hilft der VR nicht oder nicht in ausreichendem Umfang ab, wird die Beschwerde mit sei- 415
ner Stellungnahme von der Eingangsstelle dem Ombudsmann und seinen juristischen Mitarbeitern zur (sachlichen) Bearbeitung vorgelegt. Erst dann beginnt das **eigentliche Ombudsmannverfahren.**

c) Begründetheitsprüfung und Entschließung des Ombudsmanns. Die Ermittlung 416
des entscheidungserheblichen Sachverhalts erfolgt – soweit erforderlich – **von Amts wegen** (§ 7 Abs. 1 VerfO). Der im Deckungsprozess geltende Beibringungsgrundsatz findet keine Anwendung. Der VN darf davon ausgehen, dass sein Beschwerdeanliegen **unter allen rechtlichen Gesichtspunkten** umfassend geprüft wird[683]. Deshalb muss bereits die Eingabestelle dafür Sorge tragen, dass die für die Beschwerdebearbeitung erforderlichen Unterlagen vollständig vorgelegt werden und eine Ergänzung unzureichenden Sachvortrags veranlasst wird. Ggf. kann auch der Ombudsmann noch ergänzende Stellungnahmen der Parteien anfordern. Stets ist dabei aber der Grundsatz der **Gewährung rechtlichen Gehörs** zu beachten[684]

Eine persönliche Anhörung der Parteien des Beschwerdeverfahrens ist nicht vorgesehen. 417
Mit **Ausnahme des Urkundenbeweises** werden auch **keine Beweise erhoben**[685]; ein
Zeugenbeweis ist also nicht zulässig (§ 7 Abs. 5 VerfO)[686]. Diese Einschränkung der Beweisaufnahme ist deshalb geboten, weil der Ombudsmann im Gegensatz zu den Gerichten keine
Möglichkeit hat, das Erscheinen eines Zeugen mit Druckmitteln durchzusetzen oder ihn ggf.
durch den Eid zu wahrheitsgemäßer Aussage zu veranlassen. Den Begriff des Urkundenbeweises legt der Ombudsmann weit aus. Neben der urkundlichen Verwertung protokollierter
Partei- und Zeugenaussagen sowie schriftlich vorliegender Sachverständigengutachten sieht
er sich nicht gehindert, ausnahmsweise auch selbst einen Sachverständigen mit der Erstellung
eines Gutachtens (Urkunde) zu beauftragen[687]. In seiner **Beweiswürdigung** ist der Ombudsmann frei.

---

[680] Die Entscheidung, dass das Ombudsmannverfahren unzulässig ist, wird dem Betroffenen spätestens drei bis fünf Tage nach dem Eingang seiner Beschwerde mitgeteilt (*Römer,* ZfSch 2003, 158 [159]).

[681] Jedes Mitglied des Vereins „Versicherungsombudsmann e. V." hat dem Ombudsmann dazu eine firmeninterne Kontaktstelle benannt.

[682] *Römer,* NVersZ 2002, 289 (292).

[683] *Römer,* NVersZ 2002, 289 (292): „Da der Beschwerdeführer … juristischer Laie ist, wird er kaum erkennen, auf welche Tatsachen es im Einzelnen juristisch ankommt. Deshalb muss der Ombudsmann und seine Mitarbeiter dem Beschwerdeführer helfen, alles Notwendige vorzutragen."

[684] Vgl. dazu *Römer,* NVersZ 2002, 289 (292). Eine Ausnahme gilt nur für Geschäftsgeheimnisse des Versicherungsunternehmens (§ 7 Abs. 2 VerfO).

[685] Zu umfangreiche Urkundenbeweisaufnahmen können den Ombudsmann jedoch im Einzelfall berechtigen, die Beschwerde als ungeeignet abzuweisen (§ 6 Abs. 6 i. V. m. § 10 Abs. 2 VerfO).

[686] Bei staatlich eingesetzten Streitbeilegungsstellen kann dies anders geregelt sein (vgl. *Rühl,* NVersZ 2002, 245 [249], zum britischen FOS).

[687] *Römer,* NVersZ 2002, 289 (293): Dies wäre dann vorstellbar, wenn eine Partei ein Gutachten vorlegt, das schon in sich nicht schlüssig ist oder wenn von den Parteien mehrere Gutachten beigebracht werden, die so sehr voneinander abweichen, dass sich der Ombudsmann kein ausreichend klares Bild über die streitigen Tatsachen machen kann.

418 Die gegenüber den Gerichten eingeschränkte Möglichkeit zur Klärung streitiger Tatsachen führt in Fällen, in denen eine Zeugenvernehmung erforderlich ist, dazu, dass der Ombudsmann eine **Entschließung ablehnen und auf den Rechtsweg verweisen** muss[688]. Deshalb ist die Befürchtung vieler VR, im Ombudsmannverfahren leichter als im Deckungsprozess **Opfer von Versicherungsbetrügern** zu werden, jedenfalls dann unbegründet, wenn es – wie in solchen Fällen meistens – (auch) um **entscheidungserhebliche streitige Tatsachenbehauptungen** geht[689].

419 Soweit die Parteien die Möglichkeit der Klärung bestimmter Streitpunkte durch ein **Sachverständigenverfahren** vorgesehen haben, haben nicht nur die Gerichte, sondern auch der Ombudsmann diesen **Vorrang anderweitiger Feststellung** zu beachten[690].

420 Die strenge formale Schranke des § 308 ZPO, der den Gerichten untersagt, einer Partei mehr zuzusprechen, als sie beantragt hat, gilt im Schlichtungsverfahren nicht[691]. Es ist Aufgabe des Ombudsmanns, den zwischen den Parteien entstandenen Konflikt aus rein objektiver Sicht zu betrachten und – soweit möglich – **umfassend zu bereinigen.** Dem trägt § 3 Abs. 3 S. 1 und 2 VerfO Rechnung, wonach der Beschwerdeführer zwar einen klaren und eindeutigen Antrag stellen soll, der Ombudsmann ihm aber hinsichtlich der Stellung eines **sachdienlichen Antrags** zu helfen hat.

421 Grundlage für die zu treffende und **schriftlich zu begründende** Entschließung sind **Gesetz und Recht** (§§ 15 Abs. 1 S. 2 Satzung; 9 Abs. 1 S. 1 VerfO). Kulanzentscheidungen sind dem Versicherungsunternehmen im Wege der Abhilfe vorbehalten.

422 Welche **rechtliche Qualität** – Entscheidung oder Empfehlung – die Entschließung hat, richtet sich nach dem **Beschwerdewert** (§ 10 Abs. 3 VerfO), der nach den in § 2 Abs. 3 lit. a VerfO niedergelegten Grundsätzen zu ermitteln ist:[692]

423 • Bei einem **Wert bis zu 5.000 €** ergeht eine **Entscheidung,** die allerdings **nur für den VR verbindlich** ist (§ 11 Abs. 1 S. 1 VerfO), soweit er dadurch beschwert wird[693]. Für den VN ist eine ablehnende Beschwerdeentscheidung unverbindlich, so dass ihm zur Durchsetzung seines Anspruchs nach wie vor der Rechtsweg offen steht (§ 11 Abs. 2 S. 1 VerfO).

424 • Gibt die Entscheidung dem VN **nur teilweise Recht,** steht es ihm frei, den **erfolglos gebliebenen Teil** des Beschwerdegegenstandes gerichtlich klären zu lassen, ohne dass dadurch die Bindungswirkung des für ihn erfolgreichen Teils der Entscheidung berührt wird[694]. Ob auch in solchen Fällen eine Bindung des Versicherungsunternehmens an den ihn beschwerenden Teil der Ombudsmannentscheidung sinnvoll ist, mag bezweifelt werden[695]. Die VerfO sieht insoweit jedoch eine von §§ 11 Abs. 1 S. 1 und Abs. 2 Satz 1 abweichende Regelung nicht vor.

---

[688] Nach Angaben des Ombudsmanns scheitert die Erledigung eines Falles an fehlenden Zeugenaussagen nur sehr selten (*Römer*, NVersZ 2002, 289 [292f.]). Unter Hinweis auf Vorbilder in Australien und den Niederlanden schlägt *Tiffe*, VuR 2003, 260 (263), zur Klärung eines vom VN behaupteten Aufklärungs- oder Beratungsverschuldens ein Beweisverfahren vor, bei dem die unmittelbar Beteiligten (z. B. Agent und VN) vom Ombudsmann eingeladen und befragt werden sollten.

[689] Vgl. Geschäftsbericht 21. 10. 2001–30. 9. 2002, S. 9.

[690] *Römer*, NVersZ 2002, 289 (293), und Geschäftsbericht 21. 10. 2001–30. 9. 2002, S. 12. Vgl. dort auch zum Schiedsgutachterverfahren (§ 18 ARB 94) und Stichentscheid (§ 17 ARB 75).

[691] *Steuer*, in: Bankrechts-Handbuch, Bd. I, hrsg. v. *Schimansky/Bunte/Lwowski*, 32 (55), für die gleich gelagerte Problematik beim Bankombudsmann.

[692] Zinsen bleiben bei der Wertbemessung nach § 4 ZPO unberücksichtigt.

[693] Ein Bindungslimit von 5000 € besteht auch beim Bankombudsmann (Nr. 4 Abs. 5 VerfO-Bankombudsmann).

[694] Zum Fall, dass das Gericht anders entscheidet als zuvor der Ombudsmann, vgl. *E. Lorenz* VersR 2004 (Heft 13). Nach der VerfO hat ein VR keine rechtliche Handhabe, gegen eine im Rahmen der VerfO ergangene Entscheidung des Ombudsmanns vorzugehen. Dies ist zumindest dann unbefriedigend und korrekturbedürftig, wenn im gerichtlichen Verfahren vom VR eine betrügerische Inanspruchnahme bewiesen werden konnte.

[695] *T. v. Hippel*, Ombudsmann, S. 29.

- Es hat sich erwiesen, dass die **weit überwiegende Zahl** der eingelegten Beschwerden **425** einen Beschwerdewert bis zu 5 000 €[696] hat und deshalb der **Entscheidungskompetenz** des Versicherungsombudsmanns unterliegt. Dies entspricht den Erwartungen des GdV und unterstreicht den Willen der beteiligten Versicherungsunternehmen, eine **nicht unwesentliche Einschränkung ihrer Souveränität** bei der Regulierung von Kundenbeschwerden zugunsten einer unabhängigen Schlichtungsstelle zu akzeptieren.

- Bei einem **Beschwerdewert zwischen 5 000 und 50 000 €** kann der Ombudsmann **426** keine Entscheidung treffen, sondern lediglich eine **Empfehlung** aussprechen. Ein solcher Schlichtungsvorschlag ist **für beide Parteien unverbindlich** (§§ 11 Abs. 1 S. 2 und Abs. 2 VerfO)[697]. Eine Bindungswirkung entsteht auch nicht für einen Teilbetrag von 5 000 €[698].

Zinsen werden in die Entscheidung/Empfehlung in gesetzlicher Höhe (§ 288 BGB) ab **427** dem Zeitpunkt des Beschwerdeeingangs einbezogen (§ 13 VerfO).

Neben der Abweisung der Beschwerde als unzulässig (§ 10 Abs. 1 VerfO) und der sachlichen Entschließung (Entscheidung oder Empfehlung, § 10 Abs. 3 VerfO) gibt es als dritte **428** Entscheidungsform des Ombudsmann die **Abweisung der Beschwerde als ungeeignet** (§ 10 Abs. 2 VerfO). Durch die VerfO wird der Ombudsmann zwar grds. nicht gehindert, auch rechtsfortbildend tätig zu werden. Er soll jedoch die Befassung mit einer Beschwerde ablehnen, soweit diese ausnahmsweise eine **entscheidungserhebliche, streitige, höchstrichterlich noch nicht entschiedene Frage** betrifft, um deren rechtliche Lösung der Autorität der Gerichte zu überlassen (§§ 8 Abs. 2, 10 Abs. 2 VerfO)[699].

Darüber hinaus kann der Beschwerdegegner in jeder Lage des Verfahrens mit plausibler **429** Begründung beantragen, dass der Ombudsmann eine Beschwerde **als Musterfall unbeschieden** lässt (§§ 8 Abs. 4, 10 Abs. 2 VerfO)[700]. In einem solchen Fall hat er sich aber zu verpflichten, dem Beschwerdeführer die erstinstanzlichen Anwalts- und Gerichtskosten zu erstatten, und zwar auch dann, wenn er selbst vor Gericht obsiegen sollte.

Es ist aber auch möglich, dass das Verfahren auf Vorschlag des Ombudsmanns durch einen Vergleich zwischen den Parteien beendet wird[701]. Der Beschwerdeführer kann außerdem in jeder Phase des Verfahrens die Beschwerderücknahme ohne Begründung erklären, wodurch das Verfahren auch endet[702].

Während der Dauer des gesamten Beschwerdeverfahrens gilt gegenüber dem Beschwerde- **430** gegner die **Verjährung** des streitbefangenen Anspruchs als gehemmt (§ 12 S. 1 VerfO)[703].

Eine dem Beschwerdeführer gesetzte **Sechsmonatsfrist nach § 12 Abs. 3 VVG** a. F. ver- **431** längert sich um die Dauer des Verfahrens zuzüglich eines Monats (§ 12 S. 2 VerfO).

Das Verfahren beim Ombudsmann kann als **Einigungsversuch vor einer außergericht- 432 lichen Gütestelle** nach § 278 Abs. 2 ZPO und § 15a Abs. 3 S. 1 EGZPO gewertet werden[704].

---

[696] Im ersten Geschäftsjahr des Versicherungsombudsmanns waren dies 88% aller Beschwerden (Geschäftsbericht 21. 10. 2001–30. 9. 2002, S. 5).

[697] Der Ombudsmann berichtet, dass auch Schlichtungsvorschläge von den betroffenen Versicherungsunternehmen durchweg akzeptiert werden (*Römer*, ZfSch 2003, 158 [159]; VW 2003, 576). Dies entspricht den Erfahrungen des Bankombudsmanns (*Steuer*, in: Bankrechts-Handbuch, Bd. I, hrsg. v. *Schimansky/Bunte/Lwowski*, 32 [49]) und ausländischer Versicherungsombudsmänner (*v. Hippel*, Ombudsmann, S. 200 f.; *Knauth*, WM 2001, 2325 [2329]).

[698] *Steuer*, in: Bankrechts-Handbuch, Bd. I, hrsg. v. *Schimansky/Bunte/Lwowski*, 32 (55), für die gleich gelagerte Problematik beim Bankombudsmann.

[699] Vgl. Versicherungsombudsmann v. 14.8 2003 (AZ 2556/2003 – S) und Versicherungsombudsmann v. 22. 8. 2003 (AZ 6267/2003-S) zu den rechtsgrundsätzlichen Fragen der Rechtsfolgen unwirksamer intransparenter Klauseln in den AVB der kapitalbildenden Lebensversicherung.

[700] Bei der Einführung des britischen FOS ist dieses Veto-Recht des Beschwerdegegners entfallen (*Rühl*, NVersZ 2002, 245 [249 f.]).

[701] *Halm/Engelbrecht/Krahe/Hövel/Leissner*, Hanbuch FA VersR, 3. Kap., IV., 4. Rn 22.

[702] *Halm/Engelbrecht/Krahe/Hövel/Leissner*, Hanbuch FA VersR, 3. Kap., IV., 4. Rn 23.

[703] Die Verjährungshemmung endet sechs Monate nach Beendigung des Beschwerdeverfahrens (§ 204 Abs. 2 S. 1 i. V. m. Abs. 1 Nr. 4 BGB).

[704] *Scherpe*, NVersZ 2002, 97; *Friedrich*, DAR 2002, 157 (160).

3. Erste Erfahrungen

433   Täglich gehen **durchschnittlich 50 Anfragen/Beschwerden** beim Ombudsmann ein[705]. Dies zeigt, dass die Einrichtung von den Versicherungskunden angenommen worden ist. Die eingegangenen Beschwerden haben sich seit 2002 mehr als verdoppelt[706]. Die in § 7 Abs. 3 VerfO enthaltene Ankündigung einer **zügigen Bearbeitung** ist realistisch. Die durchschnittliche Bearbeitungsdauer zulässiger Beschwerden beträgt derzeit ca. zwei Monate. Je nach Sparte können sich längere oder kürzere Zeiten ergeben.

434   Beschwerdeverfahren beim Versicherungsombudsmann sind **für VN durchaus erfolgversprechend.** Im Jahr 2006 waren **38,6 %** aller zulässigen Beschwerden erfolgreich, sofern sie nicht die Lebensversicherung betrafen[707]. In letzterer Sparte Betrug die Erfolgsquote 14,9 %[708]. Diese Erfolgsquote beruht weit überwiegend auf Entscheidungen und Empfehlungen (54 % und 12 %) des Ombudsmanns, und nur zu 20 % auf einem **freiwilligen Entgegenkommen** durch die betroffenen Versicherungsunternehmen (Abhilfe, Vergleich), zum Teil nach entsprechenden Anregungen des Ombudsmanns[709].

435   Es darf erwartet werden, dass die von einer Entscheidung des Ombudsmann betroffenen VR diese **respektieren und freiwillig befolgen** werden[710]. Da sie sich satzungsgemäß den Entscheidungen im Rahmen der VerfO unterworfen haben[711], bedingt dies eine Bindungswirkung auch solcher Ombudsmannsprüche, die auf unrichtiger Anwendung des geltenden Versicherungsrechts beruhen[712]. Sollte jedoch ein VR dieser Erwartung im Einzelfall einmal nicht entsprechen, hat der VN derzeit keine Möglichkeit, die zu seinen Gunsten ergangene Ombudsmannentscheidung, der nicht die rechtliche Qualität eines Schiedsspruchs i. S. d. § 1055 ZPO zukommt[713], gerichtlich **für vollstreckbar erklären** zu lassen. Für außergerichtliche Streitbeilegungsverfahren außerhalb von Schiedsverfahren gibt es eine gesetzliche Ermächtigung dafür bisher nicht. Der VN wäre deshalb gezwungen, gegen das Versicherungsunternehmen auf Erfüllung der Ombudsmannentscheidung zu **klagen,** um so einen Vollstreckungstitel zu erwirken. Wegen der Bindungswirkung der Entscheidung dürfte eine solche Klage ohne weiteres begründet sein[714].

---

[705] Der Ombudsmann befasste sich im Jahr 2006 mit 18 451 Beschwerden;. Zur Verteilung der Beschwerden auf Versicherungssparten (55,4 % bzw. 10,1 % entfielen allein auf die Lebens- bzw. Rechtsschutzversicherung) Jahresbericht 2006, S. 46 ff.

[706] Jahresbericht 2006, S. 48.

[707] Jahresbericht 2006, S. 47.

[708] Jahresbericht 2006, S. 47.

[709] Jahresbericht 2006, S. 50.

[710] Auch aus der Praxis des Bankombudsmann ist bisher kein Fall bekannt geworden, in dem ein Beschwerdegegner sich über eine gegen ihn getroffene Entscheidung hinweggesetzt hätte.

[711] *E. Lorenz* VersR 2004 (Heft 13), hat die Frage aufgeworfen, ob sich die Praxis des Versicherungsombudsmanns, einen Teil seiner Entschließungen durch juristische Mitarbeiter erledigen zu lassen, im Rahmen der VerfO hält. Er bejaht die Spruchkompetenz dieser Mitarbeiter unter Hinweis auf die satzungsgemäß festgeschriebene fachliche Aufsichts- und Weisungsbefugnis des Ombudsmanns über die Eingangsstelle (§§ 15 Abs. 2 Satzung; 2 Abs. 2 VerfO), übersieht dabei jedoch, dass die juristischen Mitarbeiter im Rahmen der von ihnen getroffenen Entscheidungen nicht der Eingangsstelle zugeordnet sind (vgl. § 5 Abs. 1 VerfO).

[712] Zur Haftung des Ombudsmanns (bzw. seiner Mitarbeiter) und des Trägervereins für unrichtige Ombudsprüche gegenüber betroffenen Versicherungsunternehmen vgl. *E. Lorenz,* VersR 2004 (Heft 13).

[713] Vgl. *T. v. Hippel,* Ombudsmann, S. 29 ff.; *E. Lorenz,* VersR 2004 (Heft 13): „Privatrechtliche institutionelle Streitbeilegungsorganisation eigener Art".

[714] Zum Meinungsstand bzgl. der Bindungswirkung der Entscheidungen des Bankombudsmanns vgl. *E. Lorenz,* VersR 2004 (Heft 13), und *Friedrich,* DAR 2002, 157 (159), der der Auffassung von *Hoenen,* NJW 1992, 2727 (2731), folgt, wonach ein Beschwerdegegner, der eine Entscheidung trotz vorheriger Unterwerfungserklärung nicht akzeptiert, sich gegenüber dem VN treuwidrig verhält.

4. Anhang

a) Satzung des Vereins „Versicherungsombudsmann e. V." (Stand: 9. 11. 2007)   **436**

§ 1 Name

(1) Der Verein führt den Namen „Versicherungsombudsmann e. V

(2) Sitz des Vereins ist Berlin.

§ 2 Zweck

(1) Zweck des Vereins ist die Förderung der außergerichtlichen Streitbeilegung zwischen Versicherungs- unternehmen und Verbrauchern.

(2) Ebenfalls ist Zweck des Vereins die Förderung der außergerichtlichen Streitbeilegung zwischen Versicherungsvermittlern oder Versicherungsberatern und Versicherungsnehmern im Zusammenhang mit der Vermittlung von Versicherungsverträgen im Sinne von Artikel 10 der EU- Richtlinie 2002/92/ EG.

(3) Der Satzungszweck wird vor allem durch Einrichtung und Unterhaltung einer Institution zur außer- gerichtlichen Streitbeilegung im Sinne von Abs. 1 und 2 verfolgt.

§ 3 Mitglieder

(1) Mitglied des Vereins können der Gesamtverband der Deutschen Versicherungswirtschaft e. V. und dessen Mitgliedsunternehmen werden.

(2) Die Mitgliedschaft wird durch schriftliche Beitrittserklärung gegenüber dem Vorstand erworben.

(3) Die Mitgliedschaft endet durch Verlust der Mitgliedschaft beim „Gesamtverband der Deutschen Ver- sicherungswirtschaft e. V." oder Austrittserklärung. Die Austrittserklärung erfolgt durch eingeschrie- nen Brief gegenüber dem Vorstand. Sie wirkt zum Ende des Geschäftsjahres. Es ist eine Frist von sechs Monaten einzuhalten.

(4) Durch Beschluss der Mitgliederversammlung kann ein Mitglied ausgeschlossen werden, wenn es wiederholt oder schwer gegen die Satzung des Vereins verstößt, dem Zweck des Vereins zuwiderhandelt oder seinen finanziellen Verpflichtungen gegenüber dem Verein trotz Mahnung nicht nachkommt. Der Vorstand kann bis zum Beschluss der Mitgliederversammlung das Ruhen der Mitgliedschaft nach vorhe- riger Androhung anordnen.

§ 4 Beschwerdeverfahren

(1) Ziel des Beschwerdeverfahrens ist es, Streitigkeiten außergerichtlich beizulegen. Die Aufgaben nach § 2 Abs. 1 und 2 können auf eine oder mehrere Personen übertragen werden.

(2) Näheres regelt die jeweilige Verfahrensordnung.

§ 5 Pflichten der Mitglieder

(1) Die Mitglieder erkennen die für die Aufgabe nach § 2 Abs. 1 durch die Mitgliederversammlung be- schlossene Verfahrensordnung des Versicherungsombudsmanns als für sie verbindlich an. Sie lassen auch eine für die Dauer des Verfahrens angeordnete Verjährungshemmung gegen sich gelten.

(2) Sie unterwerfen sich den Entscheidungen des Versicherungsombudsmanns im Rahmen dieser Ver- fahrensordnung.

(3) Die Mitglieder verpflichten sich, ihre Kunden bei Vertragsschluss oder bei Zusendung der Vertrags- unterlagen auf die Mitgliedschaft im Verein und die Möglichkeit des Streitschlichtungsverfahrens vor dem Versicherungsombudsmann hinzuweisen.

§ 6 Organe des Vereins

Organe des Vereins sind der Vorstand und die Mitgliederversammlung.

§ 7 Vorstand, Geschäftsführung

(1) Der Vorstand im Sinne des § 26 BGB besteht aus mindestens fünf und höchstens elf Mitgliedern.

(2) Der Vorstand wählt seinen Vorsitzenden aus dem Kreis seiner Mitglieder. Eine Wiederwahl ist zuläs- sig. Der Vorstand kann außerdem einen oder mehrere Stellvertreter wählen. Der Vorsitzende des Vor- standes leitet die Sitzungen des Vorstandes und der Mitgliederversammlungen. Der Vorstand kann sich eine Geschäftsordnung geben. Er stellt die Geschäftsordnung für die Geschäftsführung auf.

(3) Der Verein wird durch zwei Mitglieder des Vorstandes gemeinsam vertreten.

(4) Der Vorstand ist für alle Angelegenheiten des Vereins zuständig, soweit sie nicht durch die Satzung einem anderen Organ, dem Beirat oder der Geschäftsführung übertragen sind. Er hat insbesondere folgende Aufgaben:
a) Vertretung des Vereins nach außen,
b) Vorschlag zur Wahl des Ombudsmanns,
c) Regelung der Aufgabenbereiche des Ombudsmanns (§ 4 Abs. 1), soweit diese nicht durch übereinstimmende Beschlüsse der Mitgliederversammlung und des Beirats festgelegt wurden,
d) Abberufung des Ombudsmanns durch Beschluss nach vorherigem Beschluss des Beirats (§§ 12 Abs. 5 lit. A, 13 Abs. 3 S. 2),
e) Vorbereitung und Einberufung der Mitgliederversammlung,
f) Ausführung der Beschlüsse der Mitgliederversammlung
g) Aufstellung des Wirtschaftsplans,
h) Bestellung und Abberufung eines oder mehrerer Geschäftsführer, die Beaufsichtigung der Geschäftsführung,
i) Beschlussfassung über die Reisekostenordnung.
(5) Die Mitglieder des Vorstandes werden von der Mitgliederversammlung für die Dauer von vier Jahren gewählt. Sie müssen zum Zeitpunkt ihrer Wahl dem Organ eines Mitglieds angehören. Die Mitglieder des Vorstandes bleiben bis zur Neuwahl im Amt. Eine Wiederwahl ist möglich.
(6) Die laufenden Geschäfte der Geschäftsstelle werden nach Maßgabe einer vom Vorstand aufgestellten Geschäftsordnung von der Geschäftsführung wahrgenommen, sofern der Vorstand nichts anderes bestimmt. Zu den laufenden Geschäften der Geschäftsstelle gehören insbesondere die Geschäfte nach Absatz 4 lit. e – g sowie die Einstellung von Personal. Die Geschäftsführung hat im Rahmen der Geschäftsordnung Vertretungsmacht im Sinne des § 30 BGB.

§ 8 Mitgliederversammlung

(1) Die ordentliche Mitgliederversammlung findet jedes Kalenderjahr statt. Sie wird vom Vorstand oder der Geschäftsführung unter Einhaltung einer Frist von einem Monat schriftlich unter Angabe der Tagesordnung einberufen. Die Frist beginnt mit dem der Absendung der Einladung folgenden Tag. Die Tagesordnung setzt der Vorstand fest.
(2) Jedes Mitglied sowie der Beirat können bis spätestens zwei Wochen vor der Mitgliederversammlung beim Vorstand schriftlich die Ergänzung der Tagesordnung verlangen. Der Versammlungsleiter hat zu Beginn die Ergänzung bekannt zu geben. Über Anträge auf Ergänzung, die in der Versammlung gestellt werden, beschließt diese selbst.
(3) Die Mitglieder des Beirats sind zur Teilnahme an der Mitgliederversammlung berechtigt.

§ 9 Außerordentliche Mitgliederversammlung

Eine außerordentliche Mitgliederversammlung ist vom Vorstand einzuberufen, wenn dies im Vereinsinteresse erforderlich ist oder ein Fünftel der Mitglieder dies schriftlich unter Angabe des Zwecks und der Gründe verlangt.

§ 10 Beschlussfassung der Mitgliederversammlung

(1) Die Mitgliederversammlung wird vom Vorsitzenden des Vorstandes, bei Verhinderung durch seinen Stellvertreter oder durch das dienstälteste anwesende Vorstandsmitglied geleitet.
(2) Jedes Mitglied hat eine Stimme. Vollmachtserteilung an ein anderes Mitglied ist möglich, jedoch darf kein Mitgliedsunternehmen außer den mit ihm verbundenen Konzernunternehmen mehr als fünf andere Mitglieder vertreten. Vertretene Mitglieder sind ihrerseits zur Vertretung nicht berechtigt. Beschlüsse werden mit einfacher Mehrheit der vertretenen Mitglieder gefasst.
(3) Änderungen der Satzung sowie der Verfahrensordnungen und Beschlüsse über die Bestellung des Ombudsmanns, sowie über den Ausschluss eines Mitglieds bedürfen einer Mehrheit von drei Vierteln der vertretenen Mitglieder.
(4) Beschlüsse der Mitgliederversammlung werden von einem Schriftführer protokollarisch festgehalten.

§ 11 Aufgaben der Mitgliederversammlung

Die Mitgliederversammlung hat insbesondere folgende Aufgaben:
a) Wahl des Vorstandes,
b) Bestellung des Ombudsmanns durch Beschluss nach vorherigem Beschluss des Beirats (§ 12 Abs. 5 lit. a),
c) Entgegennahme und Beratung des Berichts des Vorstandes über das abgelaufene Geschäftsjahr,

d) Entgegennahme und Beratung des Berichts des Ombudsmanns,

e) Genehmigung der Jahresabschlusses und Erteilung der Entlastung von Vorstand und Geschäftsführung,

f) Wahl von Rechnungsprüfern,

g) Beschlussfassung über den Wirtschaftsplan,

h) Beschlussfassung über die endgültige Festsetzung der Jahresumlage,

i) Änderung der Satzung,

j) Änderung der Verfahrensordnungen, vorbehaltlich der Zustimmung des Beirats (§ 12 Abs. 5 lit. b),

k) endgültige Entscheidung über den Ausschluss von Mitgliedsunternehmen,

l) Beschlussfassung über die Kostenordnung (§ 16 Abs. 4).

§ 12 Beirat

(1) Es wird ein Beirat gebildet. Dem Beirat gehören an: acht Mitgliedervertreter (Vorsitzender des Vorstandes und sieben von der Mitgliederversammlung gewählte Vertreter der Vereinsmitglieder), acht Verbrauchervertreter (vier Vertreter des Verbraucherzentralen Bundesverbandes und seiner Mitgliedsverbände, zwei Vertreter der Stiftung Warentest, ein Vertreter des ADAC), zwei Vertreter des Versicherungsaufsicht, drei Vertreter der Wissenschaft und sieben Vertreter des öffentlichen Lebens (zwei Vertreter der SPD-Bundestagsfraktion, zwei Vertreter der CDU/CSU-Bundestagsfraktion, ein Vertreter der FDP-Bundestagsfraktion, ein Vertreter der Bündnis 90/Die Grünen-Bundestagsfraktion, ein Vertreter der Die Linke.-Bundestagsfraktion).

(2) Die Amtszeit der Beiratsmitglieder beträgt fünf Jahre. Eine Wiederwahl ist möglich.

(3) Die Auswahl der Mitgliedervertreter erfolgt durch Wahl in der Mitgliederversammlung. Die Vertreter der Wissenschaft werden für den ersten Beirat durch die Mitgliederversammlung bestimmt; bei späteren Wahlen durch den zuvor amtierenden Beirat mit einer Mehrheit von zwei Dritteln seiner Mitglieder. Die übrigen Mitglieder des Beirats werden von den jeweiligen Institutionen und Parteien entsandt.

(4) Der Beirat wählt aus dem Kreis seiner Mitglieder einen Vorsitzenden.

(5) Der Beirat hat die folgenden Aufgaben:

a) Mitwirkung an der Bestellung und Abberufung des Ombudsmanns durch Beschluss,

b) Mitwirkung an Änderungen der Verfahrensordnung durch Beschluss,

c) Mitsprache bei der Bestellung des Geschäftsführers (Vorschlagsrecht, Beratung),

d) Entgegennahme und Beratung des Berichts des Ombudsmanns,

e) Unterbreiten von Vorschlägen für die Verbesserung der Arbeit des Ombudsmanns und der Verfahrensordnungen sowie für die Tagesordnung der Mitgliederversammlung,

f) Beratung und Unterstützung des Ombudsmanns in Fragen seiner Öffentlichkeitspräsenz (z. B. Internet-Auftritt, Veröffentlichungen, Anzeigen).

(6) Sitzungen des Beirats finden nach Bedarf, mindestens einmal jährlich statt. Die Sitzungen des Beirats werden von dem Vorsitzenden geleitet. Der Beirat beschließt mit einfacher Mehrheit der anwesenden Beiratsmitglieder, wenn nichts anderes in der Satzung bestimmt ist. Die Sitzungen sind mit einer Frist von mindestens zwei Wochen unter Angabe der Tagesordnung schriftlich einzuberufen. Die Tagesordnung setzt der Vorsitzende fest. Der Vorstand und jedes Beiratsmitglied kann bis eine Woche vor der Sitzung schriftlich eine Ergänzung der Tagesordnung verlangen. Der Vorsitzende hat zu Beginn der Sitzung die Ergänzung bekannt zu geben. Über Anträge auf Ergänzung, die in der Sitzung gestellt werden, beschließt der Beirat selbst.

§ 13 Wahl des Ombudsmanns

(1) Der Ombudsmann wird nach Vorschlag des Vorstands durch Beschluss der Mitgliederversammlung (§ 10 Abs. 3) und vorherigem Beschluss des Beirats (§ 12 Abs. 5 lit. a) bestellt.

(2) Die Amtszeit des Ombudsmanns beträgt höchstens fünf Jahre. Eine einmalige erneute Bestellung ist zulässig.

(3) Die Abberufung ist nur bei offensichtlichen und groben Verfehlungen des Ombudsmanns gegen seine Verpflichtungen aus § 15 oder seinem Dienstvertrag möglich. Sie erfolgt durch Beschluss des Vorstands und Beschluss einer einen Mehrheit von zwei Dritteln der Mitglieder des Beirats.

§ 14 Persönliche Voraussetzungen des Ombudsmanns

(1) Der Ombudsmann muss die für seine Aufgabe erforderliche Befähigung, Fachkompetenz und Erfahrung haben. Er soll die Befähigung zum Richteramt besitzen und über besondere Erfahrungen in Versicherungssachen verfügen. Er soll seinen Wohnsitz in Deutschland haben. Er darf in den letzten drei Jahren vor Antritt des Amtes weder hauptberuflich für ein Versicherungsunternehmen, eine Interessenvertre-

v. Rintelen

1177

tung der Branche oder ihrer Mitarbeiter noch als Versicherungsvermittler oder -berater tätig gewesen sein.

(2) Während der Amtsdauer darf eine solche Tätigkeit nicht aufgenommen werden. Auch ist jede sonstige Tätigkeit untersagt, die geeignet ist, die Unparteilichkeit der Amtsausübung zu beeinträchtigen. Der Ombudsmann darf wissenschaftliche Arbeiten erstellen und Vorträge halten, sofern diese nicht die Unparteilichkeit seiner Amtsführung beeinträchtigen.

§ 15 Aufgaben des Ombudsmanns

(1) Der Ombudsmann ist hinsichtlich seiner Entscheidungen, seiner Verfahrens- und Amtsführung im Rahmen der Verfahrensordnung unabhängig und keinen Weisungen unterworfen. Er hat als Entscheidungsgrundlagen Recht und Gesetz zu beachten. Sofern es daneben allgemeine Grundsätze ordnungsgemäßer Versicherungs-, Kapitalanlage- und Vertriebspraxis (Wettbewerbsrichtlinien) gibt, die das Versicherungsgeschäft und seine Abwicklung beeinflussen, soll er diese mitberücksichtigen.

(2) Der Ombudsmann soll die Beilegung des Streits in geeigneten Fällen durch einen Schlichtungsvorschlag, im Übrigen durch Bescheidung mit verständlicher Erläuterung der Rechtslage fördern.

(3) Über die Mitarbeiter der Schlichtungsstelle übt der Ombudsmann ein fachliches Weisungsrecht und eine fachliche Aufsicht aus.

§ 16 Finanzierung

(1) Die Mitglieder finanzieren den Verein durch Mitgliedsbeiträge und Fallpauschalen. Von anderen Verfahrensbeteiligten können Entgelte erhoben werden, sofern die Verfahrensordnung dies vorsieht.

(2) Die Mitgliedsbeiträge werden in Form einer jährlichen Umlage erhoben, deren Höhe die Mitgliederversammlung aufgrund des vom Vorstand aufgestellten Wirtschaftsplans zunächst vorläufig festsetzt. Der Verein erhebt die vorläufige Umlage zu Beginn des Geschäftsjahres. Geschäftsjahr ist das Kalenderjahr.

(3) Die Höhe der Umlage wird endgültig festgesetzt, wenn das Geschäftsjahr abgeschlossen ist und die in ihm entstandenen Kosten feststehen. Am Jahresschluss nicht verbrauchte Vorschüsse bilden als Guthaben der Mitgliedsunternehmen Vorauszahlungen auf die Umlage des Geschäftsjahres, das der Beschlussfassung der Mitgliederversammlung über die Genehmigung der Jahresrechnung folgt, sofern die Mitgliederversammlung keine andere Verwendung beschließt.

(4) Die Berechnung der Mitgliedsbeiträge und die Entgelte für durchgeführte Verfahren bestimmen sich nach einer Kostenordnung, die von der Mitgliederversammlung beschlossen wird.

§ 17 Rechnungsprüfer, Jahresabschluss und Rechnungsprüfung

(1) Die Rechnungsprüfer werden für die Dauer von zwei Jahren gewählt.

(2) Der Vorstand hat binnen vier Monaten nach Schluss des Geschäftsjahres einen Jahresabschluss aufzustellen.

(3) Dieser Jahresabschluss ist von den Rechnungsprüfern rechtzeitig vor der ordentlichen Mitgliederversammlung zu prüfen. Über das Ergebnis der Prüfung ist in der Mitgliederversammlung zu berichten.

§ 18 Ehrenamtlichkeit

Die Tätigkeiten der Mitglieder des Vorstandes und des Beirats sind ehrenamtlich. Die Mitglieder des Vorstandes und des Beirats erhalten keine Vergütung. Der Vorstand erlässt eine Reisekostenordnung, die Umfang und Höhe einer Sitzungspauschale und die Erstattung von Reisekosten regelt.

§ 19 Auflösung des Vereins

(1) Die Auflösung des Vereins kann nur durch eine Mitgliederversammlung mit einer Mehrheit von drei Vierteln aller vertretenen Mitglieder beschlossen werden.

(2) Diese Mitgliederversammlung hat über die Verwendung des Vereinsvermögens des Vereins zu entscheiden.

b) Verfahrensordnung des Versicherungsombudsmanns (VomVO).   437

(Stand: 9. 11. 2007)

Präambel

Der Versicherungsombudsmann e. V.[715] ist eine unabhängige Einrichtung der deutschen Versicherungswirtschaft zur Schlichtung von Streitigkeiten im Zusammenhang mit Versicherungsverträgen[716].

§ 1 Anwendungsbereich

Die folgenden Vorschriften finden Anwendung bei einer Beschwerde gegen ein Versicherungsunternehmen (Aufgabenbereich nach § 2 Abs. 1 der Satzung des Versicherungsombudsmanns e. V.)

§ 2 Zulässigkeit der Beschwerde

(1) Der Ombudsmann kann bei Beschwerden jedes Verbrauchers (natürliche Person, die ein Rechtsgeschäft zu einem Zweck abschließt, der weder ihrer gewerblichen noch ihrer selbständigen beruflichen
Tätigkeit zugerechnet werden kann) angerufen werden,
a) wenn es sich um einen eigenen vertraglichen Anspruch aus einem Versicherungsvertrag oder einem
   Vertrag, der in einem engen wirtschaftlichen Zusammenhang mit einem Versicherungsvertrag steht,
   handelt,
b) wenn es sich um einen Anspruch aus der Vermittlung oder der Anbahnung eines solchen Vertrages
   handelt und sich der Anspruch gegen einen Versicherer richtet, vorausgesetzt, der Beschwerdegegner
   ist Mitglied des Vereins „Versicherungsombudsmann e. V.". Beschwerden von Gewerbetreibenden
   kann der Ombudsmannbehandeln, wenn der Betrieb nach Art, Umfang und Ausstattung als Klein-
   shy;gewerbe anzusehen ist.

(2) Der Ombudsmann behandelt die Beschwerde erst dann, wenn der Beschwerdeführer seinen Anspruch zuvor gegenüber dem Versicherer geltend gemacht hat und dem Versicherer sechs Wochen Zeit
gegeben hat, den Anspruch abschließend zu bescheiden.

(3) Ein Verfahren vor dem Ombudsmann findet nicht statt,
a) bei Beschwerden, deren Wert 80 000 Euro überschreitet; für die Wertermittlung sind die Grundsätze
   der ZPO zum Streitwert heranzuziehen, bei einer offengelegten Teilbeschwerde ist der erkennbare
   Gesamtwert zu berücksichtigen,
b) bei Beschwerden, die Ansprüche aus einem Kranken-, Pflege- oder Kreditversicherungsvertrag zum
   Gegenstand haben,
c) bei Beschwerden, deren Gegenstand die bei der versicherungsmathematischen Berechnung angewandten Methoden oder Formeln sind,
d) bei Ansprüchen eines Dritten auf die Versicherungsleistung,
e) solange der Beschwerdegegenstand, vor einem Gericht, Schiedsgericht, einer Streitschlichtungseinrichtung oder der Versicherungsaufsicht anhängig ist oder von dem Beschwerdeführer während des
   Ombudsmannverfahrens anhängig gemacht wird, wobei die Einleitung eines Mahnverfahrens wegen
   des Prämienanspruchs nicht als anhängig im Sinne dieser Vorschrift gilt,
f) wenn der Beschwerdegegenstand von einem Gericht, Schiedsgericht oder einer Streitschlichtungseinrichtung abschließend behandelt wurde; das Gleiche gilt, wenn die Streitigkeit durch einen außergerichtlichen Vergleich beigelegt oder hinsichtlich des Beschwerdegegenstands ein Antrag auf Prozesskostenhilfe wegen fehlender Erfolgsaussicht der beabsichtigten Rechtsverfolgung abgewiesen wurde,
g) wenn von dem Beschwerdeführer wegen des Beschwerdegegenstandes Strafanzeige erstattet worden
   ist oder während des Verfahrens erstattet wird (unschädlich sind Strafanzeigen, die der Versicherungsnehmer erstatten muss, um den Versicherungsschutz nicht zu gefährden),
h) wenn die Beschwerde offensichtlich ohne Aussicht auf Erfolg erhoben worden ist,
i) wenn der Anspruch bereits verjährt ist und sich der Beschwerdegegner auf die Verjährung beruft.

---

[715] Männliche Ombudspersonen werden „Ombudsmann", weibliche Ombudspersonen „Ombuds-
frau" genannt. Die Verfahrensordnung richtet sich jeweils nach dem Geschlecht der jeweiligen Ombuds-
person.
[716] Die im folgenden verwendeten männlichen Bezeichnungen gelten entsprechend für weibliche Personen.

v. Rintelen

§ 3 Einlegung der Beschwerde

(1) Das Verfahren beginnt mit Anrufung des Ombudsmanns. Die Anrufung kann mündlich, schriftlich oder in jeder anderen geeigneten Form geschehen.

(2) Der Ombudsmann bestätigt den Eingang der Beschwerde und unterrichtet den Beschwerdeführer in allgemeiner Form über den weiteren Verfahrensgang.

(3) Der Beschwerdeführer soll einen klaren und eindeutigen Antrag stellen und alle zur Beurteilung des Falles geeigneten und erforderlichen Tatsachen mitteilen sowie die erforderlichen Unterlagen beifügen. Der Ombudsmann hilft dem Beschwerdeführer bei Bedarf, den Sachverhalt klar darzustellen, einen sachdienlichen Antrag zu stellen und die notwendigen Unterlagen einzureichen. Er kann sich auch an den Beschwerdegegner wenden, um den Sachverhalt aufzuklären.

(4) Wurden die Voraussetzungen gemäß Abs. 3 trotz der Ermittlungen nicht erfüllt, kann das Verfahren nicht durchgeführt werden. Dies wird dem Beschwerdeführer mitgeteilt. Das Verfahren endet damit.

§ 4 Vertretung

Der Beschwerdeführer kann sich in jeder Lage des Verfahrens auf eigene Kosten vertreten lassen.

§ 5 Prüfung der Zulässigkeit

(1) Der Ombudsmann berücksichtigt in jeder Lage des Verfahrens, ob es gemäß § 2 zulässig ist.

(2) In Zweifelsfällen gibt der Ombudsmann den Parteien Gelegenheit zur Stellungnahme, bevor er über die Zulässigkeit entscheidet. Er begründet seine Entscheidung.

§ 6 Beteiligung des Beschwerdegegners

(1) Ist der Gegenstand der Beschwerde geklärt und die Beschwerde zulässig, fordert der Ombudsmann den Beschwerdegegner zu einer Stellungnahme auf und setzt ihm dafür eine Frist von einem Monat. Die Frist kann um bis zu einen Monat verlängert werden, wenn dies sachdienlich erscheint. Der Beschwerdeführer ist hierüber zu informieren.

(2) Der Ombudsmann leitet die Beschwerde derjenigen Stelle des Beschwerdegegners zu, die dieser als Kontaktstelle für den Ombudsmann benannt hat. bezeichnet hat (Kontaktstelle).

(3) Die Stellungnahme des Beschwerdegegners wird in der Regel dem Beschwerdeführer zugeleitet.

(4) Von der Anforderung einer Stellungnahme kann der Ombudsmann absehen, wenn der geltend gemachte Anspruch anhand der vom Beschwerdeführer eingereichten Unterlagen beurteilt werden kann und offensichtlich unbegründet ist.

§ 7 Verfahren

(1) Hat der Beschwerdegegner nicht innerhalb der Monatsfrist Stellung genommen (§ 6 Abs. 1 S. 1) und auch keinen Antrag auf Fristverlängerung gestellt (§ 6 Abs. 1 S. 2), ist allein der Vortrag des Beschwerdeführers die Entscheidungsgrundlage. Gibt der Beschwerdegegner vor Abschluss des Verfahrens eine verspätete Einlassung ab, berücksichtigt der Ombudsmann sie, sofern die Verspätung entschuldigt ist. Wann eine Verspätung entschuldigt ist, entscheidet der Ombudsmann.

(2) Der Ombudsmann ermittelt von Amts wegen. Er klärt den Sachverhalt in jeder Lage des Verfahrens weiter auf, soweit dies zur Entscheidungsfindung erforderlich erscheint.

(3) Der Ombudsmann gewährleistet eine zügige Bearbeitung der Beschwerden. Er bestimmt in der Geschäftsordnung interne Bearbeitungsfristen und überprüft deren Einhaltung.

(4) Bei Beschwerden, die im Zusammenhang mit versicherungstechnischen Berechnungen in der LebensV – einschließlich Pensions- und Sterbekassen – sowie in der Unfallversicherung mit Beitragsrückgewähr (UBR) stehen, sind die Berechnungen in nachprüfbarer Form mit allen erforderlichen Angaben (z. B. technische Vertragsdaten; Berechnungsformeln mit Zahlenwerten; jeweilige Überschussdeklarationen und Ansammlungszinssätze; gegebenenfalls Genehmigungsdaten des entsprechenden Geschäftsplans; Grundsätze für die Berechnung der Prämien- und Deckungsrückstellungen) in einer gesonderten, nur für den Ombudsmann bestimmten Anlage darzustellen. Darüber hinaus sollten gegebenenfalls die dem Versicherungsschein beigegebene Garantiewerttabelle sowie die letzte Unterrichtung des VN über die Höhe des Überschussguthabens beigefügt werden.

(5) Der Ombudsmann kann eine ergänzende Stellungnahme der Parteien zur Klärung des Sach- und Streitstandes anfordern, wenn ihm dies erforderlich erscheint. Er gibt der anderen Partei Gelegenheit, sich in angemessener Frist zu neuem Vortrag zu äußern. Unentschuldigt verspätete Einlassungen bleiben unberücksichtigt. Wann eine verspätete Einlassung entschuldigt ist, entscheidet der Ombudsmann.

(6) Der Ombudsmann ist in seiner Beweiswürdigung frei. Er erhebt keine Beweise, mit Ausnahme des Urkundenbeweises.

§ 8 Ungeeignete Beschwerden

(1) Der Ombudsmann kann die Befassung mit der Beschwerde in jeder Lage des Verfahrens ablehnen, wenn diese ihm für eine Entscheidung in einem Ombudsmannverfahren ungeeignet erscheint, sofern der Umfang der Urkundenbeweisaufnahme so außergewöhnlich hoch wäre, dass die Kapazitäten des Ombudsmanns und seiner Mitarbeiter in unzumutbarer Weise beansprucht wären.

(2) Der Ombudsmann soll die Befassung mit der Beschwerde in jeder Lage des Verfahrens ablehnen, wenn diese eine entscheidungserhebliche, streitige, höchstrichterlich noch nicht entschiedene Frage betrifft, um deren rechtliche Lösung der Autorität der Gerichte zu überlassen. Das Antragsrecht des Beschwerdegegners nach Absatz 4 bleibt unberührt.

(4) Der Beschwerdegegner kann in jeder Lage des Verfahrens beantragen, dass der Ombudsmann eine Beschwerde als Musterfall unbeschieden lässt, sofern er plausibel machen kann, dass es sich um eine Frage von rechtsgrundsätzlicher Bedeutung handelt. Der Beschwerdegegner hat sich jedoch zu verpflichten, dem Beschwerdeführer die erstinstanzlichen Gerichts- und Anwaltskosten zu erstatten, und zwar auch, falls der Beschwerdegegner vor Gericht obsiegen sollte.

§ 9 Beurteilungsmaßstab

Entscheidungsgrundlage sind Recht und Gesetz. Sofern es daneben allgemeine Grundsätze ordnungsgemäßer Versicherungs-, Kapitalanlage- und Vertriebspraxis (Wettbewerbsrichtlinien) gibt, die das Versicherungsgeschäft und seine Abwicklung beeinflussen, soll er diese mitberücksichtigen.

§ 10 Verfahrensbeendigung

(1) Ist die Beschwerde unzulässig, weist der Ombudsmann sie als unzulässig ab.

(2) Der Ombudsmann weist die Beschwerde als ungeeignet ab, wenn sie nach Maßgabe von § 8 Abs. 1 bis 3 nicht geeignet ist, um durch den Ombudsmann entschieden zu werden, oder wenn es sich um einen Musterfall nach Maßgabe von § 8 Abs. 4 handelt.

(3) Eignet sich die Beschwerde nicht für einen Schlichtungsversuch, ist ein solcher erfolglos oder kann der Streit nicht anderweitig beigelegt werden, bescheidet der Ombudsmann die Beschwerde. Bei einem Beschwerdewert von bis zu 5 000 Euro erlässt er eine Entscheidung und bei einem Beschwerdewert von mehr als 5 000 Euro bis zu 80 000 Euro eine Empfehlung.

(4) Die Abweisung, die Entscheidung und die Empfehlung des Ombudsmanns ergehen schriftlich und sind mit Gründen zu versehen. Sie werden beiden Parteien unverzüglich übermittelt. In geeigneten Fällen kann im Einverständnis mit den Parteien von der Schriftform abgesehen werden.

(5) Das Beschwerdeverfahren endet durch Rücknahme, Abhilfe, Vergleich sowie durch Abweisung oder Bescheidung der Beschwerde. Die Wirkung nach § 12 Abs. 1 S. 1 entfällt mit Kenntnisnahme von der abschließenden Mitteilung, spätestens drei Tage nach deren Versand.

§ 11 Bindungswirkung des Bescheids

(1) Die Entscheidung ist für den Beschwerdegegner bindend. Die Empfehlung ist für beide Parteien nicht bindend.

(2) Dem Beschwerdeführer steht immer der Weg zu den ordentlichen Gerichten offen. Dem Beschwerdegegner steht der Weg zu den ordentlichen Gerichten nur in dem Fall des Abs. 1 S. 2 offen.

§ 12 Hemmung der Verjährung

(1) Während der Dauer des gesamten Verfahrens gilt gegenüber dem Beschwerdegegner die Verjährung für streitbefangene Ansprüche des Beschwerdeführers als gehemmt. Die Frist nach § 12 Abs. 3 VVG verlängert sich um die Dauer des Verfahrens zuzüglich eines Monats.

(2) Sofern wegen des Anspruchs auf die Versicherungsprämie des Vertrags, der durch die Beschwerde betroffen ist, das Mahnverfahren eingeleitet wurde, wird das Versicherungsunternehmen auf Veranlassung des Ombudsmanns das Ruhen des Mahnverfahrens bewirken.

§ 13 Zinsen

Trifft der Ombudsmann eine Entscheidung oder Empfehlung, die dem Beschwerdeführer eine Geldsumme zuspricht, so bezieht er die gesetzlichen Zinsen (§ 288 BGB) ab dem Zeitpunkt ein, in dem der Beschwerdeführer sich bei dem Ombudsmann beschwert hat.

§ 14 Kosten des Verfahrens

(1) Das Verfahren ist für den Beschwerdeführer kostenfrei.

(2) Die Beteiligten des Verfahrens haben ihre eigenen Kosten selbst zu tragen.

§ 15 Besondere Verfahren

Bedient sich das Versicherungsunternehmen zur Erfüllung seiner vertraglichen Leistungen aus dem Versicherungsvertrag eines Dritten, beispielsweise eines Schadenabwicklungsunternehmens im Sinne von § 8a VAG, gelten folgende Regelungen:

(1) Das Versicherungsunternehmen hat sicherzustellen, dass der Dritte daran mitwirkt, die eingegangenen Verpflichtungen aus der Satzung und der Verfahrensordnung in den Beschwerdeverfahren zu erfüllen. Dies gilt insbesondere für die Abgabe von Stellungnahmen, die Umsetzung von Entscheidungen und den Eintritt der Verjährungshemmung. Soweit das Versicherungsunternehmen keine Einzelanweisung für den Beschwerdefall abgeben kann oder will, hat es durch eine allgemeine Weisung sicherzustellen, dass die Verpflichtungen erfüllt werden.

(2) Der Ombudsmann wirkt im Beschwerdeverfahren daran mit, dass Trennungsgrundsätze, wie sie sich aus § 8a Abs. 4 S. 2 VAG ergeben, beachtet werden.

§ 16 Verschwiegenheit

(1) Der Ombudsmann und die Mitarbeiter der Eingabestelle sind zur Verschwiegenheit über alle die Parteien betreffenden Umstände verpflichtet, von denen sie im Rahmen eines Beschwerdeverfahrens Kenntnis erlangen.

(2) Geschäftsgeheimnisse des Beschwerdegegners werden den Verfahrensbeteiligten gegenüber nicht offenbart. Der Ombudsmann berücksichtigt die insoweit fehlende Verteidigungsmöglichkeit des Beschwerdegegners im Rahmen seiner Beweiswürdigung.

IV. Beschwerde beim Ombudsmann für die private Kranken- und PflegeV

1. Organisation und Selbstverständnis

438   Der Verband der privaten Krankenversicherungen e. V. (PKV) hat ein eigenes Streitschlichtungssystem installiert. Dem PKV-Ombudsmann[717] steht jedoch **keine Entscheidungsbefugnis** zu; er ist – soweit er Spielraum dafür sieht – ausschließlich als Streitschlichter auf der Basis von Empfehlungen tätig[718]. Auch in seinem **Selbstverständnis** unterscheidet er sich grundlegend vom Versicherungsombudsmann.

439   Da er dem PKV angegliedert ist, ist eine **institutionelle Unabhängigkeit nicht** gegeben. Eine Beteiligung Außenstehender, insbesondere der Verbraucherseite, gibt es nicht.

440   Deshalb versteht der vom Vorstand der PKV auf drei Jahre berufene Ombudsmann[719] sich auch **nicht als Verbraucherschützer,** sondern in erster Linie als **Wahrer und Förderer eines positiven Images der PKV** in ihrer Konkurrenzstellung zur gesetzlichen Krankenversicherung[720]. Vor diesem Hintergrund geht es ihm darum, in geeigneten Fällen Kompromisse zu suchen und die Parteien zu versöhnen (§ 2 Abs. 1 Statut[721]). Da eine verbindliche Entscheidung des Ombudsmanns und damit eine strikte Bindung an Gesetz und Recht nicht vorgesehen sind, können **auch soziale und sozialpolitische Erwägungen** bei den Verhandlungsbemühungen berücksichtigt werden, um – so das erklärte Ziel[722] – negative Auswirkungen für die Akzeptanz der PKV in der Sozialpolitik (Imageschaden) zu vermeiden.

---

[717] Ombudsmann private Kranken- und Pflegeversicherung, Leipziger Straße 104, 10117 Berlin; (Internet: www.pkv-ombudsmann.de).

[718] Ob ein ohne Entscheidungsbefugnis wirkender Schlichter begrifflich überhaupt Ombudsmann genannt werden kann (vgl. *Labes,* FS Winter [2002], 149 [155]), ist ein eher akademischer Streit. *T. v. Hippel,* Ombudsmann, S. 6, bezeichnet ihn als „Schlichtungs-Ombudsmann" im Gegensatz zum entscheidungsbefugten „echten" Ombudsmann.

[719] Erster Ombudsmann (seit 1. 10. 2001) ist der Journalist und Schriftsteller Arno Surminski.

[720] Instruktiv *A. Surminski* (Interview), ZfV 2002, 212.

[721] Statut des PKV-Ombudsmanns: Rn. 451.

[722] *A. Surminski,* ZfV 2002, 212 (213); vgl. auch Tätigkeitsbericht 1. 10. 2001–31. 12. 2002, S. 7.

Wenngleich auch eher im Wege einer Reflexwirkung kann dies auch für einen Beschwerdeführer hilfreich sein.

Die **persönliche Neutralität und Unabhängigkeit** des Ombudsmanns soll dadurch gewährleistet werden, dass er neben seiner Tätigkeit nicht gleichzeitig in der Krankenversicherungs- oder Versicherungsvermittlerbranche oder in einem Beruf, der die Erbringung von Leistungen im Gesundheitswesen zum Gegenstand hat, arbeiten darf (§ 1 Abs. 2 Statut). In seiner Amtsführung ist er **unabhängig** und **an Weisungen nicht gebunden** (§ 8 Statut).   **441**

Über den jährlichen Tätigkeitsbericht (§ 11 Abs. 2 Statut) hinaus ist eine **Publikation der Ombudsmannaktivitäten nicht** vorgesehen (§ 9 Abs. 3 Statut).   **442**

2. Verfahrensgang

Auch beim PKV-Ombudsmann verläuft das Verfahren in **zwei Prüfschritten** (Zulässigkeit und Begründetheit der Beschwerde)[723].   **443**

a) Zulässigkeitsprüfung. Die Beschwerde soll **grundsätzlich schriftlich** in deutscher Sprache mit kurzer Sachverhaltsschilderung, konkretem Antrag und unter Beifügung notwendiger ergänzender Unterlagen erfolgen; in Ausnahmefällen ist aber auch eine telefonische Beschwerdeeinlegung möglich (§ 4 Abs. 1 Statut)[724].   **444**

Beschwerdebefugt sind natürliche Personen, die ein Versicherungsverhältnis bei einem privaten Krankenversicherungsunternehmen, das Mitglied im PKV ist, unterhalten bzw. unterhalten haben oder in einer Gruppenversicherung versicherte Personen sind (§ 3 Abs. 1 Statut).   **445**

Beschwerdegegner ist das betroffene Krankenversicherungsunternehmen.   **446**

Ist die Abrechnung eines Behandlers oder Krankenhauses Grundlage der Beschwerde, sollen diese **Leistungserbringer in das Schlichtungsverfahren einbezogen** werden (§ 6 Abs. 1 S. 7 Statut). Diese – sinnvolle – Beteiligungsmöglichkeit ist jedoch in der Praxis mangels ausreichender Kooperationsbereitschaft der Leistungserbringer kaum wirksam. Generell wirkt deshalb der Ombudsmann in Gebührenstreitigkeiten darauf hin, dass der Krankenversicherer entweder unmittelbar gegenüber dem Leistungserbringer, dessen Abrechnung vom VR beanstandet wird, tätig wird – also den Versicherten ganz aus der Auseinandersetzung heraushält – oder aber der Versicherte eine so qualifizierte Stellungnahme des Krankenversicherers erhält, dass er selbst gegenüber dem Behandler eine Klärung herbeiführen kann[725].   **447**

Der **Beschwerdegegenstand** muss sich auf einen bestehenden oder beendeten privaten Krankenversicherungsvertrag (insbes. Krankheitskosten-, Krankenhaustagegeld-, Krankentagegeld- und Pflegeversicherung einschl. privater Pflegepflichtversicherung) und die sich bei seiner Durchführung ergebenden Fragen beziehen (§ 2 Abs. 2 Statut). Der **Beschwerdewert** spielt keine Rolle. Streitigkeiten zwischen VN/Versicherten und einem **Abschlussvermittler** aus dessen Vermittlungstätigkeit sind vom Beschwerdeverfahren ausgeschlossen (§ 3 Abs. 3 Statut).   **448**

Der Ombudsmann **behandelt eine Beschwerde nicht** (§ 2 Abs. 3 Statut), wenn

– der Beschwerdegegenstand bereits **bei einem Gericht anhängig** ist, in der Vergangenheit anhängig war oder von dem Beschwerdeführer während des Schlichtungsverfahrens anhängig gemacht wird.   **449**

Da bereits eine **frühere anderweitige Anhängigkeit** ausreicht, gilt der Ausschluss auch nach Beendigung dieser Anhängigkeit und damit auch nach einer Klagerücknahme.

– die Streitigkeit durch außergerichtlichen Vergleich beigelegt ist.   **450**

---

[723] Außer dem Ombudsmann sind vier Volljuristen tätig.

[724] In der Praxis wird demgegenüber von der Möglichkeit telefonischer Anfragen/Beschwerden reger Gebrauch gemacht. Von den bis 31. 12. 2002 eingegangenen 6.973 Eingaben waren 4.615 telefonisch (66%). Hiervon fiel ein Drittel nicht in die Zuständigkeit des Ombudsmanns, ein weiteres Drittel wurde unmittelbar im Gespräch erledigt und nur das letzte Drittel ging in ein schriftliches Schlichtungsverfahren über (Tätigkeitsbericht 1. 10. 2001–31. 12. 2002, S. 16).

[725] Tätigkeitsbericht 1. 10. 2001–31. 12. 2002, S. 9.

451   – ein **Antrag auf Prozesskostenhilfe abgewiesen** worden ist, weil die beabsichtigte Rechtsverfolgung keine Aussicht auf Erfolg bietet.

452   – die Angelegenheit **Gegenstand eines Verfahrens bei einer anderen Ombudsmann-stelle** oder ähnlichen Einrichtung oder der BaFin war oder während der Behandlung durch den Ombudsmann dort anhängig gemacht wird.
Anders als beim Versicherungsombudsmann führt also auch eine **erfolglos gebliebene BaFin-Beschwerde** zur Unzulässigkeit einer Beschwerde beim PKH-Ombudsmann.

453   – der VR **nach § 12 Abs. 3 VVG a. F. leistungsfrei** geworden ist (§ 5 Abs. 1 S. 3 Statut).

454   Zulässigkeitsvoraussetzung ist außerdem grds. eine vorherige **erfolglose Beschwerde beim betroffenen Versicherungsunternehmen** (§ 4 Abs. 1 S. 1 Statut)[726] und die Wahrung der sich anschließenden **einjährigen Frist** für die Beschwerdeeinlegung beim Ombudsmann[727] (§ 5 Abs. 1 S. 1 Statut).

455   **b) Begründetheitsprüfung und Entschließung des Ombudsmann.** Muss die Beschwerde nicht bereits wegen **offensichtlicher Unzulässigkeit** zurückgewiesen werden (§ 7 Abs. 3 Statut), ermittelt der Ombudsmann den Sach- und Streitstand im schriftlichen Verfahren **zügig** unter **strikter Beachtung der Gewährung rechtlichen Gehörs** (§ 6 Statut). Die von den Parteien und sonstigen Beteiligten eingeholten erforderlichen Auskünfte darf er **frei würdigen.** In Ausnahmefällen kann er die Parteien und sonstige Beteiligte (insbesondere in das Verfahren einbezogene Leistungserbringer) zum **persönlichen Gespräch** einladen. Außerdem besteht ggf. die Möglichkeit, **Sachverständige schriftlich oder mündlich** zu befragen[728].

456   Kommt eine zu jedem Zeitpunkt des Beschwerdeverfahrens anzustrebende gütliche Einigung nicht zustande, gibt der Ombudsmann eine **schriftliche Empfehlung** ab, die **für alle Beteiligten unverbindlich** ist (§ 7 Abs. 1 Statut). Eine den VR einseitig bindende Entscheidung bis zu einem Beschwerdewert von 5000 € gibt es – anders als beim Versicherungsombudsmann – hier nicht.

457   **Beurteilungsgrundlagen** sind der Inhalt des Versicherungsvertrages, das Gesetzesrecht sowie die dazu ergangene Rechtsprechung (§ 7 Abs. 2 Statut).

458   Vom Beginn des Tages, an dem die Beschwerde beim Ombudsmann eingeht, bis zum Ende des Tages, an dem dem VN die Mitteilung über die Beendigung des Beschwerdeverfahrens zugeht, sind sowohl die **Verjährung** (§ 195 BGB) als auch nach bisherigem Recht der Lauf der **Sechsmonatsfrist des § 12 Abs. 3 VVG** a. F. gehemmt. Die Hemmung endet jedoch spätestens sechs Monate nach Einlegung der Beschwerde (§ 5 Abs. 2 Statut).

3. Erste Erfahrungen

459   Im Jahr 2006 wurden 3517 Beschwerden und im Jahr 2007 3974 Beschwerden registriert[729]. Die durchschnittliche Bearbeitungsdauer beträgt ca. 25 Wochen[730].

460   Die **Schwerpunkte der Eingaben** lagen in folgenden Sachbereichen[731]:

---

[726] Der erfolglosen Beschwerde ist gleichgestellt, dass das Versicherungsunternehmen sechs Wochen nach Einlegung der Beschwerde noch keine schriftliche Entscheidung getroffen hat (§ 4 Abs. 1 S. 2 Statut).

[727] Die Frist beginnt mit dem Eingang der schriftlichen Beschwerdeentscheidung des VR oder, falls diese ausbleibt, sechs Wochen nach Beschwerdeeingang dort (§ 5 Abs. 1 S. 1 Statut). Soweit *Kalis*, VersR 2002, 292, für den Fall, dass der VR die Beschwerde nicht binnen sechs Wochen beschieden hat, dem VN nur eine Beschwerdefrist von längstens sechs Wochen nach Einlegung der Beschwerde beim VR zubilligt, beruht dies auf einer Fehlinterpretation des § 5 Abs. 1 Statut.

[728] Von der Möglichkeit der Sachverständigenbefragung macht der Ombudsmann im Hinblick auf die Unverbindlichkeit seiner Empfehlungen jedoch keinen Gebrauch (Tätigkeitsbericht 1. 10. 2001–31. 12. 2002, S. 10).

[729] Tätigkeitsbericht 2006, S. 16, 2007, S. 20.

[730] Tätigkeitsbericht 2006, S. 22.

[731] Zur Verteilung der Beschwerden auf Themenschwerpunkte und zu den häufigsten Beschwerdegründen vgl. Tätigkeitsbericht 2006, S. 17 ff., 2007, S. 9 ff.

- Streit über die Erstattungsfähigkeit vom VR als überhöht angesehener Arzt- oder Zahnarztrechnungen
- Beitragshöhe/-anpassungen
- Medizinische Notwendigkeit einer Heilbehandlung
- Arznei-, Heil- und Hilfsmittel
- Zahnbehandlung und Zahnersatz
- Vergütung Krankengymnastik/Physiotherapie
- Rücktritt/Kündigung des Vertrages/Modifizierter Standardtarif
- Risikozuschläge/Leistungsausschluss
- Stationäre Aufenthalte in sog. gemischten Anstalten.

Auch die Tätigkeit des PKV-Ombudsmanns erweist sich für Beschwerdeführer im Ergebnis als **durchaus vorteilhaft**[732]. Im Jahr 2006 betraf dies insgesamt 35,6% der im schriftlichen Verfahren erledigten Beschwerden, im Jahr 2007 28,5%. Ebenso wie beim Vers-Ombudsmann beruht diese Erfolgsquote jedoch auch darauf, dass die betroffenen Versicherungsunternehmen **von sich aus nachgeben** und der Beschwerde – aus welchen Gründen auch immer – abhelfen Demgegenüber waren 63,3% (2006) bzw. 70,5% (2007) aller schriftlichen Beschwerden für die Beschwerdeführer erfolglos. **461**

Sinnvoll ist die erklärte Absicht des PKV-Ombudsmanns, neuralgische Beschwerdeanlässe allgemein mit den Versicherungsunternehmen und dem PKV zu erörtern, um **vorbeugende Maßnahmen anzuregen**[733]. **462**

4. Anhang
Statut für den Ombudsmann der privaten Krankenversicherung **463**

Zur Schlichtung von Streitigkeiten zwischen Versicherungsunternehmen und ihren Versicherten hat der Verband der privaten Krankenversicherung e. V. eine Ombudsmannstelle für Angelegenheiten der privaten Krankenersicherung eingerichtet. Die Ombudsstelle ist auch für Beschwerden von Bürgern gegen Versicherungsvermittler zuständig, soweit es sich um die erfolgte oder versuchte Vermittlung von privaten Kranken- und Pflegeversicherungen handelt. Für die Tätigkeit der Ombudsstelle gilt das folgende Statut.

§ 1 Allgemeines

(1) Es wird ein Ombudsmann für die private Kranken- und Pflegeversicherung berufen, nachfolgend als „Der Ombudsmann" bezeichnet. Der Ombudsmann, – der männlichen oder weiblichen Geschlechts sein kann –, wird vom Vorstand des Verbandes der privaten Krankenversicherung e. V. auf Vorschlag der Verbandsgeschäftsführung berufen. Er hat seinen Sitz in Berlin.

(2) Als Ombudsmann soll eine Persönlichkeit berufen werden, die über die für die Ausübung des Amtes erforderliche Befähigung und über Erfahrungen im Bereich der privaten Krankenversicherung und im Gesundheitswesen verfügt. Der Ombudsmann darf nicht in der Krankenversicherungs- oder Versicherungsvermittlungsbranche oder in einem Beruf, der die Erbringung von Leistungen im Gesundheitswesen zum Gegenstand hat, arbeiten oder dort irgendeine Stellung bekleiden.

(3) Der Ombudsmann hat eine Geschäftsstelle. Deren Besetzung regelt er in Abstimmung mit der Geschäftsführung des Verbandes der privaten Krankenversicherung e. V.

§ 2 Aufgabe und Zuständigkeit des Ombudsmannes

(1) Der Ombudsmann hat die Aufgabe, im Fall von Beschwerden zwischen Versicherungsnehmern/Versicherten und Krankenversicherungsunternehmen (sowie in Ausnahmefällen den Leistungserbringern im Gesundheitswesen) zu vermitteln und möglichst eine Versöhnung der Parteien herbeizuführen.

(2) Voraussetzung für sein Tätigwerden ist, dass der Beschwerdegegenstand sich auf eine private Kranken- oder Pflegeversicherung und die sich bei ihrer Durchführung ergebenden Fragen bezieht. Private Kranken- oder Pflegeversicherungen in diesem Sinne sind insbesondere die Krankheitskostenversicherung, die Krankenhaustagegeldversicherung, die Krankentagegeldversicherung und die Pflegekrankenversicherung einschließlich der privaten Pflegepflichtversicherung. Das betreffende Krankenversicherungsunternehmen muss Mitglied im Verband der privaten Krankenversicherung e. V. sein. Der

---

[732] Vgl. Tätigkeitsbericht 2006, S. 16 ff., 2007, S. 24 f.
[733] Vgl. Pressekonferenzbericht v. 18. 2. 2003, ZfV 2003, 121 (122).

Ombudsmann kann nach vorheriger Rücksprache mit dem Verband der privaten Krankenversicherung e. V. auch entscheiden, andere Beschwerden zur Bearbeitung anzunehmen, sofern er nicht davon ausgehen muss, dass einer der Beteiligten die Vermittlung nicht wünscht.

(3) Der Ombudsmann behandelt eine Beschwerde nicht, wenn
– der Beschwerdegegenstand bereits bei einem Gericht anhängig ist, in der Vergangenheit anhängig war oder von dem Beschwerdeführer während des Schlichtungsverfahrens anhängig gemacht wird;
– die Streitigkeit durch außergerichtlichen Vergleich beigelegt ist;
– ein Antrag auf Prozesskostenhilfe abgewiesen worden ist, weil die beabsichtigte Rechtsverfolgung keine Aussicht auf Erfolg bietet;
– die Angelegenheit bereits Gegenstand eines Verfahrens bei einer anderen Ombudsmannstelle oder ähnlichen Einrichtung oder der Bundesanstalt für Finanzdienstleistungsaufsicht war oder während der Behandlung durch den Ombudsmann dort anhängig gemacht wird.

(4) Ergibt sich, dass neben oder anstatt des Ombudsmannes der privaten Krankenversicherung eine andere Einrichtung mit vergleichbaren Aufgaben zuständig ist, so entscheidet der Ombudsmann über eine Weitergabe an die entsprechende Stelle. Die Weitergabe kann auch an eine andere Ombudsmannstelle ins Ausland erfolgen. Die Parteien werden darüber rechtzeitig informiert. Die Abgabe unterbleibt insbesondere, wenn Anhaltspunkte dafür vorliegen, dass der Beschwerdeführer eine Weitergabe nicht wünscht.

§ 3 Beschwerdeführer

(1) Die in § 2 genannten Beschwerden können durch natürliche Personen, die einen Versicherungsvertrag bei einem privaten Krankenversicherungsunternehmen unterhalten, das Mitglied im Verband der privaten Krankenversicherung e. V. ist, in Bezug auf ein bestehendes oder beendetes Versicherungsverhältnis eingereicht werden. Beschwerden können auch versicherte Personen in einer Gruppenversicherung in Bezug auf diese Versicherung einlegen.

(2) Ein privates Krankenversicherungsunternehmen kann den Ombudsmann im Streitfalle um Vermittlung bitten, wenn der Versicherungsnehmer dem zugestimmt hat.
§ 2 Abs. 2 gilt entsprechend.

(3) Der Ombudsmann befasst sich nicht mit Streitigkeiten, die sich zwischen Versicherungsunternehmen und Personen, die den Abschluss von Versicherungsverträgen vermitteln, aus dieser Vermittlungtätigkeit ergeben.

§ 4 Form, Vertretung, Kosten

(1) Beschwerden können nach vorheriger, erfolgloser Beschwerde gegenüber dem Krankenversicherungsunternehmen dem Ombudsmann schriftlich vorgelegt werden. Ist seit Einreichung der Beschwerde bei dem Versicherer eine Frist von sechs Wochen ohne Entscheidung vergangen oder erscheint die vorherige Beschwerde beim Versicherer offensichtlich aussichtslos, kann auf die vorherige Durchführung verzichtet werden. Sie sollen eine kurze Sachverhaltsschilderung, einen konkreten Antrag und die notwendigen ergänzenden Unterlagen enthalten. Telefonische Beschwerden können nur entgegen genommen werden, wenn dafür ein triftiger Grund vorliegt. Der Beschwerdeführer kann in diesem Fall dazu aufgefordert werden, zur Sicherstellung einer ordnungsgemäßen Bearbeitung seine Beschwerde nachträglich auch schriftlich einzureichen. Die Verfahrenssprache ist Deutsch. Beschwerden sollen möglichst in deutscher Sprache eingereicht werden.

(2) Der Beschwerdeführer kann sich zu jedem Zeitpunkt des Beschwerdeverfahrens von einem Rechtsanwalt vertreten lassen oder einen Rechtsanwalt beiziehen.

(3) Die Behandlung von Beschwerden durch den Ombudsmann ist für die Beteiligten kostenlos. Kosten, die den Parteien im Rahmen des Beschwerdeverfahrens, z. B. durch Einschaltung eines Rechtsanwalts oder durch Reisen entstehen, sind von ihnen selbst zu tragen. Bei Vermittlerbeschwerden kann die Ombudsstelle in begründeten Fällen von dem Vermittler eine Aufwandsentschädigung verlangen, die 50 Euro nicht übersteigt.

§ 5 Fristen, Verjährung

(1) Die Frist für die Einlegung der Beschwerde beim Ombudsmann beträgt ein Jahr. Sie beginnt mit dem Eingang der schriftlichen Entscheidung des Versicherers auf die Beschwerde oder, falls eine Entscheidung nicht erfolgt ist, sechs Wochen nach Einlegung der Beschwerde bei dem Versicherungsunternehmen. Ist jedoch der Versicherer nach § 12 Abs. 3 Versicherungsvertragsgesetz (VVG) von der Verpflichtung zur Leistung frei, ist eine Beschwerde gegenüber dem Ombudsmann nicht möglich.

v. Rintelen

(2) Die Verjährung nach § 12 Abs. 1 VVG und der Lauf der sechsmonatigen Klagefrist nach § 12 Abs. 3 VVG sind vom Beginn des Tages, an dem die Beschwerde bei dem Ombudsmann eingeht, bis zum Ende des Tages, an dem dem Versicherungsnehmer die Mitteilung über die Beendigung des Beschwerdeverfahrens zugeht, gehemmt. Die Hemmung der genannten Frist endet jedoch spätestens sechs Monate nach Einlegung der Beschwerde. Hierauf soll der Ombudsmann zu Beginn des Beschwerdeverfahrens schriftlich hinweisen.

§ 6 Verfahrensgrundsätze

(1) Nach Einreichung der Beschwerde ermittelt der Ombudsmann den Sach- und Streitstand im schriftlichen Verfahren. Der Ombudsmann hat die Parteien zu hören. Er soll bei den Parteien und sonstigen Beteiligten die erforderlichen Auskünfte einholen, die er freier Beweiswürdigung unterzieht. Die Verweigerung einer Auskunft kann bei der Beweiswürdigung berücksichtigt werden. In Ausnahmefällen kann der Ombudsmann Parteien und sonstige Beteiligte zum persönlichen Gespräch einladen. Dessen wesentlicher Inhalt wird protokolliert. Ist die Abrechnung eines Behandlers oder eines Krankenhauses Grundlage der Beschwerde, so sollen diese Leistungserbringer in das Schlichtungsverfahren einbezogen werden.

(2) Wenn und soweit das für eine sachgerechte Behandlung der Beschwerden notwendig ist, kann der Ombudsmann Sachverständige schriftlich oder mündlich befragen.

(3) Zum Zweck der Verfahrensbeschleunigung wirkt der Ombudsmann auf einen zügigen Ablauf hin.

§ 7 Einigung, Entscheidung

(1) Der Ombudsmann soll in jedem Zeitpunkt des Beschwerdeverfahrens eine gütliche Einigung der Parteien anstreben. Kommt eine solche zustande, wird sie protokolliert und den Parteien übermittelt. Kommt zwischen den Parteien keine gütliche Einigung zustande, entscheidet der Ombudsmann in Form einer nicht bindenden schriftlichen Empfehlung, von der er die Beteiligten unverzüglich in Kenntnis setzt.

(2) Für die Beurteilung einer Beschwerde durch den Ombudsmann ist der Inhalt des Versicherungsvertrages, das Gesetzesrecht sowie die dazu ergangene Rechtsprechung maßgeblich. In Angelegenheiten der privaten Pflegepflichtversicherung berücksichtigt er außerdem die Auslegungshinweise des Verbandes der privaten Krankenversicherung e. V.

(3) Der Ombudsmann kann entscheiden, dass eine Beschwerde offensichtlich unzulässig oder unbegründet ist und aus diesem Grund keiner weiteren Behandlung bedarf. In diesem Fall teilt er diese Entscheidung den Parteien mit. Eine solche Entscheidung ergeht insbesondere in den Fällen der §§ 2 Abs. 3 und 4, § 3 Abs. 3, § 4 Abs. 1 sowie § 5.

(4) In Bagatellsachen (Streitwert bis 50 Euro) kann der Ombudsmann die Annahme der Beschwerde wegen Geringfügigkeit ablehnen.

§ 8 Amtsausübung

Der Ombudsmann ist in seiner Amtsübung unabhängig und an Weisungen nicht gebunden.

§ 9 Geheimhaltungspflicht und Datenschutz

(1) Der Ombudsmann ist verpflichtet, die Identität Beteiligter der Beschwerdeverfahren gegenüber Dritten geheim zu halten, es sei die Beteiligten haben ihn ausdrücklich von der Geheimhaltungspflicht entbunden oder die Preisgabe der Identität der Beteiligten ist für die Ausübung seiner Tätigkeit zwingend erforderlich. Die Verpflichtung zur Geheimhaltung gilt in gleicher Weise auch für die Mitarbeiter der Geschäftsstelle und Sachverständigen. Sachverständige verpflichten sich mittels schriftlicher Erklärung gegenüber dem Ombudsmann zur Beachtung der Geheimhaltungsverpflichtung.

(2) Eine Speicherung personenbezogener Daten durch den Ombudsmann erfolgt nur, soweit dies zur Ausübung seiner Tätigkeit erforderlich ist.

(3) Der Ombudsmann wird, im Rahmen des Tätigkeitsberichts nach § 11, nichts veröffentlichen, was mit seiner Funktion im Zusammenhang steht.

§ 10 Amtszeit und Vertretung

(1) Die Berufung des Ombudsmann erfolgt für einen Zeitraum von drei Jahren. Eine bis zu zweimalige erneute Berufung für den gleichen Zeitraum ist möglich. Eine Kündigung durch den Verband der privaten Krankenversicherung e. V. kann aus wichtigem Grund, insbesondere bei schwerwiegenden Verstößen gegen seine Amtspflichten. Der Ombudsmann muss gegenüber dem Verband der privaten Krankenversicherung e. V. eine Kündigungsfrist von mindestens einem Monat einhalten.

(2) Bei länger als vier Wochen andauernder Krankheit oder Verhinderung des Ombudsmannes kann der Vorstand des Verbandes der privaten Krankenversicherung e. V. für die verbleibende Amtszeit einen Stellvertreter berufen. Gleiches gilt, wenn das Amtsverhältnis gemäß Abs. 1 gekündigt wird.

§ 11 Information der Öffentlichkeit

(1) Der Ombudsmann wird den Text dieses Statuts jedem, der ihn anfordert, kostenlos zur Verfügung stellen.

(2) Der Ombudsmann berichtet innerhalb von sechs Monaten nach Ende des Kalenderjahres dem Vorstand des Verbandes der privaten Krankenversicherung e. V. schriftlich und in strukturierter Form über seine Tätigkeit in diesem Jahr und die dabei gewonnenen Erfahrungen. Eine Veröffentlichung des Berichts durch den Ombudsmann erfolgt nicht vor Ablauf eines Monats nach dessen Übergabe. Eine Veröffentlichung kann auch durch den Verband der privaten Krankenversicherung e. V. erfolgen.

§ 12 Vergütung

Der Ombudsmann erhält für seine Tätigkeit eine Vergütung. Die Festsetzung der Vergütung erfolgt durch den Vorstand des Verbandes der privaten Krankenversicherung e. V.

§ 13 Finanzierung

Der Verband der privaten Krankenversicherung e. V. trägt die Kosten, die bei der Durchführung dieser Statuten entstehen.

§ 14

Die Ombudsmannstelle nimmt ihre Tätigkeit am 1. Oktober 2001 auf.

2. Teil. Besonderer Teil. Einzelne Versicherungszweige

1. Abschnitt. Haftpflichtversicherungen

§ 24. Allgemeine Haftpflichtversicherung

Inhaltsübersicht

Literatur: Vor der VVG-Reform: *Bayer,* Haftpflichtversicherungsschutz für Nutzungsausfall als Folge von Bearbeitungsschäden, VersR 1999, 813–816; *Bechert,* Neue AHB: Viele warten erst noch die VVG-Reform ab, VW 2006, 1175; *Beisler,* Über die Rechtsschutzfunktion der Haftpflichtversicherung, Vers-Arch 1957, 257–312; *Diederichsen,* Die Deckung des Produkthaftpflichtrisikos im Rahmen der Betriebshaftpflichtversicherung, VersR 1971, 1077–1096; *Gierke,* Die Haftpflichtversicherung und ihre Zukunft, ZHR 60, 1–33; *Heimbücher,* „Reine" Vermögensschäden in privaten Haftpflichtversicherungen, VW 2006, 1688; *von Westphalen,* Änderungsbedarf in der Haftpflichtversicherung (AHB) auf Grund des Gesetzes zur Modernisierung des Schuldrechts, NVersZ 2002, 241–245; *Huber,* Probleme der über die Versicherungssumme hinausgehenden Leistungspflicht des Haftpflichtversicherers gem. § 156 Abs. 3 VVG, VersR 1986, 851–53; *Johannsen,* Zur Rechtsstellung des geschädigten Dritten in der Haftpflichtversicherung, r+s 1997, 309–317; *ders.,* Vorsatz und grobe Fahrlässigkeit in der Haftpflichtversicherung, r+s 2000, 133–137; *ders.,* Bemerkungen zu den Allgemeinen Versicherungsbedingungen für die Haftpflicht-Versicherung 2004, ZVersWiss 2005, 179–189; *Littbarski,* AHB-Kommentar, 2001 (zit.: *Littbarski*); *ders.,* Die AHB-Reform von 2004 (Teil 2: in Gestalt der Überarbeitung von 2006), PHi 2005, 97–105 und PHi 2006, 82–89; *Meyer-Kahlen,* Der Serienschaden in der Produkt-Haftpflichtversicherung, VersR 1976, 8–17; *Rolfes,* Der Versicherungsfall nach den AHB 02 und den AHB 04 am Beispiel der Arzthaftpflichtversicherung, VersR 2006, 1162–1167; *Sieg,* Die Deckung von Ansprüchen aus zu duldenden Eigentums- oder Besitzverletzungen durch die Haftpflichtversicherung, VersR 1984, 1105–1107; *Voit,* zum Ausschluss der Haftpflichtdeckung bei Krankheitsübertragung und Tierkrankheiten (§ 4 II Nr. 4 AHB), VersR 1989, 8–14; zur **VVG-Reform:** *Grote/Schneider,* VVG 2008: Das neue Versicherungsvertragsrecht – Auswirkungen für gewerbliche Versicherungen, BB 2007, 2689–2702; *Hellberg,* Noch mehr Pflicht-Haftpflichtversicherungen?, VW 2006, 711–713; *Kramer,* Das Beurteilungsermessen des Betriebshaftpflichtversicherers und die geschäftsschädigende Festlegung auf Abwehrschutz, r+s 2008, 1–9; *Lange,* Das Anerkenntnisverbot vor und nach der VVG-Reform, VersR 2006, 1313–1318; *ders.,* Das Zusammenspiel von Anerkenntnis und Abtretung in der Haftpflichtversicherung nach der VVG-Reform, r+s 2007, 401; *ders.,* Die Rechtsstellung des Haftpflichtversicherers nach der Abtretung des Freistellungsanspruchs vom Versicherungsnehmer an den geschädigten Dritten, VersR 2008, 713–717; *Langheid,* Auf dem Weg zu einem neuen Versicherungsvertragsrecht, NJW 2006, 3317–3322; *ders.* Tücken in den §§ 100ff. VVG-RegE, VersR 2007, 865–869; *Littbarski,* Auswirkungen der VVG-Reform auf die Haftpflichtsparte, PHi 2007, 126–134 und 176–186; *Maier,* Die Leistungsfreiheit bei Obliegenheitsverletzungen nach dem Regierungsentwurf zur VVG-Reform, r+s 2007, 89–92; *Rixecker,* VVG 2008 – Eine Einführung, ZfS 2007, 15 ff.; *Römer,* Zu ausgewählten Problemen der VVG-Reform nach dem Referentenentwurf vom 13. März 2006, VersR 2006, 740–745 und 865–870; *Schimikowski,* VVG-Reform: Die vorvertraglichen Informationspflichten des Versicherers und das Rechtzeitigkeitserfordernis, r+s 2007, 133–137; *Schirmer,* Die Haftpflichtversicherung nach der VVG-Reform, ZVersWiss Supplement,

2006, 427–458; *Schneider,* Neues Recht für alte Verträge? – Zum vermeintlichen Grundsatz aus Artikel 1 Abs. 1 EGVVG, VersR 2008, 859–865; *Thalmair,* Die Haftpflichtversicherung nach der VVG-Reform, ZVersWiss Supplement, 2006, 459–474; *Weidner/Schuster,* Quotelung von Entschädigungsleistungen bei grober Fahrlässigkeit des VN in der Sachversicherung nach neuem VVG, r+s 2007, 363.

A. Einleitung

I. Entwicklung

Die Haftpflichtversicherung dient dem Anliegen, die versicherte Person **vor den wirt-** 1 **schaftlichen Folgen ihrer Haftpflicht gegenüber Dritten zu schützen**[1]. In ihrer Entstehung eng verknüpft mit dem Inkrafttreten des Reichshaftpflichtgesetzes vom 7. 6. 1871[2], hat sie sich seitdem unaufhörlich fortentwickelt[3]. Angesichts des technischen und wirtschaftlichen Fortschritts und der damit verbundenen ständigen Erweiterung der Risiken zählt sie heute zu den wohl **bedeutendsten Versicherungszweigen.** Im Jahre 2006 bestanden im Bereich der Allgemeinen Haftpflichtversicherung über 42 Millionen Versicherungsverträge, rund doppelt so viele wie noch im Jahre 1980[4]. Wesentlich zur Entwicklung der Haftpflichtversicherung beigetragen hat auch die als Folge der allgemeinen Motorisierung durch Gesetz vom 7. 11. 1939[5] eingeführte Pflichthaftpflichtversicherung für Kraftfahrzeughalter, die heute Bestandteil der Kraftfahrtversicherung ist[6].

Die Praxis kennt eine **Vielzahl von speziellen Versicherungen, die der Allgemeinen** 2 **Haftpflichtversicherung zuzurechnen sind** und denen die Allgemeinen Versicherungsbedingungen für die Haftpflichtversicherung (AHB) zugrunde liegen. Diese werden jeweils durch Besondere Bedingungen und Zusatzregelungen ergänzt. Bedeutende Erscheinungsformen der allgemeinen Haftpflichtversicherung sind die Privathaftpflichtversicherung, die Betriebshaftpflichtversicherung, die Grundstückseigentümerhaftpflichtversicherung, die Bauherrenhaftpflichtversicherung und die Umwelthaftpflichtversicherung. Im Schadensfall ist stets anhand des jeweiligen Vertrages und der diesem zugrunde liegenden Versicherungsbedingungen zu prüfen, ob das Ereignis, aus dem der geschädigte Dritte Haftpflichtansprüche herleitet, unter den Versicherungsschutz fällt. Die in den Allgemeinen Versicherungsbedingungen verwendeten Begriffe, die die Leistungspflicht des VR umschreiben, sind dabei **so auszulegen,** wie sie ein **durchschnittlicher VN ohne versicherungsrechtliche Spezialkenntnisse bei verständiger Würdigung** verstehen muss[7]. Es liegt deshalb letztlich im Risiko des VR, die Bestimmungen des Versicherungsvertrages so zu formulieren, dass sich hieraus eine eindeutige Abgrenzung des Versicherungsschutzes ergibt.

II. Begriffe

1. Dreiecksverhältnis

Wesentliche Besonderheit der Haftpflichtversicherung ist das Dreiecksverhältnis: **Aufgabe** 3 **des VR ist es, den VN vor den begründeten oder unbegründeten Ansprüchen eines Dritten zu schützen.** Diese Verpflichtung erfüllt der VR, indem er den VN von begründeten Ansprüchen durch Erfüllung freistellt und unbegründete Ansprüche in sachgemäßer Weise abwehrt (§ 100 VVG). Ursprünglich war die Haftpflichtversicherung in der Weise ver-

---

[1] BGH v. 18. 12. 1979, BGHZ 76, 279 = VersR 1980, 625 = NJW 1980, 1623; *Späte,* Vorbem., Rn. 1; *Littbarski,* Vorbemerkungen, Rn. 42 ff.

[2] RGBl. 1871, 207.

[3] Dazu *Gierke,* ZHR 60, 1 ff.

[4] Gesamtverband der deutschen Versicherungswirtschaft e. V., Jahrbuch 2007, S. 57.

[5] RGBl. 1939, 2223.

[6] Dazu § 29 (in diesem Handbuch).

[7] BGH v. 6. 3. 1996, VersR 1996, 622 = NJW-RR 1996, 857; BGH v. 23. 6. 1993, BGHZ 123, 83 = VersR 1993, 957 = NJW 1993, 2369.

traglich ausgestaltet, dass sie alleine dem Schutze des VN diente. Im Laufe der Entwicklung des Haftpflichtversicherungsrechts hat der Zweck, den geschädigten Dritten zu schützen, an Bedeutung gewonnen. Dies hat dazu geführt, dass die **Rechtsstellung des Dritten** im Laufe der Zeit **kontinuierlich gestärkt** worden ist. So gewährt § 110 VVG dem geschädigten Dritten in der Insolvenz des VN ein Recht auf abgesonderte Befriedigung. Auch sind nach § 108 Abs. 1 Satz 1 VVG Verfügungen des VN über den Freistellungsanspruch gegen den VR dem Dritten gegenüber unwirksam und dasselbe gilt nach § 108 Abs. 1 Satz 2 VVG für Verfügungen im Wege der Zwangsvollstreckung oder der Arrestvollziehung. Ist der VN gegenüber mehreren Dritten verantwortlich und übersteigen deren Ansprüche die Versicherungssumme, hat der VR diese Ansprüche nach dem Verhältnis ihrer Beträge zu erfüllen (§ 109 VVG): es erfolgt dann eine Verteilung nach Quoten[8]. Eine besonders starke Rechtsposition erfährt der Dritte in denjenigen Fällen, in denen das Gesetz eine Versicherungspflicht anordnet; für diese Pflichtversicherungen gelten ergänzend die §§ 113 ff. VVG.

2. Trennungsprinzip

4   Aus dem für die Haftpflichtversicherung typischen Dreiecksverhältnis entnimmt die Rechtsprechung das sog. Trennungsprinzip. Das **Haftpflichtverhältnis,** das zwischen dem geschädigten Dritten und dem haftpflichtigen VN besteht, ist **von dem Deckungsverhältnis** zwischen VN und VR **zu trennen.** Grundsätzlich ist im Haftpflichtprozess zu entscheiden, ob und in welcher Höhe der VN dem Dritten gegenüber haftet. Ob der VR dafür eintrittspflichtig ist, wird dagegen im Deckungsprozess geklärt[9]. Begründen lässt sich Trennungsprinzip nach allgemeiner Ansicht mit dem Wesen der Haftpflichtversicherung selbst; es gewährleistet, dass der vertraglich zu gewährende Versicherungsschutz unverkürzt erbracht wird[10]. Der Einwand des VR, der Anspruch des Dritten sei ohnedies unbegründet, ist demgemäß im Deckungsprozess von vornherein unerheblich.

3. Bindungswirkung

5   Notwendige Ergänzung des Trennungsprinzips ist die Bindungswirkung des Haftpflichtprozesses für den nachfolgenden Deckungsprozess. Sie bedeutet, dass das **Ergebnis des vorangegangenen Haftpflichtprozesses für die Deckungsfrage verbindlich** ist und verhindert so, dass die im Haftpflichtprozess getroffene Entscheidung und die ihr zugrunde liegenden Feststellungen im Deckungsprozess erneut überprüft werden können und müssen[11]. Die Bindungswirkung des Haftpflichtprozesses umfasst **die tatsächlichen Elemente,** die der Tatrichter des Haftpflichtprozesses der Haftung des VN zugrunde gelegt hat und darüber hinaus den dem VN anzulastenden **Pflichtenverstoß.** Wird dem VN vorgeworfen, pflichtwidrig eine Handlung unterlassen zu haben, so gehört zum Haftungstatbestand auch, was der VN hätte tun müssen, um pflichtgemäß zu handeln[12]. Es ist deshalb im Deckungsprozess nicht mehr möglich, eine andere schadensverursachende Pflichtverletzung des VN zugrunde zu legen als dies im Haftpflichtprozess geschehen ist[13]. Die Bindungswirkung folgt nicht aus der Rechtskraft des Haftpflichturteils, da der VR am Haftpflichtprozess nicht beteiligt ist; vielmehr ist sie dem Leistungsversprechen, das der VR dem VN im Versicherungsvertrag gegeben hat, zu entnehmen[14]. Sie greift daher auch dann ein, wenn der VR die Prozessführung nicht übernommen hat, weil er sich irrtümlich für leistungsfrei hielt[15].

---

[8] Zur Rechtsstellung des geschädigten Dritten im Einzelnen unten, Rn. 145 ff.
[9] BGH v. 28. 09. 2005, VersR 2006, 106 = NJW 2006, 289; BGH v. 20. 6. 2001, VersR 2001, 1103 = NJW-RR 2001, 1311; BGH v. 18. 3. 1992, BGHZ 117, 345 = VersR 1992, 568 = NJW 1992, 1509.
[10] BGH v. 18. 3. 1992, BGHZ 117, 345 = VersR 1992, 568 = NJW 1992, 1509.
[11] BGH v. 28. 09. 2005, VersR 2006, 106 = NJW 2006, 289; BGH v. 20. 6. 2001, VersR 2001, 1103 = NJW-RR 2001, 1311; BGH v. 18. 3. 1992, BGHZ 117, 345 = VersR 1992, 568 = NJW 1992, 1509.
[12] BGH v. 20. 6. 2001, VersR 2001, 1103 = NJW-RR 2001, 1311.
[13] BGH v. 28. 09. 2005, VersR 2006, 106 = NJW 2006, 289.
[14] BGH v. 20. 6. 2001, VersR 2001, 1103 = NJW-RR 2001, 1311; BGH v. 30. 9. 1992, BGHZ 119, 276 = NJW 1993, 68.
[15] Dazu BGH v. 30. 9. 1992, BGHZ 119, 276 = NJW 1993, 68.

Schneider

Die Bindungswirkung reicht allerdings nur so weit, wie zwischen den Feststellungen im **6** Haftpflicht- und Deckungsprozess **Voraussetzungsidentität** besteht. Das ist der Fall, wenn eine für die Entscheidung im Deckungsprozess maßgebliche Frage sich auch im Haftpflichtprozess nach dem vom Haftpflichtgericht gewählten rechtlichen Begründungsansatz bei objektiv zutreffender rechtlicher Würdigung **als entscheidungserheblich erweist**[16]. Eine solche Begrenzung der Bindungswirkung ist insbesondere deshalb geboten, weil VN und VR keinen Einfluss darauf haben, dass der Haftpflichtrichter „überschießende", nicht entscheidungserhebliche Feststellungen trifft oder nicht entscheidungserhebliche Rechtsausführungen macht[17]. Das Erfordernis der Voraussetzungsidentität ist vor allem dann von Bedeutung, wenn der VR den Versicherungsschutz wegen einer vorsätzlichen oder wissentlichen Pflichtverletzung des VN versagt hat. Wurde im Haftpflichturteil eine Haftung wegen Vorsatzes ausdrücklich verneint und war diese Feststellung, etwa im Hinblick auf die Höhe des zuzuerkennenden Schmerzensgeldes, auch erheblich, so steht dies für den nachfolgenden Deckungsprozess bindend fest, und eine Berufung des VR auf § 103 VVG scheidet aus[18]. Beruht die Verurteilung im Haftpflichtprozess hingegen auf einer lediglich fahrlässigen Pflichtverletzung, ist im Deckungsprozess in tatsächlicher und rechtlicher Hinsicht zu prüfen, ob der VN diese Pflicht wissentlich verletzt hat, wenn der VR sich darauf beruft. Dasselbe gilt, wenn die Frage des Verschuldensgrades im Haftpflichturteil ausdrücklich offengelassen wurde[19]. Eine **Einschränkung der Bindungswirkung** ist allerdings für den Fall anzunehmen, dass der VN und der geschädigte Dritte im Haftpflichtprozess **kollusiv zusammengewirkt** haben[20]. Der VR kann daher im Deckungsprozess einwenden, dass die Feststellungen im Haftpflichtprozess auf ein arglistiges Zusammenwirken zwischen dem VN und dem geschädigten Dritten zurückzuführen sind.

4. Pflichtversicherung

Die Unterhaltung einer Haftpflichtversicherung erfolgt grundsätzlich auf freiwilliger Basis: **7** es gilt wie auch sonst im Privatrecht der Grundsatz der Vertragsfreiheit. In einer zunehmenden Anzahl von Fällen besteht allerdings eine **gesetzliche Verpflichtung zum Abschluss einer Haftpflichtversicherung.** Diese Pflichthaftpflichtversicherungen[21] bezwecken in noch weitergehendem Maße den Schutz des Geschädigten, was auch in der gesetzlichen Regelung der §§ 113 ff. VVG zum Ausdruck kommt. Pflichtversicherungen dürfen nur bei einem im Inland zum Geschäftsbetrieb befugten VR abgeschlossen werden (§ 113 Abs. 2 VVG). Soweit Rechtsvorschriften nichts anderes vorsehen, darf der Versicherungsvertrag Inhalt und Umfang der Pflichtversicherung nur insoweit näher bestimmen, als dadurch die Erreichung des jeweiligen Zweckes der Pflichtversicherung nicht gefährdet wird (§ 114 Abs. 2 VVG). In bestimmten Fällen kann der Geschädigte seine Ansprüche auch unmittelbar gegenüber dem VR geltend machen. Ein Direktanspruch besteht nach § 115 Abs. 1 VVG künftig nicht nur in der Kfz-Haftpflichtversicherung, sondern darüber hinaus immer auch dann, wenn über das Vermögen des VN das Insolvenzverfahren eröffnet, der Eröffnungsantrag mangels Masse abgewiesen oder ein vorläufiger Insolvenzverwalter bestellt worden ist oder wenn der VN unbekannten Aufenthaltes ist. Der VR haftet hier dem Dritten gegenüber in den Grenzen des § 117 VVG auch, soweit er seinem VN gegenüber nicht zur Leistung verpflichtet ist. Soweit ein Direktanspruch des Dritten gegen den VR nicht besteht, bleibt diesem die Möglichkeit, zunächst gegen den VN vorzugehen und nach Erstreiten eines voll-

---

[16] BGH v. 24. 1. 2007, VersR 2007, 641 = NJW-RR 2007, 827; BGH v. 18. 2. 2004, VersR 2004, 590 = NJW-RR 2004, 676.
[17] BGH v. 18. 2. 2004, VersR 2004, 590 = NJW-RR 2004, 676.
[18] Zu einem solchen Fall BGH v. 30. 9. 1992, BGHZ 119, 276 = NJW 1993, 68; s. auch BGH v. 18. 2. 2004, VersR 2004, 590 = NJW-RR 2004, 676.
[19] BGH v. 24. 1. 2007, VersR 2007, 641 = NJW-RR 2007, 827; BGH v. 28. 9. 2005, VersR 2006, 106 = NJW 2006, 289.
[20] Dazu *Römer/Langheid,* § 149, Rn. 14; *Prölss/Martin/Voit/Knappmann,* § 149, Rn. 32b, jew. m. N.
[21] Einzelheiten unten, Rn. 161 ff.

streckbaren Titels dessen Ansprüche gegen den VR aus dem Haftpflichtversicherungsvertrag zu pfänden und sich überweisen zu lassen.

III. Änderungen durch die VVG-Reform

8   Die VVG-Reform lässt die gesetzlichen Rahmenbedingungen der Haftpflichtversicherung in **ihren Grundstrukturen weitgehend unangetastet**[22]. Die auf den ersten Blick auffallende Neufassung des § 100 VVG, der die Leistungspflichten des VR definiert, bewirkt lediglich eine terminologische **Anpassung an die schon bislang geübte Praxis.** Neu ist die in § 105 VVG bestimmte Unwirksamkeit von Vereinbarungen, nach welchen der VR nicht zur Leistung verpflichtet ist, wenn ohne seine Einwilligung die VN den Dritten befriedigt oder dessen Anspruch anerkennt[23]. Zudem kann künftig gemäß § 108 Abs. 2 VVG die Abtretung des Freistellungsanspruches an den Dritten nicht mehr durch Allgemeine Versicherungsbedingungen ausgeschlossen werden[24]. Erhebliche Verbesserungen zugunsten des VN finden sich für den Bereich der Pflicht-Haftpflichtversicherung in den §§ 113 ff. VVG. Gemäß § 115 VVG kann der geschädigte Dritte nunmehr in bestimmten, abschließend genannten Fällen seinen Anspruch auf Schadensersatz auch gegen den VR geltend machen[25]. Von nicht unerheblichem Einfluss auf die Haftpflichtversicherung sind schließlich auch die Änderungen im Allgemeinen Teil des VVG. Lediglich beispielhaft erwähnt seien an dieser Stelle nur die neuen Informations- und Beratungspflichten bei Vertragsschluss, die veränderten Regelungen über Anzeigepflichten bei Vertragsschluss, die Rechtsfolgen bei Verletzungen vertraglicher Obliegenheiten, der weitgehende Verzicht auf Sonderregeln bei den Verjährungsvorschriften und der Wegfall der Klagefrist des bisherigen § 12 Abs. 3 VVG a. F. Die Bestimmungen des neuen VVG gelten seit Inkrafttreten des Gesetzes am 1. 1. 2008. Die Behandlung von Verträgen, die vor diesem Zeitpunkt entstanden sind (sog. Altverträge) richtet sich nach den Übergangsvorschriften in Artikel 1 ff. EGVVG[26].

B. Rechtsgrundlagen

I. Gesetzliche Rahmenbedingungen

9   Die Haftpflichtversicherung ist **im 1. Kapitel des 2. Teiles des VVG** geregelt; dieses untergliedert sich in einen ersten, für alle Haftpflichtversicherungsverträge geltenden Abschnitt mit allgemeinen Vorschriften (§§ 100 bis 112) und einen zweiten Abschnitt mit besonderen Vorschriften für die Pflichtversicherung (§§ 113 bis 124). Ergänzend finden die Bestimmungen des Allgemeinen Teils für sämtliche Versicherungszweige (§§ 1 bis 73 VVG) sowie die Vorschriften für die Schadensversicherung (§§ 74 bis 99 VVG) Anwendung, soweit die Sonderregelungen des Haftpflichtversicherungsrechts nicht entgegenstehen. Eine solche Sonderregelung ist beispielsweise § 103 VVG, wonach der VR nicht zur Leistung verpflichtet ist, wenn der VN vorsätzlich und widerrechtlich den bei dem Dritten eingetretenen Schaden herbeigeführt hat. Die für den Fall der Herbeiführung des Versicherungsfalles in der Schadensversicherung bestehende Regelung des § 81 VVG, die auch bei grober Fahrlässigkeit eine der Schwere des Verschuldens entsprechende Leistungskürzung ermöglicht, findet hier keine Anwendung. Auch die Anzeigeobliegenheiten des VN werden durch § 104 VVG von der allgemeinen Vorschrift des § 30 VVG zum Teil abweichend geregelt. Durch die Rechtsprechung modifiziert

---

[22] Zu den Auswirkungen der VVG-Reform auf die Haftpflichtsparte allgemein *Littbarski,* PHi 2007, 126; zum Referentenentwurf des BMJ schon *Schirmer,* ZVersWiss Suppl. 2006, 427; auf die Regelungen im einzelnen wird an den entsprechenden Stellen in diesem Kapitel eingegangen.

[23] Dazu unten, Rn. 128 ff.

[24] Dazu unten, Rn. 46 ff.

[25] Einzelheiten unten, Rn. 176 ff.

[26] Dazu § 1 a Rn. 42 ff. (in diesem Handbuch); ergänzend *Schneider,* VersR 2008, 859.

wurde der Anwendungsbereich der in § 35 VVG geregelten erweiterten Aufrechnungsbefugnis des VR: Aus der Regelung des § 108 Abs. 1 VVG folge insoweit, dass diese Möglichkeit nur hinsichtlich solcher Forderungen bestehe, die vor dem Versicherungsfall fällig geworden sind[27]. Für den Bereich der Pflichthaftpflichtversicherung wird die Aufrechnungsbefugnis des VR durch § 121 VVG gesetzlich ausgeschlossen[28].

II. Allgemeine Versicherungsbedingungen

1. Allgemeine Versicherungsbedingungen für die Haftpflichtversicherung (AHB)

Grundlage des Haftpflichtversicherungsvertrages sind in der Regel die **Allgemeinen Ver-** 10 **sicherungsbedingungen für die Haftpflichtversicherung (AHB).** Nach dem Wegfall des Genehmigungserfordernisses im Jahre 1994 steht es heute grundsätzlich jedem VR frei, welches Bedingungswerk er seinen Verträgen in der Allgemeinen Haftpflichtversicherung zugrunde legen will. Gleichwohl bedient sich die Praxis, gerade im Massengeschäft, überwiegend der vom Gesamtverband der deutschen Versicherungswirtschaft (GDV) unverbindlich empfohlenen AHB in ihrer jeweiligen Fassung. Die AHB sind im Juni 2004 grundlegend überarbeitet worden[29]. Die aktuelle Fassung, Stand Januar 2008, auf welcher die vorliegende Kommentierung beruht, ist an die Vorgaben des reformierten VVG angepasst worden. Zu beachten ist, dass sich in den Bedingungen der einzelnen VR durchaus Abweichungen von den Musterbedingungen finden können. In Anbetracht der Vielfalt möglicher Bedingungswerke muss **im Einzelfall sorgfältig geprüft werden, welche Bedingungen dem jeweiligen Versicherungsvertrag zugrunde liegen.** Für die Praxis hat dies zur Folge, dass Rechtsanwalt und Gericht sich zur Bearbeitung ihres Rechtsfalles stets die vollständigen Bedingungswerke des konkreten Vertrages vorlegen lassen sollten.

2. Besondere Bedingungen und Risikobeschreibungen

Die Allgemeinen Versicherungsbedingungen für die Haftpflichtversicherung sind für eine 11 Vielzahl verschiedener Haftpflichtversicherungssparten und -verträge entwickelt worden. Versichertes Risiko, Rechte und Pflichten der Vertragsparteien werden deshalb darin zum Teil lediglich abstrakt umschrieben, und es bedarf daneben einer genauen Beschreibung, welches Lebensrisiko in haftpflichtversicherungsrechtlicher Beziehung vom Vertrag im einzelnen erfasst werden soll. Dies kommt auch in Ziff. 3.1 Abs. 1 AHB zum Ausdruck. Danach umfasst der Versicherungsschutz **die gesetzliche Haftpflicht aus den im Versicherungsschein und seinen Nachträgen angegebenen Risiken des VN.** Vielfach kommen neben den AHB auch zusätzliche Besondere Bedingungen oder Risikobeschreibungen zur Anwendung, die das versicherte Risiko für den jeweiligen Versicherungsvertrag umschreiben. So werden die AHB etwa für den Bereich der privaten Haftpflichtversicherung durch die Besonderen Bedingungen für die Privathaftpflichtversicherung (BB Privathaftpflicht) ergänzt und zum Teil modifiziert. Schließlich kann sich die Eintrittpflicht des VR auch aus den Angaben im Versicherungsantrag ergeben, auf dessen Grundlage der Vertrag zustande gekommen ist.

C. Versicherte Gefahren

I. Leistung des Versicherers

Gemäß § 100 VVG ist der VR bei der Haftpflichtversicherung verpflichtet, den VN **von** 12 **Ansprüchen freizustellen,** die von einem Dritten aufgrund der Verantwortlichkeit des VN für eine während der Versicherungszeit eintretende Tatsache geltend gemacht werden, **und**

---

[27] BGH v. 8. 4. 1987, VersR 1987, 655 = NJW-RR 1987, 1106; vgl. auch BGH v. 6. 12. 2000, NJW-RR 2001, 235 = VersR 2001, 235; dazu unten, Rn. 151.

[28] Einzelheiten unten, Rn. 192.

[29] Dazu *Littbarski*, PHi 2005, 97 und 2006, 82.

unbegründete Ansprüche abzuwehren. Der Wortlaut der Vorschrift unterscheidet sich erheblich von der Vorgängernorm des bisherigen § 149 VVG, nach welcher der VR verpflichtet war, „dem VN die Leistung zu ersetzen, die dieser aufgrund seiner Verantwortlichkeit für eine während der Versicherungszeit eintretende Tatsache an einen Dritten zu bewirken hat". Mit der Neufassung sollte der Wortlaut des Gesetzes an die **seit langem gängige Praxis der VR** angepasst werden[30]. Diese kommt auch in den Versicherungsbedingungen zum Ausdruck. Nach Ziff. 5.1 Abs. 1 AHB umfasst die Leistungspflicht des VR die Prüfung der Haftpflichtfrage, die Abwehr unberechtigter Schadensersatzansprüche und die Freistellung des VN von berechtigten Schadensersatzverpflichtungen. Wie der VR seine Leistungspflicht erfüllt, insbesondere für welche der drei Alternativen er sich entscheidet, bleibt grundsätzlich ihm überlassen. Sein **Wahlrecht** erlischt erst, wenn die Abwehr der Haftpflichtforderung nicht mehr möglich ist, insbesondere weil sie durch rechtskräftiges Urteil, Anerkenntnis oder Vergleich festgestellt worden ist (vgl. § 106 Satz 1 VVG)[31].

1. Freistellung von berechtigten Schadensersatzverpflichtungen

13   Der VR kann seine vertragliche Leistungspflicht zum einen durch Freistellung des VN von den gegen ihn geltend gemachten Ansprüchen erfüllen. Der VN hat demnach grundsätzlich keinen Zahlungsanspruch, sondern nur einen **Anspruch auf Befreiung von der auf ihm lastenden Haftpflichtverbindlichkeit**[32]. Der Befreiungsanspruch wandelt sich allerdings in einen Zahlungsanspruch um, wenn der geschädigte Dritte von dem VN befriedigt worden ist. Erfolgte die Befriedigung des Dritten mit für den VR bindender Wirkung, so hat dieser binnen zwei Wochen die Entschädigung an den VN zu zahlen (§ 106 Satz 2 VVG). Hat der VN den Dritten dagegen ohne die Einwilligung des VR befriedigt, so behält dieser sein Recht zur Prüfung der Haftpflichtfrage; die Zahlungspflicht des VR ist dann ggf. im Deckungsprozess zu entscheiden. Das wird jetzt auch durch Ziff. 5.1 Abs. 2 Satz 2 AHB klargestellt. Danach binden Anerkenntnisse oder Vergleiche, die vom VN ohne Zustimmung des VR abgegeben oder geschlossen worden sind, den VR nur, soweit der Anspruch auch ohne Anerkenntnis oder Vergleich bestanden hätte. An diesem Umstand ändert sich auch nichts dadurch, dass – im Gegensatz zur bisherigen Rechtslage (§ 154 Abs. 2 VVG a. F.) – nach § 105 VVG eine Vereinbarung, nach welcher der VR nicht zur Leistung verpflichtet ist, wenn ohne seine Einwilligung der VN den Dritten befriedigt oder dessen Anspruch anerkennt, künftig unwirksam ist. Der VN soll nämlich durch diese Neuregelung nicht die Möglichkeit erhalten, Verfügungen mit Wirkung zu Lasten des VR zu treffen, sondern nur davor geschützt werden, durch voreiliges Verhalten seinen Deckungsanspruch zu verwirken[33].

14   Zur Absicherung der Regulierungs- und Prüfungsbefugnis des VR sehen die Versicherungsbedingungen **umfassende Rechte des VR** vor. Gemäß Ziff. 5.2 AHB ist der VR **bevollmächtigt,** alle ihm zur Abwicklung des Schadens oder Abwehr der Schadensersatzansprüche zweckmäßig erscheinenden **Erklärungen im Namen des VN abzugeben.** Kommt es in einem Versicherungsfall zu einem Rechtsstreit über Schadensersatzansprüche gegen den VN, so ist der VR auch zur **Prozessführung** bevollmächtigt, und er führt den Rechtsstreit im Namen des VN auf seine Kosten. Wird gegen den VN ein Haftpflichtanspruch gerichtlich geltend gemacht, hat er nach Ziff. 25.5 AHB dem VR die Führung des Verfahrens zu überlassen, dem von dem VR im Namen des VN beauftragten Rechtsanwalt Vollmacht sowie alle erforderlichen Auskünfte zu erteilen und die angeforderten Unterlagen zur Verfügung zu stellen. Das Verlangen des VR, ihm die Regulierung und gegebenenfalls die Prozessführung bedingungsgemäß zu überlassen, ist grundsätzlich auch dann nicht als Vertragsverletzung anzusehen, wenn es infolgedessen zu Differenzen zwischen dem VN und

---

[30] RegE, Begründung zu § 100, BT-Drs. 16/3945, S. 85.
[31] BGH v. 4. 12. 1980, BGHZ 79, 76 = VersR 1981, 173 = NJW 1981, 870; OLG München v. 15. 3. 2005, VersR 2005, 540; zu den prozessualen Konsequenzen s. Rn. 20; ergänzend *Kramer*, r+s 2008, 1.
[32] BGH v. 8. 10. 1952, BGHZ 7, 244 = NJW 1952, 1333; BGH v. 30. 10. 1954, BGHZ 15, 154 = NJW 1955, 101.
[33] RegE, Begründung zu § 105, BT-Drs. 16/3945, S. 86.

dem geschädigten Dritten kommt, möglicherweise mit der Folge, dass eine langjährige Geschäftsbeziehung zerbricht oder zu zerbrechen droht. Der VN kann daher aus einem solchen Umstand grundsätzlich keine Schadensersatzansprüche gegen den VR herleiten. Das Verlangen des VR, über den Haftpflichtanspruch des geschädigten Dritten einen Prozess über mehrere Instanzen zu führen, kann aber **im Einzelfall dann als Vertragsverletzung zu bewerten** sein, wenn der VR im Falle des Unterliegens den Schaden nicht in vollem Umfange zu tragen hätte. Dasselbe gilt, wenn der VR im Rahmen seiner Prozessführung einen dem VN günstigen Vergleich ablehnt und der VN sodann zur Zahlung eines Betrages verurteilt wird, der die versicherte Summe übersteigt[34].

2. Abwehr unberechtigter Schadensersatzansprüche

Die Abwehr unberechtigter Ansprüche ist eine neben der Befriedigung begründeter **15** Haftpflichtansprüche **gleichrangige Hauptleistungspflicht** des VR. Dies kommt auch in Ziff. 5.1 Abs. 1 AHB zum Ausdruck, der nunmehr – im Gegensatz zu früheren Fassungen der AHB – die Abwehr unberechtigter Schadensersatzansprüche sogar vor der Freistellungsverpflichtung nennt. Möchte der VR den Anspruch bestreiten, so muss er **alles tun, was zu dessen Abwehr notwendig ist.** Kommt es zum Haftpflichtprozess, so hat der VR die Interessen des Versicherten so zu wahren, wie das ein von diesem beauftragter Anwalt tun würde. Dies gilt sogar dann, wenn eine Kollision zwischen den Interessen des Versicherten und denen des VR nicht zu vermeiden ist; in diesem Fall muss der VR seine eigenen Interessen hintanstellen[35]. Der VR, der auf Deckungsschutz in Anspruch genommen wird, hat nach Prüfung der Rechtslage dem VN rechtzeitig unmissverständlich zu erklären, ob er den bedingungsgemäß geschuldeten Rechtsschutz gewährt. Gibt der VR eine solche Erklärung nicht ab, nimmt er seine Pflicht zur Abwehr des Anspruchs nicht wahr und gibt damit zugleich seine Dispositionsbefugnis über das Haftpflichtverhältnis auf. Solange der VR seiner Rechtsschutzverpflichtung bedingungsgemäß nachkommt, ist er so zu behandeln als habe er dem VN zur Regulierung freie Hand gelassen; insbesondere ist es ihm versagt, sich wegen mangelhafter oder weisungswidriger Prozessführung auf Leistungsfreiheit zu berufen[36]. Eine Vertragswidrigkeit des VR kann auch darin bestehen, dass dieser die ihm übertragen Rechtsschutzverpflichtung lediglich unzureichend nachkommt. Der VR trägt **die volle Verantwortung** für seine Maßnahmen und die Gefahr, dass sie keinen Erfolg haben. Gelingt es ihm nicht, die Ansprüche des Verletzten abzuwehren, so muss er sie notfalls auch dann erfüllen, wenn er sie für offenbar unbegründet hält, sofern er anders seiner Freistellungspflicht nicht genügen kann[37].

Mehr als die sachgerechte Vornahme aller hiernach erforderlichen Abwehrmaßnahmen **16** kann der VN indes grundsätzlich nicht verlangen. Der VR ist deshalb regelmäßig nicht dazu verpflichtet, einen **Aktivprozess gegen den Dritten** zu führen, auch wenn dieser sich dem VN gegenüber eines Haftpflichtanspruches berühmt. Lediglich **in Ausnahmefällen,** etwa wenn der Geschädigte den von ihm behaupteten Haftpflichtanspruch gegen eine unstreitige Kaufpreisforderung des VN aufrechnet und sich damit faktisch befriedigt, wird man eine entsprechende vertragliche Verpflichtung des VR annehmen müssen[38]. In diesem Falle hat der VR die Kosten des Aktivprozesses zu tragen und die Vertretung durch einen von ihm beauftragten, von dem VN mit Prozessvollmacht versehenen Rechtsanwalt zu übernehmen. Soweit der Dritte durch die Aufrechnung zu Recht befriedigt wurde, sein Haftpflichtanspruch mithin bestand und die Forderung des VN hierdurch erloschen ist, hat der VR den entsprechenden Betrag an den VN zu zahlen; hinzu tritt in der Regel der dem VN entstandene Zinsschaden. Wird die Klage hingegen schon mangels Bestehen der eingeklagten Forderung ganz oder zum Teil abgewiesen, so sind die hieraus entstehenden Kosten des Rechtsstreites vom

---

[34] Vgl. *Bruck/Möller/Johannsen*, IV G 278.
[35] BGH v. 7. 2. 2007, BGHZ 171, 56 = NJW 2007, 2258; BGH v. 30. 9. 1992, BGHZ 119, 276 = NJW 1993, 68.
[36] BGH v. 7. 2. 2007, BGHZ 171, 56 = NJW 2007, 2258.
[37] BGH v. 20. 2. 1956, NJW 1956, 826.
[38] Dazu OLG Hamm v. 14. 11. 1975, VersR 1978, 80.

VN selbst zu tragen, denn insoweit hat sich ein Risiko realisiert, das nicht mehr vom Umfang des Versicherungsschutzes gedeckt ist. Der VR, der die Prozessführung übernimmt, ist allerdings verpflichtet, den VN auf dieses Kostenrisiko hinzuweisen.

3. Fälligkeit und Verjährung

17 Der **Anspruch auf Gewährung von Rechtsschutz entsteht und wird fällig,** sobald ein Dritter gegen den VN Ansprüche aus einem unter die Versicherung fallenden Ereignis geltend macht[39]. Bereits mit diesem Zeitpunkt kann Versicherungsschutz in Gestalt des Abwehranspruches verlangt werden; die für Geldleistungen vorgesehene Fälligkeitsregelung des § 14 Abs. 1 VVG findet keine Anwendung[40]. Für die Frage des Entstehens von Versicherungsschutz erforderlich, aber auch ausreichend ist es, dass der Dritte seinen Anspruch mit einem in den Schutzbereich des Versicherungsvertrages fallenden Rechtsverhältnis begründet[41]. Dabei können **auch mündliche oder sogar konkludente Erklärungen** genügen[42]. Das ernsthafte Geltendmachen eines Anspruchs kann auch einer **Streitverkündungsschrift** zu entnehmen sein[43]. Die durch den Dritten erklärte Aufrechung mit einem (behaupteten) Haftpflichtanspruch steht einer Geltendmachung des Anspruches gleich. Entstehen im Rahmen der Gewährung von Rechtsschutz **Kosten,** die der VR gemäß § 101 VVG zu ersetzen hat, so sind diese vom VR innerhalb von zwei Wochen nach der Mitteilung der Berechnung zu zahlen (§ 106 Satz 3 VVG).

18 Dagegen genügt es für das Entstehen eines etwaigen **Freistellungs- oder Zahlungsanspruches** nicht, dass seitens eines Dritten Ansprüche gegen den VN geltend gemacht werden; vielmehr ist hier erforderlich, dass die Ansprüche des Dritten **mit für den VR bindender Wirkung festgestellt** worden sind[44]. Hinsichtlich der Fälligkeit dieses Anspruches bestimmt § 106 VVG, dass der VR den VN innerhalb von zwei Wochen von dem Zeitpunkt an, zu dem der Anspruch des Dritten mit bindender Wirkung für den VR durch rechtskräftiges Urteil, Anerkenntnis oder Vergleich festgestellt worden ist, vom Anspruch des Dritten freizustellen hat. Ist der Dritte von dem VN mit bindender Wirkung für den VR befriedigt worden, so hat der VR die Entschädigung innerhalb von zwei Wochen nach der Befriedigung des Dritten an den VN zu zahlen. Gemäß § 112 VVG kann von dieser Regelung nicht zum Nachteil des VN abgewichen werden. Die in den AHB vorgesehenen diesbezüglichen Regelungen (vgl. Ziff. 5.1 AHB) enthalten dementsprechend nur klarstellende Ergänzungen.

19 Die **Verjährung** des Haftpflichtversicherungsanspruches folgt allgemeinen Regeln. Die bislang in § 12 VVG a. F. enthaltenen Sondervorschriften sind durch das Gesetz zur Reform des Versicherungsvertragsrechts weitgehend aufgehoben worden. Ansprüche aus Versicherungsverträgen unterliegen demnach künftig der **Regelverjährung des § 195 BGB.** Die Verjährung beginnt gemäß § 199 Abs. 1 BGB mit dem Schlusse des Jahres, in dem der Anspruch entstanden ist und der Gläubiger von den den Anspruch begründenden Umständen und der Person des Schuldners Kenntnis erlangt oder ohne grobe Fahrlässigkeit erlangen müsste. Wie schon bislang wird dies regelmäßig der Schluss des Jahres sein, in welchem der VN von dem Dritten ernsthaft in Anspruch genommen worden ist[45]. Die Verjährung **erfasst alle Erscheinungsformen des Haftpflichtversicherungsanspruches,** der als einheitlicher Versicherungsanspruch die Prüfung der Haftpflichtfrage, die Befriedigung begründeter und die Abwehr unbegründeter Haftpflichtansprüche umfasst[46]. Etwas anderes gilt nur dann, wenn sich der Befreiungsanspruch des VN gemäß § 106 Satz 2 **in einen Zahlungsanspruch**

---

[39] BGH v. 5. 10. 1961, BGHZ 36, 24 = NJW 1961, 2304; RG v. 7. 2. 1936, RGZ 150, 227.
[40] BGH v. 12. 5. 1960, NJW 1960, 1346.
[41] BGH v. 17. 04. 1997, NJW-RR 1998, 32; RG v. 25. 11. 1938, RGZ 159, 16.
[42] BGH v. 3. 11. 1966, NJW 1967, 776 = VersR 1967, 56.
[43] BGH v. 21. 5. 2003, BGHZ 155, 69 = NJW 2003, 2376 = VersR 2003, 900.
[44] Dazu BGH v. 22. 6. 1967, VersR 1967, 769.
[45] § 12 Abs. 1 Satz 2 VVG a. F.; vgl. nur BGH v. 12. 5. 1960, NJW 1960, 1346 = VersR 1960, 554.
[46] S. nur BGH v. 21. 5. 2003, BGHZ 155, 69 = NJW 2003, 2376 = VersR 2003, 900.

umwandelt. Für diesen Zahlungsanspruch, der nunmehr ausdrücklich binnen zwei Wochen zu erfüllen ist, auf den allerdings wegen der dem VR eingeräumten Prüfungsbefugnis § 14 Abs. 1 VVG auch weiterhin Anwendung findet, läuft eine **gesonderte Verjährung,** sofern nicht der Befreiungsanspruch des VN bereits verjährt war[47]. Die Neuregelung gilt ohne weiteres für alle Ansprüche, die nach Inkrafttreten des neuen VVG entstanden sind. Die Behandlung von Ansprüchen, die bei Inkrafttreten des neuen VVG am 1. 1. 2008 noch nicht verjährt waren, richtet sich nach Artikel 3 EGVVG[48].

4. Prozessuale Besonderheiten

Hat der VR den Haftpflichtversicherungsschutz für einen bestimmten Haftpflichtfall abge- **20** lehnt, so kann der VN seinen Anspruch aus dem Versicherungsvertrag im Deckungsprozess **regelmäßig nur im Wege der Feststellungsklage** gerichtlich geltend machen. Diese Einschränkung folgt aus der besonderen Natur des Haftpflichtversicherungsanspruches, wonach es dem Haftpflichtversicherer grundsätzlich freisteht, ob er die gegen den VN geltend gemachten Ansprüche erfüllen oder den Versuch einer Abwehr dieser Ansprüche machen will. Der Klageantrag ist daher in diesem Fall auf Feststellung zu richten, dass der VR wegen einer im einzelnen genau zu bezeichnenden Haftpflichtforderung Versicherungsschutz zu gewähren habe[49]. Das gemäß § 256 Abs. 1 ZPO erforderliche **Feststellungsinteresse** liegt vor, sobald der Dritte seine Ansprüche gegen den VN geltend gemacht hat[50]. Es bleibt auch dann bestehen, wenn der VN bereits von einzelnen Geschädigten in Anspruch genommen wurde, der endgültige Schadensumfang aber noch nicht übersehbar ist[51]. Hat der VN den Anspruch des Dritten zulässigerweise befriedigt, so verwandelt sich der Befreiungsanspruch gemäß § 106 Satz 2 VVG in einen **Zahlungsanspruch,** der dann **im Wege der Leistungsklage** geltend gemacht werden kann[52]. Eine Klage auf Befreiung von der Haftpflichtverbindlichkeit, also auf Befriedigung des Haftpflichtgläubigers, kommt ferner dann in Betracht, wenn das Bestehen des Haftpflichtanspruchs rechtskräftig festgestellt ist[53]. Allerdings wird die bereits erhobene Feststellungsklage nach allgemeinen Grundsätzen nicht dadurch unzulässig, dass während des Rechtsstreits der Anspruch erfüllt oder rechtskräftig festgestellt wird[54].

II. Versicherter Zeitraum

1. Gesetzlicher Rahmen

In der Haftpflichtversicherung besteht Versicherungsschutz wegen Ansprüchen, die von **21** einem Dritten aufgrund der Verantwortlichkeit des VN für eine **während der Versicherungszeit eintretende Tatsache** geltend gemacht werden. Diese Umschreibung des Versicherungsfalles fand sich bereits in § 149 VVG a. F. und ist unverändert in § 100 VVG übernommen worden. Das Gesetz überlässt es damit auch weiterhin den Vertragsparteien, festzulegen, wann ein Umstand als während der Versicherungszeit eingetreten anzusehen ist. Vor allem bei zeitlich gestreckten Sachverhalten stellt sich die Frage, ob hier **auf das Ursachenereignis,** d. h. den Verstoß als solches, **oder auf das Folgeereignis,** d. h. den Eintritt des realen Verletzungszustandes abzustellen ist. Diese Frage ist in der Vergangenheit höchst unterschiedlich beantwortet worden. Reichsgericht und Bundesgerichtshof haben in mehreren Entscheidungen mit unterschiedlicher Begründung abwechselnd auf das Ursachenereig-

---

[47] BGH v. 12. 5. 1960, NJW 1960, 1346 = VersR 1960, 555; RG v. 7. 2. 1936, RGZ 150, 227; a. A. nur *Römer/Langheid,* § 149, Rn. 27.
[48] Dazu § 1a, Rn. 53 ff.
[49] BGH v. 4. 12. 1980, BGHZ 79, 76 = VersR 1981, 173 = NJW 1981, 870.
[50] BGH v. 12. 1. 1961, VersR 1961, 121; RG v. 15. 3. 1932, RGZ 135, 368.
[51] BGH v. 10. 6. 1963, VersR 1963, 770; BGH v. 12. 7. 1962, VersR 1962, 749.
[52] BGH v. 1. 2. 1968, NJW 1968, 836 = VersR 1968, 289.
[53] BGH v. 4. 12. 1980, BGHZ 79, 76 = VersR 1981, 173 = NJW 1981, 870.
[54] OLG Hamm v. 5. 10. 1977, VersR 1980, 1061; OLG Hamm v. 7. 6. 1972, VersR 1975, 173; zum Grundsatz auch BGH v. 15. 11. 1977, NJW 1978, 210.

nis, auf das Folgeereignis und zuletzt wieder auf das Ursachenereignis abgestellt[55]. Da der Nachweis, dass der Versicherungsfall während des versicherten Zeitraumes eingetreten ist, nach allgemeinen Grundsätzen dem VN obliegt[56], hatte dies zur Folge, dass insoweit bestehende Unklarheiten letztlich immer zu Lasten des VN gingen.

2. Vertragliche Regelung

22   Die Versicherungspraxis hat sich seit langem darum bemüht, die geschilderte Problematik **durch entsprechende Vorgaben in den AVB** zu lösen. Die jahrelange Erfahrung mit einer widersprüchlichen Rechtsprechung hat hierbei im Laufe der Zeit zu einer zunehmenden Konkretisierung der Bedingungstexte geführt[57]. Für den Bereich der **Allgemeinen Haftpflichtversicherung** bestimmt nunmehr Ziff. 1.1 AHB, dass Versicherungsschutz im Rahmen des versicherten Risikos für den Fall besteht, dass der VN „wegen eines **während der Wirksamkeit der Versicherung eingetretenen Schadensereignisses** […] von einem Dritten auf Schadensersatz in Anspruch genommen wird". Schadensereignis ist hierbei „**das Ereignis, als dessen Folge die Schädigung des Dritten unmittelbar entstanden ist;** auf den Zeitpunkt der Schadensverursachung, die zum Schadensereignis geführt hat, kommt es nicht an". Diese Präzisierung zielt darauf ab, den Versicherungsfall abschließend als den Eintritt des realen Verletzungszustandes zu definieren. Mit der Aufnahme einer solchen Definition sollten verbleibende Unsicherheiten hinsichtlich der Auslegung des Begriffes des Schadensereignisses beseitigt und klargestellt werden, dass es hierbei nicht darauf ankommt, wann die Ursache für den Eintritt eines Schadens gesetzt worden ist[58]. Der zuletzt noch vereinzelt vertretenen Auffassung, dass ein solches Verständnis dieses Begriffes nicht zwingend sei, vielmehr eine Mehrdeutigkeit im Sinne des § 305 c Abs. 2 BGB vorliege mit der Folge, dass sich der VN auf die ihm jeweils günstige Auslegung berufen könne[59], ist damit der Boden entzogen.

23   **Andere Versicherungsbedingungen** haben den Eintritt des Versicherungsfalles **zum Teil abweichend** geregelt. So stellt § 1 der Allgemeinen Versicherungsbedingungen für die **Vermögensschaden–Haftpflichtversicherung** (AVB Vermögen) ausdrücklich auf einen **Verstoß** des VN und damit auf das Ursachenereignis ab[60]. Für die **Umwelthaftpflichtversicherung** ist in Ziff. 8.1 der Besonderen Bedingungen der einzelnen Versicherungsmodelle für während der Versicherungszeit eingetretene Schadensereignisse, die zum Zeitpunkt der Beendigung des Versicherungsvertrages noch nicht festgestellt waren, eine **Nachhaftung von drei Jahren** festgelegt worden[61]. In der **Produkthaftpflichtversicherung** gelten grundsätzlich die AHB und damit die Schadensereignistheorie; allerdings wird hier die Nachhaftung des VR nach Beendigung des Vertrages durch Ziff. 7.1 ProdHB auf diejenigen Versicherungsfälle begrenzt, die dem VR nicht später als drei Jahre nach Beendigung des Vertrages gemeldet werden[62].

---

[55] RG v. 26. 3. 1943, RGZ 171, 43 (Ursachenereignis); BGH v. 27. 6. 1957, BGHZ 25, 34 (Folgeereignis); BGH v. 4. 12. 1980, BGHZ 79, 76 (Ursachenereignis); so zuletzt auch die obergerichtliche Rechtsprechung, vgl. OLG Nürnberg v. 29. 6. 2000, VersR 2000, 1490; OLG Celle v. 1. 3. 1996, VersR 1997, 609; OLG Hamm v. 23. 11. 1984, VersR 1985, 463.

[56] Vgl. BGH v. 22. 6. 1967, VersR 1967, 769.

[57] Dazu auch *Rolfes,* VersR 2006, 1162.

[58] In diesem Sinne OLG Oldenburg v. 15. 9. 1999, VersR 2001, 229 und OLG Oldenburg v. 27. 11. 1996, VersR 1997, 732; unentschieden dagegen zuletzt BGH v. 27. 11. 2002, NJW 2003, 511 = VersR 2003, 187 (unter III.1).

[59] Vgl. OLG Karlsruhe v. 17. 7. 2003, VersR 2003, 1436; ebenso *Prölss/Martin/Voit/Knappmann,* § 149 Rn. 15; *Römer/Langheid,* § 149 Rn. 34; *Späte,* § 1 AHB, Rn. 23.

[60] Dazu § 26, Rn. 297 (in diesem Handbuch).

[61] Dazu § 27, Rn. 213.

[62] Dazu § 25, Rn. 11.

III. Versicherte Schäden

1. Schadensersatzansprüche

Die in § 100 VVG vorgesehene Verpflichtung des VR, den VN von Ansprüchen freizustel- **24** len, die von einem Dritten aufgrund der Verantwortlichkeit des VN für eine während der Versicherungszeit eintretende Tatsache geltend gemacht werden, wird durch Ziff. 1.1 AHB näher konkretisiert. Danach besteht Versicherungsschutz im Rahmen des versicherten Risikos für den Fall, dass der VN wegen eines während der Wirksamkeit der Versicherung eingetretenen Schadensereignisses (Versicherungsfall), das einen Personen-, Sach- oder sich daraus ergebenden Vermögensschaden zur Folge hatte, **aufgrund gesetzlicher Haftpflichtbestimmungen privatrechtlichen Inhalts von einem Dritten auf Schadensersatz in Anspruch genommen wird.** Der Ausdruck „Haftpflichtbestimmungen" erfasst Schadensersatzansprüche und schadensersatzähnliche Ansprüche. Im Bereich der allgemeinen Haftpflichtversicherung sind dies zunächst **deliktische und quasideliktische Schadensersatzansprüche** aller Art. Soweit der VN und der geschädigte Dritte vor Eintritt des Schadens Vertragspartner waren oder in Vertragsverhandlungen standen, kommen zudem **alle in Anspruchskonkurrenz stehenden vertraglichen Schadensersatzansprüche** in Betracht, insbesondere aus Vertragsverletzung (§ 280 Abs. 1 BGB)[63] oder aus der Verletzung eines vorvertraglichen Schuldverhältnisses (§§ 280 Abs. 1, 311 Abs. 2 und 3 BGB)[64]. Allerdings ist bei vertraglichen Schadensersatzansprüchen zu beachten, dass diese nur insoweit vom Versicherungsschutz erfasst werden, **als nicht lediglich das Erfüllungsinteresse betroffen ist**[65].

Überhaupt besteht für **Vertragserfüllungsansprüche und deren Surrogate** in der All- **25** gemeinen Haftpflichtversicherung **generell kein Versicherungsschutz.** Denn das Bewirken der vertraglich versprochenen Leistung stellt schon begrifflich keinen Schadensersatz im Sinne von Ziff. 1.1 AHB dar[66]. Dasselbe gilt für die unmittelbaren Rechtsfolgen, die bei nicht ordnungsmäßiger Erfüllung eintreten, denn der Schuldner weiß, dass er einwandfrei erfüllen und eine schlechte Leistung nachbessern oder dafür Ersatz leisten muss[67]. Es hat daher **vornehmlich deklaratorischen Charakter,** wenn Ziff. 1.2 AHB ausdrücklich bestimmt, dass kein Versicherungsschutz besteht für Ansprüche, auch wenn es sich um gesetzliche Ansprüche handelt:
– auf Erfüllung von Verträgen, Nacherfüllung, aus Selbstvornahme, Rücktritt, Minderung oder Schadensersatz statt der Leistung,
– wegen Schäden, die verursacht werden, um die Nacherfüllung durchführen zu können,
– wegen des Ausfalls der Nutzung des Vertragsgegenstandes oder wegen des Ausbleibens des mit der Vertragsleistung geschuldeten Erfolges,
– auf Ersatz vergeblicher Aufwendungen im Vertrauen auf ordnungsgemäße Vertragserfüllung,
– auf Ersatz von Vermögensschäden wegen Verzögerung der Leistung sowie
– wegen anderer an die Stelle der Erfüllung tretender Ersatzleistungen.
In all diesen nunmehr ausdrücklich genannten Fällen stellt sich die Schadensersatzpflicht lediglich **als erhöhter Leistungsaufwand des Schuldners** und damit als zwangsläufige Folge einer nicht gehörigen Erfüllung des Vertrages dar[68]. **Vom Versicherungsschutz umfasst** werden hingegen vertragliche Ersatzansprüche, **die über das eigentliche Erfüllungsinteresse hinausreichen,** die mit anderen Worten ihre Ursache zwar in einer nichtgehörigen

[63] BGH v. 20. 9. 1962, NJW 1962, 2106 = VersR 1962, 1049.
[64] S. dazu BGH v. 21. 9. 1983, VersR 1983, 1169.
[65] Vgl. auch Ziff. 7.8 AHB, der Haftpflichtansprüche wegen Schäden, die an den vom VN (oder in seinem Auftrage oder für seine Rechnung von Dritten) hergestellten oder gelieferten Arbeiten oder Sachen infolge einer in der Herstellung oder Lieferung liegenden Ursache entstehen, vom Versicherungsschutz ausnimmt; zu diesem Ausschluss unten, Rn. 76f.
[66] BGH v. 21. 2. 1957, BGHZ 23, 349 = NJW 1957, 907.
[67] BGH v. 9. 1. 1964, NJW 1964, 1025.
[68] Vgl. BGH v. 9. 1. 1964, NJW 1964, 1025; ferner BGH v. 13. 12. 1963, NJW 1963, 805.

Vertragserfüllung haben, aber erst durch ein hinzutretendes außervertragliches Ereignis eine nicht vorhersehbare, über das Erfüllungsinteresse hinausgehende Entwicklung nehmen[69]. Ob Schadensersatzansprüche aus § 179 Abs. 1 BGB gegen den Vertreter ohne Vertretungsmacht unter den Versicherungsschutz fallen, erscheint danach zumindest zweifelhaft[70]. Der Grundsatz, dass Erfüllungsansprüche und ihre Surrogate nicht vom Versicherungsschutz erfasst sind, wird, wenn auch in eingeschränktem Umfange, in der Produkthaftpflichtversicherung durchbrochen[71].

26   Unerheblich ist, ob die den VN zum Schadensersatz verpflichtende Norm **ein Verschulden voraussetzt oder nicht.** Daher fallen auch **Ausgleichsansprüche** nach § 426 Abs. 1 und 2 BGB unter den Versicherungsschutz, wenn die Ausgangsforderung, die zu befriedigen ist, als gesetzliche Haftpflichtbestimmung anzusehen ist[72]. Dasselbe gilt für Körper- oder Sachschäden, die ein Dritter bei Durchführung eines gefährlichen **Auftrags** oder bei einer **Geschäftsführung ohne Auftrag** erleidet und die ihm nach §§ 670, 683 BGB zu ersetzen sind[73]. Ansprüche aus §§ 228 S. 2, 231 und 904 S. 2 BGB fallen als echte Schadensersatzansprüche stets unter den Versicherungsschutz[74]. Nach der neueren Rechtsprechung besteht auch für einen **Beseitigungsanspruch** aus § 1004 BGB Versicherungsschutz, wenn und soweit dieser dieselbe wiederherstellende Wirkung hat wie ein auf Naturalrestitution gerichteter Schadensersatzanspruch[75]. Der **nachbarrechtliche Ausgleichsanspruch** entsprechend § 906 Abs. 2 S. 2 BGB steht jedenfalls dann einem Schadensersatzanspruch im Sinne von Ziff. 1.1 AHB gleich, wenn die Einwirkung zu einer Substanzschädigung geführt hat[76]. Ebenfalls als Schadensersatzanspruch einzuordnen ist der Anspruch aus § 14 Nr. 4 Hs. 2 WEG; zum Umfang des zu ersetzenden Schadens zählen in diesem Falle auch die Vermögenseinbußen durch zusätzliche Mietzinszahlungen und Möbeltransportkosten sowie der entgangene Mietzins[77]. Kein unter den Versicherungsschutz fallender Schadensersatzanspruch liegt dagegen vor, wenn der VN gemäß §§ 912 Abs. 2, 917 Abs. 2 BGB verpflichtet ist, im Wege des Ausgleiches eine **Überbau- oder Notwegrente** zu entrichten[78]. Nimmt allerdings der zur Zahlung der Überbaurente Verpflichtete den für den Überbau verantwortlichen Architekten wegen des in der Zahlungspflicht bestehenden Schadens in Anspruch, so liegt darin wiederum ein unter Ziff. 1.1 AHB fallender Schadensersatzanspruch.

27   Die in Ziff. 1.1 AHB geregelte Eintrittspflicht des VR ist davon abhängig, dass die gegen den VN erhobenen Ansprüche **privatrechtlicher Natur** sind. Öffentlich-rechtliche Schadensersatzansprüche fallen daher grundsätzlich nicht unter den Versicherungsschutz. Dementsprechend hat der VR beispielsweise für die Kosten einer öffentlich-rechtlichen Ersatzvornahme grundsätzlich nicht einzutreten[79]. In erster Linie maßgeblich ist allerdings auch hier Sinn und Zweck des jeweiligen Haftpflichtversicherungsvertrages. Aus der Beschreibung des

---

[69] So etwa OLG Frankfurt v. 29. 10. 1981, VersR 1982, 790.

[70] So aber BGH v. 20. 11. 1970, VersR 1971, 144; dagegen *Prölss,* VersR 1971, 538; vgl. auch Berliner Kommentar/*Baumann,* § 149 VVG Rn. 61.

[71] Dazu § 25 (in diesem Handbuch).

[72] BGH v. 21. 5. 2003, BGHZ 155, 69 = NJW 2003, 2376 = VersR 2003, 901; OLG Hamm v. 14. 12. 1977, VersR 1978, 809.

[73] So OLG Koblenz, 24. 6. 1970, VersR 1971, 359; offengelassen in BGH v. 4. 7. 1978, BGHZ 72, 151 = VersR 1978, 870 und v. 10. 10. 1984, VersR 1984, 1191 = NJW 1985, 492; s. dazu auch Berliner Kommentar/*Baumann,* § 149 VVG Rn. 71; *Bruck/Möller/Johannsen,* Bd. 4 G 4, jew. m. w. N.

[74] Zu dieser Bestimmung BGH v. 30. 10. 1984, BGHZ 92, 357 = VersR 1985, 66 = NJW 1985, 490.

[75] BGH v. 8. 12. 1999, VersR 2000, 311 = NJW 2000, 1194.

[76] BGH v. 11. 6. 1999, BGHZ 142, 66 = VersR 1999, 1139 = NJW 1999, 2896; vgl. hierzu auch Berliner Kommentar/*Baumann,* § 149 VVG Rn. 75; ferner *Sieg,* VersR 1984, 1105 (1106); *Prölss/Martin/Voit/Knappmann,* § 1 AHB Rn. 7.

[77] BGH v. 11. 12. 2002, BGHZ 153, 182 = NJW 2003, 826 = VersR 2003, 236.

[78] LG Heidelberg v. 16. 11. 1982, VersR 1983, 526; vgl. Berliner Kommentar/*Baumann,* § 149 VVG Rn. 73, m. w. N.

[79] OLG Düsseldorf v. 13. 10. 1965, NJW 1966, 738; LG Mönchengladbach v. 23. 5. 1967, VersR 1968, 389 (zur Kfz-Haftpflichtversicherung).

versicherten Risikos kann sich ergeben, dass abweichend von Ziff. 1.1 AHB **durch den konkreten Vertrag auch öffentlich-rechtliche Ansprüche mitversichert** sein sollen. So wird beispielsweise die Vermögensschadenhaftpflichtversicherung eines öffentlich Bediensteten regelmäßig auch öffentlich-rechtliche Regressansprüche des Dienstherrn umfassen[80]. Dagegen fällt der **originäre Regressanspruch des Sozialversicherers** aus § 110 SGB VII (früher § 640 RVO) als privatrechtlicher Anspruch eigener Art ohne weiteres unter den Versicherungsschutz[81]. Kommt im übrigen nach dem Schadensereignis eine Inanspruchnahme des VN **sowohl aufgrund einer privatrechtlichen Bestimmung, als auch aufgrund eines öffentlich-rechtlichen Anspruches** in Betracht, so besteht ebenfalls Versicherungsschutz, gleich welcher Anspruch gegen den VN im konkreten Fall erhoben wird[82].

2. Schadensarten

a) Personenschaden. Vom Versicherungsschutz erfasst werden Schadensereignisse, die   **28** einen Personen-, Sach- oder einen sich daraus ergebenden Vermögensschaden zur Folge hatten. Zu den vom Versicherungsschutz umfassten **Personenschäden** zählen **der Tod, die Verletzung oder die Gesundheitsschädigung** von Menschen. Ein Personenschaden liegt auch vor, wenn ein ungeborenes Kind geschädigt wird und deshalb krank zur Welt kommt[83]; entsprechendes gilt, wenn lediglich die Mutter geschädigt worden ist und diese Schädigung die Geburt eines kranken Kindes zur Folge hat[84]. Der körperlich geschädigte Dritte und der den Anspruch erhebende Dritte brauchen nicht identisch zu sein (vgl. § 844 BGB). Gleichgültig ist auch, ob der den Anspruch erhebende Dritte durch das Schadensereignis **unmittelbar oder mittelbar** getroffen worden ist[85]. Letztlich können auch rein **psychische Schädigungen** unter den Begriff des Personenschadens fallen, wenn sie pathologisch fassbar und deshalb nach der allgemeinen Verkehrsauffassung als Verletzung des Körpers oder der Gesundheit angesehen werden[86]. Das gilt auch für eine unfallbedingte Neurose, jedenfalls wenn sie über das hinausgeht, was an Beeinträchtigungen bei Miterleben schrecklicher und seelisch belastender Ereignisse gewöhnlich aufzutreten pflegt und was als zum allgemeinen Lebensrisiko gehörig jedermann ersatzlos zu tragen hat[87]. Nicht unter den Begriff des Personenschadens fällt dagegen der neben dem Anspruch auf Ersatz des materiellen Schadens zugesprochene Schadensersatzanspruch wegen Verletzung des allgemeinen Persönlichkeitsrechts[88]. Besteht der Schadensersatzanspruch dem Grunde nach, so umfasst die Verpflichtung zum Ersatz **alle Folgen der Verletzung,** und damit **alle unmittelbar oder mittelbar hervorgerufenen Vermögensschäden** (sog. „unechte" Vermögensschäden) wie z. B. Heilungskosten, Verdienstausfall, Schmerzensgeld oder erhöhte Bedürfnisse. Das ist seit langem anerkannt[89], wird nunmehr aber durch Ziff. 1.1 AHB auch ausdrücklich hervorgehoben.

b) Sachschaden. Der Begriff der **Sachbeschädigung** erfasst nicht nur jede **Zerstörung**   **29** **oder Beschädigung** einer Sache, sondern auch **jede körperliche Einwirkung auf die Sachsubstanz,** die einen zunächst vorhanden gewesenen Zustand beeinträchtigt und zu einer

---

[80] Berliner Kommentar/*Baumann*, § 149, Rn. 93; *Prölss/Martin/Voit/Knappmann*, § 1 AHB, Rn. 9.
[81] BGH v. 21. 12. 1971, NJW 1972, 445 = VersR 1972, 271 (273).
[82] BGH v. 20. 12. 2006, VersR 2007, 200 = NJW 2007, 1205.
[83] BGH v. 20. 12. 1952, BGHZ 8, 243 = NJW 1953, 417.
[84] BGH v. 5. 2. 1985, BGHZ 93, 351 = VersR 1985, 499 = NJW 1985, 1390; vgl. auch *Littbarski*, § 1 AHB Rn. 16, m. w. N.
[85] BGH v. 7. 1. 1965, BGHZ 43, 42 = VersR 1965, 274, m. Anm. *Prölss* = NJW 1965, 758.
[86] BGH v. 4. 4. 1989, VersR 1989, 853 = NJW 1989, 2317; BGH v. 11. 5. 1971, BGHZ 56, 163 = VersR 1971, 905 = NJW 1971, 1183.
[87] BGH v. 12. 11. 1985, NJW 1986, 777 = VersR 1986, 448; dazu auch *Bruck/Möller/Johannsen*, Anm. G71; *Späte*, § 1 Rn. 51, m. w. N.
[88] So auch *Littbarski*, § 1 AHB, Rn. 18; *Prölss/Martin/Voit/Knappmann*, § 1 AHB, Rn. 15; *Späte*, § 1 AHB, Rn. 49; *Wussow*, § 1 AHB, Anm. 80; wohl auch Berliner Kommentar/*Baumann*, § 149 VVG, Rn. 29; a. M. nur *Bruck/Möller/Johannsen*, IV G 71.
[89] BGH v. 7. 1. 1965, BGHZ 43, 42 = NJW 1965, 758; RG v. 7. 3. 1939, RGZ 160, 48.

Schneider

Aufhebung oder Minderung der Gebrauchsfähigkeit der Sache führt[90]. Ein Sachschaden liegt daher zum Beispiel vor, wenn zur Herstellung von Wein bestimmter und geeigneter Most durch Zutaten so verändert worden ist, dass er nicht mehr zur Herstellung von Wein tauglich ist[91]. Eine „Verletzung" der Substanz der Sache ist nicht zwingend erforderlich[92]. Vielmehr ist ein Sachschaden beispielsweise auch dann gegeben, wenn ein Haus dadurch einen Minderwert erleidet, dass seine Standfestigkeit durch eine in der Nähe ausgehobene Grube beeinträchtigt wird[93]. Eine Sachbeschädigung ist auch zu bejahen, wenn einzelne Rinder einer Herde mit einem Krankheitserreger infiziert worden sind, die anderen Rinder jedoch wegen der Infektionsgefahr nicht oder nur noch zu einem geringen Preis verkauft werden konnten[94]. Die Verpflichtung zum Ersatz des Sachschadens erfasst ebenso wie bei einem Personenschaden **sämtliche Folgen, die aus der Beschädigung oder Zerstörung der Sache herrühren.** Darunter fallen, wie sich aus Ziff. 1.1 AHB ergibt, auch **alle „unechten" Vermögensschäden,** die lediglich die Folge einer Sachbeschädigung eintreten.

30   Keine Sachbeschädigung und damit auch kein Versicherungsfall ist **die bloße Herstellung einer fehlerhaften Sache**[95]. Allerdings ist vormals angenommen worden, die Sachschäden-Haftpflichtversicherung für Architekten umfasse auch die Haftpflichtansprüche des Bauherrn gegen den Architekten wegen Schäden am Bauwerk, die durch einen Konstruktionsfehler oder durch ungenügende Bauaufsicht des Architekten verursacht worden sind[96]. Anlass dieser Rechtsprechung war, dass andernfalls in Anbetracht der damals verwendeten „unpassend formulierten" Versicherungsbedingungen ein sinnvoller Versicherungsschutz nicht bestanden hätte[97]. Das Problem hat sich in der Folge durch eine Neufassung der Haftpflichtversicherungsbedingungen für Architekten, bei der Sachschäden und reine Vermögensschäden gleichgestellt wurden, erledigt[98]. Von der Herstellung einer mangelhaften Sache zu unterscheiden ist die **Verbindung einer mangelhaften mit einer mangelfreien Sache.** Stellt der Käufer einer mangelhaften Sache durch deren Verbindung mit mangelfreien Sachen, die in seinem Eigentum stehen, eine neue Sache her, bei welcher die mangelhaften Teile ohne Beschädigung der mangelfreien Teile von diesen nicht getrennt werden können, so liegt jedenfalls im Zeitpunkt der Trennung eine Eigentumsverletzung an den bisher unversehrten Teilen der neuen Sache vor[99].

31   Auch das **Abhandenkommen von Sachen** ist nach dem Wortlaut der Bedingungen einem Sachschaden nicht gleichzusetzen; vielmehr bedarf es insoweit nach Ziff. 2.2 AHB einer besonderen Vereinbarung über die Ausdehnung des Versicherungsschutzes. Wird allerdings eine ursprünglich abhanden gekommene Sache später vernichtet, so besteht ohne weiteres Versicherungsschutz für den hierdurch entstehenden Sachschaden[100]. Ein Sachschaden und nicht ein Abhandenkommen ist ferner dann anzunehmen, wenn ein Gegenstand nach menschlichem Ermessen **unwiderruflich verloren geht,** z. B. wenn ein Ring, der dem VN gezeigt und von ihm in die Hand genommen wird, durch eine ungeschickte Bewegung in

---

[90] BGH v. 21. 9. 1983, VersR 1983, 1169; BGH v. 14. 4. 1976, VersR 1976, 629; BGH v. 24. 10. 1960, VersR 1960, 1074 = NJW 1961, 269.

[91] BGH v. 21. 9. 1983, VersR 1983, 1169.

[92] BGH v. 27. 6. 1979, BGHZ 75, 50 = NJW 1979, 2404, m. w. N.

[93] OLG Hamm v. 4. 10. 1959, VersR 1960, 338.

[94] OLG Celle v. 6. 2. 1961, VersR 1962, 1050.

[95] BGH v. 29. 9. 2004, NJW-RR 2004, 1675 = VersR 2005, 110; BGH v. 14. 4. 1976, VersR 1976, 629 = NJW 1976, 2350 (Ls.); BGH v. 24. 10. 1960, VersR 1960, 1074 = NJW 1961, 269.

[96] BGH v. 28. 5. 1969, VersR 1969, 723; BGH v. 26. 1. 1961, VersR 1961, 265; BGH v. 24. 10. 1960, VersR 1960, 1074 = NJW 1961, 269.

[97] Zu diesen Erwägungen eingehend BGH v. 14. 4. 1976, VersR 1976, 629 = NJW 1976, 2350 (Ls.).

[98] Vgl. Ziff. 1.4 der Besonderen Bedingungen und Risikobeschreibungen für die Berufshaftpflichtversicherung von Architekten, Bauingenieuren und Beratenden Ingenieuren (Musterbedingungen, Stand Juni 2007).

[99] BGH v. 12. 2. 1992, BGHZ 117, 183 = NJW 1992, 1225 = VersR 1992, 837.

[100] Vgl. BGH v. 21. 5. 1959, NJW 1959, 1492.

einen tiefen See oder in das Meer fällt[101]. Beschädigt der VN **seine eigene Sache,** so kommt eine Eintrittspflicht des VR in der Regel schon deshalb nicht in Betracht, weil der VN ja gerade nicht „Dritter" im Sinne des § 100 VVG ist. Da Ziff. 1.1 AHB die Eintrittspflicht des VR nicht auf „fremde" Sachen beschränkt, kann die beschädigte Sache allerdings grundsätzlich auch dem VN gehören[102]. Versicherungsschutz besteht dann – vorbehaltlich etwaiger Leistungsausschlüsse – insbesondere, **wenn einem Dritten ein Recht an der Sache des VN zusteht** und dieser aufgrund seines Rechts Schadensersatzansprüche gegen den VN geltend macht, so zum Beispiel, wenn der VN als Miteigentümer einer Sache von den anderen Miteigentümern auf Schadensersatz wegen Beschädigung dieser Sache in Anspruch genommen wird[103]. Entsprechendes gilt, wenn der VN einem Dritten Geschäftsräume vermietet mit der Auflage, diese bei Mietbeginn zu renovieren und ständig für einen ordnungsgemäßen Zustand zu sorgen, und er hiernach schuldhaft die Innendekoration beschädigt. Da der Dritte hier nicht den vertragsgemäßen Zustand als „Erfüllungsleistung" fordert, sondern Schadensersatz wegen Pflichtverletzung aus § 280 BGB oder aus unerlaubter Handlung wegen Besitzbeeinträchtigung (§ 823 Abs. 1 BGB) geltend macht, ist die Eintrittspflicht des VR ohne weiteres gegeben[104].

c) **Reiner Vermögensschaden.** Besonderer Vereinbarung bedarf nach Ziff. 2.1 AHB   32 auch der **Einschluss reiner Vermögensschäden,** nämlich solcher Schäden, die weder Personen- noch Sachschäden sind, noch sich aus solchen Schäden herleiten[105]. Schadensersatzansprüche, die auf den Ersatz reiner Vermögensschäden gerichtet sind, können sich insbesondere dann ergeben, wenn zwischen Schädiger und Geschädigtem eine vertragliche oder vertragsähnliche Beziehung besteht. Diese Möglichkeit wird im privaten Lebensbereich eher selten, bei der Versicherung betrieblicher und beruflicher Risiken dagegen häufiger gegeben sein[106]. Im Deliktsrecht bildet die Ersatzfähigkeit reiner Vermögensschäden hingegen die Ausnahme. Soweit sich daher die Kraftfahrzeug-Haftpflichtversicherung gemäß § 10 Nr. 1 c AKB auch auf solche Vermögensschäden erstreckt, „die weder mit einem Personen-, noch einem Sachschaden mittelbar oder unmittelbar zusammenhängen", wird diese Erweiterung des Versicherungsschutzes im Regelfall nur zur Eintrittspflicht des VR in Gestalt der Abwehr unbegründeter Ansprüche führen[107]. Der Einschluss reiner Vermögensschäden in den allgemeinen Haftpflichtversicherungsvertrag kann **durch besondere Vereinbarung, insbesondere unter ergänzender Einbeziehung der Besonderen Bedingungen für die Mitversicherung von Vermögensschäden in der Haftpflichtversicherung** (BB Vermögen) erfolgen. Dagegen führt die bloße Streichung von Bestimmungen, die den Ersatz bestimmter Vermögensschäden explizit ausschließen, für sich gesehen nicht dazu, dass reine Vermögensschäden vom Versicherungsschutz erfasst würden[108]. Von der nach Ziff. 2.1 AHB möglichen Erweiterung des Stammvertrages zu unterscheiden ist der **Abschluss einer eigenständigen Vermögensschaden–Haftpflichtversicherung,** die in unterschiedlichen Ausprägungen, etwa als Berufshaftpflichtversicherung für Angehörige freier Berufe, angeboten wird; diesen Verträgen liegen die Allgemeinen Versicherungsbedingungen zur Haftpflichtversicherung für Vermögensschäden (AVB Vermögen) zugrunde; die AHB sind nicht, auch nicht lediglich subsidiär,

---

[101] Vgl. OLG Karlsruhe v. 19. 10. 1995, r+s 1996, 302; ebenso *Prölss/Martin/Voit/Knappmann,* § 1 AHB, Rn. 26 und *Littbarski,* § 1, Rn. 105, jew. m. w. N.

[102] OLG Frankfurt v. 29. 10. 1981, VersR 1982, 790; *Prölss/Martin/Voit/Knappmann,* § 1 AHB, Rn. 13.

[103] Dazu z. B. OLG Koblenz v. 11. 12. 1992, r+s 1993, 411: Ein Architekt kann einen Schadensersatzanspruch, den eine Personenmehrheit als Grundstückseigentümerin gegen ihn hat, insoweit nicht als Haftpflichtschaden bei seiner Versicherung geltend machen, als er selbst an dieser Personenmehrheit beteiligt ist.

[104] Insoweit anders OLG Frankfurt v. 29. 10. 1981, VersR 1982, 790.

[105] RG v. 7. 3. 1939, RGZ 160, 48.

[106] *Späte,* § 1 Rn. 82 f.

[107] Vgl. dazu *Bruck/Möller/Johannsen,* V G 58.

[108] OLG Köln v. 28. 3. 1958, VersR 1958, 747.

anzuwenden[109]. Da der Umfang reiner Vermögensschäden bisweilen nicht vorhersehbar ist, werden bei vereinbartem Einschluss häufig geringere Deckungssummen als für Körper- oder Sachschäden vereinbart. Darüber hinaus wird der auf der Grundlage der AHB und den BB Vermögen gewährte Versicherungsschutz für reine Vermögensschäden **durch umfangreiche Ausschlüsse eingeschränkt.** Vom Versicherungsschutz ausgeschlossen sind beispielsweise Haftpflichtansprüche aus planender, beratender, bau- oder montageleitender, prüfender oder gutachterlicher Tätigkeit (Ziff. 2 Nr. 3 BB Vermögen), aus der Nichteinhaltung von Fristen, Terminen, Vor- und Kostenanschlägen (Ziff. 2 Nr. 6 BB Vermögen) oder wegen Schäden, die durch wissentliches Abweichen von Gesetzen oder behördlichen Vorschriften, von Anweisungen oder Bedingungen des Auftraggebers oder aus sonstiger wissentlicher Pflichtverletzung verursacht worden sind (Ziff. 2 Nr. 9 BB Vermögen)[110]. Maßgeblich sind allerdings stets die im Einzelfall verwendeten Bedingungen des jeweiligen Vertrages.

33   Schwierigkeiten bereitet in der Praxis bisweilen die **Abgrenzung zwischen reinen und den sog. „unechten" Vermögensschäden.** Zu den reinen Vermögensschäden, die weder durch einen Personen-, noch durch einen Sachschaden entstanden sind, zählt nach der Rechtsprechung beispielsweise der Schaden, den der VN einem Landwirt zu ersetzen hat, weil er diesem anstatt des verkauften Sommerweizens Winterweizen geliefert hat und dem Landwirt dadurch ein Ernteausfall entstanden ist[111]; ferner der Schaden, der dem Bauherrn dadurch entsteht, dass er infolge fehlerhafter Rechnungsprüfung durch seinen Architekten Überzahlungen an den zwischenzeitlich in Konkurs gefallenen Bauunternehmer leisten musste[112]. Als reiner Vermögensschaden erachtet wurde auch der Schaden, der durch die auf fehlerhafte ärztliche Beratung zurückgehende Geburt eines mongoloiden Kindes verursacht worden ist, und dies mit der Begründung, hierbei handele es sich nicht um die Folge eines Eingriffs in die körperliche Integrität, sondern um einen durch die pflichtwidrige Handlung des Arztes veranlassten Unterhaltsmehraufwand[113]. Die Entscheidung hatte *in casu* zur Folge, dass der VR nur bis zu der für „reine" Vermögensschäden vereinbarten Versicherungssumme eintrittspflichtig war und verdeutlicht, dass in diesem Bereich tätige Ärzte erwägen sollten, beim Abschluss einer Haftpflichtversicherung höhere Versicherungssummen für „reine" Vermögensschäden zu vereinbaren.

IV. Umfang des Versicherungsschutzes

1. Versichertes Risiko

34   Gemäß Ziff. 3.1 (1) AHB umfasst der Versicherungsschutz die gesetzliche Haftpflicht aus den im Versicherungsschein und seinen Nachträgen angegebenen Risiken des VN. Die Bestimmung ist Ausdruck des die Haftpflichtversicherung beherrschenden **Grundsatzes der Spezialität der versicherten Gefahr.** Danach wird immer nur ein bestimmtes Haftpflichtverhältnis unter Versicherungsschutz gestellt, nämlich das im Versicherungsvertrag bezeichnete Rechtsverhältnis, aus dem eine Haftpflichtverbindlichkeit erwachsen kann[114]. Die genaue Umschreibung dieses versicherten Risikos erfolgt in individuellen Vereinbarungen, in Allgemeinen oder Besonderen Bedingungen oder in speziellen Erläuterungen oder Risikobeschreibungen[115]. So definieren beispielsweise die Besonderen Bedingungen für die Privat-

---

[109] BGH, 9. 1. 1964, NJW 1964, 1025; zur Vermögensschadenshaftpflichtversicherung s. § 26, Rn. 259 ff. (in diesem Handbuch).

[110] Zur inhaltlich gleichlautenden Regelung des § 4 Nr. 5 AVB Vermögen s. § 26, Rn. 241 ff., 312 ff.

[111] BGH v. 7. 3. 1968, VersR 1968, 437.

[112] LG Tübingen v. 15. 1. 1982, VersR 1983, 822; die Frage, ob es sich um eine vom Versicherungsschutz ausgeschlossene Erfüllungsersatzleistung handelt, wird vom Gericht verneint.

[113] LG Bielefeld v. 18. 6. 1985, VersR 1987, 193.

[114] BGH v. 21. 2. 1967, BGHZ 23, 355; RG v. 2. 8. 1935, RGZ 148, 282; vgl. auch BGH v. 7. 10. 1987, VersR 1987, 1181 = NJW-RR 1988, 148.

[115] Vgl. dazu *Prölss/Martin/Voit/Knappmann*, § 1 AHB, Rn. 19; *Littbarski*, § 1 Rn. 53; *Späte*, § 1 AHB, Rn. 227.

haftpflichtversicherung das dort versicherte Risiko als „die gesetzliche Haftpflicht des VN aus den Gefahren des täglichen Lebens als Privatperson und nicht aus den Gefahren eines Betriebes oder Berufes" (Ziff. 1 Satz 1 BB Privathaftpflicht). Nicht versichert sind im übrigen die Gefahren eines Dienstes, Amtes (auch Ehrenamtes), einer verantwortlichen Betätigung in Vereinigungen aller Art oder einer ungewöhnlichen und gefährlichen Beschäftigung (Ziff. 1 Satz 2 BB Privathaftpflicht).

Ob hiernach ein Schadensereignis unter das versicherte Risiko des jeweiligen Vertrages **35** fällt, ist **durch Auslegung** zu ermitteln[116]. Dabei ist **nach den allgemeinen Grundsätzen unter Berücksichtigung der Verkehrsauffassung** zu verfahren. Schwierigkeiten bereitet bisweilen die Abgrenzung beruflicher und privater Risiken. Die bei der Auslegung gebotene Vorgehensweise muss hier zu dem Ergebnis führen, dass z. B. ein VN, der von Beruf Spinnermeister ist und der es übernommen hat, gegen Zahlung eines Entgelts von 10,– DM pro Stunde in seiner Freizeit eine Maschine zu reinigen und zu lackieren, wegen eines bei dieser Tätigkeit verursachten Brandschadens Versicherungsschutz aus seiner Privathaftpflichtversicherung beanspruchen kann[117]. Denn das Risiko der Freizeit- und Hobbytätigkeit zählt zum täglichen Leben und ist privater Natur. Alleine der Umstand, dass ein Entgelt erzielt wird, stellt für sich gesehen kein sachgerechtes Kriterium der Abgrenzung zwischen beruflicher und privater Tätigkeit dar. Ebensowenig ist entscheidend, ob die Tätigkeit einem Berufsbild entspricht und ob sie durch eine besondere Ausbildung des Handelnden oder durch eine in früheren Berufen erworbene Fähigkeit begünstigt wird[118]. Im übrigen kommt es für die Abgrenzung der unterschiedlichen Gefahrenbereiche alleine auf die Art des jeweiligen Risikos an, nicht hingegen darauf, ob ein eingetretener Versicherungsfall von der Versicherungsart, zu deren Bereich er gehört, auch tatsächlich gedeckt wird[119]. Beruht das Schadensereignis auf den Gefahren eines Betriebes, so unterfällt es dem Schutzbereich der Betriebshaftpflichtversicherung; eine bestehende Privathaftpflichtversicherung wird in diesem Falle auch dann nicht eintrittspflichtig, wenn der Betriebsinhaber eine Betriebshaftpflichtversicherung nicht abgeschlossen hat oder letztere etwa aufgrund eines Ausschlusses leistungsfrei ist[120].

Für den Umstand, dass ein Schadensereignis vom versicherten Risiko erfasst wird, **trägt 36 der VN die Darlegungs- und Beweislast.** Hierzu ist allerdings der Nachweis ausreichend, dass der VN aus einem im Versicherungsvertrag unter Versicherungsschutz gestellten Rechtsverhältnis haftpflichtig geworden ist; unerheblich ist, ob sich eine Haftpflicht auch noch aus einem anderen, nicht in den Versicherungsschutzbereich fallenden Rechtsverhältnis herleiten lässt[121].

2. Erhöhungen und Erweiterungen des Risikos

Ziff. 3.1 (2) AHB erstreckt den Versicherungsschutz **auf die gesetzliche Haftpflicht aus 37 Erhöhungen oder Erweiterungen der im Versicherungsschein und seinen Nachträgen angegebenen Risiken.** Dies hat zur Folge, dass in den auf der Grundlage der AHB geschlossenen Versicherungsverträgen die gesetzlichen Vorschriften über die Gefahrerhöhung (§§ 23 ff. VVG) weitgehend abbedungen sind, soweit das versicherte Risiko lediglich erhöht oder erweitert wird[122]. Das gilt auch dann, wenn es sich um anormale Erhöhungen oder Erweiterungen des versicherten Risikos handelt[123]. Dadurch soll eine **hinreichende Flexibili-**

---

[116] Dazu *Prölss/Martin/Voit/Knappmann*, § 1 AHB, Rn. 21; *Späte*, § 1 AHB, Rn. 228.

[117] BGH v. 11. 12. 1980, BGHZ 79, 145 = VersR 1981, 271 = NJW 1981, 2057; s. auch *Littbarski*, § 1 AHB Rn. 52 ff.; *Prölss/Martin/Voit/Knappmann*, § 1 AHB Rn. 19 ff.; *Bruck/Möller/Johannsen*, IV G 84 ff., jew. m. w. N.

[118] BGH v. 11. 12. 1980, BGHZ 79, 145 = VersR 1981, 271 = NJW 1981, 2057.

[119] BGH v. 16. 2. 1977, VersR 1977, 468; BGH v. 9. 3. 1961, VersR 1961, 399.

[120] *Prölss/Martin/Voit/Knappmann*, § 1 AHB, Rn. 21; *Späte*, § 1 AHB, Rn. 278.

[121] BGH v. 21. 2. 1967, BGHZ 23, 355.

[122] Vgl. BGH v. 20. 11. 1958, VersR 1959, 13; OLG Hamm v. 9. 1. 1981, VersR 1981, 1122; OLG Köln v. 15. 9. 1988, r+s 1989, 9.

[123] *Prölss/Martin/Voit/Knappmann*, § 1 AHB, Rn. 23; vgl. auch *Littbarski*, § 1 AHB, Rn. 64.

tät des Versicherungsschutzes erreicht werden, da sich das versicherte Risiko gerade in der Haftpflichtversicherung häufig und schnell ändern kann[124]. Eine bloße Erweiterung des versicherten Risikos liegt beispielsweise vor, wenn der VN Eigentümer einer höheren Anzahl von Reitpferden ist, als im Versicherungsvertrag angegeben[125]. Die Erstreckung des Versicherungsschutzes gilt jedoch nicht für Risiken aus dem Halten oder Gebrauch von versicherungspflichtigen Kraft-, Luft- oder Wasserfahrzeugen sowie für sonstige Risiken, die der Versicherungs- oder Deckungsvorsorgepflicht unterliegen (Ziff. 3.1 (2) Satz 2 AHB).

38   Die Erhöhung der übernommenen Risiken kann sich auch daraus ergeben, dass **bestehende Rechtsvorschriften geändert oder neue erlassen** werden. Für diesen Fall bestimmt Ziff. 3.2 AHB nunmehr, dass sich der Versicherungsschutz auch auf solche Erhöhungen des versicherten Risikos erstreckt, der VR den Vertrag jedoch unter den Voraussetzungen von Ziff. 21 kündigen kann. Unter die Regelung fallen der Erlass oder Änderungen von Rechtsnormen im materiellen Sinne, neben Gesetzen also auch Rechtsverordnungen oder Satzungen, nicht dagegen Verwaltungsakte oder eine Änderung der Rechtsprechung[126]. Die Voraussetzungen der Kündigung werden in Ziff. 21 AHB in weitgehender Anlehnung an die gesetzlichen Vorschriften über die Gefahrerhöhung geregelt. Der VR ist danach berechtigt, das Versicherungsverhältnis **unter Einhaltung einer Frist von einem Monat zu kündigen.** Das Kündigungsrecht erlischt, wenn es nicht innerhalb eines Monats von dem Zeitpunkt an ausgeübt wird, in welchem der VR von der Erhöhung Kenntnis erlangt hat (vgl. § 24 Abs. 2 und 3 VVG). Das Kündigungsrecht des VR **besteht allerdings nicht,** wenn nur eine **unerhebliche Erhöhung der Gefahr vorliegt** oder wenn nach den Umständen als vereinbart anzusehen ist, dass die Gefahrerhöhung mitversichert sein soll. Dies ergibt sich aus § 27 VVG, von dem gemäß § 32 Satz 1 VVG nicht zum Nachteil des VN abgewichen werden darf und der deshalb ergänzend Berücksichtigung finden muss.

3. Vorsorgeversicherung

39   Gemäß Ziff. 3.1 (3) AHB umfasst der Versicherungsschutz auch die gesetzliche Haftpflicht aus **Risiken, die für den VN nach Abschluss der Versicherung neu entstehen** (Vorsorgeversicherung). Dies weicht von dem Grundsatz ab, dass nach Abschluss des Vertrages hinzutretende neue Risiken in der Regel nur durch eine zusätzliche Vereinbarung in den Versicherungsschutz einbezogen werden können. Wie sich vielmehr aus Ziff. 4.1 AHB ergibt, sind Risiken, die nach Abschluss des Versicherungsvertrages neu entstehen, hier **im Rahmen des bestehenden Vertrages sofort versichert.** Der VN ist allerdings verpflichtet, nach Aufforderung des VR jedes neue Risiko **innerhalb eines Monats anzuzeigen**[127]. Die Aufforderung kann auch mit der Beitragsrechnung erfolgen. Unterlässt der VN die rechtzeitige Anzeige, entfällt der Versicherungsschutz für das neue Risiko rückwirkend ab dessen Entstehung (Ziff. 4.1 (1) Abs. 1 AHB). Der Versicherungsschutz erlischt allerdings nur dann, wenn der Hinweis auf diese Rechtsfolge durch einen auffallenden und inhaltlich zutreffenden Aufdruck auf der Prämienrechnung und nicht lediglich durch einen versteckten Hinweis auf der Rückseite der Prämienrechnung erfolgt ist[128]. Der VR ist berechtigt, für das neue Risiko einen angemessenen Beitrag zu verlangen. Kommt eine Einigung über die Höhe des Beitrags innerhalb einer Frist von einem Monat nach Eingang der Anzeige nicht zustande, entfällt der Versicherungsschutz für das neue Risiko ebenfalls rückwirkend ab dessen Entstehung (Ziff. 4.1 (2) AHB).

40   Der **Begriff des neuen Risikos** bestimmt sich **anhand des im Ausgangsvertrag versicherten Risikos,** das vorab unter Anwendung der hergebrachten Grundsätze durch Auslegung zu ermitteln ist. Liegt hiernach lediglich eine Erweiterung des ursprünglich versicherten

[124] *Littbarski,* § 1 AHB, Rn. 63; *Späte,* § 1 AHB, Rn. 231.
[125] Dazu OLG Köln v. 15. 9. 1988, r+s 1989, 9.
[126] *Littbarski,* § 1 AHB, Rn. 81 ff.; *Späte,* § 1 AHB, Rn. 243.
[127] Zum Rechtscharakter dieser „antizipierten Vereinbarung" *Bruck/Möller/Johannsen,* IV G 125; *Littbarski,* § 2 AHB, Rn. 5; *Späte,* § 2 AHB, Rn. 1.
[128] OLG Düsseldorf v. 5. 12. 1995, NJW-RR 1996, 928; KG v. 13. 2. 2004, VersR 2004, 1593.

Risikos vor, bedarf es eines Rückgriffes auf die Grundsätze der Vorsorgeversicherung nicht mehr. So ist beispielsweise angenommen worden, dass bei einer Haftpflichtversicherung für die Land- und Forstwirtschaft, in der die gesetzliche Haftpflicht des VN aus Besitz und Verwendung von selbst fahrenden Arbeitsmaschinen (mit nicht mehr als 20 km/h) im eigenen Betrieb mitversichert war, bereits die allgemeine Risikobeschreibung auch eine nach Abschluss des Versicherungsvertrages neu erworbene Arbeitsmaschine erfasse[129]. Hingegen fällt es nicht mehr unter das ursprünglich versicherte Risiko, wenn ein Dachdeckerunternehmen neben seiner Hauptgeschäftstätigkeit auch wiederholt Gerüste an Dritte vermietet[130] oder ein als solches versichertes Sport- und Gymnastikstudio darüber hinaus eine Sauna betreibt[131]. Allgemein lässt sich sagen, dass ein neues Risiko bei solchen Umständen gegeben ist, die nach Abschluss des Versicherungsvertrages eintreten, mit dem ursprünglich versicherten Risiko in keinem inneren Zusammenhang stehen und außerdem unter eine andere Position der Beitragstarife fallen[132].

Zur **Anzeige des neuen Risikos** ist der VN erst dann verpflichtet, wenn er **vom VR dazu** **41** **aufgefordert** worden ist. Ziff. 4.1 (1) Abs. 1 AHB sieht hierfür grundsätzlich eine Frist von einem Monat nach Empfang der Aufforderung des VR vor. Dem VN bleibt es jedoch unbenommen, auch vor einer entsprechenden Aufforderung von sich aus tätig zu werden; die Aufforderung hat insoweit lediglich zur Folge, dass hierdurch die Monatsfrist in Gang gesetzt wird[133]. Die **Anzeigepflicht ist keine Obliegenheit** des VN; erfolgt sie nicht fristgemäß, so hat dies schlichtweg zur Folge, dass der Versicherungsschutz für das neue Risiko rückwirkend vom Gefahreintritt ab fortfällt. Tritt hiernach der Versicherungsfall ein, so besteht insoweit kein Versicherungsschutz[134]. Die Rechtsprechung hat diese harte Sanktion jedoch erheblich abgemildert. In entsprechender Anwendung der bisherigen §§ 16 ff. VVG a. F. (jetzt §§ 19 ff. VVG) hat sie dem VN die Möglichkeit eröffnet, nachzuweisen, dass ihn **an der Nichterfüllung der Anzeigepflicht kein Verschulden trifft,** etwa weil er von dem neuen Risiko ohne Fahrlässigkeit keine Kenntnis hatte[135]. Ferner sind die genannten Bestimmungen ergänzend dahin auszulegen, dass dann, wenn die Anzeige lediglich verspätet, jedoch noch vor Eintritt des Versicherungsfalles erstattet wird, der rückwirkende Wegfall des Versicherungsschutzes nicht zum Tragen kommt. Tritt der Versicherungsfall dagegen ein, bevor das neue Risiko angezeigt wurde, so hat der VN zu beweisen, dass das neue Risiko erst nach Abschluss der Versicherung und zu einem Zeitpunkt hinzugekommen ist, zu dem die Anzeigefrist noch nicht verstrichen war (Ziff. 4.1 (1) Abs. 2 AHB). Dies entspricht allgemeinen Grundsätzen und begegnet keinen Bedenken in Anbetracht des Umstandes, dass andererseits der VR für den Zugang der Aufforderung zur Meldung neuer Risiken beweispflichtig ist[136]. Erfolgt die Anzeige des neuen Risikos durch den VN, so **entfällt der Versicherungsschutz auch dann rückwirkend,** wenn binnen Monatsfrist nach Eingang der Anzeige bei dem VR **eine Vereinbarung über die Prämie für das neue Risiko nicht zustande** kommt (Ziff. 4.1 (2) AHB). Den VR trifft hier die Verpflichtung, dem VN ein Angebot zu unterbreiten, wobei er vorhandene Tarife zugrunde legen muss und weder die Bedingungen unangemessen erschweren, noch eine unangemessene Prämie verlangen darf[137]. Zudem muss das Angebot so rechtzeitig erfolgen, dass nicht durch eine verspätete Abgabe das endgültige Wirksamwerden der

---

[129] Vgl. OLG Nürnberg v. 28. 2. 2002, AgrarR 2002, 335; s. ferner OLG Celle v. 2. 5. 1990, VersR 1991, 1282.
[130] BGH v. 9. 10. 1974, VersR 1975, 77.
[131] OLG Nürnberg v. 15. 7. 1974, VersR 1975, 995.
[132] *Prölss/Martin/Voit/Knappmann*, § 2 AHB, Rn. 2; *Littbarski*, § 2 AHB, Rn. 15, jew. m. w. N.
[133] *Späte*, § 2 AHB, Rn. 14.
[134] Zu einem solchen Fall OLG Nürnberg v. 15. 7. 1974, VersR 1975, 995.
[135] Vgl. OLG Köln v. 12. 6. 1986, VersR 1987, 1230; anders wohl noch OLG Nürnberg v. 15. 7. 1974, VersR 1975, 995.
[136] *Späte*, § 2 AHB, Rn. 16; vgl. dazu ergänzend *Littbarski*, § 2 AHB Rn. 34 ff.
[137] *Prölss/Martin/Voit/Knappmann*, § 2 AHB, Rn. 12.

Versicherung vereitelt wird[138]. Verstößt der VR gegen diese Verpflichtung, so macht er sich ggf. nach § 280 Abs. 1 BGB schadensersatzpflichtig.

42 Der **Umfang des Versicherungsschutzes** in der Vorsorgeversicherung richtet sich in erster Linie **nach den Bedingungen des Hauptvertrages.** Dies hat zunächst zur Folge, dass die dort geltenden Risikoausschlüsse grundsätzlich auch in Ansehung des hinzugekommenen Risikos zum Tragen kommen[139]. Sind im Hauptvertrag einzelne Risikoausschlüsse abbedungen worden, so gilt diese Erweiterung des Versicherungsschutzes ihrerseits auch in der Vorsorgeversicherung[140]. Hält der VR **für das neue Risiko spezielle Besondere Bedingungen** vor, die er bei entsprechender Vereinbarung zur Grundlage des Versicherungsvertrages macht, so gelten auch schon im Rahmen der Vorsorgeversicherung alleine die in diesen Bedingungen enthaltenen Risikoausschlüsse[141]. Denn die Vorsorgeversicherung soll dem VN nur die Möglichkeit geben, vom Eintritt des neuen Risikos an einen an die veränderten Umstände angepassten Versicherungsschutz zu den üblichen Bedingungen des VR zu erlangen. Auch die **Versicherungssumme** kann von der des Hauptvertrages abweichen. Während frühere Fassungen der AHB feste Versicherungssummen vorsahen, ermöglicht Ziff. 4.2 AHB dem Verwender nunmehr eine individuelle Festlegung. Werden keine abweichenden Beträge eingesetzt, so gelten im Zweifel die Versicherungssummen des zugrunde liegenden Hauptvertrages auch für die Vorsorgeversicherung.

43 Ziff. 4.3 AHB **nimmt eine Reihe besonderer Gefahren vom Umfang der Vorsorgeversicherung aus.** Die Regelung der Vorsorgeversicherung gilt danach nicht für Risiken aus dem Eigentum, Besitz, Halten oder Führen eines Kraft-, Luft- oder Wasserfahrzeugs, soweit diese Fahrzeuge der Zulassungs-, Führerschein- oder Versicherungspflicht unterliegen, für Risiken aus dem Eigentum, Besitz, Betrieb oder Führen von Bahnen sowie für Risiken, die der Versicherungs- oder Deckungsvorsorgepflicht unterliegen. Hintergrund dieser Bestimmung ist, dass es sich hierbei um besonders hohe Risiken handelt, die nicht vom Vorsorgeschutz erfasst werden sollen[142]. Keine Anwendung findet der Ausschluss allerdings, soweit das jeweilige Risiko bereits im Grundvertrag versichert ist. In einem solchen Fall liegt überhaupt kein neues Risiko vor, sondern allenfalls eine Erhöhung oder Erweiterung des bestehenden Risikos, die ggf. an Ziff. 3.1 (2) AHB zu messen ist. Nicht unter die Vorsorgeversicherung fallen nunmehr explizit auch solche **Risiken, die kürzer als ein Jahr bestehen werden** und deshalb im Rahmen von kurzfristigen Versicherungsverträgen zu versichern sind (Ziff. 4.3 (4) AHB). Damit hat die bislang streitige Frage, ob die Vorsorgeversicherung auch dann eingreift, wenn den VN nur vorübergehend ein neues Risiko trifft[143], eine ausdrückliche, dem VN allerdings wenig vorteilhafte Regelung gefunden.

V. Betroffene Personen

1. Mitversicherung

44 In der Regel ist die Haftpflichtversicherung für eigene Rechnung genommen: Versicherte Person und VN sind identisch. Über den Vertrag können allerdings **neben dem VN weitere Personen mitversichert** sein. In diesem Falle liegt eine **Versicherung für fremde Rechnung** (§§ 43 ff. VVG) vor[144]. Welche Personen neben dem VN unter den Versicherungs-

---

[138] S. dazu *Späte*, § 2 AHB, Rn. 17, der annimmt, dass dem VN zur Prüfung des Angebotes nach Treu und Glauben mindestens eine Woche zugestanden werden muss.
[139] OLG Schleswig v. 4. 7. 1967, VersR 1968, 337.
[140] *Bruck/Möller/Johannsen*, IV, G 132.
[141] *Prölss/Martin/Voit/Knappmann*, § 2 AHB, Rn. 8 f.; *Littbarski*, § 2 AHB, Rn. 8.
[142] Dazu *Littbarski*, § 2 AHB, Rn. 45 ff.; *Späte*, § 2 AHB, Rn. 23 ff.
[143] In diesem Sinne zuletzt OLG Hamm v. 15. 3. 2000, NJW-RR 2000, 1194; *Littbarski*, § 2 AHB, Rn. 18; *Prölss/Martin/Voit/Knappmann*, § 2 AHB Rn. 7; *Bruck/Möller/Johannsen*, IV G 130; a. A. OLG Schleswig v. 4. 7. 1967, VersR 1968, 337; LG Itzehoe v. 21. 8. 1987, ZfS 1987, 341; OLG Celle v. 2. 5. 1990, VersR 1991, 1282 (Risiko muss mindestens etwas länger als einen Monat bestehen).
[144] BGH v. 10. 3. 1966, VersR 1966, 674; BGH v. 19. 3. 1952, VersR 1952, 141; zur Kfz-Haftpflichtversicherung auch BGH v. 14. 12. 1967, BGHZ 49, 130 = NJW 1968, 447 = VersR 1968, 185.

schutz fallen, ergibt sich aus dem Gesetz oder aus der vertraglichen Vereinbarung einschließlich der Besonderen Bedingungen des jeweiligen Vertrages. Eine **gesetzliche Erweiterung des Versicherungsschutzes** sieht § 102 Abs. 1 VVG für die Betriebshaftpflichtversicherung vor. Besteht diese Versicherung für ein Unternehmen, so erstreckt sie sich auch auf die Haftpflicht der zur Vertretung des Unternehmens befugten Personen sowie der Personen, die in einem Dienstverhältnis zu dem Unternehmen stehen. **Vertragliche Erweiterungen** des Versicherungsschutzes finden sich insbesondere bei der **Privathaftpflichtversicherung.** Gemäß Ziff. 2.1 BB Privathaftpflicht ist u. a. mitversichert die gleichartige gesetzliche Haftpflicht

- des **Ehegatten und eingetragenen Lebenspartners** des VN;
- ihrer unverheirateten und nicht in einer eingetragenen Lebenspartnerschaft lebenden **Kinder** (auch Stief-, Adoptiv- und Pflegekinder), bei volljährigen Kindern jedoch nur, solange sie sich noch in einer Schul- oder sich unmittelbar anschließenden Berufsausbildung befinden (berufliche Erstausbildung – Lehre und/oder Studium –, nicht Referendarzeit, Fortbildungsmaßnahmen und dgl.); bei Ableistung des Grundwehr-, Zivildienstes (einschließlich des freiwilligen zusätzlichen Wehrdienstes) oder des freiwilligen sozialen Jahres vor, während oder im Anschluss an die Berufsausbildung bleibt der Versicherungsschutz bestehen;
- der in häuslicher Gemeinschaft lebenden unverheirateten und nicht in einer eingetragenen Lebenspartnerschaft lebenden **Kinder** (auch Stief-, Adoptiv- und Pflegekinder) **mit geistiger Behinderung.**

Zu beachten ist, dass der in häuslicher Gemeinschaft mit dem VN lebende **Partner einer nichtehelichen Lebensgemeinschaft und dessen Kinder** nicht ohne weiteres, sondern **nur bei entsprechender ausdrücklicher Vereinbarung** und unter den in Ziff. 2.2 BB Privathaftpflicht genannten Voraussetzungen in den Versicherungsschutz einbezogen sind, ohne dass insoweit eine analoge Anwendung von Ziff. 2.1 BB Privathaftpflicht in Betracht käme. Gemäß Ziff. 2.3 BB Privathaftpflicht ist überdies mitversichert die gesetzliche Haftpflicht der im **Haushalt des VN beschäftigten Personen** gegenüber Dritten aus dieser Tätigkeit; das gleiche gilt für Personen, die aus Arbeitsvertrag oder gefälligkeitshalber Wohnung, Haus und Garten betreuen oder den Streudienst versehen.

Die **Rechtsstellung der mitversicherten Personen** ist in Ziff. 27 AHB geregelt. Erstreckt sich die Versicherung auch auf Haftpflichtansprüche gegen andere Personen als den VN selbst, so sind nach Ziff. 27.1 AHB alle für ihn geltenden Bestimmungen auf die Mitversicherten entsprechend anzuwenden. Die Bestimmungen über die Vorsorgeversicherung (Ziff. 4 AHB) gelten allerdings nicht, wenn das neue Risiko nur in der Person eines Mitversicherten entsteht; das war bislang streitig und wird nunmehr ausdrücklich klargestellt[145]. Von der entsprechenden Anwendung schon begrifflich ausgenommen ist ferner die stets nur den VN treffende Vertragspflicht zur Zahlung der Prämie. Die **Ausübung der Rechte aus dem Versicherungsvertrag** steht dagegen **ausschließlich dem VN** zu, der neben den Mitversicherten **für die Erfüllung der Obliegenheiten verantwortlich** ist (Ziff. 27.2 AHB). Die Bestimmung schränkt das Verfügungsrecht des Versicherten über den ihm materiell zustehenden Versicherungsanspruch über die gesetzliche Regelung des § 44 VVG hinaus ein. Sie soll den VR der Notwendigkeit entheben, im Schadensfall mit einer unbestimmten Vielzahl ihm unbekannter Personen das Vertragsverhältnis abwickeln zu müssen, anstatt sich allein mit dem VN als seinem Vertragspartner auseinanderzusetzen[146]. Dieser **Zweck** begrenzt auch die Anwendbarkeit der Vorschrift: Sie verliert dann ihren Sinn, wenn der VR einen vom VN für den Versicherten erhobenen Deckungsanspruch abgelehnt und der VN daraufhin zu erkennen gegeben hat, dass er den Anspruch von sich aus nicht weiter verfolgen will, da der VR hier die Person des Versicherten und die für die Beurteilung des Versicherungsanspruchs wesent-

45

---

[145] Zur bisherigen Rechtslage vgl. nur *Prölss/Martin/Voit/Knappmann,* § 2 AHB, Rn. 10; *Littbarski,* § 2 AHB, Rn. 10; zur Vorsorgeversicherung allgemein oben, Rn. 39.
[146] Grundlegend BGH v. 4. 5. 1964, BGHZ 41, 327 = NJW 1964, 1899.

lichen Umstände bereits kennt und wiederum nur mit einem Verhandlungs- und Prozessgegner zu rechnen braucht. In diesen Fällen steht der Berufung des VR auf Ziff. 27.2 AHB deshalb der **Einwand der unzulässigen Rechtsausübung** entgegen[147]. Dasselbe gilt, wenn der klagende Versicherte und der VN dem VR in dem Prozess gleichsam als Einheit gegenüberstehen und nichts dafür ersichtlich ist, dass der VN Anlass haben könnte, eine weitere Klage wegen desselben Schadensfalles gegen den VR zu erheben[148]. Im übrigen kann sich der VR jederzeit mit der Geltendmachung durch den Versicherten einverstanden erklären oder auf seine Rechte aus Ziff. 27.2 AHB verzichten[149].

2. Eingeschränktes Abtretungsverbot

46   Ziff. 28 AHB bestimmt, dass der Freistellungsanspruch vor seiner endgültigen Feststellung ohne Zustimmung des VR weder abgetreten noch verpfändet werden darf; zulässig ist allein die Abtretung an den geschädigten Dritten. Im Gegensatz zu früheren Bedingungswerken (vgl. § 7 Nr. 3 AHB a. F.), wonach die Versicherungsansprüche vor ihrer endgültigen Feststellung ohne ausdrückliche Zustimmung des VR nicht übertragen werden konnten, enthalten die neuen AHB damit **ein nur noch eingeschränktes Abtretungsverbot.** Dies trägt dem neuen § 108 Abs. 2 VVG Rechnung, der vorsieht, dass die Abtretung des Freistellungsanspruchs an den geschädigten Dritten nicht durch Allgemeine Versicherungsbedingungen ausgeschlossen werden kann. Der Gesetzgeber wollte es dem VN ermöglichen, seinen Befreiungsanspruch gegen den VR an den Dritten abzutreten, um diesen in die Lage zu versetzen, den VR unmittelbar in Anspruch zu nehmen[150]. Die Gesetzesänderung ist vor dem Hintergrund von **Sinn und Zweck** des Abtretungsverbotes zu sehen. Dieses soll in Ergänzung des in Ziff. 27.2 AHB vorgesehenen Ausübungsvorbehaltes sicherstellen, dass der VR sich nicht mit einem ihm unbekannten und vom VN aufgedrängten Dritten auseinandersetzen und es im Falle eines Prozesses hinnehmen muss, dass der VN die Stellung eines Zeugen erhält und der VR dadurch in der Beweisführung benachteiligt wird[151]. Demgegenüber wird die Abtretung an den Geschädigten in der Regel nicht zu einer unverhältnismäßigen Benachteiligung des VR führen, da der Geschädigte dem VR in der Regel bekannt ist und möglichen Beweisschwierigkeiten andernfalls ohnehin im Wege des Prozessrechts begegnet werden könnte. – Eine hiernach wirksame Abtretung hat zur Folge, dass sich der Freistellungsanspruch des VN in der Hand des Geschädigten in einen Zahlungsanspruch umwandelt. Diesen kann der Geschädigte dann **unmittelbar gegen den VR geltend machen,** und zwar nach dem Willen des Gesetzgebers ohne sich zuvor mit dem VN auseinandersetzen zu müssen[152]. Daher müssen in diesen Fällen sowohl Fragen des Haftpflicht- als auch des Freistellungsanspruchs im Prozess zwischen Geschädigtem und VR geklärt werden[153].

47   § 108 Abs. 2 VVG betrifft nur **Abtretungsverbote in Allgemeinen Versicherungsbedingungen,** worunter alle vom VR verwendeten Allgemeinen Geschäftsbedingungen im Sinne des § 305 BGB zu verstehen sind. Im Rahmen von Individualabreden können umfassende Abtretungsverbote also auch weiterhin vereinbart werden, und dies nach dem ausdrücklichen Willen des Gesetzgebers nicht erst nach Eintritt des Versicherungsfalles, sondern auch schon bei Abschluss des Versicherungsvertrages[154]. Die Wirkung eines umfassenden Abtre-

---

[147] BGH v. 4. 5. 1983, VersR 1983, 823; BGH v. 4. 5. 1964, BGHZ 41, 327 = NJW 1964, 1899.
[148] OLG Frankfurt v. 24. 7. 1997, NJW-RR 1998, 386.
[149] BGH v. 7. 1. 1965, BGHZ 43, 42 = VersR 1965, 274, m. Anm. *Prölss* = NJW 1965, 758; hierfür genügt schlüssiges Verhalten, vgl. OLG Stuttgart v. 2. 8. 2005, NJW-RR 2005, 1480 = VersR 2006, 1489; OLG Düsseldorf v. 11. 4. 2000, VersR 2001, 888.
[150] RegE, Begründung zu § 108 Abs. 2, BT-Drs. 16/3945, S. 86; kritisch *Thalmair*, ZVersWiss Suppl. 2006, 459 (463).
[151] BGH v. 13. 7. 1983, VersR 1983, 945.
[152] RegE, Begründung zu § 108 Abs. 2, BT-Drs. 16/3945, S. 87.
[153] *Langheid*, NJW 2007, 3745 (3746); *Grote/Schneider*, BB 2007, 2689 (2698); a. A. *Lange*, VersR 2008, 713.
[154] RegE, Begründung zu § 108 Abs. 2, BT-Drs. 16/3945, S. 87; zustimmend *Littbarski*, PHi 2007, 176 (181).

tungsverbotes kann insbesondere durch eine **einzelvertragliche Abänderung von Ziff. 28 Satz 2 AHB** erreicht werden. Es ist zu erwarten, dass die Versicherungswirtschaft von dieser Möglichkeit Gebrauch machen wird. Nicht zuletzt deshalb wird im Rahmen der Auslegung derartiger Abreden bei der Annahme einer Individualvereinbarung Zurückhaltung geboten sein; im Verhältnis zu Verbrauchern ist zudem § 310 Abs. 3 BGB zu beachten[155]. Werden die Vorgaben des § 108 Abs. 2 VVG beachtet, bestehen gegen die Vereinbarung eines eingeschränkten Abtretungsverbots im Rahmen von Allgemeinen Versicherungsbedingungen allerdings **keine durchgreifenden Bedenken**[156]. Lediglich im Einzelfall, nämlich wenn sie nicht durch ein berechtigtes Interesse des VR gedeckt ist, kann die Berufung des VR auf das Abtretungsverbot gegen Treu und Glauben verstoßen[157]. Im übrigen versteht sich von selbst, dass der VR eine abredewidrig erfolgte Abtretung jederzeit genehmigen kann[158].

D. Ausschlüsse

Die **Ausschlüsse** der Allgemeinen Haftpflichtversicherung sind **in Ziff. 7 AHB** geregelt.   **48** Sie gelten, falls im Versicherungsschein oder seinen Nachträgen nicht ausdrücklich etwas anderes bestimmt ist. Ausschlüsse schränken den Versicherungsschutz zu Lasten des VN ein: **soweit sie eingreifen, ist der VR nicht zur Leistung verpflichtet.** Die Reichweite eines Ausschlusses ist ggf. durch Auslegung zu ermitteln. Dabei gilt der allgemeine Grundsatz, dass es bei der Auslegung von Allgemeinen Versicherungsbedingungen auch auf das Interesse des VN ankommt. Dieses aber geht regelmäßig dahin, dass der von ihm erstrebte Versicherungsschutz wenigstens nicht weiter verkürzt wird, als der erkennbare Zweck der Klausel dies gebietet. Deshalb sind Ausschlüsse **eng und nicht weiter auszulegen, als es ihr Sinn unter Beachtung ihres wirtschaftlichen Zwecks und der gewählten Ausdrucksweise erfordert,** wobei der Zweck der Ausschlussregelung nur in den Grenzen der Wortwahl berücksichtigungsfähig ist[159]. Als ihm günstige Tatsachen sind ihre Voraussetzungen zudem grundsätzlich **vom VR darzulegen und zu beweisen**[160]. Der für die Allgemeine Haftpflichtversicherung maßgebliche, nunmehr aus 18 Punkten bestehende Katalog der Ziff. 7 AHB ist gegenüber früheren Bedingungswerken (§ 4 AHB a. F.) um zahlreiche antiquierte Ausschlusstatbestände erleichtert worden; andere Tatbestände sind neu hinzugekommen[161]. Weitere Ausschlusstatbestände finden sich in den jeweiligen Besonderen Bedingungen der verschiedenen Haftpflichtversicherungen. Die vorliegende Darstellung konzentriert sich auf wichtige Ausschlüsse in der Allgemeinen Haftpflichtversicherung sowie in der Privathaftpflichtversicherung.

I. Leistungsausschlüsse in der Allgemeinen Haftpflichtversicherung

1. Vorsätzliche Herbeiführung des Versicherungsfalles

Ziff. 7.1 AHB betrifft die vorsätzliche Herbeiführung des Versicherungsfalles. Nach der zu-   **49** grunde liegenden **gesetzlichen Regelung des § 103 VVG** ist der VR kraft Gesetzes nicht zur Leistung verpflichtet, wenn der **VN vorsätzlich und widerrechtlich den bei dem Dritten eingetretenen Schaden herbeigeführt** hat. Die im Vergleich zum bisherigen

---

[155] Vgl. auch *Schirmer*, ZVersWiss Suppl. 2006, 427 (437).
[156] BGH v. 26. 3. 1997, NJW-RR 1997, 919 = VersR 1997, 1088 (zu § 7 Nr. 3 AHB).
[157] BGH v. 13. 7. 1983, VersR 1983, 945.
[158] Vgl. BGH v. 25. 11. 1953, BGHZ 11, 120 (zu § 3 Nr. 4 AKB).
[159] BGH v. 3. 5. 2000, VersR 2000, 963 = NJW-RR 2000, 1189; BGH v. 17. 3. 1999, VersR 1999, 748 = NJW-RR 1999, 1038; BGH v. 23. 6. 1993, BGHZ 123, 83 = VersR 1993, 957 = NJW 1993, 2369.
[160] Grundlegend BGH v. 21. 2. 1957, BGHZ 23, 349 = NJW 1957, 907.
[161] Dazu *Bechert*, VW 2006, 1175; *Johannsen*, ZVersWiss 2005, 179 (182ff.); *Littbarski*, PHi 2005, 97 und PHi 2006, 82 (84); zum früheren Bedingungswerk s. die Kommentierung von *Johannsen* in der Vorauflage.

§ 152 VVG a. F. vorgenommenen Änderungen des Wortlautes der Bestimmung haben vornehmlich klarstellenden Charakter. Insbesondere ist nunmehr erkennbar, dass sich der Vorsatz hier – anders als etwa bei § 823 BGB – nicht nur auf die Handlung, sondern auch auf die Schadensfolgen beziehen muss, damit der Haftungsausschluss zugunsten des VR eingreift[162]. Dies entspricht der zu § 152 VVG a. F. ergangenen gefestigten Rechtsprechung[163]. Bei der Vorschrift des § 103 VVG handelt es sich um einen subjektiven Risikoausschluss[164]. Dieser schränkt die ansonsten geltende Bestimmung des § 81 VVG für den Bereich der Haftpflichtversicherung ein. Der VR haftet hier auch für grobe Fahrlässigkeit; ein Recht, die Leistung entsprechend dem Verschulden des VN anteilig zu kürzen, besteht nicht. Erforderlich ist vielmehr stets ein vorsätzliches Handeln des VN, also regelmäßig **das Wissen und Wollen des rechtswidrigen Erfolges im Bewusstsein der Rechtswidrigkeit**[165], wobei bedingter Vorsatz genügt[166]. Der VN muss also **die Handlung einschließlich der Schadensfolgen** in ihrem wesentlichen Umfang als möglich erkannt und für den Fall ihres Eintritts gewollt oder zumindest billigend in Kauf genommen haben.

50 Ziff. 7.1 AHB **konkretisiert die gesetzliche Regelung** für den Bereich der Allgemeinen Haftpflichtversicherung. Diese Bestimmung schließt Versicherungsansprüche aller Personen aus, die **den Schaden vorsätzlich herbeigeführt** haben. Der fehlende Zusatz „widerrechtlich" beinhaltet gleichwohl keine inhaltliche Abweichung von § 103 VVG, da beiden Bestimmungen **derselbe Vorsatzbegriff** zugrunde liegt[167] und Rechtswidrigkeit und das Bewusstsein der Rechtswidrigkeit Bestandteile des zivilrechtlichen Vorsatzbegriffes sind[168]. Demgemäß besteht Versicherungsschutz, wenn der VN nur irrig annimmt, dass die Voraussetzungen einer Notwehrsituation vorliegen[169]. Das gilt erst recht, wenn ein Rechtfertigungsgrund tatsächlich gegeben ist. Der Ausschluss gilt **auch für mitversicherte Personen;** dies wird durch Ziff. 7.1 AHB insoweit klargestellt, als dieser von den Versicherungsansprüchen aller Personen spricht, die den Schaden vorsätzlich herbeigeführt haben. Zu mitversicherten Personen zählen beispielsweise bei der Privathaftpflichtversicherung u. a. der Ehegatte und der eingetragene Lebenspartner des VN sowie seine unverheirateten und nicht in einer eingetragenen Lebenspartnerschaft lebenden Kinder, volljährige Kinder jedoch nur, solange sie sich noch in einer Schul- oder sich unmittelbar anschließenden Berufsausbildung befinden (berufliche Erstausbildung – Lehre und/oder Studium, nicht Referendarzeit, Fortbildungsmaßnahmen und dgl.)[170]. Führt eine mitversicherte Person den Versicherungsfall vorsätzlich herbei, ist der VR ihr gegenüber nicht zur Leistung verpflichtet[171]. Dem VN schadet das vorsätzliche Verhalten einer mitversicherten Person dagegen in der Regel nicht, es sei denn, diese ist Repräsentant des VN, also eine Person, die in dem Geschäftsbereich, zu dem das versicherte Risiko gehört, aufgrund eines Vertretungs- oder ähnlichen Verhältnisses an die Stelle des VN getreten ist[172].

51 Der **Beweis** für das Vorliegen der Voraussetzungen des Risikoausschlusses obliegt nach allgemeinen Grundsätzen dem VR. Diesen Nachweis wird er in der Regel nur anhand von Indi-

---

[162] RegE, Begründung zu § 103, BT-Drs. 16/3945, S. 85.
[163] BGH v. 17. 6. 1998, VersR 1998, 1011 = NJW-RR 1998, 1321; BGH v. 26. 9. 1990, NJW-RR 1991, 145 = VersR 1991, 176; Saarl. OLG v. 11. 11. 1992, VersR 1993, 1004 = NJW-RR 1994, 353.
[164] BGH v. 15. 12. 1970, NJW 1971, 459 = VersR 1971, 239.
[165] BGH v. 28. 4. 1958, MDR 1958, 488 = VersR 1958, 361.
[166] BGH v. 18. 10. 1952, BGHZ 7, 311; Saarl. OLG v. 11. 11. 1992, VersR 1993, 1004 = NJW-RR 1994, 353.
[167] BGH v. 17. 6. 1998, VersR 1998, 1011 = NJW-RR 1998, 1321.
[168] BGH v. 30. 1. 1958, VersR 1958, 361; ebenso Berliner Kommentar/*Baumann,* § 152 VVG Rn. 27; *Späte,* § 4 AHB, Rn. 205; *Littbarski,* § 4 AHB Rn. 369, jew. m. w. N.
[169] BGH v. 30. 1. 1958, VersR 1958, 361.
[170] Zu den Einzelheiten sowie weiteren mitversicherten Personen vgl. Ziff. 2.1 BB Privathaftpflicht; dazu *Prölss/Martin/Voit/Knappmann,* Nr. 2 Privathaftpflicht, Rn. 1 ff. sowie oben, Rn. 44.
[171] BGH v. 15. 12. 1970, NJW 1971, 459 = VersR 1971, 239.
[172] BGH v. 25. 3. 1992, VersR 1992, 865 = NJW-RR 1992, 921; BGH v. 15. 12. 1970, NJW 1971, 459 = VersR 1971, 239.

zien führen können. Eine Beweisführung mittels Anscheinsbeweises kommt dagegen nicht in Betracht. Insoweit fehlt es an dem hierzu erforderlichen typischen Geschehensablauf, der nach der Lebenserfahrung auf eine bestimmte Ursache hinweist und so sehr das Gepräge des Gewöhnlichen und Üblichen trägt, dass die besonderen individuellen Umstände in ihrer Bedeutung zurücktreten[173]. Der **Nachweis der Schuldfähigkeit gehört nicht zum Nachweis des Vorsatzes.** Beruft sich der VN darauf, er sei im Zeitpunkt seines Handels unzurechnungsfähig gewesen, so muss er dies in entsprechender Anwendung des § 827 S. 1 BGB beweisen[174]. Folgt der Deckungsprozess auf den Haftpflichtprozess, ist auch an dieser Stelle eine mögliche **Bindungswirkung zu beachten**[175]. Wurde im Haftpflichturteil ein vorsätzliches Handeln ausgeschlossen, so ist diese Feststellung auch für den nachfolgenden Deckungsprozess verbindlich[176]. Die Bindungswirkung besteht allerdings nur bei Voraussetzungsidentität[177]. Bejaht das Gericht im Haftpflichtprozess eine vorsätzliche unerlaubte Handlung im Sinne des § 823 Abs. 1 BGB, lässt es jedoch offen, ob sich der Vorsatz auch auf die Schadensfolgen bezog, so ist diese Frage im Deckungsprozess zu entscheiden. Dasselbe gilt, wenn die Qualität des an den Tag gelegten Verschuldens für die Entscheidung des Haftpflichtprozesses unerheblich oder offengeblieben ist[178].

Die gesetzliche Vorschrift des § 103 VVG ist **abdingbar.** Es ist daher wie schon bislang 52 möglich, **Ausschlüsse auch bei milderen Schuldformen** zu vereinbaren[179]. Das ist insbesondere in den Bedingungswerken der Berufshaftpflichtversicherungen geschehen, in denen regelmäßig solche Schäden vom Versicherungsschutz ausgenommen werden, die durch wissentliches Abweichen von Gesetz, Vorschrift, Anweisung oder Bedingung des Machtgebers oder durch sonstige **wissentliche Pflichtverletzung** verursacht worden sind[180]. Dadurch wird einerseits zugunsten des VN nur auf näher beschriebene Verstöße gegen konkrete Berufspflichten abgestellt, so dass bedingter Vorsatz insoweit nicht genügt; andererseits muss der VN aber auch nicht den schädigenden Erfolg als möglich vorhergesehen und billigend in Kauf genommen haben. Ein solcher Risikoausschluss in Allgemeinen Versicherungsbedingungen ist wirksam[181].

2. Mangelhafte Erzeugnisse, Arbeiten oder Leistungen

Gemäß Ziff. 7.2 AHB sind Versicherungsansprüche aller Personen ausgeschlossen, die den 53 Schaden dadurch verursacht haben, dass sie **in Kenntnis von deren Mangelhaftigkeit oder Schädlichkeit Erzeugnisse in den Verkehr gebracht oder Arbeiten oder sonstige Leistungen erbracht** haben. Dies stellt im Ergebnis eine Erweiterung des Haftungsausschlusses wegen vorsätzlicher Herbeiführung des Versicherungsfalles dar[182]. Anders als unter Ziff. 7.1 AHB muss der **schädigende Erfolg hier nicht vom Vorsatz umfasst** sein[183]. Dem VN wird damit der Einwand abgeschnitten, er habe zwar Kenntnis von der Mangelhaftigkeit oder Schädlichkeit der Ware gehabt, aber darauf vertraut, dass dennoch ein Schaden

---

[173] BGH v. 4. 5. 1988, BGHZ 104, 256 = VersR 1988, 683 = NJW 1988, 2040.
[174] BGH v. 13. 12. 2006, VersR 2007, 389 = NJW 2007, 1126; BGH v. 20. 6. 1990, BGHZ 111, 372 = NJW 1990, 2387; OLG Frankfurt v. 20. 9. 1989, VersR 1990, 42.
[175] S. dazu schon oben, Rn. 5f.
[176] BGH v. 30. 9. 1992, BGHZ 119, 276 = NJW 1993, 68.
[177] Dazu grundsätzlich BGH v. 18. 2. 2004, VersR 2004, 590 = NJW-RR 2004, 676.
[178] BGH v. 24. 1. 2007, VersR 2007, 641 = NJW-RR 2007, 827; BGH v. 18. 2. 2004, VersR 2004, 590 = NJW-RR 2004, 676; BGH v. 30. 9. 1992, BGHZ 119, 276 = NJW 1993, 68.
[179] RegE, Begründung zu § 103, BT-Drs. 16/3945, S. 85.
[180] So etwa § 4 Nr. 5 AVB Vermögen; s. dazu *Prölss/Martin/Voit/Knappmann*, § 4 AVB Vermögen/WB, Rn. 5 ff. und § 26, Rn. 241 ff. (in diesem Handbuch).
[181] BGH v. 20. 6. 2001, VersR 2001, 1103 = NJW-RR 2001, 1311; BGH v. 26. 9. 1990, NJW-RR 1991, 145 = VersR 1991, 176.
[182] In diesem Sinne auch die in früheren Bedingungswerken (§ 4 I Nr. 1 Satz 2 AHB a. F.) verwendete Formulierung.
[183] BGH v. 15. 12. 1951, VersR 1952, 64; OGH Brit. Zone v. 10. 2. 1950, OGHZ 3, 316; OLG Karlsruhe v. 20. 3. 2003, VersR 2003, 987 = NJW-RR 2003, 1110.

nicht eintreten werde[184]. Wie Ausschlusstatbestände im allgemeinen ist auch Ziff. 7.2 AHB eng auszulegen. Eine analoge Anwendung der Ausschlussklausel auf die Vermietung mangelhafter Sachen kommt deshalb nicht in Betracht[185]. Für die Annahme des Ausschlusses erforderlich ist **positive Kenntnis von der Mangelhaftigkeit oder Schädlichkeit** der Waren; lediglich grobfahrlässige Unkenntnis genügt nicht[186]. Überhaupt sind an die Kenntnis von der Mangelhaftigkeit hohe Anforderungen zu stellen[187]. Diese muss sich darauf beziehen, **dass eine schädigende Wirkung unter gewöhnlichen Umständen und nicht nur bei Zusammentreffen außergewöhnlicher Umstände eintreten kann**[188]. Allein der Umstand, dass ein Werk mangelhaft ausgeführt worden ist, vermag deshalb für sich gesehen nicht die Annahme begründen, der VN habe von der Mangelhaftigkeit auch positiv Kenntnis gehabt[189]. Kenntnis im Sinne der Ausschlussbestimmung ist beispielsweise angenommen worden zu Lasten eines Apothekers, der selbst hergestellte alkoholische Getränke unter Hinweis auf den Umstand verkauft hatte, dass wegen der Gefährlichkeit der Inhaltsstoffe nur ganz wenig davon getrunken werden dürfe[190]; ebenso zu Lasten eines Pferdeverkäufers, dem bekannt war, dass das von ihm gelieferte Pferd einen für die nach dem Vertrag beabsichtigte Verwendung schädlichen und gefährlichen Mangel aufwies[191]. Nach Auffassung des OLG München schließlich soll aus dem vertragswidrigen Einsatz von Baumaschinen die Kenntnis von der Schädlichkeit der Arbeit folgen, wenn die Verwendung der Maschine anstelle der vereinbarten Handarbeit die Beschädigung einer auf der Baustelle vorhandenen wertvollen Majolikafigur zur Folge hat[192].

3. Über den gesetzlichen Umfang hinausgehende Haftung

54   Gemäß Ziff. 7.3 AHB sind Haftpflichtansprüche, soweit sie **aufgrund Vertrages oder besonderer Zusagen über den Umfang der gesetzlichen Haftpflicht des VN hinausgehen,** von der Versicherung ausgeschlossen. Die Bestimmung hat deklaratorischen Charakter, denn bereits aus Ziff. 1.1 AHB folgt, dass der VR nur für solche Schadensersatzansprüche haftet, die sich aus gesetzlichen Haftpflichtbestimmungen ergeben. Eine darüber hinausgehende Haftung sprengt den Rahmen des üblicherweise versicherten Risikos und kann daher vom VR nicht ohne weiteres übernommen werden. Allerdings besteht die Möglichkeit, entsprechenden Versicherungsschutz gesondert zu vereinbaren[193]. Zu den durch Ziff. 7.3 AHB vom Versicherungsschutz ausgenommenen Haftpflichtansprüchen zählen insbesondere solche, die sich aus der **vertraglichen Übernahme einer Garantie oder einer vom Regelfall des § 276 BGB abweichenden verschuldensunabhängigen Haftung** ergeben. Allerdings ist in diesen Fällen zu prüfen, ob nicht unabhängig von der getroffenen Vereinbarung gleichwohl ein Verschulden des VN oder derjenigen Personen vorliegt, deren Verschulden er sich zurechnen lassen muss mit der Folge, dass eine Haftung auch ohne Rücksicht auf die vertragliche Vereinbarung gegeben wäre und der VR deshalb eintrittspflichtig bleibt. **Nicht unter den Ausschluss** fallen **Vereinbarungen, durch die im Gesetz nicht vorgesehene Vertragspflichten begründet oder erweitert werden.** Hier erfolgt keine vertragliche Erweiterung der Haftung als solche, sondern es wird die Tatsachengrundlage erweitert, an welche die gesetzliche Haftung anknüpft. Die Vorschrift findet daher keine Anwendung, wenn der VN als Mieter eines Anwesens gegenüber dem Vermieter vertraglich die Reini-

---

[184] *Bruck/Möller/Johannsen,* IV G 227; *Littbarski,* § 4 AHB, Rn. 386.
[185] BGH v. 18. 1. 1965, NJW 1965, 755; BGH v. 29. 11. 1972, NJW 1973, 284 = VersR 1973, 145.
[186] BGH v. 26. 1. 1961, VersR 1961, 265; OGH Brit. Zone v. 10. 2. 1950, OGHZ 3, 316.
[187] OLG Karlsruhe v. 20. 3. 2003, VersR 2003, 987 = NJW-RR 2003, 1110.
[188] BGH v. 15. 12. 1951, VersR 1952, 84; OLG Hamm v. 2. 12. 1992, VersR 1993, 1474.
[189] Vgl. noch OLG Karlsruhe v. 20. 3. 2003, VersR 2003, 987 = NJW-RR 2003, 1110; OLG Stuttgart v. 5. 5. 1994, VersR 1995, 1229.
[190] BGH v. 15. 12. 1951, VersR 1952, 64.
[191] OLG Nürnberg v. 10. 1. 1964, VersR 1965, 225.
[192] OLG München v. 1. 7. 1986, VersR 1987, 755.
[193] So z. B. in der Produkthaftpflichtversicherung (Ziff. 4 ff. ProdHB), dazu § 25 (in diesem Handbuch).

gungspflicht für den vor dem Grundstück gelegenen Weg übernimmt und dies rechtlich so zu bewerten ist, dass er damit Dritten gegenüber auch die Verkehrssicherungspflicht zu erfüllen hat[194]. Ebensowenig schließt es den Versicherungsschutz nach dieser Vorschrift aus, wenn der VN nach Eintritt des Versicherungsfalls auf die Einrede der Verjährung bis zur Mängelbehebung verzichtet[195].

Heute keine Bedeutung mehr hat die bis zum Inkrafttreten der Schuldrechtsreform hoch- **55** streitige Frage der **Behandlung von Schadensersatzansprüchen wegen Fehlens einer zugesicherten Eigenschaft** nach § 463 BGB a. F. Die Zusicherung einer bestimmten Eigenschaft, die für sich gesehen eine bloße Verschärfung der Vertragspflichten darstellt und daher vom Versicherungsschutz gedeckt ist, führte hier im Falle der Nichterfüllung ohne weiteres zu einer Haftung ohne Verschulden[196]. Richtigerweise war darin allerdings keine Haftungserweiterung des Verkäufers zu sehen, die über den Rahmen des üblichen Kaufvertrages, wie er im Gesetz seine Ausgestaltung erfahren hatte, hinausging[197]. Mit dem **neuen Schuldrecht**[198] ist die besondere Haftung des Verkäufers wegen Fehlens einer zugesicherten Eigenschaft entfallen; die gesetzlichen Schadensersatzansprüche des Käufers richten sich jetzt nach § 437 Nr. 3 BGB, der im wesentlichen auf die allgemeinen Vorschriften (§§ 280, 281, 311a BGB) verweist. Wird der VN auf dieser Grundlage in Anspruch genommen, so besteht – jenseits des reinen Erfüllungsinteresses – Versicherungsschutz, und zwar auch dann, wenn der die Pflichtverletzung begründende Sachmangel darin besteht, dass die veräußerte Sache nicht die vereinbarte Beschaffenheit aufweist (§ 434 Abs. 1 S. 1 BGB). Insoweit folgt jetzt schon aus der Systematik des neuen Rechts, dass die **Vereinbarung einer Beschaffenheit lediglich eine besondere Ausgestaltung der vertraglichen Pflichten des Verkäufers** bewirkt, während der Umfang der gesetzlichen Haftung dadurch nicht berührt wird. Nur soweit sich der VN dazu verpflichtet, ohne Rücksicht auf Verschulden für bestimmte Beschaffenheitsmerkmale einzustehen, liegt die Vereinbarung einer vom gesetzlichen Regelfall des § 276 BGB abweichenden, nicht gedeckten Garantiehaftung vor.

Vom Versicherungsschutz ausgenommen sind auch **Ansprüche aus der Übernahme** **56** **einer Garantie** (§ 443 BGB). Das Gesetz bezeichnet an dieser Stelle keine verschuldensunabhängige Einstandspflicht, sondern **ein eigenständiges Schuldverhältnis,** aus dem der Gläubiger „unbeschadet der gesetzlichen Ansprüche" Rechte herleiten kann[199]. Mit der Vereinbarung einer Garantie übernimmt der VN für den Fall der Nichterfüllung des Vertrages **Rechtsfolgen, die über den gesetzlichen Rahmen seiner Haftung hinausgehen** und deshalb keinen Versicherungsschutz genießen. Die lediglich deklaratorische Wirkung des Ausschlusses folgt insoweit auch daraus, dass das Einstehenmüssen aus der Garantie eine Erfüllungsleistung darstellt, die bereits nach Ziff. 1.2 (1) AHB nicht vom Versicherungsschutz erfasst wird[200].

4. Ansprüche gegen Mitversicherte oder zwischen mehreren VN oder Mitversicherten

Vom Versicherungsschutz ausgeschlossen sind nach Ziff. 7.4 AHB Haftpflichtansprüche des **57** VN selbst oder der in Ziff. 7.5 benannten Personen **gegen die Mitversicherten,** zwischen **mehreren VN desselben Versicherungsvertrages** sowie zwischen **mehreren Mitversicherten desselben Versicherungsvertrages.** Gemäß Anm. zu Ziff. 7.4 und 7.5 AHB erstrecken sich diese Ausschlüsse darüber hinaus auch auf Haftpflichtansprüche von **Angehöri-**

---

[194] *Bruck/Möller/Johannsen,* IV G 161; *Prölss/Martin/Voit/Knappmann,* § 4 AHB, Rn. 2; *Späte,* § 4 AHB, Rn. 4.
[195] OLG Düsseldorf v. 3. 3. 1998, VersR 1999, 480.
[196] Zur Frage umfassend *Bruck/Möller/Johannsen,* Bd. 4 Anm. G 159; *Littbarski,* § 4 AHB Rn. 15 ff.; *Späte,* § 4 AHB, Rn. 5 ff.; vgl. weiterhin *Diederichsen,* VersR 1971, 1077.
[197] RG v. 7. 3. 1939, RGZ 160, 48 (51).
[198] Dazu *von Westphalen,* NVersZ 2002, 241.
[199] *Schneider,* Abkehr vom Verschuldensprinzip?, Tübingen, 2007, S. 218.
[200] Dazu oben, Rn. 25.

gen der dort genannten Personen, wenn sie miteinander **in häuslicher Gemeinschaft** leben. Der Ausschluss beruht auf der Erwägung, dass Eigenschäden in der Haftpflichtversicherung keinen Versicherungsschutz genießen. Denn in allen darin genannten Fällen werden vordinglich wechselseitige Interessen mehrerer durch den Versicherungsvertrag geschützter Personen betroffen. Vor diesem Hintergrund rechtfertigt er sich auch als besondere Vorsichtsmaßnahme des VR gegen unkontrollierbares Zusammenwirken mehrerer Haftpflichtparteien. Wie alle Ausschlusstatbestände ist auch Ziff. 7.4 AHB **eng auszulegen.** Der Ausschluss erfasst deshalb über seinen Wortlaut hinaus insbesondere nicht auch Ansprüche eines Mitversicherten gegen den VN[201]. Im übrigen kann es nach dem dargestellten Sinn und Zweck der Vorschrift geboten sein, die Klausel **im Einzelfall nicht anzuwenden,** obgleich ihre Voraussetzungen formal gegeben sind. Wird z. B. der im Außenverhältnis gemäß § 898 RVO (jetzt §§ 104, 105 SGB VII) privilegierte mitversicherte Arbeitgeber vom VN auf Rückzahlung der an den Arbeitnehmer geleisteten Schadensersatzzahlungen in Anspruch genommen, so hat der VR dem mitversicherten Arbeitgeber gleichwohl Deckungsschutz in Gestalt der Abwehr des unberechtigten Anspruches zu leisten[202].

5. Ausschluss der Haftpflichtansprüche bestimmter Personengruppen

58   **a) Angehörige.** Vom Versicherungsschutz ausgeschlossen sind nach Ziff. 7.5 (1) AHB Haftpflichtansprüche gegen den VN aus Schadensfällen seiner Angehörigen, die mit ihm in häuslicher Gemeinschaft leben oder die zu den im Versicherungsvertrag mitversicherten Personen gehören. Der Ausschluss bezieht sich nach dem Wortlaut der Vorschrift generell auf Haftpflichtansprüche aus den betreffenden Schadensfällen, so dass es auf die Frage, ob der VR dem VN aus dem Schadensfall ansonsten Versicherungsschutz zu gewähren hätte, insoweit nicht ankommt[203]. Die Klausel verstößt nicht gegen AGB-Vorschriften (§§ 305 c, 307 BGB)[204]. Als **Angehörige** im Sinne der Vorschrift gelten Ehegatten, Lebenspartner im Sinne des Lebenspartnerschaftsgesetzes oder vergleichbarer Partnerschaften nach dem Recht anderer Staaten, Eltern und Kinder, Adoptiveltern und -kinder, Schwiegereltern und -kinder, Stiefeltern und -kinder, Großeltern und Enkel, Geschwister sowie Pflegeeltern und -kinder (Personen, die durch ein familienähnliches, auf längere Dauer angelegtes Verhältnis wie Eltern und Kinder miteinander verbunden sind, Ziff. 7.5 (1) Abs. 2 AHB). Die **Aufzählung ist abschließend** und einer erweiternden Auslegung nicht zugänglich. Soweit also etwa Verlobte oder Partner einer nichtehelichen Lebensgemeinschaft nicht erwähnt werden, fallen sie nicht unter den Ausschluss.

59   Voraussetzung für die Anwendung der Ausschlussbestimmung auf den Kreis der genannten Personen ist, dass diese mit dem VN in häuslicher Gemeinschaft leben oder zu den im Versicherungsvertrag mitversicherten Personen gehören. Eine **häusliche Gemeinschaft** (vgl. § 86 Abs. 3 VVG) ist gegeben, wenn Personen im Rahmen eines gemeinsamen Haushaltes und Familienlebens in einem gemeinsamen örtlichen Mittelpunkt unter Einfügung in den Organismus eines Hauswesens zusammenleben[205]. Leben in häuslicher Gemeinschaft ist mehr als gemeinschaftliches Wohnen; es setzt voraus, dass der VN **den Mittelpunkt seines Lebens** bei seinen Angehörigen begründet[206]. Wesentliches Indiz, insbesondere bei weiter entfernten Verwandten, ist das Bestehen einer gemeinsamen Wirtschaftsführung unter finanzieller Beteiligung des jeweiligen Angehörigen[207]. Handelt es sich bei den Angehörigen

---

[201] OLG Köln v. 30. 4. 2001, r+s 2002, 279.

[202] BGH v. 7. 1. 1964, BGHZ 43, 42 = VersR 1965, 274, m. Anm. *Prölss* = NJW 1965, 758.

[203] Dazu *Littbarski,* § 4 AHB, Rn. 400; *Späte,* § 4 AHB, Rn. 221; *Prölss/Martin/Voit/Knappmann,* § 4 AHB, Rn. 89.

[204] OLG Frankfurt v. 7. 4. 1999, VersR 2001, 321; OLG Hamm v. 1. 3. 1995, VersR 1995, 908 = NJW-RR 1995, 1309.

[205] OLG Frankfurt v. 7. 4. 1999, VersR 2001, 321.

[206] OLG Hamm v. 9. 10. 1991, NJW-RR 1992, 477; vgl. auch BGH v. 12. 11. 1985, VersR 1986, 333 = NJW-RR 1986, 385 (zu § 67 Abs. 2 VVG).

[207] Vgl. dazu BGH v. 15. 1. 1980, VersR 1980, 644.

um im Versicherungsvertrag **mitversicherte Personen,** so kommt es auf das Vorliegen einer häuslichen Gemeinschaft nicht an. Die genannten Voraussetzungen müssen **im Zeitpunkt des Eintritts des Versicherungsfalles** bestehen; auf nachträgliche Veränderungen kommt es nicht an[208].

b) Andere dem VN nahestehende Personen. Ziff. 7.5 (2) bis (6) AHB nehmen An- **60** sprüche bestimmter Personen, die aufgrund ihrer Rechtsstellung **zu dem VN in einem besonderen Näheverhältnis** stehen, vom Versicherungsschutz aus. Gemäß Anm. zu Ziff. 7.4 und 7.5 AHB erstrecken sich die Ausschlüsse auch auf Haftpflichtansprüche von Angehörigen der dort genannten Personen, wenn sie miteinander in häuslicher Gemeinschaft leben.

Durch Ziff. 7.5 (2) AHB werden Haftpflichtansprüche von **gesetzlichen Vertretern** **61** **oder Betreuern,** wenn der VN eine geschäftsunfähige, beschränkt geschäftsfähige oder betreute Person ist, vom Versicherungsschutz ausgeschlossen. Da Angehörige regelmäßig bereits unter den in Ziff. 7.5 (1) AHB enthaltenen Ausschluss fallen, sind gesetzliche Vertreter im Sinne dieser Bestimmung vor allem der Vormund (§ 1773 ff. BGB), der Betreuer (§ 1896 ff. BGB) oder der Pfleger (§§ 1909 ff. BGB)[209].

Ziff. 7.5 (3) AHB erfaßt den Fall, dass der VN eine **juristische Person des privaten oder** **62** **öffentlichen Rechts oder ein nicht rechtsfähiger Verein** ist und nimmt Haftpflichtansprüche von seinen **gesetzlichen Vertretern** vom Versicherungsschutz aus. Zu dieser Personengruppe zählen der Vereins- bzw. Stiftungsvorstand (§§ 26, 86 BGB), der Vorstand der AG (§ 78 AktG), der GmbH-Geschäftsführer (§ 35 GmbHG) oder der Vorstand der Genossenschaft (§ 24 GenG). Für die Anwendung des Ausschlusses ist ohne Belang, ob der gesetzliche Vertreter alleinvertretungsberechtigt ist oder nicht[210].

Der in Ziff. 7.5 (4) AHB geregelte Ausschlusstatbestand betrifft Haftpflichtansprüche von **63** **unbeschränkt persönlich haftenden Gesellschaftern** des VN, wenn dieser eine **Offene Handelsgesellschaft, Kommanditgesellschaft oder Gesellschaft bürgerlichen Rechts** ist. Nicht zu den unbeschränkt persönlich haftenden Gesellschaftern zählen der bei der KG nur mit seiner Einlage haftende Kommanditist und der gemäß § 230 HGB nur mit einer Vermögenseinlage am Handelsgewerbe beteiligte stille Gesellschafter[211]. Ebenfalls nicht unter den Versicherungsschutz fallen nach Ziff. 7.5 (5) AHB Haftpflichtansprüche von **Partnern** des VN, wenn dieser eine **eingetragene Partnerschaftsgesellschaft** ist.

Keinen Versicherungsschutz genießen schließlich nach Ziff. 7.6 AHB Haftpflichtansprü- **64** che von **Liquidatoren, Zwangs- und Insolvenzverwaltern.** Erfasst werden alle Personen, deren Aufgabe es ist, für aufgelöste Gesellschaften oder Vereine die laufenden Geschäfte zu bereinigen, Forderungen einzuziehen, das übrige Vermögen in Geld umzusetzen und die Gläubiger zu befriedigen, und zwar unabhängig von der im jeweiligen Fall verwendeten Bezeichnung[212].

6. Besitzklausel

a) Allgemeines. Gemäß Ziff. 7.6 AHB sind **Haftpflichtansprüche wegen Schäden an** **65** **fremden Sachen und allen sich daraus ergebenden Vermögensschäden** vom Versicherungsschutz ausgeschlossen, wenn der VN diese Sachen **gemietet, geleast, gepachtet, geliehen, durch verbotene Eigenmacht erlangt hat oder sie Gegenstand eines besonderen Verwahrungsvertrages sind.** Sinn dieser Klausel ist es, dass der VN für fremde Sachen, die er im Besitze hat und die er sorgfältig zu behandeln und vor Schaden zu schützen dem Eigentümer gegenüber verpflichtet ist, keinen Haftpflichtversicherungsschutz genießen soll[213]. Von dem Ausschluss erfasst werden neben Sachen i.e.S. (§ 90 BGB) **auch Tiere** (§ 90a

[208] *Prölss/Martin/Voit/Knappmann,* § 4 AHB, Rn. 88.
[209] *Littbarski,* § 4 AHB, Rn. 430; *Späte* § 4 AHB, Rn. 231.
[210] OGH Wien v. 10.12.1987, VersR 1989, 314.
[211] *Littbarski,* § 4 AHB, Rn. 434; *Späte,* § 4 AHB, Rn. 232.
[212] *Littbarski,* § 4 AHB, Rn. 441; *Späte,* § 4 AHB, Rn. 234, m.N.
[213] OLG Frankfurt v. 9.11.1982, VersR 1983, 946, m.w.N.

BGB) und **Wertpapiere**[214]. Diese müssen fremd sein, was dann der Fall ist, wenn sie nicht im Eigentum des VN, sondern eines Dritten stehen[215]. Maßgeblich für die Beurteilung der Eigentumsverhältnisse ist nach allgemeiner Auffassung der Zeitpunkt des Schadensereignisses[216]. Die Klausel kann durch Parteivereinbarung abbedungen werden[217]. Auch kann ihre Anwendbarkeit nach Sinn und Zweck des konkreten Versicherungsvertrages ausgeschlossen sein[218].

66 Unter den Ausschlußtatbestand fallen nur solche fremde Sachen, zu denen der VN **in einem der in der Vorschrift ausdrücklich genannten Besitzverhältnisse** steht. Die Aufzählung ist abschließend; eine erweiternde Auslegung auf andere als die genannten Besitzverhältnisse kommt auch bei vergleichbarer Interessenlage nicht in Betracht. Der Haftungsausschluss ist daher nicht anwendbar auf die Beschädigung eines Teppichs, den der Verkäufer einem potentiellen Käufer vorübergehend überlassen hat, um ihn zum Kauf geneigt zu machen[219], eines Appartements auf Sylt, dessen Nutzung aufgrund eines Gefälligkeitsverhältnisses unentgeltlich erfolgt[220] oder eines Grundstücks, das der VN wegen Nichtigkeit des Kaufvertrages oder nach erfolgter Zwangsversteigerung rechtsgrundlos besitzt[221]. Auch der Mitbesitz unter Ehegatten/Lebenspartnern, Partnern einer nichtehelichen Lebensgemeinschaft oder Mitgliedern einer Wohngemeinschaft fällt nicht darunter[222]. Beim **gemischten Vertrag** wird die Ausschlussklausel ebenfalls regelmäßig **keine Anwendung** finden, es sei denn, der Vertrag trägt im Einzelfall eindeutig den Charakter eines der genannten Besitzverhältnisse[223]. Sind die Voraussetzungen des Ausschlusses in der Person von **Angestellten, Arbeitern, Bediensteten, Bevollmächtigten oder Beauftragten des VN** gegeben, so entfällt gemäß Anm. zu Ziff. 7.6 und 7.7 AHB gleichfalls der Versicherungsschutz, und zwar sowohl für den VN als auch für die durch den VN etwa mitversicherten Personen. Der VN soll den Ausschluss der genannten Schäden nicht dadurch umgehen können, dass er die fremde Sache etwa durch einen Angestellten anmieten, leihen oder sonst in Besitz nehmen lässt. Dieser Zweck begrenzt allerdings zugleich auch die Reichweite der Bestimmung: Schäden an Sachen, die wirtschaftlich nicht zum Machtbereich des VN zählen, etwa an dem vom Angestellten privat angemieteten PKW, bleiben versichert. Die Erstreckung des Ausschlusses hat abschließenden Charakter; ein vom VN beauftragter selbständiger Subunternehmer fällt deshalb nicht darunter[224]. Auch Ehegatten und mitversicherte Kinder des VN werden nicht erfasst, es sei denn, sie werden zugleich in einer der dort ausdrücklich genannten Eigenschaften tätig[225].

67 In seinem **Umfang** erfasst der Ausschlusstatbestand nunmehr ausdrücklich **sowohl die Schäden an den fremden Sachen selbst, als auch alle sich daraus ergebenden Folgeschäden.** In früheren Fassungen des Bedingungswerkes waren die Folgeschäden nicht ausdrücklich erwähnt. Daraus war – im Anschluss an die Rechtsprechung zur insoweit gleichlautenden Tätigkeitsklausel[226] – geschlossen worden, dass Schäden, die nicht an der gemieteten,

---

[214] *Littbarski*, § 4 AHB, Rn. 197; *Späte*, § 4 AHB, Rn. 111.

[215] BGH v. 5. 6. 1961, VersR 1961, 602; str. bei Miteigentum, vgl. LG Aurich v. 28. 10. 1954, VersR 1955, 475; *Prölss/Martin/Voit/Knappmann*, § 4 AHB, Rn. 38; *Späte*, § 4 AHB, Rn. 112.

[216] *Bruck/Möller/Johannsen*, IV G 193; *Littbarski*, § 4 AHB, Rn. 199; *Späte*, § 4 AHB, Rn. 111.

[217] Vgl. BGH v. 16. 10. 1968, VersR 1968, 1129.

[218] OLG München v. 28. 5. 1993, VersR 1993, 1517.

[219] OLG Hamburg v. 7. 6. 1989, VersR 1989, 1292 = MDR 1989, 916; s. auch LG Düsseldorf v. 12. 12. 2001, VersR 2002, 838.

[220] OLG Hamm v. 8. 3. 1995, r+s 1995, 450 = VersR 1996, 444 (LS); vgl. auch OLG München v. 3. 12. 1991, NRW-RR 1993, 215 = VersR 1993, 303.

[221] OLG Düsseldorf v. 11. 4. 2000, VersR 2001, 888; OLG Stuttgart v. 30. 6. 1994, VersR 1996, 445.

[222] *Littbarski*, § 4 AHB, Rn. 203; *Prölss/Martin/Voit/Knappmann*, § 4 AHB, Rn. 39; *Späte*, § 4 AHB, Rn. 121.

[223] Vgl. *Späte*, § 4 AHB, Rn. 119 f.; *Bruck/Möller/Johannsen*, IV G 196; s. auch LG Hamburg v. 1. 10. 1957, VersR 1958, 390.

[224] OLG Karlsruhe v. 18. 1. 1990, VersR 1990, 845.

[225] OLG Köln v. 16. 12. 1993, VersR 1994, 1220.

[226] BGH v. 17. 3. 1999, NJW-RR 1999, 1038 = VersR 1999, 748 m. zust. Anm. *Bayer*, VersR 1999, 813; BGH v. 21. 9. 1983, BGHZ 88, 228 = NJW 1984, 370 = VersR 1984, 252.

gepachteten, geliehenen, verwahrten oder durch verbotene Eigenmacht erlangten Sache selbst, sondern als Folge dieses Schadens an anderen Personen, Sachen oder Vermögenswerten eintreten, nicht unter den Ausschluss fallen, sondern vom Versicherungsschutz erfasst bleiben[227]. Soweit nämlich die Bestimmung nur von Schäden an fremden Sachen spreche, Folgeschäden hingegen nicht erwähne, müsse ein durchschnittlicher VN die Klausel dahin verstehen, dass der Ausschluss nur auf den unmittelbaren Sachschaden beschränkt sei. Mit der Neufassung der Klausel ist der Anlass dieser Streitfrage – allerdings auch hier zum Nachteil des VN – beseitigt worden.

b) Miete. Der **Begriff der Miete** ist **nach bürgerlich-rechtlichen Grundsätzen zu**   **68** **bestimmen.** Durch den Mietvertrag wird der Vermieter verpflichtet, dem Mieter den Gebrauch der Mietsache während der Mietzeit zu gewähren, die Mietsache dem Mieter in einem zum vertragsgemäßen Gebrauch geeigneten Zustand zu überlassen und sie während der Mietzeit in diesem Zustand zu erhalten sowie die auf der Mietsache ruhenden Lasten zu tragen, während der Mieter im Gegenzug verpflichtet ist, dem Vermieter die vereinbarte Miete zu entrichten (§ 535 BGB). Lediglich **mietähnliche oder gemischte Verträge** werden vom Anwendungsbereich der Ziff. 7.6 AHB **nicht erfasst.** Der Ausschluss ist demnach nicht anwendbar, wenn dem VN als Matrosen im Rahmen seines Arbeitsverhältnisses eine Bordwohnung zugewiesen worden ist[228], oder wenn der VN während eines Krankenhausaufenthaltes das ihm überlassene Fernsehgerät beschädigt[229]. Mieten mehrere Personen eine Sache gemeinschaftlich, so greift der Ausschluss insgesamt ein. Kein Versicherungsschutz besteht auch, wenn von mehreren VN einer Eigentümer der von den anderen gemieteten Sache ist: Soweit der Schaden hier von einem Nichteigentümer verursacht wurde, liegt die Beschädigung einer fremden Sache vor; soweit der Eigentümer den Schaden selbst verursacht, ist von einem nicht versicherten Eigenschaden auszugehen. In räumlicher Hinsicht erstreckt sich der Ausschluss **auf alle vermieteten Gegenstände,** im Falle der Wohnraummiete also nicht nur auf die gemieteten Räumlichkeiten selbst, sondern auch auf mitvermietetes Inventar. Schäden, die nicht das eigentliche Mietobjekt betreffen, sondern etwa eine andere im gleichen Hause befindliche Wohnung oder das gemeinsam genutzte Treppenhaus, fallen dagegen nicht unter den Ausschluss[230].

In der **Privathaftpflichtversicherung** wird der Ausschluss von Mietsachschäden durch   **69** Ziff. 5.2 BB Privathaftpflicht **erheblich modifiziert.** Danach ist – abweichend von Ziff. 7.6 AHB – die gesetzliche Haftpflicht aus der Beschädigung von Wohnräumen und sonstigen zu privaten Zwecken gemieteten Räumen in Gebäuden und alle sich daraus ergebenden Vermögensschäden eingeschlossen. In Ermangelung einer abweichenden Vereinbarung ausgenommen sind hiervon allerdings Haftpflichtansprüche wegen Abnutzung, Verschleiß und übermäßiger Beanspruchung, Schäden an Heizungs-, Maschinen-, Kessel- und Warmwasserbereitungsanlagen sowie an Elektro- und Gasgeräten und allen sich daraus ergebenden Vermögensschäden, Glasschäden, soweit sich der VN hiergegen besonders versichern kann sowie Schäden infolge von Schimmelbildung; darüber hinaus zudem die unter den Regressverzicht nach dem Abkommen der Feuerversicherer bei übergreifenden Versicherungsfällen fallenden Rückgriffsansprüche. Für die **Betriebshaftpflichtversicherung** beinhaltet beispielsweise Ziff. 7.1.2.1 BB Betriebshaftpflicht eine **Mitversicherung** der gesetzlichen Haftpflicht des VN als Eigentümer, Mieter, Pächter, Leasingnehmer und Nutznießer von Grundstücken – nicht jedoch von Luftlandeplätzen –, Gebäuden oder Räumlichkeiten, die ausschließlich für den versicherten Betrieb oder für Wohnzwecke des VN und seiner Betriebsangehörigen benutzt werden. Die Verwendung derartiger Besonderer Bedingungen führt indes **nicht** dazu, dass Ziff. 7.6 AHB **insgesamt abbedungen** würde; vielmehr handelt es sich hierbei um Beschreibungen des vom Versicherungsschutz umfassten (primären) Risikos[231].

---

[227] S. dazu die Kommentierung von *Johannsen* in der Vorauflage, § 24, Rn. 58.
[228] OLG Koblenz v. 8. 7. 1994, VersR 1995, 1083.
[229] LG Dortmund v. 7. 4. 2005, NJW-RR 2005, 1693.
[230] Vgl. *Littbarski*, § 4 AHB, Rn. 206; *Späte*, § 4 AHB, Rn. 113.
[231] OLG Düsseldorf v. 2. 12. 1986, NJW-RR 1987, 727 = VersR 1988, 393.

70   c) **Pacht.** Auch der **Begriff der Pacht** orientiert sich an **den Grundsätzen des bürgerlichen Rechts.** Durch den Pachtvertrag wird der Verpächter verpflichtet, dem Pächter den
Gebrauch des verpachteten Gegenstandes und den Genuss der Früchte, soweit sie nach den
Regeln einer ordnungsmäßigen Wirtschaft als Ertrag anzusehen sind, während der Pachtzeit
zu gewähren, während der Pächter verpflichtet ist, dem Verpächter die vereinbarte Pacht zu
entrichten (§ 581 Abs. 1 BGB). Durch den Ausschlusstatbestand sind Schäden an den gepachteten Sachen vom Versicherungsschutz ausgenommen. Dies gilt auch dann, wenn sich die Betriebshaftpflichtversicherung eines Gaststättenpächters gerade auf Haftpflichtansprüche bezieht, die aus Verstößen gegen die Pflichten resultieren, die ihm wie einem Hauseigentümer
aufgrund der Innehabung der tatsächlichen Verfügungsgewalt über die gepachteten Räumlichkeiten gegenüber Dritten obliegen[232]. Allerdings kann Ziff. 7.6 AHB auch insoweit durch
Besondere Bedingungen modifiziert sein.

71   d) **Leihe.** Ob eine **Leihe** vorliegt, richtet sich nach § 598 BGB: danach wird der Verleiher
einer Sache durch den Leihvertrag verpflichtet, dem Entleiher den Gebrauch der Sache unentgeltlich zu gestatten. Voraussetzung ist also, dass durch den Vertrag ein einklagbarer Anspruch
auf Gebrauchsüberlassung begründet werden soll. Mangelt es daran, ist von einem **bloßen Gefälligkeitsverhältnis** auszugehen, das **nicht unter den Ausschluss** fällt. Ob eine Leihe oder
ein bloßes Gefälligkeitsverhältnis vorliegt, richtet sich nach den Umständen des Einzelfalles[233].
Dabei können Anlass und Zweck der Gebrauchsüberlassung, ihre wirtschaftliche Bedeutung
und die Interessenlage der Parteien zu berücksichtigen sein[234]. In der Rechtsprechung finden
sich hierzu recht anschauliche Beispiele. Von dem Grundsatz ausgehend, dass eine Leihe im
Rechtssinne insbesondere dann anzunehmen sei, wenn die überlassenen Gegenstände bedeutenden Wert aufweisen, ist dies angenommen worden, wenn dem VN über einen Zeitraum
von mehreren Tage hinweg ein Pferd zur Benutzung überlassen wird[235]. Ebenfalls um einen
Leihvertrag soll es sich handeln, wenn ein Musikverein seinem Mitglied für Konzerte eine ver-
einseigene Basstuba mit der in der Satzung verankerten Maßgabe zur Verfügung stellt, dass das
Instrument schonend zu behandeln und das Mitglied für jede Beschädigung haftbar sei[236]. Ein
zumindest leiheähnliches Verhältnis mit der Folge der Anwendbarkeit des Haftungsausschlusses
ist für einen Fall bejaht worden, in dem der VN zumindest unmittelbaren Mitbesitz an einem
Anhänger dadurch erlangt hatte, dass der Eigentümer diesen auf Bitten des VN hin auf dessen
Grundstück abgestellt und dort zunächst unbestimmte Zeit stehengelassen hatte, damit der
VN zwischenzeitlich Schutt aufladen konnte[237]. Kein Leihvertrag, sondern eine nicht unter
den Ausschluss fallende unverbindliche Gefälligkeitshandlung soll dagegen anzunehmen sein,
wenn unter Geschwistern ein Kraftfahrzeug zum Zwecke einer lediglich eintägigen Fahrt
überlassen wird[238]. Verallgemeinernd lässt sich sagen, dass das Vorliegen verwandtschaftlicher
oder sehr enger freundschaftlicher Beziehungen in der Regel auf eine echte Gefälligkeitshandlung ohne rechtsgeschäftlichen Hintergrund hindeuten, während eine hohe wirtschaftliche
Bedeutung eher auf den rechtsgeschäftlichen Charakter der Überlassung hindeuten.

72   e) **Verbotene Eigenmacht.** Verbotene Eigenmacht liegt vor, wenn **dem Besitzer ohne
dessen Willen der Besitz entzogen oder er im Besitz gestört wird,** sofern nicht das Gesetz die Entziehung oder die Störung gestattet (§ 858 Abs. 1 BGB). Der VN muss widerrechtlich handeln; auf das Bewusstsein der Rechtswidrigkeit oder ein Verschulden kommt es hingegen nicht an[239]. Verbotene Eigenmacht liegt deshalb auch dann vor, wenn der VN

---

[232] LG Düsseldorf v. 16. 1. 1987, ZfS 1987, 186.
[233] BGH v. 22. 6. 1956, BGHZ 21, 102 = NJW 1956, 1313 = VersR 1957, 161.
[234] Vgl. nur *Palandt/Heinrichs,* Einf. v. § 598, Rn. 7.
[235] LG Darmstadt v. 12. 3. 1987, r+s 1987, 188 = ZfS 1987, 282; vgl. aber auch BGH v. 9. 6. 1992,
NJW 1992, 2474 = VersR 1992, 1145.
[236] LG Heidelberg v. 9. 12. 1986, VersR 1988, 257.
[237] OLG Frankfurt v. 9. 11. 1982, VersR 1983, 946 = r+s 1983, 224.
[238] AG Mannheim v. 4. 7. 1995, VersR 1995, 1084.
[239] RG v. 7. 2. 1908, RGZ 67, 387; s. auch BGH v. 7. 5. 1991, BGHZ 114, 305 = VersR 1991, 931; LG
Frankfurt v. 12. 12. 2002, NJW-RR 2003, 311.

irrtümlich davon ausging, im Einverständnis des bisherigen Besitzers zu handeln[240]. Das Unterlassen der Rückgabe nach Beendigung des Besitzrechts steht der verbotenen Eigenmacht nicht gleich; eine entsprechende Anwendung des Ausschlusstatbestandes kommt hier nicht in Betracht[241].

f) Verwahrungsvertrag. Schäden an Sachen, die Gegenstand **eines besonderen Verwahrungsvertrages** sind, fallen nach Ziff. 7.6 AHB ebenfalls aus dem Versicherungsschutz heraus. Erforderlich ist ein **echter Vertrag,** bei dem die Aufbewahrung der Sache die **vertragstypische Hauptpflicht** darstellt[242]. Reine Gefälligkeitshandlungen fallen nicht darunter, ebensowenig bloße Nebenpflichten zur Verwahrung im Rahmen eines anderen Vertragsverhältnisses, etwa eines Werkvertrages[243]. Der Ausschluss erfasst nur Schäden an beweglichen Sachen und Tieren, denn nur insoweit ist Verwahrung überhaupt möglich[244]. Dem Verwahrungsvertrag im Sinne des § 688 BGB gleich stehen etwa der Lagerhaltervertrag (§ 467 HGB), die Sonderverwahrung (§ 2 DepotG) oder die Verwahrung nach §§ 432 Abs. 1 S. 2, 1217 Abs. 1, 1281 S. 2 und 2039 S. 2 BGB sowie § 165 Abs. 1 FGG. Ein besonderer Verwahrungsvertrag ist beispielsweise angenommen worden im Falle des Erwerbers eines Fohlens, der dieses nach dem Kauf absprachegemäß für die Dauer des Winters in dem Stall des Verkäufers belassen hatte[245]; ebenso bei einem Verpächter, der in der verpachteten Gaststätte Inventar zurückgelassen hatte in der Absicht, es später noch abzuholen[246]. Hingegen wird durch die Übergabe von Gegenständen zur Reparatur an eine Reparaturwerkstatt ein besonderer Verwahrungsvertrag nicht abgeschlossen[247]. Der Haftungsausschluss greift schließlich auch dann nicht ein, wenn nach dem Versicherungsvertrag gerade die Tätigkeit des VN als Verwahrer Gegenstand des Versicherungsschutzes ist[248].

7. Tätigkeitsschäden

Ziff. 7.7 AHB betrifft **Haftpflichtansprüche wegen Schäden an fremden Sachen und allen sich daraus ergebenden Vermögensschäden.** Diese sind gemäß Ziff. 7.7 (1) AHB vom Versicherungsschutz ausgeschlossen, wenn die Schäden **durch eine gewerbliche oder berufliche Tätigkeit des VN an diesen Sachen** (Bearbeitung, Reparatur, Beförderung, Prüfung und dgl.) entstanden sind. Allerdings gilt dieser Ausschluss bei unbeweglichen Sachen nur insoweit, als diese Sachen oder Teile von ihnen unmittelbar von der Tätigkeit betroffen waren. Ziff. 7.7 (2) AHB erweitert den Ausschluss für solche Schäden auf den Fall, dass diese dadurch entstanden sind, dass der VN diese Sachen **zur Durchführung seiner gewerblichen oder beruflichen Tätigkeiten** (als Werkzeug, Hilfsmittel, Materialablagefläche und dgl.) **benutzt** hat. Auch hier gilt der Ausschluss bei unbeweglichen Sachen nur insoweit, als diese Sachen oder Teile von ihnen unmittelbar von der Benutzung betroffen waren. Endlich bestimmt Ziff. 7.7 (3), dass der Ausschluss auch dann eingreift, wenn die genannten Schäden **durch eine gewerbliche oder berufliche Tätigkeit des VN entstanden** sind und sich diese Sachen oder – sofern es sich um unbewegliche Sachen handelt – deren Teile **im unmittelbaren Einwirkungsbereich der Tätigkeit** befunden haben. Dieser Ausschluss gilt jedoch nicht, wenn der VN beweist, dass er zum Zeitpunkt der Tätigkeit offensichtlich notwendige Schutzvorkehrungen zur Vermeidung von Schäden getroffen hatte. Sinn und Zweck des Ausschlusses ist es, für den VN keinen Anreiz zu schaffen, im Hinblick

[240] RG v. 7. 2. 1908, RGZ 67, 387 (389).

[241] OLG Düsseldorf v. 11. 4. 2000, r+s 2001, 16 = VersR 2001, 888.

[242] OLG Karlsruhe v. 2. 12. 1993, VersR 1994, 801.

[243] BGH v. 7. 10. 1987, VersR 1987, 1181 = NJW-RR 1988, 148; vgl. auch schon BGH v. 3. 3. 1966, NJW 1966, 1073 = VersR 1966, 434.

[244] BGH v. 9. 3. 1961, BGHZ 34, 349 = NJW 1961, 1164; OLG München v. 30. 3. 1960, VersR 1962, 55.

[245] OLG Karlsruhe v. 2. 12. 1993, VersR 1994, 801.

[246] LG Darmstadt v. 29. 5. 1987, ZfS 1988, 150.

[247] BGH v. 7. 10. 1987, VersR 1987, 1181 = NJW-RR 1988, 148.

[248] OLG München v. 28. 5. 1993, VersR 1993, 1517.

Schneider

auf einen bestehenden Versicherungsschutz die bei der Arbeit erforderliche Sorgfalt außer acht zu lassen[249]. Im übrigen gilt auch hier, dass soweit die Voraussetzungen des Ausschlusses in der Person von Angestellten, Arbeitern, Bediensteten, Bevollmächtigten oder Beauftragten des VN gegeben sind, gleichfalls der Versicherungsschutz entfällt, und zwar sowohl für den VN als auch für die durch den Versicherungsvertrag etwa mitversicherten Personen.

75   Ihren **Hauptanwendungsbereich** hat die Tätigkeitsklausel bei der **Betriebshaftpflicht-versicherung** (vgl. auch Ziff. 7.6.3f. BB Betriebshaftpflicht). Sie wird deshalb in dem vorliegenden Handbuch in Kapitel 26 ausführlich behandelt; auf die dortige Kommentierung wird an dieser Stelle verwiesen[250]. In der **Privathaftpflichtversicherung** sind die Gefahren eines Betriebes oder Berufes sowie eines Dienstes, Amtes (auch Ehrenamtes) oder einer verantwortlichen Betätigung in Vereinigungen aller Art nicht vom Versicherungsschutz umfasst (Ziff. 1 BB Privathaftpflicht). Für die Abgrenzung von beruflicher und privater Tätigkeit ist hier maßgeblich, ob es sich um eine echte berufliche, also um eine auf Dauer angelegte, zumeist dem Erwerb des Lebensunterhalts dienende Tätigkeit handelt; das Risiko der Freizeit- und Hobbytätigkeit gehört dagegen zum täglichen Leben und ist privater Art[251]. Soweit hiernach im Einzelfall eine gewerbliche oder berufliche Tätigkeit nicht vorliegt und Versicherungsschutz besteht, greift im Falle der Beschädigung einer Sache mangels entsprechender Voraussetzung auch die Tätigkeitsklausel nicht ein.

8. Schäden an hergestellten und gelieferten Sachen

76   Ziff. 7.8 AHB schließt Haftpflichtansprüche wegen **Schäden an vom VN hergestellten oder gelieferten Sachen, Arbeiten oder sonstigen Leistungen** infolge einer in der Herstellung, Lieferung oder Leistung liegenden Ursache sowie alle sich daraus ergebenden Vermögensschäden vom Versicherungsschutz aus. Dies gilt auch dann, wenn die Schadensursache in einem mangelhaften Einzelteil der Sache oder in einer mangelhaften Teilleistung liegt und zur Beschädigung oder Vernichtung der Sache oder Leistung führt. Der Ausschluss beruht auf der Erwägung, dass sog. **Erfüllungsschäden nicht unter das versicherte Risiko fallen** (vgl. auch Ziff. 1.2 AHB), da das unternehmerische Risiko in der Haftpflichtversicherung grundsätzlich nicht versicherbar ist[252]. Eine Absicherung im Einzelfall kann ggf. durch den Abschluss einer Produkthaftpflichtversicherung erreicht werden[253].

77   Gegenstand des Risikoausschlusses sind nach dem klaren Wortlaut der Bestimmung zum einen Schäden, die **an den hergestellten oder gelieferten Arbeiten oder Sachen selbst entstehen,** darüber hinaus nunmehr aber auch **alle sich daraus ergebenden Folgeschäden.** Zu den unmittelbaren Schäden zählen der Verlust oder die Wertminderung der Gegenstände selbst sowie der dadurch entgangene Nutzen[254], des weiteren Nutzungsausfall, Bergungs- und Gutachterkosten[255], schließlich auch der Schaden an Gegenständen, die dem VN von seinem Auftraggeber zum Zwecke der Verarbeitung zur Verfügung gestellt wurden, wenn dieser infolge einer fehlerhaften Verarbeitung sodann ein insgesamt fehlerhaftes Werk erstellt[256]. Kein unmittelbarer Schaden liegt dagegen vor, wenn dieser durch eine vom VN hergestellte oder gelieferte Sache oder mittelbar aus einer mangelhaften Leistung entsteht, und

---

[249] BGH v. 3.3. 1966, VersR 1966, 434; BGH v. 7.12. 1959, VersR 1960, 109.
[250] § 26, Rn. 54ff. (in diesem Handbuch).
[251] Vgl. dazu BGH v. 11.12. 1980, NJW 1981, 2057 = VersR 1981, 271; OLG Düsseldorf v. 12.4. 1994, VersR 1994, 1172; OLG Köln v. 23.12. 1993, VersR 1994, 1056; OLG Bamberg v. 19.9. 1991, VersR 1993, 734; dazu auch schon oben, Rn. 35.
[252] BGH v. 21.2. 1957, BGHZ 23, 349 = NJW 1957, 907.
[253] Dazu § 25 (in diesem Handbuch).
[254] BGH v. 20.9. 1962, NJW 1962, 2106 = VersR 1962, 1049; BGH v. 21.2. 1957, BGHZ 23, 349 = NJW 1957, 907.
[255] BGH v. 21.2. 1957, BGHZ 23, 349 = NJW 1957, 907; OLG Köln v. 23.6. 1983, VersR 1985, 933; OLG Hamm v. 23.4. 1975, VersR 1976, 1030.
[256] OLG Koblenz v. 21.12. 1998, VersR 2000, 94.

zwar auch dann, wenn seine Ursache in einer Zerstörung oder Beschädigung des Leistungsgegenstandes selbst liegt[257]. Die Unterscheidung war früher von Bedeutung, solange die Bedingungen noch keine ausdrückliche Einbeziehung auch sämtlicher Folgeschäden in den
Ausschlusstatbestand vorsahen; nach der Neufassung des Bedingungswerkes ist sie nur von aka-
demischem Interesse.

Ziff. 7.8 Abs. 2 AHB stellt klar, dass der Ausschluss sich nicht auf die Person des VN be- **78**
schränkt. Vielmehr findet er auch dann Anwendung, wenn **Dritte im Auftrag oder für
Rechnung des VN die Herstellung oder Lieferung der Sachen oder die Arbeiten
oder sonstigen Leistungen übernommen haben.** Dadurch soll vermieden werden, dass
der VN durch Verlagerung auf einen anderen Leistungserbringer Versicherungsschutz für seinen eigenen Erfüllungsbereich erlangt.

9. Auslandsschäden

Nach Ziff. 7.9 AHB sind Haftpflichtansprüche aus **im Ausland vorkommenden Scha-** **79**
densereignissen – mit Ausnahme von Ansprüchen aus § 110 SGB VII – vom Versicherungsschutz ausgeschlossen. Hintergrund dieser Bestimmung ist, dass die Risiken von Auslandsschäden häufig kaum überschaubar sind und eine sachgerechte Beurteilung nur schwer
zulassen[258]. Der Begriff des Auslands ist staatsrechtlich zu verstehen; die frühere DDR war
kein Ausland[259]. Tritt ein Schaden auf einem unter deutscher Flagge fahrenden Schiff auf
hoher See ein, so unterfällt er in räumlicher Hinsicht noch dem inländischen Schadenbe-
reich[260]. Sachlich liegt ein Auslandsschaden nur dann vor, **wenn sich das Schadensereignis
im Ausland abgespielt hat**[261]. Unerheblich ist dagegen, wo die Ursache des Schadens gesetzt worden ist. Auch kommt es nicht darauf an, ob für die Frage der Haftung – zu Recht
oder zu Unrecht – ausländisches Recht von einem Gericht zugrundegelegt wird, oder ob
die Ansprüche vor einem ausländischen Gericht geltend gemacht werden. Im Einzelfall kann
es dem VR auch aus Treu und Glauben versagt sein, sich auf die Auslandsklausel zu berufen,
etwa weil er die Versicherungsprämien in Kenntnis einer ausländischen Anschrift des VN annimmt und deshalb davon ausgehen muss, dass versicherte Haftpflichtschäden im Inland nicht
eintreten werden[262].

Von der Ausschlussklausel ausdrücklich nicht erfasst werden die in § 110 SGB VII (vormals **80**
§ 640 RVO) geregelten **Rückgriffsansprüche von Sozialversicherungsträgern** bei vorsätzlich oder grob fahrlässig herbeigeführten Arbeitsunfällen[263]. Soweit in diesen Fällen Versicherungsschutz vereinbart wurde, ist danach unerheblich, ob der Arbeitsunfall im In- oder
Ausland erfolgte. Im übrigen sehen zahlreiche **Besonderen Bedingungen** – abweichend
von Ziff. 7.9 AHB – einen **Wiedereinschluss von Auslandsschäden** vor. Entsprechende
Klauseln finden sich beispielsweise in der Privathaftpflichtversicherung (dort Ziff. 5.1 BB Privathaftpflicht)[264] oder in der Betriebshaftpflichtversicherung (z. B. Ziff. 7.7 BB Betriebshaft-

---

[257] BGH v. 20. 9. 1962, NJW 1962, 2106 = VersR 1962, 1049; BGH v. 21. 2. 1957, BGHZ 23, 349 =
NJW 1957, 907.

[258] *Littbarski*, § 4 AHB, Rn. 47.

[259] BVerfG v. 31. 5. 1960, BVerfGE 11, 150 = NJW 1960, 1611.

[260] *Littbarski,* § 4 AHB Rn. 53, *Prölss/Martin/Voit/Knappmann*, § 4 AHB Rn. 10; *Späte,* § 4 AHB
Rn. 21, jew. m. w. N.

[261] Saarl. OLG v. 1. 12. 1964, VersR 1966, 54; LG Duisburg v. 20. 12. 1960, VersR 1961, 938; s. auch
OGH Wien v. 5. 3. 1987, VersR 1988, 419.

[262] Vgl. OLG Karlsruhe v. 17. 6. 1999, VersR 2000, 448; dort verneint, weil der VR aufgrund ständiger
Überweisung der Prämien von einem deutschen Bankkonto und dem früheren Wohnsitz des VN im Inland davon ausgehen konnte, dass dieser noch soviel Bezug zum Inland besitzt, dass auch hier Haftpflichtschäden entstehen könnten, für die der VR einzustehen hätte.

[263] Dazu ausführlich *Späte*, § 4, Rn. 23.

[264] Dazu OLG Hamm v. 30. 5. 1986, VersR 1987, 194; die dort behandelte Frage des Einschlusses von
Haftpflichtansprüchen wegen eines im Ausland befindlichen Wochenendhauses des VN ist in neueren
Bedingungswerken (z. B. Nr. 4.1.2 BesBedPriv 2000) geregelt.

pflicht)[265]. In der Praxis ist deshalb an dieser Stelle sorgfältig zu prüfen, welche Bestimmungen dem Vertrag zugrunde liegen.

10. Umweltklausel

81   **a) Umweltschäden.** Ziff. 7.10 (a) AHB nimmt Ansprüche, die gegen den VN wegen **Umweltschäden gemäß Umweltschadensgesetz oder anderen auf der EU-Umwelthaftungsrichtlinie (2004/35/EG) basierenden nationalen Umsetzungsgesetzen** geltend gemacht werden, von der Versicherung aus. Dies gilt auch dann, wenn der VN von einem Dritten aufgrund gesetzlicher Haftpflichtbestimmungen privatrechtlichen Inhalts auf Erstattung der durch solche Umweltschäden entstandenen Kosten in Anspruch genommen wird. Der Versicherungsschutz bleibt aber für solche Ansprüche erhalten, die auch ohne Bestehen des Umweltschadensgesetzes oder anderer auf der EU- Umwelthaftungsrichtlinie (2004/35/EG) basierender nationaler Umsetzungsgesetze bereits aufgrund gesetzlicher Haftpflichtbestimmungen privatrechtlichen Inhalts gegen den VN geltend gemacht werden könnten. Nach der ausdrücklichen Regelung gilt dieser Ausschluss **nicht im Rahmen der Versicherung privater Haftpflichtrisiken.**

82   **b) Schäden durch Umwelteinwirkung.** Nach Ziff. 7.10 (b) AHB fallen Haftpflichtansprüche wegen **Schäden durch Umwelteinwirkung** aus dem Versicherungsschutz heraus. Der Ausschluss bezweckt, klarzustellen, dass sich der Versicherungsschutz in der Betriebshaftpflichtversicherung grundsätzlich nicht auf Haftpflichtansprüche wegen Umweltschäden erstreckt, sondern im Rahmen der speziellen Umwelthaftpflichtmodelle versichert werden soll[266]. Nach Ziff. 7.10 Abs. 2 (1) AHB **greift der Ausschluss im Rahmen der Versicherung privater Haftpflichtrisiken nicht ein.** Dies war in früheren Fassungen des Bedingungswerkes nicht ausdrücklich gesagt, galt aber auch bereits dort aufgrund einer von dem VR geschäftsmäßig übernommenen Verpflichtung[267]. Eine weitere, differenzierende **Sonderregelung** findet sich in Ziff. 7.10 Abs. 2 (2) AHB **für den Bereich der Produkthaftpflichtversicherung.** Danach gilt der Ausschluss grundsätzlich nicht für Schäden, die durch vom VN hergestellte oder gelieferte Erzeugnisse (auch Abfälle), durch Arbeiten oder sonstige Leistungen nach Ausführung der Leistung oder nach Abschluss der Arbeiten entstehen (Produkthaftpflicht). Versicherungsschutz besteht allerdings nicht für Schäden durch Umwelteinwirkung, die aus der Planung, Herstellung, Lieferung, Montage, Demontage, Instandhaltung oder Wartung bestimmter Anlagen oder von Teilen resultieren, die ersichtlich für solche Anlagen bestimmt sind. Die Klausel nennt hierbei abschließend Anlagen, die bestimmt sind, gewässerschädliche Stoffe herzustellen, zu verarbeiten, zu lagern, abzulagern, zu befördern oder wegzuleiten (WHG-Anlagen), Anlagen gem. Anhang 1 oder 2 zum Umwelthaftungsgesetz (UmweltHG-Anlagen), Anlagen, die nach dem Umweltschutz dienenden Bestimmungen einer Genehmigungs- oder Anzeigepflicht unterliegen sowie Abwasseranlagen. Im Ergebnis greift der Ausschluss damit hier nur bei Gewässerschäden ein[268].

11. Asbestschäden

83   Gemäß Ziff. 7.11 AHB sind Haftpflichtansprüche wegen Schäden, die auf **Asbest, asbesthaltige Substanzen oder Erzeugnisse** zurückzuführen sind, vom Versicherungsschutz ausgeschlossen. Hintergrund dieses seit dem Jahre 2002 in den AHB verwendeten Ausschlusstatbestandes sind die **Gefährlichkeit des Stoffes** und das im Falle einer Schädigung für den VR bestehende Kostenrisiko. Da Asbest oder asbesthaltige Substanzen nach Erkenntnis der Gefährlichkeit künftig wohl nur noch selten zur Anwendung kommen werden, dürfte der Ausschluss vornehmlich im Hinblick auf etwaige Spätfolgen von Bedeutung sein[269].

---

[265] Dazu *Prölss/Martin/Voit/Knappmann,* Ziff. 7.7 Betriebshaftpflicht, Rn. 1 ff.; ausführlich auch *Späte,* § 4 AHB, Rn. 24.
[266] S. nur *Littbarski,* § 4 AHB, Rn. 356 ff.
[267] VerBAV 1993, 39; dazu *Prölss/Martin/Voit/Knappmann,* § 4 AHB, Rn. 81.
[268] Dazu *Prölss/Martin/Voit/Knappmann,* Vorbem. zu Nr. 1 Umwelthaftpflicht, Rn. 3.
[269] Vgl. *Johannsen,* ZVersWiss 2005, 179 (183).

12. Strahlenschäden

Vom Versicherungsschutz ausgeschlossen sind nach Ziff. 7.12 AHB Haftpflichtansprüche 84 wegen Schäden, die in unmittelbarem oder mittelbarem Zusammenhang stehen mit **energiereichen ionisierenden Strahlen** (z. B. Strahlen von radioaktiven Stoffen oder Röntgenstrahlen). Das hierin liegende besondere Risiko soll nicht Gegenstand der allgemeinen Haftpflichtversicherung sein und muss im Bedarfsfalle durch besondere Vereinbarung abgesichert werden. Für bestimmte Berufsgruppen, die von derartigen Risiken besonders betroffen sind, sehen die Besonderen Bedingungen der einzelnen Haftpflichtversicherer Sonderregelungen vor[270].

Das **Gesetz über die friedliche Verwendung der Kernenergie** und den Schutz gegen 85 ihre Gefahren v. 23. 12. 1959 (sog. Atomgesetz)[271] enthält im Rahmen seines Anwendungsbereichs besondere Regelungen zur Absicherung der Erfüllung gesetzlicher Schadensersatzverpflichtungen, die aus der Errichtung oder dem Betrieb ortsfester Anlagen zur Erzeugung oder zur Bearbeitung oder Verarbeitung oder zur Spaltung von Kernbrennstoffen oder zur Aufarbeitung bestrahlter Kernbrennstoffe entstehen können. Gemäß § 7 Abs. 2 Nr. 4 AtG darf die insoweit erforderliche Genehmigung nur erteilt werden, wenn Vorsorge für die Erfüllung gesetzlicher Schadensersatzverpflichtungen getroffen ist. §§ 25 ff. AtG beinhalten eine summenmäßig unbegrenzte und verschuldensunabhängige Gefährdungshaftung. Der Betreiber hat insoweit eine Deckungsvorsorge zu treffen (§ 13 Abs. 1 AtG), deren Höhe auf bis zu 250 Mio. EUR festgesetzt werden kann; für darüber hinausgehende Schäden bis zum Betrag von 2,5 Mrd. EUR ist gemäß §§ 34, 36 AtG eine gemeinsame Freistellungsverpflichtung des Bundes und des Sitzlandes vorgesehen. Die Deckungsvorsorge, die auch in einer Freistellungs- oder Gewährleistungsverpflichtung bestehen kann[272], wird in der Praxis regelmäßig durch eine Haftpflichtversicherung erbracht[273]. Für eine solche Versicherung gelten, ohne dass ein Direktanspruch im Sinne von § 115 VVG begründet wird, die §§ 117 und 119 bis 122 VVG entsprechend mit der Maßgabe, dass die Frist des § 117 Abs. 2 VVG zwei Monate beträgt und ihr Ablauf bei der Haftung für die Beförderung von Kernmaterialien und diesen gleichgestellten radioaktiven Stoffen für die Dauer der Beförderung gehemmt ist; bei Anwendung des § 117 Abs. 3 Satz 2 VVG bleibt zudem die Freistellungsverpflichtung nach § 34 AtG außer Betracht. § 109 des Versicherungsvertragsgesetzes ist nicht anzuwenden.

13. Gentechnikschäden

Der Ausschluss in Ziff. 7.13 AHB betrifft Haftpflichtansprüche wegen Schäden, die zurück- 86 zuführen sind auf **gentechnische Arbeiten, gentechnisch veränderte Organismen sowie Erzeugnisse, die Bestandteile aus gentechnisch veränderten Organismen enthalten oder die aus oder mit Hilfe von gentechnisch veränderten Organismen hergestellt** wurden. Eine entsprechende Bestimmung wurde erst im Jahre 2004 in die AHB aufgenommen. Damit soll den neueren Entwicklungen in der Forschung und den damit verbundenen, in ihrem Umfang bislang zum Teil nur schwerlich abschätzbaren Risiken Rechnung getragen werden. Der Ausschluss umfasst alle Risiken, für die nach § 35 des Gentechnikgesetzes eine Deckungsvorsorgepflicht besteht, alle gentechnisch veränderten Organismen, die als Ursache für Schäden in Betracht kommen sowie darüber hinaus auch alle Produkte, die Bestandteile gentechnisch veränderter Organismen enthalten oder mit deren Hilfe hergestellt werden[274]. In ihrer Reichweite erscheint die Klausel bedenklich unbestimmt, soweit sie es genügen lässt, dass die Schäden auf die genannten Arbeiten, Organismen oder Erzeugnisse „zurückzuführen sind". Zum Teil wird daher angenommen, die Bestimmung könne sich für den VN als überra-

---

[270] Dazu etwa *Prölss/Martin/Voit/Knappmann*, § 4 AHB, Rn. 80; *Littbarski*, § 4 AHB, Rn. 350 ff.
[271] BGBl. 1959 I, 814.
[272] Dazu § 1 der DeckungsvorsorgeVO v. 25. 1. 1977, BGBl. I S. 220.
[273] Nämlich in Gestalt einer Vorsorge für Kernanlagenrisiko durch die Deutsche Kernreaktor-Versicherungsgemeinschaft; dazu etwa *Littbarski*, § 4 AHB Rn. 349 und *Späte*, § 4 AHB Rn. 39.
[274] *Bechert*, VW 2006, 1175.

schende Klausel (mit der Folge ihrer Nichtanwendbarkeit, § 305c Abs. 1 BGB) darstellen[275]. Richtigerweise wird man dies dahingehend verstehen müssen, dass der Ausschlusstatbestand nur dann eingreift, wenn sich **das mit der Gentechnik verbundene spezifische Risiko** in dem eingetretenen Schaden verwirklicht hat. Soweit der Ausschluss in früheren Bedingungswerken nicht enthalten ist, ist das von ihm erfasste Risiko in diesen Versicherungsverträgen – ggf. im Rahmen der Vorsorgeversicherung – versichert[276].

14. Abwässer, Senkungen, Erdrutsch oder Überschwemmungen

87   Ziff. 7.14 AHB betrifft **Haftpflichtansprüche aus Sachschäden** durch **Abwässer**, soweit es sich nicht um häusliche Abwässer handelt, durch **Senkungen von Grundstücken** oder **Erdrutschungen** sowie durch **Überschwemmungen** stehender oder fließender Gewässer. Nach seinem ausdrücklichen Wortlaut ist der Ausschlusstatbestand auf Sachschäden beschränkt; ebenfalls erfasst sind die aus dem unmittelbaren Sachschaden entstehenden Folgeschäden[277]. Dagegen bleiben Personen- und daraus entstehende Folgeschäden auch dann versichert, wenn sie auf den dort genannten Einwirkungen beruhen. Die Bestimmung ist bei der Neufassung der AHB im Jahre 2004 überarbeitet worden; dabei sind die in früheren Fassungen des Bedingungswerkes enthaltenen Ausschlüsse von Sachschäden infolge Rammarbeiten, Schwamm oder sog. „Allmählichkeitsschäden" (§ 4 I Nr. 5 AHB a. F.) entfallen[278]. Diese können allerdings auch weiterhin unter den Voraussetzungen von Ziff. 7.10 AHB als sog. „Umweltschäden" vom Versicherungsschutz ausgeschlossen sein[279]. Mit der Neufassung dürften sich gegenüber der Vorgängerbestimmung vereinzelt geäußerte Bedenken wegen mangelnder Transparenz der Klausel erledigt haben[280]. Grund des Ausschlusses ist auch weiterhin vor allem, dass der VR für solche **aus dem gewöhnlichen Rahmen der normalen Haftpflichtversicherung fallenden Gefahrenlagen** nicht einstehen will, deren **Eintritt und Ablauf meist unberechenbar** ist und die auch **in den Folgen so unübersehbar** sind, dass sie von der für normale Verhältnisse auskalkulierten Versicherungsprämie nicht gedeckt werden. Ein weiterer Grund ist der oft **sehr schwierige Nachweis des Schadensursprungs und der Verantwortlichkeit**[281]. Der Ausschluss greift allerdings auch dann ein, wenn im Einzelfall keine Unklarheit besteht und sich Ursache und Verantwortlichkeit des Schadens trotz seiner länger andauernden Entwicklung ohne Schwierigkeit feststellen lassen[282]. Im Einzelfall kann jedoch die Auslegung des Versicherungsvertrages ergeben, dass der Ausschlusstatbestand stillschweigend abbedungen wurde, nämlich wenn eine Anwendung dem konkreten Zweck der Versicherung, wie er sich aus dem Versicherungsschein und den Besonderen Bedingungen ergibt, widerspricht.

88   **a) Abwässer.** Ziff. 7.14 (1) AHB nennt **Sachschäden durch Abwässer,** soweit es sich nicht um häusliche Abwässer handelt. Der Begriff der „Abwässer" ist nach allgemeinem Sprachgebrauch sowie Sinn und Zweck des Ausschlusses zu bestimmen und bezeichnet Wasser, das infolge einer Beeinflussung in seiner Brauchbarkeit gemindert worden ist und deshalb abgeleitet wird[283]. Grund des Ausschlusses ist, dass Abwässer erfahrungsgemäß schwer abschätzbare Schäden verursachen können. Die **besondere Abwassergefahr** liegt in den **un-**

---

[275] *Bechert,* VW 2006, 1175.

[276] *Johannsen,* ZVersWiss 2005, 179 (184).

[277] BGH v. 9. 5. 1990, VersR 1990, 733 = NJW-RR 1990, 982.

[278] *Littsbarski,* PHi 2006, 82 (85); zum früheren Bedingungswerk s. die Kommentierung von *Johannsen* in der Vorauflage.

[279] *Johannsen,* ZVersWiss 2005, 179 (184).

[280] In diesem Sinne vor allem OLG Nürnberg v. 20. 12. 2001, VersR 2002, 967.

[281] BGH v. 6. 7. 1994, VersR 1994, 1171 = NJW-RR 1994, 1368; BGH v. 3. 2. 1988, NJW-RR 1988, 732; BGH v. 8. 4. 1970, VersR 1970, 611 und öfter.

[282] BGH v. 6. 7. 1994, VersR 1994, 1171 = NJW-RR 1994, 1368; ebenso *Littbarski,* § 4 AHB Rn. 77; *Prölss/Martin/Voit/Knappmann,* § 4 AHB, Rn. 14; *Späte,* § 4 AHB Rn. 61; a. A. noch KG v. 6. 6. 1989, VersR 1990, 733.

[283] BGH v. 13. 12. 1972, NJW 1973, 366 = VersR 1973, 170; BGH v. 2. 10. 1968, VersR 1968, 1080.

übersehbaren Veränderungen der Beschaffenheit, denen Gebrauchswasser nach seiner Nutzung unterliegen kann. So vermag Abwasser Krankheitskeime, Fäulnisstoffe oder chemische Zusätze in sich aufzunehmen, die ihm aggressive, gefährliche Eigenschaften verleihen, mit denen in der Natur vorkommendes Wasser regelmäßig nicht behaftet ist[284]. Der Ausschluss greift allerdings **auch dann ein,** wenn der Schaden **im Einzelfall ebenso durch reines, zum Gebrauch bestimmtes Wasser hervorgerufen worden wäre;** insoweit ist nicht erforderlich, dass gerade die besonderen Eigenschaften des Abwassers den Schaden hervorgerufen haben[285]. Nicht unter den Ausschluss fallen **häusliche Abwässer.** Das ist vor allem für die Privathaftpflichtversicherung von Bedeutung; allerdings sahen hier die BB Privathaftpflicht schon bislang einen auf ihren Anwendungsbereich begrenzten Wiedereinschluss vor. Auch in anderen Besonderen Bedingungswerken ist der Ausschluss von Abwasserschäden zum Teil durch besondere Vereinbarung abbedungen.

Grundlegende Voraussetzung für das Vorliegen von Abwässern ist nach der Verkehrsauffassung, dass in der betreffenden Flüssigkeit **überhaupt Wasser enthalten** ist. Nicht unter den Ausschluss fallen daher Flüssigkeiten, in denen Wasser nicht oder nur in untergeordnetem Umfange enthalten ist. Das ist etwa bei Gülle anzunehmen: diese ist kein Abwasser, sondern flüssiger Stalldünger, und zwar selbst dann, wenn ihr künstlich Wasser hinzugesetzt wird, um sie besser verrieseln zu können oder um sie zur Vermeidung von Überdüngungen zu „entschärfen"[286]. Auch flüssige Industrieprodukte ohne Wasserzusatz sind – ungeachtet ihrer möglichen Gefährlichkeit – nicht als Abwasser einzuordnen[287]. Vermischt sich allerdings die Säure eines Galvanisierbetriebes mit Abwasser, so handelt es sich bei der Mischung ebenfalls um Abwässer im Sinne des Haftungsschlusses[288]. Toilettenwasser ist Abwasser, und zwar auch dann, wenn eine bestimmungsgemäße Benutzung der Toilette nicht erfolgt ist, diese aber zum Abspülen von Unrat verwendet wird[289]; allerdings dürfte es sich hierbei jetzt regelmäßig um von Ziff. 7.14 (1) AHB nicht erfasstes häusliches Abwasser handeln. Ebenfalls **nicht** vom Ausschluss erfasst werden **Schäden, die durch natürliches Wasser entstanden sind,** also durch Wasser, dem die besonderen Gefahren des Abwassers nicht anhaften und das nur durch seine Nässe, mechanische Wirkung oder auch natürliche Verunreinigung Schäden anzurichten vermag. Wasser, das beim Ausbaggern eines Schiffahrtskanals in einen Graben gepumpt wird, ist daher nicht als Abwasser anzusehen[290]. Auch ungebrauchtes Regenwasser ist kein Abwasser; der Umstand, dass es abgeleitet und der Kanalisation zugeführt wird, ändert hieran nichts[291]. Das gilt auch dann, wenn es bei der Ableitung mit Sand oder Staub vorübergehend vermischt wird[292]. Zu Abwasser wird das Regenwasser aber dann, wenn es in die öffentliche Mischwasser führende Kanalisation einfließt, denn ab diesem Moment lassen die Umstände es nicht mehr als sauber erscheinen und nötigen diese endgültig zu seiner Ableitung[293].

b) Senkung von Grundstücken. Ebenfalls nicht unter den Versicherungsschutz fallen **90** nach Ziff. 7.14 (2), 1. Alt. AHB Haftpflichtansprüche aus **Sachschäden, die durch Senkungen von Grundstücken entstehen.** Eine solche Senkung liegt vor, wenn Bodenschichten ihr Volumen verringern, dadurch ihre Festigkeit und Tragfähigkeit verlieren und infolgedessen zusammensinken[294]. Erforderlich ist ein **allmähliches Einsinken der Erdoberfläche.** Der

---

[284] BGH v. 13. 12. 1972, NJW 1973, 366 = VersR 1973, 170.
[285] BGH v. 2. 10. 1968, VersR 1968, 1080; ebenso auch OHG Wien v. 9. 11. 1978, VersR 1979, 683.
[286] BGH v. 25. 2. 1975, VersR 1975, 437.
[287] Vgl. *Littbarski,* § 4 AHB, Rn. 131; *Späte,* § 4 AHB, Rn. 83, jew. m. w. N.
[288] Dazu OLG Frankfurt v. 5. 11. 1986, ZfS 1987, 58.
[289] LG Köln v. 19. 9. 1979, VersR 1980, 225.
[290] BGH v. 11. 1. 1962, VersR 1962, 150.
[291] BGH v. 13. 12. 1972, NJW 1973, 366 = VersR 1973, 170.
[292] So OLG Hamm v. 10. 2. 1989, r+s 1989, 179; Saarl. OLG v. 11. 3. 1987, VersR 1987, 1003; a. A. KG v. 28. 2. 1964, VersR 1964, 1229.
[293] BGH v. 2. 10. 1968, VersR 1968, 1080.
[294] OLG Düsseldorf v. 12. 7. 1966, VersR 1968, 161.

Schneider

Ausschlusstatbestand greift demgemäß nicht ein, wenn Erdmassen seitwärts abrutschen[295]. Allerdings kann dann je nach Fallgestaltung u. U. eine ebenfalls vom Versicherungsschutz ausgenommene Erdrutschung gegeben sein. Nicht unter den Begriff der Senkung fällt es, wenn ohne äußerlich wahrnehmbare Veränderung eine lediglich messbare Verformung des Bodens infolge von Ausschachtungsarbeiten eintritt, die durch Veränderung der bodenmechanischen Verhältnisse zum Reißen des Mauerwerks und zum Abrutschen von Teilen desselben führt[296]. Wird nach einem Wasserrohrbruch das Erdreich unter einem Haus weggespült und senkt sich daraufhin das Gebäude, liegt ebenfalls kein Senkungsschaden vor, da der Boden selbst sich hier nicht gesenkt hat[297]. Dagegen ist von einem Senkungsschaden auszugehen, wenn infolge Wasseraustritts aus einem Rohr, der auf eine fehlerhafte Gewindeherstellung und eine nicht mit der nötigen Sorgfalt durchgeführte Rohrmontage zurückzuführen ist, eine Unterwaschung des Erdreiches erfolgt und dadurch das Fundament einer Waschanlage und die davor liegende Fahrbahn beschädigt werden[298]. Für die Annahme des Ausschlusstatbestandes ist nicht erforderlich, dass die Senkung des Grundstücks die alleinige Schadensursache ist; vielmehr genügt es, dass sie für den Schaden mitursächlich war[299]. Der Ausschluss erfasst **alle aus der Senkung entstehenden Sachschäden,** unabhängig davon, ob sie an dem Grundstück selbst, an darauf errichteten Bauwerken oder an sonstigen, auf dem Grundstück befindlichen beweglichen Sachen entstehen[300]. In Versicherungsverträgen von Bauunternehmern wird das Risiko für Senkungsschäden häufig abweichend von Ziff. 7.14 (2) AHB in den Versicherungsschutz eingeschlossen.

91   c) **Erdrutschungen.** Ziff. 7.14 (2), 2. Alt. AHB nimmt **Sachschäden, die durch Erdrutschungen entstehen,** vom Versicherungsschutz aus. Eine Erdrutschung liegt vor, wenn sich ein Teil der Erdoberfläche aus seinem natürlichen Zusammenhang mit seiner Umgebung löst und in Bewegung übergeht; wenn das Erdreich also **durch Verlust des Zusammenhalts mit seiner Umgebung seine Lage verändert**[301]. Dazu gehört auch eine Bewegung von Erdreich unter Tage[302]. Unerheblich ist, ob der Vorgang durch ein Naturereignis oder durch menschliche Tätigkeit verursacht ist. Dass die Bewegung durch eine menschliche Tätigkeit ermöglicht und ausgelöst worden ist, steht der Annahme einer Erdrutschung also nicht entgegen[303]. Eine Erdrutschung ist insbesondere auch dann gegeben, wenn Baugrund infolge mangelnder Absicherung unter der tragenden Fundamentsohle eines Gebäudes herausgedrückt wird[304]. Nach Sinn und Zweck der Klausel, die aus dem gewöhnlichen Rahmen der normalen Haftpflichtversicherung fallenden Gefahrenlagen vom Versicherungsschutz auszunehmen, ist außerdem ohne Belang, ob sich die Einwirkungen, die zu dem Vorgang geführt haben, erst allmählich entwickelt haben oder sofort aufgetreten sind[305]. In den Besonderen Bedingungen der Haftpflichtversicherungsverträge von Bauunternehmern ist der Ausschluss von Schäden durch Erdrutschungen häufig abbedungen oder eingeschränkt. Maßgeblich ist allerdings die jeweilige vertragliche Vereinbarung. Aus dieser kann sich beispielsweise ergeben, dass der Ausschluss hinsichtlich solcher Schäden fortbesteht, die an dem Baugrundstück

---

[295] OLG Breslau v. 5. 4. 1930, VA 1930, 37 Nr. 2125.
[296] OLG Düsseldorf v. 12. 7. 1966, VersR 1968, 162.
[297] OLG Breslau v. 15. 10. 1930, VA 1930, 257 Nr. 2212.
[298] ÖOGH v. 26. 1. 1966, VersR 1966, 552.
[299] ÖOGH v. 26. 1. 1966, VersR 1966, 552; ebenso *Littbarski*, § 4 AHB, Rn. 148; *Späte*, § 4 AHB, Rn. 96.
[300] *Johannsen*, ZVersWiss 2005, 179 (185), m. w. N.
[301] BGH v. 8. 4. 1970, VersR 1970, 611; BGH v. 19. 11. 1956, VersR 1956, 789.
[302] BGH v. 8. 4. 1970, VersR 1970, 611.
[303] BGH v. 8. 4. 1970, VersR 1970, 611; OLG Schleswig v. 21. 11. 2002, VersR 2003, 190.
[304] OLG Schleswig v. 21. 11. 2002, VersR 2003, 190; OLG Hamm v. 4. 12. 1959, VersR 1960, 338; anders OLG Düsseldorf v. 12. 7. 1966, VersR 1968, 161.
[305] BGH v. 3. 2. 1988, VersR 1988, 1259 = NJW-RR 1988, 732; a. A. die Vorinstanz: OLG Köln v. 12. 6. 1986, VersR 1987, 1230.

selbst oder den darauf befindlichen Gebäuden oder Anlagen entstehen[306]. Der Einschluss von Erdrutschschäden kann auch unter dem Vorbehalt des Nichteingreifens anderer Ausschlussgründe vereinbart sein[307].

d) Überschwemmungen stehender oder fließender Gewässer. Keinen Versiche- 92 rungsschutz genießen schließlich Ansprüche aus **Sachschäden, die durch Überschwemmung stehender oder fließender Gewässer entstehen,** Ziff. 7.14 (3) AHB. Unter einer Überschwemmung stehender oder fließender Gewässer ist jede Überflutung von Gelände durch das Austreten von Wasser aus einem stehenden oder fließenden Gewässer zu verstehen[308]. Nach Sinn und Zweck der Klausel, unberechenbare Haftungsfolgen auszuschließen, ist hierfür nicht ausreichend, dass stehendes oder fließendes Gewässer mit anormal viel Wasser angereichert wird; vielmehr ist der Überschwemmungstatbestand erst dann gegeben, wenn das Wasser **aus seinem Bett tritt und das anliegende Gelände überschwemmt**[309]. Als Gewässer im Sinne der Vorschrift ist auch ein Wassergraben anzusehen[310]. Wasser, das in einem Ableitungsrohr strömt oder aus diesem entweicht, fällt hingegen nicht darunter[311]. Von dem Ausschluss erfasst werden **nur oberirdische, nicht auch unterirdische Wasserverschiebungen,** wenn diese etwa zu Wasseransammlungen infolge eines erhöhten Grundwasserspiegels führen[312]. Ohne Belang ist, worauf die Überschwemmung beruht, insbesondere ob das Austreten des Wassers durch anormale Wasserverhältnisse in dem Gewässer selbst oder durch einen Bruch der Uferbefestigung oder durch andere Ereignisse verursacht worden ist[313]. Der Ausschlusstatbestand kann durch besondere Vereinbarung – ggf. auch konkludent – abbedungen sein. Man wird dies entgegen OLG Hamm[314] dann annehmen müssen, wenn mit dem Versicherungsvertrag die Haftpflicht aus dem Betrieb eines Wehres versichert werden sollte. Da es wohl zu den Hauptrisiken bei dem Betrieb eines Wehres zählen dürfte, dass es hier, etwa durch falsche Bedienung, zu Überschwemmungsschäden kommen kann, bestünde ansonsten die Gefahr, dass der Versicherungsschutz hier weitgehend leerliefe.

15. Austausch, Übermittlung und Bereitstellung elektronischer Daten

Gemäß Ziff. 7.15 AHB sind Haftpflichtansprüche wegen Schäden **aus dem Austausch,** 93 **der Übermittlung und der Bereitstellung elektronischer Daten** vom Versicherungsschutz ausgeschlossen. Das gilt allerdings nur, soweit es sich dabei um Schäden aus Löschung, Unterdrückung, Unbrauchbarmachung oder Veränderung von Daten, aus Nichterfassen oder fehlerhaftem Speichern von Daten, aus Störung des Zugangs zum elektronischen Datenaustausch oder aus Übermittlung vertraulicher Daten oder Informationen handelt. Für diese sog. **Internet-Risiken** werden inzwischen spezielle Internet-Haftpflichtversicherungen angeboten, die sich allerdings vornehmlich an gewerbliche Nutzer richten und regelmäßig auch nur von diesen in Anspruch genommen werden[315]. Der vom Ausschluss aus Ziff. 7.15 AHB betroffene Lebensbereich reicht naturgemäß weiter. Zwar betreffen die ausgeschlossenen Sachver-

---

[306] Zu einem solchen Fall BGH v. 10. 2. 1971, VersR 1971, 457.

[307] So etwa im Falle der bis 1949 verwendeten Obhutsklausel; dazu OLG Bamberg v. 14. 3. 1969, VersR 1969, 916.

[308] BGH v. 21. 2. 1951, VersR 1951, 79 = NJW 1951, 316 (LS).

[309] BGH v. 21. 2. 1951, VersR 1951, 79 = NJW 1951, 316 (LS).

[310] LG Hagen v. 1. 7. 1955, VersR 1955, 600.

[311] KG Berlin v. 28. 2. 1964, VersR 1964, 1229.

[312] BGH v. 11. 1. 1962, VersR 1962, 150.

[313] BGH v. 21. 2. 1951, VersR 1951, 79; LG Köln v. 20. 6. 1984, VersR 1985, 750; s. auch *Littbarski*, § 4 AHB Rn. 175.

[314] OLG Hamm v. 15. 1. 1960, VersR 1960, 697; der BGH (v. 25. 10. 1962, VersR 1963, 32) hat die Revision gegen dieses Urteil zurückgewiesen mit der Begründung, die Auslegung der Besonderen Bedingungen des Berufungsgerichts sei nur daraufhin nachprüfbar, ob sie gegen bestehende Auslegungsregeln, Denkgesetze oder Verfahrensvorschriften verstößt und solche Fehler seien im vorliegenden Falle nicht dargetan.

[315] *Bechert*, VW 2006, 1175; zur IT-Haftpflichtversicherung im allgemeinen s. § 40 (in diesem Handbuch).

halte überwiegend **reine Vermögensschäden,** deren Einschluss in die Versicherung gemäß Ziff. 2.1 AHB ohnehin grundsätzlich besonderer Vereinbarung bedarf[316]. Betroffen sind jedoch alle, nicht nur gewerbliche VN, sobald sie elektronische Daten austauschen, übermitteln oder bereitstellen, und damit bereits jeder, der z. B. elektronische Post (E-Mail) versendet oder eine eigene Internet-Seite (Homepage) unterhält[317]. Wie viele neu in die AHB aufgenommene Leistungsausschlüsse erscheint damit auch Ziff. 7.15 AHB in letzter Konsequenz bedenklich weitreichend. Nach der bei Ausschlusstatbeständen stets gebotenen restriktiven Auslegung[318] ist auch diese Bestimmung nach Sinn und Zweck darauf zu beschränken, dass diese nur dann eingreift, wenn sich **die mit dem Austausch, der Übermittlung und der Bereitstellung elektronischer Daten verbundenen spezifischen Gefahren** in Gestalt der abschließend genannten Schäden im Einzelfall realisiert haben. Im Bereich der **Privathaftpflichtversicherung** sehen die Besonderen Bedingungen (vgl. Ziff. 4 BB Privathaftpflicht) heute einen beitragsfreien Einschluss für bestimmte Internet-Risiken des täglichen Lebens vor.

16. Persönlichkeits- und Namenrechtsverletzung

94   Die neue Ziff. 7.16 AHB schließt Haftpflichtansprüche wegen **Schäden aus Persönlichkeits- oder Namensrechtsverletzungen** vom Versicherungsschutz aus. Der Ausschluss hat jedenfalls für die Allgemeine Haftpflichtversicherung **vornehmlich deklaratorischen Charakter,** denn bei Verletzungen dieser Art handelt es sich nach derzeitigem Verständnis weder um Personen-, noch um Sachschäden[319]. Er bezweckt daher vornehmlich, etwaigen Änderungen in der Rechtsprechung vorzugreifen und dem Umstand Rechnung zu tragen, dass ausländische Rechtsordnungen in diesen Fällen zum Teil einen Personenschaden annehmen[320]. Versicherungsschutz kann auch insoweit namentlich im Rahmen besonderer IT-Haftpflichtmodelle vereinbart werden[321].

17. Anfeindung, Schikane, Belästigung, Ungleichbehandlung und Diskriminierung

95   Aufgrund von Ziff. 7.17 AHB fallen Haftpflichtansprüche wegen **Schäden aus Anfeindung, Schikane, Belästigung, Ungleichbehandlung oder sonstigen Diskriminierungen** aus dem Versicherungsschutz heraus. Damit wird natürlich auf Ansprüche im Zusammenhang mit dem Allgemeinen Gleichbehandlungsgesetz abgestellt[322]. Allerdings reicht der Anwendungsbereich dieses Ausschlusses schon nach seinem Wortlaut weit darüber hinaus. Um sein uferloses Ausarten zu verhindern, ist vorgeschlagen worden, die Bestimmung einschränkend dahin auszulegen, dass sie jedenfalls bei nach AHB versicherten Personen- und Sachschäden ein vorsätzliches Handeln erfordert[323]. Allerdings stellte sich dann die problematische Frage der Abgrenzung zu Ziff. 7.1 AHB. Richtig ist aber, dass den diesen Ausschluss begründenden Umständen in der Praxis ohnehin regelmäßig ein vorsätzliches Element innewohnen wird, so dass sich die Frage der Eingrenzung des Ausschlusses auf vorsätzliches Handeln nur in den seltensten Fällen stellen dürfte. Die durch Ziff. 7.17 AHB ausgeschlossenen Risiken können durch separate Zusatzversicherungen abgedeckt werden. Damit ist die Bestimmung ein weiteres Beispiel für das Bemühen der Versicherungswirtschaft um eine **zunehmende Verringerung des Deckungsbereiches der Allgemeinen Haftpflichtversi-**

---

[316] Vgl. *Johannsen,* ZVersWiss 2005, 179 (185).
[317] Dazu *Bechert,* VW 2006, 1175.
[318] S. nur BGH v. 3. 5. 2000, VersR 2000, 963 = NJW-RR 2000, 1189; BGH v. 17. 3. 1999, VersR 1999, 748 = NJW-RR 1999, 1038; BGH v. 23. 6. 1993, BGHZ 123, 83 = VersR 1993, 957 = NJW 1993, 2369.
[319] *Johannsen,* ZVersWiss 2005, 179 (186); zu den nach AHB versicherten Schadensarten oben, Rn. 28f.
[320] *Heimbücher,* VW 2006, 1688; s. auch *Johannsen,* ZVersWiss 2005, 179 (186).
[321] Ziff. 1.5.4 der IT-Musterbedingungen; dazu § 40, Rn. 84f. (in diesem Handbuch); s. auch *Bechert,* VW 2006, 1175.
[322] Dazu *Bechert,* VW 2006, 1175.
[323] *Johannsen,* ZVersWiss 2005, 179 (186).

cherung zugunsten neuer, in der Regel mit zusätzlichen Kosten verbundener spezieller Deckungskonzepte.

18. Übertragung von Krankheiten

Ziff. 7.18 AHB endlich nimmt Haftpflichtansprüche wegen **Personenschäden, die aus** 96
der Übertragung einer Krankheit des VN resultieren sowie **Sachschäden, die durch**
Krankheit der dem VN gehörenden, von ihm gehaltenen oder veräußerten Tiere
entstanden sind, vom Versicherungsschutz aus, es sei denn, der VN beweist, dass er weder
vorsätzlich noch grob fahrlässig gehandelt hat. Die Bestimmung ist abschließend. Personenschäden, die etwa durch Ansteckung durch ein Tier hervorgerufen werden, werden vom
Ausschluss nicht erfasst[324]. Gegen die Wirksamkeit dieser Klausel sind in der Literatur Bedenken erhoben worden[325]. Die Rechtsprechung ist dem bislang aber zu Recht nicht gefolgt[326].
Die gegen die Wirksamkeit der Klausel im wesentlichen vorgebrachte Begründung, durch die
Bestimmung werde der Grundsatz, wonach das Vorliegen der Voraussetzungen von Ausschlussklauseln vom VR zu beweisen ist, zu Lasten des VN verändert, trägt nicht. Das Vorliegen von Verschulden ist hier nämlich keine Voraussetzung für das Eingreifen des Risikoausschlusses; vielmehr stellt die dem VN eröffnete **Möglichkeit, sich zu entlasten,** eine
Einschränkung des Ausschlusses dar, für die nach allgemeinen Grundsätzen der VN beweispflichtig ist[327].

II. Wichtige Leistungsausschlüsse in der Privaten Haftpflichtversicherung

Die **Besonderen Bedingungen für die Privathaftpflichtversicherung** (BB Privat- 97
haftpflicht) enthalten für ihren Anwendungsbereich weitere Leistungsausschlüsse. Einige für
die Praxis besonders relevante Vorschriften sollen an dieser Stelle ebenfalls dargestellt werden.

1. Ungewöhnliche und gefährliche Beschäftigung

Aus Ziff. 1 BB Privathaftpflicht ergibt sich, dass die gesetzliche Haftpflicht des VN aus den 98
Gefahren des täglichen Lebens als Privatperson – und nicht aus den Gefahren eines Betriebes
oder Berufes – versichert ist. Ausgenommen ist die gesetzliche Haftpflicht des VN aus den Gefahren eines Dienstes, Amtes (auch Ehrenamtes), einer verantwortlichen Betätigung in Vereinigungen aller Art oder einer **ungewöhnlichen und gefährlichen Beschäftigung.** Die Beweislast für diesen Ausnahmetatbestand liegt nach den allgemeinen Grundsätzen beim VR[328].

Nach der Rechtsprechung sind die Voraussetzungen dieser Ausschlussklausel nicht bereits 99
dann erfüllt, wenn sich die die Haftpflicht auslösende Handlung selbst als ungewöhnlich und
gefährlich darstellt. Ihre Geltung ist vielmehr auf die **seltenen Ausnahmefälle** beschränkt,
in denen die schadenstiftende Handlung **im Rahmen einer allgemeinen Betätigung des**
Versicherten vorgenommen worden ist, die ihrerseits „ungewöhnlich und gefährlich" ist
und deshalb in erhöhtem Maße die **Gefahr der Vornahme schadenstiftender Handlun-**
gen in sich birgt[329]. Aus dem Vergleich mit den weiteren in der Klausel genannten Ausnahmen folgt nämlich, dass mit den Gefahren einer ungewöhnlichen und gefährlichen Be-

---

[324] *Prölss/Martin/Voit/Knappmann,* § 4 AHB, Rn. 96.

[325] *Prölss/Martin/Voit/Knappmann,* § 4 AHB Rn. 97; *Voit,* VersR 1989, 13; *Johannsen,* r+s 2000, 136;
ders., ZVersWiss 2005, 179 (187).

[326] BGH v. 30. 10. 1970, VersR 1970, 1097; OLG Oldenburg v. 8. 3. 2000, NJW-RR 2000, 985 =
VersR 2001, 91; so auch *Littbarski,* § 4 AHB Rn. 470.

[327] OLG Oldenburg v. 8. 3. 2000, NJW-RR 2000, 985 = VersR 2001, 91; vgl. auch OLG Hamm v.
13. 2. 2001, r+s 2001, 439 und v. 24. 1. 2003, r+s 2003, 255; OLG Köln v. 22. 5. 2002, VersR 2003,
1120; OLG Koblenz v. 3. 3. 2005, VersR 2005, 1425 (jeweils zum „Wiedereinschluss" des § 2 III (2)
AUB 94).

[328] OLG Oldenburg v. 3. 11. 1993, OLGR 1994, 261; Thür. OLG v. 25. 1. 2006, NJW-RR 2006, 751
= VersR 2006, 1064.

[329] BGH v. 26. 3. 1956, VersR 1956, 283; BGH v. 17. 1. 1996, VersR 1996, 495 = NJW-RR 1996,
922; BGH v. 25. 6. 1997, BGHZ 136, 142 = VersR 1997, 1091.

schäftigung ebenfalls ein Gefahrenbereich gemeint ist, also eine allgemeine Betätigung als Rahmen für die schadenstiftende Handlung vorausgesetzt wird[330]. Läßt sich die schadenstiftende Handlung dagegen nicht in den Kreis einer solchen allgemeinen Betätigung einordnen, greift die Klausel nicht ein[331]. Diese Abgrenzung ist in der Praxis nicht immer leicht zu handhaben. Man wird indes schon nach dem Wortlaut der Klausel sagen können, dass für die Annahme einer **„Beschäftigung"** jedenfalls **mehr als ein zeitlich bloß punktuelles, mit der schadenstiftenden Handlung selbst identisches Einzelverhalten** erforderlich ist[332]. Das Vorliegen einer Beschäftigung im Sinne der Ausschlussklausel ist daher zum Beispiel verneint worden bei einem Fluchtversuch aus Anlass einer polizeilichen Festnahme[333], einem einmaligen Messerstich im Rahmen einer tätlichen Auseinandersetzung[334], dem Inbrandsetzen und anschließendem nicht vollständigem Löschen von Kleidung in alkoholisiertem Zustand nach einer ehelichen Auseinandersetzung[335] und bei der einmaligen Betätigung des Abzugs einer Schußwaffe, die der Handelnde unmittelbar zuvor ausgehändigt bekommen und nur wenige Sekunden in der Hand gehalten hatte[336]. Lässt sich die schadenstiftende einmalige Handlung – Fußtritt in eine Glasscheibe – dagegen nicht aus dem Zusammenhang einer bereits zuvor begonnenen Dauerstraftat trennen, liegt also nicht nur eine spontane und impulsive Reaktion als Verärgerung über einen zuvor erteilten Hausverweis vor, dann ist der Haftungsausschluss wegen einer ungewöhnlichen und gefährlichen Beschäftigung gegeben[337].

100   Im übrigen ist eine Beschäftigung nur dann **ungewöhnlich,** wenn sie **nicht unter die übliche Tätigkeit des durchschnittlichen VN fällt,** wenn sie sich also mit anderen Worten als eine dem normal strukturierten Durchschnittsmenschen widersprechende, vom Normalzustand abweichende Verhaltensweise darstellt[338]. Die vom Versicherungsschutz auszunehmende Beschäftigung muss sich als so außergewöhnlich darstellen, dass ein VR und mit ihm die Versichertengemeinschaft sie nicht vorherzusehen vermag und zum Gegenstand eines konkreten Risikoausschlusses oder eines Prämienzuschlags machen könnte[339]. **Gefährlich** im Sinne der Klausel ist eine Beschäftigung, wenn aus ihr eine **Risikoerhöhung für einen in der Haftpflichtversicherung allein relevanten Fremdschaden** resultiert. Ob der handelnde VN dabei sein Eigentum und/oder seine Gesundheit gefährdet, ist unerheblich; seine Beschäftigung muss vielmehr die erhöhte Gefahr der Schädigung fremder Rechtsgüter und der daraus resultierenden gesetzlichen Haftpflicht in sich bergen[340]. Auch diese Voraussetzungen werden nur selten anzunehmen sein. Nicht per se ungewöhnlich oder gefährlich ist etwa das Hantieren mit einer Schreckschusswaffe, wenn diese erlaubnisfrei zu erwerben und zu gebrauchen ist mit der Folge, dass viele Menschen aus verschiedensten Gründen eine derartige Waffe im Besitz haben und nutzen und eine Verletzungsgefahr nur dann gegeben ist, wenn die Waffe in unmittelbarer Nähe zum Körper eines Menschen oder Tieres abgefeuert wird[341]. Als ungewöhnlich und auch gefährlich gewertet wurden dagegen beispielsweise das Anzünden von Fußmatten im

---

[330] BGH v. 17. 1. 1996, VersR 1996, 495 = NJW-RR 1996, 922.

[331] BGH v. 17. 1. 1996, VersR 1996, 495 = NJW-RR 1996, 922; BGH v. 25. 6. 1997, BGHZ 136, 142 = VersR 1997, 1091.

[332] OLG Koblenz v. 7. 7. 1995, VersR 1995, 444.

[333] OLG Koblenz v. 7. 7. 1995, VersR 1995, 444; Saarl. OLG v. 15. 9. 1999, VersR 2002, 351.

[334] OLG Düsseldorf v. 11. 1. 1994, VersR 1994, 850

[335] OLG Düsseldorf v. 14. 3. 1995, r+s 1997, 11.

[336] OLG Frankfurt v. 29. 9. 1995, VersR 1996, 964.

[337] Thüring. OLG v. 25. 1. 2006, NJW-RR 2006, 751 = VersR 2006, 1064.

[338] OLG München v. 10. 3. 1995, r+s 1997, 409: Vorbereitungshandlung zu einer sexuellen Nötigung; OLG Köln v. 2. 5. 1991, VersR 1991, 1283: Brandstiftung nach übermäßigem Alkoholkonsum.

[339] OLG Hamm v. 3. 11. 1989, VersR 1991, 217: verneint für das Abfeuern von Seenotraketen als Silvesterfeuerwerk.

[340] BGH v. 10. 3. 2004, VersR 2004, 591 = NJW-RR 2004, 831; OLG Hamm v. 25. 8. 2004, NJW-RR 2005, 117 = VersR 2005, 680.

[341] OLG Hamm v. 22. 5. 1991, NJW-RR 1991, 1502 = VersR 1992, 86; ebenso OLG Karlsruhe v. 26. 1. 1995, VersR 1995, 1297 = NJW-RR 1995, 1433 für das Schießen mit einer erlaubnisfreien Sport- bzw. Freizeitwaffe.

Treppenhaus, um Licht zu machen[342], das Eindringen in ein Gebäude mit der Folge fahrlässiger Brandstiftung durch eine brennende Zigarette[343] oder das Herstellen und Mitsichführen von Molotowcocktails[344]. Überhaupt wird eine ungewöhnliche und gefährliche Beschäftigung **häufig im Zusammenhang mit einer Straftat** vorliegen; zwingend ist dies indes nicht[345]. So kann im Einzelfall auch eine Heimwerkertätigkeit, die zu einem Schaden führt, als ungewöhnliche und gefährliche Beschäftigung anzusehen sein. Die notwendige Differenzierung hat hier danach zu erfolgen, was nach heutiger Verkehrsauffassung allgemein und nicht nur in Einzelfällen noch als gewöhnliche Betätigung im Rahmen eines Privathaushalts angesehen werden kann[346]. Maßstab bei der Bewertung ist grundsätzlich das Verhalten eines Durchschnittsbürgers, nicht die Gepflogenheiten bestimmter Kreise[347]. Allerdings kann bei der Qualifikation als ungewöhnlich und gefährlich auch auf die Kenntnisse und Fähigkeiten des Handelnden abzustellen sein[348]. Bei Handlungen von Kindern oder Jugendlichen ist maßgeblich, ob die allgemeine Betätigung, bei der es zu der schadenstiftenden Handlung gekommen ist, völlig aus dem Rahmen von allgemeinen Betätigungen Gleichaltriger fällt[349].

2. Benzinklausel

Nicht versichert ist gemäß Ziff. 3.1 BB Privathaftpflicht die gesetzliche Haftpflicht des Eigentümers, Besitzers, Halters oder Führers eines **Kraft-, Luft-, Wasserfahrzeugs oder Kraftfahrzeuganhängers wegen Schäden, die durch den Gebrauch des Fahrzeugs verursacht werden** (sog. Benzinklausel). Soweit die Ausschlussklausel von Kraftfahrzeugen spricht, wird damit in erster Linie auf die Definition des Straßenverkehrsrechts abgestellt; danach gelten als Kraftfahrzeuge Landfahrzeuge, die durch Maschinenkraft bewegt werden, ohne an Bahngleise gebunden zu sein (§ 1 Abs. 2 StVG). Allerdings kann der in AVB verwendete Begriff in Grenzfällen in einem von der gesetzlichen Definition abweichenden Sinne zu verstehen sein, insbesondere im Bereich der Fahrzeuge und selbstfahrenden Maschinen, die weder der gesetzlichen Haftpflichtversicherung noch der Zulassungspflicht unterliegen und ohne Fahrerlaubnis geführt werden dürfen[350]. Allgemein lässt sich sagen, dass die Klausel immer dann nicht eingreift, wenn das in Rede stehende Risiko, etwa ein bestimmter Fahrzeuggebrauch, in der Kraftfahrzeug-Haftpflichtversicherung überhaupt nicht versichert werden konnte[351]. Dies folgt aus Sinn und Zweck der Bestimmung, welcher darin besteht, vom Versicherungsschutz in der Privathaftpflichtversicherung grundsätzlich auszunehmen, was als typisches Kraftfahrzeuggebrauchsrisiko in der Kraftfahrzeug-Haftpflichtversicherung versicherbar ist, um **einerseits Doppelversicherungen, andererseits aber auch Deckungslücken zu vermeiden**[352]. Zu beachten ist allerdings, dass sich die Frage des Deckungsschutzes allein danach entscheidet, ob sich der Art nach ein Risiko der Privat- oder der Kfz-Haftpflichtversicherung verwirklicht hat. Deshalb folgt aus der Versagung des Versicherungsschutzes innerhalb der Kfz-Haftpflichtversicherung, etwa aufgrund eines Risikoausschlusses, nicht zwangsläufig, dass der Schaden deswegen in den Bereich der Privathaftpflichtversicherung fällt, weil sonst eine Deckungslücke bestehen würde. Denn für die Abgrenzung der privaten

---

342 OLG Hamm v. 27. 5. 1987, VersR 1988, 705.
343 OLG Oldenburg v. 15. 12. 1995, VersR 1996, 1487.
344 OLG Karlsruhe v. 23. 6. 1998, VersR 1999, 843.
345 Weitere Beispiele bei *Prölss/Martin/Voit/Knappmann*, Nr. 1 Privathaftpflicht., Rn. 12.
346 OLG Oldenburg v. 20. 4. 2004, NJW-RR 2004, 894 = VersR 2005, 262.
347 OLG Oldenburg v. 20. 4. 2004, NJW-RR 2004, 894 = VersR 2005, 262; LG Braunschweig v. 28. 7. 1965, VersR 1966, 482; vgl. auch *Späte*, PrivH, Rn. 18.
348 OLG Hamm v. 19. 2. 1999, r+s 2000, 12: Abbrennen selbst entwickelten Sprengstoffs in der Silvesternacht; s. auch *Prölss/Martin/Voit/Knappmann*, Nr. 1 Privathaftpfl., Rn. 11, mit weiteren Beispielen.
349 OLG Köln v. 17. 1. 1991, VersR 1992, 88; OLG Karlsruhe v. 8. 11. 2001, VersR 2002, 562.
350 BGH v. 26. 3. 1986, VersR 1986, 537 = NJW-RR 1986, 900; ferner OLG Köln v. 19. 9. 1991, VersR 1992, 564: Go-Cart; OLG Köln v. 17. 9. 1992, VersR 1993, 304: Rasenmähertraktor.
351 BGH v. 14. 12. 1988, VersR 1989, 243 = NJW-RR 1989, 412; BGH v. 21. 2. 1990, VersR 1990, 482.
352 BGH v. 13. 12. 2006, BGHZ 170, 182 = VersR 2007, 388 = NJW-RR 2007, 464.

Schneider

Haftpflichtversicherung zur Kraftfahrzeug-Haftpflichtversicherung kommt es allein auf die Art des Risikos an und nicht darauf, ob der zuständige VR im Einzelfall berechtigt ist, den Versicherungsschutz zu versagen[353].

102 Voraussetzung der Benzinklausel ist im übrigen, dass der **Schaden durch den Gebrauch des Fahrzeugs verursacht** worden ist, sich mithin **eine Gefahr verwirklicht hat, die gerade dem Fahrzeuggebrauch eigen, diesem selbst und unmittelbar zuzurechnen ist**[354]. Dabei kommt es nicht darauf an, ob die Gefahr von der Art des Fahrzeuggebrauchs oder aber beim Gebrauch vom Fahrzeug selbst ausgeht; vielmehr ist entscheidend, dass der Anwendungsbereich der Klausel dann und nur dann eröffnet sein soll, wenn sich ein Gebrauchsrisiko gerade des Kraftfahrzeugs verwirklicht und zu einem Schaden geführt hat[355]. Unter Anwendung dieser Grundsätze sind Schäden, die beim Be- und Entladen eines Kraftfahrzeugs entstehen, sicherlich noch beim Gebrauch des Fahrzeuges erfolgt[356]. Dasselbe gilt für am Fahrzeug vorgenommene Reparaturen, bei denen sich − wie insbesondere im Rahmen von Schweißarbeiten − die besonderen Gefahren des Fahrzeugs auswirken[357]. Dass das Öffnen eines Garagentores mittels einer Funkfernbedienung beim Gebrauch eines Fahrzeugs erfolgen soll, weil es durch den Fahrer und nicht durch einen beliebigen Dritten veranlasst ist, erscheint hingegen zumindest zweifelhaft[358]. Ebenso diskutabel ist es, anzunehmen, die Klausel greife dann ein, wenn ein Kfz-Fahrer nach abgeschlossenem Einparken seines Fahrzeugs einen daneben geparkten Roller wegen der seines Erachtens zu großen Nähe zu seinem Fahrzeug von Hand versetzt und dabei beschädigt[359]. Denn die Benzinklausel **greift nicht ein, wenn sich das besondere, von einem Kraftfahrzeug ausgehende Risiko nicht verwirklicht oder wenn es sich nur auf der Grundlage eines schadenstiftenden Verhaltens des Versicherten auswirken konnte und ausgewirkt hat, das dem allgemeinen Gefahrenbereich des durch die Haftpflichtversicherung gedeckten Risikos zuzurechnen ist**[360]. Zu Recht ist deshalb entschieden worden, dass Versicherungsschutz hinsichtlich des sich an das Entladen eines Fahrzeugs anschließenden Transportvorganges besteht, wenn der Träger die Ladung bereits wieder aufgenommen und sich vom Fahrzeug entfernt hatte[361]. Dasselbe gilt, wenn bei einem nicht unmittelbar vor Fahrtantritt vorgenommenen Gebrauch eines Heizlüfters zum Enteisen der Scheiben das Fahrzeug in Brand gerät[362]. Löst ein minderjähriger Beifahrer beim Aussteigen versehentlich die Handbremse, so zählt dieses Verhalten ebenfalls nicht mehr zum Gebrauch des Fahrzeugs[363]; dasselbe gilt, wenn eine minderjährige Beifahrerin den Zündschlüssel dreht, um damit das Autoradio zu aktivieren und hierbei versehentlich das Fahrzeug in Gang setzt[364]. Befreit sich ein Hund aus dem PKW des VN, um sodann in einem nahegelegenen Reitstall ein Turnierpferd zu beißen, so verwirklicht sich das in der Tierhalterhaftpflichtversicherung versicherte Risiko und ist der Schaden auch nicht deshalb durch den Gebrauch des Fahrzeugs verursacht, weil der VN den Zündschlüssel auf zweiter Stufe im Zündschloss belassen hatte[365]. Schließlich fehlt es an dem

---

[353] BGH v. 16. 2. 1977, VersR 1977, 468; BGH v. 16. 10. 1991, NJW 1992, 315 = VersR 1992, 47.

[354] BGH v. 13. 12. 2006, BGHZ 170, 182 = VersR 2007, 388 = NJW-RR 2007, 464; BGH v. 27. 10. 1993, NJW-RR 1994, 218 = VersR 1994, 83.

[355] BGH v. 13. 12. 2006, BGHZ 170, 182 = VersR 2007, 388 = NJW-RR 2007, 464.

[356] BGH v. 19. 9. 1989, BGHZ 75, 45 = VersR 1979, 956 = NJW 1979, 2408.

[357] BGH v. 26. 10. 1988, VersR 1988, 1283; anders hingegen, wenn die Tätigkeit nicht unter das versicherte Risiko der Kfz-Haftpflichtversicherung fällt, dazu BGH v. 21. 2. 1990, VersR 1990, 482; OLG Celle v. 13. 3. 1989, VersR 1991, 216; OLG Nürnberg v. 2. 6. 1989, VersR 1990, 79.

[358] LG Saarbrücken v. 30. 6. 2005, r+s 2005, 415 = ZfS 2005, 553, m. abl. Anm. *Rixecker*.

[359] So aber LG Köln v. 29. 3. 2007, NJW-RR 2007, 1404.

[360] BGH v. 17. 2. 1966, BGHZ 45, 168 = VersR 1966, 354; BGH v. 27. 6. 1984, VersR 1984, 854.

[361] OLG Hamm v. 2. 11. 1990, VersR 1991, 652.

[362] OLG Karlsruhe v. 28. 4. 2005, NJW-RR 2005, 1344.

[363] OLG Düsseldorf v. 7. 4. 1992, NJW-RR 1993, 294 = VersR 1993, 302.

[364] OLG Celle v. 8. 3. 2005, NJW-RR 2005, 623 = VersR 2006, 256.

[365] OLG Karlsruhe v. 7. 12. 2006, VersR 2007, 788.

erforderlichen rechtlich relevanten Zusammenhang mit der Funktion des Kraftfahrzeugs als Beförderungs- und Transportmittel auch dann, wenn der Betrieb des Kraftfahrzeugs lediglich den Hintergrund eines auf einer eigenständigen Entscheidung beruhenden selbstgefährdenden Verhaltens Dritter bildet, etwa im Falle der Flucht des Kraftfahrzeugführers vor einem ihm nacheilenden Polizeibeamten[366].

Die hier gegenständliche Ausschlussklausel greift auch dann ein, wenn gegen den Versicherten **Haftpflichtansprüche wegen Verletzung der Aufsichtspflicht** (§ 832 BGB) erhoben werden. Voraussetzung ist allerdings, dass ein **ursächlicher Zusammenhang** zwischen dem Schaden und dem Besitz bzw. dem Halten oder dem Führen eines Kraftfahrzeuges durch den Haftpflichtversicherten selbst besteht. Soweit der Ausschluss gegenüber dem mitversicherten Sohn des VN Anwendung findet, weil in seiner Person der Ausschlusstatbestand verwirklicht ist, führt dies nicht ohne weiteres dazu, ihn auch gegen den für sich Versicherungsschutz begehrenden VN, bei dem diese Voraussetzungen nicht vorliegen, eingreifen zu lassen[367]. **103**

3. Waffenklausel

Ziff. 1.6 BB Privathaftpflicht erstreckt den Versicherungsschutz in der Privathaftpflichtversicherung auf Gefahren aus dem **erlaubten privaten Besitz und aus dem Gebrauch von Hieb-, Stoß- und Schusswaffen sowie Munition und Geschossen, nicht jedoch zu Jagdzwecken oder zu strafbaren Handlungen.** Nach dem Wortlaut der Klausel genügt, damit Deckungsschutz gewährt wird, dass der Waffenbesitz erlaubt ist, also nicht gegen das Waffengesetz verstößt; der Gebrauch der Waffe hingegen kann unerlaubt sein, solange er nicht zu den beiden in der Ausschlussbestimmung genannten Zwecken erfolgt[368]. Dabei macht der Umstand, dass der VN behördliche Anordnungen über die sichere Verwahrung von Schußwaffen und Munition nicht beachtet, seinen Besitz noch nicht zu einem unerlaubten[369]. Im übrigen liegt ein Gebrauch „zu strafbaren Handlungen" nur dann vor, wenn die Schußwaffe zum Zweck einer strafbaren Handlung, also zu einer vorsätzlichen Straftat, benutzt worden ist[370]. **104**

E. Besonderheiten des Versicherungsvertrags

I. Zustandekommen des Vertrags

Das **Zustandekommen des Haftpflichtversicherungsvertrages** richtet sich wie bei Versicherungsverträgen im allgemeinen grundsätzlich **nach den allgemeinen Vorschriften des BGB;** daran hat die Reform nichts geändert[371]. Zu beachten ist aber, dass nach dem neuen § 7 Abs. 1 Satz 1 VVG der VR dem VN **rechtzeitig vor Abgabe von dessen Vertragserklärung** seine **Vertragsbestimmungen** einschließlich der **Allgemeinen Versicherungsbedingungen** sowie die in §§ 1, 4 VVG-InfoV bestimmten **Informationen** in Textform mitzuteilen hat. Ein Vertragsschluss nach dem sogenannten Policenmodell, bei dem eine Übersendung der Vertragsunterlagen erst zusammen mit dem Versicherungsschein erfolgte, ist damit nicht mehr zulässig[372]. Wird der Vertrag auf Verlangen des VN telefonisch oder unter Verwendung eines anderen Kommunikationsmittels geschlossen, das die Information in Textform vor der Vertragserklärung des VN nicht gestattet, muss die Information unver- **105**

---

[366] Saarl. OLG v. 15. 9. 1999, VersR 2002, 351.
[367] BGH v. 12. 5. 1960, NJW 1960, 1346 = VersR 1960, 554.
[368] OLG Hamm v. 1. 7. 1988, NJW-RR 1989, 28; OLG Hamm v. 22. 5. 1991, NJW-RR 1991, 1502 = VersR 1992, 86.
[369] BGH v. 28. 11. 1990, VersR 1991, 172 = NJW-RR 1991, 984; ebenso LG Hamburg v. 30. 11. 1989, VersR 1990, 777.
[370] OLG Hamm v. 1. 7. 1988, NJW-RR 1989, 28; OLG Hamm v. 22. 5. 1991, NJW-RR 1991, 1502 = VersR 1992, 86.
[371] *Rixecker,* ZfS 2007, 495; s. auch RegE, Begründung, Teil A, BT-Drs. 16/3945, S. 48.
[372] Vgl. *Rixecker,* ZfS 2007, 495; *Römer,* VersR 2006, 740 (741); *Langheid,* NJW 2006, 3317.

züglich nach Vertragsschluss nachgeholt werden. Der VN kann auch auf eine Information vor Abgabe seiner Vertragserklärung verzichten (§ 7 Abs. 1 Satz 3 VVG). Ein solcher Verzicht ist indes nur wirksam, wenn er ausdrücklich und durch gesonderte schriftliche Erklärung erfolgt; eine im Antragsformular enthaltene vorformulierte Verzichtsklausel dürfte diesem Erfordernis in der Regel nicht genügen[373]. Überdies muss auch im Falle eines solchen Verzichts die Information unverzüglich nach Vertragsschluss nachgeholt werden.

II. Versicherungsbeginn und Beitragszahlung

106   Gemäß Ziff. 8 Satz 1 AHB **beginnt** der Versicherungsschutz **zu dem im Versicherungsschein angegebenen Zeitpunkt,** wenn der VN den ersten oder einmaligen Beitrag rechtzeitig im Sinne von Ziff. 9.1 AHB zahlt. Die Parteien können im Vertrag jedoch abweichendes vereinbaren, insbesondere vorsehen, dass der Versicherungsschutz vor dem Zeitpunkt des Vertragsschlusses beginnen soll (Rückwärtsversicherung, § 2 Abs. 1 VVG). Die Neufassung des § 2 Abs. 2 Satz 2 VVG stellt klar, dass künftig in einem solchen Fall die Leistungspflicht des VR nur dann nicht besteht, wenn der VN schon bei Abgabe seiner Vertragserklärung Kenntnis von dem Eintritt des Versicherungsfalles hatte. Darüber hinaus muss es den Parteien des Versicherungsvertrages auch weiterhin vorbehalten bleiben, die Vorschrift des § 2 Abs. 2 VVG im Einzelfall abzubedingen, soweit die Interessen der Versichertengemeinschaft einer solchen Vereinbarung nicht entgegenstehen[374]. Zum zeitlichen Umfang des Versicherungsschutzes s. im übrigen oben, Rn. 21 ff.

107   Die **Einzelheiten zur Beitragszahlung** sind in Ziff. 9 ff. AHB geregelt. Ziff. 9 und 10 AHB enthalten ausführliche Bestimmungen zur Zahlung und zu den Folgen verspäteter Zahlung von Erst- oder Einmal- bzw. Folgebeiträgen, durch die gesetzlichen Bestimmungen näher konkretisiert werden; Ziff. 11 beinhaltet zudem eine Sondervorschrift zur Zahlung bei Lastschriftermächtigung. Von Bedeutung sind auch die Vorschriften über die **Beitragsregulierung und Beitragsangleichung.** Bei der Beitragsregulierung (Ziff. 13 AHB) handelt es sich um die Anpassung des Beitrages an nach Vertragsschluss eingetretene Änderungen des versicherten Risikos, die der VN nach Aufforderung dem VR gemäß Ziff. 13.1 AHB mitzuteilen hat. Davon unabhängig unterliegen die Versicherungsbeiträge einer den Veränderungen der von den VR zu erbringenden Schadensersatzleistungen entsprechenden Beitragsangleichung (Ziff. 15 AHB). Im Falle einer Erhöhung der Schadensersatzleistungen ist der VR berechtigt, im Falle einer Verminderung verpflichtet, den Folgejahresbeitrag in entsprechendem Umfange anzupassen (vgl. Ziff. 15.3 AHB); der VN ist allerdings im Falle der Erhöhung unter den Voraussetzungen von Ziff. 18 AHB berechtigt, den Versicherungsvertrag mit sofortiger Wirkung zu kündigen.

108   Eine durch die Reform des Versicherungsvertragsrechts bedingte Änderung zugunsten des VN findet sich in Ziff. 14 AHB. Dort ist nunmehr vorgesehen, dass der VR **bei vorzeitiger Beendigung des Vertrages** nur Anspruch auf den Teil des Beitrages hat, der dem Zeitraum entspricht, in dem Versicherungsschutz bestanden hat, soweit durch Gesetz nicht etwas anderes bestimmt ist. Das entspricht sachlich der neuen Regelung des § 39 Abs. 1 Satz 1 VVG und trägt dem Umstand Rechnung, dass der der Gesetzgeber mit der Reform des Versicherungsvertragsrechts den **Grundsatz der Unteilbarkeit der Prämie aufgegeben** hat. Versicherungsschutz im Sinne der Bestimmung besteht grundsätzlich für die Dauer der Wirksamkeit des Vertrages. Das ist bei Zahlungsverzug mit einer Folgeprämie der Zeitpunkt der Ausübung des Kündigungsrechts als alleiniges für die Vertragsparteien hinreichend „eindeutiges Kriterium"[375]; auf eine schon zuvor etwaig bestehende Leistungsfreiheit nach § 38 Abs. 2 VVG bzw. Ziff. 10.3 AHB kommt es nicht an. Bei einer rückwirkenden Vertragsbeendigung be-

---

[373] Dazu *Schimikowski*, r+s 2007, 133 (136).
[374] Vgl. dazu OLG Hamm v. 12. 10. 1988, NJW-RR 1989, 533 = VersR 1989, 946.
[375] Vgl. RegE, Begründung zu § 39 Abs. 1, BT-Drs. 16/3945, S. 72.

steht grundsätzlich kein Anspruch auf die Prämie; allerdings sehen § 39 Abs. 1 Satz 2 und 3 sowie Absatz 2 insoweit Ausnahmen vor.

III. Vertragsdauer und –beendigung

Ziff. 16.1 AHB bestimmt, dass der Vertrag **für die im Versicherungsschein angegebene** **109** **Zeit abgeschlossen** ist. Die Vertragsdauer kann von den Parteien grundsätzlich frei vereinbart werden. Zu beachten ist allerdings § 11 Abs. 4 VVG. Danach kann ein Versicherungsvertrag, der für die Dauer von **mehr als drei Jahren** geschlossen worden ist, vom VN **zum Schluss des dritten oder jedes darauffolgenden Jahres** unter Einhaltung einer Frist von drei Monaten **gekündigt** werden. Diese Regelung ist von den VR in Ziff. 16.4 AHB übernommen worden. Beträgt die Vertragsdauer mindestens ein Jahr, so verlängert sich der Vertrag um jeweils ein Jahr, wenn nicht dem Vertragspartner spätestens drei Monate vor dem Ablauf des jeweiligen Versicherungsjahres eine Kündigung zugegangen ist. Beträgt die Vertragsdauer weniger als ein Jahr, so endet der Vertrag, ohne dass es einer Kündigung bedarf, zu dem vorgesehenen Zeitpunkt (Ziff. 16.2 und 16.3 AHB). Eine besondere Form der teilweisen Beendigung des Vertrages ist in Ziff. 17 AHB vorgesehen. Wenn nämlich während der Laufzeit des Vertrages versicherte Risiken **vollständig und dauerhaft wegfallen,** so **erlischt die Versicherung bezüglich dieser Risiken.** Dem VR steht in diesem Falle der Beitrag zu, den er hätte erheben können, wenn die Versicherung dieser Risiken nur bis zu dem Zeitpunkt beantragt worden wäre, zu dem er vom Wegfall Kenntnis erlangt.

Ein **befristetes außerordentliches Kündigungsrecht** besteht unter Umständen **nach** **110** **Eintritt des Versicherungsfalles.** Gemäß § 111 Abs. 1 VVG kann jede Vertragspartei das Versicherungsverhältnis kündigen, wenn der VR nach dem Eintritt des Versicherungsfalles **den Anspruch des VN auf Freistellung anerkannt oder zu Unrecht abgelehnt** hat. Das gilt auch, wenn der VR dem VN die Weisung erteilt, es zum Rechtsstreit über den Anspruch des Dritten kommen zu lassen. Vor der Reform des Versicherungsvertragsrechts (§ 158 VVG a. F.) war hier streitig, ob der VN auch bei berechtigter Leistungsverweigerung durch den VR zur außerordentlichen Kündigung berechtigt ist[376]. Der neue Wortlaut stellt klar, dass der VN **bei Leistungsverweigerung des VR zur Kündigung nur berechtigt** sein soll, wenn ihm **ein Freistellungsanspruch rechtlich zusteht.** Dadurch soll vermieden werden, dass sich der VN jederzeit ein Kündigungsrecht verschaffen kann[377]. Allerdings kann eine unwirksame außerordentliche Kündigung ggf. in eine ordentliche Kündigung umgedeutet werden[378]. Die außerordentliche Kündigung ist nach § 111 Abs. 2 VVG nur innerhalb eines Monats seit der Anerkennung oder Ablehnung des Freistellungsanspruchs oder seit der Rechtskraft des im Rechtsstreit mit dem Dritten ergangenen Urteils zulässig. In entsprechender Anwendung von § 92 Abs. 2 Satz 2 und 3 VVG hat der VR eine **Kündigungsfrist von einem Monat** einzuhalten, und der VN kann nicht für einen späteren Zeitpunkt als den Schluss der laufenden Versicherungsperiode kündigen. Diese grundsätzlich abdingbaren Bestimmungen werden durch Ziff. 19 AHB präzisiert und im Hinblick auf die maßgeblichen Anlässe der Kündigung modifiziert. Nach Ziff. 19.1 AHB kann das Versicherungsverhältnis gekündigt werden, wenn vom VR eine Schadensersatzzahlung geleistet wurde oder dem VN eine Klage über einen unter den Versicherungsschutz fallenden Haftpflichtanspruch gerichtlich zugestellt wird, und diese Umstände sind dann auch maßgeblich für den Lauf der Monatsfrist. Kündigt der VN, wird seine Kündigung nach Ziff. 19.2 AHB sofort nach ihrem Zugang beim VR wirksam, es sei denn, der VN bestimmt, dass die Kündigung zu einem späteren Zeitpunkt, spätestens zum Ende der laufenden Versicherungsperiode, wirksam werden soll. Für die Kündigung des VR verbleibt es dagegen ohne Ausnahme bei der gesetzlich bestimmten

---

[376] Zum Streitstand *Prölss/Martin/Voit/Knappmann*, § 158, Rn. 3; Berliner Kommentar/*Baumann*, § 158, Rn. 17f., jew. m.N.
[377] RegE, Begründung zu § 111 Abs. 1, BT-Drs. 16/3945, S. 87.
[378] OLG Düsseldorf v. 21. 12. 2000, r+s 2001, 453.

Monatsfrist. Hinsichtlich des Prämienanspruchs im Falle der Kündigung gelten Ziff. 14 AHB und § 39 Abs. 1 VVG[379].

111   Weitere besondere Kündigungsrechte enthalten Ziff. 18, 20.2 und 21 AHB. Ziff. 18 AHB regelt die **Kündigung durch den VN nach Beitragserhöhung** aufgrund einer Beitragsangleichung gemäß Ziff. 15.3. Soweit sich trotz Beitragserhöhung der Umfang des Versicherungsschutzes nicht ändert, kann der VN hier den Vertrag innerhalb eines Monats nach Zugang der Mitteilung des VR mit sofortiger Wirkung, frühestens jedoch zu dem Zeitpunkt kündigen, in dem die Beitragserhöhung wirksam werden sollte. Eine Erhöhung der Versicherungsteuer begründet allerdings naturgemäß kein Kündigungsrecht. Der VR hat den VN in seiner Mitteilung auf das Kündigungsrecht hinzuweisen und diese Mitteilung muss dem VN spätestens einen Monat vor dem Wirksamwerden der Beitragserhöhung zugehen. Ziff. 20.2 AHB ermöglicht die **Kündigung einer Betriebshaftpflichtversicherung nach Veräußerung** des versicherten Unternehmens (vgl. § 102 Abs. 2 VVG)[380]. Das Versicherungsverhältnis kann in diesem Falle durch den VR dem Dritten gegenüber mit einer Frist von einem Monat und durch den Dritten dem VR gegenüber mit sofortiger Wirkung oder auf den Schluss der laufenden Versicherungsperiode in Schriftform gekündigt werden. Allerdings erlischt gemäß Ziff. 20.3 AHB das Kündigungsrecht des VR, wenn dieser es nicht innerhalb eines Monats von dem Zeitpunkt an ausübt, in welchem er vom Übergang auf den Dritten Kenntnis erlangt. Das Kündigungsrecht des VN wiederum erlischt, wenn dieser es nicht innerhalb eines Monats nach dem Übergang ausübt, wobei das Kündigungsrecht bis zum Ablauf eines Monats von dem Zeitpunkt an bestehen bleibt, in dem der Dritte von der Versicherung Kenntnis erlangt. Ziff. 21 AHB endlich regelt die **Kündigung nach Risikoerhöhung** aufgrund Änderungen oder Erlass von Rechtsvorschriften durch den VR im Rahmen der Vorsorgeversicherung[381].

F. Besondere Vertragspflichten

I. Informations- und Beratungspflichten des Versicherers

112   Gemäß § 6 Abs. 1 VVG hat der VR den VN, soweit nach der Schwierigkeit, die angebotene Versicherung zu beurteilen, oder der Person des VN und dessen Situation hierfür Anlass besteht, **nach seinen Wünschen und Bedürfnissen zu befragen** und, auch unter Berücksichtigung eines angemessenen Verhältnisses zwischen Beratungsaufwand und der vom VN zu zahlenden Prämien, **zu beraten** sowie die Gründe für jeden zu einer bestimmten Versicherung erteilten Rat anzugeben. Er hat dies unter Berücksichtigung der Komplexität des angebotenen Versicherungsvertrages **zu dokumentieren**. Entsprechende Pflichten treffen aufgrund von § 61 VVG auch den Versicherungsvermittler, der dann zugleich auch die Verpflichtungen des VR nach § 6 Abs. 1 VVG erfüllt[382]. Eine Pflicht, den Kunden nach seinen Wünschen und Bedürfnissen zu befragen, ist demnach grundsätzlich nur insoweit anzunehmen, als aufgrund der konkreten Umstände hierfür ein erkennbarer Anlass besteht[383]. Maßgeblich sind hierbei stets **die Umstände des Einzelfalles.** So kann die Beratung bei klar artikulierten, begrenzten Wünschen des Kunden auf ein Minimalmaß reduziert sein, während andererseits aber auch Informationen, die sich nur aus den Umständen aufdrängen, berücksichtigt werden müssen[384]. Verletzt der VR bzw. der Vermittler die ihm obliegenden Beratungs- und Dokumentationspflichten, so ist er dem VN **zum Ersatz des hierdurch entste-**

---

[379] Dazu oben, Rn. 108.
[380] Dazu unten, Rn. 111.
[381] Dazu oben, Rn. 39.
[382] RegE, Begründung zu § 6 Abs. 1, BT-Drs. 16/3945, S. 58.
[383] RegE VersVermG, Begründung zu § 42c, BT-Drs. 16/1935, S. 24; s. weiterführend *Rixecker*, § 18a, Rn. 7ff. (in diesem Handbuch).
[384] Vgl. RegE VersVermG, Begründung zu § 42c, BT-Drs. 16/1935, S. 24.

henden Schadens verpflichtet, es sei denn, er hat die Pflichtverletzung nicht zu vertreten (§§ 6 Abs. 5, 63 VVG).

Die vorstehenden Grundsätze sind **auch im Rahmen der Haftpflichtversicherung** zu beachten. Der VR verstößt deshalb dann gegen seine Beratungspflichten, wenn der von ihm vorgeschlagene Versicherungsvertrag entgegen dem erkennbaren Wunsch des VN, umfassend gesichert zu werden, bestimmte Risiken nicht oder nur zum Teil abdeckt[385]. Das gilt insbesondere auch dann, wenn typische Betriebsgepflogenheiten nicht mitversichert sind[386]. Soweit die Möglichkeit besteht, das nicht gedeckte Risiko **durch Zusatzvereinbarungen abzusichern,** hat der VR darauf hinzuweisen[387]. Auch hinsichtlich der Höhe der abzuschließenden Versicherungssumme sind nunmehr in weitergehendem Umfang als bisher Beratungs- und Aufklärungspflichten des VR anzunehmen. Da der VR verpflichtet ist, im Rahmen des Erforderlichen den Kunden nach seinen Wünschen und Bedürfnissen zu befragen, kann sich zukünftig nicht mehr hinter dem Argument verschanzen, der VN sei selbst dafür verantwortlich, dass die Versicherungssummen ausreichend bemessen seien, da nur er beurteilen könne, ob damit das Haftpflichtrisiko im allgemeinen ausreichend abgedeckt werde[388]. Die Verpflichtung des VR zur Beratung besteht **auch nach Vertragsschluss während der Dauer des Versicherungsverhältnisses,** soweit für den VR ein **Anlass für eine Nachfrage und Beratung des VN erkennbar** ist (§ 6 Abs. 4 VVG). Ein solcher Anlass kann sich insbesondere aus einer Änderung der für den Vertrag maßgeblichen gesetzlichen Rahmenbedingungen ergeben[389]. Ändert der VR nach Abschluss des Vertrages seine Allgemeinen Versicherungsbedingungen und sehen diese einen erweiterten Versicherungsschutz vor, so hat der VR seinen VN auch auf die Möglichkeit einer Verbesserung des Versicherungsschutzes durch Einbeziehung der neuen Bedingungen hinzuweisen[390]. Letztlich kann auch eine **erkennbare Änderung in den persönlichen Verhältnissen** des VN dem VR Anlass geben, auf eine Änderung oder Ergänzung des Versicherungsschutzes hinzuwirken, etwa wenn die in der privaten Haftpflichtversicherung mitversicherte Ehefrau nach der Scheidung weiterhin mit dem VN in nichtehelicher Lebensgemeinschaft zusammenlebt[391].

Neben der Pflicht zur Beratung bestehen auch hier die **allgemeinen Informationspflichten** des § 7 VVG in Verbindung mit der Verordnung über Informationspflichten bei Versicherungsverträgen (VVG-InfoV)[392]. Für die Haftpflichtversicherung maßgeblich sind vor allem die für alle Versicherungszweige geltenden Informationspflichten gemäß § 1 VVG-InfoV; während der Laufzeit des Vertrages ist darüber hinaus § 6 VVG-InfoV zu beachten. Bei Telefongesprächen sind aus diesem Anlass nur die in § 5 Abs. 2 VVG-InfoV genannten Informationen zu übermitteln. Das **Produktinformationsblatt** gemäß § 4 VVG-InfoV schließlich hat diejenigen Informationen zu enthalten, die für den Abschluss oder die Erfüllung des Haftpflichtversicherungsvertrages von besonderer Bedeutung sind. Hervorzuheben ist hier die Verpflichtung des VR, das durch den Vertrag versicherte Risiko zu beschreiben (§ 4 Abs. 2 Nr. 2). Hier soll in übersichtlicher und verständlicher Form knapp (vgl. § 4 Abs. 3 S. 2 VVG-InfoV) dargestellt werden, welche Risiken vom Versicherungsschutz umfasst werden bzw. welche Leistungen der VR aufgrund des Vertrages erbringt. Eine solche Beschreibung kann bei der Haftpflichtversicherung aufgrund der Vielzahl der versicherten Risiken schlechthin nicht erschöpfend sein. Deshalb ist es gerade hier von Bedeutung, dass auch ein-

---

[385] Zu einem solchen Fall s. etwa OLG Hamm v. 23. 11. 1983, VersR 1984, 853.

[386] BGH v. 9. 10. 1974, VersR 1975, 77 (Vermietung von Gerüsten durch einen Dachdecker); OLG Köln v. 9. 3. 1999, VersR 2000, 352.

[387] OLG Köln v. 14. 1. 1993, VersR 1993, 1385.

[388] So die bisherige Rechtsprechung, vgl. etwa OLG Koblenz v. 23. 1. 1998, VersR 1998, 1148 = NJW-RR 1998, 1721.

[389] RegE, Begründung zu § 6 Abs. 4, BT- Drs. 16/3945, S. 59.

[390] So zur Tierhalterhaftpflichtversicherung LG Bad Kreuznach v. 26. 2. 1991, NJW-RR 1991, 1503.

[391] Zu einem solchen Fall LG Saarbrücken v. 13. 9. 2006, 14 O 155/06, n. v. (Haftung mangels Erkennbarkeit verneint).

[392] Vom 18. 12. 2007, BGBl. I S. 3004.

zelne, besonders typische Beispiele genannt werden, mit denen Art und Umfang des Versicherungsschutzes in positiver wie auch in negativer Hinsicht veranschaulicht werden[393]. Bei der Ausgestaltung des Produktinformationsblattes sollen sich die VR also vornehmlich **an den für die alltägliche Praxis besonders relevanten Fragestellungen orientieren.** Freilich enthält die Verordnung insoweit keine abschließenden Vorgaben. Auch eine bestimmte Formulierung wird nicht vorgeschrieben, so dass den Anwendern hier ein gewisser, gerichtlich nur sehr eingeschränkt überprüfbarer Gestaltungsspielraum verbleibt. Zweifellos kann allerdings die Erteilung objektiv falscher Informationen eine Pflichtverletzung des VR begründen und diesen nach allgemeinen Grundsätzen (§ 280 Abs. 1 BGB, ggf. i. V. m. § 311 Abs. 2 BGB) zum Schadensersatz verpflichten.

II. Obliegenheiten des Versicherungsnehmers

1. Bei Abschluss des Versicherungsvertrages zu erfüllende Obliegenheiten

115   Die vom VN bei Abschluss des Haftpflichtversicherungsvertrages zu beachtenden Obliegenheiten ergeben sich **aus den allgemeinen Vorschriften.** Der VN hat danach wie bei allen Versicherungsverträgen vor allem die in §§ 19 ff. VVG geregelten Anzeigepflichten zu beachten[394]. Für die Haftpflichtversicherung (vgl. Ziff. 23 AHB) ergeben sich insoweit keine Besonderheiten.

2. Vor Eintritt des Versicherungsfalles zu erfüllende Obliegenheiten

116   **a) Allgemeines.** Der Haftpflichtversicherungsvertrag kann **vertragliche Obliegenheiten** vorsehen, die der VN **vor Eintritt des Versicherungsfalles** gegenüber dem VR zu erfüllen hat und deren Verletzung bestimmte Rechtsfolgen bis hin zur Leistungsfreiheit des VR auslöst. Der gesetzliche Rahmen bei Vereinbarung solcher Obliegenheiten einschließlich der Rechtsfolgen ihrer Missachtung ist durch die Reform des Versicherungsvertragsrechts grundlegend geändert worden[395]. Verletzt der VN eine vor Eintritt des Versicherungsfalles zu erfüllende Obliegenheit, so kann der VN den Vertrag innerhalb eines Monats, nachdem er von der Verletzung Kenntnis erlangt hat, ohne Einhaltung einer Frist **kündigen,** es sei denn, die Verletzung beruht nicht auf Vorsatz oder auf grober Fahrlässigkeit (§ 28 Abs. 1 VVG). Der Vertrag kann allerdings auch bestimmen, dass der VR bei Verletzung einer vertraglichen Obliegenheit **nicht zur Leistung verpflichtet** ist. In diesem Fall ist der VR allerdings nur leistungsfrei, wenn der VN die Obliegenheit vorsätzlich verletzt hat; bei grob fahrlässiger Verletzung der Obliegenheit ist der VR künftig nur noch berechtigt, seine Leistung in einem der Schwere des Verschuldens des VN entsprechenden Verhältnis zu kürzen (§ 28 Abs. 2 VVG). Dabei kommt allerdings bei besonders schwerem, an Vorsatz angrenzendem Verschulden im Einzelfall auch eine Kürzung auf Null in Betracht[396]. Der VR bleibt jedoch zur Leistung insoweit verpflichtet, als die Verletzung der Obliegenheit weder für den Eintritt oder die Feststellung des Versicherungsfalles noch für die Feststellung oder den Umfang der Leistungspflicht des VR ursächlich ist, es sei denn, der VN handelte bei Verletzung der Obliegenheit arglistig (§ 28 Abs. 3 VVG).

117   **b) Einzelne Obliegenheiten.** Welche Obliegenheiten der VN während der Laufzeit des Vertrages vor Eintritt des Versicherungsfalles zu beachten hat, ist **den Vertragsbedingungen des jeweiligen Vertrages** zu entnehmen. Von Bedeutung ist bei der Allgemeinen Haftpflichtversicherung vor allem Ziff. 24 AHB. Danach hat der VN **besonders gefahrdrohende Umstände** auf Verlangen des VR **innerhalb angemessener Frist zu beseitigen,**

---

[393] VVG-InfoV, Begründung zu § 4, BAnz. v. 16. 1. 2008, S. 98 (102).

[394] Dazu § 14 (in diesem Handbuch).

[395] Dazu *Maier,* r+s 2007, 89; *Rixecker,* ZfS 2007, 73.

[396] *Rixecker,* ZfS 2007, 73; *Weidner/Schuster,* r+s 2007, 363 (364) in diesem Sinne auch die Empfehlungen des Arbeitskreises IV des 46. Deutschen Verkehrsgerichtstages in Goslar v. 23.–25. 1. 2008, abgedruckt z. B. bei *Born,* NZV 2008, 126 (128).

soweit nicht die Beseitigung unter Abwägung der beiderseitigen Interessen unzumutbar ist. Dabei gilt ein Umstand, welcher zu einem Schaden geführt hat, ohne weiteres als besonders gefahrdrohend. Im Falle eines Verstoßes gegen die Obliegenheit gelten die in Ziff. 26 AHB dargestellten Rechtsfolgen, die inhaltlich den gesetzlichen Vorgaben des § 28 VVG entsprechen. Eine vollständige Leistungsfreiheit des VR bildet danach künftig die Ausnahme. Im übrigen liegt ein Verstoß des VN gegen die Obliegenheit überhaupt auch nur dann vor, wenn der VR das Verlangen, die besonders gefahrdrohenden Umstände zu beseitigen, so **klar und bestimmt genug zum Ausdruck** bringt, dass es daran für den VN keine Zweifel geben kann[397]. Dabei kann das Verlangen einer Berufsgenossenschaft, gefahrdrohende Umstände an einer Betriebseinrichtung zu beseitigen, das Beseitigungsverlangen des Haftpflichtversicherers nicht ersetzen[398]. Mit der neuen Ziff. 24 AHB entspricht die Versicherungswirtschaft langjährigen Forderungen nach größerer Transparenz in den Versicherungsbedingungen. Frühere Fassungen des Bedingungswerkes enthielten eine ähnliche Bestimmung in der Form eines Risikoausschlusses (§ 4 II Nr. 3 AHB a. F.). Allerdings wurde dieser schon seinerzeit allgemein als „verhüllte" Obliegenheit angesehen, die lediglich in die Form eines Ausschlusses gekleidet ist[399]. Entsprechendes gilt auch für die in zahlreichen **Betriebshaftpflichtversicherungen** (vgl. Ziff. 7.4.5 BB Betriebshaftpflicht) mit zum Teil unterschiedlichem Wortlaut enthaltene Bestimmung, wonach **Haftpflichtansprüche aus vorschriftswidrigem Umgang mit brennbaren oder explosiblen Stoffen** „nicht versichert" sind[400].

Eine besondere Anzeigepflicht findet sich in § 97 VVG, der gemäß § 102 Abs. 2 S. 2 VVG   **118** auf die Betriebshaftpflichtversicherung entsprechend anzuwenden ist. Danach ist die **Veräußerung des versicherten Unternehmens** dem VR von dem VN oder dem Erwerber unverzüglich anzuzeigen, und diese Anzeigepflicht ist nunmehr auch in Ziff. 20.5 AHB klarstellend aufgeführt[401]. Sinn und Zweck der Anzeige ist es, dem VR zu ermöglichen, das versicherte Risiko zu überprüfen und zu überlegen, ob er gemäß Ziff. 20.2 AHB von seinem Kündigungsrecht nach § 96 Abs. 1 VVG Gebrauch machen will sowie ihm Name und Anschrift des Erwerbers mitzuteilen[402]. Ist die Anzeige unterblieben, so ist der VR nach § 97 Abs. 1 Satz 2 VVG nicht zur Leistung verpflichtet, wenn der Versicherungsfall später als einen Monat nach dem Zeitpunkt eintritt, zu dem die Anzeige dem VR hätte zugehen müssen und der VR den mit dem Veräußerer bestehenden Vertrag mit dem Erwerber nicht geschlossen hätte. Damit unterliegt die Verletzung dieser Anzeigepflicht augenscheinlich strengeren Sanktionen, als es gemäß § 28 VVG bei den anderen Obliegenheitsverletzungen der Fall ist. Allerdings geht die Rechtsprechung zum früheren § 71 VVG a. F. seit langem davon aus, dass die **Leistungsfreiheit des VR nur bei Verschulden** eintritt[403]. Darüber hinaus soll ein Verstoß des VN gegen die ihm auferlegte Obliegenheit zur Anzeige der Veräußerung nur dann zur Leistungsfreiheit des VR führen, wenn diese **Rechtsfolge nicht außer Verhältnis zur Schwere des Verstoßes** steht. Die Anwendung der Vorschrift setzt also eine Abwägung voraus, bei der auf Seiten des VR zu berücksichtigen ist, wie weit seine Interessen in ernster Weise beeinträchtigt sind und auf Seiten des VN, in welchem Umfang ihn ein Verschulden trifft und welches Gewicht die Entziehung der Versicherungsleistung hat[404]. Als Ausprägung des allgemeinen Grundsatzes von Treu und Glauben sollen diese von der Rechtsprechung entwickelten Grundsätze nach dem Willen

[397] BGH v. 18. 1. 1965, VersR 1965, 325 = NJW 1965, 755; BGH v. 29. 11. 1972, VersR 1973, 145 = NJW 1973, 184.

[398] OLG Hamm v. 2. 12. 1960, VersR 1962, 413.

[399] BGH v. 29. 11. 1972, VersR 1973, 145 = NJW 1973, 184.

[400] BGH v. 24. 10. 1979, NJW 1980, 837 = VersR 1980, 153; BayObLG v. 12. 12. 1980, VersR 1981, 1045; vgl. auch BGH v. 9. 5. 1990, VersR 1990, 887 = NJW-RR 1990, 1115; zum Ausschluss für Feuer und Explosionssachschäden aus Anlass von Schweiß- oder Lötarbeiten ebenso OLG Schleswig v. 16. 3. 1972, VersR 1972, 823.

[401] Zustimmend *Johannsen*, ZVersWiss 2005, 179 (187).

[402] BGH v. 11. 2. 1987, BGHZ 100, 60 = VersR 1987, 477 = NJW 1987, 2238.

[403] BGH v. 5. 10. 1961, BGHZ 36, 24 = NJW 1961, 2304; RG v. 31. 1. 1936, RGZ 150, 181.

[404] BGH v. 11. 2. 1987, BGHZ 100, 60 = VersR 1987, 477 = NJW 1987, 2238.

des Reformgesetzgebers auch ohne ausdrückliche Regelung im Rahmen des neuen § 97 VVG fortgelten[405]. Nach der Neuregelung ist darüber hinaus weitere Voraussetzung der Leistungsfreiheit des VR, dass dieser **den mit dem Veräußerer bestehenden Vertrag mit dem Erwerber nicht geschlossen hätte.** Der Gesetzgeber geht davon aus, dass es nicht angemessen sei, den VR auch dann von seiner Leistungspflicht zu befreien, wenn er auch mit dem Erwerber der versicherten Sache den Versicherungsvertrag geschlossen hätte[406]. Die Versicherungswirtschaft trägt dieser Rechtslage mit der Neufassung von Ziff. 20.5 Abs. 2 AHB Rechnung. Im Einklang mit § 97 Abs. 2 VVG bestimmen Ziff. 20.5 Abs. 3 und 4 AHB ferner, dass der Versicherungsschutz wieder auflebt und für alle Versicherungsfälle fortbesteht, die frühestens einen Monat nach dem Zeitpunkt eintreten, in dem der VR von der Veräußerung Kenntnis erlangt, sofern er in diesem Monat von seinem Kündigungsrecht keinen Gebrauch gemacht hat und dass der Versicherungsschutz trotz Verletzung der Anzeigepflicht nicht wegfällt, wenn dem VR die Veräußerung in dem Zeitpunkt bekannt war, in dem ihm die Anzeige hätte zugehen müssen.

3. Gefahrerhöhung

119   Die **allgemeinen Vorschriften über die Gefahrerhöhung** (§§ 23 ff. VVG) gelten grundsätzlich auch im Rahmen der Haftpflichtversicherung. Ihr Anwendungsbereich wird jedoch dadurch **eingeschränkt,** dass sich der Versicherungsschutz gemäß Ziff. 3.1 (2) AHB auch auf die gesetzliche Haftpflicht aus Erhöhungen oder Erweiterungen des versicherten Risikos erstreckt, soweit dieses nicht in dem Halten oder Gebrauch von versicherungspflichtigen Kraft-, Luft- oder Wasserfahrzeugen sowie sonstigen Risiken besteht, die der Versicherungs- oder Deckungsvorsorgepflicht unterliegen[407]. Dadurch wird für einen Rückgriff auf die §§ 23 ff. VVG **in der Regel kein Raum** verbleiben.

4. Nach Eintritt des Versicherungsfalles zu erfüllende Obliegenheiten

120   **a) Allgemeines.** Ist der Versicherungsfall eingetreten, treffen den VN kraft Gesetzes **Anzeige- und Auskunftspflichten,** deren Nichtbeachtung nach allgemeinen Grundsätzen (vgl. § 280 Abs. 1 BGB) Schadensersatzansprüche des VR gegen den VN auslösen kann. In den Versicherungsbedingungen sind diese Verpflichtungen zumeist **auch als vertragliche Obliegenheiten ausgestaltet** mit der Folge, dass ihre **Nichtbeachtung zur Leistungsfreiheit führen kann.** Dann sind auch insoweit § 28 Abs. 2 ff. VVG zu beachten. Wie schon im Falle der Verletzung einer vor Eintritt des Versicherungsfalles bestehenden Obliegenheit, ist der VR nur leistungsfrei, wenn der VN die Obliegenheit vorsätzlich verletzt hat; bei grob fahrlässiger Verletzung der Obliegenheit ist der VR berechtigt, seine Leistung in einem der Schwere des Verschuldens des VN entsprechenden Verhältnis – ggf. bis auf Null – zu kürzen. Der VR bleibt zur Leistung verpflichtet, soweit die Verletzung der Obliegenheit weder für den Eintritt oder die Feststellung des Versicherungsfalles noch für die Feststellung oder den Umfang der Leistungspflicht des VR ursächlich ist, es sei denn, der VN handelte bei Verletzung der Obliegenheit arglistig. Bei **Auskunfts- oder Aufklärungsobliegenheiten** setzt die vollständige oder teilweise Leistungsfreiheit des VR nach § 28 Abs. 4 VVG zudem voraus, dass der VR den VN **durch gesonderte Mitteilung in Textform auf diese Rechtsfolge hingewiesen** hat. Der Gesetzgeber geht allerdings im Einklang mit der bisherigen Rechtsprechung davon aus, dass das Belehrungserfordernis bei Arglist des VN entfällt[408]. Die VR haben ihre Bedingungstexte (vgl. Ziff. 26 AHB) auch insoweit an die neuen gesetzlichen Vorgaben angepasst.

121   **b) Anzeige des Versicherungsfalles.** Die allgemeinen Bestimmungen über die **gesetzliche Anzeigepflicht** des VN (§ 30 VVG) werden für den Bereich der Haftpflichtversiche-

---

[405] RegE, Begründung zu § 97 Abs. 1, BT-Drs. 16/3945, S. 84.
[406] RegE, Begründung zu § 97 Abs. 1, BT-Drs. 16/3945, S. 84.
[407] S. dazu oben, Rn. 37.
[408] RegE, Begründung zu § 28 Abs. 4, BT- Drs. 16/3945, S. 69; BGH v. 20. 11. 1970, NJW 1971, 192 = VersR 1971, 142; Saarl. OLG v. 22. 11. 2006, VersR 2007, 977.

rung durch **§ 104 VVG** erheblich modifiziert. Gemäß 104 Abs. 1 VVG hat der VN dem VR **innerhalb einer Woche** die Tatsachen anzuzeigen, die seine Verantwortlichkeit gegenüber einem Dritten zur Folge haben könnten. Macht der Dritte seinen Anspruch gegenüber dem VN geltend, ist der VN zur Anzeige innerhalb einer Woche nach der Geltendmachung verpflichtet. Eine Verpflichtung zur unverzüglichen Anzeige besteht ferner gemäß Absatz 2, wenn gegen den VN ein Anspruch **gerichtlich geltend gemacht, Prozesskostenhilfe beantragt oder ihm gerichtlich der Streit verkündet wird,** und zwar auch dann, wenn gegen den VN wegen des den Anspruch begründenden Schadensereignisses ein Ermittlungsverfahren eingeleitet wird. Absatz 3 schließlich präzisiert, dass zur Wahrung der Fristen die **rechtzeitige Absendung der Anzeige genügt;** zudem wird § 30 Abs. 2 VVG für entsprechend anwendbar erklärt. Das Bestehen einer Anzeigepflicht setzt Kenntnis der Tatsachen voraus, aus denen sich der Charakter eines Ereignisses als Versicherungsfall ergibt. Die Kenntnis des VN muss sich nicht nur darauf beziehen, dass ein Ereignis eingetreten ist, das einen Schaden herbeizuführen droht, sondern auch, darauf, dass der drohende Schaden Haftpflichtansprüche gegen ihn zur Folge haben könnte. Hierfür genügt es, dass der VN Schadensersatzansprüche für möglich hält; bloßes Kennenkönnen oder Kennenmüssen genügt dagegen nicht[409]. Von der Vorschrift des § 104 kann durch Vereinbarung nicht zum Nachteil des VN abgewichen werden (§ 112 VVG).

Die VR haben die gesetzliche Anzeigepflicht in Ziff. 25 AHB zu einer **vertraglichen Ob-** **122** **liegenheit** erhoben. Nach dem Wortlaut von Ziff. 25.1 AHB ist zunächst jeder Versicherungsfall dem VR **unverzüglich anzuzeigen,** auch wenn noch keine Schadensersatzansprüche erhoben wurden. Die Versicherungsbedingungen greifen damit in Bezug auf die Dauer der Frist, innerhalb der die Anzeige zu erfolgen hat, auf die in § 30 Abs. 1 VVG enthaltene Regelung zurück. Da allerdings von der dem VN insoweit günstigeren Regelung des § 104 Abs. 1 VVG nicht zum Nachteil des VN abgewichen werden darf, es sich mithin um eine halbzwingende Vorschrift handelt, ist Ziff. 25.1 AHB richtigerweise dahin auszulegen, dass eine **binnen Wochenfrist erfolgte Anzeige noch als unverzüglich anzusehen** ist. Auf das in den früheren Fassungen des Bedingungswerkes noch enthaltene, wegen § 30 Abs. 2 VVG aber regelmäßig unbedeutende Schriftformerfordernis[410] ist in der Neufassung zu Recht verzichtet worden. Im übrigen wird die gesetzliche Anzeigepflicht durch Ziff. 25.3 AHB inhaltlich näher ausgestaltet. Wird gegen den VN ein Haftpflichtanspruch erhoben, ein staatsanwaltschaftliches, behördliches oder gerichtliches Verfahren eingeleitet, ein Mahnbescheid erlassen oder ihm gerichtlich der Streit verkündet, so hat er dies dem VR ebenfalls unverzüglich anzuzeigen. Dabei fallen unter den nunmehr verwendeten Begriff des gerichtlichen Verfahrens auch die in früheren Fassungen der AHB explizit aufgezählten Verfahren der Prozesskostenhilfe, des Arrestes, der einstweiligen Verfügung oder der Beweissicherung.

Verstößt der VN gegen vertragliche Anzeigeobliegenheiten, so ergeben sich die **Rechts-** **123** **folgen aus Ziff. 26.2 AHB.** Die Vorgaben des § 28 VVG gelten dementsprechend auch hier, wenngleich das in § 104 VVG nicht mehr ausdrücklich gesagt wird, da die Reformkommission und, ihr folgend, der Gesetzgeber eine solche Klarstellung nicht für erforderlich hielten[411]. Bei der Beurteilung des stets erforderlichen Verschuldens des VN ist zu beachten, dass nach der Rechtsprechung ein – jetzt vom VR nachzuweisender – Vorsatz nicht schon dann vorliegt, wenn dem VN die Tatsachen, die die Anzeigepflicht begründeten, bekannt waren; vielmehr ist zudem erforderlich, dass ihm auch bewusst war, dass er **aufgrund dieser Tatsachen zu einer Anzeige an den VR verpflichtet** war[412]. Dabei ist nach allgemeiner Erfahrung davon auszugehen, dass sich ein vernünftiger VN nicht durch vorsätzliche Nichter-

---

[409] BGH v. 10. 6. 1970, VersR 1970, 1045; BGH v. 20. 11. 1970, VersR 1971, 213; BGH v. 27. 11. 2002, NJW 2003, 511 = VersR 2003, 187.
[410] Zur bisherigen Rechtslage etwa OLG Düsseldorf v. 11. 4. 2000, VersR 2001, 888; OLG Köln v. 19. 8. 1997, VersR 1998, 1105.
[411] VVG-Kommission, Abschlussbericht, Begründung zu § 105 Abs. 3, S. 365; RegE, Begründung zu § 104 Abs. 3, BR-Drs. S. 215.
[412] BGH v. 3. 10. 1979, VersR 1979, 1119.

füllung einer Anzeigeobliegenheit Rechtsnachteile im Deckungsverhältnis zum VR zuziehen will[413]. An der gemäß § 28 Abs. 3 VVG (Ziff. 26.2 Abs. 4 AHB) erforderlichen Relevanz der Obliegenheitsverletzung kann es im Einzelfall fehlen, wenn der VR auch bei fristgemäßer Anzeige nicht in der Lage gewesen wäre, die erforderlichen Erhebungen einzuleiten oder den Schaden geringer zu halten[414]. Aus § 28 Abs. 4 (Ziff. 26.3 Abs. 2) VVG ergibt sich zudem, dass, wie schon bisher, die Sanktionierung der Verletzung einer Anzeigepflicht eine vorherige gesonderte Belehrung des VN über die Rechtsfolgen des Verstoßes nicht voraussetzt[415].

124   c) **Auskunfts- und Aufklärungspflicht.** In Übereinstimmung mit dem bisherigen Recht kann nach der VR gemäß § 31 Abs. 1 VVG nach dem Eintritt des Versicherungsfalles verlangen, dass der VN **jede Auskunft** erteilt, **die zur Feststellung des Versicherungsfalles oder des Umfanges der Leistungspflicht des VR erforderlich** ist. **Belege** kann der VR insoweit verlangen, als deren **Beschaffung dem VN billigerweise zugemutet werden** kann. Steht das Recht auf die vertragliche Leistung des VR einem Dritten zu, so hat gemäß § 31 Abs. 2 VVG künftig auch dieser die genannten Pflichten zu erfüllen. Für den Bereich der Pflicht-Haftpflichtversicherung (§ 113 ff. VVG) sehen die §§ 119, 120 VVG weitergehende Aufklärungspflichten des Dritten vor[416]. Die gesetzlichen Auskunfts- und Aufklärungspflichten werden **in Ziff. 25.2 Satz 2 und 3 AHB als vertragliche Obliegenheiten näher ausgestaltet;** die Rechtsfolgen eines Verstoßes folgen auch hier aus Ziff. 26.2 AHB. Danach ist der VN u. a. verpflichtet, dem VR ausführliche und wahrheitsgemäße Schadenberichte zu erstatten. Alle Umstände, die nach Ansicht des VR für die Bearbeitung des Schadens wichtig sind, müssen mitgeteilt sowie alle dafür angeforderten Schriftstücke übersandt werden. Zweck der hierdurch begründeten vertraglichen Aufklärungsobliegenheit ist es, den VR in die Lage zu versetzen, sachgemäße Entscheidungen über die Behandlung des Versicherungsfalles zu treffen[417]. Die relativ weit gefasste Formulierung macht deutlich, dass auch **über den eigentlichen Schadenshergang hinaus alle für die Frage der Regulierungspflicht bedeutsamen Umstände** angegeben werden müssen[418]. Flüchtet ein Haftpflichtversicherter im Anschluss an einen Verkehrsunfall, so verstößt er damit in der Regel auch gegen die ihm nach dem Versicherungsvertrag obliegenden Aufklärungspflichten, weil er dem VR dadurch zumeist die Möglichkeit nimmt, alsbald an Ort und Stelle alle notwendigen Feststellungen über den Unfallverlauf, die Verantwortlichkeit der Beteiligten und den Umfang des Schadens zu treffen und geeignete Beweise zu sichern[419]. Die in Ziff. 25.2 AHB geregelten Mitwirkungsobliegenheiten und die Rechtsfolgen eines Verstoßes gelten zudem nach Ziff. 27.1 Satz 1 AHB **auch für die durch den Vertrag mitversicherten Personen** sinngemäß.

125   Im übrigen sind **Inhalt und Umfang der Aufklärungspflichten vom Standpunkt eines verständigen und verantwortungsbewussten VN in dem für die Sachaufklärung maßgeblichen Zeitpunkt** zu beurteilen[420]. Der hiernach anzusetzende verständige Maßstab muss auch etwaige Irrtumsmöglichkeiten der jeweiligen Auskunftspersonen mit umfassen, die etwa auf mangelhafter Aufmerksamkeit oder auf infolge Zeitablaufes eingetretenen

---

[413] BGH, a. a. O.; BGH v. 8. 1. 1981, VersR 1981, 321 = NJW 1981, 1098; ebenso etwa OLG Düsseldorf v. 21. 9. 1999, VersR 2001, 452; Saarl. OLG v. 25. 10. 2000, VersR 2002, 51.

[414] In diesem Sinne *Prölss/Martin/Voit/Knappmann,* § 153, Rn. 1, m. w. N.

[415] So auch die bisherige Rechtsprechung zum alten Recht, vgl. nur Saarl. OLG v. 25. 10. 2000, VersR 2002, 51.

[416] Dazu unten, Rn. 184 ff.

[417] BGH v. 12. 11. 1997, NJW-RR 1998, 378 = VersR 1998, 228; Saarl. OLG v. 31. 5. 2006, ZfS 2007, 222.

[418] OLG Hamm v. 1. 6. 1990, r+s 1990, 408.

[419] BGH v. 8. 5. 1958, NJW 1958, 993 = VersR 1958, 389; ebenso BGH v. 23. 11. 1964, VersR 1965, 128, zu § 7 I Nr. 2 Satz 2 AKB.

[420] BGH v. 23. 11. 1964, VersR 1965, 128; BGH v. 7. 12. 1967, VersR 1968, 140, jeweils zu § 7 I Nr. 2 Satz 2 AKB.

Erinnerungslücken beruhen[421]. Fragen, die nicht der Informationsbeschaffung dienen, weil sie z. B. auf die Abgabe eines Werturteils gerichtet sind, fallen nicht mehr unter die Aufklärungspflicht[422]. Andererseits kann der VN gehalten sein, **im Einzelfall auch ungefragt auf ihm bekannte Umstände hinzuweisen** oder sich **mangelnde Kenntnis ggf. durch Rückfragen bei dritten Personen zu verschaffen**[423]. Da der VR in die Lage versetzt werden muss, eine sachgerechte Prüfung der Voraussetzungen seiner Leistungspflicht vorzunehmen, umfasst die Aufklärungsobliegenheit auch die wahrheitsgemäße und vollständige **Offenbarung von Tatsachen, aus denen sich die Leistungsfreiheit des VR ergeben kann**[424]. Soweit der VN eine dritte Person mit der Erledigung seiner Aufklärungsobliegenheiten in eigener Verantwortung betraut, nimmt diese die Stellung eines Wissenserklärungsvertreters ein und muss sich der VN deren Angaben entsprechend § 166 BGB als eigene Erklärung zurechnen lassen[425]. Die Aufklärungs- und Mitwirkungsobliegenheiten des VN bestehen allerdings **nur solange wie der VR noch prüfungs- und damit verhandlungsbereit** ist. Nach Ablehnung seiner Deckung kann der VR die Leistungsfreiheit nicht mehr wegen schuldhafter Nichtbeobachtung von Obliegenheiten geltend machen kann, deren Erfüllung gerade dazu dienen soll, die Prüfung und gegebenenfalls die Erfüllung einer geschuldeten Leistung zu ermöglichen[426]. Liegt eine schuldhafte Obliegenheitsverletzung vor, kann der VN den Eintritt der Rechtsfolgen aus § 28 VVG gegebenenfalls noch dadurch verhindern, dass er den wahren Sachverhalt freiwillig vollständig und unmissverständlich offenbart und nichts verschleiert oder zurückhält, sofern dem VR durch die falschen Angaben noch kein Nachteil entstanden ist[427].

d) Rettungspflicht. Gemäß § 82 Abs. 1 VVG hat der VN bei Eintritt des Versicherungs- **126** falles nach Möglichkeit **für die Abwendung und Minderung des Schadens zu sorgen.** Die Bestimmung ist gegenüber dem bisherigen § 62 Abs. 1 VVG a. F. sachlich unverändert geblieben; eine wortgleiche Obliegenheit findet sich in Ziff. 25.2 Satz 1 AHB. Offen bleibt damit die seit einiger Zeit kontrovers diskutierte Frage, ab welchem Zeitpunkt die Rettungsobliegenheit des VN in der Haftpflichtversicherung beginnt[428]. Orientiert man sich am Wortlaut des Gesetzes, so gelangt man zu dem Ergebnis, dass die in § 62 Abs. 1 VVG normierte Rettungspflicht des VN nicht voraussetzt, dass der Versicherungsfall bereits eingetreten ist, es vielmehr genügt, dass er unmittelbar bevorsteht. Denn der VN soll ja schon „bei" dem Eintritt des Versicherungsfalles für die Abwendung und Minderung des Schadens tätig werden, also gerade nicht erst nach dem Eintritt des Versicherungsfalles. Für die Sachversicherung ist diese Auslegung auch weitestgehend unstreitig[429]. In der Haftpflichtversicherung sprechen allerdings gute Gründe dafür, den **Beginn der Rettungspflicht erst mit dem Eintritt des Versicherungsfalles** anzusetzen. Der Eintritt des Versicherungsfalls wäre schwer zuverlässig abzugrenzen, wenn dieser Zeitpunkt von dem unbestimmten Begriff des drohenden oder unmittelbar drohenden Schadensereignisses abhinge. Vor allem aber würde jede Erstreckung der Schadensabwendungspflicht auf einen Zeitpunkt vor Eintritt des Versicherungsfalls für den VN eine allgemein nicht bestehende Schadensverhütungspflicht begründen, deren auch

---

[421] OLG Stuttgart v. 2.8. 2005, NJW-RR 2005, 1480 = VersR 2006, 1489.
[422] OLG Frankfurt v. 10. 12. 1998, NVersZ 1999, 230.
[423] BGH v. 21. 4. 1993, BGHZ 122, 250 = NJW 1993, 1862 = VersR 1993, 828 (zur Feuerversicherung); OLG Celle v. 5. 7. 1989, VersR 1990, 376.
[424] BGH v. 12.11. 1997, NJW-RR 1998, 378 = VersR 1998, 228.
[425] BGH v. 7. 7. 1993, VersR 1993, 1222 = NJW-RR 1993, 1306.
[426] BGH v. 7. 11. 1966, VersR 1967, 27; BGH v. 17. 12. 1969, VersR 1970, 169; BGH v. 7. 6. 1989, BGHZ 107, 368 = VersR 1989, 842 = NJW 1989, 2472; OLG Koblenz v. 12. 4. 1996, VersR 1997, 1390.
[427] BGH v. 5. 12. 2001, NJW 2002, 518 = VersR 2002, 173; OLG Köln v. 14. 2. 2006, ZfS 2006, 400.
[428] Unentschieden zuletzt BGH v. 29. 9. 2004, NJW-RR 2004, 1675 = VersR 2005, 110; BGH v. 13. 7. 1994, VersR 1994, 1181 = NJW-RR 1994, 1366; BGH v. 20. 2. 1991, BGHZ 113, 359 = VersR 1991, 459 = NJW 1991, 1609, jew. m. w. N.
[429] BGH v. 25. 6. 2003, NJW 2003, 2903 = VersR 2003, 1250; BGH v. 13. 7. 1994, VersR 1994, 1181 = NJW-RR 1994, 1366; BGH v. 20. 2. 1991, BGHZ 113, 359 = VersR 1991, 459 = NJW 1991, 1609.

nur fahrlässige Verletzung die volle oder teilweise Leistungsfreiheit des VR zur Folge hätte. Damit aber würde dem Grundsatz widersprochen, wonach in der Haftpflichtversicherung nur die
vorsätzliche Herbeiführung des Versicherungsfalles den Versicherungsschutz auszuschließen
vermag (§ 103 VVG)[430]. Wenngleich die Rechtsfolgen von Verstößen gegen die Schadensminderungspflicht mit der Reform des Versicherungsvertragsrechts erheblich abgemildert worden
sind (vgl. § 82 Abs. 3 und 4 VVG und Ziff. 26 AHB)[431], gelten diese Erwägungen auch weiterhin. Folgt man deshalb dieser Auslegung, so ergeben sich **für den Bereich der allgemeinen
Haftpflichtversicherung nur wenige spontan zu erfüllende Rettungsobliegenheiten,**
wie etwa die Leistung erster Hilfe am Unfallort, die Benachrichtigung eines Rettungsdienstes
oder das Verbringen des Geschädigten in ein Krankenhaus. Kosten, die dem VN aufgrund von
Aufwendungen nach § 82 Abs. 1 VVG entstehen, hat der VR unter den Voraussetzungen des
§ 83 VVG zu ersetzen[432]. Maßnahmen, die lediglich künftige Schäden verhüten sollen, fallen
dagegen nicht darunter, da insoweit schon gar keine Rettungspflicht bestand[433].

127   Zu den Obliegenheiten des VN zählt es ferner, **den VR** gemäß Ziff. 25.2 Satz 2 AHB **bei
der Schadensermittlung und –regulierung zu unterstützen.** Kommt es in einem Versicherungsfall zu einem Rechtsstreit über Schadensersatzansprüche gegen den VN, so beinhaltet die Leistung des VR, den Rechtsstreit im Namen des VN auf seine Kosten zu führen
(Ziff. 5.2 Abs. 2 Satz 2 AHB). Für diesen Fall sieht Ziff. 25.5 AHB vor, dass der VN **die Führung des Verfahrens dem VR zu überlassen** hat. Der VR beauftragt hierzu im Namen
des VN einen Rechtsanwalt. Der VN muss dann dem Rechtsanwalt Vollmacht sowie alle erforderlichen Auskünfte erteilen und die angeforderten Unterlagen zur Verfügung stellen.
Gegen einen Mahnbescheid oder eine Verfügung von Verwaltungsbehörden auf Schadensersatz muss der **VN selbst fristgemäß Widerspruch erheben oder die sonst erforderlichen Rechtsbehelfe einlegen,** ohne dass es insoweit einer Weisung des VR bedürfte
(Ziff. 25.4 AHB). Gegenüber dem VN einklagbare Rechtsansprüche, etwa auf Erteilung der
Vollmacht oder auf Widerruf der einem anderen Rechtsanwalt gegebenen Prozessvollmacht,
werden durch diese Bestimmungen nicht begründet[434]. Vielmehr handelt es sich auch insoweit um vertragliche Obliegenheiten, deren Nichtbeachtung durch den VN ggf. zur Leistungsfreiheit oder zur Leistungskürzung führen kann und die zum Erlöschen gelangen, sobald
sich der VR weigert, durch uneingeschränkte Ablehnung des Versicherungsschutzes seiner
Rechtsschutzverpflichtung nachzukommen[435].

128   e) **Wegfall des Anerkenntnis- und Befriedigungsverbotes.** Nach **bislang geltender
Praxis** war es dem VN zumeist **vertraglich untersagt,** einen gegen ihn geltend gemachten
Anspruch gegenüber dem Geschädigten **anzuerkennen oder zu befriedigen.** Für den Fall
des vorsätzlichen Verstoßes gegen diese Obliegenheit war in den Versicherungsbedingungen
Leistungsfreiheit des VR vorgesehen[436]. Die Vereinbarung der Leistungsfreiheit des VR
war gemäß § 154 Abs. 2 VVG a. F. nur unwirksam, wenn nach den Umständen der VN die
Befriedigung oder die Anerkennung nicht ohne offenbare Unbilligkeit verweigern konnte.
Das ist allerdings selten angenommen worden, denn nach gefestigter Rechtsprechung berechtigte die Vorschrift selbst bei offensichtlicher Alleinschuld des VN an einem Schadensereignis diesen nicht, den begründeten Anspruch des Geschädigten anzuerkennen, sofern nicht
besondere Umstände hinzukamen, nach denen die Verweigerung sofortiger Zahlung und
Verweisung auf die Regulierung des Schadens durch den VR für jeden anständigen Menschen auf den ersten Blick einen Verstoß gegen die guten Sitten bedeuten würde[437].

---

[430] So denn auch BGH v. 18. 1. 1965, BGHZ 43, 88 = NJW 1965, 755 = VersR 1965, 325; BGH v.
30. 4. 1969, BGHZ 52, 86 = NJW 1969, 1384 = VersR 1969, 694 (zur Kfz-Haftpflichtversicherung);
ebenso OLG Frankfurt v. 8. 12. 2004, VersR 2006, 647; OLG Köln v. 30. 4. 2002, VersR 2002, 1231.

[431] Dazu *Rixecker,* ZfS 2007, 255.

[432] Vgl. ÖOGH v. 14. 4. 1983, VersR 1985, 197.

[433] *Bruck/Möller/Johannsen,* IV F 85; *Littbarski,* § 5 AHB, Rn. 54.

[434] BGH v. 7. 11. 1966, VersR 1967, 27; BGH v. 4. 12. 1967, VersR 1968, 162.

[435] BGH v. 7. 11. 1966, VersR 1967, 27.

[436] So etwa § 5 Nr. 5 und § 6 AHB a. F.

Der **neue § 105 VVG** bestimmt nunmehr, dass eine **Vereinbarung, nach welcher der** **129**
VR nicht zur Leistung verpflichtet ist, wenn ohne seine Einwilligung der VN den
Dritten befriedigt oder dessen Anspruch anerkennt, unwirksam ist[438]. Die bisherige
Rechtslage erschien dem Reformgesetzgeber auch unter Berücksichtigung der Interessen des
VR unangemessen. Ohnehin könne der VN durch Anerkennen oder Befriedigen einen nicht
bestehenden Anspruch des Dritten nicht zu Lasten des VR begründen und darüber hinaus
auch nicht den Versicherungsfall herbeiführen. Vielmehr habe der VR den VN auch in diesem
Fall lediglich von dem Anspruch freizustellen, den der Geschädigte auch ohne das Anerkenntnis gehabt hätte[439]. Der VR wird also durch die Abschaffung des Anerkenntnis- und Befriedigungsverbotes **nicht sonderlich belastet**[440]. Dass der VN dagegen bislang durch Anerkenntnis oder Befriedigung seinen Befreiungsanspruch auch insoweit verlieren konnte, als er ohne
sein vielleicht voreiliges Verhalten bestanden hätte, erschien dem Gesetzgeber nicht gerechtfertigt[441]. Rechtsfolge des durch den VN erklärten Anerkenntnisses oder der Befriedigung des
Dritten ist nunmehr, dass der VR das ihm nach dem Vertrag zustehende Wahlrecht, ob er seine
Leistungspflichten durch Abwehr oder Freistellung (bzw. Zahlung) erfüllen will, verliert.
Durch diese Festlegung kommt dem Anerkenntnis und der Befriedigung durchaus **eine ge-**
wisse Bindungswirkung zu[442]. Maßgeblich für die **Reichweite des Befreiungsanspru-**
ches des VN gegen den VR bleibt aber auch in diesen Fällen stets **der ohne Rücksicht auf**
das Anerkenntnis tatsächlich bestehende Haftpflichtanspruch, dessen Umfang im
Streitfall der gerichtlichen Kontrolle unterliegt[443]. Das wird jetzt auch durch Ziff. 5.1 Abs. 2
Satz 2 AHB ausdrücklich klargestellt. Nicht zuletzt deshalb sollte der VN auch in Zukunft bei
der Anerkennung oder Befriedigung des Dritten ohne Einwilligung des VR Zurückhaltung
üben. Denn sein Handeln kann zwar nicht den VR, möglicherweise aber ihn selbst binden
mit der Folge, letztlich alleine zum Schadensersatz verpflichtet zu sein.

Das seit 1. Juli 1994 geltende **österreichische Recht** verfolgt einen vermittelnden Ansatz. **130**
Nach § 154 Abs. 2 ÖVVG ist eine Vereinbarung, nach der der VR von der Verpflichtung zur
Leistung frei sein soll, wenn ohne seine Einwilligung der VN den Dritten befriedigt, stets unwirksam; eine Vereinbarung, nach der eine derartige Leistungsfreiheit für den Fall vorgesehen
ist, dass der VN den Anspruch des Dritten anerkennt, hingegen nur, falls nach den Umständen der VN die Anerkennung nicht ohne offenbare Unbilligkeit verweigern konnte.

G. Versicherungsfall

I. Leistung des Versicherers

1. Allgemeines

Die dem VR aufgrund von § 100 VVG auferlegten Freistellungs- und Abwehrpflichten **131**
werden durch die Versicherungsbedingungen näher ausgestaltet. Gemäß Ziff. 5.1 Abs. 1 AHB
umfasst die Leistungspflicht des VR **die Prüfung der Haftpflichtfrage, die Abwehr unbe-**
rechtigter Schadensersatzansprüche und die Freistellung des VN von berechtigten
Schadensersatzverpflichtungen. Im Versicherungsfall kann der VR demnach seine Leis-

---

[437] BGH v. 30. 10. 1984, VersR 1985, 83, m. w. N.; vgl. auch KG v. 22. 2. 2008, ZfS 2008, 342, mit
Anm. *Rixecker*: keine Leistungsfreiheit bei Veranlassung der Befriedigung durch den Prozessbevollmächtigten des VN.
[438] Dazu *Langheid,* VersR 2007, 865; *Lange,* VersR 2006, 1313.
[439] RegE, Begründung zu § 105, BT-Drs. 16/3945, S. 86.
[440] *Lange,* VersR 2006, 1313 (1316); *Schirmer,* ZVersWiss Suppl. 2006, 427 (431); kritisch *Thalmair,*
ZVersWiss Suppl. 2006, 459 (460).
[441] RegE, Begründung zu § 105, BT-Drs. 16/3945, S. 86; ebenso schon VVG-Kommission, Abschlussbericht, Begründung zu § 106 KommE, S. 365.
[442] Dazu ausführlich *Lange,* r+s 2007, 401 (402).
[443] *Langheid,* VersR 2007, 865 (869); *ders.,* NJW 2006, 3317 (3320); *Römer,* VersR 2006, 865.

tungspflicht in unterschiedlicher Weise erfüllen. Er kann den erhobenen Ersatzanspruch anerkennen und befriedigen, weitere Ermittlungen anstellen, mit dem Dritten verhandeln oder
den Haftpflichtprozess für den VN führen[444]. Wie er sich auch entscheidet, hat er hierbei stets
die Interessen des VN zu wahren, soweit dies mit Sinn und Zweck der Haftpflichtversicherung
vereinbar ist. Der zur Regulierung bereite VR kann daher u. U. auch verpflichtet sein, gegenüber den Haftpflichtansprüchen des Dritten die Aufrechnung mit bestehenden oder behaupteten Gegenforderungen des VN zu erklären. Das gilt vor allem dann, wenn der Dritte vermö-
genslos ist und eine Realisierung der Gegenforderungen fraglich scheint[445]. Will der VR den
Anspruch bestreiten, so muss er alles tun, was zu dessen Abwehr notwendig ist. Im Haftpflichtprozess hat er **die Interessen des VN so zu wahren, wie das ein von diesem beauftragter
Anwalt tun würde,** und zwar sogar dann, wenn eine Kollision zwischen den Interessen des
VN und denen des VR nicht zu vermeiden ist. In diesem Fall muss der VR seine eigenen Interessen hintanstellen[446]. Liegen die gegen den VN erhobenen Ansprüche über der Versicherungssumme, darf der VR ein Vergleichsangebot des Dritten, das sich im Rahmen der Versicherungssumme bewegt, nicht ungeprüft ablehnen[447]. Die Pflicht zur vorrangigen Wahrung
der Interessen des VN besteht auch dann, wenn der VR sich **während des laufenden Haftpflichtprozesses dazu entschließt, den Versicherungsschutz zu versagen,** oder er dies
ernsthaft in Erwägung zieht. In diesem Fall muss er die beabsichtigte Deckungsverweigerung
offenlegen, um dem VN Gelegenheit zu geben, die weitere Prozessführung in die eigene
Hand zu nehmen. Auch darf er aus eigenem Entschluss keine Prozesshandlungen mehr vornehmen, die für den VN erkennbar nachteilig sind, etwa einen für den VN günstigen Prozessvergleich widerrufen[448]. Verletzt der VR schuldhaft seine Vertragspflichten, so kann er unter
den Voraussetzungen des § 280 Abs. 1 BGB zum **Schadensersatz** verpflichtet sein.

132   Zur Absicherung seiner Leistungspflichten ist der VR in den Versicherungsbedingungen
mit umfassenden Handlungsbefugnissen ausgestattet. Kommt es in einem Versicherungsfall
zu einem Rechtsstreit über Schadensersatzansprüche gegen den VN, so ist der VR gemäß
Ziff. 5.2 Abs. 2 AHB zur Prozessführung bevollmächtigt. Er führt in diesem Fall den Rechtsstreit im Namen des VN auf seine Kosten; der VN hat die Führung des Verfahrens dem VR
zu überlassen (Ziff. 25.5 Satz 1 AHB). Diese **Prozessführungsbefugnis des VR** beschränkt
sich allerdings auf die Person des VN; sie erstreckt sich nicht auf ggf. mitversicherte Personen[449]. Auch begründet sie keine Vollmacht zur Entgegennahme von Erklärungen außerhalb
des Prozesses, so dass eine an den VR gerichtete Mahnung den VN nicht in Verzug setzt[450].
Im Rahmen der Prozessführungsbefugnis muss sich der VN ein etwaiges Verschulden des VR
gemäß § 85 Abs. 2 ZPO entgegenhalten lassen[451]. Die Prozessführungsbefugnis des VR wird
dadurch ergänzt, dass der VR nach Ziff. 5.2 Abs. 1 AHB bevollmächtigt ist, alle ihm zur Abwicklung des Schadens oder Abwehr der Schadensersatzansprüche zweckmäßig erscheinenden Erklärungen im Namen des VN abzugeben. Diese Bestimmung gewährt dem VR eine
im Außenverhältnis unbeschränkte Verhandlungsvollmacht, die Wirkung für und
gegen den VN entfaltet. Der VR, der von seiner Vollmacht nur eingeschränkt etwa in Höhe
seiner Deckungspflicht Gebrauch machen will, muss dies dem Geschädigten gegenüber ausdrücklich klarstellen, da ansonsten die von ihm abgegebenen Erklärungen, etwa ein Anerkenntnis, unbeschränkt auch gegenüber dem VN Wirkung entfalten[452]. Ist aufgrund des Ver-

---

[444] So anschaulich BGH v. 30. 9. 1992, BGHZ 119, 276 = NJW 1993, 68; zur pflichtmäßigen Ausübung dieses Ermessens *Kramer,* r+s 2008, 1.
[445] Dazu *Bruck/Möller/Johannsen,* Bd. 4 G 278.
[446] BGH v. 30. 9. 1992, BGHZ 119, 276 = NJW 1993, 68; BGH v. 14. 2. 2007, NJW 2007, 456.
[447] Vgl. dazu *Bruck/Möller/Johannsen,* Bd. 5 G 96.
[448] BGH v. 18. 7. 2001, VersR 2001, 1150 = NJW-RR 2001, 1466.
[449] BGH v. 8. 6. 1999, VersR 1999, 1228 = NJW-RR 1999, 1470; BGH v. 4. 12. 1990, NJW-RR
1991, 472 = VersR 1991, 1033.
[450] OLG Karlsruhe v. 25. 3. 1988, VersR 1988, 1171.
[451] BGH v. 8. 6. 1999, VersR 1999, 1228 = NJW-RR 1999, 1470.
[452] BGH v. 11. 10. 2006, BGHZ 169, 232 = VersR 2006, 1676 = NJW 2007, 69.

sicherungsfalles dem Geschädigten eine Rente zu zahlen, so erstreckt sich die Vollmacht des VR auch auf die Ausübung des dem VN oder einem Mitversicherten zustehenden Rechts, die Aufhebung oder Minderung der zu zahlenden Rente zu fordern (Ziff. 5.4 AHB)[453].

2. Kosten des Rechtsschutzes

a) Vom VR erstattete Kosten. Gemäß § 101 Abs. 1 Satz 1 VVG umfasst die Versiche- **133** rung die **gerichtlichen und außergerichtlichen Kosten,** die durch die Abwehr der von einem Dritten geltend gemachten Ansprüche entstehen, soweit die Aufwendung der Kosten den Umständen nach geboten ist. Dies gilt gerade auch dann, wenn sich der Anspruch später als unbegründet erweist. Anders als der bisherige § 150 Abs. 1 Satz 2 VVG a. F. wird dies jetzt nicht mehr ausdrücklich gesagt, folgt jedoch aus der Neufassung des § 100 VVG, der die Abwehr unbegründeter Ansprüche ausdrücklich zur Hauptleistungspflicht des VR zählt[454]. Da der VR als bevollmächtigt gilt, alle zur Beilegung oder Abwehr des Anspruchs ihm zweckmä- ßig erscheinenden Erklärungen im Namen des VN abzugeben und in der Regel die entspre- chenden Handlungen selbst vornimmt oder vornehmen lässt, werden Streitigkeiten über die vom VR zu tragenden Kosten in der Praxis vor allem dann entstehen, wenn der VN in Un- kenntnis der Verpflichtung des VR zur Abwehr der Ansprüche bereits Maßnahmen ergriffen, namentlich einen eigenen Rechtsanwalt eingeschaltet hat. Hieraus entstehende Kosten wer- den in der Regel vom VR auch nicht zu erstatten sein[455]. Ein **Erstattungsanspruch** besteht dagegen, wenn der VN die für die Rechtsverteidigung erforderlichen Kosten selbst aufbringen muss, weil der VR **seine Eintrittspflicht zu Unrecht abgelehnt** hat[456]. Gemäß § 101 Abs. 1 Satz 3 VVG hat der VR die Kosten auf Verlangen des VN vorzuschießen, insbesondere also dem von ihm beauftragten Rechtsanwalt **Kostenvorschuss** zu leisten. Die Verpflichtung des VR, die Kosten des Rechtsstreites zu tragen, schließt Ansprüche des VN auf Gewährung von Prozesskostenhilfe aus[457].

Zu den von der Versicherung umfassten Kosten zählen gemäß § 101 Abs. 1 Satz 2 VVG auch **134** die **auf Weisung des VR aufgewendeten Kosten der Verteidigung in einem Strafver- fahren,** das wegen einer Tat eingeleitet wurde, welche die Verantwortlichkeit des VN gegen- über einem Dritten zur Folge haben könnte. Diese Verpflichtung wird durch Ziff. 5.3 AHB dahingehend präzisiert, dass sofern in einem Strafverfahren wegen eines Schadensereignisses, das einen unter den Versicherungsschutz fallenden Haftpflichtanspruch zur Folge haben kann, die Bestellung eines Verteidigers für den VN von dem VR gewünscht oder genehmigt wird, der VR die gebührenordnungsmäßigen oder die mit ihm besonders vereinbarten höheren Kosten des Verteidigers trägt. Die Verpflichtung zur Übernahme der Kosten der Verteidigung **beschränkt sich damit auf die eigentlichen Verteidigungskosten** selbst[458]. Hiervon nicht erfasst werden die Gerichtskosten oder die einem Nebenkläger zu erstattenden Auf- wendungen. Kosten eines Adhäsionsverfahrens, mit dem der Dritte seinen Schadensersatz- anspruch gegenüber dem VN verfolgt, sind dagegen bereits nach § 101 Abs. 1 S. 1 VVG zu er- setzen, da insoweit letztlich ein zivilrechtlicher Anspruch verfolgt wird[459]. Ersatzfähig auch **Schmerzensgeldzahlungen,** die der VN in Erfüllung einer gemäß § 153a StPO erteilten Auflage erbringt, wenn diese nach dem materiellen Recht tatsächlich geschuldet sind[460].

Ist dem VN nachgelassen, die **Vollstreckung** einer gerichtlichen Entscheidung **durch Si- 135 cherheitsleistung oder Hinterlegung abzuwenden,** so hat der VR gemäß § 101 Abs. 3

---

[453] Zum Ersatz von Rentenschäden unten, Rn. 142 ff.
[454] RegE, Begründung zu § 101, BT-Drs. 16/3945, S. 85.
[455] Vgl. OLG München v. 25. 4. 1983, MDR 1983, 941 für die Bestellung eines zusätzlichen Anwaltes.
[456] OLG Hamm v. 30. 9. 1992, NJW-RR 1994, 420 = VersR 1994, 925; OLG Düsseldorf v. 13. 12. 1988, r+s 1989, 325.
[457] *Prölss/Martin/Voit/Knappmann,* § 150, Rn. 1; allgemein *Zöller/Philippi,* § 115, Rn. 61, m. w. N.
[458] BGH v. 23. 1. 1958, BGHZ 26, 261 = NJW 1958, 420.
[459] BGH v. 23. 1. 1958, BGHZ 26, 261 = NJW 1958, 420.
[460] *Prölss/Martin/Voit/Knappmann,* § 150 VVG Rn. 8; a. A. LG Tübingen v. 18. 5. 1987, VersR 1988, 1172.

Satz 1 VVG die Sicherheitsleistung oder Hinterlegung zu bewirken. Auf ein „Verlangen" des VN kommt es, anders als noch in § 150 Abs. 3 Satz 1 VVG a. F., nicht mehr an. Bei der Verpflichtung zur Abwendung der Zwangsvollstreckung durch Sicherheitsleistung oder Hinterlegung handelt es sich um eine Wahlschuld, wobei das Wahlrecht gemäß § 262 BGB im Zweifel dem VR als Schuldner zusteht[461].

136   **b) Umfang der Erstattungspflicht.** Der Umfang der Kostenerstattungspflicht des VR wird durch § 101 Abs. 2 Satz 1 VVG vorgegeben. Ist eine Versicherungssumme bestimmt, hat der VR die **Kosten** eines auf seine Veranlassung geführten Rechtsstreites und die Kosten der Verteidigung **auch insoweit zu ersetzen, als sie zusammen mit den Aufwendungen des VR zur Freistellung des VN die Versicherungssumme übersteigen.** Ziff. 6.5 AHB umschreibt diesen Grundsatz dahingehend, dass die Aufwendungen des VR für die Kosten nicht als Leistungen auf die Versicherungssummen angerechnet werden. Ziff. 6.6 AHB sieht indes vor, dass sofern die **begründeten Haftpflichtansprüche** aus einem Versicherungsfall die **Versicherungssumme übersteigen,** der VR die Prozesskosten **im Verhältnis der Versicherungssumme zur Gesamthöhe dieser Ansprüche** zu tragen hat. Bei dieser Berechnung ist jetzt auch nach dem Wortlaut der Vorschrift nur auf den Wert der begründeten Ansprüche abzustellen und nicht auf den Wert der geltend gemachten Ansprüche[462]. Die in früheren Fassungen des Bedingungswerkes noch vorgesehene Möglichkeit für den VR, sich in solchen Fällen durch Zahlung der Versicherungssumme und eines der Versicherungssumme entsprechenden Anteils an den bis dahin erwachsenen Kosten von weiteren Leistungen zu befreien (sog. **Abandon**)[463], ist – wohl auch mangels praktischer Relevanz – in den neuen AHB nicht mehr enthalten. Der VN kann seinen Anspruch durch eigenes Verhalten auch teilweise verwirken: Ziff. 6.8 AHB bestimmt insoweit, dass sofern die vom VR verlangte Erledigung eines Haftpflichtanspruchs durch Anerkenntnis, Befriedigung oder Vergleich **am Verhalten des VN scheitert,** der VR für den von der Weigerung an entstehenden **Mehraufwand** an Entschädigungsleistung, Zinsen und Kosten **nicht aufzukommen** hat. Als Sanktion vertragswidrigen Verhaltens wird man diese Bestimmung allerdings richtigerweise dahingehend auslegen müssen, dass lediglich schuldhaftes Verhalten des VN zu einer Einschränkung der Erstattungspflicht des VR führen kann[464].

137   Gemäß § 101 Abs. 2 Satz 2 VVG umfasst die Kostenerstattungspflicht des VR auch die **Zinsen,** die der VN infolge einer vom VR veranlassten Verzögerung der Befriedigung des Dritten schuldet. Dies gilt unabhängig von Ziff. 6.1 Satz 1 AHB, wonach die Entschädigungsleistung des VR bei jedem Versicherungsfall auf die vereinbarten Versicherungssummen begrenzt ist. Der Umstand, dass die Zinsen hier unerwähnt bleiben, genügt nicht, um anzunehmen, damit werde die in § 101 Abs. 2 Satz 2 VVG enthaltene Regelung abbedungen[465]. Eine **Verzögerung** ist vom VR immer schon dann veranlasst, wenn er dem VN **die Befriedigung des Dritten untersagt;** auf ein Verschulden des VR kommt es insoweit nicht an[466]. Da der VR frei entscheiden kann, ob er den geltend gemachten Anspruch bestreiten und es notfalls auch zum Prozess kommen lassen will, muss er im Falle einer Verurteilung auch die hierdurch entstehenden Mehrkosten tragen. Erst recht ist eine Veranlassung durch den VR

---

[461] OLG Hamm v. 10. 6. 1987, NJW-RR 1987, 1109.

[462] So schon zuvor OLG Karlsruhe v. 12. 1. 1993, NJW-RR 1993, 543 = VersR 1993, 821; OLG Düsseldorf v. 28. 11. 1989, NJW-RR 1990, 1367 = VersR 1991, 94; *Prölss/Martin/Voit/Knappmann,* § 150, Rn. 11.

[463] § 3 IV Nr. 1 Satz 2 AHB a. F.; dazu *Voit,* Der Abandon, insbesondere der des Haftpflichtversicherers, NVersZ 2001, 481.

[464] Vgl. OLG Hamm v. 26. 6. 1950, VersR 1950, 163; für die Einordnung dieser Bestimmung als vertragliche Obliegenheit auch *Johannsen,* ZVersWiss 2005, 179 (181); *Prölss/Martin/Voit/Knappmann,* § 3 AHB, Rn. 15.

[465] BGH v. 11. 3. 1992, VersR 1992, 1257; BGH v. 8. 11. 1989, NJW-RR 1990, 219 = VersR 1990, 191.

[466] RG v. 10. 3. 1925, RGZ 110, 256; ebenso *Prölss/Martin/Voit/Knappmann,* § 3 AHB Rn. 4; Berliner Kommentar/*Baumann,* § 150 VVG Rn. 34; *Bruck/Möller/Johannsen,* Bd. 4 G 47.

dann gegeben, wenn dieser mit der Erfüllung seiner Freistellungsverpflichtung in Verzug gerät[467]. Eine erweiternde Anwendung der Verpflichtung, die Zinsen zu tragen, auch auf andere, für den VN nachteilige Umstände, etwa infolge einer Geldentwertung, kommt nicht in Betracht[468].

3. Freistellungsverpflichtung

a) Summenmäßige Beschränkung. Der Umfang der Freistellungsverpflichtung des **138** VR ergibt sich aus dem Versicherungsvertrag. Der VR kann sich zur summenmäßig unbegrenzten Haftung verpflichten; davon ist insbesondere auch dann auszugehen, wenn der Vertrag keine Versicherungssumme enthält. Allgemein üblich ist indes heutzutage, dass die Eintrittspflicht des VR summenmäßig begrenzt wird, wobei in der Regel gesonderte Versicherungssummen für Körper-, Sach- und „reine" Vermögensschäden festgelegt werden. Gemäß Ziff. 6.1 AHB ist die Entschädigungsleistung des VR **bei jedem Versicherungsfall auf die vereinbarten Versicherungssummen begrenzt,** und dies gilt auch dann, wenn sich der Versicherungsschutz auf mehrere entschädigungspflichtige Personen erstreckt. Darüber hinaus kann der VR durch entsprechende Vereinbarung nach Ziff. 6.2 AHB seine Entschädigungsleistung für alle Versicherungsfälle eines Versicherungsjahres auf ein Mehrfaches der vereinbarten Versicherungssummen begrenzen (sog. **Maximierung**)[469]. Haftungsbeschränkungen dieser Art sind bislang insbesondere im Bereich der Produkthaftpflichtversicherung üblich[470]. Nach Ziff. 6.4 AHB können die Parteien vereinbaren, dass sich der VN bei jedem Versicherungsfall mit einem im Versicherungsschein festgelegten Betrag an der Schadensersatzleistung beteiligt **(Selbstbehalt).** Das ist jetzt auch bei der Pflichtversicherung zulässig, gilt dann aber nur im Innenverhältnis von VN und VR und nicht gegenüber dem geschädigten Dritten[471]. Soweit nichts anderes vereinbart wurde, ist der VR allerdings auch in diesen Fällen zur Abwehr unberechtigter Schadensersatzansprüche verpflichtet.

b) Serienschäden. Eine weitere Beschränkung der Einstandspflicht sehen die Versiche- **139** rungsbedingungen für sogenannte Serienschäden vor. Hierunter fallen nach den Versicherungsbedingungen **mehrere während der Wirksamkeit der Versicherung eintretende Versicherungsfälle,** wenn diese auf derselben Ursache, auf gleichen Ursachen mit innerem, insbesondere sachlichem und zeitlichem Zusammenhang oder auf der Lieferung von Waren mit gleichen Mängeln beruhen. Diese gelten gemäß Ziff. 6.3 AHB **als ein Versicherungsfall, der im Zeitpunkt des ersten dieser Versicherungsfälle eingetreten ist.** Gegenüber früheren Fassungen der AHB ist die Serienschadensklausel erheblich zu Lasten der VN erweitert worden, da die angeordnete Zusammenfassung der Schadensfälle zu einem Versicherungsfall nunmehr jeweils von einer einzigen Bedingung abhängt. Das Gebot der restriktiven Auslegung von Risikobegrenzungen ist daher an dieser Stelle besonders strikt zu beachten[472]. Jedenfalls die Einbeziehung von auf lediglich gleichen Ursachen beruhenden Schäden erscheint trotz des weiterhin bestehenden Erfordernisses eines inneren Zusammenhanges bedenklich und dürfte in Kombination mit der Kontraktion der einzelnen Schäden zu einem Versicherungsfall als unangemessene Benachteiligung des VN im Sinne von § 307 BGB anzusehen sein[473].

Auf **derselben Ursache** (erster Spiegelstrich) beruhen mehrere Versicherungsfälle nur bei **140** Identität des Kausalereignisses. Diese setzt voraus, dass aufgrund einer einzigen Schadenursache zeitnah mehrere Schadensereignisse entstehen; lediglich gleiche oder gleichartige Ursa-

---

[467] BGH v. 11. 3. 1992, VersR 1992, 1257.

[468] RG v. 16. 6. 1925, JW 1925, 1989; RG v. 10. 3. 1925, RGZ 110, 256.

[469] Dazu auch *Meyer-Kahlen,* VersR 1976, 8.

[470] Vgl. Ziff. 8.2 ProdHB, dazu § 25, Rn. 77 (in diesem Handbuch).

[471] § 114 Abs. 2 Satz 2 VVG; dazu unten, Rn. 166.

[472] BGH v. 17. 9. 2003, VersR 2003, 1389 = NJW 2003, 3705; BGH v. 27. 11. 2002, NJW 2003, 511 = VersR 2003, 187.

[473] Vgl. BGH v. 28. 11. 1990, VersR 1991, 175 = NJW-RR 1991, 412; *Prölss/Martin/Voit/Knappmann,* Produkthaftpfl. Anh. Nr. 9, Rn. 2.

chen genügen nicht. An einer solchen Ursachenidentität fehlt es daher, wenn verschiedenartige schadenstiftende Lösungsmittelverbindungen in unterschiedlichen Produktionsbereichen
eines Unternehmens immer wieder zum Austreten und Versickern von Lösungsmittel führen,
da es sich insoweit um eine Vielzahl immer wieder neu eingeleiteter chemischer Prozesse
handelt[474]. Ebenfalls keine Ursachenidentität besteht, wenn vergleichbare, auf Berechnungsfehlern des Architekten beruhende Witterungsschäden an unterschiedlichen Häusern auftreten, da dann jeweils ein anderer, obschon vergleichbarer Berechnungsfehler für den Schaden
ursächlich ist[475]. Von der Ursachenidentität zu unterscheiden sind Versicherungsfälle, die lediglich **auf gleicher Ursache** beruhen (zweiter Spiegelstrich). Diese in die AHB neu aufgenommene Alternative geht wesentlich weiter, lässt sie doch Ursachen lediglich gleicher Art
als ausreichend erscheinen, sofern diese nur **in innerem, insbesondere sachlichem und
zeitlichem Zusammenhang** stehen. Ob das der Fall ist, muss im Einzelfall beurteilt werden. Ein zeitlicher Zusammenhang kann anzunehmen sein, wenn Deckenabstürze in einem
Neubau über den Zeitraum einer Kälteperiode eingetreten sind[476]. Im erwähnten Fall des
Architekten, bei dem die Witterungsschäden zwar am gleichen Tage eingetreten waren, standen die an den unterschiedlichen Häusern entstandenen Schäden hingegen in keinem zeitlichen Zusammenhang zueinander, sondern waren wegen gleicher Witterungsverhältnisse
nur zufällig zur gleichen Zeit aufgetreten[477]. Als Serienschaden gelten nach der Neufassung
schließlich auch mehrere Lieferungen von **Waren mit gleichen Mängeln** (dritter Spiegelstrich). Dass es sich hierbei − wie unter früheren Fassungen des Bedingungswerkes − auch
um gleiche Waren mit gleichen Mängeln handeln muss, wird jetzt nicht mehr ausdrücklich
gesagt; die gebotene restriktive Auslegung erfordert allerdings auch künftig ein solches Verständnis, um die Klausel insoweit nicht uferlos und damit ebenfalls als den VN unangemessen
benachteiligend erscheinen zu lassen.

141   Eine gegenüber Ziff. 6.3 AHB vorrangige Sonderregelung enthält Ziff. 8.1 ProdHB für die
Produkthaftpflichtversicherung[478]. Im übrigen finden sich in den Versicherungsbedingungen der verschiedenen Haftpflichtsparten zum Teil abweichende oder weitergehende Bestimmungen. In der Vermögensschadenhaftpflichtversicherung verbreitet ist eine Klausel, wonach mehrfaches, auf gleicher oder gleichartiger Fehlerquelle beruhendes Tun oder
Unterlassen als einheitlicher Verstoß gilt, wenn die betreffenden Angelegenheiten miteinander **in rechtlichem oder wirtschaftlichem Zusammenhang** stehen. Eine solche Klausel
ist dahin auszulegen, dass es an einem bedingungsgemäßen Zusammenhang fehlt, wenn der
VN (hier ein Anlageberater) mit unterschiedlichen Mandaten unabhängig voneinander betraut worden ist und ihm aus deren selbständiger, wenngleich von der gleichen Fehlerquelle
beeinflusster Erledigung der jeweilige Haftungsvorwurf gemacht wird[479]. Als gegen § 9
AGBG (jetzt § 307 BGB) verstoßend und damit unwirksam erachtet wurde die in den Besonderen Bedingungen für die Berufshaftpflichtversicherung von Architekten und Bauingenieuren enthaltene Bestimmung, nach der die Versicherungssummen nur einmal zur Verfügung
stehen, wenn mehrere **auf gemeinsamer Fehlerquelle beruhende Verstöße** zu Schäden
an einem Bauwerk oder mehreren Bauwerken führen, auch wenn diese Bauwerke nicht zum
selben Bauvorhaben gehören[480].

142   **c) Rentenschäden.** Aufgrund schadensersatzrechtlicher Bestimmungen kann der VN
dem Dritten anstelle der Zahlung eines bestimmten Betrages auch zur Zahlung einer Rente
verpflichtet sein (vgl. § 843 BGB). Für diesen Fall bestimmt § 107 Abs. 1 VVG, dass der VR,
wenn die **Versicherungssumme den Kapitalwert der Rente nicht erreicht,** nur zur

---

[474] BGH v. 27. 11. 2002, NJW 2003, 511 = VersR 2003, 187.
[475] BGH v. 28. 5. 1969, VersR 1969, 723.
[476] BGH v. 18. 1. 1965, BGHZ 43, 88 = NJW 1965, 755.
[477] BGH v. 28. 5. 1969, VersR 1969, 723.
[478] Ziff. 8.1 ProdHB, s. dazu § 25, Rn. 73.
[479] BGH v. 17. 9. 2003, VersR 2003, 1389 = NJW 2003, 3705; s. auch BGH v. 15. 5. 1991, VersR
1991, 873 = NJW-RR 1991, 1306.
[480] BGH v. 28. 11. 1990, VersR 1991, 175 = NJW-RR 1991, 412.

Zahlung **eines verhältnismäßigen Teiles der Rente** verpflichtet ist. Zweck der Bestimmung ist es, auch im Interesse des Geschädigten eine fortlaufende verhältnismäßige Beteiligung des VR an den Rentenleistungen zu gewährleisten. Der VR kann deshalb, und zwar von Anfang an, die von ihm zu zahlende Rente in entsprechendem Umfange kürzen, er ist aber nicht berechtigt, die Zahlungen einzustellen, sobald die Summe der von ihm erbrachten Raten die Versicherungssumme erreicht[481]. Ebensowenig darf der VR, der versehentlich mehr gezahlt hat, als er infolge seines Kürzungsrechts zu zahlen verpflichtet war, den überschießenden Teil später mit künftigen Raten verrechnen[482]. Ist der VR zur Kürzung berechtigt, so ist der verbleibende Differenzbetrag vom VN selbst zu erbringen. Bestehen allerdings zugunsten des VN zwei Versicherungsverträge, die beide dasselbe Haftpflichtrisiko decken, so kann der VN bei Eintritt eines Versicherungsfalls, der unter beide Versicherungen fällt, zunächst bis zur Höhe seines Schadens die Versicherungssummen beider Versicherungen voll ausnutzen[483]. Die **Höhe** der – ggf. anteiligen – Rente ist gemäß Ziff. 6.7 Abs. 1 und 3 AHB unter Zugrundelegung der nach Abzug etwaiger sonstiger Leistungen aus dem Versicherungsfall verbleibenden Restversicherungssumme zu ermitteln.

Zur **Berechnung des Kapitalwertes der Rente** schweigt die gesetzliche Regelung. Nach **143** Ziff. 6.7 Abs. 2 AHB gilt für die Berechnung des Rentenwertes die entsprechende Vorschrift der Verordnung über den Versicherungsschutz in der Kraftfahrzeug-Haftpflichtversicherung in der jeweils gültigen Fassung zum Zeitpunkt des Versicherungsfalles. Nach § 8 Abs. 1 Satz 2 bis 4 KfzPflVV ist in Anlehnung an die Rechtsprechung des BGH[484] der Rentenwert heute **auf Grund einer von der Versicherungsaufsichtsbehörde entwickelten oder anerkannten Sterbetafel und unter Zugrundelegung des Rechnungszinses, der die tatsächlichen Kapitalmarktzinsen in der Bundesrepublik Deutschland berücksichtigt,** zu berechnen. Hierbei ist der arithmetische Mittelwert über die jeweils letzten zehn Jahre der Umlaufrenditen der öffentlichen Hand, wie sie von der Deutschen Bundesbank veröffentlicht werden, zugrunde zu legen. Nachträgliche **Erhöhungen oder Ermäßigungen** der Rente sind zum Zeitpunkt des ursprünglichen Rentenbeginns mit dem Barwert einer aufgeschobenen Rente nach der genannten Rechnungsgrundlage zu berechnen. Soweit frühere Bedingungswerke hiervon abweichend noch einen festen Rechnungszinssatz vorsahen oder bestimmten, dass der Rechnungszinssatz durch eine geschäftsplanmäßige Erklärung bestimmt werden soll, unterliegt dieser Zinssatz der gerichtlichen Inhaltskontrolle nach § 9 AGBG (jetzt § 307 BGB) bzw. § 315 BGB, wobei es jeweils darauf ankommt, ob durch eine Herabsetzung des Rechnungszinsfußes die Entschädigungsleistung des VR gegenüber der gesetzlichen Regelung so verkürzt wird, dass eine Treu und Glauben widersprechende, unangemessene Benachteiligung des VN anzunehmen ist[485]. Als **Rentenbeginn** ist jedenfalls dann der Unfallzeitpunkt zugrunde zu legen, wenn der Schaden, der durch die Rente ausgeglichen werden soll, bereits im Unfallzeitpunkt eingetreten ist[486]. Erlangen der VN oder ein Mitversicherter später das Recht, die **Aufhebung oder Minderung einer zu zahlenden Rente** zu fordern, so ist gemäß Ziff. 5.4 AHB der VR zur Ausübung dieses Rechtes bevollmächtigt.

Hat der VN für die von ihm geschuldete Rente dem Dritten kraft Gesetzes **Sicherheit zu** **144** **leisten,** so erstreckt sich nach § 107 Abs. 2 Satz 1 VVG die Verpflichtung des VR auf die Leistung dieser Sicherheit. Zusätzlich wird nunmehr in § 107 Abs. 2 Satz 2 VVG klargestellt, dass die Beschränkung nach Absatz 1 auf einen verhältnismäßigen Teil der Rente auch für die inso-

---

[481] BGH v. 28. 11. 1990, VersR 1991, 172 = NJW-RR 1991, 984; BGH v. 12. 6. 1980, VersR 1980, 817 = NJW 1980, 2524.
[482] BGH v. 12. 6. 1980, VersR 1980, 817 = NJW 1980, 2524.
[483] BGH v. 28. 11. 1990, VersR 1991, 172 = NJW-RR 1991, 984.
[484] BGH v. 22. 1. 1986, BGHZ 97, 52 = VersR 1986, 392 = NJW-RR 1986, 650; BGH v. 12. 6. 1980, VersR 1980, 817 = NJW 1980, 2524.
[485] BGH v. 28. 11. 1990, VersR 1991, 172 = NJW-RR 1991, 984, zu § 3 III Nr. 2 Satz 2 AHB a. F.
[486] BGH v. 22. 1. 1986, BGHZ 97, 52 = VersR 1986, 392 = NJW-RR 1986, 650; BGH v. 28. 11. 1979, VersR 1980, 132.

Schneider

weit zu erbringende Sicherheitsleistung gilt[487]. Die Vorschrift ist im Zusammenhang mit § 843 Abs. 2 Satz 2 BGB zu sehen, wonach der Schädiger unter Umständen verpflichtet sein kann, wegen der nach § 843 Abs. 1 BGB geschuldeten Schadensersatzrenten Sicherheit zu leisten. Allerdings wird, sofern nicht besondere Umstände vorliegen, ein **Bedürfnis des Geschädigten nach Sicherheitsleistung** regelmäßig dann **zu verneinen** sein, wenn der Schädiger bei einer im Inland zugelassenen Versicherungsgesellschaft haftpflichtversichert und damit die Deckung seiner Ansprüche durch einen solventen Schuldner sichergestellt ist[488].

II. Rechtsstellung des geschädigten Dritten

1. Keine unmittelbaren Rechtsbeziehungen zum Versicherer

145   Aus dem Haftpflichtverhältnis entstehen für den Geschädigten in der Regel keine unmittelbaren Rechtsbeziehungen zum VR. Ansprüche aus dem Versicherungsvertrag stehen grundsätzlich **alleine dem VN** zu. Dieser kann seine Ansprüche allerdings, soweit es ihm nicht durch Individualvereinbarung (vgl. § 108 Abs. 2 VVG) untersagt wurde, **durch Abtretung auf den Geschädigten übertragen** mit der Folge, dass sich der Befreiungsanspruch in der Person dieses Dritten in einen Zahlungsanspruch umwandelt und von diesem eingeklagt werden kann[489]. Einen **Direktanspruch,** der es dem Geschädigten ermöglichte, den VR unmittelbar auf Zahlung in Anspruch zu nehmen, sieht das Gesetz **nur für die Pflicht-Haftpflichtversicherung** und auch hier außerhalb der Kfz-Haftpflichtversicherung nur in bestimmten Sonderfällen (§ 115 Abs. 1 VVG) vor. In allen anderen Fällen verbleibt dem Geschädigten zunächst nur die Möglichkeit, sich an den Schädiger zu halten. Der VR, der die Prozessführung auf Seiten des VN übernommen hat, wird das gegen diesen ergangene Haftpflichturteil in der Regel zum Anlass nehmen, seine Freistellungsverpflichtung durch Zahlung an den Geschädigten zu erfüllen (§ 106 Satz 1 VVG). Ist das allerdings nicht der Fall, etwa weil der VR sich auch gegenüber dem Dritten als leistungsfrei erachtet, ist dieser darauf angewiesen, sein vermeintliches Recht in einem weiteren Rechtsstreit, dem Drittschuldnerprozess, geltend zu machen.

2. Drittschuldnerprozess

146   Will der Geschädigte **auch gegen den VR** vorgehen, insbesondere weil dieser trotz rechtskräftiger Verurteilung des VN nicht zur Leistung bereit ist, so muss er aufgrund des gegen den VN erwirkten Titels den **Freistellungsanspruch des VN gegen den VR pfänden und sich überweisen lassen.** Sodann kann der Geschädigte den aufgrund Pfändung und Überweisung in seiner Person entstehenden angeblichen Zahlungsanspruch im Wege der **Drittschuldnerklage** verfolgen[490]. Auf einen solchen Prozess wird es der VR in der Regel nur dann ankommen lassen, wenn er der Meinung ist, dass er für den eingetretenen Schadensfall, etwa wegen vorsätzlicher Herbeiführung des Versicherungsfalles durch den VN (§ 103 VVG), nicht eintrittspflichtig ist. Außerdem führt die **Bindungswirkung des Haftpflichturteils** dazu, dass der VR im nachfolgenden Deckungsprozess – und damit auch im Drittschuldnerprozess – grundsätzlich nicht mehr einwenden kann, der vorangegangene Haftpflichtprozess sei unrichtig entschieden worden. Vielmehr sind die im Haftpflichtprozess getroffene Entscheidung und die ihr zugrunde liegenden Feststellungen, soweit zwischen ihnen Voraussetzungsidentität vorliegt, für den Deckungsprozess verbindlich und damit grundsätzlich einer erneuten Überprüfung entzogen[491].

---

[487] RegE, Begründung zu § 107, BT-Drs. 16/3945, S. 86; so auch schon bislang hM, vgl. *Prölss/Martin/Voit/Knappmann*, § 155, Rn. 15.

[488] In diesem Sinne schon RG v. 7. 5. 1938, RGZ 157, 348.

[489] BGH v. 8. 10. 1952, BGHZ 7, 244 = NJW 1952, 1333; RG v. 27. 5. 1938, RGZ 158, 6; zur Möglichkeit einer Abtretung des Anspruchs an den Geschädigten oben, Rn. 46.

[490] BGH v. 8. 10. 1952, BGHZ 7, 244 = NJW 1952, 1333; RG v. 27. 5. 1938, RGZ 158, 6.

[491] BGH v. 24. 1. 2007, VersR 2007, 641 = NJW-RR 2007, 827; BGH v. 18. 2. 2004, VersR 2004, 590 = NJW-RR 2004, 676; BGH v. 20. 6. 2001, VersR 2001, 1103 = NJW-RR 2001, 1311; zur Bindungswirkung oben, Rn. 5.

Hinsichtlich der vom VR im Drittschuldnerprozess eingewandten Verteidigungsmittel sind 147 einige Besonderheiten zu beachten. Erhebt der VR die **Einrede der Verjährung,** so ist dem nach Treu und Glauben jedenfalls dann der Erfolg zu versagen, wenn der VR den vorangegangenen Haftpflichtprozess auf Seiten des VN geführt und damit seine grundsätzliche Bereitschaft zur Gewährung von Deckungsschutz zum Ausdruck gebracht hat. Hat der VR den Haftpflichtrechtsstreit unter dem **Vorbehalt** geführt, dass er über die Frage, ob Versicherungsschutz zu gewähren sei, **erst nach Abschluss des Haftpflichtprozesses entscheiden** wolle, mangelt es dagegen bereits an einer abschließenden Entscheidung über die Gewährung von Versicherungsschutz, so dass die Verjährung während dieser Zeit gehemmt war (§ 15 VVG)[492]. Das gilt selbst dann, wenn der VR zuvor bereits einmal die Gewährung von Deckungsschutz versagt hatte, denn die Verjährung wird auch dann gehemmt, wenn der VR nach erfolgter Deckungsablehnung zu erkennen gibt, dass er diese Entscheidung nicht aufrechterhalten will[493]. **Verzichtet der VN** gegenüber dem VR **auf den Versicherungsschutz** für ein Schadensereignis, bevor der Geschädigte seinen Haftpflichtanspruch überhaupt geltend gemacht hat, so beginnt der Lauf der Verjährungsfrist für den gemäß § 108 Abs. 1 Satz 1 VVG zugunsten des Geschädigten fortbestehenden Versicherungsanspruch erst in dem Zeitpunkt, bis zu dem der Geschädigte ohne schuldhaftes Zögern alle Voraussetzungen zur eigenen Geltendmachung dieses Versicherungsanspruchs hat schaffen können[494].

3. Klage auf Feststellung der Deckungspflicht

Im Einzelfall kann der geschädigte Dritte ein rechtliches Interesse (§ 256 Abs. 1 ZPO) an 148 der **Feststellung** haben, **dass der VR dem Schädiger Versicherungsschutz zu gewähren habe.** Er kann dann auf entsprechende Feststellung klagen. Ein solches Feststellungsinteresse ist insbesondere dann zu bejahen, wenn wegen Untätigkeit des VN die Gefahr besteht, dass dem Haftpflichtgläubiger der Deckungsanspruch als Befriedigungsobjekt verloren geht[495]. Eine akute Gefährdung der Ansprüche des Dritten war bislang insbesondere dadurch zu besorgen, dass der VN die ihm mit der Deckungsablehnung gesetzte Klagefrist nach § 12 Abs. 3 VVG a. F. ungenutzt verstreichen ließ, ohne den Dritten hiervon in Kenntnis zu setzen. Allerdings entfällt dieses Privileg des VR mit dem neuen Versicherungsvertragsrecht, so dass diese Problematik nur noch bis zum Ablauf der vor dem 1. 1. 2008 wirksam gesetzten Klagefristen von Bedeutung sein wird[496]. Die Gefahr einer **Verjährung** von Ansprüchen ist demgegenüber gering, da die künftig auf drei Jahre verlängerte Verjährungsfrist (§ 195 BGB) dem Dritten in der Regel ausreichend Zeit zum Ergreifen der notwendigen Maßnahmen, insbesondere zur Klageerhebung belässt. Als Prozessvoraussetzung muss das Feststellungsinteresse grundsätzlich bis zum Schluss der mündlichen Verhandlung vorliegen; es entfällt regelmäßig, sobald der VR den Versicherungsschutz als bestehend anerkannt hat. Sofern dann nicht Erlass eines Anerkenntnisurteils in Betracht kommt, muss der Dritte den Rechtsstreit für erledigt erklären, um der Klageabweisung zu entgehen; die Kosten werden aber auch in diesem Fall regelmäßig dem VR aufzuerlegen sein. Neben der Feststellungsklage kann dem Dritten bei drohender Gefährdung seiner Rechte im Einzelfall auch ein **Auskunftsanspruch** über den Gegenstand und den Umfang des Versicherungsschutzes gegen den VR zuzubilligen sein[497].

4. Schutz des Geschädigten

Gemäß § 108 Abs. 1 Satz 1 VVG sind **Verfügungen des VN über den Freistellungsan-** 149 **spruch gegen den VR dem Dritten gegenüber unwirksam.** Dadurch soll vermieden werden, dass VN und VR nachteilige Vereinbarungen zu Lasten des Geschädigten treffen. Bereits aus dieser Zweckbestimmung folgt, dass die Regelung nicht durch Vereinbarung abgeän-

---

[492] Zu diesem Erfordernis vgl. BGH v. 17. 1. 1978, VersR 1978, 423.
[493] OLG Hamm v. 14. 7. 1993, VersR 1994, 465;
[494] BGH v. 21. 1. 1976, VersR 1976, 477; dazu auch *Johannsen,* r+s 1997, 311.
[495] BGH v. 15. 11. 2000, VersR 2001, 90 = NJW-RR 2001, 316, m. w. N.
[496] Vgl. Artikel 1 Abs. 4 EGVVG; dazu § 1 a, Rn. 47 (in diesem Handbuch).
[497] OLG Düsseldorf v. 26. 6. 2001, VersR 2002, 1020

Schneider

dert werden kann. Der Begriff der Verfügung ist bürgerlich-rechtlich zu verstehen; er bezeichnet **jede Handlung, die unmittelbar auf die Änderung, Übertragung, Belastung, oder das Erlöschen der Entschädigungsforderung gerichtet ist.** Die Entgegennahme der Entschädigung durch den VN ist eine solche Verfügung über die Entschädigungsforderung[498]; ebenso ein Verzicht, und zwar unabhängig davon, ob im Zeitpunkt seiner Erklärung die Schadensentwicklung abgeschlossen war oder nicht[499]. Auch ein – etwa im Deckungsprozess geschlossener – Vergleich, in dem sich VN und VR auf eine lediglich teilweise Regulierung des eingetretenen Schadens verständigen, kann dem Dritten nicht entgegengehalten werden. Der VR, der im Vertrauen auf eine solche Vereinbarung den hiernach zu leistenden Betrag an seinen VN erbringt, geht daher das Risiko ein, von dem Dritten unmittelbar in Anspruch genommen zu werden, wenn der VN – etwa wegen zwischenzeitlich eingetretener Zahlungsunfähigkeit – die vereinbarte Gesamtregulierung nicht vornimmt.

150   **Obliegenheitsverletzungen** des VN, die zur Leistungsfreiheit des VR führen, **sind keine Verfügungen** im Sinne von § 108 Abs. 1 Satz 1 VVG. Bei diesen fehlt regelmäßig der rechtsgeschäftliche Wille, auf den Bestand des Rechtes verfügend einzuwirken; vielmehr sind sie rein tatsächliches Verhalten, auch wenn sie die spätere Verfügung der Beteiligten des Versicherungsvertrages vorbereiten helfen sollen. Auch können sie das Erlöschen des Versicherungsanspruchs nicht bewirken, sondern begründen nur ein Leistungsverweigerungsrecht des VR[500]. Gleichwohl hat der BGH in der zitierten Entscheidung die genannte Bestimmung im Wege eines Erst-Recht-Schlusses **entsprechend angewendet** auf einen Fall, in dem sich der VR gegenüber dem geschädigten Dritten auf eine Obliegenheitsverletzung des VN berief, die gerade darin bestand, dass die **Befriedigung des Dritten wahrheitswidrig behauptet** worden war. Angesichts des mit der Vorschrift erstrebten Schutzes könne es nicht hingenommen werden, wenn die Verletzung eben dieser Obliegenheit, nämlich die Frage nach der Befriedigung des Geschädigten wahrheitsgemäß zu beantworten, dessen Nichtbefriedigung zur Folge haben würde[501].

151   Aus dem Verfügungsverbot des § 108 Abs. 1 Satz 1 VVG folgt auch eine **Einschränkung der erweiterten Aufrechnungsbefugnis** des VR. Gemäß § 35 VVG kann der VR grundsätzlich eine fällige Prämienforderung oder eine andere ihm aus dem Vertrag zustehende fällige Forderung gegen eine Forderung aus der Versicherung auch dann aufrechnen, wenn diese Forderung nicht dem VN, sondern einem Dritten zusteht. Diese Möglichkeit besteht grundsätzlich auch bei der Haftpflichtversicherung. Allerdings ist der Regelung des § 108 Abs. 1 Satz 1 VVG eine **zeitliche Schranke** für die Aufrechnungsmöglichkeit des VR zu entnehmen. Der Dritte muss sich die Aufrechnung **nur mit solchen Forderungen** entgegenhalten lassen, **die vor dem Versicherungsfall fällig geworden sind.** Da die Entgegennahme der vom VR gezahlten Versicherungsentschädigung durch den VN als Verfügung des VN im Verhältnis zum geschädigten Dritten unwirksam ist, kann es der VN nach dem Zweck der Vorschrift nicht in der Hand haben, durch schlichte Einstellung der Prämienzahlungen nach Eintritt des Schadensfalles den VR zu einer Aufrechnung zu veranlassen und damit mittelbar doch eine „Verfügung" über den Versicherungsanspruch zu treffen[502].

152   Gemäß § 108 Abs. 1 Satz 2 VVG steht der rechtsgeschäftlichen Verfügung eine **Verfügung im Wege der Zwangsvollstreckung oder Arrestvollziehung** gleich. Daher sind Pfändungen und Überweisungen, die wegen einer gegen den VN titulierten Forderung **zugunsten einer anderen Person als dem Geschädigten** erfolgen, diesem gegenüber unwirksam. Der VR kann in diesem Falle als Drittschuldner Erinnerung (§ 766 ZPO) gegen den Pfän-

---

[498] BGH v. 7. 7. 1993, VersR 1993, 1222 = NJW-RR 1993, 1306; BGH v. 8. 4. 1987, VersR 1987, 655 = NJW-RR 1987, 1106; BGH v. 30. 10. 1954, BGHZ 15, 154.

[499] BGH v. 21. 1. 1976, Versr 1976, 477:

[500] BGH v. 7. 7. 1993, VersR 1993, 1222 = NJW-RR 1993, 1306.

[501] BGH, a. a. O.; s. auch die Anmerkung von *Hübner/Beckmann*, LM Nr. 10 zu § 156 VVG.

[502] BGH v. 8. 4. 1987, VersR 1987, 655 = NJW-RR 1987, 1106; vgl. auch BGH v. 6. 12. 2000, NJW-RR 2001, 235 = VersR 2001, 235.

dungsbeschluss einlegen, um so dessen Aufhebung zu erreichen[503]. Der Geschädigte kann, da die Pfändung ihm gegenüber unwirksam ist, seinerseits die Forderung des VN gegen den VR pfänden und sich überweisen lassen. Zudem stehen ihm zur Beseitigung des Anscheines der Pfändung die allgemeinen Rechtsbehelfe des Zwangsvollstreckungsrechts zu[504].

5. Mehrere Geschädigte

§ 109 VVG hält Regelungen für den Fall vor, dass der **VN gegenüber mehreren Dritten** **153** **verantwortlich** ist und **deren Ansprüche die Versicherungssumme übersteigen.** Der VR hat dann gemäß Satz 1 der Vorschrift diese Ansprüche **nach dem Verhältnis ihrer Beträge** zu erfüllen. Es handelt sich um eine **nicht abdingbare Schutzbestimmung** zugunsten der einzelnen Geschädigten, denen in Abkehr von dem in der Einzelzwangsvollstreckung herrschenden Prioritätsprinzip das Risiko der Erschöpfung der Versicherungssumme gleichmäßig aufgebürdet werden soll[505]. In der sonst gleichlautenden früheren Regelung des § 156 Abs. 3 Satz 1 VVG a. F. war überdies klargestellt, dass die Erfüllung „nach Maßgabe des Absatzes 2" zu erfolgen hatte, also unter Berücksichtigung nur der für den VR mit bindender Wirkung festgestellten, nicht auch der sonstigen geltend gemachten Ansprüche. Richtig daran ist, dass eine abschließende Verteilung zwischen den Geschädigten letztlich immer auf der Grundlage nur der berechtigten Ansprüche erfolgen muss. Aus § 109 Satz 2 VVG (= § 156 Abs. 3 Satz 2 VVG a.F) folgt indes, dass der VR bei der vorläufigen Berechnung der Ansprüche auch alle noch nicht festgestellten sowie diejenigen Forderungen zu berücksichtigen hat, die zwar noch nicht geltend gemacht wurden, mit deren Geltendmachung aber noch zu rechnen ist[506]. An dieser Rechtslage wollte der Gesetzgeber durch die Neufassung ersichtlich nichts ändern[507]. Implizit hat er damit zugleich Forderungen nach einer gesetzlichen Neuregelung eine Absage erteilt, die im Hinblick auf die mit der praktischen Handhabung dieser Regelung verbundenen Schwierigkeiten seit langem geäußert werden[508].

Dritter im Sinne dieser Vorschrift ist neben dem Geschädigten **auch der Sozialversi-** **154** **cherungsträger,** soweit der Anspruch des Geschädigten auf ihn übergegangen ist. Insoweit bestehende Befriedigungsvorrechte des Geschädigten sind im Rahmen des § 116 SGB X zu beachten und haben zur Folge, dass der Geschädigte nach verhältnismäßiger Kürzung der Forderungen einen Anteil von den Ansprüchen seiner Rechtsnachfolger erhält und zwar in der Höhe, wie sie erforderlich ist, um seinen Ausfall infolge der Kürzung auszugleichen[509]. Hat ein **weiterer privater VR** den Geschädigten aufgrund eines mit diesem bestehenden Versicherungsvertrages teilweise befriedigt und ist der Anspruch des Geschädigten gegen den Schädiger insoweit auf den weiteren VR übergegangen, so darf sich dieser Forderungsübergang nicht zum Nachteil des geschädigten VN auswirken (§ 67 Abs. 1 Satz 2 VVG); dieser darf deshalb sein Quotenvorrecht auch im Rahmen der Verteilung nach § 109 VVG in Anspruch nehmen[510]. Ansprüche, die auf einem **Teilungsabkommen** und damit auf vertraglicher Grundlage beruhen, sind im Verhältnis zu den Gläubigern des Teilungsabkommens genauso zu behandeln wie alle übrigen vom Versicherungsvertrag gedeckten Ersatzansprüche. Dabei gilt im Verhältnis der Partner des Abkommens die Versicherungssumme als erschöpft, wenn die Ansprüche der Gläubiger, mit denen kein Abkommen besteht, nach Sach- und Rechtslage in der jeweils berechtigten Höhe und die Ansprüche auf die Schadensteilungsquote aus Teilungsabkommen zusammen die Versicherungssumme übersteigen[511]. Die Kür-

---

[503] BGH v. 22. 6. 1977, BGHZ 69, 144 = NJW 1977, 1881.
[504] *Prölss/Martin/Voit/Knappmann,* § 156 VVG Rn. 7.
[505] BGH v. 26. 6. 1985, VersR 1985, 1054.
[506] Vgl. auch BGH v. 25. 5. 1982, BGHZ 84, 151 = VersR 1982, 791 = NJW 1982, 2321.
[507] Vgl. die insoweit sehr lakonische Begründung des RegE zu § 109, BT-Drs. 16/3945, S. 87.
[508] *Römer/Langheid,* § 156, Rn. 23; *Späte,* § 1 AHB Rn. 213.
[509] Dazu BGH v. 8. 7. 2003, VersR 2003, 1295 = NJW-RR 2003, 1461.
[510] Dazu Berliner Kommentar/*Baumann,* § 156, Rn. 54; *Bruck/Möller/Johannsen,* IV B 97; *Römer/Langheid,* § 156, Rn. 18.
[511] BGH v. 26. 6. 1985, VersR 1985, 1054.

zung der Ansprüche aus Teilungsabkommen hat dann nach Maßgabe von § 109 VVG zu erfolgen, wobei wiederum alle berücksichtigten Forderungen zueinander ins Verhältnis zu setzen sind. Die Ansprüche der Schadensersatzgläubiger dürfen hierbei im Hinblick auf Forderungen, die ihre Grundlage allein in Teilungsabkommen finden, keine Kürzung erfahren. Dies kann zur Folge haben, dass der VR zwei aufeinanderfolgende Berechnungen vornehmen und ggf. Aufwendungen auch über die Versicherungssumme hinaus erbringen muss[512].

155   **Zahlungen an die Geschädigten** hat der VR zu erbringen, **sobald deren Ansprüche fällig sind.** Ist abzusehen, dass die Deckungssumme überschritten wird, so hat der VR die Berechnung nach § 109 VVG zu diesem Zeitpunkt vorzunehmen. Dabei sind die nach dem oben gesagten zu berücksichtigenden Forderungen **mit dem höchsten ernsthaft in Betracht kommenden Betrag** zu bewerten, Rentenansprüche sind zu kapitalisieren, Forderungen, mit denen noch zu rechnen ist, sind zu schätzen[513]. Verändert sich bis zur abschließenden Verteilung die Höhe der Forderungen oder kommen nachträglich Forderungen hinzu, so hat auf dieser Grundlage eine **Neuberechnung** zu erfolgen[514]. Das kann dazu führen, dass einzelne Geschädigte nicht entsprechend dem ihnen gebührenden Anteil befriedigt worden sind oder Überzahlungen erhalten haben. Der VR kann sich gegen **Überzahlungen** im Verhältnis zu den Geschädigten allerdings nur absichern, wenn er sich ihnen gegenüber für diesen Fall ein **Rückforderungsrecht** vorbehält. Eine ungerechtfertigte Bereicherung liegt dagegen allenfalls im Verhältnis zum VN vor, der durch die nicht geschuldete Zahlung gleichwohl wirksam von seiner Haftpflichtverbindlichkeit befreit worden ist[515]. Nimmt ein Geschädigter den VR nach Pfändung und Überweisung des Freistellungsanspruches unmittelbar in Anspruch, so sind die sich aus § 109 VVG für den einzelnen Geschädigten ergebenden Beschränkungen bei einer gerichtlichen Geltendmachung auf entsprechende Einrede des Haftpflichtversicherers schon im Erkenntnisverfahren zu berücksichtigen[516]. Soweit hiernach die geltend gemachte Forderung den sich aufgrund von § 109 VVG ergebenden Betrag übersteigt, ist die Klage als derzeit unbegründet abzuweisen[517]. Verabsäumt es der VR aus Unachtsamkeit, sich im Prozess auf die Erschöpfung der Deckungssumme zu berufen, so steht einer späteren Geltendmachung dieses Einwandes im Vollstreckungsverfahren grundsätzlich die Rechtskraft des Urteils entgegen.

156   Ist die Versicherungssumme erschöpft, so kann sich ein **bei der Verteilung nicht berücksichtigter Dritter** nachträglich auf § 108 Abs. 1 VVG nicht berufen, wenn der VR mit der Geltendmachung dieser Ansprüche nicht gerechnet hat und auch nicht rechnen musste. Der zu spät kommende Dritte kann sich demnach auf die relative Unwirksamkeit der Verfügung nicht berufen, sondern muss die Zahlungen, die der VR **in Unkenntnis an andere Dritte geleistet hat, gegen sich gelten lassen.** In der Praxis werden solche Fälle kaum vorkommen, denn der VR wird eine endgültige Verteilung regelmäßig erst dann vornehmen, wenn alle in Betracht kommenden Haftpflichtansprüche festgestellt worden sind. Soweit es doch einmal auf die Frage ankommt, obliegt allerdings die Beweislast für den Umstand, dass der VR mit der Geltendmachung weiterer Ansprüche nicht gerechnet hat und auch nicht rechnen musste, beim VR. In der Terminologie weicht das Gesetz an dieser Stelle vom früheren Recht ab, das auf einen VR abgestellt hatte, der „mit der Geltendmachung dieser Ansprüche in entschuldbarer Weise nicht gerechnet hat" (§ 156 Abs. 3 Satz 2 VVG a. F.). Da der Gesetzgeber nach der Begründung eine sachliche Änderung nicht bezweckt hat, ist weiterhin wie schon bislang da-

---

[512] BGH v. 26. 6. 1985, VersR 1985, 1054, m. w. N.

[513] *Prölss/Martin/Voit/Knappmann,* § 156, Rn. 19.

[514] So *Prölss/Martin/Voit/Knappmann,* § 156, Rn. 24; *Römer/Langheid,* § 156, Rn. 19; a. A. Berliner Kommentar/*Baumann,* § 156, Rn. 60; *Huber,* VersR 1986, 851.

[515] Streitig ist, welche der Zahlungen die Bereicherung bewirkt; dies kann ggf. im Hinblick auf Verjährungsfragen von Bedeutung sein; dazu *Prölss/Martin/Voit/Knappmann,* § 156 VVG Rn. 25; *Späte,* § 1 AHB Rn. 214; Berliner Kommentar/*Baumann,* § 156 VVG Rn. 61.

[516] BGH v. 6. 10. 1982, VersR 1983, 26; BGH v. 25. 5. 1982 VersR 1982, 791.

[517] *Prölss/Martin/Voit/Knappmann,* § 156, Rn. 27.

rauf abzustellen, ob der VR diejenige Sorgfalt beobachtet hat, die unter den Umständen des besonderen Falles von einem vernünftigen und praktischen VR verlangt und angewendet wird[518]. Der entschuldbar nicht berücksichtigte Dritte kann sich **bei Erschöpfung der Deckungssumme nur noch an den VN halten,** der ihm als Schädiger nach allgemeinen Grundsätzen verpflichtet bleibt[519]. Ein Ausgleichsanspruch gegenüber anderen Dritten, die bei der Verteilung zuviel erlangt haben, kommt dagegen nicht in Betracht[520]. Kann der VR den Entlastungsbeweis nicht führen, so hat er den Verteilungsschlüssel unter Berücksichtigung des hinzugekommenen Geschädigten neu zu berechnen. Hinsichtlich der in diesem Fall an die weiteren Geschädigten bereits geleisteten Überzahlungen gilt dann dasselbe wie bei Hinzutreten eines weiteren Geschädigten oder Erhöhung des Schadens vor endgültiger Verteilung: Der VR muss hier also im Verhältnis zu dem später hinzutretenden Dritten ggf. auch über die Versicherungssumme hinaus Zahlungen erbringen.

6. Insolvenz des Versicherungsnehmers

Ist über das Vermögen des VN ein Insolvenzverfahren eröffnet, kann der Dritte wegen des **157** ihm gegen den VN zustehenden Anspruchs gemäß § 110 VVG **abgesonderte Befriedigung aus dem Freistellungsanspruch des VN** verlangen. Diese zwingende Regelung soll verhindern, dass der Freistellungsanspruch des VN Bestandteil der Insolvenzmasse wird und dem Geschädigten nur noch im Rahmen der Insolvenzquote zugute kommt[521]. In Ansehung der persönlichen Forderung gegen den Schädiger bleibt der Dritte dagegen einfacher Insolvenzgläubiger. Soweit die Leistung des VR zur Erfüllung der Schadensersatzansprüche nicht ausreicht, ist der Geschädigte ebenfalls zur anteilsmäßigen Befriedigung aus der Insolvenzmasse berechtigt (§ 52 InsO). Bei der Versicherung für fremde Rechnung besteht das Absonderungsrecht aus § 110 VVG im Insolvenzverfahren des Versicherten[522].

Die **Ausübung der Rechte des Dritten** kann **in unterschiedlicher Weise** erfolgen. Ge-**158** genüber dem Insolvenzverwalter kann der Dritte sein Recht auf abgesonderte Befriedigung im Insolvenzverfahren verfolgen. Das Recht auf abgesonderte Befriedigung aus der Entschädigungsforderung gegen den VR kann ferner durch unmittelbare Klage auf Zahlung gegen den Insolvenzverwalter, beschränkt auf Leistung aus der Versicherungsforderung, geltend gemacht werden[523]. Darüber hinaus erwirbt der Dritte in entsprechender Anwendung von § 1282 BGB ein Einziehungsrecht, in Ausübung dessen er den VR ohne Pfändung und Überweisung des Deckungsanspruchs unmittelbar auf Zahlung in Anspruch nehmen kann. Voraussetzung des unmittelbaren Zahlungsanspruches gegen den VR ist aber – wie beim Zahlungsanspruch des VN – dass der Haftpflichtanspruch des Geschädigten gemäß § 106 Satz 2 VVG festgestellt worden ist, weil der Dritte durch § 110 VVG keine weitergehende Rechtsstellung erlangt als sie der VN selbst innehatte[524]. Ist hierzu ein Haftpflichtprozess gegen den Schädiger zu führen, so ist ohne Rücksicht auf § 110 VVG alleine der **Insolvenzverwalter als Partei kraft Amtes** passivlegitimiert[525]. Die Freigabe des gegen den VR bestehenden Deckungsanspruchs durch den Insolvenzverwalter ändert daran nichts[526]. Die Feststellung der Forderung kann nach dem Gesetz aber auch durch ein Anerkenntnis der Schadensersatzforderung erfolgen, das durch den VN oder durch den Insolvenzverwalter erklärt worden ist. Insoweit kommt es nach dem Tren-

---

[518] Berliner Kommentar/*Baumann,* § 156, Rn. 59, m. w. N.; vgl. auch RG v. 25. 10. 1938, RGZ 158, 284 (zur Kfz-Haftpflichtversicherung).

[519] Berliner Kommentar/*Baumann,* § 156, Rn. 57 f.; *Prölss/Martin/Voit/Knappmann,* § 156, Rn. 23 ff.

[520] Berliner Kommentar/*Baumann,* § 156 VVG Rn. 58; *Prölss/Martin/Voit/Knappmann,* § 156 VVG Rn. 26; *Späte,* § 1 AHB Rn. 214; a. A. *Bruck/Möller/Johannsen,* IV B 101.

[521] So vor Inkrafttreten der Regelung RG v. 2. 7. 1909, RGZ 71, 363.

[522] Berliner Kommentar/*Baumann,* § 157, Rn. 14; *Prölss/Martin/Voit/Knappmann,* § 157, Rn. 1.

[523] BGH v. 25. 4. 1989, VersR 1989, 730 = NJW-RR 1989, 918.

[524] BGH v. 17. 3. 2004, VersR 2004, 634 = NJW-RR 2004, 829; BGH v. 7. 7. 1993, VersR 1993, 1222 = NJW-RR 1993, 1222; BGH v. 9. 1. 1991, VersR 1991, 414.

[525] BGH v. 30. 6. 1964, VersR 1964, 966.

[526] OLG Nürnberg v. 12. 12. 2007, VersR 2008, 813.

nungsprinzip auch nicht darauf an, ob das Anerkenntnis im Rahmen des Deckungsverhältnisses auch gegenüber dem VR Rechtswirkungen zeitigt[527]. Solange und soweit es an einer Feststellung der Forderung des Dritten fehlt und der absonderungsberechtigte Dritte nicht Leistung des VR an sich fordern kann, bleibt ihm die Möglichkeit, eine Feststellungsklage gegen den VR zu erheben[528].

159   Der **Insolvenzverwalter** nimmt mit Eröffnung des Insolvenzverfahrens **die Rechtsstellung des VN** ein. Er kann für die Masse nicht mehr Rechte beanspruchen, als dem Gemeinschuldner zustehen; demgemäß bleibt der VR ihm und den Massegläubigern gegenüber leistungsfrei, wenn er es auch schon gegenüber dem VN gewesen ist[529]. Auch kann der Insolvenzverwalter die Rechte aus dem Versicherungsvertrag verwirken, wenn er selbst gegen vertragliche Obliegenheiten verstößt und dieser Verstoß zur Leistungsfreiheit führt[530]. Alleine ein von ihm abgegebenes Anerkenntnis kann künftig freilich nicht mehr mit Leistungsfreiheit sanktioniert werden, da entsprechende vertragliche Vereinbarungen nach dem neuen § 105 VVG unwirksam sind.

160   Das Absonderungsrecht entsteht auch bei Eröffnung des **Nachlassinsolvenzverfahrens.** Nach Sinn und Zweck der Vorschrift ist es dem VR hier zudem versagt, im Umfange seiner Eintrittspflicht namens der Erben des VN die Einrede der **beschränkten Erbenhaftung** (§ 1990 BGB) zu erheben[531].

H. Pflichtversicherung

I. Allgemeines

161   Zahlreiche Rechtsvorschriften sehen eine **Verpflichtung zum Abschluss einer Haftpflichtversicherung** vor. Eine entsprechende Verpflichtung kann sich aus Bundes- oder Landesgesetz, Rechtsverordnung, der Satzung einer öffentlich-rechtlichen Körperschaft oder einer EG-Verordnung ergeben[532]. Die Anzahl der Pflichtversicherungen ist in den vergangenen Jahren erheblich gestiegen; derzeit sind über einhundert Pflichtversicherungen in verschiedensten Bereichen zu verzeichnen[533]. Für diese Pflichtversicherungen sind zunächst die Regelungen der Rechtsvorschriften zu beachten, die die Versicherungspflicht begründen; **ergänzend** gelten die **besonderen Vorschriften der §§ 113 bis 124 VVG,** die innerhalb dieses Gesetzes den für alle Haftpflichtversicherungsverträge geltenden §§ 100 bis 112 VVG und den Vorschriften des Allgemeinen Teiles als speziellere Bestimmungen vorgehen. Liegt ein Versicherungsvertrag vor, mit dem eine Versicherungspflicht erfüllt wird, so sind die §§ 113 bis 124 VVG **auch insoweit anzuwenden,** als der Vertrag **eine über die vorgeschriebenen Mindestanforderungen hinausgehende Deckung** gewährt (§ 113 Abs. 3 VVG). Dadurch soll die einheitliche rechtliche Behandlung des Versicherungsvertrags im Ganzen sichergestellt und eine Aufspaltung des Versicherungsverhältnisses vermieden werden[534].

162   Bei der Neuordnung der Regelungen über die Pflichtversicherung gingen ihre Verfasser davon aus, dass eine **Versicherungspflicht immer zumindest auch im Interesse der Geschädigten** angeordnet wird, um diesem – allerdings nur im Rahmen der Mindestversiche-

---

[527] BGH v. 17. 3. 2004, VersR 2004, 634 = NJW-RR 2004, 829; zum Trennungsprinzip oben, Rn. 4.
[528] BGH v. 9. 1. 1991, VersR 1991, 414.
[529] BGH v. 6. 5. 1965, BGHZ 44, 1 = NJW 1965, 1585.
[530] Vgl. OLG Celle v. 1. 3. 2001, VersR 2002, 602.
[531] Dazu Berliner Kommentar/*Baumann*, § 157 VVG Rn. 15; *Bruck/Möller/Johannsen*, IV B 108; *Prölss/Martin/Voit/Knappmann*, § 157 VVG Rn. 8; *Späte*, § 1 AHB Rn. 192, jew. m.w.N.
[532] RegE, Begründung zu § 113 Abs. 1, BT-Drs. 16/3945, S. 87.
[533] Zu diesem „problematischen Trend" *Hellberg*, VW 2006, 711; eine nicht erschöpfende Übersicht über die verschiedenen Pflichtversicherungen findet sich bei *Prölss/Martin/Prölss*, Vorbem. IV, Rn. 1 ff.
[534] Vgl. BGH v. 18. 12. 1973, NJW 1974, 495 = VersR 1974, 254 (zu § 158k VVG a. F.).

rungssummen – einen verhandlungs- und zahlungsbereiten, weitgehend insolvenzsicheren Schuldner zu sichern[535]. Der VR soll hier deshalb nicht nur wirtschaftlich, sondern auch rechtlich weitgehend an die Stelle des versicherten Schädigers treten, und zwar bisweilen auch dann, wenn der VN seinen Versicherungsschutz verloren hat[536]. Diesem Anliegen hätte es entsprochen, dem Geschädigten einen **allgemeinen Direktanspruch** gegen den VR zuzubilligen, wie es auch der Regierungsentwurf eines Gesetzes zur Reform des Versicherungsvertragsrechts in § 115 VVG-E, insoweit dem Entwurf der VVG-Kommission folgend, für alle Pflichtversicherungen vorgesehen hatte[537]. Der Gesetzgeber ist diesem Vorschlag jedoch nur mit Einschränkungen gefolgt. Offenbar beeinflusst von dem Argument der Versicherungswirtschaft, die Einführung eines allgemeinen Direktanspruches werde zu erheblichen Prämiensteigerungen im Bereich der Pflichtversicherung führen[538], wurde der Entwurf während des Gesetzgebungsverfahrens an dieser Stelle geändert. Die Neuregelung[539] sieht einen allgemeinen Direktanspruch wie bisher für den Bereich der Kfz-Pflichtversicherung vor und eröffnet dem Geschädigten darüber hinaus einen **unmittelbaren Anspruch** gegen den VR **in den „unter Verbraucherschutzgesichtspunkten wesentlichen Problembereichen"**[540]. Gerade das von den VR vorgebrachte Kostenargument verdeutlicht indes besonders eindrucksvoll, dass die bestehenden Regelungen den Geschädigten bislang nur unzureichend schützen: Da alleine die Existenz eines Direktanspruchs nicht geeignet ist, die Zahl begründeter Schadensersatzansprüche zu erhöhen, der VR vielmehr auch in diesem Fall dem Dritten gegenüber nur im Rahmen der von ihm übernommenen Gefahr haftet, dürfte das behauptete Risiko erheblicher Prämiensteigerungen wohl bedeuten, dass begründete Schadensersatzansprüche wegen der derzeit bestehenden Rechtlosigkeit des Geschädigten oftmals nicht befriedigt werden.

II Gesetzliche Mindestanforderungen

Das Gesetz stellt für die Pflichtversicherung **Mindestanforderungen** auf, die in Ermangelung abweichender bundes- oder landesgesetzlicher Vorschriften eingreifen. **163**

1. Abschluss der Versicherung

Gemäß § 113 Abs. 1 VVG ist die Pflichtversicherung **mit einem im Inland zum Geschäftsbetrieb befugten VU** abzuschließen. Dadurch wird im Interesse des Geschädigten sichergestellt, dass das VU und die von diesem angebotene Pflichtversicherung bestimmten gesetzlichen Mindestanforderungen entsprechen, die sich insbesondere aus der Anwendung des Versicherungsaufsichtsrechts (§§ 5 Abs. 5 Nr. 1 und 110a VAG) ergeben. Darüber hinaus bestimmt § 113 Abs. 2. VVG in Übereinstimmung mit dem bisherigen § 158b Abs. 2 Satz 1 VVG a. F., dass der VR dem VN unter Angabe der Versicherungssumme **zu bescheinigen** hat, dass eine **der zu bezeichnenden Rechtsvorschrift entsprechende Pflichtversicherung besteht.** Wie schon bisher, kann die Bescheinigung hierbei auch mit dem Versicherungsschein verbunden werden, soweit diese nicht aufgrund gesetzlicher Bestimmung geson- **164**

---

[535] RegE, Begründung, Teil A., Kapitel II.7, BT-Drs. 16/3945, S. 50; so auch *Römer,* VersR 2006, 865.

[536] RegE, Begründung, Teil A., Kapitel II.7, BT-Drs. 16/3945, S. 50.

[537] Zum Vorschlag des Regierungsentwurfs ausführlich *Schirmer,* ZVersWiss Suppl. 2006, 427 (439ff.).

[538] Gesamtverband der Deutschen Versicherungswirtschaft, Stellungnahme zum Regierungsentwurf eines Gesetzes zur Reform des Versicherungsvertragsrechts vom 11. Oktober 2006, Berlin, Dezember 2006, S. 12, veröffentlicht unter http://www.gdv.de/Downloads/Themen/Stellungnahme_VVG_Reform.pdf; zu diesem Aspekt der parlamentarischen Debatte s. auch *Littbarski,* PHi 2007, 176 (185).

[539] § 115 in der Fassung des Gesetzes zur Reform des Versicherungsvertragsrechts vom 29. 11. 2007, BGBl. I, S. 2631 (2650) sowie von Artikel 3 des Zweiten Gesetzes zur Reform des Pflichtversicherungsgesetzes und anderer versicherungsrechtlicher Vorschriften vom 10. 12. 2007, BGBl. I, S. 2833; dazu auch *Zypries,* NJW 2007, Editorial zu Heft 50/2007, S. I.

[540] Beschlussempfehlung des Rechtsausschusses, Begründung zu § 115, BT-Drs. 16/5862, S. 99.

dert gefordert wird; die Neuregelung verzichtet insoweit allerdings auf einen ausdrücklichen Zusatz, da sich dies nach Ansicht des Gesetzgebers „von selbst versteht"[541].

2. Mindestversicherungssumme

165   Die Mindestversicherungssumme beträgt bei einer Pflichtversicherung, soweit durch Rechtsvorschrift nichts anderes bestimmt ist, **250 000 Euro je Versicherungsfall und eine Million Euro für alle Versicherungsfälle eines Versicherungsjahres** (§ 114 Abs. 1 VVG). Es handelt sich um eine subsidiäre Regelung, die immer dann eingreift, wenn hinsichtlich der jeweiligen Versicherungspflicht keine abweichenden – höheren oder niedrigeren – Mindestversicherungssummen vorgeschrieben sind. Da zahlreiche ältere Vorschriften insoweit keine Vorgaben enthalten, sieht es der Gesetzgeber im Anschluss an die Deregulierung zu Recht als seine Aufgabe an, in diesen Fällen für einen einheitlichen Mindestversicherungsschutz zu sorgen[542]. Bestandsverträge, die diese Voraussetzungen nicht erfüllen, müssen angepasst werden.

3. Inhalt und Umfang der Pflichtversicherung

166   § 114 Abs. 2 Satz 1 VVG sieht vor, dass der Versicherungsvertrag Inhalt und Umfang der Pflichtversicherung näher bestimmen kann, soweit dadurch **die Erreichung des jeweiligen Zwecks der Pflichtversicherung nicht gefährdet** wird und durch Rechtsvorschriften nicht ausdrücklich etwas anderes bestimmt ist. Intention dieser Regelung ist es, im Interesse der Funktionsfähigkeit des Marktes und zum Schutz der betroffenen VN klarzustellen, inwieweit im Bereich der Pflichtversicherung Vereinbarungen über **Begrenzungen des Versicherungsschutzes durch Risikoausschlüsse oder Selbstbehalte** getroffen werden können[543]. Die Berechtigung entsprechender vertraglicher Vereinbarungen ist grundsätzlich anzuerkennen, denn in vielen Fällen wird das von der Pflichtversicherung abgedeckte Risiko für den VR nur bei entsprechender Begrenzung tragbar und für den VN bezahlbar sein. Auf der anderen Seite darf gerade die Vereinbarung von Risikoausschlüssen nicht dazu führen, dass der Geschädigte, in dessen Interesse die Versicherungspflicht – auch – angeordnet worden ist, letztlich doch leer ausgeht, weil der VR aufgrund des Vertrages nicht zur Leistung verpflichtet und der VN wiederum hierzu möglicherweise außerstande ist. Ob ein die Versicherungspflicht aushöhlender und damit **unzulässiger Risikoausschluss** vorliegt, war bislang in Ermangelung gesetzlicher Vorgaben nur schwer zu beurteilen. Soweit die die Versicherungspflicht anordnenden Vorschriften keine weitergehenden Vorgaben hinsichtlich der Zulässigkeit von Risikoausschlüssen oder -begrenzungen enthalten, gilt deshalb fortan als Maßstab, dass durch die Vereinbarung des Ausschlusses der jeweilige Zweck der Pflichtversicherung nicht gefährdet werden darf. Dies muss im Einzelfall anhand der für die Pflichtversicherung bestehenden gesetzlichen Erfordernisse, insbesondere auch unter Berücksichtigung der Bedürfnisse des Geschädigten und der sonstigen Umstände, beurteilt werden. Auf die Frage, ob ein Ausschluss **„marktüblich"**, also in einer Vielzahl von Verträgen vereinbart worden ist, kommt es dabei nicht an. Das nur schwer zu fassende Kriterium der Marktüblichkeit kann wohl im Einzelfall eine zusätzliche Voraussetzung für die Zulässigkeit eines vereinbarten Risikoausschlusses sein[544]. Der Umstand, dass ein Ausschluss üblicherweise Verwendung findet, vermag eine Zweckgefährdung allerdings nicht per se auszuschließen. Ein **vereinbarter Risikoausschluss, der den Anforderungen des § 114 Abs. 2 Satz 1 VVG nicht genügt**, ist regelmäßig **nach § 307 BGB unwirksam.** Der VR kann sich dann im Deckungsprozess nicht darauf berufen, dass er zu Leistung nicht verpflichtet sei. Das gilt auch dann, wenn der Geschädigte den VR im Wege des Direktanspruches oder aus übergegangenem Recht nach Pfändung und Überwei-

---

[541] RegE, Begründung zu § 113 Abs. 2, BT-Drs. 16/3945, S. 87; anders noch § 158b Abs. 2 Satz 2 VVG a. F.
[542] RegE, Begründung zu § 114 Abs. 1, BT-Drs. 16/3945, S. 88.
[543] RegE, Begründung zu § 114 Abs. 2, BT-Drs. 16/3945, S. 88.
[544] So gemäß § 9 Abs. 5 VersVermO für die Berufshaftpflichtversicherung des Versicherungsvermittlers.

sung unmittelbar in Anspruch nimmt, denn für den Umfang dieses Anspruchs ist ebenfalls die vertragliche Regelung, ggf. unter Berücksichtigung der Fiktion des § 117 Abs. 1 bis 4 VVG, maßgeblich. Soweit die Inhaltskontrolle im Einzelfall nicht zur Unwirksamkeit des Ausschlusses führen sollte, besteht in diesen Fällen kein den rechtlichen Vorgaben entsprechender Versicherungsschutz[545]. Der VN verstößt dann gegen die Versicherungspflicht und hat ggf. vorgesehene Sanktionen zu fürchten.

Die Vorschrift des § 114 Abs. 2 Satz 1 VVG ist auch auf die **Vereinbarung eines Selbst-**   **167** **behalts** anzuwenden. Eine solche Vereinbarung ist unter den dort genannten Voraussetzungen also **grundsätzlich zulässig.** Zu diesen Voraussetzungen zählt auch, dass der Selbstbehalt der Höhe nach angemessen begrenzt wird[546]. Es liegt auf der Hand, dass anderenfalls wiederum der Zweck der Pflichtversicherung gefährdet wäre. Allerdings kann nach § 114 Abs. 2 Satz 2 VVG ein Selbstbehalt des VN **dem Geschädigten nicht entgegengehalten und gegenüber einer mitversicherten Person nicht geltend gemacht** werden. Der Selbstbehalt gilt demnach nur im Innenverhältnis zwischen VR und VN; der VR, der an den Geschädigten Zahlungen erbracht hat, ist ggf. darauf angewiesen, bei seinem VN Rückgriff zu nehmen. Ein solcher Rückgriffsanspruch folgt zwar nicht aus dem Gesetz (§ 117 Abs. 5 VVG gilt nicht), ergibt sich aber, sofern nicht ausdrücklich vereinbart, jedenfalls aus einer ergänzenden Auslegung des Versicherungsvertrages. Aus § 113 Abs. 3 VVG folgt zudem, dass ein vereinbarter Selbstbehalt nicht nur im Rahmen der Mindestversicherungssummen, sondern auch soweit darüber hinaus Versicherungsschutz besteht, dem Geschädigten nicht entgegengehalten werden kann[547].

III. Leistung des Versicherers

1. Grundsatz

Ist der Versicherungsfall eingetreten, so hat der VR gegenüber seinem VN die im Versiche-   **168** rungsvertrag vereinbarten Leistungen zu erbringen. Gemäß § 100 VVG bestehen diese wie bei jeder Haftpflichtversicherung in der Abwehr unbegründeter Ansprüche und in der Freistellung von begründeten Schadensersatzforderungen des Geschädigten. Erbringt der VR in Erfüllung seiner Freistellungsverpflichtung Zahlungen an den Geschädigten, so bemessen sich diese Leistungen grundsätzlich nach der Leistungspflicht des VR aus dem Versicherungsverhältnis. Für den **Umfang des Befreiungsanspruchs** ist damit auch gegenüber dem Geschädigten in erster Linie **die vertragliche Regelung** maßgeblich. Diese beschreibt das vom VR übernommene Risiko und schränkt es ggf. in Gestalt von Risikoausschlüssen oder -begrenzungen ein. Allerdings sind Vereinbarungen über den Inhalt oder den Umfang der Pflichtversicherung nur dann beachtlich, soweit dadurch gemäß § 114 Abs. 2 Satz 1 VVG der jeweilige Zweck der Pflichtversicherung nicht gefährdet wird. Das ist ggf. im Rahmen der **Inhaltskontrolle nach § 307 BGB** zu überprüfen. Risikoausschlüsse, die diesen Anforderungen nicht genügen, stellen im Zweifel eine unangemessene Benachteiligung des VN dar und sind deshalb unwirksam; der VR kann sich auf die so vereinbarte Beschränkung seiner Leistungspflicht dann nicht berufen. Für hiernach wirksam vereinbarte vertragliche Selbstbehalte gilt im übrigen, dass sie zwar den Befreiungsanspruch des VN einschränken, dem Dritten nach § 114 Abs. 2 Satz 2 VVG aber nicht entgegengehalten werden können. Der VR hat in diesem Fall den Dritten zu entschädigen, wie wenn der Selbstbehalt nicht bestünde, kann dann allerdings seinen VN im Umfange des Selbstbehaltes in Regress nehmen.

---

[545] Vgl. Gegenäußerung der Bundesregierung, zu Artikel 1, § 114 Abs. 2 Satz 1 VVG, BT-Drs. 16/3945, S. 132.
[546] RegE, Begründung zu § 114 Abs. 2, BT-Drs. 16/3945, S. 88.
[547] RegE, Begründung zu § 114 Abs. 2, BT-Drs. 16/3945, S. 88; s. auch *Schirmer*, ZVersWiss Suppl. 2006, 427 (441).

2. Fortbestehen der Leistungspflicht

169   Der beschriebene Grundsatz, wonach sich die an den Geschädigten zu erbringenden Leistungen zunächst nach der Leistungspflicht des VR aus dem Versicherungsverhältnis richten, hätte bei uneingeschränkter Anwendung zur Folge, dass der VR auch dann keine Schadensersatzzahlungen an den Geschädigten zu leisten hätte, wenn er trotz grundsätzlich bestehenden Versicherungsschutzes im Einzelfall, etwa wegen einer vorsätzlichen Obliegenheitsverletzung, gegenüber seinem VN nicht zur Leistung verpflichtet ist. In Fällen dieser Art spricht man vom **„kranken Versicherungsverhältnis".** Eine Übertragung der Leistungsfreiheit des VR auf die Person des Geschädigten auch in diesen Fällen hätte eine nicht hinnehmbare Verkürzung des Geschädigtenschutzes zur Folge. VN und VR hätten es unter Umständen in der Hand, den Anspruch des Geschädigten durch gemeinsames Zusammenwirken zu verkürzen. Sinn und Zweck der Pflichtversicherung wären damit erheblich in Frage gestellt. Das Gesetz wirkt dem dadurch entgegen, dass es dem Geschädigten in diesen Fällen im Rahmen des durch die Pflichtversicherung versicherten Risikos zumindest **den Anspruch auf die gesetzliche Mindestdeckung** sichert: Ist der VR von der Verpflichtung zur Leistung dem VN gegenüber ganz oder teilweise frei, so bleibt nach § 117 Abs. 1 VVG gleichwohl seine Verpflichtung in Ansehung des Dritten bestehen. Durch diese Regelung, die sachlich mit den bisherigen § 158c Abs. 1 VVG a. F. und § 3 Nr. 4 PflVG übereinstimmt, wird für den Fall, dass dem VN wegen der Leistungsfreiheit des VR ein Deckungsanspruch nicht zusteht, **das Bestehen eines solchen Anspruches zugunsten des Geschädigten fingiert**[548]. Das bedeutet, dass alle Vertragsbedingungen insoweit als rechtsbeständig gelten, als sie für die Haftung des Versicherers im Verhältnis zum Dritten von Bedeutung sind und mit ihr in einem notwendigen Zusammenhang stehen[549]. Unter die Bestimmung fallen alle Sachverhalte, in denen sich der VR gegenüber seinem VN trotz des grundsätzlich bestehenden Versicherungsschutzes auf Leistungsfreiheit berufen kann, also insbesondere Fälle der Obliegenheitsverletzung, des Verstoßes gegen vorvertragliche Anzeigepflichten, der Gefahrerhöhung oder des Prämienverzuges[550]. Die Vorschrift ist ferner entsprechend anzuwenden, wenn der VN den Anspruch auf die Versicherungsleistung verjähren lässt[551].

170   Sind die Voraussetzungen des § 117 Abs. 1 VVG gegeben, so besteht die **Haftung des VR trotz Leistungsfreiheit** gegenüber dem VN im Verhältnis zum Dritten fort. Der VR hat den Dritten zu befriedigen und kann, soweit er seinem VN nicht zur Leistung verpflichtet ist, bei diesem Rückgriff nehmen. Die Leistungspflicht des VR gegenüber dem Dritten besteht allerdings gemäß § 117 Abs. 3 Satz 1 VVG **nur im Rahmen der vorgeschriebenen Mindestversicherungssumme und der von ihm übernommenen Gefahr.** Die Leistung ist also zum einen der Höhe nach auf die gesetzliche Mindestversicherungssumme begrenzt, auch wenn die vertraglich vereinbarte Versicherungssumme darüber hinausgeht. Zum anderen scheidet eine Haftung gegenüber dem Dritten auch dann aus, wenn eine Leistungspflicht des VR schon deshalb nicht besteht, weil das verwirklichte Risiko überhaupt nicht versichert ist oder die Voraussetzungen eines vertraglich vereinbarten und nach § 114 VVG zulässigen Risikoausschlusses vorliegen. Denn die Leistungspflicht des VR nach § 117 Abs. 1 VVG **kann nicht weitergehen, als es bei einem ordnungsgemäßen Versicherungsverhältnis aufgrund des Vertrages der Fall wäre**[552]. Demgemäß bleibt der VR auch nach § 117 Abs. 1 VVG leistungsfrei, wenn der VN den Versicherungsfall vorsätzlich herbeigeführt hat (§ 103 VVG, Ziff. 7.1 AHB)[553]. Entsprechendes gilt, wenn nach den Versicherungsbedingungen

---

[548] BGH v. 15. 3. 1983, BGHZ 87, 121 = VersR 1983, 688 = NJW 1983, 2197; BGH v. 22. 3. 1965, BB 1965, 608
[549] BGH v. 27. 5. 1957, BGHZ 24, 308 = NJW 1957, 1230 = VersR 1958, 173.
[550] *Prölss/Martin/Knappmann,* § 158c, Rn. 5, m. w. N.
[551] BGH v. 20. 1. 1971, NJW 1971, 657 = VersR 1971, 333.
[552] RegE, Begründung zu § 117 Abs. 1 und 3, BT-Drs. 16/3945, S. 89; zur bisherigen Rechtslage BGH v. 16. 9. 1986, VersR 1986, 1231 = NJW-RR 1987, 87.
[553] BGH v. 20. 6. 1990, BGHZ 111, 372 = VersR 1990, 888 = NJW 1990, 2387; BGH v. 15. 12. 1970, NJW 1971, 459 = VersR 1971, 239.

Schäden vom Versicherungsschutz ausgenommen werden, die durch wissentliches Abweichen von Gesetz, Vorschrift, Anweisung oder Bedingung des Machtgebers oder durch sonstige wissentliche Pflichtverletzung verursacht worden sind, und der VN den Schaden nachgewiesenermaßen in dieser Weise herbeigeführt hat[554].

3. Nachhaftung

Für bestimmte Fälle, in denen das Versicherungsverhältnis nicht mehr besteht, ordnet das Gesetz zugunsten des Geschädigten eine **Nachhaftung des VR** an. Gemäß § 117 Abs. 2 Satz 1 und 2 VVG wirkt ein Umstand, der das Nichtbestehen oder die Beendigung des Versicherungsverhältnisses zur Folge hat, in Ansehung des Dritten erst mit dem Ablauf eines Monats, nachdem der VR diesen Umstand der hierfür zuständigen Stelle angezeigt hat. Das gilt auch, wenn das Versicherungsverhältnis durch Zeitablauf endet. Voraussetzung ist hier, und zwar auch soweit das Gesetz vom Nichtbestehen des Vertrages spricht, dass das Versicherungsverhältnis zumindest dem Anscheine nach zunächst bestanden hat. Das etwa ist der Fall, wenn der zunächst schwebend unwirksame Vertrag von dem gesetzlichen Vertreter des VN nicht genehmigt wird[555]. Mangelt es dagegen auch am **Rechtsschein des Bestehens eines Deckungsverhältnisses,** so kommt eine Nachhaftung des VR von vornherein nicht in Betracht[556]. Die gesetzliche Monatsfrist beginnt mit der Anzeige des für die Beendigung maßgeblichen Umstandes durch den VR, nicht jedoch vor Beendigung des Versicherungsverhältnisses (vgl. § 117 Abs. 2 Satz 3 VVG). Hierbei handelt es sich um eine starre Frist, die eine feste Nachhaftungszeit von einem Monat bestimmt und auch dann nicht in eine gesetzliche Höchstfrist umgedeutet werden kann, wenn der Anlass für das Fortbestehen der Versicherung vorzeitig entfallen ist[557]. Eine Nachhaftung besteht allerdings nicht, sofern eine zur Entgegennahme der Anzeige zuständige Stelle nicht bestimmt ist (§ 117 Abs. 2 Satz 5 VVG).

4. Verweisungsprivileg

Soweit der VR gemäß § 117 Abs. 1 und 2 VVG haftet, ist er gleichwohl insoweit leistungsfrei, als der Dritte Ersatz seines Schadens von einem anderen Schadensversicherer oder von einem Sozialversicherungträger erlangen kann (sog. **Verweisungsprivileg des Pflichtversicherers,** § 117 Abs. 3 Satz 2 VVG). Andere Schadensversicherer sind alle VR, die für den Schaden des Dritten aufzukommen haben, insbesondere andere Haftpflichtversicherer eines anderen Schädigers, Sachversicherer des Geschädigten selbst, aber auch dessen Krankenversicherer, soweit es sich im konkreten Fall um eine Schadenversicherung handelt[558]. Für die Verweisung genügt es, dass der Geschädigte in der Lage ist („kann"), von dem anderen VR Ersatz zu erlangen; nicht erforderlich ist, dass auch tatsächlich Leistungen erbracht werden. Insbesondere führt der Umstand, dass hinsichtlich einer im Zeitpunkt des Versicherungsfalls bestehenden anderweitigen Ersatzmöglichkeit später wegen unterlassener oder nicht rechtzeitiger Geltendmachung des Schadens ein Anspruchsverlust eintritt, nicht zum Ausschluss des Verweisungsrechts[559]. Für die Voraussetzungen des Verweisungsprivilegs ist der VR darlegungspflichtig und beweispflichtig[560].

Wechselt der VN den Pflichtversicherer, so besteht für den Zeitraum der Nachhaftung eine **Doppelversicherung** und damit grundsätzlich ein weiterer Schadensversicherer, an den der Geschädigte verwiesen werden kann. § 117 Abs. 2 Satz 4 VVG schränkt hier das Verweisungsprivileg des nachhaftenden VR ein, indem er anordnet, dass ein in § 117 Abs. 2 Satz 1 und 2 VVG bezeichneter Umstand dem Anspruch des Dritten auch dann entgegengehalten werden kann, wenn vor dem Zeitpunkt des Schadensereignisses der hierfür zuständi-

171

172

173

---

[554] BGH v. 20. 6. 2001, VersR 2001, 1103 = NJW-RR 2001, 1311.
[555] Vgl. BGH v. 2. 10. 2002, VersR 2002, 1501 = NJW 2003, 514.
[556] Zu einem solchen Fall KG v. 2. 11. 1970, VersR 1971, 613.
[557] So BGH v. 1. 12. 1960, BGHZ 33, 318 = NJW 1961, 309 = VersR 1961, 20.
[558] S. nur *Römer/Langheid,* § 158c, Rn. 24.
[559] BGH v. 18. 12. 1970, VersR 1971, 238.
[560] BGH v. 28. 10. 1982, BGHZ 85, 225 = VersR 1983, 84 = NJW 1983, 1667.

Schneider

gen Stelle die Bestätigung einer entsprechend den Rechtsvorschriften abgeschlossenen neuen Versicherung zugegangen ist. Solange es an dem Zugang der Bestätigung fehlt, bleibt daher neben dem neuen auch der bisherige VR dem Dritten im Außenverhältnis zur Leistung verpflichtet.

174 § 117 Abs. 4 VVG regelt den Fall, dass das Verweisungsprivileg des Pflichtversicherers mit dem **Verweisungsprivileg des Fiskus** aus § 839 Abs. 1 BGB zusammentrifft. In diesem Fall soll nach dem Wortlaut der Vorschrift die Ersatzpflicht nach § 839 Abs. 1 BGB im Verhältnis zum VR nicht dadurch ausgeschlossen sein, dass die Voraussetzungen für die Leistungspflicht des VR vorliegen. Der Gesetzgeber macht sich damit die in der Rechtsprechung zu § 158 c Abs. 5 VVG a. F. vertretene Auslegung zu eigen, wonach die Vorschrift nur im Innenverhältnis zwischen VR und öffentlichem Dienstherrn wirken soll[561]. Auf die persönliche Haftung des Beamten findet die Bestimmung auch weiterhin keine Anwendung.

5. Regress

175 Soweit der VR den Dritten nach § 117 Abs. 1 bis 4 VVG **befriedigt,** geht nach § 117 Abs. 5 Satz 1 VVG **die Forderung des Dritten gegen den VN auf ihn über.** Die Vorschrift entspricht sachlich dem früheren § 158 f VVG. Sie stellt sicher, dass im Falle der Befriedigung des Geschädigten durch den VR nach § 117 Abs. 1 bis 4 VVG, also bei fehlender Leistungspflicht im Innenverhältnis von VR und VN, die Forderung des Dritten gegen den VN gleichfalls auf den VR übergeht, damit dieser den VN in Regress nehmen kann[562]. Die Bestimmung ist allerdings **nicht anzuwenden,** soweit ein **Direktanspruch** des Geschädigten gegen den VR nach § 115 Abs. 1 VVG besteht und der VR dem Geschädigten neben dem VN als Gesamtschuldner haftet. In diesem Fall gelten die Regelungen des § 116 VVG i. V. m. §§ 421 ff. BGB; der Rückgriff des VR regelt sich dann nach den insoweit vorrangigen Bestimmungen über die Gesamtschuld. § 117 Abs. 5 Satz 2 VVG stellt zudem – wie schon § 86 Abs. 1 Satz 2 VVG – klar, dass der **Übergang der Forderung nicht zum Nachteil des Dritten** geltend gemacht werden kann. Das betrifft vornehmlich die Fälle, in denen der Dritte vom VR nicht vollständig befriedigt wurde und im übrigen gegen den Schädiger vorgehen will. Er erhält dann gegenüber der auf den VR übergegangenen Teilforderung ein Recht auf vorrangige Befriedigung.

IV. Direktanspruch

1. Voraussetzungen

176 § 115 Abs. 1 VVG eröffnet dem Geschädigten die Möglichkeit, seinen gegen den VN bestehenden Anspruch auf Schadensersatz unter bestimmten Voraussetzungen **auch gegen den VR** geltend zu machen. Bei dem Direktanspruch handelt es sich um einen **deliktsrechtlichen Schadensersatzanspruch eigener Art,** der neben den bestehenden Schadensersatzanspruch des Geschädigten gegen den VN tritt und auf Schadensersatz in Geld gerichtet ist (§ 115 Abs. 1 Satz 3 VVG). Eine unmittelbare Inanspruchnahme des Pflichtversicherers ist nach § 115 Abs. 1 Satz 1 VVG jetzt immer dann zulässig, wenn es sich um eine Haftpflichtversicherung zur Erfüllung einer nach dem Pflichtversicherungsgesetz bestehenden Versicherungspflicht handelt, wenn über das Vermögen des VN das Insolvenzverfahren eröffnet, der Eröffnungsantrag mangels Masse abgewiesen oder ein vorläufiger Insolvenzverwalter bestellt worden ist oder wenn der Aufenthalt des VN unbekannt ist. Die erste Alternative dieser Vorschrift übernimmt die bisherige Reglung des § 3 Nr. 1 bis 3 PflVG a. F., die einen Direktanspruch des Geschädigten schon bislang für den Bereich der Kfz-Pflichtversicherung vorsah, in das VVG. Mit den beiden weiteren Fällen soll darüber hinaus für alle Pflichtversicherungen ein

---

[561] RegE, Begründung zu § 117 Abs. 4, BT-Drs. 16/3945, S. 89; zu § 158 c Abs. 5 VVG a. F. BGH v. 26. 9. 1985, BGHZ 96, 50 = VersR 1986, 180 = NJW 1986, 848; BGH v. 28. 10. 1982, BGHZ 85, 225 = VersR 1983, 84 = NJW 1983, 1667.

[562] Beschlussempfehlung des Rechtsausschusses, Begründung zu § 117 Abs. 5 VVG, BT-Drs. 16/6627, S. 7.

Direktanspruch in den **„unter Verbraucherschutzgesichtspunkten wesentlichen Problembereichen"** eingeführt werden[563]. § 115 Abs. 1 VVG gilt seit 1. 1. 2008 für alle seit diesem Tag entstandenen Ansprüche, und zwar auch dann, wenn die Vertragsbeziehungen von VN und VR gemäß Artikel 1 Abs. 1 EGVVG noch bis zum 31. 12. 2008 dem alten Recht unterliegen[564].

Die gesetzliche Neuregelung zielt auf diejenigen Fälle ab, in denen der Geschädigte seinen   **177** Anspruch gegen den Schädiger **nur unter besonderen Schwierigkeiten realisieren** kann. Gerade im Falle des zahlungsunfähigen VN zeigt sich indes, dass der gewählte Ansatz, der letztlich einen Kompromiss darstellt zwischen dem Vorschlag des Regierungsentwurfes zugunsten eines allgemeinen Direktanspruches und der entgegenlautenden Forderung, auf einen Direktanspruch außerhalb der Kfz-Pflichtversicherung ganz zu verzichten, vielfach ins Leere laufen wird. Denn in den praktisch besonders relevanten **„Grauzonenfällen",** bei denen der VN sich zwar in Zahlungsschwierigkeiten befindet, die Schwelle zur Insolvenz jedoch noch nicht überschritten hat, müsste es bei wortgetreuer Anwendung der Vorschrift dabei verbleiben, dass eine Inanspruchnahme des die Zahlung verweigernden VR erst nach Durchführung des Haftpflichtprozesses und Vollstreckung in den Freistellungsanspruch des VN möglich ist. Das aber liefe dem geäußerten Anliegen, die unter Verbraucherschutzgesichtspunkten wesentlichen Problembereiche zu erfassen, zuwider. Da ein derart beschränkter Schutz des Geschädigten nicht gewollt sein kann, sollte jedenfalls nach Sinn und Zweck der Regelung eine **analoge Anwendung von § 115 Abs. 1 Satz 1 Nr. 2 VVG auch auf diese Fälle** erwogen werden. Nichtsdestotrotz ist zu erwarten, dass der Direktanspruch auch in Zukunft seinen wichtigsten Anwendungsbereich wohl vor allem in der Kfz-Haftpflichtversicherung behalten wird.

2. Umfang

Ist dem Geschädigten aufgrund von § 115 Abs. 1 Satz 1 VVG ein Direktanspruch gegen den   **178** VR eröffnet, so besteht dieser Anspruch zunächst **im Rahmen der Leistungspflicht des VR** aus dem Versicherungsverhältnis (§ 115 Abs. 1 Satz 2 VVG). Für den Umfang des Anspruchs ist damit auch hier grundsätzlich die vertragliche Regelung maßgeblich. Insoweit gilt, dass leistungseinschränkende Vereinbarungen, die den gesetzlichen Anforderungen (§ 114 Abs. 2 Satz 1 VVG) zuwiderlaufen, unbeachtlich sind und dass vertragliche Selbstbehalte, soweit zulässigerweise vereinbart, dem Dritten nach § 114 Abs. 2 Satz 2 VVG nicht entgegengehalten werden können. Soweit eine Leistungspflicht des VR nicht gegeben ist, weil dieser, etwa aufgrund einer Obliegenheitsverletzung, trotz grundsätzlich bestehenden Versicherungsschutzes dem VN gegenüber nicht zur Leistung verpflichtet ist, besteht der Anspruch des Dritten **im Rahmen des § 117 Abs. 1 bis 4 VVG.** Der VR haftet in diesen Fällen allerdings dem Dritten gegenüber nur eingeschränkt; insbesondere ist er nur im Rahmen der vorgeschriebenen Mindestversicherungssummen und der von ihm übernommenen Gefahr zur Leistung verpflichtet (§ 117 Abs. 3 Satz 1 VVG)[565]. Das bedeutet, dass wirksam vereinbarte Beschränkungen des vertraglichen Risikos, etwa ein Risikoausschluss wegen vorsätzlicher Herbeiführung des Versicherungsfalles, auch insoweit einen Direktanspruch ausschließen.

3. Fälligkeit und Verjährung

Die **Fälligkeit** des Direktanspruchs unterliegt allgemeinen Regeln; der Geschädigte kann   **179** demnach die Leistung gemäß § 271 Abs. 1 BGB sofort von dem VR verlangen. Dagegen ist die Verjährung in § 115 Abs. 2 VVG in sachlicher Übereinstimmung mit dem bisherigen § 3 Nr. 3 PflVG a. F. besonders geregelt. Danach unterliegt der Direktanspruch gegen den VR **der gleichen Verjährung wie der Schadensersatzanspruch** gegen den ersatzpflichtigen VN und die Verjährung beginnt mit dem Zeitpunkt, zu dem die Verjährung des Schadensersatzanspruches gegen den ersatzpflichtigen VN beginnt. Maßgeblich sind insoweit also auch

---

[563] Beschlussempfehlung des Rechtsausschusses, Begründung zu § 115, BT-Drs. 16/5862, S. 99.
[564] S. dazu § 1a Rn. 43 (in diesem Handbuch) und *Schneider*, VersR 2008, 859.
[565] Dazu i. e. oben, Rn. 169 ff.

hier die §§ 195, 199 BGB. Von den allgemeinen Grundsätzen abweichend **endet** die Verjährung des Direktanspruchs allerdings **spätestens nach zehn Jahren von dem Eintritt des Schadens an.** Maßgeblich für den Beginn dieser Frist ist der Zeitpunkt, in dem sich der Schaden offenbart hat, nicht dagegen das unter Umständen lange Zeit unerkannte Ursachenereignis[566]. Ist der Anspruch des Dritten bei dem VR angemeldet worden, so ist die Verjährung bis zu dem Zeitpunkt **gehemmt,** zu dem die Entscheidung des VR dem Anspruchsteller in Textform zugeht. Diese Entscheidung muss ihrer Form nach erschöpfend, umfassend und endgültig sein und dem Geschädigten zweifelsfreie Klarheit über die Haltung des Haftpflichtversicherers des Schädigers gegenüber seinen Forderungen als Grundlage für die sachgerechte Durchsetzung seiner Ansprüche verschaffen[567]; insoweit gelten auch hier die von der Rechtsprechung zur allgemeinen Bestimmung des § 15 VVG (§ 12 Abs. 2 VVG a. F.) entwickelten Grundsätze. Für die Anmeldung der Ansprüche genügt im allgemeinen eine Unterrichtung des VR vom Schadensereignis und die Vermittlung einer ungefähren Vorstellung vom Umfang seiner Eintrittspflicht[568]. Gemäß § 115 Abs. 2 Satz 4 VVG schließlich wirken die Hemmung, die Ablaufhemmung und der Neubeginn der Verjährung des Anspruchs gegen den VR auch gegenüber dem ersatzpflichtigen VN und umgekehrt. Die Bestimmung erfasst nur die Ansprüche des Geschädigten gegen VN und VR; der vertragliche Deckungsanspruch des VN gegen den VR fällt nicht darunter, sondern verjährt nach allgemeinen Regeln[569].

4. Gesamtschuldner

180   Besteht ein Direktanspruch zugunsten des Geschädigten, so haftet der VR neben dem VN als Gesamtschuldner (§ 115 Abs. 1 Satz 4 VVG). Der VR, der auf den Direktanspruch des Geschädigten leistet, erfüllt deshalb damit zugleich seine gegenüber dem VN bestehenden Verpflichtungen aus dem Versicherungsvertrag[570]. Auf das hiernach bestehende **Gesamtschuldverhältnis** finden grundsätzlich die §§ 421 ff. BGB Anwendung, soweit das Versicherungsvertragsrecht keine hiervon abweichenden Bestimmungen trifft. Zu beachten ist hier **§ 116 VVG.** Nach Absatz 1 dieser Vorschrift ist der VR im Verhältnis der Gesamtschuldner zueinander alleine verpflichtet, soweit er dem VN aus dem Versicherungsverhältnis zur Leistung verpflichtet ist. Soweit eine solche Verpflichtung dagegen nicht besteht, ist in ihrem Verhältnis zueinander der VN alleine verpflichtet. Auch die Verjährung der Ausgleichsansprüche zwischen den Gesamtschuldnern ist besonders geregelt; sie beginnt gemäß § 116 Abs. 2 VVG mit dem Schlusse des Jahres, in welchem der Anspruch des Dritten erfüllt wird. Besonderheiten können sich ferner daraus ergeben, dass das Gesetz in bestimmten Fällen eine **Bindung des VN an das Ergebnis des zwischen dem VR und dem Dritten geführten Rechtsstreites** anordnet. Ist nämlich der Anspruch des Dritten gegenüber dem VR durch rechtskräftiges Urteil, Anerkenntnis oder Vergleich festgestellt worden, muss der VN, gegen den von dem VR Ansprüche auf Grund des § 116 Abs. 1 Satz 2 VVG geltend gemacht werden, diese Feststellung gemäß § 124 Abs. 2 VVG gegen sich gelten lassen, es sei denn, der VR hat die Pflicht zur Abwehr unbegründeter Entschädigungsansprüche sowie zur Minderung oder zur sachgemäßen Feststellung des Schadens schuldhaft verletzt. Die Darlegungs- und Beweislast für eine solche schuldhafte Pflichtverletzung des VR trägt der VN; dieser kann allerdings zu diesem Zweck ggf. von dem VR Auskunft und Rechenschaft über die Schadensregulierung verlangen[571].

---

[566] Beschlussempfehlung des Rechtsausschusses, Begründung zu § 115, BT-Drs. 16/5862, S. 99.
[567] BGH v. 5. 12. 1995, NJW-RR 1996, 474 = VersR 1996, 369; BGH v. 30. 4. 1991, BGHZ 114, 299 = NJW 1991, 1954 = VersR 1991,878.
[568] BGH v. 7. 4. 1987, VersR 1987, 937 = NJW-RR 1987, 916; BGH v. 2. 3. 1982, BGHZ 83, 162 = VersR 1982, 546 = NJW 1982, 1761.
[569] BGH v. 25. 11. 1986, VersR 1987, 561; BGH v. 7. 12. 1976, BGHZ 67, 372 = VersR 1977, 282 = NJW 1977, 532.
[570] BGH v. 18. 4. 1984, VersR 1984, 327 = NJW 1984, 1463.
[571] BGH v. 20. 11. 1980, VersR 1981, 180.

5. Rechtskrafterstreckung

a) Voraussetzungen. Soweit ein Direktanspruch des Geschädigten besteht, hat dieser die **181** Wahl, ob er die ihm als Gesamtschuldner haftenden VN und VR gemeinsam oder in getrennten Prozessen, gleichzeitig oder nacheinander in Anspruch nehmen will. Allerdings soll er die **Doppelgleisigkeit des Haftungsanspruchs** nicht als Instrument benutzen dürfen, eine ihm ungünstige Beurteilung der Haftungsfrage gegen den einen Ersatzschuldner durch einen zweiten Prozess gegen den zunächst nicht mitverklagten Mitschuldner zu korrigieren[572]. Dem will die Regelung des § 124 Abs. 1 VVG entgegenwirken. Soweit durch rechtskräftiges Urteil festgestellt wird, dass dem Dritten ein Anspruch auf Ersatz des Schadens nicht zusteht, wirkt das Urteil hiernach, wenn es zwischen dem Dritten und dem VR ergeht, auch zugunsten des VN und wenn es zwischen dem Dritten und dem VN ergeht, auch zugunsten des VR. Diese **Rechtskrafterstreckung** war schon bislang in § 3 Nr. 8 PflVG a. F. vorgesehen. Sie bewirkt nunmehr für alle Fälle, in denen der Geschädigte seinen Schadensersatzanspruch nach § 115 Abs. 1 VVG auch gegen den VR geltend machen kann (vgl. § 124 Abs. 3 VVG), dass der Anspruch gegen den VR – abweichend von den allgemeinen Vorschriften der §§ 421 ff. BGB, § 325 ZPO – hinsichtlich der Wirkung eines abweisenden Gerichtsurteils im Regelfall das Schicksal des Schadensersatzanspruchs gegen den Ersatzpflichtigen teilt und umgekehrt[573]. Grundsätzlich muss daher wegen der rechtskräftigen Verneinung eines Direktanspruchs gegen den einen Gesamtschuldner auch der Ersatzanspruch gegen den anderen Gesamtschuldner abgewiesen werden, selbst wenn der Sach- und Streitstand in dem gegen diesen geführten Prozess eine andere Beurteilung der Haftungsfrage erlauben würde[574]. Der **Anwendungsbereich** der Vorschrift **beschränkt** sich allerdings **auf klageabweisende Urteile,** und zwar auch dann, wenn die Abweisung ausschließlich wegen Verjährung erfolgt ist[575]. Zusprechende Urteile oder Prozessvergleiche bewirken dagegen schon nach dem Wortlaut der Vorschrift keine Rechtskrafterstreckung[576]. Bei vorausgegangenem Haftpflichtprozess kann allerdings auch in diesen Fällen für den nachfolgenden Deckungsprozess die Bindungswirkung des Haftpflichturteils zu beachten sein. Die Bindungswirkung der genannten Vorschrift betrifft nur das Verhältnis des VN zum VR und umgekehrt sowie – über den Wortlaut des Gesetzes hinaus – das Verhältnis des (Mit)-Versicherten zum VR und umgekehrt. Dagegen ist etwa der Geschädigte eines Verkehrsunfalls in der Kfz-Haftpflichtversicherung nicht gehindert, nach rechtskräftiger Abweisung seiner Klage gegen den Halter des schädigenden Fahrzeugs den Fahrer bzw. wegen dessen Haftung auch wiederum den VR in Anspruch zu nehmen[577].

b) Rechtsfolgen. Greift die Rechtskrafterstreckung ein, so gilt dies unabhängig davon, **182** ob der Geschädigte seine Ansprüche gegen die Gesamtschuldner **nacheinander oder unter gleichzeitiger Inanspruchnahme von VR und VN** in demselben Prozess verfolgt: In beiden Fällen bindet die rechtskräftige Verneinung der Haftung des einen Beklagten das Gericht in der Beurteilung der Haftungsfrage in dem gegen den anderen Beklagten noch anhängigen Verfahren[578]. Der Geschädigte, dessen Klage abgewiesen worden ist, muss daher stets Rechtsmittel gegen alle Beklagten einlegen, da ansonsten die Rechtskraft des klageabweisenden Urteils gegen nur einen Beklagten auf die den anderen Beklagten betreffende Entscheidung durchschlägt. Werden VN und VR gemeinsam verklagt, so sind sie im Prozess **lediglich ein-**

---

[572] BGH v. 14. 7. 1981, VersR 1981, 1156 = NJW 1982, 999 und VersR 1981, 1158 = NJW 1982, 996; in diesem Sinne zuletzt auch BGH v. 24. 6. 2003, VersR 2003, 1121 = NJW-RR 2003, 1327.
[573] BGH v. 24. 6. 2003, VersR 2003, 1121 = NJW-RR 2003, 1327, m. w. N.
[574] BGH v. 15. 1. 2008, VersR 2008, 485. BGH v. 14. 7. 1981, VersR 1981, 1158 = NJW 1982, 996.
[575] BGH v. 24. 6. 2003, VersR 2003, 1121 = NJW-RR 2003, 1327.
[576] BGH v. 3. 3. 1971, NJW 1971, 940 = VersR 1971, 611; BGH v. 30. 4. 1985, VersR 1985, 849 = NJW-RR 1986, 22.
[577] BGH v. 24. 9. 1985, BGHZ 96, 18 = VersR 1986, 153 = NJW 1986, 1610.
[578] BGH v. 24. 6. 2003, VersR 2003, 1121 = NJW-RR 2003, 1327; BGH v. 14. 7. 1981, VersR 1981, 1158 = NJW 1982, 996.

fache Streitgenossen, § 62 ZPO gilt nicht[579]. Das hat zur Folge, dass gegen den säumigen VN Versäumnisurteil selbst dann ergehen kann, wenn der VR im Termin vertreten ist. In diesem Fall besteht die Gefahr, dass die durch § 124 Abs. 1 VVG angeordnete Rechtskrafterstreckung unterlaufen wird. Der VR kann den Erlass eines Versäumnisurteils aber dadurch verhindern, dass er dem (säumigen) VN gemäß § 67 ZPO als Streithelfer beitritt[580]. Trägt der VN im Verhältnis zum VR widersprüchlich vor, legt er insbesondere ein unrichtiges Geständnis ab, so sind, da die Vertretungsfiktion des § 62 VVG bei der einfachen Streitgenossenschaft nicht eingreift, diese Erklärungen in dem jeweiligen Prozessrechtsverhältnis zwar grundsätzlich wirksam. Wurde allerdings rechtskräftig entschieden, dass dem Geschädigten ein Ersatzanspruch gegen den VR nicht zusteht, so führt die Rechtskrafterstreckung auch in diesem Fall zur Klageabweisung auch gegenüber dem VN[581]. Etwas anderes kann allerdings gelten, wenn der Geschädigte seinen Anspruch auch aus einem von dem VN abgegebenen Schuldanerkenntnis und damit aus einer vertraglichen Grundlage herleitet, da die Bindungswirkung der Rechtskrafterstreckung nur so weit reicht, als für die Ersatzansprüche gegen den VR und den VN derselbe Sachverhalt maßgeblich ist[582]. In einem solchen Fall sind daher auch unterschiedliche Entscheidungen gegenüber beiden Gesamtschuldnern möglich.

183   **c) Prozessuales.** Macht der Geschädigte seine Ansprüche gegen VN und VR in demselben Verfahren geltend, so kann die Klage gegen einen Gesamtschuldner **bei Entscheidungsreife durch Teilurteil abgewiesen** und sodann dessen Rechtskraft abgewartet werden[583]. Die Zulässigkeit einer solchen Vorgehensweise ergibt sich schon daraus, dass der Geschädigte beide Gesamtschuldner, die keine notwendigen Streitgenossen sind, von vornherein auch in getrennten Verfahren hätte verklagen können. Wird das klageabweisende Teilurteil rechtskräftig, so steht damit zugleich auch das Ergebnis des Rechtsstreits im übrigen fest. Der von der Rechtsprechung entwickelte Grundsatz, wonach ein Teilurteil nur erlassen werden darf, wenn es von der Entscheidung über den Rest des Anspruchs unabhängig ist, so dass die Gefahr einander widerstreitender Erkenntnisse, auch durch das Rechtsmittelgericht, nicht besteht[584], **verbietet im allgemeinen nur den Erlass eines zusprechenden Teilurteils**[585]. Denn dieser Grundsatz besagt nur, dass die (zunächst ergehende) Entscheidung über den Teil unabhängig davon sein muss, wie der Streit über den Rest ausgeht, dass also letzterer nicht eine Vorfrage für den bereits erledigten Teilstreit umfasst[586]. Das wäre wegen § 124 Abs. 1 VVG der Fall, wenn auf ein zusprechendes Teilurteil später ein klageabweisendes Schlussurteil folgte. Dagegen kann nach dieser Vorschrift dem klageabweisenden Teilurteil durch eine spätere Entscheidung nicht mehr die Grundlage entzogen werden. Unabhängig davon dürfte es aus prozessökonomischen Gründen in der Regel zweckmäßig sein, die Entscheidung über den – nach Erlass des Teilurteils selbständigen – Rechtsstreit gegen den anderen Gesamtschuldner **bis zur Rechtskraft des Teilurteils auszusetzen** (§ 148 ZPO)[587]. Die Entscheidung über die Aussetzung kann frühestens mit der Verkündung des Teilurteils erfolgen; vor Erlass des Teilurteils ist eine Aussetzung nicht möglich, da bis zu diesem Zeitpunkt ein einheitliches Verfahren vorliegt[588]. Ist allerdings ein Rechtsmittel ohnehin nicht gegeben, so kann wegen

---

[579] BGH v. 14. 7. 1981, VersR 1981, 1158 = NJW 1982, 996; BGH v. 10. 7. 1974, BGHZ 63, 53 = NJW 1974, 2124.

[580] Vgl. BGH v. 9. 3. 1993, VersR 1993, 625 = NJW-RR 1993, 765.

[581] BGH v. 15. 1. 2008, VersR 2008, 485. BGH v. 14. 7. 1981, VersR 1981, 1158 = NJW 1982, 996; BGH v. 13. 12. 1977, BGHZ 71, 339 = VersR 1978, 862 = NJW 1978, 2154.

[582] BGH v. 14. 7. 1981, VersR 1981, 1158 = NJW 1982, 996.

[583] *Prölss/Martin/Knappmann,* § 3 PflVersG, Rn. 4.

[584] BGH v. 7. 11. 2006, NJW 2007, 156; BGH v. 25. 11. 2003, NJW 2004, 1452 = VersR 2004, 645, jew. m. w. N.

[585] *Prölss/Martin/Knappmann,* § 3 PflVersG, Rn. 4; zu einem solchen Fall Saarl. OLG v. 5. 6. 2007, MDR 2007, 1422.

[586] BGH v. 19. 11. 1959, NJW 1960, 339; *Zöller/Vollkommer,* § 301, Rn. 7, m. w. N.

[587] OLG Celle v. 16. 6. 1988, VersR 1988, 1286.

[588] OLG Koblenz v. 12. 11. 1991, VersR 1992, 1536.

der Rechtskrafterstreckung auch sofort eine Klageabweisung gegen alle Gesamtschuldner erfolgen[589].

V. Obliegenheiten des Dritten

1. Anzeige des Schadensereignisses

Dem besonderen Schutz, welcher dem Dritten in der Pflichtversicherung zuteil wird, stellt **184** das Gesetz eine Reihe von Obliegenheiten gegenüber, die der Dritte im Schadensfalle zu beachten hat. Gemäß § 119 Abs. 1 VVG hat der Dritte zunächst ein **Schadensereignis,** aus dem er einen Anspruch gegen den VN oder nach § 115 Abs. 1 gegen den VR herleiten will, dem VR **innerhalb von zwei Wochen,** nachdem er von dem Schadensereignis Kenntnis erlangt hat, **in Textform anzuzeigen,** wobei zur Fristwahrung die rechtzeitige Absendung der Anzeige genügt. Die Vorschrift enthält eine Sonderregelung zu § 30 Abs. 1 Satz 2 VVG; sie entspricht inhaltlich den bisherigen § 3 Nr. 7 Satz 1 PflVG und § 158d Abs. 1 VVG a. F.

Verstöße gegen die Anzeigeobliegenheit werden kraft Gesetzes **nur unter Schadens- 185 ersatzgesichtspunkten** sanktioniert; hierfür ist Vertretenmüssen erforderlich, woran es fehlen kann, solange der Dritte unverschuldet keine Kenntnis vom VR hat. In der Praxis wird ein Verschulden des Dritten regelmäßig dazu führen, dass sein Direktanspruch gegen den VR gemäß § 254 Abs. 2 BGB um den entsprechenden Mitverschuldensanteil zu kürzen ist[590].

2. Anzeige bei gerichtlicher Geltendmachung

Macht der Dritte seinen Anspruch **gegen den VN gerichtlich geltend,** so hat er dies nach **186** § 119 Abs. 2 VVG dem VR **unverzüglich in Textform anzuzeigen.** Eine entsprechende Verpflichtung bestand auch schon bislang nach § 158d Abs. 2 VVG a. F.; lediglich das bisher geltende Erfordernis der Schriftform ist im Sinne einer vereinfachten Kommunikation mit dem VR gelockert worden. Der Gesetzgeber erachtet es auch weiterhin als ein berechtigtes Interesse des VR, darüber informiert zu werden, wenn der Dritte seinen Anspruch zunächst nur gegen den VN gerichtlich geltend macht[591]. Durch die Anzeige soll der VR die Möglichkeit erhalten, sich rechtzeitig in den Haftpflichtprozess einzuschalten, etwa noch notwendige Schadensfeststellungen zu treffen und unbegründete Ansprüche des Dritten abzuwehren[592].

Verletzt der Dritte schuldhaft die Obliegenheit, so **beschränkt § 120 VVG die Haftung 187 des VR** nach den §§ 115 und 117 VVG **auf den Betrag, den er auch bei gehöriger Erfüllung der Obliegenheit zu leisten gehabt hätte.** Es kommt hier also darauf an, ob und inwieweit sich die Stellung des VR infolge des Verstoßes in irgendeiner Richtung verschlechtert hat. Wurde dem VR durch das Schweigen des Dritten die Möglichkeit genommen, seine Interessen im Haftpflichtprozess rechtzeitig wahrzunehmen – was regelmäßig nur dann der Fall sein wird, wenn er auch von seinem VN nicht informiert worden ist –, so braucht er den dadurch verursachten Mehrschaden nicht zu tragen und kann durch die konkrete Behauptung, ihm sei ein solcher Schaden entstanden, den Dritten zum Beweis des Gegenteils zwingen[593]. Erhält der VR dagegen von anderer Seite so früh Kenntnis vom Prozess, dass er noch vor Eintritt nachteiliger Folgen eingreifen kann, dann steht er nicht schlechter da, als er bei gehöriger Erfüllung der Verpflichtung stünde. In diesem Falle muss er ebenso wie bei frist- und formgerechter Erstattung der Anzeige durch den Dritten selbst ein gegen den VN ergangenes rechtskräftiges Urteil auch für sich als verbindlich anerkennen[594]. Die genannte Rechts-

[589] BGH v. 13. 12. 1977, BGHZ 71, 339 = VersR 1978, 862 = NJW 1978, 2154; OLG Karlsruhe v. 22. 6. 1989, NJW-RR 1990, 1369 = VersR 1991, 539.
[590] So *Prölss/Martin/Knappmann,* § 3 Nr. 7 PflVG, Rn. 1; *Römer/Langheid,* § 3 PflVG, Rn. 30; *Bruck/ Möller/Johannsen,* IV B 26; a. A. Berliner Kommentar/*Hübsch,* § 158e, Rn. 11.
[591] RegE, Begründung zu § 119 Abs. 2, BT-Drs. 16/3945, S. 90.
[592] BGH v. 11. 10. 1956, VersR 1956, 707 = NJW 1956, 1796.
[593] BGH v. 11. 10. 1956, VersR 1956, 707 = NJW 1956, 1796.
[594] BGH v. 22. 10. 2003, VersR 2003, 1565 = NJW-RR 2004, 28; BGH v. 19. 3. 2003, VersR 2003, 635 = NJW-RR 2003, 1572; BGH v. 11. 10. 1956, VersR 1956, 707 = NJW 1956, 1796.

folge soll gemäß § 120 VVG nur eintreten, **sofern der Dritte vorher ausdrücklich und in Textform auf die Folgen der Verletzung hingewiesen worden ist.** Soweit dies jetzt auch für Verstöße gegen § 119 Abs. 2 VVG der Fall sein soll, weicht die Bestimmung von der bisherigen Regelung (§ 158 e Abs. 1 VVG und § 3 Nr. 7 Satz 2 PflVG) ab. Allerdings handelt es sich dabei ganz offensichtlich um ein **Redaktionsversehen des Gesetzgebers.** Denn es ist allgemein anerkannt, dass bei Anzeigeobliegenheiten, „die nach Eintritt des Versicherungsfalles aufgrund des konkreten Ablaufes entstehen und auf die der VR daher nicht im voraus hinweisen kann"[595], eine vorherige Belehrungspflicht des VR nicht besteht[596]. § 120 VVG ist daher einschränkend dahin auszulegen, dass nur im Falle des § 119 Abs. 3 eine Sanktion der Obliegenheitsverletzung des Dritten von einer vorherigen Belehrung durch den VR abhängig ist.

3. Auskunft- und Belegpflicht

188   Schließlich bestimmt § 119 Abs. 3 VVG in sachlicher Übereinstimmung mit § 158 d Abs. 3 VVG a. F., dass der VR von dem Dritten **Auskunft** verlangen kann, soweit sie zur Feststellung des Schadensereignisses und der Höhe des Schadens erforderlich ist. **Belege** kann der VR insoweit verlangen, als deren Beschaffung dem Dritten billigerweise zugemutet werden kann. Ein Verstoß gegen diese Mitwirkungspflicht führt nach § 120 VVG wiederum dazu, dass der VR nach den §§ 115 und 117 VVG nur auf den Betrag haftet, den er auch bei gehöriger Erfüllung der Obliegenheit zu leisten gehabt hätte. Da die Mitwirkungspflichten des Dritten nach § 119 Abs. 3 VVG nur auf Verlangen des VR entstehen, wird die Sanktion eines Verstoßes hier zu Recht davon abhängig gemacht, dass der Dritte vorher ausdrücklich und in Textform auf die Folgen der Verletzung hingewiesen worden ist.

VI. Besonderheiten

1. Insolvenz des Versicherers

189   Die Regelungen über die Pflichtversicherung sind maßgeblich von dem Grundgedanken geprägt, im Interesse des Geschädigten einen größtmöglichen Versicherungsschutz zu gewährleisten. In diesem Sinne hält § 117 Abs. 6 VVG **besondere Regelungen über die Fortgeltung des Vertrages** für den Fall vor, dass über das Vermögen des VR ein Insolvenzverfahren eröffnet wird. Abweichend von § 16 VVG, der für diesen Fall eine Beendigung des Versicherungsverhältnisses mit Ablauf eines Monats seit der Eröffnung vorsieht, endet bei der Pflichtversicherung das Versicherungsverhältnis erst mit dem Ablauf eines Monats, nachdem der Insolvenzverwalter diesen Umstand der hierfür zuständigen Stelle angezeigt hat; bis zu diesem Zeitpunkt bleibt es der Insolvenzmasse gegenüber wirksam. Ist eine zur Entgegennahme der Anzeige zuständige Stelle nicht bestimmt, so endet das Versicherungsverhältnis einen Monat, nachdem der VN in Textform von der Eröffnung des Insolvenzverfahrens benachrichtigt worden ist. Mit der Regelung soll dem Umstand Rechnung getragen werden, dass bei Pflichtversicherungen die Nachhaftung des VR nach Beendigung des Versicherungsverhältnisses unverzichtbar ist. Dadurch soll die für die Überwachung der Versicherungspflicht zuständige Stelle Gelegenheit erhalten, die notwendigen Konsequenzen aus der Beendigung des Versicherungsverhältnisses zu ziehen und zugleich der mit der Versicherungspflicht bezweckte Opferschutz in angemessener Form sichergestellt werden[597].

2. Rangfolge mehrerer Ansprüche

190   Aus ein und demselben Schadensfall können zahlreiche Ansprüche erheblichen Umfanges erwachsen. Damit diese Ansprüche befriedigt werden können, ist in der Pflichtversicherung nunmehr grundsätzlich die **Einhaltung einer Mindestversicherungssumme** gesetzlich vorgeschrieben. Diese ist so hoch zu bemessen, dass sie in der Regel ausreichen wird, auch

---

[595] So RegE, Begründung zu § 28 Abs. 4, BT-Drs. 16/3945, S. 69.
[596] Dazu schon oben, Rn. 123.
[597] Vgl. RegE, Begründung zu § 117 Abs. 5, BT-Drs. 16/3945, S. 89.

einen durchschnittlichen Großschaden zu ersetzen[598]. Übersteigen die Ansprüche auf Entschädigung, die aufgrund desselben Schadensereignisses zu leisten ist, gleichwohl die Versicherungssumme, so hat die **Auszahlung** künftig **nach einer durch § 118 Abs. 1 VVG festgesetzten Rangfolge** zu erfolgen. Dabei sind mehrere Ersatzberechtigte gleichen Ranges nach dem Verhältnis ihrer Beträge zu befriedigen. Im ersten Rang stehen hiernach Ansprüche wegen Personenschäden, soweit die Geschädigten nicht vom Schädiger, von einem anderen VR als dessen Haftpflichtversicherer, einem Sozialversicherungsträger oder einem sonstigen Dritten Ersatz ihrer Schäden erlangen können. Im zweiten Rang folgen Ansprüche wegen sonstiger Schäden natürlicher und juristischer Personen des Privatrechts, soweit die Geschädigten nicht vom Schädiger, einem anderen VR als dessen Haftpflichtversicherer oder einem Dritten Ersatz ihrer Schäden erlangen können. Den dritten Rang nehmen Ansprüche ein, die nach Privatrecht auf VR oder sonstige Dritte wegen Personen- und sonstiger Schäden übergegangen sind; den vierten Rang Ansprüche, die auf Sozialversicherungsträger übergegangen sind. Im fünften und letzten Rang folgen schließlich alle sonstigen Ansprüche. Der Gesetzgeber beabsichtigt, auf diese Weise eine weitergehende Sicherung der Schadensersatzforderung des geschädigten Dritten zu gewährleisten[599].

§ 118 Abs. 2 VVG stellt klar, dass auch bei unter Berücksichtigung nachrangiger Ansprüche 191 erschöpfter Versicherungssumme sich ein **vorrangig zu befriedigender Anspruchsberechtigter, der bei der Verteilung nicht berücksichtigt worden ist,** nachträglich auf § 118 Abs. 1 nicht berufen kann, wenn der VR mit der Geltendmachung dieses Anspruchs nicht gerechnet hat und auch nicht rechnen musste. Die Bestimmung ist § 109 Satz 2 VVG nachgebildet. Durch sie soll vermieden werden, dass das bereits durchgeführte Verteilungsverfahren nachträglich geändert werden muss[600]. Bei der Frage, ob mit der Geltendmachung des Anspruchs gerechnet wurde oder werden musste, ist wie bei § 109 Satz 2 VVG maßgeblich, ob der VR diejenige Sorgfalt beobachtet hat, die unter den Umständen des besonderen Falles einem vernünftigen und praktischen VR verlangt und angewendet wird; hierfür ist der VR beweisbelastet[601]. Hinsichtlich der Rechtsfolgen gilt auch hier, dass der entschuldbar nicht berücksichtigte Geschädigte sich bei Erschöpfung der Deckungssumme nur noch an den VN halten kann. Kann der VR den Entlastungsbeweis nicht führen, so hat eine Neuberechnung zu erfolgen, die allerdings auch hier nicht dazu führen darf, dass bereits entschädigte Dritte das Erhaltene zurückzahlen müssen.

3. Aufrechnung gegenüber dem Dritten

Gemäß § 35 VVG kann der VR eine fällige Prämienforderung oder eine andere ihm aus 192 dem Vertrag zustehende fällige Forderung gegen eine Forderung aus der Versicherung auch dann aufrechnen, wenn diese Forderung nicht dem VN, sondern einem Dritten zusteht. Die Bestimmung gibt dem VR das Recht, in Abweichung vom Grundsatz der Gegenseitigkeit ausstehende Versicherungsprämien auch einem anspruchsberechtigten Dritten gegenüber mit der geschuldeten Versicherungsleistung aufzurechnen. Die Rechtsprechung hat die erweiterte Aufrechnungsbefugnis des VR für die Haftpflichtversicherung in entsprechender Anwendung des § 108 Abs. 1 VVG auf diejenigen Forderungen beschränkt, die vor dem Versicherungsfall fällig geworden sind[602]. Für die Pflichtversicherung schließt § 121 VVG diese Möglichkeit gänzlich aus, indem er bestimmt, dass **§ 35 VVG gegenüber Dritten nicht anzuwenden** ist. Die Bestimmung entspricht § 158g VVG a. F. und verhindert nicht, dass der VR mit Forderungen aufrechnet, die ihm gegen den Dritten selbst zustehen[603].

---

[598] RegE, Begründung zu § 118 Abs. 1, BT-Drs. 16/3945, S. 90.
[599] RegE, Begründung zu § 118 Abs. 1, BT-Drs. 16/3945, S. 90.
[600] RegE, Begründung zu § 118 Abs. 2, BT-Drs. 16/3945, S. 90.
[601] Berliner Kommentar/*Baumann,* § 156, Rn. 59, m. w. N.; s. auch schon oben, Rn. 153.
[602] BGH v. 8. 4. 1987, VersR 1987, 655 = NJW-RR 1987, 1106; vgl. auch BGH v. 6. 12. 2000, NJW-RR 2001, 235 = VersR 2001, 235; dazu oben, Rn. 151.
[603] RegE, Begründung zu § 121, BT-Drs. 16/3945, S. 90.

4. Veräußerung der versicherten Sache

193   Wird die versicherte Sache veräußert, d. h. wird das Eigentum an der versicherten Sache auf einen Dritten übertragen[604], so ordnet § 122 VVG für diesen Fall die entsprechende Anwendung der §§ 95 bis 98 VVG an. Diese Bestimmungen sind für den VR weitestgehend zwingend (§ 98 VVG). Wesentliche Rechtsfolge ist, dass in diesem Fall der Erwerber an die Stelle des VN **in die während der Dauer seines Eigentums aus dem Versicherungsverhältnis sich ergebenden Rechte und Pflichten des VN** eintritt und dass **Veräußerer und Erwerber als Gesamtschuldner für die Prämie haften,** die auf die zur Zeit des Eintritts des Erwerbers laufende Versicherungsperiode entfällt (§ 95 Abs. 1 und 2 VVG). Des weiteren bestehen gemäß § 96 VVG in diesem Fall für beide Seiten besondere Kündigungsrechte. Die Veräußerung ist dem VR unverzüglich anzuzeigen; im Falle der Versäumnis droht Leistungsfreiheit des VR gemäß § 97 VVG. Überhaupt muss der VR den Eintritt des Erwerbers erst dann gegen sich gelten lassen, wenn er hiervon Kenntnis erlangt hat (§ 95 Abs. 3 VVG).

5. Versicherung für fremde Rechnung

194   § 123 VVG enthält besondere Regelungen für die Versicherung für fremde Rechnung (§§ 43 ff. VVG). Die Absätze 1 bis 3 der Vorschrift, die sachlich mit § 158 i VVG a. F. übereinstimmen, betreffen hierbei den Fall, dass der **VR dem VN gegenüber nicht zur Leistung verpflichtet** ist. Bei der Pflichtversicherung soll er diesen Umstand einem Versicherten, der zur selbständigen Geltendmachung seiner Rechte aus dem Versicherungsvertrag befugt ist, nur entgegenhalten können, wenn die der Leistungsfreiheit zu Grunde liegenden Umstände in der Person dieses Versicherten vorliegen oder wenn diese Umstände dem Versicherten bekannt oder infolge grober Fahrlässigkeit nicht bekannt waren. Dies betrifft Fälle der vom Mitversicherten nicht zu vertretenden und diesem nicht bekannten Rechts- oder Obliegenheitsverletzungen des VN[605]. Damit wird, dem Zweck der Pflichtversicherung entsprechend, die Rechtsstellung des Versicherten hier gegenüber den allgemeinen Vorschriften erheblich verbessert. Ihrem Umfange nach bestimmt sich die Leistungspflicht des VR in diesem Falle nach § 117 Abs. 3 Satz 1. Der VR, der auch hier ausschließlich für die von ihm übernommene Gefahr haftet, ist also nur im Rahmen der vorgeschriebenen Mindestversicherungssumme zur Leistung verpflichtet. Das Verweisungsprivileg des Pflichtversicherers (§ 117 Abs. 3 Satz 2 VVG) gilt nicht; allerdings ist, soweit eine Amtspflichtverletzung in Rede steht, § 117 Abs. 4 VVG entsprechend anzuwenden. Soweit der VR nach § 123 Abs. 1 Leistungen erbringt, kann er bei dem VN Rückgriff nehmen. Der VR trägt damit letztlich das Risiko der Uneinbringlichkeit der von ihm vorläufig erbrachten Schadensersatzzahlungen.

195   Die Regelung des § 123 Abs. 1 bis 3 VVG setzt ein bestehendes Versicherungsverhältnis voraus. Wird das **Versicherungsverhältnis beendet,** so verliert der Mitversicherte auch dann seinen Versicherungsschutz, wenn er von der Beendigung des Vertrages keine Kenntnis hat und auch nicht haben musste[606]. Dieser nach Auffassung des Gesetzgebers sachlich nicht gerechtfertigten Diskrepanz soll durch den neuen § 123 Abs. 4 VVG begegnet werden. Danach sind § 123 Abs. 1 bis 3 VVG entsprechend anzuwenden, wenn die Frist nach § 117 Abs. 2 Satz 1 und 2 VVG noch nicht abgelaufen ist oder der VR die Beendigung des Versicherungsverhältnisses der hierfür zuständigen Stelle nicht angezeigt hat. Hierdurch soll sichergestellt werden, dass der Mitversicherte auch in der durch § 117 Abs. 2 VVG angeordneten Nachhaftungszeit Versicherungsschutz genießt, soweit ihm die Beendigung des Versicherungsverhältnisses weder bekannt, noch infolge grober Fahrlässigkeit unbekannt gewesen ist[607].

---

[604] Vgl. BGH v. 7. 3. 1984, VersR 1984, 455 = NJW 1984, 1967.
[605] RegE, Begründung zu § 123 Abs. 4, BT-Drs. 16/3945, S. 90.
[606] Vgl. BGH v. 14. 1. 2004, BGHZ 157, 269 = NJW 2004, 1250 = VersR 2004, 369.
[607] RegE, Begründung zu § 123 Abs. 4, BT-Drs. 16/3945, S. 90.

§ 25. Produkthaftpflichtversicherung

Inhaltsübersicht

Literatur: *Burckhardt,* Das Ende kostenloser Nachrüstung beim Rückruf von Produkten? – Die Pflicht zur Mängelbehebung und zur Kostentragung beim Produktrückruf im Lichte der neuesten Rechtsprechung, VersR 2007, 1601–1608; *Ermert,* Produkthaftpflicht, Haftung und Versicherungsschutz, 3. Aufl. 1989, (zit.: *Ermert*); *von Westphalen,* Produkthaftung – Haftungsfreizeichnung und Haftungsfreistellung nach dem AGB-Gesetz, NJW 1979, 838–846; *ders.,* Produkthaftungshandbuch, Bd. 1, Vertragliche und deliktische Haftung, Strafrecht und Produkthaftpflichtversicherung, 2. Aufl. 1997 (zit.: *Graf v. Westphalen,* Hdb.); *ders.,* Änderungsbedarf in der Haftpflichtversicherung (AHB) auf Grund des Gesetzes zur Modernisierung des Schuldrechts, NVersZ 2002, 241–245; *ders.,* Produkthaftpflicht-Bedingungen (2002) für gesetzliche und/oder vertragliche Schadensersatzansprüche, PHi 2004, 172–179; *Koch/Artz,* Prüfstand AGB-Gesetz – Die Erprobungsklausel gem. Ziff. 6.6 des Produkthaftpflicht-Modells (1987), DB 2001, 1599–1603; *Krause,* Das neue Produkthaftpflichtversicherungsmodell für Produktions- und Handelsbetriebe (Verbandsmodell des GDV vom März 2000), NVersZ 2001, 103–109; *Littbarski,* Produkthaft-pflichtversicherung, Kommentar, 1999 (zit.: *Littbarski,* ProdHB); *ders.* AHB-Kommentar, 2001 (zit.: *Litt-barski,* AHB); *Löwe,* Erhebliche Erhöhung des Produzentenhaftungsrisikos durch den Bundesgerichtshof, BB 1978, 1495–1497; *Nickel,* Gewährleistungsansprüche in der Betriebshaftpflichtversicherung – Europa 1992: Abschied vom Unternehmerrisiko, VersR 1989, 873–879; *ders.,* Produktionsausfall in der Be-triebs-Haftpflichtversicherung Anmerkungen zu Ziff. 4.2.5 der Produkt-Haftpflicht-Bedingungen, VW 1990, 403–407; *Pannenbecker,* Produktrückrufpflicht und Kostenersatz in der Haftpflichtversicherung, 1998; *Präve,* Das Dritte Durchführungsgesetz/EWG zum VAG – Ausgewählte Fragen des neuen Auf-sichts- und Vertragsrechts, ZfV 1994, 168ff.; *Schwabe,* Die Erprobungsklausel in der Produkthaftpflicht-versicherung, VersR 2002, 785–795; *Schlegelmilch,* Die Absicherung der Produkthaftpflicht, 2. Aufl., 1978, (zit.: *Schlegelmilch*); *Schmidt-Salzer,* Produkthaftung, Bd. IV, 1, Produkthaftpflichtversicherung, 1. Teil, 2. Aufl. 1990, (zit.: *Schmidt-Salzer/Bearbeiter*); *Tamme,* Rückrufkosten, Haftung und Versicherung, 1996; *Thürmann/Kettler,* Produkthaftpflichtversicherung und ausgewählte Fragen der Produkthaftung, 5. Aufl. 2004, (zit.: *Thürmann,* ProdHV); *dies.,* Deutschland – Das neue Produkthaftpflichtmodell, PHi 2000, 163–176; *Wagner,* Haftung und Versicherung als Instrumente der Techniksteuerung, VersR 1999, 1441–1453; *Zölch,* Die Überarbeitung des Produkthaftpflicht-Modells im Jahr 2002, PHi 2002, 166–169 und 236–245; *ders.,* Die Versicherung der Haftung für vereinbarte Eigenschaften nach dem Produkthaft-pflichtmodell 2002, PHi 2005, 16–23.

A. Einleitung

I. Entwicklung

1   Die allgemeine Haftpflichtversicherung bietet Versicherungsschutz im Rahmen des versi-cherten Risikos für den Fall, dass der VN wegen eines während der Wirksamkeit der Versi-cherung eingetretenen Schadensereignisses (Versicherungsfall), das einen **Personen-, Sach-oder sich daraus ergebenden Vermögensschaden** zur Folge hat, aufgrund gesetzlicher Haftpflichtbestimmungen privatrechtlichen Inhalts von einem Dritten auf Schadensersatz in Anspruch genommen wird (Ziff. 1.1 AHB)[1]. Für sog. **reine Vermögensschäden** besteht kein Versicherungsschutz; ausgeschlossen sind auch alle Haftpflichtansprüche, soweit sie auf-grund Vertrags oder Zusagen **über den Umfang der gesetzlichen Haftpflicht des VN hi-nausgehen** (Ziff. 1.2 und 7.3 AHB). Insbesondere im gewerblichen und produzierenden Be-reich greift dieser Versicherungsschutz oftmals zu kurz. Mängel an vom VN hergestellten oder gelieferten Erzeugnissen oder an von ihm erbrachten Arbeiten oder sonstigen Leistungen können im Rahmen der Absatzkette zu Schäden führen, die nicht mehr unter den Versiche-rungsschutz der allgemeinen Betriebshaftpflichtversicherung fallen. Auch stellt die Herstel-lung einer fehlerhaften Sache nach allgemeiner Auffassung keinen nach AHB versicherten Sachschaden, sondern einen reinen Vermögensschaden dar[2]. Verschärft wurde diese Haf-tungslage schließlich noch mit der Anerkennung einer Haftung für fehlerhafte Produkte durch die Rechtsprechung seit den späten 1960er Jahren[3]. Es waren denn auch diese Ent-scheidungen und die hieraus folgenden, in der Wissenschaft streitig beurteilten Konsequen-zen, die Industrie und Versicherungswirtschaft dazu veranlassten, die Entwicklung einer Pro-dukthaftpflichtversicherung in Erwägung zu ziehen. Nach langwierigen Verhandlungen der beteiligten Kreise wurde das ausgearbeitete **Produkthaftpflichtmodell** im Jahre 1974 von dem damaligen Bundesaufsichtsamt für das Versicherungswesen genehmigt[4].

2   Das Produkthaftpflichtmodell zielt darauf ab, sämtliche im Zusammenhang mit dem Pro-dukthaftungsrisiko stehenden Schäden **abschließend zu erfassen,** auch soweit diese bereits unter Geltung der Allgemeinen Haftpflichtversicherung Versicherungsschutz genießen. Die-

---

[1] Dazu § 24, Rn. 24.
[2] S. dazu nur BGH v. 27. 6. 1979, VersR 1979, 853; *Späte,* § 1 AHB, Rn. 68; ferner *Thürmann,* ProdHV, S. 44.
[3] BGH v. 17. 10. 1967 (Schuhstreben), NJW 1968, 247; BGH v. 29. 5. 1968 (Kleber), BGZ 50, 200 = NJW 1968, 1622; BGH v. 26. 11. 1968 (Hühnerpest), BGHZ 51, 91 = NJW 1969, 269.
[4] VerBAV 1974, 138; zur Entwicklungsgeschichte ausführlich *Littbarski,* ProdHB, vor Ziff. 1, Rn. 9ff.

ses „konventionelle" Produkthaftpflichtrisiko wird durch Ziff. 1.1 und 1.2 ProdHB in unverändertem Umfange Gegenstand der Versicherung. Darüber hinaus kann dieser Versicherungsschutz durch den „Zukauf" weiterer Versicherungsbausteine gemäß Ziff. 4 ProdHB entsprechend den Bedürfnissen des VN erweitert werden. Unter die so erweiterte Produkthaftpflichtversicherung fallen Risiken, die vom Versicherungsschutz in der Allgemeinen Haftpflichtversicherung nicht erfasst werden oder von denen zumindest zweifelhaft ist, ob sie unter den klassischen Versicherungsschutz der AHB fallen. Es handelt sich dabei im wesentlichen um die Schadensersatzansprüche infolge Fehlens von vereinbarten Eigenschaften (Ziff. 4.1 ProdHB) sowie um Ansprüche auf Ersatz bestimmter „reiner" Vermögensschäden (Ziff. 4.2 ff. ProdHB)[5]. Das Produkthaftpflichtmodell ermöglicht es, dem aufgrund der rechtlichen Entwicklung der vergangenen Jahrzehnte gestiegenen Haftungsrisiko **einen auf den einzelnen VN zugeschnittenen Versicherungsschutz** entgegenzusetzen[6]. Welche Bausteine der einzelne VN in Anspruch nehmen will, hängt allerdings vom Umfang seines persönlichen Risikos und nicht zuletzt auch seiner eigenen Risikobereitschaft ab.

II. Begriffe

1. Dreiecksverhältnis

Als besondere Erscheinungsform der allgemeinen Haftpflichtversicherung wird auch die **3** Produkthaftpflichtversicherung von dem hierfür typischen **Dreiecksverhältnis** geprägt[7]. Die Verpflichtung des VR beschränkt sich auch hier – wie jetzt von § 100 VVG beschrieben – darauf, den VN von begründeten Ansprüchen freizustellen und unbegründete Ansprüche abzuwehren. Zwischen dem VR und dem geschädigten Dritten bestehen dagegen grundsätzlich keine Rechtsbeziehungen. Der Dritte wird allerdings durch die gesetzlichen Vorschriften (vgl. §§ 108 ff. VVG) in besonderer Weise gegen die Beeinträchtigung seiner Forderung geschützt.

2. Trennungsprinzip und Bindungswirkung

Kommt es im Einzelfall zum Rechtsstreit, sind auch im Rahmen der Produkthaftpflicht- **4** versicherung das Trennungsprinzip und die Bindungswirkung zu beachten. In Anwendung des **Trennungsprinzips** sind das Haftpflichtverhältnis zwischen dem geschädigten Dritten und dem haftpflichtigen VN sowie das Deckungsverhältnis zwischen VN und VR voneinander zu trennen. Grundsätzlich ist im Haftpflichtprozess zu entscheiden, ob und in welcher Höhe der VN dem Dritten gegenüber haftet; ob der VR dafür eintrittpflichtig ist, wird im Deckungsprozess geklärt[8]. Die **Bindungswirkung** besagt, dass das Ergebnis des vorangegangenen Haftpflichtprozesses für die Deckungsfrage verbindlich ist, soweit zwischen den Feststellungen in Haftpflicht- und Deckungsprozess Voraussetzungsidentität besteht. Dies verhindert, dass die im Haftpflichtprozess getroffene Entscheidung und die ihr zugrunde liegenden Feststellungen im Deckungsprozess erneut überprüft werden können und müssen[9].

III. Änderungen durch die VVG-Reform

Wie die Haftpflichtversicherung im allgemeinen, wird auch die Produkthaftpflichtversi- **5** cherung durch die VVG-Reform vornehmlich **mittelbar beeinflusst.** Von Bedeutung sind auch hier in erster Linie die Änderungen im Allgemeinen Teil des VVG. Änderungen in den

---

[5] Dazu im Einzelnen unten, Rn. 24 ff.

[6] Vgl. *Littbarski,* ProdHB, vor Ziff. 1, Rn. 30; zu den Zielgruppen des Produkthaftpflichtmodells *Krause,* NVersZ 2001, 103.

[7] S. dazu auch § 24, Rn. 3.

[8] BGH v. 18. 3. 1992, BGHZ 117, 345 = VersR 1992, 568 = NJW 1992, 1509; BGH v. 20. 6. 2001, VersR 2001, 1103 = NJW-RR 2001, 1311; BGH v. 28. 09. 2005, VersR 2006, 106 = NJW 2006, 289.

[9] BGH v. 18. 3. 1992, BGHZ 117, 345 = VersR 1992, 568 = NJW 1992, 1509; BGH v. 20. 6. 2001, VersR 2001, 1103 = NJW-RR 2001, 1311; BGH v. 28. 09. 2005, VersR 2006, 106 = NJW 2006, 289; Einzelheiten in § 24, Rn. 4 ff.

§§ 100 ff. VVG, die etwa das bisherige Anerkenntnis- und Befriedigungsverbot oder die Möglichkeit, den Freistellungsanspruch abzutreten, betreffen, mussten schon bei der Neufassung der AHB berücksichtigt werden. Die zum Teil erheblichen Verbesserungen im Bereich der Pflichtversicherung werden bei der regelmäßig auf freiwilliger Basis genommenen Produkthaftpflichtversicherung kaum je eine Rolle spielen.

B. Rechtsgrundlagen

I. Gesetzliche Rahmenbedingungen

6   Als **besondere Erscheinungsform der Haftpflichtversicherung** unterliegt die Produkthaftpflichtversicherung den gesetzlichen Vorschriften der §§ 100 ff. VVG. Ergänzend finden auch hier die Bestimmungen des Allgemeinen Teils für sämtliche Versicherungszweige (§§ 1 bis 73 VVG) sowie die Vorschriften für die Schadensversicherung (§§ 74 bis 99 VVG) Anwendung, soweit die Sonderregelungen des Haftpflichtversicherungsrechts nicht entgegenstehen[10].

II. Versicherungsbedingungen

7   Grundlage der Produkthaftpflichtversicherung sind zunächst die **Allgemeinen Versicherungsbedingungen für die Haftpflichtversicherung (AHB).** Die vom GDV zuletzt bekannt gemachte unverbindliche Fassung der AHB (Stand: Januar 2008) berücksichtigt die durch das Gesetz zur Reform des Versicherungsvertragsrechts vorgesehenen Änderungen und wird dieser Kommentierung zugrunde gelegt. Allerdings steht es dem einzelnen VR frei, abweichende Vereinbarungen zu treffen. Maßgeblich ist daher stets das im Einzelfall dem konkreten Vertrag zugrunde liegende Bedingungswerk. In dem jeweiligen Vertrag bilden die AHB einen allgemeinen Rahmen für den Versicherungsschutz sowie die Rechte und Pflichten der Vertragsparteien. Die weitere Ausgestaltung des Versicherungsschutzes im Sinne einer Produkthaftpflichtversicherung erfolgt demgegenüber regelmäßig durch Einbeziehung der **Besonderen Bedingungen und Risikobeschreibungen für die Produkthaftpflichtversicherung von Industrie- und Handelsbetrieben (ProdHB).** Hierbei handelt es sich um Allgemeine Versicherungsbedingungen, welche die AHB ergänzen oder modifizieren und diesen in der Regel, soweit hiervon abweichend, als speziellere Regelungen vorgehen[11]. Die erstmals im Jahre 1974[12] veröffentlichten ProdHB sind in den vergangenen Jahren durch den GDV grundlegend überarbeitet worden, so namentlich im Jahre 2000 und sodann, infolge der Schuldrechtsreform, im Jahre 2002[13]. Die vorliegende Kommentierung beruht auf den seitdem nur geringfügig angepassten ProdHB, Stand April 2006.

8   Schon anlässlich der Genehmigung des ersten Bedingungswerkes hatten BDI, DVS und der HUK-Verband gemeinsame **Erläuterungen** zu den ProdHB herausgegeben, die u. a. über die Motive der an der Ausarbeitung beteiligten Personen und deren Vorstellungen über den Deckungsumfang Aufschluss geben[14]. Auch zum Produkthaftpflicht-Modell des GDV liegen Erläuterungen vor[15]. Der Wert derartiger Erläuterungen ist allerdings begrenzt. Insbesondere dürfen dort geäußerte Überlegungen bei der Auslegung der Bedingungen nur insoweit be-

---

[10] S. ergänzend § 24, Rn. 9.

[11] *Prölss/Martin/Voit/Knappmann,* Ziff. 1.1 Produkthaftpfl., Rn. 1; differenzierend *Littbarski,* ProdHB, Ziff. 1, Rn. 2.

[12] Dazu schon oben, Rn. 1.

[13] Dazu *Zölch,* PHi 2002, 166 ff. und 236 ff.; zum Modell 2000 *Thürmann,* PHi 2000, 163; *Krause,* NVersZ 2001, 103.

[14] Auszüge bei *Prölss/Martin/Voit/Knappmann,* Produkthaftpfl.

[15] Stand: Juli 2002 abgedruckt bei *Thürmann,* ProdHV, Anhang 2; in Auszügen bei *Prölss/Martin/Voit/Knappmann,* Anh. Produkthaftpfl.

rücksichtigt werden, als sie sich aus dem Wortlaut der Bedingungen für den verständigen VN unmittelbar erschließen. Denn Allgemeine Versicherungsbedingungen sind so auszulegen, wie sie ein durchschnittlicher VN ohne versicherungsrechtliche Spezialkenntnisse bei verständiger Würdigung verstehen muss. Deshalb kann nicht maßgebend sein, was sich der Verfasser der Bedingungen bei der Abfassung vorstellte und hat die Entstehungsgeschichte, die der VN typischerweise nicht kennt, bei der Auslegung grundsätzlich außer Betracht zu bleiben[16]. Rechtsfolgen zugunsten der VN sind vormals bisweilen auch aus **geschäftsplanmäßigen Erklärungen** abgeleitet worden[17], wie sie seitens der VR auch zur Produkthaftpflichtversicherung abgegeben worden sind[18]. Allerdings ist diese Möglichkeit mit der Deregulierung im Jahre 1994 entfallen[19].

C. Versicherte Gefahren

I. Leistung des Versicherers

Wie bei jeder Haftpflichtversicherung ist der VR auch bei der Produkthaftpflichtversicherung verpflichtet, den VN **von Ansprüchen freizustellen,** die von einem Dritten aufgrund der Verantwortlichkeit des VN für eine während der Versicherungszeit eintretende Tatsache geltend gemacht werden, **und unbegründete Ansprüche abzuwehren** (§ 100 VVG). Die zur Allgemeinen Haftpflichtversicherung dargestellten Grundsätze zur Leistung des VR gelten auch hier[20]. Der Inhalt der Leistungspflicht des VR wird dementsprechend auch für die Produkthaftpflichtversicherung durch Ziff. 5 AHB konkretisiert; ebenso erhält der VR die ihm von dort zugewiesenen Befugnisse zur Regulierung und zur Abwehr der Ansprüche. Für welche Form der Erfüllung der VR sich entscheidet, bleibt zunächst alleine ihm überlassen[21]. Nimmt der VR den Rechtsstreit mit dem Geschädigten auf, hat er die Interessen des Versicherten so zu wahren, wie das ein von diesem beauftragter Anwalt tun würde, und zwar selbst dann, wenn eine Kollision zwischen den Interessen des Versicherten und denen des VR nicht zu vermeiden ist; in diesem Fall muss der VR seine eigenen Interessen hintanstellen[22]. Fälligkeit und Verjährung unterliegen ebenfalls keinen Besonderheiten. In prozessualer Hinsicht gilt, dass der VN grundsätzlich nur auf die Feststellung klagen kann, dass der VR wegen einer im einzelnen genau zu bezeichnenden Haftpflichtforderung Versicherungsschutz zu gewähren habe[23]. **9**

II. Versicherter Zeitraum

1. Zeitliche Begrenzung

Versicherungsfall ist auch in der Produkthaftpflichtversicherung **ein während der Wirksamkeit der Versicherung eingetretenes Schadensereignis gemäß Ziff. 1.1 AHB** (Ziff. 8.1 Satz 1 ProdHB)[24]. Dabei wird der Begriff des Schadensereignisses nunmehr ausdrücklich definiert als das Ereignis, als dessen Folge die Schädigung des Dritten unmittelbar **10**

---

[16] BGH v. 6. 3. 1996, VersR 1996, 622 = NJW-RR 1996, 857; BGH v. 18. 12. 1991, NJW-RR 1992, 469 = VersR 1992, 349.
[17] BGH v. 13. 7. 1988, BGHZ 105, 140 = NJW 1988, 2734 = VersR 1988, 1062.
[18] VerBAV 1984, 1987, 5; auch abgedruckt bei *Littbarski,* ProdHB, GE, S. 287; *Späte,* AHB, ProdHM, vor Rn. 1 (S. 722).
[19] Drittes Durchführungsgesetz/EWG zum VAG v. 21. 7. 1994, BGBl. I, 1630; dazu *Präve,* ZfV 1994, 168.
[20] S. § 24, Rn. 12ff.
[21] BGH v. 4. 12. 1980, BGHZ 79, 76 = VersR 1981, 173 = NJW 1981, 870; OLG München v. 15. 3. 2005, VersR 2005, 540.
[22] BGH v. 30. 9. 1992, BGHZ 119, 276 = NJW 1993, 68; BGH v. 7. 2. 2007, BGHZ 171, 56 = NJW 2007, 2258.
[23] BGH v. 4. 12. 1980, BGHZ 79, 76 = VersR 1981,173 = NJW 1981, 870.
[24] Dazu noch unten, Rn. 73.

entstanden ist; auf den Zeitpunkt der Schadensverursachung, die zum Schadensereignis geführt hat, kommt es nicht an (Ziff. 1.1 Abs. 2 AHB). Bei der Lieferung eines fehlerhaften Produktes ist dies nicht schon die Lieferung des fehlerhaften Erzeugnisses, sondern erst der äußere Vorgang, der die Schädigung des Dritten unmittelbar herbeiführt[25]. Diese Auslegung vermeidet, dass die Ursachen eines erst wesentlich später erkannten Schadens und die damit verbundenen Beweisschwierigkeiten für die Deckungsfrage erheblich werden[26]. Letztlich wird dadurch für die VR auch das versicherte Risiko besser abschätzbar.

11   Der Versicherungsschutz beginnt gemäß Ziff. 1.1 Abs. 2 ProdHB mit dem Zeitpunkt, in dem der VN **die Erzeugnisse in den Verkehr gebracht, die Arbeiten abgeschlossen oder die Leistungen ausgeführt** hat. Vor diesem Zeitpunkt besteht daher noch keine Leistungspflicht des VR. Um außerdem das hier in besonderem Maße bestehende Risiko von Spätfolgen zu beschränken, begrenzt Ziff. 7.1 ProdHB den nach Maßgabe von Ziff. 4.2ff. ProdHB bestehenden Versicherungsschutz auch in zeitlicher Hinsicht: Dieser umfasst **die Folgen aller Versicherungsfälle, die dem VR nicht später als drei Jahre nach Beendigung des Versicherungsvertrages gemeldet** werden. Dadurch wird die Nachhaftung des VR nach Vertragsbeendigung im Sinne einer festen zeitlichen Grenze eingeschränkt. Für die Ansicht, dass es sich bei der Bestimmung um eine Obliegenheit des VN handele, bleibt angesichts des klaren Wortlautes kein Raum[27]. Die praktische Relevanz der Vorschrift ist indes gering, denn selten werden Schadensfolgen über einen derart langen Zeitraum unerkannt und infolgedessen unangemeldet bleiben. Werden hingegen erkannte Schadensfolgen nicht gemeldet, so ergeben sich mögliche Sanktionen auch aus der Verletzung vertraglicher Anzeigeobliegenheiten (Ziff. 25.1, 25.3 AHB), die gemäß Ziff. 7.1 Satz 2 ProdHB unberührt bleiben.

2. Haftungsbeschränkung

12   Gemäß Ziff. 7.2 ProdHB besteht für Ansprüche nach Ziff. 4.2ff. ProdHB wegen **Schäden durch Erzeugnisse des VN, die vor Inkrafttreten des Versicherungsvertrages ausgeliefert wurden, Versicherungsschutz nur bei besonderer Vereinbarung.** Zweck der Vorschrift ist es, dem VR die Möglichkeit zu geben, sich vor Zeichnung des Risikos über das Schadenspotential zu informieren, welches die bereits ausgelieferten Erzeugnisse des VN darstellen[28]. Der Sache nach liegt darin eine Einschränkung von der durch Ziff. 1.1 AHB für den Bereich der Allgemeinen Haftpflichtversicherung verwirklichten Schadensereignistheorie, da der VR hiernach nur für solche Schadensfälle eintrittspflichtig ist, bei denen sowohl die Ursache, als auch das Folgeereignis während des versicherten Zeitraumes liegt[29]. Die Einschränkung betrifft allerdings nur diejenigen Ansprüche, die sich aus den besonderen Erweiterungen des Versicherungsschutzes gemäß Ziff. 4.2ff. ProdHB ergeben. Zudem kann sie durch besondere Vereinbarung abbedungen werden. Der VR bzw. der Versicherungsvermittler kann im Rahmen seiner Beratungspflicht (§§ 6, 61 VVG) auch gehalten sein, den VN auf die Möglichkeit einer solchen Vereinbarung besonders hinzuweisen.

III. Versicherte Schäden

1. Schadensersatzansprüche

13   Die durch § 100 VVG vorgegebene Leistungspflicht des VR wird durch Ziff. 1.1 AHB dahingehend konkretisiert, dass Versicherungsschutz im Rahmen des versicherten Risikos für den Fall besteht, dass der VN wegen eines während der Wirksamkeit der Versicherung eingetretenen Schadensereignisses (Versicherungsfall), das einen Personen-, Sach- oder sich daraus ergebenden Vermögensschaden zur Folge hatte, **aufgrund gesetzlicher Haftpflichtbe-**

---

[25] OLG Oldenburg v. 27. 11. 1996, VersR 1997, 732; OLG Stuttgart v. 28. 4. 2005, VersR 2006, 65.
[26] S. dazu *Römer/Langheid,* § 149, Rn. 29ff.
[27] So aber OLG Karlsruhe v. 17. 7. 2003, 12 U 228/03; *Prölss/Martin/Voit/Knappmann,* Nr. 7 Produkthaftpfl., Rn. 3.
[28] Erläuterungen zu Ziff. 7.2, in *Prölss/Martin/Voit/Knappmann,* Nr. 7 Produkthaftpfl., Rn. 4.
[29] Vgl. *Prölss/Martin/Voit/Knappmann,* Nr. 7 Produkthaftpfl., Rn. 4.

stimmungen privatrechtlichen Inhalts von einem Dritten auf Schadensersatz in Anspruch genommen wird. Der Begriff der „Haftpflichtbestimmungen" erfasst Schadensersatzansprüche und schadensersatzähnliche Ansprüche, unabhängig von ihrer rechtlichen Grundlage[30]. Während allerdings nach den AHB Ansprüche, die auf Erfüllung oder auf eine an die Stelle der Erfüllung tretende Ersatzleistung gerichtet sind, nicht vom Versicherungsschutz erfasst werden, sieht Ziff. 4.1 ProdHB – insoweit abweichend von Ziff. 1.1, 1.2 und 7.3 AHB – vor, dass auf Sachmängeln beruhende Schadensersatzansprüche Dritter im gesetzlichen Umfang wegen Personen- Sach- und daraus entstandener weiterer Schäden vom Versicherungsschutz umfasst werden, wenn der VN **aufgrund einer Vereinbarung mit seinem Abnehmer über bestimmte Eigenschaften seiner Erzeugnisse, Arbeiten und Leistungen** dafür verschuldensunabhängig einzustehen hat, dass diese bei Gefahrübergang vorhanden sind. Dies zielt auf die früheren verschuldensunabhängigen Schadensersatzansprüche wegen Fehlens zugesicherter Eigenschaften ab, die sich nunmehr daraus ergeben können, dass der VN nach dem Inhalt des Vertrages gemäß § 276 Abs. 1 Satz 1 BGB für die Beschaffenheit der gelieferten Gegenstände ohne Verschulden einzustehen hat.

2. Schadensarten

Gemäß Ziff. 1.1 ProdHB wird in der Produkthaftpflichtversicherung die gesetzliche Haftpflicht des VN für Personen-, Sach- und daraus entstandene weitere Schäden versichert, soweit diese durch vom VN hergestellte oder gelieferte Erzeugnisse, erbrachte Arbeiten oder sonstige Leistungen verursacht wurden. Die Begriffe **Personen- und Sachschäden** sind dabei in gleicher Weise zu verstehen, wie in der Allgemeinen Haftpflichtversicherung[31]. Zu den hier genannten **„weiteren Schäden"** zählen hingegen nicht nur die unmittelbar aus dem Personen- oder Sachschaden folgenden Vermögensschäden, für die schon nach Ziff. 1.1 AHB Versicherungsschutz besteht, sondern auch bestimmte reine Vermögensschäden, die aufgrund besonderer Vorschrift (vgl. Ziff. 4 ProdHB) im Rahmen des versicherten Risikos in den Versicherungsschutz eingeschlossen sind[32]. Damit die genannten Schäden vom Versicherungsschutz erfasst werden, müssen sie im übrigen **durch vom VN hergestellte oder gelieferte Erzeugnisse, erbrachte Arbeiten oder sonstige Leistungen verursacht** worden sein. **14**

In den Versicherungsschutz eingeschlossen sind nach Ziff. 1.2 Satz 1 ProdHB – abweichend von Ziff. 7.7 AHB – gesetzliche Haftpflichtansprüche wegen Schäden, die an fremden Sachen durch eine gewerbliche oder berufliche Tätigkeit des VN an oder mit diesen Sachen entstanden sind und alle sich daraus ergebenden Vermögensschäden. Durch die Aufnahme dieser sog. **Tätigkeitsschäden** wird der Versicherungsschutz im Verhältnis zur Allgemeinen Haftpflichtversicherung beträchtlich erweitert. Eine nicht unerhebliche Einschränkung ergibt sich indes daraus, dass dieser Versicherungsschutz nach Ziff. 1.2 Satz 2 ProdHB nur besteht, sofern die Schäden nach Abschluss der Arbeiten oder Ausführung der sonstigen Leistungen eingetreten sind. Das mit der Ausführung der Arbeiten oder Leistungen verbundene besondere Risiko einer Beschädigung will der VR auch im Rahmen der Produkthaftpflichtversicherung nicht übernehmen. Ebenfalls vom Versicherungsschutz ausgeschlossen bleiben gemäß Ziff. 1.2 Abs. 2 ProdHB Ansprüche wegen Beschädigung von Kraft-, Schienen- und Wasserfahrzeugen, Containern sowie deren Ladung sowie von Sachen, die sich beim VN zur Lohnbe- oder -verarbeitung, Reparatur oder sonstigen Zwecken befinden oder befunden haben[33]. **15**

---

[30] Dazu § 24, Rn. 24 ff.
[31] S. dazu § 24, Rn. 28 ff.
[32] Dazu *Krause,* NVersZ 2001, 103.
[33] S. dazu mit Beispielen *Krause,* NVersZ 2001, 103 (104).

IV. Umfang des Versicherungsschutzes

1. Versichertes Risiko

16   Das versicherte Risiko wird in Ziff. 2 Abs. 1 ProdHB dahingehend umschrieben, dass sich der Versicherungsschutz auf den in der Betriebsbeschreibung genannten Produktions- und Tätigkeitsumfang bezieht. Maßgeblich sind damit in erster Linie die Angaben im Versicherungsschein bzw. im Versicherungsantrag. Im Rahmen des so definierten Risikos sind gemäß Ziff. 2 Abs. 2 ProdHB auch Ansprüche wegen Schäden aus der **Vergabe von Leistungen an Dritte** (Subunternehmer) mitversichert, ohne dass es insoweit noch einer besonderen Vereinbarung bedürfte. Voraussetzung der Mitversicherung des Vergaberisikos ist, dass sich die vom Subunternehmer zu erbringenden Leistungen im Rahmen der versicherten Tätigkeit bewegen[34]. Nicht versichert bleibt allerdings die Haftpflicht der Subunternehmer selbst sowie deren Betriebsangehöriger, die von diesen selbst zu versichern ist.

2. Erhöhungen und Erweiterungen des Risikos

17   Gemäß Ziff. 3.1 (2) AHB umfasst der Versicherungsschutz die gesetzliche Haftpflicht aus **Erhöhungen oder Erweiterungen** der im Versicherungsschein und seinen Nachträgen angegebenen Risiken mit Ausnahme von Risiken aus dem Halten oder Gebrauch von versicherungspflichtigen Kraft-, Luft- oder Wasserfahrzeugen sowie für sonstige Risiken, die der Versicherungs- oder Deckungsvorsorgepflicht unterliegen. Nach Ziff. 13.1 AHB hat der VN grundsätzlich erst nach Aufforderung mitzuteilen, ob und welche Änderungen des versicherten Risikos gegenüber den früheren Angaben eingetreten sind; die Angaben sind dann innerhalb eines Monats nach Zugang der Aufforderung zu machen. Hiervon abweichend sieht Ziff. 10 Satz 1 ProdHB vor, dass der VN **wesentliche Erhöhungen oder Erweiterungen des Produktions- oder Tätigkeitsumfanges** im Sinne von Ziff. 3.1 (2) AHB zwecks Vereinbarung neuer Prämien und Überprüfung der Bedingungen **unverzüglich anzuzeigen** hat. Unverzüglich bedeutet auch hier wie stets ohne schuldhaftes Zögern (vgl. § 121 Abs. 1 Satz 1 BGB). Einer besonderen Aufforderung bedarf es nicht. Bei der Anzeigepflicht handelt es sich um eine Obliegenheit des VN, deren Verletzung nur bei Verschulden sanktioniert werden kann[35]. Ein Verstoß führt allerdings nicht zur Leistungsfreiheit des VR; vielmehr ergeben sich insoweit abweichende Rechtsfolgen zunächst aus Ziff. 13 Abs. 3 AHB. Unterlässt hiernach der VN die rechtzeitige Mitteilung, kann der VR für den Zeitraum, für den die Angaben zu machen waren, eine Nachzahlung in Höhe des für diesen Zeitraum bereits in Rechnung gestellten Beitrages verlangen; werden die Angaben nachträglich gemacht, findet eine Beitragsregulierung statt. Ein vom VN zuviel gezahlter Beitrag wird nur zurückerstattet, wenn die Angaben innerhalb von zwei Monaten nach Zugang der Mitteilung des erhöhten Beitrages erfolgen. Darüber hinaus sieht Ziff. 10.2 ProdHB in Abweichung von Ziff. 13.1 AHB[36] vor, dass sich im Falle der Verletzung der Anzeigepflicht durch den VN die vertraglich vereinbarten, in Ziff. 9.3 ProdHB genannten Selbstbehalte in Schadensfällen, die mit den Erhöhungen oder Erweiterungen in Zusammenhang stehen, auf einen vom VR festzusetzenden Betrag erhöhen. Dabei handelt es sich letztlich um eine Pauschalierung des bei Obliegenheitsverletzungen aus dem Gesetz folgenden Schadensersatzanspruches, deren Wirksamkeit im Verkehr zwischen Unternehmern an § 307 BGB zu messen ist[37].

3. Vorsorgeversicherung

18   Ziff. 3.1 (3) AHB erweitert den Versicherungsschutz auf solche **Risiken, die für den VN nach Abschluss der Versicherung neu entstehen** (Vorsorgeversicherung) und die in Ziff. 4 AHB näher geregelt sind. Auch für diesen Fall bestehen Anzeigepflichten des VN. Im Anwen-

---

[34] Erläuterungen, zu Ziff. 2.2 ProdHB.
[35] Vgl. *Prölss/Martin/Voit/Knappmann*, Nr. 9 Produkthaftpfl., Rn. 4.
[36] S. Erläuterungen, zu Ziff. 10 ProdHB.
[37] Dazu BGH v. 12. 1. 1994, BGHZ 124, 351 = NJW 1994, 1060; BGH v. 28. 5. 1984, NJW 1984, 2941.

dungsbereich der AHB gilt hier, dass der VN nur nach Aufforderung des VR verpflichtet ist, jedes neue Risiko innerhalb eines Monats anzuzeigen (Ziff. 4.1 (1) AHB). Diese Regelung wird allerdings ebenfalls durch Ziff. 10.1 ProdHB zu Lasten des VN modifiziert. Danach hat der VN bei der Produkthaftpflichtversicherung Risiken, die nach Abschluss der Versicherung neu entstehen, abweichend von Ziff. 4.1 AHB **unverzüglich anzuzeigen.** Hinsichtlich der Rechtsfolgen eines Verstoßes ist zunächst Ziff. 4.1 AHB zu beachten[38]. Darüber hinaus gilt auch hier Ziff. 10.2 ProdHB, so dass sich bei Unterlassen rechtzeitiger Anzeige die vertraglich vereinbarten, in Ziff. 9.3 ProdHB genannten Selbstbehalte in Schadensfällen, die mit neu entstandenen Risiken in Zusammenhang stehen, auf einen vom VR festzusetzenden Betrag erhöhen. Die Versicherungssummen für die Vorsorgeversicherung können in Ziff. 10.3 ProdHB gesondert festgesetzt werden. Werden keine Beträge eingetragen, so ist grundsätzlich davon auszugehen, dass dann die Versicherungssummen des Hauptvertrages auch insoweit gelten sollen.

V. Betroffene Personen

Auch bei der Produkthaftpflichtversicherung ist versicherte Person zunächst regelmäßig der **19** VN selbst. Neben diesem können weitere Personen **im Sinne einer Fremdversicherung** (§§ 43 ff. VVG) **mitversichert** sein. Maßgeblich ist in erster Linie die jeweilige vertragliche Vereinbarung. Eine allgemeine Regelung für alle Verträge ist in Ziff. 3 ProdHB enthalten. Danach ist die persönliche gesetzliche Haftpflicht der gesetzlichen Vertreter des VN und solcher Personen mitversichert, die er zur Leitung oder Beaufsichtigung des versicherten Betriebes oder eines Teiles desselben angestellt hat, in dieser Eigenschaft; darüber hinaus sämtlicher übrigen Betriebsangehörigen für Schäden, die sie in Ausführung ihrer dienstlichen Verrichtungen verursachen. Von der Mitversicherung ausgeschlossen sind allerdings Haftpflichtansprüche aus Personenschäden, bei denen es sich um Arbeitsunfälle und Berufskrankheiten im Betrieb des VN gemäß dem SGB VII handelt. Die Bestimmung konkretisiert damit die – der Sache nach abänderliche – Regelung des § 102 Abs. 1 VVG. Ergänzend ist Ziff. 27.2 AHB zu beachten. Danach steht die Ausübung der Rechte aus dem Versicherungsvertrag auch weiterhin ausschließlich dem VN zu. Allerdings kann einer Berufung des VR auf diese Bestimmung im Einzelfall der Einwand der unzulässigen Rechtsausübung entgegenstehen[39].

D. Abgrenzungen und Erweiterungen des Versicherungsschutzes

I. Allgemeines

Ziff. 4 ProdHB erweitert den durch Ziff. 1.1 ProdHB gewährten Versicherungsschutz auf **20** bestimmte, abschließend benannte Haftungstatbestände und Vermögensschäden[40]. **Ziff. 4.1 ProdHB betrifft Personen- und Sachschäden einschließlich der sich daraus ergebenden Vermögensschäden** aufgrund von Sachmängeln infolge Fehlens von vereinbarten Eigenschaften. Die weiteren Bausteine der **Ziff. 4.2 ff. ProdHB gewähren Versicherungsschutz für echte Vermögensschäden,** wobei die Deckung auch hier jeweils Schäden infolge Fehlens vereinbarter Eigenschaften mit einschließt[41]. Die einzelnen Deckungserweiterungen können vom VN seinem jeweiligen Bedarf entsprechend im Rahmen eines Bausteinsystems einzeln gewählt werden. Gleichwohl findet sich in der Praxis die Tendenz, die Bausteine der Ziff. 4.1 bis 4.4 ProdHB regelmäßig gemeinsam anzubieten, während die weiteren Bausteine nur bei entsprechender Erforderlichkeit gewählt werden[42]. Den VR bzw.

---

[38] Dazu § 24, Rn. 39.
[39] Dazu § 24, Rn. 46.
[40] Erläuterungen, zu Ziff. 4 ProdHB.
[41] Zur Systematik *Krause,* NVersZ 2001, 103 (105); *Thürmann,* PHi 2000, 163 (167).
[42] Erläuterungen, zu Ziff. 4 ProdHB; vgl. auch *Bäcker,* in: *Veith/Gräfe,* § 11, Rn. 22, m.w.N.

den Versicherungsvermittler treffen in diesem Zusammenhang unter Umständen erweiterte Beratungspflichten (§§ 6, 61 VVG). Erkennt der VR bzw. der Vermittler, dass bei Anwendung der vom VN getroffenen Auswahl aller Voraussicht nach wesentliche Teile seiner Geschäftstätigkeit ohne Versicherungsschutz bleiben, so hat er den VN im Rahmen des Beratungsgespräches darauf hinzuweisen. Verletzen der VR oder der Vermittler schuldhaft ihre Beratungspflicht, so sind sie dem VN gegebenenfalls zum Ersatz des hierdurch entstehenden Schadens verpflichtet.

21   Im Rahmen der von Ziff. 4 ff. ProdHB verwendeten **Terminologie** sind **drei Begriffe** zu unterscheiden[43]. Unter **Erzeugnis** wird hier wie auch sonst im gesamten Bedingungswerk das Teil des VN – bzw. die das Teil des VN enthaltende Sache – verstanden, das aufgrund des ihm innewohnenden Mangels die Ursache für den späteren Schaden setzt. Demgegenüber verwenden die Bedingungen den Begriff des **Produktes** ausschließlich für solche Gegenstände, die selbst nicht mangelhaft sind, sondern infolge ihrer Verwertung im Produktionsprozess infolge des Mangels wertlos werden. Als **Gesamtprodukt** schließlich bezeichnen die Bedingungen das durch Zusammenfügung von mangelhaftem Erzeugnis und Produkt gewonnene Ergebnis des Herstellungsprozesses.

II. Personen- und Sachschäden infolge Fehlens von vereinbarten Eigenschaften

22   Ziff. 4.1 ProdHB betrifft Personen- oder Sachschäden aufgrund von Sachmängeln infolge Fehlens von vereinbarten Eigenschaften[44]. Bei Zeichnung dieses Moduls eingeschlossen sind – insoweit abweichend von Ziff. 1.1, 1.2 und 7.3 AHB – auf Sachmängeln beruhende Schadensersatzansprüche Dritter im gesetzlichen Umfang wegen Personen-, Sach- und daraus entstandener weiterer Schäden, wenn der VN aufgrund einer **Vereinbarung** mit seinem Abnehmer **über bestimmte Eigenschaften seiner Erzeugnisse, Arbeiten und Leistungen** dafür **verschuldensunabhängig einzustehen hat,** dass diese bei Gefahrübergang vorhanden sind. Die Klausel ist im Verhältnis zu früheren Bedingungswerken sprachlich verändert worden. Unter Geltung des alten Schuldrechts diente sie dem Zweck, die klassische Streitfrage, ob auch verschuldensunabhängige Schadensersatzansprüche wegen Fehlens zugesicherter Eigenschaften (§§ 463 Satz 1, 480 Abs. 2 BGB a. F.) vom Versicherungsschutz umfasst werden oder im Gegenteil als aufgrund Vertrags oder Zusage über den Umfang der gesetzlichen Haftung hinausgehende Ansprüche unter die Ausschlussklausel der Ziff. 7.3 AHB fallen[45], für den Anwendungsbereich der Produkthaftpflichtversicherung pauschal zugunsten des VN zu entscheiden. Mit dem Inkrafttreten der Schuldrechtsreform sind die Sonderhaftungstatbestände im Kauf- und Werkvertragsrecht entfallen; die Haftung des Verkäufers richtet sich jetzt im wesentlichen nach den allgemeinen Bestimmungen. Da das Gesetz nunmehr zwischen der bloßen Vereinbarung von Beschaffenheitsmerkmalen (§ 434 Abs. 1 S. 1 BGB) einerseits und der Übernahme einer verschuldensunabhängigen Haftung (§ 276 Abs. 1 Satz 1 BGB) andererseits unterscheidet, haben sich die früher bestehenden Abgrenzungsschwierigkeiten weitgehend erledigt. Während die **Vereinbarung von Beschaffenheitsmerkmalen** noch keine Haftungserweiterung des Verkäufers begründet, die über den Rahmen des üblichen Kaufvertrages, wie er im Gesetz seine Ausgestaltung erfahren hat, hinausgeht[46], fällt die **Übernahme einer verschuldensunabhängigen Haftung** aufgrund von Ziff. 7.3 AHB aus dem Deckungsschutz der Allgemeinen Haftpflichtversicherung heraus[47]. Für diese Fälle stellt Ziff. 4.1 ProdHB klar, dass bei Zeichnung dieses Bausteines in der Produkthaftpflichtversicherung dann gleichwohl Versicherungsschutz besteht.

---

[43] Dazu *Thürmann*, PHi 2000, 163 (169); vgl. auch *Zölch*, PHi 2002, 166 (169).
[44] Zu diesem Begriff kritisch *von Westphalen*, PHi 2004, 172.
[45] Zu diesem Ausschluss s. § 24, Rn. 54 ff.
[46] Vgl. RG v. 7. 3. 1939, RGZ 160, 48 (51).
[47] Dazu § 24, Rn. 55.

Von der Übernahme einer verschuldensunabhängigen Haftung ist die **Übernahme einer**　23 **Garantie i. S. v. § 443 BGB** zu unterscheiden. Damit bezeichnet das Gesetz keine verschuldensunabhängige Einstandspflicht, sondern ein eigenständiges Schuldverhältnis, aus dem der Gläubiger „unbeschadet der gesetzlichen Ansprüche" Rechte herleiten kann[48]. Mit der Vereinbarung einer Garantie übernimmt der VN für den Fall der Nichterfüllung des Vertrages Rechtsfolgen, die über den gesetzlichen Rahmen seiner Haftung hinausgehen. Dafür wird weder nach Ziff. 7.3 AHB, noch nach Ziff. 6.2.1 ProdHB Versicherungsschutz gewährt. Allerdings liegt es nahe, Ansprüche aus einer Garantie i. S. v. § 443 BGB erst gar nicht als gesetzliche Haftpflichtansprüche, sondern als **vertragliche Erfüllungsansprüche** zu qualifizieren[49]. Denn § 443 Abs. 1 BGB spricht von den „Rechten aus der Garantie", die dem Käufer im Garantiefall unbeschadet der gesetzlichen Ansprüche gegenüber demjenigen zustehen, der die Garantie eingeräumt hat. Derartige Ansprüche aber fallen schon aufgrund ihrer Natur als Erfüllungsansprüche nicht unter den Haftpflichtversicherungsschutz. Da es sich nicht um „auf Sachmängeln beruhende Schadensersatzansprüche" handelt, werden sie auch nicht durch Ziff. 4.1 ProdHB in den Versicherungsschutz der Produkthaftpflichtversicherung einbezogen[50].

III. Verbindungs-, Vermischungs- und Verarbeitungsschäden

1. Grundsatz

Ziff. 4.2 ProdHB erfasst gesetzliche Schadensersatzansprüche Dritter wegen der in　24 Ziff. 4.2.2 ProdHB genannten **Vermögensschäden** im Sinne von Ziff. 2.1 AHB infolge **Mangelhaftigkeit von Gesamtprodukten Dritter,** die durch eine aus tatsächlichen oder wirtschaftlichen Gründen **nicht trennbare Verbindung, Vermischung oder Verarbeitung von mangelhaft hergestellten oder gelieferten Erzeugnissen mit anderen Produkten** entstanden sind. Die hierunter fallenden Sachverhalte sind mannigfaltig, weshalb es sich um einen für die Praxis sehr bedeutsamen Haftungsbaustein handelt. Das durch Verbindung, Vermischung oder Verarbeitung hergestellte Gesamtprodukt kann eine bewegliche oder eine unbewegliche Sache sein[51]. Voraussetzung für das Eingreifen der Deckungserweiterung ist, dass eine Mangelhaftigkeit tatsächlich vorliegt; ein bloßer Mangelverdacht genügt dagegen nicht[52]. Der Mangel des Produkts muss dadurch entstehen, dass bereits das vom VN hergestellte oder gelieferte Erzeugnis mangelhaft war und damit sozusagen den Ausgangspunkt des fehlerbehafteten Herstellungsprozesses bildet, in dessen Verlauf Schadensersatzansprüche geltend gemacht werden[53].

Die so beschriebene Eintrittspflicht des VR wird im folgenden noch erweitert. Nach　25 Ziff. 4.2.1 Satz 2 ProdHB sind **Erzeugnisse** im Sinne dieser Regelung **sowohl solche des VN als auch Produkte Dritter, die Erzeugnisse des VN enthalten.** Das betrifft Fälle der sog. mehrstufigen Verarbeitung[54]. Maßgeblich ist danach, dass überhaupt ein (mangelhaftes) Erzeugnis des VN in dem geschädigten Endprodukt enthalten ist; auf die Fertigungsstufe, innerhalb der das Erzeugnis zum Einsatz kam, kommt es nicht an. Überdies werden durch Ziff. 4.2.1 Satz 3 AHB **Mängel bei der Beratung** über die An- und Verwendung der vom VN hergestellten oder gelieferten Erzeugnisse sowie **Falschlieferungen** den Mängeln in der Herstellung oder Lieferung gleichgestellt. Ziff. 4.2 Abs. 2 AHB schließlich sieht vor, dass – abweichend von Ziff. 1.1, 1.2 und 7.3 AHB – Versicherungsschutz auch besteht für auf Sach-

---

[48] *Schneider,* Abkehr vom Verschuldensprinzip?, Tübingen, 2007, S. 218.

[49] Dazu § 24, Rn. 56; in diesem Sinne auch *von Westphalen,* PHi 2004, 172 (178); *ders.,* NVersZ 2002, 241 (244).

[50] So wohl auch *Bäcker,* in: *Veith/Gräfe,* § 11, Rn. 54 ff.; vgl. dazu auch *von Westphalen,* NVersZ 2002, 241 (244); *Zölch,* PHi 2002, 236 (239); *ders.,* PHi 205, 16 (20).

[51] Erläuterungen, zu Ziff. 4.2 ProdHB.

[52] Erläuterungen, zu Ziff. 4.2 ProdHB.

[53] Vgl. *Bäcker,* in: *Veith/Gräfe,* § 11, Rn. 62.

[54] Vgl. *Thürmann,* PHi 2000, 163 (169).

mängeln beruhende Schadensersatzansprüche Dritter im gesetzlichen Umfang, wenn der VN **aufgrund einer Vereinbarung mit seinem Abnehmer über bestimmte Eigenschaften** seiner Erzeugnisse, Arbeiten und Leistungen dafür **verschuldensunabhängig einzustehen** hat, dass diese bei Gefahrübergang vorhanden sind. Damit wird die in Ziff. 4.1 ProdHB für Personen- und Sachschäden vorgesehene Erweiterung des Versicherungsschutzes auch auf die von Ziff. 4.2 ProdHB erfassten Vermögensschäden erstreckt[55].

2. Gedeckte Schadensersatzansprüche

26   Die Versicherung gegen Verbindungs-, Vermischungs- und Verarbeitungsschäden birgt in Anbetracht des durch Ziff. 4.2.1 ProdHB vorgegebenen Anwendungsbereichs ein hohes Schadenspotential. Aus Gründen der Kalkulierbarkeit des Risikos wird daher nicht jeder dem Dritten entstehende Vermögensschaden erfasst, sondern **nur die in Ziff. 4.2.2 ProdHB abschließend aufgezählten Schäden.**

27   **a) Beschädigung oder Vernichtung anderer Produkte.** Vom Versicherungsumfang gedeckt sind nach Ziff. 4.2.2.1 ProdHB zunächst Schadensersatzansprüche wegen der **Beschädigung oder Vernichtung der anderen Produkte,** dies allerdings nur soweit hierfür nicht bereits Versicherungsschutz nach Ziff. 1 oder Ziff. 4.1 ProdHB besteht. In der Regel wird die Verbindung, Vermischung oder Verarbeitung mit mangelhaften Erzeugnissen ohnehin zu einer Beschädigung des Gesamtproduktes führen[56]. Der darin liegende Sachschaden ist dann bereits nach Ziff. 1 ProdHB versichert. Ziff. 4.2.2.1 ProdHB betrifft demgegenüber die seltenen Fälle, in denen durch die genannten Maßnahmen **keine aus tatsächlichen oder wirtschaftlichen Gründen unauflösbare Verbindung** der Erzeugnisse mit dem Produkt des Dritten entstanden ist.

28   **b) Für die Herstellung aufgewendete Kosten.** Ziff. 4.2.2.2 ProdHB bestimmt, dass Schadensersatzansprüche wegen anderer **für die Herstellung der Gesamtprodukte aufgewendeter Kosten** gedeckt sind. Hierbei handelt es sich um reine Vermögensschäden. Erfasst werden alle Kosten, die bis zu der schadensverursachenden Verbindung, Vermischung oder Verarbeitung für die Herstellung des Gesamtproduktes entstanden sind, wie zum Beispiel Löhne und Gehälter, Energie, Verbrauchs- und Betriebsstoffe, Abschreibungen auf Maschinen und Gebäude, Gemeinkosten für Verwaltung und Verkauf[57]. Ersatzfähig sind im Einzelfall auch **Verpackungs- und Transportkosten,** wenn diese im innerbetrieblichen Bereich des VN zum Zwecke der Herstellung angefallen sind[58]. Nicht unter den Versicherungsschutz fällt allerdings das **Entgelt für die mangelhaften Erzeugnisse** des VN, d. h. mit anderen Worten der vom VN für das gelieferte Erzeugnis in Rechnung gestellte Preis. Dies trägt dem in Ziff. 1.2 AHB und Ziff. 6.1.1 ProdHB verankerten Grundsatz Rechnung, wonach die Erfüllung von Verträgen sowie an die Stelle der Erfüllung tretende Ersatzleistungen nicht versichert sind.

29   **c) Kosten der Nachbearbeitung.** Ziff. 4.2.2.3 ProdHB erweitert den Versicherungsschutz auf Schadensersatzansprüche wegen Kosten für eine **rechtlich gebotene und wirtschaftlich zumutbare Nachbearbeitung der Gesamtprodukte.** Dies erfasst den Fall, dass zwar infolge der Verbindung, Vermischung oder Verarbeitung eine mangelhafte Sache hergestellt worden ist, eine Nachbesserung dieser Sache aber sowohl in rechtlicher als auch in wirtschaftlicher Hinsicht möglich ist und durchgeführt wird[59]. Das Erfordernis einer rechtlich gebotenen und wirtschaftlich zumutbaren Maßnahme ist dabei so zu verstehen, dass der VR grundsätzlich nicht für Maßnahmen einstehen will, die teurer sind als eine Neuherstellung. Die Nachbearbeitung muss daher unter Beachtung der Schadensminderungspflicht des

---

[55] S. dazu Ziff. 4.1 ProdHB; oben, Rn. 22.
[56] In diesem Sinne etwa BGH v. 31. 3. 1998, BGHZ 138, 230 = NJW 1998, 1942 = VersR 1998, 855; BGH v. 21. 9. 1983, VersR 1983, 1169
[57] *Späte,* ProdHM, Rn. 28; *Bäcker,* in: *Veith/Gräfe,* § 11, Rn. 75, jew. m. w. N.
[58] *Thürmann,* ProdHV, S. 121; *Bäcker,* in: *Veith/Gräfe,* § 11, Rn. 75.
[59] Zum Begriff der Nachbesserung vgl. *Zölch,* PHi 2002, 236 (241).

Anspruchstellers (§ 254 Abs. 2 BGB) grundsätzlich die günstigste Form der Schadensbehebung sein. Allerdings ist zu berücksichtigen, dass der VN auf Maßnahmen des Dritten regelmäßig keinen Einfluss hat, dieser vielmehr nach allgemeinen Grundsätzen (§§ 249 ff. BGB) berechtigt sein kann, eine aufwendigere Schadensbeseitigung zu fordern. Es versteht sich von selbst, dass in diesem Fall Versicherungsschutz auch über das zur Nachbearbeitung notwendige Maß hinaus, ggf. in Gestalt der Abwehr überhöhter Ansprüche, zu gewähren ist[60]. Darüber hinaus werden nach dieser Ziffer auch die **Kosten für eine andere Schadensbeseitigung** ersetzt. Dabei geht es, anders als bei der Nachbearbeitung, nicht um Kosten, die durch die Beseitigung von Mängeln an dem Gesamtprodukt entstehen, sondern um die Reduzierung oder Aufhebung der negativen Auswirkungen dieser Mängel[61]. Typisches Beispiel einer solchen anderen Schadensbeseitigung ist die Weiterverarbeitung des Gesamtproduktes unter Hinzufügung weiterer Zutaten zu einem, wenn auch minderwertigen, neuen Gesamtprodukt.

Der **Umfang** der zu ersetzenden Kosten bestimmt sich grundsätzlich nach dem **Aufwand,** den der Geschädigte **für die Nachbearbeitung oder die andere Schadensbeseitigung** betreiben muss. Der VR ersetzt diese Kosten allerdings in dem Verhältnis nicht, in dem das Entgelt für die Erzeugnisse des VN zum Verkaufspreis der Gesamtprodukte (nach Nachbearbeitung oder anderer Schadensbeseitigung) steht. In diesem Verhältnis spiegelt sich das **anteilige Erfüllungsinteresse** des VN wieder[62]. Insoweit aber gilt auch hier der Grundsatz, wonach die Erfüllung von Verträgen sowie an die Stelle der Erfüllung tretende Ersatzleistungen nicht versichert sind (Ziff. 1.2 AHB und Ziff. 6.1.1 ProdHB). Aus Ziff. 6.2.8 ProdHB folgt zudem, dass die hier erwähnten Kosten vom Versicherungsschutz ausgenommen sind, wenn sie im Zusammenhang mit einem Rückruf von Erzeugnissen geltend gemacht werden. Dieses Risiko kann in Rahmen einer Rückrufkosten-Haftpflichtversicherung gesondert versichert werden.

d) Veräußerung mit Preisnachlass. Gemäß Ziff. 4.2.2.4 ProdHB erstreckt sich der Versicherungsschutz auf Schadensersatzansprüche wegen weiterer Vermögensnachteile (z. B. entgangenen Gewinnes), **weil die Gesamtprodukte nicht oder nur mit einem Preisnachlass veräußert werden können.** Dabei macht es keinen Unterschied, ob ein Preisnachlass von vornherein freiwillig oder später im Wege der Minderung gewährt wird[63]. Die mangelnde Veräußerlichkeit des Gesamtprodukts kann sich aus tatsächlichen oder aus rechtlichen Gründen ergeben. Sie kann sich auch erst nachträglich herausstellen, nachdem zunächst Nachbearbeitungs- oder Schadensbeseitigungsmaßnahmen erfolgt sind; in diesem Falle geraten Ziff. 4.2.2.3 und Ziff. 4.2.2.4 ProdHB für den jeweiligen Schaden nebeneinander zur Anwendung[64]. Um ersatzfähig zu sein, muss der weitere Vermögensnachteil **unmittelbare Folge der mangelnden Veräußerlichkeit des Produktes** sein. Hierunter fällt in erster Linie der dem Dritten entgangene Gewinn, den dieser beim Verkauf eines mangelfreien Produktes erzielt hätte[65]. Erfasst werden unter Umständen aber auch zusätzlich anfallende **Vernichtungskosten,** und zwar einschließlich der Kosten des Transportes zum Ort der Vernichtung[66]. Aufwendungen, die der Dritte im Vertrauen auf den Erhalt des fehlerfreien Produktes tätigt, fallen nicht darunter, auch wenn sie im Einzelfall nach allgemeinen Grundsätzen ersatzfähig sein mögen, da sie jedenfalls nicht unmittelbare Folge der Unveräußerlichkeit sind[67].

---

[60] *Bäcker,* in: *Veith/Gräfe,* § 11, Rn. 78; *Schmidt-Salzer/Hinsch,* Rn. 7.648.

[61] Erläuterungen, zu Ziff. 4.2.2.2. ProdHB.

[62] Erläuterungen, zu Ziff. 4.2.2.2. ProdHB.

[63] *Prölss/Martin/Voit/Knappmann,* Nr. 4 Produkthaftpfl., Rn. 34; *Späte,* ProdHM, Rn. 32.

[64] *Bäcker,* in: *Veith/Gräfe,* § 11, Rn. 87; *Thürmann,* ProdHV, S. 118.

[65] *Bäcker,* in: *Veith/Gräfe,* § 11, Rn. 87; *Späte,* ProdHM, Rn. 32; s. auch Erläuterungen, zu Ziff. 4.2.2.4 ProdHB.

[66] *Littbarski,* ProdHB, Ziff. 4, Rn. 86 m. w. N.; *Schmidt-Salzer/Hinsch,* Rn. 7.669; *Späte,* ProdHM Rn. 34; s. auch Erläuterungen, zu Ziff. 4.2.2.4 ProdHB.

[67] *Bäcker,* in: *Veith/Gräfe,* § 11, Rn. 89.

Schneider

32 Der VR ersetzt auch diese Vermögensnachteile in dem Verhältnis nicht, in dem das Entgelt für die Erzeugnisse des VN zu dem Verkaufspreis steht, der bei mangelfreier Herstellung oder Lieferung der Erzeugnisse des VN für die Gesamtprodukte zu erzielen gewesen wäre. Damit wird wiederum das **anteilige Erfüllungsinteresse** des VN aus dem ersatzfähigen Schaden herausgenommen[68]. Überdies ist Ziff. 6.2.8 ProdHB zu beachten, wonach die hier erwähnten Kosten vom Versicherungsschutz ausgenommen sind, wenn sie im Zusammenhang mit einem Rückruf von Erzeugnissen geltend gemacht werden.

33 **e) Produktionsausfall wegen Mangelhaftigkeit der Gesamtprodukte.** Endlich gewährt Ziff. 4.2.2.5 ProdHB Versicherungsschutz für Schadensersatzansprüche wegen der dem Abnehmer des VN unmittelbar entstandenen Kosten durch den **Produktionsausfall, der aus der Mangelhaftigkeit der Gesamtprodukte herrührt.** Voraussetzung der Eintrittspflicht des VR ist, dass infolge des durch Verbindung, Vermischung oder Verarbeitung entstandenen Mangels ein Produktionsausfall eingetreten ist. Wurde die Produktion dagegen bereits deshalb nicht aufgenommen, weil schon vorher festgestellt worden war, dass ein mangelhaftes Teilprodukt vorliegt, greift die Bestimmung nicht ein[69]. In diesem Fall mangelt es an der insoweit erforderlichen Kausalität. Versichert sind, wie sich aus dem Wortlaut der Bestimmung ergibt, alleine die dem Abnehmer des VN entstandenen Kosten, nicht dagegen auch die Kosten des Produktionsausfalls, der bei weiteren Drittabnehmern des Abnehmers möglicherweise entsteht[70]. Zu beachten ist, dass durch Ziff. 4.2.2.5 ProdHB alleine **die durch den Produktionsausfall unmittelbar entstandenen Kosten** gedeckt sind, nicht dagegen der Produktionsausfall selbst. Erfasst werden somit diejenigen Kosten, die dadurch entstehen, dass das Gesamtprodukt mehrere Verarbeitungsstufen beim Abnehmer des VN durchlaufen sollte, dies aber aufgrund seiner Mängel unterblieben ist[71]. Dagegen ist entgangener Gewinn nicht zu ersetzen; ebensowenig Stillstandskosten, die daraus resultieren, dass mangelfreie Ersatzerzeugnisse nicht zu beschaffen sind, denn insoweit fehlt es an dem Tatbestandsmerkmal der Unmittelbarkeit[72]. Haben andere Ursachen an dem Produktionsausfall mitgewirkt, so kann dies im Verhältnis zwischen VN und Geschädigtem unter den Voraussetzungen von § 254 BGB zu berücksichtigen sein[73]. Allerdings gilt auch insoweit, dass die Mitwirkung weiterer Ursachen nach allgemeinen Grundsätzen eine Zurechnung grundsätzlich nicht auszuschließen vermag[74].

IV. Weiterver- oder -bearbeitungsschäden

1. Grundsatz

34 Eingeschlossen sind gemäß Ziff. 4.3.1 ProdHB gesetzliche Schadensersatzansprüche wegen der in Ziff. 4.3.2 ProdHB genannten Vermögensschäden im Sinne von Ziff. 2.1 AHB **infolge Weiterverarbeitung oder -bearbeitung mangelhaft hergestellter oder gelieferter Erzeugnisse,** ohne dass eine Verbindung, Vermischung oder Verarbeitung mit anderen Produkten stattfindet. Bei dieser Ziffer handelt es sich heute im wesentlichen um eine Parallelvorschrift zu Ziff. 4.2.1 ProdHB mit dem Unterschied, dass hier **keine Verbindung, Vermischung oder Verarbeitung mit anderen Produkten** stattfindet. Letztlich werden hiervon nur diejenigen in der Praxis seltenen Fallgestaltungen erfasst, bei denen im Rahmen der Weiterverarbeitung oder -bearbeitung ausnahmsweise keine Zusammenführung mit anderen

---

[68] Erläuterungen, zu Ziff. 4.2.2.2 ProdHB.

[69] Vgl. nur *Littbarski*, ProdHB, Ziff. 4, Rn. 100; *Schlegelmilch*, S. 113; *Späte*, ProdHM, Rn. 34; *Thürmann*, ProdHV, S. 131; ebenso Erläuterungen, zu Ziff. 4.2.2.5 ProdHB.

[70] So auch *Thürmann*, ProdHV, S. 132 f.; *Littbarski*, ProdHB, Ziff. 4, Rn. 107; a. M. *Nickel*, VW 1990, 403.

[71] Erläuterungen zu Ziff. 4.2.2.5 ProdHB; zur Entstehungsgeschichte der Vorschrift, insbesondere zum Merkmal der Unmittelbarkeit, auch *Schlegelmilch*, S. 112.

[72] Erläuterungen, zu Ziff. 4.2.2.5 ProdHB; *Bäcker*, in *Veith/Gräfe*, § 11, Rn. 91; *Späte*, ProdHM, Rn. 34.

[73] Vgl. *Prölss/Martin/Voit/Knappmann*, Nr. 4 Produkthaftpfl., Rn. 36.

[74] BGH v., 19. 4. 2005, NJW-RR 2005, 897 = VersR 2005, 945.

Produkten erfolgt[75]. Eine solche Weiterverarbeitung liegt vor, wenn der Abnehmer das vom VN gelieferte mangelhafte Erzeugnis ohne Zufügung weiterer Produkte in ein anderes Produkt umwandelt[76]. Das ist beispielsweise der Fall, wenn mangelhafter Kunststoff zum Pressen von Schallplatten verwendet wird[77]. Nicht als Weiterverarbeitung anzusehen ist es dagegen, wenn das Erzeugnis des VN nur als Hilfsmittel für andere Verarbeitungsprozesse benötigt wird, etwa wenn im Rahmen des Produktionsvorganges Schmiermittel zur Verwendung kommen[78]. Versichert ist im übrigen nur die Weiterverarbeitung oder -bearbeitung **durch den Dritten,** nicht dagegen eine Tätigkeit des VN, bei der es zum Schaden an dem Produkt eines Dritten kommt[79].

Inhaltlich ist die Bestimmung in ihrer Ausgestaltung weitestgehend an Ziff. 4.2.1 ProdHB **35** angelehnt[80]. Dementsprechend können **Erzeugnisse** im Sinne der Regelung auch hier sowohl solche des VN als auch Produkte Dritter sein, die Erzeugnisse des VN enthalten. **Mängel bei der Beratung** über die An- oder Verwendung der vom VN hergestellten oder gelieferten Erzeugnisse sowie **Falschlieferungen** werden den Mängeln in der Herstellung oder Lieferung ebenfalls gleichgestellt. Ziff. 4.3.1 Abs. 2 ProdHB schließlich erweitert den Versicherungsschutz in Ansehung der von diesem Modul erfassten Vermögensschäden dahingehend, dass – abweichend von Ziff. 1.1, 1.2 und 7.3 AHB – Versicherungsschutz auch besteht für auf Sachmängeln beruhende Schadensersatzansprüche Dritter im gesetzlichen Umfang, wenn der VN aufgrund einer **Vereinbarung mit seinem Abnehmer über bestimmte Eigenschaften** seiner Erzeugnisse, Arbeiten und Leistungen dafür verschuldensunabhängig einzustehen hat, dass diese bei Gefahrübergang vorhanden sind[81].

2. Gedeckte Schadensersatzansprüche

Vom Versicherungsschutz umfasst werden nur bestimmte, durch Ziff. 4.3.2 ProdHB ab- **36** schließend genannte Schäden. Gedeckt sind nach Ziff. 4.3.2.1 ProdHB zunächst Schadensersatzansprüche wegen **Kosten für die Weiterverarbeitung oder -bearbeitung der mangelhaften Erzeugnisse** mit Ausnahme des Entgeltes für die mangelhaften Erzeugnisse des VN, sofern die verarbeiteten oder bearbeiteten Erzeugnisse unveräußerlich sind. Das entspricht im wesentlichen der unter Ziff. 4.2.2.2. ProdHB für den Fall der Verbindung, Vermischung oder Verarbeitung vorgesehenen Regelung. Die Unveräußerlichkeit kann auch hier auf tatsächlichen oder rechtlichen Gründen beruhen. Nach Ziff. 4.2.3.2 ProdHB werden des weiteren Schadensersatzansprüche wegen Kosten für eine **rechtlich gebotene und wirtschaftlich zumutbare Nachbearbeitung** der weiterverarbeiteten oder -bearbeiteten Erzeugnisse oder für eine andere Schadensbeseitigung erfasst. Der VR ersetzt allerdings diese Kosten in dem Verhältnis nicht, in dem das Entgelt für die Erzeugnisse des VN zum Verkaufspreis der weiterverarbeiteten oder -bearbeiteten Erzeugnisse (nach Nachbearbeitung oder anderer Schadensbeseitigung) steht[82]. Auch hier ist die Parallele zu Ziff. 4.2.2.3 ProdHB unverkennbar. Durch den Verweis auf Ziff. 6.2.8 ProdHB wird darüber hinaus klargestellt, dass das **Rückrufkostenrisiko** auch hier nicht versichert ist, sondern ggf. einer besonderen Vereinbarung bedarf. Unter den Versicherungsschutz fallen schließlich gemäß Ziff. 4.2.3.3 ProdHB Schadensersatzansprüche wegen **weiterer Vermögensnachteile** (z. B. entgangenen Gewinnes), weil die weiterverarbeiteten oder -bearbeiteten Erzeugnisse nicht oder nur mit einem Preisnachlass veräußert werden können. Auch hinsichtlich dieser Vermögensnachteile gilt, dass das nicht versicherte Erfüllungsinteresse als Quote in Abzug gebracht wird und dass Rückrufkosten nicht versichert sind.

---

[75] *Thürmann,* ProdHV, S. 139.
[76] *Bäcker,* in *Veith/Gräfe,* § 11, Rn. 97; *Späte,* ProdHM, Rn. 36.
[77] Erläuterungen, zu Ziff. 4.3 ProdHB.
[78] *Thürmann,* ProdHV, S. 139; *Littbarski,* ProdHB, Ziff. 4, Rn. 115.
[79] *Späte,* ProdHM, Rn. 36; *Schmidt-Salzer/Hinsch,* Rn. 7.712.
[80] Erläuterungen, zu Ziff. 4.2.3 ProdHB; vgl. auch *Thürmann,* PHi 2000, 163 (170).
[81] Zu diesen Regelungen s. die Parallelvorschrift der Ziff. 4.2 ProdHB; dazu oben Rn. 25.
[82] Dazu mit Beispielen *Krause,* NVersZ 2001, 103 (105).

V. Aus- und Einbaukosten

1. Grundsatz

37 Ziff. 4.4 ProdHB gewährt Versicherungsschutz gegen gesetzliche Schadensersatzansprüche Dritter wegen bestimmter, in Ziff. 4.4.2 und 4.4.3 ProdHB aufgezählter Vermögensschäden im Sinne von Ziff. 2.1 AHB infolge Mangelhaftigkeit von Gesamtprodukten Dritter, die durch **den Einbau, das Anbringen, Verlegen oder Auftragen von mangelhaft hergestellten oder gelieferten Erzeugnissen** entstanden sind. In der Praxis dürfte es sich bei dieser Ziffer wohl um den bedeutsamsten Baustein handeln[83]. Dabei geht es um Fälle, bei denen anders als unter Ziff. 4.3 ProdHB eine Zusammenführung von Erzeugnissen des VN mit anderen Produkten erfolgt, hierdurch aber im Gegensatz zu Ziff. 4.2 ProdHB keine untrennbare Verbindung, Vermischung oder Verarbeitung eintritt, so dass eine Trennung tatsächlich möglich und wirtschaftlich sinnvoll ist[84]. Zu denken ist an den Einbau von Maschinen- oder Zubehörteilen, Rohren, Kabeln und Leitungen. Zweck ist die Absicherung des Kostenrisikos, dass durch einen Austausch der mangelhaften Erzeugnisse begründet wird. Aus den in den Erläuterungen genannten Beispielen ergibt sich, dass das begünstigte Gesamtprodukt sowohl eine bewegliche, als auch eine unbewegliche Sache sein kann[85].

38 Die schon in den vorangegangenen Ziffern vorgesehenen Erweiterungen des Versicherungsschutzes gelten auch hier. Dementsprechend sind **Erzeugnisse** im Sinne dieser Regelung sowohl solche des VN als auch Produkte Dritter, die Erzeugnisse des VN enthalten, stehen **Mängel bei der Beratung** über die An- oder Verwendung der vom VN hergestellten oder gelieferten Erzeugnisse sowie **Falschlieferungen** Mängeln in der Herstellung oder Lieferung gleich und besteht Versicherungsschutz – abweichend von Ziff. 1.1, 1.2 und 7.3 AHB – auch für auf Sachmängeln beruhende Schadensersatzansprüche Dritter im gesetzlichen Umfang, wenn der VN aufgrund einer **Vereinbarung mit seinem Abnehmer über bestimmte Eigenschaften** seiner Erzeugnisse, Arbeiten und Leistungen dafür verschuldensunabhängig einzustehen hat, dass diese bei Gefahrübergang vorhanden sind (Ziff. 4.4.1 Abs. 1 Satz 2 und 3 sowie Abs. 2 ProdHB)[86].

39 Die nach Ziff. 4.4.1 ProdHB gewährte Deckung für die in Ziff. 4.4.2 ProdHB genannten Kosten wird durch Ziff. 4.4.3 ProdHB erweitert. Versicherungsschutz besteht – insoweit abweichend von Ziff. 1.1 und 1.2 AHB – auch dann, wenn diese Kosten **zur Erfüllung einer gesetzlichen Pflicht zur Neulieferung oder zur Beseitigung eines Mangels des Erzeugnisses des VN** von diesem oder seinem Abnehmer aufgewendet werden. Solche Kosten sind keine Schadensersatzansprüche, weshalb es insoweit eines ausdrücklichen Einschlusses bedarf. Erfasst werden zunächst diejenigen Fälle, in denen der Austausch nicht aufgrund gesetzlicher Schadensersatzvorschriften, sondern **infolge gewährleistungsrechtlicher Nachbesserung oder Nachlieferung** erfolgt. Das ist vor allem dann erheblich, wenn die Mangelhaftigkeit vom Abnehmer selbst entdeckt und im Wege des Nacherfüllungsanspruches geltend gemacht wird. Ebenfalls eindeutig zugunsten des VN geregelt wird das Schicksal von **Aufwendungsersatzansprüchen,** von denen zumindest streitig ist, ob sie als schadensersatzähnliche Ansprüche noch unter Ziff. 4.4.1 ProdHB fallen[87]. Vom Versicherungsschutz umfasst werden **alle gesetzlichen Mängelansprüche.** Die Formulierung ist dabei an die Regelungen des modernisierten Schuldrechts angepasst, will aber auch Sachverhalte mit Auslandsbezug erfassen[88]. Nicht unter den Versicherungsschutz der Ziff. 4.4.3 ProdHB fallen **vertragliche Erweiterungen der gesetzlichen Gewährleistungsrechte,** wozu insbeson-

---

[83] So auch *Thürmann,* PHi 2000, 163 (170).

[84] Erläuterungen, zu 4.4.1 ProdHB.

[85] Ebenso *Bäcker,* in *Veith/Gräfe,* § 11, Rn. 102.

[86] Zu diesen Regelungen s. die Parallelvorschrift der Ziff. 4.2 ProdHB; dazu oben Rn. 25.

[87] Zum alten Schuldrecht *Thürmann,* ProdHV, S. 161; *Schmidt-Salzer/Hinsch,* 7747; *Littbarski,* ProdHB, Ziff. 6, Rn. 18 ff.

[88] Erläuterungen, zu Ziff. 4.4.3 ProdHB.

dere auch eine Verlängerung der Gewährleistungsfristen oder die Pauschalierung von Austauschkosten zählt[89].

2. Gedeckte Schadensersatzansprüche

Welche Schadensersatzansprüche von der Regelung erfasst werden, ergibt sich aus der in Ziff. 4.4.2 ProdHB enthaltenen abschließenden Aufzählung. Gedeckt sind nach Ziff. 4.4.2.1 ProdHB zunächst Schadensersatzansprüche wegen **Kosten für den Austausch mangelhafter Erzeugnisse** (nicht jedoch von deren Einzelteilen), d. h. Kosten für das Ausbauen, Abnehmen, Freilegen oder Entfernen mangelhafter Erzeugnisse und das Einbauen, Anbringen, Verlegen oder Auftragen mangelfreier Erzeugnisse oder mangelfreier Produkte Dritter. Die lediglich beispielhaft aufgezählten Begriffe sind grundsätzlich weit auszulegen[90]. Der Austausch muss das gesamte Erzeugnis betreffen **(Komplettaustausch);** werden lediglich Einzelteile des Erzeugnisses ausgetauscht, so besteht nach dem ausdrücklichen Wortlaut der Vorschrift kein Versicherungsschutz. Dieser Ausschluss kann auch nicht dadurch umgangen werden, dass anstelle des Auswechselns des defekten Einzelteils ein Komplettaustausch erfolgt, da ein solches Verhalten dann regelmäßig dem Gebot der Schadenminderung widerspräche und ebenfalls nicht versichert wäre[91]. Etwas anderes gilt nur, wenn haftungs- oder gewährleistungsrechtlich an sich ein Komplettaustausch verlangt werden könnte, dieser aber aus besonderen Gründen ausnahmsweise unterbleibt und statt dessen eine andere Maßnahme vorgenommen wird[92]. Vom so definierten Versicherungsschutz ausgenommen bleiben ferner die Kosten für die **Nach- und Neulieferung** mangelfreier Erzeugnisse oder mangelfreier Produkte Dritter. Hierbei handelt es sich um Kosten der nicht vom Versicherungsschutz gedeckten Vertragserfüllung. Gleichzeitig soll durch die Formulierung klargestellt werden, dass der VN die Nach- oder Neulieferung auch mit Hilfe von bei Dritten bezogenen Erzeugnissen oder Produkten vollbringen kann[93].

Unter den Versicherungsschutz fallen gemäß Ziff. 4.4.2.2 ProdHB weiterhin Schadensersatzansprüche wegen Kosten für den Transport mangelfreier Erzeugnisse oder mangelfreier Produkte Dritter mit Ausnahme solcher an den Erfüllungsort der ursprünglichen Lieferung des VN. Bei diesen erstattungsfähigen **„äußeren" Transportkosten** handelt es sich – anders als bei den ausdrücklich vom Versicherungsschutz ausgenommenen „inneren" Transportkosten – um einen über das unmittelbare Erfüllungsinteresse hinausgehenden und damit einer Versicherung zugänglichen Mangelfolgeschaden[94]. Sind allerdings die Kosten für den direkten Transport vom VN bzw. vom Dritten zum Ort des Austausches geringer als die Kosten des Transportes vom Erfüllungsort der ursprünglichen Lieferung des VN zum Ort des Austausches, so sind nur die Kosten des Direkttransportes versichert. Ersatzfähig ist in diesem Fall der gesamte Umfang der (geringeren) Kosten des Direkttransportes; auf den Abzug der „inneren" Transportkosten wird hier verzichtet[95].

3. Ausschluss des Versicherungsschutzes

Ziff. 4.4.4 ProdHB sieht drei Ausnahmen vom Versicherungsschutz für Aus- und Einbaukosten vor. Gemäß Ziff. 4.4.4.1 ProdHB besteht kein Versicherungsschutz, wenn der VN die mangelhaften Erzeugnisse **selbst eingebaut oder montiert** hat oder in seinem Auftrag, für seine Rechnung oder unter seiner Leitung hat einbauen oder montieren lassen. Dies gilt jedoch nicht, wenn der VN beweist, dass die Mangelhaftigkeit nicht aus dem Einbau, der Montage oder Montageleitung, sondern ausschließlich aus der Herstellung oder Lieferung resultiert. Der Versicherungsschutz soll demnach nur dann eingreifen, wenn sicher ist, **dass der**

---

[89] Erläuterungen, zu Ziff. 4.4.3 ProdHB; s. ergänzend *Zölch*, PHi 2002, 236 (242).
[90] Erläuterungen, zu Ziff. 4.4.2.1 ProdHB.
[91] In diesem Sinne Erläuterungen, zu 4.2.2.1 ProdHB.
[92] *Thürmann*, PHi 2000, 163 (172).
[93] Erläuterungen, zu Ziff. 4.4.2.1 ProdHB.
[94] Erläuterungen, zu Ziff. 4.2.2.2 ProdHB; s. auch *Thürmann*, PHi 2000, 163 (170).
[95] Erläuterungen, zu Ziff. 4.2.2.2 ProdHB; weiteres Beispiel bei *Krause*, NVersZ 2001, 103 (105).

Schaden auf dem Mangel des gelieferten Erzeugnisses und nicht auf der daneben erbrachten Einbau- oder Montageleistung beruht. Es ist also, um eine treffende Formulierung aufzugreifen, ein „gedanklicher Trennstrich" zwischen der Lieferung der Sache und ihrer Montage zu ziehen; beide sind wie zwei selbständige Leistungen zu betrachten[96]. Beschränkt sich die Leistung des VN auf die **Überwachung** des Einbaus oder der Montage, so findet der Ausschluss keine Anwendung[97].

43   Kein Versicherungsschutz besteht ferner nach Ziff. 4.4.4.2 ProdHB, wenn sich die Mangelbeseitigungsmaßnahmen gemäß Ziff. 4.4.1 bis Ziff. 4.4.3 auf **Teile, Zubehör oder Einrichtungen von Kraft-, Schienen- oder Wasserfahrzeugen** beziehen, soweit diese Erzeugnisse im Zeitpunkt der Auslieferung durch den VN oder von ihm beauftragte Dritte ersichtlich für den Bau von oder den Einbau in Kraft-, Schienen- oder Wasserfahrzeugen bestimmt waren. Dieser Ausschluss soll dem erhöhten Risiko Rechnung tragen, das im Falle der Kraftfahrzeuge aus der hohen Serienstückzahl und in den anderen Fällen aus dem hohen Einzelkostenrisiko resultiert[98]. Er greift ein, soweit der VN die vorgesehene **Zweckbestimmung erkennen konnte.** Um dieses anzunehmen, genügt bereits fahrlässige Unkenntnis von der beabsichtigten Verwendung[99]. Dies war schon unter früheren Bedingungsfassungen, die eine entsprechende Einschränkung nicht enthielten, allgemein anerkannt und wird jetzt ausdrücklich gesagt[100]. Als Maßstab für die Beurteilung der Fahrlässigkeit ist die Person eines durchschnittlich sorgfältigen und gewissenhaften Zulieferers zugrunde zu legen.

44   Schließlich besteht gemäß Ziff. 4.4.4.3 ProdHB kein Versicherungsschutz, wenn Ziff. 6.2.8 ProdHB eingreift, die kostenverursachenden Maßnahmen mithin **im Zusammenhang mit einem Rückruf von Erzeugnissen** geltend gemacht werden. Versicherungsschutz hierfür ist nur im Rahmen einer besonderen Rückrufkostenversicherung zu erlangen[101]. Allerdings kommt es für die Frage, ob der Ausschluss eingreift, nicht darauf an, ob tatsächlich eine spezielle Rückrufkostenversicherung abgeschlossen wurde[102].

VI. Schäden durch mangelhafte Maschinen

45   Ziff. 4.5 ProdHB ermöglicht die Vereinbarung eines Einschlusses für **Schadensersatzansprüche infolge mangelhafter Produktions- und Verarbeitungsmaschinen.** Gemäß Ziff. 4.5.1 ProdHB besteht dann Versicherungsschutz für gesetzliche Schadensersatzansprüche Dritter wegen der in Ziff. 4.5.2 ProdHB genannten Vermögensschäden im Sinne von Ziff. 2.1 AHB infolge Mangelhaftigkeit von Produkten, die durch vom VN mangelhaft hergestellte, gelieferte, montierte oder gewartete Maschinen produziert, be- oder verarbeitet wurden. Ersetzt werden also Schäden, die darin bestehen, dass infolge der Mangelhaftigkeit der Maschinen mangelhafte Produkte hergestellt worden sind, ohne dass dadurch ein nach Ziff. 1.1 ProdHB versicherter Sachschaden verursacht worden ist[103]. In ihrem Aufbau ähnelt der Einschluss wiederum den vorangehenden Bestimmungen der Ziff. 4.2.1, 4.3.1 und 4.4.1 ProdHB. Dementsprechend werden auch hier **Mängel bei der Beratung** über die An- oder Verwendung der vom VN hergestellten, gelieferten, montierten oder gewarteten Maschinen sowie **Falschlieferungen** den Mängeln in der Herstellung oder Lieferung gleichgestellt. Ferner besteht Versicherungsschutz insoweit auch – abweichend von Ziff. 1.1, 1.2 und 7.3 AHB – für auf Sachmängeln beruhende Schadensersatzansprüche Dritter im gesetzlichen Umfang, wenn der

---

[96] *Thürmann,* PHi 2000, 163 (171).

[97] So wohl auch *Bäcker,* in: *Veith/Gräfe,* § 11, Rn. 141.

[98] Erläuterungen, zu Ziff. 4.4.4.2 ProdHB.

[99] Erläuterungen, zu Ziff. 4.4.4.2 ProdHB.

[100] *Thürmann,* PHi 2000, 163 (171); zu früheren Fassungen *Späte,* ProdHM, RN. 47; *Schmidt/Salzer/ Hinsch,* Rn. 7.835.

[101] Dazu *Tamme,* Rückrufkosten: Haftung und Versicherung, Karlsruhe, 1996; *Pannenbecker,* Produktrückrufpflicht und Kostenersatz in der Haftpflichtversicherung, Karlsruhe, 1998.

[102] *Burckhardt,* VersR 2007, 1601 (1607); *Thürmann,* ProdHV, S. 257.

[103] Erläuterungen, zu Ziff. 4.5 ProdHB.

VN aufgrund einer **Vereinbarung mit seinem Abnehmer über bestimmte Eigenschaften** seiner Erzeugnisse, Arbeiten und Leistungen dafür verschuldensunabhängig einzustehen hat, dass diese bei Gefahrübergang vorhanden sind[104].

Die vom Versicherungsschutz erfassten Schadensersatzansprüche ergeben sich aus der in **46** Ziff. 4.5.2 ProdHB enthaltenen **abschließenden Aufzählung,** die in ihrem Wortlaut weitgehend den für Verbindungs-, Vermischungs- und Verarbeitungsschäden geltenden Regelungen (Ziff. 4.2.2.1 bis 4.2.2.5 ProdHB) entspricht. Die dortigen Erläuterungen gelten daher auch hier sinngemäß. Soweit nach Ziff. 4.5.2.2 ProdHB Schadensersatzansprüche wegen anderer für die Herstellung, Be- oder Verarbeitung der Produkte nutzlos aufgewendeter Kosten gedeckt sind, verzichtet die Regelung – im Gegensatz zu Ziff. 4.2.2.2 ProdHB – allerdings darauf, das Entgelt für die mangelhaften Erzeugnisse des VN vom Versicherungsschutz auszunehmen. Dementsprechend wird in Ziff. 4.5.2.3 und 4.5.2.4 ProdHB – insoweit anders als bei Ziff. 4.2.2.3 und 4.2.2.4 ProdHB – das anteilige Erfüllungsinteresse des VN aus dem ersatzfähigen Schaden nicht herausgenommen. Das hängt damit zusammen, dass der VN in den Fällen der Ziff. 4.5 ProdHB an der Herstellung der Produkte selbst nicht beteiligt war und in den Produkten auch keine Erzeugnisse des VN enthalten sind[105].

Eine **zusätzliche Deckungserweiterung** enthält Ziff. 4.5.2.6 ProdHB. Gedeckt sind da- **47** nach auch **Schadensersatzansprüche wegen weiterer Vermögensnachteile,** weil die mittels der Maschinen des VN mangelhaft hergestellten, be- oder verarbeiteten Produkte mit anderen Produkten verbunden, vermischt, verarbeitet (Ziff. 4.2) oder weiterverarbeitet oder -bearbeitet (Ziff. 4.3), eingebaut, angebracht, verlegt oder aufgetragen (Ziff. 4.4) werden. Damit werden bei Vereinbarung dieses Moduls Fälle der sog. **mehrstufigen Verarbeitung der auf der vom VN stammenden Maschine hergestellten mangelhaften Produkte** im Umfang der Ziff. 4.2 ff. ProdHB in den Versicherungsschutz einbezogen[106]. Die gesonderte Regelung hinsichtlich weiterer, im Rahmen der späteren Verwendung der mangelhaften Produkte entstandener Schäden ist erforderlich, weil die mittels der mangelhaften Maschine hergestellten Produkte keine Erzeugnisse im Sinne der hier verwendeten Terminologie sind und deshalb nicht unmittelbar unter die Ziff. 4.2 ff. ProdHB fallen[107]. Lediglich insoweit soll die Deckungserweiterung eingreifen, was dadurch klargestellt wird, dass nach Ziff. 4.5.2.6 Satz 2 ProdHB dieser Versicherungsschutz im Umfang der vorgenannten Ziff. 4.2 ff. gewährt wird.

VII. Prüf- und Sortierkosten

1. Grundsatz

Ziff. 4.6 ProdHB enthält einen fakultativen Einschluss für **Prüf- und Sortierkosten,** **48** durch den die Deckung in allen Fällen erweitert wird, in denen nach den Ziff. 4.2 ff ProdHB Versicherungsschutz besteht. Voraussetzung ist daher zum einen, dass Deckungsbausteine der Ziff. 4.2 ff. ProdHB überhaupt vereinbart wurden und zum anderen, dass die Überprüfung bzw. Sortierung in einem Stadium erfolgt, in dem die Voraussetzungen für das Bestehen von Versicherungsschutz nach Ziff. 4.2 ff. ProdHB bereits vorlagen[108]. Durch die Vereinbarung des Einschlusses können die mit der Überprüfung auf eventuelle Mangelhaftigkeit einzelner Produkte einer Serie sowie die mit der Sortierung in mangelfreie und mangelhafte Produkte verbundenen Kosten versichert werden. Dies wird durch Ziff. 4.6.1 ProdHB klargestellt. Eingeschlossen sind danach gesetzliche Schadensersatzansprüche Dritter wegen der in Ziff. 4.6.2 und 4.6.3 genannten Vermögensschäden infolge der **Überprüfung von Produkten der Dritten auf Mängel,** wenn die **Mangelhaftigkeit einzelner Produkte bereits festgestellt** wurde und aufgrund ausreichenden Stichprobenbefundes oder sonstiger nachweisbarer

---

[104] S. auch insoweit die Parallelvorschrift Ziff. 4.2 ProdHB; dazu oben, Rn. 25.
[105] Erläuterungen, zu Ziff. 4.5 ProdHB.
[106] *Thürmann,* PHi 2000, 163 (173).
[107] Erläuterungen, zu Ziff. 4.5.2.6 ProdHB.
[108] Vgl. Erläuterungen zu Ziff. 4.6 ProdHB; *Thürmann,* PHi 2000, 163 (173).

Tatsachen **gleiche Mängel an gleichartigen Produkten zu befürchten** sind. Die Überprüfung muss der Feststellung dienen, welche der Produkte mit Mangelverdacht tatsächlich mangelhaft sind und bei welchen dieser Produkte die nach den Ziff. 4.2 ff. versicherten Maßnahmen zur Mangelbeseitigung erforderlich sind. Produkte im Sinne dieser Regelung sind solche, die aus oder mit Erzeugnissen des VN hergestellt, be- oder verarbeitet wurden.

49   Ziff. 4.6.4 ProdHB erweitert den Versicherungsschutz über die gesetzlichen Schadensersatzansprüche hinaus auch auf andere Mängelgewährleistungsansprüche. Ausschließlich für die in Ziff. 4.6.2 und 4.6.3 genannten Kosten besteht in Erweiterung der Ziff. 4.6.1 – und insoweit abweichend von Ziff. 1.1 und 1.2 AHB – Versicherungsschutz auch dann, wenn sie **zur Erfüllung einer gesetzlichen Pflicht zur Neulieferung oder zur Beseitigung eines Mangels** des Erzeugnisses des VN von diesem oder seinem Abnehmer aufgewendet werden. Die Bestimmung ist im Zusammenhang mit der in Ziff. 4.4.3 ProdHM für Aus- und Einbaukosten enthaltenen Regelung zu sehen. Prüf- und Sortierkosten können auch schon beim unmittelbaren Abnehmer des VN anfallen und sollen auch dann ersetzt werden, wenn sie aufgrund vertraglicher Mängelbeseitigungsverpflichtung vom VN verlangt werden[109].

2. Gedeckte Schadensersatzansprüche

50   Die von der Erweiterung für Prüf- und Sortierkosten gedeckten Schadensersatzansprüche werden durch Ziff. 4.6.2 ProdHB beschrieben. Gedeckt sind hiernach ausschließlich **Schadensersatzansprüche wegen Kosten der Überprüfung der Produkte mit Mangelverdacht.** Die Kosten einer Stichprobe werden hiervon nicht erfasst[110]. Zur Überprüfung gehören allerdings auch ein notwendiges Vorsortieren zu überprüfender Produkte, ein Aussortieren von überprüften Produkten sowie das infolge der Überprüfung erforderliche Umpacken der betroffenen Produkte.

51   Eine wichtige Einschränkung enthält Ziff. 6.3 ProdHB: Ist zu erwarten, dass die Kosten der Überprüfung der Produkte mit Mangelverdacht zuzüglich der nach Ziff. 4.2 ff. ProdHB gedeckten Kosten auf Basis der festgestellten oder nach objektiven Tatsachen anzunehmenden Fehlerquote **höher sind, als die nach Ziff. 4.2 ff. ProdHB gedeckten Kosten im Falle der tatsächlichen Mangelhaftigkeit aller Produkte mit Mangelverdacht,** so beschränkt sich der Versicherungsschutz auf die Versicherungsleistungen nach Ziff. 4.2 ff. ProdHB. Dadurch sollen unnötige Ausgaben vermieden und eine wirtschaftliche Schadensregulierung ermöglicht werden. In diesem Fall greift zugunsten des VN eine Beweiserleichterung ein, denn es bedarf dann **keines Nachweises, dass die Produkte mit Mangelverdacht tatsächlich Mängel aufweisen.** Dasselbe gilt ferner dann, wenn eine Feststellung der Mangelhaftigkeit nur durch Zerstörung des Produktes möglich ist. Für die Frage, ob die Kosten der Überprüfung höher sind, als die nach Ziff. 4.2 ff. ProdHB gedeckten Kosten, ist eine ex-ante-Betrachtung auf der Grundlage der Erkenntnisse eines sachverständigen objektiven Dritten anzustellen, wobei in diesem Falle ein unverschuldeter Irrtum über den Kostenumfang deckungsunschädlich ist[111].

52   Ziff. 4.6.5 ProdHB enthält einen Hinweis auf Ziff. 6.2.8 ProdHB. Damit soll klargestellt werden, dass Prüf- und Sortierkosten, die im Zusammenhang mit einem **Rückruffall** stehen, nur aufgrund einer besonderen Rückrufkostenversicherung erstattet werden.

---

[109] Erläuterungen zu Ziff. 4.6.3 ProdHB; vgl. auch Ziff. 4.4.3 ProdHB; dazu oben, Rn. 39.
[110] Erläuterungen, zu Ziff. 4.6.2 ProdHB.
[111] Erläuterungen, zu Ziff. 4.6.3 ProdHB; dazu *Thürmann*, ProdHV, 221.

E. Risikoabgrenzungen

I. Nicht versicherte Tatbestände

Ziff. 6.1 ProdHB nimmt eine Reihe von Ansprüchen vom Umfang der Produkthaft- **53** pflichtversicherung aus. Soweit nicht über Ziff. 4 ProdHB ausdrücklich mitversichert, sind gemäß Ziff. 6.1.1 ProdHB
— Ansprüche auf Erfüllung von Verträgen oder auf Nacherfüllung, aus Selbstvornahme, Rücktritt, Minderung und auf Schadensersatz statt der Leistung,
— Ansprüche wegen Schäden, die verursacht werden, um die Nachbesserung durchführen zu können,
— Ansprüche wegen des Ausfalls der Nutzung des Vertragsgegenstandes oder wegen des Ausbleibens des mit der Vertragsleistung geschuldeten Erfolges,
— Ansprüche auf Ersatz vergeblicher Aufwendungen im Vertrauen auf ordnungsgemäße Vertragserfüllung,
— Ansprüche auf Ersatz von Vermögensschäden wegen Verzögerung der Leistung sowie
— Ansprüche wegen anderer an die Stelle der Erfüllung tretender Ersatzleistungen
nicht versichert, und zwar auch dann, wenn es sich dabei um gesetzliche Ansprüche handelt. Betroffen ist der **Erfüllungsbereich von Verträgen,** der schon nach allgemeinen Grundsätzen nicht vom Versicherungsschutz in der Haftpflichtversicherung (vgl. Ziff. 1.1 AHB) gedeckt ist. Insoweit hat die Bestimmung in erster Linie klarstellende Funktion. Nicht versichert sind ferner gemäß Ziff. 6.1.2 ProdHB im Rahmen der Versicherung gem. Ziff. 4.2 ff. **Ansprüche wegen Folgeschäden** (z. B. Betriebsunterbrechung oder Produktionsausfall), soweit diese nicht in den Ziff. 4.2 ff. ausdrücklich mitversichert und damit wieder eingeschlossen sind.

II. Ausschlüsse

Ziff. 6.2 ProdHB enthält eine Reihe von **Ausschlusstatbeständen,** die sich auf insgesamt **54** acht Ziffern verteilen.

1. Ansprüche aus Garantien

Nach Ziff. 6.2.1 ProdHB sind **Ansprüche aus Garantien oder aufgrund sonstiger** **55** **vertraglicher Haftungserweiterungen,** soweit es sich nicht um im Rahmen der Ziff. 4 versicherte Vereinbarungen bestimmter Eigenschaften von Erzeugnissen, Arbeiten und Leistungen bei Gefahrübergang handelt, für die der VN verschuldensunabhängig im gesetzlichen Umfang einzustehen hat, vom Versicherungsschutz ausgeschlossen. Die Regelung soll klarstellen, dass Ansprüche aus Garantien ebensowenig Gegenstand des Versicherungsschutzes sind wie Ansprüche, die durch vertragliche Haftungserweiterungen Abweichungen vom gesetzlichen Umfang der Haftung aufweisen[112]. Vom Ausschluss ausdrücklich ausgenommen sind die im Rahmen von Ziff. 4 ProdHB versicherten Vereinbarungen bestimmter Eigenschaften. Dies betrifft alle, aber auch nur diejenigen Fälle, in denen der VN sich vertraglich verpflichtet hat, für das Vorhandensein bestimmter Eigenschaften der von ihm gelieferten Erzeugnisse oder erbrachten Arbeiten und Leistungen im Sinne von § 276 Abs. 1 Satz 1 BGB ohne Verschulden einzustehen.

Garantien im Sinne der Bestimmung sind zuvörderst **solche im Sinne des § 443 BGB,** **56** also Beschaffenheits- oder Haltbarkeitsgarantien, aus denen dem Erwerber gegenüber dem Garantiegeber im Garantiefall unbeschadet der gesetzlichen Ansprüche die in der Garantie vorgesehenen Rechte zustehen. Nicht erforderlich ist, dass die Garantie aus einer selbständigen Vereinbarung resultiert; der Ausschluss greift vielmehr auch dann ein, wenn sie als unselbständiger Teil des Hauptvertrages ausgestaltet ist[113]. Dass Ansprüche aus derartigen Vereinbarungen

---

[112] Erläuterungen, zu Ziff. 6.2.1 ProdHB.
[113] Erläuterungen, zu Ziff. 6.2.1 ProdHB.

als Erfüllungsansprüche nicht unter den Versicherungsschutz fallen, ergibt sich eigentlich schon aus Ziff. 1.2 AHB[114]. Der Ausschlusstatbestand bildet daher auch hier vornehmlich eine Klarstellung und Abgrenzung gegenüber den durch Ziff. 4 ProdHB ermöglichten Einschlüssen. Zu beachten ist, dass der Leistungsausschluss nur die Ansprüche aus der Garantie betrifft, so dass daneben konkurrierende gesetzliche Schadensersatzansprüche versichert bleiben[115]. Darüber hinaus erfasst der Ausschluss auch **sonstige vertragliche Haftungserweiterungen,** die nicht die in Ziff. 4.1 ff. ProdHB genannten Voraussetzungen erfüllen[116]. Dazu zählen beispielsweise Vereinbarungen über Schadenspauschalierungen oder über eine Verlängerung der Verjährungsfristen.

2. Rechtsmängel

57   Ausgeschlossen sind gemäß Ziff. 6.2.2 ProdHB Ansprüche, die daraus hergeleitet werden, dass gelieferte Sachen oder Arbeiten mit einem **Rechtsmangel** behaftet sind (z. B. Schäden aus der Verletzung von Patenten, gewerblichen Schutzrechten, Urheberrechten, Persönlichkeitsrechten, Verstößen in Wettbewerb und Werbung). Erfasst werden alle Fälle, in denen der Geschädigte den VN in Anspruch nimmt, weil er **den Leistungsgegenstand nicht nutzen oder benutzen kann,** da er ihm nach Erwerb von einem anderen aufgrund eines Rechts streitig gemacht wird[117]. Es ist einleuchtend, dass der VR im Rahmen des Produkthaftungsrisikos eine solche Haftung, die dem Erfüllungsbereich des Vertrages zuzuordnen ist, nicht übernehmen will.

3. Ansprüche wegen Schäden gemäß Ziff. 7.8 AHB

58   Gemäß Ziff. 6.2.3 ProdHB sind Ansprüche wegen Schäden gemäß Ziff. 7.8 AHB vom Versicherungsschutz ausgeschlossen. Damit wird die sog. „Herstellungsklausel" ausdrücklich auch in die Produkthaftpflichtversicherung übernommen. Nach Ziff. 7.8 AHB sind Haftpflichtansprüche wegen Schäden an vom VN hergestellten oder gelieferten Sachen, Arbeiten oder sonstigen Leistungen infolge einer in der Herstellung, Lieferung oder Leistung liegenden Ursache und alle sich daraus ergebenden Vermögensschäden vom Versicherungsschutz ausgeschlossen. Der Ausschluss greift auch dann ein, wenn die Schadensursache in einem **mangelhaften Einzelteil** der Sache oder in einer **mangelhaften Teilleistung** liegt und zur Beschädigung oder Vernichtung der Sache oder Leistung führt; ferner dann, wenn Dritte im Auftrag oder für Rechnung des VN die Herstellung oder Lieferung der Sachen oder die Arbeiten oder sonstigen Leistungen übernommen haben[118]. Auch dieser Bestimmung liegt die Erwägung zugrunde, dass die Erfüllungsleistung und damit das unternehmerische Risiko in der Haftpflichtversicherung grundsätzlich nicht versicherbar sind[119]. Von besonderer Bedeutung ist an dieser Stelle die rechtliche Behandlung sog. **Weiterfresserschäden,** die zu einer gänzlichen oder teilweisen Zerstörung einer ansonsten mangelfreien Sache führen[120]. Soweit der VN hier Verkäufer der Gesamtsache ist, besteht nach Sinn und Zweck von Ziff. 7.8 AHB kein Versicherungsschutz, da der VR in diesen Fällen nicht für die zum Erfüllungsbereich zählenden Kosten der Ersatzlieferung einer neuen Sache einstehen soll. Ist der VN dagegen Verkäufer lediglich eines Einzelteiles, das sodann beim Abnehmer zu einer Schädigung der Gesamtsache führt, so greift der Ausschluss nicht ein[121].

---

[114] In diesem Sinne auch *Bäcker,* in *Veith/Gräfe,* § 11, Rn. 214; *von Westphalen,* Hdb., § 58, Rn. 11.

[115] *Bäcker,* in: *Veith/Gräfe,* § 11, Rn. 216; *von Westphalen,* Hdb., § 58, Rn. 18.

[116] *Zölch,* PHi 2002, 237 (244).

[117] *Bäcker,* in *Veith/Gräfe,* § 11, Rn. 219; *Späte,* ProdHM, Rn. 63.

[118] Zu Ziff. 7.8 AHB s. § 24, Rn. 76 ff.

[119] BGH v. 21. 2. 1957, BGHZ 23, 349 = NJW 1957, 907.

[120] Dazu etwa BGH v. 31. 3. 1998, BGHZ 138, 230 = NJW 1998, 1942 = VersR 1998, 855; BGH v. 21. 9. 1983, VersR 1983, 1169.

[121] Vgl. *Löwe,* BB 1978, 1495; *Nickel,* VersR 1989, 873; *Schlegelmilch,* S. 83, *Schmidt-Salzer/Hinsch,* 7549; *Schmidt-Salzer/Thürmann,* 8243; ferner *von Westphalen,* NJW 1979, 838; *Späte,* ProdHM, Rn. 264, m. w. N.

4. Bewusstes Abweichen von Vorschriften, Anweisungen oder Bedingungen

Vom Versicherungsschutz ausgeschlossen sind nach Ziff. 6.2.4 ProdHB Ansprüche gegen **59** den VN oder jeden Mitversicherten, soweit diese den Schaden durch bewusstes Abweichen von gesetzlichen oder behördlichen Vorschriften sowie von schriftlichen Anweisungen oder Bedingungen des Auftraggebers herbeigeführt haben. Dadurch wird **in zweifacher Hinsicht wirksam von § 103 VVG abgewichen**[122]. Nach der gesetzlichen Regelung ist der VR nicht zur Leistung verpflichtet, wenn der VN vorsätzlich und widerrechtlich den bei dem Dritten eingetretenen Schaden herbeigeführt hat. Demgegenüber erfordert der Ausschluss nach Ziff. 6.2.4 ProdHB weder einen auch die Schadensfolge umfassenden Vorsatz des VN, noch seine Kenntnis von der Möglichkeit eines Schadenseintritts. Vielmehr braucht der VR hier nur den **objektiven Verstoß** und das **Bewusstsein des VN,** mit seinem Verhalten gegen Vorschriften oder ungeschriebene Berufsregeln zu verstoßen, darzulegen und zu beweisen[123]. Er muss also aufzeigen, wie sich der VN hätte verhalten müssen und dass er gewusst hat, wie er sich hätte verhalten müssen[124]. Wurde allerdings gegen elementare Grundregeln verstoßen, so lässt dies nach der Lebenserfahrung den Schluss zu, dass der Verstoß auch bewusst geschehen ist[125]. Im übrigen versteht sich von selbst, dass der Pflichtverstoß für den Eintritt des Schadens ursächlich gewesen sein muss. Der Verlust des Versicherungsschutzes tritt nur bei demjenigen ein, der die Voraussetzungen der Ausschlussklausel in seiner Person verwirklicht, wobei allerdings dem VN Verstöße seines Repräsentanten zuzurechnen sind[126]. Der Umstand, dass die Kenntnis eines „sonstigen Mitversicherten", der nicht Repräsentant des VN ist, den Versicherungsschutz also nicht ausschließt, ist vor allem für größere Unternehmen von Bedeutung[127].

Neben Ziff. 6.2.4 ProdHB findet auch Ziff. 7.2 AHB Anwendung. Danach sind in Erman- **60** gelung abweichender Vereinbarungen Versicherungsansprüche aller Personen ausgeschlossen, die den Schaden dadurch verursacht haben, dass sie **in Kenntnis von deren Mangelhaftigkeit oder Schädlichkeit Erzeugnisse in den Verkehr gebracht oder Arbeiten und sonstige Leistungen erbracht** haben[128]. Dies stellt eine zulässige Erweiterung von § 103 VVG dar, die aufgrund der subsidiären Geltung der AHB auch in der Produkthaftpflichtversicherung von Bedeutung ist.

5. Erprobungsrisiko

Gemäß Ziff. 6.2.5 ProdHB sind Ansprüche aus Sach- und Vermögensschäden durch Er- **61** zeugnisse, deren Verwendung oder Wirkung im Hinblick auf den konkreten Verwendungszweck **nicht nach dem Stand der Technik oder in sonstiger Weise ausreichend erprobt** waren, vom Versicherungsschutz ausgeschlossen. Es handelt sich auch hier um einen Risikoausschluss und nicht um eine verhüllte Obliegenheit[129]. Die Regelung will verhindern, dass der VR das Risiko unzureichender Erprobung tragen muss[130]. Dadurch setzt sie auch Anreize für ein verantwortungsbewusstes Verhalten des VN, da das Einsparen von Erprobungsaufwendungen letztlich auf ihn zurückfällt[131]. Bedenken unter AGB-rechtlichen Gesichtspunk-

---

[122] Dazu BGH v. 20. 6. 2001, VersR 2001, 1103 = NJW-RR 2001, 1311; BGH v. 26. 9. 1990, NJW-RR 1991, 145 = VersR 1991, 176.

[123] S. dazu auch Erläuterungen, zu Ziff. 6.2.4 ProdHB.

[124] S. etwa BGH v. 17. 12. 1986, VersR 1987, 174 = NJW-RR 1987, 472 (zur Architektenhaftpflichtversicherung).

[125] Saarl. OLG v. 15. 4. 1992, VersR 1993, 85 (zur Architektenhaftpflichtversicherung).

[126] Erläuterungen, zu Ziff. 6.2.4 ProdHB; vgl. OLG Koblenz v. 13. 1. 2006, VersR 2007, 787.

[127] Vgl. auch *Bäcker*, in: *Veith/Gräfe*, § 11, Rn. 228; *Thürmann*, ProdHV, S. 246.

[128] S. dazu § 24, Rn. 53.

[129] BGH v. 9. 1. 1991, VersR 1991, 414; OLG Bremen v. 30. 6. 1998, VersR 1999, 535; OLG Frankfurt v. 6. 3. 1997, VersR 1998, 176; a. A. *Prölss/Martin/Voit/Knappmann*, Produkthaftpfl. Nr. 6, Rn. 30.

[130] Erläuterungen, zu Ziff. 6.2.5 ProdHB.

[131] *Bäcker*, in: *Veith/Gräfe*, § 11, Rn. 230; *Schwabe*, VersR 2002, 785 (786); s. auch *Wagner*, VersR 1999, 1441.

ten sind gegen die Klausel nicht zu erheben[132]. Ihre Voraussetzungen hat – wie grundsätzlich bei Risikoausschlüssen – der VR dazulegen und zu beweisen.

62   Der Ausschlusstatbestand knüpft an das Fehlen einer ausreichenden Erprobung der Erzeugnisse an. Diese Erprobung muss sich am **konkreten, d. h. vorgesehenen oder besonders angegebenen Verwendungszweck** ausrichten[133]. Wird eine Anlage als „universell geeignet zum Einbau in beliebige Personenkraftwagen" angeboten, so genügt es nicht, dass eine Erprobung nur hinsichtlich bestimmter Fahrzeugtypen erfolgt; vielmehr greift der Risikoausschluss ein, solange keine Erprobung auf universelle Eignung der Anlage zum Einbau in beliebige Fahrzeuge durchgeführt worden ist[134]. Ebenso unzureichend ist, wenn die Erprobung anhand eines Modells erfolgt, das von dem letztlich zur Anwendung kommenden Erzeugnis etwa in der Art des verwendeten Materials abweicht[135].

63   Maßstab der Erprobung ist nach dem aktuellen Wortlaut der ProdHB der **Stand der Technik.** Frühere Fassungen des Bedingungswerkes hatten demgegenüber zunächst auf die „anerkannten Regeln der Technik oder Wissenschaft" und später auf den „Stand von Wissenschaft und Technik" abgehoben[136]. Beim Abstellen auf den Stand der Technik wird der rechtliche Maßstab für das Erlaubte oder Gebotene an die Front der technischen Entwicklung verlagert, da die allgemeine Anerkennung und die praktische Bewährung allein für den Stand der Technik nicht ausschlaggebend sind[137]. Maßgeblich sind im übrigen **die berechtigten Sicherheitserwartungen des Verkehrs,** denn die Produkthaftung des Herstellers gehört jedenfalls dann nicht zu dem versicherten Risiko, wenn die Erprobung des Produktes besorgen lässt, dass der Hersteller des in den Verkehr gebrachten Produktes in ganz erheblichem Umfange Schadensersatzansprüchen wegen fehlerhafter Konstruktion oder Fabrikation ausgesetzt sein wird[138]. Entscheidend sind letztlich immer die Umstände des Einzelfalles. Im übrigen ist der Anwendungsbereich der Ausschlussklausel nicht auf neue Erzeugnisse beschränkt; ebenso erfasst werden Erzeugnisse, deren Zusammensetzung geändert oder weiterentwickelt worden ist[139].

64   In seinem Umfang erfasst der Ausschluss **nur Sach- und Vermögensschäden.** Kommt es daher infolge unzureichender Erprobung zu einem Personenschaden, so ist der VR eintrittspflichtig[140]. Unter den Versicherungsschutz fallen auch die aus einem Personenschaden folgenden (unechten) Vermögensschäden. Darüber hinaus gilt der Ausschluss wegen Ziff. 6.2.5 Abs. 2 ProdHB auch nicht für Schäden an Sachen, die mit den hergestellten oder gelieferten Erzeugnissen weder in einem Funktionszusammenhang stehen, noch deren bestimmungsgemäßer Einwirkung unterliegen. Neben dem Schaden an der unbeteiligten Sache selbst sind dann auch hier die damit in Zusammenhang stehenden unechten Vermögensschäden zu ersetzen[141].

6. Luftfahrzeuge oder Teile davon

65   Nach Ziff. 6.2.6 ProdHB nicht versichert sind Ansprüche aus Planung oder Konstruktion, Herstellung oder Lieferung von Luft- oder Raumfahrzeugen sowie von Teilen von Luft- und Raumfahrzeugen, soweit diese Teile im Zeitpunkt der Auslieferung durch den VN oder von ihm beauftragte Dritte ersichtlich für den Bau von Luft- oder Raumfahrzeugen sowie den

---

[132] OLG Bremen v. 30. 6. 1998, VersR 1999, 535, m. w. N.; a. A. nur *Koch/Artz,* DB 2001, 1599.
[133] Vgl. Erläuterungen, Ziff. 6.2.5 ProdHB.
[134] BGH v. 9. 1. 1991, VersR 1991, 414.
[135] Zu einem solchen Fall OLG Bremen v. 30. 6. 1998, VersR 1999, 535.
[136] Dazu *Thürmann,* PHi 2000, 163 (175).
[137] Zur Abgrenzung der verschiedenen Maßstäbe BVerfG v. 8. 8. 1978, Schneller Brüter, BVerfGE 49, 89 = NJW 1979, 359.
[138] OLG Frankfurt v. 6. 3. 1997, VersR 1998, 176.
[139] Erläuterungen, zu Ziff. 6.2.5 ProdHB; s. auch LG Aachen v. 26. 4. 1994, VersR 1995, 286 m. Anm. *Fausten,* VersR 1996, 411.
[140] So zutreffend *Thürmann,* ProdHV, S. 253; ebenso *Littbarski,* ProdHB, Ziff. 6, Rn. 84.
[141] So auch *Späte,* ProdHM, Rn. 70.

Einbau in Luft- oder Raumfahrzeugen bestimmt waren; des weiteren aus Tätigkeiten (z. B. Montage, Wartung, Inspektion, Überholung, Reparatur, Beförderung) an Luft- oder Raumfahrzeugen sowie Luft- oder Raumfahrzeugteilen. Die Ausschlussbestimmung zielt darauf ab, **das gesamte Luftprodukthaftpflichtrisiko** mit Blick auf die hierfür gegebenen speziellen Versicherungsnotwendigkeiten und -möglichkeiten auszuschließen[142]. Tatsächlich besteht unter Umständen insbesondere die Möglichkeit, in entsprechenden Fällen über den sog. Deutschen Luftpool gesonderte Deckung zu erlangen[143].

Während Ansprüche aus Planung, Konstruktion, Herstellung oder Lieferung von Luft- und   **66** Raumfahrzeugen selbst sowie aus Tätigkeiten an Luft- und Raumfahrzeugen sowie Teilen hiervon stets vom Versicherungsschutz ausgeschlossen sind, greift der Ausschluss bei Ansprüchen aus Planung, Konstruktion, Herstellung oder Lieferung von Luft- und Raumfahrzeugteilen gemäß Ziff. 6.2.6 Abs. 1 ProdHB nur ein, soweit diese Teile **ersichtlich für den Bau von Luftfahrzeuge oder den Einbau in Luftfahrzeuge bestimmt** sind. Dieses Merkmal ist in gleicher Weise auszulegen, wie die insoweit vergleichbare Bestimmung der Ziff. 4.4.4.2 ProdHB. Versicherungsschutz ist daher nur gegeben, wenn sich aus den gesamten Umständen nicht ergab, dass die Teile für die genannte Verwendung bestimmt waren[144]. Bereits fahrlässige Unkenntnis schließt den Versicherungsschutz aus; maßgeblich ist in diesem Zusammenhang also, **ob ein durchschnittlich sorgfältiger und gewissenhafter Zulieferer die beabsichtigte Verwendung seiner Erzeugnisse hätte erkennen können**[145]. Für die Voraussetzungen des Ausschlusstatbestandes ist der VR darlegungs- und beweisbelastet. Allerdings darf die Beweislast hier auch nicht überspannt werden. Wird mit einem Flugzeugbauer kontrahiert oder besteht die Lieferung in typischen Flugzeugteilen, so spricht vieles zumindest für fahrlässige Unkenntnis. Maßgeblich sind allerdings auch hier stets die Umstände des konkreten Einzelfalles.

7. Ansprüche von Konzernunternehmen

Ziff. 6.2.7 ProdHB nimmt Ansprüche wegen Vermögensschäden im Sinne von Ziff. 2.1   **67** AHB vom Versicherungsschutz aus, die von Unternehmen, die mit dem VN oder seinen Gesellschaftern **durch Kapital mehrheitlich verbunden** sind oder **unter einer einheitlichen unternehmerischen Leitung** stehen, geltend gemacht werden. Hintergrund dieser erst seit einigen Jahren in den Produkthaftpflichtbedingungen enthaltenen Bestimmung ist, dass Unternehmen zunehmend Teile ihrer Produktion in von ihnen dominierte, rechtlich jedoch eigenständige juristische Personen ausgliedern. Schäden, die bei dem zum Konzern gehörenden Drittunternehmen eintreten, wären dann bei Vereinbarung einer Deckung für Vermögensschäden nach Ziff. 4.2 ff. ProdHB vom Versicherungsschutz erfasste Fremdschäden. Der Grundsatz, dass Eigenschäden nicht versicherbar sind, würde so faktisch umgangen[146]. Dies soll durch den Deckungsausschluss für Ansprüche wegen Vermögensschäden von Konzernunternehmen verhindert werden.

Die Ausschlussbestimmung knüpft an **mehrere, voneinander zu unterscheidende Kri-**   **68** **terien** an. Ist der VN mit dem geschädigten Unternehmen durch Kapital mehrheitlich verbunden, so liegt es nahe, aus wirtschaftlicher Sicht keinen Fremdschaden anzunehmen, und zwar unabhängig davon, ob die mehrheitliche Beteiligung auf Seiten des VN oder des geschädigten Unternehmens vorliegt. Zweifelhaft ist dagegen, ob diese Erwägungen auch dann eingreifen, wenn lediglich die Gesellschafter des VN mit dem geschädigten Unternehmen verbunden sind, oder wenn die Unternehmen gar nur unter einheitlicher unternehmerischer Leitung stehen. Vor allem im letzteren Fall wird das auf wirtschaftliche Einheit gründende Ar-

---

[142] Erläuterungen, zu Ziff. 6.2.6 ProdHB.

[143] *Späte,* ProdHM, Rn. 73; vgl. auch die Besonderen Bedingungen für die Luftfahrt-Produkthaftpflichtversicherung, VerBAV 1983, 149.

[144] Erläuterungen, zu Ziff. 6.2.6 ProdHB.

[145] *Bäcker,* in: *Veith/Gräfe,* § 11, Rn. 249; *Littbarski,* ProdHB, Ziff. 6, Rn. 121; *Späte,* ProdHM, Rn. 47; a. A. *von Westphalen,* Hdb., § 60, Rn. 4.

[146] Vgl. Erläuterungen, zu Ziff 6.2.7 ProdHB; in diesem Sinne auch *Thürmann,* PHI 2000, 163 (175).

gument in der Regel versagen. Besteht zwischen den Unternehmen keine kapitalmäßige Verbindung, so ist durchaus fragwürdig, weshalb gegenseitige Ansprüche nicht unter den Versicherungsschutz fallen sollen. In diesem Sinne wird auch in den Erläuterungen darauf hingewiesen, dass soweit die erfolgte Absicherung in eigenständigen Versicherungsverträgen der wirtschaftlichen Eigenständigkeit der jeweiligen Konzernunternehmen entspreche und sich einzelne Konzernunternehmen am Markt gleichsam wie unabhängige Dritte begegneten, die Streichung der Konzernklausel denkbar sei[147]. Allgemein dürfte es in derartigen Fällen zweckmäßig sein, den Umfang des Versicherungsschutzes innerhalb des Konzerns durch Zusatzvereinbarungen im Einzelfall zu bestimmen.

8. Rückrufkosten

69   Gemäß Ziff. 6.2.8 ProdHB sind Ansprüche wegen Kosten gemäß Ziff. 4.2.2.3, 4.3.2.2, 4.4 und – soweit vereinbart – Ziff. 4.6 sowie Ansprüche wegen Beseitigungs- bzw. Vernichtungskosten im Rahmen der Ziff. 4.2.2.4 und 4.3.2.3, die **im Zusammenhang mit einem Rückruf von Erzeugnissen** geltend gemacht werden, vom Versicherungsschutz ausgeschlossen. Diese Kosten können nur im Rahmen einer gesonderten Rückrufkostenversicherung geltend gemacht werden. Das soll mit der Regelung klargestellt werden. Dabei stellt die abschließende Aufzählung sicher, dass der Ausschluss nur in den Fällen eingreift, in denen Überschneidungen mit Rückrufkostenversicherungen auftreten können, so dass Deckungslücken insoweit nicht entstehen können[148]. Ob eine spezielle Rückrufkostenversicherung auch tatsächlich abgeschlossen wurde, ist unmaßgeblich[149]. Der Rückruf wird in Ziff. 6.2.8 Satz 3 ProdHB definiert als die auf gesetzlicher Verpflichtung beruhende Aufforderung des VN, zuständiger Behörden oder sonstiger Dritter an Endverbraucher, Endverbraucher beliefernde Händler, Vertrags- oder sonstige Werkstätten, die Erzeugnisse von autorisierter Stelle auf die angegebenen Mängel prüfen, die gegebenenfalls festgestellten Mängel beheben oder andere namentlich benannte Maßnahmen durchführen zu lassen. Auf die Frage, ob die jeweilige, eigentlich versicherte Maßnahme zur Erfüllung einer gesetzlichen Rückrufpflicht erfolgte, kommt es also nicht an; vielmehr genügt alleine der Umstand, dass ein **auf gesetzlicher Verpflichtung beruhender Rückruf tatsächlich durchgeführt** worden ist[150]. Für die vom Rückruf betroffenen Erzeugnisse gilt auch an dieser Stelle, dass es sich dabei sowohl um solche des VN als auch um Produkte Dritter handeln kann, die Erzeugnisse des VN enthalten.

III. Auslandsschäden

70   Haftpflichtansprüche aus im Ausland vorkommenden Schadensereignissen (mit Ausnahme von Ansprüchen aus § 110 Sozialgesetzbuch VII) werden in der allgemeinen Haftpflichtversicherung durch Ziff. 7.9 AHB vom Versicherungsschutz ausgenommen. Dieser allgemeine Ausschluss gilt grundsätzlich auch in der Produkthaftpflichtversicherung. Vornehmlich klarstellend enthält Ziff. 5 ProdHB eine **Bestimmung über die Auslandsdeckung ohne eigenen Regelungsgehalt.** Lediglich in Form einer Erläuterung wird dargelegt, dass sich der Umfang der Deckung hier aus einer besonderen Vereinbarung ergeben kann. Fehlt es daran, so gilt der Grundsatz, dass Auslandsschäden nicht versichert sind, auch an dieser Stelle fort. Eine besondere Vereinbarung für die Versicherung von Auslandsschäden kann sich auch aus den Besonderen Bedingungen oder Risikobeschreibungen der einzelnen Haftpflichtversicherungen ergeben. Das ist z. B. in Ziff. 7.7.1 der Besonderen Bedingungen für die Betriebshaftpflichtversicherung (BB Betriebshaftpflicht) geschehen. Eingeschlossen ist danach – abweichend von Ziff. 7.9 AHB – die gesetzliche Haftpflicht des VN wegen im Ausland vorkommender Versicherungsfälle aus Anlass von Geschäftsreisen oder aus der Teilnahme an

---

[147] Erläuterungen, zu Ziff. 6.2.7 ProdHB.
[148] *Krause,* NVersZ 2001, 103 (109); *Zölch,* PHi 2002, 166.
[149] *Burckhardt,* VersR 2007, 1601 (1607); *Thürmann,* ProdHV, S. 257.
[150] Erläuterungen, zu Ziff. 6.2.8 ProdHB; *Zölch,* PHi 2002, 166 (167).

Ausstellungen, Kongressen, Messen und Märkten; durch Erzeugnisse, die ins Ausland gelangt sind, ohne dass der VN dorthin geliefert hat oder hat liefern lassen; durch Erzeugnisse, die der VN ins europäische Ausland geliefert hat, hat liefern lassen oder die dorthin gelangt sind; endlich aus Bau-, Montage-, Reparatur- und Wartungsarbeiten (auch Inspektion und Kundendienst) oder sonstigen Leistungen im Inland oder europäischen Ausland. Vor diesem Hintergrund kann bei Abschluss des Versicherungsvertrages eine **Klärung des örtlichen Anwendungsbereichs des Vertrages** von großer Bedeutung sein. Hervorzuheben ist, dass die „gesetzliche Haftpflicht" sich an dieser Stelle nach dem Wortlaut der Bestimmung nicht auf Ansprüche privatrechtlichen Inhaltes beschränkt, daneben also auch Ansprüche aus öffentlichem Recht, aus ungeschriebenem Recht oder aus Gewohnheitsrecht erfasst[151].

F. Besondere Vertragspflichten

I. Informations- und Beratungspflichten des Versicherers

Auch im Rahmen der Produkthaftpflichtversicherung treffen den VR Informations- und **71** Beratungspflichten. Insoweit gilt zunächst dasselbe wie bei der Allgemeinen Haftpflichtversicherung, im Verhältnis zu der sich die Produkthaftpflichtversicherung lediglich als eine besondere Ausprägung darstellt[152]. Besondere Bedeutung können an dieser Stelle allerdings die **Beratungs- und Dokumentationspflichten des VR bzw. des an dessen Stelle handelnden Versicherungsvermittlers** (§§ 6, 61 VVG) erlangen. VR und Vermittler haben den VN, soweit nach der Schwierigkeit, die angebotene Versicherung zu beurteilen, oder der Person des VN und dessen Situation hierfür Anlass besteht, nach seinen Wünschen und Bedürfnissen zu befragen und, auch unter Berücksichtigung eines angemessenen Verhältnisses zwischen Beratungsaufwand und der vom VN zu zahlenden Prämien, zu beraten sowie die Gründe für jeden zu einer bestimmten Versicherung erteilten Rat anzugeben. Die Beratung ist zu dokumentieren. Insbesondere aufgrund des in Ziff. 4 ProdHB verwirklichten „Baukastenprinzips" stellt sich das Produkthaftpflichtmodell als relativ komplexes und für den Laien nur schwer durchschaubares Produkt dar. Die Vielzahl möglicher Varianten des Versicherungsschutzes wird es dem VN regelmäßig nicht leicht machen, sich aus eigenen Stücken für ein auf seinen Betrieb zugeschnittenes Deckungskonzept zu entscheiden. VR und Vermittler sind an dieser Stelle nach der Reform des Versicherungsvertragsrechts besonders gefragt und gut beraten, ihre Verpflichtungen ernst zu nehmen, da **bei einer schuldhaften Verletzung Schadensersatzansprüche des VN** bestehen können (§§ 6 Abs. 5, 63 VVG). Den VR trifft überdies eine „Beobachtungspflicht", denn seine Verpflichtung zur Beratung besteht auch nach Vertragsschluss während der Dauer des Versicherungsverhältnisses, soweit für ihn ein Anlass für eine Nachfrage und Beratung des VN erkennbar ist (§ 6 Abs. 4 Satz 1 VVG). Das ist vor allem dann erheblich, wenn sich die Verhältnisse des VN und damit die Anforderungen an den Versicherungsschutz in für den VR erkennbarer Weise geändert haben.

II. Obliegenheiten des Versicherungsnehmers

Die in der Allgemeinen Haftpflichtversicherung zu Lasten des VN bestehenden **Oblie-** **72** **genheiten** (Ziff. 23 ff. AHB) bestehen im Rahmen der Produkthaftpflichtversicherung in gleicher Weise[153]. Die Besonderen Bedingungen enthalten insoweit keine Abweichungen oder Ergänzungen.

---

[151] *Prölss/Martin/Voit/Knappmann*, Ziff. 7.7 Betriebshaftpfl., Rn. 1; *Späte*, § 4, Rn. 26.
[152] Einzelheiten bei § 24, Rn. 112 ff.
[153] Siehe dazu § 24, Rn. 115 ff.

G. Versicherungsfall

I. Eintritt des Versicherungsfalles

73   Während sich in früheren Fassungen der ProdHB keine besonderen Regelungen zum Versicherungsfall fanden und damit die entsprechenden Bestimmungen in den AHB unmittelbar zur Anwendung kamen, bestimmt Ziff. 8.1 ProdHB nunmehr ausdrücklich, dass Versicherungsfall das **während der Wirksamkeit des Vertrages eingetretene Schadensereignis gemäß Ziff. 1.1 AHB** ist. Gemäß Ziff. 1.1 Abs. 1 AHB besteht Versicherungsschutz im Rahmen des versicherten Risikos für den Fall, dass der VN wegen eines während der Wirksamkeit der Versicherung eingetretenen Schadensereignisses, das einen Personen-, Sach- oder sich daraus ergebenden Vermögensschaden zur Folge hatte, aufgrund gesetzlicher Haftpflichtbestimmungen privatrechtlichen Inhalts von einem Dritten auf Schadensersatz in Anspruch genommen wird. Dabei ist das Schadensereignis in Ziff. 1.1 Abs. 2 AHB nunmehr ausdrücklich definiert als das Ereignis, als dessen Folge die Schädigung des Dritten unmittelbar entstanden ist; auf den Zeitpunkt der Schadenverursachung, die zum Schadensereignis geführt hat, kommt es nicht an. Vornehmlich aus Gründen der Präzision hebt Ziff. 8.1 Satz 2 ProdHB außerdem hervor, dass es bei Ziff. 4.4.3 und Ziff. 4.6.4 ProdHB für den Versicherungsfall – abweichend von Ziff. 1.1 AHB – unerheblich ist, dass es sich nicht um Haftpflichtansprüche handelt, sondern um Erfüllungsansprüche.

74   Ziff. 8.2 ProdHB trifft Bestimmungen zu der Frage, **wann bei einzelnen Tatbeständen gemäß Ziff. 4 ProdHB der Versicherungsfall eingetreten** ist. Dadurch werden die in Ziff. 8.1 ProdHB und Ziff. 1.1 AHB verkörperten allgemeinen Grundsätze für die dort geregelten Bausteine – Ziff. 4.2 bis 4.6 ProdHB – näher konkretisiert. Für Ziff. 4.1 ProdHB verbleibt es dagegen in Ermangelung einer besonderen Regelung bei den allgemeinen Grundsätzen. Dabei trifft den VN hier wie auch sonst die Darlegungs- und Beweislast dafür, dass das jeweils maßgebliche Ereignis und damit der Zeitpunkt des Eintritts des Versicherungsfalles während der Dauer des vertraglichen Versicherungsschutzes erfolgt ist[154].

II. Leistung des Versicherers

1. Allgemeines

75   Ist der Versicherungsfall eingetreten, so treffen den VR die bei der Haftpflichtversicherung üblichen Leistungspflichten, nämlich die **Prüfung der Haftpflichtfrage,** die **Abwehr unberechtigter Schadensersatzansprüche** und die **Freistellung des VN von berechtigten Schadensersatzverpflichtungen** (§ 100 VVG und Ziff. 5.1 Abs. 1 AHB). Insoweit gelten die im Kapitel zur Allgemeinen Haftpflichtversicherung ausgeführten Grundsätze[155]. Insbesondere hat der VR auch hier stets die Interessen des VN zu wahren, soweit dies mit Sinn und Zweck der Haftpflichtversicherung vereinbar ist. Im Gegenzug stehen ihm umfassende Befugnisse sowohl gerichtlicher, als auch außergerichtlicher Natur zu.

2. Umfang der Leistung

76   **a) Grundsatz.** Auch hinsichtlich des Leistungsumfanges ergeben sich für die Produkthaftpflichtversicherung zunächst keine Besonderheiten. Entscheidet sich der VR zur Abwehr der Ansprüche, so erfasst seine Verpflichtung gemäß § 101 VVG die **Kosten des Rechtsschutzes einschließlich Zinsen und Sicherheitsleistung,** deren näherer Umfang durch Ziff. 5 und 6 AHB bestimmt wird. Auch der Umfang der Freistellungsverpflichtung richtet sich grundsätzlich nach diesen Bestimmungen[156]. Eine Ausnahme bildet Ziff. 6.3 AHB, des-

---

[154] Vgl. BGH v. 22. 6. 1967, VersR 1967, 769.
[155] Dazu § 24, Rn. 131 ff.
[156] Zur Regelung der AHB s. § 24, Rn. 133 ff.

sen Anwendung durch Ziff. 8.3 Abs. 2 ProdHB ausdrücklich ausgeschlossen und durch die Sonderregelung für Serienschäden der Ziff. 8.3 Abs. 1 ProdHB ersetzt wird.

b) Serienschäden. In der Produkthaftpflichtversicherung bergen Serienschäden wegen **77** der hohen Stückzahl potentiell mangelhaft hergestellter Erzeugnisse ein besonderes Risiko. Dem will die in Ziff. 8.3 Abs. 1 ProdHB enthaltene Sonderregelung Rechnung tragen. Danach gelten in Abweichung von Ziff. 6.3 AHB **mehrere während der Wirksamkeit des Versicherungsvertrages eintretende Versicherungsfälle aus der gleichen Ursache** oder **aus Lieferungen solcher Erzeugnisse, die mit den gleichen Mängeln behaftet sind,** unabhängig von ihrem tatsächlichen Eintritt **als in dem Zeitpunkt eingetreten, in dem der erste dieser Versicherungsfälle eingetreten ist.** Dabei sind Versicherungsfälle aus der gleichen Ursache, wenn sie z. B. auf dem **gleichen Konstruktions-, Produktions- oder Instruktionsfehler** beruhen, es sei denn, es besteht zwischen den mehreren gleichen Ursachen kein innerer Zusammenhang. Gegenüber der entsprechenden Regelung in den AHB verzichtet Ziff. 8.3 Abs. 1 ProdHB auf die Zusammenfassung der einzelnen Serienschäden zu einem Versicherungsfall. Im übrigen unterschied sich die Bestimmung bislang dadurch, dass hier im Rahmen der sog. „Ursachenklausel" (erster Spiegelstrich) auf die „gleiche" Ursache abgestellt wird, während frühere Fassungen der AHB von „denselben Ursachen" sprachen, insoweit also dem VN günstiger waren. Zwischenzeitlich wurde Ziff. 6.3 AHB allerdings insoweit an Ziff. 8.3 ProdHB angeglichen[157].

In Gestalt der sog. „Ursachenklausel" greift Ziff. 8.3 Abs. 1 ProdHB ein, wenn mehrere **78** Versicherungsfälle auf der gleichen Ursache beruhen. Erforderlich, aber auch ausreichend ist, dass die Schadensursachen zumindest gleichartig sind; die eingetretenen Schäden selbst können dagegen durchaus verschiedenartig sein[158]. Die summenmäßige Begrenzung der Eintrittspflicht greift hier allerdings dann nicht ein, wenn **zwischen den mehreren gleichen Ursachen kein innerer Zusammenhang besteht.** Daran fehlt es, wenn die Gleichartigkeit der mehreren Ursachen alleine auf Zufall beruht[159]. Aus der Formulierung der Klausel ergibt sich, dass das Bestehen eines solchen inneren Zusammenhanges grundsätzlich vermutet wird, so dass der VN das Fehlen eines inneren Zusammenhanges darzulegen und zu beweisen hat[160]. Nicht auf einen irgendwie gearteten Ursachenzusammenhang kommt es dagegen im Rahmen der zweiten Alternative der Serienschadensklausel an. Voraussetzung ist hier alleine, dass verschiedene Erzeugnisse, die ihrerseits auch durchaus verschiedenartig sein können, mit gleichen Mängeln behaftet sind.

III. Rechtsstellung des geschädigten Dritten

Das Vorhandensein eines geschädigten Dritten und das hieraus resultierende **Dreiecksver- 79 hältnis** ist eine für die Haftpflichtversicherung allgemein typische Besonderheit. Das VVG hält hinsichtlich der Rechtsstellung des Dritten eine Reihe von Vorschriften bereit, die auch in der Produkthaftpflichtversicherung Anwendung finden. Besonderheiten im Verhältnis zur Allgemeinen Haftpflichtversicherung bestehen nicht[161].

---

[157] Dazu kritisch *Littbarski*, PHI 2006, 82 (84).
[158] *Prölss/Martin/Voit/Knappmann*, Nr. 8 Produkthaftpfl, Rn. 3.
[159] *Bäcker*, in: *Veith/Gräfe*, § 11, Rn. 192; *Thürmann*, ProdHV, S. 273; *Späte*, ProdHM, Rn. 81.
[160] So auch *Ermert*, S. 163; *Littbarski*, ProdHB, Ziff. 8, Rn. 15, *Späte*, ProdHM, Rn. 81; wohl auch *Prölss/Martin/Voit/Knappmann*, Produkthaftpfl. Nr. 8, Rn. 4, *Thürmann*, ProdHV, S. 273; a.A allerdings *von Westphalen*, Hdb., § 62 Rn. 11.
[161] S. dazu § 24, Rn. 145 ff.

H. Pflichtversicherung

80   Gesetzliche Verpflichtungen zum Abschluss einer Produkthaftpflichtversicherung bestehen derzeit – soweit ersichtlich – nicht. Sofern zukünftig entsprechende Verpflichtungen begründet werden sollten, wären bei entsprechenden Versicherungsverträgen die für die Pflichtversicherung geltenden **besonderen Vorschriften der §§ 113ff. VVG** zu beachten[162].

§ 26. Berufshaftpflicht-/Betriebshaftpflichtversicherung

Inhaltsübersicht

---

[162] Dazu § 24, Rn. 161ff.

Literatur: *Bindhard/Jagenburg,* Die Haftung des Architekten, mit einem Anhang: Die Berufshaftpflicht-versicherung des Architekten, 1981; *M. van Bühren,* Die Berufshaftpflichtversicherung der Rechtsanwälte, 2003; *Dengler,* Die Haftpflichtversicherung im privaten und gewerblichen Bereich. 3. Aufl. 2003; *Dittert,* Haftung und Versicherungsschutz für Architekten und Beratende Ingenieure, 1997; *Garbes,* Die Haft-pflichtversicherung der Architekten/Ingenieure, 2. Aufl. 2004; *Johannsen,* Die Haftpflichtversicherung des Architekten, ZVersWiss 1994, 449 ff.; *Kaufmann,* Die Berufshaftpflichtversicherung des Steuerberaters, 1996; *Littbarski,* Haftungs- und Versicherungsrecht im Bauwesen, 1986; *Neuenfeld,* Handbuch des Archi-tektenrechts, Band 1, Stand 2002; *Schlie,* Die Berufshaftpflichtversicherung für Angehörige der wirt-schaftsprüfendend und steuerberatenden Berufe, 1995; *Schmalzl,* Die Berufshaftpflichtversicherung des Architekten und des Bauunternehmers, 1989; *Schmalzl/Krause-Allenstein,* Die Berufshaftpflichtversiche-rung des Architekten und des Bauunternehmers, 2. Aufl. 2006: *Schmidt-Saltzer,* Produkthaftung, Band IV/1 Produkthaftpflichtversicherung, erster Teil, 2. Aufl. 1990; *Teichler,* Berufshaftpflichtversicherung, 1985; *Zugehör/Fischer/Sieg/Schlie,* Handbuch der Anwaltshaftung, 2. Aufl. 2006.

A. Allgemeine Einführung in die Betriebshaftpflichtversicherung

I. Abgrenzung zur Privathaftpflicht

Im Gegensatz zur Privathaftpflichtversicherung, die die Haftung „als Privatperson aus den **1** Gefahren des täglichen Lebens" erfasst[1], schützt eine Betriebshaftpflichtversicherung vor den Gefahren einer betrieblichen oder beruflichen Beschäftigung. Erwähnt ist sie in § 102 VVG, der den Versicherungsschutz auf Betriebsangehörige erstreckt. Während § 102 VVG nur all-gemein von einem „geschäftlichen Betrieb" spricht, unterscheidet die Praxis zwischen der **Berufshaftpflichtversicherung** der in der Regel freiberuflich Tätigen (Rechtsanwälte/ Steuerberater/Wirtschaftsprüfer, Architekten, Ärzte etc.) und der **Betriebshaftpflichtversi-cherung** für die sonstigen betrieblichen Tätigkeiten[2]. Hierbei handelt es sich allerdings zu-nächst um eine rein sprachliche Unterscheidung, da es sich in allen Fällen um „geschäftliche Betriebe" im Sinne des § 102 VVG handelt[3]. Der Umfang des Versicherungsschutzes hängt von der konkreten Ausgestaltung der AVB ab. Die **Betriebshaftpflichtversicherung** deckt zunächst **gem. Ziff. 1.1 AHB Personen- und Sachschäden** ab und kann auf Vermögens-schäden erweitert werden (Ziff. 2 AHB). Die AVB der **Berufshaftpflichtversicherung** sind

---

[1] Vgl. Ziff. 1 Abs. 1 BBR/PrivH.
[2] Berliner Kommentar/*Baumann,* VVG, § 151 Rn. 2.
[3] Berliner Kommentar/*Baumann,* VVG, § 151 Rn. 2.

teilweise als **reine Vermögensschaden-Haftpflichtversicherung** ausgestaltet. Dann sind nur Fehler bei der eigentlichen Berufsausübung versichert, nicht aber die Gefahren aus dem Bürobetrieb selbst, z. B. bei der Verletzung von Verkehrssicherungspflichten. Zur Deckung dieses Risikos bedarf es dann ergänzend einer Bürohaftpflichtversicherung.

2   Die Gefahren aus dem geschäftlichen Betrieb und die als Privatperson können sich für den VN[4] wegen der Negativdefinition in Ziff. 1 BBR/PrivH nicht überschneiden[5]. Ein Ereignis kann deshalb nur **entweder** in den **privaten oder** in den beruflichen bzw. **betrieblichen Bereich** fallen. Möglich bleibt allerdings, dass ein Ereignis keinem der beiden Bereiche zugeordnet ist. Das ist aufgrund der Spezialität der versicherten Risiken dann der Fall, wenn eine berufliche Tätigkeit außerhalb des beruflich versicherten Risikos erfolgt. Die Betriebshaftpflichtversicherung greift immer ein, wenn das haftungsauslösende Verhalten (Tun oder Unterlassen) in einem **inneren ursächlichen Zusammenhang mit dem versicherten geschäftlichen Betrieb** steht[6]. Das ist der Fall, wenn das schadensstiftende Handeln bestimmt war, den Interessen des Betriebes zu dienen. Es reicht allerdings aus, wenn das Handeln den Interessen des Betriebes **zumindest indirekt dient,** wozu schon die Förderung des sozialen Klimas am Arbeitsplatz ausreichen kann. Deshalb können private Reparaturen in einem hierauf eingerichteten Reparaturbetrieb für Arbeitskollegen und Mitarbeiter noch betriebsbezogen sein[7]. Auch **unentgeltliche Gefälligkeiten** sind der beruflichen Sphäre zuzurechnen, z. B. die zur Kundenpflege durchgeführten unentgeltlichen Kleinreparaturen eines Bestattungsunternehmers[8]: Ein dienender Bezug wird häufig auch dann noch vorliegen, wenn die Gefälligkeiten gegenüber Freunde oder Bekannten erfolgen wie Planungsleistungen eines Architekten für seinen Tennisclub[9] oder der unentgeltliche Rat eines Rechtsanwalts oder Steuerberaters für Bekannte[10]. Werden betriebliche Einrichtungen allerdings ausschließlich für private Zwecke genutzt, greift allein die Privathaftpflichtversicherung[11]. Eine private Tätigkeit liegt auch dann vor, wenn Gefahren sich in der Mittagspause auf dem Weg zum (häuslichen) Mittagessen außerhalb des Betriebes verwirklichen[12]. Demgegenüber ist die berufsbedingte Teilnahme am allgemeinen Straßenverkehr von der Betriebhaftpflichtversicherung umfasst[13].

3   **Praktisch relevant** wird die Abgrenzung der betriebsbezogenen Tätigkeit von den allgemeinen Gefahren des täglichen Lebens allerdings in der Regel nicht für den VN selbst, sondern **für die Mitversicherten.** Entsprechend der heutigen Regelung des § 102 VVG sind üblicherweise sämtliche Betriebsangehörige mitversicherte Personen[14]. Versicherungsschutz besteht, wenn der Betriebsangehörige im Rahmen seiner Beschäftigung für den Betrieb tätig geworden ist, wobei es allerdings unerheblich ist, ob er seine dienstliche Verrichtung gut oder schlecht ausgeführt hat, ob er seine Befugnisse irrig oder eigenmächtig überschritten hat, ob sein Handeln im objektiven Interesse des Betriebes gelegen oder dem mutmaßlichen Willen des Unternehmers entsprochen hat[15]. Der notwendige innere ursächliche Zusammenhang mit der Betriebstätigkeit wird schon dann zu bejahen sein, wenn die **Betriebsangehörigen als Privatpersonen dem (realisierten) Schadensrisiko nicht ausgesetzt** wären[16]. So können, isoliert betrachtet, rein private Tätigkeiten in den Schutzbereich der Betriebhaft-

---

[4] Vgl. aus Sicht des Mitversicherten BGH v. 19. 12. 1990, VersR 1991, 293.

[5] BGH v. 11. 12. 1980, VersR 1981, 271; BGH v. 2. 6. 1976, VersR 1976, 921.

[6] BGH v. 26. 10. 1988, VersR 1988, 1283 (1284); BGH v. 7. 10. 1987, VersR 1987, 1181.

[7] BGH v. 7. 10. 1987, VersR 1987, 1181 f.; enger OLG Frankfurt v. 17. 12. 1997, OLGR 1998, 144 f.

[8] OLG Köln v. 20. 4. 1999, VersR 2000, 95; vgl. auch OLG Hamm VersR 1980, 1037 (1038).

[9] *Neuenfeld* VersR 1981, 608 (612).

[10] *Kaufmann,* Berufhaftpflichtversicherung, S. 91 f.

[11] BGH v. 26. 10. 1988, VersR 1988, 1283 (1284) für die Reparatur am eigenen Privat-Kfz.

[12] *Späte,* AHB, PrivH Rn. 6; BSG v. 2. 7. 1976, VersR 1976, 1512 zur Sozialversicherung.

[13] BGH v. 4. 5. 1996, VersR 1964, 709 (710); *Späte,* AHB, PrivH, Rn. 12.

[14] Vgl. A Ziff. I Nr. 6 der Besonderen Bedingungen, Risikobeschreibung und Erläuterungen für die Haftpflichtversicherung, empfohlen v. GDV (Stand 2002).

[15] BGH v. 17. 1. 1973, VersR 1973, 313; OLG Frankfurt v. 29. 10. 1997, OLGR 1998, 22.

[16] *Späte,* AHB, PrivH, Rn. 4.

pflichtversicherung einbezogen werden, z. B. wenn ein Dachdecker eine Wasserflasche während der Arbeitspause versehentlich vom Dach fallen lässt[17] oder unvorsichtige Raucher Rechtsgüter, hinsichtlich derer der VN Obhutspflichten hatte, beschädigen[18]. Die Einordnung von **Brandschäden durch Rauchen** ist allerdings umstritten[19]. Dabei kann die grundsätzliche Charakterisierung von Rauchen als Tätigkeit rein privater Natur argumentativ nicht überzeugen. Letztlich kann es keinen Unterschied machen, ob ein Wachmann durch eine allgemein unvorsichtige Bewegung, ggf. veranlasst z. B. durch Niesen, oder durch herabfallende Asche, Rechtsgüter des Bewachten beschädigt[20]. Der Versuch der Einordnung einer isolierten Handlung als privat hilft hier nicht weiter. Entscheidend kann nur sein, dass der Wachmann nicht während seiner Freizeit „als Privatmann" geraucht hat, sondern gerade während der Dienstausübung am Dienstort. Andererseits reicht ein lediglich zufälliger äußerer Zusammenhang mit der betrieblichen Tätigkeit nach Ort und Zeit nicht aus. Hier gelten im Wesentlichen die gleichen Abgrenzungskriterien wie für die Haftung als Verrichtungshilfe nach § 831 BGB[21]. Deshalb wird vor allem bei mutwilligen Handlungen, „groben Scherzen" oder Tätlichkeiten die notwendige Betriebsbezogenheit des Handelns aufgehoben, und zwar auch gegenüber Arbeitskollegen[22]. Ist ein Verhalten danach nicht betriebsbezogen, greift für den Betriebsangehörigen nicht die Mitversicherung der Betriebshaftpflichtversicherung ein. Wird demgegenüber der **VN** selbst **als Betriebsinhaber** oder Geschäftsherr für das Verhalten in Anspruch genommen, besteht für ihn **immer betrieblicher Versicherungsschutz.** Ob ihm das Verhalten des Betriebsangehörigen überhaupt zurechenbar ist, ist unerheblich, da der Versicherungsschutz auch die Abwehr unberechtigter Ansprüche mit umfasst[23].

II. Spezialität der versicherten Risiken

Der Umstand, dass eine Tätigkeit nicht zu den privaten Gefahren des täglichen Lebens gehört, bedeutet nicht, dass sie Gegenstand einer Betriebshaftpflichtversicherung ist. Im Haftpflichtversicherungsrecht gilt der **Grundsatz der Spezialität der versicherten Risiken**[24]. Versichert ist also nicht ein allgemeines Haftpflichtrisiko aus nicht privaten Tätigkeiten, sondern nur die Haftpflicht aus den im Versicherungsvertrag angegebenen Risiken des VN, Ziff. 3.1 AHB.   **4**

Die **konkrete Risikobeschreibung** des Versicherungsvertrages ist damit die **primäre**   **5** **Risikobegrenzung** des Haftpflichtversicherungsrisikos. Sie wird ergänzt durch die sekundäre Risikobegrenzung der **Ausschlussklauseln in den AHB,** insbesondere in Ziff. 7 AHB (§ 4 AHB a. F.), und die auf die unterschiedlichsten betrieblichen Haftpflichtversicherungen zugeschnittenen **Besonderen Bedingungen.** Diese Zusatzbedingungen beziehen sich in der Regel auf einzelne Berufe oder Betriebsarten. Ihre Anzahl war schon vor der Deregulierung kaum überschaubar[25]. Sie reichen von umfassenden, teilweise auch generellen Bedingungswerken, wie Besonderen Bedingungen für Industrie, Handel und Gewerbe bis zu einzelnen Spezialklauseln, die einen einzelnen Ausschlusstatbestand regeln, wie z.B. die

---

[17] AG Dortmund v. 18. 4. 1984, ZfS 1984, 186 (187).

[18] OLG Celle v. 30. 4. 1976, r+s 1976, 180f.; *Prölss/Martin/Voit/Knappmann,* VVG, § 151 Rn. 8.

[19] Enger *Schmalzl/Krause-Allenstein,* Berufshaftpflichtversicherung, Rn. 717 f.; *Späte,* AHB, PrivH, Rn. 7.

[20] Vgl. auch BSG v. 24. 7. 1985, VersR 1986, 763 zum Rauchen während einer Arbeitsbesprechung; OLG Bamberg v. 20. 2. 1992; VersR 1992, 1346 (1347) zum unvorsichtigen Ausleeren eines Aschenbechers nach einer Betriebsfeier.

[21] Vgl. BGH v. 17. 1. 1973, VersR 1973, 313.

[22] BGH v. 2. 6. 1976, VersR 1976, 921 (Tätlichkeit mit Betriebswerkzeug); BGH v. 17. 1. 1973, VersR 1973, 313 (Tätlichkeit); OLG Hamm v. 24. 8. 1973, VersR 1973, 1133; a. M. noch BGH v. 9. 3. 1961, VersR 1961, 699; OLG Köln 31. 1. 1969, VersR 1969, 603.

[23] BGH v. 13. 7. 1983, VersR 1983, 945; *Bruck/Möller/Johannsen,* VVG, IV, Anm. G 89.

[24] *Bruck/Möller/Johannsen,* VVG, IV, Anm. G 84; *Späte,* AHB, Vorbem. Rn. 15.

[25] Vgl. Aufzählung im Anhang II bei *Späte,* AHB.

Besonderen Bedingungen für die Haftpflichtversicherung von Hundezucht- und Dressurbetrieben[26]. Hinzu kommen Bedingungen, die sich berufs- oder betriebsübergreifend mit besonderen Risiken befassen.

6 Diese Bedingungsvielfalt kann nicht annähernd erläutert werden, ist für das Verständnis der Betriebs- und Berufshaftpflichtversicherung aber auch nicht notwendig. Erläutert werden hier zunächst allgemeine **übliche Bedingungen für eine Betriebshaftpflichtversicherung,** die üblicherweise nur Personen- und Sachschäden deckt. Die im Anschluss daran erläuterten **Architektenhaftpflichtbedingungen** (BBR/Arch) schließen neben Personen- und Sachschäden auch Vermögensschäden ein. Zum Abschluss wird auf die Bedingungen der **Berufshaftpflichtversicherungen für Rechtsanwälte, Steuerberater und Wirtschaftsprüfer** eingegangen, die reine Vermögensschadensversicherung sind.

B. Betriebshaftpflichtversicherung

I. Rechtsgrundlage

7 Schon vor Deregulierung des Versicherungsmarktes gab es **keine einheitlichen AVB** für die Betriebshaftpflichtversicherung. Vielmehr haben die VR im Rahmen der vom BAV genehmigten Klauseln jeweils eigene Bedingungswerke zusammengestellt, die allerdings häufig in wesentlichen Teilen übereinstimmten. Grundlage waren und sind in aller Regel die AHB, die durch Besondere Bedingungen und Risikobeschreibungen (BBR) ergänzt werden. Letztere enthalten einerseits weitere auf die einzelnen Risiken zugeschnittene Risikobeschränkungen, nehmen aber andererseits auch (teilweise) Ausschlüsse der Ziff. 7 AHB (§ 4 AHB a. F.) zurück, z. B. die Tätigkeitsklausel oder der frühere Ausschluss von Allmählichkeitsschäden bei der Versicherung von Bau-, Reparatur- oder Handwerksbetrieben. Erläutert werden kann deshalb nicht ein konkretes Bedingungswerk, sondern es können nur die allgemeinen Grundzüge anhand üblicher Bedingungen aufgezeigt werden. Ausgegangen wird dabei von der aktuell vom GDV empfohlenen Fassung der AHB 2008. Die AHB sind in letzter Zeit mehrfach überarbeitet worden. Mit den AHB 2002 erfolgte eine erhebliche Überarbeitung der Erfüllungsklausel (§ 4 Ziff. I 6 Abs. 3 AHB 2002) und Tätigkeitsklausel (§ 4 Ziff. I 6b AHB 2002). Mit den AHB 2004 wurde das Bedingungswerk vor allem auch formell in Bezug auf Aufbau und Ordnung überarbeitet und der Versicherungsfall endlich definiert. Die Neufassung enthielt eine vollständig neue Gliederung mit numerischer Zählung. Diese Fassung wurde in der Praxis aber nur zögerlich den Versicherungsverträgen zugrunde gelegt[27]. Da dem Wortlaut der AVB für die Auslegung besondere Bedeutung zukommt, muss in jedem Einzelfall überprüft werden, welche Fassung der AHB dem konkreten Versicherungsvertrag zugrunde liegt[28] und ob sie vollständig den Bestimmungen der GDV-Empfehlung entspricht bzw. inwieweit sie abweichen. Hier wird die Fassung 2008 zitiert und wegen der verbleibenden praktischen Bedeutung bei wichtigen Klauseln auch die jeweilige Vorfassung. Ergänzt werden die AHB in der Betriebshaftpflichtversicherung durch die **„Besonderen Bedingungen, Risikobeschreibungen und Erläuterungen für die Haftpflichtversicherung",** auf die bei der Zitierung von „BBR" Bezug genommen wird. Auch wird die aktuelle Fassung zugrunde gelegt.

8 Besondere Bedeutung hat bei der Betriebshaftpflichtversicherung zunächst die Bestimmung des Versicherungsumfangs anhand der Risikodeklaration im Antrag bzw. Versicherungsvertrag. Hierzu werden die allgemeinen Grundsätze aufgezeigt sowie der Umfang des üblicherweise versicherten Personenkreises erörtert. Anschließend werden die allein oder vorwiegend im Bereich der Betriebshaftpflichtversicherung relevanten Ausschlüsse der AHB

---

[26] VerBAV 1989, 302.
[27] Vgl. *Bechert* VW 2006, 1175.
[28] Die AHB sind vielfach geändert worden, z. B. 1984, 1986, 1992, 1993, 1994, 1997, 1999, 2002, 2004, 2006, 2008.

(Tätigkeits- und Erfüllungsklausel) näher dargelegt sowie auf weitere typische Klauseln in der Betriebshaftpflichtversicherung eingegangen.

II. Versichertes Risiko

1. Spezialität der versicherten Risiken

Versichert ist nicht generell eine betriebliche Tätigkeit, sondern, wie dargelegt, nach **9** Ziff. 3.1 AHB (§ 1 Ziff. 2a AHB a. F.) die **im Versicherungsschein deklarierten Risiken.** Für den VN ist es deshalb besonders wichtig, seine betrieblichen oder beruflichen Tätigkeiten richtig und vollständig anzugeben. Ansonsten läuft er Gefahr, für Schäden aus nicht angegebenen betrieblichen Tätigkeiten unversichert zu sein. Versichert sich ein Ladenbaubetrieb ausdrücklich als holzverarbeitender Betrieb, so besteht kein Versicherungsschutz durch Schäden im Zusammenhang mit Leichtmetall- und Glasbauarbeiten[29]. Wer Elektroinstallationen versichert, genießt keinen Versicherungsschutz für das Löten von Warmwasserleitungen[30]. Die Installation von Wärmepumpen oder Heizgeräten umfasst den Anschluss an das Wasserleitungssystem, nicht aber die Herstellung von Pressverbindungen[31]. Gleiches gilt, wenn ein Zimmereibetrieb Kunststoffschweißarbeiten auf einem Flachdach durchführt[32]. Bei der Deklaration kann und sollte der VN sich allerdings auf das Wesentliche beschränken[33]. Denn grundsätzlich wird durch die Deklaration alles mit umfasst, was dem versicherten Risiko zugerechnet werden kann. Wer einen „Investment-Shop" versichert, genießt auch Versicherungsschutz für vermögensverwaltende Tätigkeiten[34]. Bloße **Hilfstätigkeiten,** die dazu bestimmt sind, der versicherten betrieblichen Tätigkeit zu dienen, sind **grundsätzlich mitversichert.** Ein Versuch ihrer Aufzählung führt nur zu Unübersichtlichkeit, ohne dass Vollständigkeit erreicht würde. So erfasst das versicherte Risiko Malerbetrieb Schäden, die bei der Demontage einer vom VN erworbenen Spritzraumanlage beim Verkäufer entstehen[35]. Das versicherte Risiko eines Baubetriebs umfasst auch Schäden aus der Fehlbedienung einer Bahnschranke zur Sicherung des Transports von Baumaterial für eine Baustelle über einen provisorischen Bahnübergang[36]. Das Betriebsrisiko eines Hochbaubetriebes beinhaltet geringe Abbrucharbeiten, die im Zusammenhang mit einer Hochbaumaßnahme stehen[37]. Der Einschluss von Hilfstätigkeiten folgt aus ihrer lediglich **dem Betriebszweck dienenden Funktion.** Soweit das versicherte Risiko reicht, sind **sämtliche betriebliche Gefahren** umfasst, d. h. nicht nur übliche Risiken, sondern auch **untypische Risiken,** mit denen bei Abschluss des Versicherungsvertrages nicht gerechnet wurde[38]. Versichert sind deshalb auch Schäden durch Gewehrschüsse bei der Rattenjagd eines Bäckers[39] oder beim Vertreiben von Elstern durch einen Landwirt[40]. Auf die Branchenüblichkeit derartiger Hilfstätigkeiten kommt es nicht an[41]. Daran ändern auch einführende Regelungen in den BBR nichts, wonach weder dem versicherten Betrieb noch dem Risiko zuzurechnende Tätigkeiten vom Versicherungsschutz ausgeschlossen sein sollen[42].

---

[29] OLG Frankfurt v. 23. 11. 1978, VersR 1980, 1018.
[30] LG Marburg v. 8. 12. 1977, VersR 1978, 909.
[31] OLG Hamm v. 25. 2. 2005, NJW-RR 2005, 1057.
[32] OLG Frankfurt v. 27. 5. 1999, OLGR 1999, 223 (224).
[33] *Schmalzl/Krause-Allenstein,* Berufshaftpflichtversicherung, Rn. 687.
[34] OLG Celle v. 27. 6. 003, r+s 2006, 370.
[35] OLG München v. 24. 4. 1981, VersR 1982, 665.
[36] ÖOGH v. 24. 10. 1974, VersR 1975, 1140.
[37] OLG Nürnberg v. 20. 12. 1956, VersR 1957, 501.
[38] *Schmalzl/Krause-Allenstein,* Berufshaftpflichtversicherung, Rn. 681 f.; *Prölss/Martin/Voit/Knappmann,* VVG, Betriebshaftpfl. Ziff. 7.1. 1 Rn. 6; enger *Koch,* VersR 2006, 1433 (1435), der auf die Branchenüblichkeit abstellt.
[39] OLG Hamm v. 9. 7. 1975, VersR 1976, 233 f.
[40] BGH v. 4. 12. 1958, VersR 1959, 42.
[41] ÖOGH v. 24. 10. 1974, VersR 1975, 1640.
[42] Vgl. Rn. 95.

10 Anderes gilt für **Nebenbetriebe.** Diese werden zusätzlich und neben der Haupttätigkeit betrieben, z. B. um betriebliche Synergieeffekte zu nutzen. Sind derartige Nebentätigkeiten branchenüblich, so gehören sie schon zum **im Wege der Auslegung zu ermittelnden Versicherungsumfang.** So ist das bloß gelegentliche Überlassen von Gerüsten durch einen Dachdecker an andere Handwerker als branchenüblich mitversichert[43]. Sind Nebentätigkeiten demgegenüber im Versicherungsvertrag ausgeschlossen, kann sich der Versicherungsschutz nicht auf sie erstrecken. Deshalb wird die wiederholte Vermietung von Gerüsten an Dritte durch einen als Dachdeckerbetrieb ohne Nebenbetriebe Versicherten vom Versicherungsschutz nicht erfasst[44].

11 Häufig enthalten die AVB z. T. umfangreiche Kataloge **mitversicherter Nebenrisiken,** z. B. aus dem Besitz von Grundstücken, Gebäuden oder Räumlichkeiten, aus betrieblichen Wohlfahrtseinrichtungen oder aus Tierhaltung. Diese stellen teilweise Erweiterungen des Versicherungsschutzes dar, teilweise sind sie lediglich deklaratorischer Natur. So sind die auf das Betriebsgrundstück bezogenen Verkehrssicherungspflichten auch ohne besondere Hervorhebung mitversicherte Hilfstätigkeiten. Ihre ausdrückliche Mitversicherung bewirkt aber, dass eine Anzeige als Gefahrerhöhungsumstand entbehrlich ist. Die übliche Mitversicherungsklausel enthält darüber hinaus eine Erweiterung des Versicherungsschutzes, soweit sie die Versicherungsdeckung auch auf die Privatwohnung des VN oder Betriebswohnungen erstreckt.

12 Da den VN die **Beweislast** für den Versicherungsfall trifft, muss er ggf. beweisen, dass der Haftpflichtanspruch auf dem versicherten Risikobereich beruht[45], also die Zugehörigkeit der schadensstiftenden Tätigkeit zum versicherten Betrieb. Ob die schadensstiftende Tätigkeit (noch) zum versicherten Risiko gehört, ist demgegenüber eine Frage der Auslegung. Unklare Beschreibungen gehen dabei im Zweifel zu Lasten des VR[46].

2. Risikoerhöhung und Vorsorgeversicherung

13 Bei der Prüfung, ob die schadensstiftende Tätigkeit zum versicherten Risiko gehört, müssen auch die Erweiterungen des Versicherungsschutzes durch Ziff. 3 und 4 AHB berücksichtigt werden. Nach Ziff. 3.1 Nr. 2 AHB umfasst der Versicherungsschutz auch **Erhöhungen** und Erweiterungen des **versicherten Risikos,** während unter den Voraussetzungen der Ziff. 4 AHB (§ 2 AHB a. F.) sogar **neue Risiken** versichert sind. Beide Regelungen sollen gewährleisten, dass trotz der gerade im Bereich der Betriebshaftpflichtversicherung üblichen Veränderungen des Risikos Versicherungsschutz besteht. Voraussetzung ist aber jeweils eine **nachträgliche** Risikoveränderung. Lagen nicht deklarierte Risiken zum Zeitpunkt des Versicherungsvertrages schon vor, besteht kein Deckungsschutz.

14 Ziff. 3.1 Nr. 2 AHB stellt eine bedeutsame **Abweichung** zu §§ 23 ff. VVG dar, die hierdurch ausgeschlossen werden[47]. So genannte willkürliche oder subjektive, d. h. vom VN vorgenommene Gefahrerhöhungen berechtigen den VR gem. § 24 VGG grundsätzlich zur Kündigung und führen im Rahmen des § 26 VVG zur Leistungsfreiheit. Demgegenüber lässt eine Risikoerhöhung bzw. -erweiterung die Haftpflichtversicherung grundsätzlich unberührt und führt lediglich zur **Prämienanpassung.** Damit der VR diese auch realisieren kann, muss der VN die Risikoerhöhungsumstände anzeigen (Ziff. 13.1 AHB 2008/§ 8 Ziff. II 1 AHB a. F.), allerdings erst auf Aufforderung, die üblicherweise in den jährlichen Betragsrechnungen oder Beitragserhebungsbögen enthalten ist. Unterlassene oder unrichtige Angaben führen

---

[43] *Schmalzl/Krause-Allenstein,* Berufshaftpflichtversicherung, Rn. 685.

[44] BGH v. 9. 10. 1974, VersR 1975, 77.

[45] BGH v. 14. 1. 1985, VersR 19865, 541.

[46] OLG Celle v. 27. 6. 2006, r+s 2006, 370 (Beschreibung Investment-Shop deckt auch Vermögensverwaltung). Der VR trägt auch das Risiko der ungenauen Abgrenzung zu oder Stafflung von Ausschlüssen, vgl. OLG Saarbrücken v. 1. 6. 2005, VersR 2006, 400 (401 f.); OLG Karlsruhe v. 19. 7. 2007, VersR 2007, 1551.

[47] OLG Hamm v. 9. 1. 1981, VersR 1981, 1122.

zunächst nur zu einem Strafzuschlag in dreifacher Höhe bei der Prämie, ggf. aber auch zur Kündigung[48].

Im Falle des Eintritts neuer Risiken besteht zwar auch unmittelbarer Versicherungsschutz **15** gem. Ziff. 4 AHB (§ 2 AHB a. F.). Für diese so genannte **Vorsorge-Versicherung** werden jedoch in der Regel nur reduzierte Deckungssummen vereinbart. Weiter entscheidender Unterschied zur bloßen Risikoerhöhung ist, dass bei einer unterlassenen Anzeige bzw. fehlender Einigung über die neue Prämie der Versicherungsschutz **rückwirkend** wieder entfällt. Damit erlangt die **Abgrenzung zwischen Risikoerhöhung** bzw. -erweiterung **und neuem Risiko** für den Versicherungsschutz im Falle von Verletzungen der Anzeigepflicht große praktische Bedeutung[49]. Erhöhungen und Erweiterungen sind nur im Rahmen des versicherten bzw. im inneren Zusammenhang mit dem Risiko möglich[50]. Das grundsätzlich versicherte Betriebsrisiko wird bei der Erhöhung qualitativ gesteigert und bei der Erweiterung quantitativ vermehrt, ohne dass es allerdings wegen der gleichen Rechtsfolgen auf eine exakte Abgrenzung dieser ineinander übergehenden Begriffe ankommt[51]. Eine Risikoerhöhung liegt vor, wenn der VN nachträglich im höheren Maße brennbare und explosive Stoffe einlagert[52], neue, bisher nicht vorhandene Maschinen oder Arbeitsgeräte einsetzt[53] oder neue Produktionsmethoden einführt[54], wenn ein Dachdecker die für den Eigenbedarf bestimmten Gerüste gelegentlich vermietet[55] oder ein Fabrikbetrieb ein Anschlussgleis übernimmt[56]. Risikoerweiterungen liegen vor, wenn die vorhandenen Risiken vermehrt werden, z. B. der Betrieb auch die private Internetnutzung erlaubt[57], eine Reitschule zusätzliche Pferde anschafft[58], ein Betrieb zusätzliche Mitarbeiter[59] oder auch nur den Jahresumsatz steigert, soweit dieser Grundlage für die Risiko- und Prämienbemessung ist[60]. Nur **ganz kurzfristige Veränderungen der Gefahrenlage** reichen wie bei § 23 VVG[61] für die Annahme einer Risikoerhöhung nicht aus und haben dementsprechend auch keinen Einfluss auf die Versicherungsprämie[62].

Ein **neues Risiko** steht demgegenüber mit dem ursprünglich versicherten Risiko **nicht** **16** **mehr im sachlichen Zusammenhang,** sondern ist hiervon unabhängig. Das versicherte Risiko wird nicht nur erhöht oder erweitert, sondern es kommt ein neues Risiko hinzu. Mangels Einschränkungen fällt unter die Vorsorgeversicherung bis auf die in Ziff. 4.3 AHB ausdrücklich ausgeschlossenen Risiken jedes neue Risiko[63]. Der nicht mehr bestehende sach-

---

[48] Ob der VR dann zur außerordentlichen Kündigung (mit Wirkung nur ex nunc) berechtigt ist, ist streitig, aber zu bejahen, vgl. unten Rn. 18 und *Späte,* AHB, § 8 Rn. 17 m. w. N.; a. M.: *Prölss/Martin/ Voit/Knappmann,* VVG, § 8 AHB, Rn. 2.

[49] Vgl. z. B. BGH v. 9. 10. 1974, VersR 1975, 77; OLG Nürnberg v. 15. 7. 1974, VersR 1975, 995.

[50] OLG Hamm v. 9. 1. 1981, VersR 1981, 1122; *Koch,* VersR 2006, 1433 (1437).

[51] *Prölss/Martin/Voit/Knappmann,* VVG, § 1 AHB, Rn. 23; *Späte,* AHB, § 1 Rn. 234 ff.; vgl. auch *Römer/Langheid/Langheid,* VVG, § 29 Rn. 2 f.; kritisch zur Unterscheidungsfähigkeit *Littbarski,* AHB, § 1 Rn. 69.

[52] BGH v. 20. 11. 1958, VersR 1959, 13 (14).

[53] *Schmalzl/Krause-Allenstein,* Berufshaftpflichtversicherung, Rn. 59.

[54] *Späte,* AHB, § 1 Rn. 234.

[55] Vgl. BGH v. 9. 10. 1974, VersR 1975, 77.

[56] *Bruck/Möller/Johannsen,* VVG, IV, Anm. G 119 (als Risikoerweiterung eingeordnet). Das Risiko aus dem Betrieb von Bahnen ist allerdings häufig ausgeschlossen.

[57] A. A. *Koch,* VersR 2006, 1433 (1438).

[58] OLG Celle v. 2. 5. 1990, VersR 1991, 1282 (1283); *Bruck/Möller/Johannsen,* VVG, IV, Anm. G 119; a. M. OLG München v. 19. 2. 1960, MDR 1960, 677 f. für zweiten Hund.

[59] OLG Hamburg v. 22. 6. 1982, VersR 1985, 229 (zum Rechtsanwaltsbüro); *Späte,* AHB, § 1 Rn. 236.

[60] *Späte,* AHB, § 1 Rn. 236.

[61] BGH v. 14. 4. 1976, VersR 1976, 649; OLG Köln v. 7. 7. 1995, VersR 1996, 444; *Römer/Langheid/ Langheid,* VVG, § 23 Rn. 20 m. w. N.

[62] OLG Hamm v. 9. 1. 1981, VersR 1981, 1122; *Späte,* AHB § 1 Rn. 233 m. w. N.; *Bruck/Möller/Johannsen,* VVG, IV, Anm. G 116.

[63] ÖOGH v. 23. 5. 1962, VersR 1964, 55 (56); *Späte,* AHB, § 2 Rn. 3; vgl. auch Rn. 22.

liche Zusammenhang zu dem ursprünglich versicherten Risiko stellt zwar zugegebenermaßen kein trennscharfes Abgrenzungskriterium dar[64]. Eine Konkretisierung des Maßstabs ist allerdings gar nicht möglich, da es letztlich um eine Auslegung des Versicherungsvertrages geht, also um eine Frage des Einzelfalles unter Berücksichtigung seiner konkreten Umstände. Die Abgrenzung soll deshalb zum besseren Verständnis anhand von Einzelbeispielen verdeutlicht werden: Ein neues Risiko liegt z. B. vor, wenn ein als solcher versicherter Baubetrieb eine eigene Ziegelproduktion aufnimmt, ein als Architekt Versicherter nun als Bauträger tätig wird[65] oder ein versicherter Elektroinstallationsbetrieb auch Sanitärinstallationen durchführt[66].

17   Ob ein Risiko neu ist, lässt sich allerdings erst feststellen, wenn vorher der Umfang des bereits versicherten Risikos durch **Auslegung des Versicherungsvertrages** geklärt wird[67]. Zur Ermittlung des Umfangs des versicherten Risikos können dabei insbesondere die im Versicherungsantrag gestellten Fragen herangezogen werden[68]. Fragen, die lediglich Gefahrumstände nach § 19 VVG betreffen, z. B. nach Art und Umfang der betrieblichen Tätigkeit, dienen allerdings in der Regel nicht der Festlegung des versicherten Umfangs, sondern der Abschätzung des übernommenen Risikos und der Festlegung einer risikogerechten Prämie[69]. Für die Abgrenzung gelten die oben zum versicherten Risiko gemachten Ausführungen. Beispielhaft sei auf den erwähnten Fall der Gerüstvermietung durch einen Dachdecker verwiesen. Entscheidend für die Versagung des Deckungsschutzes war, dass nur ein Dachdeckerbetrieb ohne Nebenbetriebe versichert war. Die mehr als gelegentliche Vermietung stellte deshalb ein neues Risiko dar, das auf Anforderung nicht angezeigt worden war. Hätte der Dachdecker demgegenüber, wie durchaus üblich[70], Nebenbetriebe und Nebenrisiken mitversichert, wäre bei der behaupteten Branchenüblichkeit[71] Versicherungsschutz zu gewähren gewesen[72]. Weil die Bestimmung des versicherten Risikos eine Auslegungsfrage ist, sind geänderte Verhältnisse zu berücksichtigen. Die Auffassung des OLG Nürnberg, nach der der Betrieb einer Sauna nicht mehr unter das versicherte Risiko „Sport- und Gymnastikstudio" fallen soll[73], dürfte jedenfalls heute nicht mehr zutreffen. Als solches nicht maßgeblich für die Bestimmung des Versicherungsumfangs ist, ob das betreffende Risiko unter eine **andere Position des Prämientarifes** fällt[74]; denn für die Auslegung ist dieser zunächst rein interne Umstand nach allgemeinen Grundsätzen ohne Bedeutung. Prämientarife sind bei der Auslegung des versicherten Risikos nur mit zu berücksichtigen[75], wenn die Tarife Vertragsbestandteil oder Vertragsgrundlage geworden sind. In der Regel werden allerdings die Positionen der Prämientarife der Verkehrsanschauung folgen, z. B. bei den Gewerkeaufteilungen des Baugewerbes.

18   **Rechtsfolge einer Risikoerhöhung** ist die Möglichkeit des VR zur **Prämienanpassung**[76]. Das Kündigungsrecht gem. §§ 2 4, VVG ist durch Ziff. 3.1, 4 AHB abbedungen,

---

[64] Zur Kritik vgl. *Bocianiak,* VersR 1997, 1453 (1454); *Littbarski,* AHB, § 2 Rn. 16f.

[65] *Schmalzl/Krause-Allenstein,* Berufshaftpflichtversicherung, Rn. 62.

[66] LG Marburg v. 8. 12. 1977, VersR 1978, 909; unklar OLG Hamm v. 25. 2. 2005, NJW-RR 2005, 1056.

[67] Vgl. AG Offenbach v. 31. 7. 2000, VersR 2001, 1103, wo nur das Risiko „Arzt in Weiterbildung" versichert gewesen ist, so dass das Risiko als niedergelassener Gynäkologe ein neues Risiko sein soll.

[68] *Späte,* AHB, § 2 Rn. 4; *Littbarski,* AHB, § 2 Rn. 13.

[69] Zutreffend *Späte,* AHB, § 2 Rn. 4; a. M. wohl *Littbarski,* AHB, § 2 Rn. 13.

[70] Vgl. OLG Kassel v. 16. 2. 1954, VersR. 1954, 362; *Späte,* AHB, § 1 Rn. 236 und BetrH Rn. 6.

[71] Dazu BGH v. 9. 10. 1974, VersR 1975, 77f.; sowie Vorinstanz OLG Koblenz v. 17. 5. 1973, VersR 1973, 957.

[72] Enger *Bruck/Möller/Johannsen,* VVG, IV, Anm. G 119.

[73] OLG Nürnberg v. 15. 7. 1974, VersR 1975, 995: Da in der Sauna „Passivität" vorherrsche, fehle ihr der sportliche Charakter; es sei unüblich, dass zu einem Sportinstitut eine Sauna gehöre.

[74] So aber OLG Stuttgart v. 7. 7. 1972, VersR 1974, 123; *Höring,* VersR 1953, 252.

[75] *Littbarski,* AHB, § 2 Rn. 17; *Bocianiak,* VersR 1997, 1453 (1455); eingehend *Bruck/Möller/Johannsen,* VVG, IV, Anm. G 117.

[76] Vgl. § 8 II Nr. 2 AHB.

wie auch der Gegenschluss zum Kündigungsrecht bei Änderung der Rechtslage in Ziff. 3.2, 21 zeigt[77]. Ob dem VR ein außerordentliches Kündigungsrecht zusteht, wenn der VN die Frage nach dem erhöhten Risiko unrichtig oder gar nicht beantwortet, ist umstritten[78]. Die bloße Regelung einer Vertragsstrafe in Ziff. 13.1 AHB (§ 8 Ziff. II 1 AHB a. F.) stellt nach allgemeinen Auslegungsgrundsätzen keinen konkludenten Verzicht auf das nach allgemeinen Grundsätzen bestehende Recht zur außerordentlichen Kündigung dar[79].

Rechtsfolge des Eintritts neuer Risiken ist ebenfalls die sofortige **Einbeziehung in** 19 **den Versicherungsvertrag.** Es kommt kein neuer Versicherungsvertrag zustande, vielmehr wird der bestehende Versicherungsvertrag um das neue Risiko erweitert. Diese **Erweiterung tritt automatisch** ein, ist allerdings **auflösend bedingt**[80]. Der Versicherungsschutz entfällt rückwirkend, wenn der VN das neue Risiko auf Anforderung nicht anzeigt oder die Parteien sich anschließend nicht innerhalb eines Monats auf eine neue Prämie einigen. Die Anzeige muss der VN nicht von sich aus nach Eintritt des versicherten Risikos abgeben, sondern kann eine entsprechende Aufforderung des VR abwarten, die in der Regel jährlich durch die Prämienrechnungen oder die Prämienerhebungsbögen erfolgt. Die Aufforderung muss allerdings klar und auffallend abgefasst sein. Ein versteckter Hinweis auf der Rückseite einer Prämienrechnung reicht nicht aus[81]. Die §§ 1 9 ff. VVG sind zugunsten des VN entsprechend anwendbar[82].

Der VN kann damit einseitig den Umfang des Versicherungsschutzes ändern, muss sich 20 dann allerdings mit dem VR **auf die (erhöhte) Prämie einigen.** Dabei darf der VR die Einigung nicht durch Verzögerung seiner Prämienforderung oder Forderung einer unangemessen hohen Prämie treuwidrig vereiteln (§§ 162, 242 BGB)[83]. Relevant werden kann dies, falls sich das neue Risiko bereits vor Entstehen der Anzeigepflicht oder vor der Prämieneinigung realisiert hat. In diesen Fällen besteht dennoch Deckung gem. der besonderen Versicherungssummen der Vorsorgeversicherung nach Ziff. 4.2 AHB. Ob das auch dann gilt, wenn der VN das neue Risiko von sich aus bei einem anderen VR unter Deckung bringt[84], erscheint in Anbetracht des klaren auflösenden Bedingung in der Ziff. 4.1 (2) AHB durchaus fraglich[85]. Realisiert sich das Risiko nach der Anzeige und verzögerter oder vereitelter Prämieneinigung, so ist der Versicherer nach schadensersatzrechtlichen Gesichtspunkten verpflichtet, Versicherungsschutz nach den vollen Deckungssummen des Versicherungsvertrages zu gewähren[86].

Da es lediglich um die Erweiterung des Versicherungsvertrages um ein neues Risiko geht, 21 gelten die **Ausschlusstatbestände des bisherigen Versicherungsvertrages**[87]. Diese Frage war früher streitig, hat sich ab der Neufassung 2004 erledigt, da die Versicherung nunmehr ausdrücklich nur im Rahmen des Versicherungsvertrages erfolgt. Für die Vorfassungen nimmt eine weit verbreitete Auffassung an, dass wenn Ausschlusstatbestände für das neue Risiko gegen Beitragszuschlag üblicherweise hätten abbedungen werden können, sollte dies auch für die

---

[77] Zu § 1 Ziff. 2b AHB a. F. vgl. OLG Celle v. 16. 3. 1953, VersR 1953, 181 (182); *Littbarski*, AHB, § 1 Rn. 74.

[78] Dagegen *Prölss/Martin/Voit/Knappmann*, VVG, § 8 AHB Rn. 2; *Littbarski*, AHB, § 8 Rn. 40.

[79] Im Ergebnis ebenso *Späte*, AHB, § 8 Rn. 17 m.w.N.

[80] *Bruck/Möller/Johannsen*, VVG, IV Anm. G 125; *Späte*, AHB, § 2 Rn. 1 m.w.N.

[81] KG v. 13. 2. 2004, VersR 2004, 1593 (1595); OLG Düsseldorf v. 5. 12. 1995, NJW-RR 1996, 928; vgl. auch § 24 Rn. 41.

[82] OLG Köln v. 12. 6. 1986, VersR 1987, 1230; *Bocianiak*, VersR 1997, 1453 (1456); *Späte*, AHB, § 2 Rn. 13; a. M.: *Wussow*, AHB, § 2 Anm. 6.

[83] Vgl. Erwägungen von *Späte*, AHB, § 2 Rn. 18 ff. und *Bruck/Möller/Johannsen*, VVG, IV, Anm. G 142.

[84] Vgl. LG Düsseldorf v. 25. 6. 2003, VersR 2004, 101.

[85] Die Erwägungen des LG Düsseldorf zu § 242 BGB werden nicht näher begründet. Kritisch hierzu *Heimbücher* VW 2005, 757 (758). Andererseits muss der VN für den Zeitpunkt bis zur Vertragserweiterung für das neue Risiko keine zusätzliche Prämie zahlen, vgl. *Späte*, AHB, § 2 Rn. 19.

[86] So wohl auch *Späte*, AHB, § 2 Rn. 18; *Littbarski*, AHB, § 2 Rn. 30, allerdings nicht ausdrücklich nach Zeitabschnitten differenzierend.

[87] OLG Düsseldorf v. 12. 2. 1962, VersR 1964, 669 f., bestätigt durch BGH v. 14. 6. 1965, VersR 1965, 750 (751 unter Ziff. II); *Späte*, AHB, § 2 Rn. 2; a. M. für Auslandsschäden *Kuntz*, VersR 1978, 309.

Vorsorgeversicherung gelten[88]. Das ist trotz des offenen Wortlauts der Vorfassungen schon rechtskonstruktiv nicht möglich. Die Erweiterung des Versicherungsschutzes tritt automatisch mit dem Entstehen des neuen Risikos ein. Die automatische Erweiterung ist aber nur möglich, wenn deren essentialia bestimmt oder zumindest bestimmbar sind. Die Abbedingung der Ausschlüsse der AHB erfolgt häufig nur zu reduzierten Deckungssummen (Sublimits) gegen erhöhte Prämie. Hierüber ist eine Vereinbarung notwendig, insbesondere wenn mehrere Versicherungsvarianten möglich sind. Die Frage der Abbedingung der Ausschlüsse kann nur für den Fall der vorherigen Realisierung des neuen Risikos relevant werden. Denn nach einer einvernehmlichen Erweiterung stehen die Konditionen des Versicherungsvertrages fest. Ist ein Schaden aber bereits eingetreten, wird der VN in jedem Fall eine die Schadenssumme übersteigende Deckung für die abbedingten Ausschlüsse wünschen, während der VR an einer möglichst geringen Deckung interessiert ist. Damit fehlt es aber an der Möglichkeit der Bestimmung des Inhaltes, so dass insoweit kein wirksamer Vertrag zustande gekommen sein kann. Die Vorsorgeversicherung soll den VN vor wechselnden und neuen Risiken schützen. Ändert sich seine betriebliche Tätigkeit aber so, dass der bisherige Versicherungsvertrag mit seinen Ausschlüssen nicht mehr passt, muss er sich selbst um einen entsprechend angepassten Versicherungsschutz kümmern. Hier kann und will die Vorsorgeversicherung nicht eingreifen.

22   Andererseits ist es auch rechtlich nicht begründbar, wieso die Besonderen Bedingungen und Ausschlustatbestände der (üblichen?) Versicherung für das neue Risiko automatisch gelten sollen, und zwar auch dann, wenn sie im bisherigen Versicherungsvertrag nicht erwähnt oder dem VN auch sonst nicht bekannt sind[89]. Diese Auffassung beruht auf der überholten Vorstellung, für jedes Risiko gäbe es ein passendes (genehmigtes) Bedingungswerk. Gerade im Bereich der Industrieversicherung wird der Umfang des Versicherungsschutzes jedoch individuell zusammengestellt. Deshalb kann die Vorsorgeversicherung nicht mehr bieten als die Erweiterung des versicherten Risikos zu den Besonderen Bedingungen des (bisherigen) Versicherungsvertrages und der für die Vorsorgeversicherung geltenden Deckungssummen. Wenn der VR das neue Risiko üblicherweise nur unter Vereinbarung bestimmter Ausschlüsse versichert, hätte er es von der generellen Vorsorgeversicherung ausschließen müssen. Ohne weitere Einschränkungen sind deshalb **lediglich die in Ziff. 4.3 AHB genannten Risiken von der Vorsorgeversicherung grundsätzlich ausgeschlossen,** d. h. aus dem Halten von Kraftfahrzeugen, Luft- und Wasserfahrzeugen aller Art, dem Besitz oder Betrieb von Bahnen[90] sowie Risiken, die einer Versicherungs- oder Deckungsvorsorgepflicht unterliegen. Diese Aufzählung nicht versicherter Risiken ist nach dem Verständnis des durchschnittlichen VN **abschließend.** Ob der VR das versicherte neue Risiko üblicherweise überhaupt nicht oder nur unter Zugrundelegung anderer Bedingungen versichert, ist danach rechtlich unerheblich[91].

23   Streitig ist für die Fassungen bis 2004, ob die Vorsorgeversicherung auch bei **nur vorübergehenden Risiken** eingreift. Dies wird vielfach mit der Begründung abgelehnt, kurzfristige Risiken würden nur im Schadensfall gemeldet, so dass der VR bei Risiken von nur einem oder zwei Monaten Dauer keine Chance hätte, hierfür eine Prämie zu kassieren[92]. Diese Ar-

---

[88] *Bruck/Möller/Johannsen,* VVG, IV., Anm. G 132; *Prölss/Martin/Voit/Knappmann,* VVG, § 2 AHB Rn. 8 f.

[89] So aber *Späte,* AHB, § 2 Rn. 2; *Bruck/Möller/Johannsen,* VVG, IV, Anm. G 132; *Prölss/Martin/Voit/ Knappmann,* VVG, § 2 AHB Rn. 8.

[90] Nach den Fassungen bis 2002 war zusätzlich ausgeschlossen der Betrieb von Theatern, Kino etc., der Ausübung der Jagd sowie bestimmten behördlich genehmigungsbedürftigen Tätigkeiten mit explosiblen Stoffen.

[91] So auch *Prölss/Martin/Voit/Knappmann,* VVG, § 2 AHB Rn. 10; *Bruck/Möller/Johannsen,* VVG, IV, Anm. G 118; a. M. *Littbarski,* AHB, § 2 Rn. 10; *Späte,* AHB, § 2 Rn. 3; *Schmalzl,* Berufshaftpflichtversicherung, Rn. 37; die dort genannten Beispiele greifen auch deshalb nicht, weil Vermögensschäden in der Vorsorgeversicherung nicht versichert sind.

[92] OLG Celle v. 2. 5. 1990, VersR 1991, 1282 (1283); OLG Schleswig v. 4. 7. 1967, VersR 1968, 337 f.; LG Itzehoe v. 21. 8. 1987, ZfS 1987, 341 (342); *Wussow,* AHB, § 2 Anm. 17; *Späte,* AHB, § 2 Rn. 7 m. w. N., *Bocianiak,* VersR 1997, 1453 (1457).

gumentation ist auf der Basis der herrschenden Meinung schon nicht schlüssig, da diese davon ausgeht, dass bis zur Einigung über die Prämie das Vorsorgerisiko von der Grundprämie gedeckt sein soll[93]. Entscheidend ist allerdings, dass der Ausschluss kurzfristiger Risiken **gegen den Wortlaut der Klausel** bis 2004 gar nicht möglich ist[94]. Mit der **AHB 2004** sind alle Risiken von der Vorsorgeversicherung ausgeschlossen, die **kürzer als ein Jahr bestehen** und deshalb im Rahmen kurzfristiger Versicherungsverträge zu versichern sind. Wegen des 2. Halbsatzes sind damit ganz kurzfristige neue Risiken wohl nicht ausgeschlossen, da sie nicht (nachträglich) mit kurzfristigen Versicherungsverträgen zu versichern sind.

III. Mitversicherte Personen

Der Versicherungsschutz erstreckt sich bei der Betriebshaftpflichtversicherung nach **§ 102 VVG** nicht nur auf den VN, sondern auch auf seine **Vertreter** sowie **alle Personen, die in einem Dienstverhältnis** zu dem Unternehmen stehen. Das stellt eine Erweiterung gegenüber § 151 VVG a. F. dar, wonach neben dem VN und seinen Vertretern nur die zur Leitung und Beaufsichtigung angestellten Personen mitversichert waren. Die Verwendung des Begriffes des Dienstverhältnisses stellt einen gesetzgeberischen Missgriff dar. Gewollt war der Einschluss aller Arbeitnehmer sowie der Mitglieder des Leitungsorgans[95]. Um diese zum umschreiben hat man den Begriff des Dienstverhältnisses aus § 85 VVG a. F. (nun § 89 VVG 2008) übernommen, der nur häusliches Dienstpersonal wegen des weiteren Erfordernisses der häuslichen Gemeinschaft erfasst. Der aus dem BGB gebräuchliche Begriff des (allgemeinen) Dienstverhältnisses ist aber viel weiter und erfasst grundsätzlich auch die sog. freien Dienstverträge wie z. B. von Ärzten, Rechtsanwälten, Steuerberatern und anderen selbständigen Dienstleistungserbringern[96]. Diese waren bislang nicht aufgrund der üblichen AVB mitversichert und sollten ausweislich der Gesetzesbegründung auch gar nicht erfasst werden. Der Begriff des Dienstverhältnisses im Sinne des § 102 VVG ist insofern enger auszulegen, wie sich auch aus seiner engeren Verwendung in §§ 89, 178c, 178h und 205 VVG ergibt.   **24**

Die Erweiterung des Versicherungsschutzes auf – wie sie in AVB bezeichnet werden – Be-   **24a**
triebsangehörige verfolgt einen doppelten Zweck. Einmal schützt sie die Betriebsangehörigen bei unmittelbarer Inanspruchnahme durch den Geschädigten. Das ist für die Betriebsangehörige deshalb wichtig, weil ihnen in der Regel keine eigene Versicherungsdeckung für ihre Berufshaftung angeboten wird[97]. Gleichzeitig schützt die Mitversicherung auch den VN. Würde dieser im Haftpflichtverhältnis unmittelbar vom Geschädigten wegen Fehler seiner Mitarbeiter in Anspruch genommen, läge ein Versicherungsfall vor. Wird demgegenüber im Außenverhältnis zunächst nur der Mitarbeiter in Anspruch genommen, so wäre dessen Freistellungsanspruch aus dem Arbeitsverhältnis gegen den VN – im Gegensatz zum Gesamtschuldnerausgleich nach § 426 BGB[98] – nicht durch Ziff. 1.1 AHB erfasst, da es sich nicht um eine gesetzliche Haftpflichtregelung handelt[99].

Die Erweiterung der Mitversicherungsregelung durch die VVG-Reform hat keine prakti-   **25**
schen Auswirkungen, da sie nach Sinn und Zweck nur das nachvollzieht, was bereits nach den bislang üblichen AVB galt und gilt. In den **Besonderen Bedingungen** für die einzelnen Betriebsarten wird üblicherweise der Versicherungsschutz **auf sämtliche Betriebsangehörige**

[93] Vgl. nur LG Düsseldorf v. 25. 6. 2003, VersR 2004, 101 (103); *Späte,* AHB, § 2 Rn. 9; *Littbarski,* AHB, § 2 Rn. 32.
[94] OLG Hamm v. 15. 3. 2000, VersR 2001, 632 (633) = NJW-RR 2000, 1194; *Bruck/Möller/Johannsen,* VVG, IV, Anm. G 130; inzident auch OLG Stuttgart, v. 7. 7. 1992, VersR 1994, 123.
[95] VVG-Reform Regierungsentwurf S. 214 (zu § 102).
[96] Vgl. nur Münchener Kommentar BGB/*Henssler* § 617 BGB Rn. 4; *Palandt/Weidenkaff* Einf. v. § 611 BGB Rn. 2.
[97] BGH v. 19. 12. 1990, Vers 1990, 293; OLG Hamburg v. 22. 6. 1982, VersR 1985, 229.
[98] *Späte,* AHB, § 1 Rn. 175 m. w. N.
[99] *Schmalzl,* Berufshaftpflichtversicherung, Rn. 202.

ausgedehnt[100], da die Gründe für eine Mitversicherung für alle Betriebsangehörige gleichermaßen gelten. Nach dem Bedingungswortlaut vieler AVB sind die Vertreter und die zur Leitung und zur Beaufsichtigung angestellten Betriebsangehörigen nur **„in dieser Eigenschaft"** versichert[101]. Nach h. M. soll dieses weitere Tatbestandmerkmal keine Einschränkung des Versicherungsschutzes bedeuten[102]. Warum diese bewusste Verengung gegenüber dem Wortlaut des § 151 VVG a. F., nach dem sich die Mitversicherung gerade nicht auf eine Tätigkeit „in dieser Eigenschaft" beschränkt[103], keine Einschränkung sein soll, bleibt allerdings offen. Sinnvoll ist eine solche Einschränkung tatsächlich nicht, da die übrigen Mitversicherten uneingeschränkt bei der Ausführung ihrer dienstlichen Verrichtungen versichert sind. Durch diese Erweiterung werden die Leitenden bei ihren sonstigen Tätigkeiten aber gerade nicht („sämtliche **übrigen** Betriebsangehörige") erfasst. Deren Begrenzung des Versicherungsschutzes in Altfassungen muss man entweder gegen den Wortlaut aufgrund teleologischer Auslegung ignorieren oder als Verstoß gegen § 307 BGB eliminieren.

26   Der für die Mitversicherung nach den AVB maßgebliche **Begriff der Betriebsangehörigkeit** ist weiter zu fassen als nach arbeitsrechtlichen Kriterien. Ein Arbeits- oder Dienstvertrag ist nicht notwendig[104]. Es reicht aus, dass die Personen **mit Wissen und Wollen des VN** oder seiner Verantwortlichen **im betrieblichen Bereich tätig** sind und dabei dessen **Weisungen unterstehen**[105]. Dementsprechend stellt auch § 102 VVG 2008 nicht auf einen Arbeitsvertrag oder Dienstvertrag ab, sondern nur allgemein auf ein „Dienstverhältnis". Eine tatsächlich vorübergehende Betriebseingliederung reicht also aus[106], so dass insbesondere Leiharbeiter mitversichert sind[107]. Betriebsangehörige in diesem Sinne sind auch die in den Betrieb eingegliederten freien Mitarbeiter[108]. **Nicht mitversichert** sind demgegenüber selbstständige **Subunternehmer**[109], Pächter, oder selbstständige Handelsvertreter, und zwar auch dann nicht, wenn sie nur für ein Unternehmen arbeiten[110]. Wo die Arbeiten räumlich erbracht werden, ist nicht entscheidend, sondern dass sie selbstständig und in eigener Verantwortung erbracht werden[111].

Die **Gesellschafter** juristischer Personen sind als solche nicht mitversichert, wohl aber regelmäßig die Gesellschafter von Personengesellschaften[112], da sie (organschaftliche) Vertreter sind. Kommanditisten wurden früher als nach § 74 VVG a. F. mitversichert angesehen[113]. Mit der Rechtsfähigkeit von Personengesellschaften ist diese Differenzierung überholt. Arbeitet der Kommanditist oder der Gesellschafter einer GmbH im Betrieb mit, ohne Vertreter zu sein, steht auch er in einem Dienstverhältnis.

---

[100] Vgl. A Ziff. I Nr. 6 der Besonderen Bedingungen, Risikobeschreibungen und Erläuterungen für die Haftpflichtversicherung, empfohlen v. GDV (Stand 2002).

[101] So auch die bei *Prölss/Martin/Voit/Knappmann*, VVG, Betriebshaftpfl. Ziff. 7.1. 2 abgedruckte Klausel.

[102] *Schmalzl*, Berufshaftpflichtversicherung, Rn. 357; *Späte* AHB, BetrH Rn. 11; *Bruck/Möller/Johannssen*, VVG, IV, Anm. H 8.

[103] *Römer/Langheid/Langheid*, VVG, § 151 Rn. 6.

[104] *Prölss/Martin/Voit/Knappmann*, VVG, Betriebshaftpfl. Ziff. 7.1.2 Rn. 6; *Späte*, AHB, BetrH Rn. 10, 12.

[105] *Prölss/Martin/Voit/Knappmann*, VVG, Betriebshaftpfl. Ziff. 7.1.2 Rn 6.

[106] *Späte*, AHB, BetrH Rn. 12; sehr weitgehend *Schmalzl*, Berufshaftpflichtversicherung, Rn. 449, für eine ungebetene Hilfe. Statt von „Betriebsangehörigen" von „allen im Betrieb tätigen Personen" (so der Umformulierungsvorschlag von *Heimbücher,* VW 1962, 599) zu sprechen, geht zu weit, da es auf räumliche Erbringung der Leistung nicht ankommt, BGH v. 11. 12. 1980, VersR 1981, 271 (272).

[107] *Bocianiak*, VersR 1998, 285 (286).

[108] OLG Hamburg v. 22. 6. 1982, VersR 1985, 229; ausdrückliche Gleichstellung z. B. in A V 2 BBR/Arch vgl. dazu Rn. 209.

[109] *Schmalzl*, Berufshaftpflichtversicherung, Rn. 446.

[110] OLG Celle v. 8. 5. 1968, VersR 1969, 173 (174) zum Tankstellenverwalter.

[111] BGH v. 11. 12. 1980, VersR 1981, 271 (272).

[112] Berliner Kommentar/*Baumann*, VVG, § 151 Rn. 11.

[113] *Prölss/Martin/Voit*, VVG, § 74 Rn. 2; *Bruck/Möller/Sieg*, VVG, § 74 Anm. 24.

Versicherungsschutz für die Mitversicherten besteht nur bei der Ausführung ihrer dienst-   **27** lichen Verpflichtungen. Notwendig ist eine **betriebsbezogene Tätigkeit,** die aber bei der Überschreitung von Weisungen und sogar eigenmächtigem Handeln etc. noch vorliegt. Nicht betriebsbezogen sind mutwillige Handlungen und rein private Tätigkeiten; diese unterfallen allein dem Deckungsbereich der Privathaftpflichtversicherung (s. o. Rn. 3). Die Mitversicherung gilt des Weiteren nur **für die Dauer der Betriebsangehörigkeit.** Folgt die Haftpflichtversicherung dem Schadenereignisprinzip, kann das beim Arbeitsplatzwechsel zu Deckungsschutzlücken führen, wenn das Fehlverhalten des Mitversicherten erst nach seinem Ausscheiden zu einem Schadenereignis führt und der VN für die Mitversicherten keine Nachhaftung vereinbart hat[114].

Hervorzuheben bleibt, dass die **Rechtsstellung des Mitversicherten nur akzessorisch**   **28** zu der des VN ausgestaltet ist[115]. Wird der VR gegenüber dem VN leistungsfrei, so gilt das grundsätzlich auch gegenüber den Mitversicherten. Umgekehrt wird allerdings der selbstständige Versicherungsanspruch des VN durch **Obliegenheitsverletzungen eines Mitversicherten** nicht beeinträchtigt, soweit dieser nicht zugleich Repräsentant ist[116]. Die grundsätzlich nur akzessorische Rechtsstellung führt auch dazu, dass der Mitversicherte nicht selbstständig, d. h. bezogen auf ein Risiko in seiner Person, die **Vorsorgeversicherung** in Anspruch nehmen kann, z. B. wenn ein Arbeitnehmer nebenberuflich ein eigenes Gewerbe eröffnet[117]. Entgegen § 44 VVG kann der Mitversicherte aber nicht selbst die Rechte aus dem Versicherungsvertrag ausüben, vgl. Ziff. 27.2 AHB. Da der VR sich nur mit seinem Vertragspartner auseinandersetzen will, ist nur der VN selbst für eine Deckungsklage aktiv legitimiert[118].

Ausgeschlossen von der Mitversicherung sind nach den Arbeitsunfallklauseln in den   **29** AVB Haftpflichtansprüche wegen Personenschäden[119] aus **Arbeitsunfällen.** Damit wird im Fall grobfahrlässig verursachter Arbeitsunfälle[120] der Rückgriff des Sozialversicherungsträgers auf die Haftpflichtversicherung ausgeschlossen[121]. Dieser Ausschluss gilt aber nur für die Mitversicherten, nicht für den VN selbst[122]. Fraglich kann bei den auch weiterhin verwandten bisherigen Fassungen sein, ob der Ausschluss nur für die sonstigen Betriebsangehörigen oder auch für die gesetzlichen Vertreter und zur Leitung und Beaufsichtigung Angestellten gilt[123]. Gegen eine Erstreckung des Ausschlusses auch auf die zur Leitung und zur Beaufsichtigung Angestellten lässt sich nicht einwenden, dass sie bereits nach § 151 VVG a. F. mitversichert seien[124], da diese Regelung unstreitig dispositiv ist. In Betracht käme allenfalls ein Verstoß gegen § 307 BGB, wozu allerdings begründet werden müsste, warum die gesetzlichen Wertungen unbedingt eine Privilegierung der Leitenden gegenüber den sonstigen Betriebsangehörigen fordern sollte. Richtigerweise lässt sich diese Frage nicht abstrakt, sondern nur anhand der **systematischen Stellung der Arbeitsunfallklausel im Bedingungstext** beantworten. Ist sie als Unterabsatz der Regelung zur Mitversicherung der sonstigen Betriebs-

---

[114] Vgl. dazu *Prölss/Martin/Voit/Knappmann,* VVG, Betriebshaftpfl. Ziff. 7.1.2 Rn. 7; Berliner Kommentar/*Baumann,* VVG, § 151 Rn. 45.

[115] OLG Köln v. 14. 1. 1997, OLGR 1997, 208 (209); Berliner Kommentar/*Hübsch,* VVG, § 75 Rn. 4.

[116] Berliner Kommentar/*Hübsch,* VVG, § 79 Rn. 12.

[117] *Schmalzl,* Berufshaftpflichtversicherung, Rn. 37; *Späte,* AHB, § 2 Rn. 9 mit weitergehenden Differenzierungen. Ob der VN für derartige gewerbliche Tätigkeiten die Vorsorgeversicherung seiner Privathaftpflichtversicherung in Anspruch nehmen kann, ist streitig, vgl. *Späte,* AHB, § 2 Rn. 5.

[118] Die Berufung des VR auf Ziff. 27.2 AHB kann aber rechtsmissbräuchlich sein, vgl. OLG Frankfurt v. 24. 7. 1997 NJW-RR 1998, 386; OLG Düsseldorf v. 14. 1. 2003, r+s 2003, 452.

[119] Bei Sachschäden schließt § 7 Ziff. 2 AHB Ansprüche Mitversicherter gegeneinander v. Versicherungsschutz aus.

[120] Im Fall von Vorsatz besteht von vornherein kein Versicherungsschutz in der Haftpflichtversicherung.

[121] Vgl. *Schmalzl/Krause-Allenstein,* Berufshaftpflichtversicherung, Rn. 723 i. V. m. 617.

[122] *Prölss/Martin/Voit/Knappmann,* VVG, Betriebshaftpfl. Ziff. 7.1.2 Rn. 12.

[123] Dafür z. B. *Schmalzl,* Berufshaftpflichtversicherung, Rn. 456.

[124] So aber *Prölss/Martin/Voit/Knappmann,* VVG, Betriebshaftpfl. Ziff. 7.1.2 Rn. 12.

v. Rintelen

angehörigen anzusehen[125], so findet sie (selbstverständlich) keine Anwendung bei Rückgriffen gegenüber gesetzlichen Vertretern und den zur Leitung und Beaufsichtigung Angestellten. In diesem Sinne wird auch die nicht ganz eindeutige Mitversicherungsregelung in den BBR/Arch auszulegen sein[126], zumal sich hier die VR an der früheren Fassung der Erläuterungen[127] festhalten lassen müssen; dort ist der Ausschlussumfang der Arbeitsunfallklausel auf die Mitversicherung der sonstigen Betriebsangehörigen beschränkt. Daneben finden sich jedoch auch zahlreiche Arbeitsunfallklauseln, die sich nach ihrer Systematik auf alle Mitversicherten beziehen[128].

IV. Ausschlüsse

1. Die Ausschlusstatbestände der Ziff. 7 AHB

30 Zunächst gelten für eine Betriebshaftpflichtversicherung grundsätzlich alle **Ausschlusstatbestände der Ziff. 7 (§ 4 AHB a. F.)**, die zum Teil praktische Bedeutung ja gerade erst bei der Versicherung gewerblicher Risiken erlangen. Ihretwegen muss zunächst auf die allgemeinen Ausführungen im Kapitel 24 verwiesen werden. Nicht erläutert wird dort die Tätigkeitsklausel, da die Tätigkeitsklausel sich von vornherein nur auf gewerbliche oder berufliche Tätigkeiten bezieht. Diese wird unter Rn. 54 ff. umfassend erläutert. Auch nicht erläutert ist in Kapitel 24 die Erfüllungsklausel, die ebenfalls im gewerblichen Bereich erst ihre besondere Bedeutung erlangt.

31 Ausgehend von der Selbstverständlichkeit, dass der Erfüllungsanspruch als solcher nicht unter die nach Ziff. 1.1 AHB versicherten Haftpflichtansprüche fällt, stellt die Erfüllungsklausel klar, dass dies auch für die an die Stelle der Erfüllungsleistung tretende Ersatzleistung gilt, und zwar auch dann, wenn es sich um gesetzliche (Schadensersatz)Ansprüche handelt. Während durch die **Erfüllungsklausel** damit alle **Leistungsstörungs- und Mängelansprüche** erfasst werden, ist Gegenstand der **Tätigkeitsklausel** die **erfüllungsbegleitende Sachbeschädigung**. Schäden im Werk- oder Wirkbereich[129] der gewerblichen Tätigkeit werden als besonders schadenstächtig ebenfalls vom Versicherungsschutz ausgenommen. Weitere Unterschiede sind, dass die Erfüllungsklausel nur vertragliche Ansprüche erfasst – rein deliktische Ansprüche in Bezug auf eine Erfüllungsleistung werden ggf. über die Herstellungsklausel der Ziff. 7.8 AHB (§ 4 Ziff. II 5 AHB a. F.) ausgeschlossen[130] – und der Erfüllungsausschluss sämtliche Schadensarten (Personen-, Sach- und Vermögensschäden) erfasst. Die Tätigkeitsklausel setzt keinen Vertrag voraus, greift also bei Schadensersatzansprüchen aufgrund aller Anspruchsgrundlagen ein; sie beschränkt ihre Ausschlusswirkung auf Sachschäden und seit 2002 auch Vermögensschäden[131].

2. Die Erfüllungsklausel der Ziff. 1.2 AHB (§ 4 Ziff. I 6 Abs. 3 AHB a. F.)

32 Ziff. 1.2 AHB regelt, dass die **Erfüllung von Verträgen** und die **an die Stelle der Erfüllung tretende Ersatzleistungen** nicht Gegenstand der Haftpflichtversicherung sind. Diese sog. Erfüllungsklausel soll nach h. M. nur deklaratorische Bedeutung haben[132], weil bereits nach Ziff. 1.1 AHB nur Schadensersatzansprüche und damit nicht vertragliche Erfüllungsansprüche Gegenstand der Haftpflichtversicherung sind. Der Ausschluss von Erfüllungsansprü-

---

[125] So die bei *Späte*, AHB, BetrH. Rn. 6 abgedruckte Klausel.

[126] *Schmalzl/Krause-Allenstein*, Berufshaftpflichtversicherung, Rn. 617; *Garbes*, Haftpflichtversicherung, S. 68 f.

[127] Erläuterung zu BBR/Arch 1977, abgeruckt bei *Schmalzl*, Betriebshaftpflichtversicherung, S. 404.

[128] Hiervon geht *Prölss/Martin/Voit/Knappmann*, VVG, Betriebshaftpfl. Ziff. 7.1. 2 Rn. 12 für die bei ihm abgedruckten AVB aus.

[129] So die Formulierung von *Nickel*, VersR 1987, 965, 966.

[130] Vgl. zur Abgrenzung *Schmalzl*, FS Korbion 1986, S. 371 (387 f.) sowie zu § 4 II 5 AHB § 24 Rn. 77.

[131] Zu Vermögensfolgeschäden vgl. unten Rn. 89 ff.

[132] BGH v. 9. 4. 1975, VersR 1975, 557; BGH v. 9. 1. 1964, VersR 1964, 230 (231); *Littbarski*, AHB, § 4 Rn. 302; *Späte*, AHB, § 4 Rn. 170 m. w. N.

chen war auch allgemein anerkannt, bevor die Erfüllungsklausel erstmals 1943 als ein Ausschlusstatbestand in die AHB unter § 4 Ziff. I 6 Abs. 3 aufgenommen wurde[133]. Der Standort in § 4 I 6 AHB a. F. erklärte sich daraus, dass dessen Klauseln die wichtigsten Regelungen zum **Ausschluss unternehmerischer Risiken** durch die AHB bildeten. Die Besitzklausel (früher § 4 Ziff. I 6a AHB a. F., nun Ziff. 7.6) beruht zwar heute nicht mehr unmittelbar auf diesem Gedanken. Sie ist jedoch gemeinsam mit der heutigen Tätigkeitsklausel aus der ursprünglichen Obhutsklausel hervorgegangen, nach der grundsätzlich Schäden an allen in Obhut oder Gewahrsam übernommenen Sachen, sei es zur Bearbeitung, sei es zu sonstigen Zwecken, vom Versicherungsschutz ausgeschlossen waren[134].

Dieser frühere Standort der Erfüllungsklausel zwischen den sekundären Risikobeschränkungen ist von Anfang an als systematisch verfehlt kritisiert worden; die Erfüllungsklausel gehöre als negative Klarstellung des Gegenstandes der Haftpflichtversicherung in § 1 AHB a. F.[135] Diese Zuordnung ist dann über 60 Jahre später mit der Neufassung 2004 durch die Übernahme in Ziff. 1.2 geschehen. Materiell wichtiger ist allerdings, dass vorher die Erfüllungsklausel 2002 im Zusammenhang mit der Schuldrechtsmodernisierung inhaltlich erheblich überarbeitet und ergänzt worden ist. Der neue Standort ändert allerdings nichts daran, dass der Ausschluss zumindest hinsichtlich eines Teils der Erfüllungssurrogate nach heutigen Auslegungsprinzipien nicht nur eine deklaratorische Klarstellung der primären Risikobeschreibung, sondern ein konstitutiver Ausschluss ist[136]. Das zeigt sich schon daran, dass der Ausschluss für Erfüllungssurrogate im Bereich der Vermögenshaftpflicht bei einem in Ziff. 1.1 (§ 1 Ziff. 1 AHB a. F.) vergleichbaren Bedingungswortlaut nicht gelten soll[137].   **33**

a) Erfüllungsersatzansprüche bzw. Erfüllungssurrogate. Die **Erfüllung von Verträgen** ist schon deshalb **nicht Gegenstand der Haftpflichtversicherung,** da die Bewirkung der vertraglich geschuldeten Leistung kein Schadensersatz ist[138]; im Übrigen wären willentlich übernommene bzw. sicher eintretende Leistungspflichten nicht versicherungsfähig[139]. Neben den primären Vertragserfüllungsansprüchen, und zwar sowohl in Bezug auf die Hauptleistungspflichten wie Nebenleistungspflichten, sind auch die Erfüllungsersatzansprüche wegen Nicht- oder Schlechterfüllung der Vertragsleistungen – häufig als **„Erfüllungssurrogate"** bezeichnet – von der Haftpflichtversicherung ausgeschlossen. Ausgeschlossen werden sollen vom Versicherungsschutz alle **Ersatzansprüche, die auf das Vertragserfüllungsinteresse gerichtet sind**[140].   **34**

Um dieses Ziel zu erreichen, erstreckte die Altfassung der Erfüllungsklausel in § 4 Ziff. I 6 Abs. 3 AHB vor 2002 den Ausschluss auf die „an die Stelle der Erfüllungsleistung tretende Ersatzleistung"; mit dieser abstrakten Formulierung war der von den VR bezweckte Ausschlusssumfang für den durchschnittlichen VN kaum verständlich. Durch die **Neuformulierung** in § 4 Ziff. I 6 Abs. 3 AHB 2002 mit einer Aufzählung der betroffenen Ansprüche hat die Erfüllungsklausel deutlich größere Klarheit erlangt. Anlass der Neuformulierung war die Anpassung der Ausschlussklausel an die Schuldrechtsmodernisierung; sie sollte aus Sicht der VR zu keiner Veränderung des Ausschlussumfangs führen[141]. Auch wenn heute Ziff. 1.2 (6) AHB als Auffangtatbestand fast unverändert die Formulierung der „an die Stelle der Erfüllung treten-   **35**

---

[133] Vgl. *Littbarski*, AHB, § 1 Rn. 37 m. w. N; die VR hatten intern wurde die vormalige Obhutsklausel bereits 1943 umgearbeitet, vgl. näher *Grunow*, Zur Deckung vertraglicher Erfüllungs- und Surrogatansprüche in der Allgemeinen Haftpflichtversicherung, 1968, S. 4 ff.

[134] Vgl. dazu *Bruck/Möller/Johannsen*, VVG, IV, Anm. G 191; *Rottmüller*, VersR 1986, 843 (845).

[135] *Späte*, AHB, § 4 AHB Rn. 170 m. w. N.

[136] So bereits *Wussow*, AHB, § 1 Anm. 68; Berliner Kommentar/*Baumann*, VVG, § 149 Rn. 57; *Schimkowski*, r+s 2005, 445 (446).

[137] OLG Stuttgart v. 2. 4. 1998, VersR 1999, 961 (962); *Prölss/Martin/Voit/Knappmann*, VVG, § 1 AVB Vermögen/WB Rn. 2.

[138] BGH v. 9. 1. 1964, VersR 1964, 230; *Prölss/Martin/Voit/Knappmann*, VVG, § 4 AHB Rn. 74.

[139] *Schmidt-Salzer/Thürmann*, Produkthaftung, Rn. 8.057.

[140] OLG Saarbrücken v. 29. 11. 1995, VersR 1996, 1356 (1357).

[141] *v. Bühren/Glück*, Handbuch, § 9 Rn. 93.

v. Rintelen

der Ersatzleistungen" verwendet, wird heute dieser für den VN zu abstrakte Begriff in dem Bedingungstext durch die vorangehende **Aufzählung der wichtigsten Fallgruppen konkretisiert**. Die Bedeutung des Tatbestandes anderer Erfüllungsersatzleistungen in Ziff. 1.2 (6) AHB liegt dabei heute nicht primär in seiner Funktion als Auffangtatbestand – es verbleiben praktisch keine nicht unter die Absätze 1 bis 5 fallende Erfüllungsersatzleistungen – sondern in seiner Begrenzungsfunktion für die teilweise zu weite Bezugnahme auf zivilrechtliche Anspruchsgrundlagen in den Absätzen 1 bis 5. Aus der Formulierung „wegen anderer" ergibt sich, dass auch die Absätze 1 bis 5 nur Erfüllungsersatzleistungen erfassen.

36   Der Begriff der an die Stelle der Erfüllung tretenden Ersatzleistung war schon vor der Schuldrechtsmodernisierung streng von dem bisherigen zivilrechtlichen Begriff des „Schadensersatzes wegen Nichterfüllung" zu unterscheiden, mit dem sie sich nur teilweise deckte[142]. Es handelt sich um eine **selbständige versicherungsrechtliche Begriffsbildung** und damit eine Rechtsfigur „sui generis"[143]. Ausgeschlossen vom Versicherungsschutz als **Erfüllungsersatzleistungen** werden alle Ansprüche, durch die ein **unmittelbares Interesse am eigentlichen Leistungsgegenstand** geltend gemacht wird[144]. Demgegenüber ist jeder weitere Schaden, der „jenseits des Verlustes des unmittelbaren Erfüllungswertes" steht, also insbesondere der Schaden an weiteren Rechtsgütern des Gläubigers (sog. Mangelfolgeschaden), nicht als Erfüllungsersatzleistung einzuordnen[145]. In diesen Fällen ist nämlich nicht das Erfüllungsinteresse des Geschädigten tangiert, sondern sein Interesse an der Nichtverletzung seiner Rechtsgüter (sog. **Integritäts- oder Erhaltungsinteresse**)[146].

37   **Maßgeblich** für den Deckungsumfang ist damit zunächst der Inhalt des Vertrages. Im **Umfang des vertraglichen Leistungsversprechens** sind alle Ansprüche vom Versicherungsschutz ausgeschlossen, mit denen ein unmittelbares Interesse am eigentlichen Leistungsgegenstand geltend gemacht wird. Das ist allerdings **keine betragsmäßige Begrenzung auf den Preis der der Leistung**[147] – insb. die ausgeschlossenen Ansprüche auf Nutzungsausfall oder entgangenen Gewinn können den Wert der vertraglichen Leistung um ein Vielfaches übersteigen[148] –, sondern eine Begrenzung im Hinblick auf den kompensatorischen Zweck des Anspruchs. Ausgeschlossen sind damit all diejenigen Ansprüche, **die das Zurückbleiben der tatsächlichen Leistung hinter dem Versprochenen ausgleichen sollen**[149].

38   Diese Unterscheidung zwischen den (nicht gedeckten) Ansprüchen auf Ersatz des Erfüllungsinteresses und den (deckungspflichtigen) Ansprüchen auf Ersatz eines darüber hinausgehenden Schadens gilt **ohne Rücksicht** darauf, aufgrund welcher **Rechtsgrundlage** im Einzelfall der Anspruch geltend gemacht wird[150]. Eine durchgehende Abgrenzung nach zivilrechtlichen Anspruchsgrundlagen ist nicht möglich, da die Reichweite der zivilrechtlichen

---

[142] Zum Schadensersatz statt Leistung, vgl. Rn. 43.

[143] *Bruck/Möller/Johannsen*, VVG, IV, Anm. G 59, 259; *Littbarski*, AHB, § 4 AHB Rn. 306.

[144] *Späte*, AHB, § 1 AHB Rn. 132.

[145] So auch OLG Koblenz v. 29. 10. 1999, VersR 2000, 755, für den Fall, wenn der VN aufgrund mehrerer rechtlich selbständiger Aufträge tätig wird und er bei Ausführung eines späteren Auftrags das aufgrund seines früheren Auftrags fertig gestellte – und von dem Vertragsgläubiger bereits abgenommene – andere Werk beschädigt hat.

[146] BGH v. 9. 1. 1964, VersR 1964, 230; BGH v. 9. 4. 1975, VersR 1975, 557; OLG Hamm v. 23. 4. 1975, VersR 1976, 1030 (1031); *Prölss*, VersR 1967, 432 (435).

[147] So aber *Littbarski*, z. B. in VersR 1982, 915 (919) und Haftungs- u. Versicherungsrecht Rn. 499 ff., der die Ausschlussklausel restriktiv auslegt und das Erfüllungssurrogat mit dem Wert gleichsetzt, der für die Erbringung der versprochenen und damit vertraglichen Leistung erforderlich ist, was insb. zur Folge hätte, dass die Ansprüche auf entgangenen Gewinn und Nutzungsausfall unter den Versicherungsschutz einer Betriebshaftpflichtversicherung fallen würden. Der BGH (v. 25. 9. 1985, VersR 1985, 1153) hat dies ausdrücklich abgelehnt.

[148] Erinnert sei insb. an den sog. Burra-Fall. Hier hatte der Verkäufer ein Bild als angeblich von Burra stammend zum Preis von 10 000 DM verkauft und wurde nun auf die Differenz zu dem wahren Wert von 300 000 DM in Anspruch genommen: BGH v. 19. 5. 1993, NJW 1993, 2103.

[149] *Prölss*, VersR 1967, 432 (435).

[150] BGH v. 13. 5. 1981, VersR 1981, 771 (772); BGH v. 9. 4. 1975, VersR 1975, 557.

Anspruchsgrundlagen teilweise mit dem Deckungsbereich der Haftpflichtversicherung nicht übereinstimmt. Bei einigen Anspruchsgrundlagen, z. B. den Mängelansprüchen auf Nacherfüllung, Rücktritt oder Minderung lässt sich allerdings feststellen, dass sie insgesamt unter den Erfüllungsausschluss fallen[151]. Insbesondere bei den Schadenersatzansprüchen wegen Nichterfüllung traf zwar nach altem Recht in der Regel zu, dass sie vom Versicherungsschutz ausgeschlossen waren, während solche aus pVV gedeckt waren. Das beruhte aber nicht darauf, dass eine bestimmte Anspruchsgrundlage (z. B. § 635 BGB a. F.) zur Anwendung kam, sondern dass Schadensersatzansprüche wegen Nichterfüllung regelmäßig das unmittelbare Interesse am eigentlichen Leistungsgegenstand betrafen, demgegenüber mit Ansprüchen aus pVV hauptsächlich Folgeschäden geltend gemacht wurden, die jenseits des Vertragserfüllungsinteresses lagen. Zahlreiche Gegenbeispiele ließen sich jedoch aufzeigen[152]. Die in älterer Rechtsprechung und Literatur zu findende Versagung von Deckungsschutz unter bloßem Verweis auf Schadensersatzansprüche wegen Nichterfüllung oder Verzuges als Anspruchsgrundlage[153] konnten deshalb nur als schlagwortartige Begründung von Regelfällen verstanden werden[154].

Das letztlich maßgebliche Kriterium des unmittelbaren Interesses am Leistungsgegenstand   **39** ist als nicht hinreichend bestimmt und **als diffus kritisiert** worden[155]. Zutreffend ist, dass die Abgrenzung im Einzelfall schwierig sein kann, weil es sich nicht um trennscharfe Begriffe handelt. Die Kritik übersieht aber, dass sich die Vielgestaltigkeit der zu regelnden Lebensverhältnisse häufig, wie hier, nicht mit einem exakten, am Besten dichotomischen Begriffsgerüst erfassen lässt[156]. Der Begriff der Erfüllungsersatzleistung bzw. des Erfüllungssurrogats hat durch die Rspr. inzwischen eine hinreichende Eindeutigkeit erhalten. Trennschärfere Begriffe können auch von den Kritikern ohne Veränderung des Klauselumfangs nicht angeboten werden. Problematisch war aber die von der Rechtsprechung kaum problematisierte **fehlende Transparenz der Altklausel** vor 2002. Ihr Inhalt und vor allem die Reichweite des Begriffs einer „an die Stelle der Erfüllungsleistung tretende Ersatzleistung" ist für den durchschnittlichen VN ohne Konkretisierung nicht zu verstehen[157]. Bei – in der Praxis noch vielfach vorhandenen – Altverträgen werden deshalb nur die Erfüllungsansprüche, die Nacherfüllungsansprüche und die das Äquivalenzinteresse im engeren Sinn betreffenden Schadensersatzansprüche statt der Leistung wirksam vom Versicherungsschutz ausgeschlossen. Heute wird der Umfang der Erfüllungsklausel dem VN durch die Neufassung mit der vorausgehenden Aufzählung aller praktisch relevanten Fälle wohl ausreichend veranschaulicht, wobei aber auch insoweit noch Einwände verbleiben[158]. Zu beachten bleibt, dass der Begriff der Erfüllungsersatzleistung nunmehr seine Funktion geändert hat; er dient nicht mehr dazu, den Erfüllungsausschluss über die eigentlichen Erfüllungsansprüche hinaus zu erweitern, sondern den Umfang der im einzeln ausgeschlossenen Ansprüche auf wirkliche Erfüllungsersatzleistungen zu begrenzen.

---

[151] Diese Ansprüche sind schon nach § 1 Ziff. 1 AHB nicht Gegenstand der Haftpflichtversicherung.

[152] Vgl. *Späte*, AHB, § 4 AHB Rn. 184; so auch der BGH seit BGH v. 13. 5. 1981, VersR 1981, 771 („Statiker-Fall").

[153] BGH v. 28. 11. 1966, VersR 1967, 160; OLG Hamm v. 16. 9. 1970, VersR 1971, 141 (142); *Weimar*, VersPrax 1959, 17.

[154] Dass eine Begründung mit Anspruchsgrundlagen in die Irre führen kann, zeigt z. B. das Urteil des OLG Celle v. 16. 11. 1979, VersR 1980, 569, das aus der Anspruchsgrundlage (§ 635 BGB) folgert, das Erfüllungsinteresse sei betroffen, wenn ein Architekt wegen der Entschädigung in Regress genommen wird, die der Bauherr wegen Nichteinhaltung der Abstandsvorschriften zahlen musste; zur Kritik vgl. nur *Schmalzl*, Berufshaftpflichtversicherung, Rn. 281; *Littbarski*, Haftungs- u. Versicherungsrecht, Rn. 596.

[155] Vgl. insb. *Littbarski*, AHB, § 4 Rn. 309 ff., *ders.*, JZ 1979, 553; *ders.*, Haftungs- u. Versicherungsrecht Rn. 500.

[156] Ähnlich *Schmidt-Salzer/Thürmann*, Produkthaftung, Rn. 8.076.

[157] OLG Nürnberg NVersZ 2002, 282; *Schimikowski* FS Schirmer (2005), S. 545, 553.

[158] *Schimikowski* FS Schirmer (2005), S. 545, 554.

40   **b) Mängelansprüche – Abgrenzung zu Mangelfolgeschäden.** Ausgeschlossen nach Ziff. 1.2 (2) AHB sind neben Erfüllungsansprüchen **Ansprüche auf Nacherfüllung bzw. aus Selbstvornahme.** Das entspricht dem bisherigen Grundsatz, dass Mängel **an der Vertragsleistung** (insb. dem Kaufgegenstand oder der Werkleistung) nicht versichert sind[159], wohl aber Schäden **durch die Vertragsleistung,** also die sog. Mangelfolgeschäden an sonstigen Rechtsgütern des Vertragspartners durch die mangelhafte Leistung. Damit muss der Mängelbeseitigungsaufwand abgegrenzt werden von den Mangelfolgeschäden. Da in Kaufrechtsfällen häufig der verbesserte Schutz einer Produkthaftpflichtversicherung eingreift[160], wird hier stärker auf das in der Regulierungspraxis bedeutsame Werkvertragsrecht eingegangen.

41   Soweit der VN durch einen Haftpflichtfall sein noch nicht abgenommenes Werk[161] beschädigt, sind unversicherte Erfüllungsansprüche betroffen[162]. Selbstverständlich sollte auch sein, dass die eigentlichen Nachbesserungskosten vom Versicherungsschutz ausgeschlossen sind, wenn das Produkt oder Werk durch einen Dritten zu höheren Kosten nachgebessert wird[163]. Ausgeschlossen sind aber auch sonstige **Mängelbeseitigungsnebenkosten.** Obgleich diese Kosten als Teil der Nacherfüllung bereits nach Abs. 1 ausgeschlossen sind, und zwar auch dann, wenn sie über das eigene Gewerk hinausgehen[164], ist der Ausschluss der sog. **Nachbesserungsbegleitschäden** nunmehr in Ziff. 1.2 (2) AHB besonders hervorgehoben, um die Reichweite des Ausschlusstatbestandes dem VN zu verdeutlichen. Es handelt sich um den gesamten Aufwand, der erforderlich ist, um den Mangel zu beseitigen. Hierzu gehören z. B. die Aufwendungen, um den Mangel zu finden (Suchkosten), die zur Mangelfeststellung erforderlichen Gutachterkosten[165], die Kosten, um die Schadensstelle zugänglich zu machen (Freilegungskosten)[166] einschließlich aller Vor- und Nacharbeiten[167] oder die Kosten für den Architekten, um die Mängelbeseitigungsmaßnahmen zu planen oder zu überwachen[168]. Ein durch die Nachbesserung verursachter Gewinn- oder Nutzungsausfall ist ebenfalls unversichert[169]. Die Mängelbeseitigungsnebenkosten können, z. B. bei Abdichtungsmängeln der Kelleraußenwände oder undichten Rohrleitungen, die eigentlichen Nachbesserungskosten und den Preis der ursprünglichen Vertragsleistung um ein Vielfaches übersteigen. Häufig müssen auch teure Fußboden- oder Wandbeläge zerstört werden, um die Mängelbeseitigung durchführen zu können. Die Reichweite des Ausschlusses wird deutlich an einem Fall, in dem der VN als Nachunternehmer für die Pfahlgründung eines Hauses die Pfähle nicht ausreichend tief gegründet hatte. Es kam zu Setzungsschäden. Das Haus musste teilweise abgerissen werden, um nachzugründen, was insgesamt einen unversicherten Schaden von 200 000 Euro verursacht hat[170]. Diese Kosten können durch die sog. **Mängelbeseitigungsnebenkosten-Klausel** für den Fall weitergehender Schäden über die Mängelbeseitigung hinaus versichert werden. Auf deren Darstellung (Rn. 117 ff.) sei zur weiteren Verdeutlichung und Abgrenzung hingewiesen.

---

[159] BGH v. 7. 12. 1977, VersR 1978, 219 (220); BGH v. 9. 1. 1964, VersR 1964, 230 (231); OLG Koblenz v. 21. 12. 1998, VersR 2000, 94 (95).

[160] Vgl. oben § 25 Rn. 15 ff.

[161] Bei Beschädigungen nach Abnahme vgl. Rn. 46.

[162] LG Osnabrück v. 18. 8. 2002, IBR 2003, 389.

[163] OLG Frankfurt v. VersR 1977, 1093; vgl. zum Architektenwerk auch Rn. 202.

[164] Anders OLG München v. 24. 3. 1999, OLGR 1999, 364 (365); das OLG verkennt, dass es dann nicht um Nachbesserung am fremden Gewerk geht, sondern um die Kosten der Nachbesserung des eigenen Gewerks.

[165] OLG Koblenz v. 21. 12. 1998, VersR 2000, 94 (95).

[166] BGH v. 13. 12. 1962, VersR 1963, 179; OLG Naumburg 20. 2. 1995, VersR 1997, 179 (180); verkannt in OLG Naumburg v. 21. 04. 2005, BauR 2006, 1902.

[167] Vgl. LG Berlin v. 9. 1. 2003, r+s 2004, 326 zu Kosten für Bodenaushub und Wasserhaltung, um Mängelarbeiten durchzuführen.

[168] Vgl. zum Umfang der Mängelbeseitigungskosten BGH v. 22. 3. 1979, NJW 1979, 2095 (2096) und *Staudinger/Peters*, § 633 BGB Rn. 177 ff.

[169] Vgl. näher Rn. 48 ff.

[170] *Ahlswede*, BrBp 2005, 484 (485).

Versicherte Mangelfolgeschäden, und nicht Nachbesserungsbegleitschäden, liegen **42** demgegenüber vor, soweit der vom Baustoffhersteller gelieferte und zum Putz verwandte Mörtel Kalkteilchen absondert, die den auf dem Putz aufgebrachten Feinputz und Anstrich beschädigen[171]. Gleiches gilt, wenn an den von einem Sanitärinstallationsunternehmen verlegten Rohrleitungen Lochfraßkorrosionen auftreten und das durchsickernde Wasser zu erheblichen Schäden wegen Durchfeuchtung der unter den Bädern mit den schadhaften Rohren liegenden Räumen führt[172] oder wenn ein mangelhaft verlegtes Warmwasserzuleitungsrohr Folgeschäden an Boden und Wänden verursacht[173]. Ausgeschlossen ist in beiden Fällen jedoch der Aufwand zur neuen ordnungsgemäßen Verlegung der Rohre einschließlich aller Nebenkosten, soweit nicht die Mängelbeseitigungsnebenkosten-Klausel vereinbart wurde. Reine Folgenschäden sollen auch vorliegen, wenn der VN die geschuldeten Bodenstabilisierungen nicht ordnungsgemäß erbracht hat und deshalb die hierauf aufbauenden Leistungen anderer Unternehmer wieder abgetragen werden mussten[174].

c) Schadensersatz statt der Leistung. Ausgeschlossen vom Versicherungsschutz sind **43** seit 2002 auch ausdrücklich **Schadensersatzansprüche statt der Leistung**[175]. Die bisherigen Schadensersatzansprüche wegen Nichterfüllung waren, wie dargelegt, nicht generell ausgeschlossen, sondern nur soweit sie den Schaden am Leistungsgegenstand betrafen[176]. Die Neufassung geht davon aus, dass Schadensersatzansprüche statt der Leistung i. S. v. §§ 281 ff. BGB genau diesen Umfang haben, so dass mit der Neuformulierung keine Änderung verbunden wäre[177]. Danach sollen die §§ 281 ff. BGB die bisherigen Mangelschäden erfassen, § 280 Abs. 1 BGB die Mangelfolgeschäden, also das Integritätsinteresse[178]. Die Abgrenzung der Anspruchsberechtigungen ist aber noch nicht geklärt. Soweit Folgeschäden durch eine Fristsetzung noch beseitigt werden können, sollen sie unter § 281 BGB fallen[179]. Im Übrigen sollen Folgeschäden, die das Integritätsinteresse betreffen, nach Fristsetzung Rechnungsposten eines einheitlichen Schadensersatzanspruches statt der Leistung werden[180]. Die Entwicklung der Abgrenzung bleibt abzuwarten. Soweit sich der zivilrechtliche Begriff des Schadensersatzes statt der Leistung auf Schäden des Integritätsinteresses erweitert, wie das ja auch z. B. bei § 635 BGB a. F. der Fall war[181], muss der Begriff im Rahmen des Gesamtzusammenhangs der Ziff. 1.2 AHB versicherungsrechtlich wie bisher eigenständig definiert werden. Denn aus Ziff. 1.2 (6) AHB ergibt sich, dass der Ausschluss nur für die an die Stelle der Erfüllung tretende (Schadens-)Ersatzleistung gilt (vgl. Rn. 35, 39).

Um festzustellen, ob mit einem Schadensersatzanspruch das Zurückbleiben der tatsächli- **44** chen Leistung hinter der versprochenen geltend gemacht wird (Äquivalenzinteresse) oder der Ausgleich des Integritätsinteresses, kommt es maßgeblich auf die **Feststellung des Inhalts des vertraglichen Leistungsversprechens** an. Wenn ein Statiker eine Massenberechnung für ein Stahldach schuldet und sich dabei verrechnet und infolgedessen von seiner Auftraggeberin, einer Baufirma, die aufgrund der falschen Massenberechnung einen zu niedrigen Festpreis kalkuliert und vereinbart hat, auf Schadenersatz für den mehr benötigten Stahl in

---

[171] BGH v. 20. 9. 1962, *Schäfer/Finnern,* Z 415 Bl. 28.
[172] BGH v. 20. 11. 1990, NJW-RR 1991, 470.
[173] BGH v. 12. 6. 1980, VersR 1980, 813 (814).
[174] OLG München v. 24. 3. 1999, OLGR 1999, 364 (365); dem Sachverhalt lässt sich nicht eindeutig entnehmen, ob nicht zumindest ein Teil der Kosten sog. Mängelbeseitigungsnebenkosten sind.
[175] Die neue Bezeichnung ist deshalb gewählt worden, weil nicht der Grund des Ersatzes, sondern dessen Funktion, nämlich die Primärleistung zu ersetzen, ausgedrückt werden sollte.
[176] Vgl. nur BGH v. 10. 12. 1985, VersR 1985, 1153 (1154); BGH v. 13. 5. 1981, VersR 1981, 771 (772); OLG Koblenz v. 21. 12. 1998, VersR 2000, 94 (95).
[177] *V. Bühren/Glück,* Handbuch, § 9 Rn. 93.
[178] *Palandt/Heinrichs,* § 280 Rn. 18; *Schwab/Witt,* Einführung in das neue Schuldrecht, 2002, S. 18 f.; *Recker,* NJW 2002, 1247 f.
[179] Münchener Kommentar BGB/*Ernst,* Bd. 2a, § 280 BGB Rn. 66; *Lorenz,* NJW 2002, 2497 (2500).
[180] Münchener Kommentar BGB/*Ernst,* Bd. 2a, § 280 BGB Rn. 69, § 281 BGB Rn. 1 m. w. N.
[181] *Schmalzl,* FS Korbion 1986, 371 (373 ff.); *Littbarski,* AHB, § 4 Rn. 320 ff.

v. Rintelen

Anspruch genommen wird, macht diese nicht das unmittelbare Interesse am Leistungsgegenstand geltend. Ein Erfüllungssurrogat läge nur vor, wenn der Berechnungsfehler rechtzeitig bemerkt worden wäre und der VN die Berechnung hätte nachbessern oder ein Dritter hätte damit beauftragt werden müssen, da dann die Vertragserfüllung selbst in Form der Nacherfüllung betroffen wäre. Über das Äquivalenzinteresse hinaus gehen demgegenüber die geltend gemachten Folgeschäden, die erst durch die Verwertung bzw. Durchführung des fehlerhaften Werkes eingetreten sind, und zwar auch dann, wenn sie nahe liegen und mehr oder weniger zwangsläufig sind[182]. Entscheidend ist, dass diese Schäden außerhalb des geschuldeten Leistungsgegenstandes liegen.

45   Die Maßgeblichkeit des Vertragsinhalts für die Abgrenzung zeigt sich auch beim sog. **Weinlaborfall.** Inhalt des Auftrages des VN als Betreiber eines Weinlabors war es, die übergebenen Mostproben zu analysieren und die Kalkmenge zu bestimmen, mit der der Winzer den hohen Säuregrad neutralisieren kann; damit besteht im Falle einer unrichtigen Rezeptur, die den Most verdirbt, keine Deckung für den Ersatz der Kosten einer neuen (richtigen) Rezeptur, wohl aber für den Folgeschaden, der durch die Verwertung des unrichtigen Gutachtens an dem Most entstanden sind; dieser geht über das Interesse an der Erstattung eines fehlerfreien Gutachtens hinaus[183].

46   Bei der Feststellung des Erfüllungsinteresses kommt es auf die **konkrete Vertragsbeziehung** an. Liefert jemand lediglich ein Zubehörteil, umfasst das Erfüllungsinteresse die ordnungsgemäße Lieferung des geschuldeten Teils, nicht die Funktionsfähigkeit der zusammengesetzten Anlage im Laufe einer Herstellungs- oder Lieferkette[184]. Die weitergehenden Schäden sind gedeckt. Entsprechendes gilt, wenn der VN im Rahmen eines zweiten Vertrages die Sache beschädigt, die er aufgrund eines früheren Vertrages geliefert oder hergestellt hat. Bei **rechtlich selbstständigen Verträgen** ist dann das Integritätsinteresse des Gläubigers betroffen, nicht das Erfüllungsinteresse des zweiten Vertrages[185]. Das Erfüllungsinteresse kann deshalb sehr unterschiedlich sein, wobei durchaus weitergehende Wertungswidersprüche und Zufälligkeiten erkennbar sind. Überwiegend geistig Tätige werden von dem Erfüllungsausschluss nicht oder nur sehr peripher berührt. In der Anwaltshaftpflicht spielt der Erfüllungsausschluss mit Ausnahme von Fehlverfügen über Fremdgelder so gut wie keine Rolle. Geschuldet wird nur ein gegebenenfalls auch sehr zielgerichteter Rat, die vertraglich vorausgesetzte Umsetzung des fehlerhaften Rates führt aber nur zu Integritätsschäden. Deutlich wird das auch im Weinmostfall. Zwar schuldete der Gutachter werkvertraglich eine Rezeptur „zur bestmöglichen Behandlung des Mosts", aber eben nur die geistige Leistung. Der aufgrund der fehlerhaften Rezeptur verdorbene Most betrifft bereits das Integritätsinteresse. Beim gegenständlichen Werkvertrag soll demgegenüber ein kaum enden wollender Bereich des Schadensersatzes noch zum Äquivalenzinteresse gehören[186] wie der Teilabriss eines Hauses bei Beauftragung des VN nur mit einem Gewerk (vgl. Rn. 42) oder Produktionsausfallschäden (vgl. Rn. 48) oder der Mietausfall des Gesamtgebäudes wegen einer fehlerhaften Teilbauleistung[187].

47   Schwierigkeiten bereitet immer wieder die **Abgrenzung von Erfüllungs- und Schutzpflichten.** Das Erfüllungsinteresse ist bei der Verletzung von Schutzpflichten nur dann betroffen, wenn deren Erfolg geschuldet ist, was i. d. R. voraussetzt, dass sie **Hauptzweck des Vertrages** sind. Soll ein Haus bis auf den Kellerraum abgerissen werden, so fällt die Beschädigung des Kellers bei den Sprengarbeiten nicht unter den Erfüllungsausschluss. Denn eigentliche Leistungspflicht war der Abriss des Hauses im Übrigen, während der Keller nur

---

[182] BGH v. 13. 5. 1981, VersR 1981, 771 (772).
[183] BGH v. 21. 9. 1983, VersR 1983, 1169.
[184] OLG Hamm v. 29. 3. 1993, VersR 1993, 925 (926).
[185] OLG Koblenz v. 29. 10. 1999, VersR 2000, 755 (756); OGH v. 26. 9. 1991, VersR 2003, 623 (624); vgl. auch *Späte*, AHB, § 4 Rn. 261 zu § 4 II 5. Etwas anders gilt bei einer bloßen Vertragserweiterung, insb. gem. § 1 Nr. 3 bzw. § 1 Nr. 4 S. 1 VOB/B, vgl. LG Bonn v. 19. 9. 1975, r+s 1976, 48.
[186] Vgl. auch *v. Rintelen*, NZBau 2006, 401 (404).
[187] BGH v. 28. 11. 1966, VersR 1967, 160 (161); dazu *v. Rintelen*, NZBau 2006, 401 (403).

wie sonstige Sachen auch (z. B. Nachbarbebauung) nicht beschädigt werden sollte[188]. Wird ein Baubetreuer wegen eines durch die konkrete Bauausführung entstandenen Steuerschadens in Anspruch genommen, so ist der Schaden in der Vermögensschadenshaftpflichtversicherung gedeckt, da den Baubetreuer nicht die vertragliche Verpflichtung traf, den Bauherren einen Steuervorteil zu verschaffen, sondern er nur eine vertragliche **Hinweispflicht** verletzt hat[189]. Auch wenn die Verletzung nebenvertraglicher **Beratungspflichten** zu Schäden führt, greift der Erfüllungsausschluss nicht ein[190]. Führt eine fehlerhafte Wartung oder Reparatur zu Schäden an einer Gesamtanlage, so ist nur dann das eigentliche Leistungsinteresse berührt, wenn der VN gerade insoweit eine vertragliche Erfolgspflicht übernommen hat[191]. Im Übrigen bleibt aber der Risikoausschluss der Tätigkeitsklausel[192] zu prüfen.

d) Nutzungsausfall und entgangener Gewinn. Ziff. 1.2 (3) AHB stellt klar, dass auch **48** **Nutzungsausfall** und **entgangener Gewinn** wegen nicht ordnungsgemäßer Vertragserfüllung nicht versichert sind. Diese Klarstellung ist relevant, weil Nutzungsausfall und entgangener Gewinn nach Auffassung des Schuldrechtsreformgesetzgebers schon von der grundsätzlich gedeckten Grundnorm des § 280 Abs. 1 BGB erfasst werden können[193]. Unabhängig von dieser umstrittenen rechtlichen Zuordnung handelt es sich um Erfüllungsersatzleistungen. Denn das Erfüllungsinteresse umfasst nach h. M. nicht nur die mangelfreie Herstellung oder Lieferung, sondern auch den Gewinn- und Nutzungsausfall, der dadurch entsteht, dass der **bestimmungsgemäße Gebrauch** der Sache **infolge der Leistungsstörung nicht möglich** gewesen ist[194]. Wenn der Geschädigte mit dem entgangenen Gewinn (§ 252 BGB) einen Ausgleich für das Ausbleiben oder Zurückbleiben der Leistung hinter dem vertraglich Versprochenen fordert, macht er sein unmittelbares Interesse am vertraglichen Leistungsgegenstand geltend. Liefert der Saatguthändler versehentlich Winterweizen statt des geschuldeten Sommerweizens, fallen die Schäden durch Ernteausfall beim Käufer sowie dessen Regressansprüche aufgrund Inanspruchnahme seines Abkäufers unter Ziff. 1.2 (3) AHB[195]. Erfüllungssurrogate sind auch **alle Ansprüche, die den entgangenen Nutzen** des geschuldeten Gegenstandes **kompensieren** sollen[196]. Hierzu gehören **Produktionsausfallschäden,** Kosten für die **Anmietung von Ersatzgerät,** aber auch die Mehrkosten, die durch die Gebrauchsbeeinträchtigung entstehen, z. B. **zusätzlicher Personalaufwand** oder Mehrkosten aufgrund von **Umdispositionen**[197]. Diese Kosten werden auch nicht dadurch zu gedeckten Folgeschäden, dass sie bei Dritten unmittelbar entstehen und den Geschädigten nur mittelbar dadurch treffen, dass letzterer gegenüber den dritten Vertragspartnern ersatz- oder vergütungspflichtig wird[198]. Zwar werden mittelbare Vermögensfolgeschäden grundsätzlich gedeckt[199]. Deckungsrechtlich kommt es aber auf die tatsächliche Schadensart an, nicht aber darauf, wie sie sich ggf. wegen zwischengeschalteter Vertragsbeziehungen zivilrechtlich beim Geschädigten darstellt[200].

---

[188] OLG Hamm v. 28. 8. 1996, VersR 1997, 730 (732).

[189] OLG Stuttgart v. 2. 4. 1998, VersR 1999, 961 (962).

[190] Eingehend in Bezug auf die Produktberatung *Schmidt-Salzer/Thürmann,* Rn. 8.144 ff.; Späte, AHB, § 4 Rn. 187 ff.

[191] Vgl. näher *Späte,* AHB, § 4 Rn. 185; weitergehend *Schmidt-Salzer/Thürmann,* Produkthaftung, Rn. 8.078 ff.

[192] Vgl. Rn. 54 ff.

[193] BT-Drucks. 14/6040, S. 225; Münchener Kommentar BGB/*Ernst,* § 280 Rn. 55; vgl. zum Meinungsstand *Gruber,* ZGS 2003, 130 ff.

[194] BGH v. 7. 3. 1968, VersR 1968, 437 (438); OLG Naumburg v. 20. 2. 1995, VersR 1997, 179 (180); *Späte,* AHB, § 4 AHB Rn. 176; a. M.: *Littbarski,* z. B. in VersR 1982, 915 (919).

[195] BGH v. 7. 3. 1968, VersR 1968, 437 (438).

[196] BGH v. 9. 4. 1975, VersR 1975, 557 (558); BGH v. 25. 9. 1985, VersR 1985, 1153 (1154).

[197] OLG Stuttgart v. 30. 11. 2000, VersR 2001, 187; *Hübner,* VersR 1985, 810 (815) m. w. N.

[198] BGH v. 25. 9. 1985, VersR 1985, 1153 f.; OLG Stuttgart v. 30. 11. 2000, VersR 2001, 187.

[199] Vgl. *Späte,* AHB, § 4 AHB 257 ff.

[200] OLG Hamm v. 29. 3. 1993, VersR 1993, 925 (926); a. M. möglicherweise OLG Saarbrücken v. 29. 11. 1995, VersR 1996, 1356 (1358, unter Ziff. 2 a. E.).

49   Um zu entscheiden, ob der Geschädigte sein unmittelbares Interesse am Leistungsgegenstand geltend macht, muss auch hier **konkret** festgestellt werden, was **geschuldete Leistung** ist. Die Deckung ist nur so weit ausgeschlossen, wie die vertragliche Leistungspflicht reicht[201]. Stürzt ein vom VN für eine Bohrinsel aufgestellter Kran ein, so sind die Mehrleistungen die anfallen, weil der geschuldete funktionsfähige Kran nicht zur Verfügung steht, ungedeckt. Der (weitere) Produktionsausfall der Bohrinsel, der dadurch entsteht, dass die Krantrümmer weggeräumt werden müssen, ist demgegenüber kein Erfüllungsschaden[202]. Ebenso geht der Produktionsausfall, den die Trümmer einer einstürzenden Halle am sonstigen Betrieb des Geschädigten verursachen, über das unmittelbare Interesse am eigentlichen Leistungsgegenstand hinaus[203]. Diese bereits zur Altfassung herausgearbeitete Differenzierung kommt nunmehr in der Neufassung dadurch zum Ausdruck, dass der Ausschluss sich auf den Nutzungsausfall „des Vertragsgegenstandes" beschränkt. Nutzungsausfall anderer Sachen als des Vertragsgegenstandes fällt damit nicht unter den Ausschluss[204]. Das wird in der Regulierungspraxis häufiger übergangen und auch von der Rechtsprechung teilweise übersehen[205]. So meinte das OLG Köln, auch der Nutzungsausfall eines Betriebes aufgrund vorübergehender Betriebsstörung durch Mängelarbeiten an der Zuwegung würde unter den Erfüllungsausschluss für einen Bauhandwerker fallen, der die Zuwegung – und nur diese – aus Granitplatten mangelhaft erstellt hatte[206].

50   Macht ein Mieter bei **fehlender Nutzbarkeit einer Wohnung** infolge Wassereinbruchs wegen der weitergezahlten Miete sowie wegen der Kosten für die Zwischenlagerung der Möbel und die Interimsunterkunft Schadenersatz **gegen den Vermieter** geltend, so macht er in diesem Verhältnis sein unmittelbares Interesse am Leistungsgegenstand geltend. Die Grundbesitzerhaftpflichtversicherung des Vermieters ist nicht eintrittspflichtig[207]. Führen demgegenüber ständig herabfallende Staubpartikel bei Dachsanierungsarbeiten zur Pachtzinsminderung, so liegt zwar ein Nutzungsschaden vor. Dieser betrifft aber nicht das unmittelbare Erfüllungsinteresse des Bauvertrages, ist also durch die Haftpflichtversicherung **des Unternehmers** gedeckt. Wird der geschuldete Werkerfolg, ein dichtes Dach, nicht erreicht, und kommt es wegen der Undichtigkeiten zu Pachtzinsminderungen des Gaststättenpächters, dürfte dieser Nutzungsausfall ebenfalls gedeckt sein, weil unmittelbarer Leistungsgegenstand das Dach und nicht die verpachteten Räume sind[208]. Ausgeschlossen ist aber nur der Nutzungsausfall des Leistungsgegenstandes, nicht der durch Ausfall des Leistungsgegenstandes verursachte Nutzungsausfall an anderen Sachen[209]. Ist das Dach insgesamt zu decken und das

---

[201] *Späte*, AHB, § 4 Rn. 173; das führt zu einer völlig unterschiedlichen Deckungsreichweite zwischen Werkunternehmern und geistig Schaffenden, deren Berufsfehler fast vollständig gedeckte Mangelfolgeschäden sind, *von Rintelen* NZBau 2006, 401 (403f.).

[202] BGH v. 25. 9. 1985, VersR 1985, 1153 (1154); OLG Köln v. 23. 6. 1983, VersR 1985, 933; *Hübner*, VersR 1985, 810 (816), bezweifelt allerdings, dass es sich nicht ebenfalls um einen Nutzungsschaden handelt.

[203] BGH v. 21. 2. 1957, BGHZ 23, 349 (353) = VersR 1957, 213; das dürfte das LG Berlin v. 9. 1. 2003, NJW-RR 2003, 977 (978), übersehen haben, als es den Ausfallschaden einer Kläranlage dem Erfüllungsinteresse eines Rohrleitungsbauers zuordnete.

[204] So bereits *Späte*, AHB, § 4 Rn. 176, 256f.; OLG Hamm v. 29. 3. 1993, VersR 1993, 925 (926); *Veith/Gräfe/Schanz*, Versicherungsprozess, § 10 Rn. 435; MAH VersR/*Molitoris*/*Stempfle*, § 14 Rn. 258.

[205] Vgl. näher *v. Rintelen*, NZBau 2006, 401 (403) m. w. N.

[206] OLG Köln v. VersR 2003, 1166, (1168); zur Kritik näher *v. Rintelen*, NZBau 2006, 401 (403f.).

[207] OLG Düsseldorf v. 24. 1. 1997, VersR 1997, 1262 (1263); nach Auffassung des OLG sind die durch den nach Kündigung veranlassten Umzug entstandene Kosten versichert. Nach Auffassung des Verfassers wird mit dem Kündigungsschaden nur ein Erfüllungssurrogat geltend gemacht. Der Mieter verlangt so gestellt so werden wie bei ordnungsgemäßer Vertragserfüllung. Vgl. auch OLG Frankfurt v. 29. 10. 1981, VersR 1982, 790; AG Schwelm v. 8. 3. 1985, VersR 1986, 561.

[208] A. A.: wohl LG Hanau v. 22. 9. 1994, VersR 1995, 1476f.; ob die Pachtzinsminderung wegen der Dachdichtigkeiten ein ausgeschlossener Nutzungsausfallschaden ist, lässt sich dem Sachverhalt nicht eindeutig entnehmen.

[209] Vgl. nur *Späte*, AHB, § 4 Rn. 176, 256f. m. w. N.; weiter wohl *Schmidt-Salzer/Thürmann*, Produkthaftung, Rn. 8.094, 8.122.

Gebäude ansonsten nicht nutzbar, so ist der Mietausfall Erfüllungssurrogat des Bauvertrages[210]. Kommt es aber wegen eines schlecht gedeckten Daches zu Feuchtigkeitsschäden in den darunter liegenden Räumen, so ist die auf dieser Gebrauchseinschränkung der Räume beruhende Pachtzinsminderung Folge eines versicherten Mangelfolgeschadens und damit ebenfalls gedeckt.

Zweifel an der Deckung des Nutzungsausfalls anderer Sachen ergeben sich aus der Erweiterung der Herstellungs- und Lieferungsklausel in Ziff. 7.8 AHB. Diese Klausel schloss bisher als § 4 Ziff. II 5 AHB a. F. nur die **Sach**schäden an den vom VN mangelhaft hergestellten oder gelieferten Sachen vom Versicherungsschutz aus. Seit den AHB 2004 erstreckt sich der Ausschluss aber auch auf „alle sich daraus ergebenden Vermögensschäden". Hierunter würde auch der Nutzungsausfall anderer Sachen außerhalb des Äquivalenzinteresses fallen. Voraussetzung für ein Eingreifen der Ziff. 7.8 AHB ist allerdings, dass der Vermögensschaden Folge eines (primären) „Haftpflichtanspruchs" wegen Schäden an den mangelhaft hergestellten Sachen ist. In den hier erörterten Fällen ist er aber Folge eines Erfüllungsanspruchs und wird damit von Ziff. 7.8 AHB nicht erfasst. Zwar hat der BGH früher, als die Erfüllungsklausel noch gar nicht in die AHB aufgenommen war[211] und später als sie Teil der Risikoausschlüsse unter § 4 AHB a. F. war, die Herstellungs- und Lieferungsklausel alter Fassung auch auf Erfüllungsansprüche angewandt. Aufgrund der neuen Systematik der AHB und den strengeren Anforderungen an die Auslegung von AVB, insbesondere von Risikoausschlüssen, ist es nicht möglich, die Begrenzung des Nutzungsausfalls bei Erfüllungsschäden auf den Vertragsgegenstand in Ziff. 1.2 (3) durch die nur deliktische oder vertragliche Schadenersatzansprüche wegen Sachschäden betreffende Ziff. 7.8 AHB wieder auszuhebeln.

Diese Reichweite des Erfüllungsausschlusses für Nutzungsausfallschäden gilt aber nicht für **50b** die **Altfassung** der § 4 Ziff. I 6 Abs. 3 AHB vor 2002. *Schmikowski* hat überzeugend dargelegt, dass nach heutigen Auslegungsgrundsätzen das Postulat der engen Auslegung von Ausschlussklauseln dazu zwingt, die Reichweite des Ausschlusses auf das eigentliche Leistungsinteresse zu begrenzen (vgl. Rn. 39). Entgangene Nutzungen werden deshalb nach der Altfassung ebenso wenig ausgeschlossen wie nach der Altfassung der Tätigkeitsklausel[212].

e) Fustrierte Aufwendungen. Nach Ziff. 1.2 (4) AHB schließt die Erfüllungsklausel **51** auch den **Ersatz vergeblicher Aufwendungen** im Vertrauen auf die ordnungsgemäße Vertragserfüllung aus. Die gesonderte Nennung frustrierter Aufwendungen erklärt sich damit, dass sie bislang lediglich als eine besondere Berechnungsart des (Mindest)Schadensersatzes wegen Nichterfüllung im Rahmen der Rentabilitätsvermutung bekannt war[213]. Nunmehr ist aber mit § 284 BGB eine besondere Norm geschaffen worden, deren Charakter und systematische Stellung noch umstritten ist[214]. Teilweise wird angenommen, § 284 BGB richte sich auf den Ersatz negativen Interesses[215], so dass der Anspruch möglicherweise nach Ziff. 1.1 AHB gedeckt wäre. Da es im Kern um eine **besondere Form der Entschädigung wegen Nicht- oder Schlechterfüllung** geht[216], ist der Ausschluss berechtigt und die Klarstellung auch geboten.

f) Verzögerungsschäden. Ausgeschlossen gem. Ziff. 1.2 (5) AHB sind schließlich auch **52** Ansprüche auf Vermögensschäden **wegen Verzögerung der Leistung.** Dieser Tatbestand wird vor allem relevant, wenn echte Vermögensschäden gem. Ziff. 2.1 AHB (§ 1 Ziff. 3 AHB a. F.) mitversichert werden. Es war schon bisher anerkannt, dass entgangener **Gewinn**

---

[210] BGH v. 9. 4. 1975, VersR 1975, 557.

[211] BGH v. 21. 2. 1957, VersR 1957, 213.

[212] *Schmikowski*, r+s 2005, 445 ff; ebenso von *Rintelen*, NZBau 2006, 401 (404).

[213] Vgl. BGH v. 15. 3. 2000, NJW 2000, 2342; BGH v. 24. 9. 1999, NJW 1999, 3625; Münchener Kommentar BGB/*Emmerich*, Bd. 2a, Vor § 281 BGB Rn. 34 ff.

[214] Vgl. Münchener Kommentar BGB/*Ernst*, Bd. 2a, § 284 BGB Rn. 6 ff.

[215] Dafür *Dörner/Schulze*, § 284 BGB Rn. 1; vgl. auch *Altmeppen*, DB 2001, 1399 (1403).

[216] Münchener Kommentar BGB/*Ernst*, Bd. 2a, § 284 BGB Rn. 6 m.w.N.; *Stoppe*, AcP 2003, 81 (84 f.).

bzw. Nutzungsausfall auch beim (zeitweiligen) Ausbleiben der Leistung eine nicht vom Versicherungsschutz umfasste Erfüllungsersatzleistung ist. Denn das Erfüllungsinteresse umfasst auch den Ausgleich für die Verzögerung der Leistung, die einer zeitweiligen Nichterfüllung gleichsteht. Kommt ein Bauunternehmer seiner Leistungspflicht nicht fristgerecht nach, so sind die Schäden dadurch, dass das Gebäude erst zu einem späteren Zeitpunkt benutzt werden kann, ungedeckt, und zwar unabhängig davon, ob entgangener Nutzen, Kosten für Ersatzraum oder entgangener Gewinn durch Nichtvermietung geltend gemacht wird. Demgegenüber besteht **Versicherungsschutz,** wenn der Gläubiger eine **zusätzliche Einbuße** über die Beeinträchtigung seines Erfüllungsinteresses erleidet. Kommt es aufgrund des Verzugs eines Dachdeckers zu Schäden an Dachstuhl, Isolierung und der bereits verputzten Geschossdecke eines Neubaus durch einen Gewitterregen, sind diese versichert. Es handelt sich um eine über die Vorenthaltung der Leistung (unmittelbares Erfüllungsinteresse an der pünktlichen Werkleistung) hinausgehende Einbuße[217]. Der Umstand, dass es sich um eine nahe liegende Folge des Verzugs handelt, rechtfertigt nicht, den über das Erfüllungsinteresse hinausgehenden Schaden vom Versicherungsschutz auszunehmen[218]. Für die Neufassung 2002 ergibt sich das durch die ausdrückliche **Beschränkung des Ausschlusses auf Vermögensschäden.** Damit erledigt sich auch die Streitfrage, ob ein Erfüllungsschaden vorliegt, wenn der VN Wartungsarbeiten verzögert und dadurch Schäden an der zu wartenden Maschine auftreten[219].

53   **g) Gefahrtragung.** § 4 Ziff. I 6 Abs. 3 AHB vor 2002 hat ausdrücklich auch **Ansprüche aus der gesetzlichen Gefahrtragung** für zufälligen Untergang und zufällige Verschlechterung ausgeschlossen. Das war rein deklaratorisch und ist bei der Neufassung als entbehrlich gestrichen worden. Denn verliert der VN im Falle beiderseits nicht zu vertretender Unmöglichkeit gem. § 326 Abs. 1 BGB oder § 446 S. 1 BGB den Anspruch auf die Gegenleistung, fehlt es schon an einem Schadensersatzanspruch gem. Ziff. 1.1 AHB[220]. Aber auch wenn der Werkunternehmer bei einem zufälligen Untergang des Werkes vor Abnahme dieses neu herstellen muss, um seinen Werklohn zu erhalten, ist dieser ebenso nur einem Erfüllungsanspruch ausgesetzt wie der Auftraggeber, wenn der Werkunternehmer Vergütung nach § 645 BGB fordern kann, weil der Untergang in den Risikobereich des Auftraggebers fällt[221].

3. Die Tätigkeitsklausel der Ziff. 7.7 (§ 4 Ziff. I 6 b AHB a. F.)

54   **a) Entwicklung und Zweck der Klausel.** Nach § 4 Ziff. I 6 b AHB **bis 2002** bezieht sich der Versicherungsschutz grundsätzlich nicht auf Haftpflichtansprüche wegen Schäden, „die an fremden Sachen durch eine gewerbliche oder berufliche Tätigkeit des VN an oder mit diesen Sachen (z. B. Bearbeitung, Reparatur, Beförderung, Prüfung und dgl.) entstanden sind; bei Schäden an fremden unbeweglichen Sachen gilt dieser Ausschluss nur insoweit, als diese Sachen oder Teile von ihnen unmittelbar Gegenstand der Tätigkeit gewesen sind". Die **Neufassung 2002** hat als Reaktion auf die neuere Rechtsprechung des BGH die Klausel textlich erheblich erweitert. Damit sollte der status quo ante gem. der bisherigen Auslegung der Klausel aus Sicht der VR gesichert werden. Mit der Überarbeitung 2004 ist die Tätigkeitsklausel inhaltlich unverändert in Ziff. 7.7 AHB übernommen worden. Zunächst wird die Altfassung der Tätigkeitsklausel im Lichte der neueren Auslegungsmaximen erläutert, da sie – wie auch aktuelle Entscheidungen belegen – noch auf Jahre in der Regulierungspraxis

---

[217] Soweit der BGH (v. 9. 4. 1975, VersR 1975, 557, 558) auf ein zwischen Verzug und Schaden tretendes Ereignis – den Gewitterregen – verwies, handelte es sich nicht um eine generelle Anforderung für die Verneinung von Unmittelbarkeit, sondern lediglich ein ergänzendes Argument für den konkreten Fall; anders aber das Verständnis und die Kritik von *Späte,* AHB, § 4 Rn. 177.

[218] BGH v. 9. 4. 1975, VersR 1975, 557.

[219] Vgl. dazu *Schmidt-Salzer/Thürmann,* Produkthaftung, Rn. 8.080; *Späte,* AHB § 4 Rn. 185. Fällt die Maschine mangels Wartung aus ohne beschädigt zu sein, liegt ein Vermögensschaden vor, der ein Erfüllungssurrogat wäre.

[220] *Littbarski,* AHB, § 4 Rn. 341.

[221] *Späte,* AHB § 4 Rn. 193; *Schmidt-Salzer/Thürmann,* Produkthaftung, Rn. 8.065 f.

die größere Relevanz haben wird und auch für das Verständnis der Ergänzungen durch die Neufassung wichtig ist. Im Rahmen der Erörterung der betroffenen Einzelprobleme werden dann die Auswirkungen der Neufassung aufgezeigt.

Zweck der Tätigkeitsklausel ist es, das Risiko des VR im Bereich der Betriebshaft- **55** pflichtversicherung[222] zu begrenzen[223]. Sachen, die vom VN bearbeitet werden, sind nämlich einer erheblich höheren Gefahr einer Beschädigung ausgesetzt. Demgegenüber kann die immer wieder genannte Vermeidung von Anreizen zu nachlässiger Arbeit[224] als Regelungszweck nicht überzeugen. Denn die Gefahren der beruflichen Tätigkeit mit fremden Sachen werden in den Fällen, in denen Tätigkeiten an fremden Sachen berufstypisch sind, ja weitgehend wieder in den Deckungsbereich der Betriebshaftpflichtversicherung eingeschlossen, insbesondere im Baugewerbe, bei Handwerksbetrieben und vor allem auch Kfz-Reparatur-Betrieben[225], jedoch zu in der Regel wesentlich niedrigeren Sublimits im Rahmen der Sachschadensdeckung. Ginge es bloß um die Vermeidung einer Anreizwirkung für nachlässige Arbeiten, dürften nicht für die Tätigkeitsschäden die Deckungssummen der Sachschadensdeckung reduziert werden, sondern müssten höhere Selbstbehalte vereinbart werden. Es geht also nicht um den Ausschluss der gewöhnlichen Versicherungsfälle, sondern um die Begrenzung des Risikos, insbesondere bei größeren Schäden. Der weit verbreitete Einschluss von Tätigkeitsschäden in der Betriebshaftpflichtversicherung belegt des Weiteren, dass die Tätigkeitsklausel auch nicht auf den insbesondere früher immer wieder angeführten angeblichen Grundsatz der Unversicherbarkeit des Unternehmerrisikos beruht[226].

Obwohl es damit um die Beschränkung des Versicherungsschutzes gerade im Kernbereich **56** des versicherten Betriebsrisikos geht, wird die **Wirksamkeit der Tätigkeitsklausel** allgemein bejaht[227]. Der Aufklärungspflicht über den Umfang der Ausschlusswirkung kommt deshalb besondere Bedeutung zu.

Von den Tatbestandsmerkmalen der Klausel sind die Erfordernisse der **„Fremdheit"** der **57** **Sache** und der **„gewerblichen oder beruflichen"** Tätigkeit weitgehend deklaratorischer Natur. Gehört die Sache dem VN, führt deren Beschädigung durch den VN nicht zu Haftpflichtansprüchen[228]. Ist die Tätigkeit nicht gewerblich oder beruflich, fällt sie schon nicht in den – aufgrund des Spezialitätsprinzips sogar engeren – Bereich des versicherten Risikos einer Betriebshaftpflichtversicherung[229]. Dieses Merkmal schließt lediglich die Anwendung der Tätigkeitsklausel im Bereich der Privathaftpflichtversicherung aus.

Entscheidendes Merkmal ist damit die **Tätigkeit an oder mit einer Sache.** Als nicht ab- **58** schließende Beispiele nennt die Klausel die Bearbeitung, Reparatur, Beförderung oder Prüfung. Trotz dieses Beispielskatalogs hat die Festlegung des Ausschlussumfangs Rechtsprechung und Literatur erhebliche Schwierigkeiten bereitet. Der BGH hat seine Rechtsprechung mehr-

[222] Dazu *Schmalzl,* Berufshaftpflichtversicherung, Rn. 111.

[223] OLG Köln v. 5. 3. 1987, NJW-RR 1987, 1052 (1053).

[224] So aber BGH v. 7. 12. 1959, VersR 1960, 109, 110; *Littbarski,* AHB, § 4 Rn. 219; *Bruck/Möller/Johannsen,* VVG, IV Anm. G 202 m. w. N.

[225] Vgl. *Heimbücher,* VW 1999, 794, 795.

[226] Zutreffend BGH v. 3. 3. 1966, VersR 1966, 434 (435 f.); *Littbarski,* AHB, § 4 Rn. 221 f. m. w. N. Die Unrichtigkeit des Arguments zeigt sich an der Entschädigung von Mängeln in der Bauleistungsversicherung und insbesondere der Baugewährleistungsversicherung, die nichts anderes als (Nach-)Erfüllungsansprüche versichert, vgl. § 31 Rn. 47 ff. u. 101 ff.

[227] Vgl. nur LG Berlin v. 5. 1. 1988, VersR 1989, 281; AG Aachen v. 6. 6. 1995, VersR 1996, 1228; *Littbarski,* AHB, § 4 Rn. 219.

[228] Bearbeitet der VN versehentlich eine fremde Sache, die er für eine eigene hält, soll nach h. M. die Tätigkeitsklausel nicht eingreifen, da der VN das Bewusstsein haben müsse, an einer fremden Sache tätig zu sein (BGH v. 21. 5. 1959, VersR 1959, 499; *Späte,* AHB, § 4 Rn. 157 m. w. N.). Aus dem Wortlaut des objektiven Risikoausschlusses ergibt sich eine derartige Notwendigkeit aber nicht; es reicht aus, dass eine gewerbliche Tätigkeit gewollt ausgeübt wird (zutreffend *Nickel,* VersR 1987, 965, 970).

[229] Vgl. OLG Karlsruhe v. 19. 7. 2007, VersR 2007, 1551 (1152), wonach der VN hierunter zumindest alle Arbeiten verstehen darf, die zum versicherten Risiko gehören.

1331

fach geändert[230]. Dabei ist die Rechtsprechung von einer teilweise **widersprüchlichen Ein-
zelfallkasuistik** geprägt, wobei der **Anwendungsbereich** der Tätigkeitsklausel **weit über
den Beispielskatalog erweitert** wurde. Eine überzeugende Kategorisierung für die Erweiterung ist Rechtsprechung und Literatur nicht gelungen. Vielmehr wird betont, dass allgemein
verbindliche Aussagen über den konkreten Anwendungsbereich „angesichts wenig klarer, eine
Reihe von Abgrenzungsschwierigkeiten aufwerfender Begriffe" nicht möglich seien, sondern
die besonderen Umstände des Einzelfalls unter Berücksichtigung der Judikatur maßgeblich
seien[231]. Mit einem so ungefähren Inhalt kann die Tätigkeitsklausel alter Fassung dem Transparenzgebot nicht genügen[232].

59   Die Transparenz der Klausel wird nur gewahrt, wenn bei ihrer Anwendung **strikt vom
Wortlaut ausgegangen** wird[233]. Als Ausschlussklausel muss sie eng und darf nicht weiter ausgelegt werden, als es ihrem Sinn unter Beachtung ihres wirtschaftlichen Zwecks und der gewählten Ausdrucksweise entspricht[234]; die Interessen des VN an einem möglichst vollständigen Versicherungsschutz müssen dabei berücksichtigt werden[235]. Die Umsetzung dieser vom
BGH gerade zur Tätigkeitsklausel a. F. aufgestellten Anforderungen muss zu einem **gegenüber der bisherigen h. M. engeren Anwendungsbereich** der Ausschlussklausel führen.

60   **b) Tätigkeit an oder mit einer Sache.** *aa) Bisherige Auslegung des Tätigkeitsbegriffs.* Wesentlich für den Anwendungsbereich ist die **Definition des Begriffes „Tätigkeit an oder
mit einer Sache".** Je weiter man den Begriff fasst, je mehr man ihn vom Auftrag und den
hierauf final bezogenen Tätigkeiten löst, desto mehr Sachen werden zu sog. Ausschlussobjekten gemäß der Tätigkeitsklausel.

61   In der Ausschlussklausel werden beispielhaft für eine gewerbliche oder berufliche Tätigkeit
an oder mit fremden Sachen die Bearbeitung, Reparatur, Beförderung und Prüfung genannt,
wobei diese Aufzählung aber nicht abschließend ist („und dgl."), so dass andere Tätigkeiten
ebenfalls unter den Ausschlusstatbestand fallen können[236]. Losgelöst vom Beispielskatalog ist
der Begriff der Tätigkeit abstrakt und weit ausgelegt worden: **Tätigkeit** sei **jedes bewusste
und gewollte Handeln**[237]; hiefür sei es unerheblich, ob die fremde Sache im Mittelpunkt
eines Auftrages stehe, sondern es genüge, dass der VN bewusst und gewollt auf diese einwirke,
auch wenn dies nur zu einem Zweck geschehe, der eine andere Sache zum Gegenstand
habe[238]. Die schadensstiftende Tätigkeit selbst brauche nicht bewusst oder gewollt vorgenommen zu werden, es reiche aus, dass sie im Rahmen einer bewussten und gewollten Tätigkeit erfolge[239]. Nicht erfasst von der Ausschlussklausel werden demgegenüber „bloß zufällige
Einwirkungen" auf eine Sache, z. B. wenn bei einem Transport einer Sache (damit Ausschlussobjekt) andere Sachen beschädigt würden.

62   Wegen der Abstraktheit und Weite des Tätigkeitsbegriffs ist es zu einer **erheblichen Ausweitung der Ausschlusswirkung** gekommen. Eine bewusste und gewollte Tätigkeit wird
bereits angenommen, wenn der VN lediglich Sachen verschiebt oder wegräumt, um die Voraussetzungen für seine eigentliche Arbeit zu schaffen (Maler verschiebt Schrank, um an die
zu bearbeitende Wand zu gelangen)[240] oder auch lediglich zusätzlichen Platz schaffen will

---

[230] Zur Geschichte der Vorfassungen vgl. *Rottmüller,* VersR 1986, 843 (845); zur älteren Rechtsprechung *Wilts,* VersR 1966, 1093 ff.
[231] *Littbarski,* AHB, § 4 Rn. 232, 260; *Schmalzl,* Betriebshaftpflichtversicherung, Rn. 115.
[232] Vgl. die Anforderung zu § 4 I 5 AHB v. OLG Nürnberg v. 20. 12. 2001, NVersZ 2002, 282 (283f.).
[233] Insoweit zutreffend *Späte,* AHB, § 4 Rn. 129; *Bruck/Möller/Johannsen,* VVG, IV Anm. G 202.
[234] BGH v. 3. 5. 2000, VersR 2000, 963 (964) m. w. N.
[235] BGH a. a. O.
[236] *Schmalzl,* Berufshaftpflichtversicherung, Rn. 115.
[237] BGH v. 25. 9. 1961, VersR 1961, 974; BGH v. 7. 12. 1959, VersR 1960, 109.
[238] BGH v. 25. 3. 1970, VersR 1970, 610; OLG Oldenburg v. 24. 6. 1998, OLGR 1999, 4.
[239] BGH v. 12. 11. 1997, VersR 1998, 228 (229); BGH v. 27. 10. 1955, VersR 1955, 706; OLG Hamm
v. 28. 2. 1996, VersR 1997, 608.
[240] BGH v. 7. 12. 1959, VersR 1960, 109; KG v. 8. 10. 1976, VersR 1977, 1141 (weggeschobener Be-
schickungswagen).

(VN schiebt Röntgengerät aus dem Raum und beschädigt es durch eine Kollision mit dem Türrahmen[241]). Würde bei der Kollision des Röntgengerätes mit der Tür diese ebenfalls beschädigt, wäre der Schaden an der Tür versichert, da auf diese nur zufällig eingewirkt worden wäre.). Weitergehend hat das Landgericht Berlin angenommen, dass ein PVC-Boden unmittelbar Gegenstand der Tätigkeit ist, wenn Arbeiter bei der Anlieferung schwerer Schränke diese (bewusst) über den Fußboden schleifen[242]. Der BGH hatte sogar eine Tätigkeit mit einer blechummantelten Rohrleitung angenommen, wenn Arbeiter aus Bequemlichkeit bewusst und gewollt auf diese traten, um ihr Arbeitsgerüst, von dem sie Deckenanstricharbeiten ausführten, zu besteigen oder zu verlassen[243]. Wenn der VN, der Stahlfenster in einem Neubau einbauen soll, diese auf dem Flachdach – auch nur zwischenzeitlich zum Weitertransport – absetzt und dabei die empfindliche Dachhaut beschädigt, soll eine Tätigkeit mit der Dachfläche vorliegen, da sie als Unterlage bewusst in die unternehmerische Tätigkeit einbezogen worden sei[244].

bb) Kritik und AVB-konforme Auslegung. Diese Unschärfe hat letztlich zu einer vollständigen **Beliebigkeit des Tätigkeitsbegriffs** geführt. So soll ein Fleischgroßhändler, der Fleisch vom Kühlhaus zum Verkaufsstand in der Markthalle transportiert und dabei den Lastenaufzug beschädigt, an oder mit diesem eine gewerbliche Tätigkeit ausgeführt haben, da er ja zum Verkauf das Fleisch vom Kühlhaus zum Markstand habe transportieren müssen[245]. Offensichtlich soll hier die Tätigkeit (nur) am Fleisch (Beförderung) auf den Aufzug abfärben. Wenn das vom Spediteur schlecht verpackte Transportgut leckt und den LKW des Frachtführers beschädigt, müsste nicht nur das Transportgut, sondern konsequenterweise auch der LKW zum Ausschlussobjekt werden. Wenn ein schwerer Palettenwagen, mit dem Wandelemente innerhalb des Gebäudes zu den Montageplätzen transportiert werden, wegen seines Gewichts den Bodenbelag der Flure beschädigt, soll eine Tätigkeit am Fußboden vorliegen: er sei „nicht nur räumlich in die Tätigkeit notwendig einbezogen, sondern auch bewusst und instrumental mitbenutzt" worden[246]. Ein Tisch, auf dem der VN eine Büchse mit dem Mittel zur Reinigung von Fensterrahmen abgestellt hat, soll „zur Erledigung der Reinigungsarbeiten bewusst und gewollt eingesetzt und benutzt" worden sein[247]. Diese Entscheidungen sind in der Literatur zustimmend aufgenommen worden[248], die teilweise noch kuriosere Beispielsfälle bildet. So sollen Fensterscheiben, die durch aufkommenden Wind zu Bruch gehen, weil die Fensterflügel nach dem Öffnen nicht ordnungsgemäß gesichert wurden, auch dann Tätigkeitsgegenstand von Putzfrauen oder Handwerkern in den Räumen sein, wenn die Öffnung der Fenster lediglich erfolgte, „um während der Arbeit eine bessere Luft zu haben und damit die Arbeit selbst für die Putzfrau angenehmer zu gestalten"[249].

Diese Ausweitung dürfte schon der damaligen Rechtsprechung des BGH nicht entsprochen haben. Zutreffend hatte dieser bereits 1969 betont, dass der objektive Bereich der Ausschlussklausel eng zu ziehen ist: „Keineswegs sind alle Schäden ausgenommen, die überhaupt mit der Ausübung des Gewerbebetriebes zusammenhängen. Wäre das der Fall, dann hätte die Betriebshaftpflichtversicherung keinen Sinn. Ausgenommen sind nur die Schäden, deren **Ursache durch bestimmte vorgenommene Arbeiten** gesetzt worden ist. Der VN muss am Arbeitsplatz mit der Erledigung seines Auftrages begonnen und er darf ihn noch nicht beendet haben. Auch notwendige vorbereitende Arbeiten rechnen dazu. Nicht ausgeschlossen

---

[241] OLG Hamm v. 3.5.1985, VersR 1986, 1115 (1116); vgl. auch OLG Hamm v. 16.3.1988, VersR 1989, 468 (469) (weggeschobener Schaltschrank).

[242] LG Berlin v. 8.11.1973, VersR 1974, 557.

[243] BGH v. 29.5.1961, VersR 1961, 601.

[244] BGH v. 25.9.1961, VersR 1961, 974; aufgegeben durch BGH v. 3.5.2000, VersR 2000, 963.

[245] OLG Hamburg v. 6.4.1976, VersR 1976, 869 (870).

[246] LG Heidelberg v. 3.2.1976, r+s 1976, 112.

[247] AG Köln v. 8.11.1979, ZfS 1980, 138; ähnlich LG Berlin v. 8.11.1973, VersR 1974, 557: Boden „als Beförderungsmittel".

[248] *Späte*, AHB, § 4 Rn. 156; *Littbarski*, AHB, § 4 Rn. 243.

[249] *Wussow*, AHB, § 4 Anm. 56, Beispiel 36.

v. Rintelen

sind daher Schäden, die der VN an fremden Sachen dadurch verursacht, dass er diese benutzt, um sich selbst oder sein Material und sein Werkzeug an den Arbeitsplatz zu schaffen."[250]

65   Endgültig hat der BGH im Jahre 2000 der älteren Rechtsprechung zur bisherigen Fassung der Tätigkeitsklausel den Boden entzogen und den **Klauselumfang weiter eingeschränkt.** Jedenfalls bei Beschädigung **unbeweglicher Sachen** setzt der Wortlaut des zweiten Halbsatzes der eng auszulegenden Klausel das **Ausschlussobjekt mit dem Auftragsgegenstand gleich.** Der Risikoausschluss greife deshalb nur ein, wenn die beschädigte Sache oder die beschädigten Bestandteile selbst Auftraggegenstand waren, d. h. unmittelbar bearbeitet, repariert, befördert oder geprüft werden sollten. Eine Benutzung bloß im Rahmen der Auftragsarbeiten, z. B. als Materialablagefläche, genügt nicht mehr[251]. Überholt ist damit nicht nur die ausdrücklich aufgegebene Entscheidung vom 25. 9. 1961[252] wegen der Ablage von Stahlfenstern auf einer Dachhaut, sondern alle Entscheidungen, die bereits jede bewusste Einwirkung auf andere Sachen haben ausreichen lassen. Da Vor- und Nacharbeiten zum Auftraggegenstand gehören[253], können allerdings Schäden durch Verwendung eines Daches als Auflager für ein Fassadengerüst weiterhin als Tätigkeiten an der Sache anzusehen sein[254]. Die Verwendung nicht ausgetrockneter Heizkörper als Fußtritt des Glasers lässt sich zwar nach dem Wortsinn durchaus als Tätigkeit mit der Sache verstehen[255]. Der Ausschluss bei unbeweglichen Sachen greift aber nicht ein, da die Heizkörper nicht unmittelbarer Gegenstand der Tätigkeit im Sinne des Auftragsgegenstandes der Verglasungsarbeiten sind. Das gilt erst recht für durch bloßen Transport beschädigte Böden[256].

66   Auch wenn die Entscheidung des BGH sich mit dem Gegenstand der Tätigkeit bei unbeweglichen Sachen gemäß § 4 Ziff. I 6 b 2 Hs. AHB a. F. befasst, hat die Auslegung auch Auswirkungen für die Reichweite des Begriffs der Tätigkeit an oder mit beweglichen Sachen. Denn zum Ersten stehen die beiden Halbsätze in einem Sinnzusammenhang[257]. Zum Zweiten gelten die vom BGH angeführten teleologischen Argumente für Schäden an beweglichen wie an unbeweglichen Sachen gleichermaßen. Der BGH hebt zutreffend hervor, dass das Hauptinteresse von Handwerkern, die von der Tätigkeitsklausel in erster Linie betroffen sind[258], gerade im Versicherungsschutz wegen der Beschädigung fremder Sachen liegt und die Interessen des VN bei der Auslegung der Tätigkeitsklausel berücksichtigt werden müssen. Zwar ist bei beweglichen Sachen der Wortlaut der Klausel weiter. Der Begriff der Tätigkeit wird jedoch **durch den Beispielskatalog geprägt**[259]. Zum Ausschluss sollen danach Bearbeitung, Reparatur, Beförderung oder Prüfung „an oder mit **diesen** Sachen" führen, nicht allerdings die bloße Verwendung als Abstellfläche[260] oder Unterlage[261]. Zwar ist der Beispielskatalog nicht abschließend. Ergänzt werden darf er aber nur durch Tätigkeiten, die einen **vergleichbaren Bezug zur Sache** haben wie Bearbeitung, Reparatur oder Beförderung **(„und dgl.").** Die bloß bewusste Miteinbeziehung im Rahmen eines Auftrages zur Tätig-

---

[250] BGH v. 27. 11. 1969, VersR 1970, 145 zur Benutzung eines Paternosters zum Materialtransport; ausdrücklich bestätigt BGH v. 13. 12. 2006, VersR 2007, 389 (390); a. M.: *Littbarski,* AHB, § 4 Rn. 243.

[251] BGH v. 3. 5. 2000, VersR 2000, 963 (964) = NJW-RR 2000, 1189; OLG Karlsruhe v. 7. 10. 2004, VersR 2005, 213 (214).

[252] BGH VersR 1961, 974.

[253] BGH v. 27. 11. 1969, VersR 1970, 145; OLG Hamburg v. 3. 5. 1985, VersR 1986, 1115 (1116).

[254] So OLG München v. 19. 12. 1972, VersR 1975, 608.

[255] AG Hamburg v. 2. 7. 1970, VersR 1971, 1161.

[256] A.M.: LG Berlin v. 8. 11. 1973, VersR 1974, 557; LG Heidelberg v. 3. 2. 1976, r+s 1976, 112; *Späte,* AHB, § 4 Rn. 156.

[257] BGH v. 23. 5. 2000, VersR 2000, 963 (964); *Späte,* AHB, § 4 Rn. 135f.

[258] Vgl. Fallgruppen bei *Späte,* AHB, § 4 Rn. 142ff.; *Littbarski,* AHB, § 4 Rn. 261ff.

[259] So auch BGH v. 23. 5. 2000, VersR 2000, 963 (964) und OLG Karlsruhe v. 7. 10. 2004, VersR 2005, 213 (214); *Nickel* spricht von dem Leitbild zielgerichteter und erkennbarer Tätigkeit an der Sache, VersR 1987, 965 (968).

[260] A.M.: AG Köln v. 8. 11. 1979, ZfS 1980, 138 (Abstellen von Reinigungsflüssigkeit auf einem Tisch).

[261] A.M.: AG Düsseldorf v. 1. 2. 1957, VersR 1957, 773 (Verwendung eines Kühlschrankes als Gerüstbrettauflager).

keit an anderen Sachen hat aber weder objektiv noch subjektiv die gleiche Einwirkungsinten-
sität[262]. Erst jüngst hat der BGH bestätigt, dass die Klausel auch bei beweglichen Sachen nur
den Auftragsgegenstand selbst erfasst, nicht aber fremde Sachen, die der VN benutzt, um sich,
ein Material oder Werkzeug an den Arbeitsplatz zu schaffen. Beschädigt der VN ein Kfz bei
dem Versuch, mit einem Heizlüfter die Scheiben von Frost zu befreien, um sich damit zur Arbeitsstelle zu begeben, so ist das Kfz nicht aber Ausschlussobjekt der Tätigkeitsklausel[263]. Auf dieses
Erfordernis des Auftragsbezuges kann aber nicht verzichtet werden, da ansonsten der Versicherungsschutz für Sachschäden in der Betriebshaftpflichtversicherung vollkommen ausgehöhlt würde. Nach § 1 Ziff. 1 i. V. m. § 1 Ziff. 2a AHB a. F. (Ziff. 1.1 i. V. m. Ziff. 3.1 (1) AHB)
soll die Betriebshaftpflichtversicherung Versicherungsschutz für „die Beschädigung oder Vernichtung von Sachen" „aus den im Versicherungsschein … angegebenen … Tätigkeiten" bieten. Diese Sachschadensdeckung kann durch § 4 Ziff. I 6b AHB a. F. nicht für alle Tätigkeiten, d. h. vollständig bis auf reine Unterlassungen, wieder ausgeschlossen werden, sondern nur
für bestimmte, dem VN in der Ausschlussklausel hinreichend deutlich gemachte Tätigkeiten.

cc) Der Tätigkeitsbegriff der Neufassungen ab 2002. Die VR haben aufgrund der Entschei- **67**
dung des BGH die Tätigkeitsklausel umgestaltet. Seit der **Neufassung 2002**[264] ist die einheitliche
Klausel durch nunmehr drei Absätze ersetzt worden. Der erste Absatz entspricht – allerdings
hinsichtlich der unbeweglichen Sachen in modifizierter Form – der bisherigen Regelung, bereinigt allerdings um die Fallgruppe der Tätigkeiten „mit diesen Sachen". Diese werden nunmehr gesondert im zweiten Absatz eigenständig geregelt („Sachen zur Durchführung seiner
gewerblichen oder beruflichen Tätigkeiten benutzt"). Als Beispielsfälle für Tätigkeiten unter
Benutzung der Sachen werden die bisherigen (ungeregelten) Hauptanwendungsfälle der
Verwendung der Sache als Werkzeug oder Hilfsmittel[265] genannt und ergänzt um die
Verwendung als **Materialablagefläche.** Auch diese Aufzählung ist nicht abschließend
(„und dgl."). Die Neuformulierung versucht damit das festzuschreiben, was die ältere Rechtsprechung und Literatur in heute nicht mehr zulässiger Auslegung in den bisherigen Ausschlusstatbestand hineingelesen hatte.

Gegen die Neuformulierung und Erweiterung des Ausschlusstatbestandes bestehen **AGB-** **68**
rechtliche Bedenken. Der Begriff der Benutzung kann beliebig weit ausgedehnt werden.
Nur der Beispielsfall „als Werkzeug" hat eigene Schärfe und beinhaltet eine besondere Ein-
wirkungsintensität. Schon der Begriff des Hilfsmittels ist konturenlos und ermöglicht die Anwendung der Ausschlussklausel auf Fälle, in denen der BGH das Versicherungsschutzbedürf-
nis ausdrücklich bejaht hat[266], z. B. wenn ein Elektroinstallateur einen Paternoster durch seine
Handleiter auf dem Weg zwischen verschiedenen Montagestellen innerhalb eines Gebäudes
beschädigt. Das OLG Hamburg hatte die Anwendung der Tätigkeitsklausel in einem Parallel-
fall gerade damit begründet, dass der Aufzug im Rahmen der gewerblichen Tätigkeit benutzt
worden sei[267]. Noch weiter wird die Ausschlussklausel durch die Einbeziehung der bloßen
Benutzung einer Fläche zur Materialablage. Dieser Tatbestand soll wohl schon erfüllt sein,
wenn, wie im Stahlfensterfall, Material während des Transports kurzfristig abgesetzt wird
oder die Reinigungsflüssigkeit auf einem Tisch abgestellt wird[268]. Tatsächlich sind nach normalem Sprachverständnis Boden und Tisch nicht als Hilfsmittel der beruflichen Tätigkeit be-

---

[262] Diese allgemein gültigen Auslegungsgrundsätze werden vielfach einfach übergangen, vgl. z. B.
Prölss/Martin/Voit/Knappmann, VVG, § 4 AHB Rn. 43.
[263] BGH v. 13. 12. 2006, VersR 2007, 388 (389).
[264] Vgl. Abdruck bei *Dörner,* Versicherungsbedingungen, S. 379f.
[265] Dazu *Späte,* AHB, § 4 Rn. 139.
[266] Vgl. BGH v. 27. 11. 1969, VersR 1970, 145. Der BGH hat Versicherungsschutz gewährt, indem er
die Tätigkeiten i. S. d. Ausschlussklausel auf die einzelne Montagestelle beschränkte, den Weg dahin aber
hiervon ausnahm. Anderseits sollen Vorbereitungsmaßnahmen zur Tätigkeit gehören, vgl. BGH v. 7. 12.
1959, VersR 1960, 109, BGH v. 29. 5. 1961, VersR 1961, 601.
[267] OLG Hamburg v. 6. 4. 1976, VersR 1976, 869 (870); vgl. dazu auch Rn. 63.
[268] Vgl. oben Rn. 62.

v. Rintelen

schädigt worden, sondern aufgrund unvorsichtiger Handhabung oder nicht ausreichender Schutzmaßnahmen[269]. Beide Fälle dürften allerdings nach zutreffender Auffassung des BGH die klassischen Haftpflichtfälle sein, gegen die die Versicherung Schutz bieten soll[270]. Nachdem der Begriff der Materialablagefläche schon in der Reihung abfallender Benutzungsintensität vom Werkzeug über ein bloßes Hilfsmittel keine besonderen Anforderungen für einen Deckungsausschluss mehr stellt, verliert sich die Klausel durch die nachfolgende Öffnung („und dgl.") in uneingeschränkter Beliebigkeit. Eine irgendwie geartete ggf. auch mittelbare Nutzung einer Sache im beruflichen Kontext kann dann unter den Benutzungsausschluss fallen, obwohl das mit dem Ausschluss der unternehmerischen Tätigkeitsrisiken nichts mehr zu tun hat. Das entwertet zum einem den Versicherungsschutz für Gewerbetreibende, während zugleich die dadurch auftretenden Lücken im Versicherungsschutz dem VN nicht hinreichend verdeutlicht werden[271].

69   *dd) Sonderfälle von Tätigkeiten.* Auch die Bearbeitung einer bereits beschädigten Sache zum Zwecke der Schadensminderung oder -beseitigung (sog. **fehlgeschlagener Rettungsversuch**) macht diese zum Ausschlussobjekt. Der beim Versuch der Schadensbeseitigung verursachte weitere Schaden wird durch die Tätigkeitsklausel ausgeschlossen[272]. Besteht für den ursprünglichen Schaden Versicherungsschutz, schuldet der Versicherer aber ggf. Aufwendungsersatz nach § 83 VVG. Besteht schon für den ursprünglichen Schaden, z. B. wegen Eingreifens der Tätigkeitsklausel, kein Versicherungsschutz, so ist auch die Vergrößerung des Schadens durch fehlgeschlagene Rettungsversuche nicht über den Umweg als Rettungskostenersatz deckungsfähig[273].

70   In jedem Fall ist es erforderlich, dass die Tätigkeit des VN einen **körperlichen Bezug** zu der beschädigten Sache hat, auf die er eingewirkt hat[274]. Daran fehlt es, wenn der VN lediglich **fehlerhafte Instruktionen** zum Umgang mit oder zur Bearbeitung einer Sache gibt, z. B. wenn der Hersteller oder Handwerker über die Bedienung oder Anwendung falsch berät und deshalb die als solche mangelfreie Sache beschädigt wird oder ein Analyselabor aufgrund falscher Beprobung oder fehlerhafter Analyse Rezepte bzw. Verfahrensvorschläge macht, deren Umsetzung zu Sachschäden führt[275]. In diesen Fällen liegt keine unmittelbare Tätigkeit des VN an diesen Sachen vor, sondern eine (geistige) Beratungstätigkeit. Behandelt ein Tierarzt ein Tier falsch, so kann der unmittelbare körperliche Bezug der Tätigkeit zur Sache (Tier) nicht deshalb nicht bejaht werden, weil eine Tätigkeit an dem Tier ist. Entscheidend im Rahmen der Ausschlussklausel ist jeweils die konkrete schadensstiftende Einzeltätigkeit[276]. Bei einer fehlerhaften Spritze, die der Tierarzt setzt, oder einer misslungenen Operation wirkt der Tierarzt unmittelbar auf das Tier ein. Schädigt er das Tier jedoch mittelbar dadurch, dass er ein falsches Rezept ausstellt, soll es hinsichtlich dieser Handlung an dem unmittelbaren körperlichen Bezug fehlen[277]. Wird aber ein Tier bei der Ausbildung, z. B. Dressur, geschädigt, so ist auch ohne unmittelbaren Kontakt der erforderliche körperliche Bezug zu dem auszubildenden Tier (Sache) gegeben[278].

---

[269] Vgl. dazu Rn. 65.

[270] BGH v. 25. 3. 1970, VersR 1970, 609 f.

[271] Vgl. dazu BGH v. 11. 12. 2002, VersR 2003, 827 (828).

[272] A. A. OLG Hamburg v. 18. 4. 1973, VersR 1974, 1189.

[273] *Späte*, AHB, § 4 AHB Rn. 139.

[274] BGH v. 21. 9. 1983, VersR 1983, 1169 (1170) („Weinlaborfall"): Ein Weinlabor berücksichtigte bei der Mostprobenanalyse einen Säurewert nicht, wodurch die empfohlene Rezeptur den Most verdarb.

[275] OLG Hamm v. 18. 6. 1982, VersR 1983, 525; *Littbarski*, AHB, § 4 Rn. 237.

[276] BGH v. 25. 3. 1970, VersR 1970, 612.

[277] *Wussow*, AHB, § 4 Anm. 53; *Littbarski*, AHB, § 4 Rn. 239; *Späte*, AHB, § 4 Rn. 130; vgl. auch BGH v. 21. 9. 1983, VersR 1983, 1169 (1170). In der Berufshaftpflichtversicherung für Tierärzte wird die Beschädigung der behandelten Tiere aber mitversichert, vgl. *Heimbücher*, VW 1999, 794, 795.

[278] BGH v. 4. 3. 1987, VersR 1987, 677: Pferd verletzt sich beim freien Auslaufen nach Sprungtraining.

Ein rein **pflichtwidriges Unterlassen** jeder Tätigkeit kann die Voraussetzungen der Aus-   **71**
schlussklausel nicht erfüllen[279]. Führen unterlassene Schutz- oder Sicherheitsmaßnahmen bei
Tätigkeiten zu Schäden am **Tätigkeitsobjekt selbst,** so liegt nur ein sog. „unechtes" Unterlassen im Sinne eines Fehlers der aktiv ausgeübten Tätigkeit vor, die in dieser Form selbst
kausal für den Schaden wird[280]. Die Unterlassung von Schutzmaßnahmen an dem Tätigkeitsgegenstand wird deshalb vom Leistungsausschluss erfasst, z. B. wenn das für eine Musikveran-
staltung benutzte Mischpult nicht gegen Eindringen von Regenwasser geschützt wird[281].
Werden bei gefährlichen Tätigkeiten, wie Schweißen etc., wegen unterlassener Schutzmaßnahmen demgegenüber **andere fremde Sachen** beschädigt, so stellt dies noch keine Tätigkeit an diesen anderen Sachen dar[282]. Soweit die anderen Sachen jedoch notwendig den Auswirkungen derartiger Arbeiten ausgesetzt sind, können sie selbst Gegenstand der (aktiven)
Tätigkeit und deshalb Ausschlussobjekt sein[283].

   c) Ausschlussobjekte. *aa) Bewegliche Sachen.* Bei **beweglichen Sachen** erfasst der Aus-   **72**
schlusstatbestand diese ganz, d. h. die bewegliche Sache ist auch dann **insgesamt Ausschlussobjekt,** wenn sich die Tätigkeit auf einen Teil der Sache beschränkt. Dies ergibt sich
als argumentum e contrario aus dem Klauselwortlaut, da die Ausschlussklausel bei Schäden an
unbeweglichen Sachen nur so weit zur Anwendung gelangt, als diese unbeweglichen Sachen
oder Sachteile unmittelbar Gegenstand der Tätigkeit bzw. von ihr betroffen gewesen sind[284].
So ist vorbehaltlich von Deckungserweiterungen[285] bei Tätigkeiten an einem Teil eines Pkws
das gesamte Kraftfahrzeug als Ausschlussobjekt zu betrachten[286], so dass kein Versicherungsschutz besteht, wenn das Kfz bei der Reparatur in Brand gerät[287]. Auf die Größe der Sache,
z. B. bei Schiffen[288], kommt es dabei nicht an[289]. Dies gilt grundsätzlich auch für zusammengesetzte Sachen, es sei denn, dass der bearbeitete Teil der zusammengesetzten Sache zu diesem
Zwecke aus dieser herausgelöst und getrennt bearbeitet wurde[290].

   Weiter ist darauf hinzuweisen, dass die Tätigkeitsklausel **keine zeitliche Begrenzung**   **73**
kennt. Auch Schäden, die durch einen Fehler des VN erst nach Abschluss der Arbeiten eintreten, unterfallen dem Ausschluss. Verunfallt das Kfz später aufgrund der fehlerhaften Repa-

---

[279] Wenn ein Maurer trotz Reparaturauftrages die dringend notwendige Verfestigung einer Mauer unterlässt und diese daraufhin einstürzt, kann von einer Tätigkeit nicht gesprochen werden, vgl. *Schmalzl,*
Berufshaftpflichtversicherung, Rn. 120.

[280] OLG Saarbrücken v. 22. 12. 1967, VersR 1969, 123; LG Wuppertal v. 28. 6. 1968, VersR 1968,
1031; *Wussow,* AHB, § 4 Anm. 57; *Späte,* AHB, § 4 Rn. 131. Stürzt eine Mauer bei der Bearbeitung mangels notwendiger Abstützung um, so liegt eine fehlerhaft ausgeübte aktive Tätigkeit vor.

[281] OLG Hamm v. 8. 6. 1994, VersR 1995, 161.

[282] BGH v. 3. 3. 1966, VersR 1966, 434 (435); *Rottmüller,* VersR 1986, 843 (849).

[283] Vgl. unten Rn. 78 ff.

[284] Heute allg. M., vgl. nur *Späte,* AHB, § 4 Rn. 135; *Littbarski,* AHB, § 4 AHB Rn. 244; a. M. früher
KG v. 5. 6. 1958, VersR 1958, 537 und OLG Koblenz v. 30. 5. 1958, VersR 1958, 637.

[285] Der Umfang der Ausschlusswirkung kann für Kfz-Reparaturbetriebe durch sog. Teile-Listen eingeschränkt werden, vgl. VerBAV 1981, 101 (103 f.) und z. B. OLG Frankfurt v. 22. 9. 1994, VersR 1995,
449; seit 1997 bieten die VR Deckung ohne Einschränkung an.

[286] OLG Düsseldorf v. 1. 2. 1966, VersR 1967, 1189.

[287] OLG Köln v. 28. 10. 1982, VersR 1984, 26.

[288] Vgl. nur *Späte,* AHB, § 4 Rn. 136; *Littbarski,* AHB, § 4 Rn. 252; auch im Schiffsregister eingetragene
Schiffe sind bewegliche Sachen, vgl. *Olesinski,* Die Besitz- und Tätigkeitsklausel in der Allgemeinen
Haftpflichtversicherung, Diss. Köln 1969, S. 85 f. m. w. N.

[289] *Wussow,* AHB, § 4 Anm. 65. Die teilweise für eine große Krananlage gemachten Einschränkungen,
so *Späte,* AHB, § 4 Rn. 135 und *Littbarski,* AHB, § 4 Rn. 248, sind, insbesondere im Vergleich zu Schiffen, die insgesamt Ausschlussobjekt sein sollen, nicht zu rechtfertigen. Die zur Begründung zitierte Entscheidung ist nicht einschlägig, da es sich im Fall des OLG Hamburg um eine mit dem Grundstück fest
verbundene Krananlage und damit unbewegliche Sache handelte, OLG Hamburg v. 29. 10. 1969, VersR
1970, 1021.

[290] *Littbarski,* AHB, § 4 AHB Rn. 245.

v. Rintelen

ratur, ist der gesamte Kfz-Schaden vom Versicherungsschutz ausgeschlossen[291]. Versichert bleiben allerdings die **Tätigkeitsfolgeschäden,** zumindest an anderen Rechtsgütern[292].

74   *bb) Unbewegliche Sachen.* Bei **unbeweglichen Sachen** gilt Deckungsausschluss nur insoweit, „als diese Sachen oder **Teile** von ihnen **unmittelbar Gegenstand der Tätigkeit** gewesen sind" bzw. nach der Neufassung 2002 **„unmittelbar von der Tätigkeit betroffen waren".** Die Erweiterung von unmittelbaren Tätigkeitsgegenstand zu „von der Tätigkeit betroffen" dient dazu, bestimmte Sachen im Wirkungsbereich einer Tätigkeit zu erfassen (vgl. näher Rn. 78 f., 85 f.). Mit Teilen von unbeweglichen Sachen sind die wesentlichen oder unwesentlichen Bestandteile im Sinne der §§ 93 ff. BGB gemeint, wobei es auf die selbstständige rechtliche Bedeutung nicht ankommt[293]. Damit stellt sich die entscheidende Frage, welche Teile unmittelbar Gegenstand der Bearbeitung sind bzw. wie diese von dem Gesamtgrundstück abzugrenzen sind. Problemlos ist das, wenn gerade der Teil beschädigt wird, der nach dem Vertrag zu bearbeiten war. Häufig beschränkt sich die gewerbliche Tätigkeit aber nicht auf die Sachen oder Sachteile, die im Mittelpunkt der Bearbeitung stehen. Des Weiteren lässt sich rein gedanklich eine unbewegliche Sache in beliebig viele kleine oder auch große Bestandteile zerlegen[294].

75   Die **Abgrenzung** soll sich nach bisher herrschenden Meinung nach der **„natürlichen Betrachtungsweise eines verständigen Beurteilers"** unter Berücksichtigung der vom VN zu erbringenden vertraglichen Leistung richten[295]. Relativ eindeutig sind im Ausgangspunkt die Fälle, in denen unvorsichtiges Arbeiten zu einem Brand führt, der das Gebäude ganz oder teilweise zerstört. Der Gebäudeschaden ist versichert, ausgeschlossen sind nur die Sachteile, die konkret Bearbeitungsgegenstand waren[296]. Führen Lötarbeiten an einer Wasserleitung zum völligen Niederbrennen des Hauses, ist nur der Schaden an der bearbeiteten Wasserleitung ausgeschlossen[297]. In vielen Fällen bestand allerdings Ungewissheit, wie die bearbeiteten Teile vom Gesamtgrundstück abzugrenzen sind. Eine natürliche Betrachtungsweise führt naturgemäß zu einer Kasuistik, deren Vielgestaltigkeit mit der Anzahl der verständigen Beurteiler (Gerichte) steigt. Das Aufflämmen von Bitumenbahnen auf Flachdächer kann leicht zu Bränden führen. Nach Auffassung des OLG Saarbrücken sind in diesen Fällen Gegenstand der unmittelbaren Bearbeitung nur die Bitumenbahnen, die alte Dachhaut und die Verschalung, nicht aber die darunter liegende leicht entzündbare Wärmedämmschicht[298]. Das LG Wiesbaden ist der Auffassung, dass bei einer natürlicher Betrachtungsweise nicht nur die Verschalung, sondern auch die darunter liegende Dämmschicht Bearbeitungsgegenstand ist[299]. Nach Auffassung des LG Mainz sollen gar alle Schichten eines Flachdaches Ausschlussobjekt der Tätigkeit sein[300], obwohl der BGH bei mangelhaften Dachstuhlarbeiten eines Zimmerers die Schäden an der Dachhaut etc. nicht als Ausschlussobjekte angesehen hat[301]. Bei der Auswechslung eines Sicherheitsschalters einer Heizungsanlage soll Bearbeitungsgegenstand die gesamte Heizungsanlage sein, weil der Schalter für die Funktionsfähigkeit der

---

[291] AG Olpe v. 2. 7. 1980, VersR 1981, 25 (26).

[292] Vgl. dazu unten Rn. 89 ff.

[293] BGH v. 27. 9. 1956, VersR 1956, 637; OLG Oldenburg v. 6. 5. 1981, VersR 1983, 357; *Späte,* AHB, § 4 Rn. 136.

[294] *Wussow,* AHB, § 4 Anm. 63.

[295] BGH v. 27. 9. 1956, VersR 1956, 637; BGH v. 25. 3. 1970, VersR 1970, 610; OLG Hamburg v. 14. 8. 1996, VersR 1997, 1137 (1138); OLG Hamm v. 13. 12. 1985, VersR 1986, 1117 (1118).

[296] BGH v. 25. 3. 1970, VersR 1970, 609 (610); BGH v. 25. 3. 1970, VersR 1970, 612.

[297] OLG Hamm v. 26. 10. 2001, NVersZ 2002, 230 (231).

[298] OLG Saarbrücken v. 22. 9. 1987, VersR 1989, 178 (179), Revision v. BGH nicht angenommen. Ähnlich OLG Hamm v. 13. 12. 1985, VersR 1986, 1117 (1118) und OLG Frankfurt v. 11. 01. 2006, VersR 2007, 640 (641).

[299] LG Wiesbaden v. 5. 3. 1974, VersR 1974, 1169.

[300] LG Mainz v. 11. 7. 1974, r+s 1976, 113.

[301] BGH v. 27. 9. 1956, VersR 1956, 637 (638); so auch OLG Hamm v. 13. 12. 1985, VersR 1986, 1117 (1118).

Gesamtanlage wesentlich ist[302]. Werden demgegenüber bei der fehlerhaften Installation eines Zwischenzählers die angeschlossenen Elektromotoren einschließlich der angetriebenen Jalousien beschädigt, sollen diese nicht Ausschlussobjekt sein[303]. Als Grund wird genannt, dass eine Ölheizungsanlage nach der maßgeblichen Verkehrsanschauung als einheitliche Sache behandelt wurde, nicht allerdings die gesamten Elektroinstallationen[304].

Mit der Entscheidung vom 3. 5. 2000 hat der BGH für § 4 Ziff. I 6b AHB a. F. (Ziff. 7.7 **76** n. F.) eine wesentliche Klärung bewirkt. Danach ist aufgrund des Klauselwortlauts der **Ausschluss auf den Auftraggegenstand beschränkt,** also den Teil des Gebäudes, den der VN bearbeiten, reparieren, befördern oder prüfen soll[305]. Damit sind Schädigungen anderer Sachen oder Sachteile durch die Tätigkeit grundsätzlich vom Versicherungsschutz umfasst. Der bislang teilweise geltend gemachte funktionelle Zusammenhang reicht keinesfalls zur Ausdehnung der Ausschlusswirkung aus. Die Argumentation, die Tätigkeit des Dachdeckers sei darauf gerichtet, „bei der Herstellung des Flachdaches mitzuwirken"[306], oder bei dem Auswechseln von Steuerungselementen sei die Tätigkeit an der Betriebsfähigkeit der Gesamtanlage ausgerichtet[307], übergeht die Erfordernisse des unmittelbaren Auftragsgegenstandes und der konkreten Einzeltätigkeit. Hinzu kommt, dass das Funktionskriterium schon deshalb ungeeignet ist, weil letztlich bei einem Gebäude alle Einzelteile einem gemeinsamen Ziel dienen, nämlich dem bezugs- und benutzungsbereiten Gebäude. Zutreffend hat der BGH bereits früher hervorgehoben, dass das Unmittelbarkeitskriterium in § 4 Ziff. I 6b AHB (Ziff. 7.7 n. F.) gerade verhindern soll, dass der Versicherungsschutz hinsichtlich des ganzen Gebäudes entfällt, und zwar auch dann, wenn die Arbeit im Rahmen eines größeren Auftrages erfolgt oder dem ganzen Gebäude zu Gute kommt[308]. Das Betroffensein der restlichen Heizungsanlage, der Elektromotoren oder Jalousien bzw. der Wärmedämmschicht durch die Tätigkeit macht sie nicht zum Auftragsgegenstand, sondern begründet nur Schutzpflichten[309]. Demgegenüber kann beim Rohrgrabenaushub die Freilegung von Erdleitungen zum geschuldeten Leistungsumfang gehören, wodurch sie dann auch Bearbeitungsgegenstand werden[310].

Das bedeutet aber anderseits nicht, dass der Ausschluss immer den gesamten Auftragsge- **77** genstand erfasst. § 4 Ziff. I 6b AHB a. F. setzt voraus, dass eine unbewegliche Sache aus vielen im Funktionszusammenhang stehenden Teilen besteht und **beschränkt den Ausschluss auf die vom VN unmittelbar bearbeiteten Teile**[311] bzw. nach der Neufassung in Ziff. 7.7 auf die unmittelbar von der Tätigkeit betroffenen Teile. Entscheidend für die Abgrenzung des Ausschlussobjekts ist damit die **konkrete Schaden stiftende Einzeltätigkeit**[312], nicht der Gesamtauftrag des VN. Relevant wird dies vor allem bei umfangreichen Aufträgen. Dabei sind bei einem Gesamtschaden nicht schon per se alle Teile vom Versicherungsschutz ausgenommen, die irgendwann im Rahmen des Auftrages bereits bearbeitet worden sind oder noch bearbeitet werden sollen. Erfasst werden nur die Teile, bei deren Bearbeitung sich die schadensstiftende Handlung ereignet hat[313]. Im Verlaufe des

---

[302] BGH v. 12. 7. 1962, VersR 1961, 759; ebenso, aber unrichtig: LG Wuppertal v. 28. 6. 1968, VersR 1968, 1031 (1032), das verkennt, dass im entschiedenen Fall nur ein Instruktionsfehler vorlag, so dass es an dem unmittelbaren Sachbezug der Tätigkeit fehlte.

[303] KG v. 5. 6. 1958, VersR 1958, 537.

[304] *Wilts,* VersR 1966, 1093 (1102).

[305] VersR 2000, 963 (964); OLG Karlsruhe v. 7. 10. 2004, VersR 2005, 213 (214).

[306] So LG Wiesbaden v. 5. 3. 1974, VersR 1974, 1169.

[307] LG Wuppertal v. 28. 6. 1968, VersR 1968, 1031 (1032); vgl. *Wussow,* AHB, § 4 Anm. 64, wonach technische Anlagen grundsätzlich als Einheit anzusehen seien.

[308] BGH v. 25. 3. 1970, VersR 1970, 609 (610); BGH v. 25. 3. 1970, VersR 1970, 612.

[309] Vgl. dazu Rn. 71, 78 ff.

[310] BGH v. 7. 12. 1959, VersR 1960, 109; vgl. zu Erdleitungsschäden näher unten Rn. 110 ff.

[311] OLG Hamburg v. 14. 8. 1996, VersR 1997, 1137 (1138).

[312] BGH v. 25. 3. 1970, VersR 1970, 612.

[313] OLG Hamm v. 2. 7. 1993, r+s 1994, 169 (171), OLG Hamm v. 26. 9. 1984, VersR 1985, 377.

Auftrages können also einzelne Teile die Eigenschaft als Ausschlussobjekt gewinnen oder verlieren[314].

78   *cc) Sachen im Wirkungsbereich. aaa) Grundsätze und Altfassung.* Die Beschädigung von Sachen oder Sachteilen außerhalb des unmittelbaren Tätigkeitsgegenstandes beruht häufig auf dem **Unterlassen von Schutzmaßnahmen.** Das Unterlassen von Schutzmaßnahmen selbst ist zwar keine Tätigkeit an diesen Sachen[315]. Zu prüfen bleibt aber, ob die Durchführung der eigentlichen Auftragstätigkeit nicht zugleich eine Tätigkeit an dem mangels ausreichenden Schutzes beschädigten Gegenstand ist. Dadurch, dass sich eine Sache bzw. ein Teil einer Sache im **Wirkungs- oder Gefahrenbereich** einer gewerblichen oder beruflichen Tätigkeit befindet, wird sie noch nicht zu deren Gegenstand und damit auch nicht zum Ausschlussobjekt[316]. Vielmehr ist es gerade der Haftpflichtfall, gegen den die Versicherung Schutz bieten soll, wenn die gewerbliche Tätigkeit an der zu bearbeitenden Sache in einer Weise ausgeübt wird, dass dadurch eine andere fremde Sache zu Schaden kommt[317]. Andererseits muss sich die gewerbliche Tätigkeit, wie dargelegt, nicht auf die Sachen bzw. Sachteile beschränken, die im Mittelpunkt der Bearbeitung stehen. So sind andere Sachen eindeutig Tätigkeits- und damit Ausschlussobjekt, wenn sie **durch die Schutzmaßnahmen** selbst **beschädigt** werden[318]. Bei lediglich unzureichenden Schutzmaßnahmen erfolgt die Beschädigung aber gerade nicht durch die Schutztätigkeit, sondern trotz der Schutztätigkeit[319].

79   Nach der für die h. M. maßgeblichen natürlichen Betrachtungsweise kann die direkte **auftragsbezogene Einwirkung auf eine Sache** bzw. einen Sachteil mit der Einwirkung auf andere Sachen bzw. Sachteile so eng verbunden sein, dass letztere ebenfalls objektiv als Gegenstand der gewerblichen Tätigkeit erscheinen[320]. Paradefall sind die sog. **Verputzfälle.** Bei Verputzarbeiten sind die in den Wandflächen als Öffnung eingelassenen Türen und Fenster mit der Wand so eng verbunden, dass deren Beschädigung durch Mörtelspritzer auf dieselbe Tätigkeit zurückgeführt wird, weil die Fassade insgesamt als Gegenstand der Verputztätigkeit anzusehen ist[321]. Während die Rechtsprechung für eine Einordnung als Ausschlussobjekt zunächst forderte, dass die Einwirkung „im gesamten Umfang" vom VN bewusst und gewollt vorgenommen wird[322], hat sie dieses subjektive Element zumindest teilweise wieder aufgegeben. Denn das hätte in den Verputzfällen bedeutet, dass es bei unzureichenden Schutzmaßnahmen darauf angekommen wäre, ob der VN sie als ausreichend angesehen hätte und deshalb nicht von Einwirkungen auf Fenster und Rahmen ausgegangen ist[323]. Maßgeblich ist heute deshalb, ob eine **Einwirkung** auf andere Sachen oder Sachteile bei der beauftragten Tätigkeit ohne Schutz- oder Gegenmaßnahmen **objektiv für den verständigen Betrachter unvermeidbar** erscheint[324]. Das ist in der Regel dann der Fall, wenn

---

[314] OLG Hamm v. 2. 7. 1993, r+s 1994, 169 (171); *Prölss/Martin/Voit/Knappmann,* VVG, § 4 AHB Rn. 63.

[315] BGH v. 3. 3. 1966, VersR 1966, 434 (435); OLG Frankfurt v. 11. 6. 1964, VersR 1964, 963 (964 f.); *H. J. Wussow,* VersR 1964, 965.

[316] BGH v. 25. 3. 1970, VersR 1970, 609 (610); OLG Saarbrücken v. 22. 9. 1987, VersR 1989, 178 (179); OLG Oldenburg v. 6. 5. 1981, VersR 1983, 357; *Schmalzl,* Berufshaftpflichtversicherung, Rn. 118.

[317] BGH v. 25. 3. 1970, VersR 1970, 609 (610).

[318] OLG Hamm v. 10. 1. 1973, VersR 1973, 633; OLG Frankfurt v. 11. 6. 1964, VersR 1964, 963 (964 f.); *Rottmüller,* VersR 1986, 843 (849).

[319] *Prölss,* NJW 1962, 968 (969).

[320] BGH v. 25. 3. 1970, VersR 1970, 609 (610); BGH v. 3. 3. 1966, VersR 1966, 434 (465); OLG Hamburg v. 14. 6. 1996, VersR 1997, 1137 (1138 f.); OLG Oldenburg v. 6. 5. 1981, VersR 1983, 357.

[321] BGH v. 25. 3. 1970, VersR 1970, 610 f.; BGH v. 10. 7. 1968, VersR 1968, 1029 (1030).

[322] BGH v. 3. 3. 1966, VersR 1966, 434 (435); BGH v. 16. 5. 1966, VersR 1966, 625 (626); BGH v. 10. 7. 1968, VersR 1968, 1029 (1030); OLG Düsseldorf v. 12. 7. 1966, VersR 1968, 161; OLG Frankfurt v. 11. 6. 1964, VersR 1964, 963 (964).

[323] BGH v. 25. 3. 1970, VersR 1970, 610 f.; vgl. auch BGH v. 30. 6. 1971, VersR 1971, 807 (808).

[324] BGH v. 30. 6. 1971, VersR 1971, 807 (808); OLG Karlsruhe v. 7. 10. 2004, VersR 2005, 213 (214); OLG Hamm v. 14. 8. 1996, VersR 1997, 1137 (1138 f.); OLG Hamm v. 28. 2. 1996, VersR 1997, 608 f.; OLG Köln v. 5. 3. 1987, NJW-RR 1987, 1052 (1053); LG Düsseldorf v. 23. 6. 2003, VersR 2004, 101.

Arbeitsmittel zur Bearbeitung verwendet werden, die eine punktuelle Begrenzung der Tätigkeit auf einen genau abgegrenzten Flächenteil überhaupt nicht oder nur bei der Durchführung besonderer Schutzmaßnahmen zulassen, z. B. Flammen, hohe Temperaturen, Flüssigkeiten etc.[325]. Dann soll auch die unmittelbar benachbarte Fläche, die von Auswirkungen der Tätigkeit betroffen wird, objektiv Gegenstand der gewerblichen Tätigkeit sein. In diesen Fällen zwingender Schutzmaßnahmen sind diese Flächen im Wirkungsbereich der Tätigkeit immer auch Gegenstand des Auftrages.

Neben Verputzfällen ist dies auch insbesondere bei **Reinigungsarbeiten an Fassaden** 80 z. B. durch säurehaltige Reinigungsmittel angenommen worden, wenn die Fenster im räumlich nicht abgrenzbaren Bereich der Einwirkung liegen und durch die Reinigungsmittel verätzt werden[326]. Gleiches soll wegen der offenkundigen Gefährdungssituation gelten, wenn bei der Imprägnierung von Dachbrettern die an deren Unterseite aufgebrachte kostbare Stuckdecke beschädigt wird, deren Schutz dem Unternehmer besonders aufgegeben wurde[327]. Hierbei handelt es sich jedoch, wie der BGH betont[328], um **Ausnahmefälle.** Wenn durch die Bearbeitung andere im Gefahrenbereich liegende Sachen in Mitleidenschaft gezogen werden **können,** macht das diese grundsätzlich noch nicht zum Tätigkeits- und Ausschlussobjekt[329].

Praktisch geworden ist dies vor allem bei **Schäden durch Schweißarbeiten.** Während 81 der BGH zunächst auf den fehlenden Einwirkungswillen abstellte[330], hat er später den Deckungsschutz davon abhängig gemacht, ob die Beschädigung anderer Sachen geradezu zwangsläufig oder unvermeidbar war[331]. Maßgeblich ist dabei nicht, ob aufgrund der unsorgfältigen Arbeit oder fehlerhaften Leistung die Schädigungsgefahr zwangsläufig heraufbeschworen wird – hier scheitert der Versicherungsschutz eventuell an § 81 VVG oder an einer so genannten Pflichtwidrigkeitsklausel[332]–, sondern **ob bei üblicher Sorgfalt** bzw. vertragsgemäßer Leistung **Beschädigungen unvermeidbar** sind[333]. Das führt dazu, dass Kücheneinrichtungen, die beim Reinigen des Küchenbodens mit Säure beschädigt werden, nicht Tätigkeitsgegenstand oder Ausschlussobjekt sind[334].

Unvermeidbare Auswirkungen sind allerdings **lediglich ein Indiz** und machen andere 82 Sachen noch nicht zwangsläufig zum Tätigkeitsobjekt. Wird ein vor einem Gebäude stehender Pkw beim Abreißen des Gebäudes beschädigt, ist er – anders als die im Mauerwerk eingelassenen Fenster bei Fassadenarbeiten – bei natürlicher Betrachtung nicht Objekt der Abrisstätigkeit[335].

---

[325] BGH v. 25. 3. 1970, VersR 1970, 610; BGH v. 3. 3. 1966, VersR 1966, 434 (435); *Späte,* AHB, § 4 Rn. 138 m. w. N.

[326] OLG Hamm v. 10. 1. 1973, VersR 1973, 633 (634); vgl. aber OLG Frankfurt v. 11. 6. 1964, VersR 1964, 963 (946) mit abl. Anm. *H. J. Wussow,* VersR 1964, 965 f.

[327] BGH v. 30. 6. 1971, VersR 1971, 807 (808).

[328] BGH v. 25. 3. 1970, VersR 1970, 610 (611); OLG Oldenburg v. 6. 5. 1981, VersR 1983, 357 f.

[329] BGH v. 25. 3. 1970, VersR 1970, 609; BGH v. 25. 3. 1970, VersR 1970, 612.

[330] BGH v. 3. 3. 1966, VersR 1966, 434 (435).

[331] BGH v. 25. 3. 1970, VersR 1970, 609 f.; BGH v. 25. 3. 1970, VersR 1970, 612 (Brand durch Trennschleifer); OLG Oldenburg v. 6. 5. 1981, VersR 1983, 357; OLG Karlsruhe v. 28. 5. 1980, VersR 1981, 569; LG Mannheim v. 16. 7. 1993, VersR 1995, 826.

[332] Vgl. Rn. 251 ff., 312 ff.

[333] OLG Frankfurt v. 11. 1. 2006, VersR 2007, 640 (641); OLG Hamburg v. 14. 8. 1996, VersR 1997, 1137 (1138 f.); OLG Köln v. 5. 3. 1987, NJW-RR 1987, 1052 (1053); wohl auch OLG Saarbrücken v. 22. 9. 1987, VersR 1989, 178 (179); LG Düsseldorf v. 23. 6. 2003, VersR 2004, 101; *Rottmüller,* VersR 1986, 843 (850).

[334] OLG Köln v. 5. 3. 1987, NJW-RR 1987, 1052 (1053); a. M. OLG Koblenz v. 23. 1. 1998, VersR 1998, 1148 (1149), wobei das OLG Koblenz allerdings verkennt, dass bei ordnungsgemäßer Arbeit – und nur hierauf kommt es an – mit vollständig nach unten gezogenem Spritzschutz der Reinigungsmaschine gerade vermieden werden wären, weshalb die Kücheneinrichtung aus Sicht des verständigen Betrachters nicht Tätigkeitsgegenstand war.

[335] Vgl. LG Düsseldorf v. 24. 6. 1988, VersR 1998, 282; die Argumentation des LG, dass die Beschädigung des Pkw bei Schutzmaßnahmen nicht zwangsläufig gewesen sei, verkennt allerdings die BGH-Rechtsprechung.

Ist die Beschädigung unvermeidbar, kann bedingter Vorsatz vorliegen. Bedeutet das Fällen von Pappeln ohne Sicherungsmaßnahmen ein nennenswertes und offenkundiges Schadensrisiko für eine Tankanlage, greift nicht die Tätigkeitsklausel, ggf. aber die Vorsatzausschlussklausel der Ziff. 7.1 AHB (§ 4 Ziff. II 1 AHB a. F.) ein[336].

83   Nach diesen Grundsätzen sind auch die Fälle zu lösen, bei denen der VN **durch Unvorsichtigkeit andere Sachen beschädigt.** Steigt ein Fliesenleger in die Badewanne, um an die Wand zu gelangen, ist die dabei beschädigte Badewanne bei natürlicher Betrachtung nicht Gegenstand seiner Tätigkeit[337]. Vielmehr hat er in Bezug auf die Badewanne lediglich die gebotenen Schutzmaßnahmen unterlassen. Stellt ein Arbeiter beim Reinigen von Fensterrahmen die Dose mit der Reinigungsflüssigkeit auf einen Tisch und wird dieser durch die Flüssigkeit beschädigt, wird der Tisch bei natürlicher Betrachtung nicht Gegenstand der Tätigkeit. Er wird auch nicht als Hilfsmittel oder Werkzeug zur Reinigung verwandt[338]. Schadensauslösend sind wiederum unterlassene Schutzmaßnahmen (Abdeckung).

84   Demgegenüber ist die herrschende Lehre wenig konsequent. Einerseits tendiert sie dazu, den Einwirkungsbereich der gewerblichen Tätigkeit entgegen dem Klauselwortlaut zu erweitern. Andererseits soll in Fällen aus fachmännischer Sicht ausreichender Schutzmaßnahmen § 4 Ziff. I 6b AHB a. F. nicht zur Anwendung kommen[339]. Tatsächlich handelt es sich jedoch um einen **objektiven Risikoausschluss.** Ist eine fremde Sache Tätigkeitsobjekt, so sind deren Beschädigungen unversichert, und zwar auch dann, wenn die Tätigkeit fachgerecht war und der Schaden nur auf besonderen Umständen beruht. Wenn man erst den Anwendungsbereich des Ausschlusstatbestandes auf Sachen, die gar nicht Bearbeitungsobjekt sind, ausdehnt, um sie dann bei sorgfältiger Behandlung wieder herauszunehmen, begründet man lediglich entgegen dem Wortlaut der AHB a. F. eine verschuldensunabhängige Obliegenheit zum fachgerechten Schutz von Gegenständen im Einwirkungsbereich der Tätigkeit. Gegen diese Lösung spricht weiter, dass der BGH in den Fällen, in denen eine Sache objektiv Gegenstand der Bearbeitung ist, gerade kein subjektives Einwirkungsbewusstsein hinsichtlich der einzelnen Sachteile fordert; es reicht aus, wenn die Sache insgesamt bewusst und gewollt bearbeitet wird[340].

85   *bbb) AHB ab 2002.* Geändert hat sich die Rechtslage durch die **Neufassung der Tätigkeitsklausel** mit den AHB 2002. Zunächst beschränkt Ziff. 7.7 (1) AHB (§ 4 Ziff. I 6 b 1. Spiegelstrich AHB 2002) bei unbeweglichen Sachen den Ausschluss nicht mehr auf den unmittelbaren Auftragsgegenstand; Ausschlussobjekt sind vielmehr alle Sachen oder Teile, die **„unmittelbar von der Tätigkeit betroffen"** sind. Erreicht werden soll dadurch, dass auch in den oben besprochenen Fällen unvermeidbarer Auswirkungen der Tätigkeit auf andere Sachen bzw. Sachteile diese Ausschlussobjekt bleiben, **auch wenn sie nicht Auftragsgegenstand selbst sind.** Eine Erstreckung des Ausschlusses auch auf sonstige Sachen oder Sachteile im Gefahrenbereich ist damit nicht verbunden. Zwar wären auch diese Sachen bzw. Sachteile im Fall ihrer Beschädigung von der Tätigkeit „betroffen", aber nicht „unmittelbar" im Sinn der Ausschlussklausel, und zwar auch dann nicht, wenn sie durch die Tätigkeit ohne weitere Zwischenschritte beschädigt werden, wie z. B. bei dem Gebrauch ätzender Reinigungsflüssigkeiten ohne Schutzmaßnahmen. Denn für Sachen oder Sachteile „im unmittelbaren Einwirkungsbereich der Tätigkeit" enthält die Neufassung mit Ziff. 7.7 (3) AHB eine eigenständige Regelung, wonach die in diesem Einwirkungsbereich befindlichen Sachen bzw. Sachteile auch zu Ausschlussobjekten werden sollen. Damit müssen Sachen, die von der Tätigkeit unmittelbar betroffen sind, von denen im unmittelbaren Einwirkungsbereich der Tätigkeit abgegrenzt werden. Da beide Regelungen das gleiche Kriterium der Unmittelbarkeit verwenden,

---

[336] OLG Köln v. 25. 3. 1993, r+s 1993, 333.

[337] A. A.: AG Düsseldorf, VersR 1957, 733; *Späte,* AHB, § 4 Rn. 156; *Littbarski,* AHB, § 4 Rn. 259.

[338] A. A.: AG Köln, ZfS 1980, 138; *Späte,* AHB, § 4 Rn. 156; *Littbarski,* AHB, § 4 Rn. 259.

[339] So *Späte,* AHB, § 4 Rn. 139; *Littbarski,* AHB, § 4 Rn. 278; *Prölss/Martin/Voit/Knappmann,* VVG, § 4 AHB Rn. 62.

[340] BGH v. 30. 6. 1971, VersR 1971, 807 (808).

kann es nur auf die Abgrenzung von der Tätigkeit selbst zu ihrem Einwirkungsbereich ankommen. Somit werden nur die Fälle, bei denen aufgrund natürlicher Betrachtungsweise wegen unvermeidbarer **Schädigung ein einheitlicher Tätigkeitsgegenstand** angenommen wird, von Ziff. 7.7 (1) AHB erfasst.

In Erweiterung der bisherigen Rechtslage reicht es für die Einordnung als Ausschlussobjekt   **86** gem. Ziff. 7.7 (3) AHB aus, dass sich die Sachen bzw. Sachteile **im unmittelbaren Einwirkungsbereich,** d. h. Gefahrbereich **der Tätigkeit** befunden haben. Der Ausschluss soll allerdings dann nicht gelten, wenn der VN beweist, dass er die „zum Zeitpunkt der Tätigkeit **offensichtlich notwendigen Schutzvorkehrungen**" zur Vermeidung von Schäden" getroffen hat. In den Fällen der Gefährdung anderer Sachen, z. B. von Erdleitungen beim Bodenaushub oder in den Schweißfällen, kommt es damit zu einer Einschränkung des Versicherungsschutzes. Der VR ist darlegungs- und beweisbelastet für den Tatbestand des Risikoausschlusses, hier den unmittelbaren Einwirkungsbereich der Tätigkeit. Liegen die Sachen in diesem Einwirkungsbereich, muss der VN beweisen, die notwendigen Schutzmaßnahmen getroffen zu haben. Ein Versicherungsfall liegt nur vor, wenn es zu Schäden gekommen ist, d. h. im Versicherungsfall werden die Schutzvorkehrungen objektiv nicht ausreichend gewesen sein. Maßstab für den Risikoausschluss ist allerdings eine ex-ante-Betrachtung („zum Zeitpunkt der Tätigkeit"), wobei einfache Fahrlässigkeit dem VN noch nicht schadet; ausreichend sind, wie sich aus dem Merkmal der Offensichtlichkeit ergibt, bereits Schutzmaßnahmen, die auf erste Sicht geeignet schienen, die Realisierung der offen zu Tage liegenden Gefährdung zu vermeiden. Beruht der Schaden darauf, dass sich eine nicht offensichtliche Gefahr realisiert hat oder eine offensichtliche Gefahr nur aufgrund eines besonderen Kausalverlaufs[341], greift der Ausschluss nicht. Offensichtlich erforderlich sind dabei Schutzmaßnahmen, die sich jedermann aufdrängen mussten[342], so dass nur **grobe Fahrlässigkeit** schadet. Für diese Fälle ist damit die Schwelle für die Deckungsversagung von Vorsatz (§ 103 VVG) auf grobe Fahrlässigkeit herabgesetzt worden. Das bleibt auch nach der VVG-Reform zulässig, da § 103 VVG dispositiv ist, vgl. § 112 VVG.

ccc) Verborgene Sachen im Wirkungsbereich. Ein besonderes Problem stellen **verborgene Sa-**   **87** **chen** dar, die mangels Kenntnis versehentlich beschädigt werden, z. B. Leitungen in zu durchbrechenden Wänden oder im auszuhebenden Boden. Solange der BGH für den Ausschluss Einwirkungsbewusstsein verlangte, war die Lösung einfach. War die verborgende Sache unbekannt, wollte der VN in Bezug auf sie nicht tätig werden. Sollte der VN jedoch eine Leitung freilegen, war sie selbst Tätigkeitsgegenstand[343]. Da es heute auf das konkrete Einwirkungsbewusstsein nicht mehr ankommt, sondern es ausreicht, dass die bewusste Tätigkeit sich auf die Sache als Ganzes erstreckt, ist der Umfang des Tätigkeitsgegenstandes entscheidend, der sich nach der natürlichen Betrachtungsweise eines verständigen Beurteilers bestimmen soll[344]. Dann müsste von dessen hypothetischem Wissen über Leitungen in der zu durchbrechenden Wand abhängen, ob sie Bearbeitungsgegenstand sind. Da der VN nach der Ausschlussklausel allerdings keine Verpflichtung zur vorherigen Erkundigung trifft[345], müsste darauf abgestellt werden, was der verständige VN vor Ort erkennen musste[346]. Die bloße Möglichkeit des Vorhandenseins von Leitungen macht diese noch nicht zum zwangsläufigen Gegenstand der Bearbeitung und auch nicht zum Auftragsgegenstand. Das müsste auch in den Fällen gelten, bei denen durch eingeschlagene Nägel die auf der anderen Seite der Bretter aufgebrachte Dachhaut oder die in den Wänden befindlichen Leitungen beschädigt wer-

---

[341] Vgl. dazu *Späte,* AHB, § 4 Rn. 139; *Prölss/Martin/Voit/Knappmann,* VVG, § 4 AHB Rn. 62.

[342] Ebenso *v. Bühren/Glück,* Handbuch, § 9 Rn. 85.

[343] BGH v. 7. 12. 1959, VersR 1960, 109 f.

[344] BGH v. 25. 3. 1970, VersR 1970, 610 f.; BGH v. 30. 6. 1971, VersR 1971, 807 (808).

[345] So LG Berlin v. 10. 8. 1993, r+s 1994, 51 (52); *Späte,* AHB, § 4 Rn. 150; a. M. *Nickel,* VersR 1987, 965 (968).

[346] Nach *Späte,* AHB, § 4 Rn. 150 schadet fahrlässige Unkenntnis nicht; a. M.: wohl *Schimikowski,* r+s 1994, 52, der seinerseits allerdings *Späte* missversteht.

den[347]. Auf die konkreten Vorstellungen der Arbeiter, wie die Tätigkeit sich auf den Gesamtgegenstand der Bearbeitung auswirkt, kommt es nicht an[348]. Hieran hat die Neufassung nichts geändert.

88   Aus anderem Grunde zutreffend ist im Ergebnis das teilweise kritisierte Urteil[349] des LG Berlin[350] über die Beschädigung der **Vermörtelung der Tunneldecke einer U-Bahn durch das Abtragen der Straßenschwarzdecke.** Die Tunneldecke ist nämlich weder Auftragsgegenstand noch bei natürlicher Betrachtung eine Einheit mit dem Straßenbelag, so dass nur bei (bedingter) Kenntnis von schädigenden Auswirkungen kein Versicherungsschutz bestanden hätte. Heute käme es auf die offensichtliche Notwendigkeit von Schutzvorkehrungen an.

89   **d) Ausschluss und Folgeschäden.** Die Ausschlussklauseln § 4 I Nr. 6b AHB a. F. bzw. Ziff. 7.7 AHB beziehen sich auf Ansprüche „wegen Schäden an fremden Sachen" und erfassen deshalb unstreitig **nicht** Schadenersatzansprüche wegen **Personen- oder Sachschäden,** die als Folge des Sachschadens an dem Ausschlussobjekt eingetreten sind[351]. Verunfallt das mangelhaft reparierte Kfz, ist nur der Sachschaden an dem bearbeiteten Kfz ausgeschlossen, nicht aber die Schäden an anderen Sachen oder gar Personen.

90   **Streitig** für die Altfassungen bis 2002 ist, ob sich die Ausschlussklausel auch auf die **Vermögensschäden** erstreckt, die durch den ausgeschlossenen Sachschaden verursacht werden Diese sog. unechten Vermögens(folge)schäden, z. B. Kosten für Ersatzmiete, Produktionsausfall, andere Mehraufwendungen etc., sind grundsätzlich durch die Haftpflichtversicherung gedeckt, weil der gem. Ziff. 1. 1 AHB gewährte Versicherungsschutz sich auch auf unechte Vermögensschäden erstreckt, während die „reinen" Vermögensschäden besonders versichert werden müssen (Ziff. 2.1 AHB/§ 1 Nr. 3 AHB a. F.)[352]. Die ganz h. M. vertrat die Auffassung, dass Sachschaden wie unechter Vermögensfolgeschaden nicht nur haftungsrechtlich, sondern auch versicherungsrechtlich ein einheitliches Schicksal teilen würden und der Ausschluss des § 4 Ziff. I 6 AHB a. F. deshalb beide Schäden gleichermaßen erfasse[353]. Mit dem sog. Gabelstaplerfall hat der BGH demgegenüber entschieden, dass die Ausschlussklausel eng auszulegen sei, weshalb sich die **Ausschlusswirkung** auf den **unmittelbaren Sachschaden am Ausschlussobjekt beschränke,** während Folgeschäden, dort Kosten für Anmietung und Transport eines Ersatzgeräts, nicht vom Versicherungsschutz ausgeschlossen seien[354]. Diese Entscheidung ist zwar in der Literatur ganz überwiegend heftig kritisiert worden[355]; zu Recht hat der BGH aus AGB-rechtlichen Gründen jedoch an ihr festgehalten[356]. Die Behauptung eines einheitlichen Schicksals im Haftungs- wie im Deckungsverhältnis könnte nur dann überzeugen, wenn es für alle Folgeschäden gelten würde[357]; aber auch nach der Gegenauffassung sollen Personen- und Sachfolgeschäden gedeckt sein. Für diese Differenzierung zwischen Folgeschadensarten lassen sich zwar dogmatische Gründe anführen, sie kommen in

---

[347] Vgl. dazu OLG Hamm v. 16. 6. 1971, VersR 1973, 509; LG Mönchengladbach v. 6. 10. 1975, r+s 1976, 48 (49), die insgesamt einen Tätigkeitsgegenstand annehmen.

[348] BGH v. 30. 6. 1971, VersR 1971, 807 (808); OLG Hamm v. 16. 6. 1971, VersR 1973, 509.

[349] *Schimikowski,* r+s 1994, 52; *Büsken,* Allgemeine Haftpflichtversicherung, 4. Aufl. 2002, S. 65 f.

[350] LG Berlin v. 10. 8. 1993, r+s 1994, 51.

[351] BGH v. 26. 1. 1961, VersR 1961, 265; *Späte,* AHB § 4 Rn. 160 m. w. N.

[352] Vgl. dazu § 24 Rn. 32.

[353] Vgl. nur aus neuerer Zeit *Späte,* AHB, § 4 Rn. 161; *Schmalzl,* Betriebshaftpflichtversicherung Rn. 123 f., jeweils m. w. N.

[354] BGH v. 21. 9. 1983, VersR 1984, 252 (253).

[355] Z.B. *Honsell* VersR 1985, 3 ff.; *Schmalzl,* Betriebshaftpflichtversicherung, Rn. 123 f.; *Nickel,* VersR 1987, 965 (970); *Späte,* AHB, § 4 Rn. 161 m. w. N.

[356] BGH v. 12. 11. 1997, VersR 1998, 228 (229); BGH v. 17. 3. 1999, VersR 1999, 748; BGH v. 11. 12. 2002, VersR 2003, 236 = ZfBR 2003, 242 (244); zustimmend OLG Koblenz v. 8. 7. 1994, VersR 1995, 1083 f.; *Bayer,* VersR 1999, 813 (815); *Littbarski,* Haftungs- u. VersR, Rn. 486.

[357] Dafür früher z. B. *Wehn/Schmidt,* Die neue Fassung der Obhuts- und Bearbeitungsklausel in der Allgemeinen Haftpflichtversicherung, 2. Aufl. 1953, S. 36 und z. T. *E. Prölss,* JZ 1957, 580.

§ 4 Ziff. I 6 AHB a. F. aber für den durchschnittlichen VN nicht hinreichend deutlich zum Ausdruck.

Mit der **Neufassung 2002** hat sich die Rechtslage jedoch wieder geändert. Die VR haben   91 die vermisste Klarstellung in § 4 Ziff. I 6 AHB 2002 bzw. nun in Ziff. 7.7 AHB nachgeholt und die **Ausschlusswirkung** ausdrücklich auf **„alle sich daraus ergebenden Vermögensschäden"** erstreckt. Damit haben sie die Ausschlusswirkung aber über den nach ihrer Auffassung schon bisher ausgeschlossenen Bereich erweitert. Ausgeschlossen sein sollten nämlich nur die unmittelbaren Vermögensfolgeschäden, die Verlust, Wertminderung oder entgangenen Nutzen der Sache kompensieren; diese unmittelbaren Vermögensfolgeschäden werden „als Schadenseinheit" mit dem Sachschaden angesehen[358]. Entgeht demgegenüber dem Eigentümer des fehlerhaft reparierten Kfz aufgrund des Unfalls ein Geschäft, so hätte dieser mittelbare Vermögensfolgeschaden[359] nach der bisherigen Argumentation gedeckt sein müssen, wäre es nach der neuen Fassung aber nicht mehr. Da **alle** sich daraus ergebenden Vermögensschäden ausgeschlossen sein sollen, erfasst der Wortlaut sogar den (bisher unstreitig gedeckten) Verdienstausfall eines verletzten Unfallbeteiligten. Wenn man die sich aus dem Sachschaden „ergebenden" Vermögensschäden nicht enger als im Haftungsrecht auslegen kann, dürfte dieser Ausschlussumfang eine unangemessene Verkürzung des Versicherungsschutzes sein[360].

4. Hilfspersonenklausel

Die Tätigkeitsklausel ist, wie die Besitzklausel, auch dann anzuwenden, wenn ihre Voraus-   92 setzungen in der Person von **Angestellten, Arbeitern,** Bediensteten, Bevollmächtigten oder Beauftragten des VN erfüllt werden, wobei dieser Katalog abschließend ist und damit nicht z. B. auf Angehörige erweitert werden kann[361], sog. Hilfspersonenklausel nach dem Zusatz zu Ziff. 7.6 und 7.7 AHB (§ 4 Ziff. I 6 Abs. 2 AHB a. F.). Die Begriffe der Angestellten und Arbeiter sind im arbeitsrechtlichen Sinn auszulegen. **Bedienstete** sollen nach weit verbreiteter Meinung diejenigen sein, die Dienste höherer Art nach § 611 Abs. 2 BGB leisten, wie Ärzte, Anwälte etc.[362]. Das ist mit dem heutigen Sprachverständnis nicht zu vereinbaren[363], wonach Bedienstete eher mit Dienstboten gleichzusetzen sind. Erfasst werden damit Personen, die für den VN Arbeiten und Dienste erbringen, ohne Arbeiter zu sein, z. B. Gärtner, Putzhilfen etc[364]. **Bevollmächtigte** sind entsprechend der insoweit auch das allgemeine Verständnis prägenden Rechtssprache nur rechtsgeschäftlich Bevollmächtigte, nicht aber gesetzliche Vertreter. Für die von der h. M.[365] vorgenommene extensive Auslegung besteht kein Bedarf, zumal gesetzliche Vertreter jedenfalls Repräsentanten wären.

Schwierigkeiten bereitet der Praxis der konturlose **Begriff des Beauftragten.** Hierfür soll   93 jegliche vom VN veranlasste oder zumindest gebilligte Tätigkeit eines Dritten ausreichen, egal ob selbstständig oder unselbstständig, ob entgeltlich oder unentgeltlich[366]. Erörtert werden

---

[358] So wohl *Späte,* AHB, § 4 Rn. 161; *Schmalzl,* Betriebshaftpflichtversicherung Rn. 123; argumentativ ähnlich *Hübner,* VersR 1985, 810 (812).

[359] Vgl. zum mittelbaren Vermögensschaden BGH v. 21. 2. 1957, BGHZ 23, 349 (352 f.); BGH v. 25. 9. 1985, VersR 1985, 1153; *Littbarski,* AHB, § 4 Rn. 495 ff.

[360] Eine solche Lücke im Versicherungsschutz wird dem VN nicht hinreichend verdeutlicht, vgl. dazu BGH v. 12. 12. 2002, VersR 2003, 826 (827).

[361] *Späte,* AHB, § 4 Rn. 164.

[362] *Späte,* AHB, § 4 Rn. 163; *Bruck/Möller/Johannsen,* VVG, IV, Anm. G 200; *Wehn/Schmidt* (Fn. 357), S. 39; einschränkend auf ständige Dienstverhältnisse *Wussow,* AHB, § 4 Anm. 70.

[363] Insoweit richtig *Littbarski,* AHB, § 4 Rn. 294; soweit *Littbarski* diese Personen dennoch als Bedienstete einordnen will, um sie gegenüber den anderen genannten Personengruppen abzugrenzen, verkennt er die Grundsätze der Auslegung von AVB und verstößt gegen seine Prämisse der abschließenden Aufzählung.

[364] Vgl. *Duden,* Das große Wörterbuch der Deutschen Sprache, Bd. 1, 3. Aufl. 1999; so wohl auch *Schmalzl,* Betriebshaftpflichtversicherung, Rn. 109.

[365] *Littbarski,* AHB, § 4 Rn. 295; *Späte,* AHB, § 4 Rn. 163; *Bruck/Möller/Johannsen,* VVG, IV, Anm. G 215.

[366] *Littbarski,* AHB, § 4 Rn. 296; *Späte,* AHB, § 4 Rn. 163.

Beispielsfälle, die das Verständnis des durchschnittlichen VN vom Klauselumfang eindeutig sprengen. So soll – entgegen der obigen Ausführungen – der vom VN wegen Krankheit „mittels Dienstvertrages" konsultierte Arzt „Bediensteter" sein und, wenn der VN zufällig das angemietete Kfz des Arztes beschädigt, die Besitzpersonenklausel i. V. m. der Hilfspersonenklausel einschlägig sein können. Versicherungsschutz soll aber (ausnahmsweise) dennoch bestehen, weil der VN zu der von seinem Bediensteten angemieteten Sache „in keinerlei Beziehung" steht[367]. Gleiches soll gelten, wenn der VN auf einer Geburtstagsfeier seines Angestellten dessen angemietete Räumlichkeiten beschädigt[368]. Es stellt sich die Frage, ob diese Meinung den Versicherungsschutz verneinen würde, wenn der VN mit der Sache in einer Beziehung steht, z. B. den vom Arzt geleasten Behandlungsstuhl beschädigt oder das zum Trunk gereichte Glas des von seinem Angestellten engagierten Cateringunternehmens[369]. Diese Beispiele zeigen, dass der Begriff des Beauftragten zu abstrakt und zu weit ausgelegt wird. So sollen Subunternehmer generell nicht dem von der Hilfspersonenklausel erfassten Personenkreis zugerechnet werden[370], was bedeuten würde, dass der Ausschluss der Tätigkeitsklausel nicht eingriffe, wenn der VN die fremde Sache nicht selbst, sondern durch einen Subunternehmer bearbeiten (und beschädigen) ließe, obwohl sowohl Wortlaut als auch Sinn und Zweck für eine Anwendung der Ausschlussklausel sprechen.

94   Die h. M. verkennt, dass der Begriff des Beauftragten nur Kontur gewinnt und damit auch einer AGB-rechtlichen Kontrolle standhält, wenn er im **Hinblick auf Sinn und Zweck der beiden Ausschlussgründe** der Besitzklausel und Tätigkeitsklausel **einschränkend ausgelegt** wird. Eine **generelle Klassifizierung,** wie Subunternehmer seien keine Hilfspersonen, **ist dabei nicht möglich,** zumal die Hilfspersonenklausel in Bezug auf die Besitzklausel eine völlig andere Zielrichtung verfolgt als im Hinblick auf die Tätigkeitsklausel. Zweck der Besitzklausel ist es zu verhindern, dass ein Unternehmer, der für eigene Sachen Versicherungsschutz nicht genießt, statt dessen Mietgegenstände nutzt und diesen nur geringe Sorgfalt widmet, weil deren Beschädigungen durch Versicherungsleistungen ausgeglichen werden können. Zweck der Ausdehnung des Ausschlusses auf Hilfspersonal ist es, eine Umgehung dieses Ausschlusses dadurch, dass die Anmietung etc. nicht durch den VN, sondern durch seine Hilfspersonen erfolgt, zu verhindern[371]. Im Bezug auf die Tätigkeitsklausel dient demgegenüber die Hilfspersonenklausel der Erstreckung des Versicherungsausschlusses auf den VN, wenn ein Tätigkeitsschaden durch seine Hilfspersonen verursacht wurde[372]. Die Hilfspersonen selbst genießen, soweit sie Mitversicherte sind[373], keinen Versicherungsschutz, da sie hinsichtlich des Risikoausschlusses über Ziff. 27 AHB (§ 7 Ziff. 1 AHB a. F.) dem VN gleichgestellt werden. Regelmäßig wird jedoch der Geschädigte nicht die unmittelbar tätige Hilfsperson in Anspruch nehmen, sondern den VN als Betriebsinhaber und Vertragspartner. Da jedoch weder der VN noch seine Repräsentanten selbst tätig geworden sind, wird durch die Hilfspersonenklausel deren Ausschluss auf ihn erstreckt. Diese Unterschiede führen dazu, dass ein **Subunternehmer i. d. R. nicht „Beauftragter" im Bezug auf den Besitz** sein wird, **wohl aber im Bezug auf die Tätigkeit.** Hinsichtlich der Tätigkeit soll der VN auch dann keinen Versicherungsschutz haben, wenn er die Bearbeitung nicht durch eigene Arbeitnehmer durchführen lässt, sondern durch selbstständige Subunternehmer. Der Subunternehmer ist deshalb der mit der Tätigkeit Beauftragte. Beschädigt andererseits der VN das vom Subunternehmer für dessen eigene Ar-

---

[367] *Späte,* AHB, § 4 Rn. 165; *Wussow,* AHB, § 4 Anm. 67; *Schmalzl,* Betriebshaftpflichtversicherung, Rn. 109 f. verlangt eine „zweckdienliche Beziehung zum versicherten Haftpflichtrisiko".

[368] *Bruck/Möller/Johannsen,* VVG, IV, Anm. G 200.

[369] Nach *Späte,* AHB, § 4 Rn. 165, greift über die genannten Beispielsfälle hinaus die Hilfspersonenklausel immer dann ein, wenn die von den Hilfspersonen besessenen Sachen „in irgend einer Form dem VN dienen, also im Zusammenhang mit dem versicherten Risiko selbst stehen".

[370] *Littbarski,* AHB, § 4 Rn. 291; *Prölss/Martin/Voit/Knappmann,* VVG, § 4 AHB Rn. 73.

[371] OLG Karlsruhe v. 18. 1. 1990, VersR 1990, 845; *Prölss/Martin/Voit/Knappmann,* VVG, § 4 AHB Rn. 73.

[372] *Späte,* AHB, § 4 Rn. 166.

[373] Vgl. dazu Rn. 24 ff.

beit angemietete Gerät, so wird die Haftpflichtdeckung ebenso wenig durch die Besitzklausel ausgeschlossen, als wenn das vom VN beschädigte Gerät dem Subunternehmer selbst gehört[374]. Beauftragt demgegenüber der VN den Subunternehmer mit der Anmietung von Baugerät für seine eigenen Zwecke, greift die Hilfspersonenklausel wieder ein. **Entscheidend ist also, ob die Beauftragung zum Zwecke der Besitzhaltung oder zum Zwecke der Tätigkeit erfolgte.** Dann ist der Subunternehmer Beauftragter im Sinn der Hilfspersonenklausel.

5. Herstellungs- und Lieferungsklausel der Ziff. 7.8 AHB (§ 4 Ziff. II 5 AHB a. F.)

Nach Ziff. 7.8 AHB sind „**Haftpflichtansprüche** wegen Schäden an vom VN **hergestell-**   **94a** **ten und gelieferten Sachen, Arbeiten** oder sonstigen Leistungen infolge einer in der Herstellung, Lieferung oder Leistung liegenden Ursache und alle sich daraus ergebenden Vermögensschäden" ausgeschlossen. Bei diesem Ausschluss stellt sich die Frage der **Abgrenzung zur Erfüllungsklausel,** die ja Erfüllungsansprüche, Nacherfüllungsansprüche und andere Erfüllungsersatzansprüche bereits auf der primären Risikobegrenzungsebene vom Versicherungsschutz ausnimmt. Früher wurde die Herstellungs- und Lieferungsklausel deshalb als Spezialfall der Erfüllungsklausel angesehen[375]. Das ist historisch zwar teilweise berechtigt, da diese Klausel deutlich älter ist[376] und mit dem Gedanken der Unversicherbarkeit des Unternehmerrisikos begründet wurde[377]. Historische Argumente sind bei der Auslegung von AVB aber unzulässig[378]. Systematisch ist ein derartiges Spezialitätsverhältnis heute eindeutig nicht richtig. Denn die Herstellungs- und Lieferklausel kann als sekundäre Risikobegrenzung vertragliche Erfüllungsansprüche gerade nicht betreffen. Vor Einführung der Erfüllungsklausel konnte sie wegen der unklaren Systematik des § 4 AHB a. F. auch Erfüllungsansprüche umfassen. Nach Einführung der Erfüllungsklausel 1949 lag der praktische Anwendungsbereich der Klausel gerade darin, auch mögliche deliktische Ansprüche wegen Sachschäden an gelieferten Sachen, z. B. im Rahmen der Produkthaftpflicht, auszuschließen[379]. Streitig war, ob wegen der fehlenden Abstimmung der beiden Klauseln beide hinsichtlich der Erfüllungsansprüche kumulativ anwendbar bleiben[380] oder § 4 Ziff. II 5 AHB a. F. wegen der primären Risikoausgrenzung der Erfüllungsanschlüsse gar nicht mehr anwendbar ist[381]. Zumindest heute besteht hinsichtlich der vertraglichen Erfüllungsansprüche keine Anwendungskonkurrenz, da nun die Erfüllungsansprüche durch Ziff. 1.2 AHB von vornherein aus dem Anwendungsbereich der Haftpflichtversicherung ausgeschlossen sind und deshalb nach der Begriffsbildung der AHB keine Haftpflichtansprüche i. S. der sekundären Risikoausschlüsse der Ziff. 7 AHB sind. Bedeutung erlangt diese Frage, nachdem durch die AHB 2004 der Ausschluss der Ziff. 7.8 AHB sich auch auf alle Vermögensschäden erstreckt und deshalb bei kumulativer Anwendung den mangelbedingten Nutzungsausfall anderer Sachen als die hergestellte/gelierte Sache – anders als Ziff. 1.2 (3) AHB – erfassen könnte (vgl. Rn. 50a).

Gegenständlich beschränkt sich der Ausschluss der Herstellungs- und Lieferungsklausel auf   **94b** den Ersatz von Sachschäden an den hergestellten oder gelieferten Sachen. **Personenschäden** aufgrund von mangelhaften Produkten oder Sachschäden an anderen Sachen **(Sachfolge-**

---

[374] OLG Karlsruhe v. 18. 1. 1990, VersR 1990, 845.

[375] *Diederichsen* VersR 1971, 1077 (1094); *Hübner* VersR 1985, 810 (811, 813).

[376] Die Klauselfassung der AHB bis 1999 stammt aus dem Jahre 1920 und hatte seit 1912 eine vergleichbare Vorgängerklausel, vgl. *Späte,* AHB, § 4 Rn. 251.

[377] *Maier-Sieg,* Der Folgeschaden, 2000, S. 298 ff. m. w. N.

[378] Vgl. § 10 Rn. 212.

[379] *Späte,* AHB, § 4 Rn.

[380] Dafür die bislang h. M.: OLG Köln v. 23. 6. 1983, VersR 1985, 933; OLG Koblenz v. 21. 12. 1998, VersR 2000, 94 (95); *Hübner* VersR 1985, 810 (811); *Littbarski,* AHB, § 4 Rn. 477 ff. m. w. N.

[381] Dafür Späte, AHB, § 4 Rn. 251 m. w. N. *Schmalzl* FS Korbion (1986), S, 371 (387 f.) geht davon aus, dass formell Erfüllungsansprüche aus dem Anwendungsbereich der Herstellungsklausel ausgenommen sind und will die Klausel nur dann auf Erfüllungsansprüche anwenden, wenn ausnahmsweise der Erfüllungsausschluss nicht vereinbart wurde. Der BGH spricht in der Hallenbauentscheidung ein solchen vorrangigen Ausschluss an, kann ihn aber dahinstehen lassen, BGH v. 21. 2. 1957, VersR 1957, 213.

schaden) bleiben damit gedeckt. Der Ausschluss bezieht sich nur auf Haftpflichtansprüche, weil Erfüllungsansprüche gemäß Ziff. 1.2 von vornherein nicht Gegenstand des Versicherungsschutzes sind. Erfasst werden damit vertragliche Schadenersatzansprüche, die das Integritätsinteresse schützen, und deliktische Ansprüche. Da die Herstellung einer mangelhaften Sache noch keinen Sachschaden darstellt[382], bezieht sich der Ausschluss auf Schadenersatzansprüche, die darauf gestützt werden, dass der Mangel fortwirkt und über seine bloße Existenz weitere Schäden am Herstellungs- oder Lieferungsgegenstand verursacht haben[383]. Im Rahmen der Reichweite des § 4 Ziff. II 5 AHB a. F. wurden dabei vor allem zwei Streitfragen diskutiert, nämlich inwieweit der Ausschluss auch Vermögensfolgeschäden erfasst und inwieweit er für sog. Weiterfresserschäden gilt.

94c   Der BGH hatte die Reichweite der Altklausel entsprechend ihres Wortlauts („Schäden, die **an** den … Sachen") auf den Sachschaden begrenzt. Als Teil des Schadens an den Sachen wird neben dem Substanzschaden auch der mangelbedingte Wertverlust sowie **Bergungskosten, Gutachterkosten** und **Nutzungsausfall** dieser Sachen angesehen. Darüber hinaus gehende **mittelbare Vermögensfolgeschäden** wie Nutzungsausfall an anderen Sachen oder Aufräumkosten hat der BGH aber als gedeckt angesehen[384], was erhebliche Kritik in der versicherungsrechtlichen Literatur hervorgebracht hatte[385]. Nach der Gabelstabler-Entscheidung[386] wurde diskutiert, ob nicht der Nutzungsausfall des Leistungsobjekts konsequenterweise auch bei § 4 Ziff. II 5 AHB a. F. wieder vom Ausschlussumfang ausgenommen werden müsste[387]. Alle streitigen Fragen zu (mittelbaren) Vermögensfolgeschäden haben sich durch die Neuregelung 2002 erledigt. Nunmehr umfasst der Ausschluss eindeutig „alle sich daraus ergebenden Vermögensschäden". Er ergreift aber nur die – auch mittelbaren – Vermögensfolgeschäden des ausgeschlossenen Sachschadens, nicht aber Vermögensfolgeschäden eines durch den Sachschaden verursachten Sachfolgeschaden. Dieser Vermögensschaden beruht zwar auch kausal auf dem ersten Sachschaden, gehört aber nach Ziff. 1.1 AHB als Teil zum gedeckten Sachfolgeschaden ebenso wie der Vermögensfolgeschaden bei Personenschäden Teil des gedeckten Personenschadens ist.

94d   Nicht erfasst vom Ausschluss wurden und werden **Mangelfolgeschäden**[388]. Sie sind gedeckte Sachfolgeschäden. Streitig war früher die Behandlung der sog. **Weiterfresserschäden** („Schwimmerschalter-Fall")[389], bei denen ein geliefertes Einzelteil schadhaft ist und dadurch die im übrigen mangelfreie Gesamtanlage beschädigt. Die Reichweite der Klausel hing davon ab, ob man unter „Sachen" nur das mangelhafte Einzelteil[390] oder die Gesamtsache[391] verstehen wollte. Diese mangels höchstrichterlicher Rechtsprechung offen gebliebene Frage hat sich mit der Ergänzung der Herstellungs- und Lieferungsklausel 2004 erledigt. Der Ausschluss ist nunmehr auch dann anwendbar, wenn ein mangelhaftes Einzelteil zur Beschädigung der Gesamtsache führt. Das ist von den **Zulieferfällen** zu unterscheiden, bei denen der VN nur ein Einzelteil liefert oder einbaut. Beschädigt das Einzelteil die „Gesamtsache", handelt es sich um versicherte Mangelfolgeschäden, da die „Gesamtsache" ja vom VN weder geliefert noch hergestellt wurde[392]. Erstellt der VN demgegenüber aus Zulieferteilen selbst eine Gesamtsa-

---

[382] Vgl. § 25 Rn. 25 f. sowie insbesondere § 35 Rn. 235 ff. zur Maschinenversicherung und § 36 Rn. 41 a zur Bauleistungsversicherung.
[383] *Späte,* AHB, § 4 Rn. 253
[384] BGH v. 21. 2. 1957, VersR 1957, 213 (215)
[385] *Bruck/Möller/Johannsen,* VVG, IV Anm. G 253; *Honsell,* VersR 1985, 3 (6 f.); *Hübner,* VersR 1985, 810 f.
[386] Vgl. dazu Rn. 90.
[387] *Späte,* AHB, § 4 Rn. 258.
[388] Vgl. dazu Rn. 41 f.
[389] BGH v. 24. 11. 1976, NJW 1977, 379.
[390] *Littbarski* FS Korbion (1986), S. 269 (281); vgl. auch *Littbarski,* AHB, § 4 Rn. 506 ff.; wohl auch *Späte,* AHB, § 4 Rn. 264
[391] *Schmidt-Salzer/Thürmann,* Produkthaftung, Rn. 8.243.
[392] *Späte,* AHB, § 4 Rn. 260.

che, so ist sie insgesamt Ausschlussobjekt. Bei der Bestimmung des Leistungsgegenstandes als Kriterium für die Reichweite des Ausschlusses bei mehreren Leistungsbeziehungen gelten die gleichen Abgrenzungskriterien wie bei der Erfüllungsklausel[393]. Liefert der VN andererseits mehrere selbstständige Sachen, z. B. mehrere Maschinen, und wird aufgrund eines Mangels bei einer Maschine nicht nur diese, sondern auch eine weitere beschädigt, z. B. durch übergreifendes Feuer, so besteht hinsichtlich des zweiten Maschine Versicherungsschutz, soweit sie nicht „Einzelteil" einer Gesamtsache ist[394].

6. Ausschlüsse in Besonderen Bedingungen

a) Einführung. In vielen Versicherungsverträgen beginnen die Risikoausschlüsse in den   **95** Besonderen Bedingungen für eine Betriebshaftpflichtversicherung aufgrund einer entsprechenden Konditionenempfehlung des GDV mit einer **Generalklausel,** wonach von der Versicherung ausgenommen und besonders zu versichern ist, was nicht nach dem Antrag ausdrücklich in die Versicherung gegeben oder nach den besonderen Bedingungen oder Erläuterungen ohne besonderen Beitrag mitversichert ist. Im Mustertarif 2000[395] und 2005 wird eine solche Regelung zur Einleitung ausgeschlossener Risiken in Ziff. 7.4.2 verwandt. Eine solche Regelung verletzt das Transparenzgebot, und zwar erst recht, wenn man sie mit der ersten benannten Risikobegrenzung zusammen liest, wonach vom Versicherungsschutz Tätigkeiten ausgenommen sind, die weder dem versicherten Betrieb oder Beruf eigen noch sonst dem versicherten Risiko zuzurechnen sind[396]. Zwar gilt in der Haftpflichtversicherung das Prinzip der Spezialität. Das besagt aber nur, dass nicht jede betriebliche Betätigung versichert ist, sondern nur die im Versicherungsvertrag deklarierte. Hinsichtlich des versicherten Risikos werden dann allerdings grundsätzlich **alle Haftpflichtgefahren** gedeckt, und zwar auch untypische oder ungewöhnliche[397]. Dieser Grundsatz wird durch eine solche Generalklausel und die ergänzende Anforderung, dass die versicherten Tätigkeiten dem Beruf „eigen" sein müssen, in sein Gegenteil verkehrt und damit für den durchschnittlichen VN unzulässig verdeckt und verfälscht[398]. Die gebotene Klarheit wird nicht dadurch wieder hergestellt, dass der Ausschluss auch das maßgebliche Kriterium der **Zurechenbarkeit zum versicherten Risiko** nennt; die Weite der Zurechenbarkeit – es reicht aus, dass die Tätigkeit dem Betrieb mittelbar dient[399] – wird durch den Kontext missverständlich eingegrenzt. Für den Umfang des versicherten Risikos einschließlich der damit im Zusammenhang stehenden Hilfs- und Nebentätigkeiten gelten uneingeschränkt die oben gemachten Ausführungen[400], wobei auch Risikoerhöhungen und -erweiterungen grundsätzlich vom Versicherungsschutz – allerdings gegen zusätzliche Prämie – mit umfasst werden[401].

b) Überlassungen an Betriebsfremde. Ausgeschlossen wird in älteren BBR die Haft-   **96** pflicht aus dem **Überlassen von selbstfahrenden Arbeitsmaschinen**[402] und der **Abgabe von Kraft** an betriebsfremde Dritte. Der Begriff „Abgabe von Kraft" ersetzt die früher übliche Formulierung der Abgabe von Wärme, Strom, Gas und Wasser[403] und schränkt sie

---

[393] OLG Koblenz v. 29. 10. 1999, VersR 2000, 755 (756); vgl. näher oben Rn. 44, 46.

[394] *Schmidt-Salzer/Thürmann,* Produkthaftung, Rn. 8.224; *Späte,* AHB, § 4 Rn. 261.

[395] Abgedruckt bei *Prölss/Martin/Voit/Knappmann,* Betriebshaftpfl. Ziff. 7.

[396] Ziff. 7.4.2.1 Des Mustertrarifs, abgedruckt bei *Prölss/Martin/Voit/Knappmann,* Betriebshaftpfl. Ziff. 7.4.

[397] OLG Hamm v. 9.7. 1975, VersR 1976, 233; *Prölss/Martin/Voit/Knappmann,* Betriebshaftpfl. Ziff. 7.1.1 Rn. 6.

[398] *Prölss/Martin/Voit/Knappmann,* VVG, Betriebshaftpfl. Ziff. 7. 4 Rn. 2, betont auch den Grundsatz, meint aber dass die Formulierung, insb. das Wort „ausdrücklich", nur die Bedeutung der Beschreibung hervorhebe, ohne der zutreffenden Auslegung des VV entgegenzustehen. Das verkennt die Anforderungen des Transparenzgebotes an Richtigkeit und Klarheit einer Klausel.

[399] Siehe oben Rn. 2.

[400] Siehe oben Rn. 9 ff.

[401] Siehe hierzu Rn. 13 ff.

[402] Zu selbstfahrenden Arbeitsmaschinen vgl. Rn. 103 f.

[403] Vgl. Klausel bei *Prölss/Martin/Voit,* VVG, 26. Aufl., Betriebshaftpfl. Nr. 4.

auch ein, da nicht mehr die Energie- oder Wasserlieferung als solche ausgeschlossen ist, sondern nur noch von Kraft im physikalischen Sinn.

97 **c) Explosive Stoffe.** Ausgeschlossen wird regelmäßig die Herstellung, Verarbeitung und Beförderung von **Sprengstoffen,** ihre Lagerung zu Großhandelszwecken sowie das Veranstalten oder Abbrennen von **Feuerwerken**[404]. Nach dieser sog. Explosivschadensklausel sind der Gebrauch von Sprengstoffen und die Lagerung für eigene Zwecke bzw. zu Einzelhandelszwecken ebenso wenig ausgeschlossen wie Tätigkeiten mit anderen Explosivstoffen (wie explosive chemische Substanzen oder Gase[405])[406] oder Munition. Voraussetzung für einen Deckungsschutz ist selbstverständlich, dass die Verwendung dem versicherten Risiko dient. Bei Altverträgen ist zu beachten, dass genehmigungsbedürftige Tätigkeiten mit explosiblen[407] Stoffen von der Vorsorgeversicherung für neue Risiken – nicht von der (Haupt)versicherung[408] – nach § 2 Ziff. 3b AHB a. F. ausgeschlossen sind.

98 **d) Bahnen.** Generell ausgeschlossen ist auch das Risiko aus dem **Besitz oder Betrieb von Bahnen**[409]. Dieser Ausschluss ergänzt die „Grosse Kraft- und Wasserfahrzeugklausel"[410] und die Luftfahrzeugklausel, die Bahnen nicht erfassen. „Bahnen" sind dabei nicht nur schienengebundene Fahrzeuge (Eisenbahnen), sondern alle Beförderungsmittel für Personen oder Sachen, die an feste Bahnen (Schienen, Gleise, Seile) gebunden sind wie Kleinbahnen, aber auch Schwebe- oder Seilbahnen bzw. Sessellifte[411]. Notwendig ist, dass sich das Beförderungsmittel selbst, ggf. auch von Hand (z. B. Grubenbahnen), bewegt, so dass Rolltreppen oder Personentransportbänder nicht Bahnen sind[412]. Während früher Seil-, Schwebe- und Feldbahnen zum Sachtransport auf Betriebsgrundstücken vom Ausschluss wieder rückausgenommen waren[413], gilt der Ausschluss heute uneingeschränkt, so dass auch eine Kranbahn hierunter fallen müsste[414]. Bei einem schienengebunden Laufkran wird es von der Länge der Schienenanlage abhängen, ob eine Bahn vorliegt[415]. Da dieser Umfang des Bahnbegriffs dem VN bei normaler Durchsicht des Bedingungswerks nicht ohne weiteres deutlich wird, treffen den VR hier im Einzelfall besondere Aufklärungspflichten. Unabhängig davon sollte der nicht feststehende und selbsterklärende Begriff der Bahn in den Bedingungen erläutert werden. Erfasst wird durch den Ausschluss die Bahnanlage insgesamt, d. h einschließlich der zugehörigen Fahrzeuge[416].

99 **e) Große Benzinklausel.** Den praktisch wichtigsten Ausschluss stellt die sog. „**Große Kraft- und Wasserfahrzeugklausel**", auch „**Große Benzinklausel**" genannt, dar. Sie soll die Abgrenzung vor allem zu dem der Kfz-Haftpflicht vorbehaltenen Kfz-Haftpflichtrisiko sicherstellen. Insoweit sehen die AHB selbst keinen generellen Ausschluss vor, sondern schließen das Risiko aus dem Halten oder Führen von Luft-, Kraft- und Wasserfahrzeugen nur im Rahmen der Risikoerhöhungen (Ziff. 3.1 (2) AHB/§ 1 Ziff. 2b AHB a. F.) und in der Vorsorgeversicherung (Ziff. 4.3 (1) AHB/§ 2 Ziff. 3a, c AHB a. F.) aus. Der generelle Ausschluss er-

---

[404] Vgl. Klausel bei *Prölss/Martin/Voit/Knappmann*, VVG, Betriebshaftpfl Ziff. 7.4.2,4

[405] Vgl. dazu *Späte*, AHB, § 2 Rn. 27.

[406] Das ergab sich früher auch aus der Gegenüberstellung zu § 2 Ziff. 3b AHB a. F.

[407] In früheren Fassungen hieß es noch „explosive" Stoffe. Der neue Wortlaut soll hervorheben, dass nicht nur Stoffe erfasst werden, deren bestimmungsgemäße Verwendung in der Herbeiführung einer Explosion liegt, sondern alle Stoffe, die geeignet sind, unmittelbar und ohne weitere Nebenreaktion die Ursache einer Explosion zu bilden, so schon *Wussow*, AHB, § 2 Anm. 27.

[408] *Späte*, AHB, § 2 Rn. 27.

[409] Vgl. Klausel bei *Prölss/Martin/Voit/Knappmann*, VVG, Betriebshaftpfl. Ziff. 7.4.2.5.

[410] Siehe unten Rn. 99 ff.

[411] Vgl. umfassend *Voit*, NJW 1993, 1889 (1890 f.); *Bruck/Möller/Johannsen*, VVG, IV Anm. G. 134.

[412] *Voit*, NJW 1993, 1989 (1990).

[413] Vgl. *Prölss/Martin/Voit/*, VVG, 26. Aufl., Betriebshaftpfl. Nr. 4.

[414] *Voit*, NJW 1993, 1989 (1990), will einen schienengebunden Laufkran nicht als Bahn einordnen.

[415] Nach *Voit*, NJW 1993, 1889 (1890) ist jedenfalls Voraussetzung „eine nennenswerte Strecke" der Bahnanlage.

[416] *Voit*, NJW 1993, 1989 (1990).

folgt dann in der Privathaftpflichtversicherung durch die sog. kleine Benzinklausel[417] und in der Betriebshaftpflichtversicherung durch die große Benzinklausel. Diese beiden Klauseln unterscheiden sich vor allem in zwei Punkten: Der eine wesentliche Unterschied ist, dass die kleine Benzinklausel lediglich die Haftpflicht in den enumerativ aufgezählten Funktionen ausschließt, nämlich als Eigentümer, Besitzer, Halter oder Führer eines Fahrzeugs, während die große Benzinklausel den Fahrzeuggebrauch auch in sonstiger Eigenschaft erfasst, z. B. als Ladegehilfe oder Beifahrer. Die das Fahrzeug Gebrauchende müssen nicht (Mit)Versicherte sein, sondern es reicht aus, dass sie von einem (Mit)Versicherten zum Gebrauch bestellt oder beauftragt worden sind. Ein zweiter Unterschied besteht auch in der Ausschlusswirkung. Der Ausschluss der großen Benzinklausel wirkt, wenn er in einer Person verwirklicht wird, auch gegenüber allen anderen Versicherten. Dadurch sollen Schäden durch den Fahrzeuggebrauch ausschließlich der Fahrzeughaftpflicht zugeordnet werden, und zwar auch dann wenn der VN nur als Geschäftsherr nach § 278 BGB für den Schaden in Anspruch genommen wird, den z. B. sein Erfüllungsgehilfe bei der Auslieferung durch ein Kfz verursacht hat.

Die große Benzinklausel soll – wie die kleine – einerseits einen **Anschluss an die Fahrzeug-** **100** **versicherung möglichst ohne Deckungslücken** erreichen und andererseits Doppelversicherungen ausschließen[418]. Das wird zum einen dadurch erreicht, dass der Ausschlussgrund „durch den Gebrauch" spiegelbildlich der Versicherungsfalldefinition in der Fahrzeughaftpflicht entspricht, vgl. § 10 AKB. Dieser Begriff wird in der KfZ-Versicherung sehr weit ausgelegt und umfasst Ladevorgänge, Wasch-, Pflege- und Reparaturarbeiten, einschließlich der zugehörigen Vorbereitungsmaßnahmen wie das Ein- und Ausstecken des Reinigungsgeräts[419], aber auch das Wegschieben anderer Gegenstände zur Schaffung von Parkraum für das Kfz[420]. Faktisch werden damit fast alle Fälle erfasst, bei denen ein Kfz an der Schadensentstehung beteiligt ist. Wegen der Einzelheiten muss auf die entsprechenden Ausführungen zur kleinen Benzinklausel und zur Kfz-Versicherung verwiesen werden[421]. Ob der weite Gebrauchsbegriff der KfZ-Haftpflichtversicherung in jedem Fall für die Reichweite der Benzinklausel maßgeblich ist, ist durch eine neuere Entscheidung des BGH zur kleinen Benzinklausel fraglich geworden. Wenn der VN den Inhalt der Bedingungen der KfZ-Haftpflichtversicherung nicht kennen muss[422], ist die Benzinklausel nur nach ihrem aus den AHB erkennbaren Sinn und Zweck auszulegen. Der Ausschluss erfasst dann nur das typische KfZ-Gebrauchsrisiko, nicht aber Risiken aus der Verwendung anderer Gegenstände im Zusammenhang mit dem KfZ, z. B. bei der Beschädigung eines KfZ bei dem Versuch, die Scheiben durch einen Heizlüfter von Frost zu befreien[423].

Im Rahmen der Betriebshaftpflichtversicherung wird die Abgrenzung zur Kfz-Haftpflicht **101** insbesondere dann fraglich, wenn nicht der Gebrauch des Kfz selbst im Vordergrund steht, sondern ein **fehlerhaftes betriebliches Verhalten.** Wird eine Kellerwand mittels einer Planierraupe ohne ausreichende Abstützung zu stark hinterfüllt, so dass sie durch den Erddruck umkippt, hat sich in erster Linie nicht deren Betriebsgefahr realisiert, sondern die Haftpflichtgefahr des fehlerhaft durchgeführten Hinterfüllungsvorgangs[424]. Die Wand wäre ohne ausreichende Abstützung bei jeder Art der Hinterfüllung, unabhängig vom Gerät, eingestürzt. Entsprechendes gilt für den Bauleiter, der ein Fahrzeug auf der Baustelle unrichtig einweist und hierdurch einen Schaden verursacht[425]. Hier besteht eine reichhaltige Kasuistik, auf die aber

---

[417] Vgl. dazu oben § 24 Rn. 101.

[418] BGH v. 26. 3. 1986, VersR 1986, 537; OLG Hamm v. 9. 12. 1988 VersR 1989, 696; *Späte,* AHB, Teil C IV, Rn. 1; zur kleinen Benzinklausel vgl. BGH 14. 12. 1988, VersR 1989, 243; BGH v. 16. 1. 1991, VersR 1992, 47.

[419] LG Hamburg v. 26. 9. 1987, VersR 1988, 260; *Wussow,* VersR 1996, 668.

[420] AG Frankfurt v. 26. 7. 1983, VersR 1985, 983.

[421] Vgl. § 29 Rn. 42ff. und § 24 Rn. 101ff.

[422] Was nach Auffassung des BGH bei der Privathaftpflichtversicherung der Fall ist.

[423] BGH v. 13.12 206, VersR 2007, 388.

[424] BGH v. 17. 2. 1966, VersR 1966, 354; vgl. dazu auch *Schmalzl,* Betriebshaftpflichtversicherung, Rn. 432f. und *Michel,* VersR 1973, 802.

[425] *Schmalzl,* Berufshaftpflichtversicherung Rn. 387.

nicht im Einzelnen eingegangen zu werden braucht[426]. Zum einen sind die Abgrenzungsschwierigkeiten für den Bereich der Arbeiten an fremden Kfz bzw. deren Entladung durch
Ziff. 4 der großen Benzinklausel beseitigt, weil danach kein Fahrzeuggebrauch angenommen
wird, wenn der Handelnde weder Halter noch Besitzer des Fahrzeugs ist und dieses bei der
schadensstiftenden Handlung nicht in Betrieb gesetzt wird. Das führt zwar teilweise zur Doppelversicherung; ohne diese Begrenzung drohen allerdings Deckungslücken, weil der Kreis der
Mitversicherten in der Kfz-Haftpflicht nur Fahrer, Berufsbeifahrer und Omnibusschaffner
umfasst, nicht aber sonstige an dem Kfz Tätige. Zum anderen sollen, soweit eine Fahrzeugversicherung besteht, die Abgrenzungsschwierigkeiten für den VN nicht relevant werden, da die
VR sich in einer **Geschäftsplanmäßigen Erklärung** verpflichtet haben, Deckungslücken
dadurch zu schließen, dass der Kfz-VR sich nicht darauf berufen wird, dass der Schädiger nicht
zu den nach § 10 AKB versicherten Personen gehört, wenn der Schaden überwiegend durch
den Gebrauch des Kfz verursacht wurde, während andererseits der Betriebshaftpflicht-Versi-
cherer sich nicht auf die Benzinklausel berufen wird, wenn der Schaden überwiegend durch
eine betriebliche Tätigkeit verursacht wurde. Bei Meinungsverschiedenheiten wird, um den
VN nicht mit dem Streit zu belasten, der VR die Schadensbearbeitung übernehmen, der zuerst
mit dem Schadensfall befasst worden ist, und die beteiligten VR werden dann im Innenverhältnis die Einstandpflicht klären. Hierzu haben die VR eine Paritätische Kommission gebildet, die
durch Schiedsspruch entscheidet.

102   Das bedeutet andererseits nicht, dass in jedem Fall Versicherungsschutz in einer Haftpflichtversicherung bestehen muss. Der Gedanke der Lückenlosigkeit des Versicherungsschutzes bewirkt nicht, dass ein der Kfz-Haftpflichtversicherung zuzuordnendes, dort aber
ausgeschlossenes Risiko deshalb als von der Betriebshaftpflichtversicherung gedeckt würde
oder umgekehrt. **Das aufgrund von Ausschlusstatbeständen ungedeckte Risiko verbleibt beim VN**[427]. Bei der großen Benzinklausel kommt hinzu, dass die Weite der Ausschlusswirkung den VN mit dem **Regressrisiko** belastet, wenn er für durch Kfz verursachte
Schäden seiner Beauftragten in Anspruch genommen wird. Er selbst hat keinen Anspruch auf
Versicherungsschutz aus der Kfz-Versicherung. Da er aber im Innenverhältnis zu dem unmittelbar Schädigenden in aller Regel nicht haftet[428], ist er darauf angewiesen, seinen Freistellungsanspruch durchzusetzen.

103   Eine wesentliche potenzielle Deckungslücke ergibt sich vor allem daraus, dass Kfz im Sinne
der großen Benzinklausel nicht nur haftpflichtversicherungspflichtige Kfz sind, sondern auch
nichtversicherungspflichtige Kfz, d. h. mit einer geringeren Höchstgeschwindigkeit als
6 km/h, nicht auf öffentlichen Plätzen verkehrende Kfz und Anhänger sowie – in der Betriebshaftpflichtversicherung besonders relevant – auch selbstfahrende Arbeitsmaschinen.
Denn nach § 18 Abs. 2 StVZO sowie §§ 1 Nr. 4, 7 Abs. 1 Nr. 3b DVO zum PflVG „sind
selbstfahrende Arbeitsmaschinen Kraftfahrzeuge, die nach ihrer Bauart und ihren besonderen mit den Kraftfahrzeugen fest verbundenen Einrichtungen zur Leistung von Arbeit,
nicht zur Beförderung von Personen oder Gütern bestimmt und geeignet sind". Es reicht
aus, dass die Fortbewegung ausschließlich zur Änderung des Arbeitsplatzes dient und zugleich
ein Teil des Arbeitsvorgangs ist. Ausgeschlossen durch die große Benzinklausel ist jeder Gebrauch eines Kfz, bei selbstfahrenden Arbeitsmaschinen also nicht nur das Beförderungsrisiko,
sondern auch das **Risiko beim stationären Einsatz als Arbeitsmittel**[429]. Hier muss der
VN entweder, soweit möglich, sich freiwillig in der Kfz-Haftpflicht versichern oder den Versicherungsschutz in seiner Betriebshaftpflichtversicherung durch die Arbeitsmaschinenklausel
erweitern. Ansonsten besteht kein Versicherungsschutz, auch nicht für nachträglich angeschaffte Arbeitsmaschinen; denn der Ausschluss des Kfz-Risikos in Ziff. 4.3 AHB (§ 2 Ziff. 3

---

[426] Vgl. die umfassende Darstellung u. a. bei *Schug*, VersR 1998, 819 ff. und *Wussow*, VersR 1996, 668 ff.
[427] BGH v. 16. 10. 1991, VersR 1992, 47; *Schug*, VersR 1998, 819 (824).
[428] BGH v. 22. 4. 1980, NJW 1980, 2348 (2349); Münchener Kommentar BGB/*Bydlinski*, § 426 BGB
Rn. 21.
[429] BGH v. 28. 11. 1979, VersR 1980, 177; OLG Hamm v. 30. 1. 1991, VersR 1991, 1399; *Schug*, VersR
1998, 819 (825 f.).

AHB a. F.) für die Vorsorgeversicherung erstreckt sich ebenfalls auf nicht zulassungspflichtige Kfz und Arbeitsmaschinen[430].

Versicherungsschutzlücken treten in der Praxis insbesondere bei **Gabelstaplern** auf. Gabelstapler mit einer Höchstgeschwindigkeit von mehr als 6 km/h sind grundsätzlich zulassungs- und versicherungspflichtige Kfz, da sie auch bei einer Höchstgeschwindigkeit unter 20 km/h nicht nach § 18 Abs. 2 Nr. 1 StVZO von der Zulassungspflicht als selbstfahrende Arbeitsmaschinen ausgenommen sind[431]. Werden sie nicht nur auf dem Betriebsgelände eingesetzt, sind durch sie verursachte Schäden nicht in der Betriebshaftpflichtversicherung gedeckt. Nur ausnahmsweise kann trotz Kfz-Versicherungspflichtigkeit Versicherungsschutz in der Betriebshaftpflichtversicherung bestehen, wenn die Arbeitsmaschinenklausel missverständlich ist, weil sie Gabelstapler beispielhaft als Arbeitsmaschinen aufzählt[432] oder ein eigentlich zulassungspflichtiger Gabelstapler als mitversichert in den Versicherungsvertrag aufgenommen wird[433]. Im Übrigen verlieren die in der Betriebshaftpflichtversicherung als nur auf privaten Grundstücken verkehrende mitversicherten Kfz oder schnellere Arbeitsmaschinen ihren Versicherungsschutz, wenn sie das Betriebsgrundstück – ggf. auch nur kurzfristig oder teilweise – verlassen[434]. Eine Deckung lässt sich dann auch nicht über die Risikoerhöhungsklausel oder die Vorsorgeversicherung erreichen[435], da beide Klauseln zulassungspflichtige Kfz grundsätzlich ausschließen. Sind allerdings nicht zulassungspflichtige Kfz durch Vereinbarung der Arbeitsmaschinenklausel mitversichert, so gilt diese Erweiterung des Versicherungsschutzes auch für die Haftpflicht aus Risikoerhöhungen oder neuen Risiken. Neue oder zusätzliche Arbeitsmaschinen sind dann ebenfalls vom Versicherungsschutz umfasst[436].

Zwar ist der Begriff des Kfz grundsätzlich im Sinne der gesetzlichen Definition zu verstehen, da er seit langem fester Bestandteil der deutschen Rechtssprache ist[437]. Abweichungen sind jedoch dann geboten, wenn das **allgemeine Sprachverständnis** in einem Randbereich deutlich **von der Rechtssprache abweicht.** Für ein abweichendes Verständnis kann insbesondere im Bereich der Fahrzeuge und selbstfahrenden Arbeitsmaschinen Veranlassung bestehen, die weder der gesetzlichen Haftpflichtversicherung noch der Zulassungspflicht unterliegen und ohne Fahrerlaubnis geführt werden dürfen; denn straßenverkehrsrechtlich ist dann die genaue Abgrenzung zu „Nicht-Kfz" ohne Belang[438]. Das OLG Hamm hat entsprechend angenommen, dass eine „Ameise", ein **Palettentransportgerät,** das von einer neben dem Gerät gehenden Person mittels einer Deichsel bedient wird und das automatisch anhält, wenn man die Deichsel loslässt, kein Kfz im Sinne der AVB ist[439]. Der BGH hat das letztlich offengelassen, die Entscheidung des OLG Hamm aber gebilligt, da es Sinn der Benzinklausel sei, den Deckungsanschluss zwischen der Betriebshaftpflichtversicherung und der Kfz-Haftpflichtversicherung herzustellen. Dabei könne der VN erwarten, dass keine ihm nicht aufgezeigten Lücken zwischen seiner Kfz-Haftpflichtversicherung und der ihm als umfassend angebotenen Privat- oder Betriebshaftpflichtversicherung bestünden[440]. Aus dem Regelungszusammenhang müsse ein verständiger VN entnehmen, dass durch die Benzinklausel all das von der Haftpflichtversicherung ausgenommen sei, was entweder unter die gesetzliche

104

105

---

[430] Vgl. OLG Köln v. 9. 3. 1999, VersR 2000, 352 (353) zur Risikoerhöhung; *Littbarski*, AHB, § 2 Rn. 70.

[431] OLG Köln v. 9. 3. 1999, VersR 2000, 352.

[432] BGH v. 5. 7. 1995, VersR 1995, 951.

[433] OLG Schleswig v. 17. 2. 1982, VersR 1983, 286 (zu einem Radlader).

[434] OLG Hamm v. 27. 4. 1983, VersR 1984, 125 (Verlassen um 1,75m).

[435] *Bruck/Möller/Johannsen*, VVG, IV, Anm. G 120; *Späte*, AHB, § 1 Rn. 241.

[436] *Späte*, AHB, § 1 Rn. 241; *Schmalzl*, Berufshaftpflichtversicherung, Rn. 35; hierauf wird heute in der Arbeitsmaschinenklausel ausdrücklich hingewiesen.

[437] BGH v. 19. 12. 1955, VersR 1956, 41 (42).

[438] BGH v. 26. 3. 1986, VersR 1986, 537.

[439] OLG Hamm v. 14. 3. 1984, VersR 1984, 883.

[440] BGH v. 26. 3. 1986, VersR 1986, 537; so auch BGH v. 27. 6. 1984, VersR 1984, 854 zur Kl. Benzinklausel.

v. Rintelen

Kfz-Haftpflichtversicherung fällt oder Gegenstand einer besonderen Mitversicherung in der Betriebshaftpflichtversicherung sein kann; denn nur dann sei der lückenlose Haftpflichtversicherungsschutz gewährleistet. Die Arbeitsmaschinenklausel lehne sich jedoch so an das PflVG an, dass für den VN nicht deutlich werde, dass er hiermit auch Fahrzeuge versichern solle, die nur innerhalb von Gebäuden eingesetzt werden.

106   Auch wenn im Vordergrund der betrieblichen Praxis die Abgrenzung zum Kfz-Risiko steht, bleibt darauf hinzuweisen, dass die Ziff. 2 der großen Benzinklausel einen inhaltlich entsprechenden Ausschluss für den **Gebrauch von Wasserfahrzeugen** vorsieht. Wasserfahrzeuge sind Gegenstände, die zur Fortbewegung von Menschen oder Lasten auf oder im Wasser bestimmt und geeignet sind. Der Ausschluss der Haftung als Halter oder Besitzer ist rein vorsorglich im Gegensatz zur Ziff. 1 ausdrücklich erwähnt, da der Gebrauchsbegriff bei Wasserfahrzeugen nicht so eindeutig bestimmt ist wie bei Kfz[441].

107   **f) Große Luftfahrzeugklausel.** Während die kleine Benzinklausel das Luftfahrzeugrisiko mit regelt, muss zu dessen Ausschluss in der Betriebshaftpflichtversicherung – ergänzend zur Großen Kraft- und Wasserfahrzeugklausel – die **Große Luftfahrzeugklausel** vereinbart werden. Sie schließt im gleichen Umfang – auch in personeller Hinsicht – wie die Kraft- und Wasserfahrzeugklausel das Risiko des Luftfahrzeuggebrauchs aus. Hierunter fallen nach § 1 Ziff. 2 LuftVG alle für die Benutzung des Luftraums bestimmten Geräte, wozu nach dem gesetzlichen Beispielskatalog auch unbemannte Frei- und Fesselballone, Drachen, Fallschirme, Flugmodelle und Luftsportgeräte[442] gehören[443]. Während letztere bis auf Fallschirme und andere Luftsportgeräte in der kleinen Benzinklausel wieder eingeschlossen sind, bestünde bei bestimmten Werbemaßnahmen, z. B. mittels Fesselballonen, in der Betriebshaftpflichtversicherung kein Versicherungsschutz. Dieser Ausschluss dürfte allerdings ohne besondere Aufklärung überraschend sein, wenn nicht schon nach dem Begriffsverständnis des durchschnittlichen VN Fesselballone etc. ebenso wenig Luft**fahr**zeuge sind wie Bojen Wasserfahrzeuge. Hier weicht das allgemeine Sprachverständnis so sehr von der gesetzlichen Definition ab, dass letztere für die Auslegung der AVB nicht mehr maßgeblich sein kann[444]. Darüber hinaus wird durch deren Ziff. 3 das **Produkthaftpflicht- und Bearbeitungsrisiko** in Bezug auf Luftfahrzeuge ausgeschlossen. Die Haftpflicht für Planung oder Herstellung von Luftfahrzeugen bzw. für diese bestimmten Teile sowie für jegliche Tätigkeiten an ihnen ist vom Versicherungsschutz ausgeschlossen. Wegen der besonderen Gefahren von Schäden an Luftfahrzeugen für Passagiere und Unbeteiligte wird insoweit eine Versicherung nur nach besonderer Risikoprüfung gewährt[445]. Die Reichweite des Ausschlusses ist allerdings sehr groß, da auch die Haftpflicht des Beförderers von Teilen, die ersichtlich für den Einbau in Luftfahrzeugen bestimmt sind, von der Versicherung ausgeschlossen wird. Dieser Ausschluss kann für ein Speditionsunternehmen schnell überraschend sein.

108   **g) Brand- und Explosionsschadenklausel.** Ausgeschlossen wird vielfach die Haftpflicht aus **vorschriftswidrigem Umgang mit brennbaren oder explosiven Stoffen**[446]. Hierbei handelt es sich nicht um einen objektiven Risikoausschluss[447], sondern um eine **verhüllte Obliegenheit**[448]. Leistungsfreiheit des VR tritt also nur bei grobem Verschulden des

---

[441] *Späte,* AHB, Teil C IV Rn. 22.

[442] Z.B. Hängegleiter, Gleitsegel oder Ultraleichtflugzeuge, vgl. *Hofmann/Grabherr,* Luftfahrtgesetz, Loseblatt-Kommentar, Stand Dezember 2002, § 1 Rn. 33.

[443] Für die Maßgeblichkeit dieser Definition z. B. *Späte,* AHB, § 1 Rn. 242.

[444] Vgl. allg. BGH v. 26. 3. 1986, VersR 1986, 537. Tatsächlich enthält § 1 LuftVG gar keine Bestimmung des Begriffs Luftfahrzeug, sondern verwendet diesen Begriff nur als Oberbegriff für alle dem Luftrecht unterworfenen Fluggeräte, vgl. *Hofmann/Grabherr,* a. a. O., § 1 LuftVG Rn. 33.

[445] *Späte,* AHB, Teil C IV, Rn. 23 m. w. N.

[446] Vgl. Klausel bei *Prölss/Martin/Voit/Knappmann,* VVG, Betriebshaftpfl. Ziff. 7.4.5.

[447] So noch die ältere Rechtsprechung, vgl. *Bruck/Möller/Johannsen,* VVG, IV, Anm. F 15 m. w. N.

[448] OLG Oldenburg v. 25. 11. 1992, VersR 1994, 715; OLG Stuttgart v. 5. 5. 1994, VersR 1995, 1229; vgl. auch BGH v. 24. 7. 1979, VersR 1980, 153 (154) zu § 7 AFB; *Schmalzl,* Berufshaftpflichtversicherung, Rn. 390f.

VN und fristgerechter Kündigung ein, § 28 Abs. 1 VVG. Die Brand- und Explosionsschaden-klausel setzt voraus, dass der VN gegen bestehende Vorschriften verstoßen hat. Unter Vor-schriften sind nicht nur Gesetze und Rechtsverordnungen zu verstehen, sondern auch andere Feuer- und Unfallverhütungsvorschriften, sofern sie von einer zuständigen Stelle aufgrund gesetzlicher Ermächtigung erlassen worden sind. Hierzu gehören insbesondere allgemeinver-bindliche ordnungsbehördliche Anordnungen, aber auch Unfallverhütungsvorschriften, die Berufsgenossenschaften aufgrund ihres gesetzlichen Auftrags erlassen[449]. Dagegen fehlt bei Verwaltungsakten das Merkmal der generellen, allgemeinverbindlichen Regelung, bei Emp-fehlungen und Ratschlägen von privater Seite das andere wesentliche Merkmal des Begriffs „Vorschrift", nämlich deren rechtliche Verbindlichkeit; aus diesem Grund ist die Gebrauchs-anweisung eines Herstellers ebenso wenig „Vorschrift" wie Hinweise und Empfehlungen von Berufsverbänden[450]. Aus ihrem Sinn und Zweck ergibt sich ferner, dass der Vorwurf des „vor-schriftswidrigen Umgangs" nur auf die Verletzung solcher Vorschriften gestützt werden kann, die der Bekämpfung der von brennbaren und explosiblen Stoffen herrührenden Gefahren dienen sollen; Bestimmungen, die allein fiskalischen Zwecken dienen (z.B. besondere Fär-bung von Heiz- und Kraftstoffen), müssen außer Betracht bleiben. Die Vorschriften wie die schadenstiftende Handlung müssen sich auf den (unmittelbaren) Umgang mit den explosiven Stoffen selbst beziehen. Ein bloß mittelbarer Bezug, z.B. bei der Verletzung von Aufsichts-pflichten, reicht nicht aus[451]. So wird der fehlerhafte Anschluss eines Gasherdes nicht von der Klausel erfasst[452], wohl aber die vorschriftswidrige Behandlung einer Propangasflasche[453]. Im Übrigen muss wegen des Obliegenheitscharakters die verletzte **Vorschrift inhaltlich kon-kret** sein. Dem VN müssen bestimmte Handlungs- und Unterlassungspflichten auferlegt werden. Nicht ausreichend ist die Normierung allgemeiner Sorgfaltspflichten, aus denen für den VN nicht mit der erforderlichen Klarheit hervorgeht, was er in einer gegebenen Lage zu tun oder zu unterlassen hat[454]. Nicht ausreichend ist – wegen der fehlenden Verbindlichkeit – auch der Verstoß gegen bloße Merkblätter oder Herstellerempfehlungen[455].

h) Kommissionswarenklausel. Nach einigen Klauseln sind auch **Schäden an Kom-missionsware** nicht versichert. Ausgeschlossen vom Versicherungsschutz werden damit An-sprüche gegen den Kommissionär wegen Beschädigung des Kommissionsgutes (vgl. § 390 HGB). Die Kommissionsklausel erweitert die Besitzklausel der Ziff. 7.6 AHB (§ 4 Ziff. I 6 a AHB a. F.). Denn die Voraussetzungen für den Deckungsausschluss der Besitzklausel liegen nicht vor, wenn der VN wie bei der Kommission die Sache nur als Nebenpflicht im Rahmen eines anderen Leistungsziels zu verwahren hat[456]. Der Ausschluss greift entgegen seines weiten Wortlauts nicht schon ein, wenn der VN fremde Sachen beschädigt, die (zufällig) Kommis-sionsware sind, sondern nur, wenn der VN selbst die Ware aufgrund eines Kommissionsvert-rages i. S. der §§ 383 ff. HGB als Kommissionsware in Besitz hat[457]; die Beschädigung der Ware z. B. durch den Anstreicher des Lagerraums reicht nicht aus.

i) Kabelklausel/Leitungsschadenklausel. Ein weiterer Ausschluss in den BBR kann durch eine **Kabelklausel** erfolgen. Nach einer älteren Fassung[458] besteht Versicherungsschutz bei der Beschädigung von Erdleitungen (Kabel, Kanäle, Leitungen etc.) nur, wenn der VN sich vor Ausführung der Arbeiten bei den zuständigen Stellen, d. h. allen Versorgungsträgern, über das Vorhandensein und die Lage von Erdleitungen informiert hat und das Ergebnis der

---

[449] BGH v. 30. 9. 1970, VersR 1970, 1120.

[450] BGH v. 9. 5. 1990, VersR 1990, 887 (888); OLG Oldenburg v. 25. 11. 1992, VersR 1994, 715.

[451] *Schmalzl*, Berufshaftpflichtversicherung, Rn. 392.

[452] OLG Stuttgart v. 5. 5. 1994, VersR 1995, 1229.

[453] BGH v. 21. 4. 1958, VersR 1958, 336 (337).

[454] OLG Oldenburg v. 25. 11. 1992, VersR 1994, 715; vgl. allg. zu Obliegenheiten BGH VersR 1972, 85 (86).

[455] BGH v. 9. 5. 1990, VersR 1990, 887; LG Bonn v. 8. 10. 2004, NJW-RR 2005, 822.

[456] *Littbarski*, AHB, § 4 Rn. 213 m. w. N.

[457] *Prölss/Martin/Voit/*, VVG, 26. Aufl., Betriebshaftpfl., Nr. 5.3.

[458] Abgedruckt bei *Prölss/Martin/Voit/*, VVG 26. Aufl., Betriebshaftpfl., Nr. 4 Rn. 17.

v. Rintelen

Ermittlungen dem auf der Baustelle Verantwortlichen gegen schriftliches Empfangsbekenntnis, ggf. einschließlich der Kabelschutzanweisung[459], ausgehändigt hat. Bei dieser Klausel handelt es sich nicht um einen Risikoausschluss, sondern eine verhüllte **Obliegenheit**[460]. Nur so lässt sich der Anwendungsbereich der Klausel, die den Versicherungsschutz für Kabelschäden ausdrücklich bei Arbeiten „irgendwelcher Art", also nicht etwa nur bei Erdaushubarbeiten, ausschließt, sinnvoll begrenzen. Braucht der VN entweder überhaupt nicht mit Erdleitungen zu rechnen oder zumindest nicht mit Auswirkungen seiner (oberirdischen) Tätigkeiten auf Erdleitungen, hat er gegen die Erkundigungsobliegenheiten nicht schuldhaft verstoßen[461]. War das Ergebnis seiner Erkundigungen negativ, so kann die Nichtaushändigung des (unrichtigen) Ergebnisses gegen Empfangsbekenntnis nicht für den Schadenseintritt relevant geworden sein.

111   Diese Obliegenheiten stehen **neben der Tätigkeitsklausel** der Ziff. 7.7 AHB (§ 4 Ziff. I 6 b AHB a. F.)[462]. Gehört die Freilegung einer Erdleitung zum geschuldeten Leistungsumfang von Erdarbeiten, so sind die **Erdleitungen selbst Ausschlussobjekt** i. S. v. Ziff. 7.7 AHB (§ 4 Ziff. I 6 b AHB a. F.)[463]. Hierfür reicht allerdings die bloße räumliche Nähe und damit Gefährdung durch die Erdarbeiten nicht aus; vielmehr müssen die Erdleitungen nach den oben ausgeführten Grundsätzen[464] unmittelbar Gegenstand der Bearbeitung gewesen sein. Das ist der Fall, wenn mittels Suchgräben nach verlegten Erdleitungen gegraben wird[465], nicht aber, wenn der Unternehmer das Erdreich bis auf 15 cm über dem Kabel zu entfernen hat[466] und erst recht nicht, wenn ein neues Kabel in ca. 30 cm Entfernung zum bisherigen Kabel verlegt wird[467]. Ausgeweitet wurde der Anwendungsbereich der Tätigkeitsklausel durch die Neufassung 2002. Sie erfasst nunmehr auch alle Sachen, die sich im unmittelbaren Einwirkungsbereich der Tätigkeit befunden haben, soweit der VN nicht beweist, die offensichtlich notwendigen Schutzvorkehrungen getroffen zu haben. Für Schäden durch unerwartete Abweichungen vom normalen Kausalverlauf – z. B. Augenblicksversagen des Baggerfahrers – besteht damit Versicherungsschutz, nicht aber für die Realisierung des Schadensrisikos von Erdarbeiten aufgrund unterlassener oder ersichtlich unzureichender Sicherungsmaßnahmen.

112   Liegen die Voraussetzungen der Kabelklausel vor, besteht kein Deckungsschutz für die **Sachschäden** an den beschädigten Erdleitungen und die sich daraus ergebenden **Vermögensschäden**[468]. Denn im Gegensatz zur früheren Fassung der Tätigkeitsklausel (vgl. Rn. 90) werden durch diese Kabelklausel nicht nur Ansprüche wegen „Schäden an fremden Sachen" ausgeschlossen, sondern generell Ansprüche „aus der Beschädigung von Erdleitungen"[469]. Nicht ausgeschlossen sein sollen nach h. M. Ansprüche aus Sachfolgeschäden oder Personenschäden[470], ohne dass sich dies allerdings aus dem Klauselwortlaut ergibt.

---

[459] Die Kabelschutzanweisung der Deutschen Telekom AG gehört zu den jedenfalls bei Erdarbeiten zu beachtenden Regelungen, vgl. BGH v. 20. 4. 1971, VersR 1971, 741; OLG Frankfurt v. 28. 12. 1992, VersR 1994, 445.

[460] OLG München v. 30. 10. 1973, VersR 1974, 153; KG Berlin v. 3. 12. 1992 – 6 U 3931/91 (juris); *Prölss/Martin/Voit*, VVG, 26. Aufl., Betriebshaftpfl., Nr. 5 Rn. 5

[461] OLG München v. 30. 10. 1973, VersR 1974, 153.

[462] *Prölss/Martin/Voit*, VVG, 26. Aufl., Betriebshaftpfl., Nr. 5, Rn. 5

[463] BGH v. 7. 12. 1959, VersR 1960, 109; OLG Frankfurt v. 10. 5. 1978, VersR 1979, 562.

[464] Vgl. Rn. 74 ff.

[465] Insoweit zutreffend OLG Koblenz v. 16. 10. 1981, VersR 1983, 73; *Schmalzl*, Berufshaftpflichtversicherung, Rn. 564 u. Fn. 708.

[466] So aber OLG Saarbrücken v. 1. 11. 1973, VersR 1974, 794, wobei der tatsächliche Arbeitsablauf aus dem Sachverhalt nicht hervorgeht.

[467] Richtig LG Kreuznach v. 21. 5. 1980, VersR 1980, 1138; die Berufungsentscheidung des OLG Koblenz v. 16. 10. 1981, VersR 1983, 73, ist hierzu in der Begründung unzureichend – das OLG subsumiert nicht unter den Klauselwortlaut, sondern unter selbst gebildete Obersätze – und damit auch im Ergebnis falsch.

[468] *Prölss/Martin/Voit*, VVG, 26. Aufl., Betriebshaftpfl., Nr. 5 Rn. 5.

[469] Vg. dazu oben Rn. 89 ff.

[470] *Schmalzl*, Berufshaftpflichtversicherung, Rn. 564.

v. Rintelen

Die Abgrenzungsschwierigkeiten erledigen sich, falls im Rahmen eines erweiterten Versicherungsschutzes der VN die sog. **Leitungsschadenklausel** vereinbart hat. Nach der Muster-Tarifstruktur des GDV erfolgt ein Einschluss dieser Klausel in die Versicherungsverträge für das Bauhaup- und Baunebengewerbe. Mit der Leitungsschadenklausel werden in den Deckungsschutz eingeschlossen alle Ansprüche aus Schäden an Erdleitungen sowie elektrischen Frei- und Oberleitungen einschließlich sich der daraus ergebenden Vermögensschäden[471]. Da die Leitungsschäden in den AHB gar nicht ausgeschlossen sind, erlangt die Klausel eigenständige Bedeutung in Fällen, in denen die Leitungen **Bearbeitungsgegenstand** i. S. der Tätigkeitsklausel sind. Die Ausschlüsse für Tätigkeitsschäden einschließlich Vermögensfolgeschäden werden damit aufgehoben. Dieser Einschluss erfolgt jedoch in aller Regel zu reduzierten Versicherungssummen und erhöhten Selbstbehalten[472]. Früher galt ein Regelselbstbehalt für Leitungsschäden von 20%, maximal 2 500,00 Euro. Dieser erhöhte sich weiter auf 25%, maximal 7 500,00 Euro, wenn der VN die Erkundigungsobliegenheiten nicht erfüllt hat. Diese Obliegenheiten sind in der aktuellen Fassung entfallen. **113**

V. Leistungserweiterungen

1. Nachhaftung

Der VN ist grundsätzlich **nur für die Zeit seiner Betriebsinhaberschaft** versichert. Mit Betriebsveräußerung geht nach § 102 Abs. 2 VVG das Versicherungsverhältnis auf den neuen Betriebsinhaber über[473]. Für Schäden, deren Ursache der VN vor dem Ausscheiden gesetzt hat, die sich allerdings erst nach der Betriebsübergabe realisieren, hat er damit wegen des Schadenereignisprinzips von Ziff. 1.1 AHB keinen persönlichen Versicherungsschutz[474]. Hat der Übernehmer nicht alle Verbindlichkeiten des Betriebs, insbesondere nicht die Haftpflichtverbindlichkeiten übernommen, so führt das dazu, dass er zwar der Versicherungsschutz hat, aber nicht haftet, während der Veräußerer haftet, aber keine Deckung mehr genießt[475]. Ohne persönlichen Versicherungsschutz sind auch die mitversicherten Betriebsangehörigen, sofern sie nach Ausscheiden aus dem Betrieb aufgrund ihrer früheren Tätigkeit für den versicherten Betrieb in Anspruch genommen werden. Denn die Haftpflichtversicherung des neuen Betriebs greift nicht ein. Die Versicherungsbedingungen der Betriebshaftpflichtversicherung sehen insoweit allerdings häufig eine **Nachhaftung zu Gunsten ausgeschiedener Betriebsangehöriger** vor[476]. Für den VN wird üblicherweise eine (eigene) Nachversicherung nur für den Fall des vollständigen und dauerhaften Wegfalls des Wagnisses **(Betriebseinstellung)** angeboten. In diesem Fall wird die ursprüngliche Betriebshaftpflichtversicherung nicht durch den Betriebsübernehmer gem. § 102 Abs. 2 VVG fortgeführt, so dass ohne Nachhaftungsvereinbarung nicht einmal ein mittelbarer Versicherungsschutz bestünde[477]. **114**

2. Auslandsschäden

Der grundsätzliche Ausschluss von Auslandsschäden durch Ziff. 7.9 AHB (§ 4 Ziff. I 3 AHB a. F.) ist heute in der betrieblichen Praxis eigentlich nicht mehr hinnehmbar. Er wird von den VR damit gerechtfertigt, dass der Einschluss i. d. R. einer besonderen Risikoanalyse bedürfe[478]. In älteren Verträgen beschränkt sich die Standarderweiterung auf eine **weltweite Deckung für Geschäftsreisen** und Messeteilnahmen sowie Schäden aus Erzeugnissen, die **115**

---

[471] Abgedruckt bei *Prölss/Martin/Voit/Knappmann*, VVG., Betriebshaftpfl.Ziff. 7.6.3.2.

[472] Vgl. dazu BHB 3 Bau- und Abbruchbetriebe Ziff. 7 sowie *Schmalzl*, Berufshaftpflichtversicherung, Rn. 566ff.

[473] Vgl. dazu Berliner Kommentar/*Baumann*, § 151 Rn. 42f.

[474] Der Veräußerer hat ggf. einen Freistellungsanspruch gegenüber dem weiterhin versicherten Erwerber.

[475] *Späte*, AHB, § 1 Rn. 36.

[476] Vgl. *Späte*, AHB, BetrH, Rn. 6, 18.

[477] Vgl. *Heimbücher*, Einführung in die Haftpflichtversicherung, 5. Aufl. 2003, S. 79.

[478] *Littbarski*, AHB, § 4 Rn. 47.

nicht vom VN selbst (gezielt) in das Ausland geliefert worden sind[479]. Dabei werden wegen des besonderen Kostenrisikos bei Versicherungsfällen in den USA und Kanada abweichend von Ziff. 6.5 AHB (§ 3 Ziff. III 4 AHB a. F.) die Kosten als Leistungen auf die Deckungssumme angerechnet. Heute wird eine **europaweite Geltung** bzw. erweiterte EU-Deckung für ins europäische Ausland gelieferte **Erzeugnisse** sowie Schadensereignisse aus **Montagearbeiten,** Wartungsarbeiten etc. angeboten[480].

3. Einschluss von Tätigkeitsschäden

116   In zahlreichen Betriebshaftpflichtversicherung wird abweichend von Ziff. 7.7 (§ 4 Ziff. I 6b AHB a. F.) Versicherungsschutz für **Tätigkeitsschäden** gewährt, allerdings üblicherweise zu **geringeren Deckungssummen** (Sublimits). Diese Erweiterung kann generell erfolgen oder wie bei der Leitungsschadenklausel[481] bezogen auf einzelne Tätigkeiten. Wie die im Rahmen der Tätigkeitsklausel besprochene Entscheidungen belegen, sind die niedrigeren Deckungssummen häufig nicht ausreichend, um realistische Tätigkeitsschäden abzudecken. Auch bei einem Einschluss von Tätigkeitsschäden in den Versicherungsschutz behält deshalb die Auslegung der Tätigkeitsklausel weiter erhebliche praktische Relevanz. Im Übrigen beschränkt sich die Erweiterung auf die Aufhebung des Ausschlusses für Tätigkeitsschäden. Der **Ausschluss für Erfüllungsansprüche** gem. Ziff. 1.2 AHB (§ 4 Ziff. I 6b Abs. 3 AHB a. F.) **bleibt** ausdrücklich **bestehen,** so dass Mängelbeseitigungsnebenkosten weiterhin unversichert sind[482].

4. Mängelbeseitigungsnebenkosten-Klausel

117   Die Versicherungsverträge für Betriebe des Baunebengewerbes enthalten regelmäßig folgende **Mängelbeseitigungsnebenkosten-Klausel:** „Der Versicherungsschutz erstreckt sich auch auf (Sach-)Schäden, die als Folge eines mangelhaften Werkes auftreten, und erfasst insoweit auch die Kosten, die erforderlich sind, um die mangelhafte Werkleistung zum Zwecke der Schadenbeseitigung zugänglich zu machen und um den vorherigen Zustand wieder herzustellen. Nicht gedeckt sind diese Kosten, wenn sie nur zur Nachbesserung aufgewendet werden, ohne dass ein Folgeschaden eingetreten ist. Ferner sind in jedem Falle nicht gedeckt die Kosten des VN für die Beseitigung des Mangels an der Werkleistung selbst"[483]. Diese Klausel war nach Auffassung des BAV und der VR keine Deckungserweiterung, sondern nur Klarstellung der Grenze des Versicherungsschutzes[484], weshalb hierfür auch kein Beitragszuschlag verlangt wird. Soweit sich die Kosten für die notwendigen Mängelbeseitigungsarbeiten und die Schadenbeseitigung der Folgeschäden decken, wird die Schadenbeseitigungsfunktion als vorrangig angesehen[485]. Konsequenterweise wird diese Klausel von den VR entsprechend der obigen Grundsätze **sehr eng ausgelegt.** Der Versicherungsschutz soll sich auf die Freilegungskosten beschränken, die **unmittelbar zum Zwecke der Beseitigung des Mangelfolgeschadens** erforderlich werden. Soweit Mangelfolgeschäden (noch) nicht eingetreten sind und deshalb reine Mängelbeseitigungsarbeiten durchgeführt werden, sind Freilegungskosten – unabhängig vom Umfang – nicht versichert (vgl. S. 2 der Klausel)[486]. Dienen die Arbeiten – wie häufig – beiden Zielen in unterschiedlichem Umfang, so soll differenziert werden: Führt fehlerhafter Estrich auch zu Schäden am darüber liegenden Parkett, so sind die

---

[479] Vgl. z. B. Klausel bei *Prölss/Martin/Voit/Knappmann,* VVG, Betriebshaftpfl. Ziff. 7.7.1.

[480] Vgl. BHB 2 der Konditionsempfehlung des GDV.

[481] Vgl. oben Rn. 113.

[482] OLG Koblenz v. 21. 12. 1998, VersR 2000, 94 (95); vgl. auch BHB 43 Bauhandwerker sowie OLG Hamm v. 28. 8. 1996, VersR 1997, 730 (731).

[483] Vgl. z. B. Tarifempfehlung des GDV für Baunebengewerbe bzw. Klauselabdruck bei *Späte,* AHB, § 1 Rn. 157 oder in BGH v. 20. 11. 1990, NJW-RR 1991, 470.

[484] GB BAV 1980, 83; Berliner Kommentar/*Baumann,* VVG, § 149 Rn. 109; *Späte,* AHB, § 1 Rn. 157 m. w. N.

[485] *Schmidt-Salzer/Thürmann,* Produkthaftung, Rn. 8.099.

[486] Vgl. auch LG Berlin v. 9. 1. 2003, NJW-RR 2003, 977.

Freilegungskosten nur bezogen auf die schadhafte Parkettstelle versichert, nicht aber im Übrigen, auch wenn das noch nicht geschädigte Parkett insgesamt aufgenommen werden muss, um den Estrichbelag zu erneuern[487].

Diese enge Auslegung der Mängelbeseitigungsnebenkostenklausel dürfte allerdings nicht **118** dem maßgeblichen **Verständnis des durchschnittlichen VN** entsprechen. Sie erklärt sich damit, dass eine allgemeine Versicherung von Mängelbeseitigungs(neben)kosten als mit dem Wesen der Haftpflichtversicherung unvereinbar vom BAV nicht genehmigt worden war[488] und die Mängelbeseitigungsnebenkostenklausel gewissermaßen als weitest mögliche Abgrenzung des ohnehin bestehenden Versicherungsumfangs entwickelt wurde[489]. Diese Vorgabe ist allerdings nunmehr überholt, wie auch die Deckungsmöglichkeit von Nachbesserungskosten in der Produkthaftpflichtversicherung zeigt[490]. Heute kann sogar eine reine Baugewährleistungsversicherung abgeschlossen werden[491]. In der Bauleistungsversicherung nach den ABN/ABU werden im Fall mangelbedingter Schäden auch die Mängelbeseitigungskosten mit Ausnahme der reinen Verbesserungskosten versichert[492]. Dem baugewerblich tätigen VN wird vor diesem Hintergrund der angeblich sehr begrenzte Inhalt der Klausel nicht deutlich. Vielmehr wird er bei unbefangenem Verständnis – die historische Entwicklung der Klausel muss bei der Auslegung unberücksichtigt bleiben[493] – der Klausel entnehmen, dass **sämtliche Mängelbeseitigungsnebenkosten versichert sind, solange nur ein Folgeschaden eingetreten ist und dieser die Mängelbeseitigung erforderlich macht**[494]. Die subtile Begrenzung der Freilegungskosten auf diejenigen, die zugleich zur Beseitigung des Mangelfolgeschadens wie zur eigentlichen Mängelbeseitigung anfallen, dürfte der durchschnittliche VN auch bei aufmerksamer Durchsicht nicht der eher unauffälligen und allgemeinen Wendung „zum Zwecke der Schadensbeseitigung" entnehmen, weil i.d.R. eine ordnungsgemäße Schadensbeseitigung die Reparatur der Schadensursache und damit die Freilegungskosten erfordert[495]. Hinzu kommt, dass sich die angebliche Einschränkung nach dem Klauselwortlaut nur auf die Freilegungskosten beziehen könnte, nicht aber auf die Wiederherstellungskosten[496]. Im Fall eines Folgeschadens muss der VN bei zutreffender Auslegung deshalb nur die Kosten tragen, die für die Mängelbeseitigung im engeren Sinn anfallen, z.B. die Neuverlegung des schadhaften Rohres, nicht aber die Kosten für das Aufstemmen der durchfeuchteten Wand, das anschließende Schließen, Verputzen sowie Streichen, Tapezieren oder Verfliesen (so ausdrücklich S. 4 der Klausel). Gedeckt werden durch die Klausel auch Vermögensfolgeschäden, insbesondere also ein möglicher Nutzungsausfall[497].

5. Grundbesitzerhaftpflicht

Als so genanntes **Nebenrisiko** sind in der Betriebs-/Berufshaftpflichtversicherung üblicherweise eingeschlossen die Haftpflicht des VN **„als Eigentümer, Mieter, Pächter, Nutznießer von Grundstücken,** Gebäuden oder Räumlichkeiten, die ausschließlich für den versicherten Betrieb oder zu Wohnzwecken des VN und seinen Betriebsangehörigen be-   **119**

---

[487] Beispiel aus dem HUK-Verbandsrundschreiben H 11/85 M, zitiert nach *Späte,* AHB, § 1 Rn. 158 mit weiteren Beispielen. Für diese Auslegung *Schmalzl,* Berufshaftpflichtversicherung, Rn. 483; *Schmidt-Salzer/Thürmann,* Produkthaftung, Rn. 8.101.

[488] GB BAV 1980, 83; dazu Berliner Kommentar/*Baumann,* VVG, § 149 Rn. 110 ff.

[489] *Späte,* AHB, § 1 Rn. 160.

[490] Vgl. zur Grunddeckung oben § 25 Rn. 24.

[491] Vgl. dazu unten § 31 Rn. 101 ff.

[492] Vgl. unten § 31 Rn. 47 f.

[493] BGH v. 17. 5. 2000, VersR 2000, 1090 (1091).

[494] So wohl auch BGH v. 20. 11. 1990, NJW-RR 1990, 470 = VersR 1991, 293, *Späte,* AHB, § 1 Rn. 158 und *Meier,* Bauversicherungsrecht, S. 130 u. Fn. 463.

[495] Vgl. BGH v. 20. 11. 1990, NJW-RR 1990, 470 = VersR 1991, 293.

[496] Die Klausel hätte dann lauten müssen: „... und erfasst auch die Kosten, die erforderlich sind, um die mangelhafte Werkleistung zugänglich zu machen und anschließend den vorherigen Zustand wieder herzustellen, soweit sie zugleich auch bei der Beseitigung des Mangelfolgeschadens angefallen wären."

[497] OLG Karlsruhe v. 1. 7. 2004, VersR 2005, 397 (399).

nutzt werden"[498]. Erfasst werden sollen damit die **Gefahren aus der Verletzung von Verkehrssicherungspflichten,** die aus der Sachherrschaft über die Immobilie folgen[499]. Fraglich ist, ob diese Erweiterung auch die Haftpflicht des Mieters oder Pächters gegenüber dem Vermieter wegen Beschädigung der Mietsache umfasst. Nach h. M. sollen **Mietsachschäden** wegen des bestehen bleibenden Ausschlusses nach Ziff. 7.6 AHB (§ 4 Ziff. I 6 a AHB a. F.) nicht umfasst sein[500]. Dagegen spricht bei der Altfassung[501] jedoch, dass die Klausel ausdrücklich die Haftpflicht „als Mieter" umfasst und die Art der versicherten Ansprüche nicht näher eingegrenzt hat. Die Haftpflicht „als Mieter" kann aber wegen der Relativität der Schuldverhältnisse eigentlich nur gegenüber dem Vermieter bestehen und betrifft gerade auch Mietsachschäden[502]. Gegenüber Dritten trifft den VN nicht die gesetzliche Haftpflicht „als Mieter", sondern als Inhaber der tatsächlichen Sachherrschaft oder wegen übernommener Verkehrssicherungspflichten. Eindeutig ist demgegenüber die Regelung in den BBR für die Privathaftpflichtversicherung; sie stellt auf die „Inhaberschaft" ab und enthält in der aktuellen Fassung eine Sonderregelung für Mietsachschäden[503]. Auch in der Betriebhaftpflichtversicherung erfolgte zwischenzeitlich eine Beschreibung der versicherten Ansprüche, die sich auf Ansprüche wegen Verkehrssicherungspflichten beschränkt. Mietsachschäden sind dann eindeutig nicht erfasst[504].

120   Die Klausel setzt weiter voraus, dass die **Immobilien ausschließlich für den versicherten Betrieb benutzt** werden. Das umfasst allerdings auch so genannte Allgemeinflächen in Mietobjekten, soweit nur die angemieteten Räumlichkeiten selbst ausschließlich für den versicherten Betrieb genutzt werden. Warum der Versicherungsschutz für die Räumlichkeiten allerdings von einer ausschließlichen Nutzung für den versicherten Betrieb abhängig gemacht wird, ist nicht einzusehen. Kein Versicherungsschutz bestünde demnach, wenn zwei kleine Firmen ein gemeinsames Lager angemietet haben oder zwei Freiberufler ihre Tätigkeit in Bürogemeinschaft ausüben. Ausgeschlossen werden soll aber offensichtlich nur das **(Unter-) Vermieterrisiko,** wie sich allerdings nicht aus der Klausel, sondern erst aus einer Gegenüberstellung mit den BBR für die Grundbesitzerhaftpflichtversicherung ergibt.

121   Vielfach eingeschlossen sind darüber hinaus die **Bauherrenhaftpflicht** bei **geringfügigen Bausummen,** in der Regel 25 000,00 €. Des Weiteren wird der **Kreis der Mitversicherten erweitert** auf die mit der Verwaltung, Betreuung etc. beauftragten Personen[505]. Auf ihre Eingliederung in den Betrieb kommt es nicht an. Stattdessen sollen sie **durch „Arbeitsvertrag" beauftragt** sein. *Voit* schließt daraus, dass Werkverträge mit Reinigungsunternehmen nicht ausreichten[506]. Andererseits kann ein echter Arbeitsvertrag nicht gemeint sein, da dann jedenfalls schon Mitversicherung aufgrund von Betriebsangehörigkeit bestünde. Durch Arbeitsvertrag „beauftragt" sind Personen, die ggf. auch auf werkvertraglicher Basis eine überwiegend eigene Arbeitsleistung erbringen[507]. Gewerbliche Unternehmen müssen sich selbst versichern. Verbleibende Auslegungszweifel gehen zu Lasten der VR, die hier eine Klausel verwenden, der offensichtlich Tätigkeitsbilder aus vergangenen Jahrhunderten („durch Arbeitsvertrag mit der Beleuchtung beauftragte Personen") zugrunde liegen.

---

[498] Vgl. Konditionsempfehlung GDV BBR A Ziff. 13; *Prölss/Martin/Voit/Knappmann,* VVG, Betriebshaftpfl. Ziff. 7.1.2.1.

[499] *Schmalzl,* Berufshaftpflichtversicherung, Rn. 394, 444.

[500] OLG Düsseldorf v. 2. 12. 1986, VersR 1988, 393; *Schmalzl,* Berufshaftpflichtversicherung, Rn. 394, 444.

[501] Vgl. Abdruck bei *Schmalzl,* Berufshaftpflichtversicherung, Rn. 394.

[502] So wohl auch *Prölss/Martin/Voit,* VVG 26. Aufl., Betriebshaftpfl., Nr. 3 Rn. 3.

[503] Vgl. Konditionsempfehlung GDV BBR B I, Nr. 3, 10; vgl. *Späte,* AHB, S. 671.

[504] BGH v. 9. 6. 2004, VersR 2004, 904.

[505] Vgl. Klausel bei *Prölss/Martin/Voit/Knappmann,* Betriebshaftpfl., Ziff. 7.3.2.3 und BBR/Arch Teil B.

[506] *Prölss/Martin/Voit/Knappmann,* Betriebshaftpfl., Ziff. 7.3.2.3 Rn. 4.

[507] Zum Sinn und Zweck einer derartigen MitV siehe oben Rn. 24.

6. Sozialeinrichtungen

Üblicherweise eingeschlossen in die Betriebshaftpflichtversicherung sind Nebenrisiken aus **122** Sozialeinrichtungen wie **Kantine, Badeanstalten, Kindergärten** und dem Überlassen von Räumlichkeiten und Geräten für den **Betriebssport**[508]. Dieser Einschluss ist rein deklaratorisch, da diese Einrichtung jedenfalls mittelbar dem Betriebszweck dienen[509]. Die Betätigung der Betriebssportgemeinschaft selbst sowie die persönliche Haftpflicht ihrer Mitglieder sind allerdings ausdrücklich ausgeschlossen.

7. Schiedsvereinbarungen

Gerichtlich ungeklärt und streitig ist die Frage, inwieweit eine Bindung des VR an Ent- **123** scheidungen eines Schiedsgerichts besteht[510], ob er hierfür die Kosten zu tragen hat[511] und ob die Vereinbarung von Schiedsklauseln oder Schiedsgerichtsvereinbarungen eine Obliegenheitsverletzung sein kann. Die Bindungswirkung der AHB bis 2004 setzte eine „richterliche" Entscheidung voraus, worunter auch eine schiedsgerichtliche bzw. schiedsrichterliche fallen kann. Mit den AHB 2008 wird wie in § 106 VVG auf ein „rechtskräftiges Urteil" abgestellt. Ob das schiedsgerichtliche Entscheidungen ausschließt, bleibt abzuwarten, da bislang auch in Bezug auf den gleichlautenden § 154 VVG a. F. keine Einigkeit bestand. Auch eine schiedsrichterliche Entscheidung hat nach § 1055 ZPO unter den Parteien, also im Haftpflichtverhältnis, die Wirkungen eines rechtskräftigen gerichtlichen Urteils. Diese gesetzliche „Gleichstellung"[512] sollte auch für das Haftpflichtversicherungsrecht gelten[513]. Dennoch empfiehlt sich die ausdrückliche Erstreckung des Versicherungsschutzes auf Schiedsgerichtsentscheidungen[514]. Der Mustertarif enthält eine **Klausel zur Bindung an Schiedsgerichtsvereinbarungen,** wenn das Schiedsgericht bestimmte Mindestanforderungen erfüllt[515]. Andere Schiedsgerichtsklauseln erfordern die Mitwirkung des VR bei der Auswahl des vom VN zu benennenden Schiedsrichters. Die Frage der **Obliegenheitsverletzung** stellt sich nur in dem Fall, in dem der VN nach Eintritt des Versicherungsfalls eine Schiedsgerichtsvereinbarung ohne Zustimmung des VR trifft. Einige wollen hier eine Verletzung des Prozessführungsrechts annehmen[516], während andere das zutreffender weise verneinen[517]. Eine Obliegenheitsverletzung liegt nicht vor, wenn der VN dem VR, wie in den AHB nur gefordert, die Prozessführung in einem vom Gesetz als prinzipiell gleichwertig bewerteten Verfahren überlässt. Zur Prozessführung gehören alle nach Erhebung der Schiedsklage notwendigen Vereinbarungen[518].

An **Schiedsgutachtenvereinbarungen** ist der VN demgegenüber nur gebunden, wenn **124** er in sie einwilligt. Eine Schiedsgutsachenvereinbarung ist letztlich ein antizipierter „Vergleich" der Parteien auf das Ergebnis der Bestimmung des Dritten. Auch an einen Vergleich ist der VR nur bei Einwilligung gebunden. Nach altem Recht wurde der Abschluss einer

---

[508] Vgl. Konditionsempfehlung GDV BBR A I 4; vgl. auch Klausel bei *Prölss/Martin/Voit/Knappmann*, Betriebshaftpfl., Ziff. 7.1.2.2.
[509] Vgl. dazu BGH v. 7. 10. 1987, VersR 1987, 1181.
[510] Dafür *Bruck/Möller/Johannsen*, VVG, IV Anm. F 99, B 65; tendenziell befürwortend *Prölss/Martin/Voit/Knappmann*, VVG, § 149 Rn. 29; *Schmalzl*, Berufshaftpflichtversicherung, Rn. 43; *Krause-Allenstein* BauR 2006, 247 (255); eingehend *Koch*, SchiedsVZ 2007, 281 ff.; dagegen: *E. Prölss*, VersR 1995, 101 ff.; *Sieg*, VersR 1984, 501 m. w. N.
[511] Dafür wohl *Schmalzl*, Berufshaftpflichtversicherung, Rn. 43; *Littbarski*, AHB, § 5 Rn. 83; a. M.: *Bruck/Möller/Johannsen*, VVG, IV, Anm. F 99; *Späte*, AHB, § 5 Rn. 39.
[512] *Musielak/Voit*, ZPO, § 1055 Rn. 5.
[513] *Koch*, SchiedsVZ 2007, 281 (285).
[514] Vgl. Muster bei *Dittert*, Versicherungsschutz, S. 200 bzw. bei *Prölss/Martin/Voit/Knappmann*, Betriebshaftpfl., Ziff. 7.6.6.
[515] Vgl. Klausel bei *Prölss/Martin/Voit/Knappmann*, Betriebshaftpfl., Ziff. 7.6.6.
[516] *Prölss/Martin/Voit/Knappmann*, AHB, § 5 Rn. 11; *Schmalzl/Krause-Allenstein*, Berufshaftpflichtversicherung, Rn. 395.
[517] *Bruck/Möller/Johannsen*, VVG, IV Anm. F 99; *Littbarski*, AHB, § 5 Rn. 83.
[518] *Koch*, SchiedsVZ 2007, 281 (287 ff.).

v. Rintelen

Schiedsgutachtenvereinbarung als Obliegenheitsverletzung gewertet[519]. Nach dem Fortfall des Anerkenntnisverbots bleibt der Versicherungsschutz erhalten, der VN muss aber die Berechtigung des Haftpflichtanspruchs und damit die Richtigkeit des Schiedsgutachtens nachweisen können.

VI. Leistungsumfang/Obliegenheiten

125   Zum Leistungsumfang enthalten die Besonderen Bedingungen in der Regel keine von den AHB abweichenden Bedingungen. Hinzuweisen bleibt darauf, dass für zahlreiche besondere Risiken oder Einschlüsse häufig nur so genannte Sublimits gelten. Zusätzlich zu den allgemeinen Obliegenheiten der AHB können die Verträge (verhüllte) Obliegenheiten zur Risikoreduzierung bei gefährlichen Tätigkeiten enthalten. Deren Reichweite und Auswirkung ist nach den allgemeinen Grundsätzen zu ermitteln.

126
–199   *(nicht belegt)*

C. Architektenhaftpflichtversicherung

I. Rechtsgrundlagen

200   Grundlagen für die Haftpflichtversicherung von Architekten und Ingenieuren sind neben den AHB[520] die „Besondere(n) Bedingungen und Risikobeschreibungen für die Berufshaftpflichtversicherung von Architekten, Bauingenieuren und Beratenden Ingenieuren" (BBR/ Arch). Aktuell ist heute die vom GDV im Zuge der VVG–Reform überarbeitete Fassung 2007[521]. Die BBR/Arch 2007 entsprechen inhaltlich weitgehend den BBR/Arch 1996[522] einschließlich ihrer Fortschreibungen[523]. Inhaltlich modifiziert und systematisch richtig in A Ziff. 1.2 verschoben wurde durch die Fassung 2007 die Berufsbildklausel. Darüber hinaus sehen die Bedingungen nunmehr standardmäßig statt des bisherigen Auslandschadenausschlusses eine erweiterte EU- Auslandsdeckung vor. Anpassungen erfolgten auch bei der Umwelthaftpflicht-Basisdeckung. Die BBR/Arch werden auch nach Deregulierung des Versicherungsmarktes üblicherweise Architektenhaftpflichtversicherungen zugrunde gelegt, dabei allerdings auch zunehmend ergänzt und abgeändert. Aufgrund des Alters der Versicherungsverträge und des Umstandes, dass gerade Architektenfehler häufig Spätfolgen zeigen, sind in der Regulierungspraxis vor allem die BBR/Arch 1996 sowie die BBR/Arch 1977[524] von Bedeutung. In Einzelfällen kommen bei uralten Verträgen auch noch die besonderen Bedingungen aus dem Jahre 1964 (BHB 1964 bzw. BBR/Arch 1964)[525] zur Anwendung. Die BHB 1954[526] haben demgegenüber nur noch rechtshistorische Bedeutung. Die dortige Nichterwähnung der Vermögensschäden war Anlass für den zwischenzeitlich aufgegebenen extensiven Sachschadenbegriff des BGH[527]. Erörtert werden hier die BBR/Arch 2007, wobei auf die wesentlichen inhaltlichen Änderungen zu den Vorfassungen jeweils eingegangen wird. Wenn nachfolgend von Architekten gesprochen wird, ohne Bauingenieure und Sonderfachleute ausdrücklich zu erwähnen, geschieht das aus Gründen der Einfachheit.

---

[519] *Schmalzl/Krause-Allenstein,* Berufshaftpflichtversicherung, Rn. 396.
[520] Abgedruckt bei *Dörner,* Versicherungsbedingungen, S. 372ff.
[521] Download unter „http://www.gdv.de".
[522] Abgedruckt bei *Garbes,* Haftpflichtversicherung, S. 103ff.
[523] Es erfolgten mehrere Fortschreibungen z. B. 2000 und 2005 durch Änderung der Verweise oder Anpassung an das Gliederungssystem der AHB 2004.
[524] Abgedruckt VerBAV 1977, 302f. sowie bei *Schmalzl,* Berufshaftpflichtversicherung, S. 391ff.
[525] Abgedruckt VerBAV 1964, S. 37f. sowie bei *Schmalzl,* Berufshaftpflichtversicherung, S. 405ff.
[526] Abgedruckt VerBAV 1955, 185f.
[527] BGH v. 24. 10. 1960, VersR 1960, 1074f.; BGH v. 26. 1. 1961, VersR 1961, 265.

v. Rintelen

II. Versicherte Gefahren

1. Gesetzliche Haftpflicht

Gegenstand der Versicherung ist die gesetzliche Haftpflicht (A Ziff. 1.1 BBR/Arch), d. h. **201** die Inanspruchnahme des VN durch einen Dritten aufgrund gesetzlicher Haftpflichtbestimmungen privatrechtlichen Inhalts, vgl. Ziff. 1.1 AHB. Gemeint sind damit alle **deliktischen und vertraglichen Schadenersatzansprüche,** soweit letztere nicht über bestehende gesetzliche Anspruchsgrundlagen hinausgehen[528].

Ausgeschlossen von dem Versicherungsschutz sind **Erfüllungsansprüche** und die an die **202** Stelle der Erfüllungsleistung tretenden Ersatzansprüche, Ziff. 1.2 (§ 4 Ziff. I 6c AHB a. F.). Die Reichweite dieser Risikobegrenzung ist ausführlich im Rahmen der Betriebshaftpflichtversicherung dargestellt (vgl. Rn. 31 – 53). Als sog. **Erfüllungssurrogate** ausgeschlossen sind die Ansprüche, die das Ausbleiben der in der ordnungsgemäßen Leistung liegenden Vermögensmehrung (einschließlich Minderwertes und entgangenen Gewinns) kompensieren sollen[529]. Hierzu gehören Ansprüche auf Nacherfüllung, Rücktritt, Selbstvornahme oder Minderung in Bezug auf das Architektenwerk[530] (§§ 635, 637, 638 BGB). Fraglich ist, ob ein Umplanungsaufwand auch unversichert ist, falls sich der Planungsmangel bereits in einem Bauwerksschaden realisiert hat[531]. Hier wird man unterscheiden müssen, ob der Aufwand der Behebung des Planungsmangels dient und Nacherfüllung ist oder der Behebung des Bauwerkmangels dient wie z. B. die Bauüberwachung der Mängelbeseitigung oder die Planung einer Kompensationsmaßnahme[532]. Dann ist sie Teil des versicherten Schadenersatzes. Denn der Schadenersatzanspruch wegen Nichterfüllung nach § 635 BGB a. F. bzw. nunmehr statt Erfüllung gem. § 636 i. V. m. 281 BGB ist ausdrücklich mitversichert, soweit er Schäden am Bauwerk betrifft, A Ziff. 2.3 BBR/Arch. Bei der Deckung der Schäden am Bauwerk handelt es sich um eine deklaratorische Klarstellung des Versicherungsschutzes für Mangelfolgeschäden. Diese bedeutet nicht, dass Schadenersatzansprüche für andere Schäden als realisierte Bauschäden nicht gedeckt wären. Alle Schadenersatzansprüche, die nicht den Mangel des Architektenwerks selbst betreffen wie z. B. der Neuplanungsaufwand, fallen grundsätzlich unter den Versicherungsschutz[533].

Zu den vom Versicherungsschutz ausgeschlossenen Erfüllungssurrogaten können insbe- **202a** sondere **Verzugsschadenersatzansprüche** gehören, wenn sie sich auf das unmittelbare Interesse am eigentlichen Leistungsgegenstand richten; dann sind sie nicht gedeckt[534]. Etwas anderes gilt für den über das Erfüllungsinteresse hinausgehenden Schaden, wenn z. B. durch das nicht rechtzeitig eingedeckte Dach Sachschaden am Inventar entsteht[535]. Zusätzlich zu prüfen ist der Ausschluss für die Überschreitung der Bauzeit sowie von Fristen und Terminen[536]. Die Erfüllungsklausel wird im Rahmen der Betriebshaftpflichtversicherung eingehend erörtert[537]. Wegen der besonderen Relevanz bleibt hervorzuheben, dass der Architekt bei der Inanspruchnahme als **vollmachtsloser Vertreter** gem. § 179 BGB Versicherungsschutz genießt, da es sich um einen Schadenersatzanspruch und nicht um einen Erfüllungsanspruch handelt[538].

---

[528] Vgl. dazu § 24 Rn. 24 ff.
[529] Vgl. näher Rn. 37 ff.
[530] OLG Hamm v. 7. 2. 2007, VersR 2007, 980 (981); *Neuenfeld,* Handbuch, Teil IX, 51.
[531] So KG v. 21. 10. 2005, r+s 2006, 280 (283 f.).
[532] *Krause-Allenstein* r+s 2006, 372 (373).
[533] OLG Hamm v. 7. 2. 2007, VersR 2007, (980).
[534] Vgl. Rn. 52.
[535] BGH v. 9. 4. 1975, VersR 1975, 557 = NJW 1975, 1278.
[536] Vgl. Rn. 233.
[537] Vgl. Rn. 34 ff.
[538] BGH v. 20. 11. 1970, VersR 1971, 144 f.; dazu *Prölss,* VersR 1971, 538 und *Johannsen,* ZVersWiss 1994, 449 (475 f.).

2. Versichertes Berufsrisiko

203   Der gegenständliche Umfang des Versicherungsschutzes bestimmt sich nach den im Versicherungsvertrag beschriebenen Tätigkeiten, A Ziff. 1.1 BBR/Arch. Auch wenn die BBR/Arch im besonderen Maße auf Architekten (Objektplaner) zugeschnitten sind, sind sie ebenso für Freianlagenplaner, Innenarchitekten[539], Ingenieure und die so genannten Sonderfachleute, wie Bodengutachter etc., gedacht[540]. Sofern im Versicherungsvertrag nicht nur bestimmte Tätigkeiten als versichert beschrieben werden, sondern allgemein die Tätigkeit als Architekt versichert wird, sind alle Tätigkeiten vom Versicherungsschutz erfasst, die **zum Berufsbild des Architekten** gehören, und zwar regelmäßig auch dann, wenn sie gefälligkeitshalber oder unentgeltlich erfolgen[541]. Dazu gehören jedenfalls alle Tätigkeiten, für die die HOAI Vergütungsregelungen trifft. Das Berufsbild des Architekten geht aber über die reine Planung und Überwachung der Bautätigkeit weit hinaus. Er ist der **Berater und Sachwalter des Bauherrn in allen baulichen Angelegenheiten**[542]. Zu seinen Berufsaufgaben gehören (vgl. z. B. § 1 Abs. 5 BauKa NW) die Beratung, Betreuung und Vertretung des Bauherrn in den mit Planung und Ausführung eines Bauvorhabens zusammenhängenden Angelegenheiten. Hierzu gehören nicht nur die Auswahl von Sonderfachleuten und Bauunternehmern[543], sondern ggf. auch die Prüfung der Realisierbarkeit von Vorhaben[544], die Beratung beim Grundstückserwerb[545], zur Finanzierung oder zu Fördermitteln, zur Durchführung von Vergabeverfahren, ggf. zum Abschluss von Versicherungen[546] sowie zum Abschluss und der Durchführung von Bauverträgen[547]. Erweiterungen des Berufsbildes durch Gesetz oder Rechtsprechung sind grundsätzlich vom Versicherungsschutz gedeckt. Umfasst werden vom Berufsbild auch die Tätigkeiten als Projektsteuerer, Generalplaner[548], Sicherheits- und Gesundheitskoordinator (SiGeKo)[549] oder Sachverständiger[550]. Vorrangig für den Umfang des Versicherungsschutzes sind allerdings die **im Versicherungsschein konkret bezeichneten** oder ausgeschlossenen **Tätigkeiten.** Versichert der VN nur seine übliche Tätigkeit als Objektüberwacher, so sind in diesem Umfang auch Tätigkeiten als SiGeKo oder Projektsteuerer versichert, nicht aber ausnahmsweise erbrachte Planungsleistungen[551]. Der VN ist auch versichert, wenn er innerhalb des versicherten Berufsrisikos Subunternehmer einschaltet. Der Subunternehmer selbst ist allerdings nicht mitversichert[552].

204   Wegen der Weite des Berufsbildes kommt neben der Beschreibung im Versicherungsvertrag auch den Ausschlüssen oder **Einschränkungen in den BBR/Arch** besondere Bedeutung zu. Ausgeschlossen sind nach A Ziff. 4.7 BBR/Arch (A IV 9 BBR/Arch 1996) die **Vermittlung von Geld-, Kredit- oder Grundstücksgeschäften.** Die Abgrenzung zwischen zum Berufsbild gehörender Beratung bei Grundstücks- und Kreditgeschäften und Vermitt-

---

[539] Hier empfiehlt sich allerdings wegen des geringeren Risikos die Versicherung zu geänderten Bedingungen mit reduzierter Prämie, vgl. *Neuenfeld*, Handbuch, Teil IX, Rn. 144f. In einigen VV wird die Mitversicherung von entsprechenden Fortbildungsnachweisen anhängig gemacht.

[540] *Schmalzl*, Berufshaftpflichtversicherung, Rn. 235ff.

[541] Vgl. Rn. 2.

[542] *Weyer*, BauR 1987, 131 (134) m. w. N.

[543] *Locher/Koeble/Frick*, HOAI, 8. Aufl. 2002, § 15 Rn. 8 m. w. N.

[544] OLG Hamm v. 7. 2. 2007, VersR 2007, 980.

[545] *Bindhardt/Jagenburg*, Architektenhaftung, § 5 Rn. 14 ff.

[546] *Bindhardt/Jagenburg*, Architektenhaftung, § 5 Rn. 17 f.

[547] *Kniffka*, ZfBR 1994, S. 253 ff.; *Weyer*, BauR 1987, 131 (141).

[548] Vorausgesetzt, dass alle zu erbringenden Fachplanerleistungen unter ein entsprechend weit gefasstes versichertes Berufsbild fallen. Ansonsten muss eine Mitversicherung erfolgen.

[549] *Garbes*, Haftpflichtversicherung, S. 9 ff.

[550] *Bindhardt/Jagenburg/Ruhkopf*, Architektenhaftung, S. 606; *Schmalzl*, Berufshaftpflichtversicherung, Rn. 239. Übt der VN nur Sachverständigentätigkeiten aus, ist in der Regel günstiger; problematisch kann dann der Versicherungsschutz für Sanierungsvorschläge sein, vgl. *Sangenstedt/Awik*, Rechtshandbuch für Ingenieure und Architekten, 1999, Teil C VII Rn. 56.

[551] Vgl. *Schmalzl*, Berufshaftpflichtversicherung, Rn. 373.

[552] Vgl. Rn. 26.

lung derselben hängt nicht von einer gesonderten Entgeltlichkeit dieser Tätigkeiten ab[553]. Eine entgeltliche Maklertätigkeit fällt von vornherein aus dem Berufsbild[554]. Ausgenommen sind nach A Ziff. 4.7 BBR/Arch Vermittlung und Vertretung, d. h. Tätigkeiten, die über die Beratungstätigkeit des Architekten hinausgehen[555] und eine Verhandlung[556] oder gar ein Kontrahieren mit der Gegenseite voraussetzen. Der Architekt muss also wie ein Makler oder gar als Vertreter tätig werden[557].

    Nicht zum Berufsbild gehört nach der so genannten **Berufsbildklausel** A VI 1 BBR/Arch   **205** 1996 das **Bauen im eigenen Namen oder auf eigene Rechnung,** die sonstige Erbringung von Bauleistungen oder die Lieferung von Baustoffen. Diese Klausel findet sich in überarbeiteter Version nun in A Ziff. 1.2 BBR/Arch 2007, ohne dass der Umfang der ausgeschlossenen Tätigkeiten geändert wurde[558]. Ausgeschlossen ist damit zunächst das Bauen als Bauherr, Bauträger oder Generalübernehmer sowie die eigene Erbringung von Bauleistungen[559]. Zum Berufsbild gehören damit nur Bautätigkeiten im fremden Namen und für fremde Rechnungen[560]. Sinn der Klausel ist eine **Verflechtung zwischen Architektenleistung und Bauleistung** zu verhindern[561]. Ansonsten bestünde die Gefahr, dass der Architekt als (Mit)Inhaber einer Bauträgerfirma versucht, deren unversicherten Erfüllungsschaden i. S. v. Ziff. 1.2 AHB (§ 4 Ziff. I 6 Abs. 3 AHB a. F.) in einen Planungsfehler des von ihm betriebenen freiberuflichen Planungsbüros umzuwidmen. Deshalb greift die Klausel auch ein, wenn Architektenvertrag und Bauvertrag getrennt abgeschlossen werden[562]. Der Ausschluss umfasst grundsätzlich die gesamte Berufhaftpflicht, wie im Eingang der Klausel hervorgehoben. Eine Kausalität zwischen den berufsfremden Verpflichtungen und dem Haftpflichtfall ist nicht erforderlich[563]. Dennoch kommt es immer wieder vor, dass ein Architekt unter unveränderter Zugrundelegung der BBR/Arch versichert wird, obwohl er ganz überwiegend für eine eigene Gesellschaft oder diejenige eines Angehörigen arbeitet. In diesen Fällen ist zu prüfen, ob die Beschränkung des Versicherungsschutzes für eigenes Bauen konkludent abbedungen[564] wurde, eine mangels besonderen Hinweises unzulässige Abweichung vom Antrag ist[565] oder gegen § 305 BGB ver-

---

[553] Der von *Johannsen,* ZVersWiss 1994, 449 (486) vorgenommenen Gegenschluss aus § 4 Nr. 3 AVB-Vermögen ist bei AVB nicht zulässig, vgl. BGH v. 25. 9. 2002, VersR 2002, 1503.

[554] Vgl. A VI 1 BBR/ARCH.

[555] So wohl auch *Schmalzl,* Berufshaftpflichtversicherung, Rn. 350; großzügiger *Bruck/Möller/Johannsen,* VVG, IV Anm. G 274 zu den AVB-Vermögen, wonach Versicherungsschutz dann besteht, wenn neben der Vermittlung eine für den Versicherten berufseigentümliche Sondertätigkeit ausgeübt wird.

[556] Vgl. zum Verhandlungsmakler *Palandt/Sprau,* § 652 BGB Rn. 27 m. w. N.

[557] Insoweit zutreffend *Johannsen,* ZVersWiss 1994, 449 (486); zu weit *Garbes,* Haftpflichtversicherung, S. 63, wonach nur bei einem „unverbindlichen" Rat eine Vermittlung ausscheiden soll. Der Rat eines Architekten im Rahmen seiner Berufsausübung ist in aller Regel nicht unverbindlich, sondern bei Unrichtigkeit potentiell haftungsbegründend.

[558] Ausgeschlossen in der ersten Fallgruppe ist nun, wenn der VN „Bauten ganz oder teilweise erstellt oder erstellen lässt (z. B. als Bauherr, Bauträger, Generalübernehmer)".

[559] BGH v. 7. 12. 1977, VersR 1978, 219; BGH v. 21. 4. 1971, VersR 1971, 557; OLG München v. 21. 11. 1975, VersR 1976, 721, jeweils zu BHB 1964 und BHB 1954.

[560] *Garbes,* Haftpflichtversicherung, S. 18; zu Möglichkeiten der Deckungserweiterung vgl. *Dittert,* Versicherungsschutz, S. 183 ff.

[561] Vgl. Erläuterung zu BBR/ARCH bei *Garbes,* Haftpflichtversicherung, S. 97. Eine potentielle Interessenkollision allein reicht allerdings entgegen *Neuenfeld,* Handbuch, Teil IX, Rn. 140 nicht aus, einem Innenarchitekten, der Einrichtungsgegenstände liefert, den Versicherungsschutz zu versagen. Die Lieferung von Einrichtungsgegenständen ist weder eine Bauleistung noch eine Baustofflieferung. Eine ausdehnende Auslegung von Risikoeinschränkung ist nicht möglich. Im Ergebnis wohl ebenso OLG Hamm v. 12. 12. 1990, r+s 1990, 190.

[562] LG Düsseldorf v. 19. 7. 2006 und OLG Düsseldorf v. 19. 12. 2006, IBR 2007, 103.

[563] LG Düsseldorf v. 19. 7. 2006 – 11 O 377/05 (ibr-online); vgl. auch BGH v. 24. 4. 1971, VersR 1971, 557 zu einer vergleichbaren Klausel.

[564] OLG Düsseldorf v. 6. 2. 1996, NJW-RR 1996, 1245 (1246).

[565] OLG Karlsruhe v. 15. 12. 2005, VersR 2006, 783.

v. Rintelen

stößt[566]. Errichtet sich der Architekt selbst ein Haus, muss er mangels Deckungsschutzes seiner Berufsversicherung zum Schutz vor Inanspruchnahme bei Bauunfällen eine Bauherrenhaftpflichtversicherung abschließen.

206   Der Umfang der Ausschlussklausel dürfte bei A VI 1 BBR/Arch 1996 zu weit geraten sein. Nach dem Wortlaut und wohl herrschender Auslegung schließt die Verpflichtung zur Erbringung irgendwelcher Bauleistungen oder Baustofflieferungen den Versicherungsschutz für das gesamte Bauvorhaben aus[567]. Kauft der Architekt unter Ausnutzung von Einkaufsrabatten für den Bauherrn günstiger Fliesen, so dürfte der Versicherungsschutz bestehen bleiben, da er insoweit keine „Verpflichtung" im Sinne von A IV 1 BBR/Arch übernommen hat. Bietet der Architekt aber im Laufe des Bauvorhabens an, den Ausbau des Dachgeschosses durchzuführen, entfällt dadurch der Versicherungsschutz auch für damit nicht zusammenhängende Planungsfehler des Bauvorhabens, z. B. bei fehlerhaftem Grundwasserschutz; es soll sogar der Versicherungsschutz für die Verletzung von mit den eigenen Bauleistungen oder Baustofflieferungen nicht zusammenhängenden Verkehrssicherungspflichten entfallen, wenn also ein Dritter auf der Baustelle aus anderen Gründen zu Schaden kommt[568]. Diejenigen, die hier eine einschränkende Auslegung vornehmen wollen, übersehen, dass diese für den VN nicht das Günstigste ist. Vielmehr ist bei der Klauselkontrolle von der kundenfeindlichsten Auslegung auszugehen, da sie für den Kunden dann günstiger ist, wenn die Klausel hierdurch unwirksam wird[569]. Darüber hinaus wäre auch das Transparenzgebot verletzt, weil die weite Klauselfassung es einem VR ermöglicht, berechtigte Ansprüche abzuwehren. Eine Klauselfassung muss der Gefahr vorbeugen, dass der Kunde durch die Klauselfassung von der Durchsetzung bestehender Rechte abgehalten wird[570]. Diese Gefahr besteht aber in der Regulierungspraxis[571].

207   Der **vollständige Ausschluss des Versicherungsschutzes** soll auch dann eintreten, wenn der Architekt vertraglich **zusätzlich** andere **berufsfremde Verpflichtungen** übernimmt. Die Bauklausel ist nicht abschließend („insbesondere"). Die Erläuterungen der BBR/ARCH 1977[572] enthielten zwar insoweit noch den Hinweis, dass eine andere Überschreitung des Berufsbildes als die Übernahme von Bauleistungen lediglich zu einer Versagung des Versicherungsschutzes für die nicht zum Berufsbild gehörenden Tätigkeit führen „sollte". Auch wenn diese Erläuterung nicht vom Wortlaut der AVB gedeckt war, war sie für die VR bindend[573]; sie ist aber in der aktuellen Fassung der Erläuterungen nicht mehr enthal-

---

[566] OLG Düsseldorf v. 21. 8. 2001, VersR 2002, 1273.

[567] *Hoffmüller* DAB 1986, Heft 6, S. NW 161 unter Berufung auf LG Düsseldorf 11 O 195/85; enger aber *Halm/Engelbrecht/Krahe/Langen*, Handbuch FA VersR, Kap. 29 Rn. 68, wonach nur der Versicherungsschutz der jeweiligen Bauleistung berührt sein soll. *Langen* übergeht aber, dass die Klausel den Versicherungsschutz vom Nichtvorliegen einer Bedingung („wenn" und nicht „soweit") abhängig macht und die vom VdS herausgegebenen Erläuterungen zu den BBR/Arch die Erstreckung auf das (gesamte) Bauvorhaben auch noch betonen. Einschränkend heißt es lediglich, dass „eine Lieferung in unmaßgeblichen Umfang den Versicherungsschutz nicht gefährden sollte".

[568] So ausdrücklich *Neuenfeld*, Handbuch, Teil X Rn. 140 und zur Klausel allgemein *Schmalzl*, Berufshaftpflichtversicherung, Rn. 397f.; *Garbes*, Haftpflichtversicherung, Rn. 30; vgl. auch zu BHB 1954 BGH v. 21. 4. 1971, VersR 1971, 557 (558) sowie KG v. 18. 5. 2001, VersR 2003, 726 (727). Ganz deutlich insoweit die Erläuterungen BAK/HUK zu den gleichlautenden BBR/Arch 1977: „Sobald die Voraussetzungen der Ziff. VI erfüllt sind, besteht grundsätzlich auch für die vom VN unter Umständen mitübernommen Architekten- und/oder Ingenieurleistungen kein Versicherungsschutz, und zwar weder für Objektschäden noch für Drittschäden. Sofern jedoch die Überschreitung des Berufsbildes durch die Übernahme **anderer** als der unter Ziff. 1a) und 1b) genannten Verpflichtungen begründet wird, soll die Berufshaftpflicht selbst versichert bleiben."

[569] *Palandt/Heinrichs*, § 305c Rn. 29 m. w. N.

[570] BGH v. 27. 9. 2000, NJW 2001, 292 (296).

[571] So führt *Schmalzl/Krause-Alleinstein*, Berufshaftpflichtversicherung, Rn. 632, aus, dass erfahrungsgemäß die VR dazu neigen, bei Eingreifen der Klausel auch Versicherungsschutz für dem Berufsbild entsprechende Leistungen grundsätzlich zu versagen.

[572] Abgedruckt bei *Schmalzl*, Berufshaftpflichtversicherung, S. 405, vgl. auch dort Rn. 380f.

[573] *Prölss/Martin/Voit/Knappmann*, VVG, Arch.-Haftpfl. Rn. 43.

ten[574]. Die damit mögliche Versagung jeglichen Versicherungsschutz dürfte **unangemessen im Sinne des § 307 BGB** sein, da rechtfertigende Gründe für derart uneingeschränkte Rechtsfolgen nicht ersichtlich sind[575]. Der Architekt/Ingenieur, der eine Kostengarantie erklärt, kann zwar bei deren Nichteinhaltung keinen Versicherungsschutz begehren, da insoweit ein Erfüllungsschaden vorliegt. Er überschreitet hiermit allerdings nicht insgesamt sein Berufsbild und behält deshalb für seine sonstigen Leistungen den Versicherungsschutz[576].

Die **Neufassung** in A Ziff. 1.2 BBR/Arch 2007 enthält hinsichtlich der Reichweite des   **207a** Ausschlusses eine **Verbesserung.** Der Ausschluss gilt nur noch, soweit die erhobenen Ansprüche aus einer über das Berufsbild hinausgehenden Verpflichtung resultieren; er erfasst dann aber die gesamte Deckung, also auch für Planungsfehler oder Verkehrssicherungsverletzungen. Die Reichweite des Ausschlusses hängt damit nach dem Wortlaut der Ziff. 1.2 davon ab, ob lediglich eine zusätzliche – aber trennbare – das Berufsbild überschreitende Verpflichtung übernommen wird oder ob – wie beim Werkvertrag – mit der Überschreitung eine erweitere einheitliche Leistungspflicht gegenüber dem Geschädigten entsteht. Beim Eigenbau ist der VN wie bisher unversichert. Bei einer eigenen Bauleistung ist er unversichert nur in Bezug auf diese, dann aber nicht nur wegen Ausführungsmängeln, sondern auch hinsichtlich möglicher sonstiger Fehler. Bei der Baustofflieferung erfasst der Ausschluss nur die zusätzliche Lieferverpflichtung. Probleme bereitet diese Abgrenzung allerdings bei der Verflechtungsklausel (Rn. 208).

Der Versicherungsausschluss für Bautätigkeiten gilt auch dann, wenn diese durch einen **in**   **208** **häuslicher Gemeinschaft lebenden Angehörigen**[577] oder eine Gesellschaft erfolgen, bei der der Architekt oder sein Angehöriger Geschäftsführer sind oder an der sie beteiligt sind (A Ziff. 1.2.2 BBR/Arch 2007/A IV 2 BBR/Arch 1996). Diese sog. **Verflechtungsklausel** will verhindern, dass die Ausschlusswirkungen mittelbar umgangen werden. Problematisch war bislang der Tatbestand der Beteiligung, der dem Wortlaut nach bereits erfüllt ist, wenn der VN beispielsweise für ein große Aktiengesellschaft tätig wird, an der er nur wenige Aktien hält. Der Begriff der Beteiligung wird in der Altfassung nicht definiert. Die Erläuterung zur BBR/ARCH 1977 erwähnten, dass eine unmaßgebliche Beteiligung unschädlich sein soll[578]. Das wird von der herrschenden Meinung auch weiterhin in den Ausschluss hineingelesen[579]. Eine nicht maßgebliche Beteiligung des VN oder seiner Angehörigen, was bei **Gesellschaftsbeteiligungen** unter 10% bis 25% angenommen wird, soll unschädlich sein. Denn die Regelbeispiele der Klausel füllen nur die Berufsbildklausel aus. Eine reine Kapitalbeteiligung gehört aber zum Privatvermögen des VN und betrifft nicht das versicherte Risiko. Diese einschränkende Auslegung ist AGB-rechtlich aber problematisch. Da der Klauseltext damit einerseits zu weit und der Klauselinhalt andererseits mangels fester Kriterien zu unbestimmt ist[580], dürfte er einer Klauselkontrolle nicht standhalten können.

---

[574] Vgl. Abdruck bei *Garbes,* Haftpflichtversicherung, S. 117.

[575] A.M.:OLG Düsseldorf v. 19. 12. 2006, IBR 2007, 103 – ohne auf diese Problematik allerdings einzugehen – und *Littbarski,* FS Locher (1990), S. 167 (175).

[576] OLG Hamm v. 12. 12. 1990, r+s 1991, 190; *Prölss/Martin/Voit/Knappmann,* VVG, Arch.-Haftpfl., Rn. 42.

[577] BBR/ARCH 1977 stellen nur auf Ehegatten ab.

[578] Abgedruckt bei *Schmalzl,* Berufshaftpflichtversicherung, S. 405.

[579] *Garbes,* Haftpflichtversicherung, S. 19; *Johannsen,* ZVersWiss 1994, 449 (467 f.); vgl. auch zu BHB 1954 BGH v. 28. 5. 1969, VersR 1969, 723 (725), wo sich die Maßgeblichkeit allerdings aus dem Bedingungstext ergab sowie OLG Hamm v. 16. 9. 1970, VersR 1971, 141.

[580] *Garbes,* Haftpflichtversicherung, Rn. 29, hält Beteiligungen unter 5–10% für unmaßgeblich, über 30% für maßgeblich; dazwischen müsse im Einzelfall entschieden werden. *Schmalzl/Krause-Allenstein,* Berufshaftpflichtversicherung, Rn. 635, wollen immer nur auf den Einzelfall abstellen. *Veith/Gräfe/Bock-Wehr,* Versicherungsprozess, § 13 Rn. 167 f., hält Beteiligungen ab 25% bis 30% für maßgeblich, weisen aber darauf hin, dass der VR eine maßgebliche Beteiligung auch bei 20% oder 10% annehmen könnten, weshalb der VN sich immer mit dem VR abstimmen sollte. Bei einer Miteigentümerstellung schadet nach LG Düsseldorf 11 O 195/85 auch eine Beteiligung von 12,5%, vgl. *Hoffmüller* DAB 1986, Heft 6, S. NW 161. Das OLG Schleswig hat eine Beteiligung von 4% als unmaßgeblich angesehen, OLG Schles-

208a   Mit der **Neufassung 2007** ist die Verflechtungsklausel überarbeitet worden. Der Begriff der Beteiligung setzt nunmehr eine **wirtschaftliche, personelle, rechtliche und/oder finanzielle Verflechtung** voraus. Eine indirekte Beteiligung reicht ausdrücklich aus. Positiv ist, dass kapitalmäßige Kleinbeteiligungen definitiv nicht den Begriff der Verflechtung erfüllen können. Negativ bleibt, dass eine wirtschaftliche, personelle, rechtliche und/oder finanzielle Verflechtung keinesfalls einen festen Begriffsinhalt hat, sondern im allgemeinen Sprachgebrauch wie auch in der Rechtssprache höchst unterschiedlich verwandt wird. Im Steuerrecht wird von Verflechtungen bei Umgehungstatbeständen oder Schaffung einer faktischen Unternehmenseinheit gesprochen[581], was sehr intensive Beziehungen voraussetzt. Im Kapitalanlagerecht lösen auch wesentlich geringere Verflechtungen Informationspflichten aus. Eine Aufzählung von wirtschaftlicher über personeller und rechtlicher bis zur finanziellen Verpflichtung wie in den BBR/Arch kommt vor allem in öffentlichen Förderrichtlinien oder Leitfäden vor und wird auch dort nicht einheitlich verwandt. Die Investitions- und Strukturbank Rheinland-Pfalz (ISB) GmbH erläutert ihn in einer einseitigen (!) Anlage. Bei so unklaren Konturen ist die schädliche Beteiligungsschwelle nicht bestimmbar und deshalb **intransparent.** Hinzu kommt, dass in diesen Verflechtungsfällen auch die Reichweite des Ausschlusses nach Ziff. 1.2 BBR/Arch nicht mehr deutlich wird, da deren Formulierungen gar nicht auf Verflechtungsfälle abgestimmt sind. Wird die Bauausführung von einer Baugesellschaft übernommen, an der die Ehefrau des VN zu 30% beteiligt ist, besteht für die Bauleistung selbst kein Versicherungsschutz. Die Berufshaftpflichtdeckung des VN soll aber nur hinsichtlich der Ansprüche insgesamt entfallen, die aus der Überschreitung resultieren. Welche sollen das sein? Man könnte daran denken, den Ausschluss auf Überwachungsfehler zu begrenzen. Nach dem Schlusssatz soll jedoch die gesamte Berufshaftpflicht nicht versichert sein.

3. Mitversicherte Personen

209   Mitversichert sind nicht nur leitende oder beaufsichtigende Mitarbeiter (A Ziff. 5.1 BBR/Arch), sondern **sämtliche Betriebsangehörige** (A Ziff. 5.2 BBR/Arch) bei der Ausübung ihrer dienstlichen Verrichtungen. Ausgeschlossen vom Mitversicherungsschutz sind wie üblich Arbeitsunfälle. Die getrennte Aufzählung der Mitversicherten in A V BBR/Arch bedeutet nicht, dass die Gruppe der zur Leitung und Beaufsichtigung Angestellten etwa Repräsentanten des VN sind[582]. Sie beruht allein darauf, dass die Klausel zunächst die Regelung des § 151 VVG a. F. wiederholt und anschließend auf sämtliche Betriebsangehörige erweitert. Der Begriff des zur Leitung oder Aufsicht Angestellten ist wesentlich weiter als derjenige des Repräsentanten[583], wobei die genaue Abgrenzung wegen der umfassenden Mitversicherung aller Betriebsangehörigen dahingestellt bleiben kann. Im Übrigen kann wegen der Einzelheiten der Mitversicherung auf die Ausführungen zur Betriebshaftpflichtversicherung verwiesen werden[584]. In Ergänzung zu der sonst üblichen Klausel wird in den BBR/Arch seit 1996 wegen der praktischen Bedeutung klargestellt, dass auch die in der Praxis weitverbreiteten **freien Mitarbeiter** mitversichert sind. Die Abgrenzung zum nicht mitversicherten **Subunternehmer** kann im Einzelfall schwierig werden. Das betrifft aber nur deren Mitversicherungsschutz bei eigener Inanspruchnahme. Der VN selbst hat auch Deckung, wenn er – innerhalb des versicherten Risikos – für Fehler der von ihm eingeschalten Subplaner in Anspruch genommen wird. Etwas anders gilt nur dann, wenn der Versicherungsschutz für die Haftpflicht aus der Beauftragung von selbstständiger Subplaner abweichend von den BBR/Arch von einer Prämienerhöhung abhängig gemacht wird[585].

---

wig DAB 1987, Heft 10, S. HS 191, zitiert nach *Langen,* Seminar Haftung der Architekten und Ingenieure und ihr Versicherungsschutz, (1993), S. 53 (63).

[581] BFH v. 8. 2. 1979, NJW 1979, 1624; FG Rheinland-Pfalz v. 22. 4. 2002, DStRE 2002, 1383.
[582] So aber *Neuenfeld,* Handbuch, Teil IX, Rn. 132.
[583] Berliner Kommentar/*Baumann,* VVG, § 151 Rn. 10; *Römer/Langheid/Langheid,* VVG, § 151 Rn. 2.
[584] Vgl. oben Rn. 24 ff.
[585] KG v. 22. 12. 2006 – 6 U 164/06 (ibr-online); so auch die Regelungen in BBR-ARCHIPROTECT der VHV.

4. Mitversicherte Risiken

a) **Grundstücksrisiko.** Die BBR/Arch umfassen nicht nur die eigentliche Berufshaft-   **210**
pflichtversicherung, sondern erstrecken den Versicherungsschutz auch auf die **Haftpflicht
als Eigentümer oder Nutzer für Berufsstätte oder Wohnung** unter Einschluss des Haus-
verwaltungspersonals. Umfasst ist damit die so genannte Bürohaftpflicht, die den VN Versicherungsschutz bei der Verletzung von Verkehrssicherungspflichten bietet[586]. Zusätzlich versichert ist auch das Bauherren- und Unternehmerrisiko für Bauarbeiten an Berufsstätte oder
Wohnung bis zu einer Bausumme von 50 000,00 € sowie Schäden durch häusliches Abwasser.

b) **Umwelthaftpflicht.** Ursprünglich waren die Umweltrisiken von der Haftpflichtversi-   **211**
cherung mangels Ausschlusses umfasst gewesen. Aufgrund der wachsenden Bedeutung haben
die VU neue Deckungskonzepte entwickelt, die grundsätzlich als selbstständige Versicherungsverträge angeboten werden. Dafür ist 1994 in § 4 I 8 AHB (Ziff. 7.10 AHB n. F.) ein
Ausschluss von Umweltschäden in die Berufshaftpflicht aufgenommen worden[587]. Dieser generelle Ausschluss der AHB wird nun in den BBR/Arch seit 1994[588] zurückgenommen. Mit
Teil C der BBR/Arch wird die so genannte **Basisdeckung für Umweltrisiken** angeboten[589]. Versichert sind nur **Personen- und Sachschäden** aufgrund von Umwelteinwirkungen unter Ausschluss des hier allerdings nicht einschlägigen Anlagenrisikos aus dem Betrieb
umweltgefährdender Anlagen. Nicht erfasst sind also insbesondere Vermögensschäden und
öffentlich-rechtliche Ansprüche[590]. Nicht versichert ist aber auch durch die Basisdeckung das sich
aus der fehlerhaften Herstellung oder Planung von Anlagen ergebende **Regressrisiko,** soweit Vermögensschäden betroffen sind. Hier greift dann A Ziff. 1.3 BBR/Arch (A I 1 Abs. 2
BBR/Arch 1996), wonach Schäden durch Umwelteinwirkungen durch vom VN erbrachte
Leistungen unter den allgemeinen Versicherungsschutz der Berufshaftpflichtversicherung
nach Teil A fallen. Erfasst wird damit vor allem das Regressrisiko aus der Planung umweltre-
levanter Anlagen oder z. B. auch aus Asbestsanierungen, solange dem Versicherungsvertrag
nicht die AHB ab 2004 mit dem neu eingeführten Asbestausschluss in Ziff. 7.11 zugrunde liegen. Unter die Umweltbasisdeckung des Teil C fallen damit Personen- und Sachschäden, die
nicht auf Arbeiten oder Leistungen des VN beruhen. Das wäre insbesondere bei Verkehrssi-
cherungspflichtverletzungen der Fall, wenn ein Baustellenunfall zum Schaden durch Umwelteinwirkungen führt, z. B. ein Kran auf einen Gastank fällt oder Feuer zur Kontaminatio-
nen führt[591]. Die Abgrenzung der Umweltbasisdeckung zur Grunddeckung nach Teil A ist
allerdings unscharf; die dort verwandten Begriffe „durch erbrachte Arbeiten oder sonstige
Leistungen" sind zur Einschränkung des Versicherungsschutzes nach der Grunddeckung nur
begrenzt geeignet, da sie bei weiter Auslegung nahezu das gesamte berufliche Risiko erfassen.
Gemeint sein kann aus systematischen Gründen nicht jede berufliche Tätigkeit, wozu jede
fehlerhafte und ggf. auch unterlassene Anweisung gehört, sondern nur der vertragliche Leistungsgegenstand, nicht aber die Verletzung bloßer Schutzpflichten. Ob das mit dem Klauselwortlaut ausreichend zum Ausdruck gekommen ist, erscheint fraglich, so dass der VN im
Zweifel den für ihn besseren Versicherungsschutz, in der Regel nach der Grunddeckung, in
Anspruch nehmen kann.

---

[586] Vgl. näher oben Rn. 119; *Schmalzl*, Berufshaftpflichtversicherung, Rn. 395.
[587] Vgl. näher § 27 Rn. 511.
[588] Zur Rechtslage der BBR/Arch 1977 vgl. *Schmalzl*, Berufshaftpflichtversicherung, Rn. 396 ff. sowie
Späte, AHB, § 1 Rn. 120 ff.
[589] Dazu *Schimikowski*, Umwelthaftungsrecht und Umwelthaftpflichtversicherung, 6. Aufl. 2002,
Rn. 360 ff. und § 27 Rn. 24, 96 ff.
[590] *Schimikowski*, a. a. O. Rn. 345.
[591] Beispiel nach *Schimikowski*, a. a. O. Rn. 360.

v. Rintelen

III. Versicherungsfall

1. Verstoßprinzip

212   Wesentliche Abweichungen gegenüber den AHB bestehen bei der Definition des Versicherungsfalls. Während Ziff. 1.1 AHB auf das Schadenereignis im Sinne der Folgenereignistheorie abstellt[592], stellen die BBR/Arch auf den **Verstoß,** d. h. auf das den Schaden verursachende Verhalten, ab, so genanntes **Kausalereignisprinzip**[593]. Bedeutsam wird dieser Unterschied beim Wechsel des VR oder bei der Beendigung des Versicherungsvertrages. Es kann aber auch relevant werden, wenn die Versicherungssumme zwischenzeitlich erhöht wurde oder die Versicherungsbedingungen geändert wurden.

213   **Abzustellen** ist dabei **auf den ersten Verstoß**[594]. Der Architekt, der beispielsweise einen Fehler der Grundlagenermittlung oder Entwurfsplanung in die Ausführungsplanung übernimmt und ihn anschließend bei der Objektüberwachung nicht bemerkt, verletzt zwar seine architektenvertraglichen Pflichten jeweils neu, da er zur Überprüfung der bisherigen Planungsergebnisse verpflichtet ist[595]. Maßgeblich für die Haftpflichtdeckung ist jedoch das erste Fehlverhalten, das in gerader Linie zum Schaden führt[596]. Das Nichterkennen des ursprünglichen Fehlers trotz Anlass zur Prüfung ist nur eine **unselbstständige Ursache**[597]. Allerdings kann derselbe Schaden auch durch mehrere selbstständige Verstöße verursacht sein, wie schon die Serienschadenklausel zeigt. Das ist z. B. dann der Fall, wenn eine besondere Pflicht zum Handeln und damit zur Schadenvermeidung aus anderen Gründen in späterer Zeit besteht[598], z. B. wenn der Architekt, der schon bei der Grundlagenermittlung den Grundwasserstand nicht oder fehlerhaft ermittelt hat, beim Baugrubenaushub eindringendes Wasser irrigerweise als Schichten- oder Regenwasser deutet und die gebotenen Maßnahmen gegen Grundwasser (erneut) unterlässt. Ein **erneuter Verstoß** ist aber auch dann zu bejahen, wenn ein ursprünglicher Fehler nicht nur fortgeschleppt wird, sondern **aufgrund erneuter Prüfung und Entscheidung,** dann ggf. auch unverändert, wiederholt wird. Erforderlich sind aber neue selbstständige Überlegungen[599], ein neues Aufrollen der Frage[600]; nicht ausreichend ist das bloße Fortschleppen des wiederholt nicht erkannten Fehlers im Verlaufe des Planungsprozesses[601]. Beruht der Schaden auf einem **Unterlassen,** so ist maßgeblich für das erste unterlassene Handlungsmöglichkeit, sondern der Zeitpunkt, an welchem die versäumte Handlung **spätestens hätte vorgenommen** werden müssen, um den Eintritt des Schadens abzuwenden[602].

2. Zeitliche Abgrenzung des Versicherungsschutzes

214   Versichert sind Verstöße, die zwischen **Beginn und Ablauf** des Versicherungsvertrages begangen werden, allerdings nur soweit sie nicht später als 5 Jahre nach Ablauf des Versicherungsvertrages gemeldet werden[603]. Diese so genannte **Nachhaftungsregelung** stellt keine

---

[592] Vgl. oben § 24 Rn. 21.

[593] BGH v. 1. 7. 1970, VersR 1970, 825; dazu allgemein *Späte,* AHB, § 1 Rn. 28 ff., 31; *Littbarski,* Haftungs- u. Versicherungsrecht, Rn. 545.

[594] *Späte,* AHB, § 1 Rn. 28; *Schmalzl,* Berufshaftpflichtversicherung, Rn. 251 ff.; *Neuenfeld,* Handbuch, Teil IX, Rn. 55.

[595] Vgl. BGH v. 22. 10. 1998, BauR 1999, 187 (188); OLG Düsseldorf v. 19. 12. 1997, BauR 1998, 582.

[596] BGH v. 1. 7. 1970, VersR 1970, 825 (826); BGH v. 22. 6. 1967, VersR 1967, 769 (770); OLG Nürnberg v. 26. 5. 1994, VersR 1994, 1462; LG Essen v. 9. 2. 1982, BauR 1983, 583 f.

[597] BGH v. 1. 7. 1970, VersR 1970, 825 (826); *Späte,* AHB, § 1 Rn. 28.

[598] *Späte,* AHB, § 1 Rn. 28.

[599] BGH v. 1. 7. 1970, VersR 1970, 825 (826).

[600] BGH v. 16. 1. 1970, VersR 1970, 247.

[601] OLG Nürnberg v. 26. 5. 1994, VersR 1994, 1462; zu eng OLG München v. 3. 7. 1995, VersR 1996, 1008 (1009) zu AVB Verm.

[602] OLG Hamm v. 3. 5. 2000, VersR 2001, 633 (634); *Garbes,* Haftpflichtversicherung, S. 3 f.; so z. B. auch § 2 Nr. 3 AVB-WB/RA.

[603] A 2.1 BBR/ARCH.

Erweiterung des Versicherungsschutzes um 5 Jahre dar[604], sondern eine erhebliche Einschränkung[605]. Da die BBR/Arch dem Verstoßprinzip folgen, wären grundsätzlich alle Spätschäden versichert, da es für den Versicherungsschutz allein darauf ankommt, dass zum Zeitpunkt des Verstoßes Versicherungsschutz bestand[606]. Wechselt der VN den VR, muss er wegen der Nachhaftungsregelung auf ein entsprechende Erweiterung des neuen Versicherungsschutzes durch eine Rückversicherungsklausel achten[607]. Gibt er den Beruf vollständig auf, enthalten einige über die Musterbedingungen hinausgehende AVB eine Nachhaftungsverlängerung bis 30 Jahren, falls der VN zuvor 5 Jahre ununterbrochen beim VR versichert war[608].

Die 5jährige **Nachhaftungszeit** ist **bedenklich kurz,** da die Leistungen des Architekten   **215** bei einer Vollarchitektur erst beendet sind, wenn die Gewährleistungsfristen der Bauunternehmer abgelaufen sind, in der Regel also erst 5 Jahre nach Abnahme des Bauwerks. Der umfassend beauftragte Architekt haftet damit – bereits ohne Berücksichtigung der sog. Sekundärhaftung[609] – für Mängel nach dem Gesetz üblicherweise bis zu 10 Jahren nach Abnahme des Bauwerkes, für sonstige Pflichtverletzung (bei Personenschäden) bis zu 30 Jahren[610]. Zwar treten 65 % aller Schäden innerhalb von zwei Jahren nach Fertigstellung eines Gebäudes auf, aber immerhin tritt 1/5 aller Bauschäden erst später als fünf Jahre auf[611]. Erschwerend kommt hinzu, dass der Schadensumfang umso größer wird, je länger ein Verstoß zurückliegt[612]. Der BGH hat ein berechtigtes Interesse des VN bejaht, in allen Fällen, in denen das haftungsbegründende Ereignis in die Versicherungszeit fällt, vollen Versicherungsschutz zu erhalten, und zwar gerade auch dann, wenn die schädigenden Folgen erst nach Ende des Versicherungsvertrages hervortreten[613]. Da er die Haftung für Spätfolgen als „gerechten Ausgleich der beiderseitigen Interessen" ansieht und bei Abweichung die Prüfung fordert, ob dem VN ein Verzicht auf die Deckung solcher Spätschäden zuzumuten ist[614], ist die Verkürzung des Versicherungsschutzes[615] durch die Nachhaftungsregelung **unangemessen im Sinne des § 307 BGB**[616]. Das gilt erst Recht unter Geltung des neuen VVG. Nach § 114 VVG darf die Architektenversicherung als Pflichtversicherung nur Risikoausschlüsse enthalten, die mit dem **Zweck der Pflichtversicherung** vereinbar sind. Wenn der Gesetzgeber allerdings einen Versicherungsschutz für die Haftung im Rahmen der gesetzlichen (Verjährungs-)Grenzen anordnet, darf die Deckung sich nicht auf 80 % beschränken. Im Übrigen können die angeführten Gründe für die Nachhaftungsbegrenzung – zeitliche Begrenzung der Spätschadensrückstellung – schon deshalb nicht überzeugen, weil die Spätschadensproblematik für den Haftpflichtversicherungsbereich

[604] So aber *Dittert,* Versicherungsschutz, S. 146.

[605] *Prölss/Martin/Voit/Knappmann,* VVG, Arch.-Haftpfl., Rn. 9.

[606] BGH v. 4. 12. 1980, VersR 1981, 173 (175).

[607] Vgl. dazu *Dengler,* Haftpflichtversicherung, S. 333.

[608] Vgl. Rn. 249.

[609] Dazu eingehend *von Rintelen,* NZBau 2008, 209 ff.

[610] Beim Unterlassen der Untersuchungspflicht und Beratungspflicht auch hinsichtlich eigener Mängel gilt für den Architekten als umfassenden Sachwalter – nicht für sonstige Planer (BGH v. 27. 9. 2001, BauR 2002, 109 (110 f.)) – die Regelverjährung, vgl. BGH v. 11. 5. 1978, BauR 1978, 405 (407); BGH v. 26. 9. 1985, BauR 1986, 112 (113); die nunmehrige 3-jährige Frist beginnt erst mit Kenntnis des Anspruchsinhabers.

[611] Dritter Bericht über Schäden an Gebäuden, Bundesministerium für Raumordnung, Bauwesen und Städtebau, 3/96, S. 30; vgl. zum Spätschadenrisiko bei Ingenieuren auch die Abwicklungsprognose bei *Hoffmann,* Spätschadenreservierung in der Allgemeinen Haftpflichtversicherung, 1999, S. 339.

[612] *Krüger/Thormann,* DAB 2003, Heft 10 S. 86 (88), die darauf hinweisen, dass Spätschaden fast vierfach höhere Aufwendungen als Sofortschäden verursachen.

[613] BGH v. 4. 12. 1980, VersR 1981, 173 (174); ebenso OLG Nürnberg v. 24. 6. 2000, VersR 2000, 1490 (1491) zur Arzthaftpflichtversicherung.

[614] BGH v. 4. 12. 1980, VersR 1981, 173 (175).

[615] Auf die mögliche Einschränkung des Versicherungsschutzes weisen z. B. auch *Meier,* BauversR, S. 154 und *Dinale,* Architekt – Sachwalter des Bauherrn, 2007, S. 135, hin.

[616] So LG Stade v. 11. 1. 1995 – 5 O 521/93, zitiert nach *Gräfe/Brügge,* Vermögensschaden-Haftpflichtversicherung, Rn. C 51, die ihrerseits nur auf die Möglichkeit einer Unwirksamkeit verweisen.

typisch und kalkulierbar ist[617], Spätschadenreserven schon wegen der ungekündigten Verträge gebildet werden müssen, im Bereich der Vermögenshaftpflicht für Rechtsanwälte und Steuerberater eine unbegrenzte Nachhaftung – auch vor Einführung der Versicherungspflicht – galt und gilt, obgleich hier aufgrund zahlreicher verjährungsrechtlicher Besonderheiten erhebliche Spätschadenrisiken bestehen[618] und auch für Architekten eine bis zu 30jährige Nachhaftung durchaus – als Sondervereinbarung – erhältlich ist. Der Wunsch, die Versicherungsakten zu schließen, ist verständlich, kann aber nicht dazu führen, dass der VN in Abweichung von der Gesetzeslage keinen Versicherungsschutz mehr hat, wenn ein Kleinkind 19 Jahre nach Gebäudefertigstellung durch das zu weite Treppengeländer fällt[619]. Außerdem wird zu Recht die mangelnde Transparenz dieser Lücken im Versicherungsschutz für den VN geltend gemacht[620].

216   Die Lücken im Versicherungsschutz durch die Nachhaftungsbegrenzung werden durchaus gesehen. Die **alternativen Lösungsvorschläge** zu ihrer Begrenzung sind allerdings nicht tragfähig. Die 5-Jahresfrist lässt sich nicht dadurch retten, dass man sie lediglich zu einer Anzeigeobliegenheit erklärt[621], oder dass man den Charakter als Ausschlussfrist anerkennt, dem VR aber die Berufung hierauf abschneidet, wenn dem VN an der Überschreitung kein Verschulden trifft[622]. Die Begrenzung der Anwendungsvoraussetzungen der als zu scharf angesehenen Gesetzesnorm des § 12 Abs. 3 VVG a. F. ist auf AVB methodisch nicht übertragbar. Die einschränkenden Auslegungen des § 1 Nr. 3 S. 2 BB-BUZ[623] bzw. § 4 Nr. 3 ARB[624] sind spätestens nach Ablauf der Umsetzungsfrist der Verbraucherschutzrichtlinien nicht länger haltbar. Sie übergehen das Transparenzgebot des § 307 Abs. 1 vollständig[625]. Ein **Verstoß gegen das Transparenzgebot** liegt insbesondere vor, wenn, wie hier, durch die Klausel die Rechtslage unvollständig und damit unrichtig dargestellt wird[626], wodurch sich der VR die Unvollständigkeit oder Unklarheit zu Nutze machen kann. Das wird gerade bei der Nachhaftungsregelung relevant, da die VR die Ausschlussfrist als verschuldensunabhängige primäre Risikobegrenzung verstehen[627] und dementsprechend (nur) für den Fall der endgültigen Berufsaufgabe eine Nachhaftung von 30 Jahren standardmäßig anbieten, allerdings nur soweit die Versicherung die letzten 5 Jahre ununterbrochen bestand[628]. Auch die Möglichkeit, die Lücke im Versicherungsschutz nach Ablauf der Nachhaftungszeit durch Individualvereinba-

---

[617] Vgl. umfassend *Hoffmann*, Spätschadenreservierung, in der Allgemeinen Haftpflichtversicherung, 1999, S. 25 ff. und passim.

[618] Die frühere dreijährige bzw. fünfjährige Verjährungsfrist für RA/StB/WP konnte für RA/StB durch die sog. Sekundärverjährung verdoppelt werden. Heute ist die Sonderverjährung abgeschafft, wodurch sich die regelmäßige Haftungszeit bis 10 Jahren ergibt. Bei steuerlichen Beratungsfehlern kommt hinzu, dass die Verjährung erst mit Bekanntgabe des Steuerbescheides beginnt. Ansprüche aus der mitversicherten Testamentsvollstreckung verjährten nach früherem Recht gar erst in 30 Jahren, vgl. BGH v. 18. 9. 2002, WM 2003, 539 (540).

[619] OLG Karlsruhe v. 22. 8. 1996, BauR 1997, 675.

[620] *Langen*, Seminar Haftung der Architekten und Ingenieure und ihr Versicherungsschutz, 1993, S. 53 (60), der darauf hinweist, dass mit der Klausel der Anschein erweckt würde, Nachhaftungsfrist und Gewährleistung stimmten überein.

[621] So *Johannsen*, ZVersWiss 1994, 449 (473) unter Anwendung des § 5 AGBG bzw. § 305 c Abs. 2 BGB und LG Düsseldorf v. 29. 10. 2007 –IBR 2008, 116; dagegen zutreffend *Gräfe/Brügge*, Vermögensschaden-Haftpflichtversicherung, Rn. C 42.

[622] LG Mönchengladbach v. 12. 5. 1999, VersR 2000, 754 (755); *Prölss/Martin/Voit/Knappmann*, VVG, Arch.-Haftpfl. Rn. 9.

[623] BGH v. 2. 11. 1994, VersR 1995, 82 (83).

[624] BGH v. 15. 4. 1992, VersR 1992, 819 (820).

[625] Zu dessen Berücksichtigung vgl. *Römer*, NVersZ 2002, 532, 534 f. m. w. N.

[626] *Präve*, Versicherungsbedingungen, Rn. 424 ff., 436.

[627] *Garbes*, Haftpflichtversicherung, S. 31; *Bindhardt/Jagenburg/Ruhkopf*, Architektenhaftung, S. 637; *Dittert*, Versicherungsschutz, S. 146; vgl. auch *Schmalzl/Krause-Allenstein*, Berufshaftpflichtversicherung, Rn. 503.

[628] Vgl. Rn. 249.

rung zu schließen[629], ist keine Kompensation. Wird dem VN vom VR wegen seiner Schadensquote gekündigt, wird er ein annehmbares Angebot nicht mehr erhalten.

Ist eine Nachhaftung vereinbart oder hält die zeitliche Begrenzung des Versicherungs- **217** schutzes einer AGB-rechtlichen Inhaltskontrolle nicht Stand, können Spätschäden unbegrenzt geltend gemacht werden. Die zweijährige **Verjährungsfrist** für Altfälle bis zum 31. 12. 2008 gem. Ziff. 30.1 AHB vor 2007 bzw. § 12 VVG a. F. beginnt ebenso wie die nunmehr anzuwendende dreijährige Regelverjährung nach § 195 BGB erst mit dem Schluss des Jahres der Fälligkeit zu laufen, also erst nachdem der Gläubiger gegen den VN Haftpflichtansprüche ernsthaft und unmissverständlich geltend gemacht hat[630]. Verjährungsrechtliche Schwierigkeiten können eintreten, wenn der gemeldete Haftpflichtanspruch einer längeren Verjährungsfrist unterliegt und es dem VR gelingt, den Anspruch zunächst scheinbar erfolgreich zurückzuweisen. Meldet sich dann der Geschädigte erst nach zwei bzw. drei Jahren erneut, so könnte für den Deckungsanspruch Verjährung eingetreten sein, da auch ein anerkennender Bescheid eine die Hemmung der Verjährung beendende Entscheidung ist[631]. Soweit der durch ein Anerkenntnis bewirkte Neubeginn der Verjährung nicht ausreichen sollte, wird sich der VR aber wohl nicht nur in Ausnahmefällen[632], sondern grundsätzlich nicht auf den Eintritt der Verjährung berufen können, weil er dann seiner Abwehrverpflichtung nur unzureichend nachgekommen ist. Für diese Pflichtverletzung läuft – wie bei der Sekundärhaftung von Rechtsanwälten, Steuerberatern und Architekten[633] – eine eigene kenntnisabhängige neue Verjährungsfrist.

Bei dem erstmaligen Abschluss einer Berufshaftpflichtversicherung gewährt Ziff. 2.2 **218** BBR/Arch zum Schutz von **Berufsanfängern,** die ihre Tätigkeit vor Versicherungsbeginn aufnehmen, eine **Rückwärtsdeckung** von einem Jahr für nicht bekannte Verstöße.

3. Serienschadenklausel

Mit der für Haftpflichtversicherungen üblichen Serienschadenklausel sollen mehrere Haft- **219** pflichtereignisse zusammengefasst werden. Kleiner Vorteil für den VN ist, dass ein (Mindest) Selbstbehalt nur einmal in Abzug gebracht wird. Größerer Nachteil ist allerdings, dass die **Versicherungssumme** für die zusammengefassten Verstöße **nur einmal zur Verfügung** steht. In den BHB 1964 wurde noch die Serienschadenklausel der damaligen AHB weitgehend wiederholt und etwas erweitert[634]. Da deren Formulierung allerdings nur bedingt auf die Planerhaftpflicht passte, ist mit den BBR/Arch 1977 eine weitgehend eigenständige Regelung geschaffen worden[635], die die Serienschadenklausel der AHB verdrängt[636].

Die gegenwärtige Regelung in A Ziff. 1.5 BBR/Arch 2007 bzw. A § 3 Ziff. III Abs. 1 S. 3 **220** BBR/Arch 1996 ist durch die Entscheidung des BGH vom 28. 11. 1990 notwendig geworden, nachdem dieser die Fassung der **BBR/Arch 1977** für **AGB-widrig** erklärt hatte[637]. Die Versicherungssumme sollte danach nur einfach zur Verfügung stehen, falls „mehrere auf gemeinsamer Fehlerquelle beruhende Verstöße zu Schäden an einem oder mehreren Bauwerken führen"[638]. Der Verzicht auf jegliche zeitliche und enge sachliche Verknüpfung von gemeinsamer Fehlerquelle, Verstoß und Eintritt des Schadens führte nach Auffassung des BGH zu unangemessenen Ergebnissen. Habe ein Architekt seit seinem Studium eine Fehlvorstellung und realisiere er diese in der Folgezeit konsequent in zahlreichen Bauwerken, führe die Beschränkung auf die einfache Versicherungssumme zur Aushöhlung des Versicherungsschutzes[639]. Nach der

---

[629] So *Schmalzl/Krause-Allenstein,* Berufshaftpflichtversicherung, Rn. 504.
[630] BGH v. 21. 1. 1976, VersR 1976, 477 (479); *Littbarski,* AHB, § 10 Rn. 12.
[631] BGH v. 30. 4. 1991, VersR 1991, 878f.; *Römer/Langheid/Römer,* VVG, § 12 Rn. 24.
[632] So *Bruck/Möller/Johannsen,* VVG, IV, Anm. B 49.
[633] BGH v. 26. 10. 2006, NJW 2007, 365; BGH v. 12. 12. 2002, NJW 2003, 822.
[634] Vgl. I 2 S. 4 BHB 1964, abgedruckt bei *Schmalzl,* Berufshaftpflichtversicherung, S. 406.
[635] VerBAV 1977, 302; *Littbarski,* Haftung- und Versicherungsrecht, Rn. 602.
[636] Siehe unten Rn. 224.
[637] BGH v. 28. 11. 1990, BauR 1991, 234 (235f.) = VersR 1991, 175.
[638] Vgl. Abdruck bei *Schmalzl,* Berufshaftpflichtversicherung, S. 392.
[639] BGH v. 28. 11. 1990, BauR 1991, 234 (236) = VersR 1991, 175.

aktuellen Fassung ab **BBR/Arch 1996** müssen „mehrere gleiche oder gleichartige Verstöße, die **unmittelbar auf demselben Fehler beruhen,** zu Schäden an einem oder mehreren Bauwerken führen". Die Abgrenzung von „unmittelbar" und „mittelbar" führt naturgemäß zu Schwierigkeiten[640]. Eindeutig sind die Standardbeispielsfälle. Errichtet ein Architekt nach einem einheitlichen, aber fehlerhaften Plan mehrere Häuser, was bei Reihenhausbebauung praktisch wird, greift die Serienschadenklausel ein.

221   Fraglich ist, ob das auch gilt, wenn der Architekt immer auf **dieselben fehlerhaften Konstruktionselemente** zurückgreift[641], z. B. dasselbe System für die konstruktive Ausgestaltung von wasserdichten Wannen bei mehreren Häusern verwendet[642]. Das ist nur unter zusätzlichen Voraussetzungen der Fall. Wie sich aus der Serienschadensklausel der AHB ergibt, muss „dieselbe Ursache" von nur „gleicher oder gleichwertiger" Ursache abgegrenzt werden[643]. Letztere reichen nach der erweiterten neuen Serienschadenklausel in Ziff. 6.3 AHB nur aus, wenn sie im inneren, insbesondere sachlichen **und** zeitlichen Zusammenhang stehen[644]. A Ziff. 1.5 BBR/Arch lässt gleiche oder gleichartige Verstöße genügen, wenn sie **„unmittelbar** auf demselben Fehler beruhen". Gleichartige Schadensursachen sollen also nur erfasst werden, wenn sie auch auf demselben Fehler beruhen. Da anders als in der Vorfassung nicht mehr auf die gemeinsame Quelle des Fehlers abgestellt wird, ist für einen Serienschaden die **wiederholte Umsetzung** einer gleichbleibenden **Fehlvorstellung** bzw. eines konkreten Falschwissens des Planers **nicht ausreichend**[645]. Eindeutig ist das im Fall des BGH vom 28. 5. 1969, wo der Architekt die erforderlichen Mindestwerte für den Wärmeschutz für 18 Häuser jeweils nach einer falschen DIN-Tafel ermittelt hat[646]. Ursache für den Schaden der einzelnen Häuser und damit unmittelbarer Fehler im Sinne von A I 3a BBR/Arch waren die jeweils einzeln gefertigten Werkzeichnungen. Verschiedene Verstöße beruhen aber nur unmittelbar auf demselben Fehler, wenn dieser Fehler gewissermaßen nur multipliziert wird. Für diesen Fall bezweckt die Serienschadenklausel gerade, der Gefahr vorzubeugen, dass durch die bloße Multiplizierung eines Fehlers nicht zu übersehende Verpflichtungen ausgelöst werden[647]. Soweit ein Fehler demgegenüber einen mehr oder weniger **selbstständigen Umsetzungsvorgang** benötigt, um zu einem Verstoß zu werden, reduziert sich diese Gefahr. Bedingungsrechtlich maßgebend ist, dass dann die Verstöße nicht unmittelbar auf demselben Fehler, sondern auf den jeweiligen unterschiedlichen Umsetzungsvorgängen beruhen. Bei Planungsfehlern dürfte die Serienschadenklausel also nur eingreifen, wenn einmal erstellte fehlerhafte Konstruktionselemente wiederholt verwandt werden, was bei computergestützter Planung mit Elementen durchaus praktisch werden kann.

222   Bei der **Objektüberwachung** begründen verschiedene Anweisungen grundsätzlich auch **verschiedene Verstöße**[648]. Die mangelhafte oder unterlassene Beaufsichtigung von Bauarbeiten ist nur dann ein einheitlicher Verstoß, wenn die Baumängel bei derselben Untersuchung hätten entdeckt werden müssen. Ein gewerkeweises Zusammenziehen mangelhafter Bauüberwachung ist nicht möglich. Die Gegenauffassung[649] verkennt, dass nach Art und Umfang des Gewerkes die verschiedensten Überwachungsmaßnahmen geboten sein können[650].

---

[640] *Johannsen,* ZVersWiss 1994, 449 (464).

[641] So Erläuterungen zur BBR/Arch 1977, abgedruckt bei *Schmalzl,* Berufshaftpflichtversicherung, S. 399.

[642] So *Garbes,* Haftpflichtversicherung, S. 24.

[643] Dazu BGH v. 27. 11. 2002, VersR 2003, 187 (188); *Littbarski,* AHB, § 3 Rn. 168f.

[644] Vgl. § 24 Rn. 139f. Nach § 3 III 2 Abs. 1 S. 3 AHB 2002 lagen Serienschäden nur bei „derselben Ursache" vor.

[645] *Neuenfeld,* Handbuch, Teil IX Rn. 65; *Wussow,* BauR 1979, 204f.

[646] BGH v. 28. 5. 1969, VersR 1969, 723 (726).

[647] *Ruhkopf,* VersR 1979, 408.

[648] *Wussow,* BauR 1979, 204 (208); *Neuenfeld,* Handbuch, Teil IX, Rn. 66.

[649] So *Wussow,* BauR 1979, 204 (206).

[650] Ebenso *Neuenfeld,* Handbuch, Teil IX, Rn. 66; *Schmalzl,* Berufshaftpflichtversicherung, Rn. 264 und Fn. 420.

Eine nachlässige Bauaufsicht kann zu mehreren Verstößen führen; diese beruhen aber ebenso wenig unmittelbar auf demselben Fehler wie eine allgemeine Unsorgfältigkeit verschiedene Planungsfehler zu einem Serienschaden verbindet[651].

Gänzlich falsch ist die überholte Auffassung, mehrere bei **einem Bauvorhaben** began-   **223** gene Verstöße seien als ein einziger Verstoß zu werten. Diese von *Geyer*[652] für die BHB 1964 begründete Ansicht war schon nach der gebotenen restriktiven Auslegung von Einschränkungstatbeständen mit dem Klauselwortlaut nicht vereinbar[653], wurde zunächst allerdings trotzdem herrschende Meinung[654]. Obwohl nach der Neufassung der Serienschadenklausel mit den BRR 1977 überhaupt keinen Ansatz mehr für eine solche Zusammenfassung bestand und diese Neufassung ausdrücklich auch mit dem Ziel erfolgt ist, von dieser These abzurücken[655], wurde auch in der Folgezeit[656] und wird in der Regulierungspraxis bis heute[657] auf diese Argumentation zurückgegriffen. Die These des einheitlichen Verstoßes bei einem Bauvorhaben beruhte allerdings darauf, dass das Architektenwerk für ein Bauwerk als Einheit angesehen wurde und man deshalb die Arbeitsklausel der BHB 1964 („mehrere Schäden aus Lieferung der gleichen mangelhaften ... Arbeiten") für anwendbar hielt[658]. Diese Argumentation ist mit dem heutigen Klauselwortlaut ersichtlich unvereinbar, was inzwischen ganz herrschender Meinung entspricht[659].

Bei Verträgen, denen noch die BBR/Arch 1977 zugrunde liegen, kann nach Unwirksam-   **224** keit ihrer Serienschadenklausel nicht subsidiär auf § 3 Ziff. II 2 Abs. 1 S. 3 AHB a. F. zurückgegriffen werden. Der BGH geht zwar in seiner Entscheidung vom 28. 11. 1990[660] davon aus, dass die beiden Klauseln kumulativ angewandt werden können. Tatsächlich ergänzte A I 3a BBR/Arch nicht § 3 Ziff. III 2 Abs. 1 S. 3 AHB a. F., sondern änderte diese Regelung ab. Denn nur hierauf kann sich nach Wortlaut und Systematik die im Klauselwortlaut der BBR/ Arch 1997 hervorgehobene „teilweise Abweichung" von den AHB beziehen, nachdem S. 1 und S. 2 der entsprechenden AHB-Regelung unverändert übernommen wurden[661]. Im Übrigen würde eine Kumulation die Serienschadenklausel endgültig intransparent machen, nachdem die einzelnen Klauseln isoliert betrachtet zu recht schon als kompliziert, wenig eingängig und unklar bezeichnet werden[662]. Eine **Subsidiärgeltung der AHB-Regelung**[663] ist nicht möglich. Die Vereinbarung abweichender vorrangiger Bedingungen in den BBR/Arch führt

---

[651] Im Ergebnis ebenso *Wussow*, BauR 1979, 204 (205) zu BHB 1964; *Schmalzl*, Berufshaftpflichtversicherung, Rn. 264 zu BBR/Arch 1977.

[652] *Geyer*, VersR 1967, 920.

[653] *Ruhkopf*, VersR 1979, 408 f.; insoweit auch zutreffend OLG Köln v. 22. 11. 1979, VersR 1980, 521 (522); die dort begründete Drei-Verstoß-Theorie ist allerdings falsch, vgl. nur *Schmalzl*, Berufshaftpflichtversicherung, Rn. 264; *Neuenfeld*, Handbuch, Teil IX, Rn. 69 f.; *Prölss/Martin/Voit/Knappmann*, VVG, Arch.-Haftpfl. Rn. 7.

[654] OLG Hamm v. 17. 12. 1975, VersR 1975, 52; *Sieg*, VersR 1978, 193 f. m. w. N.; *Wussow*, BauR 1979, 204 (206).

[655] Vgl. *Kostro*, VersR 1981, 1018; in den Erläuterungen zu BBR/ARCH 1977 und BBR/Arch 1996 heißt es: „Andererseits soll mit dieser Bestimmung bewusst von der These abgerückt werden, dass die Deckungssumme für jedes Bauvorhaben unabhängig von der Zahl der Verstöße nur einmal zur Verfügung steht.", vgl. Abdruck bei *Garbes*, Haftpflichtversicherung, S. 90.

[656] *Neuenfeld*, VersR 1981, 608 (611).

[657] Vgl. insbesondere Dittert, Versicherungsschutz, S. 139 (143), der alternativ auch eine Zwei-Verstoß-Theorie anbietet und MAH VersR/*Oehl*, 319 Rn. 120 ff., der den Meinungsstand völlig falsch darstellt.

[658] *Geyer*, VerR 1967, 920 (923); *Wussow*, BauR 1979, 204 (206); *Garbes*, Haftpflichtversicherung, S. 24; *Bindhard/Jagenburg/Ruhkopf*, Architektenhaftung, S. 622; *Schmalzl*, Berufshaftpflichtversicherung, Rn. 264; *Prölss/Martion/Voit/Knappmann*, VVG, Arch.-Haftpfl. Rn. 7.

[659] *Neuenfeld*, Handbuch, Teil IX, Rn. 67 f.; *Garbes*, Haftpflichtversicherung, S. 24; *Bindhard/Jagenburg/Ruhkopf*, Architektenhaftung, S. 622; *Schmalzl*, Berufshaftpflichtversicherung, Rn. 264; *Prölss/Martion/Voit/Knappmann*, VVG, Arch.-Haftpfl. Rn. 7.

[660] BauR 1991, 234 (235 f.) = VersR 1991, 175.

[661] Heute heißt es im Klauselwortlaut unmissverständlich, dass § 3 Ziff. III 2 Abs. 1 S. 3 AHB gestrichen ist.

[662] *Littbarski*, AHB, § 3 Rn. 158 f.; *Johannsen*, ZVersWiss 1994, 449 (463 f.).

[663] So wohl *Prölss/Martin/Voit/Knappmann*, VVG, Arch.-Haftpfl., Rn. 6.

vertragsrechtlich insoweit zu einer Abbedingung der entsprechenden AHB-Regelung. Bei Unwirksamkeit der vorrangigen Regelung gilt dann nach § 306 Abs. 2 BGB die gesetzliche Regelung. Eine hier gar nicht gewollte Staffelung mehrerer Klauseln als Ersatzregelung müsste im Übrigen an § 307 BGB scheitern[664]. Denn nach zutreffender herrschender Meinung soll der AGB-Verwender aus Präventionsgründen das Unwirksamkeitsrisiko seiner Klausel tragen und nicht durch nachrangige Ersatzbedingungen auf den Verwendungsgegner abwälzen[665].

225   Die Serienschadenklausel von A Ziff. 1.5 BBR/Arch greift in der ersten Alternative lediglich bei **Sachschäden am Bauwerk.** Verursacht der Architekt z. B. durch Verwendung des gleichen fehlerhaften Bauvertragsmusters **Vermögensschäden** verschiedener Auftraggeber, greift die Begrenzung des Versicherungsschutzes nicht ein. Ebenso wenig schränkt die erste Alternative den Deckungsschutz bei Personenschäden ein. Ausdrücklich erstreckt worden ist die erste Alternative der Serienschadenklausel aber auf **Schäden durch Umwelteinwirkungen.** Auch hier werden eine oder mehrere Umwelteinwirkungen zu einem Verstoß zusammengefasst, wenn sie unmittelbar auf demselben Fehler beruhen.

226   Relativ problemlos und klar ist die zweite Alternative der Serienschadenklausel: Führen **mehrere Verstöße zu einem einheitlichen Schaden,** steht die Versicherungssumme ebenfalls nur einmal zur Verfügung. Paradebeispiel ist der bereits oben genannte Fall, dass der Architekt die unzureichend geplante Grundwasserabdichtung im Rahmen des Baugrubenaushubs aufgrund von Wassereinbrüchen hätte erneut erkennen müssen[666]. Relevant wird dies nur bei selbstständigen Verstößen; bei unselbstständigen Verstößen, d. h. dem Fortschleppen des nicht erkannten Fehlers durch die Planung, kommt es von vornherein allein auf den ersten Verstoß an[667]. Ein **einheitlicher Schaden** liegt nicht nur dann vor, wenn mehrere Verstöße unabhängig voneinander denselben Schaden verursacht haben, sondern auch dann, wenn die Auswirkungen verschiedener Verstöße zwar schadensverstärkend waren, jedoch nicht zu trennbaren Schadensanteilen geführt haben[668]. Das wird dann praktisch, wenn zu einem Planungsfehler noch schadensverstärkend Bauüberwachungsfehler hinzu kommen, ohne dass dies zu trennbaren Anteilen führt.

227   A Ziff. 1.5 lit. c) BBR/Arch wiederholt klarstellend die unproblematische Regelung von Ziff. 6.1 AHB, wonach die Versicherungssumme nur einfach zur Verfügung steht, wenn **mehrere Mitversicherte** wegen desselben Schadenereignisses in Anspruch genommen werden. Wird z. B. der Büroinhaber und sein Bauleiter gesamtschuldnerisch wegen Verkehrssicherungspflichtverletzung in Anspruch genommen, steht dennoch die Versicherungssumme nur einfach zur Verfügung.

4. Arbeitsgemeinschaften und Planungsringe

228   Bei einer **ARGE,** d. h. einem Zusammenschluss selbstständiger Planer zur Erledigung eines größeren Auftrages für ein Bauvorhaben, beschränkt A Ziff. 3 BBR/Arch den Haftpflichtversicherungsschutz des VN letztlich auf seinen **Anteil im Innenverhältnis.** Das ist versicherungstechnisch nachvollziehbar, da der VR des im Innenverhältnis verantwortlichen ARGE-Mitgliedes für den Schaden aufzukommen hat. Hat dieses keinen oder nur unzureichenden Deckungsschutz, droht allerdings die Inanspruchnahme des VN im Haftpflichtverhältnis, da eine ARGE in der Regel als Gesellschaft bürgerlichen Rechtes konstituiert ist, d. h. die Mitglieder im Außenverhältnis gesamtschuldnerisch haften. Diese Inanspruchnahme aufgrund der gesamtschuldnerischen Haftung im Außenverhältnis unterfällt grundsätzlich Ziff. 1.1 AHB[669], so dass der VR bei einer Inanspruchnahme durch den Geschädigten Versicherungsschutz gewähren müsste. Versicherungsschutz besteht nach A Ziff. 3.1 BBR/Arch

---

[664] BGH v. 17. 3. 1999, NVersZ 1999, 396 (397); *Ulmer/Brandner/Henssen,* AGBG, § 6 Rn. 40.

[665] *Ulmer/Brander/Henssen,* AGBG, § 6 Rn. 40; *Wolf/Horn/Lindacher,* AGBG, § 6 Rn. 24; *Matusche-Beckmann,* NJW 1998, 112 (114); a. M.: *Staudinger/Schlosser,* § 6 AGBG Rn. 11.

[666] Vgl. Erläuterung zu BBR/Arch 1996, abgedruckt bei *Garbes,* Haftpflichtversicherung, S. 90.

[667] Vgl. oben Rn. 213.

[668] Vgl. näher Rn. 328.

[669] *Schmalzl,* Berufshaftpflichtversicherung, Rn. 521.

allerdings nur für die Fehler der **vom VN selbst übernommenen Aufgaben,** d. h. in den Fällen, in denen der VN in der Regel auch im Innenverhältnis gegenüber den ARGE-Mitgliedern den Schaden zu tragen hat. Hat ein anderes ARGE-Mitglied den Schaden verursacht und ist damit im Innenverhältnis zur Schadloshaltung verpflichtet, aber entweder zahlungsunwillig oder zahlungsunfähig, müssen die übrigen ARGE-Mitglieder den Geschädigten befriedigen, ohne ihre VR in Anspruch nehmen zu können. Die VR halten das für gerechtfertigt, da sie das **Insolvenzrisiko** der ARGE-Mitglieder nicht versichert hätten[670]. Das überzeugt aber deshalb nicht, weil der VR grundsätzlich das Insolvenzrisiko des im Außenverhältnis Mitverpflichteten zu tragen hat. Er schuldet nach Ziff. 1.1 AHB dem VN die Abwehr oder Freistellung von allen Haftpflichtansprüchen, und zwar unabhängig davon, ob für diese Schuld noch andere haften. Verletzt ein Subplaner seine Pflichten, muss der VR selbstverständlich den VN von den ihm gegenüber geltend gemachten Ansprüchen freistellen[671]. Der VR erwirbt gemäß § 86 VVG die Rückgriffsansprüche gegenüber dem Subplaner. Warum bei einer ARGE etwas anderes gelten soll, ist nicht ohne weiteres einzusehen, jedenfalls nicht soweit diese nur Tätigkeiten im Bereich des versicherten Berufsrisikos übernimmt. Dementsprechend werden heute auch AVB angeboten, bei denen Ziff. 3.1 BBR/Arch nur lautet: „Mitversichert sind Haftpflichtansprüche aus der Teilnahme an Arbeitsgemeinschaften." Der VR gewährt dann Deckungsschutz für die volle Außenhaftung des VN.

A Ziff. 3.2 BBR/Arch regelt den Fall, dass die ARGE nicht nach Fachgebieten, Teilleis-   **229** tungen oder Bauabschnitten aufgeteilt ist. Deckungsschutz besteht dann nur in **Höhe der Beteiligungsquote** des VN an der ARGE bzw. hilfsweise entsprechend des Kopfanteils. Dem liegt eine Aufteilung im Innenverhältnis entsprechend § 722 BGB zugrunde. Die in der Literatur vertretene Auffassung[672], der entscheidende Unterschied zwischen Ziff. 3.2 und Ziff. 3.1 sei, dass im Falle Ziff. 3.2 der Versicherungsschutz begrenzt sei, verkennt den Regelungsgehalt. In beiden Fällen entspricht die Einstandspflicht des VR dem Innenverhältnis. Im Fall der Ziff. 3.1 kann das sogar dazu führen, dass überhaupt kein Versicherungsschutz im Außenverhältnis besteht, wenn dem VN im Innenverhältnis keine Verantwortung trifft.

Ziff. 3.3 schließt Ansprüche der Partner untereinander vom Versicherungsschutz aus. Ge-   **230** meint sind damit eigene Ansprüche, nicht Regressansprüche bei der Inanspruchnahme im Außenverhältnis. Schließlich erweitert Ziff. 3.4 die Regelung auch auf **Planungsringe.** Hierbei handelt es sich um Zusammenschlüsse von Planern, die nicht lediglich auf einem Bauvorhaben beschränkt sind, sondern auf eine gewisse Dauer angelegt sind[673].

Der ARGE-Klausel wird man inzident einer **Erweiterung des versicherten Berufsrisi-**   **231** **kos** entnehmen können. Der VN darf sich mit anderen Berufsträgern zusammenschließen, selbst wenn deren Tätigkeiten über seinen eigenen versicherten Tätigkeitsbereich hinausgehen[674].

IV. Ausschlüsse

1. Aufhebung von Ausschlüssen der AHB

Nach A Ziff. 2.4 BBR/Arch 2007 (A II 4 BBR/Arch 1996) sind die Ausschlüsse gemäß   **232** Ziff. 7.7 und 7.14 AHB (§ 4 Ziff. I 5 und I 6b AHB a. F.) wieder aufgehoben. Die im Baubereich relevant werdenden **Schäden durch Erschütterung** oder Rammarbeiten bleiben versichert und auch der frühere Ausschluss für **Allmählichkeitsschäden** gilt nicht; wichtig ist vor allem, dass die **Tätigkeitsklausel**[675] nicht greift. Weniger relevant dürfte die in Abweichung zu den AHB erfolgte Mitversicherung des Strahlenrisikos nach A Ziff. 2.5 BBR/Arch sein. Bedeutsam ist demgegenüber, dass durch A Ziff. 1.3 BBR/Arch 2007 (A I 1 Abs. 2

---

[670] Vgl. *Garbes,* Haftpflichtversicherung, S. 35, der von einer „Deckungserweiterung" spricht.

[671] *Schmalzl,* Berufshaftpflichtversicherung, Rn. 521.

[672] *Schmalzl,* Berufshaftpflichtversicherung, Rn. 304; *Garbes,* Haftpflichtversicherung, S. 34.

[673] *Neuenfeld,* Handbuch, Teil IX, Rn. 109; *Schmalzl,* Berufshaftpflichtversicherung, Rn. 304.

[674] So wohl auch *Schmalzl,* Berufshaftpflichtversicherung, Rn. 307.

[675] Vgl. dazu oben Rn. 54 ff.

BBR/Arch 1996) abweichend von Ziff. 7.10 AHB[676] die Haftpflicht wegen Schäden durch Umwelteinwirkungen wieder eingeschlossen ist. Erfasst wird damit, wie dargelegt[677], das Regressrisiko aus fehlerhaften Planungen.

2. Überschreitung von Bauzeit, Fristen und Terminen

233   Während A Ziff. 4.1 BBR/Arch generell die Überschreitung von Fristen und Terminen zu einem Ausschlusstatbestand erklärt, formulieren manche VR einschränkend, dass es sich um **eigene Fristen und Termine** des Architekten handeln muss. Hierbei handelt es sich nach der herrschender Auslegung von A Ziff. 4.1 aber nur um eine deklaratorische Klarstellung. Da der Begriff der Bauzeit vorangestellt ist, soll die Ausschlussklausel neben der Bauzeit nur Fristen und Termine erfassen, die **mit der Bauwerksherstellung zusammenhängen,** nicht aber das Übersehen von Fristen im Rahmen der sonstigen Beratungstätigkeit, z. B. für die Beantragung von Fördermitteln[678]. Dem ist zuzustimmen, wenn man die im Zweifel eng auszulegenden A Ziff. 4.1 BBR/Arch als im Wesentlichen deklaratorischen Ausschluss von Erfüllungsansprüchen, hier auf rechtzeitige Leistung, ansieht[679]. Es wird also kein Versicherungsschutz gewährt, wenn der VN seine eigenen Leistungen nicht rechtzeitig erbringt und damit in Verzug gerät, wohl aber, wenn ihm im Rahmen seiner Beratungstätigkeit Fehler, auch in Bezug auf Fristen, unterlaufen[680].

234   Nicht erfasst werden nach den Erläuterungen **Zeitüberschreitungen als Folgen von Baumängeln** oder Bauschäden, wobei es unerheblich ist, ob sie auf Planungs-, Koordinations-, Überwachungs- oder sonstige Fehler zurückzuführen sind. Hier handelt es sich nur um gedeckte Folgeauswirkungen haftpflichtversicherter Fehler[681].

235   Problematisch ist, ob Versicherungsschutz besteht, wenn der Planer **rechtzeitig fehlerhafte Pläne liefert,** dies jedoch vor deren Realisierung in Bauwerksmängeln durch ihn oder andere Baubeteiligte erkannt wird und die nunmehr notwendige Planüberarbeitung zu Zeitüberschreitungen führt. Hier wird man im Anschluss an die Erläuterungen, die die VR bei einer Auslegung gegen sich gelten lassen müssen, differenzieren müssen. Derjenige, der die Leistung nicht rechtzeitig oder nicht vollständig erbringt, gerät grundsätzlich auch in Verzug mit seinen eigenen Terminen, jedenfalls wenn die Leistung nicht oder nach Prüfung nicht angenommen wird. Der Planer erfüllt seine Planungsverpflichtung nicht schon dann, wenn er irgendwelche Pläne oder Planfragmente liefert, um Fristen einzuhalten, sondern nur, wenn er ein grundsätzlich erfüllungsgeeigneten Plan liefert. Wird der grundsätzlich erfüllungsgeeignete Plan als Leistung angenommen, hat der Architekt/Ingenieur rechtzeitig geleistet[682]. Wenn dann später vor Realisierung der Planung ein Mangel entdeckt wird, beruht die Zeitüberschreitung nicht auf einer nicht rechtzeitige Leistung, sondern auf einem Planungsfehler[683]. Es handelt sich dann

---

[676] § 4 Ziff. I 8 AHB a. F.

[677] Siehe oben Rn. 211.

[678] OLG Bamberg v. 23. 10. 1997, OLGR 1998, 71 (72f.); *Schmalzl,* Berufshaftpflichtversicherung, Rn. 311, 313; *Garbes,* Haftpflichtversicherung, S. 40; *Dittert,* Versicherungsschutz, S. 163; a. M. *Wussow* in: WJ 1996, 149f.

[679] So auch *Garbes,* Haftpflichtversicherung, S. 40; *Johannsen,* ZVersWiss 1994, 449 (477).

[680] Vgl. zur Abgrenzung auch Rn. 202.

[681] Allgemeine Meinung, *Littbarski,* Haftungs- und Versicherungsrecht, Rn. 614; *Schmalzl,* Berufshaftpflichtversicherung, Rn. 315; *Johannsen,* ZVersWiss 1994, 449 (477); abweichend aber *Krause-Allenstein,* BauR 2006, 247 (253), der einem Statiker den Versicherungsschutz abspricht, falls die bereits hergestellten Betonstützen nicht tragfähig sind und es deshalb zu einem Baustillstand kommt.

[682] Auch eine mangelhafte aber erfüllungsgeeignete Leistung ist grundsätzlich verzugsbeendigend, vgl. *Huber,* Leistungsstörung, Bd. 1, 1999, § 20 III 2a (S. 482) m. w. N. Im Ergebnis wohl ebenso *Garbes,* Haftpflichtversicherung, Rn. 67, der bei unvollständigen Plänen, bei denen erforderliche Details fehlen, keinen Verzug, sondern eine versicherte fehlerhafte Planung annehmen will. Kritisch *Veith/Gräfe/Bock-Wehr,* Versicherungsprozess, § 13 Rn. 185.

[683] A.M.: *Budnick,* Architektenhaftung für Vergabe-, Koordinierungs- und Baukostenplanungsfehler, 1998. S. 176 und *Krause-Allenstein* BauR 2004, 24 (30f.), der deshalb die Klausel gem. § 307 BGB für unwirksam hält; kritisch hierzu *Schwenker* IBR 2004, 118.

bei enger Auslegung nicht um einen „Schaden aus der Überschreitung der Bauzeit", sondern um eine Nebenfolge des versicherten Planungsmangels. Eine Anwendung des Ausschlusses unabhängig von mitwirkenden versicherten Ursachen ist in Klausel nicht, jedenfalls nicht hinreichend klar geregelt[684].

Bei verbesserten Bedingungen verzichten VR auf den Ausschluss ganz oder beschränken **235a** ihn auf vertragliche Termingarantien[685]. Da der Erfüllungsausschluss der Ziff. 1.2 AHB aber unberührt bleibt, bleiben Verzugsschäden unversichert. Werden in Terminklausel demgegenüber nur bestimmte Schäden von der Deckung ausgeschlossen, kann das zum Versicherungsschutz auch für Verzögerungsschäden führen[686]

3. Überschreitung von Vor- und Kostenanschlägen

Nach den **BBR/Arch 1977** sind ausgeschlossene Schäden   **236**
„2. aus der Überschreitung ermittelter Massen oder Kosten,
3. aus fehlerhaften Massen- oder Kostenermittlungen".

Mit den **BBR/Arch 1996** ist man allerdings wieder zur Formulierung der BHB 1964 zurückgekehrt; nach A Ziff. 4.2 BBR/Arch sind nur Schäden **„aus der Überschreitung von Vor- und Kostenanschlägen"** nicht versichert. Die frühere Ziff. 3 wurde ganz gestrichen. Reine Massenermittlungsfehler werden damit nicht mehr erfasst. Ob sich die VR mit der Umformulierung von „ermittelter Kosten" zu „Vor- und Kostenanschlägen" einen Gefallen getan haben, bleibt abzuwarten. Denn die Kostenermittlungsarten des Architekten sind nach der DIN 276 Kostenschätzungen, Kostenberechnungen, Kostenanschlag sowie die abschließende Kostenfeststellung. Während die allgemeine Fassung der BBR/Arch 1977 eindeutig alle Kostenermittlungsarten erfassten, erwähnen die BBR/Arch ab 1996 ausdrücklich nur den Kostenanschlag. Zwar hat der BGH in seiner Entscheidung vom 28. 5. 1986[687] als obiter dictum ausgeführt, die Kostenschätzung und die Kostenberechnung ließen sich dem „Voranschlag … zuordnen"[688]. Die Begriffe der Kostenermittlung sind jedoch durch die HOAI und die DIN 276 für die angesprochenen VN eindeutig definiert. Der Begriff des Voranschlages ist dort nicht enthalten und bezeichnet umgangssprachlich den Kostenanschlag des Unternehmers im Sinne von § 650 BGB[689]. Auch wenn man – entgegen dem Grundsatz der engen Auslegung von Ausschlüssen – bei einem weiten Begriffsverständnis unter Voranschlag jede Kostenvorausschätzung fassen könnte[690], spricht gegen eine derartig weite Auslegung außerdem, dass dann die ausdrückliche Hervorhebung des Kostenanschlages – nicht etwa verbunden durch ein „insbesondere" – sinnlos wäre. Der **Ausschluss von Fehlern bei Kostenschätzung und Kostenberechnung,** die nicht bis in den Kostenvoranschlag fortgeschrieben werden, sollte deshalb am Transparenzgebot[691] scheitern, da eine eindeutige Formulierung ohne weiteres möglich wäre[692] und sie trotz der Kritik auch nicht mit den BBR/Arch 2007 erfolgte.

Die Kostenklauseln in den BBR/Arch 1977 bzw. den BBR/Arch ab 1996 sollen **Kosten-** **237** **ermittlungsfehler**[693] ausschließen. Als Grund hierfür wird zum einen genannt, dass die Auswirkung derartiger Fehler nur schwer kalkulierbar seien, zum anderen dass Manipulationen

---

[684] Das gilt erst recht, weil einige VR in Erläuterungen Versicherungsschutz für Planungsfehler auch in Form der unvollständigen Planung versprechen, vgl. VHV Fachinformation 1/2005.

[685] Z.B. Komfortschutz von Euromaf.

[686] Vgl. Klausel und Fall KG v. 21. 10. 2005, r+s 2006, 280ff.

[687] VersR 1986, 857 (858).

[688] So auch LG Köln v. 12. 5. 1980, VersR 1980, 1015.

[689] *Schenck,* NZBau 2001, 470; vgl. auch Sprachgebrauch bei *Palandt/Sprau,* BGB, § 650 Rn. 3.

[690] Vgl. *Duden,* Großes Wörterbuch der Deutschen Sprache, Bd. 8.

[691] Zu dessen Bedeutung vgl. *Römer,* NVersZ 2002, 532 (534f.).

[692] Vgl. z.B. Ziff. IV 2 BBR-ARCHIPROTECT der VHV und die Klarstellungsvorschläge von *Littbarski,* FS Locher (1990), S. 167 (177).

[693] Fehler bei der Kostenfeststellung, d.h. der nach Abschluss der Baumaßnahme durchzuführenden Ermittlung der tatsächlich ausgegebenen Kosten, fallen nicht unter die Begriffe Vor- und Kostenanschläge und sind versichert; vgl. auch Rn. 240.

v. Rintelen

zu Lasten der VR von vornherein vermieden werden sollen[694]. Erfasst werden nach den BBR/Arch ab 1996 aber nur noch **Fehler bei der Kostenprognose selbst.** Der Wortlaut der BBR/Arch 1977 war demgegenüber uneingeschränkt. Ausgeschlossen waren jegliche Schäden aus der Überschreitung von ermittelten Kosten. Erfasst wurden damit auch Schäden aus fehlerhaften Vergaben, z. B. weil der Architekt die Preise des Angebots eines Unternehmers fehlerhaft auswertet und deshalb ein zu teures Angebot beauftragen lässt[695]. Das gilt nach den aktuellen Bedingungen nicht mehr. **Unerheblich** bleibt bei allen Fassungen nach herrschender Meinung die **Ursache für die Überschreitung** der Vor- und Kostenanschläge. Ausgeschlossen vom Versicherungsschutz sind also auch isoliert betrachtet folgerichtige Kostenermittlungen, die aber deshalb zu einem falschen Endergebnis kommen, weil schon die **zugrunde liegende Planung fehlerhaft** ist, z. B. weil zusätzlich erforderliche Gründungs- und Grundwasserschutzmaßnahmen planerisch nicht berücksichtigt und deshalb auch gar nicht kostenmäßig bewertet wurden[696]. Der eigentlich versicherte Planungsfehler schlägt insoweit in einen nicht versicherten Kostenermittlungsfehler um. Voraussetzung ist aber, dass es wegen der übersehenen Aufwendungen zu einer fehlerhaften Kostenermittlung gekommen ist und diese auch schadensursächlich war[697]. Eine bloß irgendwie kostenmäßig nachteilige Auswirkung reicht nicht aus[698]. Ein Kostenermittlungsfehler bleibt vom Versicherungsschutz auch dann ausgeschlossen, wenn der Architekt es zusätzlich pflichtwidrig unterlässt, dem Bauherrn auf die drohende Überschreitung der zu niedrig ermittelten Kosten hinzuweisen[699].

238   Wegen der Reichweite der Ausschlussklausel sind **inhaltliche Wirksamkeitsbedenken** geltend gemacht worden[700], die aber die Maßstäbe der Inhaltskontrolle verkennen. Denn der VR ist in der Produktausgestaltung grundsätzlich frei, sofern er die Lücken im Versicherungsschutz ausreichend deutlich macht[701]. An der **erforderlichen Klarheit** bestehen allerdings Zweifel, soweit der Versicherungsschutz für fehlerhafte Kostenermittlung betroffen ist, die auf unrichtigen Planungen beruhen. Die Reichweite des Ausschlusses ergibt sich nicht aus dem Bedingungswortlaut[702]. Die Fallbeispiele der Erläuterungen verdecken eher die Reichweite der Klausel, zumal auch deren angegebener Grund (Vermeidung von Manipulationsgefahren) nicht einschlägig ist.

239   Mit der Neufassung der BBR/Arch 1996 hat sich der Deckungsumfang dadurch erheblich verbessert, dass **Fehler bei der Mengenberechnung** (Massenermittlung) nicht mehr unter

---

[694] Vgl. Erläuterung BBR/ARCH 1977, abgedruckt bei *Schmalzl,* S. 403; ebenso *Prölss/Martin/Voit/ Knappmann,* VVG, Arch.-Haftpfl. Rn. 23; *Schmalzl,* Berufshaftpflichtversicherung, Rn. 319, vgl. auch BGH v. 5. 7. 1962, VersR 1962, 462 zu BHB 1954; kritisch *Krause-Allenstein,* Die Haftung des Architekten für Bausummenüberschreitung und sein Versicherungsschutz, 2001, S. 279 f.

[695] *Schmalzl,* Berufshaftpflichtversicherung, Rn. 328, der allerdings auf eine fehlerhafte „Kostenermittlung" abstellt, obwohl der Begriff ersichtlich der DIN 276 entnommen wurde und damit auch so auszulegen ist.

[696] Vgl. BGH v. 28. 5. 1986, VersR 1986, 857 (858); *Schmalzl,* Berufshaftpflichtversicherung, Rn. 325, 327; *Littbarski,* FS Locher (1990), 167 (173 f.); a. M. aber *Krause-Alleinstein* BauR 2006, 247 (254), wonach die Ausschlussklausel nur greift, wenn die Ursache in einem Rechenfehler liegt.

[697] Mehraufwendungen wegen des Planungsfehlers als solche sind versichert (vgl. *Neuenfeld* VersR 1981, 608, 610), nur ein Schadensersatz wegen Kostenüberschreitung – der nicht automatisch aus einer Kostenüberschreitung folgt – fällt unter den Ausschluss.

[698] OLG Celle v. 28. 11. 2002, OLGR 2003, 122, wo der Architekt sich über die Giebelwandverhältnisse geirrt und die Notwendigkeit der Neuerrichtung einer eigenen Giebelwand übersehen hatte.

[699] LG Braunschweig v. 2. 10. 1974, VersR 1975, 251 (252); *Prölss/Martin/Voit/Knappmann,* VVG, Arch.-Haftpfl. Rn. 26; *Schmalzl,* Berufshaftpflichtversicherung, Rn. 325, Fn. 493.

[700] *Krause-Allenstein,* (Fn. 583), S. 275 ff., 282 und BauR 2004, 24 (30 f.); *Niestrate,* Die Architektenhaftung, 2. Aufl. 2003, Rn. 530; kritisch auch *Budnick* (Fn. 575), S. 179.

[701] *Römer,* NVersZ 2002, 532 (534).

[702] Vgl. auch die einschränkenden Auslegungen von *Bruck/Möller/Johannsen,* VVG, IV Anm. G 273 (zu § 4 Ziff. 3 AVB Vermögen).

den Ausschluss fallen[703]. Ermittelt der Statiker im Rahmen der Vorstatik für einen Generalunternehmer zu geringe Massen und bietet deshalb der Generalunternehmer die Errichtung zu einem zu niedrigen Pauschalpreis an, wäre der Schaden nach der BBR/Arch 1977 unversichert[704], nach den BBR/Arch 1996 aber versichert[705].

Immer versichert waren, obwohl es im Wortlaut der BBR/Arch 1977 nicht klar zum **240** Ausdruck kommt, **Bauwerks- oder Personenschäden aufgrund mangelhafter Mengenberechnungen.** Gleiches gilt für Ansprüche wegen einer **fehlerhaften Kostenfeststellung**[706], da es sich um einen reinen Abrechnungsvorgang handelt. Versichert sind auch Schäden durch **unwirtschaftliche Planungen,** insbesondere durch unnötigen Aufwand, soweit sie nicht zugleich zu einer Kostenüberschreitung führen[707]. Auch die Verletzung allgemeiner wirtschaftlicher Beratungspflichten in Bezug auf die Kosten – der Architekt muss die finanziellen Möglichkeiten des Bauherrn ermitteln und den finanziellen Rahmen abstecken[708] – wird von dem Ausschluss nicht erfasst[709]. Schäden aufgrund einer unselbstständigen Massen- oder **Kostengarantie** fallen als Erfüllungsschäden[710] von vornherein nicht unter den Versicherungsschutz[711] und wären außerdem durch Ziff. 7.3 AHB ausgeschlossen[712].

Heute bieten viele VR einen **verbesserten Versicherungsschutz** an. Gedeckt werden **240a** auch Schadenersatzansprüche wegen Überschreitung einer Kostenermittlung, es sei denn, es handelt sich um **Sowieso-Kosten,** die bei korrekter Planung und Kostenermittlung ebenfalls angefallen wären. Hinsichtlich der Sowieso-Kosten bieten die VR im Rahmen der Erweiterung Rechtsschutz zur Abwehr der auf Sowieso-Kosten gerichteten Ansprüche an, der mangels Deckung des Schadens eigentlich nicht bestünde. Schließlich lässt sich auch der Ausschluss von Sowieso-Kosten abbedingen.

4. Pflichtwidrigkeitsklausel

Die Pflichtwidrigkeitsklausel ist die wichtigste und für den Architekten, aber auch den **241** Bauherrn, gefährlichste Ausschlussklausel. Ausgeschlossen sind nach A Ziff. 4.6 BBR/Arch Schäden durch **bewusst gesetz-, vorschrifts- oder sonst pflichtwidriges Verhalten.** Das stellt eine erhebliche Verschärfung gegenüber dem Vorsatzausschluss des § 103 VVG dar. Zwar fordert der Ausschluss – es handelt sich nicht um eine Obliegenheit –[713] dolus directus in Bezug auf den Pflichtverstoß[714]; andererseits greift der Ausschluss aber **bereits** ein, **falls der VN überzeugt war, durch sein Handeln würde überhaupt kein Schaden entstehen**[715]. Hinzu kommt, dass auch der bewusste Pflichtverstoß eines mitversicherten Betriebsangehörigen – nicht nur eines Repräsentanten – schadet, und zwar in Bezug auf fast jeden Regelverstoß. Dennoch wird die Abweichung von § 103 VVG von der ganz herrschenden

---

[703] Das verkennt *Garbes,* Haftpflichtversicherung, S. 48; unklar *Krause-Allenstein* BauR 2004, 24 (27).

[704] *Schmalzl,* Berufshaftpflichtversicherung, Rn. 332; *Littbarski,* Haftungs-u. Versicherungsrecht, Rn. 616.

[705] So BGH v. 13. 5. 1981, BGHZ 80, 285 (288f.) zu den gleich lautenden BBR/Arch 1964.

[706] So Erläuterung BBR/ARCH 1977, abgedruckt bei *Schmalzl,* S. 403; *Schmalzl,* Berufshaftpflichtversicherung, Rn. 329, 323; *Garbes,* Haftpflichtversicherung, S. 48.

[707] *Schmalzl,* Berufshaftpflichtversicherung, Rn. 322; *Garbes,* Haftpflichtversicherung, S. 48.

[708] Vgl. nur OLG Düsseldorf v. 16. 12. 2003, NZBau 2004, 453; OLG Düsseldorf v. 23. 4. 19998, IBR 1999, 26.

[709] Vgl. OLG Hamm v. 7. 2. 2007, VersR 2007, 980 (981).

[710] Ziff. 1.2 AHB 2008 bzw. § 4 Ziff. I 6 Abs. 3 AHB a. F, vgl. dazu oben Rn. 34 ff.

[711] *Schmalzl,* Berufshaftpflichtversicherung, Rn. 322.

[712] Vgl. § 24 Rn. 54 ff.

[713] Heute ganz h. M.: vgl. BGH v. 20. 6. 2001, VersR 2001, 1103 (1104); BGH v. 5. 3. 1986, VersR 1986, 647 (648); OLG Hamm v. 13. 10. 1995, OLGR 1996, 34 (35); OLG Köln v. 2. 7. 1996, BauR 1997, 343 (344); *Schmalzl,* Berufshaftpflichtversicherung, Rn. 343 m. w. N.; *Vothknecht,* PHi 2006, 52 (54); a. M. noch: OLG Koblenz v. 4. 12. 1981, VersR 1982, 1089 (1090); kritisch *Schimikowski,* r+s 1997, 497.

[714] Anders bei Klauseln, die nur auf vorsätzliche Pflichtverletzung abstellen, vgl. näher Rn. 312 ff.

[715] BGH v. 26. 9. 1990, VersR 1991, 176 (177 f.); BGH v. 13. 7. 1959, VersR 1959, 691; OGH 26. 5. 2004, VersR 2005, 1710; OLG Hamm v. 13. 10. 1995, OLGR 1996, 34 (35).

---

v. Rintelen

Meinung als wirksam angesehen[716], wobei die Ausdehnung des Ausschlusses auf Verstöße von allen Mitversicherten allerdings unerörtert bleibt. Die Pflichtwidrigkeitsklausel ist regelmäßig Bestandteil einer Vermögensschadenhaftpflichtversicherung, weshalb ergänzend auf die dortige ausführlichere Darstellung verwiesen werden kann (Rn. 312ff.).

242   Erfasst werden bewusste Verstöße gegen Gesetze, Vorschriften oder sonstige Pflichten. Da **Vorschriften** nicht nur öffentlich-rechtliche Normen sind, sondern alle generellen Anordnungen[717], wozu auch **technische Regelwerke**, insbesondere **DIN-Vorschriften**[718] oder **Unfallverhütungsvorschriften**[719] gehören, und pflichtwidriges Verhalten alle übrigen verbindlichen Gebote, z. B. aufgrund des Architektenvertrages[720], meint, kann gegenständlich fast jeder Pflichtverstoß betroffen sein. Erforderlich ist allerdings eine **rechtliche Verbindlichkeit**. Bloße Merkblätter oder Herstellempfehlungen privater Verbände reichen als solches nicht aus[721], wohl aber wenn ihre Einhaltung durch rechtliche Inbezugnahme verbindlich ist. Um den Versicherungsschutz nicht leer laufen zu lassen, dürfen die Anforderungen an den subjektiven Tatbestand nicht leichtfertig ausgedehnt werden. Eine wissentliche Pflichtverletzung liegt nur vor, wenn dem VN die verletzte Pflicht **positiv bekannt** war. Anknüpfungspunkt für den Ausschluss ist nicht eine vorsätzliche Handlung, sondern der bewusste Verstoß gegen eine verbindliche Vorgabe. Bedingter Vorsatz im Sinne eines Nur-für-möglich-Haltens von Pflichten bestimmten Inhalts genügt nicht[722]. Ein bewusster Pflichtenverstoß setzt weiter voraus, dass der VN sowohl die Pflicht positiv kannte – Rechtsirrtum oder Tatsachenirrtum wären beachtlich –[723], sondern auch **inhaltlich zutreffend beurteilt** hat[724], also gewusst hat, wie er sich konkret hätte verhalten müssen[725]. Insbesondere bei Generalklauseln, die kein bestimmtes Verhalten gebieten, scheidet ein bewusst pflichtwidriger Verstoß schon dann aus, wenn der VN nicht wusste, was er hätte konkret tun oder unterlassen müssen, um dem Vorwurf bewusst pflichtwidrigen Verhaltens zu entgehen[726].

243   Mit diesen Anforderungen ist es nicht ohne weiteres vereinbar, unzureichende Ermittlungen der Grundwasserverhältnisse als bewussten Pflichtenverstoß einzuordnen, nur weil die DIN 18195 dem VN bekannt war[727]. Konkrete Anforderungen zur Art der Ermittlung der Grundwasserverhältnisse werden dort jedenfalls nicht aufgestellt. **Bloße Nachlässigkeit** in der Pflichtenerfüllung reicht für einen wissentlichen Pflichtenverstoß nicht aus[728]. Eine unzulängliche Rechnungsprüfung ist erst dann eine bewusste Pflichtwidrigkeit, wenn bekannte konkrete Anforderungen wissentlich nicht eingehalten werden[729]. Ergänzend kann auf die

---

[716] BGH v. 20. 6. 2001, VersR 2001, 1103 (1104); BGH v. 26. 9. 1990, VersR 1991, 176 (179); BGH v. 5. 3. 1986, VersR 1986, 647; Berliner Kommentar/*Baumann*, VVG, § 152 Rn. 33f. m. w. N.; *Johannsen*, ZVersWiss 1994, 449 (483f.).

[717] Vgl. auch Rn. 108.

[718] BGH v. 13. 7. 1959, VersR 1959, 691 (692); OLG Oldenburg v. 4. 9. 1996, OLGR 1996, 218.

[719] BGH v. 30. 9. 1970, VersR 1970, 1120; *Schmalzl*, Berufshaftpflichtversicherung, Rn. 346; *Garbes*, Haftpflichtversicherung, S. 55.

[720] *Schmalzl*, Berufshaftpflichtversicherung, Rn. 346.

[721] BGH v. 9. 5. 1990, VersR 1990, 887; LG Bonn v. 8. 10. 2004, NJW-RR 2005, 822.

[722] BGH v. 26. 9. 1990, VersR 1991, 176 (177); OLG Frankfurt v. 6. 10. 1999, OLGR 2000, 150; *Schmalzl*, Berufshaftpflichtversicherung, Rn. 440; a. M.: *Dittert*, Versicherungsschutz, S. 171.

[723] OLG Saarbrücken v. 8. 5. 1991, VersR 1992, 994; *Vothknecht* PHi 2006, 52 (57); anderer Ansicht für vermeidbaren Verbotsirrtum *Seitz*, VersR 2007, 1475 (1478).

[724] BGH v. 26. 9. 1990, VersR 1991, 176 (178).

[725] BGH v. 17. 12. 1986, VersR 1987, 174 (175); bestätigt mit BGH v. 26. 9. 1990, VersR 1991, 176 (177); OLG Hamm v. 7. 3. 2007, IBR 2007, 400; OLG Frankfurt v. 6. 10. 1999, NVersZ 2000, 439 = OLGR 2000, 150; OLG Hamm v. 13. 10. 1995, OLGR 1996, 34 (35); OLG Hamm v. 14. 12. 1992, OLGR 1993, 272 (276).

[726] BGH v. 17. 12. 1986, VersR 1987, 174 (175), zu einem Verstoß gegen § 5 Nr. 1 BImSchG.

[727] So OLG Oldenburg v. 4. 9. 1996, OLGR 1996, 218.

[728] OLG Hamm v. 29. 11. 1985, VersR 1987, 802 (804); OLG Celle v. 28. 11. 2002, OLGR 2003, 122.

[729] Vgl. OLG Köln v. 2. 7. 1996, BauR 1997, 343 (346f.), in der Begründung zum Teil etwas weit ebenso wie *Garbes*, Haftpflichtversicherung, S. 61.

Beispiele zur Pflichtwidrigkeitsklausel der Berufshaftpflichtversicherung für Rechtsanwälte, Steuerberater und Wirtschaftsprüfer verweisen werden[730].

Schwierigkeiten kann dem **beweisbelasteten**[731] **VR** der Nachweis der positiven Kenntnis **244** der verletzten Pflicht und des willentlichen Verstoßes dagegen bereiten. Einen Anscheinsbeweis aufgrund der Schwere des Pflichtverstoßes gibt es nicht, da innere Vorgänge individuell und damit allgemeinen Erfahrungssätzen nicht zugänglich sind[732]. Das gilt auch für Verstöße gegen so genanntes Primitiv- oder Basiswissen[733]. Auch **schwere Verstöße** sind **nur Indizien,** deren Bedeutung das Gericht im Wege freier Beweiswürdigung werten muss[734]. Der VN ist allerdings (sekundär) darlegungsbelastet und muss plausibel und nachvollziehbar darlegen, wie die Verletzung von Basiswissen unwissentlich geschehen konnte[735]. Erhebliche indizielle Bedeutung wird dabei auch eine lange Berufserfahrung des VN haben[736]. Lange Berufserfahrung und bisherige Einhaltung der Pflichten indizieren einen wissentlichen Pflichtenverstoß[737]. Im Einzelfall kann aber auch eine elementare Pflicht vergessen werden, z. B. bei einem lang andauernden Planungsprozess[738]. Der Nachweis der bewussten Pflichtwidrigkeit wird vom VR regelmäßig im Deckungsprozess zu führen sein, da eine Bindungswirkung des Haftpflichturteils[739] mangels Voraussetzungsidentität selbst bei überschießenden Feststellungen nicht eintritt[740].

Der Ausschlusstatbestand setzt weiter voraus, dass der Pflichtenverstoß auch **für den Scha-** **245** **den ursächlich** war. Dabei genügt eine Kausalität im Sinne der Bedingungslehre nicht, vielmehr sind auch Adäquanz und ein Pflichtwidrigkeitszusammenhang erforderlich[741]. Beginnt der Architekt vor Erhalt der Baugenehmigung den Bau, so sind Stillstandskosten und ggf. vergebliche Aufwendungen unversichert, nicht aber damit nicht zusammenhängende Schäden aus der reinen Bautätigkeit[742]. Eine weitere Eingrenzung erfährt die Pflichtwidrigkeitsklausel dadurch, dass hierdurch nur „unzweideutige Verhaltensweisen des VN aus dem Versicherungsschutz herausgenommen werden, die geeignet sind, **unmittelbar zum Versicherungsfall** zu führen"[743]. Dies stellt eine zusätzliche Anforderung im Vergleich zu den §§ 81, 103 VVG dar, da dort gerade nicht verlangt wird, dass das vorsätzliche bzw. grob fahrlässige Verhalten des VN unmittelbar zum Versicherungsfall führt[744]. Die Verletzung bloßer Schutzpflichten, die erst

---

[730] Vgl. Rn. 312 ff.

[731] BGH v. 20. 6. 2001, VersR 2001, 1103 (1105); BGH v. 26. 9. 1990, VersR 1991, 176 (178).

[732] BGH v. 4. 5. 1988, VersR 1988, 683 (684) (zur Feuerversicherung); OLG Frankfurt v. 6. 10. 1999, NVersZ 2000, 439 (440) = OLGR 2000, 150 (151); Berliner Kommentar/*Baumann*, VVG, § 152 Rn. 30 m. w. N.; das wird häufig verkannt, vgl. KG v. 13. 6. 2006, VersR 2007, 1076, 1078; OLG Hamm v. 17. 12. 1975, VersR 1978, 52 (53); wohl auch OLG Koblenz v. 15. 6. 1979, VersR 1980, 643.

[733] *Bruck/Möller/Johannsen*, VVG, IV, Anm. G 224; *Schmalzl*, Berufshaftpflichtversicherung, Rn. 348; *Neuenfeld*, Handbuch, Teil IX, Rn. 124; a. M.: *Bindhardt/Jagenburg/Ruhkopf*, Architektenhaftung, S. 613; OLG Frankfurt v. 6. 10. 1999, NVersZ 2000, 439 (440); OLG Saarbrücken v. 15. 4. 1992, VersR 1993, 85 (86); anders nur bei Klauseln, die auf eine vorsätzliche Pflichtverletzung abstellen, vgl. RN. 313.

[734] OLG Köln v. 28. 1. 1997, OLGR 1997, 237; *Bruck/Möller/Johannsen*, VVG, IV, Anm. G 225; *Neuenfeld*, Handbuch, Teil IX, Rn. 124; sehr weitgehend OLG München v. 22. 9. 1995, VersR 1996, 1006 (1008).

[735] OLG Karlsruhe v. 15. 12. 2005, VersR 2006, 783 (785) = IBR 2006, 422.

[736] OLG Hamm v. 7. 3. 2007, VersR 2007, 1550 (1551) = IBR 2007, 400.

[737] OLG Hamm v. 7. 3. 2007, IBR 2007, 400.

[738] OLG Karlsruhe v. 15. 12. 2005, VersR 2006, 784.

[739] Vgl. näher § 24 Rn. 51.

[740] BGH 24. 1. 2007, VersR 2007, 641 (642).

[741] Dazu *Palandt/Heinrichs*, Vorb. v. § 249 BGB Rn. 62 ff. m. w. N.; einschränkend *Bruck/Möller*, VVG, § 49, Anm. 146.

[742] OLG Karlsruhe v. 18. 09. 2003, VersR 2004, 504 (505); vgl. LG Koblenz v. 6. 12. 1962, VersR 1964, 81; nicht ausreichend beachtet v. OLG Hamm v. 17. 12. 1975, VersR 1978, 52 (53 f.).

[743] BGH v. 26. 9. 1990, VersR 1991, 176 (177); BGH v. 13. 7. 1959, VersR 1959, 691.

[744] Berliner Kommentar/*Beckmann*, VVG, § 61 Rn. 28; *Prölss/Martin/Prölss*, VVG, § 61 Rn. 7.

v. Rintelen   1383

einen Bauunfall durch zusätzliche Unaufmerksamkeit mitverursacht, dürfte damit mangels unmittelbarer Verursachung nicht zum Deckungsausschluss führen.

246   Auch wenn eine Pflichtwidrigkeitsklausel als Verschärfung gegenüber § 103 VVG grundsätzlich auch durch AVB zulässig ist, bleibt der Ausschlusstatbestand in der konkreten Form bedenklich. So ist die Klausel intransparent, weil durch Nichtaufnahme des Unmittelbarkeitser-
fordernisses in dem Klauseltext die Rechtslage unvollständig und damit unrichtig dargestellt
wird[745]. Entscheidend kommt weiter hinzu, dass bereits ein bewusster **Verstoß irgendeines
Mitversicherten** zum Deckungsausschluss führt, und zwar auch für den VN[746]. Da Mitversicherte aber alle Betriebsangehörige sind, führt dies dazu, dass der VN deren leichtfertiges
Verhalten seinen eigenen Versicherungsschutz verliert. Wenn also der angestellte Bauleiter bei
auftretenden Terminschwierigkeiten wissentlich einen Verstoß gegen Unfallverhütungsvorschriften auf der Baustelle duldet, soll der Versicherungsschutz des VN bei Ansprüchen geschädigter Dritter entfallen[747]. Demgegenüber ist ein berechtigtes Interesse des VN anzuerkennen,
vor den Gefahren, die lediglich seine Arbeitnehmer erkennen und vermeiden können, geschützt zu werden[748]. Soweit eine Betriebshaftpflichtversicherung eine Pflichtwidrigkeitsklausel enthält, erfolgt regelmäßig keine Zurechnung der Verwirklichung einer versicherten Person gegenüber einer anderen versicherten Person[749]. Die Erstreckung auf alle Mitversicherte
durch A Ziff. 4.6 BBR/Arch führt damit zu einer Vertragszweckgefährdung, der keinerlei begünstigende Tatbestandsmerkmale gegenüberstehen[750] und damit zur **Unwirksamkeit nach
§ 307 BGB.** Einige VR bieten hier aber standardmäßig eine entsprechende Einschränkung der
Klausel an[751].

5. Sonstige Ausschlüsse

247   Weniger relevant sind die weiteren Ausschlüsse von A Ziff. 4.3 BBR/Arch wegen Schäden
   — aus der **Verletzung von** gewerblichen Schutzrechten und **Urheberrechten**[752],
     Dieses Risiko wird in der Betriebshaftpflichtversicherung üblicherweise wegen der Un-
     überschaubarkeit des Haftungsrisikos ausgeschlossen. Der Ausschluss ist nicht nur erfüllt,
     wenn die eigene Planung fremde Urheberrechte verletzt, sondern auch dann, wenn tat-
     sächliche Umgestaltungen bestehender urhebergeschützter Bauwerke die Rechte des Erst-
     planers verletzen[753].
   — aus der Vergabe von Lizenzen.
   — aus dem **Abhandenkommen von Sachen** einschließlich Geld, Wertpapieren und Wert-
     sachen.
     Dieser Ausschluss ergibt sich bereits aus Ziff. 2.2 AHB[754]. Ausgeschlossen sind damit nicht
     nur vom VN zu vertretene Diebstähle, sondern vor allem auch das Abhandenkommen von
     Schlüsseln, soweit es nicht ausdrücklich mitversichert wird[755]. Der Ausschluss erfasst auch
     Diebstähle als Folge fehlerhafter Planungen von Sicherheitsvorkehrungen[756].

---

[745] Vgl. zur Transparenz *Präve,* Versicherungsbedingungen, Rn. 424ff., 436.
[746] *Schmalzl,* Haftpflichtversicherung, Rn. 343f.; *Garbes,* Haftpflichtversicherung, S. 62; die einschränkende Auslegung von *Johannsen,* ZVersWiss 1994, 449 (484) widerspricht dem Wortlaut – die
Klausel ist bewusst anders formuliert, als die Brand- und Explosionsklausel (vgl. Rn. 248) – und der Systematik – wegen § 7 Ziff. 1 AHB wäre eine Hervorhebung der Mitversicherten überflüssig – sowie der
Praxis der VR. Bei dieser Auslegung wäre die Klausel außerdem intransparent.
[747] So *Schmalzl,* Berufshaftpflichtversicherung, Rn. 346.
[748] Vgl. BGH v. 1. 6. 1983, VersR 1983, 821 (822) zur Bauwesenversicherung.
[749] OLG Koblenz v. 13. 1. 2006, VersR 2006, 787.
[750] Dazu vgl. Berliner Kommentar/*Baumann,* VVG, § 152 Rn. 34.
[751] Vgl. Rn. 251.
[752] Dazu *Schmalzl,* Berufshaftpflichtversicherung, Rn. 334.
[753] *Schmalzl,* Berufshaftpflichtversicherung, Rn. 337.
[754] Vgl. § 24 Rn. 31 und eingehend *Späte,* AHB, § 1 Rn. 119ff.; *Johannsen,* ZVersWiss 1994, 449
(480f.)
[755] Dazu *Dittert,* Versicherungsschutz, S. 169.
[756] *Schmalzl,* Berufshaftpflichtversicherung, Rn. 337.

– nach den BBR/Arch bis 2007 die als Folge eines im Inland oder Ausland begangenen Verstoßes **im Ausland eingetreten** sind.

Maßgeblich für die Versagung des Deckungsschutzes ist allein der Ort des Schadenseintritts im Ausland[757], auch wenn die Planungsleistungen im Inland erbracht worden sind. Mit der Neufassung 2007 erfolgt unter A Ziff. 2.6 eine substantielle **Auslandsdeckung** für Schäden anlässlich von Geschäftsreisen sowie für Schäden in den **Ländern der EU,** Schweiz, Lichtenstein, Norwegen, und Island. Ausgeschlossen ist die Deckung bei ausländischer Versicherungspflicht und vor allem die scharfe französische Bauhaftung; in Frankreich besteht eine verschuldensunabhängige 10-jährige gesamtschuldnerische Haftung des Architekten mit anderen Baubeteiligten für wesentliche Baumängel, für die allerdings auch eine Versicherungspflicht besteht. Ausgeschlossen bleiben des weiteren Haftpflichtansprüche aus Arbeitsunfällen und Berufkrankheiten im Ausland eingestellter Personen,

– aus der Vermittlung von Geld-, Kredit-, Grundstücks- oder ähnlichen Geschäften sowie aus der Vertretung bei solchen Geschäften[758].

– aus **Zahlungsvorgängen aller Art,** aus der Kassenführung sowie wegen Untreue und Unterschlagung.

Ein Verstoß bei Zahlungsvorgängen oder bei der Kassenführung liegt nur vor, wenn der VN über ein Konto oder eine Kasse **selbst verfügungsberechtigt** ist. Nach h. M. erfasst der Ausschluss jeden (auch unbewussten) Verstoß, so dass kein Versicherungsschutz bestehen soll, wenn der VN aufgrund falscher Rechnungsprüfung Überzahlungen leistet[759]. Da Ausschlusstatbestände grundsätzlich eng auszulegen sind und das Verständnis des durchschnittlichen VN maßgeblich ist, erscheint das nicht richtig. Bei der Ausschlussklausel für „Verstöße beim Zahlungsakt" in der Vermögensschadenhaftpflichtversicherung ist nämlich anerkannt, dass nur Nachlässigkeiten beim Zahlungsakt, nicht aber Fehler in den zugrunde liegenden Erwägungen, z. B. bei der juristischen Prüfung, schaden (vgl. Rn. 306). Dass mit der Ausschlussklausel in den BBR/Arch ein anderer Zweck verfolgt werden soll als mit der Klausel in der Vermögensschadenhaftpflichtversicherung, nämlich Ausschluss der Risiken des Zahlungsverkehrs und von Manipulationsmöglichkeiten, ist nicht erkennbar und wäre jedenfalls für den durchschnittlichen VN nicht hinreichend deutlich[760]. Veranlasst der VN aufgrund unrichtiger Rechnungsprüfung oder sonstiger fehlerhafter Zahlungsfreigaben eine nicht gerechtfertigte Zahlung des Bauherrn oder eines Dritten[761], ist der Ausschlusstatbestand auch nach h. M. mangels eigener Verfügung nicht erfüllt; für die zugrunde liegende fehlerhafte Prüfung besteht richtigerweise in beiden Fällen Versicherungsschutz[762].

– von juristischen oder natürlichen **Personen, die am VN beteiligt** sind. Der Ausschluss ist erstmals in den BBR/Arch 1996 aufgenommen worden. Er ist Reaktion auf die zunehmende Beteiligung von Bauunternehmen an Planungsbüros, insbesondere im Bereich der technischen Gebäudeausrüstung. Der vollständige Ausschluss dürfte zu weit gegangen sein, da er auch gänzlich beteiligungsunabhängige Ansprüche erfasst, so wenn der am Planungsbüro Beteiligte zufälliges Opfer einer Verkehrssicherungspflichtverletzung des Planers

---

[757] *Schmalzl,* Berufhaftpflichtversicherung, Rn. 339; *Garbes,* Haftpflichtversicherung, S. 53.

[758] Vgl. dazu oben Rn. 204.

[759] *Bruck/Möller/Johannsen,* VVG, IV Anm. G 275; *Schmalzl,* Berufshaftpflichtversicherung, Rn. 352; a. M.: *Neuenfeld,* Teil IV Rn. IX 125 und möglicherweise auch *Veith/Gräfe/Bock-Wehr,* Versicherungsprozess, § 13 Rn. 247. Der Ausschluss der BBR/Arch ist wesentlich weiter als z. B. § 4 Ziff. 4 AVB-WB („Verstöße beim Zahlungsakt"), vgl. dazu Rn. 306.

[760] Vgl. zur Auslegung in der Vermögensschadenhaftpflichtversicherung OGH v. 19. 10. 1994, VersR 1995, 1215.

[761] Vgl. dazu OLG Köln v. 2. 6. 1996, BauR 1996, 343; LG Tübingen v. 15. 12. 1982, VersR 1983, 822 (823).

[762] *Schmalzl,* Berufshaftpflichtversicherung, Rn. 352; *Bindhard/Jagenburg/Ruhkopf,* Architektenhaftung, S. 611.

wird. Dieser Ausschluss ist ab den BBR/Arch in die Ziff. 1.2.2 verschoben worden und greift nur noch bei einer Verflechtung[763].

248 Angefügt sind den BBR/Arch die üblichen Ausschlussklauseln über die Risiken aus dem Gebrauch der **Kraft- und Wasserfahrzeuge** sowie der **Luftfahrzeuge**[764]. Die Schäden aus dem Gebrauch solcher Fahrzeuge sind durch die entsprechenden Pflichtversicherungen abzudecken. Die weitere Klausel über **Brand- und Explosionsschäden**[765] stellt wegen der Auswirkungen der Pflichtwidrigkeitsklausel sogar eine Leistungserweiterung dar, da der Deckungsausschluss hier lediglich den Versicherten bzw. Mitversicherten betrifft, der den Schaden durch den bewusst pflichtwidrigen Umgang selbst verursacht hat.

V. Leistungserweiterungen

1. Rückwärtsversicherung, Nachhaftung und Deckungssummenerhöhung

249 Da nach den BBR/Arch nur eine eingeschränkte Nachhaftung besteht, die das Risiko von Spätschäden lediglich unzureichend erfasst, muss der VN beim Wechsel des VU für eine ausreichende **Rückwärtsdeckung** sorgen. Derartige Rückwärtsversicherungen werden grundsätzlich auch angeboten, verständlicherweise allerdings nur **für nicht bekannte Verstöße.** Da es nach den Bedingungen auf die Kenntnis des Verstoßes[766] und nicht wie bei § 2 Abs. 2 VVG auf Kenntnis des Versicherungsfalls ankommt, muss der VN bei nachträglich erkannten Fehlern versuchen, eine verlängerte Nachhaftung zu erreichen. Für den Fall der endgültigen Betriebsaufgabe bieten zahlreiche Versicherer im Rahmen der Grunddeckung eine Leistungserweiterung auf eine **30jährige Nachhaftung** an, wenn der Versicherungsvertrag zumindest 5 Jahre ununterbrochen vor Berufsaufgabe bestand[767], andere gewähren eine Nachhaftungsdauer entsprechend der Dauer des Versicherungsvertrages.

249a Da gerade Spätschaden häufig besonders teuer sind und Schadenersatzverpflichtungen im Zahlungszeitpunkt viel höher sein können als im Verstoßzeitpunkt (sog. Inflationslücke) kann eine auch rückwirkende **Deckungssummenerhöhung** vereinbart werden:

„Werden nach Vertragsschluss die Deckungssummen erhöht, so gelten die neuen Deckungssummen auch für Verstöße, die vor der Deckungssummenerhöhung gegangen, jedoch erst danach bekannt wurden."[768]

Sinnvoll ist das auch für Berufsanfänger, die zunächst zur Prämienersparnis eine sehr niedrige Versicherungssumme vereinbart haben.

2. Auslandsschutz

250 Der grundsätzliche Ausschluss von Auslandschäden durch Ziff. 7.9 AHB wird durch Ziff. 2.6.1 BBR/Arch 2007 durch eine erweiterte EU-Deckung sowie eine weltweite Deckung für Schäden bei Geschäftsreisen zurückgenommen[769]. Das ist für größere Planungsbüros nicht immer ausreichend. Eine Erweiterung auf außereuropäische Risiken ist – neben dem Abschluss von Objektversicherungen – möglich. Die Reichweite der Deckung kann sich nach Landesrecht richten. Alternativ werden i. d. R. günstigere Deckungen nach deutschem Haftpflichtrecht angeboten. Der VN wird dann so behandelt, als ob der Schaden im Inland eingetreten wäre[770]. Bei Deckungen nach ausländischem Recht, vor allem nach amerikanischem Recht, werden die Kosten auf die Versicherungssumme angerechnet.

---

[763] Dazu oben. Rn. 208a.
[764] Dazu oben Rn. 99 ff.
[765] Dazu oben Rn. 108.
[766] Dazu *Neuenfeld,* Handbuch, Teil IX, Rn. 83 f.; *Schmalzl,* Berufshaftpflichtversicherung, Rn. 272.
[767] Vgl. *Garbes,* Haftpflichtversicherung, S. 30.
[768] Vgl. vollständige Klausel bei *Dengler,* Haftpflichtversicherung, S. 335.
[769] Vgl. Rn. 248.
[770] Vgl. näher *Langen* DAB 2006, Heft 10, S. 58 f.

3. Pflichtwidrigkeitsklausel

Schon der bewusste Verstoß irgendeines mitversicherten Mitarbeiters soll nach A IV 8   **251**
BBR/Arch den Versicherungsschutz insgesamt entfallen lassen. Da die Unwirksamkeit dieser
Einschränkung ungeklärt ist[771], empfiehlt es sich für alle VN, die mehr als ein Ein-Mann-
Büro unterhalten, diesen **Ausschlussgrund auf die Personen zu beschränken,** die ihn
tatbestandlich erfüllen. Angeboten wird z. B. folgende Bedingung:

„Der VN oder ein Mitversicherter behält, wenn dieser Ausschlussgrund nicht in seiner Person liegt, den
Anspruch auf Versicherungsschutz[772]."

Da nach der Pflichtwidrigkeitsklausel bewusste Verstöße gegen allgemeine technischen   **252**
Regelungen ausreichen, droht insbesondere bei der **Sanierung von Altbauten** eine Deckungsversagung. Hier bieten VR eine Begrenzung des Ausschlussgrundes an, häufig allerdings nur unter engen, regelmäßig nicht einzuhaltenden Voraussetzungen[773]. Teilweise werden Hinweise in schriftlicher Form und eine schriftliche Entscheidung des Auftraggebers für
einen Deckungsschutz verlangt. Bei zutreffenden Hinweisen fehlt es bereits an einer Haftungsgrundlage im Haftpflichtverhältnis. Gedeckt wird damit allenfalls ein Fehler bei der Begründung des Hinweises. Andere Klauseln beschränken die Erweiterung auf die nicht klar ab-
zugrenzenden „historischen Gebäude" oder nur auf unter Denkmalschutz stehende Gebäude
und verlangen außerdem einen schriftlichen Hinweis oder einschlägige übliche Untersuchungen. Eine erhebliche Verbesserung des Verssicherungsschutzes stellt demgegenüber die
folgende Bedingung dar:

„Der Versicherungsschutz bleibt bestehen, wenn der VN nach den besonderen Umständen des Falles
hinreichenden Grund zu der Annahme hatte, die Zuwiderhandlung werde keine Nachteile für den Geschädigten zur Folge haben und sie werde von dem Geschädigten oder dem sonst Berechtigten genehmigt werden[774]."

4. Vertrags- und Honorarrechtsschutz

Wegen der Rechtsschutzfunktion trägt der VR die Kosten des Haftpflichtprozesses[775].   **252a**
Streit besteht aber häufig über die Übernahme der Prozesskosten, wenn der VN seinerseits
seinen Honoraranspruch aktiv geltend machen muss, weil der Vertragspartner wegen angeblicher Schadensersatzansprüche den Ausgleich verweigert. Hat der Geschädigte vorprozessual
die Aufrechnung erklärt, muss der VR entweder dem VN die zur Erfüllungszwecken verwandte Forderung erstatten oder die Kosten des Honoraranspruchs übernehmen[776]. Hat sich
der Geschädigte vorprozessual aber nicht eindeutig positioniert, macht er insbesondere auch
materielle Einwendungen gegen den Honoraranspruch geltend, so muss der VN die Prozesskosten zunächst bis zur erklärten Aufrechnung mit haftpflichtversicherten Schadensersatzansprüchen tragen. Erst ab der Geltendmachung wird der Versicherer kostentragungspflichtig,
bei einer Hilfsaufrechnung aber erst, wenn es auf sie ankommt und auch nur anteilig[777]. Einige VR bieten deshalb ergänzend einen Vertrags- oder Honorarrechtsschutz an. VR dieses
Leistungsanteil ist regelmäßig ein Rechtsschutzversicherer.

---

[771] Vgl. dazu Rn. 246.
[772] Vgl. *Garbes,* HaftpflichtVversicherung S. 62. Alternativ wird auch angeboten: „Der Versicherungsschutz für den VN bleibt bestehen, sofern der Ausschlusstatbestand nicht von ihm oder einem seiner Repräsentanten zu vertreten ist." Dieser Ausschluss ist enger, da bei Repräsentantenfehlern der Versicherungsschutz vollständig entfällt.
[773] Vgl. *Garbes,* Haftpflichtversicherung, S. 61 f.
[774] Vgl. AVB im Fall des OLG Hamm v. 13. 10. 1995, VersR 1996, 1006.
[775] Vgl. § 24 Rn. 133 ff.
[776] OLG Hamm v. 14. 11. 1975, VersR 1978, 80 (81); *Bruck/Möller/Johannsen,* VVG Bd. IV, Anm. B 40.
[777] ÖOGH v. 27. 11. 1975, VersR 1976, 1199 (1200).

5. Strafrechtsschutz

253   Die Kostentragungspflicht nach Ziff. 5.3 AHB[778] bezieht sich nur auf Kosten eines Strafverfahrens, wenn die Kosten auf Weisung des VR aufgewandt werden. Darüber hinaus bieten
einige VR einen **erweiterten Strafrechtsschutz** an. Danach sind die Kosten eines Straf-
oder Ordnungswidrigkeitsverfahrens schon dann in den Versicherungsschutz eingeschlossen,
wenn sie einen Haftpflichtanspruch zur Folge haben könnten.

6. Schiedsgerichtsvereinbarungen

254   Gerichtlich ungeklärt und streitig ist die Frage, inwieweit eine Bindung des VR an Entscheidungen eines Schiedsgerichts besteht und ob er hierfür die Kosten zu tragen hat (vgl.
Rn. 123). Es empfiehlt sich die ausdrückliche Erstreckung des Versicherungsschutzes auf
Schiedsgerichtsentscheidungen[779]. Denn wenn bei größeren Bauvorhaben Schiedsgerichtsvereinbarungen zwischen Bauherrn und Bauunternehmer vereinbart werden, werden sich
Planer einer entsprechenden Einbeziehung nicht entziehen können. Diese ist schon wegen
der wechselseitigen Verantwortungszuweisung bei Baumängeln sachlich geboten.

VI. Leistungsumfang/Obliegenheiten

255   Hierzu enthalten die BBR/Arch keine besonderen Regelungen, so dass auf die Ausführungen zu den AHB verwiesen werden kann[780]. Hervorzuheben bleibt, dass kein Verstoß
gegen das nach bisherigem Recht geltende Anerkenntnisverbot[781] vorliegt, wenn der umfassend beauftragte Architekt pflichtgemäß[782] Mängel prüft und auf die Möglichkeit eines Regresses gegen sich hinweist[783].

VII. Regressmöglichkeiten

256   Da sämtliche Betriebsangehörige Mitversicherte sind, d. h. einen eigenen Anspruch auf
Versicherungsschutz haben, scheidet ein Großteil der für den Haftpflichtfall Verantwortlichen
als Regressschuldner von vornherein aus. Ein Rückgriff auf den Schadensverursacher bleibt
möglich, wenn der **Mitversicherte** seinen **Versicherungsschutz verliert,** ohne dass dies
auf den Versicherungsschutz des VN durchschlägt.

257   Selbständige Subunternehmer sind nicht mitversichert. Gewährt der VR dem VN wegen
eines von einem Subunternehmer verursachten Schadens Versicherungsschutz, kann er den
nach § 86 VVG übergegangen **Regressanspruch gegen den Subunternehmer** geltend
machen, und zwar in der Regel in voller Höhe des Schadens. Haftet der VN im Haftpflichtverhältnis dem Geschädigten wegen Verletzung von Aufsichtspflichten, tritt beim Innenausgleich eine derartige Pflichtverletzung in der Regel vollständig hinter den Verursachungsbei-
trag des unmittelbar Handelnden zurück[784]. Das würde erst recht gelten, wenn der VN nur
für fremdes Verschulden des Subunternehmers als Geschäftsherr haftet[785]. Ein Mitverschulden muss er sich nur anrechnen lassen, wenn er offenkundige Planungsfehler nicht erkannt
hat[786].

---

[778] § 3 III 1 AHB a. F.

[779] Vgl. Muster bei *Dittert,* Versicherungsschutz, S. 200 bzw. bei *Prölss/Martin/Voit/Knappmann,* Betriebshaftpfl., Ziff. 7.6.6.

[780] Vgl. oben § 24 Rn. 112 ff.

[781] Dazu näher 1. Aufl., § 24 Rn. 128.

[782] Vgl. dazu oben Fn. 512.

[783] *Prölss/Martin/Voit/Knappmann,* VVG, Arch.-Haftpfl. Rn. 15.

[784] BGH v. 22. 4. 1980, NJW 1980, 2348 (2349); BGH v. 16. 2. 1971, NJW 1971, 752 (753 f.); zu Besonderheiten vgl. *Werner/Pastor,* Der Bauprozess, 10. Aufl. 2002, Rn. 1093 ff.

[785] Münchener Kommentar BGB/*Bydlinski,* § 426 BGB Rn. 21.

[786] OLG Düsseldorf v. 23. 2. 2001, BauR 2001, 1468 (1470).

Eine erweiterte Rückgriffsmöglichkeit gegen **Bauunternehmer** besteht auch gemäß § 10   **258**
Nr. 5 VOB/B. Nach § 10 Nr. 2 Abs. 2 VOB/B haftet bei der Schädigung Dritter durch Bauarbeiten im Verhältnis zwischen Bauherrn und Unternehmer der Unternehmer allein, soweit
der Schaden haftpflichtversicherbar ist[787]. § 10 Nr. 5 VOB/B bezieht die Planer, soweit sie als
Erfüllungsgehilfen des Bauherrn im Verhältnis zum Unternehmer tätig geworden sind, in
diese Haftungsfreistellung ein[788]. Das gilt bei Planungs- und Koordinationsfehlern[789]. Bei
Bauüberwachungsfehlern greift demgegenüber der bereits oben erwähnte Grundsatz, wonach beim Innenausgleich die bloße Aufsichtspflichtverletzung hinter der unmittelbaren Verantwortung des Bauunternehmers zurücktritt[790].

D. Vermögensschadenshaftpflicht

I. Einführung und Grundlagen

Die Vermögensschadenhaftpflichtversicherung soll am Beispiel der Berufshaftpflichtversi-   **259**
cherung für Rechtsanwälte, Steuerberater und Wirtschaftsprüfer (RA/StB/WP) dargestellt
werden. Der erste wesentliche Unterschied zur allgemeinen Betriebshaftpflichtversicherung
besteht darin, dass Sach- und Personenschäden grundsätzlich nicht vom Versicherungsschutz
umfasst sind, sondern in erster Linie **reine Vermögensschäden** infolge eines Fehlers bei der
Ausübung der jeweiligen beruflichen Tätigkeit.

Ein zweiter wesentlicher Unterschied besteht in der Definition des Versicherungsfalls: Die   **260**
Berufshaftpflichtversicherung für RA/StB/WP folgen wie die Architektenhaftpflichtversicherung dem **Verstoßprinzip** und nicht wie die AHB dem Schadensereignisprinzip.

Schließlich ist hervorzuheben, dass für die Berufgruppen RA/StB/WB eine umfassende   **261**
Versicherungspflicht besteht[791]. Die jeweiligen **berufsrechtlichen Bestimmungen** schreiben auch den Gegenstand und Umfang des zu gewährenden **Mindestversicherungsschut-
zes** vor. Der Versicherungsschutz muss sich auf die sich aus der Berufstätigkeit ergebenden
Haftpflichtgefahren für Vermögensschäden beziehen, wobei bei Rechtsanwälten und Steuerberatern eine Mindestversicherungssumme von 250 000,– € und bei Wirtschaftsprüfern von
1 Mio. € vorgeschrieben ist[792]. Insoweit handelt es sich um eine Pflichtversicherung.

Entsprechend dieser gesetzlichen Vorgaben sind auch die Allgemeinen und Besonderen   **262**
Versicherungsbedingungen sowie Risikobeschreibungen ausgestaltet, da Abweichungen hiervon nur für den Versicherungsschutz oberhalb der gesetzlichen Mindestversicherungssumme
zulässig sind. Die vor dem 1. 7. 1994 abgeschlossenen Versicherungsverträge beruhen auf den
**„Allgemeinen Versicherungsbedingungen für die Vermögensschadenhaftpflicht-
versicherung von Rechtsanwälten und Angehörigen der wirtschaftsprüfenden sowie
wirtschafts- und steuerberatenden Berufe"** (AVB-WB)[793]. Die AVB-WB sind eine auf
diese Berufsgruppen zugeschnittene Fortentwicklung der AVB-Vermögensschäden[794], die
wegen ihres übergreifenden Geltungsbereichs nur allgemeinere Regelungen enthalten können. Die AVB-Vermögensschäden werden durch zahlreiche Besondere Bedingungen für jeweils einzelne Berufsgruppen mit vorwiegend geistiger Tätigkeit ergänzt[795]. Die AVB-WB

---

[787] Vgl. näher *Kapellmann/Messerschmidt/von Rintelen,* VOB, Teile A und B, 2. Aufl. 2007, § 10 VOB/B
Rn. 32ff.

[788] *Kapellmann/Messerschmidt/von Rintelen,* § 10 VOB/B Rn. 52ff.

[789] *Kapellmann/Messerschmidt/von Rintelen,* § 10 VOB/B Rn. 53.

[790] BGH v. 16. 2. 1971, NJW 1971, 752 (753) zum Bauunfall; BGH v. 18. 4. 2002, NJW-RR 2002,
1175 und OLG Düsseldorf v. 22. 3. 1983, BauR 1984, 201 (202) zur Mängelverantwortung.

[791] Bei RA knüpft die Versicherungspflicht an die Zulassung an, bei StB und WP an die Selbstständigkeit, wobei angestellte Berufsträger mitzuversichern sind.

[792] RA: § 51 BRAO; StB: § 67 StBerG i.V.m. §§ 51ff. DVStB; WP: § 54 WPO i.V.m. WPBHV.

[793] VerBAV 1992, 160ff.

[794] VerBAV 1989, 347ff.; kommentiert bei *Prölss/Martin/Voit,* VVG, Teil III. E. X.

[795] *Prölss/Martin/Voit/Knappmann,* VVG, Vor § 1 AVB/Vermögen/WB Rn. 4; Späte, AHB, Anh II,
S. 799f.

sind als hiervon eigenständiges, wenn auch in großen Teilen inhaltlich übereinstimmendes Bedingungswerk konzipiert, das seinerseits jeweils für die betroffenen Berufsgruppen (RA/StB/WP) ergänzt wird durch Besondere Bedingungen und Risikobeschreibungen (BBR).

262a   An Inhalt und Systematik der AVB-WB hat sich auch nach der Deregulierung nichts Wesentliches geändert[796]. Dabei bieten die VR in der Regel neben einem einheitlichen, an den AVB-WB angelehnten Grundbedingungswerk, das vor allem auch für gemischte Sozietäten gedacht ist, textlich getrennte Fassungen der AVB für die einzelnen Berufsgruppen an, in denen dann die Regelungen der BBR bereits enthalten sind. Mangels Konditionenempfehlung des GDV orientiert sich diese Darstellung an den AVB der Allianz Versicherung AG, den AVB-RSW[797]. Soweit diese mit den AVB-WB noch übereinstimmen, werden die Bedingungen mit AVB-WB/RSW zitiert. Die Bedingungen sind 2008 an die Vorgaben der VVG-Reform angepasst worden. Diese Veränderungen betreffen nicht den hier erörterten Deckungsumfang, sondern die allgemeinen Regelungen zu Obliegenheiten, Abtretung des Freistellungsanspruchs, Gefahrerhöhung, Gerichtsstand u. a. m.[798]

263   Die **AHB** sind **nicht (subsidiäre) Rechtsgrundlage** für die Vermögensschadenhaftpflichtversicherung. Allerdings sind zahlreiche Bestimmungen der AVB-WB/RSW wort- oder zumindest inhaltsgleich aus den AHB übernommen worden, auf die insoweit verwiesen werden muss.

264   Da der Abschluss einer Berufshaftpflichtversicherung für RA/StB/WP gesetzlich vorgeschrieben ist, handelt es sich um **Pflichthaftpflichtversicherungen** i. S. v. § 113 VVG[799]. Die Rechtsstellung des geschädigten Dritten wird durch die §§ 115 ff. VVG wesentlich verbessert, ohne dass er allerdings außer in den Fällen des § 115 VVG einen Direktanspruch gegen den VR erwirbt[800].

II. Versicherte Gefahren

1. Gesetzliche Haftpflichtansprüche

265   Versichert ist nach § 1 Ziff. I AVB-WB/RSW die Inanspruchnahme des VN durch einen Dritten aufgrund gesetzlicher Haftpflichtbestimmungen privatrechtlichen Inhalts. Das entspricht dem Wortlaut der Ziff. 1.1 AHB und umfasst alle **deliktischen und vertraglichen Schadenersatzansprüche,** soweit letztere nicht über bestehende gesetzliche Anspruchsgrundlagen hinausgehen[801].

266   Nicht umfasst vom Versicherungsschutz sind **Erfüllungsansprüche einschließlich Nacherfüllungsansprüche**[802], da das Bewirken der geschuldeten Leistung kein Schadensersatz ist. Fraglich ist, inwieweit die an die Stelle der Erfüllungsleistung tretenden Ersatzansprüche, sog. **Erfüllungssurrogate**[803], gedeckt sind. Dies muss konsequenterweise von all denjenigen verneint werden, die die Ausschlussbestimmung der Ziff. 1.2 AHB (§ 4 Ziff. I 6 Abs. 3 AHB a. F.) lediglich als deklaratorische Wiederholung des sich bereits aus Ziff. 1.1 AHB und damit auch aus § 1 Ziff. I AVB-WB/RSW ergebenden Versicherungsumfangs ansehen[804].

---

[796] Vgl. auch *M. van Bühren,* B III, sowie die im Anhang abgedruckten AVB von Gerling, Allianz und Generali.

[797] Allgemeine und Besondere Versicherungsbedingungen sowie Risikobeschreibungen zur Vermögensschaden-Haftpflichtversicherung für Rechtsanwälte, Steuerberater, Wirtschaftsprüfer und vereidigte Buchprüfer (AVB-RSW), Stand 01/03.

[798] Zu den Änderungen im Bereich der Haftpflichtversicherung vgl. § 24 Rn. 8.

[799] Vgl. näher § 24 Rn. 161 ff.

[800] Vgl. *Römer/Langheid/Langheid,* VVG, § 158 c Rn. 34 ff.

[801] Vgl. dazu § 24 Rn. 176 ff.

[802] BGH v. 9. 1. 1964, VersR 1964, 230 f. = NJW 1964, 1025; *Kaufmann,* Berufhaftpflichtversicherung, S. 90.

[803] Vgl. dazu Rn. 35 ff.

[804] Vgl. dazu Rn. 31; dafür wohl BGH v. 9. 1. 1964, VersR 1964, 230 (231) = NJW 1964, 1025, entschieden wurde allerdings nur Nachbesserungskosten; ebenso OLG Karlsruhe v. 4. 8. 1983, VersR 1984,

Richtigerweise ist der Ausschluss der Ziff. 1.2 AHB hinsichtlich der Erfüllungssurrogate aber konstitutiv. Da ein entsprechender Ausschluss in den AVB-Vermögensschäden und den AVB-WB nicht enthalten ist, sind Erfüllungssurrogate, soweit sie unter die Definition der gesetzlichen Haftpflichtbestimmungen fallen, versichert[805]. Nicht auf Schadensersatz gerichtet und deshalb ausgeschlossen sind dagegen die Ansprüche auf Nacherfüllung, Rücktritt, Selbstvornahme oder Minderung. Letztere kommen vor allem in Betracht, soweit im Rahmen der geistigen Tätigkeit nicht nur eine Dienstleistung, sondern ein werkvertraglicher Erfolg geschuldet ist. Der Schadensersatzanspruch statt Erfüllung (§§ 281 ff. BGB) ist, soweit er sich mit Selbstvornahme oder Minderung deckt[806], ebenfalls ausgeschlossen, da es versicherungsrechtlich nicht auf die formale Anspruchsgrundlage ankommt. Im Übrigen besteht aber mangels Ausschlusses Versicherungsschutz nach den AVB-Vermögensschäden und AVB-WB. Ist ein auf werkvertraglicher Basis erstelltes Gutachten zu einer steuerlichen Gestaltung falsch, so ist der hieraus entstehende Schaden bzw. entgangene Gewinn entgegen Ziff. 1.2 (3) AHB gedeckt.

Diese sich bereits aus allgemeinen Erwägungen ergebenden Grundsätze finden auch regel-   **267** mäßig Niederschlag im Bedingungswerk. § 3 Ziff. II 4 AVB-WB regeln den sog. **Gebühreneinwurf.** Danach ist der Haftpflichtanspruch in Ansehung eines solchen Betrages nicht gedeckt, der der Höhe der eigenen Gebühren des VN in derjenigen Angelegenheit gleichkommt, bei deren Behandlung der Verstoß erfolgt ist, und zwar unabhängig davon, ob die Gebühren tatsächlich von dem Haftpflichtanspruch erfasst werden. Damit wurde der **Ausschluss wegen mangelhafter Erfüllung auf den Wert der Leistung begrenzt,** der sich im Gebührenanspruch ausdrückt[807]. Diese im Gegensatz zu den AHB[808] geltende Begrenzung erklärt sich damit, dass Haftpflichtansprüche wegen mangelhafter Vertragserfüllung gerade das typische Berufsrisiko sind, für das Versicherungsschutz begehrt wird. Die Gebühreneinwurfsregelung geht aber über die Begrenzung des Ausschlusses für Erfüllungssurrogate auf den Wert der Erfüllungsleistung hinaus, da sie für jeden Schadenersatzanspruch gilt, insoweit also zugleich eine **Art weiterer Selbstbehalt** ist[809]. Deshalb dürfen Gebühreneinwurf und allgemeiner Selbstbehalt zusammen nicht den Maximalselbstbehalt überschreiten, § 3 Ziff. II 5 AVB-WB.

Anders ist die Regelung in den AVB-RSW. Deren § 3 Ziff. II 5 schließt den Anspruch auf   **268** Rückforderung von Gebühren sowie von Erfüllungsansprüchen und Erfüllungssurrogaten gemäß § 281 i.V.m. § 280 BGB vom Versicherungsschutz aus. Damit sind Schadensersatzansprüche statt Erfüllung in voller Höhe nicht gedeckt, eine Begrenzung auf den Maximalselbstbehalt findet nicht statt. Die pauschale Verweisung auf die zivilrechtliche Anspruchsgrundlage des § 281 BGB ist nicht unproblematisch, da noch nicht geklärt ist, ob sich dieser Anspruch in jedem Fall auf das Äquivalenzinteresse beschränkt[810]. Andererseits bewirkt die Beschränkung auf den Anspruch aus § 281 BGB, dass Verzugsansprüche versichert sind.

Erfüllungssurrogat wären auch Ansprüche des Berechtigten wegen **Auszahlungsfehlern**   **269** **bei Anderkonten**[811]. Hier sehen die AVB oder BBR jedoch ausdrücklich einen Deckungseinschluss vor. Auch Schadensersatzansprüche wegen der **Beschädigung oder Zerstörung von Mandantenunterlagen** (Akten, Schriftstücke, sonstige zur Mandatserledigung überge-

---

842; *Borgmann/Haug,* Anwaltshaftung, 4. Aufl. 2005, § 39 Rn. 5; *Späth/Schmidt-Troje,* Bonner Handbuch der Steuerberatung, Loseblatt-Kommentar, Stand Mai 2003, § 67 StBerG, Rn. B. 976.

[805] OLG Stuttgart v. 2. 4. 1998, NVersZ 1999, 228 (229); *Bruck/Möller/Johannsen,* VVG, IV, Anm. G 261; *Prölss/Martin/Voit/Knappmann,* VVG, § 1 AVB-Vermögen/WB Rn. 2; *Kaufmann,* Berufshaftpflichtversicherung, S. 135 f.; *Hafferburg,* VersR 1961, 1067 (1070).

[806] Vgl. Rn. 43 ff.

[807] Zutreffend *Bruck/Möller/Johannsen,* VVG, IV, Anm. G 261; *Kaufmann,* Berufshaftpflichtversicherung, S. 136; *Schlie,* Berufshaftpflichtversicherung, S. 91 ff.

[808] Vgl. Rn. 37.

[809] *Schlie,* Berufshaftpflichtversicherung, S. 92 f.

[810] Vgl. Rn. 43.

[811] *Zugehör/Schlee,* Handbuch der Anwaltshaftung, Rn. 2141.

bener Sachen) können Erfüllungsersatzcharakter haben[812]. Darüber hinaus läge kein reiner Vermögensschaden vor, sondern ein Sachschaden und ggfs. ein Vermögensfolgeschaden. Hier sehen die AVB jedoch regelmäßig einen ausdrücklichen Einschluss vor[813].

270   **Verzugsschadensersatzansprüche,** die sich auf das unmittelbare Interesse am eigentlichen Leistungsgegenstand beziehen, sind nach den AHB nicht gedeckt, z. B. wenn der Mandant Verzugszinsen für die verspätete Auszahlung von Fremdgeld geltend macht. In den AVB-WB fehlt ein entsprechender Ausschluss, die AVB-RSW beschränken den Ausschluss für Erfüllungssurrogate auf § 281 BGB. Erst recht versichert sind über das eigentliche Erfüllungsinteresse hinausgehende Schäden, z. B. wenn die verspätete Tätigkeit zu Vermögensschäden des Mandanten führt[814]. Die bei Rechtsanwälten und Steuerberatern häufigste Fehlerquelle der **Fristversäumnisse** führt allerdings i. d. R. gar nicht zu Ansprüchen aus Verzug oder Unmöglichkeit, da sich diese Berater im Rahmen ihres auf eine Geschäftsbesorgung gerichteten Dienstvertrages nur zur sorgfältigen Beratung und Betreuung verpflichten, nicht aber zu einem bestimmten Erfolg als Werkleistung, und zwar auch nicht im Hinblick auf die fristgerechte Fertigstellung[815]. Das Fristversäumnis führt damit zu versicherten Schadenersatzansprüchen nach § 280 BGB.

271   Wird der RA/StB/WP als **vollmachtsloser Vertreter** gem. § 179 BGB in Anspruch genommen, besteht Versicherungsschutz, da es sich um einen Schadenersatzanspruch und nicht um einen Erfüllungsanspruch handelt[816]. Wird ein RA für Gerichtskosten nach Einleitung eines Verfahrens gem. § 49 GKG persönlich in Anspruch genommen, weil er keine Vollmacht nachweisen kann, besteht kein Versicherungsschutz, da Anspruchsgrundlage nicht § 179 BGB, sondern eine **öffentlich-rechtliche Haftungsnorm** ist[817]. Deshalb besteht auch kein Versicherungsschutz, wenn z. B. ein Steuerberater persönlich gem. §§ 69 AO, 42d EStG als Haftungsschuldner für Steuern in Anspruch genommen wird[818]. Ergänzend ist auf die Ausführungen in § 24 Rn. 27 zu verweisen.

2. Versichertes Berufsrisiko

272   Entsprechend der Vorgaben in §§ 51 BRAO, 67 StBerG, 54 WPO bestimmt § 1 Ziff. I AVB, dass Gegenstand des Versicherungsschutzes die **berufliche Tätigkeit** des VN ist. Was zur beruflichen Tätigkeit der jeweiligen Berufsgruppe gehört, ergibt sich zunächst aus der **gesetzlichen Berufsbestimmungen.** Diese enthalten allerdings teilweise sehr unbestimmt gehaltene Definitionen und beschreiben in der Regel nur den Kernbereich der beruflichen Tätigkeit. Sie sind **nicht abschließend** und werden ergänzt durch die Tätigkeiten, die nach geschichtlicher Entwicklung und Verkehrsauffassung noch zum Berufsbild gehören[819], wobei hier im Laufe der Entwicklung Wandlungen möglich sind[820]. Die berufliche Tätigkeit des VN ist auch dann betroffen, wenn eine Leistung oder ein Rat unentgeltlich erfolgt. Haftet er gegenüber Freunden oder Bekannten, weil der Bereich des § 675 Abs. 2 BGB überschritten wird, besteht Versicherungsschutz[821].

273   Unproblematisch für den Deckungsumfang ist der jeweilige **Hauptaufgabenkreis;** hierauf muss sich der Versicherungsschutz schon aufgrund der gesetzlichen Versicherungspflicht erstrecken. Nebentätigkeiten, die auch von anderen Berufen ausgeübt werden können, sind

---

[812] Dafür *Kaufmann,* Berufshaftpflichtversicherung, S. 137f.; a. M. *Bruck/Möller/Johannsen,* VVG, IV, Anm. G 63.
[813] Vgl. § 15 AVB-RSW; *Zugehör/Schlee,* Anwaltshaftung, Rn. 2139f.
[814] Vgl. dazu Rn. 315.
[815] Vgl. BGH v. 17. 10. 1991, NJW 1992, 307 (308f.), unter Aufgabe der bisherigen Rechtsprechung; *Zugehör/Fischer,* Anwaltshaftung, Rn. 944f.
[816] BGH v. 20. 11. 1970, VersR 1971, 144f.; dazu *Prölss,* VersR 1971, 538 und *Johannsen,* ZVersWiss 1994, 449 (475f.).
[817] OLG Köln v. 9. 7. 2002, VersR 2003, 55f.
[818] BGH v. 13. 2. 1982, WM 1982, 447 (452); *Späte,* AHB, § 1 Rn. 178.
[819] BGH v. 11. 3. 1987, VersR 1987, 887.
[820] *Schlie,* Berufshaftpflichtversicherung, S. 81f.
[821] Vgl. Rn. 2.

nicht grundsätzlich von der Pflichtversicherung umfasst[822]. Übt der betroffene Berufträger sie aus, muss er sie als Bestandteil seiner Berufstätigkeit versichern. Soweit sie noch zum erweiterten Berufsbild gehören, sind sie mitversichert, sofern die AVB bzw. BBR keine ausdrücklichen Ausschlüsse enthalten. Gehören sie nicht mehr zum Berufsbild, bedarf es eines ausdrücklichen Einschlusses.

Ausdrücklich erstreckt sich der Versicherungsschutz auf die sog. **mitversicherten Tätig-** **keiten**[823]. Es handelt sich um einen Katalog von Tätigkeiten, die den jeweiligen Berufsangehörigen nicht vorbehalten sind, die sie aber aufgrund ihrer Berufsqualifikation wahrnehmen können und üblicherweise auch zum Teil wahrnehmen. Ausgeschlossen sind demgegenüber die Tätigkeiten, die bereits nach den gesetzlichen Bestimmungen mit dem jeweiligen Beruf nicht vereinbar sind bzw. in den jeweiligen BBR aus dem Deckungsbereich der Berufshaftpflichtversicherung ausdrücklich ausgenommen werden. Schwierigkeiten kann in dem darüber hinausgehenden Bereich die **Abgrenzung zwischen noch berufstypischen und schon berufsfremden Tätigkeiten** bereiten. 274

a) Hauptaufgabenkreis. Versichert ist für **Rechtanwälte** nach den BBR-RA die „freiberuflich ausgeübte Tätigkeit als Rechtsanwalt". Nach § 3 BRAO ist der Rechtsanwalt der unabhängige Berater und Vertreter in **Rechtsangelegenheiten aller Art** mit dem Recht, vor allen Gerichten, Schiedsgerichten und Behörden aufzutreten. Die Tätigkeiten, für die das RVG Gebührentatbestände aufstellt, gehören zum Kernbereich der Berufstätigkeit. Soweit § 1 Abs. 2 RVG bestimmte Tätigkeiten vom Geltungsbereich des Gebührengesetzes für Rechtsanwälte ausnimmt, bedeutet das aber andererseits nicht, dass es sich bei diesen Tätigkeiten nicht um anwaltliche Tätigkeiten handeln kann[824]. Vielmehr sind alle dort genannten Tätigkeiten mit Ausnahme des Treuhänders und der Öffnungsklausel („in ähnlicher Stellung") ausdrücklich mitversichert. Entscheidend ist, inwieweit die Wahrnehmung solcher Aufgaben mit rechtsberatender Tätigkeit verbunden ist[825] und was typischerweise zum Berufsbild des Rechtsanwalts gehört. 275

Zu dem Hauptaufgabenkreis eines **Steuerberaters** gehören zunächst die in dem § 33 StBerG beschriebenen Tätigkeiten, nämlich die **Hilfeleistung in Steuersachen** in den üblichen Formen der Beratung, Vertretung und Hilfeleistung bei der Bearbeitung von Steuerangelegenheiten und bei Erfüllung der steuerlichen Pflichten[826]. Die BBR-S erstrecken den Deckungsschutz auch auf Hilfeleistungen bei der Führung von Büchern usw., wenn der Auftraggeber hierzu nicht steuerrechtlich verpflichtet ist. Von den durch § 57 Abs. 3 StBerG mit dem Beruf des Steuerberaters für vereinbar erklärten Tätigkeiten werden nicht alle versichert, sondern nur diejenigen des § 57 Abs. 2 Ziff. 2 (freiberufliche Tätigkeit, die die Wahrnehmung fremder Interessen einschließlich Beratung zum Gegenstand hat) und Nr. 3 (wirtschaftsberatende, gutachtliche und treuhänderische Tätigkeiten). Dies beruht auf § 51 Abs. 1 S. 1 DVStB, der lediglich diese Tätigkeiten als zu versichernde Berufstätigkeiten bezeichnet. Diese recht generellen gesetzlichen Tätigkeitsbeschreibungen werden in den BBR mittels eines Beispielskataloges präzisiert. Heute wird häufig standardmäßig zusätzlich die Durchführung von bestimmten Lehr- und Vortragsveranstaltungen (§ 57 Abs. 3 Ziff. 6 StBerG) mitversichert[827]. 276

Für **Wirtschaftsprüfer** wird der in §§ 2, 129 WPO gesetzlich bestimmte Inhalt ihrer Tätigkeit in den BBR-W wiedergegeben. Hiernach erstreckt sich der Versicherungsschutz zunächst auf den Kernbereich der wirtschaftsprüfenden Tätigkeit, nämlich auf die **Durchführung betriebswirtschaftlicher Prüfungen** und die Erteilung von Bestätigungsvermerken 277

---

[822] Vgl. zu RA: *M. van Bühren,* III.1a); *Braun,* BRAK-Mitt 1994, 202 (204).

[823] Nach *Braun* BRAK-Mitt 1994, 202 ist das eine konstitutive Erweiterung des Versicherungsschutzes; A.M. wohl BGH v. 9. 12. 1992, NJW 1993, 199.

[824] BGH v. 9. 12. 1992, NJW 1993, 199; OLG Düsseldorf v. 12. 11. 1996, NVersZ 1998, 132.

[825] BGH v. 27. 11. 1994, NJW 1994, 1405 (1406).

[826] *Kaufmann,* Die Berufshaftpflichtversicherung, S. 90.

[827] Vgl. B II Nr. 8 BBR-S der Allianz Vers. AG.

über die Vornahme und das Ergebnis solcher Prüfungen (§ 2 Abs. 1 WPO). Außerdem gehören auch die **Beratung und Vertretung in Steuersachen** sowie **Beratung und Wahrung fremder Interessen in wirtschaftlichen Angelegenheiten** zum Berufsbild des Wirtschaftsprüfers (§ 2 Abs. 2 und Abs. 3 Ziff. 2 WPO). Die Beratung und Interessenwahrung wird in den BBR-W anhand nicht abschließender Beispiele verdeutlicht. Ergänzt wird der Deckungsumfang durch gutachtliche Tätigkeiten und Tätigkeiten als verwaltender Treuhänder (vgl. auch § 2 Abs. 3 Ziff. 1 und Ziff. 3 WPO). Von den mit dem Berufsbild des Wirtschaftsprüfers in § 43a Abs. 4 WPO für vereinbar erklärten Tätigkeiten ist lediglich eine solche als Angestellter eines Prüfungsverbandes nach § 26 Abs. 2 KreditwesenG vom Versicherungsschutz mitumfasst.

278   **b) Mitversicherte Tätigkeiten.** Die besonderen Kenntnisse der RA/StB/WP erlauben ihnen auch die Wahrnehmung von außerhalb des Hauptaufgabenkreises liegenden Tätigkeiten. Es handelt sich hierbei um solche Tätigkeiten, bei denen die Berufsangehörigen regelmäßig aufgrund einer gerichtlichen Bestellung ordnende oder abwickelnde Funktionen wahrnehmen, wie z. B. als **Insolvenzverwalter, Liquidator, Zwangsverwalter, Gläubigerausschussmitglied, Treuhänder gem. InsO, Testamentsvollstrecker, Nachlasspfleger oder -verwalter, Vormund, Pfleger, Beistand und Schiedsrichter.** Diese Tätigkeiten unterscheiden sich vom Hauptaufgabenkreis auch dadurch, dass sie im gewissen Umfang eigene **unternehmerische Entscheidungen** erfordern können[828]. Sie sollen für die jeweilige Berufsgruppe nicht berufstypisch sein, da sie nicht ausschließlich von den jeweiligen Berufsangehörigen ausgeübt werden. Sie sollen deshalb nach der Begründung zu § 51 BRAO nicht zwingend Gegenstand der Pflichtversicherung sein, damit die Prämie für diejenigen Berufsangehörigen, die diese Tätigkeiten nicht ausüben, insbesondere junge Anwälte, niedriger sein können[829]. Da diese Tätigkeiten berufsüblich sind, sind sie in allen drei Berufshaftpflichtversicherungen übereinstimmend mitversichert, wobei der Katalog für die einzelnen Berufsgruppen unterschiedlich etwas erweitert wird. Nur die Risikobeschreibung für die Steuerberater enthält die Einschränkung, dass die Mitversicherung nur gilt, wenn die Tätigkeiten nicht überwiegend ausgeübt werden[830].

279   Bei den **Rechtsanwälten** sind außerdem die Tätigkeiten als **Schlichter oder Mediator** in einigen RRB ausdrücklich enthalten. Auch ohne die ausdrückliche Nennung wird man sie als berufsüblich mitversichert ansehen müssen[831], nachdem auch die Tätigkeit als Schiedsrichter gedeckt ist und eine ausdrückliche Mitversicherung der Mediation aufgrund einer Absprache zwischen DAV, BRAK und den Vermögensschadensversicherern prämienfrei erfolgt[832].

280   Für **Steuerberater und Wirtschaftsprüfer** ist die **zulässige Besorgung sonstiger fremder Rechtsangelegenheiten** berufüblich und damit versichert. Dies wird durch die RRB bestätigt und der Versicherungsumfang sogar erweitert[833], da auch **objektiv unzulässige Rechtsberatung mitversichert** ist, soweit die Grenzen der erlaubten Tätigkeit nicht bewusst überschritten werden. Der VN soll davor geschützt werden, die Grenzen zulässiger Rechtsberatung unbemerkt zu überschreiten[834]. Diese Grenzen der erlaubten Tätigkeit bei der Besorgung von Rechtsangelegenheiten ist für die Steuerberater durch seine Nennung in Art. 1 § 5 Ziff. 2 RBerG[835] erweitert worden. Während er früher zur Rechtsbesorgung in au-

---

[828] *Schlie,* Berufshaftpflichtversicherung, S. 84.
[829] BTDrucks. 12/7656 v. 24. 5. 1994, S. 12, 50.
[830] Vgl. dazu MAH VersR/*Hartmann* § 21 Rn. 40.
[831] *Zugehör/Römer,* Anwaltshaftung, 1. Aufl., Rn. 1836.
[832] *M. van Bühren,* Berufshaftpflichtversicherung, III 1 a); MAH VersR/*Sassenbach* § 17 Rn. 48.
[833] Nach *Gräfe/Lenzen/Schmeer,* Steuerberaterhaftung, 3. Aufl., sind rechtsberatende Tätigkeiten damit faktisch in den Deckungsschutz aufgenommen, nach *Späth/Schmidt-Troje,* Bonner Handbuch der Steuerberatung, Loseblatt Stand Mai 2003, § 67 StBerG Rn. B. 969.4, handelt es sich nur um eine sehr stark beschränkte Erweiterung.
[834] *Kaufmann,* Berufhaftpflichtversicherung, S. 105.
[835] Eingeführt durch das Gesetz v. 31. 8. 1998, BGBl. I S. 2600.

ßersteuerlichen Angelegenheiten nur ausnahmsweise befugt war, wenn dies zur Erledigung des steuerlichen Auftrages **zwingend erforderlich** war[836], ist für ihn nunmehr wie für den Wirtschaftsprüfer die Erledigung von sonstigen Rechtsangelegenheiten dann zulässig, soweit diese mit den Aufgaben der jeweiligen Berufsgruppe in unmittelbarem Zusammenhang stehen und diese Aufgaben ohne Rechtsberatung **nicht sachgemäß** erledigt werden können[837]. Wegen der Abgrenzung im Einzelfall muss auf die Kommentierungen zum RBerG verwiesen werden[838]. Mit dem zum 1. 7. 2008 in Kraft tretenden Rechtsdienstleistungsgesetz wird der Kreis der erlaubten Nebenleistungen erweitert. Zulässig sind nach § 5 RDG Nebenleistungen, die zur vollständigen Erfüllung der Hauptleistung gehören. Die Umformulierung bezweckt eine „neue, weitere Auslegung der zulässigen Nebentätigkeit"[839].

Streitig ist, ob unter einer **bewussten Überschreitung** nur eine solche zu verstehen ist, **281** die **vorsätzlich** erfolgt[840], oder ob bewusst fahrlässiges Handeln ausreicht[841], wobei Vorsatz oder Fahrlässigkeit sich nur auf den Pflichtverstoß beziehen müssen. Eine fahrlässige Überschreitung von Grenzen ist gerade keine bewusste Überschreitung, selbst wenn bewusste Fahrlässigkeit vorliegt. Dem entspricht es, dass Pflichtwidrigkeitsklauseln ebenfalls „bewusst" pflichtwidriges Verhalten[842] voraussetzen und anerkanntermaßen nur bei Vorsatz eingreifen[843]. Zwar spricht die ebenfalls dolus directus erfordernde Pflichtwidrigkeitsklausel der AVB-WB/RSW von „wissentlichen" Verstößen[844]. Ein Gegenschluss hieraus auf geringere Anforderungen hinsichtlich eines bewussten Verstoßes ist aber nicht möglich; vielmehr sind die Begriffe bewusst und wissentlich synonym[845].

c) Aus dem Berufsbild fallende Tätigkeiten. Vom versicherten Risiko ausgenommen **282** sind (selbstverständlich) zunächst die Tätigkeiten, die bereits nach den gesetzlichen Bestimmungen mit dem jeweiligen Beruf nicht vereinbar sind[846]. Hinzu kommen die Tätigkeiten, die **nach geschichtlicher Entwicklung und Verkehrsauffassung** berufsfremd sind. Indiziell für eine berufsfremde Tätigkeit ist auch, ob die Aufgabe regelmäßig oder doch in erheblichem Umfang auch **von anderen berufsmäßig wahrgenommen** wird[847]. Die BBR enthalten insoweit deklaratorische Konkretisierung wie auch konstitutive Ausschlüsse. Aus Gründen des Sachzusammenhangs werden sie insgesamt im Rahmen des Berufsbildes erörtert.

Zunächst ist festzuhalten, dass das **Berufbild des Rechtsanwalts** in wirtschaftlicher Hin- **283** sicht enger als dasjenige des Wirtschaftsprüfers bzw. Steuerberaters ist. Während bei letzteren die wirtschaftliche Beratung grundsätzlich zum Berufsbild gehört, ist (reine) **Vermögensverwaltung**[848] und (reine) **Anlageberatung**[849] für einen Rechtsanwalt berufsfremd. Glei-

---

[836] BGH v. 27. 5. 1963, VersR 1963, 649 (650); OLG Celle v. 13. 10. 1999, VersR 2001, 1437 (1438); vgl. zum Meinungsstand *Kaufmann,* Berufshaftpflichtversicherung, S. 102 ff.
[837] Überholt deshalb die Ausführungen von *Späth/Schmidt-Troje,* Bonner Handbuch der Steuerberatung, Loseblatt-Kommentar, Stand Mai 2003, § 67 StBerG, Rn. B. 965.4 und B 971 ff.
[838] *Rennen/Caliebe,* Rechtsberatungsgesetz, 3. Aufl. 2001, Art. 1 § 5 Rn. 60 ff.
[839] BR-Drucks 623/06 S. 107.
[840] So *Groh* StBg 1988, 275 (277).
[841] So *Kaufmann,* Berufshaftpflichtversicherung, S. 104 f.
[842] Z.B. A IV 8 BBR/Arch, vgl. dazu Rn. 241 ff.
[843] Vgl. dazu Rn. 241; BGH v. 17. 12. 1986, VersR 1987, 174.
[844] Vgl. dazu Rn. 312 ff.
[845] OLG Koblenz v. 15. 1. 1999, VersR 2000, 174; *Bruck/Möller/Johannsen,* VVG, IV, Anm. G. 232.
[846] Vgl. §§ 43a III WPO, 57 IV StBerG.
[847] BGH v. 22. 12. 1966, NJW 1967, 876; OLG Düsseldorf v. 12. 11. 1996, NVersZ 1998, 132; *Zugehör/Römer,* Anwaltshaftung, 1. Aufl., Rn. 1831.
[848] BGH v. 22. 12. 1966, NJW 1967, 878; vgl. KG v. 26. 11. 2002, NJW-RR 2003, 780 = VersR 2003, 1031 zur Kontrolle von Anlagebeteiligungen; OLG Düsseldorf v. 8. 10. 2002, VersR 2004, 635 (636) zur Verpflichtung, Kapital zu investieren.
[849] BGH v. 17. 4. 1980, DB 1980, 1985 (1986). Die Anlageberatung kann sich auch auf Rechtsfragen beziehen, z. B. ob das Anlagemodell rechtswirksam und anlegergünstig ausgestaltet ist, vgl. BGH v. 27. 1. 1994, NJW 1994, 1405 (1406).

ches gilt auch für kaufmännische Buchführung[850], Aufstellung von Finanzierungsplänen[851] oder Unterschlagungsprüfung[852]. Auch die bloße Annahme von Kaufangeboten entspricht als wirtschaftliche Tätigkeit nicht dem Berufsbild des Rechtsanwalts[853]. Sie fällt unter den Versicherungsschutz, wenn der VN auch die ihm als Anwalt obliegende rechtsberatende Funktion wahrnimmt. Bei Wirtschaftsprüfern und Steuerberatern ist das Berufsbild insoweit viel weiter. Durch eine sekundäre Risikobeschränkung werden die unternehmerischen Risiken und die Empfehlung wirtschaftlicher Geschäfte, insbesondere Geldanlagen, vom Versicherungsschutz aber wieder ausgeschlossen.

284   Die BBR schließen für alle drei Berufsgruppen die Haftpflichtansprüche aus der Tätigkeit als Leiter, Geschäftsführer, Vorstands-, Aufsichtsrats- oder Beiratsmitglied von Firmen, Unternehmungen, Vereinen und Verbänden aus[854]. Diese sog. **Organ- und Leitungsklausel** verfolgt den Zweck, unternehmerische Risiken aus dem Deckungsbereich der Versicherung auszuschließen, da bei diesen Tätigkeiten wirtschaftliche und kaufmännische Entscheidungen im Vordergrund stehen[855]. Der Ausschluss **erfasst** allerdings die **gesamte Tätigkeit** im jeweiligen Amt, unabhängig davon, ob der VN im Einzelfall unternehmerisch tätig geworden ist[856].

285   Die Begriffe Geschäftsführer, Vorstands- und Aufsichtsratmitglied erfassen nur Gesellschaftsorgane, die gesetzlich vorgegeben oder fakultativ zugelassen sind[857]. Aufsichtsrat ist danach nur das entsprechende Organ einer AG oder gem. § 52 GmbHG einer GmbH. Demgegenüber kommen den Begriffen Leiter und Beirat Auffangfunktion für andere Rechtsformen zu. Sie sind funktional anhand der anderen Beispielsfälle auszulegen. **Leiter** ist, wer tatsächlich vergleichbare leitende Funktionen wie ein Geschäftsführer übernimmt, d. h. die maßgeblichen unternehmerischen Entscheidungen fällt[858]. Ein **Beirat** setzt eine Funktion voraus, die der eines Aufsichtsrates vergleichbar ist, d. h. dass seine Zustimmung zu allen oder bestimmten unternehmerischen Entscheidungen erforderlich ist[859]. Der bloß beratende Beirat fällt damit nicht unter diesen Ausschluss[860].

286   Soweit ein Amt oder eine Funktion nicht insgesamt vom Versicherungsschutz ausgeschlossen ist, muss zwischen der versicherten Wahrnehmung von Beruftätigkeiten und der grundsätzlich nicht versicherten sonstigen, insbesondere unternehmerischen Tätigkeit, unterschieden werden. Die Auswirkungen auf den Versicherungsschutz müssen anhand der AVB bzw. BBR sorgfältig geprüft werden. In den BBR für **Steuerberater** ist die Tätigkeit als **geschäftsführender Treuhänder** vom Versicherungsschutz ausgeschlossen. Diese liegt vor, wenn der

---

[850] BGH v. 9. 4. 1970, NJW 1970, 1189.

[851] LG Bochum v. 7. 11. 1924, JW 1926, 874.

[852] BGH v. 29. 6. 1972, VersR 1972, 1052.

[853] OLG Stuttgart v. 28. 10. 2004 – 7 U 109/04 (juris); ob wirklich eine „rein wirtschaftliche" Tätigkeit vorliegt, wenn ein RA mit dem Ankauf eines Vollstreckungstitels beauftragt wird erscheint fraglich. Hier dürften die sonstigen Merkwürdigkeiten des Falls bei der apodiktischen Subsumtion eine Rolle gespielt haben.

[854] Die jeweiligen BBR enthalten darüber hinaus weitere Einschränkungen: RA: A. Nr. 5.2 und B. BBR-RA; StB: A. Nr. 5.3 und B. V. BBR-S; WP: A. Nr. 5.3 und B. IV. Nr. 3.

[855] Vgl. BGH v. 30. 1. 1980, VersR 1980, 353 (354); *Bruck/Möller/Johannsen*, VVG, IV Anm. G 276; *Kaufmann*, Berufshaftpflichtversicherung, S. 97.

[856] BGH v. 8. 11. 1989, VersR 1990, 191.

[857] *Kaufmann*, Berufshaftpflichtversicherung, S. 96 f., will den Begriff Vorstand funktional und den Begriff Aufsichtsrat im Anschluss an die Entscheidung des BGH v. 8. 11. 1989, VersR 1990, 191, formal auslegen. Diese Differenzierung ist methodisch nicht plausibel.

[858] *Prölss/Martin/Voit/Knappmann*, VVG, AVB Vermögen/WB § 4 Rn. 13; *Kaufmann*, Berufshaftpflichtversicherung, S. 96.

[859] BGH v. 8. 11. 1989, VersR 1990, 191.

[860] Die Annahme von *Schlie*, Berufshaftpflichtversicherung, S. 87 f., grundsätzlich sei jede Beiratstätigkeit v. Versicherungsschutz ausgenommen, beruht auf einer Anmerkung in einer nichtamtlichen Risikobeschreibung, die aufgrund des Klauselwortlauts und dessen Auslegung durch den BGH aber ins Leere geht.

Treuhänder mittels umfassender Vollmachten anstelle des Auftraggebers am Wettbewerb teilnimmt. Angenommen wurde dies insbesondere bei Baubetreuungsmodellen, wenn der Treuhänder die notwendigen Rechtsgeschäfte selbständig für den/die Treugeber durchführt[861]. Der geschäftsführende Treuhänder ist abzugrenzen vom (versicherten) **Überwachungstreuhänder,** dessen Aufgaben in Kontrolle, Überwachung und Mittelfreigabe bestehen. Selbst falls er diese Rechte für die Anleger allein und uneingeschränkt ausübt, beschränkt sich seine Aufgabe auf Überwachungstätigkeiten und nicht auf die Übernahme unternehmerischer Risiken[862]. Da die BBR-Steuerberater die geschäftsführende Treuhand vom Versicherungsschutz ausschließen, ist die Tätigkeit insgesamt ausgeschlossen[863]; eine Aufteilung in einen steuerberatenden und einen unternehmerischen Teil ist nicht möglich[864]. In den BBR-**Wirtschaftsprüfer** wird die treuhänderische Tätigkeit zunächst insgesamt zu den versicherten Tätigkeiten gezählt. Das unternehmerische Risiko einer grundsätzlich versicherten Tätigkeit wird aber wieder vom Versicherungsschutz ausgeschlossen, z. B. als geschäftsführender Treuhänder[865]. Dieser Ausschluss erfasst damit nicht die gesamte Tätigkeit eines geschäftsführenden Treuhänders, sondern nur das konkrete unternehmerische Risiko[866].

In den BBR für **Rechtsanwälte** wird die **Treuhändertätigkeit** nicht erwähnt[867]. Ihr   **287** Versicherungsschutz hängt damit davon ab, ob die Treuhändertätigkeit nach den o. a. Kriterien noch zum Berufsbild des Rechtsanwaltes gehört. Hierfür kommt es auf die im Einzelfall übernommene Aufgabe an[868]. Eine anwaltliche Tätigkeit liegt vor, wenn der Anwalt deshalb als Treuhänder ausgewählt ist, weil er vielfältige rechtliche, insbesondere auch steuerrechtliche Interessen der Anleger zu beachten hat[869]. Diese Tätigkeit gehört dann insgesamt zum Berufsbild des Rechtsanwaltes. Soweit die Versicherungssumme die gesetzliche Mindestversicherungssumme übersteigt, werden aber als sekundäre Risikobegrenzung Schäden aus kaufmännischen Kalkulations-, Spekulations- und Organisationstätigkeiten ausgeschlossen[870]. Übernimmt der Rechtsanwalt eine Treuhänderstellung ohne rechtsberatende Funktion, z. B. als bloßer **Strohmann,** liegt keine anwaltliche Berufstätigkeit mehr vor[871].

Entsprechendes gilt, wenn im Rahmen eines Auftrages **berufsfremde und berufstypi-**   **288** **sche Tätigkeiten** anfallen. Zunächst ist zu klären, welche Tätigkeiten „im Vordergrund" stehen[872]. Maßgeblich hierfür ist nicht der tatsächliche Umfang der berufstypischen Tätigkeit, sondern wo nach dem Auftrag der **Schwerpunkt der Verpflichtungen** liegen soll[873]. Ist der Schwerpunkt des Auftrages berufsfremd, diese Tätigkeit aber nicht insgesamt ausgeschlossen, so besteht zwar für die berufsfremden Tätigkeiten kein Verssicherungsschutz. Versicherungsschutz besteht aber dann, wenn der konkrete **schadensstiftende Verstoß** der beruflichen

---

[861] OLG München v. 28. 11. 1995, VersR 1997, 961; OLG Hamm v. 17. 3. 1993, VersR 1994, 167 (168); OLG Köln v. 6. 6. 1991, VersR 1993, 86 (87); OLG Düsseldorf v. 27. 9. 1988, VersR 1990, 411 (412); OLG München v. 30. 1. 1987, VersR 1989, 1293.

[862] *Ebel,* VersR 1988, 1104 (1106) m. w. N.

[863] Vgl. BGH v. 8. 11. 1989, VersR 1990, 191.

[864] OLG Hamm v. 17. 3. 1993, VersR 1994, 167 (168); mit zustimmender Anm. *Späth* DStR 1993, 1880; OLG Köln v. 6. 6. 1991, DStR 1993, 184; a. M. LG Mannheim v. 19. 9. 1991, VersR 1992, 1084 (1085).

[865] Vgl. A Ziff. 5.3a) BBR-W der Allianz.

[866] A. M. aber OLG Düsseldorf v. 27. 9. 1988, VersR 1990, 411 (412) und MAH VersR/*Hartmann* § 21 Rn. 115; zutreffend *Späth,* VersR 1990, 413, der in seiner Anmerkung von einer „Ausschnittsdeckung" bei Tätigkeiten als geschäftsführender Treuhänder spricht.

[867] Ausdrücklich mitversichert ist die Treuhändertätigkeit nach der InsO.

[868] Für anwaltliche Tätigkeit: *Riedel,* NJW 1984, 1021; dagegen: *Evers,* NJW 1983, 1652; *Teichler,* Berufshaftpflichtversicherung, 1985, S. 106.

[869] BGH v. 9. 11. 1992, NJW 1993, 199; *Riedel,* NJW 1984, 1021; a. M.: *Evers,* NJW 1983, 1652f.

[870] Vgl. z. B. A Ziff. 5.2 BBR-RA der Allianz.

[871] OLG Düsseldorf v. 12. 11. 1996, NVersZ 1998, 132 (133).

[872] BGH v. 17. 4. 1980, DB 1980, 1985; BGH v. 22. 12. 1966, NJW 1967, 876.

[873] Vgl. BGH v. 27. 1. 1994, NJW 1994, 1405 (1406).

v. Rintelen

Tätigkeit zuzuordnen ist[874], denn hinsichtlich des beruflichen Risikos wird uneingeschränkt Verssicherungsschutz eingeräumt[875]. Tritt ein Rechtsanwalt bei einem Geschäft sowohl als Vertragsverfasser als auch als wirtschaftlicher Berater/Generalbevollmächtigter auf, so sind Fehler bei der Abfassung der Urkunde versichert[876], nicht aber wegen fehlerhafter wirtschaftlicher Gestaltung[877]. Kann das vom Steuerberater empfohlene Anlagemodell schon aufgrund seiner Ausgestaltung nicht die erwünschten steuerlichen Vorteile erzielen, liegt ein Fehler der Berufsausübung vor. Ist die Anlage unrentabel, liegt eine schon aufgrund des ausdrücklichen Ausschlusses unversicherte Anlageempfehlung vor[878].

289　　　Liegt der **Schwerpunkt bei einer berufstypischen Tätigkeit,** ist grundsätzlich die gesamte Tätigkeit versichert, soweit die einzelne Maßnahme, die isoliert betrachtet berufsfremd ist, noch **vom Zweck der beruftypischen Tätigkeit geprägt** wird[879]. So hat der BGH zu älteren AVB entschieden, dass auch unternehmerische Entscheidungen eines Konkursverwalters, der den insolventen Betrieb über mehrere Jahre fortführt, vom Versicherungsschutz gedeckt sind, solange sie vom Konkurszweck geprägt sind[880]. Es dürfe nicht auf die einzelne fehlerhafte Maßnahme, sondern es müsse auf den Gesamtzweck abgestellt werden. Unabhängig von diesem Ausgangspunkt kann allerdings der konkret schadensstiftende Vorgang unter einen Ausschlusstatbestand fallen. Heute werden unternehmerische Tätigkeiten, insbesondere auch aus der Fortführung eines Unternehmens, durch den Insolvenzverwalter oder Testamentsvollstrecker von der Grunddeckung ausgenommen[881].

III. Versicherte Personen

1. Mitversicherte Personen

290　　　Der Kreis der **mitversicherten Personen** erstreckt sich nicht automatisch auf alle Betriebsangehörigen, wie in einer Betriebshaftpflichtversicherung[882] oder auch in der Berufshaftpflichtversicherung der Architekten[883] üblich. Vielmehr setzt § 7 Ziff. I 1 AVB-WB/RSW voraus, dass sonstige Mitarbeiter des VN durch **besondere Vereinbarung** mitversichert werden[884]. Das erklärt sich damit, dass Mitarbeiter des VN, soweit sie nicht als Scheinsozien auftreten, i. d. R. **unmittelbar** vom Geschädigten für die versicherten Vermögensschäden mangels Vertragspartnerstellung **nicht in Anspruch genommen** werden können. Die eigene Einstandspflicht des VN für die Fehler seiner Mitarbeiter wird durch seine Versicherung abgedeckt, wie § 1 Ziff. I AVB-WB/RSW noch einmal deklaratorisch festhält. Eine unmittelbare Inanspruchnahme der Mitarbeiter käme bei Beschädigung der mitversicherten Mandantenunterlagen in Betracht[885]. Hier sind die Mitarbeiter mittelbar durch einen Regressverzicht nach § 7 Ziff. IV 2 AVB-WB/RSW geschützt[886].

291　　　**Mitversicherte** sind nach § 1 Ziff. IV AVB-WB bzw. nach den BBR **bestellte Vertreter, Praxisabwickler oder –treuhänder.** Der Mitversicherungsschutz besteht allerdings, um

---

[874] ÖOGH v. 23. 10. 1996, VersR 1998, 84; ÖOGH v. 25. 6. 1992, VersR 1993, 1176.

[875] *Zugehör/Schlee,* Anwaltshaftung, Rn. 2106; *Zugehör/Römer,* Anwaltshaftung, 1. Aufl. Rn. 1833; die Entscheidung des OLG Düsseldorf v. 12. 11. 1996, NVersZ 1998, 132 (133), besagt entgegen der Ansicht von *Römer* letztlich nichts anders, vgl. Ziff. 4 der Entscheidungsgründe.

[876] ÖOGH v. 23. 10. 1996, VersR 1998, 84.

[877] ÖOGH v. 25. 6. 1992, VersR 1993, 1176.

[878] *Kaufmann,* Berufshaftpflichtversicherung, S. 97 f.

[879] Vgl. BGH v. 29. 6. 1972, VersR 1972, 1052 (1053), zu § 3 BRAO.

[880] BGH v. 30. 1. 1980, VersR 1980, 353 (355).

[881] Vgl. BBR-RA A Ziff. 5.2; BBR-S A Ziff. 5.3; BBR-W A Ziff. 5.3.

[882] Vgl. Rn. 24 ff.

[883] Vgl. Rn. 209.

[884] Vgl. zur konkludenten Mitversicherung in der Anwaltshaftpflichtversicherung, OLG Hamburg v. 22. 6. 1982, VersR 1985, 229.

[885] Vgl. auch *Bruck/Möller/Johannsen,* VVG, IV, Anm. H 12.

[886] Zum Unterschied zur Mitversicherung vgl. § 31 Rn. 70 ff.

Doppelversicherungen zu vermeiden, nur **subsidiär** nach der eigenen Deckung des Vertreters[887]. In Abweichung zu §§ 44 f. VVG und Ziff. 27.2 AHB[888] ist der Mitversicherte zur selbständigen Geltendmachung seines Versicherungsanspruchs befugt. Das entspricht den praktischen Bedürfnissen, z. B. gerade bei einer Praxisabwicklung[889] oder bei mitversicherten Sozien.

Ob und welche Berufsträger mitzuversichern sind, hängt von den **berufsrechtlichen** **292** **Pflichtversicherungsregelungen** ab. Nach § 51 BRAO muss jeder als Rechtsanwalt Zugelassene, unabhängig davon ob Sozius, angestellter Anwalt oder freier Mitarbeiter, eine (eigene) Berufhaftpflichtversicherung abschließen, was auch durch den Abschluss eines Gesamtversicherungsvertrages erfolgen kann. Die Versicherungspflicht für Wirtschaftsprüfer und Steuerberater knüpft demgegenüber an die selbständige Berufsausübung an. Die Tätigkeit freier Mitarbeiter und Angestellter muss durch die Haftpflichtversicherung ihres Arbeitgebers versichert sein[890], was i. d. R. durch eine entsprechende Mitversicherung erfolgt.

Schließt eine anerkannte **Berufsträgergesellschaft** (AG, GmbH, PartG) für sich eine Ver- **293** sicherung ab, so bezieht sich nach § 1 Ziff. II AVB-RSW[891] der Versicherungsschutz auf die Verstöße, die den Organen bzw. bei Personengesellschaften den Gesellschaftern, den Angestellten und den sonstigen Personen, denen sich die Gesellschaft zur Erfüllung ihrer Berufstätigkeit bedient, zur Last fallen. Das ist primär keine Mitversicherungsregelung, sondern erläutert den Versicherungsschutz für das eigene Haftpflichtrisiko der Gesellschaft. Der wesentliche Inhalt dieser Regelung ist die **Festlegung der Zurechnung** für in der Person des Verstoßenden gegebene deckungsrelevante Umstände. Diese werden der Gesellschaft zugerechnet. Eine wesentliche Ausnahme wird jedoch für wissentliche Pflichtverletzungen gemacht. Die Gesellschaft verliert bei wissentlichen Verstößen eines Angestellten nicht ihren Versicherungsschutz. Allerdings wird der VR beim Angestellten Rückgriff nehmen, da der Regressverzicht nicht für Fälle wissentlicher Pflichtverletzungen gilt[892]. Bei Verstößen durch Organe und Gesellschafter gilt eine uneingeschränkte Zurechnung. Die von der Partnerschaftsgesellschaft oder Sozietät abgeschlossene Versicherung deckt neben der eigenen Haftpflicht in der Regel auch als Fremdversicherung die persönliche Haftpflicht der Partner oder Sozien ab[893].

2. Sozien

Eine uneingeschränkte Zurechnung erfolgt auch durch die sog. **Sozienklausel**[894]. Nach **294** § 4 AVB-WB/RSW wirkt ein Ausschlussgrund in der Person eines Sozius **zu Lasten aller** **Sozien.** Hintergrund der Regelung ist, dass die Mandate grundsätzlich den in der Sozietät zusammengeschlossenen Berufsträgern gemeinsam erteilt werden und sie deshalb nach außen auch gesamtschuldnerisch haften. Ohne die Sozienklausel wäre der VR z. B. auch bei einer wissentlichen Pflichtverletzung eines Sozius leistungspflichtig, wenn die übrigen Sozien Freistellung von den gegen sie gerichteten Ansprüchen verlangen könnten[895]. Durch die Sozienklausel verlieren auch sie ihren Versicherungsschutz und tragen damit das Regressrisiko gegenüber dem bewusst pflichtwidrig Handelnden. Die nach außen haftenden Sozien bilden damit versicherungsrechtlich eine Risikogemeinschaft. Die Vorteile einer Sozietätspolice, nämlich i. d. R. nach der Anzahl der Sozien gestaffelte Prämien, sind in einem derartigen Fall teuer erkauft. Dabei muss zusätzlich beachtet werden, dass Sozius im Sinne der AVB auch jeder freier

---

[887] Vgl. zur Subsidaritätsklausel *Kaufmann,* Berufshaftpflichtversicherung, S. 106.
[888] Vgl. § 24 Rn. 45.
[889] *Kaufmann,* Berufshaftpflichtversicherung, S. 106.
[890] § 51 Abs. 2 u. 3 DVStB.
[891] § 1 Ziff. III AVB-WB regelt nur die Versicherung juristischer Personen.
[892] § 7 Ziff. IV 2 AVW-WB/RSW.
[893] Die Voraussetzungen für die Annahme einer (konkludenten) Mitversicherung sind grundsätzlich sehr niedrig, vgl. BGH v. 12. 6. 1991, VersR 1994, 1101; vgl. auch OLG Hamburg v. 22. 6. 1982, VersR 1985, 229.
[894] § 12 Ziff. III AVB-WB bzw. § 1 Ziff. III AVB-RSW.
[895] OLG Hamm v. 22. 9. 1995, VersR 1996, 1006 (1007).

Mitarbeiter oder Angestellte ist, wenn er nach außen z. B. durch Aufnahme auf den Briefkopf als **Scheinsozius** auftritt[896]. Im Gegensatz zur Berufsträgergesellschaft schadet damit auch die wissentliche Pflichtverletzung eines Angestellten. Für eine Partnerschaft kann es deshalb auch ohne eigene Versicherungspflicht sinnvoll sein, sich selbst zu versichern, damit sie dann die neben ihr nach § 8 Abs. 2 PartGG persönlich Haftenden im Falle bewusst pflichtwidrigen Verhalten von Scheinsozien freistellen kann.

295   Die VR legen die **Sozienklausel** allerdings dahin aus, dass sie auch Anwendung findet, wenn die Sozien eigenständige Versicherungsverträge, ggf. auch bei **unterschiedlichen VR** nehmen[897]. Das ist allerdings weder mit Wortlaut und Systematik der AVB noch mit der versicherungsrechtlichen Dogmatik zu vereinbaren. Wenn es in § 12 Ziff. 2 AVB-WB heißt, der Versicherungsfall auch nur eines Sozius gelte als Versicherungsfall aller Sozien und der VR – nicht **die** VR – trete für die Sozien mit einer einheitlichen Durchschnittsleistung ein[898], kann das schon nach dem Wortlaut nur für die beim selben VR mitversicherten Sozien gelten. Dafür spricht auch, dass hinsichtlich nichtversicherter Sozien ausdrücklich auf die Mitversicherungsregelung des § 7 Ziff. I 1 AVB-WB verwiesen wird. Dogmatisch kommt hinzu, dass jeder VN einen **eigenständigen und von den anderen unabhängigen Versicherungsschutzanspruch** hat. Dieser geht auf Befreiung von dem gegen ihn gerichteten, sein Vermögen belastenden Haftpflichtanspruch[899] und richtet sich ausschließlich gegen seinen VR. Ob und wie viele Personen neben ihm haften und welche vertraglichen Beziehungen sie zu welchen VR haben, ist für seinen Befreiungsanspruch zunächst unerheblich. Eine Vermengung verschiedener Verträge bedürfte zumindest ausdrücklicher Absprachen, die schon aus Gründen fehlender Transparenz nicht in der Sozienklausel enthalten sind.

296   Die Zurechnung jeglichen Ausschlussgrundes, der in der Person eines Sozius liegt, zu Lasten aller Sozien begegnet des Weiteren **AGB-rechtlichen Bedenken**[900], und zwar auch innerhalb einer Sozietätspolice. Denn auch die einzelnen mitversicherten VN eines Versicherungsvertrages haben grundsätzlich eigenständige und voneinander unabhängige Versicherungsansprüche. Ausschlussgründe in der Person eines VN betreffen deshalb zunächst nur seinen eigenen Versicherungsanspruch[901]. Eine Zurechnung gegenüber anderen Mitversicherten setzt voraus, dass der den Verstoß Begehende **Repräsentant** der anderen Versicherten ist[902]. Das wird zwar bei „echten" Sozien typischerweise vorliegen[903], i. d. R. aber nicht bei freien Mitarbeitern oder Angestellten, auch wenn sie als Scheinsozien auf dem Briefkopf erscheinen. Diese erhebliche Verkürzung des Versicherungsschutzes ist faktisch eine **Ausweitung der Repräsentantenhaftung** durch AVB und stellt wie diese[904] eine unangemessene Benachteiligung dar. Rechtfertigende Interessen des VR sind nicht ersichtlich, zumal sie bei Berufsträgergesellschaften auf eine derartige Zurechnung verzichten. Der VR muss dem VN Versicherungsschutz gegen die eigene Inanspruchnahme gewähren und kann selbst bei dem den Verstoß Begehenden Regress nehmen.

---

[896] BGH v. 17. 10. 1989, NJW 1990, 827 (829); BGH v. 24. 1. 1978, NJW 1978, 996 f.

[897] So z. B. *Hensseler/Streck/Stobbe,* Handbuch des Sozietätsrechts, 2001, Rn. 568; MAH VersR/*Sassenbach* § 17 Rn. 43.

[898] Dazu näher Rn. 323.

[899] Vgl. BGH v. 13. 6. 1957, BGHZ 24, 378 (380 ff.); BGH v. 21. 9. 1967, VersR 1967, 990 (991).

[900] Vgl. auch *Brieske,* AnwBl 1995, 225 (230, Fn. 51).

[901] Vgl. BGH v. 13. 6. 1957, BGHZ 24, 378 (384); BGH v. 21. 9. 1967, VersR 1967, 990 (991); OLG Düsseldorf v. 28. 2. 1984, VersR 1984, 1060; *Bruck/Möller/Sieg,* VVG, § 67 Anm. 40.

[902] BGH v. 21. 9. 1967, VersR 1967, 990 (991); *Prölss/Martin/Prölss,* VVG, § 6 Rn. 40.

[903] Nach *Bruck/Möller/Sieg,* VVG, § 61 Anm. 62 und § 67 Anm. 39, soll bei Gesamthändern grds. eine Zurechnung erfolgen; zu Recht einschränkend *Kampmann,* Die Repräsentantenhaftung im Privatversicherungsrecht, 1996, S. 129 f. und *Prölss/Martin/Prölss,* VVG, § 6 Rn. 40.

[904] BGH v. 21. 4. 1993, VersR 1993, 830 (831); *Präve,* Versicherungsbedingungen, Rn. 499.

IV. Versicherungsfall und zeitliche Abgrenzung

Versicherungsfall ist bei der Vermögensschadenhaftpflichtversicherung der **Verstoß,** d. h.   297
das den Schaden verursachende Verhalten, die Pflichtverletzung. Die AVB-WB/RSW stellen
damit wie auch die BBR/Arch auf das **Kausalereignisprinzip** ab, und nicht wie Ziff. 1.1
AHB auf das Schaden- oder Folgenereignis[905]. Gedeckt sind nach § 2 AVB-WB/RSW die
Folgen aller während der Versicherungsdauer vorkommender Verstöße. Wann aufgrund der
Pflichtverletzung ein Schaden eintritt und erst recht, wann dieser geltend gemacht wird, ist
für den Versicherungsschutz unerheblich.

Da die jeweiligen Berufsträger während der gesamten beruflichen Tätigkeit eine Haft-   298
pflichtversicherung unterhalten müssen, sind Schadenersatzansprüche unabhängig vom Zeitpunkt ihrer Geltendmachung grundsätzlich versichert. Eine Begrenzung der **Nachhaftung**
nach Beendigung des Versicherungsvertrages, z. B. durch eine Ausschlussfrist zur Meldung
von Versicherungsfällen besteht – anders als in der Architektenhaftpflichtversicherung[906] –
nicht. Da die Verjährung des Deckungsanspruchs erst mit der Geltendmachung des Haftpflichtanspruchs durch den Geschädigten zu laufen beginnt[907], werden auch Spätschäden durch die
Versicherung erfasst und sogar dann, wenn sie erst gegen die Erben des Berufsangehörigen geltend gemacht werden[908]. Der VN ist damit auch im Fall der Berufsaufgabe oder des Ausscheidens aus einer Sozietät noch versichert[909]. Dies stellt einen wesentlichen Unterschied zum sog.
claims-made-Prinzip der angelsächsischen Haftpflichtversicherung dar[910], bei der der Zeitpunkt der Anspruchserhebung[911] in die Laufzeit des Versicherungsvertrages fallen muss. Das
claims-made-Prinzip genügt nicht den gesetzlichen Anforderungen der § 51 BRAO, § 53
DVStB sowie § 1 WPBHV, wonach Versicherungsschutz für jede Pflichtverletzung bestehen
muss, so dass eine derartige Versicherung im Bereich der Mindestdeckung nicht bzw. nur bei
uneingeschränkter Nachhaftung zulässig wäre[912].

Die Festlegung des **Verstoßzeitpunktes** hat trotz des grundsätzlich zeitlich unbeschränk-   299
ten Versicherungsschutzes Relevanz. Zunächst bestimmen sich die Versicherungssumme und
sonstige Einschränkungen nach den Vereinbarungen und den AVB **zur Zeit der Pflichtverletzung** und nicht der Anspruchserhebung. Bei Spätschäden können möglicherweise die alten Deckungssummen nicht ausreichend sein (sog. Inflationslücke) oder zwischenzeitlich abgeschaffte Ausschlüsse eingreifen[913]. Fand zwischenzeitlich ein VR-Wechsel statt, ist der VR
zum Verstoßzeitpunkt eintrittspflichtig. Abzustellen ist bei einer Handlung **auf den ersten
Verstoß,** der in gerader Linie zum Schaden führt. Diese erste Pflichtverletzung bleibt auch
dann maßgeblich, wenn der VN noch (auch mehrfach) die Möglichkeit hatte, die in Gang
gesetzte Kausalkette zu unterbrechen und den Schaden zu vermeiden[914]. Wenn erst mehrere
Pflichtverletzungen zum Schaden führen (**„gedehnter" Verstoß),** ist für den Eintritt des
Versicherungsfalls maßgeblich die letzte Einzelursache, ohne deren Hinzutreten der Schaden

---

[905] Vgl. dazu *Späte,* AHB, § 1 Rn. 28 ff.
[906] Vgl. dazu Rn. 214.
[907] Vgl. oben Rn. 217.
[908] *Schlie,* Berufshaftpflichtversicherung, S. 69 f.
[909] Zivilrechtlich haftet der ausscheidende BGB-Gesellschafter noch 5 Jahre, § 736 BGB i. V. m. § 160
HGB. Die Berufshaftungsverbindlichkeit wird aber nicht bereits mit der Mandatserteilung begründet,
sondern frühestens mit der Pflichtverletzung, vgl. *Sieg,* WM 2002, 1432, (1437 f.).
[910] Vgl. dazu *Kaufmann,* Berufshaftpflichtversicherung, S. 113 ff.; *Grams,* AnwBl 2003, 299 ff.; *Hohlbein,*
VW 1996, 690 ff.
[911] Nicht des Schadensereignisses i. S. v. § 1 AHB.
[912] *Grams,* AnwBl 2003, 299 (303); *Braun,* BRAK-Mitt 2002, 150, (152).
[913] Vgl. zu dieser Problematik *Kaufmann,* Berufshaftpflichtversicherung, S. 118 m. w. N.; *Messmer,* VW
1998, 294 (295). Hier besteht aber die Möglichkeit einer Rückwärts-höher-Versicherung, vgl. *Grams,*
AnwBl 2003, 299 (302).
[914] OLG Nürnberg v. 26. 5. 1994, VersR 1994, 1462; OLG Saarbrücken v. 24. 10. 1990, VersR 1991,
457; *Späte,* AHB, § 1 Rn. 28.

nicht eingetreten wäre[915]. Bei einem pflichtwidrigen **Unterlassen** kommt es auf den Zeitpunkt an, in welchem die versäumte Handlung **spätestens hätte vorgenommen** werden müssen, um den Eintritt des Schadens abzuwenden[916]. Wegen der Einzelheiten, insbesondere in Fällen mehrfacher Verstöße, kann auf die Ausführungen zum Verstoß in der Architektenhaftpflichtversicherung verwiesen werden[917].

300   Auch wenn das Verstoßprinzip grundsätzlich die Deckung aller Berufsfehler gewährleistet, kann in bestimmten Fällen eine **Rückwärtsversicherung** sinnvoll sein. Die Rückwärtshöher-Versicherung dient der Anhebung einer aufgrund geänderter Verhältnisse (z. B. wenn das beratene Unternehmen und damit das Schadenspotential bisheriger Gestaltungen wächst) oder aufgrund geänderten Risikobewusstseins unzureichend erscheinenden Versicherungssumme[918]. Nach ursprünglicher Rechtslage war auch bei einem Eintritt in eine Partnerschaftsgesellschaft eine Rückwärtsversicherung notwendig, da der neu hinzutretende Partner für die Altschulden der übrigen Partner mithaftet. Nach der Novelle 1998 beschränkt sich die Haftung für Berufsfehler kraft Gesetzes (§ 8 Abs. 2 PartGG) auf den/die jeweils das Mandat Bearbeitenden[919]. Bedeutung erlangt das Problem der Haftung für Altschulden aber nunmehr für den in eine GbR Eintretenden. Nach der neuen Rechtsprechung des BGH haftet der neue GbR-Gesellschafter auch persönlich für die Altschulden[920]. Ob dies auch für die Berufshaftung gilt, hat er zunächst offen gelassen[921], nunmehr aber entschieden, dass hierfür kein Sonderrecht gilt[922]. Stellt man auf den Verstoßzeitpunkt der Altsozien ab[923], besteht für den neu Eintretenden noch kein Versicherungsschutz[924]. Eine Rückwärtsversicherung ist damit geboten[925]. Entsprechendes gilt für Sozietätsfusionen. Möglich ist eine Rückwärtsversicherung (naturgemäß) nur hinsichtlich noch nicht bekannter Verstöße, § 2 Ziff. II AVB–WB/RSW. Ein Verstoß gilt bereits dann als bekannt, wenn die Möglichkeit einer Pflichtverletzung erkannt wurde.

V. Ausschlüsse

301   Der Katalog der Ausschlüsse ist in der Berufshaftpflichtversicherung recht kurz, da die gesetzlichen **Pflichtversicherungsanforderungen nur wenige Einschränkungen** des Versicherungsschutzes zu Gunsten der Mandanten **zulassen.** Insgesamt handelt es sich um echte Risikoausschlüsse, nicht um verhüllte Obliegenheiten. Für die Versicherungssummen oberhalb der gesetzlichen Mindestversicherungssummen können die AVB zusätzliche Einschränkungen vorsehen.

1. Auslandsklausel

302   Ersatzansprüche aus Tätigkeiten, die über **im Ausland unterhaltene Niederlassungen,** Beratungsstellen, Kanzleien oder Büros ausgeübt werden, gehören nicht zum Pflichtversicherungsumfang für Rechtsanwälte und Steuerberater[926] und sind dementsprechend vom Versi-

---

[915] *Schlie*, Berufshaftpflichtversicherung, S. 67.

[916] Vgl. § 2 Ziff. III AVB–WB/RSW.

[917] Vgl. Rn. 213.

[918] Vgl. dazu *Peiniger*, VW 2002, 197 (198); *Grams*, AnwBl 2003, 299 (302) und Rn. 249a zur Architektenhaftpflicht.

[919] Das übersieht *M. van Bühren* III 2b.

[920] BGH v. 7. 4. 2003, NJW 2003, 1803.

[921] Dafür z. B. *Ulmer* ZIP 2003, 1113 (1115), *K. Schmidt*, NJW 2003, 1897 (1902).

[922] BGH v. 3. 5. 2007, VersR 2007, 1654; so auch LG Hamburg v. 11. 5. 2004, NJW 2004, 3492; OLG Celle v. 19. 2. 2007 – 3 U 44/07 (juris).

[923] *Rinsche/Fahrendorf/Terbille*, Die Haftung des Rechtsanwalts, 7. Aufl. 2005, Rn. 1949 vertritt die Auffassung, dass auf das Eintreten für den Sozius abzustellen ist, nicht auf dessen Verstoßzeitpunkt.

[924] *Burger* BRAK-Mitt. 2003, 262 (263); *Sassenbach* AnwBl 2002, 54.

[925] Vgl. auch *Zacharias*, AnwBl 2003, 679 (680); *Burger* BRAK-Mitt. 2003, 262 (265); *Burger* AnwBl 2004, 304.

[926] § 51 Abs. 3 BRAO, § 53a Nr. 3 DVStB; die WPBHV kennt einen derartigen Ausschluss nicht.

cherungsumfang ausgeschlossen. Das gilt nicht für die Auslandtätigkeit von deutschen Büros aus.

Für Rechtsanwälte dürfen ausgeschlossen werden Ersatzansprüche im Zusammenhang mit **303** der Beratung und Beschäftigung mit **außereuropäischen Recht,** für Steuerberater Ersatz- ansprüche wegen der Verletzung des Rechts außereuropäischer Staaten mit Ausnahme der Türkei und für Wirtschaftsprüfer wegen der Verletzung des Rechts von Staaten, die nicht Mitglied der Europäischen Union oder kein Vertragsstaat des Abkommens über den Europä- ischen Wirtschaftsraum sind. Für StB/WP wird damit i. d. R. die Verletzung von Recht der Europäischen Staaten, der Türkei und der Staaten auf dem Gebiet der ehemaligen Sowjet- union versichert. Hinsichtlich des ausländischen Rechts kann sich der Versicherungsschutz auf die gesetzlichen Mindestversicherungssummen beschränken.

Bei **Rechtsanwälten** ist die **Tätigkeit vor außereuropäischen Gerichten** generell von **304** der Versicherung ausgeschlossen. Dieser Ausschluss gilt unabhängig von dem Recht, das diese Gerichte anzuwenden haben, d. h. auch bei der Anwendung deutschen Rechts[927]. Der ent- sprechende Ausschluss für **Steuerberater und Wirtschaftsprüfer** hat demgegenüber eine andere Zielrichtung. Er stellt nicht auf eine Tätigkeit vor außereuropäischen Gerichten ab, sondern gilt für Ersatzansprüche, die gegen den VN **vor außereuropäischen Gerichten**[928] **geltend gemacht** werden. Wird derselbe Anspruch in Deutschland oder vor europäischen Gerichten geltend gemacht, so ist er gedeckt, soweit er nicht aus anderen Gründen, z. B. der Verletzung außereuropäischen Rechts, ausgeschlossen ist[929].

2. Besondere vertragliche Zusagen

Die Bestimmung des Ausschlusses von Haftpflichtansprüchen, soweit sie aufgrund Vertra- **305** ges oder besonderer Zusage über den Umfang der gesetzlichen Haftpflicht hinausgehen, ist deklaratorisch, da sich der **Deckungsumfang** schon nach § 1 Ziff. I AVB-WB/RSW auf die **gesetzliche Haftpflicht** beschränkt. Der Ausschluss entspricht wörtlich Ziff. 7.3[930], auf des- sen Erläuterung verwiesen wird[931]. Der Verzicht auf die Einrede der Verjährung nach Eintritt des Versicherungsfalls fällt nicht hierunter[932].

3. Kassenfehlbeträge und Veruntreuungen durch Personal

Nach § 4 Ziff. 4 AVB-WB sind ausgeschlossen Schäden durch **Fehlbeträge bei der Kas-** **306** **senführung** oder durch **Verstöße beim Zahlungsakt.** Diese Ausschlüsse gelten heute nur für die Haftpflichtversicherung von Steuerberatern und Wirtschaftsprüfern, da § 51 Abs. 3 BRAO entsprechende Ausschlüsse für die Haftpflichtversicherung von Rechtsanwälten nicht vorsieht. Fehler bei der Kassenführung liegt nur vor, wenn der VN **selbst** über ein Konto oder eine Kasse **verfügungsberechtigt** ist. Veranlasst der VN lediglich eine nicht gerechtfer- tigte Zahlung des Mandanten, z. B. durch eine fehlerhafter Zahlungsfreigabe[933], ist der Aus- schlusstatbestand nicht erfüllt[934]. Streitig ist, ob der Ausschluss jeden auch unbewussten Ver- stoß erfasst, so dass kein Versicherungsschutz besteht, wenn der VN aufgrund fehlerhafter Überlegungen an einen Nichtberechtigten zahlt[935]. Nach dem Verständnis des durchschnitt- lichen VN, auf das bei der Auslegung abzustellen ist, ist die Überweisung eines Geldbetrags an eine andere als an die berechtigte Person oder auf ein anderes als auf das vereinbarte Konto dann, wenn sie aufgrund einer Nachlässigkeit welcher Art auch immer erfolgt, der klassische

---

[927] *Feuerich/Weyland,* BRAO, 6. Aufl. 2003, § 51 Rn. 19.
[928] Der Ausschluss gilt wiederum nicht für die Türkei und die Nachfolgestaaten der Sowjetunion.
[929] *Prölss/Martin/Voit/Knappmann,* VVG, § 4 AVB Vermögen/WB Rn. 2.
[930] § 4 Ziff. I 1 AHB a. F.
[931] Vgl. § 24 Rn. 54 ff.
[932] OLG Düsseldorf v. 3. 3. 1998, VersR 1999, 480.
[933] Vgl. dazu OLG Köln v. 2. 6. 1996, BauR 1996, 343; LG Tübingen v. 15. 12. 1982, VersR 1983, 822 (823).
[934] *Bruck/Möller/Johannsen,* VVG, IV Anm. G 275; *Schmalzl,* Berufshaftpflichtversicherung, Rn. 352.
[935] *Bruck/Möller/Johannsen,* VVG, IV Anm. G 275.

Fall eines Verstoßes beim Zahlungsakt[936]. Hier verwirklicht sich das nach dem erkennbaren Zweck ausgeschlossene Risiko des Geldverkehrs einschließlich damit verbundener Manipulationsmöglichkeiten. Beruht der Fehler nicht auf Nachlässigkeiten bei der Überweisung/Zahlung, sondern auf Fehler der vorausgegangenen juristischen Prüfung, liegt nach zutreffender Auffassung schon begrifflich kein Verstoß „**beim** Zahlungsakt" vor, sondern ein versicherter Berufsfehler[937]. Dementsprechend geht auch die Gegenauffassung davon aus, dass faktische Überzahlungen aufgrund eines vorausgegangenen versicherten Berufsfehlers keine Verstöße „beim" Zahlungsakt und deshalb gedeckt sind. Selbst wenn man das nicht schon dem eng auszulegenden Wortlaut der Ausschlussklausel entnehmen will, ergäbe sich der Versicherungsschutz aus dem Verhältnis von Ausschluss zu gedeckter Ursache. Die AVB sehen keine Geltung des Ausschlusses unabhängig von mitwirkenden Ursachen vor[938], so dass seine Reichweite nach dem Normzweck zu ermitteln ist[939]. Für den Ausschluss des Geldverkehrsrisikos macht es keinen Unterschied, ob der versicherte Verstoß bei der Grundüberlegung zur Empfangsberechtigung sich in einer eigenen Handlung des VN oder in einer vom VN veranlassten Handlung des Geschädigten realisiert.

307   Verfügt der VN fehlerhaft über sein eigenes Konto, so liegt – das gilt für alle Berufsgruppen gleichermaßen – ein unversicherter Eigenschaden vor. Er bleibt dem Mandanten weiterhin zur Erfüllung des Auszahlungsanspruches verpflichtet. Bei einer Fehlverfügung von Beträgen eines Anderkontos erlangt der Mandat einen Schadensersatzanspruch statt Erfüllung[940] wegen Verletzung des Treuguts. Während Erfüllungsansprüche von vornherein nicht versichert wären, hängt die Deckung von Schadensersatzansprüchen statt Erfüllung in der Vermögensschadenshaftpflicht von deren Bedingungen ab[941]. Für **Rechtsanwälte** kommt es auf die Einordnung nicht an, da die AVB für **Auszahlungsfehler bei Anderkonten** bzw. bei (Bar-)Geldern, die zur alsbaldigen Anlage auf einem Anderkonto in Verwahrung genommen werden, einen ausdrücklichen **Versicherungseinschluss** enthalten. Fahrlässige Fehlverfügungen von Beträgen auf dem Eigenkonto sind demgegenüber nicht gedeckt, auch wenn der betreffende Betrag auf ein Anderkonto weitergeleitet werden sollte. Im Ergebnis ist die Rechtslage der Wirtschaftsprüfer und Steuerberater vergleichbar. Schadensersatzansprüche wegen Verletzung des Treugutes sind mangels besonderen Ausschlusstatbestandes grundsätzlich versichert. Soweit die AVB einen allgemeinen Ausschluss für Ansprüche nach § 281 BGB enthalten[942], muss dieser hinter der speziellen Gewährung von Versicherungsschutz für die Treuhandtätigkeit zurücktreten, da dieser ansonsten weitgehend leer laufen würde.

308   **Veruntreuungen durch Personal** des VN – für Rechtsanwälte gem. § 51 Abs. 3 Nr. 5 BRAO üblicherweise ausgedehnt auf Angehörige und Sozien – sind grundsätzlich ausgeschlossen. Diese Bestimmung, die Untreue ebenso wie veruntreuende Unterschlagung erfasst[943], wird allerdings nur selten praktisch. Eine veruntreuende Unterschlagung kommt nur hinsichtlich Sachen und Gelder in Betracht. Sachschäden sind jedoch in der Vermögenshaftpflicht bis auf bestimmte Mandantenunterlagen und -sachen von vornherein nicht erfasst; das Abhandenkommen von Geld, geldwerten Zeichen, Wertsachen etc. mit Ausnahme von Wechseln wird noch einmal ausdrücklich und unabhängig vom Vorliegen eines Straftatbe-

---

[936] OGH v. 19. 10. 1994, VersR 1995, 1215.

[937] OGH v. 19. 10. 1994, VersR 1995, 1215; *Gräfe/Brügge,* Vermögensschaden-Haftpflichtversicherung, Rn. 51.

[938] Vgl. dazu *Prölss/Martin/Kollhosser* § 49 Rn. 27.

[939] BGH v. 29. 6. 1994, VersR 1994, 1058. Der früher vertretene Satz, der Ausschluss greife schon dann, wenn nur eine Ursache des Schadens ausgeschlossen ist, stimmt so nicht, da es nicht um eine Frage der Kausalität geht – grundsätzlich reicht es aus, dass eine Ursache gedeckt ist (vgl. OLG Düsseldorf v. 30. 1. 2001, VersR 2002, 748; OLG Karlsruhe v. 6. 4. 1979, VersR 1979, 830) – sondern um eine Frage der Auslegung der Reichweite des Ausschlusses, vgl. *Römer/Langheid/Römer,* VVG, § 49 Rn. 8.

[940] *Zugehör/Schlee,* Anwaltshaftung, Rn. 2141 geht auch hier von einem Erfüllungsanspruch aus.

[941] Ausdrücklich ausgeschlossen in § 3 Ziff. II 5 AVB-RSW der Allianz Vers AG; vgl. dazu Rn. 266 ff.

[942] So § 3 Ziff. II 5 AVB-RSW.

[943] LG Köln v. 28. 2. 2002, GI 2002, 147.

standes ausgeschlossen[944]. Vor Scheckunterschlagungen und anderen Veruntreuungen seines Personals kann sich der VN nur durch eine Vertrauensschadenversicherung schützen.

4. Organ- und Leitungsklausel

Der Ausschluss berufsfremder Tätigkeiten als Leiter, Vorstands- oder Aufsichtsratmitglied   **309** privater Unternehmungen, Vereine und Verbände ist ihm Rahmen des Berufsbildes dargestellt[945].

5. Empfehlung wirtschaftlicher Geschäfte

Ausdrücklich ausgeschlossen ist die Vermittlung oder **Empfehlung wirtschaftlicher Ge-**   **310** **schäfte**[946], insbesondere von **Geldanlagen und Kreditgewährungen.** Abzugrenzen von der Empfehlung ist die Erteilung einer Auskunft oder die gutachterliche Äußerung über einen wirtschaftlichen Sachverhalt oder, wie es nunmehr heißt, von der wirtschaftlichen Beratung zu Geldanlagen[947]. Diese bleiben ebenso versichert wie eine im Zusammenhang mit der Anlage erfolgte (fehlerhafte) steuerliche Beratung. Ausgeschlossen sind damit Tätigkeiten als bloßer Anlageberater, Anlagevermittler[948] oder auch Kreditvermittler[949]. Die Abgrenzung im Einzelfall zwischen noch zulässiger Beratung und unzulässiger Empfehlung kann schwierig sein, weshalb Bedenken hinsichtlich der Vereinbarkeit mit dem Transparenzgebot des § 307 Abs. 1 S. 2 BGB geltend gemacht worden sind[950]. Denn während sich relativ eindeutig klären lässt, ob der Schaden einer fehlerhaften Anlageempfehlung auf einer fehlerhaften steuerlichen Beratung beruht – das Anlagemodell kann aufgrund seiner Konzeption nicht die erwünschten steuerlichen Vorteile erzielen –, ist unklar, wo die **Grenze zwischen positiver Begutachtung und Empfehlung** einer Geldanlage verlaufen soll. Ein Versuch der Erläuterung der Klausel durch Abgrenzung gegenüber der steuerlichen Beratung und gutachterlichen Äußerung[951] ist vom OLG Saarbrücken wegen Verstoßes gegen das Transparenzgebot für unwirksam erklärt worden[952]. Die trotz der ergänzenden Erläuterungen angenommene Intransparenz muss dann aber erst Recht für die isolierte Verwendung der Ausschlussklausel gelten[953]. Wegen der problematischen Abgrenzbarkeit verzichtet die Erweiterung in der DVVS-Musterdeckung für bestimmte Finanzprodukte auf die Abgrenzung von Beratung und Empfehlung und gewährt insgesamt Deckung[954]. Hält man demgegenüber die Klausel für wirksam, kann für das Eingreifen der Ausschlussklausel nicht der (empfehlende) Wortlaut der Stellungnahme des VN zu Geschäften entscheidend sein[955]; insbesondere ist der VN versicherungsrechtlich nicht gehalten, seine Stellungnahme möglichst unpräzise und offen abzufassen. Entscheidend wird deshalb

---

[944] § 1 Ziff. II 1 AVB-WB; § 15 AVB-RSW.

[945] Vgl. Rn. 282f.

[946] § 4 Nr. 4 AVB-Vermögen lautet: Kein Versicherungsschutz „aus der entgeltlichen und unentgeltlichen Vermittlung oder Empfehlung von Geld-, Grundstücks- und anderen wirtschaftlichen Geschäften"

[947] So § 4 Ziff. 4 AVB-WB, nunmehr i. d. R. in BBR für StB aufgenommen. Für Anwälte ist die wirtschaftliche Beratung in aller Regel berufsfremd, vgl. Rn. 283.

[948] OLG Düsseldorf v. 28. 4. 1998, NVersZ 1999, 229 (230); LG Hamburg v. 19. 1. 2001, StBg 2001, 339; Bonner Handbuch/*Späth*, § 67 StBerG Rn. B 969.2. Die Vermittlung wird heute nicht mehr ausdrücklich ausgeschlossen, ist aber von vornherein berufsfremd.

[949] LG Stuttgart v. 12. 12. 1989, GI 1990, 42.

[950] *Schlie*, Berufshaftpflichtversicherung, S. 89.

[951] Die Ergänzung lautet: „dies gilt nicht, wenn oder soweit der Schaden auf einer fehlerhaften steuerlichen Beratung beruht. Eine Empfehlung ist nicht die Erteilung einer Auskunft oder die gutachterliche Äußerung über einen wirtschaftlichen Sachverhalt."

[952] OLG Saarbrücken v. 14. 11. 2001, VersR 2004, 507 (509). Aus Sicht des Verf. verkennt das OLG, dass die Intransparenz nicht auf den Erläuterungen und Einschränkungen beruht, sondern auf dem Grundinhalt der Klausel. Mit den Erläuterungen erscheint die Klausel für den verständigen StB/WP (!) ausreichend klar.

[953] Andere Ansicht *Gräfe/Brügge*, Vermögensschaden-Haftpflichtversicherung, Rn. E 102f.

[954] *Farkas-Ruchling* VersR 2006, 907 (909).

[955] Zutreffend *Schlie*, Berufshaftpflichtversicherung, S. 88 f.

sein, ob der VN von sich aus Anlagen aussucht und damit auch empfiehlt[956] oder ob der Mandant die Stellungnahme des Steuerberaters zu einer von ihm ausgesuchten Anlage einholt. *Johannsen* geht sogar davon aus, dass der Ausschluss schon immer dann nicht eingreift, wenn neben der Vermittlung oder Empfehlung die dem versicherten Beruf eigentümliche Beratungstätigkeit entfaltet wird[957]. So eng wird man die Ausschlussklausel aber nicht auslegen können. Sie würde dann nur noch eingreifen, wenn der VN sich auf die bloße Tätigkeit als Anlagevermittler beschränken würde, was allerdings nicht mehr zum versicherten Berufsbild gehören würde[958]. In diesem Fall hätte die Ausschlussklausel nur noch deklaratorische Bedeutung[959].

311   Soweit auf der anderen Seite versucht wird, die wirtschaftliche Beratung in Geldanlagen als tendenziell berufsfremd einzuordnen[960], werden die BBR entgegen ihrem Wortlaut eingeschränkt. Auch eine Geldanlage ist ein Vertrag; es besteht aber ausdrücklich **Versicherungsschutz für die wirtschaftliche Beratung** beim Abschluss von Verträgen, der in der Ausschlussklausel („über die wirtschaftliche Beratung hinausgehende Empfehlung") noch einmal bestätigt wird. Außerdem wäre es auch kaum einzusehen, warum der Steuerberater bei der Gründung von Unternehmen – was ja auch eine Kapitalanlage ist –, deren Sanierung oder Umstrukturierung, bei Projektfinanzierungen und Wirtschaftlichkeitsberechnungen wirtschaftlich beraten darf, nicht aber bei ggf. wesentlich weniger komplexen Geldanlagen, wie dem Kauf eines Mehrfamilienhauses[961]. Der Bereich der Beratung wird allerdings i. d. R. verlassen, wenn der Steuerberater oder Wirtschaftsprüfer für die empfohlenen Geschäfte **Provisionen** erhält[962]. In Fall verdeckter Innenprovisionen greift zugleich die Pflichtwidrigkeitsklausel ein[963].

6. Pflichtwidrigkeitsklausel

312   Ausgeschlossen vom Versicherungsschutz sind Schäden „durch **wissentliches Abweichen von Gesetz, Vorschrift, Anweisung** oder Bedingung des Auftraggebers oder durch sonstige wissentliche Pflichtverletzung"[964]. Die Klausel entspricht A Ziff. 4.6 BBR/Arch, auf deren Erläuterung ergänzend verwiesen wird[965]. Der dort verwandte Begriff des „bewusst" pflichtwidrigen Verhaltens ist mit dem Begriff wissentlich bedeutungsgleich[966]. Es handelt sich auch bei dieser Klausel nicht um eine verhüllte Obliegenheit, sondern um einen **subjektiven Risikoausschluss**[967], so dass weder die zusätzlichen Voraussetzungen für eine Leis-

---

[956] Vgl. Fälle OLG Düsseldorf v. 28. 4. 1998, NVersZ 1999, 229, und OLG Hamm v. 17. 3. 1994, VersR 1994, 167 (168). Nach MAH VersR/*Hartmann,* § 21 Rn. 38, ist Empfehlung „Partei ergreifen".

[957] *Bruck/Möller/Johannsen,* VVG, IV, Anm. G 274 unter Berufung auf OLG Hamburg v. 20. 4. 1932, JRPV 1932, 222

[958] Vgl. auch LG Hamburg StBg 2001, 339; *Gräfe/Brügge,* Vermögensschaden-Haftpflichtversicherung, Rn. E 95.

[959] Zumindest missverständlich deshalb *Gräfe/Brügge,* Vermögensschaden-Haftpflichtversicherung, Rn. E 91, die der Klausel insgesamt deklaratorische Bedeutung zumessen.

[960] Bonner Handbuch/*Späth* § 67 StBerG Rn. B 969.2; MAH VersR/*Hartmann* § 21 Rn. 38.

[961] Fehl gehen die Überlegungen von *Kaufmann,* Berufshaftpflichtversicherung, S. 98, der eine unternehmerische Entscheidung annimmt. Im Rahmen der Beratung trifft der StB keine (eigenen) kaufmännisch-wirtschaftlichen Entscheidungen, sondern berät nur dazu wie im Rahmen der zulässigen Unternehmensberatung auch.

[962] *Gräfe/Brügge,* Vermögensschaden-Haftpflichtversicherung, Rn. E 97; hierbei handelt es sich aber nur um ein Indiz, da eine Provision auch als erfolgsabhängige Beratungsgebühr gezahlt werden kann.

[963] BGH v. 26. 9. 1990, VersR 1991, 176 (178); vgl. unten Rn. 317.

[964] § 4 Ziff. 6 AVB-WB bzw. § 4 Ziff. 5 AVB-RSW.

[965] Vgl. oben Rn. 241 ff.

[966] BGH v. 26. 9. 1990, VersR 1991, 176 (177); OLG Koblenz v. 15. 1. 1999, VersR 2000, 174; *Bruck/Möller/Johannsen,* VVG, IV, Anm. G. 232. In den älteren Fassungen der AVB-WB war ebenfalls noch der Begriff „bewusst" verwandt worden.

[967] Heute ganz h. M.: BGH v. 20. 6. 2001, VersR 2001, 1103 (1104); BGH v. 5. 3. 1986, VersR 1986, 647; OLG Köln v. 14. 5. 2002, VersR 2002, 1371; OLG Hamm v. 13. 10. 1995, VersR 1996, 1006

tungsfreiheit gemäß § 28 VVG zugunsten des VN noch die Fiktionswirkung des § 117 VVG zugunsten des Geschädigten anwendbar sind[968].

Die Pflichtwidrigkeitsklausel **ändert § 103 VVG in zweifachen Hinsicht ab.** Günstig   313 für den VN ist, dass der Versicherungsschutz nicht schon bei bedingtem Vorsatz entfällt, sondern eine wissentliche Pflichtverletzung **direkten Vorsatz** erfordert[969]. Etwas anderes gilt aber dann, falls die Klausel eine vorsätzliche Pflichtverletzung ausreichen lässt, da dann alle Vorsatzarten schädlich sind einschließlich bedingten Vorsatzes[970]. Für den VN nachteilig ist demgegenüber, dass sich der Vorsatz im Gegensatz zu § 103 VVG nicht auf den Eintritt eines Schadens beziehen muss. **Der VN braucht also den schädigenden Erfolg weder als möglich vorhergesehen noch ihn gebilligt zu haben**[971]. Folge ist, dass der Ausschluss selbst dann eingreift, wenn der VN überzeugt war, durch sein Handeln könne oder werde kein Schaden eintreten[972]. So verliert der Steuerberater, der am letzten Tag einer Ausschlussfrist einen Antrag fertigt, ihn aber nicht in den Nachtbriefkasten wirft, weil er auf die beim Finanzamt geübte rechtswidrige Praxis vertraut, dass bei Dienstbeginn des nächsten Morgens vorgelegte Anträge noch den Eingangstempel des Vortages erhalten, wegen wissentlicher Pflichtverletzung seinen Versicherungsschutz[973]. Trotz dieser möglichen Folgen ist nach allg. M. der Ausschluss **wirksam,** da vom Berufsangehörigen die Befolgung bekannter Pflichten erwartet werden darf[974]. Die grundsätzliche Zulässigkeit ergibt sich letztlich auch aus den beruflichen Pflichtversicherungsbestimmungen, die übereinstimmend einen Ausschluss von „Ersatzansprüchen wegen wissentlicher Pflichtverletzung" zulassen[975].

Vorschriften sind nicht nur öffentlich-rechtliche Normen sind, sondern alle **generellen**   314 **Anordnungen,** wozu auch berufsständische Regelungen gehören; Anweisung und Bedingung erfassen alle **verbindlichen** vertraglichen Auftragsvorgaben, nicht aber Empfehlungen[976]. Auch wenn es sich um **berufliche Pflichten** handeln muss, kann mit dieser Aufzählung gegenständlich fast jeder bewusste Pflichtenverstoß betroffen sein. Um den Versicherungsschutz nicht zu entwerten – die meisten können nicht geltend machen, immer alle Regeln eingehalten zu haben, insbesondere nicht, wenn die Zeit drängt und die Vorgabe lässlich erscheint –, müssen die Anforderungen an die Pflicht und den subjektiven Tatbestand streng ausgelegt werden. Der VN muss die **Pflicht positiv kennen** und den Verstoß willentlich begehen, d. h. das **Bewusstsein gehabt haben, pflichtwidrig zu handeln**[977]. Irrt der VN über das Bestehen der Pflicht bzw. über deren Inhalt, schließt der **Rechtsirrtum** einen wissentlichen Pflichtenverstoß aus[978]. Dem VN, der objektiv gegen Weisungen des Auftraggebers verstößt, aber von dessen Einverständnis ausgeht, fehlt das erforderliche Pflichtwidrig-

---

(1007); *Prölss/Martin/Voit/Knappmann,* VVG, § 4 AVB Vermögen/WB Rn. 5; a. M. noch OLG Koblenz v. 4. 12. 1981, VersR 1982, 1089 (1090) und *Schimikowski,* r+s 1996, 97 und r+s 1997, 497.

[968] OLG Hamm v. 24. 2. 1988, VersR 1988, 1122; OLG Köln v. 21. 11. 1985, GI 1986, 16.

[969] BGH v. 26. 9. 1990, VersR 1991, 176 (177); OLG Saarbrücken v. 8. 5. 1991, VersR 1992, 994; *Kaufmann,* a. a. O., S. 182; *Prölss/Martin/Voit/Knappmann,* VVG, § 4 AVB Vermögen/WB Rn. 5.

[970] *Vothknecht,* PHI 2006, 52 (58f.), *Seitz,* VersR 2007, 1476 (1478); anderer Ansicht *Vorath,* VW 2006, 151; *Hansen,* VW 2006, 313.

[971] BGH v. 25. 3. 1986 VersR 1986, 647 (648); BGH v. 26. 9. 1990, VersR 1991, 176 (177); OLG Düsseldorf v. 30. 10. 1979, VersR 1981, 621; OLG Düsseldorf v. 27. 9. 1988, VersR 1990, 411 (412); *Bruck/Möller/Johannsen,* VVG, IV G 232; *Voit/Knappmann* in: *Prölss/Martin,* VVG, § 4 AVB Vermögen/WB Rn. 5.

[972] BGH v. 26. 9. 1990, VersR 1991, 176 (177f.); BGH v. 13. 7. 1959, VersR 1959, 691; OLG Hamm v. 13. 10. 1995, OLGR 1996, 34 (35).

[973] OLG Koblenz v. 15.9.79, VersR 1980, 643.

[974] BGH v. 20. 6. 2001, VersR 2001, 1103 (1104); BGH v. 26. 9. 1990, VersR 1991, 176 (179); OLG Köln v. 14. 5. 2002, VersR 2002, 1371; Berliner Kommentar/*Baumann,* § 152 VVG Rn. 33f. m. w. N.; *Vothknecht,* PHI 2006, 52 (61).

[975] § 51 III Nr. 1BRAO, § 52 DVStB, § 4 I Nr. 1 WPBHV.

[976] Vgl. Rn. 242.

[977] BGH v. 20. 6. 2001, VersR 2001, 1103 (1104).

[978] BGH v. 5. 3. 1986, VersR 1986, 647 (648): *Zugehör/Schlee,* Anwaltshaftung, Rn. 2131; das verkennt OLG Karlsruhe v. 1. 12. 1977, VersR 1978, 338 (339).

v. Rintelen

keitsbewusstsein[979]. Fehlt dem VN das Risikobewusstsein z. B. hinsichtlich eines Aspekts einer Kapitalanlage, verletzt er nicht wissentlich seine Aufklärungspflicht[980]. Demgegenüber handelt derjenige bewusst pflichtwidrig, der seine Aufklärungspflicht kennt, aber in der Erwartung eines guten Ausgangs die Aufklärung unterlässt. Hält der VN eine Pflicht nur für möglich, ohne sie positiv zu kennen, greift der Ausschluss ebenfalls nicht ein, selbst wenn der VN seine Pflichten nicht weiter prüft. **Weder bewusste Fahrlässigkeit**[981] **noch bedingter Vorsatz** im Bezug auf die Pflicht und ihre Verletzung **reichen aus**[982].

315   Relevant wird die Pflichtwidrigkeitsklausel häufig bei **Fristversäumnissen.** Ein Rechtsanwalt kennt zwar üblicherweise die betreffende Frist, versäumt aber deren Einhaltung, weil er die Frist nicht für einschlägig hielt, die Frist falsch berechnet oder nicht notiert hat. Der Pflichtverstoß erfolgt damit nicht wissentlich, sondern versehentlich. Das gilt i. d. R. auch dann, wenn der Mandant an die Erledigung erinnert oder hierauf drängt. Denn damit wird noch keine verbindliche Anweisung gesetzt, die der Rechtsanwalt wissentlich übergehen würde[983]. Anders ist es häufig bei den steuerlichen Abgabefristen. Diese sind dem Steuerberater ebenso positiv bekannt wie deren (kalendarisch bestimmter) Ablauf. Da der Fristablauf aber nicht zwangsläufig zu Nachteilen für den Mandanten führt, kommt es in der Praxis häufiger vor, dass der Steuerberater die Fristen wegen Arbeitsüberlastung in Kenntnis des Fristablaufs verstreichen lässt. Kommt es dann doch zu Säumniszuschlägen oder Schätzveranlagungen, besteht wegen des bewussten Verstoßes kein Deckungsschutz[984]. Vergisst oder übersieht der Steuerberater eine Frist, ist der Schaden gedeckt[985].

316   Ein weiterer praktischer Anwendungsbereich der Pflichtwidrigkeitsklausel ist die Veranlassung **unzulässiger Auszahlungen als Treuhänder oder Notar.** Die Auszahlungsvoraussetzungen müssen vom Notar persönlich geprüft werden. Im Allgemeinen kann davon ausgegangen werden, dass ein Notar diese Pflicht kennt; eine Auszahlung, ohne dass der Notar die Prüfung selbst vorgenommen oder zumindest in Auftrag gegeben hat, ist bewusst pflichtwidrig[986]. Gleiches gilt für Auszahlungen eines Treuhänders, wenn sie in Kenntnis fehlenden Rechtsgrundes[987], fehlender Fälligkeit[988] oder des Fehlens der vertraglichen Sicherheiten erfolgt, auch wenn der Treuhänder alternative Sicherheiten für werthaltig hielt[989]. Will der Notar demgegenüber seinen Pflichten nachkommen, so bleibt selbst bei elementaren Fehlern und nahezu totaler Unkenntnis der Versicherungsschutz bestehen[990].

---

[979] OGH v. 21. 2. 1974, VersR 1975, 171 (172); das verkennt OLG Düsseldorf v. 27. 9. 1988, VersR 1990, 411 (412).

[980] OLG Düsseldorf v. 30. 1. 2001, VersR 2002, 749 (750).

[981] Wenn *Späth* (z. B. VersR 1988, 1123; VersR 1990, 413; VersR 2000, 825 f.) auch bewusste Fahrlässigkeit ausreichen lassen will, beruht das nur auf einer abweichenden Terminologie, die auf der unzutreffenden Annahme beruht, Vorsatz bzw. Fahrlässigkeit müssten sich begrifflich immer auch auf den Handlungserfolg/Schaden beziehen.

[982] BGH v. 20. 6. 2001, VersR 2001, 1103 (1104); BGH v. 26. 9. 1990, VersR 1991, 176 (177); OLG Frankfurt v. 6. 10. 1999, NVersZ 2000, 339 = OLGR 2000, 150; OLG Saarbrücken v. 8. 5. 1991, VersR 1992, 994; *Kaufmann,* Berufshaftpflichtversicherung, V, S. 182.

[983] OLG Saarbrücken v. 8. 5. 1991, VersR 1992, 994 (995).

[984] Vgl. nur OLG Karlsruhe v. 28. 2. 1989, VersR 1990, 41; OLG Hamm v. 24. 2. 1988, VersR 1988, 1122; OLG Düsseldorf v. 12. 2. 1980, VersR 1981, 769; OLG Düsseldorf v. 30. 10. 1979, VersR 1981, 621; OLG Frankfurt v. 26. 5. 1977, VersR 1977, 829.

[985] *Kaufmann,* Berufshaftpflichtversicherung, S. 186 f. m. w. N.

[986] OLG Hamm v. 22. 9. 1995, VersR 1996, 1006 (1108).

[987] OLG Köln v. 28. 1. 1997, OLGR 1997, 237 (241).

[988] OLG Düsseldorf v. 27. 9. 1988, VersR 1990, 411 (412); zahlt demgegenüber ein Geschäftsführer vorfällig Abschlagzahlungen an ein später insolventes Bauunternehmen, um Sonderabschreibungen nutzen zu können, liegt zwar eine wissentliche vorfällige Zahlung, aber keine wissentliche Pflichtverletzung vor, OLG Karlsruhe v. 20. 2. 2003, OLGR 2003, 181 (182).

[989] OLG Köln v. 14. 5. 2002, VersR 2002, 1371 (1372).

[990] BGH v. 5. 3. 1986, VersR 1986, 647 (648).

Eindeutige wissentliche Pflichtverletzungen sind die Verwertung eines Grundstücks durch **317** den Konkursverwalter zur Unzeit zu einem Bruchteil des Verkehrswertes zugunsten eines eigenen Mandanten[991], die Nichtaufdeckung der Beteiligung an einer Gesellschaft, der der Mandant ein Darlehen gewähren soll[992], das Verschweigen einer Innenprovision für eine empfohlene Kapitalanlage[993], die rechtsgrundlose Verschiebung von Treuhandgeld[994]. In derartigen Fällen – allerdings nur in derartigen Fällen – lässt allein schon der **objektive Verstoß gegen die Pflichten auf ein wissentliches Handeln schließen**[995]. Ob die unterlassene Beratung eines Notars über den ungesicherten Erwerb einer Immobilie mittels einer Fondskonstruktion[996] oder die Eingehung neuer Masseverbindlichkeiten durch den Insolvenzverwalter bei unzureichender (nicht unterlassener) Liquiditätsberechnung[997] mit der erforderlichen Gewissheit auf eine bewusste Pflichtwidrigkeit schließen lassen, erscheint demgegenüber zweifelhaft. Auch die Erfüllung elementarer Pflichten kann im Einzelfall unwissentlich erfolgen[998].

Der VR trägt die **Beweislast** für einen wissentlichen Pflichtenverstoß[999] einschließlich des **318** Fehlens eines Rechtsirrtums[1000]. Als weitere in der Praxis häufig entscheidende Einschränkung ist gerade hier zu beachten, dass die **Feststellungen des Haftpflichtprozesses für die Deckungsfrage** bindend sind[1001]. Maßgeblich für den Ausschluss ist damit, mit welcher konkreten Pflichtverletzung die Verurteilung begründet wurde. Eine Berufung des VR auf die (zusätzliche) wissentliche Verletzung einer anderen Pflicht ist im Deckungsprozess nicht möglich. Ist im Haftpflichtprozess aber zur Schuldfrage wie üblich (nur) Fahrlässigkeit festgestellt worden und die **Vorsatzfrage offen geblieben,** kann der VR im Deckungsprozess noch Vorsatz einwenden[1002].

Die **Grundsätze des Anscheinsbeweises** greifen in Bezug auf Vorsatz nicht ein, vgl. **319** Rn. 244. Die Feststellung des Wissens und Wollens der Pflichtverletzung als innerer Tatsache kann ohne Geständnis nur mittels äußerer **Indizien** erfolgen. Die damit verbunden Schwierigkeiten dürfen aber nicht dazu führen, nicht aussagekräftige Indizien für einen Versicherungsausschluss genügen zu lassen oder allein auf die Schwere des Verstoßes abzustellen[1003]. Nicht tragfähig ist insbesondere der in der Praxis gezogene Schluss allein von einer eingeräumten **Arbeitsüberlastung** auf einen wissentlichen Pflichtenverstoß[1004]. Notwendig bleibt eine bewusste Untätigkeit in Kenntnis der konkret ablaufenden Frist; ein Übersehen oder Vergessen, das gerade bei Arbeitsüberlastung nahe liegt, reicht nämlich nicht[1005]. Anderseits begründet die Arbeitsüberlastung als solche noch keinen wissentlichen Pflichtverstoß.

[991] OLG Nürnberg v. 8. 12. 1994, GI 1995, 150.
[992] LG Stuttgart v. 12. 12. 1989, GI 1990, 42.
[993] BGH v. 26. 9. 1990, VersR 1991, 176 (178).
[994] OLG Köln v. 28. 1. 1997, OLGR 1997, 237 ff.
[995] OLG Köln v. 28. 1. 1997, OLGR 1997, 237 ff.; OLG Köln v. 27. 4. 1989, VersR 1990, 193 (194).
[996] LG Berlin v. 14. 3. 2006, VersR 2007, 1076.
[997] OLG Karlsruhe v. 4. 2. 2005, VersR 2005, 1681. Der Insolvenzverwalter hätte, da konkrete Vorgaben für die Liquiditätsplanung gerade nicht bestehen, wissen müssen, dass die von seinem Mitarbeiter erstellte Liquiditätsplanung verbindliche Vorgaben nicht erfüllt.
[998] OLG Karlsruhe v. 15. 12. 2005, VersR 2006, 784 = IBR 2006, 422.
[999] BGH v. 20. 6. 2001, VersR 2001, 1103 (1105); BGH v. 26. 9. 1990, VersR 1991, 176 (178).
[1000] BGH v. 5. 3. 1986, VersR 1986, 647 (648); *Zugehör/Schlee,* Anwaltshaftung, Rn. 2131.
[1001] BGH v. 17. 7. 2002, VersR 2002, 1141; BGH v. 20. 6. 2001, VersR 2001, 1103 (1104); vgl. dazu näher § 24 Rn. 5.
[1002] OLG Köln v. 14. 5. 2002, VersR 2002, 1371 m. w. N.
[1003] So wohl OLG Köln v. 28. 01. 1997, OLGR 1997, 237; OLG Saarbrücken v. 15. 04. 1992, 336; richtig demgegenüber OLG Karlsruhe v. 15. 12. 2005, IBR 2006, 422; *Vothknecht,* PHI 2006, 52 (63).
[1004] Vgl. z. B. OLG Hamm v. 24. 2. 1988, VersR 1988, 1122 (1123); LG Düsseldorf v. 8. 12. 1978, VersR 1980, 81 f.; OLG Koblenz v. 28. 2. 1989, VersR 1990, 41, schließt von Schlamperei und Schleifenlassen der zu erledigenden Arbeiten auf bedingten (!) Vorsatz.
[1005] Vgl. OLG Düsseldorf v. 12. 2. 1980, VersR 1981, 769; *Kaufmann,* Berufshaftpflichtversicherung, S. 187.

Notwendig sind Verstöße gegen **konkrete Verhaltensanforderungen**[1006]. Würden allgemeine Verpflichtungen, wie die Einrichtung und Regelung eines geordneten Bürobetriebs, mit umfasst, würde die Ausschlussklausel uferlos auf alle Fälle ausgeweitet, bei denen der Schaden durch Vorsichtsmaßnahmen hätte verhindert werden können[1007]. Dementsprechend begründet auch eine **unordentliche Aktenführung,** die zum Verlust von Grundbuchbriefen führt, noch keinen Deckungsausschluss[1008]. Notwendig ist eine **konkrete Pflichtverletzung,** die den Eintritt des **Versicherungsfalls unmittelbar herbeigeführt** hat[1009], nicht die Schaffung einer Gefahrenlage.

320   Der Ausschlusstatbestand setzt schon nach allgemeinen Grundsätzen voraus, dass der Pflichtenverstoß auch **für den Schaden ursächlich** war. Hierfür genügt eine Kausalität im Sinne der Bedingungslehre nicht, vielmehr sind auch Adäquanz und Pflichtwidrigkeitszusammenhang erforderlich[1010]. Dieser liegt noch vor, wenn ein Steuerberater eine Geldanlage empfiehlt – das ist heute als solches nicht mehr versichert – und dabei in Kenntnis der Offenbarungspflicht die für die Vermittlung gewährte Innenprovision verschweigt; der konkursbedingte Anlageschaden beruht auch dann auf dem bewussten Pflichtverstoß, wenn der Steuerberater sich seiner Prüfungs- und Beratungspflicht hinsichtlich der Anlage nicht bewusst war, die Prüfung zumindest aber auch unterlassen hatte, um an die Provision zu kommen[1011]. Der BGH grenzt die Reichweite der Klausel weiter durch das zusätzliche Erfordernis ein, dass die Pflichtverletzung den Eintritt des **Versicherungsfalls unmittelbar herbeigeführt** haben muss[1012]. Die Verletzung allgemeiner Schutzpflichten dürfte i. d. R. wegen der weiteren Zwischenschritte bis zum Schaden nicht zum Deckungsausschluss führen[1013].

VI. Leistungsumfang

1. Versicherungssumme

321   Die Regelungen über Beginn und Umfang des Versicherungsschutzes entsprechen in weiten Teilen denen der AHB. Der Versicherungsumfang umfasst wie in der allgemeinen Haftpflicht die Befriedigung begründeter und die Abwehr unbegründeter Ansprüche[1014]. Die **Versicherungssumme** stellt den Höchstbetrag der vom VR für jeden einzelnen Schadensfall zu erbringenden Leistung dar. Die Kosten der Rechtsverteidigung werden hierauf nicht angerechnet, sondern zusätzlich gezahlt[1015]. Nicht auf die Versicherungssumme angerechnet werden nach § 101 Abs. 2 VVG auch Zinsen durch die vom VR verursachte verzögerte Befriedigung des Geschädigten. Diese Regelung wird durch § 3 Ziff. II 2 AVB-WB/RSW nicht abbedungen[1016].

322   Im Bereich der Pflichtversicherung für **Rechtsanwälte** und **Steuerberater** kann die Gesamtleistung für alle Schäden eines Jahres, sog. Jahreshöchstleistung, auf den vierfachen Betrag der Mindestversicherungssumme, also auf 1 Mio. € begrenzt werden[1017]. Bei freiwilligen Höherversicherungen sind auch geringere **Maximierungen,** häufig auf das Zweifache der Versi-

---

[1006] Vgl. BGH v. 17. 12. 1986, VersR 1987, 174 (175).
[1007] OLG Stuttgart v. 28. 5. 1998, NVersZ 1999, 337 (338); vgl. auch BGH 30. 9. 1970, VersR 1979, 1121 (1122).
[1008] OLG Hamm v. 29. 11. 1985, VersR 1987, 802 (804).
[1009] BGH v. 17. 7. 2002, VersR 2002, 1141; BGH v. 26. 9. 1990, VersR 1991, 176 (177).
[1010] Dazu *Palandt/Heinrichs,* BGB, Vorb. v. § 249 BGB Rn. 62 ff. m. w. N.; einschränkend *Bruck/Möller,* VVG, § 49, Anm. 146.
[1011] BGH v. 26. 9. 1990, VersR 1991, 176 (178); kritisch *Kaufmann,* Berufshaftpflichtversicherung, S. 187 f.
[1012] BGH v. 17. 7. 2002, VersR 2002, 1141; BGH v. 26. 9. 1990, VersR 1991, 176 (177).
[1013] Vgl. dazu und zur Transparenzproblematik Rn. 246.
[1014] Vgl. dazu oben § 24 Rn. 131 ff.
[1015] § 3 Ziff. II 2 AVB-WB.
[1016] BGH v. 11. 3. 1992, VersR 1992, 1257.
[1017] § 51 II 2 BRAO, § 52 I DVStB.

cherungssumme, üblich. Demgegenüber muss ein **Wirtschaftsprüfer** gemäß §§ 2, 3 WPBHV Versicherungsschutz von 2 Mio. € für jede einzelne Pflichtverletzung haben, d. h. im Bereich der Mindestversicherungssumme gilt eine **uneingeschränkte Jahreshöchstleistung.** Für die übersteigenden Versicherungssummen werden aber Maximierungen vereinbart[1018].

2. Sozienklausel

Die Sozienklausel ist bereits im Zusammenhang mit der Zurechnung von Ausschlussgrün-   **323** den angesprochen worden[1019]. Der Grundsatz des § 12 AVB-WB/RSW, dass der Versicherungsfall auch nur eines Sozius als Versicherungsfall aller Sozien gilt, führt hinsichtlich der Versicherungssumme dazu, dass nicht die Versicherungssumme des den Fehler verursachenden oder die des in Anspruch genommen Sozius für die Entschädigungsleistung maßgeblich sein soll, sondern die **fiktiv zu ermittelnde versicherte Durchschnittsleistung** aller Sozien. Ermittelt wird fiktiv die Leistung, die jeder Sozius nach seinem Versicherungsvertrag erhalten würde, diese Summen werden addiert und dann durch die Zahl der Sozien geteilt. Das Ergebnis entspricht nicht dem Durchschnitt der Versicherungssummen. Wenn auch nur die Versicherungssumme eines Sozius geringer als die Haftpflichtsumme ist, ist der Schaden für alle Sozien nicht mehr voll gedeckt[1020]. Hat ein Sozius bei der fiktiven Berechnung eine Unterdeckung von 200 000,– €, führt dies bei einer Vierer-Sozietät zur Kürzung der Entschädigung um 50 000,– €. Diese wird auch nicht durch noch so hohe Versicherungssummen der anderen Sozien ausgeglichen. Der Versicherungsschutz ist deshalb unvollkommen, solange nicht alle Sozien über die gleiche Versicherungssumme verfügen.

Die VR wollen die Sozienklausel auch anwenden, wenn die **Sozien aufgrund verschie-**   **324** **dener Versicherungsverträge oder gar bei verschiedenen VR** versichert sind. Das ist mit Wortlaut und Systematik der Regelung nicht vereinbar[1021]. Diese Einschränkung des Versicherungsschutzes lässt sich auch nicht dadurch rechtfertigen, dass der Durchschnittsversicherungsschutz auch zugunsten eines Sozius gelten soll, der „nicht VN" ist. Der Anwendungsbereich dieser schon älteren Regelung erschließt sich heute nicht mehr, nachdem inzwischen Versicherungspflicht in allen drei Berufsgruppen (RA/StB/WP) besteht. Unabhängig davon könnte die (unaufgeforderte) Gewährung von Versicherungsschutz an Dritte nicht die Verkürzung des eigenen Versicherungsschutz des VN rechtfertigen.

3. Serienschadenklausel

Der VR hat ein grundsätzlich anzuerkennendes Interesse, die Multiplikationsrisiken von   **325** Fehlern zu begrenzen. Auch die Vermögensschadenshaftpflicht enthält entsprechende Serienschadenklausel. Die ersten beiden Regelungen der üblicherweise dreiteiligen Klausel decken sich für alle drei Berufsgruppen. Der dritte Teil enthält die eigentliche Serienschadenklausel und ist aufgrund abweichender gesetzlicher Vorgaben unterschiedlich ausgestaltet.

Der erste Teil der Serienschadenklausel besagt, dass für jeden einzelnen Schadensfall auch   **326** dann nur einmal die Versicherungssumme zur Verfügung steht, wenn dem geschädigten Dritten **mehrere versicherte Personen haften**[1022]. Da alle Sozien i. d. R. für den Schadenfall gesamtschuldnerisch haften, würde sich ansonsten faktisch die Versicherungssumme mit der Anzahl der Sozien vervielfältigen[1023]. Diese Regelung entspricht Ziff. 6.1 AHB[1024] und gilt nur, wenn die haftenden Personen im selben Vertrag versichert sind[1025]. Bei Sozien ist allerdings zusätzlich die Sozienklausel zu berücksichtigen[1026].

[1018] Vgl. dazu näher *Schlie,* Berufshaftpflichtversicherung, S. 117 ff.

[1019] Vgl. Rn. 294 ff.

[1020] Vgl. Berechnungsbeispiel bei *Prölss/Martin/Voit/Knappmann,* VVG, § 12 AVB Vermögen/WB Rn. 2.

[1021] Vgl. Rn. 295.

[1022] § 3 Ziff. II 2a) AVB-WB/RSW.

[1023] *Schlie,* Berufshaftpflichtversicherung, S. 108 f.

[1024] § 3 Ziff. II 2 S. 2 AHB a. F.

[1025] Vgl. oben Rn. 295; *Bruck/Möller/Johannsen,* VVG, IV, Anm. G 41.

[1026] Das übergeht *Kaufmann,* Berufshaftpflichtversicherung, S. 145.

327   Die Versicherungssumme steht auch dann nur einmal zur Verfügung, wenn ein **einheitlicher Schaden durch mehrere Verstöße** verursacht wird[1027]. Denn da Versicherungsfall der Verstoß und nicht das Schadensereignis ist, könnte ansonsten für einen einzelnen Schadenfall die Versicherungssumme mehrfach in Anspruch genommen werden, wenn der Schaden kumulativ durch mehrere Pflichtverletzungen verursacht wurde. Dabei ist aber zunächst zu beachten, dass deckungsrechtlich grundsätzlich nur auf den **ersten Verstoß** abzustellen ist[1028], während dessen Nichterkennen oder Fortschleppen nur als unselbstständige Ursachen gelten, die keinen erneuten Versicherungsfall auslösen. Die Klausel greift damit bei erneuten (selbstständigen) Verstößen aufgrund erneuter Prüfung und Entscheidung, ggf. auch durch verschiedene Mitversicherte[1029].

328   Eine Zusammenrechnung mehrerer (selbstständiger) Verstöße erfolgt aber nur, wenn sie zu einem **einheitlichen Schaden** geführt haben. Ein einheitlicher Schaden liegt vor, wenn die verschiedenen Verstöße unabhängig voneinander **(alternative Kausalität)** oder zusammen **(kumulative Kausalität)** denselben Schaden verursacht haben. Kumulative Kausalität liegt auch vor, wenn die verschiedenen Verstöße zwar unterschiedlich schadensverstärkend waren, sich aber keine trennbaren Schadensanteile feststellen lassen. **Haftungsrechtlich** läge in derartigen Fällen, falls mehrere Personen gehandelt hätten und sich für abgrenzbare Schadensteile verantwortlich wären, eine **Gesamtschuld** vor[1030]. Der Umstand, dass bei einer Betriebsprüfung verschiedene Fehler eines Steuerberaters aufgedeckt werden und zu steuerlicher Mehrbelastung führen, begründet aber noch keinen einheitlichen Gesamtschaden[1031].

329   Die **eigentliche Serienschadenklausel** stellt der 3. Abschnitt der Regelung dar. Bei Rechtsanwälten werden entsprechend der Regelung in § 51 Abs. 2 BRAO sämtliche Pflichtverletzungen bei der Erledigung eines einheitlichen Auftrages zusammengerechnet. Bei Wirtschaftsprüfern und Steuerberatern wird mehrfaches Handeln aufgrund gleicher oder gleichartiger Fehlerquelle zu einem einheitlichen Verstoß zusammengezogen, wenn die betreffenden Angelegenheiten in einem rechtlichen oder wirtschaftlichen Zusammenhang stehen.

330   Die Bestimmung für **Rechtsanwälte** ist im Ausgangspunkt einfach und eindeutig. **Alle Fehler innerhalb eines einheitlichen Auftrages** gelten als ein Versicherungsfall, egal ob sie vom VN oder seinen Hilfspersonen begangen wurden und ob sie unterschiedliche Schäden zur Folge gehabt haben. Entscheidend ist allein, dass ein „einheitlicher Auftrag" vorliegt. Während dies bei Einzelmandaten problemlos zu klären ist, kann die Abgrenzung bei komplexen Mandaten oder Dauermandaten Schwierigkeiten bereiten. **Maßgebend** sind allein die **vertraglichen Abreden** der Parteien. „Dieselbe Angelegenheit" oder „verschiedene Angelegenheiten" i. S. v. §§ 16 f. RVG sind rein gebührenrechtliche Begriffe und nicht gleichbedeutend mit dem einheitlichen Auftrag[1032]. Ohne konkrete vertragliche Vereinbarungen wird man aber davon ausgehen können, dass mehrere Angelegenheiten auch den Gegenstand unterschiedlicher Aufträge bilden[1033].

331   Die Serienschadenklauseln für **Wirtschaftsprüfer und Steuerberater** bestimmen im Kern übereinstimmend, dass ein „mehrfaches auf gleicher oder gleichartiger Fehlerquelle beruhendes Tun oder Unterlassen als einheitlicher Verstoß (gilt), wenn die betreffenden Angelegenheiten miteinander in rechtlichem oder wirtschaftlichem Zusammenhang stehen". In diesen Fällen wird die Leistung auf das Fünffache der Mindestversicherungssumme begrenzt,

---

[1027] § 3 Ziff. II 2b) AVB-WB/RSW.
[1028] Vgl. näher Rn. 212.
[1029] *Kaufmann*, Berufshaftpflichtversicherung, S. 144 f., will verschiedene Verstöße durch Mitversicherte unter § 3 Ziff. II 2a AVB-WB subsumieren.
[1030] Auch für die Gesamtschuld ist es unerheblich, ob eine Ursache wesentlicher ist, vgl. BGH v. 10. 5. 1990, NJW 1990, 2882 (2883 f.) m. w. N.
[1031] BGH v. 15. 5. 1991, VersR 1991, 173 (175); a. M. als Vorinstanz OLG Köln v. 15. 2. 1990, VersR 1990, 1144 (1145 f.) mit insoweit ablehnender Anm. *Späth;* zu weit MAH VersR/*Hartmann* § 21 Rn. 84.
[1032] *Gerold/Schmidt/v. Eicken/Madert*, BRAGO, 15. Aufl. 2002, § 13 Rn. 5 m. w. N.
[1033] Vgl. auch *Zugehör/Schlee*, Anwaltshaftung, Rn. 2147.

soweit nicht gesetzlich vorgeschriebene Pflichtprüfungen betroffen sind. Während der Begriff der gleichartigen Fehlerquelle viele verschiedene Verstöße erfassen kann, wird der Anwendungsbereich der Klausel durch strenge Anforderungen an den rechtlichen oder wirtschaftlichen Zusammenhang begrenzt.

Die mehreren Handlungen müssen **nicht** wie in der Architektenhaftpflichtversicherung **332** **unmittelbar auf demselben Fehler beruhen,** was (nur) bei einer bloßen Multiplikation des Fehlers ohne selbständige Umsetzungsvorgänge der Fall wäre[1034], z. B. der Verwendung unrichtiger Muster. Vielmehr reicht es aus, dass die schadensverursachenden Handlungen auf einer **gemeinsamen Fehlerquelle** beruhen, i. d. R. also auf einem gleich bleibenden Nicht- oder Falschwissen, das sich in verschiedenen Umsetzungsvorgängen realisiert. Unterlässt ein Steuerberater in Unkenntnis der Rechtsprechung über die gewerbesteuerliche Infizierung freiberuflicher Einkünfte durch gewerbliche Einkünfte über mehrere Jahre hinweg die Aufklärung des Mandanten, beruht der jährliche Pflichtverstoß auf der gleichen Fehlerquelle[1035].

„**Gleich**" ist die Fehlerquelle, wenn **ein** Irrtum oder eine Fehleinschätzung zu mehreren **333** fehlerhaften Handlungen geführt hat; gleich bedeutet in allen Merkmalen bzw. in jeder Hinsicht übereinstimmend[1036]. Werden aufgrund eines Rechtsirrtums mehrfach fristgebundene Anträge an das unzuständige Finanzamt verschickt, beruhen diese Fehler auf der gleichen Fehlerquelle. Durch den Begriff der **Gleichartigkeit** wird die Übereinstimmung etwas gelockert. Es genügt eine Übereinstimmung in den wesentlichen Punkten[1037]. Für die Beurteilung der Gleichheit oder Gleichartigkeit der Fehlerquellen kommt es nicht darauf an, ob der Irrtum verschiedenen Personen unterlaufen ist. Die Fehlerquelle ist personenunabhängig[1038].

Die Serienschadenklausel erfasst nicht alle Handlungen aufgrund gleicher Fehlerquelle, **334** sondern nur, wenn die betreffenden Angelegenheiten zusätzlich miteinander in rechtlichem **oder** wirtschaftlichem Zusammenhang stehen. Wann der bedingungsgemäße Zusammenhang vorliegt, ist noch nicht vollständig geklärt. Ein **rechtlicher Zusammenhang** liegt jedenfalls dann vor, wenn die einzelnen Angelegenheiten auf vertraglicher Grundlage miteinander verbunden sind, wie z. B. bei Vorliegen eines Rahmenvertrages[1039]. Nicht ausreichend ist demgegenüber, dass dieselbe steuerrechtliche oder bilanzielle Frage in verschiedenen – ansonsten unverbundenen – Angelegenheiten relevant wird. Denn dann hätte das zweite Erfordernis der Serienschadenklausel entgegen seines Zwecks[1040] keine eigene (einschränkende) Bedeutung mehr. Der rechtliche Zusammenhang setzt damit eine **rechtliche Verknüpfung** der verschiedenen Mandate voraus[1041], z. B. weil die verschiedenen Angelegenheiten Teil einer Gesamtmaßnahme sind oder die eine Angelegenheit rechtliche Voraussetzung der anderen ist[1042]. Sie ist bei einer Vertrauensschadenversicherung angenommen worden, wenn Beitragsbescheide aufgrund eines falschen Umlagemaßstabes fehlerhaft berechnet werden. Denn die verschiedenen Beitragsbescheide dienen dem rechtlich einheitlichen Ziel der Umlegung der umlagefähigen Kosten auf alle Beitragsschuldner[1043]. Ein rechtlicher Zusammenhang besteht auch, wenn ein Steuerberater/Wirtschaftsprüfer im Rahmen

---

[1034] Vgl. Rn. 220f.

[1035] Vgl. BGH v. 15. 5. 1991, VersR 1991, 873 (875); vgl. auch OLG Saarbrücken v. 24. 10. 1990, VersR 1991, 457 für mehrfache unrichtige Gewerbesteueranmeldungen.

[1036] *Duden,* Das große Wörterbuch der Deutschen Sprache, Bd. 4.

[1037] *Nowak-Over,* Auslegung und rechtliche Zulässigkeit von Serienschadenklauseln in der Haftpflicht- und Vermögensschadenhaftpflichtversicherung, 1991, S. 41 f., will danach differenzieren, ob sich die Fehlerquelle unmittelbar in mehren Handlungen niedergeschlagen hat, dann Gleichheit, oder erst durch wiederholte Umsetzungen; ähnlich *Kaufmann,* Berufshaftpflichtversicherung, S. 151.

[1038] *Kaufmann,* Berufshaftpflichtversicherung, S. 152; *Nowak-Over,* a. a. O., 42f.; ebenso (inzident) OLG Karlsruhe v. 5. 3. 1987, VersR 1988, 681 (682).

[1039] *Schlie,* Berufshaftpflichtversicherung, S. 112.

[1040] Vgl. *Kaufmann,* Berufshaftpflichtversicherung, S. 152.

[1041] BGH v. 17. 9. 2003, NJW 2003, 3705 = VersR 2003, 1389; *Gräfe,* NJW 2003, 3673 (3675).

[1042] *Nowak-Over,* (Fn. 1036), S. 44.

[1043] OLG Karlsruhe v. 5. 3. 1987, VersR 1988, 681 (682).

einer Konzernumstrukturierung zur Bildung einer Organschaft bei der hierfür notwendigen Umwandlung von Personen- in Kapitalgesellschaften den gleichen Fehler wiederholt. Demgegenüber sollen die einzelnen Steuererklärungen verschiedener Kalenderjahre grundsätzlich rechtlich und wirtschaftlich selbstständige Angelegenheiten darstellen, da der VN mit ihnen jedes Jahr erneut betraut wird[1044].

335   Ähnliche Fragen stellen sich bei der Konkretisierung eines **wirtschaftlichen Zusammenhangs.** Hier stellt sich zunächst die Frage, auf wessen Sicht es ankommt. Stellt man auf die Sicht des Geschädigten ab[1045], greift die Klausel insbesondere in Fällen paralleler Fehlberatung verschiedener Mandanten zu einem bestimmten Anlagemodell nicht. Andere wollen zur Erfassung derartiger Fälle auf die Sicht des VN abstellen[1046]. Tatsächlich ist der Begriff **objektiv** gemeint, da der Zusammenhang nach der Klausel **zwischen den betroffenen Angelegenheiten** bestehen muss[1047]. Der wirtschaftliche Zusammenhang zwischen den Mandaten wird sich dabei zwangsläufig aus der Position des oder der Mandanten als Auftraggeber und Interessenträger der Mandate ergeben. Denn die sich aus einer parallelen Mehrfachberatung ergebenden (bloßen) Synergieeffekte des VN begründen weder aus seiner Sicht noch objektiv einen wirtschaftlichen Zusammenhang der verschiedenen Angelegenheiten. Erforderlich ist auch hier nicht nur ein loser Bezug, sondern eine **Verknüpfung der Angelegenheiten,** nunmehr nicht in rechtlicher, sondern in wirtschaftlicher Hinsicht. Häufig wird in diesen Fällen aber zugleich ein rechtlicher und wirtschaftlicher Zusammenhang vorliegen[1048]. Der Zusammenhang muss unmittelbar zwischen den betroffenen Angelegenheiten bzw. Mandanten bestehen. Der Umstand, dass letztlich dasselbe Vermögen betroffen ist, kann den erforderlichen wirtschaftlichen Zusammenhang nicht begründen[1049].

336   Streitig ist schließlich, ob die Serienschadenklausel nur eingreift, wenn es um Ansprüche eines Anspruchsstellers aus mehreren Verstößen geht. Nach einer Auffassung soll der von der Klausel verwandte Begriff des „Schadensfalles" nicht mit dem Begriff des „Versicherungsfalles" gem. § 5 Ziff. I AVB-WB/RSW identisch sein. Bei einer **Mehrheit von Anspruchstellern** lägen zwingend mehrere Schadenfälle vor, so dass für jeden von ihnen der Versicherer bis zur vollen Versicherungssumme eintrittspflichtig wäre[1050]. Anderenfalls wäre der Versicherungsschutz des einzelnen Geschädigten so geschmälert, dass er im Extremfall wertlos sein könnte, was aber mit dem durch die gesetzlichen Pflichtversicherungsbestimmungen bezweckten Schutz der Auftraggeber nicht zu vereinbaren sei[1051].

337   Diese Einschränkung lässt sich aber weder mit dem Wortlaut der AVB noch mit dem Sinn der Pflichtversicherungsregelungen begründen. **Versicherungsfall** ist gem. § 5 Ziff. I AVB-WB/RWS der einzelne Verstoß, wenn er zu Haftpflichtansprüchen führen **könnte.** Die sich hieraus ergebenden Rechte und Pflichten setzen nicht voraus, dass ein Haftpflichtanspruch tatsächlich besteht. Besteht er, **wird der Versicherungsfall zum Schadenfall,** § 5 Ziff. III 1 AVB-WB/RSW. Betrifft der Verstoß mehrere Dritte, betrifft auch der Schadensfall mehrere Geschädigte[1052]. Auch die Pflichtversicherungsbestimmungen verlangen nicht, dass je-

---

[1044] BGH v. 15. 5. 1991, VersR 1991, 873 (875); *Koch,* VersR 1991, 875 (876). Jedenfalls die Begründung des BGH überzeugt nicht, da es hier entgegen der Klausel für RA gerade nicht auf ein einheitliches Auftragsverhältnis ankommt.

[1045] *Bruck/Möller/Johannsen,* VVG, IV Anm. G 45; *Wussow,* WJ 1983, 69 (70).

[1046] *Kaufmann,* Berufshaftpflichtversicherung, S. 155; *Hartmann,* StBg 1988, 242 (244).

[1047] BGH v. 17. 9. 2003, NJW 2003, 3705 = VersR 2003, 1389.

[1048] Vgl. den Fall des OLG Karlsruhe v. 5. 3. 1987, VersR 1988, 681 (682).

[1049] *Schlie,* Berufshaftpflichtversicherung, S. 113.

[1050] LG Köln VersR v. 1. 6. 1988, 1989, 355 (356); *Ebel,* VersR 1988, 1104 (1108) und VersR 1989, 356 (357); *Schlie,* Berufshaftpflichtversicherung, S. 96; *Prölss/Martin/Voit/Knappmann,* VVG, § 3 AVB-Vermögen/WB Rn. 4.

[1051] LG Köln v. 1. 6. 1988, VersR 1989, 355 (356); *Ebel,* VersR 1988, 1104 (1108).

[1052] LG München v. 18. 12. 1991, GI 1992, 80 mit Anm. *Gräfe.* Nicht stringent ist die Argumentation von *Ebel,* VersR 1988, 1104 (1108) der Schadenfall mit Schadensereignis gleichsetzt und daraus entgegen § 3 II 1, III 1 AHB folgert, die Schädigung jeder Person stelle ein eigenes Schadensereignis dar.

dem Anspruchssteller die volle Mindestversicherungssumme zur Verfügung steht, sondern dass sie für jeden Versicherungsfall zur Verfügung steht[1053]. Ein Prinzip „Mindestversicherungssumme pro Anspruchsteller" gilt weder im Bereich der Kfz-Haftpflicht noch der beruflichen Pflichtversicherung. Vielmehr wird die Reichweite des Schutzes durch die Möglichkeit der Schädigung mehrer Personen durch einen einzigen Verstoß und weiter durch die gesetzliche Zulassung von Serienschadenklauseln gerade eingeschränkt[1054]. Während früher § 2 Abs. 2 WPBHV bei „dem gleichen fachlichen Fehler" eine Beschränkung des Deckungsschutzes bei gleichartigen Prüfungen oder Leistungen nur gegenüber einem Auftraggeber zuließ, genügt nun ein rechtlicher oder wirtschaftlicher Zusammenhang, der auch bei mehreren Auftraggebern vorliegen kann. Letztlich ist auch unerheblich, ob die Versicherungssumme nicht ausreicht, weil der Schaden eines Geschädigten oder mehrerer Geschädigter zu hoch ist. Von der Möglichkeit mehrerer Anspruchssteller in einem Schadensfall geht auch der BGH aus, da im Fall der unterlassenen Beratung über die gewerbesteuerliche Infizierung Anspruchsteller nicht die BGB-Gesellschaft war, sondern die jeweils persönlich steuerpflichtigen Gesellschafter[1055].

Relevant wird dieser Streit allerdings wohl in Fällen, in den **ein einheitlicher Verstoß** **338** **mehrere Dritte schädigt,** z. B. mehrere fristgebundene Anträge in einem Sammelbrief verspätet abgeschickt oder falsch versandt werden[1056]. Beruhen mehrere Handlungen nur auf den gleichen Fehlerquellen, dürfte in der Regel der rechtliche oder wirtschaftliche Zusammenhang fehlen, soweit die mehreren Anspruchssteller nicht zugleich gemeinsam Auftraggeber sind.

Die vorliegende Klausel hält der **Inhaltskontrolle gem. § 307 BGB** entgegen geäußerter **339** Zweifel[1057] stand[1058]. Die Klausel entspricht inzwischen exakt dem gesetzlichen Erlaubnisvorbehalt[1059] und kann damit inhaltlich nicht unangemessen sein. Der Wortlaut ist so klar oder unklar wie die gesetzliche Vorgabe. Da vom rechtlich vorgebildeten VN die Kenntnis seiner Berufspflichten erwartet werden darf, ist die Klausel für ihn verständlich und keinesfalls überraschend.

4. Selbstbehalt

Die beruflichen Bestimmungen sehen vor, dass ein **Selbstbehalt bis maximal 1% der** **340** **Mindestversicherungssumme** bzw. bei Steuerberatern bis 1 500,00 € zulässig ist[1060]. Der Abzug erfolgt von der Haftpflichtsumme und nicht – was im Fall einer Unterdeckung relevant wird – von der Versicherungssumme. Möglich ist ein prozentualer Selbstbehalt oder ein Festbetragsselbstbehalt (Abzugsfranchise) bis zu einem Betrag von 2 500 € bei Rechtsanwälten, 1 500,00 € bei Steuerberatern bzw. 10 000 € bei Wirtschaftprüfern[1061]. Üblich ist ein gestaffelter Selbstbehalt mit Sockelbetrag, z. B. dergestalt, dass der RA von den ersten 5 000 € 20% und vom Mehrbetrag bis 20 000 € 10% Selbstbeteiligung trägt, mindestens aber 50 €.

Hat der Gebühreneinwurf wie in § 3 Ziff. II 4 AVB-WB unabhängig davon zu erfolgen, **341** ob die Gebühren von dem Haftpflichtanspruch ergriffen werden, so handelt es sich um einen weiteren Selbstbehalt, so dass **Gebühreneinwurf und Selbstbehalt** zusammen die **Maximalgrenze des Selbstbehalts** nicht übersteigen dürfen, vgl. auch § 3 Ziff. II 5 AVB-WB.

[1053] Vgl. § 51 IV BRAO, § 52 I DVStB, § 54 WPO i. V. m. § 2 WPBHV.

[1054] *Nowak-Over,* (Fn. 1036), S. 74 f.

[1055] BGH v. 15. 5. 1991, VersR 1991, 873 ff. Inzidenter auch *Bruck/Möller/Johannsen,* VVG. IV, Anm. G 4/5. Ausdrücklich *Späth/Schmidt-Troje,* Bonner Handbuch, § 67 StBerG, Rn. B. 965.2.

[1056] *Späth/Schmidt-Troje,* Bonner Handbuch § 67 StBerG Rn. B. 965.2.

[1057] *Prölss/Martin/Voit,* VVG, § 3 AVB-Vermögen/WB Rn. 7; *Kaufmann,* Berufhaftpflichtversicherung, S. 156 ff.

[1058] Hiervon geht auch BGH v. 17. 9. 2003, NJW 2003, 3705 (3706) aus, der nur Zweifel äußert, ob bei der v. VR geltend gemachten weiten Auslegung die Klausel einer AGB-rechtlichen Kontrolle standhalten könnte.

[1059] Das verkennt *Gräfe,* NJW 2003, 3673 (3675).

[1060] § 51 V BRAO, § 52 II DVStB, § 2 II WPBHV.

[1061] Vgl. zu möglichen Gestaltungen *Kaufmann,* Berufhaftpflichtversicherung, S. 171 ff.

Der Gebühreneinwurf ist damit nichts anderes als ein (zusätzlicher) variabler Sockelbetrag. Anders sieht die Regelung in § 3 Ziff. II 5 AVB-RSW aus. Hier erfolgt kein genereller (beschränkter) Gebühreneinwurf, sondern nur ein Abzug der Gebühren, soweit sie Gegenstand des Schadensersatzes statt Erfüllung (§ 281 BGB) sind, dafür allerdings in voller Höhe. Das kann dann bei honorarträchtigen Mandaten zu einer erheblichen Selbstbeteiligung führen.

5. Abwehranspruch

342 Der Anspruch auf Abwehr unbegründeter gegen den VN erhobener Ansprüche steht selbständig neben dem Anspruch auf Befreiung/Entschädigungsleistung. Der Selbstbehalt begrenzt zunächst nur die Entschädigungspflicht des VR und bezieht sich, soweit nichts anderes vereinbart ist, nicht auf die **Kosten eines Haftpflichtprozesses**[1062]. Streitig ist, ob die **Abwehrverpflichtung** wie in der allgemeinen Haftpflichtversicherung[1063] auch hinsichtlich von **Ansprüchen unterhalb der Selbstbehaltsumme** besteht. Während dies teilweise auch für die Vermögensschadenhaftpflichtversicherung bejaht wird[1064], entnimmt die Gegenauffassung der – in den AHB nicht enthaltenen – Regelung des § 3 Ziff. II 7b AVB-WB bzw. § 3 Ziff. II 6b AVB-RSW, wonach den VR keine Kosten des Haftpflichtprozesses treffen, soweit der Haftpflichtanspruch nicht den Mindestselbstbehalt übersteigt, dass der VR auch keine Rechtsschutzleistung im Übrigen leisten müsse[1065]. Das entspräche zwar Sinn und Zweck des Selbstbehalts[1066], ist aber so nicht geregelt, obwohl dies für die VR ein Leichtes wäre. Da der VN aber die Korrespondenz sowieso unentgeltlich zu führen hat (§ 5 Ziff. III 3 AVB-WB/RSW), wird dieser Punkt im ungestörten Versicherungsverhältnis wohl nicht praktisch.

343 Übersteigen die begründeten[1067] Haftpflichtansprüche die Versicherungssumme, übernimmt der VR die Kosten nur anteilig. Anders als bei Ziff. 6.6 AHB[1068] erfolgt aber keine verhältnismäßige Aufteilung, sondern der VR übernimmt die Kosten bis zur „Wertklasse" der Versicherungssumme[1069]. Wegen der degressiven Kosten steht sich der VN bei dieser Art der Teilung etwas günstiger.

VII. Obliegenheiten

344 Auch im Bereich der Vermögensschadenhaftpflichtversicherung enthalten die AVB zahlreiche Obliegenheiten. Diese entsprechen im Wesentlichen den Obliegenheiten der AHB, so dass auf die Ausführungen zur Allgemeinen Haftpflichtversicherung verwiesen werden kann[1070]. Soweit die AVB Klauseln enthalten, wonach der VN **bei Abschluss des Versicherungsvertrages** verpflichtet ist, wahrheitsgemäße und vollständige Anzeige über risikoerhebliche Umstände zu machen und später auftretende Umstände unverzüglich zu melden, entspricht das im Wesentlichen Ziff. 23.1 AHB[1071] bzw. § 19 VVG. Die Verpflichtung, dem VR auf Befragen gefahrerhöhende Umstände mitzuteilen, bedeutet eine Abschwächung des § 23 Abs. 2 VVG, wonach der VN die Gefahrerhöhung von sich aus anzuzeigen hat.

345 **Nach Eintritt des Versicherungsfalls** trifft den VN die Obliegenheiten, den Versicherungsfall unverzüglich **anzuzeigen** und **an der Aufklärung mitzuwirken**. Auch hier besteht eine **Schadensminderungspflicht**. Diese Obliegenheiten entsprechen Ziff. 25

[1062] *Bruck/Möller/Johannsen*, VVG, IV, Anm. G 53.

[1063] *Prölss/Martin/Voit/Knappmann*, VVG, § 150 Rn. 10.

[1064] *Zugehör/Römer*, Anwaltshaftung, 1. Aufl., Rn. 1880; *M. van Bühren*, Anwaltshaftung, III 3b) dd).

[1065] *Bruck/Möller/Johannsen*, VVG, IV, Anm. G 53; *Kaufmann*, Berufshaftpflichtversicherung, S. 173f. m.w.N.

[1066] Insoweit zutreffend *Kaufmann*, Berufshaftpflichtversicherung, S. 174.

[1067] Vgl. dazu § 24 Rn. 136.

[1068] § 3 Ziff. III 1 AHB a. F.

[1069] § 3 Ziff. II 6 AVB-RSW bzw. § 3 Ziff. II 7 AVB-WB.

[1070] Vgl. § 24 Rn. 115ff.

[1071] § 11 Ziff. I 1 AHB a. F.

AHB[1072]. Zusätzlich begründet § 5 Ziff. III 3 AVB-WB die Verpflichtung des (ja beruflich vorgebildeten) VN, den **Schriftwechsel** aus Anlass des Schadenfalles **unentgeltlich zu führen.** Wie allgemein im Bereich der Haftpflichtversicherung hat der VN die Prozessführung dem VR zu überlassen, der auch Regulierungsvollmacht erhält[1073].

§ 27. Umwelthaftpflichtversicherung

Inhaltsübersicht

[1072] Vgl. § 24 Rn. 120 ff.
[1073] Vgl. § 5 Ziff. III 5 AVB-WB.

Literatur: *Becker,* Das neue Umweltschadensgesetz, 2007; *Czychowski,* Wasserhaushaltsgesetz, 9. Aufl. 2007; *Döhring,* Haftung und Haftpflichtversicherung als Instrumente einer präventiven Umweltpolitik, 1999; *Feldmann,* Zur Ausgestaltung der gesetzlichen Deckungsvorsorge aus umweltpolitischer Sicht, PHI 1994, 162; *Gawlik/Michel,* Umwelthaftung und Umweltversicherung, 1. Aufl. 1997; *Glauber,* Wandlungen im Recht der geschäftsplanmäßigen Erklärung, VersR 1993, 12; *Grote,* Die Bodenkaskodeckung in der Umwelthaftpflichtversicherung – und es gibt sie doch!, VP 1996, 21; *Hersberger,* Umwelthaftpflicht International – Die Sicht des Rückversicherers, VW 1993, 212; *Hinsch,* Das so genannte Restrisiko in der Gewässerschadenhaftpflichtversicherung, VersR 1991, 1221; HUK-Verband, Erläuterungen zur Umwelthaftpflichtversicherung, VW 1993, Beil. zu Heft 24; *Küpper,* Hinweise zu dem neuen Umwelthaftpflicht-Modell, VP 1992, 1; *Kurth,* Umwelthaftung und Versicherung, PHI 1992, 48; *Landsberg/Lülling,* Umwelthaftungsrecht, 1991; *Limberger/Koch,* Der Versicherungsfall in der Gewässerschadenhaftpflichtversicherung – Ein Beitrag zum Umweltrecht, VersR 1991, 134; *Meyer-Kahlen,* Vergleich der Deckung nach dem Umwelthaftpflicht-Modell mit den bisherigen Deckungen, PHI 1992, 126; *ders.,* Umwelthaftungsrisiken und Betriebshaftpflichtversicherung, VP 1988, 1 sowie 21; *ders.,* Eigenschäden des VN in der Umwelthaftpflichtversicherung, VP 1993, 1; *Poschen,* Das Deckungskonzept für die Versicherung der Haftpflicht wegen Schäden durch Umwelteinwirkung (Umwelthaftpflichtmodell), VersR 1993, 653; *Präve,* Das neue Aufsichtsrecht, VW 1994, 800; *Raeschke-Kessler/Grüter/Hamm,* Aktuelle Rechtsfragen und Rechtsprechung zum Umwelthaftungsrecht der Unternehmen, 2. Aufl. 1990; *Reemts,* Umwelthaftpflichtversicherung und Rettungskostenersatz, 1998; *Reiff,* Umwelthaftpflichtversicherung, VW 1992, 122; *Röhrig,* Die „Umwelteinwirkung auf Boden, Luft und Wasser", PHI 1994, 156; *ders.,* Umweltrelevante Anlagen und ihre Deklarierung, PHI 1994, 174; *Salje,* Umwelthaftungsgesetz, 1993; *Schmidt-Salzer,* Kommentar zum Umwelthaftungsrecht, 1992; *Schieber,* Das Entwicklungsrisiko im Rahmen der Umwelthaftung und der Umwelthaftpflichtversicherung, VersR 1999, 816; *Schimikowski,* Umwelthaftpflichtversicherung – Bestandsaufnahme, Auslegungsfragen und Transparenzgebot, PHI 2002, 37; *ders.,* BBodSchG, Umwelthaftpflichtversicherung und Bodenkaskodeckungen, VersR 1998, 1452; *ders.,* Umwelthaftung, Umwelthaftpflichtversicherung und Umweltschutz, ZVersWiss 2001, 583; *ders.,* Umwelthaftungsrecht und Umweltversicherungsrecht, 6. Aufl. 2002 (zit.: *Schimikowski,* Umweltversicherungsrecht); *ders.,* Ausschluss des Umwelthaftpflichtrisikos aus der gewerblichen und industriellen Haftpflichtversicherung, VW 1994, 748; *ders.,* Umwelthaftpflichtversicherung – Stand und Perspektive, VP 1995, 113; *ders.,* Normalbetriebs- und Entwicklungsrisiken in der Umwelthaftpflichtversicherung, ZfW 1999, 416; *ders.,* Konturen künftiger Umwelthaftpflicht-Modelle, ZfV 1992, 262; *Schmidt-Leithoff,* Entwicklungen im Umweltbereich, VP 1992, 197; *Schmidt-Salzer/Schramm,* Umwelthaftpflichtversicherung, 1993; *Sieg,* Neuerungen im Umfeld der Umwelthaftpflichtversicherung, PHI 2001, 228; *Sigulla,* Auslegungs- und Abgrenzungsprobleme im Zusammenhang mit dem Risikobaustein Ziff. 2.6 des Umwelthaftpflicht-Modells, VP 1994, 92; *Vogel,* Neuerungen im Umfeld der Umwelthaftpflichtversicherung, Teil 1, PHI 1999, 1; *Vogel/Brasch,* Erkennen und Tarifieren von Umweltrisiken gemäß Umwelthaftpflicht-Modell, 2000; *Vogel/Stockmeier,* Umwelthaftpflichtversicherung, 1997; *Wussow,* Grenzfälle der Schadensentstehung durch den Gebrauch eines Fahrzeugs im Sinne von § 10 AKB, VersR 1996, 668; *Wagner,* Die Zukunft der Umwelthaftpflichtversicherung, VersR 1992, 261; *ders,* Das neue Umweltschadensgesetz, VersR 2008, 565.

A. Einleitung

I. Historische Entwicklung des Umwelthaftpflichtversicherungsrechts

1   Die Versicherung ökologischer Risiken hat in den vergangenen 50 Jahren an Bedeutung gewonnen. Eine steigende Zahl von Schadenfällen sowie ein erhöhtes öffentliches Interesse an umweltrechtlichen Themen haben dazu geführt, dass heutzutage eine umfassende versicherungsrechtliche Abdeckung ökologischer Risiken auf dem Versicherungsmarkt angeboten wird[1]. Aufgrund einer stetigen Weiterentwicklung im **Umwelthaftungsrecht** stellt es indes keine leichte Aufgabe dar, die entsprechenden Haftungsrisiken abzudecken[2].

2   Bis Ende der 50er Jahre waren Umweltschäden durch eine Betriebshaftpflichtversicherung auf der Grundlage der AHB mitversichert; Ausschlussklauseln für solche Risiken waren nicht vorgesehen[3]. Mit In-Kraft-Treten des Wasserhaushaltsgesetzes am 1. 3. 1960 schuf der Gesetzgeber in **§ 22 WHG** eine Gefährdungshaftung für Änderungen der Beschaffenheit des Wassers[4], was die HaftpflichtVR im Jahre 1964 dazu bewog, für Gewässerschäden ein eigenes Versicherungskonzept vorzulegen. Nachdem sie ihr ursprüngliches Vorhaben einer Nullstellung[5] des Gewässerschadensrisikos in den AHB aufgegeben hatten, wurde die Deckung für Gewässerschäden im gewerblich industriellen Bereich durch eine Zusatzpolice zu den AHB verwirklicht[6]. Das Deckungskonzept der Versicherung der Haftpflicht aus Gewässerschäden bestand fortan aus drei separat zu vereinbarenden Bausteinen[7]: Das Anlagenrisiko sowie das Abwässeranlagen- und Einwirkungsrisiko (WHG-Zusatzdeckung[8])[9], das Regressrisiko aus Herstellung, Lieferung, Montage, Instandhaltung und Wartung von Anlagen[10] und das WHG-Restrisiko[11]. Eine erweiterte WHG-Restrisikodeckung wurde für den Bereich der Landwirtschaft eingeführt, welche typische landwirtschaftliche Anlagenrisiken wie Mineralöle, Jauche und später auch Silo-Sickersäfte mitumfasste[12]. In der Folgezeit wurde dieses Konzept mehrfach den tatsächlichen Bedingungen und Erfahrungen angepasst. So wurde 1979 der Deckungsumfang erheblich erweitert, weil zum einen der Schadensverlauf bis zu diesem Zeitpunkt für die VR günstig gewesen war[13] und zum anderen Schwierigkeiten und Auseinandersetzungen zwischen den Vertragspartnern, die sich in der Vergangenheit bei der notwendigen Abgrenzung zwischen gedeckten und nicht versicherten Schäden oft ergeben hatten, vermieden werden sollten[14]. Außerdem wurde in einem gesonderten Teil der Bedingungen eine begrenzte Mitversicherung von Eigenschäden für die Deckung des WHG-Anla-

---

[1] Z. B. Produkthaftpflichtversicherung; Luftfahrt-Produkthaftpflichtversicherung; Probandenversicherung etc.

[2] *Schimikowski,* Umweltversicherungsrecht, Rn. 1; *Breining,* VW 1991, 1327 (1328 f.); *Poschen,* VersR 1993, 653 f.

[3] *Vogel/Stockmeier,* S. 79, Rn. 22; *Schmidt-Salzer/Schramm,* Umwelthaftpflichtversicherung, Rn. 0.152; *Schimikowski,* Umweltversicherungsrecht, Rn. 310.

[4] So der Wortlaut der Überschrift des Gesetzes, vgl. *Paul,* BB 1965, 18.

[5] Siehe dazu noch unten Rn. 14.

[6] *Vogel/Stockmeier,* S. 79, Rn. 22; *Reemts,* Umwelthaftpflichtversicherung und Rettungskostenersatz, S. 19.

[7] *Reemts,* Umwelthaftpflichtversicherung und Rettungskostenersatz, S. 20.

[8] So *Grüter,* in: Raeschke-Kessler/Grüter/Hamm, S. 115; *Meyer-Kahlen,* VP 1988, S. 1 (4).

[9] Abgedruckt in VerBAV 1965, 3 ff.; *Reemts,* Umwelthaftpflichtversicherung und Rettungskostenersatz, S. 20; *Meyer-Kahlen,* VP 1988, 1 (4).

[10] Abgedruckt in VerBAV 1967, 143 f.; *Reemts,* Umwelthaftpflichtversicherung und Rettungskostenersatz, S. 21.

[11] Abgedruckt in VerBAV 1965, 5 – linke Spalte; *Vogel/Stockmeier,* S. 80, Rn. 24; *Reemts,* Umwelthaftpflichtversicherung und Rettungskostenersatz, S. 21; *Hinsch,* VersR 1991, S. 1221 ff.; *Klinkhammer,* VP 1991, S. 147; Meyer-Kahlen, VP 1991, S. 109 (118).

[12] HUK 13/63 M v. 21. 6. 1963; *Vogel/Stockmeier,* S. 80, Rn. 24; S. 540, Rn. 1; *Paul,* BB 1965, 18.

[13] *Reemts,* Umwelthaftpflichtversicherung und Rettungskostenersatz, S. 21.

[14] VerBAV 1979, 348; *Vogel/Stockmeier,* S. 80, Rn. 27.

genrisikos, des Abwässeranlagen- und Einwirkungsrisikos, des landwirtschaftlichen Restrisikos und für die Deckung des privaten WHG-Anlagenrisikos aufgenommen sowie der Versicherungsumfang in Bezug auf „vorgezogene Rettungskosten" erhöht[15]. Zu Beginn der 80er Jahre trat dann eine große Anzahl von Versicherungsfällen auf, die zu circa 90% aus Schadenszahlungen für Eigenschäden der VN resultierten; letztere hatten oft jahrelang ihre Firmengrundstücke durch Abtropfen, Verkleckern, Verdampfen oder Verschütten beim Umgang mit wassergefährdenden Stoffen verseucht[16]. Dabei stellte sich zum einen heraus, dass die bei Vertragsschluss zugrunde gelegten Maßstäbe in Bezug auf die betrieblichen Risiken falsch eingeschätzt worden waren, so dass auch die Gestaltung der Prämien nicht adäquat im Verhältnis zu den entstandenen Kosten stand und sich für die VR ein Prämiendefizit ergab[17]. Beinahe verhängnisvoll wurde für die HaftpflichtVR vor allem die Pauschal- oder Globalversicherung, welche alle Anlagen des VN umfassten[18]. Dies führte dazu, dass die HaftpflichtVR ab Mitte der 1980er Jahre eine umfassende Neukonzeption des Versicherungsschutzes forderten.

Mit der Ankündigung der Bundesregierung vom 18. März 1987, ein **Umwelthaftungs-** **3** **gesetz** zu schaffen[19], trafen die HaftpflichtVR zunächst als Sofortmaßnahme eine so genannte WHG-Zwischenlösung: Sie beinhaltete einen Ausschluss der Eigenschäden, Altlasten sowie der Schäden aus dem bestimmungsgemäßen, störungsfreien Betriebsablauf sowie aus dem Ablaufen, Abtropfen oder Verdunsten von wassergefährdenden Stoffen (sog. Normalbetriebsschäden), eine Einschränkung der Vorsorgeversicherung und eine verschärfte Deklarationspflicht[20]. Außerdem begleiteten die VR das Gesetzesvorhaben, um „ein Übermaß an Haftung" und damit eine Kluft zwischen Haftung und Versicherung zu verhindern[21]. Zu diesem Zwecke unterbreiteten die HaftpflichtVR dem Gesetzgeber im Frühjahr 1988 ein „Positionspapier über die Versicherbarkeit von Umweltrisiken", welches unter anderem eine einheitliche Konzeption für die Haftung in den Bereichen Wasser, Boden und Luft, die weitgehende Beschränkung des Versicherungsschutzes auf zivilrechtliche Schäden und nicht Schäden an der Umwelt als solcher, die Erstreckung des Versicherungsschutzes nur auf deklarierte Anlagen und Tätigkeiten sowie den Ausschluss für Klecker- und Normalbetriebsschäden beinhaltete[22]. Kennzeichnend waren damit Deckungseinschränkungen im Bereich der Umweltschäden: Nicht mehr alle Haftungsschäden sollten versicherbar sein[23]. Dabei wurde ausdrücklich klargestellt, dass „sowohl die Erfahrungen aus dem Gewässerschadenbereich als auch die weiteren technologischen Entwicklungen dazu führen, dass das Haftpflichtversicherungsrecht für Umweltschäden dem zugrunde liegenden Haftpflichtrecht bei der Deckung eines Risikos des VN nicht mehr folge"[24].

Im Anschluss an die endgültige Fassung des Umwelthaftungsgesetzes Ende 1990 und des- **4** sen In-Kraft-Treten zum 1. 1. 1991 nahmen die verschiedenen Versicherungsverbände intensive Gespräche auf. Diese Gespräche mündeten im Oktober 1991 in einen gemeinsamen Vorschlag. Die VR stellten der Öffentlichkeit am 15. 11. 1991 als sog. **„Essentials"** vor[25]:

---

[15] VerBAV 1979, 348 (349); *Vogel/Stockmeier*, S. 80, Rn. 27; *Reemts*, Umwelthaftpflichtversicherung und Rettungskostenersatz, S. 20 f.

[16] *Vogel/Stockmeier*, S. 82, Rn. 31; *Gawlik/Michel*, S. 127, Ziff. 4; *Reemts*, Umwelthaftpflichtversicherung und Rettungskostenersatz, S. 22.

[17] *Vogel/Stockmeier*, S. 82, Rn. 31.

[18] *Vogel/Stockmeier*, S. 82, Rn. 31; s. auch *Limberger/Koch*, VersR 1991, 134 f.; *Hinsch*, VersR 1991, 1221 ff.

[19] Abgedruckt in: Presse- und Informationsamt der Bundesregierung, Bulletin 1987 Nr. 27 S. 205 (213); *Reemts*, Umwelthaftpflichtversicherung und Rettungskostenersatz, S. 23.

[20] *Vogel/Stockmeier*, S. 83, Rn. 34.

[21] *Vogel/Stockmeier*, S. 82, Rn. 33.

[22] *Vogel/Stockmeier*, S. 83, Rn. 35.

[23] *Reemts*, Umwelthaftpflichtversicherung und Rettungskostenersatz, S. 24.

[24] *Vogel/Stockmeier*, S. 83, Rn. 36 f.; *Grell*, VW 1987, 1509 (1511, 1513); dagegen *Meyer-Kahlen*, VP 1988, 21; *Küpper*, VP 1988, 101 (104 f.).

[25] *Breining*, VW 1991, 1327 (1328); *Vogel/Stockmeier*, S. 84, Rn. 39.

a) die einheitliche Deckung für Schäden aus dem Bereich Wasser, Boden und Luft und damit die Abkehr von der getrennten Versicherung von Gewässerschäden und Boden- und Luftschäden,

b) eine Notwendigkeit der Einzeldeklaration der zu versichernden Anlagen,

c) eine geänderte Versicherungsfalldefinition,

d) die Regelungen über die Erstattung von Aufwendungen des VN vor Eintritt des Versicherungsfalls,

e) die eingeschränkte Deckung für Normalbetriebsschäden,

f) die Regelungen hinsichtlich der Vor- und Nachhaftung

g) sowie die Serienschadenklausel.

Diese Essentials wurden bei der Entwicklung des **Umwelthaftpflicht-Modells** vom 27. 7. 1992 miteinbezogen. Sie wurden ergänzt um den Risikobaustein in Ziff. 2.7 in den Musterbedingungen des Umwelthaftpflicht-Modells (UmweltHB), der diejenigen umweltrechtlichen Risiken abdeckt, die nicht über die Bausteine Ziff. 2.1 bis 2.6 UmweltHB abgedeckt sind. Viele Kleinbetriebe besitzen keine deklarierungsfähigen oder ‑pflichtigen Anlagen im Sinne der Ziff. 2.1 bis 2.6 UmweltHB. Dies hätte zur Folge gehabt, dass nur für die nicht deklarierbaren Risiken, welche gerade die Ausnahme im Umwelthaftpflicht-Modell darstellen, ein eigener Vertrag hätte geschlossen werden müssen[26]. Dies wurde durch Schaffung einer **Umwelthaftpflicht-Basisversicherung** vermieden, die man an die **Betriebs-/ Berufshaftpflichtversicherung** koppelte.

II. Regelungskonzepte im Umwelthaftpflichtversicherungsrecht

5   Das Umwelthaftpflicht-Modell des HUK-Verbandes aus dem Jahr 1992 ist Ausgangspunkt für den Haftpflichtversicherungsschutz auf dem deutschen Versicherungsmarkt für betriebliche Umweltrisiken. Jedoch gibt es nicht **die** Umwelthaftpflichtversicherung; vielmehr ist die **Umwelthaftpflichtversicherung** nur ein Versicherungstyp unter mehreren, die für die versicherungsrechtliche Abdeckung ökologischer Schäden in Deutschland angeboten wird. Hierzu gehört auch die **Umwelthaftpflicht-Basisversicherung.** Für den Bereich der **Land- und Forstwirtschaft** haben die VR im Oktober 1993 je ein eigenes Umwelthaftpflicht-Modell und eine Umwelthaftpflicht-Basisversicherung geschaffen. Weiterhin finden sich seit Juli 1994 besondere Regelungen für Umweltschäden in den **Berufshaftpflichtbedingungen von Architekten, Bauingenieuren, Beratenden Ingenieuren,** sowie seit September 1996 in jenen von **Umweltbetriebsprüfern und zugelassenen Umweltgutachtern.** Außerdem werden durch die **Gewässerschadenhaftpflichtversicherung** immer noch private Schäden abgedeckt.

1. Umwelthaftpflichtversicherung

6   **a)** Die Umwelthaftpflichtversicherung (UHV) ist ein **Einheitsmodell**[27] für Personen- und Sachschäden und erfasst gemäß den **Umwelthaftpflichtbedingungen des GdV** (UmweltHB) das Umweltanlagenrisiko, das Umweltanlagen-Restrisiko und das Umwelt-Basisrisiko (Umwelt-Restrisiko)[28]. Reine Vermögensschäden werden hingegen nur einschränkend unter den Voraussetzungen von Ziff. 1.2 Abs. 2 UmweltHB erfasst. Da sich die VR nicht in allen Einzelpunkten einig waren, handelt es sich dabei um Musterbedingungen, die den VR unverbindlich empfohlen werden[29]. Dabei wird die UHV neben der Betriebshaftpflichtversicherung als getrennter Vertrag vereinbart[30]. Zuletzt hat der GdV im Mai 2007 die Um-

---

[26] *Vogel/Stockmeier,* S. 85, Rn. 42; S. 532, Rn. 2.

[27] So auch *Reemts,* Umwelthaftpflichtversicherung und Rettungskostenersatz, S. 26; *Schimikowski,* Umwelthaftungsrecht und Umwelthaftpflichtversicherung, Rn. 340.

[28] *Vogel/Stockmeier,* S. 127, Rn. 1.

[29] *Schimikowski,* Umwelthaftungsrecht und Umwelthaftpflichtversicherung, Rn. 340.

[30] *Vogel/Stockmeier,* S. 127, Rn. 1; ähnlich *Laschet* in: *van Bühren,* § 26, Rn. 1.

weltHB an die AHB 2007 inhaltlich angeglichen – ohne dass damit aber weitreichende inhaltliche Änderungen gegenüber der bestehenden Rechtslage beabsichtigt waren.

b) Durch den häufig in Ziff. 5.6 UmweltHB enthaltenen Ausschluss von Aufwendungen **7** für die Sanierung oder Sicherung eigener kontaminierter Betriebsgrundstücke, unabhängig davon, ob es sich um Eigenschäden oder die Abwendung von Drittschäden handelt, gibt es seit einigen Jahren eine eigens geschaffene **Bodenkaskodeckungsversicherung**[31].

2. Umwelthaftpflicht-Basisversicherung

Der **Umwelthaftpflicht-Basisversicherung (UBV)** liegt ein eigenständiges Bedin- **8** gungswerk zugrunde[32], welches sich auf das so genannte **allgemeine Umweltrisiko** laut Ziff. 2.7 UmweltHB und auf Wunsch auch auf das anlagenspezifische **Umweltschaden Regressrisiko** im Sinne von Ziff. 2.6 UmweltHB erstreckt. Ziel dieser separaten Versicherung ist es, eine möglichst einfache Versicherungslösung für die Umweltrisiken vor allem von kleingewerblichen Betrieben zu erreichen, die keine Anlagen i. S. d. Ziff. 2.1 bis 2.6 UmweltHB besitzen oder nicht versichert werden sollen[33]. Damit sollte verhindert werden, dass wegen eines eingeschränkten Umweltrisikos ein separater Vertrag abgeschlossen werden muss, wodurch auch bei der Prämienberechnung höhere Kosten entstanden wären. Daher wird die UBV als Annex zur Betriebs-/Berufshaftpflichtversicherung vereinbart[34].

3. Umwelthaftpflichtversicherung für land- und forstwirtschaftliche Betriebe

Die Entwicklung der Versicherung von land- und forstwirtschaftlichen Risiken[35] mündete **9** im Oktober 1993 in eine **UHV bzw. UBV für land- und forstwirtschaftliche Betriebe (UHV/LF bzw. UBV/LF).** Anders als in einer gewerblichen Betriebshaftpflichtversicherung ist in jeder land- oder forstwirtschaftlichen Betriebshaftpflichtversicherung die UBV/LF enthalten, unabhängig davon, ob Anlagen oder Risiken nach den Ziff. 2.1 bis 2.6 UmweltHB vorhanden sind[36]. Für den Fall, dass umweltrelevante Anlagen vorhanden sind, deren Risiken nicht von der UBV/LF abgedeckt sind, ist es notwendig, eine separate UHV/LF zu vereinbaren. Sie tritt dann neben die in der Betriebshaftpflichtversicherung enthaltene UBV/LF, so dass beide Bedingungswerke gelten[37].

4. Die Versicherung von Umweltrisiken von Architekten, Bauingenieuren und Beratenden Ingenieuren

Für Architekten, Bauingenieure und Beratende Ingenieure besteht aufgrund ihrer planeri- **10** schen Tätigkeit die Gefahr, wegen daraus entstehender Umweltschäden in Anspruch genommen zu werden. Gerade bei der Planung von Gebäuden oder einer Anlage kann es zu schadensträchtigen Fehlern kommen. Diese Haftungsrisiken wurden im Juli 1994 durch Sonderregelungen innerhalb der Bedingungswerke der **Berufshaftpflichtversicherung** dieser Berufsgruppen aufgenommen[38].

---

[31] *Grote,* VP 1996, 21 ff.; *Schimikowski,* Umwelthaftungsrecht und Umwelthaftpflichtversicherung, Rn. 429; *Sieg,* PHi 2001, 228 (229).

[32] *Vogel/Stockmeier,* S. 531, Rn. 1.

[33] *Reemts,* Umwelthaftpflichtversicherung und Rettungskostenersatz, S. 26; *Vogel/Stockmeier,* S. 531, Rn. 2.

[34] *Reemts,* Umwelthaftpflichtversicherung und Rettungskostenersatz, S. 35.

[35] Im Einzelnen *Vogel/Stockmeier,* S. 540, Rn. 1 ff.

[36] Rundschreiben des HUK-Verbandes H 40/93 M v. 10. 11. 1993 mit Ergänzung H 36/84 M vom 29. 8. 1994; *Vogel/Stockmeier,* S. 545, Rn. 12.

[37] *Vogel/Stockmeier,* S. 545, Rn. 13.

[38] Rundschreiben des HUK-Verbandes H 26/94 M v. 8. 7. 1994 mit Ergänzung H 34/94 M v. 17. 8. 1994; *Vogel/Stockmeier,* S. 555, Rn. 3.

5. Die Versicherung von Umweltrisiken von Umweltbetriebsprüfern und zugelassenen Umweltgutachtern

11   Durch das In-Kraft-Treten der sog. EG-Öko-Audit-Verordnung am 13. 4. 1995[39] wurde das Berufsbild des zugelassenen Umweltgutachters und Umweltbetriebsprüfers geschaffen. Ein unabhängiger **Umweltbetriebsprüfer** muss alle drei Jahre die Funktionsfähigkeit des Umweltmanagements eines Betriebes, insbesondere Dokumentation und Effektivität von Umweltpolitik, Umweltzielen, Umweltprogrammen und Umweltmanagementsystemen überprüfen[40]. Die Ergebnisse der Umweltbetriebsprüfung werden mit der Unternehmensleitung abgestimmt und Schwachstellen werden beseitigt. Daraufhin wird von dem Betrieb eine standortspezifische Umwelterklärung abgegeben, die ein **zugelassener Umweltgutachter** auf die Zuverlässigkeit der Daten und Informationen sowie unter Berücksichtigung aller für den Standort relevanten Fragestellungen zu überprüfen hat. Durch die sog. Gültigkeitserklärung erklärt er die Gültigkeit der Umwelterklärung und bestätigt, dass Umweltpolitik, Umweltziel, Umweltprogramm und Umweltmanagementsystem sowie Umwelterklärung mit der EG-Öko-Audit-Verordnung übereinstimmen[41]. Auch die Abdeckung dieser Risiken wurde im September 1996 durch Sonderregelungen in die Bedingungswerke der **Berufshaftpflichtversicherung** dieser Berufsgruppen aufgenommen[42].

6. Gewässerschadenhaftpflichtversicherung

12   Während die Versicherungswirtschaft für gewerbliche und industrielle Risiken die Umwelthaftpflichtversicherung anbietet, bleibt die **Gewässerschadenhaftpflichtversicherung** für den privaten Bereich weiterhin bedeutsam[43].

B. Rechtsgrundlagen

I. Gesetzliche Rahmenbedingungen

13   Hier ist grundlegend auf die Ausführungen zur Haftpflichtversicherung in diesem Handbuch (s. *Schneider*, § 24 Rn. 1 ff.) zu verweisen.

II. Versicherungsbedingungen

1. Allgemeine Haftpflichtversicherungsbedingungen (AHB)

14   Bei der Haftpflichtversicherung sind sämtliche Umweltrisiken durch Ziff. 7.10 (b) AHB 2008 ausgeschlossen. Sie sind daher nicht von der Betriebshaftpflichtversicherung gedeckt (so genannte **„Nullstellung"** der AHB). Zweck der Nullstellung ist es überdies, eine unerwünschte „Doppelversicherung" zu vermeiden. Die Deckung der Umwelthaftpflichtversicherung, die einen eigenständigen Vertrag neben der Betriebshaftpflichtversicherung darstellt[44], soll sich mit der Deckung der (allgemeinen) Haftpflichtversicherung nicht überschneiden. Bis zum Zeitpunkt der Bedingungsfreigabe wurde dieser Umweltausschluss durch eine von den VR abgegebene geschäftsplanmäßige Erklärung insoweit eingeschränkt, dass der Ausschluss nicht für das private Haftpflichtrisiko und die Produkthaftpflicht aus dem nicht anlagenspezifischen Umweltproduktrisiko, wozu auch das Abfallrisiko gehörte, galt[45].

---

[39] Verordnung des Rates der EU v. 29. 7. 1993 – EWG – Nr. 1836/93.
[40] *Vogel/Stockmeier*, S. 565, Rn. 3.
[41] *Vogel/Stockmeier*, S. 565, Rn. 4.
[42] Rundschreiben des HUK-Verbandes H 30/96 M v. 17. 9. 1996; *Vogel/Stockmeier*, S. 565, Rn. 5.
[43] *Schimikowski*, Umwelthaftungsrecht und Umwelthaftpflichtversicherung, Rn. 310.
[44] *Vogel/Stockmeier*, S. 91, Rn. 2; *Schimikowski*, Umwelthaftungsrecht und Umwelthaftpflichtversicherung, Rn. 342; *Gawlik/Michel*, S. 130, Ziff. 4.2.1.1.
[45] *Vogel/Stockmeier*, S. 92, Rn. 5; *Schimikowski*, Umweltversicherungsrecht, Rn. 342; *Gawlik/Michel*, S. 130, Ziff. 4.2.1.2.

Durch das 3. Durchführungsgesetz/EWG zum VAG vom 29.7. 1994 sind geschäftsplanmäßige Erklärungen allerdings nicht mehr Gegenstand des genehmigungspflichtigen Geschäftsplans nach § 5 Abs. 3 VAG[46]. Danach ist die geschäftsplanmäßige Erklärung nur noch für die bis zum 30.6. 1994 geschlossenen Versicherungsverträge bindend. Das BAFin geht jedoch weiterhin von einer Bindungswirkung der VU für Verträge, die nach diesem Zeitpunkt geschlossen werden, aus, solange sie dem BAFin keine abweichende Mitteilung machen. Auch besteht nach Ansicht des BAFin weiterhin für VU die Möglichkeit, Erklärungen zugunsten der VN abzugeben, auf deren Einhaltung das BAFin achtet[47]. Grundsätzlich bedarf es jedoch ohne Abgabe einer geschäftsplanmäßigen Erklärung des VR einer vertraglichen Vereinbarung, die durch einen entsprechenden Zusatz in Ziff. 7.10 (b) AHB 2008 erreicht werden kann[48].

Problematisch ist der Fall, dass ein VR die **geschäftsplanmäßige Erklärung** zu Ziff. 7.10 **15** (b) AHB 2008 abgegeben hat, jedoch eine entsprechende Ergänzung von Ziff. 7.10 (b) AHB 2008 in seinen Bedingungen nicht vorgenommen hat. Unmittelbarer Vertraginhalt ist die geschäftsplanmäßige Erklärung dann, wenn auf sie im Antragsformular oder in den Bedingungen verwiesen wird[49]. Ansonsten hat eine geschäftsplanmäßige Erklärung öffentlich-rechtliche Bedeutung. Sie ist nicht auf den Abschluss eines zivilrechtlichen Vertrages, etwa eines Vertrages zugunsten Dritter, gerichtet und auch nicht Bestandteil der AVB[50]. Allerdings kann die gegenüber dem BAV abgegebene Verpflichtungserklärung im Einzelfall Rückwirkungen auf ein Versicherungsverhältnis haben, wenn sie dem VN ein Recht auf die Beachtung eingegangener Verpflichtungen einräumt[51]. Dies soll zumindest immer dann zutreffen, wenn es sich um eine vertragsspezifische geschäftsplanmäßige Erklärung handelt, die den VN begünstigt und vom BAV veröffentlicht worden ist, was bei der geschäftsplanmäßigen Erklärung zu Ziff. 7.10 (b) AHB 2008 gegeben ist[52].

2. Ratio von Ziff. 7.10 (b) AHB 2008

a) Von der Versicherung ausgeschlossen sind nach Ziff. 7.10 (a) Abs. 1 AHB 2008 „An **16** sprüche, die gegen den Versicherungsnehmer wegen Umweltschäden gemäß Umweltschadensgesetz oder anderen auf der EU-Umwelthaftungsrichtlinie (2004/35/EG) basierenden nationalen Umsetzungsgesetzen geltend gemacht werden. Dies gilt auch dann, wenn der Versicherungsnehmer von einem Dritten aufgrund gesetzlicher Haftpflichtbestimmungen privatrechtlichen Inhalts auf Erstattung der durch solche Umweltschäden entstandenen Kosten in Anspruch genommen wird". Dagegen bleibt nach Abs. 2 der Versicherungsschutz für solche Ansprüche erhalten, die auch ohne Bestehen des Umweltschadensgesetzes oder anderer auf der EU-Umwelthaftungsrichtlinie (2004/35/EG) basierender nationaler Umsetzungsgesetze bereits aufgrund gesetzlicher Haftpflichtbestimmungen privatrechtlichen Inhalts gegen den Versicherungsnehmer geltend gemacht werden könnten. Dieser Ausschluss gilt ausdrücklich nicht im Rahmen der Versicherung privater Haftpflichtrisiken.

Der **Begriff des Umweltschadens** wird in § 2 Nr. 1 USchadG als eine Schädigung von Arten und natürlichen Lebensräumen nach Maßgabe des § 21a des Bundesnaturschutzgesetzes, eine Schädigung der Gewässer nach Maßgabe des § 22a des Wasserhaushaltsgesetzes und eine Schädigung des Bodens durch eine Beeinträchtigung der Bodenfunktionen im Sinn des § 2 Abs. 2 des Bundes-Bodenschutzgesetzes, die durch eine direkte oder indirekte Einbrin-

[46] *Vogel/Stockmeier*, S. 108, Rn. 57; *Präve*, VW 1994, 800 (802).
[47] VerBAV 1994, 286 (287); *Vogel/Stockmeier*, S. 109, Rn. 58.
[48] So auch Empfehlung des HUK-Verbandes H 43/94 M v. 24.10. 1994, 4; *Vogel/Stockmeier*, S. 109, Rn. 59.
[49] *Vogel/Stockmeier*, S. 109, Rn. 60; *Glauber*, VersR 1993, 12 (13f.).
[50] BGH v. 13.7. 1988, BGHZ 105, 140 (151); BGH v. 7.2. 1996, VersR 1996, 486 (487) = NJW 1996, 1409 (1410); *Glauber*, VersR 1993, 12 (14f.) zum Meinungsstand *Vogel/Stockmeier*, S. 110, Rn. 61.
[51] BGH v. 7.2. 1996, VersR 1996, 486 (487) = NJW 1996, 1409 (1410); *Vogel/Stockmeier*, S. 110, Rn. 61.
[52] *Glauber*, VersR 1993, 12 (15); *Vogel/Stockmeier*, S. 110, Rn. 61.

gung von Stoffen, Zubereitungen, Organismen oder Mikroorganismen in, auf oder unter den Boden hervorgerufen wurde und Gefahren für die menschliche Gesundheit verursacht, definiert. Auch die Begriffe **„Schaden"** und **„Schädigung"** werden in § 2 Nr. 2 USchadG legal definiert als „eine direkt oder indirekt eintretende feststellbare nachteilige Veränderung einer natürlichen Ressource (Arten und natürliche Lebensräume, Gewässer und Boden) oder Beeinträchtigung der Funktion einer natürlichen Ressource". Diese Begriffsbestimmung dient der Umsetzung von Artikel 2 der Umwelthaftungsrichtlinie, was jedoch nicht bedeutet, dass bereits jede feststellbare nachteilige Veränderung in diesem Sinne immer einen Umweltschaden darstellt. Denn durch die Bezugnahme auf § 21 a BNatSchG und § 22 a WHG ist der Begriff des Umweltschadens enger und erfordert das Vorliegen **erheblicher nachteiliger Auswirkungen** auf die genannten Güter.

b) Nach dem Wortlaut von Ziff. 7.10 (b) AHB 2008 sind „Schäden durch **Umwelteinwirkungen"** von der Haftpflichtversicherung ausgeschlossen[53], wobei der VR für das Vorliegen der Tatbestandsvoraussetzungen die Beweislast trägt[54]. Jedoch definieren weder die UmweltHB noch Ziff. 7.10 (b) AHB 2008, was unter dem Begriff der Umwelteinwirkungen zu verstehen ist[55]. Vielmehr wird auf die gesetzliche Definition in § 3 Abs. 1 UmweltHG rekurriert, wonach „ein Schaden durch Umwelteinwirkung (entsteht), wenn er durch Stoffe, Erschütterungen, Geräusche, Strahlen, Gase, Dämpfe, Wärme oder sonstige Erscheinungen verursacht wird, die sich **in Boden, Luft oder Wasser ausgebreitet haben"**. Daraus folgt, dass zwar eine **Ausbreitung,** aber **keine Einwirkung** oder sogar eine Beeinträchtigung von Boden, Luft oder Wasser notwendig ist[56]. Im Gegensatz zu § 3 Abs. 1 UmweltHG enthielt zuvor der Wortlaut des § 4 Abs. 1 Nr. 8 AHB 2004 den Zusatz „Schäden durch **Umwelteinwirkungen auf Boden, Luft oder Wasser".** Hieraus wurde teilweise gefolgert, dass eine Einwirkung auf Boden, Luft oder Wasser stattgefunden haben muss[57]. Um Unklarheiten zu vermeiden, hat der GdV seit Juni 1998 die Worte **„auf Boden, Luft oder Wasser"** in den AHB **gestrichen.** Damit soll die Anknüpfung nur an den Begriff der Umwelteinwirkung in § 3 Abs. 1 UmweltHG erfolgen[58].

2 a. Nullstellung durch Ziff. 7.10 AHB 2008

16a   Ziff. 7.10 (b) AHB 2008 schließt Haftpflichtansprüche wegen Schäden durch Umwelteinwirkungen aus. Eine Rückausnahme gilt wiederum im Rahmen der Versicherung privater Haftpflichtrisiken oder im Rahmen der Produkthaftpflichtversicherung. Das führt dazu, dass private VN Umweltrisiken über die Privathaftpflichtversicherung absichern können und es insoweit nicht der Vereinbarung einer UHV bedarf. Auch im Rahmen der Produkthaftpflichtversicherung sind Schäden an der Umwelt versichert, ohne dass der VN auf den Abschluss einer UHV verwiesen wird. Ausgenommen vom Versicherungsschutz der allgemeinen Haftpflichtversicherung sind jedoch nach Ziff. 7.10 (b) Abs. 2 AHB 2008 solche Schäden durch Umwelteinwirkung, die aus der Planung, Herstellung, Lieferung, Montage, Demontage, Instandhaltung oder Wartung von WHG-Anlagen, UmweltHG-Anlagen, Anlagen, die nach dem Umweltschutz dienenden Bestimmungen einer Genehmigung bedürfen und allgemein von Abwasseranlagen resultieren, oder aus Teilen, die ersichtlich für solche Anlagen bestimmt sind.

Anders als § 4 Abs. 1 Nr. 8 AHB 2004, nimmt Ziff. 7.10 (b) AHB 2008 ihrem Wortlaut nach „alle sich" aus Umwelteinwirkungen „ergebenden weiteren Schäden"[59] aus der De-

---

[53] S. *Schneider* in diesem Handbuch, § 24, Rn. 82.

[54] *Sieg,* PHi 2001, 228 (229).

[55] Zur Vorgängerbestimmung in § 4 Abs. 1 Nr. 8 AHB: s. *Vogel/Stockmeier,* S. 93, Rn. 9; *Schimikowski,* Umweltversicherungsrecht, Rn. 343; *Gawlik/Michel,* S. 135, Ziff. 4.4.2.

[56] *Schmidt-Salzer/Schramm,* Umwelthaftpflichtversicherung, Rn. 1.61; *Vogel/Stockmeier,* S. 94, Rn. 12.

[57] *Röhrig,* PHi 1994, 156 (157); zu diesem alten Streitpunkt *Vogel/Stockmeier,* S. 94, Rn. 12 ff.

[58] HUK-Verband, Beil. VW 24/1998, 16; *Vogel,* PHi 1999, 2 (4); *Schimikowski,* Umweltversicherungsrecht, Rn. 343.

[59] So noch § 4 Abs. 1 Nr. 8 AHB 2004.

ckung der Haftpflichtversicherung aus. An der bisherigen Rechtslage ändert sich indes nichts. Ziffer 1.1 AHB 2008 bestimmt nämlich, dass das versicherte Schadenereignis das „Ereignis (ist), als dessen Folge die Schädigung des Dritten **unmittelbar** entstanden ist". Dadurch wird klargestellt, dass zwischen dem schädigenden Erst-Ereignis und der Schädigung ein Zusammenhang bestehen muss, der enger ist als eine bloße Verknüpfung nach der Adäquanztheorie. An einer solchen Unmittelbarkeit wird es indes bei Folgeschäden fehlen, denn sie gehen unmittelbar nicht auf das schädigende Erst-Ereignis zurück, sondern auf ein dazwischengetretenes anderes Ereignis; sie ergeben sich aus dem (vorangegangenen) Verletzungsschaden[60]. Dafür sprechen iÜ auch teleologische Erwägungen: Ziel der Nullstellung ist es, eine Doppelversicherung zu vermeiden. Folgeschäden sind aber über Ziff. 1.2 UmweltHB durch die UHV gedeckt. Zudem wäre es wertungswidersprüchlich, wären unmittelbare Schäden nicht vom Versicherungsumfang erfasst, wohl aber nur mittelbare Folgeschäden.

3. Deckungslücken innerhalb von Ziff. 7.10 AHB 2008

Die Anwendung von Ziff. 7.10 AHB 2008 führt zu **Deckungslücken.** So sind Schäden durch das Ausfahren von Dünge- und Pflanzenschutzmitteln, von Jauche, Gülle oder festem Stalldung gem. Ziff. 1.3 Abs. 2 der UBV/LF sowie der inhaltsgleichen Ziff. 2 Abs. 4 der UHV/LF nicht gedeckt[61]. Darüber hinaus schließt Ziff. 6.15 UHV/LF bzw. UBV/LF Schäden durch den Gebrauch eines Kfz aus. Hintergrund dieser Regelungen ist § 10 AKB, wonach der **Kfz-Versicherer für Schäden aufkommen muss, die durch den Gebrauch des Fahrzeugs eintreten.** Dabei ist der Begriff des Gebrauchs weiter als der Begriff des Betriebs im Sinne von § 7 StVG. Letzterer ist zwar auch weit gefasst und erstreckt sich auf den gesamten Betriebsvorgang der Fahrt[62]; der Gebrauch umfasst darüber hinaus aber auch z. B. den Einsatz des Fahrzeugs als Arbeitsmaschine[63]. Zweifelhaft ist jedoch, ob für diesen Fall die Kfz-Haftpflichtversicherung eingreifen würde. Grund für diese Regelung in Ziff. 6.15 UHV/LF ist, dass alle typischen vom Gebrauch des Fahrzeugs selbst und mittelbar ausgehenden Gefahren durch die Kfz-Versicherung abgedeckt werden sollen. Dies ist dann der Fall, wenn die Zugmaschine nicht ordnungsgemäß funktioniert, sei es durch eine Fehlbedienung oder aufgrund mangelhafter Einrichtungen. Beruht der Schaden aber darauf, dass ein durch das Kfz betriebenes Gerät mangelhaft war (zum Beispiel ein landwirtschaftliches Spritzgerät), greift die Kfz-Haftpflichtversicherung gerade nicht, weil der Schaden hauptsächlich auf die landwirtschaftliche Betriebstätigkeit zurückzuführen ist und nicht auf die Verwendung des Kraftfahrzeugs[64]. Es besteht daher kein Versicherungsschutz.

4. Einordnung der Umwelthaftpflichtversicherung

Neben der **Betriebshaftpflichtversicherung,** die die Risiken einer betrieblichen oder beruflichen Beschäftigung abdeckt[65], und der **Produkthaftpflichtversicherung**[66], die für Risiken durch das Inverkehrbringen von Produkten abgeschlossen werden kann, erfasst die **Umwelthaftpflichtversicherung** die Risiken von Unternehmen, die durch Umwelteinwirkungen von umweltrelevanten Anlagen im Betrieb oder sonstigen betrieblichen Tätigkeiten entstehen[67]. Allerdings werden nicht alle Umweltrisiken von der Umwelthaftpflichtversicherung abgedeckt. Durch die geschäftsplanmäßige Erklärung der VR zu Ziff. 7.10 (b) AHB

---

[60] Bamberger/Roth/*Schubert,* § 249, Rn. 42.
[61] Vgl. auch HUK Rundschreiben H 40/93; *Schimikowski,* Umweltversicherungsrecht, Rn. 344; *Vogel/Stockmeier,* S. 545, Rn. 14.
[62] *Medicus,* Bürgerliches Recht, 20. Aufl. 2004, Rn. 633.
[63] OLG Köln v. 10. 2. 1993, VersR 1994; 108; *Vogel/Stockmeier,* S. 196, Rn. 169; BGH v. 27. 5. 1975, NJW 1975, 1886; *Medicus,* Bürgerliches Recht, 20. Aufl. 2004, Rn. 633.
[64] BGH v. 27. 10. 1993, VersR 1994, 83 = r+s, 1994, 2; *Schimikowski,* Umweltversicherungsrecht, Rn. 344; *Vogel/Stockmeier,* S. 196, Rn. 170; *Wussow,* VersR 1996, 668 (670); HUK-Verband Rundschreiben HUKR 23/91 M v. 3. 7. 1991.
[65] S. dazu insbes. *v. Rintelen* in diesem Handbuch, § 26.
[66] S. dazu insbes. *Schneider* in diesem Handbuch, § 25.
[67] *Gawlik/Michel,* S. 128, Ziff. 4.1.

2008 werden Umweltrisiken der privaten Haftpflichtversicherung, der Produkt- und Abfallhaftung grundsätzlich nicht erfasst. Jedoch ist dabei insoweit eine Einschränkung zu machen, als das spezielle Produktrisiko gemäß Ziff. 2.6 UmweltHB über einen Ausschluss in der geschäftsplanmäßigen Erklärung wieder der UHV unterfällt[68]. Wegen der Freigabe der VersBedingungen sind durch die VR Änderungen im Bereich der Umweltversicherung vorgenommen worden. Dieser Bearbeitung sind die Bedingungen des Gesamtverbandes der Deutschen Versicherungswirtschaft e. V. (GdV), dem Nachfolger des HUK-Verbandes, nach dem Stand Mai 2007 zugrunde gelegt.

5. Bedingungswerke im Umwelthaftpflichtversicherungsrecht

19   **a) Umwelthaftpflichtversicherung.** *aa)* Nach Ziff. 1.1 der UmweltHB richtet sich der **Versicherungsschutz** nach den AHB und den in der UmweltHB enthaltenen Vereinbarungen. Die AHB erfahren durch die UmweltHB Modifizierungen und Ergänzungen, einige Bedingungen entfallen[69]. Modifizierungen finden sich in Bezug auf den Gegenstand der Versicherung (vgl. Ziff. 1 AHB und Ziff. 1 und 4 UmweltHB), zu den Erhöhungen und Erweiterungen des versicherten Risikos (vgl. Ziff. 3.1 Abs. 2, 3.2 AHB und Ziff. 3.2 UmweltHB), zur Vorsorgeversicherung (vgl. Ziff. 4 AHB und Ziff. 3.1 UmweltHB), zum Versicherungsfall (vgl. Ziff. 1.1 AHB und Ziff. 4 UmweltHB) und zur Serienschadenklausel (vgl. Ziff. 6.3 AHB und Ziff. 7.2 UmweltHB). Viele der Ausschlussregelungen in Ziff. 7 AHB werden übernommen. Zum Teil werden sie aber auch abbedungen.

20   *bb)* Die **Bodenkaskoversicherung** richtet sich in den meisten Fällen nach dem BBodSchG. Die versicherungsrechtliche Abdeckung umfasst die Kosten nach § 24 BBodSchG, beispielsweise Kosten der Sanierungsuntersuchung und Sanierungsplanung nach § 13 BBodSchG, die erforderlichen Sachverständigenkosten nach § 18 BBodSchG, aber auch die Wiederherstellung des Grundstücks. In der Regel besteht aber Versicherungsschutz nur dann, wenn auch die Möglichkeit eines Drittschadens besteht; ein Eigenschaden reicht nicht aus. Weiterhin begrenzt sich der Versicherungsschutz nur auf den aktuellen Grundstückseigentümer, Mieter oder Pächter im Sinne von § 4 Abs. 2 BBodSchG[70].

21   **b) Umwelthaftpflicht-Basisversicherung.** Der Aufbau des Bedingungswerks der UBV ist im Wesentlichen dem der UHV nachgebildet, unterscheidet sich jedoch aufgrund der Ziff. 1 bis 3. Während Ziff. 1.2. UmweltHB die gemäß Ziff. 2 UmweltHB versicherten Risiken abdeckt, beschränkt sich der Versicherungsschutz in Ziff. 1.1 UmweltBV nur auf Fälle, in denen die **„Umwelteinwirkung nicht von Anlagen oder Tätigkeiten ausgeht oder ausgegangen ist,** die unter Ziff. 2 UmweltBV fallen". Ziff. 2 UmweltBV enthält eine **Risikobeschränkung,** in der die Ziff. 2.1 bis 2.6 UmweltHB wörtlich aufgenommen wurden und von der UBV ausgeschlossen worden sind. Gemäß Ziff. 3 UmweltBV kann der Versicherungsschutz fakultativ auf das **Umweltschaden-Regressrisiko** i. S. v. Ziff. 2.6 UmweltBV bzw. der UmweltHB erweitert werden. Die weiteren Ziff. 4 bis 9 UmweltBV sind dem Wortlaut nach mit den Ziff. der UmweltHB nahezu identisch[71].

22   **c) Umweltversicherung für land- und forstwirtschaftliche Betriebe.** *aa)* Während die Ziff. 1.1 bis 1.4 **UmweltHB/LF** identisch mit denen der UHV sind, enthält Ziff. 1.5 UmweltHB/LF keinen Hinweis auf Ziff. 2.7 UmweltHB, da dieser in den UmweltHB/LF nicht enthalten ist. Außerdem sind die Ziff. 1.5.3 bis 1.9 UmweltHB nicht in die UmweltHB/LF übernommen. Ziff. 2 UmweltHB/LF ist bis auf die nicht aufgenommenen Ziff. 2.6 und 2.7 UmweltHB identisch. Auch im Übrigen ergeben sich keine wesentlichen Unterschiede zu den UmweltHB[72].

---

[68] HUK-Verband, Beil. VW 24/1993, 14; *Vogel/Stockmeier,* S. 247, Rn. 7.
[69] *Vogel/Stockmeier,* S. 128, Rn. 3.
[70] *Schimikowski,* Umweltversicherungsrecht, Rn. 429 ff.; *ders.* VersR 1998, 1452 (1458 ff.).
[71] Umfassend *Vogel/Stockmeier,* S. 531, Rn. 1 ff.
[72] Umfassend *Vogel/Stockmeier,* S. 552, Rn. 35 ff.

bb) Die **UBV/LF** ist hinsichtlich der Ziff. 1 und 2 mit den UmweltHB nahezu identisch. 23
In Ziff. 1.3 Abs. 2 UBV/LF findet sich jedoch ein weiterer Ausschluss für die „Verwendung
von Klärschlamm, Jauche, Gülle, festem Stalldung, Pflanzenschutz- und Düngemitteln". In
Ziff. 3 sind die unterschiedlichen mitversicherten Anlagen detailliert aufgeführt. Die sonstigen Bestimmungen entsprechen bis auf wenige Ausnahmen den UmweltHB[73].

d) Die Versicherung von Umweltrisiken von Architekten, Bauingenieuren und 24
Beratenden Ingenieuren. Im Vertragsteil Teil A der **Berufshaftpflichtversicherung** ist
geregelt, dass Versicherungsschutz auf Grundlage der **AHB** gewährt wird, soweit die besonderen Bedingungen nichts anderes bestimmen. Dies geschieht für die Abdeckung des Umweltrisikos zum einen durch die Einbeziehung von Schäden durch Umwelteinwirkung durch
vom VN erbrachte Arbeiten und sonstige Leistungen in Ziff. 1.1 Abs. 2 der besonderen Bedingungen. Zum anderen enthält Teil C der **Berufshaftpflichtversicherung** eine UBV, die
alle sonstigen denkbaren Schäden durch Umwelteinwirkung abdeckt, soweit der VN nicht
Anlageninhaber im Sinne der Ziff. 2.1 bis 2.5 UmweltHB ist[74].

e) Die Versicherung von Umweltrisiken von Umweltbetriebsprüfern und zuge- 25
lassenen Umweltgutachtern. Für die **Berufshaftpflichtversicherung** dieser Berufsgruppen ergeben sich vom Aufbau für die Versicherung von Umweltschäden keine wesentlichen
Unterschiede zu denen der Architekten, Bauingenieure und Beratenden Ingenieure, so dass
insoweit darauf verwiesen werden kann[75].

C. Umwelthaftpflichtversicherung

I. Umfang des Versicherungsschutzes

1. Versicherte Gefahren

a) Allgemeines. Nach Ziff. 1.2 UmweltHB erstreckt sich die Umwelthaftpflichtversi- 26
cherung im Gegensatz zu Ziff. 1.1 AHB nur auf die **„gesetzliche Haftpflicht privatrecht-**
lichen Inhalts des VN wegen Personen- und Sachschaden aufgrund von **Umwelteinwir-**
kungen für die gemäß Ziff. 2 in Versicherung gegebenen Risiken". Außerdem fehlt es in
Ziff. 1.2 UmweltHB an einer Bestimmung, nach der eine Inanspruchnahme des Dritten auf
Schadensersatz durch den VN zu erfolgen hat. In der Auslegung ergeben sich jedoch nach
überwiegender Auffassung keine Unterschiede zu Ziff. 1.1 AHB[76]. Nach Ziff. 1.1 UmweltHB richtet sich der Versicherungsschutz nach den AHB, so dass Ziff. 1.2 UmweltHB
die Bestimmung von Ziff. 1.1 AHB lediglich ergänzt und nicht ersetzt[77]. Daher sind die von
der gesetzlichen Haftpflicht privatrechtlichen Inhalts umfassten Ansprüche mit denen aus
Ziff. 1.1 AHB[78] identisch. In der Umwelthaftpflichtversicherung spielen aber vor allem die
Ansprüche aus **§ 823 BGB**[79], **§ 906 Abs. 2 Satz 2 BGB analog**[80], **§ 1004 BGB**[81], **§ 22**
WHG[82], **§ 14 Satz 2 BImSchG**[83], **aus dem UmweltHG**[84], **aus §§ 1 bis 3 Haft-**

---

[73] Umfassend *Vogel/Stockmeier*, S. 546, Rn. 17 ff.

[74] Umfassend *Vogel/Stockmeier*, S. 554, Rn. 1 ff.

[75] Umfassend *Vogel/Stockmeier*, S. 564, Rn. 1 ff.

[76] S. dazu *Schneider* in diesem Handbuch, § 24, Rn. 24 ff.

[77] HUK-Verband, Beil. VW 24/1993, 17, 19; zum Meinungsstand *Vogel/Stockmeier*, S. 186, Rn. 137 f.;
S. 209, Rn. 207.

[78] S. dazu *Schneider* in diesem Handbuch, § 24, Rn. 24 ff.

[79] *Vogel/Stockmeier*, S. 187, Rn. 141 f.; *Schimikowski*, Umweltversicherungsrecht, Rn. 42 ff.

[80] S. dazu *Schneider* in diesem Handbuch, § 24, Rn. 26; BGH v. 11. 6. 1999, r+s 1999, 407 = VersR
1999, 1139; *Schimikowski*, PHi 2002, 37.

[81] S. dazu *Schneider* in diesem Handbuch, § 24, Rn. 26; BGH v. 8. 12. 1999, r+s 2000, 100 = VersR
2000, 311; *Schimikowski*, PHi 2002, 37; ablehnend BGH v. 16. 2. 2001, VersR 2001, 1251.

[82] *Vogel/Stockmeier*, S. 192, Rn. 162 f.; *Schimikowski*, Umweltversicherungsrecht, Rn. 119 ff.

[83] *Vogel/Stockmeier*, S. 203, Rn. 190.

[84] *Vogel/Stockmeier*, S. 191, Rn. 155; *Schimikowski*, Umweltversicherungsrecht, Rn. 140 ff.

pflichtG[85] **sowie § 33 Abs. 1 LuftVG**[86] **und § 7 StVG**[87] eine große Rolle. Öffentlich-rechtliche Ansprüche, die keine Ansprüche privatrechtlichen Inhalts sind, werden grundsätzlich nicht vom Versicherungsschutz erfasst, es sei denn, es bestehen parallel auch zivilrechtliche Ansprüche. In diesem Fall kommt es nicht darauf an, ob der Geschädigte seine Ansprüche auf privatrechtliche oder öffentlich-rechtliche Grundlagen stützt, entscheidend ist nur, dass der Anspruch auch auf eine privatrechtliche Grundlage gestützt werden könnte[88].

27   **b) Schadensarten.** Nach Ziff. 1.2 UmweltHB werden **Personen- und Sachschäden** erfasst. Eine Definition für beide Begriffe findet sich in Ziff. 4 UmweltHB; anders als in § 1 Abs. 1 AHB 2004 enthält Ziff. 1.1 AHB 2008 keine Definition mehr, sondern setzt sie vielmehr voraus. Gleichwohl dürften die Begriffe des Personen- und des Sachschadens in beiden Bedingungswerken identisch sein[89]. Erfasst sind damit wohl Schadensereignisse, die den Tod, die Verletzung oder Gesundheitsbeschädigung von Menschen (Personenschaden) oder die Beschädigung oder Vernichtung von Sachen (Sachschäden) zur Folge haben"[90]. Sachen sind **körperliche Gegenstände**, die im Raum abgrenzbar sein müssen[91], d. h. durch eigene körperliche Begrenzung, durch Fassung in einem Behältnis oder durch künstliche Mittel wie Grenzsteine oder Einzeichnung in Karten[92]. Daraus folgt, dass unter den Begriff der Personen- und Sachschäden in Ziffer 1.2 UmweltHB Schäden am Boden, an der freien Luft, fließendem Wasser, Grundwasser und Schnee (sog. „Allgemeingüter"[93]) nicht fallen. Sie sind vom Umfang der UHV nicht erfasst[94]. Umgekehrt bedeutet dies, dass Wasser in Behältnissen wie Rohren, Brunnen und Teichen wegen der räumlichen Begrenzung eine Sache darstellt und eine Kontamination einen Sachschaden darstellt[95]. Dies gilt auch für das Grundwasser, wenn es sich in abgeschlossenen Grundwasserseen befindet[96].

28   Außerdem findet sich im zweiten Absatz von Ziff. 1.2 UmweltHB eine Regelung, wonach gemäß Ziff. 2.1 AHB 2008 **Vermögensschäden**[97] aus Verletzung von Aneignungsrechten, des Rechts am eingerichteten und ausgeübten Gewerbebetrieb, wasserrechtlichen Benutzungsrechten oder -befugnissen mitversichert sind. Sie werden wie Sachschäden behandelt. Durch diese Regelung werden **abschließend aufgezählte Vermögensschäden** mitversichert[98]. Dabei ist der Begriff des Aneignungsrechts mit dem aus § 958 Abs. 2 BGB identisch und umfasst dabei insbesondere Aneignungen in den Bereichen des Jagdrechts (§ 1 BJagdG), des Fischereirechts (Art. 69 EGBGB), der Grunddienstbarkeiten (Art. 115 EGBGB) und der Reallasten (Art. 128 EGBGB)[99]. Durch die Behandlung als Sachschäden braucht deshalb keine gesonderte Deckungssumme für Vermögensschäden vereinbart zu werden, weil sie unter die Sachschaden-Deckungssumme fallen.

29   **c) Umwelteinwirkung.** Dieser Begriff ist in den UmweltHB nicht definiert. Stattdessen wird hierzu die gesetzliche Definition in § 3 Abs. 1 UmweltHG herangezogen. Danach „ent-

---

[85] *Vogel/Stockmeier,* S. 189, Rn. 148 f.; *Schimikowski,* Umweltversicherungsrecht, Rn. 94 ff.
[86] *Vogel/Stockmeier,* S. 194, Rn. 165; *Schimikowski,* Umweltversicherungsrecht, Rn. 130 ff.
[87] *Vogel/Stockmeier,* S. 194, Rn. 166 f.; *Schimikowski,* Umweltversicherungsrecht, Rn. 134 ff.; zur Konkurrenz mit der Kfz-Haftpflichtversicherung bei Schäden durch Gebrauch eines Kfz s. o. Rn. 17.
[88] *Schimikowski,* PHi 2002, 37 (43 f.); *ders.,* VersR 1998, 1452 (1456); *Prölss/Martin,* VVG 2004, § 1 AHB, Rn. 11; *Terbille/Fränzer,* § 15, Rn. 69.
[89] Vgl. zu den Begriffen des Sach- und Personenschadens ausführlich *Schneider* in diesem Handbuch, § 24, Rn. 28 ff.
[90] Vgl. so noch § 1 Ziff. 1 AHB 2004; s. hierzu ausführlich Terbille/*Fränzer,* § 15, Rn. 50 f.
[91] *Bamberger/Roth/Fritzsche,* § 90, Rn. 7; *Palandt/Heinrichs,* Überbl v § 90, Rn. 8.
[92] *Palandt/Heinrichs,* § 90, Rn. 1; *Bamberger/Roth/Fritzsche,* § 90, Rn. 7.
[93] *Bamberger/Roth/Fritzsche,* § 90, Rn. 7.
[94] So auch *Vogel/Stockmeier,* S. 213, Rn. 219; *Schimikowski,* Umweltversicherungsrecht, Rn. 346.
[95] *Vogel/Stockmeier,* S. 213, Rn. 219; *Schimikowski,* Umweltversicherungsrecht, Rn. 346.
[96] *Vogel/Stockmeier,* S. 213, Rn. 219; *Schimikowski,* Umweltversicherungsrecht, Rn. 346.
[97] S. dazu *Schneider* in diesem Handbuch, § 24, Rn. 32 f.
[98] Ausführlich zu den aufgezählten Vermögensschäden, *Vogel/Stockmeier,* S. 216, Rn. 231 ff.
[99] *Laschet* in: *van Bühren,* § 26, Rn. 13.

steht ein Schaden … durch **Umwelteinwirkung**[100], wenn er durch Stoffe, Erschütterungen, Geräusche, Strahlen, Gase, Dämpfe, Wärme oder sonstige Erscheinungen verursacht wird, die sich in Boden, Luft oder Wasser ausgebreitet haben".

aa) Unter **Stoffe** fallen alle chemischen Elemente und Verbindungen im Sinne des weiten Stoffbegriffs des § 3 Ziff. 1 ChemG unabhängig vom Aggregatzustand und ihrer Schädlichkeit, einschließlich von Mikroorganismen wie Bakterien oder Viren[101].

bb) **Erschütterungen** sind „niederfrequente mechanische Schwingungen fester Körper" **30** wie Sprengungen oder Explosionen[102].

cc) **Geräusche** sind „Ereignisse, die durch Schallwellen luftvermittelt auf das menschliche **31** oder tierische Ohr hörbar einwirken" wie Lärm oder Musik[103].

dd) **Druck** bedeutet, dass „eine Kraft physisch auf eines der Umweltmedien Boden, Luft **32** oder Wasser auftrifft, so dass eine Komprimierung oder Verdichtung des Umweltmediums eintritt" wie bei einer Explosion[104].

ee) Unter den Begriff **„Strahlen"** fallen ionisierende, nicht ionisierende (Röntgen-, La- **33** ser-, elektromagnetische Strahlen) sowie radioaktive Strahlen und künstliches Licht[105]. Dennoch werden nicht alle durch Strahlen verursachte Schäden von der UHV erfasst. Gemäß Ziff. 7.12 AHB 2008 sind Haftpflichtansprüche wegen Schäden, die in unmittelbarem oder mittelbarem Zusammenhang mit energiereichen ionisierenden Strahlen (z. B. von radioaktiven Substanzen emittierte Alpha-, Beta- und Gammastrahlen sowie Neutronen oder in Teilchenbeschleunigern erzeugte Strahlen) sowie mit Laser- und Maserstrahlen stehen, vom Versicherungsschutz ausgeschlossen. Der Ersatz von Schäden durch **Kernenergie** richtet sich nach dem Atomgesetz. Die Betreiber von Kernanlagen sind zur Deckungsvorsorge verpflichtet und schließen hierfür eine separate Haftpflichtversicherung in Form einer Nuklearschadenhaftpflichtversicherung ab[106]. Auch **elektromagnetische Felder** sind keine ionisierenden Strahlen, so dass sie nicht nach Ziff. 7.12 AHB 2008 ausgeschlossen sind. Im Gegensatz zu Ionenstrahlen wie Röntgen-, Gamma- und anderen radioaktiven Strahlen reicht die elektrische Energie von elektromagnetischen Feldern nicht aus, während des Durchdringens von Materie Elektronen von Atomen loszulösen, so dass sie keine Strahlen[107], sondern vielmehr sonstige Erscheinungen sind[108].

ff) Bei **Gasen** handelt es sich um weder flüssige noch feste Stoffe, die meistens als Abgase in **34** die Luft gelangen[109].

gg) **Dämpfe** können mit dem Auge wahrgenommen werden und besitzen einen hohen **35** Feuchtigkeitsgrad[110].

hh) **Wärme** ist eine positive „Abweichung von der natürlich herrschenden Jahres- und **36** Tageszeit abhängigen Umgebungstemperatur"[111].

ii) Der Katalog des § 3 Abs. 1 UmweltHG ist nicht abschließend, was sich aus dem Auf- **37** fangtatbestandsmerkmal **„sonstige Erscheinungen"** entnehmen lässt. Umstritten ist, was unter diesem Begriff zu verstehen ist. Die überwiegende Meinung[112] fasst hierunter wegen

---

[100] Zur Entwicklung und Abgrenzung dieses Begriffs s. o. Rn. 16.
[101] *Salje*, UmweltHG, §§ 1, 3, Rn. 60 f.; *Vogel/Stockmeier*, S. 96, Rn. 16.
[102] *Salje*, UmweltHG, §§ 1, 3, Rn. 63; *Vogel/Stockmeier*, S. 96, Rn. 17.
[103] *Salje*, UmweltHG, §§ 1, 3, Rn. 64; *Vogel/Stockmeier*, S. 96, Rn. 18.
[104] *Salje*, UmweltHG, §§ 1, 3, Rn. 65; *Vogel/Stockmeier*, S. 96, Rn. 19.
[105] *Salje*, UmweltHG, §§ 1, 3, Rn. 66; *Vogel/Stockmeier*, S. 96, Rn. 20.
[106] S. näher *Schneider* in diesem Handbuch, § 24, Rn. 85.
[107] *Hoffmann*, PHi 1994, 122; *Vogel/Stockmeier*, S. 175, Rn. 105.
[108] *Schmidt-Salzer/Schramm*, Umwelthaftpflichtversicherung, Rn. 1.58; *Vogel*, PHi 1999, 2 (4).
[109] *Salje*, UmweltHG, §§ 1, 3, Rn. 67; *Vogel/Stockmeier*, S. 97, Rn. 21.
[110] *Vogel/Stockmeier*, S. 97, Rn. 22.
[111] *Salje*, UmweltHG, §§ 1, 3, Rn. 68; *Vogel/Stockmeier*, S. 97, Rn. 23.
[112] Zum Meinungsstand vgl. *Vogel/Stockmeier*, S. 97, Rn. 24 ff.

der ähnlich formulierten Regelung von § 3 Abs. 2 BImSchG nur physische Vorgänge, die sich über die drei Umweltmedien verbreiten können[113]. Unter den Begriff der sonstigen Erscheinungen fallen unter anderem neben elektromagnetischen Feldern[114] auch das Absinken des Bodens durch Bohrungen und Ausgrabungen[115].

38 Unter den Begriff „**Boden**" fällt der Bereich, der als natürlich fester Körper sehr unterschiedlicher Konsistenz von der Erdoberfläche bis zum Anfang des Grundwassers reicht[116]. Aus dieser Definition wird deutlich, dass ein Betonboden oder der Boden eines Kfz nicht erfasst werden. **Wasser** im Sinne des UmweltHG sind Flüsse, Seen, Bäche, Meere, Schwimmbäder, Kläranlagen, Zisternen, Wasserspeicher, Vorratsbehälter sowie auf sonstige Weise künstlich gesammeltes Wasser. Auch Wasser im gefrorenen oder gasförmigen Zustand wird ebenso wie Abwasser umfasst[117]. Bei der **Luft** handelt es sich um ein über der Erdoberfläche befindliches Gas, welches vorwiegend aus Sauerstoff und Stickstoff besteht und Lebensgrundlage für Menschen, Tiere und Pflanzen ist[118].

39 Es werden jedoch nur Schäden erfasst, wenn sich das Phänomen in Boden, Luft oder Wasser **ausgebreitet** hat. Es ist sehr umstritten, was unter dem Begriff des Ausbreitens zu verstehen ist. Auch durch die Klarstellung des Begriffs „Umwelteinwirkung" in Ziff. 7.10 (b) AHB 2008[119] ist es nicht gelungen, ein eindeutiges Abgrenzungskriterium der Schadenszuordnung zwischen Betriebshaftpflichtversicherung und Umwelthaftpflichtversicherung innerhalb von Ziff. 7.10 AHB 2008 zu schaffen[120]. Einig ist man sich, dass ein Ausbreiten dann nicht vorliegt, wenn Umwelteinflüsse unmittelbar zu einem Schaden geführt haben, d. h., wenn ein „Direktkontakt mit umweltschädlichen Materialien" stattgefunden hat[121]. Auch handelt es sich nicht um ein Ausbreiten, wenn es auf die kinetische Energie des Objektes zurückzuführen ist, wie z. B. das Hinunterfallen eines Teils einer Anlage infolge eines Materialfehlers, welches eine Person verletzt[122]. Allerdings wird teilweise dann ein Ausbreiten angenommen, wenn sich das Teil durch eine Druckwelle gelöst hat[123].

40 Gerade in diesem Zusammenhang ist die Einordnung von **Explosionsschäden** umstritten. Soweit es sich um Schäden handelt, die durch die Druckwelle entstanden sind, wie das Zerspringen von Fensterscheiben, ist man sich einig, dass ein Schaden durch Umwelteinwirkung vorliegt[124]. Wenn sich ein Teil einer Anlage durch eine Explosion gelöst hat und weggeschleudert wird, soll es teilweise ausreichen, dass das Umweltmedium Luft eine Transportwirkung für die von der Anlage ausgehenden Emissionen übernimmt[125]. Dagegen wird zu Recht eingewandt, dass nach Wortlaut und Zweck von § 1 UmweltHG sich die Ursache für den Schaden gerade durch eine Vermittlung des Umweltmediums ausgewirkt haben muss. Anders als bei der Druckwelle ist der Schaden nicht durch das Medium selbst verursacht; viel-

---

[113] *Salje*, UmweltHG, §§ 1, 3, Rn. 70; *Schmidt-Salzer/Schramm*, Umwelthaftpflichtversicherung, Rn. 1.58.

[114] *Schmidt-Salzer/Schramm*, Umwelthaftpflichtversicherung, Rn. 1.58; *Vogel/Stockmeier*, S. 98, Rn. 26 m. w. N.

[115] *Vogel/Stockmeier*, S. 98, Rn. 26 m. w. N.

[116] *Salje*, UmweltHG, §§ 1, 3, Rn. 77; *Vogel/Stockmeier*, S. 101, Rn. 37; *Vogel*, PHi, 1999, 2 (6).

[117] *Vogel/Stockmeier*, S. 101, Rn. 39.

[118] *Salje*, UmweltHG, §§ 1, 3, Rn. 84; *Vogel/Stockmeier*, S. 103, Rn. 43.

[119] Zur Klarstellung s. o. Rn. 16.

[120] Vgl. zur entsprechenden Vorgängerregelung: *Schimikowski*, Umweltversicherungsrecht, Rn. 343; *ders.*, PHi 2002, 37 (40 f.).

[121] *Salje*, UmweltHG, §§ 1, 3, Rn. 72; *Vogel/Stockmeier*, S. 98, Rn. 28 mit konkreten Beispielen.

[122] *Schimikowski*, Umweltversicherungsrecht, Rn. 145; *Vogel/Stockmeier*, S. 98, Rn. 28 mit weiteren Beispielen.

[123] *Landsberg/Lülling*, Umwelthaftungsrecht, § 3 UmweltHG, Rn. 7; a. A. *Schimikowski*, Umweltversicherungsrecht, Rn. 146; *Vogel/Stockmeier*, S. 105, Rn. 48.

[124] *Schmidt-Salzer*, Umwelthaftungsrecht, § 3, Rn. 6 a. E.; *Vogel/Stockmeier*, S. 105, Rn. 48.

[125] *Landsberg/Lülling*, Umwelthaftungsrecht, § 3 UmweltHG, Rn. 7.

mehr wird die Luft nur durchquert. Eine Vermittlung findet gerade nicht statt[126]. Danach liegt keine Ausbreitung vor, wenn das Teil zielgerichtet auf ein Objekt trifft, ohne dass das Umweltmedium maßgebenden Einfluss darauf nehmen kann[127]. Dieser Befund wird durch den Sinn und Zweck der Ausschlussfunktion untermauert. Danach sind nur solche Umweltschäden ausgeschlossen, die die Allgemeinheit betreffen können, d. h. solche Schäden, die von vornherein nicht für den VR überschaubar sind.

Ebenso ist für **Brandschäden** durch Funkenflug zu entscheiden. Für den Fall, dass die **41** Funken über das Medium Luft transportiert werden, liegt ein durch das Umweltmedium vermittelter Schaden vor. Findet ein direktes Übergreifen der Flammen auf das Nachbargebäude statt, fehlt es mangels Transportfunktion wieder an einem durch das Umweltmedium Luft vermittelten Schaden[128]. Auch bei Schäden, die durch elektromagnetische Felder verursacht wurden, liegt keine Ausbreitung vor, weil die Luft an der Schadensentstehung nach der hier vertretenen Ansicht nicht mitgewirkt hat[129].

Im Ergebnis ist eine **Umwelteinwirkung** immer zu bejahen, wenn eine Beeinträchtigung **42** des Umweltmediums stattgefunden hat. Allerdings ist dies nicht Voraussetzung für den Begriff der Umwelteinwirkung. So liegt eine Umwelteinwirkung über den Luftpfad vor, wenn die Luft lediglich als Transportmittel der schädlichen Stoffe benutzt wurde. Gerade im Zusammenhang mit den Umweltmedien Boden und Wasser wird jedoch häufig eine nachteilige Veränderung durch Verbindung oder Vermischung von schädlichen Stoffen und Boden bzw. Wasser mit einhergehen[130].

Letztlich läuft die Diskussion zum Begriff der **Ausbreitung** und die dazu vertretene Meinungsvielfalt[131] dem **Sinn und Zweck der UHV,** Klarheit und Eindeutigkeit in Bezug auf **43** die versicherten Risiken zu schaffen, zuwider. Um Auseinandersetzungen zu vermeiden, sind einige VR dazu übergegangen, in ihren Bedingungen genau festzuschreiben, ob Explosionsschäden bzw. Brandschäden der Umwelthaftpflichtversicherung oder Betriebshaftpflichtversicherung zuzuordnen sind[132]. Insbesondere im Hinblick auf das Prozessrisiko, aber auch in Bezug auf die Berechnung der jeweiligen Versicherungsprämien eine nahe liegende Entscheidung.

d) Ursachenzusammenhang. Zwischen der Umwelteinwirkung und dem Schaden **44** muss nach dem Wortlaut von Ziff. 1.2 UmweltHB („durch Umwelteinwirkung") ein **adäquater Ursachenzusammenhang** bestehen. Es ist dabei aber entgegen der wortgetreuen Auslegung von § 3 UmweltHG nicht notwendig, dass eine der dort genannten Erscheinungen sich in den Umweltmedien ausbreitet und einen Schaden verursacht hat. Vielmehr können die Ausbreitung und der Schadenseintritt zusammenfallen; ein Grund für eine zeitliche Zäsur ist nicht ersichtlich. Die Auswirkungen beschreibt folgendes Beispiel: Der Tank des VN steht direkt auf der Grenze zum Nachbargrundstück des A. Aufgrund einer Leckage ergießt sich Öl auf das unbefestigte Nachbargrundstück und sickert ein. Nachdem die Schadstoffe das Grund-

---

[126] *Schimikowski,* Umweltversicherungsrecht, Rn. 146; *ders.,* VW 1994, 748 (749); *Vogel/Stockmeier,* S. 105, Rn. 48.

[127] OLG Köln v. 25. 4. 1995, VersR 1996, 442 = r+s 1995, 248; Anmerkung *Schimikowski,* r+s 1995, 250; *Vogel/Stockmeier,* S. 100, Rn. 35.

[128] *Schimikowski,* Umweltversicherungsrecht, Rn. 146; *Vogel/Stockmeier,* S. 106, Rn. 51.

[129] Krit. auch *Schimikowski,* VP 1995, 113 (118); *Vogel/Stockmeier,* S. 107, Rn. 52.

[130] *Vogel/Stockmeier,* S. 101 f., Rn. 38 ff.; a. A. *Reemts,* Umwelthaftpflichtversicherung und Rettungskostenersatz, S. 44; *Landsberg/Lülling,* Umwelthaftungsrecht, § 3 UmweltHG, Rn. 2; *Schmidt-Salzer/ Schramm,* Umwelthaftpflichtversicherung, Rn. 1.59.

[131] *Vogel/Stockmeier,* S. 98, Rn. 27 ff., mit einer ausführlichen Darstellung des gesamten Meinungsstandes und weiteren Literaturnachweisen.

[132] Bei der Allianz-Versicherungsgesellschaft gelten Schäden durch Brand oder Explosion als Schäden durch Umwelteinwirkung, Besondere Bedingungen zur Haftpflichtversicherung für Handels- und Gewerbebetriebe, C 1.2 a. E.; so auch bei der R+V Versicherungsgesellschaft, Besondere Bedingungen und Risikobeschreibungen für die Versicherung der Haftpflicht wegen Schäden durch Umwelteinwirkung, Stand Juli 2001, 1.2.

stück des A durchquert haben, gelangen sie in einen Bach und wiederum in einen Teich des Nachbarn A. Dort kommt es zum Fischsterben[133]. Wenn die Ausbreitung und der Schadenseintritt nicht zusammenfallen dürften, wäre die Verschmutzung des Bodens kein Schaden durch Umwelteinwirkung, sondern der Betriebshaftpflichtversicherung zuzuschreiben. Nach der hier vertretenen Auffassung unterfällt indes der gesamte Vorgang der UHV.

45   Weiterhin ist erforderlich, dass der Schaden durch eine **physische** und nicht bloß eine psychische Umwelteinwirkung eintritt. Allein die Panik wegen der Nähe zu einer störanfälligen Anlage reicht nicht aus um eine Umwelteinwirkung zu bejahen[134].

46   Es gibt aber auch Konstellationen, bei denen der Schaden durch Umwelteinwirkung erst aufgrund eines sonstigen Schadens, der kein Schaden aus Umwelteinwirkung ist, eintritt. So wenn ein Kran ein Anlagenteil umstößt, das wiederum auf einen Öltank fällt, der dadurch zertrümmert wird. Das im Tank lagernde Öl fließt aus und verursacht einen Schaden[135]. Bei dem Erstschaden am Anlagenteil und dem ersten Folgeschaden am Öltank handelt es sich nicht um Schäden durch Umwelteinwirkung, so dass sie der Betriebshaftpflichtversicherung zuzuordnen sind. Die Ölverschmutzung fällt dagegen unter die UHV. Dagegen stellen Folgeschäden, die durch einen Schaden durch Umwelteinwirkung ausgelöst wurden, immer auch einen Schaden durch Umwelteinwirkung dar[136]. Wenn eine Explosion in einem Steinbruch eine Druckwelle auslöst, wodurch ein Stein auf der gegenüberliegenden Böschung gelockert wird, der dann wiederum – allerdings ohne von der Druckwelle weiter getragen zu werden – allein wegen der Schwerkraft herabfällt und einen Personen- oder Sachschaden verursacht, stellt letzterer einen Schaden durch Umwelteinwirkung dar[137].

2. Mitversicherte Personen

47   Hier ist auf die Ausführungen zur Allgemeinen Haftpflichtversicherung in § 24 Rn. 44 ff. *(Schneider)* und zur Berufshaftpflichtversicherung in § 26 Rn. 24 ff *(v. Rinteln)* zu verweisen[138]. Ein besonderes Problem besteht in Bezug auf die **Sicherheitsbeauftragten eines Unternehmens.** In Ziff. 1.3 UmweltHB werden sie nicht ausdrücklich aufgeführt. Zu den Sicherheitsbeauftragten zählen neben Betriebsärzten (§ 2 ASiG), Fachkräften für Arbeitssicherheit (§ 5 ASiG) und den Datenschutzbeauftragten auch die **Sicherheitsbeauftragten im Umweltbereich** wie der Immissionsschutzbeauftragte (§ 53 BImSchG), der Gewässerschutzbeauftragte (§ 21a WHG), der Betriebsbeauftragte für Abfall (§ 54 KrW-/AbfG), der Störfallbeauftragte (§ 58a BImSchG; § 5 Abs. 2 der 12. BImSchV), der Gefahrstörstoffbeauftragte (§ 11 GefstoffV a. F.), der Gefahrgutbeauftragte (§ 1 GbV), der Strahlenschutzbeauftragte (§ 31 StrSchV; § 13 RöV) sowie der Laserschutzbeauftragte (§ 6 VBG 1993). Man hielt die Aufnahme dieser Personen in das Bedingungswerk zum einen für nicht notwendig, da, sollte es sich um Betriebsangehörige handeln, sie ohnehin gemäß Ziff. 1.3.2 UmweltHB Versicherungsschutz genießen. Zum anderen lehnte man die Aufnahme als wenig sinnvoll ab, weil sich der Kreis der Sicherheitsbeauftragten ständig erweitere[139]. Seither ist die Einordnung der Sicherheits- oder Umweltbeauftragten umstritten. Während sie zum Teil als Mitarbeiter mit Aufsichtsfunktion und damit als Repräsentanten angesehen werden[140], nimmt die wohl überwiegende Meinung zutreffend eine differenzierende Einordnung anhand der betrieblichen Stellung vor[141]. Ein **Repräsentant** ist der Sicherheitsbeauftragte nur, wenn er befugt, d. h.

---

[133] Beispiel nach *Vogel/Stockmeier,* S. 107 ff., Rn. 54.

[134] *Schmidt-Salzer/Schramm,* Umwelthaftpflichtversicherung, Rn. 1.52; *Vogel/Stockmeier,* S. 108, Rn. 55; *Reemts,* Umwelthaftpflichtversicherung und Rettungskostenersatz, S. 50.

[135] HUK-Verband, Beil. VW 24/1993, 18; *Vogel/Stockmeier,* S. 108, Rn. 56.

[136] *Vogel/Stockmeier,* S. 108, Rn. 56.

[137] HUK-Verband, Beil. VW 24/1993, 14; *Vogel/Stockmeier,* S. 108, Rn. 56.

[138] *Vogel/Stockmeier,* S. 221, Rn. 244 ff.

[139] HUK-Verband, Beil. VW 24/1993, 19; *Vogel/Stockmeier,* S. 224, Rn. 252.

[140] *Schimikowski,* Umweltversicherungsrecht, Rn. 352.

[141] *Schmidt-Salzer/Schramm,* Umwelthaftpflichtversicherung, Rn. 1.81; HUK-Verband, Beil. VW 24/1993, 19; *Vogel/Stockmeier,* S. 225, Rn. 253.

vom VN dazu bevollmächtigt ist, selbständig in einem gewissen, nicht ganz unbedeutenden Umfang für den VN zu handeln, seine Rechte und Pflichten aus dem Sicherheitsrecht wahrzunehmen und damit verbindliche Entscheidungen zu treffen[142]. Dies kann nur aufgrund der konkreten Befugnisse im Einzelfall entschieden werden. Der VN ist jedoch gut beraten, in den UmweltHB seines Vertrages eine gesonderte Vereinbarung zur Klarstellung zu treffen. Sollte eine Einzelfallentscheidung nämlich dazu führen, dass der Sicherheitsbeauftragte im Umweltbereich Betriebsangehöriger im Sinne von Ziff. 1.3.2 Abs. 1 UmweltHB ist, sind nach Ziff. 1.3.2 Abs. 2 UmweltHB Haftpflichtansprüche wegen Arbeits- und Dienstunfällen ausgeschlossen. Für den Fall, dass er Repräsentant im Sinne von Ziff. 1.3.1 UmweltHB ist, greift dieser Ausschluss nicht[143].

Besonders hervorzuheben ist, dass sich der Versicherungsschutz gemäß Ziff. 1.2 Um- **48** weltHB nur auf die gemäß Ziff. 2 UmweltHB in Versicherung gegebenen Risiken bezieht. In Ziff. 2.1 bis 2.5 UmweltHB wird dabei stets auf den **VN als Inhaber der dort bezeichneten Anlagen** abgestellt. Dies bestimmt sich danach, in wessen Namen und auf wessen Rechnung die Anlage betrieben wird, wer nach Außen als Verantwortlicher auftritt und die tatsächliche Gewalt innehat[144]. Es kann aber vorkommen, dass der Inhaber der Anlage nicht der VN ist. So ist es möglich, dass der Mieter oder Pächter eines betrieblichen Grundstücks allein die tatsächliche Gewalt über eine Sache ausübt, der Vermieter aber die Anlage versichert hat. Sollte bei einem Schaden der Mieter von dem Geschädigten direkt in Anspruch genommen werden, besteht somit kein Versicherungsschutz. Der Mieter kann auch nicht auf den Vermieter des Grundstücks verweisen, weil seine VR mangels Inhaberstellung des Vermieters nicht zur Zahlung verpflichtet ist. Der Mieter ist auch nicht über Ziff. 1.3 beim Vermieter mitversichert. Ebenso stellt sich die Situation dar, sollte der Vermieter Inhaber der Anlage sein und der Mieter die Anlage versichert haben[145]. Somit ist beim, und vor allem nach Abschluss des Versicherungsvertrages genau darauf zu achten, wer Inhaber der Anlage ist und ob gegebenenfalls ein Wechsel stattgefunden hat.

Probleme ergeben sich auch, wenn beide, Vermieter und Mieter, Inhaber sind, aber nur **49** einer die Anlage versichert hat. In diesem Fall sind beide **Gesamtschuldner,** wobei der VR zwar im Außenverhältnis zur Zahlung des gesamten Schadens verpflichtet ist, im Innenverhältnis jedoch bei dem Nichtversicherten Regress nehmen kann.

3. Allmählichkeitsschäden

§ 4 Abs. 1 Ziff. 5 AHB 2004 versagte den Versicherungsschutz für Haftpflichtansprüche aus **50** Sachschäden, die durch allmähliche Einwirkungen der Temperatur, von Gasen, Dämpfen oder Feuchtigkeit, von Niederschlägen (Rauch, Ruß, Staub und dgl.) entstanden waren. Dagegen schließt die Neufassung der AHB 2008 diese sog. **Allmählichkeitsschäden** nicht mehr aus, so dass sie grundsätzlich von der Deckung umfasst sind. Der Versicherungsschutz für Allmählichkeitsschäden ist aber dann ausgeschlossen, wenn sie durch eine Umwelteinwirkung im Sinne von Ziff. 7.10 (b) AHB 2008 hervorgerufen werden. Nach Ziff. 6.2 UmweltHB besteht jedoch Deckung durch die UHV, wenn die Schäden durch betriebsbedingt unvermeidbare, notwendige oder in Kauf genommene Umwelteinwirkungen entstanden sind und der VN den Nachweis erbringt, dass er nach dem Stand der Technik zum Zeitpunkt der schadensursächlichen Umwelteinwirkungen unter den Gegebenheiten des Einzelfalles die Möglichkeiten derartiger Schäden nicht erkennen musste. Daher sollte der VN auch vor Abschluss eines Vertrages prüfen, ob solche Schäden bei seiner Tätigkeit wahrscheinlich sind. **Andernfalls könnte ein Ausschluss der Klausel zu einer Verringerung der Versicherungsprämie führen**[146]. Falls der VN einen Ausschluss wünscht, der VR aber nicht zu einer

---

[142] BGH v. 2. 5. 1990, VersR 1990, 736; BGH v. 25. 3. 1992, VersR 1992, 865; *Schimikowski,* VW 1996, 626; ausf. *Vogel/Stockmeier,* S. 225, Rn. 253 m. w. N.

[143] S. hierzu *v. Rintelen,* § 26, Rn. 29; *Vogel/Stockmeier,* S. 226, Rn. 258.

[144] BGH v. 8. 1. 1981, NJW 1981, 1516 = VersR 1981, 458; *Vogel/Stockmeier,* S. 263, Rn. 57.

[145] *Vogel/Stockmeier,* S. 226, Rn. 256 m. w. N.

[146] *Schimikowski,* Umweltversicherungsrecht, Rn. 349; *Küpper,* VP 1992, 1 (2).

Verringerung der Prämie zu bewegen ist, sollte der VN sich nach einem VR auf dem internationalen Markt umschauen, auf dem Allmählichkeitsschäden fast immer nicht vom Versicherungsschutz umfasst sind[147].

4. Deckungserweiterung der Ziff. 1.4 bis 1.9 UmweltHB

51   In der Betriebshaftpflichtversicherung werden häufig Modifizierungen gegenüber den AHB vorgenommen. Da die Betriebshaftpflichtversicherung und die Umwelthaftpflichtversicherung separat in zwei verschiedenen Verträgen abgeschlossen werden und auch keine Bezugnahme zwischen beiden Verträgen erfolgt, schlagen die Modifizierungen der BetriebshaftpflichtV nicht auf die UHV durch und umgekehrt[148]. Dadurch käme es bei Schäden durch Umwelteinwirkungen zu Deckungslücken, die durch die Übernahme der entsprechenden Vorschriften zur **Deckungserweiterung** aus der Betriebshaftpflichtversicherung in die UHV vermieden werden.

52   **a) Kfz-Risiken im Sinne von Ziff. 1.4.1 UmweltHB.** Ziff. 1.4.1 UmweltHB stellt eine Ausnahme zu Ziff. 6.15 UmweltHB dar, der Schäden durch den Gebrauch eines Kfz ausschließt, weil hierfür die Kfz-Versicherung nach § 10 AKB Deckung verschafft. Die Kfz-Versicherung greift jedoch nur bei versicherungspflichtigen Kfz, so dass Ziff. 1.4.1 UmweltHB die Deckungslücke für **Umweltschäden nicht versicherungspflichtiger Kfz** schließt[149]. Deshalb kommt es nicht darauf an, ob diese nicht versicherungspflichtigen Kfz als Anlagen im Sinne der Ziff. 2.1 bis 2.5 deklariert sind oder unter den Auffangtatbestand der Ziff. 2.7 UmweltHB fallen[150]. Wegen des Verweises in Ziff. 1.1 UmweltHB stellt Ziff. 1.4.1 UmweltHB klar, dass hinsichtlich Ziff. 2.7 UmweltHB die Ausschlüsse nach Ziff. 3.1 (2) und Ziff. 4.3 (1) AHB nicht gelten[151].

53   **b) Schäden an Mietsachen gemäß Ziff. 1.4.2 UmweltHB.** Hierzu wird auf die Ausführungen in § 26 Rn. 119 (*v. Rintelen*) verwiesen. Da die UHV separat neben der Betriebshaftpflichtversicherung abgeschlossen wird, wird diese Erweiterung abweichend von Ziff. 7.6 AHB auch „wegen Schäden an **gemieteten/gepachteten Gebäuden und/oder Räumlichkeiten durch Brand und Explosion"** abgedeckt, wobei die unter den Regressverzicht nach dem Abkommen der Feuerversicherer bei übergreifenden Schadenereignissen fallenden Rückgriffsansprüche ausgeschlossen sind.

54   **c) Bundesbahn Anschlussgleise nach Ziff. 1.4.3 UmweltHB.** Nach Ziff. 1.4.3 UmweltHB ist die der **Deutsche Bahn AG** gegenüber gemäß den Allgemeinen Bedingungen für Privatgleisanschlüsse (PAB) übernommene Haftpflicht des VN umfasst, so dass der Ausschluss einer vertraglichen Haftungsübernahme in Ziff. 7.3 AHB abbedungen wird[152].

55   **d) Ärzteregelung gem. Ziff. 1.4.3 UmweltHB.** Eingeschlossen ist in Abweichung von Ziff. 7.6 AHB die gesetzliche Haftpflicht aus der Beschädigung von gemieteten Praxisräumen und alle sich daraus ergebenden Vermögensschäden. Auch **Schäden an gemieteten Praxisräumen** können sich als Umweltschaden darstellen, so zum Beispiel wenn ein im Garten zur Beheizung der Praxisräume installierter Propangas-Tank des VN (Arzt) explodiert und dadurch die von ihm gemieteten Praxisräume beschädigt werden[153]. Zu beachten ist jedoch zum einen der Ausschlusstatbestand in Ziff. 1.5.1 UmweltHB, wonach Haftpflichtansprüche wegen Abnutzung, Verschleißes und übermäßiger Beanspruchung, Schäden an Heizungs-, Maschinen-, Kessel- und Warmwasserbereitungsanlagen sowie an Elektro- und Gasgeräten

---

[147] *Schmidt-Salzer/Schramm,* Umwelthaftpflichtversicherung, Rn. 0.190; *Vogel/Stockmeier,* S. 230, Rn. 266.

[148] Vgl. *Vogel/Stockmeier,* S. 238, Rn. 286 zu den Deckungserweiterungen.

[149] S. hierzu *v. Rintelen,* § 26, Rn. 103.

[150] *Vogel/Stockmeier,* S. 239, Rn. 289.

[151] S. *Schneider* in diesem Handbuch, § 24, Rn. 37, Rn. 99.

[152] S. *Schneider* in diesem Handbuch, § 24, Rn. 54, *Vogel/Stockmeier,* S. 240, Rn. 291.

[153] Rundschreiben des HUK-Verbandes H 20/94 M v. 20. 6. 1994, 16; *Vogel/Stockmeier,* S. 240, Rn. 292.

sowie Glasschäden, gegen die sich der VN besonders versichern kann, nicht gedeckt sind. Nach Ziff. 1.5.2 UmweltHB sind auch hier die unter den Regressverzicht nach dem Abkommen der Feuerversicherer bei übergreifenden Schadenereignissen fallenden Rückgriffsansprüche ausgeschlossen.

e) Regelung für Wohnungseigentümergesellschaften nach Ziff. 1.6 UmweltHB. 56 In dieser Klausel werden die Besonderen Bedingungen der Haftpflichtversicherung der **Gemeinschaft von Wohnungseigentümern** in die Umwelthaftpflichtversicherung – abweichend von Ziff. 7.4 AHB – transferiert. Da die Haftpflichtversicherung der Gemeinschaft von Wohnungseigentümern nur das private Risiko abdeckt, ist es erforderlich, diese Klausel für betriebliche Umweltrisiken in der Umwelthaftpflichtversicherung aufzunehmen[154].

f) Regelung für Bahnhofsgaststätten und Bahnhofshotels gem. Ziff. 1.7 UmweltHB. 57 In Ziff. 1.7 UmweltHB wird – abweichend von Ziff. 7.6 AHB – die von der **Deutsche Bahn AG gemäß den Allgemeinen Vertragsbedingungen für Nebenbetriebe der DB (AVN)** übernommene gesetzliche Haftpflicht privatrechtlichen Inhalts in die UHV übernommen[155].

h) Regelung für Bauhandwerker gem. Ziff. 1.8 UmweltHB. Auch Ziff. 1.8 Um- 58 weltHB sorgt für eine einheitliche Deckung für Abwasserschäden als Schäden durch Umwelteinwirkung, weil häufig in der Betriebshaftpflichtversicherung Haftpflichtansprüche aus Haftpflicht – teilweise abweichend von Ziff. 7.14 (1) AHB[156] – eingeschlossen sind, und dies auch für den Vertrag über die UHV vereinbart werden muss. Diese Klausel umfasst die Schäden, die der Bauhandwerker im Rahmen von Ziff. 2.7 UmweltHB aufgrund seiner Tätigkeit verursacht und daher nicht von Ziff. 2.4 UmweltHB bzw. Ziff. 2.6 UmweltHB erfasst wären[157].

II. Das Bausteinsystem von Ziff. 2 UmweltHB

1. Allgemeines

a) Deklarationsprinzip. Aus Ziff. 2 UmweltHB folgt, dass nur das Risiko versichert ist, 59 welches ausdrücklich vereinbart ist **(Deklarationsprinzip/Enumerationsprinzip)**[158]. Grund für dieses Modell waren die für die Versicherungswirtschaft finanziell schmerzlichen Erfahrungen der Vergangenheit. Durch zu geringe Kenntnisse beim VN zu nicht angemessenen Prämien wurde meist eine Pauschaldeckung aller Anlagen vereinbart, was Anfang der 80er Jahre zu einer hohen Belastung der Versicherungswirtschaft führte[159]. Dagegen ermöglicht das **Bausteinsystem** der Ziff. 2 UmweltHB dem VR, vorweg eine genaue Risikoanalyse des Betriebes durchzuführen und die vorhandenen Risiken einzuschätzen und zu tarifieren[160]. Danach ist er in der Lage, dem VN einen für ihn individuell maßgeschneiderten Versicherungsschutz anzubieten[161]. Aber nicht nur für den VR ist dieses Modell vorteilhaft. Auch der VN erhält eine genaue Analyse der Risiken in seinem Betrieb und kann unter Berücksichtigung seiner konkreten Tätigkeit entscheiden, welche Anlagen er wie

[154] *Vogel/Stockmeier*, S. 241, Rn. 293; S. 116, Rn. 77.

[155] *Vogel/Stockmeier*, S. 241, Rn. 294.

[156] S. *Schneider* in diesem Handbuch, § 24, Rn. 88 ff.

[157] *Vogel/Stockmeier*, S. 242, Rn. 295.

[158] So auch *Laschet*, in: van Bühren, § 26, Rn. 17.

[159] S. o. Rn. 1 ff.; HUK-Verband, Beil. VW 24/1993, 19 f.; *Vogel/Stockmeier*, S. 249, Rn. 11; *Gawlik/Michel*, S. 140, Ziff. 4.5.1.2.

[160] *Schimikowski*, ZVersWiss, 583 (593); zur Zuordnung von Umweltrisiken nach Risikobausteinen, entsprechend den Wagnisnummern und Risikoklassen s. *Vogel/Brasch*, Erkennen und Tarifieren von Umweltrisiken gem. Umwelthaftpflicht-Modell.

[161] HUK-Verband, Beil. VW 24/1993, 20; *Vogel/Stockmeier*, S. 249, Rn. 11; *Gawlik/Michel*, S. 140, Ziff. 4.5.1.2; zum Umwelttarif, *Döhring*, Haftung und Haftpflichtversicherung als Instrumente einer präventiven Umweltpolitik, S. 198.

versichern möchte, so dass er auch die Prämie unmittelbar mitbestimmen kann. Allerdings reicht es nicht aus, die Risiken im Versicherungsschein zu benennen; vielmehr müssen die Risiken dem „richtigen" Risikobaustein zugeordnet werden[162]. Erst durch diese Zuordnung wird der entsprechende Risikobaustein „aktiviert"[163].

60   Demnach trägt der VN das Risiko, dass seine Angaben vollständig, richtig und aktuell sind[164]. Alle im Betrieb vorhandenen und nicht im **Versicherungsschein** aufgeführten Anlagen sind grundsätzlich nicht mitversichert. Er muss darauf achten, eine genaue Betriebsbeschreibung mit Angaben zum Gegenstand des Betriebes, der Art, Anzahl und Kapazität der Anlagen sowie den verwendeten Stoffen, zum Standort, Einbauzeitpunkt usw. gegenüber dem VR abzugeben. Jedoch bedarf die genaue Betriebsbeschreibung im Umweltbereich einer engen Zusammenarbeit zwischen VN und VR; letzteren trifft eine erhöhte Beratungsverantwortung, weil der VN meist keine genaue Kenntnis der Systematik der UHV hat[165].

61   **b) Der Begriff der Anlage.** Die Risikobausteine beziehen sich bis auf Ziff. 2.7 UmweltHB auf anlagenspezifische Risiken. Die Versicherung erstreckt sich auf die Haftung des VN aus seiner Rechtsbeziehung zu der Anlage, sei es als Inhaber, Betreiber, Lieferant, Monteur usw. Allerdings gibt es nicht die **„Anlage"** im Umweltrecht. Immissionsschutz-, Wasser-, Abfall-, Gefahrstoff-, Gefahrgut-, Strahlenschutz-, Gentechnik-, Raumordnungs- und Naturschutzrecht gehen von unterschiedlichen Anlagenbegriffen aus. In jedem dieser Umweltbereiche wird der Begriff nach den Zielsetzungen und Gegebenheiten des jeweiligen Gesetzes formuliert, was bei der Deklaration der jeweiligen Anlage innerhalb des jeweiligen Bausteins zu berücksichtigen ist[166].

2. Die einzelnen Risikobausteine

62   **a) Die WHG-Anlage im Sinne von Ziff. 2.1 UmweltHB.** In Ziff. 2.1 UmweltHB sind alle Anlagen zusammengefasst, die bestimmt sind, gewässerschädliche Stoffe herzustellen, zu verarbeiten, zu lagern, abzulagern, zu befördern oder wegzuleiten **(WHG-Anlagen).** Dabei lehnt sich der Wortlaut an § 22 Abs. 2 WHG an[167]. Anlagen im Sinne von § 22 Abs. 2 WHG sind alle ortsfesten oder ortsveränderlichen Einrichtungen, welche ein typisches Schadenspotential für Gewässer darstellen[168]. Hierunter fallen beispielsweise Tankanlagen und Kleingebindelager für Öle, Schmierstoffe, Säuren, Laugen, Salze, Lösemittel, Farben, Lacke, Beize, Kleber, Holzschutzmittel sowie Pflanzenschutz- und Schädlingsbekämpfungsmittel, außerdem Abfalllager und -container sowie Tankfahrzeuge[169], Tankschiffe[170], Ölpumpen[171] und Produktionsstätten[172]. **Keine Anlagen i. S. v. § 22 Abs. 2 WHG** sind insbes. Kraftstofftanks von Fahrzeugen[173] sowie Einrichtungen, in denen sich erst durch außergewöhnliche Umstände wie einen Brand gewässerschädliche Stoffe bilden[174]. Weiterhin liegt keine Anlage im Sinne von § 22 Abs. 2 WHG vor, wenn sie nicht eine „gewisse Dauer" existiert[175]. Abgesehen vom Begriff der Anlage besteht Versicherungsschutz nicht nur für die Anspruchsgrund-

---

[162] So auch *Laschet*, in: *van Bühren*, § 26, Rn. 17.

[163] *Schmidt-Salzer/Schramm*, Umwelthaftpflichtversicherung, Rn. 2.6; *Schmidt-Leithoff*, VP 1992, 197 (206); *Vogel/Stockmeier*, S. 249, Rn. 12.

[164] *Vogel*, PHi 1999, 1 (6).

[165] *Gawlik/Michel*, S. 141, Ziff. 4.5.1.2; *Vogel/Stockmeier*, S. 248, Rn. 10; *Vogel*, PHi 1999, 1 (6).

[166] *Vogel/Stockmeier*, S. 259, Rn. 45; *Röhrig*, PHi 1994, 174 ff.

[167] HUK-Verband, Beil. VW 24/1993, 20; ausf. zum WHG-Anlagenbegriff *Vogel/Stockmeier*, S. 260, Rn. 49 ff.

[168] *Vogel/Stockmeier*, S. 260, Rn. 49.

[169] BGH v. 23. 12. 1966, NJW 1967, 1131.

[170] OLG Köln v. 28. 1. 1966, VersR 1966, 485.

[171] BGH v. 14. 7. 1969, VersR 1969, 925; OLG Schleswig v. 25. 10. 1978, VersR 1979, 999 (1000 f.).

[172] Weitere Beispiele bei *Vogel/Stockmeier*, S. 261, Rn. 52.

[173] *Czychowski*, Wasserhaushaltsgesetz, § 22, Rn. 43 a. E.; *Vogel/Stockmeier*, S. 262, Rn. 56.

[174] BGH v. 29. 11. 1979, NJW 1980, 943 m. w. N.

[175] BGH v. 23. 12. 1966, BGHZ 47, 1 (3); BGH v. 22. 11. 1971, BGHZ 57, 257 (260).

lage von § 22 Abs. 2 WHG, sondern darüber hinaus für alle Umwelteinwirkungen und alle Anspruchsgrundlagen.

Nach Ziff. 2.1 UmweltHB ist die **„Anlage des VN"** versichert. Aufgrund des inhalt- 63 lichen Bezugs des Wortlauts auf § 22 Abs. 2 WHG besteht Versicherungsschutz nur dann, wenn der VN Inhaber der Anlage ist[176]. Wegen des Enumerations- bzw. Deklarationsprinzips[177] muss jedes einzelne Anlagenrisiko auch im Versicherungsschein aufgeführt werden; praktisch bedeutsam sind in diesem Zusammenhang v. a. sog. „Kleingebindeklauseln"[178], wonach die Lagerung von Kleingebinden bis zu einer bestimmten Einzel- und Gesamtgröße mitversichert ist[179].

Gemäß Ziff. 2.1 Abs. 2 UmweltHB sind „solche WHG-Anlagen, die in Anhang 1 oder 2 64 zum UHG aufgeführt sind, Abwasseranlagen, Einwirkungen auf Gewässer sowie Schäden durch Abwässer" aus dem Risikobaustein ausgenommen. Sie können über die Risikobausteine Ziff. 2.2, 2.4 und 2.5 UmweltHB abgedeckt werden.

b) UHG-Anlagen im Sinne von 2.2 UmweltHB. Ziff. 2.2 UmweltHB umfasst die in 65 Anhang 1 **UHG** genannten 96 Anlagentypen. Dabei handelt es sich unter anderem um Anlagen aus den Bereichen Wärmeerzeugung, Bergbau, Energie, Steine und Erden, Glas, Keramik, Eisen oder Stahl[180]. Der Hauptteil dieser Anlagen stammt aus dem Anhang der 4. BImSchV, weiterhin dem **KrW-/AbfG** oder es handelt sich um kerntechnische Anlagen hinsichtlich eines nichtnuklearen Risikos[181]. Diese Anlagen bedürfen regelmäßig der Genehmigung nach dem BImSchG, die meist nur unter umfangreichen, verschiedenartigen behördlichen Auflagen durch einen Genehmigungsbescheid erteilt wird. Der Genehmigungsbescheid beschreibt den zulässigen Betriebsumfang, der für die versicherungstechnische Zuordnung entscheidend ist[182]. Dabei ist zu beachten, dass bei einigen Anlagen im Anhang Mengenschwellen genannt sind, die erforderlich sind, damit sie dem UmweltHG unterfallen, was sich spiegelbildlich auch auf den Versicherungsschutz auswirkt.

Anlagen i. S. d. Ziff. 2.2 UmweltHB sind nach § 3 Abs. 2 UmweltHG ortsfeste Einrichtun- 66 gen wie **Betriebsstätten und Lager.** Nach § 3 Abs. 3 UmweltHG gehören auch Maschinen, Geräte, Fahrzeuge und sonstige ortsveränderliche technische Einrichtungen und Nebeneinrichtungen, die mit der Anlage oder einem Anlagenteil in einem räumlichen oder betriebstechnischen Zusammenhang stehen und für das Entstehen von Umwelteinwirkungen von Bedeutung sein können, dazu[183]. Auch hier werden nur die Anlagen des VN versichert[184].

Besonders hervorzuheben ist, dass nach § 2 Abs. 1 UmweltHG auch eine **Haftung für** 67 **noch nicht betriebene Anlagen** besteht. Damit diese Haftung versicherungsrechtlich abgedeckt ist, muss die Deklaration schon zum Zeitpunkt der Errichtung der Anlage erfolgen. Das gilt auch dann, wenn die Anlage durch einen Dritten erbaut wird. In diesem Fall kann der Dritte auch Inhaber der Anlage sein, so dass er seinerseits haftet und die Anlage deklarieren muss, um in den Genuss seiner Versicherung zu gelangen[185].

Nach § 2 Abs. 2 UmweltHG haftet der Inhaber auch **für nicht mehr betriebene Anla-** 68 **gen.** Dieses Risiko wird nicht notwendigerweise von der Nachhaftung des VR nach Ziff. 8.1 UmweltHB mitversichert, weil diese Nachhaftung sich auf während des Versicherungsschutzes festgestellte Schäden durch Umwelteinwirkungen erstreckt. Für Schäden, die nach der Stilllegung verursacht wurden, greift der Versicherungsschutz nur, wenn die Anlage auch zu

---

[176] S. o. Rn. 48; ausf. *Vogel/Stockmeier*, S. 263, Rn. 57.
[177] S. oben Rn. 59 f.
[178] S. zur „Kleingebindeklausel" ausführlich Rn. 98.
[179] *Laschet* in: *van Bühren*, § 26, Rn. 19.
[180] *Vogel/Stockmeier*, S. 265, Rn. 65 m. w. N.
[181] *Vogel/Stockmeier*, S. 265, Rn. 62; *Gawlik/Michel*, S. 143, Ziff. 4.5.2.2.
[182] *Vogel/Stockmeier*, S. 265, Rn. 63; *Gawlik/Michel*, S. 143, Ziff. 4.5.2.2.
[183] Umfassend zum Anlagenbegriff i. S. d. UmweltHG *Vogel/Stockmeier*, S. 266, Rn. 66.
[184] S. o. Rn. 48; ausf. *Vogel/Stockmeier*, S. 263, Rn. 57.
[185] *Vogel/Stockmeier*, S. 269, Rn. 78.

diesem Zeitpunkt deklariert war[186] und überhaupt noch eine UHV bestand[187]. Diese Nachsorge kommt auch schon in § 5 Abs. 3 BImSchG zum Ausdruck: „Genehmigungsbedürftige Anlagen sind so zu errichten, zu betreiben und stillzulegen, dass auch nach einer Betriebseinstellung von der Anlage oder dem Anlagengrundstück keine schädlichen Umwelteinwirkungen und sonstige Gefahren, erhebliche Nachteile und erhebliche Belästigungen für die Allgemeinheit und die Nachbarschaft hervorgerufen werden können, vorhandene Abfälle ordnungsgemäß und schadlos verwertet oder ohne Beeinträchtigung des Wohls der Allgemeinheit beseitigt werden und die Wiederherstellung eines ordnungsgemäßen Zustandes des Betriebsgeländes gewährleistet ist". Die Haftung aus § 2 Abs. 2 UmweltHG hängt davon ab, wie lange sich Reste oder Rückstände der Anlage noch auf dem Grundstück befinden. Eine Haftung besteht dann nicht mehr, wenn es sich nur noch um bloße Abfälle oder Reststoffe handelt[188]. Eine Deklarierungspflicht scheidet für solche Anlagen von vornherein aus, für die keine Haftung nach § 2 Abs. 2 UmweltHG besteht. Das betrifft insbes. Anlagen, die vor dem Inkrafttreten des UmweltHG stillgelegt wurden[189].

69   Ziff. 2.2 UmweltHB schließt Abwasseranlagen, Einwirkungen auf Gewässer sowie Schäden durch Abwässer aus, die von Ziff. 2.4 UmweltHB erfasst werden.

70   **c) Sonstige deklarierungspflichtige Anlagen im Sinne von Ziff. 2.3 UmweltHB.** Der Risikobaustein erfasst solche Anlagen, die nach dem Umweltschutz dienenden Bestimmungen einer Genehmigungs- oder Anzeigepflicht unterliegen, soweit es sich nicht um WHG- oder UHG-Anlagen handelt **(sonstige deklarierungspflichtige Anlagen).** Damit bildet Ziff. 2.3 UmweltHB einen „Auffangtatbestand"[190]. Den überwiegenden Teil der sonstigen deklarierungspflichtigen Anlagen stellen die nach dem **BImSchG** förmlich oder vereinfacht genehmigungsbedürftigen Anlagen dar. Das sind alle Anlagen, die in der 4. BImSchV aufgeführt sind, aber keine WHG-Anlagen sind, die zwar in Anhang 1 UmweltHG genannt sind, aber unterhalb den erforderlichen Leistungsgrenzen oder Anlagengrößen liegen bzw. die Anlagen, die überhaupt nicht im UmweltHG genannt sind[191].

71   Die Rechtsordnung kennt aber weitere Rechtsbereiche, deren Vorschriften dem **Umweltschutz dienende Bestimmungen** darstellen. Auch gibt es keine einheitliche Gesetzgebungskompetenz in diesen Rechtsbereichen. So ist der Bund ausschließlich zuständig für den Luftverkehr, das Waffen- und Sprengstoffrecht sowie die Erzeugung und Nutzung der Kernenergie zu friedlichen Zwecken, die Errichtung und den Betrieb von Anlagen, die diesen Zwecken dienen, sowie für den Schutz gegen Gefahren, die bei Freiwerden von Kernenergie oder durch ionisierende Strahlen entstehen, und die Beseitigung radioaktiver Stoffe. Dagegen besteht für das Recht der Wirtschaft, das unter anderem den Bergbau, die Industrie, die Energiewirtschaft und das Gewerbe beinhaltet, das Bodenrecht, die Abfallwirtschaft, die Luftreinhaltung und die Lärmbekämpfung, den Naturschutz und den Wasserhaushalt eine konkurrierende Gesetzgebungskompetenz. Hat der Bund von dieser Gebrauch gemacht, können die Länder durch Gesetz hiervon abweichende Regelungen über den Naturschutz und den Wasserhaushalt (ohne stoff- oder anlagenbezogene Regelungen) treffen. Aufgrund der verschiedenen Rechtsbereiche sowie unterschiedlichen Kompetenzen, deren Anlagen unter Ziff. 2.3 UmweltHB fallen, wird erneut ersichtlich, dass es keinen einheitlichen **Anlagenbegriff** geben kann. Vielmehr hängt der Anlagenbegriff vom konkreten Gesetz ab, nach dem die Anlagen genehmigungs- oder anzeigepflichtig sind[192].

---

[186] *Vogel/Stockmeier,* S. 269, Rn. 79.

[187] Ähnlich *Reemts,* Umwelthaftpflichtversicherung und Rettungskostenersatz, S. 59.

[188] *Salje,* Umwelthaftungsgesetz, § 2, Rn. 8; *Vogel/Stockmeier,* S. 309, Rn. 186.

[189] *Schmidt-Salzer,* Umwelthaftungsrecht, § 2, Rn. 21; *Vogel/Stockmeier,* S. 269, Rn. 80.

[190] *Laschet* in: *van Bühren,* § 26, Rn. 24.

[191] HUK-Verband, Beil. VW 24/1993, 22; *Gawlik/Michel,* S. 144, Ziff. 4.5.2.3; *Vogel/Stockmeier,* S. 272, Rn. 87.

[192] Zu den unterschiedlichen Anlagenbegriffen i. S. d. Ziff. 2.3 UmweltHB vgl. *Vogel/Stockmeier,* S. 271, Rn. 84.

Ziff. 2.3 Satz 2 UmweltHB schließt Abwasseranlagen, Einwirkungen auf Gewässer sowie **72**
Schäden durch Abwässer aus, die von Ziff. 2.4 UmweltHB erfasst werden.

**d) Abwasseranlagen- und Einwirkungsrisiken im Sinne von Ziff. 2.4 Um- 73
weltHB.** Ziff. 2.4 UmweltHB ist ein Auffangtatbestand aller WHG-Anlagen i. S. v. Ziff. 2.1
UmweltHB, der UHG-Anlagen gem. Ziff. 2.2 UmweltHB und sonstiger deklarierungspflichtiger Anlagen nach Ziff. 2.3 UmweltHB, wenn es sich um **Abwasseranlagen** handelt.
Dabei bedeutet Abwasser abfließendes Wasser, das nach häuslichem oder gewerblichem Gebrauch verändert, insbes. verunreinigt ist[193], sowie das von Niederschlägen stammende und in
die Kanalisation gelangende Wasser[194]. Abwasseranlagen sind Anlagen, die den Zweck haben,
Abwasser zu sammeln, wegzuleiten, in ein Gewässer einzuleiten, zu versickern, zu verengen
oder zu verrieseln[195]. Dies sind hauptsächlich Abscheider von Leichtstoffen wie Öl oder Fett,
Kläranlagen und Rohrleitungsanlagen sowie sonstige Anlagen, die Wasser entweder lagern,
wie z. B. Absetzbecken, oder ableiten[196]. Auch nach Ziff. 2.4 UmweltHB kommt es darauf
an, dass der VN Inhaber der Anlage ist[197].

Außerdem erfasst Ziff. 2.4 UmweltHB das Einbringen oder Einleiten von Stoffen in ein **74**
Gewässer oder das Einwirken auf ein Gewässer derart, dass die physikalische, chemische oder
biologische Beschaffenheit des Wassers verändert wird **(Abwasseranlagen- und Einwirkungsrisiko).**

aa) Diese Formulierung ist dem Wortlaut von § 22 Abs. 2 WHG nachgebildet. Deshalb **75**
entnimmt man den Begriff des **Gewässers** auch aus § 1 Abs. 1 WHG und den gleichlautenden Wassergesetzen der Länder, wonach oberirdische Gewässer, Küstengewässer und das
Grundwasser dazu gehören[198].

bb) **Einleiten** bedeutet sowohl das unmittelbare als auch mittelbare[199] Zuführen flüssiger, **76**
schlammiger oder gasförmiger Stoffe sowie das Versickern und Verrieseln von Stoffen[200].
Unter **Einbringen** versteht man das Zuführen fester Stoffe wie Erde, Unrat, Abfälle und
Holz in ein Gewässer[201]. Beide Handlungen müssen ziel- und zweckgerichtet sein, so dass es
nicht ausreicht, wenn im Rahmen von Räum- und Streuarbeiten Salz durch Oberflächenwasser in Boden und Grundwasser transportiert wird[202]. Zu beachten ist ferner, dass ein solches deklarierungspflichtiges Risiko auch durch eine **Unterlassung** eintreten kann, wenn für
den VN eine Pflicht zum Handeln bestand[203].

cc) Das **Einwirken** ist sehr weit gefasst und beinhaltet das Entnehmen, Aufstauen, Absen- **77**
ken, Ableiten oder Umleiten von Wasser, das Entnehmen fester Stoffe aus oberirdischen Gewässern, die radioaktive Beeinflussung sowie alle Maßnahmen, die geeignet sind, dauernd
oder in einem nicht nur unerheblichem Ausmaß schädliche Veränderungen der physikalischen, chemischen, oder biologischen Beschaffenheit des Wassers herbeizuführen[204]. Nach
dem Wortlaut von Ziff. 2.4 UmweltHB müssen diese Handlungen durch den VN erfolgen,
d. h. er muss Ersatzpflichtiger im Sinne des Haftungstatbestands sein. Aufgrund des Wortlauts von Ziff. 2.4 UmweltHB wird deutlich, dass nicht nur das Risiko von Gewässerschäden,

---

[193] *Vogel/Stockmeier,* S. 302, Rn. 167.
[194] *Czychowski,* Wasserhaushaltsgesetz, § 7a, Rn. 3; *Vogel/Stockmeier,* S. 302, Rn. 167.
[195] S. umfassend *Vogel/Stockmeier,* S. 302, Rn. 169.
[196] *Gawlik/Michel,* S. 145, Ziff. 4.5.2.4; *Vogel/Stockmeier,* S. 303, Rn. 170 m. w. N.
[197] S. o. Rn. 48; ausf. *Vogel/Stockmeier,* S. 263, Rn. 57.
[198] Dazu ausf. *Vogel/Stockmeier,* S. 304, Rn. 173 ff.
[199] BGH v. 8. 1. 1981, VersR 1981, 652 f.
[200] *Vogel/Stockmeier,* S. 306, Rn. 179.
[201] *Vogel/Stockmeier,* S. 306, Rn. 180.
[202] BGH v. 20. 1. 1994, NJW 1994, 1006; *Vogel/Stockmeier,* S. 306, Rn. 180.
[203] BVerwG v. 16. 11. 1973, NJW 1974, 815; *Vogel/Stockmeier,* Rn. 180, S. 306.
[204] *Vogel/Stockmeier,* S. 307, Rn. 182.

sondern auch von Schäden, die sich über den Wasserpfad und damit außerhalb des Gewässerbegriffs sowie den Boden- oder Luftpfad ausgebreitet haben, abgedeckt sind[205].

78   In Ziff. 2.4 Satz 2 UmweltHB wird der Ausschluss von Schäden durch Abwässer nach Ziff. 7.14 AHB aufgehoben[206].

79   **e) UHG-Anlagen/Pflichtversicherung im Sinne von Ziff. 2.5 UmweltHB.** Ziff. 2.5 UmweltHB erstreckt sich auf alle Anlagen i. S. v. Anhang 2 des UHG[207] **(UHG-Anlagen/Pflichtversicherung).** Damit werden nur Anlagen erfasst, für die eine Deckungsvorsorge gem. § 19 UmweltHG erforderlich ist. Nach § 19 Abs. 1 Satz 1 UmweltHG haben Inhaber von Anlagen, die in Anhang 2 genannt sind, dafür Sorge zu tragen, dass sie ihren gesetzlichen Verpflichtungen zum Ersatz von Schäden nachkommen können, die dadurch entstehen, dass infolge einer von der Anlage ausgehenden Umwelteinwirkung ein Mensch getötet, sein Körper oder seine Gesundheit verletzt oder eine Sache beschädigt wird (Deckungsvorsorge). Die Betriebsgenehmigung hängt somit gemäß § 19 Abs. 4 i. V. m. Abs. 2 UmweltHG von der Deckungsvorsorge ab, die in Form einer Haftpflichtversicherung, einer Freistellungs- oder Gewährleistungsverpflichtung des Bundes, eines Landes oder eines Kreditinstituts erfolgen kann. Daher besteht eine **Versicherungspflicht,** es sei denn, man erhält eine Freistellungs- oder Gewährleistungsverpflichtung des Bundes, eines Landes oder eines Kreditinstituts. Allerdings ist die entsprechende Rechtsverordnung nach § 20 UmweltHG bisher noch nicht ergangen, so dass zum jetzigen Zeitpunkt noch keine Pflicht zur Deckungsvorsorge besteht. Allerdings können die Anlagen bereits über Ziff. 2.5 UmweltHB versichert werden[208].

80   Nach Inkrafttreten der Rechtsverordnung gilt die Deckungsvorsorge für jede Anlage im Sinne von Anhang 2 zum UmweltHG, die sich im Betrieb befindet. Für Anlagen, die stillgelegt wurden und von denen eine besondere Gefährlichkeit ausgeht, eröffnet § 19 Abs. 1 Satz 2 UmweltHG der zuständigen Behörde die Möglichkeit, eine Deckungsvorsorge für einen Zeitraum von bis zu 10 Jahren gegenüber demjenigen anzuordnen, der im Zeitpunkt der Stilllegung Inhaber der Anlage war. Diese Pflicht besteht neben der Haftung aus § 2 Abs. 2 UmweltHG[209]. Ausgenommen von dieser Deckungspflicht sind gemäß § 19 Abs. 3 UmweltHG die in § 2 Abs. 1 Nr. 1 bis 5 PflVG genannte Bundesrepublik Deutschland, die Bundesländer, die Gemeinden mit mehr als 100 000 Einwohnern, Gemeindeverbände und Zweckverbände, denen ausschließlich Körperschaften des öffentlichen Rechts angehören.

81   Im Gegensatz zu Ziff. 2.1, 2.2 und 2.3 UmweltHB deckt Ziff. 2.5 UmweltHB auch Abwasseranlagen- und Einwirkungsrisiken ab, solange es sich um deckungsvorsorgepflichtige Anlagen handelt.

82   **f) Umweltschaden-Regressrisiken gemäß Ziff. 2.6 UmweltHB.** Die Deckung von Ziff. 2.6 UmweltHB bezieht sich auf die Planung, Herstellung, Lieferung, Montage, Demontage, Instandhaltung und Wartung von Anlagen im Sinne von Ziff. 2.1 bis 2.5 UmweltHB oder Teilen, die ersichtlich für diese Anlagen bestimmt sind. Damit ist über den Baustein der Ziff. 2.6 UmweltHB das **anlagenspezifische Produktrisiko** versichert[210]. Gemäß der geschäftsplanmäßigen Erklärung zu Ziff. 7.10 (b) AHB 2008 werden andere Umweltschäden, die nach Auslieferung des Produktes bzw. nach Abschluss der Arbeiten aus diesem Produkt/ der Arbeit entstehen, von der Betriebs- oder Produkthaftpflichtversicherung erfasst[211]. Ziff. 2.6 UmweltHB versichert einerseits das Regressrisiko, wenn der Anlageninhaber vom Hersteller Schadensersatz verlangt, da eine mangelhafte Lieferung des Herstellers zu scha-

---

[205] *Vogel/Stockmeier,* S. 301, Rn. 165.
[206] S. *Schneider* in diesem Handbuch, § 24, Rn. 87.
[207] S. ausf. *Vogel/Stockmeier,* S. 309, Rn. 190 ff.
[208] *Vogel/Stockmeier,* S. 308, Rn. 186; von einer Versicherungspflicht bereits zum jetzigen Zeitpunkt gehen aus: *Gawlik/Michel,* S. 146, Ziff. 4.5.2.5; *Feldmann,* PHi 1994, 162.
[209] S. o. Rn. 68; *Vogel/Stockmeier,* S. 308, Rn. 186.
[210] HUK-Verband, Beil. VW 24/1993, 22; *Gawlik/Michel,* S. 146, Ziff. 4.5.2.6.
[211] *Vogel/Stockmeier,* S. 313, Rn. 203; vgl. auch Ziff. 6.7 UmweltHB.

densträchtigen Umwelteinwirkungen geführt hat, für die der Anlageninhaber einstehen musste. Andererseits werden auch unmittelbare Haftpflichtansprüche Dritter wegen Schäden durch Umwelteinwirkungen gegenüber dem Hersteller/Monteur erfasst[212]. Der Versicherungsschutz aus Ziff. 2.6 UmweltHB greift aber nur dann, wenn aufgrund einer Handlung oder mehrerer in Ziff. 2.6 UmweltHB bezeichneten Handlungen eine Umwelteinwirkung durch eine in Ziff. 2.1 bis Ziff. 2.5 UmweltHB aufgezählte Anlage verursacht wird **und** der Inhaber der Anlage dafür nach öffentlichem oder privatem Recht in Anspruch genommen wird[213].

Die in Ziff. 2.6 UmweltHB aufgezählten Tätigkeiten sind abschließend. Alle nicht deklarierten Tätigkeiten werden entweder von Ziff. 2.7 UmweltHB oder von der Betriebshaftpflicht- bzw. Produkthaftpflichtversicherung erfasst, falls der Schadenseintritt nach Auslieferung des Produkts bzw. Abschluss der Arbeiten liegt. Sollte es nicht eindeutig sein, ob eine Tätigkeit unter Ziff. 2.6 UmweltHB fällt, wie im Fall der Begutachtung oder Beprobung von umweltrelevanten Anlagen oder auch die Messung oder Materialprüfung als solche, muss zur Klarstellung eine gesonderte Regelung erfolgen. Wegen der erhöhten Beratungspflicht in Bezug auf die vom VN angezeigten Anlagen, fallen Unklarheiten zu Lasten des VR (§ 305c Abs. 2 BGB)[214]. Die Bedingungen selbst enthalten jedoch keinerlei Begriffsbestimmungen zu der Frage, was unter den einzelnen Tätigkeiten zu verstehen ist. Deshalb muss hierfür auf andere Gesetze wie das BImSchG, WHG, KrW-/AbfG und die UmweltHB sowie Lexika zurückgegriffen werden[215]. **83**

aa) Unter **Planung** versteht man die systematische und zielorientierte Vorbereitung und Festlegung von Handlungen und Handlungssystemen auf der Grundlage umfassender Informationen über voraussichtliche Bedingungen und Folgen. Sie umfasst die Skizzierung inhaltlicher Details, die Festlegung der Mittel zu ihrer Realisierung, Durchführungsstrategien sowie die Kontrolle der Ergebnisse und Folgen[216]. **84**

bb) **Herstellung** ist die gewerbsmäßige Produktion, was speziell für die UmweltHB die Erzeugung von Gütern und Dienstleistungen umfasst. Synonym werden auch Bezeichnungen wie Anfertigung, Errichtung, Erstellung, Erzeugung, Fabrikation, Produktion und Fertigung verwendet[217]. Bei der Herstellung von umweltrelevanten Anlagenteilen ergeben sich beispielsweise Risiken bei Hydraulikschläuchen, Dichtungen oder Isolierungen[218]. **85**

cc) **Lieferung** bedeutet die Zustellung, das Bringen oder Schicken einer gekauften Ware an den Käufer oder Nutzer. Inhaltsgleich verwendet werden Begriffe wie Abgabe, Ablieferung, Anlieferung, Auslieferung, Belieferung, Übergabe, Weitergabe, Weiterstellung, Zuleitung sowie Zusendung[219]. **86**

dd) Mit **Montage** ist der Aufbau, die Installation oder Zusammensetzung einer Anlage oder eines Anlagenteils, z. B. einer Maschine gemeint. Auch das Anschließen und Gebrauchsfertigmachen fallen unter diesen Begriff[220]. **87**

ee) **Demontage** bedeutet der Abbau, Rückbau oder die Zerlegung von Anlagen oder Anlagenteilen[221]. **88**

ff) **Instandhaltung** umfasst eine Sache in einem brauchbaren Zustand zu halten, sie zu erhalten und zu pflegen. Darin enthalten sind auch kleinere Reparaturen und der Austausch **89**

---

[212] HUK-Verband, Beil. VW 24/1993, 22; *Gawlik/Michel*, S. 147, Ziff. 4.5.2.6.
[213] *Vogel/Stockmeier*, S. 314, Rn. 206.
[214] *Vogel/Stockmeier*, S. 315, Rn. 209.
[215] *Vogel/Stockmeier*, S. 315, Rn. 210.
[216] *Vogel/Stockmeier*, S. 316, Rn. 211.
[217] *Vogel/Stockmeier*, S. 316, Rn. 212.
[218] *Vogel/Stockmeier*, S. 316, Rn. 212 m. w. N.
[219] *Vogel/Stockmeier*, S. 316, Rn. 213.
[220] *Vogel/Stockmeier*, S. 316, Rn. 214.
[221] *Vogel/Stockmeier*, S. 316, Rn. 215.

von Verschleißteilen wie Dichtungen, Schaltungen oder Reibebelägen. Hierin unterscheidet sich die Instandhaltung von der Instandsetzung, die primär auf die Reparatur abzielt[222].

90   *gg)* Bei der **Wartung** handelt es sich um eine turnusmäßig zu wiederholende Tätigkeit. Hierzu werden an Anlagen oder Anlagenteilen Arbeiten durchgeführt, die in gewissen Zeitabständen erforderlich sind, um die Funktionsfähigkeit der Anlage zu gewährleisten. Dazu gehört z. B. das Absaugen von Ölschlamm in Tankanlagen, das Reinigen und Überprüfen des Tankbehälters sowie die Kontrolle von Leitungen und Anschlüssen auf Dichtheit und festen Sitz[223].

91   Der Wortlaut von Ziff. 2.6 UmweltHB erstreckt sich auch auf **Anlagenteile.** Der Sinn dieser Regelung liegt darin, dass ein VN wegen des weiten Anlagebegriffs selten eine Anlage in ihrer Gesamtheit erstellen wird. So fallen ganze Betriebsstätten und Lager unter den Anlagenbegriff[224], so dass es außerdem nicht leicht ist, „die Anlage" genau zu definieren. In der Regel findet auch eine Zusammenarbeit mit anderen Firmen statt. So arbeitet der Hersteller eines Heizungstanks mit einem Bauunternehmen zusammen, welches die Grube für einen Erdtank aushebt oder die Auffangwanne errichtet. Daher ist eine Erstreckung auf die einzelnen Anlagenteile geboten.

92   Jedoch ist es teilweise problematisch, alle Teile einer Anlage zu erfassen. Bei einer Betriebsstätte gibt es im Normalfall aufgrund ihrer Größe viele und unterschiedliche Teile, so dass eine vollständige Erfassung fast nicht möglich ist. Außerdem besitzen eine große Anzahl dieser Teile, wie die Büro- und Sozialeinrichtungen, Geländer oder Hinweisschilder, keine oder wenig Relevanz für die Umweltrisiken der Anlage. Weiterhin sind viele hergestellte und bearbeitete Teile unterschiedlich einsetzbar, wie z. B. Nägel, Schrauben, Dichtungen, Kabel und elektrische Schaltungen[225]. Um eine uferlose Ausweitung zu vermeiden, muss es für den VN bei der Tätigkeit **ersichtlich** sein, dass das Teil zur Anwendung in einer umweltrelevanten Anlage im Sinne von Ziff. 2.1 bis 2.5 UmweltHB **bestimmt** ist[226]. Schwierigkeiten ergeben sich jedoch daraus, dass beispielsweise zum Zeitpunkt der Herstellung ein Abnehmer noch nicht vorhanden ist. In diesem Fall besteht nur die abstrakte Möglichkeit einer Verwendung im Zusammenhang mit umweltrelevanten Anlagen, was für eine Deckung von Ziff. 2.6 UmweltHB nicht ausreicht. Dieses Risiko ist weiterhin über die Betriebshaftpflicht- oder Produkthaftpflichtversicherung versichert[227]. Ob es ersichtlich ist, dass das Teil in eine umweltrelevante Anlage eingebaut werden soll, wenn zu diesem Zeitpunkt zwar ein Abnehmer bereits vorhanden ist, aber der Lieferant oder Monteur keine Kenntnis davon hat, lässt sich nicht abstrakt sagen. Werden mehrere Teile geliefert, wie z. B. Schrauben, die zum Teil in umweltrelevante Anlagen eingebaut werden, stellt sich die Ersichtlichkeit erst vor Ort heraus. Auch kann es der Fall sein, dass der VN normalerweise Tätigkeiten ausführt, die nicht unter die Ziff. 2.6 UmweltHB fallen, dies aber kurzfristig in einem Ausnahmefall geschieht. Daher sollte beim Vertragsschluss eine vorsorgliche Aktivierung von Ziff. 2.6 UmweltHB vorgenommen werden, wobei die Risikobeschreibung möglichst allgemein gehalten werden sollte[228].

93   Im Gegensatz zu den Ziff. 2.1 bis 2.5 UmweltHB greift Ziff. 2.6 UmweltHB nur, wenn der VN nicht selbst **Inhaber der Anlage** ist. Das bedeutet, dass es sich um Schäden durch Umwelteinwirkungen an fremden Anlagen handeln muss, die auf die Tätigkeit des VN zurückgehen. Umstritten ist in diesem Zusammenhang, ob Ziff. 2.6 UmweltHB solche Schäden durch Tätigkeiten des VN deckt, die während einer zeitlich begrenzten (Mit-) Inhaberschaft des VN entstanden sind, wie z. B. bei einem Probebetrieb der Anlage auf dem Be-

---

[222] *Vogel/Stockmeier,* S. 316, Rn. 216.
[223] *Vogel/Stockmeier,* S. 316, Rn. 217.
[224] S. o. Rn. 65 ff.
[225] *Vogel/Stockmeier,* S. 317, Rn. 217 m. w. N.
[226] *Vogel/Stockmeier,* S. 317, Rn. 220.
[227] HUK-Verband, Beil. VW 24/1993, 23; *Gawlik/Michel,* S. 147, Ziff. 4.5.2.6.
[228] *Vogel/Stockmeier,* S. 318, Rn. 222.

triebsgelände des Bestellers. Dies wird zum Teil mit der Begründung abgelehnt, dass dies mit dem Wortlaut von Ziff. 2.6 UmweltHB nicht zu vereinbaren sei und man daher auf die anlagenbezogenen Bausteine der Ziff. 2.1 bis 2.5 UmweltHB zurückgreifen müsste[229]. Dagegen wird vorgebracht, dass der VN häufig nicht (Mit-)Inhaber der Anlage sei, so dass die Ziff. 2.1 bis 2.5 UmweltHB schon nicht einschlägig seien. Außerdem passe auch Ziff. 2.7 UmweltHB nicht auf diesen Fall, weil dort Risiken erfasst sind, die gerade nicht von Anlagen verursacht werden dürfen. Vielmehr müsse bei Ziff. 2.6 UmweltHB eine Auslegung über den Wortlaut hinaus nach Sinn und Zweck der Norm vorgenommen werden, die dazu führt, dass solche Schäden erfasst werden[230]. Um jeglichen Streitigkeiten vorzubeugen, sollte beim Abschluss des Vertrages eine Klarstellung über diesen Punkt aufgenommen werden. Entweder man vereinbart eine pauschale Aktivierung der Ziff. 2.1 bis 2.5 UmweltHB hinsichtlich eventuell vorübergehender Inhabereigenschaften des VN oder man nimmt eine Erweiterung der Ziff. 2.6 UmweltHB vor, indem zeitlich begrenzte Inhaberschaften, insbes. im Rahmen von Erstellungs-, Wartungs- oder Demontagearbeiten mitversichert sind[231].

In Ziff. 2.6 Satz 2 UmweltHB wird der Ausschluss von Schäden durch Abwässer nach **94** Ziff. 7.14 (1) AHB aufgehoben[232].

In Ziff. 2.6 Satz 3 UmweltHB wird der erweiterte Versicherungsschutz gemäß Ziff. 5 Um- **95** weltHB auch auf Risiken der Ziff. 2.6 UmweltHB erstreckt, weil sich Ziff. 5 UmweltHB nur auf Anlagen des VN bezieht.

g) Sonstiges Umweltrisiko (Umwelthaftpflicht-Basisversicherung) gemäß **96** **Ziff. 2.7 UmweltHB.** Der Baustein Ziff. 2.7 UmweltHB erfasst Umwelteinwirkungen, die im Zusammenhang mit dem im Versicherungsschein beschriebenen Risiko stehen, soweit diese nicht unter die Ziff. 2.1 bis 2.6 UmweltHB fallen, ohne Rücksicht darauf, ob diese Risiken vereinbart wurden. Damit regelt Ziff. 2.7 UmweltHB die sog. **Umwelt-Basisversicherung**[233]. Die Umwelteinwirkungen entsprechen denen in Ziff. 1.2 UmweltHB[234]. Aus der Formulierung „im Zusammenhang mit dem im Versicherungsschein beschriebenen Risiko" wird deutlich, dass im Versicherungsschein eine genaue Beschreibung der betrieblichen Risiken erfolgen muss, wobei ein konkreter Verweis auf eine bestehende Betriebshaftpflichtversicherung ausreicht.

Der Umfang von Ziff. 2.7 UmweltHB stellt eine **Ergänzung** der anderen Bausteine dar. **97** Nur bei korrekter Deklarierung aller Anlagen und Tätigkeiten innerhalb der Ziff. 2.1 bis 2.6 UmweltHB und der zusätzlichen Vereinbarung von Ziff. 2.7 UmweltHB erhält man den ganzen Schutz, den die UHV zu bieten hat. Risiken im Sinne der Ziff. 2.1 bis 2.6 UmweltHB, die falsch deklariert, vergessen oder bewusst nicht mitversichert wurden, werden nicht von Ziff. 2.7 UmweltHB aufgefangen[235].

In Ziff. 2.7 UmweltHB wird aus Praktikabilitätsgründen eine **Ausnahme vom Deklara-** **98** **tionsprinzip** gemacht[236]. Bei vielen Anlagen ist weder eine Anzeige noch eine Genehmigung nach den verschiedenen Regelungen im Umweltrecht vorgeschrieben. Um den administrativen Aufwand, der mit einer Nennung all dieser noch so kleinen Anlagen im Versicherungsschein verbunden wäre, zu vermeiden, ist Ziff. 2.7 UmweltHB geschaffen worden. Analog dazu wurde wegen des sehr weiten Anlagebegriffs in § 22 Abs. 2 WHG eine **Kleingebinderegelung** eingeführt, die kleine Behältnisse bis zu einem Fassungsvermögen von 50 l/kg, in Einzelgebinden bis zu einem Gesamtfassungsvermögen von 500 l/kg, unab-

---

[229] *Sigulla*, VP 1994, 92 (93).
[230] *Schimikowski*, Umweltversicherungsrecht, Rn. 357; *ders.*, VP 1995, 113.
[231] *Vogel/Stockmeier*, S. 318, Rn. 224.
[232] S. *Schneider* in diesem Handbuch, § 24, Rn. 88.
[233] HUK-Verband, Beil. VW 24/1993, 23; *Vogel/Stockmeier*, S. 319, Rn. 227.
[234] S. Rn. 29 ff.
[235] *Vogel/Stockmeier*, S. 320, Rn. 229.
[236] S. C II 1a Rn. 59; HUK-Verband, Beil. VW 24/1993, 20; *Gawlik/Michel*, S. 141, Ziff. 4.5.1.2.

hängig von ihrem Inhalt und ihrer Wassergefährdungsklasse nicht dem Baustein Ziff. 2.1 UmweltHB, sondern Ziff. 2.7 UmweltHB zuweist[237].

99 Aufgrund der Tatsache, dass es nicht möglich ist, eine abschließende Beschreibung aller Risiken vorzunehmen, die von Ziff. 2.7 UmweltHB erfasst werden, wurde das Risiko im Wortlaut durch eine **Negativabgrenzung** zu den Ziff. 2.1 bis 2.6 UmweltHB definiert. Die von Ziff. 2.7 UmweltHB erfassten Risiken lassen sich nach Anlagenrisiken, Produkt- bzw. Dienstleistungsrisiken und sonstigen Tätigkeiten einteilen[238].

100 *aa)* Unter **Anlagenrisiken** fallen jene WHG-Anlagen, die von Ziff. 2.1 UmweltHB von vornherein ausgeschlossen wurden, wie Kleingebindeanlagen, solche, die zwar Anlagen im Sinne von § 22 Abs. 2 WHG wären, die der VN aber nur kurzzeitig in Besitz hat und somit das Kriterium der Dauerhaftigkeit nicht erfüllt ist[239] sowie Anlagen, die unterhalb der Mengenbereiche des BImSchG liegen[240].

101 *bb)* Bei **Produkt-/Dienstleistungsrisiken** sind insbes. die Herstellung, Lieferung, Montage, Demontage, Instandhaltung sowie die Wartung von Anlagen zu nennen, die nicht unter Ziff. 2.1 bis 2.5 UmweltHB fallen, sofern der Schaden vor Ausführung oder Abschluss der Leistung entsteht[241]. Weiterhin werden die unter Ziff. 2.6 UmweltHB fallenden Tätigkeiten im Zusammenhang mit den Anlagenteilen erfasst, wenn es für den VN nicht ersichtlich war, dass diese Teile für umweltrelevante Anlagen verwendet werden sollen und der Schaden vor Ausführung oder Abschluss der Leistung entsteht[242].

102 *cc)* **Sonstige Tätigkeiten** können allgemeine Arbeiten an fremden, nicht umweltrelevanten Anlagen sein sowie Tätigkeiten ohne konkreten Bezug zur Umwelt, wie die Verursachung eines Schadens während eines Besuchs oder beim Einweisen von fremden Kfz[243].

3. Rechtsfolgen fehlerhafter Risikodeklaration

103 Die Pflicht, die einzelnen Anlagen zu deklarieren, entspricht der Konzeption des **VVG**. Teilt der VN dem VR gefahrerhebliche Umstände zu dem zu versichernden Risiko nicht mit, kann der VR vom Versicherungsvertrag gemäß §§ 19 ff. VVG zurücktreten[244].

4. Das Verwendungsrisiko gemäß Ziff. 2 a. E. UmweltHB

104 In Ziff. 2 a. E. UmweltHB besteht auch dann Deckung, wenn **gelagerte Stoffe** bei ihrer Verwendung im räumlichen und gegenständlichen Zusammenhang mit versicherten Anlagen gemäß Ziff. 2.1 bis 2.5 und 2.7 UmweltHB in Boden, Luft oder Wasser (einschl. Gewässer) gelangen, ohne in diese eingebracht oder eingeleitet worden zu sein. Da die Rechtsprechung die Haftung in § 22 Abs. 2 WHG auf unmittelbar mit dem Lager zusammenhängende Vorgänge ausgedehnt hat, sollen auch diese Risiken mit umfasst sein[245]. Dabei handelt er sich vor allem um das Befüllen, Umpumpen, Abfüllen oder Entnehmen von Stoffen aus Lageranlagen sowie um Transportvorgänge zwischen einer Lageranlage und einer anderen Anlage, in der die transportierten Stoffe verwendet werden[246]. Umstritten ist, ob das Säubern von Maschinen mit einer gewässerschädlichen Reinigungsflüssigkeit dem Anlagenrisiko der Behälter mit Reinigungsflüssigkeit zugeordnet werden kann[247]; ebenso, ob der Versicherungsschutz der ersten Anlage noch das Risiko des Entnehmens eines Stoffes erfasst, um ihn in einer ande-

---

[237] HUK-Verband, Beil. VW 24/1993, 20; *Gawlik/Michel,* S. 141, Ziff. 4.5.1.2.
[238] *Vogel/Stockmeier,* S. 320, Rn. 230.
[239] S. Rn. 62 ff.
[240] *Vogel/Stockmeier,* S. 320, Rn. 231 m. w. N.
[241] S. Rn. 82 ff.
[242] S. Rn. 82 ff.
[243] *Vogel/Stockmeier,* S. 321, Rn. 233.
[244] *Schimikowski,* Umweltversicherungsrecht, Rn. 362; *Vogel/Stockmeier,* S. 256, Rn. 38.
[245] *Paul,* BB 1965, 18 (20); *Klinkhammer,* VP 1991, 147 (152); *Vogel/Stockmeier,* S. 321, Rn. 235.
[246] *Klinkhammer,* VP 1991, 147 (152); *Vogel/Stockmeier,* S. 321, Rn. 235.
[247] Bejahend *Hinsch,* VersR 1991, 1221 (1227); ablehnend *Schmidt-Salzer/Schramm,* Umwelthaftpflichtversicherung, Rn. 2.82.

ren Anlange zu verwenden[248]. Für die Abgrenzung des Begriffs „Gelangen" von einem Einleiten oder Einbringen, ist die haftungsrechtliche Auslegung heranzuziehen[249].

5. Mittelbares Abwasserrisiko gemäß Ziff. 2 letzter Satz UmweltHB

Durch diese Klausel, die sich auf alle Risikobausteine bezieht, wird der **Ausschluss von** 105 **Sachschäden durch Abwasser** im Sinne von Ziff. 7.14 (1) AHB abbedungen. Diese Klarstellung ist notwendig, um Streitigkeiten verhindern, der Ausschluss beziehe sich nur auf die Risiken der Ziff. 2.4 und 2.6 UmweltHB. Jedoch werden nur Drittschäden erfasst, die überwiegend durch Stoffe eingetreten sind, die aus der versicherten Anlage über das Abwasser in das Gewässer gelangt sind. Für den Fall, dass Schäden ausschließlich oder vorwiegend auf das Abwasser zurückzuführen sind und die über das Abwasser in das Gewässer gelangten Stoffe nur durch Zufall zur selben Zeit am selben Ort waren, besteht kein Versicherungsschutz. Sollte sich jedoch die Schädlichkeit des Abwassers durch die hinzugekommenen versicherten Stoffe erheblich erhöht haben, wird der Gesamtschaden abgedeckt. Dabei spielt es keine Rolle, dass die Höhe des Schadens ohne die Auswirkungen des Abwassers geringer gewesen wäre. Die Entstehung der Höhe des Schadens hängt zeitlich von Witterungsfaktoren wie Windstärke, Windrichtung, Niederschlag und Temperatur sowie örtlich von den Gegebenheiten der Umgebung wie der Nachbarschaft ab, die nicht zu beeinflussen sind, und daher keinen Einfluss auf die versicherungsrechtliche Abdeckung haben können[250].

III. Vorsorgeversicherung/Erhöhungen und Erweiterungen im Sinne von Ziff. 3 UmweltHB

1. Allgemeines

a) Ziff. 3.1 UmweltHB schließt die Vorschriften der Ziff. 3.1 (3) und 4 AHB über die 106 **Vorsorgeversicherung**[251] für die Ziff. 2.1 bis 2.6 UmweltHB aus. Vielmehr müssen **neue Risiken** besonders vereinbart werden. Diese Regelung ist eine Konsequenz der Deklarationspflicht in Ziff. 2 UmweltHB, wonach nur die im Versicherungsschein aufgeführten Risiken von der Versicherung umfasst werden sollen[252]. Nur auf diese Weise ist sicherzustellen, dass die zuvor durchgeführte Risikoanalyse auch nach Vertragsschluss weiterhin aufrechtzuerhalten ist[253].

b) In Ziff. 3.2 UmweltHB werden Ziff. 3.1 (2) und 3.2 AHB – **Erhöhungen und Erwei-** 107 **terungen**[254] – insoweit ausgeschlossen, als nur „mengenmäßige Veränderungen von Stoffen innerhalb der unter Ziff. 2 versicherten Risiken" mit umfasst werden. Risikoerhöhungen sind qualitative, Risikoerweiterungen quantitative Steigerungen des versicherten Risikos[255]. Die „mengenmäßigen Veränderungen von Stoffen" stellen quantitative Steigerungen des versicherten Risikos und somit eine Erweiterung dar. Eine mengenmäßige Veränderung scheidet daher aus, wenn sie **ausschließlich** eine qualitative Steigerung darstellt. Sie müssen zusätzlich eins der in Ziff. 2 UmweltHB versicherten Risiken betreffen, damit sie ohne gesonderte Vereinbarung Versicherungsschutz genießen. Der VN ist jedoch verpflichtet, diese Erweiterung dem VR nach Ziff. 4.1 (1) AHB anzuzeigen[256].

---

[248] Bejahend OLG Celle v. 21. 3. 1996, r+s 1996, 173 für die Gewässerschadenhaftpflichtversicherung; ablehnend wohl *Vogel/Stockmeier*, S. 322, Rn. 237.
[249] *Vogel/Stockmeier*, S. 322, Rn. 238.
[250] *Vogel/Stockmeier*, S. 323, Rn. 240.
[251] S. *Schneider* in diesem Handbuch, § 24, Rn. 39; *Vogel/Stockmeier*, S. 333, Rn. 24ff.
[252] S. Rn. 30; *Gawlik/Michel*, S. 152, Ziff. 4.6.1.
[253] HUK-Verband, Beil. VW 24/1993, 24; *Gawlik/Michel*, S. 152, Ziff. 4.6.
[254] S. *Schneider* in diesem Handbuch, § 24, Rn. 37; *Vogel/Stockmeier*, S. 333, Rn. 24ff.
[255] *Späte*, AHB Kommentar, § 1, Rn. 234.
[256] *Vogel/Stockmeier*, S. 343, Rn. 53ff.

108 **c)** Da eine Risikoanalyse mangels deklarierungspflichtiger Anlagen von vornherein bei Ziff. 2.7 UmweltHB ausscheidet, ist für diesen Baustein auch kein Ausschluss in Ziff. 3 UmweltHB vorgesehen[257].

2. Veränderungen bei den Bausteinen von Ziff. 2.1 bis 2.6 UmweltHB

109 Nicht jede neue Anlage muss ein **neues Risiko** sein. Dies hängt maßgeblich von den Erklärungen, Feststellungen und Deklarationen im Versicherungsschein bzw. von den im Versicherungsschein in Bezug genommenen Beiblättern oder Anlagen ab. Sind dort z. B. ein Öltank von 1 000 l und einer von 500 l **einzeln und separat** zum Risikobaustein Ziff. 2.1 UmweltHB[258] aufgeführt, stellt die Anschaffung eines neuen Tanks von 500 l ein neues Risiko dar, welches nachträglich in den Versicherungsschutz miteinbezogen werden muss[259]. Lautet die Formulierung im Versicherungsschein jedoch **pauschal** auf „Tank- und Fasslager für Mineralöle mit einer Gesamtlagerkapazität von 1 500 l", ist dieses Risiko mitversichert, weil es sich bei der Anschaffung des neuen Tanks von 500 l lediglich um eine „mengenmäßige Veränderung von Stoffen innerhalb eines unter Ziff. 2 versicherten Risikos" handelt, die der VN gemäß Ziff. 4.1 (1) AHB anzeigen muss[260].

110 Probleme bereiten in diesem Zusammenhang Fälle, in denen eine Anlage aus einem Baustein **herauswächst.** Das ist denkbar, wenn beispielsweise zwei WHG-Anlagen zu Beginn des Vertrages unter Ziff. 2.1 UmweltHB gefallen sind, und anschließend **durch den VN** umgebaut werden. Während er die erste Anlage technisch so modifiziert, dass sie eine wesentlich größere Leistung erbringt, vergrößert er bei der zweiten Anlage die Kapazität. Beide Anlagen stellen jetzt Anlagen nach Anhang 1 des UmweltHG dar und würden somit unter Ziff. 2.2 UmweltHB fallen[261]. Teilweise wird bei solchen Konstellationen ein neues Risiko angenommen. Ein neues Risiko liegt vor, wenn das nach Abschluss des Vertrages hinzugetretene Risiko nach natürlicher Betrachtungsweise der am Rechtsverkehr beteiligten Kreise in keinem inneren Zusammenhang mit dem ursprünglich versicherten steht[262], wobei ein wichtiges Indiz die Einordnung unter eine andere Tarifposition des Prämientarifs des VR ist[263]. Durch das Herauswachsen aus dem Baustein Ziff. 2.1 UmweltHB und gleichzeitiges Hineinwachsen in den Baustein Ziff. 2.2 UmweltHB gelten die verschärften Reglungen des UmweltHG, so dass das Risiko gefährlicher ist. Außerdem ist die versicherungsrechtliche Zuordnung unter einen anderen Baustein auch mit einer anderen Tarifposition verbunden, was für ein neues Risiko spricht[264]. Dem ist jedoch entgegenzuhalten, dass kein Risiko „hinzugetreten", d. h. neu hinzugekommen ist, sondern dass dieses Risiko schon bei Vertragsschluss gegeben war.

111 Es liegt vielmehr eine **objektive Gefahrerhöhung** im Sinne von § 23 VVG vor. Gefahrerhöhung bedeutet jede nachträgliche Änderung der bei Vertragsschluss tatsächlich vorhandenen Umstände, die den Eintritt des Versicherungsfalles oder eine Vergrößerung des Schadens wahrscheinlicher macht[265]. Daher werden nicht nur qualitative, sondern auch quantitative Risikosteigerungen erfasst, wenn sie zugleich eine qualitative Risikosteigerung darstellen[266]. Wenn sich daher eine „mengenmäßige Veränderung von Stoffen" sowohl als quantitative als auch als qualitative Risikosteigerung darstellt, ohne ein neues Risiko im Sinne

---

[257] S. hiezu *Vogel/Stockmeier*, S. 338, Rn. 39 ff.

[258] Übersicht anhand von Fallbeispielen bei *Vogel/Stockmeier*, S. 346, Rn. 61 ff.

[259] *Schmidt-Salzer/Schramm*, Umwelthaftpflichtversicherung, Rn. 3.15; *Vogel/Stockmeier*, S. 342, Rn. 51; a. A. *Kurth*, PHi 1992, 48 (51), der darin eine Risikoerweiterung sieht.

[260] *Schmidt-Salzer/Schramm*, Umwelthaftpflichtversicherung, § 3, Rn. 3.18; *Vogel/Stockmeier*, S. 342, Rn. 51; *Kurth*, PHi 1992, 48 (51).

[261] Beispiele *Schmidt-Salzer/Schramm*, Umwelthaftpflichtversicherung, Rn. 3.21 f.; *Vogel/Stockmeier*, S. 340, Rn. 46.

[262] *Späte*, AHB-Kommentar, § 2, Rn. 4.

[263] *Prölss/Martin*, § 2 AHB, Rn. 1 b.

[264] *Schmidt-Salzer/Schramm*, Umwelthaftpflichtversicherung, Rn. 3.20.

[265] *Prölss/Martin*, § 23 VVG, Rn. 4; s. zur Problematik der Gefahrerhöhung ausführlich in diesem Handbuch *Hahn*, § 20.

[266] *Vogel/Stockmeier*, S. 343, Rn. 54.

von Ziff. 3.1 UmweltHB zu begründen, kommen die §§ 23 ff. VVG nicht in Betracht, weil diese Vorschriften durch die automatische Mitversicherung mangels Ausschlusses in Ziff. 3.2 UmweltHB abbedungen sind[267].

Weiterhin anwendbar bleiben die Vorschriften der §§ 23 ff. VVG bei allen qualitativen **112** Steigerungen. Vorliegend hat sich das Risiko nicht nur durch die Kapazitätsvergrößerung und technische Modifikation quantitativ, sondern insgesamt durch die Haftungsverschärfung nach dem UmweltHG auch qualitativ verändert[268]. Deshalb stellt auch die Kapazitätsvergrößerung keine mengenmäßige Veränderung von Stoffen dar, die über Ziff. 3.2 Satz 2 UmweltHB mitversichert ist[269]. Ebenso liegt eine qualitative Steigerung bei einem **durch den Gesetzgeber** vorgenommenen Gesetzgebungsakt vor[270]. **Rechtsfolge** dieser **objektiven Gefahrerhöhung** ist ein Kündigungsrecht des VR nach den §§ 24 ff. VVG. Sollte er von diesem Recht keinen Gebrauch machen, führt dies automatisch zur Anwendung der Pflichtversicherungspflichten[271], wobei noch ungeklärt ist, ob dies auch gilt, wenn die vereinbarte Deckungssumme nicht den Erfordernissen der Pflichtversicherung entspricht[272].

In Ziff. 2.6 UmweltHB kann ein neues Risiko auftreten, sofern der VN eine im Versiche- **113** rungsschein nicht beschriebene Tätigkeit aufnimmt[273].

Die oben gezeigten Schwierigkeiten bei der Abgrenzung, ob es sich um ein neues Risiko, **114** eine Erweiterung oder Erhöhung des Risikos oder eine nach Ziff. 3.2 Satz 2 UmweltHB mitversicherte mengenmäßige Veränderung handelt, haben zu **Kritik** aus den Reihen der Wirtschaft geführt. Ein durchschnittlicher VN ist nicht der Lage, diese Abgrenzung vorzunehmen. Um auf der sicheren Seite zu sein, muss er den Betrieb ständig auf neue Anlagen überprüfen, jede Veränderung an den VR melden und diesen um Deckungszusage bitten[274]. Deshalb werden in der Versicherungswirtschaft zum Teil andere Möglichkeiten wie eine Stichtagsmeldung für bestimmte Anlagen oder die allmähliche Rückkehr der Vorsorgeversicherung angeboten[275].

IV. Der Versicherungsfall gemäß Ziff. 4 UmweltHB

1. Definition des Versicherungsfalls

Durch die Regelung der Ziff. 4 Satz 1 UmweltHB wird der **Versicherungsfall** abwei- **115** chend von Ziff. 1.1 AHB[276] definiert als „die nachprüfbare erste Feststellung des Personenschadens (Tod, Verletzung oder Gesundheitsbeschädigung von Menschen), Sachschadens (Beschädigung oder Vernichtung von Sachen) oder eines gemäß Ziff. 1.2 mitversicherten Vermögensschadens durch den Geschädigten, einen sonstigen Dritten oder den VN". Während Ziff. 1.1 AHB auf die eingetretene Rechtsgutsverletzung abstellt, kommt es in Ziff. 4 Satz 1 UmweltHB auf die erste Feststellung des Schadens durch die genannten Personen an[277]. Damit hängt der Versicherungsfall nicht vom unklaren Begriff des Schadensereignisses

---

[267] *Schmidt-Salzer/Schramm,* Umwelthaftpflichtversicherung, Rn. 3.29; *Vogel/Stockmeier,* S. 343, Rn. 54 m.w.N.
[268] *Vogel/Stockmeier,* S. 341, Rn. 48; *Schimikowski,* Umweltversicherungsrecht, Rn. 366; *Gawlik/Michel,* S. 154, Ziff. 4.63.1.
[269] So aber *Kurth,* PHi 1992, 48 (51).
[270] HUK-Verband, Beil. VW 24/1993, 25; *Gawlik/Michel,* S. 155, Ziff. 4.63.1; *Vogel/Stockmeier,* S. 341, Rn. 49.
[271] OLG Hamm v. 29. 11. 1985, VersR 1987, 802 ff.
[272] HUK-Verband, Beil. VW 24/1993, 25.
[273] *Schmidt-Salzer/Schramm,* Umwelthaftpflichtversicherung, § 3, Rn. 3.24; *Vogel/Stockmeier,* S. 343, Rn. 52 m.w.N.
[274] *Vogel/Stockmeier,* S. 345, Rn. 57.
[275] *Schimikowski,* Umweltversicherungsrecht, Rn. 367; *Vogel/Stockmeier,* S. 345, Rn. 57 ff.
[276] S. *Schneider* in diesem Handbuch § 24, Rn. 22; *Vogel/Stockmeier,* S. 349, Rn. 2 ff.
[277] *Vogel/Stockmeier,* S. 360, Rn. 35.

---

ab, sondern von der konkreten Schadensfeststellung bei demjenigen, der als Geschädigter auftritt und Haftpflichtansprüche stellt (sog. **Feststellungsprinzip/Discovery Prinzip**)[278].

116   **a) Erste nachprüfbare Feststellung.** Die Definition des Versicherungsfalls besteht aus der subjektiven Komponente der **ersten Feststellung** und der objektiven Komponente der **Nachprüfbarkeit**[279].

117   *aa)* Im Rahmen der ersten Feststellung kommt es darauf an, wann der Schaden von einem Menschen **erstmals** konkret festgestellt wird, unabhängig von der Erkennbarkeit der Schadensursache in diesem Zeitpunkt[280]. Dies wird im Regelfall keine besonderen Schwierigkeiten aufwerfen. Probleme können im Zusammenhang mit Personenschäden auftreten. Im Laufe der Zeit werden bei Menschen unterschiedliche Krankheiten und Symptome diagnostiziert. Sollte sich nun abzeichnen, dass eine schädliche Umwelteinwirkung eine bestimmte Gesundheitsbeeinträchtigung verursacht haben könnte, ist es meist nicht ohne weiteres eindeutig feststellbar, welche Krankheiten und Symptome genau darauf zurückzuführen sind. Erschwerend kommt hinzu, dass meist verschiedene Ärzte konsultiert wurden oder Ärztewechsel stattgefunden haben[281]. Gerade im Hinblick auf die Vielzahl von möglichen Anspruchstellern ist dem VR daran gelegen, den Zeitpunkt der ersten Feststellung genau zu ermitteln und zu prüfen. Denn sollte es sich nicht um die erste Feststellung handeln, liegt kein Versicherungsfall im Sinne von Ziff. 4 Satz 1 UmweltHB vor.

118   *bb)* Um einer eventuellen Manipulationsgefahr vorzubeugen, wurde das Kriterium der **Nachprüfbarkeit** der ersten Feststellung aufgenommen[282]. Ansonsten bestünde die Möglichkeit, dass der VN das Datum der ersten Feststellung verlagert, um die Deckungssumme zu erhöhen, seine Selbstbeteiligung zu ändern oder sich überhaupt erst zu versichern[283]. Nachprüfbarkeit ist dann gegeben, wenn sich die Feststellung des Schadens durch Handlungen objektiv nachweisen lässt[284]. Dies liegt daher insbesondere vor bei Arztberichten mit deutlichem Befund, einer Meldung des Schadens bei der Polizei oder Behörden, die Feststellung der Schadens durch eine Gruppe von Menschen wie Wandergruppen, Schulklassen oder Vereinen sowie der Einleitung eines selbständigen Beweisverfahrens. Nicht ausreichend ist eine bloße Kenntnis der den Schaden feststellenden Personen. Auch die Feststellung des Schadens durch einen Sachverständigen reicht ohne die konkrete Mitteilung an den VN nicht aus[285].

119   **b) Schadensarten.** Nach dem Wortlaut von Ziff. 4 Satz 1 UmweltHB muss sich die erste nachprüfbare Feststellung auf den **Schaden** beziehen. Der Begriff des Personen-, Sach- und Vermögensschadens stimmt mit dem in Ziff. 1.2 UmweltHB überein[286]. Fehlt es daher an einem Schaden, liegt kein Versicherungsfall vor. Daran ändert auch die Behauptung eines Drittschadens nichts. Allerdings trifft den VR in solchen Fällen die Pflicht, sich mit der Angelegenheit zu befassen, weil er gemäß § 100 VVG und Ziff. 5.1 AHB 2008 zur Abwehr unbegründeter Ansprüche verpflichtet ist[287].

---

[278] *Schimikowski,* Umweltversicherungsrecht, Rn. 368; *Gawlik/Michel,* S. 155, Ziff. 4.63.1.

[279] *Schimikowski,* Umweltversicherungsrecht, Rn. 371.

[280] *Vogel/Stockmeier,* S. 367, Rn. 62; *Schimikowski,* Umweltversicherungsrecht, Rn. 368.

[281] *Vogel/Stockmeier,* S. 360, Rn. 37.

[282] HUK-Verband, Beil. VW 24/1993, 26; *Vogel/Stockmeier,* S. 363, Rn. 50; krit. *Reemts,* Umwelthaftpflichtversicherung und Rettungskostenersatz, S. 69, der aufgrund von Beweisschwierigkeiten die Nachprüfbarkeit nur auf die Schadensfeststellung, jedoch nicht auf die Erstmaligkeit erstrecken möchte.

[283] *Vogel/Stockmeier,* S. 361, Rn. 38 ff. m. w. N.

[284] *Gawlik/Michel,* S. 157, Ziff. 4.7.2; *Vogel/Stockmeier,* S. 341, Rn. 49; ablehnend *Reemts,* Umwelthaftpflichtversicherung und Rettungskostenersatz, S. 64 ff., der es ausreichen lässt, dass die Möglichkeit besteht, die Schadensfeststellung mit geeigneten Beweismitteln nachzuweisen.

[285] *Vogel/Stockmeier,* S. 363, Rn. 50.

[286] S. Rn. 27 ff.

[287] *Vogel/Stockmeier,* S. 366, Rn. 61.

2. Versicherungszeitraum

Der Versicherungsschutz ist laut Ziff. 4 Satz 2 UmweltHB nur dann gegeben, wenn der **120** Versicherungsfall während der **Wirksamkeit der Versicherung** eingetreten ist. Dies bedeutet nicht nur, dass der Vertrag rechtswirksam abgeschlossen wurde und begonnen hat zu laufen. Vielmehr darf auch keine Leistungsfreiheit auf Seiten des VR wegen Zahlungsverzugs (§ 37 Abs. 2 VVG), Risikoerhöhung (§ 23 VVG) usw. vorliegen **(materieller Versicherungsschutz)**[288]. Durch die Formulierung in Ziff. 4 Satz 2 UmweltHB wird deutlich, dass es nur darauf ankommt, dass der Schaden während der Wirksamkeit der Versicherung entdeckt wurde[289]. Hierzu stellt Ziff. 4 Satz 3 UmweltHB klar, dass es nicht darauf ankommt, ob zu diesem Zeitpunkt bereits Ursache oder Umfang des Schadens oder die Möglichkeit zur Erhebung von Haftpflichtansprüchen erkennbar war. Damit steht dem Vorteil des **Feststellungsprinzips** für den VR, den Versicherungsfall zeitlich genau bestimmen zu können, der Nachteil gegenüber, wegen Schäden in Anspruch genommen zu werden, deren Ursachen noch vor Beginn des Versicherungsvertrages liegen[290]. Allerdings kann dieses Risiko durch eine zeitliche Begrenzung in den Deckungseinstiegsregelungen der Ziff. 6.2 und 6.5 UmweltHB minimiert werden[291]. Zum anderen besteht für den VR die Möglichkeit, aufgrund einer für ihn ungünstigen Schadensentwicklung den Vertrag zu kündigen. Dies führt für den VN dazu, dass Schäden ausgeschlossen sind, die während der Wirksamkeit des Vertrages eingetreten sind, jedoch erst nach Ablauf des Vertrages festgestellt werden[292]. Dies ist insbes. bei **Serienschäden** im Sinne von Ziff. 7.2 UmweltHB gemäß Ziff. 9.2 AHB 2008 für den VR interessant, da nur während der Wirksamkeit des Versicherungsvertrages festgestellte Schäden als ein Versicherungsfall gelten[293]. Um diese Risiken weitgehend einzuschränken, sehen die UmweltHB in **Ziff. 6.3** und **Ziff. 8** eigene Regelungsinstrumente vor:

a) Nach Ziff. 6.3 UmweltHB sind „Ansprüche wegen **bei Vertragsbeginn bereits eingetretener Schäden** nicht versichert". Zum Teil wird diese Klausel als systemwidrige Abweichung vom Feststellungsprinzip bezeichnet, weil sie nicht auf die Entdeckung des Schadens, sondern auf dessen Eintritt abstellt[294]. Dabei ist es Aufgabe des VR, den Zeitpunkt des Drittschadens zu beweisen[295]. Um dabei Beweisproblemen in einem Prozess zu entgehen, nimmt der VR in der Regel schon vor Vertragsbeginn eine umfassende Risikoprüfung vor. Eine wesentliche Rolle spielt in diesem Rahmen die vorvertragliche Anzeigepflicht im Sinne der §§ 19 ff. VVG sowie die Deklarationspflicht nach Ziff. 2 UmweltHB. Jedoch kommt es beispielsweise häufig vor, dass auch dem VN Altlasten nicht bekannt sind, so dass der VR noch vor Vertragsschluss entsprechende Untersuchungen vornehmen lassen sollte, um dieses Risiko von vornherein auszuschließen[296].

Mit der Einführung der UHV wurde jeweils ein neuer separater Vertrag geschlossen, des- **122** sen Definition des Versicherungsfalles von dem bis dahin geltenden Schadensereignis-Prinzip

---

[288] *Späte,* AHB Kommentar, § 1, Rn. 45; *Vogel/Stockmeier,* S. 367, Rn. 64; *Gawlik/Michel,* S. 158, Ziff. 4.7.3.

[289] *Vogel/Stockmeier,* S. 367, Rn. 65; *Gawlik/Michel,* S. 158, Ziff. 4.7.3.

[290] HUK-Verband, Beil. VW 24/1993, 26.

[291] *Schmidt-Salzer/Schramm,* Umwelthaftpflichtversicherung, Rn. 4.20 ff.

[292] *Meyer-Kahlen,* VP 1988, 21 (25); *Schimikowski,* Umweltversicherungsrecht, Rn. 371; krit. *Vogel/Stockmeier,* S. 506, Rn. 15 unter Bezugnahme auf BGH v. 4. 12. 1980, VersR 1981, 173 (174): Auf dem Versicherungsmarkt gibt es hierfür keine Versicherungsmöglichkeit. Es besteht für den VN jedoch ein berechtigtes Interesse, dass der VR für ein haftungsbegründendes Ereignis auch dann aufkommt, wenn der Schaden erst nach dem Ende der Versicherungszeit eintritt. Ein Verstoß gegen § 307 BGB wird nicht für ausgeschlossen gehalten.

[293] *Schmidt-Salzer/Schramm,* Umwelthaftpflichtversicherung, Rn. 7.8.

[294] *Küpper,* VP, 1992, 1 (7); *Meyer-Kahlen,* PHi 1992, 126 (128); *Schimikowski,* Umweltversicherungsrecht, Rn. 403; a. A. *Schmidt-Salzer/Schramm,* Umwelthaftpflichtversicherung, Rn. 6.67.

[295] *Schimikowski,* Umweltversicherungsrecht, Rn. 403; *Vogel/Stockmeier,* S. 372, Rn. 74.

[296] *Reiff,* VW 1992, 122 (128); *Schimikowski,* Umweltversicherungsrecht, Rn. 403; *Vogel/Stockmeier,* S. 373, Rn. 76 f. m. w. N.

abwich[297]. Daher bestimmt jeder Haftpflichtversicherungsvertrag einen genauen Zeitpunkt, ab dem dieses Prinzip nicht mehr zugrundezulegen ist. Solange ein Schadensereignis somit vor diesem Zeitpunkt liegt, bleibt es bei einem Versicherungsschutz durch den Haftpflichtversicherungsvertrag, weil durch die Umstellung das Umweltrisiko erst für die Zukunft der UHV zugeordnet wurde. Insoweit bestünde auch keine Deckung durch die UHV, weil das Schadensereignis nicht während der Wirksamkeit des Umwelthaftpflichtversicherungsvertrages im Sinne von Ziff. 4 Satz 2 UmweltHB eingetreten ist. Für den Fall, dass das Schadensereignis, der Schaden und die nachprüfbare erste Feststellung zeitlich zusammenfallen und der Zeitpunkt des Schadensereignisses nachweislich vor dem Zeitpunkt im Haftpflichtversicherungsvertrag liegt, kommt die „Entweder-/Oder-Regelung" zum Tragen[298]. Sollte der Zeitpunkt des Schadensereignisses nicht genau bestimmt werden können, ist der VR nur verpflichtet, aus dem deckungsrechtlich kostengünstigsten Vertrag zu leisten, weil auf jeden Fall aus einem der beiden Verträge Versicherungsschutz besteht, der VN aber nicht beweisen kann, aus welchem. Falls das Schadensereignis vor dem Zeitpunkt liegt, die Schadensfeststellung jedoch danach, besteht eine Deckung nur aus dem Haftpflichtversicherungsvertrag. Zwar greift Ziff. 6.3 UmweltHB nicht ein, weil diese nur Drittschäden und keine Schadensereignisse erfasst; jedoch besteht aus einem früheren Versicherungsvertrag Deckung, so dass dieser Schaden nach Ziff. 6.4 UmweltHB nicht mitversichert ist. Gleiches gilt für mehrere zeitlich zusammenhängende Schäden aus derselben Ursache, die nach Ziff. 6.3 AHB 2008 als ein Schadensereignis zählen[299]. Tritt das Schadensereignis über einen längeren Zeitraum ein, der über den Zeitpunkt hinausgeht, fehlt es an einer Regelung in den UmweltHB. Eine sachgerechte Lösung wird dadurch erreicht, dass die HaftpflichtV und die UHV den Schaden zeitanteilig übernehmen[300].

123   **b)** Für den Fall, dass der VR den Vertrag wegen einer für ihn ungünstigen Schadensentwicklung kündigt, sieht Ziff. 8.1 UmweltHB eine **Nachhaftung** für die Dauer von drei Jahren für Schäden vor, „die während der Wirksamkeit der Versicherung eingetreten sind, aber zum Zeitpunkt der Beendigung des Versicherungsverhältnisses noch nicht festgestellt waren". Nicht umfasst werden jedoch Drittschäden, die in der Nachhaftungszeit entstehen.

V. Aufwendungen vor Eintritt des Versicherungsfalls nach Ziff. 5 UmweltHB

1. Allgemeines

124   Die Einführung einer neuen Definition des Versicherungsfalles in Ziff. 4 Satz 1 UmweltHB führte dazu, dass auch die Voraussetzungen, unter denen der VR verpflichtet ist, Aufwendungen **vor Eintritt des Versicherungsfalles** zu gewähren, modifiziert wurden. Eine ausdrückliche Regelung zur Leistungspflicht vor Eintritt des Versicherungsfalles findet sich zwar weder im VVG noch in den AHB; allerdings enthalten beide Regelungswerke Vorschriften, die mit einer **zeitlichen Vorverlagerung des Versicherungsschutzes** in engem Zusammenhang stehen wie z. B. die §§ 82 und 83 VVG[301].

2. Grundsatzregelung in Ziff. 5.1 UmweltHB

125   Nach Ziff. 5.1 UmweltHB erstattet der VR, auch ohne dass ein Versicherungsfall eingetreten ist, nach einer Störung des Betriebes oder aufgrund behördlicher Anordnung Aufwendungen des VN für Maßnahmen zur Abwendung oder Minderung eines sonst unvermeidbar eingetretenen Personen-, Sach- oder gemäß Ziff. 1.2 UmweltHB mitversicherten Vermö-

---

[297] Zur Entwicklung s. *Vogel/Stockmeier*, S. 349, Rn. 1 ff.
[298] *Vogel/Stockmeier*, S. 376, Rn. 83.
[299] *Vogel/Stockmeier*, S. 455, Rn. 118.
[300] HUK-Verbandsempfehlung 1986/1992; zum Vorstehenden insgesamt s. *Vogel/Stockmeier*, S. 376, Rn. 83 f.
[301] S. grundlegend *Beckmann*, § 15.

gensschadens[302]. Erste Bedingung für den **Rettungskostenersatz** ist somit, dass noch kein Versicherungsfall vorliegt. Aus dem in Ziff. 5.1 UmweltHB verwandten Wort „auch" darf nicht geschlossen werden, dass dieser Kostenersatz neben eine Leistung wegen eines Versicherungsfalles tritt[303]. Vielmehr liegt entweder kein Versicherungsfall vor, dann kann eine Leistungspflicht aus Ziff. 5 UmweltHB in Betracht kommen, oder ein Versicherungsfall ist eingetreten, so dass nur eine Leistungspflicht aus Ziff. 4 UmweltHB einschlägig sein kann. Falls der VN beim Vorliegen eines Versicherungsfalles Aufwendungen getätigt hat, kommen daher nur Ansprüche aus §§ 82, 83 VVG in Betracht. Allerdings ist es möglich, dass neben einen Versicherungsfall auch Aufwendungen vor Eintritt des Versicherungsfalles treten können, so wenn sich in einem Betrieb durch einen Brand giftige Gase in die Umgebung ausbreiten. Für die Anwohner, die mit diesen in Kontakt gekommen sind, liegt ein Versicherungsfall vor, in Bezug auf nicht mit den Gasen in Kontakt gekommene evakuierte Anwohner ist noch kein Versicherungsfall eingetreten[304].

Weitere Anspruchsvoraussetzung ist entweder eine **Störung des Betriebes** oder eine be- **126** hördliche Anordnung.

a) Da sich in den UmweltHB keine Definition findet, wann eine **Störung des Betriebes** **127** vorliegt, wird zum Teil wegen des identischen Wortlauts auf § 6 Abs. 2 UmweltHG[305], zum Teil auf § 2 Abs. 1 der 12. BImSchV, die sog. Störfallverordnung, Bezug genommen[306]. Danach ist für eine Störung des Betriebes notwendig, „dass eine Umwelteinwirkung unmittelbar durch ein zeitpunktartig fassbares, plötzlich und unfallartig eintretendes äußeres Ereignis (Vorkommnis) verursacht wird, die ohne das Ereignis unterblieben wäre"[307]. Die damit erfolgte Gleichsetzung der Begriffe „Störfall" und „Betriebsstörung" wird jedoch kritisiert, weil sie gerade aus § 6 Abs. 2 UmweltHG nicht zu entnehmen sei. Vielmehr soll für die Begriffsbestimmung auf den allgemeinen Sprachgebrauch abgestellt werden, wonach eine Betriebsstörung dann vorliegt, wenn der Betriebszustand vom normalen Zustand abweicht[308].

b) Unter **behördliche Anordnungen** fallen Verwaltungsakte, die zum Zweck der Ge- **128** fahrenabwehr an den VN erlassen werden[309]. Der Begriff der behördlichen Anordnung umfasst nicht nur Aufwendungen wegen Störfällen, sondern auch wegen Kontaminierungen, die durch Abläufe im Normalbetrieb aufgetreten sind. Daraus folgt im Umkehrschluss, dass Kosten, die der VN wegen der Beseitigung von solchen Schäden ohne hoheitlichen Zwang aufgewendet hat, nicht vom Versicherungsschutz gedeckt sind.

Es muss sich um Aufwendungen[310] handeln, die Maßnahmen der Abwendung oder Min- **129** derung **„eines sonst unvermeidbar eintretenden Schadens"** betreffen. Aufgrund dieser Formulierung werden im Einklang mit Ziff. 1.1 AHB nur Drittschäden aufgrund einer zivilrechtlichen Inanspruchnahme erfasst. Insbesondere bei einer behördlichen Anordnung scheiden daher öffentlich-rechtliche Ersatzansprüche wegen Gefahren der Allgemeinheit aus[311].

---

[302] S. o. Rn. 27 ff.; trotz des unklaren Wortlauts sind nur solche Personen- und Sachschäden versichert, die unter 1.2 UmweltHB fallen, so *Reemts*, Umwelthaftpflichtversicherung und Rettungskostenersatz, S. 199.

[303] *Vogel/Stockmeier*, S. 396, Rn. 55.

[304] *Vogel/Stockmeier*, S. 396, Rn. 56 f.

[305] *Landsberg/Lülling*, Umwelthaftungsrecht, § 6 UmweltHG, Rn. 73; wegen Einzelheiten s. *Vogel/Stockmeier*, S. 397, Rn. 59.

[306] *Vogel/Stockmeier*, S. 397, Rn. 59 m. w. N.

[307] *Schmidt-Salzer/Schramm*, Umwelthaftpflichtversicherung, Rn. 5.37.

[308] *Schimikowski*, ZfW 1999, 416 (417).

[309] *Schmidt-Salzer/Schramm*, Umwelthaftpflichtversicherung, Rn. 5.39.

[310] S. *Beckmann*, § 15 Rn. 76 ff.

[311] LG Berlin v. 23. 10. 2001, r+s 2003, 234 (236 f.); HUK-Verband, Beil. VW 24/1993, 27; *Schmidt-Salzer/Schramm*, Umwelthaftpflichtversicherung, Rn. 5.39; *Vogel/Stockmeier*, S. 401, Rn. 76; a. A. *Schimikowski*, ZfV 1992, 262 (265 f.); *ders.*, VersR 1998, 1452 (1456); *ders.*, PHi 2002, 37 (43 f.), der davon ausgeht, dass ein durchschnittlicher VN die Formulierung von Ziff. 5.1 (ebenso Ziff. 5.2) UmweltHB auch

Mit dem Kriterium der Unvermeidbarkeit ist bei der Beurteilung des Aufwendungsersatzes eine objektive Betrachtung **ex post** vorzunehmen. Unvermeidbarkeit liegt vor, wenn ohne die Maßnahmen der Schaden eingetreten wäre. Außerdem beinhaltet die Unvermeidbarkeit eine zeitliche Komponente, nach der der Schadenseintritt nicht erst in weiter Ferne liegen darf und die Möglichkeit besteht, durch Schadenverhütungsmaßnahmen diesen zu verhindern[312]. Die Aufwendungen müssen sich auf Maßnahmen beziehen, die darauf zielen, den Schaden abzuwenden oder zu mindern, wie beispielsweise die Alarmierung der Behörden, die Warnung von Anwohnern und Mitarbeitern oder die Abdichtung von Leckagen[313]. Nicht hierzu gehören jedoch Kosten wegen Gefahrerforschungseingriffen des VN oder einer Behörde, da diese Handlungen den Maßnahmen der Abwendung oder Minderung vorgelagert sind[314].

130   Nach Ziff. 5.1 Satz 2 UmweltHB müssen beide Ereignisse in die Zeit der **Wirksamkeit der Versicherung**[315] fallen, wobei es auf den früheren Zeitpunkt ankommt. Sollte daher eine Betriebsstörung schon vor der Wirksamkeit der Versicherung vorliegen, eine behördliche Anordnung aber erst während der Wirksamkeit der Versicherung ergehen, ist die Betriebsstörung entscheidend, so dass etwaige Aufwendungen daher nicht dem Versicherungsschutz unterliegen[316].

131   Im einem Prozess obliegt dem VN die **Beweislast** für die Voraussetzungen der einzelnen Bedingungsmerkmale in Ziff. 5.1 UmweltHB[317]. Die Anknüpfungspunkte der Betriebsstörung bzw. der behördlichen Anordnung haben den Vorteil, dass sie normalerweise zeitlich sicher bestimmt werden können[318]. Außerdem muss er den Umfang der Aufwendungen, die Kausalität zwischen den Maßnahmen und ihre Eignung zur Abwendung oder Minderung des Schadens beweisen.

3. Öffentlich-rechtliche Ansprüche der Behörde gemäß Ziff. 5.2 UmweltHB

132   Unter den Voraussetzungen der Ziff. 5.2 UmweltHB besteht Versicherungsschutz auch in den Fällen, in denen die **Maßnahmen vom VN oder behördlich durch eine Ersatzvornahme** durchgeführt wurden. Entscheidend ist nur, ob diese Maßnahmen zur Abwendung oder Minderung eines zivilrechtlichen Drittschadens vorgenommen wurden[319]. Sollte dies nur teilweise der Fall sein, erstreckt sich der Versicherungsschutz nur auf diesen Teil[320].

4. Obliegenheiten des VN im Sinne von Ziff. 5.3 UmweltHB

133   **a)** Bei Ziff. 5.1 UmweltHB hängt der Aufwendungsersatz des VN davon ab, dass die Maßnahmen aufgrund einer im Nachhinein getroffenen Bewertung ex post objektiv erforderlich waren. Nach dieser Regelung trifft den VN das **Kostenrisiko einer irrtümlichen Beurteilung** beim Ergreifen der Maßnahme, wenn sich nachträglich herausstellt, dass sie nicht erforderlich war[321]. Unter den Voraussetzungen von Ziff. 5.3 UmweltHB bekommt der VN je-

---

so verstehen kann, dass öffentlich-rechtliche Ansprüche darunter fallen, so dass dies wegen der Mehrdeutigkeit der Klausel gemäß § 305 c Abs. 2 BGB zum Nachteil des VR gereicht, mithin öffentlich-rechtliche Ansprüche erfasst werden. Es sei nicht zumutbar, einen Rückschluss auf Ziff. 1.2 UmweltHB i. V. m. § 1 Abs. 1 AHB vorzunehmen.

[312] HUK-Verband, Beil. VW 24/1993, 27; *Vogel/Stockmeier,* Rn. 80, S. 403.

[313] *Vogel/Stockmeier,* S. 402, Rn. 77 ff. m. w. N.

[314] *Vogel/Stockmeier,* S. 402, Rn. 78; *Schmidt-Salzer/Schramm,* Umwelthaftpflichtversicherung, Rn. 5.47.

[315] S. Rn. 120 ff.

[316] *Schmidt-Salzer/Schramm,* Umwelthaftpflichtversicherung, Rn. 5.49.

[317] *Vogel/Stockmeier,* S. 403, Rn. 81.

[318] *Vogel/Stockmeier,* S. 397, Rn. 58; *Schmidt-Salzer/Schramm,* Umwelthaftpflichtversicherung, Rn. 5.35.

[319] *Schmidt-Salzer/Schramm,* Umwelthaftpflichtversicherung, Rn. 5.46; *Vogel/Stockmeier,* S. 403, Rn. 82; *Reemts,* Umwelthaftpflichtversicherung und Rettungskostenersatz, S. 201; a. A. *Schimikowski,* ZfV 1992, 262 (265 f.); *ders,* VersR 1998, 1452 (1456); *ders.,* PHi 2002, 37 (43 f.).

[320] *Vogel/Stockmeier,* S. 403, Rn. 82.

[321] *Wagner,* VersR 1992, 261 (269); *Schimikowski,* ZfV 1992, 262 (266); *Vogel/Stockmeier,* S. 404, Rn. 83; *Schmidt-Salzer/Schramm,* Umwelthaftpflichtversicherung, Rn. 5.52.

doch die Aufwendungen auch dann ersetzt, **wenn die Maßnahme zwar ex post nicht erforderlich war, jedoch aufgrund einer ex ante Betrachtung davon ausgegangen werden musste**[322]. Dies ändert jedoch nichts daran, dass der VN das Prognoserisiko auch weiterhin trägt; lediglich das Beurteilungsrisiko der zu treffenden erforderlichen Maßnahmen wird ihm durch den VR abgenommen[323]. Um den vollen Ersatz zu erhalten, muss der VN entweder den in Ziff. 5.3.1 UmweltHB genannten drei **Obliegenheiten** nachgekommen sein oder nach Ziff. 5.3.2 Satz 1 UmweltHB gehandelt haben.

b) Gemäß Ziff. 5.3.1 Satz 1 UmweltHB muss der VN **erstens** dem VR die Feststellung **134** einer Störung des Betriebes oder eine behördliche Anordnung[324] **unverzüglich angezeigt** haben. Unverzüglich bedeutet – angelehnt an § 121 BGB – ohne schuldhaftes Zögern[325]. Die Feststellung der Betriebsstörung oder behördlichen Anordnung muss dem VN bekannt sein, wobei ihm die Kenntnis seiner Betriebsangehörigen und Repräsentanten zugerechnet wird, ohne dass es auf ein Verschulden seinerseits ankommt[326].

Zweitens muss der VN **alles getan haben,** was erforderlich ist, die Aufwendungen auf **135** einen Umfang zu begrenzen, der notwendig und objektiv geeignet ist, den Schadenseintritt zu verhindern oder den Schadensumfang zu mindern. Gerade im Fall einer Betriebsstörung sind an den VN keine überhöhten Anforderungen zu stellen, weil er schnell handeln muss, und ihm die nötige Zeit zu einer Abwägung meist nicht verbleibt. Deshalb führen alle Maßnahmen, die einem durchschnittlichen VN nicht offensichtlich abwegig erscheinen, zum vollen Ersatz der Aufwendungen[327].

Ziff. 5.3.1 verlangt ebenfalls, dass der VN auf Verlangen des VR gegen behördliche **136** Anordnungen fristgemäß **Widerspruch** eingelegt hat. Diese Obliegenheit findet sich auch in Ziff. 25.4 AHB 2008 und soll den Eintritt der Bestandskraft der Anordnung vermeiden und durch eine erneute Prüfung des Verwaltungsaktes zur möglichen Abwendung einer Verpflichtung des VN führen. Weil ein Widerspruch nur gegen einen Verwaltungsakt möglich ist, bezieht sich diese Obliegenheit auf solche Fälle, in denen der VN Ersatz für Aufwendungen aufgrund einer behördlichen Anordnung begehrt.

c) Neben diesen Voraussetzungen ist der VR gemäß Ziff. 5.3.2 Satz 1 UmweltHB auch **137** zum vollen Ersatz verpflichtet, falls eine **Abstimmung** zwischen VN und VR vorliegt. Diese Regelung ist eine spezielle Ausformung der in Ziff. 25 AHB enthaltenen Obliegenheiten[328]. Erforderlich ist eine unverzügliche, ständige und umfängliche Weitergabe von Informationen über alle neu eintretenden Tatsachen wie über weitere Ansprüche von Dritten oder neue Anordnungen der Behörde, eine Übereinkunft über zu treffende geeignete Maßnahmen zur Schadensvermeidung und -minderung bzw. den Weisungen des VR Folge zu leisten[329]. In diesem Zusammenhang liegt ein abgestimmtes Verhalten auch vor, wenn der VN eine Anzeige wegen einer behördlichen Anordnung im Sinne von Ziff. 5.3.1 UmweltHB vornimmt und auf Verlangen des VR Widerspruch einlegt[330].

Diese Aufwendungen sind lediglich im Rahmen des für Ziff. 5 UmweltHB vereinbarten **138** **Gesamtbetrags** zu ersetzen. Eine entsprechende Klausel enthält Ziff. 5.5 UmweltHB. Damit wird das Risiko eines unbegrenzten Aufwendungsersatzes durch den VR ausgeschlossen.

[322] *Schmidt-Salzer/Schramm*, Umwelthaftpflichtversicherung, Rn. 5.52.
[323] *Reemts*, Umwelthaftpflichtversicherung und Rettungskostenersatz, S. 204 f.; a. A. *Schimikowski*, Umweltversicherungsrecht, Rn. 384 a. E.; *Küpper*, VP 1993, 17 (20), die im Fall von Ziff. 5.3.2 UmweltHB einen Übergang des Kostenrisikos annehmen; *Schmidt-Salzer/Schramm*, Umwelthaftpflichtversicherung, Rn. 5.52, der dies für Ziff. 5.3.1 und 2 UmweltHB annimmt und zugleich auch eine Regelung bezüglich auf das „Ob" des Aufwendungsersatzes in Ziff. 5.3 UmweltHB sieht; a. A. *Wagner*, VersR 1992, 261 (269).
[324] S. o. Rn. 128.
[325] HUK-Verband, Beil. VW 24/1993, 28; *Vogel/Stockmeier*, S. 404, Rn. 86.
[326] *Vogel/Stockmeier*, S. 403, Rn. 87.
[327] *Vogel/Stockmeier*, S. 405, Rn. 89; HUK-Verband, Beil. VW 24/1993, 28; *Küpper*, VP 1993, 17 (20).
[328] S. *Schneider* in diesem Handbuch, § 24, Rn. 120 ff.
[329] *Vogel/Stockmeier*, S. 406, Rn. 92; *Schmidt-Salzer/Schramm*, Umwelthaftpflichtversicherung, Rn. 5.55.
[330] *Vogel/Stockmeier*, S. 406, Rn. 91.

139   Sollte eine Abstimmung **zeitlich** unmöglich sein, ersetzt der VR die Aufwendungen, die „der VN den **Umständen nach für geboten halten durfte**[331]". Eine Abstimmung ist zeitlich unmöglich z. B. in Fällen, in denen der VR oder Mitarbeiter des VR nicht erreicht werden, wie beispielsweise nachts, am Wochenende oder an Feiertagen[332]. Zum Teil werden auch Fälle darunter gefasst, in denen eine Abstimmung dem VN nicht zumutbar ist. Insbesondere beim Eintreten einer Betriebsstörung wird nicht der erste Gedanke der Versicherungsschutz sein, sondern die Begrenzung des Schadens[333]. Hierbei kommt es aber auf den Einzelfall an, den der VR genau zu prüfen hat. Denn bei einem größeren Unternehmen bzw. einem höheren Organisationsgrad ist zumindest die Anzeige an den VR während der Geschäftszeiten möglich. Hinzu kommt, dass in Zeiten moderner Kommunikationsmittel im Regelfall auch über Handy eine Abstimmung durchgeführt werden kann. Im Rahmen von Ziff. 5.3.2 UmweltHB ist allein die zeitliche Unmöglichkeit maßgebend. Andere Gründe werden im Rahmen von Ziff. 5.4 UmweltHB berücksichtigt.

5. Obliegenheitsverletzung des Versicherungsnehmers nach Ziff. 5.4 UmweltHB

140   Ziff. 5.4 UmweltHB regelt die Rechtsfolgen bei der Verletzung der Obliegenheiten aus Ziff. 5.3 UmweltHB. Hinsichtlich der Rechtsfolgen differenziert die Vorschrift nach dem Grad des „Verschuldens", nämlich zwischen der vorsätzlichen und der grob fahrlässigen Verletzung. Obwohl es sich nicht um *Pflichten* des VN handelt, erscheint es sachgerecht, zur Bestimmung der Begriffe „Vorsatz" und „grobe Fahrlässigkeit" § 276 BGB analog heranzuziehen. Insoweit enthält Ziff. 5.4 UmweltHB gleichzeitig auch eine gegenüber § 58 VVG für den VN günstigere Regelung: eine nur einfach fahrlässige Verletzung der Obliegenheiten aus Ziff. 5.3 UmweltHB bleibt für den VN sanktionslos. Nach Abs. 1 hat der VR im Falle einer vorsätzlichen Verletzung der Obliegenheiten durch den VN nur die notwendigen und objektiv geeigneten Aufwendungen zu ersetzen. Beruht die Verletzung hingegen auf grober Fahrlässigkeit (Abs. 2), dann ist der VR berechtigt, Aufwendungen, die über die notwendigen und objektiv geeigneten Aufwendungen hinausgehen, in einem der Schwere des Verschuldens des VN entsprechenden Verhältnis zu kürzen. Dabei muss der VN beweisen, dass keine grobe Fahrlässigkeit vorgelegen hat. Aus der Gesamtsystematik folgt daher: Grundsätzlich ist davon auszugehen, dass die Obliegenheitsverletzung auf grober Fahrlässigkeit beruht. Der VN kann jedoch beweisen, dass sein Verhalten nur einfach fahrlässig war; umgekehrt kann der VR auch den Beweis erbringen, dass die Obliegenheiten vorsätzlich verletzt wurden. Diese Regelung verstößt daher auch nicht gegen § 87 VVG. Die Deckungserweiterung soll den VN dazu animieren, so früh wie möglich Maßnahmen zu ergreifen, um einen Schaden zu verhindern[334].

6. Risikobegrenzung gemäß Ziff. 5.5 UmweltHB

141   In Ziff. 5.5 UmweltHB wird die Leistungspflicht des VR der Höhe nach begrenzt. Dies geschieht durch ein Zusammenspiel von fünf Instrumenten.

142   a) Es gibt keine gesondert vereinbarte Versicherungssumme im Sinne von Ziff. 7.1 UmweltHB für die in Ziff. 5.1 Abs. 1 UmweltHB zu ersetzenden Aufwendungen. Letztere werden im Rahmen der vereinbarten Versicherungssumme und der Jahreshöchstersatzleistung ersetzt (sog. **Sublimit**). Sollten beide bereits aufgebraucht sein, hat der VN keinen Erstattungsanspruch mehr.

143   b) Das Sublimit findet gemäß Ziff. 5.5 Abs. 1 UmweltHB „**je** Störung des Betriebes oder behördlicher Anordnung" Anwendung. Diese Klausel tritt bei Aufwendungen vor Eintritt des Versicherungsfalles an die Stelle der Serienschadenklausel der Ziff. 7 Abs. 2 UmweltHB

---

[331] S. *Beckmann*, § 15, Rn. 35.
[332] *Küpper*, VP 1992, 1 (5); *Kurth*, PHi 1992, 48 (52); *Vogel/Stockmeier*, Rn. 94, S. 406; *Schmidt-Salzer/Schramm*, Umwelthaftpflichtversicherung, Rn. 5.56.
[333] *Vogel/Stockmeier*, S. 406, Rn. 94.
[334] *Wagner*, VersR 1992, 261 (268 f.); *Schmidt-Salzer/Schramm*, Umwelthaftpflichtversicherung, Rn. 5.27, 5.61.

beim Eintritt eines Versicherungsfalles. Dies bedeutet, dass bei Aufwendungen vor Eintritt des Versicherungsfalles keine Kontraktion zu einem Serienschaden stattfindet. Der VN kann danach Aufwendungen vom VR auch dann verlangen, wenn wegen ein und derselben Umwelteinwirkung oder unterschiedlicher Umwelteinwirkungen, die alle auf dieselbe Ursache zurückzuführen sind, verschiedene, zeitlich nacheinander folgende Betriebsstörungen eintreten oder behördliche Anordnungen ergehen[335]. Diese Aufwendungen können und sollten vom VR durch eine Festlegung des Sublimits begrenzt werden[336].

c) Eine weitere Begrenzung wird durch die Festlegung einer **Jahreshöchstersatzleis- 144 tung** erreicht (sog. **Maximierung**).

d) Nach Ziff. 5.5 Abs. 2 UmweltHB hat der VN einen zu vereinbarenden Prozentsatz der 145 Aufwendungen selbst zu tragen. Dieser **Selbstbehalt** soll den VN dazu veranlassen, Situationen, in denen Rettungsmaßnahmen ergriffen werden müssen, zu vermeiden[337]. Sinnvoll erscheint es, eine in den UmweltHB nicht enthaltene Regelung über Mindest- und Höchstbetragsregelungen aufzunehmen, so dass auf der einen Seite Bagatellschäden nicht erfasst werden, auf der anderen Seite aber der VN nicht durch einen im konkreten Fall zu hohen Selbstbehalt wirtschaftlich in seiner Existenz bedroht wird[338].

e) Sollte es trotz der Maßnahmen zu einem Schaden kommen, so werden gemäß Ziff. 5.5 146 Abs. 3 UmweltHB **grundsätzlich** die vom VR ersetzten Aufwendungen auf die für den Versicherungsfall maßgebende Versicherungssumme angerechnet. Durch die **Anrechnung** findet ein Abzug der Aufwendungen vor Eintritt des Versicherungsfalles von der Versicherungssumme statt. Das Ereignis wird insgesamt behandelt wie ein Versicherungsfall, so dass Versicherungssumme und Selbstbehalt gemäß Ziff. 7 UmweltHB gelten. Jedoch bleibt der Selbstbehalt im Sinne von Ziff. 5.5 Abs. 2 UmweltHB unverändert erhalten[339]. Zwischen dem Versicherungsfall und den durchgeführten Maßnahmen muss ein enger sachlicher – nicht jedoch ein zeitlicher – Zusammenhang bestehen. Sie müssen eine **gemeinsame Ursache** haben[340].

Zur Verdeutlichung soll folgendes **Beispiel** dienen: Bei einer Beprobung des Grundwas- 147 sers unter dem Grundstück des VN wird eine Kontamination mit Mineralöl festgestellt. Es ist zu befürchten, dass die Grundwasserkontamination mit dem Grundwasserstrom auf ein im Nahbereich belegenes Wassereinzugsgebiet eines Wasserwerks zufließt. Die zuständige Verwaltungsbehörde trifft im Jahr 2001 u. a. eine Anordnung, wonach der VN auf seinem Betriebsgrundstück geeignete Maßnahmen zur Vermeidung einer Grundwasserkontamination treffen muss. Dazu bepumpt der VN im Jahr 2001 mehrere Pegel. Die Aufwendungen belaufen sich auf 500 000 €. Im Jahr 2002 ordnet die Behörde darüber hinaus an, dass der VN auch außerhalb seines Betriebsgrundstücks in Richtung des Grundwasserstroms weitere Pegel setzt. Auch diese Aufwendungen belaufen sich auf 500 000 €. Im Jahr 2003 stellt das Wasserwerk eine Kontamination des geförderten Grundwassers mit Mineralöl fest. Eine Reinigung des geförderten Wassers zur Erreichung einer Trinkwasserqualität wäre teurer als ein erhöhter Bezug anderen Wassers durch Fernleitungsnetze. Das Wasserwerk muss 5 000 000 € aufwenden und verlangt vom VN diesen Betrag wegen einer Verletzung des Wasseraneignungsrechts erstattet. Im Versicherungsvertrag sind eine pauschale Versicherungssumme von

---

[335] *Vogel/Stockmeier,* S. 408, Rn. 105; *Schmidt-Salzer/Schramm,* Umwelthaftpflichtversicherung, Rn. 5.63.

[336] *Schmidt-Salzer/Schramm,* Umwelthaftpflichtversicherung, Rn. 5.63; krit. zu der Klausel *Wagner,* VersR 1992, 261 (269); *Schimikowski;* ZfV 1992, 262 (266).

[337] *Vogel/Stockmeier,* S. 408, Rn. 107; *Schmidt-Salzer/Schramm,* Umwelthaftpflichtversicherung, Rn. 5.65.

[338] *Wagner,* VersR 1992, 261 (270f.); *Vogel/Stockmeier,* S. 408, Rn. 107; *Schmidt-Salzer/Schramm,* Umwelthaftpflichtversicherung, Rn. 5.65.

[339] *Vogel/Stockmeier,* S. 409, Rn. 109.

[340] *Schmidt-Salzer/Schramm,* Umwelthaftpflichtversicherung, Rn. 5.68; *Vogel/Stockmeier,* S. 409, Rn. 112.

5 000 000 € je Versicherungsfall für Personen-, Sach- und gemäß Ziff. 1.2 UmweltHB mitversicherten Vermögensschäden, ein Selbstbehalt von 10 000 € der Schadensleistung je Versicherungsfall sowie ein Sublimit für Aufwendungen vor Eintritt des Versicherungsfalles von
500 000 € bei Betriebsstörung oder behördlicher Anordnung vereinbart, wobei der VN von
diesen Aufwendungen 10% selbst zu tragen hat[341].

148   In den Jahren 2001 und 2002 werden dem VN jeweils 450 000 € als **Aufwendungen vor
Eintritt des Versicherungsfalles** ersetzt. Von dem vereinbarten Sublimit von 500 000 € hat
der VN 10%, demnach 50 000 € selbst zu tragen. Diese Aufwendungen haben für den eingetretenen Versicherungsfall im Jahr 2003 die Konsequenz, dass von der vereinbarten Versicherungssumme von 5 000 000 € insgesamt 900 000 € abgezogen werden, so dass nur noch ein
Betrag von 4 100 000 € zur Erstattung zur Verfügung steht. Aufgrund des Selbstbehalts von
10 000 € werden dem VN 4 090 000 € ersetzt.

149   Diese **Anrechnung** findet nach Ziff. 5.5 Abs. 2, 2. Hs. UmweltHB nicht statt, sofern „der
Ersatz dieser Aufwendungen im Rahmen der Jahreshöchstersatzleitung eines früheren Versicherungsjahres die Ersatzleistung von Versicherungsfällen tatsächlich gemindert hat". Durch
diese Klausel wird eine **doppelte Anrechung von Aufwendungen** verhindert[342]. Es ist
möglich, dass Aufwendungen vor Eintritt des Versicherungsfalles und Leistungen aus einem
Versicherungsfall nicht in ein Versicherungsjahr fallen. Sollte in diesem Fall eine Zusammenrechnung von Aufwendungen des vorhergehenden Versicherungsjahres und eine Versicherungsleistung des aktuellen Versicherungsjahres die vereinbarte Versicherungssumme überschreiten, wird im aktuellen Versicherungsjahr nur bis zur Versicherungssumme ausgezahlt.
Nun ist es jedoch denkbar, dass die Aufwendungen vor Eintritt des Versicherungsfalles im
vorhergehenden Versicherungsjahr auf andere Versicherungsleistungen angerechnet wurden.
Eine weitere Anrechnung würde zu einer unangemessenen Benachteiligung des VN führen[343].

150   In einem **Beispiel** bedeutet dies: Die Versicherungssumme beträgt 5 000 000 € pauschal
(Versicherungssumme = Höchstersatzleistung). Für die Aufwendungen vor Eintritt des Versicherungsfalles ist ein Sublimit von 500 000 € vereinbart. Selbstbehalte gibt es nicht. Nach
einer Betriebsstörung im Jahr 2002 werden 500 000 € als Aufwendungen ersetzt. Im gleichen
Jahr treten aber insgesamt Schäden in Höhe von 5 000 000 € auf. Wegen der pauschalen Versicherungssumme werden insgesamt für dieses Jahr nur 5 000 000 € ausgezahlt. Wegen der
schon ausgezahlten 500 000 € für Aufwendungen werden nur 4 500 000 € ausgezahlt, so dass
der VN 500 000 € selbst zu tragen hat. Im Jahr 2003 tritt ein Schaden in Höhe von
5 000 000 €, der auf der gleichen Ursache beruht, wie die Aufwendungen in Höhe von
500 000 € aus dem Jahr 2002. Hier verhindert Ziff. 5.5 Abs. 2, 2. HS. UmweltHB eine weitere Anrechnung, so dass der VN die Schäden in Höhe von 5 000 000 € im Jahr 2003 ersetzt
bekommt[344].

7. Eigenschäden nach Ziff. 5.6 UmweltHB

151   Ziff. 5.6 UmweltHB enthält mit dem **Ausschluss von Eigenschäden** einen Kernbe-
standteil der UmweltHB. Der zum Teil als systemwidrig angesehene Versicherungsschutz
von Eigenschäden[345] hat wie in § 7 WHG-Zusatzbestimmungen auf die Dauer zu nicht
mehr tragbaren Ergebnissen geführt[346].

---

[341] Entnommen aus *Schmidt-Salzer/Schramm*, Umwelthaftpflichtversicherung, Rn. 5.67.
[342] *Schmidt-Salzer/Schramm*, Umwelthaftpflichtversicherung, Rn. 5.69; *Vogel/Stockmeier*, S. 409,
Rn. 114.
[343] *Schmidt-Salzer/Schramm*, Umwelthaftpflichtversicherung, Rn. 5.69; *Vogel/Stockmeier*, S. 409,
Rn. 114.
[344] Entnommen aus *Schmidt-Salzer/Schramm*, Umwelthaftpflichtversicherung, Rn. 5.70.
[345] VerBAV 1979, 348; *Küpper*, VP 1992, 1 (6); *Schmidt-Leithoff*, VP 1992, 197 (206); *Meyer-Kahlen*, VP
1993, 1 (2); *Vogel/Stockmeier*, S. 411, Rn. 117.
[346] HUK-Verband, Beil. VW 24/1993, 29; *Vogel/Stockmeier*, S. 411, Rn. 118.

a) Nach Ziff. 5.6 Abs. 1 Satz 1 UmweltHB sind „Aufwendungen – auch soweit sie sich mit **152** Aufwendungen im Sinne der Ziff. 5.1 UmweltHB decken – zur Erhaltung, Reparatur, Erneuerung, Nachrüstung, Sicherung oder Sanierung von Betriebseinrichtungen, Grundstücken oder Sachen (auch gemietete, gepachtete, geleaste und dgl.) des VN" nicht vom Versicherungsschutz umfasst. Gemäß Ziff. 5.6 Abs. 1 Satz 2 UmweltHB gilt das auch für solche Sachen, die früher im Eigentum oder Besitz des VN standen.

Unter **Erhaltung** versteht man Bewahrung, Konservierung und Rettung. Dies betrifft **153** Maßnahmen **vor** Eintritt eines Schadensfalles. Die **Sicherstellung** erfasst Schutzvorrichtungen zum Erhalt eines gewissen Zustandes, während die **Sanierung** die Wiederherstellung eines bestimmten Zustandes oder die Anpassung an veränderte Verhältnisse umfasst. Beide Maßnahmen greifen **im** Schadensfall. **Reparatur** bedeutet Ausbessern, Beheben und Instandsetzen einer Sache in einen intakten, gebrauchsfertigen Zustand. Bei der **Erneuerung** werden verbrauchte durch frische Dinge ersetzt, renoviert, modernisiert oder wiederhergestellt. Die **Nachrüstung** umfasst die Ergänzung, Vergrößerung und Wiedergewinnung. Diese drei Handlungen betreffen Maßnahmen **nach** dem Schadensfall[347].

Der Begriff der **„Betriebseinrichtungen"** ist weit zu fassen. Darunter fallen z.B. An- **154** triebseinrichtungen, Apparaturen, Baugerüste, Bedienungsbühnen, Behälter, Beleuchtungsanlagen, Büchereien, Fahrzeuge soweit nicht zulassungspflichtig, Gleisanlangen, Maschinen, Motore und Werkzeuge[348]. Bei einem **„Grundstück"** zählt nach Sinn und Zweck des Ausschlusses das Grundwasser nicht mehr zum Grundstück des VN. Er ist auch nicht Eigentümer oder Besitzer, weil das Grundwasser einer öffentlich-rechtlichen Benutzungsordnung untersteht[349]. Etwas anderes dürfte hingegen für das konstant vorhandene fließende Grundwasser unter dem Grundstück des VN gelten, wie beispielsweise bei Stauwasser oder Oberflächengewässern[350]. Dieses Grundwasser kann nicht mehr abfließen und das Grundstück des VN verlassen. Es handelt sich vielmehr um eine **Sache**[351] im Sinne des § 90 BGB, in deren Besitz der VN sich befindet[352]. Unklar ist, wie mit dem schwankenden Grundwasserspiegel umzugehen ist, der für die Verteilung der Sanierungskosten entscheidend sein kann[353].

Die Formulierung in Ziff. 5.6 Abs. 1 Satz 1 und Satz 2 UmweltHB macht klar, dass es nicht **155** auf die **konkrete Rechtsbeziehung** ankommt, in der der VN zu den Betriebseinrichtungen, Grundstücken oder Sachen steht. Daher besteht schon nach Ziff. 5.6 Abs. 1 Satz 1 UmweltHB kein Versicherungsschutz, wenn die Sache im Eigentum des VN bleibt, der Besitz aber von einem Dritten ausgeübt wird bzw. das Eigentum vom VN an einen Dritten übertragen wird, der VN aber Besitzer der Sache bleibt (z.B. beim sog. sale-and-lease-back-Verfahren)[354]. Abgesehen von Eigentum und Besitz sowie den ausdrücklich aufgeführten Rechtsverhältnissen von Miete, Pacht und Leasing, kommen auch Erbpacht, Nießbrauch, eine rechtswidrige Aneignung sowie die Nutzung überlassener Sachen von Dritten in Betracht, wobei die inhaltliche Bestimmung mit dem Bürgerlichen Gesetzbuch übereinstimmt[355]. Durch die Erstreckung in Ziff. 5.6 Abs. 1 Satz 2 UmweltHB werden nicht nur die Fälle erfasst, in denen die Aufwendungen vor, sondern darüber hinaus auch nach der Veräußerung der Sache erfolgten[356]. Damit besteht kein Versicherungsschutz, wenn die Betriebseinrich-

---

[347] *Vogel/Stockmeier*, S. 415, Rn. 132.

[348] VdS-Merkblatt 171 „Positionen-Erläuterung zur Feuerversicherung für Industrie und Gewerbe"; *Vogel/Stockmeier*, S. 413, Rn. 126 m.w.N.

[349] BVerfG v. 15. 7. 1981, BVerfGE 58, 300 = NJW 1982, 745, sog. Nassauskiesungsbeschluss; *Vogel/Stockmeier*, S. 413, Rn. 127; *Schmidt-Salzer/Schramm*, Umwelthaftpflichtversicherung, Rn. 5.83.

[350] *Vogel/Stockmeier*, S. 414, Rn. 128.

[351] S. o. Rn. 27.

[352] *Vogel/Stockmeier*, S. 414, Rn. 128.

[353] *Vogel/Stockmeier*, S. 414, Rn. 128, der ein Abstellen auf den Zeitpunkt der Feststellung der Kontamination als sachgerechteste Lösung ansieht.

[354] *Schmidt-Salzer/Schramm*, Umwelthaftpflichtversicherung, Rn. 5.78 ff.

[355] *Vogel/Stockmeier*, S. 413, Rn. 125.

[356] *Schmidt-Salzer/Schramm*, UmwelthaftpflichtV, Rn. 5.81.

tung, das Grundstück oder die Sache jemals im Eigentum oder im Besitz des VN gestanden haben[357].

156   Vom Sinn und Zweck der Ziff. 5.6 Abs. 1 UmweltHB nicht erfasst werden solche Fälle, in denen Rettungsmaßnahmen in Bezug auf **völlig wertlose oder zerstörte Sachen des VN** durchgeführt werden. So z. B. wenn bei einem Chemiebrand eine nicht mehr brauchbare Chemikalie des VN unter Aufwendung hoher Kosten gelöscht wird, damit keine giftigen Gase entstehen können. Zwar handelt es sich dabei um eine im Eigentum des VN stehende Sache. Jedoch wurden die Aufwendungen nicht zum Erhalt der Sache getätigt, sondern zur Vermeidung von Personenschäden[358].

157   Obwohl kein Versicherungsschutz besteht, hat der VN die Pflicht, Maßnahmen zu ergreifen, um die Ausbreitung der Umweltrisiken zu verhindern[359]. Falls er es sehenden Auges zulässt, dass sich schädliche Stoffe von seinem Grundstück auf anliegende fremde Grundstücke ausbreiten, in das Grundwasser oder andere Gewässer fließen oder aus dem Boden gasen, liegt **bedingter Vorsatz** im Sinne von § 103 VVG und Ziff. 7.1 AHB 2008 vor, der eine Leistungspflicht des VR ausschließt[360]. Dies stellt auch keine unzulässige Abweichung im Sinne von § 87 VVG zu den §§ 82, 83 dar, weil Ziff. 5.6 UmweltHB nur für Aufwendungen vor Eintritt eines Versicherungsfalles gilt[361]. Ist ein Versicherungsfall eingetreten, gelten die Vorschriften der §§ 82, 83 VVG, so dass Rettungskosten auch für Maßnahmen an eigenen Sachen des VN durch den VR zu ersetzen sind[362].

158   **b)** Ziff. 5.6 Abs. 2 UmweltHB bestimmt jedoch den Ersatz von „solchen Aufwendungen zur Abwendung oder Minderung eines sonst unvermeidbar eintretenden Personen-, Sach-, oder gemäß Ziff. 1.2 mitversicherten Vermögensschadens, falls Betriebseinrichtungen, Grundstücke oder Sachen des VN, die von einer Umwelteinwirkung nicht betroffen sind, beeinträchtigt werden müssen. Eintretende Wertverbesserungen sind abzuziehen". Damit wird der Ausschluss der Eigenschäden in Ziff. 5.6 Abs. 1 UmweltHB für Betriebseinrichtungen, Grundstücke oder Sachen des VN eingeschränkt. Die Auslegung entspricht der in Ziff. 5.6 Abs. 1 UmweltHB vorgenommenen Auslegung, so dass auch gemietete, geleaste Sachen und solche, die früher im Eigentum oder Besitz den VN standen, miteinbezogen sind. Außerdem dürfen diese Sachen nicht von einer Umwelteinwirkung betroffen sein, so dass es nicht darauf ankommt, ob die aktuelle oder eine frühere Umwelteinwirkung[363] auf die Sache eingewirkt hat[364]. Hinter dieser Regelung steht der **Aufopferungsgedanke.** Der VN soll bei einer Betriebsstörung Maßnahmen ergreifen, die schnell und effektiv einen Schaden vermeiden oder minimieren. Er muss dabei häufig Beschädigungen eigener, in die Betriebsstörung nicht involvierter Sachwerte hinnehmen, die durch eigene Sanierungsmaßnahmen oder solcher des VR

---

[357] *Vogel/Stockmeier*, S. 415, Rn. 128.

[358] *Reemts*, Umwelthaftpflichtversicherung und Rettungskostenersatz, S. 220.

[359] Krit. *Schimikowski*, ZVersWiss 2001, 583 (597), der in dem fehlenden Versicherungsschutz einen Verstoß gegen § 307 Abs. 2 Nr. 1 BGB sieht, weil aus den §§ 62, 63 VVG ein gesetzliches Grundprinzip folge, dass dem VN eine Pflicht zur Schadensabwendung und dem VR eine Pflicht zur Tragung dieser Kosten obliege; ablehnend *Reemts*, Umwelthaftpflichtversicherung und Rettungskostenersatz, S. 191 f.

[360] S. *Schneider* in diesem Handbuch, § 24, Rn. 49; *Vogel/Stockmeier*, S. 412, Rn. 123; krit. *Döhring*, Haftung und Haftpflichtversicherung als Instrumente einer präventiven Umweltpolitik, S. 216 sowie *Schimikowski*, Umweltversicherungsrecht, Rn. 394, *ders.*; ZfV 1992, 262 (271); *Wagner*, VersR 1992, 261 (270); letztere zweifeln gerade diesen Anreiz der frühen Schadensbekämpfung durch den Ausschluss von Eigenschäden an und schlagen stattdessen eine Eigenschadenversicherung mit hoher Eigenbeteiligung vor.

[361] *Reemts*, Umwelthaftpflichtversicherung und Rettungskostenersatz, S. 191.

[362] *Schmidt-Salzer/Schramm*, Umwelthaftpflichtversicherung, Rn. 5.84; *Vogel/Stockmeier*, S. 413, Rn. 123; ausf. dazu *Reemts*, Umwelthaftpflichtversicherung und Rettungskostenersatz, S. 97 ff. (136).

[363] S. o. Rn. 29 ff.; a. A. *Reemts*, Umwelthaftpflichtversicherung und Rettungskostenersatz, S. 223, der unter Zugrundelegung dieser Auslegung fast keinen Anwendungsbereich mehr für die Klausel sieht, weil es kaum noch Sachen in Deutschland gäbe, die keiner Umwelteinwirkung ausgesetzt wären, so dass an dieser Stelle die Umwelteinwirkung eine gewisse Schwere haben muss, die über der allgemeinen Umweltbelastung liegen muss.

[364] *Reemts*, Umwelthaftpflichtversicherung und Rettungskostenersatz, S. 222; *Küpper* VP 1992, 1 (6).

entstehen, um dessen Kosten so gering wie möglich zu halten[365], beispielsweise beim Zerstören und Abtragen eines nicht kontaminierten Betonbodens durch den VN, um das darunter liegende kontaminierte Erdreich abzutragen[366]. Gerade bei diesem Beispiel wird klar, dass eine Ersetzung nicht nur die Kosten für das Zerstören und Abtragen des Betonbodens erfassen muss, sondern auch dessen Wiederherstellung[367]. Das Abtragen des Erdbodens ist dagegen kein ersatzfähiger Eigenschaden.

Der VN sollte aber mit der Verwendung eigener Sachwerte vorsichtig sein. Zum einen er-   **159** hält er die Wiederherstellungskosten des Sachwerts nur in Höhe des **Zeitwerts.** Darüber hinausgehende **Vermögensschäden** des VN, wie die Kosten einer Betriebsunterbrechung, einer Teilauslagerung des Betriebs oder ein zusätzlicher Finanzbedarf und dadurch bedingte erhöhte Zinszahlungen, werden nicht vom Versicherungsschutz erfasst. Auch **Vorteile,** die aus der Maßnahme entstehen und nach Ziff. 5.6 Abs. 2 Satz 1 UmweltHB abgezogen werden, wie ein „Abzug neu für alt", können problematisch werden, wenn nicht ausreichend Kapital vorhanden ist, um den entsprechenden Kostenanteil zu tragen. Daher sollte eine Verständigung mit dem VR über die durchzuführenden Maßnahmen und die Kostenrisiken angestrebt werden. Sollten beide Seiten keine Einigung im Hinblick auf eine Aufopferungsmaßnahme finden können, ist eine Interessenabwägung unter Berücksichtigung von **Ziff. 25.2 AHB 2008** durchzuführen[368]. Insbes. ist darauf zu achten, dass die Abwendungs- und Minderungsmaßnahmen auch zumutbar sein müssen. Zum Teil werden von einigen VR Eigenschäden bei Betriebsstörungen in den Versicherungsschutz miteinbezogen[369].

VI. Nicht versicherte Tatbestände im Sinne von Ziff. 6 UmweltHB

1. Allgemeines

Im Gegensatz zu Ziff. 1 und 2 UmweltHB, die den Umfang des Versicherungsschutzes   **160** beschreiben **(primäre Risikobegrenzung),** enthält Ziff. 6 UmweltHB insgesamt 15 Ausschlusstatbestände, in denen gerade keine versicherungsrechtliche Abdeckung gegeben ist **(sekundäre Risikobegrenzung).** Nach Ziff. 1.1 UmweltHB finden auch die Ausschlusstatbestände der Ziff. 7 AHB Anwendung, soweit diese nicht in den UmweltHB modifiziert oder abbedungen sind. Neben diesen **generellen** Ausschlüssen des Katalogs in Ziff. 6 UmweltHB besteht auch immer die Möglichkeit, weitere Risiken durch **individuelle Vereinbarung** auszuschließen[370]. Dies hängt im Wesentlichen von der vor Vertragsschluss durchgeführten **Risikoanalyse** der VR ab. Sollte sich dabei beispielsweise nachweislich ergeben, dass das Betriebsgrundstück zum Zeitpunkt des Vertragsschlusses mit Altlasten verunreinigt ist, kommt eine über Ziff. 6.3 und 6.4 UmweltHB hinausgehende individuelle Vereinbarung eines totalen Altlastenausschlusses in Betracht[371]. Andererseits können auch über den Katalog ausgeschlossene Risiken, wie z. B. entgegen Ziff. 6.6 UmweltHB die Einbeziehung von Abfallentsorgungsanlagen, durch eine einzelvertragliche Vereinbarung wieder eingeschlossen werden[372]. Neben der Risikoanalyse spielt dabei auch die Möglichkeit einer **Rückversicherung** des VR eine nicht unerhebliche Rolle[373]. Die in Ziff. 6 UmweltHB genannten Ausschlussklauseln beziehen sich nicht nur auf Schäden aus einem Versicherungsfall im Sinne der Ziff. 4 UmweltHB, son-

---

[365] *Vogel/Stockmeier,* S. 416, Rn. 135.

[366] *Schmidt-Salzer/Schramm,* Umwelthaftpflichtversicherung, Rn. 5.88.

[367] *Schmidt-Salzer/Schramm,* Umwelthaftpflichtversicherung, Rn. 5.88; *Vogel/Stockmeier,* S. 416, Rn. 135; *Küpper,* VP 1992, 1 (6).

[368] S. *Schneider* in diesem Handbuch, § 24, Rn. 124 f.; *Späte,* AHB Kommentar, § 5, Rn. 18–32; *Vogel/ Stockmeier,* S. 417, Rn. 138; *Schimikowski,* ZVersWiss. 2001, 583 (594).

[369] *Schimikowski,* Umwelthaftungsrecht und Umweltversicherungsrecht, Rn. 395 f.; *ders.,* PHi 2002, 37 (45).

[370] *Vogel/Stockmeier,* S. 424, Rn. 6 f.; *Schmidt-Salzer/Schramm,* Umwelthaftpflichtversicherung, Rn. 6.4.

[371] *Vogel/Stockmeier,* S. 424, Rn. 7; *Schmidt-Salzer/Schramm,* Umwelthaftpflichtversicherung, Rn. 6.9.

[372] *Vogel/Stockmeier,* S. 424, Rn. 7.

[373] *Hersberger,* VW 1993, 212 (215); *Schmidt-Salzer/Schramm,* Umwelthaftpflichtversicherung, Rn. 6.10.

dern betreffen ebenso Aufwendungen vor Eintritt des Versicherungsfalles im Sinne von Ziff. 5 UmweltHB sowie Fälle der Nachhaftung nach Ziff. 8 UmweltHB[374].

161   Ein Ausschluss greift nur ein, wenn der betreffende Tatbestand im Sinne von Ziff. 6 UmweltHB für den konkreten Schadenseintritt **kausal** gewesen ist und dem VN **zugerechnet** werden kann. Dies beurteilt sich nach den Grundsätzen des Zivilrechts[375]. Die **Beweislast** für die Kausalität obliegt nach den Grundsätzen der Darlegungs- und Beweislast dem VR, weil das Vorliegen eines Ausschlusses im Sinne von Ziff. 6 UmweltHB einen den VR begünstigenden Umstand darstellt[376]. Eine Ausnahme besteht lediglich dann, wenn eine andere Beweislastregelung vereinbart wird[377] bzw. wenn in der Regelung Grundsätze wiedergegeben werden, die bereits aus anderen Regelungen über den primären Umfang des Versicherungsschutzes folgen (vgl. auch Ziff. 7 AHB 2008)[378]. Damit liegt die Beweislast immer dann beim VR, wenn es sich um einen konstitutiven und nicht bloß deklaratorisch wirkenden Ausschlusstatbestand handelt. Dies trifft für alle Tatbestände der Ziff. 6 UmweltHB zu[379]. Daraus folgt im Umkehrschluss, dass für Gegenausnahmen der Ausschlusstatbestände der VN die Beweislast trägt, wie bei Ziff. 6.1 Satz 2 bzw. 6.2 UmweltHB (**tertiäre Risikobegrenzung**)[380].

2. Ausschlusstatbestände im Sinne von Ziff. 6 UmweltHB

162   **a)** In Ziff. 6.1 UmweltHB befindet sich die sog. **Klecker(schaden)klausel**[381]. Danach sind Ansprüche wegen Schäden ausgeschlossen, „die dadurch entstehen oder entstanden sind, dass beim Umgang mit wassergefährdenden Stoffen diese Stoffe verschüttet werden, abtropfen, ablaufen, verdampfen, verdunsten oder durch ähnliche Vorgänge in den Boden oder ein Gewässer gelangen. Das gilt nicht, soweit solche Stoffe auf einer Störung des Betriebs beruhen". Durch diese Regelung wird die Deckung in Bezug auf Allmählichkeitsschäden wieder begrenzt, indem die unvorsichtige Handhabung von wassergefährdenden Stoffen aus der versicherungsrechtlichen Deckung herausgenommen wird[382]. Bei Aufwendungen vor Eintritt des Versicherungsfalles wird die Klausel nur bei der Kontamination des Grundwassers oder herrenloser Gewässer bedeutsam, da Eigenschäden schon über Ziff. 5.6 UmweltHB nicht ersetzt werden[383].

163   Nach dem Wortlaut von Ziff. 6.1 UmweltHB bezieht sich die Regelung sowohl auf vergangene als auch gegenwärtige Schäden. Sie knüpft an den Umgang, also die **tatsächliche Handlung** an, unabhängig, ob diese vom VN oder einem seiner Mitarbeiter durchgeführt wurde[384]. Nach dem Zweck der Bestimmung umfasst der Umgang alle Vorgänge der zielgerichteten Nutzung, wie beispielsweise Lagern, Abfüllen, Umschlagen, Ablagern, Herstellen, Behandeln, Verwenden, Befördern sowie Wegleiten. Umstritten ist, ob der VN sich über die Gefährlichkeit des Stoffes bei Umgang bewusst oder zumindest schuldhaft nicht bewusst gewesen sein muss. Unter Berücksichtigung, dass die Formulierung nur an die tatsächliche Handlung anknüpft, der gerade ein subjektives Element fehlt, ist es für den versi-

---

[374] *Vogel/Stockmeier*, S. 425, Rn. 9; *Schmidt-Salzer/Schramm*, Umwelthaftpflichtversicherung, Rn. 6.13.
[375] *Schmidt-Salzer/Schramm*, Umwelthaftpflichtversicherung, Rn. 6.19 ff.
[376] *Vogel/Stockmeier*, S. 424, Rn. 8; *Schmidt-Salzer/Schramm*, Umwelthaftpflichtversicherung, Rn. 6.23.
[377] *Späte*, AHB Kommentar, Vorbem. Rn. 56; *Schmidt-Salzer/Schramm*, Umwelthaftpflichtversicherung, Rn. 6.24.
[378] *Späte*, AHB Kommentar, Vorbem. Rn. 56, vor § 4, Rn. 2; *Schmidt-Salzer/Schramm*, Umwelthaftpflichtversicherung, Rn. 6.24; *Vogel/Stockmeier*, S. 424, Rn. 8.
[379] *Schmidt-Salzer/Schramm*, Umwelthaftpflichtversicherung, Rn. 6.24; *Vogel/Stockmeier*, S. 424, Rn. 8.
[380] *Schmidt-Salzer/Schramm*, Umwelthaftpflichtversicherung, Rn. 6.25; *Späte*, AHB Kommentar, Vorbem. Rn. 56.
[381] *Schmidt-Salzer/Schramm*, Umwelthaftpflichtversicherung, Rn. 6.26; *Vogel/Stockmeier*, S. 425, Rn. 11.
[382] S. o. Rn. 50; *Vogel/Stockmeier*, S. 425, Rn. 12 f.; *Schmidt-Salzer/Schramm*, Umwelthaftpflichtversicherung, Rn. 6.26.
[383] *Vogel/Stockmeier*, S. 426, Rn. 16.
[384] *Vogel/Stockmeier*, S. 426, Rn. 13.

cherungsrechtlichen Ausschluss unerheblich, ob der VN es wusste oder nicht[385]. Etwas anderes gilt nur, sollte zusätzlich eine personenbezogene Regelung ergänzend aufgenommen werden.

Der Begriff der **wassergefährdenden Stoffe** ist nicht in den UmweltHB definiert. Viel- **164** mehr ergibt sich der Inhalt aus einer Zusammenschau aus § 19g Abs. 5 und § 22 Abs. 2 WHG, so dass Stoffe gemeint sind, die geeignet sind, nachhaltig die physikalische, chemische oder biologische Beschaffenheit von Wasser und Boden zu verändern[386]. Darunter fallen beispielsweise Laugen, Alkalimetalle, metallorganische Verbindungen, Halogene, Mineral- und Teeröle sowie deren Produkte, flüssige sowie wasserlösliche Kohlenwasserstoffe, Alkohole, Aldehyde, Ketone, Ester, halogen-, stickstoff- und schwefelhaltige organische Verbindungen sowie Gifte[387].

aa) **Verschütten** umfasst die verloren gehenden Stoffe beim Überfüllen von oder dem **165** Vorbeifüllen an Behältnissen sowie den Transport von offenen Behältnissen[388].

bb) Beim **Abtropfen** werden Flüssigkeiten frei wie beispielsweise am Ende eines Befüll- **166** vorgangs oder bei einem Herausheben von Sachen aus einem Tauchbecken[389].

cc) Unter dem **Ablaufen** versteht man das Abfließen von Flüssigkeit, die sich z.B. durch **167** das Abtropfen in einer Lache sammeln kann[390].

dd) **Verdampfen** bedeutet, dass ein Stoff unter Wärmeaufnahme vom flüssigen in einen **168** gasförmigen Zustand übergeht, beispielsweise Benzine, Chlorkohlenwasserstoffe und andere organische Lösemittel[391].

ee) Beim **Verdunsten** findet an der Oberfläche der Flüssigkeit ein Wechsel vom flüssigen **169** in den gasförmigen Aggregatzustand statt, wenn die Temperatur unterhalb des Siedepunktes liegt[392].

ff) Der Begriff der **sonstigen Vorgänge** dient als Auffangtatbestand und erfasst unter an- **170** derem Schlacken oder Abraumhalden, bei denen wassergefährdende Stoffe aufgrund des Niederschlags ins Grundwasser gelangen.

Vom Ausschluss nicht erfasst sind über die Luft vermittelte Schäden.

Gemäß Ziff. 6.1 Satz 2 UmweltHB gilt dieser Ausschluss nicht für **Betriebsstörungen**[393]. **171** Damit ist der Ausschluss für Kleckerschäden auf den Normalbetrieb beschränkt, so dass vor allem einmalige Vorkommnisse vom Ausschluss der Ziff. 6.1 UmweltHB ausgeschlossen sind[394]. Sollte sowohl eine Betriebsstörung als auch ein Kleckervorgang nach Ziff. 6.1 Satz 1 UmweltHB einen Schaden verursacht haben, muss der VR nur den Anteil des Schadens tragen, der auf die Betriebsstörung zurückgeht, wobei er dafür die Beweislast trägt[395].

b) Ziff. 6.2 Abs. 1 UmweltHB ist in der Versicherungswirtschaft nicht unumstritten[396] und **172** schließt den Versicherungsschutz für Schäden aus, die durch betriebsbedingt unvermeidbare, notwendige oder in Kauf genommene Umwelteinwirkungen[397] entstehen. Hierdurch sind

---

[385] *Schmidt-Salzer/Schramm,* Umwelthaftpflichtversicherung, Rn. 6.26; a. A. *Vogel/Stockmeier,* S. 427, Rn. 18; *Schimikowski,* ZfW 1999, 416 (417); *Küpper,* VP 1992, 1 (6).

[386] *Vogel/Stockmeier,* S. 427, Rn. 17.

[387] Beispiele aus dem nicht abschließenden Katalog von § 19g Abs. 5 WHG; weitere Beispiele finden sich im „Katalog wassergefährdender Stoffe" des Bundesumweltministeriums.

[388] *Vogel/Stockmeier,* S. 427, Rn. 23.

[389] *Vogel/Stockmeier,* S. 427, Rn. 23.

[390] *Vogel/Stockmeier,* S. 427, Rn. 23.

[391] Brockhaus Enzyklopädie, 19. Aufl., Band 23, S. 142.

[392] *Vogel/Stockmeier,* S. 427, Rn. 23; Brockhaus Enzyklopädie, 19. Aufl., Band 23, S. 152.

[393] S. o. Rn. 127.

[394] *Vogel/Stockmeier,* S. 429, Rn. 24; *Schmidt-Salzer/Schramm,* Umwelthaftpflichtversicherung, Rn. 6.28.

[395] *Vogel/Stockmeier,* S. 429, Rn. 25.

[396] S. *Vogel/Stockmeier,* S. 431, Rn. 26ff.

[397] Zum Begriff der Umwelteinwirkung s. o. Rn. 29ff.; *Vogel/Stockmeier,* S. 449, Rn. 95.

Schäden ausgenommen, die durch ein behördlich erlaubtes Risiko entstanden sind, durch sog. **„Normalbetrieb"**[398].

173   *aa)* Umwelteinwirkungen sind dann **betriebsbedingt unvermeidbar,** wenn sie wegen des konkreten Zustandes der sich im Betrieb befindlichen, schadensträchtigen Anlagen nicht verhindert werden können[399]. Damit kommt es nicht auf die Leistungsfähigkeit eines Anlagentyps im Allgemeinen, sondern auf das individuelle Leistungsvermögen der in Frage stehenden Anlagen an. Auf diese Weise kann berücksichtigt werden, wenn die Anlage in keinem guten Zustand mehr war, nicht ordnungsgemäß gewartet wurde oder die Schutzvorkehrungen nicht ausreichend waren[400]. Das ist z. B. der Fall, wenn bei einer Anlage wegen eines schlechten Wartungszustands nur 60 % der Emissionen anstatt der möglichen 98 % zurückgehalten werden[401]. Gegen diese Auslegung wird vorgebracht, dass sie nicht nur dazu führt, durch behördlich genehmigte Emissionen verursachte Schäden auszuschließen, sondern auch jede Unterlassung von Schutzvorkehrungen zum Verlust des Versicherungsschutzes führt. Da die Klausel objektiv formuliert ist, schließt neben einem schuldhaften Fehlverhalten des VN oder eines seiner Repräsentanten auch die Nachlässigkeit eines Betriebsangehörigen, dessen Verhalten sich der VN nicht einmal zurechnen lassen muss, zu einem Ausschluss; dies wird als Verstoß gegen § 307 Abs. 1 und 2 BGB angesehen[402].

174   *bb)* Eine Umwelteinwirkung ist **notwendig,** die bei dem konkreten Anlagentyp unter Zugrundelegung eines objektiven Maßstabes unabwendbar auftritt[403]. So sind bei einer Anlage, die konstruktionsbedingt nur 98 % der Emissionen zurückhalten kann, die restlichen 2 % notwendig[404].

175   *cc)* Eine Umwelteinwirkung wird **in Kauf genommen,** wenn der VN von einer tatsächlichen oder potentiellen Emission weiß, ohne diese zu verhindern[405]. Damit umfasst „Inkaufnehmen" sowohl die bewusste Fahrlässigkeit als auch den bedingten Vorsatz, wobei diese sich nur auf die Umwelteinwirkung und nicht auf deren Schädlichkeit beziehen müssen[406]. Unter das Inkaufnehmen fällt auch das mehrmalige Auftreten von Betriebsstörungen, die vom VN nicht verhindert wurden[407]. Die Inkaufnahme nicht nur durch den VN, sondern auch durch seine Repräsentanten fällt unter den Ausschluss[408].

176   Aufgrund der Formulierung der Klausel wird zum Teil auch mit Verweis auf die Unklarheitenregel des § 305 Abs. 2 BGB angenommen, dass sich der Terminus „betriebsbedingt" auch auf die Merkmale „notwendig" und „in Kauf genommen" bezieht. Dies wird damit begründet, dass ansonsten auch Schäden durch Umwelteinwirkungen nicht vom Versicherungsschutz umfasst wären, die nicht im Rahmen des Normalbetriebs aufgetreten sind. Insbes. würde dies zum Ausschluss von Löschschäden führen: Beim Löschen wird in Kauf genommen, dass sich verschmolzene oder angekokelte Teile mit dem Wasser zu schädlichen Stoffen vermischen bzw. verbinden. Nur wenn der Schaden durch die Umwelteinwirkung nicht betriebsbedingt in Kauf genommen wurde, greift der Ausschluss nicht ein[409].

---

[398] *Schmidt-Salzer/Schramm,* Umwelthaftpflichtversicherung, Rn. 6.36; *Vogel/Stockmeier,* S. 447, Rn. 87; S. 432, Rn. 32 ff. m. w. N. zu Normalbetriebsschäden.

[399] *Kurth,* PHi 1992, 48 (54); *Vogel/Stockmeier,* S. 449, Rn. 97; *Schmidt-Salzer/Schramm,* Umwelthaftpflichtversicherung, Rn. 6.38.

[400] *Kurth,* PHi 1992, 48 (54); *Vogel/Stockmeier,* S. 449, Rn. 97; *Schmidt-Salzer/Schramm,* Umwelthaftpflichtversicherung, Rn. 6.38.

[401] *Schmidt-Salzer/Schramm,* Umwelthaftpflichtversicherung, Rn. 6.39.

[402] *Schimikowski,* PHi 2002, 37 (46 ff.); *ders.,* VersR 2002, 1313 (1316).

[403] *Vogel/Stockmeier,* S. 449, Rn. 98; *Schmidt-Salzer/Schramm,* Umwelthaftpflichtversicherung, Rn. 6.40.

[404] *Schmidt-Salzer/Schramm,* Umwelthaftpflichtversicherung, Rn. 6.41.

[405] *Schmidt-Salzer/Schramm,* Umwelthaftpflichtversicherung, Rn. 6.39.

[406] *Vogel/Stockmeier,* S. 450, Rn. 99; *Schmidt-Salzer/Schramm,* Umwelthaftpflichtversicherung, Rn. 6.41.

[407] *Vogel/Stockmeier,* S. 450, Rn. 99; *Schmidt-Salzer/Schramm,* Umwelthaftpflichtversicherung, Rn. 6.41.

[408] *Schmidt-Salzer/Schramm,* Umwelthaftpflichtversicherung, Rn. 6.15.

[409] *Schimikowski,* PHi 2002, 37 (45 f.); *ders.,* ZfW 1999, 416 (419), *ders.,* VersR 2002, 1313 (1315 f.).

Die Umwelteinwirkung aus dem Normalbetrieb muss für den Schaden kausal sein, d. h. **177**
die Umwelteinwirkung aus dem Normalbetrieb darf nicht hinweggedacht werden können,
ohne dass der konkrete Schaden entfiele (so genante Conditio-sine-qua-non-Formel)[410].
Liegt ein **Normalbetriebsschaden** schon vor und führt eine Betriebsstörung zu einem zusätzlichen Schaden, besteht nur für diesen Versicherungsschutz. Sollte sich herausstellen, dass
die durch den Normalbetrieb verursachte Umwelteinwirkung auch nur **mitursächlich** für
den Schaden war, so besteht kein Versicherungsschutz **(kumulative Kausalität)**[411]. Meist
kann jedoch keine klare Abgrenzung zwischen beiden Ursachen vorgenommen werden.
Häufig treten die Schäden auch erst durch eine Betriebsstörung zu Tage[412]. So können
Gesundheitsbeeinträchtigungen schon jahrelang durch kleinere Emissionen einer Anlage verursacht worden sein, aber erst nach der Einlieferung ins Krankenhaus wegen der durch die
Explosion der Anlage eingeatmeten großen Mengen dieser Emissionen, wird die Beeinträchtigung konkret festgestellt. Falls diese schon ohne die Umwelteinwirkung der Betriebsstörung in ganzem Umfang vorgelegen hat und auch durch diese keine Verschlechterung
eingetreten ist, besteht kein Versicherungsschutz für den gesamten Schaden. Sollte eine Abgrenzung nicht möglich sein, so kann sich der VR dann nicht auf einen Ausschluss berufen,
wenn die Umwelteinwirkung der Betriebsstörung für sich betrachtet geeignet war, den ganzen Schaden zu verursachen **(alternative Kausalität)**[413]. Damit trägt der VR die Gefahr der
Nichterweisbarkeit des Schadenseintritts.

Nach Ziff. 6.2 Abs. 2 UmweltHB gilt der Ausschluss nicht, wenn der VN den Nachweis **178**
erbringt, dass er nach dem **Stand der Technik zum Zeitpunkt der schadensursächlichen Umwelteinwirkungen unter den Gegebenheiten des Einzelfalles die Möglichkeiten derartiger Schäden** nicht erkennen musste. Somit trägt der VN für diese Tatsachen
die Beweislast.

(1) Die Bezeichnung **„Stand der Technik"** steht in einer Reihe von verschiedenen ge- **179**
setzlichen Regelungen, die ein bestimmtes Entwicklungsniveau beschreiben[414]. Nach der in
§ 3 Abs. 6 BImSchG enthaltenen Definition ist der Stand der Technik „der Entwicklungsstand fortschrittlicher Verfahren, Einrichtungen oder Betriebsweisen, der die praktische Eignung einer Maßnahme zur Begrenzung von Immissionen gesichert erscheinen lässt. Bei der
Bestimmung des Standes der Technik sind insbesondere vergleichbare Verfahren, Einrichtungen oder Betriebsweisen heranzuziehen, die mit Erfolg im Betrieb erprobt worden sind".
Übertragen auf die UmweltHB heißt das für den VN, dass er sich den diesem Profil entsprechenden Wissensstand, um Schäden durch Umwelteinwirkungen zu vermeiden, zurechnen
lassen muss. Dieser Maßstab ist bei der Frage, ob er diese Schäden erkennen musste, entscheidend[415]. Dieser Auslegung wird jedoch entgegengehalten, dass sie nicht ohne weiteres auf die
UHV übertragen werden könne, weil es in Ziff. 6.2 Abs. 2 UmweltHB um Wirkungszusam-
menhänge gehe, die nicht nach dem Stand der Emissionsverhinderungstechnik beurteilt werden können. Die Anforderungen seien so hoch, dass sie niemals erreicht werden könnten.
Vielmehr soll es daher nach Sinn und Zweck ausreichen, wenn für den Nachweis des Nicht-
erkennens des Wirkungszusammenhangs zwischen zulässigen Emissionen und schädlichen
Folgen ein mittleres Anforderungsprofil zugrunde gelegt wird[416].

(2) Es kommt weiterhin auf den **Zeitpunkt** der schadensursächlichen Umwelteinwirkung **180**
an. Der VN muss nachweisen, wann sich die Umwelteinwirkung ereignet hat. Außerdem

---

[410] *Vogel/Stockmeier,* Haftpflichtversicherung, S. 450, Rn. 102; *Schmidt-Salzer/Schramm,* Umwelthaftpflichtversicherung, Rn. 6.44.
[411] *Vogel/Stockmeier,* S. 450, Rn. 102; *Schmidt-Salzer/Schramm,* Umwelthaftpflichtversicherung,
Rn. 6.45.
[412] *Vogel/Stockmeier,* S. 450, Rn. 101.
[413] *Vogel/Stockmeier,* S. 450, Rn. 101.
[414] S. im Einzelnen *Vogel/Stockmeier,* S. 436, Rn. 52 ff.
[415] *Schmidt-Salzer/Schramm,* Umwelthaftpflichtversicherung, Rn. 6.55.
[416] *Schimikowski,* Umweltversicherungsrecht, Rn. 399; *ders,* ZfW 1999, 416 (420 f.).

setzt Ziff. 6.2 Abs. 2 UmweltHB voraus, dass der VN die Möglichkeit derartiger Schäden nicht erkennen musste. Die Formulierung „erkennen musste" wird wie in § 122 Abs. 2 BGB als auf Fahrlässigkeit beruhende Unkenntnis definiert, d. h. ein objektiver Maßstab zugrunde gelegt[417]. Inwieweit der VN derartige Schäden konkret kannte, ist unerheblich. Dies wird durch die Gegebenheiten des Einzelfalles berücksichtigt, wonach die Besonderheiten der Anlagen, deren Leistungsfähigkeit, benachbarte Industrieanlagen mit ähnlichen Emissionen, Witterungsverhältnisse sowie die Genehmigungspraxis und Überwachung der zuständigen Behörden zu beachten sind[418].

181   Im Wesentlichen umfasst der Versicherungsschutz aus Ziff. 6.2 Abs. 2 UmweltHB **Entwicklungs- und Verborgenheitsrisiken**[419]. Um diesen Versicherungsschutz nicht zu verlieren, ist es für den VN unerlässlich, eine fortwährende Kontrolle seines Betriebes vorzunehmen, so dass Ziff. 6.2 Abs. 2 UmweltHB eine **Präventionswirkung** zukommt[420]. Probleme ergeben sich aus der Tatsache, dass diese Schäden häufig als Masseschäden auftreten. Die Emissionen breiten sich über Wasser, Boden oder Luft schnell und weit aus, so dass jeder in dem erreichten Radius betroffen ist. Für den VN ist es daher erforderlich, **höhere Deckungssummen** zu vereinbaren. Dies kann durch ein Sublimit für Normalbetriebsschäden innerhalb einer höheren Deckungssumme oder als Excedentenregelung für Betriebsstörungen neben einer umfassenden Normalbetriebsgrunddeckung erfolgen. Aufgrund der Tatsache, dass Normalbetriebsschäden im Ausland aber nicht versichert werden, steht häufig kein RückVR für diese erhöhten Deckungssummen zur Verfügung. Damit eine solche Rückversicherung erfolgen kann, sollte der Versicherungseintritt von einem Versicherungsfall durch eine Betriebsstörung abhängig gemacht werden[421].

182   c) In Ziff. 6.3 UmweltHB sind Ansprüche wegen bei **Vertragsbeginn bereits eingetretener Schäden** ausgeschlossen. Diese Ausschlussklausel ist eng mit der Definition des Versicherungsfalles verbunden und wird auch im Wesentlichen dort behandelt[422]. Ergänzend ist zu sagen, dass diese Klausel nur bei bereits eingetretenen Schäden eingreift. Sollte daher eine Umweltwirkung, die schon vor Vertragsschluss vorlag, im Verlaufe der Vertragslaufzeit zu Schäden führen, greift der Ausschluss nicht ein. Somit ist Ziff. 6.3 UmweltHB kein Vorbelastungsausschluss[423], sondern ein **Vorschadenausschluss**[424].

183   d) Ziff. 6.4 UmweltHB beinhaltet einen Ausschluss für Schäden, für die **nach Maßgabe früherer Versicherungsverträge Versicherungsschutz besteht oder beantragt hätte werden können.** Zweck dieser Regelung ist die Vermeidung von Doppelversicherungen, die durch den Übergang vom Schadensereignisprinzip zum Deckungsprinzip entstehen könnten[425]. Die UmweltHB geben keine Auskunft darüber, was unter einem **früheren Versicherungsvertrag** zu verstehen ist[426]. Nach überwiegender Auffassung fallen darunter Vorversicherungen, die nach dem Schadensereignisprinzip reguliert wurden[427]. Damit kommt der UHV eine uneingeschränkte bzw. qualifizierte Subsidiarität zu[428]. Sofern für das Risiko aus einem früheren Versicherungsvertrag dem Grunde nach eine Deckung besteht,

---

[417] *Palandt/Heinrichs*, § 122, Rn. 5; *Schmidt-Salzer/Schramm*, Umwelthaftpflichtversicherung, Rn. 6.54.

[418] *Schieber*, VersR 1999, 816 (818); *Schmidt-Salzer/Schramm*, Umwelthaftpflichtversicherung, Rn. 6.56.

[419] *Vogel/Stockmeier*, S. 452, Rn. 111.

[420] *Schmidt-Salzer/Schramm*, Umwelthaftpflichtversicherung, Rn. 6.60; *Schimikowski*, ZVersWiss 2001, 583 (600).

[421] *Schmidt-Salzer/Schramm*, Umwelthaftpflichtversicherung, Rn. 6.61 ff.

[422] S. o. Rn. 121.

[423] *Reiff*, VW 1992, 122 (127); *Meyer-Kahlen*, PHi 1992, 126 (128).

[424] *Schmidt-Salzer/Schramm*, Umwelthaftpflichtversicherung, Rn. 6.67; *Vogel/Stockmeier*, S. 454, Rn. 115.

[425] S. o. Rn. 121 ff.; HUK-Verband, Beil. VW 24/1993, 31; *Schmidt-Salzer/Schramm*, Umwelthaftpflichtversicherung, Rn. 6.76; *Vogel/Stockmeier*, S. 454, Rn. 117.

[426] Zur Auslegungsvielfalt *Vogel/Stockmeier*, S. 455, Rn. 120.

[427] *Schmidt-Leithoff*, VP 1992, 197 (208); *Vogel/Stockmeier*, S. 456, Rn. 121.

[428] *Schmidt-Salzer/Schramm*, Umwelthaftpflichtversicherung, Rn. 6.77.

greift der Ausschlusstatbestand von Ziff. 6.4 UmweltHB ein, unabhängig, ob die Deckungssumme für den konkreten Schaden ausreichend ist, Selbstbehalte eine Regulierung ausschließen oder die Jahreshöchstersatzleitung des VR der Vorversicherung erreicht ist[429]. Aus
diesem Grund wird der VR in der Regel eventuelle in der Vorversicherung bestehende spezielle Ausschlusstatbestände in die Bedingungen zur UHV übernehmen, um eine Haftung
für diese Risiken auch in der UHV auszuschließen[430]. Für den Fall, dass es keine Deckung
aus einem vorhergehenden Versicherungsvertrag gibt, kommt es darauf an, ob es dem VN
objektiv möglich war, eine marktübliche Versicherung für dieses Risiko abzuschließen.
Eine subjektive Unmöglichkeit wie beispielsweise, dass kein VR bereit war, das spezielle Risiko zu einer gewissen Prämie zu versichern, reicht nicht aus[431].

e) Ziff. 6.5 UmweltHB schützt den VR davor, wegen Schäden in Anspruch genommen zu   **184**
werden, die sich daraus ergeben, dass der VN nach Beginn des Versicherungsverhältnisses
Grundstücke erwirbt oder in Besitz nimmt, die zu diesem Zeitpunkt bereits von einer Umwelteinwirkung[432] betroffen waren. Die UHV ist geprägt durch das **Deklarationsprinzip**[433].
Eine Ausnahme stellt das **sonstige Umweltrisiko** des Bausteins Ziff. 2.7 UmweltHB dar[434],
für den auch nicht die Einschränkungen der Risikoerhöhung und -erweiterung gelten[435].
Ohne die Regelung der Ziff. 6.5 UmweltHB könnte ein VN beispielsweise durch den Erwerb
eines kontaminierten Grundstücks ein zusätzliches Risiko schaffen, ohne dem VR die Möglichkeit einer Risikoprüfung zu geben[436]. Aus der Formulierung von Ziff. 6.5 UmweltHB
geht hervor, dass die Umwelteinwirkung zum Zeitpunkt des Erwerbs oder der Inbesitznahme
vorhanden sein muss; eine unmittelbar bevorstehende Umwelteinwirkung ist nicht ausreichend[437]. Die Begriffe des Erwerbs und der Inbesitznahme folgen in ihrer Auslegung den Regeln des Bürgerlichen Rechts[438]. Unter Beginn des Versicherungsverhältnisses ist im Gegensatz
zu Ziff. 6.3 und 6.4 UmweltHB nicht der Zeitpunkt des materiellen Versicherungsschutzes
gemeint, sondern der Zeitpunkt des Abschlusses der Risikoprüfung durch den VR[439]. Sollte
daher der VN für ein Grundstück eine versicherungsrechtliche Deckung wünschen, ist es sinnvoll, wenn er sich zuvor mit dem VR verständigt, damit dieser eine Risikoprüfung durchführen kann[440].

f) In Ziff. 6.6 UmweltHB ist ein Ausschluss wegen Schäden aus Eigentum, Besitz oder   **185**
Betrieb von Anlagen oder Einrichtungen zur Endablagerung von Abfällen enthalten. Ursprünglich erstreckte sich der Wortlaut auf **Abfallentsorgungsanlagen** im Sinne des Abfallgesetzes[441]. Durch die Einführung des Kreislaufwirtschafts- und Abfallgesetzes (KrW-/AbfG)
im Oktober 1996 und den Wegfall dieses Begriffs änderte man diese Klausel[442].

---

[429] *Vogel/Stockmeier,* S. 456, Rn. 122; *Schmidt-Salzer/Schramm,* Umwelthaftpflichtversicherung,
Rn. 6.78.

[430] *Schmidt-Salzer/Schramm,* Umwelthaftpflichtversicherung, Rn. 6.78 Fn. 98.

[431] HUK-Verband, Beil. VW 24/1993, 32; *Vogel/Stockmeier,* S. 456, Rn. 125; a. A. *Schimikowski,* PHi
1993, 80 (90).

[432] S. o. Rn. 29 ff.

[433] S. o. Rn. 59 f.

[434] S. o. Rn. 96 ff.

[435] S. o. Rn. 107.

[436] *Vogel/Stockmeier,* S. 457 Rn. 129; *Schmidt-Salzer/Schramm,* Umwelthaftpflichtversicherung,
Rn. 6.82.

[437] *Vogel/Stockmeier,* S. 459, Rn. 135.

[438] *Vogel/Stockmeier,* S. 458, Rn. 132.

[439] *Vogel/Stockmeier,* S. 458, Rn. 133; *Schmidt-Salzer/Schramm,* Umwelthaftpflichtversicherung,
Rn. 6.82.

[440] *Vogel/Stockmeier,* S. 457, Rn. 130; *Schmidt-Salzer/Schramm,* Umwelthaftpflichtversicherung,
Rn. 6.85; krit. *Küpper,* VP 1993, 17 (23).

[441] Dazu ausf. *Schmidt-Salzer/Schramm,* Umwelthaftpflichtversicherung, Rn. 6.86; *Vogel/Stockmeier,*
S. 462, Rn. 146.

[442] HUK Rundschreiben H 31/96 M v. 23. 9. 1996; *Vogel,* PHi 1999, 2 (3); *Vogel/Stockmeier,* S. 460,
Rn. 140.

Matusche-Beckmann

186   *aa)* **Abfälle** sind nach § 3 Abs. 1 KrW-/AbfG „alle beweglichen Sachen, die unter die in Anhang I aufgeführten Gruppen fallen und deren sich der Besitzer entledigt, entledigen will oder entledigen muss".

187   *bb)* Die Formulierung „Anlagen oder Einrichtungen zur Endablagerung von Abfällen" orientiert sich an der Definition des Begriffs **„Deponie"** nach § 29 Abs. 1 Satz 3 Nr. 2 KrW-/AbfG, der „Flächen für Abfallbeseitigungsanlagen zur Endablagerung von Abfällen" umfasst. Daher erfasst der Ausschluss nur noch Deponien sowie damit unmittelbar im Zusammenhang stehende Einrichtungen[443]. Hierunter fallen nicht nur alle Deponien, die nach dem Abfallrecht genehmigt wurden und werden, sondern auch jene vor Inkrafttreten des ersten Abfallgesetzes im Jahre 1972 sowie alle Flächen, die zur Ablagerung von Abfall geeignet sind[444]. Ebenfalls vom Ausschluss erfasst werden Deponien, die Teil einer größeren Anlage sind wie z.B. betriebsinterne Deponien[445]. Problematisch ist in diesem Zusammenhang, wann ein endgültiges Lagern (= deponieren) zu bejahen ist und wann lediglich ein temporäres Lagern, wie ein Bereitstellen von Abfall zur Abholung, in Betracht kommt. Zur Abgrenzung kann hierzu neben den Besonderheiten der konkreten Lagerfläche, den baulichen und technischen Einrichtungen sowie etwaigen Genehmigungen vor allem der Wille des VN herangezogen werden[446].

188   *cc)* Bei der Auslegung von **Eigentum und Besitz** ist wiederum auf die Vorschriften des Bürgerlichen Gesetzbuches zurückzugreifen. Für den Begriff des **Betriebs** ist der Betreiberbegriff des jeweiligen Gesetzes heranzuziehen, nach der die Deponie zu genehmigen ist, also im Regelfall das BImSchG oder das KrW-/AbfG[447].

189   *g)* Durch Ziff. 6.7 Abs. 1 UmweltHB erfolgt ein Ausschluss für Schäden, die durch vom VN hergestellte oder gelieferte Erzeugnisse, durch Arbeiten oder sonstige Leistungen **nach** Ausführung der Leistung oder **nach** Abschluss der Arbeiten entstehen **(Produkthaftpflicht).** Diese Klausel wurde wegen der geschäftsplanmäßigen Erklärung zu Ziff. 7.10 (b) AHB aufgenommen, in der die VR erklären, Ziff. 7.10 (b) AHB für die Produktpflicht nicht anzuwenden. Der Versicherungsschutz für die Produkthaftpflicht wird gemäß Ziff. 1.1 ProdHB über die Produkthaftpflichtversicherung gewährt[448]. Nur für den Fall, dass der Schaden **vor** Ausführung der Leistung oder Abschluss der Leistung entsteht, besteht eine Deckung nach Ziff. 2.7 UmweltHB[449]. Gemäß Ziff. 6.7 Abs. 2 UmweltHB gilt dieser Ausschluss insoweit nicht, wenn Versicherungsschutz nach Risikobaustein Ziff. 2.6 UmweltHB[450] genommen wird.

190   *h)* Ziff. 6.8 UmweltHB schließt Schäden aus, die durch vom VN **hergestellte** oder **gelieferte Abfälle**[451] nach Auslieferung entstehen. Auch Abfälle werden nach der geschäftsplanmäßigen Erklärung zu Ziff. 7.10 (b) AHB als Erzeugnisse angesehen. Die Abdeckung dieser Risiken obliegt daher der Betriebshaftpflichtversicherung oder Produkthaftpflichtversicherung. Unter hergestellten Abfällen – der ursprüngliche Wortlaut hieß erzeugte Abfälle[452] – versteht man unter Heranziehung von § 3 Abs. 5 KrW-/AbfG Abfälle, die meist als Nebenprodukt durch die Tätigkeit, Vorbehandlung, Mischung oder sonstige Behandlung einer natürlichen oder juristischen Person die Veränderung der Natur oder der Zusammensetzung

---

[443] *Vogel/Stockmeier*, S. 464, Rn. 152.

[444] *Vogel/Stockmeier*, S. 464, Rn. 152.

[445] *Vogel/Stockmeier*, S. 646, Rn. 152.

[446] *Vogel/Stockmeier*, S. 460, Rn. 141; *Schmidt-Salzer/Schramm*, Umwelthaftpflichtversicherung, Rn. 6.87.

[447] *Vogel/Stockmeier*, S. 461, Rn. 145.

[448] S. auch *Schneider* in diesem Handbuch, § 25, Rn. 14.

[449] S. o. Rn. 96 ff.

[450] S. o. Rn. 82 ff.

[451] *Vogel/Stockmeier*, S. 468, Rn. 165.

[452] Umwelthaftpflichtmodell vom Dezember 1992, *Vogel/Stockmeier*, S. 467, Rn. 163.

der Abfälle bewirkt haben[453]. Die Formulierung der Klausel macht deutlich, dass der Abfall beim Eintritt des Schadens den Herrschaftsbereich der VN verlassen haben muss, d. h. es kommt auf den Zeitpunkt nach Verlust der tatsächlichen Einwirkungsmöglichkeit an, beispielsweise durch Übergabe an einen Transporteur[454].

i) Nach Ziff. 6.9 UmweltHB sind Ansprüche gegen den VN oder jeden Mitversicherten ausgeschlossen, die den Schaden dadurch verursachen, dass sie **bewusst** von Gesetzen, Verordnungen oder an den VN gerichteten behördlichen Anordnungen oder Verfügungen[455], die dem Umweltschutz dienen, abweichen. Diese Klausel ergänzt Ziff. 7.2 AHB 2008[456] und findet sich mit identischem Wortlaut auch in Ziff. 6.2.4 ProdHB für Produktrisiken[457]. In den neuen Empfehlungen hat der GdV ausdrücklich klargestellt, dass dies auch für Verstöße von Mitarbeitern gilt, was die h. M. entgegen dem zu engen Wortlaut auch in der früheren Fassung bereits bejaht hat[458] Allerdings führt ein Verstoß eines Mitarbeiters dazu, dass der Versicherungsschutz nur für seine persönliche Haftung entfällt; eine Zurechnung findet nicht statt. Der vollständige Versicherungsschutz ist erst dann ausgeschlossen, wenn der VN oder einer seiner Repräsentanten[459] bewusst von Umweltregelungen abweichen[460]. **191**

j) Ziff. 6.10 UmweltHB schließt Ansprüche gegen den VN oder jeden Mitversicherten aus, die den Schaden dadurch verursachen, dass sie es **bewusst unterlassen**[461], die vom Hersteller gegebenen oder nach dem Stand der Technik[462] einzuhaltenden Richtlinien oder Gebrauchsanweisungen für Anwendung, regelmäßige Kontrollen, Inspektionen oder Wartungen zu befolgen oder notwendige Reparaturen bewusst nicht ausführen. Im Gegensatz zu Ziff. 6.9 UmweltHB, die eine Deckung für den Fall des bewussten Verstoßes gegen Bestimmungen oder behördliche Auflagen ausschließt, entfällt nach Ziff. 6.10 UmweltHB der Versicherungsschutz bei bewusstem Unterlassen von einzuhaltenden Pflichten. Ebenso wie in Ziff. 6.9 UmweltHB ist der Ausschluss personenbezogen. **192**

aa) Unter **Richtlinien** fallen Grundsätze oder Leitlinien für ein bestimmtes Handeln wie für den Betrieb einer Anlage. Eine **Gebrauchsanweisung** erläutert in verständlicher Sprache, wie eine Anlage zu handhaben bzw. zu gebrauchen ist und gibt oftmals Hinweise auf Eigenarten und Beschaffenheit[463]. Umstritten ist dabei, ob **Richtlinien** und **Gebrauchsanweisungen** schriftlich vorliegen müssen[464]. **193**

bb) Unter **Anwendung** versteht man das Benutzen eines Gerätes oder einer sonstigen Sache. Eine **Kontrolle** umfasst das Überwachen, Durchsehen, Inaugenscheinnehmen und Besichtigen einer Anlage. Bei der **Wartung** handelt es sich um die in regelmäßigen Abständen notwendige Arbeit an einer Anlage, um deren Funktionsfähigkeit zu gewährleisten[465]. **194**

cc) Die **Ausführung** einer **Reparatur**, d. h. Behebung eines Mangels oder Schadens ist immer dann notwendig, wenn sie durch Gesetze, Verordnungen sowie behördliche Anordnungen und Verfügungen vorgeschrieben ist bzw. wenn der VN positiv weiß, dass ansonsten eine erhöhte Gefahr für eine Umwelteinwirkung besteht. **195**

k) In Ziff. 6.11 UmweltHB sind **genetische Schäden** ausgeschlossen. Zum heutigen Zeitpunkt sind diese Risiken für den VR nicht zu überschauen, so dass eine Übernahme nur **196**

---

[453] *Vogel/Stockmeier*, S. 469, Rn. 168.
[454] *Vogel/Stockmeier*, S. 469, Rn. 170 f.
[455] *Vogel/Stockmeier*, S. 473, Rn. 179 f.
[456] S. *Schneider* in diesem Handbuch, § 24 Rn. 53.
[457] Vgl zu dieser Regelung auch *Schneider* in diesem Handbuch, § 25 Rn. 59.
[458] Vgl. in der Vorauflage dieses Handbuches, Rn. 191.
[459] S. o. Rn. 47 ff.
[460] *Vogel/Stockmeier*, S. 471, Rn. 177.
[461] Entsprechend dem bewussten Verstoß, vgl. *Schneider* in diesem Handbuch, § 25 Rn. 59 ff.
[462] S. o. Rn. 128 ff.
[463] *Vogel/Stockmeier*, S. 474, Rn. 190.
[464] *Küpper*, VP 1993, 17 (23); a. A *Schmidt-Salzer/Schramm*, Umwelthaftpflichtversicherung, Rn. 6.109.
[465] *Vogel/Stockmeier*, S. 474, Rn. 19.

aufgrund einer umfassenden Risikoprüfung in Betracht kommt. Eine Begriffsdefinition findet sich weder in den UmweltHB noch in anderen Bestimmungen. Nach nicht unumstrittener Auffassung fallen darunter Schäden, bei denen Umwelteinwirkungen „in einer pathologischen Veränderung des Erbguts bestehen oder auf einer solchen beruhen". Danach besteht keine Deckung, wenn nur die Erbinformation eines Menschen (primär Verletzter) verändert wird. Deshalb sind Ansprüche von Angehörigen der nachfolgenden Generation (sekundär Verletzte) des durch die Umwelteinwirkung betroffenen Menschen ausgeschlossen.

197   l) Ziff. 6.12 UmweltHB schließt Ansprüche wegen **Bergschäden** i. S. d. § 114 BBergG aus, „soweit es sich (…) um die Beschädigung von Grundstücken, deren Bestandteile und Zubehör" handelt. Dasselbe gilt für Schäden beim Bergbaubetrieb i. S. d. § 114 BBergG „durch schlagende Wetter, Wasser- und Kohlensäureeinbrüche, sowie Kohlenstaubexplosionen". Erfasst sind also alle Schäden, die beim Bergbaubetrieb entstehen und unter die abschließende Aufzählung in Ziff. 6.12 UmweltHB fallen[466].

198–   m) Nach Ziff. 6.13 UmweltHB sind Schäden aus der Deckung der UHV ausgenommen,
201   die infolge einer **Veränderung der Grundwasserverhältnisse** entstanden sind. Davon erfasst werden allerdings nicht sämtliche Schäden schlechthin, sondern nur solche, die sich aus der Veränderung der Lagerstätte des Grundwassers oder seines Fließverhaltens ergeben[467]. Abgestellt wird dabei auf einen rein tatsächlichen Erfolg. Eine zielgerichtete Veränderung ist nicht erforderlich[468].

Grundwasser meint nach DIN 4049 „unterirdisches Wasser, das die Hohlräume (Poren, Klüfte und Höhlen) der Erdrinde zusammenhängend ausfüllt und dessen Bewegung ausschließlich oder nahezu ausschließlich von der Schwerkraft und den durch die Bewegung selbst ausgelösten Reibungskräften bestimmt wird"[469]. Als **Lagerstätte** des Grundwassers bezeichnet man ein örtlich begrenztes oder eingrenzbares natürliches oder künstlich erzeugtes Grundwasservorkommen[470]. Ob eine Veränderung der Lagerstätte vorliegt, ist danach zu beurteilen, ob sie von der ursprünglichen Lagerungsstätte abweicht. Das **Fließverhalten** des Grundwassers wird verändert, wenn sich die Fließrichtung oder aber die Fließgeschwindigkeit ändern. Der Schaden muss gerade infolge der Veränderung der Lagerstätte oder des Fließverhaltens eingetreten sein. Erforderlich ist damit ein **Unmittelbarkeitszusammenhang**. Erfasst werden Schäden am Grundwasser, nicht aber Drittschäden. Da das Grundwasser aber nicht eigentumsfähig ist, kann kein Haftpflichtanspruch *privatrechtlichen* Inhalts entstehen. Allerdings kommt in solchen Fällen eine Haftung nach dem Umweltschadensgesetz[471] in Betracht, die durch die Umweltschadensversicherung abgedeckt werden kann.

202   n) Ziff. 6.14 UmweltHB schließt sog. Schäden durch **Gemeingefahren** aus. Der Grund diese Ausschlusses ist darin zu sehen, dass Versicherungen ihre Prämien regelmäßig nach den vergangenen Schadensereignissen berechnen. Die in Ziff. 6.14 UmweltHB genannten Gefahren sind als im Wesentlichen politische Risiken in ihrer Entwicklung nicht vorhersehbar[472].

203   o) Wegen der in Ziff. 6.15 UmweltHB enthaltenen sog. **„Große Kraft- und Wasserfahrzeugklausel"** wird auf die Ausführungen von *v. Rintelen*, § 26 Rn. 99 ff. verwiesen.

204   p) Die in Ziff. 6.16 UmweltHB enthaltene sog. **„Große Luftfahrzeugklausel"** wird von *v. Rintelen* in § 26 Rn. 107 behandelt.

---

[466] *Vogel/Stockmeier*, S. 481, Rn. 219.
[467] *Vogel/Stockmeier*, S. 482, Rn. 225.
[468] *Vogel/Stockmeier*, S. 483, Rn. 225.
[469] Zitiert nach *Vogel/Stockmeier*, S. 483, Rn. 227.
[470] *Vogel/Stockmeier*, S. 484, Rn. 430.
[471] Dazu *Becker*, Das neue Umweltschadensgesetz; *Wagner*, VersR 2008, 565 ff.
[472] *Schmidt/(Gratewohl*, ZVersWiss 1973, 277 (279).

VII. Versicherungssummen/Maximierung/Serienschadenklausel/ Selbstbehalt im Sinne von Ziff. 7 UmweltHB

1. Versicherungssumme und Maximierung in Ziff. 7.1 UmweltHB

Nach Ziff. 7.1 Abs. 1 UmweltHB wird je Versicherungsfall eine **pauschale Versiche-** **205** **rungssumme** für die in Ziff. 1.1 UmweltHB genannten Schäden vereinbart. Für Personenschäden besteht die Möglichkeit, ein Sublimit[473] für jede einzelne Person zu vereinbaren. Bei VN, die eine höhere Deckungssumme als 10 Millionen € wünschen, wird in der Regel eine so genannte „**Betriebsstörungsklausel**" zusätzlich vereinbart, nach der die Versicherungssumme erhöht wird, soweit es sich um einen Versicherungsfall handelt, „der Folge einer Störung des bestimmungsgemäßen Betriebes ist, die plötzlich und unfallartig eingetreten ist"[474]. Für den Nachweis der Betriebsstörung trägt der VN die Beweislast. Durch diese Regelung sollen die Allmählichkeits- und Normalbetriebsschäden ausgeschlossen werden[475]. Nach Ziff. 7.1 Abs. 2 UmweltHB ist die in Ziff. 7.1 Abs. 1 UmweltHB vereinbarte Versicherungssumme auch die Höchstersatzleistung für alle Versicherungsfälle eines Versicherungsjahres **(Maximierung)**[476]. Treten nach einer Ausschöpfung dieser Höchstleistung weitere Versicherungsfälle auf, kann der VR eine Bearbeitung dieser Fälle nicht ablehnen. Vielmehr besteht auch weiterhin Versicherungsschutz insoweit, dass der VR verpflichtet ist, den Fall zu bearbeiten bis hin zur Abwehr unberechtigter Ansprüche; lediglich eine Befriedigung von Ansprüchen scheidet aus[477]. Sollte die Versicherungssumme zum Ende des Jahres nicht ausgeschöpft sein, bleibt sie für das Jahr erhalten für den Fall, dass später Versicherungsfälle auftreten.

2. Umfang der Leistung, Serienschadenklausel und Selbstbehalt in Ziff. 7.2 und 3 UmweltHB

a) Ziff. 7.2 Abs. 1 UmweltHB entspricht weitgehend Ziff. 6.1 AHB[478]. Der wesentliche **206** Unterschied liegt in der Bezugnahme auf den Versicherungsfall im Sinne von Ziff. 4 UmweltHB[479].

b) In Ziff. 7.2 Abs. 2 UmweltHB ist eine den Besonderheiten der UHV angepasste **Se-** **207** **rienschadenklausel** vorhanden[480]. Danach gelten „mehrere während der Wirksamkeit der Versicherung[481] eingetretene Versicherungsfälle durch dieselbe Umwelteinwirkung[482], durch mehrere unmittelbar auf derselben Ursache oder unmittelbar auf den gleichen Ursachen beruhenden Umwelteinwirkungen, wenn zwischen gleichen Ursachen ein innerer, insbesondere sachlicher und zeitlicher Zusammenhang besteht, unabhängig von ihrem tatsächlichen Eintritt als ein Versicherungsfall, der im Zeitpunkt des ersten dieser Versicherungsfälle als eingetreten gilt". Eine ähnliche Klausel enthält auch Ziff. 8.3 ProdHB[483]. Doch im Gegensatz zu den ProdHB obliegt in den UmweltHB dem VR die Beweislast[484]. Im Mittelpunkt dieser Klausel stehen die Formulierungen „dieselbe Umwelteinwirkung", „mehrere unmittelbar auf derselben Ursache beruhende Umwelteinwirkungen" sowie „auf den gleichen Ursachen beruhende Umwelteinwirkungen".

---

473 S. o. Rn. 142.
474 *Vogel/Stockmeier*, S. 492, Rn. 5.
475 *Vogel/Stockmeier*, S. 492, Rn. 6.
476 S. o. Rn. 144.
477 *Vogel/Stockmeier*, S. 495 f., Rn. 15 und 18; *Späte* AHB Kommentar § 3, Rn. 49.
478 S. *Schneider* in diesem Handbuch, § 24, Rn. 138.
479 S. C IV Rn. 115 ff.; *Vogel/Stockmeier*, S. 496, Rn. 17.
480 S. *Schneider* in diesem Handbuch, § 24, Rn. 139.
481 S. o. Rn. 120 ff.
482 S. o. Rn. 29 ff.
483 Vgl. zu dieser Regelung auch *Schneider* in diesem Handbuch, § 25, Rn. 77 ff.
484 *Vogel/Stockmeier*, S. 498, Rn. 28.

208 *aa)* Die inhaltliche Bestimmung des Begriffs „**dieselbe Umwelteinwirkung**" ist identisch mit der in § 15 UmweltHG verwendeten Formulierung „einheitliche Umwelteinwirkung". Danach ist es notwendig, dass zeitlich und räumlich erfassbare Emissionen derselben Art über ein Umweltmedium zu mehreren Schäden führen[485]. Das ist beispielsweise der Fall, wenn die durch einen Brand entfachten Rauchwolken zu Schäden führen. Mangels ausreichendem zeitlichen Zusammenhang ist das nicht mehr der Fall, wenn der Brand unzureichend gelöscht wurde, und es durch ein Auffachen kurze Zeit später wieder zu Umwelteinwirkungen kommt[486].

209 *bb)* Bei „mehreren unmittelbar auf **derselben Ursache** beruhenden Umwelteinwirkungen" ist eine Identität der Ursache für die Umwelteinwirkungen erforderlich[487]. Unmittelbar auf derselben Ursache beruht eine Umwelteinwirkung, wenn keine andere Ursache an dem Vorgang beteiligt war[488]. Daher fällt die Situation des wieder auffachenden Brandes und der daraus entstehenden Umwelteinwirkungen unter diese Alternative. Dabei bezieht sich die Unmittelbarkeit nur auf die Umwelteinwirkungen; mittelbar verursachte Drittschäden müssen nicht unmittelbar aufgrund der Umwelteinwirkung eingetreten sein[489].

210 *cc)* „Auf den **gleichen Ursachen** beruhende Umwelteinwirkungen" bedeutet keine Identität, sondern nur, dass die unterschiedlichen Ursachen gleichartig sein müssen[490]. Die Aufnahme des „inneren, insbesondere sachlichen und zeitlichen Zusammenhang" in die UmweltHB ist Ausfluss der Rechtsprechung des BGH zur Serienschadenklausel in der Architektenberufshaftpflichtversicherung[491]. Unter dieses Tatbestandsmerkmal fällt z. B., wenn es innerhalb eines kurzen Zeitraums mehrmals zu einem Brand kommt, weil eine bestimmte Betriebspflicht immer wieder verletzt wurde[492].

211 Liegt eine der drei genannten Voraussetzungen vor, so werden die verschiedenen Versicherungsfälle durch Ziff. 7.2 Abs. 2 UmweltHB zu einem Versicherungsfall „zusammengezogen" **(quantitative Kontraktion)** und der Eintritt des ersten dieser Versicherungsfälle als Zeitpunkt aller Schadensfälle fingiert **(zeitliche Kontraktion)**[493]. Daher steht die Versicherungssumme nur einmal für diese Schäden zur Verfügung. Auf der anderen Seite kann ein vom VN gemäß Ziff. 7.3 UmweltHB zu tragender **Selbstbehalt** nur einmal abgezogen werden[494].

212 Ziff. 7.2 Abs. 3 UmweltHB bedingt die Serienschadenklausel in Ziff. 6.3 AHB ab.

VIII. Nachhaftung gemäß Ziff. 8 UmweltHB

1. Versicherungsschutz nach Beendigung des Versicherungsverhältnisses nach Ziff. 8.1 UmweltHB

213 In Ziff. 8 UmweltHB ist die **Nachhaftung** des VR geregelt: „Endet das Versicherungsverhältnis wegen des vollständigen oder dauerhaften Wegfalls des versicherten Risikos oder durch Kündigung des VR oder des VN, so besteht der Versicherungsschutz für solche Perso-

---

[485] *Schmidt-Salzer/Schramm,* Umwelthaftpflichtversicherung, Rn. 7.10.

[486] *Vogel/Stockmeier,* S. 498, Rn. 24.

[487] *Küpper,* VP 1992, 1 (8); *Schimikowski,* ZfV 1992, 262 (269); *Schmidt-Salzer/Schramm,* Umwelthaftpflichtversicherung, Rn. 7.12.

[488] *Küpper,* VP 1992, 1 (8); *Schmidt-Salzer/Schramm,* Umwelthaftpflichtversicherung, Rn. 7.14; zur Ursachenidentität im Sinne der Serienschadenklausel bei der Gewässerschadenhaftpflichtversicherung hat der BGH (Urt. v. 27. 11. 2002, NJW 2003, 511 ff.) ausgeführt: Ursachenidentität setze voraus, dass auf Grund einer einzigen Schadensursache zeitnah mehrere Schadensereignisse entstehen. Hierfür genügten lediglich gleiche oder gleichartige Ursachen nicht.

[489] *Vogel/Stockmeier,* S. 498, Rn. 27.

[490] *Schmidt-Salzer/Schramm,* Umwelthaftpflichtversicherung, Rn. 7.15; *Vogel/Stockmeier,* S. 498, Rn. 28.

[491] S. auch *v. Rintelen,* § 26, Rn. 219 ff.; BGH v. 28. 11. 1990, VersR 1991, 175.

[492] *Schmidt-Salzer/Schramm,* Umwelthaftpflichtversicherung, Rn. 7.16.

[493] *Schmidt-Salzer/Schramm,* Umwelthaftpflichtversicherung, Rn. 7.22 ff. m. w. N. zu Anwendungsproblemen.

[494] *Schmidt-Salzer/Schramm,* Umwelthaftpflichtversicherung, Rn. 7.21, zum Selbstbehalt s. o. Rn. 145.

nen-, Sach- oder gem. Ziff. 1.1 mitversicherte Vermögensschäden[495] weiter, die während der Wirksamkeit der Versicherung eingetreten sind[496], aber zum Zeitpunkt der Beendigung noch nicht festgestellt waren". Für das Vorliegen der einzelnen Tatbestandsvoraussetzungen trägt der VN die Beweislast.

a) Anknüpfungspunkt ist die **Beendigung des Versicherungsverhältnisses** durch voll- **214** ständigen oder dauerhaften Wegfall[497] des versicherten Risikos oder Kündigung des VR oder des VN. Die Aufzählung der Beendigungstatbestände in Ziff. 8.1 UmweltHB ist abschließend und umfasst nur solche, bei denen die Wirkung des Versicherungsvertrages ex nunc wegfällt. Eine Nachhaftung greift somit nicht ein, wenn eine Beendigung ex tunc durch Anfechtung des Versicherungsvertrages nach § 22 VVG oder Rücktritt gemäß §§ 19, 21 VVG, Ziff. 26.1 AHB 2008 erfolgt[498].

aa) Ein Wegfall des versicherten Risikos liegt ab dem Zeitpunkt vor, in dem die Entste- **215** hung von neuen Haftpflichtansprüchen ausgeschlossen ist[499]. Bei einem vollständigen Wegfall fehlt es an einem versicherungsfähigen Risiko. Das Risiko ist dauernd weggefallen, wenn der VN endgültig und nicht nur vorübergehend die betreffende, an das Risiko geknüpfte Tätigkeit oder Eigenschaft aufgibt, insbes. bei einer Betriebsaufgabe oder -veräußerung[500].

bb) Die **Kündigung** kann beiderseits sowohl ordentlich nach Ziff. 16.2 AHB 2008 als **216** auch außerordentlich nach Eintritt des Versicherungsfalles nach Ziff. 19 AHB 2008 erfolgen. Auch die Kündigung nach Beitragsangleichung durch den VN nach Ziff. 18 AHB 2008 sowie die außerordentliche Kündigungsmöglichkeit des VR wegen Zahlungsverzugs des VN nach § 38 Abs. 3 VVG beenden das Versicherungsverhältnis im Sinne von Ziff. 8 UmweltHB.

b) Nach Ziff. 8.1 erster Spiegelstrich UmweltHB besteht eine **Nachhaftungsfrist von** **217** **3 Jahren.** Entgegen der Bestimmung in Ziff. 7.1 ProdHB[501] handelt es sich dabei nicht um eine Meldefrist, sondern um eine Ausdehnung der Haftung auf die Dauer von 3 Jahren seit dem Ende des materiellen Versicherungsschutzes[502]. Diese Nachhaftung besteht unabhängig davon, ob dem VR der Schaden innerhalb der 3 Jahre gemeldet wurde[503].

Ziff. 8.1 zweiter Spiegelstrich UmweltHB beschreibt den **Umfang der Nachhaftung.** **218** Sie „besteht für die gesamte Nachhaftung im Rahmen des bei Beendigung des Versicherungsverhältnisses geltenden Versicherungsumfangs, und zwar in der Höhe des unverbrauchten Teils der Versicherungssumme des Versicherungsjahres, in dem das Versicherungsverhältnis endet". Tatsächlich bedeutet dies, dass das letzte Versicherungsjahr auf insgesamt vier Jahre ausgedehnt wird. Sollte die Versicherungssumme für das Jahr, in dem die Beendigung des Versicherungsverhältnisses liegt, schon ausgeschöpft sein, besteht auch keine Pflicht des VR, weitere Ansprüche zu befriedigen. Ebenso entsprechen Anlagendeklaration, Deckungsumfang, mitversicherte Personen, Ausschlüsse, Selbstbehalt und sonstige Vereinbarungen dem des letzten Versicherungsjahres. Bei Serienschäden, die in der Nachhaftungszeit festgestellt werden, besteht Versicherungsschutz nur nach Ziff. 8.1 UmweltHB; Ziff. 7.2 Abs. 2 UmweltHB umfasst nur während der Wirksamkeit der Versicherung festgestellte Schäden. Daher

---

[495] S. o. Rn. 27 ff.
[496] S. o. Rn. 120 ff.
[497] Krit. zu dieser Formulierung *Schmidt-Salzer/Schramm,* Umwelthaftpflichtversicherung, Rn. 8.3 in Fn. 5, der in Anlehnung an § 9 Ziff. IV AHB, in dem ein vollständiger und dauerhafter Wegfall für das Erlöschen der Versicherung verlangt wird, in den UmweltHB von einem Redaktionsversehen ausgeht; dagegen spricht jedoch, dass es in der Zwischenzeit mehrere Änderungen in den UmweltHB gegeben hat, ohne dass eine Klarstellung erfolgt ist.
[498] *Schmidt-Salzer/Schramm,* Umwelthaftpflichtversicherung, Rn. 8.6; *Vogel/Stockmeier,* S. 505, Rn. 9.
[499] *Vogel/Stockmeier,* S. 505, Rn. 10.
[500] *Schmidt-Salzer/Schramm,* Umwelthaftpflichtversicherung, Rn. 8.4; *Vogel/Stockmeier,* S. 505, Rn. 10; *Späte,* Haftpflichtversicherung, § 9, Rn. 34.
[501] Vgl. zu dieser Regelung *Schneider* in diesem Handbuch, § 25, Rn. 11.
[502] *Schmidt-Salzer/Schramm,* Umwelthaftpflichtversicherung, Rn. 8.10; *Vogel/Stockmeier,* S. 507, Rn. 17; *Küpper,* VP 1993, 17 (21).
[503] *Schmidt-Salzer/Schramm,* Umwelthaftpflichtversicherung, Rn. 8.10.

wird ein nach Beendigung der Versicherung festgestellter Schaden, der zu einem während der Wirksamkeit der Versicherung aufgetretenen Serienschaden gehört, mangels Anwendbarkeit von Ziff. 7.2 Abs. 2 UmweltHB nicht zusammengezogen[504].

2. Versicherungsschutz nach Beendigung des Versverhältnisses nach Ziff. 8.2 UmweltHB

219   Ziff. 8.2 UmweltHB ordnet eine entsprechende Anwendung von Ziff. 8.1 UmweltHB für den Fall an, dass „nur während der Laufzeit des Versicherungsverhältnisses ein **versichertes Risiko teilweise wegfällt,** mit der Maßgabe, dass auf den Zeitpunkt des Wegfalls des versicherten Risikos abzustellen ist". Mit dem teilweisen Wegfall eines Risikos ist gemeint, dass bestimmte Anlagen oder Tätigkeiten im Sinne der Ziff. 2 UmweltHB entfallen[505].

IX. Versicherungsfälle im Ausland nach Ziff. 9 UmweltHB

1. Obligatorischer Einschluss von Auslandsschäden gemäß Ziff. 9.1 UmweltHB

220   In Ziff. 9.1 erster Spiegelstrich UmweltHB werden im Umfang von Ziff. 1 UmweltHB entgegen Ziff. 7.9 AHB Versicherungsfälle im Ausland erfasst, die auf den Betrieb einer im Inland belegenen Anlage im Sinne der Ziff. 2.1 bis 2.7 UmweltHB[506] zurückzuführen sind. Dies gilt für Tätigkeiten im Sinne der Ziff. 2.6 UmweltHB[507] nur, wenn die Anlagen oder Teile nicht ersichtlich[508] für das Ausland bestimmt waren. Damit besteht ein **obligatorischer Versicherungsschutz** für im Ausland eingetretene Versicherungsfälle durch Anlagen in Deutschland, es sei denn, es ist schon bei der Planung, Herstellung, Lieferung, Montage, Demontage, Instandhaltung und Wartung ersichtlich, dass die Anlage für das Ausland bestimmt ist[509].

221   Nach Ziff. 9.2 zweiter Spiegelstrich UmweltHB werden im Umfang von Ziff. 1 UmweltHB entgegen Ziff. 7.9 AHB Versicherungsfälle im Ausland „aus Anlass von Geschäftsreisen oder aus der Teilnahme an Ausstellungen und Messen, wenn Versicherungsschutz gemäß Ziff. 2.7 UmweltHB vereinbart wurde" erfasst. Dies geht darauf zurück, dass auch in Deutschland das Risiko nur von Ziff. 2.7 UmweltHB umfasst wird, wenn dieser Risikobaustein vereinbart wurde[510].

2. Fakultativer Einschluss von Auslandsschäden gemäß Ziff. 9.2 UmweltHB

222   Nach Ziff. 9.2 UmweltHB können die in Ziff. 9.1 UmweltHB ausgeschlossenen Versicherungsfälle zum Teil **fakultativ** durch eine ausdrückliche Vereinbarung aufgenommen werden.

223   **a)** Nach Ziff. 9.2.1 UmweltHB ist das für Versicherungsfälle möglich, die auf die Planung, Herstellung oder Lieferung von Anlagen oder Teilen im Sinne von Ziff. 2.6 UmweltHB zurückzuführen sind, wenn die Anlagen oder Teile ersichtlich für das Ausland bestimmt waren. Nach dem Zusatz zu Ziff. 9.2 UmweltHB gilt der Versicherungsschutz nur für solche Personen- und Sachschäden, die Folgen einer plötzlichen und unfallartigen Störung des bestimmungsgemäßen Betriebes sind. Aufwendungen vor Eintritt des Versicherungsfalles gemäß Ziff. 5 UmweltHB werden nicht ersetzt. Danach besteht eine Deckung nur im Falle einer Störung des Betriebes im Sinne von Ziff. 5 UmweltHB[511]. Vermögensschäden im Sinne von Ziff. 1.2 Abs. 2 UmweltHB sind nicht umfasst.

---

[504] *Schmidt-Salzer/Schramm,* Umwelthaftpflichtversicherung, Rn. 8.13.
[505] *Schmidt-Salzer/Schramm,* Umwelthaftpflichtversicherung, Rn. 8.17; *Vogel/Stockmeier,* S. 511, Rn. 28.
[506] S. o. Rn. 61.
[507] S. o. Rn. 82 ff.
[508] S. o. Rn. 82 ff.
[509] *Vogel/Stockmeier,* S. 521, Rn. 18 m. w. N.
[510] *Vogel/Stockmeier,* S. 523, Rn. 21 m. w. N.
[511] S. o. Rn. 127.

b) Bei Ziff. 9.2.2 UmweltHB besteht die Möglichkeit einer **Vereinbarung** für Versiche-   **224** rungsfälle, „die auf die Montage, Demontage, Instandhaltung oder Wartung von Anlagen oder Teilen zurückzuführen sind, wenn diese Tätigkeiten im Ausland erfolgen". Auch hier gilt der Zusatz zu Ziff. 9.2 UmweltHB, so dass Deckung nur im Falle einer Störung des Betriebes im Sinne von Ziff. 5 UmweltHB gegeben ist und Vermögensschäden nicht erfasst sind. Zusätzlich ist nach einem Zusatz zu Ziff. 9.2.2 und 9.2.3 UmweltHB eine besondere Vereinbarung für „die Versicherung der Haftpflicht für im Ausland belegene Anlagen oder Betriebsstätten, z. B. Produktions- oder Vertriebsniederlassungen, Lager und dgl." erforderlich.

c) Nach Ziff. 9.2.3 UmweltHB ist eine Vereinbarung für Versicherungsfälle vorgesehen,   **225** „die auf sonstige Montage, Demontage, Instandhaltung oder Wartung von Anlagen oder Teilen zurückzuführen sind, wenn diese Tätigkeiten im Ausland erfolgen und Versicherungsschutz gemäß Ziff. 2.7 vereinbart wurde". Auch hier gilt der unter Ziff. 9.2.2 UmweltHB genannte Zusatz.

3. Ausschlüsse gemäß Ziff. 9.3 UmweltHB

Gemäß Ziff. 9.3.1 UmweltHB sind „Haftpflichtansprüche aus **Arbeitsunfällen** von Per-   **226** sonen, die vom VN im Ausland eingestellt oder mit der Durchführung von Arbeiten betraut worden sind" ausgeschlossen. Dies gilt nach Ziff. 9.3.1 Abs. 2 UmweltHB nicht für „Haftpflichtansprüche aus Arbeitsunfällen, die den Bestimmungen der Reichsversicherungsordnung unterliegen (siehe Ziff. 7.9 AHB)". Seit 1. 1. 1997 sind diese Ansprüche in § 110 SGB VII geregelt. Ebenfalls ausgeschlossen sind nach Ziff. 9.3.2 UmweltHB Schadensersatzansprüche mit Strafcharakter. Genannt werden beispielhaft Ansprüche aus *punitive* oder *exemplary damages*. Dasselbe gilt wohl auch für *treble damages*.

4. Kostenklausel gemäß Ziff. 9.4 UmweltHB

Ziff. 9.4 Abs. 1 UmweltHB stellt abweichend von Ziff. 6.5 AHB fest, dass „Aufwendungen   **227** des VR für Kosten (…) als Leistungen auf die V-Summe angerechnet" werden. Ziff. 9.4 Abs. 2 UmweltHB definiert, was unter Kosten zu verstehen ist: „Kosten sind Anwalts-, Sachverständigen-, Zeugen- und Gerichtskosten, Aufwendungen zur Abwendung oder Minderung des Schadens bei oder nach Eintritt des Versicherungsfalls sowie Schadenermittlungskosten, auch Reisekosten, die dem VR nicht selbst entstehen. Dies gilt auch dann, wenn die Kosten auf Weisung des VR entstanden sind".

5. Währungsklausel gemäß Ziff. 9.6 UmweltHB

Nach Ziff. 9.6 UmweltHB leistet der VR in Euro. Liegt der Zahlungsort außerhalb von   **228** Staaten der Europäischen Währungsunion, gelten die Verpflichtungen des VR in dem Zeitpunkt als erfüllt, in dem der Euro-Betrag bei einem in der Europäischen Währungsunion gelegenen Geldinstitut angewiesen ist[512].

X. Inländische Versicherungsfälle, die im Ausland geltend gemacht werden (Ziff. 10 UmweltHB)

Ziff. 10 UmweltHB enthält Besonderheiten für solche Schadensfälle, die im Inland einge-   **229** treten sind, aber vor ausländischen Gerichten geltend gemacht werden. Die Regelungen der Ziff. 10.1 bis 10.4 UmweltHB entsprechen denen in Ziff. 9.3.2 bis Ziff. 9.3.6 UmweltHB. Hintergrund der Regelung dürfte sein, dass ausländische Gerichte dazu tendieren, weit großzügigere Schadensersatzsummen zuzusprechen und Kläger deshalb ausländische Foren wählen. Daraus ergibt sich für den VR ein nicht unerhebliches Kalkulationsrisiko, das durch Ziff. 10 UmweltHB weitgehend begrenzt werden soll.

---

[512] *Späte*, AHB Kommentar, § 4 Rn. 41 ff. zur identischen Vorschrift der Ziff. 4 der Besonderen Bedingungen für den Einschluss von Auslandsschäden.

§ 28. D&O-Versicherung

Inhaltsübersicht

Literatur: *Barzen/Brachmann/Braun* D & O-Versicherung für Kapitalgesellschaften, 2003; *Baumann,* Aktienrechtliche Managerhaftung, D&O-Versicherung und „angemessener Selbstbehalt", VersR 2006, 455; *Beckmann,* Einschränkungen der Innenhaftungsdeckung bei der D&O-Versicherung, FS Kollhosser (2004), 25; *Bender/Vater,* D & O-Versicherungen im Visier der Corporate Governance, VersR 2003, 1376; *Dahnz,* Manager und ihr Berufsrisiko, 2002; *Dreher,* Der Abschluss von D&O-Versicherungen und die aktienrechtliche Zuständigkeitsordnung, ZHR 165 (2001), 293; *ders.,* Die Besteuerung der Prämienleistungen bei gesellschaftsfinanzierten Directors und Officers-Versicherungen, DB 2001, 996; *ders.,* Die selbstbeteiligungslose D&O-Versicherung in der Aktiengesellschaft, AG 2008, 429; *Dreher/Görner,* Der angemessene Selbstbehalt in der D&O-Versicherung, ZIP 2003, 2321; *ders.,* Die Rechtsnatur der D&O-Versicherung, DB 2005, 1669; *Ferck,* Der Selbstbehalt in der D&O-Versicherung für Organmitglieder von Aktiengesellschaften, 2007; *Friedrich,* D&O Liability, Die Haftung des Managements nach deutschem und US-amerikanischem Recht, 2002; *Georgii,* Aufsichtsrat-Haftpflichtversicherung und VersRecht, in: Veröffentlichungen des DVfVW, 1906, 17; *von Westphalen,* Ausgewählte neuere Entwicklungen in der D&O-Versicherung, VersR 2006, 17; *Habetha,* Direktorenhaftung und gesellschaftsfinanzierte Haftpflichtversicherung, 1995; *ders.* Deliktsrechtliche Geschäftsführerhaftung und gesellschaftsfinanzierte Haftpflichtversicherung DZWiR 1995, 272; *Hendricks,* D&O-Policen auf dem Prüfstand, VW 2001, 1041; *Henssler,* D&O-Versicherung in Deutschland, in Henze/Hoffmann-Becking (Hrsg.), Gesellschaftsrecht, 2001; *Hübner,* Managerhaftung, 1992; *Ihlas,* Organhaftung und Haftpflichtversicherung, 1997; *ders.,* Regulierung von D&O-Schäden: Vertraulichr Öffentlichkeitsarbeit, VW 2007, 660; *Jula,* Gedanken zur Reichweite des VersSchutzes der D&O-Police am Beispiel des GmbH-Geschäftsführers, FS Baumann (1999), 119; *Kästner,* Aktienrechtliche Probleme der D&O-Versicherung, AG 2000, 113; *Kiethe,* Persönliche Haftung von Organen der AG und der GmbH – Risikovermeidung durch D&O-Versicherung?, BB 2003, 537; *Koch,* Aktuelle und zukünftige Entwicklung in der D&O-Versicherung, WM 2007, 2173; *Kort,* Voraussetzungen der Zulässigkeit einer D&O-Versicherung von Organmitgliedern, DStR 2006, 799; *Küpper-Dirks,* Managerhaftung und D&O-Versicherung, 2002; *O. Lange,* Zulässigkeitsvoraussetzungen einer gesellschaftsfinanzierten Aufsichtsrats-D&O-Versicherung, ZIP 2001, 1524; *ders.,* Praxisfragen der D&O-Versicherung, Teil I, DStR 2002, 1626 (Teil I), 1674 (Teil II); *ders.,* Die Eigenschadenklausel in der D&O-Versicherung, ZIP 2003, 466; *ders.,* Die Serienschadenklausel in der D&O-Versicherung, VersR 2004, 563; *ders.,* Die Auswirkungen des UMAG auf die D&O-Versicherung, VW 2004, 968; *ders.,* Auswirkungen eines Kontrollwechsels (change of control) auf die D&O-Versicherung, AG 2005, 459; *ders.,* Der Versicherungsfall in der D&O-Versicherung, r+s 2006, 177; *ders.,* Die vorvertragliche Anzeigepflicht in der D&O-Versicherung, VersR 2006, 605; *Langheid,* Auswirkungen der VVG-Reform auf die D&O-Versicherung, VP 2007, 161; *Langheid/Grote,* Deckungsfragen der D&O-Versicherung, VersR 2005, 1165; *Lattwein/Krüger,* D&O-Versicherung – Das Ende der Goldgräberstimmung, NVersZ 2000, 365; *Lenz,* in: van Bühren, Handbuch Versicherungsrecht, 3. Aufl. 2007, § 27; *Lutter,* Die Business Judgement Rule und ihre praktische Anwendung, ZIP 2007, 841; *Mahncke,* Der Ausschluss vorsätzlichen Verhaltens versicherter Personen in der D&O-Versicherung, ZfV 2006, 540; *Mertens,* Bedarf der Abschluss einer D&O Versicherung durch die Aktiengesellschaft der Zustimmung der Hauptversammlung?, AG 2000, 447; *ders.,* Unternehmensleitung und Organhaftung, in: Feddersen/Hommelhoff/Schneider (Hrsg.), Corporate Governance, 1996 (zit.: Organhaftung); *Messmer,* Corporate Governance und D&O-Versicherung, VW 2002, 1384; *Olbrich,* Die D&O-Versicherung in Deutschland, 2. Aufl. 2007; *Pataki,* Der Versicherungsfall in der Haftpflichtversicherung – Grenzen eines Definitionsversuches am Beispiel der „Claimes-made-Theorie", in: Liber discipulorum für G. Winter, hrsg. v. Bähr/Labes/Pataki (2002), 229; *Pammler,* Die gesellschaftsfinanzierte D&O-Versicherung im

Spannungsfeld des Aktienrechts, 2006; *Penner,* Tod eines Wiedergängers? „Vorsätzliche" contra „wissentliche" Pflichtverletzung in der D&O-Versicherung, VersR 2005, 1359; *Plück/Lattwein,* Haftungsrisiken für Manager, 2000; *Rieger-Goroncy,* Rechtsentwicklungen in den USA und Großbritannien und ihr Einfluss auf die Unternehmerleiterhaftpflichtversicherung (D&O) in Deutschland, NVersZ 1999, 247; *Scheifele,* Die Vermögensschaden-Haftpflichtversicherung für Manager in den Vereinigten Staaten von Amerika, 1993; *Schilling,* Managerhaftung und Versicherungschutz, 2. Aufl. 2007 (zit.: Versicherungsschutz); *ders.,* D&O-Versicherung – Eine Standortbestimmung unter Berücksichtigung ausgewählter Problemkreise, in: Verantwortlichkeit im Wirtschaftsrecht, Beiträge zum Versicherungs- und Wirtschaftsrecht der Schüler von U. Hübner, hrsg. v. Matusche-Beckmann/Beckmann (2002), 209 (zit.: Standortbestimmung); *Schillinger,* Die Entwicklung der D&O-Versicherung und der Managerhaftung in Deutschland – von der „Versicherungsutopie" zu den Auswirkungen des UMAG, VersR 2005, 1484; *Schüppen/Sanna,* D&O-Versicherungen: Gute und schlechte Nachrichten!, ZIP 2002, 550; *Seitz,* Vorsatzausschluss in der D&O-Versicherung – endlich Licht im Dunkeln!, VersR 2007, 1476; *Sieg,* Tendenzen und Entwicklungen der Managerhaftung in Deutschland, PHi 2001, 90; *Steinkühler/Wilhelm,* Gesellschaftsrechtliche und arbeitsrechtliche Problembeziehungen zur D&O-Versicherung, VersPrax 2005, 122, 142; *Thümmel,* Persönliche Haftung von Managern und Aufsichtsräten, 3. Aufl. 2003; *ders.,* Organhaftung nach dem Referentenentwurf des Gesetzes zur Unternehmensintegrität und Modernisierung des Anfechtungsrechts (UMAG) – Neue Risiken für Manager?, DB 2004, 471; *Thümmel/Sparberg,* Haftungsrisiken der Vorstände, Geschäftsführer, Aufsichtsräte und Beiräte sowie deren Versicherbarkeit, DB 1995, 1013; *Ulmer,* Haftungsfreistellung bis zur Grenze grober Fahrlässigkeit bei unternehmerischen Fehlentscheidungen von Vorstand und Aufsichtsrat?, DB 2004, 859; *ders.,* Die gesellschaftsfinanzierte D&O-Versicherung im Spannungsfeld des Aktienrechts, ZHR 2007, 119; *ders.,* Strikte aktienrechtliche Organhaftung und D&O-Versicherung – zwei getrennte Welten?, FS Canaris (2007), 451; *Vothknecht,* Die „wissentliche Pflichtverletzung" in der Vermögensschaden- Haftpflicht-/D&O-Versicherung, Sonderdruck aus PHi 2/2006, 3; *Wollny,* Die Directors and Officers Liability Insurance in den Vereinigten Staaten von Amerika (D&O-Versicherung), 1993.

A. Einleitung

I. Begriff

1   Unternehmensleiter, insbesondere Vorstände, Aufsichtsräte und Geschäftsführer von Kapitalgesellschaften haften unbeschränkt und persönlich mit ihrem Privatvermögen für innerhalb ihrer unternehmerischen Tätigkeit schuldhaft begangene Pflichtverletzungen auf Schadensersatz; mögliche Haftungsgrundlagen sind sowohl gesellschaftsrechtliche Normen, aber auch allgemeine zivilrechtliche Anspruchsgrundlagen. Möglich ist sowohl eine **Innenhaftung** gegenüber der Gesellschaft (dazu Rn. 30 ff.) wie auch eine **Außenhaftung** gegenüber außerhalb der Gesellschaft stehenden Gesellschaftsgläubigern, sonstigen Dritten oder gegenüber den Gesellschaftern (dazu Rn. 42 ff.). Zur Absicherung dieses **persönlichen Haftungsrisikos** von Unternehmensleitern hat die Versicherungswirtschaft sog. **„Directors and Officers Liability Insurances" (D&O-Versicherungen)** entwickelt. Gedeckt sind in der Regel Vermögensschäden, wohingegen üblicherweise Personenschäden oder Sachschäden vom Versicherungsschutz ausgeschlossen sind. Die D&O-Versicherung ist damit eine besondere Ausprägung der Vermögensschaden-Haftpflichtversicherung. Bei der D&O-Versicherung handelt es sich um eine **Versicherung für fremde Rechnung** gem. §§ 43 ff. VVG, d. h. *versicherte Person* (zum Umfang des Versicherungsschutzes vgl. Rn. 84 ff.) ist der jeweilige Unternehmensleiter, *VN* ist hingegen die Gesellschaft, bei der der versicherte Unternehmensleiter tätig ist[1]. Da D&O-Versicherungen regelmäßig auch Innenansprüche der Gesellschaft gegen ihre Unternehmensleiter erfassen, beinhaltet der Versicherungsschutz auch Ansprüche des VN gegen die versicherten Personen[2]. Die Bezeichnung „D&O-Versicherung" hat sich na-

---

[1] Vgl. OLG München v. 15. 3. 2005, VersR 2005, 540 (541); *Dreher,* DB 2005, 1669 (1670); *Held* in Halm/Engelbrecht/Krahe[2], Kap. 33 Rn. 35.

[2] Anders etwa bei anderen Versicherungsarten, z. B. § 4 Nr. 1 KfzPflVV i. V. m. § 11 Nr. 2 AKB (abgedruckt bei *Dörner,* Versicherungsbedingungen), § 7 Nr. 2 AVB-Vermögen (VerBAV 1989, 347 (350).

tional und international durchgesetzt und hat ihren Grund darin, dass sich diese Versicherungsart vor allem zunächst in den USA durchgesetzt hat. In Deutschland wird sie daneben beispielsweise auch als Vermögenshaftpflichtversicherung für Unternehmensleiter oder auch als Vermögensschaden-Haftpflichtversicherung für Organe und leitende Angestellte bezeichnet; die verschiedenen Anbieter verwenden insoweit leicht divergierende Bezeichnungen. Angeboten werden auch Strafrechtschutzpolicen, die Versicherungsschutz für die anfallenden Kosten der Verteidigung wegen der Verletzung von Straftatbeständen gewähren[3].

II. Entwicklung und heutige Bedeutung

Erste D&O-Versicherungen boten einige Syndikate bei Lloyd's of London ab 1933 im **2** anglo-amerikanischen Raum an[4]; sie reagierten hiermit auf den Zusammenbruch des Aktienmarktes nach den Kurseinbrüchen im Jahre 1929, woraufhin in den USA die Haftung von Managern gegenüber den Aktionären verschärft worden war. Die wirtschaftliche Bedeutung der D&O-Versicherung begann jedoch erst Ende der 60er Jahre des vergangenen Jahrhunderts wegen beständig ansteigender Zahlen von Klagen von Aktionären und Dritten[5]. Mitte der 80er Jahre strichen zahlreiche VR die D&O-Versicherung aus ihrem Angebot[6]. Heute gilt die D&O-Versicherung in den **USA** indes wieder als Standardprodukt.

In **Europa** hat die D&O-Versicherung vor allem in Großbritannien und den Benelux- **3** Staaten große Verbreitung gefunden, aber auch in Kanada, Australien und anderen Staaten wurde die D&O-Versicherung binnen weniger Jahre ebenfalls zu einem Standardprodukt[7]. Erste Überlegungen in **Deutschland** Ende des 19. Jahrhunderts und zu Beginn des 20. Jahrhunderts über eine Haftpflichtversicherung für Organe juristischer Personen hatten sich nicht durchsetzen können; in einer solchen Versicherung wurde die Gefahr gesehen, dass die von Organen aufzubringende Sorgfalt beeinträchtigt werden könnte[8]. In der Folgezeit wurde diese Versicherung für Unternehmensleiter aus rechtlichen wie auch tatsächlichen Gründen lange nicht für notwendig erachtet[9]. Im Jahre 1971 wurde mit der Entwicklung einer Vermögensschaden-Rechtsschutzversicherung für Unternehmensleiter[10] (VRB) zunächst ein Zwischenschritt eingelegt; dieser Versicherungsschutz deckt indes nur die entstehenden Kosten (z. B. die Verfahrenskosten), wenn ein Unternehmensleiter gerichtlich auf Schadensersatz in Anspruch genommen wird; da es sich nicht um eine Haftpflichtversicherung handelt, übernimmt der VR aufgrund der VRB gerade nicht die von der versicherten Person zu bewirkende Schadensersatzleistung.

Insbesondere in jüngster Zeit haben Gesetzgebung und Rechtsprechung die **Durchset-** **4** **zung von Schadensersatzansprüchen gegen Unternehmensleiter indes erleichtert,** so dass der Bedarf an entsprechenden Versicherungen gestiegen ist. So wurden beispielsweise durch die Neufassung des § 147 AktG sowie die Einführung neuer Rechtspflichten für Vorstand und Aufsichtsrat durch das KonTraG[11] und durch das TransPuG[12] die Haftungsrisiken erhöht[13]; aus der Rechtsprechung seien als Beispiele für die erhöhten Risiken genannt das

---

[3] Dazu *Schilling*, Versicherungsschutz, S. 32 ff.

[4] Zur Entwicklung in den USA *Ihlas*, S. 35; *Wollny*, S. 149 ff.

[5] *Scheifele*, S. 114; *Wollny*, S. 150.

[6] Vgl. *Scheifele*, S. 9 ff.

[7] Zur internationalen Verbreitung *Ihlas*, S. 44 f.; *Plück/Lattwein*, S. 170.

[8] Vgl. *Hahn*, ZVersWiss 1902, 318 f.; *Georgii*, S. 17; *Ihlas*, S. 48; *Olbrich*, S. 6.; *Plück/Lattwein*, S. 169; *Wollny*, S. 1.

[9] Vgl. *Schilling*, VW 1999, 1074; *Thümmel*, Rn. 405.

[10] Vermögensschaden-Rechtsschutz der Aufsichtsräte, Beiräte, Vorstände, Unternehmensleiter und Geschäftsführer (VRB), VerBAV 1971, 324.

[11] Gesetz zur Kontrolle und Transparenz im Unternehmensbereich v. 27. 4. 1998, BGBl. I, 786.

[12] Gesetz zur weiteren Reform des Aktien- und Bilanzrechts, zu Transparenz und Publizität v. 19. 7. 2002, BGBl. I, 2681.

[13] *Held* in Halm/Engelbrecht/Krahe[2] Kap. 33 Rn. 12 ff.

ARAG-Urteil[14] oder das Baustoff-Urteil[15]. Haftungsrisiken können sich des Weiteren durch das am 18. 8. 2006 in Kraft getretene AGG[16] ergeben. Eine Haftung der Organmitglieder nach § 93 Abs. 2 AktG bzw. § 43 Abs. 2 GmbHG gegenüber dem Unternehmen kommt in Betracht, wenn sie unter Überschreitung ihres haftungsfreien Handlungs- und Beurteilungsspielraums an einer AGG-widrigen Benachteiligung beteiligt waren oder ihre Organisationspflichten nach § 12 AGG verletzt haben[17]. Schadensersatzansprüche wegen Diskriminierung sind jedoch häufig vom Versicherungsschutz ausgeschlossen[18]. Auch das am 14. 11. 2007 in Kraft getretene Gesetz über die Vermeidung und Sanierung von Umweltschäden (Umweltschadensgesetz – USchadG)[19] kann eine Haftung von Organmitgliedern im Bereich der Umweltverantwortlichkeit begründen[20]. In der Gesetzesbegründung wird klargestellt, dass eine für eine juristische Person verantwortliche natürliche Person auch dann in Anspruch genommen werden kann, wenn die juristische Peron des Privatrechts ebenfalls ordnungspflichtig sei[21]. Auch stehe der Inanspruchnahme einer Privatperson nicht deren Beteiligung an einer Gesellschaft grundsätzlich entgegen[22]. Jedoch ist auch hier zu beachten, dass Umweltschäden im Rahmen der D&O-Versicherung teilweise ausgeschlossen sind[23]. Es bleibt abzuwarten, inwiefern der Markt das USchadG zum Anlass nehmen wird, Umweltschäden zukünftig in größerem Umfang in den Versicherungsschutz einzubeziehen. Ob auch das am 1. 11. 2005 in Kraft getretene UMAG[24] zu einem erhöhten Haftungsrisiko für Unternehmensleiter führt, wird nicht einheitlich beurteilt[25]. Auf der einen Seite wurde den Aktionären in § 148 AktG ermöglicht, Ersatzansprüche der Gesellschaft gegen die Verwaltungsorgane im eigenen Namen gerichtlich geltend zu machen. Andererseits stellt der neue Satz 2 des § 93 Abs. 1 AktG klar, dass eine Erfolgshaftung der Organmitglieder gegenüber der Gesellschaft ausscheidet und somit für Fehler im Rahmen des unternehmerischen Entscheidungsspielraums nicht gehaftet wird („Business Judgement Rule")[26]. In diesem Zusammenhang gilt es auch auf neue Anforderungen an das Risikomanagement von Versicherungsunternehmen insbesondere gem. § 64a VAG hinzuweisen; diese Vorschrift, die in weiten Teilen den entsprechenden Regelungen des § 25a KWG folgt, konkretisiert die Anforderungen an eine ordnungsgemäße Geschäftsorganisation und betrifft damit Pflichten und eine mögliche Haftung des Vorstands[27].

4a   Die erste **Vermögensschaden-Haftpflichtversicherung für Unternehmensleiter** brachte 1986 die Federal Insurance Company, eine Tochter des US-amerikanischen VR Chubb Insurance Company, auf den deutschen Markt[28]; dieses Bedingungswerk orientierte

---

[14] BGH v. 21. 4. 1997, BGHZ 135, 244.

[15] BGH v. 5. 12. 1989, BGHZ 109, 297; zu den Haftungsrisiken im Einzelnen, vgl. Rn. 29ff.

[16] Allgemeines Gleichbehandlungsgesetz v. 29. 6. 2006 BGBl. I, 1897; vgl. auch *Koch*, VersR 2007, 288 (298).

[17] *Koch*, VersR 2007, 288 (296).

[18] Vgl. auch Ziff. 5.16 der AVB-AVG 2005 des GDV, so auch Ziff. 5.16 der AVB-AVG 2008 des GDV.

[19] Gesetz über die Vermeidung und Sanierung von Umweltschäden v. 10. 5. 2007, BGBl. I, 666ff.

[20] Vgl. hierzu *Schmidt*, NZG 2007, 650ff.

[21] BT-Drucks. 16/3806, 21.

[22] BT-Drucks. 16/3806, 21; vgl. auch VGH Baden-Württemberg v. 20. 10. 1992, DÖV 1993, 578ff.

[23] Vgl. auch Ziff. 5.4. AVB-AVG 2008: „Ausgeschlossen vom Versicherungsschutz sind Haftpflichtansprüche wegen Schäden durch Umwelteinwirkungen und alle sich daraus ergebenden weiteren Schäden" (entsprechend auch frühere Fassungen); zum Umweltausschluss vgl. auch Rn. 126.

[24] Gesetz zur Unternehmensintegrität und Modernisierung des Anfechtungsrechts v. 1. 11. 2005, BGBl. I, 2802ff.

[25] Vgl. zum Streitstand *Lange*, VW 2004, 968 (971); *Schillinger*, VersR 2005, 1484 (1489ff.) m.w.N.; *Thümmel*, DB 2004, 471 (474); *Ulmer*, DB 2004, 859ff.

[26] Vgl. BT-Drucks. 15/5092, S. 11; zur praktischen Anwendung der Business Judgement Rule: *Lutter*, ZIP 2007, 841 (846ff.).

[27] Dazu etwa *Schaloske*, VW 2008, 1521.

[28] Allgemeine Bedingungen für die Vermögensschaden-Haftpflichtversicherung von Unternehmensleitern (AVBU 86), abgedruckt bei *Ihlas*, S. 348ff.; dazu *Ihlas*, S. 54ff.; *Küpper*, VP 1986, 196ff.

sich an den AVB-Vermögen[29]. Auf Betreiben des BAV enthielten die AVB u. a. noch einen Ausschluss für Ansprüche im Zusammenhang mit „unternehmerischen Fehlentscheidungen"[30]. Die AVBU 86 wurden weiter entwickelt durch die „Allgemeinen Bedingungen zur **Vermögensschaden-Haftpflichtversicherung für Organe und leitende Angestellte**"(AVB OLA 93)[31].

Im Jahre 1997 stellte der GDV als Musterbedingungen die „Allgemeinen Versicherungsbe- 5 dingungen für die Vermögensschaden-Haftpflichtversicherung von Aufsichtsräten, Vorständen und Geschäftsführern (AVB-AVG)" vor[32]. In den Jahren 2005 und 2007 sowie 2008 (Stand: Januar 2008) wurden diese überarbeitet. Abweichend von dem vom GDV vorgeschlagenen Modell, finden sich am Markt mittlerweile eine Reihe variierender Deckungsschutzkonzepte[33].

Im Jahre 2002 schließlich hat die D&O-Versicherung Berücksichtigung im Rahmen der 6 Empfehlungen des **„Deutschen Corporate Governance Kodex"**[34] gefunden[35]; in Ziffer 3.8 Abs. 2 empfehlen diese, dass ein angemessener Selbstbehalt vereinbart werden soll, für den Fall, dass eine entsprechende Versicherung für Vorstand und Aufsichtsrat besteht[36]. Auch der angepasste Kodex aus dem Jahre 2006 behielt diese Empfehlung bei. Gem. § 161 AktG wiederum haben Vorstand und Aufsichtsrat börsennotierter Gesellschaften jährlich zu erklären, dass den Empfehlungen des Kodex entsprochen wird oder welche Empfehlungen nicht angewendet werden[37].

In relativ kurzer Zeit hat die D&O-Versicherung deutlich an **Bedeutung** zugenommen. 7 In den USA waren gegen Ende der 80er Jahre bereits 96,8% der an der New Yorker Börse notierten Aktiengesellschaften mit entsprechendem Versicherungsschutz ausgestattet[38]. Aber auch in Deutschland steigt die Bedeutung der D&O-Versicherung stetig. Die größten Unternehmen haben nach Angaben im Schrifttum durchweg D&O-Policen abgeschlossen[39]. Schätzungen zufolge haben fast alle Dax-100-Unternehmen ihre Manager D&O-versichert[40]. Das Prämienaufkommen soll sich innerhalb weniger Jahre von 5 auf zunächst über 50 Mio. Euro vervielfacht haben[41]; für das Geschäftsjahr 2001 sollen die Schätzungen bei 100 Mio. Euro, für 2002 bei 150 Mio. Euro gelegen haben[42]. Im Geschäftsjahr 2006 beliefen sich die Schätzungen des Prämienaufkommens auf bereits 300–350 Mio. Euro[43]. Angesichts wirtschaftlicher wie auch gesellschaftsrechtlicher Entwicklungen fanden sich auch öffentlich diskutierte Überlegungen, die Rahmenbedingungen für die D&O-Versicherung anzupassen; erwogen wurden etwa Prämienerhöhungen, strengere Kriterien für die Vergabe von Policen

---

[29] Allgemeine Bedingungen zur Haftpflichtversicherung von Vermögensschäden, VerBAV 1986, 347; zur Berücksichtigung spezieller Anforderungen und Probleme der Haftungsrisiken von Unternehmensleitern in den AVBU 86 vgl. *Ihlas*, S. 54 ff.

[30] Vgl. *Ihlas*, S. 284; *Küpper*, VP 1986, 196 (198); vgl. zu entsprechenden Ausschlüssen in den Besonderen Bedingungen für die Vermögensschaden-Haftpflichtversicherung von Konkursverwaltern u. Ä. VerBAV 1981, S. 104 und von Wirtschaftsprüfern u. Ä (VerBAV 1981, S 234); dazu noch im Rahmen der Zulässigkeit der D&O-Versicherung, Rn. 8, 26 ff.

[31] Abgedruckt bei *Ihlas*, S. 339 ff.; dazu *Schneider/Ihlas*, DB 1994, 1123 ff.

[32] Abgedruckt u. a. bei *Plück/Lattwein*, S. 229 f.; *Thümmel*, Rn. 417 ff.

[33] *Ihlas*, S. 56; *Henssler*, S. 132; *Kästner*, AG 2000, 113 (114); vgl. zu den Rahmenbedingungen Rn. 18 ff.

[34] Im Internet in der aktuellen Fassung veröffentlicht unter http://www.corporate-governance-code. de; zu Ziffer 3.8 des Kodex vgl. *Messner*, VW 2002, 1384 ff.

[35] Siehe hierzu auch *Held* in Halm/Engelbrecht/Krahe[2] Kap. 33 Rn. 14.

[36] Zum Selbstbehalt siehe auch Rn. 96.

[37] Zum Corporate Governance Kodex, *Lutter*, ZHR 2002, 166, 523 ff., *Seibt*, AG 2002, 249 (250 f.).

[38] *Scheifele*, S. 3.

[39] *Schilling*, VW 2000, 788, *Lattwein/Krüger*, NVersZ 2000, 365.

[40] VDI Nachrichten, 21. 10. 2005, S. 27 „Schutz gegen Missmanagement".

[41] *Schilling*, VW 1999, 1074, *Lattwein*, NVersZ 1999, 49, *Lattwein/Krüger*, NVersZ 2000, 365.

[42] Handelsblatt, 24. 5. 2002, S. 25 „Manager-Haftpflicht löst Streit aus".

[43] Handelsblatt, 8. 6. 2007, S. 22 „Ace gewinnt gegen Lufthansa"; 21. 11. 2007, S. 35 „Börsenfirmen verletzen Kodex"; ähnlich *Lier*, VW 2008, 277 (im Rahmen ihrer Zusammenfassung der 2007 erfolgten Untersuchung der Beratungsfirma Towers Perrin und des Spezialmaklers Ihlas & Köberich).

und Einschränkungen des Versicherungsschutzes[44]. Am Markt haben sich diese Erwägungen indes nicht nachhaltig durchsetzen können. Der steigende Wettbewerbsdruck unter den Anbietern hat vielmehr dazu geführt, dass die Prämien einer Umfrage zufolge gesunken sind[45].

III. Auswirkungen der VVG-Reform auf die D&O-Versicherung

7a   Auch nach der VVG-Reform ist die D&O-Versicherung gesetzlich nicht geregelt. Da es sich jedoch um eine Ausprägung der Vermögensschaden-Haftpflichtversicherung handelt, sind neben dem Allgemeinen Teil des VVG auch die Vorschriften der §§ 100 ff. VVG über die Haftpflichtversicherung anwendbar. Zentrale Punkte der Reform, wie z. B. die Modalitäten des Vertragsschlussverfahrens, die Aufgabe des Alles-oder-Nichts-Prinzips oder die Regeln über die vorvertragliche Anzeigepflicht[46] haben damit auch Auswirkungen auf die D&O-Versicherung. Ein gesetzlicher Direktanspruch in der D&O-Versicherung ist nach wie vor nicht vorgesehen[47]. Die Einführung des Direktanspruches in § 115 VVG hat auf die D&O-Versicherung grundsätzlich keine Auswirkung, da es sich bei ihr nicht um eine Pflichtversicherung handelt; insbesondere unter den Voraussetzungen des § 115 Abs. 1 Nr. 2 VVG kann sich ein Direktanspruch ergeben.

7b   Von besonderer Bedeutung für die Praxis der D&O-Versicherung ist der **Wegfall des Anerkenntnis- und Befriedigungsverbots und des Abtretungsverbots**[48]. Nach § 105 VVG ist nunmehr eine Vereinbarung, nach welcher der VR nicht zur Leistung verpflichtet ist, wenn ohne seine Einwilligung der VN den Dritten befriedigt oder dessen Anspruch anerkennt, unwirksam. § 108 Abs. 2 VVG bestimmt zudem, dass die Abtretung des Freistellungsanspruchs an den Dritten nicht durch AVB ausgeschlossen werden kann[49]. Die versicherte Person könnte somit nach neuer Rechtslage den Anspruch des Unternehmens gegen sie anerkennen und ihren Deckungsanspruch aus der D&O-Versicherung an die Gesellschaft abtreten. Diese könnte sodann direkt gegen den D&O-Versicherer vorgehen[50]. Zu beachten ist allerdings auch, dass ein materiell-rechtlich unbegründetes oder zu weit gehendes Anerkenntnis gegenüber dem VR nicht bindend ist[51]. In der Gesetzesbegründung zum neuen VVG heisst es hierzu: „Sowohl das Anerkenntnis als auch die Befriedigung müssen ohne Einfluss auf den Befreiungsanspruch des Versicherungsnehmers gegen den Versicherer bleiben; verspricht der Versicherungsnehmer dem Dritten mehr als diesem zusteht, geht der Mehrbetrag immer zu Lasten des Versicherungsnehmers. Der Versicherer hat ihn nur von dem Anspruch freizustellen, den der Geschädigte ohne das Anerkenntnis gehabt hätte."[52]. Im Ergebnis dürfte es daher durch den Wegfall des Anerkenntnis- und Befriedigungsverbotes sowie des Abtretungsverbotes nicht zu einer Zunahme der Manipulationsgefahr kommen[53]. Um der vorgenannten Konstruktion über das Anerkenntnis des Schadensersatzanspruches und der Abtretung des Deckungsanspruches vorzugreifen, sollten vereinzelt VR beabsichtigen, dem Unternehmen bereits vertraglich einen Direktanspruch einzuräumen[54].

---

[44] Handelsblatt, 28. 8. 2002, S. 19 „Versicherer beschränken Manager-Schutz"; *Hendricks,* VW 2003, 164; *Jungblut/Meßmer,* ZfV 2001, 705 (709); *Keil,* VW 2003, 165; *Schilling,* Standortbestimmung, S. 209 (217 f.).

[45] Handelsblatt, 20. 01. 2006, S. k01 „Verfolgt von den eigenen Leuten"; vgl. auch *Lier,* VW 2008, 277.

[46] Siehe hierzu Rn. 145.

[47] Vgl. hierzu auch *Lange,* VersR 2007, 893; *v. Westphalen,* DB 2005, 431; LG Marburg v. 3. 6. 2004, DB 2005, 437.

[48] Vgl. hierzu auch *Langheid,* VersR 2007, 865; *Olbrich,* S. 59.

[49] Dazu jeweils in diesem Handbuch *Schneider,* § 24 Rn. 128, 145.

[50] *Langheid,* VP 2007, 161, 166; zur Passivlegitmation des VR *Langheid,* VersR 2007, 865 (866).

[51] BT-Drucks. 16/3806, 86; *Olbrich,* S. 60.

[52] BT-Drucks. 16/3806, 86.

[53] So auch *Olbrich,* S. 60.

[54] Handelsblatt, 21. 11. 2007, S. 35 „Direktanspruch birgt einige Tücken".

Andere stehen einem Direktanspruch eher kritisch gegenüber[55]. Die Interessen der Manager, die als versicherte Personen die Begünstigten der Police sein sollten, geraten in den Hintergrund, da es im Falle eines Direktanspruchs nur ein einziges Verfahren gebe[56]. Dem Manager sei zum Zeitpunkt des Verfahrens nicht klar, dass er sich mit dem VR gemeinsam gegen die behaupteten Schadensersatzansprüche verteidigen sollte, um nicht im Falle fehlender Deckung selbst in Anspruch genommen zu werden[57]. Des Weiteren gerate die Einräumung eines Direktanspruchs in Konflikt mit zwingenden Normen des Aktienrechts, da für die Durchsetzung von Ansprüchen gegenüber dem VR gemäß §§ 76, 78 AktG ausschließlich der Vorstand zuständig sei[58]. Dies verstoße jedoch gegen § 112 AktG, wonach die Zuständigkeit für die Verfolgung von Schadensersatzansprüchen gegenüber Vorstandsmitgliedern ausschließlich beim Aufsichtsrat liegt[59]. Ob sich ein vertraglich vereinbarter Direktanspruch am Markt durchsetzen wird, vermag derzeit noch nicht beurteilt zu werden und bleibt abzuwarten.

Die Abtretung des Freistellungsanspruchs durch die versicherte Person (Organ) an die ge- **7c** schädigte VN (Unternehmen) führt zur **Umwandlung des Freistellungsanspruchs in einen Zahlungsanspruch;**[60] der Geschädigte (VN) ist zugleich Inhaber des Haftungs- und des Deckungsanspruchs. Damit kann die VN (Unternehmen) den VR direkt auf Zahlung in Anspruch nehmen. Im Rahmen einer dementsprechenden Zahlungsklage des Unternehmens gegen den VR muss sowohl die Haftung der versicherten Person (Organ) als auch die Deckung durch den VR geprüft werden[61/62].

IV. Zulässigkeit der D&O-Versicherung

Schon als erste Überlegungen über eine Vermögensschaden-Haftpflichtversicherung für **8** Organe in Kapitalgesellschaften in Deutschland Ende des 19. Jahrhunderts aufkamen, wurden Zulässigkeitszweifel erhoben[63]. Dessen ungeachtet hat sich nunmehr die D&O-Versicherung als fester Bestandteil in der Produktpalette der Versicherungswirtschaft etabliert[64]. Die h. M. heutzutage sieht hinsichtlich der Zulässigkeit der D&O-Versicherung keine Bedenken[65]. Auch der Corporate Governance Kodex setzt in Ziff. 3.8 die Zulässigkeit der D&O-Versiche-

---

[55] Vgl. *von Westphalen*, DB 2005, 431 (437); *Sieg*, „Trennungsprinzip vs. Direktanspruch", Chubb Forum, Sonderausgabe August 2007, http://www.chubb-dialog.de/newsletter/CHUBB_Newsletter_August_2007_Sonderausgabe.pdf (Abrufdatum: 10. 12. 2007); Handelsblatt, 21. 11. 2007, S. 35 „Direktanspruch birgt einige Tücken".

[56] Handelsblatt, 21. 11. 2007, S. 35 „Direktanspruch birgt einige Tücken".

[57] Handelsblatt, 21. 11. 2007, S. 35 „Direktanspruch birgt einige Tücken".

[58] *Sieg*, „Trennungsprinzip vs. Direktanspruch", Chubb Forum, Sonderausgabe August 2007, http://www.chubb-dialog.de/newsletter/CHUBB_Newsletter_August_2007_Sonderausgabe.pdf (Abrufdatum: 10. 12. 2007).

[59] *Sieg*, „Trennungsprinzip vs. Direktanspruch", Chubb Forum, Sonderausgabe August 2007, http://www.chubb-dialog.de/newsletter/CHUBB_Newsletter_August_2007_Sonderausgabe.pdf (Abrufdatum: 10. 12. 2007).

[60] *Langheid*, VP 2007, 161, 166 m. w. N.; vgl. auch in diesem Handbuch *Schneider*, § 24 Rn. 145.

[61] *Langheid*, VP 2007, 161, 166.

[62] Zur Rechtskraft eines Urteils im Verhältnis zur versicherten Person in diesem Handbuch *Schneider*, § 24 Rn. 181 ff.

[63] Hierzu auch *Pammler* S. 23 ff.

[64] Vgl. zur Entwicklung der D&O-Versicherung Rn. 2 ff.

[65] *Henssler*, S. 131 (142 f.); *Hopt*, in Großkommentar zum AktG, 4. Aufl. 1999, § 93, Rn. 520; *Hüffer*, AktG, 7. Aufl. 2006, § 84 Rn. 16; *Ihlas*, S. 59 ff.; *Kästner*, AG 2000, 113 (118 ff.); Kölner Kommentar/*Mertens.*, 2. Aufl. 1996, § 84 Rn. 83; *van Bühren/Lenz*³, § 27 Rn. 21; *Sieg*, in Münchener Anwaltshandbuch Versicherungsrecht, § 16 Rn. 37; *Vetter*, AG 2000, 453 (454), *Schneider/Ihlas*, DB 1994, 1123 (1124).

rung voraus[66]. In jüngerer Zeit wurden in der Literatur jedoch wieder vermehrt Bedenken gegen die aktienrechtliche Zulässigkeit der D&O-Versicherung erhoben[67].

9 Teilweise wird ein Verstoß gegen § 93 Abs. 4 S. 3 AktG angenommen[68]. Nach dieser Norm ist ein Verzicht oder Vergleich über Ersatzansprüche der Gesellschaft erst drei Jahre nach ihrer Entstehung und nur mit Zustimmung der Hauptversammlung möglich. Hierdurch soll insbesondere verhindert werden, dass der Aufsichtsrat über Ersatzansprüche verfügt, bevor der tatsächliche Schadensumfang absehbar wird[69]. *Habetha* hat aus dieser Regelung den Schluss gezogen, dass eine gesellschaftsfinanzierte D&O-Versicherung unzulässig sei, da sie im Ergebnis die Organhaftung neutralisiere: Sie führe zu einem zirkulären Geldumlauf zwischen Gesellschaft, VR und Organmitglied durch Zahlung von Prämien und Erhalt der Versicherungsleistung. Dem Abschluss einer D&O-Versicherung kann jedoch weder ein ausdrücklicher noch ein konkludenter Verzicht oder eine Haftungsfreistellung entnommen werden[70]. Im Gegenteil: Aufgrund der heute in den Versicherungsverträgen vielfach üblichen Erfassung der Organ-Innenhaftung, gibt die Gesellschaft mit dem Abschluss der D&O-Versicherung gerade keinen Anspruch auf. Vielmehr gewinnt sie wirtschaftlich betrachtet durch die Möglichkeit, sich im Schadensfall an den VR halten zu können, einen zusätzlichen Schuldner und der Schutz der Gesellschaft und der Gläubiger wird durch die Versicherung sogar verbessert[71]; im Hinblick auf die Möglichkeit extrem hoher Schadensersatzansprüche ist im Zweifel der Anspruch auf die Versicherungsleistung aussichtsreicher als die persönliche Inanspruchnahme des Organmitglieds.

9a Teilweise werden Bedenken gegen die Zulässigkeit der gesellschaftsfinanzierten D&O-Versicherung im Hinblick auf § 93 Abs. 2 AktG erhoben[72]. Nach dieser Ansicht ist eine gesellschaftsfinanzierte D&O-Versicherung nur dann aktienrechtlich zulässig, wenn sie einen **angemessenen Selbstbehalt** für die Organmitglieder enthält[73]. Fehle dagegen ein solcher Selbstbehalt, so laufe dies dem Schadensausgleich und der Verhaltenssteuerung zuwider und verstoße daher gegen die ratio legis des § 93 Abs. 2 AktG[74]. Unabhängig von der grundsätzlichen Bedeutung von Selbstbehalten gerade in der D&O-Versicherung erscheint diese Sichtweise und Konsequenz zu weitgehend; ob aus § 93 Abs. 2 AktG zwingend das Erfordernis eines Selbstbehalts hergeleitet werden muss, erscheint zumindest zweifelhaft. Zwar ist richtig, dass der Gesellschaft letztlich die Prämienzahlungen nicht ersetzt werden. Dem Haftungsziel des Schadensausgleichs läuft dies jedoch nicht zuwider. Die Gesellschaft ist im Haftungsfall wirtschaftlich betrachtet besser gestellt als ohne D&O-Versicherung[75]. Unabhängig hiervon bleibt die Rechtsunsicherheit bzgl. der Bestimmung des konkreten Selbstbehalts.

---

[66] Vgl. Rn. 6.

[67] *Ferck*, S. 98 ff. (110); *Habetha*, S. 170 ff.; demgegenüber für die GmbH: *ders.*, DZWiR 1995, 272 (280). Anders die Rechtslage in den USA, wo die Unternehmen gesetzlich ermächtigt sind, zugunsten ihrer Führungskräfte D&O-Versicherungen abzuschließen; *Henssler*, S. 131 (134); *Baumann*, VersR 2006, 455 (461); *Pammler*, S. 47 ff., 80 ff.; *Ulmer*, FS Canaris (2007), S. 451 ff.; *Ulmer*, ZHR 171 (2007), S. 119 ff.; *Kort*, DStR 2006, 799 (803).

[68] *Ferck*, S. 98 ff. (110); *Habetha*, S. 170 ff.; demgegenüber für die GmbH: *ders.*, DZWiR 1995, 272 (280). Anders die Rechtslage in den USA, wo die Unternehmen gesetzlich ermächtigt sind, zugunsten ihrer Führungskräfte D&O-Versicherungen abzuschließen; vgl. *Henssler*, S. 131 (134).

[69] *Henssler*, S. 131 (143 f.); *Hüffer*, AktG, 7. Aufl. 2006, § 93 Rn. 28.

[70] Kölner Kommentar/*Mertens*, 2. Aufl. 1996, § 84 Rn. 83.

[71] *Hopt*, AktG, 4. Aufl. 1999, § 93 Rn. 519; *Kästner*, AG 2000, 113 (119); *Steinkühler/Wilhelm*, VersPrax 2005, S. 142 (144); *Vetter*, AG 2000, 453 (454).

[72] *Baumann*, VersR 2006, 455 (461); *Pammler*, S. 47 ff., 80 ff.; *Ulmer*, FS Canaris (2007), S. 451 ff.; *Ulmer*, ZHR 171 (2007), S. 119 ff.

[73] *Baumann*, VersR 2006, 455 (461); *Pammler*, S. 47 ff., 80 ff.; *Ulmer*, FS Canaris (2007), S. 451 ff.; *Ulmer*, ZHR 171 (2007), S. 119 ff.; im Ergebnis ebenso *Kort*, DStR 2006, 799 (803); vgl. aber *Dreher*, AG 2008, 429 ff. (soeben erschienen).

[74] *Pammler*, S 47 ff. (80 ff.).

[75] *Hopt*, AktG, 4. Aufl. 1999, § 93 Rn. 519; *Kästner*, AG 2000, 113 (119); *Steinkühler/Wilhelm*, VersPrax 2005, S. 142 (144); *Vetter*, AG 2000, 453 (454).

Gegen einen Verstoß gegen die Verhaltenssteuerungsfunktion des § 93 Abs. 2 AktG wird eingewandt, dass Organmitglied könne beim Bestehen von Versicherungsschutz damit rechnen, dass Schadensersatzansprüche wegen Pflichtverletzung häufiger tatsächlich durchgesetzt werden. Eine Pflichtverletzung werde somit leichter publik als ohne das Bestehen einer D&O-Versicherung. Auch drohe dem Organmitglied bei einer Pflichtverletzung unabhängig von seiner persönlichen Haftung seine Abberufung bzw. Nichtwiederberufung. Hierdurch sei ein Ansehensverlust in der Öffentlichkeit denkbar, der es dem Organmitglied erschwere, zukünftig einen angemessenen, vergleichbaren Arbeitsplatz zu finden[76]. *Ulmer* wendet hiergegen wiederum ein, angesichts der eindeutigen Regelungen der §§ 93 Abs. 2 und 93 Abs. 3 S. 3, 116 AktG komme es auf derartige Alternativen nicht an[77]. Nachdem der Gesetzgeber die Organhaftung auch aus Gründen der Verhaltenssteuerung als im Grundsatz unverzichtbar qualifiziert habe, obwohl ihm die sonstigen potentiellen Risiken für Organmitglieder bei pflichtwidrigem Handeln vermutlich nicht unbekannt waren, gehe es nicht an, einen sachlich gebotenen Analogieschluss mit Hinweis auf den rechtspolitisch angeblich verzichtbaren Inhalt der Norm abzulehnen[78]. Nichtsdestotrotz gilt es im Rahmen der Frage nach der Verhaltenssteuerung grundsätzlich sämtliche relevanten Umstände mit zu berücksichtigen; jedenfalls ist ein drohendes Haftungsrisiko nicht einziges Motiv für Organe.

V. Abgrenzung und Verhältnis zu anderen Versicherungen

1. Abgrenzung zu anderen Versicherungen

Vor Entstehen der D&O-Versicherung entwickelte die Versicherungswirtschaft im Jahre **10** 1971 zunächst eine **Vermögensschaden-Rechtsschutzversicherung** für Unternehmensleiter[79]. Dieser Versicherungsschutz deckt die Kostenübernahme für die notwendige Wahrnehmung der Interessen des Beklagten, wenn dieser aufgrund gesetzlicher Haftpflichtbestimmungen gerichtlich wegen des Ersatzes von Vermögensschäden in Anspruch genommen wird. Der entscheidende Unterschied zur D&O-Versicherung besteht darin, dass die VRB grundsätzlich lediglich Verfahrenskosten des gerichtlich in Anspruch genommenen Unternehmensleiters übernimmt. Die D&O-Versicherung erfasst demgegenüber auch die außergerichtlichen Kosten und – entscheidend – die Schadensersatzleistung, die der versicherte Unternehmensleiter zu erbringen hat. Ein weiterer Unterschied zwischen diesen Versicherungsarten liegt darin, dass D&O-Versicherungen üblicherweise einen weiteren Ausschlusskatalog aufweisen als die VRB[80]. Des Weiteren unterscheiden sich diese Versicherungen dadurch, dass bei der Rechtsschutzversicherung dem VN gem. § 127 VVG das Recht zusteht, einen Rechtsanwalt zu wählen; demgegenüber sehen die meisten D&O-Bedingungen vor, dass – wie in der Haftpflichtversicherung üblich – der VR den Rechtsstreit im Namen der versicherten Person führt. Möglich ist es auch, die Rechtsschutzversicherung mit Strafrechtsschutz und Anstellungsvertrags-Rechtsschutz zu erweitern[81].

D&O-Versicherungen umfassen zusätzlich zu der gerichtlichen und außergerichtlichen **11** Abwehr von Haftpflichtansprüchen (sog. **Abwehr- oder Rechtsschutzfunktion**) deren Befriedigung im Fall ihrer Begründetheit (sog. **Schadensausgleichsfunktion**). Wegen der Rechtsschutzfunktion der D&O-Versicherung kann es somit zu Überschneidungen zwischen der Rechtsschutzversicherung und der D&O-Versicherung kommen[82]. Vorbehaltlich der Be-

---

[76] Vgl. *Dreher/Görner*, ZIP 2003, 2321, 2323 ff.; *Ihlas* S. 325 ff.; *Lange*, DB 2003, 1833, 1836.

[77] *Ulmer*, FS Canaris (2007), S. 451, 465.

[78] *Ulmer*, FS Canaris (2007), S. 451, 465 f.

[79] Vermögensschaden-Rechtsschutz der Aufsichtsräte, Beiräte, Vorstände, Unternehmensleiter und Geschäftsführer (VRB), VerBAV 1971, 324.

[80] *Ihlas*, S. 50.

[81] *Ihlas*, S. 50; *Thümmel*, Rn. 407; *Plück/Lattwein*, S. 190, speziell zur Unternehmens-Strafrechtsschutzversicherung *Schilling*, Wohnungswirtschaft 2000, 89, zur Anstellungsvertrags-Rechtsschutzversicherung *Hendricks*, VW 1994, 1548 (1550 f.).

[82] *Plück/Lattwein*, S. 190.

rufung des D&O-Versicherers auf sein Prozessführungsrecht wird der Standpunkt vertreten, dass die versicherte Person, die beide Versicherungen abgeschlossen hat, die Verfahrenskosten über die Rechtschutzversicherung und die Hauptforderung über die D&O-Versicherung abrechnen könne. Üblicherweise sehen D&O-Versicherungen indes vor, dass im Falle eines Rechtsstreits über den Anspruch zwischen einer versicherten Person und dem Anspruchsteller der VR den Rechtsstreit im Namen der versicherten Person *auf seine Kosten* führt. Infolgedessen kommt in diesem Falle eine Abrechnung über die Rechtsschutzversicherung nicht in Betracht, auch wenn die D&O-Versicherung eine Anrechnung der Verfahrenskosten auf die zur Verfügung stehende Deckungssumme vorsieht.

12   Die **Berufshaftpflichtversicherung**[83] deckt zwar wie die D&O-Versicherung Vermögensschäden. Im Unterschied zu Letzterer sind nach § 4 Nr. 7 der **AVB-Vermögen** 1989/2001[84] die Tätigkeiten als Leiter, Vorstands- oder Aufsichtsratmitglied privater Unternehmungen oder Vereine jedoch vom dem Versicherungsschutz ausgeschlossen. Spiegelbildlich hierzu kann bei der D&O-Versicherung durch sog. Dienstleistungs- oder Berufshaftpflichtklauseln die Haftung für Dienstleistungen ausgeschlossen werden, die die versicherten Personen, außerhalb ihrer Organtätigkeit, gegenüber Dritten erbracht haben[85]. Durch solche Klauseln wird klargestellt, dass die D&O-Versicherungen ausschließlich die Organe in ihrer gesellschaftsrechtlichen Funktion schützen und nicht soweit sie Dienstleistungen selbst erbringen[86]. Aber selbst wenn D&O-Versicherungen solche Dienstleistungsklauseln nicht enthalten, stellt sich die Frage, ob Pflichtverletzungen des Organmitglieds im Rahmen von Dienstleistungen gegenüber Dritten vom D&O-Versicherungsschutz erfasst werden[87].

13   Ein weiterer Unterschied zwischen der D&O-Versicherung und der Berufshaftpflichtversicherung bezieht sich auf die Definition des **Versicherungsfalles:** Während die Berufshaftpflichtversicherung nach § 2 Abs. 1 AVB-Vermögen 1989/2001 auf dem **Verstoßprinzip** basiert und somit die Folgen aller vom Versicherungsbeginn bis zu ihrem Ablauf auftretenden Verstöße umfasst, unabhängig vom Zeitpunkt ihrer Geltendmachung, tritt bei der D&O-Versicherung Versicherungsschutz nur dann ein, wenn während der Vertragslaufzeit die haftungsauslösende Pflichtverletzung sowohl begangen, als auch geltend gemacht wurde (sog. **Anspruchserhebungs- oder claims-made-Prinzip**)[88]. In der Regel ist jedoch eine Nachhaftungszeit zwischen sechs Monaten und fünf Jahren Bestandteil der D&O-Versicherungsverträge, deren Länge zumeist abhängig ist von der Fortsetzung des Vertrages bzw. der Zahlung eines bestimmten Prozentsatzes der Jahresprämie[89].

14   Wie die D&O-Versicherung umfasst auch die **Betriebshaftpflichtversicherung** die Abwehr unbegründeter und Befriedigung begründeter Schadensersatzansprüche. Versichert ist nicht nur die gesetzliche Haftpflicht des versicherten Unternehmens, mitversichert ist auch die persönliche gesetzliche Haftpflicht der gesetzlichen Vertreter des VN[90]. Im Gegensatz zur D&O-Versicherung erfasst die Betriebshaftpflichtversicherung grundsätzlich Personen- und Sachschäden[91], während sich die D&O-Versicherung demgegenüber nur auf Vermögensschäden bezieht. Zwar können bei der Betriebshaftpflicht im Rahmen der erweiterten Pro-

---

[83] Zur Berufshaftpflichtversicherung *v. Rintelen*, § 26.

[84] Abgedruckt bei *Prölss/Martin*, S. 1502 ff.

[85] Beispiele bei *Schilling*, Versicherungsschutz, S. 25: „Der Versicherungsschutz erstreckt sich nicht auf Ansprüche, die sich aus der Erbringung von Dienstleistungen gegenüber Dritten, einschließlich Kunden, ergeben."; *Lange*, AG 2005, 459 (461) Fn. 30: „Die versicherte Tätigkeit ist die Wahrnehmung der Aufgaben, welche eine versicherte Person im Rahmen spezifischer organschaftlicher Führungsaufgaben (…) bei der Versicherungsnehmerin ausführt.".

[86] *Schilling*, Versicherungsschutz, S. 24 f.; siehe auch unten Rn. 79 ff.

[87] Dazu im Rahmen der versicherten Tätigkeit Rn. 76 ff.

[88] *Ihlas*, S 205; *Lange*, r+s 2006, S. 177 ff.; *Schilling*, Versicherungsschutz, S. 21 f.; *Thümmel*, Rn. 427.

[89] Zum zeitlichen Umfang des Versicherungsschutzes Rn. 98 ff.

[90] Ziff. 1 der Besonderen Bedingungen und Risikobeschreibungen für Industrie, Handel und Gewerbe (abgedruckt bei *Prölss/Martin*, S. 1384 ff.).

[91] *Prölss/Martin/Prölss*, Betriebshaftpfl. Nr. 1 Rn. 4.

dukthaftpflichtversicherung reine Vermögensschäden mitversichert werden, Ansprüche im Innenverhältnis sind jedoch ausgeschlossen (Ziff. 7.4 (1) AHB 2008[92]). Zu Überschneidungen von Betriebshaftpflichtversicherung und D&O-Versicherung kann es kommen, wenn die Betriebshaftpflichtversicherung auch Vermögensschäden erfasst[93].

2. Verhältnis zu anderen Versicherungen/Subsidiaritätsklauseln

15 Wie die Ausführungen der Abgrenzung zu anderen Versicherungen zeigen[94], sind Überschneidungen mit anderem Versicherungsschutz denkbar. Damit kann es zu **Doppelversicherungen** gem. § 78 VVG mit den dort geregelten Rechtsfolgen kommen. Als Hauptanwendungsfälle anderweitiger Versicherungen kommen etwa in Betracht: Kreditsicherungen und Versicherungen auf Grundlage der AVB-Vermögen 1989/2001, aber auch Umwelt- und Produkthaftpflichtversicherungen[95]. Zur Vermeidung von Doppelversicherungen enthalten D&O-Versicherungsverträge in der Regel **Subsidiaritätsklauseln.** Vielfach finden sich **eingeschränkte bzw. einfache Subsidiaritätsklauseln.** Solche Klauseln sehen vor, dass der VR nicht haftet, wenn eine anderweitige Versicherung besteht *und* im konkreten Fall auch Deckung gewährt. Die verschiedenen Anbieter verwenden insoweit deutlich unterschiedliche Formulierungen. Insbesondere solche eingeschränkten Subsidiaritätsklauseln sind – auch unter AGB-rechtlichem Blickwinkel – prinzipiell zulässig[96].

16 Unter AGB-rechtlichen Aspekten äußerst problematisch sind hingegen **uneingeschränkte bzw. qualifizierte Subsidiaritätsklauseln.** Solche Klauseln stellen allein auf das Bestehen einer anderweitigen Versicherung für dasselbe Interesse gegen dieselbe Gefahr ab, und zwar unabhängig davon, ob der andere VR im konkreten Fall leistungsfrei ist; d. h., der subsidiär eintretende VR ist auch dann leistungsfrei, selbst wenn der VR aus der anderen Versicherung leistungsfrei ist. Solche Klauseln werden im Schrifttum grundsätzlich zu Recht für unangemessen gem. § 307 BGB erachtet[97]. Noch weitergehende Subsidiaritätsklausel, wonach der Versicherungsschutz schon dann nicht besteht, wenn das Risiko anderweitig *versicherbar* ist[98], sind damit erst Recht unangemessen i. S. d. AGB-Rechts.

17 Angesichts der weiten Verbreitung kann es zum Zusammentreffen mehrerer Subsidiaritätsklauseln in konkurrierenden Verträgen kommen, so dass sich hieraus ein Kollisionsproblem ergeben kann. In diesem Falle heben sich beide Klauseln auf, so dass eine Doppelversicherung gem. § 78 VVG gegeben ist[99].

B. Rechtliche Rahmenbedingungen der D&O-Versicherung

18 Die D&O-Versicherung ist **gesetzlich nicht geregelt.** Da es sich um eine besondere Ausprägung der Vermögensschaden-Haftpflichtversicherung handelt, sind insbesondere die Vorschriften über die Haftpflichtversicherung gem. §§ 100 ff. VVG gesetzliche Rahmenbedingungen[100]. Im Übrigen sind als Rahmenbedingungen die allgemeinen Vorschriften des VVG sowie des Zivilrechts heranzuziehen, namentlich das AGB-Recht gem. §§ 305 ff. BGB. Ein-

---

[92] Abrufbar unter: www.gdv.de/Downloads/allg_Bedingungen_pSV/AHB_08.pdf.

[93] *Ihlas*, S. 287 f.

[94] Oben Rn. 10 ff.

[95] *Plück/Lattwein*, S. 189, *Ihlas*, S 231.

[96] Vgl. *Winter*, VersR 1991, 527 (529); *Prölss/Martin/Kollhosser*, § 59 Rn. 23; Berliner Kommentar/*Schauer*, § 59 Rn. 49; vgl. bereits Motive, S. 131.

[97] In diesem Handbuch *Beckmann*, § 10 Rn. 171; *Präve*, Versicherungsbedingungen, Rn. 525; *Winter*, VersR 1991, 527 (529 f.).

[98] Vgl. *Schilling*, Versicherungsschutz, S. 33.

[99] *Präve*, Versicherungsbedingungen, Rn. 297; Berliner Kommentar/*Schauer*, § 59 Rn. 52; *Winter*, VersR 1991, 527, 530 f.; a. A. *Prölss/Martin/Kollhosser*, § 59 Rn. 27; *Martin*, VersR 1973, 691 (696 f.), wonach die zeitlich später vereinbarte Abrede Vorrang hat; *Blanck*, VersR 1973, 705 (706), wonach die VR nur anteilig haften.

[100] OLG München v. 15. 3. 2005, VersR 2005, 540 ff.; *Dreher*, DB 2005, 1669 (1670 f.).

fluss hat speziell für die D&O-Versicherung darüber hinaus das materielle Gesellschaftsrecht, namentlich das AktG und das GmbHG.

19 Wie alle Versicherungsprodukte wird auch die D&O-Versicherung vor allem aber durch die konkreten AVB geprägt. Die ersten auf dem deutschen Markt angebotenen D&O-Versicherungen entsprachen in ihrem Bedingungswerk noch weitgehend den AVB-Vermögen und wurden sogar ausdrücklich als Berufshaftpflichtversicherung bezeichnet[101]. Im Jahre 1997 erarbeitete der GDV als Musterbedingungen die **„Allgemeinen Versicherungsbedingungen für die Vermögensschaden-Haftpflichtversicherung von Aufsichtsräten, Vorständen und Geschäftsführern (AVB-AVG)"**[102]. Im Jahre 2005 und 2007 sowie 2008 wurden diese Bedingungen vom GDV nochmals überarbeitet und angepasst. Abweichend von dem vom GDV vorgeschlagenen Modell finden sich am Markt mittlerweile eine Reihe in einzelnen Punkten variierender Deckungsschutzkonzepte[103]. Nichtsdestotrotz stimmen die angebotenen Produkte[104] auch in einer Reihe von Fragen überein. So bieten die AVB in der Regel weltweiten Versicherungsschutz, der durch den Ausschluss des Nordamerika-Risikos jedoch vielfach relativiert wird. Übereinstimmend bezieht sich der Versicherungsschutz etwa auch auf Vermögensschäden, nicht auf Personen- oder Sachschäden.

20 Unterschiede finden sich beispielsweise in folgenden Punkten (Auswahl): Der Kreis der **versicherten Personen** ist bei den einzelnen Anbietern unterschiedlich weit gezogen. Zum Teil werden z. B. Organe von Tochtergesellschaften und leitende Angestellte, teilweise sogar Ehegatten und Erben der versicherten Personen und Liquidatoren oder Abwickler der VN in den Versicherungsschutz mit einbezogen[105]. Nach den in Deutschland geläufigen Versicherungskonzepten sind vom Versicherungsschutz gesetzliche Haftpflichtansprüche für nach Vertragsbeginn begangene Pflichtverletzungen umfasst, die während der Dauer des Versicherungsvertrages erstmals geltend gemacht werden (sog. **claims-made-Prinzip**)[106]. Je nach Anbieter ist das Nachmelden von Schäden **(Nachhaftung)** für einen Zeitraum zwischen sechs Monaten und fünf Jahren nach Vertragsbeendigung möglich. Zum Teil ist dies prämienfreier Vertragsbestandteil, zum Teil kann die Nachhaftung gegen Zahlung eines zusätzlichen Beitrages vereinbart werden. Bei einigen Anbietern kann der VN durch Verlängerung des Versicherungsvertrages bis zu einer bestimmten Höchstzahl Bonusmonate in der Nachhaftung gewinnen. Die meisten D&O-Versicherungen sehen eine **Rückwärtsversicherung** vor für Ansprüche wegen Pflichtverletzungen, die vor Abschluss des Versicherungsvertrages begangen wurden. Teilweise ist die Möglichkeit der Rückwärtsversicherung jedoch zeitlich beschränkt. Unterschiedlich ausgestaltet sind auch die Ausschlusstatbestände. Von den ursprünglich in den GDV-Bedingungen enthaltenen Ausschlüssen finden sich in den heutigen Bedingungen insbesondere noch der Nordamerika-Ausschluss sowie der Vorsatzausschluss[107].

C. Gesellschaftsrechtliche Fragen beim Abschluss einer D&O-Versicherung

21 Bei der D&O-Versicherung handelt es sich um eine Versicherung für fremde Rechnung gem. §§ 43 ff. VVG (vgl. oben Rn. 1)[108]. VN ist das Unternehmen, versicherte und aus dem Versicherungsvertrag berechtigte Personen sind die Organmitglieder des Unternehmens. Da VN in der Regel **Kapitalgesellschaften** sind, wird durch den Abschluss von D&O-Versicherungen insbesondere das Kapitalgesellschaftsrecht berührt, was durch die Bezugnahme

---

[101] *Ihlas*, S. 54; zur Entwicklung siehe auch oben Rn. 2 ff.

[102] Abgedruckt u. a. bei *Plück/Lattwein*, S. 229 ff.; *Thümmel*, Rn. 419 ff.

[103] Vgl. *Ihlas*, S. 56; *Henssler*, S. 132; *Kästner*, AG 2000, 113 (114); *Schilling*, Versicherungsschutz, S. 20 f.

[104] In dieser Abhandlung sind die AVB der wichtigsten Anbieter in Deutschland berücksichtigt.

[105] Zum versicherten Personenkreis Rn. 52 ff.

[106] Zum Begriff des Versicherungsfalls Rn. 99.

[107] Zu den Ausschlüssen Rn. 90 ff., 116 ff.

[108] OLG München v. 15. 3. 2005, VersR 2005, 540 ff.; *Dreher*, DB 2005, 1669 (1670 f.).

der D&O-Versicherung im Deutschen Corporate Governance Kodex explizit zum Ausdruck kommt[109]. Die Frage der rechtlichen Zulässigkeit der D&O-Versicherung wurde bereits erörtert[110]; im Folgenden werden weitere gesellschaftsrechtliche Fragen angesprochen.

I. Vergütung des Aufsichtsrates

1. Vergütungsbegriff

Kontrovers wird im Schrifttum die Frage erörtert, ob die von dem Unternehmen übernommenen **Versicherungsprämien als Vergütung der Aufsichtsratsmitglieder** gem. § 113 Abs. 1 AktG anzusehen sind. Konsequenz wäre, dass der Abschluss einer D&O-Versicherung als Form der Vergütung von der Billigung der Hauptversammlung abhängig ist bzw. in der Satzung festgesetzt werden muss. Nach h. M. besteht zwischen der Aktiengesellschaft und dem einzelnen Aufsichtsratsmitglied kein Dienstverhältnis, so dass kein schuldrechtlicher Vergütungsanspruch des Aufsichtsratsmitglieds besteht. Durch die Bestellung und die Annahme des Amtes wird vielmehr ein **gesetzliches Schuldverhältnis** begründet[111]. Indes besteht auch danach kein direkter gesetzlicher Anspruch der Aufsichtsratsmitglieder auf Vergütung. Vielmehr *kann* ihnen gem. **§ 113 Abs. 1 S. 1 AktG** für ihre Tätigkeit eine Vergütung gewährt werden. Voraussetzung dafür ist aber nach § 113 Abs. 1 S. 2 AktG, dass die Vergütung – wie gesagt – satzungsmäßig festgesetzt oder von der Hauptversammlung bewilligt wird. Die Vergütung der Aufsichtsratsmitglieder ist mithin mit einer gewissen Publizität verbunden. Fehlt es daran, können die Aufsichtsratsmitglieder von der Gesellschaft lediglich den **Ersatz ihrer notwendigen Aufwendungen** nach §§ 670, 675 BGB verlangen; dies indes ohne Satzungsfestsetzung oder Beschluss der Hauptversammlung[112]. **22**

Die wohl **h. L.** sieht die Prämienleistungen für die D&O-Versicherung als **Teil der Vergütung** der Aufsichtsratsmitglieder an[113]. Hiergegen wird argumentiert, der Abschluss einer D&O-Versicherung verfolge primär unternehmerische Interessen[114]. Aufgrund der Ausgestaltung der D&O-Versicherung als unternehmensbezogene Versicherung lasse sich der daraus folgende finanzielle Vorteil für das individuelle Verwaltungsmitglied nicht so isoliert beziffern, wie dies für einen Vergütungsbestandteil erforderlich wäre[115]. Die Übernahme einer D&O-Versicherungsprämie stelle letztlich keine im Gegenseitigkeitsverhältnis stehende Leistung dar. Sie sei deshalb als **Aufwendungsersatz**[116] bzw. als **„dienstliche Fürsorgeaufwendung"** der Gesellschaft zu verstehen[117]. **23**

Der h. L. ist indes zu folgen. § 113 AktG bezweckt, Kompetenzen und Grenzen für die Bemessung der Aufsichtsratsvergütung zu regeln und diese einem vertraglichen Aushandeln zwischen Aufsichtsrat und der Gesellschaft sowie einer Festsetzung durch den Aufsichtsrat **24**

---

[109] Vgl. zum Kodex Rn. 6.

[110] Zur aktienrechtlichen Zulässigkeit Rn. 8.

[111] *Vetter*, AG 2000, 453 (456); *Geßler*, in: Geßler/Hefermehl/Eckardt/Kropff, AktG, 1973, § 101 Rn. 54; *Henssler*, in: Henze/Hoffmann-Becking, S. 146; *Hüffer*, AktG, 7. Aufl. 2006, 113, Rn. 2.

[112] *Olbrich*, S. 201; *Vetter*, AG 2000, 453 (456).

[113] *Doralt*, in: Arbeitshandbuch für Aufsichtsratsmitglieder, hrsg. v. Semler, 1999, M 125, S. 761 f.; *Feddersen*, AG 2000, 385 (394); *Henssler*, in: Henze/Hoffmann-Becking, S. 144; *Hoffmann/Preu*, Der Aufsichtsrat, 4. Aufl. 1999, Rn. 313; *Hüffer*, AktG, 7. Aufl. 2006, § 113, Rn. 2a; *Kästner*, AG 2000, 113 (116); Kölner Kommentar/*Mertens*, 2. Aufl. 1996, § 113, Rn. 11; *Krüger*, NVersZ, 2001, 8.; *Lutter/Krieger*, Rechte und Pflichten des Aufsichtsrats, 1993, Rn. 313; *Wiesner*, in: Münchener Handbuch Gesellschaftsrecht, Bd. 4, 2. Aufl. 1999, § 21 Rn. 29; a. A. *Baumann*, VersR 2006, 455 (463); *Dreher*, ZHR 165 (2001), 293 (322); *Kiethe*, BB 2003, 537 (539); *Kort*, DStR 2006, 799 (802); *Mertens*, AG 2000, 447 (451 f.); *Olbrich* S. 203 ff.; *Pammler*, S. 133; *Steinkühler/Wilhelm*, VersPrax 2005, 142 (145).

[114] *Dreher*, ZHR 165 (2001), 293 (320); *Mertens*, AG 2000, 447 (452).

[115] *Mertens*, AG 2000, 447 (452).

[116] *Dreher*, ZHR 2001, 293 (308, 309).

[117] *Lange*, ZIP 2001, 1542 (1526); *Mertens*, AG 2000, 447 (451 f.); *Vetter*, AG 2000, 453 (458) verneint zwar den Vergütungscharakter der Prämienübernahme, lässt dabei jedoch offen, ob sie als Fürsorgemaßnahme oder Aufwendungsersatz einzuordnen ist.

selbst zu entziehen[118]. Zudem soll die Publizität der Gesamtvergütung des Aufsichtsrats und die Möglichkeit der Anfechtung entsprechender Hauptversammlungsbeschlüsse gewährleistet werden[119]. Zur Verwirklichung dieses Schutzes ist es erforderlich, dass die Hauptversammlung über alle materiellen Vorteile, die die Aufsichtsratsmitglieder als Gegenleistung für ihre Tätigkeit erhalten, zu entscheiden haben. Der Vergütungsbegriff ist deshalb weit zu verstehen; hierunter fallen neben einer festen Vergütung auch Nebenleistungen wie etwa Dienstwohnung oder Dienstwagen[120]. Hierzu gehören alle Leistungen des Unternehmens, die jemanden zu Übernahme eines Aufsichtsratsmandats bewegen; dies ist nicht nur die feste Vergütung, sondern auch solche Nebenleistungen wie Dienstwagen oder aber Versicherungen, die das Unternehmen im Interesse des potentiellen Aufsichtsrats abschließt. Auch wenn die Versicherung unternehmensbezogene Tätigkeiten des Aufsichtsrats erfasst[121], so berührt die hiermit für das Aufsichtsratsmitglied verbundene „Entlastung" doch unmittelbar seine Privatsphäre, da er für Schadensersatzansprüche mit seinem Privatvermögen unmittelbar und unbeschränkt haftet. Des Weiteren argumentiert die h. L. mit der Parallelvorschrift des § 87 Abs. 1 AktG, die als Bestandteile der Gesamtbezüge des Vorstandes ausdrücklich auch *Versicherungsentgelte* nennt[122]. Auch auf § 285 Nr. 9a HGB lässt sich der Standpunkt der h. L. stützen. Danach sind die Gesamtbezüge des Aufsichtsrates im Anhang des Jahresabschlusses der Gesellschaft anzugeben. Neben Gehältern, Gewinnbeteiligungen usw. werden hier auch „Versicherungsentgelte" und „Nebenleistungen jeder Art" als Gesamtbezüge bezeichnet. Die h. L. sieht in dieser bilanziellen Behandlung der Versicherungsprämien die Bestätigung dafür, dass der Vergütungsbegriff weit gefasst ist. Daher sei auch die Prämienübernahme durch die Gesellschaft als Vergütung anzusehen[123].

2. Rechtsfolgen des Verstoßes gegen § 113 AktG

25 Die h. M. sieht in § 113 AktG ein **gesetzliches Verbot i. S. d. § 134 BGB;** danach ist eine Zusage von Vergütungen ohne Zustimmung der Hauptversammlung nichtig[124]. Umstritten sind die Konsequenzen für eine unter Verstoß gegen § 113 Abs. 1 AktG abgeschlossene D&O-Versicherung. Vereinzelt wird Nichtigkeit des D&O-Versicherungsvertrages angenommen[125]; die Nichtigkeit sei heilbar durch das Nachholen des fehlenden Hauptversammlungsbeschlusses. Vereinzelt wird § 113 AktG zwar als gesetzliches Verbot angesehen, allerdings angenommen, die Missachtung der Hauptversammlungszuständigkeit führe nicht zur Nichtigkeit des Vertrages, weil § 113 AktG nur das Innenverhältnis der Aktiengesellschaft betreffende „interne Regelungsvorschrift" sei[126]. Unabhängig von der Frage, ob § 113 Abs. 1 AktG als Verbotsgesetz i. S. d. § 134 BGB einzuordnen ist, wird man die Nichtigkeit des D&O-Versicherungsvertrages abzulehnen haben. Ein Verstoß gegen § 113 Abs. 1 AktG führt allenfalls zur Nichtigkeit einer entsprechenden Zusage; hierfür bedarf es der Einschaltung der Hauptversammlung. Der Abschluss des D&O-Versicherungsvertrages stellt demgegenüber das entsprechende Erfüllungsgeschäft dar; diese werden zum einen von der Nichtigkeit des

---

[118] Kölner Kommentar/*Mertens,* 2. Aufl. 1996, § 113 Rn. 3; vgl. auch *Hüffer,* 7. Aufl. 2006, § 113, Rn. 1; *Kästner,* AG 2000, 113 (116).

[119] *Kästner,* AG 2000, 113 (116); Kölner Kommentar/*Mertens,* 2. Aufl. 1996, § 113, Rn. 3.

[120] *Kästner,* AG 2000, 113 (116); Kölner Kommentar/*Mertens,* 2. Aufl. 1996, § 113, Rn. 3.

[121] *Dreher,* ZHR 165 (2001), 293 (317).

[122] *Henssler,* in: Henze/Hoffmann-Becking, S. 131 (144); *Kästner,* AG 2000, 113 (116); *Krüger,* NVersZ, 2001, 8.

[123] *Henssler,* in: Henze/Hoffmann-Becking, S. 131 (144); *Kästner,* AG 2000, 113 (116).

[124] BGH v. 11. 3. 1991, Az.: II ZR 187/89 (soweit ersichtlich unveröffentl.); BGH v. 25. 3. 1991, BGHZ 114, 127 (133); OLG Naumburg v. 30. 11. 1999, OLGR Naumburg 2002; Kölner Kommentar/*Mertens,* 2. Aufl. 1996, § 113 Rn. 5; *Hüffer,* AktG, 7. Aufl. 2006, § 113 Rn. 5; a. A. *Lange,* ZIP 2001, 1524 (1528).

[125] *Kästner,* AG 2000, 113 (117).

[126] *Krüger,* NVersZ 2001, 8 f.; *Pammler,* S. 152; befürwortend *Henssler,* in: Henze/Hoffmann-Becking, S. 131 (147 Fn. 63).

Beckmann

Grundgeschäftes grundsätzlich nicht erfasst[127]; außerdem bedarf es für den Abschluss des Versicherungsvertrages nicht der Mitwirkung der Hauptversammlung.

II. Vergütung des Vorstandes

Die Begriffe „Vergütung" des Aufsichtsrates i. S. d. § 113 AktG und „Bezüge" des Vorstandes gem. § 87 Abs. 1 AktG rechtfertigen keine isolierte Betrachtung und sind deshalb im gleichen Sinne zu verstehen[128]. Bejaht man deshalb in der Übernahme der D&O-Prämien durch das Unternehmen eine Nebenleistung an die entsprechenden Organe, so wird man dies nur einheitlich für Aufsichtsrat und Vorstand tun können; § 87 Abs. 1 AktG nennt schließlich Versicherungsentgelte als Teil der Gesamtbezüge des Vorstands. Mithin handelt es sich bei der Zahlung der Prämie durch das Unternehmen auch um Bezüge des Vorstandes, die gem. § 87 AktG der Kotrolle des Aufsichtsrates unterliegen[129]. Gleichwohl führt dies nicht zur Zuständigkeit des Aufsichtsrates gem. § 112 AktG für den Abschluss des D&O-Versicherungsvertrages. Dieser kommt zwischen dem VR und dem Unternehmen als VN zustande, so dass § 112 AktG bereits vom Wortlaut her nicht eingreift[130].   **26**

III. Die GmbH-rechtliche Zulässigkeit der D&O-Versicherung

Der Abschluss einer D&O-Versicherung durch eine GmbH zu Gunsten ihrer Geschäftsführer wirft kaum gesellschaftsrechtliche Probleme auf. Die **GmbH-rechtliche Zulässigkeit** der D&O-Versicherung unter Einbeziehung dieser Innenhaftung ist noch eindeutiger zu bejahen als die aktienrechtliche Zulässigkeit. Im GmbH-Recht findet sich keine mit § 93 Abs. 4 S. 3 und Abs. 5 S. 3 AktG vergleichbare Vorschrift. Die GmbH kann vielmehr durch Beschluss der Gesellschafterversammlung prinzipiell auf die Geltendmachung von Schadensersatzansprüchen gegen ihren Geschäftsführer verzichten. Das ergibt sich aus der analogen Anwendung des § 46 Nr. 8 GmbHG. Nach dieser Vorschrift unterliegt die Geltendmachung von Ersatzansprüchen, die die Gesellschaft aus der Gründung oder Geschäftsführung gegen Geschäftsführer zustehen, der Bestimmung der Gesellschafter. Nur in Ausnahmefällen (§ 9b Abs. 1 S. 1, § 43 Abs. 3 S. 2, § 64 Abs. 2 S. 3 GmbHG) ist ein solcher Verzicht nicht möglich. § 93 Abs. 4 S. 3 und Abs. 5 S. 3 AktG sind mangels Regelungslücke auch nicht im Wege der Analogie auf die GmbH übertragbar[131].   **27**

Streitig ist allerdings, wer für den **Abschluss der Versicherung** zuständig ist. Nach einer Ansicht besteht hier eine **„Annexkompetenz" der Gesellschafter zu § 46 Nr. 5 GmbHG**[132]. Diese Vorschrift weist der Gesellschafterversammlung die Zuständigkeit für Bestellung und Abberufung sowie kraft Sachzusammenhangs die Kompetenz für den Abschluss und die Änderung des Anstellungsvertrages der Gesellschafterversammlung zu. Nach anderer Ansicht liegt die Vertretungskompetenz gegenüber dem VR und damit auch die Zuständigkeit für den Abschluss der Versicherung nach **§ 35 Abs. 1 GmbHG** beim **Geschäftsführer**[133]. Dieser Ansicht ist zu folgen, da es um einen Vertrag zwischen GmbH und VR geht und nicht um einen Vertrag zwischen GmbH und Geschäftsführer; im Innenverhältnis bedarf es allerdings eines Gesellschafterbeschlusses[134].   **28**

---

[127] *Palandt/Heinrichs,* § 134 Rn. 13; Münchener Kommentar/*Mayer-Maly/Armbrüster,* 4. Aufl. 2001, § 134 BGB Rn. 8.

[128] *Dreher,* ZHR 147 (2001), 293 (304); Kölner Kommentar/*Mertens,* 2. Aufl. 1990, § 113 Rn. 11; a. A. *Lange,* ZIP 2001, 12524 (1527).

[129] So auch *Henssler,* in: *Henze/Hoffmann-Becking,* S. 131 (152f.); *Krüger,* NVersZ 2001, 8; a. A. *Dreher,* ZHR 165 (2001), 293 (321); *Vetter,* AG 2000, 453 (458).

[130] *Kästner,* AG 2000, 113 (121); i. E. auch *Dreher,* ZHR 165 (2001), 293 (321); *Olbrich;* S. 211 (die allerdings ohnehin keinen Vergütungscharakter annimmt).

[131] *Henssler,* S. 131 (152f.); *Habetha,* DZWir 1995, 272 (280); str. hierzu *Schneider/Ihlas,* DB 1994, 1123, die allerdings die Frage, ob § 93 S. 3 AktG auch auf die GmbH anwendbar ist, im Ergebnis offen lassen.

[132] *Henssler,* S. 131 (155).

[133] *Habetha,* DZWir 1995, 272 (280).

[134] *Habetha,* DZWir 1995, 272 (280).

D. Überblick über Haftungsrisiken von Organmitgliedern

29   D&O-Versicherungen bieten Versicherungsschutz für das persönliche Haftungsrisiko von Unternehmensleitern. Zu unterscheiden ist dabei zwischen **Innenhaftung** und **Außenhaftung**. Innenhaftung ist die Haftung gegenüber der eigenen Gesellschaft aus der Verletzung organschaftlicher, dienstvertraglicher oder deliktischer Pflichten. Außenhaftung bezeichnet die Haftung gegenüber Dritten, etwa Vertragspartnern der Gesellschaft, Angehörigen der Gesellschaft wie z. B. Gesellschafter oder Arbeitnehmer, aber auch gegenüber Dritten, zu denen keine vertraglichen Beziehungen der Gesellschaft bestehen.

I. Die Innenhaftung

30   Die für die Innenhaftung relevanten **allgemeinen Haftungsgrundlagen** bilden bei der Aktiengesellschaft für **Vorstandsmitglieder** und deren Stellvertreter die §§ 93 Abs. 2, 94 AktG. Bei der GmbH gelten insbesondere die §§ 43 Abs. 2, 44 GmbHG in Bezug auf **Geschäftsführer** und ihre Stellvertreter. Neben diesen allgemeinen kommen besondere Haftungstatbestände, insbesondere § 93 Abs. 3 AktG bzw. § 43 Abs. 3 GmbHG in Betracht. Des Weiteren finden sich auch außerhalb von § 93 AktG und § 43 GmbH spezielle Haftungsgrundlagen, namentlich etwa § 64 Abs. 2 GmbHG. Neben diesen gesellschaftsrechtlichen Grundlagen stehen allgemeine zivilrechtliche Haftungstatbestände, insbesondere vertragliche Haftung wegen Verletzung eines zwischen der Gesellschaft und dem Organmitglied bestehenden Dienstvertrages gem. § 280 Abs. 1 BGB sowie deliktische Haftungsgrundlagen. Die Haftung von **Aufsichtsratsmitgliedern** richtet sich nach § 116 i. V. m. § 93 AktG und bei der GmbH – soweit ein Aufsichtsrat existiert – nach §§ 52 GmbHG i. V. m. 116 AktG, 43 GmbHG.

1. Haftung aufgrund der Organstellung

31   **a)** Eine Haftung nach § 93 Abs. 2 AktG bzw. § 43 Abs. 2 GmbHG setzt eine **schuldhafte Pflichtverletzung** des Organmitglieds voraus, aus der ein Schaden der Gesellschaft entstanden ist. Der **Verschuldensmaßstab** richtet sich nach § 93 Abs. 1 S. 1 AktG bzw. § 43 Abs. 1 GmbHG. Die Mitglieder des Vorstandes haben bei ihrer Geschäftsführung gem. § 93 Abs. 1 AktG die Sorgfalt eines ordentlichen und gewissenhaften Geschäftsleiters anzuwenden; für den Geschäftsführer schreibt § 43 Abs. 1 GmbHG die Sorgfalt eines ordentlichen Geschäftsmannes vor[135]. Von besonderer Bedeutung ist die durch das UMAG[136] in § 93 Abs. 1 S. 2 AktG eingeführte sog. Business Judgement Rule[137]. Die Norm stellt klar, dass eine Erfolgshaftung der Mitglieder des Aufsichtsrats (§ 116 S. 1 AktG i. V. m. § 93 Abs. 1 S. 2 AktG) und des Vorstands gegenüber der Gesellschaft ausscheidet, dass also für Fehler im Rahmen des unternehmerischen Entscheidungsspielraums nicht gehaftet wird. Die Regelung geht von der Differenzierung zwischen fehlgeschlagenen unternehmerischen Entscheidungen einerseits und der Verletzung sonstiger Pflichten andererseits (Treuepflichten, Informationspflichten, sonstige allgemeine Gesetzes- und Satzungsverstöße) aus[138]. Ein Verstoß gegen letztere Pflichten ist von der Bestimmung nicht erfasst. Die vom Organ einzuhaltenden **Pflichten** sind teilweise gesetzlich normiert, darüber hinaus durch die Rechtsprechung entwickelt worden; sie können sich des Weiteren aus dem zugrundeliegenden Anstellungsvertrag ergeben[139]/[140].

---

[135] Zur Haftung des Geschäftsführers für unternehmerische Entscheidungen OLG Oldenburg v. 22. 6. 2006, ZIP 2006, 2087 f.

[136] Gesetz zur Unternehmensintegrität und Modernisierung des Anfechtungsrechts (UMAG) v. 1. 11. 2005, BGBl. I 2005, 2802 ff.

[137] Siehe hierzu auch *Baumann*, VersR 2006, 455 ff.; *Lange*, VW 2004, 968 ff.; *Schillinger*, VersR 2006, 1484 (1490); *Thümmel*, DB 2004, 471 (472); *Ulmer*, DB 2005, 859 (860).

[138] BTDrucks. 15/5092, S. 11.

[139] *Hirte*, Kapitalgesellschaftsrecht, 3. Aufl. 2001, Rn. 220.

[140] Zur Haftung aufgrund des AGG und des Umweltschadensgesetz siehe oben Rn. 4.

Neben der Pflicht zur Geschäftsführung und Vertretung der Gesellschaft und zur Führung **32** der Bücher (§ 91 Abs. 1 AktG bzw. § 41 Abs. 1 GmbHG) sind hervorzuheben die **Berichtspflichten**[141] der Geschäftsleitung: Neben Auskunftspflichten gegenüber Aktionären in der Hauptversammlung gem. § 131 Abs. 1 AktG bzw. gegenüber GmbH-Gesellschaftern – auch außerhalb der Gesellschafterversammlung – gem. § 51a GmbHG sind bedeutsam die Berichtspflichten des Vorstandes gegenüber dem Aufsichtsrat gem. § 90 AktG. Durch das KonTraG[142] wurde § 90 Abs. 1 AktG neu gefasst und insbesondere die **Berichtspflicht über die Unternehmensplanung** konkretisiert. Demgegenüber ist die Pflicht des Geschäftsführers gegenüber dem Aufsichtsrat – soweit vorhanden – nicht so ausgeprägt, da § 52 Abs. 1 GmbHG lediglich auf § 90 Abs. 3, 4, 5 S. 1 und 2 AktG verweist. Zusätzliche Berichtspflichten obliegen dem Vorstand börsennotierter Gesellschaften, namentlich aufgrund von § 15 WpHG, wonach eine Verpflichtung des Emittenten zu sog. ad-hoc-Mitteilungen besteht[143].

Hervorzuheben ist die durch das **KonTraG** in § 91 Abs. 2 AktG nunmehr gesetzlich gere **33** gelte Pflicht der Vorstandsmitglieder von Aktiengesellschaften zur Einrichtung eines angemessenen **Risikomanagementsystems** und eines **internen Überwachungssystems** im Unternehmen[144]. Sinn dieser Vorschrift ist es, den Fortbestand der Gesellschaft dadurch zu sichern, dass gefährdende Entwicklungen frühzeitig erkannt werden. Dieser Regelung soll nach der Gesetzesbegründung auch eine Ausstrahlungswirkung auf Unternehmen zukommen, die nicht unmittelbar ihrem Geltungsbereich unterliegen, insbesondere auf die GmbH[145]; die Einrichtung eines solchen Management- und Überwachungssystems gehört je nach Größe, Branche, Komplexität und Struktur eines Unternehmens ohnehin zu den Pflichten eines ordentlichen Geschäftsführers.

Bereits in der **Gründung** einer neuen Gesellschaft treffen den Vorstand und den Geschäfts **34** führer erhebliche Pflichten[146]. Weitere gesetzlich normierte Pflichten sind u.a.: **Kapitalerhaltungspflichten** gem. § 93 Abs. 3 AktG bzw. § 43 Abs. 3 GmbHG, **Insolvenzantragspflichten** gem. § 92 Abs. 2 AktG bzw. § 64 Abs. 1 GmbHG, **Verschwiegenheitspflichten** gem. § 93 Abs. 1 S. 2 AktG[147]; darüber hinaus trifft Vorstand gem. § 88 AktG und Geschäftsführer[148] ein **Wettbewerbsverbot**[149].

Einen **Sonderfall** der Innenhaftung bei der Aktiengesellschaft enthält die deliktsrechtliche **35** Regelung in § 117 Abs. 1, 2 AktG für den **Fall der Schädigung der Gesellschaft durch Einflussnahme** auf die Gesellschaft. Nach **§ 117 Abs. 1 AktG** ist derjenige, der vorsätzlich unter Benutzung seines Einflusses auf die Gesellschaft ein Vorstands- oder Aufsichtsratsmitglied, einen Prokuristen oder einen Handlungsbevollmächtigten dazu bestimmt, zum Schaden der Gesellschaft oder der Aktionäre zu handeln, zum Schadensersatz verpflichtet. Schadensersatzpflichtiger kann dabei jedermann sein, d.h. Aktionäre, außenstehende Dritte sowie Organmitglieder[150]. Ein Aufsichtsratsmitglied haftet beispielsweise, wenn es ein Vorstandsmit-

---

[141] Vgl. *Hirte,* Kapitalgesellschaftsrecht, 3. Aufl. 2001, Rn. 187.

[142] Gesetz zur Kontrolle und Transparenz im Unternehmensbereich (KonTraG) v. 27. 4. 1998, BGBl. I 1998, 786.

[143] Dazu *Fleischer,* BB 2002, 1869 ff.; *Rössner/Bolkart,* ZIP 2002, 1471 ff.; *Rützel,* AG 2003, 69 ff; vgl. zu den Pflichten nach dem WpHG auch *Gebauer/Kleinert* in *Krieger/Schneider,* Handbuch Managerhaftung 2007, § 19 Rn. 9 ff.

[144] Dazu *Held* in *Halm/Engelbrecht/Krahe*[2], Kap. 33 Rn. 13.

[145] BTDrucks. 13/9712, S. 15.

[146] Vgl. etwa §§ 48, 33 Abs. 1, 34, 53 AktG bzw. § 9a GmbHG.

[147] Vgl. für den Geschäftsführer die Strafvorschrift des § 85 Abs. 1 GmbHG, *Hirte,* Kapitalgesellschaftsrecht, 3. Aufl. 2001, Rn. 180; *Thümmel,* Rn. 162.

[148] Das Wettbewerbsverbot des Geschäftsführers wird aus der allgemeinen Treuepflicht hergeleitet, vgl. BGH v. 26. 10. 1964, GmbHR 1965, 194 (196); *Rowedder/Schmidt-Leithoff/Koppensteiner,* GmbHG, 4. Aufl. 2002, Rn. 19 m.w.N.; *Thümmel,* Rn. 162.

[149] Zum Wettbewerbsverbot *Verse,* in: *Krieger/Schneider,* Handbuch Managerhaftung 2007, § 20 Rn. 4 ff.; zu den Pflichten im Übrigen ausführlich *Friedrich,* 7 ff.; *Hirte,* Kapitalgesellschaftsrecht, 3. Aufl. 2001, Rn. 168 ff.; *Hübner,* S. 3 ff.; *Ihlas,* S. 75 ff.; *Thümmel,* Rn. 92 ff.

[150] *Hübner,* S. 16.

glied zu einer Handlung bestimmt, die zum Zusammenbruch der Gesellschaft führt[151], oder wenn es dem Vorstand den Abschluss eines für die AG schädlichen Rechtsgeschäfts nahe legt[152]. Neben dem Einflussnehmenden haften die **Organmitglieder** (Mitglieder des Vorstandes und des Aufsichtsrates) als Gesamtschuldner, wenn sie unter Verletzung ihrer Pflichten gehandelt haben (§ 117 Abs. 2 AktG). Voraussetzung ist hier – im Gegensatz zu der Regelung in Abs. 1 der Vorschrift – keine *vorsätzliche* Pflichtverletzung; es reicht die bloße Pflichtwidrigkeit aus[153].

36   Die gesetzlich normierten Pflichten sind nicht abschließend, vielmehr stellen die Generalklauseln des § 93 Abs. 2 AktG bzw. § 43 Abs. 2 GmbHG **Auffangtatbestände** dar[154]. Grundsätzlich haben Vorstand und Geschäftsführer die allgemeine Verpflichtung, den Gesellschaftszweck aktiv zu verfolgen und alles zu unterlassen, was die Gesellschaft schädigen könnte[155]. Zwar bestehen zwischen den Pflichten von Vorstand und Geschäftsführer weitgehende Parallelen; Unterschiede resultieren zum einen daraus, dass – wie etwa § 91 AktG zeigt – die Vorgaben des AktG deutlich konkreter sind und in noch weiterem Ausmaß zwingenden Charakter haben, vgl. § 23 Abs. 5 AktG. Ein weiterer wesentlicher Unterschied liegt zum anderen darin, dass – im Gegensatz zum Vorstand, der gem. § 76 Abs. 1 AktG in eigener Verantwortung agiert – Geschäftsführer gegenüber den Gesellschaftern weisungsabhängig sind, vgl. §§ 46 Nr. 6, 37 GmbHG.

37   **b)** Die Organmitglieder haften bei der Verletzung von Sorgfaltspflichten für jede **Art des Verschuldens.** Hinsichtlich des Verschuldens ordnet § 93 Abs. 2 S. 2 AktG eine **Beweislastumkehr** an, die im Analogieweg auf den GmbH-Geschäftsführer übertragen wird. Nach h. M. bezieht sich die Beweislastumkehr nicht nur auf das Verschulden, sondern auch auf die Pflichtverletzung des Organmitglieds[156]. Die Gesellschaft muss daher nur die Tatsachen beweisen, aus denen sich ergibt, dass das Verhalten des Organs bei ihr zu einem Schaden geführt hat. Es reicht dabei aus, wenn sie ein bestimmtes Verhalten benennen kann, das nicht unmittelbar durch das Unternehmensinteresse gedeckt ist und nach der Lebenserfahrung zu einem Schaden der beanstandeten Art führt. Das Organmitglied kann sich dadurch entlasten, dass er nach den Umständen, die er darzulegen und zu beweisen hat, seinen Sorgfaltspflichten nachgekommen ist oder schuldlos nicht nachkommen konnte, oder dass der Schaden auch bei pflichtgemäßem Alternativverhalten eingetreten wäre. Das schließt den Nachweis der Einhaltung seines – grundsätzlich weiten – unternehmerischen Ermessensspielraums[157] ein[158].

38   **c)** Die genannten Haftungsgrundlagen, insbesondere §§ 93, 116 AktG, § 43 GmbHG, knüpfen entscheidend an die **Organstellung** der betreffenden Personen an. Unerheblich ist deshalb, ob zwischen der Gesellschaft und dem Organ ein Dienstverhältnis besteht[159]. Für eine organschaftliche Haftung genügt es, dass die betreffende Person als Organ auftritt. Eine wirksame Bestellung ist nicht erforderlich (sog. **faktische Organstellung**)[160].

---

[151] BGH v. 4. 3. 1985, NJW 1985, 1777.

[152] BGH v. 21. 12. 1979, NJW 1980, 1629.

[153] Zum Verhältnis von § 117 Abs. 2 AktG zu § 93 AktG *Hübner,* S. 17 f.; *Kossen,* DB 1988, 1785 (1790).

[154] *Hübner,* S. 8 f.

[155] Vgl. *Hirte,* Kapitalgesellschaftsrecht, 3. Aufl. 2001, Rn. 168; *Hübner,* S. 167; *Rowedder/Schmidt-Leithoff/Koppensteiner,* GmbHG, 4. Aufl. 2002, Rn. 19 mit hieraus abgeleiteten konkreten Verhaltenspflichten.

[156] *Hirte,* Kapitalgesellschaftsrecht, 3. Aufl. 2001, Rn. 230; *Hüffer,* AktG, 7. Aufl. 2006, § 93 Rn. 16 (m. w. N.); *Rowedder/Schmidt-Leithoff/Koppensteiner,* GmbHG, 4. Aufl. 2002, Rn. 36.

[157] Vgl. zum Ermessensspielraum BGH v. 21. 4. 1997, BGHZ 135, 244 (253).

[158] BGH v. 4. 11. 2002, NJW 2003, 358 (359).

[159] BGH v. 12. 6. 1989, NJW-RR 1989, 1255 (1256); *Thümmel,* DB 1995, 1013 (1014).

[160] BGH v. 21. 3. 1988, BGHZ 104, 44 (46); *Rowedder/Schmidt-Leithoff/Koppensteiner,* GmbHG, 4. Aufl. 2002, Rn. 51 m. w. N. (für § 43 GmbHG); *Thümmel,* DB 1995, 1013 (1014).

2. Vertragliche Pflichtverletzungen

Neben der gesetzlichen Haftung aufgrund der Organstellung kommen als Haftungstatbe-   **39**
stände auch die allgemeinen zivilrechtlichen Instrumente in Betracht, namentlich aufgrund
Vertragsverletzung, d. h. **Verletzung** des zwischen Gesellschaft und Unternehmensleiter
bestehenden Dienstvertrages einerseits sowie wegen **Verletzung deliktischer Pflichten** andererseits. Insbesondere eine Vertragshaftung wird indes mancherorts in Frage gestellt[161], da
unterschiedliche Rahmenbedingungen (namentlich im Hinblick auf die Verjährung) kolli-
dierten. Indes sind die entsprechenden gesellschaftsrechtlichen Spezialregelungen auf die Vertragshaftung anzuwenden; diese hat vor allem eigenständige Bedeutung, wenn der Anstellungsvertrag z. B. mit einer Muttergesellschaft geschlossen ist[162].

3. Haftung des Aufsichtsrates

Die **Innenhaftung** des Aufsichtsrates einer AG richtet sich nach § 116 i. V. m. § 93 AktG;   **40**
soweit bei einer GmbH ein fakultativer oder ein obligatorischer Aufsichtsrat installiert ist, gelten die Haftungstatbestände der § 52 GmbHG i. V. m. § 116 AktG, § 43 GmbHG. Auch eine
Haftung setzt also eine **schuldhafte Pflichtverletzung des Aufsichtsratsmitglieds** voraus, durch die ein Schaden der Gesellschaft zurechenbar entstanden ist. Hinsichtlich des Verschuldensmaßstabs und der Beweislast, insbesondere der Beweislastumkehr gilt das zur Haftung des Vorstands bzw. des Geschäftsführers Gesagte[163]. Auch was die Pflichten betrifft,
entsprechen sie in großen Teilen denen von Vorstand und Geschäftsführern, gleichwohl gelten Besonderheiten aufgrund der Funktion des Aufsichtsrates.

Zentrale Aufgabe und damit zentrale Pflicht des Aufsichtsrats ist gem. § 111 AktG die   **41**
Kontrolle und Überwachung der Geschäftsleitung, die durch einzelne konkrete Aufgaben
– etwa der Pflicht zur Prüfung des Jahresabschlusses – und verschiedene Instrumentarien –
insbesondere Informationsrechte – flankiert wird. Überwachung und Kontrolle erfassen
Rechtmäßigkeit, Zweckmäßigkeit und Wirtschaftlichkeit der Tätigkeit von Vorstand und
Geschäftsführung[164]. Der Aufsichtsrat hat mithin vor allem zu kontrollieren, ob Vorstand
bzw. Geschäftsführer wiederum die ihnen aufgetragenen Pflichten ordnungsgemäß erfüllen.
Aber auch die Zustimmung zu nachteiligen Geschäften ohne gebotene Information und darauf aufbauender Chancen- und Risikoabschätzung kann bereits eine zur Haftung führende
Verletzung organschaftlicher Pflichten darstellen[165]. Des Weiteren hat der Aufsichtsrat die Fi-
nanzplanung zu überwachen, insbesondere zu prüfen, ob das Unternehmen angemessen organisiert ist und eine in sich stimmige Unternehmensplanung aufgestellt und verfolgt hat.
Neben dieser Kardinalpflicht treffen den Aufsichtsrat weitere Pflichten, so bestehen nicht
nur Informations*rechte* insbesondere gem. §§ 111 Abs. 2, 90 Abs. 3 AktG ggf. i. V. m. § 52
GmbHG, sondern diese Rechte korrespondieren mit entsprechenden **Pflichten zur Informationsbeschaffung;** des Weiteren sind beispielsweise zu nennen die **Verschwiegenheitspflicht** gem. § 116 S. 2 AktG, die **Treuepflicht,** die indes nicht so ausgeprägt ist wie die des
Vorstands, namentlich kein Wettbewerbsverbot erfasst, oder aber die grundsätzliche **Pflicht
zur Geltendmachung von Ersatzansprüchen** der Gesellschaft gegen die Unternehmensleitung[166].

---

[161] Ablehnend *Baumbach/Hueck/Zöllner,* GmbHG, 17. Aufl. 2000, § 43 Rn. 4.; nach dem Standpunkt
des BGH nimmt § 43 GmbHG als Spezialnorm die Vertragshaftung in sich auf, BGH v. 12. 6. 1989,
NJW-RR 1989, 1255 (1256).
[162] Vgl. *K. Schmidt,* Gesellschaftsrecht, 4. Aufl. 2002, § 36 II 4, S. 1077; *Scholz/Schneider,* GmbHG,
9. Aufl. 2000, § 43 Rn. 12 jeweils m. w. N.
[163] Vgl. oben Rn. 37.
[164] BGH v. 25. 3. 1991, BGHZ 114, 127 (129 f.); *Friedrich, S.* 62; *Hirte,* Kapitalgesellschaftsrecht,
3. Aufl. 2001, Rn. 344; *Thümmel,* Rn. 235.
[165] BGH v. 11. 12. 2006 AG 2007, 167 ff.
[166] BGH v. 21. 4. 1997, BGHZ 135, 244 ff.; zu den Pflichten des Aufsichtsrates insgesamt *Friedrich,*
S. 61 ff.; *Hirte,* Kapitalgesellschaftsrecht, 3. Aufl. 2001, Rn. 343 ff.; *Thümmel,* Rn. 235 ff.

II. Die Außenhaftung des Vorstands und des Geschäftsführers

42   Im Gegensatz zur Innenhaftung existiert kein Grundtatbestand, der die **Außenhaftung** von Vorstand und Geschäftsführer regelt. Lediglich einige wenige spezielle Haftungstatbestände regeln eine Außenhaftung. Wichtigster praxisrelevanter Fall ist die – öffentlichrechtliche – **steuerliche Ausfallhaftung** gem. §§ 69, 34 AO. Spezielle Tatbestände der Außenhaftung bilden auch die Fälle der **Handelndenhaftung** nach § 41 Abs. 1 S. 2 AktG, § 11 Abs. 2 GmbHG. Danach haftet derjenige persönlich für Verpflichtungen, die durch sein Auftreten im Namen der Gesellschaft im Zeitraum zwischen Abschluss des Gesellschaftsvertrages und Eintragung der Gesellschaft ins Handelsregister zustande gekommen sind. Mit Eintragung der Gesellschaft in das Handelsregister erlischt indes die Handelndenhaftung. Daneben lässt sich eine Außenhaftung nur über allgemeine zivilrechtliche Instrumentarien begründen.

43   Denkbar sind zunächst vertragsähnliche Ansprüche aus **culpa in contrahendo** (c. i. c.) gem. §§ 311 Abs. 2, 3; 280 BGB. Obwohl die Verletzung vorvertraglicher und vertraglicher Schutz- und Fürsorgepflichten durch den gesetzlichen Vertreter einer Kapitalgesellschaft gem. § 31 BGB der Gesellschaft zugerechnet werden, kommt eine persönliche Inanspruchnahme des Vertreters in Betracht. Gem. § 311 Abs. 3 BGB entsteht ein Schuldverhältnis mit Pflichten nach § 241 Abs. 2 BGB auch mit dem Vertreter der eigentlichen Vertragspartei insbesondere, wenn der Vertreter **in besonderem Maße Vertrauen** für sich in Anspruch nimmt und dadurch die Vertragsverhandlungen oder den Vertragsschluss erheblich beeinflusst. Im Zusammenhang mit Vertretern von Kapitalgesellschaften hat die Rechtsprechung indes hohe Anforderungen an diese – ursprünglich durch Rechtsprechung entwickelte – Voraussetzung aufgestellt: Danach nimmt der Geschäftsführer grundsätzlich nur das „normale Verhandlungsvertrauen" in Anspruch, für dessen Verletzung die GmbH einzutreten hat; von einem persönlichen Vertrauen lasse sich nur sprechen, wenn der Vertreter ein zusätzliches, von ihm selbst ausgehendes Vertrauen hervorruft; es müsse sich dabei im Allgemeinen um Erklärungen im „Vorfeld einer Garantiezusage" handeln[167]. § 311 Abs. 3 BGB ist indes nicht abschließend („insbesondere"), so dass auch noch die nicht unumstrittene[168] weitere von der Rechtsprechung entwickelte Fallgruppe des besonderen **wirtschaftlichen Eigeninteresses** des Vertreters eine Eigenhaftung aus c. i. c. grundsätzlich auszulösen vermag. Auch diese Fallgruppe ist allerdings mit Zurückhaltung anzuwenden. Ein starkes wirtschaftliches Eigeninteresse kann beispielsweise nicht schon dann angenommen werden, wenn das Organ eine Mehrheitsbeteiligung am Unternehmen besitzt[169]. Ebenso wenig reicht es aus, dass der Geschäftsführer zugunsten der Gesellschaft Sicherheiten aus seinem eigenen Vermögen zur Verfügung gestellt hat[170]. Es sind vielmehr darüber hinausgehende Anhaltspunkte erforderlich, die eine ungewöhnliche wirtschaftliche Nähe des Vertreters zum Vertragsgegenstand dokumentieren[171].

44   Als Haftungsgrundlage kommen des Weiteren vor allem **deliktische Ansprüche** in Betracht. Organmitglieder haften insbesondere auch für Vermögensschäden nach § 823 Abs. 2 BGB i. V. m. mit Schutzgesetzen zugunsten Dritter. Wichtigste praxisrelevante **Schutzgesetze** sind die Tatbestände der **Verletzung der Insolvenzantragspflicht** (§ 92 Abs. 2 AktG, § 64 Abs. 1 GmbHG)[172], der Vorenthaltung und Veruntreuung von Arbeitsentgelt sowie **Nichtabführung einbehaltener Sozialversicherungsbeiträge** (§ 266a StGB).

---

[167] BGH v. 6. 6. 1994, NJW 1994, 2220 (2222).

[168] Vgl. *Grunewald,* ZGR 1986, 580 (584 ff.); *Rowedder/Schmidt-Leithoff/Koppensteiner,* GmbHG, 4. Aufl. 2002, Rn. 82; *Ulmer,* NJW 1983, 1577 (1579).

[169] BGH v. 6. 6. 1994, NJW 1994, 2220 (2221); anders noch BGH v. 27. 10. 1982, BGHZ 87, 27 (33f.).

[170] BGH v. 6. 6. 1994, NJW 1994, 2220 (2221); anders noch BGH v. 8. 10. 1987, WM 1987, 1431 (1432).

[171] BGH v. 6. 6. 1994, NJW 1994, 2220 (2221), *Thümmel,* DB 1995, 1015.

[172] BGH v. 16. 12. 1958, BGHZ 29, 100 (102 ff.); BGH v. 6. 6. 1994, NJW 1994, 2220 (2222). Die Haftung des Geschäftsführers ist gegenüber den *(Alt-)Gläubigern,* die ihre Forderung bereits vor dem Zeitpunkt erworben haben, in dem der Insolvenzantrag hätte gestellt werden müssen, auf den Betrag be-

Eine Haftung für **Vermögensschäden** kommt des Weiteren gem. § 823 Abs. 2 BGB 45
i. V. m. § 263 StGB (Betrug) bzw. aus § 826 BGB in Betracht[173]. Indes setzten beide Normen
vorsätzliches Handeln voraus, das im Rahmen von D&O-Versicherungen ausgeschlossen
ist[174]. Schließlich kommt eine Außenhaftung des Organmitglieds aufgrund von § 823 Abs. 1
BGB in Betracht[175]. Eine solche Haftung setzt indes eine **Rechtsgutsverletzung gem.
§ 823 Abs. 1 BGB** voraus. Wichtigste Fälle sind vor allem Eigentums- und Gesundheits- sowie Körperverletzungen. Indes erfassen D&O-Versicherungen in aller Regel gerade keine
Personen- und Sachschäden, so dass diese Haftungsrisiken von D&O-Versicherungen nicht
erfasst sind; die Verletzung sonstiger Rechte i. S. d. § 823 Abs. 1 BGB kann hingegen vom
Versicherungsschutz erfasst sein.

Die Pflichten von Unternehmensleitern aufgrund ihrer Organstellung bestehen grundsätz- 46
lich im Verhältnis zur Gesellschaft und nicht zu den Gesellschaftern. Gleichwohl kommt eine
Haftung von Gesellschaftsorganen gegenüber Gesellschaftern in Betracht. Hinzuweisen ist zunächst auf die spezielle gesellschaftsrechtliche Anspruchsgrundlage zugunsten von
Aktionären gegen den Vorstand in **§ 117 Abs. 1, 2 AktG**[176]. Darüber hinaus wird insbesondere der GmbH-Geschäftsführer im Einzelfall gerade im Interesse der Gesellschafter tätig, so
dass er den Gesellschaftern die Erfüllung bestimmter Pflichten unmittelbar schuldet[177].
Hierzu gehören etwa Pflichten zur Auskunftserteilung, zur Rechnungslegung und zur Verhinderung von Zahlungen entgegen § 30 GmbHG. Verletzt der Geschäftsführer die zuletzt
genannte Pflicht und trifft die Gesellschafter gem. § 31 Abs. 3 GmbHG eine Ausfallhaftung,
ist er diesen nach § 31 Abs. 6 GmbHG zum Schadensersatz verpflichtet. Diese Vorschrift gilt
entsprechend aber auch für die sonstigen Pflichtverletzungen[178].

Die Haftung des Organmitglieds gegenüber Aktionären oder Gesellschaftern kommt im 47
Übrigen aufgrund deliktischer Ansprüche in Betracht. Die Mitgliedsstellung stellt ein absolut
geschütztes Rechtsgut im Sinne des § 823 Abs. 1 BGB dar, so dass Eingriffe in die Mitgliedschaft, etwa durch Nichtbeachtung satzungsmäßiger Befugnisse, zum Schadensersatz verpflichten können[179]. Daneben haften die Unternehmensleiter den Aktionären oder Gesellschaftern gegenüber bei der Verletzung von Schutzgesetzen wie z. B. den strafrechtlichen
Bestimmungen der §§ 263, 266 StGB oder §§ 399 AktG, 82 GmbHG, indes gilt auch hier,
dass vorsätzliches Handeln vom Versicherungsschutz ausgeschlossen ist[180].

---

schränkt, um den sich die Insolvenzquote, die sie bei rechtzeitiger Insolvenzanmeldung erhalten hätten,
durch Verzögerung der Antragstellung verringert (sog. Quotenschaden, der durch den Insolvenzverwalter geltend gemacht wird). Der Geschäftsführer hat den auf diese Weise errechneten Gesamtgläubiger-
schaden zu ersetzen, und zwar, wenn ein Konkursverfahren stattfindet, durch Zahlung in die Konkursmasse. Die *(Neu-)Gläubiger,* die ihre Forderungen gegen die GmbH nach dem Zeitpunkt erworben
haben, zu dem Insolvenzantrag hätte gestellt werden müssen, haben gegen den insoweit schuldhaft
pflichtwidrig handelnden Geschäftsführer einen Anspruch auf Ausgleich des vollen – nicht durch den
„Quotenschaden" begrenzten – Schadens (BGH v. 6. 6. 1994, NJW 1994, 2220 [2222]).

[173] Dazu *Hirte,* Kapitalgesellschaftsrecht, 3. Aufl. 2001, Rn. 274 ff.; *Dahnz,* S. 56 ff. u. 115 ff.; *Doralt,* in:
Arbeitshandbuch für Aufsichtsratmitglieder, hrsg. v. *Semler* (1999), M 101 ff., S. 752 ff.

[174] Vgl. Rn. 117.

[175] Zur Problematik der Haftung des Organs wegen Verkehrspflichtverletzungen, deren Adressat primär
die Gesellschaft selbst ist, vgl. die im Schrifttum kontrovers diskutierte Baustoff-Entscheidung des BGH v.
5. 12. 1989, BGHZ 109, 297 ff.; dazu *Brüggemeier,* AcP 191 (1991), 33 (63 ff.); *Hirte,* Kapitalgesellschaftsrecht, 3. Aufl. 2001, Rn. 292 ff.; *Lutter,* ZHR 157 (1993), 464 ff.; *Matusche-Beckmann,* Das Organisationsverschulden, 2001, S. 233 ff. *Mertens / Mertens,* JZ 1990, 486 ff.

[176] Vgl. *Hübner,* S. 19; vgl. auch Rn. 35.

[177] *Hübner,* S. 38.

[178] *Thümmel,* DB 1995, 1015.

[179] BGH v. 12. 3. 1990, NJW 1990, 2877 (2878); *Staudinger / Hager* (1999), § 823 Rn. B 141 m. z. N.; *Palandt / Thomas,* § 823 Rn. 27; *Thümmel,* DB 1013 (1015); a. A. *Beuthien,* AG 2002, 266 (268).

[180] Zum Ausschluss wegen Vorsatzes Rn. 117.

E. Versicherungsnehmer und versicherte Personen

I. Versicherungsnehmerin

48   In aller Regel handelt es sich bei der D&O-Versicherung um eine **Versicherung für fremde Rechnung** gem. §§ 43 ff. VVG[181]. Versicherte Personen – also deren Interessen durch den Versicherungsvertrag versichert sind – sind näher zu bestimmende Unternehmensleiter – regelmäßig Organmitglieder –, während VN – also Vertragspartner des VU – die Gesellschaft ist, für die die Unternehmensleiter tätig sind (vgl. bereits oben Rn. 1). Zumindest mittelbar sind auch die Interessen der Gesellschaft mitversichert, da ihre Ansprüche gegen versicherte Organe (Innenhaftung) vom Versicherungsschutz in der Regel miterfasst sind. Wer VN ist, ergibt sich aus dem jeweiligen Versicherungsvertrag. Welche Unternehmensformen als VN auftreten, ergibt sich nicht ausdrücklich aus den einzelnen Bedingungswerken. Hinweise ergeben sich aus der Bezeichnung der versicherten Personen, die auf bestimmte Gesellschaftsformen schließen lassen.

1. Juristische Personen

49   Die Terminologie der D&O-Versicherungsbedingungen ist darauf ausgerichtet, dass juristische Personen des Privatrechts als VN diesen Versicherungsschutz erwerben können. Erkennbar wird das insbesondere daran, dass als versicherte Personen Organe privatrechtlicher juristischer Personen wie „Mitglieder des Vorstands, der Geschäftsführung, des Aufsichtsrates, des Beirates" ausdrücklich genannt werden. Sämtliche **juristischen Personen des Privatrechts** können daher VN einer D&O-Versicherung sein. Zwar beziehen sich VR in ihren Informationsbroschüren zumeist vor allem auf die Rechtsform der AG und der GmbH[182]; versicherbar sind aber nicht nur die Kapitalgesellschaften, sondern wegen gleicher Struktur und daher gleicher Interessenlage auch die anderen juristischen Personen, also Vereine, Genossenschaften und Stiftungen[183]. **Juristische Personen des öffentlichen Rechts** kommen hingegen als VN grundsätzlich nicht in Frage. Das liegt an den zahlreichen Besonderheiten des öffentlichen Rechts, wie etwa Weisungsrechte der Aufsichtsbehörden, öffentlich-rechtlicher Charakter der Haftungsnormen, Haftungsprivilegien, unterschiedliches Landesrecht[184]. Nichtsdestotrotz nennen einzelne VR auch Körperschaften des öffentlichen Rechts als Zielgruppe der von ihnen angebotenen D&O-Versicherung[185]. Etwas anderes gilt grundsätzlich für kommunale Betriebe, die in der Rechtsform einer privaten Kapitalgesellschaft betrieben werden; diese kommen als VN einer D&O-Versicherung ohne Weiteres in Betracht[186].

2. Personengesellschaften

50   Aus der Beschreibung der versicherten Personen als Mitglieder insbesondere von Aufsichtsräten, Vorständen oder der Geschäftsführung der VN ergibt sich, dass VN normalerweise **keine Personengesellschaften,** sondern Kapitalgesellschaften oder andere juristische Personen des Privatrechts sind. Personengesellschaften sind zwar als VN denkbar; dies könnte aber wegen der Identität von Geschäftsführung und Gesellschafterstellung (Selbstorganschaft) zu Interessenkonflikten führen[187]. Der Großteil der VR bezieht die Personengesellschaften dementsprechend auch nicht in den Versicherungsschutz, jedenfalls nicht in ihren AVB, mit

---

[181] Vgl. OLG München v. 15. 3. 2005, VersR 2005, 540 ff.; *Dreher,* DB 2005, 1669 ff. (1670).

[182] Vgl. auch *Ihlas,* S. 188.

[183] *Plück/Lattwein,* S. 173, der für diese Gesellschaften eine Vermögensschaden-Haftpflichtversicherung als ausreichend ansieht.

[184] *Ihlas,* S. 189; *Olbrich,* S. 105 f.

[185] *Olbrich,* S. 106, die als Beispiel die AIG Europe nennt.

[186] *Olbrich,* S. 103 f.

[187] *Plück/Lattwein,* S. 173.

ein. Etwas anderes gilt für GmbH & Co. KG, bei der eine GmbH Komplementärin und der Geschäftsführer der GmbH versicherte Person ist[188].

II. Mitversicherte Tochtergesellschaften

Vielfach beziehen VR auch **Tochterunternehmen** der VN in den Versicherungsschutz **51** mit ein[189], wobei sich der Schutz auf bereits bei Vertragsschluss vorhandene und bei einigen VR auch auf während der Vertragsdauer neu erworbene Gesellschaften erstreckt[190]. In den einzelnen Bedingungswerken finden sich zum Begriff „Tochterunternehmen" **uneinheitliche Definitionen.** Allen Begriffsbestimmungen ist zwar gemeinsam, dass der VN die Leitung oder Kontrolle über das Tochterunternehmen direkt oder indirekt zustehen muss. Unter welchen Voraussetzungen dies der Fall ist, ist aber unterschiedlich geregelt[191]. Die in den AVB am häufigsten verwendete Definition bezeichnet „Tochtergesellschaften" als juristische Personen, an denen die VN die Mehrheit der Stimmrechte besitzt. Andere Versicherungsbedingungen stellen auf die Voraussetzungen des § 290 HGB ab, der den Begriff des Tochterunternehmens für den Konzernabschluss definiert. Nach solchen AVB sind Tochterunternehmen auch Unternehmen, an denen der VN

– die Leitung und mehr als der fünfte Teil des Nennkapitals zusteht oder

– das Recht zusteht, die Mehrheit der Mitglieder des Verwaltungs-, Aufsichtsrats oder sonstigen Leitungsorgans zu bestellen oder abzuberufen, und sie gleichzeitig Gesellschafter ist, oder

– das Recht zusteht, einen beherrschenden Einfluss aufgrund eines mit diesem Unternehmen geschlossenen Beherrschungsvertrages oder aufgrund einer Satzungsbestimmung dieses Unternehmens auszuüben.

Im Schrifttum wird bei Einbeziehung von Tochterunternehmen problematisiert, dass in bestimmten Konstellationen der Eintritt eines Vermögensschadens und damit das Eingreifen des Versicherungsschutzes fraglich sein könnte[192]. Insbesondere bei konzerninternen Geschäftsbeziehungen könne das Fehlverhalten einer versicherten Person dazu führen, dass zwar einem beteiligten Unternehmen ein Schaden, einem anderen jedoch sogar ein Vorteil erwachsen sei. Als Beispiel wird genannt, dass ein Geschäftsführer Ansprüche der Muttergesellschaft gegen die Tochtergesellschaft verjähren lasse. Für die Muttergesellschaft entstehe hierdurch ein Vermögensschaden, der prinzipiell einen Versicherungsfall darstelle; demgegenüber hätte die Tochtergesellschaft Aufwendungen erspart. Würde Versicherungsschutz gewährt, so komme dem Konzern im Ganzen die Versicherungsleistung zugute, ohne dass in dieser Höhe ein Schaden entstanden sei[193]. Auf den ersten Blick erscheint in der Tat für den Konzern ein Vorteil zu entstehen; indes bleibt zumindest im Einzelfall zu fragen, ob der Vorteil des Tochterunternehmens (Ersparnis von Aufwendungen) sich tatsächlich so unmittelbar auf das Mutterunternehmen durchschlägt.

---

[188] *Olbrich,* S. 103; vgl. auch Rn. 58.

[189] Vgl. *Ihlas,* S. 189 f; *Olbrich,* S. 121; *Schilling,* Versicherungsschutz, S. 29; teilweise bedarf es bei Neugründungen einer Anzeige.

[190] *Lange,* AG 2005, 459 (460); *Schilling,* Versicherungsschutz, S. 29.

[191] *Küppers-Dirks,* S. 64; *Lange,* AG 2005, 459 (463).

[192] *Jula,* FS Baumann (1999), 119 (122 f.); *Olbrich,* S. 125 f.

[193] *Jula,* FS Baumann (1999), 119 (122 f.); *Olbrich,* S. 125 f. Als Konsequenz wird vorgeschlagen, Haftpflichtansprüche aus dem Versicherungsschutz durch entsprechende Ausschlüsse auszunehmen, sofern der geltend gemachte Vermögensschaden bei einem anderen Unternehmen des Konzerns zu einem Vermögensvorteil geführt hat; vgl. schon Ziff. 5.12 AVB-AVG 2008 (früher Ziff. 5.11).

III. Versicherte Personen

52   Als **versicherte Personen** kommen Mitglieder der Organe der VN in Betracht, darüber hinaus auch sog. outside directors[194], leitende Angestellte und Gesellschafter oder Aktionäre. Die AVB der Anbieter sind insoweit uneinheitlich ausgestaltet.

1. Organmitglieder

53   Der Versicherungsschutz der D&O-Versicherung erstreckt sich in der Regel ausdrücklich auf die Mitglieder der **geschäftsführenden Organe** (z. B. Vorstand oder Geschäftsführer), der **Aufsichtsorgane** (z. B. Aufsichtsrat oder Verwaltungsrat) und der **beratenden Organe** (z. B. Beirat, Ausschuss). Wie sich auch aus § 44 Abs. 1 VVG ergibt, müssen die versicherten Personen – insbesondere im Versicherungsschein – namentlich nicht aufgeführt werden. Frühere Bedingungswerke sahen vereinzelt noch eine besondere namentliche Nennung vor[195]. In der Regel führen die AVB die Stellvertreter der Organmitglieder als versicherte Personen nicht ausdrücklich mit auf. Gleichwohl trifft auch die **Stellvertreter der Geschäftsführung** insbesondere das Risiko einer Innenhaftung, wie sich aus § 44 GmbHG, § 94 AktG ergibt. Danach gelten die für den Geschäftsführer bzw. Vorstand geltenden Vorschriften auch für Stellvertreter. Unterliegen die Stellvertreter damit denselben Regeln wie andere Organmitglieder, d. h. sie müssen im Handelsregister eingetragen werden, sie haben grundsätzlich die gleichen Rechte und Pflichten[196], so spricht dies dafür, Stellvertreter auch versicherungsrechtlich den übrigen Organmitgliedern gleichzustellen. Mithin sind auch sie versicherte Personen, selbst wenn dies in den AVB explizit nicht zum Ausdruck kommt[197]. Gem. § 101 Abs. 3 AktG können **Stellvertreter von Aufsichtsratsmitgliedern** nicht gewählt werden. Da § 52 Abs. 1 GmbHG hingegen nicht auf § 101 Abs. 3 AktG verweist, ist im GmbH-Recht die Bestellung stellvertretender Aufsichtsratsmitglieder zulässig. Auch wenn es für stellvertretende Aufsichtsratsmitglieder an einer § 44 GmbHG entsprechenden Vorschrift fehlt, wird man Stellvertreter als Organmitglieder anzusehen haben, so dass für diese das zu den Stellvertretern der Geschäftsführung Gesagte gelten kann.

54   Vereinzelt beschränken VR den Versicherungsschutz auf Mitglieder des Aufsichtsrates, des Vorstandes und der Geschäftsführung. Dann sind **Beiräte** oder **Ausschüsse,** die ohnehin keine obligatorischen Gremien bilden, nicht in den Versicherungsschutz miteinbezogen[198]. Entsprechendes gilt auch für **Organmitglieder von Tochter- bzw. Konzerngesellschaften,** soweit sie nach den AVB vom Versicherungsschutz der Muttergesellschaft erfasst sind[199].

55   Zweifelhaft ist auch der Versicherungsschutz von **fehlerhaft bestellten Organmitgliedern**[200]. Diese haften nämlich *wie* Organmitglieder, sobald sie die entsprechenden Aufgaben tatsächlich wahrnehmen[201]. Dieselbe Problematik stellt sich bei der **vorübergehenden Übernahme der Geschäftsführung** durch externe Manager oder externe Firmen, wenn diese nicht ordentlich zu Organmitgliedern bestellt sind, aber faktisch deren Aufgaben übernehmen. In solchen Fällen ist das Haftungsrisiko erhöht, weil das Verfahren der Bestellung zum Organmitglied nicht oder nicht korrekt durchgeführt wurde. In einzelnen Fällen wird diese Frage in den AVB geregelt, wenn es etwa heißt, der Versicherungsschutz erstrecke sich auf „ordnungsgemäß bestellte" Organmitglieder. Im Übrigen ist anzunehmen, dass Personen, die nicht Organmitglieder sind, aber dennoch wie diese haften, grundsätzlich nicht vom

---

194 Dazu noch Rn. 83.
195 Vgl. § 1 Nr. 1a (2) AVBU 86 (Fn.).
196 Vgl. *Hüffer,* AktG, 7. Aufl. 2006, § 94 Rn. 1; *Rowedder/Schmidt-Leithoff/Koppensteiner,* GmbHG, 4. Aufl. 2002, § 44 Rn. 1; *Baumbach/Hueck/Zöllner,* GmbHG, 17. Aufl. 2000, § 44 Rn. 1 ff.
197 So auch *Ihlas,* S. 196.
198 So auch *Plück/Lattwein,* S. 173.
199 *Ihlas,* S. 189; *Küppers-Dirks,* S. 65; s. hierzu oben Rn. 51.
200 Vgl. *Ihlas,* S. 195 f.
201 Vgl. oben Rn. 38.

Schutz der D&O-Versicherung erfasst sind[202]. Teilweise sollen bloße Formfehler indes unberücksichtigt bleiben[203]. Geht es indes um Bestellungen durch die Gesellschafterversammlung bzw. Hauptversammlung, können ohnehin nur die in § 241 AktG[204] aufgeführten Formfehler zur Nichtigkeit entsprechender Beschlüsse führen, während sonstige Mängel lediglich Anfechtbarkeit begründen. In diesen Fällen ist trotz eines Mangels die Bestellung ohnehin zunächst wirksam.

Versichert sind nicht nur **gegenwärtige,** also zum Zeitpunkt des Vertragsschlusses bestellte **56** Mitglieder der erfassten Organe; Versicherungsschutz genießen in aller Regel auch **ehemalige** und **zukünftige Organmitglieder** der VN[205]. Wie oben gesagt, müssen die versicherten Organmitglieder namentlich grundsätzlich nicht genannt werden; entscheidend ist, dass die Person des Versicherten bestimmbar ist; dies wird durch die Charakterisierung als Organmitglied des VN sichergestellt[206]. Ob auch Organmitglieder eines vom VN nach Vertragsschluss übernommenen Unternehmens Versicherungsschutz genießen, hängt von der Ausgestaltung des jeweiligen Versicherungsvertrages ab[207]. Beim Vorliegen einer statischen Konzernpolice[208] erweitert sich durch einen Kontrollerwerb der VN der Kreis der versicherten Personen nicht. Wurde hingegen eine flexible Konzernpolice[209] abgeschlossen, so sind die hinzukommenden Organmitglieder unter bestimmten Bedingungen mitversichert[210].

Einzelne VR beziehen außerdem **Ehegatten und Erben** der versicherten Personen mit **57** ein, soweit sie bei Pflichtverletzungen der versicherten Personen für einen Vermögensschaden in Anspruch genommen werden; damit gemeint sein kann nur ein Einstehen des Ehegatten bzw. des Erben kraft gesetzlicher Anordnung, mithin in erster Linie die Erbenhaftung gem. §§ 1967 ff. BGB. Einzelne D&O-Versicherungen schließen außerdem **Liquidatoren oder Abwickler** des VN in den Versicherungsschutz mit ein, soweit die Auflösung außerhalb des Insolvenzverfahrens stattfindet.

Organe von Personengesellschaften sind grundsätzlich nicht durch eine D&O-Versi- **58** cherung abgedeckt, da Personengesellschaften regelmäßig als VN ausscheiden[211]. Soweit die GmbH & Co. KG in AVB ausdrücklich als VN genannt wird, bezieht sich der Versicherungsschutz auf die Geschäftsführer der Komplementär-GmbH.

2. Leitende Angestellte

Ein Großteil von D&O-Versicherungen ermöglicht – entgegen den Musterbedingungen **59** des GDV – auch die Erfassung **leitender Angestellte.** Zum Teil ist diese Erweiterung ausdrücklicher Bestandteil der AVB. Mancherorts bedarf es einer besonderen Vereinbarung. Vielfach wird wiederum der Versicherungsschutz für leitende Angestellte ausdrücklich auf die im Rahmen der durch die Rechtsprechung eingeschränkten **Arbeitnehmerhaftung** begrenzt. Der VR soll nicht in größerem Umfang als der Versicherte selbst einstehen müssen[212].

Da der **Begriff des „leitenden Angestellten"** gesetzlich nicht allgemeingültig definiert **60** ist, sehen D&O-Versicherungen vielfach Begriffsbestimmungen vor und stellen auf die Definition des leitenden Angestellten nach § 5 Abs. 3 BetrVG ab. Die meisten AVB enthalten in-

---

[202] *Olbrich,* S. 105.

[203] Dies scheint *Ihlas* zu befürworten: *Ihlas,* S. 195 f.

[204] Zur Anwendbarkeit auf Gesellschafterbeschlüsse einer GmbH *Rowedder/Schmidt-Leithoff/Koppensteiner,* GmbHG, 4. Aufl. 2002, § 47 Rn. 86 ff.; *Baumbach/Hueck/Zöllner,* GmbHG, 17. Aufl. 2000, Anh. § 47 Rn. 19 ff.

[205] *Olbrich,* S. 106 f.; zum zeitlichen Umfang im Übrigen vgl. Rn. 98 ff.

[206] *Olbrich,* S. 107.

[207] Vgl. *Lange,* AG 2005, 459 (470).

[208] Zum Begriff: *Lange,* AG 2005, 459 (469).

[209] Zum Begriff: *Lange,* AG 2005, 459 (460).

[210] Vgl. *Lange,* AG 2005, 459 (460 f.).

[211] Vgl. oben Rn. 50.

[212] Kritisch gegenüber der Einbeziehung leitender Angestellte *Ihlas,* S. 201; *Lattwein,* NVersZ 1999, 49 (50 f.), wonach eine zunehmende Versicherbarkeit der Tätigkeit leitender Angestellter die durch die Rechtsprechung entwickelten Grundsätze der Arbeitnehmerhaftung beeinflussen könnte.

des keine Definition. Nichtsdestotrotz wird man die in § 5 Abs. 3 BetrVG enthaltenen Kriterien, namentlich den hierin genannten Umfang der Vertretungsmacht bei der Einordnung als leitender Angestellter mit heranziehen können. Wenn eine Person also eine **Prokura** oder sogar eine über die Prokura hinausgehende handelsrechtliche Vollmacht innehat, wird sie jedenfalls als „leitender Angestellter" anzusehen sein[213].

3. Gesellschafter

61   In Ausnahmefällen können abweichend vom kapitalgesellschaftsrechtlichen Trennungsprinzip insbesondere auch GmbH-Gesellschafter für Verbindlichkeiten der Gesellschaft mit ihrem Privatvermögen in Anspruch genommen werden, sog. **Durchgriffshaftung**[214]. Diese Fälle sind nicht von der D&O-Versicherung erfasst, weil Gesellschafter gerade nicht zum Kreis der versicherten Personen gehören. Jedoch kann es dazu kommen, dass Gesellschafter gleichzeitig auch Organmitglieder sind. In den Fällen eines Durchgriffs haften sie aber nicht wegen der „Ausübung organschaftlicher Tätigkeit", sondern auf Grund ihres Verhaltens als Gesellschafter. Deswegen liegt auch bei dieser Konstellation im Falle der Durchgriffshaftung keine versicherte Tätigkeit vor[215].

IV. Übergang des Anspruchs im Falle der Freistellung bei Außenhaftungsansprüchen

62   Gem. § 44 Abs. 1 VVG stehen die Rechte aus dem Versicherungsvertrag für fremde Rechnung der versicherten Person zu; ohne Zustimmung des VN kann der Versicherte über seine Rechte gem. § 44 Abs. 2 VVG grundsätzlich nicht verfügen. Einen Übergang des Anspruchs auf Versicherungsschutz vom Versicherten auf den VN sehen die ganz überwiegenden D&O-Policen vor, wenn der Versicherte gegen den VN einen Freistellungsanspruch hat und dieser seiner Freistellungsverpflichtung nachkommt[216]. Zweck solcher Bestimmungen in D&O-Versicherungen ist es, dass Schicksal der Rechte des Versicherten sicherzustellen für den Fall, dass der VN einen Dritten befriedigt, obgleich dem Dritten (auch) ein Anspruch gegen das versicherte Organmitglied zusteht[217]; insbesondere wird damit eine denkbare Abtretung der Ansprüche des Versicherten an den VN vorweggenommen. Auch wenn § 44 Abs. 1 VVG nach h. M. nicht abdingbar ist[218], bestehen gegen einen Übergang des Anspruchs auf Versicherungsschutz vom Versicherten auf den VN grundsätzlich keine rechtlichen Bedenken; es handelt sich bei entsprechenden Abreden in D&O-Policen um Verfügungen über den Versicherungsanspruch, die gem. § 44 Abs. 2 VVG mit Zustimmung des VR gerade möglich sind.

63   Ein Übergang des Anspruchs auf Versicherungsschutz vom Versicherten auf den VN setzt nach entsprechenden Bestimmungen in D&O-Verträgen zum einen eine tatsächliche **Freistellungsverpflichtung** des VN voraus. Grundsätzlich denkbar sind zunächst **vertragliche**

---

[213] So auch *Ihlas*, S. 199.

[214] Anerkannte Fälle sind jedenfalls die sog. Vermögensvermischung (BGH v. 16. 9. 1985, BGHZ 95, 330 [„Autokran"]) und nach neuerer Rechtsprechung auch sog. existenzvernichtende Eingriffe (BGH v. 24. 6. 2002, ZIP 2002, 1578); vgl. insgesamt *K. Schmidt*, Gesellschaftsrecht, 4. Aufl. 2002, § 9 IV, S. 233ff.

[215] So auch *Ihlas*, S. 202f.

[216] Vgl. bereits Ziff. 1.2 AVB-AVG; *Ihlas* (s. 220f.) spricht von „Firmen-Enthaftungs-Versicherung" nach dem Vorbild anglo-amerikanischer D&O-Policen („company reimbursement"). Während ein solcher Übergang nach dem Vorbild der AVB-AVG noch besonders vereinbart werden muss, finden sich entsprechende Bestimmungen heute in den meisten D&O-Policen. Beispiel einer entsprechenden Bestimmung: „Besteht eine Freistellungsverpflichtung des VN gegenüber versicherten Personen für den Fall, dass diese von Dritten nach dem in diesem Vertrag beschriebenen Umfang haftpflichtig gemacht werden kann, so geht der Anspruch auf Versicherungsschutz aus diesem Vertrag in dem Umfang von den versicherten Personen auf den VN über, in welchem dieser seine Freistellungsverpflichtung erfüllt. Voraussetzung für den Übergang des Versicherungsschutzes ist, dass die Freistellungsverpflichtung nach Art und Umfang rechtlich zulässig ist."

[217] Vgl. *Ihlas*, S. 222f.

[218] Berliner Kommentar/*Hübsch*, § 75 Rn. 18; *Prölss/Martin/Prölss*, § 75 Rn. 15.

Freistellungsvereinbarungen[219] zwischen der versicherten Person und dem VN. Indes sind sie rechtlich nicht unproblematisch und nur eingeschränkt möglich. Nach wohl h. M. sind sie nur zulässig, wenn sie keine Verhaltensweisen des Vorstands einschließen, die auch eine Pflichtverletzung gegenüber der Gesellschaft selbst darstellen[220]. **Ohne ausdrückliche Freistellungsvereinbarung** kann sich aufgrund des zwischen Gesellschaft und Organmitglied bestehenden Dienstvertrages ein Freistellungsanspruch aus direkter oder analoger Anwendung des Auftragsrechts ergeben (§ 670 BGB)[221]; indes setzt ein solcher Anspruch gleichfalls voraus, dass der Geschäftsleiter einen Haftungstatbestand gegenüber Dritten erfüllt und nicht gleichzeitig seine Pflichten gegenüber der Gesellschaft verletzt sind[222]. Sind **leitende Angestellte** mitversichert, so kann sich schließlich eine Freistellungsverpflichtung des VN aus den durch die Rechtsprechung entwickelten Grundsätzen zur Arbeitnehmerhaftung ergeben[223].

Gleichwohl bleibt zu berücksichtigen, dass Voraussetzungen und Grenzen solcher Freistel-   **64** lungsansprüche rechtlich nicht abschließend geklärt sind; aus diesem Grunde formulieren die D&O-Versicherungen als Voraussetzung für einen Übergang des Versicherungsschutzes, dass die Freistellungsverpflichtung nach Art und Umfang rechtlich zulässig ist[224]. Angesichts der nicht unproblematischen Behandlung von Freistellungsverpflichtungen des VN ist damit der Übergang des Versicherungsschutzes vom versicherten Organmitglied auf den VN gleichfalls mit Rechtsunsicherheiten verbunden. Allein die Freistellung durch den VN zugunsten des Versicherten reicht für den Übergang jedenfalls nicht aus, vielmehr muss auch die Freistellungsverpflichtung des VN objektiv feststehen. Zumindest zur Reduzierung solcher Rechtsunsicherheiten sind deshalb Freistellungsvereinbarungen zwischen VN und versicherten Organmitgliedern vorteilhaft.

F. Sachlicher Gegenstand der D&O-Versicherung

Nach den üblicherweise verwendeten Bedingungen gewährt der VR Versicherungsschutz   **65** für den Fall, dass eine versicherte Personen wegen eines bei Ausübung der versicherten Tätigkeiten begangenen Verstoßes von einem anderen „aufgrund gesetzlicher Haftpflichtbestimmungen für einen Vermögensschaden in Anspruch genommen wird"[225]. Gleichwohl finden sich in den einzelnen AVB unterschiedliche Formulierungen. In sachlicher Hinsicht deckt die Versicherung damit in aller Regel Fälle der Inanspruchnahme für **Vermögensschäden** auf der Grundlage **gesetzlicher Haftpflichtbestimmungen** ab, soweit die versicherte Person die Pflichtverletzung **in Ausübung ihrer Eigenschaft** bei der VN begangen hat.

---

[219] Vgl. Arten von vertraglicher Freistellungsvereinbarungen bei *Westermann,* FS Beusch (1993), 871 (872 ff.).
[220] *Bastuck,* Enthaftung des Managements, 1986, S. 121; *Ihlas,* S. 183; Kölner Kommentar/*Mertens,* AktG, 2. Aufl. 1996, § 84 Rn. 81; *Plück/Lattwein,* S. 150 (auch zu den Grenzen gem. §§ 134, 138 BGB); *Baumbach/Hueck/Zöllner,* GmbHG, 17. Aufl. 2000, § 35 Rn. 35 a.
[221] Ausführlich *Bastuck,* Enthaftung des Managements, 1986, S. 102 ff.
[222] *Von Westphalen,* DB 2005, 431 (433); *Baumbach/Hueck/Zöllner,* GmbHG, 17. Aufl. 2000, § 43 Rn. 73 m. w. N.; *Bastuck,* Enthaftung des Managements, 1986, S. 102 ff. (118); differenzierend *Scholz/Schneider,* GmbHG, 9. Aufl. 2000, § 43 Rn. 249 ff.
[223] Zum persönlichen Anwendungsbereich der beschränkten Arbeitnehmerhaftung auf leitende Angestellte *Preis,* in: Erfurter Kommentar zum Arbeitsrecht, 3. Aufl. 2003, § 619a Rn. 19; restriktiv die Rechtsprechung BGH v. 14. 2. 1985, VersR 1985, 693 (695 f.); BAG v. 11. 11. 1976, AP BGB § 611 Haftung des Arbeitnehmers Nr. 80; zum Freistellungsanspruch des Arbeitnehmers gegen den Arbeitgeber *Preis,* in: Erfurter Kommentar, § 619a Rn. 26.
[224] Vgl. Fn. 183.
[225] Vgl. *Küpper-Dirks,* S. 64 f.; *Olbrich,* S. 128; *Schilling,* Versicherungsschutz S. 20; so die wesentliche Formulierung in den meisten AVB.

I. Vermögensschäden

66   Wie schon in der ursprünglichen Fassung der AVB-AVG (unverändert auch in der Fassung 2008) vorgesehen, erfasst der Versicherungsschutz in aller Regel ausschließlich **Vermögensschäden,** während Personenschäden und Sachschäden vom Versicherungsschutz nicht erfasst werden[226]. Damit knüpft die D&O-Versicherung an die aus der Haftpflichtversicherung bekannten Unterscheidung an. Hintergrund der Beschränkung auf Vermögensschäden ist – wie sich auch aus den üblichen Susidiaritätsklauseln ergibt[227] – der Vorrang anderer Versicherungen, insbesondere von Beriebshaftpflichtversicherungen, Produkhaftpflichtversicherungen oder Umwelthaftpflichtversicherungen der Gesellschaft, bei der das Organ tätig ist; diese Versicherungen erfassen gerade Personen- und Sachschäden, die die Gesellschaft Dritten gegenüber zu ersetzen hat.

67   Die in D&O-Versicherungen vorzufindenden **Definitionen des Vermögensschadens** greifen auf die AVB-Vermögen zurück. Vermögensschäden sind danach solche „Schäden, die weder Personenschäden (Tötung, Körperverletzung oder Gesundheitsbeeinträchtigung) noch Sachschäden (Beschädigung, Verderben, Vernichtung, Verlust) sind, noch sich aus solchen Schäden herleiten". Damit erfasst die D&O-Versicherung nur sog. reine Vermögensschäden[228]. Nicht erfasst sind **Personenschäden** und **Sachschäden** sowie sog. **unechte Vermögensschäden** bzw. Vermögensfolgeschäden, die als Folge eines Personen- oder Sachschadens entstehen. Bei der **Abgrenzung** zwischen reinen Vermögensschäden und Vermögensfolgeschäden aus einem Personen- oder Sachschaden ist also danach zu fragen, ob ein Personen- oder Sachschaden für den Eintritt des Vermögensschadens **adäquat kausal** war.

68   Bereits die grundsätzliche Abgrenzung zwischen **Personenschaden oder Sachschäden** einerseits und **reinen Vermögensschäden** andererseits kann im Einzelfall Probleme bereiten, wie beispielsweise die Einordnung der Verletzung des allgemeinen Persönlichkeitsrechts als Personenschaden bzw. als reiner Vermögensschaden einerseits zeigt[229]. Insoweit gelten die allgemeinen Grundsätze aus dem Bereich der Haftpflichtversicherung[230]. Die unterschiedliche Zuordnung der Verletzung des Persönlichkeitsrechts zeigt, dass die in den Haftpflichtversicherungen vorgenommene Differenzierung zwischen Personenschäden und Sachschäden einerseits und Vermögensschäden anderseits nicht mit der im BGB relevanten Unterscheidung zwischen Nichtvermögensschäden und Vermögensschäden übereinstimmt. Diese Differenzierung wird etwa im Rahmen von § 823 BGB deutlich: So erfasst § 823 Abs. 1 BGB keine reinen Vermögensschäden und setzt eine Rechtsgutsverletzung voraus, während § 823 Abs. 2 BGB i. V. m. einem Schutzgesetz auch reine Vermögensschäden erfasst. Nach Deliktsrecht werden Schäden aufgrund eines Eingriffs am eingerichteten und ausgeübten Gewerbebetrieb als sonstiges Recht über § 823 Abs. 1 BGB abgewickelt, mithin handelt es sich nicht um reine Vermögensschäden im deliktsrechtlichen Sinne; demgegenüber werden sie i.R. der Haftpflichtversicherung als Vermögensschäden eingeordnet[231]. Der Grund dafür, dass sich der Begriff des reinen Vermögensschadens im Sinne der Haftpflichtversicherung und des Delikts-

---

[226] Vereinzelt wird erweiterter Deckungsschutz angeboten und zwar für Schäden, die aus einem Personen- oder Sachschaden resultieren, „es sich jedoch nicht um deren Ersatz, sondern um den dem VN daraus entstehenden eigenen Schaden, wie z. B. Gewinnverluste etc., handelt.

[227] Vgl. Rn. 15.

[228] Zum Begriff Berliner Kommentar/*Baumann,* § 149 Rn. 27 ff.; *Littbarski,* AHB, Vorbemerkungen Rn. 40; *R. Johannsen,* § 24 Rn. 27.

[229] Für Einordnung als Vermögensschaden Berliner Kommentar/*Baumann,* § 149 Rn. 29; *Littbarski,* AHB, § 1 Rn. 18; *Späte,* AHB, § 1 Rn. 49; für Personenschaden *Bruck/Möller/Johannsen,* Bd. IV, Anm. G 71; gegen Einordnung als Vermögensschaden *Prölss/Martin/Voit,* § 1 AHB Rn. 15; zu weiteren Grenzfällen *Späte,* AHB, § 1 Rn. 89 ff.

[230] *R. Johannsen,* § 24 Rn. 24; Berliner Kommentar/*Baumann,* § 149 Rn. 27 ff.; *Littbarski,* AHB, Vorbemerkungen Rn. 37 ff.; § 1 Rn. 15 ff.; *Prölss/Martin/Voit,* § 1 AHB Rn. 12 ff.

[231] BGH v. 9. 1. 1991, VersR 1991, 414 (416); Berliner Kommentar/*Baumann,* § 149 Rn. 40; *Prölss/Martin/Voit,* § 1 AHB Rn. 17.

rechts nicht decken, liegt darin, dass der Tatbestand der Rechtsgutsverletzung des § 823 Abs. 1 BGB weiter ist als der Gegenstand der Haftpflichtversicherung, die lediglich Personen- und Sachschäden deckt.

Unterschiedlich beurteilt wird speziell im Bereich der D&O-Versicherung, ob der Re-   **69** gressanspruch der Gesellschaft, die einem **Dritten wegen eines Personen- oder Sachschadens** Schadensersatz zu leisten hatte, gegen ihr Organmitglied vom Versicherungsschutz der D&O-Versicherung erfasst wird. Ohne Weiteres greift der Versicherungsschutz ein, wenn dem Dritten ein **reiner Vermögensschaden** entstanden ist, für den die Gesellschaft in Anspruch genommen worden ist; in diesem Fall erfasst die D&O-Versicherung den Regressanspruch gegen ihr Organmitglied[232]. Problematisch ist das Eingreifen der D&O-Versicherung hingegen, wenn dem Dritten ein Personen- oder ein Sachschaden entstanden ist[233]. Teilweise wird hier gleichwohl das Eingreifen der D&O-Versicherung für möglich gehalten[234]. Die Gegenansicht argumentiert, dass der Vermögensschaden durch einen Personen- bzw. Sachschaden ausgelöst worden sei und damit als Folgeschaden nicht vom Versicherungsschutz umfasst sei; insbesondere komme es nicht auf eine Identität zwischen dem Anspruchsteller des Personen- bzw. Sachschadens und dem Anspruchsteller des unechten Vermögensschadens an.

Indes wird diese Problematik vielfach zum einen durch die regelmäßig vereinbarte **Subsi-   70 diarität der D&O-Versicherung** und zum anderen durch **Leistungsausschlüsse** (etwa der Ausschluss der Umwelthaftung oder der Produkthaftung)[235] gelöst, wenn der vom Dritten geltend gemachte Schaden von einer Betriebshaftpflichtversicherung oder einer vergleichbaren Versicherung erfasst wird. Der durch Subsidiaritätsklausel und entsprechende Leistungsausschlüsse zum Ausdruck gebrachte Vorrang anderweitigen Versicherungsschutzes hätte keine Wirkung, wenn nunmehr der Innenanspruch der Gesellschaft gegen ihr Organmitglied über die D&O-Versicherung abgewickelt werden könnte. Besteht hingegen kein vorrangiger anderweitiger Versicherungsschutz, stellt sich die Frage, ob es sich bei dem Schaden der Gesellschaft, die einem geschädigten Dritten Personen- oder Sachschäden ersetzt hat, um einen Vermögensschaden i. S. d. der D&O-Versicherung handelt. Vom Wortlaut der regelmäßig verwendeten AVB wird man dies zu verneinen haben, insbesondere wenn diese lediglich darauf abstellen, dass überhaupt ein Personen- oder Sachschaden entstanden ist. Allein den Wortlaut zugrunde zu legen, erscheint jedoch zweifelhaft. Insbesondere die Haftungsausschlüsse zeigen gerade, dass der Schaden der Gesellschaft ein anderer ist also der (Personen- oder Sach-)Schaden des Dritten. Liegen deshalb weder Subsidiaritätsklausel noch Leistungsausschlüsse vor, so greift die D&O-Versicherung ein. Letztlich wird dies auch dadurch deutlich, dass ein Innenanspruch der Gesellschaft gegen ihr Organmitglied bereits vor Eintritt eines Personen- oder Sachschadens bei einem Dritten entstehen kann, obgleich es um die gleiche Pflichtverletzung des Organmitglieds geht[236].

Diskutiert wird im Schrifttum des Weiteren die Konstellation, dass ein D&O-versicherter   **71** Unternehmensleiter den Abschluss einer für das Unternehmen relevanten Versicherung, etwa eine Feuerversicherung, unterlässt. Lässt sich das Verhalten des Unternehmensleiters als Pflichtwidrigkeit einordnen und entsteht dem Unternehmen infolge eines Brandes ein entsprechender Schaden, so stellt sich die Frage, ob ein Schadensersatzanspruch des Unternehmens gegen den Unternehmensleiter vom D&O-Versicherungsschutz erfasst wird. Teilweise wird argumentiert, es handele sich um einen unechten Vermögensschaden (Vermögensfolgeschaden)[237]. Indes erscheint dies zweifelhaft. Vorzuwerfen ist dem Unternehmensleiter bei

---

[232] Zutreffend *Ihlas*, S. 71.
[233] Im Rahmen der AVB-Vermögen stellt sich diese Problematik nicht, da gem. § 7 Abs. 2 AVB-Vermögen Ansprüche des VN gegen den Versicherten grundsätzlich ausgeschlossen sind.
[234] So wohl *Thümmel*, Rn. 422; a. A. *Ihlas*, S. 71; *Olbrich*, S. 135.
[235] Zu den Ausschlüssen Rn. 90ff., 116ff.
[236] So wohl auch *Schilling*, Versicherungsschutz, 1. Aufl. 2002, S. 18f.
[237] Vgl. *Plück/Lattwein*, S. 187; *Schilling*, Versicherungsschutz, 1. Aufl. 2002, S. 18f.

einer solchen Konstellation der **unterlassene Abschluss einer Versicherung;** diese Pflicht-verletzung hat indes kausal keinen Sachschaden hervorgerufen, sondern dazu geführt, dass kein Versicherungsschutz besteht. Darin liegt ein (reiner) Vermögensschaden[238].

72   **Weitere Beispiele für Vermögensschäden:** Die Verletzung der **Mitgliedschaftsrechte** der Gesellschafter stellt eine Verletzung eines sonstigen Rechts i. S. d. § 823 Abs. 1 BGB dar; mithin handelt es sich um einen Vermögensschaden und wird vom Versicherungsschutz der D&O-Versicherung grundsätzlich erfasst. Zu nennen sind beispielhaft des Weiteren: Scha-densersatzansprüche wegen **entgangenen Gewinns** bei Unmöglichkeit der Leistung oder Schuldnerverzug[239]; Nachteile, die durch den **Verlust von Gewährleistungsansprüchen** oder durch **Fehler bei Rechnungsprüfungen** entstehen[240].

II. Gesetzliche Haftpflichtbestimmungen

73   In aller Regel deckt die D&O-Versicherung die Inanspruchnahme der versicherten Perso-nen auf der Grundlage **gesetzlicher Haftpflichtbestimmungen** ab[241]. Mit dieser Formu-lierung knüpfen die Bedingungen an Ziff. 1 AHB 2008 an. Unter Bezugnahme auf Ziff. 1 AHB 2008 beschreibt die Rechtsprechung mit gesetzlichen Haftpflichtbestimmungen Rechtsnormen, die an die Verwirklichung des Tatbestandes eines unter Ziff. 1 AHB 2008 fal-lenden Schadensereignisses unabhängig vom Willen der beteiligten Parteien Rechtsfolgen knüpfen[242]. Die in den AHB enthaltene Beschränkung auf gesetzliche Haftpflichtbestim-mungen **privatrechtlichen Inhalts** findet sich bei der D&O-Versicherung üblicherweise heute nicht mehr[243]; mithin erfassen solche Versicherungen grundsätzlich auch öffentlich-rechtliche Anspruchsgrundlagen, was im Hinblick insbesondere auf § 69 AO relevant ist, da es sich bei dieser Vorschrift um eine Norm mit Schadensersatzcharakter handelt[244].

74   Aus der üblicherweise verwendeten Formulierung, dass Versicherungsschutz besteht, wenn eine versicherte Person *aufgrund gesetzlicher Haftpflichtbestimmungen für einen Vermögensschaden* in Anspruch genommen wird, lässt sich entnehmen, dass – abgesehen von der Erweiterung auf öffentlich-rechtliche Ansprüche – der Anwendungsbereich in Betracht kommender An-spruchsgrundlagen in der allgemeinen Haftpflichtversicherung und der D&O-Versicherung übereinstimmen, soweit sie Vermögensschäden betreffen. Erfasst sind damit alle **deliktischen, quasideliktischen** und sonstigen Ansprüche, die den Ausgleich eines Schadens gewähren, insbesondere auch Schadensersatzansprüche wegen **Verletzung vertraglicher Pflichten**[245]. Für die D&O-Versicherung bedeutet dies, dass – soweit der Versicherungsschutz wie im Re-gelfall auch eine **Innenhaftung** erfasst – vor allem die gesellschaftsrechtlichen Anspruchs-grundlagen, die eine Organhaftung auslösen, namentlich im Bereich der AG und der GmbH § 93, § 116 AktG, § 43 GmbHG erfasst werden. Zweifelhaft ist aber, ob der Versicherungs-schutz auch die Handelndenhaftung gem. § 11 Abs. 2 GmbHG bzw. 41 Abs. 2 AktG beinhal-tet, da diese zugunsten des Gläubigers keinen Vermögensschaden ausgleichen, sondern einen

---

[238] Indes sind daneben entsprechende Leistungsausschlüsse wegen unzureichenden Versicherungsschut-zes zu beachten, vgl. dazu Rn. 125.

[239] Berliner Kommentar/*Baumann,* § 149 Rn. 40.

[240] *Littbarski,* Vorbemerkungen Rn. 40.

[241] Ohne Erwähnung dieser Haftungsgrundlage heißt es vereinzelt auch: Versicherungsschutz besteht für den Fall, „dass eine der versicherten Personen wegen eines Fehlverhaltens von einem Dritten oder einem versicherten Unternehmen für einen Vermögensschaden in Anspruch genommen wird".

[242] BGH v. 8. 12. 1999, NJW 2000, 1194 (1195); vgl. Berliner Kommentar/*Baumann,* § 149 Rn. 49; *Littbarski,* AHB, § 1 Rn. 34.

[243] Anders noch Ziff. 1.1 AVB-AVG.

[244] BFH v. 26. 7. 1988, BB 1988, 2234; BFH v. 5. 3. 1991, DStR 1991, 1014 (1015); *Plück/Lattwein,* S. 175: i. E. ebenso *Olbrich;* S. 131 ff.

[245] Allgemein für die Haftpflichtversicherung *R. Johannsen,* § 24 Rn. 20; des Weiteren Berliner Kom-mentar/*Baumann,* § 149 Rn. 49; *Littbarski,* AHB, § 1 Rn. 34 f.; *Prölss/Martin/Voit,* § 1 AHB Rn. 3 ff.; für die D&O-Versicherung *Olbrich,* S. 128.

zusätzlichen Haftungsschuldner zur Verfügung stellen[246]. Ebenfalls erfasst werden Schadensersatzansprüche der Gesellschaft gegen Organmitglieder wegen Verletzung der Pflichten aus einem zugrundeliegenden Dienstvertrag. Was die **Außenhaftung** von Organmitglieder betrifft, sind ebenfalls die bereits im Überblick erörterten Ansprüche erfasst[247], insbesondere soweit Vermögensschäden im Raum stehen und – naturgemäß – kein besonderer Ausschlussgrund eingreift.

Aus den Formulierungen Vermögens*schäden* aufgrund *gesetzlicher Haftpflichtbestimmungen* **75** folgt des Weiteren, dass – wie in der allgemeinen Haftpflichtversicherung – damit insbesondere **Erfüllungsansprüche nicht versichert** sind[248]. Was **Erfüllungssurrogate**[249] betrifft, so findet sich in § 4 I Ziff. 6 Abs. 3 AHB 1986/2002 (vgl. jetzt Ziff. 1.2 (6) AHB 2008) ein ausdrücklicher Ausschluss; nach wohl h. M. hat die Bestimmung indes lediglich deklaratorische Bedeutung[250]. In D&O-Versicherungen finden sich regelmäßig keine dem § 4 I Ziff. 6 Abs. 3 AHB 1986/2002 entsprechenden Bestimmungen, so dass die Frage relevant werden kann[251]. Gegen die Erfassung von Erfüllungssurrogaten sprechen die allgemeinen Erwägungen, wonach das Bewirken der vertraglich versprochenen Leistung keinen Schadensersatz darstellt[252]. Indes wird dieser Frage in der D&O-Versicherung regelmäßig keine entscheidende Bedeutung zukommen. Unternehmensleiter treffen in der Regel Haftungsrisiken aufgrund gesetzlicher Schadensersatznormen; zwar kommen auch Risiken aufgrund vertraglicher Schadensersatzansprüche in Betracht[253], sie stellen aber eher die Ausnahme dar.

III. Versicherte Tätigkeiten

1. Überblick

Versichert sind Schadensersatz auslösende Pflichtverletzungen, die die versicherte Person **76** bei Ausübung einer **Tätigkeit in der ihr zugewiesenen Eigenschaft im Unternehmen** begangen hat[254]. Bei einem **Organmitglied** sind daher Tätigkeiten erfasst, die es im Rahmen seiner ihm innerhalb der Gesellschaft zugewiesenen Funktion als Teil des Organs wahrgenommen hat. Zunächst sind damit die gesetzlich zugewiesenen Tätigkeiten gemeint. Hinzutreten die im Gesellschaftsvertrag bzw. in der Satzung bestimmten Aufgaben der Organe. Im GmbH-Recht gehört zu den Aufgaben der Geschäftsführer des Weiteren die Befolgung von Weisungen und Ausführung von Gesellschafterbeschlüssen; indes können letztere jedenfalls keine Innenhaftung auslösen, soweit der Geschäftsführer wirksame Gesellschafterbeschlüsse befolgt[255]. Schließlich können sich die Aufgaben und Pflichten von Organmitgliedern auch aus einem zugrundeliegenden Dienstvertrag herleiten lassen; die Verletzung auch dieser dienstvertraglichen Pflichten kann – neben vertraglichen Schadensersatzansprüchen – auch eine gesellschaftsrechtliche Organhaftung auslösen[256].

---

[246] Darüber hinaus lässt sich argumentieren, im Rahmen der Haftung von § 11 Abs. 2 bzw. 41 Abs. 2 AktG fehle es an einer Pflichtverletzung; vgl. zum Erfordernis einer Pflichtverletzung unten Rn. 78.

[247] Vgl. oben Rn. 42 ff.

[248] *Ihlas*, S. 69; allgemein zur Haftpflichtversicherung *R. Johannsen*, § 24 Rn. 20; *Littbarksi*, AHGB, § 1 Rn. 37; *Prölss/Martin/Voit*, § 1 AHB Rn. 4.

[249] Zum Begriff *Littbarksi*, AHB, § 4 Rn. 306.

[250] Berliner Kommentar/*Baumann*, § 149 Rn. 57.

[251] So ausdrücklich *Ihlas*, S. 69 indes unter Bezugnahme auf die AHB.

[252] BGH v. 21. 2. 1957, BGHZ 23, 349 (352 f.); für die D&O-Versicherung *Olbrich*, S. 128.

[253] S. o. Rn. 74.

[254] So die vielfach vorzufindende Formulierung in D&O-Bedingungswerken.

[255] *Ebert*, GmbHR 2003, 444 (447); *Rowedder/Schmidt-Leithoff/Koppensteiner*, GmbHG, 4. Aufl. 2002, § 43 Rn. 28 ff.; *Scholz/Schneider*, GmbHG, 9. Aufl. 2000, § 43 Rn. 95 ff.

[256] *Baumbach/Hueck*, AktG, 13. Aufl. 1968, § 93 Rn. 5); *Hüffer*, AktG, 7. Aufl. 2006, § 93 Rn. 13; Kölner Kommentar/*Mertens*, AktG, 2. Aufl. 1996, § 93 Rn. 86; a. A. *Scholz/Schneider*, GmbHG, 9. Aufl. 2000, § 43 Rn. 12c.

77   Nicht versichert ist die Tätigkeit der **Gesellschafter.** Infolgedessen umfasst der Versicherungsschutz – wie auch an anderer Stelle festgestellt[257] – keine Haftung aufgrund der Gesellschafterstellung, mithin etwa Fälle der Durchgriffshaftung.

2. Pflichtverletzungen

78   Nach der ganz überwiegenden Anzahl der verwendeten D&O-Bedingungen setzt der Versicherungsschutz eine **Pflichtverletzung** des Organmitglieds voraus[258]. Mit der ausdrücklichen Aufnahme dieser Voraussetzung weichen D&O-Bedingungen sowohl von § 1 AHB 2008, aber auch von § 1 AVB-Vermögen 1989/2001 ab; Letztere stellen aber gem. § 5 Ziff. 1 bei der Bestimmung des Versicherungsfalles auf den Verstoß, der Haftpflichtansprüche gegen den VN zur Folge haben könnte, ab. Versteht man Pflichtverletzung i. S. d. D&O-Versicherungen und Verstoß i. S. v. § 5 Ziff. 1 AVB-Vermögen 1989/2001 inhaltsgleich[259], so schränkt die Bezugnahme auf Pflichtverletzungen den Versicherungsschutz der D&O-Versicherung nicht entscheidend ein. Denn unter Verstoß i. S. d. § 5 Ziff. 1 AVB-Vermögen 1989/2001 versteht man das „verursachende Geschehen"[260] bzw. das „haftungsrelevante Verhalten" des Versicherten[261]. Soll hingegen mit der Bezugnahme auf Pflichtverletzungen eine besondere Voraussetzung für das Entstehen des Versicherungsschutzes verbunden sein[262], stellt sich die Frage, ob hierdurch Haftungsrisiken vom Versicherungsschutz ausgenommen sind. Insbesondere im Rahmen von Schuldverhältnissen setzt ein Schadensersatzanspruch indes ohnehin eine Pflichtverletzung des Schuldners voraus, was sich beispielsweise ausdrücklich aus § 280 Abs. 1 BGB ergibt; aber auch im Rahmen der Organhaftung aus § 43 Abs. 2 GmbHG bzw. § 93 Abs. 2 AktG[263] setzt ein Schadensersatzanspruch eine Pflichtverletzung voraus. Im Rahmen deliktischer Haftung, insbesondere auch der Gefährdungshaftung ist eine Pflichtverletzung zwar nicht ausdrückliche Voraussetzung für das Entstehen eines Schadensersatzanspruchs. Nichtsdestotrotz lässt sich die Verwirklichung eines deliktischen Tatbestandes als Pflichtverletzung verstehen, da von diesen Tatbeständen nicht zuletzt eine Normierungsfunktion ausgeht[264], mithin mit der Tatbestandsverwirklichung eine Verletzung von Verhaltenspflichten verbunden ist. Im Rahmen der Gefährdungshaftung ist dies fragwürdiger, da Gefährdungstatbestände nach h. M. jedenfalls nicht mit einem rechtswidrigen Verhalten verbunden sind[265]. Gleichwohl lässt sich aus der in D&O-Versicherungen regelmäßig anzutreffenden Bezugnahme auf eine Pflichtverletzung keine besondere, zusätzliche Deckungsvoraussetzung sehen[266]. Entscheidende Voraussetzung ist in diesem Zusammenhang vielmehr die Tatbestandsverwirklichung einer gesetzlichen Haftpflichtbestimmung; hierin liegt dann zugleich eine entsprechende Pflichtverletzung.

3. Dienstleistungen

79   Handelt es sich bei dem VN um ein **Dienstleistungsunternehmen,** so ist es durchaus denkbar und üblich, dass die versicherten Organmitglieder selbst Dienstleistungen gegenüber

---

[257] Oben zur Durchgriffshaftung Rn. 61.

[258] Insoweit entsprechen die aktuellen AVB in der Regeln Ziff. 1.1 AVB-AVG. („Der VR gewährt Versicherungsschutz für den Fall, dass eine (versicherte Person) … wegen einer bei Ausübung dieser Tätigkeit begangenen Pflichtverletzung aufgrund gesetzlicher Haftpflichtbestimmungen … auf Schadensersatz in Anspruch genommen wird.").

[259] So wohl *Ihlas*, S. 206 f.; *Plück/Lattwein*, S. 175.

[260] *Littbarski*, AHB, § 1 Rn. 10.

[261] *Prölss/Martin/Voit*, § 149 Rn. 12.

[262] So wohl *Thümmel*, Rn. 421, wonach aufgrund dieser Voraussetzung die Handelndenhaftung vom Versicherungsschutz nicht erfasst sein soll; indes fehlt es insoweit schon an einem auf Schadensersatz gerichteten Anspruch.

[263] § 43 Abs. 2 GmbHG und § 93 Abs. 2 AktG sprechen zwar von Verletzung der „Obliegenheiten", gleichwohl handelt es sich um die Verletzung von Pflichten.

[264] *Staudinger/Hager* (1999), § 823 Rn. A 2.

[265] *Staudinger/Hager* (1999), Vorbem. zu §§ 823 ff. Rn. 30 m. z. N.

[266] So wohl auch *Ihlas*, S. 206 f.; *Plück/Lattwein*, S. 175.

Dritten aufgrund von Verträgen zwischen Dritten und dem Dienstleistungsunternehmen erbringen. Unterlaufen dem Organmitglied gegenüber dem Dritten Beratungsfehler, so haftet das Unternehmen dem Dritten gegenüber auf Schadensersatz; denkbar ist des Weiteren eine unmittelbare Außenhaftung des Organmitglieds und/oder ein Regressanspruch des Unternehmens gegen sein Organmitglied. Dann stellt sich die Frage, ob die Haftung des Organmitglieds wegen seiner **fehlerhaften Dienstleistung** vom D&O-Versicherungsschutz erfasst wird[267].

Wird die Pflichtverletzung bereits von einer anderen Versicherung erfasst, insbesondere **80** einer Berufshaftpflichtversicherung, gilt zunächst die regelmäßig vereinbarte **Subsidiaritäts-klausel**[268], so dass eine anderweitige Versicherung – jedenfalls, was das Außenverhältnis gegenüber einem Dritten angeht – Vorrang hat. Insbesondere wenn keine anderweitige Versicherung eingreift, stellt sich aber die Frage, ob die Haftung des Organmitglieds wegen fehlerhaft erbrachter Dienstleistung vom D&O-Versicherungsschutz erfasst wird. Aber auch dann, wenn eine andere Versicherung im Außenverhältnis besteht, könnte ein Innenregress des Dienstleistungsunternehmens gegen sein Organmitglied vom D&O-Versicherungsschutz erfasst sein. Gegen das Eingreifen des Versicherungsschutzes der D&O-Versicherung ließe sich einwenden, diese Versicherung schütze ausschließlich das Organmitglied in seiner gesellschaftsrechtlichen Organfunktion[269]. Bei der Dienstleistungserbringung handele es aber wie jeder andere Mitarbeiter des Unternehmens. Zudem sei die D&O-Versicherung nicht als Ersatz für die allgemeine Vermögensschaden-Haftpflichtversicherung für Dienstleistungsunternehmen gedacht, die Mitarbeiter und Organe vor im Zusammenhang mit der beruflichen Tätigkeit entstandenen Haftpflichtansprüchen schützt, die von außerhalb der Gesellschaft stehenden Dritten geltend gemacht werden.

Geht man andererseits – wie hier vertreten[270] – davon aus, dass die gesellschaftsrechtliche **81** Organhaftung auch dienstvertragliche Pflichtverletzungen des Organmitglieds erfasst und damit regelmäßig eine gegenüber Dritten erfolgte fehlerhafte Beratung eine Pflichtverletzung im Innenverhältnis gegenüber der Gesellschaft darstellt, so spricht dies gleichwohl dafür, auch solche Dienstleistungstätigkeiten des Organs gegenüber Dritte als Organtätigkeit aufzufassen. Wenn mithin die D&O-Versicherungen – wie die meisten AVB – keine entsprechende Klarstellung enthalten, wird man das Eingreifen der Versicherung zu bejahen haben[271]. Wenn es sich bei dem VN um ein Dienstleistungsunternehmen handelt, enthalten D&O-Verträge dementsprechend regelmäßig **Dienstleistungsklauseln,** in denen geregelt ist, dass Dienstleistungen gegenüber Dritten nicht vom Versicherungsschutz umfasst sind[272].

Sind **leitende Angestellte** ausdrücklich in den Versicherungsschutz miteinbezogen, be- **82** zieht er sich insoweit auf die Tätigkeiten, die mit der Funktion des leitenden Angestellten innerhalb des versicherten Unternehmens einhergehen. Diese ergeben sich vor allem aus dem zugrundeliegenden Angestelltenverhältnis. Also werden gerade vertragliche Pflichten vom Versicherungsschutz erfasst, was wiederum dafür spricht, dass auch dienstvertragliche Pflichten des Organmitglieds vom Versicherungsschutz umfasst werden. Vereinzelt begrenzen einzelne D&O-Versicherungen den Versicherungsschutz leitender Angestellter ausdrücklich auf die von der Rechtsprechung entwickelte eingeschränkte Arbeitnehmerhaftung[273].

4. „Outside directors"

Mit sog. **„outside directors"** sind Mitarbeiter des VN bzw. eines mitversicherten Toch- **83** terunternehmens gemeint, die eine **Organstellung außerhalb des Konzerns** wahrneh-

267 Vgl. *Schilling,* Versicherungsschutz, S. 24.
268 Zur Subsidiaritätsklausel oben Rn. 15.
269 Vgl. *Sieg* in Münchener Anwaltshandbuch Versicherungsrecht 2004, § 16 Rn. 75 ff; *Olbrich,* S. 119.
270 Zur versicherten Tätigkeit oben Rn. 76 ff.
271 Offen gelassen bei *Schilling,* Versicherungsschutz, S. 24.
272 *Schilling,* Versicherungsschutz, S. 24 f.
273 Formulierungsbeispiel: „Versicherte Personen sind … sowie die Leitenden Angestellten im Rahmen der durch die Rechtsprechung eingeschränkten Arbeitnehmerhaftung."

men. Fast immer handelt es sich bei den „outside-directorship"-Mandaten um Positionen in einem Aufsichtsrat oder Beirat, zumeist bei Gewerkschaften, Banken oder größeren Rechtsanwaltssozietäten[274]. Eine Mitversicherung des Haftungsrisikos dieser Mandate ist zwar denkbar, erfolgt grundsätzlich aber in aller Regel nicht, da die hiermit verbundenen Risiken nur schwer abschätzbar sind und in aller Regel eine Risikoprüfung sich nur auf das Unternehmen des VN bezieht, für das das Organ primär tätig ist. Dementsprechend sind Tätigkeiten von outside directors in den meisten Allgemeinen Versicherungsbedingungen nicht mitversichert. Das kommt in den AVB durch die Formulierung zum Ausdruck, dass regelmäßig nur die Pflichtverletzungen der versicherten Personen vom Versicherungsschutz erfasst sind, die bei „Ausübung ihrer Tätigkeit als Organmitglied der Gesellschaft" begangen wurden. Vereinzelt enthalten die Bedingungen auch Klauseln, die ausdrücklich klarstellen, dass das Haftungsrisiko der outside-directorship-Mandate nicht Gegenstand der Versicherung ist. Indes wird man auch ohne ausdrückliche Klarstellung annehmen müssen, dass der Versicherungsschutz Tätigkeiten außerhalb des eigentlichen Unternehmens nicht erfasst. Nur ganz vereinzelt erfassen Bedingungswerke solche Tätigkeiten, und zwar begrenzt auf bestimmte Mandate, die die versicherten Personen auf Weisung und im Interesse des VN hin wahrnehmen[275].

G. Umfang des Versicherungsschutzes

I. Sachlicher Umfang: Abwehrfunktion und Schadensausgleichsfunktion

84   Wie bei Haftpflichtversicherungen üblich, erfassen auch D&O-Versicherungen die gerichtliche und außergerichtliche Abwehr unbegründeter Schadenersatzansprüche (**Abwehrfunktion**) und die Befriedigung begründeter Schadensersatzansprüche (**Schadenausgleichsfunktion**)[276]. Bei beiden Verpflichtungen, die zudem bereits durch §§ 100, 101 Abs. 1 VVG zum Ausdruck kommen, handelt es sich um Hauptpflichten des VR.

85   Vielfach finden sich in den AVB Bestimmungen, die die **von der Abwehrfunktion erfassten Kosten** konkretisieren. Solche AVB orientieren sich an Ziff. 4.4 AVB-AVG[277]. Aber auch ohne eine Konkretisierung sind entsprechende Abwehrkosten gem. § 100 Abs. 1 VVG vom Versicherungsschutz grundsätzlich erfasst. Neben der Verpflichtung zur Übernahme solcher Abwehrkosten erfasst die Abwehrfunktion aber auch tatsächliches bzw. rechtliches Handeln des VR, was bereits auch durch die übliche Formulierung in D&O-Versicherungen zum Ausdruck kommt, dass der Versicherungsschutz u. a. die „Abwehr" von unberechtigten Haftpflichtansprüchen umfasst. So muss der VR die Abwehr des geltend gemachten Anspruchs in

---

[274] *Ihlas,* S. 197 f.

[275] Beispiel einer entsprechenden Formulierung: „Der Versicherungsschutz dieses Vertrages wird auf Schadensersatzansprüche gegen oben definierte versicherte Personen im Rahmen der Ausübung von Mandaten erweitert, die diese auf Weisung und im Interesse der VN hin wahrnehmen. Mit Ausnahme der Mandate in Verbänden oder gemeinnützigen Organisationen sind nur solche Mandate versichert, die in einer dem Fragebogen enthaltenen beigefügten Liste enthalten sind."

[276] So übliche D&O-Versicherungen; vgl. Ziff. 4.1 der AVB-AVG 2008: „Der Versicherungsschutz umfasst die Prüfung der Haftpflichtfrage, die Abwehr unberechtigter Schadensersatzansprüche und die Freistellung der versicherten Personen von berechtigten Schadensersatzverpflichtungen." Weitergehend vereinzelte Versicherungen, die den Versicherungsschutz schon auf die Abwendungskosten vor Eintritt des Versicherungsfalls erstrecken. Formulierungsbeispiel: „Bereits vor Eintritt des Versicherungsfalles kann der VR in Abstimmung mit der versicherten Person einen Rechtsanwalt zur Vertretung der Interessen der versicherten Personen beauftragen, sofern einer versicherten Person Umstände bekannt werden, die mit hinreichender Wahrscheinlichkeit zur Geltendmachung eines Haftpflichtanspruchs führen können."

[277] Ziff. 4.4 AVB-AVG (auch in der Fassung 2008): „Kosten sind: Anwalts-, Sachverständigen-, Zeugen- und Gerichtskosten, Aufwendungen zur Abwendung oder Minderung des Schadens bei oder nach Eintritt des Versicherungsfalles sowie Schadenermittlungskosten, auch Reisekosten, die dem VR nicht selbst entstehen. Dies gilt auch dann, wenn diese Kosten auf Weisung des VR entstanden sind."

die Hand nehmen und insbesondere in die Prüfung der Haftpflichtfrage eintreten, den anfallenden Schriftwechsel bearbeiten oder aber einen Anwalt beauftragen[278]. Auch wenn – wie erwähnt – einzelne AVB vom Versicherungsschutz erfasste Kosten auflisten, so bleibt die Bestimmung des Versicherungsschutzes in den AVB letztlich wenig konkret. Da es sich indes um die Bestimmung einer Hauptleistung des VR handelt, unterliegen diese Klauseln gem. § 307 Abs. 3 S. 1 BGB zwar nicht der Inhaltskontrolle nach dem AGB-Recht; gleichwohl findet das Transparenzgebot gem. § 307 Abs. 1 S. 2 BGB Anwendung, vgl. § 307 Abs. 3 S. 2 BGB. Dieses ist grundsätzlich nicht verletzt, soweit der entsprechende Gesetzeswortlaut, hier der §§ 100, 101 Abs. 1 VVG, lediglich wiederholt wird[279]. Jedenfalls wird man im Rahmen der Bestimmung des Umfangs des Versicherungsschutzes auch § 101 Abs. 1 VVG mit heranzuziehen haben, so dass dessen Voraussetzungen gleichfalls vorliegen müssen. Daraus folgt insbesondere, dass die Aufwendung der Kosten den Umständen nach geboten sein muss. Deshalb gelten die allgemeinen Erwägungen zu §§ 100, 101 VVG, soweit sie nicht durch spezielle Bestimmungen in der D&O-Versicherung modifiziert werden[280].

Einzelne D&O-Versicherungen umfassen – wie auch die AHB – ausdrücklich auch **Kos- 86 ten eines Strafverteidigers** „gem. Gebührenordnung, ggf. die mit ihm besonders vereinbarten höheren Kosten" in einem Strafverfahren wegen einer Pflichtverletzung, die einen unter den Versicherungsschutz fallenden Haftpflichtanspruch haben kann, wenn der VR die Bestellung eines Verteidigers gewünscht oder genehmigt hat[281]. Enger hingegen ist der entsprechende Tatbestand des § 101 Abs. 1 S. 2 VVG, der auf eine Weisung des VR abstellt. Diese Vorschrift gilt, wenn eine entsprechende Bestimmung in den AVB fehlt. Da Straftaten – abgesehen von Fahrlässigkeitsstraftaten – grundsätzlich ein vorsätzliches Handeln voraussetzen, hingegen in der D&O-Versicherung vorsätzliche und wissentliche Pflichtverletzungen vom Versicherungsschutz nicht erfasst sind[282], erscheint die Bestellung eines Strafverteidigers vom VR eher selten gewünscht oder genehmigt zu werden. Bedeutung sollte diese Bestimmung in der D&O-Versicherung deshalb nur dann haben, wenn der VR selbst der Auffassung ist, dass gerade keine (gewollte) Pflichtverletzung des Organmitglieds vorliegt.

Für den Fall, dass über den vom VR zu tragenden Anteil der Abwehrkosten keine Eini- 87 gung erzielt wird, sehen einzelne D&O-Versicherungen vor, dass die Streitfrage in einem **schiedsgerichtlichen Verfahren** abschließend entschieden wird. Solche Abgrenzungsprobleme können etwa daraus resultieren, dass neben der versicherten Person zugleich auch nichtversicherte Personen, z.B. auch das Unternehmen selbst in Anspruch genommen werden und sich deshalb die Frage stellt, wem die Kosten „zuzurechnen" sind. Für ein schiedsgerichtliches Verfahren gelten die §§ 1025 ff. ZPO. Wie sich insbesondere aus § 1031 Abs. 3 ZPO ergibt, reicht *allein* ein in den AVB vorzufindender Hinweis auf ein schiedsgerichtliches Verfahren für eine formgerechte Schiedsvereinbarung nicht aus. Vielmehr bedarf es nach dieser Vorschrift noch eines Vertrages bzw. eines Dokuments, das den Erfordernissen von § 1031 Abs. 1 oder Abs. 2 ZPO entspricht, und auf das die AVB Bezug nimmt. Selbst wenn man den Versicherungsschein als ein solches Dokument ansieht, so erscheint die Reichweite in persönlicher Hinsicht eingeschränkt. Im Verhältnis zum Vertragspartner, dem VN, würde die Schiedsvereinbarung wirken; zweifelhaft ist dies im Hinblick auf die versicherten Personen. Diese sind prinzipiell am Vertragsschluss nicht unmittelbar beteiligt und noch nicht einmal im Versicherungsschein genannt. Grundsätzlich kommen Schiedsvereinbarungen zu Lasten Dritter nicht in Betracht; ohne dessen Mitwirkung kann die Gerichtspflichtigkeit Dritter vor Schiedsgerichten nicht begründet werden[283].

---

[278] Vgl. *Littbarski*, AHB, § 3 Rn. 74 für die Haftpflichtversicherung
[279] Vgl. BGH v. 9. 5. 2001, VersR 2001, 839 (840).
[280] Zum Versicherungsschutz aufgrund der Abwehrfunktion *R. Johannsen*, § 24 Rn. 12.
[281] So bereits Ziff. 4.5 Abs. 3 AVB-AVG und § 3 Abs. 3 Nr. 1 AHB; zu dieser Regelung *Littbarski*. AHB, § 3 Rn. 87 ff.; *Späte*, AHB, § 3 Rn. 32 ff.
[282] Zu den Ausschlüssen, vgl. Rn. 116 ff.
[283] *Zöller/Geimer*, ZPO, 22. Aufl. 2001, § 1031 Rn. 18.

88   Im Gegensatz zu einzelnen Bedingungswerke der AVB-Vermögen[284] sehen die meisten D&O-Versicherungen vor, dass im Falle eines Rechtsstreits über den Anspruch zwischen einer versicherten Person und dem Anspruchsteller (oder dessen Nachfolger) der VR den Rechtsstreit in Namen der versicherten Person führt[285]. Diese **Prozessführungsbefugnis** des VR korrespondiert mit einer **außergerichtlichen Bevollmächtigung (Regulierungsvollmacht)** des VR, alle zur Beilegung oder Abwehr des Anspruchs ihm zweckmäßig erscheinenden Erklärungen im Namen der versicherten Person abzugeben[286]. Problematisch ist indes, dass sich die Erstreckung der Regulierungsvollmacht, aber auch der **Prozessführungsbefugnis, auf die versicherten Personen** bezieht. In der Kfz-Haftpflichtversicherung ist dies gem. Abschnitt A Ziff. 1.1.4 AKB 2008 ebenfalls ausdrücklich vorgesehen; dort wird diese Vollmacht mit der sozialen Zielsetzung dieser Pflicht-Haftpflichtversicherung begründet[287]. Diese Zielsetzung lässt sich indes nicht ohne Weiteres auf die freiwillige Haftpflichtversicherung übertragen[288]; aus diesem Grunde setzt die wohl h. M. jedenfalls in der allgemeinen Haftpflichtversicherung konkrete Umstände voraus, aus denen sich eine entsprechende Vollmacht des VR ergibt, für Mitversicherte rechtswirksame Erklärungen abzugeben. Zur Begründung wird zu Recht darauf hingewiesen, dass eine entsprechende Vollmacht nur vom Vollmachtgeber oder sonst von einem dazu Berechtigten erteilt werden kann, so dass sie daher auf den Willen des Mitversicherten zurückgeführt werden muss. Deshalb setzt eine Regulierungsvollmacht voraus, dass der VN zur Erteilung der Vollmacht im Namen des Mitversicherten berechtigt ist oder der Mitversicherte nachträglich der Bevollmächtigung zugestimmt hat. Zur Erteilung der Zustimmung sei der Mitversicherte – jedenfalls in der allgemeinen Haftpflichtversicherung gem. § 7 Nr. 1 AHB a. F. – indes verpflichtet[289]. Für die D&O-Versicherung bedeutet dies, dass entsprechende Klauseln, die dem VR auch eine Regulierungsvollmacht gewähren, nicht unproblematisch sind, denn die versicherten Personen sind jedenfalls zum Großteil am Vertragsschluss nicht beteiligt und werden regelmäßig nicht namentlich im Versicherungsschein erwähnt. Damit ist eine solche Vollmacht von vornehrein nicht auf den Willen des Mitversicherten zurückzuführen. Vor Eintritt in Verhandlungen mit dem geschädigten Dritten empfiehlt es sich deshalb für den VR, eine ausdrückliche Vollmacht der versicherten Person einzuholen.

89   Im **Innenverhältnis** bleibt die versicherte Person weisungsbefugt, denn die Versicherungsbedingungen der Anbieter enthalten regelmäßig Klauseln, nach denen sich die versicherte Person einem Einigungswunsch des VR widersetzen kann. Als Konsequenz einer solchen Weigerung ist dann bestimmt, dass der VR für den dadurch entstehenden Mehraufwand nicht aufkommen muss[290]. Der Versicherte soll also das wirtschaftliche Risiko eines schlechteren Ergebnisses aufgrund seiner Mitwirkung tragen. Diese Bestimmung steht indes bereits im Widerspruch zu der gleichzeitig eingeräumten Regulierungsvollmacht, da der VR aufgrund der Vollmacht eigentlich in eigener Verantwortung agieren könnte. Darüber hinaus dürfte es für VR nicht ganz einfach sein, den Beweis für einen solchen Mehraufwand zu führen.

---

[284] Vgl. *Prölss/Martin/Voit*, § 5 AVB-Vermögen/WB Rn. 3.
[285] So bereits Ziff. 4.5 AVB-AVG; vgl. auch § 3 Abs. 3 Nr. 3 AHB, der sich aber auf den VN bezieht; dazu *Littbarski*, AHB, § 3 Rn. 198.
[286] Vgl. bereits Ziff. 4.5 AVB-AVG; vgl. auch § 5 Nr. 7 AHB, der sich indes auf den VN bezieht; dazu *Littbarski*, AHB, § 5 Rn. 132 ff. Zu den hiermit zusammenhängenden Fragen, ob der VR einem Vergleich zustimmen kann, der die Deckungssumme übersteigt, vgl. *Littbarski*, AHB, § 5 Rn. 132 ff.; *Späte*, AHB, § 5 Rn. 62 ff.
[287] Vgl. *Littbarski*, AHB, § 5 Rn. 151; *Späte*, AHGB, § 5 Rn. 70; abrufbar unter: www.gdv.de/Downloads/Bedingungen/AKB_2008.pdf.
[288] *Littbarski*, AHB, § 5 Rn. 151; *Späte*, AHGB, § 5 Rn. 70; BGH v. 19. 12. 1989, VersR 1990, 497 (498); BGH v. 8. 6. 1999, VersR 1999, 1228 (1229); *Bruck/Möller/Johannsen*, IV, Anm. G 16.
[289] So BGH v. 3. 6. 1987, VersR 1987, 924 (926); *Prölss/Martin/Voit*, § 5 AHB Rn. 27; vgl. *Littbarski*, AHB, § 5 Rn. 151.
[290] So bereits Ziff. 4.7 AVB-AVG.

II. Begrenzungen der Versicherungsleistung

1. Versicherungssumme

Begrenzt wird der Versicherungsschutz insbesondere durch die **Versicherungssumme** und **90** üblicherweise durch einen **Selbstbehalt**. Darüber hinaus wirkt sich nach den meisten D&O-Policen die **eigene Beteiligung der versicherten Person** auf die Versicherungsleistung aus. Die im Versicherungsschein genannte **Deckungssumme** gilt als **Höchstbetrag** für jeden Versicherungsfall und für alle während des Versicherungsjahres eingetretenen Versicherungsfälle zusammen[291]. Die Höhe richtet sich nach unterschiedlichen Faktoren, insbesondere der Unternehmensgröße[292]. Im Gegensatz zur allgemeinen Haftpflichtversicherung, aber auch zur Vermögensschaden-Haftpflichtversicherung ist bei D&O-Versicherungen die Begrenzung der Versicherungssumme auf das Versicherungsjahr üblich[293]. Hintergrund sei eine im D&O-Bereich häufig anzutreffende „Frequenzproblematik". Ob Pflichtverletzungen von Unternehmensleitern indes eine höhere Frequenz haben als Haftpflichtfälle in anderen Bereichen, erscheint indes zweifelhaft, jedenfalls soweit ersichtlich empirisch noch nicht nachgewiesen. Denkbar ist allenfalls, dass durch eine Pflichtverletzung verschiedene Gläubiger betroffen sind oder Folgeschäden ausgelöst werden können. Nach dem **Anspruchserhebungsprinzip** (claims made)[294] handelt es sich zwar um einzelne Versicherungsfälle, diese werden über die Serienschadensklausel grundsätzlich versicherungsrechtlich als ein Versicherungsfall behandelt[295].

In aller Regel weichen D&O-Versicherungen von der abdingbaren Vorschrift des § 101 **91** Abs. 2 S. 1 VVG ab. Nach dieser Vorschrift hat der VR insbesondere Kosten, die in einem auf seine Veranlassung geführten Rechtsstreit entstehen, insoweit zu ersetzen, als sie zusammen mit der übrigen Entschädigung die Versicherungssumme übersteigen. Typischerweise werden bei D&O-Versicherungen indes die **Kosten auf die Versicherungssumme angerechnet**[296]. Begründet wird dies damit, dass den Kosten bei der D&O-Versicherung im Verhältnis zur Schadensausgleichsfunktion eine größere Bedeutung zukommt. Insbesondere bei hohem Risiko und bei kleiner Versicherungssumme steige die Rechtsschutz- und Abwehrfunktion der D&O-Versicherung; darüber hinaus handele es sich – jedenfalls in den USA – um eine kostenintensive Versicherung. Deshalb sei die Anrechnung der Kosten auf die Versicherungssumme gerechtfertigt[297]. Der Versicherungsvertrag kann im Einzelfall darüber hinaus noch spezielle Beschränkungen der Deckungssumme bei vorab definierten Risiken enthalten. Dann leistet der VR bei Schadensersatzansprüchen aus diesem Deckungsbereich nur bis zur festgelegten Höhe[298].

2. Einschränkung der Innenhaftung (Öffentlichkeitsklausel)

Bei der D&O-Versicherung besteht – jedenfalls dann, wenn sie auch die **Innenhaftung 92** des versicherten Managers erfasst – die Besonderheit, dass der Versicherungsschutz auch Ansprüche des VN selbst gegen die versicherten Personen erfasst. Es spricht einiges dafür, dass die Erfassung solcher Ansprüche für den Abschluss einer D&O-Versicherung ohnehin wich-

---

[291] So bereits Ziff. 4.3 Abs. 1 AVB-AVG und heute üblicherweise verwendete Bedingungen.

[292] *Schilling* (Versicherungsschutz, S. 49) spricht von üblichen Versicherungssummen zwischen 150 000 und 500 000 €; *Heitmann* (VW 1999, 1076 [1081]) nennt Summen (umgerechnet) zwischen rund 500 000 und 25 Mio. €.

[293] *Ihlas*, S. 226; *Olbrich*, S. 167; *Thümmel/Sparberg*, DB 1995, 1013 (1017).

[294] Zum Anspruchserhebungsprinzip Rn. 105.

[295] Schon die AVB-AVG enthalten eine Serienschadensklausel, Ziff. 4.6. Zur Wirkung von Serien-Schadensklausel aus der neueren Rechtsprechung BGH v. 17. 11. 2003, VersR 2003, 1389; dazu *v. Rintelen*, § 26 Rn. 325.

[296] Beispiel: „Die Aufwendungen des VR für Kosten werden als Leistungen auf die Deckungssumme angerechnet. Kosten sind insbesondere Anwalts-, Sachverständigen-, Zeugen- oder Gerichtskosten, Aufwendungen zur Abwendung oder Minderung eines Schadens bei oder nach Eintritt des Versicherungsfalles sowie Schadenermittlungskosten, auch Reisekosten, die dem VR nicht selbst entstehen."

[297] *Ihlas*, S. 226 ff.; *Thümmel/Sparberg*, DB 1995, 1013 (1017).

[298] *Küppers-Dirks*, S. 66.

tiger ist als der Versicherungsschutz für Ansprüche Dritter gegen die versicherten Unternehmensleiter (Außenhaftung)[299], da Letztere vielfach direkt gegen das Unternehmen gerichtet werden und/oder von einer dann ohnehin vorrangigen Betriebshaftpflichtversicherung erfasst werden. Indes sind im GDV-Modell aus dem Jahre 1997 gerade solche Innenhaftungsansprüche gem. Ziff. 1.3 AVB-AVG 1997 nur eingeschränkt erfasst[300]. In dem GDV- Modell aus dem Jahre 2005 und dem aus dem Jahre 2007 sowie aus dem Jahre 2008 wurde die Öffentlichkeitsklausel mit geänderter Formulierung beibehalten[301]. Ist eine Aktiengesellschaft VN, werden Schadensersatzansprüche gegen den Vorstand grundsätzlich durch den Aufsichtsrat geltend gemacht, mithin durch eine versicherte Person, so dass dieser Ausschluss bereits eingreift. Versicherungsschutz besteht nur dann, wenn der Anspruch nicht auf Weisung, Veranlassung oder Empfehlung einer versicherten Person geltend gemacht wird; das ist der Fall, wenn der Anspruch gem. § 147 AktG auf Veranlassung der Hauptversammlung erhoben wird. Aus diesem Grunde wird diese Klausel auch als Öffentlichkeitsklausel bezeichnet[302]. Hintergrund dieser Klausel ist insbesondere die Vermeidung von Manipulations- und Kollusionsgefahren. Es besteht zumindest die Gefahr, dass die auf Seiten des VN beteiligten Personen im Vorstand und im Aufsichtsrat das Bestehen der Versicherung zum Nachteil des VR rechtswidrig ausnutzen. Der Ausschluss bzw. die Einschränkung der Innenhaftungsansprüche soll die Gefahr solcher Kollusionen vermeiden[303]. Deutlich wird dies etwa gem. Ziff. 7.4 AHB 2008, wonach Ansprüche des VN selbst gegen die Versicherten vom Versicherungsschutz der allgemeinen Haftpflichtversicherung ausgeschlossen sind; ein entsprechender Ausschluss findet sich in § 7 Ziff. 2 AVB Vermögen 1989/2001. Im Bereich der D&O-Versicherung hat sich diese Einschränkung indes auf dem Markt nicht durchsetzen können, so dass sich entsprechende Bestimmungen in aktuellen Bedingungswerken kaum finden[304]. Als Gründe werden genannt, dass aus Sicht der Unternehmen und Unternehmensleiter ein Interesse der Versicherung gerade des Innenhaftungsrisikos besteht[305]. Zum anderen ist der Aufsichtsrat nach der ARAG-Entscheidung des BGH[306] grundsätzlich verpflichtet, den Vorstand bei Pflichtwidrigkeit auf Schadensersatz in Anspruch zu nehmen[307]. Auch wenn sich die Öffentlichkeitsklausel bisher nicht durchsetzen konnte, werden überwiegend Manipulationsgefahren infolge der Innenhaftungsdeckung angenommen. Aus diesem Grunde stehen Modelle zur Vermeidung solcher Gefahren zur Diskussion. In aktuell geltenden Bedingungswerken finden sich deshalb vor allem die sog. Eigenschadenklausel (dazu sogleich) sowie die Vereinbarung von Selbstbehalten (dazu Rn. 96).

3. Eigene Beteiligung der versicherten Person (Eigenschadenklausel)

93   Eine Begrenzung des Versicherungsschutzes sehen die meisten – nicht alle – Anbieter bei einer **Kapitalbeteiligung der versicherten Person am Unternehmen des VN** vor,

---

[299] Vgl. *Fehling;* VW 1999, 1648 (1649); *Thümmel/Sarberg,* DB 1995, 1013 (1019).
[300] Ziff. 1.3 AVB-AVG 1997: „Soweit nicht etwas anderes vereinbart wurde gilt: Versicherungsschutz für Schadensersatzansprüche des VN oder einer ihrer Tochter- oder Konzerngesellschaften gegen versicherte Personen besteht nur unter der Voraussetzung, dass diese Ansprüche nicht auf Weisung, Veranlassung oder Empfehlung einer versicherten Personen, einer Tochter- oder Konzerngesellschaft oder deren Organmitglieder geltend gemacht werden. Eine Weisung, Veranlassung oder Empfehlung liegt nicht vor bei Erfüllung gesetzlicher oder satzungsgemäßer Berichts- und Informationspflichten."
[301] Ziff. 1.3 AVB-AVG 2008: „Versicherungsschutz für Schadensersatzansprüche der Versicherungsnehmerin gegen versicherte Personen besteht unter der Voraussetzung, dass diese von der Hauptversammlung oder der Gesellschafterversammlung initiiert und auch gerichtlich geltend gemacht werden, es sei denn, der Versicherer verzichtet auf die Voraussetzung der gerichtlichen Geltendmachung.".
[302] Vgl. etwa *Olbrich,* S. 140; *Beckmann,* FS Kollhosser, 25 (33).
[303] Bedenken gegen die Effektivität der Öffentlichkeitsklausel erhebt *v. Westphalen,* VersR 2006, 17 (20f.).
[304] Vgl. *van Bühren/Lenz³,* § 27 Rn. 76; *Olbrich,* S. 140f.
[305] *Hendricks,* VW 1997, 1520 (1522).
[306] BGH v. 21. 4. 1997, BGHZ 135, 244.
[307] Vgl. *Hendricks,* VW 1997, 1520 (1522); *Olbrich* S. 142.

wenn Innenhaftungsansprüche im Raum stehen[308]. Haftet die versicherte Person für einen geltend gemachten Schadensersatzanspruch alleine oder zumindest anteilig, umfasst die Versicherung den Teil des Vermögensschadens nicht, der ihrer Beteiligung entspricht. Überwiegend gilt dies aber erst ab einer bestimmten Beteiligungshöhe, zumeist ab 15%, teilweise ab 20% oder 30%. Je größer die Beteiligung der versicherten Person ist, desto geringer wird damit die Versicherbarkeit des Haftungsrisikos. Der Regelungszweck besteht darin, letztlich den wirtschaftlichen Unternehmensinhaber nicht selbst zu versichern[309]. Insbesondere soll der wirtschaftliche Eigenschaden des versicherten Schädigers vom Versicherungsschutz ausgenommen werden, um so einem kollusiven Zusammenwirken zwischen Schädiger und Geschädigtem zum Nachteil des VR entgegenzutreten[310]. Betroffen sind damit vor allem kleinere und mittlere Unternehmen, insbesondere Einpersonengesellschaften.

Im Schrifttum werden vereinzelt Eigenschadenklauseln **kritisch beurteilt** und Unsicherheiten bei der Bestimmung des **Anwendungsbereichs** angenommen[311]. Zum einen wird vorgebracht, dass die vielfach verwendete Formulierung „etwaige Beteiligung der versicherten Person an der VN" Probleme bereiten könne. Zweifel könnten sich etwa ergeben bei treuhänderischen Beteiligungen. Halte eine versicherte Person (z. B. ein Geschäftsführer) eine Beteilung an der VN (z. B. GmbH) als **Treuhänder** für einen anderen, so sei zwar der Tatbestand der Eigenschadenklausel vom Wortlaut her erfüllt; vom Zweck der Klausel müsse man jedoch ihr Eingreifen ablehnen[312], da der Treuhänder – da er die Beteiligung für einen anderen halte – im Falle eines Schadens der VN gar keinen wirtschaftlichen Eigenschaden erleide. Dem kann indes nur im Fall einer fremdnützigen (Verwaltungs-) Treuhand, nicht hingegen im Fall einer eigennützigen (Sicherungs-) Treuhand zugestimmt werden[313], denn im zweiten Fall entspricht das wirtschaftliche Interesse des Treuhänders dem eines sonstigen Anteilseigners. Eine entsprechende Differenzierung wird man auch dann anzunehmen können, wenn eine **treugeberische Beteiligung** im Raum steht. Damit ist die Konstellation gemeint, dass ein versichertes Organmitglied seine Beteiligung an dem VN durch einen Treuhänder verwalten lässt. Nach dem Standpunkt von *Lange* soll der Ausschlusstatbestand mangels Beteiligung des versicherten Organmitglieds nicht eingreifen[314].

Vereinzelt werden neuerdings im Schrifttum Zweifel an der **Wirksamkeit der Eigen- 95 schadenklausel** erhoben[315]. Zum einen wird geltend gemacht, mangels Bestimmtheit des maßgeblichen Beteiligungszeitpunktes verstoße die Klausel gegen das in § 307 Abs. 1 S. 2 BGB verankerte Transparenzgebot. Aus derzeit üblichen Formulierungen werde insbesondere nicht deutlich, ob der Beteiligungsumfang *bei Abschluss des Versicherungsvertrags, bei Vornahme der pflichtverletzenden Handlung* oder aber *bei Geltendmachung des Schadensersatzanspruchs* maßgeblich sein soll[316]. Sieht man hierin in der Tat eine unklare Bestimmung, müsste bereits die Unklarheitenregel gem. § 305c Abs. 2 BGB zur Anwendung gelangen, während die genannte Ansicht die Rechtsfolgen ausschließlich aus der Generalklausel anwendet. Indes wird man dem genannten Standpunkt darüber hinaus entgegenhalten können, dass sich aus dem

---

[308] Sog. Eigenschadenklausel; vgl. Ziff. 4.2 AVB-AVG (Fassung 2008 [Auszug]): „Besteht eine mittelbare oder unmittelbare Kapitalbeteiligung der versicherten Personen, die eine Pflichtverletzung begangen haben bzw. von Angehörigen dieser versicherten Personen (als Angehörige gelten (…)) an der VN bzw. einer vom Versicherungsschutz erfassten Tochtergesellschaft, so umfasst der Versicherungsschutz bei Ansprüchen der VN bzw. einer vom Versicherungsschutz erfassten Tochtergesellschaft, nicht den Teil des Schadensersatzanspruchs, welcher der Quote dieser Kapitalbeteiligung entspricht." Entsprechende Klauseln finden sich auch nahezu wortgleich in aktuellen Bedingungswerken.

[309] *Lange,* ZIP 2003, 466; *Thümmel,* Rn. 432.

[310] *Heitmann,* VW 1999, 1076 (1081); *Lange,* ZIP 2003, 466; *Olbrich,* S. 165.

[311] *Lange,* ZIP 2003, 466 ff.; dazu *Beckmann,* FS Kollhosser, 25 (29).

[312] *Lange,* ZIP 2003, 466 (467).

[313] Zur Unterscheidung etwa *Palandt/Bassenge,* § 903 Rn. 35.

[314] *Lange,* ZIP 2003, 466 (467).

[315] *Lange,* ZIP 2003, 466 (468 ff.).

[316] *Lange,* ZIP 2003, 466 (468 f.); a. M. *Präve:* in von Westphalen, Vertragsrecht und AGB-Klauselwerke, Allgemeine Versicherungsbedingungen, Rn. 82.

Wortlaut der Klausel, die auf den „Schadensersatzanspruch" abstellt, herleiten ließe, dass maßgeblich auf den Zeitpunkt der Geltendmachung dieses Schadensersatzanspruches abzustellen ist (was auch dem Begriff des Versicherungsfalles in der D&O-Versicherung entspricht)[317]. Abgesehen hiervon lässt sich jedenfalls für die Zukunft diese Unsicherheit durch entsprechende Formulierung der Klausel beseitigen. Darüber hinaus werden Zweifel an der Wirksamkeit der Eigenschadenklausel damit begründet, die mit dieser Klausel verbundene Deckungskürzung übersteige vielfach den (wirtschaftlichen) Eigenschaden der versicherten Person; deshalb ginge die Rechtsfolge der Klausel weiter als der mit ihr verfolgte Zweck (Vermeidung eines Eigenschadenersatzes). Konsequenz sei ein Verstoß gegen das in § 307 BGB verankerte Transparenzgebot[318]. Zutreffend ist insoweit, dass der wirtschaftliche Eigenschaden der versicherten Person betragsmäßig – wohl regelmäßig – nicht mit der Deckungskürzung übereinstimmt. Indes ist doch zu berücksichtigen, dass der Zweck der Klausel („Vermeidung eines Eigenschadenersatzes") nicht der einzige Regelungszweck ist. Hintergrund der Klausel ist letztlich auch, dass die „die deckungskürzende Wirkung der Eigenschadenklausel das Interesse der Manager am Betrug zum Nachteil des VR von vorneherein dämpfen" soll[319]. Die Tatsache, dass die Deckungskürzung den eigentlichen wirtschaftlichen Eigenschaden übersteigt, wird von diesem Zweck aber erfasst, zumal die Gefahr eines kollusiven Zusammenwirkens zum Nachteil des VR nicht von der Hand zu weisen ist und der VR ein berechtigtes Interesse hat, dem entgegenzutreten.

4. Selbstbehalt

96   Verbreitet ist des Weiteren die Vereinbarung eines **Selbstbehalts**[320]. Die Höhe des Selbstbehaltes ist indes regelmäßig nicht in den AVB geregelt, sondern wird individuell vereinbart und im Versicherungsschein dokumentiert. Hinsichtlich der Höhe des Selbstbehalts empfiehlt der Deutsche Corporate Governance Kodex[321] in Ziff. 3.8, dass – für den Fall des Abschlusses einer D&O-Versicherung – ein „angemessener Selbstbehalt" vereinbart werden soll. Einer Umfrage zufolge verzichtet jedoch die Hälfte aller börsennotierten Unternehmen in Deutschland auf eine Selbstbeteiligung ihrer Manager in D&O-Policen[322]. Von allen DAX 30-Unternehmen haben indes lediglich sechs Unternehmen in der Entsprechenserklärung gem. § 161 AktG zum Deutschen Corporate-Governance Kodex offen gelegt, dass sie der Empfehlung aus dem Kodex nicht folgen[323]. Es ist demnach davon auszugehen, dass jedenfalls die im DAX 30 gelisteten Unternehmen in der Regel einen Selbstbehalt vereinbaren. Wie hoch ein „angemessener Selbstbehalt" tatsächlich sein muss, wird in der Literatur uneinheitlich beurteilt[324]. Als Anknüpfungspunkte werden teilweise ein prozentualer Anteil an der Höhe des Schadens, ein prozentualer Anteil an der festen Jahresvergütung oder auch ein fester Geldbetrag gewählt. Bei der nicht einfachen Feststellung der Angemessenheit ist jedenfalls auf den Zweck des Selbstbehaltes mit abzustellen. Der Selbstbehalt soll – wie bei anderen Versicherungen auch – vor allem den Willen zur Schadenverhütung stärken und damit eine Haftung vermeiden. Darüber hinaus sollen geringfügige Schadensersatzansprüche und der hiermit unverhältnismäßig große Aufwand vermieden werden, zumal der Versicherungsschutz die finanzielle Existenzgefährdung der versicherten Personen verhindern soll. Allein diese

---

[317] Anders jedoch *Präve:* in von Westphalen, Vertragsrecht und AGB-Klauselwerke, Allgemeine Versicherungsbedingungen, Rn. 82, wonach auf den Zeitpunkt der Pflichtverletzung abzustellen ist.

[318] *Lange,* ZIP 2003, 466 (469f.).

[319] So wörtlich auch *Lange,* ZIP 2003, 466.

[320] Vgl. bereits Ziff. 4.3 Abs. 2 AVB-AVG (auch in der Fassung 2008).

[321] Fn. 20.

[322] Handelsblatt, 21. 11. 2007, S. 35 „Börsenfirmen verletzen Kodex" unter Hinweis auf eine Mitte Dezember veröffentlichte Studie; oben (Rn. 42) erwähnte Studie von Towers Perrin und des Spezialmaklers Ihlas & Köberich.

[323] Auswertung der Entsprechenserklärungen aus dem Jahr 2006 aller DAX30- Unternehmen.

[324] Vgl. *Baumann,* VersR 2006, 455 (464); *Bender/Vater,* VersR 2003, 1376 (1377); *Dreher/Görner,* ZIP 2003, 2321 (2326f.); *van Bühren/Lenz³,* § 27 Rn. 30; *Messmer,* VW 2002, 1384ff; *Schüppen/Sanna,* ZIP 2003, 550 (553); *Ulmer,* ZHR 171 (2007), 119 (121); umfassend *Pammler,* S. 94.

Schutzzwecke sprechen damit für relativ hohe Selbstbehalte. Schließlich lassen sich Selbstbehalte als Mittel gegen Missbrauchsgefahren einsetzen[325]. Grundsätzlich trägt der in Anspruch genommene Unternehmensleiter den Selbstbehalt persönlich. Besteht indes eine Freistellung der versicherten Person durch den VN und geht deshalb der Anspruch auf die Versicherungsleistung auf den VN über[326], so bestimmen D&O-Versicherungen vielfach, dass der Selbstbehalt im Verhältnis zwischen VN und VR gilt[327]. Indes gilt Letzteres wegen § 404 BGB auch ohne ausdrückliche Bestimmung in den AVB.

III. Räumlicher Geltungsbereich des Versicherungsschutz

Die vom GDV entwickelten Musterbedingungen enthielten noch einen sehr einge-   **97** schränkten räumlichen Geltungsbereich des Versicherungsschutzes. Gem. Ziff. 5.5 AVB-AVG (in der ursprünglichen Fassung) waren vom Versicherungsschutz Ansprüche ausgeschlossen, die **im Ausland,** wegen Verletzung oder Nichtbeachtung ausländischen Rechts oder wegen einer im Ausland vorgenommenen Tätigkeit geltend gemacht werden. Seit der Fassung 2005 sehen die AVB-AVG bereits einen weitergehenden Versicherungsschutz vor[328]. Noch weitergehend sind auf dem Markt angebotene Versicherungen. Mittlerweile bieten die meisten VR grundsätzlich **weltweiten Versicherungsschutz** an. Sie relativieren dies jedoch oftmals dadurch wieder, dass sie in ihren Versicherungsbedingungen bestimmte Ansprüche, die nach außereuropäischem Recht zu beurteilen sind oder vor bestimmten außereuropäischen Gerichten geltend zu machen sind, vom Versicherungsschutz ausschließen; dies betrifft vor allem die **USA und Kanada.** Nur wenige VR beschränken ihren Schutz von vornherein auf den **europäischen Raum.** Diese Beschränkungen sind in der Regel als Leistungsausschlüsse definiert[329].

IV. Zeitlicher Umfang des Versicherungsschutzes

Der zeitliche Umfang des Versicherungsschutzes steht – vielfach ausdrücklich – in unmit-   **98** telbarem Zusammenhang mit dem Versicherungsfall. So besteht gem. Ziff. 3.1 AVB-AVG Versicherungsschutz „für während der Dauer des Versicherungsvertrags eingetretene Versicherungsfälle wegen Pflichtverletzungen, welche während der Dauer des Versicherungsvertrags begangen wurden". Dieser Bestimmung der Musterbedingungen folgen nach wie vor noch eine Reihe von Bedingungswerken. Aus diesem Grunde ist zunächst dem Begriff des Versicherungsfalls nachzugehen.

1. Bestimmung des Versicherungsfalles

Der Begriff des Versicherungsfalles ist gesetzlich ausdrücklich nicht definiert, so dass sich   **99** entsprechende Definitionen regelmäßig in den AVB finden. Zahlreiche Vorschriften in Gesetz und AVB-Bestimmungen knüpfen an diesen Begriff an. Die wichtigste Bedeutung liegt darin, dass der Versicherungsfall das Ereignis darstellt, mit dessen Eintritt die Leistungspflicht des VR begründet wird. Nach Ziff. 2 AVB-AVG (unverändert auch in der Fassung 2008) ist der Versicherungsfall „die erstmalige Geltendmachung eines Haftpflichtanspruchs gegen eine versicherte Person während der Dauer des Versicherungsvertrages". In der Praxis haben nur wenige VR diese Klausel wortgleich in ihre Bedingungen übernommen. Vergleicht man die

---

[325] Die Zulässigkeit der D&O-Versicherung hiervon abhängen zu lassen, erscheint de lege lata indes zu weitgehend (siehe oben Rn. 9a); insoweit bedürfte es schon einer gesetzlichen Vorgabe.
[326] Dazu Rn. 62.
[327] Vgl. bereits Ziff. 4.3 Abs. 2 S. 2 i. V. m. Ziff. 1.2 AVB-AVG.
[328] Danach sind gem. Ziff. 5.4 vom Versicherungsschutz ausgeschlossen: Haftpflichtansprüche, welche vor Gerichten außerhalb der EU geltend gemacht werden (dies gilt auch im Falle der Vollstreckung von Urteilen, die außerhalb der EU gefällt wurden); wegen Verletzung oder Nichtbeachtung des Rechts von Staaten, die nicht der EU angehören; wegen einer außerhalb der EU vorgenommenen Tätigkeit.
[329] Zu den Leistungsausschlüssen wegen Anwendung ausländischen Rechts vgl. auch Rn. 122.

verschiedenen Bedingungswerke am Markt, so bestehen bereits bei der Definition des Versicherungsfalls z. T. erhebliche Unterschiede im Detail[330]. Im Vergleich zu Ziff. 2 AVB-AVG finden sich sowohl engere als auch weitere Begriffsbestimmungen. Unterschiede bestehen vor allem im Bereich der Form der Anspruchserhebung[331]. Gemeinsamkeiten bei der Definition bestehen jedoch insoweit, als alle Bedingungen auf die Geltendmachung des Haftpflichtanspruchs abstellen. Jedenfalls legt die D&O-Versicherung das sog. **Anspruchserhebungs- oder claims-made-Prinzip** zugrunde. Sie knüpft damit an US-amerikanischen D&O-Policen an, zugleich aber auch an die Rechtsprechung des RG; so hat das RG als maßgeblichen Zeitpunkt für den Versicherungsfall in der Haftpflichtversicherung die Anspruchserhebung angesehen[332]. Bei der Zugrundelegung des Anspruchserhebungsprinzips handelt es sich um eine Besonderheit der D&O-Versicherung, die damit sowohl von der allgemeinen Haftpflichtversicherung, aber auch von der Vermögensschaden-Haftpflichtversicherung abweicht: Ziff. 1.1 AHB 2008 stellt auf das **Schadensereignis** ab[333]. Und nach den AVB-Vermögen 1989/2001 ist gem. § 5 Ziff. 1 Versicherungsfall der **Verstoß**, der Haftpflichtansprüche gegen den VN zur Folge haben könnte[334] (auch als Kausalereignis bezeichnet). Eine Zugrundelegung des Verstoßprinzips kann grundsätzlich zu einer Nachhaftung (also zum Eintritt des Versicherungsfalles nach Beendigung des Versicherungsvertrags) führen, etwa dann, wenn der Verstoß während der Vertragsdauer erfolgt, der Schaden sich hingegen erst nach Vertragsschluss realisiert. Dies ist unter Anwendung der Anspruchserhebungstheorie nicht der Fall; gleichwohl führt eine ausschließliche Geltung der Anspruchserhebungstheorie dazu, dass der Versicherungsschutz auch Pflichtverletzungen erfassen kann, die vor Abschluss des Versicherungsvertrages begangen worden sind (Rückwärtsversicherung). Letzteres wird im Ansatz aber wiederum dadurch vermieden, dass die meisten D&O-Versicherungen grundsätzlich auf eine Kombination von Anspruchserhebungs- und Verstoßprinzip abstellen[335].

100   Im Schrifttum wird vereinzelt vertreten, die Anspruchserhebungstheorie lasse sich nur schwer in das bestehende Versicherungsvertragsrecht eingliedern, insbesondere stünde dieser Ansatz im Widerspruch zu den Rettungsobliegenheiten des VN gem. § 62 VVG a. F. (jetzt § 82 VVG)[336]. Wenn das VVG vom VN (aber auch von der versicherten Person[337]) **bei Eintritt des Versicherungsfalles** Schadensabwendungs- und Schadensminderungsmaßnahmen verlange, so könne sich dies nur auf das eigentliche Schadensereignis beziehen, nicht erst auf die Anspruchserhebung. Dies ist zwar zutreffend; indes folgt hieraus nicht, dass die Anspruchserhebungstheorie nicht in das bestehende Versicherungsvertragsrecht eingegliedert werden könne. Zum einen ist es denkbar, §§ 82, 83 VVG in der D&O-Versicherung auf den Eintritt des Schadens entsprechend anzuwenden; zum anderen kann der VR, der ja bewusst auf die Schadensereignis- und auf die Verstoßtheorie verzichtet, entsprechende Rettungsobliegenheiten in die AVB aufnehmen.

101   Ohnehin stellen D&O-Versicherungen nicht auf eine ausschließliche Geltung der Anspruchserhebungstheorie ab. Für den Versicherungsschutz kommt es wie erwähnt zum einen auf eine Kombination von Anspruchserhebung und Pflichtverletzung während der Vertrags-

---

[330] Vgl. *Lange*, r+s 2006, 177 (178 ff.).

[331] Vgl. im Einzelnen *Lange*, r+s 2006, 177 (178 ff.).

[332] RG v. 18. 6. 1926, RGZ 114, 117 (119); RG v. 14. 6. 1932, RGZ 136, 370 (373); RG v. 25. 11. 1932, JW 1933, 761; weitere Nachweise bei *Bruck/Möller/Johannsen*, Bd. IV, Anm. B 11; demgegenüber hat das RG allerdings im Hinblick auf den Begriff der Tatsache i. S. d. § 149 VVG auf das tatsächliche Schadensgeschehen abgestellt, RG v. 17. 7. 1936, JW 1936, 2978; vgl. *Bruck/Möller/Johannsen*, Bd. IV, Anm. B 23.

[333] Dazu in diesem Handbuch *Schneider*, § 24 Rn. 23; Berliner Kommentar/*Baumann*, § 149 Rn. 152 ff.; *Littbarski*, § 5 Rn. 5 f.

[334] Dazu in diesem Handbuch *v. Rintelen*, § 26 Rn. 297.

[335] Zur Kombination von Anspruchserhebungs- und Verstoßprinzip sogleich Rn. 105.

[336] *Patakai, S.* 229 (234 f.) zur Rechtslage vor der VVG-Reform.

[337] Berliner Kommentar/*Beckmann*, § 62 Rn. 44; *Bruck/Möller*, § 62 Anm. 25.

dauer an[338]; darüber hinaus verbindet die Serienschadensklausel Anspruchserhebung und Pflichtverletzung. Verschiedene Ansprüche eines oder mehrerer Anspruchsteller gelten, wenn sie auf einer Pflichtverletzung beruhen oder die jeweiligen Pflichtverletzungen demselben Sachverhalt zuzuordnen sind und miteinander in einem Zusammenhang stehen, als ein Versicherungsfall[339]. Diese Regelung soll wiederum ein Verteilen der Ansprüche auf verschiedene Versicherungsjahre bei folgenschweren Pflichtverletzungen zur Umgehung der Höchstsumme vereiteln.

Voraussetzung für das Vorliegen des Versicherungsfalles ist gem. Ziff. 2 AVB-AVG (unverändert auch in der Fassung 2008) und den üblichen D&O-Versicherungen jedenfalls die **Geltendmachung eines Haftpflichtanspruchs**. Ziff. 2 S. 2 AVB-AVG – und dem folgend auch gängige Bedingungswerke – bestimmen wiederum den Begriff der Geltendmachung. Danach ist ein Haftpflichtanspruch geltend gemacht, „wenn gegen eine versicherte Person ein Anspruch schriftlich erhoben wird oder ein Dritter der VN, einer Tochtergesellschaft oder der versicherten Person schriftlich mitteilt, einen Anspruch gegen eine versicherte Person zu haben". Im Hinblick auf den **Adressaten der Anspruchserhebung** folgt hieraus zunächst ausdrücklich, dass eine Mitteilung nicht zwingend an die versicherte Person erfolgen muss, sondern dass eine Mitteilung an das Unternehmen (den VN) ausreicht. Aber auch dann, wenn – wie es vereinzelt der Fall ist – diese Möglichkeit nicht ausdrücklich in D&O-Bedingungen vorgesehen ist, wird man eine Mitteilung an den VN gleichfalls für ausreichend erachten können. Dieser ist Vertragspartner des VR; § 47 Abs. 1 VVG stellt den Versicherten unter verschiedenen Aspekten mit dem VN gleich (und nicht umgekehrt), so dass bzgl. der für das Versicherungsverhältnis maßgeblichen Umstände (hier Adressat der Anspruchserhebung im Rahmen des Eintritts des Versicherungsfalles) erst recht auch auf die Person des VN abgestellt werden kann. 102

Aufgrund der üblicherweise vorzufindenden Formulierungen gem. Ziff. 2 AVB-AVG erfordert die Geltendmachung schon eine gewisse **Konkretisierung des erhobenen Haftpflichtanspruchs**. Notwendig ist zumindest eine Bezugnahme auf (rechts-)tatsächliche Umstände, die eine Bestimmung bzw. eine Abgrenzung zu anderen Sachverhalten ermöglicht. Eine Bezifferung des Anspruchs ist hierfür nicht erforderlich. 103

Einige Bedingungswerke (nicht alle) sehen – wie schon Ziff. 2 S. 2 AVB-AVG (auch in der Fassung 2008) – eine **schriftliche Geltendmachung** vor. Dieses Erfordernis dient offenbar der Klarstellung im Hinblick auf den Zeitpunkt des Eintritts des Versicherungsfalles. Indes setzt damit der Eintritt des Versicherungsfalles ein bestimmtes Verhalten des Anspruchsgläubigers voraus, auf das weder der Versicherte noch der VN einen Anspruch hat. Deshalb erscheint diese Voraussetzung AGB-rechtlich nicht ganz unproblematisch; entsprechende Bestimmungen sind nicht von der Inhaltskontrolle gem. § 307 Abs. 3 S. 1 BGB ausgeschlossen, da es sich nicht um bloße Leistungsbeschreibungen handelt[340]. 104

2. Erfasste Pflichtverletzungen und Anspruchserhebungen

Die Deckung in der D&O-Versicherung setzt grundsätzlich sowohl die haftungsauslösende **Pflichtverletzung als auch den Eintritt des Versicherungsfalles während der Vertragslaufzeit** voraus[341]. Grundsätzlich besteht eine Deckung damit nur dann, wenn sowohl 105

---

[338] Vgl. zur Kombination von Anspruchserhebungs- und Verstoßprinzip sogleich Rn. 105.

[339] Vgl. Ziff. 4.6 AVB-AVG; entsprechende Bestimmungen finden sich üblicherweise in D&O-Versicherungen, vgl. *Olbrich*, S. 174.

[340] Zur Reichweite der Inhaltskontrolle in diesem Handbuch *Beckmann*, § 10 Rn. 202 ff.; *ders.* Versicherungsbedingungen, Rn. 339 ff.; *Hübner*, AVB und AGB-Gesetz, Rn. 477 ff.

[341] Vgl. Ziff. 3.1 AVB-AVG: „Versicherungsschutz besteht für während der Dauer des VV eingetretene Versicherungsfälle wegen Pflichtverletzungen, welche während der Dauer des VV begangen wurden. Wird eine Pflichtverletzung durch fahrlässige Unterlassung verursacht, gilt sie im Zweifel als an dem Tag begangen, an welchem die versäumte Handlung spätestens hätte vorgenommen werden müssen, um den Eintritt des Schadens abzuwenden." Ganz überwiegend stellen D&O-Versicherungen grundsätzlich auf diesen zeitlichen Umfang ab.

Beckmann

die Pflichtverletzung als auch die Geltendmachung des daraus erwachsenden Anspruches im Versicherungszeitraum liegen; es gilt eine **Kombination von Anspruchserhebungs- und Verstoßprinzip.** Dadurch wird der Anwendungsbereich der Versicherung zu Beginn, sowie zum Ende der Vertragslaufzeit nicht unerheblich begrenzt. Ansprüche, die zu Beginn geltend gemacht werden, können auf Pflichtverletzungen beruhen, die vor der Vertragslaufzeit begangen wurden. Pflichtverletzungen, die zum Ende der Laufzeit begangen werden, können Schäden verursachen, die erst nach Ablauf der Vertragszeit geltend gemacht werden. Zur Abmilderung dieser Konsequenzen enthalten D&O-Versicherungen vielfach Bestimmungen über eine **Rückwärtsversicherung** oder eine **Nachhaftung**[342]. Im Schrifttum sind unter AGB-rechtlichen Aspekten vereinzelt Bedenken erhoben worden, wenn weder Rückwärtsversicherung noch eine Nachhaftungsfrist bei Vertragsbeendigung vereinbart sind[343]. Anderenfalls wäre der Versicherungsschutz so eingeschränkt, dass ein Versicherungsfall kaum in den Versicherungszeitraum fallen könne, so dass das Erreichen des Vertragszwecks gefährdet werde. Ein solcher eingeschränkter Versicherungszeitraum wäre ohnehin schon überraschend i. S. d. AGB-Rechts (§ 305 c Abs. 1 BGB). Eine Kombination von Anspruchserhebungs- und Verstoßprinzip pauschal als überraschend bzw. unangemessen i. S. d. AGB-Rechts anzusehen, erscheint indes zu wenig differenziert. Mit zu berücksichtigen ist vor allem die Vertragslaufzeit; je länger die Laufzeit, desto größer ist die Möglichkeit, dass Versicherungsfälle in den Versicherungszeitraum fallen. Angesichts der Tatsache, dass gem. § 11 Abs. 4 VVG eine grundsätzliche Bindungswirkung von 3 Jahren ebenso zulässig ist wie Abschluss dauernder Verträge (§ 11 Abs. 2 VVG), höhlt eine Kombination von Anspruchserhebungs- und Verstoßprinzip den Versicherungsschutz grundsätzlich jedenfalls nicht aus. In der aktuellen Rechtspraxis ist diese Frage ohnehin dadurch weniger relevant, da heute die meisten D&O-Policen nicht nur auf diese Kombination abstellen, sondern ohnehin schon Rückwärtsversicherung bzw. Nachhaftungsregelungen beinhalten, ohne dass es einer besonderen Absprache bedarf.

3. Rückwärtsversicherung

106   Eine Vielzahl heute auf dem Markt angebotener D&O-Versicherungen sehen von vorneherein eine **Rückwärtsversicherung** vor; andere ermöglichen zumindest durch Zusatzvereinbarung entsprechenden Versicherungsschutz. Deutlich zurückhaltender ist insoweit noch das **Modell des GDV** in Ziff. 3.1 und 3.2 AVB-AVG (auch in der Fassung 2008) ausgestaltet. Zwar sieht dieses Modell auch die Möglichkeit der Rückwärtsversicherung durch besondere Vereinbarung vor, indes beschränkt auf die Fälle eines VR-Wechsels. Insoweit haben sich aktuelle Angebote damit vom GDV-Modell weiter entwickelt. Durch eine in den AVB ausgestaltete Rückwärtsversicherung wird § 2 VVG, der die Möglichkeit der Rückwärtsversicherung vorsieht, für die D&O-Versicherung konkretisiert[344].

107   Bei Bestehen einer Rückwärtsversicherung sind auch Ansprüche vom Versicherungsschutz erfasst, die auf Pflichtverletzungen beruhen, welche vor Vertragsschluss begangen wurden, wenn sie während der Vertragsdauer erstmalig geltend gemacht werden. Indes enthalten auch Rückwärtsversicherungen in der Regel Beschränkungen. Manche Rückwärtsversicherungen enthalten zum einen eine **zeitliche Begrenzung;** erfasst werden nur Pflichtverletzungen, die innerhalb eines bestimmten Zeitraumes vor Versicherungsbeginn begangen worden sind. In der Regel wird dann eine Rückwärtsdeckung für zwei oder fünf Jahre gewährt. Wohl überwiegend sind Rückwärtsversicherungen jedoch zeitlich uneingeschränkt.

108   Das Risiko einer auch **inhaltlich uneingeschränkten Rückwärtsversicherung** gehen D&O-Versicherer allerdings nur ganz vereinzelt ein. Regelmäßig soll vermieden werden, bereits zum Zeitpunkt des Vertragsschlusses bekannte Schadenfälle bewusst mitzuversichern. Daher ist eine Rückwärtsversicherung in den AVB der meisten Anbieter für den Fall ausgeschlossen, dass der VN oder die versicherte Person die Pflichtverletzung zum Zeitpunkt des Vertragsschlusses **kannte.** In aller Regel stellen die Bedingungswerke also auf die **Kenntnis**

---

[342] Vgl. zur Rückwärtsversicherung Rn. 106 ff. und zur Nachhaftung Rn. 111 ff.
[343] *Wollny*, S. 407; ablehnend *Ihlas*, S. 207 Fn. 96.
[344] Vgl. *Olbrich*, S. 151 f.

der Pflichtverletzung ab. Dann kommt es nicht nur auf die Kenntnis des tatsächlichen Verhaltens (Tun oder Unterlassen), sondern darüber hinaus auch auf die Kenntnis der Pflichtwidrigkeit dieses Verhaltens an.

In einigen D&O-Bedingungswerken erstreckt sich dieser Ausschluss aber auch auf Pflicht-   **109** verletzungen, die der VN oder die versicherte Person „hätte kennen müssen". Wie sich aus § 122 Abs. 2 BGB ergibt, führt damit **fahrlässige Unkenntnis** zum Ausschluss des Versicherungsschutzes. Damit läuft die Rückwärtsversicherung indes praktisch leer[345]. Eine schadensersatzrechtliche Inanspruchnahme der versicherten Person setzt in aller Regel Verschulden voraus[346]. Der Verschuldensmaßstab richtet sich etwa im Rahmen der Innenhaftung nach § 93 Abs. 1 S. 1 AktG bzw. § 43 Abs. 1 GmbHG. Die Mitglieder des Vorstandes haben bei ihrer Geschäftsführung gem. § 93 Abs. 1 AktG die Sorgfalt eines ordentlichen und gewissenhaften Geschäftsleiters anzuwenden; für den Geschäftsführer schreibt § 43 Abs. 1 GmbHG die Sorgfalt eines ordentlichen Geschäftsmannes vor. Einen versicherten Unternehmensleiter trifft eine Haftung damit nur, wenn er sein objektives Fehlverhalten kannte oder fahrlässig nicht erkannte. Mithin wird dieser für die Rückwärtsversicherung vorzufindende Ausschlussgrund von vorneherein vielfach ohnehin verwirklicht sein. Die Rückwärtsversicherung wird dann zum bloßen Marketinginstrument. Aus diesem Grunde erscheint dieser Ausschlussgrund unter AGB-rechtlichen Aspekten problematisch; es wird eine Rückwärtsversicherung suggeriert, die faktisch nur geringe Wirkung entfaltet.

Das Nichteingreifen der Rückwärtsversicherung ist als Ausschluss konzipiert, mithin ist der   **110** VR für das Nichtvorliegen der Rückwärtsversicherung **beweispflichtig**[347]. Insoweit kann sich der VR nicht auf eine für den materiellen Haftungsanspruch geltende Beweislastumkehr zulasten des in Anspruch genommen Organmitglieds berufen, die im Rahmen der organschaftlichen Innenhaftung zum Tragen kommt.

4. Nachhaftung des Versicherers

Das Anspruchserhebungsprinzip führt dazu, dass ein Anspruch, der nach Vertragsbeendi-   **111** gung gegen die versicherte Person geltend gemacht wird, nicht gedeckt ist, selbst wenn die Pflichtverletzung während der Vertragslaufzeit begangen worden ist. Nicht zuletzt wegen der immerhin fünfjährigen Verjährungsfrist von Innenansprüchen des Unternehmens gegen Geschäftsführer oder Vorstand (vgl. etwa § 93 Abs. 6 AktG, § 43 Abs. 4 GmbHG) besteht damit die Gefahr von Deckungslücken. Die für versicherte Person und VN hiermit verbundenen Nachteile können durch verschiedene Möglichkeiten einer sog. Nachhaftung reduziert werden. Durch eine vereinbarte **Nachhaftung** erfasst der Versicherungsschutz auch Ansprüche wegen Pflichtverletzungen, die während der Dauer der Vertragslaufzeit oder der gegebenenfalls vereinbarten Rückwärtsversicherung begangen wurden, aber erst innerhalb der Nachhaftungszeit geltend gemacht werden. Für die Ausgestaltung einer solchen Nachhaftung verwenden D&O-Versicherer unterschiedliche Modelle; teilweise gewähren D&O-Versicherer eine (automatische) prämienfreie Nachhaftung, teilweise wird die Nachhaftung nur gegen einen Teil der zuvor gezahlten Prämie angeboten.

Eine Reihe von D&O-Bedingungswerken enthält schließlich eine nach Vertragsbeendi-   **112** gung automatisch eintretende **Nachhaftungszeit.** Hinsichtlich der Dauer einer solchen Nachhaftung sehen die AVB unterschiedliche Zeiträume vor; so finden sich Nachhaftungszeiträume zwischen sechs Monaten und fünf Jahren. Darüber hinaus ist vielfach eine Verlängerung des Nachhaftungszeitraum vorgesehen (regelmäßig um ein Jahr bei einer Nachhaftung von höchstens drei Jahren), wenn der Versicherungsvertrag verlängert worden ist. Da sich die *Nachhaftung* auf die Zeit nach Beendigung des Versicherungsvertrags bezieht, besteht bei dieser Art der Nachhaftung damit für diesen Zeitraum keine Prämienzahlungspflicht des VN. Indes sehen die AVB regelmäßig Fälle vor, bei denen keine Nachhaftung besteht. Häufig genannte Ausschlüsse für eine Nachhaftung sind die **Vertragsbeendigung wegen Prä-**

---

[345] Ebenso *Lattwein/Plück,* NVersZ 2000, 365 (366).
[346] Vgl. zu den Haftungsvoraussetzungen Rn. 30 ff.
[347] *Lattwein,* NVersZ 1999, 49 (51).

mienzahlungsverzuges oder der **Abschluss einer anderweitigen Organhaftpflichtversicherung.** Darüber hinaus sehen D&O-Versicherungen regelmäßig keine Nachhaftung im Falle der Beendigung des Versicherungsvertrags aufgrund einer Kündigung durch den VR wegen **Eröffnung eines Insolvenzverfahrens über das Vermögen** der VN vor.

113   Teilweise zusätzlich, teilweise ohne Bestehen einer solchen automatischen Nachhaftung räumen D&O-Bedingungswerke dem VN das Recht ein, eine Nachhaftungszeit innerhalb einer bestimmten Frist gegen Zahlung eines zusätzlichen Beitrages zu verlangen; dieses Modell liegt bereits dem GDV-Modell zugrunde[348]. Die Nachhaftungszeit beträgt in diesen Fällen meistens ein Jahr. Aber auch bei prämienabhängiger Nachhaftung des VR erfasst der Versicherungsschutz keine Pflichtverletzungen, die nach Beendigung des Versicherungsvertrags und während der Nachhaftungszeit begangen werden.

114   Hinsichtlich der **Deckungssumme** gilt – für beide Modelle, also sowohl im Falle der prämienfreien wie auch der prämienabhängigen Nachhaftung – Folgendes: Die Nachhaftungszeit ist als Teil des letzten Versicherungsjahres anzusehen. Versicherungsschutz wird daher bis zur Höhe des durch frühere Versicherungsfälle nicht verbrauchten Teils der Höchstentschädigungssumme des letzten Versicherungsjahres gewährt. Ist diese vorher bereits erschöpft worden, läuft die Nachhaftungszeit also leer. Gerade bei längeren Nachhaftungsfristen ist die Deckung daher ungewiss. Im Ergebnis handelt es sich letztlich also lediglich um eine Verlängerung der Anspruchserhebungsfrist.

5. Insolvenzeröffnung

115   Eine weitere zeitliche Einschränkung enthalten D&O-Versicherungen in der Regel für den Fall, dass über das Vermögen des VN ein Insolvenzverfahren eröffnet wird. In diesem Fall erstreckt sich der Versicherungsschutz grundsätzlich nur auf Haftpflichtansprüche infolge solcher **Pflichtverletzungen, die vor Eröffnung des Verfahrens** begangen wurden[349]. Einzelne VR bieten dem VN aber die Möglichkeit an, innerhalb einer bestimmten Frist gegen Zahlung einer Zusatzprämie auch in diesem Fall eine Nachhaftungszeit zu vereinbaren.

H. Ausschlüsse

116   Die D&O-Versicherungsbedingungen enthalten stets Regelungen, nach denen der Versicherungsschutz bei bestimmten Haftpflichtansprüchen ausgeschlossen ist. Für das Vorliegen der Leistungsausschlüsse trägt der VR die **Beweislast.** Nachfolgend werden die wichtigsten **Ausschlusstatbestände** behandelt[350].

I. Wissentliche Pflichtverletzung

117   Die D&O-Versicherungsbedingungen enthalten oft einen Ausschluss des Versicherungsschutzes bei **vorsätzlicher Schadensverursachung** sowie bei allen **wissentlichen Pflichtverletzungen** durch versicherte Personen[351]. Teilweise wird auch ein Ausschluss bei **vorsätzlicher Pflichtverletzung** vereinbart. In der Literatur wird die Reichweite und das

---

[348] Ziff. 3.3 AVB-AVG 2008: „Wird der VV durch den VR nicht oder nicht zu denselben Konditionen verlängert, so hat die VN das Recht, innerhalb eines Monats nach Ablauf des Vertrages gegen Zahlung eines zusätzlichen Beitrages in Höhe von …% des letzten Jahrebeitrags die Vereinbarung einer Nachmeldefrist von einem Jahr zu verlangen; dies gilt nicht für den Fall der Eröffnung des Insolvenzverfahrens über das Vermögen der Versicherungsnehmerin sowie in den Fällen der Vertragsbeendigung gem. Ziffer 9.2." Vergleichbare Regelungen finden sich nach wie vor in einzelnen D&O-Versicherungen.
[349] So bereits Ziff. 3.4 AVB-AVG (auch in der Fassung 2008) und eine Reihe nach wie vor geltender AVB.
[350] Zur sog. Öffentlichkeitsklausel siehe schon oben Rn. 92; zur sog. Eigenschadenklausel siehe bereits oben Rn. 93.
[351] So bereits Ziff. 5.1 AVB-AVG (auch in der Fassung 2008).

Verhältnis der einzelnen Klauseln zueinander weitgehend uneinheitlich beurteilt[352]. Im Mittelpunkt der Diskussion steht die Frage, welcher Ausschluss für den VN und die versicherten Personen günstiger ist.

Eine „vorsätzliche Schadensverursachung" knüpft an den gesetzlichen Leistungsausschluss des § 103 VVG bzw. an die Vorsatzausschlussklausel gem. § 4 Abs. 2 Ziff. 1 AHB 2002 (jetzt geregelt in Ziff. 7.1 AHB 2008) an. Die Formulierung entspricht mehr der Formulierung des § 4 Abs. 2 Ziff. 1 AHB 2002 als der Formulierung des § 103 VVG. In beiden Entsprechungen – also sowohl gem. § 103 VVG wie auch gem. § 4 Abs. 2 Ziff. 1 AHB 2002 – muss sich der Vorsatz nicht nur auf das Schadensereignis, sondern auch auf die Schadensfolge beziehen[353]. Für die D&O-Versicherung kann nichts anderes gelten. Anders ist dies bei dem Ausschluss wegen „vorsätzlicher Pflichtverletzung". Zwar erscheinen die Formulierungen „vorsätzliche Schadensverursachung" und „vorsätzliche Pflichtverletzung" auf den ersten Blick durchaus ähnlich. In der praktischen Anwendung ergeben sich jedoch erhebliche Unterschiede[354]. Für die „vorsätzliche Pflichtverletzung" ist es nämlich ausreichend, dass sich der Vorsatz – auch dolus eventualis genügt – auf die Pflichtverletzung bezieht, wohingegen bei der „vorsätzlichen Schadensverursachung", wie bereits erläutert, auch Vorsatz hinsichtlich der Schadensfolge vorliegen muss. Für den Begriff des Vorsatzes gelten die allgemeinen zivilrechtlichen Maßstäbe; Vorsatz setzt damit das **Wissen und Wollen des rechtswidrigen Erfolges** voraus; es gelten die allgemeinen Erwägungen insbesondere zur Abgrenzung von der bewussten Fahrlässigkeit[355].

Wie gem. § 4 Ziff. 5 AVB-Vermögen 1989/2001 greift der Leistungsausschluss auch in einer **118** Reihe von D&O-Bedingungswerken bei **wissentlicher Verletzung einer Pflicht** ein. Die entsprechenden Erwägungen zu den AVB-Vermögen lassen sich damit auch insoweit auf die D&O-Versicherungen grundsätzlich übertragen[356]. Unter wissentlicher Verletzung einer Pflicht ist das bewusste Abweichen der versicherten Personen von einer gesetzlichen oder anderweitig normierten Pflicht oder auch einer Weisung zu verstehen; erforderlich ist die **positive Kenntnis von der Pflicht** (Pflichtbewusstsein) *sowie* **positive Kenntnis des Abweichens von dieser Pflicht** (Pflichtverletzungsbewusstsein)[357]. Auf den Schadenseintritt muss sich das Wissen allerdings nicht erstrecken[358], so dass dieser Leistungsausschluss weiter gefasst ist und damit größere Bedeutung hat als der Ausschluss vorsätzlicher Schadensverursachung. Die versicherte Person kann mithin nicht geltend machen, sie habe darauf vertraut, das bewusst pflichtwidrige Handeln werde zu keiner Schädigung führen. Dieser Ausschluss trägt damit den strengen Haftungsregelungen der gesellschaftsrechtlichen Vorschriften Rechnung, beispielsweise für das verspätet beantragte Insolvenzverfahren. Gerade in diesem Fall hoffen Organmitglieder vielleicht, eine Krise noch abzuwenden, und wollen keinen Schaden verursachen, sondern einen solchen sogar abwenden; nichtsdestotrotz verletzten sie möglicherweise bewusst

---

[352] Vgl. *Penner*, VersR 2005, 1359 ff. m. w. N.; *Mahncke*, ZfV 2006, 540 ff. m. w. N.; *Vothknecht*, Sonderdruck aus PHi 2/2006, 3 ff.

[353] Für § 152 VVG vgl. Berliner Kommentar/*Baumann*, § 152 Rn. 17 m. w. N.; *Prölss/Martin/Voit*, § 152 Rn. 2; für § 4 Abs. 2 Ziff. 2 AHB vgl. *Littbarski*, AHB, § 4 Rn. 373; *Prölss/Martin/Voit*, § 4 AHB Rn. 82 jeweils m. w. N.

[354] Wenig hilfreich ist es daher, pauschal von einer Vorsatzklausel oder Vorsatzausschlussklausel zu sprechen.

[355] *R. Johannsen*, § 24 Rn. 62; *Bruck/Möller/Johannsen*, Bd. IV, Anm. G 221; *Littbarski*, AHB, § 4 Rn. 371; *Prölss/Martin/Voit*, § 152 Rn. 2 jeweils m. w. N. Der Ausschlusstatbestand greift nur im Falle widerrechtlichen Handelns ein, auch wenn der Ausschlusstatbestand ausdrücklich keine Widerrechtlichkeit voraussetzt; vgl. Berliner Kommentar/*Baumann*, § 152 Rn. 27; *Littbarski*, AHB, § 4 Rn. 369 m. w. N. für § 4 Abs. 2 Ziff. 1 AHB.

[356] Dazu *v. Rintelen*, § 26 Rn. 312 ff.; *Prölss/Martin/Voit*, Arch.-Haftpfl. Rn. 30; *ders.*, § 4 AVB-Vermögen/WB Rn. 5; speziell zur D&O-Versicherung *Lange*, DStR 2002, 1674 (1676 f.).

[357] *Lange*, DStR 2002, 1674 (1676).

[358] *Ihlas*, S. 236; *Lattwein/Krüger*, NVersZ 2000, 365 (366); *Olbrich*, S. 164; betr. AVB-Vermögen BGH v. 26. 9. 1990, VersR 1991, 176 (177); BGH v. 5. 3. 1986, VersR 1986, 647 (648); *Prölss/Martin/Voit*, § 4 AVB-Vermögen/WB Rn. 5 m. w. N.

eine entsprechende Insolvenzantragspflicht[359]. Andererseits soll nach im Schrifttum vertretener Auffassung die Wissentlichkeit als dolus directus II. Grades lediglich eine von drei Vorsatzformen darstellen, so dass die wissentliche Pflichtverletzung stets in der vorsätzlichen Pflichtverletzung enthalten sei[360].

119 Üblicherweise werden den versicherten Personen Handlungen oder Unterlassungen, die ohne ihr Wissen von anderen versicherten Personen begangen wurden, **nicht zugerechnet**[361]. Gemeint ist damit etwa der Fall, dass einer von zwei Organmitgliedern bewusst Pflichten verletzt hat, während dem anderen lediglich der Vorwurf gemacht werden kann, er habe dies fahrlässig nicht bemerkt und verhindert. In der Tat würde eine Zurechnung zu Lasten des nicht bewusst pflichtwidrig Handelnden dessen Versicherungsschutz in erheblichem Maße beeinträchtigen. Dieser Fall ist nicht in § 47 Abs. 1 VVG geregelt, da sich die Vorschrift auf die Zurechnung des Verhaltens und der Kenntnis zu Lasten des VN bezieht. Bei den in Rede stehenden D&O-Bestimmungen geht es indes um die Zurechnung des Verhaltens einer versicherten Person zu Lasten einer anderen versicherten Person. Indes soll nach den einschlägigen D&O-AVB regelmäßig eine Zurechnung für Handlungen und Unterlassungen **vor Beginn des Versicherungsvertrags** stattfinden. Diese Einschränkung im Hinblick auf die Rückwärtsversicherung erscheint nicht unproblematisch[362]. Der von einer Rückwärtsversicherung ausgehende Zweck wird hierdurch – nicht zuletzt wegen der möglicherweise hohen Zahl versicherter Personen, die auch noch in einem anderen Ressort tätig sein können – doch erheblich beeinträchtigt. Im Übrigen wird der Wissentlichkeitsausschluss – jedenfalls in anderen Bereichen – nach h. M. indes für zulässig erachtet[363].

120 Die **Beweislast** für das Vorliegen der Voraussetzungen dieses Ausschlusstatbestandes liegt beim VR; der Beweis kann im Wege des **Indizienbeweises,** nicht hingegen durch Anscheinsbeweis geführt werden[364]. Bestreitet die versicherte Person **Pflichtbewusstsein,** so kann der VR den Nachweis dadurch erbringen, dass er Tatsachen darlegt und beweist, die den Schluss zulassen, dass dem Unternehmensleiter die verletzte Pflicht bewusst war. Ein Aspekt kann insoweit die **Schwere der Pflichtverletzung** sein; je gravierender die Pflichtverletzung, desto mehr kann dies dafür sprechen, dass demjenigen, der die Pflicht verletzt hat, diese auch bekannt gewesen ist[365]. Und je besser der versicherte Unternehmensleiter ausgebildet ist und Praxiserfahrung gesammelt hat, desto einfacher wird es für den VR sein, den Nachweis des Pflichtbewusstseins zu führen[366]. Indes reicht aus Sicht des VR allein der Nachweis des Pflichtbewusstseins des versicherten Unternehmensleiters nicht aus; hinzukommen muss der Nachweis des Pflichtverletzungsbewusstseins[367].

121 Der Ausschlusstatbestand wird vielfach dadurch **abgemildert,** dass der VR dem VN bis zum Nachweis der wissentlichen Pflichtverletzung durch die D&O-Versicherung **Rechtsschutz** bietet. Für den Fall, dass das Vorliegen einer wissentlichen Pflichtverletzung gerichtlich festgestellt wird, entfällt der Versicherungsschutz dann wieder rückwirkend und die versicherte Person muss danach die bereits erhaltenen Versicherungsleistungen zurückzahlen[368].

---

[359] *Lattwein/Krüger,* NVersZ 2000, 365 (367); allgemein *Lange,* DStR 2002, 1674 (1677).

[360] So *Penner,* VersR 2005, 1359 (1361); *Mahncke,* ZfV 2006, 540 (543); *Vothknecht,* Sonderdruck aus PHi 2/2006, 3 (11); *Olbrich,* S. 179.

[361] Vgl. Ziff. 5.1 AVB-AVG (auch Fassung 2008); entsprechende Ausschlüsse finden sich in den meisten D&O-AVB.

[362] Kritisch auch *Kiethe,* BB 2003, 537 (541 f.).

[363] BGH v. 26. 9. 1990, VersR 1991, 176 (179); OLG Köln v. 4. 11. 1997, r+s 1998, 59; *Prölss/Martin/Voit,* § 4 AVB Vermögen/WB Rn. 5; vgl. auch *v. Rintelen,* § 26 Rn. 313.

[364] *Ihlas,* S. 240.

[365] BGH v. 8. 2. 1989, VersR 1989, 582 (583); OLG Köln v. 2. 7. 1996, VersR 1997, 1345 (1347); kritisch *Lange,* DStR 2002, 1674 (1677); *Kiethe,* BB 2003, 537 (541).

[366] *Lange,* DStR 2002, 1674 (1677); vgl. auch OLG Köln v. 28. 1. 1997, r+s 1997, 496 betr. eine Vermögensschaden-HaftpflichtV von Angehörigen der wirtschafts- und steuerberatenden Berufe.

[367] Dazu *Lange,* DStR 2002, 1674 (1677).

[368] Vgl. *Lattwein/Krüger,* NVersZ 2000, 365 (367).

II. Ausländische Gerichte/ausländisches Recht

Regelmäßig enthalten die D&O-Bedingungen auch Ausschlusstatbestände, die sich auf **122** Haftpflichtansprüche nach **ausländischem Recht** bzw. auf deren **Geltendmachung im Ausland** beziehen. Hierdurch wird die zumeist grundsätzlich geltende weltweite Deckung deutlich relativiert. Die Ausschlüsse sind inhaltlich unterschiedlich gestaltet. Grundsätzlich vergleichbare Regelungen finden sich auch in den AVB-Vermögen. Man wird solche Ausschlüsse nicht als überraschend oder unangemessen ansehen können. Zweifel über die Wirkung solcher Ausschlüsse lassen sich aber unter Umständen dann begründen, wenn ein Unternehmen VN wird, das offensichtlich nicht nur national, sondern international tätig ist. Nicht ausgeschlossen ist es, wegen des Vorrangs der Individualabrede gem. § 305b BGB solchen Klauseln – vorbehaltlich des § 5 VVG – dann ihre Wirkung zu versagen, denn auch konkludenten Individualabreden kommt Vorrang vor abweichenden AGB-Bestimmungen zu[369].

Einige Versicherungen schließen den Versicherungsschutz bei Haftpflichtansprüchen aus, **123** die vor Gerichten in den **USA** oder **Kanada** oder nach dem materiellen Recht dieser Länder geltend gemacht werden[370]; erfasst sind oftmals auch Ansprüche, die der VN oder dessen Tochtergesellschaften gegen versicherte Personen in common-law-Ländern oder auf der Basis von **common law** geltend machen.

Vereinzelt bezieht sich der Ausschluss bereits auf Haftungsansprüche **außerhalb Europas** **124** oder **außerhalb der EU**[371]. Er erfasst dann alle Ansprüche, die vor außereuropäischen Gerichten oder Gerichten außerhalb der EU geltend gemacht werden – auch bei inländischen Vollstreckungstiteln –, sowie Ansprüche wegen Verletzung des Rechts von Staaten oder Handlungen in Staaten, die nicht Europa oder der EU angehören.

III. Unzureichender Versicherungsschutz des Versicherungsnehmers

Vielfach beinhalten D&O-Bedingungswerke außerdem einen Ausschluss insoweit, als die **125** Haftpflichtansprüche darauf beruhen, dass Versicherungsleistungen nicht oder unzureichend wahrgenommen oder Versicherungen nicht oder unzureichend abgeschlossen, erfüllt oder fortgeführt werden[372]. Solche Ausschlüsse sollen vermeiden, dass die D&O-Versicherung eine Art „Super-Police" wird, die alle anderen Versicherungen im Ergebnis überflüssig macht. Versuchen, die D&O Versicherung als Notbehelf beim Eintritt anderer oder unzureichend versicherter Schäden heranzuziehen, soll entgegengetreten werden[373]. Deshalb handele es sich um einen wichtigen Ausschluss[374]. Indes erfassen D&O-Versicherung ohnehin nur reine Vermögensschäden, nicht aber Personen- bzw. Sachfolgeschäden, so dass schon aus diesem Grunde eine D&O-Versicherung eine Reihe anderer Versicherungen nicht ersetzen kann. Die gegenüber einer uneingeschränkten Subsidiaritätsklausel erhobenen Bedenken[375] lassen sich ebenfalls auf diesen Leistungsausschluss übertragen. Der Abschluss von Versicherungen, insbesondere von Pflichtversicherungen gehört schon zu den wichtigen Aufgaben von Unternehmensleitern, so dass der Versicherungsschutz durch diesen Ausschluss doch beeinträchtigt wird. Hinzu tritt, dass die vielfach vorzufindende Formulierung des „unzureichenden Versicherungsschutzes" wenig bestimmt ist.

---

[369] BGH v. 6. 2. 1996, NJW-RR 1996, 673 (674); *Brandner/Ulmer/Hensen/Ulmer*, § 4 Rn. 12.
[370] Dazu *Held* in: *Halm/Engelbrecht/Krahe²*, Kap. 33 Rn. 31.
[371] So auch Ziff. 5.5 AVB-AVG.
[372] Ähnlich auch Ziff. 5.9 AVB-AVG.
[373] *Ihlas*, S. 292; *Olbrich*, S. 171f.; *Plück/Lattwein*, S. 187.
[374] *Plück/Lattwein*, S. 187; *Lattwein*, NVersZ, 49 (52); a. A. *Rhode-Liebenau*, ZfW 1998, 288 (290).
[375] Zu uneingeschränkten Subsidiaritätsklauseln vgl. oben Rn. 15ff.

IV. Umwelthaftung

126   Auch der in D&O-Versicherungen vorzufindende sog. **Umweltausschluss** wird kontrovers diskutiert. Danach sollen „Ansprüche im Zusammenhang mit Umweltschäden" ausgeschlossen werden[376]. Argumentiert wird auch hier, dass der Umweltausschluss lediglich klarstellende Funktion habe, weil die Umwelthaftung überwiegend aus Personen- und Sachschäden resultiere, die über die D&O-Versicherung ohnehin nicht abgedeckt seien. Reine Vermögensschäden im Umweltbereich sind aber denkbar, z. B. wenn der Vorstand den Ankauf eines mit Altlasten kontaminierten Grundstückes beschließt, ohne zuvor eine hinreichende Umweltprüfung vornehmen zu lassen[377]. Aus Versicherersicht ist der Umweltausschluss vor allem im produzierenden Gewerbe sinnvoll, wo es z. B. durch Luft- und Bodenkontaminationen zu erheblichen Schadensfällen bei benachbarten Unternehmen oder anderen Dritten kommen kann. Diese Fälle sind häufig in der chemischen Industrie anzutreffen[378]. Die VR waren bisher mit der Vereinbarung eines Umweltausschlusses zurückhaltend. Zum Teil beschränkten sie ihn auf Ansprüche wegen Umwelteinwirkungen *vor* Vertragsbeginn und/oder auf solche, die vor bestimmten außereuropäischen Gerichten oder nach dem Recht bestimmter außereuropäischer Länder geltend gemacht werden. Eine Reihe von D&O-Versicherungen enthielten diesen Ausschluss im Übrigen ohnehin nicht. Es bleibt abzuwarten, inwiefern die verschärfte Umweltverantwortlichkeit von Organmitgliedern durch das am 14. 11. 2007 in Kraft getretene USchadG diesbezüglich eine Änderung herbeiführt[379].

V. Produkthaftung

127   Ebenfalls – indes nur noch ganz vereinzelt – findet sich in D&O-Versicherungsbedingungen ein Ausschluss für Ansprüche, die aufgrund mangelhafter Produkte des VN entstanden sind[380]. Zwar ist die **Produkthaftung** primär auf den Ersatz von Personen- und Sachschäden gerichtet und diese sind vom D&O-Versicherungsschutz nicht erfasst. Der Ausschluss ist jedoch nicht rein deklaratorischer Art, denn in manchen Fällen kann die Produkthaftung auch zu **reinen Vermögensschäden** führen, vor allem im Innenverhältnis zwischen VN der D&O-Versicherung und den versicherten Personen. Hier sind Regressansprüche aufgrund einer Produkthaftung der Gesellschaft gegenüber Dritten (Kunden) denkbar, die auf den Ersatz reiner Vermögensschäden gerichtet sind. Zu denken ist an eine Innenhaftung nach den Generalklauseln des AktG oder des GmbHG wegen eines Organisations- oder Kontrollverschuldens. Als reine Vermögensschäden kommen hier etwa fehlgeschlagene Entwicklungs-, Produktions- und Vertriebskosten oder Rückrufkosten in Betracht. Aber auch der Regress des Unternehmens, das im Wege der Produkthaftung in Anspruch genommen worden ist, gegen seinen Unternehmensleiter kann grundsätzlich von der D&O-Versicherung erfasst sein[381]. Indes kann der D&O-Versicherungsschutz infolge des Eingreifens einer Subsidiaritätsklausel ausgeschlossen sein[382].

---

[376] Vgl. bereits Ziff. 5.2 AVB-AVG (Ziff. 5.4, Fassung 2008): „… Schäden durch Umwelteinwirkungen …".

[377] *Lattwein/Krüger*, VW 1997, 1366 (1372); *Plück/Lattwein*, S. 188. Fraglich ist aber immer, ob die daraus resultierenden Ansprüche nach dem genauen Wortlaut des Ausschlusses von ihm auch erfasst sind.

[378] *Plück/Lattwein*, S. 188.

[379] Vgl. auch *Schmidt*, NZG 2007, 650; zur Haftungsverschärfung durch das USchadG siehe auch Rn. 4.

[380] Vgl. noch Ziff. 5.3 AVB-AVG (auch Fassung 2008).

[381] Str., vgl. oben zum Begriff der reinen Vermögensschäden Rn. 69.

[382] Vgl. zur Subsidiarität Rn. 15 ff.

VI. Weitere Ausschlüsse

1. Ansprüche wegen Rückgabe oder Rückzahlung von Bezügen, Tantiemen oder sonstigen Vorteilen aus der versicherten Tätigkeit

Eine Reihe von D&O-Bedingungen enthalten Haftungsausschlüsse für die Rückzahlung **128** bzw. Rückgabe von **Bezügen, Tantiemen oder sonstigen Vorteilen,** die die versicherten Personen aus der versicherten Tätigkeit erhalten haben[383]. Der Ausschluss hat lediglich deklaratorische Wirkung hinsichtlich von Bereicherungsansprüchen, die gegenüber der versicherten Person, die diese Vorteile erhalten hat, entstanden sind. Bereicherungsansprüche sind keine Haftpflichtansprüche und damit ohnehin nicht vom Schutz der D&O-Versicherung erfasst. Konstitutive Wirkung entfaltet dieser Ausschlusstatbestand, wenn in der Entgegennahme gleichzeitig ein Pflichtverstoß liegt oder soweit eine andere versicherte Person die Bereicherung pflichtwidrig – etwa aufgrund Kontroll-, Organisations- oder Unterlassungsverschuldens – verursacht bzw. nicht verhindert hat[384].

2. Insich-Prozesse

Ausdrücklich ausgeschlossen sind vereinzelt auch **Insich-Prozesse** von versicherten Per- **129** sonen untereinander oder von Angehörigen der versicherten Personen[385]. In diesen Fällen definieren die AVB auch den Begriff des Angehörigen[386]. Ein solcher Ausschluss bezweckt die **Vermeidung kollusiven Zusammenwirkens** der Beteiligten gegenüber dem VR. Indes findet sich dieser Ausschluss in vielen Bedingungswerken nicht mehr; hierin wird offenbar kein unüberschaubares Risiko gesehen. Im Übrigen sind Angehörige von versicherten Personen gerade selbst vielfach vom Versicherungsschutz erfasst[387]; Ansprüche von versicherten Personen untereinander sind aber nicht Gegenstand der D&O-Versicherung[388], so dass schon deshalb Insich-Prozesse nicht Gegenstand der Versicherung sind[389].

3. Vermögensvorteil bei einer anderen Gesellschaft des Konzerns

Nur noch ganz vereinzelt schließen VR den Versicherungsschutz für Haftpflichtansprüche **130** des VN oder einer verbundenen Gesellschaft aus, deren Vermögensschaden bei einer anderen Gesellschaft dieses Konzerns zu einem Vermögensvorteil geführt hat, und zwar in der Höhe des entstandenen Vermögensvorteils[390].

4. Vertragsstrafen/Geldbußen/Geldstrafen

In der Regel enthalten die D&O-AVB einen Ausschluss von Haftpflichtansprüchen wegen **131** Zahlung bzw. **Erfüllung von Vertragsstrafen, Bußen oder Entschädigungen mit Strafcharakter** (z. B. „punitive" oder „exemplary damages"). Vertragsstrafen sind indes nicht abgedeckt, weil die D&O-Versicherung ohnehin nur die Haftung auf Grund gesetzlicher Grundlagen abdeckt[391]. Bußen stellen aber keinen Vermögensschaden eines Dritten dar, für den das Organmitglied auf Grund gesetzlicher Vorschriften haftet. Damit haben entsprechende Klauseln insoweit nur klarstellenden Charakter. Das gilt auch im Hinblick auf den

---

[383] Vgl. Ziff. 5.2 AVB-AVG (auch Fassung 2008).
[384] *Ihlas,* S. 241.
[385] Vgl. Ziff. 5.8 AVB-AVG (auch Fassung 2008).
[386] Ziff. 4.2 AVB-AVG 2008: „…(als Angehörige gelten Ehegatten, Lebenspartner im Sinne des Lebenspartnerschaftsgesetzes oder vergleichbare Partnerschaften nach dem Recht anderer Staaten, Eltern und Kinder, Adoptiveltern und -kinder, Schwiegereltern und -kinder; Stiefeltern und -kinder, Großeltern und Enkel, Geschwister sowie Pflegeeltern und –kinder (Personen, die durch ein familienähnliches, auf längere Dauer angelegtes Verhältnis wie Eltern und Kind miteinander verbunden sind)…)".
[387] Siehe oben Rn. 57.
[388] *Olbrich,* S. 191f.
[389] Vgl. Ziff. 1.1 AVB-AVG (auch Fassung 2008).
[390] Ziff. 5.11 AVB-AVG (Ziff. 5.12 Fassung 2008); vgl. hierzu LG Wiesbaden v. 14. 12. 2004, VersR 2005, 545 (546).
[391] Auch zum Folgenden *Ihlas,* S. 290.

Ausschluss von Entschädigungen mit Strafcharakter, da es bereits an einem Vermögensschaden fehlt.

5. Verstoß gegen Insiderregeln

132   Nach den Musterbedingungen des GDV ist der Versicherungsschutz bei Ansprüchen wegen Verstoßes gegen Insiderregeln ausgeschlossen[392]. Damit soll den 1998 neu gefassten Insiderregelungen aufgrund des WpHG Rechnung getragen werden. Entsprechende Ausschlüsse finden sich in D&O-Versicherungen indes grundsätzlich nicht[393]. Dies lässt sich damit begründen, dass eine solche Regelung nur **klarstellende Funktion** hätte. Ein Verstoß gegen diese Insiderregeln wird regelmäßig vorsätzlich bzw. zumindest wissentlich erfolgen, so dass diese entsprechenden Ausschlüsse tatbestandlich ohnehin eingreifen[394].

I. Besonderheiten des Versicherungsvertrags

I. Prämie

1. Allgemeines

133   Nur einige D&O-Versicherungsbedingungen enthalten Regelungen über die **Versicherungsprämie**. In solchen Fällen betreffen diese zumeist deren Fälligkeit, die Rechtsfolgen bei verzögerter Zahlung sowie das Schicksal der Prämie im Falle der vorzeitigen Beendigung des Versicherungsverhältnisses. Vielfach wird ohnehin nur das wiederholt, was das Gesetz in den §§ 33 ff. VVG schon bestimmt. Die Versicherungsprämie wird gem. § 33 VVG unverzüglich nach Ablauf von zwei Wochen nach Zugang des Versicherungsscheins **fällig**. Entsprechende Bestimmungen in AVB haben nur deklaratorische Bedeutung. Für die Frage der Rechtzeitigkeit der Zahlung kommt es – nach allgemeinen Regeln – nicht auf den Tilgungszeitpunkt, sondern auf die Vornahme der Leistungshandlung an. Entscheidend ist, zu welchem Zeitpunkt der VN das für die Übermittlung des Geldes seinerseits Erforderliche getan hat[395]. Im Falle **nicht rechtzeitiger Prämienzahlung** durch den VN gelten gleichfalls die allgemeinen Regelungen der §§ 37, 38 VVG. Soweit D&O-AVB überhaupt insoweit Regelungen enthalten, weichen sie vom Gesetz nicht ab und haben damit gleichfalls in der Regel deklaratorische Wirkung.

2. Prämie und vorzeitige Beendigung des Versicherungsvertrags

134   Die D&O-Bedingungen regeln – wenn überhaupt Vorschriften über die Prämie darin enthalten sind –, dass dem VR bei **vorzeitigem Ende des Vertragsverhältnisses** die Prämie nach „Maßgabe der gesetzlichen Bestimmungen" gebührt. Ausdrücklich genannt wurden insbesondere die §§ 40, 68 VVG a. F. § 40 VVG a. F. regelte den **Grundsatz der Unteilbarkeit der Prämie** innerhalb einer Versicherungsperiode. Danach gebührte dem VR die Prämie grundsätzlich bis zum Schluss der Versicherungsperiode, in der er von den Gründen, die zur vorzeitigen Beendigung des Vertrages geführt haben, Kenntnis erlangt hat. Wurde eine Kündigung allerdings erst in der nächsten Versicherungsperiode wirksam, gebührte ihm die Prämie bis zur Beendigung des Versicherungsverhältnisses. Durch die VVG-Reform wurde der Grundsatz der Unteilbarkeit der Prämie ausdrücklich aufgegeben. Nach § 39 Abs. 1 S. 1 VVG steht dem VR jetzt nur noch derjenige Teil der Prämie zu, der dem Zeitraum entspricht, in dem der Versicherungsschutz bestanden hat. Wird das Versicherungsverhältnis durch Rücktritt auf Grund des § 19 Abs. 2 VVG oder durch Anfechtung des VR wegen arglistiger Täuschung beendet, steht dem VR gemäß § 39 Abs. 1 S. 2 VVG die Prämie bis zum

---

[392] Vgl. Ziff. 5.6 AVB-AVG (auch Fassung 2008).
[393] *Olbrich*, S. 189.
[394] *Lattwein/Krüger*, VW 1997, 1366 (1372); zum Ausschluss wegen Vorsatzes oder Wissentlichkeit Rn. 117.
[395] Berliner Kommentar/*Riedler*, § 38 Rn. 28 f.

Wirksamwerden der Rücktritts- oder Anfechtungserklärung zu. Tritt der VR nach § 37 Abs. 1 VVG zurück, kann er nach § 39 Abs. 1 S. 3 VVG eine angemessene Geschäftsgebühr verlangen. § 80 VVG trifft Sonderregelungen für den Fall, dass das Versicherungsverhältnis wegen Interessenmangels wegfällt.

Vereinzelt finden sich in D&O-Bedingungen darüber hinaus auch Regelungen im Hin- **135** blick auf das Prämienschicksal für den Fall, dass der Versicherungsvertrag **nach Eintritt des Versicherungsfalls gekündigt** wird. Zum Teil wird hier pauschal bestimmt, dass dem VR der Teil der Prämie gebührt, welcher der abgelaufenen Versicherungszeit entspricht. Unzulässig ist jedoch die Frage, welche Auswirkungen eine solche Kündigung auf den Anspruch des VR hinsichtlich der Versicherungsprämie hat, wie in § 158 Abs. 3 VVG a. F. davon abhängig zu machen, welche Vertragsseite gekündigt hat. § 158 Abs. 3 VVG a. F., dem der Grundsatz der Unteilbarkeit der Prämie zugrunde lag, ist durch die VVG- Reform entfallen. Der Prämienanspruch bestimmt sich nunmehr auch im Falle der Kündigung nach Eintritt des Versicherungsfalls nach § 39 Abs. 1 VVG.

3. Prämienermittlung

Die **Prämienhöhe** ist grundsätzlich Vereinbarungssache. Bei ihrer Ermittlung berücksich- **136** tigen die VR eine Vielzahl von Kriterien. Dazu gehören die Höhe der Deckungssumme und die beim VN vorhandene Beteiligungsstruktur. Berechnungskriterien sind des Weiteren Bilanzsumme, Umsatz, Mitarbeiterzahl, Qualifikation der Mitarbeiter u. Ä.; die Zahl der versicherten Personen soll grundsätzlich keine Rolle spielen[396]. Schätzungen zufolge beträgt die Jahresprämie für Deckungssummen bis zu 15 Mio. Euro je nach Risiko zwischen 20 000 Euro und 100 000 Euro[397].

Regelmäßig enthalten D&O-Versicherungen **keine Prämienanpassungsklauseln.** Ur- **137** sache kann die üblicherweise vereinbarte einjährige Laufzeit der Verträge sein. Mithin müssten VR bei Veränderungen des Schadensbedarfs oder anderen aus VR-Sicht notwenigen Anpassungen den umständlichen Weg der Kündigung, verbunden mit einem neuen Vertragsangebot gehen. Ausnahmen finden sich gleichwohl in einzelnen Bedingungen. Indes müssen solche Anpassungsklauseln den allgemeinen AGB-rechtlichen Anforderungen an Prämienanpassungsklauseln entsprechen.

4. Exkurs: Steuerliche Behandlung der Versicherungsprämie

Im Rahmen der **steuerlichen Behandlung** der D&O-Versicherung stellt sich insbeson- **138** dere die Frage, ob die Prämien einer D&O-Versicherung als Betriebsausgaben einzustufen sind oder als geldwerte Vorteile von den versicherten Managern zu versteuern sind[398]. Diese Frage steht in Zusammenhang mit der gesellschaftsrechtlichen Einordnung der D&O-Versicherung, insbesondere mit dem zivil- und gesellschaftsrechtlichen Vergütungsbegriff, gleichwohl muss sie nicht zwingend zu parallelen Ergebnissen führen[399]. In der Diskussion steht vor allem die Frage, ob die von der Gesellschaft gezahlten Prämien für die D&O-Versicherung zu den steuerpflichtigen Einkünften der versicherten Personen zählen[400]. Soweit es um die Bezüge insbesondere von Vorstand und Geschäftsführung geht, ist § 19 Abs. 1 Nr. 1 EStG die maßgebliche Rechtsgrundlage; danach gehören zu den Einkünften aus nichtselbständiger Arbeit Gehälter und andere Bezüge und Vorteile, die für eine Beschäftigung gewährt werden. Demgegenüber erzielen Aufsichtsratsmitglieder gem. § 18 Abs. 1 Nr. 3 EStG Einkünfte aus selbständiger Arbeit. Die Frage, ob die von der Gesellschaft bezahlten Versicherungsprämien

---

[396] Vgl. etwa *Dreher*, ZHR 165 (2001), 293 (297 f.); *Schilling*, Versicherungsschutz, S. 49.
[397] VDI Nachrichten, 21. 10. 2005, S. 27 „Schutz gegen Missmanagement".
[398] Dazu *Olbrich*, S. 228 f.; *Held* in: *Halm/Engelbrecht/Krahe²*, Kap. 33. Rn. 35; *von Westpahlen*, DB 2005, 431 (432 f.).
[399] Dazu Rn. 21 ff.; vgl. *Olbrich*, S. 209; *Pammler*, S. 103 ff.
[400] Unabhängig hiervon besteht Einigkeit darüber, dass die von dem VN geleisteten Versicherungsprämien steuerlich abzugsfähige Betriebsausgaben sind, vgl. *Dreher*, DB 2001, 996; *Ihlas*, S. 306; *Olbrich*, S. 228; *Thümmel*, Rn. 415.

zu den steuerpflichtigen Einkünften der versicherten Personen gehören, wird im Schrifttum unterschiedlich beantwort[401]. Als Argumente gegen eine Versteuerung durch die begünstigten Unternehmensleiter ist u. a. angeführt worden, dass das Management als Ganzes versichert sei, nicht aber einzelne Personen. Außerdem seien bei der Prämienkalkulation nicht die individuellen Merkmale der versicherten Personen, sondern die Betriebsdaten des Unternehmens ausschlaggebend. Der Versicherungsanspruch stehe zudem im Ergebnis dem Unternehmen zu[402].

139   Das Bundesfinanzministerium erließ als Antwort auf eine Initiative der Spitzenverbände der Wirtschaft hin am 24. 1. 2002 ein Schreiben zu dieser Frage[403]. Danach ist unter bestimmten Voraussetzungen ein überwiegendes eigenbetriebliches Interesse der Gesellschaft gegeben und in diesen Fällen handelt es sich für die versicherten Personen nicht um einkommensteuerpflichtige Vergütungen. Danach ist ein überwiegendes eigenbetriebliches Interesse gegeben, wenn
- die jeweilige D&O-Versicherung als Vermögensschaden-Haftpflichtversicherung ausgestaltet ist, die in erster Linie der Absicherung des Unternehmens oder des Unternehmenswerts gegen Schadensersatzforderungen Dritter gegenüber dem Unternehmen dient, die ihren Grund im Tätigwerden oder Untätigbleiben der für das Unternehmen verantwortlich handelnden und entscheidenden Organe und Leitungsverantwortliche haben und
- der Vertrag besondere Klauseln zur Firmenhaftung oder sog. Company Reimbursement enthält, die im Ergebnis dazu führen, dass der Versicherungsanspruch aus der Versicherungsleistung dem Unternehmen als VN zusteht,
- des Weiteren die Versicherung dadurch gekennzeichnet ist, dass regelmäßig das Management als Ganzes versichert ist und ein Versicherungsschutz für einzelne Personen nicht in Betracht kommt, und dass die Basis der Prämienkalkulation nicht individuelle Merkmale der versicherten Organmitglieder, sondern Betriebsdaten des Unternehmens sind und die Versicherungssummen dabei deutlich höher sind als typischerweise Privatvermögen.

140   Dahingegen ist ein überwiegend eigenbetriebliches Interesse nach dem Standpunkt des Bundesfinanzministeriums dann zu verneinen, wenn Risiken versichert werden, die üblicherweise durch eine individuelle Berufshaftpflichtversicherung gedeckt werden; in diesem Fall sind die Beiträge als Vergütung zu versteuern. Nichtsdestotrotz ist letzte Klarheit durch dieses Schreiben noch nicht erzielt worden; insbesondere ist etwa fraglich, welche Regelungen notwendig sind, damit der Versicherungsanspruch letztlich dem Unternehmen als VN zusteht[404].

II. Beendigung des Vertrages, insbesondere Kündigungsgründe

1. Vertragsdauer und ordentliche Kündigung des Versicherungsvertrages

141   D&O-Versicherungen enthalten regelmäßig keine Regelungen über die **Versicherungsdauer.** Vielmehr verweisen die AVB überwiegend auf die Festsetzung im Versicherungsschein. In den AVB ist in der Regel in Übereinstimmung mit § 11 Abs. 1, 2 VVG bestimmt, dass sich der Vertrag stillschweigend **um ein Jahr verlängert,** wenn eine **schriftliche Kündigung** nicht spätestens bis zu einem bestimmten Zeitpunkt – zumeist drei Monate – vor Fristablauf erfolgt ist.

2. Besondere Kündigungsgründe

142   In der Regel enthalten die D&O-Versicherungsbedingungen auch Regelungen über besondere Kündigungsmöglichkeiten, die sich teilweise schon aus dem Gesetz ergeben. Als

---

[401] Bejahend: *Kästner,* DStR 2001, 195 (198 ff.); *Wiesner,* in: Münchener Handbuch des Gesellschaftsrechts, Bd. 4, 1999, § 21 Rn. 29; ablehnend: *Dreher,* DStR 2001, 996 ff.; *Ihlas,* S. 306 ff.; *Küppers/Dettmeier/Koch,* DStR 2002, 199 ff.; *Olbrich,* S. 230 ff.; *Vetter,* AG 2000, 453 (458); ablehnend jedenfalls für die D&O-Versicherung mit Selbstbehalt: *Baumann,* VersR 2006, 455 (463).

[402] *Schilling,* Versicherungsschutz, S. 39 f.; vgl. auch *o. V.,* VW 2002, 342; *Olbrich,* S. 239 f.

[403] *Schilling,* Versicherungsschutz, S. 39 f.; *o. V.,* VW 2002, 342.

[404] Vgl. *Schilling,* Standortbestimmung, S. 209 (216 f.).

Kündigungsgründe für beide Parteien werden in den AVB regelmäßig ausdrücklich genannt:
– die Leistung des VR aufgrund eines Versicherungsfalles (vgl. § 111 VVG),
– die Verweigerung der Leistung einer fälligen Entschädigung durch den VR (vgl. § 111 VVG) oder stattdessen das rechtskräftige Abweisen eines von der versicherten Person geltend gemachten Versicherungsanspruches[405],
– die Rechtshängigkeit eines Haftpflichtanspruches
Die Kündigung **durch den VR** hat dabei gemäß § 111 Abs. 2 VVG i.V. m. § 92 Abs. 2 S. 2, 3 VVG mit einer **Frist** von einem Monat, diejenige **durch den VN** mit sofortiger Wirkung oder zum Schluss der laufenden Versicherungsperiode zu erfolgen. Das Kündigungsrecht erlischt, wenn es nicht innerhalb eines Monats, nachdem die Zahlung geleistet, der Rechtsstreit beigelegt oder das Urteil rechtskräftig geworden ist, geltend gemacht wird.
  In manchen Fällen nennen die Versicherungsbedingungen außerdem noch Kündigungs-   **143** gründe, die **nur dem VR** zustehen, so beispielsweise
– die Eröffnung des Insolvenzverfahrens über das Vermögen des VN[406] oder
– die Verlegung des Wohnsitzes des VN ins Ausland.
Die Kündigung hat dann unter Einhaltung einer einmonatigen **Kündigungsfrist** innerhalb eines Monats nach Erlangung der Kenntnis dieser Umstände zu erfolgen.

III. Prozessuales

  Bei der D&O-Versicherung handelt es sich um eine **Versicherung für fremde Rech-** **143a** **nung** gem. §§ 43 ff. VVG, d. h. *versicherte Person* (zum Umfang des Versicherungsschutzes vgl. Rn. 84 ff.) ist der jeweilige Unternehmensleiter, *VN* ist hingegen die Gesellschaft, bei der der versicherte Unternehmensleiter tätig ist[407]. Des Weiteren ist die D&O-Versicherung eine besondere Ausprägung der Vermögensschadenhaftpflichtversicherung. Folge einer Einordnung der D&O-Versicherung als Haftpflichtversicherung ist grundsätzlich die Geltung des die Haftpflichtversicherung bestimmenden Trennungsprinzips[408]. Die Gesellschaft als VN hat daher grundsätzlich[409] keinen unmittelbaren Zahlungs- und Freistellungsanspruch gegen den Versicherer[410]. Da es sich bei der D&O-Versicherung nicht um eine Pflichtversicherung handelt, hat auch die VVG-Reform hierauf grundsätzlich keine unmittelbaren Auswirkungen[411].
  Auch hinsichtlich der Passivlegitimation auf Seiten des VR können sich bei der D&O-Versi- **143b** cherung Besonderheiten ergeben. Bei nur schwer abschätzbaren Risiken wie der Managerhaftung ist es heutzutage nicht unüblich, dass mehrere VR innerhalb eines Versichererkonsortiums gemeinsam das Risiko decken[412]. Da die Risikoaufteilung jedoch nur im Innenverhältnis zwischen den VR stattfindet, vereinbaren die beteiligten VR mit dem VN sog. Führungsklauseln[413]. Diese Vereinbarungen sollen im Einzelnen regeln, wie in Vertragsfragen vorzugehen ist

---

[405] Vgl. bereits Ziff. 9.1 AVB-AVG (auch Fassung 2008), entsprechende Bestimmungen finden sich in einer Reihe von Bedingungswerken.

[406] Vgl. noch Ziff. 10.2 AVB-AVG (Fassung 1997).

[407] Vgl. OLG München v. 15. 3. 2005, VersR 2005, 540 (541); *Dreher*, DB 2005, 1669 (1670); *Held* in: *Halm/Engelbrecht/Krahe*[2], Kap. 33 Rn. 35.

[408] *Dreher*, DB 2005, 1669 (1674).

[409] Etwas anderes gilt natürlich, wenn die Vertragspartner in den D&O-Bedingungen einen Direktanspruch ausdrücklich zulassen.

[410] OLG München v. 15. 3. 2005, VersR 2005, 540; *Dreher*, DB 2005, 1669 (1675); *v. Westphalen*, DB 2005, 431 (437).

[411] Zu den möglicherweise mittelbaren Auswirkungen, insbesondere aufgrund des Wegfalls des Anerkenntnis- und Abtretungsverbots vgl. oben Rn. 7a.

[412] Vgl. hierzu auch Kretschmer, *VersR* 2008, 33.

[413] Hiernach liegt die Führung der Versicherung in den Händen eines VR, „dessen Maßnahmen sich die mitbeteiligten VR in jeder den Versicherungsvertrag betreffenden Erklärungen, bei Schuldanerkenntnissen, Vergleichen, Abrechnungen, Bedingungsänderungen, Auslegungen usw. anschließen. Jede Maßnahme, die seitens des führenden VR getroffen wird, wird stillschweigend als seitens der mitbeteilig-

und wer im Verhältnis zum VN Ansprechpartner ist[414]. Nach dem LG Köln soll eine Führungsklausel zudem dazu führen, dass diejenigen VR des Versichererkonsortiums, denen nach der
Führungsklausel nicht die Führung der Versicherung obliegt, nicht passivlegitimiert sind[415].

J. Besondere Verhaltenspflichten des Versicherungsnehmers und der versicherten Personen

144   D&O-AVB enthalten eine Reihe von Obliegenheiten, insbesondere Anzeigeobliegenheiten, die die gesetzlichen Regeln teilweise konkretisieren. Zu unterscheiden ist dabei zwischen
vorvertraglichen Obliegenheiten und solchen, die während der Vertragsdauer, insbesondere
bei oder nach Eintritt des Versicherungsfalles zu erfolgen haben.

I. Vorvertragliche Anzeigeobliegenheiten

145   Über **vorvertragliche Anzeigen**[416] finden sich in D&O-Bedingungen regelmäßig keine
relevanten Bestimmungen. Ohnehin nur zum Teil finden sich Bestimmungen über vorvertragliche Anzeigeobliegenheiten; wenn dies der Fall ist, wiederholen sie im Übrigen in aller
Regel die gesetzlichen Vorschriften (jetzt §§ 19 ff. VVG). Nichtsdestotrotz haben die Anzeigeobliegenheiten auch bei der D&O-Versicherung große Bedeutung[417], insbesondere dann,
wenn die D&O-Versicherung auch Pflichtverletzungen vor Versicherungsabschluss erfasst
(was möglich ist; vgl. Rn. 106). Insbesondere vor diesem Hintergrund besteht für den VR
ein **erheblicher Informationsbedarf**[418]. Gem. § 19 Abs. 1 VVG hat der VN (zum Adressatenkreis vgl. noch Rn. 155 ff.) die ihm bekannten Gefahrumstände, die für den Entschluss des
VR, den Vertrag mit dem vereinbarten Inhalt zu schließen, erheblich sind, dem VN anzuzeigen; indes gilt dies nur, wenn der VR nach diesen Umständen in Textform gefragt hat[419]. Da
somit der Raum für spontane Anzeigen (ohne vorherige Frage durch den VR) entfallen ist,
hat die umsichtige Formulierung der Fragebögen auch in der D&O-Versicherung an Bedeutung zugenommen[420].

II. Anzeige gefahrerhöhender Umstände während der Vertragsdauer

146   Unverzüglich anzuzeigen sind bereits kraft Gesetzes auch während der Vertragsdauer eintretende gefahrerhöhende erhebliche Umstände, § 23 Abs. 2 VVG. Nach h. M. liegt eine Gefahrerhöhung vor, wenn ein neuer Zustand erhöhter Gefahr geschaffen wurde, der seiner
Natur nach geeignet ist, von so langer Dauer zu sein, dass er die Grundlage eines neuen natürlichen Gefahrenverlaufs bilden und damit den Eintritt des Versicherungsfalles generell fördern
kann[421]; gem. § 27 VVG bleiben unerhebliche Gefahrerhöhungen außer Betracht ebenso solche, wenn nach den Umständen als vereinbart anzusehen ist, dass das Versicherungsverhältnis
durch die Gefahrerhöhung nicht berührt werden soll[422].

---

ten VR selbst getroffen."; zur Reichweite und Wirksamkeit von Führungsklauseln siehe *Kretschmer*,
VersR 2008, 33.

[414] *Kretschmer*, VersR 2008, 33.
[415] LG Köln v. 5. 6. 2007, Az.: 85 O 177/05 (juris); kritisch dazu *Pörnbacher/Gädtke*, PHi 2007, 192.
[416] Siehe hierzu auch *Lange*, VersR 2006, 605 (606 ff.); *Langheid/Grote*, VersR 2005, 1165 (1166 ff.).
[417] Dazu *Langheid*, VP 2007, 161 ff.; *Lange*, VersR 2006, 605 ff.
[418] *Langheid*, VP 2007, 161.
[419] Dazu und zu den Rechtsfolgen in diesem Handbuch *Knappmann*, § 14 Rn. 8, 52 ff.
[420] *Langheid*, VP 2007, 161 (162).
[421] BGH v. 18. 10. 1952, BGHZ 7, 311 (318); BGH v. 9. 7. 1975; VersR 1975, 845 (846); Berliner
Kommentar/*Harrer*, § 23 Rn. 4.
[422] Zur Gefahrerhöhung *Hahn*, § 20.

In diesem Zusammenhang finden sich in D&O-Bedingungen vielfach Anzeigepflichten   **147**
des VN; regelmäßig ist dabei ausdrücklich auch von „Verpflichtungen" die Rede. Typischerweise wird dem VN dabei auferlegt, über folgende Umstände Anzeige zu erstatten[423]:
- Änderung des Gesellschaftszwecks bzw. der Satzung,
- wesentliche Erweiterung oder Änderung des Geschäftsbetriebs,
- Änderung der Gesellschafterstruktur und der Stimmrechtsverhältnisse von mehr als 10 %
  (teilweise auch 25 %)
- freiwillige Liquidation oder Eröffnung des Insolvenzverfahrens und der
- Abschluss von Versicherungsverträgen desselben Versicherungsschutzes

In der wohl überwiegenden Zahl von Versicherungsbedingungen findet sich außerdem die
Pflicht zur Vorlage des konsolidierten Geschäftsberichts innerhalb von sechs Monaten
nach Abschluss des Geschäftsjahres. Auch dies soll der Feststellung dienen, ob erhebliche, die
Sachlage ändernde Umstände inzwischen eingetreten sind.

Die Zulässigkeit solcher Bestimmungen richtet sich auch nach ihrer rechtlichen Einord-   **148**
nung. Da gem. § 32 VVG unter anderem **die Gefahrerhöhungsregeln nicht zum Nachteil** des VN abbedungen werden können[424], können bestimmte Tatbestände in den AVB
nicht mit konstitutiver Wirkung als Gefahrerhöhung bezeichnet werden, jedenfalls solche
Umstände, die die Gefahrenlage gar nicht nachteilig verändern[425]. Insbesondere dann, wenn
die entsprechenden AVB-Bestimmungen bei Verletzung der genannten Anzeigepflichten als
Rechtsfolge die Gefahrerhöhungsregeln, also beispielsweise ein Kündigungsrecht des VR
gem. § 24 Abs. 1 VVG eingreifen lassen, so handelt es sich bei zumindest einigen der genannten Anzeigepflichten um enumerativ aufgeführte Tatbestände mit konstitutiver Wirkung als
Gefahrerhöhung, die aber nicht von vornherein die Gefahrenlage nachteilig verändern; jedenfalls in solchen Fällen können entsprechende AVB mit § 32 VVG nicht in Einklang stehen. Dasselbe gilt, wenn – wie in einzelnen AVB vorzufinden – die Veränderung der soeben
aufgeführten Umstände dem VR das Recht zu Prämienanpassung einräumt. Gemäß § 25
Abs. 1 VVG hat der VR ein Wahlrecht, statt der Kündigung nach § 24 VVG eine erhöhte
Prämie zu verlangen oder die Absicherung der höheren Gefahr auszuschließen. Ausweislich
des Wortlauts der Vorschrift besteht dieses Alternativrecht jedoch nur, wenn die Voraussetzungen für eine Kündigung nach § 24 VVG vorliegen. Lässt man unabhängig vom Vorliegen
der Voraussetzungen des § 24 VVG bei der Veränderung einzelner Umstände, die die Gefahrenlage nicht nachteilig verändern, ein Recht zur Prämienanpassung zu, so unterläuft dies die
Voraussetzungen des § 25 VVG. Da gemäß § 32 VVG auch von § 25 VVG nicht zum Nachteil des VN abgewichen werden darf, sind entsprechende Regelungen in den AVB unzulässig.

III. Obliegenheiten im Versicherungsfall

1. Anzeigeobliegenheiten

a) Hinsichtlich der in § 104 VVG statuierten **Anzeigepflichten** des VN enthalten ein-   **149**
zelne D&O-Bedingungen speziellere Regeln. Teilweise entsprechen sie den gesetzlichen
Vorgaben, insbesondere im Hinblick auf die Frist der Anzeige gem. § 104 Abs. 1 VVG („unverzüglich, dabei spätestens innerhalb einer Woche") oder sie verlängern die gesetzlich vorgegebene Frist („unverzüglich, spätestens innerhalb von 30 Tagen"). Teilweise ordnen D&O-
Bedingungen eine **schriftliche Anzeige** des Versicherungsfalles an. Indes handelt es sich
hierbei um eine Abweichung von § 104 Abs. 1 VVG zum Nachteil des VN, so dass sich der

---

[423] So Ziff. 8.2 der ursprünglichen AVB-AVG (Fassung 1997).

[424] Für Anzeigen nach §§ 19–31 VVG, zu denen der VN verpflichtet ist, kann jedoch gemäß § 32 S. 2
VVG zulässigerweise die Schrift- oder Textform vereinbart werden.

[425] OLG Hamm v. 28. 5. 2986, VersR 1987, 1105; *Bruck/Möller/Sieg/Johannsen*, Bd. III, Anm. G 31;
Prölss/Martin/Prölss, § 23 Rn. 20; vgl. auch *Römer/Langheid/Langheid*, §§ 23–25 Rn. 38; Berliner Kom-
mentar/*Harrer*, § 23 Rn. 23 u. § 32 Rn. 1 ff.

VR gem. § 112 VVG hierauf nicht berufen kann[426]; zwar spricht § 104 Abs. 1 S. 2 VVG nicht ausdrücklich vom Versicherungsfall, sondern knüpft an die Geltendmachung eines Schadensersatzanspruchs eines Dritten an, indes stellt dieser Umstand bei der D&O-Versicherung gerade den Versicherungsfall dar.

150   b) Bei **Einleitung prozessualer Schritte** hat der VN bzw. die versicherte Person nach den Bedingungen einiger VR unverzüglich schriftlich Anzeige zu erstatten. Erfasst sind die gerichtliche Geltendmachung eines Haftpflichtanspruchs gegen eine versicherte Person, die Streitverkündung, die Einleitung eines behördlichen Ermittlungsverfahrens oder das Ergehen eines Strafbefehls oder Bescheides gegenüber einer versicherten Person, der den Ersatz eines Vermögensschadens zum Gegenstand hat oder zur Folge haben könnte. Die Anzeigepflicht gilt auch im Falle eines Arrestes, einer einstweiligen Verfügung oder eines selbständigen Beweisverfahrens. Die Verpflichtung besteht unabhängig davon, ob der Versicherungsfall selbst bereits angezeigt wurde[427]. Was die Schriftform angeht, so gilt das zuvor Gesagte, wenn mit der entsprechenden Anzeigepflicht zugleich von § 104 VVG (zum Nachteil des VN) abgewichen wird.

151   c) Nach einzelnen D&O-Versicherungsbedingungen besteht eine Anzeigepflicht des VN auch dann, wenn er den von den versicherten Personen zu tragenden **Selbstbehalt** übernimmt, eine **Freistellungs- oder Verzichtserklärung** gegenüber diesen abgibt, ihnen bezüglich des Versicherungsfalls **Entlastung** erteilt oder mit ihnen insoweit einen **Vergleich** schließt[428]. Hierdurch soll bei Schadensersatzansprüchen des VN einer möglichen Manipulationsgefahr begegnet werden, die dadurch entstehen kann, dass eine Enthaftung den Abwehrwillen der versicherten Personen schwächen kann[429].

2. Weitere Obliegenheiten im Versicherungsfall

152   a) Vor Inkrafttreten des neuen VVG waren versicherte Personen in aller Regel nach den D&O-Versicherungsbedingungen nicht berechtigt, einen Haftpflichtanspruch ohne vorherige Zustimmung des VR ganz oder zum Teil anzuerkennen, zu vergleichen oder zu befriedigen (Anerkenntnis-, Vergleichs- und Befriedigungsverbot)[430]. Mit der VVG-Reform ist das in § 154 Abs. 2 VVG a. F. enthaltene **Anerkenntnis- und Befriedigungsverbot entfallen.** § 105 VVG stellt ausdrücklich klar, dass eine Vereinbarung, nach welcher der VR nicht zur Leistung verpflichtet ist, wenn ohne seine Einwilligung der VN den Dritten befriedigt oder dessen Anspruch anerkennt, unwirksam ist. § 108 Abs. 2 VVG bestimmt zudem, dass die Abtretung des Freistellungsanspruchs an den Dritten nicht durch Allgemeine Versicherungsbedingungen ausgeschlossen werden kann. Demgemäß dürfte eine solche Vereinbarung in künftigen D&O- Bedingungen nicht mehr zu finden sein[431].

153   b) Üblicherweise enthalten D&O-Versicherungen auch in den AVB die sich schon aus § 82 VVG ergebende Pflicht, für die **Abwehr und Minderung des Schadens** zu sorgen und alles zu tun, was der Klarstellung des Versicherungsfalles dient; auch diese Verpflichtung ist aber nur unter **Beachtung der Weisungen** des VR wahrzunehmen[432]. Insoweit kann grundsätzlich auf die allgemeinen Ausführungen zu den Rettungsobliegenheiten verwiesen werden[433]. Da der VR zur Prüfung der Haftpflichtfrage und zur Abwehr unberechtigter Ansprüche verpflichtet ist, ist die eigenständige Abwendungs- und Minderungspflicht in der Haftpflichtversicherung eingeschränkt; die Rolle des VN ist auf eine durch die Versicherungsbedingungen kon-

---

[426] Allgemein Berliner Kommentar/*Baumann*, § 153 Rn. 47; *Bruck/Möller/Johannsen,* Bd. IV, Anm. F 31.

[427] Vgl. *Plück/Lattwein*, S. 191.

[428] Vgl. *Ihlas*, S. 300; *Plück/Lattwein*, S. 192.

[429] *Ihlas*, S. 300 f.

[430] *Ihlas*, S. 301; *Plück/Lattwein*, S. 191; vgl. Ziff. 8.2.3. AVB-AVG 2005.

[431] Vgl. hierzu auch Rn. 7 b.

[432] Vgl. bereits Ziff. 7.2 AVB-AVG (Ziff. 7.3.2.2. Fassung 2008).

[433] *Beckmann*, § 15 Rn. 16 ff.

kretisierte Unterstützungspflicht reduziert[434]. Dementsprechend finden sich in D&O-Bedingungen üblicherweise solche Konkretisierungen. **Inhalt der Pflicht** ist es z. B., den VR bei der Abwehr des Schadens sowie bei der Schadenermittlung und -regulierung zu unterstützen, ihm ausführliche und wahrheitsgemäße Schadenberichte zu erstatten, alle Tatumstände, die auf den Versicherungsfall Bezug haben, mitzuteilen und alle nach Ansicht des VR für die Beurteilung des Versicherungsfalles erheblichen Informationen nach Anforderung des VR in Textform zur Verfügung zu stellen[435].

Schwierigkeiten kann die Frage des **Zeitpunkts,** zu dem die Rettungsobliegenheiten bei der D&O-Versicherung eingreifen, bereiten. Neben der allgemein umstrittenen Frage, ob die sog. **Vorerstreckungstheorie** auch in der Haftpflichtversicherung Geltung hat[436], kommt speziell bei der D&O-Versicherung hinzu, dass diese Haftpflichtversicherung den Versicherungsfall – im Gegensatz zur allgemeinen Haftpflichtversicherung – auf der Grundlage der Anspruchserhebungstheorie definiert. Gem. § 82 VVG beginnt die Rettungsobliegenheit indes „bei Eintritt des Versicherungsfalles"; bei der D&O-Versicherung genau genommen also erst bei Geltendmachung von Schadensersatzansprüchen Dritter. Unter Zugrundelegung der Verstoß-, aber auch der Schadensereignistheorie beginnt die Rettungsobliegenheit unter Umständen deutlich früher als auf Grundlage der Anspruchserhebungstheorie. Die Anspruchserhebung kann im Einzelfall zeitlich nach Schadenseintritt erfolgen; zu diesem Zeitpunkt kann der Schaden regelmäßig nicht mehr abgewendet bzw. gemindert werden. Aus diesem Grunde stellen D&O-Versicherungen vielfach im Rahmen der Rettungsobliegenheit nicht auf den Versicherungsfall, sondern zeitlich früher auf den Schadenseintritt ab („… nach Möglichkeit für die Abwendung oder Minderung des Schadens zu sorgen …"). Damit entgeht man allerdings nicht der Frage nach der Vorerstreckung, die allgemeine Problematik gilt auch in diesen Fällen.

c) Durch die Regelung des § 86 Abs. 2 VVG wird eine neue Obliegenheit des VN zur Wahrung des auf den VR nach § 86 Abs. 1 VVG übergehenden Ersatzanspruchs begründet. Nach dem bisherigen § 67 Abs. 1 S. 3 VVG a. F. war dem VN lediglich untersagt, den Ersatzanspruch oder ein zu dessen Sicherung dienendes Recht aufzugeben. Diese Formulierung entsprach aus Sicht des Gesetzgebers nicht dem Sinn und Zweck der Bestimmung, das berechtigte Interesse des Versicherers zu wahren, sich wegen seiner dem VN erbrachten Leistung bei dem ersatzpflichtigen Dritten schadlos halten zu können[437]. Über das Aufgabeverbot hinaus ist daher in § 86 Abs. 2 S. 1 VVG eine Obliegenheit des VN bestimmt, den ihm zustehenden Ersatzanspruch bzw. ein zu dessen Sicherung begründetes Recht zu wahren und dabei insbesondere bestehende Formerfordernisse oder Fristen zu beachten[438].

IV. Adressat und Zurechnung von Obliegenheiten

Unabhängig von der VVG-Reform wird in jüngerer Zeit die Frage nach dem Adressatenkreis bzw. nach der Zurechnung von Wissen insbesondere im Rahmen der Anzeigeobliegenheit gem. §§ 19 ff. VVG diskutiert[439]. Der Ansatz gem. § 19 Abs. 1 VVG ist klar: Danach hat der *VN* die ihm bekannten Gefahrumstände anzuzeigen. Die D&O-Versicherung ist indes vielfach als Versicherung für fremde Rechnung ausgestaltet, so dass sich die Frage stellt, inwieweit auch versicherte Personen obliegenheitsbelastet sind oder zumindest aber ihr Wissen dem VN zuzurechnen ist. Insoweit ist von § 47 Abs. 1 VVG (entspricht § 79 Abs. 1 VVG a. F.) auszugehen. Soweit die Kenntnis und das Verhalten des VN von rechtlicher Bedeutung sind,

---

[434] Berliner Kommentar/*Beckmann*, § 62 Rn. 22; *Bruck/Möller*, § 62 Anm. 17.

[435] So bereits Ziff. 7.2 AVB-AVG (Ziff. 7.3.2 Fassung 2008).

[436] Dazu *Beckmann*, § 15 Rn. 22; Berliner Kommentar/*Beckmann*, § 62 Rn. 40f.; ablehnend zuletzt OLG Köln v. 30. 4. 2002, VersR 2002, 1231.

[437] Vgl. VVG RegE, BT-Drucks. S. 81.

[438] Vgl. VVG RegE, BT-Drucks. S. 81 f.

[439] Dazu etwa *Langheid*, VP 2007, 161 (162); *Lange*, VersR 2006, 605 ff.; *van Bühren/Lenz³*, § 27 Rn. 122 ff.

sind nach dieser Vorschrift bei der Versicherung für fremde Rechnung auch die **Kenntnis und das Verhalten des Versicherten** zu berücksichtigen. Hieraus ist nicht zu Unrecht geschlossen worden, dass damit die versicherte Person bereits obliegenheitsbelastet ist[440]. Hierfür spricht jedenfalls, dass § 47 Abs. 1 VVG nicht nur auf Kenntnisse, sondern darüber hinaus auch auf das Verhalten der versicherten Person abstellt. Im Rahmen von Obliegenheiten steht gerade ein Verhalten im Raum. Indes hat diese Frage jedenfalls im Rahmen der neuen Vorschrift des § 19 Abs. 1 VVG an Bedeutung verloren, da eine Anzeigeobliegenheitsverletzung nur relevant ist, wenn der VR in Textform nach entsprechenden Gefahrenumständen gefragt hat. Mithin kann jedenfalls die Anzeigeobliegenheit nur solche versicherten Personen treffen, denen der VR die entsprechenden Fragen in Textform gestellt hat.

155a   Unabhängig von dieser Frage verbleibt es aber bei der **Kenntniszurechnung** § 47 Abs. 1 VVG. Das Wissen versicherter Personen wird dem VN gem. § 47 Abs. 1 VVG grundsätzlich zugerechnet[441]. Zu beachten sind dabei aber die Einschränkung einer gem. § 47 Abs. 2 S. 1 VVG und die „Gegenausnahme" gem. Abs. 2 S. 2 dieser Vorschrift[442]. Gerade § 47 Abs. 2 S. 2 VVG gilt es zu beachten, da mitversicherte Unternehmensleiter (z. B. von Tochterunternehmen oder ausgeschiedene Organe) nicht unbedingt wissen, dass überhaupt eine D&O-Versicherung geschlossen werden soll[443]. Des Weiteren ist zu beachten, dass eine Reihe von D&O-Versicherungen ausdrücklich anordnen, dass „die Anzeigepflichten und Obliegenheiten der VN … sinngemäß auch für die versicherten Personen" gelten[444/445]. Im Einzelfall kann sich aus dem Charakter einer Obliegenheit indes ergeben, dass nur die ein oder andere Person Adressat sein soll.

156   Da an einer D&O-Versicherung neben dem Unternehmen als VN regelmäßig mehrere versicherte Unternehmensleiter beteiligt sind, fragt sich insbesondere, ob ein **obliegenheitswidriges Verhalten bzw. dessen Kenntnis eines Beteiligten einem anderen zugerechnet** werden kann[446]. Verschiedene Konstellationen einer Zurechnung sind denkbar, da an einer D&O-Versicherung neben dem VN vielfach eine Reihe versicherter Personen beteiligt sind. Darüber hinaus ist das Rechtsfolgensystem des § 19 VVG zu beachten[447]. Vor der VVG-Reform ist vorgeschlagen worden, dass Deckungsansprüche der Beteiligten ein **unterschiedliches Schicksal** haben können[448]. Dieser Ansatz erscheint klare Resultate zu erzielen und unangemessene Härten zu vermeiden. Eine eigenständige Behandlung der einzelnen Deckungsansprüche der Beteiligten lässt sich zumindest versicherungsvertraglich erreichen. Allein um die im Schrifttum diskutierten Rechtsunsicherheiten um die Rechtsfolgen einer eigenständigen Obliegenheit der versicherten Personen bzw. einer Wissenszurechnung gem. § 47 VVG zu vermeiden, empfiehlt es sich für beide Seiten des D&O-Versicherungsvertrags,

---

[440] OLG Köln v. 14. 1. 1997, VersR 1998, 184 (185); OLG Köln v. 11. 4. 1994, VersR 1994, 1097 (1098); *Prölss/Martin/Prölss*[27], §§ 16, 17 Rn. 17 a. E.; *Römer/Langheid/Römer*[2], § 79 Rn. 2; Berliner Kommentar/*Hübsch*, § 79 Rn. 3, 5; a. A. etwa *Lange*, VersR 2006, 605 ff., der indes bei der Frage nach den Wirkungen des § 79 Abs. VVG a. F. (jetzt § 47 Abs. 1 VVG) allein auf die Kenntnis des Versicherten abstellt; ausgeblendet bleibt dabei, dass sich diese Vorschrift aber auch auf das Verhalten des Versicherten bezieht.
[441] Ebenso *Langheid*, VP 2007, 161 (163); im Ergebnis wohl auch *Lange*, VersR 2006, 605.
[442] Dazu *Langheid*, VP 2007, 161 (163 f.); *Langheid/Grote*, VersR 2005, 1165 ff. (noch zu § 79 Abs. 2, 3 VVG a. F.).
[443] *Langheid*, VP 2007, 161 (164).
[444] Vgl. Ziff. 8.3 AVB-AVG 2008; (in früheren Fassungen Ziff. 11.1 AVB-AVG; vgl. Fassung 1997).
[445] Zur Wirksamkeit solcher Bestimmungen *Lange*, VersR 2006, 605 ff.; *van Bühren/Lenz*[3], § 27 Rn. 123 ff.
[446] Vgl. hierzu auch *Lange*, VersR 2006, 605 (606 ff.); *Langheid/Grote*, VersR 2005, 1165 (1166 f.); *van Bühren/Lenz*[3], § 27 Rn. 122.
[447] Dazu in diesem Handbuch *Knappmann*, § 14 Rn. 52 ff.
[448] *Langheid/Grote*, VersR 2005, 1165 (1168); *Langheid*, VP 2007, 161 (164); sog. kombinierte Eigen- und Fremdversicherung.

diese Frage vertraglich zu vereinbaren[449]. Die in D&O-Versicherungsbedingungen vorzufindende pauschale Bestimmung, wonach die Anzeigepflichten und Obliegenheiten der VN sinngemäß auch für die versicherten Personen gelten (siehe oben Rn. 155a), reicht für eine klärende Abrede nicht aus. Unabhängig von der Frage, ob Deckungsansprüche der Beteiligten ein unterschiedliches Schicksal haben können, wird man eine Zurechnung durch eine versicherte Person zu Lasten einer anderen versicherten Person grundsätzlich abzulehnen haben[450]. Weder aus dem Gesetz (§ 47 Abs. 1 VVG) noch aus den AVB lässt sich eine solche Konsequenz entnehmen. Oftmals ist auch ausdrücklich in dem Vertragswerk eine sog. Severability-Klausel[451] vereinbart, die eine Zurechnung von Wissen und Obliegenheitsverletzungen zwischen versicherten Personen ausdrücklich ausschließt[452]. Eine **Wissenszurechnung** sehen D&O-Bedingungen indes bei der Rückwärtsversicherung vor[453]. Die Frage wiederum nach einer Zurechnung durch die VN zu Lasten einer versicherten Person wird uneinheitlich beurteilt[454]. Das OLG Düsseldorf bejaht die Möglichkeit des Rücktritts und der Anfechtung des VR auch zu Lasten der versicherten Personen, da der Unredlichkeit auf Seiten des zukünftigen VN ansonsten Tür und Tor geöffnet wäre[455]. Dies soll selbst dann gelten, wenn in dem Versicherungsvertrag eine sog. Severability-Klausel[456] vereinbart wurde[457].

V. Rechtsfolgen bei Verstößen gegen Obliegenheiten im Versicherungsfall

Hinsichtlich der Rechtsfolgen bei der Verletzung von Obliegenheitsverletzungen gelten   **157** die allgemeinen Regelungen[458]. Abweichend von der Rechtslage vor dem 1. 1. 2008 unterscheiden die §§ 28 Abs. 2; 82 Abs. 3 VVG und auch § 86 Abs. 2 S. 2 VVG zwischen vorsätzlichen und grob fahrlässigen Obliegenheitsverletzungen. Während der VR im Fall einer vorsätzlichen Obliegenheitsverletzung des VN nach wie vor in vollem Umfang leistungsfrei ist, kann er bei einer grob fahrlässigen Verletzung nur eine Kürzung seiner Leistung entsprechend der Schwere des Verschuldens des VN verlangen[459]. Bezüglich der Beweislast ist zu differenzieren: Die objektive Verletzung der Obliegenheit hat der VR zu beweisen. Will der VN dennoch die volle Leistung des VR erhalten, so obliegt ihm der Beweis dafür, dass keine grobe Fahrlässigkeit vorlag. Für den Fall, dass der VN oder die versicherte Person ihre Obliegenheiten entgegen dem Weisungsrecht des VR dadurch verletzt, dass sie den VR über wesentliche Umstände **wissentlich täuschte** oder **zu täuschen versuchte,** sehen manche

---

[449] § 32 VVG gilt es dabei zu beachten.

[450] Ebenso *Lange,* VersR 2006, 605 (611).

[451] „Bei der Prüfung, ob Versicherungsschutz besteht, werden einer versicherten Person keine bei anderen versicherten Personen gegebenen Tatsachen zugeschrieben oder vorhandene Kenntnisse zugerechnet".

[452] Vgl. hierzu auch *Winterling/Harzenetter,* VW 2007, 1792 (1794), die von einer Aufteilung der versicherten Personen in zwei Lager, nämlich den Gutgläubigen („whitehats") und den Bösgläubigen („blackhats") sprechen.

[453] Dazu oben Rn. 119 im Rahmen der Ausführungen zur wissentlichen Pflichtverletzung.

[454] Für eine Gesamtwirkung: *Lange,* VersR 2006, 605 (611); *Langheid/Grote,* VersR 2005, 1165 (1169); *Bruck/Möller/Johannsen,* Bd. IV, Anm. H 19; *Littbarski,* AHB, § 7 Rn. 27; OLG Düsseldorf v. 23. 8. 2005 (Comroad), VersR 2006, 785 (786); dagegen: *Prölss/Martin/Voit,* § 7 AHB Rn. 4; *Späte,* AHB, § 7 Rn. 9; *Schmalzl,* Berufhaftpflichtversicherung, 1989, Rn. 193.

[455] OLG Düsseldorf v. 23. 8. 2005 (Comroad), VersR 2006, 785 (787).

[456] „Bei der Prüfung, ob Versicherungsschutz besteht, werden einer versicherten Person keine bei anderen versicherten Personen gegebenen Tatsachen zugeschrieben oder vorhandene Kenntnisse zugerechnet".

[457] OLG Düsseldorf v. 23. 8. 2005 (Comroad), VersR 2006, 785; a. A. bei Vorliegen einer Severability-Klausel *Lange,* ZIP 2006, 1680.

[458] Dazu in diesem Handbuch betreffend Anzeigeobliegenheiten *Knappamman,* § 14 Rn. 52 ff. und allgemein zu Obliegenheiten *Marlow,* § 13 Rn. 56 ff.

[459] Zum Wegfall des Alles-oder-nichts-Prinzips bei grob fahrlässiger Herbeiführung des Versicherungsfalls vgl. auch *Schimikowski,* jurisPR-VersR 7/2007 Anm. 4.

D&O-Versicherungen vor, dass alle Ansprüche aus dem Versicherungsfall verloren gehen[460]; dies entspricht der Bestimmung des § 6 Ziff. 2 AVB-Vermögen 1989/2001.

K. Verfügungen über den Versicherungsanspruch und Regressmöglichkeiten

I. Abtretung und Verpfändung des Versicherungsanspruches

158   Nach § 45 Abs. 1 VVG kann der VN über die Rechte, welche dem Versicherten aus dem Versicherungsvertrag zustehen, grundsätzlich im eigenen Namen verfügen, wobei eine solche Verfügung nach § 45 Abs. 2 VVG den Besitz des Versicherungsscheins voraussetzt. Die meisten D&O-Versicherungsbedingungen enthalten aber diesbezüglich eine Einschränkung, was grundsätzlich möglich ist, da § 45 Abs. 2 VVG auch zum Nachteil des Versicherten abbedungen werden kann[461]. Das Recht des VN zur Abtretung des Versicherungsanspruches wird bis zum Zeitpunkt der endgültigen Feststellung des Anspruchs dem Wirksamkeitserfordernis einer Zustimmung des VR gem. der §§ 182f. BGB unterstellt[462]. In manchen Versicherungsbedingungen befindet sich zusätzlich eine Regelung, nach der der VN den Versicherungsanspruch vor seiner endgültigen Feststellung auch nicht verpfänden darf.

II. Übergang von Rückgriffsansprüchen der Versicherungsnehmerin

159   Im Hinblick auf **Rückgriffsansprüche** der versicherten Personen verweisen die meisten D&O-Bedingungen auf die Bestimmungen des VVG. Gem. § 86 Abs. 1 S. 2 VVG gehen Rückgriffsansprüche der versicherten Personen gegenüber Dritten auf den VR über, soweit dieser den Schaden ersetzt. Diese Regelung gilt nach den Bedingungen einzelner VR auch ausdrücklich für Ansprüche auf Kostenersatz, auf Rückgabe hinterlegter und auf Rückerstattung bezahlter Beträge sowie auf Abtretung gem. § 255 BGB. Der VR kann dabei die Ausstellung einer den Forderungsübergang nachweisenden Urkunde verlangen. Diese Bestimmungen entsprechen im Übrigen § 7 Nr. 4 AVB-Vermögen 1989/2001.

160   Hat eine versicherte Person gegen die Obliegenheit[463] des VN zur Wahrung des auf den VR nach § 86 Abs. 1 VVG übergehenden Ersatzanspruchs verstoßen, so hängt der Umfang der Verpflichtung des D&O-Versicherers gemäß § 86 Abs. 2 S. 1 VVG davon ab, ob eine vorsätzliche Verletzung oder eine grob fahrlässige Verletzung der Obliegenheit vorliegt[464].

L. Gerichtsstandsklauseln und anwendbares Recht

161   Die D&O-Versicherungsbedingungen enthalten regelmäßig Gerichtsstandsklauseln und Vereinbarungen über das im Streitfall anwendbare Recht[465]. Nach den meisten in D&O-Versicherungen vorzufindenden **Gerichtsstandsklauseln** sind alle Ansprüche aus dem Versicherungsverhältnis vor dem am Sitz des VR örtlich zuständigen Gericht geltend zu machen; auch dann, wenn der VR oder eine versicherte Person ihren (Wohn-)Sitz im Ausland hat. Einzelne Gerichtsstandsklauseln unterscheiden – wie Ziff. 31 AHB 2008 – aber auch nach der Anspruchsrichtung: Sie erklären für die Geltendmachung von Ansprüchen gegen den VR das an

---

[460] Vgl. *Plück/Lattwein,* S. 195; siehe hierzu auch OLG Düsseldorf v. 23. 8. 2005, VersR 2006, 785 (786).

[461] Berliner Kommentar/*Hübsch,* § 75 Rn. 19; *Prölss/Martin/Prölss,* § 75 Rn. 15; *Römer/Langheid/Römer,* §§ 75, 76 Rn. 24; hierzu auch LG Wiesbaden v. 14. 12. 2004, VersR 2005, 545 ff.

[462] Vgl. bereits Ziff. 11.2 AVB-AVG (Ziff. 10.2 Fassung 2008).

[463] Siehe hierzu Rn. 154a.

[464] Siehe hierzu Rn. 157.

[465] Vgl. bereits Ziff. 13 AVB-AVG (auch Fassung 2008).

seinem Sitz ansässige Gericht für zuständig; Ansprüche gegen den VN hingegen sind vor dem Gericht, das an deren Sitz zuständig ist, geltend zu machen. Für die Zulässigkeit solcher Gerichtsstandsklauseln gelten die allgemeinen Rahmenbedingungen, mithin auf nationaler Ebene § 307 Abs. 2 Nr. 1 BGB, §§ 29, 38, 40 ZPO und auf internationaler Ebene Art. 23 EuGVO[466]. § 215 Abs. 2 VVG steht der Vereinbarung einer Gerichtsstandsklausel nicht entgegen, da § 215 Abs. 1 VVG nur auf natürliche Personen Anwendung findet.

Regelmäßig enthalten D&O-Bedingungen Bestimmungen, wonach für Streitigkeiten aus dem Versicherungsvertrag allein das **deutsche Recht** Anwendung findet. Von solchen Klauseln geht indes regelmäßig keine konstitutive Wirkung aus. Auch wenn Rechtswahlklauseln gem. Art. 15 EGVVG i. V. m. Art. 27 EGGVG grundsätzlich auch in Form von AGB ausgestaltet sein können[467], so unterstehen D&O-Versicherungen, auch wenn es sich nicht um Verträge mit Verbrauchern handelt, in der Regel nicht einer Rechtswahl gem. Art. 9, Art. 10 EGVVG. **162**

---

[466] Dazu *Fricke,* § 3 Rn. 42 ff., 73 ff.; in diesem Handbuch *Beckmann,* § 10 Rn. 255.
[467] *Staudinger/Magnus* (2002), Art. 27 EGBGB Rn. 52.

2. Abschnitt. Kraftfahrtversicherungen

§ 29. Kraftfahrthaftpflichtversicherung

Inhaltsübersicht

Literatur: *Armbrüster,* Abstufungen der Leistungsfreiheit bei grob fahrlässigem Verhalten des VN, VersR 2003, 675; *Bauer,* Die Kraftfahrversicherung, 5. Aufl. 2002; *Baumgärtel,* VHB 84 § 22 Abs. 1 – Anmerkung, VersR 1992, 601; *ders.,* Handbuch der Beweislast im Privatrecht, 2. Aufl. 1991; *Becker/Böhme,* Kraftverkehrs-Haftpflicht-Schäden, 22. Aufl. 2002; *Berz/Burmann* (Hrsg.), Handbuch des Straßenverkehrsrechtes, 19. Ergänzungslieferung 2007; *Bollweg,* Änderungen im Schadensersatzrecht, NZV 2000, 187; *ders.,* Neue Höchstgrenzen in der Straßenverkehrshaftung, NZV 2007, 599; *Born,* Der manipulierte Unfall im Wandel der Zeit, NZV 1996, 257; *Burmann/Heß/Höke/Stahl,* Das neue VVG im Verkehrsrecht, 2008; *Dannert,* Die Abwehr vorgetäuschter und manipulierter Verkehrshaftpflichtansprüche (Teil I), r+s 1989, 381; *ders.,* Die Abwehr vorgetäuschter und manipulierter Verkehrshaftpflichtansprüche(Teil II), r+s 1990, 1; *Demuth,* Schadensersatz nach unberechtigter Verfahrenseinleitung und Gegendarstellungsverlangen, 1997; *Diedrichsen/Marburger,* Die Haftung für Demonstrationsschäden, NJW 1970, 777; *Felsch,* Neuregelung von Obliegenheiten und Gefahrerhöhung, r+s 2007, 485; *Feyock/Jacobsen/Lemor,* Kraftfahrtversicherung, 2. Aufl. 2002; *Fleischmann/Hillmann,* Das verkehrsrechtliche Mandat, 2. Aufl. 2000; *Friedrich,* Der Beweiswert des Einwurfschreibens der Deutschen Post AG, VersR 2001, 1090; *Gaul,* Zum Abschluss des Versicherungsvertrages, VersR 2007, 21; *Heß,* Die MWSt-Abrechnung nach dem 2. Schadensrechtsänderungsgesetz, ZfS 2002, 367; *Heß/Burmann,* Das neue VVG und der Versicherungsbetrug – Kfz-Haftpflicht- und Kaskoversicherung, NJW-Spezial 2007, 399; *Heß/Jahnke,* Das neue Schadensrecht, 2002; *Huber,* Das neue Schadensersatzrecht, 2003; *Hunke,* Das Einschreiben im VersRecht, VersR 2002, 660; *Hofmann,* Die Abgrenzung der Haftpflichtversicherung von der Kraftfahrtversicherung durch die Kraftfahrzeugklauseln; *ders.,* Die neuen Kfz-Versicherungsbedingungen nach der Deregulierung, NZV 1996, 12; *ders.,* Änderungsbedarf bei den Bedingungen für die Fahrzeugversicherung, VersR 1998, 140; *ders.,* Die Abgrenzung der Haftpflichtversicherung von der Kraftfahrtversicherung durch die Kraftfahrzeugklausel, NVersZ 1998, 54; *Jagow/Burmann/Heß,* Straßenverkehrsrecht, 20. Aufl. 2008; *Johannsen,* Anwaltliche Fehler in Deckungs- und Haftpflichtprozessen, r+s 2003, 45; *Kirchhoff,* Der Verkehrsunfall im Zivilprozeß – Das Quotenvorrecht des VN in der Kaskoversicherung; *Knappmann,* Rechtsfragen der neuen Kraftfahrtversicherung, VersR 1996, 401; *ders.,* Alkoholbeeinträchtigung und Versicherungsschutz, VersR 2000, 11; *ders.,* Zurechnung des Verhaltens Dritter im Privatversicherungsrecht, NJW 1994, 3147; *ders.,* Anwendbarkeit des § 61 VVG bei Beeinträchtigung der Schuldfähigkeit durch Alkohol oder Drogen, NVersZ 1998, 13; *Lachner,* Das Quotenvorrecht in der Kaskoversicherung, ZfS 1999, 184; *Lang,* Zur Anwendung des § 827 S. 2 BGB im Rahmen des § 61 VVG, NZV 1990, 336; *Lange,* Das Anerkenntnisverbot vor und nach der VVG-Reform, VersR 2006, 1313; *ders.,* Die vorvertragliche Anzeigepflicht nach der VVG-Reform; *Langheid,* Rechtsprechungsübersicht zum Versicherungsvertragsrecht 1989/1990; *ders.,* Auf dem Weg zu einem neuen Versicherungsvertragsrecht, NJW 2006, 3317; *Langheid/Müller-Frank,* Rechtsprechungsübersicht zum Versicherungsvertragsrecht 1993/1994, NJW 1993, 2652; *Lemcke,* Probleme des Haftpflichtprozesses bei behaupteter Unfallmanipulation (Teil A), r+s 1993, 121; *ders.,* Probleme des Haftpflichtprozesses bei behaupteter Unfallmanipulation (Teil B), r+s 1993, 161; *ders.,* Gefährdungshaftung im Straßenverkehr unter Berücksichtigung der Änderungen durch das 2. SchadÄndG“, ZfS 2002, 318; *Looschelders,* Die Haftung des VN für seinen Repräsentanten – eine gelungene Rechtsfortbildung, VersR 1999, 666 ff.; *ders.,* Die Mitverantwortlichkeit des Geschädigten im Privatrecht, 1999; *Lücke,* Yacht-Neuwertversicherungs-Anmerkung VersR 1992, 182; *ders.,* Feuerversicherung, §§ 6, 61 VVG-Anmerkung, VersR 1993, 1098; *ders.,* Die Kaskoentschädigung beim Kfz-Leasing, NVersZ 1998, 108; *Maier,* Die Leistungsfreiheit bei Obliegenheitsverletzungen nach dem Regierungsentwurf zur VVG-Reform, r+s 2007, 89; *Maier/Stadler,* AKB 2008 und VVG-Reform, 2008; *Marlow,* Die Verletzung vertraglicher Obliegenheiten nach der VVG-Reform: Alles oder nichts?, VersR 2007, 43; *Marlow/Spuhl,* Das Neue VVG kompakt, 2. Aufl. 2007; *Martin,* Verkehrsuntersuchung B 227N/B 51 N, SVR 1973; *Meixner/Steinbeck,* Das neue Versicherungsvertragsrecht, 2008; *Mergner,*

Auswirkungen der VVG-Reform auf die Kraftfahrtversicherung, NZV 2007, 385; *Nugel,* Alles, nichts oder 5000 €?, NZV 2008,11; *ders.,* Das neue VVG – Quotenbildung bei der Leistungskürzung wegen grober Fahrlässigkeit, MDR- Sonderbeilage 2007, 23; *Pape/Notthoff,* Prozessrechtliche Probleme bei der Verwendung von Telefax, NJW 1996, 417; *Riedmeyer,* Grobe Fahrlässigkeit in der Kfz-Versicherung, ZfS 2001, 345; *Rixecker,* VVG 2008 – Eine Einführung, zfs 2007, 15f., 191f., 314f., 396ff., 495f.; *Römer,* Das sogenannte Augenblicksversagen, VersR 1992, 1187; *ders.,* Der Kraftfahrzeugdiebstahl als Versicherungsfall, NJW 1996, 2329; *ders.,* Die Haftung des VN für seinen Repräsentanten, NZV 1993, 249; *ders.,* Zu ausgewählten Problemen der VVG-Reform nach dem Referentenentwurf vom 13. März 2006, VersR 2006, 740; *ders.,* Zu den Informationspflichten nach neuem VVG, VersR 2007, 618; *Rüther,* Die Gefährdung des Versicherungsschutzes durch Alkohol im Straßenverkehr; *Schimikowski,* VVG-Reform: Die vorvertragliche Informationspflichten des Versicherers und das Rechtzeitigkeitserfordernis, r+s 2007, 133; *Schimikowskis/Höra,* Das neue Versicherungsvertragsgesetz, 2007; *Schirmer,* Änderungen des VVG nach der Deregulierung mit den Schwerpunkten: Abschluß des VV und Einbeziehung von AVB, VersR 1996, 1045; *Schmitt,* Passivlegitimation und Zustellungsvollmacht in der gesetzlichen Haftpflichtversicherung für ausländische Kraftfahrzeuge, VersR 1970, 497; *Stamm,* Die neue „Trunkenheitsklausel" in der Kfz-Haftpflichtversicherung, VersR 1995, 261; *Stiefel/Hofmann,* Kraftfahrtversicherung, AKB – Kommentar 17. Aufl. 2000; *Terbille,* Parteianhörung und Parteivernehmung im Rechtsstreit um die Leistungpflicht des VR aus Diebstahlsversicherungsverträgen, VersR 1996, 408; *Terno,* Gerichtliche Kontrolle Allgemeiner Versicherungsbedingungen, Homburger Tage 2002 S. 43ff.; *van Bühren* (Hrsg.) Anwaltshandbuch Verkehrsrecht 2003: *ders.,* Versicherungsrecht, 2. Aufl. 2003; *Zöller,* Zivilprozessordnung, 26. Aufl. 2008; *Zopfs,* Der Beweis des Versicherungsfalles, VersR 1993, 140.

A. Einleitung

I. Allgemeines

Die Entwicklung der Kraftfahrthaftpflichtversicherung geht zunächst zurück auf den Fort- **1** schritt der technischen Entwicklungen in der Industrialisierung der westlichen Welt. Die Erfindungen der Dampfmaschine und des Verbrennungsmotors erlaubten erstmals den Bau Motor getriebener Maschinen und Fahrzeuge. Die erreichbaren Geschwindigkeiten dieser Fortbewegungsmittel eröffneten den Weg in weltweite Mobilität. Zugleich erwiesen sich jedoch die Segnungen dieses technischen Fortschritts als sehr schwer beherrschbar. Bis in die heutige Zeit ergibt sich für die Fahrzeugführer die Schwierigkeit der angemessenen Reaktion angesichts ständig steigender Komplexität der Fahrvorgänge und höherer Bewegungsenergien. Auch für die übrigen Verkehrsteilnehmer, insbesondere die nicht motorisierten, erwuchsen aus dem steigenden Kraftfahrzeugverkehr zunehmend Schwierigkeiten, sich gefahrlos fortzubewegen.

Neben diesen rein praktischen Problemen zeigten sich auch schnell die Grenzen des **2** Rechtssystems, das dieser neuen Lage nicht entsprach. Am Beispiel des wegen eines lautstark vorbeifahrenden Kraftwagens scheuenden Pferdefuhrwerks aus der Anfangszeit der Motorisierung wird deutlich, dass das am Verschuldensprinzip orientierte Haftungsrecht nicht ausreichte. Die Vorgänge im Straßenverkehr spielten sich immer schneller ab, sodass ihre Rekonstruktion auch bei Beobachtung durch Zeugen immer schwerer fiel. Darüber hinaus waren oft nur die Beteiligten am Unfallort zugegen und damit eine Beweisführung stark erschwert. Infolgedessen wurde die Gefährdungshaftung entwickelt. Sie knüpfte die Eintrittspflicht für verursachte Schäden nicht mehr an eine fahrlässige oder vorsätzliche Begehungsweise, sondern allein an den Betrieb eines Kraftfahrzeuges, von dem schon hierdurch eine besondere Gefährdung für andere ausgeht. Diese erheblich erweiterte Haftung überforderte viele Kraftfahrzeughalter in ihren wirtschaftlichen Reserven. Es konnte daher dem Fahrzeughalter nicht überlassen bleiben, für den Schaden selbst aufzukommen oder eine Kraftfahrzeughaftpflichtversicherung abzuschließen, so dass schließlich der Abschluss einer Haftpflichtversicherung für Schäden, die aus dem Betrieb des Kraftfahrzeuges resultieren, zur Pflicht gemacht wurde. Dahinter stand der Gedanke, über diese Versicherung die **Risiken** der technischen Neuerungen **auf die Allgemeinheit zu verlagern,** da deren Interessen (Wirtschaftsentwicklung,

Massenverkehr, Mobilität, Versorgung mit Gütern über weite Strecken) die Zulassung dieser Gefahren erforderten.

3   Nach der **Wiedervereinigung** der beiden Teile **Deutschlands** 1990 regelte der Einigungsvertrag[1] durch Einfügung von Art. 232 §§ 1, 10 EGBGB, dass §§ 823 bis 853 BGB und die §§ 7 bis 20 StVG sowie die übrigen bundesrechtlichen Regelungen nur auf Fälle anwendbar sind, die sich am oder nach dem 3. 10. 1990 ereignet haben. Für Fälle, die sich vor diesem Stichtag ereignet haben, ist das bis dahin geltende Recht maßgeblich.

4   Auf europäischer Ebene ist der Bereich der Kraftfahrzeughaftpflichtversicherung durch den Erlass von Richtlinien der EWG/EG/EU ausgestaltet worden, die jeweils in nationales Recht umzusetzen waren.

II. Die Bedeutung der Kraftfahrthaftpflichtversicherung

5   **Volkswirtschaftlich** betrachtet dient die Kraftfahrthaftpflichtversicherung der Absicherung des Massen- und Transportverkehrs, indem die wirtschaftliche Entschädigung von Verkehrsopfern gewährleistet wird. Im Jahr 2006 ereigneten sich 2,2 Mio. Verkehrsunfälle, für die 19,4 Mrd. € aufgewandt wurden[2]. Mit einem Beitragsaufkommen in Höhe von 21,2 Mrd. € ist die Kraftfahrthaftpflichtversicherung der größte Zweig in der Schaden- und Unfallversicherung und der zweitgrößte der gesamten Versicherungswirtschaft.

B. Rechtsgrundlagen

I. Europarechtliche Grundlagen

6   Die Schaffung eines europäischen Binnenmarktes wird auf Seiten der Legislative durch zwei Strömungen beeinflusst: **Liberalisierung** des Handels- und Dienstleistungsverkehrs, also Verringerung der Regeln, die einem freien Markt entgegenwirken, soweit wie möglich (Deregulierung); **Harmonisierung** der Regeln, soweit wie nötig, um im Interesse der Verbraucher einheitliche Mindeststandards aufzustellen

1. Liberalisierung in der Schadenversicherung

Die schrittweise Bildung des Binnenmarktes erfolgte durch drei Generationen von Koordinierungsrichtlinien:

7   **a) Erste Koordinierungsrichtlinie Schaden von 1973[3].** Ziel dieser Richtlinie war die Erreichung der Niederlassungsfreiheit, also insbesondere die Abschaffung von Regelungen, die den Marktzugang ausländischer VR zu einem EG-Land einschränkten. Jedes Versicherungsunternehmen sollte in die Lage versetzt werden, in einem anderen EG-Land eine Niederlassung zu gründen, um dort Versicherungen zu vertreiben. Um wettbewerbsverzerrende Regelungen einzelner Mitgliedsstaaten zuungunsten ausländischer VR zu verhindern, wurden Mindestbedingungen für die Bildung von Reserven für die Regulierung offener Versicherungsfälle, der Solvabilität und Mindestausstattung liquider Eigenmittel (Mindestgarantiefonds) aufgestellt. Die Bedingungs- und Tarifgenehmigung wurde den Mitgliedsstaaten freigestellt. Die Rechtsaufsicht über etwaige Niederlassungen oblag dem Land dieser Belegenheit, während die Finanzaufsicht dem Staat übertragen wurde, in dem das Unternehmen seinen Hauptsitz hat. Die Umsetzung in deutsches Recht erfolgte mit dem Ersten Durchführungsgesetz/EWG zum VAG vom 18. 12. 1975[4] und trat am 1. 1. 1976 in Kraft. Die Bedingungs- und Tarifgenehmigung wurde beibehalten.

---

[1] 23. 9. 1990, BGBl. II, S. 885.
[2] GDV Statistik.
[3] Erste Richtlinie 73/239/EWG des Rates v. 24. 7. 1973; ABl. EG Nr. L 228 S. 3 v. 16. 8. 1973.
[4] BGBl. I S. 3139.

b) Zweite Koordinierungsrichtlinie Schaden vom 22. 6. 1988[5]. Mit dieser Richtli-   8
nie wurde die Dienstleistungsfreiheit, also das Recht, vom Hauptsitz des Unternehmens aus
ohne eine Niederlassung in einem anderen EG-Staat dort Versicherungsprodukte zu vertreiben (aktive Dienstleistungsfreiheit) oder mit VN anderer EG-Staaten im Inland Verträge abzuschließen (passive Dienstleistungsfreiheit) eingeführt sowie die weitgehende Freigabe des
Großrisikengeschäfts erreicht. Da die Kraftfahrthaftpflichtversicherung ausdrücklich ausgenommen war, soll hier nicht näher auf die Richtlinieninhalte eingegangen werden[6]. Die
Umsetzung in deutsches Recht erfolgte mit dem Zweiten Durchführungsgesetz/EWG zum
VAG vom 28. 6. 1990[7].

c) Ergänzungsrichtlinie für die Kraftfahrzeugversicherung von 1990[8]. Ziel dieser   9
Richtlinie war die **Ausdehnung** der Regelungen der zweiten Koordinierungsrichtlinie Schaden **auf die Kraftfahrtversicherung.** Sie sah eine Aufteilung in Groß- und Massenrisiken
vor, da nur für den Bereich definierter Großrisiken[9] die Kraftfahrtversicherung liberalisiert
werden sollte, indem für die Kraftfahrthaftpflichtversicherung die Tarifgenehmigungspflicht
und in der Kaskoversicherung Tarif- und Bedingungsgenehmigungspflicht entfallen sollte.
Darüber hinaus eröffnete die Ergänzungsrichtlinie den **freien Dienstleistungsverkehr** auch
für die gesamte Kraftfahrthaftpflichtversicherung Zur Teilnahme am Dienstleistungsverkehr in einem anderen Tätigkeitsland mussten jedoch insbesondere folgende Voraussetzungen erfüllt werden: Mitgliedschaft im sogenannten „Grüne-Karte-Büro", Mitgliedschaft im
nationalen Garantiefonds und Stellung eines Schadenrepräsentanten. Die Umsetzung in deutsches Recht erfolgte zusammen mit der 3. Koordinierungsrichtlinie Schaden von 1992 im
Jahre 1994, die inhaltlich weiterreichte und daher die separate Umsetzung der Ergänzungsrichtlinie nicht sinnvoll erscheinen ließ.

d) Dritte Koordinierungsrichtlinie Schaden von 1992[10]. Mit der 3. Koordinierungs-   10
richtlinie Schaden wurde der **Binnenmarkt für die Versicherungswirtschaft vollendet**
und erstreckte sich auch in vollem Umfang auf die Kraftfahrtversicherung. Die wesentlichen
Eckpunkte sind: Liberalisierung auch der Massenrisiken, insbesondere durch **Wegfall der
Tarif- und Bedingungsgenehmigungen;** die Mitgliedsländer dürfen lediglich für die substitutive Krankenversicherung und die Pflichtversicherung eine Vorlagepflicht vorsehen; vollständige Verlagerung der **Aufsicht** auf die Behörde **des Sitzlandes;** Erleichterung der Aufnahme des Geschäftsbetriebes in einem anderen EG-Land; Pflicht zur **verbesserten
Verbraucherinformation.**

2. Harmonisierung der Regelungen in der Schadenversicherung

Die fortschreitende Liberalisierung des Versicherungsmarktes in der EG machte es erfor-   11
derlich, die in den Mitgliedsländern bestehenden Regeln europaweit anzugleichen, um einerseits Regeln abzubauen, die den Marktzutritt behindern könnten und andererseits zum
Schutz der Verbraucher – und hier insbesondere der Verkehrsopfer – **Mindestgarantien sicherzustellen.** Dieser Prozess ist noch nicht abgeschlossen. Er vollzieht sich über den Erlass
der sogenannten „**KH-Richtlinien 1–5**"[11]; die **6. KH-Richtlinie** ist derzeit in Vorbereitung. Die für die Praxis wichtigsten Ergebnisse:

a) Versicherungspflicht. die Mitgliedsländer müssen sicherstellen, dass Fahrzeuge mit   12
regelmäßigem Standort in ihrem Gebiet haftpflichtversichert sind. Die Versicherung muss
sich auf das EG – Gebiet erstrecken und auch Familienangehörige, den Eigentümer und Halter des Fahrzeugs umfassen.

---

[5] Zweite Richtlinie 88/357/EWG des Rates v. 22. 6. 1988, Abl. EG Nr. L 172 S. 1 v. 4. 7. 1988.
[6] *Feyock/Jacobsen/Lemor/Lemor,* Europa, Rn. 92 ff.
[7] BGBl. I S. 1249.
[8] Richtlinie 90/618/EWG des Rates v. 8. 11. 1990; Abl. EG Nr. L 330 S. 44.
[9] *Feyock/Jacobsen/Lemor/Lemor,* Europa, Rn. 102.
[10] Richtlinie 92/49/EWG des Rates v. 18. 6. 1992; Abl. EG Nr. L 228 S. 1, 1992.
[11] Vgl. *Feyock/Jacobsen/Lemor/Lemor,* Europa, Rn. 5–64.

13   **b)** Es gelten einheitliche Mindestdeckungssummen.

14   **c)** In jedem Mitgliedsland muss ein **Entschädigungsfonds** eingerichtet werden für Unfälle, in denen der Verursacher nicht zu ermitteln oder nicht versichert ist.

15   **d)** Die Mitgliedsländer müssen sicherstellen, dass die unverzügliche Identifizierung des Kfz-Haftpflichtversicherers nach einem Unfall möglich ist.

16   **e)** Der **Wegfall der Grenzkontrollen** für Fahrzeuge aus dem Gebiet der EU. Das amtliche Kennzeichen mit EU-Kennzeichnung genügt als Nachweis ausreichenden Versicherungsschutzes.

17   **f)** Die KFZ-Haftpflichtversicherer müssen in jedem EU-Land einen **Schadenrepräsentanten** benennen, so dass der Geschädigte eines Unfalles im Ausland seine Ansprüche gegen den ausländischen VR in seinem Heimatland in seiner Heimatsprache geltend machen kann.

18   **g) Schadenregulierung.** der VR oder sein Schadenrepräsentant muss innerhalb einer **Dreimonatsfrist** die geltend gemachten Ansprüche regulieren oder substantiiert schriftlich dazu Stellung nehmen; ansonsten kann eine ebenfalls neu eingerichtete Entschädigungsstelle angerufen werden, die dann zu Lasten des verantwortlichen VR regulieren kann.

19   **h)** Jedes Mitgliedsland hat eine Auskunftsstelle einzurichten, in der Unfallbeteiligte Informationen über den zuständigen Kfz-Haftpflichtversicherer oder deren Schadenrepräsentanten erhalten können.

20   **i) Gerichtsstand.** Mit einer Entscheidung des EuGH[12] ist nun auch klargestellt, dass nach einem Unfall im EU-Ausland der Geschädigte auch in seinem Heimatort gegen den Versicherer seines Unfallgegners klagen. Voraussetzung hierfür ist lediglich, dass der Versicherer im Hoheitsgebiet eines Mitgliedstaats der Europäischen Union ansässig ist und dass das nationale Recht die Möglichkeit einer Direktklage gegen den Versicherer kennt.

II. Versicherungsvertragsgesetz (VVG)

21   **Soweit nicht** die Regelungen des **PflVG** als **lex specialis** vorgehen, gelten die Regelungen des VVG auch für die Kraftfahrthaftpflichtversicherung. Dabei ist zu beachten, dass am 1. 1. 2008 das neue VVG in Kraft getreten ist und unmittelbar für die ab diesem Zeitpunkt abgeschlossenen Verträge gilt. Bei Altverträgen ist gemäß Art. 1 Abs. 1 EGVVG n. F. das bisherige VVG noch bis zum 31. 12. 2008 anzuwenden. Das sind die allgemeinen Vorschriften, §§ 1–48/§§ 1–73 VVG 2008, die allgemeinen Vorschriften für die gesamte Schadensversicherung, §§ 49–80/§§ 74–87 VVG 2008, Allgemeine Vorschriften für die Haftpflichtversicherung, §§ 149–158a/§§ 100–112 VVG 2008 und die Besonderen Vorschriften für die Pflichtversicherung, §§ 158b, 158g–k/§§ 113–124 VVG 2008. Die Vorschriften der §§ 158c–158f sind durch die Regelungen in § 3 PflVG als lex specialis verdrängt. Zwar wird hierin z. T. auf die Vorschriften der §§ 158c–158e verwiesen, jedoch mit Einschränkungen oder Ergänzungen.

Zur Vermeidung einer verfassungsrechtlich problematischen Rückwirkung ist bei Altverträgen auf vor dem 31. 12. 2008 eingetretene Versicherungsfälle das alte Recht anzuwenden, Art. 1 Abs. 2 EGVVG n. F. Ohne diese Klarstellung hätte sich z. B. die Beweislast hinsichtlich des Vorsatzes bzgl. einer Obliegenheitsverletzung im laufenden Prozess umkehren können.

III. Pflichtversicherungsgesetz (PflVG)

22   Das Gesetz über die Pflichtversicherung für Kraftfahrzeughalter (PflVG) stellt die **Grundregeln für die Kfz.-Haftpflichtversichrung** auf. Es entstand erstmals im Jahr 1939 und trat am 1. 7. 1940 in Kraft[13]. Eine grundlegende Neuordnung erfolgte durch das Gesetz zur Änderung von Vorschriften über die Pflichtversicherung für Kraftfahrzeughalter vom 5. 4.

---

[12] EuGH v. 13. 12. 2007, Az. C-463/06; BeckRS 2007, 71050; NJW-Spezial 2008, 11 (Vorinstanz vgl. BGH v. 26. 9. 2006, NJW 2007, 71 mit Anmerkung *Staudinger*, NJW-Spezial 2007, 16).

[13] RGBl. I 1939 S. 2223.

1965 mit Wirkung zum 1. 10. 1965[14]. Damit wurde das Europäische Übereinkommen über die obligatorische Haftpflichtversicherung für Kraftfahrzeuge vom 20. 4. 1959 umgesetzt. Die Regelungen sahen erstmals den **Direktanspruch des Geschädigten** gegen den Haftpflichtversicherer (§ 3) und die Gründung eines Entschädigungsfonds (§§ 12–14) vor.

Weitere Änderungen und Ergänzungen erfolgten durch das 14. Gesetz zur Änderung des VAG vom 29. 3. 1983[15], das 1. Gesetz zur Änderung des PflVG vom 22. 3. 1988[16], das 3. Durchführungsgesetz/EWG zum VAG vom 21. 7. 1994[17] sowie mit Wirkung zum 1. 1. 2003 durch Umsetzung der 4. EU-Kfz.-Richtlinie mit dem Gesetz zur Änderung des PflVG und anderer versicherungsrechtlicher Vorschriften vom 10. 7. 2002[18]. Nach der Deregulierung mussten zunächst einige Vorschriften gestrichen werden, die noch von der Bedingungs- und Tarifgenehmigung ausgingen. Eingefügt wurden die Vorschriften über die Einrichtung einer Auskunftsstelle (§ 8a), einer Entschädigungsstelle (§§ 12a, 12b) und deren Träger (§ 13a) sowie die Pflichten hinsichtlich der Führung und Übermittlung von Statistiken (§§ 9–11).

Durch das Versicherungsvertrags-ReformG vom 23. 11. 2007 wurde u. a. der Direktanspruch des Geschädigten nach § 3 gegen den Haftpflichtversicherer aus dem PflVG herausgenommen und ist nun in § 115 VVG 2008 geregelt. Neu ist der Direktanspruch gegen den Versicherer, wenn der Schädiger insolvent oder unbekannten Aufenthalts ist (§ 115 Abs. 1 VVG). Eingefügt wurde die Kündigungsfiktion (§ 3b).

Ebenfalls sind nun durch das 2.Gesetz zur Änderung des PflichtversicherungsG und anderer versicherungsrechtlicher Vorschriften[19] u. a. auch die Höchstgrenzen der Straßenverkehrshaftung nach dem StVG geändert worden[20].

Damit sind in Deutschland die EU-Richtlinienvorschriften zeitgerecht umgesetzt worden.

IV. Kraftfahrzeug-Pflichtversicherungsverordnung (KfzPflVV)

Der Wegfall der Bedingungsgenehmigungspflicht bei gleichzeitiger EU-weiter Pflicht zur **23** Sicherstellung gesetzlicher Mindeststandards machte es erforderlich, die **essentialia negotii der Kraftfahrthaftpflichtversicherung** staatlich festzuschreiben. Aus § 4 PflVG folgt die gesetzliche Ermächtigung zum Erlass einer Rechtsverordnung ohne Zustimmung des Bundesrates, die den Umfang des notwendigen Versicherungsschutzes, den der VR zu gewähren hat, regelt. Den zuständigen Ministerien soll damit Gelegenheit gegeben werden, den Versicherungsschutz schnell und flexibel den notwendigen Gegebenheiten anzupassen, ohne dass ein langwieriges Gesetzgebungsverfahren durchgeführt werden muss. Darüber hinaus wird auf diesem Wege das PflVG nicht mit zu vielen Detailregelungen unübersichtlich gestaltet[21]. Die zuständigen Ministerien haben mit dem Erlass der KfzPflVV vom 29. 7. 1994[22] von dieser Befugnis Gebrauch gemacht. Dem Sinn der Verordnung entsprechend – Sicherstellung von Mindeststandards im Einklang mit den europäischen Vorgaben – handelt es sich um **halbzwingende Vorschriften**[23].

V. Allgemeine Versicherungsbedingungen (AVB)

Die **Versicherungsbedingungen zur Kraftfahrthaftpflichtversicherung** verteilen **24** sich auf die Allgemeinen Bedingungen für die Kraftfahrtversicherung (AKB) und die zugehö-

---

[14] BGBl. I S. 213.
[15] BGBl. I S. 377.
[16] BGBl. I S. 358.
[17] BGBl. I S. 1630.
[18] BGBl. I S. 2586.
[19] BT-Drs. 16/5551; synoptische Übersicht PflVG – VVG 2008 in NJW-Spezial 2008, 139.
[20] *Bollweg*, NZV 2007, 599
[21] *Feyock/Jacobsen/Lemor/Jacobsen*, Einf. KfzPflVV, Rn. 8; *Römer/Langheid/Langheid*, § 4 PflVG, Rn. 1.
[22] BGBl. I S. 1837.
[23] *Feyock/Jacobsen/Lemor/Jacobsen*, Einf. KfzPflVV, Rn. 22.

rigen Tarifbedingungen (TB) sowie in Einzelfällen auf Bestimmungen in der Satzung des VU (insbes. bei VVaG). Die früher gegenüber dem BAV abzugebenden „Geschäftsplanmäßigen Erklärungen" sind formell entfallen, wirken aber inhaltlich an anderer Stelle weiter.

1. Allgemeine Bedingungen für die Kraftfahrtversicherung (AKB)

25   Bis zur Umsetzung der Deregulierungsvorschriften im Jahr 1994 waren die AKB und TB genehmigungspflichtig und daher weitgehend einheitlich. Jetzt darf jedes VU seine Bedingungen selbst gestalten, in der Kraftfahrzeughaftpflichtversicherung jedoch nur in den Grenzen der halbzwingenden Vorschriften der KfzPflVV. Der GDV gibt in unregelmäßigen Abständen **unverbindliche Bedingungsempfehlungen** für die Kraftfahrtversicherung heraus, zuletzt am 18. 8. 2007 (AKB 2008).

In der Praxis haben sich die Kernbedingungen der ursprünglich genehmigten AKB – Vertragsschluss/-dauer/-beendigung, vorläufige Deckung, Obliegenheiten, Geltungsbereich – kaum verändert. Zum einen sind einige bewährte Regelungen der AKB in die KfzPflVV übernommen worden, zum anderen wird die über Jahre durch die Rechtsprechung zu den Bedingungen erzeugte Rechtssicherheit von den VR nur ungern verlassen.

Auch die neuen Muster-AKB der GDV entsprechen inhaltlich den alten Bedingungen, ergänzt um die durch die VVG-Reform notwendig gewordenen Änderungen. Zudem wurde aus den bisherigen AKB zusammen mit den Tarifbestimmungen (TB) ein einheitliches Bedingungswerk geschaffen, das durch seine neue Gliederungsform und den „sprechenden" Überschriften kundenfreundlicher gestaltet worden ist.

Der Versicherer kann gemäß Art. 1 Abs. 3 EGVVG n. F. seine AVB zum 1. 1. 2009 an die Neuregelung des VVG anpassen. Er muss die neuen Bedingungen unter Kenntlichmachung der Änderungen dem Versicherungsnehmer spätestens einen Monat, bevor die Änderungen wirksam werden sollen, in Textform (§ 126b BGB) mitteilen.

Für die Kraftfahrthaftpflichtversicherung gelten die Vorschriften aus Teil A (Allgemeiner Teil) und B („Kraftfahrzeug-Haftpflichtversicherung") bzw. Teil A.1, B–D, E.1–2, 6, F–N AKB 2008.

2. Tarifbestimmungen (TB)

26   Der Wegfall der Bedingungsgenehmigungspflicht erfasste auch die Tarifbestimmungen, die bis 1994 vom BAV zu genehmigen waren und deren Grundsätze in einer TarifVO geregelt waren. Die Tarifbestimmungen können jetzt frei vom VR gestaltet werden. Auch für die TB gibt der GDV regelmäßig **unverbindliche Empfehlungen** aus, zuletzt am 18. 8. 2007 in Form eines einheitlichen Musterbedingungswerkes „AKB" (s. o. Rn 24). Die Tarifbestimmungen legen **alle Umstände** fest, die **der Preisbildung** dienen, die Preise selbst sowie die Regelungen zur Zahlungsweise. Prämienbestimmende Faktoren sind die Zuordnungen zu Tarifgruppen (N- Normal, A- Agrarunternehmer, B- Öffentlicher Dienst und weitere), Regionalklassen (nach Zulassungsbezirk), Typklassen (nach Reparaturkosten eines typisierten Crashtests/durchschnittlichen Schadenaufwendungen), Fahrleistungsgruppen (nach jährlicher Kilometerleistung), Abstellort (Garage) und Schaden-/Schadenfreiheitsklassen. Dabei werden z. T. tabellarische oder Zuordnungen nach Bildung einer Prämie und anschließender Nachlassgewährung bei Erfüllung bestimmter Voraussetzungen (z. B. Garage, Einzelfahrer, Erstbesitz) vorgenommen[24].

3. Satzung

27   Insbesondere bei VU in der Rechtsform des **VVaG** sind auch in der Satzung gelegentlich Regelungen zu finden, die AVB- Charakter haben können[25]. Hier wird auch häufig dokumentiert, welche Risiken das Unternehmen zeichnen will und welche ausgeschlossen werden sollen.

---

[24] *Stiefel/Hofmann,* vor § 1 AKB, Rn. 10.
[25] BGH v. 8. 10. 1997, VersR 1997, 1517; *Römer/Langheid/Römer,* vor § 1 VVG, Rn. 1.

4. Geschäftsplanmäßige Erklärungen

Vor der Deregulierung im Jahre 1994 waren alle VU verpflichtet, **gegenüber dem BAV** 28 zusätzlich zum Geschäftsplan bestimmte Erklärungen abzugeben[26]. Sie beinhalteten Regeln über Form und Inhalt von Belehrungen gegenüber dem VN und der Verwendung von Druckstücken, Verzicht auf Rückgriffsrechte, die Anwendung der AVB und die Pflicht zur Einhaltung zwingender rechtlicher Normen sowie der grundlegenden Rechtsprechung des BGH. Die Pflicht zur Abgabe dieser Erklärungen ist entfallen; da der Inhalt der relevanten Erklärungen jedoch zwischenzeitlich in die KfzPflVV aufgenommen worden ist[27], oder von der Rechtsprechung aufgegriffen worden ist, wirken sie mit ihrem rechtlich haltbaren Inhalt faktisch fort, während die der Deregulierung zuwiderlaufenden Erklärungen (z. B. über Form/Farbe von Druckstücken) entfallen. Verstöße kann das BAFin im Wege der Einzelfallaufsicht gem. § 81 a VAG ahnden.

5. Inhaltskontrolle

Nachdem die Vorabkontrolle durch die staatliche Aufsicht im Jahr 1994 entfallen ist, unter- 29 liegen alle Allgemeinen Geschäftsbedingungen für die Kraftfahrthaftpflichtversicherung **wie alle AGB** der Inhaltskontrolle **nach §§ 305−310 BGB.** Hierzu zählen die AKB, die Tarifbedingungen[28], in Antragsformularen enthaltene Regelungen, die Vertragsinhalt werden können[29] sowie in Satzungen verankerte Regelungen mit AGB-Charakter[30]. Grundsätzlich erfolgt die Auslegung zunächst nach dem Wortlaut[31]. Im Übrigen ist auf den durchschnittlichen VN abzustellen, wie er die Bestimmung bei verständiger Würdigung, aufmerksamer Durchsicht und Berücksichtigung des erkennbaren Sinnzusammenhangs verstehen muss, ohne über versicherungsrechtliche Spezialkenntnisse zu verfügen[32]. Gem. § 307 Abs. 3 S. 1 BGB sind solche Klauseln nicht der richterlichen Kontrolle unterworfen, die lediglich gesetzliche Regelungen wiederholen[33], reine Leistungsbeschreibungen und der Preis[34]. Hier sind also die Regelungen in den **AKB,** die den **Inhalt der KfzPflVV übernehmen,** der **Inhaltskontrolle entzogen.** Ergänzt der VR jedoch den Text, ist die Klausel einer Überprüfung zugänglich[35]. Leistungsbeschreibungen, die Inhalt und Umfang der geschuldeten Leistung festlegen, sind nur dann der Inhaltskontrolle unterworfen, wenn das **Transparenzgebot** verletzt ist, das auch auf Versicherungsbedingungen angewandt wird[36]. Danach muss auch das Hauptleistungsversprechen klar und verständlich formuliert sein[37] und kann daraufhin überprüft werden[38]. Hinsichtlich der Eindeutigkeit der Formulierungen in der Kraftfahrthaftpflichtversicherung bestehen hier keine Bedenken[39].

---

[26] *Stiefel/Hofmann*, vor § 1 AKB, Rn. 9; *Feyock,* § 4 PflVG, Rn. 7; *Römer,/Langheid/Römer*, vor § 1 VVG, Rn. 2.

[27] *Feyock/Jacobsen/Lemor/Feyock,* § 4 PflVG, Rn. 53.

[28] BGH v. 10. 1. 1996 – IV ZR 125/95 – VersR 1996, 357; *Römer/Langheid/Römer*, vor § 1 VVG, Rn. 1.

[29] BGH v. 3. 4. 1996, VersR 1996, 741; v. 18. 12. 1996, VersR 1997, 345.

[30] BGH v. 8. 10. 1997, VersR 1997, 1517.

[31] BGH v. 13. 3. 1991, VersR 1991, 574.

[32] BGH v. 21. 2. 2001, VersR 2001, 489; BGH v. 23. 6. 1993, VersR 1993, 957; *Römer/Langheid/Römer*, vor § 1 VVG, Rn. 16 m. w. N. Zum Transparenzgebot, BGH v. 24. 5. 2006, NJW 2006, 2545.

[33] *Feyock/Jacobsen/Lemor/Feyock,* § 4 PflVG, Rn. 42.

[34] *Basedow*, MünchKomm AGBG, § 8 Rn. 1 m. w. N.

[35] BGH v. 18. 10. 2000, VersR 2001, 893.

[36] BGH v. 8. 10. 1997, VersR 1997, 1517.

[37] BGH v. 9. 5. 2001, VersR 2001, 841.

[38] *Römer/Langheid/Römer*, vor § 1 VVG, Rn. 10.

[39] *Bauer*, Rn. 25.

Heß/Höke

C. Versicherte Gefahren/Schäden/Personen

I. Versicherungspflicht

30 Gem. § 1 PflVG ist der **Halter eines Kfz oder Anhängers** mit regelmäßigem Standort im Inland verpflichtet, für sich, den Eigentümer und Fahrer eine Haftpflichtversicherung zur Deckung der durch den Gebrauch des Fahrzeugs verursachten Personenschäden, Sachschäden und sonstigen Vermögensschäden abzuschließen. Die **Haltereigenschaft** ist nicht mit dem Eigentum am Fahrzeug gleichzusetzen, sie fällt sogar häufig, z. B. bei Leasingverträgen, auseinander. Halter ist nach st. Rspr., wer das Fahrzeug für eigene Rechnung in Gebrauch hat und die Verfügungsgewalt besitzt, die ein solcher Gebrauch voraussetzt[40]. Der **Mieter eines Kfz** kann Mithalter werden; abzustellen ist dabei auf die Dauer des Mietverhältnisses. Bei kurzer Dauer wird die Mithaltereigenschaft abgelehnt[41], bei längerer Dauer bejaht[42].

31 Die Pflicht zur Unterhaltung einer Haftpflichtversicherung bedingt jedoch nicht, dass der Halter selbst der VN des Versicherungsvertrages ist[43]; in der Praxis wird daher in Fällen, in denen die **Trennung von Halter- und Versicherungsnehmereigenschaft** aus wirtschaftlichen Gründen sinnvoll ist (z. B. steuerlich; wegen günstigerer Versicherungseinstufung), der Vertrag mit dem VN geschlossen, der Halter jedoch dokumentiert.

32 Eine Besonderheit ist für **Anhänger** durch das SchadensRechtsÄndG vom 10. 5. 2002 mit Wirkung **zum 1. 1. 2003** eingetreten: Gem. § 1 PflVG muss auch für Anhänger, soweit sie nicht gem. § 2 Abs. 1 Nr. 6 c, § 18 Abs. 2 Nr. 1 StVZO ausgenommen sind, eine **eigene Kraftfahrthaftpflichtversicherung** abgeschlossen werden. Diese galt jedoch bisher gem. § 3 Abs. 2 KfzPflVV, § 10a AKB nur subsidiär, nämlich nur dann, wenn der Anhänger nicht mit einem Kraftfahrzeug verbunden war oder sich während des Gebrauchs von diesem gelöst hatte und nicht mehr in Bewegung befindlich war. Durch das SchadensRechtsÄndG ist § 7 Abs. 1 StVG dahingehend modifiziert worden, dass eine **eigene Haftung des Halters des Anhängers unabhängig vom Zugfahrzeug** begründet werden kann[44]. Hintergrund sind die Fälle aus der Praxis, in denen der Geschädigte den Verursacher eines Unfalles nur sehr schwer ausfindig machen konnte, weil er nur das amtliche Kennzeichen des Anhängers ablesen konnte, die jedoch von Spediteuren z. T. europaweit an ständig wechselnde Zugfahrzeuge gehängt werden. Mit Wirkung zum 1. 1. 2003 sind deshalb § 3 Abs. 2 KfzPflVV und § 10a Abs. 2 AKB ersatzlos gestrichen worden. Die eigene Haftung des Halters des Anhängers für die Fälle, in denen der Anhänger an das Zugfahrzeug gekoppelt ist, ist jedoch noch nicht explizit geregelt. Sie kann nur über die Generalklausel in § 1 PflVG und den generell geregelten Umfang des Kraftfahrthaftpflichtversicherungsschutzes in § 2 KfzPflVV herbeigeführt werden. Die Überschrift „Anhänger; Auflieger" in § 2 KfzPflVV ist bis zu einer Neufassung dieser Regelung insofern irritierend, weil sie den Eindruck erweckt, der Versicherungsschutz für Anhänger sei hier umfassend geregelt.

33 **Ausnahmen von der Versicherungspflicht** sind in § 2 PflVG aufgezählt; insbesondere sind als befreite Fahrzeughalter Bund, Länder und Gemeinden sowie als befreite Fahrzeuge zulassungsfreie Fahrzeuge und Anhänger genannt. Die sogenannten „**Kommunalen Schadenausgleiche",** die in § 2 Abs. 1 Nr. 5 und Abs. 2 PflVG umschrieben werden, sind nicht rechtsfähige Vereine der Gemeinden und Gemeindeverbände, die für diese die Haftpflichtdeckung aus der Kraftfahrzeughaltung der Mitglieder übernehmen. Dies geschieht jedoch nur im Innenverhältnis. In der Praxis wird häufig übersehen, dass diese Zusammenschlüsse **nicht passiv legitimiert** sind.

---

[40] BGH v. 22. 3. 1983 – VI ZR 108/81, NJW 1983, 1492.; *Jagow/Burmann/Heß,* § 7 Rn. 5; für Leasing-Fälle siehe BGH NJW 2007, 3120; *Jagow/Burmann/Heß* § 9 Rn. 9.

[41] BGH v. 3. 12. 1991, VersR 1992, 437.

[42] OLG Hamm v. 24. 1. 1990, VersR 1991, 220.

[43] *Feyock/Jacobsen/Lemor/Feyock,* § 1 PflVG, Rn. 4.

[44] Vgl. hierzu *Bollweg,* NZV 2000, 187; *Heß/Jahnke,* S. 36ff.; *Lemcke* ZfS 2002, 318; *Huber,* S. 187 ff.; *Jagow/Burmann/Heß,* § 7 StVG Rn. 12 f.

II. Deckungsumfang

Gem. § 2 Abs. 1 KfzPflVV und § 10 Abs. 1 AKB/A.1.1.1–3 AKB 2008 umfasst die Kraft- **34** fahrzeughaftpflichtversicherung die **Befriedigung begründeter und die Abwehr unbegründeter Schadensersatzansprüche,** (Befreiungs- und Rechtsschutzanspruch) die aufgrund gesetzlicher Haftpflichtbestimmungen privatrechtlichen Inhalts gegen den VN oder mitversicherte Personen erhoben werden, wenn durch den Gebrauch des im Vertrag bezeichneten Fahrzeuges Personen-, Sach- oder Vermögensschäden herbeigeführt werden.

Hierzu gehören auch die Kostenübernahme für gerichtlich und außergerichtlich veranlasster Kosten zur Abwehr zivilrechtlicher Ansprüche (§ 150 Abs. 1 S. 1 VVG/§ 101 Abs. 1 S. 1 VVG 2008; § 10 Abs. 6 S. 2, 3 AKB). Kosten für ein Strafverfahren sind vom VR nur zu erstatten, wenn diese auf dessen Weisung aufgewendet worden sind (§ 150 Abs. 1 S. 3 VVG/ § 101 Abs. 1 S. 2 VVG 2008).

1. Befreiungsanspruch/Regulierungsvollmacht

a) Regulierungsvollmacht. Der VR ist verpflichtet, die bei ihm oder der versicherten **35** Person geltend gemachten Schadensersatzansprüche zu erfüllen, so weit sie berechtigt sind. Der **Ersatz** ist gem. § 49 VVG und § 3 Nr. 1 Satz 2 PflVG/§ 115 Abs. 1 S. 3 VVG 2008 **in Geld** zu leisten. Die Regelung in § 35b VVG/§ 35 VVG 2008, wonach der VR auch gegenüber Dritten **mit Prämienrückständen aufrechnen** darf, ist gem. § 158g VVG/§ 121 VVG 2008 im Bereich der Pflichthaftpflichtversicherung gegenüber Dritten nicht anwendbar: In der Kraftfahrthaftpflichtversicherung ist der VR bevollmächtigt, sowohl im eigenen Namen (im Rahmen seiner eigenen Haftung gem. § 3 PflVG[45]/§ 115 VVG 2008) als auch im Namen des VN und den mitversicherten Personen im Rahmen eines pflichtgemäßen Ermessens Erklärungen abzugeben und auch einen Vergleich (auch mit Wirkung für den VN) abzuschließen, § 10 V AKB/A.1.1.4 AKB 2008. Diese **Regulierungsvollmacht** geht u. U. auch über die Deckungssumme hinaus[46]. Da diese Regulierungsvollmacht mit dem Direktanspruch gegen den Haftpflichtversicherung nach § 3 PflVG/§ 115 VVG 2008 korrespondiert, gilt sie auch dann, wenn und soweit der VR im Innenverhältnis gegenüber seinem VN (dem Schädiger) leistungsfrei geworden ist[47].

Der VN kann daher gegen gegenüber dem VR **kein** rechtswirksames **Regulierungsver-** **36** **bot** erteilen[48]. Da der VN jedoch gem. TB Nr. 15 Abs. 5/I.5 AKB 2008 das Recht hat, die vom VR erbrachte Entschädigungsleistung zurückzuzahlen um eine Verschlechterung seines Schadensfreiheitsrabats zu vermeiden, ist der VR verpflichtet, im Innenverhältnis gegenüber dem VN dessen Interessen zu wahren[49].

Es obliegt dem Ermessen des VR, ob er reguliert, oder einen Prozess aufnimmt. Da bei einer Zahlung aber der Schadensfreiheitsrabat des VN betroffen ist, muss der VR im Interesse seines Versicherten die Sach- und Rechtslage genau prüfen. Im Rahmen seines **Ermessensspielraums** kann der VR daher auch unter wirtschaftlichen Gesichtspunkten seine Ermittlungstätigkeit beschränken und die Haftungsprüfung überschlägig vornehmen[50]. Ein VR verletzt seine Pflichten **nu**r dann, wenn er offensichtlich unbegründete Ansprüche, was auch leicht nachweisbar ist ohne Prüfung der Sach- und Rechtslage befriedigt[51]. Der Ermessensspielraum des VR ist somit sehr weit[52]. Der VR ist sogar dazu berechtigt, einen Rechtsstreit

---

[45] Siehe dazu Rn. 22.
[46] BGH v. 19. 12. 1989, VersR 1990, 497; BGH v. 22. 11. 1988, NZV 1989, 145; *Berz/Burmann/Heß,* Handbuch, 6 R Rn. 6 m.w.N.
[47] *Berz/Burmann/Heß,* Handbuch, 6 R Rn. 7.
[48] OLG Bamberg v. 21. 3. 1975, VersR 1976, 651.
[49] LG Trier v. 30. 7. 1987, r+s 1987, 272.
[50] LG Duisburg v. 4. 11. 1986, VersR 1987, 1004; AG Köln v. 15. 6. 1984, VersR 1984, 835.
[51] BGH v. 20. 11. 1980, VersR 1981, 180.
[52] LG Kleve v. 10. 9. 1991, r+s 1992, 328; LG Frankfurt v. 25. 1. 1989, r+s 1989, 174; LG München v. 20. 3. 2003, NZV 2003, 333; OLG Schleswig v. 23. 1. 2003; r+s 2004, 54.

durch eine Regulierung zu vermeiden, wenn dies allein aus wirtschaftlichen Überlegungen erfolgt[53] Bei der Frage, ob eine pflichtwidrige Regulierung vorliegt (und damit ein Anspruch des VN auf Rückgängigmachung der Schadensfreiheitsrabattbelastung), kommt es auf die Beurteilung der Sach- und Rechtslage im **Zeitpunkt der Regulierung** an den Geschädigten an[54]. Ein Schadensersatzanspruch des VN (auf Rückgängigmachung der Prämiennachteile[55]) setzt somit eine pflichtwidrige Schadenregulierung voraus[56].

37   **Ein Ermessensfehler** wäre die ungeprüfte und der Sache nach unberechtigte Regulierung der Schadensersatzansprüche des Geschädigten[57]. Eine solche Pflichtverletzung ist z. B. anzunehmen, wenn[58]
  – eine fragwürdige Schilderung des Anspruchstellers vorliegt
  – der VN jegliche Schadenverursachung bestreitet
  – eine mögliche Schadenverursachung durch ein anderes Fahrzeug kurz zuvor anzunehmen ist,
  – jegliche Beschädigung des VN-Fahrzeuges fehlt.

38   **Ermessensfehlerfrei** kann der VR regulieren, wenn er sich auf Fakten aus behördlichen Ermittlungsakten stützt[59]. Die **Beweislast** für die Verletzung trägt der VN[60].
Gedeckt sind Ansprüche aufgrund gesetzlicher Haftpflichtbestimmungen **privatrechtlichen Inhalts,** also insbesondere solche nach den Vorschriften über die unerlaubten Handlungen gem. §§ 823 ff. BGB, § 7 StVG und aus dem WHG (§ 22). **Nicht** vom Versicherungsschutz **umfasst** sind **öffentlich-rechtliche Ersatzansprüche,** wie z. B. der Rückgriff der Bundesrepublik Deutschland gem. § 24 SoldatenG.
Der Befreiungsanspruch wandelt sich in einen **Zahlungsanspruch gegen den VR,** wenn der VN ohne Verstoß gegen das Anerkennungsverbot in § 7 II Abs. 1 AKB, welches nach § 105 VVG 2008 nunmehr gesetzlich untersagt ist, selbst reguliert oder Zahlung leistet, weil aus einem vollstreckbaren Titel gegen ihn die Zwangsvollstreckung betrieben wird[61].

39   **b) Prozessführungsbefugnis des VR.** Wird der VN gerichtlich auf Schadensersatz aus einem Verkehrsunfall in Anspruch genommen, so muss er dem VR gem. § 7 II Abs. 5 AKB/ E.2.4 AKB 2008 die **Prozessführung** überlassen. Die Prozessführungsbefugnis des VR besteht auch gegenüber verklagten mitversicherten Personen (§§ 10 Abs. 2, 3 Abs. 1 AKB/ A.1.2, F.1 AKB 2008). Dabei bedeutet Überlassung der Prozessführung, dass sich der VN grundsätzlich jeder Einflussnahme auf die Prozessführung zu enthalten hat. Allerdings muss der VN den VR bei der Prozessführung aktiv unterstützen; insbesondere alle erforderlichen Informationen geben. Der maßgebliche Zeitpunkt für die Erfüllung dieser Obliegenheit ist der Eintritt der Rechtshängigkeit, also mit Zustellung der Klage durch das Gericht.

40   Aufgrund dieser Prozessführungsbefugnis ist der VR berechtigt, den **Prozessanwalt** für den VN und die übrigen Versicherten[62] zu **bestellen.** Deshalb muss der VN die Kosten aus der Beauftragung eines Rechtsanwalts durch ihn selbst tragen, sofern dies ohne Absprache mit dem VR geschieht[63]. Ein Rechtsanwalt muss allerdings bei der Mandatsannahme auf die Prozessführungsbefugnis des Haftpflichtversicherers hinweisen. Bei einem Verstoß gegen diese Beratungspflicht kann er seine Gebühren nicht gegenüber dem VN als seinem Mandanten

---

[53] *Feyock / Jacobsen / Lemor,* § 10 AKB, Rn. 90.
[54] Vgl. auch LG Weiden v. 19. 1. 1982, ZfS 1983, 53 m. w. N.
[55] LG Arnsberg v. 16. 6. 1986, NJW-RR 1986, 1353.
[56] OLG Bamberg v. 11. 7. 1969, VersR 1969, 1012; OLG Bamberg v. 21. 3. 1975, VersR 1976, 651.
[57] AG München v. 9. 4. 1987, ZfS 1987, 214; AG Münster v. 23. 10. 1991, ZfS 1992, 375.
[58] OLG Köln v. 19. 3. 1992, r+s 1992, 261; *Feyock / Jacoseb / Lemor / Jacobsen,* § 10 AKB, Rn. 93.
[59] LG Köln v. 11. 2. 1981, VersR 1981, 1124.
[60] BGH v. 20. 11. 1980, VersR 1981, 180.
[61] *Feyock / Jacobsen / Lemor / Jacobsen,* § 10 AKB, Rn. 34.
[62] Diese müssen dem Anwalt dann auch die Vollmacht erteilen.
[63] OLG München v. 25. 4. 1983, VersR 1983, 1084; *Feyock / Jacobsen / Lemor / Jacobsen,* § 7 AKB, Rn. 122 m. w. N.

geltend machen[64]. Ob die für die Beauftragung eines eigenen Anwaltes durch den VN entstehenden Kosten als notwendige Kosten im Sinne des § 91 ZPO zu erstatten sind, war streitig[65]. Der BGH[66] hat nun entscheiden, dass diue durch die Bestellung eines eigenen Anwaltes durch den VN entstandenen Kosten nicht erstattungsfähig sind, wenn kein besonderer sachlicher Grund für die Einschaltung eines eigenen Anwaltes besteht. Regelmäßig ist deshalb auch Prozesskostenhilfe für den mitverklagten versicherten Fahrer zu verweigern[67].

Problematisch ist die Prozesssituation, wenn der VR von einem **manipulierten Unfaller-** 41 **eignis** unter bewusster Mitwirkung des eigenen VN ausgeht[68]. Wegen der Interessenkollision des zu beauftragenden Anwalts scheidet die Mandatierung **eines Rechtsanwalts** durch den VR für den (mitverklagten) VR und den VN aus, wenn der VR annehmen muss, dass ein VN kollusiv mit dem Anspruchsteller zusammenwirkt. Der VR kann im Haftpflichtprozess deshalb seinem VN und dessen Fahrer als Streithelfer beitreten (§§ 66, 67 ZPO)[69]. Der vom VR bestellte Rechtsanwalt vertritt dann nur den VR, dessen Tätigkeit wirkt aber auch (Doppelfunktion) im Wege der Streithilfe für den mitverklagten VN[70]. Dies wird mit dem Trennungsprinzip und der Bindungswirkung des Haftpflichtprozesses für den Deckungsprozess begründet. Mit dieser Streithilfe ist dem Rechtsschutzanspruch des VN Genüge getan[71].

c) Gebrauch des Fahrzeuges. Der Gebrauch des Fahrzeugs gem. § 1 PflVG, § 2 Abs. 1 42 KfzPflVV, § 10 Nr. 1 AKB/A.1.1.1 AKB 2008 umfasst den Betrieb des Fahrzeugs im Sinne des § 7 StVG[72] und geht noch weiter[73]; er richtet sich nach dem Interesse des Versicherten, nicht mit Haftpflichtansprüchen wegen des Einsatzes des Fahrzeugs belastet zu werden[74]. Ein Fahrzeug ist **in Betrieb,** solange es sich im öffentlichen Verkehrsraum bewegt oder dort in verkehrsbeeinflussender Weise ruht[75]. Es ist ein naher örtlicher und zeitlicher Zusammenhang mit einem bestimmten Betriebsvorgang oder einer Betriebseinrichtung des Kfz erforderlich. Die bloße Anwesenheit an der Unfallstelle reicht für „bei Betrieb" aber noch nicht aus[76]. Darüber hinaus sind **bei Gebrauch** auch solche Schäden gedeckt, die nicht den Risiken des Straßenverkehrs zuzuordnen sind; es ist jedoch immer ein innerer Zusammenhang zwischen Schadenfall und dem Haftpflichtgefahrenbereich, für den der Kfz-Haftpflichtversicherer deckungspflichtig ist, erforderlich[77]. Das Fahrzeug ist immer dann in Gebrauch, wenn es gefahren wird, in abgestelltem Zustand ein Verkehrshindernis darstellen kann (z. B. Sichtbehinderung[78]) oder anderweitig benutzt wird, sei es zum Ein- und Aussteigen, Be- und Entladen, Waschen oder Reparieren. Der Gebrauch endet, wenn das Fahrzeug endgültig abgestellt wird und keine weitere Aktivität vorgesehen ist[79]. Es muss ein **adäquater Ursachenzusammenhang** zwischen dem Gebrauch und dem Schadeneintritt gegeben sein[80]. Beim Be- und Entladen liegt

---

[64] BGH v. 30. 10. 1984, VersR 1985, 83; OLG Düsseldorf v. 7. 6. 1984, VersR 1985, 92.

[65] Vgl. *Stiefel/Hofmann,* § 7 AKB Rn. 197; *van Bühren/Boudon,* VersRecht § 2 Rn. 84.

[66] BGH v. 20. 1. 2004, NJW-RR 2004, 536; NJW-Spezial 2004, 64

[67] OLG Karlsruhe v. 14. 1. 2004, NJW 2004, 785; NJW-Spezial 2004, 65.

[68] Ausführlich zu den verschiedenen Formen der Unfallmanipulation (Gestellter, provozierter, fiktiver und ausgenutzter Unfall) *van Bühren/Lemcke,* Anwaltshandbuch S. 507 ff.; *Lemcke,* r+s 1993, 121; *Lemcke,* r+s 1993, 161; *Born,* NZV 1996, 257.

[69] *Bauer,* Rn. 627 ff. m. w. N.; *Römer/Langheid/Langheid,* § 3 PflVG Rn. 31.

[70] Vgl. umfassend *van Bühren/Lemcke,* Anwaltshandbuch, S. 557 m. w. N.

[71] Dies ist aber str., vgl. *Höfle,* r+s 2002, 397.

[72] Vgl. dazu *Jagow/Burmann/Heß,* § 7 StVG Rn. 7 f.

[73] BGH v. 19. 9. 1989, VersR 1989, 1187; BGH v. 25. 10. 1994, VersR 1995, 90; OLG Hamm v. 21. 9. 1998, r+s 1999, 55; *Maier/Stadler,* Rn. 83.

[74] BGH v. 25. 10. 1994 – VI ZR 107/94, VersR 1995, 90.

[75] BGH v. 27. 5. 1975, VersR 1975, 945.

[76] BGH v. 26. 4. 2005, NJW 2005, 2081; NJW-Spezial 2005, 304.

[77] BGH v. 27. 6. 1984, VersR 1984, 854; Berz/*Burmann*/Heß, Handbuch, 7 C Rn. 2.

[78] LG Köln v. 11. 6. 1986, ZfS 1986, 340.

[79] *Stiefel/Hofmann,* § 10 AKB, Rn. 63.

[80] BGH v. 25. 10. 1994, VersR 1995, 90.

Gebrauch vor[81], der jedoch endet, wenn das Ladegut erstmals auf den Boden abgesetzt worden ist[82], der Entladende mit der Ladung bereits zwei Schritte vom Fahrzeug entfernt ist, bevor sie ihm entgleitet[83] bzw. beim Transport in seiner Tragehaltung nicht mehr vom Fahrzeug beeinflusst wird[84]. Reine Vorbereitungshandlungen zum Beladen, wie z. B. der Weg mit dem Einkaufswagen über den Parkplatz oder das Heranziehen eines Anhängers von Hand[85] sind nicht dem Gebrauch zuzurechnen. Entsprechend sind die Fälle des Wegrollens von Einkaufswagen zu entscheiden[86]. Während des unmittelbaren Be- und Entladens zählen die verursachten Schäden zum Gebrauch das Fahrzeugs[87], im Übrigen sind sie nur über eine Privathaftpflichtversicherung zu decken[88]. Schäden, die durch die Ladung allein entstehen, z. B. auslaufende Flüssigkeit aus einem leck geschlagenen Fass auf der Ladefläche eines abgestellten Transporters, sind nicht dem Gebrauch des Fahrzeugs zuzurechnen[89], wohl aber durch Fahrzeugbewegung oder mangelhafte Sicherung herabfallende Ladung[90].

43   Das **Ein- und Aussteigen** gehört noch zum Gebrauch[91]. Ebenso die Fahrzeugwäsche[92] und die Reparatur des Fahrzeugs[93].

44   **d) Abgrenzung zur Haftpflichtversicherung.** In der Praxis wichtig ist die Ausgrenzung der Schäden aus dem Bereich der Deckung über § 10 AKB/A.1.1 AKB 2008, die nur bei gelegentlichen Gebrauch des Fahrzeugs entstehen. Nicht unter den Geltungsbereich der Kraftfahrthaftpflichtversicherung fallen daher insbesondere die Schadenfälle die den Bereichen der Privathaftpflichtversicherung – sog. „kleine Benzinklausel"[94] – und der Betriebshaftpflichtversicherung – sog. **„Große Benzinklausel"** – zuzuordnen sind[95]. Durch diese Regelung soll eine Doppelversicherung aber auch u. U. eine Deckungslücke (Kfz – und Allgemeine Haftpflicht) vermieden werden. Bei der Abgrenzung kommt es darauf an, ob der Schaden mit der Gefahrgeneigtheit eines Kfz – Gebrauchs im Zusammenhang steht[96]. So sind z. B. Fälle nicht dem Gebrauch, sondern der Privathaftpflichtversicherung zuzuordnen, in denen der VN ein fremdes Fahrzeug gefälligkeitshalber repariert[97]. Gabelstapler unterfallen

---

[81] BGH v. 23. 2. 1977, VersR 1977, 418; BGH v. 26. 6. 1979, VersR 1979, 956.
[82] *Stiefel/Hofmann,* § 10 AKB, Rn. 65.
[83] OLG Köln v. 13. 9. 1994, r+s 1995, 250.
[84] OLG Hamm v. 2. 11. 1990, VersR 1991, 652.
[85] OLG Hamm v. 17. 1. 1990, VersR 1991, 219.
[86] *Berz/Burmann/Heß,* Handbuch, 7 G Rn. 5.
[87] LG Aachen v. 30. 3. 1990, ZfS 1990, 274; LG Köln v. 30. 11. 1994 VersR 1996, 50; *Stiefel/Hofmann,* § 10 AKB Rn. 72; a. A. LG Marburg v. 6. 10. 1993, NJW-RR 1994, 221.
[88] LG Limburg v. 21. 7. 1993, ZfS 1993, 377; AG Bad Homburg v. 21. 1. 1992, NJW-RR 1992, 538.
[89] Vgl. *Stiefel/Hofmann,* § 10 AKB, Rn. 74.
[90] BGH v. 27. 4. 1956, VRS 11, 27.
[91] *Van Bühren/Römer,* Anwaltshandbuch. Teil 7 Rn. 258 m. w. N.; *Feyock/Jacobsen/Lemor/Jacobsen,* § 10 AKB Rn. 11 m. w. N.
[92] OLG Hamm v. 25. 9. 1987, ZfS 1987, 308; LG Hamburg v. 22. 9. 1987, VersR 1988, 261; BGH v. 10. 7. 1980, VersR 1980, 1039.
[93] BGH v. 26. 10. 1988, NZV 1989, 110; *Jacobsen,* § 10 AKB, Rn. 14 m. w. N.; *Stiefel/Hofmann,* § 10 AKB Rn. 64 m. w. N.
[94] Übliche Klausel in der Privathaftpflichtversicherung: „Nicht versichert ist die Haftpflicht des Eigentümers, Besitzers, Halters und Führers eines Kfz, Luft- oder Wasserfahrzeugs wegen Schäden, die durch den Gebrauch des Fahrzeugs verursacht werden."; *van Bühren/Römer,* Anwaltshandbuch, S. 653; *Feyock/Jacobsen/Lemor/Jacobsen,* § 10 AKB, Rn. 22; zur sog. Benzinklausel vgl. BGH v. 13. 12. 2006, NZV 2007, 189 (für die Auslegung kommt es allein auf die Bedingungen der Privaten Haftpflichtversicherung und nicht auf § 10 AKB an).
[95] *Hofmann,* NVersZ 1998, 54ff.; *Bauer,* Rn. 751ff.; *Feyock/Jacobsen/Lemor/Jacobsen,* § 10 AKB Rn. 27–32.
[96] *Van Bühren/Römer,* Anwaltshandbuch, Teil 7, Rn. 264; *Feyock/Jacobsen/Lemor/Jacobsen* § 10 AKB Rn. 24.
[97] OLG Hamm v. 2. 10. 1992, ZfS 1993, 312; OLG Nürnberg v. 2. 6. 1989, VersR 1990, 79.

der Betriebshaftpflicht, wenn sie nur auf nichtöffentlichen Plätzen und Wegen eingesetzt werden[98], anderenfalls der Kraftfahrzeughaftpflicht[99].

2. Rechtsschutzanspruch

Gem. § 2 Abs. 1 KfzPflVV und § 10 Abs. 1 AKB/A.1.1.3 AKB 2008 obliegt dem VR die   **45** **Abwehr unbegründeter Ansprüche.** Damit ist nicht nur die reine Ablehnung gemeint, sondern auch die Pflicht, entsprechende Aktivitäten zu entfalten, wie z. B. Besichtigung der Fahrzeuge durch einen SV[100]. Zum Ermessensspielraum des VR vgl. Rn. 35 ff.

3. Versicherungsnehmer/mitversicherte Personen

§ 2 Abs. 2 KfzPflVV erweitert den nach § 1 PflVG zu versichernden Personenkreis um   **46** den Beifahrer und den Omnibusschaffner, wenn diese in einer arbeitsvertraglichen Verpflichtung zum VN oder Halter tätig werden sowie den Arbeitgeber oder öffentlichen Dienstherrn. **§ 10 Abs. 2 AKB/A.1.2 AKB 2008** hat diese Vorgaben übernommen.

4. Veräußerung des Kraftfahrzeuges

a) Bisherige Rechtslage. Bei der **Veräußerung des Kraftfahrzeuges** tritt im Rahmen   **47** der Kraftfahrzeughaftpflicht- und Fahrzeugversicherung der Erwerber gem. §§ 69 Abs. 1, 158h S. 1 VVG, § 6 Abs. 1 S. 1 AKB in die Rechte und Pflichten des Veräußerers als VN ein. Aus diesem Grund muss die Veräußerung dem VR unverzüglich angezeigt werden (§ 6 Abs. 1 S. 4 AKB). Für die Anzeigepflicht gilt § 71 VVG. Bei Kraftfahrzeugen, die ein Versicherungskennzeichen führen müssen (z B. Mofas), haben die VR allerdings in der geschäftsplanmäßigen Erklärung auf die Leistungsfreiheit gem. § 71 Abs. 1 S. 2 VVG verzichtet[101].

b) Neue Rechtslage. Auch nach dem neuen VGG tritt der Erwerber gem. **§ 95 VVG**   **48** **2008** in die Rechte und Pflichten des Versicherungsnehmers ein. Die Veräußerung ist dem VR vom Veräußerer oder Erwerber unverzüglich anzuzeigen (§ 97 Abs. 1 VVG 2008). Eine Leistungsfreiheit des VR tritt nur ein, wenn diese Anzeige unterblieben, der Versicherungsfall später als 1 Monat eintritt und der VR den bestehenden Vertrag mit dem Erwerber nicht geschlossen hätte. Eine Regelung die für die Pflichthaftpflichtversicherung keine Bedeutung hat.

III. Mindestumfang

Gem. Anlage zu § 4 PflVG beträgt die **Mindestdeckungssumme** in Deutschland bis zum   **49** 17. 12. 2007 für Personenschäden je zweieinhalb Millionen Euro, bei Tötung oder Verletzung von drei oder mehr Personen insgesamt siebeneinhalb Millionen Euro, für Sachschäden 500 000 Euro, für reine Vermögensschäden 50 000 Euro. Bei Kraftfahrzeugen zur Personenbeförderung mit mehr als neun Passagiersitzen erhöhen sich die Summen für den 10. und jeden weiteren Platz um 50 000 Euro für Personenschäden. 2 500 Euro für Sachschäden und 500 Euro für Vermögensschäden; vom 81. Platz ab für jeden weiteren Platz um 25 000 Euro für Personenschäden, 1 250 Euro für Sachschäden und 250 Euro für reine Vermögensschäden.

Ab dem 18. 12. 2007 gelten aufgrund des Zweiten Gesetzes zur Änderung des PflVG[102]   **50** folgende Änderungen: bei Personenschäden beträgt die **Mindestversicherungssumme** für den **gesamten** Schadensfall siebeneinhalb Millionen Euro. Die zusätzliche Deckelung für einzelne Unfallopfer entfällt, so dass der Betrag auch von einem einzelnen Unfallopfer ausgeschöpft werden kann. Die Mindestdeckungssumme für Sachschäden wurde auf eine Million Euro je Schadensfall angehoben.

---

[98] *Feyock/Jacobsen/Lemor/Jacobsen,* § 10 AKB, Rn. 31.
[99] OLG Hamm v. 27. 4. 1983 VersR 1984, 125.
[100] *Feyock/Jacobsen/Lemor/Jacobsen,* § 10 AKB R. 42; *Stiefel/Hofmann,* § 10 AKB, Rn. 13.
[101] VerBAV 1987, 169/(171) Nr. 7.
[102] BGBl. I S. 2833.; *Bollweg,* NZV 2007, 599.

IV. Selbstbehalt

51 Nach § 114 Abs. 2 VVG 2008 kann nun grundsätzlich ein **Selbstbehalt** auch in der KH-Versicherung vereinbart werden.

Die Voraussetzung für die wirksame Vereinbarung in der KH-Versicherung ist, dass der Selbstbehalt „der Höhe nach angemessen" begrenzt ist. Sollte sich in der Praxis künftig die Notwendigkeit ergeben, für die Kfz-Pflichtversicherung Höchstgrenzen verbindlich vorzugeben, könnte dies in der Kfz-Pflichtversicherungsordnung, die in den §§ 5–7 KfzPflVV für Obliegenheitsverletzungen Höchstbeträge bestimmt, geregelt werden[103]. Ein Selbstbehalt wird unterhalb der Leistungsfreigrenzen von 5 000 €, § 5 KfzPflVV, bzw. von 2 500 € nach § 6 KfzPflVV liegen, um angemessen zu sein. Diese Leistungsfreigrenzen resultieren aus einer Verletzung von Obliegenheiten des VN. Daher erscheint es unangemessen, wenn der VN unverschuldet einen höheren oder gleich hohen Selbstbehalt leisten müsste. Auch eine verminderte Prämie reicht nicht aus. Vielmehr sollte sich an der Höhe des Selbstbehalts in der Kaskoversicherung orientiert werden.

52 Die Vereinbarung eines solchen Selbstbehaltes in der KH-Versicherung hat nur Wirkung im **Innenverhältnis** Versicherungsnehmer – Versicherer, § 114 Abs. 2 S. 2 VVG 2008. Er kann somit nicht gegenüber einem geschädigten Dritten oder gegenüber mitversicherten Personen geltend gemacht werden.

D. Ausschlüsse

I. Insassen, § 8a StVG

53 Durch das zweite Gesetzes zur Änderung schadensrechtlicher Vorschriften ist der ursprünglich in § 8a StVG enthaltene **Ausschluss** von Ansprüchen der Insassen gegen den Fahrer bei unentgeltlicher Beförderung und reiner Betriebsgefahrhaftung **gestrichen** worden. Für Unfallereignisse ab dem 1. 8. 2002 ist der beförderte Insasse nun mit allen übrigen Geschädigten gleichgestellt[104].

II. Vorsatz, § 152 VVG/§ 103 VVG 2008

54 In der Kfz-Haftpflichtversicherung tritt gem. § 152 VVG/§ 103 VVG 2008 Leistungsfreiheit **nur** bei vorsätzlicher widerrechtlicher Herbeiführung des Versicherungsfalles ein[105].

Wie § 103 VVG 2008 nunmehr klarstellt, muss sich der Vorsatz nicht nur auf die Handlung, sondern auch auf die Schadensfolgen erstrecken[106]. Der VN muss diese zumindest im Großen und Ganzen als möglich erkannt und zumindest billigend in Kauf genommen haben[107]. In einem solchen Fall des Haftungsausschlusses nach § 152 VVG/§ 103 VVG 2008 kann der Geschädigte Ansprüche nur gegen den Schädiger, nicht aber gegen dessen Haftpflichtversicherung aus § 3 Nr. 1 PflVG/§ 115 Abs. 1 S. 1 Nr. 1 VVG 2008 geltend machen[108]. Etwas anders ergibt sich auch nicht aus § 158c Abs. 1 VVG/§ 117 Abs. 1 VVG 2008.

---

[103] Begründung des Regierungsentwurfs zum VVG, S. 222.

[104] Vgl. im einzelnen *Janiszewski/Jagow/Burmann/Heß*, Straßenverkehrsrecht § 8a StVG Rn. 11 ff. – eine Ausnahme gilt für den verletzten Halter als Insassen; er kann den Fahrer bei unentgeltlicher Beförderung nach wie vor nur aus der Verschuldenshaftung in Anspruch nehmen; vgl. auch *Heß/Jahnke*, S. 33; *Lemcke*, ZfS 2002, 318 ff.

[105] In der Kaskoversicherung wird der VR gem. § 61 VVG a. F. schon bei grob fahrlässiger Herbeiführung des Versicherungsfalles leistungsfrei bzw. nach neuem Recht besteht ein Kürzungsrecht des VR gem. § 81 VVG 2008.

[106] Dies war bisher auch st. Rspr. Vgl. nur BGH v. 17. 6. 1998, r+s 1998, 367; OLG Hamm v. 14. 3. 1996, r+s 1997, 3; OLG Köln v. 17. 9. 1996, r+s 1997, 95.

[107] OLG Köln v. 17. 9. 1996, r+s 1997, 95.

[108] *Berz/Burmann/Heß*, Handbuch, 7 G Rn. 7; OLG Düsseldorf v. 28. 2. 2003, r+s 2003, 258.

Für den Bereich der Kfz-Pflichtversicherung sind § 158c Abs. 1 und Abs. 2 VVG durch § 3 Nr. 4 und Nr. 5 PflVG ersetzt mit der Folge, dass nach § 3 Nr. 6 S. 1 PflVG § 158c Abs. 3 VVG sinngemäß gilt[109]. Diese Regelung findet sich nun in § 117 Abs. 3 VVG 2008 wieder. Unter Umständen stehen dann in einem solchen Fall dem Geschädigten Ansprüche gegen die Verkehrsopferhilfe[110] gem. §§ 12ff. PflVG zu.

Wird ein Unfall durch den Fahrer vorsätzlich herbeigeführt, so bleibt der Versicherungs- **55** schutz des vom Fahrer **personenverschiedenen** VN anders als in der Kaskoversicherung auch dann unberührt, wenn es sich bei dem Fahrer um einen Repräsentanten des Versicherungsnehmers handelt. Nur wenn beim Versicherungsnehmer selbst die Voraussetzungen des § 152 VVG/§ 103 VVG 2008 gegeben sind, verliert er den Versicherungsschutz in der KH-Versicherung[111]. Der Geschädigte kann daher bei der vorsätzlichen Verursachung eines Unfalles im Straßenverkehr Schadensersatzansprüche auf Grund der Betriebsgefahr gegenüber dem vom Fahrer verschiedenen Halter bzw. Versicherungsnehmer direkt gegen den Versicherer geltend machen. Lediglich hinsichtlich der Ansprüche gegenüber dem Fahrer greift zu Gunsten des Versicherers der subjektive Risikoausschluss des § 152 VVG/§ 103 VVG 2008 ein[112].

Der VR ist für den Risikoausschluss darlegungs- und beweisbelastet. Die Grundsätze des Anscheinsbeweises kommen ihm dabei nicht zugute[113].

Anders als bei der Fahrzeugversicherung (dort gilt gem. § 61 VVG/§ 81 VVG 2008 ein Ri- **56** sikoausschluss[114]) schadet in der Kfz-Haftpflichtversicherung eine grob fahrlässige Herbeiführung des Versicherungsfalles nicht.

III. Regionale Begrenzung

Gem. § 1 Abs. 1 S. 1 KfzPflVV, § 2a Abs. 1 AKB/A.1.4.1 AKB 2008 gilt der Kraftfahrthaft- **57** pflichtversicherungsschutz entsprechend Art. 2 der 3. KH-Richtlinie über die Länder der EU hinaus auch für die Länder der Europäischen Wirtschaftsgemeinschaft. Insofern ist der räumliche Geltungsbereich über die früher rein geographisch gezogene Grenze[115] hinaus erweitert worden auf die politischen Grenzen der **Mitglieder des EWR-Vertrages.** Mit einbezogen sind demnach die außereuropäischen Gebiete Frankreichs (Französisch Guyana, Guadeloupe, Martinique, Réunion), Portugals (Azoren, Madeira) und Spaniens (Kanarische Inseln, Nordafrikanische Exklaven Ceuta und Melilla).

IV. Risikoausschlüsse

Gem. § 4 KfzPflVV dürfen nur die in dieser Vorschrift **abschließend**[116] aufgezählten Risiken von der Kraftfahrthaftpflichtversicherung ausgenommen werden. § 11 AKB/A.1.5 AKB 2008 bildet diese Vorschrift nach.

1. Rennveranstaltungen

Gem. § 4 Nr. 4 KfzPflVV, § 2b Abs. 3b 2. Halbsatz AKB/A.1.5.2 AKB 2008 kann der Ver- **58** sicherungsschutz verwehrt werden bei der Teilnahme an behördlich genehmigten Fahrtver-

---

[109] OLG Düsseldorf v. 28. 2. 2003, r+s 2003, 258; *Prölss/Martin,* VVG § 158c Rn. 1.

[110] Siehe dazu *Berz/Burmann/Heß,* Handbuch, 6 F Rn. 80f.

[111] OLG Nürnberg v. 14. 9. 2000, NJW-RR 2001, 100; OLG Köln v. 30. 5. 2000, NJW-RR 2000, 1476; *Berz/Burmann/Heß,* Kapitel 7 H, Rn. 4.

[112] OLG Oldenburg, VersR 1999, 482; OLG Düsseldorf v. 28. 2. 2003, NZV 2003, 424; OLG Nürnberg v. 14. 9. 2000, NZV 2001, 261.

[113] Es fehlt hierfür an der für die Anwendung dieses Grundsatzes erforderlichen Typizität, vgl auch § 16 Rn. 95; BGH v. 4. 5. 1988, NJW 1988, 2040.

[114] Vgl. dazu *Heß,* § 16.

[115] BGH v. 4. 7. 1989, VersR 1989, 948.

[116] *Römer/Langheid/Langheid,* § 4 KfzPflVV Rn. 1.

anstaltungen und den dazugehörigen Übungsfahrten, bei denen es auf die Erzielung einer Höchstgeschwindigkeit ankommt[117]. Sog Gleichmäßigkeitsprüfungen zählen nicht dazu[118]. Die Regelung ist damit enger gefasst als diejenige für die Kaskoversicherung, in der der Ausschluss auch für Rennveranstaltungen greift, die nicht behördlich genehmigt sind.

2. Ersatzansprüche des Versicherungsnehmers, Halters oder Eigentümers

59 Ansprüche dieser Personen **gegen mitversicherte Personen** wegen Sach- oder Vermögensschäden können gem. § 4 Nr. 1 KfzPflVV ausgeschlossen werden.

3. Ersatzansprüche wegen Beschädigung, Zerstörung oder Abhandenkommens des versicherten Fahrzeugs

60 Gem. § 4 Nr. 2 KfzPflVV können derartige Ansprüche – als Abgrenzung zur Kaskoversicherung – ausgeschlossen werden, soweit sie nicht beim Abschleppen aus privater Hilfeleistung entstehen.

4. Ersatzansprüche wegen Beschädigung, Zerstörung oder Abhandenkommen beförderter Sachen

61 Gem. § 4 Nr. 3 KfzPflVV können diese Ersatzansprüche nur ausgeschlossen werden mit Ausnahme derjenigen Gegenstände, die einvernehmlich beförderte Personen üblicherweise mit sich führen. Hier soll die Abgrenzung zur Transportversicherung für den Versicherungsschutz von Ladung sichergestellt werden (A. 1.5.5 AKB 2008).

5. Ersatzansprüche wegen Vermögensschäden durch Nichteinhaltung von Liefer- und Beförderungsfristen

62 Gem. § 4 Nr. 5 KfzPflVV (A. 1.5.7 AKB 2008) sind derartige Ansprüche auszuschließen. In Abweichung der früheren Regelung in § 11 Nr. 4 AKB sind die Vermögensschäden, die durch bewusst gesetzes- oder vorschriftswidriges Handeln verursacht werden, nicht mehr aufgeführt. In dieser Regelung kam es – anders als bei § 152 VVG/§ 103 VVG 2008, der diese Fälle jetzt erfasst – nicht darauf an, dass der Vorsatz auch die Tatfolgen umfasste. Insofern ergibt sich durch den Wegfall jetzt eine Schlechterstellung der VR.

6. Ersatzansprüche wegen Schäden durch Kernenergie

63 Der Ausschluss gem. § 2b Abs. 3c AKB/A.1.5.9 AKB 2008 für Schäden durch Kernenergie geht zurück auf das Atomgesetz[119].

E. Besonderheiten des Versicherers

I. Vorläufiger Deckungsschutz

1. Grundlagen

64 In der Kraftfahrzeughaftpflichtversicherung ist die Gewährung von Versicherungsschutz bereits vor dem endgültigem Vertragsschluss von besonderer praktischer Relevanz. Da einerseits für die **Zulassung** eines Kraftfahrzeuges gemäß § 29a StVZO die **Vorlage einer Versicherungsbestätigung** Voraussetzung ist, andererseits zur Vervollständigung des Versicherungsantrages die genauen Angaben der Fahrzeugdaten sowie der Tag der amtlichen Zulassung erforderlich sind, sind die Zeitpunkte des Beginns des Versicherungsschutzes und des Vertragsabschlusses regelmäßig getrennt. Beim Erwerb eines Neufahrzeugs kennt der Käufer in der Regel die fahrzeugspezifischen Daten wie z. B. Fahrgestellnummer oder Schlüsselnummer des Herstellers noch nicht, sondern erfährt sie erst mit Aushändigung des Fahrzeugbriefs und Fahrzeugscheins bei Übergabe des Kraftfahrzeuges. Will er die Zulassung des Fahrzeugs – wie

---

[117] Vgl. dazu *Heß/Höke*, § 30 Rn. 24; *Maier/Stadler*, Rn. 90.
[118] OLG Nürnberg *v. Beck*, RS 2007, 12894.
[119] *Feyock/Jacobsen/Lemor/Jacobsen*, AKB § 2b Rn. 104.

bei Neufahrzeugen meistens – durch den Händler ausführen lassen, muss er jedoch schon vor der Zulassung die Versicherungsbestätigung dort hinterlegen.

2. Bisheriger Rechtszustand

Die vorläufige Deckung ist geregelt in § 9 KfzPflVV und § 1 Abs. 2–6 AKB.

a) Zustandekommen. Die Formulierungen in § 9 Satz 1 KfzPflVV („sagt der VR … **65** vorläufigen Deckungsschutz zu …") und in § 1 Abs. 2 AKB („… bedarf es einer besonderen Zusage des VRs …") erwecken irreführend den Eindruck, es handele sich bei der Erteilung vorläufigen Deckungsschutzes um eine einseitig empfangsbedürftige Willenserklärung des VR. Tatsächlich handelt es sich jedoch um einen **selbständigen Vertrag,** der durch Angebot und Annahme zustande kommt[120]. Es soll lediglich hervorgehoben werden, dass vorläufiger Deckungsschutz nicht automatisch mit dem Abschluss einer Kfz-Haftpflichtversicherung verbunden ist. Die Verwendung des Wortes „vorläufig" soll nicht bedeuten, dass der Vertrag schwebend unwirksam oder inhaltlich/zeitlich eingeschränkt ist. Vielmehr ist auch hier gemeint, dass die Vereinbarung über den vorläufigen Deckungsschutz der Vereinbarung über den Hauptvertrag zeitlich vorgelagert sein soll.

Da **keine Formvorschriften** für die Vereinbarung der vorläufigen Deckung aufgestellt **66** worden sind[121], können das Angebot des VN und die Annahme durch den VR auch durch mündliche Erklärungen[122] beziehungsweise konkludentes Verhalten[123] – in der Regel durch die Aushändigung der Versicherungsbestätigung – erfolgen. Dementsprechend definiert § 1 Abs. 3 AKB die **Aushändigung** der Versicherungsbestätigung **als Zusage** der vorläufigen Deckung in der Kraftfahrzeughaftpflichtversicherung. Den VR trifft **keine Verpflichtung,** vorläufigen Deckungsschutz zu erteilen. Etwas anderes lässt sich auch nicht der Formulierungen § 5 Abs. 6 S. 1 PflVG entnehmen „Das VU hat dem VN bei Beginn des Versicherungsschutzes eine Versicherungsbestätigung auszuhändigen."; denn Satz 2 dieser Vorschrift ermöglicht es dem VR, die Aushändigung von der Zahlung der ersten Prämie abhängig zu machen[124]. Ein weiteres Argument ist auch die Satzstellung in § 9 Satz 1 KfzPflVV („Sagt der VR … vorläufigen Deckungsschutz zu, so ist …"), denn der 1. Halbsatz ist als Konditionalsatz formuliert, so dass die nachfolgende Regelung nur greift, wenn die im 1. Halbsatz aufgestellte Vorbedingung erfüllt ist. Das bedeutet im Umkehrschluss, dass die Vorbedingung auch nicht erfüllt sein kann, also auch der Fall möglich sein muss, in dem der VR vorläufigen Deckungsschutz nicht zusagt.

Mit dem Gesetz zur Änderung des Straßenverkehrsgesetzes und anderer straßenverkehrs- **67** rechtlicher Vorschriften (StVRÄndG) sind die Regelungen für die Versicherungsbestätigung gem. § 29a StVZO und Muster 6 der Anlage zur StVZO mit Wirkung ab 18. 9. 2002 überarbeitet worden. Insbesondere ist der zweite Teil der Versicherungsbestätigung, der bislang von der Zulassungsstelle an den VR gesandt worden ist und in dem die Fahrzeug- und Halterangaben sowie das Zulassungsdatum und das amtliche Kennzeichen mitgeteilt hat, entfallen, weil diese Daten jetzt auf elektronischem Weg zurückgemeldet werden. Insofern ist der juristische Laienbegriff **„Doppelkarte"** nunmehr überholt. Die Gestaltung der Vorderseite der Bestätigung ist amtlich vorgegeben; für individuelle Gestaltungen der VR ist hier kein Raum. Lediglich die Rückseite kann individuell gestaltet werden. Andererseits nutzen viele VR die Gelegenheit, die **Versicherungsbestätigungskarte,** deren Format nach wie vor auf DIN C6 festgelegt ist, in ein Druckstück im Format DIN A 4 einzubetten, um auf der freien Fläche außerhalb der amtlichen Karte Hinweise und Belehrungen anbringen zu können.

Gibt der VR an **Agenten oder Makler** Blanko-Versicherungsbestätigungen aus und ver- **68** wendet dieser die Bestätigungen absprachewidrig, haftet der VR dennoch gegenüber dem

[120] BGH v. 25. 1. 1995, VersR 1995, 409.
[121] BGH v. 21. 2. 1969, VersR 1969, 436.
[122] BGH v. 14. 7. 1999, VersR 1999, 1274.
[123] *Stiefel/Hofmann,* § 1 AKB Rn. 73.
[124] *Feyock/Jacobsen/Lemor/Jacobsen,* § 1 AKB Rn. 10.

Empfänger aus vorläufiger Deckung[125] kraft **Anscheinsvollmacht**[126] bzw. nach den Grundsätzen der versicherungsrechtlichen **Vertrauenshaftung**[127].

69   **b) Beginn:** Das Zustandekommen des Vertrages über die vorläufige Deckung und der Beginn des Versicherungsschutzes sind getrennt zu betrachten. **Formeller Versicherungsbeginn** ist der Abschluss des Vertrages über die vorläufige Deckung. **Materieller Versicherungsbeginn** ist gem. § 9 S. 1 KfzPflVV – spätestens – der Zeitpunkt der Zulassung. Diese Regelung weicht von der Generalklausel für Beginn und Ende der Kfz-Haftpflichtversicherung in § 1 Abs. 2 KfzPflVV ab, nach der über einen Verweis auf §§ 187/188 BGB für den Beginn 00:00 Uhr und für das Ende 24:00 Uhr des Tages in der vertraglichen Regelung festgelegt sind. Es handelt sich dabei nicht um ein Versäumnis des Verordnungsgebers[128], sondern legt entsprechend dem Sinn der Verordnung, die europaweit festgelegten Mindeststandards umzusetzen, nur den spätest möglichen Zeitpunkt fest. Der VR kann zugunsten des VN die Geltung der vorläufigen Deckung ausdehnen. So sehen in der Praxis die Bedingungen der VR regelmäßig vor, den Versicherungsschutz am Tag der Zulassung ab 00:00 Uhr beginnen zu lassen.

70   Relevant wird diese Frage in der Praxis ohnehin nur, wenn ein Schadensfall in der Zeit zwischen Erteilung der vorläufigen Deckung und Vorlage der Versicherungsbestätigung bei der Zulassungsstelle eintritt. Hierbei kann es sich einerseits um **Fahrten** handeln, die **im Zusammenhang mit der beabsichtigten Zulassung** des Fahrzeugs stehen. Nach § 23 Abs. 4 S. 7 StVZO sind derartige Fahrten mit ungestempelten Kennzeichen zulässig, wenn sie in unmittelbarem Zusammenhang mit der Zulassung stehen und dafür Versicherungsschutz besteht. Die gem. § 29a StVZO und Muster 6 StVZO nach Form und Inhalt vorgeschriebene Versicherungsbestätigung muss eine Formulierung vorsehen, nach der für solche Fahrten Versicherungsschutz zugestanden wird. Seit 1997 enthalten die empfohlenen AKB in § 1 Abs. 3a eine entsprechende Regelung. Der VR kann diese Formulierung durchstreichen und damit zu erkennen geben, dass er für derartige Fahrten keine Deckung übernehmen möchte. Andererseits kommen Fälle in Betracht, in denen für ein noch zugelassenes Fahrzeug von einem anderen VR vorläufige Deckung erteilt wird und auf dem Weg zur Zulassungsstelle ein Schadensfall passiert. Kommt es danach zur Zulassung des Fahrzeugs mit der neuen Versicherungsbestätigungskarte, könnte Streit darüber entstehen, welcher VR für den Schaden einzutreten hat. Da die AKB für diesen Fall keine Regelung vorsehen, entscheidet § 9 Satz 1 KfzPflVV für Zweifelsfälle, dass die neue Versicherungsbestätigung erst mit dem Zeitpunkt der Vorlage bei der Zulassungsstelle Rechtsfolgen entfaltet.

71   **c) Umfang.** Der Versicherungsschutz besteht grundsätzlich in dem im PflVG und der KfzPflVV festgelegten Mindestumfang. Ob darüber hinaus die AKB des VR Vertragsinhalt werden, hängt davon ab, ob bei der Vereinbarung über die vorläufige Deckung bereits die Bedingungen ausgehändigt werden oder nicht. Nach § 305 Abs. 2 Nr. 1 BGB (früher § 2 AGBG) werden AVB nur dann Vertragsinhalt, wenn der Verwender auf sie hinweist und dem Vertragspartner die Möglichkeit zur Kenntnisnahme verschafft. Für den Fall der Gewährung vorläufigen Deckungsschutzes sieht § 5a Abs. 3 VVG jedoch eine Ausnahmeregelung vor, nach der die Parteien den Verzicht auf die Überlassung der AVB vereinbaren können. Da für diese Vereinbarung keine Formvorschriften besteht, kann sie nach den allgemeinen Regeln, also auch durch konkludentes Handeln erfolgen[129]. Gem. § 5a Abs. 3 VVG hat der VN in diesem Fall kein Widerspruchsrecht nach § 5a Abs. 1 VVG.

72   Hat der VR eine Versicherungsbestätigung ausgegeben, ohne den darauf enthaltenen Pflichtvermerk „Gilt auch für Fahrten mit ungestempelten Kennzeichen nach § 23 Abs. 4 S. 7 StVZO" zu streichen, umfasst der Versicherungsschutz gem. § 1 Abs. 3a AKB auch die

---

[125] BGH v. 14. 7. 1999, VersR 1999, 1274.
[126] LG Köln v. 10. 10. 2002, r+s 2003, 100.
[127] OLG Hamm v. 8. 11. 1996, VersR 1997, 1264.
[128] *Feyock/Jacobsen/Lemor/Jacobsen,* a. a. O., § 1 KfzPflVV, Rn. 6.
[129] *Römer/Langheid/Römer,* a. a. O., vor § 1 Rn. 34 f.

dort genannten Fahrten, die im Zusammenhang mit der Zulassung stehen. Die Formulierung „insbesondere" in § 1 Abs. 3a S. 1 AKB zeigt, dass auch andere als die beispielhaft aufgeführten Fahrten vom Versicherungsschutz umfasst sind, sofern sie im Zusammenhang mit der Zulassung stehen. So ist auch die Fahrt zur Werkstatt versichert, die Vorarbeiten zur technischen Abnahme zur Vorbereitung der Zulassung vornehmen soll. Allerdings sind nur Fahrten auf direktem Weg versichert; auf Umwegen ist der Versicherungsschutz unterbrochen, bis wieder die direkte Strecke erreicht wird[130].

Entsteht an dem Kfz auf einer Fahrt im Zusammenhang mit der Zulassung einen Schaden, sodass es nicht zur Zulassung kommt, ist dennoch vorläufige Deckung gegeben. In der Praxis kommen diese Fälle nur noch selten vor, seitdem die Vorführungspflicht des Fahrzeugs bei der Zulassung entfallen ist und die Abstempelung/Entstempelung der Kennzeichen allein mit Vorlage der erforderlichen Papiere erfolgen kann.

d) Die vorläufige Deckung endet. *aa)* **Mit Einlösung des Versicherungsscheins** 73
des Hauptvertrages gem. § 1 Abs. 4 AKB (das ist der Regelfall).

bb) Durch Ablauf einer **Befristung.** 74

cc) Durch **Kündigung** gem. § 1 Abs. 5 AKB. 75

dd) **Durch rückwirkende Aufhebung** gem. § 9 S. 2 KfzPflVV: Da diese Regelung den 76
VN existenziell bedrohen kann, sind besondere Pflichten zu erfüllen. Der VR hat dem VN eine schriftliche Belehrung zu erteilen, die Inhalt und Voraussetzungen des rückwirkenden Wegfalls enthält[131]. Darüber hinaus muss die Belehrung den Hinweis enthalten, dass sich der VN bei unverschuldeter Nichtzahlung der Erstprämie den Versicherungsschutz durch nachträgliche Zahlung auch für die Vergangenheit erhalten kann[132].

ee) Durch den **Wegfall des versicherten Interesses,** z. B. Abmeldung wegen bevorste- 77
hender Verschrottung[133].

ff) *Durch das Scheitern des Hauptvertrages.* Teilweise wird die Auffassung vertreten, die vor- 78
läufige Deckung ende mit dem Scheitern des Hauptvertrages[134]. Dem wird von der überwiegenden Meinung entgegengehalten, der VN brauche bei Scheitern des Hauptvertrages noch Zeit, sich um anderweitigen Versicherungsschutz zu bemühen; im Übrigen müsse der VR dem VN gegenüber die Beendigung der vorläufigen Deckung erklären[135] bzw. kündigen[136]. Dieser Auffassung ist zuzustimmen, da anderenfalls der VN im Ungewissen bleibt, ob und wie lange der vorläufige Deckungsschutz für das Kfz besteht, zumal das Scheitern des Hauptvertrages wegen des Zugangs der erforderlichen Erklärungen für den juristischen Laien in seinen zeitlichen Folgen nicht durchschaubar ist.

gg) Wenn der VN bei einem **anderen VR Versicherungsschutz** erlangt, auch durch an- 79
derweitige vorläufige Deckung[137].

3. Neues Recht, §§ 49–52 VVG 2008

Durch die §§ 49 bis 52 VVG 2008 wird nun erstmals die vorläufige Deckung im VVG ge- 80
regelt. § 49 Abs. 1 S. 1 VVG 2008 stellt klar, dass es sich bei der Gewährung einer vorläufigen Deckung um einen **eigenständigen Versicherungsvertrag** handelt.

Bei der vorläufigen Deckung kann auf das Erfordernis, dem VN die Versicherungsbedingungen sowie die weiteren Informationen nach § 7 Abs. 1 VVG 2008 vor Abgabe von dessen Vertragserklärung mitzuteilen, verzichtet werden. Dieser Verzicht kann auch stillschweigend

---

[130] BGH v. 21. 1. 1976, VersR 1976, 331.
[131] OLG Hamm v. 29. 1. 1999, VersR 1999, 1229.
[132] LG Köln v. 10. 10. 2002 – 24 O 569/01, r+s 2003, 100 f.
[133] OLG Hamm v. 27. 2. 1987, VersR 1988, 621.
[134] *Stiefel/Hofmann,* § 1 AKB Rn. 85.
[135] *Bauer,* Rn. 248; *Prölss/Martin/Knappmann,* § 1 AKB Rn. 9; *Römer/Langheid/Römer,* vor § 1 VVG Rn. 36.
[136] OLG Hamm v. 28. 5. 1997, NJW-RR 1998, 27.
[137] BGH v. 25. 1. 1995, VersR 1995, 409.

erfolgen. Lediglich auf Verlangen des Versicherungsnehmers müssen die Unterlagen spätestens mit dem Versicherungsschein in Textform übersandt werden.

81   Die Frage, welchen **Inhalt** die vorläufige Deckung hat, ist nun ebenfalls geregelt. § 49 Abs. 2 VVG 2008 schreibt eine zwingende Reihenfolge für die Geltung von AVB vor. Werden bei Vereinbarung der vorläufigen Deckung die AVB nicht übergeben, so gelten zunächst die für den vorläufigen Versicherungsschutz üblicherweise verwendeten AVB. Fehlen solche, gelten die für den Hauptvertrag üblichen. Falls allerdings bei mehreren AVB Zweifel darüber bestehen, welche gelten, sind die für den VN günstigeren AVB Inhalt des Vertrags geworden. Das kann dazu führen, dass für den Versicherungsnehmer im Rahmen der vorläufigen Deckung ein günstigerer Versicherungsschutz besteht, als nach dem Hauptvertrag[138]. Insbesondere in der Kaskoversicherung kann dieser Gesichtspunkt im Hinblick auf Selbstbehalte Bedeutung erlangen[139].

82   Wie sich aus § 52 Abs. 1 VVG 2008 ergibt, **endet** die vorläufige Deckung nicht schon mit dem **Abschluss des Hauptvertrags.** Vielmehr muss der Versicherungsschutz aus dem Hauptvertrag **gleichartig** sein. Dies bedeutet zwar nicht, dass die vorläufige Deckung und der Hauptvertrag identischen Versicherungsschutz gewährleisten müssen. Vielmehr reicht es aus, wenn der Versicherungsschutz aus dem Hauptvertrag im Wesentlichen dem entspricht, den die vorläufige Deckung gewährte. Der Schutz aus der vorläufigen Deckung kann daher auch dann enden, wenn im Hauptvertrag Risikoausschlüsse vorhanden sind, die in der vorläufigen Deckung nicht enthalten waren oder wenn im Hauptvertrag Selbstbehalte vorgesehen sind[140]. Wenn es um die Gleichartigkeit des Versicherungsschutzes geht, wird eine zuverlässige Beantwortung nur im Einzelfall möglich sein.

Will der Versicherer daher sicher erreichen, dass der Versicherungsschutz aus der vorläufigen Deckung endet, so wird er den Weg über eine Kündigung der vorläufigen Deckung beschreiten müssen.

83   Wenn der Versicherungsschutz darüber hinaus abhängig von der Zahlung der Erstprämie ist, endet die vorläufige Deckung erst dann, wenn der VN mit der Zahlung der Erstprämie in **Verzug** geraten ist und zuvor über die Rechtsfolgen des Verzugs ausdrücklich unterrichtet wurde. Hier ist insbesondere darauf zu achten, dass die Fälligkeit der Erstprämie den Ablauf der Widerspruchsfrist nach § 8 Abs. 2 VVG 2008 voraussetzt.

84   Der VR kann darüber hinaus die vorläufige Deckung durch eine **Kündigung** gemäß § 52 Abs. 4 VVG 2008 beenden. Der VN kann den Vertrag neben einer Kündigung nach § 52 Abs. 4 VVG 2008 auch durch Widerruf seiner Vertragserklärung nach § 8 VVG 2008 oder durch Widerspruch nach § 5 Abs. 1, 2 VVG 2008 beenden.

85   Auch nach der Neuregelung des VVG ist ein **rückwirkender Wegfall** der vorläufigen Deckung möglich. § 52 Abs. 1 VVG 2008 spricht davon, dass der Vertrag über die vorläufige Deckung „spätestens" zu dem Zeitpunkt des Verzugs mit der Erstprämie endet. Daraus wird man ableiten müssen, dass ein rückwirkender Wegfall der vorläufigen Deckung möglich bleibt[141]. Die Anforderungen, die an den rückwirkenden Wegfall der vorläufigen Deckung zu stellen sind, entsprechen der bisherigen Rechtslage. Man wird aber immer darauf achten müssen, ob die AVB, die der vorläufigen Deckung zu Grunde liegen, auch die Möglichkeit des rückwirkenden Wegfalls einer vorläufigen Deckung regeln. Ohne eine entsprechende Regelung in den AVB ist ein rückwirkender Wegfall der vorläufigen Deckung nicht möglich.

86   Nach den **AKB B.2 2008** hat der VN vor der Beitragszahlung in der Kfz-Haftpflichtversicherung und beim Autoschutzbrief vorläufigen Versicherungsschutz, wenn ihm die Versicherungsbestätigung ausgehändigt wird oder bei elektronischer Versicherungsbestätigung die Versicherungsbestätigungs-Nummer genannt wird. In der Kasko- und der Kfz-Unfallversicherung besteht vorläufiger Versicherungsschutz nur, wenn dies vom VR ausdrücklich zugesagt wird

---

[138] *Rixecker,* zfs 2007, 314 (315).
[139] *Burmann/Heß/Höke/Stahl,* a. a. O., Rn. 69.
[140] *Rixecker,* zfs 2007, 314 (315); *Burmann/Heß/Höke/Stahl,* a. a. O., Rn. 70.
[141] *Rixecker,* zfs 2007, 314 (315).

Heß/Höke

Der Versicherungsschutz beginnt zum vereinbarten Zeitpunkt. Der vorläufige Versicherungsschutz entfällt rückwirkend, wenn der VR den Antrag des VN unverändert angenommen hat und der VN den im Versicherungsschein genannten ersten oder einmaligen Beitrag nicht unverzüglich (d. h. spätestens innerhalb von 14 Tagen) nach Ablauf von zwei Wochen nach Zugang des Versicherungsscheins bezahlt hat. Der VN hat dann von Anfang an keinen Versicherungsschutz; dies gilt aber nur, wenn der VN die nicht rechtzeitige Zahlung zu vertreten hat. Weiterhin besteht die Möglichkeit der Kündigung oder des Widerrufs durch den VN.

4. Beweisfragen

Grundsätzlich muss der VN beweisen, dass ein Vertrag über die vorläufige Deckung zustande gekommen ist und welchen Inhalt er haben soll[142].   87

Will sich der VR auf den rückwirkenden Wegfall berufen, muss er die ordnungsgemäße Belehrung und das Vorliegen der Voraussetzungen beweisen[143]. Will sich der VN hinsichtlich der verspäteten Zahlung exculpieren, muss er die zu Grunde liegenden Umstände beweisen[144].

5. Vorläufige Deckungszusage in Fernabsatzverträgen

Versicherungsverträge werden in zunehmender Zahl **unter Verwendung von Fern-**   88
kommunikationsmitteln geschlossen. Gemäß § 312b Abs. 2 BGB sind Fernabsatzverträge insbesondere Verträge, bei denen Kommunikationsmittel eingesetzt werden, die zur Anbahnung oder zum Abschluss des Vertrags die körperliche Anwesenheit der Vertragsparteien nicht mehr erforderlich machen. Hier ist insbesondere an Briefe, Kataloge, Telefonanrufe, Telekopien, E-Mails sowie Rundfunk, Tele- und Mediendienste zu denken.

In derartigen Fällen gilt die besondere Informationsregelung des § 49 Abs. 1 VVG 2008   89
nicht, wonach auf Übersendung der Versicherungsbedingungen sowie der weiteren Informationen nach § 7 Abs. 1 VVG 2008 verzichtet werden kann, wie sich aus **§ 49 Abs. 1 S. 2 VVG 2008** ergibt. Hierbei handelt es sich um eine Umsetzung der zwingenden Vorgabe der Fernabsatzrichtlinie II, die keine generelle Ausnahme für Verträge über vorläufige Deckung vorsieht.

Ferner besteht auch ein **Widerrufsrecht** des VN bei einer vorläufigen Deckungszusage   90
im Fernabsatz[145]. Diese ist befristet auf 14 Tage ab Zugang der Bestätigung und Erhalt sämtlicher Informationen gemäß § 1 BGB-InfoV[146], wobei die Widerrufsfrist gemäß § 8 Abs. 4 VVG 2008 nicht vor Erfüllung der in § 312e Abs. 1 S. 1 BGB geregelten Pflichten zu laufen beginnt. Für die Fristwahrung genügt die rechtzeitige Absendung[147].

Der Widerruf ist durch eine **zugangsbedürftige Willenserklärung** gegenüber dem Ver-   91
sicherungsunternehmen auszuüben[148]. Mit dem Zugang des Widerrufs endet der Vertrag über die vorläufige Deckung[149]. Demzufolge besteht für ein Fahrzeug in der Kfz-Versicherung dann kein Versicherungsschutz mehr. Es besteht allerdings eine Nachhaftung des VR nach § 117 Abs. 2 VVG 2008.

II. Endgültiger Vertrag

1. Abschluss und Beginn nach dem alten VVG

Grundsätzlich beginnt der Versicherungsvertrag gem. § 1 Abs. 1 AKB mit der **Einlösung**   92
des Versicherungsscheins durch Zahlung der Erstprämie.

---

[142] BGH v. 19. 3. 1986, VersR 1986, 541.
[143] BGH v. 13. 12. 1995, VersR 1996, 445.
[144] OLG Frankfurt v. 21. 1. 1988, VersR 1988, 1039.
[145] Vgl. § 8 III S. 2 VVG.
[146] Vgl. §§ 312d, 355 BGB.
[147] Vgl. § 8 Abs. 1 VVG.
[148] Vgl. BGHZ 109, 97 (103); Münchner Kommentar BGB/*Masuch*, § 355 BGB, Rn. 34.
[149] Münchner Kommentar/*Masuch*, § 355 BGB, Rn. 32.

Zu unterscheiden sind jedoch der **formelle Versicherungsbeginn,** das ist der Zeitpunkt, an dem der Versicherungsvertrag zu Stande kommt, **der technische Versicherungsbeginn,** das ist der Zeitpunkt, ab dem der VR die Prämie berechnen darf und der **materielle Versicherungsbeginn,** das ist der Zeitpunkt, ab dem der Versicherungsschutz gewährt wird. Gem. § 5 Abs. 2 PflVG sind die inländischen Kraftfahrzeughaftpflichtversicherer verpflichtet, den in § 1 PflVG genannten Personen Haftpflichtversicherungsschutz zu gewähren, sog. **Kontrahierungszwang.**

93   Seit dem Wegfall der Bedingungsgenehmigung durch die Versicherungsaufsicht im Jahre 1994 gelten für die Einbeziehung von AVB die gewöhnlichen **Regelungen über allgemeine Geschäftsbedingungen** und Sonderregelungen im VAG und VVG. Der VR kann die Bedingungen bereits vor Antragstellung übergeben (sog. „Antragsmodell") oder gemeinsam mit der Police an den Kunden senden (sog. „Policemodell").

94   **a) Antragsmodell.** Dies ist der gesetzlich vorgesehene Normalfall, indem der Verwender von AVB diese dem Kunden vor Antragstellung aushändigt, § 305 Abs. 2 BGB.
Darüber hinaus sind vor der Antragstellung die Verbraucherinformationen gem. § 10a VAG und Anlage D zu erteilen.

95   **b) Policenmodell.** Händigt der VR die Bedingungen und Verbraucherinformationen nicht vor der Antragstellung aus, sondern übersendet er sie mit der Police, so hat der Antragsteller ein **14-tägiges Widerspruchsrecht** gem. § 5a VVG. Die Widerspruchsfrist beginnt gem. § 5a Abs. 2 S. 1 VVG, wenn die Versicherungsbedingungen und Verbraucherinformationen sowie eine ordnungsgemäße Belehrung über das Widerspruchsrecht dem VN vorliegen. Der Vertrag gilt nach widerspruchslosem Ablauf der Frist gem. § 5a Abs. 1 S. 1 VVG auf der Grundlage dieser Unterlagen als geschlossen. Für die Wahrung der Widerspruchsfrist genügt die rechtzeitige Absendung gem. § 5a Abs. 2 S. 3 VVG. Den **Zugang der Unterlagen** hat der VR zu beweisen, § 5a Abs. 2 S. 2 VVG.
Die Rechtswirkung des Widerspruchsrechts wird kontrovers diskutiert. Nach der überwiegenden Meinung[150] führt der Zugang des Versicherungsscheins und der notwendigen Unterlagen zu einem schwebend unwirksamen Versicherungsvertrag. Lässt der VN die Widerspruchsfrist verstreichen, wird der Vertrag rückwirkend wirksam. Die Erstprämie wird erst nach Ablauf der Widerspruchsfrist fällig.

96   **c) Annahmefiktion.** Gem. § 5 Abs. 3 Satz 1 PflVG wird die **Annahme des Vertrages** durch den VR für die dort genannten Risiken **fingiert,** wenn der VR nicht innerhalb einer Frist von 14 Tagen nach Eingang des Antrages schriftlich und begründet ablehnt oder ein Gegenangebot unterbreitet. Es ist streitig, wie sich die Annahmefiktion zum Widerspruchsrecht des VN nach § 5a VVG verhält. Nach einer Meinung sollen sich gesetzliche Annahmefiktion und Widerspruchsrecht des VN rechtssystematisch ausschließen; § 5 Abs. 3 PflVG sei lex specialis zu § 5a VVG[151]. Abgehoben wird in erster Linie auf den Umstand, dass der Gesetzgeber in § 5 Abs. 3 PflVG die Annahme des Antrages des VN und damit den Vertragsschluss vorschreibe. Dem würde ein nachfolgendes Widerspruchsrecht des VN zuwiderlaufen.

97   Nach anderer Auffassung sollen die Regelungen in § 5 Abs. 3 PflVG und § 5a VVG nebeneinander stehen können[152]. Dieser Auffassung ist zuzustimmen. Denn § 5 Abs. 3 PflVG will in erster Linie den Kontrahierungszwang des VR regeln. Das wird aus dem Zusammenhang von Abs. 3 und 4 besonders deutlich, da Abs. 4 die in Abs. 3 enthaltene Möglichkeit der Antragsablehnung durch den VR mit einem abschließenden Katalog präzisiert. Ratio legis ist demnach die Bindung des VR, um diesem nicht die Gelegenheit zu geben, unerwünschte Risiken leicht abzuwehren und damit für diese die Gefahr herbeizuführen, nirgendwo Versicherungsschutz zu erhalten. Damit ist nicht beabsichtigt, dem VN die Verbraucherschutzrechte aus § 5a VVG abzuschneiden. Auch in anderen Versicherungssparten greift § 5a VVG

---

[150] OLG Hamm v. 29. 1. 1999, VersR 1999, 1229; OLG Düsseldorf v. 5. 12. 2000, NVersZ 2001, 156; *Römer/Langheid/Römer*, § 5a VVG Rn. 25 m. w. N.; a. A. *Stiefel/Hofmann*, § 1 AKB Rn. 30j–m.
[151] *Feyock/Jacobsen/Lemor/Feyock*, a. a. O., § 5 PflVG Rn. 79.
[152] *Schirmer*, VersR 1996, 1045; *Prölss/Martin*, § 5a Rn. 78.

erst nach der Antragsannahme durch den VR. Eine weiter gehende Regelung als die Annahme trifft auch § 5 Abs. 3 PflVG nicht; er bleibt damit in seinem Regelungsgehalt hinter § 5a VVG zurück, der vorschreibt, dass nach ungenutztem Ablauf der Widerspruchsfrist der Vertrag als geschlossen anzusehen ist. Unterschiedliche Zielrichtung und unterschiedlicher Regelungsgehalt sprechen eher gegen eine lex specialis – Stellung des § 5 Abs. 3 PflVG. Schlüssig ist die Ansicht, § 5a VVG führe generell nach Annahme durch den VR – und damit auch im Falle der nach § 5 Abs. 3 PflVG fingierten-, der die AVB und Informationen nicht vorher dem VN übergeben hat, zu einem schwebend unwirksamen Vertrag, der nach ungenutztem Verstreichen der Frist zu einem wirksamen Vertrag wird.

In der Praxis ist dieser Streit bislang nicht relevant geworden. Zum einen besteht regelmä- **98** ßig Versicherungsschutz über die vorläufige Deckung; zum anderen erleidet der VN durch den Widerspruch solange keinen Rechtsnachteil, wie ein Versicherungsfall nicht eingetreten ist und wenn er eingetreten ist, wird der VN sich nicht durch einen Widerspruch in eine unsichere Rechtslage versetzen.

2. Vertragsschluss nach dem neuen VVG

Das bislang praktizierte **Policenmodell** verliert durch die Neuregelung seine Grundlage. **99** Gemäß § 7 Abs. 1 VVG 2008 müssen dem potentiellen VN vor Antragstellung die wesentlichen Vertragsunterlagen rechtzeitig zur Verfügung gestellt werden. Zwar kann gemäß § 7 Abs. 1 S. 3 VVG 2008 auf die Überlassung der Informationen schriftlich verzichtet werden. Dieses kann allerdings nur durch eine gesonderte Erklärung erfolgen.

Möglich ist auch, dass die Vertragsinformationen seitens des Versicherers dem potentiellen **100** VN aufgrund einer Anfrage zusammen mit einem Angebot des VR übermittelt werden. Dieses Angebot des VR müsste dann vom VN gesondert angenommen werden (sog. **Invitatio-Modell**)[153]. Das Problem dieses Modells, dass der VN zwei Erklärungen abzugeben hat. Zuerst eine schlichte Mitteilung seiner Wünsche und Bedürfnisse an den VR („invitatio ad offerendum"), den der VR prüft und erst dann einen Antrag nach § 145 BGB abgibt, den der VN dann annimmt. Neben den praktischen Schwierigkeiten in der Umsetzung bleibt auch die Problematik, dass eine Umgehung der vom neuen VVG vorgesehenen Bedingungen für den Vertragsschluss nicht zulässig ist[154].

3. Beratungspflicht nach § 6 VVG 2008

a) Grundlagen. Die §§ 59 bis 67 VVG 2008 regeln die Beratungs-, Dokumentations- **101** und Informationspflichten des Versicherungsvertreters und -maklers. Da insoweit die Umsetzungsfrist für die zu Grunde liegende Vermittlerrichtlinie bereits abgelaufen ist, wurden diese Grundsätze schon vor dem Inkrafttreten des neuen VVG mit Wirkung zum 22. 5. 2007 in das noch alte VVG übernommen (§§ 42a ff. VVG a. F.).

Die neuen Pflichten treffen sowohl den VR als auch den Vermittler. Der VN soll individuell anhand seiner konkreten Bedürfnisse und Wünsche beraten werden, so dass er nach diesen zunächst zu befragen ist. Für die anschließende Beratung müssen dem VN auch die Gründe für den erteilten Rat mitgeteilt werden.

Die Beratung ist zu dokumentieren und dem Versicherungsnehmer in Textform zu über- **102** mitteln. Ein Verzicht des Versicherungsnehmers ist möglich, muss aber schriftlich in einer gesonderten Erklärung erfolgen. Dort muss auch der VN ausdrücklich darauf hingewiesen werden, dass sich ein Verzicht nachteilig auf seine Möglichkeit auswirken kann, einen Schadensersatzanspruch geltend zu machen (§§ 6 Abs. 3, 61 Abs. 2 VVG 2008).

Diese Beratungs- und Dokumentationspflichten gelten für alle Vertragsarten mit Ausnahme von Großrisiken (§§ 6 Abs. 5, 65 VVG 2008)[155].

---

[153] *Meixner/Steinbeck;* a. a. O.; Rn. 73 f.
[154] Vgl. im Einzelnen *Meixner/Steinbeck,* Rn. 74
[155] Das Großrisiko wird in Art. 10 Abs. 1 S. 2 EGVVG definiert: Auch entfällt eine entsprechende Pflicht für Verträge, die im Fernabsatz i. S. d. § 312b BGB geschlossen werden (§ 6 Abs. 6 VVG 2008).

103   **b) Umfang.** Der Umfang der Beratung richtet sich natürlich nach dem Einzelfall. Es muss ein **Anlass** für eine Beratung bestehen (§ 6 Abs. 4 VVG 2008). Die **Kriterien** benennt § 6 Abs. 1 VVG 2008. Liegt ein solcher Beratungsanlass vor, ist auch ein sog. Massenprodukt wie eine Kraftfahrzeughaftpflichtversicherung nicht von vornherein von der Neuregelung der Beratung im VVG 2008 nicht ausgenommen[156]
– Komplexität des Versicherungsvertrags
– Person und Situation des Versicherungsnehmers
– Angemessenes Verhältnis zwischen Beratungsaufwand und zu zahlender Prämie.

104   Die Beratung erstreckt sich daher auch auf die unterschiedlichen Tarifsysteme im KH- und Kasko-Bereich (Garagentarif, Km-Begrenzung, Auslandsdeckung[157]).

Die Frage- und Beratungspflicht ist sowohl von dem VR als auch dem Vermittler dem VN gegenüber **nur einmal** zu erfüllen. Nimmt der Versicherer für die Akquisition von Versicherungsverträgen die Dienste von Versicherungsvertretern in Anspruch, erfüllt der Vertreter gleichzeitig die Pflicht des VR nach § 6 Abs. 1 Satz 1 VVG 2008, da er auf Grund des Versicherungsvertretervertrags mit dem VR für diesen handelt[158]. Für den Versicherungsmakler gilt dies nicht, weil dieser kein Vertreter des VR ist. Allerdings geht die Gesetzesbegründung davon aus, dass der Versicherungsmakler seine Frage- und Beratungspflicht erfüllt und somit eine Verpflichtung des VR zur nochmaligen Beratung oder Nachfrage überflüssig ist[159].

Insgesamt wird der Schwerpunkt der Bedeutung der Informations-, Beratungs- und Hinweispflichten aber nicht bei der doch weniger komplexen Kraftfahrtversicherung, sondern mehr in den anderen Versicherungssparten liegen.

105   **c) Dauer.** Nach § 6 Abs. 4 VVG 2008 besteht die Beratungspflicht des VR auch **während der Dauer** des Versicherungsverhältnisses. Für Versicherungsvermittler sind diese Nachfrage- und Beratungspflichten nicht vorgesehen. Ihre besonderen Pflichten enden nach der Vermittlerrichtlinie mit Vertragsschluss. Es wird zur Wahrung der Interessen des VN als ausreichend angesehen, wenn diese Pflichten ab dann vom VR wahrgenommen werden[160]. Für den Makler kann sich eine entsprechende Verpflichtung aus dem Maklervertrag ergeben.

106   Eine Beratungspflicht besteht gem. § 6 Abs. 4 VVG 2008 aber **nur bei Anlass.** Dieser muss für den VR erkennbar sein. Es müssen demzufolge Anhaltspunkte bestehen, die eine Änderung oder Anpassung des Versicherungsschutzes erforderlich machen könnten. Dies kann etwa bei Änderung der gesetzlichen Rahmenbedingungen für bestimmte Versicherungsverträge der Fall sein. Eine Beratungspflicht wäre z. B. gegeben, wenn der VN eine größere Auslandsreise plant und aufgrund dessen seinen Versicherungsschutz überprüfen lassen möchte.

Die Schwierigkeiten dürften allerdings weniger in der Kraftfahrtversicherung als in anderen Versicherungszweigen auftreten[161].

107   **d) Dokumentationspflicht.** Sowohl der VR nach § 6 Abs. 1 VVG 2008 als auch der Vermittler nach § 61 Abs. 1 VVG 2008 sind verpflichtet, das Ergebnis nach der Beratung in einer Beratungsdokumentation festzuhalten und dem VN zu übergeben. Der VR muss den erteilten Rat sowie die Gründe hierfür klar und verständlich vor Vertragsabschluss dem VN in Textform übermitteln[162]. Eine mündliche Mitteilung ist möglich, sofern dies der VN wünscht oder wenn der VR vorläufige Deckung gewährt. Dann sind die Angaben aber unverzüglich nach Vertragsschluss dem VN schriftlich zu übermitteln. Diese Pflicht entfällt jedoch bei Verträgen über die vorläufige Deckung in der KH-Versicherung sowie wenn es gar nicht zum Vertragsschluss kommt.

---

[156] Vgl auch den entsprechenden Beschluss des 46. VGT in Goslar 2008.
[157] *Greißinger,* Mitteilungsblatt der ARGE Verkehrsrecht des DAV 2006, 90 (91).
[158] http://www.bmj.bund.de/media/archive/1320.pdf, S. 146.
[159] http://www.bmj.bund.de/media/archive/1320.pdf, S. 146; *Meixner/Steinbeck,* a. a. O., Rn. 53.
[160] Vgl. Regierungsbegründung, S. 148.
[161] *Rixecker,* zfs 2007, 192.; *Burmann/Heß/Höke/Stahl,* Rdnr. 19 ff.
[162] Siehe Beispiele von Vermittlerprotokollen unter www.vermittlerprotokoll.de.

e) Verzicht. Der VN kann auf die Beratung und Dokumentation durch eine gesonderte 108
schriftliche Erklärung verzichten. Er muss in dieser vom VR ausdrücklich darauf hingewiesen
werden, dass sich ein Verzicht nachteilig auf seine Möglichkeiten auswirken kann, gegen den
VR einen Schadensersatzanspruch geltend zu machen. Die Verzichtsmöglichkeit nach § 6
Abs. 3 VVG 2008 gegenüber dem VR bzw. nach § 61 Abs. 2 VVG 2008 gegenüber dem Vermittler dürfte, weil sie nicht in den AGB geregelt werden kann („gesonderte schriftliche Erklärung nach Belehrung"), in der Praxis aber keine große Rolle spielen[163].

f) Ausnahmen von der Beratungspflicht. Die Beratungs- und Dokumentationspflich- 109
ten gelten für den VR nach § 6 Abs. 6 VVG 2008 nicht bei Großrisiken sowie bei Fernabsatzverträgen i. S. v. § 312b BGB. Letztere liegen vor bei Verträgen zwischen Unternehmer und
Verbraucher, die ausschließlich unter Verwendung von Fernkommunikationsmitteln im
Rahmen eines für den Fernabsatz organisierten Vertriebssystems geschlossen werden[164]. Telefoniert ein Vermittler zur Vorbereitung eines Vertragsschlusses mit dem Kunden, ist er somit
nicht von seinen Beratungspflichten befreit.
Erfolgt die Vermittlung durch einen Versicherungsmakler, entfallen die Pflichten des VR.
Für den Makler bestehen eigene gesetzliche Frage- und Beratungspflichten. Der VR darf da-
rauf vertrauen, dass diese auch wahrgenommen werden.

g) Schadensersatz. Die schuldhafte **Verletzung der Beratungspflichten** führt zum 110
Schadenersatzanspruch, § 6 Abs. 5 VVG 2008.
Der Versicherer kann sich für solche schuldhaft begangenen Beratungsfehler nicht – auch
nicht hinsichtlich seiner Erfüllungsgehilfen (§ 278 BGB) – frei zeichnen, § 18 VVG 2008. Ein
Klassiker für eine solche Schadensersatzpflicht im Kfz-Bereich ist zum Beispiel die fehlende
Beratung über die mangelnde Deckung im asiatischen Teil der Türkei[165]. Ist der Nachweis
eines Beratungsverschuldens geführt, sind VR und Vermittler dafür beweispflichtig, dass der
Schaden des VN auch bei pflichtgemäßem Verhalten eingetreten wäre. Es gilt insoweit für
den VN die Vermutung, dass er sich beratungsgemäß verhalten hätte[166]. Allerdings wird im
Einzelfall auch der Einwand des Mitverschuldens (§ 254 BGB) des VN erhoben werden können. Denn von einem durchschnittlich verständigen VN kann grundsätzlich die Lektüre der
AVB und eine Nachfrage verlangt werden.
VR und Versicherungsvertreter haften als **Gesamtschuldner.** Wird der Vermittler mit- 111
verklagt, ist er im Prozess ebenfalls Partei und nicht mehr Zeuge.
Römer[167] weist zu recht darauf hin, dass durch die Anhäufung unbestimmter Rechtsbegriffe
in § 6 VVG 2008 die Rechtsanwendung nicht einfacher werden wird. Letztlich wird die Umsetzung auch bei dem neuen VVG durch die Gerichte für die verschiedenen Versicherungsprodukte und die unterschiedlichen Lebenssachverhalte zu erfolgen haben.

h) Beweislast. Nach § 6 Abs. 1 S. 2 VVG 2008 muss nun die Ermittlung der Wünsche 112
und der daraufhin erteilte Rat mitsamt seiner Gründe dokumentiert und dem VN in Textform grundsätzlich übermittelt werden. Kann der VR ein entsprechendes Schriftstück nicht
vorlegen, wird dies zu Beweiserleichterungen bis hin zur Umkehr der Beweislast zugunsten
des VN führen[168].

4. Informationspflicht nach § 7 VVG 2008

Nach dem neuen VVG muss der VR dem VN rechtzeitig vor Abgabe dessen Vertragser- 113
klärung seine Vertragsbestimmungen einschließlich der AVB in Textform mitteilen.

---

[163] *Rixecker*, zfs 2007, 191.
[164] *Palandt/Heinrichs*, § 312b BGB Rn. 6.
[165] BGH, NJW 2005, 2011, besprochen in: NJW-Spezial 2005, 354.
[166] BGHZ 94, 356; *Meixner/Steinbeck* Rdnr. 36
[167] VersR 2007, 618.
[168] *Rixecker*, zfs 2007, 192.

Die nach § 7 Abs. 2 VVG 2008 vom VR mitzuteilende Informationen werden durch die ab dem 1. 1. 2008 geltende VVG-Informationsverordnung konkretisiert. Diese regelt u. a. die Inhalte der mitzuteilenden Versicherungsinformationen (§§ 1–3 VVG-InfoV) sowie die Produktinformationen (§ 4 VVG-InfoV).

114   **a) Rechtzeitige Information.** Die Information muss rechtzeitig **vor Abschluss** des Versicherungsvertrags erfolgen. Dies wird dazu führen, dass das Policenmodell, nach dem der VN die Verbraucherinformationen und die Versicherungsbedingungen erst nach Antragstellung erhält, so nicht mehr durchführbar ist[169]. Nach § 5a VVG a. F. reichte es noch aus, wenn der VN die Informationen erst später erhält. Der zunächst noch schwebend unwirksame Vertrag kam dann rückwirkend zustande, wenn der VN nicht fristgerecht widersprach[170].

115   Nach der Neuregelung in § 7 VVG 2008 muss dem VN die Information **rechtzeitig** vor Abgabe seiner Vertragserklärung gegeben werden, wobei sich die Frage stellt, was „rechtzeitig" bedeutet[171]. Weder Wortlaut noch die Begründung des § 7 Abs. 1 S. 3 VVG 2008 geben etwas für eine nach Tagen bemessene Überlegungsfrist her. *Schimikowski*[172] verweist auf § 312c BGB (Fernabsatzrecht), wonach mit der Verwendung des Begriffs „rechtzeitig" sichergestellt werden soll, dass dem Verbraucher nach dem Erhalt der Informationen eine ausreichende Zeitspanne verbleibt, damit er in Kenntnis der übermittelten Informationen eine informierte Entscheidung treffen kann. Unter Hinweis auf Auffassungen, die im Fernabsatzrecht vertreten werden, weist *Schimikowski*[173] darauf hin, dass es unter Umständen als rechtzeitig angesehen werden könnte, wenn die Informationen unmittelbar vor Abgabe der Vertragserklärung übermittelt werden[174]. Maßgeblich ist, dass die Informationen noch eine tatsächliche Einwirkung auf den Entschluss des Verbrauchers entfalten können[175].

116   Auslegung des Begriffs „Rechtzeitigkeit"[176]:
- Mit der Verwendung des Begriffs „rechtzeitig" soll der Kunde vor kurzfristigem Entscheidungszwang ohne hinreichende Information geschützt werden.
- Wann eine Information als rechtzeitig erfolgt anzusehen ist, muss anhand der tatsächlichen Umstände des Vertragsabschlusses, der Art, des Umfangs und der Bedeutung des Geschäfts ermittelt werden.
- Zweifelsfälle sind im Sinne des Verbraucherschutzes und zu Lasten des Informationspflichtigen zu lösen.

117   Überträgt man diese Grundsätze auf die verschiedenen Versicherungsprodukte, so ist eine Differenzierung angezeigt. Zwar erschließt sich dem durchschnittlichen Kunden der Inhalt der Allgemeinen Versicherungsbedingungen z. B. in der Kraftfahrzeug-, Haftpflicht- bzw. Hausratversicherung nicht ohne weiteres. Auch ein so schlichtes Produkt wie eine Haftpflichtversicherung ist im Detail kompliziert[177]. Der Kunde soll aber nur als „mündiger Verbraucher" eine informierte Entscheidung treffen können und kein Versicherungsexperte werden. Deshalb erscheint es ausreichend bei den standardisierten Versicherungen, zu denen auch und insbesondere die Kraftfahrtversicherung zu zählen ist, wenn der Kunde über den Produktinhalt informiert wird und dann – vor der Antragstellung – einige Minuten Zeit erhält[178], sich zu entscheiden. Zu berücksichtigen ist auch, dass gerade die Kraftfahrtversiche-

---

[169] *Römer,* VersR 2006, 740; *Gaul,* VersR 2007, 21 (22); *Schimikowski,* r+s 2007, 133 weist zu recht darauf hin, dass die Abschaffung des sog. Policenmodells politisch gewollt ist.
[170] Vgl. Rn. 95.
[171] *Schimikowski,* r+s 2007, 133; Gaul, VersR 2007, 21 (22).
[172] r+s 2007, 133 (134 f.).
[173] r+s 2007, 133 (134) mit Hinweis auf BGH, GRUR 2003, 971; *Staudinger / Thüsing* (2005), § 312c, Rn. 17.
[174] Siehe auch die Begr. zu § 312c I 1 Nr. 1 BGB a. F. – BT-Drucks. 14/2658, S. 38.
[175] *Saenger* in: Erman, § 312c, Rn. 22.
[176] *Schimikowski,* r+s 2007, 133 (135) zu der Auslegung im Fernabsatzrecht.
[177] *Schimikowski,* r+s 2007, 133 (135).
[178] *Schimikowski,* r+s 2007, 133 (135).

rung ein bekanntes Produkt ist, und der VN sich bei dieser Versicherung nicht auf lange Zeit (nur 1 Jahr) bindet[179].

b) Verzicht auf Information. Gem. § 7 Abs. 1 S. 3, 2. Hs. VVG 2008 kann der VN auf **118** die Informationserteilung verzichten – allerdings nicht mittels eines Formulars, sondern nur durch gesonderte, ausdrückliche, schriftliche Erklärung[180]. Die Information muss dann aber unverzüglich nachgeholt werden (§ 7 Abs. 1 S. 3 VVG 2008). Der Wortlaut des § 7 Abs. 1 VVG 2008 lässt es zu, dass schriftliche Verzichtserklärungen gesondert unterschrieben werden. In den AVB wird dies aber nicht gehen[181].

Die Verletzung der Informationspflicht hat zur Folge, dass die Widerrufsfrist nicht in Lauf **119** gesetzt wird und der VN daher dauerhaft zum Widerruf berechtigt bleibt (§ 8 Abs. 2 S. 1 VVG 2008). Dies dürfte allerdings nur für den Fall gelten, dass die Informationspflicht überhaupt nicht bzw. nur unvollständig erfüllt wird. Bei mangelnder Rechtzeitigkeit dürfte die Frist wie bei § 8 Abs. 2 VVG 2008 mit Erhalt des Versicherungsscheins und der Informationen nach § 7 Abs. 1, 2 VVG 2008 zu laufen beginnen[182].

5. Widerrufsrecht nach § 8 VVG 2008

Bisher war das Widerrufsrecht[183] an verschiedenen Stellen im VVG geregelt (so insbesondere **120** in § 5a VVG). Nach § 8 Abs. 1 der Neufassung kann der VN seine Vertragserklärung nun stets innerhalb von zwei Wochen widerrufen. Bedeutsam ist, dass diese Widerrufsfrist erst mit dem Zugang aller ihm nach § 7 VVG 2008 zu überlassenden Informationen und Unterlagen zu laufen beginnt (§ 8 Abs. 2 S. 1 Nr. 1 VVG 2008). Zusätzlich ist eine deutlich gestaltete Belehrung über das Widerrufsrecht und über die Rechtsfolgen erforderlich (§ 8 Abs. 2 S. 1 Nr. 2 VVG 2008). Bis zum Zugang des Widerrufs besteht ein wirksamer Versicherungsvertrag, der durch den Widerruf in ein teilweise von den §§ 357, 346 ff. BGB abweichendes Rückabwicklungsverhältnis umgewandelt wird[184]. In Abweichung zur Rechtslage nach der bisherigen Regelung in § 5a Abs. 2 S. 4 VVG ist zu beachten, dass für die Widerrufserklärung des § 8 VVG 2008 keine Höchstfrist mehr gilt. Fehlt es somit an einer ordnungsgemäßen Belehrung, so gilt ein „ewiges Widerrufsrecht"[185].

Für den Kfz-Bereich ist bedeutsam, dass gem. § 8 Abs. 3 Nr. 2 VVG 2008 bei Versiche- **121** rungsverträgen über eine **vorläufige Deckung kein Widerrufsrecht** besteht. Eine Ausnahme bilden Fernabsatzverträge im Sinne von § 312b Abs. 1, 2 BGB sowie Versicherungsverträge mit einer Laufzeit von weniger als einem Monat.

Die **Rechtsfolgen** eines Widerrufs sind in § 9 VVG 2008 geregelt. Der Vertrag wandelt **122** sich in ein Rückabwicklungsverhältnis um[186]. Bei ordnungsgemäßem Hinweis hat der Versicherer den nach Zugang des Widerrufs gezahlten Prämienanteil zu erstatten, es sei denn, der Versicherungsnehmer hat die Versicherungsleistungen schon in Anspruch genommen[187].

6. Vertragslaufzeit/Beendigung

a) Nach bisherigem Recht. *aa) Laufzeit:* Gem. § 5 Abs. 5 PflVG, § 4a Abs. 1 AKB läuft **123** der Versicherungsvertrag längstens **ein Jahr** und endet am 1. Tag des entsprechenden Monats, wenn der Vertrag zum Ersten des Monats geschlossen worden war, anderenfalls an dem nach

---

[179] *Schimikowski* r+s 2007, 133 (135) weist aber auf den Unterschied zu den Personenversicherungen hin. Hier geht es zum einen häufig nicht um so standardisierte Produkte, die Bindung geht bis zu „lebenslang" und eine vorzeitige Lösung kann für den Versicherungsnehmer zu erheblichen Nachteilen führen; auch *Meixner/Steinbeck*, Rn. 76 weisen darauf hin, dass bei solchen Verträgen in der Regel mit dem Kunden zweimal Kontakt aufgenommen werden muss, um den gesetzlichen Vorgaben zu entsprechen.

[180] Zu den Anforderungen vgl. *Gaul*, VersR 2007, 22.

[181] Zu den Bedenken auch aus europarechtlicher Sicht: *Schimikowski*, r+s 2007, 133 (136).

[182] So auch *Gaul*, VersR 2007, 22.

[183] *Rixecker*, zfs 2007, 496.

[184] *Rixecker*, zfs 2007, 496.

[185] *Meixner/Steinbeck*, Rn. 89

[186] Einzelheiten vgl. *Meixner/Steinbeck*, Rn. 94 ff.

[187] *Langheid*, NJW 2006, 3317.

Ablauf eines Jahres folgenden Monatsersten. Er verlängert sich um jeweils ein Jahr, wenn er nicht spätestens einen Monat vor Ablauf schriftlich gekündigt wird. Dasselbe gilt, wenn die Vertragslaufzeit nur deshalb weniger als ein Jahr beträgt, weil als Beginn der nächsten Versicherungsperiode ein vor Ablauf eines Jahres nach Versicherungsbeginn liegender Zeitpunkt vereinbart worden ist. Diese Regelung entspricht der Praxis einiger VR, die Versicherungsperiode aus technischen Gründen dem Kalenderjahr anzupassen.

Die Vereinbarung kürzerer Laufzeiten ist zulässig; es bedarf dann zur Beendigung keiner Kündigung gem. § 5 Abs. S. 4 PflVG, § 4a Abs. 1 S. 4 AKB.

124   Für Fahrzeuge mit einem **Saisonkennzeichen** wird ebenfalls gem. § 5a AKB ein ganzjähriger Vertrag geschlossen, wobei die Prämie gegenüber dem normalen Vertrag gesenkt wird und in den Zeiten, die außerhalb des auf dem Kennzeichen dokumentierten Zulassungszeitraumes liegen, eingeschränkter Versicherungsschutz nach den Regelungen der Ruheversicherung gewährt wird. Die Praxis hat so einen Weg gefunden, die negativen Folgen der zu recht kritisierten[188] starren Gesetzesregelung zu vermeiden. Anderenfalls würde die Vereinbarung einer kürzeren Vertragslaufzeit zu einer automatischen Verfallpolice führen, die gegen die Bestrebungen des Verordnungsgebers laufen würde, den Verwaltungsaufwand für die steigende Zahl dieser Fahrzeuge (Motorräder/Roller/Cabrios/Liebhaberfahrzeuge/Oldtimer) für alle Beteiligten – Halter, Verwaltungsbehörde, VR – durch die Ausgabe dieser Saisonkennzeichen zu verringern.

125   *bb) Ordentliche Kündigung:* Die ordentliche Kündigung des Vertrages hat gem. § 5 Abs. 5 Nr. 2 S. 2 PflVG **einen Monat vor Ende** der Laufzeit des Vertrages zu erfolgen. In § 4a Abs. 1 S. 2 AKB ist die Schriftform vorgeschrieben.

126   *cc) Außerordentliche Kündigung:* Gem. § 31 VVG kann der VN das Versicherungsverhältnis kündigen, wenn der VR die **Prämie erhöht,** ohne dass sich der Umfang des Versicherungsschutzes ändert. Die Kündigung muss innerhalb eines Monats nach Eingang der Mitteilung des VR erfolgen. Sie kann mit sofortiger Wirkung, frühestens jedoch zum Wirksamwerden der vorgesehenen Erhöhung ausgesprochen werden. Nach § 9 i. V. m. § 9b AKB ist hierfür die Schriftform vorgeschrieben, was gem. § 34a S. 2 VVG zulässig ist[189].

Gem. § 158 VVG, § 4b AKB haben beide Parteien das Recht, den Vertrag **nach Eintritt eines Versicherungsfalles** innerhalb eines Monats zu kündigen; nach § 4d AKB ist Schriftform erforderlich.

Gem. § 4c AKB kann das Versicherungsverhältnis vom VR innerhalb eines Monats gekündigt werden, wenn über das Vermögen des VN das **Insolvenzverfahren** eröffnet worden ist.

Gem. § 158h S. 2 VVG **gilt nach der Veräußerung** des Kraftfahrzeuges die auf ihn übergegangene Versicherung als gekündigt, wenn der Erwerber eine neue Kraftfahrzeughaftpflichtversicherung abschließt.

Gem. §§ 6, 24 VVG kann der VR den Vertrag innerhalb eines Monats kündigen, wenn der **VN gegen Obliegenheiten verstoßen** hat.

127   *dd) Nachhaftung:* Gem. § 3 Nr. 5 PflVG besteht die Eintrittspflicht gegenüber Dritten noch einen Monat nach der Anzeige des VR von der Beendigung an die Zulassungsstelle gem. § 29c StVZO[190]. Die Beweislast für die Richtigkeit der Anzeige und den Zugang trägt der VR[191].

128   *ee) Rückwärtsversicherung:* Gem. § 2 Abs. 1 VVG kann der materielle Versicherungsbeginn auf einen Zeitpunkt vor dem formellen Versicherungsbeginn gelegt werden. Dies ist auch nicht durch die Regelungen zur vorläufigen Deckung in den AKB ausgeschlossen[192]. Denn

---

[188] *Feyock/Jacobsen/Lemor/Feyock,* § 5 PflVG, Rn. 74.
[189] *Prölss/Martin,* § 34a VVG, Rn. 2.
[190] Vgl. auch Rn. 167.
[191] *Römer/Langheid/Langheid,* § 3 PflVG Rn. 23 m. w. N.
[192] BGH v. 21. 3. 1990, VersR 1990, 618; *Stiefel/Hofmann,* § 1 Rn. 66; *Römer/Langheid/Römer,* § 2 VVG, Rn. 17.

nicht immer wird vorläufiger Deckungsschutz vereinbart, häufiger jedoch der materielle Versicherungsbeginn vorverlegt, um z. B. eine für den VN günstigere SF-Regelung zu erhalten.

b) Nach neuem Recht. *aa) 3-jährige Vertragsdauer:* Während nach § 8 Abs. 3 VVG a. F.   **129** noch eine feste Vertragsdauer von fünf Jahren zulässig war, sind es nach der Neufassung (§ 11 VVG) nur noch drei Jahre. Für die Kraftfahrtversicherung spielt dies – da regelmäßig nur für 1 Jahr abgeschlossen – in der Praxis keine Rolle.

bb) Rückwärtsversicherung: § 2 Abs. 1 VVG 2008 enthält eine Legaldefinition des Begriffes   **130** der Rückwärtsversicherung. Es ist klargestellt, dass es möglich ist, Beginn und Ende des materiellen Deckungsschutzes vor dem formellen Deckungsschutz zu legen[193]. In die Neuregelung des § 2 VVG 2008 ist nun die Rechtsprechung zum alten VVG eingearbeitet[194]:
– Hinsichtlich des Zeitpunktes der Kenntnis vom Eintritt des Versicherungsfalls wird auf den Moment der Abgabe der Vertragserklärung abgestellt (§ 2 Abs. 2 S. 2 VVG 2008).
– Das Einlösungsprinzip (§ 37 Abs. 2 VVG 2008) findet bei der Rückwärtsversicherung keine Anwendung[195].

III. Ruheversicherung

Gem. § 5 AKB/H.1 AKB 2008 besteht bei vorübergehender Stilllegung weiterhin Versi-   **131** cherungsschutz, allerdings mit der Obliegenheit, das Fahrzeug nicht außerhalb umfriedeten Besitztums zu bewegen. Nach 18 Monaten ohne Wiederzulassung endet der Vertrag ohne Kündigung.

F. Besondere Vertragspflichten

Bei den besonderen Vertragspflichten des VN ist zwischen der Prämienzahlungspflicht und den Obliegenheiten zu unterscheiden.

I. Prämienzahlungspflicht

Die Verpflichtung des VN zur Zahlung der vereinbarten Prämie ist die Hauptpflicht des   **132** VN (§ 1 Abs. 2 S. 1 VVG). Regelungen zur Prämienzahlungspflicht finden sich in §§ 35 bis 42 VVG/§§ 33 bis 42 VVG 2008 und den AKB (vor allem § 1 AKB/Abschnitt C AKB 2008)[196]. Schuldner der Prämie ist der VN. Auch der Gesamtrechtsnachfolger des Schuldners kann Prämienschuldner werden, wenn die Versicherung trotz eines Erbfalles weiterbestehen soll. Kommt es zur Veräußerung des Fahrzeugs wird der Erwerber Beitragsschuldner. Er tritt bezüglich der Rechte und Pflichten an die Stelle des Veräußerers, § 6 Abs. 1 S. 1 AKB/G.7.1 AKB 2008, § 69 Abs. 1/§ 95 VVG 2008, 158h S. 1 VVG/§ 122 VVG 2008.

Dagegen kann der Versicherte bei einer Versicherung für fremde Rechnung nicht Prä-   **133** mienschuldner sein, § 74 VVG/§ 43 VVG 2008. Ebenso kommt der Bezugsberechtigte nicht als Prämienschuldner in Betracht, § 166 VVG/§ 159 VVG 2008. Ein Pfandgläubiger tritt genauso wenig als Prämienschuldner in Erscheinung. Allerdings sind die genannten Personen dazu befugt, die Prämienschuld zu tilgen, um den Versicherungsschutz zu erhalten. Das zu einem qualifizierten Befriedigungsrecht erstarkte Recht eines Dritten gem. § 35a VVG/§ 34 VVG 2008 schafft ein echtes Ablösungsverhältnis, das der Schuldner nicht durch einen Widerspruch vereiteln kann[197].

---

[193] *Meixner/Steinbeck,* Rn. 126
[194] BGH v. 21. 3. 1990, r+s 1990, 250; v. 21. 6. 2000, r+s 2000, 490.
[195] *Schimikowski/Höra,* S. 122.
[196] Zur Prämienzahlungspflicht vgl. *Hahn,* § 12.
[197] *Schimikowski,* Rn. 150.

1. Bisherige Rechtslage

134   **a) Einmalprämie – laufende Prämie.** § 35 VVG unterscheidet zwischen der **einmaligen Prämie (Einmalbeitrag)** und der **laufenden Prämie (laufender Beitrag).** Innerhalb der laufenden Prämie unterscheidet das Gesetz zwischen Erstprämie (§ 38 VVG) und Folgeprämie (§ 39 VVG). Diese Unterscheidung ist schon deshalb von größter Bedeutung, weil unterschiedliche Folgen (Sanktionen) an die Nichtzahlung geknüpft sind. Die Rechtsfolgen bei der Nichtzahlung der Erstprämie sind für den VN gravierender (kein Versicherungsschutz), als bei einem Verzug mit einer Folgeprämie (Leistungsfreiheit erst nach qualifiziertem Mahnverfahren).

135   *aa) Erstprämie / Einmalprämie:* Einmal- und Erstprämie sind rechtlich gleichgestellt und werden „sofort" nach Vertragsschluss fällig (§ 38 Abs. 1 VVG)[198]. Die **Erstprämie** setzt Folgeprämien voraus, während der **Einmalbeitrag** nur ein einziges Mal für die gesamte Laufzeit des Versicherungsvertrages im Voraus erhoben und auch nur in einer Zahlung entrichtet wird. Einmalprämien bilden in der Versicherungspraxis die Ausnahme. Von Bedeutung sind die Einmalprämien insbesondere bei kurzfristigen Versicherungsverträgen z. B. Versicherungskennzeichen bei Mopeds oder bei einer Reisegepäckversicherung. Dagegen kommt bei einer Versicherung auf unbestimmte Zeit (§ 8 Abs. 2 VVG) oder bei einer Zeitversicherung mit Verlängerungsklausel (§ 8 Abs. 1 VVG) wegen der Ungewissheit der Vertragsdauer eine Einmalprämie nicht in Frage[199].

136   *bb) Laufende Prämie / Folgeprämie:* Von der Einmalprämie ist die laufende Prämie zu unterscheiden. Bei **laufenden Prämien** ist durch den Versicherungsvertrag bestimmt, dass in gewissen Zeitabschnitten die Prämienschuld fällig wird und der jeweilige Betrag zu zahlen ist (Versicherungsperioden § 9 VVG). Der zu zahlende Beitrag wird für die jeweilige Periode im Voraus berechnet. Die Länge der einzelnen Perioden richtet sich regelmäßig nach den AVBen, ist aber auf maximal ein Jahr begrenzt[200]. Die Vereinbarung solcher laufenden Prämien stellt den Regelfall in der versicherungsrechtlichen Praxis beim Abschluss sog. „Jedermann-Versicherungen" dar. So sind bei der Kfz-Haftpflicht- und der Kaskoversicherung die Prämien regelmäßig als laufende Prämien vereinbart[201].

Innerhalb der laufenden Beiträge ist gem. §§ 38, 39 VVG eine Unterscheidung zwischen dem **Erstbeitrag (Erstprämie)** und dem **Folgebeitrag (Folgeprämie)** vorzunehmen. Jede Prämie, die nicht Erstprämie ist, ist eine Folgeprämie[202] An die unterschiedliche Prämienart knüpfen sich unterschiedliche Leistungsverzugstatbestände, mit unterschiedlichen Rechtsfolgen.

137   *cc) Veräußerung des Fahrzeuges / Wagniswegfall:* Bei der Veräußerung des Fahrzeuges (§ 6 VVG) bzw. dem Wagniswegfall (§ 6a AKB) gilt die Besonderheit, dass, wenn innerhalb von sechs Monaten ein gleiches Fahrzeug nach Art und Verwendungszweck bei dem VR des Altfahrzeuges wieder versichert wird, die für den neuen Versicherungsvertrag anfallende erste Prämie nicht als Erstprämie i. S. v. § 38 VVG, sondern als Folgeprämie gem. § 39 VVG gilt[203]. Dies hat für den VN den Vorteil, dass er den Versicherungsschutz trotz Nichtzahlung der Erstprämie erst unter den besonderen Voraussetzungen des § 39 VVG (s. u.) verliert.

138   **b) Erstprämie.** *aa) Begriff der Erstprämie:* Die Erstprämie ist die erste Leistung im Zuge der laufenden Prämienzahlungen, während die Folgeprämien die zeitlich später fällig werdenden Prämien sind[204]. Die Erst- und die mit ihr rechtlich gleichbedeutende Einmalprämie sind für den Versicherungsschutz von herausragender Bedeutung. Erst mit ihrer Zahlung beginnt der Versicherungsschutz; § 38 Abs. 2 VVG. Der VR ist daher grundsätzlich leistungsfrei,

---

[198] *Schimikowski,* Rn. 147; siehe dazu noch unten.
[199] *Hofmann,* S. 140.
[200] *Weyers,* Rn. 269.
[201] *Schimikowsk*i, Rn. 147.
[202] Van Bühren / *Römer,* Anwaltshandbuch Teil 7, Rn. 87.
[203] *Bauer,* Rn. 185.
[204] St. Rspr. BGH v. 25. 6. 1956, NJW 1956, 1634.

wenn der Versicherungsfall zu einem Zeitpunkt eintritt, zu dem die Erstprämie noch nicht gezahlt ist. Die Erstprämie wird mit Abschluss des Versicherungsvertrages sofort fällig (§ 35 S. 1 VVG). Anders ist die Fälligkeit beim sog. Policenmodell des § 5a VVG zu werten[205]. Da dort der Vertrag erst nach Ablauf der Widerspruchsfrist (rückwirkend) zustande kommt, wird die Prämie auch erst dann fällig[206]. Der „sofortigen" Fälligkeit der Prämie steht die fehlende Aushändigung des Versicherungsscheins nicht entgegen (§ 35 S. 2 VVG). Der Prämienschuldner kann daraus lediglich ein Zurückbehaltungsrecht geltend machen. Die Erstprämie muss innerhalb von 14 Tagen nach Zugang des Versicherungsscheins eingelöst werden. In der Regel stellt aber die Aushändigung des Versicherungsscheines die Annahme des Antrages auf Abschluss einer Versicherungsscheins dar[207], so dass Fälligkeit und Aushändigung des Versicherungsscheines dann regelmäßig zeitlich zusammenfallen.

bb) Ordnungsgemäße Erstprämienanforderung: Auf die Nichtzahlung der Erstprämie kann sich   **139** der VR nur dann berufen, wenn auch eine **ordnungsgemäße Erstprämienforderung** vorliegt. Der VR muss dem VN die Höhe der zu leistenden Prämie zutreffend mitgeteilt und fällig gestellt haben[208]. Die Beweislast hierfür liegt beim VR. Diese Mitteilung (regelmäßig mit dem Versicherungsschein) muss eine zutreffende Bezifferung und die richtige Kennzeichnung desjenigen Betrages enthalten, der zur Erlangung bzw. – bei einer vorläufiger Deckungszusage – zur Erhaltung des Versicherungsschutzes aufgewendet werden muss[209]. Bei einer Zuvielforderung wird der VR nicht leistungsfrei[210]. Bei mehreren Versicherungen müssen die Prämienbeträge nach den einzelnen Versicherungen getrennt aufgeführt sein[211]. Ein vereinbartes **Lastschriftverfahren** muss der VR in Anspruch nehmen[212]. Ist ein Lastschriftverfahren vereinbart, wird der VR nur dann leistungsfrei, wenn er die Lastschrift angekündigt hat, über die Folgen einer verspäteten Zahlung belehrt und gleichwohl die Lastschrift mangels Deckung des Kontos nicht eingelöst wurde[213].

cc) Leistungsfreiheit des VR: Mit dem in § 38 Abs. 2 VVG normierten materiellen Beginn der Versicherung ist das sog. **Einlösungsprinzip** geregelt. Der VN muss den Versicherungsschein durch Zahlung der Prämie „einlösen"[214]. Die Gefahrtragung des VR beginnt erst mit Zahlung der Erst- bzw. Einmalprämie[215]. Dabei ist für die **Rechtzeitigkeit der Zahlung** entscheidend, dass der Prämienschuldner seinerseits alles Erforderliche getan hat, um die Übermittlung des Geldes zu veranlassen. Die Vornahme der Leistungshandlung und nicht der tatsächliche Leistungserfolg sind maßgeblich[216]. Es handelt sich bei der Prämienzahlungspflicht grundsätzlich um eine qualifizierte Schickschuld (§ 36 Abs. 1 VVG)[217]. Jede etwaige Verzögerungsgefahr geht zu Lasten des Gläubigers. Allein die Tatsache, dass die Prämie nicht gezahlt worden ist, gibt den Ausschlag für die Leistungsfreiheit des VR. Andere Gründe insbesondere ein Ver-

---

[205] Vgl. dazu Rn. 95.

[206] Siehe OLG Köln v. 13. 9. 1999, r+s 1999, 444; OLG Hamm v. 29. 1. 1999, VersR 1999, 1229.

[207] *Van Bühren/Römer,* Anwaltshandbuch Teil 7, Rn. 80.

[208] *Van Bühren/Römer,* Handbuch Verkehrsrecht Teil 7, Rn. 83.

[209] Zur stillschweigenden Abbedingung durch Gewährung der vorläufigen Deckung siehe Rn. 121; *Becker/Böhme,* S. 415.

[210] BGH v. 7. 10. 1992, VersR 1992, 1501 – selbst wenn es sich nur um ganz geringe Beträge handelt.

[211] BGH v. 28. 2. 1978, VersR 1978, 436.

[212] Vgl. *van Bühren/Römer,* Anwaltshandbuch Teil 7, R. 84ff. – auch zu der Frage, dass der VN nach Ankündigung durch den VR für genügende Deckung des Kontos Sorge tragen muss – OLG Köln v. 9. 5. 2000, VersR 2000, 1266 –; die Prämienzahlungspflicht wandelt sich von einer qualifizierten Schickschuld in eine Holschuld.

[213] OLG Köln v. 9. 5. 2000, r+s 2000, 314.

[214] *Römer/Langheid/Römer,* § 38 Rn. 24.

[215] *Hofmann,* S. 149.

[216] OLG Köln v. 16. 7. 2002, r+s 2002, 357 = VersR 2002, 1225.

[217] Anders aber bei Vereinbarung eines Lastschriftverfahrens; – aus der Schickschuld wird dann eine Holschuld, wobei der VN allerdings für ausreichende Deckung des Kontos bei Fälligkeit Sorge zu tragen hat – BGH v. 13. 12. 1995, VersR 1996, 445 vgl. im einzelnen *Hahn,* § 12.

schulden des VN sind nicht notwendig[218]. Den VR trifft die Beweislast dafür, dass der VN den Versicherungsschein nicht rechtzeitig eingelöst hat. Wenn der Versicherungsschutz mit der Zahlung der Erstprämie beginnen soll, ist der VN für die Rechtzeitigkeit der Zahlung beweispflichtig[219]

141   Kommt es zum Versicherungsfall und ist die Erstprämie[220] zu diesem Zeitpunkt noch nicht bezahlt, wird der VR grundsätzlich von seiner Pflicht zur Leistung frei. In der Kraftfahrversicherung ergeben sich die Folgen nicht rechtzeitiger Einlösung des Versicherungsscheines nicht aus § 38 VVG, sondern aus § 1 II 4 AKB.

142   *dd) Belehrung des VN:* Voraussetzung der Leistungsfreiheit ist allerdings, dass der VR den VN über die Rechtsfolgen der Nichtzahlung der Erstprämie belehrt hat. Die Belehrung muss inhaltlich richtig[221] und deutlich sein[222]. So sind Prämienanforderungen unwirksam, wenn darin eine zu hohe Prämie bzw. ein zu hoher Prämienrückstand angegeben wird[223]. Die Warnfunktion der Belehrung erfordert es, dass der VN über die weitreichenden Konsequenzen der Nichtzahlung eindeutig belehrt worden ist. Es muss der Hinweis enthalten sein, dass nur ein **schuldhaftes** Fristversäumnis zum Verlust des Versicherungsschutzes führt. Auch muss sich die Belehrung darauf erstrecken, dass der VN sich selbst durch nachträgliche Zahlung den Versicherungsschutz auch für die Vergangenheit noch erhalten kann[224]. Dieses Belehrungserfordernis gilt auch für die im Bereich der Kraftfahrthaftpflichtversicherung vereinbarten vorläufigen Deckung. Es muss deutlich und umfassend auf die Folgen verspäteter Zahlung und die Gefahr des rückwirkenden Wegfalls des Versicherungsschutzes hingewiesen werden[225].

143   *ee) Vorläufige Deckung:* Für die Kraftfahrzeugversicherung wird im Normalfall stillschweigend eine vorläufige Deckung (Doppelkarte; besser Versicherungsbestätigung[226]), erweiterte Einlösungsklausel oder Rückwärtsversicherung vereinbart[227]. Dann ist § 38 Abs. 2 VVG zugunsten des VN abbedungen[228].

Versicherungsschutz aus einer **vorläufigen Deckungszusage** tritt allerdings dann rückwirkend außer Kraft, wenn

– der Antrag unverändert angenommen wird
– der Versicherungsschein nicht spätestens innerhalb von 14 Tagen eingelöst wird (§ 1 Abs. 4 S. 2 AKB)[229]
– und der VN die Verspätung zu vertreten hat

Die Voraussetzungen des rückwirkenden Wegfalls der vorläufigen Deckung bei Nichtzahlung der Erstprämie (einschließlich des Verschuldens des VN) hat der VR zu beweisen, weil es

---

[218] BGH v. 17. 4. 1967, BGHZ 47, 354 = NJW 1967, 1800 = VersR 1967, 569; BGH v. 20. 1. 1971, BGHZ 55, 281 (284) = NJW 1971, 936 = VersR 1971, 429.

[219] *Prölss/Martin*, § 38 VVG Rn. 9; *van Bühren/Boudon*, VersRecht, § 2 Rn. 37.

[220] § 38 Abs. 2 VVG bezieht sich nur auf die Erst- und Einmalprämie.

[221] OLG Düsseldorf v. 17. 6. 1997, VersR 1998, 230 – zu abstrakte und verschachtelte Belehrung –; *Römer*, Handbuch des Verkehrsrechtes, Rn. 95 hat Bedenken gegen die Formulierung „Einlösung des Versicherungsscheines".

[222] *Van Bühren/Römer*, Anwaltshandbuch Teil 7, Rn. 23; *Bauer*, Rn. 272 – „ins Auge fallen" –.

[223] Schädlich sind sogar Pfennigbeträge – BGH v. 7. 10. 1992, VersR 1992, 1501 ff.; BGH v. 6. 3. 1985, VersR 1985, 533; BGH v. 9. 10. 1985, VersR 1986, 54 – mehrerer Versicherungsverhältnisse müssen gesondert ausgewiesen sein – BGH v. 13. 2. 1967, VersR 1967, 467 ff.; OLG Hamm v. 24. 1. 1990, VersR 1991, 220, OLG Köln v. 4. 9. 1996, VersR 1997, 350.

[224] OLG Hamm v. 22. 9. 1989, r+s 1998, 489; OLG Hamm v. 24. 1. 1990, VersR 1991, 220; OLG Schleswig v. 18. 12. 1991, VersR 1992, 731.

[225] BGH v. 5. 6. 1985, VersR 1985, 981 (983); BGH v. 17. 4. 1967, VersR 1967, 569.

[226] Heute handelt es sich nicht mehr um eine Doppelkarte, sondern nur noch um eine „Einfachkarte"; siehe Rn. 67.

[227] *Van Bühren/Römer*, Anwaltshandbuch Teil 7, Rn. 82.

[228] BGH v. 25. 6. 1956, BGHZ 21, 122 (133).

[229] Vgl. Rn. 73; Beim Policenmodell (§ 5a VVG) stehen dem VN daher insgesamt 2 mal 14 Tage zur Verfügung (Widerspruchsfrist und daran anschließend die Zahlungsfrist).

sich um eine auflösende Bedingung handelt[230], was § 9 S. 2 KfzPflVV ausdrücklich ermöglicht.

ff) Direktanspruch des Geschädigten: In der **Kfz-Haftpflichtversicherung** besteht die Schadensersatzpflicht des VR aufgrund des Direktanspruches gegenüber dem geschädigten Dritten weiterhin,(§ 3 Nr. 1 PflVG, § 3 Nr. 4 PflVG). Die Leistungsfreiheit gem. § 38 Abs. 2 VVG tritt nur gegenüber dem VN ein. Der VR kann im Rahmen des Regresses gegen den VN das dem Geschädigten Geleistete zurückverlangen.   **144**

In der **Kfz-Haftpflichtversicherung** genießt der gutgläubige nach § 10 Abs. 2 AKB mitversicherte Fahrer allerdings auch dann uneingeschränkten Deckungsschutz, wenn der VN die Erstprämie nicht gezahlt hat. Nach § 158i VVG wird der Fahrer ausdrücklich von einem Regress des VR freigestellt, wenn der VN die der Leistungsfreiheit zugrunde liegenden Umstände weder kannte noch über diese grob fahrlässig in Unkenntnis war. Die Beweislast hierfür trägt der VR.   **145**

gg) Rücktrittsrecht des VR: Zahlt der VN die Erstprämie nicht rechtzeitig, ist der VR so lange zum Rücktritt vom Versicherungsvertrag berechtigt, solange die Zahlung nicht erfolgt ist, § 38 Abs. 1 S. 1 VVG. Der Rücktritt ist formlos möglich[231]. Das Gesetz fingiert in § 38 Abs. 1 S. 2 VVG einen Rücktritt, wenn der VR den Anspruch auf die Erstprämie nicht innerhalb von drei Monaten ab Fälligkeit gerichtlich geltend macht. Die 3-Monatsfrist des Abs. 1 S. 2 beginnt mit der Fälligkeit der Prämie[232].   **146**

Im Fall eines erklärten oder fingierten Rücktritts nach § 38 Abs. 1 VVG steht dem VR für die Zeit bis zur Ausübung des Rücktritts zur Deckung seiner Unkosten eine angemessene Geschäftsgebühr nach § 40 Abs. 2 S. 2 VVG zu.

hh) Wahlrecht des VR: Der VR hat stets die **Wahlmöglichkeit,** ob er den Versicherungsvertrag aufrechterhalten und die Prämie einklagen will oder ob er vom Versicherungsvertrag zurücktritt. Dieses Wahlrecht des VR erlischt allerdings mit Ablauf der drei Monate nach § 38 Abs. 1 S. 2 VVG. Bis zum Ablauf der Frist kann der VR zurücktreten. Aus dieser harten Konsequenz heraus sieht sich der VN gezwungen, einen neuen Versicherungsvertrag abzuschließen[233]. Der BGH geht allerdings davon aus, dass der VN kein berechtigtes Interesse an der Aufrechterhaltung des Versicherungsvertrages haben kann, wenn er schon die erste Prämie nicht rechtzeitig zahlt[234].   **147**

ii) Nachhaftung: In der **Kraftfahrzeughaftpflichtversicherung** ist der VR dem Geschädigten auch nach seinem Rücktritt vom Versicherungsvertrag noch einen Monat zum Schadensersatz verpflichtet, § 3 Nr. 1 5 S 1 PflVG. Diese Monatsfrist beginnt mit dem Eingang der Anzeige des VR über das Nichtbestehen der Versicherung bei der Zulassungsstelle Für die Zeit dieser „Nachhaftung" hat der VR nach § 4a Abs. 4, S. 1 AKB gegen den VN einen Anspruch auf Zahlung der anteiligen Prämien.   **148**

jj) Verrechnung: Bei der Kfz-Haftpflichtversicherung besteht anders als bei der Kaskoversicherung[235] keine Aufrechnungsmöglichkeit mit der Prämie. Weil nur der VR einen Zahlungsanspruch gegen den VN (Prämienanspruch) hat, nicht aber umgekehrt der VN gegen den VR fehlt es an einer Aufrechnungslage.   **149**

c) Folgeprämie. Jede Prämie, die nicht Erst- oder Einmalprämie ist, ist eine Folgeprämie gem. § 39 VVG. Für die – bedeutsame – Abgrenzung kommt es nicht auf formale Umstände   **150**

---

[230] Vgl. Rn. 87; BGH v. 13. 12. 1995, VersR 1996, 445; *van Bühren/Boudon,* VersRecht, § 2 Rn. 24.

[231] *Schimikowski,* Rn. 159.

[232] Die Kommission (S. 71) empfiehlt, diese Fiktion aufgeben, weil das berechtigte Interesse des VR, sich von dem Vertrag zu lösen schon dadurch ausreichend geschützt ist, dass er sich durch **ausdrückliche** Erklärung nach § 38 Abs. 1 Satz 1 VVG (Rücktritt) v. Vertrag lösen kann.

[233] *Hofmann,* S. 149 f.

[234] BGH v. 25. 6. 1956, BGHZ 21, 122.

[235] Vgl. dazu *Heß/Höke,* § 30 Rn. 158.

(z. B. Nachtrag oder neuer Versicherungsschein), sondern auf die Art der materiellen Veränderungen der Vertragsbeziehungen an[236].

151   *aa) Grundlagen:* Die gegenüber § 38 VVG milderen Auswirkungen der Nichtzahlung oder
verspäteten Zahlung einer Folgeprämie sind in § 39 VVG geregelt. Zahlt der VN eine Folgeprämie nicht bzw. nicht rechtzeitig, wird der VR nach § 39 VVG leistungsfrei und kann den
Versicherungsvertrag kündigen.

Im Unterschied zur Einmal- und Erstprämie sagt das Gesetz nichts über die **Fälligkeit**
einer Folgeprämie. Wenn eine besondere vertragliche Bestimmung zwischen VR und VN
diesbezüglich nicht getroffen wird, kann der VR die Zahlung der Folgeprämie auch „sofort"
(am ersten Tag der Versicherungsperiode fällig[237]) verlangen (§ 271 BGB).

152   Nach einer Umstellung des Versicherungsvertrages auf andere Allgemeine Versicherungsbedingungen ist die nächste Prämie stets Folgeprämie. Soweit die Vertragsidentität gewahrt
ist, liegt materiell kein neuer Vertrag vor. Wechselt der VN das versicherte Kfz aus, ist der Anschlussvertrag zwar ein neuer, selbständiger Vertrag, die erstmals zu zahlende Prämie ist aber
kraft Vereinbarung regelmäßig Folgeprämie, §§ 6 Abs. 5, 6a Abs. 4 AKB. Dazu muss der
VN sechs Monate nach der Veräußerung ein Fahrzeug gleicher Art bzw. gleichen Verwen-
dungszwecks versichern, § 6 Abs. 5 AKB. In einem Wagnisfall gelten die Bestimmungen des
§ 6 Abs. 5 entsprechend. Das verbessert die Position des VN deutlich, weil der Versicherungsschutz nicht rückwirkend nach § 1 Abs. 4 S. 2 AKB entfallen kann, sondern nur für die Zukunft unter den strengeren Voraussetzungen des § 39 Abs. 1 und 2 VVG.

153   *bb) Rechtsfolgen bei Zahlungsverzug:* Wenn ein VN mit der Zahlung einer Folgeprämie in
Verzug gerät, kann der VR unter engen Voraussetzungen **leistungsfrei** werden **oder** den
Vertrag **kündigen**. Zunächst besteht der Versicherungsschutz aber fort. Der Wegfall ist –
anders als bei der Erstprämie – an folgende weitere Voraussetzungen geknüpft.
-   **Nicht rechtzeitige Zahlung** (maßgeblich ist die Rechtzeitigkeit der Leistungshandlung)
    einer Folgeprämie (ganz oder teilweise). Auch für die Folgeprämie gilt, dass der VR, soweit
    ein Lastschriftverfahren vereinbart worden ist, von diesem Gebrauch machen muss. Der
    VN muss für ausreichende Deckung seines Kontos Sorge tragen[238].
-   Der VN muss die Nichtzahlung **zu vertreten** haben (§ 39 Abs. 2 VVG – „in Verzug")
-   Weiterhin muss der VR den VN **qualifiziert gemahnt** haben.

154   *(1) Leistungsfreiheit:* Tritt der Versicherungsfall vor Ablauf der Frist von 2 Wochen gem.
§ 39 VVG ein, so bleibt der VR zur Leistung verpflichtet, auch wenn die Prämie noch nicht
gezahlt war[239].

Tritt der Versicherungsfall nach Ablauf der mindestens zweiwöchigen Zahlungsfrist ein
und befindet sich der VN zu diesem Zeitpunkt *mit* der Zahlung von Prämien, Zinsen und
Kosten noch im Zahlungsverzug, ist der VR nicht zur Leistung verpflichtet, § 39 Abs. 2 VVG.

Allerdings besteht Versicherungsschutz weiterhin, wenn der VN die rückständige Zahlung
nach Ablauf der Zahlungsfrist, aber vor Eintritt des Versicherungsfalles erbringt. Dann kann
sich der VR bei Eintritt des Versicherungsfalles nicht auf Verzug berufen[240]. Eine Zahlung
des Prämienrückstandes durch den VN nach Eintritt des Versicherungsfalles ändert an der
Leistungsfreiheit des VR dagegen nichts.

155   *(2) Qualifizierte Mahnung:* Die Rechtsfolgen bei Nichtzahlung der Folgeprämie hängen
vom Vorliegen einer qualifizierten Mahnung ab[241]. Der VR muss dem VN mit Rechtsfolgenbelehrung schriftlich oder in elektronischer Form (§§ 126 Abs. 3, 126a Abs. 1 BGB) eine
Zahlungsfrist von mindestens 2 Wochen gesetzt haben (§ 39 Abs. 1 S. 1 VVG). Die Mahnung

---

[236] OLG Köln v. 16. 7. 2002, r+s 2002, 357 = VersR 2002, 1225.
[237] *Hofmann,* S. 146.
[238] BGH v. 13. 12. 1995, VersR 1996, 445.
[239] *Van Bühren/Römer,* Anwaltshandbuch Teil 7, Rn. 88; AG Idar-Oberstein v. 4. 8. 1998, r+s 1999, 54.
[240] BGH v. 9. 3. 1988, VersR 1988, 485.
[241] BGH v. 6. 10. 1999, VersR 1999, 1525 = NVersZ 2000, 72; BGH v. 13. 2. 1967, BGHZ 47, 88 =
VersR 1967, 467 = NJW 1967, 1229.

ist unwirksam (§ 39 Abs. 1 S 3 VVG), wenn in dem Mahnschreiben der VN nicht über die Rechtsfolgen, die mit dem Ablauf der Fristen verbunden sind, belehrt wird (§ 39 Abs. 1 S. 2 VVG). Ist die Belehrung fehlerhaft, so behält der VN trotz verspäteter Zahlung im Versicherungsfall seinen Versicherungsschutz.

Die Mahnung darf keine noch so geringe Unrichtigkeit beinhalten. Sie muss den VN unmissverständlich und umfassend auf die drohenden Säumnisfolgen hinweisen. Auch muss sie auf die dem VN nach § 39 Abs. 2 und Abs. 3 VVG gegebenen Möglichkeiten, den Versicherungsschutz noch zu erhalten, hinweisen. Das Mahnschreiben muss den Prämienrückstand zutreffend auf den Pfennig genau beziffern[242]. Über Grund und Umfang der **Zahlungsverpflichtung** ist in der Mahnung umfassend und unmissverständlich zu informieren. Bei Prämien für zwei verschiedene Versicherungsarten müssen die bestehenden Rückstände nach Sparten aufgegliedert werden. Der VR muss dem VN deutlich machen, welche Beträge er für welche der verschiedenen Versicherungen – beispielsweise für die Kraftfahrzeughaftpflicht- oder Kaskoversicherung – aufwenden muss, um den Verlust des Versicherungsschutzes in einer der beiden oder in beiden Versicherungen zu vermeiden[243]. Wird der in den einzelnen Versicherungsarten bestehende rückständige Folgeprämienbetrag ausdrücklich genannt, so schadet die anschließende Angabe des Gesamtbetrages der rückständigen Prämien im Mahnschreiben nicht[244].

Die **Belehrung** muss sich ferner auf die dem VN **drohenden Säumnisfolgen** erstrecken   **156** und gleichzeitig Hinweise auf die rechtlichen Möglichkeiten enthalten, wie der VN den Säumnisfolgen begegnen kann, um sich den Versicherungsschutz zu erhalten[245]. Die Belehrung muss sich daher auch darauf erstrecken, dass der VN die Wirkungen einer Kündigung unter bestimmten Voraussetzungen wieder beseitigen kann (siehe unten). Fehler der Mahnung, die zur Unwirksamkeit führen, können nur mit einer neuen Mahnung geheilt werden, die den aufgezeigten Anforderungen gerecht werden muss[246]. Die qualifizierte Mahnung muss Informationen darüber enthalten, dass der VN sich den Versicherungsschutz auch durch Zahlung nach Ablauf der gesetzten Zahlungsfrist sichern kann, sofern bis zur Zahlung noch kein Versicherungsfall eingetreten ist.

Die Belehrung über die Rechtsfolgen muss daher **deutlich, rechtlich zutreffend und**   **157** **vollständig** sein. Die Belehrung darf bei der Folgeprämie insbesondere nicht den Eindruck erwecken, dass jede Versäumung der Zweiwochenfrist notwendigerweise zum Verlust des Versicherungsschutzes führt. Es muss daher bei der Belehrung über die Folgeprämie der VN darauf hingewiesen werden, dass der VN auch nach Ablauf der 2-Wochen-Frist durch nachträgliche Zahlung den Versicherungsschutz sichern kann, soweit der Versicherungsfall noch nicht eingetreten ist. Es muss auch darüber belehrt werden, dass der VN auch nach Ablauf der 2 Wochen dem VR durch Zahlung das Kündigungsrecht nehmen und sogar einer schon ausgesprochenen Kündigung die Wirkung nehmen kann, wenn die Zahlung vor Eintritt eines Versicherungsfalles innerhalb eines Monates nach Kündigung oder nach Ablauf einer mit der Kündigung verbundenen Zahlungsfrist nachgeholt wird[247].

Weist die Belehrung Mängel auf, dann wird der VR trotz verspäteter/Nichtzahlung und Eintritt des Versicherungsfalles nicht leistungsfrei.

In der **Kraftfahrzeughaftpflichtversicherung** bleibt die Schadensersatzpflicht des VR   **158** gegenüber dem Geschädigten (§ 3 Nr. 1 PflVG) allerdings bestehen (§ 3 Nr. 4 PflVG), auch wenn der VR im Verhältnis zum VN leistungsfrei geworden ist.

(3) Kündigungsrecht: Nach Ablauf der gesetzten Zahlungsfrist ist der VR, sofern sich der   **159** VN mit der Zahlung weiterhin in Verzug befindet, berechtigt, das Versicherungsverhältnis

---

[242] BGH v. 7. 10. 1992, VersR 1992, 1501.
[243] BGH v. 9. 10. 1985, VersR 1986, 54; OLG Hamm v. 5. 8. 1999, VersR 1999, 957; OLG Frankfurt v. 26. 3. 1967, VersR 1998, 356.
[244] OLG Hamm v. 25. 11. 1997, r + s 1998, 99.
[245] BGH v. 9. 3. 1988, r+s 1988, 191.
[246] BGH v. 6. 5. 1985, VersR 1985, 533.
[247] BGH v. 9. 3. 1988, VersR 1988, 484; *van Bühren/Römer,* Anwaltshandbuch Teil 7, Rn. 95.

fristlos und **isoliert** zu **kündigen,** § 39 Abs. 3 S. 1 VVG. Dagegen entfällt das Kündigungs-recht des VR, wenn der VN nach Ablauf der Zahlungsfrist aber vor Ausspruch der Kündi-gung die rückständigen Beiträge ausgleicht. Auch hierauf muss der VR in der qualifizierten Mahnung hinweisen.

160   Die Kündigung kann nach § 39 Abs. 3 S. 2 VVG schon mit der Bestimmung der Zahlungs-frist bzw. der qualifizierten Mahnung verbunden werden. Eine solche **bedingte Kündigung** wird mit Ablauf der Zahlungsfrist wirksam, sofern der Verzug des VN noch bei Ablauf der Frist besteht. Soll die Kündigung mit Ablauf der Frist wirksam werden, muss der VN hierauf ausdrücklich bei der Kündigung – d. h. in dem damit verbundenen Mahnschreiben – hinge-wiesen werden, § 39 Abs. 3 S. 2 Hs. 2 VVG.

161   Die Wirkung der Kündigung entfällt, wenn der VN innerhalb eines Monats ab Zugang der Kündigung oder im Fall einer mit der Mahnung verbundenen bedingten Kündigung – innerhalb eines Monats nach Ablauf der Zahlungsfrist den geschuldeten Betrag zahlt. Dann genießt er ab der Zahlung zukünftig wieder Versicherungsschutz (§ 39 Abs. 3 S. 3 VVG). Dies gilt allerdings nur sofern der Versicherungsfall im Zeitpunkt der nachträglichen Zahlung noch nicht eingetreten ist (§ 39 Abs. 3 S. 3 VVG). Kommt es zwischen wirksamer Kündigung und Zahlung der Prämie zum Versicherungsfall besteht für diesen keine Deckung. Auch hier-auf ist im Mahnschreiben durch den VR hinzuweisen.

162   Für die **Kraftfahrzeughaftpflichtversicherung** gelten auch hier gegenüber anderen Versicherungszweigen Besonderheiten. Trotz der Beendigung des Versicherungsvertrages haftet der Kfz-Haftpflichtversicherer dem Geschädigten noch einen Monat nach. Diese Frist für die **Nachhaftung** beginnt mit dem Eingang der Anzeige des VR bei der Zulassungsstelle. Der VR muss dieser in Erfüllung seiner Verpflichtung aus § 29 c StVZO die Beendigung des Versicherungsverhältnisses anzeigen, § 3 Nr. 1, Nr. 5 S. 1 PflVG. Diese Mitteilung ist für das Ingangsetzen der Monatsfrist unabdinglich. Verzögert der VR diese, verlängert sich entspre-chend seine Pflicht aus der Nachhaftung. Verletzt die Zulassungsstelle nach der Mitteilung ihre Pflichten nach § 29 d Abs. 2 StVZO hat der Geschädigte u. U. Ansprüche aus einer Amts-pflichtverletzung[248]. Nach § 4a Abs. 4 S. 1 AKB hat der VR – abweichend von § 40 Abs. 2 S. 1 VVG – Anspruch auf den Versicherungsbeitrag für die Dauer dieser Verpflichtung, auch wenn diese über das Ende der Versicherungsperiode hinausgeht.

163   Tritt der Versicherungsfall während der Frist für die Prämienzahlung ein, so muss der VR von der **Verrechnung des Prämienrückstandes** mit der Versicherungsleistung Gebrauch machen[249]. In der Kfz-Haftpflichtversicherung fehlt es aber an einer Forderung des VN, so dass die Verrechnung die der VR vorzunehmen hat, nur für die Fahrzeugversicherung be-deutsam ist[250].

164   **d) Prämienanspruch nach Kündigung/Rücktritt.** Ist die Kündigung durch den VR gem. § 39 Abs. 3 VVG wirksam, so hat er gem. § 40 Abs. 2 Satz 1 VVG noch Anspruch auf die Folgeprämie bis zur Beendigung der laufenden Vertragsperiode (Grundsatz der Unteilbarkeit der Prämie)[251].

Tritt der VR bei Nichtzahlung der Erst- oder Einmalprämie zurück (§ 38 Abs. 1 VVG) hat er nur einen Anspruch auf eine angemessene Geschäftsgebühr (§ 40 Abs. 2 S. 2 VVG; § 4a Abs. 4 AKB)[252].

165   **e) Beweislast.** *aa) Erstprämie:* Der VR trägt die Beweislast dafür, dass dem VN die (zutref-fende) Höhe der Erst- bzw. Einmalprämie mitgeteilt worden ist, also für den Zugang der ent-sprechenden Mitteilung[253].

---

[248] BGH v. 2. 7. 1981, VersR 1981, 1154.
[249] OLG Stuttgart v. 16. 12. 1993, r+s 1994, 313; *van Bühren/Boudon,* Versicherungsrecht. § 2 Rn. 44.
[250] Siehe *Heß/Höke,* § 30 Rn. 158.
[251] BVerfG v. 8. 3. 1999, VersR 1999, 1221 – diese Regelung ist nicht verfassungswidrig; BGH v. 2. 10. 1991, VersR 1991, 1277.
[252] *Van Bühren/Römer,* Anwalthandbuch Teil 7, Rn. 98.
[253] BGH v. 13. 12. 1995, VersR 1996, 445.

bb) Folgeprämie: Der VR hat die volle Beweislast für den **Zugang** einer qualifizierten Mah-   **166**
nung[254]. Hieran scheitert häufig eine Leistungsfreiheit des VR. Ein schlichtes Bestreiten des
Zuganges reicht aus. Der Nachweis des Absendens durch – wie regelmäßig – einfachen Brief
reicht nicht aus[255]. Anscheinbeweisgrundsätze kommen ebenfalls nicht zur Anwendung[256].
Möglich ist im Einzelfall für den VR ein Beweis für den Zugang durch **Indizien**[257] (z. B. Bezugnahme auf Schreiben; Verwendung einer der Mahnung beiliegenden Zahlkarte etc.) Dieser Beweisnot kann der VR durch die Versendung solcher fristsetzender Schreiben mittels
Einschreiben mit Rückschein entgehen[258].

Dass die Zahlung der Folgeprämie ohne Verschulden unterblieben ist, hat der VN zu beweisen[259].

f) Nachhaftung des Versicherers. Wie im Fall der Nichtzahlung der Erstprämie[260] be-   **167**
steht in der Kraftfahrzeughaftpflichtversicherung auch bei einer Kündigung wegen Gefahrerhöhung eine Nachhaftung des VR. Die Nachhaftung des VR besteht für einen Monat ab
dem Zeitpunkt, in dem der VR der Zulassungsstelle die Beendigung des Versicherungsverhältnisses anzeigt (§ 3 Nr. 1, 5 S. 1 PflVG). Dazu ist der VR gem. § 29 c StVZO verpflichtet.
Der Prämienanspruch des VR richtet sich für die Zeit der Nachhaftung nach § 70 Abs. 1
VVG, der von § 4 Abs. 4 S 1 AKB ergänzt wird. Der VN schuldet deshalb für den Zeitraum
der Nachhaftung die Prämie.

2. Neue Rechtslage

a) § 37 VVG 2008 (Erstprämie). Auch nach neuem Recht ist die Prämienzahlungs-   **168**
pflicht des VN dessen einzige echte Rechtspflicht. Es bleibt deshalb auch dabei, dass der VR
nach § 37 Abs. 1 S. 1 VVG 2008 bei Nichtzahlung der ersten Prämie bei Eintritt des Versicherungsfalls leistungsfrei wird **(Einlösungsprinzip).** Allerdings gilt dies nicht, wenn eine
Nichtzahlung unverschuldet unterbleibt, § 37 Abs. 2 S. 1 VVG 2008. Auch ist der Rücktritt
ausgeschlossen, wenn der VN nachweisen kann, dass die Nichtzahlung nicht von ihm zu vertreten ist. Allerdings gilt auch hier der Grundsatz „Geld hat man zu haben".

Es bleibt auch dabei, dass die Prämienzahlungspflicht grundsätzlich eine Schickschuld ist.
In der Praxis wird es aber auch häufig bei einer Holschuld des VR verbleiben, wenn der VN
eine Einzugsermächtigung gegeben und die Prämien im Lastschriftverfahren eingezogen
werden sollen. Hier reicht es dann aus, wenn zum vertraglich vereinbarten Zahlungstermin
auf dem Konto des VN ausreichend Deckung vorhanden ist[261].

Wie nach altem Recht treten die Rechtsfolgen des § 37 VVG 2008 auch ein, wenn der VN
nur einen geringfügigen Restbetrag bzw. Betrag nicht leistet. Allerdings dürfte bei einem sehr
geringen Verhältnis von Prämienrückstand zu der Prämie nach der Rechtsprechung dem Ver-

---

[254] OLG Köln v. 23. 10. 2001, NVersZ 2002, 109 = ZfS 2001, 135; OLG Hamm v. 22. 11. 1995, r+s
1996, 164; OLG Frankfurt v. 3. 2. 1995, VersR 1996, 90.

[255] BVerfG v. 15. 5. 1991, NJW 1991, 2757; BGH VersR 1981, 921.

[256] BGH v. 13. 12. 1995, VersR 1996, 445; OLG Köln v. 23. 10. 1001, NVersZ 2001, 109 = ZfS 2001,
135; OLG Nürnberg v. 11. 7. 1991, VersR 1992, 602; OLG Frankfurt v. 3. 2. 1995, VersR 1996, 90; LG
Potsdam v. 27. 7. 2000, VersR 2001, 955 mit Anm. *Hunke,* VersR 2002, 660 *und Friedrich* VersR 2001,
1090 – kein Anscheinsbeweis für Zugang eines Einwurfschreibens.

[257] So ausdrücklich OLG Köln v. 16. 9. 1996, r+s 1997, 442; OLG Köln v. 14. 10. 1998, r+s 1999, 228;
AG Köln v. 18. 5. 2000, NVersZ 2001, 557 (Benutzung des Überweisungsträgers der Mahnung).

[258] OLG Hamm v. 22. 11. 1995, VersR 1996, 1408; auch zweifelhaft (wegen der Manipulationsmöglichkeiten) die Versendung per Fax vgl. dazu *Pape/Notthoff,* NJW 1996, 417/424 f.); BGH v. 7. 12. 1994,
NJW 1995, 665.

[259] OLG Hamm v. 12. 9. 1997, r+s 1998, 360 – an diesen Nachweis werden strenge Anforderungen gestellt; *van Bühren/Römer,* Anwaltshandbuch Teil 7, Rn. 88.

[260] Vgl. F) I. 2. a).

[261] BGH Urt. v. 30. 01. 1985, r+s 1985, 100; BGH, Urt.v. VersR 1994, 445; *Meixner/Steinbeck,*
Rn. 174.

Heß/Höke

sicherer im Einzelfall die Berufung auf die Nichtzahlung nach Treu und Glauben nach wie vor versagt[262] sein.

169 Als wesentliche Änderung **entfällt** nun die **Rücktrittsfiktion** nach 3 Monaten, § 38 Abs. 1 S. 2 VVG a. F. Damit sollen Unbilligkeiten entfallen, weil für den VN ein Fortbestand des Versicherungsverhältnisses günstig sein kann. Allerdings bleibt für den VN dann auch die Prämienzahlungspflicht, Dem VR bleibt es allerdings auch unbenommen, sich durch eine Rücktrittserklärung vom Vertrag zu lösen. Er läuft allerdings ohne Rücktritt nicht Gefahr, leisten zu müssen, da er gem. § 37 Abs. 2 VVG 2008 von seiner Leistungspflicht bei Zahlungsverzug mit der Erstprämie befreit ist.

170 Nunmehr wird auch für Versicherungsverträge, welche mit einer Zahlung der Erstprämie beginnen, eine **Belehrungspflicht** zur Erlangung der **Leistungsfreiheit** festgeschrieben. Der VR kann sich auf eine Leistungsfreiheit nur dann berufen, wenn er den VN auf die Rechtsfolge der Nichtzahlung der Prämie durch gesonderte Erklärung in Textform oder durch auffälligen Hinweis im Versicherungsschein hingewiesen hat[263]. Für den VN können sich insbesondere im Fall einer sog. erweiterten Einlösungsklausel (Versicherungsschutz tritt rückwirkend ein, wenn die Erstprämie rechtzeitig gezahlt wird) gravierende Folgen bei nicht rechtzeitiger Zahlung der Prämie ergeben[264]. Eine entsprechende Bestimmung enthalten auch die § 51 Abs. 1 und § 52 Abs. 1 S. 2 VVG 2008 für die vorläufige Deckung.

171 Anders als bisher, kann eine Kündigung dann nicht mehr erfolgen, wenn trotz des Versicherungsfalls die Prämie gezahlt worden ist, § 38 Abs. 3 S. 3 VVG 2008. Davon unberührt bleibt aber die Leistungsfreiheit des VR. Der VN kann somit lediglich eine **Kündigung verhindern.** Seine verspätete Zahlung schützt ihn aber nicht vor der eingetretenen Leistungsfreiheit. Es bleibt auch dabei, dass die Belehrung richtig und ausreichend sein muss.

172 Durch die Gesetzesänderung ergeben sich Veränderungen bei der **Fälligkeit.** Anders als § 35 VVG a. F., der eine sofortige Fälligkeit vorsah, ist die Prämie nach § 33 Abs. 1 VVG 2008 erst „unverzüglich nach dem Ablauf von zwei Wochen nach dem Zugang des Versicherungsscheins zu zahlen". Dies folgt daraus, dass der VN nicht vor Ablauf der Widerrufsfrist leisten soll. Allerdings ist diese Regelung nach § 42 VVG 2008 dispositiv. Der VR kann daher die Fälligkeit der Erstprämie zwei Wochen nach Abgabe der Annahmeerklärung eintreten lassen, falls der VR mit dem Vertragsangebot sogleich den Versicherungsschein übersendet[265].

173 **b) § 38 VVG 2008 (Folgeprämie).** Wie im bisherigen VVG ist im VVG 2008 nur die Fälligkeit der Erst- oder Einmalprämie geregelt. Wann die Folgeprämie fällig ist, richtet sich nach den zwischen VN und VR getroffenen vertraglichen Vereinbarungen. Die Rechtsfolgen bei Zahlungsverzug mit Folgeprämien wird in der Neuregelung in § 38 VVG im Wesentlichen wie in § 39 VVG alter Fassung geregelt. So wird auch nach der Neuregelung die Kündigung des VR unwirksam, sofern der VN innerhalb einer weiteren 1-Monats-Frist ab ursprünglichen Fristablauf zahlt. Es bleibt zwar bei der Leistungsfreiheit für den Versicherungsfall, gem. § 38 Abs. 2 VVG 2008 bleibt aber die Möglichkeit das Vertragsverhältnis fortzusetzen.

174 **c) § 39 Abs. 1 S. 1 VVG 2008.** Nach § 39 Abs. 1 S. 1 VVG 2008 kann der Versicherer zukünftig nach erfolgter Kündigung nicht mehr die gesamte Prämie beanspruchen (§§ 40 Abs. 2 S. 1, 9 VVG a. F.), sondern ist auf den Zeitraum des Versicherungsschutzes beschränkt. Durch den Wegfall des Grundsatzes der Unteilbarkeit der Prämie und der Einführung der sog. risikoproportionalen Prämie soll eine Begünstigung des VR vermieden werden[266]. Der Versicherer erhält lediglich die zeitanteilige Prämie, da er nur insoweit Versicherungsschutz leistete.

---

[262] http://www.bmj.bund.de/media/archive/1320.pdf, S. 177f.
[263] *Schimikowski/Höra,* S. 134
[264] http://www.bmj.bund.de/media/archive/1320.pdf, S. 178.
[265] *Marlow/Spuhl,* S. 83.
[266] http://www.bmj.bund.de/media/archive/1320.pdf, S. 180.

d) Kündigung bei Prämienerhöhung, § 40 VVG 2008. Die Vorschrift des § 31 VVG **175** a. F. wird im Satz 1 dieser neuen Norm übernommen. Durch den neuen Satz 2 wird dem VR eine Belehrungspflicht des VN über dessen Kündigungsrecht auferlegt. Die Mitteilung des VR über die unmittelbare oder mittelbare Prämienerhöhung muss diese Information beinhalten. Dabei schreibt Satz 3 vor, dass diese Mitteilung dem VN einen Monat vor dem Wirksamwerden der Prämienerhöhung zugeht. Andernfalls, auch wenn das Gesetz und die Begründung hierzu schweigen, ist davon auszugehen, dass die Erhöhung unwirksam ist und erst nach Ablauf eines Monats eintritt, wenn eine wirksame fristgemäße Mitteilung erfolgt ist. Durch die rechtzeitige Mitteilung soll sichergestellt werden, dass der VN sich hierauf einstellen, insbesondere für eine ausreichende Kontodeckung sorgen kann[267].

Konsequenterweise wird eine Verminderung des Versicherungsschutzes ohne gleichzeitige **176** Prämienreduzierung der Erhöhung der Prämie gleichgestellt, § 40 Abs. 2 VVG 2008. Hierfür gilt das Vorstehende entsprechend.

e) Herabsetzung der Prämie, § 41 VVG 2008. In Abweichung von dem alten § 41 a **177** VVG a. F. (Wegfall eines gefahrerhöhenden Umstandes) ist die Prämie künftig bereits ab dem Zugang des Verlangens beim VR angemessen zu reduzieren und nicht mehr ab der zukünftigen Versicherungsperiode. Entsprechend dem neuem § 39 VVG n. F. soll nur für die korrespondierende Leistung des Versicherers ein Anspruch bestehen, weshalb die Prämie sofort reduziert wird. Eine Regelung, die für den Normalfall einer Kraftfahrthaftpflichtversicherung keine große praktische Bedeutung haben wird.

II. Obliegenheiten

1. Grundlagen

Neben der Hauptpflicht des VN zur Prämienzahlung hat der VN die gesetzlichen oder in **178** den AVB vertraglich vereinbarten Obliegenheiten zu erfüllen. Obliegenheiten[268] sind Verhaltenspflichten, die der VN einzuhalten hat, um den Versicherungsschutz nicht zu verlieren. Während ein Teil der **Obliegenheiten unmittelbar im Gesetz** geregelt ist (vorvertragliche Anzeigepflicht §§ 16 ff. VVG/§§ 19 ff. VVG 2008, Gefahrerhöhung §§ 23 ff. VVG; Pflicht des VN zur Abgabe der Schadensanzeige, § 33 VVG/§ 30 VVG 2008 – s. Rn. 284) sowie die Pflicht zur Auskunftserteilung über sämtliche Umstände, die zur Feststellung des Versicherungsfalles und der Leistungspflicht des VR erforderlich sind (§ 34 VVG/§ 31 VVG 2008), ergeben sich weitere Obliegenheiten aus dem Versicherungsvertrag **(vertragliche Obliegenheiten).** Vertragliche Obliegenheiten müssen ausdrücklich (AVB; oder Einzelvereinbarungen) vereinbart werden. Obliegenheiten begründen zwar Verhaltenspflichten für den VN, begründen aber für den VR keine Pflicht zum Schadensersatz. Eine Zurechnung des Verhaltens Dritter über § 278 BGB kommt deswegen für Obliegenheitsverletzungen nicht in Betracht[269]. Der VR kann lediglich das Verhalten des VN mit der Verweigerung seiner Leistung sanktionieren. Er kann sich auch mit einer Kündigung insgesamt von dem Versicherungsvertrag lösen. Obliegenheiten begründen Verhaltensanforderungen an den VN, von deren Einhaltung die Gewährung des Versicherungsschutzes abhängt. Obliegenheiten sind daher von den allgemeinen Risikobegrenzungen zu unterscheiden[270]. Die Abgrenzung zwischen Obliegenheit und Risikobegrenzung erfolgt nach dem maßgeblichen Gehalt der jeweiligen Klausel[271]. Eine Obliegenheit liegt vor, wenn die Regelung ein bestimmtes **vorbeugendes Verhalten** des VN verlangt. Es kommt darauf an, ob von vornherein nur

---

[267] http://www.bmj.bund.de/media/archive/1320.pdf, S. 181.
[268] Vgl. dazu *Marlow*, § 13.
[269] Zurechnung erfolgt nur im Ausnahmefall über den Repräsentanten, den Wissenserklärungsvertreter, oder bei der Versicherung für fremde Rechnung (§ 79 Abs. 1 VVG).
[270] Siehe dazu im Einzelnen *Marlow*, § 13.
[271] BGH v. 14. 12. 1994, NJW 1995, 784; BGH v. 21. 2. 1990, VersR 1990, 482; *Berz/Burmann/Heß*, Handbuch, 7 G Rn. 4 f.; *Terno*, S. 49.

ausschnittsweise Deckung gewährt wird (Risikobegrenzung) oder ein gegebener Versicherungsschutz wegen eines nachlässigen Verhaltens des VN wieder entzogen wird (Obliegenheitsverletzung)[272]. Während bereits kein Anspruch auf eine Leistung des VR besteht, wenn nur der objektive Tatbestand der Risikobegrenzung erfüllt ist, reicht bei einer Obliegenheitsverletzung die objektive Verletzung noch nicht für eine Leistungsfreiheit aus[273]. Allerdings muss sich der VR auch auf eine Obliegenheitsverletzung berufen (keine Berücksichtigung von Amts wegen). Es steht bei den Obliegenheitsverletzungen zur Disposition des VR ob er von seinem Recht zur Leistungsverweigerung Gebrauch machen will[274] – Obliegenheiten begründen zwar Verhaltenspflichten, sind aber nicht einklagbar und an ihre Verletzung knüpfen sich zwar u. U. Rechtsnachteile (Anspruchsverlust) aber keine Pflicht zum Schadensersatz.

2. Gesetzliche Obliegenheiten

179   Bei den gesetzlichen Obliegenheiten richten sich die Rechtsfolgen grundsätzlich nicht nach § 6 VVG[275], sondern nach den bei den einzelnen gesetzlichen Obliegenheiten vorgesehenen Regelungen.

180   **a) Die vorvertragliche Anzeigepflicht aus §§ 16, 17 VVG a. F.**[276]. Die vorvertragliche Anzeigepflicht nach §§ 16, 17 VVG[277] spielt in der Kraftfahrtversicherung keine große Rolle, da im Versicherungsantrag dem VN wenig Fragen gestellt werden[278]. Zwar sind die Regelungen der §§ 23 ff. VVG grundsätzlich auch auf die Kraftfahrtversicherung anwendbar[279]. Dies steht allerdings unter dem Vorbehalt, dass in den AKB keine spezielle Regelung einer Gefahrerhöhung enthalten ist[280]. Dabei beinhaltet § 2 Abs. 1 AKB eine abschließende Spezialregelung gegenüber den §§ 23 ff. VVG[281]. So ist der Verwendungszweck schon als vertragliche Obliegenheit (§ 2 Abs. 2a AKB) ausgestaltet. Die falsche Beantwortung dieser Frage durch den VN erfüllt dann nur den Tatbestand der Obliegenheitsverletzung des § 2 Abs. 2a AKB (*Verwendungsklausel*) als speziellerer Norm[282]. Gleiches gilt für die Führerscheinklausel[283].

181   **b) Die vorvertragliche Anzeigepflicht nach §§ 19–22 VVG 2008.** *aa) Übersicht:* Durch das neue VVG erfährt die Verletzung der vorvertraglichen Anzeigeobliegenheit mehrere Änderungen[284].

182   Unverändert bleibt weiterhin die zulässige **Arglistanfechtung** nach § 22 VVG 2008, und zwar selbst wenn der VR nicht oder nur mündlich nachfragte[285].

183   Auch besteht die **Leistungspflicht** fort, wenn zwischen der Falschangabe und dem Versicherungsfall **kein ursächlicher Zusammenhang** besteht, § 21 Abs. 2 VVG 2008.

---

[272] *Berz/Burmann/Heß*, Handbuch, 7 G Rn. 4 m. w. N.

[273] Vgl. hierzu unten Rn. 263 ff.

[274] BGH v. 18. 12. 1989, VersR 1990, 384; a. A. *Prölss, in Prölss/Martin*, § 6 Rn. 86.

[275] Anders nur dann, wenn die gesetzliche Obliegenheit zusätzlich mit einer Vereinbarung der Leistungsfreiheit in die AVB übernommen werden. Es handelt sich dann um vertraglich Obliegenheiten, für die VVG gilt.

[276] Siehe grundlegend *Knappmann*, § 14.

[277] Vgl. dazu *Knappmann*, § 14.

[278] Vgl. auch *Bauer*, Rn. 380.

[279] BGH v. 25. 9. 1968, NJW 1969, 42.

[280] *Van Bühren/Römer*, Handbuch Verkehrsrecht, Teil 7, Rn. 103.

[281] BGH v. 27. 6. 1951, BGHZ 2, 360 = NJW 1951, 714 = VersR 1951, 195; BGH v. 14. 5. 1986, NJW-RR 1986, 1081 = VersR 1986, 693.

[282] *Bauer*, Rn. 380.

[283] Siehe Rn. 253 ff.

[284] Vgl. auch *Rixecker*, zfs 2007, 369 ff.; *Lange*, r+s 2008, 56.

[285] http://www.bmj.bund.de/media/archive/1320.pdf, S. 162; kritisch hierzu: *Marlow/Spuhl*, S. 38, die darauf hinweisen, dass eine § 21 Abs. 5 des Regierungsentwurfes entsprechende Regelung fehlt, die das arglistige Verschweigen erheblicher Gefahrumstände ausdrücklich sanktionierte. Zu Recht geht aber *Rixecker*, zfs 2007, 370, davon aus, dass im Bereich der arglistigen Täuschung die Verletzung der Anzeigeobliegenheit keine Fragen des Versicherers voraussetzt.

Es bleibt auch bei der Zurechnung des Wissens nach der sog. **Auge-und-Ohr-Recht-** 184
sprechung, die nun in § 69 Abs. 3 VVG 2008 gesetzlich geregelt ist.

Die **wichtigste Neuregelung** ergibt sich aus **§ 19 Abs. 1 VVG 2008:**   185
Der VN muss nur das anzeigen, was der VR in Textform erfragt[286]. Die nach altem Recht
noch geltende sog. spontane Anzeigepflicht für gefahrerhebliche Umstände, gilt somit nicht
mehr. Nach der Gesetzesbegründung wurden die Interessen des VN durch die bisherige Regelung nicht ausreichend berücksichtigt[287]. Für den VN sei die Einschätzung, ob ein Umstand gefahrerheblich ist oder nicht, schwer möglich.

Als maßgeblicher Zeitpunkt für die Verletzung der Anzeigepflicht gilt nun auch nicht
mehr der Vertragsschluss, sondern er ist auf den Zeitpunkt der Abgabe der Vertragserklärung
des VN vorverlagert.

Nach § 19 Abs. 1 S. 1 VVG 2008 muss somit der VN nur noch solche gefahrerheblichen
Umstände anzeigen, die ihm
– bis zur Abgabe seiner Vertragserklärung bekannt waren und
– nach denen der VR in Textform gefragt hat.

Da als maßgeblicher Zeitpunkt nun die Vertragserklärung des VN festgelegt wird, und es   186
eine ungefragte Anzeigepflicht grundsätzlich nicht mehr gibt, setzt eine **Nachmeldeoblie-**
genheit des VN hinsichtlich solcher gefahrerheblicher Umstände, die zwischen Vertragserklärung und Vertragsschluss aufgetreten sind, gem. § 19 Abs. 1 S. 2 VVG 2008 eine gesonderte Nachfrage des VR in Textform voraus.

Die nach der alten Fassung übliche Belehrung im Antragsformular, dass der VN auch sol-   187
che nachgefragten Umstände anzuzeigen hat, die erst nach der Antragstellung entstanden
oder ihm bekannt geworden sind, ist nach der Gesetzesbegründung[288] nicht mehr ausreichend. Erforderlich ist nunmehr auch insoweit eine **gesonderte Nachfrage des VR mit er-**
neuter Belehrung gem. § 19 Abs. 5 S. 1 VVG 2008[289]. Daher ist diese erweiterte Anzeigepflicht des VN nach § 19 Absatz 1 Satz 2 davon abhängig, dass der VR vor Vertragsannahme
die in Satz 1 umschriebenen Fragen in Textform wiederholt oder auch erstmalig stellt.[290]

Der nachgefragte Umstand muss **objektiv gefahrerheblich** sein. Es gilt nicht mehr die   188
entsprechende Vermutung des § 16 Abs. 1 S. 3 VVG a. F.

Die **Beweislast** für die Verletzung der Anzeigeobliegenheit trifft den VR. Dieser muss den   189
Nachweis dafür erbringen, dass dem VN die erheblichen Gefahrumstände bekannt waren
und er sie gleichwohl, trotz textlicher Nachfrage, nicht angezeigt hat. Liegt eine objektive
Anzeigepflichtverletzung vor, muss der VN beweisen, dass er nicht vorsätzlich oder grob fahrlässig gehandelt hat.

bb) Lösungsrecht des VR (Kündigung, Rücktritt, Vertragsänderungsrecht): Wenn der VR sich   190
vom Vertrag wegen einer Verletzung der vorvertraglichen Anzeigeobliegenheit lösen und zugleich nicht leisten will, sind folgende Voraussetzungen zu erfüllen:

(1) Formale Anforderungen an ein Lösungsrecht: Eine Verletzung der Anzeigeobliegenheit   191
kommt nur dann in Betracht, wenn der VR **Fragen** gestellt hat, die **gefahrerhebliche Um-**
stände betreffen, § 19 Abs. 1 VVG 2008.

Zunächst muss der VR seine Rechte innerhalb eines Monats ab der positiven Kenntnis der   192
Anzeigepflichtverletzung schriftlich geltend machen, wobei die Beweislast für eine Versäu-
mung der Frist den Versicherungsnehmer trifft[291]. Durch die **Monatsfrist** soll dem VN die
Möglichkeit verschafft werden, anderweitigen Versicherungsschutz zu erlangen[292], d. h. die
Vertragssituation ist für beide Seiten schnell geklärt.

---

[286] http://www.bmj.bund.de/media/archive/1320.pdf, S. 162.
[287] http://www.bmj.bund.de/media/archive/1320.pdf, S. 161.
[288] http://www.bmj.bund.de/media/archive/1320.pdf, S. 162.
[289] *Marlow/Spuhl,* S. 37.
[290] http://www.bmj.bund.de/media/archive/1320.pdf, S. 162.
[291] *Rixecker,* zfs 2007, 369 (370) m. w. N.
[292] http://www.bmj.bund.de/media/archive/1320.pdf, S. 163.

Heß/Höke   1583

193   Zusätzlich bedarf es durch den VR einer **Begründung,** welche über die formelhafte Bezugnahme auf das Gesetz hinausgeht. Allerdings muss die Begründung nicht zutreffen, damit die Erklärung wirksam ist[293]. Dem VR steht die Möglichkeit zu, aufgrund anderer Umstände eine Begründung nachzuschieben[294]. Das Nachschieben von Gründen setzt allerdings voraus, dass dies gleichfalls innerhalb eines Monats nach der positiven Kenntnis erfolgt[295]. In der Praxis können sich die Verletzungen der vorvertraglichen Aufklärungspflicht beispielsweise aus einem Sachverständigengutachten oder einer Schadensanzeige ergeben. Längere Fristen, wie zum Beispiel im gerichtlichen Verfahren, verlängern diese Monatsfrist nicht[296].

194   Wichtig ist wiederum, dass der VR den VN durch eine gesonderte Mitteilung in Textform belehrt. Diese **Belehrung** muss zutreffend und vollständig sein und rechtzeitig vor dem Vertragsschluss erfolgen, § 19 Abs. 5 VVG 2008. Andernfalls kann der VR sich nicht auf die Pflichtverletzung berufen[297].

Das Erfordernis der „gesonderten Mitteilung in Textform" führt aber nicht dazu, dass die Belehrung auf einem getrennten Blatt eines Antragskonvoluts erfolgen muss. Es genügt, wenn sie vom übrigen Antragstext räumlich deutlich getrennt und in besonderer Form – drucktechnisch hervorgehoben – erfolgt[298].

195   Für den VR bestehen nach § 21 Abs. 3 VVG 2008 neu eingeführte **Ausschlussfristen.**[299] Gegenüber dem Kommissionsvorschlag wurde die Frist generell – außer bei Krankenversicherungen – dort bleibt nach § 194 Abs. 1 S. 4 VVG 2008 die 3-Jahresfrist – von 3 auf 5 Jahre erhöht. Die kürzere Frist von 3 Jahren wurde erhöht, um der Gefahr entgegen zu wirken, dass der VN zu Falschangaben verleitet wird[300] und die 3 Jahre „aussitzt". Der VR kann sich also bis zum Ablauf von fünf Jahren nach dem Vertragsschluss, in den Fällen der Arglist nach 10 Jahren, vom Vertrag lösen und die Leistung verweigern. In der Kraftfahrthaftpflichtversicherung mit 1-jähriger Laufzeit spielt diese Änderung keine Rolle.

196   *(2) Rücktrittsrecht:* Bei **vorsätzlicher Falschbeantwortung** von gestellten Fragen kann der VR zurücktreten und ist leistungsfrei. Dem VR steht dann ein uneingeschränktes Rücktrittsrecht nach §§ 19 Abs. 2, 21 Abs. 2 VVG 2008 zu. Der Rücktritt ist gegenüber dem VN zu erklären und beseitigt den Vertrag ex tunc[301], also rückwirkend. Dem VR steht nach § 39 Abs. 1 Satz 2 VVG 2008 die Prämie bis zum Wirksamwerden des Rücktritts zu. Gleiches gilt im Falle der Anfechtung. Es gelten für den Rücktritt die allgemeinen schuldrechtlichen Regelungen der §§ 346 ff. BGB[302], § 20 Abs. 2 VVG 2008 ist daher entbehrlich. Vom Vorsatz muss sich der VN entlasten (§ 19 Abs. 3 VVG 2008), was bei der – vorausgesetzten – Kenntnis, nicht leicht sein dürfte[303]. Im Fall des Vorsatzes besteht das Kausalitätserfordernis nicht. § 19 Abs. 4 VVG bezieht sich nur auf die „grobe Fahrlässigkeit".

197   Bei **arglistiger** Verletzung der Anzeigepflicht kann der VR den Vertrag anfechten (§ 22 VVG 2008). Für einen bereits eingetretenen Versicherungsfall besteht keine Leistungspflicht. Auf Kausalität kommt es gem. § 21 Abs. 2 S. 2 VVG 2008 nicht an.

198   Bei **grobfahrlässiger Verletzung der Anzeigeobliegenheit** – der VN entlastet sich vom Vorsatz, nicht aber von der groben Fahrlässigkeit – ist der VR nur dann zum Rücktritt berechtigt und leistungsfrei, wenn der VN nicht nachweisen kann, dass der VR den Vertrag auch bei wahrheitsgemäßen und vollständigen Antworten abgeschlossen hätte, wenn auch zu

---

[293] *Rixecker,* zfs 2007, 369 (370).
[294] http://www.bmj.bund.de/media/archive/1320.pdf, S. 166.
[295] *Rixecker,* zfs 2007, 369 (370).
[296] *Rixecker,* zfs 2007, 369 (370).
[297] http://www.bmj.bund.de/media/archive/1320.pdf, S. 164.
[298] *Rixecker,* zfs 2007, 369 (370).
[299] http://www.bmj.bund.de/media/archive/1320.pdf, S. 166.
[300] http://www.bmj.bund.de/media/archive/1320.pdf, S. 167.
[301] http://www.bmj.bund.de/media/archive/1320.pdf, S. 163.
[302] http://www.bmj.bund.de/media/archive/1320.pdf, S. 166.
[303] *Rixecker,* zfs 2007, 369 (370).

anderen Bedingungen, wie z. B. höhere Prämie, Risikoausschluss[304]. Demnach ist selbst dann, wenn der VR den Vertrag nur zu anderen Bedingungen geschlossen hätte, das Rücktrittsrecht ausgeschlossen. Es fehlt insoweit die Kausalität der Anzeigepflichtverletzung für die Leistung im Versicherungsfall[305]. Insoweit ist allerdings der VR sekundär mit der Darlegung belastet[306].

Die **einfache Fahrlässigkeit** löst – dies ist neu – kein Rücktrittsrecht mehr aus[307]. In den **199** Fällen der einfachen Fahrlässigkeit und des fehlenden Verschuldens kann sich der VR nur für die Zukunft, indem er kündigt, vom Vertrag lösen, § 19 Abs. 3 VVG. Die Leistungspflicht für eingetretene Versicherungsfälle entfällt somit nicht. Des Weiteren ist zu beachten, dass auch hier dem VN die Möglichkeit zusteht nachzuweisen, dass der VR den Vertrag zu anderen Bedingungen auch abgeschlossen hätte.

(3) Kündigungsrecht des Versicherers: Gem. § 19 Abs. 3 S. 2 VVG 2008 kann sich der VR vom **200** Vertrag durch **Kündigung** lösen. Dieses Kündigungsrecht besteht nicht nur bei einfacher Fahrlässigkeit, sondern besteht auch dann, wenn den VN kein Verschulden trifft.

Die Kündigung löst allerdings nur den Vertrag **für die Zukunft** auf, so dass die Leistungs- **201** pflicht des VR für eingetretene Versicherungsfälle unberührt bleibt.

Auch das Kündigungsrecht ist allerdings gem. § 19 Abs. 4 S. 1 VVG 2008 **ausgeschlossen,** **202** wenn der VN nachweist, dass der VR den Vertrag auch bei Kenntnis der nicht angezeigten Umstände abgeschlossen hätte.

(4) Vertragsänderungsrecht des Versicherers: Problematisch ist das neu geschaffene Vertragsän- **203** derungsrecht des VR nach § 19 Abs. 4 S. 2 VVG 2008. Mit dieser Gestaltungsmöglichkeit soll das gestörte Gleichgewicht von Risiko und Prämie wieder hergestellt werden. Die Regelung ist unabhängig von dem zwischenzeitlichen Eintritt des Versicherungsfalls. Dieses Vertragsänderungsrecht steht dem VR dann zu, wenn das Kündigungsrecht beziehungsweise das Recht zum Rücktritt aufgrund einer anderweitigen Vertragsabschlussbereitschaft des VR ausgeschlossen ist. Die höhere Prämie oder der Risikoausschluss werden bei einer schuldhaft verletzten Anzeigeobliegenheit rückwirkend wirksam. Der in § 19 Abs. 4 VVG 2008 geregelte Ausschluss des Rücktrittsrechtes wegen einer Vertragsanpassung ist aber auf die Fälle der groben Fahrlässigkeit beschränkt. Auch ist das Kündigungsrecht des VR ausgeschlossen, wenn der Antrag des VN trotz der unrichtigen bzw. unvollständigen Angaben – wenn auch zu anderen Bedingungen – abgeschlossen worden wäre. Bei einem schuldlosen Handeln des VN gelten die geänderten Bedingungen erst ab der laufenden Versicherungsperiode.

Der VR muss das Recht auf Vertragsänderung innerhalb der **Monatsfrist** ausüben, § 21 **204** Abs. 1 VVG n. F. Das Ausübungsrecht kann von der Bedingung abhängig gemacht werden, dass ein Rücktritt oder eine Kündigung nicht wirksam ist. Zwar sind Gestaltungsrechte bedingungsfeindlich, allerdings liegt eine Rechtsbedingung vor, welche zulässig ist[308].

c) Verbot der Gefahrerhöhung[309] nach altem Recht. Zu unterscheiden ist die sub- **205** jektive, vom VN vorgenommene bzw. gestattete Gefahrerhöhung gem. § 23 VVG, von der objektiven vom VN nicht veranlassten Gefahrerhöhung (§ 27 VVG). Die objektive Gefahrerhöhung tritt ohne oder gegen den Willen des VN ein und ist in § 27 VVG geregelt. In der Kraftfahrtversicherung hat die in § 23 Abs. 1 VVG geregelte Gefahrstandspflicht (subjektive Gefahrerhöhung) Bedeutung.

§ 23 Abs. 1 VVG bestimmt, dass der VN ohne Einwilligung des VR nach Abschluss des **206** Versicherungsvertrages keine Erhöhung der versicherten Gefahr vornehmen oder deren Vornahme durch einen Dritten zulassen darf. Die Regeln über die Gefahrerhöhung sollen ver-

---

[304] *Rixecker,* zfs 2007, 369 (371).
[305] http://www.bmj.bund.de/media/archive/1320.pdf, S. 166.
[306] *Rixecker,* zfs 2007, 369 (371).
[307] http://www.bmj.bund.de/media/archive/1320.pdf, S. 163; Dies entspricht dem System des neuen VVG, eine einfache Fahrlässigkeit nicht mehr mit einer Leistungsfreiheit zu belegen.
[308] BGH NJW 1999, 239; *Palandt/Heinrichs,* Einf. vor § 158 BGB, Rn. 13.
[309] Zur Gefahrerhöhung allgemein vgl. *Hahn,* § 20; *Felsch,* r+s 2007, 486.

hindern, dass das bei Stellung des Versicherungsantrags bestehende Risiko des VR nachträglich zu seinen Ungunsten verändert wird.

207 *aa) Dauer der Gefahrerhöhung:* Die Regelung über die Gefahrerhöhung bezweckt, die „Stabilität" des versicherten Risikos zu gewährleisten. Das hat zur Folge, dass einmalige, kurzzeitig wirkende Gefahrvorgänge – sog. bloße **Gefahrsteigerungen** – diesen Tatbestand nicht erfüllen. Eine Gefahrerhöhung, die den VR zur Kündigung berechtigt oder von der Leistung befreit, liegt nur dann vor, wenn sich die geänderte Gefahrenlage auf erhöhtem Niveau stabilisiert[310]. Ein sog. **Dauermoment** ist für eine Gefahrerhöhung erforderlich[311]. Allerdings kann auch die – ggf. nur kurzzeitige – **Weiterbenutzung** eines verkehrsunsicheren Fahrzeugs (vgl. § 31 Abs. 2, 69a Abs. 5 Nr. 3 StVZO, § 24 StVG) eine Gefahrerhöhung darstellen. Die Gefahrerhöhung liegt dann nicht **im Eintritt** der Verkehrsunsicherheit des Fahrzeugs, sondern **in der Weiterbenutzung** des verkehrsuntüchtigen Fahrzeugs (z. B. wegen mangelhafter Bremsanlage)[312], oder des nicht zugelassenen Fahrzeuges (frisiertes Mofa[313]). Infolge dessen stellt die Fahrt eines Fahrzeugs zur Werkstatt oder zu seinem Standort keine Gefahrerhöhung dar, wenn die Verkehrsunsicherheit erst während dieser Fahrt eingetreten ist[314]. Gleiches gilt, wenn der Fahrer beim Parken auf einer Gefällstrecke die Handbremse nicht genügend anzieht[315]. **Häufiges (Dauermoment) Überladen** bzw. häufiges Überschreiten von **Lenk- und Ruhezeiten** des Fahrzeuges kann allerdings eine Gefahrerhöhung darstellen[316].

208 *bb) Tun/Unterlassen:* Der VN darf das versicherte Risiko nach § 23 Abs. 1 VVG nicht nachträglich durch die Vornahme oder Gestattung einer Gefahrerhöhung zu Lasten des VR erhöhen. Die Vornahme einer Gefahrerhöhung im Sinne von § 23 Abs. 1 VVG setzt ein **aktives Tun** voraus. Durch ein **Unterlassen** kann der VN den Tatbestand der Gefahrerhöhung i. S. v. § 23 VVG dagegen grundsätzlich nicht verwirklichen[317].

209 Da in der Kraftfahrzeughaftpflicht- und in der Fahrzeugversicherung die Risikoerhöhung bei der Nutzung eines nicht verkehrssicheren Fahrzeugs nicht im Unterlassen der Reparatur, sondern in der Weiterbenutzung des verkehrsuntüchtigen Fahrzeugs gesehen wird, liegt hier eine Gefahrerhöhung durch aktives Tun vor[318]. Eine gewollte Gefahrerhöhung im Sinne von § 23 VVG besteht bei einer positiven Kenntnis des VN über den gefahrerhöhenden Umstand[319]. Unerheblich ist dagegen, ob der VN sich bewusst war, dass sich das Schadensrisiko infolge des gefahrerhöhenden Umstands erhöht hat, er also den gefahrerhöhenden Charakter erkannt hat[320]. Der positiven Kenntnis steht es gleich, wenn der VN sich der Kenntnis des gefahrerhöhenden Umstandes arglistig verschließt[321].

---

[310] BGH v. 5. 5. 1982, VersR 1982, 689.
[311] BGH v. 30. 4. 1952, r+s 1993, 223; OLG Köln v. 25. 10. 1990, r+s 1990, 421; LG Bremen v. 29. 10. 1992, r+s 1992, 404.
[312] BGH v. 22. 6. 1967, NJW 1967, 1758 = VersR 1967, 746; BGH v. 25. 2. 1970, VersR 1970, 412; BGH v. 18. 10. 1989, NJW-RR 1990, 93 = VersR 1990, 80.
[313] BGH v. 18. 10. 1989, VersR 1990, 80.
[314] BGH v. 7. 4. 1996, NJW 1966, 1217 = VersR 1966, 559; OLG Hamm v. 12. 2. 1988, VersR 1988, 1260.
[315] OLG Hamm v. 25. 10. 1995, r+s 1996, 50.
[316] OLG Köln v. 4. 2. 1997, ZfS 1997, 306 (verneint); *van Bühren/Römer,* Anwaltshandbuch Teil 7, Rn. 116.
[317] BGH v. 11. 12. 1980, VersR 1981, 245; BGH v. 21. 7. 1987, VersR 1987, 653; BGH v. 8. 7. 1987, VersR 1987, 921.
[318] BGH v. 18. 10. 1989, VersR 1990, 80; OLG Düsseldorf v. 9. 5. 1989, r+s 1989, 311; OLG Hamm v. 24. 6. 1988, r+s 1989, 2; OLG Hamm v. 11. 11. 1988, r+s 1989, 137; OLG Hamm v. 8. 2. 1989, r+s 1989, 207.
[319] BGH v. 25. 9. 1968, VersR 1968, 1155; OLG Hamm v. 24. 6. 1988, r+s 1989, 2; *van Bühren/Römer,* Anwaltshandbuch Teil 7, Rn. 104.
[320] BGH v. 26. 5. 1982, VersR 1982, 793.
[321] BGH v. 26. 5. 1982, VersR 1982, 793; OLG Hamburg v. 14. 2. 1995, VersR 1996, 1095.

cc) Anzeigepflicht des VN/Kündigungsrecht des VR: Die Kenntniserlangung des VN von der   **210**
Gefahrerhöhung verpflichtet ihn, dem VR unverzüglich **Anzeige zu erstatten** (§§ 23
Abs. 2, 27 Abs. 2 VVG). Verletzt er diese Anzeigepflicht, kann der VR die **Kündigung** des
Versicherungsvertrages aussprechen.

Bei der Vornahme oder Gestattung einer Gefahrerhöhung, also bei einer **schuldhaft ge-**   **211**
wollten Gefahrerhöhung, durch den VN (§ 23 Abs. 1 VVG) ist der VR nach **§ 24 Abs. 1**
S. 1 VVG zur **fristlosen Kündigung** des Vertrages berechtigt.

Fehlt es im Fall einer subjektiven Gefahrerhöhung an einem Verschulden des VN, kann die   **212**
Kündigung allerdings nur unter **Einhaltung einer Frist von einem Monat** ausgesprochen
werden (§ 24 Abs. 1 S. 2 VVG). Dabei bezieht sich der Verschuldensvorwurf auf **die Kennt-**
nis der gefahrerhöhenden Umstände. Der VN muss also positive Kenntnis von diesen
Umständen haben. Die Kenntnis der Umstände in tatsächlicher Hinsicht reicht in diesem Zusammenhang aus. Dagegen kann das Kennenmüssen und die grob fahrlässige Unkenntnis
nicht ausreichen[322]. Ein Verschulden des VN ist aber zu bejahen, wenn sich der VN der positiven Kenntnis arglistig entzieht.

Sowohl bei der subjektiven als auch bei der objektiven Gefahrerhöhung darf der VR die   **213**
Kündigung aber nur **binnen eines Monats** ab Kenntnis von der Gefahrerhöhung ausspre-
chen (§§ 24 Abs. 2, 27 Abs. 1 S. 2 VVG). Das Kündigungsrecht des VR nach § 24 Abs. 2 2.
Alt. VVG erlischt darüber hinaus auch, wenn innerhalb eines Monats der Zustand wiederher-
gestellt wird, der vor dem Ereignis der Gefahrerhöhung bestanden hat (§§ 24 Abs. 2, 27
Abs. 1 S. 2 VVG).

dd) Leistungsfreiheit: Kommt es zum Eintritt eines Versicherungsfalles, kann der VR von der   **214**
Verpflichtung zur **Leistung frei** werden. Hierbei sind die Voraussetzungen bei der subjektiven und der objektiven Gefahrerhöhung unterschiedlich geregelt.

(1) Bei der **subjektiven Gefahrerhöhung** wird der VR leistungsfrei, wenn der Versiche-   **215**
rungsfall nach Vornahme oder Gestattung der Gefahrerhöhung (§ 23 Abs. 1 VVG) eintritt.
Bei einer unverschuldeten Gefahrerhöhung bleibt der VR zur Leistung verpflichtet (§ 25
Abs. 2 S. 1 VVG). Der VR wird aber nur dann leistungsfrei, wenn der VN die Gefahrerhöhung schuldhaft verursacht hat (§ 25 Abs. 2 S. 1 VVG). Dabei reicht leichte Fahrlässigkeit aus.
Auf ein Verschulden des VN kommt es dagegen dann nicht an, wenn er seine Anzeigepflicht
verletzt hat (§ 25 Abs. 2 S. 2 VVG). Große praktische Bedeutung hat die Frage des Verschuldens nicht, da der VR ohnehin beweisen muss, dass der VN positive Kenntnis von den Umständen der Gefahrerhöhung gehabt hat (s. u. Rn. 139). In diesen Fällen handelt der VN aber
regelmäßig auch schuldhaft.

Die **Beweislast** für die Vornahme der Gefahrerhöhung, die positive Kenntnis des VN über   **216**
die gefahrerhöhenden Umstände und für das Dauermoment liegt beim VR[323]. Dagegen trägt
der VN die Beweislast für mangelndes Verschulden (§ 25 Abs. 2 VVG)[324] und dafür, dass die
Gefahrerhöhung keinen Einfluss auf den Versicherungsfall oder den Umfang der Leistung gehabt hat (Kausalitätsgegenbeweis)[325].

(2) Objektive Gefahrerhöhung: Eine nicht gewollte bzw. objektive Gefahrerhöhung begrün-   **217**
det nach § 27 VVG **eine Anzeigepflicht** des VN.

Der Verlust eines Schlüssels des versicherten Kfz stellt, ebenso wie der Verlust des Fahr-
zeugscheines eine objektive Gefahrerhöhung dar[326]. Gleiches gilt dafür, wenn das Fahrzeug
trotz Kenntnis des VN aufgebrochen und auch sonst ungesichert auf einem jedermann frei
zugänglichen Gelände wochenlang stehen bleibt[327]. Bei einer objektiven Gefahrerhöhung

---

[322] OLG Hamm v. 24. 6. 1988, r+s 1989, 2.
[323] BGH v. 22. 1. 1971, VersR 1971, 407; OLG Stuttgart v. 18. 11. 1993, r+s 1995, 90.
[324] BGH v. 12. 12. 1985, VersR 1986, 1200; OLG Stuttgart v. 25. 4. 1996, VersR 1997, 1141; *van Büh-*
ren/Römer, Anwaltshandbuch, Teil 7, Rn. 10.
[325] BGH v. 25. 2. 1965, VersR 1965, 430.
[326] BGH v. 21. 2. 1996, VersR 1996, 703; OLG Stuttgart v. 18. 11. 1993, r+s 1995, 90.
[327] *Van Bühren/Römer,* Anwaltshandbuch, Teil 7, Rn. 111.

(§ 27 Abs. 1 S. 1 VVG) wird der VR nach § 28 Abs. 1 VVG dann **leistungsfrei,** wenn der VN seiner ihm nach § 27 Abs. 2 VVG obliegende Anzeigepflicht nicht nachkommt. Weiterhin muss der Versicherungsfall mehr als einen Monat nach dem Zeitpunkt eintreten, in dem die Anzeige dem VR hätte zugehen müssen. Das gilt nach § 28 Abs. 1 S 1 VVG nur dann nicht, wenn der VR über die Gefahrerhöhung begründenden Umstände innerhalb der für die Anzeige geltenden Monatsfrist informiert war. Erlangt der VR von der Gefahrerhöhung erst nach dem Versicherungsfall Kenntnis, besteht für den Versicherungsfall auch dann Leistungsfreiheit nach § 25 Abs. 1 VVG, wenn er keine Kündigung ausspricht[328].

218   Trotz einer Gefahrerhöhung ist der VR aber zur Gewährung des Versicherungsschutzes verpflichtet, wenn die Gefahrerhöhung keinen Einfluss auf den Eintritt des Versicherungsfalls und den Umfang seiner Leistungspflicht gehabt hat (§ 25 Abs. 3 2. Alt. VVG). Dieser sog. **Kausalitätsgegenbeweis** obliegt dem VN[329]. Dabei muss der VN jede denkbare Mitursächlichkeit der vorgenommenen Gefahrerhöhung für den Versicherungsfall und den Umfang der Leistungspflicht des VR ausschließen[330].

219   So kann die Kausalität **abgefahrener Reifen** für einen Unfall und dessen Folgen beispielsweise fehlen, wenn der VN vor dem Unfall überhaupt nicht gebremst hat[331]; Gleiches gilt bei einem Unfall mit einem frisierten Mofa bei 20 km/h[332].

220   *(3) Beschränkte Leistungsfreiheit:* Die KfzPflVV enthält eine Spezialregelung für die **Kfz-Haftpflichtversicherung**[333]. Die Leistungsfreiheit des VR ist auf einen Höchstbetrag von 5 000,00 € beschränkt (§ 5 Abs. 3 KfzPflVV, § 2b Abs. 2 AKB)[334]. Unbeschränkt leistungsfrei wird der VR allerdings auch hier gegenüber einem Fahrer, der das Fahrzeug durch eine strafbare Handlung erlangt hat (§ 5 Abs. 3 S. 2 Kfz-PflVV, § 2 Abs. 2 S. 3 AKB).

Auch wenn der VR den Vertrag wegen einer Gefahrerhöhung wirksam gekündigt hat, haftet er in der Kfz-Haftpflicht noch für einen Monat einem geschädigten Dritten gegenüber (Nachhaftung).

221   **d) Verbot der Gefahrerhöhung gemäß §§ 23 ff. VVG 2008.** *aa) Übersicht:* Der Begriff der Gefahrerhöhung ändert sich durch das neue VVG nicht. Für eine Gefahrerhöhung ist es nach wie vor erforderlich, dass sich der Status quo der bei der Antragstellung gefahrerheblicher Umstände nachträglich dauerhaft ändert und hierdurch das Risiko erhöht wird[335]. Auch greift das neue Recht die bisherige Unterscheidung zwischen einer vom VN vorgenommenen (§ 23 Abs. 1 VVG 2008) und einer ohne seinen Willen eingetretenen Gefahrerhöhung (§ 23 Abs. 2 VVG 2008) auf. Dementsprechend wird in der Begründung der Leistungsfreiheit auch zwischen diesen beiden Konstellationen in § 26 Abs. 1 und Abs. 2 VVG 2008 unterschieden. Das neue Recht übernimmt insoweit die Unterscheidung zwischen der subjektiven und der objektiven Gefahrerhöhung, der es die nachträglich erkannte veranlasste Gefahrerhöhung gleichstellt[336]. Gegenüber der alten Regelung zeichnen sich die §§ 23 ff VVG 2008 auch durch eine verbesserte Systematik aus.

222   Anders geregelt sind aber die **Rechtsfolgen** einer Gefahrerhöhung. Bei Vorsatz und grober Fahrlässigkeit kann der VR fristlos, bei leichtem Verschulden befristet kündigen, § 24 VVG 2008. Allerdings kann der VR auch die Prämie an die erhöhte Gefahr anpassen oder die Absicherung der höheren Gefahr nachträglich ausschließen, § 25 Abs. 1 VVG 2008. Bei einer Überschreitung von 10% kann der VN fristlos innerhalb eines Monats kündigen, § 25 Abs. 2 VVG 2008.

---

[328] BGH v. 16. 9. 1986, VersR 1986, 1231; OLG Celle v. 10. 10. 1990, r+s 1991, 114.
[329] BGH v. 19. 9. 1966, VersR 1966, 1022; BGH v. 16. 9. 1986, VersR 1986, 1231.
[330] BGH v. 10. 4. 1968, VersR 1968, 590.
[331] OLG Nürnberg v. 16. 11. 1964, VersR 1965, 175.
[332] OLG Köln v. 15. 9. 1988, r+s 1988, 355.
[333] Anders bei der Kasko- und Kfz-Unfallversicherung – dort völlige Leistungsfreiheit siehe *Heß/Höke,* § 30 Rn. 111.
[334] Vgl. dazu auch Rn. 140.
[335] *Meixner/Steinbeck,* Rn. 264; *Rixecker,* zfs 2007, 136.
[336] *Rixecker,* zfs 2007, 136; *Felsch,* r+s 2007, 287.

bb) Kündigungsrecht. Wie bisher wird in § 23 Abs. 1 VVG 2008 das **Verbot für den VN**   **223** festgelegt, ohne Einwilligung des VR eine **Gefahrerhöhung** vorzunehmen. Nimmt der VN gleichwohl eine Gefahrerhöhung vor und kann er sich nicht vom Vorsatz oder grober Fahrlässigkeit entlasten, darf der VR den Vertrag **fristlos zu kündigen.** Der VN muss die Umstände, welche die Gefahrerhöhung begründen, gekannt oder herbeigeführt haben. Nicht erforderlich ist aber, dass der VN die gefahrerhöhende Eigenschaft seiner Handlung tatsächlich erkannt hat[337].

Bei lediglich einfacher Fahrlässigkeit kann der VR unter Einhaltung einer Frist von 1 Mo-   **224** nat kündigen, § 24 Abs. 1 VVG 2008.

Das befristete Kündigungsrecht besteht auch dann, wenn der VN nachträglich erkannt hat, dass er ohne Einwilligung des VR eine Gefahrerhöhung vorgenommen hat und die Gefahr-erhöhung dem VR nicht unverzüglich angezeigt hat, §§ 23 Abs. 2, 24 Abs. 2 VVG 2008.

Ein Recht zur **fristgemäßen Kündigung** steht dem VR auch in den Fällen der **unge-**   **225** **wollten (objektiven) Gefahrerhöhung** zu, § 24 Abs. 2 VVG 2008.

Das **Kündigungsrecht** des VR **erlischt** jedoch, wenn es nicht innerhalb eines Monates ab Kenntnis ausgeübt wird. Entsprechendes gilt, wenn im Zeitpunkt der Kündigung schon wieder der Zustand hergestellt wurde, der vor der Gefahrerhöhung bestand, § 24 Abs. 3 VVG 2008.

Trifft den VN an der Gefahrerhöhung kein Verschulden, so besteht für den VR kein Kün-digungsrecht, obwohl das Gefahrenpotential sich gegenüber dem Zeitpunkt des Vertrages er-heblich verändert hat[338].

cc) Vertragsdauer. Neben dem Recht zur Kündigung hat der Versicherer die Möglichkeit,   **226** den Vertrag, wenn auch zu geänderten Bedingungen, weiter bestehen zu lassen. Insoweit hat er die Wahl zwischen einer Prämienerhöhung und der Vereinbarung eines Risikoausschlusses bezüglich des erhöhten Gefahrentatbestandes (§ 25 Abs. 1 VVG 2008).

dd) Leistungsfreiheit bei subjektiver Gefahrerhöhung: Gemäß § 26 VVG ist der Versicherer leis-   **227** tungsfrei, wenn der Versicherungsfall nach Eintritt der Gefahrerhöhung eintritt. Vorausset-zung hierfür ist jedoch immer, dass die Gefahrerhöhung vorsätzlich herbeigeführt wurde. Insoweit ist zu berücksichtigen, dass die Annahme eine Gefahrerhöhung voraussetzt, dass der Versicherungsnehmer die Umstände, die die Gefahrerhöhung begründen, gekannt bzw. herbeigeführt hat. Grob fahrlässige Unkenntnis reicht insoweit nicht aus[339]. Etwas an-deres kann nur in extremen Ausnahmefällen geltend. Vorsatz könnte fehlen, wenn der TÜV trotz festgestellter Mängel weder die Benutzung des Kfz untersagt noch eine Frist zur Beseitigung gesetzt hat[340]. Der VN begeht daher eine Gefahrerhöhung regelmäßig vor-sätzlich[341].

Erfolgt die Vornahme der Gefahrerhöhung nur **grob fahrlässig**, so ist der VR gemäß § 26   **228** Abs. 1 S. 2 VVG 2008 berechtigt, seine Leistung entsprechend dem Verschulden des VN zu kürzen.

Wurde die Gefahrerhöhung dagegen nur **fahrlässig** herbeigeführt, so bleibt es bei der vol-   **229** len Leistungsverpflichtung des VR.

Auf Leistungsfreiheit bzw. auf sein Recht zur Leistungskürzung kann der VR sich jedoch   **230** nur berufen, wenn die Gefahrerhöhung für den Eintritt des Versicherungsfalles bzw. den Umfang der Leistungspflicht des VR kausal geworden ist, § 26 Abs. 3 Nr. 1 VVG 2008. Die **Kausalität** fehlt beispielsweise bei abgefahrenen Reifen auf trockener Straße. Beim so ge-nannten Aquaplaning fehlt es an der Kausalität, wenn feststeht, dass das auf der Fahrbahn sich befindliche Oberflächenwasser auch von einem mit ordnungsgemäßen Profil versehenen

---

[337] BGHZ 50, 385 ff.; OLG Nürnberg v. 22. 4. 1999, NversZ 1999, 438.
[338] *Rixecker,* zfs 2007, 136.
[339] BGH VersR 1982, 793; VersR 1987, 897.
[340] Vgl. BGH VersR 1975, 366; *Prölss/Martin/Prölss,* § 25 Rn 2.
[341] *Burmann/Heß/Höke/Stahl,* Rn 153.

Heß/Höke

Reifen nicht aufgenommen bzw. verdrängt worden wäre[342]. Es reicht aus, wenn die Gefahrerhöhung für den Eintritt des Versicherungsfalles lediglich mitursächlich war[343].

231   Ferner ist für den Eintritt der Leistungsfreiheit Voraussetzung, dass der Versicherer den Versicherungsvertrag **fristgerecht gekündigt** hat, § 26 Abs. 3 Nr. 2 VVG 2008.

232   Im Gegensatz zur Kaskoversicherung ist in der Kraftfahrzeughaftpflichtversicherung gemäß § 5 Abs. 3 KfzPflVV die **Leistungsfreiheit** gegenüber dem Versicherungsnehmer bzw. den mitversicherten Personen auf den Betrag von höchstens je 5 000,00 € **beschränkt.** Diese Beschränkung gilt jedoch nicht gegenüber einem Fahrer, der das Fahrzeug durch eine strafbare Handlung erlangt hat, § 5 Abs. 3 Satz 2 KfzPflVV.

233   *ee) Leistungsfreiheit bei objektiver Gefahrerhöhung.* Verletzt der VN seine Pflicht, eine von ihm selber ohne Einwilligung des VR vorgenommene aber nachträglich erkannte bzw. unabhängig von seinem Willen eingetretene Gefahrerhöhung unverzüglich anzuzeigen, so ist der VR gemäß § 26 Abs. 2 S. 1 VVG 2008 grundsätzlich nicht zur Leistung verpflichtet, wenn der Versicherungsfall später als 1 Monat nach dem Zeitpunkt eintritt, zu dem die Anzeige dem VR hätte zugehen müssen. Die **Anzeigeverpflichtung des VN** ist unverzüglich nach Kenntniserlangung hinsichtlich des Eintritts der gefahrerhöhenden Umstände[344] zu erfüllen. Den VR trifft aber gleichwohl gemäß § 26 Abs. 2 S. 2 VVG 2008 eine Leistungsverpflichtung, wenn die Verletzung der Anzeigepflicht nicht auf Vorsatz oder grober Fahrlässigkeit beruhte.

234   Ist die Verletzung der Anzeigepflicht auf **grobe Fahrlässigkeit** des VN zurückzuführen, so ist der VR gemäß §§ 26 Abs. 3 S. 3, 23 Abs. 2 VVG 2008 berechtigt, seine Leistung in einem der Schwere des Verschuldens des VN entsprechendem Verhältnis zu kürzen.

Bei **leichter Fahrlässigkeit** besteht volle Leistungspflicht des Versicherers.

235   Auch im Rahmen der objektiven Gefahrerhöhung setzt Leistungsfreiheit Kausalität und fristgerechte Kündigung des Versicherungsvertrages voraus, § 26 Abs. 3 VVG 2008. Auch hier gilt im Rahmen der KH-Versicherung, dass der VR nur begrenzt leistungsfrei wird.

236   *ff) Beweislast.* Der VR muss den objektiven Tatbestand der Gefahrerhöhung beweisen. Will der VR sich auf vollständige Leistungsfreiheit wegen vorsätzlicher vorgenommener Gefahrerhöhung berufen, so muss er auch den Vorsatz beweisen.

237   Der **Vorsatzbeweis** ist für den VR allerdings häufig schwierig zu führen. Dies gilt insbesondere dann, wenn der VN die Kenntnis des Mangels schlicht in Abrede stellt. Hier ist allerdings zu beachten, dass das Gericht im Wege der **freien Beweiswürdigung** allein auf Grund der Art und Weise des Umfanges des Mangels zu dem Ergebnis kommen kann, beim VN habe Kenntnis vorgelegen.

238   Gemäß § 26 Abs. 1 S. 2 VVG 2008 wird das Vorliegen **grober Fahrlässigkeit vermutet.** Der VN muss sich daher insoweit entlasten. Er muss Umstände dartun und ggf. beweisen, die sein Verhalten in einem milderen Licht erscheinen lassen, als bei einer groben Fahrlässigkeit. Für die Schwere des Verschuldens im Rahmen der groben Fahrlässigkeit ist dagegen der VR beweisbelastet[345].

239   Ist dem VR der Beweis des Vorliegens einer vorgenommenen Gefahrerhöhung gelungen und konnte der VN sich nicht zumindest vom Vorwurf der groben Fahrlässigkeit entlasten, so kann der VN immer noch den **Kausalitätsgegenbeweis** führen. Der VN muss im Rahmen des Kausalitätsgegenbeweises nicht beweisen, dass mit mathematischer Sicherheit die Gefahrerhöhung nicht unfallursächlich war. Es genügt ein praktisch brauchbarer Grad von Gewissheit als voller Beweis[346].

240   Bei der **objektiven Gefahrerhöhung** obliegt nach dem Wortlaut des § 26 Abs. 2 S. 2 VVG 2008 die Beweislast dafür, dass die Anzeige nicht vorsätzlich unterlassen oder verzögert

---

[342] Vgl. BGH VersR 1969, 987.
[343] Vgl. BGH VersR 1969, 247; OLG Karlsruhe NZW-RR 1987, 212.
[344] Vgl. OLG Stuttgart r+s 1995, 90 m. w. N.
[345] *Marlow/Spuhl,* a. a. O., S. 57; *Burmann/Heß/Höke/Stahl,* Rn. 205.
[346] BGH v. 23. 11. 1977, NJW 1978, 1919.

wurde, dem VN[347]. Diese Beweislastverteilung entspricht nicht dem System der sonstigen Neuregelungen. Die Verteilung ist aber nahe liegend, da der VR dem VN die Kenntnis von der Gefahrerhöhung nachweisen muss. Kennt der VN die Gefahrerhöhung, darf sein Vorsatz auch vermutet werden.

gg) Prämienanpassung und Risikoausschluss: Nach § 25 VVG 2008 hat der VR nun – dies ist **241** neu – die Möglichkeit, anstatt zu kündigen mit einem Prämienerhöhungs- oder Ausschlussrecht auf die erhöhte Gefahr zu reagieren. In der Kfz-Haftpflichtversicherung wird sich dies auf eine Prämienerhöhung beschränken, da ein Risikoausschluss bei einer Pflichthaftpflichtversicherung nicht denkbar ist[348].

Wählt der VR die Alternative der Prämienerhöhung, trägt er die Beweislast dafür, dass die **242** erhöhte Prämie seinen Geschäftsgrundsätzen und angemessen ist[349]. Erhöht sich die Prämie um mehr als 10% steht dem Versicherungsnehmer ein fristloses Kündigungsrecht innerhalb eines Monats ab Zugang der Mitteilung des Versicherers zu, § 25 Abs. 2 S. 1 VVG 2008, worauf in der Mitteilung auch hinzuweisen ist, § 25 Abs. 2 S. 2 VVG 2008. Auch dies wird bei den Kfz-Versicherungen ohne große Bedeutung sein, auch schon wegen der regelmäßigen Laufzeit von 1 Jahr. Praktische Anwendungsfälle betreffen daher eher die Sachversicherung (gefährliche Veränderungen an Bauwerken etc.).

3. Vertragliche Obliegenheiten

Bei den vertraglichen Obliegenheiten ist zwischen den **vor Eintritt des Versicherungsfalles** zu erfüllenden Obliegenheiten und den bei oder **nach einem Versicherungsfall** zu erfüllenden zu unterscheiden. Hiervon hängen die unterschiedlichen Rechtsfolgen ab.

a) Obliegenheiten vor einem Versicherungsfall nach altem Recht. Die in der Kraft- **243** fahrthaftpflichtversicherung vor dem Versicherungsfall zu erfüllenden vertraglichen Obliegenheiten sind vor allem in § 2b Abs. 1 AKB geregelt. In der Kraftfahrzeughaftpflichtversicherung kann der VR im Gegensatz zu der Fahrzeugversicherung und Kraftfahrt-Unfallversicherung mit dem VN keine weiteren Obliegenheiten vereinbaren[350]. In der Kfz-Haftpflichtversicherung können gem. § 5 Abs. 1 KfzPflVV nur die fünf in § 2b Abs. 1 AKB aufgeführten Obliegenheiten vereinbart werden. Die Aufzählung der Obliegenheiten vor Eintritt des Versicherungsfalles, die der VR in seinen AVB verwenden darf, (aber nicht muss) ist in § 5 KfzPflVV abschließend geregelt. Als solche sind genannt[351]:

– wenn das Fahrzeug zu einem anderen als dem angegeben Zweck verwendet wird – **Verwendungsklausel** – siehe Rn. 245 ff.
– wenn es von einem unberechtigten Fahrer gebraucht wird – **Schwarzfahrtklausel** – siehe Rn. 249 ff.
– wenn der Fahrer keinen Führerschein hat – **Führerscheinklausel** – siehe Rn. 253 ff.
– wenn das Kfz an einem ungenehmigten Rennen teilnimmt – **Rennveranstaltungen** – Rn. 258
– wenn der Fahrer fahruntüchtig ist – **Fahruntüchtigkeitsklausel** – Rn. 259 f.

Die beiden zuletzt aufgeführten Obliegenheiten gelten nur in der Kfz-Haftpflichtversicherung. Die Fahruntüchtigkeit in der Kaskoversicherung wird von § 61 VVG erfasst[352].

Ist einer der in § 2b Abs. 1 S 1 AKB aufgeführten fünf Tatbestände der Obliegenheiten er- **244** füllt, wird der VR von seiner Verpflichtung zur Leistung frei, sofern die weiteren Voraussetzungen von § 6 Abs. 1 u. 2 VVG ebenfalls vorliegen (s. dazu Rn. 163 ff.). Bei den Regelungen in § 2b Abs. 1 Satz 1 AKB handelt es sich um Sondervorschriften einer Gefahrerhöhung. Sie

---

[347] *Rixecker*, zfs 2007, 136, 137.
[348] *Rixecker*, zfs 2007, 136.
[349] *Meixner/Steinbeck*, Rn. 285
[350] Vgl. dazu § 30 Rn. 164 ff.
[351] *Hofmann*, Die neue Kfz-V, S. 34.
[352] Siehe dazu § 30 Rn. 34 ff.

Heß/Höke

gehen daher den allgemeinen Regelungen der §§ 23 ff. VVG, die daneben nicht anwendbar sind, vor[353].

245 *aa) Die einzelnen Obliegenheiten: (1) Verwendungsklausel/Zweckänderung:* § 2b Abs. 1 S. 1 a AKB bestimmt, dass ein Fahrzeug nicht zu einem anderen als dem im Versicherungsantrag angegebenen Zweck verwendet werden darf. Fehlt eine Zweckangabe im Antrag (was häufig der Fall ist), so entfällt die Obliegenheit. Hintergrund der Klausel ist, dass die verschiedenen Verwendungsarten für den VR unterschiedlich große Risiken beinhalten. Es soll durch die sog. Verwendungsklausel verhindert werden, dass als privat deklarierte und im Tarif als privat eingestufte Fahrzeuge tatsächlich z. B. als Mietwagen oder Taxen mit einem höheren Risiko eingesetzt werden. Je größer die mit einer bestimmten Verwendungsart verbundene versicherte Gefahr ist, umso höher wird sie im Prämientarif eingestuft[354]. Die Prämien für Mietwagen und Taxen sind regelmäßig höher als für privat genutzte Fahrzeuge, so dass beispielsweise die Verwendung eines zum privaten Tarif versicherten Fahrzeugs als Mietwagen oder Taxi eine Obliegenheitsverletzung nach der Verwendungsklausel darstellt[355]. Die Prämie im Güterfernverkehr ist höher als im Güternahverkehr. Deshalb wird eine Gefahrerhöhung unterwiderlegbar vermutet, wenn der VN das Fahrzeug zu einem Zweck verwendet, der im Tarif höher eingestuft ist als der vereinbarte[356].

246 Dagegen entfällt ein Leistungsverweigerungsrecht, wenn im Tarif der andere Verwendungszweck nicht höher eingestuft ist als der vereinbarte[357]. Die Verwendungsklausel ist ein Unterfall der Gefahrerhöhung. Sie ist eine vom VN zu erfüllende Obliegenheit, die der Beibehaltung der vorhandenen Gefahrlage im Sinne des § 32 VVG dient. Es findet § 6 Abs. 2 VVG auf sie Anwendung, da die Verwendungsklausel im Versicherungsvertrag begründet ist. Darüber hinaus kann ein Verstoß gegen die Verwendungsklausel nicht auch noch unter dem Gesichtspunkt der Gefahrerhöhung gem. §§ 23 ff. VVG beurteilt werden, da diese Klausel abschließend die Rechtsfolgen als lex specialis regelt[358].

247 Ebenfalls liegt ein Verstoß gegen die Verwendungsklausel vor, wenn ein mit einem roten Kennzeichen versehener Pkw für andere Fahrten, als nach § 28 StVZO vorgesehenen Probe- bzw. Überführungsfahrten benutzt wird[359]; Verwendung eines zum Güternahverkehr versicherten Fahrzeuges im Güterfernverkehr[360].

 Aus dem Zweck der Verwendungsklausel, die Gefahrerhöhung zu verhindern[361], ergibt sich zugleich, dass eine Obliegenheitsverletzung im Sinne von § 2b Abs. 1 S. 1 a AKB nicht vorliegen kann, wenn das Fahrzeug zu einem Zweck verwendet wird, der niedriger eingestuft ist als der vorgesehene.

 Enthält der Tarif des VR für den nicht vereinbarten Verwendungszweck des Fahrzeugs keine eigene Einstufung, muss konkret geprüft werden, ob die tatsächliche Verwendung des Fahrzeugs eine erhöhte Gefahr gegenüber der versicherten Verwendungsart darstellt[362].

248 Der VR muss **beweisen,** dass das Kfz zu einem anderen als dem vereinbarten Verwendungszweck benutzt worden ist[363]. Der VR muss ebenfalls beweisen, dass die Benutzung

---

[353] Vgl. *van Bühren/Römer,* Anwaltshandbuch Teil 7, Rn. 1188 ff.

[354] BGH v. 1. 3. 1972, VersR 1972, 530.

[355] OLG Hamm v. 11. 9. 1997, VersR 1998, 1498 – Vermietung für einen Monat; OLG Koblenz v. 4. 2. 1998, r+s 1999, 271.

[356] BGH v. 21. 3. 1963, NJW 1963, 1249 = VersR 1963, 527; BGH v. 1. 3. 1972, NJW 1972, 822 = VersR 1972, 530; OLG Hamm v. 11. 9. 1997, VersR 1998, 1498.

[357] BGH v. 1. 3. 1972, VersR 1972, 530.

[358] BGH v. 22. 1. 1997, ZfS 1997, 377; OLG Köln v. 1. 3. 1990, r+s 1990, 111; OLG Karlsruhe v. 7. 7. 1994, VersR 1995, 568.

[359] OLG Köln v. 11. 2. 2000, r+s 2000, 187; OLG Köln v. 28. 3. 2000, r+s 2000, 189.

[360] OLG Hamm v. 1. 12. 1997, r+s 1998, 140.

[361] OLG Karlsruhe v. 7. 7. 1994, VersR 1995, 568.

[362] OLG Karlsruhe v. 30. 4. 1986, VersR 1986, 1180 = NJW-RR 1987, 212.

[363] BGH v. 21. 3. 1963, VersR 1963, 527; BGH v. 19. 3. 1986, VersR 1986, 541 = MDR 1986, 739.

durch den VN selbst erfolgt oder dass die vertragswidrige Benutzung durch einen Dritten von ihm gestattet worden ist. Ihm selbst steht dabei nur ein Repräsentant gleich[364].

(2) *Schwarzfahrtklausel:* Nach § 2b Abs. 1 S. 1b AKB wird der VR[365] von der Leistungs- **249** pflicht frei, wenn ein unberechtigter Fahrer das Fahrzeug geführt hat (**sog. Schwarzfahrtklausel; § 5 Abs. 1 Nr. 3 KfzPflVV**). Die Norm soll eine Gefahrerhöhung im Sinne von § 6 Abs. 2 VVG vermeiden und schließt deshalb – wie auch bei der Verwendungsklausel – als lex specialis die Anwendbarkeit der §§ 23 ff. VVG über die Gefahrerhöhung aus[366]. Der VR wird danach von seiner Leistungspflicht frei, wenn ein unberechtigter Fahrer das Kfz benutzt hat. Unberechtigter Fahrer ist derjenige, der das Fahrzeug ohne vorherige ausdrückliche oder stillschweigende Erlaubnis des Verfügungsberechtigten lenkt[367]. Der irrtümliche Glaube an die Verfügungsberechtigung des Überlassenden ändert nichts an der fehlenden Berechtigung des Fahrers (Bedeutung hat dies u. U. nur für Verschulden) Eine nachträgliche Genehmigung ändert an der Obliegenheitsverletzung nichts[368]. Wenn den Fahrer die Obliegenheit trifft, eine solche Benutzung zu unterlassen, so bedeutet dies, dass er klarstellen muss, ob der Halter mit der Fahrt einverstanden ist. Ist eine solche Klarstellung nicht einwandfrei möglich, muss der Fahrer die Fahrt unterlassen[369]. Eine „Schwarzfahrt" kommt danach auch in Betracht, wenn ein Geschäftswagen privat genutzt wird, obwohl eine derartige Nutzung nicht erlaubt war[370].

Nach der alten Regelung des § 2 Abs. 2b AKB 88 trat die Leistungsfreiheit des Versiche- **250** rungsscheins nur gegenüber dem unberechtigten Fahrer ein. Nach § 2b Abs. 1 S. 2 AKB 95 wird der VR gegenüber dem VN, Eigentümer oder Halter nur leistungsfrei, wenn dieser die Schwarzfahrt schuldhaft ermöglicht hat, §§ 7 Abs. 3 StVG, 823 BGB. Dies geschieht beispielsweise, weil er das Fahrzeug unverschlossen in der Öffentlichkeit abgestellt hat[371]. Danach waren Schwarzfahrten des VN immer gedeckt.

Nach der Neuregelung in den AKB 95[372] ist der VN nicht notwendigerweise immer der **251** berechtigte Fahrer. Andererseits liegt nach den neuen AKB nun die **Beweislast** für das schuldhafte Ermöglichen der Schwarzfahrt beim VR.

Schwarzfahrten und Fahrten ohne Führerschein sind getrennt voneinander zu betrachten. Die Schwarzfahrt kann auch mit Führerschein unternommen werden. Dagegen ist die Fahrt ohne Führerschein nicht zwingend eine Schwarzfahrt[373].

Auch der unberechtigte Fahrer ist in der Kfz-Haftpflichtversicherung im Außenverhältnis **252** gegenüber geschädigten Dritten nach § 10 Abs. 2c AKB mitversichert[374]. Der Geschädigte behält seinen Direktanspruch (§ 3 Nr. 1, 4 PflVG)[375].

(3) *Führerscheinklausel:* Von erheblicher praktischer Bedeutung ist die in § 2b Abs. 1 S. 1c **253** AKB geregelte **Führerscheinklausel (§ 5 Abs. 1 Nr. 4 KfzPflVV).** Fahrten ohne Fahrerlaubnis sind danach als Obliegenheitsverletzungen zu werten. Danach wird der VR von der

---

[364] BGH v. 24. 11. 1966, VersR 1967, 50 = NJW 1967, 779.

[365] Einige VR haben darauf verzichtet die Regelung des § 2b Abs. 1 S. 2 AKB in Ihre Vertragsbestimmungen aufzunehmen.

[366] BGH v. 20. 4. 1961, BGHZ 35, 39 = BGH NJW 1961, 1403 = VersR 1961, 529; BGH v. 14. 5. 1986, VersR 1986, 693 = r+s 1986, 197; OLG Karlsruhe v. 7. 7. 1994, VersR 1995, 568.

[367] BGH v. 17. 2. 1955, NJW 1955, 669; *Prölss/Martin/Knappmann,* § 2b AKB Rn. 16; *Bauer,* Rn. 481 f. m. w. N.

[368] U. U. kann hieraus aber auf eine mutmaßliche Einwilligung geschlossen werden – BGH v. 1. 12. 1982, VersR 1983, 233 = r+s 1983, 73.

[369] OLG Frankfurt v. 26. 11. 1974, VersR 1976, 282.

[370] BGH v. 13. 7. 1993, VersR 1993, 1092; *Berz/Burmann/Heß,* Handbuch, 7 G Rn. 10.

[371] *Feyock/Jacobsen/Lemor,* § 2b AKB Rn. 67.

[372] Einige VR haben diese Regelung des § 2b Abs. 1 S. 2 AKB 95 nicht in ihre Bedingungen aufgenommen.

[373] *Stiefel/Hofmann,* § 2 AKB Rn. 210.

[374] *Van Bühren/Boudon,* Versicherungsrecht, § 2 Rn. 62.

[375] OLG Hamm v. 18. 9. 1995, VersR 1996, 1358.

Verpflichtung zur Leistung frei, wenn der Fahrer des Fahrzeuges (§ 2 Abs. 1 StVG; § 23 StVO) bei Eintritt des Versicherungsfalls auf öffentlichen Wegen oder Plätzen nicht über die vorgeschriebene Fahrerlaubnis verfügt hat. Ob jemand ohne Fahrerlaubnis fährt, richtet sich nach den Regelungen der StVZO. Die Geltung ausländischer Führerscheine der VO über den internationalen Kraftfahrzeugverkehr[376] richtet sich nach den §§ 4, 5 StVZO. Fahrerfunktionen in diesem Zusammenhang sind einzig solche, zu denen nach der StVZO der Führerschein erforderlich ist. Fahrer ist derjenige, der Verrichtungen vornimmt, die erforderlich sind, damit die bestimmungsgemäßen Triebkräfte des Fahrzeuges auf eben dieses zu dessen Fortbewegung einwirken[377]. Die Bedienung wesentlicher mechanischer Einrichtungen des Fahrzeuges können schon ausreichen; z. B. Lenkung oder Fußbremse[378]. Die Bedienung unwesentlicher Betriebseinrichtungen z. B. Hupe, Blinker oder Handbremse reicht nicht aus. Fahrer ist nach diesem Verständnis grundsätzlich derjenige, der im Zeitpunkt des Versicherungsfalles am Steuer sitzt[379].

254   Diese Obliegenheit trifft vor allem den mitversicherten Fahrer, aber auch den VN, Halter oder Eigentümer, sofern sie Fahrer sind. Aber auch wenn VN, Halter oder Eigentümer nicht der Fahrer waren, kann zugunsten des VR eine Befreiung von der Verpflichtung zur Gewährung des Versicherungsschutzes eintreten. Das ist dann der Fall, wenn die letztgenannten die Obliegenheitsverletzung des Fahrers schuldhaft ermöglicht haben (§ 2b Abs. 1 S. 2 AKB).
Die Führerscheinklausel ist verletzt, wenn der Führerschein von der Polizei nach § 94 Abs. 3 StPO polizeilich beschlagnahmt bzw. anstelle einer Beschlagnahme freiwillig herausgegeben worden ist (§ 94 Abs. 1 StPO)[380]. Auch die vorläufige Entziehung gemäß § 111a StPO reicht aus[381]. In diesen Fällen geht die Berechtigung zum Führen von Kfz verloren[382].

255   Dagegen liegt **kein Verstoß** gegen die Führerscheinklausel vor, wenn der Fahrer die Führerscheinurkunde nicht während der Fahrt bei sich führt[383]. Ebenso wenig liegt ein Verstoß vor, wenn gegenüber dem Fahrer rechtskräftig ein Fahrverbot (§ 44 StGB, § 25 StVG) verhängt worden ist, denn er bleibt im Besitz einer Fahrerlaubnis, so dass kein Verstoß vorliegt[384].

256   Die Rechtsprechung stellt an die Erfüllung dieser Obliegenheit hohe Anforderungen. Danach haben sich der VN, Halter oder Eigentümer grundsätzlich vor Antritt der Fahrt den **Führerschein vom Fahrer zeigen** zu lassen[385]. Auf das Vorzeigen eines Führerscheines kann nur verzichtet werden, wenn Umstände vorliegen, die den sicheren Schluss auf den Besitz eines Führerscheines zulassen. So darf man grds. auf den Fortbestand einer ihnen bereits bekannten Fahrerlaubnis vertrauen[386]. Ausnahmsweise darf auf die Vorlage des Führerscheins verzichtet werden, wenn aufgrund anderer Umstände auf den Besitz einer Fahrerlaubnis vertraut werden darf, beispielsweise, wenn der Fahrer seit einem halben Jahr täglich mit einem Pkw fährt[387]. Bei einem ausländischen Führerschein (jedenfalls, wenn es einer außerhalb der EU ist), muss sich der VN darüber informieren, ob der Führerschein im Inland Gültigkeit hat[388].

257   Hat der VN das Fahrzeug diesem Dritten auch schon früher überlassen, so ist das erneute Vorlegen der Fahrerlaubnis nur erforderlich, wenn Gründe für die Annahme bestehen, dass dem Dritten die Fahrerlaubnis zwischenzeitlich entzogen worden ist[389]. Ist dem VN der Ent-

---

[376] BGH NJW v. 25. 2. 1970, 1970, 995.
[377] BGH v. 27. 7. 1962, BGHSt 18, 6 = MDR 1962, 1002.
[378] BGH v. 9. 7. 1959, BGHSt 13, 226.
[379] BGH v. 23. 5. 1960, BGHZ 32, 331 = VersR 1960, 650.
[380] BGH v. 28. 10. 1981, VersR 1982, 84.
[381] BGH v. 24. 9. 1962, VersR 1962, 1053.
[382] BGH v. 28. 10. 1981, NJW 1982, 182.
[383] BGH v. 8. 6. 1964, NJW 1964, 1566 = VersR 1964, 742.
[384] BGH v. 11. 2. 1987, NJW 1987, 1827 = VersR 1987, 897 = DAR 1987, 223 = MDR 1987, 746.
[385] BGH v. 6. 7. 1988, VersR 1988, 1017; OLG Köln v. 28. 2. 1991, VersR 1993, 45.
[386] BGH v. 6. 7. 1988, VersR 1988, 1017.
[387] OLG Karlsruhe v. 2. 4. 1987, NJW-RR 1988, 347.
[388] OLG Nürnberg v. 24. 1. 2002, SP 2002, 207; LG Duisburg v. 25. 8. 1995, r+s 1996, 44.
[389] BGH v. 19. 2. 1968, VersR 1968, 443; BGH v. 16. 6. 1971, VersR 1971, 808.

zug der Fahrerlaubnis bekannt, so darf er – auch nicht bei enger persönlicher Verbindung – auf die bloße Angabe, er habe die Fahrerlaubnis wiedererlangt, vertrauen[390]. Der VN muss sich den Führerschein zeigen lassen. Hätte dieser aber in amtlicher Verwahrung sein müssen, bzw. war er gefälscht, so ist der VN entschuldigt, es sei denn, er hätte den wahren Sachverhalt erkennen können[391]. Bei ausländischen Führerscheinen muss sich der VN darüber vergewissern, ob dieser Führerschein in Deutschland gültig ist[392].

Sind Eigentümer und Halter vom VN personenverschieden, so trifft auch sie die Pflicht, sich den Führerschein vorlegen zu lassen.

(4) Rennveranstaltungen: Nach § 2b Abs. 1 S. 1d AKB (§ 5 Abs. 1 Nr. 2 KfzPflVV) besteht **258** die Obliegenheit, nicht an **Rennveranstaltungen** teilzunehmen). Es handelt sich bei Rennveranstaltungen um behördlich nicht genehmigte Fahrveranstaltungen, bei denen es auf die Erzielung einer Höchstgeschwindigkeit ankommt. Dazugehörige Übungsfahrten reichen aus[393]. Diese Obliegenheit ist ein Spezialfall der Verwendungsklausel in der **Haftpflichtversicherung.** Die Klausel ergänzt § 2b Abs. 3 AKB, wonach die Teilnahme an Rennveranstaltungen wegen des erhöhten Risikos in der **Kaskoversicherung** grundsätzlich nicht versichert ist (genereller Leistungsausschluss).

(5) Fahruntüchtigkeitsklausel: Leistungsfreiheit des VR tritt in der Kfz-Haftpflichtversicherung auch ein, wenn der Fahrer infolge des Genusses alkoholischer Getränke oder anderer berauschender Mittel nicht in der Lage ist, das Fahrzeug sicher zu führen (§ 2b Abs. 1 S. 1e AKB). Diese sog **Fahruntüchtigkeitsklausel** ist durch § 5 Abs. 1 Nr. 5 KfzPflVV eingeführt worden. Sie gilt nur in der Kfz-Haftpflichtversicherung. In der Kaskoversicherung ist das Fahren im fahruntüchtigen Zustand nach § 61 VVG – vorsätzliche oder grob fahrlässige Herbeiführung des Versicherungsfalles – zu bewerten[394]. **259**

Der Wortlaut der Klausel entspricht dem der strafrechtlichen Vorschriften der §§ 315c **260** Abs. 1 S. 1a, 316 Abs. 1 StGB. Zur Auslegung der Klausel kann deshalb auf die strafrechtliche Rechtsprechung zurückgegriffen werden[395] Die Fahruntüchtigkeit hängt vom Grad der Alkoholisierung ab. Danach besteht ab einer BAK von 1,1 ‰ die **absolute Fahruntüchtigkeit**[396]. Liegt die BAK unter 1,1 ‰, so besteht eine **relative Fahrunsicherheit,** die nur dann versicherungsrechtliche Bedeutung erlangt, wenn weitere Ausfallerscheinungen vorliegen, die neben dem Alkoholwert die Fahruntüchtigkeit beweisen. Sie können sich u. a. aus der Fahrweise und dem sonstigen Verhalten des Fahrers ergeben und bereits bei 0,3 ‰ vorliegen[397].

bb) Adressaten der Obliegenheiten: Die Obliegenheiten gem. **§ 5 Abs. 1 Nr. 3–5 KfzPflVV** **261** (Schwarzfahrtklausel, Führerscheinklausel und Fahruntüchtigkeitsklausel) richten sich an den VN und die mitversicherten Personen. (§ 3 Abs. 1 AKB) Haben diese die aufgeführten Obliegenheitsverletzungen selbst begangen oder schuldhaft ermöglicht, wird der VR leistungsfrei (vgl. § 5 Abs. 2 KfzPflVV; § 2b I S. 2 AKB 95)[398].

---

[390] OLG Köln v. 28. 2. 1991, NZV 1991, 473.

[391] *Prölss/Martin/Knappmann,* § 2b AKB Rn. 45; OLG Karlsruhe v. 16. 7. 1987, NJW-RR 1988, 27 mit dem zutreffenden Hinweis, dass die Fälschung einer Fahrerlaubnis die Ausnahme darstellt.

[392] *Berz/Burmann/Heß,* Handbuch, 7 G Rn. 42.

[393] In der Kaskoversicherung gilt für Rennveranstaltungen ein genereller Leistungsausschluss (§ 2b Abs. 3b AKB).

[394] Vgl. dazu umfassend *Heß/Höke,* § 30 Rn. 34ff., 48ff.

[395] BGH v. 9. 10. 1991, NJW 1992, 119.

[396] BGH v. 28. 6. 1990, VersR 1990, 1197; BGH v. 9. 10. 1991, VersR 1991, 1367.

[397] KG Berlin v. 9. 6. 1995, NZV 1996, 200; OLG Hamm v. 21. 6. 1989, VersR 1990, 43; OLG Hamm v. 18. 2. 1999, r+s 1999, 268; OLG Karlsruhe v. 20. 8. 1992, r+s 1995, 375f.; vgl. im Einzelnen zu einer alkoholbedingten Fahruntüchtigkeit § 61 Rn. 55ff.; § 30 Rn. 48ff.

[398] Dies bedeutet bei der sog. Schwarzfahrtklausel eine Änderung gegenüber den „Altverträgen". Danach wurde nur dem unberechtigten Fahrer der Versicherungsschutz entzogen – BGH v. 13. 7. 1993, VersR 1993, 1092; *Stiefel/Hofmann,* § 2b Rn. 53; *Berz/Burmann/Heß,* Handbuch, 7 G Rn. 15.

Die Obliegenheiten der **§ 5 Abs. 1 Nr. 1 und 2 KfzPflVV** (Verwendungsklausel und Rennveranstaltung) gelten grds. nur für den VN. Gem. § 79 Abs. 1 VVG wirken Verstöße aber auch gegen die mitversicherte Person, wenn diese die Obliegenheitsverletzung selbst begangen oder ihr die Umstände, die die Obliegenheitsverletzung begründen bekannt oder grob fahrlässig unbekannt waren (§ 158i VVG).

262   *cc) Voraussetzungen der Leistungsfreiheit:* (Verschulden des VN; Kausalität; Kündigung durch VR) Nach § 6 Abs. 1 und 2 VVG setzt eine Leistungsfreiheit des VR nach einer Obliegenheitsverletzung voraus, dass der VN seine Pflichten schuldhaft verletzt hat (§ 6 Abs. 1 S. 1 VVG; siehe Rn. 138). Die Verletzung der Obliegenheiten muss für den Eintritt des Versicherungsfalls oder den Umfang der Versicherungsklausel auch kausal geworden sein (§ 6 Abs. 2 VVG) und der VR muss den Vertrag innerhalb eines Monats, nachdem er von der Obliegenheitsverletzung Kenntnis erhalten hat, gekündigt haben (§ 6 Abs. 1 S. 2 und 3 VVG, siehe Rn. 135).

263   *(1) Verschulden:* Voraussetzung einer Leistungsfreiheit ist die **schuldhafte Verletzung** einer individuell oder in den AVBen vereinbarten Obliegenheit (§ 6 Abs. 1 VVG) durch den VN. Grundsätzlich schadet daher – soweit nichts anderes vereinbart ist[399] – schon leichte Fahrlässigkeit. Folglich ist eine Obliegenheitsverletzung **vor Eintritt des Versicherungsfalles** nur dann unverschuldet, wenn den VN bzw. den Fahrer nicht der geringste Vorwurf einer Fahrlässigkeit trifft[400]. Dies gilt im Unterschied zu einer **im bzw. nach dem Versicherungsfall** zu erfüllenden Obliegenheit. Dort ist der Verschuldensmaßstab auf zumindest grobe Fahrlässigkeit angehoben, § 6 Abs. 3 S. 1 VVG[401].

264   Aus der Formulierung des § 6 Abs. 1 S. 1 VVG folgt, dass der VN sich entlasten muss. Er muss beweisen, dass die Obliegenheitsverletzung unverschuldet ist[402]. Der VR trägt dagegen die **Beweislast** dafür, dass eine Obliegenheitsverletzung vom VN oder den mitversicherten Personen bzw. einem Repräsentanten begangen worden ist[403].

265   Besondere Bedeutung in der Praxis hat die Verschuldensfrage bei der **Führerscheinklausel,** wenn der VN einem Dritten, der nicht im Besitz einer gültigen Fahrerlaubnis ist, die Benutzung des Fahrzeuges gestattet hat. Grundsätzlich muss sich der VN, wenn er sein Fahrzeug einem Dritten überlässt, sich von diesem die Fahrerlaubnis zeigen lassen[404].

Da die Gefährlichkeit von **Alkohol** bekannt ist, sind an die Erfüllung der Obliegenheit im Hinblick auf die **Fahruntüchtigkeitsklausel/Trunkenheitsklausel** hohe Anforderungen zu stellen[405]. Ein Verschulden liegt daher bereits vor, wenn der VN weiß, dass der Fahrer Alkohol getrunken hat, es sei denn der VN weiß genau, dass es sich nur um eine geringe Menge gehandelt hat und auch keine Anzeichen einer Fahruntüchtigkeit vorliegen[406]. Entsprechendes hat für Medikamente zu gelten[407]. Der VN muss allerdings wissen, dass der Fahrer, Medikamente, die die Fahrtüchtigkeit beeinträchtigen können, eingenommen hat.

266   Es fehlt an einem Verschulden, wenn der VN zum Zeitpunkt der Verletzung nicht zurechnungsfähig war (§ 827 BGB gilt auch hier[408]). Das Verschulden kann aber darin liegen, dass der VN sich schuldhaft (Alkohol) in den Zustand der Unzurechnungsfähigkeit versetzt hat. Die Beweislast liegt beim VN.

---

[399] Z.B. nur Vorsatz und grobe Fahrlässigkeit in § 7 S. 2 AFB; § 3 II 3 VGB 88.
[400] OLG Karlsruhe v. 30. 4. 1986, VersR 1986, 1180 (1183).
[401] Siehe dazu *Felsch,* r+s 2007, 489.
[402] *Prölss/Martin,* VVG § 6 Anm. 14.
[403] *Feyock/Jacobsen/Lemor,* § 2b AKB Rn. 9.
[404] BGH v. 6. 7. 1988, VersR 1988, 1017; OLG Köln v. 28. 2. 1991, NZV 1991, 473, s. o. Rn. 157.
[405] *Feyock/Jacobsen/Lemor/Jacobsen,* § 2b AKB Rn. 69.
[406] *Berz/Burmann/Heß,* Handbuch, 7 G Rn. 43a.
[407] *Berz/Burmann/Heß,* Handbuch, 7 G Rn. 43b; nicht so weitgehend Jacobsen in *Feyock/Jacobsen/Lemor,* § 2b AKB Rn. 69, nachdem der VN erst schuldhaft handeln soll, wenn aus dem veränderten Verhalten auf Fahruntüchtigkeit geschlossen werden kann.
[408] *Van Bühren/Römer,* Anwaltshandbuch, Teil 7, Rn. 141.

(2) Kausalität (§ 6 Abs. 2 VVG): Der VR wird nach § 6 Abs. 2 VVG von der Pflicht zur **267**
Leistung nur dann frei, wenn die Verletzung einer vorbeugenden Obliegenheit kausal für
den Eintritt des Versicherungsfalls bzw. den Umfang der dem VR obliegenden Leistung
ist[409]. Ist dies streitig, so hat gem. § 6 Abs. 2 VVG der VN den **Kausalitätsgegenbeweis** zu
führen, dass die Obliegenheitsverletzung sich mit Sicherheit in keiner Weise auf den Eintritt
des konkreten Versicherungsfalles (Eintritt und Umfang) ausgewirkt hat[410]. Kausalität besteht
danach nicht, wenn der Eintritt und Umfang des Versicherungsfalls von der Risikoerhöhung,
die durch die Erfüllung der Obliegenheit verhindert werden sollte, unabhängig sind[411]. Ist der
Eintritt bzw. der Umfang des Versicherungsfalles nicht durch den Verstoß beeinflusst worden,
fehlt die Kausalität. Bei einem Verstoß gegen die **Fahrerlaubnisklausel** muss der VN somit
nachweisen, dass sich das Fehlen der Fahrerlaubnis (der dabei vermittelten Kenntnisse und Fähigkeiten) weder auf den Eintritt des Versicherungsfalles noch auf den Umfang der Leistung
des VR ausgewirkt hat.

Dies ist der z. B. der Fall, wenn **268**
– der Unfall für den Fahrer höhere Gewalt (§ 7 Abs. 2 StVG n. F.), ein unabwendbares Ereignis im Sinne von § 17 StVG n. F. darstellte oder ausschließlich auf einem nicht vorhersehbaren Fehler in der Beschaffenheit des Fahrzeugs oder einem Versagen seiner Einrichtungen beruhte[412].
– Wenn dem Fahrer auf seinen Antrag hin, die entsprechende Erlaubnis hätte erteilt werden
müssen und nur rein formelle Gründe für die fehlende Fahrerlaubnis vorliegen: (§ 15
StVZO deutsche Fahrerlaubnis bei abgelaufener Gültigkeit einer ausländischen Fahrerlaubnis[413]; § 15b StVZO zusätzliche Erlaubnis[414]).
– Wenn die fehlende Erlaubnis nicht der Verhütung des eingetretenen Unfalles dient
(Schutzzweck der Norm), so ist das Fehlen einer Erlaubnis zur Fahrgastbeförderung un-
schädlich, wenn bei dem Unfall keine Businsassen geschädigt worden sind[415].

Ist der Unfall aber auf einen Fahrfehler zurückzuführen, liegt bei Fehlen der – nicht nur aus **269**
formellen Gründen[416] – allgemeinen Fahrerlaubnis regelmäßig die Kausaliät vor[417].

Der Kausalitätsgegenbeweis bei der **Verwendungsklausel ist** vom VN schwer zu führen. **270**
Der Nachweis der fehlenden Kausalität ist praktisch nur geführt, wenn der Unfall auf einem
unabwendbaren Ereignis beruhte oder ein vertragswidrig als Mietwagen eingesetztes Fahrzeug im Unfallzeitpunkt (Zeitpunkt des Versicherungsfalles) gar nicht als Mietfahrzeug eingesetzt war[418].

Bei der **Schwarzfahrtklausel** wird der Kausalitätsgegenbeweis ebenfalls nur durch den **271**
Nachweis eines unabwendbaren Ereignisses geführt werden können. Gleiches gilt für die
Fahruntüchtigkeitsklausel[419].

(3) Kündigung: Nach § 6 Abs. 1 S. 2 u. 3 VVG setzt die Leistungsfreiheit des VRs außerdem **272**
voraus, dass der VR den Vertrag innerhalb eines Monats, nachdem er von der Obliegenheitsverletzung Kenntnis erlangt hat, kündigt. Der VR muss zwingend, wenn er sich auf die Leistungsfreiheit berufen will, kündigen (das Kündigungsrecht ist insoweit Kündigungspflicht § 6

---

[409] BGH v. 13. 12. 1972, VersR 1973, 172 = NJW 1973, 285; BGH v. 13. 11. 1996, VersR 1997, 485 =
NJW-RR 1997, 407.
[410] BGH v. 13. 11. 1996, VersR 1997, 485; OLG Hamm v. 1. 12. 1997, r+s 1998, 140 = ZfS 1998, 296;
OLG Saarbrücken v. 14. 11. 2001, NVersZ 2002, 124.
[411] BGH v. 22. 11. 1968, NJW 1969, 371 = VersR 1969, 147; BGH v. 1. 3. 1972, VersR 1972, 530.
[412] BGH v. 27. 2. 1976, VersR 1976, 531; OLG Hamm v. 20. 9. 1989, VersR 1990, 846; OLG Hamm v.
11. 9. 1997, ZSs 1998, 297;OLG Saarbrücken v. 22. 3. 1989, NJW-RR 1989, 733.
[413] BGH v. 17. 3. 1982, VersR 1982, 589.
[414] BGH v. 4. 10. 1978, VersR 1978, 1129.
[415] BGH v. 13. 12. 1972, NJW 1973, 285.
[416] BGH v. 17. 3. 1982, VersR 1982, 589.
[417] *Prölss/Martin/Knappmann*, § 2b AKB Rn. 35 m. w. N.
[418] *Van Bühren/Römer*, Anwaltshandbuch, Teil 7, Rn. 158.
[419] *Stiefel/Hoffmann*, § 2b AKB.

Abs. 1 S. 3 VVG). Unerheblich ist, ob die obliegenheitswidrige Lage noch bei Ausspruch der Kündigung besteht[420]. Die Kündigung des Versicherungsvertrages ist auch dann Voraussetzung der Leistungsfreiheit, wenn der VR, wie im Regelfall, erst nach dem Eintritt des Versicherungsfalls Kenntnis von der Obliegenheitsverletzung erlangt[421]. In der Praxis scheitert eine Leistungsfreiheit des VR häufig schon am Fehlen der erforderlichen Kündigung innerhalb der Monatsfrist.

Die Parteien können diese halbzwingende Regelung des § 6 Abs. 1 S. 3, 15a VVG des Kündigungserfordernisses auch nicht durch abweichende Regelungen (z. B. durch einen Verzicht) unterlaufen[422]. Das später wieder ein neuer Versicherungsvertrag (auch mit gleichem Inhalt geschlossen wird, ist allerdings für die Leistungsfreiheit aus dem ursprünglichen Versicherungsvertrag unschädlich[423].

273 Ausnahmsweise ist die Kündigung des Versicherungsvertrages entbehrlich,
– wenn das versicherte Interesse im Zeitpunkt einer möglichen Kündigung dauernd und vollständig weggefallen ist[424]. Das ist beispielsweise beim Eintritt eines technischen Totalschadens des versicherten Fahrzeugs der Fall, wobei in der Haftpflichtversicherung[425] ein wirtschaftlicher Totalschaden nicht ausreicht, weil eine Reparatur nicht auszuschließen ist[426]. Auch entfällt bei einem Diebstahl ebenfalls nicht ohne weiteres das versicherte Risiko[427]; ebenso bei der Veräußerung des Fahrzeuges an einen Dritten[428].
– wenn der Versicherungsvertrag ohnehin vor Ablauf der Kündigungsfrist endet[429]. Das Gleiche gilt, wenn der Versicherungsvertrag binnen Monatsfrist auf ein Nachfolgefahrzeug umgeschrieben wird[430].

274 In diesen Fällen wäre das Festhalten an dem Kündigungserfordernis „reine Förmelei".

Eine **Kündigungspflicht besteht nicht,** wenn nur eine mitversicherte Person eine Obliegenheit verletzt hat. In der Haftpflichtversicherung wird dem VN grundsätzlich das Verhalten des mitversicherten Fahrers nicht zugerechnet. In diesen Fällen fehlt es in der Kraftfahrzeughaftpflichtversicherung bereits – mangels Zurechnung des Verhaltens der mitversicherten Person – an einer Obliegenheitsverletzung des VN. In der Fahrzeugversicherung wird nur das Verhalten von Repräsentanten zugerechnet[431].

275 Die Kündigungserklärung des VR muss dem VN spätestens am letzten Tag der Monatsfrist **zugegangen** sein. Die Beweislast für den Zugang liegt auch hier beim VR. Zu laufen beginnt die Monatsfrist ab Kenntnis des VR schon vom objektiven Sachverhalt[432]. Über ein Verschulden des VN braucht der VR zu diesem Zeitpunkt noch nichts wissen[433]. Es reicht aus, wenn der zuständige Sachbearbeiter beim VR Kenntnis erlangt, nicht notwendig ist,

---

[420] OLG Köln v. 10. 1. 1980, VersR 1980, 738.
[421] BGH v. 13. 1. 1982, VersR 1982, 395 (396); BGH v. 24. 4. 1985, VersR 1985, 775; BGH v. 25. 11. 1998, VersR 1999, 301.
[422] OLG v. 17. 5. 1991, Hamm, r+s 1992, 77.
[423] BGH v. 22. 6. 1988, r+s 1988, 283 = VersR 1988, 1013.
[424] BGH v. 15. 1. 1997, NJW-RR 1997, 528; BGH v. 24. 4. 1985, VersR 1985, 775; OLG Hamm v. 14. 6. 1991, r+s 1992, 152; OLG Hamm v. 30. 6. 1993, r+s 1994, 83 = VersR 1994, 802.
[425] Vgl. auch *Römer/Langheid/Römer,* § 6 Rn. 81.
[426] OLG Hamm v. 30. 6. 1993, VersR 1994, 802; OLG Nürnberg v. 22. 5. 1997, ZfS 1997, 421; OLG Saarbrücken v. 14. 11. 2001, NVersZ 2002, 124; OLG Köln v. 17. 6. 2003, r+s 2003, 495.
[427] BGH v. 15. 1. 1997, NJW-RR 1997, 598 – etwas anderes würde nur gelten, wenn keine Aussicht mehr besteht, das gestohlene Fahrzeug wiederzubeschaffen; BGH v. 24. 4. 1985, VersR 1985, 775 (innerhalb der Monatsfrist aber regelmäßig nicht anzunehmen).
[428] BGH v. 14. 3. 1984, VersR 1984, 550f. – auch wegen des in § 69 VVG angeordneten Überganges Kündigung erforderlich, da in diesen Fällen der zwischen dem VN und dem VR geschlossene Vertrag nicht gegenstandslos geworden ist (Doppelversicherung).
[429] BGH v. 3. 6. 1991, VersR 1992, 1089; OLG Köln v. 5. 11. 1992, r+s 1993, 119.
[430] OLG Hamm v. 2. 2. 1996, VersR 1996, 568. = r+s 1996, 294.
[431] BGH v. 28. 10. 1981, VersR 1982, 84.; *Römer/Langheid/Römer,* § 6 Rn. 77; *Bauer,* Rn. 449.
[432] BGH v. 29. 5. 1970, VersR 1970, 660.
[433] BGH v. 14. 11. 1960, VersR 1960, 1131; BGH v. 21. 9. 1964, 1965, 29 (30).

dass er auch die Kündigung aussprechen darf[434]. Die Monatsfrist des § 6 Abs. 1 VVG wird restriktiv gehandhabt. Der VR soll dadurch gezwungen werden, rasch Klarheit darüber herbeizuführen, ob aus der Obliegenheitsverletzung des VN vor dem Versicherungsfall Konsequenzen ziehen will oder nicht. Deshalb läuft die Frist ab Kenntnis des objektiven Tatbestandes unabhängig davon, ob der VR sich über sein Leistungsverweigerungsrecht bewusst geworden ist[435]. Eine zusätzliche Frist zur Durcharbeitung der Akten wird dem VR ebenso wenig eingeräumt[436], wie er die Kündigung z. B. von dem rechtskräftigen Abschluss eines Strafverfahrens abhängig machen kann[437].

Der VR kann den Beginn der Frist auch nicht dadurch hinausschieben, in dem er
– gebotene Nachfragen unterlässt – eine Obliegenheitsverletzung drängt sich auf – „Verschließen der Augen"
– er obwohl er schon sichere ausreichende Kenntnis hat, weitere Nachfrage hält.

Die Kündigung durch den VR muss auch formell ordnungsgemäß sein. Es muss gem. **276** § 174 BGB – soweit keine Kündigung durch eine Person mit gesetzlicher Vertretungsmacht erfolgt – eine **Originalvollmacht**[438] (keine beglaubigte Abschrift oder Fotokopie) vorgelegt werden[439]. Ebenso wenig reicht eine Faxkopie aus[440]. Ist die erforderliche Originalvollmacht nicht beigefügt, so hat der VN ein Zurückverweisungsrecht, dass aber davon abhängig ist, dass er **es unverzüglich** ausübt (§ 174 BGB)[441].

(4) Umfang der Leistungsfreiheit: Liegen die Voraussetzungen aufgrund der Obliegenheits- **277** verletzung **vor** dem Versicherungsfall vor, so ist in der Kfz-Haftpflichtversicherung[442] gem. § 2b Abs. 1 AKB die Leistungsfreiheit des VRs entsprechend § 5 Abs. 3 KfzPflVV auf 5 000 € begrenzt.

Diese begrenzte Leistungspflicht gegenüber dem VN führt nicht zu einer Beschränkung **278** der Haftung im Außenverhältnis (§ 3 Nr. 6 PflVersG i. V. m. § 158c Abs. 3, 4 VVG a. F. kommen nicht zur Anwendung)[443]. Der VR haftet daher auch im Rahmen der vertraglich vereinbarten Versicherungssumme und nicht nur im Rahmen der Mindestversicherungssumme[444].

Auch der unberechtigte Fahrer ist nach § 10 Abs. 2c AKB in der Kfz-Haftpflichtversicherung im **Außenverhältnis** mitversichert.

Eine unbegrenzte Leistungsfreiheit greift nur gegenüber dem Fahrer ein, der das Fahrzeug **279** durch eine strafbare Handlung erlangt hat (§ 2b Abs. 2 S. 3 AKB, § 5 Abs. 3 Satz 2 KfzPflVV). Handelt der VN in betrügerischer Absicht (manipulierte Unfallereignisse) so ist die Leistungsfreiheit des VR bis zur Höhe des erlangten Vorteils unbegrenzt (§ 7V Abs. 3 AKB; § 7 KfzPflVV).

Bei der Beteiligung mehrerer Personen, besteht gegenüber jeder Person (z. B. Halter und **280** Fahrer) die Leistungsfreiheit bis zur Grenze von 5 000 €[445]. Es bleibt auch bei dieser Grenze, wenn **eine Person mehrere Obliegenheitsverletzung**en vor Eintritt des Versicherungsfalles begeht (z. B. unberechtigte Fahrer ohne Fahrerlaubnis)[446]. Eine Addition der Beträge fin-

---

[434] BGH v. 17. 4. 1996, ZfS 1996, 259; BGH v. 29. 5. 1970, VersR 1970, 660.
[435] BGH VersR 1962, 153; BGH v. 29. 5. 1970, VersR 1970, 660.
[436] BGH v. 29. 5. 1970, VersR 1970, 660.
[437] OLG Hamm v. 14. 11. 1958, VersR 1959, 282.
[438] Nicht erforderlich, wenn ein gesetzlicher Vertreter des VR die Kündigung unterschreibt.
[439] BGH v. 10. 2. 1994, NJW 1994, 1472.
[440] OLG Hamm v. 26. 10. 1990, NJW 1991, 1185.
[441] OLG Saarbrücken v. 30. 4. 2003, ZfS 2003, 351; U.U. sind schon 6 Tage nicht mehr unverzüglich – OLG Hamm v. 26. 10. 1990, NJW 1991, 1185; 17 Tage sind in jedem Fall zu spät (OLG Hamm v. 9. 9. 1987, NJW-RR 1988, 282).
[442] In der Kaskoversicherung kommt es zur vollen Leistungsfreiheit des VR (Alles-oder-Nichts-Prinzip siehe § 30 Rn. 181).
[443] *Berz/Burmann/Heß,* Handbuch, 7 G Rn. 20.
[444] *Knappmann,* VersR 1996, 401 (403).
[445] 5 000 DM bei Altverträgen – s. *Knappmann,* VersR 1996, 401 (406); *Jacobsen,* r+s 2003, 46.
[446] *Feycock/Jacobsen/Lemor/Jacobsen,* § 5 KfzPflVV Rn. 13; *Knappmann,* VersR 1996, 401 (406).

det in einem solchen Fall nicht statt[447] Allerdings kann das Zusammentreffen mehrerer Obliegenheitsverletzungen vor Eintritt des Versicherungsfalles, dazu führen, dass diese vielfältigen Verstöße in ihrer Gesamtheit als besonders schwerwiegend zu qualifizieren sind. Etwas anderes gilt, wenn zu der Obliegenheitsverletzung **vor** dem Versicherungsfall noch eine Obliegenheitsverletzung **nach** dem Eintritt des Versicherungsfalles hinzukommt (der alkoholisierte Fahrer begeht Unfallflucht). Es liegen dann zwei unterschiedliche Tatbestandsverwirklichungen vor, so dass sich die Leistungsfreiheit des VR bis zum Betrag von maximal 10 000 € kumulieren kann[448]. Diese Kumulation gilt nicht für sog. Altverträge – dort verbleibt es beim Regress in Höher von maximal 5 000 DM[449].

281 *(5) Beweislast:* Grundsätzlich muss der **VR** die Verwirklichung des **objektiven** Tatbestandes der Obliegenheitsverletzung durch den VN beweisen[450]. Der VR muss auch den Nachweis einer fristgemäßen Kündigung (Voraussetzung für Leistungsfreiheit) führen[451].

282 Der **VN** muss beweisen, dass ihn kein **Verschulden** trifft. Dies folgt aus der Regelung (Verschuldensvermutung) des § 6 Abs. 1 VVG[452]. Er muss z. B. beweisen, dass er annehmen durfte, dass die Person, der er das Fahrzeug überlassen hat, im Besitz einer Fahrerlaubnis war[453].

283 Für den Ausnahmefall der Unzurechnungsfähigkeit ist der VN beweisbelastet[454]. Für das Verschulden bei Verstößen gegen die Schwarzfahrt-, Führerschein bzw. Trunkenheitsklausel enthält § 2b Abs. 1 Satz 2 AKB 95 eine gegenüber § 6 Abs. 1 VVG und § 2 AKB 88 abweichende Beweisregel für das Verschulden. Der VR muss nachweisen, dass der VN zumindest leicht fahrlässig gehandelt hat. Auch hier folgt aus dem zivilprozessualen Grundsatz, dass wenn der darlegungspflichtige Gegner (der VR) außerhalb des Geschehensablaufes steht, der nicht beweisbelasteten Partei die Tatsachen aber bekannt sind, sie diese darlegen muss[455], d. h. der VN hat die Umstände darzulegen, die sein Verschulden ausschließen[456], dann obliegt es aber dem VR diese zu widerlegen. Die Beweislast bleibt somit beim VR, so dass es zu dessen Lasten geht, wenn eine Klärung der Streitfragen nicht möglich ist.

284 Ebenso muss der VN beweisen, dass die Obliegenheitsverletzung nicht **kausal** war (**Kausalitätsgegenbeweis**)[457]. Er muss somit beweisen, dass die Obliegenheitsverletzung keinen Einfluss auf den Eintritt des Versicherungsfalles selbst oder wenigstens auf den Umfang der dem VR obliegenden Leistung hatte (Negativbeweis)[458].

285 *(6) Berufung auf Leistungsfreiheit:* Das aufgrund einer Obliegenheitsverletzung bestehende Leistungsverweigerungsrecht des VR ist eine Einrede, die der VR gegenüber dem VN – auch im Prozess – geltend machen muss (keine Prüfung von Amts wegen)[459].

---

[447] OLG Hamm v. 15. 4. 1999, VersR 2000, 1139; *Berz/Burmann/Heß,* Handbuch, 7 G Rn. 21 a; *Feyock/Jacobsen/Lemor/Jacobsen,* § 5 KfzPflVV Rn. 13; *Knappmann,* VersR 1996, 401.
[448] OLG Hamm v. 2. 8. 1999, NJW-RR 2000, 172; OLG Köln v. 29. 10. 2002, r+s 2002, 492; OLG Karlsruhe v. 12. 1. 1993, r+s 1994, 7; *Knappmann,* VersR 1996, 401; *Johannsen,* r+s 2003, 47; *van Bühren/Römer,* Anwaltshandbuch Teil 7, Rn. 243 mit dem zutreffenden Hinweis auf die unterschiedlichen Schutzzwecke; a. A. OLG Nürnberg v. 27. 7. 2000, NJW-RR 2001, 97.
[449] LG Köln v. 12. 12. 1994, NZV 1995, 284; *Knappmann,* VersR 1996, 401 (406).
[450] BGH v. 14. 2. 1996, NJW-RR 1996, 981; OLG Hamburg v. 27. 8. 1993, VersR 1994, 668 = zfs 1994, 303; OLG Köln v. 19. 11. 1992, VersR 1993, 310.
[451] BGH v. 27. 5. 1981, VersR 1981, 921; *Bauer,* Rn. 455; *Feyock/Jacobsen/Lemor/Jacobsen,* § 2b AKB Rn. 11 m. w. N.
[452] OLG Köln v. 28. 2. 1991, NZV 1991, 473; OLG Frankfurt v. 24. 5. 1989, ZfS 1990, 235.
[453] OLG Köln v. 28. 2. 1991, NZV 1991, 473.
[454] BGH v. 1. 7. 1986, VersR 1986, 1241; *van Bühren/Römer,* Anwaltshandbuch Teil 7, Rn. 233.
[455] BGH v. 23. 1. 2003, r+s 2003, 144 (146); *Zöller/Greger,* vor § 284 Rn. 24, 34 ff.
[456] *Hoffmann,* NZV 1996, 12 (14).
[457] *Römer/Langheid/Römer,* § 6 Rn. 107; OLG Köln v. 28. 2. 1991, NZV 1991, 473; *Prölss/Martin/Prölss,* § 6 Rn. 124.
[458] BGH v. 13. 11. 1996, NJW-RR 1997, 407; zur Kausalität siehe Rn. 168.
[459] BGH v. 24. 4. 1974, VersR 1974, 689.; OLG Nürnberg v. 22. 5. 1997, VersR 1997, 1481.

Als Ablehnung der Leistung ist jede Mitteilung anzusehen, aus der der VN erkennen kann, **286**
dass sich der VR ganz oder teilweise endgültig weigert, die Leistung zu erbringen[460].

c) Obliegenheiten nach dem Versicherungsfall nach altem Recht (§ 7 AKB). **287**
aa) Grundlagen: § 7 AKB regelt die Verhaltensanforderungen an den VN und die mitversicherten Personen (siehe § 3 AKB) nach dem Versicherungsfall. Neben den vertraglich vereinbarten Obliegenheiten des VN, die er vor dem Versicherungsfall zu erfüllen hat (s. o.), gibt es
auch Obliegenheiten, die er „im und nach dem Versicherungsfall" erfüllen muss[461]. Solche
Obliegenheiten im und nach einem Versicherungsfall lassen sich in zwei Gruppen einteilen[462].
– Obliegenheiten, die überwiegend den eingetretenen Schaden mindern sollen **(Rettungspflichten)**
– Obliegenheiten, die dem Schutz des VR vor unseriösen VN dienen sollen **(Anzeige- und
Aufklärungsobliegenheiten).** Diese Obliegenheiten dienen der Feststellung des Scha-
densfalles. Außerdem soll es dem VR durch sie ermöglicht und erleichtert werden, den
Schadensfall zu regulieren
    Auch kann eine Unterteilung der Obliegenheiten nach **Handlungen** zur Verdeckung des **288**
Unfallgeschehens (Nachtrunk; Unfallflucht, Beseitigung von Spuren) und nach **Erklärungen** (falsche Angaben zum Hergang des Versicherungsfalles bzw. zum Wert des Fahrzeuges
(Laufleistung; Vorschäden etc.) vorgenommen werden.
    Bei Obliegenheitsverletzungen nach dem Versicherungsfall behält der VN seinen Leis- **289**
tungsanspruch nach § 6 Abs. 3 VVG, wenn er ohne Verschulden oder nur mit einfacher Fahrlässigkeit gehandelt hat. Bei grober Fahrlässigkeit behält der VN seinen Leistungsanspruch,
wenn die Obliegenheitsverletzung keinen Einfluss auf den Eintritt des Versicherungsfalles
oder den Umfang der Leistung hatte. Bei Vorsatz verliert der VN grds. seinen Leistungsanspruch, wobei nach der Relevanzrechtsprechung des BGH[463] eine folgenlose Obliegenheitsverletzung nicht zur Leistungsfreiheit des VR führt, wenn der Verstoß nicht geeignet war, die
Interessen des VR ernsthaft zu gefährden und dem VN kein erhebliches Verschulden zur Last
fällt[464]. Bei Auskunfts- und Aufklärungsobliegenheiten ist nach der Rechtsprechung die Leistungsfreiheit des VR von einer richtigen und deutlichen Belehrung über diese Rechtsfolge
abhängig[465]. Die Rechtslage ist für den VN günstiger als bei der Verletzung von Obliegenheiten, die er vor dem Versicherungsfall zu erfüllen hat[466].

    bb) Versicherungsfall: § 7 I Abs. 1 AKB definiert den Versicherungsfall als ein Ereignis, das **290**
einen von der Versicherung gedeckten Schaden verursacht oder – bei der Haftpflichtversicherung – Ansprüche gegen den VN zur Folge haben könnte. Dabei ist das Schadensereignis
selbst als Versicherungsfall anzusehen[467]. Die einzelnen vertraglichen Obliegenheiten nach
Eintritt des Versicherungsfall sind in § 7 I Abs. 2 u. 7 III AKB geregelt. Dort wird zwischen
Anzeigeobliegenheiten (§ 7 I Abs. 2 S. 1 AKB) und **Aufklärungsobliegenheiten** (§ 7
Abs. 2 S. 3 AKB) unterschieden.

    cc) Anzeigeobliegenheiten: Neben der vorvertraglichen Anzeigepflicht des VN nach §§ 16, **291**
17 VVG obliegt ihm auch die **Anzeigepflicht,** den VR über den Versicherungsfall innerhalb
einer Woche schriftlich zu informieren (§ 7 Abs. 1 Nr. 2 AKB)[468]. Dieser Anzeige bedarf es

---

[460] *Römer/Langheid/Römer,* § 12 Rn. 44.
[461] Ein Schwerpunkt in der Prozesspraxis.
[462] Vgl. *Terno,* S. 50; *Kappler,* S. 75 f.
[463] Siehe dazu *Marlow,* § 13; *Heß/Höke,* § 16 Rn. 2.
[464] In Ausnahmefällen kann darüber hinaus eine völlige Leistungsfreiheit gem. § 242 BGB missbräuchlich sein vgl. dazu Rn. 263 ff.
[465] Vgl. dazu im Einzelnen Rn. 293 ff.
[466] *Johannsen,* r+s 2003, 46 f.
[467] BGH v. 24. 1. 1963, VersR 1963, 376; BGH v. 16. 10. 1974, VersR 1974, 1191; OLG Hamburg v.
27. 6. 1950, VersR 1950, 147; OLG München v. 9. 4. 1964, VersR 1964, 1037.
[468] Grundregel der Anzeigeobliegenheit für Kfz-Haftpflicht- und Kaskoversicherung.

nicht, wenn der VR bereits auf andere Weise Kenntnis erlangt hat[469](§ 33 Abs. 2, 153 Abs. 1 VVG).

Die **positive Kenntnis** des VN vom Eintritt des Versicherungsfalles ist zwingende Voraussetzung, das bloße Kennenmüssen reicht nicht aus[470]. Der VR muss diese Kenntnis beweisen[471].

Inhaltlich braucht die Anzeige keine ausführlichen Mitteilungen zu enthalten. Dafür gibt es die Pflicht, auf eine Nachfrage des VR Auskunft zu geben, § 34 VVG. Allerdings muss die Anzeige zumindest so viele Informationen enthalten, dass es dem VR möglich gemacht wird, sich in etwaige Schadensmitteilungen einzuschalten[472].

Für **Bagatellschäden** (Schäden, die der VN selbst geregelt hat oder regeln wollte[473]) gilt die Anzeigepflicht nicht (§ 7 Abs. 1 Nr. 2 AKB, § 7 Abs. 6 AKB 95 – Anhebung von 500,00 DM auf 1 000,00 DM – 511,29 €).

292   In der Kfz-Haftpflichtversicherung hat der VN gem. § 7 II Abs. 2 AKB; § 153 Abs. 2 VVG weiter die Verpflichtung dem VR innerhalb einer Woche anzuzeigen, wenn der Geschädigte seinen Anspruch gegenüber dem VN geltend macht. Der VN hat auch „unverzüglich" Anzeige zu erstatten, wenn gegen ihn ein Anspruch gerichtlich geltend macht, Prozesskostenhilfe beantragt oder ihm gerichtlich der Streit verkündet wird (§ 7 II Abs. 3 S. 1 AKB, § 153 Abs. 4 S. 1 VVG). Das Gleiche gilt im Fall eines Arrestes, einer einstweiligen Verfügung oder eines selbständigen Beweisverfahrens (§ 7 II Abs. 3 S. 2 AKB)

293   *dd) Aufklärungsobliegenheiten:* Ein Schwerpunkt der Obliegenheiten nach dem Versicherungsfall stellt die Verpflichtung des VN gem. § 7 I Abs. 2 S. 3 AKB dar, alles zu tun, was zur **Aufklärung des Tatbestandes** und zur **Minderung des Schadens** dienlich sein kann[474]. Das Verhalten muss zwar auf den Erfolg gerichtet sein, dagegen ist es nicht der Erfolg selbst, der geschuldet wird[475].

Die Aufklärungspflicht des VN soll den VR in die Lage versetzen, sachgemäße Entschließungen über die Behandlung des Versicherungssalles zu treffen[476]. § 7 I Abs. 2 S. 3 AKB regelt die in allen Versicherungsarten gleich wichtige Aufklärungsobliegenheit des VN. **Praktische Bedeutung** haben die Aufklärungsobliegenheiten insbesondere bei der falschen Beantwortung von Fragen des VR – beispielsweise in der Schadensanzeige – oder im Falle einer Unfallflucht.

294   *(1) Fragerecht des Versicherers (a) Grundlagen:* Der VN hat nach einem Versicherungsfall sämtliche sich auf den Versicherungsfall beziehende sachdienlichen Fragen des VR zu beantworten. Dies geschieht i. d. R. durch die vom VR verwendeten Schadensanzeigeformularen, die ggf. durch spätere Rückfragen des VR ergänzt werden[477]. Es ist aber gleichgültig, ob die Fragen schriftlich an ihn gerichtet werden, sie mündlich im Büro des VR oder in der Wohnung des VN gestellt werden oder ob dem VN ein Schadensformular zur Ausfüllung übersandt wird. Der VN muss die Fragen nicht nur unverzüglich, sondern auch richtig und vollständig beantworten. Dabei umfasst die Auskunftspflicht alle Angaben, die der VR nach seinen Erfahrungen – auf der Basis der Masse der Versicherungsfälle – für sachdienlich halten darf, um sich einen möglichst zuverlässigen Überblick über den für seine Leistung maßgebli-

---

[469] Z.B. durch den Geschädigten vgl. *Prölss/Martin/Knappmann,* VVG § 7 AKB Rn. 4.

[470] BGH v. 3. 11. 1966, VersR 1967, 56; OLG Hamm v. 1. 7. 1994, r+s 1995, 52.

[471] OLG Hamm v. 19. 2. 1997, r+s 1997, 391.

[472] BGH v. 22. 11. 1967, VersR 1968, 58 (59); LG Köln v. 3. 7. 1985, r+s 1986, 49; OLG Köln v. 21. 4. 1998, r+s 1998, 458.

[473] Vgl. *van Bühren/Römer,* Anwaltshandbuch Teil 7, Rn. 167.

[474] BGH v. 15. 11. 1965, VersR 1965, 1190; OLG Düsseldorf v. 13. 3. 1962, VersR 1962, 797; OLG Frankfurt v. 8. 2. 1962, VersR 1962, 630.

[475] BGH v. 5. 10. 1964, VersR 1964, 1191; BGH v. 23. 11. 1964, VersR 1965, 128; BGH v. 16. 5. 1966, VersR 1966, 649.

[476] BGH v. 25. 10. 1952, VersR 1952, 428.

[477] OLG Hamm v. 21. 7. 1993, VersR 1994, 590.

chen Sachverhalt zu verschaffen[478]. Zulässig sind insbesondere Fragen nach dem Anschaffungspreis beschädigter Sachen[479], dem Aufenthalt des VN vor dem Versicherungsfall[480], weiteren Versicheruntverträgen[481], Fragen zum **Fahrer** im Unfallzeitpunkt[482], Angaben zum **Unfallhergang**[483] oder zur gefahrenen **Geschwindigkeit**[484]. Auch die Mitteilung der Namen und Anschriften von **Unfallzeugen** ist regelmäßig von Bedeutung[485]. Außerdem sind der Stand und der Verlauf des Strafverfahrens für den VR regelmäßig von Interesse, so dass der VN auch insoweit auf Nachfrage des VR Auskunft erteilen muss[486].

Grundsätzlich braucht der VN nicht mit seinen Antworten über die Fragen des VR hinauszugehen. Der VN kann davon ausgehen, dass der VR nach allem Wichtigen fragt. Ist z. B. in dem Formular des VR nicht nach Vorschäden gefragt, so muss er solche auch nicht angeben[487]. Nur in Ausnahmefällen geht die Pflicht zur Auskunft über die gestellten Fragen hinaus (z. B. besonderer Fall bei dem sich für den VN aufdrängt, dass diese Tatsache wichtig ist)[488].   **295**

Dem VN obliegt eine Pflicht zur **Spurensicherung** und Täuschungsverhinderung[489]. Der VN muss auch dann wahrheitsgemäße Angaben machen, wenn sie ihm nachteilig sind und sogar zur Leistungsfreiheit des VR führen können[490], oder durch deren Angabe er sich der Gefahr einer Strafverfolgung aussetzt[491].   **296**

Auch die **Nichtbeantwortung einer Frage** des VR stellt eine Obliegenheitsverletzung dar[492]. Hierbei ist aber dem VR eine **Rückfrage und Erinnerung** des VN an die Beantwortung der Frage zumutbar[493]. Der VR kann sich aber bei hartnäckiger Verweigerung der Beantwortung und Belehrung des VN auf Leistungsfreiheit berufen[494]. Dies gilt insbesondere, wenn der VN erkennt, dass die Frage von Bedeutung ist (für Grund und/oder Höhe der Leistung) und eine ihm zumutbare Antwort bewusst unterlässt[495].   **297**

Eine Pflicht zur Rückfrage hat der VR auch, wenn die Angaben des VN **widersprüchlich oder unklar** sind[496]. Unterlässt der VR die gebotene Nachfrage, so kann er sich nach Treu und Glauben nicht auf eine Leistungsfreiheit wegen einer Verletzung der Aufklärungsobliegenheit berufen[497].

---

[478] BGH v. 16. 2. 1967, BGHZ 47, 101 = NJW 1967, 1226 = VersR 1967, 441.
[479] OLG Köln v. 26. 11. 1979, VersR 1981, 669.
[480] BGH v. 9. 11. 1977, VersR 1978, 74.
[481] OLG Frankfurt v. 13. 5. 1992, VersR 1993, 344; OLG München v. 16. 9. 1992, VersR 1993, 346.
[482] BGH v. 12. 3. 1976, VersR 1976, 383; LG Koblenz v. 12. 12. 1994, r+s 1996, 300.
[483] BGH v. 8. 5. 1967, BGHZ 48, 7 = NJW 1967, 1756 = VersR 1967, 593; OLG Hamm v. 1. 6. 1990, r+s 1990, 408.
[484] BGH v. 8. 5. 1967, BGHZ 48, 7 = NJW 1967, 1756, VersR 1967, 593.
[485] OLG Hamm v. 8. 1. 1986, VersR 1986, 882; OLG Hamm v. 24. 3. 1995, VersR 1996, 226.
[486] BGH v. 16. 1. 1970, BGHZ 53, 160 = NJW 1970, 465 = VersR 1970, 241; OLG Frankfurt v. 5. 12. 1991, ZfS 1992, 200.
[487] OLG Saarbrücken v. 7. 10. 1992, ZfS 1995, 299; *Berz/Burmann,* 7 G Rn. 87.
[488] BGH v. 21. 4. 1993, VersR 1993, 828.
[489] BGH v. 29. 10. 1962, VersR 1962, 1193.; BGHv. 21. 4. 1993, r+s 1993, 321; OLG Düsseldorf v. 19. 11. 2002, r+s 2003, 231.
[490] BGH v. 3. 12. 1962, NJW 1963, 487.
[491] H. M. vgl. *van Bühren/Römer,* Anwaltshandbuch, Teil 7, Rn. 172 mit Darstellung des Meinungsstandes und kritischem Hinweis darauf, dass dies im Falle eines laufenden Strafverfahrens nicht überzeugt – allerdings steht auch *Römer* auf dem Standpunkt, dass der VN keine falschen Angaben machen darf, sondern dem VR mitteilen muss, dass er wegen des Ermittlungs-Strafverfahrens zu einigen Fragen erst später Stellung nehmen kann.
[492] OLG Hamm v. 3. 11. 1989, r+s 1996, 344.
[493] OLG Hamm v. 8. 2. 1995, VersR 1996, 53; OLG Köln v. 21. 1. 1997, VersR 1997, 962.
[494] OLG Hamm v. 21. 7. 1993, VersR 1994, 590.
[495] OLG Hamm v. 3. 11. 1989, r+s 1996, 344; OLG Köln v. 30. 8. 1990, r+s 1990, 350 = VersR 1991, 183.
[496] BGH v. 6. 11. 1996, NJW-RR 1997, 277.
[497] OLG Hamm v. 18. 2. 2000, NVersZ 2000, 525.

298 *(b) Verständnis der gestellten Fragen:* Bei der Beurteilung, ob der VN die Fragen des VR falsch beantwortet hat, kommt es natürlich darauf an, wie die Fragen zu verstehen sind. Es ist hierbei auf das Verständnis eines **durchschnittlichen VN** abzustellen. Ist die Frage des VR unklar, so entfällt eine Falschbeantwortung und damit Pflichtverletzung des VN[498]. Die z. T. in den Schadensformularen gestellten Fragen sind nicht immer eindeutig. Das Verständnis der gestellten Fragen stellt einen Schwerpunkt in der Fahrzeugversicherung dar (s. dort § 30 Rn. 117 ff.).

299 *(c) Berichtigung falscher Angaben:* Eine **spätere Berichtigung** zunächst unwahrer Angaben kann die Obliegenheitsverletzung grundsätzlich nicht beseitigen[499]. Berichtigt der VN seine falschen Angaben, so ist aber gleichwohl zu differenzieren[500]:

Werden die falschen Angaben so schnell berichtigt, dass die korrigierte Information bereits in dem Zeitpunkt vorliegt, in dem der VR sich erstmals mit dem Vorgang befasst, fehlt es schon an dem objektiven Tatbestand der Obliegenheitsverletzung[501].

Auch eine **spätere Berichtigung** falscher Angaben kann geeignet sein, die Vorsatzvermutung des § 6 Abs. 3 VVG zu widerlegen. Dies setzt voraus, dass der VN nachweist (Berücksichtigung des Gesamtverhaltens), dass die Falschangabe auf einem Irrtum beruht[502].

300 Auch wenn der VN die Vorsatzvermutung nicht ausräumen kann, kann es dem VR nach **Treu und Glauben gem. § 242 BGB** verwehrt sein, sich auf die Leistungsfreiheit zu berufen. Dies setzt voraus, dass der Zweck der Aufklärungsobliegenheit durch die Berichtigung der falschen Angaben letztlich doch erreicht worden ist[503]. Hierbei handelt es sich aber um eine Ausnahme von dem Grundsatz der Leistungsfreiheit, die nur eingreift, wenn der VN dem VR den wahren Sachverhalt aus eigenem Antrieb vollständig und unmissverständlich offenbart (völlig freiwillige Korrektur). Die Darlegungs- und Beweislast hierfür liegt beim VN. Besteht die Möglichkeit, dass die falschen Angaben bereits zu einem Nachteil für den VN geführt haben oder war die Berichtigung nicht freiwillig, so bleibt es bei der Leistungsfreiheit des VR[504].

301 Falsche Angaben **gegenüber der Polizei** oder anderen Dritten stellen allerdings grundsätzlich keine Obliegenheitsverletzung gegenüber dem VR dar, es sei denn, dass damit gleichzeitig dessen schutzwürdige Belange berührt werden[505]. Hat der VR – wie häufig – von den falschen Angaben erst erfahren, als er schon die richtigen Angaben vom VN hatte, so sind die – nach dem Versicherungsvertrag, schutzwürdigen Belange des VR nicht beeinträchtigt. Allerdings kann das Aufklärungsinteresse des VRs auch bei falschen Angaben gegenüber der Polizei berührt sein, wenn hierdurch die Ermittlungen in eine falsche Richtung gelenkt werden (z. B. falsche Angaben über den Fahrer)[506].

302 *(d) Aufklärungsbedürfnis des VR/Wegfall der Aufklärungspflicht:* Die Aufklärungspflicht des VN setzt auf Seiten des VR ein entsprechendes **Aufklärungsbedürfnis** voraus. Eine Aufklärungspflicht kommt nicht in Betracht, wenn der VN bei der Schadensanzeige einen Umstand verschweigt, den der VR bereits positiv kennt[507]. So ist dem VR z. B. ein von ihm regulierter Vorschaden aus dem für die Schadensmeldung maßgeblichen Versicherungsvertrag in seinen

---

[498] BGH v. 26. 10. 1988, r+s 1989, 5; OLG Saarbrücken v. 7. 10. 1992, ZfS 1995, 299; *Prölss/Martin/ Knappmann,* § 7 AKB Rn. 13.

[499] OLG Düsseldorf v. 31. 10. 1961, VersR 1962, 345.

[500] Siehe hierzu nun ausführlich BGH v. 5. 12. 2001, NZV 2002, 118 = ZfS 2002, 138 m. Anm. *Rixecker.*

[501] BGH v. 30. 11. 1967, VersR 1968, 137; OLG Hamm v. 19. 11. 1999, VersR 2000, 577.

[502] BGH v. 5. 12. 2001, NZV 2002, 118; OLG Hamm v. 30. 11. 1984, VersR 1985, 535 f.

[503] BGH v. 5. 12. 2001, NZV 2002, 118 f.

[504] BGH v. 5. 12. 2001, NZV 2002, 118 f.; BGH v. 28. 5. 1975, VersR 1975, 752; BGH v. 12. 5. 1993, VersR 1993, 1351; OLG Hamm v. 19. 11. 1999, NVersZ 2000, 179; OLG Köln v. 27. 5. 1997, VersR 1998, 46.

[505] BGH v. 24. 5. 1995, VersR 1995, 1043; OLG Hamm v. 31. 5. 1996, r+s 1996, 296.

[506] BGH v. 15. 2. 1982, VersR 1983, 258; vgl. *van Bühren/Römer,* Anwaltshandbuch Teil 7, Rn. 178.

[507] BGH v. 11. 7. 2007, NZV 2007, 519.

stellungen verzichtet hat[533]. Bei einem sog. Alleinunfall mit einem Leasingfahrzeug wird überwiegend eine Wartepflicht nach § 142 StGB verneint[534]. Anders ist dies allerdings bei einem sog. Alleinunfall mit einem Mietfahrzeug. Hier hat das OLG Celle[535] zurecht ein Feststellungsinteresse bejaht[536].

Der VN kann diese Aufklärungsobliegenheit auch als **Beifahrer** verletzen, weil er verpflichtet ist, den Fahrer zu veranlassen, an der Unfallstelle zu bleiben[537]. Die Unfallbeteiligten müssen stets an der Unfallstelle bleiben. Auch bei kleineren Schäden, die nicht gerade Bagatellschäden sind, ist an der Unfallstelle bis zum Eintreffen der Polizei zu warten[538]. Das berechtigte Aufklärungsinteresse des VR ist grds. nur gewahrt, wenn der VN – soweit zumutbar – unverzügliche Feststellung am Unfallort ermöglicht, indem er dort eine angemessene Zeit wartet[539]. Nur bei einem Bagatellschaden kann es ausnahmsweise ausreichen, wenn der Schädiger den Geschädigten am nächsten Tag verständigt[540]. **310**

Sollte ein Unfallbeteiligter oder der VN ärztliche Hilfe benötigen und der VN verlässt den Unfallort, um diese in die Wege zu leiten, handelt es sich auch nicht um eine Obliegenheitsverletzung in Form einer Unfallflucht[541]. Dann liegt auch keine Verletzung der Aufklärungspflicht vor[542]. **311**

Ein Verstoß liegt nicht vor, wenn sich der VN vom Unfallort entfernt, um die Polizei zu benachrichtigen[543], oder der Schädiger den Geschädigten von dem Unfall in Kenntnis setzen will. Ausnahmsweise liegt auch dann keine Unfallflucht vor, wenn sämtliche Unfallbeteiligten und Geschädigten übereinkommen, die Polizei nicht zu rufen[544]. In den Grenzen des § 142 StGB muss sich der VN auch für eine Blutprobe zur Verfügung halten. Dies gilt auch, wenn diese gem. § 61 VVG, § 2b Abs. 1 S. 1 Buchst. E AKB zum Verlust des Versicherungsschutzes führen kann[545].

Bei einer Unfallflucht handelt es sich häufig um eine besonders schwerwiegende Verletzung der Aufklärungspflicht, die gem. § 6 Abs. 3 KfzPflVV zur erweiterten Leistungsfreiheit des VR bis zu 5 000,– € führt[546]. Allerdings reicht nach BGH die „normale" Unfallflucht für diese Feststellung allein noch nicht aus[547]. Es müssen zusätzlich Umstände hinzukommen, um den Verstoß als besonders schwerwiegend in diesem Sinne anzusehen (Verletzte; Täuschung über Fahrer)[548]. **312**

---

[533] OLG Düsseldorf v. 28. 1. 1992, NZV 1992, 246 m. w. N.

[534] OLG Hamm v. 14. 5. 1997, VersR 1998, 311; OLG Hamm v. 5. 12. 1989, NZV 1990, 197; OLG Hamburg v. 9. 3. 1990, NZV 1991, 33; OLG Frankfurt v. 30. 3. 1990, NZV 1991, 34; a. A. OLG Karlsruhe v. 5. 12. 1991, VersR 1992, 691.

[535] OLG Celle v. 1. 8. 1977, VRS 54, 36.

[536] *Berz / Burmann / Heß*, Handbuch, 7 G Rn. 111; Gleiches dürfte für ein im Vorbehalts- oder Sicherungseigentum stehendes Fahrzeug gelten – *van Bühren / Römer*, Anwaltshandbuch Teil 7 Rn. 193.

[537] BGH v. 9. 2. 1972, VersR 1972, 342; OLG Hamm v. 28. 1. 1994, NZV 1994, 323 = VersR 1994, 1414.

[538] BayObLG v. 15. 12. 1965, DAR 1966, 162; OLG Hamm v. 18. 5. 1972, NJW 1972, 1383; OLG Köln v. 3. 2. 1972, VersR 1972, 752; OLG München ZfS 1984, 117.

[539] OLG Hamm v. 7. 2. 2003, ZfS 2003, 353 – Unfallflucht auch dann, wenn der VR zeitnah unterrichtet wird.

[540] OLG Köln v. 3. 2. 1982, ZfS 1983, 29.

[541] BGH v. 12. 5. 1971, VersR 1971, 659; BGH v. 7. 12. 1967, Vers 1968, 140.

[542] BGH v. 15. 12. 1982, VersR 1983, 258; BGH v. 15. 4. 1987, VersR 1987, 657.

[543] OLG Frankfurt v. 15. 3. 1967, NJW 1967, 2072; OLG Nürnberg v. 7. 12. 1965, VersR 1966, 945.

[544] BGH v. 15. 12. 1982, VersR 1983, 258; OLG Hamm v. 30. 6. 1993, r+s 1994, 83.

[545] BGH v. 15. 4. 1987, VersR 1987, 657; *van Bühren / Boudon*, Versicherungsrecht, § 2 Rn. 75.

[546] Siehe dazu Umfang der Leistungsfreiheit in der Kraftfahrversicherung § 30 Rn. 122; OLG Karlsruhe v. 4. 3. 1982, VersR 1983, 429; BGH v. 19. 1. 1983, VersR 1983, 333.

[547] BGH v. 21. 4. 1982, NJW 1982, 2323; zustimmend *Johannsen*, r+s 2003, 46 ff.

[548] *Johannsen*, r+s 2003, 46.

Behauptet der VN, er habe sich wegen des Unfallschockes vom Unfallort entfernt und deshalb nicht schuldhaft gehandelt, obliegt die Beweislast für eine solche Bewusstseinsstörung dem VN[549].

313   *(5) Anerkennung/Befriedigung:* Für die Praxis sind vor allem die Regelungen in § 7 II AKB von Bedeutung. Nach § 7 II Abs. 1 S. 1 AKB ist der VN ohne vorherige Zustimmung des VR nicht berechtigt, einen Anspruch ganz oder zum Teil anzuerkennen oder zu befriedigen (**Anerkennungs- und Befriedigungsverbot**). Diese Verhaltensanforderung gilt grundsätzlich auch dann, wenn die Alleinschuld des VN an dem Schadensereignis offensichtlich ist[550]. Ein Anerkenntnis in diesem Sinne allerdings liegt nur dann vor, wenn der VN ein konstitutives oder deklaratorisches Schuldanerkenntnis abgibt[551]. Ein bloßes Schuldbekenntnis ohne rechtsgeschäftlichen Verpflichtungswillen ist unschädlich[552].

314   Auch ein **teilweises Anerkenntnis** bewirkt mithin ebenso wie ein auf den ganzen Anspruch gerichtetes Anerkenntnis den Verlust des Anspruches auf Versicherungsschutz. Mit diesen Einschränkungen soll verhindert werden, dass der VN die rechtliche Position der Versicherungsgesellschaft in weiteren Verhandlungen oder gar in einem späteren Prozess verschlechtert. Die Entscheidungsfreiheit des VR, ob er den Versicherungsschutz durch Befriedigung oder durch die Abwehr des vom Geschädigten erhobenen Ansprüche erfüllen will, soll geschützt werden. Selbst wenn der VN sein Anerkenntnis für noch so günstig hält, ist ihm eine Anerkennung in jedem Falle untersagt[553].

315   Ausnahmsweise gilt diese Obliegenheit nicht, wenn der VN nach den Umständen die Anerkennung oder Befriedigung nicht ohne offenbare Unbilligkeit verweigern konnte (§ 7 II Abs. 1 S. 2 AKB; § 154 Abs. 2 VVG). Das Verbot gilt auch nicht für Bagatellschäden i. S. v. § 7 VI Abs. 1 AKB (bis ca. 500 €[554]).

316   *ee) Rechtsfolgen der Verletzung einer Obliegenheit:* Welche Folgen eine Obliegenheitsverletzung hat, regelt § 7 V AKB. (§ 6 VVG). Der VR wird, je nachdem, ob es sich um einen **Kraftfahrzeughaftpflichtfall** oder einen **Kaskofall** handelt, ganz oder teilweise leistungsfrei. In der Kaskoversicherung besteht grundsätzlich gem. § 6 VVG die unbeschränkte Leistungsfreiheit des VR (Alles-oder-nichts)[555]. In der **Kraftfahrzeughaftpflichtversicherung** begrenzt § 7 V Abs. 1–3 AKB – lex specialis gegenüber § 6 Abs. 3 VVG – die Leistungspflicht bei einer Obliegenheitsverletzung **nach** dem Versicherungsfall auf einen Betrag von 2 500 € (§ 7 V Abs. 2 S. 1 AKB; § 6 Abs. 1 KfzpflVV) bzw. bei vorsätzlichen besonders schwerwiegenden Verstößen auf bis zu 5 000 € (§ 7 V Abs. 2 S. 2 AKB, § 6 Abs. 3 KfzPflVV)[556]. Diese **erweiterte** Leistungsfreiheit greift aber nur bei der Verletzung einer Aufklärungs- und Schadensminderungsobliegenheit, nicht schon bei der Verletzung einer Anzeigeobliegenheit[557]. Eine Addition der Beträge zur Leistungsfreiheit bei Verletzung mehrerer Obliegenheiten durch eine Person vor bzw. nach Eintritt des Versicherungsfalles findet nicht statt.

317   Kommt zu einer Obliegenheitsverletzung **vor** dem Versicherungsfall noch eine Obliegenheitsverletzung **nach** dem Eintritt des Versicherungsfalles hinzu (**Zusammentreffen mehrerer Obliegenheitsverletzungen:** der alkoholisierte Fahrer begeht Unfallflucht), liegen zwei unterschiedliche Tatbestandsverwirklichungen vor, so dass sich die Leistungsfreiheit des

---

[549] OLG Frankfurt v. 24. 1. 2001, ZfS 2001, 551.

[550] BGH v. 30. 12. 1984, VersR 1985, 83; *van Bühren/Römer,* Anwaltshandbuch Teil 7, Rn. 290.

[551] BGH v. 10. 1. 1984, VersR 1984, 383; OLG Hamm v. 21. 4. 1989, r+s 1989, 313; „ich verpflichte mich, den Schaden an Ihrem Fahrzeug voll zu ersetzen" – OLG Hamm v. 21. 4. 1989, VersR 1990, 81.

[552] BGH v. 10. 1. 1984, VersR 1984, 383; *van Bühren/Boudon,* VersRecht, § 2 Rn. 83 – „ich erkläre mich zum alleinigen Schuldigen" – BGH v. 10. 1. 1984, VersR 1984, 383.

[553] OLG Stuttgart v. 21. 12. 1972, VersR 1973, 833.

[554] *Van Bühren/Römer,* Anwaltshandbuch Teil 7, Rn. 167 (291).

[555] Siehe dazu § 30 Rn. 181 f.

[556] Siehe dazu schon oben Rn. 277.

[557] *Van Bühren/Römer,* Anwaltshandbuch Teil 7, Rn. 206.

VR bis zum Betrag von maximal 10 000 € **kumulieren** kann[558]. Dies rechtfertigt sich aus dem unterschiedlichen Schutzzweck von Obliegenheiten vor und nach dem Eintritt des Versicherungsfalles. Während Obliegenheiten vor Eintritt des Versicherungsfalles, gerade den Eintritt verhindern sollen, dienen Aufklärungsobliegenheiten der Schadensminderung und der Prüfung der Leistungspflicht[559].

Zu beachten ist allerdings, dass eine Kündigung nur bei einer Obliegenheitsverletzung vor Eintritt des Versicherungsfalles erforderlich ist[560]. Für eine Leistungsfreiheit aufgrund einer Obliegenheitsverletzung nach Eintritt des Versicherungsfalles ist eine Kündigung nicht Voraussetzung.

Die für den VN gemäß § 7 AKB bestehenden Obliegenheiten sind auch von den **mitver-** **318** **sicherten Personen** zu erfüllen (§ 3 Abs. 1 AKB). Nach § 3 Abs. 2 S. 1 AKB bleibt der VN allerdings neben den mitversicherten Personen für die Erfüllung der Obliegenheiten verantwortlich.

ff) Voraussetzungen für die Leistungsfreiheit: Neben dem Tatbestand einer der in § 7 AKB ge- **319** nannten objektiven Obliegenheitsverletzungen müssen folgende Voraussetzungen erfüllt sein, damit der VR leistungsfrei wird:

(1) Verschulden: Soweit die Leistungsfreiheit des VR von den Vertragsparteien vertraglich **320** vereinbart worden ist, wird der VR von der Pflicht zur Leistung frei, wenn der VN die fällige Obliegenheit vorsätzlich oder grob fahrlässig verletzt hat (§ 7 V Abs. 1 AKB; § 6 Abs. 3 VVG). **Vorsatz** erfordert das Wollen der Obliegenheitsverletzung in Kenntnis des Vorhandenseins der Verhaltensnorm[561]. Bei **grober Fahrlässigkeit** muss die im Verkehr erforderliche Sorgfalt sowohl objektiv als auch subjektiv in ungewöhnlich hohem Maße verletzt worden sein („wie kann man nur")[562]. Kann dem VN nur der Vorwurf der leichten Fahrlässigkeit gemacht werden, kommt es zu keinen nachteiligen Folgen i. S. v. § 6 Abs. 3 VVG. Dies gilt sowohl in der Kfz-Haftpflicht als auch in der Kaskoversicherung.

Die **Beweislast** für ein Verschulden ist in der Kfz-**Haftpflichtversicherung** anders als in **321** der Kaskoversicherung geregelt. In der Kraftfahrthaftpflichtversicherung hat der VR neben dem objektiven Tatbestand einer Obliegenheitsverletzung auch das Verschulden (also Vorsatz und grobe Fahrlässigkeit) zu beweisen[563]. In der Kaskoversicherung wird dieses gem. § 6 Abs. 3 S. 1 VVG vermutet[564].

(2) Kausalität: Bei einer vorsätzlichen Obliegenheitsverletzung kommt es auf eine Kausalität **322** nicht an. Der VR wird, auch wenn die Obliegenheitsverletzung zu keinem Nachteil für den VR geführt hat, in den Grenzen des § 7 V AKB[565] leistungsfrei. Die für die Kaskoversicherung von der Rechtsprechung – zur Abmilderung des „Alles-oder-Nichts-Grundsatz" entwickelte Relevanzrechtsprechung[566], ist in der Kfz-Haftpflichtfreiheit nur sehr eingeschränkt anwendbar. Die eng auf 2 500 € begrenze Leistungsfreiheit tritt unabhängig davon ein, ob der folgenlos gebliebene Verstoß generell geeignet war, die Interessen des VR zu gefährden[567]. Nur in den Fällen der erweiterten Leistungsfreiheit bis zu 5 000 € kommt es letztlich darauf an, ob die vorsätzliche Obliegenheitsverletzung „besonders schwerwiegend" war[568].

---

[558] BGH v. 14. 9. 2005, r+s 2006, 100; OLG Hamm v. 2. 8. 1999, NJW-RR 2000, 172; OLG Köln v. 29. 10. 2002, r+s 2002, 492; *Knappmann*, VersR 1996, 401; a. A. OLG Nürnberg v. 27. 7. 2000, NJW-RR 2001, 97; *Jacobsen*, in: *Feycock/Jacobsen/Lemor*, § 5 KfzPflVV Rn. 13.

[559] Vgl. *van Bühren/Römer*, Anwaltshandbuch, Teil 7 Rn. 243.

[560] Siehe Rn. 177.

[561] BGH v. 21. 4. 1993, VersR 1993, 830; OLG Hamm v. 18. 5. 1994, VersR 1995, 289.

[562] Vgl. *Heß*, § 16 Rn. 44 ff.

[563] OLG Köln v. 14. 7. 1988, r+s 1989, 139.

[564] BGH v. 2. 6. 1993, VersR 1993, 960; s. im Einzelnen § 30.

[565] Siehe oben Rn. 316 f.

[566] Siehe dazu § 30 Rn. 181.

[567] *Van Bühren/Römer*, Anwaltshandbuch Teil 7, Rn. 224.

[568] BGH v. 21. 4. 1982, NJW 1982, 2323.

Heß/Höke

323   Demgegenüber setzt die Leistungsfreiheit bei **grob fahrlässig** begangenen Obliegenheitsverletzungen Kausalität voraus. Leistungsfreiheit tritt nur ein, wenn dem VR ein konkreter Nachteil entstanden ist, wie in § 7 V Abs. 1 S. 2 AKB für die Haftpflichtversicherung und § 7 V Abs. 4 AKB, § 6 Abs. 3 S. 2 VVG für die übrigen Sparten bestimmt wird. Bei einer grob fahrlässigen Obliegenheitsverletzung muss der VN die fehlende Kausalität beweisen (Kausalitätsgegenbeweis – § 7 V Abs. 1 S. 2 AKB)[569].

324   In der **Kraftfahrzeughaftpflichtversicherung** kommt die Relevanztheorie, nachdem nunmehr in § 7 V AKB die beschränkte Leistungsfreiheit bei Obliegenheitsverletzungen nach Eintritt des Versicherungsfalls eingeführt worden ist, nur in besonders schwerwiegenden Fällen mit erhöhter Leistungsfreiheit gemäß § 7 V Abs. 2 S. 2 AKB zum Tragen. In der Kraftfahrzeughaftpflichtversicherung ist die Leistungsfreiheit im Gegensatz zur Leistungsfreiheit in der Kaskoversicherung[570] regelmäßig auf 2 500 € beschränkt. Eine weitergehende Leistungsfreiheit bis zu 5 000 € setzt ein nach den gesamten Umständen des Falles besonders schwerwiegendes Verschulden – nicht nur ein erhebliches Verschulden – voraus. Das Fehlverhalten muss sich vom Normalfall einer vorsätzlichen Obliegenheitsverletzung deutlich abheben[571]. So ist z. B. auch eine schwerwiegende Verletzung des Anerkenntnis- und Befriedigungsverbotes nach § 7 V Abs. 2 S. 2 AKB für eine erweiterte Leistungsfreiheit grds. nicht ausreichend[572].

325   *(3) Belehrung:* Soll bei einer vorsätzlich begangenen, aber folgenlos gebliebenen Obliegenheitsverletzung der VR von seiner Leistungspflicht frei werden, verlangt die Rechtsprechung zusätzlich einen **deutlichen Hinweis** des VR auf diese Rechtsfolge einer vorsätzlich begangenen Obliegenheitsverletzung in Form einer **Rechtsbelehrung**[573] § 6 Abs. 3 VVG enthält keine entsprechende Regelung. Es handelt sich um eine von der Rechtsprechung aus § 242 BGB abgeleitete Voraussetzung[574]. Diese lässt sich damit begründen, dass es für den VN eine ebenso harte wie weithin unbekannte Konsequenz darstellt, wenn eine bewusst unwahre Angabe auch dann zur Leistungsfreiheit des VR führt, wenn sich daraus für den VR keine Nachteile ergeben haben. Die Anforderungen an einen belehrenden Hinweis sind streng[575].

Die Belehrung muss **drucktechnisch** hervorgehoben sein, so dass sie äußerlich auffällt[576]. Das ist regelmäßig dann der Fall, wenn der Text der Belehrung vom übrigen Schriftbild abweicht. Diese Abweichung ist insbesondere durch Druckstärke bzw. Druckgröße zu verdeutlichen[577]. Es genügt, auch wenn der VN Ausländer ist, regelmäßig eine Belehrung in deutscher Sprache[578]. Eine anwaltliche Vertretung lässt das Belehrungserfordernis nicht entfallen[579].

326   **Inhaltlich** ist entscheidend, dass der VN der Belehrung entnehmen kann, dass ihm ein vollkommener Verlust des Versicherungsschutzes auch dann droht, wenn dem VR durch eine Falschangabe überhaupt kein Nachteil im Hinblick auf die Feststellung oder den Umfang der Leistungspflicht entstanden ist[580]. Der Inhalt der Belehrung muss eindeutig, klar und umfassend und – natürlich – richtig sein.

---

[569] BGH v. 4. 4. 2001, VersR 2001, 756; *Knappmann* in: *Prölss/Martin,* § 7 AKB Rn. 73.

[570] Vgl. dazu § 30 Rn. 181.

[571] BGH v. 21. 4. 1982, VersR 1982, 742.

[572] *Prölss/Martin/Knappmann,* § 7 AKB, Rn. 66.

[573] BGH v. 13. 4. 1983, VersR 1983, 674.

[574] BGH v. 20. 12. 1972, VersR 1973, 174; OLG Hamm v. 21. 7. 1993, VersR 1994, 590; Abmilderung des „Alles-oder-Nichts-Prinzips".

[575] BGH v. 21. 1. 1998, VersR 1998, 447; OLG Hamm v. 27. 5. 1998, VersR 1998, 1225; OLG Köln v. 11. 5. 1999, r+s 1999, 362; OLG Karlsruhe v. 1. 4. 1999, NVersZ 2000, 337.

[576] KG Berlin v. 22. 9. 2000, NVersZ 2001, 211; OLG Hamm v. 16. 3. 1998, VersR 1999, 89; OLG Nürnberg v. 11. 5. 1995, ZfS 1995, 338; OLG Oldenburg v. 28. 10. 1998, NJW-RR 2000, 246 – ausreichend ist die Belehrung in einem eigenen Absatz zu Beginn des Fragebogens.

[577] OLG Hamm v. 8. 11. 1996, r+s 1997, 178.

[578] OLG Nürnberg v. 22. 12. 1994, NJW-RR 1995, 481.

[579] OLG Oldenburg v. 17. 1. 1996, NJW-RR 1996, 1116.

[580] OLG Köln v. 22. 4. 1997, r+s 1997, 317; OLG Oldenburg v. 20. 8. 1997, r+s 1997, 450.

Nicht ausreichend sind daher zum Beispiel folgende Belehrungen[581]:
- „Mangelhafte Beantwortung, wahrheitswidrige Beantwortung bewirkt Verlust des Anspruches aus der Versicherung"[582]
- „Beachten Sie bitte, dass bewusst unwahre oder unvollständige Angaben zum Verlust des Versicherungsschutzes führen"[583]
- „Wir machen Sie ausdrücklich darauf aufmerksam, dass Sie zur Aufklärung und Schadensminderung verpflichtet sind. Es ist mir bekannt, dass unwahre und/oder unvollständige Angaben zur Versagung des Versicherungsschutzes führen"[584].

Diese Belehrungen sind deshalb unzureichend, weil der Hinweis darauf fehlt, dass eine **327** Leistungsfreiheit selbst dann eintritt, wenn dem VR hieraus keinerlei Nachteil entsteht. Da es sich um eine nicht selbstverständliche und auch im übrigen Zivilrecht unbekannte Regelung handelt, legt die Rechtsprechung hierauf besonderen Wert[585].

Es muss auch der klare Hinweis darauf erfolgen, dass die Folge des Rechtsverlustes an **vorsätzlich** falsche und unvollständige Angaben geknüpft ist[586]. Unzureichend daher auch Belehrungen wie[587]:
- „Unwahre und unvollständige Angaben können zum Verlust des Versicherungsschutzes auch dann führen, wenn dem VR bei der Schadensfeststellung dadurch keine Nachteile entstehen."

Die Rechtsprechung und h. M. geht davon aus, dass eine Belehrung **nachwirkt.** Daher ist **328** bei einem späteren ergänzenden Auskunftsverlangen des VR grds. keine erneute Belehrung notwendig[588].

Dagegen wird eine erneute Belehrung verlangt, wenn der VR eine ergänzende Auskunft erhebliche Zeit nach dem ersten Auskunftsverlangen und der damit verbundenen früheren Belehrung verlangt, so dass ein Fortwirken der Warnfunktion der früheren Belehrung nicht angenommen werden kann[589].

Ganz **entbehrlich** ist die Belehrung, wenn feststeht, dass der VN arglistig gehandelt **329** hat[590]. In einem solchen Fall, in dem der VN bewusst Angaben macht, um die Schadenregulierung zu beeinflussen, ist der VN nicht schutzwürdig[591]. Dann schadet auch unrichtige Belehrung nicht. Darlegungs- und beweisbelastet für das Vorliegen von Arglist ist der VR[592]. Allerdings muss der VN seiner Substantiierungslast nachkommen und eine plausible und glaubhafte Erklärung dafür geben, dass er objektiv falsche Angaben gemacht hat[593]. Bei grob falschen Angaben, die für die Höhe der Versicherungsleistung von erheblicher Bedeutung

[581] Siehe *Berz/Burmann/Heß,* Handbuch, 7 G Rn. 57.
[582] OLG Hamm v. 2.7.1993–20 U 72/93.
[583] OLG Karlsruhe v. 30.4.1992, VersR 1993, 1096.
[584] OLG Hamm v. 13.7.1994, r+s 1995, 245.
[585] OLG Hamm v. 11.1.1995, VersR 1995, 1046; OLG Köln v. 15.4.1997, NZV 1998, 251.
[586] BGH v. 31.1.1998, NJW-RR 1998, 600; OLG Hamm v. 18.2.2000, NJW-RR 2000, 1122; OLG Köln v. 30.4.2001, NVersZ 2002, 417.
[587] OLG Köln v. 22.4.1997, r+s 1997, 317; vgl. *Berz/Burmann/Heß,* Handbuch, 7 G Rn. 57.
[588] OLG Köln v. 19.1.1989, r+s 1989, 104; OLG Köln v. 29.4.1997, VersR 1997, 1395; OLG Düsseldorf v. 3.12.1996, VersR 1997, 1393; OLG Hamm v. 25.9.1996, r+s 1996, 470; OLG Hamm v. 22.6.1989, r+s 1998, 363; *Römer/Langheid/Römer,* § 6 Rn. 44, in der 2. Aufl. § 6 Rn. 65 soll allerdings ein Fortwirken nur für 8 bis 10 Tage gegeben sein; a. A.: OLG Oldenburg v. 20.8.1997, VersR 1996, 1533; OLG Oldenburg v. 20.8.1997, VersR 1998, 449.
[589] OLG Hamm v. 25.9.1996, VersR 1997, 1125; OLG Hamm v. 22.6.1998, r+s 1998, 363, OLG Hamm v. 5.3.1998, r+s 1998, 402; OLG Hamm v. 25.8.2000, NVersZ 2001, 271 = r+s 2001, 140 – über ein Jahr –.
[590] BGH v. 12.3.1976, VersR 1976, 383; OLG Hamm v. 9.10.1991, r+s 1992, 41.
[591] BGH v. 18.11.1986, VersR 1987, 149; OLG Düsseldorf v. 4.2.1997, r+s 1997, 231; OLG Köln v. 5.3.1996, VersR 1996, 1098.
[592] OLG Hamm v. 9.10.1991, ZfS 1992, 87.
[593] OLG Hamm v. 9.10.1991, ZfS 1992, 87.

sind, muss der VN schon eine gute Begründung finden, um den Arglistvorwurf zu beseitigen.

330   Ohne eine Belehrung tritt Leistungsfreiheit auch bei der Verletzung von Obliegenheiten ein, die beim Eintritt des VersFalls spontan zu erfüllen sind, wie die Wartepflicht nach einem Verkehrsunfall[594]. Eine Belehrung ist ebenfalls bei der Verletzung einer Anzeigenpflicht entbehrlich[595]. Handelt der VN arglistig, ist eine Belehrung ebenfalls nicht erforderlich (der VN ist dann nicht schutzwürdig)[596].

331   *gg) Zeitliche Geltung der Obliegenheiten:* Die Verpflichtung zur Erfüllung von Obliegenheiten besteht nur so lange, wie der VR prüfungsbereit ist. Hat der VR seine Leistungspflicht abgelehnt, so besteht keine Verpflichtung zur Erfüllung der Obliegenheiten durch den VN mehr[597]. Eine solche Leistungsablehnung kann auch in dem uneingeschränkten Klageabweisungsantrag in einem Prozess liegen[598]. Trägt der VN daher in einem Prozess falsch vor, so liegt hierin dann jedenfalls keine Obliegenheitsverletzung. Ein falscher Vortrag bis hin zu einer arglistigen Täuschung im Prozess durch den VN nach einer Leistungsablehnung, führt dann nicht als Obliegenheitsverletzung zur Leistungsfreiheit[599], sondern deren zivilrechtlichen Folgen ergeben sich aus den § 823 Abs. 2 BGB i. V. m. § 263 StGB, sowie § 826 BGB[600].
Teilt der VR nach Ablehnung aber mit, er trete wieder in die Leistungsprüfung ein, so „leben" auch die Obliegenheiten für den VN wieder auf[601].

332   *hh) Berufung auf Leistungsfreiheit:* Die Leistungsfreiheit aufgrund einer Obliegenheitsverletzung tritt nicht automatisch ein, sondern nur, wenn sich der VR darauf beruft[602]. Diese Berufung kann auch erstmals im Prozess erfolgen. Die Streitfrage, ob dies auch noch in der Berufungsinstanz möglich ist[603], hat durch die Neuregelung der ZPO und die Beschränkung des Vorbringens neuer Verteidigungsmittel in der Berufungsinstanz gem. § 531 Abs. 2 ZPO n. F. an Bedeutung verloren. Danach dürfte i. d. R. ein erstmaliges Berufen auf eine Obliegenheitsverletzung in 2. Instanz schon als neues Verteidigungsvorbringen unzulässig sein[604].

333   *ii) Beweisfrage:* Der VR trägt die Beweislast für den objektiven Tatbestand der Obliegenheitsverletzung[605]. Er trägt auch die Darlegungs- und Beweislast dafür, dass der VN die Tatsachen aus denen sich die Obliegenheit, insbesondere die Aufklärungsobliegenheit, ergibt, gekannt hat[606]. Der VR muss daher beweisen, dass – wenn Mitteilungen (Anzeige- und Aufklärungsobliegenheit) bei ihm nicht angekommen sind, dass der VN solche nicht abgesandt

---

[594] OLG Karlsruhe v. 20. 2. 1997, r+s 1997, 407.

[595] OLG Saarbrücken v. 22. 8. 1990, r+s 1991, 14.

[596] BGH v. 20. 11. 1970, NJW 1971, 192; OLG Hamburg v. 9. 3. 1990, r+s 1990, 362; OLG Hamm v. 9. 10. 1991, r+s 1992, 41; OLG Köln v. 12. 3. 1996, VersR 1996, 1099; OLG Düsseldorf v. 4. 2. 1997, r+s 1997, 231.

[597] BGH v. 7. 6. 1989, VersR 1989, 842; BGH v. 23. 6. 1999, VersR 1999, 1134; OLG Köln v. 25. 2. 1997, VersR 1998, 317.

[598] BGH v. 7. 6. 1989, NJW 1989, 2472; *Terno,* S. 70.

[599] BGH v. 22. 9. 1999, NJW-RR 2000, 315; OLG Hamm v. 12. 6. 1991, VersR 1992, 301 mit Anm. *Bach.*

[600] *Berz/Burmann/Heß*, Handbuch, 7 G Rn. 66.

[601] BGH v. 12. 11. 1997, VersR 1998, 228 (229); *Terno*, S. 69.

[602] Leistungsverweigerungsrecht: OLG Nürnberg v. 22. 5. 1997, VersR 1997, 1481.

[603] Bejahend: OLG Köln v. 14. 11. 2000, ZfS 2001, 504; OLG Hamm v. 2. 10. 1992, VersR 1993, 601; OLG Karlsruhe v. 18. 2. 1993, VersR 1994, 1183; dagegen: OLG Düsseldorf v. 4. 8. 1992, VersR 1993, 425.

[604] Die auch diskutierte Frage, unter welchen Umständen die erstmalige Berufung in 2. Instanz rechtsmissbräuchlich ist (OLG Bremen v. 23. 5. 1995, NJW-RR 1995, 1179, [180]) relativiert sich durch die Neufassung des § 531 ZPO ebenfalls.

[605] BGH v. 20. 4. 1982, VersR 1982, 674; BGH v. 14. 2. 1996, ZfS 1996, 305 = NJW-RR 1996, 981; OLG Köln v. 19. 11. 1992, VersR 1993, 310; OLG Hamm v. 3. 11. 1989, VersR 1991, 49; OLG Düsseldorf v. 30. 5. 1996, NJW-RR 1996, 1497.

[606] BGH v. 30. 4. 1996, VersR 1969, 694; OLG Hamm v. 21. 3. 1990, NJW-RR 1990, 1310; OLG Hamm v. 1. 7. 1994, r+s 1995, 52; OLG Frankfurt v. 24. 3. 1999, NVersZ 1999, 481.

hat[607]. Der VR muss auch die Kenntnis des VN von den anzuzeigenden oder aufzuklärenden Tatsachen beweisen[608]. In der **Kfz-Haftpflichtversicherung** muss darüber hinaus der VR auch das Verschulden des VN (Vorsatz oder grobe Fahrlässigkeit) nachweisen[609]. Nach § 6 KfzPflVV bzw. § 7 Ziff. 5 Abs. 1 S. 1 AKB ist das Verschulden des VN Voraussetzung für die Leistungsfreiheit des VR. Wendet der VN ein, er habe im Zustand der **Zurechnungsunfähigkeit** gehandelt, so trifft ihn dafür die Beweislast[610].

In der Kaskoversicherung steht der VN beweismäßig schlechter. Den VN trifft dort auch die Beweislast dafür, dass aus der Obliegenheitsverletzung dem VR kein Nachteil entstanden ist[611] und dass ihn im Sinne der Relevanz-Rechtsprechung kein Verschulden trifft[612]. Der Nachweis, dass die Obliegenheitsverletzung folgenlos geblieben ist, setzt voraus, dass diese weder Einfluss auf die Feststellung des Versicherungsfalles noch auf die Feststellung des Umfanges des Leistungsanspruches hatte.

c) **Obliegenheitsverletzungen nach neuem Recht, § 28 VVG 2008.** *aa) Grundlagen.* **334** Auch im neuen VVG wird der Begriff der Obliegenheit nicht definiert. Insoweit kann auf die vorherigen Ausführungen zum alten Recht verwiesen werden, insbesondere unter welchen Voraussetzungen von einer Obliegenheitsverletzung auszugehen ist. Änderungen ergeben sich jedoch bei den Rechtsfolgen.

Folgende Grundsätze gelten nach der Neuregelung zu den Obliegenheitsverletzungen[613]: **335**
- Obliegenheitsverletzungen können weiterhin eine Leistungsfreiheit zur Folge haben.
- Einfach fahrlässig verursachte Verstöße bleiben folgenlos.
- Nur vorsätzliche Verstöße können zur vollen Leistungsfreiheit führen.
- Bei grob fahrlässigen Verstößen besteht ein Kürzungsrecht entsprechend der Schwere des Verschuldens (Aufgabe des Alles-oder-Nichts-Prinzips).
- Zur Leistungsfreiheit führen nur Verstöße, die kausal für den Versicherungsfall oder den Umfang der Leistung des VR sind, es sei denn, der VN hat arglistig gehandelt.
- Es besteht kein Kündigungserfordernis mehr.
- Die Unterscheidung zwischen Obliegenheitsverletzungen vor und nach Eintritt des Versicherungsfalles wird weitgehend aufgegeben.
- Der VR hat bei bestimmten Obliegenheiten umfangreiche Belehrungspflichten.
- Liegt der objektive Tatbestand einer Obliegenheitsverletzung vor, wird von grober Fahrlässigkeit ausgegangen. Der VN muss sich entlasten. Die Beweislast für Vorsatz trägt der VR.

bb) Voraussetzungen für die Leistungsfreiheit: Nunmehr ist § 28 VVG 2008 die zentrale Vorschrift des Obliegenheitsrechts. Dieser bringt gegenüber § 6 VVG a. F. erhebliche Änderungen und schränkt insbesondere die Befugnis des Versicherers, sich auf eine Leistungsfreiheit zu berufen, stark ein. **336**

Nach der Neuregelung[614] führen auch vorsätzliche Obliegenheitsverletzungen nur zur Leistungsfreiheit, wenn sie kausal für den Versicherungsfall oder den Umfang der Leistung des VR geworden sind. Nur bei Arglist wird auf das Kausalitätserfordernis verzichtet und es kommt immer zur vollständigen Leistungsfreiheit des VR (§ 28 Abs. 3 VVG 2008). **337**

Anders als bei § 6 VVG a. F. wird aber Vorsatz nicht mehr vermutet, sondern der VR hat darzulegen und zu beweisen, dass der VN die Verhaltensnorm kannte oder sie zumindest für **338**

---

[607] OLG Köln v. 16. 8. 1994, VersR 1995, 567; OLG Hamm v. 3. 11. 1989, VersR 1991, 49, *Bauer*, Rn. 642.

[608] OLG Saarbrücken v. 22. 11. 2000, ZfS 2001, 69; OLG Hamm v. 31. 3. 1990, NJW-RR 1990, 1310 = NZV 1990, 434; *van Bühren/Römer*, Handbuch, Teil 7, Rn. 230.

[609] BGH v. 3. 6. 1977, VersR 1977, 733; BGHZ v. 11. 2. 1998, VersR 1998, 577; OLG Köln v. 14. 7. 1988, r+s 1989, 139; *van Bühren/Boudon*, Versicherungsrecht, § 2 Rn. 92 m. w. N.

[610] BGH v. 1. 7. 1986, VersR 1986, 1241.

[611] BGH v. 4. 5. 1964, VersR 1964, 709; *Römer/Langheid/Römer*, § 6 VVG Rn. 88 ff. m. w. N.

[612] BGH v. 7. 12. 1983, VersR 1984, 228.

[613] Gesetzesbegründung, S. 7; *Maier*, r+s 2007, 89 ff.; *Felsch*, r+s 2007, 489.

[614] Zur Verletzung vertraglicher Obliegenheiten nach der VVG-Reform siehe *Marlow*, VersR 2007, 43 ff.; *Felsch*, r+s 2007, 489 ff.

möglich hielt und andererseits bewusst dagegen verstoßen oder jedenfalls den Verstoß billigend in Kauf genommen hat[615]. Im Kfz-Bereich wird es – wie bisher auch – darum gehen, den VN ausreichend zu belehren[616]. Dies gilt natürlich nach wie vor nicht bei den spontan zu erfüllenden Obliegenheiten (Unfallflucht, etc.).

339 Bei grob fahrlässigen Obliegenheitsverletzungen kann der VR entsprechend der Schwere des Verschuldens die Leistung kürzen. Die Einführung eines quotalen Kürzungsrechts des VR ist die wesentliche Neuerung des VVG 2008. Hier muss sich der VN von der vermuteten groben Fahrlässigkeit entlasten (§ 28 Abs. 2 S. 2, 2. Hs. VVG 2008).

340 *(1) Verschulden:* **Einfach fahrlässig** verursachte Verstöße bleiben folgenlos. Damit besteht für den VR volle Leistungspflicht, auch kann er wegen des Verstoßes nicht kündigen. Auch das Kündigungsrecht des VR setzt ein mindestens grob fahrlässiges Verhalten voraus.

Die Darlegungs- und Beweislast dafür, dass ein geringerer Verschuldensgrad als grobe Fahrlässigkeit vorliegt, liegt beim VN[617].

341 Eine **vorsätzliche** Obliegenheitsverletzung des VN führt gemäß § 28 Abs. 2 S. 1 VVG 2008 zur vollständigen Leistungsfreiheit. Dies gilt erst recht bei arglistigem Verhalten des VN. Anders als bei § 6 Abs. 1 VVG a. F. ist eine Kündigung durch den VR nicht mehr erforderlich, damit dieser sich sein Recht auf Leistungsfreiheit erhält.

Anders als bei § 6 VVG a. F. wird bei einer objektiven Verletzung der Obliegenheit der Vorsatz nicht mehr vermutet, sondern ist vom VR zu beweisen. Dieser muss somit nachweisen, dass der VN[618] die Obliegenheit kannte oder sie zumindest für möglich hielt und bewusst dagegen verstoßen oder jedenfalls den Verstoß billigend in Kauf genommen hat.

Es entspricht aber den allgemeinen Prozessgrundsätzen, dass derjenige, der zwar nicht beweisbelastet ist, aber als einziger Angaben machen kann, insoweit zumindest eine sekundäre Darlegungslast trägt. Steht fest, dass er objektiv gegen die Obliegenheit verstoßen hat, so muss er zumindest Umstände dazu vortragen, wieso dies nicht bewusst gewesen sein soll. Danach muss der VR dies widerlegen[619].

342 Neu ist nun, dass bei einem **grob fahrlässigen** Verstoß gegen Obliegenheiten der VR nicht mehr vollständig leistungsfrei wird, sondern (Aufgabe des Alles-oder-Nichts-Prinzips) nur noch ein Leistungskürzungsrecht entsprechend der Schwere des Verschuldens hat (§ 28 Abs. 2 S. 2 VVG 2008).

343 *(a) Kritik:* Dieses quotale Kürzungsrecht hat Kritik erfahren[620]. *Marlow*[621] weist darauf hin, dass nach der neuen Gesetzeslage das Abgrenzungsproblem zwischen einfacher und grober Fahrlässigkeit und auch zwischen grober Fahrlässigkeit und Vorsatz besteht. Eine Abgrenzung zwischen den einzelnen Verschuldensformen wird somit nicht überflüssig.

344 Zu bedenken ist aber, dass die bisher erforderliche Entscheidung darüber, ob der VN alles oder eben nichts erhält, nun an Schwere erheblich eingebüßt hat und durch die Möglichkeit

---

[615] *Marlow,* VersR 2007, 44.

[616] Gem. § 28 IV VVG 2008 ist dies aber ohnehin Voraussetzung für eine Leistungsfreiheit (außer bei spontan zu erfüllenden Obliegenheiten).

[617] *Meixner/Steinbeck,* Rn. 327

[618] *Marlow/Spuhl,* S. 71.

[619] Allgemein zur sekundären Darlegungslast vgl. BGH NJW-RR 2004, 989 m. w. N.

[620] Vgl. schon *Armbrüster,* VersR 2003, 675.

[621] Marlow VersR 2007, 44 formuliert seine Kritik so:

„. . . Es sind daher Bedenken angebracht, ob durch das geplante „Quotenmodell" nicht nur „nicht unerhebliche", sondern sogar „unlösbare" Probleme hervorgerufen werden. Denn verlangt wird zum einen eine weiter gehende Differenzierung grob fahrlässigen Verhaltens nach der „Schwere des Verschuldens", die dann ein entsprechendes quotales Kürzungsrecht begründen soll. Das heißt, innerhalb der Verschuldensstufe „grobe Fahrlässigkeit" ist darüber hinaus ein weiteres Verschulden, letztlich also ein qualifiziertes grob fahrlässiges Verhalten, zu unterscheiden: „einfache", „normale" oder „schwere" grobe Fahrlässigkeit!?"

einer differenziert zu erbringenden Leistung abgelöst wird. In der Praxis wird bei einer Regulierung auf der Basis z. B. von 50%[622] der Entscheidung des VR die „Schärfe" genommen. Es wird sich auch nicht ausschließen lassen, dass in der Praxis die „Hemmschwelle" der Annahme einer groben Fahrlässigkeit vor dem Hintergrund geringer wird, wenn mit der Bejahung einer groben Fahrlässigkeit nicht automatisch eine vollständige Leistungsfreiheit verbunden ist, sondern auch dann noch die Möglichkeit besteht, je nach Schwere zu differenzieren.

(b) *Kürzungsmaßstab:* Zu der weiteren Schwierigkeit der Umsetzung dieses differenzierten   **345** Verschuldens in ein bestimmtes prozentuales Leistungskürzungsrecht führt die Kommission aus:

„Der Umfang der Leistungspflicht bestimmt sich daher nach dem Grad des Verschuldens. Für das Ausmaß der Leistungsbefreiung des Versicherers ist entscheidend, ob die grobe Fahrlässigkeit im konkreten Falle nahe beim bedingten Vorsatz oder aber eher im Grenzbereich zur einfachen Fahrlässigkeit liegt."[623]

Hierzu weist *Marlow*[624] darauf hin, dass es unklar ist, wie die Schwere des Verschuldens innerhalb der groben Fahrlässigkeit bewertet werden kann. Dies hängt immer von subjektiven Einschätzungen ab[625]. Es erscheint auch schwierig, im Bereich der Obliegenheitsverletzungen mit Fallgruppen mit festen Werten arbeiten zu können. Bei den Obliegenheitsverletzungen ist die Vielfalt größer als z. B. bei § 81 VVG 2008[626]. *Armbrüster*[627] weist auch darauf hin, dass sich in der vergleichbaren Regelung in Art. 14 II des schweizerischen VVG weder in Rechtsprechung noch im Schrifttum eine verlässliche Linie herausgebildet hat.

Auch hilft der übliche Hinweis auf **§ 254 BGB** nicht weiter. Es geht nicht um eine Ver-   **346** schuldens- und Verursachungsabwägung, sondern um eine Differenzierung innerhalb einer Schuldform. Hier werden Äpfel mit Birnen verglichen[628].

Zudem ist streitig, ob nach dem Gesetzeswortlaut eine **Kürzung des Leistungsanspru-**   **347** **ches auf Null** bei besonders grobem Verschulden in Betracht kommt[629]. Es spricht einiges dafür, dass diese Reduzierung auf Null auch bei besonders schwerwiegenden Obliegenheitsverletzungen eingreift[630]. Allerdings wird dann häufig auch schon Vorsatz und damit eine Leistungsfreiheit vorliegen.

Ferner stellt sich die Frage, wie im Falle **mehrerer Obliegenheitsverletzungen** zu verfah-   **348** ren ist. Hier kann zunächst unterschieden werden, ob mehrere Verstöße nur gegen Obliegenheiten vor bzw. nach Eintritt des Versicherungsfalls vorliegen, oder ob sowohl Obliegenheiten vor als auch nach dem Versicherungsfall verletzt wurden. Diese Unterscheidung rechtfertigt sich zum einen daraus, dass in der Kfz-Haftpflichtversicherung die Differenzierung zwischen Obliegenheiten vor und nach dem Versicherungsfall durch die KfzPflVV aufrechterhalten bleibt. Zum anderen kann auf die Rechtsprechung zur Kumulation der Leistungsfreiheitsbeträge bei Verletzung von Obliegenheiten vor und nach Eintritt des Versicherungsfalls zurückgegriffen werden. Entsprechend können zunächst Quoten hinsichtlich der Verletzung von Obliegenheiten vor und nach Eintritt des Versicherungsfalls gebildet werden. Diese können im Anschluss addiert werden.

Die Quoten innerhalb der Gruppe „Obliegenheiten vor dem Versicherungsfall" und „nach Eintritt des Versicherungsfalls" können in Anlehnung an die Gesamtstrafenbildung im Strafrecht als „Gesamtquote" ermittelt werden. Dies bedeutet, dass nicht die Quoten der ein-

---

[622] Wie von *Nugel*, Sonderbeilage MDR 22/2007, 23 befürwortet; vgl. auch *Felsch*, r+s 2007, 485; *Weidner/Schuster*, r+s 2007, 363.

[623] Abschlußbericht S. 354.

[624] VersR 2007, 45.

[625] Abschlußbericht S. 37.

[626] *Marlow*, VersR 2007, 45.

[627] VersR 2003, 675.

[628] *Marlow*, VersR 2007, 45.

[629] Dafür aber für § 81 VVG 2008; siehe auch: *Römer*, VersR 2006, 740, 741; *Rixecker*, zfs 2007, 15.

[630] *Rixecker*, zfs 2007, 15; *Burmann/Heß/Höke/Stahl*, Rn. 234; *Felsch*, r+s 2007, 492.

zelnen Verstöße addiert werden, sondern eine unter der Summe der einzelnen Quoten liegende Gesamtquote gebildet wird[631].

349   (c) *Umfang der Leistungsfreiheit:* Unabhängig von dieser Kritik, geht es nun um die sinnvolle Umsetzung dieser Regelung in der Praxis:

In der KH-Versicherung ist zu berücksichtigten, dass bereits durch § 5 bzw. § 6 KfzPflVV Limitierungen für die Leistungsfreiheit vorgesehen sind. Für die Obliegenheiten, die vor Eintritt des Versicherungsfalls zu erfüllen sind, besteht eine Leistungsfreiheit von maximal 5 000,00 €. Bei Obliegenheiten, die nach Eintritt des Versicherungsfalls zu beachten sind, ist im Regelfall eine Leistungsfreiheit von 2 500,00 € vorgesehen. Für besonders schwerwiegende vorsätzlich begangene Verletzungen der Aufklärungs- und Schadensminderungspflicht kann die Leistungsfreiheit auf maximal 5 000,00 € angehoben werden.

350   Inzwischen ist es auch höchstrichterlich geklärt, dass die Beträge bei Verletzung von Obliegenheiten vor und nach Eintritt des Versicherungsfalls (Klassiker: Fahren im Zustand der Fahruntüchtigkeit und Flucht nach Unfall) addiert werden können[632].

351   Es stellt sich nun die Frage, wie sich die Neuregelung in § 28 VVG 2008 auf diese Begrenzung der Leistungsfreiheit in der Kfz-Haftpflichtversicherung auswirkt. Folgende **drei Möglichkeiten** bestehen:

– Es wird von vornherein nur von den Höchstbeträgen ausgegangen und diese dann entsprechend bei grober Fahrlässigkeit gekürzt.

– Es wird vom zu ersetzenden Schaden ausgegangen und dieser Betrag wird dann entsprechend der Schwere des Verschuldens gekürzt, allerdings begrenzt durch das gesetzliche Limit (Beispiel: Der Schaden beträgt 20 000,00 €. Bei einem Kürzungsrecht von 50% ergibt sich zunächst ein Betrag von 10 000,00 €, also ein Betrag oberhalb der Grenzen der §§ 5, 6 KfzPflVV. Dieser Betrag ist dann auf das gesetzliche Limit herabzusetzen). Bei größeren Schäden wirkt sich daher die Quotierung nicht aus.

– Die Quotierung des § 28 Abs. 2 VVG 2008 kommt gar nicht zum Zuge, sondern der bezweckte Schutz ist im Bereich der Kfz-Haftpflicht schon durch die Höchstgrenzen gewährleistet[633].

Welche dieser Alternativen vom Gesetzgeber gewollt war, wird in der Begründung zum Gesetz nicht erwähnt. Auszugehen ist davon, dass der VN vor einer völligen Leistungsfreiheit bei lediglich grob fahrlässigem Verhalten geschützt werden soll. Allerdings war der VN in der KH-Versicherung hiervor bereits durch die gesetzliche Limitierung der Leistungsfreiheit durch die Kfz-PflVV ausreichend geschützt. Eine weitere Kürzung des gesetzlichen Limitbetrages dürfte daher nicht angezeigt sein. Durch die Beschränkung der Leistungsfreiheit auf sehr moderate Summen hat der Gesetzgeber in der KfzPflVV letztlich bereits die neuen Leistungskürzungen anstelle der vollständigen Leistungsfreiheit vorweggenommen. Eine weitergehende Privilegierung des VN ist der KfzPflVV nicht zu entnehmen[634]. Andererseits überzeugt eine Einschränkung der Regelung des § 28 Abs. 2 VVG 2008 auf die Kaskoversicherung genauso wenig[635]. Der Wortlaut gibt für eine solche Einschränkung nichts her. Es ist daher der zweiten Alternative der Vorzug zu geben, d. h. es wird erst auf der Grundlage des regulierten Betrages von der Versicherung die Quote ermittelt[636], Quote vor Regress[637] (z. B. 8 000,00 €) reguliert; Quote bei grober Fahrlässigkeit 50% = 4 000,00 € Leistungsfreiheit und entsprechende Regressmöglichkeit. Liegt der regulierte Betrag z. B. bei 12 000 € und ebenfalls die Quote bei 50%, so wird der Regress auf 5 000,00 € (§§ 5, 6 KfzPflVV) begrenzt.

---

[631] *Marlow/Spuhl,* S. 74, die vorschlagen, für die erste Obliegenheitsverletzung 50% und für die zweite 25% anzunehmen (Stufenmodell); vgl. im Einzelnen *Heß,* § 16, Rn. 84r; *Felsch,* r+s 2007, 497, der für eine Quotenkonsumtion eintritt.

[632] BGH v. 14. 9. 2005, r+s 2006, 100.

[633] *Mergner,* NZV 2007, 385; *Nugel,* Sonderbeilage MDR 22/2007, 23.

[634] So auch *Maier* r+s 2007, 89 (91).

[635] So *Mergner,* NZV 2007, 385.

[636] *Maier,* r+s 2007, 89; *Burmann/Heß/Stahl/Höke,* Rdnr. 246.

[637] So auch die Empfehlung des IV. AK des 46. VGT in Goslar 2008.

(2) Kausalität: Erforderlich ist, dass der vorsätzliche bzw. grob fahrlässige Verstoß kausal für **352** den Eintritt des Versicherungsfalls oder den Umfang der Leistung des VR ist, § 28 Abs. 3 VVG 2008. Obliegenheitsverletzungen, die keinen Einfluss auf den Eintritt des Versicherungsfalles oder den Leistungsumfang hatten, bleiben somit sanktionslos.

Die Kausalität wird bei Vorliegen einer objektiven Obliegenheitsverletzung vermutet. Der **353** VN ist beweisbelastet für das Fehlen der Kausalität. Bleiben Umstände ungeklärt, ist der Beweis nicht geführt. Aus diesem Grund wird der Kausalitätsgegenbeweis auch künftig nicht leicht zu führen sein[638].

Bei Arglist ist Kausalität nicht erforderlich und damit auch kein Gegenbeweis möglich. **354** Hier wird im Bereich von Falschangaben, d. h. von Obliegenheitsverletzungen nach Eintritt des Versicherungsfalles ein Diskussionsfeld liegen. Wenn die Falschangaben gemacht werden, um die Versicherungsleistung zu beeinflussen[639], kommt es auf eine Kausalität der Falschangaben[640] nicht an und der VR ist vollständig leistungsfrei.

(3) Belehrung: Das Erfordernis einer Belehrung über die möglichen Rechtsfolgen einer **355** Verletzung von Obliegenheiten nach Eintritt des Versicherungsfalls ist nunmehr gesetzlich in § 28 Abs. 4 VVG 2008 festgeschrieben. Der Inhalt der Belehrung muss der Neuregelung angepasst werden. Insbesondere muss auch über die Möglichkeit der quotalen Leistungskürzung und über das Kausalitätserfordernis belehrt werden. Eine Belehrungsklausel könnte demnach wie folgt aussehen:

„Falschangaben (unwahre oder unvollständige Angaben) führen zum Verlust des Versicherungsschutzes, wenn Sie vorsätzlich falsche Angaben machen und dem Versicherer dadurch ein Nachteil entsteht. Für den Fall, dass dem Versicherer durch Ihre grob fahrlässigen Falschangaben ein Nachteil entsteht, kann der Versicherer seine Leistung entsprechend der Schwere Ihres Verschuldens kürzen."

Die Belehrung muss durch gesonderte Mitteilung in Textform erfolgen. Ein separates **356** Schriftstück ist nicht erforderlich. Der Belehrungshinweis muss sich jedoch deutlich vom übrigen Inhalt abheben. So könnte ein entsprechender Hinweis im Schadenanzeigeformular oder im Fragebogen erfolgen.

Die Belehrungspflicht gilt jedoch nicht bei   **357**
– Obliegenheiten vor dem Versicherungsfall,
– Anzeigeobliegenheiten nach §§ 30, 104 VVG 2008,
– Anerkennung und Befriedigung von Ansprüchen,
– Spontan zu erfüllenden Obliegenheiten (z. B. Wartepflicht nach Unfall),
– Arglist.

cc) Kündigungsrecht: Nach § 28 Abs. 1 VVG 2008 hat der VR weiterhin ein fristloses Kün- **358** digungsrecht. Anders als bei § 6 Abs. 1 S. 2 VVG a. F. greift dies aber nicht mehr bei jeder schuldhaften, sondern nur noch bei mindestens grob fahrlässiger Obliegenheitsverletzung. Es entspricht dem System des neuen VVG, einfache Fahrlässigkeit nicht mehr zu sanktionieren[641]. Der Entlastungsbeweis für das Fehlen von Vorsatz oder grober Fahrlässigkeit trifft nach dem Wortlaut des § 28 Abs. 1 VVG 2008 im Rahmen des Kündigungsrechts den VN.

Eine wichtige Neuregelung ist, dass gegenüber der bisherigen Rechtslage – bei Obliegenheitsverletzungen vor Eintritt des Versicherungsfalls war die Kündigung (einen Monat nach Kenntnis) Voraussetzung für die Leistungsfreiheit (§ 6 Abs. 1 S. 3 VVG a. F.) – dieses Kündigungserfordernis weggefallen ist.

---

[638] So auch *Maier,* r+s 2007, 89 (91).

[639] Für arglistiges Verhalten ist ein betrügerisches Verhalten nicht erforderlich, vgl. *Nugel,* NZV 2008, 12; *Maier/Stadler,* AKB 2008, Rn. 193.

[640] Vgl. dazu § 30 Rn. 195.

[641] Kritisch dazu *Marlow,* VersR 2007, 43; begründet die Obliegenheitsverletzung aber zugleich eine Gefahrerhöhung, ist auch bei leichter Fahrlässigkeit ein Kündigungsrecht möglich (§ 24 VV 2008), *Marlow/Spuhl,* S. 70.

359   *dd) Anerkennung/Befriedigung:* Nach § 105 VVG 2008 wird das Anerkenntnisverbot gesetzlich untersagt. Betrügerische Anerkenntnisse sind weiterhin unzulässig[642]. Durch ein zulässiges Anerkenntnis wird jedoch kein Anspruch des Dritten zulasten des VR begründet. Anerkenntnis und Befriedigung eines vermeintlichen Anspruchs durch den VN haben keinen
Einfluss auf den Befreiungsanspruch gegen den VR. Erkennt der VN daher in Verkennung
der Rechtslage einen Anspruch an, der jedoch nur zum Teil begründet ist, muss der VN ggfs.
den Differenzbetrag selbst zahlen. Denn der VR muss nur insoweit leisten, wie ein Anspruch
ohne Anerkenntnis nach Sach- und Rechtslage besteht[643].

360   *ee) Kürzungsvorschläge: (1) Schwarzfahrtklausel:* Ein Verstoß gegen die Schwarzfahrtklausel
kann sich auch als Verwirklichung des Straftatbestandes des § 248b StGB darstellen. Der Straftatbestand kann jedoch nur vorsätzlich verwirklicht werden. Von daher bleiben für die Fälle,
die der Schwarzfahrtklausel außerhalb des Bereiches des § 248b StGB unterfallen, nur weniger gravierende Verstöße. Hier scheint eine Kürzung von 25% bis maximal 75% angemessen[644].

361   Es ist zu unterscheiden zwischen der Leistungsfreiheit gegenüber dem „Schwarzfahrer"
und dem VN. Gegenüber dem Schwarzfahrer ist von einer vollständigen Leistungsfreiheit
auszugehen. Eine Ausnahme hätte dann zu gelten, wenn der „Schwarzfahrer" irrtümlich an
die Verfügungsbefugnis des Überlassenden glaubt. Dann wäre wohl von einer vollen Leistungspflicht des VR auszugehen.

362   Für die Leistungsfreiheit gegenüber dem VN ist auf die Umstände des Einzelfalles abzustellen, insbesondere auf die Eigenschaften und Fähigkeiten des Fahrers und die Kenntnis des
Versicherungsnehmers hiervon. Pauschale Prozentsätze lassen sich hier nicht bilden.

363   *(2) Führerscheinklausel:* Da das Fahren ohne Fahrerlaubnis einen Straftatbestand (§ 21 Abs. 2
StVG) darstellt, ist das Verschulden des Betreffenden als besonders hoch anzusehen, weshalb
hier auch eine vollständige Leistungsfreiheit des VR in Betracht kommt. Anders kann der
Fall beurteilt werden, wenn der VN das Fahrzeug einem Dritten überlässt und irrig davon
ausgeht, dieser ist im Besitz einer Fahrerlaubnis.

364   *(3) Trunkenheitsklausel:* Soweit die Fahruntüchtigkeit auf Alkoholgenuss zurückzuführen
ist, könnte man daran denken, zwischen absoluter und relativer Fahruntüchtigkeit zu unterscheiden. Allerdings bedeutet relative Fahruntüchtigkeit lediglich, dass eine andere Beweissituation vorliegt, da neben dem festgestellten Blutalkoholgehalt weitere Umstände hinzukommen müssen. Relative Fahruntüchtigkeit bedeutet daher nicht, dass eine solche minderen
Grades vorliegt.

365   Selbst wenn die Fahruntüchtigkeit nicht nachgewiesen ist, wird ab der Promillegrenze von
0,5 ein Ordnungswidrigkeitentatbestand verwirklicht. Da darüber hinaus das Führen eines
Kraftfahrzeuges in fahruntüchtigem Zustand höchst gefährlich ist und eine häufige Unfallursache darstellt, ist es hier gerechtfertigt, von einer vollständigen Leistungsfreiheit des VR auszugehen. Im Rahmen der relativen Fahruntüchtigkeit kann man jedoch dann über geringere
Leistungskürzungen nachdenken, wenn es beispielsweise um Restalkohol geht. Hier kann das
Verschulden des VN in der Tat manchmal gering sein.

366   Hinsichtlich der Fahruntüchtigkeit bei Drogengenuss existieren keine Grenzwerte, weshalb sie wie bei der alkoholbedingten relativen Fahruntüchtigkeit durch Indizien festgestellt
werden muss. Soweit der Nachweis gelingt, ist auch hier von einer vollständigen Leistungsfreiheit des VR auszugehen. Etwas anderes ist bei Fahruntüchtigkeit in Folge von Medika-
mentengenuss anzunehmen, soweit diese nicht quasi als Droge missbraucht werden. Da Me-
dikamentenwirkungen oft nicht im Einzelnen bekannt sind, ist der Verschuldensgrad des
Versicherungsnehmers bzw. des versicherten Fahrers hier geringer anzusetzen. Es wäre jeweils
auf den Einzelfall abzustellen, insbesondere auf die Frage der Dauer der Einnahme von Medi-

---

[642] *Lange,* VersR 2006, 1313 (1315).
[643] Ausführliche Darstellung zur Aufhebung des Anerkenntnisverbots siehe *Mergner,* NZV 2007, 385
(390).
[644] *Burmann/Heß/Höke/Stahl,* Rn. 249.

kamenten, der Art der Medikamente, der Kenntnisse des Betreffenden von dem anzunehmenden Bekanntheitsgrad der Wirkungen des betreffenden Medikaments.

Römer[645] weist darauf hin, dass es nur schwer einzusehen wäre, dass der VR seine Leistungpflicht nicht auf Null reduzieren dürfe, wenn der VN z. B. einen schweren Verkehrsunfall unter erheblicher Einwirkung von Alkohol oder Drogen herbeigeführt hat. Umgekehrt weist Römer[646] auch darauf hin, dass auch Fälle denkbar sind, bei denen selbst grobe Fahrlässigkeit so dicht an der einfachen Fahrlässigkeit liegt, dass eine volle Leistung des VR gerechtfertigt wäre[647].   **367**

Bei der Bestimmung des Grades der groben Fahrlässigkeit kommt es darauf an, ob diese sich schon eher dem Bereich des Vorsatzes (hohe Kürzungsquote) oder mehr der einfachen Fahrlässigkeit annähert. Maßgebend ist die Gesamtschau aller Umstände des Einzelfalles[648]:   **368**
– Offenkundigkeit der Obliegenheit,
– Offenkundigkeit der Bedeutung der Obliegenheit für das versicherte Risiko,
– Schwierigkeit, die Obliegenheit zu erfüllen.

(4) Unfallflucht: Unfallflucht stellt eine häufige Verletzung der Aufklärungsobliegenheit dar. Da das Entfernen vom Unfallort auch einen Straftatbestand darstellt, ist von Vorsatz auszugehen. Unterschieden werden könnte noch danach, ob der VN bzw. der Versicherte plausibel darlegen kann, dass er zunächst unter Schock stand, deswegen den Unfallort verlassen und sich später der Polizei gestellt hat (der Nachweis der Unzurechnungsfähigkeit dürfte beim VN liegen).   **369**

(5) Nachtrunk: Soweit ein Fall des Nachtrunkes vorliegt, ist u. E. aufgrund des regelmäßig vorliegenden Vorsatzes eine 100%-ige Leistungsfreiheit des VR anzunehmen. Der VN wird im Regelfall Schwierigkeiten haben, hier eine Schilderung abzugeben, die eine andere Bewertung als ein vorsätzliches Verhalten rechtfertigt.   **370**

(6) Falschangaben: Hier kann differenziert werden nach falschen Angaben zum Unfallhergang und zu wertbildenden Faktoren.   **371**

Bei der ersten Fallgruppe kommt eine Leistungsfreiheit von 50 bis 100% in Betracht. 100% sind insbesondere dann gerechtfertigt, wenn die Falschangaben auf Betrug hindeuten.

Bei den wertbildenden Faktoren wird man bis zur Leistungsfreiheit gehen können, wenn es erhebliche Abweichungen sind. Der VR wird dann, wenn der VN keine plausible Erklärung hat, den Vorsatz beweisen können. Fraglich wird sein, ob der VN den Kausalitätsgegenbeweis wird führen können. Dies könnte der Fall sein, wenn der VR noch keinen Nachteil aus der Falschangabe gehabt hat. Allerdings dürfte dann häufig Arglist beim VN vorliegen, so dass diesem der Kausalitätsgegenbeweis abgeschnitten sein dürfte[649].

ff) Beweisfragen: Der VR muss – wie bisher auch – den objektiven Tatbestand beweisen. Da dann von einer groben Fahrlässigkeit ausgegangen wird, trägt die Beweislast für Vorsatz der VR. Anders als bei der bisherigen Regelung wird somit bei objektiver Tatbestandsverwirklichung der Vorsatz nicht mehr vermutet, sondern muss vom VR bewiesen werden. Dies dürfte eine nicht unerhebliche Auswirkung auf die Praxis in der Form haben, dass häufig nicht vom Vorsatz – da nicht bewiesen – sondern von grober Fahrlässigkeit ausgegangen werden kann.   **372**

Der VN muss dann aber auch beweisen, dass ihn nur höchstens einfache Fahrlässigkeit trifft, d. h. die Beweislast für das Fehlen von grober Fahrlässigkeit liegt nach wie vor beim VN. Hieran knüpft sich dann natürlich die Frage, welche Quote gilt, wenn der VN diesen Entlastungsbeweis nicht führt (zu den Quotierungsstufen siehe *Heß*, § 16, 84b).   **373**

Wie bisher bei Obliegenheitsverletzungen muss der VN den Kausalitätsgegenbeweis, d. h. die fehlende Kausalität seines Verhaltens beweisen. Anders als im alten Recht ist nunmehr   **374**

---

[645] VersR 2006, 741; zur Quotenregelung bei Alkohol vgl. *Heß*, § 16, Rn. 84n.
[646] VersR 2006, 741.
[647] Bei Alkohol dürfte dies aber nicht der Fall sein.
[648] *Marlow/Spuhl*, S. 73.
[649] *Heß/Burmann*, NJW Spezial 2007, 399.

dem VN der Kausalitätsgegenbeweis bei allen Obliegenheitsverletzungen (vor und nach Eintritt des Versicherungsfalls) eröffnet. Eine Obliegenheitsverletzung wird daher keine Folgen haben, wenn der VN nachweist, dass sein Verhalten nicht kausal war[650]. Einzig und allein in den Fällen der Arglist ist dem VN der Kausalitätsgegenbeweis nicht eröffnet.

375 Es bleibt noch der Beweis über das Verschuldensmaß innerhalb der groben Fahrlässigkeit. Für dieses Verschuldensmaß, nach dem sich im Fall der groben Fahrlässigkeit der Umfang der Leistungspflicht bestimmt, ist der VR beweispflichtig[651].

4. Einstehen für das Verhalten von Dritten

376 **a) Bisherige Rechtslage.** *aa) Repräsentant:* In der Kfz-Haftpflichtversicherung ist das Fahrverhalten des Fahrers (auch wenn er Repräsentant[652] ist), dem VN nicht zuzurechnen (anders bei der Fahrzeugversicherung[653]). Im Übrigen ist das Verhalten eines Dritten gem. § 10 Abs. 2 AKB in den Versicherungsschutz der Kfz-Haftpflicht einbezogen[654] und zwar auch dann, wenn der Fahrer Unfallflucht begeht oder durch Falschangaben die **Aufklärungspflicht** verletzt[655]. Bei den Aufklärungsobliegenheiten (Mitwirkung Dritter bei der Schadensanzeige) stellen sich die Probleme in der Praxis im Zusammenhang mit der Mitwirkung eines Dritten bei den Angaben zum Schadensfall. Diese Mitwirkung kann in Form der Mitwirkung eines Versicherungsagenten (s. a) oder so erfolgen, dass nicht der VN, sondern ein Dritter die Angaben gegenüber dem VR macht. (sog. Wissenserklärungsvertreter[656]).

377 *bb) Mitwirkung eines Versicherungsagenten:* Wirkt der Versicherungsagent des VR bei der Ausfüllung des Schadensformulars mit oder füllt er dieses – wie nicht selten – sogar selbst aus, und gibt es dann Unrichtigkeiten, so hat der VR die Beweislast dafür, dass der VersAgent alles richtig aufgenommen bzw. die Fragen richtig gestellt hat[657]. Nach der Auge-und-Ohr-Rechtsprechung ist das, was der Agent geschäftlich (kein privates Wissen[658]) zur Kenntnis kommt, Kenntnis des VR. Dem VR wird das Wissen des Agenten zugerechnet. Behauptet der VN daher, er habe den Agenten mündlich zutreffend unterrichtet, muss der VR den Gegenbeweis führen. Im Rahmen der Beweiswürdigung kommt es dann darauf an, ob der Vortrag des VN oder der des VR plausibler ist. Die Grenze liegt im kollusiven Zusammenwirken des VN mit dem Versicherungsagenten zu Lasten des VR[659].

378 **b) Neue Rechtslage.** § 70 VVG 2008 normiert die **Auge-und-Ohr-Rechtsprechung** im VVG. Unter dem neuen VVG ändert sich die Zurechnung von Drittverhalten für den VN nicht.

379 In § 69 Abs. 3 VVG 2008 wird nun auch die Beweislast der Auge-und-Ohr-Rechtsprechung normiert.

Danach obliegt es dem VR zu beweisen, dass der VN seine vorvertragliche Anzeigepflicht nach § 19 VVG 2008 verletzte oder Fragen falsch beantwortete. Für die anderen Willenserklärungen nach § 19 VVG 2008 trifft den VN die Beweislast.

---

[650] *Greissinger,* Mitteilungsblatt der ARGE 2006, 90 (92).
[651] S. 173 der RegBegr.
[652] Vgl. dazu *Heß,* § 16, Rn. 27.
[653] Siehe § 30 Rn. 229ff.
[654] BGH v. 21. 5. 1996, VersR 1996, 1279; *Knappmann,* VersR 1997, 263.
[655] *Van Bühren/Boudon,* VersRecht, § 2 Rn. 104.
[656] Siehe dazu allgemein *Looschelders,* § 17.
[657] So auch BGH v. 23. 5. 1989, VersR 1989, 833 – für die Anzeigepflicht nach § 16 VVG; BGH v. 11. 11. 1987, VersR 1988, 234; OLG Hamm v. 13. 3. 1991, VersR 1992, 179.
[658] BGH v. 29. 11. 1989, VersR 1990, 150.
[659] OLG Hamm v. 7. 7. 1995, NJW-RR 1996, 406; OLG Schleswig v. 7. 7. 1994, VersR 1995, 406.

G. Versicherungsfall in der (Kfz-) Haftpflichtversicherung

Versicherungsfall ist das Schadensereignis, das zu einer Leistungspflicht des VR führen   **380**
kann. Es kommt nicht darauf an, ob das Schadensereignis unmittelbar versicherte Leistungen
sofort oder erst zu einem späteren Zeitpunkt auslöst[660]. Vielmehr ist das Schadenereignis
selbst als Versicherungsfall anzusehen. In der **Kfz-Haftpflichtversicherung** können das
sog. Ursachenereignis und das Schadensereignis zeitlich auseinanderfallen (sog. „gedehnter"
Versicherungsfall). Das ist beispielsweise der Fall, wenn der Fahrer bei einem Radwechsel die
Schrauben nicht richtig festgezogen hat (Schadensereignis) und sich deswegen einige Tage
später das Rad löst und dadurch ein Unfall verursacht wird[661].

H. Regressmöglichkeiten des Versicherers

I. Grundlagen

Die Frage eines Regresses des VR gegen den VN stellt sich in der Haftpflichtversicherung   **381**
regelmäßig bei einer Inanspruchnahme des VR durch den geschädigten Dritten im Falle
eines gestörten Innenverhältnisses (s. o. § 30 C II 2). Anspruchsgrundlage für den VR ist bei
einem solchen Regress sowohl gegenüber dem VN als auch gegenüber mitversicherten Personen § 3 Nr. 9 S. 2 PflVG i. V. m. § 426 Abs. 1 u. 2 BGB. Durch den Direktanspruch nach § 3
Nr. 1 PflVG a. F./§ 115 Abs. 1 S. 1 Nr. 1 VVG 2008 haftet dem Geschädigten sowohl der
Schädiger als auch der VR. Der VR haftet, ohne am Unfall beteiligt zu sein, gemeinsam mit
den Versicherten, soweit diese dem Dritten gegenüber haften (§ 3 Nr. 2 PflVG a. F./§ 115
Abs. 1 S. 4 VVG 2008). Dabei handelt es sich um einen sog. gesetzlichen Schuldbeitritt. Mithin sind VR und Versicherte im Außenverhältnis Gesamtschuldner. Durch § 3 Nr. 9 S. 2
PflVG a. F./§ 116 Abs. 1 S. 2 VVG 2008 i. V. m. § 426 Abs. 1 BGB wird dabei- soweit der VR
im Innenverhältnis zum VN frei geworden ist – ein originärer Ausgleichsanspruch gegenüber
den Versicherten begründet[662].

Im Umfang seiner Verpflichtung gegenüber dem VN ist der VR im Verhältnis der Gesamt-   **382**
schuldner (VR/VN) zueinander allein verpflichtet, den Schaden zu tragen (§ 3 Nr. 9 S. 1
PflVG a. F./§ 116 Abs. 1 S. 1 VVG 2008). Deshalb kann der VR im Fall einer nur beschränkten Leistungsfreiheit (z. B. in Höhe von 2 500 €)[663] auch nur dessen erbrachte Leistungen bis
höchstens zu dem Betrag der beschränkten Leistungspflicht (2 500 € oder 5 000 €) im Wege
des Regresses gegenüber seinem VN geltend machen:
– **Gefahrerhöhung/Verletzung einer vor Eintritt** des Versicherungsfalles zu erfüllenden
  Obliegenheit (§ 5 Abs. 3 S. 1 KfzPflVV) – Begrenzung auf 5 000,– €.
– Verletzung einer **nach Eintritt des Versicherungsfalles** zu erfüllenden Obliegenheit
  (§ 6 KfzPflVV, § 7 Abs. 5 AKB) – Begrenzung auf 2 500 €; bei **besonders schwerwiegen-
  der vorsätzlicher** Verletzung bis zu 5 000 €.
– Bei Leistungsfreiheit aufgrund verspäteter oder unterlassener **Prämienzahlung** kann der
  VR in voller Höhe Regress nehmen[664].
Zum Umfang der Leistungsfreiheit in der Kraftfahrthaftpflichtversicherung bei grober   **383**
Fahrlässigkeit vgl. oben Rn. 349 ff.

---

[660] BGH v. 4. 12. 1980, VersR 1981, 173.
[661] *Feyock/Jacobsen/Lemor,* § 7 AKB Rn. 25.
[662] BGH v. 18. 1. 1984, VersR 1984, 327.
[663] Siehe dazu Rn. 277 ff.
[664] *Van Bühren/Römer,* Anwaltshandbuch, Teil 7 Rn. 298.

II. Familienprivileg/Regress gegen Mitversicherte

1. Familienprivileg

384   Da der Regress des VR sich aus §§ 3 Nr. 9 S. 2 PflVG a. F./§ 116 Abs. 1 S. 2 VVG 2008, 426 Abs. 1 S. 1 BGB ergibt, gilt § 67 Abs. 1 VVG/§ 86 Abs. 1 VVG 2008 und damit auch das **Familienprivileg** des § 67 Abs. 2 VVG/§ 86 Abs. 3 VVG 2008 nicht[665].

2. Mitversicherte Personen

385   Der Regress gegenüber **mitversicherten Personen** (dem Fahrer) ist gem. § 158i VVG/ § 123 VVG 2008 dann ausgeschlossen, wenn die Leistungsfreiheit des VR sich allein auf Umstände bezieht, die in der Person des VN liegen (z. B. nicht fristgerechte Zahlung der Prämie; Obliegenheitsverletzungen), es sei denn dem Mitversicherten waren diese Umstände bekannt oder grob fahrlässig unbekannt.

Liegen die Umstände, die zur Leistungsfreiheit des VR führen in der Person des Mitversicherten (eigene Obliegenheitsverletzung wie z. B. Unfallflucht), so kann der VR gegen den Mitversicherten Regress nehmen. Für diesen Regress gelten dann auch die Grenzen der Leistungsfreiheit aus §§ 5 Abs. 3, 6 Abs. 1 und 3 KfzPflVV[666].

386   Durch den neuen § 123 Abs. 4 VVG wird in Abkehr zu § 158i VVG a. F. nunmehr geregelt, dass der Mitversicherte in der für die Pflichtversicherung geltenden Nachhaftungszeit Versicherungsschutz auch bei einem gekündigten Versicherungsvertrag genießt. Anders verhält es sich nur dann, wenn ihm die Beendigung des Pflichtversicherungsverhältnisses bekannt oder grob fahrlässig nicht bekannt war.

I. Ausländische Unfallbeteiligte

I. Unfälle im Inland

387   Bei einem Unfall im Inland mit ausländischen Beteiligten erfolgt die Schadensregulierung auf der Grundlage des **Grüne-Karte-Systems.** Diesem gehören heute fast alle europäischen Staaten und mehrere nichteuropäische Staaten an[667].

Für die Schadensregulierung ist in der Bundesrepublik Deutschland der Verein Deutsches Büro Grüne Karte e. V. (Glockengießerwall 1, 20095 Hamburg; Postfach 10 14 02, 20009 Hamburg; Telefon (040) 3 34 40–0 Telefax (040) 3 34 40–70 40; www.dbgk.de) zuständig.

Voraussetzung dafür, dass das Deutsche Büro Grüne Karte e. V. als Haftpflichtiger in Anspruch genommen werden kann, ist, dass eine gültige Grüne Karte vorliegt bzw. das amtliche Kennzeichen des Fahrzeuges bekannt ist. Ob die Vorlage der Grünen Karte erforderlich ist oder das amtliche Kennzeichen ausreicht, richtet sich danach, in welchem Land das schädigende Fahrzeug zugelassen ist.

388   Die Vorlage der Grünen Versicherungskarte ist erforderlich für Fahrzeuge aus Albanien, Andorra, Bosnien-Herzegowina, Bulgarien, Estland, Jugoslawien, Iran, Israel, Lettland, Malta, Marokko, Mazedonien, Moldawien, Polen, Rumänien, Tunesien, Türkei, Ukraine und Weißrussland. Für Fahrzeuge aus den sonstigen Mitgliedsstaaten reicht die Kenntnis vom amtlichen Kennzeichen. Dies sind: Belgien, Dänemark, Finnland, Frankreich, Griechenland, Großbritannien, Irland, Island, Italien, Kroatien, Liechtenstein, Luxemburg, Monaco, Niederlande, Norwegen, Österreich, Portugal, San Marino, Schweden, Schweiz, Slowakische Republik, Slowenien, Spanien, Tschechische Republik, Ungarn, Vatikanstaat und Zypern.

389   Das Deutsche Büro Grüne Karte e. V. kann bei Vorliegen der vorgenannten Voraussetzungen wie ein Haftpflichtversicherer in Anspruch genommen werden. In aller Regel wird dann

---

[665] *Prölss/Martin,* § 67 Rn. 42; *van Bühren/Römer,* Handbuch, Teil 7, Rn. 294.

[666] *Van Bühren/Römer,* Anwaltshandbuch Teil 7, Rn. 301.

[667] *Stiefel/Hofmann,* § 2a AKB Rn. 9 ff.

das Deutsche Büro Grüne Karte e. V. die Schadensregulierung an ein Mitgliedsunternehmen oder an ein privates Schadenregulierungsbüro abgeben, welches dann im Auftrag des Deutschen Büros Grüne Karte e. V. tätig wird und häufig auf Wunsch des ausländischen Ausstellers der Grünen Karte bestimmt wird[668].

Zu beachten ist, dass in dem Fall, dass eine außergerichtliche Schadenregulierung nicht erfolgreich verläuft, das Deutsche Büro Grüne Karte e. V. gemäß §§ 6 Abs. 1 AuslPflVersG, 3 Nr. 1 PflVersG **passivlegitimiert** ist und somit direkt verklagt werden kann[669]. Ihm gegenüber besteht ein Direktanspruch des Geschädigten nach deutschem Versicherungs- und Haftpflichtrecht. Selbstverständlich besteht ein Direktanspruch auch gegen den Fahrer, den Halter und den Haftpflichtversicherer[670] des schädigenden Fahrzeugs. Das vom Deutschen Büro Grüne Karte e. V. beauftragte Mitgliedsunternehmen bzw. Schadenregulierungsbüro ist niemals passivlegitimiert.

Zu beachten ist, dass das Deutsche Büro Grüne Karte e. V. lediglich für sich selbst und für den Inhaber der Grünen Karte, also den Fahrzeughalter, **zustellungsbevollmächtigt** ist. Weicht der Fahrer vom Halter ab, so ist, wenn dieser mitverklagt werden soll, um ihn als Zeugen auszuschalten, die Klage im Ausland zuzustellen[671]. Die Zustellungsbevollmächtigung des Deutschen Büros Grüne Karte e. V. folgt aus der Ziffer 2 des Textes der Grünen Karte. Dort ist festgelegt, dass das Deutsche Büro Grüne Karte e. V. lediglich ermächtigt ist, Zustellungen für den Inhaber der Grünen Karte entgegenzunehmen.

II. Unfälle im Ausland

1. Unfall außerhalb der EU/EWR

Wenn ein Deutscher im Ausland außerhalb der EU/EWR einen Unfall erleidet, aufgrund **390** dessen ihm Schadensersatzansprüche gegen den ausländischen Schädiger zustehen, muss er die Ansprüche selbst gegenüber dem Schädiger und/oder dessen Haftpflichtversicherer geltend machen. Dagegen ist eine Abwicklung über den Verein Deutsches Büro Grüne Karte e. V. nicht möglich.

2. Unfälle innerhalb der EU/EWR

Für den Bereich der EU soll die vierte Kraftfahrzeughaftpflicht-Richtlinie eine einheitli- **391** che Abwicklung in allen EU-Ländern ermöglichen. Die Richtlinie ist in der Bundesrepublik Deutschland durch das Gesetz zur Änderung des Pflichtversicherungsgesetzes und anderer versicherungsrechtlicher Vorschriften vom 10. 7. 2002 (BGBl. I S. 2586), das zum 1. 1. 2003 in Kraft getreten ist, umgesetzt worden.

Problematisch bei Unfällen im Ausland ist, dass gemäß den Grundsätzen des internationalen Privatrechts das Recht des jeweiligen Unfalllandes anzuwenden ist[672]. Diese Tatsache in Verbindung mit Sprachschwierigkeiten sowie weiterer Neuerungen durch die 5. KH-Richtlinie[673] haben die Durchsetzung berechtigter Ansprüche erheblich erschwert und lange Regulierungszeiten zur Folge gehabt.

Hier setzt die **vierte Kraftfahrzeughaftpflicht-Richtlinie** an, die nun eine einheitliche **392** Abwicklung in allen EWR-Ländern ermöglichen soll.

---

[668] *Bauer*, Rn. 1005.

[669] BGH v. 23. 11. 1971, BGHZ 57, 265 = NJW 1972, 387 = VersR 1972, 255; die Klage ist nicht gegen den regulierenden VR zu richten (häufiger Fehler).

[670] *Bauer*, Rn. 1009.

[671] Vgl. *Schmitt*, VersR 1970, 497 ff.

[672] Ausnahme dann, wenn beide Unfallbeteiligte ihren gewöhnlichen Aufenthalt in der Bundesrepublik haben und auch die Fahrzeuge hier zugelassen sind – es ist dann in Deutschland nach deutschem Schadensersatzrecht vorzugehen (vgl. BGH v. 7. 7. 1992 – VI ZR 1/92, ZfS 1992, 363). Für die Bemessung der Schuldfrage ist jedoch das ausländische Straßenverkehrsrecht anzuwenden (vgl. BGH v. 23. 1. 1996 – VI ZR 291/94, r+s 1996, 176 = NJW-RR 1996, 732).

[673] Die 6. KH-Richtlinie ist noch nicht verabschiedet worden, vgl. Rn. 11 ff.

Jeder in Deutschland zum Geschäftsbetrieb zugelassene VR muss in den übrigen 17 EWR-Staaten (Belgien, Dänemark, Finnland, Frankreich, Griechenland, Großbritannien, Irland, Island, Italien, Liechtenstein, Luxemburg, Niederlande, Norwegen, Österreich, Portugal, Schweden, Spanien) einen **Schadensregulierungsbeauftragten** benennen. In gleicher Weise müssen auch die in den übrigen EWR-Staaten zugelassenen VR in sämtlichen Staaten Regulierungsbeauftragte bestimmen. Der Geschädigte kann sich dann im Falle eines Unfallereignisses im Ausland mit einem ausländischen Schädiger an den zuständigen Schadenregulierungsbeauftragten der Versicherung des schädigenden Kraftfahrzeugs im Heimatland des Geschädigten wenden.

393   Den zuständigen Schadensregulierer erfährt der Geschädigte über die **Auskunftsstelle.** Die Funktion der Auskunftsstelle wird in Deutschland gemäß § 8a Abs. 3 PflVersG vom Zentralruf der Autoversicherer *(Telefon: (01 80) 2 50 26; Telefax: (0 40) 33 96 54 01; www.zentralruf.de)* übernommen.

394   Durch die vierte Kraftfahrzeughaftpflicht-Richtlinie ist eine **Regulierungsfrist von 3 Monaten** eingeführt worden, innerhalb derer der zuständige VR (bzw. dessen Schadensregulierungsbeauftragter) dem Geschädigten auf seinen Antrag hin – ein Schadenersatzangebot machen muss. Sollte dies dem VR nicht möglich sein, da z. B. die Eintrittspflicht nicht feststeht oder der Schaden noch nicht vollständig beziffert ist, so muss dem Geschädigten innerhalb der Frist von 3 Monaten eine mit Gründen versehene Antwort erteilt werden.

Erfolgt innerhalb dieser Frist von 3 Monaten keine Regulierung bzw. begründete Antwort, so kann sich der Geschädigte an die **Entschädigungsstelle** wenden. Die Entschädigungsstellen sind ein zentrales Element des neuen Regulierungssystems, die in allen Mitgliedstaaten eingerichtet wurden. In Deutschland wird diese Funktion vom Verein Verkehrsopferhilfe e. V. *(Glockengießerwall 1, 20095 Hamburg; Postfach 10 65 08, 20044 Hamburg; Telefon (0 40) 3 01 80-0 Telefax (0 40) 3 01 80-70 70; www.verkehrsopferhilfe.de)* übernommen (§ 13a Abs. 1 PflVersG). Die Verkehrsopferhilfe wird dann ihrerseits einen VR mit der Regulierung des Schadens beauftragen, also nicht selbst die Regulierung vornehmen. Nach erfolgter Regulierung rechnet der regulierende VR mit der Verkehrsopferhilfe ab, die dann in Höhe des regulierten Betrages bei der ausländischen Entschädigungsstelle – im Herkunftsland des Schädigers – Rückgriff nimmt (§ 13b PflVG). Die ausländische Entschädigungsstelle muss sich dann von dem säumigen VR das verauslagte Geld zurückerstatten lassen.

Die Schadenersatzansprüche des Geschädigten gehen gemäß § 12b PflVG auf die Entschädigungsstelle in dem Umfang über, in dem eine Regulierung erfolgt ist. Die ausländische Entschädigungsstelle wird dann ihrerseits nach Erstattung der Kosten Anspruchsinhaberin.

395   Nach neuer Rechtsprechung des EuGH[674] kann nach einem Unfall im EU-Ausland der Geschädigte auch in seinem Heimatort gegen den Versicherer seines Unfallgegners klagen.

§ 30. Kraftfahrzeugversicherung, Autoschutzbriefversicherung, Kraftfahrt-Unfallversicherung

Inhaltsübersicht

---

[674] EuGH v. 13. 12. 2007, Az. C-463/06; http://eur-lex.europa.eu/LexUriServ/LexUriServ.do?uri=CELEX:62006J0463:DE:HTML = EuZW 2008, 124; siehe Fußn. 12.

A. Kraftfahrzeugversicherung

Literatur: (vgl. die Angaben bei § 29)

I. Einleitung

1. Allgemeines

Die ständige Entwicklung der Kraftfahrzeuge und des Kfz-Marktes führten zu einem **1**
wachsenden Bedarf, das Eigentum vor den steigenden Gefahren zu schützen. Immer häufi-
gere Neuzulassungen führten zu einem gestiegenen Anteil an Neufahrzeugen. Der Kaufpreis
und damit der Wert eines Kraftfahrzeuges hat inzwischen einen sehr hohen Stand erreicht.
Die gestiegenen Möglichkeiten der Finanzierung über Banken, Autobanken und Leasingun-
ternehmen führen dazu, dass heute der überwiegende Teil der Fahrzeuge nicht im Eigentum
des VN steht, der nicht die wirtschaftlichen Mittel hätte, den Fahrzeugwert selbst aufzubringen. Durch vielfältige Gefahren, wie selbst verursachte Unfälle, Entwendung, Feuer, Hagel
können daher für den VN hohe finanzielle Einbußen eintreten. Davor schützt die Kraftfahrzeugversicherung (Kaskoversicherung).

Heß/Höke

Es handelt sich um einen **rechtlich selbstständigen Vertrag,** auch wenn er in der Praxis regelmäßig zusammen mit der Kraftfahrthaftpflichtversicherung abgeschlossen wird. Dies wird in der Präambel zu den AKB noch einmal ausdrücklich betont.

2. Bedeutung der Kraftfahrzeugversicherung

2   Im Jahre 2006 waren ca. 54,9 Millionen Kraftfahrzeuge versichert[1], davon ca. 21,9 Millionen vollkasko- und 17,6 Millionen teilkaskoversichert. Es ereigneten sich 3,3 Millionen **Vollkaskoschäden** und 1,3 Millionen **Teilkaskoschäden.** Für Vollkaskoschäden wurden im Jahr 2002 etwa 5,1 Mrd. € aufgewandt, für Teilkaskoschäden etwa 1 Mrd. €. Der Schadendurchschnitt hat sich erhöht (Vollkaskoversicherung: 1980 ca. 850 €, 2006 ca. 1 520 €; Teilkaskoversicherung: 1980 ca. 231 €, 2006 ca. 726 €). Dies liegt zum einen an den gestiegenen Fahrzeugpreisen, zum anderen auch an den stark gestiegenen Preisen und Ausstattungsmerkmalen einzelner Bauteile wie z. B. Radio-/CD-Anlagen, Xenon-Leuchteinheiten und speziellen Windschutzscheiben (früher war eine getönte Windschutzscheibe die Ausnahme, heute ist sie die Regel und kann zusätzlich mit einem Grünkeil, einer Heizung und einer Verbindung zu einem Regensensor ausgestattet sein).

3. Entwicklung

3   Nach der **Deregulierung** und **Liberalisierung** der Versicherungsmärkte in Europa kann die Kaskoversicherung von den VRn im Rahmen der allgemeinen gesetzlichen Grenzen nunmehr frei gestaltet werden. Dennoch haben sich seit 1994 keine gravierenden Veränderungen ergeben. Überlegungen zu einer grundsätzlichen Neuordnung, die 1999 zu einer neuen Empfehlung des GDV geführt hatten, sind im Jahr 2002 endgültig verworfen worden. Die Empfehlung sah vor, die Kaskoversicherung zu einem Baukastensystem umzugestalten. Neben einer Unfalldeckung sollte es eine so genannte Grunddeckung geben, die durch weitere Bausteine wie z. B. Glasbruch oder Wildschaden hätte ergänzt werden können (sog. „Additivsystem"). Es ist jedoch bei dem bisher praktizierten System der Vollkaskoversicherung (mit SF- Struktur) und der Teilkaskoversicherung (ohne SF- Struktur, inklusive Wildschaden) geblieben.

4   Auch bei den einzelnen **Bedingungswerken** hat es wenig Veränderung gegeben. Die VR folgen weitgehend den empfohlenen Bedingungen der AKB und TB. Die Regelungen für die Entschädigung bei einem wirtschaftlichen Totalschaden und dem Ersatz der Mehrwertsteuer sind klargestellt worden. Zum Teil wird in modifizierter Form die Neupreisentschädigung bei Totalschaden oder Entwendung des Fahrzeuges in der Vollkaskoversicherung wieder aufgenommen. Die bis 1994 geltende Regelung, nach der bis zu einem Zeitraum von zwei Jahren eine Neupreisentschädigung fällig werden konnte, war aufgegeben worden, weil sie in vielen Fällen zur Vortäuschung von Diebstahlsfällen kurz vor Ablauf der Zweijahresfrist motiviert hatte. Die neuen Regelungen grenzen das Risiko ein, indem sie auf einen Zeitraum von sechs Monaten nach Neuzulassung beschränkt werden. Die meisten Autoversicherer haben die früher separat betriebene Schutzbrief- Versicherung inzwischen entsprechend der Empfehlung des Verbandes mit der Kraftfahrtversicherung verbunden.

II. Rechtsgrundlagen

1. Versicherungsvertragsgesetz (VVG)

5   In der Kraftfahrzeugversicherung gelten die **allgemeinen Vorschriften,** §§ 1–48/§§ 1–73 VVG 2008[2] und die allgemeinen Vorschriften für die gesamte Schadensversicherung, §§ 49–80 VVG/§§ 74–87 VVG 2008.

---

[1] Quelle: GDV Statistik.

[2] Das neue VVG trat zum 1. 1. 2008 in Kraft (Art. 10 Abs. 1 EGGVG n. F.) und gilt unmittelbar für die ab diesem Zeitpunkt abgeschlossenen Verträge. Für sog. Altverträge, d. h. solche die vor diesem Datum abgeschlossen wurden, gilt das VVG in seiner herkömmlichen Form bis zum 31. 12. 2008 (Art. 1 Abs. 1 EGVVG).

2. Bürgerliches Gesetzbuch (BGB)

In der Kraftfahrzeugversicherung werden nur wenige **Regelungen des BGB als lex spe-** **6** **cialis** verdrängt oder ergänzt. So regeln die §§ 38 und 39 VVG/§§ 1 S. 2 und 33–42 VVG 2008 abschließend die Prämienzahlungspflicht des VN abweichend von § 326 BGB und ergänzt § 5a VVG/§§ 2–12 VVG 2008 die Regeln über das Zustandekommen des Vertrages.

3. AVB

Die **Versicherungsbedingungen zur Kraftfahrthaftpflichtversicherung** verteilen **7** sich auf die Allgemeinen Bedingungen für die Kraftfahrtversicherung (AKB) und die zugehörigen Tarifbedingungen (TB), nunmehr zusammengefasst in einem einheitlichen Bedingungswerk (AKB 2008), sowie in Einzelfällen auf Bestimmungen in der Satzung des VU (insbes. bei VVaG). Die früher gegenüber dem BAV abzugebenden „Geschäftsplanmäßigen Erklärungen" sind formell entfallen, wirken aber inhaltlich an anderer Stelle weiter.

a) Allgemeine Bedingungen für die Kraftfahrtversicherung (AKB). Bis zur Umset- **8** zung der Deregulierungsvorschriften im Jahr 1994 waren die AKB und TB genehmigungspflichtig und daher weitgehend einheitlich. Jetzt darf jedes VU seine Bedingungen selbst gestalten. Der GDV gibt in unregelmäßigen Abständen unverbindliche Bedingungsempfehlungen für die Kraftfahrtversicherung heraus, zuletzt am 18. 8. 2007 (AKB 2008)[3].

In der Praxis haben sich die Kernbedingungen der ursprünglich genehmigten AKB – Vertragsschluss/-dauer/-beendigung, vorläufige Deckung, Obliegenheiten, Geltungsbereich – kaum verändert. Die über Jahre durch die Rechtsprechung zu den Bedingungen erzeugte Rechtssicherheit wird von den VR nur ungern verlassen.

Die Kraftfahrtversicherung ist in den **§§ 12 bis 15 AKB/A.2 AKB 2008** geregelt; daneben gelten die allgemeinen Bestimmungen der §§ 1 bis 9c AKB/B–C.3, D.1, 3, E.1, 3, 6, F–N AKB 2008.

b) Tarifbestimmungen (TB). Der Wegfall der Bedingungsgenehmigungspflicht erfasste **9** auch die Tarifbestimmungen, die bis 1994 vom BAV zu genehmigen waren und deren Grundsätze in einer TarifVO geregelt waren. Die Tarifbestimmungen können jetzt frei vom VR gestaltet werden. Auch für die TB gibt der GDV regelmäßig **unverbindliche Empfehlungen** heraus, zuletzt am 18. 8. 2007. Die Tarifbestimmungen legen alle Umstände fest, die der Preisbildung dienen, die Preise selbst sowie die Regelungen zur Zahlungsweise. Prämienbestimmende Faktoren sind in der Vollkaskoversicherung die Zuordnungen zu Tarifgruppen (N- Normal, A- Agrarunternehmer, B- Öffentlicher Dienst und weitere), Regionalklassen (nach Zulassungsbezirk), in der Voll- und Teilkaskoversicherung die Typklassen (nach Reparaturkosten eines typisierten Crashtests/durchschnittlichen Schadenaufwendungen), Fahrleistungsgruppen (nach jährlicher Kilometerleistung), Abstellort (Garage) und (nur in der Vollkaskoversicherung) Schaden-/Schadenfreiheitsklassen. Dabei werden z. T. tabellarische, anderenfalls Zuordnungen nach Bildung einer Prämie und anschließender Nachlassgewährung bei Erfüllung bestimmter Voraussetzungen (z. B. Garage, Einzelfahrer, Erstbesitz) vorgenommen[4].

c) Satzung. Insbesondere bei VU in der Rechtsform des VVaG sind auch in der Satzung **10** gelegentlich Regelungen zu finden, die **AVB-Charakter** haben können[5]. Hier wird auch häufig dokumentiert, welche Risiken das Unternehmen zeichnen will und welche ausgeschlossen werden sollen.

d) Geschäftsplanmäßige Erklärungen. Vor der Deregulierung im Jahre 1994 waren **11** alle VU verpflichtet, gegenüber dem **BAV** zusätzlich zum Geschäftsplan bestimmte Erklärungen abzugeben[6]. Sie beinhalteten Regeln über Form und Inhalt von Belehrungen gegen-

---

[3] Vgl. zu den AKB 2008 auch *Maier/Stadler* mit synoptischer Übersicht.
[4] *Stiefel/Hofmann*, vor § 1 AKB, Rn. 10.
[5] BGH v. 8. 10. 1997, VersR 1997, 1517; *Römer/Langheid/Römer*, vor § 1 VVG, Rn. 1.
[6] *Stiefel/Hofmann*, vor § 1 AKB, Rn. 9; *Feyock/Jacobsen/Lomor*, § 4 PflVG, Rn. 7; *Römer/Langheid/Römer*, vor § 1 VVG, Rn. 2.

über dem VN und der Verwendung von Druckstücken, den Verzicht auf Rückgriffsrechte, die Anwendung der AVB und die Pflicht zur Einhaltung zwingender rechtlicher Normen sowie der grundlegenden Rechtsprechung des BGH. Die Pflicht zur Abgabe dieser Erklärungen ist entfallen; da der Inhalt der relevanten Erklärungen jedoch zwischenzeitlich in die KfzPflVV aufgenommen worden ist[7], oder von der Rechtsprechung aufgegriffen worden ist, wirken sie mit ihrem rechtlich haltbaren Inhalt faktisch fort, während die der Deregulierung zuwiderlaufenden Erklärungen (z. B. über Form/Farbe von Druckstücken) entfallen. Verstöße kann die BaFin (Bundesanstalt für Finanzdienstleistungsaufsicht) im Wege der Einzelfallaufsicht gem. § 81a VAG ahnden.

12   **e) Inhaltskontrolle.** Nachdem die Vorabkontrolle durch die staatliche Aufsicht im Jahr 1994 entfallen ist, unterliegen alle Allgemeinen Geschäftsbedingungen für die Kraftfahrtversicherung wie alle AGB der **Inhaltskontrolle nach §§ 305–310 BGB.** Hierzu zählen die AKB, die Tarifbedingungen[8], in Antragsformularen enthaltene Regelungen, die Vertragsinhalt werden können[9] sowie in Satzungen verankerte Regelungen mit AGB-Charakter[10]. Grundsätzlich erfolgt die Auslegung zunächst nach dem Wortlaut[11]. Im Übrigen ist auf den durchschnittlichen VN abzustellen, wie er die Bestimmung bei verständiger Würdigung, aufmerksamer Durchsicht und Berücksichtigung des erkennbaren Sinnzusammenhangs verstehen muss, ohne über versicherungsrechtliche Spezialkenntnisse zu verfügen[12]. Gem. § 307 Abs. 3 S. 1 BGB sind solche Klauseln nicht der richterlichen Kontrolle unterworfen, die lediglich gesetzliche Regelungen wiederholen[13], reine Leistungsbeschreibungen und der Preis[14]. Leistungsbeschreibungen, die Inhalt und Umfang der geschuldeten Leistung festlegen, sind nur dann der Inhaltskontrolle unterworfen, wenn das Transparenzgebot verletzt ist, das auch auf Versicherungsbedingungen angewandt wird[15]. Danach muss auch das Hauptleistungsversprechen klar und verständlich formuliert sein[16] und kann daraufhin überprüft werden[17].

III. Versicherte Gefahren/Schäden/Personen

1. Sacherhaltungsinteresse

13   Die Fahrzeugversicherung schützt als reine Sachversicherung gem. § 12 AKB/A.2.1 AKB 2008 das **Interesse** des VN an der **Erhaltung** des versicherten Fahrzeugs gegen die in § 12/A.2.2, A.2.3 AKB 2008 im Einzelnen bezeichneten Schadenarten.

2. Schäden

14   **a) Teilkaskoversicherung.** In der Teilkaskoversicherung wird Ersatz geleistet für die Beschädigung oder Zerstörung oder den Verlust des Fahrzeuges und seiner unter Verschluss verwahrten oder an ihm befestigten Teile einschließlich der durch eine beigefügte Liste als zusätzlich mitversichert ausgewiesenen Fahrzeug- und Zubehörteile durch Brand, Explosion, Raub, Unterschlagung, Naturgewalten, Wildunfälle, Glasbruch und Kurzschluss[18].

---

[7] *Feyock/Jacobsen/Lomor,* § 4 PflVG, Rn. 53.
[8] BGH v. 10. 1. 1996, VersR 1996, 357; *Römer/Langheid/Römer,* vor § 1 VVG, Rn. 1.
[9] BGH v. 3. 4. 1996, VersR 1996, 741; BGH v. 18. 12. 1996, VersR 1997, 345.
[10] BGH v. 8. 10. 1997, VersR 1997, 1517.
[11] BGH v. 13. 3. 1991, VersR 1991, 574.
[12] BGH v. 21. 2. 2001, VersR 2001, 489; BGH v. 23. 6. 1993, VersR 1993, 957; *Römer/Langheid/Römer,* vor § 1 VVG, Rn. 16 m. w. N.
[13] *Feyock/Jacobsen/Lomor,* § 4 PflVG, Rn. 42.
[14] *Basedow,* MünchKomm AGBG, § 8 Rn. 1 m. w. N.
[15] BGH v. 8. 10. 1997, VersR 1997, 1517.
[16] BGH v. 9. 5. 2001, und VersR 2001, 841.
[17] *Römer/Langheid/Römer,* vor § 1 VVG, Rn. 10.
[18] Vgl. im Einzelnen unten Rn. 197ff.

b) Vollkaskoversicherung. In der Vollkaskoversicherung sind **alle Schadenarten** der   15
Teilkaskoversicherung mit enthalten. Darüber hinaus leistet die Vollkaskoversicherung auch
für Schäden, die durch Unfall und Vandalismus entstehen[19].

3. Versicherte Personen

a) Versicherungsnehmer. Anders als in der Kraftfahrthaftpflichtversicherung[20] ist in der   16
Kfz-Versicherung nur der VN die versicherte Person, sodass der Fahrer hier nicht zum versicherten Personenkreis zählt[21]. Wird die Versicherung von einer **Personengesellschaft** abgeschlossen, sind Träger versicherten Sacherhaltungsinteresses nicht die einzelnen Gesellschafter, sondern die rechtlich verselbständigte Gesamtschuld (BGH, WM 1964, 592)[22]. Es ist
jedoch regelmäßig das Sachersatzinteresse der Gesellschafter als mitversichert anzusehen, die
gesellschaftsintern dazu berufen sind, das versicherte Fahrzeug zu nutzen. Schuldhaftes Verhalten des einen VN müssen sich die übrigen VN unmittelbar anrechnen lassen, der juristische Umweg über die Repräsentanteneigenschaft[23] muss hier nicht beschritten werden. **Gesellschafter einer Kapitalgesellschaft** zählen dagegen nicht zu den Mitversicherten[24].

b) Versicherung für fremde Rechnung. Gem. §§ 74–79 VVG/§§ 43–47 VVG 2008   17
ist es auch möglich, fremde Interessen im eigenen Namen und für eigene Rechnung zu versichern. Die Neuregelung in §§ 43ff. VVG 2008 enthält keine sachlichen Änderungen zu dem
bisher geltenden Recht[25]. Typische Anwendungsfälle in der Kraftfahrtversicherung sind die
Sicherungsübereignung an einen **Kreditgeber** und die Pflicht zum Abschluss einer Voll-
koversicherung gegenüber einem Leasinggeber (seltener geworden sind die Fälle, in denen
der Händler (bei Gebrauchtwagen) einen Eigentumsvorbehalt bis zur vollständigen Bezahlung des Kaufpreises mit dem Käufer vereinbart).

Der **Dritte** wird über diese Vertragskonstellation zum Versicherten **mit eigenen Rechten**   18
ausgestattet. Gem. § 75 Abs. 1 VVG/§ 44 Abs. 1 VVG 2008 stehen die Rechte aus dem VV
dem Versicherten zu. Gem. § 75 Abs. 2 VVG/§ 44 Abs. 2 VVG 2008 kann der Versicherte jedoch ohne Zustimmung des VN über seine Rechte nur verfügen, wenn er im Besitz des Versicherungsscheins ist, deren Ausstellung wiederum nur der VN gem. § 75 Abs. 1 Satz 2 VVG/
§ 44 Abs. 1 S. 2 VVG 2008 verlangen kann. Gem. § 76 VVG/§ 45 VVG 2008 ist die Durchsetzung der Ansprüche aus dem Versicherungsvertrag an die Zustimmung bzw. die Inhaberschaft am Versicherungsschein geknüpft. In der Praxis werden §§ 75 Abs. 2, 76 Abs. 1 und 2
VVG/§§ 44 Abs. 2, 45 Abs. 1 und 2 VVG 2008 vertraglich abbedungen, was rechtlich zulässig
ist[26], und vereinbart, dass der Inhaber des versicherten Interesses vom VR einen Sicherungsschein ausgestellt bekommt, der seine Rechte verbrieft.

aa) Bei einem durch **Kredit finanzierten** Kauf erwirbt der Käufer das Fahrzeug vom   19
Händler, finanziert den Kaufpreis durch ein Darlehen des Kreditgebers, der sich das Fahrzeug
bis zur vollständigen Tilgung des Darlehens sicherungsübereignen lässt. Um sich vor der Gefahr zu schützen, dass die Sicherheit untergeht, vereinbart der Kreditgeber mit dem Darlehensnehmer, dass dieser für die Laufzeit des Darlehens eine Vollkaskoversicherung (meistens
mit Selbstbeteiligung) im eigenen Namen und für eigene Rechnung, aber im Interesse des
Darlehensgebers abschließt. Ferner wird vereinbart, dass der VR dem Darlehensgeber einen
so genannten **Sicherungsschein** ausstellt, mit dem der Darlehensgeber in **Abweichung der
§§ 75 Abs. 2, 76 Abs. 1 und 2 VVG/§§ 44 Abs. 2, 45 Abs. 1 und 2 VVG 2008** seine
Rechte gegenüber dem VR eigenständig geltend machen kann und der VR seinerseits nicht
ohne Zustimmung des Darlehensgebers Leistungen an den VN erbringen darf. Der VN ist

---

[19] Vgl. im Einzelnen unten Rn. 223ff.
[20] Vgl. oben, *Heß/Höke,* § 29, C, I.
[21] BGH v. 30. 3. 1965, VersR 1965, 508.
[22] BGH v. 5. 3. 2008, r+s 2008, 286.
[23] S. dazu *Heß,* § 16 Rn. 27ff.
[24] OLG Celle v. 1. 7. 1971, VersR 1972, 1015.
[25] *Meixner/Steinbeck,* Rn. 159.
[26] *Römer/Langheid/Römer,* § 77 VVG Rn. 22.

damit nur noch aktivlegitimiert, die Ansprüche aus dem Versicherungsvertrag im eigenen Namen aber mit Zahlung an den Darlehensgeber geltend zu machen. Ein entsprechender Leistungsantrag muss dann auf Zahlung an den Zessionar lauten; ein Feststellungsantrag muss den VR zur Leistung an den Zessionar verpflichten[27]. **Nach Tilgung des Darlehens** ist der Darlehensgeber verpflichtet, den Sicherungsschein an den VR zurückzugeben und damit das Erlöschen der Rechte des Dritten im Sinne der §§ 74ff. VVG/§§ 43ff. VVG 2008 zu dokumentieren. Von diesem Zeitpunkt an ist der VN Alleininhaber der Rechte aus dem Versicherungsvertrag.

20   *bb)* Beim **Leasingvertrag** bleibt der Leasinggeber Eigentümer des Fahrzeuges und stellt es dem Leasingnehmer gegen Entgelt zur zeitlich befristeten Nutzung zur Verfügung. Im Leasingvertrag verpflichtet der Leasinggeber den Leasingnehmer zum Abschluss einer Vollkaskoversicherung, um seine Interessen als Eigentümer zu sichern. Auch hier werden die **§§ 75 Abs. 2, 76 Abs. 1 und 2 VVG/§§ 44 Abs. 2, 45 Abs. 1 und 2 VVG 2008 vertraglich abbedungen** und die Ausstellung eines **Sicherungsscheines** durch den VR an den Leasinggeber vereinbart. In dem Vertrag wird der Leasingnehmer einerseits verpflichtet, alle Ansprüche aus dem Versicherungsvertrag im eigenen Namen geltend zu machen, andererseits darf ohne Zustimmung des Leasinggebers keine Zahlung an den VN erfolgen. In der Praxis entstehen häufig Probleme, wenn zu Beginn des Leasingvertrages ein fester Restwert für das Ende der Laufzeit bei Rückgabe des Fahrzeugs vereinbart worden ist und der Leasinggeber **bei Rücknahme des Fahrzeuges** Schäden daran feststellt, die den Restwert unter den vereinbarten Betrag senken. Hier wird häufig versucht, **kleinere Schäden,** die sich während der Laufzeit des Leasingvertrages zu verschiedenen Zeitpunkten angesammelt haben, beim VR **als Vollkaskoschaden** geltend zu machen.

21   Da es sich jedoch regelmäßig um Schäden aus verschiedenen Schadensereignissen handelt, ist die Abrechnung über die Vollkaskoversicherung unwirtschaftlich, weil für jedes Schadensereignis die Selbstbeteiligung separat erhoben wird und jedes Schadensereignis für sich zur Rückstufung in der Schadensfreiheitsklasse führt. Der Versuch, durch eine entsprechende Schilderung verschiedene Schadensereignisse zusammenzufassen und dem VR als einen Schadensfall zu melden, verstößt gegen die vertraglichen Obliegenheiten[28] und führt bei Vorsatz des VN zur vollständigen Leistungsfreiheit des VR.

22   *cc)* Bei einem **Kauf unter Eigentumsvorbehalt** zahlt der Käufer des Fahrzeuges den Kaufpreis in Raten an den Verkäufer, der bis zur vollständigen Bezahlung Eigentümer bleibt. Häufig werden in diesen Verträgen Ansprüche aus einem Kasko-Versicherungsvertrag an den Verkäufer abgetreten, bis der Kaufpreis vollständig bezahlt ist. Wird dem VR diese Abtretung (wie meistens) nicht angezeigt, kann der VN die Leistungen aus dem Versicherungsvertrag an sich selbst verlangen[29]. Nach vollständiger Bezahlung des Kaufpreises wird die Abtretung gegenstandslos.

IV. Ausschlüsse

1. Objektive Risikoausschlüsse

23   **a) Regionale Begrenzung.** Gem. § 2a Abs. 1 AKB/A.2.5 AKB 2008 gilt der Kraftfahrzeugversicherungsschutz über die Länder der EU hinaus auch für die Länder der Europäischen Wirtschaftsgemeinschaft bzw. der Europäischen Union. Insofern ist der räumliche Geltungsbereich über die früher rein geographisch gezogene Grenze[30] hinaus erweitert worden auf die politischen Grenzen der Mitglieder des EWR-Vertrages. Mit einbezogen sind demnach die außereuropäischen Gebiete Frankreichs (Französich Guyana, Guadeloupe,

---

[27] BGH v. 6. 11. 1980, WM 1981, 62; OLG Köln v. 14. 6. 1984, VersR 1986, 229; OLG Saarbrücken v. 20. 4. 1988, VersR 1989, 38; *Römer/Langheid/Römer,* § 74 VVG, Rn. 22.
[28] Vgl. unten VI 3.
[29] BGH v. 11. 11. 1977, NJW 1978, 698.
[30] BGH v. 4. 7. 1989, VersR 1989, 948.

Martinique, Réunion), Portugals (Azoren, Madeira) und Spaniens (Kanarische Inseln, Nordafrikanische Exklaven Ceuta und Melilla).

b) Rennveranstaltungen. Gem. § 2b Abs. 3b 1. Halbsatz AKB/A.2.16.2 AKB 2008 **24** wird kein Versicherungsschutz gewährt bei der Teilnahme an Fahrtveranstaltungen und den dazugehörigen Übungsfahrten, bei denen es auf die Erzielung einer Höchstgeschwindigkeit ankommt[31]. Die Teilnahme an einem Sportfahrerlehrgang auf einer Rundstrecke zählt jedoch nicht dazu[32].

c) Ersatzansprüche wegen Schäden durch Kernenergie. Der Ausschluss gem. § 2b Abs. 3c AKB/A.2.16.5 AKB 2008 für Schäden durch Kernenergie geht zurück auf das Atomgesetz[33].

d) Schäden durch Aufruhr, Krieg, Verfügungen von hoher Hand, Erdbeben. **25** Gem. § 2 Abs. 3a AKB/A.2.16.4 AKB 2008 wird kein Versicherungsschutz gewährt für Schäden, die durch **Aufruhr** oder **innere Unruhen** entstehen. Der Begriff innerer Unruhe umfasst auch den Begriff Aufruhr und liegt vor, wenn sich eine Menschenmenge zusammentut, um Gewalttätigkeiten gegen Personen oder Sachen zu begehen[34]. Es reicht hingegen nicht aus, wenn einzelne Teilnehmer einer ansonsten friedlichen Demonstration Gewalttätigkeiten begehen[35]. **Aufruhr** bedeutet einen gemeinsamen Kampf der Menschenmenge gegen die Staatsgewalt[36]. Schäden durch **Kriegsereignisse** sind in Deutschland seit dem Ende des Zweiten Weltkrieges nicht mehr zu beklagen gewesen[37]. **Terroristische Anschläge** gehören sicher nicht dazu, auch wenn sich die Täter auf einen von ihren religiösen Führern ausgerufenen Krieg berufen. **Verfügungen von hoher Hand** sind – wie in den AKB 2008 nun ausdrücklich so benannt – Maßnahmen der Staatsgewalt, insbesondere Beschlagnahmeverfügungen von Fahrzeugen, auch bei Auslandsaufenthalten durch die dortigen Staatsorgane[38], soweit sie nicht zur Sicherheit für einen vom VN verursachten Schaden erfolgen[39].

e) Sonstige nichtversicherte Schäden. *aa) Fahrzeugbezogene Positionen:* Gem. § 13 **26** Abs. 7 6 AKB/A.2.13.1 AKB 2008 wird kein Ersatz geleistet für Verschleiß, wertverbessernde Maßnahmen, Veränderungen am Fahrzeug sowie Wert- oder Leistungsminderungen aus Anlass eines versicherten Ereignisses. Ferner wird Treibstoff, der z. B. nach einem Unfall ausgelaufen ist oder sich noch im entwendeten Fahrzeug befand, nicht erstattet.

bb) Ausfallersatz: Nebenkosten wie Nutzungsausfall oder Kosten für ein Ersatzfahrzeug er- **27** setzt der VR gem § 13 Abs. 7 6 AKB/A.2.13.1 AKB 2008 nicht (in individuellen Bedingungen werden von einigen VR von diesem Punkt Ausnahmen formuliert).

cc) Sachverständigenkosten: Gem. § 13 Abs. 7 S. 2 AKB/A.2.8 AKB 2008 werden Gutachter- **28** kosten nur ersetzt, wenn die Beauftragung vorher mit dem VR abgestimmt war. Diese Formulierung beendet den Streit um die alte Fassung des § 13 Abs. 5 AKB, ob die Sachverständigenkosten zum erforderlichen Wiederherstellungsaufwand gehören[40], oder nicht[41].

---

[31] Vgl. dazu *Heß/Höke* § 29 Rn. 55.
[32] OLG Hamm v. 20. 9. 1989, ZfS 1990, 23.
[33] *Feyock/Jacobsen/Lemor/Jacobsen,* AKB § 2b Rn. 104.
[34] BGH v. 13. 11. 1974, VersR 1975, 126.
[35] *Bauer,* Rn. 1088; *Diederichsen,* NJW 1970, 777 m. w. N.
[36] BGH vom 23. 4. 1952, NJW 1952, 783; *Stiefel/Hofmann,* § 2 AKB Rn. 144.
[37] Vgl. zu Fällen aus dieser Zeit: *Stiefel/Hofmann,* § 2b AKB Rn. 148, 149.
[38] LG Göttingen v. 16. 2. 1993, VersR 1994, 1180.
[39] *Stiefel/Hofmann,* § 2b AKB Rn. 151 m. w. N.
[40] OLG Nürnberg v. 24. 6. 1982, ZfS 1982, 278; BGH v. 5. 11. 1997, VersR 1998, 179.
[41] OLG Köln v. 6. 5. 1982, VersR 1983, 847; OLG München v. 24. 1. 1990, ZfS 1990, 240; OLG Hamburg v. 9. 3. 1990, ZfS 1990, 206.

2. Subjektive Risikoausschlüsse (§ 61 VVG/§ 81 VVG 2008)

29 Die Anwendung des § 61 VVG/§ 81 VVG 2008 (Leistungsfreiheit des VR) setzt voraus, dass der VN bei der Herbeiführung **schuldhaft,** also vorsätzlich oder zumindest grob fahrlässig, gehandelt hat.

Bisher konnten die Gerichte unter der Geltung des § 61 VVG a. F. offen lassen, ob der VN vorsätzlich oder grob fahrlässig gehandelt hat. Eine Leistungsfreiheit des VR trat in beiden Fällen ein. Nach dem teilweisen Wegfall des „Alles-oder-Nichts-Prinzips" unter § 81 VVG 2008 wird in Prozessen künftig verstärkt der Streit darum gehen, ob der VN vorsätzlich – mit der Folge der Leistungsfreiheit des VR – oder grob fahrlässig gehandelt hat und dem VR daher lediglich ein Kürzungsrecht zusteht.

30 **a) Vorsätzliche Herbeiführung des Versicherungsfalles.** Gem. § 61 VVG/§ 81 Abs. 1 VVG 2008 führt die vorsätzliche Herbeiführung des Versicherungsfalles zum vollständigen Verlust des Versicherungsschutzes[42]. Im Versicherungsrecht gilt der zivilrechtliche Vorsatzbegriff. **Direkter Vorsatz** ist das Wissen und Wollen des rechtswidrigen Erfolges[43]. Der Vorsatz braucht sich nur auf das Schadensereignis (Handlung und Erfolg) zu beziehen, nicht aber auf das Vorhandensein eines Versicherungsvertrges oder auf den konkreten Schadensumfang[44]. Die Kenntnis und der Wille des VNs müssen sich nur auf die Herbeiführung und den Erfolgseintritt **(Schadensfolgen)** beziehen[45]. Der VN braucht die Folgen seiner Tat allerdings nicht in allen Einzelheiten vorausgesehen zu haben. Es reicht aus, wenn er sich die Folgen seiner Handlung in Grundzügen (nicht notwendig die Schadenshöhe) vorgestellt hat[46]. Hierin unterscheidet sich § 61 VVG/§ 81 VVG 2008 von § 152 VVG/§ 103 VVG 2008, bei dem auch die Schadensfolgen vom Vorsatz (zumindest im Großen und Ganzen) umfasst sein müssen und die Kenntnis der Rechtswidrigkeit erforderlich ist[47]. **Eventualvorsatz** als billigende Inkaufnahme des rechtswidrigen Erfolges reicht jedoch zur Verwirklichung des Tatbestandes ebenfalls aus[48]. Auf den tatsächlichen Eintritt eines rechtswidrigen Erfolges kommt es dabei nicht an, weil es sich bei § 61 VVG/§ 81 VVG 2008 um einen subjektiven Risikoausschluss handelt (s. o.).

31 Die vorsätzliche Herbeiführung des Versicherungsfalles hat ihre große praktische Bedeutung im **Versicherungsbetrug,** der eine ziel- und zweckgerichtete Verwirklichung des Versicherungsfalls durch vorsätzliches Handeln voraussetzt. Die Verwirklichung des Versicherungsfalles geschieht, um einen ungerechtfertigten Vorteil zu erlangen. Die verschiedenen Erscheinungsformen eines manipulierten Versicherungsfalles fallen unter die Leistungsfreiheit des VR gem. § 61 VVG/§ 81 VVG 2008[49].

32 Wie bei einer Unfallmanipulation kann man auch im allgemeinen Versicherungsrecht eine Einteilung des **Versicherungsbetruges** in **vier Hauptgruppen** (gestellter, provozierter, fiktiver und ausgenutzter Fall) vornehmen[50]. Bei einem **gestellten** Versicherungsfall wird das Schadensereignis absichtlich nach Verabredung herbeigeführt. Ein **provoziertes** Schadenereignis bezeichnet die Herbeiführung eines Unfalles durch ein einseitig doloses Verhalten, in dem die Unaufmerksamkeit eines an der Manipulation nicht beteiligten Dritten ausgenutzt wird. Bei einem **fingierten (fiktiven)** Schadensfall gibt es gar kein Schadensereignis, sondern dieses wird nur vorgetäuscht. Die **Ausnutzung eines Schadensereignisses** liegt vor, wenn ein echter Versicherungsfall ausgenutzt wird, um einen höheren Schaden geltend

---

[42] *Heß,* § 16; unten unter VI 3.
[43] *Palandt/Heinrichs,* § 276 BGB, Rn. 10.
[44] *Römer/Langheid/Römer,* § 61 Rn. 41.
[45] OLG Hamm v. 6. 11. 1996, VersR 1997, 1389; OLG Köln v. 17. 9. 1996, r+s 1997, 95.
[46] OLG Köln v. 17. 9. 1996, r+s 1997, 95.
[47] *Römer/Langheid/Römer,* § 61 Rn. 42; *Römer/Langheid/Langheid,* § 152 Rn. 3; siehe auch *Heß* § 16 Rn. 35.
[48] BGH v. 10. 2. 1973, VersR 1973, 145.
[49] *Römer/Langheid/Langheid* § 61 Rn. 4.
[50] *Van Bühren/Lemcke,* Teil 6, Rn. 11 ff.; *Dannert,* r+s 1989, 381; *Lemcke,* r+s 1993, 121.

zu machen[51]. Bei den beiden zuletzt genannten Fallgruppen handelt es sich allerdings nicht um Fälle des § 61 VVG/§ 81 VVG 2008. Im Fall eines fingierten (fiktiven) Schadensfalles ist ein Versicherungsfall gar nicht eingetreten, sondern wird lediglich vorgespiegelt. Bei einem ausgenutzten Versicherungsfall fehlt es in Höhe des erhöhten Schadens insoweit an einem eingetretenen Versicherungsfall. Fest steht, dass eine Eintrittspflicht des VRs für keines dieser manipulierten Schadensereignisse besteht.

Die praktische Bedeutung der vorsätzlichen Herbeiführung des Versicherungsfalles besteht   **33** in der **Beweislast**. Während der VN den Versicherungsfall beweisen muss, obliegt dem VR der Nachweis der vorsätzlichen Herbeiführung[52]. Im Falle eines nur vorgespiegelten Versicherungsfalles, liegt die Beweislast für den Eintritt des Versicherungsfalles beim VN. Ist der Versicherungsfall aber unstreitig oder bewiesen, so liegt die Beweislast dafür, dass die Herbeiführung vorsätzlich erfolgt war, beim VR.[53]

b) Grob fahrlässige Herbeiführung des Versicherungsfalles. Die grob fahrlässige   **34** Herbeiführung des Versicherungsfalles führte ebenfalls gem. § 61 VVG a. F. zum Versicherungsschutzverlust[54]. Nach § 81 Abs. 2 VVG 2008 steht dem VR dagegen dann nur noch ein Kürzungsrecht zu.

Die Frage, ob eine grobe Fahrlässigkeit vorliegt, hat der Tatrichter nach den Besonderheiten des Einzelfalles zu beurteilen. Aus diesem Grunde gibt es eine zu verschiedenen Versicherungsbereichen (insbesondere im Bereich der Kaskoversicherung) kaum mehr überschaubare Kasuistik. Hieran wird sich so durch die Neuregelung nichts ändern. Im Gegenteil wird nun zusätzlich die Feststellung des Grades der groben Fahrlässigkeit für die Bildung einer Quote erforderlich. Die Frage, ob der VR von seinem nun durch das neue VVG eingeräumten Kürzungsrecht richtig Gebrauch gemacht hat, ist auch keine Ermessensentscheidung des VR, sondern obliegt im vollen Umfang der Überprüfung durch den Tatrichter. Die Frage, ob eine – leistungskürzende – grobe oder nur eine unschädliche einfache Fahrlässigkeit vorliegt, unterliegt ebenfalls der revisionsrechtlichen Überprüfung[55]. Im übrigen wird die tatrichterliche Entscheidung zu der vom VR vorgenommenen Kürzung durch den BGH nur daraufhin überprüft werden, ob der Tatrichter von den richtigen Voraussetzungen ausgegangen ist[56].

aa) Grobe Fahrlässigkeit: **Grobe Fahrlässigkeit** liegt vor, wenn der VN die im Verkehr er-   **35** forderliche Sorgfalt in einem besonders schweren Maße verletzt[57]. Grob fahrlässig handelt, wer schon einfachste, ganz nahe liegende Überlegungen nicht anstellt und in ungewöhnlich hohem Maße dasjenige unbeachtet lässt, was im gegebenen Fall jedem hätte einleuchten müssen[58]. Im Hinblick auf § 61 VVG/§ 81 Abs. 2 VVG 2008 setzt dies ein Verhalten des VN voraus, von dem er wusste oder hätte wissen müssen, dass es geeignet war, den Eintritt oder die Vergrößerung des Schadens zu fördern[59]. Die Schadenswahrscheinlichkeit muss nahe gelegen haben und für den VN muss es ohne weiteres möglich gewesen sein, ein anderes als das tatsächlich ausgeübte Verhalten an den Tag zu legen[60]. Ob ein grob fahrlässiges Handeln vorliegt, ist letztlich immer eine Frage des Einzelfalles. Allgemein gilt aber, dass die **Größe der Gefahr** und die **Höhe des zu erwartenden Schadens** für die an einen VN i. S. d. Definition der groben Fahrlässigkeit zu stellenden Anforderungen mitentscheidend

---

[51] *Römer/Langheid/Langheid,* § 61, Rn. 4.
[52] Zur Beweissituation vgl. *Römer/Langheid/Römer,* § 61 Anm. 5.
[53] Siehe umfassend zur Beweislast *Heß* § 16.
[54] Siehe im Einzelnen zu § 61 a. F. VVG *Heß* § 16.
[55] BGH v. 10. 2. 1999, VersR 1999, 1004.
[56] Allgemeiner Grundsatz der Überprüfung durch das Revisionsgericht.
[57] *Palandt/Heinrichs,* § 276 BGB, Rn. 14; vgl. ständige Rechtsprechung des BGH v. 11. 5. 1953, seit BGHZ 10, 14 = VersR 53, 335;"wie kann man nur"; BGH v. 12. 10. 1988, r+s 1989, 62 = VersR 1989, 141 = ZfS 1989, 140; *Prölss/Martin/Prölss,* § 61 VVG Rn. 11 ff. m. w. N.
[58] Ständige Rechtsprechung, vgl. nur *Prölss/Martin/Prölss,* § 61 VVG, Rn. 11 ff. m. w. N.
[59] BGH v. 19. 12. 1979, VersR 1980, 180; OLG Hamm v. 12. 2. 1982, VersR 1982, 1042; OLG Hamm v. 26. 4. 1991, r+s 1991, 331; OLG Oldenburg v. 20. 12. 1989, r+s 1990, 406.
[60] OLG Hamm v. 26. 4. 1991, r+s 1991, 331.

sind (z. B. große Gefahr durch Alkohol beim Führen eines Kfz oder durch Nichtbeachtung einer roten Ampel[61]). Außerdem ist zu beachten, dass einzelne, für sich genommen nicht grob fahrlässige Fehlhandlungen in ihrer Summe den Vorwurf grober Fahrlässigkeit begründen können[62].

Das **positive Tun** des VN ist dann grob fahrlässig, wenn der Schadenseintritt nahe lag und es für den VN ohne weiteres möglich gewesen wäre, ein anderes, schadensvermeidendes Verhalten an den Tag zu legen[63]. Dagegen hat der VN bei der Herbeiführung durch ein **Unterlassen** die „möglichen, geeigneten und zumutbaren Maßnahmen" gerade nicht ergriffen[64].

bb) Objektive und subjektive Voraussetzungen der groben Fahrlässigkeit: Die grobe Fahrlässigkeit besteht (kumulativ) aus einer objektiven und einer subjektiven Seite[65].

36   Der **objektive** Sorgfaltsmaßstab richtet sich nach allgemein anerkannten Sorgfalts- und Verkehrsbedürfnissen, die in besonders schwerwiegendem Maße, also grob fahrlässig, verletzt sein müssen[66].

37   Auch in **subjektiver** Hinsicht muss den VN ein gegenüber der einfachen Fahrlässigkeit gesteigertes und somit schweres Verschulden treffen[67]. Ist ein solches nicht anzunehmen, wird der VN vom Vorwurf der groben Fahrlässigkeit frei. Das Verschulden des VN ist als schwer einzustufen, wenn sein Fehlverhalten schlicht unentschuldbar ist[68]. Die im Verkehr erforderliche Sorgfalt muss durch ein subjektiv unentschuldbares Fehlverhalten in hohem Maße außer Acht gelassen worden sein. Dabei sind stets auch seelische und physische Umstände der betreffenden Person zu berücksichtigen[69]. Es kommt somit auch auf die persönlichen Fähigkeiten, die berufliche Stellung, die Lebenserfahrung und die besondere persönliche Situation an[70]. Generelle oder momentane Schwächen können den VN also entlasten[71]. So kann im Einzelfall der Schuldvorwurf geringer sein, wenn die Fehlentscheidung in Eile getroffen werden musste[72]. Ob der VN bewusst oder unbewusst gegen Sorgfaltsanforderungen verstößt, bezeichnet in erster Linie nur die Fälle der unbewussten Fahrlässigkeit, die ihrerseits grob oder nur leicht fahrlässig sein kann. Allerdings begründet (Gesamtabwägung) ein bewusster Verstoß eher den Vorwurf des grob fahrlässigen Verhaltens als ein unbewusster.

Grobe Fahrlässigkeit setzt somit objektiv **und** subjektiv voraus, das dasjenige, was jedem in der gegebenen Situation einleuchtet, außer Acht gelassen wurde[73].

38   *cc) Das Augenblicksversagen:* Der VN kann aber, wenn er oder eine andere Person, deren Verhalten ihm zuzurechnen ist, objektiv grob fahrlässig den Schaden verursacht hat, durch subjektive Gründe vom Vorwurf der groben Fahrlässigkeit befreit werden[74]. Das ist insbesondere der Fall, wenn der VN nur für einen Augenblick versagt hat[75]. Diese Rechtsfigur des **sog. Augenblicksversagens** hat der BGH[76] zur Abmilderung der harten Rechtsfolge des § 61 VVG a. F. (völliges Freiwerden des VR) bei grober Fahrlässigkeit eingeführt. In der Indi-

---

[61] Siehe dazu im Einzelnen Rn. 48 ff. und Rn. 43 ff.
[62] *Prölls/Martin,* VVG, § 61 Rn 15.
[63] OLG Hamm v. 26. 4. 1991, r+s 1991, 331.
[64] BGH v. 5. 10. 1983, VersR 1984, 25.
[65] BGH v. 8. 7. 1992, NJW 1992, 2418.
[66] *Van Bühren,* Handbuch, 2. Aufl. S. 52.
[67] BGH v. 12. 1. 1988, VersR 1988, 474.
[68] BGH v. 5. 4. 1989, VersR 1989, 840.
[69] BGH v. 5. 4. 1989, VersR 1989, 840.
[70] BGH v. 18. 10. 1988, NJW-RR 1989, 339, 340; OLG Stuttgart v. 2. 2. 1989, NJW-RR 1989, 682.
[71] BGH v. 22. 2. 1989, NJW 1989, 1612.
[72] BGH v. 8. 2. 1989, VersR 1989, 582 = NJW 1989, 1354; *Römer,* VersR 1992, 1187.
[73] BGH v. 12. 10. 1988, NJW-RR 1989, 213; BGH v. 12. 10. 1988, VersR 1989, 141; *Berz/Burmann,* Handbuch, 7 H Rn. 6.
[74] BGH v. 11. 7. 1967, VersR 1967, 909.
[75] BGH v. 8. 2. 1989, VersR 1989, 582; OLG Hamm v. 31. 1. 1990, VersR 1991, 223; OLG Frankfurt v. 19. 2. 1991, VersR 1992, 230.
[76] BGH v. 14. 7. 1986, VersR 1986, 962; BGH v. 8. 2. 1989, NJW 1989, 1354.

vidualität des Handelnden begründete Umstände können somit geeignet sein, die subjektive, personale Seite der Verantwortlichkeit geringer als grob fahrlässig einzustufen[77]. Hierzu kann auch eine verminderte Einsichtsfähigkeit zum Zeitpunkt der Schadensverursachung zählen[78]. Es kommt wiederum auf die persönlichen Fähigkeiten und die besondere persönliche konkrete Situation an. Allerdings kann eine Minderung des Schuldvorwurfs verhindern nur durch das Vorliegen besonderer Umstände gerechtfertigt werden[79].

Häufig wurde danach von der Rechtsprechung eine grobe Fahrlässigkeit gem. § 61 VVG **39** a. F. mit dem Hinweis verneint, der VN habe nur für einen Augenblick versagt (sog. Ausrutscher)[80].

Da diese Rechtsfigur, bzw. die Ausfüllung dieses Begriffes bei den Instanzgerichten dazu führte, fast jedes Fehlverhalten im Straßenverkehr mit der Bezugnahme auf das Augenblicksversagen nur noch als einfache Fahrlässigkeit zu qualifizieren, hat der **BGH** mit seiner Entscheidung vom 8. 7. 1992[81] zur Kaskoversicherung bei einem Rotlichtverstoß **einschränkend** entschieden[82]. Danach ist ein Augenblicksversagen **allein** nicht ausreichend, um den Verschuldensvorwurf zu verneinen. Vielmehr sind die gesamten Umstände, die das einmalige Versagen, welches den Eintritt des Schadens herbeigeführt hat, begründet haben, in die Überlegung einzubeziehen.

Soweit das dem Eintritt des Schadens vorangehende Verhalten durch physische oder psy- **40** chische Umstände in subjektiv entschuldbarer Weise herbeigeführt wurde, kann dies den Handelnden entlasten. Somit müssen **weitere Umstände** hinzutreten, die den Grad des momentanen Versagens in einem milderen Licht erscheinen lassen[83]. Allein die objektiven Merkmale eines Augenblicksversagens reichen nicht, um den Vorwurf der groben Fahrlässigkeit entfallen zu lassen. Die bloße Berufung auf ein sog. Augenblicksversagen reicht somit nicht aus, eine grobe Fahrlässigkeit zu verneinen. Das Verhalten des VN wird nur dann mit Hilfe des sog. Augenblicksversagens „entschuldigt" werden können, wenn das vorangehende Verhalten des VN, welches zu der Unaufmerksamkeit führte, von diesem nicht in subjektiv unentschuldbarer Weise (physisch oder psychisch) herbeigeführt worden ist[84]. Behauptet der Handelnde z. B. er sei abgelenkt worden, so wird es auf den Grund der Ablenkung ankommen. Dieser ist zu dem Grad der Gefährlichkeit der Handlung in Bezug zu setzen. Je gefährlicher das Verhalten des VN ist, desto weniger kann es ihn entlasten, dass er sich hat ablenken lassen[85]. Obwohl der BGH dies zur Kaskoversicherung (Rotlichtverstoß[86]) entschieden hat, ist die Entscheidung auch für andere Versicherungszweige von Bedeutung.

Die Entwicklung der Rechtsprechung basiert auf der – zutreffenden – Annahme, dass ein **41** Moment der Unaufmerksamkeit typischerweise nur die unbewusste Fahrlässigkeit kennzeichnet, wenn objektiv die Situation erhöhte Aufmerksamkeit und Konzentration erfordert. Stellt man auf die objektive Gefährlichkeit ab, wird man nicht sagen können, dass ein kurzfristiges Versagen generell geringer zu bewerten ist, als ein langfristiges[87]. Maßgeblich wird

---

[77] *Römer*, VersR 1992, 1187 ff.; BGH v. 22. 2. 1984, VersR 1984, 480; BGH v. 22. 2. 1985, VersR 1985, 540; BGH v. 4. 12. 1985, VersR 1986, 254; BGH v. 14. 7. 1986, VersR 1986, 962; BGH v. 12. 10. 1988, VersR 1989, 141; BGH v. 8. 2. 1989, VersR 1989, 582; BGH v. 5. 4. 1989, VersR 1989, 840; BGH v. 8. 7. 1992, VersR 1992, 1085.

[78] BGH v. 23. 1. 1985, VersR 1985, 440; BGH v. 22. 2. 1989, VersR 1989, 469.

[79] BGH v. 8. 7. 1992, NJW 1992, 2418 f.

[80] BGH v. 8. 2. 1989, VersR 1989, 582; OLG Hamm v. 31. 1. 1990, VersR 1991, 223; OLG Frankfurt v. 19. 2. 1991, VersR 1992, 230.

[81] BGH v. 8. 7. 1992, VersR 1992, 1085; „Rotlicht"-Entscheidung. „Ein Augenblicksversagen ist allein noch kein Grund, den Schuldvorwurf der groben Fahrlässigkeit herabzustufen, wenn die objektiven Merkmale der groben Fahrlässigkeit gegeben sind."

[82] *Römer*, VersR 1992, 1187.

[83] BGH v. 8. 7. 1992, NJW 1992, 2418.

[84] *Riedmeyer*, ZfS 2001, 345.

[85] *Römer*, VersR 1992, 1187 (1189); *Berz/Burmann*, Handbuch, 7 H Rn. 10.

[86] Siehe dazu unten Rn. 43 ff.

[87] Vgl. auch *Berz/Burmann*, Handbuch, 7 H Rn. 8.

sein, ob – auch im Hinblick auf die Interessenlage bei Abschluss des Versichrungsvertrages – ein Augenblicksversagen dazu führt, dass das mittlere Maß der Schadensträchtigkeit überschritten wird[88]. Bewertet man allerdings die aktuelle Rechtsprechung des BGH zum Rotlichtverstoß[89], so ist die Tendenz unverkennbar, den Tatbestand einer groben Fahrlässigkeit wieder mit größerer Zurückhaltung zu bejahen[90].

Vor dem Hintergrund der Aufgabe des „Alles-oder-Nichts-Prinzips" für die grobe Fahrlässigkeit gem. § 81 Abs. 2 VVG 2008 erscheint es allerdings als nicht unwahrscheinlich, dass die Rechtsprechung nach der Neuregelung mit der Annahme des Augenblicksversagens nun wesentlich restriktiver umgehen wird. Das hieße, sie würde in derartigen Fällen zwar zunächst von grober Fahrlässigkeit ausgehen, im Rahmen einer weniger starken Kürzung des Leistungsanspruchs des VN im Rahmen von § 81 Abs. 2 VVG 2008 anschließend aber das nur kurze Fehlverhalten berücksichtigen.

42 *dd) Rechtsprechung der groben Fahrlässigkeit:* Für den Bereich der groben Fahrlässigkeit haben sich je nach Versicherung und je nach Sorgfaltsverstoß **typische Fallgruppen** herausgebildet. Aufgrund des Wegfalls des „Alles-oder Nichts-Prinzips" erscheint es als nahe liegend, dass die Gerichte künftig mit der Annahme grober Fahrlässigkeit weniger restriktiv umgehen werden als bisher. Insofern ist es durchaus realistisch, dass es in einzelnen Fallgruppen, in denen grobe Fahrlässigkeit bisher abgelehnt wurde, künftig zu gegenteiligen Ergebnis kommen kann. Eine Korrektur wird dann – teilweise – über die im Rahmen der groben Fahrlässigkeit mögliche Quotierung vorgenommen werden.

43 *(1) Rotlichtverstoß:* Ein **Rotlichtverstoß** stellt objektiv einen besonders schwerwiegenden Verstoß gegen die im Verkehr erforderliche Sorgfalt dar. Wegen der besonderen Gefährlichkeit führen **Rotlichtverstöße** regelmäßig zur Annahme grober Fahrlässigkeit[91]. Allerdings kann aus der Rechtsprechung des BGH gerade nicht abgeleitet werden, dass schlechthin jedes Überfahren einer roten Ampel grob fahrlässig ist[92]. Auch nach der Entscheidung des BGH vom 8. 9. 1992 zum Augenblicksversagen[93] ist die Missachtung des roten Ampellichtes nicht immer grob fahrlässig[94]. Stets sind die Umstände des einzelnen Falles maßgeblich. Allerdings ist das Überfahren einer roten Ampel **in aller Regel** als objektiv wie auch subjektiv grob fahrlässig zu bewerten[95]. Insbesondere kann aber im Einzelfall unter dem Gesichtspunkt der fehlenden subjektiven groben Fahrlässigkeit eine andere Beurteilung angezeigt sein. Dies setzt voraus, dass der VN Umstände darlegt, die den Verkehrsverstoß in einem milderen Licht erscheinen lassen, z. B. hält der Fahrer zunächst bei „Rot" an und fährt dann – in der irrigen aber begründeten Annahme, die Ampel habe auf „Grün" umgeschaltet – wieder an[96]. Der grundsätzlich beweisbelastete VR muss dann ein solches Vorbringen, das einer groben Fahrlässigkeit entgegensteht, widerlegen[97]. Es ist in jedem Fall eine **Einzelabwägung** erforderlich, so dass sich feste Regeln

---

[88] *Römer,* VersR 1992, 1187 ff.

[89] Insbesondere die Entscheidung v. 29. 1. 2003, r+s 2003, 144 ff.; vgl. dazu auch *Kappus/Poppe* NJW 2003, 3175 ff.

[90] Vgl. Rn. 45.

[91] BGH v. 8. 7. 1992, NJW 1992, 2418; OLG Köln v. 19. 8. 1997, NZV 1999, 90; OLG Köln v. 25. 6. 2002, ZfS 2002, 586; OLG Hamm v. 25. 10. 2000, ZfS 2001, 215; OLG Koblenz v. 23. 3. 2001, ZfS 2001, 415; vgl. auch *Römer,* ZfS 2002, 313.

[92] BGH v. 29. 1. 2003, r+s 2003, 144 = VersR 2003, 364; *Römer,* a. a. O.

[93] BGH v. 8. 7. 1992, BGHZ 119, 147.

[94] BGH v. 29. 1. 2003, r+s 2003, 144 (145); *Römer,* DAR 2001, 258 (261).

[95] BGH v. 29. 1. 2003, r+s 2003, 144 f.; siehe BGH v. 8. 7. 1992, BGHZ 119, 147; OLG Köln v. 20. 2. 2001 NVersZ 2001, 466; OLG Köln v. 4. 12. 2001, NVersZ 2002, 225; OLG Köln v. 12. 3. 2002, ZfS 2002, 293; OLG Hamm v. 10. 1. 2001, r+s 2001, 275; OLG Celle v. 27. 10. 1994, NZV 1995, 363.

[96] OLG Hamm v. 26. 10. 2000, r+s 2000, 232; OLG Jena v. 30. 10. 1996, VersR 1997, 691 f.; OLG München v. 28. 7. 1995, NJW-RR 1996, 407.

[97] OLG Köln v. 20. 2. 2001, NVersZ 2001, 466; OLG Hamm v. 25. 10. 2000, ZfS 2001, 215; OLG Hamm v. 26. 1. 2000, ZfS 2000, 346.

verbieten[98]. Gerade wegen der „Verschlingung" objektiver und subjektiver Gesichtspunkte und der Notwendigkeit der (tatrichterlichen) Würdigung aller Umstände des Einzelfalles hat insbesondere der BGH immer große Vorbehalte bei der Aufstellung allgemeiner Regeln zur Bejahung grober Fahrlässigkeit gehabt[99]. Es wird insbesondere darauf ankommen, was den Fahrer zur Weiterfahrt (Missachtung der roten Ampel) veranlasst hat.

Die Grundsätze des **Anscheinsbeweises** sind nicht anwendbar[100]. Die **Beweislast** für die   44 grobe Fahrlässigkeit trifft den VR. Nach allgemeinen Grundsätzen des Prozessrechtes trifft aber den VN als nicht beweisbelastete Partei eine erhöhte Substantiierungslast[101]. Ihm sind die maßgebenden Tatsachen bekannt und daher entsprechende Angaben zuzumuten. Rechtfertigt dessen – glaubhafter – Vortrag, die Wertung eines milderen (nicht grob fahrlässigen) Verstoßes, so gehört es dann zur Darlegungs- und Beweislast des VR, diesen Sachverhalt zu widerlegen[102]. Das OLG Köln[103] sieht in der Missachtung einer roten Ampel ein objektiv grob fahrlässiges Verhalten, dass auch Indizwirkung für ein subjektiv grob fahrlässiges Verhalten hat. Der VN muss dann besondere Umstände zur Entlastung darlegen, die dann der beweisbelastete VR widerlegen muss. Dies entspricht dem allgemeinen prozessualen Grundsatz, wonach die nicht beweisbelastete Partei (hier der VN) eine Substantiierungspflicht trifft, wenn ihr die Tatsachen bekannt sind, dem darlegungspflichtigen Gegner (hier dem VR) aber nicht[104]. An der Beweislast des VR ändert sich dadurch nichts[105]. Die erhöhte Substantiierungslast soll die beweisbelastete Partei erst in die Lage versetzen, ihrer Beweislast nachzukommen. Kommt daher die nicht beweisbelastete Partei ihrer Substantiierunglast nicht nach, so gilt gem. § 138 Abs. 3 ZPO der Vortrag der Gegenseite (hier der des VR) als zugestanden[106].

Einzelfälle zum Rotlichtverstoß

– grobe Fahrlässigkeit **bejaht:** Grobe Fahrlässigkeit bei Rotlichtverstoß, auch wenn eine Ab-   45 lenkung durch lärmende Kinder im Wagen vorlag[107]; wenn der Querverkehr anhält[108]; ungebremstes Fahren in die Kreuzung bei eingeschränkter Sicht des Fahrers auf die Ampel durch Sonnenstrahlung[109]; bei einer Ampelanlage nach einer Tunnelunterführung, der Fahrer ortskundig und durch überholenden Pkw abgelenkt war, wenn der Fahrer innerorts den Tempomaten einstellt und einen Rotlichtverstoß an einer T-förmigen Kreuzung begeht, die kein problemloses Abbiegen ermöglicht[110]; wenn der Fahrer trotz für ihn geltenden

---

[98] BGH v. 29. 1. 2003, r+s 2003, 144 = VersR 2003, 364.

[99] BGH v. 11. 7. 1967, VersR 1967, 909; BGH v. 29. 1. 2003, VersR 2003, 364 (365).

[100] Vgl. nur BGH. v. 21. 4. 1970, VersR 1970, 568.

[101] BGH v. 3. 2. 1999, VersR 2000, 511; BGH v. 27. 1. 1994, NJW 1994, 2289 (2292): „Wie der BGH wiederholt entschieden hat, kann sich unter bestimmten Voraussetzungen aus dem im Prozessrecht zu beachtenden Grundsatz von Treu und Glauben eine Verpflichtung der nicht beweisbelasteten Partei ergeben, dem Gegner gewisse Informationen zur Erleichterung seiner Beweisführung zu bieten, zu denen namentlich die Spezifizierung von Tatsachen gehören kann, wenn und soweit diese der Kenntnis der mit dem Beweis belasteten Partei nicht oder nur unter unverhältnismäßigen Erschwerungen zugänglich sind, während eine Offenlegung für den Gegner sowohl ohne weiteres möglich als auch bei Berücksichtigung der maßgeblichen Umstände und Interessen zumutbar erscheint." BGH v. 15. 5. 1996, VersR 1997, 128 (129) = ZfS 1996, 285; *Zöller/Greger,* ZPO, 23. Aufl. vor § 284 Rn. 24 (34ff.); OLG Rostock v. 30. 4. 2003, ZfS 2003, 356.

[102] BGH v. 29. 1. 2002, VersR 2003, 364; OLG Hamm v. 26. 1. 2000, ZfS 2000, 346; OLG Hamm v. 25. 10. 2000 ZfS 2001, 215; vgl. im einzelnen auch *Rüther* § 23.

[103] Vgl. u. a. BGH v. 25. 6. 2002, r+s 2002, 407.

[104] BGH v. 29. 1. 2003, r+s 2003, 144 (146); BGH v. 3. 2. 1999, NJW 1999, 1404; *Zöller/Greger,* ZPO 23. Aufl. vor § 284 Rn. 24, 34ff.

[105] BGH v. 23. 1. 2003, r+s 2003, 144 (146); OLG Hamm v. 25. 10. 2000, VersR 2002, 603.

[106] BGH v. 11. 6. 1985, VersR 1986, 239 (240) = r+s 1985, 258.

[107] OLG Köln v. 3. 7. 2001, DAR 2001, 406; für einen ähnlichen Fall von Ablenkung OLG Rostock v. 30. 4. 2003, r+s 2004, 58.

[108] OLG Köln v. 24. 4. 2001, ZfS 2001, 550.

[109] OLG Köln v. 2. 9. 2003, VersR 2004, 777.

[110] OLG München v. 28. 7. 2002, 10 U 1512/02.

Rotlichts in den Einmündungsbereich der Kreuzung eingefahren ist; wenn er mindestens 9 s lang auf eine Ampel zugefahren ist, die nicht mehr Grünlicht zeigte und keine Tatsachen schildert, die geeignet wären, sein Fehlverhalten ausnahmsweise in einem milderen Licht erscheinen zu lassen[111]; wenn ein VN bei Rotlicht zunächst angehalten hat, dann aus ungeklärter Ursache wieder angefahren ist[112]; wenn der VN bei einer Gelbphase von vier Sekunden eine aus mindestens 100 Metern Entfernung sichtbare Ampel bei guter Sicht und Straßenverhältnissen überquert[113]; wenn der VN aufgrund einer dauerhaften krankheitsbedingten Konzentrationsschwäche übersieht, dass die Lichtzeichenanlage schon längere Zeit auf Rot steht[114]; insbesondere ist für einen Ausschluss des Vorwurfs der groben Fahrlässigkeit durch ein Augenblicksversagen das Vorliegen weiterer subjektiver Gründe erforderlich[115]. Ortsunkenntnis hindert die Feststellung einer groben Fahrlässigkeit nicht[116]. Ebenso wenig entschuldigt die Einlassung des Fahrers, er habe bereits auf die übernächste Ampel geschaut[117]; er habe sich in Kenntnis der bekannten Ampelschaltung darauf eingestellt, freie Fahrt zu haben[118] oder der Mietwagen, mit dem er gefahren sei, sei ungewohnt gewesen[119]. Auch mangelnde Fahrpraxis entschuldigt nicht[120].

Fahrmanöver, bei denen der Fahrer noch versucht hat, bei „Gelb" oder sogar „Dunkelgelb" durchzufahren, sind unproblematisch als grob fahrlässiges Verhalten zu werten. In solchen Fällen liegt vielmehr sogar die Annahme eines bedingten Vorsatzes nahe[121].

46   – grobe Fahrlässigkeit **verneint (insbesondere Fehlen der subjektiven Komponente):** wenn der Handelnde ein in seiner Fahrtrichtung aufleuchtendes Grünlicht für eine Linksabbiegerspur auf sich bezogen hat[122]. Hier ist maßgeblich, ob der VN im Einzelfall die Gründe für sein unmotiviertes erneutes Losfahren plausibel machen kann; so z. B. wenn die Ampel ganz besonders unübersichtlich[123] oder verdeckt war[124]; bei schwer zu überblickender Kreuzung, wenn es sich um einen ortsunkundigen VN handelt[125]; wenn die Sonne in Fahrtrichtung scheint und dadurch alle drei Lichter der Ampel erhellt[126]. Zu bedenken ist aber, dass die fehlende Ortskenntnis grundsätzlich nicht von dem Vorwurf grober Fahrlässigkeit entlastet. Wer ortsunkundig ist, muss sich besonders vorsichtig einer Ampelanlage nähern[127]. ME ist das fehlende Abwarten des Fahrers, bis ihm die Bedeutung des tatsächlichen Lichtsignals klar wird, entgegen OLG Frankfurt[128] nicht mehr als einfach, sondern als grob fahrlässig anzusehen; grundsätzlich gilt, dass der Fahrer die Blendung durch besondere Aufmerksamkeit

---

[111] OLG Hamm v. 4. 5. 2001, r+s 2002, 5 = NVersZ 2002, 23.

[112] OLG Hamm v. 26. 1. 2000, r+s 2000, 232; OLG Jena v. 30. 10. 1996, VersR 1997, 691; OLG München v. 28. 7. 1995, NJW-RR 1996, 407; OLG Hamm v. 17. 6. 1994, VersR 1995, 92; anders hingegen: OLG Hamm v. 21. 3. 1991, NJW-RR 1991, 1134.

[113] OLG Köln v. 15. 2. 1990, VersR 1990, 848; BGH v. 8. 7. 1992, VersR 1992, 1085; OLG Köln v. 26. 9. 1991, r+s 1992, 7; OLG Hamm v. 14. 1. 1987, VersR 1988, 370; OLG Hamburg v. 25. 5. 1993, VersR 1994, 211; OLG Karlsruhe v. 17. 12. 1992, VersR 1994, 211; OLG Nürnberg v. 17. 2. 1994, VersR 1994, 1335; OLG Hamm v. 17. 6. 1994, VersR 1995, 92; OLG Dresden v. 30. 5. 1995, VersR 1996, 577.

[114] BGH v. 8. 7. 1992, VersR 1992, 1085.

[115] OLG Oldenburg v. 23. 11. 1994, VersR 1995, 1346.

[116] OLG Koblenz v. 23. 3. 2001, ZfS 2001, 415 s. u.

[117] OLG Köln v. 4. 12. 2001, NVersZ 2002, 225.

[118] OLG Köln v. 19. 2. 2002, NVersZ 2002, 363.

[119] BayObLG v. 12. 12. 2000, DAR 2001, 173; OLG Koblenz v. 27. 3. 2000, DAR 2001, 168.

[120] OLG Rostock, NZV 2004, 290.

[121] *Berz/Burmann/Heß*, Handbuch, 7 H Rn. 15.

[122] OLG München, NJW-RR 1996, 407; OLG Hamm v. 30. 4. 1993, NZV 1993, 438.

[123] OLG Nürnberg, r+s 2007, 149; OLG Nürnberg, NJW-RR 1996, 986.

[124] OLG Karlsruhe v. 17. 12. 1992, VersR 1994, 211.

[125] OLG Köln v. 24. 1. 1991, r+s 1991, 82.

[126] OLG Frankfurt 28. 9. 1992, VersR 1993, 826.

[127] OLG Koblenz v. 23. 3. 2001, ZfS 2001, 415.

[128] OLG Frankfurt v. 28. 9. 1992, VersR 1993, 826.

Heß/Höke

ausgleichen muss[129]. Eine andere Bewertung kann dann angezeigt sein, wenn die Blendung plötzlich und unvorbereitet erfolgt[130]. VN hält zunächst an und fährt dann aus ungeklärten Gründen wieder an[131]; Missdeutung eines Hupsignals durch einen vor roter Ampel wartenden VN[132]; bei teilweiser verhängter Ampelanlage[133]; bei unklarer Verkehrsführung[134].

(2) Stoppschild: Nicht eindeutig in Rechtspr. und Literatur ist, ob ein Kraftfahrer, der ein **47** **Stoppschild** ohne anzuhalten überfährt, grds ebenfalls grob fahrlässig handelt[135]. Eine verbreitete Meinung (auch in der Rechtsprechung) nimmt im Regelfall, wie bei einem Rotlichtverstoß, grobe Fahrlässigkeit an[136]. Teilweise wird sich gegen diese Gleichsetzung des **Überfahrens eines Stoppschildes** mit dem Überfahren einer roten Ampel ausgesprochen[137]. Trotz der auffallenden Form und der roten Farbe des Stoppschildes sei kein vergleichbarer optischer Effekt wie bei einer roten Ampel gegeben[138]. Der VN müsse, um von einem grob fahrlässigen Verhalten auszugehen, noch andere Warnhinweise nicht beachtet haben[139]. Richtig dürfte auch hier – wie bei einer roten Ampel – sein, im Grundsatz von einer groben Fahrlässigkeit (auch in subjektiver Hinsicht) zumindest dann auszugehen, wenn auf das Stoppschild noch besonders hingewiesen wurde[140] oder andere Warnhinweise gegeben wurden (Vorwarnung – Überfahren eines angekündigten Stoppschildes[141]; Geschwindigkeitsbegrenzung; Darstellung der vorfahrtsberechtigten kreuzenden Straße auf einem Vorwegweiserschild; Stoppschild auch am linken Rand[142]; zusätzliches gelbes Blinklicht einer abgeschalteten Lichtzeichenanlage[143]). Der VN hat in jedem Fall aber die Möglichkeit, substantiiert und glaubhaft Umstände darzulegen, die im Einzelfall gegen eine grobe Fahrlässigkeit trotz des Überfahrens des Stoppschildes sprechen (so z.B. schlechte Sichtbarkeit des Schildes und fehlende Vorankündigung[144]). Dies muss dann wiederum der VR widerlegen[145].

---

[129] OLG Dresden v. 30. 5. 1995, VersR 1996, 577.
[130] OLG Köln v. 4. 8. 1998, NVersZ 1999, 331; OLG Köln v. 4. 6. 1996, r+s 1996, 478; zur Bedeutung der Blendwirkung vgl. auch *Römer*, VersR 1992, 1187 (1189).
[131] BGH v. 29. 1. 2003, r+s 2003, 144; OLG Hamm v. 21. 3. 1991, NJW-RR 1991, 1134; OLG Oldenburg v. 20. 12. 1989, ZfS 1990, 135; OLG München v. 22. 9. 1989, ZfS 1989, 386; OLG Schleswig v. 4. 3. 1992, r+s 1992, 294 anders OLG Hamm v. 17. 6. 1994, VersR 1995, 92.
[132] OLG Koblenz 2004, 729.
[133] OLG Hamm v. 23. 9. 1988, r+s 1989, 176 (177); OLG Köln v. 27. 2. 2007, r+s 2007, 150.
[134] OLG München v. 23. 9. 1983, r+s 1983, 227.
[135] OLG Hamm v. 16. 2. 1998, ZfS 1998, 262; KG Berlin v. 12. 12. 2000, ZfS 2001, 216; OLG Köln v. 22. 5. 2001, NJW-RR 2002, 535.
[136] OLG Zweibrücken v. 12. 7. 1991, NZV 1992, 76 = VersR 93, 218; OLG Hamm v. 16. 2. 1998, ZfS 1998, 262; OLG Köln v. 22. 5. 2001, r+s 2002, 57 = ZfS 2001, 417 – objektiv grob fahrlässig und Indiz für grobe Fahrlässigkeit in subjektiver Sicht; OLG Oldenburg v. 23. 11. 1994, r+s 1995, 42; *van Bühren/Boudon*, § 2 Rn. 100.
[137] KG Berlin v. 12. 12. 2000, DAR 2001, 211 = ZfS 2001, 216m.w.N; OLG Bremen v. 23. 11. 2002, VersR 2002, 1502; *Römer*, Handbuch Verkehrsrecht, S. 687.
[138] OLG Hamm v. 20. 3. 1992, VersR 1993, 218; KG Berlin v. 12. 12. 2000, VersR 2002, 477.
[139] KG Berlin v. 12. 12. 2000, NVersZ 2001, 319; OLG Köln v. 22. 5. 2001, r+s 2002, 57; OLG Nürnberg v. 4. 5. 1995, NJW-RR 1996, 988; OLG Oldenburg v. 23. 11. 1994, r+s 1995, 42; OLG Zweibrücken v. 12. 7. 1991, VersR 1993, 218; OLG Bremen v. 23. 4. 2002, VersR 2002, 1502 (zusätzliche Hinweis- und Gebotszeichen).
[140] OLG Köln, r+s 2005, 148.
[141] OLG Zweibrücken v. 12. 7. 1991, VersR 1993, 218; OLG Nürnberg 26. 6. 1997, r+s 1997, 409; OLG Köln v. 19. 2. 2002, NVersZ 2002, 409 mit Hinweis auf örtliche Umstände; OLG Köln v. 18. 1. 2005, r+s 2005, 149.
[142] OLG Karlsruhe, NZV 2003, 420.
[143] OLG Köln, NZV 2002, 374.
[144] OLG Nürnberg v. 4. 5. 1995, NJW-RR 1996, 988.
[145] Vgl. Rn. 44.

48   (3) *Alkohol:* Ein – leider – häufiger Anwendungsfall der Herbeiführung des Versicherungsfalles durch grobe Fahrlässigkeit ist das Fahren unter Alkoholeinfluss[146]. Maßgebend für die
juristische Bewertung ist die **Blutalkoholkonzentration**[147] im Zeitpunkt des Unfalles. Der
Ermittlung des BAK-Wertes für diesen Zeitpunkt kommt daher entscheidende Bedeutung
zu. Eine Rückrechnung erfolgt wie im Strafrecht nach h. M. erst vom Zeitpunkt der Resorptionsphase an. Eine Rückrechnung in den ersten zwei Stunden nach Trinkende ist daher
nicht zulässig[148]. Danach gilt höchstens ein Abbauwert von 0,1 Promille pro Stunde. Für die
Feststellung der Unzurechnungsfähigkeit[149] gelten andere Rückrechnungsregeln. Anders als
bei der Fahruntüchtigkeit (s. o.) sind die ersten zwei Stunden von der Rückrechnung nicht
ausgenommen. Die Rückrechnung erfolgt von der ersten Stunde an mit 0,2 Promille pro
Stunde zzgl. eines einmaligen Sicherheitsaufschlages von 0,2 Promille[150].

49   Bei **absoluter Fahruntüchtigkeit** infolge Alkoholkonsums wird zu recht fast ausnahmslos
allein aufgrund des Blutalkoholgehaltes grobe Fahrlässigkeit angenommen[151]. Der Zustand der
absoluten Fahruntüchtigkeit setzt **ab 1,1 ‰** BAK ein[152]. Insoweit gilt auch im Versicherungsrecht der strafrechtliche Wert der absoluten Fahruntüchtigkeit[153]. Die Fahruntüchtigkeit folgt
schon aus dem Blutalkoholgehalt[154]. Um die Kausalität zwischen der **absoluten Fahruntüchtigkeit** und dem eingetretenen Unfall bejahen zu können, reicht der Beweis des ersten
Anscheins aus, wenn der Unfall dem Fahrer bei einer Verkehrslage und unter Umständen zustößt, die ein nüchterner Fahrer i. d. R. gemeistert hätte[155].

50   Auch bei der **relativen Fahruntüchtigkeit** (bei einer BAK **unter 1,1‰**), ist regelmäßig
grobe Fahrlässigkeit zu bejahen. Allerdings müssen über die Alkoholmenge hinaus weitere
Anzeichen vorliegen, die die Alkoholbedingtheit des Unfalls belegen[156]. Es müssen Fahrfehler oder Ausfallerscheinungen (insbes. Reaktions- und Koordinationsvermögen, erhöhte Risikobereitschaft) festgestellt werden, die typischerweise auf den Alkoholgehalt zurückzuführen sind[157].

Alkoholbedingte Ausfallerscheinungen lassen sich u. U. schon aus der polizeilichen
Unfallanzeige oder dem Blutentnahmeprotokoll ableiten[158]. So beruht es typischerweise auf
den alkoholbedingten Ausfallerscheinungen, dass der Kraftfahrer aufgrund des eingeschränkten Blickfeldes in Verbindung mit einer verminderten Reaktionszeit, z. B. eine Kurve falsch

---

[146] Vgl. *Rüther,* NZV 1994, 457 ff.; *Stamm,* VersR 1995, 261.

[147] Vgl. *Rüther,* NZV 1994, 457; *Stamm,* VersR 1995, 261; Zur Berechnung und zu den Messtoleranzen
vgl. Auch BGH v. 20. 7. 1999, VersR 1999, 1300 = NJW 1999, 3058; eine niederländische Blutprobe
(nur ADH) ist nur mit höherem Sicherheitsabschlag verwertbar – OLG Köln v. 19. 10. 1999,
NVersZ 2000, 484; zu den Besonderheiten der Blutentnahme bei Leichen BGH v. 3. 7. 2002, VersR
2002, 1135.

[148] BGH v. 26. 9. 1990, VersR 1990, 1269 = r+s 1990, 430; OLG Köln v. 1. 7. 1993, r+s 1993, 286;
BGH v. 9. 10. 1991, ZfS 1992, 15.; OLG Schleswig v. 7. 2. 1991, r+s 1991, 392.

[149] Siehe dazu § 16 Rn. 55 ff.

[150] BGH v. 28. 6. 1990, BGHSt 37, 231 (237) = NJW 1990, 2393.

[151] OLG Karlsruhe v. 12. 2. 1991, VersR 1992, 567; OLG München 12. 3. 1991, VersR 1991, 1240;
OLG Hamm v. 22. 11. 1991, r+s 1992, 42; OLG Köln v. 23. 1. 1992, r+s 1992, 115; OLG Karlsruhe v.
20. 6. 1991, r+s 1991, 332; OLG Düsseldorf v. 13. 6. 2000, VersR 2001, 454; LG Freiburg v. 12. 10.
1990, r+s 1991, 259; LG Köln v. 17. 4. 1991, r+s 1992, 9; ausführlich: *Knappmann,* VersR 2000, 11 ff.

[152] BGH v. 9. 10. 1991, VersR 1991, 1367 = ZfS 1992, 15.

[153] BGH v. 9. 10. 1991, ZfS 1992, 15.

[154] OLG Köln v. 13. 11. 2001, VersR 2002, 277.

[155] OLG Köln v. 19. 10. 1999, ZfS 2000, 111; OLG Hamm v. 7. 8. 1985, VersR 1986, 1185; OLG
Hamm v. 10. 4. 1988, VersR 1988, 369.

[156] OLG Frankfurt v. 9. 3. 1995, VersR 1996, 52; OLG Köln v. 17. 11. 1988, VersR 1989; r+s 1993,
286; OLG Köln v. 1. 7. 1993, r+s 1993, 286; OLG Karlsruhe v. 21. 2. 2002, VersR 2002, 969 = NZV
2002, 227; OLG Hamm v. 20. 1. 1993, r+s 1993, 172; OLG Hamm v. 27. 10. 1993, NZV 1994, 112.

[157] OLG Köln v. 17. 11. 1988, VersR 1989, 139; OLG Frankfurt v. 9. 3. 1995, VersR 1996, 52.

[158] *Rüther,* NZV 1994, 458.

einschätzt und aus dieser herausgetragen wird[159]. Vielfach wird ein Anscheinsbeweis bei relativer Fahruntüchtigkeit befürwortet, wenn derlei Umstände nachgewiesen werden[160]. Teilweise soll dagegen schon der nachgewiesene Alkoholgehalt im Blut als Anscheinsbeweis ausreichen[161]. An die Ausfallerscheinungen sind umso geringere Anforderungen zu stellen, je mehr sich die BAK dem Grenzwert von 1,1 Promille nähert[162]. Der Grenzwert von 1,1,‰ hat dabei die Bedeutung einer prozessualen Beweisregel[163]. Umgekehrt müssen die Ausfallerscheinungen gewichtiger sein, je geringer die BAK ist[164]. Grobe Fahrlässigkeit ist bei einer BAK in Höhe von 0,9‰ dann zu verneinen, wenn die Ausfallerscheinungen auch eine andere Ursache haben könnten[165]. Allerdings reicht die Feststellung, dass der Fahrfehler auch einem Nüchternen hätte unterlaufen können, als Entlastung nicht aus. Solche Fahrfehler gibt es nicht. Insbesondere reicht auch nicht jede beliebige Ausführung eines Kraftfahrers, durch welche alkoholunabhängige Ursache es zu dem Unfall gekommen sein soll, um die Kausalität der relativen Fahruntüchtigkeit für den Unfall beweisrechtlich auszuschließen. Die Darlegung des VN muss einen alkoholunabhängigen Geschehensablauf vielmehr plausibel erklären[166].

Typische alkoholbedingte Fehlverhaltensmuster sind: **51**

– Alkoholbedingte Euphorie, die zu Enthemmung und z. B. im Fahrzeugververkehr zu Leichtsinn („Rasen"; riskante Fahrmanöver wie insbesondere Überholen, Auffahren etc.) führen.
– Alkoholbedingte verlangsamte Reaktionen: z. B. zu spätes Erkennen von Hindernissen (Folge: keine Reaktion vor Unfall)
– Beeinträchtigung der Sinne (Sehvermögen/Gleichgewicht/Einschränkung der Koordinationsfähigkeit – unverständlich falsche Reaktion; das „Nichtmeistern" einer unproblematischen alltäglichen Fahrsituation)

Häufig kommen mehrere Gesichtspunkte zusammen, welche die Feststellung der alkoholbedingten Fahruntüchtigkeit erleichtern.

Auch bei einer BAK **unter 0,8 Promille** ist die Annahme grober Fahrlässigkeit möglich[167].   **52** Auch bei solch geringeren BAK-Werten kann eine relative Fahruntüchtigkeit vorliegen[168]. Es kommt darauf an, ob es sich bei den Fahrfehlern um Fahrfehler handelt, die typischerweise auf den Alkoholgenuss zurückzuführen sind[169] (Fahrfehler, die bei nüchternen Fahrern kaum vorkommen[170]; 5 Stunden nach Trinkende BAK von 0,65 Promille und Abkommen von der Fahrbahn[171]). Bei BAK-Werten **von 0,5 % und darunter** sind erhebliche Anforderungen an die Ausfallerscheinungen bzw. an das alkoholbedingte Fehlverhalten zu stellen. In diesen Fällen wird sich daher häufig schon der Vorwurf der Fahruntüchtigkeit nicht begründen lassen[172].

---

[159] OLG Hamm v. 27. 10. 1993, ZfS 1994, 134; OLG Frankfurt v. 12. 9. 2001, NVersZ 2002, 129.
[160] OLG Köln v. 16. 9. 1993, VersR 1993, 406.
[161] OLG Karlsruhe v. 11. 5. 1989, VersR 1991, 181; anders aber BGH v. 24. 2. 1988, NJW 1988, 1846.
[162] So auch zu recht *Burmann* in: *Berz/Burmann*, a. a. O., Handbuch 7 H Rn. 27.
[163] *Burmann/Heß/Höke/Stahl*, Rn. 381 m.w.N.
[164] OLG Koblenz v. 25. 2. 2002, VersR 2002, 1551 – grobe Fahrlässigkeit bejaht bei 0,85 Promille und typischen alkoholbedingten Fahrfehlern (falsches Überholen; zu spätes Bremsen; heftige Lenkreaktion; OLG Hamm v. 29. 1. 2002, r+s 2003, 188 – rel. Fahruntüchtigkeit bei 0,65 Promille ohne konkreten Anlass.
[165] OLG Köln v. 9. 6. 1998, r+s 1999, 269.
[166] OLG Saarbrücken, VersR 2004, 1262.
[167] KG Berlin v. 9. 6. 1995, NZV 1996, 200; OLG Frankfurt v. 9. 3. 1995, VersR 1996, 52; a. A. *Stiefel/Hofmann*, § 12 Rn. 100; 0,5 bis 0,6 Promille – OLG Celle v. 11. 1. 1996, ZfS 1996, 222; OLG Frankfurt VersR 1996, 52.
[168] OLG Hamm v. 10. 5. 1989, VersR 1990, 43 – BAK-Wert von 0,3 Promille.
[169] BGH v. 30. 10. 1985, VersR 1986, 141; *Lang*, NZV 1990, 169 (171).
[170] OLG Koblenz v. 25. 2. 2002, NVersZ 2002, 272; *Knappmann*, VersR 2000, 11 (14).
[171] OLG Karlsruhe 21. 2. 2002, NVersZ 2002, 268.
[172] Burmann/Heß/Höke/Stahl, Rn. 383; vgl. im Einzelnen zu der Fahruntüchtigkeit auch *Heß/Höke* in § 29, Rn. 259 f.

53   Nach einer Entscheidung des OLG Hamm liegt grobe Fahrlässigkeit auch bei alkoholbedingter **Aufhebung der Schuldfähigkeit** vor[173]. Das lässt sich damit begründen, dass die Regeln der von den Strafsenaten des BGH in Bezug auf Straßenverkehrsdelikte zwischenzeitlich aufgegebenen Grundsatz der „actio libera in causa" im Versicherungsrecht weiter zur Anwendung kommen[174]. Der Fahrer muss sich in den Zustand der Unzurechnungsfähigkeit versetzt haben, ohne auszuschließen, dass er sein Kfz noch bewegt[175]. Der BGH nimmt – ohne besonderen Bezug auf die Grundsätze der actio libera in causa – grobe Fahrlässigkeit an, weil das Wissen um die Gefährlichkeit von Alkoholfahrten Allgemeingut ist, so dass dies auch noch von hochgradig alkoholisierten Personen berücksichtigt werden müsse[176]. Der BGH hat in diesem Sinne auch einen vergleichbaren Fall bei Tablettenkonsum entschieden[177]. Insoweit wird der Verschuldensvorwurf zu Recht auf den Zeitpunkt vor dem Trinkbeginn vorverlegt[178]. Die **Beweislast** für eine Unzurechnungsfähigkeit durch Trunkenheit liegt beim VN[179].

Bei einer BAK von 3 Promille liegt nicht notwendigerweise Schuldunfähigkeit vor[180].

54   Grobe Fahrlässigkeit wurde demgegenüber **verneint,** wenn der VN den Versicherungsfall mit 1,3‰ (alter Grenzwert) herbeigeführt hat, obwohl er beabsichtigte, nach dem Genuss des Alkohols nicht mehr zu fahren. Insbesondere handelt der VN nicht grob fahrlässig, wenn er sogar entsprechende **Vorkehrungen** getroffen hat, nicht selbst fahren zu müssen und schon im Zustand alkoholbedingter verminderter Schuldfähigkeit nur aufgrund besonderer Umstände gefahren ist (von Ehefrau gesteuerter Pkw war in morastigem Gelände stecken geblieben[181]). Ferner kann dem VN nicht angelastet werden, dass er seinen Pkw einer für ihn nicht erkennbar alkoholisierten Person überlässt[182]. Auch handelt der VN u. U. nicht grob fahrlässig, wenn er um 4:30 Uhr mit 0,9‰ BAK auf einen Lkw auffährt, nachdem er das letzte alkoholische Getränk am Vorabend um 22:00 Uhr zu sich genommen hat. Dann kann es an der Kenntnis seiner relativen Fahruntüchtigkeit fehlen[183].

Bei absoluter, aber auch bei relativer Fahruntüchtigkeit kann von dem objektiven Tatbestand auf ein auch subjektiv schlechthin unentschuldbares Verhalten geschlossen werden[184]. Ein Kraftfahrer, der sich trotz erheblichen Alkoholkonsums ans Steuer setzt, handelt in der Regel schlechthin unentschuldbar[185]. Jedem Kraftfahrer ist bekannt, dass Alkohol einer der Hauptursachen für Verkehrsunfälle ist. Dies führt dann – auch wenn es sonst grundsätzlich bei grober Fahrlässigkeit nach § 81 VVG 2008 zu einer Quotelung kommt – zu einer völligen Leistungsfreiheit des VR[186].

55   *(4) Drogen/Medikamente:* Da es keinen Beweis-Grenzwert für die Annahme einer absoluten Fahruntüchtigkeit nach **Rauschmittelkonsum** gibt[187], ist eine Fahruntüchtigkeit entsprechend den Grundsätzen zur Beurteilung der alkoholbedingten relativen Fahruntüchtig-

---

[173] OLG Hamm v. 31. 5. 2000, Zfs 2001, 119.

[174] *Lang,* NZV 1990, 336 (337); Münchener Kommentar/*Mertens,* § 837 Rn. 8; *Riedmeyer,* ZfS 2001, 348.

[175] OLG Frankfurt v. 26. 2. 1986, ZfS 1986, 183; OLG Oldenburg v. 4. 12. 1991, ZfS 1992, 345; OLG Oldenburg v. 17. 8. 1995, VersR 1996, 1270; OLG Hamm v. 22. 11. 1991, VersR 1992, 818.

[176] BGH v. 22. 2. 1989, NJW 1989, 1612; *Riedmeyer,* ZfS 2001, 348.

[177] BGH v. 30. 1. 1985, VersR 1985, 444.

[178] OLG Köln v. 7. 6. 1994. VersR 1995, 205; OLG Hamm v. 31. 5. 2000, r+s 2001, 55.

[179] Vgl. § 16 Rn. 59, BGH v. 22. 2. 1989, VersR 1989, 469 = NJW 1989, 1612; OLG Hamm v. 22. 11. 1991, VersR 1992, 818.

[180] OLG Hamm v. 22. 11. 1991, VersR 1992, 818.

[181] OLG Hamm v. 12. 11. 1986, VersR 1988, 369.

[182] OLG Celle v. 7. 1. 1957, VersR, 1957, 191; OLG Karlsruhe VersR 1961, 1106.

[183] OLG Köln v. 9. 6. 1998, VersR 1999, 577.

[184] *Van Bühren/Römer,* Handbuch Verkehrsrecht, Teil 7, Rn. 363.

[185] Zutreffend *Rüther,* NZV 1994, 457 (459).

[186] Vgl. dazu unten Rn. 71 ff. und *Burmann/Heß/Höke/Stahl,* Rn. 392 f.

[187] BGH v. 25. 5. 2000, NZV 2000, 419.

keit festzustellen[188]. Der Feststellung eines Fahrfehlers bedarf es dabei nicht unbedingt. Es genügt, wenn die erhebliche drogenbedingte Beeinträchtigung des Reaktions- oder Wahrnehmungsvermögens auf irgendeine andere Weise festgestellt wird[189]. Auch hier gilt, dass die an das Art und das Ausmaß der drogenbedingten Ausfallerscheinungen zu stellenden Anforderungen umso geringer sind, je höher die festgestellte Wirkstoffkonzentration ist.

Schwieriger als beim Alkohol ist die Beeinträchtigung des Fahrverhaltens durch die Einnahme von **Medikamenten.** Hier wird es im Wesentlichen bei der Bewertung der subjektiven Seite darauf ankommen, inwieweit dem Fahrer auch subjektiv ein schwerer Schuldvorwurf gemacht werden kann. Dies kann sich z.B. aus dem Weiterfahren trotz eindeutiger Warnsignale ergeben, ebenso wie aus eindeutigen Warnhinweisen z.B. des behandelnden Arztes bzw. auf Beipackzetteln. Auch spielt die Erfahrung des Fahrers mit dem Medikament eine Rolle[190]. So kann im Einzelfall grobe Fahrlässigkeit verneint werden, wenn morgens das Medikament eingenommen wurde und trotz langfristiger Einnahme bislang noch keine Ausfallerscheinungen aufgetreten sind[191].

(5) Verkehrswidriges Verhalten: Grundsätzlich ist es der Sinn der Kaskoversicherung, dem **56** VN auch solche Schäden zu ersetzen, die durch eigenes schuldhaftes Verhalten entstanden sind. Grundsätzlich führt daher ein Fahrfehler nicht ohne weiteres zu der Annahme einer groben Fahrlässigkeit. Allerdings wird bei **besonders verkehrswidrigem** Verhalten grobe Fahrlässigkeit **bejaht:**

Überholen ist grundsätzlich grob fahrlässig**,** wenn der Straßenverlauf unübersichtlich ist **57** oder nicht übersehen werden kann, ob eine gefahrlose Durchführung des Überholvorganges möglich ist[192]; schlichtes Übersehen des Gegenverkehrs[193]; Überholen eines die Sicht behindernden Lkw's mit anschließendem Unfall[194]; bei gefährlichem Überholen in gefährlichen bzw. unübersichtlichen Kurven[195]; Überholen eines Lkw auf verengter Fahrbahn[196]; der VN, der mit seinem Pkw bei einer Geschwindigkeit von 140 km/h auf einer Bundesstraße mit einer zulässigen Höchstgeschwindigkeit einen Überholvorgang einleitet, diesen abbrechen muss, weil er ein entgegenkommendes Fahrzeug übersehen oder sich verschätzt hat, deshalb ins Schleudern gerät und von der Straße abkommt, hat den Versicherungsfall grob fahrlässig herbeigeführt[197]; Überholen auf der Autobahn bei angeordneten Überholverbot[198]. **Wenden** auf der Autobahn[199]; bei verbotswidrigem Linksabbiegen ohne hinreichende Beachtung des Gegenverkehrs[200]; **Hineinfahren** in eine von weitem erkennbare und durch Blaulicht und Warnblinklicht abgesicherte Unfallstelle[201];

Unsorgfältiges Verhalten im Straßenverkehr; grobe Fahrlässigkeit bejaht: Nicht- **58** anziehen der Handbremse trotz eingelegten Ganges bei abschüssiger Straße[202]; Abkommen

---

[188] BGH v. 25.5. 2000, NZV 2000, 419; OLG Düsseldorf v. 24.8. 1998, NZV 1999, 174.

[189] *Burmann/Heß/Höke/Stahl* Rn. 390.

[190] OLG Düsseldorf v. 19.9. 2000, VersR 2002, 477; *van Bühren/Römer,* Handbuch Verkehrsrecht, Teil 7 Rn. 364.

[191] OLG Düsseldorf v. 19.9. 2000, VersR 2002, 477; ähnlich OLG Düsseldorf v. 6.7. 2004, r+s 2004, 451.

[192] OLG Frankfurt v. 23.5. 1995, NZV 1995, 363; OLG Hamm v. 8.3. 1995, VersR 1996, 181.

[193] OLG Karlsruhe v. 4.3. 2004, VersR 2004, 776.

[194] BGH v. 30.6. 1982, VersR 1982, 892.

[195] OLG München v. 24.11. 1993, r+s 1995, 8; OLG Karlsruhe v. 18.3. 1993, VersR 1994, 1180; OLG Köln v. 5.6. 1986, VersR 1987, 1207.

[196] OLG Karlsruhe v. 19.3. 1992, r+s 1992, 154.

[197] OLG Düsseldorf v. 28.9. 2000, VersR 2001, 1020.

[198] LG Darmstadt v. 9.10.74, VersR 1976, 335.

[199] OLG Hamm v. 29.11. 1991, r+s 1992, 42.

[200] OLG Köln v. 16.9. 1993, r+s 1993, 406.

[201] OLG München v. 5.11. 1993, NZV 1994, 113.

[202] OLG Düsseldorf v. 18.12. 2001, VersR 2002, 1503; LG Frankfurt v. 19.12. 1990, VersR 1991, 1050; OLG Karlsruhe r+s 2007, 190.

von einer schmalen Fahrbahn mit unbefestigtem Randstreifen[203]; lediglich Einlegen des dritten Ganges und Anziehen der Handbremse bei Gefälle von 10%[204]; Anziehen der Handbremse zu lediglich ¾ und kein Einlegen eines Ganges auf stark abschüssiger Rampe vor
einem Fluss[205]; Fahren mit 85−90 km/h auf schneeglatter Fahrbahn[206]; fahren mit Sommer-
reifen und auf dem Hinterrad mit für die Reifenart nicht zugelassenen Schneeketten in einem
hochgelegenen Wintersportort[207]; Fahrräder auf dem Pkw-Dach bei Einfahrt auf ein Tankstellengelände[208]; Einfahrt mit einem „Hochraumbully" in eine zu niedrige Einfahrt[209];
Nichtbeachten der Durchfahrtshöhe einer Brückenunterführung mit einem LKW[210] bzw.
mit einem Wohnmobil[211]; Befahren einer unbefestigten Steilböschung[212]; Überqueren eines
gesicherten Bahnüberganges[213]; Ausweichmanöver vor einem querenden Fuchs[214]; Fahren
mit überhöhter Geschwindigkeit in eine Doppelkurve bei gleichzeitigem Telefonieren mit
dem Handy[215]; Anfahren mit weit überhöhter Geschwindigkeit[216]; **Haustiere** dürfen im
Auto nur so mitgeführt werden, dass sie die Fahrt nicht behindern[217].

59   Grobe Fahrlässigkeit **verneint** wurde hingegen bei folgenden Verkehrsverstößen/Fahrfeh-
lern: Abkommen von einer schmalen Fahrbahn mit unbefestigtem Randstreifen[218]; grob verkehrswidrigem **Überholen** bei Gegenverkehr, weil die momentane Unaufmerksamkeit des
Fahrers im Sinne eines Augenblicksversagens nicht auszuschließen ist[219]; ein eigentlich zu bewältigendes Überholen führt zum Unfall, weil der Fahrer unerfahren ist; bei Fahren mit Reifen mit zu geringer Profiltiefe, wenn der VN die (gebrauchten) Reifen etwa 2 Monate vorher
von einer Werkstatt hatte montieren lassen[220].

Parken bei 2−3% Gefälle mit unzureichend angezogener Handbremse[221]; bei Aquaplaning[222]; Befahren eines für den öffentlichen Verkehr gesperrten Waldweges trotz ungeeigneten Fahrzeugs, wenn der VN die wegen mangelnder Ausstattung bestehende Geländeuntauglichkeit nicht erkannt hatte[223]; Ausweichen vor querenden Fuchs nicht grundsätzlich
grob fahrlässig[224]; Durchfahrt durch eine Unterführung, die für die Höhe des Fahrzeuges
nicht zugelassen ist[225]; Lkw-Fahrer vergisst das Senken der Kippermulde[226]; das Fahren mit
einem verkehrsunsicheren Fahrzeug (Reifen, Beladung etc.)[227]; versehentliche[228] Vollbrem-

---

[203] OLG Hamm v. 7. 2. 2007, r+s 2007, 188.
[204] OLG Karlsruhe v. 8. 3. 2007, VersR 2007, 1405.
[205] OLG Hamburg v. 16. 8. 2004, r+s 2005, 57.
[206] LG Hannover v. 8. 10. 2003, VersR 2004, 857.
[207] OLG Frankfurt v. 10. 7. 2003, VersR 2004, 1260.
[208] AG München v. 20. 1. 1993, VersR 1994, 594; AG Würzburg v. 23. 4. 1993, DAR 1993, 473.
[209] OLG Oldenburg v. 25. 1. 1995, r+s 1995, 128.
[210] OLG Karlsruhe v. 29. 7. 2004, VersR 2004, 1305.
[211] OLG Oldenburg v. 27. 1. 2006, VersR 2006, 920.
[212] OLG Karlsruhe v. 30. 6. 1994, r+s 1997, 102.
[213] OLG Oldenburg v. 20. 12. 1989, r+s 1990, 406.
[214] OLG Koblenz v. 31. 10. 2003, VersR 2004, 464.
[215] AG Berlin-Mitte v. 4. 11. 2004, r+s 2005, 242.
[216] OLG Hamm v. 10. 8. 2007, r+s 2007, 453.
[217] OLG Nürnberg v. 14. 10. 1993, VersR 1994, 1291 − Hund (Zwergpudelhündin) im Fußraum.
[218] OLG Hamm v. 7. 2. 2007, r+s 2007, 188.
[219] OLG Hamm v. 7. 7. 1982, VersR 1982, 1138.
[220] OLG Köln v. 25. 4. 2006, r+s 2006, 369.
[221] OLG Düsseldorf v. 11. 7. 2000, ZfS 2001, 173.
[222] OLG Hamm v. 5. 4. 2000, ZfS 2000, 496.
[223] OLG Hamburg v. 9. 3. 1990, r+s 1990, 293.
[224] BGH v. 11. 7. 2007, r+s 2007, 410.
[225] OLG München v. 16. 6. 1999, DAR 1999, 506.
[226] OLG Hamm v. 29. 9. 1999, ZfS 2000, 218; anders OLG Düsseldorf v. 28. 9. 2000, ZfS 2001, 217.
[227] BGH v. 17. 12. 1064, VersR 1965, 149; *van Bühren/Boudon*, § 2 Rn. 100.
[228] OLG Düsseldorf, VersR 2004, 1450.

sung durch Bedienungsfehler eines nicht mit einem Automatikfahrzeug vertrauten VN; Auffahren auf eine Verkehrsinsel[229].

Häufig ist auch **überhöhte Geschwindigkeit** Ursache einer grob fahrlässigen Herbeiführung des Versicherungsfalles[230]. Hier kommt es aber besonders auf die Umstände des Einzelfalles (Verkehrsverhältnisse, Verkehrsdichte; Zustand der Straße etc.) an. Wettrennen mit überhöhter Geschwindigkeit[231]; Fahrtgeschwindigkeit von 80 km/h bei Nebel mit Sichtweite von 20 bis 30 Metern[232]; Aufschließen mit einer Geschwindigkeit von mehr als 200 km/h auf ein mit 180 km/h vorausfahrendes Fahrzeug im Vertrauen darauf, dieser werde die Überholspur geräumt haben[233]; Überschreitung der Höchstgeschwindigkeit auf Landstraßen zur Nachtzeit[234]; Überschreiten der höchstzulässigen Geschwindigkeit von 70 km/h um 24 km/h bei Restalkohol und unangepasster Fahrweise[235]; Fahren mit einer Geschwindigkeit von 85–90 km/h auf schneeglatter Fahrbahn[236].   **60**

Grobe Fahrlässigkeit verneint: bei Unfall mit 95 km/h kurz nach Geschwindigkeitsbegrenzung auf 50 km/h[237]. Fahrgeschwindigkeit von 165 km/h bei guten Witterungsverhältnissen auf der Autobahn[238]; Fahrgeschwindigkeit von 45 km/h statt zugelassener 30 km/h und Verletzung der Vorfahrtsregel „rechts vor links"[239]; Verlust der Kontrolle über das Fahrzeug bei einem Spurenwechsel, wenn nahe liegend ist, dass nicht einheitlicher Straßenbelag zwischen den Spuren den Unfall begünstigt hat[240]; Fahren mit nahezu der erlaubten Höchstgeschwindigkeit mit einem Motorrad bei dem Schild „Wildwechsel"[241].

Verhalten im Fahrzeug/Hantieren mit Gegenständen: Grundsätzlich wird man ein –   **61** nicht unumgängliches – Verhalten des Fahrers während der Fahrt, das ihn wesentlich von dem Verkehrsgeschehen ablenkt, als grob fahrlässig einstufen müssen. Dies gilt insbesondere für **das Hantieren mit Gegenständen während der Fahrt**[242].

Rechtspr.: Abkommen von der Fahrbahn, weil der VN nach Gegenständen auf dem Beifahrersitz gegriffen hat[243]; Kollision mit der Leitplanke, verursacht durch das Ergreifen, Öffnen, Schließen, Weglegen und Hantieren mit bzw. von Gegenständen während der Fahrt, ohne dass besondere Umstände vorgetragen werden oder ersichtlich sind, die das Verhalten des Fahrers ausnahmsweise subjektiv als entschuldbar erscheinen lassen[244]; Bücken bzw. Greifen nach Gegenständen (Musikkassette, Bonbon, Zigarettenanzünder) während der Fahrt[245]; der VN handelt grob fahrlässig, wenn er während der Fahrt bei einem Fahrstreifenwechsel über einen längeren Zeitraum damit beschäftigt ist, einen über die Freisprechanlage seines

---

[229] OLG Nürnberg v. 25. 4. 2005, r+s 2005, 372.

[230] OLG Hamm v. 26. 1. 1993, VersR 1994, 42; OLG Düsseldorf v. 15. 12. 1998, NVersZ 2000, 32; OLG Koblenz v. 4. 3. 1999, VersR 2000, 720.

[231] OLG Köln v. 16. 5. 2000, ZfS 2000, 450.

[232] OLG Nürnberg v. 27. 10. 1988, VersR 1989, 284.

[233] OLG Hamm v. 4. 9. 1991, VersR 1992, 691.

[234] OLG Karlsruhe v. 17. 2. 1994, NZV 1994, 443.

[235] OLG Hamm v. 29. 5. 1985, VersR 1987, 89.

[236] LG Hannover v. 8. 10. 2003, VersR 2004, 857.

[237] OLG Frankfurt v. 31. 10. 2001, NVersZ 2002, 179.

[238] OLG Hamm v. 11. 6. 1986, VersR 1987, 1206.

[239] OLG Düsseldorf v. 5. 7. 1996, r+s 1996, 429.

[240] OLG Köln v. 9. 5. 2006, r+s 2006, 416.

[241] OLG Koblenz v. 19. 5. 2006, VersR 2006, 831.

[242] OLG Hamm v. 28. 11. 2001, r+s 2002, 145.

[243] OLG Frankfurt v. 8. 2. 1995, r+s 1997, 101.

[244] OLG Hamm v. 28. 11. 2001, r+s 2002, 145.

[245] OLG Hamm v. 24. 11. 1989, NJW-RR 1990, 929; OLG Hamm v. 28. 11. 2001, r+s 2002, 145; OLG Köln v. 10. 3. 1998, r+s 1998, 273; OLG Zweibrücken v. 10. 3. 1999, r+s 1999, 406; OLG Stuttgart, v. 22. 10. 1998, r+s 1999, 56; OLG Frankfurt v. 8. 2. 1995, r+s 1997, 101; OLG Düsseldorf v. 29. 4. 1980, VersR 1980, 1020; siehe aber OLG Dresden – das bloße Bücken nach Gegenständen ohne besondere Gefahrensituation ist nicht grob fahrlässig.

Autoradios eingehenden Anruf abzuweisen und dadurch eine Kollision verursacht[246]; Mitführen eines Hundes mit einer Schulterhöhe von 60 cm im Fußraum vor dem Beifahrersitz bzw. auf dem Beifahrersitz[247]; auch bei einem Zwergpudel bejaht[248]; bei Wechseln einer Kassette[249]; Beschäftigung mit dem Gurtschloss für 10 Sekunden bei geringer Geschwindigkeit, wenn währenddessen die Fahrbahn nicht beobachtet wird[250]; Verstellen des Fahrersitzes während der Autobahnfahrt[251]; längerer Blick in den Rückspiegel[252]; Suchen nach einer heruntergefallenen Zigarette[253].

Abkommen von der Fahrbahn bei der Bedienung eines CD-Wechslers[254]; Rauchen während der Fahrt und dadurch bedingter Verkehrsunfall[255]; Verscheuchen eines Insektes[256]; Bücken nach einer heruntergefallenen Zigarette[257]; Kassettenwechsel beim Autofahren[258]; Ertasten einer Kassette auf dem Fahrzeugboden[259]; Suchen eines heruntergefallenen Handys im Fußraum[260]; Papiere im Handschuhfach[261]; Griff nach Kaffeekanne[262]; Telefonieren mit dem Handy ohne Freisprechanlage zumindest bei Hinzutreten weiterer Umstände[263]. Das Telefonieren mit einer Freisprechanlage dürfte nicht als grobe Fahrlässigkeit zu werten sein[264]. Gleiches gilt für einen Unfall durch Bedienen des Autoradios, wenn weitere Anhaltspunkte für ein Fehlverhalten des VN oder für eine gesteigerte Gefahrenlage nicht feststellbar sind[265].

62   *(6) Unfälle durch Übermüdung:* **Unfälle durch Übermüdung (Sekundenschlaf)** können dann den Vorwurf der groben Fahrlässigkeit rechtfertigen, wenn der Fahrer sich bewusst über erkannte deutliche Vorzeichen der Übermüdung hinweggesetzt hat. Nach OLG Hamm gehen dem Einnicken am Steuer stets für den Fahrer unübersehbare Anzeichen voraus[266]. Diese Auffassung wird u. a. vom OLG Koblenz nicht geteilt[267]. Der BGH[268] hat ebenfalls entschieden, dass es keinen Erfahrungssatz gibt, dass es jedem Kraftfahrer sofort einleuchtet, dass er bei Auftauchen derartiger Symptome mit einem sog. Sekundenschlaf rechnen muss. Die

---

[246] OLG Frankfurt v. 21. 5. 2001, NZV 2001, 480.
[247] OLG Nürnberg v. 2. 11. 1989, r+s 1990, 81.
[248] OLG Nürnberg v. 14. 10. 1993, VersR 1994, 1291.
[249] OLG Nürnberg v. 25. 10. 1990, NZV 1992, 193.
[250] OLG Karlsruhe v. 5. 1. 1989, VersR 1991, 181; ähnlich OLG München v. 27. 1. 1994, VersR 1995, 165.
[251] OLG Saarbrücken v. 15. 10. 2003, VersR 2004, 1308.
[252] OLG Nürnberg v. 14. 1. 1988, ZfS 1988, 146.
[253] OLG Hamm v. 26. 1. 2000, ZfS 2000, 347; OLG Hamm v. 28. 11. 2001, r+s 2002, 145; vgl. auch OLG Karlsruhe v. 21. 5. 1994, VersR 1993, 1096; OLG Düsseldorf v. 29. 4. 1980, VersR 1980, 1020; OLG Frankfurt v. 8. 2. 1995, r+s 1997, 101; OLG Köln v. 10. 3. 1998, r+s 1998, 273; a. A. OLG Dresden v. 15. 6. 2001, r+s 2003, 7.
[254] OLG Hamm v. 18. 10. 2000, VersR 2001, 893.
[255] OLG Stuttgart v. 20. 6. 1986, VersR 1986, 1119.
[256] OLG Bamberg v. 20. 9. 1990, NZV 1991, 473.
[257] LG München v. 10. 8. 1988, NJW-RR 1989, 95.
[258] OLG München v. 24. 1. 1992, NJW-RR 1992, 538.
[259] OLG Hamm v. 31. 8. 1990, NZV 1991, 234; OLG München v. 10. 8. 1988, NJW-RR 1992; OLG Köln v. 28. 4. 1997, NJW-RR 1998, 273.
[260] OLG Frankfurt v. 21. 2. 2001, VersR 2001, 1105.
[261] OLG Stuttgart v. 22. 10. 1998, VersR 1999, 1359.
[262] OLG Köln v. 10. 5. 2000, NVersZ 2000, 578.
[263] OLG Köln v. 19. 9. 2000, r+s 2000, 494; OLG Koblenz v. 14. 5. 1998, MDR 1999, 481 bei 170 km/h; *van Bühren/Römer,* Handbuch Verkehrsrecht, Teil 7 Rn. 356.
[264] Vgl. auch *Riedmeyer,* ZfS 2001, 345 (34).
[265] OLG Nürnberg v. 25. 4. 2005, VersR 2006, 356.
[266] OLG Hamm v. 5. 11. 1997, NZV 1998, 210; OLG Frankfurt v. 26. 5. 1992, NJW-RR 1993, 102 f.; LG Stendal v. 4. 12. 2002, r+s 2003, 105.
[267] OLG Koblenz, r+s 2007, 151, so auch OLG Karlsruhe, VersR 1996, 781; OLG Oldenburg, VersR 1999, 1105.
[268] Urt. v. 31. 3. 2007, MDR 2007, 1383.

Feststellung (Beweislast beim VR), dass sich der Fahrer über solche Anzeichen bewusst hinwegsetzt, wird daher regelmäßig nicht getroffen werden können[269].

Grobe Fahrlässigkeit bejaht: Krankenschwester tritt nach 16 Stunden ohne Schlaf die **63** Heimfahrt an[270]; Fahrer tritt, nachdem er das Wochenende mit seiner Freundin verbracht hat morgens um 6.30 Uhr ohne Frühstück die Fahrt an[271];

Grobe Fahrlässigkeit verneint: wenn keine deutlichen Vorzeichen für den Fahrer er- **64** kennbar waren[272]; Fahrer hat die tatsächliche Übermüdung nicht erkannt und diese hat sich ihm auch nicht aufgedrängt z. B. Verkürzung des regelmäßigen Schlafpensums aufgrund sexueller Betätigung[273]; Fahrt nach 11- statt sonst 9-stündiger Nachtschicht[274]; wenn ein Fernfahrer auf dem Beifahrersitz über einer letzten Zigarette einschläft[275]; wenn der Fahrer vor dem Unfall mehrfach längere Pausen eingelegt hat, und es nicht mit der erforderlichen Sicherheit feststellbar war, dass es deutliche Vorzeichen einer Übermüdung gegeben hat[276]; für grobe Fahrlässigkeit nicht ausreichend ist die bloße Tatsache, dass ein junger und gesunder Mensch nachts eine 550 km lange Strecke zurücklegt[277].

Lenkzeitüberschreitungen durch den Fahrer werden dem VN zugerechnet, wenn er dies bewusst anordnet bzw. Fahrtzeiten anweist, die ohne Verstoß gegen die Lenkzeiten nicht zu bewältigen sind[278].

(7) Grob fahrlässige **Ermöglichung einer Entwendung:** Dieser Einwand kann an ein **65** unsorgfältiges Umgehen mit dem Kfz (z. B. Abstellen) oder mit den Fahrzeugschlüsseln anknüpfen. Wird das Kfz ordnungsgemäß gesichert (abgeschlossen) auf einem Parkplatz abgestellt, so ist der Vorwurf der grob fahrlässigen Herbeiführung der Entwendung i. d. R. nicht berechtigt[279]. Es müssen besondere Umstände hinzukommen, die über das Abstellen/Parken hinaus den vertraglich vorausgesetzten Sicherheitsstandard wesentlich unterschreiten, so insbesondere das Zurücklassen von Schlüsseln bzw. des Fahrzeugscheins oder dem Fahrzeugbrief (fraglich ist, ob das fehlende Einrasten des Lenkradschlosses reicht). Es kommt aber immer zusätzlich darauf an, dass die Entwendung auf diesen Umständen, die die grobe Fahrlässigkeit begründen, beruht **(Kausalitätserfordernis)**[280]. Es muss vom VR dargelegt und bewiesen werden, dass der Umstand, der die grobe Fahrlässigkeit begründet, auch den Diebstahl ermöglicht oder zumindest erleichtert hat (unten Rn. 82)[281].

Im Zusammenhang mit **Kfz-Entwendungen** wurde **grobe Fahrlässigkeit bejaht** bei: **66** **Schlüssel** im unverschlossenen Handschuhfach des Pkw[282]; abgestellter verschlossener Wagen steht in einer polnischen Stadt und Jacke mit Ersatzschlüssel für den PKW, mit Geld und Papieren wird im Wagen zurückgelassen[283]; Motorradschlüssel in einer Jacke, die unbeauf-

---

[269] OLG Oldenburg v. 16. 9. 1998, NJW-RR 1999, 469; OLG Schleswig v. 15. 6. 2000, DAR 2001, 463; OLG Koblenz v. 8. 6. 2006, VersR 2007, 57.
[270] OLG Frankfurt v. 26. 5. 1992, NZV 1993, 32.
[271] OLG Nürnberg v. 21. 5. 1987, ZfS 1987, 277.
[272] BGH v. 5. 2. 1974, VersR 1974, 593; BGH v. 1. 3. 1977, VersR 1977, 619; OLG Koblenz v. 14. 8. 1998, NVersZ 1999, 122; OLG Frankfurt v. 26. 5. 1992, NZV 1993, 32; OLG Oldenburg v. 16. 9. 1998, NVersZ 1999, 80 m. w. N.
[273] ÖOGH v. 13. 1. 1977, VersR 1977, 1020.
[274] OLG Celle v. 3. 2. 2005, r+s 2005, 456.
[275] OLG Stuttgart v. 19. 10. 2000, NVersZ 2001, 170.
[276] OLG Düsseldorf v. 14. 3. 2002, r+s 2003, 10.
[277] OLG Karlsruhe VersR 1961, 530.
[278] *Van Bühren/Boudon*, § 2 Rn. 100.
[279] BGH v. 21. 1. 1998, VersR 1998, 44.
[280] OLG Karlsruhe v. 20. 6. 2002, VersR 2002, 1550; zum Kausalitätserfordernis s. Rn. 70.
[281] BGH v. 6. 3. 1996, NJW-RR 1996, 734.
[282] BGH v. 8. 2. 1989, VersR 1989, 582;OLG Celle v. 14. 2. 1990, r+s 1990, 154; OLG Frankfurt v. 28. 1. 1988, VersR 1988, 1122; OLG Köln v. 13. 12. 1994, r+s 1995, 42.
[283] LG Koblenz v. 14. 11. 2005, r+s 2007, 414.

sichtigt auf dem Oktoberfest an der Garderobe hängen gelassen wird[284]; Schlüssel wird während eines Kartenspieles in einer gut besuchten Gaststätte in einer nicht beaufsichtigten Jacke aufbewahrt[285]; Schlüssel in einer Jacke, die in einer öffentlich zugänglichen Turnhalle verwahrt wird[286]; Ablegen von Fahrzeugschlüsseln auf der Theke einer Gaststätte, in der der VN mit seinem Fahrzeug als Stammgast bekannt war[287]; Zurücklassen der Ersatzschlüssel im Auto[288]; Schlüssel hinter der Sonnenblende bei unverschlossenem Kfz[289]; Notschlüssel wird im Motorraum aufbewahrt, weil das Werk diesen serienmäßig dort eingebaut hat[290]; Einwurf von Schlüssel und Papieren in einen Briefschlitz auf Aufforderung der Autofirma, wobei ein Herausangeln unproblematisch und erkennbar möglich ist[291]; Beibehalten der Codierung nach Schlüsselverlust nur bei möglicher Zuordnung zum Fahrzeug[292]; unterlassene Auswechslung des Schlosses trotz Kenntnis, dass Dritter Schlüssel aus dem Schloss der Fahrzeugtür gezogen hat – auch im Falle der Umkodierung der Wegfahrsperre und Erklärung der Fachwerkstatt, dass ein Anlassen dadurch nicht mehr möglich sei – bei erneutem Abstellen an diesem Ort[293]; kurzfristiges Zurücklassen eines Wohnmobils mit geöffneter Schiebetür, auch wenn sich möglicherweise noch Kinder in dem Wohnmobil befanden[294]. Überlassen des Fahrzeuges und der Schlüssel zu einer Probefahrt, ohne dass sich der VN von der Identität des Kaufinteressenten informiert hat[295]; keine geeigneten Vorkehrungen nach Kfz-Schlüsseldiebstahl, um eine anschließende Entwendung des Pkw mit eben diesen Schlüsseln zu verhindern[296]; Verlassen des Fahrzeuges ohne jede Sicherheitsvorkehrung[297]; unverschlossenes Stehenlassen des PKW bei laufendem Motor in einer Großstadt ohne Sichtkontakt zu dem Wagen[298]; steckengelassener Zündschlüssel, um eine Telefonzelle aufzusuchen[299]; **Abstellen** eines Cabriolet mit geöffnetem Verdeck über Nacht im Zentrum einer Großstadt[300]; Stehen lassen eines Motorrades auf dem Parkplatz einer Autobahnraststätte über einen Zeitraum von 6 Tagen, wobei das Motorrad nur mit dem Lenkradschloss gesichert ist[301]; Zurücklassen des Kfz-Briefes im Wagen[302].

67   Demgegenüber wurde **grobe Fahrlässigkeit verneint** bei: Aufbewahrung der **Schlüssel** in einem Scheibensafe[303]; Kellner legt Schlüssel in einem offenen Thekenfach ab, das dem Zugriff der Gäste entzogen ist[304]; Aufbewahrung des Fahrzeugschlüssels am Schlüsselbrett, von dem es ein minderjähriger Besucher nach gemeinsamem Alkoholgenuss entwendet[305]; Aufbe-

---

[284] OLG München v. 24. 11. 1993, VersR 1994, 1060; ebenso AG Wetzlar v. 10. 6. 2003 für Schülerin die Schlüssel für Motorroller während des Unterrichts unbeaufsichtigt in ihrer Jacke an der Schulgarderobe gelassen hat.
[285] OLG Köln v. 17. 6. 1997, r+s 1997, 409.
[286] OLG Koblenz v. 19. 2. 1999, NVersZ 1999, 429.
[287] OLG Hamm v. 18. 10. 1991, VersR 1992, 308.
[288] OLG Köln v. 13. 12. 1994, VersR 1995, 1438; LG Darmstadt v. 19. 3. 1992, ZfS 1993, 236.
[289] OLG Hamm v. 13. 6. 1997, VersR 1998, 489.
[290] OLG Nürnberg v. 28. 10. 1993, r+s 1994, 86.
[291] LG Hanau v. 22. 6. 1990, NZV 1990, 480; vgl. auch OLG Hamm v. 14. 9. 2005, VersR 2006, 403.
[292] OLG Frankfurt v. 2. 4. 2003, VersR 2004, 232.
[293] LG Magdeburg v. 5. 3. 2002, r+s 2004, 498.
[294] OLG Hamburg v. 23. 12. 2004, VersR 2005, 1528.
[295] OLG Frankfurt v. 20. 2. 2002, VersR 2002, 1550; LG Gießen v. 8. 7. 1991, VersR 1993, 348.
[296] OLG Frankfurt v. 13. 11. 1991, NJW-RR 1992, 537.
[297] OLG Hamm v. 26. 10. 1990, VersR 1991, 881.
[298] OLG Koblenz v. 12. 3. 2004, r+s 2004, 279.
[299] OLG Hamm v. 26. 10. 1990, NZV 1991, 195; LG Traunstein v. 19. 12. 1991, VersR 1993, 47.
[300] LG Aachen v. 19. 12. 1991, VersR 1992, 997.
[301] OLG Köln v. 27. 2. 1991, VersR 1991, 1240.
[302] OLG Köln v. 16. 8. 1994, VersR 1995, 456; OLG Köln v. 21. 2. 1995, r+s 1995, 203; LG Stuttgart v. 11. 6. 1992, VersR 1993, 46.
[303] OLG Oldenburg v. 3. 3. 1993, VersR 1994, 170; a. A. LG Hamburg v. 31. 7. 1991, VersR 1992, 1464.
[304] OLG Hamm v. 9. 2. 1994, VersR 1994, 1462.
[305] OLG München v. 29. 1. 1988, VersR 1988, 1017.

wahrung eines Schlüssels im Büroraum einer Werkstatthalle, in der kein freier Publikumsverkehr besteht[306]; Aufbewahrung der Kfz-Schlüssel in einer Jacke, die in einer Entfernung von 2 bis 3 Schritten in einer Diskothek abgelegt wird[307]; Diebstahl des Zweitschlüssels aus unverschlossenem Spind aus einem Privatraum in einer Arztpraxis, auch nicht durch Unterlassen einer gezielten Prüfung, ob der Zweitschlüssel gestohlen wurde[308]; Entwendung eines Pkw, in dem sich der Originalschlüssel des Opel Astra des VNs befindet und darauffolgendes Unterlassen geeigneter Schutzmaßnahmen zur Vermeidung eines Diebstahls des Pkw Opel Astra, der noch am gleichen Tag entwendet wird[309]; Schlüssel im abgeschlossenen Handschuhfach[310]; Haustür zum Lüften für ca. anderthalb Stunden geöffnet, Schlüssel für BMW 530 D liegt auf Tisch des Wohnzimmers und Dieb musste zunächst einen das Grundstück umgebenden verschlossenen Metallzaun überwinden[311]; nach Feststellung der Entwendung der Schlüssel findet VN das Kfz auf Abstellplatz noch vor und lässt es etwa 5 Minuten ohne Bewachung um übers Telefon einen Zweitschlüssel zu organisieren[312]; **Abstellen** eines ordnungsgemäß verschlossenen Porsche für 1 Tag auf einer belebten Strasse in Mailand[313]; Abstellen eines BMW Z 1 auf einem gemieteten Stellplatz in einer frei zugänglichen Tiefgarage; danach grobe Fahrlässigkeit in solchen Fällen nur dann, wenn sich eine dringende Diebstahlsgefahr praktisch aufdrängt[314]; Rolls Royce während 22.00–24.00 Uhr in der Bahnhofsstrasse von Kattowitz ordnungsgemäß verschlossen abgestellt[315]; Abstellen eines unverschlossenen Pkw in einem Innenhof, dessen Tor mit zwei Vorhängeschlössern gesichert ist[316]; Abstellen eines Cabriolets auf einem belebten Platz für weniger als 1 Stunde; Zurücklassen des Kfz-Scheins im Pkw, da nicht kausal für die Entwendung[317]; VN nutzt nicht die Codierungsmöglichkeit der Zündung seines Pkw[318].

(8) *Kfz-Brand:* Bei Kfz-Bränden wird grobe Fahrlässigkeit **bejaht:** Brand infolge von   **68** Schweißarbeiten mit unzureichenden Sicherheitsmaßnahmen[319]; bei Schweißarbeiten an einem vollgetankten Pkw[320]; bei Schweißarbeiten an der Auspuffanlage des Pkw[321]; bei Schweißarbeiten in der Nähe des Treibstofftanks oder der Benzinleitung[322]; in liegender Stellung an der Unterseite eines aufgebockten Kfz[323].

Grobe Fahrlässigkeit wird **verneint,** wenn der VN trotz eines Gummigeruchs, der auf das Schmoren eines Kabels zurückzuführen ist, nicht auf einen Brand schließt[324]; bei einem in der Scheune abgestellten Traktor[325].

ee) Schuldfähigkeit: Der Handelnde muss zum Zeitpunkt der vorsätzlichen oder grob fahr-   **69** lässigen Herbeiführung schuldfähig gewesen sein. Die Regelung des § 827 BGB zur Schuld-

---

[306] OLG Saarbrücken v. 12. 7. 2006, VersR 2007, 238.
[307] OLG Stuttgart v. 16. 5. 1991, VersR 1992, 567.
[308] OLG Celle v. 23. 9. 2004, VersR 2005, 641.
[309] OLG Koblenz v. 11. 5. 2001–10 U 1251/00.
[310] BGH v. 14. 7. 1986, VersR 1986, 962.
[311] OLG Karlsruhe v. 21. 11. 2006, r+s 2007, 54.
[312] OLG Schleswig v. 1. 7. 2004, r+s 2005, 151.
[313] BGH v. 21. 2. 1996, NJW 1996, 1411.
[314] BGH v. 6. 3. 1996, VersR 1996, 621.
[315] OLG Hamm v. 26. 2. 1996, r+s 1996, 430.
[316] OLG Düsseldorf v. 5. 12. 1989, VersR 1991, 541.
[317] BGH v. 17. 5. 1995, r+s 1995, 288; BGH v. 6. 3. 1996, r+s 1996, 168; OLG Düsseldorf v. 29. 10. 1996, VersR 1997, 304; OLG Hamm v. 21. 12. 1995, r+s 1996, 295; OLG Hamm v. 24. 8. 1990, r+s 1991, 44; OLG Hamm v. 24. 6. 1998, r+s 1998, 491; OLG Köln v. 22. 4. 1997, r+s 1997, 317.
[318] OLG Hamm v. 15. 1. 1993, NZV 1993, 400.
[319] OLG Hamm v. 28. 9. 1998, VersR 1985, 383; OLG München v. 19. 2. 1986, ZfS 1986, 214.
[320] OLG Celle v. 2. 12. 1987, ZfS 1988, 57.
[321] LG Bochum v. 10. 5. 1991, VersR 1991, 1401.
[322] OLG München v. 10. 6. 1991, VersR 1992, 869; OLG Hamm v. 2. 11. 1983, VersR 1984, 726.
[323] OLG Hamm v. 28. 9. 1984, VersR 1985, 383.
[324] BGH v. 28. 5. 1962, VersR 1962, 601.
[325] OLG Hamm v. 12. 4. 1978, VersR 1979, 49.

unfähigkeit ist auch im Rahmen von § 61 VVG/§ 81 VVG 2008 anwendbar[326]. Soweit der VN sich auf eine Schuldunfähigkeit i. S. d. § 827 S. 1 BGB beruft, muss er diese auch beweisen[327]. Der Alkoholgehalt im Blut von 3‰ kann nicht als Anscheinsbeweis genügen, um die Schuldunfähigkeit des VN zu belegen[328]. Soweit dem VN der Beweis gelingt, dass er sich z. B. wegen Alkoholgenusses im Zustand der Schuldunfähigkeit befunden hat, obliegt ihm die Pflicht, zu beweisen, dass er sich weder vorsätzlich noch grob fahrlässig in diesen Zustand versetzt hat. Dies erfordert die entsprechende Anwendung des § 827 S. 2 BGB[329]. Die Rechtsordnung geht – wie auch § 827 BGB zeigt, von der grundsätzlichen Verantwortlichkeit von Personen aus. Beruft sich jemand auf den Ausnahmefall der Schuldunfähigkeit muss er diesen somit auch beweisen. Dies gilt auch im Bereich des § 61 VVG/§ 81 VVG 2008, nach dem der VR die Beweislast für die subjektiven Voraussetzungen der groben Fahrlässigkeit trägt[330]. Der VN kann sich somit z. B. nicht damit entschuldigen, dass er die Zusammensetzung des Getränkes (Klosterfrau-Melissengeist) nicht gekannt habe[331]. Ebenso ist die Beweisregel des § 828 Abs. 2 BGB (Nachweis fehlender Einsichtsfähigkeit) anwendbar[332].

70   **c) Kausalität.** Zwischen dem Verhalten des VN und dem Eintritt des Versicherungsfalles muss Kausalität bestehen („Herbeiführen des Versicherungsfalles"). Die Feststellung, dass ein Verhalten des VN vorsätzlich oder grob fahrlässig war, reicht daher für die Leistungsfreiheit bzw. das Kürzungsrecht des VR nicht aus. Es wird häufig nicht beachtet, dass der Versicherungsfall gerade die Folge des Verhaltens des VN sein muss, um die Rechtsfolge des § 81 VVG 2008 zu begründen. Dies war auch gem. § 61 VVG a. F. nicht anders. Nicht erforderlich ist, dass das Verhalten des VN die alleinige Ursache des Versicherungsfalles war, eine Mitursächlichkeit reicht aus[333]. § 61 VVG/§ 81 VVG 2008 setzt voraus, dass der Schaden durch das vorsätzliche bzw. grob fahrlässige Verhalten des VN verursacht worden ist[334]. Besondere Bedeutung hat die Frage nach der Kausalität im Bereich des Diebstahls/Entwendung. Dieser Nachweis der Kausalität ist vom VR zu führen[335]. Er ist z. B. nicht geführt, wenn nicht ausgeschlossen werden kann, dass die Entwendung zu einem Zeitpunkt stattgefunden hat, als das Verhalten des VNs noch nicht grob fahrlässig war[336]. So etwa bei einem Abstellen des Fahrzeuges für eine zu lange Zeit an gefährdeter Stelle, und nicht geklärt werden kann, ob der Diebstahl nicht schon zu einem Zeitpunkt stattgefunden hat, an dem das unbeaufsichtigte Abstellen, noch nicht als grob fahrlässig bewertet werden kann. Gleiches gilt für einen Einbruchsdiebstahl und einem Fenster, das auf „Kipp" gelassen wurde. Auch hier kommt es für die Kausalität (wenn das Verhalten als grob fahrlässig angesehen wird) darauf an, wann genau

---

[326] Einhellige Rechtsprechung, vgl. nur: BGH v. 23. 1. 1985, NJW 1985, 2648 = VersR 1985, 44; BGH v. 22. 2. 1989, VersR 1989, 469 = NJW 1989, 1612; *Knappmann,* NVersZ 1998, 13 f.

[327] BGH v. 22. 2. 1989, r+s 1989, 349; vgl. auch OLG Hamm v. 10. 7. 1987, r+s 1988, 2; OLG Köln v. 26. 9. 1991, r+s 1992, 7; OLG Köln v. 27. 9. 2002, r+s 2003, 56; ausführlich: *Knappmann,* VersR 2000, 11 ff.

[328] OLG Hamm v. 22. 11. 1991, ZfS 1992, 86.; OLG Frankfurt v. 14. 4. 1999, VersR 2000, 883 = r+s 2000. 364; OLG Hamm v. 31. 5. 2000, NVersZ 2000, 524 für 2,96 Promille.

[329] BGH v. 23. 1. 1985, VersR 1985, 440; BGH v. 22. 2. 1989, VersR 1989, 469 (470); OLG Hamm v. 25. 6. 1980, VersR 1981, 178; OLG Oldenburg v. 4. 12. 1991, ZfS 1992, 345;OLG Saarbrücken v. 11. 12. 2002, r+s 2003, 101; LG Bochum v. 26. 11. 1975, VersR 1976; a. A. *Baumgärtel,* Handbuch der Beweislast im Privatrecht, Band 5 § 61 Rn. 5.

[330] OLG Saarbrücken v. 11. 12. 2002, r+s 2003, 101; zur subjektiven Seite grober Fahrlässigkeit vgl. Rn. 36 f.

[331] *Römer/Langheid/Langheid,* § 61 Rn. 82; mit Hinweis auf OLG Oldenburg v. 17. 2. 1966, VRS 31, 349.

[332] OLG Hamm v. 25. 6. 1980, VersR 1981, 178; *Römer/Langheid/Langheid,* § 61 Rn. 82; a. A. *Prölss/ Martin/Prölss,* § 61 Rn. 25.

[333] BGH v. 14. 7. 1986, NJW 1986, 2838; *van Bühren/Römer,* Handbuch Verkehrsrecht, Teil 7, Rn. 345.

[334] BGH v. 17. 5. 1995, VersR 1995, 909; OLG Karlsruhe v. 20. 6. 2002, VersR 2002, 1550; *Knappmann,* r+s 1995, 128.

[335] Vgl. nur OLG Karlsruhe v. 20. 6. 2002, VersR 2002, 1550; *Knappmann,* r+s 1995, 128.

[336] OLG Karlsruhe v. 20. 6. 2002, VersR 2002, 1550; *Knappmann,* r+s 1995, 128.

der Dieb durch dieses Fenster eingestiegen ist. Bei dem Zurücklassen von Kraftfahrzeugpapieren (Kfz-Brief bzw. -schein), muss zu der Feststellung des grob fahrlässigen Verhaltens noch die Kausalität für den Diebstahl hinzukommen. Diese fehlt z. B., wenn der Täter die Papiere bzw. Fahrzeugschlüssel vor dem Öffnen des Fahrzeuges gar nicht sehen konnte[337].

d) Rechtsfolge: Vollständige Leistungsfreiheit bei Vorsatz und grober Fahrlässig-   **71**
keit gem. § 61 VVG a. F. Auf der Rechtsfolgenseite wird der VR bei der vorsätzlichen Herbeiführung des Versicherungsfalles i. S. v. § 81 Abs. 1 VVG von seiner Pflicht zu leisten frei. Für diese Tatbestands-Variante hat sich im Vergleich zur bisherigen Regelung des § 61 VVG a. F. nichts geändert, d. h. für die vorsätzliche Herbeiführung bleibt es beim „Alles-oder-Nichts-Prinzip". Aus diesem folgt, dass der VR berechtigt ist, dem VN die gesamte, mit der Versicherungsprämie erworbene Leistung zu verweigern[338].

e) Rechtsfolge: Kürzungsrecht des VR bei grober Fahrlässigkeit nach § 81 VVG   **72**
2008. Die massive Kritik am „Alles-oder-Nichts-Prinzip" für Fälle grober Fahrlässigkeit hat zu dessen Aufgabe durch das neue VVG 2008 geführt. Nun bestimmt § 81 Abs. 2 VVG 2008 „Führt der Versicherungsnehmer den Versicherungsfall grob fahrlässig herbei, ist der Versicherer berechtigt, seine Leistung in einem der Schwere des Verschuldens des Versicherungsnehmers entsprechenden Verhältnis zu kürzen." Die vollständige Leistungsfreiheit des VR nach § 61 VVG a. F. ist im Falle grober Fahrlässigkeit durch ein Kürzungsrecht des VR gem. § 81 VVG 2008 ersetzt.

aa) Leistungsbestimmungsrecht des VR? Nach der Formulierung des Gesetzes in § 81 Abs. 2   **73**
VVG 2008 („... berechtigt, seine Leistung ... zu kürzen") könnte man ein einseitiges **Leistungsbestimmungsrecht** des VR i. S. v. § 315 Abs. 1 BGB annehmen. In diesem Fall stünde dem VR bzgl. der Höhe der Kürzung seiner Leistung ein Ermessen zu dessen Grenze die Billigkeit wäre. Erst wenn der VR diesen Rahmen überschreiten würde, wäre die Entscheidung unverbindlich[339] (vgl. § 315 Abs. 3 BGB).

Jedoch ist § 315 BGB in Bezug auf § 81 VVG 2008 nicht anwendbar. Dazu wäre erforderlich, dass der Umfang der Leistungspflicht nicht durch einen objektiven Beurteilungsmaßstab festgelegt ist[340]. Ein solcher ist in § 81 Abs. 2 VVG aber mit der „Schwere des Verschuldens des VN" für den Umfang der Kürzung vorgegeben. Die Kürzung des VR unterliegt damit in vollem Umfang der gerichtlichen Kontrolle[341].

Auch sind **vertraglich vereinbarte Kürzungspauschalen** für bestimmte Konstellationen in AGBs prinzipiell denkbar, weil nach § 87 VVG 2008 abweichende Regelungen von § 81 VVG 2008 möglich sind. Allerdings liefe ein durch die Hintertür in Form von AGBs wiedereingeführtes „Alles-oder-Nichts-Prinzip" sicherlich Gefahr, als unangemessene Benachteiligung i. S. v. § 307 Abs. 1 BGB angesehen zu werden und damit nichtig zu sein.

Andererseits verzichten viele VR in ihren AKB auf den Einwand der groben Fahrlässigkeit (mit Ausnahme der Fahruntüchtigkeit und der Entwendung).

bb) Quotierungsstufen: Kriterien nach denen der Umfang der Leistungskürzung zu ermit-   **74**
teln ist, sind vom Gesetz nicht vorgegeben. Und auch der Regierungsentwurf äußert sich mit der Formulierung „Für das Ausmaß der Leistungsfreiheit des Versicherers ist entscheidend, ob die grobe Fahrlässigkeit im konkreten Falle nahe beim bedingten Vorsatz oder aber eher im Grenzbereich zur einfachen Fahrlässigkeit liegt[342]" nur knapp. Insofern ist es eine der

---

[337] BGH v. 17. 5. 1995, VersR 1995, 909; OLG Düsseldorf v. 29. 10. 1996, VersR 1997, 304; OLG Hamm v. 24. 6. 1998, r+s 1998, 491; OLG Celle v. 27. 3. 1997, VersR 1998, 314.
[338] Zum „Alles-oder-Nichts-Prinzip" siehe § 16 Rn. 1 ff.; noch zum „Alles-oder-Nichts-Prinzip" mit Bezug auf § 61 VVG a. F. *Römer,* VersR 2000, 661 (663); *Prölss,* VersR 2003, 669 ff.; *Armbrüster,* VersR 2003, 675 ff.
[339] *Münchner Kommentar/Gottwald,* § 315 BGB Rn. 44.
[340] *Palandt/Heinrichs,* § 315 BGB Rn. 6.
[341] *Burmann/Heß/Höke/Stahl,* Rn. 355.
[342] Vgl. BTDrucks. 16/3945 S. 69.

wesentlichen von der VVG Reform aufgeworfenen Fragen, nach welchen Maßstäben das Kürzungsrecht des VR erfolgt.

Im Interesse einer möglichst guten Kommunizierbarkeit und Vorhersehbarkeit sollte die Quotierung nicht danach streben, zu prozentgenauen Antworten zu kommen, sondern vielmehr einem Grobraster folgen[343]. Sinnvoll erscheint eine Eingliederung der grob fahrlässigen Herbeiführung des Versicherungsfalles in Kategorien von leichter, normaler und schwerer grober Fahrlässigkeit. Für die erste Stufe ist dann ein Abzug von 25 %, für die zweite von 50 % und für die schwerste dritte Stufe ein Abzug von 75 % angemessen. Dieses Raster schließt natürlich nicht aus, dass im Einzelfall auch geringere oder höhere Quoten in Betracht kommen[344].

75 *cc) Extremfälle:* Weder Wortlaut noch Begründung der Norm schließen aus, dass ein VN im Einzelfall auch mal eine volle oder gar keine Entschädigung erhält[345]. Im Interesse der Zielrichtung der Reform eine möglichst flexible Regelung zu schaffen, sollte von dieser Möglichkeit – sofern es als angebracht erscheint – auch Gebrauch gemacht werden[346]. Eine vollständige Leistungskürzung durch den VR käme insbesondere in Betracht, wenn die grobe Fahrlässigkeit des VN einem zumindest bedingtem Vorsatz sehr nahe kommt oder sich ein sehr hohe Gefährdungspotential verwirklicht (z. B. alkoholbedingte Fahruntüchtigkeit). Der umgekehrte Fall mit einer ungekürzten Leistungspflicht wäre in Fällen denkbar in denen die – nur „leichte" – grobe Fahrlässigkeit besonders dicht an der einfachen Fahrlässigkeit liegt[347].

76 *dd) Bestimmung des Grades der groben Fahrlässigkeit:* Für die Beantwortung der Frage, in welche der Stufen von leichter, normaler und schwerer grob fahrlässiger Herbeiführung des Versicherungsfalles ein Pflichtverstoß einzuordnen ist, kommen verschiedene Parameter in Betracht.

77 *(1) Einstufung des Pflichtverstoßes in anderen Rechtsgebieten:* Für die Einstufung der Schwere des Pflichtverstoßes kann in Einzelfällen auch auf gesetzgeberische Einstufungen in anderen Rechtsgebieten zurückgegriffen werden. So können beispielsweise Alkoholfahrten Straftaten nach § 315c Abs. 1 Nr. 1, 316 StGB sein oder sich lediglich als Ordnungswidrigkeitentatbestand nach § 24a StVG darstellen. Ein Verstoß gegen Straftatbestände beinhaltet regelmäßig einen erheblich höheren Unrechtsgehalt als ein Verstoß gegen einen Ordnungswidrigkeitentatbestand. Dementsprechend wäre die Verwirklichung eines Straftatbestandes bei der Bestimmung des Maßes an grober Fahrlässigkeit typischerweise auch stärker zu berücksichtigen[348].

Ebenso können Ordnungswidrigkeiten, die mit Punkten oder darüber hinaus gar mit einem Fahrverbot belegt sind, eine Indizwirkung hinzukommen. Fahrverbote können gem. § 25 StVG bei Ordnungswidrigkeiten festgesetzt werden, die der Kraftfahrer unter grober oder beharrlicher Verletzung der Pflichten eines Kraftfahrzeugführers begangen hat. Im Rahmen von § 81 Abs. 2 VVG 2008 dürften regelmäßig nur die groben Pflichtverletzungen von Belang sein. Grobe Pflichtverletzungen i. S. d. § 25 StVG sind solche von besonderem Gewicht, die objektiv als häufige Unfallursachen besonders gefährlich sind und subjektiv besonders verantwortungslos erscheinen.

78 *(2) Offenkundigkeit des Pflichtverstoßes:* Ein weiteres Kriterium ist die Offenkundigkeit des Pflichtverstoßes. Je offensichtlicher das Gefährdungspotenzial gewesen ist, umso schwerer

---

[343] So auch *Felsch,* r+s 2007, 485; *Rixecker,* zfs 2007, 15; *Burmann/Heß/Höke/Stahl,* Rn. 367 f.; *Nugel,* MDR 2007, 23.

[344] Einen anderen Ansatz verfolgen *Weidner/Schuster,* r+s 2007, 363. Danach soll im Regelfall von einer 50%igen Leistungskürzung ausgegangen werden. Sofern der VR einen höheren Kürzungsgrad durchsetzen will, müsse er die Umstände dafür ebenso beweisen wie der VN, der einen geringeren Kürzungsgrad erreichen will; ähnlich *Felsch,* SpV 2007, 65 (74); *Langheid,* NJW 2007, 3665 (3669); ebenso wird noch eine Abstufung der Kürzung in Schritten von 10% diskutiert: s. *Nugel,* MDR 2007, 23.

[345] *Rixecker,* zfs 2007, 15; *Römer,* VersR 2006, 740 (741).

[346] I. E. so auch *Weidner/Schuster,* r+s 2007, 363.

[347] *Weidner/Schuster,* r+s 2007, 363.

[348] *Burmann/Heß/Höke/Stahl,* Rn. 359; *Nugel,* MDR 2007, 22 (29).

wiegt auch das Verschulden. Dass das Fahren unter Alkoholeinfluss/Drogen besonders gefährlich ist, kann für den durchschnittlichen Autofahrer als bekannt vorausgesetzt werden. Für Fahrten unter dem Einfluss von Medikamenten gilt möglicherweise anderes.

(3) Gewicht des Pflichtverstoße: Ebenso kann das Gewicht des Pflichtverstoßes für die versicherte Gefahr ein maßgebliches Kriterium bilden. Wird die erforderliche Sorgfalt über einen längeren Zeitraum in einem für die Annahme grober Fahrlässigkeit erforderlichen Ausmaß verletzt oder handelt es sich um einen nur kurzweiligen Verstoß? Je länger die Dauer des Verstoßes ist, umso mehr spricht dafür, ihn im oberen Bereich der groben Fahrlässigkeit anzusiedeln. In diesem Zusammenhang kann insbesondere die Frage des Augenblicksversagens zu diskutieren sein[349]. **79**

Weiter kann in diesem Zusammenhang von Bedeutung sein, ob die Größe des sich bei einem Verstoß ergebenden Risikos für den VN deutlich erkennbar ist. Je größer das Risiko und je deutlicher sein Ausmaß erkennbar ist, desto schwerer wiegt das Verschulden. So liegt es z. B. auf der Hand, dass das Überfahren einer Rotlicht zeigenden Ampel ein sehr ausgeprägtes Unfallrisiko aufweist. Beim Überschreiten der zulässigen Höchstgeschwindigkeit hängt es hingegen regelmäßig von der Verkehrssituation ab, inwieweit dadurch eine signifikante Steigerung des Unfallrisikos besteht.

(4) Motive des Handelnden: Im Einzelfall können die Motive des VN von Bedeutung sein. Verursacht jemand einen Unfall infolge überhöhter Geschwindigkeit, weil er als Arzt auf dem Weg zu einem Notfallpatienten war, ist ihm ein geringeres Verschulden als im Normalfall anzulasten[350]. **80**

Ausnahmsweise kann es den VN auch mal entlasten, wenn er eine Ablenkung infolge beruflicher oder privater Probleme ins Feld führt. Dabei ist der Grund der Ablenkung im Bezug zu dem Grad der Gefährlichkeit der Handlung zu setzen. Je gefährlicher das Verhalten des VN ist, umso weniger ist die Ablenkung geeignet ihn zu entlasten[351].

(5) Eintragungen im Straf-/Verkehrszentralregister: Voreintragungen des VN im Straf- oder im Verkehrszentralregister sind durchaus geeignet, diesen im Hinblick auf die Gefährlichkeit und die Folgen seiner Pflichtverstöße zu warnen. Insofern ist es sachgerecht, infolge von einschlägigen Voreintragungen z. B. bei Trunkenheit oder Geschwindigkeitsverstößen einen höheren Grad an Verschulden anzunehmen. Im Strafrecht wird dieser Grundsatz regelmäßig angewandt. Vorstrafen wirken schulderhöhend und damit strafschärfend, sofern sie einschlägig sind oder erkennen lassen, dass der Täter sich über derartige Warnungen hinwegsetzt[352]. **81**

ee) Einzelfälle: Bei den Einzelfällen ist zu beachten, dass sie in einem ersten Schritt als grob fahrlässig eingestuft werden müssen[353]. Im zweiten Schritt stellt sich dann die Frage, welcher Grad grober Fahrlässigkeit vorliegt: handelt es sich um einfache, mittlere oder schwere grobe Fahrlässigkeit. Je nach Fallgruppe sollte dann eine Kürzung von 25%, 50% bzw. 75% erfolgen. Dieses Grobraster schließt natürlich nicht aus, dass im Einzelfall eine abweichende Quote gebildet wird. **82**

(1) Rotlichtverstoß: Rotlichtverstöße begründen wegen ihrer besonderen Gefährlichkeit regelmäßig die Annahme grober Fahrlässigkeit, wenngleich natürlich die Einzelfallumstände zu berücksichtigen sind[354]. **83**

Bei der Einschätzung des Grades des groben Verschuldens ist zu berücksichtigen, dass nach der Bußgeldverordnung bei einem Rotlichtverstoß, der zu einem Sachschaden geführt hat (vgl. Ziffer 132.1 BKatV) ein Fahrverbot von einem Monat vorgesehen ist. Unter der zusätzlichen Voraussetzung, dass die Rotphase bereits länger als eine Sekunde gedauert hat, wird der

---

[349] Vgl. § 16 Rn. 48.
[350] *Nugel,* MDR 2007, 22 (30).
[351] *Römer,* VersR 1992, 1187 (1189).
[352] BGHSt 24, 198; *Tröndle/Fischer,* § 46 StGB, Rn. 38.; *Burmann/Heß/Höke/Stahl,* Rn. 366.
[353] Vgl. zu den dafür maßgeblichen Kriterien § 16 Rn. 42ff. und zu den einzelnen Fallgruppen Rn. 51 ff.
[354] Vgl. Rn. 43.

verwirkte Regelsatz des Bußgeldes von 125 € auf 200 € angehoben (Ziffer 132.2.1. BKatV). Bei Versicherungsfällen in der Kaskoversicherung werden die genannten Tatbestände der BKatV regelmäßig vorliegen, da im Versicherungsfall Unfall ein Sachschaden regelmäßig vorliegt. Die Anordnung eines Regelfahrverbotes im Rahmen der BKatV zeigt, dass der Gesetzgeber hier von einem ganz erheblichen Verschulden ausgeht. Dies hat den Hintergrund, dass die Nichtbeachtung von Lichtzeichenanlagen eine erhebliche Unfallursache darstellt und eine besondere Gefährlichkeit aufweist, weil andere Verkehrsteilnehmer, insbesondere Kinder und Radfahrer, in besonderer Weise auf das Gründlicht vertrauen[355].

Vor diesem Hintergrund erscheint es als angebracht, bei Rotlichtverstößen von einer „normalen" groben Fahrlässigkeit mit der einhergehenden Kürzung von 50% auszugehen[356].

Im Rahmen der Fallgruppe der Rotlichtverstöße wird künftig genauer zu prüfen sein, ob der Verstoß nicht vorsätzlich erfolgt ist. Insbesondere bei sog. qualifizierten Rotlichtverstößen – die LZA zeigte bereits länger als eine Sekunde rot – liegt nahe, dass der Kraftfahrer das Rotlicht bewusst nicht abwarten wollte. Dabei ist allerdings zu beachten, dass allein wegen eines vorsätzlichem Pflichtverstoßes kein vorsätzlich herbeigeführter Versicherungsfall vorliegt. Dazu wäre erforderlich, dass der VN neben der vorsätzlichen zum Versicherungsfall führenden Handlung auch den Erfolg herbeiführen wollte[357]. Dies wird regelmäßig nicht der Fall sein. Sofern jedoch der Verkehrsverstoß vorsätzlich begangen ist, ist das Verschulden erheblich gewichtiger. Daher sollte dann von einer „schweren" groben Fahrlässigkeit mit einer Kürzung von 75% ausgegangen werden.

Gleichzeitig sind auch Fälle denkbar, in denen nur eine „leichte" grobe Fahrlässigkeit vorliegt. Das kann beispielsweise der Fall sein, wenn nachvollziehbare Gründe für die Ablenkung des Kraftfahrers vorliegen. Etwa wenn der Kraftfahrer kurzzeitig abgelenkt war, weil seine Gedanken bei seiner kranken, im Sterben liegenden Mutter waren[358].

84   *(2) Stoppschild:* Das Überfahren von Stoppschildern weist keine ganz so große Gefahr auf wie Rotlichtverstöße. Es wird sich im Einzelfall auch darüber diskutieren lassen, ob in einem solchen Fall überhaupt eine grobe Fahrlässigkeit vorliegt. Dies hängt u. a. damit zusammen, dass der Verkehr auf die Beachtung von Stoppschildern nicht ganz so stark vertraut wie dies bei Lichtzeichenanlagen der Fall ist. Letztlich wird dies auch davon abhängen, inwieweit vorher durch Hinweisschilder auf das Stoppschild hingewiesen wurde[359]. Aber auch bei Annahme einer groben Fahrlässigkeit entspricht es der Wertung des Gesetzgebers, einen Verstoß geringer zu sanktionieren als einen Rotlichtverstoß. Nach Ziffer 34 BKatV kommt nur die Verhängung eines Bußgeldes von 50 € sowie die Eintragung von 3 Punkten in das Flensburger Register in Betracht. Sofern daher nicht besondere erschwerende Umstände vorliegen, ist daher die Annahme „einfacher" grober Fahrlässigkeit mit einer Kürzungsquote von 25% angebracht[360].

85   *(3) Alkohol:* Jedem Kraftfahrer ist insbesondere bekannt, dass Alkohol zu Fahruntauglichkeit führt und eine der Hauptunfallursachen bildet. Zudem stellt die Herbeiführung eines Unfalls im Zustande einer alkoholbedingten Fahruntauglichkeit typischerweise eine Verwirklichung des Straftatbestandes des § 315c Abs. 1a StGB dar. Vor diesem Hintergrund ist im Falle alkoholbedingter Fahruntüchtigkeit von einem besonders gravierenden Verstoß auszugehen bei dem regelmäßig keine Entschädigung gezahlt werden sollte[361].

Teilweise wird insoweit vertreten, es sei zu differenzieren zwischen den Fällen relativer und absoluter Fahruntauglichkeit. Bei ersterer Variante solle nur eine reduzierte Kürzung zwi-

---

[355] BayObLG NZV 1997, 84.

[356] *Burmann/Heß/Höke/Stahl,* Rn. 369ff.

[357] *Langheid/Römer/Langheid,* § 61 VVG, Rn. 41.

[358] Vgl. OLG Hamm NZV 2005, 95.

[359] OLG Karlsruhe v. 24. 5. 2002, NZV 2003, 420; *Burmann/Heß/Höke/Stahl* Rn. 377.

[360] *Burmann/Heß/Höke/Stahl,* Rn. 378.

[361] *Burmann/Heß/Höke/Stahl,* Rn. 392; Römer, VersR 2006, 740; differenzierend: *Rixecker,* zfs 2007, 15 (16); a. A. *Nugel,* MDR 2007, 22 (32): Kürzung i. H. v. 50% – 90%.

schen 50% und 80% erfolgen[362]. Dem kann jedoch nicht gefolgt werden. Es ist zu beachten, dass in beiden Fällen eine Fahruntauglichkeit vorliegt. Der Unterschied zwischen den beiden Formen liegt lediglich in der Erbringung des Beweises der Fahruntauglichkeit[363]. Auch im Versicherungsvertragsrecht gilt, dass ein Kraftfahrer mit einer BAK von 1,1 Promille absolut fahruntüchtig ist[364], ohne dass die Erbringung eines Gegenbeweises möglich ist. Liegt die BAK darunter, kann eine sog. relative Fahruntauglichkeit vorliegen. Das ist der Fall, wenn neben der BAK alkoholbedingte Ausfallerscheinungen auftreten. Insofern ist die relative Fahruntauglichkeit keinesfalls als minder schwerer Fall der absoluten Fahruntauglichkeit einzustufen. Vielmehr stellt sie den gesetzlichen Grundfall des § 316 StGB dar[365]. Gegen das bloße Abstellen auf die BAK spricht auch schon, dass die Auswirkungen von dieser individuell unterschiedlich abhängig von Faktoren wie Größe, Körpergewicht etc. ausfallen. Damit ist bei der Kürzung eine Differenzierung zwischen der absoluten und der relativen Fahruntauglichkeit abzulehnen. In beiden Fällen handelt es sich um einen besonders gravierenden Verstoß, der eine vollständige Kürzung der Leistung rechtfertigt[366].

Im Einzelfall kann eine weniger starke Kürzung in Betracht kommen. Dies dürfte aber nur in eng begrenzten Ausnahmefällen in Betracht kommen. Beruht die Fahruntauglichkeit auf Restalkohol ist zu bedenken, dass die groben Trunkenheitssymptome nach einer Schlafphase deutlich abgeklungen sein können. Nichtsdestotrotz sind auch die Beeinträchtigungen von Restalkohol erheblich. Zudem sind die Wirkungen eines „Katers" als allgemein bekannt anzusehen[367]. Insbesondere weiß auch jeder Kraftfahrer, dass die Wartezeit, nach der man wieder fahrtüchtig ist, von der Menge des zu sich genommenen Alkohols abhängt[368]. Auch bei Restalkohol kann es daher nur im Ausnahmefall gerechtfertigt sein, einen leichten oder mittleren Grad der groben Fahrlässigkeit anzunehmen[369].

(4) Drogen/Medikamente: Wie bei Alkohol stellt auch die Herbeiführung eines Unfalles im   **86** Zustand sonstiger (außer Alkohol) **berauschender Mittel** einen Straftatbestand (§ 315c Abs. 1 Nr. 1a StGB) dar. Bei einer drogenbedingten Fahruntüchtigkeit ist daher – ebenso wie bei Alkohol – von einem äußerst gravierenden Verstoß auszugehen, so dass regelmäßig keine Entschädigung zu zahlen ist[370].

Anders kann es bei **Medikamenten** zu beurteilen sein. Im Unterschied zum Alkohol kann die Wirkung von Medikamenten auf die Fahrtüchtigkeit nicht zwingend als allgemein bekannt vorausgesetzt werden. In diesem Fall kann es daher gerechtfertigt sein, nur eine „leichte" grobe Fahrlässigkeit (Kürzung um 25%) anzunehmen[371]. Anders läge der Fall allerdings, wenn die Ausfallerscheinungen für den Fahrer offen zutage getreten sind, bzw. wenn er genau um die beeinträchtigende Wirkung weiß.

(5) Verkehrswidriges Verhalten: Vor dem Hintergrund des Schutzzweckes der Kaskoversiche-   **87** rung – der VN soll vor Schäden geschützt werden, die durch eigenes schuldhaftes Verhalten entstanden sind – führen Fahrfehler grundsätzlich nicht zu der Annahme grober Fahrlässigkeit. Erst bei besonders verkehrswidrigem Verhalten ist grobe Fahrlässigkeit anzunehmen[372].

(a) Überholen: Insofern sind die Kürzungen regelmäßig wohl im mittleren Bereich, also   **88** i. H. v. 50%, anzusetzen[373]. Zu berücksichtigen ist, dass bei Unfällen mit einer Kollision gem.

---

[362] *Rixecker* zfs 2007, 15 (16).

[363] BGHSt 31, 42 (44); BayObLG, NZV 1997, 127; *Tröndle/Fischer*, § 316 StGB Rn. 12.; *Burmann/ Heß/Höke/Stahl*, Rn. 381.

[364] BGH, NJW 1991, 119.

[365] *Tröndle/Fischer*, § 316 StGB, Rn. 12 ff.; *Burmann/Jagow/Burmann/Heß*, § 316 StGB, Rn. 26.

[366] *Burmann/Heß/Höke/Stahl*, Rn. 392.

[367] *Hentschel/König*, § 316 StGB, Rn. 8.

[368] *Burmann/Heß/Höke/Stahl*, Rn. 395.

[369] *Burmann/Heß/Höke/Stahl,*, Rn. 395.

[370] *Burmann/Heß/Höke/Stahl*, Rn. 392.

[371] *Burmann/Heß/Höke/Stahl*, Rn. 397.

[372] Zu der Quotierung in Fällen verkehrswidrigen Verhalten vgl. *Burmann/Heß/Höke/Stahl*, Rn. 398 ff.

[373] *Burmann/Heß/Höke/Stahl*, Rn. 399; Nugel, MDR 2007, 23

Ziffer 19.1.1 BKatV ein Fahrverbot von einem Monat vorgesehen ist und zusätzlich 4 Punkte in das Flensburger Zentralregister eingetragen werden. Sofern ein in der Form des § 315c Abs. 1 Nr. 2b StGB qualifiziertes verkehrswidriges Verhalten vorliegt, dürfte eine Kürzung i. H. v. 75% angemessen sein. Dabei ist aber zu beachten dass für diesen strafrechtlichen Tatbestand neben dem grob verkehrswidrigen Fahrverhalten zusätzlich noch eine rücksichtslose Handlungsweise des VN vorgelegen haben muss. Rücksichtslos handelt, wer sich aus eigensüchtigen Gründen über seine Pflichten gegenüber anderen Verkehrsteilnehmern bewusst hinwegsetzt oder aus Gleichgültigkeit keine Bedenken aufkommen lässt, sondern unbekümmert um die Folgen seines Verhaltens losfährt[374].

89   *(b) Geschwindigkeitsüberschreitungen:* Ist der VN an einer unübersichtlichen Stelle, einer Straßenkreuzung, Straßeneinmündung oder einem Bahnübergang zu schnell gefahren und hat dadurch den Unfall verursacht, kann der Tatbestand des § 315c Abs. 1 Nr. 2d StGB vorliegen. Voraussetzung ist, dass die durch den Fahrfehler herbeigeführte Gefahr in einem inneren Zusammenhang mit der besonderen Gefahrenlage im Bereich der genannten Örtlichkeiten steht[375]. Unter diesen Umständen ist das Fehlverhalten als „schwere" grobe Fahrlässigkeit einzustufen, die eine Kürzung von 75% rechtfertigt[376].

In anderen Fällen kann auch eine „leichte" oder „mittlere" grobe Fahrlässigkeit vorliegen. Den mittleren Schweregrad sollte man jedenfalls annehmen, wenn eine Geschwindigkeitsüberschreitung vorliegt, die ein Fahrverbot nach der BKatV rechtfertigen würde. Das ist innerorts der Fall bei einer Geschwindigkeitsüberschreitung von 31 km/h und außerorts von bei einer Geschwindigkeitsüberschreitung von 41 km/h.

Kann der VR im Falle eines Unfalls, der infolge von **Übermüdung** eingetreten ist, beweisen, dass der VN sich bewusst über Anzeichen der Ermüdung hinweggesetzt hat, ist ihm eine Kürzung i. H. v. 75% zuzugestehen[377]. Denn kommt es bei dem Unfall nicht nur zu einem Eigenschaden, hat der VN den Tatbestand des § 315c Abs. 1b StGB verwirklicht.

90   *(c) Verhalten im Fahrzeug/Hantieren mit Gegenständen:* Beim Bücken nach im Auto herabgefallenen Gegenständen hat der fahrende VN die Fahrbahn nicht mehr im Blickfeld. Aufgrund der damit verbundenen mangelnden Kontrollmöglichkeit besteht ein enormes Schadenspotential. Vor diesem Hintergrund ist eine „mittlere" grobe Fahrlässigkeit mit einer Kürzung von 50% anzunehmen.

Milder können andere Konstellationen zu bewerten sein, in denen je nach Einzelfall grobe Fahrlässigkeit vorliegen kann oder nicht. So etwa bei einem Umdrehen des Fahrers nach einem Kleinkind auf dem Rücksitz[378] oder für einen durch den Kassettenwechsel während der Fahrt verursachten Unfall[379]. In solchen Fällen ist lediglich „leichte" grobe Fahrlässigkeit (25%) anzunehmen.

In Fällen der **Entwendung** des KFZ aufgrund unzureichender Sicherung der Schlüssel ist zu bedenken, dass es neben dem fehlerhaften Verhalten des VN noch eines kriminellen Handelns eines Dritten bedarf. Im Regelfall dürfte daher an eine „leichte" grobe Fahrlässigkeit zu denken sein. Es können jedoch erschwerende Umstände hinzutreten, die eine andere Beurteilung erforderlich machen. Werden Schlüssel von Kundenfahrzeugen entwendet, die in einer Werkstatt am Schlüsselbrett in der Kundenannahme für jedermann sichtbar aufgehängt werden, und die Kundenannahme ist nicht ständig besetzt, liegt eine „schwere" grobe Fahrlässigkeit vor. Ein vergleichbarer Fall liegt vor, wenn der VN in einer Gastwirtschaft lautstark von seinem neuen PKW spricht, für jedermann sichtlich die Schlüssel in seiner Jack verstaut und die Jacke unbeaufsichtigt an die Garderobe hängt[380].

---

[374] *Jagow/Burmann/Heß/Burmann,* § 315c StGB, Rn. 15.
[375] BGH, NStZ 2007, 222.
[376] *Burmann/Heß/Höke/Stahl,* Rn 402.
[377] *Burmann/Heß/Höke/Stahl,* Rn. 380.
[378] OLG Brandenburg, NJWE-VHR 1997, 272.
[379] OLG Nürnberg, NZV 1992, 193.
[380] *Burmann/Heß/Höke/Stahl,* Rn. 409.

Heß/Höke

ff) Sonderproblem: Zusammentreffen einer grob fahrlässigen Herbeiführung des Versicherungsfalles **91**
und einer Obliegenheitsverletzung: Ein Sonderproblem des neuen Kürzungsverfahrens ergibt
sich daraus, dass nicht mehr wie bisher schon eine Obliegenheitsverletzung für sich[381] oder
die grob fahrlässige Herbeiführung für sich[382] zu einer vollständigen Leistungsfreiheit des
VR führt. Stattdessen führen beide auch im Falle ihres Zusammentreffens grundsätzlich nur
zu einem Kürzungsrecht des VR (vgl. §§ 28 Abs. 2 S. 2, 81 Abs. 2 VVG 2008).

Ein Beispielsfall zu dieser Konstellation könnte so aussehen: Im Fall einer Vollkaskoversi-
cherung verursacht der VN den Schaden durch grob fahrlässige Nichtbeachtung einer roten
LZA und macht hinterher grob fahrlässig falsche Angaben zu den Vorschäden an seinem
Fahrzeug[383].

Vor der VVG Reform konnten der VR und das Gericht sich in solchen Fällen auf die am
einfachsten nachzuweisende Fehlhandlung des VN beschränken, da diese dann schon für sich
zum vollständigen Freiwerden des VR führte. Nach der VVG-Neuregelung berechtigen
selbst beide gemeinsam im Regelfall nur zu einem Kürzungsrecht des VR. Nähme man in
dem Beispiel an, dass die Nichtbeachtung der roten LZA zu einer Kürzung von 60% und die
grob fahrlässige falsche Angabe zu den Vorschäden zu einer Kürzung von 40% führt, würde
die bloße Summe der beiden zur vollständigen Leistungsfreiheit des VR führen. Dies würde
im Ergebnis auf eine starke Annäherung an das alte „Alles-oder-Nichts-Prinzip" bedeuten. In
solchen Fällen bietet sich an, – ähnlich der Gesamtstrafenbildung im Strafrecht – zunächst die
Pflichtverletzung des VN zugrunde zu legen, die zu der höchsten Kürzung führt und für die
zweite Pflichtverletzung noch einen Zuschlag zu berechnen[384]. In dem Beispiel würde dies zu
einer Kürzung im Bereich von 80% führen.

V. Besonderheiten des Versicherungsvertrages

1. Vorläufiger Deckungsschutz

a) Grundlagen. In der Kraftfahrzeugversicherung ist die Gewährung von Versicherungs- **92**
schutz bereits vor endgültigem Vertragsschluss von besonderer praktischer Bedeutung. Da einerseits für die **Zulassung** eines Kraftfahrzeuges gemäß § 29a StVZO die **Vorlage einer
Versicherungsbestätigung** Voraussetzung ist, andererseits zur Vervollständigung des Versicherungsantrages die genauen Angaben der Fahrzeugdaten sowie der Tag der amtlichen Zulassung erforderlich sind, sind die Zeitpunkte des Beginns des Versicherungsschutzes und des
Vertragsabschlusses regelmäßig getrennt. Beim Erwerb eines Neufahrzeugs kennt der Käufer
in der Regel die fahrzeugspezifischen Daten wie z. B. Fahrgestellnummer oder Schlüsselnummer des Herstellers noch nicht, sondern erfährt sie erst mit der Aushändigung des Fahrzeugbriefs und Fahrzeugscheins bei der Übergabe des Kraftfahrzeuges. Will er die Zulassung des
Fahrzeugs – wie bei Neufahrzeugen meistens – durch den Händler ausführen lassen, muss er
jedoch schon vor der Zulassung die Versicherungsbestätigung dort hinterlegen.

Damit der Versicherungsschutz bereits vor Abschluss beginnt, ist eine sog. **vorläufige Deckung** erforderlich.

b) Bisheriger Rechtszustand: Die vorläufige Deckung ist geregelt in § 1 Abs. 2–6 **93**
AKB. *aa) Zustandekommen:* Die Formulierung in § 1 Abs. 2 AKB („… bedarf es einer besonderen Zusage des VR …") erweckt irreführend den Eindruck, es handele sich bei der Erteilung
vorläufigen Deckungsschutzes um eine einseitig empfangsbedürftige Willenserklärung des
VR. Tatsächlich handelt es sich jedoch um einen **selbständigen Vertrag,** der durch Angebot
und Annahme zustande kommt[385]. Es soll lediglich hervorgehoben werden, dass vorläufiger
Deckungsschutz nicht automatisch mit dem Abschluss einer Kfz-Versicherung verbunden ist.

---

[381] Vgl. § 6 VVG a. F.
[382] Vgl. § 61 VVG a. F.
[383] So *Nugel,* MDR 2007, 23.
[384] Anderer Ansatz: Stufenmodell von *Nugel,* MDR 2007, 23 (33).
[385] BGH v. 25. 1. 1995, VersR 1995, 409.

Die Verwendung des Wortes „vorläufig" soll nicht bedeuten, dass der Vertrag schwebend unwirksam oder inhaltlich/zeitlich eingeschränkt ist. Vielmehr ist gemeint, dass die Vereinbarung über den vorläufigen Deckungsschutz der Vereinbarung über den Hauptvertrag zeitlich vorgelagert sein soll. Da **keine Formvorschriften** für die Vereinbarung der vorläufigen Deckung aufgestellt worden sind[386], können Angebot des VN und Annahme durch den VR auch durch mündliche Erklärungen[387] beziehungsweise konkludentes Verhalten[388] – in der Regel durch die Aushändigung der Versicherungsbestätigung – erfolgen. Dementsprechend definiert § 1 Abs. 3 AKB die Aushändigung der Versicherungsbestätigung als Zusage der vorläufigen Deckung -allerdings nur in der Kraftfahrzeughaftpflichtversicherung. Nach st. Rspr. wird die vorläufige Deckung auch in der Fahrzeugversicherung durch die **Aushändigung der Versicherungsbestätigung** an den VN herbeigeführt, wenn der VN zusammen mit der Kraftfahrzeughaftpflicht- auch die Fahrzeugversicherung beantragt hat[389]. Hierzu reicht ein mündlicher Antrag auf Deckung in der Fahrzeugversicherung schon aus[390]. Will der VR dies vermeiden, muss er ausdrücklich darauf aufmerksam machen[391]. Überlegungen zur Anbringung derartiger Hinweise auf der Versicherungsbestätigung[392] gehen angesichts der strengen Formvorschriften fehl. Mit dem Gesetz zur Änderung des Straßenverkehrsgesetzes und anderer straßenverkehrsrechtlicher Vorschriften (StVRÄndG) sind die Regelungen für die Versicherungsbestätigung gem. § 29a StVZO und Muster 6 der Anlage zur StVZO mit Wirkung ab 18. 9. 2002 überarbeitet worden. Insbesondere ist der zweite Teil der Versicherungsbestätigung, der bislang von der Zulassungsstelle an den VR gesandt worden ist und die Fahrzeug- und Halterangaben sowie das Zulassungsdatum und das amtliche Kennzeichen mitgeteilt hat, entfallen, weil diese Daten jetzt auf elektronischem Weg zurückgemeldet werden. Insofern ist der Begriff **„Doppelkarte"** nunmehr überholt. Die Gestaltung der Vorderseite der Bestätigung ist amtlich vorgegeben; für individuelle Gestaltungen der VR ist hier kein Raum. Lediglich die Rückseite kann individuell gestaltet werden. Andererseits nutzen viele VR die Gelegenheit, die **Versicherungsbestätigungskarte,** deren Format nach wie vor auf DIN C 6 festgelegt ist, in ein Druckstück im Format DIN A einzubetten, um auf der freien Fläche außerhalb der amtlichen Karte Hinweise und Belehrungen anbringen zu können.

94   Gibt der an **Agenten oder Makler** Blanko- Versicherungsbestätigungen aus und verwendet dieser die Bestätigungen absprachewidrig, haftet der VR dennoch gegenüber dem Empfänger aus vorläufiger Deckung[393] kraft **Anscheinsvollmacht**[394] bzw. nach den Grundsätzen der versicherungsrechtlichen Vertrauenshaftung, wenn der VN auf die Richtigkeit der Angaben schuldlos vertraut[395].

95   *bb) Beginn:* Da in der Praxis der Beginn der vorläufigen Deckung in der Kraftfahrzeugversicherung nicht von demjenigen in der Kraftfahrzeughaftpflichtversicherung abweicht, kann auf die dortigen Ausführungen verwiesen werden[396].

96   *cc) Umfang:* Nach § 305 Abs. 2 Nr. 1 BGB (früher § 2 AGBG) werden AVB nur dann Vertragsinhalt, wenn der Verwender auf sie hinweist und dem Vertragspartner die Möglichkeit zur Kenntnisnahme verschafft. Für den Fall der Gewährung vorläufigen Deckungsschutzes sieht § 5a Abs. 3 VVG jedoch eine Ausnahmeregelung vor, nach der die Parteien den Verzicht auf die Überlassung der AVB vereinbaren können. Da für diese Vereinbarung keine Formvor-

---

[386] BGH v. 21. 2. 1969, VersR 1969, 436.
[387] BGH v. 14. 7. 1999, VersR 1999, 1274.
[388] *Stiefel/Hofmann,* § 1AKB Rn. 73.
[389] BGH v. 19. 3. 1986, VersR 1986, 541; BGH v. 14. 7. 1999, VersR 1999, 1274; OLG Hamm v. 6. 3. 1998, r+s 1998, 404; OLG Köln v. 24. 10. 2000, VersR 2002, 970.
[390] BGH v. 14. 7. 1998, VersR 1999, 1274.
[391] BGH v. 14. 7. 1999, VersR 1999, 1274; OLG Hamm r+s 1998, 404; OLG Köln VersR 2002, 970.
[392] *Van Bühren/Römer,* Handbuch, Teil 7, Rn. 5.
[393] BGH v. 14. 7. 1999, VersR 1999, 1274.
[394] LG Köln v. 10. 10. 2002, r+s 2003, 100.
[395] OLG Hamm v. 8. 11. 1996, VersR 1997, 1264.
[396] S. o. *Heß/Höke,* § 29, Rn. 69 ff.

schriften bestehen, kann sie nach den allgemeinen Regeln, also auch durch konkludentes Handeln erfolgen[397]. Es gelten dann für den Zeitraum der vorläufigen Deckung die AKB des VRs. Gem. § 5a Abs. 3 VVG hat der VN in diesem Fall kein Widerspruchsrecht nach § 5a Abs. 1 VVG.

Hat der VR eine Versicherungsbestätigung ausgegeben, ohne den darauf enthaltenen **97** Pflichtvermerk „Gilt auch für Fahrten mit ungestempelten Kennzeichen nach § 23 Abs. 4 S. 7 StVZO" zu streichen, umfasst der Versicherungsschutz gem. § 1 Abs. 3a AKB auch die dort genannten **Fahrten, die im Zusammenhang mit der Zulassung** stehen. Die Formulierung „insbesondere" in § 1 Abs. 3a S. 1 AKB zeigt, dass auch andere als die beispielhaft aufgeführten Fahrten vom Versicherungsschutz umfasst sind, sofern sie im Zusammenhang mit der Zulassung stehen. So ist auch die Fahrt zur Werkstatt versichert, die Vorarbeiten zur technischen Abnahme zur Vorbereitung der Zulassung vornehmen soll. Allerdings sind nur Fahrten auf direktem Weg versichert; auf Umwegen ist der Versicherungsschutz unterbrochen, bis wieder die direkte Strecke erreicht wird[398].

Erleidet das Kfz auf einer Fahrt im Zusammenhang mit der Zulassung einen Schaden, so dass es nicht zur Zulassung kommt, ist dennoch vorläufige Deckung gegeben. In der Praxis kommen diese Fälle nur noch selten vor, seitdem die Vorführungspflicht des Fahrzeugs bei der Zulassung entfallen ist und Abstempelung/Entstempelung der Kennzeichen allein mit der Vorlage der erforderlichen Papiere erfolgen kann.

dd) Beendigung: Die vorläufige Deckung endet   **98**

(1) **Mit der Einlösung des Versicherungsscheins** des Hauptvertrages gem. § 1 Abs. 4 AKB (das ist der Regelfall).

(2) Durch Ablauf einer **Befristung.**

(3) **Durch Kündigung** gem. § 1 Abs. 5 AKB.

(4) **Durch rückwirkende Aufhebung** gem. § Abs. 4 AKB: da diese Regelung den VN existenziell bedrohen kann, sind besondere Pflichten zu erfüllen. Der VR hat dem VN eine schriftliche Belehrung zu erteilen, die Inhalt und Voraussetzungen des rückwirkenden Wegfalls enthält[399]. Darüber hinaus muss die Belehrung den Hinweis enthalten, dass sich der VN bei unverschuldeter Nichtzahlung der Erstprämie den Versicherungsschutz durch nachträgliche Zahlung auch für die Vergangenheit erhalten kann[400].

(5) **Durch Wegfall des versicherten Interesses,** z. B. Abmeldung wegen bevorstehender Verschrottung[401].

(6) **Durch das Scheitern des Hauptvertrages.** Teilweise wird die Auffassung vertreten, die vorläufige Deckung ende mit dem Scheitern des Hauptvertrages[402]. Dem wird von der überwiegenden Meinung entgegengehalten, der VN brauche beim Scheitern des Hauptvertrages noch Zeit um sich anderweitigen Versicherungsschutz zu verschaffen; im Übrigen müsse der VR dem VN gegenüber die Beendigung der vorläufigen Deckung erklären[403] bzw. kündigen[404]. Dieser Auffassung ist zuzustimmen, da anderenfalls der VN im Ungewissen bleibt, ob und wie lange der vorläufige Deckungsschutz für das Fahrzeug besteht, zumal das Scheitern des Hauptvertrages wegen des Zugangs der erforderlichen Erklärungen für den juristischen Laien in seinen zeitlichen Folgen nicht durchschaubar ist.

---

[397] *Römer/Langheid/Römer,* a. a. O., vor § 1 Rn. 34f.; *ders.,* Handbuch, Teil 7, Rn. 10 fordert noch einen Hinweis des VR auf den Verzicht, ohne den ein AVB- loser Zustand entstehen soll, dies kann jedoch nicht im Sinne des VN sein, der hier geschützt werden soll.

[398] BGH v. 21. 1. 1976, VersR 1976, 331.

[399] OLG Hamm v. 29. 1. 1999, VersR 1999, 1229.

[400] LG Köln v. 10. 10. 2002, r+s 2003, 100f.

[401] OLG Hamm v. 27. 2. 1987, VersR 1988, 621.

[402] *Stiefel/Hofmann,* § 1 AKB Rn. 85.

[403] *Bauer,* Rn. 248; *Prölss Martin/Knappmann,* § 1 AKB Rn. 9; *Römer/Langheid/Römer,* vor § 1 VVG Rn. 36.

[404] OLG Hamm v. 28. 5. 1997, NJW-RR 1998, 27.

(7) Wenn der VN bei einem anderen VR Versicherungsschutz erlangt, auch durch anderweitige vorläufige Deckung[405].

99   **c) Neues Recht, §§ 49–52 VVG 2008.** Durch die §§ 49 bis 52 VVG 2008 wird nun erstmals die vorläufige Deckung im VVG geregelt. § 49 Abs. 1 S. 1 VVG 2008 stellt klar, dass es sich bei der Gewährung einer vorläufigen Deckung um einen eigenständigen Versicherungsvertrag handelt[406].

Bei der vorläufigen Deckung kann auf das Erfordernis, dem Versichersicherungsnehmer die Versicherungsbedingungen sowie die weiteren Informationen nach § 7 Abs. 1 VVG 2008 vor Abgabe von dessen Vertragserklärung mitzuteilen, verzichtet werden (§ 49 Abs. 1 S. 1 VVG 2008). Dieser Verzicht kann auch stillschweigend erfolgen[407]. Lediglich auf Verlangen des Versicherungsnehmers müssen die Unterlagen spätestens mit dem Versicherungsschein in Textform übersandt werden.

100   Die Frage, welchen **Inhalt** die vorläufige Deckung hat, ist nun ebenfalls geregelt. § 49 Abs. 2 VVG 2008 schreibt eine zwingende Reihenfolge für die Geltung von AVB vor. Werden bei Vereinbarung der vorläufigen Deckung die AVB nicht übergeben, so gelten zunächst die für den vorläufigen Versicherungsschutz üblicherweise verwendeten AVB. Fehlen solche, gelten die für den Hauptvertrag üblichen. Falls allerdings bei mehreren AVB Zweifel darüber bestehen, welche gelten, sind die für den Versicherungsnehmer günstigsten AVB Inhalt des Vertrags geworden. Das kann dazu führen, dass für den Versicherungsnehmer im Rahmen der vorläufigen Deckung ein günstigerer Versicherungsschutz besteht, als nach dem Hauptvertrag[408]. Insbesondere in der Kaskoversicherung kann dieser Gesichtspunkt im Hinblick auf Selbstbehalte Bedeutung erlangen.

101   Wie sich aus § 52 Abs. 1 VVG 2008 ergibt, **endet** die vorläufige Deckung nicht schon mit dem **Abschluss des Hauptvertrags.** Vielmehr muss der Versicherungsschutz aus dem Hauptvertrag gleichartig sein. Dies bedeutet zwar nicht, dass die vorläufige Deckung und der Hauptvertrag identischen Versicherungsschutz gewährleisten müssen. Vielmehr reicht es aus, wenn der Versicherungsschutz aus dem Hauptvertrag im Wesentlichen dem entspricht, den die vorläufige Deckung gewährte. Der Schutz aus der vorläufigen Deckung kann daher auch dann enden, wenn im Hauptvertrag Risikoausschlüsse vorhanden sind, die in der vorläufigen Deckung nicht enthalten waren oder wenn im Hauptvertrag Selbstbehalte vorgesehen sind[409]. Wenn es um die Gleichartigkeit des Versicherungsschutzes geht, wird eine zuverlässige Beantwortung nur im Einzelfall möglich sein.

Will der Versicherer daher sicher erreichen, dass der Versicherungsschutz aus der vorläufigen Deckung endet, so wird er den Weg über eine Kündigung der vorläufigen Deckung beschreiten müssen.

102   Wenn der Versicherungsschutz darüber hinaus abhängig von der Zahlung der Erstprämie ist, so endet die vorläufige Deckung erst dann, wenn der Versicherungsnehmer mit der Zahlung der Erstprämie in **Verzug** geraten ist und zuvor über die Rechtsfolgen des Verzugs ausdrücklich unterrichtet wurde. Hier ist insbesondere darauf zu achten, dass die Fälligkeit der Erstprämie den Ablauf der Widerspruchsfrist nach § 8 Abs. 2 VVG 2008 voraussetzt.

103   Der VR kann darüber hinaus die vorläufige Deckung durch eine **Kündigung** gemäß § 52 Abs. 4 VVG 2008 beenden. Der Versicherungsnehmer kann den Vertrag neben einer Kündigung nach § 52 Abs. 4 VVG 2008 auch durch Widerruf seiner Vertragserklärung nach § 8 VVG 2008 oder durch Widerspruch nach § 5 Abs. 1, 2 VVG 2008 beenden.

104   Auch nach der Neuregelung des VVG ist ein **rückwirkender Wegfall** der vorläufigen Deckung möglich. § 52 Abs. 1 VVG 2008 spricht davon, dass der Vertrag über die vorläufige

---

[405] BGH v. 25. 1. 1995, VersR 1995, 409.

[406] *Schimikowski/Höra,* S. 137.

[407] *Schimikowski/Höra,* S. 138 weisen zu recht darauf hin, dass an die Vereinbarung nach § 49 Abs. 1 VVG 2008 keine überspannten Anforderungen gestellt werden dürfen.

[408] *Rixecker,* zfs 2007, 314 (315).

[409] *Rixecker,* zfs 2007, 314 (315).

Deckung „spätestens" zu dem Zeitpunkt des Verzugs mit der Erstprämie endet. Daraus wird man ableiten müssen, dass ein rückwirkender Wegfall der vorläufigen Deckung möglich bleibt[410]. Die Anforderungen, die an den rückwirkenden Wegfall der vorläufigen Deckung zu stellen sind, entsprechen der bisherigen Rechtslage. Man wird aber immer darauf achten müssen, ob die AVB, die der vorläufigen Deckung zu Grunde liegen, auch die Möglichkeit des rückwirkenden Wegfalls einer vorläufigen Deckung regeln. Ohne eine entsprechende Regelung in den AVB ist ein rückwirkender Wegfall der vorläufigen Deckung nicht möglich.

d) Beweisfragen. Grundsätzlich muss der VN beweisen, dass ein Vertrag über die vorläu- **105** fige Deckung zustande gekommen ist und welchen Inhalt er haben soll[411].

Will sich der VR auf den rückwirkenden Wegfall berufen, muss er die ordnungsgemäße Belehrung und das Vorliegen der Voraussetzungen beweisen[412]. Will sich der VN hinsichtlich der verspäteten Zahlung exculpieren, muss er die zu Grunde liegenden Umstände beweisen[413].

e) Vorläufige Deckungszusage in Fernabsatzverträgen. Versicherungsverträge wer- **106** den in zunehmender Zahl **unter Verwendung von Fernkommunikationsmitteln** geschlossen. Gemäß § 312b Abs. 2 BGB sind Fernabsatzverträge insbesondere Verträge, bei denen Kommunikationsmittel eingesetzt werden, die zur Anbahnung oder zum Abschluss des Vertrags die körperliche Anwesenheit der Vertragsparteien nicht mehr erforderlich machen. Hier ist insbesondere an Briefe, Kataloge, Telefonanrufe, Telekopien, E-Mails sowie Rundfunk, Tele- und Mediendienste zu denken.

In derartigen Fällen gilt die besondere Informationsregelung des § 49 Abs. 1 VVG 2008 **107** nicht, wonach auf Übersendung der Versicherungsbedingungen sowie der weiteren Informationen nach § 7 Abs. 1 VVG 2008 verzichtet werden kann, wie sich aus **§ 49 Abs. 1 S. 2 VVG 2008** ergibt. Hierbei handelt es sich um eine Umsetzung der zwingenden Vorgabe der Fernabsatzrichtlinie II, die keine generelle Ausnahme für Verträge über vorläufige Deckung vorsieht.

Ferner besteht auch ein **Widerrufsrecht** des VN bei einer vorläufigen Deckungszusage **108** im Fernabsatz[414]. Diese ist befristet auf 14 Tage ab Zugang der Bestätigung und sämtlicher Informationen gemäß § 1 BGB-InfoV[415], wobei die Widerrufsfrist gemäß § 8 Abs. 4 VVG 2008 nicht vor Erfüllung der in § 312e Abs. 1 S. 1 BGB geregelten Pflichten zu laufen beginnt. Für die Fristwahrung genügt die rechtzeitige Absendung[416].

Der Widerruf ist durch eine zugangsbedürftige Willenserklärung gegenüber dem VU auszuüben[417]. Mit dem Zugang des Widerrufs endet der Vertrag über die vorläufige Deckung[418]. Demzufolge besteht für ein Fahrzeug in der Kfz-Versicherung dann kein Versicherungsschutz mehr. Es besteht allerdings eine Nachhaftung des VR nach § 117 Abs. 2 VVG 2008.

2. Endgültiger Vertrag

a) Abschluss und Beginn nach dem alten VVG. Grundsätzlich beginnt der Versiche- **109** rungsvertrag gem. § 1 Abs. 1 AKB mit der **Einlösung des Versicherungsscheins** durch Zahlung der Erstprämie.

Zu unterscheiden sind jedoch der **formelle Versicherungsbeginn,** das ist der Zeitpunkt, an dem der Versicherungsvertrag zu Stande kommt, **der technische Versicherungsbeginn,** das ist der Zeitpunkt, ab dem der VR die Prämie berechnen darf und der **materielle Versicherungsbeginn,** das ist der Zeitpunkt, ab dem Versicherungsschutz gewährt wird.

---

[410] *Rixecker,* zfs 2007, 314 (315).
[411] BGH v. 19. 3. 1996, VersR 1986, 541.
[412] BGH v. 13. 12. 1995, VersR 1996, 445.
[413] OLG Frankfurt v. 21. 1. 1988, VersR 1988, 1039.
[414] Vgl. § 8 III S. 2 VVG.
[415] Vgl. §§ 312d, 355 BGB.
[416] Vgl. § 8 Abs. 1 VVG.
[417] Vgl. BGHZ 109, 97 (103); Münchner Kommentar BGB/*Masuch,* § 355 BGB, Rn. 34.
[418] Münchner Kommentar/*Masuch,* § 355 BGB, Rn. 32.

Seit dem Wegfall der Bedingungsgenehmigung durch die Versicherungsaufsicht im Jahre 1994 gelten für die Einbeziehung von AVB die gewöhnlichen **Regelungen über allgemeine Geschäftsbedingungen** und Sonderregelungen im VAG und VVG. Der VR kann die Bedingungen bereits vor der Antragstellung übergeben (sog. „Antragsmodell") oder gemeinsam mit der Police an den Kunden senden (sog. „Policemodell").

110   *aa) Antragsmodell:* Dies ist der gesetzlich vorgesehene Normalfall, in dem der Verwender von AVB diese dem Kunden vor Antragstellung aushändigt, § 305 Abs. 2 BGB.

Darüber hinaus sind vor Antragstellung die Verbraucherinformationen gem. § 10a VAG und Anlage D zu erteilen.

111   *bb) Policenmodell:* Händigt der VR die Bedingungen und Verbraucherinformationen nicht vor der Antragstellung aus, sondern übersendet er sie mit der Police, so hat der Antragsteller ein **14-tägiges Widerspruchsrecht** gem. § 5a VVG. Die Widerspruchsfrist beginnt gem. § 5a Abs. 2 S. 1 VVG, wenn die Versicherungsbedingungen und Verbraucherinformationen sowie eine ordnungsgemäße Belehrung über das Widerspruchsrecht dem VN vorliegen. Der Vertrag gilt nach widerspruchslosem Ablauf der Frist gem. § 5a Abs. 1 Satz 1 VVG auf der Grundlage dieser Unterlagen als geschlossen. Für die Wahrung der Widerspruchsfrist genügt die rechtzeitige Absendung gem. § 5a Abs. 2 S. 3 VVG. Den **Zugang der Unterlagen** hat der VR zu beweisen, § 5a Abs. 2 S. 2 VVG.

Die **Rechtswirkung des Widerspruchsrechts** wird kontrovers diskutiert. Nach der überwiegenden Meinung[419] führt der Zugang des Versicherungsscheins und der notwendigen Unterlagen zu einem schwebend unwirksamen Versicherungsvertrag. Lässt der VN die Widerspruchsfrist verstreichen, wird der Vertrag rückwirkend wirksam. Die Erstprämie wird erst nach Ablauf der Widerspruchsfrist fällig.

112   *cc) Rückwärtsversicherung:* Gem. § 2 Abs. 1 VVG kann der materielle Versicherungsbeginn auf einen Zeitpunkt vor dem formellen Versicherungsbeginn gelegt werden. Dies ist auch nicht durch die Regelungen zur vorläufigen Deckung in den AKB ausgeschlossen[420]. Denn nicht immer wird vorläufiger Deckungsschutz vereinbart, häufiger jedoch der materielle Versicherungsbeginn vorverlegt, um z. B. eine für den VN günstigere SF-Regelung zu erhalten.

113   **b) Vertragsschluss nach dem neuen VVG.** Das bislang praktizierte Policenmodell verliert durch die Neuregelung seine Grundlage. Gemäß § 7 Abs. 1 VVG 2008 müssen dem potentiellen VN vor Antragstellung die wesentlichen Vertragsunterlagen rechtzeitig zur Verfügung gestellt werden. Zwar kann gemäß § 7 Abs. 1 S. 3 VVG 2008 auf die Überlassung der Informationen schriftlich verzichtet werden. Dieses kann allerdings nur durch eine gesonderte Erklärung erfolgen.

Möglich ist auch, dass die Vertragsinformationen seitens des Versicherers dem potentiellen VN aufgrund einer Anfrage zusammen mit einem Angebot des VR übermittelt werden. Dieses Angebot des VR müsste dann vom VN gesondert angenommen werden (sog. Invitatio-Modell).

114   **c) Beratungspflicht nach § 6 VVG 2008.** *aa) Grundlagen:* Die §§ 59 bis 67 VVG 2008 regeln die Beratungs-, Dokumentations- und Informationspflichten des Versicherungsvertreters und -maklers. Da insoweit die Umsetzungsfrist für die zu Grunde liegende Vermittlerrichtlinie bereits abgelaufen ist, wurden diese Grundsätze schon vor dem Inkrafttreten des neuen VVG mit Wirkung zum 22. 5. 2007 in das noch alte VVG übernommen (§§ 42a ff. VVG a. F.).

Die neuen Pflichten treffen sowohl den VR als auch den Vermittler. Der VN soll individuell anhand seiner konkreten Bedürfnisse und Wünsche beraten werden, so dass er nach die-

---

[419] OLG Hamm v. 29. 1. 1999, VersR 1999, 1229; OLG Düsseldorf v. 5. 12. 2000, NVersZ 2001, 156; *Römer/Langheid/Römer,* § 5a VVG Rn. 25 m. w. N.; a. A: *Stiefel/Hofmann,* § 1 AKB Rn. 30j–m.
[420] BGH v. 21. 3. 1999, VersR 1990, 618; *Stiefel/Hofmann,* § 1 Rn. 66; *Römer/Langheid,* § 2 VVG, Rn. 17.

sen zunächst zu befragen ist. Für die anschließende Beratung müssen dem VN auch die Gründe für den erteilten Rat mitgeteilt werden.

Diese Beratungs- und Dokumentationspflichten gelten für alle Vertragsarten mit Aus-   **115** nahme von Großrisiken. Die Beratung ist zu dokumentieren und dem Versicherungsnehmer in Textform zu übermitteln. Ein Verzicht des VN ist möglich, muss aber schriftlich erfolgen.

bb) Umfang: Der Umfang der Beratung richtet sich natürlich nach dem Einzelfall. Als **Kri-**   **116** **terien** benennt § 6 Abs. 1 VVG 2008:
– Komplexität des Versicherungsvertrags
– Person und Situation des VN
– Angemessenes Verhältnis zwischen Beratungsaufwand und zu zahlender Prämie.

Die Beratung erstreckt sich daher auch auf die unterschiedlichen Tarifsysteme im KH- und   **117** Kasko-Bereich (Garagentarif, Km-Begrenzung, Auslandsdeckung[421]).

Die Frage- und Beratungspflicht ist sowohl von dem VR als auch dem Vermittler dem Versicherungsnehmer gegenüber **nur einmal** zu erfüllen. Nimmt der VR für die Akquisition von Versicherungsverträgen die Dienste von Versicherungsvertretern in Anspruch, erfüllt der Vertreter gleichzeitig die Pflicht des Versicherers nach § 6 Abs. 1 Satz 1 VVG 2008, da er auf Grund des Versicherungsvertretervertrags mit dem VR für diesen handelt[422]. Für den Versicherungsmakler gilt dies nicht, weil dieser kein Vertreter des VR ist. Allerdings geht die Gesetzesbegründung davon aus, dass der Versicherungsmakler seine Frage- und Beratungspflicht erfüllt und somit eine Verpflichtung des Versicherers zur nochmaligen Beratung oder Nachfrage überflüssig wäre[423].

Insgesamt wird der Schwerpunkt der Bedeutung der Informations-, Beratungs- und Hinweispflichten aber nicht bei der doch weniger komplexen Kraftfahrtversicherung, sondern mehr in den anderen Versicherungssparten liegen.

cc) Dauer: Nach § 6 Abs. 4 VVG 2008 besteht die Beratungspflicht des VR auch **während**   **118** **der Dauer** des Versicherungsverhältnisses. Für Versicherungsvermittler sind diese Nachfrage- und Beratungspflichten nicht vorgesehen. Ihre besonderen Pflichten enden nach der Vermittlerrichtlinie mit Vertragsschluss. Es wird zur Wahrung der Interessen des VN als ausreichend angesehen, wenn diese Pflichten ab dann vom VR wahrgenommen werden[424]. Für den Makler kann sich eine entsprechende Verpflichtung aus dem Maklervertrag ergeben.

Eine Beratungspflicht besteht gem. § 6 Abs. 4 VVG 2008 aber **nur bei Anlass.** Dieser   **119** muss für den VR erkennbar sein. Es müssen demzufolge Anhaltspunkte bestehen, die eine Änderung oder Anpassung des Versicherungsschutzes erforderlich machen könnten. Dies kann etwa bei Änderung der gesetzlichen Rahmenbedingungen für bestimmte Versicherungsverträge der Fall sein. Eine Beratungspflicht wäre z. B. gegeben, wenn der VN eine größere Auslandsreise plant und aufgrund dessen seinen Versicherungsschutz überprüfen lassen möchte.

Die Schwierigkeiten dürften allerdings weniger in der Kraftfahrtversicherung als in anderen Versicherungszweigen auftreten[425].

dd) Dokumentationspflicht: Sowohl der VR nach § 6 Abs. 1 VVG 2008 als auch der Vermitt-   **120** ler nach § 61 Abs. 1 VVG 2008 sind verpflichtet, das Ergebnis nach der Beratung in einer Beratungsdokumentation festzuhalten und dem VN zu übergeben. Der VR muss den erteilten Rat sowie die Gründe hierfür klar und verständlich vor Vertragsabschluss dem VN in Textform übermitteln. Eine mündliche Mitteilung ist möglich, sofern dies der VN wünscht oder wenn der VR vorläufige Deckung gewährt. Dann sind die Angaben aber unverzüglich nach Vertragsschluss dem VN schriftlich zu übermitteln. Diese Pflicht entfällt jedoch bei Verträgen

---

[421] *Greißinger*, Mitteilungsblatt der ARGE Verkehrsrecht des DAV 2006, 90 (91).
[422] http://www.bmj.bund.de/media/archive/1320.pdf, S. 146.
[423] http://www.bmj.bund.de/media/archive/1320.pdf, S. 146.
[424] Vgl. Regierungsbegründung, S. 148.
[425] *Rixecker*, zfs 2007, 192.

Heß/Höke

über die vorläufige Deckung in der KH-Versicherung sowie wenn es gar nicht zum Vertragsschluss kommt.

121   *ee) Verzicht:* Der VN kann auf die Beratung und Dokumentation durch eine gesonderte schriftliche Erklärung verzichten. Er muss in dieser vom VR ausdrücklich darauf hingewiesen werden, dass sich ein Verzicht nachteilig auf seine Möglichkeiten auswirken kann, gegen den VR einen Schadensersatzanspruch geltend zu machen. Die Verzichtsmöglichkeit nach § 6 Abs. 3 VVG 2008 gegenüber dem VR bzw. nach § 61 Abs. 2 VVG 2008 gegenüber dem Vermittler dürfte, weil sie nicht in den AGB geregelt werden kann („gesonderte schriftliche Erklärung nach Belehrung"), in der Praxis aber keine große Rolle spielen[426].

122   *ff) Ausnahmen von der Beratungspflicht:* Die Beratungs- und Dokumentationspflichten gelten für den VR nach § 6 Abs. 6 VVG 2008 nicht bei Großrisiken sowie bei Fernabsatzverträgen i. S. v. § 312b BGB. Letztere liegen vor bei Verträgen zwischen Unternehmer und Verbraucher, die ausschließlich unter Verwendung von Fernkommunikationsmitteln im Rahmen eines für den Fernabsatz organisierten Vertriebssystems geschlossen werden[427]. Telefoniert ein Vermittler zur Vorbereitung eines Vertragsschlusses mit dem Kunden, ist er somit nicht von seinen Beratungspflichten befreit.

Erfolgt die Vermittlung durch einen Versicherungsmakler, entfallen die Pflichten des VR. Für den Makler bestehen eigene gesetzliche Frage- und Beratungspflichten. Der VR darf darauf vertrauen, dass diese auch wahrgenommen werden.

123   *gg) Schadensersatz:* Die **schuldhafte Verletzung** der Beratungspflichten führt zum Schadenersatzanspruch, § 6 Abs. 5 VVG 2008.

Der VR kann sich für solche schuldhaft begangenen Beratungsfehler nicht – auch nicht hinsichtlich seiner Erfüllungsgehilfen (§ 278 BGB) – frei zeichnen, § 18 VVG 2008. Ein Klassiker für eine solche Schadenersatzpflicht im Kfz-Bereich ist zum Beispiel die fehlende Beratung für die mangelnde Deckung im asiatischen Teil der Türkei[428]. Allerdings wird im Einzelfall auch der Einwand des Mitverschuldens (§ 254 BGB) des VN erhoben werden können. Denn von einem durchschnittlich verständigen VN kann grundsätzlich die Lektüre der AVB und eine Nachfrage verlangt werden.

124   VR und Versicherungsvertreter haften als **Gesamtschuldner.** Wird der Vermittler mitverklagt, ist er im Prozess ebenfalls Partei und nicht mehr Zeuge.

Römer[429] weist zu Recht darauf hin, dass durch die Anhäufung unbestimmter Rechtsbegriffe in § 6 VVG n. F. die Rechtsanwendung nicht einfacher werden wird. Letztlich wird die Umsetzung auch bei dem neuen VVG durch die Gerichte für die verschiedenen Versicherungsprodukte und die unterschiedlichen Lebenssachverhalte zu erfolgen haben.

125   *hh) Beweislast:* Nach § 6 Abs. 1 S. 2 VVG 2008 muss nun die Ermittlung der Wünsche und der daraufhin erteilte Rat mitsamt seiner Gründe dokumentiert und dem VN in Textform grundsätzlich übermittelt werden. Kann der VR ein entsprechendes Schriftstück nicht vorlegen, wird dies zu Beweiserleichterungen bis hin zur Umkehr der Beweislast zugunsten des VN führen[430].

126   **d) Informationspflicht nach § 7 VVG 2008.** Nach dem neuen VVG muss der VR dem VN rechtzeitig vor Abgabe dessen Vertragserklärung seine Vertragsbestimmungen einschließlich der AVB in Textform mitteilen.

Die nach § 7 Abs. 2 VVG 2008 vom VR mitzuteilende Informationen werden durch die ab dem 1. 1. 2008 geltende VVG-Informationsverordnung konkretisiert. Diese regelt u. a. die Inhalte der mitzuteilenden Versicherungsinformationen (§§ 1–3 VVG-InfoV) sowie die Produktinformationen (§ 4 VVG-InfoV).

---

[426] *Rixecker,* zfs 2007, 191.
[427] *Palandt / Heinrichs,* § 312b BGB Rn. 6.
[428] BGH, NJW 2005, 2011, besprochen in: NJW-Spezial 2005, 354.
[429] VersR 2007, 618.
[430] *Rixecker,* zfs 2007, 192.

aa) Rechtzeitige Information: Die Information muss rechtzeitig **vor Abschluss** des Versiche- **127**
rungsvertrags erfolgen. Dies wird dazu führen, dass das Policenmodell, nach dem der VN die
Verbraucherinformationen und die Versicherungsbedingungen erst nach Antragstellung erhält, so nicht mehr durchführbar ist[431]. Nach § 5a VVG a. F. reichte es noch aus, wenn der
VN die Informationen erst später erhält. Der zunächst noch schwebend unwirksame Vertrag
kam dann rückwirkend zustande, wenn der VN nicht fristgerecht widersprach[432].

Nach der Neuregelung in § 7 VVG 2008 muss dem VN die Information **rechtzeitig** vor **128**
Abgabe seiner Vertragserklärung gegeben werden, wobei sich die Frage stellt, was „rechtzeitig" bedeutet[433]. Weder Wortlaut noch die Begründung des § 7 Abs. 1 S. 3 VVG 2008 geben
etwas für eine nach Tagen bemessene Überlegungsfrist her. *Schimikowski*[434] verweist auf
§ 312c BGB (Fernabsatzrecht), wonach mit der Verwendung des Begriffs „rechtzeitig" sichergestellt werden soll, dass dem Verbraucher nach dem Erhalt der Informationen eine ausreichende Zeitspanne verbleibt, damit er in Kenntnis der übermittelten Informationen eine
informierte Entscheidung treffen kann. Unter Hinweis auf Auffassungen, die im Fernabsatzrecht vertreten werden, weist *Schimikowski*[435] darauf hin, dass es unter Umständen als rechtzeitig angesehen werden könnte, wenn die Informationen unmittelbar vor Abgabe der Vertragserklärung übermittelt werden[436]. Maßgeblich ist, dass die Informationen noch eine
tatsächliche Einwirkung auf den Entschluss des Verbrauchers entfalten können[437].

Auslegung des Begriffs „Rechtzeitigkeit"[438]: **129**
— Mit der Verwendung des Begriffs „rechtzeitig" soll der Kunde vor kurzfristigem Entschei-
  dungszwang ohne hinreichende Information geschützt werden.
— Wann eine Information als rechtzeitig erfolgt anzusehen ist, muss anhand der tatsächlichen
  Umstände des Vertragsabschlusses, der Art, des Umfangs und der Bedeutung des Geschäfts
  ermittelt werden.
— Zweifelsfälle sind im Sinne des Verbraucherschutzes und zu Lasten des Informationspflich-
  tigen zu lösen.

Überträgt man diese Grundsätze auf die verschiedenen Versicherungsprodukte, so ist eine **130**
Differenzierung angezeigt. Zwar erschließt sich dem durchschnittlichen Kunden der Inhalt
der Allgemeinen Versicherungsbedingungen z. B. in der Kraftfahrzeug-, Haftpflicht- bzw.
Hausratversicherung nicht ohne weiteres. Andererseits ist auch ein so schlichtes Produkt wie
eine Haftpflichtversicherung im Detail kompliziert[439]. Der Kunde soll aber nur als „mündiger
Verbraucher" eine informierte Entscheidung treffen können und kein Versicherungsexperte
werden. Deshalb erscheint es ausreichend bei den standardisierten Versicherungen, zu denen
auch und insbesondere die Kraftfahrtversicherung zu zählen ist, wenn der Kunde über den
Produktinhalt informiert wird und dann – vor der Antragstellung – einige Minuten Zeit erhält[440], sich zu entscheiden. Zu berücksichtigen ist auch, dass gerade die Kraftfahrtversicherung ein bekanntes Produkt ist, und der VN sich bei dieser Versicherung nicht auf lange Zeit
(nur 1 Jahr) bindet[441].

---

[431] *Römer,* VersR 2006, 740; *Gaul,* VersR 2007, 21 (22); *Schimikowski,* r+s 2007, 133 weist zu Recht darauf hin, dass die Abschaffung des sog. Policenmodells politisch gewollt ist.

[432] Vgl. Rn. 111.

[433] *Schimikowski,* r+s 2007, 133; *Gaul,* VersR 2007, 21 (22).

[434] r+s 2007, 133 (134f.).

[435] r+s 2007, 133 (134) mit Hinweis auf BGH, GRUR 2003, 971; *Staudinger/Thüsing* (2005), § 312c,
Rn. 17.

[436] Siehe auch die Begr. zu § 312c I 1 Nr. 1 BGB a. F. – BT-Drucks. 14/2658, S. 38.

[437] *Saenger* in: Ermann, § 312c, Rn. 22.

[438] *Schimikowski,* r+s 2007, 133 (135) zu der Auslegung im Fernabsatzrecht.

[439] *Schimikowski,* r+s 2007, 133 (135).

[440] *Schimikowski,* r+s 2007, 133 (135).

[441] *Schimikowski,* r+s 2007, 133 (135) weist aber auf den Unterschied zu den Personenversicherungen
hin. Hier geht es zum einen häufig nicht um so standardisierte Produkte, die Bindung geht bis zu „lebenslang" und eine vorzeitige Lösung kann für den Versicherungsnehmer zu erheblichen Nachteilen führen.

131   *bb) Verzicht auf Information:* Gem. § 7 Abs. 1 S. 3, 2.HS. VVG 2008 kann der VN auf die Informationserteilung verzichten – allerdings nicht mittels eines Formulars, sondern nur durch gesonderte, ausdrückliche, schriftliche Erklärung[442]. Die Information muss dann aber unverzüglich nachgeholt werden (§ 7 Abs. 1 S. 3 VVG 2008). Der Wortlaut des § 7 Abs. 1 VVG 2008 lässt es zu, dass schriftliche Verzichtserklärungen gesondert unterschrieben werden. In den AVB wird dies aber nicht gehen[443].

Die Verletzung der Informationspflicht hat zur Folge, dass die Widerrufsfrist nicht in Lauf gesetzt wird und der VN daher dauerhaft zum Widerruf berechtigt bleibt (§ 8 Abs. 2 S. 1 VVG 2008). Dies dürfte allerdings nur für den Fall gelten, dass die Informationspflicht überhaupt nicht bzw. nur unvollständig erfüllt wird. Bei mangelnder Rechtzeitigkeit dürfte die Frist wie bei § 8 Abs. 2 VVG 2008 mit Erhalt des Versicherungsscheins und der Informationen nach § 7 Abs. 1, 2 VVG 2008 zu laufen beginnen[444].

133   **e) Widerrufsrecht nach § 8 VVG 2008.** Bisher war das Widerrufsrecht[445] an verschiedenen Stellen im VVG geregelt (so insbesondere in § 5a VVG). Nach § 8 Abs. 1 der Neufassung kann der VN seine Vertragserklärung nun stets innerhalb von zwei Wochen widerrufen. Bedeutsam ist, dass diese Widerrufsfrist erst mit dem Zugang aller ihm nach § 7 VVG 2008 zu überlassenden Informationen und Unterlagen zu laufen beginnt (§ 8 Abs. 2 S. 1 Nr. 1 VVG 2008). Zusätzlich ist eine deutlich gestaltete Belehrung über das Widerrufsrecht und über die Rechtsfolgen erforderlich (§ 8 Abs. 2 S. 1 Nr. 2 VVG 2008). Bis zum Zugang des Widerrufs besteht ein wirksamer Versicherungsvertrag, der durch den Widerruf in ein teilweise von den §§ 357, 346 ff. BGB abweichendes Rückabwicklungsverhältnis umgewandelt wird[446].

134   Für den Kfz-Bereich ist bedeutsam, dass gem. § 8 Abs. 3 Nr. 2 VVG 2008 bei Versicherungsverträgen über eine **vorläufige Deckung kein Widerrufsrecht** besteht. Eine Ausnahme bilden Fernabsatzverträge im Sinne von § 312b I, II BGB.

135   Die **Rechtsfolgen** eines Widerrufs sind in § 9 VVG 2008 geregelt. Bei ordnungsgemäßem Hinweis hat der VR den nach Zugang des Widerrufs gezahlten Prämienanteil zu erstatten, es sei denn, der VN hat die Versicherungsleistungen schon in Anspruch genommen[447].

136   **f) Vertragslaufzeit/Beendigung.** *aa) Laufzeit:* Gem. § 4a Abs. 1 AKB a. F. läuft der Versicherungsvertrag längstens **ein Jahr** und endet am 1. Tag des entsprechenden Monats, wenn der Vertrag zum Ersten des Monats geschlossen worden war, anderenfalls an dem nach Ablauf eines Jahres folgenden Monatsersten. Nach den neuen AKB 2008 (G.1.1) ergibt sich die Vertragslaufzeit aus dem Versicherungsschein. Der Vertrag mit einer einjährigen Laufzeit verlängert sich um jeweils ein Jahr, wenn er nicht spätestens einen Monat vor Ablauf schriftlich gekündigt wird. Dasselbe gilt, wenn die Vertragslaufzeit nur deshalb weniger als ein Jahr beträgt, weil als Beginn der nächsten Versicherungsperiode ein vor Ablauf eines Jahres nach Versicherungsbeginn liegender Zeitpunkt vereinbart worden ist. Diese Regelung entspricht der Praxis einiger VR, die Versicherungsperiode aus technischen Gründen dem Kalenderjahr anzupassen.

Die Vereinbarung kürzerer Laufzeiten ist zulässig; es bedarf dann zur Beendigung keiner Kündigung gem. § 4a Abs. 1 S. 4 AKB/G.1.4 AKB 2008.

137   Für Fahrzeuge mit einem **Saisonkennzeichen** wird ebenfalls gem. § 5a AKB/H.2 AKB 2008 ein ganzjähriger Vertrag geschlossen, wobei die Prämie gegenüber dem normalen Vertrag gesenkt wird und in den Zeiten, die außerhalb des auf dem Kennzeichen dokumentierten Zulassungszeitraumes liegen, eingeschränkter Versicherungsschutz nach den Regelungen der Ruheversicherung[448] gewährt wird.

---

[442] Zu den Anforderungen vgl. Gaul, VersR 2007, 22.
[443] Zu den Bedenken auch aus europarechtlicher Sicht: Schimikowski, r+s 2007, 133 (136).
[444] So auch *Gaul*, VersR 2007, 22.
[445] *Rixecker*, zfs 2007, 496.
[446] *Rixecker*, zfs 2007, 496.
[447] *Langheid*, NJW 2006, 3317.
[448] S. unten Rn. 141.

Während nach § 8 Abs. 3 VVG a. F. noch eine feste Vertragsdauer von fünf Jahren zulässig **138**
war, sind es nach der Neufassung (§ 11 VVG) nur noch drei Jahre. Für die Kraftfahrtversicherung spielt dies – da regelmäßig nur für 1 Jahr abgeschlossen – in der Praxis keine Rolle.

bb) Ordentliche Kündigung: Die ordentliche Kündigung des Vertrages hat gem. § 4a Abs. 1 **139**
AKB/G.2.1 AKB 2008 **einen Monat vor Ende** der Laufzeit des Vertrages zu erfolgen. In
§ 4a Abs. 1 S. 2 AKB/G.5 AKB 2008 ist die Schriftform vorgeschrieben.

cc) Außerordentliche Kündigung: Gem. § 31 VVG/§ 40 VVG 2008 kann der VN das Versicherungsverhältnis kündigen, wenn der VR die **Prämie erhöht,** ohne dass sich der Umfang **140**
des Versicherungsschutzes ändert. Die Kündigung muss innerhalb eines Monats nach Eingang
der Mitteilung des VR erfolgen. Sie kann mit sofortiger Wirkung, frühestens jedoch zum
Wirksamwerden der vorgesehenen Erhöhung ausgesprochen werden. Nach § 9 i. V. m. § 9b
AKB a. F. ist hierfür die Schriftform vorgeschrieben, was gem. § 34a S. 2 VVG a. F. zulässig
ist[449]. Nach § 42 VVG 2008 kann dagegen nicht von § 40 VVG 2008, der im Gegensatz zu
G.5 AKB 2008 keine Schriftform vorsieht, zum Nachteil des VN abgewichen werden.

Gem. § 4b AKB/G.2.3 und G.3.3 AKB 2008 haben beide Parteien das Recht, den Vertrag
nach Eintritt eines Versicherungsfalles innerhalb eines Monats zu kündigen; nach § 4d
AKB/G.5 AKB 2008 ist Schriftform erforderlich.

Gem. § 4c AKB a. F. kann das Versicherungsverhältnis vom VR innerhalb eines Monats
gekündigt werden, wenn über das Vermögen des VN das **Insolvenzverfahren** eröffnet worden ist. In den neuen AKB fehlt eine entsprechende Regelung.

Gem. §§ 6; 24 VVG/§§ 23, 28 VVG 2008 kann der VR den Vertrag innerhalb eines Monats kündigen, wenn der **VN gegen Obliegenheiten verstoßen** hat.

3. Ruheversicherung

Nach § 5 Abs. 1 S. 3 AKB/H.1.2 AKB 2008 wird der Versicherungsschutz unterbrochen, **141**
wenn die Zulassungsstelle dem VR die Stilllegung mitteilt. In der Fahrzeugversicherung besteht aber bei vorübergehender Stilllegung als Ruheversicherung in Form der Teilkaskoversicherung weiterhin Versicherungsschutz (§ 5 Abs. 2 S. 1 AKB/H.1.4 AKB 2008), allerdings
mit der **Obliegenheit,** das Fahrzeug nicht außerhalb umfriedeten Besitztums zu bewegen.
Umfriedeter Abstellplatz ist ein geschlossener Hofraum oder umzäunter freier Platz, nicht
aber ein Gelände, das von der öffentlichen Straße frei zugänglich ist[450]. Der Bereich muss
durch Schutzeinrichtungen, wie Mauern, Zäune, Hecken oder Gräben gegenüber Dritten
abgegrenzt sein[451]. Wird die Obliegenheit verletzt, so wird der VR unter den Voraussetzungen für eine Obliegenheitsverletzung vor Eintritt des Versicherungsfalles (§ 6 Abs. 1 VVG
a. F./§ 28 Abs. 2 S. 1 VVG 2008) leistungsfrei[452] bzw. erhält im Fall einer grob fahrlässigen
Verletzung nach § 28 Abs. 2 S. 2 VVG 2008 ein Kürzungsrecht. Nach 18 Monaten ohne
Wiederzulassung endet der Vertrag ohne Kündigung.

4. Ersatzleistung des Versicherers

a) Grundlagen. Nach § 13 Abs. 1–3 AKB a. F. bestimmt sich die Berechnung der Ent- **142**
schädigung in der Voll- und Teilkaskoversicherung. Sie wird auf diese Weise vor die Klammer
gezogen, bevor in Abs. 4 und 5 die Tatbestände genannt werden und in Abs. 6–9 besondere
Regelungen zur Abrechnung folgen. In den AKB 2008 finden sich die Regelungen in den
Abschnitten A.2.6-A.2.13 wieder.

aa) Der Wiederbeschaffungswert: Der Wiederbeschaffungswert stellt gem. § 13 Abs. 1 S. 1 **143**
AKB/A.2.6.1 und A.2.7.1a AKB 2008 die **Obergrenze** der Entschädigung für das Fahrzeug
und seine Teile dar. Nach § 13 Abs. 1 S. 2 AKB/A.2.6.6 AKB 2008 ist dieser Wert definiert als
der Kaufpreis, den der VN aufwenden muss, um ein gleichwertiges gebrauchtes Fahrzeug

[449] *Prölss/Martin/Prölss,* § 34a VVG, Rn. 2.
[450] *Stiefel/Hofmann,* § 5 AKB Rn. 15.
[451] OLG Köln v. 13. 12. 2002, Zfs 2003, 296; *Prölss/Martin/Knappmann,* § 5 AKB Rn. 10.
[452] Vgl. Rn. 159ff.

oder gleichwertige Teile zu erwerben. Dabei kommt es auf den **Tag des Schadens** an. Abzustellen ist auf die individuellen Verhältnisse des VN, daher sind von ihm zu erzielende Einkaufsvorteile (z. B. Werksangehörigenrabatt) voll anzurechnen[453]. Bei **Leasingfahrzeugen** ist die Mehrwertsteuer bei Totalschäden nicht zu ersetzen, weil es sich um eine Versicherung für fremde Rechnung handelt[454] und deshalb auf die Verhältnisse des Dritten abzustellen ist[455]. Bei Reparatur des Fahrzeugs ist in den Leasingverträgen festgelegt, dass der Leasingnehmer auf eigene Rechnung die Instandsetzung durchzuführen hat, sodass in diesem Fall auf den VN abzustellen ist[456]. Die **Mehrwertsteuer** ist ihm nur zu erstatten, wenn er nicht zum Vorsteuerabzug berechtigt ist[457]. Bei **Oldtimern** ist auf den entsprechenden Spezialmarkt abzustellen[458]. Ist das Fahrzeug nicht am Markt zu erhalten, kann ggf. auf die Kosten für einen Nachbau abgestellt werden[459]. In sog. Oldtimer-Versicherungsverträgen wird häufig vor Beginn ein Versicherungswert i. S. v. § 57 S. 1 VVG/§ 76 S. 1 VVG 2008 als Höchstentschädigung festgelegt, von der ein zwischenzeitlich eintretender Wertverlust abgezogen werden kann[460].

Bei **Fahrzeugteilen,** wie z. B. Radioanlagen, ist auf den Neupreis abzustellen, wenn kein Markt für gebrauchte Teile besteht (z. B. Glas). Für **Radioanlagen** besteht ein solcher Markt und auch eine Liste für die Wertbemessung[461].

144 *bb) Die unverbindliche Preisempfehlung:* Die unverbindliche Preisempfehlung des Herstellers (UPE) bildet die Höchstgrenze der Entschädigung gem. § 13 Abs. 2 AKB/A.2.11 AKB 2008. Diese Limitierung greift bei Totalverlust oder -schaden von Fahrzeugen, die wegen hoher Nachfrage extrem lange Lieferzeiten haben und deshalb am Markt mit einem Aufpreis auf die UPE gehandelt werden.

Wird das Fahrzeug nicht mehr hergestellt (z. B. Modellwechsel), gilt der Preis eines gleichwertigen Fahrzeugs als Höchstgrenze[462].

145 *cc) Rest- und Altteile:* Rest- und Altteile bleiben gem. § 13 Abs. 3 AKB/A.2.13.2 AKB 2008 dem VN und werden zum Veräußerungswert auf die Entschädigungsleistung angerechnet. Hierunter fällt insbesondere das Fahrzeugwrack bei Totalschäden[463].

146 **b) Einzelheiten.** *aa) Zerstörung/Verlust:* Zerstörung/Verlust gem. § 13 Abs. 4 AKB a. F. führen zur Erstattung der Höchstentschädigung. Zerstörung meint dabei **technische Unmöglichkeit** der Wiederherstellung, nicht den wirtschaftlichen Totalschaden[464]. Nach A.2.6.1 f. AKB 2008 ist nunmehr auch letzterer umfasst. Nach der Definition in A.2.6.5 AKB liegt ein Totalschaden vor, wenn die erforderlichen Kosten der Reparatur des Fahrzeugs dessen Wiederbeschaffungswert übersteigen.

147 *bb) Zerstörung/Verlust durch Diebstahl:* Zerstörung/Verlust durch Diebstahl**,** also nicht durch Raub oder Unterschlagung, führt gem. § 13 Abs. 4 S. 2 AKB/A.2.6.4 AKB 2008 zur Erstattung der **Höchstentschädigung,** wobei ein vereinbarter Prozentsatz abgezogen werden kann. Diese Regelung betrifft Fahrzeuge, die nicht mit einer elektronischen **Wegfahrsperre** gegen Diebstahl gesondert gesichert sind und für die deshalb ein – meist 10%iger – **Abschlag**

---

[453] OLG Düsseldorf v. 21. 5. 1996, VersR 1996, 1136; AG Köln v. 4. 2. 1985, Zfs 1985, 87; *Stiefel/Hofmann,* § 13 AKB Rn. 8.
[454] S. oben A, III, 3b.
[455] BGH v. 6. 7. 1988, VersR 1988, 949; OLG Hamm v. 29. 5. 1991, VersR 1992, 440.
[456] LG Stade v. 10. 12. 1986, DAR 1987, 123; LG Bad Kreuznach v. 26. 11. 1996, VersR 1997, 692; *Stiefel/Hofmann,* § 13 AKB Rn. 52 m. w. N.
[457] OLG Hamm v. 19. 2. 1992, r+s 1992, 190.
[458] BGH v. 23. 2. 1994, VersR 1994, 554.
[459] LG Köln v. 5. 12. 1990, r+s 1991, 119.
[460] LG Mainz v. 30. 5. 1995, VersR 1996, 226.
[461] Schwacke Liste Radio.
[462] OLG Hamm v. 28. 9. 1990, VersR 1991, 918.
[463] BGH v. 8. 11. 1995, VersR 1996, 91.
[464] OLG Köln v. 19. 12. 1996, VersR 1997, 102; OLG Hamm v. 4. 9. 1997, VersR 1998, 578; OLG Nürnberg v. 20. 3. 1997, VersR 1997, 1350.

von der Höchstentschädigung vorgesehen ist. Der Versicherer ersetzt gem. § 13 Abs. 5a AKB/A.2.6.1 AKB 2008 den Wiederbeschaffungswert abzüglich eines eventuell vorhandenen Restwertes (A.2.6.7 AKB 2008). Unter Zerstörung des Fahrzeuges ist nur die völlige Reparaturunfähigkeit, nicht bereits der wirtschaftliche Totalschaden zu verstehen[465].

cc) Beschädigung: Beschädigung i. S. d. § 13 Abs. 5 AKB/A.2.7.1,2 AKB 2008 führt zum **148** Ersatz der erforderlichen Wiederherstellungskosten einschließlich der Transport- und Frachtkosten (für Ersatzteilbeschaffung). Ist das Fahrzeug reparaturwürdig, sind die Reparaturkosten bis zur Höhe des Wiederbeschaffungswertes ohne Abzug des Restwertes zu erstatten. Wird das Fahrzeug nicht, nicht vollständig oder unsachgemäß repariert, zahlt der VR die erforderlichen Kosten einer vollständigen Reparatur bis zur Höhe des um den Restwert verminderten Wiederbeschaffungswert, A.2.7.1 b AKB 2008. Restwert ist dabei der Veräußerungswert des Fahrzeugs im beschädigten oder zerstörten Zustand, A.2.6.7 AKB 2008.

Zu den erstattungsfähigen Kosten gehören auch die Kosten für die Lieferung von Ersatzteilen und für das Abschleppen des beschädigten Fahrzeuges (§ 13 Abs. 5 S. 1 AKB; A 2.7.2 AKB 2008). Abschleppkosten werden nur bis zur nächsten zuverlässigen Werkstatt erstattet. Von daher kann der VN nicht grundsätzlich die Kosten bis zu seinem Wohnort verlangen. Nicht erstattungsfähig sind dagegen die Standkosten[466].

dd) Abzüge neu für alt: Abzüge neu für alt sind gem. § 13 Abs. 5 S. 3 und 4 AKB/A.2.7.3 **149** AKB 2008 bei PKW, Krafträdern und Omnibussen nach vier Jahren bei Lackierung und Ersatzteilen möglich, vorher nur auf Bereifung, Lackierung und Batterie. Dabei ist zu beachten, dass nach § 12 Abs. 3 AKB a. F. Schäden an der Bereifung nur ersetzt werden, wenn gleichzeitig ein anderer ersatzpflichtiger Schaden eingetreten ist. Der Abzug ist zeitlich begrenzt (bis zum Schluss des vierten bzw. des dritten Jahres).

ee) MWSt: MWSt. wird nach der Neufassung des § 13 Abs. 6 AKB/A.2.9 AKB 2008 ent- **150** sprechend der gesetzlichen Neuregelung des § 249 BGB[467] nur ersetzt, soweit sie angefallen ist[468]. Enthalten die AKB keine Regelung zu der Mehrwertsteuer, dann ist diese bei einem nicht Vorsteuerabzugsberechtigten Bestandteil der Wiederherstellungs- bzw. Wiederbeschaffungskosten[469]. Ein Ausschluss der Zahlung von Mehrwertsteuer bei fiktiver Abrechnung der Reparaturkosten ist grundsätzlich zulässig[470]. Es ist jedoch immer zu prüfen, ob die dem Versicherungsvertrag zugrunde liegende Mehrwertsteuerklausel wirksam ist. Eine Klausel in den Bedingungen, wonach der Versicherer die Mehrwertsteuer nur ersetzt, wenn der Versicherungsnehmer diese tatsächlich bezahlt hat, ist vom BGH wegen eines Verstoßes gegen das Transparenzgebotes als unwirksam angesehen worden[471].

Bei **Leasing** ist der Leasinggeber Eigentümer des Fahrzeuges. Ist dieses daher zerstört oder entwendet, kommt es für die Frage der Vorsteuerabzugsberechtigung auf ihn und nicht auf den Leasingnehmer an[472]. Im Reparaturfall kommt es auf die Verhältnisse beim Leasingneh-

---

[465] BGH, NJW 1996, 256.

[466] OLG Hamm, VersR 1995, 1303.

[467] Vgl. hierzu *Heß/Jahncke,* Das neue Schadensrecht, S. 87 ff.; *Lemcke,* r+s 2002, 265; *Heß,* NZV 2004, 1 ff.

[468] Der Streit in der Rechtsprechung darüber, ob eine Klausel, nach der Mehrwertsteuer nur erstattet wird, wenn sie auch tatsächlich angefallen ist, wirksam ist (u. a. hielten das LG Braunschweig v. 14. 6. 2001, NVersZ 2002, 130; LG Deggendorf v. 5. 3. 2002, ZfS 2002, 245 eine solche Klausel für überraschend) dürfte nach der Neuregelung des § 249 BGB nicht mehr zu vertreten sein. U.a. hielten das LG Erfurt v. 11. 1. 2002, NZV 2002, 188 und das LG München I v. 14. 6. 2000, NVersZ 2000, 529 eine solche Klausel auch schon vor der Änderung des § 249 BGB zu recht für wirksam vgl. auch *Berz/Burmann/ Heß,* Handbuch, 7 J Rn. 17 a.

[469] *Van Bühren/Römer,* S. 704.

[470] BGH; NJW 2006, 2545; *Heß:* in FS H.Kollhosser Band 1, 2004, S. 141 ff.; OLG Celle v. 28. 3. 2008, NJW-Spezial 2008, 427.

[471] BGH v. 24. 5. 2006, NJW 2006, 2545.

[472] Für die Frage der Entwendung/des Totalschadens: BGH v. 14. 7. 1993, VersR 1993, 1223; OLG Koblenz v. 9. 4. 1999, VersR 2000, 449; OLG Hamm v. 2. 11. 1999, VersR 1995, 1348.

mer an, wenn er – wie regelmäßig – nach den Leasingbedingungen die Reparaturen auf eigene Rechnung durchzuführen hat[473].

151   *ff) Die Wiederbeschaffung* nach Diebstahl: Die Wiederbeschaffung des Fahrzeugs oder von Fahrzeugteilen **nach Diebstahl** ist in § 13 Abs. 8 AKB/A.2.10 AKB 2008 gesondert geregelt. Werden das Fahrzeug oder entwendete Teile innerhalb eines Monats zur Stelle gebracht, muss der VN sie zurücknehmen. Das gilt jedoch nur in den Grenzen der Zumutbarkeit[474]. Es genügt, wenn der VN 2 Tage vor Ablauf der Frist die Papiere und Schlüssel zurückerhält und mit Hilfe eines Abschleppunternehmens das Fahrzeug innerhalb der Frist zurückholen kann[475].

152   *gg) Selbstbeteiligung:* Selbstbeteiligung gem. § 13 Abs. 9 AKB/A.2.12 AKB 2008 wird für jeden Schadenfall gesondert von der Entschädigungsleistung abgezogen.

153   *hh) Sachverständigenkosten / Gutachterkosten:* Sachverständigenkosten gehören – zumindest wenn es nicht um einen Bagatellschaden geht – nach einer Entscheidung des BGH[476] zu den notwendigen Kosten der Wiederherstellung. Gem. § 13 Abs. 7 AKB/A.2.8 AKB 2008 ist allerdings – zulässigerweise – die Erstattung der Sachverständigenkosten davon abhängig gemacht, dass der VR entweder den Sachverständigen selbst beauftragt hat oder die Beauftragung mit ihm vereinbart war.

154   **c) Neupreisklausel.** Bei VR finden sich in den AKB teilweise Neupreisklauseln. Gem. § 13 Abs. 2 S. 1 AKB/A.2.6.2 AKB 2008 ist Voraussetzung für eine Neupreisentschädigung, dass sich das Fahrzeug bei Eintritt des Versicherungsfalles im Eigentum dessen befand, der es als Neufahrzeug unmittelbar vom Kraftfahrzeughändler oder Kraftfahrzeughersteller erworben hatte. Für diese Frage, ob der VN Ersterwerber ist, ist grundsätzlich auf die formale Eigentümerstellung abzustellen. Lediglich in Ausnahmefällen wird nicht auf die formale Eigentümerstellung abgestellt, so etwa wenn das Fahrzeug nur zur Überführungs- bzw. Probefahrt benutzt und dem VN als neu verkauft wurde.[477] Die Benutzung als Vorführwagen durch den Kfz-Händler schließt die Neupreisentschädigung aus[478].

   Gem. § 13 Abs. 10 AKB/A.2.6.3 AKB 2008 ist für die Gewährung der Neupreisentschädigung weiter erforderlich, dass der VN sicherstellt, dass der über den Wiederbeschaffungswert hinausgehende Teil der Entschädigung für die Wiederbeschaffung eines anderen Fahrzeuges binnen zwei Jahren nach Feststellung der Entschädigung verwandt wird. Eine solche Sicherstellung liegt vor, wenn ein Kaufvertrag verbindlich geschlossen worden ist[479]. Der VN hat auch nur einen Anspruch auf Zahlung des den Wiederbeschaffungswert übersteigenden Betrages, der auch tatsächlich für den Neuerwerb verwandt worden ist.

155   Bei **Leasingverträgen** ist darauf zu achten, dass es für die Frage, ob die Voraussetzungen von § 13 Abs. 10 AKB/A.2.6.3 AKB 2008 darauf ankommt, dass der Leasinggeber die Anschaffung eines Ersatzfahrzeuges sicherstellt. Die Anschaffung eines Ersatzfahrzeuges durch den Leasingnehmer reicht also nicht aus[480].

156   **d) Sachverständigenverfahren.** Gem. § 14 AKB/A.2.17 AKB 2008 kann bei Meinungsverschiedenheiten über die Entschädigungsleistung das Sachverständigenverfahren beschritten werden. Die Kosten werden entsprechend dem Erfolg für die eine oder andere Seite gem. § 14 Abs. 5 AKB/A.2.17.4 AKB 2008 verteilt. Die vom Sachverständigenausschuss getroffenen Feststellungen sind grundsätzlich bindend. Sie sind nur dann nicht verbindlich, wenn sie offenbar unrichtig sind (§ 84 VVG 2008). Die Durchführung des Sachverständigen-

---

[473] Dies ist str. für den Ersatz der MwSt.; LG Hannover NJW 1997, 2760; dagegen OLG Frankfurt VersR 2000, 1232.
[474] OLG Frankfurt v. 24. 11. 1977, VersR 1978, 612.
[475] OLG Köln v. 19. 9. 1991, VersR 1992, 568.
[476] BGH v. 5. 11. 1997, r+s 1998, 9.
[477] BGH, VersR 1980, 159.
[478] OLG Nürnberg, NZV 1991, 474.
[479] BGH, VersR 1981, 273.
[480] BGH, NJW 1993, 2871.

verfahrens stellt eine Fälligkeitsvoraussetzung dar[481]. Erhebt daher der Versicherer im Prozess die Einrede des fehlenden Sachverständigenverfahrens, ist die Klage abzuweisen. Etwas anderes gilt allerdings dann, wenn der Versicherer vorprozessual seine Leistungspflicht generell in Abrede gestellt hat (§ 242 BGB)[482].

VI. Besondere Vertragspflichten

1. Prämien

Als besondere Vertragspflichten werden auch in der Fahrzeugversicherung – wie in der   **157**
Kfz-Haftpflichtversicherung – die Prämienzahlungspflicht und die Obliegenheiten bezeichnet. Die Nichtzahlung der Erst- oder der Folgeprämie zieht die gleichen Rechtsfolgen nach sich, wie in der Kraftfahrzeughaftpflichtversicherung[483]. Der VR wird unter den dargestellten Voraussetzungen gegenüber dem VN leistungsfrei. Während bei der Kfz-Haftpflichtversicherung der VR dem Geschädigten gegenüber zur Leistung verpflichtet bleibt[484] (§ 3 Nr. 4 PflVG a. F./§ 117 Abs. 1 VVG 2008 – aber Regressmöglichkeit des VR gegenüber dem VN), besteht in der **Kaskoversicherung keinerlei Leistungspflicht** des VR.

2. Verrechnungspflicht des Versicherers

Ausnahmsweise kann in der Kaskoversicherung die Berufung auf eine Leistungsfreiheit   **158**
wegen des rückwirkenden Wegfalls der vorläufigen Deckungszusage (§ 1 Abs. 4 S. 2 AKB/ B.2.4 AKB 2008) entfallen. Dies setzt voraus, dass während des Laufs der vorläufigen Deckung aber vor Ablauf der Zahlungsfrist von 14 Tagen ein ersatzpflichtiger Kaskoschaden eingetreten und gemeldet worden ist. In einem solchen Fall besteht zwischen dem Anspruch des VR auf die Erstprämie und dem Anspruch des VN auf Kaskoentschädigung eine Verrechnungsmöglichkeit. Der VR muss diese Verrechnung vornehmen und kann sich deshalb nicht auf Leistungsfreiheit wegen des Prämienverzuges berufen (§ 242 BGB)[485].

3. Obliegenheiten

Ebenso wie bei der Kraftfahrthaftpflichtversicherung[486] ist auch bei der Kaskoversicherung   **159**
zwischen **gesetzlichen Obliegenheiten** (z. B. vorvertragliche Anzeigepflicht §§ 16 ff. VVG/§§ 19 ff. VVG 2008, Gefahrerhöhung §§ 23 ff. VVG, Rettungspflicht § 62 VVG/§ 82 VVG 2008) und den **vertraglichen Obliegenheiten,** für die § 6 VVG/§ 28 VVG 2008 gilt, zu unterscheiden[487].

a) **Gefahrerhöhung.** *aa) Grundlagen:* Es gelten die Ausführungen zur Gefahrerhöhung   **160**
bei der Kfz-Haftpflicht (§ 29 Rn. 199 ff.) Bei der Kaskoversicherung ist zusätzlich zu beachten, dass nicht die strengen Voraussetzungen des Risikoausschlusses des § 61 VVG/§ 81 VVG 2008 durch ein „Ausweichen" auf die Reglungen der Gefahrerhöhung der §§ 23 ff. umgangen werden. Die §§ 23 ff. VVG und § 61 VVG/§ 81 VVG 2008 sind aber grundsätzlich nebeneinander anwendbar[488]. Kurzfristige Gefahrsteigerungen können daher u. U. für § 61 VVG/§ 81 VVG 2008 bedeutsam sein, aber keine Gefahrerhöhung bedeuten, da diese ein gewisses Dauermoment voraussetzt[489]. Auch stellen die vertraglichen Obliegenheiten vor dem Versicherungsfall

---

[481] OLG Hamm, VersR 1989, 906.
[482] OLG Saarbrücken, VersR 1996, 882.
[483] Siehe dazu im Einzelnen *Heß/Höke*, § 29, Rn. 168 ff.
[484] Vgl. im Einzelnen *Heß/Höke* § 29, Rn. 144 f.
[485] BGH v. 12. 6. 1985, VersR 1985, 877; OLG Hamm v. 2. 2. 1995, r+s 1996, 164 = VersR 1996, 1408; a. A. *Wussow,* WI 1995, 165 f.
[486] Vgl. § 29 Rn. 178.
[487] Vgl. § 29 Rn. 243 ff.
[488] OLG Köln v. 20. 4. 1989, r+s 1989, 160.
[489] Siehe im Einzelnen § 29 Rn. 207; keine Gefahrerhöhung daher z. B. Trunkenheitsfahrt; Fahrt zur nächsten Werkstatt.

(Verwendungsklausel, Schwarzfahrtklausel, Führerscheinklausel) Spezialregelungen zu den §§ 23 ff. VVG dar, die dann daneben nicht zur Anwendung kommen.

Durch ein Unterlassen (auch eines gebotenen Tuns) kann der VN nicht den Tatbestand einer Gefahrerhöhung i. S. d. § 23 VVG verwirklichen[490]. Die Gefahrerhöhung gem. § 23 VVG setzt ein aktives Tun voraus. Eine sich hieran anknüpfende Streitfrage bei Verlust der Fahrzeugschlüssel in der Kaskoversicherung hat der BGH inzwischen entschieden[491]. Danach liegt in der Kaskoversicherung nur eine **ungewollte objektive Gefahrerhöhung** im Sinne von **§ 27 Abs. 1 VVG/§ 23 Abs. 3 VVG 2008** (und keine subjektive i. S. v. § 23 Abs. 1 VVG) vor, wenn der VN einen Fahrzeugschlüssel verliert, keine Sicherungsmaßnahmen trifft und das Fahrzeug dann entwendet wird[492].

Belässt der VN einen Zweitschlüssel zu dem Fahrzeug dauerhaft im Fahrzeug, stellt dies eine Gefahrerhöhung i. S. v. § 23 VVG dar[493]. Gleiches gilt für den Kfz-Schein hinter der Sonnenblende[494].

161   *bb) Kündigung:* Nach § 24 Abs. 1 S. 1 VVG a. F. kann der VR bei einer Gestattung einer Gefahrerhöhung durch den VN fristlos **kündigen.** Trifft den VN kein Verschulden, besteht eine Kündigungsrecht mit Monatsfrist (§§ 24 Abs. 2, 27 Abs. 1 S. 2 VVG a. F.).

Nach dem neuen VVG besteht das Recht zu fristlosen Kündigung, wenn sich der VN nicht vom Vorsatz oder grober Fahrlässigkeit entlasten kann, § 24 Abs. 1 S. 1 VVG 2008. Bei lediglich einfacher Fahrlässigkeit kann der VR unter Einhaltung einer Frist von 1 Monat kündigen, § 24 Abs. 1 S. 2 VVG 2008. Trifft den VN an der Gefahrerhöhung kein Verschulden, so besteht für den VR nach der Neuregelung kein Kündigungsrecht mehr, obwohl sich das Gefahrenpotential gegenüber dem Zeitpunkt des Vertrages erheblich verändert hat[495].

Das Kündigungsrecht mit Monatsfrist gilt auch bei einer ungewollt eingetretenen Gefahrerhöhung (§ 27 Abs. 1 VVG/§ 24 Abs. 2 VVG 2008) sowie wenn der VN nachträglich erkannt hat, dass er ohne Einwilligung des VR eine Gefahrerhöhung vorgenommen hat und die Gefahrerhöhung dem VR nicht unverzüglich angezeigt hat (§§ 23 Abs. 2, 24 Abs. 2 VVG 2008)

162   *cc) Leistungsfreiheit/Kürzungsrecht:* Nach bisheriger Rechtslage wird der VR bei einer Gefahrerhöhung **nach § 23 Abs. 1 VVG** leistungsfrei, wenn der Versicherungsfall nach der Erhöhung der Gefahr eintritt (§ 25 Abs. 1 VVG a. F.) Der VR bleibt aber leistungsverpflichtet,
– wenn der VN die Gefahrerhöhung unverschuldet vorgenommen hat (§ 25 Abs. 2 S. 1 VVG a. F.)
– der VR nicht rechtzeitig gekündigt hat (§§ 24, 25 Abs. 3 1. Alt. VVG a. F.)
– die Gefahrerhöhung sich nicht ausgewirkt hat (§ 25 Abs. 3 2. Alt. a. F.).

Nach neuer Rechtslage ist der VR gemäß § 26 Abs. 1 S. 1 VVG 2008 nur bei vorsätzlicher Herbeiführung der Gefahrerhöhung durch den VN leistungsfrei. Erfolgt die Vornahme der Gefahrerhöhung nur grob fahrlässig, so ist der VR gemäß § 26 Abs. 1 S. 2 VVG 2008 berechtigt, seine Leistung entsprechend dem Verschulden des VN zu kürzen. Wurde die Gefahrerhöhung dagegen nur fahrlässig herbeigeführt, so bleibt es bei der vollen Leistungsverpflichtung des VR.

Auch nach neuem VVG kann sich der VR auf Leistungsfreiheit bzw. auf sein Recht zur Leistungskürzung nur berufen, wenn die Gefahrerhöhung für den Eintritt des Versicherungsfalles bzw. den Umfang der Leistungspflicht des VR kausal geworden ist, § 26 Abs. 3 Nr. 1 VVG 2008. Mitursächlichkeit ist insoweit ausreichend[496].

---

[490] BGH v. 21. 1. 1987, VersR 1987, 653, BGH v. 11. 12. 1980, VersR 1981, 245 – dies kann nur unter §§ 27, 28 VVG a. F. bedeutsam sein.

[491] BGH v. 21. 2. 1996, VersR 1996, 703 (704).

[492] Vgl. auch OLG Hamm v. 6. 12. 1991, r+s 1992, 261; OLG Nürnberg v. 28. 3. 2002, r+s 2003, 234.

[493] OLG Koblenz v. 25. 4. 1997, VersR 1998, 233.

[494] OLG Koblenz v. 30. 8. 2002, r+s 2002, 448.

[495] *Rixecker,* zfs 2007, 136.

[496] Vgl. BGH VersR 1969, 247; OLG Karlsruhe NZW-RR 1987, 212.

Ferner ist weiterhin die fristgerechte Kündigung durch den VR Voraussetzung für den Eintritt der Leistungsfreiheit, § 26 Abs. 3 Nr. 2 VVG 2008.

Bei einer Gefahrerhöhung gem. § 27 Abs. 1 VVG/§ 23 Abs. 2, 3 VVG 2008 besteht die **163** Leistungsfreiheit des VRs unter den Voraussetzungen des § 28 VVG/§ 26 Abs. 2 VVG 2008[497]. Auch insoweit besteht nach neuem VVG bei grober Fahrlässigkeit des VN nur noch ein Kürzungsrecht.

In der Kraftfahrtversicherung bedeutet Leistungsfreiheit aufgrund einer Gefahrerhöhung (im Gegensatz zur Kfz-Haftpflicht[498]) **volle Leistungsfreiheit** des VR.

b) Vertragliche Obliegenheiten vor dem Versicherungsfall[499]**.** *aa) Die Obliegenheiten* **164** In § 2b Abs. 1a–c AKB/D.1 AKB 2008 sind folgende Obliegenheiten des VN geregelt:
– **Verwendungsklausel** (§ 2b Abs. 1a AKB/D.1.1 AKB 2008)[500]
– **Schwarzfahrtklausel** (§ 2b Abs. 1b AKB/D.1.2 AKB 2008)[501]
– **Fahrerlaubnisklausel** (§ 2 Abs. 1c AKB/D.1.3 AKB 2008)[502].

Diese Obliegenheiten gelten für den VN in der Kraftfahrzeugversicherung wie in der Kfz-Haftpflichtversicherung.

– Für **Rennveranstaltungen**[503] gilt in der Kaskoversicherung der generelle Leistungsausschluss des § 2b Abs. 3b AKB/A.2.16.2 AKB 2008.

Die **Fahruntüchtigkeitsklausel** gilt nur in der Kfz-Haftpflichtversicherung[504]. In der Kaskoversicherung kommt für das Fahren in einem fahruntüchtigen Zustand § 61 VVG/§ 81 VVG 2008 zur Anwendung[505].

Die Verletzung einer vertraglichen Obliegenheit vor dem Eintritt des Versicherungsfalles kann nicht gleichzeitig zur Begründung einer Leistungsfreiheit bzw. eines Kürzungsrechts wegen grober Fahrlässigkeit gem. § 61 VVG/§ 81 VVG 2008 herangezogen werden. Das allgemeine Risiko, einen Schaden zu erleiden wird durch die Verletzung einer vertraglich normierten Obliegenheit zwar erhöht, jedoch muss sich die Gefahr nicht notwendigerweise verwirklichen[506].

bb) Voraussetzungen der Leistungsfreiheit nach § 6 VVG a. F.: Ebenso wie bei der Kraftfahrt- **165** haftpflichtversicherung setzt die Leistungsfreiheit bei den aufgeführten vertraglichen Obliegenheiten vor dem Versicherungsfall gem. § 6 Abs. 1 Satz 2 VVG
– Verschulden (§ 6 Abs. 1 S. 1 VVG)[507]
– Kündigung (§ 6 Abs. 1 S. 3 VVG)[508]
– Kausalität (§ 6 Abs. 2 VVG)[509]
voraus.

(1) Verschulden: Einfache Fahrlässigkeit des VNs reicht aus[510]. In § 6 Abs. 3 VVG, der in der **166** Kaskoversicherung ohne Einschränkung zur Anwendung kommt, gilt die Vermutung für Vorsatz des VN, so dass in der Kaskoversicherung der VN, der eine Obliegenheit nach dem

---

[497] Vgl. § 29 Rn. 227.
[498] Siehe dazu § 29 Rn. 220.
[499] Zu diesen Obliegenheiten vgl. § 29 Rn. 243ff.
[500] Siehe § 29 Rn. 245 – Spezialregelung zu den §§ 23ff. VVG, die daneben nicht zur Anwendung kommen – BGH v. 25. 9. 1968, NJW 1969, 42; BGH v. 22. 1. 1997, NZV 1997, 266.
[501] Siehe § 29 Rn. 249; ebenfalls eine Spezialvorschrift zu den §§ 23ff. VVG, – BGH v. 14. 5. 1986, VersR 1986, 693.
[502] Siehe § 29 Rn. 253; Spezialregelung zu §§ 23ff. VVG – vgl. nur *van Bühren / Römer,* Handbuch Verkehrsrecht, Teil 7, Rn. 127.
[503] Siehe *Heß / Höke,* § 29 Rn. 258.
[504] Siehe dazu *Heß / Höke,* § 29 Rn. 259.
[505] Siehe *Heß,* § 16.
[506] BGH v. 21. 9. 1964, BGHZ 42, 295; *Römer/Langheid/Römer,* § 6 Rn. 9.
[507] Vgl. *Heß / Höke,* § 29 Rn. 263.
[508] Vgl. *Heß / Höke,* § 29 Rn. 272.
[509] Vgl. *Heß / Höke,* § 29 Rn. 267.
[510] Siehe *Heß / Höke,* § 29 Rn. 263ff.

Versicherungsfall objektiv verletzt hat, nachweisen muss, dass ihn ein geringerer Verschuldensgrad als Vorsatz und grobe Fahrlässigkeit trifft[511].

167   *(2) Kündigung:* Die Leistungsfreiheit des VR wegen der Verletzung einer vor dem Versicherungsfall von dem VN zu erfüllenden Obliegenheit setzt eine Kündigung[512] voraus (§ 6 Abs. 1 S. 3 VVG). Es gelten die gleichen Grundsätze wie bei der Kfz-Haftpflichtversicherung. In der Kaskoversicherung besteht grds. unbeschränkte – im Gegensatz zur Kfz-Haftpflicht[513] – völlige Leistungsfreiheit des VR.

168   *(3) Kausalität:* Es gelten die gleichen Grundsätze wie bei der Kfz-Haftpflicht[514]. Auch im Rahmen der Kraftfahrtversicherung muss der VN beweisen, dass die Verletzung keinen Einfluss auf den Eintritt des konkreten Versicherungsfalles oder den Umfang der vom VR zu erbringenden Leistung hatte (Kausalitätsgegenbeweis; § 6 Abs. 2 VVG; z. B. war der Unfall für den Fahrer ein unabwendbares Ereignis)[515].

169   *cc) Rechtsfolgen einer Obliegenheitsverletzung nach § 28 VVG 2008[516]:* Nach der Neuregelung ist für die Leistungsfreiheit bzw. für das Kürzungsrecht des VR bei Obliegenheitsverletzungen vor dem Versicherungsfall Vorsatz bzw. grobe Fahrlässigkeit sowie Kausalität erforderlich, § 28 Abs. 2 VVG 2008. Das bisherige Kündigungserfordernis (§ 6 Abs. 1 S. 3 VVG a. F.) ist weggefallen. Das Recht zu fristloser Kündigung besteht nur bei mindestens grob fahrlässiger Obliegenheitsverletzung, § 28 Abs. 1 VVG 2008.

170   *(1) Verschulden:* **Einfach fahrlässig** verursachte Verstöße bleiben folgenlos. Damit besteht für den VR volle Leistungspflicht, auch kann er wegen des Verstoßes nicht kündigen.
    Eine **vorsätzliche** Obliegenheitsverletzung des VN führt gemäß § 28 Abs. 2 S. 1 VVG 2008 zur vollständigen Leistungsfreiheit. Dies gilt erst recht bei arglistigem Verhalten des VN. Anders als bei § 6 VVG a. F. wird aber Vorsatz nicht mehr vermutet, sondern der VR hat darzulegen und zu beweisen, dass der VN die Verhaltensnorm kannte (z. B. Stehlgutliste) oder sie zumindest für möglich hielt und andererseits bewusst dagegen verstoßen oder jedenfalls den Verstoß billigend in Kauf genommen hat[517].
    Neu ist nun, dass bei einem **grob fahrlässigen** Verstoß gegen Obliegenheiten der VR nicht mehr vollständig leistungsfrei wird, sondern nur noch ein Leistungskürzungsrecht entsprechend der Schwere des Verschuldens hat, § 28 Abs. 2 S. 2 VVG 2008 (Aufgabe des Alles-oder-Nichts-Prinzips)[518]. Der VN muss sich von der vermuteten groben Fahrlässigkeit entlasten (§ 28 Abs. 2 S. 2, 2. Hs. VVG 2008). Zu den Kürzungsvorschlägen bei einzelnen Obliegenheitsverletzungen vgl. § 29 Rn. 355–363.

171   *(2) Kausalität:* Nach der Neuregelung führen auch vorsätzliche Obliegenheitsverletzungen nur zur Leistungsfreiheit, wenn sie kausal für den Versicherungsfall oder den Umfang der Leistung des VR geworden sind. Nur bei Arglist wird auf das Kausalitätserfordernis verzichtet und es kommt immer zur vollständigen Leistungsfreiheit des VR (§ 28 Abs. 3 VVG 2008).
    Die Kausalität wird bei Vorliegen einer objektiven Obliegenheitsverletzung vermutet, so dass der VN für das Fehlen der Kausalität beweisbelastet ist. Der Kausalitätsgegenbeweis wird auch künftig selten gelingen[519].

172   **c) Obliegenheiten nach Eintritt des Versicherungsfalls (§ 7 AKB/Abschnitt E AKB 2008).** Bei den Obliegenheiten in der Fahrzeugversicherung sind wie bei Kfz-Haft-

---

[511] Siehe dazu BGH v. 2. 6. 1993, VersR 1993, 960; OLG Hamm v. 13. 7. 1994, VersR 1995, 1183; *van Bühren/Boudon,* § 2 Rn. 92 m. w. N.
[512] Siehe *Heß/Höke,* § 29 Rn. 272.
[513] Vgl. dazu *Heß/Höke,* § 29 Rn. 277.
[514] Vgl. im Einzelnen *Heß/Höke,* § 29 Rn. 267.
[515] Vgl. *Heß/Höke,* § 29 Rn. 267; BGH v. 13. 11. 1996, VersR 1997, 485; OLG Hamm v. 1. 12. 1997, r+s 1998, 140.
[516] Vgl. *Heß/Höke,* § 29 Rn. 334 ff.
[517] *Marlow,* VersR 2007, 44.
[518] Vgl. im Einzelnen *Heß/Höke,* § 29 Rn 342 ff.
[519] So auch Maier, r+s 2007, 89 (91).

pflichtversicherung **Anzeige-**[520] **und Aufklärungsobliegenheiten**[521] sowie weitere Obliegenheiten[522] gem. § 7 AKB/E.1.1,3 AKB 2008 zu unterscheiden. Die Obliegenheitsverletzungen können in Handlungen (Unfallflucht, Nachtrunk etc) sowie Erklärungen (Falschangaben) unterteilt werden.

– **Anzeige** des Versicherungsfalles (§ 7 I Abs 2 S. 1 AKB/E.1.1 AKB 2008) innerhalb von einer Woche;

– unverzügliche **Anzeige** bei der Einleitung eines Ermittlungsverfahrens, dem Erlass eines Strafbefehls oder eines Bußgeldbescheides, der eigenen Inanspruchnahme (Anspruchsgeltendmachung; Klage oder PKH-Antrag)

– **Aufklärung** des Tatbestandes und Pflicht zur Schadensminderung (§ 7 I Abs. 2 S. 3 AKB/E.1.3 AKB 2008).

Zusätzlich zur der allgemein geltenden Anzeigeobliegenheit, jeden Versicherungsfall innerhalb einer Woche schriftlich anzuzeigen (§ 7 I Abs. 2 AKB/E.1.1 AKB 2008)[523], hat gem. § 7 III AKB/E.3.2,3 AKB 2008 der VN die Obliegenheit

– vor der Verwertung oder Instandsetzung des Fahrzeuges die Weisung des VR einzuholen (soweit zumutbar)

– einen Entwendungs-, Brand- oder Wildschaden unverzüglich bei der Polizeibehörde anzuzeigen, wenn der Schaden den Betrag von 511,29 € (1 000 DM) übersteigt.

Einen Schwerpunkt in der Praxis bilden die Fälle von Verletzungen der **Aufklärungsobliegenheit,** insbesondere die **Unfallflucht** und **falsche Angaben im Schadensanzeigeformular.** Bei den Falschangaben geht es in der Kaskoversicherung regelmäßig um Fragen zu dem Kaufpreis; der Laufleistung, Nachtrunk[524] und Vorschäden. **173**

aa) Unfallflucht: Hier gelten die Ausführungen zur Haftpflichtversicherung[525]: Es kommen die Grundsätze zu einer Unfallflucht i. S. d. § 142 StGB zur Anwendung. Eine solche liegt auch dann vor, wenn die Haftungslage eindeutig ist[526]. Die Verletzung der Obliegenheit nach Eintritt des Versicherungsfalls durch Unfallflucht führt in der Fahrzeugversicherung bei Vorliegen der weiteren Voraussetzungen zur völligen Leistungsfreiheit[527]. **174**

Eine Obliegenheitsverletzung scheidet aus, wenn kein Drittschaden (oder ein völlig belangloser[528]) durch den Unfall eingetreten ist[529]. Bei der Beschädigung eines Leasingfahrzeuges kommt es darauf an, ob der VN sämtliche Kosten zu tragen hat[530]. Bei Mietfahrzeugen ist generell ein Feststellungsinteresse auch bei einem Alleinunfall zu bejahen[531]. Dies dürfte auch im Fall der Beschädigung eines Fahrzeuges, dass im Vorbehalts- oder Sicherungseigentum eines Dritten steht, anzunehmen sein[532].

bb) Nachtrunk: In der Kaskoversicherung[533] verletzt der VN durch einen Nachtrunk seine Aufklärungspflichten nur dann, wenn ein Fremdschaden eingetreten ist oder der VN als möglicher Mitverursacher in Betracht kommt und er den Nachtrunk in der Absicht, den **175**

---

[520] Siehe *Heß/Höke*, § 29 Rn. 291 f.

[521] Siehe *Heß/Höke*, § 29 Rn. 293 ff.

[522] Siehe *Heß/Höke*, § 29 Rn. 306 ff.

[523] Siehe dazu *Heß/Höke*, § 29 Rn. 291.

[524] Siehe *Heß/Höke*, § 29 Rn. 306.

[525] Vgl. *Heß/Höke*, § 29 Rn. 308 ff.

[526] Vgl. BGH v. 1. 12. 1999, Zfs 2000, 68 vgl. *Heß/Höke*, § 29 Rn. 301.

[527] In der Kfz-Haftpflicht zur begrenzten Leistungsfreiheit bis 2 500 oder 5 000 Euro je nach Schweregrad vgl. *Heß/Höke*, § 29 Rn. 316.

[528] Bagatellgrenze bis zu 50 DM siehe *Heß/Höke*, § 29 Rn. 291.

[529] BGH v. 15. 4. 1987, VersR 1987, 657; *Prölss/Martin/Knappmann*, § 7 AKB Rn. 24.

[530] Kein § 142 StGB OLG Hamm v. 5. 12. 1989, NZV 1990, 197; OLG Hamburg v. 9. 3. 1990, NZV 1991, 33; OLG Frankfurt v. 30. 3. 1990, NZV 1991, 34.

[531] *Berz/Burmann/Burmann*, Handbuch, 7 G Rn. 111.

[532] OLG Hamm v. 12. 12. 1991, VersR 1993, 90; *van Bühren/Römer,* Handbuch, S. 631.

[533] Zur Kfz-Haftpflicht vgl. *Heß/Höke*, § 29 Rn. 299.

Sachverhalt zu verschleiern, zu sich nimmt[534]. Ob der Nachtrunk des VN dazu dienen sollte, eine zu erwartende Blutprobe zu vereiteln, unterliegt der freien Beweiswürdigung durch das Gericht[535]. Der VN wird aber schon plausible Gründe dafür vortragen müssen, weshalb er nach dem Unfall überhaupt Alkohol getrunken hat[536]. Da es strafprozessual keine Pflicht gibt, einen Nachtrunk zu unterlassen, können auch hier strafprozessuale und versicherungsrechtliche Verhaltensanforderungen auseinanderfallen. Auch muss der VN Fragen zum Alkoholkonsum wahrheitsgemäß gegenüber dem VR beantworten.

176   *cc) Nicht bzw. Falschbeantwortung von Fragen:* Besondere Bedeutung haben die Aufklärungsobliegenheiten insbesondere für die **Fahrzeugversicherung**[537]. Die in dem Schadensformular des VRs gestellten Fragen müssen wahrheitsgemäß beantwortet werden. Es gelten hier die im Rahmen der Kfz-Haftpflichtversicherung dargestellten Grundsätze[538]. Das Verständnis der Frage richtet sich nach dem Verständnis eines durchschnittlichen VN ohne besonderen Versicherungskenntnissen. Unklarheiten gehen zu Lasten des VR[539].

177   *(1) Erforderliche Angaben des Versicherungsnehmers:* Es geht um Angaben zum Unfallhergang, zum Fahrer und anderen Unfallbeteiligten[540]. Auf Nachfrage des VR ist der VN auch zur wahrheitsgemäßen Angabe von Umständen verpflichtet, die für den **Wert des Fahrzeugs** von Bedeutung sind. So muss der VN die Fragen des VRs nach Kauf- und Listen**preis** des versicherten Fahrzeuges[541], des Preises für Zubehörteile[542], zur **Vorsteuerabzugsberechtigung**[543], nach der **Laufleistung** des versicherten Fahrzeugs[544], wobei die tatsächliche Betriebsleistung zu nennen und nicht der Tachostand anzugeben ist[545], oder nach der Anzahl der **Vorbesitzer**[546] stets und wahrheitsgemäß beantworten. Bei der Laufleistung reicht es aus, wenn die Angabe im Wesentlichen zutrifft. Eine Abweichung von unter 10% des angegebenen km-Standes schadet zumindest bei Laufleistungen von über 100 000 km i. d. R. nicht[547]. Dies gilt auch für Fragen nach **Vorschäden** (nach reparierten und nach unreparierten)[548]. Dabei betrifft die **Frage nach Vorschäden** nicht nur Unfallschäden, sondern, wegen der Bedeutung für den Wert des Fahrzeugs, selbstverständlich auch andere Schäden wie beispielsweise Vandalismusschäden. Eine solche (klar formulierte) Frage des VR ist auch dann zu beantworten (zu bejahen), wenn der Vorschaden nach Auffassung des VN ordnungsgemäß repariert worden ist[549].

---

[534] OLG Frankfurt v. 28. 6. 1994, VersR 1995, 164; *Berz/Burmann/Burmann,* Handbuch, 7 G Rn. 114.

[535] OLG Saarbrücken v. 22. 11. 2000, ZfS 2001, 69.

[536] *Berz/Burmann/Burmann,* Handbuch, 7 G Rn. 117.

[537] Vgl. zur Kfz-Haftpflicht *Heß/Höke,* § 29 Rn. 297.

[538] Vgl. *Heß/Höke,* § 29 Rn. 293ff.

[539] *Prölss/Martin/Knappmann,* § 7 AKB Rn. 13.

[540] OLG Nürnberg v. 22. 5. 1997, Zfs 1997, 421; OLG Köln v. 2. 7. 2002, Zfs 2002, 585; OLG Hamm v. 22. 6. 1998, r+s 1998, 363.

[541] BGH v. 11. 2. 1998, VersR 1998, 577; OLG Köln v. 26. 11. 1979, VersR 1981, 669; OLG Köln v. 25. 10. 2002, r+s 2003, 189.

[542] OLG Düsseldorf v. 12. 4. 1983, VersR 1983, 1173.

[543] BGH v. 11. 12. 1998, VersR 1998, 577; OLG Köln v. 8. 6. 1999, Zfs 2000, 451.

[544] OLG Köln v. 19. 10. 1999, r+s 2000, 145; OLG Hamm v. 8. 7. 1992, r+s 1993, 207.

[545] OLG Hamm v. 11. 12. 1985, VersR 1986, 1201.

[546] OLG Köln v. 3. 11. 1983, VersR 1984, 378; OLG Frankfurt v. 12. 7. 1989, VersR 1989, 951, auch ordnungsgemäß reparierte wegen eines möglichen merkantilen Minderwertes – OLG Koblenz v. 5. 1. 1999, NVersZ 1999, 272; OLG Karlsruhe v. 17. 9. 1998, NVersZ 1999, 275.

[547] OLG Hamm v. 2. 10. 1996, r+s 1997, 1 – Angabe 135 000 tatsächlich mindestens 150 000; OLG Köln v. 2. 4. 1997, NZV 1998, 160; zu hohe Abweichungen OLG Nürnberg NZV 1997, 361, 362–18%; OLG Hamm NJW-RR 1997, 862–15 000 km; OLG Karlsruhe v. 2. 7. 1998, NVersZ 1999, 223 – Differenz um 100 000 km bei insgesamt etwas mehr als 100 000 km; OLG Hamm v. 19. 10. 1999, r+s 2000, 145 39 000 statt 45 000 km; OLG Rostock v. 13. 3. 1996, r+s 1996, 432–91 000 statt 115 000 km.

[548] BGH v. 7. 12. 1983, VersR 1984, 228; OLG Hamm v. 29. 1. 2003, r+s 2003, 191.

[549] OLG Koblenz v. 15. 1. 1999, NVersZ 1999, 272; OLG Karlsruhe v. 17. 9. 1998, NVersZ 1999, 275 – wegen eines evtl. verbleibenden merkantilen Minderwertes.

Fragen nach der **Wertbemessung,** die in der Kaskoversicherung ihre Bedeutung haben, werden aber häufig unklar gestellt. So insbesondere die Frage nach **Vorschäden.** Wird diese Frage nicht weiter erläutert, können Erklärungen wie:
– Vorschäden beziehen sich nur auf reparierte und eigene Schäden
– Vorschäden sind nur Unfälle des Vorbesitzers
– Vorschäden sind nur solche Schäden, die nicht über den jeweiligen VR abgewickelt worden sind, u. U. nicht widerlegt werden[550]

Vom VN können Zweifel an dem Verständnis der Frage nach Vorschäden vermieden werden, wenn gleichzeitig Zusatzfragen gestellt werden, so z. B.[551]:
– reparierte Vorschäden? Ja/Nein
– Art und Höhe der Vorschäden? (Rechnungen beifügen)
– Nicht beseitigte Schäden und Mängel

Erklärungen des VN sollten daher – sofern die Fragen unterschiedliche Deutungen zulassen – nicht ohne weiteres als bloße Schutzbehauptungen abqualifiziert werden. Der VR muss die objektive Unrichtigkeit der Antwort des VN beweisen, d. h. er muss auch widerlegen, dass der VN die Frage in seinem vorgetragenen Sinn verstanden hat.

Auch ist eine nicht näher eingegrenzte Frage nach dem **Kaufpreis** nicht ganz eindeutig. Besser ist es, es wird nach dem vom VN gezahlten Preis gefragt. Dann darf der VN nur diesen tatsächlich von ihm gezahlten Preis und nicht z. B. einen Listenpreis angeben[552]. Auch ist dann eindeutig, dass gewährte Rabatte[553], Zubehör-[554] bzw. Sonderausstattung und eine Vorsteuerabzugsberechtigung mit berücksichtigt sind.

Außerdem können in der Kraftfahrzeugversicherung für den VR bspw. nach einem Diebstahl die Fragen nach Anzahl, Verbleib und Duplizierung der **Schlüssel** von Bedeutung sein[555]. Daneben betrifft die Aufklärungsobliegenheit des VN Angaben zum Vorhandensein einer Wegfahrsperre[556], nach dem Benutzerkreis des entwendeten Fahrzeugs[557] oder nach Zeugen für das Abstellen (Nichtwiederauffinden) des gestohlenen Pkw[558].

Bei allen diesen angeführten Fragen, ist idR das Relevanzerfordernis[559] erfüllt, d. h. der VR kann sich bei einer Falschbeantwortung auf Leistungsfreiheit bzw. auf ein Kürzungsrecht berufen[560].

Eine Aufklärungspflichtverletzung liegt stets bei **der Präsentation falscher Rechnungen** durch den VN vor[561].

(2) Nachfragepflicht des Versicherers: Auch hier gilt, dass eine Nichtbeantwortung bzw. eine **178** unklare Antwort des VN eine Leistungsfreiheit oder ein Kürzungsrecht des VR nur zur Folge

---

[550] Vgl. allerdings OLG Düsseldorf v. 19. 11. 2002, r+s 2003, 230, das zu recht darauf hinweist, dass der VN sich nicht immer auf eine lediglich formal richtige Antwort berufen kann, sondern Sinn und Zweck der Frage auch ungefragt weitere Angaben erfordern kann.

[551] Vgl. OLG Hamm v. 24. 4. 1998, r+s 1998, 364.

[552] OLG Koblenz v. 23. 10. 1992, NZV 1993, 352; vgl. auch OLG Köln v. 18. 3. 1993, r+s 1993, 241; OLG Hamm v. 5. 2. 1993, NZV 1993, 315; OLG Hamm v. 5. 2. 1993, VersR 1994, 43, ablehnend *Langheid/Müller-Franck,* NJW 1993, 2658.

[553] OLG Koblenz v. 14. 2. 1997, ZfS 1997, 181 (Werksangehörigenrabatt).

[554] OLG Düsseldorf v. 12. 4. 1983, VersR 1983, 1173.

[555] OLG Düsseldorf v. 13. 10. 1987, VersR 1988, 1236; OLG Düsseldorf v. 17. 11. 1998, r+s 1999, 142; OLG Celle v. 14. 2. 1990, r+s 1990, 154; OLG Hamm v. 26. 3. 1993, VersR 1994, 44.

[556] OLG Frankfurt v. 12. 10. 1999, VersR 2000, 629.

[557] OLG Köln v. 19. 9. 2000, NVersZ 2001, 27.

[558] OLG Köln v. 24. 10. 2000, NVersZ 2001, 516.

[559] Siehe unten Rn 183.

[560] OLG Düsseldorf v. 13. 10. 1987, VersR 1988, 1236; OLG Düsseldorf v. 17. 11. 1998, r+s 1999, 142; OLG Celle v. 14. 2. 1990, r+s 1990, 154; OLG Hamm v. 26. 3. 1993, VersR 1994, 44.

[561] OLG Frankfurt v. 3. 7. 1985, VersR 1987, 176.

hat, wenn der VR[562] nachfragt, ohne dass eine (richtige) Beantwortung erfolgt[563]. Anderenfalls kann sich der VR nach Treu und Glauben nicht auf Leistungsfreiheit wegen Verletzung einer Aufklärungsobliegenheit berufen[564].

179   *(3) Aufklärungsbedürfnis des Versicherers:* Hat der VR[565] bereits Kenntnis, entfällt die Aufklärungspflicht des VN[566].

180   *(4) Berichtigung falscher Angaben:* In der Kaskoversicherung gilt wie in der Kraftfahrtversicherung, dass nur eine vollkommen freiwillige Berichtigung[567] die Leistungsfreiheit/das Kürzungsrecht verhindern kann[568]. Auch ist erforderlich, dass die korrigierte Information dem VR bereits zu dem Zeitpunkt vorliegen muss, in dem er sich erstmals mit dem Vorgang beschäftigt[569]. Eine spätere Korrektur kann aber u. U. geeignet sein, die gegen den VN sprechende Vorsatzvermutung zu widerlegen. Dies setzt voraus, dass das Gesamtverhalten des VN darauf schließen lässt, dass die Falschangabe auf einem Irrtum beruhte[570].

181   *dd) Leistungsfreiheit des Versicherers nach § 6 Abs. 3 VVG a. F.:* Bei einer Obliegenheitsverletzung des VN nach Eintritt des Versicherungsfalles besteht gem. § 7 V Abs. 4 AKB nach § 6 Abs. 3 VVG in der Kaskoversicherung vollständige Leistungsfreiheit des VR.

182   Bei **Vorsatz** tritt die Leistungsfreiheit auch ein, wenn der Verstoß folgenlos geblieben ist. In der Kaskoversicherung kommt es daher grundsätzlich auch dann zur Leistungsfreiheit des VR, wenn die Obliegenheitsverletzungen keinen Einfluss auf die Feststellungen des Versicherungsfalles oder auf den Umfang der vom VR zu erbringenden Leistungen gehabt haben.

183   Diese strenge Vorsatzsanktion „Alles oder Nichts"[571] ist von der Rechtsprechung durch die sog. **Relevanzrechtsprechung** abgemildert worden. Bei einer **vorsätzlich** begangenen Obliegenheitsverletzung nach Eintritt des Versicherungsfalls kommt es bei einer zwar vorsätzlichen, aber folgenlos gebliebenen Obliegenheitsverletzung nur zu einer Leistungsfreiheit wenn der Verstoß objektiv wie subjektiv von einigem Gewicht war[572]. Der Verstoß muss daher **generell** (nicht in Bezug auf den konkreten Einzelfall) geeignet sein, die berechtigten Interessen des VR zu gefährden und den VN muss ein erhebliches Verschulden treffen (Relevanzrechtsprechung)[573]. Handelt es sich um ein Fehlverhalten, das auch einem ordentlichen VN unterlaufen kann und für das ein einsichtiger VR Verständnis aufbringen kann, fehlt es an einem solchen erheblichen Verschulden[574]. Weiterhin muss der VR den VN über die Folgen eines vorsätzlichen Verstoßes ordnungsgemäß **belehren**[575].

184   Es gilt die **Vorsatzvermutung** des § 6 Abs. 3 S. 1 VVG. Steht fest, dass der VN eine Obliegenheit nach dem Versicherungsfall objektiv verletzt hat, muss er einen geringeren Schuld-

---

[562] Siehe *Heß/Höke*, § 29 Rn. 297.

[563] Dem VN muss Gelegenheit zur korrekten Beantwortung gegeben werden BGH v. 14. 11. 1979, VersR 1980, 159; OLG Hamm v. 8. 2. 1995, VersR 1996, 53; r+s 2001, 140; OLG Karlsruhe v. 6. 2. 2003, Zfs 2003, 297; OLG Karlsruhe v. 6. 8. 1998, r+s 1999, 169.

[564] BGH v. 6. 11. 1996, r+s 1997, 84; OLG Hamm v. 18. 2. 2000, VersR 2001, 1419; OLG Karlsruhe v. 6. 2. 2003, Zfs 2003, 297.

[565] Siehe § 29 Rn. 302.

[566] Siehe *Heß/Höke*, § 29, Rn. 302; OLG Köln v. 25. 4. 1995, r+s 1995, 206; OLG Hamm v. 12. 2. 1992, r+s 1993, 442.

[567] Vgl. *Heß/Höke*, § 29 Rn. 299 ff.

[568] Vgl. § 16 Rn. 1; OLG Köln v. 27. 5. 1997, VersR 1998, 46; OLG Hamm v. 19. 11. 1999, VersR 2000, 577.

[569] BGH v. 5. 12. 2001, NZV 2000, 118 = Zfs 2002, 138 m. Anm. *Rixecker*.

[570] BGH v. 5. 12. 2001, NZV 2002, 118.

[571] Vgl. hierzu *Prölss*, VersR 2003, 672.

[572] Diese Voraussetzungen müssen nebeneinander vorliegen – BGH v. 21. 4. 1993, VersR 1993, 830.

[573] BGH v. 16. 1. 1970, NJW 1970, 465; BGH v. 21. 4. 1993, VersR 1993, 830 (832); *Prölss/Martin*, § 6 Rn. 101.

[574] BGH v. 13. 7. 1977, VersR 1977, 1021 (1022); *Terno*, S. 59.

[575] *Prölss/Martin*, VVG § 34 Rn. 22 m. w. N.

grad als Vorsatz oder grobe Fahrlässigkeit beweisen[576]. Bei der Verletzung einer **Anzeige**obliegenheit wird im Allgemeinen nicht von dem Vorsatz des VN ausgegangen, da ein vernünftiger VN nach allgemeiner Erfahrung nicht durch Verletzung der Anzeigeobliegenheit seinen Versicherungsschutz gefährden will[577]. Bei einer Verletzung einer **Aufklärungs**obliegenheit (z. B. Angaben in der Schadensanzeige) gilt diese erleichterte Widerlegung der Vorsatzvermutung nicht[578].

Nach der Relevanzrechtsprechung tritt die Leistungsfreiheit wegen folgenloser vorsätzlicher Obliegenheitsverletzung nur dann nicht ein, wenn den VN **kein erhebliches Verschulden** trifft und die Obliegenheitsverletzung nicht **generell geeignet** war, die berechtigten Interessen des VR ernsthaft zu gefährden. Diese Voraussetzungen müssen kumulativ vorliegen[579]. Eine solche generelle Eignung ist anzunehmen, wenn die Beantwortung den VR davon abhalten könnte, den behaupteten Schadenfall nach Grund und Höhe zu überprüfen. Auch sind Fragen zum Fahrzeugwert grds. zur Interessengefährdung geeignet. Eine Relevanz dürfte ausnahmsweise zu verneinen sein, wenn der VN zwar falsche, aber für ihn ungünstige Tatsachen, angibt (z. B. zu geringer Kaufpreis[580]).

Zusätzlich muss den VN ein **erhebliches Verschulden** treffen. Ein erhebliches Verschulden trifft den VN gerade nicht, wenn es sich um ein Fehlverhalten handelt, das auch einem ordentlichen VN leicht unterlaufen kann und für das ein einsichtiger VR Verständnis aufbringen kann[581].

Der VR muss darüber hinaus den VN, damit er sich auf eine Leistungsfreiheit berufen kann, ordnungsgemäß über die Folgen einer vorsätzlichen Aufklärungspflichtverletzung **belehren.** In der Belehrung muss insbesondere darauf hingewiesen werden, dass eine vorsätzliche Obliegenheitsverletzung auch dann zur Leistungsfreiheit führen kann, wenn dem VR daraus kein Nachteil entsteht. Hier sind oft die Belehrungen unzureichend[582].

Die Belehrung muss nicht nur inhaltlich zutreffend, sondern auch **optisch hervorgehoben** sein (Abweichung vom übrigen Schriftbild[583]).

Ist der VN einmal ordnungsgemäß belehrt worden, wirkt diese grundsätzlich fort. Eine **erneute Belehrung** ist daher bei weiteren Anfragen – zumindest wenn diese nicht wesentlich später erfolgen – nicht mehr erforderlich[584].

Handelt der VN allerdings **arglistig,** so verdient er trotz fehlender oder unzureichender Belehrung keinen Schutz[585]. Arglist wird allerdings nur unter engen Voraussetzungen vorliegen (Beweislast beim VR) z. B. wenn der VN an seinen falschen Angaben trotz geäußerter Bedenken festhält.

---

[576] BGH v. 21. 4. 1993, r+s 1993, 321 = VersR 1993, 828; BGH v. 2. 6. 1993, VersR 1993, 960.

[577] BGH v. 8. 1. 1981, VersR 1981, 321; OLG Hamm v. 19. 2. 1997, VersR 1997, 1341; OLG Hamm v. 6. 11. 1996, VersR 1997, 1389; OLG Düsseldorf v. 16. 8. 1994, VersR 1995, 1301.

[578] OLG Köln v. 28. 1. 1993, r+s 1995, 207.

[579] BGH v. 21. 4. 1993, VersR 1993, 830 (832).

[580] A. A. aber OLG Frankfurt v. 15. 6. 1993, VersR 1994, 927 – zu geringe Laufleistung.

[581] BGH 26. 10. 1988, r+s 1989, 5 (6).

[582] BGH v. 8. 5. 1967, VersR 1967, 593, siehe im Einzelnen § 29 Rn. 318ff; instruktiv ist die Rechtsprechungsübersicht zu Belehrungsformulierungen in VersR 2003, 192f.

[583] OLG Hamm v. 8. 11. 1997, r+s 1997, 146; OLG Hamm v. 16. 3. 1998, VersR 1999, 89; OLG Oldenburg v. 20. 8. 1997, r+s 1997, 450 (für Belehrung am Schluss des Formulars; bei Belehrung am Anfang des Formulars verlangt das OLG Oldenburg (Urt. v. 28. 10. 1998) – VersR 1999, 1406 – grds. keine drucktechnische Hervorhebung); zur drucktechnischen Gestaltung vgl. auch KG Berlin v. 22. 9. 2000, NVersZ 2001, 211; OLG Hamm v. 25. 10. 2002, r+s 2003, 189: „Eine Formularbelehrung, die direkt vor der Unterschrift steht und die drucktechnisch durch farbliche Hinterlegung, Buchstabengröße und Fettdruck hervorgehoben ist, genügt auch dann, wenn sie vom Agenten nicht vorgelesen worden ist."

[584] OLG Köln v. 15. 2. 1990, r+s 1990, 112; OLG Köln v. 15. 4. 1997, r+s 1997, 227; OLG Hamm v. 25. 9. 1996, r+s 1996, 470; siehe aber nun *Römer* in: *Römer/Langheid*, § 6 Rn. 65 (8–10 Tage).

[585] OLG Köln v. 5. 3. 1996, VersR 1996, 1098; OLG Hamm v. 16. 3. 1998, VersR 1999, 89; OLG Oldenburg v. 17. 1. 1996, r+s 1998, 188.

187   Bei einer **grob fahrlässigen** Obliegenheitsverletzung ist für die Leistungsfreiheit des VR Kausalität erforderlich (§ 6 Abs. 3 S. 2 VVG). Der Kausalitätsgegenbeweis ist allerdings vom VN zu führen[586]. Dieser muss im Einzelnen die Möglichkeiten, dass seine Falschangaben kausal waren, ausräumen. Erst dann muss der VR vortragen, welche Maßnahmen er bei richtiger Erfüllung der Obliegenheit mit welchem Erfolg getroffen hätte[587].

188   *ee) Rechtsfolgen der Obliegenheitsverletzung nach § 28 VVG 2008:* Die Unterscheidung zwischen Obliegenheitsverletzungen vor und nach Eintritt des Versicherungsfalles wird weitgehend aufgegeben, so dass auf obige Ausführungen verwiesen werden kann[588]. Neben Vorsatz oder grober Fahrlässigkeit und Kausalität ist hier erforderlich, dass der VN ordnungsgemäß belehrt worden ist, § 28 Abs. 4 VVG 2008.

189   *(1) Verschulden:* Eine **vorsätzliche** – erst recht eine arglistige – Obliegenheitsverletzung des VN führt gemäß § 28 Abs. 2 S. 1 VVG 2008 zur vollständigen Leistungsfreiheit. Anders als bei § 6 VVG a. F. wird aber Vorsatz nicht mehr vermutet, sondern der VR hat darzulegen und zu beweisen, dass der VN die Verhaltensnorm kannte oder sie zumindest für möglich hielt und andererseits bewusst dagegen verstoßen oder jedenfalls den Verstoß billigend in Kauf genommen hat[589].

Bei einem **grob fahrlässigen** Verstoß gegen Obliegenheiten wird der VR nicht mehr vollständig leistungsfrei. Er hat vielmehr nur noch ein Leistungskürzungsrecht entsprechend der Schwere des Verschuldens hat, § 28 Abs. 2 S. 2 VVG 2008 (Aufgabe des Alles-oder-Nichts-Prinzips)[590]. Der VN muss sich von der vermuteten groben Fahrlässigkeit entlasten (§ 28 Abs. 2 S. 2, 2. Hs. VVG 2008).

Zu den Kürzungsvorschlägen bei einzelnen Obliegenheitsverletzungen vgl. § 29 Rn. 364f.

190   *(2) Kausalität:* Nach der Neuregelung führen auch vorsätzliche Obliegenheitsverletzungen nur zur Leistungsfreiheit, wenn sie kausal für den Versicherungsfall oder den Umfang der Leistung des VR geworden sind. Nur bei Arglist wird auf das Kausalitätserfordernis verzichtet und es kommt immer zur vollständigen Leistungsfreiheit des VR (§ 28 Abs. 3 VVG 2008).

Die Kausalität wird bei Vorliegen einer objektiven Obliegenheitsverletzung vermutet, so dass der VN für das Fehlen der Kausalität beweisbelastet ist. Der Kausalitätsgegenbeweis wird auch künftig selten gelingen[591].

191   *(3) Belehrung:* Das Erfordernis einer Belehrung über die möglichen Rechtsfolgen einer Verletzung von Obliegenheiten nach Eintritt des Versicherungsfalls ist nunmehr gesetzlich in § 28 Abs. 4 VVG 2008 festgeschrieben. Der Inhalt der Belehrung muss der Neuregelung angepasst werden. Insbesondere muss auch über die Möglichkeit der quotalen Leistungskürzung und über das Kausalitätserfordernis belehrt werden. Eine Belehrungsklausel könnte demnach wie folgt aussehen:

„Falschangaben (unwahre oder unvollständige Angaben) führen zum Verlust des Versicherungsschutzes, wenn Sie vorsätzlich falsche Angaben machen und dem Versicherer dadurch ein Nachteil entsteht. Für den Fall, dass dem Versicherer durch Ihre grob fahrlässigen Falschangaben ein Nachteil entsteht, kann der Versicherer seine Leistung entsprechend der Schwere Ihres Verschuldens kürzen."

192   Die Belehrung muss durch gesonderte Mitteilung in Textform erfolgen. Ein separates Schriftstück ist nicht erforderlich. Der Belehrungshinweis muss sich jedoch deutlich vom übrigen Inhalt abheben. So könnte ein entsprechender Hinweis im Schadenanzeigeformular oder im Fragebogen erfolgen.

---

[586] Vgl. *Heß/Höke*, § 29 Rn. 267.
[587] BGH v. 4. 4. 2001, VersR 2001, 756; OLG Düsseldorf v. 11. 4. 2000, VersR 2001, 888.
[588] Siehe Rn. 169ff.
[589] *Marlow*, VersR 2007, 44.
[590] Vgl. im Einzelnen *Heß/Höke*, § 29 Rn 342ff.
[591] So auch *Maier*, r+s 2007, 89 (91).

ff) Zeitliche Geltung der Obliegenheiten: Die Verpflichtung zur Erfüllung der Obliegenhei-   **193**
ten[592] besteht nur solange, so lange der VR prüfungsbereit ist. Nach Ablehnung der Leistung
besteht für den VN keine Pflicht zur Erfüllung mehr[593]. Der Antrag auf Klageabweisung steht
der Deckungsablehnung gleich[594]. Selbst ein arglistiges Verhalten des VN im Prozess nach
Deckungsablehnung des VR führt dann nicht zu dessen Leistungsfreiheit[595].

Die Pflicht zur Erfüllung der Obliegenheiten lebt aber wieder auf, sobald der VR eine
wiederholte Prüfung seiner Leistungspflicht zu erkennen gibt[596].

gg) Berufung auf Obliegenheitsverletzung: Die Verletzung einer Obliegenheit wird nicht von   **194**
Amts wegen, sondern nur berücksichtigt, wenn sich der VR darauf beruft[597].

hh) Beweislast: Der VR[598] muss den objektiven Tatbestand einer Obliegenheitsverletzung   **195**
beweisen[599]. Anders als bei der bisherigen Regelung (§ 6 Abs. 3 S. 1 VVG a. F.) wird gemäß
§ 28 Abs. 2 VVG 2008 bei objektiver Tatbestandsverwirklichung der Vorsatz nicht mehr vermutet, sondern muss vom VR bewiesen werden. Dies dürfte eine nicht unerhebliche Auswirkung auf die Praxis in der Form haben, dass häufig nicht vom Vorsatz – da nicht bewiesen –
ausgegangen werden kann. Der VN muss dann aber auch beweisen, dass ihn nur höchstens
einfache Fahrlässigkeit trifft, d. h. die Beweislast für das Fehlen von grober Fahrlässigkeit liegt
nach wie vor beim VN, § 28 Abs. 2 S. 2, 2. Hs. VVG 2008. Hieran knüpft sich dann natürlich
die Frage, welche Quote gilt, wenn der VN diesen Entlastungsbeweis nicht führt (im Zweifel
50%?). Bei einer folgenlosen vorsätzlichen Obliegenheitsverletzung nach alter Rechtslage
trägt der VN die Beweislast für ein fehlendes erhebliches Verschulden im Sinne der Relevanzrechtsprechung[600].

Wie bisher bei Obliegenheitsverletzungen muss der VN den Kausalitätsgegenbeweis, d. h.
die fehlende Kausalität seines Verhaltens beweisen. Anders als im alten Recht ist nunmehr
dem VN der Kausalitätsgegenbeweis bei allen Obliegenheitsverletzungen (vor und nach Eintritt des Versicherungsfalls) eröffnet. Eine Obliegenheitsverletzung wird daher keine Folgen
haben, wenn der VN nachweist, dass sein Verhalten nicht kausal war[601]. Einzig und allein in
den Fällen der Arglist ist dem VN der Kausalitätsgegenbeweis nicht eröffnet.

Beweisbelastet ist der VN auch für eine etwaige eigene Schuldunfähigkeit[602].

Es bleibt noch der Beweis über das Verschuldensmaß innerhalb der groben Fahrlässigkeit.
Für dieses Verschuldensmaß, nach dem sich im Fall der groben Fahrlässigkeit der Umfang der
Leistungspflicht bestimmt, ist der VR beweispflichtig[603].

VII. Der Versicherungsfall

1. Tatbestandsvoraussetzungen des § 12 AKB/A.2.1–3 AKB 2008

In der Kaskoversicherung sind nur unmittelbar an dem versicherten Fahrzeug als Trans-   **196**
portmittel entstandene Schäden ersatzfähig. Dabei bietet § 12 AKB/A.2.1–3 AKB 2008 eine
genaue Auflistung der Versicherungsfälle nach Art der Schädigung und der Ursache. Die Kas-

---

[592] Vgl. *Heß/Höke,* § 29 Rn. 331.
[593] BGH v. 7. 6. 1998, VersR 1989, 842; OLG Köln v. 25. 2. 1997, VersR 1998, 317; OLG Hamm v.
15. 3. 1988, VersR 1988, 1249; OLG Hamm v. 5. 6. 1998, r+s 1998, 381; *Heß/Höke,* § 29 Rn. 235.
[594] BGH v. 7. 6. 1989, r+s 1989, 296.
[595] OLG Hamm v. 12. 6. 1991, VersR 1992, 301 = r+s 1992, 97 a. A. *Baumgärtl,* VersR 1992, 601; *Langheid,* r+s 1992, 109.
[596] BGH v. 8. 7. 1991, r+s 1992, 1.
[597] Vgl. *Heß/Höke,* § 29 Rn. 332.
[598] Siehe *Heß/Höke,* § 29 Rn. 333.
[599] BGH v. 19. 5. 1976, VersR 1976, 849.
[600] BGH v. 7. 12. 1983, VersR 1984, 228.; *Römer/Langheid/Römer,* § 6 Rn. 94.
[601] *Greissinger,* Mitteilungsblatt der ARGE 2006, 90 (92).
[602] BGH v. 1. 7. 1986, VersR 1986, 1241.
[603] S. 173 der RegBegr.

koversicherung erfasst nach § 12 Abs. 1a–f AKB/A.2.2–3 AKB 2008 Beschädigungen, Zerstörungen und Verlust.

Bei dem Versicherungsschutz ist zwischen der **Teilversicherung (Teilkaskoversicherung)** und der **Vollversicherung (Vollkaskoversicherung)** zu unterscheiden. Durch das neue VVG ändert sich nichts daran, dass der Versicherungsfall vom VN bewiesen werden muss. Auch bleibt es dabei, dass dem VN die Beweiserleichterungen, die die Rechtsprechung für Entwendungsfälle entwickelt hat[604], nach wie vor Anwendung finden.

2. Teilversicherung

197   Von der Teilversicherung bzw. Teilkaskoversicherung werden alle die Schäden umfasst, die aufgrund eines Brandes, einer Explosion, einer Entwendung, durch ein Naturereignis oder durch einen Wildunfall entstehen (§ 12 Abs. 11a bis d AKB/A.2 AKB 2008).

198   **a) Brand oder Explosion (§ 12 Abs. 1 I a AKB/A.2.2.1 AKB 2008).** Ein **Brand** i. S. d. § 12 I Abs. 1a AKB/A.2.2.1 AKB 2008 liegt vor, wenn ein Feuer ohne bestimmungsgemäßen Herd entstanden ist oder diesen verlassen hat und durchaus in der Lage ist, sich aus eigener Kraft auszubreiten[605]. Das Feuer muss das Fahrzeug nicht zwingend erfassen. Es reicht aus, wenn Schäden durch wegen des Feuers herabstürzende Teile[606] oder durch die Löscharbeiten[607] entstehen. Im Rahmen der Teilkasko werden die versicherungsrechtlichen Anforderungen an einen Brand nur erfüllt, wenn das Kfz vom Feuer erfasst wird bzw. unmittelbar durch etwaige Einwirkungen des Feuers beschädigt wird. Ein nur mittelbarer Zusammenhang von Brand und Schaden wird von der Teilkaskoversicherung nicht gedeckt. Seng- oder Schmorschäden fallen nicht unter den Brandbegriff, A.2.2.1 S. 2 AKB 2008[608]. Auch sind Schäden an Fahrzeugteilen, die bestimmungsgemäß Feuer ausgesetzt sind, von der Versicherung ausgenommen (die durchgebrannte Zündkerze bzw. Sicherung ist nicht versichert).

199   Eine **Explosion** („eine auf dem Ausdehnungsstreben von Gasen oder Dämpfen beruhende plötzliche Kraftäußerung", A.2.2.1 S. 3 AKB 2008 fällt unter den Schutz der Teilkaskoversicherung, wobei auch die Beschädigung des Fahrzeuges durch umherfliegende Teile mitumfasst ist[609]. Als Gas kommt auch die Luft in Betracht (zerplatzender Kranreifen als Explosion)[610].

200   **b) Entwendung (§ 12 Abs. 1 Nr. 1b AKB/A.2.2.2 AKB 2008).** Von dem Versicherungsfall der Entwendung i. S. d. § 12 Abs. 1 Nr. 1b AKB/A.2.2.2 AKB 2008 werden insbesondere Diebstahl, unbefugter Gebrauch, Raub und Unterschlagung **(widerrechtliche Sachentziehung)** erfasst.

aa) Unterschlagung: In der Kaskoversicherung ist zwischen der gedeckten (§ 12 Abs. 1 I b S. 1) und der nicht vom Versicherungsschutz gedeckten Unterschlagung (§ 12 Abs. 1 I b S. 2 AKB) zu unterscheiden, A.2.2.2 S. 2 AKB 2008. Die **Unterschlagung** ist nicht versichert, wenn die Unterschlagung durch denjenigen erfolgt, dem das Fahrzeug durch den VN überlassen wurde. Der Begriff der Unterschlagung ist strafrechtlich zu verstehen (§ 246 StGB)[611]. Eine Überlassung zum Gebrauch liegt vor, wenn derjenige, dem das Fahrzeug überlassen wird, es im eigenen Interesse selbständig gebrauchen und darüber verfügen kann[612]. Eine Unterschlagung setzt die rechtswidrige Zueignung einer fremden beweglichen Sache voraus, die sich im Gewahrsam des Täters befindet. Den Ausschlusstatbestand der Unterschlagung hat der VR zu beweisen[613]. Steht dagegen die Gebrauchsüberlassung an den Dritten fest bzw. ist

---

[604] Vgl. dazu unten Rn. 202ff.
[605] AG Koblenz v. 17. 9. 1952VersR 1953, 195.; § 1 Abs. 2 AFB 1987.
[606] OLG Düsseldorf v. 6. 2. 1991, VersR 1992, 567; a. A. *Stiefel/Hofmann*, § 12 AKB Rn. 24.
[607] *Prölss/Martin,* § 12 AKB Rn. 11.
[608] *van Bühren/Boudon,* § 2 Rn. 139.
[609] *Stiefel/Hofmann,* § 12 AKB Rn. 27; *van Bühren/Boudon,* § 2 Rn. 139.
[610] LG Hamburg v. 15. 1. 2003, VersR 2003, 727.
[611] *Bauer,* Rn. 1028.
[612] OLG Hamm v. 1. 7. 1994, VersR 1995, 1477; *Bauer,* Rn. 1029.
[613] BGHZ 79, 5; OLG Hamm v. 15. 2. 2000, NVersZ 2000, 576.

diese bewiesen, muss der VN nachweisen, dass das Fahrzeug dem Dritten, dem er es überlassen hat entwendet oder durch eine andere Person als diesem Dritten unterschlagen wurde[614].

bb) Entwendung: Die Teilversicherung deckt auch Schäden durch **Entwendung** des Fahr- **201**
zeuges oder seiner Teile, Eine Entwendung ist eine widerrechtliche Sachentziehung, die zur wirtschaftlichen Entrechtung des Eigentümers führt[615]. Auch eine Beschädigung des Fahrzeuges bei dem Versuch, dieses zu entwenden, ist versichert, nicht aber mutwillige Beschädigungen bei einem fehlgeschlagenen Diebstahlsversuch[616]. Schäden, die der Dieb nach der Entwendung verursacht (Unfall-, Betriebs-, Vandalismusschäden) sind zu ersetzen[617]. Der Verlust des Fahrzeuges durch Betrug ist nicht versichert[618].

Kein Versicherungsfall der Entwendung liegt vor, wenn sich der Wille des Täters bloß auf den Inhalt des Fahrzeugs bezieht. Kommt es in diesem Zusammenhang zu Beschädigungen, werden diese nur von der Vollkasko getragen[619]. Bezüglich der genannten Gefahren greift die Deckung der Teilkasko nur ein, wenn es sich bei dem Täter um eine betriebsfremde Person handelt. Das ist der Fall, wenn die Person in keiner berechtigten Beziehung zum Fahrzeug steht[620].

Die Zahlung eines Lösegeldes[621] für die Rückgabe eines entwendeten Kfz's ist grds. ebenso wie der gesetzliche Finderlohn[622] unter dem Gesichtspunkt des Rettungskostenersatzes gem. §§ 62, 63 VVG/§§ 82, 83 VVG 2008 ersatzfähig.

Bei **Entwendungsfällen** (Fahrzeugdiebstahl, Einbruchdiebstahl, Raub) werden dem VN **202**
Darlegungs- und Beweiserleichterungen eingeräumt und somit die Ausgangslage des VN verbessert[623]. Diese Beweiserleichterung beruht darauf, dass dem VN in der Regel keine Zeugen für den Nachweis der Entwendung zur Verfügung stehen. Ein Festhalten an den allgemeinen Beweisgrundsätzen im Entwendungsfall würde daher zu einer weitgehenden Entwertung des Versicherungsschutzes führen. Aus der vorgenommenen Auslegung des Versicherungsvertrages vertritt der BGH daher in ständiger Rechtsprechung insbesondere seit der Entscheidung vom 5. 10. 1983[624] eine materiell-rechtliche Risikoverteilung, die zu dieser Herabsetzung des Beweismaßes führt[625]. Dieses vom BGH entwickelte System der Beweiserleichterung ist materiell-rechtlich im VV verankert[626]. Diese Beweisgrundsätze sind daher aber auf die Diebstahlsversicherung beschränkt und nicht auf andere Fallgruppen übertragbar[627]. Im Regelfall muss

---

[614] BGH v. 20. 1. 1993, NJW 1993, 1014 = VersR 1993, 472; OLG Köln v. 10. 7. 2001, NVersZ 2001, 564; siehe aber auch OLG Hamm v. 25. 2. 2000, r+s 2000, 228 = VersR 2001, 92 – hat der VN das Fahrzeug an einen Dritten vermietet, der es ohne dessen Wissen an einen Dritten weitergegeben hat und blieb unklar, ob Diebstahl oder Unterschlagung vorlag, so hat der VR den Ausschlusstatbestand „nicht vom Versicherungsschutz gedeckte Unterschlagung" zu beweisen. Erfolgt die Weitergabe im Einverständnis mit dem VN an einen Dritten, so bleibt es dabei dass der VN nachweisen muss, dass das Fahrzeug dem Dritten entwendet oder von einem anderen als diesem Dritten unterschlagen worden ist – OLG Köln v. 10. 7. 2001, r+s 2001, 359.

[615] BGH v. 20. 1. 1993, NJW 1993, 1014; BGH v. 25. 1. 1995, r+s 1995, 125.

[616] *Van Bühren/Boudon,* § 2 Rn. 140.

[617] BGH v. 27. 11. 1974, VersR 1975, 225; KG Berlin v. 1. 3. 1996, VersR 1997, 871; *Prölss/Martin,* § 12 AKB Rn. 14.

[618] *Bauer,* Rn. 1023; OLG Hamm v. 2. 3. 1984; VersR 1985, 490.

[619] OLG Saarbrücken v. 1. 3. 1978, VersR 1989, 953.

[620] OLG Schleswig v. 31. 10. 1984, VersR 1986, 30.

[621] OLG Saarbrücken v. 5. 11. 1997, VersR 1998, 1499.

[622] LG Hannover v. 28. 2. 1996, NJW-RR 1996, 1178.

[623] Grundlegend für die Hausratsversicherung BGH v. 4. 4. 1957, VersR 1957, 325; ständige Rspr. seit BGH v. 5. 10. 1983, VersR 1984, 29; BGH v. 18. 10. 1989, NJW-RR 1990, 92; BGH v. 2. 5. 1990, VersR 1990, 736; BGH v. 12. 4. 1989, r+s 1990, 130; BGH v. 21. 5. 1996, NJW-RR 1996, 981 m. w. N.; vgl. auch § 16 Rn. 99.

[624] VersR 1984, 29.

[625] *Zopfs,* VersR 1993, 140 ff.; vgl. auch *Berz/Burmann/Burmann,* Handbuch, 7 C Rn. 18 ff.

[626] *Römer,* NJW 1996, 2329; *Römer,* NVersZ 1998, 63.

[627] *Van Bühren/Römer,* Handbuch Verkehrsrecht, Teil 7, Rn. 315.

Heß/Höke

es vielmehr genügen, wenn ein äußerer Sachverhalt (das äußere Bild eines Diebstahls) feststeht, der nach der Lebenserfahrung mit ausreichender Wahrscheinlichkeit darauf schließen lässt, dass versicherte Gegenstände in einer den Versicherungsbedingungen entsprechenden Weise entwendet worden sind.

Diese allgemeinen Grundsätze für eine Diebstahlversicherung hat der BGH mit dem **sog. 2-Stufen-Modell (besser 3 Stufen)** für die **Kfz-**Diebstahlversicherung weiterentwickelt.

203   *(1) 1. Stufe – Äußeres Bild:* Es reicht aus (1. Stufe), wenn der VN einen Sachverhalt, ein **äußeres Bild** darlegt und beweist, das nach der Lebenserfahrung „mit hinreichender Wahrscheinlichkeit" den Schluss auf eine in den Bedingungen definierte Entwendung zulässt[628]. Gelingt dem VN dieser Nachweis, so ist die erste Beweisstufe erfüllt (Minimalbeweis des sog. äußeren Bildes – dieses aber als Vollbeweis gem. § 286 ZPO). Die vom BGH abgenommene materiell-rechtliche Risikozuweisung hat zur Folge, dass der Versicherungsfall eingetreten ist, wenn der VN den beschriebenen Minimalsachverhalt bewiesen hat. Der Versicherungsfall gilt etwa nicht als lediglich eingetreten[629]. Das äußere Bild eines Diebstahls ist danach regelmäßig dann gegeben, wenn der VN das Fahrzeug zu einer bestimmten Zeit an einem bestimmten Ort abstellt, an dem er es später nicht wieder vorfindet[630]. Es reicht nicht aus, wenn ein Zeuge nur einen Teil (Abstellen oder Nichtwiederauffinden) bekunden kann. Der Nachweis eines bloßen „Rahmensachverhaltes" reicht nicht aus[631].

204   **Beweismittel für äußeres Bild:** Als Beweismittel für das äußere Bild kommen in erster Linie Zeugen in Betracht. Stehen dem VN aber keine Zeugen zur Verfügung, so kann der Tatrichter im Rahmen der freien Beweiswürdigung allein aufgrund der **persönlichen Anhörung gem. § 141 ZPO** dem VN Glauben schenken[632]. Voraussetzung ist hierzu aber, dass der beweisbelastete VN sich in Beweisnot befindet und überhaupt selbst etwas zum Tatgeschehen aussagen kann. War er aber nicht am Tatort, so ist er darauf angewiesen, den Beweis des Versicherungsfalles durch andere Beweismittel (insbesondere Zeugen) zu führen[633]. Daher kommt eine Beweisführung gem. § 141 ZPO dann nicht in Betracht, wenn der VN über Zeugen verfügt, diese jedoch aus nicht nachzuvollziehenden/zu billigenden Gründen nicht benennt[634]. Weiterhin setzt die Beweisführung durch die persönliche Anhörung des VN voraus, dass dieser uneingeschränkt glaubwürdig ist[635]. Der VN kann[636] braucht dann auch nicht gehört zu werden. Es gilt nach der Rechtsprechung eine Redlichkeitsvermutung zugunsten des VN[637]. Ist diese Vermutung aber erschüttert[638], so kann der VN den Beweis des äußeren Bildes nicht durch seine Angaben führen. In diesen Fällen kommt auch keine Parteivernehmung gem. § 448 ZPO in Betracht[639].

205   **Einzelfälle zur Erschütterung der Glaubwürdigkeit:** Es kann sich um Unredlichkeiten handeln, die mit dem streitigen Versicherungsfall in keinem Zusammenhang ste-

---

[628] BGH v. 27. 11. 1980, NJW 1981, 684; BGH v. 17. 3. 1993, VersR 1993, 571.

[629] BGH v. 14. 7. 1993, VersR 1993, 1007 (1008); *Burmann,* a. a. O. 7 C Rn. 2.

[630] BGH v. 23. 10. 1996, NJW 1997, 589; BGH v. 17. 5. 1995, VersR 1995, 909.

[631] BGH v. 30. 1. 2002, r+s 2002, 143.

[632] BGH v. 24. 4. 1991, NJW-RR 1991, 983; BGH v. 26. 3. 1997, NJW 1997, 1988; *Ruther* § 23 Rn. 184 ff.

[633] OLG Hamm v. 16. 10. 1991, r+s 1992, 83; *Lücke,* VersR 1994, 128 (131).

[634] BGH v. 26. 3. 1997, NJW 1997, 1988; *Römer,* NJW 1996, 23 (29).

[635] OLG Köln v. 28. 3. 2000, r+s 2000, 277; OLG Brandenburg v. 10. 8. 1998, NVersZ 1998, 127; *Knappmann,* NVersZ 1998, 107.

[636] *Knappmann,* NVersZ 1998, 107; a. A. *Terbille,* VersR 1996, 409, der die Auffassung vertritt, der VN müsse immer gehört werden; nach OLG Köln v. 19. 8. 1997, r+s 1998, 56; OLG Düsseldorf v. 17. 6. 1997, ZfS 1998, 56 ist es nicht erforderlich den nicht glaubwürdigen VN anzuhören.

[637] OLG Hamburg v. 29. 11. 2000, r+s 2001, 233; OLG Hamm v. 16. 6. 1993, VersR 1994, 168; *Römer,* NJW 1996, 2329 (2333).

[638] Der VR muss nicht beweisen, dass der VN unglaubwürdig ist, *Berz/Burmann/Burmann,* a. a. O. 7 C.

[639] *van Bühren/Römer,* Handbuch des Verkehrsrechtes, Teil 7, Rn. 319.

hen[640]. Hier kommen vom VN begangene Straftaten in Betracht[641]: Verurteilung zu einer Geldbuße i. H. v. 60 000 DM wegen Steuerhinterziehung[642]; falsche Angaben bei einer eidesstattlichen Versicherung[643]; rechtskräftige Vorstrafen im Bereich der Vermögensdelikte, Versuch der arglistigen Täuschung bei einem früheren Versicherungsfall[644]. Bei Vorstrafen kommt es auf deren Gewicht und auf die zeitliche Nähe zum Versicherungsfall an. Gegen den VN verwertbar ist auch ein früherer – nachgewiesener vorgetäuschter Versicherungsfall.

Bedenken gegen die Glaubwürdigkeit können sich aber auch aus der Art und Weise der Prozessführung ergeben; wechselnder und widersprüchlicher Vortrag im Prozess[645]; Nichtangabe eines unreparierten Vorschadens[646]; Falschangaben zur Fahrleistung und zur Anfertigung eines Nachschlüssels[647]; widersprüchliche Angaben zum Tatzeitpunkt und/oder Abstellort[648].

Allerdings können nur unstreitige oder bewiesene Tatsachen die Glaubwürdigkeit des VN erschüttern. Nur möglicherweise bestehende Unklarheiten – nicht bewiesene – Verdachtsmomente reichen zur Erschütterung der Glaubwürdigkeitsvermutung nicht aus[649]. Verurteilungen, die im Strafregister getilgt sind oder hätten sein müssen (regelmäßig nach 5 bis 10 Jahren vgl. §§ 51, 52 BZRG) dürfen nicht berücksichtigt werden[650].

Zu beachten ist auch, dass auch dem unredlichen, im dargestellten Umfang, unglaubwürdigem VN die Beweiserleichterungen bei der Entwendung des Fahrzeuges zugute kommen. Er kann diesen Nachweis nur nicht durch seine eigenen Angaben führen. Der Beweis des äußeren Bildes durch – glaubwürdige – Zeugen ist ihm allerdings nicht abgeschnitten[651]. Die Frage der Glaubwürdigkeit des VNs kann dann allerdings auf der 2. Stufe (erhebliche Wahrscheinlichkeit für eine Vortäuschung) Bedeutung erlangen (s. u.).

(2) 2. Stufe: erhebliche Wahrscheinlichkeit der Vortäuschung: Hat der VN das äußere Bild des **206** Diebstahls nachgewiesen, ist es nun Aufgabe des **VR,** auf der **zweiten Beweisstufe** die naheliegende Möglichkeit der Vortäuschung des Versicherungsfalls zu beweisen. Dies setzt voraus, dass der VR konkrete Tatsachen nachweist, die hierfür eine erhebliche, nicht nur hinreichende Wahrscheinlichkeit begründen, dass der Versicherungsfall vorgetäuscht wurde. (Beispiele s. u.). Auch wenn das Begriffspaar „erhebliche Wahrscheinlichkeit" und „hinreichende Wahrscheinlichkeit" nicht mit bestimmten Prozentzahlen versehen werden kann[652], so ist doch davon auszugehen, dass die erhebliche Wahrscheinlichkeit einen höheren Grad an

---

[640] BGH v. 24. 4. 1991, NJW-RR 1991, 983; OLG Köln v. 4. 2. 2001, ZfS 2002, 186; *Prölss/Martin/ Knappmann,* § 12 AKB Anm. 3b.

[641] OLG Köln v. 16. 12. 1993, r+s 1994, 208; OLG Hamm v. 22. 9. 1993, VersR 1994, 854; OLG Hamm v. 15. 9. 2000, ZfS 2001, 416.

[642] BGH v. 21. 2. 1996, r+s 1996, 125.

[643] OLG Karlsruhe v. 17. 6. 1999, VersR 2000, 487.

[644] OLG Hamm v. 15. 1. 2003, r+s 2003, 276 (Vorlage eines falschen Beleges).

[645] OLG Koblenz v. 19. 3. 1999, r+s 2000, 276, vgl. auch OLG Hamm v. 15. 9. 2000, NVersZ 2001, 226, OLG Hamm v. 29. 11. 1991, ZfS 1992, 413; OLG Düsseldorf v. 25. 2. 1997, VersR 1998, 755; OLG Köln v. 11. 4. 2000, NVersZ 2000, 526 – allerdings stellt nicht jede Ungereimtheit erster oder zweiter Instanz die Glaubwürdigkeit schon in Frage OLG Hamm v. 2. 11. 1992, Zfs 1994, 58; OLG Karlsruhe v. 17. 8. 1995, ZfS 1996, 102.

[646] OLG Köln v. 11. 1. 2000, r+s 2000, 320; OLG Köln v. 28. 3. 2000, r+s 2000, 277.

[647] OLG Hamm v. 2. 2. 2001, r+s 2001, 273; OLG Hamburg v. 29. 11. 2000, r+s 2001, 233 = ZfS 2001, 267.

[648] OLG Hamm v. 7. 4. 2000, r+s 2000, 446; OLG Hamburg v. 7. 5. 1999, VersR 2000, 1272.

[649] BGH v. 21. 2. 1996, NJW 1996, 1348; BGH v. 22. 1. 1997, NJW-RR 1997, 599.

[650] BGH v. 11. 2. 1998, VersR 1998, 488; *Rüther* § 23 Rn 199; a. A. OLG Düsseldorf v. 24. 3. 1998, r+s 1998, 453 = VersR 1998, 1107.

[651] BGH v. 11. 2. 1998, r+s 1998, 141 = VersR 1998, 488 (489); BGH v. 22. 9. 1999, r+s 1999, 495 = VersR 1999, 1535; a. A. OLG Koblenz v. 31. 3. 1995, r+s 1995, 205 = VersR 1995, 1184 (der unredliche VN hat den Vollbeweis für eine Fahrzeugentwendung zu führen).

[652] Dies unterliegt der Beweiswürdigung durch das Gericht gem. § 286 ZPO; *Rüther* § 23 Rn. 213.

Gewissheit erfordert, als eine bloß hinreichende Wahrscheinlichkeit[653]. Andererseits braucht der VR auch nicht den Vollbeweis für eine Vortäuschung des Versicherungsfalles „Entwendung" führen.

207   **Gesamtschau der Indiztatsachen:** Auf der 2. Stufe, dem Beweis der Möglichkeit der Vortäuschung, reicht regelmäßig ein Indiz allein nicht aus, was einen nicht unerheblichen Unterschied von der Widerlegung der Glaubwürdigkeitsvermutung auf der 1. Stufe ausmacht. Da die Rechtsprechung den glaubwürdigen VN vermutet (s. o.), ist die Beweiserleichterung für den VR auf der 2. Stufe geringer, als die für den VN auf der ersten Stufe[654]. Nicht ausgeräumte Ungereimtheiten im Vortrag des VN reichen nicht aus[655]. Es müssen daher mehrere Indizien (von einigem Gewicht) vorliegen[656]. So ist z. B. nach OLG Düsseldorf[657] der Beweis für eine erhebliche Vortäuschungswahrscheinlichkeit nicht geführt, wenn der VN vergeblich versucht hat, den Wagen, der mit einer modernen Wegfahrsperre ausgerüstet war, zu verkaufen. Das OLG Düsseldorf[658] hat eine erhebliche Wahrscheinlichkeit angenommen, wenn die örtlichen Verhältnisse ein Abschleppen nicht zuließen, ein Dieb über genaue Informationen des Abstellortes verfügt hat und der VN sich in erheblichen wirtschaftlichen Schwierigkeiten befunden hat (drei Haftanordnungen zur Abgabe der eidesst. Versicherung.). Das OLG Hamm[659] hat eine erhebliche Vortäuschungswahrscheinlichkeit bejaht, da kein Dieb den Aufwand betreibt, nach der Entwendung den Schlüssel wieder zurückzubringen. Im Fall des OLG Köln[660] ist das Alibi des Repräsentanten fehlgeschlagen. Kann der VN keinen plausiblen Grund dafür angeben, warum er 5 Jahre nach Erwerb des Kfz's kurz vor der behaupteten Entwendung ein Wertgutachten hat anfertigen lassen, so kann dies für eine erhebliche Wahrscheinlichkeit der Vortäuschung sprechen[661].

208   **Fahrzeugschlüssel:** Unregelmäßigkeiten bei den Fahrzeugschlüsseln sind nicht auf der 1., sondern erst auf der 2. Beweisstufe zu berücksichtigen. Es gehört daher nicht zum äußeren Bild eines Kfz-Diebstahls, dass der VN sämtliche Schlüssel vorlegen oder das Fehlen eines Schlüssels plausibel erklären kann[662]. Auch besagt die Tatsache, dass eine Schlüsselkopie gefertigt worden ist, noch nichts. Es muss vielmehr feststehen, dass diese durch den VN veranlasst worden ist. Alle diese Umstände könne allerdings im Rahmen der **Gesamtbewertung** dafür Bedeutung haben, ob ein Diebstahl mit erheblicher Wahrscheinlichkeit vorgetäuscht wurde[663]. Gleiches gilt dafür, dass das Fahrzeug später ohne Spuren an den Schließzylindern wieder aufgefunden wurde und eine plausible Erklärung für die Anfertigung einer Schlüsselkopie fehlt[664]. Dies allein reicht regelmäßig noch nicht aus, die erhebliche Wahrscheinlichkeit einer Vortäuschung anzunehmen[665].

209   Es kommt häufig vor, dass Gerichte das äußere Bild verneinen, sog. 1. Beweisstufe, obwohl die dazu herangezogenen Argumente nicht dem Nachweis des äußeren Bildes entgegenstehen, sondern eigentlich erst auf der 2. Stufe als Indizien für eine Vortäuschung des Versicherungsfalls ihren Platz haben. Die bloße Erschütterung der Redlichkeitsvermutung ist zu trennen von dem von dem VR auf der 2. Stufe zu führenden Beweis, dass eine erhebliche

---

[653] BGH v. 14. 6. 1995, NJW-RR 1995, 1174; BGH v. 26. 3. 1997, NJW 1997, 1988; *Römer,* NJW 1996, 2329 (2330); *Berz/Burmann/Burmann,* Handbuch 7 C Rn. 22.

[654] *Berz/Burmann/Burmann,* Handbuch, 7 C Rn. 46.

[655] BGH v. 18. 10. 1989, r+s 1990, 129 = VersR 1990, 45.

[656] Vgl. im Einzelnen § 16; OLG Hamm v. 30. 10. 2000 – r+s 2002, 55 – Beweis für Vortäuschung nicht erbracht; *Berz/Burmann/Burmann,* a. a. O. 7 C Rn. 54ff.

[657] OLG Düsseldorf v. 14. 5. 2002, VersR 2003, 57.

[658] OLG Düsseldorf v. 23. 11. 1999, NVersZ 2000, 277.

[659] OLG Hamm v. 12. 1. 2000, VersR 2000, 1492.

[660] OLG Köln v. 20. 11. 2001, NVersZ 2002, 270.

[661] OLG Frankfurt v. 25. 9. 2002, ZfS 2003, 297.

[662] BGH v. 23. 10. 1996, r+s 1997, 5 = VersR 1997, 102.

[663] BGH v. 17. 5. 1995, r+s 1995, 288 = VersR 1995, 909; BGH v. 23. 10. 1996, r+s 1997, 5 = VersR 1997, 102.

[664] BGH v. 26. 6. 1996, r+s 1996, 341 = VersR 1996, 1135.

[665] BGH v. 13. 12. 1995, r+s 1996, 92 = VersR 1996, 319.

Wahrscheinlichkeit für das Vortäuschen des Versicherungsfalles besteht. Bei diesem durch den VR zu erbringenden Beweis kommt auch diesem eine Beweiserleichterung zu. Wie bereits erwähnt muss der VR konkrete Tatsachen nachweisen, die eine erhebliche Wahrscheinlichkeit für die Vortäuschung begründen. Der VR muss aber nicht den Beweis führen, dass der Versicherungsfall tatsächlich vorgetäuscht wurde. An eine **erhebliche Wahrscheinlichkeit** sind zwar mehr Anforderungen als an eine hohe Wahrscheinlichkeit zu stellen, jedoch weniger als an eine an Sicherheit grenzende Wahrscheinlichkeit. Eine solche erhebliche Wahrscheinlichkeit für eine Vortäuschung kann sich aus den Tatumständen oder/und der Person des VN bzw. der Tatbeteiligten ergeben. Hierfür hat die **Rechtsprechung** bisher folgende Umstände berücksichtigt[666]: Verurteilung wegen Steuerhinterziehung[667]; Langjährige Haftstrafe wegen begangener Wirtschaftsdelikte[668]; Falsche eidesstattliche Versicherung[669]; Frühere Beteiligung an manipulierten Verkehrsunfällen[670]; Der VN hat über mehrere Jahre eine Vielzahl von Versicherungsfällen gemeldet; Die polizeiliche Anzeige erfolgte erst eine Woche nach der Diebstahlsentdeckung[671]; Der VN hat widersprüchliche Angaben zum Schadenshergang bzw. zur Schadenshöhe gemacht[672]; Der VN hat falsche Angaben zu Vorschäden gemacht[673]; Der VN hat bei den Schadensbelegen Manipulationen vorgenommen[674]. Insbesondere können auch falsche und widersprüchliche Angaben zur Zahl und zu Kopien der Fahrzeugschlüssel ein gewichtiges Indiz für eine Vortäuschung sein.

(3) 3. Stufe: Vollbeweis durch Versicherungsnehmer: Gelingt dem VR dieser Gegenbeweis, **210** muss der **VN** nunmehr den vollen Beweis des Diebstahls ohne jegliche Beweiserleichterung[675] führen (sog. **Dritte Beweisstufe**). Dies wird i. d. R. nicht mehr gelingen, so dass sich ein solcher Prozess auf den ersten beiden Stufen entscheidet. Dieses Stufenmodell ist ständige Rechtsprechung des BGH[676]. Die genannten Beweisregeln gelten nur für den Nachweis der Schadensursache nicht auch für die Schadenshöhe. Hier liegt die uneingeschränkte Beweislast beim VN (allerdings mit den Erleichterungen des § 287 ZPO).

c) Entwendung mit anschließendem Brand. Im Bereich der Kaskoversicherung **211** kommen im Falle eines „kumulierten Schadens" Entwendung mit anschließendem Brand die unterschiedlichen Beweisregeln zusammen zur Anwendung. So können zwar im Rahmen der Beweisführung Indizien gegen eine Entwendung gleichzeitig als Indiz gegen eine Fremd- und für eine Eigenbrandstiftung gewertet werden[677], allerdings ist im Ausgangspunkt erst einmal davon auszugehen, dass nach der ständigen Rechtspr. die Tatbestände des § 12 AKB/A.2.2 AKB 2008 (Brand und Entwendung) **selbständig und gleichwertig** nebeneinander stehen[678]. Das bedeutet, dass der VN, der den Tatbestand der Entwendung nicht beweisen kann, immer noch unter dem Gesichtspunkt des Fahrzeugverlustes durch Brand Anspruch auf die Versicherungsleistung haben kann[679].

Die Beweisregeln zur Entwendung gelten für mutwillige Schäden am Fahrzeug nicht. Dies **212** ist konsequent, da es sich um Sonderregeln handelt, die nur aus der Sondersituation der Ent-

[666] Vgl. im Einzelnen *Berz/Burmann/Burmann,* Handbuch, 7 C Rn. 48 ff.
[667] OLG Hamm v. 7. 12. 1983, VersR 1984, 727.
[668] OLG Köln v. 16. 12. 1993, r+s 1994, 208; OLG Stuttgart v. 7. 2. 1991, r+s 1992, 331.
[669] OLG Hamm v. 22. 9. 1993, VersR 1994, 854.
[670] OLG Hamm v. 15. 11. 1991, VersR 1992, 819.
[671] OLG Hamm v. 31. 5. 1985, VersR 1987, 352.
[672] OLG Köln v. 12. 12. 1991, r+s 1992, 44.
[673] OLG Stuttgart v. 16. 12. 1993, r+s 1992, 331; OLG Hamm v. 28. 5. 1980, VersR 1981, 176.
[674] OLG Hamm v. 21. 9. 1990, VersR 1991, 993.
[675] *Demuth,* S. 30.
[676] BGH v. 12. 4. 1989, r+s 1990, 130.
[677] BGH v. 8. 11. 1995, NJW-RR 1996, 275 = VersR 1996, 186; OLG Hamm v. 18. 1. 1993, VersR 1994, 212; OLG Hamm v. 10. 12. 1993, VersR 1994, 1223; OLG Nürnberg v. 1. 4. 1993, VersR 1994, 87; vgl. *Rüther* § 23 Rn. 230 ff.
[678] BGH v. 15. 12. 1982, NJW 1983, 943; BGH v. 31. 10. 1984, NJW 1985, 917.
[679] S. § 16 Rn. 114.

Heß/Höke

wendung heraus entwickelt worden sind und deren Anwendung hierauf beschränkt ist. Der VN muss daher den Brand – bzw. Zerstörungsfall voll (§ 286 ZPO) nachweisen, was er in der Regel aber kann. Wendet der VR ein, dass der VN den Brand vorsätzlich gelegt hat, muss er dies (Vollbeweis nach § 286 ZPO) beweisen. Dieser Beweis ist nicht schon dann erbracht, wenn der VN die Entwendung nicht bewiesen hat[680]. Hat der VR Tatsachen bewiesen, aus denen sich die erhebliche Wahrscheinlichkeit für die Vortäuschung einer Entwendung ergibt, so ist dieser Umstand allerdings auch bei dem Nachweis einer Eigenbrandstiftung von erheblicher Bedeutung[681]. Eine Umkehr der Beweislast tritt aber nicht ein.

213   **d) Naturereignisse (§ 12 Abs. 1 I c AKB/A.2.2.3 AKB 2008).** Die in § 12 Abs. 1 c AKB/A.2.2.3 AKB 2008 genannten Naturereignisse (Sturm[682], Hagel, Blitzschlag oder Überschwemmung[683]) werden von der Teilkasko gedeckt. Um Versicherungsschutz zu erhalten ist Unmittelbarkeit zwischen dem Ursachenereignis und dem Erfolg gefordert. Davon ist auszugehen, wenn keine weitere Ursache dazwischen tritt[684]. Die zeitlich letzte Ursache muss stets das Naturereignis sein[685]. Vom Versicherungsschutz für Naturereignisse sind sämtliche Fälle erfasst, in denen durch Sachen Schäden am versicherten Fahrzeug entstehen, wenn die beschädigenden Sachen durch unmittelbare Einwirkung der Naturgewalt bewegt werden. Dementsprechend ist der Ersatz von Schäden ausgeschlossen, die auf ein durch diese Naturgewalten veranlasstes Verhalten des Fahrers zurückzuführen sind (§ 12 Abs. 1 I c Satz 4 AKB/A.2.2.3 S. 4 AKB 2008). Die Aufzählung der Naturgewalten in § 12 AKB/A.2.2.3 AKB ist abschließend, so dass z. B. Erbeben und Lawinenabgänge nicht erfasst sind[686].

214   **e) Wildschäden (§ 12 Abs. 1 I d AKB/A.2.2.4 AKB 2008).** *aa) Zusammenstoß mit Wild:* Ebenfalls von der Teilkaskoversicherung umfasst ist der Zusammenstoß des in Bewegung befindlichen Fahrzeuges mit Haarwild i. S. d. § 2 Abs. 1 Nr. 1 des BundesjagdG (§ 12 Abs. 1 Ziff. I d AKB; Hasen, Rehe, Füchse, Wildschweine, Dachse, Marder). Stets ist erforderlich, dass es zu einer Berührung zwischen dem Kfz und dem Haarwild gekommen ist. Das Fahrzeug muss, im Gegensatz zum Tier[687] – **in Bewegung** gewesen sein. Die Fahrzeugschäden müssen mit dem Zusammenstoß in einem adäquaten Ursachenzusammenhang stehen.

Darlegung – und beweisbelastet für diesen Zusammenstoss ist der VN, wobei z. B. bei Zusammenstößen mit größeren Tieren (Wildschwein, Hirsch) auch die Grundsätze des Anscheinsbeweises zur Seite stehen können[688].

Ein Wildunfall ist auch dann gegeben, wenn der Zusammenstoss mit dem Wild nur die Ursache für ein späteres zum Unfall führendes Verhalten des Fahrer war[689]. Bei einer grob fahrlässigen Überreaktion des Fahrers, die den Unfall (Versicherungsfall) herbeiführt, – vom VR zu beweisen – besteht gem. § 61 VVG a. F. kein Leistungsanspruch[690] bzw. nach § 81 VVG 2008 ein Leistungskürzungsrecht.

---

[680] BGH v. 15. 12. 1982, NJW 1983, 943; OLG Naumburg v. 17. 2. 2000, VersR 2001, 500.

[681] BGH v. 31. 10. 1984, VersR 1985, 78; OLG Hamm v. 21. 10. 1998, VersR 1999, 1358; OLG Nürnberg v. 1. 4. 1993, ZfS 1994, 173; OLG Köln v. 13. 8. 1996, VersR 1997, 444; *van Bühren/Römer,* Handbuch Verkehrsrecht, Teil 7, Rn. 314; siehe im einzelnen § 16 Rn. 111f.

[682] Wetterbedingte Luftbewegung von mindestens Windstärke 8 (§ 12 Abs. 1 I c Satz 2 AKB); OLG Celle v. 14. 7. 1978, VersR 1979, 178.

[683] Weite Auslegung: BGH v. 21. 5. 1964, VersR 1964, 712; OLG Celle v. 14. 7. 1978, VersR 1979, 178.

[684] BGH v. 19. 10. 1983, VersR 1984, 28 = NJW 1984, 369 = MDR 1984, 297.

[685] OLG Köln v. 1. 12. 1998, NVersZ 1999, 485; *Bauer, Rn.* 1062.

[686] Bei Erbeben greift im Übrigen der Risikoausschluss des § 2 Abs. 3a AKB ein.

[687] Str. ist, ob die Wildschadensklausel auch für das schon tote Tier gilt: dafür: OLG Nürnberg v. 27. 1. 1994, VersR 1994, 929; OLG Düsseldorf v. 18. 12. 1984, VersR 1985, 851; dagegen: OLG München v. 31. 1. 1986, VersR 1986, 863.

[688] BGH v. 18. 12. 1991, r+s 1992, 82 = VersR 1992, 349 – verneint bei einem Porsche (90 bis 100 km/h) mit einem Wildhasen.

[689] BGH v. 18. 12. 1991, VersR 1992, 349; *van Bühren/Boudon,* § 2 Rn. 147.

[690] BGH v. 18. 12. 1991, VersR 1992, 349.

Wird das Wild im Verlauf eines anderweitig verursachten Schleudervorfalles erfasst, handelt es sich nicht um einen von der Teilkasko gedeckten Schaden[691].

bb) Rettungskosten: (1) Bisherige Rechtslage: Seit der Entscheidung des BGH vom 20. 2.   **215**
1991[692] ist nach der Vorerstreckungstheorie (Vorerstreckung deshalb, weil §§ 62, 63 VVG auch schon vor Eintritt des Versicherungsfalles angewandt werden) anerkannt, dass auch bei **fehlendem Zusammenstoß** mit dem Wild ein Anspruch auf **Rettungskostenersatz** bestehen kann, wenn

– der Versicherungsfall (Wildunfall) unmittelbar bevorsteht (Vorerstreckung)
– und der VN die Aufwendungen nach den Umständen für geboten halten durfte (§ 63 Abs. 1 S. 1 VVG) – angemessenes Verhältnis zwischen Aufwand und Gefährdung zum möglichen Schaden[693].

Ob Rettungskosten erstattet werden, hängt somit davon ab, ob der VN das Ausweichmanöver für geboten halten durfte. Ein riskantes Ausweichmanöver wegen kleinwüchsigen Wildes (Kaninchen, Fuchs etc.) hat daher in der Regeln zu unterbleiben[694]. Bei der Prüfung kommt es darauf an, ob dem VN insoweit ein grob fahrlässiges Verhalten anzulasten ist[695]. Diese Frage ist nicht nur von der Größe des Tieres, sondern auch von der Geschwindigkeit und dem Fahrzeug abhängig. So kann die Frage bei einem PKW[696] anders als bei einem Motorrad[697] zu beantworten sein.

Der **Nachweis** der Voraussetzungen eines Rettungskostenersatzes obliegt dem VN, ohne dass diesem Beweiserleichterungen zugute kommen[698].

Der Rettungskostenersatz hängt gem. § 63 VVG davon ab, dass in der Person des Fahrers die Voraussetzungen erfüllt sein müssen. Sind Fahrer und VN personenverschieden, kommt es somit nicht darauf an, ob der Fahrer Repräsentant des VNs ist[699].

(2) Neue Rechtslage: Im neuen Recht ist die Vorerstreckungslehre nun in § 90 VVG gesetz-   **216**
lich geregelt. Gleichzeitig wird klargestellt, dass sie für die Haftpflichtversicherung keine Geltung beanspruchen kann[700], was unter der Geltung des § 62 VVG a. F. unklar war[701].

Während unter der Geltung des § 62 VVG a. F. die Vorerstreckungstheorie dahingehend ausgelegt wurde, dass der VN unter Umständen auch verpflichtet ist, bereits zu einem früheren Zeitpunkt als beim Eintritt des Versicherungsfalles Rettungsmaßnahmen zu ergreifen[702], lässt sich aus § 90 VVG eine Verpflichtung des VN, Rettungsmaßnahmen zu ergreifen, nicht ableiten. § 90 VVG billigt seinem Wortlaut nach dem VN einen Anspruch auf Ersatz von Aufwendungen zu, die er im Hinblick auf einen unmittelbar bevorstehenden Versicherungsfall getätigt hat. Eine Verpflichtung, tätig zu werden, ergibt sich aus dem Wortlaut nicht und

---

[691] OLG Nürnberg v. 13. 3. 1980, VersR 1981, 1069 = NJW 1980, 1857; OLG Frankfurt v. 7. 3. 1984, VersR 1985, 851; OLG Düsseldorf v. 18. 12. 1984, VersR 1985, 851.

[692] VersR 1991, 459; zur Vorerstreckung in der Reformdiskussion, vgl. *Schimikowski,* r+s 2003, 133 ff.

[693] BGH v. 18. 12. 1996, VersR 1997, 351; OLG Köln v. 17. 12. 1996, r+s 1997, 52.

[694] BGH v. 18. 12. 1996, VersR 1997, 351; OLG Köln v. 16. 6. 1998, r+s 1998, 365; OLG Karlsruhe v. 4. 3. 1999, r+s 1999, 404; OLG Karlsruhe v. 20. 11. 1986, 1987, 156.; ein Ausweichen wegen eines Dachses ist nicht geboten OLG Frankfurt v. 5. 5. 1994, ZfS 1995, 342; OLG Bremen v. 17. 9. 2002, r+s 2003, 276; auf den Gesichtspunkt des Tierschutzes kommt es im Versicherungsrecht nicht an – so aber LG Marburg v. 3. 3. 1994, NJW-RR 1994, 805 = r+s 1995, 50.

[695] BGH v. 18. 12. 1996, r+s 1997, 98 = VersR 1997, 351.

[696] Siehe BGH v. 18. 12. 1996, r+s 1997, 98 = VersR 1997, 351 (grobe Fahrlässigkeit bei einem plötzlichen Ausweichmanöver vor einem Hasen bejaht).

[697] OLG Hamm v. 3. 5. 2001, NVersZ 2002, 456 = r+s 2001, 495 – grobe Fahrlässigkeit bei Ausweichen vor einem Fuchs.

[698] OLG Düsseldorf v. 3. 5. 2000, NVersZ 2000, 579 = VersR 2001, 322; OLG Saarbrücken v. 10. 10. 2001, Zfs 2002, 143.

[699] BGH v. 25. 6. 2003, r+s 2003, 1406 = VersR 2003, 1250; OLG Hamm v. 12. 12. 1997, r+s 1998, 53 = VersR 1999, 46.

[700] *Rixecker,* zfs 2007, 256.

[701] Insoweit offengelassen von BGH, zfs 2005, 250.

[702] *Römer* in: *Römer/Langheid,* § 62 VVVG, Rn. 2.

ist ausweislich der Begründung des Regierungsentwurfes auch nicht vom Gesetzgeber beabsichtigt.

217   Ein Anspruch auf Ersatz von Rettungskosten setzt voraus, dass die Rettungshandlung objektiv auf die Vermeidung des Schadens abzielte. Es kommt nicht darauf an, ob der Erfolg auch subjektiv bezweckt war[703]. Der Aufwendungsersatzanspruch des VN hängt auch nicht davon ab, ob die Rettungsmaßnahme erfolgreich verlief. Wie sich aus § 83 Abs. 1 VVG 2008 ergibt, sind Aufwendungen des VN auch dann zu erstatten, wenn sie erfolglos blieben, sofern der VN sie den Umständen nach für geboten halten durfte. Insoweit wurde unter der Geltung des § 63 VVG a. F. überwiegend angenommen, dass ein Irrtum über die Tauglichkeit der Maßnahme oder ihrer Angemessenheit dem VN grundsätzlich nicht schade, es sei denn, der Irrtum beruhte auf grober Fahrlässigkeit[704].

Gemäß §§ 90, 83 II in Verbindung mit § 82 Abs. 3 S. 2 VVG 2008 ergibt sich, dass der VR berechtigt ist, den Aufwendungsersatz in dem Maße zu kürzen, in dem er berechtigt wäre, seine Leistung bei grob fahrlässiger Verletzung der Schadenabwendungs- und Schadenminderungspflicht zu kürzen. Von daher kann in den Fällen, in denen eine objektiv nicht gebotene Rettungshandlung vom VN unter grob fahrlässiger Verkennung der Sachlage als geboten angesehen wurde, eine Kürzung der Aufwendungen entsprechend den Grundsätzen zu § 81 VVG 2008 erfolgen.

218   Im Fall der grob fahrlässigen Verursachung erfolgt eine verhältnismäßige Reduzierung nach der Schwere der Schuld. Da es hier um Entscheidungen geht, die innerhalb von Sekundenbruchteilen vom VN in einer für ihn überraschend aufgetauchten Verkehrslage zu treffen sind, liegt es nahe, nur ein leichtes Maß der groben Fahrlässigkeit anzunehmen, so dass Kürzungen im Regelfall nur bis zu 25% berechtigt sein dürften[705]. Entscheidend für die Beurteilung des Maßes der groben Fahrlässigkeit sind insbesondere die Straßenverhältnisse und auch die gefahrene Geschwindigkeit. Handelt es sich um eine kurvenreiche, enge Straße, so ist unter Umständen durchaus die Annahme eines höheren Maßes an grober Fahrlässigkeit – maximal aber wohl nur ein mittleres Maß – gerechtfertigt. Entsprechendes gilt dann, wenn das Ausweichmanöver bei höheren Geschwindigkeiten erfolgte. Insoweit gilt der Grundsatz, dass je höher die gefahrene Geschwindigkeit, desto risikoreicher das Ausweichmanöver ist.

219   Zu berücksichtigen ist jedoch immer, dass abweichend vom bisherigen Recht der VR auch dann zur Leistung verpflichtet ist, wenn die grob fahrlässige Rettungshandlung weder für die Feststellung des Versicherungsfalles noch für die Feststellung oder den Umfang der Leistungspflicht ursächlich war. Hätte der VN bei ordnungsgemäßem Verhalten also den Fuchs überfahren, so sind auf jeden Fall die Kosten zu erstatten, die beim Überfahren des Fuchses entstanden wären. Für den Kausalitätsgegenbeweis obliegt allerdings dem VN die Beweislast[706].

Eine vollständige Leistungsfreiheit steht dem VR nach dem § 82 Abs. 3 S. 1 VVG 2008 nur dann zu, wenn er den Vorsatz nachweist.

Der Gesetzgeber führt die stringente Unterscheidung nach Vorsatz und grober Fahrlässigkeit für den Umfang der Leistungsfreiheit fort. Gleiches gilt auch für das Kausalitätserfordernis und den Fall der Arglist des § 82 Abs. 4 VVG 2008. Wenn die Kausalität der Obliegenheitsverletzung für den Schaden fehlt, besteht keine Leistungsfreiheit. Nur im Fall der Arglist entfällt das Kausalitätserfordernis.

220   Wie bei der Leistungsfreiheit wegen einer Gefahrerhöhung, § 26 Abs. 1 VVG 2008, trägt der VN die Beweislast für einen Fehlen der groben Fahrlässigkeit und der Versicherer die Beweislast für die Schwere der Schuld[707]. Insoweit ist das VVG 2008 einheitlich ausgerichtet.

Aufwendungen für Rettungsmaßnahmen sind auch dann zu erstatten, wenn nicht der VN die Rettungsmaßnahme durchführte, sondern ein Dritter. Weicht somit beispielsweise ein

---

[703] BGH, NJW 1997, 1012.

[704] BGH, NJW 1997, 1012; *Römer* in: *Römer/Langheid*, § 63 VVG, Rn. 7; *Voit/Knappmann* in: *Prölss/Martin*, § 63 VVG, Rn. 9.

[705] *Rixecker*, zfs 2007, 255 (256) hält Entschädigungsquoten von 2/3 bis ¾ für den Regelfall angezeigt.

[706] Regierungsentwurf S. 202.

[707] *Rixecker*, zfs 2007, 255 (256).

mit dem VN nicht identischer Fahrer mit dem Pkw des VN einem Wildschwein aus, so sind die dadurch infolge eines Unfalles eingetretenen Kosten zu erstatten[708].

§ 90 VVG 2008 stellt eine abdingbare Regelung dar. Anders als beim Anspruch nach § 83 VVG 2008 können daher abweichende Vereinbarungen zum Nachteil des VN getroffen werden. Da § 90 VVG 2008 keine Vorverlegung der Rettungsobliegenheit des § 82 Abs. 1, 2 VVG 2008 beinhaltet[709], kann der Anspruch auf Aufwendungsersatz auch in den Allgemeinen Versicherungsbedingen ausgeschlossen bzw. der Höhe nach beschränkt werden.

f) Glasbruch und Kabelschaden (§ 12 Abs. 2 AKB/A.2.2.5 f. AKB 2008). Die Ver- 221
glasung des Fahrzeugs setzt sich aus den Teilen zusammen, deren Funktion gerade durch die Lichtdurchlässigkeit des Glases oder eine Spiegelwirkung bestimmt wird. (Scheiben, Schlussleuchten, Scheinwerfer, Spiegel etc.)[710] Solche Bruchschäden sind gleichermaßen von der Teil- und der Vollkasko gedeckt[711]. Auch als Betriebs- bzw. Bremsschäden sind sie gedeckt. Selbst die im Ganzen entwendete Scheibe wird als Glasschaden gedeckt[712].

Bloße Kratzer werden dagegen nicht vom Versicherungsschutz erfasst.

Schäden an der **Verkabelung** durch Kurzschluss fallen unter den Versicherungsschutz.

g) Reifen (§ 12 Abs. 3 AKB a. F.). Schäden an den Reifen eines Fahrzeuges sind immer 222
nur dann von Teil- bzw. Vollkasko erfasst, wenn gleichzeitig auch ein anderer versicherungsschutzpflichtiger Schaden an dem Kfz entstanden ist[713].

3. Vollversicherung

Über die von der Teilkasko erfassten Schäden hinausgehend umfasst die Vollkasko zusätzlich solche Schäden, die durch einen **Unfall** oder durch **mut- bzw. böswillige Handlungen betriebsfremder Personen** entstanden sind.

a) Unfall (§ 12 Abs. 2 I e AKB/A.2.3.2 AKB 2008). In der Vollkaskoversicherung be- 223
steht Versicherungsschutz für Unfallschäden. **Unfall** ist ein unmittelbar von außen her plötzlich mit mechanischer Gewalt einwirkendes Ereignis. Im Rahmen des von der Vollkasko gedeckten Unfalles kann insbesondere die Abgrenzung zum Betriebsschaden in Form von Brems- oder Bruchschäden problematisch sein. **Betriebsschäden,** d. h. Brems-, Betriebs- und reine Bruchschäden sind nicht von der Vollkaskoversicherung gedeckt.

Der **Nachweis** des Versicherungsfalles „Unfall" obliegt dem VN, ohne dass er sich auf Beweiserleichterungen – wie bei der Entwendung – stützen kann[714].

aa) Die Unfreiwilligkeit: Die **Unfreiwilligkeit** gehört nicht zum Tatbestand eines Unfalles 224
i. S. d. AKB[715]. Dies hat Bedeutung für die Beweislast. Der VN muss nur den Tatbestand des Unfalles darlegen und beweisen (idR unproblematisch). Die Frage, ob der Unfall absichtlich[716] herbeigeführt worden ist, ist dagegen eine Frage des § 61 VVG/§ 81 VVG 2008, d. h. dem hierfür vom VR zu führenden Beweis[717].

Die vorsätzliche Herbeiführung des Versicherungsfalles hat ihre große praktische Bedeutung im **Versicherungsbetrug,** der eine ziel- und zweckgerichtete Verwirklichung des Versicherungsfalls durch vorsätzliches Handeln voraussetzt. Die verschiedenen Erscheinungsfor-

---

[708] BGH, NJW 1991, 1609.

[709] Regierungsentwurf S. 207.

[710] AG Stuttgart v. 10. 12. 1987, VersR 1988, 1019.; *Bauer,* Rn. 1667.

[711] OLG Hamburg v. 29. 6. 1971, VersR 1972, 241.

[712] *Stelzer,* VersR 1965, 756.

[713] § 12 Abs. 3 AKB – gleichzeitig – bei Diebstahl von Reifen besteht Versicherungsschutz – *Bauer,* Rn. 1069.

[714] OLG Köln v. 3. 3. 1998, r+s 1998, 406 –. Es fehlt an der für Diebstahlsfälle typischen Beweisnot.

[715] BGH v. 5. 2. 1981, VersR 1981, 450; OLG Köln v. 23. 2. 1989, VersR 1990, 1223.

[716] Vgl. zu den verschiedenen Formen der Unfallmanipulation; vgl. *van Bühren/Lemcke,* Handbuch und § 16 Rn. 97 f.

[717] BGH v. 5. 2. 1981, VersR 1981, 450, BGH v. 25. 6. 1997, r+s 1997, 446 OLG Köln v. 23. 2. 1989, r+s 1990, 150 = VersR 1990, 1223; vgl. im Einzelnen § 16 Rn. 97 ff.

men eines manipulierten Unfallereignisses fallen unter die Leistungsfreiheit des VRs gem. § 61 VVG/§ 81 VVG 2008[718].

225   Bei einer **Unfallmanipulation** kann eine Einteilung des Versicherungsbetruges in vier Hauptgruppen (gestellter, provozierter, fiktiver und ausgenutzter Fall) vorgenommen werden[719]. Bei einem **gestellten** Versicherungsfall wird das Schadensereignis absichtlich nach Verabredung herbeigeführt. Ein **provoziertes** Schadenereignis bezeichnet die Herbeiführung eines Unfalles durch ein einseitig doloses Verhalten, in dem die Unaufmerksamkeit eines an der Manipulation nicht beteiligten Dritten ausgenutzt wird. Bei einem **fingierten (fiktiven)** Schadensfall gibt es gar kein Schadensereignis, sondern dieses wird nur vorgetäuscht. Die **Ausnutzung eines Schadensereignisses** liegt vor, wenn ein echter Versicherungsfall ausgenutzt wird, um einen höheren Schaden geltend zu machen[720]. Bei den beiden zuletzt genannten Fallgruppen handelt es sich allerdings nicht um Fälle des § 61 VVG/81 VVG 2008. Im Fall eines fingierten (fiktiven) Schadensfalles ist ein Versicherungsfall gar nicht eingetreten, sondern wird lediglich vorgespiegelt. Bei einem ausgenutzten Versicherungsfall fehlt es in Höhe des erhöhten Schadens insoweit an einem eingetretenen Versicherungsfall. Fest steht, dass eine Eintrittspflicht des VR für keines dieser manipulierten Schadensereignisse besteht.

226   Die praktische Bedeutung der vorsätzlichen Herbeiführung des Versicherungsfalles besteht in der **Beweislast.** Während der VN den Versicherungsfall beweisen muss, obliegt dem VR der Nachweis der vorsätzlichen Herbeiführung[721]. Im Falle eines nur vorgespiegelten Versicherungsfalles, liegt die Beweislast für den Eintritt des Versicherungsfalles beim VN. Ist der Versicherungsfall aber unstreitig oder bewiesen, so liegt die Beweislast dafür, dass die Herbeiführung vorsätzlich erfolgt ist, beim VR.

227   *bb) Betriebsschaden:* **Die Abgrenzung** nicht versicherter Betriebsschäden **von** versicherten Unfallschäden **kann im Einzelfall schwierig sein.**
       Ein Unfall setzt ein von außen wirkende Ereignis voraus (Unfall ist somit auch der sog. Wasserschlag[722]). Den Gegensatz zu dem von außen wirkenden Ereignis bilden die sog **betriebsinternen Schäden, die nicht versichert sind.** Dies sind Schäden, die durch **normale Abnutzung, durch Material- oder Bedienungsfehler**[723] an dem Kfz entstehen. Solche Schäden sind Folge des normalen üblichen Betriebsrisikos. Hierzu gehören u. a. Schäden, die zwar durch Einwirkung mechanischer Gewalt entstanden sind, aber dennoch zum normalen Betrieb des Kfz gehören[724] wie durch Umstürzen der Ladung[725]; Umstürzen des Lkw[726]; Schäden am Fahrzeug durch Aufspringen der Motorhaube während der Fahrt[727].

---

[718] *Römer/Langheid-Langheid* § 61 Rn. 4.

[719] *van Bühren/Lemcke,* Anwaltshandbuch, Teil 6, Rn. 11 ff. m. w. N.; *Dannert,* r+s 1990, 361; *Lemcke,* r+s 1993, 121.

[720] *Römer/Langheid/Langheid,* § 61, Rn. 4.

[721] Zur Beweissituation vgl. noch unten; *Römer/Langheid,* § 61 Anm. 5.

[722] OLG Frankfurt v. 14. 12. 1965, VersR 1966, 437; OLG Hamm v. 31. 5. 1989, VersR 1990, 85 – hierbei gelangt hochgewirbeltes Wasser (Durchfahren einer Pfütze) in den Verbrennungsbereich des Motors und führt zum Schaden.

[723] OLG Koblenz v. 18. 6. 1999, r+s 1999, 359 = NVersZ 1999, 485 – entgegen der Anweisung des Herstellers wurde vor dem Abschleppen des Fahrzeuges die Gelenkwelle nicht demontiert.

[724] BGH v. 23. 10. 1968, NJW 1969, 96; BGH v. 6. 3. 1996, VersR 1996, 622; OLG Köln v. 25. 2. 2003, ZfS 2003, 355; Rechtsprechungsübersicht bei *Prölss/Martin/Knappmann,* 12 AKB Rn. 55 ff.; kritisch zu dieser Abgrenzung unter dem Gesichtspunkt der Auslegung Allgemeiner Versicherungsbedingungen *van Bühren/Römer,* Anwaltshandbuch, Teil 7 Rn. 336; *Hoffmann,* VersR 1998, 140 ff.

[725] OLG Hamm v. 28. 10. 1988, VersR 1989, 907; aber Unfallschaden, wenn Lkw beim Abkippen der Ladung Schäden davonträgt – BGH v. 5. 11. 1997, r+s 1998, 9 = VersR 1998, 179; OLG Celle v. 5. 3. 1998, r+s 1999, 360.

[726] OLG Köln v. 16. 11. 1989, VersR 1990, 414; OLG Celle v. 19. 1. 1973, VersR 1973, 535 – Betonmischer kippt bei Entleerung um; aber Unfallschaden, wenn der Lkw bei der Fahrt auf dem Baustellenweg einbricht.

[727] OLG Hamm v. 20. 1. 1989, VersR 1989, 836; OLG Karlsruhe v. 20. 2. 1997, r+s 1997, 407.

Der durch die Wahl des falschen Kraftstoffes entstehende Motorschaden ist nicht versicherter Betriebsschaden.[728]

Geklärt ist nun der Streit bei Schäden mit durch eine Achse verbundenen **Zugfahrzeug** und einem **Anhänger.** Der BGH hat entschieden[729], dass Pkw und Anhänger keine Betriebseinheit im technischen Sinne sind und deshalb eine Beschädigung des Pkw durch den Anhänger Unfall i. S. v. § 12 Abs. 1 II e AKB und nicht lediglich ein nicht versicherter Betriebsschaden ist.

b) Mut – oder böswillige Handlungen betriebfremder Personen (§ 12 Abs. 1 II f 228 AKB/A.2.3.3 AKB 2008). Bei Beschädigungen des Fahrzeuges oder dessen Teile durch mut- oder böswillige Handlungen betriebsfremder Personen besteht gem. § 12 Abs. 1 II f AKB/A.2.3.3 AKB 2008 Versicherungsschutz. Betriebsfremd ist, wer das Fahrzeug ohne Wissen und Willen des Halters benutzt und mit dem Betrieb oder der Betreuung des Fahrzeuges nichts zu tun hat. Nicht betriebsfremd ist, wer zwar nicht so wie geschehen mit dem Fahrzeug fahren darf, es aber mit Willen des Halters in Besitz hat. Der VN muss diesen Versicherungstatbestand – ohne dass ihm dafür Beweiserleichterungen wie bei der Entwendung zugute kommen, beweisen[730]. Der VR muss den Ausschluss, dass der Täter nicht betriebsfremd war, beweisen[731].

4. Einstehen für Dritte

a) Repräsentant. *aa) Voraussetzungen:* Der Versicherungsfall kann vom VN oder einer **229** Person, deren Verhalten sich der VN zurechnen lassen muss, herbeigeführt worden sein. Dem Versicherungsvertragsrecht ist die Zurechnung des Verhaltens und des Verschuldens Dritter zu Lasten des VN vom Ansatz her fremd. Wird der Versicherungsfall durch eine versicherte Person herbeigeführt, so schadet ihr Verhalten grundsätzlich nur ihr selbst (§ 79 Abs. 1 VVG/§ 47 Abs. 1 VVG 2008 – beschränkt auf sein versichertes Interesse) und nicht dem VN. Gleichwohl findet unter bestimmten – engen – Voraussetzungen eine Zurechnung des Verhaltens Dritter statt. So muss der VN u. a. für seinen Repräsentanten einstehen. Streitig ist, für welche Dritten und in welchem Umfang der VN haften soll[732].

Die Probleme bei der Zurechnung des Verhaltens Dritter zum VN haben im Versicherungsrecht zu der Entwicklung der Figur des sog. **Repräsentanten** geführt[733].

Die maßgebenden Kriterien zur Bestimmung der Repräsentanteneigenschaft sind die **Ob- 230 huts- und die Vertragsverwaltung.** Der Begriff des Repräsentanten bzw. die Anforderungen an die Repräsentanteneigenschaft haben sich im Laufe der Zeit gewandelt[734]. Der BGH hat in seiner grundlegenden Entscheidung vom 21. 4. 1993[735] das kumulative Erfordernis der Risiko- **und** der Vertragsverwaltung aufgegeben. Der Tatbestand kann somit auch alternativ (nicht mehr kumulativ) durch Risiko- **oder** durch Vertragsverwaltung verwirklicht werden. Repräsentant kann sowohl grundsätzlich derjenige sein, der befugt ist, auf das Schicksal des Versicherungsvertrages Einfluss zu nehmen, als auch derjenige, der die tatsächliche Obhut

---

[728] BGH v. 25. 6. 2003, VersR 2003, 1031.
[729] BGH v. 6. 3. 1996, VersR 1996, 622; OLG Hamm v. 16. 12. 1994, VersR 1996, 447; OLG Schleswig v. 30. 11. 1994, VersR 1995, 1346; OLG Oldenburg v. 13. 11. 1996, NJW-RR 1997, 283.
[730] BGH v. 25. 6. 1997, VersR 1997, 1095.
[731] BGH v. 25. 6. 1997, VersR 1997, 1095; OLG Oldenburg v. 10. 11. 1999, NVersZ 2000, 580 = VersR 2000, 1535; *Lücke,* NVersZ 1998, 109 m. w. N.
[732] Eine ausführliche Darstellung der Haftung des VN für Dritte erfolgt bei *Looschelders,* § 17; allgemein zur Repräsentantenhaftung vgl. auch *Lücke,* VersR 1993, 1098; *Knappmann,* NJW 1994, 3147; *Knappmann,* VersR 1997, 261; *Römer,* NZV 1993, 249.
[733] *Prölss/Martin/Prölss,* § 6 Rn. 57 ff.; BGH v. 26. 4. 1989, NJW 1989, 1861; BGH v. 24. 4. 1993, NJW 1993, 1862; *Knappmann,* VersR 1997, 261; *Looschelders,* VersR 1999, 666.
[734] Vgl. dazu im einzelnen § 16 Rn. 27 ff.
[735] BGH v. 24. 4. 1993, BGHZ 122, 253 =VersR 1993, 828 = r+s 1993, 321 = NJW 1993, 1862; Anm. *Johannsen,* DZWir 1994, 249; ablehnende Anm. *Lücke,* VersR 1993, 1098, der nicht zu Unrecht darauf hinweist, dass hierdurch die Grenzen zum Wissensvertreter/Wissenserklärungsvertreter verwischt werden.

inne hat[736]. Danach kann nun auch die bloße tatsächliche Obhut ebenso wie die Vertragsverwaltung[737] jeweils für sich zur Begründung einer Repräsentanteneigenschaft ausreichen. Dieser Rechtsprechung ist zuzustimmen, da es der Dritte mit seinem Verhalten in den Händen
hat, ob sich das Gefahrpotential des versicherten Risikos in seiner Obhut verwirklicht oder
nicht[738]. Im Gegensatz zur früheren Rechtsprechung kann somit auch Repräsentant sein, wer
nicht Rechte und Pflichten aus dem Versicherungsvertrag wahrzunehmen hat. Allerdings
führt nicht jede bloße und noch so kurzfristige Gebrauchsüberlassung durch den VN bereits
zur Repräsentanteneigenschaft des Dritten. Erforderlich ist vielmehr die Übertragung der gesamten Risikoverwaltung für gewisse Dauer[739]. Hieraus folgt gleichzeitig, dass der VN dem
Dritten die **alleinige Obhut** über die versicherte Sache überlassen muss[740]. Hierzu gehört
auch, dass der Repräsentant berechtigt und verpflichtet ist, die zur Er- und Unterhaltung notwendigen Arbeiten in Auftrag zu geben[741]. Für die Obhuts- und Risikoverwaltung kommt es
nicht darauf an, wer die finanziellen Lasten der versicherten Sache (bei Kfz z. B. Steuer, Versicherung, Kaufpreis etc.) trägt. Maßgeblich ist dafür ist die tatsächliche Betreuung, d. h. ob die
wesentlichen Aufgaben und Befugnisse dem Dritten zur selbständigen umfassenden Erledigung übertragen worden sind[742]

231   Liegt eine Repräsentanz vor, so werden **alle Handlungen des Repräsentanten** dem VN
zugerechnet. Ein sog. Repräsentantenexzess ist nicht anzuerkennen[743]. Somit ist auch die
Unfallflucht dem VN zuzurechnen, da auch die Wartepflicht nach einem Unfall zur Risikoverwaltung gehört[744].

Die **Beweislast** für die Tatsachen, aus denen sich die Repräsentantenstellung ergibt, liegt
beim VR[745].

232   *bb) Rechtsprechung zum Repräsentanten:* **Familienangehörige** (auch Lebensgefährten;
Haus- und Wohngenossen) sind grundsätzlich nicht als Repräsentanten anzusehen, da diese
in der Regel nur eine Mitobhut über die versicherten Sachen haben. Der VN wird sich regelmäßig nicht – wie erforderlich – von jedweder Risikoverwaltung und Benutzung zurückgezogen haben[746].

---

[736] BGH v. 24. 4. 1993, VersR 1993, 828.(LS 1) „Im Versicherungsrecht ist Repräsentant, wer in dem
Geschäftsbereich, zu dem das versicherte Risiko gehört, aufgrund eines Vertretungs- oder ähnlichen Verhältnisses an die Stelle des VN getreten ist. Die bloße Überlassung der Obhut über die versicherte Sache
reicht hierbei nicht aus. Repräsentant kann nur sein, wer befugt ist, selbständig in einem gewissen, nicht
ganz unbedeutenden Umfang für den VN zu handeln (Risikoverwaltung). Es braucht nicht noch hinzuzutreten, dass der Dritte auch Rechte und Pflichten aus dem VV wahrzunehmen hat.
(2) Übt der Dritte aufgrund eines Vertretungs- oder ähnlichen Verhältnisses die Verwaltung des VV eigenverantwortlich aus, kann dies unabhängig von einer Übergabe der versicherten Sache für Repräsentantenstellung sprechen." Differenziert OLG Hamm v. 2. 11. 1994, VersR 1995, 1348 mit Hinweis auf
Lücke, VersR 1993, 1098.
[737] So im Fall des OLG Köln v. 27. 9. 2002, r+s 2003, 56.
[738] *Römer/Langheid/Langheid*, § 61 Rn. 19.
[739] BGH v. 10. 7. 1996, VersR 1996, 1229; m. w. N. und ausführlicher Rechtsprechungsübersicht s. *Looschelders*, § 17.
[740] *Römer/Langheid/Langheid*, § 61 Rn. 20.
[741] BGH v. 10. 7. 1996, ZfS 1996, 418 = VersR 1996, 1229.
[742] BGH v. 10. 7. 1996, r+s 1996, 385 = VersR 1996, 1229.
[743] *Römer/Langheid/Langheid*, § 61 Rn. 22; a. A. OLG Köln v. 19. 9. 1995, r+s 1995, 402.
[744] BGH v. 10. 7. 1996, r+s 1996, 385 = VersR 1996, 1229; *van Bühren*, § 1 Rn. 259.
[745] OLG Hamm v. 26. 10. 1994, NJW-RR 1995, 602; OLG Koblenz v. 20. 11. 1998 NJW-RR 1999,
536.
[746] BGH v. 2. 5. 1990, VersR 1990, 736 = r+s 1990, 242; OLG Hamm v. 6. 9. 1989, VersR 1990, 420 =
r+s 1990, 133 (Lebensgefährte in der Hausratversicherung); OLG Hamm v. 24. 1. 1990, r+s 1992, 243;
(Ehegatte, Kinder); OLG Köln v. 3. 6. 2002, r+s 2003, 279 – Sohn kein Repräsentant bei einem Firmenfahrzeug auf das mehrere Mitarbeiter Zugriff haben, selbst wenn er alleiniger Nutzer ist; für Ehegatten als
Repräsentant OLG Karlsruhe v. 16. 3. 1995, r+s 1995, 442. *Knappmann*, VersR 1997, 261; OLG Karlsruhe v. 20. 11. 1997, r+s 1998, 162 mit ablehnender Anm. *Knappmann*.

Leitende Mitarbeiter sind unter den dargestellten Voraussetzungen ebenfalls Repräsentanten[747]. Allerdings reicht **allein** die Tatsache, dass ein Außendienstmitarbeiter einen Firmenwagen zur Verfügung hat, noch nicht aus[748] Der Betriebsleiter einer GmbH ist Repräsentant der GmbH wenn er
- eine herausgehobene Stellung als Betriebsleiter hat
- das Kfz allein beruflich und privat nutzt
- bei der Anschaffung des Kfz eine Zuzahlung leistet
- später – nach Übernahme der Geschäftsanteile – die Firma fortführt[749].

Zu beachten ist, dass – soweit eine juristische Person VN ist – für deren gesetzliche Vertreter/Organe wie Vorstand (z. B. AG) oder Geschäftführer (GmbH) die Zurechnung zur juristischen Person/VN bereits über § 31 BGB erfolgt. Ein Rückgriff auf die Rechtsfigur des Repräsentanten ist für den **gesetzlichen Vertreter** nicht erforderlich[750].

In der **Kraftfahrt-Haftpflichtversicherung** ist der Fahrer grundsätzlich kein Repräsen-   **233** tant des Halters, sondern mitversichert (§ 10 Nr. 2 c AKB/A.1.2 c AKB 2008)[751].

Für die **Kaskoversicherung** gilt, dass nicht jede bloß kurzfristige Gebrauchsüberlassung bereits zur Repräsentanz eines Dritten führt. Auch in der Kaskoversicherung ist daher der Fahrer regelmäßig nicht Repräsentant des VN[752]. Voraussetzung für eine Repräsentantenstellung ist die alleinige Verantwortung für das Fahrzeug[753]. Es reicht dabei noch nicht aus, dass dem Dritten das Fahrzeug übergeben worden ist. Es ist entscheidend, dass in dem Zeitraum, in dem der Sicherheitsstandard drastisch reduziert wird und dadurch der Versicherungsfall herbeigeführt wird, der Dritte die alleinige Risikoverwaltung über das versicherte Objekt übernommen hat. Generalisierende Zuordnungen können nicht getroffen werden, stets kommt es auf die Umstände des Einzelfalles an, d. h. inwieweit eine alleinige Risikoverwaltung übertragen wurde, an[754]. Repräsentant des VN ist auch (Vertragsverwaltung)[755],
- wer eigenverantwortlich die den Versicherungsvertrag für das Kfz betreffenden Entscheidungen trifft[756],
- wer sämtliche Versicherungsbeiträge anweist,
- die Versicherungsdoppelkarte auf ihn ausgestellt ist,
- alleiniger Halter des Pkw ist
- Ansprüche „aus seiner Vollkaskoversicherung" abtritt.

b) Der Mitversicherte. Nur wenn der **Mitversicherte** Repräsentant des VN ist, wird   **234** sein Verhalten diesem zugerechnet[757]. Entschädigt dann der VR den VN, so kann er z. B. bei dem grob fahrlässig handelnden Fahrer Regress nehmen. Der gesetzliche Forderungsübergang nach § 67 VVG/§ 86 VVG 2008 begründet hierbei aber keinen eigenen Anspruch des

---

[747] BGH v. 9. 4. 1997, r+s 1997, 294 (Betriebsleiter als Repräsentant); OLG Köln v. 19. 9. 1995, r+s 1995, 402; OLG Köln v. 24. 8. 1999, r+s 1999, 517 (Hausverwalter als Repräsentant).

[748] OLG Karlsruhe v. 17. 8. 1995, r+s 1995, 442; die Grenze ist dort überschritten, wo z. B. ein Handelsvertreter den Pkw ausschließlich zur eigenen – auch privaten Nutzung – zur Verfügung hat und auch allein und umfassend bestimmen kann (Reparaturen etc.) – OLG Koblenz v. 22. 12. 2000, VersR 2001, 1507.

[749] So im Fall des OLG Köln v. 20. 11. 2001, r+s 2002, 104.

[750] *Knappmann* VersR 1997, 261.

[751] BGH v. 20. 5. 1969, NJW 1969, 1387; vgl. hierzu *Römer* NZV 1993, 249 ff.

[752] Siehe *Heß/Höke* § 29 Rn. 376, st. Rechtspr. vgl. nur: BGH v. 21. 4. 1993, VersR 1993, 828 = r+s 1993, 321; OLG Hamm v. 25. 10. 1989, VersR 1990, 516; r+s 1992, 400; OLG Karlsruhe VersR 1992, 1391; OLG Köln r+s 1990, 192; VersR 1992, 996; OLG Oldenburg r+s 1997, 10.

[753] BGH v. 10. 7. 1996, VersR 1996, 1229; OLG Hamm v. 8. 3. 1995 VersR 1996, 225.

[754] BGH v. 16. 6. 1991, NJW-RR 91, 1307.

[755] Siehe OLG Köln v. 27. 9. 2002, r+s 2003, 56.

[756] So auch OLG Oldenburg v. 8. 3. 1995, r+s 1995, 331.

[757] BGH v. 10. 3. 1966, VersR 1966, 674; OLG Karlsruhe v. 4. 7. 1996, VersR 1997, 104; OLG Saarbrücken v. 9. 7. 1997, VersR 1998, 883 = NZV 1999, 131.

VR. Vielmehr ist es nur die Überleitungsvorschrift für den Übergang des Schadensersatzanspruches des VN gegenüber dem Fahrer[758].

235   Dem Mitversicherten schadet darüber hinaus gem. § 79 VVG/§ 47 VVG 2008 nicht nur eigenes Verschulden, sondern er muss sich auch ein Verschulden des VN **zurechnen** lassen[759]. Diese umfassende Zurechnung des Verhaltens des VN auf den Mitversicherten folgt daraus, dass dieser die Rechte aus der Versicherung in der Form hat, wie diese vom VN gestaltet worden sind und werden (Abhängigkeitsgrundsatz; Gleichstellung des Versicherten mit dem VN[760]). Eigenes Verschulden (z. B. grobe Fahrlässigkeit) des Mitversicherten führt nach § 79 Abs. 1 VVG/§ 47 Abs. 1 VVG 2008 zur Leistungsfreiheit des VR[761].

236   **c) Mehrheit von Versicherungsnehmern.** Gehört die versicherte Sache mehreren VN zur **gesamten Hand,** so erfolgt die umfassende Zurechnung auch von Handlungen nur eines VN auf die anderen VN/Mitversicherten[762]. Auf eine Repräsentanteneigenschaft kommt es dabei nicht an.

237   Bei **Bruchteilseigentum** wird dies unterschiedlich gesehen. Teilweise wird auch für diesen Fall eine umfassende Zurechnung vertreten[763], nach a. A. schadet das Verhalten eines Bruchteilseigentümers den anderen Bruchteilseigentümern nicht, wenn dieser kein Repräsentant war[764]. Dieser Auffassung ist zuzustimmen, da diese der Rechtsfigur des Bruchteilseigentums und der nicht notwendig gleichen Interessen der Bruchteilseigentümer eher entspricht.

238   **d) Wissenserklärungsvertreter (Angaben durch Dritte).** Hat nicht der VN, sondern ein Dritter die unrichtigen Angaben gegenüber dem VR gemacht, so geht es bei der Frage der **Zurechnung dieser Angaben** zu dem VN darum, ob der Dritte im Rahmen der Regulierung mit Einverständnis des VN für diesen die Erklärungen abgibt[765]. Voraussetzung für eine Zurechnung ist, dass der VN den Dritten beauftragt hat und der Dritte eine eigene Erklärung abgibt. Unter diesen Voraussetzungen wird das Fehlverhalten des Dritten dem VN wie eigenes zugerechnet. Der Dritte kann – muss aber nicht – Repräsentant des VN sein[766]. Bedient sich der VN für einzelne Angaben oder sogar für die ganze Schadensanzeige eines Dritten, so kommt es zu einer Zurechnung unrichtiger Angaben gegenüber dem VR über die Rechtsfigur des sog. Wissenserklärungsvertreters (entsprechende Anwendung von § 166 BGB). **Wissenserklärungsvertreter ist,** wer vom VN mit der Erfüllung von dessen Obliegenheiten und zur Abgabe von Erklärungen an Stelle des VN betraut worden ist[767]. Füllt der Wissenserklärungsvertreter das Formular (oder bestimmte Fragen) nach Weisungen des VN aus, so kommt es wiederum auf den Kenntnisstand des VN an[768]. Die Verschuldensvermutung des § 6 VVG/§ 28 VVG 2008 gilt auch für den Dritten.

Es muss sich aber immer um die Erklärung des Dritten handeln. Keine Wissenserklärungsvertretung, sondern **Schreibhilfe für den VN** ist es daher, wenn der Dritte das Formular zwar ausfüllt, der VN aber unterschreibt[769].

---

[758] Vgl. im Einzelnen Rn. 241 ff.

[759] BGH v. 18. 9. 1991, VersR 1991, 1404 = r+s 1991, 423.

[760] Ausnahmen vgl. Realgläubiger § 102 Abs. 1 VVG; Regelungen in Sicherungsscheinen.

[761] OLG Köln v. 11. 4. 1994, VersR 1994, 1097.

[762] OLG Hamm v. 28. 1. 1987, r+s 1987, 167.

[763] *Martin,* SVR O II Rn. 16.

[764] *Prölss/Martin/Prölss,* § 6 Rn. 39; *Römer/Langheid/Römer,* § 61 Rn. 37; so auch ÖOGH v. 29. 10. 1997, VersR 1998, 1535.

[765] BGH v. 2. 6. 1993, r+s 1993, 281, der Ehegatte als solcher ist nicht automatisch Wissenserklärungsvertreter.

[766] *Knappmann,* VersR 1997, 263.

[767] BGH v. 2. 6. 1993, r+s 1993, 281 = VersR 1993, 960.

[768] OLG Hamm v. 24. 6. 1998, r+s 1998, 491 (VN schiebt uninformierten Dritten bei der Ausfüllung des Schadensformulars vor).

[769] BGH v. 14. 12. 1994, VersR 1995, 281; OLG Köln v. 12. 5. 1998, VersR 1999, 704; dies gilt auch, wenn der VN ungeprüft und ungelesen, oder blanko unterschreibt.

e) Wissensvertreter. Beauftragt der VN einen Dritten mit bestimmten Auflagen, so 239 muss sich entsprechend § 166 BGB die Kenntnisse zurechnen lassen, die dieser bei der Erledigung dieser Aufgaben erlangt[770].

f) Zurechnung der Kenntnisse des Agenten. In der Praxis wirkt der Versicherungs- 240 agent bei der Ausfüllung des Schadensformulars häufig mit (teilweise füllt er es sogar aus). Nach der sog. Auge und Ohr Rechtsprechung wird dem VR das, was dem Agenten im Rahmen seiner dienstlichen Tätigkeit zur Kenntnis gelangt, wie eigenes Wissen zugerechnet[771]. Diese Rechtsprechung ist auch auf Angaben in der Schadensanzeige anzuwenden. Es ist daher unschädlich, wenn das Formular unrichtige Angaben enthält, der Agent aber von dem VN mündlich zutreffend informiert worden ist[772]. § 70 VVG 2008 normiert die Auge-und-Ohr-Rechtsprechung nun im VVG. Nach § 69 Abs. 3 VVG 2008 obliegt es dem VR zu beweisen, dass der VN seine vorvertragliche Anzeigepflicht nach § 19 VVG 2008 verletzte oder Fragen falsch beantwortete. Für die anderen Willenserklärungen nach § 19 VVG 2008 trifft den VN die Beweislast. Im Prozess trägt also der VR die Beweislast dafür, dass sein Agent vom VN nicht zutreffend informiert worden ist[773]. Im Streit hat der VR somit zu beweisen, dass der Agent alles richtig aufgenommen hat. Die Grenze der Zurechnung der Kenntnis des Agenten liegt beim kollusiven Zusammenwirken zwischen VN und Agent zum Nachteil des VR[774]. Dies setzt voraus, dass der VN von dem treuwidrigen Verhalten des Agenten gegenüber dem VR weiß und dies auch will oder zumindest billigt[775]. Auf ein evident pflichtwidriges Verhalten des Agenten kann sich der VN auch nicht berufen (kein schutzwürdiges Vertrauen)[776].

VIII. Der Regress des Versicherers

1. Forderungsübergang (§ 67 VVG / § 86 VVG 2008)

Hat der VN aus dem Schadensfall einen Schadensersatzanspruch gegen einen Dritten, geht 241 dieser auf den VR über, soweit der VR den Schaden reguliert (§ 67 Abs. 1 S. 1 VVG / § 86 Abs. 1 S. 1 VVG 2008). Durch diesen Anspruchsübergang soll eine doppelte Entschädigung des VN genauso verhindert werden, wie auch einen Befreiung des Dritten von seiner Ersatzpflicht.

a) Der berechtigte Fahrer. Eine Beschränkung enthält § 15 Abs. 2 AKB für den **be-** 242 **rechtigten Fahrer** (Mieter und Entleiher) und andere in der Haftpflichtversicherung Mitversicherte. Gegen sie ist ein Regress des VR nur möglich, wenn sie den Versicherungsfall **vorsätzlich oder grob fahrlässig** herbeigeführt haben. Damit ist gewährleistet, dass die zur Führung oder Benutzung des Fahrzeugs berechtigten Personen nicht schlechter stehen als der VN nach § 61 VVG / § 81 VVG 2008[777]. Auch der angestellte Fahrer ist regelmäßig berechtigter Fahrer. Bei einem Regress sind aber die arbeitsrechtlichen Haftungsbeschränkungen zu beachten[778]. Danach hat der Arbeitnehmer zwar einen grob fahrlässig verursachten Schaden voll zu tragen[779]. Zugunsten des Arbeitnehmers greift jedoch eine Haftungserleichterung ein, wenn sein Verdienst in einem deutlichen Missverhältnis zum verwirklichten Schaden steht. Ein solches Missverhältnis kann vorliegen, wenn der Schaden höher als drei Brutto-

---

[770] *Knappmann,* VersR 1997, 265f.
[771] St. Rspr. BGH v. 11. 11. 1987, VersR 1988, 234.
[772] BGH v. 11. 11. 1987, VersR 1988, 234; OLG Hamm v. 13. 3. 1991, VersR 1992, 179; OLG Hamm v. 12. 11. 1991, VersR 1992, 729.
[773] Vgl. im einzelnen *Rüther* § 23.
[774] BGH v. 30. 1. 2002, NVersZ 2002, 254; OLG Hamm v. 17. 7. 1995, NJW-RR 1996, 406; OLG Schleswig v. 7. 7. 1994, VersR 1995, 406.
[775] BGH v. 30. 1. 2002, NVersZ 2002, 254; OLG Hamm v. 18. 9. 1997, r+s 1998, 186.
[776] BGH v. 30. 1. 2002, NVersZ 2002, 254.
[777] *Feyock/Jacobsen/Lemor,* § 15 AKB Rn. 12.
[778] *Bauer,* Rn. 1190.
[779] BAG, NJW 1998, 1810.

monatseinkommen des Arbeitnehmers ist[780]. Auch muss der VR haftungsbeschränkende Vereinbarungen des VN zu Gunsten Dritter (Fahrer) im üblichen Rahmen gegen sich gelten lassen. Hierunter fällt z. B. eine Haftungsfreistellung bei leichter Fahrlässigkeit. Eine Haftungsmilderung auf grobe Fahrlässigkeit überschreitet aber diesen üblichen Rahmen, insoweit tritt dann eine Leistungsfreiheit des VR gegenüber dem VN in entsprechender Anwendung des § 67 Abs. 1 S. 3 VVG/§ 86 Abs. 2 VVG 2008 ein (Verstoß gegen das sog. **Aufgabeverbot**)[781].

243   **b) Das Familienprivileg.** Ausgeschlossen ist der Forderungsübergang **nach § 67 Abs. 2 VVG a. F.** insbesondere dann, wenn der Schadensersatzanspruch des VN gegenüber einem mit ihm in **häuslicher Gemeinschaft** lebenden Familienangehörigen besteht, es sei denn, der Schaden wurde vorsätzlich verursacht[782]. Streitig war, ob dies auch für Partner einer nichtehelichen Lebensgemeinschaft gilt[783]. Dieser Streit ist nun hinfällig, da § 86 Abs. 3 VVG 2008 den Ausschluss des Regresses auf alle Mitglieder der häuslichen Gemeinschaft ausdehnt. Neu ist ferner, dass nicht der Anspruchsübergang ausgeschlossen ist, sondern nur der Regress des VR. Der VN verliert den Ersatzanspruch gegen den Schädiger, wenn er die Versicherungsleistung nicht in Anspruch nimmt[784]. Der VR erlangt dann, wenn das Familienprivileg eingreift, den nicht durchsetzbaren Anspruch. Voraussetzung für das Eingreifen des Familienprivilegs ist ferner, dass die häusliche Gemeinschaft bereits zum Zeitpunkt des Schadenfalles bestanden hat.

244   **c) Kongruenz.** Der Forderungsübergang erfasst nur Schadensersatzansprüche bezüglich solcher Schäden, die nach dem Kaskoversicherungsvertrag auszugleichen sind (**„insoweit"; Kongruenzprinzip**). Kongruente Schadenspositionen sind der Fahrzeugschaden (Reparaturkosten bzw. Wiederbeschaffungswert), technischer und merkantiler Minderwert, Abschleppkosten und Sachverständigenkosten[785].
Nicht kongruente – und damit nicht übergangsfähige – Schadenspositionen sind dagegen: Die Ansprüche des VN wegen Sachfolgeschäden z. B. Ersatz von Mietwagenkosten, Nutzungsausfall, Verdienstausfall, Prämiennachteile oder die Kostenpauschale[786]. Hat der VR die Entschädigung um eine vereinbarte Selbstbeteiligung gekürzt, so geht der Schadensersatzanspruch des VN vermindert um den Betrag der Selbstbeteiligung – also im Umfang der tatsächlichen Zahlung des Kaskoversicherers – auf den VR über[787].

245   **d) Das Aufgabeverbot als Obliegenheit, § 86 Abs. 2 VVG 2008.** Eine wesentliche Änderung zur bisherigen Rechtslage bringt § 86 Abs. 2 VVG 2008 mit sich. Nunmehr wird eine Obliegenheit des VN zur Wahrung des Ersatzanspruches des VR begründet. Bisher untersagte § 67 Abs. 1 S. 3 VVG a. F. dem VN lediglich, den Ersatzanspruch oder ein zu dessen Sicherung dienendes Recht aufzugeben. Der Gesetzgeber sah hierdurch das berechtigte Interesse des VR, sich bei den Dritten schadlos halten zu können, nicht ausreichend gewahrt. Das Aufgabeverbot des § 67 Abs. 1 S. 3 VVG a. F. ist nunmehr eindeutig als Obliegenheit ausgestaltet. Dem Versicherungsnehmer obliegt eine aktive Mitwirkung an der Geltendmachung des Regressanspruches. Der VN muss daher zukünftig den Ersatzanspruch bzw. ein zu dessen Sicherung begründetes Recht wahren. Dabei hat er insbesondere bestehende Formerfordernisse und Fristen zu beachten. Daneben besteht eine Mitwirkungspflicht bei der Durchsetzung des Anspruches. Beispielsweise nennt die Begründung des Regierungsentwurfes die Er-

---

[780] BAG, NZV 1999, 164.

[781] OLG Saarbrücken v. 17. 2. 2002, ZfS 2002, 296.

[782] *Bauer*, Rn. 1196.

[783] Dafür OLG Brandenburg v. 6. 3. 2002, VersR 2002, 839; OLG Brandeburg v. 6. 3. 2002, r+s 2002, 275 – jedenfalls bei gemeinsamer Erziehung gemeinsamer Kinder; a. A. OLG Hamm v. 22. 2. 1999, VersR 1999, 1410; OLG Koblenz v. 23. 12. 2002, VersR 2003, 1381.

[784] www.bmj.bund.de-media-archive-1320.pdf, S. 206.

[785] BGH v. 8. 12. 1981, VersR 1982, 283; BGH v. 29. 1. 1985, VersR 1985, 441.

[786] BGH v. 8. 12. 1981, VersR 1982, 283.

[787] *Feyock/Jacobsen/Lemor*, § 15 Rn. 22.

teilung von Auskünften, die zur Begründung des Ersatzanspruches notwendig sind[788]. Dies setzt aber voraus, dass wie bisher der Ersatzanspruch gegen den Dritten zunächst entstanden und nicht von vornherein zum Beispiel auf Grund einer zulässigen Vereinbarung zwischen VN und Dritten ausgeschlossen ist.

Gemäß § 86 Abs. 2 S. 2 VVG 2008 folgt in den Fällen der Obliegenheitsverletzung eine **246** Leistungsfreiheit des VR. Diese ist der Höhe nach grundsätzlich auf den ausgefallenen Regressanspruch beschränkt. Darüber hinaus ist eine vollständige Leistungsfreiheit des VR nur bei einer vorsätzlichen Obliegenheitsverletzung gegeben. Bei grober Fahrlässigkeit, deren Nichtvorliegen vom VN zu beweisen ist, tritt nur eine quotale Leistungsbefreiung ein. Voraussetzung für die Leistungsfreiheit ist ferner, dass das Verhalten des VN für die fehlende Durchsetzbarkeit des Regressanspruches ursächlich war. Hieran fehlt es, wenn der Anspruch schon deshalb nicht durchgesetzt werden konnte, weil der Schädiger insolvent war.

2. Quotenvorrecht des Versicherungsnehmers

a) Grundlagen. Das Quotenvorrecht[789] des VNs spielt in der Kraftfahrtversicherung eine **247** bedeutende Rolle für die Schadenregulierung. Zwar geht der Schadensersatzanspruch gem. § 67 Abs. 1 S. 1 VVG/§ 86 Abs. 1 S. 1 VVG 2008 im Umfang der erbrachten Leistungen auf den leistenden Kaskoversicherer über. Gem. § 67 Abs. 1 S. 2 VVG/§ 86 Abs. 1 S. 2 VVG 2008 darf dieser Übergang aber nicht zum Nachteil des Geschädigten geltend gemacht werden, d. h. dass insoweit keine Ansprüche auf den VR übergehen, als der Schaden durch die Versicherungsleistung nicht gedeckt ist[790]. Der Anspruchsübergang erfolgt erst dann, wenn der Ersatzanspruch zusammen mit der Versicherungsleistung den Schaden des Geschädigten übersteigt.

Bei voller Haftung des Schädigers stellt sich die Frage des Quotenvorrechtes nicht. Im Umfang der Leistung sind die Ansprüche auf den VR übergegangen. Seinen verbliebenen Schaden kann der VN in vollem Umfang gegen den Schädiger geltend machen. Hat der Kaskoversicherer auf einzelne Schadenspositionen sogar mehr geleistet (weil vertraglich vereinbart) als haftungsrechtlich gefordert werden kann (z. B. Neupreisentschädigung) entlastet diese Mehrleistung den Schädiger nicht und bleibt diesem gegenüber unberücksichtigt[791].

Kommt es aber zu einer **Haftungsquotelung** zwischen Schädiger und Geschädigtem/ **248** VN greift das Befriedigungsvorrecht des VN vor dem VR nach § 67 Abs. 1 S. 2 VVG/§ 86 Abs. 1 S. 2 VVG 2008 (Differenztheorie-Quotenvorrecht des VN)[792], d. h. ein Forderungsübergang auf den VR findet in der Höhe nicht statt, in der der VN nicht vom VR entschädigt worden ist. Erst nach Deckung des Schadens des VN durch die Versicherungsleistung und den Schadensersatzanspruch gegen den anderen Beteiligten kommt folglich der VR mit seinem Regressanspruch zum Zuge[793].

Das Quotenvorrecht wirkt sich nur auf den unmittelbaren Sachschaden (§§ 12, 13 AKB) aus. Quotenbevorrechtete Positionen sind[794]:
– Selbstbeteiligung
– Wertminderung
– Sachverständigenkosten
– Abschleppkosten
– Reparaturkosten (bei Abrechnung auf Wiederbeschaffungswert der Wiederbeschaffungsaufwand)

---

[788] www.bmj.bund.de-media-archive-1320.pdf, S. 205.

[789] Vgl. allgemein zum Quotenvorrecht in der Kaskoversicherung: *Ebert/Segger,* VersR 2001, 143; *van Bühren/Lemcke,* Handbuch, Teil 3 Rn. 338ff.; *Kirchhoff,* MDR 1998, 249; *Lachner,* ZfS 1999, 184.

[790] BGH v. 12. 1. 1982, VersR 1982, 283.

[791] *Van Bühren/Lemcke,* Handbuch, Teil 3, Rn. 340.

[792] BGHZ 13, 28; BGH v. 12. 1. 1982, VersR 1982, 383.

[793] St. Rspr. des BGH: BGH v. 18. 1. 1996, NJW 1966, 654; *Feyock/Jacobsen/Lemor,* § 15 AKB Rn. 23; *Prölss/Martin,* VVG § 67 Anm. 4 Ba.

[794] Vgl. auch *Fleischmann/Hillmann/Hillmann,* § 6 Rn. 24; *Berz/Burmann/Born,* Handbuch, § 3 A Rn. 7.

249   Bei den **Sachfolgeschäden** (insbesondere Mietwagenkosten, Nutzungsentschädigung; Kostenpauschale, sonst. Folgekosten wie z. B. Verlust des Schadensfreiheitsrabattes) ist die Kaskoentschädigung nicht zu berücksichtigen (hierauf wird vom VR nicht geleistet). Für diese Schäden steht dem Geschädigten der Anspruch in vollem Umfang (allerdings nur in Höhe der Haftungsquote) zu. Dies führt in der praktischen Umsetzung häufig dazu, dass bei einer geringen Haftungsquote (z. B. Betriebsgefahr mit 20 bis 25 %) der Geschädigte seinen unmittelbaren Sachschaden in vollem Umfang ersetzt bekommt und sich Abzüge in Höhe seiner Haftungsquote nur beim Sachfolgeschaden als Abzugsposition auswirken[795].

250   **b) Berechnungsbeispiel: (Mithaft des Geschädigten von 1/3)[796]**
Gesamtschaden:

– Reparaturkosten	8 559,90 €
– Abschleppkosten	62,50 €
– Wertminderung	850,00 €
– Sachverständigenkosten	324,00 €
– Unkostenpauschale	20,00 €
– Nutzungsausfall	528,00 €
	9 816,40 €

Schäden im Kaskobereich:

– Reparaturkosten	8 559,90 €
– Abschleppkosten	62,50 €
– Sachverständigenkosten	324,00 €
– Wertminderung	850,00 €
	9 796,40 €

Aufgrund der Haftungsquote hat der Schädiger hiervon 2/3 = 6 530,94 € zu ersetzen. Der Kaskoversicherer hat dem Geschädigten 8 322,40 € gezahlt (Abzug Neu für Alt; Selbstbehalt), so dass dem Geschädigten aus dem Schaden im Kaskobereich noch ein Restschaden in Höhe von 1 474,0 € (9 796,40 € abzüglich 8 322,40 €) bleibt. Diesen Betrag hat der Schädiger (dessen Haftpflichtversicherung) aus ihrer Schuld von 6 530,94 € dem Geschädigten zusätzlich zu ersetzen (der Restbetrag von 4 056,94 € steht aufgrund des gesetzlichen Forderungsüberganges gem. § 67 VVG/§ 86 VVG 2008 dem Kaskoversicherer des Geschädigten zu).
An Schäden außerhalb des Kaskobereiches fielen in dem Beispielfall nur 20 € Unkostenpauschale an. Diese Schäden hat der Schädiger zu 2/3, d. h. zu 13,33 € zu ersetzen. Trotz einer Mithaftung von einem Drittel, bekommt der Geschädigte daher aufgrund des ihm zustehenden Quotenvorrechtes bei der Inanspruchnahme seiner Kaskoversicherung seinen Schaden bis auf 1/3 der Unkostenpauschale d. h. bis auf 6,66 € vollständig ersetzt.

IX. Verzinsung

251   Eine **Zinspflicht,** die bisher nur für die Feuerversicherung angeordnet war (§ 94 VVG a. F.), wird nun in § 91 VVG n. F. allgemein auf die Sachversicherung erstreckt. Danach ist nun eine Entschädigung grundsätzlich gem. § 91 S. 2 VVG n. F. nach Ablauf eines Monats seit der Anzeige des Versicherungsfalles mit 4 % zu verzinsen. Unabhängig davon bleibt – wie bisher auch – die Möglichkeit, höhere Zinsen im Falle eines Verzuges nachzuweisen. Auch ist die Frist gehemmt, wenn es durch ein Verschulden des Versicherungsnehmers zu Verzögerungen kommt.
Die Reglung in § 91 VVG n. F. ist abdingbar.

---

[795] Vgl. *van Bühren/Lemcke,* Handbuch, Teil 3 Rn. 345.
[796] Vgl. auch BGH v. 8. 12. 1981, NJW 1982, 827; BGH v. 12. 1. 1982, NJW 1982, 829; OLG Hamm v. 15. 3. 1993, NZV 1993, 477; *Berz/Burmann/Born,* Handbuch, 3 A Rn. 11 ff.

X. Klagefrist und Verjährung

1. Klagefrist

§ 12 VVG wird bis auf Abs. 2, welcher in § 15 VVG 2008. aufgeht, gestrichen. Einen **252** Grund für die Besserstellung der Versicherungswirtschaft gegenüber anderen Rechtsbereichen sieht der Gesetzgeber[797] nicht, weshalb er diese Regelungen ersatzlos aufhebt.

Die materielle Ausschlussfrist des § 12 Abs. 3 VVG entfällt ersatzlos. Zur Begründung führt der Gesetzgeber aus, dass das Interesse des Versicherers an einer schnellen Klärung und kurzfristigen Auflösung von Rückstellungen nicht eine solche Sonderregelung zur einseitigen Verkürzung der Verjährungsfrist rechtfertige.

Eine Beibehaltung der Ausschlussfrist für Altverträge über den 31. 12. 2007 hinaus kann **253** nicht durch eine entsprechende **Änderung der AVB** erreicht werden. Für **Neuverträge** können die AVB auch keine Ausschlussfristen festlegen. In beiden Fällen läge ein Verstoß gegen § 307 BGB vor und die Klausel wäre nach § 306 Abs. 1 BGB unwirksam. Der Gesetzgeber[798] erklärt unzweideutig, dass Ausschlussfristen zugunsten der Versicherer nicht mehr bestehen sollen. Eine Privilegierung der Versicherer sei nicht gerechtfertigt. Dies findet durch die vollständige Streichung des § 12 Abs. 3 VVG sowie in den Normen der §§ 18, 32, 43 VVG 2008 seinen Ausdruck. Nach letzteren Normen darf nicht zulasten des Versicherungsnehmers abgewichen werden, d. h. keine Ausschlussfrist vereinbart werden. Eine Ausschlussfrist unterhalb der Verjährungsfrist ginge aber zulasten des Versicherungsnehmers, wäre daher unwirksam.

Zu beachten ist, dass entsprechende Klauseln, auch unveränderte Klauseln in **Altverträgen,** ab dem 1. 1. 2008 nach § 306 Abs. 1 BGB unwirksam sind. Dabei ist die Ausschlussfrist sowie die mit ihr in der Klausel stehende Regelung unwirksam, sog. Verbot der geltungserhaltenden Reduktion[799]. Damit würden auch grundsätzlich rechtmäßige Regelungen keine Geltung entfalten. § 306 Abs. 1 BGB führt aber nur soweit zur Unwirksamkeit, soweit die Regelungen inhaltlich und sprachlich in einen wirksamen und einen unwirksamen Teil nicht getrennt werden können, ohne dass der separate Teil noch sinnvoll wäre[800]. Da Versicherungsverträge regelmäßig eine eigene Ausschlussfristenklausel in den AVB enthalten, droht eine Unwirksamkeit von Regelungen, welche über die Ausschlussfristen hinausgehen, regelmäßig nicht.

2. Verjährung

Die bisher 2-jährige bzw. 5-jährige Verjährungsfrist gem. § 12 Abs. 1 VVG a. F. wird im **254** Interesse der Harmonisierung zugunsten der 3-jährigen Regelfrist des § 195 BGB aufgegeben. Nun mehr verjähren die Ansprüche in der Regelfrist von 3 Jahren[801].

XI. Doppelversicherung

Die Beseitigung der **Mehrfachversicherung** ist in § 79 VVG 2008 geregelt und stimmt **255** mit § 60 Abs. 1 und 2 VVG a. F. überein. Der bisherige § 60 Abs. 3 VVG entfällt. § 60 Abs. 3 S. 1 VVG, der eine Aufhebung des Vertrags oder die Herabsetzung der Versicherungssumme und der Prämie erst mit Ablauf der Versicherungsperiode zulässt, ist Ausfluss des Grundsatzes der Unteilbarkeit der Prämie. Dies soll künftig nicht mehr gelten und ist für den Versicherer günstig. Die zeitliche Beschränkung nach § 60 Abs. 3 Satz 2 VVG für das Recht des Versicherungsnehmers, die Beseitigung der Mehrfachversicherung zu verlangen, wird als sachlich

---

[797] BT-Drucks. 16/3945, S. 62, 74.
[798] BT-Drucks. 16/3945, S. 62, 74.
[799] BGH, NJW 1993, 1135, BGH, NJW 2000, 1110 (1113).
[800] BGH, NJW 1991, 1750.
[801] http://www.bmj.bund.de/media/archive/1320.pdf, S. 160.

nicht gerechtfertigt angesehen[802]. Für den Versicherer ergibt sich hieraus kein unangemessener Nachteil.

XII. Gerichtsstand

256 Nach § 48 VVG konnte der Versicherungsnehmer Klage am besonderen Gerichtsstand der Agentur erheben. Dieser Gerichtsstand entfällt. Dafür wird der neue Gerichtsstand nach § 215 VVG in das Gesetz eingeführt. Gem. § 215 VVG 2008 sollen künftig Klagen aus dem Versicherungsvertrag oder der Versicherungsvermittlung an dem für den Wohnsitz bzw. gewöhnlichen Aufenthaltsort des Versicherungsnehmers zuständigen Gericht erhoben werden können. Dies gilt auch für Klagen gegen den Versicherungsnehmer[803]. Für **Klagen gegen den Versicherungsnehmer** ist dieses Gericht ausschließlich zuständig, § 215 Abs. 1 S. 2 2008

257 Fraglich ist, ob dies auch für **juristische Personen** gilt, da diese keinen „Wohnsitz", sondern einen „Sitz" haben. Einen „Wohnsitz" wird man nur bei natürlichen Personen annehmen können, § 13 ZPO. Bei juristischen Personen richtet sich dies nach dem „Sitz". Daher wird § 215 VVG 2008, welcher den Verbraucherschutz im Auge hat, nicht für juristische Personen gelten, da diese keine Verbraucher nach § 13 BGB, sondern Unternehmer nach § 14 BGB, sind[804]. Lediglich für juristische Personen richtet sich der Gerichtsstand, mangels eines Wohnsitzes, nach den allgemeinen Zuständigkeitsregelungen der §§ 17, 21 ZPO, womit durch das Entfallen des § 48 VVG eine Verschlechterung deren Position eintritt[805].

258 Wichtig ist, dass für **Direktklagen eines geschädigten Dritten** nach § 115 Abs. 1 VVG n. F. der Gerichtsstand des § 215 VVG n. F. nicht gilt. Der Schadenersatzanspruch ist deliktischer Natur und daher kein Anspruch aus dem Versicherungsvertrag[806], weshalb § 215 VVG n. F. nicht eröffnet ist.

XIII. Sonderbedingungen zur Haftpflicht- und Fahrzeugversicherung für Kraftfahrzeughandel und -handwerk[807]

Literatur: *Stiefel/Hofmann*, AKB, Kfz-Handel; *Knappmann* in: *Prölss/Martin*, VVG, Kfz-Handel.

1. Systematik

259 Diese Händlerversicherung ist eine Sammelversicherung[808], in der die Haftpflicht- und Kraftfahrzeugversicherung[809] (als Teil- oder Vollkasko) für eigene oder fremde Fahrzeuge verbunden werden kann. Die Sonderbedingungen schließen für das Kfz-Gewerbe bei nicht zugelassenen Fahrzeugen die Lücke in der Betriebshaftpflichtversicherung, die nach der so genannten großen Benzinklausel[810] nicht für Schäden eintritt, die beim Führen eines Kraftfahrzeuges entstehen. Sie trägt dem Umstand Rechnung, dass in einem Kfz-Gewerbebetrieb ein ständig wechselnder Bestand an Fahrzeugen besteht, der im eigenen Eigentum des Inhabers, aber auch in fremdem Eigentum stehen kann. Es sollen nur Fahrzeuge in die Deckung aufgenommen werden, die als Ware im Rahmen eines Handelsgeschäftes oder als zu bearbeitende Gegenstände im Rahmen des Kraftfahrzeughandwerks in seine Obhut gelangen[811].

---

[802] http://www.bmj.bund.de/media/archive/1320.pdf, S. 198.
[803] http://www.bmj.bund.de/media/archive/1320.pdf, S. 293.
[804] So auch *Marlow/Spuhl*, S. 178 f.
[805] *Marlow/Spuhl*, S. 178 f.
[806] *Marlow/Spuhl*, S. 133.
[807] Fassung vom 13. 11. 1980, die weitgehend unverändert verwendet wird; abgedruckt in: *Stiefel/Hofmann* AKB S. 921 ff.
[808] *Knappmann* in: Kfz-Handel, hrsg. v. *Prölss/Martin*, Rn. 6; *Römer*, § 74 VVG Rn. 15.
[809] Fassung vom 13. 11. 1980, die weitgehend unverändert verwendet wird; abgedruckt in: *Stiefel/Hofmann*, AKB S. 921 ff.
[810] Vgl. oben *Heß/Höke*, § 29 Rn. 44.
[811] *Stiefel/Hofmann* Kfz-Handel Rn. 2.

2. Rechtsgrundlagen

a) VVG. Es gelten die allgemeinen Vorschriften und die allgemeinen Vorschriften für die **260** gesamte Sachversicherung, §§ 1 bis 87 VVG 2008. Für den Fahrzeugbestand gilt § 54 VVG a. F./ § 89 VVG 2008, bei Anbringen eines roten Kennzeichens am Fahrzeug handelt es sich um eine Versicherung „für wen es angeht" gem. § 80 Abs. 2 VVG a. F./ § 48 VVG 2008[812].

b) AKB. Es gelten für die Versicherungsarten die jeweiligen AKB, so weit sie nicht durch **261** die Sonderbedingungen geändert werden. Im Konkurrenzfall gehen die Sonderbedingungen den Regeln der AKB vor[813].

3. Versicherte Gefahren/Schäden/Personen

a) Versicherte Fahrzeuge. Abschnitt I beschreibt die zu versichernden eigenen und **262** fremden Fahrzeuge.

b) Umfang des Verssicherungsschutzes. Nach Abschnitt II kann die Versicherung als **263** reine **Haftpflichtversicherung, Fahrzeugversicherung** einschließlich **Haftpflichtversicherungsschutz** für **Folgeschäden** (Ersatzwagenkosten, Nutzungsausfall etc.) oder eine Kombination daraus abgeschlossen werden. Soweit Haftpflichtschäden durch nicht zugelassene Fahrzeuge verursacht werden, die Abschnitt II Nr. 3 dem dritten einen Direktanspruch ähnlich § 3 PflVG, jedoch nur unter den Voraussetzungen in den Sonderbedingungen. Die Leistung des VR in der Fahrzeugversicherung wird auf einen vertraglich vereinbarten **Höchstbetrag** beschränkt. Regelmäßig wird vereinbart, dass bei Überschreiten des Höchstbetrages durch ein Schadensereignis in Höhe eines weiteren Betrages **Vorsorgeversicherung** besteht für Fahrzeuge, die nach dem letzten Stichtag des Meldeverfahrens gemäß Abschnitt VI in das Eigentum, den unmittelbaren Besitz oder die Obhut des VN gelangt sind.

4. Ausschlüsse

a) Objektive Risikoausschlüsse. *aa) Fahrzeugversicherung:* Nach Abschnitt III sind ei- **264** gene und fremde Fahrzeuge vom Versicherungsschutz ausgeschlossen, wenn sie ohne Zulassung oder rotes Kennzeichen auf öffentlichen Wegen oder Plätzen verwendet werden, Schäden an fremden Fahrzeugen, die nicht als Handelsware oder zu bearbeitende Gegenstände im Rahmen des Kraftfahrzeughandwerks in die Obhut des VN gelangt sind, sondern garagenmäßig dort untergestellt werden oder werden sollen. Weiterhin Schäden an Fahrzeugen, die der VN gewerbsmäßig im Sinne von Nr. 3 und 4 verwendet.

bb) Ausschlüsse auf Antrag: In Abschnitt IV besteht für den VN die Möglichkeit, bestimmte **265** Fahrzeuge aus dem Versicherungsschutz auszunehmen, so weit sich der Vertrag nicht auf eine Haftpflichtversicherung von Risiken nach Abschnitt I Nr. 1 (Fahrzeuge mit roten Kennzeichen) bezieht.

b) Subjektive Risikoausschlüsse. Hier kann vollinhaltlich auf die Ausführungen zur **266** Kraftfahrthaftpflichtversicherung[814] und Kraftfahrzeugversicherung[815] verwiesen werden.

5. Besondere Vertragspflichten

a) Prämienzahlungspflicht. Hier kann vollinhaltlich auf die Ausführungen zur Kraft- **267** fahrthaftpflichtversicherung[816] und Kraftfahrzeugversicherung[817] verwiesen werden.

b) Obliegenheiten. Bei der gesetzlichen Obliegenheit der Gefahrerhöhungsanzeige gel- **268** ten die Ausführungen zur Kraftfahrzeugversicherung[818].

---

[812] BGH v. 11. 3. 1987, NJW-RR 1987, 856.
[813] BGH v. 11. 3. 1987, NJW-RR 1987, 856.
[814] *Heß/Höke,* § 29 Rn. 54 ff.
[815] *Heß/Höke,* § 30 Rn. 29 ff.
[816] *Heß/Höke,* § 29 Rn. 132 ff.
[817] *Heß/Höke,* § 30 Rn. 157 ff.
[818] *Heß/Höke,* § 30 Rn. 160.

269   Für die vertraglichen Obliegenheiten vor Eintritt des Versicherungsfalles sind in Abschnitt V besondere Obliegenheiten für die Haftpflichtversicherung aufgestellt, deren schuldhafte Verletzung zur Leistungsfreiheit des VR führt.

270   Für die vertraglichen Obliegenheiten nach Eintritt des Versicherungsfalles gelten die allgemeinen Obliegenheiten nach den AKB.

271   **c) Meldeverfahren.** Nach Abschnitt VI hat der VN regelmäßig zu **Stichtagen** die erforderlichen Angaben zum Fahrzeugbestand zu machen. Bei einem Verstoß gegen diese Obliegenheit sind **Vertragsstrafen** vereinbart, so weit sich der VN nicht gem. Nr. 4 dieses Abschnitts auf fehlendes Verschulden berufen kann.

6. Versicherungsfall

272   Der Versicherungsfall entspricht denjenigen in der Kraftfahrzeugversicherung[819] bzw. der Kraftfahrzeughaftpflichtversicherung[820].

7. Regressmöglichkeiten

273   Es gelten die Ausführungen zur Kraftfahrzeughaftpflichtversicherung[821] und zur Kraftfahrzeugversicherung entsprechend[822]. Darüber hinaus besteht bei Zusammentreffen der Versicherung des Kunden und des Händlers **Doppelversicherung** gem. § 59 VVG a. F./§ 78 VVG 2008 in der Kraftfahrzeugversicherung[823] und in der Kraftfahrthaftpflichtversicherung[824].

B. Autoschutzbriefversicherung[825]

Literatur: *Jacobsen* in: *Feyock/Jacobsen/Lemor,* Kraftfahrtversicherung 2. Aufl. 2002; *Hofmann,* Schutzbriefversicherung, 1996.

I. Einleitung

274   Die unverbindliche Empfehlung des GDV zu den AKB 1998 sah erstmals die Aufnahme der Schutzbriefversicherung in dieses Bedingungswerk vor. Es gab zunächst die beiden Varianten Pannen-/Unfallhilfe oder Autoschutzbrief, wobei sich letztere allein durchgesetzt hat. Die Empfehlung vom 17. 8. 2007 sieht daher nur noch den Autoschutzbrief vor. Ziel war es, den Kunden einen verbesserten Service zur Erhaltung der Mobilität mit dem Auto zu bieten, indem Störungen aktiv beseitigt und/oder die Kosten die dafür entstehen, entschädigt werden. Die Präambel zu den AKB (alte und neue Fassung) sowie G 4.1 AKB 2008 zeigen, dass der Autoschutzbrief ebenso wie die Fahrzeugversicherung einen **rechtlich eigenständigen Vertrag** darstellt. Gleichwohl wird eine enge Verbindung zur Kraftfahrthaftpflichtversicherung geknüpft, so dass in der Praxis der Autoschutzbrief nur gemeinsam dieser Hauptversicherungsart abgeschlossen werden kann. Die auftretenden Schadensfälle werden regelmäßig sehr kundenorientiert abgewickelt, so dass es kaum zu Streitfällen kommt.

---

[819] *Heß/Höke,* § 30 Rn. 196 ff.
[820] *Heß/Höke,* § 29 Rn. 380.
[821] *Heß/Höke,* § 29 Rn. 381.
[822] *Heß/Höke,* § 30 Rn. 241 f.
[823] BGH v. 20. 3. 1974, VersR 1974, 535.
[824] BGH v. 31. 3. 1976, VersR 1976, 847.
[825] Abschnitt A 3 AKB 2008 in der Fassung der Empfehlung vom 17. 08. 2007, Download unter http://www.gdv.de/fachservice unter der Rubrik „Schaden- und Unfallversicherung", „AKB" und „TB".

II. Rechtsgrundlagen

1. VVG

In der Autoschutzbriefversicherung gelten die allgemeinen Vorschriften des VVG und die allgemeinen Vorschriften für die gesamte Schadensversicherung, §§ 1–87 VVG 2008. **275**

2. BGB

In der Kraftfahrzeugversicherung werden nur wenige Regelungen des BGB als lex specialis verdrängt oder ergänzt. So regeln die §§ 1 S. 2 und 33–42 VVG 2008 abschließend die Prämienzahlungspflicht des VN abweichend von § 326 BGB und ergänzt § 5a VVG a. F./§§ 2–12 VVG 2008 die Regeln über das Zustandekommen des Vertrages. **276**

3. AVB

Die **Versicherungsbedingungen zur Autoschutzbriefversicherung** sind für Altverträge in den Allgemeinen Bedingungen für die Kraftfahrtversicherung (AKB) und den zugehörigen Tarifbedingungen (TB), in den ab 1. 1. 2008 geschlossenen Verträgen in den neuen AKB sowie in Einzelfällen in Bestimmungen in der Satzung von VU (insbes. bei VVaG) enthalten. **277**

a) **Allgemeine Bedingungen für die Kraftfahrtversicherung (AKB).** Bis zur Umsetzung der Deregulierungsvorschriften im Jahr 1994 waren die AKB und TB genehmigungspflichtig und daher weitgehend einheitlich. Jetzt darf jedes VU seine Bedingungen selbst gestalten. Der GDV gibt in unregelmäßigen Abständen **unverbindliche Bedingungsempfehlungen** für die Kraftfahrtversicherung heraus, zuletzt am 17. 8. 2007. **278**

Die Autoschutzbriefversicherung ist in den **§§ 24 bis 27 AKB a. F. bzw. Abschnitt A 3 der AKB 2008** geregelt; daneben gelten die allgemeinen Bestimmungen der §§ 1 bis 9c AKB a. F. bzw. Abschn. E 4/6.1/6.2 und G4 AKB 2008, die zum Teil Sonderregelungen für den Autoschutzbrief enthalten.

b) **Tarifbestimmungen (TB).** Der Wegfall der Bedingungsgenehmigungspflicht erfasste auch die Tarifbestimmungen, die bis 1994 vom BAV zu genehmigen waren und deren Grundsätze in einer TarifVO geregelt waren. Die Tarifbestimmungen können jetzt frei vom VR gestaltet werden. Auch für die TB gibt der GDV regelmäßig unverbindliche Empfehlungen aus, zuletzt am 15. 11. 2002. Die Tarifbestimmungen legen alle Umstände fest, die der Preisbildung dienen, die Preise selbst sowie die Regelungen zur Zahlungsweise. In **TB Nr. 1** werden die Tarifbestimmungen für den Autoschutzbrief festgelegt. Gem. **TB Nr. 2c Abs. 3** ist die Prämie für die Autoschutzbriefversicherung im Kraftfahrthaftpflichtbeitrag enthalten. **279**

In den neuen AKB sind die Bedingungen zu den Tarifierungs- und Prämienregelungen eingearbeitet, so dass ein gesonderter Ausweis als TB entfallen ist.

c) **Satzung/Geschäftsplanmäßige Erklärungen/Inhaltskontrolle.** Hier kann vollinhaltlich auf die Erläuterungen zur Kraftfahrtversicherung verwiesen werden[826]. **280**

III. Versicherte Gefahren/Schäden/Personen

Allgemein ist die versicherte Gefahr die **Beseitigung von Störungen bei der Fahrzeugnutzung.** Gem. § 24 Abs. 1 i. V. m. Abs. 4 AKB a. F./Abschn. A 3.5–3.8 AKB 2008 erbringt der VR **nach** einem **Fahrzeug- oder** einem **Fahrerausfall** die in § 25 AKB a. F./Abschn. A 3.5–3.8 AKB 2008 abschließend beschriebenen Leistungen als Service oder als Ersatz der vom VN aufgewandten Kosten. Im Gegensatz zu den allgemeinen Schutzbriefen beschränken sich die Leistungen des Autoschutzbriefs auf Schäden im Zusammenhang **mit dem versicherten Fahrzeug**[827]. **281**

---

[826] *Heß/Höke*, § 30 Rn. 10ff.
[827] *Jacobsen*, Vor §§ 24–27, Rn. 4.

1. Leistungsfälle

282   **a) Pannen- und Unfallhilfe.** Gem. § 25 Nr. 1.1 AKB a. F./Abschn. 3.5 AKB 2008 sorgt der VR nach Panne oder Unfall für die Wiederherstellung der Fahrbereitschaft an der Schadensstelle durch ein Pannenhilfsfahrzeug, wenn das versicherte Fahrzeug die Fahrt nicht fortsetzen kann. Gem. § 24 Abs. 4 AKB a. F./Abschn. 3.5.4 AKB 2008 ist unter **Panne** jeder Brems-, Betriebs- oder Bruchschaden zu verstehen. Die Formulierungen „kann das versicherte Fahrzeug nach Panne oder Unfall die Fahrt nicht fortsetzen" und „sorgt … für die Wiederherstellung der Fahrbereitschaft" zeigen, dass das Fahrzeug zunächst seine Fahrt angetreten haben muss. Lässt sich das Fahrzeug wegen eines defekten Aggregats gar nicht erst in Bewegung setzen, ist damit kein Leistungsfall eingetreten (In der Praxis werden jedoch meistens auch Fälle reguliert, in denen das Fahrzeug zum Beispiel wegen einer schwachen Batterie während der Winterperiode nicht anspringt). Fällt das Fahrzeug bei dem Versuch aus, mit einem bereits defekten Aggregat die Werkstatt zu erreichen, liegt kein Versicherungsfall vor[828].

283   **Unfall** ist ebenso wie in der Kraftfahrzeugversicherung gem. § 24 Abs. 4 S. 2 AKB a. F./ Abschn. A 3.5.4 S. 2 AKB 2008 definiert[829].

Die Pannenhilfe kann von jedem VR individuell der Höhe nach limitiert werden.

Das **Bergen** und **Abschleppen** des Fahrzeugs nach Panne oder Unfall ist gem. § 25 1.2 und 1.3 AKB a. F./Abschn. A 3.5.2 und 3 AKB 2008 versichert, wobei das Abschleppen ebenfalls auf einen Höchstbetrag limitiert werden kann (in der Praxis meistens 150 €). Kosten für das Unterstellen des Fahrzeugs bis zur Wiederherstellung der Fahrbereitschaft oder des Transportes zu einer Werkstatt übernimmt der VR gem. § 25 1.4 AKB a. F./Abschn. A 3.6.4 AKB 2008 höchstens für den Zeitraum von zwei Wochen.

284   **b) Weiter- oder Rückfahrt/Übernachtung.** Kann das versicherte Fahrzeug nach Panne oder Unfall am Schadentag oder den darauf folgenden Tag nicht fahrbereit gemacht werden oder wurde es gestohlen, ersetzt der VR Kosten für die Rückfahrt zum ständigen Wohnsitz des VN und die Rückfahrt zum Schadenort für eine Person gem. § 25 2.1 AKB a. F./A 3.6.1 und 2 AKB 2008. Bei Inanspruchnahme dieser Leistung werden Übernachtungskosten für höchstens eine Nacht erstattet, wobei der Höchstbetrag je Übernachtung limitiert ist. In anderen Fällen werden Kosten für die Übernachtung für höchstens drei Nächte erstattet.

285   **c) Mietwagen.** Gem. § 25 2.3 AKB a. F./A 3.6.3 AKB 2008 werden Mietwagenkosten bis zur Wiederherstellung der Fahrbereitschaft, jedoch höchstens für sieben Tage und auf einen Tageshöchstsatz limitiert an Stelle der Leistungen Weiter- oder Rückfahrt oder Übernachtung erstattet. In der Praxis werden häufig Mietwagenkosten geltend gemacht, nachdem das Fahrzeug einen leichten Unfall erlitten hat, danach jedoch bis zum Reparaturtermin weiterbenutzt wird. Dabei ist zu beachten, dass der Tatbestand des § 25 2.3 AKB a. F./A 3.6.3 AKB 2008 voraussetzt, dass das versicherte Fahrzeug nach dem Unfall nicht fahrbereit war. In diesen Fällen liegt also kein Leistungsfall vor.

286   **d) Fahrzeugausfälle im Ausland.** Gem. § 25 Nr. 2.4–2.7 AKB a. F./A 3.8 AKB 2008 ersetzt der VR bei Fahrzeugausfall bzw. Unfall oder Diebstahl des Fahrzeugs die Kosten für Ersatzteilversand, Fahrzeugtransport, Unterstellung bzw. Fahrzeugverzollung und -verschrottung.

287   **e) Fahrerausfall auf Reisen.** Der Begriff Reise ist in § 24 Abs. 5 AKB a. F./A 3.7.4 AKB 2008 definiert als Abwesenheit vom ständigen Wohnsitz bis zu einer Höchstdauer von fortlaufend sechs Wochen. Gem. § 25 Nr. 2.8–2.11 AKB a. F./A 3.7.1–3.7.3 AKB 2008 sorgt der VR bei Ausfall des Fahrers durch Krankheit, Verletzung oder Tod für den **Rücktransport** des Fahrzeugs, des Erkrankten bzw. der mitreisenden Kinder unter 16 Jahren oder des Verstorbenen und ersetzt die hierdurch entstehenden **Kosten.** Übernachtungs- und Reisekosten sind begrenzt.

---

[828] *Hofmann,* § 2 AVSB, Rn. 40.
[829] *Heß/Höke,* § 30 Rn. 223 ff.

2. Versicherte Personen

Gem. § 24 Abs. 2 AKB a. F./A 3.2 AKB 2008 sind neben dem **VN** die **berechtigten In-**   **288**
sassen und der **berechtigte Fahrer** vom Versicherungsschutz umfasst.

3. Versicherte Fahrzeuge

Gem. **§ 24 Abs. 3 AKB a. F./A 3.3 AKB 2008 sind die versicherbaren Fahrzeuge** ge-   **289**
nannt, nämlich Krafträder mit mehr als 50 ccm Hubraum, Pkw im Sinne von TB Nr. 7 Abs. 2
(AKB a. F.) und Wohnmobile bis 4 t zulässiges Gesamtgewicht einschließlich Anhänger. Der
Autoschutzbrief gilt jedoch immer nur für das **jeweilige versicherte Fahrzeug** (im Gegensatz zu den sonstigen Schutzbriefen, mit denen zum Teil alle Fahrzeuge einer Person oder Familie versichert werden können).

IV. Ausschlüsse

1. Objektive Risikoausschlüsse

a) **Regionale Begrenzung.** Gem. § 2a Abs. 1 AKB a. F. gilt der Kraftfahrzeugversiche-   **290**
rungsschutz über die Länder der EU hinaus auch für die Länder der Europäischen Wirtschaftsgemeinschaft. Insofern ist der räumliche Geltungsbereich über die früher rein geographisch
gezogene Grenze[830] hinaus erweitert worden auf die politischen Grenzen der Mitglieder des
EWR-Vertrages. Mit einbezogen sind demnach die außereuropäischen Gebiete Frankreichs
(Französich Guyana, Guadeloupe, Martinique, Réunion), Portugals (Azoren, Madeira) und
Spaniens (Kanarische Inseln, Nordafrikanische Exklaven Ceuta und Melilla). Nach der unver-
bindlichen Empfehlung der AKB sind für die Einbeziehung des Autoschutzbrief gem. A 3.4
AKB 2008 die geographischen Grenzen Europas sowie außereuropäische Gebiete, die zum
Geltungsbereich de EU gehören, maßgebend.

b) **Rennveranstaltungen.** Gem. § 2b Abs. 3b 1. Hs. AKB a. F./A 3.9.2 AKB 2008 wird   **291**
kein Versicherungsschutz gewährt bei der Teilnahme an Fahrtveranstaltungen und den dazugehörigen Übungsfahrten, bei denen es auf die Erzielung einer Höchstgeschwindigkeit ankommt[831]. Die Teilnahme an einem Sportfahrerlehrgang auf einer Rundstrecke zählt jedoch
nicht dazu[832].

c) **Ersatzansprüche wegen Schäden durch Kernenergie.** Der Ausschluss gem. § 2b   **292**
Abs. 3c AKB a. F./A 3.9.4 AKB 2008 für Schäden durch Kernenergie geht zurück auf das
Atomgesetz[833].

d) **Schäden durch Aufruhr, Krieg, Verfügungen von hoher Hand, Erdbeben.**   **293**
Gem. § Abs. 3a AKB a. F./A 3.9.3 AKB 2008 wird kein Versicherungsschutz gewährt für Schäden, die durch **Aufruhr** oder **innere Unruhen** entstehen. Der Begriff innerer Unruhe umfasst auch den Begriff Aufruhr und liegt vor, wenn sich eine Menschenmenge zusammentut,
um Gewalttätigkeiten gegen Personen oder Sachen zu begehen[834]. Es reicht hingegen nicht
aus, wenn einzelne Teilnehmer einer ansonsten friedlichen Demonstration Gewalttätigkeiten
begehen[835]. **Aufruhr** bedeutet einen gemeinsamen Kampf der Menschenmenge gegen die
Staatsgewalt[836]. Schäden durch **Kriegsereignisse** sind in Deutschland seit dem Ende des
Zweiten Weltkrieges nicht mehr zu beklagen gewesen[837]. **Terroristische Anschläge** gehören sicher nicht dazu, auch wenn sich die Täter auf einen von ihren religiösen Führern ausgerufenen Krieg berufen. **Verfügungen von hoher Hand** sind Maßnahmen der Staatsgewalt,

---

[830] BGH v. 4. 7. 1998, VersR 1989, 948.
[831] Vgl. dazu *Heß/Höke*, § 29 Rn. 58; § 30 Rn. 24.
[832] OLG Hamm v. 20. 9. 1989, ZfS 1990, 23.
[833] *Feyock/Jacobsen/Lemor/Jacobsen*, AKB § 2b, Rn. 104.
[834] BGH v. 13.11.74, VersR 1975, 126.
[835] *Bauer*, Rn. 1088; *Diederichsen*, NJW 1970, 777 m. w. N.
[836] BGH v. 23. 4. 1952, NJW 1952, 783; *Stiefel/Hofmann*, § 2 AKB, Rn. 144.
[837] Vgl. zu Fällen aus dieser Zeit: *Stiefel/Hofmann*, § 2b AKB, Rn. 148, 149.

insbesondere Beschlagnahmeverfügungen von Fahrzeugen, auch bei Auslandsaufenthalten durch die dortigen Staatsorgane[838], soweit sie nicht zur Sicherheit für einen vom VN verursachten Schaden erfolgt[839].

294   **e) Sonstige nichtversicherte Schäden.** *aa) Vorerkrankung/Schwangerschaft:* Gem. § 27 Abs. 1 AKB a. F. bestand dann kein Versicherungsschutz, wenn der Schadensfall durch eine Erkrankung verursacht wird, die innerhalb von sechs Wochen vor Beginn der **Reise** mit dem versicherten Fahrzeug aufgetreten ist oder durch eine Schwangerschaft. Die Formulierung „vor Beginn der Reise" zeigt, dass dieser Ausschluss nur für die Leistungen greift, in denen auf eine Reise Bezug genommen wird; dies sind Leistungen Nr. 2.8 bis 2.11 in § 25 AKB a. F. Soweit in anderen Leistungsarten der Eintritt des Schadens im Ausland Voraussetzung für die Leistungserbringung ist, greift dieser Ausschluss nicht, obwohl der Aufenthalt im Ausland von der Definition der Reise in § 24 Abs. 5 AKB a. F. umfasst sein könnte. Danach ist Reise jede Abwesenheit vom ständigen Wohnsitz bis zu einer Höchstdauer von fortlaufend sechs Wochen. Da jedoch nur in bestimmten Leistungsarten expressis verbis von Reise gesprochen wird, und sich auch der Ausschluss nur auf die Reise bezieht, ist davon auszugehen, dass auch nur die genannten Leistungsarten von dem Ausschluss erfasst werden sollen. Dafür spricht auch der Regelungsinhalt, da in den genannten Leistungsarten Service oder Kostenersatz wegen der Erkrankungen oder des Todes einer versicherten Person versprochen wird.

In A 3.7 AKB 2008 ist die Regelung mit einer Ausnahme beibehalten worden: Der Ausschluss wegen einer vor der Reise bestehenden Schwangerschaft kollidierte mit dem neuen AGG und ist deshalb gestrichen worden.

295   *bb) Residenzklausel:* Gem. § 27 Abs. 2 AKB a. F./A 3 AKB 2008 besteht außer für die Leistungsarten Pannen- und Unfallhilfe am Schadensort, Bergen des Fahrzeuges nach Panne oder Unfall und Abschleppen des Fahrzeuges nach Panne oder Unfall kein Versicherungsschutz, wenn der Schadensort weniger als **50 Kilometer Luftlinie** vom ständigen Wohnsitz des VN entfernt liegt.

296   *cc) Ersparte Kosten:* Ersparte Kosten des VN aufgrund der Leistung des VR können gem. § 24 Abs. 6 AKB a. F./A 3.10 AKB 2008 auf diese angerechnet werden.

2. Subjektive Risikoausschlüsse

297   **a) Vorsatz/Grobe Fahrlässigkeit**[840]. Da die Leistungsvoraussetzung an das Tatbestandsmerkmal „nach Eintritt eines Schadensfalles" anknüpft, erfasst die grob fahrlässige Herbeiführung dieses Tatbestandes notwendigerweise auch die Leistungspflicht, die daraus resultiert. Ist also z. B. der Unfall grob fahrlässig herbeigeführt worden, so gilt dies auch für die Leistungen aus dem Autoschutzbrief[841]. Ebenso ist der Versuch, mit einem reparaturbedürftigen Fahrzeug noch eine Fahrt anzutreten, als mindestens grob fahrlässige Herbeiführung der Panne zu werten, wenn dem VN oder berechtigten Fahrer der mangelhafte Zustand bekannt oder infolge grober Fahrlässigkeit nicht bekannt war[842] und die Panne auf der vorbestehenden Reparaturbedürftigkeit beruht.

298   **b) Rechtsfolgen.** Der VR wird in gleicher Weise wie in der Kraftfahrzeugversicherung in Bezug auf die Unfallschäden[843] hinsichtlich der Leistungen aus dem Autoschutzbrief **leistungsfrei**. Allerdings ist die Neuregelung des VVG zu beachten, nach der die Leistungsfreiheit des VR nur noch in einem der Schwere des Verschuldens des VN entsprechenden Verhältnis herabgesetzt werden kann[844]; dementsprechend ist A 3.9.1 AKB 2008 neu gefasst worden.

---

[838] LG Göttingen v. 16. 2. 1993, VersR 1994, 1180.
[839] *Stiefel/Hofmann,* § 2b AKB, Rn. 151 m. w. N.
[840] Vgl. ausführlich *Heß/Höke,* § 30 Rn. 29 ff.
[841] *Hofmann,* § 2 AVSB, Rn. 27.
[842] *Hofmann,* § 1 AB Schutzbrief, Rn. 9.
[843] Vgl. dazu oben § 30 Rn. 29.
[844] Vgl. dazu oben § 30 Rn. 34 ff.

V. Besonderheiten des Versicherungsvertrages

1. Vorläufige Deckung

a) Zustandekommen. Beim Autoschutzbrief gilt gem. § 1 Abs. 3 AKB a. F./Abschn. B **299** 2.1 AKB 2008 die **Aushändigung** der **Versicherungsbestätigung** für die Kraftfahrzeug-haftpflichtversicherung ebenso wie dort als Zusage der vorläufige Deckung[845] und umfasst gem. § 1 Abs. 3a AKB a. F./Abschn. H 3 AKB 2008 ebenfalls Fahrten im Zusammenhang mit der Zulassung des Fahrzeugs[846]. Die Erteilung der vorläufigen Deckung kann für den Autoschutzbrief gem. § 1 Abs. 3 AKB a. F. abbedungen werden.

b) Umfang. Da keine Einschränkung vorgesehen ist, gilt der volle Umfang gem. §§ 24 **300** bis 27 AKB a. F./Abschn. A 3 AKB 2008.

c) Beendigung. Wegen des engen Zusammenhangs mit der Kraftfahrthaftpflichtversi- **301** cherung muss davon ausgegangen werden, dass der Autoschutzbrief das Schicksal der Haupt-versicherung teilt, vgl. insoweit die Ausführungen dort[847].

2. Endgültiger Vertrag

a) Beginn. Grundsätzlich beginnt der Versicherungsvertrag gem. § 1 Abs. 1 AKB a. F./ **302** Abschn. B 1 AKB 2008 mit der **Einlösung des Versicherungsscheins** durch Zahlung der Erstprämie. Wegen der Einzelheiten vgl. die Ausführungen zur Kraftfahrtversicherung, die hier entsprechend gelten[848].

b) Laufzeit/Beendigung. *aa) Laufzeit:* Gem. § 4a Abs. 1 AKB a. F./G 1 AKB 2008 läuft **303** der Versicherungsvertrag längstens **ein Jahr** und endet am 1. Tag des entsprechenden Monats, wenn der Vertrag zum Ersten des Monats geschlossen worden war, anderenfalls an dem nach Ablauf eines Jahres folgenden Monatsersten. Er verlängert sich um jeweils ein Jahr, wenn er nicht spätestens einen Monat vor Ablauf schriftlich gekündigt wird. Dasselbe gilt, wenn die Vertragslaufzeit nur deshalb weniger als ein Jahr beträgt, weil als Beginn der nächsten Versi-cherungsperiode ein vor Ablauf eines Jahres nach Versicherungsbeginn liegender Zeitpunkt vereinbart worden ist. Diese Regelung entspricht der Praxis einiger VR, die Versicherungs-periode aus technischen Gründen dem Kalenderjahr anzupassen.

Die Vereinbarung kürzerer Laufzeiten ist zulässig.

Für Fahrzeuge mit einem **Saisonkennzeichen** wird ebenfalls gem. § 5a AKB a. F./H 2 **304** AKB 2008 ein ganzjähriger Vertrag geschlossen, wobei die Prämie gegenüber dem normalen Vertrag gesenkt wird und in den Zeiten, die außerhalb des auf dem Kennzeichen dokumen-tierten Zulassungszeitraumes liegen, eingeschränkter Versicherungsschutz nach den Regelun-gen der Ruheversicherung gewährt wird. Gem. § 5 Abs. 3 AKB a. F./Abschn. H 1.4 AKB 2008 besteht jedoch beim Autoschutzbrief **kein Versicherungsschutz außerhalb des Be-triebszeitraums.**

bb) Ordentliche Kündigung: Die ordentliche Kündigung des Vertrages hat gem. § 4a Abs. 3 **305** AKB a. F./G 2.1/3.1 AKB 2008 **einen Monat vor Ende** der Laufzeit des Vertrages zu erfol-gen. In § 4a Abs. 1 S. 2 AKB a. F. ist die Schriftform vorgeschrieben.

cc) Außerordentliche Kündigung: Gem. § 31 VVG a. F., § 9b AKB a. F. kann der VN das Ver- **306** sicherungsverhältnis kündigen, wenn der VR die **Prämie erhöht,** ohne dass sich der Um-fang des Versicherungsschutzes ändert. Da in der Überschrift zur Erhöhungsklausel in § 9a AKB a. F. jedoch nur die Kraftfahrthaftpflicht- und die Kraftfahrtversicherung genannt sind, ist mit *Jacobsen*[849] davon auszugehen, dass die Prämie für den Autoschutzbrief nicht während der Vertragslaufzeit erhöht werden darf. Es wäre auch nicht im Sinne der VR, wegen einer geringen Erhöhungssumme einer Nebensparte den Gesamtvertrag in Gefahr zu bringen, da

---

[845] Vgl. *Heß/Höke,* § 29 Rn. 64 ff.
[846] Vgl. *Heß/Höke,* § 29 Rn. 70.
[847] Vgl. *Heß/Höke,* § 29 Rn. 73 ff.
[848] Vgl. *Heß/Höke,* § 29 Rn. 92 ff.
[849] *Jacobsen,* vor §§ 24–27 AKB, Rn. 11.

gem. § 9b Abs. 1 S. 2 AKB a. F. der VN berechtigt ist, bei Erhöhung in einer Sparte den Gesamtvertrag zu kündigen.

Nach § 40 Abs. 1 VVG 2008, G.2.7 AKB 2008 besteht ebenfalls ein Kündigungsrecht des VN bei Erhöhung des Beitrages, allerdings wirkt es sich nicht auf den Schutzbriefvertrag aus, Abschn. G 4.1 und 4.4. AKB 2008.

307   Gem. § 4b AKB a. F. haben beide Parteien das Recht, den Vertrag **nach Eintritt eines Versicherungsfalles** innerhalb eines Monats zu kündigen; nach § 4d AKB a. F. ist Schriftform erforderlich. Gem. § 4 Abs. 4 S. 2 AKB a. F. berechtigt jedoch die Kündigung des Autoschutzbriefs nach einem unter dessen Deckung fallenden Schaden **nicht zur Kündigung des gesamten Kraftfahrtversicherungsvertrages.** Diese Regelungen sind in den neuen Vorschriften (G 2.3, G 3.3 und G 4.1, G 4.4 AKB 2008) übernommen worden.

308   Gem. § 4c AKB a. F. kann das Versicherungsverhältnis vom VR innerhalb eines Monats gekündigt werden, wenn über das Vermögen des VN das **Insolvenzverfahren** eröffnet worden ist. Nach der neuen Regelung in G.3.7 AKB 2008 besteht das Kündigungsrecht bei Zwangsversteigerung des Fahrzeugs.

309   **c) Subsidiaritätsklausel.** Gem. § 26 Abs. 1 AKB a. F./A.3.11 AKB 2008 gehen Leistungsverpflichtungen Dritter der Inanspruchnahme aus dem Autoschutzbrief vor. Hier kommen insbesondere Verpflichtungen aus Garantieversprechen bei Neufahrzeugen („Mobilitätsgarantie), andere Schutzbriefe (z. B. Automobilclubs) und Leistungen aus der Kraftfahrzeugversicherung (z. B. Abschleppen) in Betracht. Damit aber nicht zu Lasten des VN bei Schadeneintritt zunächst eine langwierige Klärung der Gültigkeit sich gegenüberstehender Subsidiaritätsklauseln und der Zuständigkeit eines Leistungsträgers erforderlich wird, schreibt § 26 Abs. 2 AKB a. F./A.3.12 AKB 2008 eine **Vorleistungspflicht** für den Autoschutzbriefversicherer vor, wenn dort der Schaden gemeldet wird.

VI. Besondere Vertragspflichten

1. Prämienzahlungspflicht

310   Hier kann auf die Ausführungen zur Kraftfahrthaftpflichtversicherung verwiesen werden, da der Beitrag für den Autoschutzbrief gem. TB Nr. 2 c Abs. 3 (AKB a. F.) in der Prämie für die Kraftfahrthaftpflichtversicherung enthalten ist[850]. Die neuen AKB treffen hierzu keine separate Regelung mehr.

2. Obliegenheiten vor Eintritt des Versicherungsfalles

311   **a) Gesetzliche Obliegenheiten/Gefahrerhöhung.** Hier kann auf die grundsätzlichen Ausführungen zur Kraftfahrzeugversicherung verwiesen werden[851]. Die Gefahrerhöhung kann hier darin liegen, dass eine Panne nach schon länger andauernder Reparaturbedürftigkeit des versicherten Fahrzeuges entsteht und dem VN/Fahrer dieser Zustand bekannt war[852].

312   **b) Vertragliche Obliegenheiten vor Eintritt des Versicherungsfalles.** Ebenso wie in der Kraftfahrzeugversicherung führen Verletzungen der in § 2b AKB a. F./D.1, D.2 AKB 2008 genannten Obliegenheiten zur Leistungsfreiheit des VR (in den neu geregelten Grenzen)[853].

3. Obliegenheiten nach Eintritt des Versicherungsfalles

313   **a) Aufklärungs-/Schadenminderungsobliegenheiten nach § 7 Abs. 1 AKB a. F./ E.1, E.4 AKB 2008.** Hier kann auf die Ausführungen zur Kraftfahrzeugversicherung verwiesen werden[854].

---

[850] Vgl. *Heß/Höke,* § 29 Rn. 132ff.
[851] Vgl. *Heß/Höke,* § 30 Rn. 159ff.
[852] *Hofmann,* § 1 AB Schutzbrief, Rn. 9.
[853] Vgl. *Heß/Höke,* § 30 Rn. 165ff.
[854] Vgl. *Heß/Höke,* § 30 Rn. 172ff.

b) Rechtsfolgen. AKB a. F.: Es ist fraglich, ob die Verletzung dieser Anzeige- und Auf- **314** klärungspflichten ebenso wie in der Kraftfahrthaftpflicht- und Kraftfahrzeugversicherung zur Leistungsfreiheit führt. Für diese beiden Sparten ordnet § 7 V AKB diese Rechtsfolge an. Der Autoschutzbrief wird hier als einzige Sparte der Kraftfahrtversicherung nicht genannt. Lediglich in § 7 VII Abs. 2 AKB ist bestimmt, dass bei Verletzung der „vorgenannten" Pflichten Leistungsfreiheit eintritt. Da in § 7 VII Abs. 1 AKB besondere Obliegenheiten für den Autoschutzbrief aufgestellt werden, wird zum Teil angenommen[855], dass die in Abs. 2 vorgesehene Leistungsfreiheit auch nur für diese Obliegenheiten gilt und sich nicht auch auf die Verletzung der Aufklärungsobliegenheit in § 7 I AKB erstreckt. U.E. zeigt jedoch die Systematik des § 7 AKB, dass diese Auslegung zu eng ist. § 7 I Abs. 2 AKB stellt Obliegenheiten für alle Kraftfahrtsparten auf, § 7 II–IV AKB Obliegenheiten für die Kraftfahrzeughaftpflichtversicherung, die Kraftfahrzeugversicherung und die Kraftfahrzeugunfallversicherung. § 7 V AKB regelt die Leistungsfreiheit für diese drei Sparten, wobei die Einbeziehung sowohl der allgemeinen Obliegenheiten in § 7 I Abs. 2 AKB als auch der spartenspezifischen Obliegenheiten durch die Verwendung der Worte „Wird eine dieser Obliegenheiten" geschieht. Wenn also mit „dieser" Obliegenheiten die allgemeinen und besonderen gemeint sein können, kann dasselbe auch für den Autoschutzbrief in § 7 VII Abs. 2 AKB durch die Formulierung „eine der vorgenannten" gelten.

AKB 2008: In der Neuregelung ist die vorgenannte Unklarheit beseitigt worden durch die übersichtlichere Gliederung in E.1. AKB 2008 für alle Versicherungsarten und E.4. AKB 2008 für zusätzlich im Autoschutzbrief geltende Pflichten. Die Folgen sind nach der Neuregelung des VVG ebenfalls entsprechend abgeändert worden, E.6. AKB VVG. Hier kann auf die Ausführungen zur Kraftfahrtversicherung verwiesen werden[856].

VII. Versicherungsfall, Beweislast

Der VN trägt die Beweislast für den Eintritt des Versicherungsfalles. **315**

VIII. Regressmöglichkeiten, Doppelversicherung

Bestehen zugleich mit dem Autoschutzbrief weitere Schutzbriefversicherung, die diesel- **316** ben Leistungen versprechen, besteht eine Doppelversicherung gem. § 59 VVG a. F./§ 77 VVG 2008 mit der entsprechenden Ausgleichsmöglichkeit der VR untereinander. Unlautere Absichten des VN, die gem. § 59 Abs. 3 VVG a. F./§ 78 Abs. 3 VVG 2008 zur Nichtigkeit der Verträge führen würden, liegen dabei in den seltensten Fällen vor. Häufig unterhält der VN aus alter Verbundenheit und wegen anderweitiger Vorteile bei einem Automobilclub einen Schutzbrief und ist sich nicht bewusst, dass heute in den meisten Kraftfahrthaftpflichtversicherung der Autoschutzbrief mit teils identischen Leistungen enthalten ist.

C. Kraftfahrt-Unfallversicherung

Literatur: *Knappmann* in: *Prölss/Martin*, §§ 16–23 AKB.

I. Einleitung

Die sog. Insassenunfallversicherung wird von einigen VR nicht mehr angeboten, von an- **317** deren erheblich modifiziert. Der GDV hat deshalb mit der unverbindlichen Empfehlung der AKB 1998 in der Fassung vom 15. 11. 2002 die Kraftfahrtunfallversicherung nicht mehr mit

---

[855] *Feyock/Jacobsen/Lemor*, § 7 AKB, Rn. 163.
[856] Vgl. *Heß/Höke*, § 29 Rn. 334 ff.

aufgenommen. Hier kann deshalb nur auf die alte Fassung zurückgegriffen werden[857]. Auch in den neueren Fassungen[858] wird jedoch meist auf Begriffe und Leistungen aus den AUB zurückgegriffen, sodass Hilfen zur Auslegung in den dortigen Kommentierungen gefunden werden können. Die Präambel zu den AKB zeigt, dass die Kraftfahrtunfallversicherung ebenso wie die Fahrzeugversicherung einen **rechtlich eigenständigen Vertrag** darstellt. Gleichwohl wird eine enge Verbindung zur Kraftfahrthaftpflichtversicherung geknüpft, sodass in der Praxis die Kraftfahrtunfallversicherung nur gemeinsam mit dieser Hauptversicherungsart abgeschlossen werden kann.

II. Rechtsgrundlagen

1. VVG

318   In der Kraftfahrtunfallversicherung gelten die allgemeinen Vorschriften und die allgemeinen Vorschriften für die gesamte Schadensversicherung, §§ 1–87 VVG 2008 und die Bedingungen für die Unfallversicherungen, §§ 178–191 VVG 2008.

2. BGB

319   In der Kraftfahrtversicherung werden nur wenige Regelungen des BGB als lex specialis verdrängt oder ergänzt. So regeln die §§ 1 S 2 und 33–42 VVG 2008 abschließend die Prämienzahlungspflicht des VN abweichend von § 326 BGB und ergänzen § 5a VVG a. F./ §§ 2–12 VVG 2008 die Regeln über das Zustandekommen des Vertrages.

3. AVB

320   Die **Versicherungsbedingungen zur** Kraftfahrtunfallversicherung sind für Altverträge in den Allgemeinen Bedingungen für die Kraftfahrtversicherung (AKB) und den zugehörigen Tarifbedingungen (TB), in ab 1. 1. 2008 geschlossenen Verträgen in den neuen AKB sowie in Einzelfällen in Bestimmungen in der Satzung von VU (insbes. bei VVaG) enthalten.

321   **a) Allgemeine Bedingungen für die Kraftfahrtversicherung (AKB).** Bis zur Umsetzung der Deregulierungsvorschriften im Jahr 1994 waren die AKB und TB genehmigungspflichtig und daher weitgehend einheitlich. Jetzt darf jedes VU seine Bedingungen selbst gestalten. Der GDV gibt in unregelmäßigen Abständen **unverbindliche Bedingungsempfehlungen** für die Kraftfahrtversicherung heraus, zuletzt am 17. 08. 2007. Die Kraftfahrtunfallversicherung ist in den **§§ 16–23 AKB a. F./A.4 AKB 2008** geregelt; daneben gelten die allgemeinen Bestimmungen der §§ 1–9c AKB a. F./E.5, E.6.1 und 2, F.2, G.4 AKB 2008, die zum Teil Sonderregelungen für die Kraftfahrtunfallversicherung enthalten. In der Praxis ist nur das **Pauschalsystem** gebräuchlich; daher wird auch nur auf dieses System eingegangen.

322   **b) Tarifbestimmungen (TB).** Der Wegfall der Bedingungsgenehmigungspflicht erfasste auch die Tarifbestimmungen, die bis 1994 vom BAV zu genehmigen waren und deren Grundsätze in einer TarifVO geregelt waren. Die Tarifbestimmungen können jetzt frei vom VR gestaltet werden. In der Neufassung der AKB 2008 ist keine Unterteilung in AKB und TB mehr vorgesehen.

323   **c) Satzung/Geschäftsplanmäßige Erklärungen/Inhaltskontrolle.** Hier kann vollinhaltlich auf die Erläuterungen zur Kraftfahrtversicherung verwiesen werden[859].

---

[857] Abgedruckt in: *Prölss/Martin*, VVG, §§ 17–23 AKB.
[858] Empfehlung der AKB 2008 vom 17. 08. 2007, Download unter http://www.gdv.de/fachservice unter der Rubrik „Schaden- und Unfallversicherung", „AKB" und „TB".
[859] Vgl. *Heß/Höke*, § 30 Rn. 10ff.

III. Versicherte Gefahren / Schäden / Personen

1. Versicherte Gefahren

Versichert ist die körperliche Beeinträchtigung als Folge eines Unfalles im **ursächlichen** 324 **Zusammenhang mit dem versicherten Kfz.** Gem. § 18 I AKB a. F./A.4.1 AKB 2008 muss ein ursächlicher Zusammenhang bestehen mit der Benutzung, dem Lenken, dem Behandeln, dem Be- und Entladen oder mit dem Ein- und Aussteigen. Es handelt sich um eine **Summenversicherung,** die für einzelne Folgen entsprechende Leistungsarten mit im Vertrag festgelegten Beträgen zur Verfügung stellt. Gem. § 16 Nr. 3 AKB a. F./Abschn. A.4.2.1 AKB 2008 ist beim **Pauschalsystem** die jeweilige Versicherungssumme durch die Anzahl der berechtigten Insassen zu teilen. Bei zwei und mehr Versicherten erhöht sich zu teilende Summe um 50%. Die Definition des **Unfallbegriffs** in § 18 II AKB a. F./A.4.1.2 AKB 2008 entspricht derjenigen der allgemeinen Unfallversicherung gem. § 1 III, IV AUB, die jetzt auch gesetzlich verankert ist, § 178 Abs. 2 VVG 2008.

2. Versicherte Personen

Gem. § 17 Abs. 1 AKB a. F./A.4.2.1 AKB 2008 sind berechtigte Insassen des Fahrzeugs 325 versichert mit Ausnahme von Berufsfahrern[860].

3. Leistungsarten

Gem. § 20 AKB a. F./A.4.5 bis 4.7 AKB 2008 besteht Anspruch auf die jeweils versicherte 326 Leistung bei **Invalidität**[861], **Tagegeld** bei Beeinträchtigung der Arbeitsfähigkeit während der Zeit der ärztlichen Behandlung[862], bei Krankenhausaufenthalt auf **Krankenhaustagegeld**[863] und **Genesungsgeld**[864] und im Todesfall auf eine festgelegte Todesfallleistung[865]. Die Regelungen entsprechen denen in § 7 AUB, sodass auf die dortigen Ausführungen zu verweisen ist[866]. Zu beachten ist jedoch die Sonderregelung in § 16 Nr. 3 S. 2 AKB a. F./A.4.2.1 AKB 2008, nach der sich die Versicherungssumme **um 50 Prozent erhöht,** wenn mindestens **zwei berechtigte Insassen** vorhanden waren.

4. Einschränkungen der Leistung

Gem. § 21 AKB a. F./A.4.8 AKB 2008 ist die Mitwirkung von Vorerkrankungen bei der 327 durch den Unfall hervorgerufenen Gesundheitsschädigung oder deren Folgen anzurechnen, wenn sie mindestens 25% beträgt. Diese Regelung entspricht derjenigen in § 8 AUB[867]. Gem. § 182 VVG 2008 hat der VR die Voraussetzungen des Wegfalls oder der Minderung der Leistung zu beweisen.

IV. Ausschlüsse

1. Objektive Risikoausschlüsse

§ 19 AKB a. F. stellt in den Absätzen 1 bis 3 Ausschlüsse für bestimmte Unfallereignisse auf, 328 in den Absätzen 4 bis 7 Ausschlüsse für bestimmte Unfallfolgen. Entsprechende Regelungen sind in der Neufassung der AKB in Abschn. A.4.10 enthalten.

a) Ausgeschlossene Unfallereignisse. *aa) Unfall infolge Geistesstörung, Nervenleidens, An-* 329 *falls oder Bewusstseinsstörung, § 19 Abs. 1 AKB a. F./A.4.10.2 AKB 2008:* Dieser Ausschluss

---

[860] Einzelheiten bei *Knappmann* in: *Prölss/Martin*, § 17 AKB, Rn. 9 m.w.N.
[861] Vgl. dazu *Mangen*, § 47.
[862] Vgl. dazu *Mangen*, § 47.
[863] Vgl. dazu *Mangen*, § 47.
[864] Vgl. dazu *Mangen*, § 47.
[865] Vgl. dazu *Mangen*, § 47.
[866] Vgl. dazu *Mangen*, § 47.
[867] Vgl. dazu *Mangen*, § 47.

entspricht weitgehend der Regelung in § 2 I 1 AUB[868], erweitert um Unfälle durch schwere Nervenleiden. Die Festlegung der Art dieser Erkrankung richtet sich nach medizinischen Gesichtspunkten, der Begriff „schweres" ist ein unbestimmter Rechtsbegriff. Ein Nervenleiden soll dann als schwer bezeichnet werden, wenn es entweder progredient und unbeeinflussbar ist und somit schließlich zum Tode führt oder wenn es schubweise auftritt und die einzelnen Schübe einen lebensbedrohlichen Zustand oder ein Siechtum herbeiführen können[869]. Beispiele sind tabes dorsalis, Chorea Huntington[870]. Unfälle durch Bewusstseinsstörungen sind in § 19 Abs. 1 AKB a. F. beschränkt auf Unfälle des Fahrers. Unfälle der Insassen durch Bewusstseinsstörungen sind also nicht ausgeschlossen, so dass zum Beispiel einen Unfall des Insassen gedeckt wäre, der sich infolge Alkoholeinfluss einem fahruntüchtigen Fahrer anvertraut hat. Kann der Insasse jedoch auf Grund einer eigenen Geisteskrankheit die Fahruntüchtigkeit des Fahrers nicht erkennen, ist dieser Unfall weil er auf der Geistesstörung beruht – ausgeschlossen. Zur Definition vgl. § 2 AUB[871]. Da der Ausschluss alle Unfälle des Fahrers umfasst, ist er nicht nur auf Unfälle beim Lenken des Fahrzeugs beschränkt, sondern ergreift auch das Benutzen, Behandeln, Be- und entladen, Abstellen sowie das Ein- und aussteigen. In A.4.10.2. AKB 2008 ist die Beschränkung auf den Fahrer entfallen, hier wird nun auf die versicherte Person abgestellt. Zwischen Eintritt des Unfalls und der Bewusstseinsstörung muss ein adäquater Kausalzusammenhang, zumindest Mitursächlichkeit bestehen[872]. Die Beweislast für das vorlegen der Bewusstseinsstörung und ihrer Ursächlichkeit für den Unfall trifft den VR[873].

330 *bb) Unfall bei einer Straftat, § 19 Abs. 2 AKB a. F./A.4.10.1 AKB 2008:* Entspricht § 2 I 2 AUB[874].

331 *cc) Unfall bei Schwarzfahrt, § 19 Abs. 3 AKB a. F./D.1.2, D.3 AKB 2008:* Hinsichtlich des Begriffes der Schwarzfahrt vgl. die Ausführungen zur Kraftfahrthaftpflichtversicherung[875]. Der Ausschluss gilt für alle Versicherten, auch wenn sie den Charakter der Fahrt als Schwarzfahrt nicht kannten[876].

332 **b) Ausgeschlossene Unfallfolgen.** *aa) Infektionen (§ 19 Abs. 4 AKB a. F./A.4.10.7 AKB 2008):* Entspricht § 2 II 3 AUB[877].

333 *bb) Bauch- und Unterleibsbrüche (§ 19 Abs. 5 AKB a. F./A.4.10.9 AKB 2008):* Entspricht § 2 III 1 AUB[878].

334 *cc) Bandscheibenschäden, Organ-/Gehirnblutung (§ 19 Abs. 6 AKB a. F./A.4.10.6 AKB 2008):* Entspricht § 2 III 2 AUB[879].

335 *dd) Krankhafte Störungen infolge psychischer Reaktionen (§ 19 Abs. 7 AKB a. F./A.4.10.8 AKB 2008):* Entspricht § 2 IV AUB[880].

336 *ee) Ausschlüsse gem. § 2b Abs. 3a–c AKB a. F./D AKB 2008 (§ 19 Abs. 8 AKB a. F.):* Die Bezugnahme auf die allgemeinen Ausschlüsse nach § 2b Abs. 3a–c AKB a. F. hat nur klarstellenden Charakter, da die unter A in den AKB enthaltenen Vorschriften ohnehin für alle Sparten

---

[868] Vgl. dazu *Mangen,* § 47.

[869] LAB Bremen v. 12.6.56, VersR 1956, 775; *Stiefel/Hofmann,* § 19 AKB, Rn. 6.

[870] OLG Frankfurt/M. v. 7.6. 1995, r+s 1997, 173.

[871] Vgl. dazu *Mangen,* § 47.

[872] BGH v. 8.7. 1957 VersR 1957, 509; v. 25.6. 1986 VersR 1986, 803; OLG Celle v. 11.2. 1983 VersR 1983, 1131.

[873] OLG Hamm v. 28. 9. 1967 VersR 1968, 86.

[874] Vgl. dazu *Mangen,* § 47.

[875] Vgl. *Heß/Höke,* § 29 Rn. 249 ff.

[876] *Stiefel/Hofmann,* § 19 AKB, Rn. 24.

[877] Vgl. dazu *Mangen,* § 47.

[878] Vgl. dazu *Mangen,* § 47.

[879] Vgl. dazu *Mangen,* § 47.

[880] Vgl. dazu *Mangen,* § 47.

der Kraftfahrtversicherung gelten[881]. Es handelt sich um die Ausschlüsse für Schäden, die durch Aufruhr, innere Unruhen, Kriegsereignisse, Verfügungen von hoher Hand oder Erdbeben verursacht werden[882], Schäden die bei Beteiligung an Rennveranstaltungen entstehen[883] sowie um Schäden durch Kernenergie. In der Neufassung der AKB sind diese Ausschlüsse unter Abschn. A.4.10.3–10.5 separat ausgeführt.

2. Subjektive Risikoausschlüsse

Vorsatz/Grobe Fahrlässigkeit

Da die Kraftfahrtunfallversicherung eine Sonderform der allgemeinen Unfallversicherung ist, können die Vorschriften über die grob fahrlässige Herbeiführung des Versicherungsfalles § 61 VVG a. F./§ 81 VVG 2008, die im Abschnitt über die Vorschriften für die gesamte Schadensversicherung stehen, nicht angewandt werden. **Gem. § 152 VVG a. F.** ist daher nur die **vorsätzliche Herbeiführung** des Unfalles vom Versicherungsschutz ausgeschlossen. In § 183 VVG 2008 wird wie in der Lebensversicherung die Leistungsfreiheit des VR begründet, wenn ein Dritter versicherte Person oder bezugsberechtigt ist und der VN den Versicherungsfall vorsätzlich und widerrechtlich herbeiführt. **337**

Im übrigen bestimmt § 178 Abs. 2 VVG 2008 in einer Legaldefinition des Unfallbegriffs, dass der Unfall unfreiwillig für den VN eingetreten sein muss. Führt der VN den Unfall herbei, würde es an der Verwirklichung dieses anspruchsbegründenden Merkmales fehlen.

3. Regionale Begrenzungen

Gem. § 2a Abs. 2 AKB a. F./A.1.4 AKB 2008 ist der räumlichen Geltungsbereich der Kraftfahrtunfallversicherung mit demjenigen der Kraftfahrzeugversicherung identisch[884], kann jedoch vom VR eingeschränkt werden. **338**

V. Besonderheiten des Versicherungsvertrages

1. Vorläufige Deckung

Gem. § 1 AKB a. F./B.2.2 AKB 2008 ist die vorläufige Deckung für die Kraftfahrtunfallversicherung nicht vorgesehen. **339**

2. Endgültiger Vertrag

a) Beginn. Grundsätzlich beginnt der Versicherungsvertrag gem. § 1 Abs. 1 AKB a. F./B.1 AKB 2008 mit der Einlösung des Versicherungsscheins durch Zahlung der Erstprämie. Wegen der Einzelheiten vgl. die Ausführungen zur Kraftfahrtversicherung, die hier entsprechend gelten[885]. **340**

b) Laufzeit/Beendigung. *aa) Laufzeit:* Gem. § 4a Abs. 1 AKB a. F./G.1 AKB 2008 läuft der Versicherungsvertrg längstens ein Jahr und endet am 1. Tag des entsprechenden Monats, wenn der Vertrag zum Ersten des Monats geschlossen worden war, anderenfalls an dem nach Ablauf eines Jahres folgenden Monatsersten. Er verlängert sich um jeweils ein Jahr, wenn er nicht spätestens einen Monat vor Ablauf schriftlich gekündigt wird. Dasselbe gilt, wenn die Vertragslaufzeit nur deshalb weniger als ein Jahr beträgt, weil als Beginn der nächsten Versicherungsperiode ein vor Ablauf eines Jahres nach Versicherungsbeginn liegender Zeitpunkt vereinbart worden ist. Diese Regelung entspricht der Praxis einiger VR, die Versicherungsperiode aus technischen Gründen dem Kalenderjahr anzupassen. **341**

Für Fahrzeuge mit einem **Saisonkennzeichen** wird ebenfalls gem. § 5a AKB a. F./H.2 AKB 2008 ein ganzjähriger Vertrag geschlossen, wobei die Prämie gegenüber dem normalen Vertrag gesenkt wird und in den Zeiten, die außerhalb des auf dem Kennzeichen dokumen- **342**

---

[881] *Knappmann/Prölss/Martin,* § 20 AKB, Rz. 6.
[882] Vgl. dazu oben *Heß/Höke,* § 30 Rn. 25.
[883] Vgl. dazu oben *Heß/Höke,* § 30 Rn. 24.
[884] Vgl. dazu oben *Heß/Höke,* § 30 Rn. 23.
[885] Vgl. *Heß/Höke,* § 30 Rn. 109 ff.

tierten Zulassungszeitraumes liegen, eingeschränkter Versicherungsschutz nach den Regelungen der Ruheversicherung gewährt wird. Gem. § 5 Abs. 3 AKB a. F./Abschn. H.2 AKB 2008 besteht jedoch **in der Kraftfahrzeugunfallversicherung kein Versicherungsschutz außerhalb des Betriebszeitraums.**

343 *bb) Ordentliche Kündigung:* Die ordentliche Kündigung des Vertrages hat gem. § 4a Abs. 3 AKB a. F./G.2.1/3.1 AKB 2008 **einen Monat vor Ende** der Laufzeit des Vertrages zu erfolgen. In § 4a Abs. 1 S. 2 AKB a. F. ist die Schriftform vorgeschrieben.

344 *cc) Außerordentliche Kündigungen:* Gem. § 31 VVG a.F., § 9b AKB a. F. kann der VN das Versicherungsverhältnis kündigen, wenn der VR die **Prämie erhöht,** ohne dass sich der Umfang des Versicherungsschutzes ändert. Da in der Überschrift zur Erhöhungsklausel in § 9a AKB a. F. jedoch nur die Kraftfahrthaftpflicht- und die Kraftfahrtversicherung genannt sind, ist mit Jacobsen[886] davon auszugehen, dass die Prämie für die **Kraftfahrzeugunfallversicherung nicht** während der Vertragslaufzeit erhöht werden darf. Es wäre auch nicht im Sinne der VR, wegen einer geringen Erhöhungssumme einer Nebensparte den Gesamtvertrag in Gefahr zu bringen, da gem. § 9b Abs. 1 S. 2 AKB a.F der VN berechtigt ist, bei Erhöhung in einer Sparte den Gesamtvertrag zu kündigen.

Nach § 40 Abs. 1 VVG 2008 G.2.7 AKB 2008 besteht ebenfalls ein Kündigungsrecht des VN bei Erhöhung des Beitrages.

345 Gem. § 4b AKB a. F./G.2.3 AKB 2008 haben beide Parteien das Recht, den Vertrag **nach Eintritt eines Versicherungsfalles** innerhalb eines Monats zu kündigen; nach § 4d AKB a. F. ist Schriftform erforderlich.

346 Gem. § 4c AKB a. F. kann das Versicherungsverhältnis vom VR innerhalb eines Monats gekündigt werden, wenn über das Vermögen des VN das **Insolvenzverfahren** eröffnet worden ist. Nach der neuen Regelung in G.3.7 AKB 2008 besteht das Kündigungsrecht bei Zwangsversteigerung des Fahrzeugs.

3. Fälligkeit der Leistungen

347 In § 22 AKB a. F./A.9 AKB 2008 sind die Modalitäten über die Feststellung des Versicherungsfalles und seiner Folgen mit der entsprechenden Leistungspflicht des VR ebenso wie in § 11 AUB geregelt, sodass auf die dortigen Ausführungen verwiesen werden kann[887]. Dasselbe gilt für die Vorschriften zur Rentenzahlung bei Invalidität in § 23 AKB a. F., der den Regelungen in § 14 AUB entspricht[888]. Neu im VVG ist im § 186 die Festlegung einer Hinweispflicht des Versicherers für die Einhaltung von Fristen.

VI. Besondere Vertragspflichten

1. Prämienzahlungspflicht

348 Hier gelten die Ausführungen zur Kraftfahrthaftpflichtversicherung entsprechend[889] mit der Maßgabe, dass der VR vollständig leistungsfrei wird.

2. Obliegenheiten

349 Hier gelten die Ausführungen zur Kraftfahrzeugversicherung entsprechend[890].

VII. Versicherungsfall/Beweislast

350 Gem. § 7 Abs. 1 Nr. 1 AKB a. F. ist der Versicherungsfall das Ereignis, das einen unter die Versicherung fallenden Schaden verursacht, in diesem Fall einen Unfall, der zur körperlichen

---

[886] *Feyock/Jacobsen/Lemor,* vor §§ 24–27 AKB, Rn. 11.
[887] Vgl. dazu *Mangen,* § 47.
[888] Vgl. dazu *Mangen,* § 47.
[889] Vgl. *Heß/Höke,* § 29 Rn. 132ff.
[890] Vgl. *Heß/Höke,* § 30 Rn. 157ff.

Beeinträchtigung führt. Die Beweislast für den Eintritt eines Unfalls und die Folgen trägt der VN. In 4.1. AKB 2008 ist der Versicherungsfall für die Unfallversicherung separat beschrieben und die Legaldefinition des Begriffs Unfall aus § 178 Abs. 2 VVG 2008 übernommen worden.

3. Abschnitt. Sachversicherungen

§ 31. Feuerversicherung,
Feuerbetriebsunterbrechungsversicherung

Inhaltsübersicht

A. Feuerversicherung

Literatur vor VVG-Reform: *Berndt/Luttmer,* Der Ersatzwert in der Feuerversicherung; *ders.,* Theorie und Praxis, 2. Aufl. 1971; *Blanck,* Entschädigungsberechnung in der Sachversicherung, 4. Aufl. 1977; *Boldt,* Die Feuerversicherung nach AFB, VHB, VGB und FBUB, 7. Aufl. 1995; *Borg,* Bewertung beweglicher Wirtschaftsgüter, 1989; *Bruck/Möller/Johannsen,* Bd. III, Feuerversicherung, 8. Aufl. 2002; *Engels,* Die neuen AVB 87 im Sachversicherungsbereich, Freiburg 1988; *Krug,* Feuerversicherung, in: HdV (hrsg. v. *Farny/Helten/Koch/Schmidt*), 1988, S. 181–190; *Garhammer/Manekeller,* Die Auswirkung des Bilanzrichtlinien-Gesetzes auf die FBU-Summenermittlung, VW 88, 436; *Hax,* Grundlagen der Betriebsunterbrechungsversicherung, 2. Aufl. 1965; *Harth,* Die Problematik einer sachgerechten Schadenfeststellung von Feuer-Betriebsunterbrechungs-Schäden, 1992; *Heyen,* Leitfaden der Feuer-Betriebsunterbrechungsversicherung, 2. Aufl. 1976; *Ludolphi/Henke,* Summenermittlung für die Feuer-Betriebsunterbrechungsversicherung, 2. Aufl. 1980 (dazu *Engels,* VP 81, 26); *Messenhöller,* Die Ermittlung von Gebäudeversicherungswerten, 4. Aufl. 1994; *Ross/Brachmann/Holzner,* Ermittlung des Bauwertes von Gebäuden und des Verkehrswertes von Grundstücken, 28. Aufl. 1997; *Stange,* Rettungsobliegenheiten und Rettungskosten Versicherungsrecht, 1995. Handbuch der Sachversicherung, GDV 2007; *van Bühren,* Handbuch Versicherungsrecht, 2002; *Halm/Engelbrecht/Krahe,* Handbuch des Fachanwalts Versicherungsrecht, 2004; *Terbille,* Münchner Anwaltshandbuch, 2004 (nunmehr bereits 2. Aufl. 2008); *Zimmermann,* Der Betriebsunterbrechungsschaden, 2. Aufl. 1968; *Mussmann,* Auswirkungen des Bilanzrichtliniengesetzes auf die FBU-Summenermittlung, neues Schema für die FBU-Summenermittlung, VW 1994, 190.

Literatur nach VVG-Reform: Bundesgesetzblatt 2207; 2631 Teil I Nr. 59 v. 29.11.07; Beschlussempfehlung und Bericht www.bmj.bund.de/files/-/2685; *Marlow/Spuhl,* Das Neue VVG kompakt. Ein Handbuch für die Rechtspraxis, 3. Aufl. 2008.

I. Einleitung

Die Feuerversicherung ist historisch die klassische Grundsparte der Sachversicherung. Aus **1** ihr entwickelte sich in verschiedenen Stufen die heutige **Feuerversicherung** für Gebäude, technisch-kaufmännische Betriebseinrichtungen, Vorräte sowie die Kostenpositionen. Sie findet in allen Bereichen Anwendung. Lediglich hinsichtlich des Versicherungsortes sowie der verwendeten Klauseln wird zwischen der einfachen Feuerversicherung, der gewerblichen Feuerversicherung, der Feuerversicherung in der Landwirtschaft sowie der industriellen Feuerversicherung unterschieden. Bei der Reform der Sachversicherungsbedingungen 1987 wurden die Allgemeinen Bedingungen für die Feuerversicherung (AFB 87) neu konzipiert. Wesentlicher Umstand war auch die Eingliederung der Neuwertversicherung innerhalb des Bedingungswerkes. Die Allgemeinen Feuerversicherungsbedingungen von 1930 (AFB 30) sind auch heute noch in einer Vielzahl von Versicherungsverträgen Vertragsgrundlage. Ebenso werden viele Maklerwordings auf Basis der AFB 30 begründet und durch textliche Erweiterungen dem heutigen Standard angepasst. Zwischenzeitlich ist sowohl dem deutschen wie europäischen Versicherungsmarkt eine Vielzahl von Ausprägungen der Feuerversicherung zu entnehmen, welche die unterschiedlichsten Deckungskonzepte aufweisen. Dies erstreckt sich von klassischen Sachsummenmodellen bis hin zu Umsatzmodellen. Auch der Deckungsumfang wurde hinsichtlich der Mitversicherung von neuen Gefahrentatbeständen, über die reine Gebrauchsbeeinträchtigung – ohne erforderlichen Sachsubstanzschaden – bis hin zu Modellen, in welchen nur noch der Vorsatztatbestand eine Leistungsverweigerungstatbestand darstellt, ausgeweitet. Aspekte der Ertragsausfallversicherung oder der Betriebsunterbrechungsmehrkostenversicherung finden nun auch schon Eingang in die Sachversicherung. Bedingt durch das zum 1. 1. 2008 in Kraft getretenen neue VVG 2008 (Beschluss des Deutschen Bundestages vom 5. 7. 2007, BR-Drucks. 583/07) ergeben sich grundlegende Neuerungen für den gesamten Bereich der Sachversicherung und damit auch für den hier zu behandelnden Bereich der Feuerversicherung.

II. Rechtliche Rahmenbedingungen/Rechtsgrundlagen

2   Spezielle **gesetzliche Rahmenbedingungen:** Die Vorschriften zur Schadenversicherung der §§ 74–87 VVG und die der Sachversicherung §§ 88–99 VVG. Insbesondere zur Gebäude-Feuerversicherung sind die §§ 142–149 VVG zu beachten, wobei durch die Übergangsvorschriften die erweiterte Haftung nach §§ 99 ff. VVG a. F. weiterhin zu beachten ist. Hier greifen die Regeln von Art. 5 EGVVG. Die Feuerversicherung ist Schadenversicherung, so dass neben den allgemeinen Vorschriften (§§ 1–48 VVG) die §§ 49–80 VVG über die Schadenversicherung zur Anwendung gelangen. Als **vertragliche Rahmenbedingungen** sind zu nennen: Die Allgemeinen Bedingungen für die Feuerversicherung (AFB 87)[1] und die noch in einer Reihe von Versicherungsverträgen zu findenden Allgemeinen Feuerversicherungsbedingungen von 1930 (AFB 30)[2]. Im gewerblichen Bereich ist die Positionenerläuterung zur Feuerversicherung für Industrie und Gewerbe zu beachten; hierbei werden die einzelnen versicherten Sachen – aufgegliedert nach Positionen – im Einzelnen aufgeführt[3].

III. Versicherte Gefahren, Schäden, Personen

1. Versicherte Gefahren und Schäden

3   **a) Brand.** Der **Brandbegriff**[4] hat sich im Laufe der Jahre versicherungsrechtlich konkretisiert. Obwohl von der historischen Auslegung schon immer drei Erfordernisse als rechtliche Grundlage gesehen wurden, stellte die Entscheidung des Hanseatischen Oberlandesgerichts[5] dies in Frage. Es war in der Literatur umstritten, inwieweit das Ausbreitungsvermögen[6] des Feuers auch für die Fallalternative gelten sollte, die ohne bestimmungsgemäßen Herd entstanden ist. Insoweit wurden die AVB um das Demonstrativpronomen „das" ergänzt, womit alle Auslegungszweifel beseitigt waren. Für das Feuer, das seinen bestimmungsgemäßen Herd verlassen hat, war es immer unstrittig, dass ein **Ausbreitungsvermögen**[7] bestehen muss.

Von den Brandschäden ausgeschlossen sind die Nutzwärmeschäden[8], das heißt, Brandschäden, die für sich betrachtet zwar ein versichertes Ereignis darstellen, jedoch dadurch entstanden sind, dass eine versicherte Sache in ihrem normalen Betriebsablauf eine nicht unerhebliche Zufuhr von Wärme zur Bearbeitung oder sonstigen Zwecken erfährt. Dies gilt auch für sämtliche thermischen Anlagen, in denen Prozesswärme zu Bearbeitungsschritten benötigt wird[9]. Auch Teile von Anlagen, die peripher zwangsläufig der Wärmestrahlung ausgesetzt sind, fallen unter diesen Ausschlusstatbestand. Voraussetzung ist hier jedoch, dass der Schaden durch die Nutzwärme entsteht und nicht von einem weiteren, **nicht** durch **Nutzwärme** ausgelösten Ereignis von einem Sachsubstanzschaden betroffen wird. Für spezielle Bereiche der industriellen Feuerversicherung gab es in der Vergangenheit immer wieder Diskussionen, inwieweit bei dem Austritt glühend flüssiger Schmelzmassen aus Wannen, Behältern, Leitungen oder ähnlichen Einrichtungen der Brandbegriff erfüllt ist. Auch beim so genannten Eisenfeuer war dies strittig. Die Versicherungstechnik hat hier Klauseln geschaffen, die den Versicherungsumfang klarstellen sollen. Für den Bereich des Ausbrechens der glühend flüssigen Schmelzmassen hat man sich in Form von Klauseln darauf verständigt, dass es sich bei dem

---

[1] Abgedruckt bei *Dörner,* Versicherungsbedingungen.
[2] Abgedruckt bei *Prölss/Martin; Bruck/Möller/Johannsen,* Bd. III.
[3] Dazu *Bruck/Möller/Johannsen,* Bd. III, Anm. H 87 (dort ist abgedruckt die 1985 publizierte Positionen-Erläuterung zur Feuerversicherung für Industrie und Gewerbe).
[4] § 1 Nr. AFB 87; dazu *Prölss/Martin/Kollhosser,* AFB 87, § 1 1. Rn. 2 ff.; *Martin,* Sachversicherungsrecht, A III 9, 10; C I 2–52.
[5] OLG Hamburg v. 2. 10. 1986, VersR 1987, 479; bestätigt durch BGH v. 3. 6. 1987, r+s 1990, 226; kritisch hierzu *Wälder,* r+s 1990, 208 m. w. N.
[6] *Martin,* Sachversicherungsrecht, C I 47.
[7] *Martin,* Sachversicherungsrecht, C I 49.
[8] § 1 Nr. 5 a AFB 87; *Martin,* Sachversicherungsrecht, F II 21 ff.
[9] BGH v. 9. 12. 1987, VersR 1988, 282, vgl. § 1 Nr. 5 a AFB 87.

Philipp

Wannendurchbruch um ein ersatzpflichtiges Ereignis – mit Ausnahme der Durchbruchstelle unter Einbezug der Folgeschäden handeln soll. Dieser Bereich wird im Hinblick auf das erhebliche Gefährdungspotenzial nur mit Entschädigungsgrenze und Höchsthaftung gedeckt.

Durch Klauseln ist der Einschluss der Nutzwärmeschäden an Räucher-, Trocken- und sonstigen ähnlichen Erhitzungsanlagen und deren Inhalt versicherbar. Diese Klausel wird üblicherweise standardmäßig vereinbart, dies darf jedoch nicht darüber hinweg täuschen, dass in vielen Fällen weiterhin der innere Betriebsschaden – z. B. bei elektrischen Anlagen oder Prozesswärmeanlagen – nicht abgedeckt ist.

Deklaratorisch werden alle **Sengschäden** vom Versicherungsschutz ausgenommen, was an sich nicht erforderlich wäre, da sie für sich gesehen den Brandbegriff nicht erfüllen[10]. Bei Schäden an **elektrischen Einrichtungen** wird ebenfalls klargestellt, dass der Bereich der einleitenden Betriebsschäden – mit oder ohne Feuererscheinung – nicht vom Versicherungsschutz erfasst wird (§ 1 Nr. 5 d AFB 87). Dies hat vor allem bei elektrischen Schaltschränken erhebliche Auswirkungen, da gerade in diesem Bereich ein erhebliches Schadenpotenzial besteht. Durch die physikalisch-technische Wirkung des Stromes entsteht im Überstrom- bzw. Überspannungsbereich in den meisten Fällen ein erheblicher Schaden, ohne dass der Brandbegriff erfüllt ist. Diese Schäden werden durch die Stützbogenhitze der elektrischen Spannung verursacht. In logischer Konsequenz sind diese dann vom Versicherungsschutz ausgenommen. Vielfach sind die technischen Abläufe und ihre Auswirkungen ohne die Hinzuziehung von Elektro-Sachverständigen hinsichtlich der grundsätzlichen Ersatzpflicht nicht abschließend zu entscheiden. Es gibt teilweise die Möglichkeit in individuellen Vereinbarungen, diesen einleitenden Betriebsschaden in den Versicherungsschutz mit einzubeziehen, wenn nachfolgend ein ersatzpflichtiger Brandschaden entsteht. Dies ist gerade unter dem Aspekt der Transparenz Kundenorientierung und der Verständlichkeit nicht zu unterschätzen. Auf die Auswirkungen in Bezug auf die Betriebsunterbrechungsversicherung wird im nachstehenden Kapitel noch separat eingegangen.

b) Blitzschlag. Es gibt wohl keinen Bereich in der Feuerversicherung, der zu so viel Aus-   **4** legungsfragen und Spekulationen Anlass gegeben hat, wie der **Blitzschlagbegriff**[11] in der Feuerversicherung. Als Blitzschlag wird der unmittelbare Übergang eines Blitzes auf Sachen definiert (§ 1 Nr. 3 AFB 87). Damit stellt sich die Frage, ob hier die physikalische Erscheinung Blitzschlag oder die Auswirkungen jeglichen Blitzes, also auch der Wolke-Wolke-Entladungen oder der Erde-Wolke-Entladungen gemeint sind. Unter Einbezug der systematischen Bedingungsauslegung ist darauf zu verweisen, dass der VR nur für die versicherten Sachen Entschädigung leistet, die **durch Blitzschlag** zerstört oder beschädigt werden. Damit ist klar definiert, dass im Schadenfall die Frage zu lösen ist, wodurch der Schaden verursacht wurde. Handelt es sich um die Folge des Blitzschlags in Form eines unmittelbaren Ereignisses, besteht zweifelsfrei Versicherungsschutz. Dies bedeutet auch, dass die durch einen Blitzschlag auf beliebige Sachen als Folge verursachte nachfolgende Überspannung auf versicherte Sachen ein ersatzpflichtiges Ereignis im Sinne der Feuerversicherung darstellt. Für die Blitzschlagfolge in Form eines unmittelbaren Ereignisses besteht zweifelsfrei Versicherungsschutz. Allerdings gilt dies nicht für die elektrische Einrichtung, da hier normiert wird, dass der Blitz unmittelbar auf diese elektrische Einrichtung übergegangen sein muss (§ 1 Nr. 5 e AFB 87). Dies ist allerdings der Auslegung zuzuführen, da in den wenigsten Fällen eine elektrische Einrichtung unmittelbar betroffen wird. Vielmehr stellen sich die überwiegenden Schäden der Praxis auch hier als Überspannungsschäden dar, wonach dann Versicherungsschutz zu bieten ist, wenn der Blitz sich in das Gebäude, in dem sich die elektrische Einrichtung befindet, entladen hat. Hier gibt es jedoch erhebliche Nachweisprobleme und sehr differenzierte Rechtsprechung. In den letzten Jahren hat sich ausgehend vom Landgericht Gießen[12], das zur Hausratversicherung die Frage dahingehend beantwortete, dass auch Überspannungsschäden

---

[10] § 1 Nr. 5 b AFB 87; dazu *Martin*, Sachversicherungsrecht, C I 25.
[11] § 1 Nr. 3 AFB 87; dazu *Martin*, Sachversicherungsrecht, C II 1, 4 u. 5.
[12] LG Gießen v. 24. 8. 1994, VersR 1996, 496 = r+s 1995, 392 = NJW-RR 1995, 989.

vom Versicherungsschutz erfasst werden, eine sehr wechselhafte Rechtsprechung entwickelt. In der Folge haben dies das OLG München[13] und das Hanseatische Oberlandesgericht[14] differenzierter gesehen.

Die Entscheidung des Landgerichtes Gießen führte dazu, dass die VR nun auch flächendeckend Schutz für Überspannungsschäden durch **Blitz** – nicht nur Blitz**schlag**schäden! – mittels Klauseleinschluss anbieten.

Gleichwohl war auch die Entscheidung des Landgerichtes Gießen weiterhin sehr umstritten, da bei genauer Fallanalyse der Eindruck entstehen musste, dass es sich nicht um einen Überspannungsschaden, sondern einen direkten Blitzschlagschaden gehandelt haben muss.

Die veröffentlichte Entscheidung des Ombudsmanns[15] der deutschen Versicherungswirtschaft relativierte die Entscheidung des Landgerichtes Gießen dahingehend, dass eine Fehlentscheidung angenommen wird.

Die teilweise divergierenden Rechtsauslegungen zeigen, dass der Blitzschlagbegriff in der Feuerversicherung reformbedürftig ist. Ob die zu den VHB 2000 und VGB 2000 gefundene neue Blitzschlagdefinition, die den Blitzschlag als Auftreffen des Blitzes auf Sachen definiert, den Umstand richtig erfasst, muss ernsthaft bezweifelt werden. Viel besser wäre, klarzustellen, dass nicht das Auftreffen des Blitzes auf Sachen, sondern nur die direkte Entladung – was physikalisch-technisch durch Blitzortungssysteme nachweisbar wäre – vom Versicherungsschutz erfasst sein soll. Darüber hinaus besteht in allen Sparten die Möglichkeit, Überspannungsschäden durch blitzbedingte Auswirkungen mit zu versichern, womit dann eine eindeutige Abgrenzung gegeben wäre. Im Gegensatz zum Blitzschlag ohne Spuren stellen sich der zündende und der kalte Blitzschlag als unproblematisch hinsichtlich der Beurteilung der grundsätzlichen Ersatzpflicht dar. Bei Ersterem wäre neben den reinen Detonationswirkungen dann rechtlich selbständig der Brandbegriff erfüllt, was für sich betrachtet auch zur Haftung führt.

Da auch in der Folgezeit sich das Schadenmanagement der deutschen Sachversicherer einem grundlegenden Wandel unterzog, es wurden nämlich neben sehr differenzierten Fragebögen auch externe spezialisierte Dienstleister mit der Aufklärung der Fragestellung beauftragt, ob die Beschädigung des reklamierten Gegenstand überhaupt durch einen Blitzwirkung entstanden sein konnte, gab der GDV eine im Jahre 2007 abgeschlossene Studie zu dieser Thematik in Auftrag[16]. Das Ergebnis zeigte auf, dass sowohl die bisherigen Radien der einschlägigen Blitzortungssysteme von 3 km Durchmesser ausreichend sind, wie auch, dass nach einer Gefahrengruppenbildung von elektrischen und elektronischen Geräten eine mit hoher Sicherheit mögliche Beurteilung möglich wird. Allerdings ergab sich auch, dass die beiden auf dem deutschen Markt am weitesten verbreiteten Blitzortungssysteme eine unterschiedliche Anzahl von Blitzen (strikes) orten. Ob dies nur auf Messungenauigkeiten oder die Messverfahren zurückzuführen ist, wird zur Zeit untersucht, da die Abweichung sehr erheblich ist. Daneben wurde im Rahmen dieser Studie auch der mathematische Nachweis für eine Abgrenzung zwischen technischem Ausfall ohne äußere Beeinträchtigung und der blitzbedingten Auswirkung geführt, womit auch die Möglichkeit besteht, durch klare und eindeutige Klauselformulierungen mit metrischen Angaben und eindeutigen Begriffsdefinitionen einen Versicherungsschutz zu bieten, der kaum noch Anlass zu Streitigkeiten bietet. Aktuell werden im Rahmen eines weiteren Feldversuches noch genauere Abgrenzungen durch eine Prüfung von direkten Blitzschlagschäden vorgenommen.

5   **c) Explosion.** Ein weiterer wichtiger Tatbestand sind mitversicherte **Explosionsschäden** (§ 1 Nr. 4 AFB 87). Im Explosionsbegriff werden zwei unterschiedliche, physikalisch-chemisch differenziert ablaufende Explosionsbegriffe als versichert definiert. So ist einerseits die Gasexplosion (§ 1 Nr. 4 S. 1 AFB 87) und andererseits die Behälterexplosion (§ 1 Nr. 4 S. 2

---

[13] OLG München v. 16. 5. 1997, VersR 1998, 93.
[14] OLG Hamburg v. 27. 9. 1995, VersR 1998, 92.
[15] Versicherungsombudsmann v. 13. 6. 2002, r+s 2002, 383.
[16] www.gdv.de/presse/presseveranstaltungen/ 16. 7. 2007.

AFB 87) versichert. Bei der Gasexplosion muss ein zündfähiges Gasluftgemisch unter speziellen Temperaturverhältnissen vorliegen, das dann durch einen primäre Zündung zur Explosion gebracht wird. Diese Art von Explosionen weisen im Regelfall erhebliche zerstörerische Kraft durch die konzentrisch verlaufende Druckwelle. Weitere Zerstörungen in umgrenzenden Bereichen zeigen sich als typisches Schadenbild. Die häufig geäußerte Ansicht, dass Verpuffungen nicht vom Versicherungsschutz erfasst werden, ist nachweislich falsch, da es sich bei der Verpuffung um eine Art der Explosion handelt, die jedoch in ihren Auswirkungen nicht zu so erheblichen Schäden führt. Versicherungsprodukte, in welchen Verpuffungen explizit gedeckt werden, haben daher nur deklaratorische Bedeutung, da materiell bereits die Grunddeckung umfassend Versicherungsschutz bietet. In der Auslegung gibt es immer wieder Diskussionen bei der so genannten schnellblasenden Verbrennung, welche bei offenen Kaminen zu beobachten ist, wenn durch Harzeinschlüsse ein thermisch schneller ablaufender Verbrennungsvorgang entsteht, der zu Abplatzungen und Funkenflug führen kann. Hier wird der Explosionsbegriff eindeutig nicht erfüllt.

Der zweite Bereich der versicherten Explosionen, nämlich die **Behälterexplosionen,** hat **6** in der Praxis zu erheblichen Diskussionen geführt. So ist zum einen der Behälterbegriff umstritten und zum anderen taucht die Frage auf, wann ein plötzlicher Druckausgleich vorliegt.

Schon Zinsen[17] hat sich mit der Behälterexplosion intensiv auseinander gesetzt und Bergmann[18] fand eine bis heute gültige Definition. Danach wird bei Behältern bis 100 cbm ein freier Rissquerschnitt als Ausströmöffnung von mehr als 30 cm^2 pro m^3 gefordert. Bei Behältern über 100 Kubikmetervolumen werden mindestens 3 000 cm^2 (absolut) gefordert. Für Rohrleitungen wurde der Explosionsbegriff dahingehend definiert, dass ein Rissquerschnitt von mindestens 350 cm^2 vorliegen muss, um einen plötzlichen Druckausgleich zu garantieren[19]. Diese physikalischen Normen sind bisher unumstritten, so dass sie eine praktikable Lösung bei der Schadenregulierung darstellen. Sinnhaft sind auch Individualvereinbarungen in Wordings und AVB, in welchen diese immer wieder strittigen Fragen mit einer eindeutigen Formulierung des versicherten Objektes und einem klar umrissenen Schadenbegriff definiert werden.

Ausgeschlossen vom Explosionsbegriff sind Schäden an **Verbrennungskraftmaschinen** **7** durch im Inneren auftretende Explosionen sowie an elektrischen Schaltern, durch den in ihnen auftretenden Gasdruck (§ 1 Nr. 5 c AFB 87). Ansonsten kennen die Bedingungen im Bereich der Explosionen keinen Betriebsschadenausschluss Das gesamte Ereignis ist somit weitgehend vom Versicherungsschutz erfasst. Dies ist gerade auch für einen nachfolgenden Ertragsaufallschaden von wesentlicher Bedeutung, da dann der gesamte Unterbrechungszeitraum vom Versicherungsschutz erfasst wird. Diskussionen gibt es immer wieder bei Schäden im Zusammenhang mit Feuerwerkskörpern, wobei zu prüfen ist, inwieweit der Schaden durch die Explosion entstanden ist, was in den häufigsten Fällen zu bejahen sein wird. Kein Versicherungsschutz wird bedingungsgemäß für Unterdruck- oder Implosionsschäden gewährt (§ 1 Nr. 4 S. 4 AFB 87); hier besteht die Möglichkeit für Implosionen einen Einschluss durch Klauseln vorzunehmen.

d) Anprall oder Absturz eines Flugkörpers, seiner Teile oder seiner Ladung (vgl. **8** **§ 1 Nr. 1 d AFB 87).** Die in unserem Orbit kreisenden **Flugkörper**[20] bedingen nicht zuletzt eine Definition dieses Begriffes. Nach § 1 Abs. 2 des Luftverkehrsgesetzes werden als Flugkörper bezeichnet: Flugzeuge, Drehflügler, Luftschiffe, Segelflugzeuge, Motorsegler, Frei-Fesselballone, Drachen, Fallschirm, Flugmodelle und sonstige für die Benutzung des Luftraums bestimmte Geräte, insbesondere Raumfahrzeuge, Raketen und ähnliche Flugkörper. Bezieht man in die Betrachtung mit ein, dass auch unbemannte Flugkörper – was heute Standard ist

---

[17] Theorie der Kesselexplosion, Forschungen im Ingenieurwesen, FDI-Verlag, Heft 3/1965.
[18] Behälterexplosion oder Betriebsschaden, VW 1966, 1313.
[19] Handbuch der Allgemeinen Sachversicherung, GDV, S. 121.
[20] LG Saarbrücken v. 30. 9. 2004, r+s 2007, 424.

– in den Verssicherungsschutz aufgenommen sind, so wird klar, welches erhebliche Risikopotenzial hier besteht.

9   **e) Löschen, Niederreißen oder Ausräumen.** Soweit eines der vorbeschriebenen Ereignisse als Ursache eintritt, sind die adäquat kausal erforderlichen Aufwendungen, welche durch die Zerstörung versicherter Sachen, durch **Löschen, Niederreißen** oder **Ausräumen** entstehen (§ 1 Nr. 1 e AFB 87), ebenfalls gedeckt. Hinsichtlich Löschen grundsätzlich und überwiegend bei Niederreißen ergäbe sich die Mitversicherung schon zwangsläufig, weil es sich hier unzweifelhaft um Schadenminderungsmaßnahmen handelt. Beim Ausräumen, welches im zeitlichen und örtlichen Zusammenhang zu dem eingetretenen Schadenereignis steht, handelt es sich um Rettungsaufwendungen, die ebenfalls vom Versicherungsschutz ohne ausdrückliche Erwähnung gedeckt sind. Letzterer Punkt gewinnt jedoch unter dem noch besonders darzustellenden Aspekt der Vorerstreckungstheorie besondere Bedeutung, da auch bei einem unmittelbar bevorstehenden Ereignis und dem Ausräumen entsprechende Schäden an versicherten Sachen gedeckt sind.

2. Versicherte Sachen (§ 2 AFB 87)

10   Es besteht die Möglichkeit, für eine oder mehrere Positionen fakultativ Versicherungsschutz zu beantragen. Insofern handelt es sich hier um **Deckungsmöglichkeiten,** die jedoch im Antrag zu benennen sind, um dann über die Police auch wirksam in den Versicherungsschutz einbezogen zu sein.

11   **a) Gebäude. Gebäude** (§ 2 Nr. 1 a i. V. m. Nr. 2 AFB 87) sind inkl. ihrer Bestandteile, aber ohne Zubehör gemäß §§ 93 ff. BGB versichert. In der industriellen Feuerversicherung wird durch die Positionenerläuterung eine enummerative Zuordnung auf verschiedene Positionen durch einen Abgrenzungskatalog vorgenommen. Dies dient zur Vertragstransparenz um in Zweifelsfällen klar definieren zu können, inwieweit es sich um Gebäude oder bewegliche Sachen handelt. Hinsichtlich der Einbruchdiebstahlversicherung ist bedingt durch die Gebäudegebundenheit für ein versichertes Ereignis heute eine differenzierte Ansicht entstanden. Danach kann ein Container, der durch Größe, Abmessung, Gewicht und Verschluss den Gebäudebegriff für die Einbruchdiebstahlversicherung erfüllen[21]. Inwieweit dies auch für die Feuerversicherung gültig ist, kann nicht abschließend beurteilt werden, jedoch spricht die Risikosphäre für eine Gleichbehandlung, da für den Brandbegriff keine höheren Anforderungen zu stellen sind.

12   **b) Grundstücksbestandteile.** Im Hinblick auf die Schadenauswirkung besteht ein Bedarf auch **Grundstücksbestandteile** im Sinne von § 94 BGB in den Versicherungsschutz einzubeziehen (§ 2 Nr. 1 a AFB 87). Nach den bereits erwähnten Positionenerläuterungen werden allerdings schon eine Vielzahl von Grundstücksbestandteilen wie Einfriedungen, Fahnenstangen, Gehsteigbefestigungen, Grünanlagen, Hofbefestigungen, Kaimauern, Werkstraßen über die Position Gebäude abgedeckt. In der Praxis sind hier meistens Trümmerschäden und Beschädigungen beim Abbruch feststellbar. Soweit diese adäquate Folge des ursächlichen Ereignisses darstellen, besteht schon aus diesen Gründen Deckung, ohne dass es einer Mitversicherung bedurft hätte. Es handelt sich dann nämlich um einen Rettungsschaden, bei welchem es nicht darauf ankommt, ob es sich um versicherte oder nicht versicherte Schäden handelt.

13   **c) Bewegliche Sachen.** Hierunter sind die im Antrag genannten Sachen der **Betriebseinrichtung** einerseits sowie der **Vorräte** und **Nebenpositionen** andererseits zu subsumieren (§ 2 Nr. 3 AFB 87).
Entscheidend ist jeweils die Antrags- und Vertragsdeklaration. Wie wichtig diese klaren Definitionen heute sind, zeigt sich auch durch die jüngsten Entscheidungen des OLG Düsseldorf[22]. Dies wurde bereits durch den BGH[23] in dem „Schweinezuchtfall" ausführlich dargestellt. Hiernach wird für eine Vielzahl von Deklarationen die Frage aufgeworfen inwieweit

---

[21] OLG Saarbrücken v. 7. 3. 2001, r+s 2001, 206.
[22] OLG Düsseldorf v. 5. 2. 2002, VersR 1002, 1279 = r+s 2002, 246.
[23] BGH v. 4. 4. 2001, VersR 2001, 749.

die zur Summenbildung verwendeten Einzelsummen, welche dann aus meist deklaratorischen Gründen im Versicherungsschein aufgeführt werden, eine Taxenversicherung darstellen. Bei dieser BGH-Entscheidung führte dies zu einer Entschädigungs- Leistung, die weit über dem Schaden lag. Insoweit ist zu empfehlen, hier auf eindeutige Zuschreibungen zu achten und klar zu stellen, was mit einer Detailsummenangabe verbunden sein soll.

d) Fremdes Eigentum. Nicht nur die im Eigentum des VN stehenden Sachen werden in **14** den Versicherungsschutz einbezogen, sondern auch die unter **Eigentumsvorbehalt** (§ 2 Nr. 3b AFB 87) erworbenen und die **sicherungshalber übereigneten Gegenstände,** soweit dem Erwerber ein Entschädigungsanspruch gemäß § 97 VVG nicht zusteht (§ 2 Nr. 3c AFB 87). Für diese drei Fallalternativen gilt neben dem Eigentümerinteresse auch das Interesse des VN gedeckt. Dies ist insbesondere für die unter Eigentumsvorbehalt erworbenen Sachen wichtig, da, wenn hier das Fremdeigentümerinteresse maßgebend wäre, der VN im Schadenfall nur die niedrigeren Wiederherstellungskosten oder Wiederbeschaffungskosten des Eigentümers beanspruchen könnte. Dies würde aber zu erheblichen Störungen im rechtsgeschäftlichen Kaufvertragsrecht führen, da gerade für diese unter Eigentumsvorbehalt erworbenen Sachen ein immer stärker werdendes Eigentumsanwartschaftsrecht des VN entsteht. Insoweit dient es auch der Sicherheit des Rechtsverkehrs, die unter Eigentumsvorbehalt erworbenen Sachen dem Versicherungsnehmereigentum gleichzustellen. Bei den sicherungshalber übereigneten Sachen, die im Regelfall natürlich durch eine Rückabtretung des Nutzungsrechtes im Besitz des VN verbleiben, würde sich in der Praxis im Regelfall kaum eine abweichende Ersatzwertregelung erschließen. Nur in Fällen, in denen Leasinggeber sich zur Sicherung der Kaufpreiszahlung einer Sicherungsübereignung als Kreditsicherungsmittel bedienen, hätte dies auch analoge Auswirkungen.

Sofern der VR dem Sicherungsgläubiger eine Sicherungsbestätigung erteilt hat, ist darauf zu achten, dass aus der Sicherungsbestätigung unmissverständlich hervorgeht, welche Einschränkungen hinsichtlich der Entschädigungszahlung gegebenenfalls Raum greifen können. Sofern durch weitere mitversicherte Sachen eine Unterversicherung entstehen kann, muss der VR explizit darauf hinweisen[24].

Die Beweislast[25], dass Sachen zumindest unter Eigentumsvorbehalt erworben wurden, trägt voll inhaltlich der VN.

Fremdes Eigentum gilt darüber hinaus versichert, wenn es artgleich dem gleichen Betriebszweck dient und dem VN in Bearbeitung, Benutzung, Verwahrung oder zum Verkauf in Obhut gegeben wurde (§ 2 Nr. 4 AFB 87). Hierunter fallen nicht die gefälligkeitshalber aufbewahrten Sachen. Von der Mitversicherung wird abgewichen, wenn zwischen VN und Eigentümer eine Vereinbarung besteht, dass die übergebenen Sachen nicht mitversichert werden müssen. Dies stellt in der Praxis aber eine Ausnahme dar. Vielmehr entstehen gerade durch fremdes Eigentum erhebliche Defizite bei der Festlegung der Versicherungssumme und damit Unterversicherung. Gerade unter dem Aspekt von § 6 VVG wird dies künftig zur verstärkten Prüfung von Schadenersatzansprüchen im Zusammenhang mit § 61 und § 63 VVG führen. Darüber hinaus ist nach § 75 VVG zu prüfen ob die vorliegende Unterversicherung erheblich ist, da künftig nur dann die Unterversicherung angerechnet werden kann. Was erheblich ist, orientiert sich an vergleichbaren – vom BGH – in ständiger Rechtsprechung entschiedenen Sachverhalten wie Verbindlichkeit von Sachverständigengutachten oder abweichende Wiederherstellungen mit Relevanz des Neuwert-Entschädigungsanteils (Differenz zwischen Neuwertentschädigung und Zeitwert-Schaden). Hiernach dürfte die Grenze bei 10% der Versicherungssumme liegen.

Über Klauseln gibt es vielfältige Möglichkeiten das Fremdeigentum differenziert in den Versicherungsschutz einzubeziehen.

Hinsichtlich der Ersatzwertregelung des fremden Eigentums würde bei der Eigentümerinteressenversicherung eigentlich nur Anspruch nach § 249 BGB auf den Wiederbeschaf-

---

[24] BGH v. 6. 12. 2000, ZfS 2001, 167.
[25] BGH v. 21. 10. 1998, r+s 1999, 31.

fungswert oder die -herstellungskosten anzusetzen sein. Hinsichtlich der vertraglichen Regelung besteht jedoch eine Neuwert- oder Zeitwertdeckung. In der versicherungsrechtlichen
Neuwertversicherung besteht für den vertraglichen Ersatzwert von zum Neuwert versicherten Sachen wie der technischen und kaufmännischen Betriebseinrichtung daher die herrschende Meinung dahingehend, dass bei Neuwertversicherung in der Regel auch für diese
Sachen Neuwertersatz zu leisten ist. Dies gilt natürlich nicht für Waren, da diese nur zum
Wiederbeschaffungspreis oder den -herstellungskosten gedeckt sind.

15   **e) Leasing.** Die unmittelbar aus den Bedingungen abzuleitenden Ersatzwertregelungen
werfen für die Behandlung von **geleasten Sachen** erhebliche Auslegungsprobleme auf.

In allen Fällen, in denen der VN im Schadenfall noch die Möglichkeit hat, eine Kaufoption auszuüben oder sie vor Eintritt des Schadens bereits ausgeübt hat, ergeben sich keine
Probleme in Bezug auf die einschlägigen Ersatzwertregelungen. Hier besteht Neuwertan-
spruch.

Anders verhält es sich jedoch, wenn der Leasinggegenstand nach Ablauf der Leasingdauer
zurückzugeben ist und keine Möglichkeit für den VN mehr besteht, einen Erwerb der Sache
vorzunehmen. Je länger der VN bereits über die Leasingzahlungen auch die erwirtschafteten
Abschreibungen dem Leasinggeber gezahlt hat, desto gewillkürter wird das Ergebnis einer
üblichen Schadenberechnung. Bei einer 36-monatigen Leasingdauer stellt sich bei einem
Schaden im 35. Monat schon die berechtigte Frage, ob hier tatsächlich vom Sachversicherer
noch eine komplette Neuwertentschädigung zu zahlen ist, hat der Leasinggeber doch bereits
35 Monate eine anteilig erwirtschaftete Abschreibung über die Leasingrate erhalten. Bei den
bisher vorliegenden Bedingungen lässt sich diese Problematik jedoch nicht zweifelsfrei lösen.
Inzwischen wurden vom GDV in neue unverbindliche Versicherungsbedingungen differenzierte Ersatzwertregelungen aufgenommen, die in einer vereinfachten Methodik den Anspruch bei nicht bestehender oder abgelaufener Kaufoption auf den Anschaffungspreis abzüglich der bereits geleisteten Sachwertabschreibung beschränken. Hilfsweise werden sogar die
komplett gezahlten Leasingraten in Abzug gebracht[26].

16   **f) Gebrauchsgegenstände Betriebsangehöriger.** Hier handelt es sich um typische Sachen, die **Betriebsangehörige** üblicherweise (private Arbeitsgeräte, Fachliteratur, Gegenstände der Unterhaltungselektronik usw.) am Arbeitsplatz nutzen (§ 2 Nr. 7 AFB 87). Voraussetzung für die Mitversicherung ist, dass sie entweder üblicherweise (betriebsspezifisch) oder
sich auf Verlangen des Arbeitgebers am Arbeitsplatz befinden. Der im Innenverhältnis der
Versicherer durch das unverbindliche GDV Handbuch der Sachversicherung anzuwenden
Grundsatz: Fremdversicherung vor Außenversicherung gilt hierfür nicht. Bei vorübergehender Verbringung – entscheidend sind die Definitionen für vorübergehend anhand der jeweils
als Außenversicherung zu Grunde liegenden VHB- besteht daher eine Leistungspflicht des
Hausrataußenversicherers ohne Ausgleichsmöglichkeit nach § 78 VVG.

3. Versicherte Kosten

17   Bei der Position der **versicherten Kosten** (§ 3 AFB 87) ist grundsätzlich zu beachten, dass
ein Teil der Kosten prinzipiell in den Grundversicherungsschutz einbezogen ist, worunter insbesondere die Schadenabwendungs- und Schadenminderungskosten sowie die Feuerlöschkosten zu zählen sind, da sie als Teil von Abwendungs-, Minderungsaufwendungen oder un-
trennbarer Sachsubstanzschaden schon gedeckt sind. Anders verhält es sich jedoch mit den
sonstigen Kostenpositionen, die fakultativ beantragt werden müssen.

18   **a) Schadenminderungskosten.** Über die Obliegenheiten ist der VN u. a. verpflichtet,
den Schaden nach Möglichkeit zu mindern und dabei Weisungen des VR zu befolgen (§ 82
VVG). Hieraus ergibt sich auch die zwangsläufige Konsequenz der Mitversicherung der
Schadenminderungskosten, wobei diese nicht über eine eigene Kostenposition gedeckt
sind, sondern im Rahmen des Sachsubstanzschadens. Hier sind sie dann der jeweiligen Posi-

---

[26] Vgl. Verbunde Sach-Gewerbeversicherung (VSG2003) Musterbedingungen GDV; www.gdv.de/
Downloads/Bedingungen/SU_093.pdf.

tion zuzurechnen, der sie schadenmindernd dienen, wobei sie auch das Schicksal der Hauptposition und teilweise Unterversicherung oder Entschädigungsgrenzen entsprechend erleiden. Hierunter fallen all die Aufwendungen, die aufgewandt werden, um die Folgen eines eingetretenen Ereignisses zu minimieren. Eine Begrenzung der Kosten auf die Höhe der Versicherungssumme ist im Regelfall gegeben, soweit nicht in heutigen Kostenmodellen hierfür eine weitere Versicherungssumme zusätzlich zur Verfügung gestellt wird. Eine Haftung über die Versicherungssumme hinaus, unabhängig ob die Kosten erfolgreich waren, so unterliegt diese Position ebenfalls der gleichen Quotierung wie die Hauptposition. Bedingt durch die in den letzten Jahren angestiegene Elementarschadensituation entstehen immer wieder Diskussionen bei Sturm-, Überschwemmungs- und Hagelschäden inwieweit durch die landesspezifischen Feuerwehrgesetze hier eine Kostenfreiheit für erbrachte Leistungen der Feuerwehren oder ähnlicher Organisationen bestehen. Dies ist auch im Zusammenhang mit den unter Nr. 23 dargestellten Entwicklungen zu sehen. Voraussetzung bisher ist in allen Feuerwehrgesetzen, dass ein öffentlicher Notstand zu bejahen ist. Dieser liegt immer dann vor, wenn nicht nur einzelne Objekte von einem derartigen Ereignis betroffen wurden.

b) Schadenabwendungskosten. In der klassischen Sachversicherung war es bisher unbestritten, dass im Rahmen der **Vorerstreckungstheorie** nicht nur die Aufwendungen, welche nach Schadeneintritt zur Schadenminderung zu erbringen sind, vom VR zu ersetzen sind, sondern auch die Aufwendungen, welche für ein unmittelbar bevorstehendes, drohendes Ereignis zur Abwendung des selben aufgewandt werden Dies wurde nun durch § 90 VVG in Verbindung mit § 83 VVG im Gesetz festgeschrieben. Hierbei können jegliche Vermögensopfer (unabhängig ob es sich um versicherte oder nicht versicherte Sachen handelt) ersatzpflichtig werden. Voraussetzung ist jedoch, dass dieses drohende Ereignis unmittelbar bevorsteht. In der Feuerversicherung ist hier vor allem an ausströmendes Gas zu denken, welches nur noch eines Zündfunkens bedarf, um zur Explosion zu gelangen. Unternehmen der VN oder Dritte Anstrengungen, um das Gas kontrolliert abzuleiten und werden hierbei Sachen (versicherte und nicht versicherte) in adäquater Kausalität beschädigt, so besteht ein entsprechender Erstattungsanspruch. Bedenken, dass hierdurch eine wesentliche Erweiterung stattfinden, können dem Gesetzestext nicht entnommen werden. Insoweit wurden auch Überlegungen, diese Rettungskosten auf erfolgreiche Aufwendungen zu begrenzen, aktuell nicht weiter geführt, Hiergegen würden auch grundsätzliche rechtliche Erwägungen aus § 87 VVG stehen. **19**

c) Schadenermittlungskosten. Hier ist auf § 85 VVG zu verweisen, wonach die Kosten der **Ermittlung** und **Feststellung** des Schadens der VR zu tragen hat. Zu differenzieren sind hiervon aber die Schadennachweiskosten, welche in die Risikosphäre des VN fallen. Eine gesonderte Regelung besteht hinsichtlich der Sachverständigenkosten, die nur unter genau spezifizierten Umständen vom VR zu übernehmen sind. Sollten die Kosten des bedingungsgemäßen Sachverständigenverfahrens über Kostenpositionen mitversichert sein, besteht dann über die jeweilige Kostenposition Deckung. **20**

d) Aufräumungskosten. Bei der hier gegebenen Kostenversicherung ist lediglich ein Versicherungsfall erforderlich, um die Kosten des **Aufräumens der Schadenstätte** einschließlich sämtlicher Folgekosten bis hin zu Deponiekosten zu übernehmen (§ 3 Nr. 3a AFB 87). Der räumliche Begriff der Schadenstätte darf nicht mit dem Versicherungsort gleichgesetzt werden, da sich die Schadenstätte auch über einen weitaus größeren Bereich erstrecken kann. Im Ergebnis also bis zu dem Ort, bis zu dem sich die aufzuräumenden Sachen befinden. Gerade bei Explosionsschäden kann sich dies auf mehrere hundert Meter erstrecken. Bedingt durch die bereits unter Nr. 18 angesprochene Elementarschadensituation sind Aufräumungsarbeiten bereits bei Sturm bis in mehrer Kilometer Entfernung erforderlich und zweifelsfrei ersatzpflichtig. Darüber hinausbedeutet die Erweiterung auf einen Versicherungsfall, dass bei der Versicherung der Betriebseinrichtung und einem nicht versicherten Gebäude, welches auch im Eigentum des VN steht, die Gesamtkosten für Betriebseinrichtung und Gebäude hinsichtlich der Aufräumungskosten über den jeweiligen Vertrag zu erstatten **21**

sind, wenn die Betriebseinrichtung durch Brand vom Schaden betroffen wurde. Gerade im Hinblick auf die Richtlinien zur Sanierung von Brandschäden (VdS 2357) und der hieraus resultierenden Notwendigkeit des Einsatzes von chemischen Sachverständigen sowie der erheblichen Entsorgungs- und Deponiekosten im Hinblick auf den Grundsatz der Müllvermeidung und Verstärkung des Wertstoffkreislaufs hat diese Kostenposition eine besondere Bedeutung erlangt. In den Hintergrund getreten ist durch die modernen Deklarationen die Fragestellung, wann enden die vorbereitenden Arbeiten zur Reparatur oder Wiederherstellung der Sache und wann beginnen die Aufräumungskosten. Nach herrschender Meinung gehen die Aufwendungen für den Sachsubstanzschaden so lange und so weit, bis ein entsprechender Reparaturbeginn möglich ist. Hierdurch wird klar, dass in allen Grenzfällen, in denen keine oder ungenügende Versicherungssummen für Aufräumungsarbeiten zur Verfügung stehen, entsprechend genau zu differenzieren ist.

22   **e) Bewegungs- und Schutzkosten.** Hinsichtlich der **Bewegungs- und Schutzkosten** (§ 3 Nr. 3 c AFB 87) stellt sich – wie unter Nr. 20 – die Frage, ob nicht auch ohne die Versicherung dieser Kostenposition über die Hauptposition Deckung besteht. Dies wird in vielen Fällen zu bejahen sein, da die Aufwendungen für De- und Remontage von Betriebseinrichtung oder die Veränderung von Gebäuden und Gebäudeteilen fast in allen Fällen zwangsläufige Maßnahmen zur Reparatur der beschädigten Sache darstellen. Auf der anderen Seite besteht durch die Kostenposition, welche im Regelfall auf Erstes Risiko geboten wird, nicht die Notwendigkeit, die Hauptversicherungssumme für Nebenarbeiten zu verbrauchen. Insoweit steht dann für die Behebung des Sachsubstanzschadens die entsprechende Vollwertversicherungssumme gesamtheitlich zur Verfügung.

23   **f) Feuerlöschkosten.** Hinsichtlich der **Feuerlöschkosten** (§ 3 Nr. 3 d AFB 87) hat sich in den vergangenen Jahren ein grundlegender Wandel durch die Verwaltungsgerichtsrechtsprechung[27] vollzogen. Bisher war es unbestritten, dass in dieser Position alle der Schadenminderung dienenden Löschhandlungen zu ersetzen waren. Lediglich die Leistungen der Feuerwehren oder anderer im öffentlichen Interesse zur Hilfeleistung Verpflichteter wurden nicht ersetzt, soweit sie im öffentlichen Interesse erbracht wurden und in unmittelbarem Zusammenhang mit den Löschmaßnahmen standen. Die Verwaltungsgerichte haben nun den Aufgabenbereich der Feuerwehren neu definiert und ausgeweitet. Es ist heute durch die Rechtsprechung gesichert, dass sämtliche, in adäquaten Kausalzusammenhang mit den Löscharbeiten stehenden Aufwendungen in den Bereich der Feuerwehren zu subsumieren sind. Dies beginnt bei den Löschhilfeschäden aus GoA und endet bei der chemischen Analyse und Entsorgung des Löschwassers. Die Gesetzgeber in einigen Bundesländern beginnen aber aktuell die Kostenfreiheit einer Überprüfung zu unterziehen. Hiernach sollen die Beauftragung von weiter erforderlichen Fahrzeugen wie Arbeitsmaschinen, Kräne nicht mehr kostenfrei sein. Hinsichtlich der Feuerlöschkosten gelten im Übrigen die gleichen Überlegungen hinsichtlich der Zuordnung zum Hauptschaden wie bei den Bewegungs- und Schutzkosten.

24   **g) Wiederherstellungskosten für Akten, Pläne pp.** In dieser Position wird der Aufwand der Datenrekonstruktion, der Datenerfassung sowie der Materialwert der **Datenträger**[28] eingeordnet (§ 3 Nr. 3 d AFB 87). Sofern die Wiederherstellung der Geschäftsunterlagen/Datenträger nicht innerhalb von zwei Jahren seit Schadeneintritt erfolgt, ist der Ersatzwert auf die Materialkosten begrenzt (§ 3 Nr. 3 d 2. Hs. AFB 87).

IV. Versicherungsort

25   Der **Versicherungsort** (§ 4 AFB 87) orientiert sich einerseits am Antrag und andererseits an den Dokumentierungen im Versicherungsschein. Für bewegliche Sachen wird innerhalb des Versicherungsortes Deckung gewährt. Sofern versicherte Sachen in zeitlichem und örtlichem Zusammenhang mit einem bevorstehenden (Schadenabwendung) oder eingetretenen

---

[27] VG Hannover v. 20. 3. 2000, NVWZ-RR 2000, 785.
[28] OLG Karlsruhe v. 20. 3. 1997, r+s 1998, 207.

(Schadenminderung) Versicherungsfall vom Versicherungsort vorübergehend entfernt werden und dabei Zerstörungen oder Beschädigungen erleiden, die nicht auf grobe Fahrlässigkeit oder Vorsatz zurückzuführen sind, besteht ebenfalls Versicherungsschutz (§ 4 Nr. 1 AFB 87). Bei grober Fahrlässigkeit ist gemäß § 81 VVG eine Kürzung nur noch im Verhältnis der Schwere des Verschulden des VN, Repräsentanten oder Versicherten – für dessen Eigentum – erforderlich (Quotelung). Siehe hierzu auch ausführlich Nr. 40.

1. Räumlichkeiten

Hier entscheidet die Deklaration, ob lediglich innerhalb von **Gebäuden** oder Räumen   **26** von Gebäuden Versicherungsschutz geboten wird. Für Gebrauchsgegenstände Betriebsangehöriger besteht kein Versicherungsschutz innerhalb von Wohnräumen, da hier eine Deckung über die Hausratversicherung möglich ist (§ 4 Nr. 2 S. 2 AFB 87). Für Wertsachen besteht nur in verschlossenen Räumen oder Behältnissen Versicherungsschutz, damit zum einen eine objektive Risikoabgrenzung möglich ist und zum anderen besonders gefährdete Sachen unter qualifiziertem Verschluss aufzubewahren sind (§ 4 Nr. 3 AFB 87).

2. Versicherungsgrundstück

Nachdem sich von den betrieblichen Erfordernissen, vor allem in der gewerblichen und   **27** industriellen Versicherung ein Bedarf hinsichtlich der Ausdehnung des Versicherungsortes über die vorerwähnten Räumlichkeiten hinaus gebietet, besteht über die entsprechenden Deklarationen dann auf dem gesamten **Versicherungsgrundstück** – auch im Freien – Versicherungsschutz (§ 4 Nr. 2 AFB 87). Dies hat in der Konsequenz natürlich auch im Hinblick auf die Ersatzwertermittlung Auswirkungen, sodass diese entsprechend zu berücksichtigen sind. In der landwirtschaftlichen Feuerversicherung wird auf Grund der Notwendigkeiten der Betriebsspezifika sogar innerhalb der Bundesrepublik Deutschland Versicherungsschutz geboten. Praktische Erwägungen erfordern heute eine möglichst weit gefasste Definition des Versicherungsortes, um im Schadenfall durch Deckungslücken keine Nachteile entstehen zu lassen.

3. Abhängige und selbständige Außenversicherung

Hier ist zum einen wieder die Deklaration maßgebend. Es gibt in vielen Gewerbeprodukten   **28** heute eine mehrstufige **Außenversicherung,** die entweder außerhalb des Gebäudes auf dem Versicherungsgrundstück oder außerhalb des Versicherungsgrundstücks innerhalb Deutschlands oder Europas Versicherungsschutz bietet. immer stärker ist auch eine weltweite Deckung anzutreffen. Bei der selbständigen Außenversicherung[29] wird eine eigene Position – meist auf Erstes Risiko – genommen, bis zu der dann für einen außerhalb des definierten Versicherungsortes eintretenden Schaden Deckung besteht. Bei der abhängigen Außenversicherung wird in Abhängigkeit zur Hauptversicherungssumme innerhalb einer Entschädigungsgrenze Deckung geboten. Hierbei ist zu beachten, dass hinsichtlich der Ersatzwertermittlung Werte außerhalb – bis zur Höhe der Entschädigungsgrenze – in die Hauptsumme einzubeziehen sind. Eine etwaig aus der Hauptsumme abzuleitende Unterversicherung wirkt sich auch auf die Entschädigung der Kostenposition aus. Dies bedeutet, dass beim Schaden erst eine eventuelle Unterversicherung zu kürzen ist und dann geprüft wird, inwieweit der sich hieraus ergebende Betrag über oder unter der Entschädigungsgrenze für die abhängige Außenversicherung liegt. Liegt er über der Entschädigungsgrenze, so besteht Anspruch auf die Entschädigungsgrenze. Liegt er unter ihr, so ist der geringere Betrag maßgebend.

V. Versicherungswert (§ 5 AFB 87)

Die **Neuwertversicherung** (§ 5 Nr. 1a AFB 87) ist die heute verbreitetste Versicherungs-   **29** form. Häufig besteht das Problem, dass zwar Neuwertversicherung vereinbart ist, das Gebäude jedoch objektiv dauerhaft entwertet wurde und insofern sich die Frage stellt, ob auch ein ge-

---

[29] r+s, 2005, 379; Schiedsspruch (OLG Köln).

ringerer Ersatzwert möglich wird. Hier war in der Vergangenheit die Argumentation mit dem Bereicherungsverbot gemäß § 55 VVG a. F. üblich. Durch die Grundsatzentscheidung des BGH zu dem „Dorfkrugfall"[30] hat sich der BGH davon gelöst, da es im Versicherungsvertragsrecht kein allgemeines und zwingendes Bereicherungsverbot gibt. Diese Entscheidung wurde in der Folge durch den Schweinezuchtfall[31] zur Betriebsunterbrechungsversicherung bestätigt. Grundsatz ist heute, dass es der VR als Verwender der AVB in der Hand hat durch klare und eindeutige Definitionen seinen Deckungsumfang einzuschränken oder auszuweiten. Heute gilt der Grundsatz dass der VR dies zu entschädigen hat, was in den AVB versprochen wurde.

Häufiger Diskussionspunkt war auch, welcher Zeitpunkt für die Ermittlung des Versicherungswertes maßgebend ist. Nachdem in den AFB definiert wird, dass der Versicherungswert unmittelbar **vor** Eintritt des Versicherungsfalles maßgeblich ist, war strittig, wie mit unvermeidbaren Preiserhöhungen nach Schadentag bei unverzüglicher Wiederherstellung umzugehen ist, wie Technologiefortschritt bei unmöglicher Wiederbeschaffung identischer Sachen und wie behördliche Beschränkungen sowie behördliche Auflagen Eingang finden. Nach der BGH-Entscheidung[32] zur Reiselagerversicherung gehört diese Diskussion vermeintlich der Vergangenheit an. Die neue BGH-Entscheidung[33] schafft eine eindeutige Grundlage für die künftige Regulierungspraxis in der Neuwertversicherung. Obwohl sich die Entscheidung nur mit der Klärung der Frage in Bezug auf die behördlichen Wiederherstellungsbeschränkungen beschäftigt, sind ihr auch weitreichende Auswirkungen zur Regulierung in Bezug auf Mehrkosten durch Preissteigerungen und Mehrkosten durch Technologiefortschritt beizumessen[34]. Unabhängig ob Klauseln vereinbart sind, muss geprüft werden, ob nicht das Grundbedingungswerk bereits Versicherungsschutz bietet. Wenn Kl. 2302 und 2303 eine Ausweitung der AVB-Deckung erzielen sollen, kann nicht daraus geschlossen werden, dass über das Grundbedingungswerk keine Deckung besteht. § 11 Nr. 1 a AFB 87 definiert in Verbindung mit § 5 AFB 87 den Versicherungswert als ortsüblichen Neubauwert einschließlich erforderlichen Architekten- sowie sonstiger Konstruktions- und Planungskosten in neuwertigem Zustand. Ist die Wiederherstellung in gleicher Art und Güte aus tatsächlichen, rechtlichen oder wirtschaftlichen Gründen nicht möglich, sondern nur in besserer Art und Güte, so ist die nächst bessere und realisierbare Art und Güte zugrunde zu legen. Der ortsübliche Neubauwert umfasst unvermeidliche Mehrkosten infolge behördlicher Wiederherstellungsbeschränkungen. Sinn und Zweck der NW-Versicherung ist nach der Entscheidung, ungeplante, durch den Versicherungsfall aufgezwungene, mit der Wiederherstellung verbundene Kosten. Mehrkosten hängen nicht von der Form behördlicher Vorgaben ab, sondern davon, ob es rechtmäßig ist, sie zu verlangen und die Wiederherstellung davon abhängig zu machen. Analog gültig für Reparaturkosten bei beschädigten Sachen. Der Bedingungstest „Behördliche Wiederherstellungsbeschränkungen bleiben unberücksichtigt" verstößt gegen das Transparenzgebot und ist damit unangemessen und daher unwirksam. Auch ist zweifelhaft, auf was er sich beziehen soll – nur Restwert oder auch Wiederherstellungs- und Reparaturkosten. Hieraus folgt, dass der Schadenaufwand in der Neuwertversicherung – auch ohne Vereinbarung von Klauseln – erheblich ansteigt und der Versicherungsschutz deutlich aufgewertet wird. Dies bedeutet in der Konsequenz, dass damit entweder neue Kalkulationsgrundlagen durch die Versicherer zu erheben sind oder die Bestimmungen der Neuwertversicherung einer Neufassung zuzuführen sind.

1. Gebäude

30   Grundsätzlich gilt der jeweils vertragsindividuell vereinbarte Versicherungswert, wobei heute für die Versicherung der **Gebäude** (§ 5 Nr. 1 AFB 87) und der technisch/kaufmännischen Betriebseinrichtung üblicherweise Neuwertversicherung vereinbart gilt. Die

---

[30] BGH v. 17. 12. 1997, r+s 1998, 117 = VersR 1998, 305.
[31] BGH v. 4. 4. 2001, VersR 2001, 749 = r+s 2001, 252.
[32] BGH v. 4. 6. 1997, r+s 1997, 378.
[33] BGH v. 30. 4. 2008, VersR 2008, 816.
[34] Anmerkung von *Wälder* zur BGH-Entscheidung in r+s 2008, 294.

Neuwertversicherung ist ein gewohnheitsrechtlich zulässiger Verstoß gegen das Bereicherungsverbot, welcher durch die stattfindende Entreicherung im Hinblick auf den die Zeitwertentschädigung übersteigenden Betrag (Neuwertanteil/Neuwertspitze/Neuwertdifferenzentschädigung) durch Sicherstellung der Wiederherstellung[35] oder Wiederbeschaffung geregelt ist. Prinzipiell besteht Anspruch[36] auf die Zeitwertentschädigung, wobei sich diese aus dem versicherungstechnischen Neuwert abzüglich eines Abschlags insbesondere für den Abnutzungsgrad errechnet. Insbesondere begründet nur das Hauptkriterium der Zeitwertbestimmung, ist jedoch nicht alleiniges Kriterium für den Zeitwert einer Sache. Hier sind vielmehr noch weitere Aspekte zu beachten. Eine neue Diskussion im Hinblick auf die Fälligkeit des Neuwertentschädigungsanteiles wurde durch die Entscheidung Düsseldorf[37] ausgelöst, wonach der Anspruch auf Versicherungsentschädigung in Form der notwendigen Reparaturkosten nach § 11 Nr. 1 b) AFB 87 bis zur Höhe des Versicherungswertes besteht. Dies würde bedeuten, dass bei Teilschäden bis zur Höhe des Neuwerts uneingeschränkt zu entschädigen ist und keine Beschränkung auf den Zeitwert möglich wird. Des Weiteren wurde ausgeführt, dass die Entschädigung auf Reparaturkostenbasis durch § 11 Nr. 5 AFB 87 nicht an die Sicherung der Wiederherstellung als Anspruchsvoraussetzung für den Neuwertentschädigungsanteil gebunden sei. In der Anmerkung von *Schirmer*[38] wird überzeugend ausgeführt, dass dieser Entscheidung nicht zu folgen ist. Im Übrigen würde dies für die Praxis bedeuten, dass bei jedem Gebäudeschaden, der unter einem Totalschaden bleibt – in der Praxis ist der Totalschaden die absolute Ausnahme – der VN sofort einen Anspruch auf den Gesamtbetrag der Entschädigung hat, ohne eine Reininvestition sicherstellen zu müssen. Dies widerspricht sowohl dem Bedingungswortlaut wie auch dem Sinn und Zweck der einschlägigen AVB. Dies würde sogar zu der absurden Situation führen, dass bei einem Schadenfall, in dem von vornherein feststeht, dass der VN keine Wiederherstellung des Gebäudes vornehmen wird, es für den VR vorteilhaft wäre, einen Totalschaden anzuerkennen, da nur in diesem Fall der Neuwertentschädigungsanteil einzubehalten wäre.

Es obliegt grundsätzlich dem VN sich um ausreichenden Versicherungsschutz zu bemühen. Dies bedeutet, dass grundsätzlich der VN für die Festlegung der Versicherungssumme verantwortlich ist. Allerdings hat der VR die Verpflichtung über mögliche Versicherungsformen (gleitender Neuwert, Neuwert, Zeitwert, gemeiner Wert) aufzuklären[39,40]. Dies gilt insbesondere für die einem Laien schwer verständlich zu erklären gleitenden Neuwertversicherung. Hier ist der VR gehalten im Zweifel dem VN einen Sachverständigeneinsatz zu empfehlen. Dies wir aber im Regelfall immer auf finanzielle Restriktionen stoßen. Die VR haben hierauf durch vereinfachte Berechnungsmodelle, wie Quadratmeter Wohnfläche, Bruttogeschossfläche oder Datenbankeinsatz reagiert. Auch werden inzwischen Versicherungsformen ohne Versicherungssumme angeboten. Diese Versicherungsart oder nach Anzahl der Wohneinheiten ist immer dann möglich, wenn eine signifikante statische Größenordnung für die Prämienberechung zur Verfügung steht. Bei der gleitenden Neuwertversicherung verliert dann die Versicherungssumme ihre Bedeutung als Berechung der Intensität des Versicherungsschutzes, sondern dient nur noch der Prämienberechung. Der Schaden wird aufgrund der tatsächlichen Wiederherstellungskosten für ein gleichartiges Gebäude errechnet, wenn die zugrunde liegenden Parameter bei Vertragschluss korrekt angegeben wurden.

Hinsichtlich der Fälligkeit ist darauf zu achten, dass im Regelfall eine gleiche Art- und Zweckbestimmung des Ersatzgebäudes gegeben sein muss. Abweichungen[41] von mehr als 10% der nutzbaren Flächen oder Rauminhaltes können maßgeblich für die Erlangung des

---

[35] BGH v. 13. 12. 2000, VersR 2001, 326 = r+s 2001, 118.
[36] BGH v. 24. 1. 2007, VersR 2007, 489.
[37] OLG Düsseldorf v. 5. 2. 2002, VersR 2002, 1279; r+s 2002, 246.
[38] r+s 2003, 1.
[39] OLG Köln v. 12. 11. 1996, VersR 1997, 1530.
[40] BGH, Beschluss v. 23. 5. 2007, VersR 1411.
[41] *Wälder,* r+s 2007, 8.

Neuwertentschädigungsanteils sein[42]. Dies gilt auch bei Veräußerung des Grundstücks[43], sofern jedoch die Wiederherstellung vorher sichergestellt ist, der VN.[44]

31   Wirtschaftliche Gründe wirken sich nicht im Zeitwert, sondern im **gemeinen Wert** (§ 5 Nr. 1 c AFB 87) aus. Der gemeine Wert kann entweder durch besondere Vereinbarung (sehr selten) oder durch objektive Entwertung als Ersatzwert herangezogen werden. Gemeiner Wert ist der Wert, der sich als erzielbarer Verkaufspreis realisieren lässt (§ 5 Nr. 1 c letzter Hs. AFB 87). Hierbei stellt sich die Frage, ob überhaupt ein Markt vorhanden ist, auf dem die Sachen in dem entwerteten Zustand zu veräußern sind. Bei der Umwidmung sind objektive Gründe für die dauernde Entwertung maßgebend. Diese objektiven Beurteilungsmaßstäbe sind aus der üblichen Praxis vergleichbarer Fälle von Versichertenverhalten zu bilden. Obwohl es sich um objektive Gründe handeln soll, werden vielfach subjektive Komponenten Einfluss nehmen. Vor allem im Gebäudebereich gibt es bei drohendem Abriss wegen baurechtswidriger Erstellung häufig Konstellationen, dass vorgetragen wird, dass das Gebäude demontiert, zwischengelagert und an anderer Stelle hätte wieder errichtet werden können. Sofern dies technisch möglich ist, ist unter Berücksichtigung der Rechtsprechung[45] dann kein Raum für eine Bewertung zum gemeinen Wert, sondern ausgehend vom Wiederbeschaffungspreis oder den Wiederherstellungskosten ist der auch ohne Eintritt des Schadens zu erbringende Aufwand für Demontage, bei der Demontage zwangsweise nicht mehr verwendbare Bauteile, Transport, Zwischenlagerung und Remontagekosten, von den Wiederherstellungskosten in Abzug zu bringen. Allerdings sind derartige Konstellationen immer einer intensiven Prüfung auf die faktische Möglichkeit einer praktischen Umsetzung innerhalb des noch zur Verfügung stehenden Zeitraums zu unterziehen.

32   Der Neuwert erstreckt sich auf den ortsüblichen **Neubauwert** (§ 1 Nr. 1 a AFB 87) einschließlich Architektengebühren sowie sonstige Konstruktions- und Planungskosten. Hierbei ist zu beachten, dass es sich um den fiktiven Neubauwert und nicht die Neubaukosten, die vielfältigen Einflussmöglichkeiten unterworfen sind, handelt. Nachdem zwangsläufig zu den Neubaukosten auch Architektengebühren sowie Konstruktions- und Planungskosten zählen, handelt es sich bei diesen um deklaratorische Klarstellungen. Bezüglich der Zeitwertregelung wird zwischen landwirtschaftlichen Gebäuden und sonstigen Gebäuden mit entsprechenden Schwellenwerten differenziert (§ 1 Nr. 1 b AFB 87). Hinsichtlich des gemeinen Werts ist durch die Rechtsprechung[46] entschieden, dass die Abbruchabsicht des Objektes sich weitgehend unverrückbar manifestiert haben muss. Allerdings muss auch eine reale Chance und wirtschaftliche Korrelation bestehen, die es bei Abbrand vor dem geplanten Abriss für wahrscheinlich erachten würden, dass der VN auch tatsächlich von seiner Abbruchabsicht hätte abrücken wollen oder können. Alleine der Umstand, dass vor Abbruch eines Gebäudes dieses von einem Brandschaden betroffen war, spricht für sich allein noch nicht dafür, dass der VN den Abbruch nicht hätte durchführen lassen. Vor allem dann, wenn er bereits rechtsverbindliche Bauaufträge für einen Neubau eingegangen ist, sprechen alle Punkte für eine eindeutige Abbruchabsicht.

2. Technische und kaufmännische Betriebseinrichtung und Gebrauchsgegenstände Betriebsangehöriger

33   Hier sind unter Berücksichtigung der üblichen **Beschaffungskonditionen** (§ 88 VVG 2008) die Wiederherstellungskosten oder der Wiederbeschaffungspreis als Ersatzwert in Ansatz zu bringen, der für Sachen gleicher Art und Güte in neuwertigem Zustand aufzuwenden sind (§ 5 Nr. 2 AFB 87). Je nach dem ob der VN die Sachen selbst hergestellt hat oder sie auf dem Markt üblicherweise beschafft, maßgebend ist der niedrigere Wert. Sofern Eigenherstellung beim VN möglich ist und dies zudem kostengünstiger durchgeführt werden kann, als die

---

[42] LG Düsseldorf v. 10. 9. 1996, VersR 1998, 1371 = r+s 1998, 161.
[43] OLG Frankfurt/M., Beschluss v. 19. 3. 2007, ZfS 2007, 518.
[44] BGH v. 18. 2. 2004, VersR 2004, 512.
[45] OLG Köln v. 22. 11. 1994, VersR 1996, 54.
[46] BGH v. 6. 6. 1984, VersR 1984, 843; BGH v. 21. 4. 1993, VersR 1993, 828.

Wiederbeschaffung auf dem Markt, wird der geringere Wert berücksichtigt. Umgekehrt verhält es sich bei höheren Kosten der Selbstherstellung gegenüber dem Wiederbeschaffungspreis (Kaufpreis) auf dem Markt. Probleme aus der Praxis können hier bei verbundenen Unternehmen auftreten, wenn durch Gewinnverlagerung oder Gewinnabschöpfung durch mehrere Produktionsprozesse Preise erzielt werden, die nur auf Grund der Verbundenheit der Unternehmen erzielt werden können. Sofern ein nicht marktüblicher Preis verlangt wird, findet dieser keinen Eingang in den Ersatzwert.

Bezüglich des Zeitwertes (§ 5 Nr. 2b AFB 87) gilt hier der Schwellenwert in Höhe von 40%, wobei in diesem Zusammenhang die immer wieder kehrende Thematik in Bezug auf die so genannte **„Goldene Regel"** zu diskutieren ist. Nach dieser goldenen Regel soll ein Gegenstand der Betriebseinrichtung immer so lange neuwertversicherungsfähig sein, wie er die ihm zugedachte Funktion im normalen Betriebsablauf erfüllt. Nachdem in den Bedingungen insbesondere der Abnutzungsgrad genannt ist, sind die weiteren Faktoren wie Gebrauchsfähigkeit, Alter, Zeitdauer der Nutzung, Nutzungsintensität, Gebrauchsverschleiß, Ersatzteilverfügbarkeit als Wertminderungskriterien zu nennen. Im Gegenzug kann aber auch eine Erhöhung des Zeitwertes durch Wartung, Pflege, Verschleißteilauswechslung, werterhöhende Reparaturen und Generalüberholungen stattfinden. Sonderfaktoren, wie spezielle Ersatzteilanfertigung, sind unter dem Entscheidungskriterium des ungestörten Betriebsablaufs, also ohne Schadeneinfluss zu würdigen. Es ist zwar zu konstatieren, dass bei noch voll funktions- und einsatzfähigen Maschinen mit laufender Wartung und Ersatzteilbeschaffungsmöglichkeit im Regelfall der Neuwert in Ansatz zu bringen ist. Nachdem jedoch alle Wirtschaftsgüter auf Verschleiß ausgelegt sind, können auch bei normalem Gebrauch im betrieblichen Ablauf Zeitwertansätze möglich sein. Bei konsequenter Auslegung gibt es auch keine rechtliche Notwendigkeit[47] grundsätzlich Neuwertversicherung bei in Gebrauch befindlichen Sachen anzunehmen.

In diesem Bereich kommen auch häufig **Umwidmungen** vor, das heißt, dass die Betriebseinrichtung nicht mehr für den ursprünglichen Zweck eingesetzt wird, sondern nur noch Teilbereiche durch betriebliche Umstrukturierungen benutzt werden können. Bei derartigen Umwidmungen besteht dann Anspruch auf den Wiederbeschaffungspreis eines gleichartigen, der Nutzung entsprechenden Gegenstandes.   **34**

Sobald der Schwellenwert von 40% des Neuwertes unterschritten wird, besteht nur Anspruch auf Zeitwertentschädigung (§ 5 Nr. 2b AFB 87).

Hinsichtlich des gemeinen Wertes gilt die analoge Anwendung des unter dem Bereich Gebäude beschriebenen Verfahrens.

3. Waren (§ 5 Nr. 3 AFB 87)

Bei selbst hergestellten Teil- und Fertigfabrikaten, Handelswaren, Rohstoffen und Naturereignissen wird entweder der **Wiederbeschaffungspreis** Sachen gleicher Art und Güte oder die **Kosten der Neuherstellung** erstattet (§ 5 Nr. 3a–d AFB 87). Anspruch besteht nur auf den jeweils niedrigeren Betrag. Hierbei ist zu beachten, dass bei den Warenvorräten, die sich als Handelsware darstellen, keine Neuwertversicherung besteht, da, wenn es sich um gebrauchte Warenvorräte handelt (z. B. Baumaschinen im Verleih), der Marktpreis als Wiederbeschaffungspreis Raum greift.   **35**

Begrenzt ist der Versicherungswert auf den erzielbaren Verkaufspreis, da bei zu hohen Kosten der Eigenherstellung die Verlustmarge nicht mit zu entschädigen ist (§ 5 Nr. 3 S. 2 AFB 87).

4. Grundstücksbestandteile

Wie bereits ausgeführt, gilt hier als Ersatzwert entweder der Zeitwert oder der gemeine Wert.   **36**

---

[47] *Martin,* Sachversicherungsrecht, Q III 44.

VI. Ausschlüsse

1. Repräsentant

37   Die AVB sehen heute keine Definition des **Repräsentantenbegriffes** mehr vor, da durch
die rechtlichen Gegebenheiten des § 81 VVG enge Grenzen[48] gezogen sind (§ 17 AFB 87).
So wird weder der alleinige Nutzer als Mieter oder Pächter eines Gebäudes ohne Hinzutreten
besonderer Umstände Repräsentant des VN, noch die in dem Betrieb tätigen Mitarbeiter.
Für die Repräsentanteneigenschaft des Mieters kommt es maßgeblich darauf an, ob der Vermieter ihn dazu befugt hat, die Risikoverwaltung in einem gewissen, nicht ganz unbedeutenden Umfang oder die Vertragsverwaltung eigenverantwortlich wahrzunehmen[49]. Erst ab dem
Betriebsleiter oder leitenden Angestellten lassen sich die Repräsentanteneigenschaften begründen. Darüber hinaus gelten bei juristischen Personen lediglich die operativ tätigen obersten Organe als Repräsentant der Unternehmen. Nicht nur in einzelnen Wordings wird der
Repräsentantenbegriff noch weiter eingeschränkt, sondern es ist ein allgemeiner Trend zu
verzeichnen, wobei sich für die VR hier die Frage stellt, inwieweit eine derartige Ausweitung
Sinn macht, da damit in der Praxis der Repräsentant faktisch unmöglich wird.

2. Versicherter

38   Über die Fremdrechnungsklausel gilt im Regelfall fremdes Eigentum mitversichert. Hierbei ist zu beachten, dass das Verhalten des **Versicherten (§ 47 VVG)** auf sein Eigentum
durchwirkt. Das bedeutet, falls der Versicherte vorsätzlich oder grob fahrlässig den Schadenfall
herbeiführt oder eine Obliegenheitsverletzung begeht, er für sein Eigentum so gestellt wird,
als ob er selbst VN ist. Häufig wird dies in der Praxis übersehen, da oftmals nur versucht wird
einen Repräsentantenbegriff zu begründen, was allerdings in den weitaus meisten Fällen
nicht von Erfolg begleitet ist. Weitaus häufiger führt eine Prüfung auf die Versicherteneigen-
schaft zu einem eindeutigeren Ergebnis.

3. Betriebsschaden/Nutzwärmeschaden

39   Bei den so genannten **Betriebsschäden** handelt es sich um Schadenereignisse, die vor Verwirklichung einer versicherten Gefahr entstehen. Die häufigsten Erscheinungsformen sind in
diesem Bereich sind Schäden durch die Wirkung des elektrischen Stroms, Schäden in denen
versicherte Sachen im normalen Betriebsablauf einer nicht unerheblichen Zufuhr von Wärme
zur Bearbeitung oder sonstigen Zwecken ausgesetzt werden und Maschinenschäden, bei welchen durch heißlaufende Teile es im Anschluss zu einem Brand im Sinne der AVB kommt. Der
einleitende Betriebsschaden stellt zweifelsfrei keinen Brandschaden dar, hier fehlt es schon
häufig am Brandbegriff, womit die Kosten der isoliert zu betrachtenden Beseitigung des
Betriebsschadens auszugrenzen sind. Gleiches gilt auch für den Ausschlusstatbestand der elektrischen Betriebsschäden. Für Sachschäden an elektrischen Einrichtungen besteht nur dann
Versicherungsschutz, wenn der Brandbegriff sich hier als rechtlich selbständiges Ereignis
verwirklicht. Dies wird jedoch nur in Ausnahmefällen möglich sein, da üblicherweise bereits
durch die Stützbogenhitze des elektrischen Stromes (mit oder ohne Feuererscheinung) ein Totalschaden in diesem Bereich eintritt und der gegebenenfalls nachfolgende Brand nur noch
wertlose Sachen verbrennt. Der Ausschluss der Nutzwärmeschäden führt auf den ersten Blick
dazu, dass für alle Sachen, die im normalen Betriebsablauf eine nicht unerhebliche Zufuhr von
Wärme erfahren und die Schadenursache hierin adäquat kausal zu sehen ist, vom Versicherungsschutz ausgenommen werden. Obwohl häufig der Nutzwärmeschaden über Klausel
mitversichert wird und somit der Eindruck entsteht, dass damit voll umfänglich Versicherungsschutz besteht, trügt dieses Ergebnis. Von der physikalisch-technischen oder technisch-chemischen Entwicklung eines Schadens muss der übliche Brandablauf berücksichtigt werden. So ist
in vielen Fällen, in denen z. B. unter Hinzuführung von Wärme ein Bearbeitungsvorgang erfolgt, die Zerstörung des zu bearbeitenden Werkstückes deutlich vor dessen Flammpunkt ein-

---

[48] BGH v. 14. 3. 2007, VersR 2007, 673.
[49] OLG Hamm v. 12. 9. 2001, r+s 2002, 27.

getreten. Hier wird trotz eines nachfolgenden Brandschadens für den vorangegangenen Betriebsschaden kein Versicherungsschutz gewährt. Demzufolge ist auch bei Vereinbarung der Nutzwärmeschadenklausel häufig noch ein Betriebsschadenabzug erforderlich.

VII. Besondere Vertragspflichten

1. Sicherheitsvorschriften (§ 7 AFB 87)

Obwohl die Thematik der **Obliegenheiten** an anderer Stelle ausführlich besprochen   **40** wird[50], soll hier im Hinblick auf die derzeitigen Diskussionen aufgrund der Neufassung in § 28 VVG zu der **Quotelung** auch auf die grundsätzliche und die spezielle Problematik hingewiesen werden[51]. Durch den Wegfall des Alles oder Nichtsprinzips und der Begrenzung auf mindestens grob fahrlässige Herbeiführung des Versicherungsfalles sowie der Erfordernis eine Kürzung der Entschädigung nach der Schwere des Verschuldens vorzunehmen, ergeben sich vielfältige Diskussionen, wie hier in der Praxis zu verfahren ist. Festzuhalten bleibt, dass der VN beweisbelastet ist, wenn er vorträgt, nicht grob fahrlässig gehandelt zu haben. Es ist fraglich, ob der Gesetzgeber hier Positionen verfolgt, welche in der Praxis keine Relevanz erlangen, wie von einigen Autoren vorgetragen[52]. Für die individuelle Schwere des Verschuldens und damit den Abzugsbetrag ist der VR beweispflichtig. Es gibt keine Anhaltspunkte im Gesetz, dass bei grober Fahrlässigkeit ein vollständiger Abzug der Entschädigung möglich wird. Hätte der Gesetzgeber dies gewünscht, wäre eine analoge Ausführung wie für vorsätzliche Herbeiführung des Versicherungsfalles gemäß § 28 Abs. 2 erster Satz VVG für besonders schwerer Tatbestände, die in den Grenzbereich des bedingten Vorsatzes hineinreichen, in das Gesetz aufzunehmen gewesen. Dies bedeutet, dass, solange das Verhalten „nur" im Bereich der groben Fahrlässigkeit liegt, auch eine Entschädigung zu leisten sein wird. Sogar in dem Fall, in dem eine VN mit brennender Zigarette ein Benzinlager betritt und er nicht vorsätzlich handelt, eine Teilentschädigung zu leisten ist. Da es innerhalb eines Schadenfalles bis zu drei Quotelungstatbestände geben kann (Schadenabwendung/-minderung nach § 82 VVG, Obliegenheitsverletzung/ Herbeiführung nach § 28 oder § 81 VVG und Mitwirkungspflicht bei Regressdurchführung nach § 86 Abs. 2 VVG) geben kann, muss dann hieraus eine Gesamtkürzungsquote gebildet werden, die wiederum unter 100% liegen muss. Nun stellt sich die Frage, wie ist der Abzugsbetrag festzustellen. Keinesfalls kann es so sein, dass im Grundsatz erst einmal 50% gekürzt werden. Möchte der VN mehr erlangen er beweisen, im anderen Fall der VR. Das Gesetz sagt gerade an dieser Stelle eindeutig (§ 28 Abs. 2 zweiter Satz VVG) aus, mag dass für die Höhe des Abzugsbetrages der VR den Beweis zu führen hat. Insoweit bietet sich an, für alle objektiven Obliegenheitsverletzungen eine Matrixlösung zu schaffen. Hiernach ist dann im jeweils individuellen Fall nach einem klar definierten Verfahren der Abzugsbetrag zu ermitteln. Die bedeutet, dass in jedem Fall bei der Schadenmeldung eine detaillierte Sachverhaltserhebung und -festschreibung erfolgen muss, Ansonsten besteht die Problematik, dass durch wechselnden Vortrag der Sachverhalt in den Bereich der leichten – einfachen – Fahrlässigkeit zu subsumieren sein wird. Beispiele zur Quotelung sind: Schäden im Zusammenhang mit Kerzen, Adventsgestecke, Kochen mit Fett, Rauchen, Aschereste, Verschluss von Öffnungen, Sicherheitsanlagen, Schlüsselverlust, Frostschäden, Waschmaschinen, Spülmaschinen, Schweißen, Flexarbeiten, allgemein feuergefährliche Arbeiten, Brandmeldeeinrichtungen, Bauvorschriften, allgemeine behördliche Sicherheitsvorschriften, Selbstendzündung von Heu, Stehlgutliste und Aufsichtspflichtverletzungen. Natürlich sind zu verschiedenen Hauptgruppen auch diverse Untergruppen möglich und denkbar. Danach sind die tatsächlichen Umstände zu katalogisieren und in

---

[50] § 13.
[51] *Looschelders,* VersR 2008, 1.
[52] NJW 3665 ff 2007, *Langheid:* Die Reform des Versicherungsvertragsgesetzes (V. Alles-oder-Nichts-Prinzip); r+s 2007, 485 ff.; *Felsch:* Neuregelung von Obliegenheiten und Gefahrerhöhung (V. Das „quotale Leistungsverkürzungsrecht" des Versicherers; m.w.N.); *Weidnerie,* r+s 2007, 363.

verschiedenen Kategorien zu erfassen. Beispielhaft dargestellt am grob fahrlässig herbeigeführten Kerzenbrand:

Abwesenheit Dauer	Kerzenlänge	Fassung Material	brennbare Gegenstände
lang	Stummel	Papier	leicht entzündbar
länger	häufiger gebraucht	Kartonage	in der Nähe
mittel	gebraucht	Holz	außer Reichweite
kurz	neu	Metall	keine

Hierbei ist es unerlässlich auch entlastende Faktoren zu erfassen, um später auch einen Schwellenwert darstellen zu können. Es können natürlich auch weitere Kategorien definiert werden, wobei darauf zu achten sein wird, das auch noch eine praxisgerechte Umsetzung möglich wird.

Im nächsten Schritt muss dann eine Bewertung erfolgen, wieder dargestellt am Beispiel des Kerzenbrandfalles:

Abwesenheit Dauer	Kerzenlänge	Fassung Material	brennbare Gegenstände
lang 15/20	Stummel 15/20	Papier 15/20	leicht entzündbar 15/20
länger 7,5/10	häufiger gebraucht 7,5/10	Kartonage 7,5/10	in der Nähe 7,5/10
mittel 5	gebraucht 5	Holz 5	außer Reichweite 5
kurz 0	neu 0	Metall 0	keine 0

Aus der Addition der einzelnen Abzugsbeträge ergibt sich dann der Gesamtbetrag, sofern grobe Fahrlässigkeit festgestellt wurde. Sofern ein Schwellenwert als untere Grenze festgelegt wurde, beginnt dann der Abzugsbetrag erst, wenn der erreichte Prozentsatz darüber liegt.

Dieses Verfahren hat den Vorteil, dass gleiche Sachverhalte auch analog innerhalb eines VR behandelt werden und die Mitarbeiter eines VR auch klare Regeln für die Handhabung aufgezeigt bekommen Im anderen Fall würde nur die individuelle Rechtsprechung abzuwarten sein, bis sich andeutungsweise Fallkategorien herausbilden, die aber weitaus diffiziler als im Bereich von anderen Versicherungszweigen sein werden.

Der VN[53] ist verpflichtet, alle gesetzlichen, behördlichen oder in dem Versicherungsvertrag vereinbarten Sicherheitsvorschriften zu beachten (§ 7 Nr. 1 a AFB 87). Keine Probleme bereitet die Auslegung im Hinblick auf gesetzliche Tatbestände, hier müssen entsprechende Vorschriften existieren. Es sind die geltenden Vorschriften aller Behörden und behördenähnlichen Organisationen – auch Berufsgenossenschaften –[54] einzuordnen. Die meisten Probleme bereiten die im Versicherungsvertrag vereinbarten Sicherheitsvorschriften. Hier verwenden die VR häufig Druckstücke, die eine Verschärfung von gesetzlichen oder behördlichen Vorschriften bedeuten. Diese Verschärfungen sind nur dann rechtlich relevant, wenn sie mit dem VN einzelvertraglich ausdrücklich vereinbart wurden. Allein der Umstand, dass sie der Police beigeheftet werden, reicht hierzu nicht aus. Im Hinblick auf die Vielzahl der Vorschriften würde es der Übersichtlichkeit dienen, wenn daher in der Police der eindeutige Hinweis auf gesetzliche, behördliche oder in diesem Versicherungsvertrag vereinbarte Sicherheitsvorschriften aufgedruckt würde. Man könnte dann neben einer besseren Transparenz für den VN auch eine klare

---

[53] BGH v. 16. 11. 2005, VersR 2006, 258.
[54] BGH v. 13. 11. 1996, VersR 1997, 485.

Abgrenzung vornehmen. Im Übrigen darf man sich an dieser Stelle keiner Illusion hingeben, dass ein nicht versicherungsrechtlich geprägter VN auch nur ansatzweise den Versuch machen wird, die ganzen Merkblätter, Richtlinien und Sicherheitsvorschriften zu lesen, geschweige denn zu versehen.

2. Gefahrumstände bei Vertragsabschluss

Auf Grund der gesetzlichen Vorgaben der §§ 19ff. VVG sowie der Behandlung an anderer   **41** Stelle[55] bedarf es hierzu keiner tiefgreifenden Ausführungen. Es ist lediglich darauf hinzuweisen, dass nur solche Umstände als gefahrerheblich anzusehen sind, nach denen der VR auch gefragt hat[56]. Dies korrespondiert in erheblichem Maße – vor allem in der industriellen Feuerversicherung – mit den so genannten **Anerkennungsklauseln,** in denen der VR alle bei der Besichtigung vorliegenden Risikoverhältnisse – unabhängig davon, ob er sie wahrgenommen hat oder nicht – akzeptiert. Nachdem vielfach auch keine Antragsformulare Verwendung finden bedeutet dies nach der neuen Rechtslage, dass die Gefahrerhöhungstatbestände bei Abschluss des Vertrages keine Rolle mehr spielen werden. Vielfach wird dabei auch übersehen, dass § 21 VVG nach erfolgtem Rücktritt eine Leistungspflicht des VR vorsieht. Die Ausnahmeregelung des § 21 VVG gilt allerdings nur für Fälle, in denen der Rücktritt erst nach dem Schadeneintritt ausgesprochen wird. Für einen wirksamen Rücktritt für Fälle, in denen der Schaden nach dem Rücktritt eintritt, besteht in jedem Fall Leistungsfreiheit[57,58].

3. Gefahrerhöhung

In der Feuerversicherung wird bei den **Gefahrerhöhungstatbeständen**[59] häufig überse-   **42** hen, dass beim Leerstehen[60] eines Gebäudes oder einer Betriebsstilllegung häufig keine Gefahrerhöhung sondern eine Gefahrminderung eintritt, da die Brandausbruchswahrscheinlichkeit durch Bearbeitungsvorgänge, Umgang mit Feuer und ähnlichen deutlich herabgesetzt wird. Auch wird in derartigen Fällen das elektrische Betriebssystem oft stromlos geschaltet, sodass auch aus den elektrischen Brandursachen keine Gefahr mehr droht. Insofern ist im Einzelfall differenziert zu prüfen, ob nicht entgegen einer vermeintlichen Gefahrerhöhung sogar eine **Gefahrminderung** vorliegt. Danach kann von einer Gefahrerhöhung nur dann gesprochen werden, wenn eine nachträgliche Änderung der bei Vertragsschluss tatsächlich vorhandenen gefahrerheblichen Umstände, die den Eintritt des Versicherungsfalls oder eine Vergrößerung des Schadens wahrscheinlich macht[61].

VIII. Mieterregress

Mit seiner grundlegenden Entscheidung hat der BGH[62] seine bisherige Rechtsprechung   **43** zum **Regress** des Gebäudeversicherers **gegen den schadenverursachenden Mieter**[63] in wesentlichen Punkten verändert. In der Sachversicherung kann nun das Sachersatzinteresse des Mieters in die Gebäudeversicherung[64] einbezogen werden. Der BGH interpretiert in die AVB einen konkludenten Regressverzicht. Dies bedeutet, dass der Mieter bei vermieteten Gebäuden einen Regressschutz für leichte Fahrlässigkeit genießt. Die Beweislast für grobe

---

[55] § 14.
[56] *Fricke,* VersR 2007; 1614.
[57] BGH v. 23. 5. 2001, r+s 2001, 402; KG Berlin v. 6. 3. 1998, r+s 1998, 471.
[58] *Reusch,* VersR 2207, 1313.
[59] BGH v. 27. 1. 1999, VersR 1999, 484 = r+s 1999, 207.
[60] BGH v. 23. 6. 2004, r+s 2004, 377
[61] OLG Karlsruhe v. 7. 11. 1996, VersR 1997; 1225; = r+s 1997, 207; OLG Hamm v. 24. 10. 1997, r+s 1997, 514; OLG Köln v. 19. 8. 1997, r+s 1997, 424; OLG Hamm v. 10. 12. 1997, r+s 1998, 473.
[62] BGH v. 8. 11. 2000, VersR 2001, 94 = NJW 2001, 1353; bestätigt durch BGH v. 14. 2. 2001, VersR 2001, 856.
[63] OLG München v. 13. 1. 2005, VersR 2005, 500.
[64] BGH v. 3. 11. 2004, NJW-RR, 2005, 381.

Fahrlässigkeit liegt entgegen § 535 ff. BGB beim VR. Dies gilt für alle versicherten Fälle, also nicht nur für Feuer, sondern auch für Leitungswasser. Auf eine Abwälzung der Versicherungsprämie kommt es nicht mehr an. Dieser Regressverzicht gilt auch für Gemeinschaftseigentum und fremdes Sondereigentum[65]. Auch hinsichtlich gewerblicher Zwecke ist dies inzwischen entschieden[66]. Bei grob fahrlässiger Herbeiführung des Versicherungsfalles ist ein Regress möglich, sofern der VR grobe Fahrlässigkeit des Mieters nachweisen kann. Nach der herrschenden Rechtsprechung gelten nur berechtigte Mitbewohner in den Regressverzicht einbezogen, nicht jedoch Besucher, Gäste, Reparaturfirmen und ähnliche Beteiligte. Es kommt nicht darauf an, ob der Mieter haftpflichtversichert ist[67].

Für psychische Kranke, die in einem Heim untergebracht sind und leicht fahrlässig einen Brand verursachen, sind die vorerwähnten Grundsätze des BGH zum konkludenten Regressverzicht analog anwendbar. Der Heimunterbringungsvertrag ist einem Mietvertrag gleichzustellen[68].

Sofern der Mieter den Schaden grob fahrlässig herbeigeführt hat, wirkt sich ein Vergleich des Mieters mit dem Haftpflichtversicherer, welcher nach Regulierung des Brandschadens geschlossen wurde, nicht nachteilig im Sinne von § 86 Abs. 2 VVG aus. Der bereits vorher entstandene Anspruch des Feuerversicherers gegen den Mieter wird von diesem Vergleich nicht berührt[69].

Nachdem die Rechtsprechung inzwischen auch entschieden hat, dass ein Ausgleichsanspruch nach § 78 VVG[70] vorliegt, gibt es nun unterschiedliche Auffassungen zu dem teilungsfähigen Betrag. Begründet sind diese Differenzen durch die Neuwertversicherung auf der Sachversichererseite und die Zeitwertversicherung[71] auf der Haftpflichtseite[72]. Da weitere strittige Fragen – auch zu weiteren Rechtsfragen[73] und dem Komplex grobe Fahrlässigkeit – vorherzusehen sind, haben sich die Sach- und Haftpflichtversicherer zu einem Teilungsabkommen entschlossen. Hiernach sollen dann der Neuwertentschädigungsbetrag – unter Beachtung eines etwaigen Quotenvorrechts nach § 86 Abs. 1 Satz 2 VVG – hälftig geteilt werden. Es soll einen unteren und oberen Schwellenwert geben und einen der Sphärentheorie angenäherter Verschuldensnachweis, der dann die gesamte Bandbreite der Fahrlässigkeit, also auch der groben Fahrlässigkeit miterfassen würde. Allerdings sind zur Zeit noch intensive kartellrechtliche Prüfungen erforderlich, um auch diese Anforderungen zu erfüllen[74/75]. Diese sollen durch ein Monitoring erfolgen.

B. Feuerbetriebsunterbrechungsversicherung/Ertragsausfallversicherung

I. Einleitung

1. Zweck und Bedeutung der Betriebsunterbrechungsversicherung

44 Während die Sachversicherung für den Sachsubstanzschaden einerseits und den genau definierten und spezifizierten Kostenschaden andererseits Versicherungsschutz bietet, bewegt sich die **Betriebsunterbrechungsversicherung** – genauer **Ertragsausfallversicherung** – im Bereich der betriebswirtschaftlichen Ertragsausfälle sowie den Folge- und Mehrkosten. Zu

---

[65] BGH v. 28. 3. 2001, VersR 2001, 713.
[66] BGH v. 12. 12. 2001, VersR 2002, 433.
[67] OLG Hamm v. 9. 1. 2002, VersR 2002, 1280.
[68] LG Wuppertal v. 19. 4. 2002, VersR 2002, 1281.
[69] OLG Celle v. 6. 12. 2001, VersR 2002, 884.
[70] LG Coburg v. 8. 5. 2007, r+s 2007, 421.
[71] OLG Koblenz v. 9. 3. 2007, VersR 2007, 688.
[72] OLG Köln v. 3. 7. 2007; VersR 2007, 1411.
[73] *Segger*, VersR 2006, 38.
[74] OLG Bamberg v. 11. 10. 2007, r+s 2007, 457.
[75] *Siegel*, r+s 2007, 498.

Letzterem sind insbesondere die Schadenminderungskosten als Beschleunigungsaufwand für die Wiederherstellung des Objektes, der über die normale Sachsubstanzwiederherstellung hinaus geht, zu zählen. Unter Berücksichtigung der Rentabilität von Schadenminderungsaufwendungen sind die Beschleunigungskosten im Rahmen der vertraglichen Gegebenheiten zu entschädigen.

Die Betriebsunterbrechungsversicherung ist in den differenziertesten Formen gegenwär- **45** tig. Sie hat immer den versicherten Betrieb oder die **Betriebsstelle** als Mittelpunkt des versicherten Interesses, wobei sie sich hinsichtlich der Summenermittlung und der Ersatzwertüberprüfung erheblich unterscheidet. Sie ist fakultativ für die originären Sachsparten möglich und hier insbesondere unter der so genannten Großbetriebsunterbrechungsversicherung, Mittleren Betriebsunterbrechungsversicherung, Kleinbetriebsunterbrechungsversicherung und Extended Coverage (EC) gegenständlich. Neuere Entwicklungen des Marktes seit der Monopolfreigabe zum 1. 7. 1994 gaben verschiedenartigste Entwicklungen bis hin zu den Allrisk-Versicherung mit Umbenennung der Betriebsunterbrechungsversicherung in den terminologisch richtigen Begriff Ertragsausfallversicherung. Es handelt sich bekanntlich nicht um eine Umsatzausfall-, sondern Ertragsausfallversicherung, die sich an den bilanztechnischen Gegebenheiten der Unternehmung orientiert.

Sonderformen bei **Dienstleistungsbetrieben** in Form der **Mehrkostenversicherung** **46** (auch umgewidmete Kleinbetriebsunterbrechungsversicherung) sind in den Markt eingeführt. Auch im Bereich der Wohngebäudeversicherung als Sachsubstanzversicherung verlässt man das sachorientierte Prinzip und geht in den Vermögensverlust über die Mietverlustversicherung, welche sich in die Mietverlustversicherung einerseits sowie Mietwertversicherung andererseits aufspaltet. Dieser Bereich ist jedoch nicht Gegenstand der Betrachtung. Nicht flächendeckend durchgesetzt hat sich die Mehrkosten- und Ertragsausfallversicherung in der Landwirtschaft, welche üblicherweise nur für die versicherte Gefahr Feuer genommen wird. Im Hinblick auf landwirtschaftliche Großbetriebe, die nach gewerblichen und industriellen Gesichtspunkten geführt werden, bietet sich in diesem Bereich auch die normale Betriebsunterbrechungsversicherung an, sofern die betriebswirtschaftlichen Gegebenheiten erfüllt sind. Aus dem Bereich der technischen Versicherungen sind die Maschinen- und Elektronik-BU bekannt. Darüber hinaus findet die Transportbetriebsunterbrechungsversicherung Anwendung.

Sonderformen des Marktes haben sich vor allem im Bereich der Nahrungsmittelindustrie **47** einerseits sowie der Gastronomie andererseits als **Betriebsschließungsversicherung** entwickelt. Neuere Entwicklungen des Marktes sehen auch einen Bedarf für die **Ertragsausfallversicherung infolge Krankheit und Unfall** für Einzelunternehmer oder Kleinbetriebe, wobei die versicherte Person im Mittelpunkt des versicherten Interesses steht. Bedingt durch den WTC-Schaden vom 11. September 2001 wird die Stromausfallversicherung nur noch unter genau definierten Rahmenbedingungen angeboten, da das Kumulrisiko in diesem Zusammenhang unüberschaubar geworden ist. Eine Sonderform hinsichtlich der Versicherungssummenermittlung stellt die Betten-BU in Krankenhäusern und Pflegeheimen dar.

Die **Verkaufspreisklausel** der Sachversicherung korreliert in gewissen Punkten auch mit **48** der Betriebsunterbrechungsversicherung. Die beiden Versicherungsformen ergänzen sich. Überschneidungen treten nur in wenigen Fällen auf, wobei von der Schadenentstehungstheorie der Schaden zu der Verkaufspreisklausel früher als der Ertragsausfallschaden in der Betriebsunterbrechungsversicherung entsteht und sich somit nicht die Frage der Doppelversicherung nach § 78 VVG stellt. Darüber hinaus besteht auch bei bestehender Ertragsausfallversicherung die Notwendigkeit die Verkaufspreisklausel zu vereinbaren. Gründe sind u. a.: sinkende Verkaufspreise nach Schadentag, Produktion und damit Wertschöpfungskette nicht unterbrochen, aber ein Fertigwarenlager wurde zerstört; Verbuchungen von schadentagsnahen Umsätzen, nicht darstellbarer Ausfallschaden in der Haftzeit.

Die Betriebsunterbrechungsversicherung wird immer als das „geheimnisvolle" Produkt **49** in der Sachversicherung angesehen, was auf häufig nicht ausreichende Informationen der mit der Bearbeitung befassten Mitarbeiter im Innen- und Außendienst zu begründen ist. Es liegen hinsichtlich der vertraglichen und schadentechnischen Abwicklung betriebswirtschaftliche Kennzahlen, buchhalterische Informationen und betriebsspezifische Faktoren vor. Die Berührungsängste sind erheblich, wobei dies nicht verständlich ist, da zur Ermittlung der Versicherungssummen in der Betriebsunterbrechungsversicherung auf konkrete Zahlenwerte zurückgegriffen werden kann. Allerdings steht die Versicherungstechnik gegen die Betriebstechnik, die Versicherungsterminologie gegen betriebsspezifische Termini und die mangelnden Produktkenntnisse gegen betriebliche Abläufe sowie Haftungsnormen gegen neuralgische Betriebsfaktoren, was eine flächendeckenden Verbreitung der Betriebsunterbrechungsversicherung bisher verhindert hat. Interessanterweise ist die überwiegende Verbreitungsform immer noch die Kleinbetriebsunterbrechungsversicherung mit ihren erheblichen Beratungs- und Deckungsrisiken, auf die nachstehend noch einzugehen ist.

Bedingt durch das zum 1. 1. 2008 in Kraft getretenen neue VVG 2008 (Beschluss des Deutschen Bundestages vom 5. 7. 2007 BR-Drucks. 583/07 ergeben sich grundlegende Neuerungen für den gesamten Bereich der Sachversicherung und damit auch für den hier zu behandelnden Bereich der Betriebsunterbrechungsversicherung.

2. Bedeutung

50   Die Bedeutung der Betriebsunterbrechungsversicherung im Hinblick auf die **Störanfälligkeit der Betriebe** in der heutigen Zeit ist nicht hoch genug einzuschätzen. Anders definiert übernimmt der VR die Gewinn- und Fixkostenfinanzierung für den Schadenfall für einen genau umrissenen Zeitraum. Nicht zuletzt im Hinblick auf die just in time Produktion, die in der Bundesrepublik Deutschland vorliegende niedrige Eigenkapitalausstattung, hohe Fixkosten auch bei verringertem Umsatz stellen gewichtige Argumente für den Abschluss dieser Versicherungsform dar. Betrachtet man den Anteil der Verlustbetriebe gerade in der Rezession, so besteht für diese Betriebe ein erheblicher Bedarf an Versicherung im Betriebsunterbrechungsfall, da zumindest die anteilige Kostendeckung eine Teilerwirtschaftung zulässt. Beleuchtet man das Problem einer qualifizierten Arbeitnehmerbeschaffung so wird deutlich, wie wichtig es gerade im Unterbrechungsfall ist, dass sämtlich fest angestellten Mitarbeitern weiterhin dem Betrieb angehören und bei der Anlaufphase keine zusätzlichen Schwierigkeiten in der Arbeitnehmerbeschaffung entstehen.

Auch der Verdrängungswettbewerb in Bezug auf das Marktverhalten der restlichen Marktteilnehmer eröffnet dem versicherten Betrieb/Unternehmen gerade unter Berücksichtigung der Schadenminderungskomponente deutlich positivere Möglichkeiten weiterhin am Markt zu bestehen.

Nicht zu unterschätzen ist die temporäre Komponente in Bezug auf behördliche Auflagen und Genehmigungen im Schadenfall, die auch bei mittleren Gebäudeschäden als bestimmende Komponente für die Wiederherstellung des Betriebes – unter Ausblendung gegebenenfalls bestehender Schadenminderungsmöglichkeiten – zu erheblichen zeitlichen Verzögerungen führen. Erwähnt seien auch die erheblichen Lieferfristen für maschinelle Einrichtungen, die speziell für das versicherte Unternehmen entwickelt und gebaut wurden und somit auch in der Wiederherstellung zu zeitlichen Verzögerungen führt. Ein besonderer Aspekt ist die Wiederherstellung des Gebäudes bei Miet- und Pachtbetrieben. So hat der Mieter oder Pächter trotz der theoretischen Möglichkeiten der §§ 535 ff. BGB kaum Einflussmöglichkeiten auf den Gebäudeeigentümer. Obwohl der Rechtsweg offen steht, ist es dem versicherten Unternehmen häufig abträglich und insofern nutzt dem Betrieb eine Entschädigung nach Konkurs oder Liquidation nichts, um den versicherten Betrieb am Markt zu erhalten.

3. Beginn und Ende der Betriebsunterbrechung

51   Unter Berücksichtigung der vertraglichen Gegebenheiten stellt sich die Frage, wann, wo und wie sich die Leistungsstörung darstellt. Sie hat einen temporären Verlauf, womit klar wird, dass die wichtigste Komponente in der Betriebsunterbrechungsversicherung die Schadenminderung ist. Schon Hax hat wie folgt definiert: „Unter Betriebsunterbrechung verstehen wir dabei jede zufällige Störung der Betriebstätigkeit, der durch einen Sachschaden und eine dadurch bedingte Verminderung der Betriebsbereitschaft verursacht wird und sich in einem Ertragsrückgang und zusätzlichen Kosten auswirkt." Während der **Beginn der Betriebsunterbrechung** in der Praxis keine Probleme in Bezug auf die Auswirkungen darstellt, verhält es sich mit dem **Ende der Betriebsunterbrechung** anders. Unter Berücksichtigung der Definition des Unterbrechungsschadens in den einschlägigen Versicherungsbedingungen ist nicht allein die technisch wieder hergestellte Betriebsbereitschaft für das Ende der Betriebsunterbrechung ausreichend. Vielmehr müssen die wirtschaftlichen/umsatzabhängigen Leistungen auch auf der Ertragsebene vollständig ausgeglichen sein. Insoweit bedarf die Definition von Hax „Von einer Beendigung der Betriebsunterbrechung kann also erst gesprochen werden, wenn der durch die Störung der Betriebsbereitschaft verursachte Beschäftigungsrückgang nicht nur im Produktionsbereich, sondern auch im Absatzbereich völlig ausgeglichen ist" einer Ergänzung. Es ist heute anerkannt, dass die Auswirkungen völlig beseitigt sein müssen, dies bedeutet auch, dass nach vollständiger Wiederherstellung der betrieblichen Leistung in den Betrieben, in denen ein Teil- und/oder Fertigwarenlager zur Schadenminderung eingesetzt wurde, auch den zeitlichen Rahmen erhalten muss, um sein Lager auf das betriebsübliche Maß wieder aufzufüllen. Dies wird so nicht von allen Sachverständigen und VR in der Praxis durchgeführt, es ergibt sich jedoch zweifelsfrei aus allen Betriebsunterbrechungsversicherungsbedingungen. Dies kann dazu führen, dass sogar über die Haftzeit hinaus ein Entschädigungsanspruch für diesen speziellen Bereich entstehen kann.

II. Rechtliche Rahmenbedingungen/Rechtsgrundlagen (Überblick)

Spezielle Vorschriften finden sich im VVG nicht, so dass die allgemeinen Vorschriften, insbesondere über die Schadensversicherung (Kapitel 2 VVG 2008) gelten. Verschiedene AVB bestimmen den Inhalt dieser Versicherung. Zu nennen sind: **52**
– Zusatzbedingungen für die einfache Betriebsunterbrechungsversicherung (Klein-BU-Versicherung (ZKBU 87)
– Feuerbetriebsunterbrechungsversicherungsbedingungen (FBU)
– Allgemeine Feuerbetriebsunterbrechungsversicherungsbedingungen (FBUB)
– Zusatzbedingungen zu den FBUB (ZFBUB)
– Sonderbedingungen für die Mittlere Feuerbetriebsunterbrechungsversicherung (MFBU)
– Sonderbedingungen für die Mittlere Feuerbetriebsunterbrechungsversicherung (MFBU 89)
– Ertragsausfallbedingungen
– Bedingungen für die Versicherung von Betrieben gegen Schäden infolge Seuchengefahr (Betriebsschließungsversicherung)
– Zusatzbedingungen für die Ertragsausfallversicherung infolge Krankheit oder Unfall

III. Versicherte Gefahren, Schäden, Personen

1. Zusatzbedingungen für die einfache Betriebsunterbrechungsversicherung (KBU-Versicherung ZKBU 87)

a) Systematik. Bei den **ZKBU 87** handelt es sich um das verbreiteste Bedingungswerk. In **53** der Präambel zu den ZKBU 87, wird normiert, dass die für die genommenen Gefahren zugrunde liegenden Grundbedingungswerke der Sachversicherung insoweit Gültigkeit haben, als dass keine nachstehenden Abweichungen formuliert werden. Insofern handelt es sich um einen Annex an die Sachversicherung und nicht um einen rechtlich selbständigen Vertrag, wie der Terminus Zusatzbedingungen bereits ausweist. Voraussetzung der Kleinbetriebsunterbrechungsversicherung ist grundsätzlich das Bestehen einer Sachversicherung.

Historisch hat sich die Kleinbetriebsunterbrechungsversicherung von ihrem ursprünglichen Ziel weit entfernt, galt sie doch einmal nur für Handels- und Handwerksbetriebe geringeren Umfangs. Auch – und hierauf wird noch einzugehen sein – wurde sie auf „Erstes Risiko" angeboten, womit die Problematik der heute bestehenden Unterversicherung nicht virulent war. Die Erstrisikoversicherungssumme wirkte lediglich als Entschädigungsgrenze.

54   **b) Gegenstand der Versicherung (§ 1 ZKBU 87).** Der im Antrag oder in der Police genannte Betrieb steht im Mittelpunkt des versicherten Interesses. Voraussetzung ist ein dem Grunde nach **entschädigungspflichtiger Schaden** auf Basis der zu Grunde liegenden Sachversicherungsbedingungen (§ 1 ZKBU 87 i. V. m. § 2 ZKBU 87). Insofern handelt es sich hier im Regelfall um Inhaltsversicherung, die auf Grund des Sachsubstanzschadens dann zu einem Ausfallschaden führen.

Voraussetzung ist, dass es sich nicht um eine versicherte Sache, sondern lediglich um eine dem **Betrieb dienende Sache** handeln muss. Insofern ist auch der Betriebsunterbrechungsschaden ersatzpflichtig, der durch ein an sich versichertes Ereignis sich an dem nicht versicherten – aber dem Betrieb dienenden – Gebäude mit Auswirkung auf den Betrieb verwirklicht (§ 1 Nr. 2 ZKBU 87). Für bewegliche Sachen gilt dies sowohl für versicherte wie nicht versicherte Sachen, wobei dies im Hinblick auf die Ersatzwertdefinition noch gesondert zu betrachten ist.

55   Eine besondere Situation nimmt der Unterbrechungsschaden im Bereich der kaufmännischen Datenträger ein (vgl. § 1 Nr. 3 ZKBU 87). Die VR standen jahrzehntelang auf dem Standpunkt, dass der Bereich der **kaufmännischen Datenträger** im Hinblick auf seine unkalkulierbaren Auswirkungen auf den versicherten Betrieb nicht kalkulierbar und damit nicht versicherbar ist. Insoweit begann man erst behutsam mittels Entschädigungsgrenzen das Risiko überschaubar zu machen und bietet heute im Rahmen der Gesamtversicherungssumme vielfach Deckung auch für den Bereich der kaufmännischen Datenträger, wobei jedoch eine nach § 28 VVG ausgestaltete Obliegenheit Raum greift. Bei den Anforderungen an die Duplikate sind die marktüblichen Gepflogenheiten als Bemessungsgrundlage objektivierbar zugrunde zu legen.

56   Versicherungsschutz wird für den **Betriebsgewinn** aus dem versicherten Betrieb und den hieraus resultierenden **fortlaufenden Kosten** gewährt, soweit es sich um den Gewinn aus dem Umsatz der hergestellten Erzeugnisse, gehandelten Waren oder erbrachten Dienstleistungen handelt (§ 3 ZKBU 87). Keine Haftung durch den VR besteht, wenn **außergewöhnliche Ereignisse** während der Unterbrechung eintreten, die den Betrieb auch unter normalen Umständen betroffen hätten (§ 2 Nr. 2a ZKBU 87). Diese so genannte überholende Kausalität lässt sich am besten am Beispiel eines durch Brandschaden betroffenen Betriebes und einer nachfolgenden – nicht versicherten – Flutwelle darstellen, die den Betrieb ebenfalls unterbrochen hätte, wäre er nicht vorher schon durch den Brand betroffen gewesen.

57   Auch besteht keine Haftung des VR bei behördlich angeordneten **Wiederaufbau- oder Betriebsbeschränkungen** (§ 2 Nr. 2b ZKBU 87), die jedoch durch Klauseln außerhalb der Kleinbetriebsunterbrechungsversicherung mit Entschädigungsgrenzen heute als versicherbar angesehen werden. Ein besonderer Aspekt ist der Kapitalmangel, der dazu führen kann, dass sich die Wiederherstellung oder Wiederbeschaffung verzögert. Hier ist unter Berücksichtigung der Rechtsprechung[76] festzuhalten, dass dieser Ausschlusstatbestand dann keinen Raum greift, wenn der gleiche VR die Ersatzpflicht zum Sachsubstanzschaden unberechtigter Weise abgelehnt hat und dem VN deshalb kein Kapital zur Verfügung steht. Hier kann sich der VR nicht auf den Ausschlusstatbestand berufen und macht sich darüber hinaus auch noch schadenersatzpflichtig.

Der Zeitraum, in dem der VR für den Unterbrechungsschaden seit Eintritt des Sachschadens haftet, beträgt in der hier gegenständlichen Versicherungsform grundsätzlich zwölf Monate (§ 2 Nr. 3 ZKBU 87).

Neben den bereits vorerwähnten versicherten Komponenten sind alle variablen Kosten sowie die im Sachschaden tangierten Bereiche nicht Gegenstand der Betriebsunterbrechungsversicherung. Hier sind insbesondere der Wareneinsatz, die Roh-, Hilfs- und Betriebsstoffe zu nennen (§ 3 Nr. 2a ZKBU 87). Ausgenommen von Letzterem sind die für die Betriebser-

---

[76] OLG Saarbrücken v. 8. 5. 2002, r+s 2002, 381.

haltung notwendigen Kosten sowie die Mindestgebühren für Energiefremdbezug. Artfremder Gewinn und artfremde Kosten, die durch ein weiter betriebenes Gewerbe, welches nicht dem versicherten Unternehmen zuzurechnen ist, sind ebenfalls von der Entschädigungspflicht ausgenommen (§ 3 Nr. 2f ZKBU 87).

c) Entschädigung/Unterversicherung. Die Problematik der Kleinbetriebsunterbre-   58 chungsversicherung begründet sich vor allem in der **Ermittlung der Versicherungssumme.** So wird die gegenständliche Sachversicherungssumme im Hauptvertrag als Basis für die Haftung der Kleinbetriebsunterbrechungsversicherung herangezogen. Diese besteht im Regelfall aus der Versicherungssumme für Betriebseinrichtung, der Versicherungssumme für Vorräte sowie einer etwaigen Vorsorgeversicherung (§ 4 Nr. 1 ZKBU 87). Diese Versicherungssumme, welche im Regelfall summarisch genommen wird, erhöht sich bei Vereinbarung der Klausel 1701 um 5% Vorsorge auf die Gesamtversicherungssumme. Hierdurch wird bereits deutlich, dass bei Betrieben, die einen hohen Erwirtschaftungsgrad und einen niedrigen Wareneinsatz haben, ein kurzfristiger Verbrauch der Versicherungssumme droht. Dies wird in vielen Fällen auch ein Beratungsverschulden des VRs aus culpa in contrahendo (cic) begründen, da die VN hier nicht in ausreichendem Maße auf diese Problematik aufmerksam gemacht werden. Verstärkt wird dieses Problem und die Unterversicherung noch durch die heute üblichen Regelungen zur Vermeidung einer Unterversicherung. So werden neben dem bereits angesprochenen Sachverhalt und der gegebenenfalls aus der Sachdeckung resultierenden Unterversicherung eine Erhöhung der Versicherungssumme erforderlich. Diese Erhöhung begründet sich nun wieder unter Durchbrechung des Sachversicherungsgedanken in der Ertragsausfallversicherung an den Objekten, mit denen der Betrieb seinen Umsatz erwirtschaftet. So kann technische/kaufmännische Betriebseinrichtung und/oder Vorräte gar nicht versichert sein oder aber durch einen anderen Sachversicherungsvertrag ohne Einschluss der Betriebsunterbrechung. Beide Fallkonstellationen führen dazu, dass die Sachversicherungssumme zu erhöhen ist, um eine Unterversicherung in der Betriebsunterbrechungsversicherung zu vermeiden. Das Beispiel einer Tankstelle mag dies verdeutlichen. Bei einer Tankstelle wird Versicherungsschutz in der Regel in den versicherten Räumen geboten. Der ertragreichste Umsatzteil wird sicherlich heute durch die innerhalb des Gebäudes veräußerten Warensortimente erwirtschaftet. Der umsatzstärkste Teil wird jedoch auch weiterhin mit den Mineralölvorräten, welche im Regelfall auch noch im Fremdeigentum der Mineralölhersteller stehen, erzielt. Da die Mineralölvorräte jedoch in unterirdischen Tanks außerhalb des versicherten Gebäudes aufbewahrt werden, sind sie nach den einschlägigen Bestimmungen in die KBU-Versicherungssumme einzurechnen. Einzelne VR gehen nun wieder im Hinblick auf das erkannte Risikopotenzial dazu über, die Unterversicherung nur auf die Sachsubstanzunterversicherung zu begrenzen oder aber den Vertrag auf „Erstes Risiko" anzubieten. Aus diesem Grund kann nur empfohlen werden, die Kleinbetriebsunterbrechungsversicherung in klar umrissenen Fällen mit eindeutiger Beratung anzubieten oder aber sie als Mehrkostenversicherung für Dienstleistungsbetriebe umzuwidmen, in denen kein Ertragsausfallschaden entstehen kann. Hier sind insbesondere Architekturbüros, Steuerberater, Wirtschaftsprüfer u. ä. zu nennen. Es ist überraschend, wie häufig der Außendienst diese Versicherungsform anbietet, ohne sich jedoch über die Konsequenzen im Klaren zu sein. Hier sind die VR aufgefordert, für Klarheit zu sorgen. § 6 VVG wird ein Übriges zur Verbesserung der Beratungsqualität beitragen.

In den Bedingungen ist explizit ausgeführt, dass die Entschädigung nicht zu einer Bereicherung führen darf, und insofern alle Umstände zu berücksichtigen sind, die den Betrieb positiv wie negativ im Unterbrechungszeitraum beeinflusst hätten (§ 4 Nr. 2 ZKBU 87). Die Entscheidung des BGH zum Schweinezuchtfall zeigt auf, dass der BGH an seiner Ansicht, dass es im Versicherungsvertragsrecht kein allgemeines und zwingendes Bereicherungsverbot gibt, festhält[77]. Darüber hinaus werden auch an die Dokumentierung im Versicherungsver-

---

[77] BGH v. 4. 4. 2001, VersR 2001, 749 = r+s 2001, 352 im Anschluss an BGH v. 17. 12. 1997, VersR 1998, 305.

trag erhöhte Ansprüche gestellt. So kann es künftig problematisch werden, wenn aus rein deklaratorischen Gründen Versicherungssummen für die Bemessung der Prämie im Versicherungsvertrag explizit genannt werden. In dem vorliegenden Betriebsunterbrechungsvertrag
wurde der Versicherungsumfang für 1 200 Sauen pro Zuchtsau mit DM 1 000,– benannt.
Hieraus hat der BGH eine Taxenversicherung nach § 76 VVG abgeleitet, womit dem VN
eine wesentlich höhere Entschädigung durch die zusätzliche Leistung der Tierseuchenkasse
des Landes zugebilligt wurde, als sein eigentlich versicherungsrechtlicher Schaden war, da
keine Möglichkeit für die Anrechnung der Leistung der Tierseuchenkasse auf die Versicherungsentschädigung gesehen wurde. Das Fazit hieraus ist, dass die Versicherungsprodukte einerseits geprüft werden müssen und andererseits die VR ihre Interessen durch sachgerechte
Risikoprüfung sichern müssen. Durch die Vereinbarung von entsprechenden AVB kann derartigen Auslegungsproblemen begegnet werden.

Entgegen häufiger Meinung ist auch der Zukunftsschaden aus nicht erhaltenen, jedoch
nachweisbar möglichen Marktanteilen in die Betriebsunterbrechungsversicherung einzubeziehen. Sofern es sich um einen Gewinnbetrieb handelt, wird der auf den Unterbrechungszeitraum entfallende Gewinn als anteiliger Deckungsbeitrag vergütet. Hinsichtlich der fixen
Kosten ist zu prüfen, ob eine rechtliche Notwendigkeit oder wirtschaftliche Begründung für
die Übernahme im Schaden besteht. Für beide Bereiche gilt gleichermaßen, dass die Kosten
nur zu ersetzen sind, wenn sie auch ohne die Unterbrechung erwirtschaftet worden wären.
Dies ist insbesondere im Hinblick auf die bereits erwähnten Verlustbetriebe von Bedeutung.

Die Intensität des Versicherungsschutzes regelt sich aus den vorstehend beschriebenen
Problemen der Versicherungssummenbildung und damit als parallele Komponente der Ersatzwertregelung. Die Entschädigungskürzung bei vorliegender Unterversicherung erfolgt
nach der allgemeinen in der Sachversicherung bekannten Kürzungsregelung im Verhältnis
Versicherungssumme zu Versicherungswert.

59   **d) Zahlung der Entschädigung.** Die Bedingungen sehen eine **Teilzahlungsmöglich-
keit** vor, die sicherlich von den VR auch ohne ausführliches Verlangen der VN erfüllt wird.
Voraussetzung ist hierzu, dass die grundsätzliche Ersatzpflicht besteht. Hier ist häufig an die Erfordernisse aus der Sachversicherung anzuschließen (§ 6 ZKBU 87). Eine Berechtigung zum
Zahlungsaufschub besteht nur dann, wenn ein Ermittlungsverfahren gegen den VN läuft. Sofern dieses Verfahren – auch vorläufig – eingestellt wurde, besteht keine Möglichkeit mehr die
Zahlung aufzuschieben[78]. Auf der anderen Seite kann eine den Feuerversicherer zum Zahlungsaufschub berechtigte polizeiliche oder strafrechtliche Untersuchung gegen den VN aus
Anlass des Schadens auch dann schon eingeleitet sein, wenn das Ermittlungsverfahren der
Staatsanwaltschaft noch gegen Unbekannt geführt wird[79]. Alleine aus dem Aktenzeichen
kann keine definitive Folgerung auf ein Ermittlungsverfahren gegen den VN erfolgen. So ist
es auch aus polizeitaktischen Gründen möglich, hier bewusst das UJs-Aktenzeichen weiterzuführen. Übersehen wird von den VR oft die Verzinsungsverpflichtung aus den Bedingungen,
wobei eine Verzinsung erst mit dem Zeitpunkt beginnt, von dem ein versicherter Unterbrechungsschaden nicht mehr entsteht. Da in der Betriebsunterbrechungsversicherung häufig
eine fiktive Abrechnung des Schadens durchgeführt wird, werden die Zinsen in den Vergleich
eingerechnet und nicht gesondert erstattet.

**2. Sonderbedingungen für die Mittlere Betriebsunterbrechungsversicherung
(MFBU/MFBU 89)**

60   **a) Unterscheidung.** Die **Mittlere Betriebsunterbrechungsversicherung** wurde im
Jahre 1988 eingeführt, nachdem von vielen VR erkannt wurde, dass die Lücke zwischen der
Kleinbetriebsunterbrechungsversicherung einerseits und der Groß-BU-Versicherung ande-
rerseits zu schließen ist. Man wollte hier dem VN ein einfaches und leicht zu handhabendes
Produkt anbieten. Dies ist sicherlich auch gelungen, wobei die Besonderheiten und erste Er-

---

[78] BGH v. 21. 10. 1998, r+s 1999, 32.
[79] OLG Oldenburg v. 15. 10. 1997, VersR 1998, 1502 = r+s 1998, 427.

fahrungen bereits ein Jahr später dazu führten, dass mit den MFBU 89 ein Nachfolgebedingungswerk zu den MFBU auf den Markt kam.

Beiden Bedingungswerken ist zu eigen, dass es sich um **Sonderbedingungen** handelt, die auf den Allgemeinen Feuerbetriebsunterbrechungsversicherungsbedingungen (FBUB) aufbauen. Insoweit werden durch die Mittlere Betriebsunterbrechungsversicherungsbedingungen Änderungen der FBUB normiert. § 9 der FBUB findet logischerweise keine Anwendung, da die MFBU inhaltlich auf einer anderen Ersatzwertermittlung aufbauen, für die § 9 FBUB nicht relevant ist (vgl. § 1 S. 2 MFBU 89).

b) Erwirtschafteter Wert und Meldeverfahren. Die Versicherungssumme (§ 2 MFBU **61** 89) wird auf Grund eines separaten **Summenermittlungsschemas** aus der vereinfachten Formel Umsatz minus Wareneinsatz ermittelt. In den MFBU 89 wird gefordert, dass das Versicherungsjahr dem Geschäftsjahr zu entsprechen hat (§ 3 Nr. 1 S. 1 MFBU 89). Diese geforderte Konsequenz ist notwendig, damit die Ergebnisse des Bilanzjahres aus Umsatz und Wareneinsatz auf das Versicherungsjahr transferiert werden können, um sowohl die Versicherungssumme einerseits wie die Intensität des Versicherungsschutzes andererseits zu messen. Die Meldung des erwirtschafteten Wertes aus dem Vorjahr hat spätestens sechs Monate nach Ablauf des Geschäftsjahres zu erfolgen (§ 3 Nr. 1 MFBU 89). Der so gemeldete Wert wird ab Eingang als neue Versicherungssumme dokumentiert. Anders als im Vorgängerbedingungswerk MFBU haben die MFBU 89 eine Schutzvorschrift des VN in Bezug auf nicht fristgerechte Meldung (§ 3 Nr. 2 MFBU 89). Dies wurde deswegen als notwendig angesehen, weil das Meldeverhalten bei den MFBU sehr schlecht war und insoweit den Schutzzweck des Vertrages durch auftretende Unterversicherung gefährdete. Insoweit werden nun 110% der bisherigen Versicherungssumme als neue Versicherungssumme zugrunde gelegt, falls die Meldung nicht fristgerecht erfolgt ist. Wird die Meldung nachgeholt, ersetzt der gemeldete Betrag die Versicherungssumme.

Ein zusätzlicher Schutz des VN bei Rückgang des Rohertrages ist nicht erforderlich, da er **62** dann die Möglichkeit hat, die **Meldung** richtig zu stellen und insoweit die Versicherungssumme zu verringern. Da bei allen Verfahren für das laufende Versicherungsjahr keine zusätzlichen Prämien erhoben werden und der Jahresbeitrag immer aus dem vorletzten Geschäftsjahr berechnet wird, entstehen dem VN hierdurch auch keinerlei finanzielle Nachteile.

c) Nachhaftung/Vorsorgeversicherung. Während bei den MFBU eine **Nachhaf-** **63** **tung** (Vorsorgeversicherung) mit 33 1/3 vom Hundert der vereinbarten Versicherungssumme Gültigkeit hatte und im Hinblick auf die Unterversicherungsregeln die Nachhaftung unberücksichtigt blieb, wurde bei den MFBU 89 eine andere Formulierung gewählt (§ 4 MFBU 89). Hier wird unter der Überschrift Nachhaftung normiert, dass der VR über die Versicherungssumme hinaus für weitere 33 1/3 vom Hundert haftet. Bei der Unterversicherungsberechnung (§ 3 MFBU 89) fehlt jeglicher Hinweis auf diese Nachhaftung, sodass die Frage zu lösen ist, ob es sich nach den MFBU 89 um eine Nachhaftung oder prinzipielle **Vorsorgeversicherung** handelt. Legt man die Bedingungsauslegung aus den MFBU zugrunde, so handelte es sich dort eindeutig um eine Nachhaftung und nicht, wie in dem Klammerzusatz angedacht, um eine Vorsorgeversicherung, da sie eindeutig bei der Unterversicherungsberechnung unberücksichtigt blieb. Nach den MFBU 89 ist nun diese Nachhaftung in eine Vorsorgeversicherung umzudeuten, da sie auch im Falle der Unterversicherung den VN zur Verfügung steht. Der überwiegende Teil der VR hat sich dieser Auslegung zwischenzeitlich auch angeschlossen. Zu lösen ist noch die Frage, inwieweit „die Nachhaftung" die Grundversicherungssumme erhöht oder als reine Nachhaftung nach der Unterversicherungsberechnung der Entschädigung zuzurechnen ist. Mathematisch ergeben sich hier unterschiedliche Ergebnisse. Nachdem in den Bedingungen keine klare Regelung enthalten ist, findet nach § 305 ff. BGB die für den VN günstigste Regelung Anwendung.

d) Unterversicherung. Für die Berechnung der **Unterversicherung** (§ 5 Nr. 1 MFBU **64** 89) ist zu prüfen, inwieweit der letzte vor Schaden gemeldete Wert niedriger als der tatsächliche Wert ist. Hierbei ist zu berücksichtigen, dass für die Berechnung der Intensität des Versicherungsschutzes in den ersten sechs Monaten bei noch erfolgter Meldung das Vorvorjahr heranzuziehen ist. Sollte bereits eine Meldung erfolgt sein, ist das Vorjahr als Parameter in Ansatz zu bringen. Sofern eine unrichtige Meldung ohne Verschulden des VN erfolgt ist, fallen die Strafbestimmungen weg. Nicht geklärt ist, ob er dann so zu stellen ist, als ob die Meldung richtig erfolgt sei oder aber, als ob er gar keine Meldung abgegeben hat. Die herrschende Meinung tendiert hier zu der Annahme, dass dann, wenn er die richtige Summe melden wollte und nur auf Grund eines Übermittlungs- oder Schreibfehlers dem VR ein fehlerhafter Wert zuging, er so zu stellen ist, als ob er richtig gemeldet hätte. Ist die Meldung ohne seinen Auftrag und sein Zutun erfolgt, so ist er so zu stellen, als ob keine Meldung erfolgt ist.

Die Problematik der Mittleren BU liegt lediglich in den Wertschöpfungsprozessen bei Produktionsbetrieben im Bestandsaufbau. Nachdem die Mittlere Betriebsunterbrechungsversicherung max. bis EUR 1 Million Versicherungssumme (entspricht Rohertrag) zur Anwendung kommt, ist dieses Problem in diesem Marktsegment vernachlässigbar.

3. Allgemeine Feuerbetriebsunterbrechungsversicherungsbedingungen (FBUB)

65   **a) Sachschadenbegriff.** Ausgehend von den BUB 1911 wurde in § 1 und 2 i. V. m. § 1 Abs. 3 AFB alt, eine Haftungsbegrenzung für Schäden formuliert, nach denen auf Grund der Allgemeinen Feuerversicherungsbedingungen eine Haftung bestand. Dies war insoweit wichtig, als sich auf Grund der herrschenden Meinung herauskristallisierte, dass die Ursache auf dem **Versicherungsgrundstück** oder Nachbargrundstück eintreten musste und Auswirkungen auf die Betriebsstelle/Versicherungsort hatte. Nun wird in den FBUB als in sich geschlossenem Bedingungswerk auch die Sachschadendefinition geregelt (§ 2 FBUB). Hiernach ist lediglich gefordert, dass der Betrieb **infolge** eines Sachschadens beeinträchtigt wird. Nachdem diese Formulierung wesentlich weitergehend ist, als die einschränkende AFB 87-Bestimmung, dass versicherte Sachen **durch** ein versichertes Ereignis beschädigt werden müssen, besteht heute die herrschende Meinung darin, dass lediglich die Auswirkungen des Sachschadens auf den Versicherungsort ihren Niederschlag finden müssen, während sich die Ursache auch in weiter Entfernung ereignet haben kann. Das Beispiel eines typischen Fernwirkungsschadens mag dies verdeutlichen. In einem weit entfernt liegenden Elektrizitätswerk kommt es durch einen Brandschaden zum Ausfall der Stromversorgung in dem versicherten Betrieb. Hierdurch fällt in dem Betrieb die Elektroversorgung aus und in einem Produktionsprozess kommt es in Folge zu einem Sachsubstanzschaden an Vorräten oder der Betriebseinrichtung. Der sich gegebenenfalls aus den Vorräten oder der Betriebseinrichtung resultierende Unterbrechungsschaden gilt nach den FBUB damit als versichert. Diese Fernwirkungsthematik führt immer wieder zu umfangreichen Diskussionen zwischen VR und VN. Innerhalb der Bedingungen ist der Brandschaden- und Explosionsbegriff normiert. Der Brandschadenbegriff beinhaltet hier noch die Fragestellung, inwieweit das Ausbreitungsvermögen auch auf das Feuer anzuwenden ist, das ohne einen bestimmungsmäßigen Herd entstanden ist. Bekanntlich hat die Rechtsprechung[80] diese Frage mehrfach thematisiert, worauf die VR in den Sachversicherungsbedingungen eine Klarstellung durch das Demonstrativpronomen „das" vorgenommen haben. Diese dort gesehene Unsicherheit besteht weiterhin in den hier gegenständlichen Bedingungen.

66   Besonders bedeutsam wird die **Sachschadendefinition** auch durch den explizit als Ausschlusstatbestand genannten Schaden an **elektrischen Einrichtungen** (§ 2 Nr. 4 c FBUB Fassung 1995). Hier werden die elektrischen Betriebsschäden ausgeschlossen, die lediglich durch Überspannung oder ähnliche physikalisch-technische Gegebenheiten einen Sachschaden und den daraus resultierenden Betriebsunterbrechungsschaden verursachen. Insoweit ist zu beachten, dass für den Ausfallschaden an elektrischen Einrichtungen nur dann Versicherungsschutz bestehen kann, wenn der Brandbegriff als rechtlich selbständiges Ereignis erfüllt ist. Dies wird jedoch nur in Ausnahmefällen möglich sein, da üblicherweise bereits durch die Stützbogenhitze des elektrischen Stromes (mit oder ohne Feuererscheinung) ein Totalschaden in diesem

---

[80] OLG Hamburg v. 2. 10. 1986, VersR 1987, 479; bestätigt durch BGH v. 3. 6. 1987, r+s 1990; kritisch hierzu *Wälder,* r+s 1990, 208 m. w. N.

Bereich eintritt und der gegebenenfalls nachfolgende Brand nur noch wertlose Sachen verbrennt. Diese Thematik korrespondiert auch mit der Maschinenbetriebsunterbrechungsversicherung. Ein Kunde, der sowohl eine FBUB- wie eine Maschinen-BU-Versicherung abschließt, wähnt sich im Regelfall ausreichend versichert. Nachdem jedoch die Maschinen-BU einen dreitägigen SB beinhaltet, wird er fast in allen Fällen diesen dreitägigen SB selbst zu tragen haben, da trotz nachfolgendem Brandschaden der einleitende elektrische Betriebsschaden dann unter die temporäre Selbstbehaltskomponente der Maschinen-BU-Versicherung fällt. Hier sind neue Bedingungswerke vorbildlich, die bei nachfolgendem Brandschaden auf den vorangegangenen SB verzichten. Auch der normale Betriebsschaden ist an dieser Stelle in die Betrachtungen aufzunehmen. Obwohl häufig der Nutzwärmeschaden über Klauseln mitversichert wird und somit der Eindruck entsteht, dass damit voll umfänglich Versicherungsschutz besteht, trügt dieses Ergebnis. Von der physikalisch-technischen oder technisch-chemischen Entwicklung eines Schadens muss der übliche Betriebsablauf berücksichtigt werden. So ist in vielen Fällen, in denen z. B. unter Hinzuführung von Wärme ein Bearbeitungsvorgang erfolgt, die Zerstörung des zu bearbeitenden Werkstückes deutlich vor dem Flammpunkt eingetreten. Hier wird trotz eines nachfolgenden Brandschadens für den vorangegangenen Betriebsschaden kein Versicherungsschutz gewährt. Demzufolge besteht dann auch für den aus diesem Teilbereich heraus resultieren Ertragsausfallschaden keine Entschädigungspflicht. Dieses Ergebnis mag zwar überraschend anmuten, ist jedoch auf Grund der Bedingungssystematik zweifelsfrei.

b) Ertragsausfall. Als Bemessungsgrundlage wird der entgehende Betriebsgewinn und **67** der Aufwand an fortlaufenden Kosten herangezogen (§ 3 Nr. 1 FBUB). Ausgehend vom Umsatz über den Deckungsbeitrag errechnet sich die **Betriebsleistung** und diese ist in fixe und variable Kosten zu differenzieren. Wie bereits zu den ZKBU 87 besprochen, gelten dort auch die gleichen Haftungseinschränkungen (vgl. § 3 Nr. 2 FBUB). Es soll an dieser Stelle auch darauf hingewiesen werden, dass der VR nur dann nicht zu haften hat, soweit der Unterbrechungsschaden sich **erheblich vergrößert** (§ 3 Nr. 2 FBUB). Dies bedeutet nicht, dass jede Vergrößerung des Unterbrechungsschadens bereits nicht erstattungspflichtig ist. Man wird hier sicherlich sowohl die temporäre wie auch monetäre Komponente in die Betrachtung einzubeziehen haben. So stellt es zweifelsfrei eine erhebliche Vergrößerung des Schadens dar, wenn sich die sachschadenbedingte Unterbrechungszeit von einem Monat durch behördliche Betriebsbeschränkungen auf zwei Monate ausweitet. Anders ist hier sicherlich zu entscheiden, wenn bei einer versicherten Unterbrechung von elf Monaten ein weiterer Monat durch behördliche Beschränkungen hinzukommt. Zu einem gleichen Ergebnis wird man zweifelsfrei gelangen, wenn man als Bemessungsgrundlage den monetären Bereich ansetzt. In der Praxis werden von den VN an dieser Stelle häufig jegliche Vergrößerungen des Schadens als nicht entschädigungspflichtig abgelehnt, was nicht durch die Bedingungen gestützt wird.

Hinsichtlich des Umstandes, dass dem VN nicht rechtzeitig genügend Kapital für die Wiederherstellung einerseits oder die Einleitung von Schadenminderungsmaßnahmen andererseits zur Verfügung steht (§ 3 Nr. 2 c FBUB), darf natürlich nicht durch den VR verschuldet sein. So ist es treuwidrig, wenn sich der VR auf diesen Ausschlusstatbestand beruft, der dadurch entstanden ist, dass er die Leistung zur Sachversicherung – unberechtigt – abgelehnt hat und insoweit den VR in den finanziellen Engpass gebracht hat[81].

c) Haftzeit. Die **Haftzeit** definiert den Zeitraum, in dem der VR für den eingetretenen **68** Unterbrechungsschaden zu haften hat. Er umfasst im Regelfall zwölf Monate (§ 3 Nr. 3 FBUB). Im Hinblick auf die Problematik der technischen Wiederherstellung – vor allem im Gebäudebereich – hat man erkannt, dass der VN einen Bedarf an überjährigen Haftzeiten hat. Bereits bei mittleren Gebäudeschäden sind Wiederherstellungszeiträume von neun bis zwölf Monaten nicht selten. Nachdem vielfach das Gebäude unabdingbare Voraussetzung für die weitere Wiederherstellung ist und erst in der Folge dann die Betriebseinrichtung ebenfalls installiert und in Betrieb genommen werden kann, ergibt sich hier ein wesentlich längerer Zeitbedarf, bis das Ende der Betriebsunterbrechung erreicht wird. Heute wird es als

---

[81] OLG Saarbrücken v. 8. 5. 2002, r+s 2002, 381.

Regelfall angesehen, dass eine Haftung mindestens auf 18 oder 24 Monate ausgelegt ist. Zu beachten ist natürlich, dass dann entsprechende Schutzvorschriften für die Bildung der Versicherungssumme (Mehrjahressummen) Raum greifen müssen.

69   **d) Unterjährige Haftzeit und ihre Auswirkung auf Schadenminderungskosten.** Die Bedingungen sehen vor, dass für Gehälter und Löhne kürzere Haftzeiten als zwölf Monate vereinbart werden können (§ 3 Nr. 3 S. 2 FBUB). Diese mit Prämienrabatten offerierten Möglichkeiten führen häufig zu erheblichen Entschädigungsausfällen. Begründet ist dies darin, dass es zwar häufig richtig ist, dass der Betrieb bei kleineren Teilschäden bereits nach drei, sechs oder neun Monaten wieder seine übliche Betriebsleistung erlangt, jedoch nur durch die Schadenminderungskosten, welche einen längeren Zeitraum beanspruchen, bis das faktische Ende der Betriebsunterbrechung erreicht ist. Wenn nun für Löhne oder Gehälter bei einer sechsmonatigen Unterbrechung nur eine Haftzeit von drei Monaten vereinbart wurde und die Schadenminderungsmaßnahmen im zweiten Monat beginnen, bedeutet dies, dass bei einem Erwirtschaftungsanteil von Löhnen und Gehältern von 50% von den Schadenminderungskosten bei ausreichender Deckung nur 70% übernommen werden können. Der 30%ige Ausfall der Schadenminderungskosten steht in keinem Verhältnis zu der Prämienersparnis. Sollte eine Unterversicherung vorliegen, würde sich der versicherte Prozentsatz nochmals vermindern. Insoweit kann vor der Vereinbarung von unterjährigen Haftzeiten nur gewarnt werden.

70   **e) Betriebsgewinn und Kosten.** Auch hier ist prinzipiell auf die Ausführungen zu den ZKBU 87 zu verweisen, die eine analoge Auflistung der nicht versicherten Posten darstellt. Bemerkenswert ist, dass hier **Betriebsgewinn** und **Kosten** in einer **Gruppe (Position)** versichert gelten (§ 4 Nr. 1 FBUB), soweit für sie die gleiche Haftzeit gilt, wodurch dann die Wirkung einer summarischen Versicherung vorliegt. Dies bedeutet, dass sich die gegebenenfalls in einer Position bestehende Unterversicherung durch die Überversicherung einer anderen Position ausgleichen kann. Sollte jedoch eine Position ausreichend versichert sein und eine andere Position unterversichert, würde nach dem Proportionalitätsgrundsatz die anteilige Unterversicherung dann auch auf die an sich ausreichend versicherte Position anzuwenden sein. Das OLG Köln hat in seiner Entscheidung[82] zur Sachversicherung eine in der Literatur sehr umstrittene Auslegung zur summarischen Versicherung vorgenommen, die schon zur Sachversicherung keine Anerkennung gefunden hat. Sie ist durch die noch wesentlich klarere Definition in den FBUB auf keinen Fall auf die Entschädigungsberechnung anzuwenden.

71   **f) Bewertungszeitraum.** Der **Bewertungszeitraum** (§ 5 Nr. 1 S. 2 FBUB) ist eine einzigartige Kreation in der terminologischen Schöpfung der VR. Obwohl von der Logik der Bedingungen als wichtigstes Kriterium für die Bemessung der Intensität des Versicherungsschutzes definiert, bereitet er vielfach Schwierigkeiten. Der Bewertungszeitraum ist bei der auf die Zukunft gerichteten Betriebsunterbrechungsversicherung deswegen notwendig, da ansonsten kein Instrumentarium für einen deckungsgleichen Ersatzwert bestehen würde. Die Besonderheit liegt darin, dass das Ende des Bewertungszeitraumes durch das Ende der Betriebsunterbrechung oder der Haftzeit, sofern sie früher endet, bestimmt wird (§ 5 Nr. 1 S. 3 FBUB). Der Bewertungszeitraum umfasst grundsätzlich – auch bei unterjährigen Haftzeiten – zwölf Monate. Dies bedeutet, dass vom Ende der Betriebsunterbrechung oder dem Ende der Haftzeit zwölf Monate in die Vergangenheit eine Berechnung des Ersatzwertes erforderlich wird. Hieraus ergibt sich zwangsläufig, dass bei der Summenfestlegung immer zwölf Monate mehr betrachtet werden müssen, als die Haftzeit (mindestens zwölf Monate) beträgt. Bei überjährigen Haftzeiten sind für jedes anteilige Haftjahr zwölf Monate zu rechnen und wieder um zwölf Monate zu erhöhen. Dies bedeutet, dass bei einer Versicherungssummenfestlegung und zwölfmonatiger Haftzeit auch das übernächste Jahr in die betriebswirtschaftlichen Überlegungen einzubeziehen ist. Es könnte nämlich passieren, dass am Ende des Versicherungsjahres – und vor neuer Festlegung der Versicherungssumme – ein Schaden entsteht, der die gesamte Haftzeit von zwölf Monaten benötigt. Der Zukunftsschaden würde sich dann im übernächsten Versiche-

---

[82] OLG Köln v. 17. 9. 1992, VersR 1993, 1101.

rungsjahr auswirken. Wäre dies ein ertragsstarkes Jahr mit entsprechenden Umsatz- und Ertragssteigerungen hätte der VN ansonsten automatisch eine Unterversicherung, wenn er diese Steigerungen bei der Bemessung der Versicherungssumme nicht berücksichtigt hätte. Die gleiche Argumentation darf jedoch nicht angewendet werden, wenn der VN Umsatzrückgänge erwartet. Bei den Umsatzrückgängen würde dies nämlich dann bei einem kurzfristigen Unterbrechungsschaden dazu führen, dass sich der Bewertungszeitraum überwiegend noch in den ertragsstarken Monaten des Schaden- und Vorjahres erstreckt und insoweit dann bei zu frühzeitiger Reduzierung der Versicherungssumme eine Unterversicherung allein durch diesen Effekt auftreten würde. Hierdurch wird klar, dass an die Beratung vor Abschluss der Versicherung im Hinblick auf die Versicherungssummen erhebliche Anforderungen zu stellen sind. Bei unterjährigen Haftzeiten ergeben sich zwangsläufig auch mehrere Bewertungszeiträume, welche dann auch unterschiedliche Ersatzwerte beinhalten.

Dies gilt im Übrigen auch für die Festlegung des **Versicherungsortes.** Versicherungsschutz   **72** wird nur für die im Versicherungsvertrag bezeichnete Betriebsstelle gewährt (§ 3 Nr. 1 FBUB). Hat nun ein VN mehrere Betriebsstellen und versichert diese über verschiedene Versicherungsverträge, so besteht nur Versicherungsschutz innerhalb der Betriebsstelle auf vor- oder nachgelagerte Abteilungen. Wenn sich die Betriebsstellen auf verschiedenen Versicherungsgrundstücken befinden, liegen Rückwirkungsschäden vor. Das heißt, Auswirkung einer Störung durch Sachschäden in nicht gedeckten Betriebsstellen auf den versicherten Betrieb mit einem hieraus resultierenden Leistungsausfall. Diese Rückwirkungsschäden können über Klauseleinschluss mit Entschädigungsgrenze gedeckt werden. Wenn jedoch die sich auf verschiedenen Versicherungsgrundstücken befindlichen Betriebsstellen innerhalb eines Versicherungsvertrages versichert werden, sind die Rückwirkungsschäden dann als Wechselwirkungsschäden zu behandeln.

Ein weiterer Aspekt sind die **Zulieferer- oder Abnehmerrückwirkungsschäden,** die   **73** sich bei dem Produktionsablauf oder von der Dienstleistung abhängigen Unternehmen ergeben können. So kann ein Zulieferer nicht mehr seine Warenvorräte in den vom Schaden betroffenen Betrieb liefern und obwohl bei ihm kein Sachschaden entsteht, hat er gegebenenfalls einen erheblichen Ertragsausfallschaden. Das umgekehrte Beispiel ergibt sich bei einem Abnehmer, der keine Ware zur Weiterverarbeitung oder zum Verkauf erhält, weil sein Lieferant vom Sachschaden betroffen ist. Auch hier können die Auswirkungen bilanztechnisch erheblich sein. Diese Schadenfälle können heute über Klauseln mittels Entschädigungsgrenzen und Höchsthaftungen gedeckt werden.

g) Summenermittlungsschema. Im Hinblick auf die Summenermittlung gibt es verbandsseitig **Summenermittlungsschemata,** die nach den Gesamtkostenverfahren aufgebaut sind. Hier wird in einem vereinfachten Verfahren die Betriebsleistung aus der Vergangenheit ermittelt. Sie muss dann unter Berücksichtigung der vorstehend zum Bewertungszeitraum ausgeführten Aspekte vom VN auf Grund seiner Plankostenrechnung in die Zukunft projiziert werden, um eine ausreichende Deckung zu erreichen.   **74**

Voraussetzung hierfür ist, dass betriebswirtschaftliche und buchhalterische Unterlagen vorliegen. So ist der VN verpflichtet, Bücher zu führen. Inventuren und Bilanzen für drei Vorjahre müssen sicher und zum Schutz gegen gleichzeitige Vernichtung von einander getrennt aufbewahrt werden. Bei dieser Bestimmung der Buchführungspflicht[83] handelt es sich um eine Obliegenheit im Sinne des § 28 VVG. Allerdings besteht nur insoweit Leistungsfreiheit, als nicht auf andere Art und Weise der Schadennachweis zu führen ist[84].

h) Prämienrückgewähr. Als regulativ für die Problematik der richtigen Festlegung der   **75** Unterversicherung und der hieraus resultierenden Gefahr einer erhöhten Prämienzahlung bieten die Bedingungen – unter gewissen Voraussetzungen – eine **Prämienrückgewähr** (§ 9 Nr. 1 FBUB). Danach muss der VN nach Ablauf von spätestens vier Monaten nach Ablauf seines Versicherungsjahres den analog des Summenermittlungsschemats erwirtschafteten

---

[83] OLG Karlsruhe v. 2. 5. 2006, r+s 2006, 419.
[84] OLG Hamm v. 10. 4. 2002, r+s 2002, 427.

Gewinn und die fortlaufenden Kosten melden. Wenn danach Gewinn und fortlaufende Kosten niedriger als die Versicherungssumme waren, erhält er die Prämie bis zu einem Drittel der Jahresprämie zurückerstattet.

76   Um Missbrauch auszuschließen, beinhaltet diese Bestimmung auch eine **Strafvorschrift** für den Fall, dass eine Prämienrückgewähr zu Unrecht in Anspruch genommen wurde (§ 9 Nr. 2 FBUB). Zuerst wird die Entschädigung bedingungsgemäß errechnet, das heißt, sofern eine Unterversicherung vorliegt, wird der Schadenbetrag auch um diesen Anteil gekürzt. Darüber hinaus ist prüfen, ob der VN – bei ausreichender Versicherungssumme – eine zu hohe Prämienrückgewähr beansprucht hat. Sollte dies der Fall sein, erfolgt eine weitere Kürzung der Entschädigung im Verhältnis der unter Berücksichtigung der Prämienrückgewähr gezahlten Prämie zu der Prämie, die der VN nach dem Versicherungsjahr zu zahlen gehabt hätte.

Sofern bereits die in Deckung gehaltene Versicherungssumme nicht ausreichend war, vermindert sich die Strafbestimmung dahingehend, dass eine Kürzung der Entschädigung nur im Verhältnis der unter Berücksichtigung der Prämienrückgewähr gezahlten Prämie zu der für die Versicherungssumme gezahlten Prämie erfolgt.

Diese aufwändigen und komplizierten Verfahren führen in der Praxis dazu, dass nur in wenigen Fällen von der Prämienrückgewähr Gebrauch gemacht wird.

77   **i) Schadenminderung.** Die **Schadenminderung** (§ 82 VVG i. V. m. § 10 FBUB) ist die wichtigste Komponente der Betriebsunterbrechung und soll dazu dienen, dass ein Ertragsausfallschaden erst gar nicht entsteht. Insoweit wird die Bedeutung der Betriebsunterbrechungsversicherung häufig unterschätzt, da sie in erster Linie auf Markterhaltung des VN und damit Sicherung seines Kundenstammes abzielt. Vielfach lassen sich durch Schadenminderungsmaßnahmen Ertragsausfallschäden vermeiden. Voraussetzung ist hierzu jedoch, dass eine **Rentabilität** der Schadenminderungsmaßnahmen gegeben ist. Für den Fall, dass die Schadenminderung einen höheren Betrag beansprucht als der Ertragsausfallschaden erfordert, ist die Haftung des VR auf den Ertragsausfallschaden begrenzt[85]. Wichtig in diesem Zusammenhang ist, dass Schadenminderungsaufwendungen nicht zu ersetzen sind, wenn dem VN durch sie ein Nutzen über die Haftzeit hinaus entsteht (§ 11 Nr. 2a FBUB). Dieser Nutzennachweis muss jedoch vom VR geführt werden, um eine anteilige Kürzung der Schadenminderungsaufwendungen zu erreichen. Dieser Nachweis ist in der Praxis häufig nur sehr schwer oder gar nicht zu führen, da eine leistungsstärkere Maschine nicht zwangsläufig auch zu einer quantitativen Nutzenverbesserung oder einem höheren Deckungsbeitrag führt. Ebenfalls werden die Aufwendungen nicht ersetzt, wenn durch sie eine Kostenerwirtschaftung an nicht versicherten Kosten entsteht. Hier sind dann die Schadenminderungskosten anteilig zu kürzen. Immer wieder treten Fälle auf, in denen Schadenminderungsaufwendungen erfolglos sind und/oder zusammen mit der zu leistenden Entschädigung die Versicherungssumme übersteigen. In diesem Fall ist die Entschädigung des VR auf die Versicherungssumme – gegebenenfalls erhöht um Nachhaftungen – begrenzt. Sollten jedoch die Schadenminderungsmaßnahmen auf Weisung des VR erfolgt sein, müsste er auch über die Versicherungssumme hinaus für die von ihm veranlassten Kosten haften. Insoweit kommt der Berechnung der Rentabilität von Schadenminderungsmaßnahmen eine besondere Bedeutung zu. Hierbei ist eine entsprechende Sicherheitsmarge einzurechnen, da sich nicht alle theoretischen Berechnungen in der Praxis verwirklichen lassen. Sollten sich zeitliche Verzögerungen bei der Schadenminderung ergeben, ist eine ursachengerechte Abgrenzung vorzunehmen. Häufig werden durch weitere Störungen, die nicht adäquat kausal auf den Schaden zurückzuführen sind, neue Haftungstatbestände begründet, die dann nicht durch den Betriebsunterbrechungsversicherer zu entschädigen sind. Teilweise werden durch zusätzliche Klauseln die Schadenminderungskosten auch noch ausgeweitet[86].

78   **j) Sachverständigenverfahren.** Das **bedingungsgemäße Sachverständigenverfahren** (§ 12 FBUB) ist hinsichtlich der organisatorischen Abläufe klar geregelt und definiert. In die Praxis keinen Eingang gefunden haben die Vorschriften über den Umfang und die Fest

---

[85] OLG Saarbrücken v. 8. 9. 2004, VersR 2005, 1686.
[86] OLG Hamm v. 28. 4. 2004, VersR 2004, 1264.

stellung der Sachverständigen, die dort geforderten Gewinn- und Verlustrechnungen zu erstellen. Viel einfacher ist das in der Praxis durchgeführte Verfahren einer Deckungsbeitragsrechnung für den Unterbrechungszeitraum. Die Erfahrungen der Praxis zeigen, dass hiermit eine mindestens genau so hohe Genauigkeit wie in dem durch die Bedingungen beschriebenen Verfahren zu erreichen ist. Zur Sittenwidrigkeit von Erfolgshonoraren siehe u. a. die Entscheidung des OLG Naumburg vom 11. 9. 2003[87].

k) Entschädigung. Die Entschädigung ist binnen zwei Wochen nach ihrer Feststellung, **79** bei festgestellter grundsätzlicher Ersatzpflicht, zu leisten (§ 15 Nr. 1 FBUB). Der VN hat einen Anspruch auf **Teilzahlungen,** wobei diese monatlich nachschüssig zu leisten sind. Dies begründet sich in dem Wesen der Betriebsunterbrechungsversicherung, wo sich der Schaden temporär entwickelt. Die Verzinsungsregel (§ 15 Nr. 4 FBUB) in Bezug auf eine Verzinsung der Entschädigung nach Ende des Bewertungszeitraums spielt in der Praxis keine Rolle, da in der überwiegenden Mehrzahl aller Schadenfälle eine fiktive Abrechnung des Schadens vor Ende des Bewertungszeitraumes vergleichsweise erfolgt.

4. Ertragsausfallbedingungen

a) Erweiterter Sachschadenbegriff. Durch die Entwicklungen nach 1994 wurde von **80** vielen VRn die Notwendigkeit gesehen, über die originäre Sachschadendeckung hinaus auch für weitere benannte und unbenannte Gefahren Versicherungsschutz zu bieten. In diesen Verträgen, die bis zu reinen **Allrisk-Deckungen** formuliert sind, muss anhand des Einzelfalles eine genaue Abgrenzung vorgenommen werden, da alle Schäden versichert sind, sofern sie nicht ausdrücklich ausgeschlossen sind.

b) Deckungserweiterung. Was bisher nur vereinzelt durch Einzelklauseln in den voran- **81** gegangenen Bedingungswerken in die Deckung einbezogen wurde, wird hier häufig durch das Grundbedingungswerk bereits gewährleistet. So werden **Miet- und Pachtzahlungen** abweichend von §§ 535 ff. BGB in den Versicherungsschutz einbezogen. Voraussetzung ist lediglich, dass die Zahlung – egal aus welchem Grund – erfolgt. Auch behördlich angeordnete **Wiederaufbau-, Wiederherstellungs- oder Betriebsbeschränkungen** werden unter gewissen Voraussetzungen einbezogen. Auch in den Kostendeckungen werden mit Pauschalen, die durch Höchsthaftungen begrenzt sind, Ermittlungs- und Feststellungskosten für nicht ersatzpflichtige Schäden ersetzt. Auch **Wertverluste** und Zusatzkosten für Roh-, Hilfs- und Betriebsstoffe und unfertige Erzeugnisse, die wegen des Brandschadens nicht mehr verwendet werden können, aber nicht von ihm betroffen waren, gelten gedeckt. Die früher als nicht versicherbar angesehenen **Vertragsstrafen** werden ebenfalls in den Versicherungsschutz einbezogen. Gleiches gilt für zusätzliche **Standgelder** und Mehrkosten, wobei diese überwiegend Schadenminderungskosten in der klassischen Betriebsunterbrechungsversicherung darstellen. Als Versicherungsort werden nicht nur die Betriebsstelle, sondern auch in unmittelbarer Nähe der Betriebsstelle befindliche Abstellplätze, Abstellgleise und Wasserstraßenanschlüsse definiert. Eine europa- oder sogar weltweite Außenversicherung ist ebenfalls im Grundbedingungswerk enthalten. Auch besteht Versicherungsschutz für neu hinzukommende Versicherungsorte, Fremdunternehmen und Transporte, soweit dort Sachen von einem Sachsubstanzschaden betroffen sind, die der VN gemietet, gepachtet oder geliehen hat. Europaweit gelten **Rückwirkungsschäden** für Abnehmer und Zulieferer eingeschlossen. Des weiteren ist auch eine erhebliche Deckungserweiterung bei der Mitversicherung der Auswirkungsschäden festzustellen, da hier über den Rückwirkungsschaden hinaus die nächste Zulieferer- oder Abnehmerstufe gedeckt werden kann.

c) Summenermittlungsschema. Eine Weiterentwicklung des aus der MFBU-Versi- **82** cherung bekannten **Summenermittlungsschemas** wird hier normiert. Neben den Umsatzerlösen, die weiterhin die Ausgangsbasis für die Berechnung bilden, werden die sonstigen betrieblichen Erträge (z. B. Erlöse aus Vermietungen oder Erwirtschaftungen aus DV-Leistungen) addiert. Zusätzlich zum Materialeinsatz werden auch die bezogenen Leistungen

---

[87] OLG Naumburg v. 11. 9. 2003, r+s 2004, 658.

(z. B. Energie) subtrahiert. Die Haftung ist im Regelfall auf 18 Monate ausgedehnt, so dass die Versicherungssumme bei 18 Monaten um 100%, bei 24 Monaten um 150% und bei zwölf Monaten um 30% erhöht wird. Hinsichtlich der Meldung ergibt sich die gleiche Regelung wie in den MFBU 89, wonach nach Ablauf der sechsmonatigen Meldefrist eine Erhöhung der Versicherungssumme auf 110% der ursprünglichen Versicherungssumme erfolgt. Die hieraus resultierenden Entschädigungsberechnungen in der Korrelation zur Höchsthaftung, Selbstbehalt, Entschädigungsgrenze, Höherhaftung sind so unübersichtlich, dass sie den Rahmen dieser Betrachtung sprengen.

5. Betriebsschließungsversicherung (Überblick)

83   Gegenstand der Versicherung ist, dass der versicherte Betrieb durch behördliche Anweisungen auf Grund einer nach dem Bundesseuchengesetz **meldepflichtigen Krankheiten** Auswirkungen in Form der tätigen Personen erleidet. Dies tritt ein, wenn der versicherte Betrieb zu schließen ist. Dieser Schließung stehen gleich, wenn für alle Betriebsangehörigen Tätigkeitsverbote erlassen werden. Wenn der Betrieb entseucht werden muss, wird Entschädigung für bis zu drei Tagen oder aber die nachgewiesenen Desinfektionskosten geleistet. Wenn Entseuchung oder Brauchbarmachung oder Vernichtung von Warenbeständen auf Grund gesetzlicher Vorschriften ansteht, wenn Personen in dem Betrieb beschäftigt werden, die an Seuchen erkrankt sind oder entsprechende Krankheits- oder Ansteckungsverdacht oder als Ausscheider für einen genau definierten Krankheitsbereich bestehen, wenn Ermittlungsmaßnahmen gemäß § 31 oder Beobachtungsmaßnahmen gemäß § 36 Bundesseuchengesetz angeordnet werden, besteht Versicherungsschutz.

6. Zusatzbedingungen für Ertragsausfallversicherung infolge Krankheit oder Unfall (Überblick)

84   Hier steht die **versicherte Person** im Mittelpunkt der Versicherung, wobei dann Versicherungsschutz zu bieten ist, wenn die Person infolge Krankheit oder Unfall völlig arbeitsunfähig ist. Individuell vereinbarte Karenztage fallen rückwirkend weg, wenn die Arbeitsunfähigkeit mindestens zwölf Wochen beträgt. Bei der Entschädigung werden Leistungen aus der Krankentagegeldversicherung oder Krankengeld gegengerechnet.

Auch hier gibt es häufig gedehnte Versicherungsfälle, die dazu führen, dass der Haftungszeitraum auch nach Beendigung des Versicherungsvertrages noch weiter läuft[88].

Der Aspekt der Schadenminderung gewinnt gerade in diesem Bereich eine besondere Bedeutung, wobei in Fällen, in denen sich die Betriebsleistung insbesondere durch die Person des VN realisiert, es mit erheblichen Schwierigkeiten verbunden ist, sinnvolle Schadenminderungsmaßnahmen einzuleiten.

§ 32. Hausrat- und Wohngebäudeversicherung

Inhaltsübersicht

---

[88] ÖOGH v. 27. 6. 2001, VersR 2002, 1539.

A. Hausratversicherung

Literatur: *Martin,* Sachversicherungsrecht, Kommentar zu den AVB für Hausrat, Wohngebäude, Feuer, Einbruchdiebstahl und Raub, Leitungswasser, Sturm einschließlich Sonderbedingungen und Klauseln, 3. Aufl. 1992; *Prölss/Martin,* Kommentar zum VVG, 27. Aufl. 2004, Hausratversicherung bearbeitet von *Knappmann; Dietz,* Hausratversicherung 84, 2. Aufl. 1988.

I. Einleitung

1   Die **Hausratversicherung** gehört zum Bereich der Sachversicherung und stellt die wichtigste Versicherung für den **privaten Haushalt** dar. Hausrat ist die Gesamtheit der Sachen, die dem Gebrauch oder Verbrauch in einem privaten Haushalt dienen, also ein Inbegriff beweglicher Sachen des privaten Lebensbereiches. Schutz bietet die Hausratversicherung gegen **unterschiedliche Gefahren** (Brand, Blitzschlag und Explosion; erschwerter Diebstahl und Raub; Leitungswasser; Sturm und Hagel) in einem **rechtlich einheitlichen Vertrag.** Dieser sog. **kombinierte Versicherungsschutz**[1] hat zum Ziel, den privaten Haushalten Versicherungsschutz für den Fall der Beschädigung, der Zerstörung oder des Abhandenkommens von Gegenständen des Sachinbegriffs Hausrat durch Verwirklichung bestimmter Gefahren zu gewähren.

2   In Abgrenzung zur Geschäftsversicherung, die den beruflichen und gewerblichen Lebensbereich des VN abdeckt, sind Sachen, die den beruflichen und gewerblichen Zwecken des VN dienen, nur in engen Ausnahmen vom Versicherungsschutz umfasst. Schäden an Gebäuden oder Gebäudeteilen unterfallen, soweit es den privaten Lebensbereich anbetrifft, der Wohngebäudeversicherung.

---

[1] Vgl. *Martin,* Sachversicherungsrecht, A II Rn. 3; aus der Verbindung verschiedener Gefahrengruppen, für die vor Einführung eigenständiger Bedingungen zur Hausratversicherung jeweils gesonderte Verträge abgeschlossen werden mussten, erklärt sich die Bezeichnung „Verbundene Hausratversicherung".

II. Rechtliche Rahmenbedingungen und Rechtsgrundlagen

1. Versicherungsvertrag; Gesetzliche Rechtsgrundlagen

In den Hausratversicherungsverträgen finden sich – dem Charakter der Hausratversiche- **3**
rung als einer typischen Massensparte entsprechend – im Regelfall keine individuell ausgehandelten Vertragsgrundlagen[2]. Maßgeblich sind die im VV näher bezeichneten **Allgemeinen Hausratversicherungsbedingungen (VHB).** Weitere Rechtsquelle ist insbesondere
das **VVG.** Nach Inkrafttreten der Neufassung des VVG zum 1. 1. 2008 ist das VVG in der
bisherigen Fassung grundsätzlich noch bis zum 31. 12. 2008 auf sogenannte Altverträge anzuwenden. Für Verträge, die ab dem 1. 1. 2008 abgeschlossen werden, gilt das neue VVG. Für
die Zeit ab dem 1. 1. 2009 findet das neue VVG auch auf Altverträge Anwendung. Bei Eintritt eines Versicherungsfalls bis zum 31. 12. 2008 bestimmen sich die sich daraus ergebenden
Rechte und Pflichten hingegen weiterhin nach dem alten VVG. Die bisherige Fassung des
VVG und die Neufassung werden also noch für längere Zeit nebeneinander anwendbar sein.
Neben den Vorschriften des VVG sind selbstverständlich auch die Vorschriften des BGB anwendbar, soweit die Bestimmungen des VVG und die einzelvertraglichen Regelungen, zu
denen auch die AVB gehören, keine Abweichungen enthalten[3]. Von Bedeutung sind hierbei
vor allem die früher im AGB-Gesetz (AGBG) geregelten Bestimmungen, die inzwischen in
das BGB übernommen worden sind (§§ 305 ff. BGB). Diese Vorschriften haben nach Wegfall
der aufsichtsbehördlichen Präventivkontrolle der Allgemeinen Versicherungsbedingungen
zunehmende Bedeutung erlangt.

2. Allgemeine Versicherungsbedingungen, Übersicht der verschiedenen Fassungen, Klauseln

Der VV in der Hausratversicherung verweist regelmäßig auf **Allgemeine Versicherungs-** **4**
bedingungen, in denen die vertraglichen Pflichten von VR und VN beschrieben und in Ergänzung der gesetzlichen Bestimmungen präzisiert sind.

Nicht mehr oder nur noch von sehr eingeschränkter Bedeutung sind die VHB von 1942,
1966 und 1974[4]. Nach wie vor erhebliche Bedeutung haben demgegenüber die VHB 84, die
im Jahre 1984 vom (damaligen) Bundesaufsichtsamt für das Versicherungswesen genehmigt
wurden.

Gegenüber den VHB 74 und den VHB 66 unterscheiden sich die **VHB 84** in mehrfacher **5**
Hinsicht. Nach den VHB 74 und VHB 66 waren das Glasbruchrisiko und der Diebstahl aus
Kraftfahrzeugen (allerdings eingeschränkt im Hinblick auf den Versicherungsumfang und den
Geltungsbereich) in den Versicherungsschutz eingeschlossen. Ebenfalls eingeschlossen war
nach den VHB 74 und VHB 66 der Diebstahl von Wäsche und von Gartenmöbeln und Gar-
tengeräten auf dem versicherten Grundstück, wobei die Entschädigung jeweils begrenzt war.
Mitversichert waren auch der (einfache) Diebstahl von Fahrrädern im Freien sowie Ein-
bruchdiebstahl- und Raubschäden durch Hausangestellte oder Personen, die beim VN wohnen. In beiden Fällen bestand eine summenmäßige Beschränkung. Wegen steigender Dieb-
stahlkriminalität und verschlechterter Schadenentwicklung wurden das Glasbruchrisiko, der
(einfache) Fahrraddiebstahl und der Kfz-Einbruch aus dem Versicherungsschutz herausgenommen. Für Glasbruch ist seither ein gesonderter Vertrag nach den AGlB und für Kfz-Einbruch eine Reisegepäckversicherung abzuschließen. Für (einfachen) Fahrraddiebstahl ist
entweder eine Fahrradversicherung abzuschließen oder aber gegen Mehrprämie eine Zusatzdeckung zu vereinbaren.

---

[2] Vgl. *Martin,* Sachversicherungsrecht, A IV Rn. 17, 27.
[3] Vgl. hierzu *Martin,* Sachversicherungsrecht, A IV Rn. 44.
[4] Abdruck der Texte der VHB 66 und VHB 74 bei *Martin,* Sachversicherungsrecht, Texte 30 und 31,
S 162 ff.; ein ausführlicher Vergleich zwischen den VHB 66 und den VHB 74 findet sich bei *Wälder,* r+s
1975, 127, 147, 170, 196; vgl. auch weitere Nachweise bei *Prölss/Martin/Knappmann,* Vorbemerkung zu
den VHB 84 Rn. 4.

6   Im Hinblick auf die versicherten Sachen sehen die VHB 84 gegenüber den VHB 74 und VHB 66 sowohl **Erweiterungen** (so z. B. für vom Mieter in das Gebäude eingefügte Gegenstände, sofern der Mieter die Gefahr trägt; für Wasserfahrzeuge und Flugdrachen; für Rundfunk- und Fernsehantennenanlagen sowie Markisen) als auch **Einschränkungen** vor (für Arbeitsgeräte und Einrichtungsgegenstände, die dem Beruf oder Gewerbe dienen, in ausschließlich beruflich oder gewerblich genutzten Räumen). Im Hinblick auf die versicherten Kosten sind mit den VHB 84 einzelne Entschädigungsgrenzen entfallen. Zugleich wurde die Gesamtentschädigungsgrenze für versicherte Kosten über die Versicherungssumme hinaus angehoben. Im Hinblick auf den Versicherungswert ist in den VHB 84 im Gegensatz zu den VHB 74 und VHB 66 die Entwertungsgrenze entfallen. Eingeführt wurde demgegenüber eine Höchstentschädigungsgrenze für alle Gruppen von Wertsachen je Versicherungsfall, was zu einer Verminderung des Versicherungsschutzes gegenüber den VHB 74 führte. Geändert und ergänzt wurden in den VHB 84 auch die Vorschriften zum Wohnungswechsel und zur Außenversicherung. Schließlich enthalten die VHB 84 Regelungen über die automatische Anpassung des Prämiensatzes entsprechend der Schadenentwicklung und die Anpassung der Versicherungssummen an den Lebenshaltungskostenindex.

7   Durch die Einführung der **VHB 92** wurde der Deckungsumfang in einzelnen Punkten erweitert. Als Beispiele sind zu nennen die Einbeziehung des Hagelrisikos, der Wegfall des Ausschlusses von Feuer-Nutzwärmeschäden und die Einbeziehung wärmetragender Flüssigkeiten, wie Sole, Öle, Kühl- und Kältemittel. Bei den versicherten Sachen wurden motorgetriebene Krankenfahrstühle, Rasenmäher, Go-Karts und Spielfahrzeuge sowie Waschmaschinen und Wäschetrockner in Gemeinschaftsräumen in den Deckungsschutz einbezogen. Die Entschädigungsgrenze für Bargeld und die Entschädigungsgrenze im Rahmen der AußenV wurden angehoben. Bei den versicherten Kosten erfolgte eine Erweiterung des Versicherungsschutzes im Hinblick auf Transport- und Lagerkosten sowie (der Höhe nach begrenzt) auf Hotelkosten. Auf der anderen Seite wurden die Möglichkeiten zur Prämienanpassung für den VR wesentlich erleichtert.

8   Seit dem **Wegfall der Vorabgenehmigungspflicht von Allgemeinen Versicherungsbedingungen** durch das Bundesaufsichtsamt für das Versicherungswesen sind die VR in der Formulierung ihrer AVB weitgehend frei. Vom Gesamtverband der Deutschen Versicherungswirtschaft e. V. wurden als Verbandsempfehlung die Allgemeinen Hausratversicherungsbedingungen **VHB 2000** aufgestellt und bekannt gegeben. Die VHB 2000[5] sind im Gegensatz zu den genehmigten Fassungen der VHB für die VU unverbindlich. Es besteht die Möglichkeit der Vereinbarung abweichender Klauseln. Überdies steht es jedem VR frei, den Deckungsumfang auszudehnen und die Voraussetzungen der Deckung bestimmter Risiken eigenständig zu bestimmen. Die VHB 2000 weisen gegenüber den VHB 92 und VHB 84 insbesondere eine abweichende Gliederung auf. Überdies sind in weitem Umfang gesetzliche Vorschriften inhalts- und/oder wortgleich in die Bedingungen aufgenommen worden. Im Übrigen entsprechen die VHB 2000, was den Versicherungsumfang und die Voraussetzungen der Deckung bestimmter Risiken anbetrifft, weitgehend den VHB 92.

8a   Im Hinblick auf die Neufassung des VVG und deren Inkrafttreten zum 1. 1. 2008 hat der Gesamtverband der Deutschen Versicherungswirtschaft e. V. neue Allgemeine Hausrat-Versicherungsbedingungen als unverbindliche Musterbedingungen zur fakultativen Verwendung bekannt gegeben, wobei zwei Versionen, zum einen die „**VHB 2008 – Quadratmetermodell**" und zum anderen die „**VHB 2008 – Versicherungssummenmodell**" zur Auswahl stehen[6]. Die neuen Musterbedingungen berücksichtigen die materiell-rechtlichen Änderungen durch das neue VVG und enthalten darüber hinaus Klarstellungen zum Umfang des Versicherungsschutzes.

---

[5] Abgedruckt bei *Dörner*, VersBedingungen, 5. Aufl. 2007, Nr. 7.
[6] Download über www.gdv.de/Publikationen/Versicherungsbedingungen/Schaden und Unfallversicherung/ Sachversicherung/ Privatversicherung/Hausratversicherung

Soweit die neuen Musterbedingungen von den Versicherern verwendet werden, gilt dies zunächst nur für **Neuverträge.** Die Versicherer sind jedoch gemäß Art. 1 Abs. 3 EGVVG berechtigt, ihre AVB für Altverträge mit Wirkung zum 1. 1. 2009 zu ändern, soweit die bisherigen Bedingungen von den Vorschriften des neuen Rechts abweichen. Erforderlich ist insoweit, dass die geänderten AVB dem VN spätestens bis zum 1. 12. 2008 unter Kenntlichmachung der Unterschiede in Textform mitgeteilt werden. Die Befugnis zur Änderung der den Altverträgen zugrunde liegenden Versicherungsbedingungen ist beschränkt auf solche Änderungen, die durch die Vorschriften des neuen VVG veranlasst sind. Für Altverträge werden mithin auch in Zukunft weiterhin unterschiedliche Bedingungen zur Anwendung kommen.

Neben den AVB werden in den VV vielfach zusätzliche **Klauseln** vereinbart, die der Ergänzung und Modifizierung der AVB dienen. Auch hierbei handelt es sich, so die Klauseln nicht individuell vereinbart worden sind, um Allgemeine Geschäftsbedingungen. Gleiches gilt für etwa zusätzlich vereinbarte Sonderbedingungen. Klauseln für die Hausratversicherung auf der Grundlage der VHB 74 und VHB 84 sind eingegliedert in ein gesamtes Klauselheft für verschiedene Sparten der Sachversicherung unter den Nr. 0800ff.[7]. Für die VHB 92 und die VHB 2000 sind die Standardklauseln unter den Nr. 7100ff. erfasst[8]. **9**

Welche Fassung der VHB für den VV **maßgebend** ist, ergibt sich aus dem VV. Eine **10** Umstellung bestehender Verträge auf neue Bedingungen ist nur mit ausdrücklicher Zustimmung des VN möglich[9]. Andererseits besteht für den VR grundsätzlich **keine Verpflichtung,** bestehende Verträge auf neue Bedingungen **umzustellen**[10]. Mit Einführung der VHB 84 haben sich die VR verpflichtet, Neuverträgen nur noch das neue Bedingungswerk zugrunde zu legen. Hieraus folgt, dass die VHB 74 zwischenzeitlich weitgehend ausgelaufen sind. Für die VHB 92 gilt dies nicht. Insoweit ist es dem VR freigestellt, wann und ob er die VHB 92 einführt[11]. In der Praxis ist dies weitgehend geschehen.

In der nachfolgenden Darstellung werden sowohl die VHB 84 und die VHB 92 als auch **11** die VHB 2000 behandelt. Die neuen Musterbedingungen VHB 2008 werden nachfolgend nur insoweit angesprochen, als sie grundlegende Änderungen im Vergleich zu den bisherigen Bedingungen enthalten. Für die konkrete Fallbearbeitung kommt es stets entscheidend auf das dem jeweiligen VV zugrundeliegende Bedingungswerk an. Dies gilt insbesondere nach Wegfall der Vorabgenehmigungspflicht von AVB.

III. Versicherte und nicht versicherte Sachen

Welche Sachen in der Hausratversicherung versichert sind und welche nicht, ist in §§ 1 **12** VHB 84/VHB 92/VHB 2000 geregelt. Die einzelnen Bedingungswerke haben hierbei einen zum Teil unterschiedlichen Inhalt, so dass stets zu prüfen ist, welche Bedingungen dem VV zugrunde liegen.

1. Hausrat

Versichert ist der Hausrat als umfassender Sachinbegriff, wozu im Grundsatz alle Sachen **13** gehören, die einem Haushalt zur Einrichtung oder zum Gebrauch oder zum Verbrauch dienen, einschließlich Bargeld und Wertsachen (§§ 1 Nr. 1 VHB 84/VHB 92). Ausdrücklich bestimmt § 1 Nr. 1 VHB 2000, dass die Sachen zur privaten Nutzung dienen müssen, wobei jedoch weiterhin der Grundsatz gilt, dass alle Sachen versichert sind, die nicht ausschließlich dem Beruf oder dem Gewerbe des VN oder eines Wohngenossen dienen[12]. Arbeitsgeräte

---

[7] Abgedruckt unter Texte 34 bei *Martin,* Sachversicherungsrecht, S. 198ff.
[8] Abgedruckt bei *van Bühren/Höra,* § 3 Rn. 303 (304).
[9] Zur Umstellung auf geänderte Bedingungen im Hinblick auf das neue VVG vgl. oben Rn. 8a und Art 1 Abs. 3 EG VVG.
[10] OLG Düsseldorf v. 2. 7. 1996, VersR 1997, 1134 = r+s 1997, 523; OLG Hamm v. 17. 3. 1993, r+s 1993, 441 = VersR 1994, 37; vgl. zu den Einzelheiten *Prölss/Martin/Prölss,* Vorbemerkung I Rn. 36.
[11] *Prölss/Martin/Knappmann,* Vorbemerkung vor VHB 92.
[12] Vgl. *Prölss/Martin/Knappmann,* § 1 VHB 84 Rn. 2, § 1 VHB 2000 Rn. 1; *Martin,* Sachversicherungsrecht, H IV Rn. 3; OLG Hamm v. 19. 1. 2000, r+s 2000, 293 (294); LG Berlin v. 28. 4. 1994, r+s 1995, 109.

und Einrichtungsgegenstände für Beruf oder Gewerbe werden durch §§ 1 Nr. 2 d VHB 84/ VHB 92/VHB 2000 allerdings ausdrücklich in den Versicherungsschutz eingeschlossen¹³.

14   Der **Begriff des Hausrates** ist **umfassend zu verstehen** und nicht auf Hausratsgegenstände im engeren Sinne zu beschränken. Hierbei kommt es nicht darauf an, ob die private Nutzung im Haushalt auf Dauer angelegt ist oder ob tatsächlich (noch) eine Nutzung erfolgt. Eine Grenze ist erst für diejenigen Sachen zu ziehen, die der VN von vornherein überhaupt nicht in Gebrauch nehmen will, sondern zur Veräußerung bestimmt sind¹⁴. Die Abgrenzung bereitet im Einzelfall Schwierigkeiten, da auch eine Umwidmung in Hausrat möglich ist. Eine längere, über die übliche Verweildauer hinausgehende Besitzzeit spricht für die Absicht einer privaten Nutzung¹⁵.

15   Eine **gemischte private und gewerbliche Nutzung** schließt die Hausrateigenschaft nicht aus. Unerheblich ist auch, welche Nutzung überwiegt. Entscheidend ist, dass die Gegenstände (auch) zur privaten Nutzung dienen¹⁶. Aus der ausdrücklichen Erwähnung in § 1 Nr. 2 d VHB 2000 wird letztlich zu schließen sein, dass im Ergebnis, wenn sich die Sachen in der Wohnung des VN, also nicht in ausschließlich beruflich oder gewerblich genutzten Räumen befinden (§ 9 Nr. 2 VHB 2000), nur Handelsware vom Versicherungsschutz ausgeschlossen ist.

16   **Bargeld und andere Wertsachen** sind Hausrat, was sich aus der Einbeziehung in §§ 1 Nr. 1 VHB 84/VHB 92 und § 1 Nr. 1 Abs. 2 VHB 2000 ergibt. Was unter Wertsachen zu verstehen ist, ist in §§ 19 Nr. 1 VHB 84/VHB 92 und § 28 Nr. 1 VHB 2000 definiert.
Fraglich ist, ob unter Geltung der VHB 2000, die in § 1 Nr. 1 ausdrücklich bestimmen, dass die versicherten Sachen der privaten Nutzung dienen, **Geschäftsgeld** als versichert anzusehen ist¹⁷. Soweit der (im Einzelfall allerdings schwierige) Nachweis geführt ist, dass es sich um Geschäftsgeld handelt, dürfte nach den VHB 2000 Versicherungsschutz nicht bestehen, da die Regelung in § 1 Nr. 1 VHB 2000 ersichtlich eine Abgrenzung der privaten Hausratversicherung von der Geschäftsversicherung bezweckt¹⁸.

2. Deckungserweiterungen

17   Die Vorschriften der §§ 1 VHB 84/VHB 92/VHB 2000 enthalten in Nr. 2 jeweils **Deckungserweiterungen,** wobei die Regelungen zum Teil nur deklaratorische Bedeutung haben, da es sich bei den dort genannten Sachen ohnehin um Hausrat handelt.

18   a) Nach § 1 Nr. 2 VHB 2000 sind eingeschlossen serienmäßig produzierte **Anbaumöbel und Anbauküchen,** wobei eine Anpassung an die Gebäudeverhältnisse mit einem gewissen Einbauaufwand nicht schadet. Auch nach den VHB 84 und VHB 92 sind Anbaumöbel und Anbauküchen (in Abgrenzung zu den in der Wohngebäudeversicherung versicherten Gebäudebestandteilen) als versichert anzusehen¹⁹.

19   b) Versichert sind gemäß § 1 Nr. 2 c VHB 92, § 1 Nr. 2 b VHB 2000 auch **Krankenfahrstühle, Rasenmäher, Go-Carts und Spielfahrzeuge,** wobei die VHB 2000 klarstellen, dass dies nicht gilt, soweit für diese Fahrzeuge eine Versicherungspflicht besteht. Dieser Ausschluss bestand schon bisher über die Regelung in §§ 1 Nr. 4 b VHB 84/VHB 92 für Kraftfahrzeuge.

---

¹³ Vgl. zum Begriff „Arbeitsgeräte" OLG Koblenz v. 11. 5. 2007, r+s 2008, 244 (Medikamente eines Arztes).
¹⁴ Vgl. *Prölss/Martin/Knappmann,* § 1 VHB 84 Rn. 4; OLG Hamm v. 18. 2. 1983, VersR 1983, 1171.
¹⁵ Vgl. BGH v. 13. 4. 1983, VersR 1983, 674.
¹⁶ Vgl. *Martin,* Sachversicherungsrecht, H IV Rn. 6, 7.
¹⁷ So übereinstimmend für die früheren Bedingungen *Prölss/Martin/Knappmann,* § 1 VHB 84 Rn. 3; *Martin,* Sachversicherungsrecht, H IV Rn. 16; LG Oldenburg v. 2. 3. 1988, VersR 1988, 484.
¹⁸ Vgl. OLG Jena v. 23. 8. 2000, VersR 2002, 229 = NVersZ 2001, 31; *van Bühren/Höra,* § 3 Rn. 29.
¹⁹ Vgl. *Prölss/Martin/Knappmann,* § 1 VHB 84 Rn. 13, § 1 VHB 2000 Rn. 7; OLG Hamm v. 16. 6. 1982, VersR 1983, 285; OLG Köln v. 30. 7. 1992, VersR 1992, 1468; OLG Saarbrücken v. 1. 2. 1995, VersR 1996, 97; OLG Köln v. 22. 6. 1999, r+s 1999, 383 = NVersZ 2000, 291 (Möbelwand als Raumteiler); LG Lübeck v. 25. 11. 1983, VersR 1984, 477.

c) Gemäß § 1 Nr. 2c VHB 2000 sind versichert auch die dort genannten **Sportgeräte** 20 (Kanus, Ruder-, Falt- und Schlauchboote einschließlich ihrer Motoren sowie Surfgeräte, Falt-/Gleitschirme und nicht motorisierte Flugdrachen). Zum Teil hiervon abweichend erfolgt der Einschluss in den VHB 84 und VHB 92. Nach den VHB 84 sind Motoren dieser Sportgeräte grundsätzlich nicht versichert[20], während § 1 Nr. 2d VHB 92 die Motoren von Ruder-, Falt- und Schlauchbooten einschließt, nicht jedoch die Motoren von Flugdrachen. Nach dem (missglückten) Wortlaut von § 1 Nr. 2c VHB 2000 ist nur der nicht motorisierte Flugdrachen versichert, was jedoch für motorisierte Flugdrachen lediglich bedeutet, dass der Motor nicht eingeschlossen ist.

d) § 1 Nr. 2d VHB 84, § 1 Nr. 2e VHB 92 und § 1 Nr. 2 VHB 2000 erweitern den Ver- 21 sicherungsschutz auf **Arbeitsgeräte** und **Einrichtungsgegenstände, die dem Beruf oder dem Gewerbe** des VN oder einer mit ihm in häuslicher Gemeinschaft lebenden Person **dienen,** soweit nicht die Einschränkungen der §§ 10 Nr. 2 Satz 3 VHB 84, 10 Nr. 3 VHB 92 bzw. des § 9 Nr. 2 VHB 2000 (ausschließlich beruflich oder gewerblich genutzte Räume) eingreifen[21]. In § 1 Nr. 2d VHB 2000 ist ausdrücklich klargestellt, dass **Handelsware nicht versichert** ist. Die Beschränkung auf den Ausschluss von Handelsware legt es nahe, nach den VHB 2000 auch Vorführware, Musterkollektionen und Ausstellungsstücke, die in die Wohnung mitgenommen worden sind, dem Versicherungsschutz zu unterstellen, da es sich hierbei im weiteren Sinne um Arbeitsgeräte handelt, die – da nicht zum Verkauf bestimmt – keine Handelsware darstellen[22].

e) § 1 Nr. 2e VHB 2000 stellt nunmehr ausdrücklich klar, dass auch **Kleintiere,** die typi- 22 scherweise in Wohnungen gehalten werden (z. B. Hunde, Katzen, Vögel), versichert sind.

f) Deckungserweiterungen enthalten darüber hinaus §§ 1 Nr. 2a VHB 84/VHB 92, § 1 23 Nr. 4 VHB 2000. Nach § 1 Nr. 4 VHB 2000 sind versichert sämtliche privat genutzten **Antennenanlagen und Markisen sowie in das Gebäude eingefügte Sachen,** die der VN als Mieter oder Wohnungseigentümer auf seine Kosten beschafft oder übernommen hat und für die er nach Vereinbarung mit dem Vermieter bzw. der Wohnungseigentümergemeinschaft das Risiko trägt. §§ 1 Nr. 2a VHB 84/VHB 92 enthalten demgegenüber zum einen die Einschränkung, dass es sich um Rundfunk- und Fernsehantennenanlagen handeln muss, weshalb sonstige Anlagen, z. B. Sendeanlagen von Hobbyfunkern, als ausgeschlossen gelten[23], und die Antennenanlagen nicht mehreren Wohnungen dienen dürfen (Gemeinschaftsanlagen)[24].

Die vom Mieter oder Wohnungseigentümer **in das Gebäude eingefügten Sachen** sind 24 deshalb ausdrücklich in den Versicherungsschutz einbezogen, weil es sich hierbei häufig um Gebäudebestandteile handelt, die nicht dem Versicherungsschutz in der Hausratversicherung, sondern der Wohngebäudeversicherung unterfallen. Ob es sich bei den eingefügten Sachen in rechtlicher Hinsicht tatsächlich um Gebäudebestandteile oder aber nur um Zubehör oder Scheinbestandteile handelt, ist unerheblich[25]. § 1 Nr. 4b VHB 2000 stellt klar, dass die Regelung auch für den Wohnungseigentümer gilt[26]. Nicht versichert sind gemäß § 1 Nr. 5 VHB 2000 Sachen, die ursprünglich vom Gebäudeeigentümer eingebracht oder in dessen Eigentum übergegangen sind und anschließend vom Mieter oder Wohnungseigentümer ersetzt werden.

[20] Vgl. *Prölss/Martin/Knappmann,* § 1 VHB 84 Rn. 23.
[21] Vgl. zu den Einzelheiten, *Martin,* Sachversicherungsrecht, H IV Rn. 38, 39; OLG Koblenz v. 11. 5. 2007, VersR 2007, 1695.
[22] Anders für die bisherigen Bedingungen *Martin,* Sachversicherungsrecht, H IV Rn. 39; LG Koblenz v. 28. 7. 1989, ZfS 1989, 392; LG München v. 24. 7. 1980, VersR 1981, 227; AG Mönchengladbach v. 21. 11. 1980, VersR 1981, 370.
[23] Vgl. *Prölss/Martin/Knappmann,* § 1 VHB 84 Rn. 22.
[24] Vgl. zur Neuregelung in den VHB 2000 auch *Prölss/Martin/Knappmann,* § 1 VHB 2000 Rn. 9.
[25] *Prölss/Martin/Knappmann,* § 1 VHB 84 Rn. 19.
[26] Anders noch für die früheren Bedingungen KG v. 8. 12. 1998, r+s 1999, 160 = NVersZ 1999, 336.

3. Mitversicherung fremden Eigentums

25   Die **Eigentumslage** an den Hausratsgegenständen und an den gemäß §§ 1 Nr. 2 VHB 84/ VHB 92/VHB 2000 einbezogenen Sachen ist **unerheblich**. §§ 1 Nr. 3 VHB 84/VHB 92/ VHB 2000 stellen ausdrücklich klar, dass auch Fremdeigentum versichert ist.

4. Deckungseinschränkungen

26   **Gebäudebestandteile** sind gemäß §§ 1 Nr. 4a VHB 84/VHB 92, § 1 Nr. 6a VHB 2000 – abgesehen von den vom Vermieter oder Wohnungseigentümer auf seine Kosten eingebrachten Sachen – **nicht versichert**. Zum einen handelt es sich schon begrifflich nicht um Hausrat. Zum anderen dient der Ausschluss der Abgrenzung zur Gebäudeversicherung. Entscheidend kommt es auf die sachenrechtliche Einordnung (§§ 93 ff. BGB) an. Scheinbestandteile (Einfügung nur zu einem vorübergehenden Zweck) und Zubehör unterfallen somit der Hausratversicherung, wobei grundsätzlich gilt, dass der Bestandteilsbegriff eng auszulegen ist, da Mieter und Wohnungseigentümer auf den Abschluss der Gebäudeversicherung des Vermieters oder der Eigentümergemeinschaft wenig Einfluß haben[27].

27   **Als Gebäudebestandteil anzusehen sind:** Anstriche und Tapeten und sonstige Wand- und Deckenbeläge[28], Bodenbeläge und Teppichböden, soweit sie mit dem Untergrund fest verbunden sind[29], sanitäre sowie leitungswasserführende Installationen und Einbruchmelde- anlagen[30]. Als Hausrat sind demgegenüber anzusehen Wasch- und Geschirrspülmaschinen, Gas- und Elektroherde sowie Einbaumöbel (Einbauküchen)[31]. Zu allen weiteren Einzelhei- ten sei verwiesen auf die Ausführungen bei *Martin,* Sachversicherungsrecht[32].

28   Der Ausschluss sachenrechtlicher Gebäudebestandteile wird zum Schutz von Mieter und Wohnungseigentümer, was die versicherten Kosten anbetrifft, zum Teil durch **Gegenaus- nahmen** durchbrochen (vgl. hierzu §§ 2 Nr. 1 VHB 84/VHB 92/VHB 2000).

29   **Nicht versichert** in der Hausratversicherung sind **Kraftfahrzeuge aller Art** und deren Anhänger sowie Luft- und Wasserfahrzeuge, wobei die Regelungen in den einzelnen Bedin- gungswerken voneinander abweichen. §§ 1 Nr. 4b und c VHB 84/VHB 92 beziehen sich le- diglich auf Kraftfahrzeuge aller Art und deren Anhänger sowie Wasserfahrzeuge, soweit nicht ein Einschluss für die in § 1 Nr. 2c VHB 84/§ 1 Nr. 1d VHB 92 genannten Sportgeräte er- folgt ist. Zubehör von Kraftfahrzeugen und Anhängern sowie von Wasserfahrzeugen ist in den VHB 84/VHB 92 nicht erwähnt, so dass dieses, auch wenn es sich um ausgebaute Teile von Kraftfahrzeugen handelt, mitversichert ist[33]. Dies hat insbesondere Bedeutung für die Einbeziehung demontierter Sommer- oder Winterreifen und sonstiger demontierter oder künftig einzubauender Bestandteile. § 1 Nr. 6b und c VHB 2000 sieht nunmehr ausdrücklich vor, dass Teile und Zubehör von Kraftfahrzeugen und Anhängern sowie nicht eingebaute Teile von Luft- und Wasserfahrzeugen nicht versichert sind. Unter den Begriff des Kraftfahr- zeugs fallen auch Mofas und Leichtkrafträder. Aufsitzrasenmäher sind, soweit diese nicht ver- sicherungspflichtig sind, gemäß § 1 Nr. 2c VHB 92/§ 1 Nr. 2b VHB 2000 eingeschlossen[34].

30   Vom Versicherungsschutz **ausgeschlossen** ist **Hausrat von Mietern und Untermietern in der Wohnung des VN,** es sei denn dieser wurde ihnen vom VN überlassen (§§ 1 Nr. 4d

---

[27] So zutreffend *Prölss/Martin/Knappmann,* § 1 VHB 84 Rn. 7.

[28] Diese fallen – vorbehaltlich § 95 BGB – auch nicht unter § 1 Nr. 4b VHB; vgl. *Prölss/Martin/Knapp- mann,* § 1 VHB 84 Rn. 9, 19; KG v. 8. 12. 1998, r+s 1999, 160.

[29] KG v. 8. 12. 1998, r+s 1999, 160; OLG Köln v. 1. 4. 2003, VersR 2004, 105; vgl. auch Rn. 276.

[30] OLG Hamm v. 4. 12. 1987, VersR 1988, 1170; *Prölss/Martin/Knappmann,* § 1 VHB 84 Rn. 14.

[31] Vgl. *Prölss/Martin/Knappmann,* § 1 VHB 84 Rn. 12, 13; OLG Köln v. 30. 7. 1992, r+s 1992, 316 = VersR 1992, 1468; OLG Köln v. 22. 6. 1999, r+s 1999, 383 = NVersZ 2000, 291.

[32] Vgl. dort H II Rn. 17 ff., 60 ff., H IV Rn. 53 ff.; vgl. auch *Prölss/Martin/Kollhosser,* § 2 VGB 62 Rn. 3 ff.

[33] Vgl. *Prölss/Martin/Knappmann,* § 1 VHB 84 Rn. 23; BGH v. 17. 4. 1996, r+s 1996, 232 = VersR 1996, 747 = NJW-RR 1996, 858; a. A. LG Hannover v. 20. 11. 1995, r+s 1996, 456.

[34] Anders noch für die VHB 84 AG Stuttgart v. 27. 1. 1987, r+s 1987, 168; AG Altenkirchen v. 5. 12. 1991, r+s 1993, 112; vgl. auch OLG Köln v. 13. 1. 2005, r+s 2006, 245, 246.

VHB 84/VHB 92, § 1 Nr. 6 d VHB 2000). Abzugrenzen ist danach, ob ein getrennter oder gemeinsamer Haushalt geführt wird[35].

Umgekehrt besteht nach dem klaren Wortlaut von §§ 1 Nr. 4 d VHB 84/VHB 92, § 1 Nr. 6 d VHB 2000 kein Ausschluss für Hausrat des Hauptmieters oder Wohnungseigentümers in der Hausratversicherung des Untermieters oder Mieters[36].

Ausgeschlossen in der Hausratversicherung sind Sachen, die durch einen VV für **Schmuck-** **31** **sachen und Pelze** im Privatbesitz versichert sind (§§ 1 Nr. 4 e VHB 84/VHB 92, § 1 Nr. 6 e VHB 2000). Notwendige Voraussetzung, aber auch ausreichend ist, dass tatsächlich eine solche Versicherung besteht. Leistungsfreiheit aus der Valorenversicherung führt nicht zur Einbeziehung in die Hausratversicherung[37].

IV. Versicherte Kosten

§§ 2 Nr. 1 VHB 84/VHB 92, § 2 Nr. 1 VHB 2000 enthalten eine Aufzählung der vom VR **32** **zu entschädigenden Kosten,** soweit sie infolge eines Versicherungsfalls notwendig geworden sind. Dabei ist die Aufzählung schon deshalb nicht als abschließend zu verstehen, weil die Kosten der Schadenermittlung gemäß § 66 VVG nicht gesondert erwähnt sind.

1. Aufräumungskosten

Versichert sind gemäß § 2 Nr. 1 a VHB 2000 und den inhaltlich gleichlautenden Vorschrif- **33** ten der VHB 84/VHB 92 die **Kosten für das Aufräumen versicherter Sachen** sowie für das Wegräumen und den Abtransport von zerstörten und beschädigten versicherten Sachen zum nächsten Ablagerungsplatz und für das Ablagern und Vernichten[38].

2. Bewegungs- und Schutzkosten

Versichert sind gemäß §§ 2 Nr. 1 b VHB 84/VHB 92/VHB 2000 Kosten, die dadurch ent- **34** stehen, dass zum Zweck der Wiederherstellung oder Wiederbeschaffung versicherter Sachen andere Sachen bewegt, verändert oder geschützt werden müssen **(Bewegungs- und Schutz-** **kosten)**[39]. Fraglich ist für die VHB 84, ob auch die Kosten für die Auslagerung versicherter Sachen zu den „Bewegungskosten" zu zählen sind[40]. Inzwischen ist dies durch die Aufnahme von Transport- und Lagerkosten in § 2 Nr. 1 c VHB 92, § 2 Nr. 1 d VHB 2000 klargestellt.

3. Hotel- und Unterbringungskosten

Wird die Wohnung infolge des Versicherungsfalls unbenutzbar und ist dem VN die Be- **35** schränkung auf einen bewohnbaren Teil der Wohnung nicht zumutbar, sind auch **Kosten für** **Hotel- oder ähnliche Unterbringung** (allerdings ohne Nebenkosten, z. B. Frühstück, Telefon) versichert (§ 2 Nr. 1 h VHB 92, § 2 Nr. 1 c VHB 2000). Die VHB 84 wie auch die VHB 74 und VHB 66 sehen einen Ersatz für Unterbringungskosten nicht vor. Der Ersatz von Hotelkosten ist zeitlich beschränkt, üblicherweise auf einen Zeitraum von 100 Tagen, längstens bis zu dem Zeitpunkt, in dem die Wohnung wieder bewohnbar ist. Auch der Höhe nach besteht eine Begrenzung. Unterbringungskosten sind nicht nur für den VN selbst, sondern auch für dessen Angehörige und Besucher, nicht aber für Haustiere, zu ersetzen[41].

4. Transport- und Lagerkosten

§ 2 Nr. 1 c VHB 92, § 2 Nr. 1 d VHB 2000 sehen den Ersatz von **Kosten für Transport** **36** **und Lagerung** des versicherten Hausrats vor, wenn die Wohnung unbenutzbar wurde und

---

[35] Vgl. zu den Einzelheiten *Martin*, Sachversicherungsrecht, H IV Rn. 62 ff.

[36] Vgl. hierzu *van Bühren/Höra*, § 3 Rn. 46; a. A. *Martin*, Sachversicherungsrecht, H IV Rn. 63.

[37] Vgl. *Prölss/Martin/Knappmann*, § 1 VHB 84 Rn. 24; *Martin*, Sachversicherungsrecht, H IV Rn. 48 ff.

[38] Vgl. im Einzelnen *Prölss/Martin/Kollhosser*, § 55 Rn. 57; *Martin*, Sachversicherungsrecht, W V.

[39] Vgl. *Prölss/Martin/Kollhosser*, § 55 Rn. 58; *Martin*, Sachversicherungsrecht, W IV.

[40] Vgl. hierzu *Martin*, Sachversicherungsrecht, W IV Rn. 5 ff.

[41] Vgl. *Prölss/Martin/Knappmann*, § 2 VHB 92 Rn. 5; OLG Hamm v. 22. 9. 1998, r+s 1998, 489 = NVersZ 1999, 335.

dem VN auch die Lagerung in einem benutzbaren Teil der Wohnung nicht zumutbar ist. Auch für Transport- und Lagerkosten bestehen Begrenzungen im Hinblick auf Dauer und Höhe. Eine zu Wohnzwecken unbenutzbare Wohnung (z. B. bei ausgefallener Heizung) kann ggf. zur Lagerung von Hausrat noch geeignet sein[42]. Nach den VHB 84, VHB 74 und VHB 66 sind Transport- und Lagerkosten nicht versichert[43].

5. Schlossänderungskosten

37 Gemäß § 2 Nr. 1 d VHB 84, § 2 Nr. 1 e VHB 92, § 2 Nr. 1 e VHB 2000 sind versichert **Kosten für Schlossänderungen** der Wohnung, wenn **Schlüssel für Türen der Wohnung** durch einen Versicherungsfall abhanden gekommen sind. § 2 Nr. 1 e VHB 2000 erweitert die Deckung auf Schlossänderungskosten für Wertschutzschränke in der Wohnung. Voraussetzung ist das Abhandenkommen der Schlüssel durch einen Versicherungsfall, so dass bloßes Verlieren oder ein einfacher Diebstahl nicht ausreichen. Andererseits besteht – anders als noch nach den VHB 74 und den VHB 66 – keine Beschränkung mehr auf Einbruchdiebstahl und Raub als Versicherungsfälle[44]. Da in der Hausratversicherung Außenversicherungsschutz besteht, sind Schlossänderungskosten auch versichert, wenn der Wohnungsschlüssel an einem dem Außenversicherungsschutz unterfallenden Ort abhanden gekommen ist[45]. Die Ersatzpflicht für Schlossänderungskosten bezieht sich, was in den VHB 2000 durch die Verweisung auf § 9 Nr. 2 VHB 2000 klargestellt wird, nur auf die Wohnungstüren, was Bedeutung für Mehrfamilienhäuser mit gemeinsamer Hauseingangstür und Zentralschlüsselanlagen hat[46].

6. Bewachungskosten, Kosten für provisorische Maßnahmen

38 Versichert sind gemäß § 2 Nr. 1 f VHB 2000 Kosten für die **Bewachung versicherter Sachen,** wenn die Wohnung unbewohnbar wurde und Schließvorrichtungen und sonstige Sicherungen keinen ausreichenden Schutz bieten. Ebenfalls versichert sind gemäß § 2 Nr. 1 g VHB 2000 **Kosten für provisorische Maßnahmen** zum Schutz versicherter Sachen. Die VHB 84/VHB 92 sehen eine Ersatzpflicht für derartige Kosten nicht ausdrücklich vor. Eine Erstattung kommt allerdings unter dem Gesichtspunkt der Rettungskosten gemäß § 63 VVG in Betracht[47].

7. Reparaturkosten für Gebäudeschäden

39 Versichert sind gemäß § 2 Nr. 1 e VHB 84, § 2 Nr. 1 f VHB 92, § 2 Nr. 1 h VHB 2000 Kosten für **Reparaturen von Gebäudeschäden,** die im Bereich der Wohnung durch Einbruchdiebstahl, Raub oder den Versuch einer solchen Tat oder innerhalb der Wohnung nach Vandalismus entstanden sind (Reparaturkosten für Gebäudebeschädigung)[48]. Es handelt sich hierbei um eine Durchbrechung des in §§ 1 Nr. 4a VHB 84/VHB 92, § 1 Nr. 6a VHB 2000 bestimmten Ausschlusses für Gebäudebestandteile. Aus der Verwendung des Begriffs „im Bereich der Wohnung" ergibt sich, dass hierunter auch Schäden an Rollläden, Fenstern, Türen und der Bedachung zählen[49], während für Gebäudeschäden durch Vandalismus erforderlich ist, dass der Schaden innerhalb der Wohnung entstanden ist. Ob der innerhalb der Wohnung entstandene Vandalismusschaden von innerhalb oder außerhalb der Wohnung bewirkt wird, ist unerheblich. Ausgeschlossen sind lediglich Vandalismusschäden am Äußeren des Gebäudes[50].

---

[42] Vgl. *Prölss/Martin/Knappmann,* § 2 VHB 92 Rn. 4.

[43] Vgl. OLG Köln v. 1. 8. 2005, r+s 2006, 195.

[44] Vgl. *Prölss/Martin/Knappmann,* § 2 VHB 84 Rn. 7.

[45] Vgl. *Prölss/Martin/Knappmann,* § 2 VHB 84 Rn. 7; OLG Hamm v. 12. 7. 1991, r+s 1991, 314 (Kfz-Einbruch in Parkhaus).

[46] Vgl. OLG Hamm v. 20. 12. 1992, VersR 1993, 96 = r+s 1993, 265 (266) mit Hinweisen der Schriftleitung; AG Köln v. 21. 3. 1990, r+s 1990, 389; *Martin,* Sachversicherungsrecht, W XII Rn. 8.

[47] Vgl. *Martin,* Sachversicherungsrecht, W II Rn. 48; *Prölss/Martin/Knappmann,* § 2 VHB 2000 Rn. 2.

[48] Vgl. LG Köln v. 10. 8. 2006, VersR 2007, 792.

[49] Vgl. *Dietz,* § 2 Rn. 4.5.

[50] So zutreffend *Martin,* Sachversicherungsrecht, W XI Rn. 6 und 16.

8. Reparaturkosten für gemietete Wohnungen

Bei gemieteten Wohnungen sind **Kosten für Reparaturen an Bodenbelägen, Innen-** **40**
anstrichen oder Tapeten, die durch **Leitungswasser** beschädigt worden sind, gemäß § 2
Nr. 1 f VHB 84, § 2 Nr. 1 g VHB 92, § 2 Nr. 1 i VHB 2000 versichert. Aus der Verwendung
des Begriffs „Bodenbeläge" folgt, dass Schäden am Unterboden (Estrich), wie auch sonst
Schäden am Mauerwerk, in der Hausratversicherung nicht versichert sind[51].

9. Schadenabwendungs- und Schadenminderungskosten

Gemäß § 2 Nr. 1 c VHB 84, § 2 Nr. 1 d VHB 92, § 2 Nr. 3 VHB 2000 sind Kosten für – auch **41**
erfolglose – Maßnahmen, die der VN zur Abwendung eines unmittelbar drohenden versicherten Schadens oder zur Minderung eines Schadens für sachgerecht halten durfte **(Schadenab-**
wendungs- oder Schadenminderungskosten) versichert. Nicht versichert sind demgegenüber gemäß §§ 2 Nr. 2 VHB 84/VHB 92, § 2 Nr. 4 VHB 2000 Aufwendungen für
Leistungen der Feuerwehr oder andere Institutionen, wenn diese Leistungen im öffentlichen
Interesse erbracht werden[52].

10. Umfang des Ersatzes versicherter Kosten

Zu ersetzen sind **nur die tatsächlich entstandenen Kosten.** Eine fiktive Abrechnung ist **42**
ohne entsprechende Vereinbarung nicht möglich[53]. Übernimmt der VN anstelle eines Fremd-
unternehmens Tätigkeiten, für die nach den Versicherungsbedingungen eine Kostenerstattung vorgesehen ist (z. B. Aufräumungskosten), so steht ihm eine Entschädigung zu. Eine Beschränkung auf Tätigkeiten, die in den Bereich des Berufs oder des Gewerbes des VN fallen, ist
nicht gerechtfertigt[54].

V. Versicherte Gefahren und Schäden

1. Allgemeines

Die Hausratversicherung in ihrer herkömmlichen Ausgestaltung bietet Versicherungs- **43**
schutz gegen bestimmte katalogmäßig aufgeführte Risiken, stellt also **keine Allgefahrenver-**
sicherung dar. Der Einschluss weiterer Risiken, die in der klassischen Hausratversicherung
ausgeschlossen sind, kann durch gesonderte Vereinbarung erfolgen. Dies gilt insbesondere
für Elementargefahren. Während nach den VHB 66 und VHB 74 einzelne Gefahren vom
Versicherungsschutz einzelvertraglich ausgeschlossen werden konnten, ist nach den VHB 84,
den VHB 92 und den VHB 2000 nur eine Vollkombination möglich.

Versicherte Schäden in der Hausratversicherung sind die **Zerstörung,** die **Beschädigung** **44**
oder das **Abhandenkommen** versicherter Sachen durch die im Einzelnen genannten Gefahren (§§ 3 VHB 84/VHB 92/VHB 2000). Hierbei sind nach allgemeiner Auffassung auch
sog. Folgeschäden versichert, was z. B. für Schäden durch Diebstahl oder Zerstörung geretteter Sachen oder für Schäden durch Löschen und Niederreißen von Bedeutung ist[55].

2. Brand, Blitzschlag, Explosion (§§ 4 VHB 84/VHB 92/VHB 2000)

Versichert sind gemäß §§ 3 Nr. 1 VHB 84/VHB 92/VHB 2000 Schäden, die durch **45**
Brand, Blitzschlag und Explosion entstehen. Eingeschlossen sind nach § 3 Nr. 1a VHB
2000 auch Schäden durch **Implosion.** Was Schäden durch Aufprall eines Luftfahrzeugs anbetrifft, so weisen die einzelnen Bedingungswerke Unterschiede auf. Die VHB 84 sprechen
vom Anprall oder Absturz eines bemannten Flugkörpers. Ab den VHB 92 ist der Versiche-

---

[51] Vgl. *Martin*, Sachversicherungsrecht, E I Rn. 70 f.

[52] Vgl. zu den Einzelheiten die Kommentierungen zu § 63 VVG sowie *Martin*, Sachversicherungsrecht,
W II.

[53] *Prölss/Martin/Knappmann*, § 2 VHB 92 Rn. 3.

[54] Zutreffend *Prölss/Martin/Knappmann*, § 2 VHB 84 Rn. 2; *Martin*, Sachversicherungsrecht, W I
Rn. 18.

[55] Vgl. hierzu *Prölss/Martin/Knappmann*, § 3 VHB 84 Rn. 1.

rungsschutz durch die Ersetzung des Begriffs „Flugkörper" durch den Begriff „Luftfahrzeug"[56] und den Verzicht auf das Wort „bemannt" erweitert worden[57].

Die versicherten Gefahren Brand, Blitzschlag, Explosion und Implosion werden in §§ 4 VHB 84/VHB 92/VHB 2000 definiert. Die Definitionen sind im Wesentlichen inhaltsgleich mit denjenigen in der Feuerversicherung (§ 1 Nr. 2 AFB), so dass auf die dortigen Ausführungen verwiesen werden kann.

46   **Spezifische Risikoausschlüsse** bei Brand, Blitzschlag, Explosion:
Während nach den VHB 84/VHB 92 spezifische Risikoausschlüsse für Schäden durch bestimmte Gefahren in §§ 9 Nr. 2 bis 5 VHB 84/VHB 92 geregelt sind, haben die VHB 2000 diese Risikoausschlüsse in diejenigen Vorschriften übernommen, in denen die einzelnen versicherten Gefahren definiert werden. Hierdurch kann der VN sofort den Umfang des Versicherungsschutzes erkennen.

47   Die in den Versicherungsbedingungen enthaltenen Risikoausschlüsse gelten grundsätzlich **ohne Rücksicht auf mitwirkende Ursachen,** so dass der Ausschluss auch dann eingreift, wenn andere (versicherte) Ursachen bei der Entstehung des Schadens mitgewirkt haben[58].

48   Nach § 9 Nr. 2a VHB 84 sind Brandschäden, die an versicherten Sachen dadurch entstehen, dass sie einem Nutzfeuer oder der Wärme zur Bearbeitung oder sonstigen Zwecken ausgesetzt werden, vom Versicherungsschutz ausgeschlossen. Dieser **Ausschluss für sog. Betriebs- und Nutzwärmeschäden**[59] ist in den VHB 92 und VHB 2000 nicht mehr enthalten.

49   **Sengschäden** sind gemäß § 9 Nr. 2b VHB 84, § 9 Nr. 2a VHB 92, § 4 Nr. 5 VHB 2000 nur versichert, wenn sie durch Brand, Blitzschlag, Explosion oder Implosion entstanden sind. Andere Sengschäden, z. B. durch zu heiße Bügeleisen, sind ausgeschlossen, was jedoch nur deklaratorische Bedeutung hat, da es mangels Lichterscheinung schon an einem Brand fehlt[60].

50   Ausgeschlossen vom Versicherungsschutz sind gemäß § 4 Nr. 2 und Nr. 6 VHB 2000 **Kurzschluss- und Überspannungsschäden,** die an elektrischen Einrichtungen entstanden sind, wenn ein Blitz nicht unmittelbar auf Gebäude, in denen sich versicherte Sachen befinden, oder auf Antennenanlagen auf dem Grundstück, auf dem sich die versicherte Wohnung befindet, aufgetroffen ist. Die VHB 84/VHB 92 enthalten einen entsprechenden Ausschluss in § 9 Nr. 2c VHB 84, § 9 Nr. 2b VHB 92. Hieraus folgt zunächst, dass Kurzschluss- und Überspannungsschäden als Folge eines Brandes, einer Explosion oder Implosion versichert sind. Ist die Ursache ein Blitzschlag, so besteht Versicherungsschutz nur bei einem **unmittelbaren Auftreffen des Blitzes** auf das Gebäude oder auf Antennenanlagen[61]. Der Ausschluss betrifft damit insbesondere versehentlich ausgelöste oder durch Stromschwankungen im Versorgungsnetz verursachte Kurzschlüsse und Überspannungen. Aber auch dann, wenn die Kurzschluss- und Überspannungsschäden auf Blitzeinschlag in eine Freileitung, eine Blitzschutzanlage oder ein Nachbargebäude beruhen und es in der Folge zu Beschädigungen an elektrischen Einrichtungen kommt, besteht kein Versicherungsschutz. Bedenken wegen Verstoßes gegen §§ 305 ff. BGB oder die früheren Vorschriften des AGBG bestehen nicht, was jedenfalls im Hinblick auf die klar gefasste Vorschrift des § 4 Nr. 6 VHB 2000 gilt[62]. Überdies ist zu berücksichtigen, dass

---

[56] Vgl. hierzu die Legaldefinition in § 1 Nr. 2 Luftverkehrsgesetz.

[57] Vgl. *Prölss/Martin/Knappmann,* § 3 VHB 92 Rn. 1.

[58] *Dietz,* § 9 Rn. 1; OLG Saarbrücken v. 23. 10. 1996, r+s 1997, 32 (33) = VersR 1997, 1000, zu den VHB 74.

[59] Vgl. hierzu *Prölss/Martin/Kollhosser,* § 1 AFB 30 Rn. 4 ff.; *Martin,* Sachversicherungsrecht, F II Rn. 5 ff.; LG Oldenburg v. 20. 9. 1996, r+s 1997, 297 betr. Schaden an einem Wäschetrockner; Hinweise der Schriftleitung in r+s 1991, 316.

[60] Vgl. *Prölss/Martin/Knappmann,* § 9 VHB 84 Rn. 21; *Martin,* Sachversicherungsrecht, C 1 Rn. 23 ff.

[61] Vgl. LG Osnabrück v. 18. 10. 1988, r+s 1993, 111; AG Hannover v. 30. 10. 1992, r+s 1993, 122.

[62] Vgl. *Prölss/Martin/Knappmann,* § 9 VHB 84 Rn. 22; vgl. aber auch *Prölss/Martin/Knappmann,* § 4 VHB 2000 Rn. 1, § 4 VHB 84 Rn. 3 f.; OLG Hamburg v. 27. 9. 1995, VersR 1998, 92 = r+s 1998, 204 zu den VHB 74, m. Anm. *Wälder,* r+s 1998, 205 ff.; OLG München v. 16. 5. 1997, VersR 1998, 93; *Reinhard,* VersR 1996, 497; zweifelnd *van Bühren/Höra,* § 3 Rn. 74, 84; a. A. LG Gießen v. 24. 8. 1994, r+s 1995, 392 = VersR 1996, 496.

die Hausratversicherer ausdrücklich den Einschluss von Überspannungsschäden durch Individualvereinbarung anbieten[63]. Eine andere Frage ist, welche Anforderungen an den Beweis der
Unmittelbarkeit des Blitzeinschlags zu stellen sind[64].

3. Einbruchdiebstahl (§§ 5 Nr. 1 VHB 84/VHB 92, § 5 Nr. 1 und 2 VHB 2000)

Ein **Einbruchdiebstahl** liegt nach den in §§ 5 VHB 84/VHB 92/VHB 2000 enthaltenen **51**
Definitionen, die im Wesentlichen wortgleich sind, vor, wenn der Dieb

– in einen Raum eines Gebäudes einbricht, einsteigt oder mittels falscher Schlüssel oder anderer nicht zum ordnungsgemäßen Öffnen bestimmter Werkzeuge eindringt (§§ 5 Nr. 1a
  VHB 84/VHB 92/VHB 2000);
– in einem Raum eines Gebäudes ein Behältnis aufbricht oder falsche Schlüssel oder andere
  nicht zum ordnungsgemäßen Öffnen bestimmte Werkzeuge benutzt, um es zu öffnen
  (§§ 5 Nr. 1b VHB 84/VHB 92/VHB 2000);
– in einem Raum eines Gebäudes ein Behältnis mittels richtiger Schlüssel öffnet, die er –
  auch außerhalb der Wohnung – durch Einbruchdiebstahl oder Beraubung an sich gebracht
  hat (§§ 5 Nr. 1e VHB 84/VHB 92, § 5 Nr. 1c VHB 2000);
– in einen Raum eines Gebäudes mittels richtiger Schlüssel eindringt, die er – auch außerhalb der Wohnung – durch Beraubung oder ohne fahrlässiges Verhalten des VN durch
  Diebstahl an sich gebracht hat (§§ 5 Nr. 1f VHB 84/VHB 92, § 5 Nr. 1d VHB 2000);
– aus der verschlossenen Wohnung Sachen wegnimmt, nachdem er sich dort eingeschlichen oder verborgen gehalten hatte (§§ 5 Nr. 1c VHB 84/VHB 92, § 5 Nr. 2a VHB
  2000), oder
– in einem Raum eines Gebäudes bei einem Diebstahl angetroffen wird und eines der Mittel
  des Raubtatbestandes (§§ 5 Nr. 2 VHB 84/VHB 92, § 5 Nr. 3 VHB 2000) anwendet, um
  sich den Besitz weggenommener Sachen zu erhalten (§§ 5 Nr. 1d VHB 84/VHB 92, § 5
  Nr. 2b VHB 2000).

Auch in der Hausratversicherung sind mithin nur die **erschwerten Formen des Dieb-** **52**
stahls, nicht aber ein einfacher Diebstahl versichert. Die Einzelheiten der versicherten Begehungsweisen des erschwerten Diebstahls werden an dieser Stelle nicht im Einzelnen erörtert.
Insoweit wird auf die Ausführungen zu den weitgehend inhaltsgleichen Vorschriften der
AERB in § 33 zur Einbruchdiebstahl- und Raubversicherung verwiesen.

Unterschiede zu den AERB ergeben sich zum einen daraus, dass die sog. eingeschränkte **53**
Schlüsselklausel für qualifizierte Behältnisse gem. § 1 Nr. 2e AERB 87 in der Hausratversicherung fehlt, weil diese Einschränkung nur für gewerbliche Risiken gerechtfertigt ist. Überdies darf die Schlüsselvortat (Einbruchdiebstahl oder Raub) auch außerhalb der Wohnung geschehen, während dies in der Einbruchdiebstahl- und Raubversicherung gemäß § 1 Nr. 2
AERB nur für den Raub als Schlüsselvortat gilt. Schließlich ist zu berücksichtigen, dass die
Schlüsselklausel für Gebäude gemäß §§ 5 Nr. 1f VHB 84/VHB 92, § 5 Nr. 1d VHB 2000 abweichend von § 1 Nr. 2f AERB nicht ausdrücklich von „einfachem Diebstahl", sondern
schlechthin von „Diebstahl" als Schlüsselvortat spricht, so dass leichte Fahrlässigkeit des VN
im Hinblick auf den Diebstahl des Schlüssels den Versicherungsschutz auch bei einem erschwerten Diebstahl als Schlüsselvortat ausschließt, während für §§ 5 Nr. 1e VHB 84/VHB
92, § 5 Nr. 1c VHB 2000 nur grobe Fahrlässigkeit gemäß §§ 61 VVG a. F., 31 Nr. 2 VHB
2000 schadet[65].

Gegenüber den AERB ist der Versicherungsschutz insoweit **eingeschränkt,** als dort für **54**
das Eindringen in einen Raum eines Gebäudes mittels richtiger Schlüssel der Auffangtatbestand des § 1 Nr. 2e AERB zur Verfügung steht[66]. Soweit **§§ 5 Nr. 1f VHB 84/VHB 92**

---

[63] Vgl. hierzu Versicherungsombudsmann, Entscheidung v. 13. 6. 2002, r+s 2002, 383.

[64] Vgl. hierzu OLG Hamburg v. 27. 9. 1995, r+s 1998, 204 = VersR 1998, 92; OLG Nürnberg v. 12. 9.
2005, VersR 2006, 357 m. Anm. *Breideneichen.*

[65] Vgl. hierzu *Prölss/Martin/Knappmann,* § 5 VHB 84 Rn. 2; *Martin,* Sachversicherungsrecht, D XIII
Rn. 4.

[66] Vgl. *Martin,* Sachversicherungsrecht, D XIII Rn. 4; *Prölss/Martin/Knappmann,* § 1 AERB 81 Rn. 35.

auch einfache Fahrlässigkeit des „berechtigten" Besitzers ausreichen lassen, wird dies wegen Verstoßes gegen § 9 Abs. 1 und 2 AGBG zu Recht als **unwirksam** angesehen[67]. Hiervon sind offenkundig auch die Autoren der VHB 2000 ausgegangen, da nunmehr in § 5 Nr. 1d VHB 2000 nur noch auf ein fahrlässiges Verhalten des VN abgestellt wird. Gemäß § 37 VHB 2000 ist dem VN lediglich das Verhalten seiner **Repräsentanten** zuzurechnen. Fraglich ist nach wie vor, ob ein Verstoß gegen die Bestimmungen der §§ 305 ff. BGB darin liegt, dass vom VN die Darlegung des Fehlens eines fahrlässigen Verhaltens verlangt wird, da hierin eine Abweichung von § 61 VVG a. F. und auch von § 31 Nr. 2 VHB 2000 liegt, wonach der VR die Herbeiführung des Versicherungsfalls durch ein grob fahrlässiges Verhalten des VN oder seines Repräsentanten zu beweisen hat[68].

55   Ein Beispiel für die Auswirkungen unterschiedlicher und möglicherweise nicht aufeinander abgestimmter Formulierungen in den AVB ergibt sich für den **Diebstahl durch Einsteigen**. Während § 3 B Nr. 1a VHB 74[69] vom Einsteigen in ein Gebäude oder den Raum eines Gebäudes spricht, worunter auch ein Einsteigen über einen Balkon zu fassen war[70], sprechen §§ 5 Nr. 1a VHB 94/VHB 92 nur noch vom Einsteigen in einen Raum eines Gebäudes. Hieraus ist eine Einschränkung des Versicherungsschutzes hergeleitet worden, da ein Balkon regelmäßig nicht als Raum angesehen werden könne[71]. § 5 Nr. 1a VHB 2000 spricht zwar weiterhin von einem Einbrechen oder Einsteigen in einen Raum eines Gebäudes. In § 9 Nr. 2 VHB 2000 werden jedoch Loggien und Balkone als zur Wohnung und damit zum Versicherungsort gehörig bezeichnet. Da § 9 Nr. 1 VHB 2000 ausdrücklich bekräftigt, dass für versicherte Sachen innerhalb des Versicherungsorts Versicherungsschutz besteht, ist ein Einsteigen auf Balkone und in Loggien und eine Wegnahme der dort befindlichen Sachen ohne weiteres vom Versicherungsschutz umfasst[72].

56   Der **einfache Diebstahl von Fahrrädern** im Freien kann ergänzend zum Versicherungsschutz gegen erschwerten Diebstahl und Raub durch Klausel 7110 zusätzlich versichert werden[73]. Befindet sich das Fahrrad in der Wohnung und erfolgt der Diebstahl durch eine der Begehungsweisen der §§ 5 Nr. 1 VHB 84/VHB 92/VHB 2000, so besteht selbstverständlich Versicherungsschutz auch ohne Zusatzvereinbarung.

4. Raub/Beraubung (§§ 5 Nr. 2 VHB 84/VHB 92, § 5 Nr. 3 VHB 2000)

57   **Raub** (nach den VHB 2000 Beraubung) liegt gemäß §§ 5 Nr. 2 VHB 84/VHB 92, § 5 Nr. 3 VHB 2000 vor, wenn
   – gegen den VN Gewalt angewendet wird, um dessen Widerstand gegen die Wegnahme versicherter Sachen auszuschalten (§§ 5 Nr. 2a VHB 84/VHB 92, § 5 Nr. 3a VHB 2000),
   – der VN versicherte Sachen herausgibt oder sich wegnehmen lässt, weil eine Gewalttat mit Gefahr für Leib oder Leben angedroht wird, die innerhalb des Versicherungsorts verübt werden soll (§§ 5 Nr. 2b VHB 84/VHB 92, § 5 Nr. 3b VHB 2000), und
   – dem VN versicherte Sachen weggenommen werden, weil sein körperlicher Zustand infolge eines Unfalls oder infolge einer nichtverschuldeten sonstigen Ursache beeinträchtigt und dadurch seine Widerstandskraft ausgeschaltet ist (§§ 5 Nr. 2c VHB 84/VHB 92, § 5 Nr. 3c VHB 2000).
   Zu den Einzelheiten der Begehungsformen des Raubes wird auf die Ausführungen in § 33 zur Einbruchdiebstahl- und Raubversicherung verwiesen. Ausdrücklich ist nunmehr in § 5 Nr. 3a VHB 2000 klargestellt, dass Gewalt nicht vorliegt, wenn versicherte Sachen ohne

---

[67] Vgl. OLG Karlsruhe v. 19. 9. 1996, VersR 1997, 1230 = r+s 1997, 164 m. Anm. *Wälder; Knappmann*, VersR 1997, 265; *Prölss/Martin/Knappmann*, § 5 VHB 84 Rn. 2.

[68] So wohl OLG Karlsruhe v. 19. 9. 1996, VersR 1997, 1230 = r+s 1997, 164.

[69] Vgl. den Abdruck bei *Martin*, Sachversicherungsrecht, Texte 30/31, S. 166.

[70] Vgl. BGH v. 8. 12. 1993, r+s 1994, 63 m. Anm. *Wälder* = VersR 1994, 215.

[71] Vgl. OLG Hamm v. 12. 7. 1991, VersR 1992, 353, 354.

[72] Vgl. auch *van Bühren/Höra*, § 3 Rn. 87.

[73] Vgl. hierzu *Prölss/Martin/Knappmann*, § 5 VHB 84 Rn. 7 ff., zu der weitestgehend deckungsgleichen Klausel 833.

Überwindung eines bewussten Widerstandes entwendet werden (Abgrenzung zum einfachen Diebstahl/Trickdiebstahl)[74]. Dem VN stehen gemäß §§ 5 Nr. 2 VHB 84/VHB 92, § 5 Nr. 4 VHB 2000 Personen gleich, die mit seiner Zustimmung in der Wohnung anwesend sind[75].

Spezifische Risikoausschlüsse bei Raub enthalten §§ 9 Nr. 3 VHB 84/VHB 92, § 5 **58** Nr. 5 VHB 2000. Danach erstreckt sich der Versicherungsschutz gegen Beraubung ohne Rücksicht auf mitwirkende Ursachen nicht auf Sachen, die erst auf Verlangen des Täters an den Ort der Wegnahme oder Herausgabe gebracht werden. §§ 9 Nr. 3a VHB 84/VHB 92 sehen überdies vor, dass Einbruchdiebstahl- oder Raubschäden durch vorsätzliche Handlungen von Hausangestellten oder von Personen, die bei dem VN wohnen, nicht versichert sind. Dieser Risikoausschluss ist in den VHB 2000 nicht mehr enthalten.

5. Vandalismus (§§ 6 VHB 84/VHB 92/VHB 2000)

Vandalismus nach einem Einbruch stellt in der Hausratversicherung eine der versicherten **59** Gefahren dar und wird in §§ 6 VHB 84/VHB 92/VHB 2000 als die **vorsätzliche Zerstörung oder Beschädigung von versicherten Gegenständen** definiert. Nach den VHB 84 und den VHB 92 ist nur Vandalismus nach Einbruch oder Verwendung falscher Schlüssel (§§ 5 Nr. 1a VHB 84/VHB 92) oder Benutzung gestohlener oder geraubter richtiger Schlüssel (§§ 5 Nr. 1f VHB 84/VHB 92) versichert. § 6 Nr. 1 Satz 2 VHB 2000 erweitert den Versicherungsschutz auf Vandalismusschäden nach einer Beraubung innerhalb der versicherten Wohnung.

Erfolgt die Zerstörung oder Beschädigung **im Zusammenhang mit dem Einbruch** **60** oder dem Raub, so besteht Versicherungsschutz bereits gemäß §§ 3 Nr. 2 VHB 84/VHB 92, § 3 Nr. 1b VHB 2000. Es genügt insoweit jeder adäquate Ursachenzusammenhang[76]. In Betracht kommen Schäden, die der Täter vorsätzlich verursacht, um das Diebesgut wegnehmen oder abtransportieren zu können (insbesondere Schäden an Möbelstücken oder Behältnissen), aber auch solche Schäden, die nur fahrlässig verursacht worden sind (Verursachung eines Kurzschlusses, Umstoßen einer Vase, Verderb von Kühlgut)[77].

Echte Vandalismusschäden sind solche Schäden, die der Täter vorsätzlich verursacht, **61** ohne dass dies der Wegnahme oder dem Abtransport von Sachen dient. Nach der zu § 1 Nr. 6 AERB 87 ergangenen Entscheidung des BGH vom 6. 2. 2000[78] setzt der Versicherungsfall „Vandalismus nach einem Einbruch" nicht voraus, dass ein Diebstahl begangen oder versucht worden oder der Einbruch in Diebstahlabsicht erfolgt ist. Allein entscheidend ist, dass der Täter in bestimmter Weise in den Versicherungsort eingedrungen ist und dort versicherte Sachen vorsätzlich zerstört oder beschädigt hat. Diese Entscheidung beansprucht Geltung auch für Vandalismusschäden in der Hausratversicherung, so dass Versicherungsschutz auch bei einem Eindringen zum Zweck der gezielten Zerstörung oder Beschädigung besteht, ohne dass es zur Ausführung eines erschwerten Diebstahls gekommen oder dieser versucht worden ist.

Bei Geltung der VHB 84/VHB 92 setzt das Eindringen in den Versicherungsort **nicht** vo- **62** raus, dass der Täter selbst in die Versicherungsräume gelangt ist oder auch nur mit mindestens einem Teil seines Körpers die Umrisse des Gebäudes überschritten haben muss[79]. Versicherungsschutz besteht z. B. auch, wenn der Täter einen Pflasterstein durch das geschlossene Fenster in die Versicherungsräume schleudert und durch die so entstandene Öffnung Chemi-

---

[74] Vgl. LG Köln v. 10. 3. 2005, VersR 2005, 787 zu den VHB 84; OLG Köln v. 13. 3. 2007, r+s 2007, 157 (keine Differenzierung nach dem Maß der aufgewendeten Gewalt); s. auch *Günther,* r+s 2007, 265 ff.

[75] Systematisch wäre § 5 Nr. 4 VHB 2000 besser als weiterer Abs. von § 5 Nr. 3 VHB 2000 gefasst worden.

[76] Vgl. im Einzelnen *Martin,* Sachversicherungsrecht, D XI Rn. 20 ff.

[77] *Martin,* Sachversicherungsrecht, D XI Rn. 11, 22.

[78] BGH v. 6. 2. 2000, VersR 2002, 480 =NVersZ 2002, 227 = r+s 2002, 163.

[79] Vgl. *Martin,* Sachversicherungsrecht, D XI Rn. 35f.

Rüffer

kalien verspritzt[80]. Nach den VHB 2000 stellt sich diese Streitfrage nicht, da in § 6 Nr. 1 Satz 1 VHB 2000 ausdrücklich ein **körperliches Eindringen** des Täters verlangt wird[81].

Eine weitere Einschränkung enthalten die VHB 2000 für Vandalismusschäden nach einem versuchten Einbruch oder einer versuchten Beraubung. Diese sind gemäß § 6 Nr. 2 VHB 2000 ausdrücklich vom Versicherungsschutz ausgeschlossen.

Im Rahmen der Außenversicherung besteht kein Versicherungsschutz gegen Vandalismusschäden, da zum einen Vandalismus in §§ 12 VHB 84/VHB 92, § 11 VHB 2000 nicht erwähnt ist und zum anderen §§ 6 VHB 84/92/2000 ausdrücklich von einem Eindringen in die Wohnung sprechen[82].

6. Leitungswasser (§ 7 VHB 84/92/2000)

63   Die Hausratversicherung bietet gemäß §§ 3 Nr. 4 VHB 84/VHB 92, § 3 Nr. 1d VHB 2000 Versicherungsschutz bei Zerstörung oder Beschädigung versicherter Sachen durch Leitungswasser. **Leitungswasser** ist **eigenständig definiert** in §§ 7 VHB 84/VHB 92/VHB 2000, wobei sich die einzelnen Bedingungswerke zum Teil erheblich unterscheiden.

Es kann an dieser Stelle nicht auf alle Einzelheiten und die vielfältigen Zweifelsfragen der in die Hausratversicherung einbezogenen Leitungswasserversicherung eingegangen werden. Insoweit ist auf die Ausführungen in § 34 (Leitungswasser-, Glas-, Sturmversicherung) zu verweisen.

64   Schäden durch Wasser sind in der Hausratversicherung nur dann versichert, wenn es sich um Leitungswasser handelt. Leitungswasser wird in §§ 7 VHB 84/VHB 92/VHB 2000 definiert als Wasser, das aus bestimmten Rohren, Einrichtungen und Anlagen **bestimmungswidrig ausgetreten** ist. Für die Herkunft des Wassers kommen folgende Quellen in Betracht:

65   – **Zu- oder Ableitungsrohre** der Wasserversorgung und die damit verbundenen Schläuche. Hierzu gehören nicht Regenabflussrohre, soweit sie nicht auch häusliche Abwässer aufnehmen, da diese nicht der „Wasserversorgung" dienen[83]. Soweit in § 7 Nr. 1 VHB 84 mit den Zu- oder Ableitungsrohren verbundene Schläuche nicht erwähnt sind, stellt dies keine Einschränkung dar, da zum einen Schläuche ab einer gewissen Festigkeit auch als Rohre anzusehen sind und zum anderen der Wasseraustritt aus mit den Rohren verbundenen Schläuchen zugleich auch als Wasseraustritt aus den Rohren selbst anzusehen ist[84].

66   – **Mit dem Rohrsystem verbundene Einrichtungen** sind alle Behältnisse, die bestimmungsgemäß Wasser durchlassen oder aufnehmen und dauernd durch eine Zuleitung oder durch eine Ableitung oder durch beides mit dem Rohrsystem verbunden sind[85]. Hierzu gehören Einrichtungen zum Zwecke des Wasserdurchlaufs (Hähne, Ventile, Filter), Einrichtungen zum Gebrauch stehenden Wassers (Waschbecken, Badewanne, Schwimmbecken), Einrichtungen zum Gebrauch stehenden oder durchlaufenden Wassers (Waschmaschinen, Toiletteninstallationen, Aquarien) und Einrichtungen zur Bearbeitung von Wasser. Um eine mit dem Rohrsystem verbundene Einrichtung handelt es sich auch bei Duschbecken oder Duschkabinen[86], so dass auch Schäden an Hausratsgegenständen, die dadurch entstehen, dass Wasser durch eine undichte Silikonfugenabdichtung zwischen Duschtasse und gefliester Seitenwand der Duschkabine eindringt, unter den Versicherungsschutz gegen Schäden durch Leitungswasser fallen[87]. Nach den VHB 84 und VHB 92 ist es

---

[80] Vgl. ÖOGH v. 14. 7. 1999, r+s 2001, 296 (297); *Prölss/Martin/Knappmann*, § 6 VHB 84 Rn. 2; a. A. *van Bühren/Höra*, § 3 Rn. 105

[81] Vgl. hierzu *Prölss/Martin/Knappmann*, § 6 VHB 2000 Rn. 1.

[82] So zutreffend *van Bühren/Höra*, § 3 Rn. 108.

[83] *Prölss/Martin/Knappmann*, § 7 VHB 84 Rn. 4; *Martin*, Sachversicherungsrecht, E I Rn. 29.

[84] *Prölss/Martin/Knappmann*, § 7 VHB 92 Rn. 2; *Martin*, Sachversicherungsrecht, E I Rn. 26.

[85] So die Definition bei *Martin*, Sachversicherungsrecht, E I Rn. 35.

[86] Vgl. *Prölss/Martin/Knappmann*, § 7 VHB 84 Rn. 5; *Martin*, Sachversicherungsrecht, E I Rn. 36.

[87] Vgl. AG Düsseldorf v. 27. 9. 2001, VersR 2002, 481 = NVersZ 2002, 28; *Prölss/Martin/Knappmann*, § 7 VHB 84 Rn. 5.

nicht erforderlich, dass die mit dem Rohrsystem verbundenen Einrichtungen der Wasserversorgung dienen, es genügt vielmehr jede mit dem Rohrsystem verbundene Einrichtung. § 7 Nr. 1b VHB 2000 spricht demgegenüber von mit den Zu- und Ableitungsrohren der Wasserversorgung verbundenen Einrichtungen. Ein relevanter Unterschied besteht hierin nicht. Nach dem allgemeinen Sprachgebrauch dienen auch Einrichtungen, bei denen der Wasserverbrauch im Vordergrund steht (Waschmaschinen, Spülmaschinen), der Wasserversorgung[88].

Dadurch, dass in §§ 7 Nr. 1b VHB 92/VHB 2000 ausdrücklich auch der Austritt aus den   67
wasserführenden Teilen der Einrichtung erwähnt ist, sind auch **Schäden im Inneren wasserführender Einrichtungen** – anders als noch nach § 7 Nr. 1 VHB 84 – vom VersSchutz umfasst[89]. Auch für § 7 Nr. 1 VHB 84 ist jedoch durchaus als zweifelhaft anzusehen, ob ein Austreten aus der Einrichtung selbst (z. B. einer Waschmaschine) verlangt werden kann[90].

Nicht um mit den Zu- und Ableitungsrohren der Wasserversorgung verbundene Einrichtungen handelt es sich bei beweglichen Behältnissen (z. B. Eimern)[91].

– Bei der Erwähnung von **Einrichtungen der Warmwasser- oder Dampfheizung** so-   68
wie der Klima-, Wärmepumpen- oder Solarheizungsanlagen handelt es sich um einen nur deklaratorischen Einschluss[92].

– Ausdrücklich erwähnt sind in § 7 Nr. 1d VHB 2000 **Sprinkler- oder Berieselungsanla-**   69
gen als Quelle eines bestimmungswidrigen Wasseraustritts. Auch insoweit handelt es sich nur um eine Klarstellung. Versicherungsschutz für Schäden durch Wasseraustritt aus Sprinkler- und Berieselungsanlagen besteht auch nach den VHB 84 und VHB 92[93].

– Gesondert erwähnt sind § 7 Nr. 1e VHB 2000 **Aquarien oder Wasserbetten.** Insoweit   70
handelt es sich um eine echte Erweiterung des Versicherungsschutzes. Nach den VHB 84 und den VHB 92 besteht Versicherungsschutz nur dann, wenn eine Verbindung mit dem Rohrsystem vorliegt.

Voraussetzung für den Versicherungsschutz ist stets, dass das Leitungswasser **bestim-**   71
mungswidrig ausgetreten ist. Insoweit ist maßgeblich die subjektive und wirtschaftliche Bestimmung des Wassers durch den VN oder durch einen berechtigten Besitzer[94]. An einem bestimmungswidrigen Austritt fehlt es im Regelfall nur dann, wenn der Wasseraustritt in der konkreten Art und Weise den Planungen des VN entspricht. Tritt Wasser entgegen dieser Planung aus, ist dies stets bestimmungswidrig[95]. Verschätzt sich der VN in der Menge des ausfließenden Wassers oder dem Fassungsvermögen des aufnehmenden Behälters oder der verstrichenen Zeit, besteht kein Versicherungsschutz, es sei denn, dass das Überlaufen auf einem unvorhergesehenen verstopften Abfluss oder dem Versagen einer Sicherungseinrichtung beruht[96].

Stets bestimmungswidrig ist der zu Schäden in der versicherten Wohnung führende   72
Wasseraustritt auf benachbarten fremden Grundstücken oder in benachbarten fremden Räumen, da es stets auf die Sicht des VN ankommt. Insoweit ist unerheblich, ob der Wasseraustritt z. B. in der darüberliegenden Wohnung eines Dritten vorsätzlich oder fahrlässig erfolgt[97].

---

[88] Vgl. hierzu im Einzelnen *Martin*, Sachversicherungsrecht, E I Rn. 41 ff., 46/47.

[89] Vgl. zur Problematik *Prölss/Martin/Knappmann*, § 7 VHB 84 Rn. 2, § 7 VHB 92 Rn. 3; *Martin*, Sachversicherungsrecht, E I Rn. 34.

[90] Vgl. hierzu *Martin*, Sachversicherungsrecht, E I Rn. 34.

[91] *Prölss/Martin/Knappmann*, § 7 VHB 84 Rn. 5; *Martin*, Sachversicherungsrecht, E I Rn. 39.

[92] Vgl. *Martin*, Sachversicherungsrecht, E I Rn. 50 ff.

[93] So zutreffend *Martin*, Sachversicherungsrecht, E I Rn. 53.

[94] *Prölss/Martin/Knappmann*, § 7 VHB 84 Rn. 8; *Martin*, Sachversicherungsrecht, E I Rn. 55.

[95] Vgl. zu den Einzelheiten *Martin*, Sachversicherungsrecht, E I Rn. 54 ff.; *Prölss/Martin/Knappmann*, § 7 VHB 84 Rn. 8.

[96] Vgl. *Prölss/Martin/Knappmann*, § 7 VHB 84 Rn. 8.

[97] *Martin*, Sachversicherungsrecht, E I Rn. 55.

73 Dem austretenden Wasser ist gemäß §§ 7 Nr. 3 VHB 84/VHB 92, § 7 Nr. 2 VHB 2000 austretender **Wasserdampf** ausdrücklich gleichgestellt, wobei dies lediglich deklaratorische Bedeutung hat, da es sich bei Wasserdampf naturwissenschaftlich um Wasser in einem anderen Aggregatzustand handelt[98].

74 Gemäß § 7 Nr. 3b VHB 92 und § 7 Nr. 2 VHB 2000 stehen auch **wärmetragende Flüssigkeiten** (z. B. Sole, Öle, Kühlmittel und Kältemittel) dem Wasser gleich. Gegenüber den VHB 84 stellt dies eine Erweiterung des Versicherungsschutzes dar, wobei *Martin* zu Recht darauf hinweist, dass die Erwähnung von Wasser aus Klima-, Wärmepumpen- oder Solarheizungsanlagen in § 7 Nr. 1 VHB 84 dafür spricht, dass auch nach diesen Bedingungen wärmetragende Flüssigkeiten als Wasser zu behandeln sind, da ansonsten der Versicherungsschutz entwertet wäre[99].

75 Zweifelhaft ist, inwieweit Schäden und Folgeschäden, die nicht durch das ausgetretene Leitungswasser, sondern durch den **„Austritt von Leitungswasser"** und das hierdurch bewirkte Fehlen von Wasser im Rohrleitungssystem verursacht werden, vom Versicherungsschutz umfasst sind. Nach überwiegender Auffassung sind derartige Schäden, z. B. das Ausglühen eines beheizten Kessels wegen Wassermangel, nicht gedeckt[100]. Ob dies mit §§ 305 c, 307 BGB zu vereinbaren ist[101], ist zumindest für die VHB 2000 fraglich. In § 7 Nr. 5 VHB 2000 ist ausdrücklich geregelt, dass Schäden am Inhalt eines Aquariums, die als Folge dadurch entstehen, dass Wasser aus dem Aquarium ausgetreten ist, nicht versichert sind. Da andere Schäden, die nicht durch das ausgetretene Leitungswasser, sondern durch den „Austritt von Leitungswasser" entstehen, in § 7 Nr. 5 VHB 2000 nicht erwähnt sind, kann für den durchschnittlichen VN der Eindruck entstehen, dass sonstige Schäden, die auf dem „Austritt von Leitungswasser" beruhen, gedeckt sind, zumal zwischen dem austretenden Wasser an der einen Stelle und dem Fehlen dieses Wassers an der anderen Stelle ein unmittelbarer Zusammenhang besteht. Von einem „eindeutigen und klaren Wortlaut"[102] kann jedenfalls keine Rede sein.

76 Eine in ihrem Anwendungsbereich **eingeschränkte Rohrbruchversicherung** enthalten §§ 7 Nr. 2 VHB 84/VHB 92, § 7 Nr. 3 VHB 2000. Danach sind Frostschäden an sanitären Anlagen und leitungswasserführenden Installationen sowie Frost- und sonstige Bruchschäden an deren Zu- und Ableitungsrohren versichert, sofern der VN als Mieter (oder nach den VHB 2000 als Wohnungseigentümer) diese Anlagen oder Rohre auf seine Kosten beschafft oder übernommen hat und hierfür nach der Vereinbarung mit dem Vermieter bzw. der Wohnungseigentümergemeinschaft das Risiko trägt. Versicherungsschutz besteht also nur dann, wenn die wasserführenden Installationen einschließlich der Zu- und Ableitungen **nicht Gebäudebestandteil** sind und demgemäß nach §§ 1 Nr. 2b VHB 84/VHB 92, § 1 Nr. 4b VHB 2000 als Hausrat versichert sind[103].

77 **Spezifische Risikoausschlüsse** bei Leitungswasser enthalten §§ 9 Nr. 4 VHB 84/VHB 92, § 7 Nr. 4 VHB 2000. Die Risikoausschlüsse beziehen sich nach ihrem eindeutigen Wortlaut nicht auf Rohrbruchschäden gemäß §§ 7 Nr. 2 VHB 84/VHB 92, § 7 Nr. 3 VHB 2000[104].

78 Ausgeschlossen sind Schäden durch **Plansch- oder Reinigungswasser.** Es kommt nicht auf die Bestimmung des Wassers, sondern darauf an, dass die Schäden durch Gebrauch von Wasser zum Planschen und Reinigen entstanden sind[105].

---

[98] *Martin,* Sachversicherungsrecht, E I Rn. 14.

[99] *Martin,* Sachversicherungsrecht, E I Rn. 13.

[100] So *Prölss/Martin/Knappmann,* § 7 VHB 84 Rn. 1; *Martin,* Sachversicherungsrecht, E I Rn. 21; OLG Saarbrücken v. 4. 2. 1988, r+s 1988, 177.

[101] Hieran zweifelt *van Bühren/Höra,* § 3 Rn. 110.

[102] So *Martin,* Sachversicherungsrecht, E I Rn. 20, 21 und ihm folgend OLG Saarbrücken v. 4. 2. 1988, r+s 1988, 177.

[103] Zu den Einzelheiten der Rohrbruchversicherung vgl. *Martin,* Sachversicherungsrecht, E I Rn. 78 ff.

[104] Vgl. *Prölss/Martin/Knappmann,* § 7 VHB 84 Rn. 10, § 9 VHB 84 Rn. 24, § 9 VHB 92 Rn. 4.

[105] *Prölss/Martin/Knappmann,* § 9 VHB 84 Rn. 25; *Martin,* Sachversicherungsrecht, F IV Rn. 38.

Ausgeschlossen vom Versicherungsschutz sind Schäden durch **Grundwasser, stehendes** 79
oder fließendes Gewässer, Überschwemmung/Hochwasser oder Witterungsnieder-
schläge. Da sich es sich insoweit nicht um Wasser aus Leitungen handelt, hat der Ausschluss
nur deklaratorische Bedeutung.

Konstitutiv wirkt demgegenüber der Ausschluss des Versicherungsschutzes für einen durch 80
die vorstehend genannten Ursachen hervorgerufenen **Rückstau,** der zudem in der Hausrat-
und Gebäudeversicherung von erheblicher praktischer Relevanz ist. Ein Rückstau kann insbesondere nach starken Niederschlägen auftreten, wenn die Kanalisation nicht mehr in der
Lage ist, das Niederschlagswasser vollständig aufzunehmen. Unerheblich ist insoweit, ob das
Eindringen des rückgestauten Wassers in die Wohnung auf dem Versagen eines Rückstauventils oder einer Pumpe beruht[106].

Versicherungsschutz besteht nur dann, wenn der Rückstau ausschließlich auf Wasser zurückzuführen ist, das in dem Ausschluss nicht genannt ist, z. B. bei zurückgestautem Leitungswasser infolge einer Verstopfung der Abwasserleitung[107]. Führt demgegenüber die Verstopfung eines Abwasserrohrs zum Rückstau von Niederschlagswasser, greift der Ausschluss
ein[108]. Beweisbelastet für den Ausschluss ist der VR. Bei einem Schadenseintritt während
starker Niederschläge kommt ein Anscheinsbeweis in Betracht[109].

Ausgeschlossen vom Versicherungsschutz sind auch Schäden, die durch das bestimmungs- 81
gemäße **Öffnen oder Bedienen der Sprinkler- oder Berieselungsdüsen** wegen eines
Brandes entstehen oder auf Druckproben oder Umbau-/Reparaturarbeiten an dem Gebäude
oder der Sprinkler- oder Berieselungsanlage zurückzuführen sind[110].

Ausgeschlossen sind gemäß § 9 Nr. 4c VHB 92, § 7 Nr. 4d VHB 2000 Schäden durch 82
Erdsenkung oder Erdrutsch (Erdfall oder Erdrutsch), es sei denn, dass die Erdsenkung
oder der Erdrutsch durch Leitungswasser verursacht worden ist[111].

Ausgeschlossen sind schließlich Hausratschäden durch **Schwamm**[112]. 83

7. Sturm, Hagel (§§ 8 VHB 84/92/2000)

Versicherungsschutz bietet die Hausratversicherung gemäß §§ 3 Ziff. 1e) VHB 92/VHB 84
2000 i. V. m. §§ 8 VHB 92/VHB 2000 gegen Schäden versicherter Sachen durch **Sturm**
und/oder Hagel[113]. Nach den VHB 84 (§ 3 Nr. 5 i. V. m. § 8) sind grundsätzlich nur Sturmschäden versichert. Die Klausel 838 ermöglichte den Einschluss von Hagel ohne gleichzeitiges Vorliegen der Entschädigungsvoraussetzungen für Sturmschäden[114].

Als Besonderheit des Versicherungsschutzes gegen Sturm und Hagelschäden ist zu beach- 85
ten, dass nicht alle adäquaten Folgen eines Sturms oder Hagels in Form von Sachschäden versichert sind, sondern nur die in den Bedingungen **abschließend aufgezählten Kausalver-**

---

[106] OLG Düsseldorf v. 25. 4. 1989, VersR 1989, 800; OLG Saarbrücken v. 23. 10. 1996, r+s 1997, 32;
OLG Köln v. 9. 7. 1996, r+s 1996, 452; LG Berlin v. 22. 2. 1996, r+s 1996, 452; *Martin,* Sachversicherungsrecht, F IV Rn. 35.

[107] *Martin,* Sachversicherungsrecht, F IV Rn. 36; LG Bamberg v. 8. 7. 1983, VersR 1984, 49.

[108] OLG Saarbrücken v. 23. 10. 1996, VersR 1997, 1000 = r+s 1997, 32; *Prölss/Martin/Knappmann,* § 9
VHB 84 Rn. 26.

[109] *Martin,* Sachversicherungsrecht, F IV Rn. 36; der Hinweis bei *Prölss/Martin/Knappmann,* § 9 VHB
92 Rn. 4 auf die Beweislast des VN für die Gegenausnahme bezieht sich, was bei *van Bühren/Höra,* § 3
Rn. 118 missverstanden wird, nur auf die Gegenausnahme für den Ausschluss bei Erdsenkung oder Erdrutsch gemäß § 9 Nr. 4c VHB 92/§ 7 Nr. 4d VHB 2000.

[110] Nach zutreffender Auffassung von *Prölss/Martin/Knappmann,* § 7 VHB 2000 Rn. 3 dürfte dieser
Ausschluss zu weitgehend und damit unwirksam sein.

[111] Vgl. zu Einzelheiten *Martin,* Sachversicherungsrecht, F IV Rn. 29; OLG Düsseldorf v. 4. 12. 1983,
VersR 1985, 1035.

[112] *Martin,* Sachversicherungsrecht, F IV Rn. 45ff.; *Prölss/Martin/Knappmann,* § 7 VHB 2000 Rn. 2 zur
Neufassung des VHB 2000 vgl. *Prölss/Martin/Knappmann,* § 7 VHB 2000 Rn. 4.

[113] Vgl. allgemein und umfassend *Wussow,* VersR 2000, 679ff.

[114] Vgl. zur Abgrenzung *Martin,* Sachversicherungsrecht, E II Rn. 4ff.

läufe. Ausgeschlossen sind insbesondere Folgeschäden durch sturmbedingtes menschliches Verhalten[115].

86   Wann ein **Sturm** im Sinne der Versicherungsbedingungen vorliegt, ist in §§ 8 Nr. 1 VHB 84/VHB 92/VHB 2000 eigenständig definiert. Danach versteht man unter Sturm eine wetterbedingte Luftbewegung von mindestens Windstärke 8. Maßgebend ist insoweit die Beaufort-Skala. § 8 Nr. 1 VHB 2000 führt zusätzlich auf, dass die Windgeschwindigkeit mindestens 63 km/Std. betragen haben muss. Da eine **wetterbedingte** Luftbewegung vorausgesetzt wird, sind Luftbewegungen durch Explosionen, Brand, Zugwirkung in Gebäuden sowie durch bewegte Massen, z. B. Flugzeuge, Hubschrauber, Eisenbahnen und Autos, nicht versichert[116].

87   Da die Regelung in §§ 8 Nr. 1 VHB 84/92/2000 eine echte Leistungsbegrenzung darstellt, muss der **VN beweisen,** dass der Sturm mindestens Windstärke 8 erreicht hat[117]. Lässt sich z. B. lediglich Windstärke 7 +/– 1 feststellen, so besteht für hierdurch eingetretene Schäden kein Versicherungsschutz[118]. Wegen der auf der Hand liegenden Beweisschwierigkeiten – eine exakte Windstärkenmessung für den Versicherungsort dürfte kaum jemals vorliegen – sehen §§ 8 Nr. 2 VHB 84/VHB 92, § 8 Nr. 1 Satz 2 VHB 2000 **Beweiserleichterungen** für den VN vor. Bei einem einwandfreien Zustand des Gebäudes, in dem sich die versicherten Sachen befunden haben, lassen §§ 8 Nr. 2b VHB 84/VHB 92, § 8 Nr. 1 Abs. 2a VHB 2000 den Rückschluss zu, dass der Schaden nur durch Sturm entstanden sein kann. Hierzu ist ggf. eine sachverständige Begutachtung erforderlich. Kann demgegenüber ein einwandfreier Gebäudezustand nicht festgestellt werden, so kann der VN zur Beweisführung auf Schäden zurückgreifen, die in der Umgebung des Versicherungsorts an Gebäuden in einwandfreiem Zustand oder an ebenso widerstandsfähigen anderen Sachen entstanden sind. In Betracht kommen insoweit umgestürzte Baukräne, umgerissene Verkehrsschilder, abgerissene Äste oder entwurzelte Bäume.

88   Der Nachweis eines Sturms von Windstärke 8 kann durch **Aufzeichnungen nahegelegener Messstationen** geführt werden, wobei in Zweifelsfällen eine sachverständige Begutachtung zu erfolgen hat[119]. Der Nachweis, dass exakt im Schadenszeitpunkt Windstärke 8 geherrscht hat, kann nicht verlangt werden. Es reicht aus, dass die geforderte Windstärke zeitnah erreicht worden ist. Dass der Schaden möglicherweise während einer Anlauf- oder Zwischenphase mit geringerer Windstärke entstanden ist, ist unerheblich[120].

89   Versichert sind nur die in §§ 8 Nr. 3 VHB 84/VHB 92, § 8 Nr. 2 VHB 2000 alternativ beschriebenen Sturmfolgen. Dies gilt zum einen für Schäden durch **unmittelbare Einwirkung des Sturms** auf versicherte Sachen. Unmittelbarkeit liegt dann vor, wenn der Sturm die zeitlich letzte Ursache des Sachschadens oder Abhandenkommens ist[121]. Unmittelbarkeit einer Einwirkung liegt nach anderer, inhaltlich aber nicht abweichender Definition dann vor, wenn zwischen das Kausalereignis und den Erfolg keine weitere Ursache tritt[122]. Eine unmittelbare Einwirkung liegt z. B. dann vor, wenn versicherte Sachen durch den Druck oder den Sog aufprallender Luft beschädigt oder zerstört werden oder unauffindbar weggeweht werden und damit abhanden kommen. Deckung besteht auch, wenn der Sturm Sachen umwirft

---

[115] Vgl. *Prölss/Martin/Knappmann,* § 8 VHB 84 Rn. 2; *Martin,* Sachversicherungsrecht, E II Rn. 13 ff.

[116] *Martin,* Sachversicherungsrecht, E II Rn. 17; OLG Schleswig v. 5. 7. 2000, r+s 2001, 337 (338).

[117] *Martin,* Sachversicherungsrecht, E II Rn. 38 f.; OLG Hamm v. 23. 8. 2000, r+s 2001, 334 (335).

[118] LG Berlin v. 1. 2. 1990, r+s 1990, 171; *Prölss/Martin/Knappmann,* § 8 VHB Rn. 1.

[119] Vgl. zur Übertragbarkeit von Messdaten sehr anschaulich OLG Stuttgart v. 16. 8. 2001, r+s 2002, 72 f.; OLG Hamm v. 23. 8. 2000, r+s 2001, 334 (335).

[120] OLG Köln v. 14. 12. 1999, r+s 2000, 382; *Martin,* Sachversicherungsrecht, E II Rn. 24 f.; *Prölss/Martin/Knappmann,* § 8 VHB Rn. 4.

[121] *Martin,* Sachversicherungsrecht, E II Rn. 29; *Prölss/Martin/Knappmann,* § 8 VHB 84 Rn. 3; OLG Düsseldorf v. 4. 5. 1984, VersR 1984, 1035; OLG Köln v. 27. 6. 1995, r+s 1995, 390; OLG Köln v. 29. 10. 2002, r+s 2003, 65, 66.

[122] BGH v. 19. 10. 1983, r+s 1984, 5 = VersR 1984, 28; vgl. hierzu *Wälder,* r+s 2003, 66.

oder hinunterwirft und diese durch den Aufprall beschädigt oder versicherte Sachen (Türen, Fenster) an andere Gegenstände geschlagen und dadurch beschädigt werden[123].

Keine unmittelbare Einwirkung des Sturms ist z. B. in den Fällen gegeben, in denen 90 durch den Sturm Wasser auf einer Dachfläche aufgeschoben oder aufgestaut wird und es in der Folge zu einem Einsturz des Daches kommt[124]. Ebenso fehlt es an einer unmittelbaren Einwirkung, wenn eine Flachdachentwässerung durch Hagel verstopft wird, sich anschließend auf dem Flachdach eine größere Menge stehenden Wassers ansammelt und das Wasser in der Folgezeit in angrenzende Wände und Decken eindringt[125].

Eine besondere Problematik stellt sich bei **Hagelschäden.** Wird durch den Hagel unmit- 91 telbar die Substanz des Gebäudes beschädigt, was auch durch den Druck ruhender Hagelmassen geschehen kann[126], so ist eine unmittelbare Einwirkung zu bejahen. Hieran soll es demgegenüber fehlen, wenn erst der Druck des zu Wasser gewordenen Hagels, z. B. in einem mit einem Fenster versehenen Lichtschacht, zu einer Beschädigung führt[127]. Dies ist – unabhängig davon, ob man wegen der Änderung des Aggregatzustandes des Hagels die Unmittelbarkeit verneint – schon deshalb zutreffend, weil die Zerstörung des Fensters durch den Druck des in einem Lichtschacht aufgestauten Regenwassers ebenfalls nicht versichert ist.

Gemäß §§ 8 Nr. 3b VHB 84/VHB 92, § 8 Nr. 2b VHB 2000 sind solche Schäden versi- 92 chert, die dadurch entstanden sind, dass der Sturm Gebäudeteile, Bäume oder andere **Gegenstände auf versicherte Sachen wirft.** Versichert ist insoweit derjenige Sachschaden, den die geworfenen Gebäudeteile oder sonstigen Gegenstände durch ihren Aufprall auf versicherte Sachen und durch ihre physikalische oder chemische Beschaffenheit verursachen[128]. Zu den auf versicherte Sachen geworfenen Gegenständen gehören auch Regentropfen, Schneeflocken, Hagelkörner und Sand[129]. Folgerichtig kann dann auch die Ansammlung derartiger Gegenstände und der hierdurch bewirkte Gewichtsdruck zu einem versicherten Schaden führen[130], wobei allerdings für Schneelasten ein Ausschluss besteht. Werden sturmbedingt Regentropfen gegen versicherte Gegenstände geworfen und führt ihre Ansammlung und der hierdurch bewirkte Gewichtsdruck zu einem Schaden, so besteht, falls nicht der Ausschlusstatbestand der §§ 9 Nr. 5c VHB 84/VHB 92, § 8 Nr. 4c VHB 2000 eingreift, Versicherungsschutz[131].

Ein versicherter Kausalverlauf liegt schließlich vor, wenn als Folge eines Sturmschadens 93 durch unmittelbare Einwirkung des Sturms oder durch das Werfen von Gegenständen auf versicherte Sachen Schäden an Gebäuden, in denen sich versicherte Sachen befinden, oder an mit diesen baulich verbundenen Gebäuden entstehen. **Sturmbedingte Gebäudeschäden** sind vornehmlich dann gegeben, wenn der Sturm Öffnungen geschaffen hat, durch die Regen eindringt und zu Durchnässungsschäden führt[132]. Insoweit sind jedoch stets die Ausschlussvorschriften der §§ 9 Nr. 5c VHB 84/VHB 92, § 8 Nr. 4c VHB 2000 zu beachten.

Ein **Folgeschaden** liegt auch dann vor, wenn aus einem vom Sturm abgebrochenen Re- 94 genrohr Wasser auf einen Balkon und von dort in eine Wohnung läuft oder wenn ein Regenrohr durch Gegenstände verstopft wird, die der Sturm auf das Gebäude und in dieses Regen-

---

[123] Vgl. im Einzelnen *Martin,* Sachversicherungsrecht, E II Rn. 30; *Prölss/Martin/Knappmann,* § 8 VHB 84 Rn. 3; a. A. LG Bremen v. 19. 12. 1996, r+s 1997, 75; *Wälder,* r+s 1997, 76.

[124] OLG Oldenburg v. 5. 7. 2000, VersR 2001, 1233; OLG Schleswig v. 5. 7. 2000, r+s 2001, 337.

[125] OLG Köln v. 29. 10. 2002, r+s 2003, 65, 66; OLG Celle v. 24. 6. 1993, r+s 1993, 384.

[126] Vgl. hierzu *Wälder,* r+s 2003, 66, 67.

[127] OLG Köln v. 27. 6. 1995, r+s 1995, 390, im Anschluss an LG Köln v. 10. 10. 1994, r+s 1995, 350; vgl. hierzu *Wälder,* r+s 2003, 66, 67.

[128] Vgl. *Martin,* Sachversicherungsrecht, E II Rn. 33; *Wussow,* VersR 2000, 679 (681 f.).

[129] Vgl. *Martin,* Sachversicherungsrecht, E II Rn. 37; *Wussow,* VersR 2000, 679 (681).

[130] Vgl. *Martin,* Sachversicherungsrecht, E II Rn. 34, 35.

[131] Vgl. *Martin,* Sachversicherungsrecht, E II Rn. 35, F V Rn. 18; OLG Karlsruhe v. 6. 10. 1994, r+s 1995, 149, das zutreffend darauf abstellt, ob durch den Gewichtsdruck ein Gebäudeschaden im Sinne von § 9 Nr. 5c VHB 84 entstanden ist.

[132] *Prölss/Martin/Knappmann,* § 8 VHB Rn. 6; *Martin,* Sachversicherungsrecht, E II Rn. 45.

fallrohr wirft[133]. Auch Schäden an versicherten Sachen bei Aufräumarbeiten oder Reparaturen nach Gebäudeschäden sind als Folgeschäden versichert, was auch für Diebstähle bei dieser Gelegenheit oder unter Ausnutzung durch den Sturm geschaffener Öffnungen gilt[134]. Sturmbedingte Erstschäden an beweglichen Sachen, die zu einem Folgeschaden führen, sind nach § 8 Nr. 2c VHB 2000 nicht mehr versichert, da die VHB 2000 im Gegensatz zu den VHB 84/VHB 92 ausschließlich Sturmschäden an Gebäuden als Erstschäden nennen.

95 Anders als in früheren Bedingungswerken sind Schäden durch **Hagel** in den VHB 92 und den VHB 2000 ausdrücklich mit versichert (§ 8 Nr. 4 VHB 92, § 8 Nr. 3 VHB 2000). Aus dem Verweis auf § 8 Nr. 3 VHB 92 und § 8 Nr. 2 VHB 2000 ergibt sich, dass auch insoweit nur bei den dort beschriebenen Kausalabläufen Versicherungsschutz besteht.

96 **Spezifische Risikoausschlüsse** bei Sturm und Hagel enthalten §§ 9 Nr. 5 VHB 84/ VHB 92, § 8 Nr. 4 VHB 2000.

97 Nicht gedeckt sind ohne Rücksicht auf mitwirkende Ursachen Schäden, die auf **Sturmflut, Lawinen oder Schneedruck** (Schneelast) beruhen[135]

98 Von erheblicher praktischer Bedeutung ist der **Ausschluss für Schäden durch Eindringen von Regen, Hagel, Schnee oder Schmutz** durch nicht ordnungsgemäß geschlossene Fenster, Außentüren oder andere Öffnungen. Dieser Ausschluss gilt dann nicht, wenn die Öffnungen durch Sturm oder Hagel entstanden sind, wobei dies auch auf einem früheren Sturm oder Hagel beruhen kann[136], und die Öffnungen zugleich einen Gebäudeschaden darstellen. An einem Gebäudeschaden fehlt es, wenn Fenster oder Türen aufgedrückt werden, ohne dass dies zu einer Substanzbeschädigung führt[137].

99 Unter „Niederschlägen" (in § 9 Nr. 5c VHB 92, § 8 Nr. 4 VHB 2000 konkretisiert in Regen, Hagel und Schnee) sind nicht zu verstehen bereits liegender Schnee, angestautes Schmelzwasser oder angesammeltes Regenwasser[138].

VI. Ausschlüsse

1. Subjektive Risikoausschlüsse (Vorsatz und grobe Fahrlässigkeit)

100 Schäden, die der VN oder einer seiner Repräsentanten[139] **vorsätzlich oder grob fahrlässig** herbeiführt, sind nach bisheriger Rechtslage ohne Rücksicht auf mitwirkende Ursachen **grundsätzlich nicht versichert**. Diese in §§ 9 Nr. 1 VHB 84/VHB 92, § 31 Nr. 2 Satz 1 VHB 2000 enthaltene Regelung ist inhaltsgleich mit § 61 VVG a. F. Auf die Ausführungen in § 16 sowie auf die Kommentierungen zu § 61 VVG a. F. kann insoweit weitgehend verwiesen werden.

100a Die **Neuregelung in § 81 VVG** sieht eine vollständige Leistungsfreiheit nur noch bei vorsätzlicher Herbeiführung des Versicherungsfalls vor. Bei grob fahrlässiger Herbeiführung des Versicherungsfalls ist der Versicherer gemäß § 81 Abs. 2 VVG berechtigt, seine Leistung in einem der Schwere des Verschuldens des VN entsprechenden Verhältnis zu kürzen. Die Einführung einer **verschuldensabhängigen Quotenhaftung** innerhalb der groben Fahrlässigkeit entspricht den Regelungen bei einer grob fahrlässigen Obliegenheitsverletzung oder Gefahrerhöhung (§§ 26 Abs. 1, 28 Abs. 2 VVG n. F.). Für das Ausmaß der Leistungsfreiheit des Versicherers kommt es darauf an, ob die grobe Fahrlässigkeit im konkreten Fall „nahe beim

---

[133] Vgl. *Martin*, Sachversicherungsrecht, E II Rn. 140, 44; *Prölss/Martin/Knappmann*, § 8 VHB 84 Rn. 6.

[134] Vgl. *Prölss/Martin/Knappmann*, § 8 VHB 84 Rn. 6; *Martin*, Sachversicherungsrecht, E II Rn. 50.

[135] Vgl. hierzu *Martin*, Sachversicherungsrecht, F V Rn. 17.

[136] So zutreffend *Martin*, Sachversicherungsrecht, F V Rn. 21.

[137] *Prölss/Martin/Knappmann*, § 9 VHB 84 Rn. 29; *Martin*, Sachversicherungsrecht, F V Rn. 22; *Wussow*, VersR 2000, 679 (682); instruktiv OLG Karlsruhe v. 6. 10. 1994, r+s 1995, 149.

[138] *Prölss/Martin/Knappmann*, § 9 VHB 84 Rn. 29; OLG Hamm v. 7. 5. 1986, NJW-RR 1986, 1221 = VersR 1987, 1081; vgl. hierzu auch *Martin*, Sachversicherungsrecht, F V Rn. 18.

[139] Soweit die VHB 84 einen Leistungsausschluss auch für mit dem VN in häuslicher Gemeinschaft lebende volljährige Personen vorsieht, ist diese Vorschrift unwirksam; vgl. hierzu unten Rn. 114.

bedingten Vorsatz" oder aber „eher im Grenzbereich zur einfachen Fahrlässigkeit" liegt[140]. Hinsichtlich der Beweislast verbleibt es beim bisherigen Recht. Der Versicherer hat sowohl Vorsatz als auch grobe Fahrlässigkeit nachzuweisen.

Es muss abgewartet werden, ob die Versicherer von der grundsätzlich gegebenen Möglichkeit, im Rahmen Allgemeiner Versicherungsbedingungen pauschalierte Quotensätze festzulegen, Gebrauch machen. Die vom GDV veröffentlichten Musterbedingungen VHB 2008 sehen solche Quotensätze nicht vor. Die gemäß § 81 Abs. 2 VVG vorzunehmende Quotelung wird zur Bildung unterschiedlicher Fahrlässigkeitsstufen im Bereich der groben Fahrlässigkeit führen. Hierbei dürfte die bisherige Rechtsprechung durchaus von Bedeutung sein. Insbesondere bei den Fallgestaltungen, die schon bisher im Hinblick auf das Vorliegen einer groben Fahrlässigkeit kontrovers entschieden worden sind (Fenster in Kippstellung, Brennenlassen von Kerzen und unbeaufsichtigte Waschmaschinen oder Geschirrspüler), dürfte zukünftig, von Sonderfällen abgesehen, eine grobe Fahrlässigkeit allenfalls im Grenzbereich zur leichten Fahrlässigkeit anzunehmen sein.

Grob fahrlässig handelt nach allgemeiner Auffassung in Rechtsprechung und Schrifttum **101** derjenige, der die im Verkehr erforderliche Sorgfalt unter Berücksichtigung sämtlicher Umstände in besonders hohem Maße verletzt und das unbeachtet lässt, was unter den gegebenen Umständen jedem hätte einleuchten müssen[141]. Die grobe Fahrlässigkeit setzt im Hinblick auf die Herbeiführung des Schadens das Bewusstsein des VN voraus, dass sein Verhalten geeignet ist, den Eintritt des Versicherungsfalles oder die Vergrößerung des Schadens zu fördern. Grob fahrlässige Unkenntnis steht dem gleich[142].

Zur Frage der grob fahrlässigen Herbeiführung des Versicherungsfalls gibt es eine **um- 102 fangreiche Kasuistik,** wobei sich die Entscheidungen zum Teil auch auf andere Versicherungsbedingungen (AFB, AERB, VGB) beziehen. Für das **Diebstahlrisiko** in der Hausratversicherung sind folgende Fallgruppen von Bedeutung:

Kontrovers wird in der Rechtsprechung die Frage entschieden, ob das **Belassen von Fen- 103 stern oder Balkontüren in Kippstellung** eine grobe Fahrlässigkeit darstellt. Soweit dies angenommen worden ist, handelt es sich jeweils um die Kippstellung von Erdgeschoss- oder Untergeschossfenstern während einer längeren Abwesenheit des VN[143]. Ohne das Hinzutreten besonderer Umstände wird das Zurücklassen eines Fensters in Kippstellung überwiegend noch nicht als grob fahrlässig angesehen, wobei immer auch geprüft werden muss, ob sich das Fehlverhalten überhaupt auf den Eintritt des Versicherungsfalles ausgewirkt hat[144].

Die **Aufbewahrung von wertvollen Gegenständen in Kellerverschlägen** wird über- **104** wiegend als grob fahrlässig angesehen, wenn die Kellerräume leicht zugänglich und nicht be-

---

[140] Vgl. hierzu Begründung zum Regierungsentwurf BT-Drucks. 16/3945 = BR-Drucks. 707/06, S. 200.

[141] Vgl. *Römer/Langheid/Langheid,* § 61 Rn. 43 m. w. N.; *Prölss/Martin/Prölss,* § 6 Rn. 117.

[142] Vgl. *Römer/Langheid/Langheid,* § 61 Rn. 43; *Prölss/Martin/Prölss,* § 61 Rn. 11.

[143] OLG Oldenburg v. 20. 3. 1996, r+s 1996, 455: Kippstellung eines Fensters im rückwärtigen Teil eines ansonsten unbewohnten Hauses für ca. 11 Stunden in der Nacht; OLG Celle v. 10. 6. 1992, VersR 1993, 572: Kippstellung eines nicht einsehbaren Schlafzimmerfensters einer Erdgeschoßwohnung für eine halbe Nacht; OLG Karlsruhe v. 20. 11. 1997, r+s 1998, 162: Kippstellung eines nicht einsehbaren Fensters im Untergeschoß eines abgelegenen und von Bäumen geschützten Hauses für mehrere Stunden; OLG Düsseldorf v. 11. 7. 1995, VersR 1996, 1493 = r+s 1996, 188: Badezimmerfenster hinter Holzrollladen in Kippstellung, obwohl auf diese Weise bereits mehrfach in die Wohnung des VN eingebrochen worden ist; vgl. auch OLG Saarbrücken v. 4. 6. 2003, r+s 2004, 23 = VersR 2004, 1265; LG München v. 14. 9. 1988, VersR 1989, 740; LG Duisburg v. 25. 3. 1988, VersR 1988, 483; LG Münster v. 29. 8. 1991, r+s 1994, 350; AG Hamburg v. 25. 2. 1997, VersR 1998, 360; AG Köln v. 26. 3. 1993, VersR 1993, 1268.

[144] Vgl. OLG Hamm v. 20. 12. 2000, VersR 2001, 1234; OLG Hamm v. 15. 1. 1997, VersR 1997, 1352 = r+s 1997, 338; OLG Köln v. 29. 4. 1997, r+s 1997, 296; OLG Karlsruhe v. 4. 7. 1996, r+s 1997, 73; OLG Braunschweig v. 15. 4. 1993, r +s 1993, 384; OLG Hamm v. 17. 2. 1993, VersR 1993, 1265; OLG Hamm v. 20. 12. 1991, VersR 1993, 96; OLG Hamburg v. 31. 3. 1987, NJW-RR 1989, 797; vgl. auch *Terbille,* r+s 2000, 45 (51).

sonders gesichert sind[145]. Grobe Fahrlässigkeit ist verneint worden bei einer nur provisorischen Sicherung eines aufgebrochen vorgefundenen und von Einbrechern ohne Wegnahme von Gegenständen verlassenen Lagerraums[146].

105 Wird eine **Eingangstür nur ins Schloss gezogen,** nicht aber abgeschlossen, kann unter besonderen Umständen grobe Fahrlässigkeit angenommen werden[147]. Bei kürzerer Abwesenheit dürfte der Vorwurf grober Fahrlässigkeit nicht durchgreifen[148].

106 Als grob fahrlässig einzustufen ist das **Abstellen eines PKW mit wertvollen Gegenständen in einem Parkhaus,** was auch dann gilt, wenn über die Gegenstände eine Decke gebreitet ist[149].

107 Die Einstellung von **Hausangestellten** (Butler für ein Schloss) ohne Einholung eines polizeilichen Führungszeugnisses und ohne die Überprüfung von Zeugnissen und Referenzen ist als grob fahrlässig angesehen worden, wobei im konkreten Fall Umstände hinzutraten, die eine Überprüfung nahelegten[150].

108 Ebenfalls als grob fahrlässig angesehen worden ist die **Aufbewahrung von wertvollem Schmuck** in einem Kunststoffbehälter während eines Krankenhausaufenthalts[151].

109 Im Rahmen des **Feuer- und Explosionsrisikos** sind insbesondere die Fälle des nachlässigen Umgangs mit brennenden Kerzen, mit anderen leicht brennbaren Gegenständen und das Rauchen im Bett von Bedeutung.

110 Insoweit kommt es stets auf die Umstände des Einzelfalls an. So ist das **Brennenlassen von Kerzen** dann nicht als grob fahrlässig anzusehen, wenn die Räumlichkeiten nur für kurze Zeit verlassen werden oder das Brennenlassen auf eine besondere Ablenkung zurückzuführen ist[152]. Als grob fahrlässig ist demgegenüber das Brennenlassen von Kerzen bei längerer Abwesenheit eingestuft worden, wobei hinsichtlich des Zeitraums die Grenzen fließend sind[153].

111 Bei **Rauchen im Bett** ist grobe Fahrlässigkeit anzunehmen, wenn gleichzeitig Alkoholeinfluss oder Übermüdung gegeben ist[154].

112 Auch die unsachgemäße Lagerung brennbarer Gegenstände[155], die unsachgemäße Entsorgung brennbarer Abfälle[156], die unsachgemäße Durchführung feuergefährlicher Arbei-

---

[145] OLG Köln v. 13. 2. 1996, r+s 1996, 190; OLG Hamburg v. 6. 8. 1986, r+s 1987, 48; OLG Frankfurt v. 6. 5. 1981, VersR 1983, 358; KG v. 7. 10. 1994, VersR 1996, 972; LG Kleve v. 31. 5. 1994, r+s 1995, 230.

[146] BGH v. 23. 9. 1981, VersR 1982, 33.

[147] Vgl. OLG Düsseldorf v. 10. 3. 1992, r+s 1993, 152; OLG München v. 17. 1. 1986, VersR 1986, 585; OLG Oldenburg v. 2. 8. 2005, r+s 2005, 422; LG Düsseldorf v. 3. 9. 1992, ZfS 1993, 26; LG Wiesbaden v. 26. 10. 1990, r+s 1996, 455; LG Aachen v. 3. 2. 2000, r+s 2000, 383.

[148] OLG Düsseldorf v. 19. 2. 1996, r+s 1996, 234; OLG Nürnberg v. 7. 3. 1996, VersR 1996, 1534 = r+s 1996, 189; LG Karlsruhe v. 16. 11. 1990, NJW-RR 1991, 1183; LG Koblenz v. 23. 12. 2005, r+s 2006, 288.

[149] Vgl. OLG Saarbrücken v. 25. 5. 1994, VersR 1996, 580 = r+s 1995, 108; OLG Köln v. 1. 6. 1999, r+s 1999, 380 = NVersZ 2000, 286.

[150] Vgl. OLG Frankfurt/M. v. 7. 6. 2000, r+s 2002, 247.

[151] OLG Karlsruhe v. 15. 3. 2001, NVersZ 2002, 78.

[152] Vgl. BGH v. 4. 12. 1985, NJW 1986, 705 = VersR 1986, 254; OLG Düsseldorf v. 21. 9. 1999, r+s 2000, 160; OLG Hamm v. 3. 5. 1989, r+s 1989, 334; OLG Düsseldorf v. 3. 3. 1998, r+s 1998, 424 = NVersZ 1998, 41; LG Wuppertal v. 5. 4. 1990, VersR 1990, 1396; OLG Oldenburg v. 29. 9. 1990, VersR 2000, 1494 = NVersZ 2000, 280; KG v. 8. 12. 2006, VersR 2007, 1124 f. = r+s 2007, 286 ff.; OLG Saarbrücken v. 29. 1. 1992, VersR 1992, 741; vgl. die umfangreiche Rechtsprechungsübersicht in r+s 2000, 509 ff. sowie r+s 2005, 67 ff. und r+s 2006, 76.

[153] Vgl. OLG Hamburg v. 5. 5. 1993, r+s 1994, 184: grobe Fahrlässigkeit schon bei Verlassen der Wohnung für etwa 15 Minuten; OLG Nürnberg v. 25. 10. 2001, r+s 2001, 512; LG Koblenz v. 29. 10. 1993, r+s 1994, 185; LG Baden-Baden v. 21. 3. 1986, r+s 1986, 289; OLG Oldenburg v. 17. 1. 2001, r+s 2002, 74; LG Köln v. 21. 6. 2001, r+s 2002, 383; AG Neunkirchen v. 8. 1. 1996, r+s 1997, 167 (168).

[154] Vgl. OLG Oldenburg v. 10. 10. 1990, r+s 1992, 208; OLG Köln v. 16. 9. 1993, r+s 1994, 24; OLG Düsseldorf v. 18. 5. 1999, NVersZ 2001, 87; OLG Köln v. 22. 8. 2000, r+s 2000, 427 = VersR 2001, 365; vgl. auch OLG Hamm v. 20. 8. 1989, r+s 1989, 333; OLG Hamm v. 27. 10. 1995, r+s 1996, 112.

[155] OLG Hamm v. 27. 3. 1985, VersR 1986, 561; LG Hamburg v. 8. 10. 1979, VersR 1980, 226.

[156] Vgl. LG Berlin v. 22. 4. 1993, r+s 1995, 189; OLG Celle v. 10. 6. 1994, r+s 1995, 190; LG Bremen v. 19. 12. 2002, VersR 2003, 1569.

ten[157], das Unbeaufsichtigtlassen offener Kamine[158] sowie der unsorgfältige Umgang mit heißem Fett[159] wird regelmäßig als grob fahrlässig anzusehen sein. Häufig wird allerdings in subjektiver Hinsicht wegen eines sog. „Augenblicksversagens" eine grobe Fahrlässigkeit verneint[160].

Im Rahmen des **Leitungswasserrisikos** stellt sich das Problem der groben Fahrlässigkeit **113** insbesondere bei während längerer Abwesenheit unter Druck stehenden und/oder unfachmännisch reparierten **Waschmaschinen oder Geschirrspülern.** Grobe Fahrlässigkeit dürfte allenfalls dann anzunehmen sein, wenn es gewohnheitsmäßig oder während einer Urlaubsreise unterlassen wird, die Zulaufleitung abzusperren[161]. Ähnliches gilt bei altersschwachen, vorschriftswidrig reparierten oder mit Vorschäden behafteten Wasch- oder Spülmaschinen[162].

Während eines Spülvorgangs kann eine ununterbrochene Kontrolle nicht verlangt werden[163]. Ebenso wenig ist es grob fahrlässig, wenn die Wohnung während eines Wasch- oder Spülvorgangs für wenige Stunden verlassen wird[164].

Außer für eigenes Verschulden hat der VN auch für Vorsatz und grobe Fahrlässigkeit seiner **114** **Repräsentanten** einzustehen (§ 31 Nr. 2 i. V. m. § 37 VHB 2000). Soweit in den VHB 84 ein Leistungsausschluss auch bei Verschulden der mit dem VN in häuslicher Gemeinschaft lebenden volljährigen Personen vorgesehen ist und beim Versicherungsschutz gegen Einbruch, Diebstahl und Raub gemäß **§ 9 Nr. 3 a VHB 84** vorsätzliche Handlungen von Hausangestellten oder von Personen, die bei dem VN wohnen, vom Versicherungsschutz ausgeschlossen werden, ist dies wegen Verstoßes gegen § 307 BGB n. F. (früher § 9 Abs. 1 und 2 Nr. 1 AGBG) **unwirksam**[165].

Die objektiven und subjektiven Voraussetzungen der Leistungsfreiheit wegen vorsätzlicher **115** oder grob fahrlässiger Herbeiführung des Versicherungsfalls sind **vom VR darzulegen und zu beweisen**[166]. Die in §§ 9 Nr. 1 a VHB 84/VHB 92, § 31 Nr. 2 Satz 2 VHB 2000 enthaltene (unwiderlegliche) Beweisvermutung bei rechtskräftigen Strafurteilen wegen Brandstiftung dürfte mit § 309 Nr. 12 BGB nicht vereinbar sein. Zutreffend weist *Kollhosser*[167] darauf hin, dass derartige Beweisvermutungen zum Nachteil des VN von der zwingenden Norm des § 286 Abs. 1 ZPO abweichen, die eine Tatsachenfeststellung durch freie Überzeugungsbildung des jeweils entscheidenden Gerichts gebietet. Insbesondere darin, dass dem VN die Möglichkeit des Gegenbeweises abgeschnitten wird, liegt ein Verstoß gegen § 309 Nr. 12

---

[157] OLG Köln v. 11. 4. 2000, r+s 2000 296; OLG München v. 10. 7. 1991, r+s 1992, 207; OLG Köln v. 21. 9. 1989, r+s 1989, 366; OLG Oldenburg v. 16. 12. 1998, r +s 1999, 162; OLG Hamm v. 28. 1. 1987, r+s 1987, 167; LG Hamburg v. 2. 3. 2005, r+s 2005, 469.

[158] OLG Koblenz v. 6. 12. 2002, VersR 2003, 1124 m. w. N.

[159] OLG Köln v. 17. 10. 1985, NJW-RR 1987, 90; OLG Köln v. 7. 2. 1991, r+s 1991, 245; OLG Düsseldorf v. 9. 8. 1995, r+s 1995, 424; OLG Köln v. 25. 10. 1995, VersR 1996, 1491; OLG Zweibrücken v. 28. 4. 1999, r+s 2000, 469 = NVersZ 2000, 288; OLG Frankfurt/M. v. 23. 2. 2005, r+s 2005, 421; AG Borken v. 21. 5. 1992, r+s 1993, 389; ÖOGH v. 5. 8. 2003, VersR 2005, 815.

[160] Vgl. BGH v. 5. 4. 1989, VersR 1989, 840; OLG Köln v. 2. 3. 1990, r+s 1990, 186; OLG Frankfurt v. 10. 12. 1987, r+ s 1988, 143; OLG Köln v. 7. 2. 1991, r+s 1991, 244; OLG Frankfurt/M. v. 23. 2. 2005, r+s 2005, 421.

[161] OLG Oldenburg v. 18. 10. 1995, r+s 1996, 236; vgl. auch *Prölss/Martin/Knappmann,* § 9 VHB 84 Rn. 7; *Martin,* Sachversicherungsrecht, O I Rn. 141 ff.

[162] *Martin,* Sachversicherungsrecht, O I Rn. 143; LG Hamburg v. 27. 3. 1985, VersR 1986, 564.

[163] OLG München v. 13. 1. 2005, r+s 2005, 107, 109; AG Köln v. 23. 5. 2006, VersR 2007, 242.

[164] OLG Koblenz v. 20. 4. 2001 = VersR 2002, 231; r+s 2001, 471; LG Münster v. 15. 7. 1988, r+s 1989, 367; LG Giessen v. 10. 7. 1996, r+s 1996, 456; *Martin,* Sachversicherungsrecht, O I Rn. 145; a. A. OLG Karlsruhe v. 4. 12. 1986, VersR 1988, 1285; LG Passau v. 20. 2. 2006, VersR 2007, 242.

[165] BGH v. 21. 4. 1993, r+s 1993, 308 = VersR 1993, 830; OLG Hamm v. 6. 9. 1989, VersR 1990, 420 = r+s 1990, 133; *Prölss/Martin/Knappmann,* § 9 VHB 84 Rn. 11.

[166] Ständige Rechtsprechung des BGH, vgl. etwa BGH v. 15. 1. 1996, NJW-RR 1996, 664; BGH v. 19. 12. 1984, VersR 1985, 330, 331; Berliner Kommentar/*Beckmann,* § 61 Rn. 99 ff.

[167] *Prölss/Martin/Kollhosser,* § 14 AFB 87 Rn. 3; *Prölss/Martin/Knappmann,* § 9 VHB 84 Rn. 1.

BGB[168]. Hierbei ist auch zu berücksichtigen, dass umgekehrt ein Freispruch in einem strafge-richtlichen Verfahren oder eine Einstellung den VR keineswegs der Möglichkeit berauben, im Deckungsprozess den Nachweis einer vorsätzlichen Tatbegehung zu führen.

2. Objektive Risikoausschlüsse

116   Der durch §§ 9 Nr. 1b und c VHB 84/VHB 92, § 3 Nr. 2 VHB 2000 geregelte Ausschluss von Schäden, die durch **Kriegsereignisse** jeder Art, innere Unruhen, Erdbeben oder Kern-energie entstehen, findet sich nahezu in allen Sachversicherung, wobei der Umfang zum Teil unterschiedlich ist. Zur Begrifflichkeit und insbesondere zum Ausschluss von Schäden infolge **innerer Unruhen** kann auf *Martin*[169] verwiesen werden[170]. Terrorakte werden von den Aus-schlussbestimmungen nicht erfasst[171]. Die noch in § 9 Nr. 1b VHB 84 enthaltene Beweislast-regel ist wegen Verstoßes gegen § 309 Nr. 12 BGB unwirksam[172]. In den VHB 92 und VHB 2000 ist die Beweisvermutung zugunsten des VR nicht mehr enthalten.

3. Spezifische Risikoausschlüsse bei einzelnen Gefahren

117   Die spezifischen Risikoausschlüsse bei den einzelnen Gefahren sind im Rahmen der Aus-führungen zu Abschnitt V[173] abgehandelt.

VII. Versicherungsort, Wohnungswechsel, Außenversicherung

1. Versicherungsort

118   Der Kreis der versicherten Sachen, für die in der Hausratversicherung Versicherungsschutz besteht, wird in räumlicher Hinsicht durch die Vorschriften über den **Versicherungsort** be-schränkt. Es handelt sich insoweit neben der Beschreibung der versicherten Sachen und den versicherten Gefahren und Schäden um ein weiteres Element der **primären Risikoabgren-zung**[174].

119   §§ 10 Nr. 1 VHB 84/VHB 92, § 9 Nr. 1 VHB 2000 bestimmen, dass Versicherungsschutz für versicherte Sachen (nur) **innerhalb des Versicherungsortes** besteht. Eine Ausnahme gilt gemäß §§ 10 Nr. 1 Abs. 2 VHB 84/VHB 92, § 9 Nr. 1 Abs. 2 VHB 2000 für Sachen, die im Zusammenhang mit dem Versicherungsfall als Rettungsmaßnahme aus dem Versiche-rungsort entfernt worden sind und in zeitlichem und örtlichem Zusammenhang mit diesem Vorgang zerstört oder beschädigt werden oder abhanden kommen. Darüber hinaus besteht für versicherte Sachen außerhalb des Versicherungsortes nur in eingeschränktem Umfang Versicherungsschutz im Rahmen der sogenannten Außenversicherung (§§ 12 VHB 84/ VHB 92, § 11 VHB 2000). Sonderregelungen gelten für die Zeitdauer eines Wohnungs-wechsels gemäß §§ 11 VHB 84/VHB 92, § 10 VHB 2000.

120   Der **Entstehungsort der Schadenursache** ist im Rahmen der Hausratversicherung für die versicherten Gefahren Brand/Explosion etc., Leitungswasser und Sturm/Hagel unerheb-lich, so dass auch Fernwirkungen vom Versicherungsschutz umfasst sind. Entscheidend ist allein, dass sich die versicherten Sachen bei Eintritt des Versicherungsfalls im Versicherungsort befunden haben[175]. Etwas anderes gilt nach § 10 Nr. 3 VHB 84 für Schäden durch Einbruch-diebstahl, Raub oder Vandalismus nach einem Einbruch. Insoweit müssen alle Voraussetzun-

---

[168] Hierzu tendiert auch OLG Hamm v. 15. 7. 2002, r+s 2002, 423 (425); a. A. OLG Bamberg v. 8. 8. 2002, VersR 2003, 59.

[169] *Martin*, Sachversicherungsrecht, F I Rn. 1–15.

[170] Vgl. auch *Prölss/Martin/Kollhosser*, § 1 AFB 30 Rn. 16 ff.; Berliner Kommentar/*Dörner/Staudinger*, § 84 Rn. 9. *Ehlers*, r+s 2002, 133; BGH v. 13. 11. 1974, VersR 1975, 126; OLG Frankfurt/M. v. 27. 5. 1993, r+s 1993, 467.

[171] Vgl. *Dahlke*, VersR 2003, 25, 31.

[172] Vgl. *Prölss/Martin/Kollhosser*, § 1 AERB 81 Rn. 57; a. A. *Prölss/Martin/Knappmann*, § 9 VHB 84 Rn. 16.

[173] Siehe oben Rn. 43 ff.

[174] Vgl. hierzu *Prölss/Martin/Kollhosser*, § 49 Rn. 2, 3; eingehend und zum Teil abweichend *Martin*, Sachversicherungsrecht, G I Rn. 1 ff.

[175] Vgl. *Martin*, Sachversicherungsrecht, G II Rn. 1, 3.

gen gemäß §§ 5, 6 VHB 84 innerhalb des Versicherungsorts verwirklicht worden sein. Deshalb reicht das Erbrechen der gemeinsamen Hauseingangstür in einem Mehrfamilienhaus oder das gewaltsame Eindringen in eine fremde Wohnung oder in Geschäftsräume des Versicherten, von denen aus der Täter ohne Einbruch in die versicherten Räume gelangt, nicht aus[176]. Nach den VHB 92 müssen nur noch für Raub alle Voraussetzungen am Versicherungsort erfüllt sein. Somit reicht es für Diebstahl und Vandalismus nach einem Diebstahl aus, dass überhaupt in das Gebäude, in dem die Wohnung des VN liegt, eingebrochen wurde[177]. In den VHB 2000 ist auch die Einschränkung für Raub nicht mehr enthalten. Ein Risikoausschluss ergibt sich lediglich aus § 5 Nr. 5 VHB 2000, wonach sich der Versicherungsschutz gegen Beraubung nicht auf Sachen erstreckt, die erst auf Verlangen des Täters an den Ort der Wegnahme oder Herausgabe gebracht werden.

2. Begriff der „Wohnung"

Nach der in §§ 10 Nr. 2 VHB 84/VHB 92, § 9 Nr. 2 VHB 2000 enthaltenen Definition ist **121** Versicherungsort **die im Versicherungsvertrag bezeichnete Wohnung des VN.** Was unter dem Begriff der Wohnung zu verstehen ist, wird in den Bedingungen nicht näher bestimmt, sondern nur durch die Einbeziehung bestimmter Örtlichkeiten, die auch zur Wohnung gehören, umschrieben und gegenüber beruflich oder gewerblich genutzten Räumen abgegrenzt. Nach dem allgemeinen Sprachgebrauch und dem durchschnittlichen Verständnis eines VN versteht man unter Wohnung einen **umgrenzten räumlichen Bereich, der einer oder mehreren Personen als Unterkunft und zur Führung des Haushalts zu dienen bestimmt ist**[178]. Was zu einer so verstandenen Wohnung gehört, richtet sich in Grenzfällen nach den baulichen Gegebenheiten, der tatsächlichen Benutzung und dem Recht zur Benutzung durch den VN, wobei je nach Lage des Falles das eine oder andere Kriterium im Vordergrund stehen kann[179]. Auch ein Wohnwagen, ein Wohncontainer oder ein Hausboot können nach diesem Verständnis eine Wohnung darstellen. Auf die Gebäudeeigenschaft kommt es, anders als in der Einbruchdiebstahl- und Raubversicherung, nicht an[180]. Dies ändert allerdings nichts daran, dass für einen bedingungsgemäß versicherten Einbruchdiebstahl Gebäudeeigenschaft vorausgesetzt wird[181].

Erweiterungen der Wohnung (zusätzliche Räume) berühren den räumlichen Versiche- **122** rungsschutz nicht. Voraussetzung ist allerdings, dass es sich noch um die im Vertrag bezeichnete Wohnung handelt[182].

Zur Wohnung gehören nach §§ 10 Nr. 2 Satz 2 VHB 84/VHB 92, § 9 Nr. 2 VHB 2000 **123** auch **Räume in Nebengebäuden auf demselben Grundstück,** wobei es nach zutreffender Auffassung nicht auf die Grundbuchbezeichnung, sondern auf die örtlichen Gegebenheiten und den allgemeinen Sprachgebrauch ankommt[183].

In § 10 Nr. 2 Abs. 2 VHB 92 und § 9 Nr. 2 Satz 2 VHB 2000 wird ausdrücklich klargestellt, **124** dass auch **Garagen in der Nähe des Versicherungsortes,** soweit sie ausschließlich vom

---

[176] Vgl. *Prölss/Martin/Knappmann*, § 10 VHB 84 Rn. 2; OLG Oldenburg v. 30. 8. 1995, r+s 1996, 31; OLG Karlsruhe v. 20. 11. 2003, r+s 2004, 194 = VersR 2004, 373; etwas anderes soll nach OLG Saarbrücken v. 27. 10. 1993, VersR 1994, 720 bei familiärer Verbundenheit der „unter einem Dach" in getrennten Wohnungen lebenden VN gelten.

[177] *Prölss/Martin/Knappmann*, § 10 VHB 92 Rn. 3.

[178] Vgl. *Martin*, Sachversicherungsrecht, G IV Rn. 3, 6; OLG Düsseldorf v. 5. 7. 1985, VersR 1986, 562; OLG Karlsruhe v. 21. 1. 1993, r+s 1993, 110.

[179] So *Martin*, Sachversicherungsrecht, G IV Rn. 3; OLG Karlsruhe v. 21. 1. 1993, r+s 1993, 110; OLG Frankfurt v. 10. 1. 1986, VersR 1987, 706.

[180] *Dietz*, § 10 Rn. 2.3.

[181] Vgl. OLG Köln v. 28. 11. 1991, r+s 1991, 426; LG Lübeck v. 20. 11. 1990, r+s 1992, 282.

[182] *Prölss/Martin/Knappmann*, § 10 VHB 84 Rn. 3; *Martin*, Sachversicherungsrecht, G IV Rn. 5, 14; zur Abgrenzung zur Zweitwohnung vgl. instruktiv LG Berlin v. 22. 11. 2001, VersR 2002, 1552.

[183] LG Aachen v. 15. 9. 1989, VersR 1990, 655; LG Nürnberg-Fürth v. 22. 5. 1995, r+s 1995, 269 (270) mit Rechtsprechungsübersicht; OLG Düsseldorf v. 10. 2. 2004, r+s 2005, 161; *Martin*, Sachversicherungsrecht, G IV Rn. 26; *Prölss/Martin/Knappmann*, § 10 VHB 84 Rn. 4.

VN oder einer mit ihm in häuslicher Gemeinschaft lebenden Person zu privaten Zwecken genutzt werden, zur Wohnung gehören. Unter „Nähe" wird nach dem maßgeblichen allgemeinen Sprachgebrauch eine nur geringe Entfernung verstanden. Es sollen damit Örtlichkeiten einbezogen werden, die nicht weit entfernt von dem Bezugspunkt liegen, sich mithin dicht bei ihm befinden[184]. Eine Entfernung der Garage von 1,45 km von der Wohnung erfüllt das Kriterium der „Nähe" nicht mehr[185]. Mit der von der Garagenklausel vorausgesetzten Nähe wird der Zweck verfolgt, dass dem VN ein Minimum an Beobachtungs- und Überwachungsmöglichkeiten verbleibt[186].

125 Nach überwiegender Auffassung sind Räume, die vom VN nur **gemeinsam mit Dritten** genutzt werden, an denen der VN also kein ausschließliches Nutzungsrecht hat, vom Versicherungsschutz ausgeschlossen[187]. Zumindest für den Geltungsbereich der VHB 84 und VHB 92 ist dies, worauf *Knappmann*[188] zutreffend hinweist, nicht überzeugend, da sich weder aus dem Wortlaut der §§ 10 Nr. 2 VHB 84/VHB 92 noch aus der Verkehrsauffassung ergibt, dass Räumlichkeiten, die vom VN gemeinsam mit einem beschränkten Kreis von Dritten zur Aufbewahrung oder zum Abstellen von Gegenständen genutzt werden, nicht zur Wohnung gehören. Eine Abgrenzung ist dahin vorzunehmen, dass zur Wohnung alle Nebenräume zählen, bei denen die Nutzung durch Unbefugte vom VN ausgeschlossen werden darf[189]. Nach den VHB 2000 gilt dies nicht mehr, da in § 9 Nr. 2 VHB 2000 klargestellt ist, dass zur Wohnung nur solche Räume gehören, die ausschließlich vom VN oder einer mit ihm in häuslicher Gemeinschaft lebenden Person genutzt werden[190].

126 Ergibt sich eine (teilweise) gemeinsame Nutzung zwangsläufig aus den **Besonderheiten des Nutzungsverhältnisses** (z.B. Untermiete) oder daraus, dass Wohnbereiche **keine getrennten Zugangsmöglichkeiten** aufweisen (z.B. Einliegerwohnung), ist die teilweise gemeinsame Nutzung bestimmter Räume unschädlich[191]. Dies dürfte auch für § 9 Nr. 2 VHB 2000 gelten, was jedenfalls für Untermieter aus der Vorschrift des § 1 Nr. 6d VHB 2000 folgt. Insoweit weist *Martin*[192] zutreffend darauf hin, dass es des Ausschlusses von Sachen des Untermieters nicht bedürfte, wenn die untervermieteten Räume nicht Teil der Wohnung des Hauptmieters wären. Umgekehrt gehören zur Wohnung des Untermieters nur dessen Räume sowie die zwangsläufig gemeinschaftlich genutzten Räume, wobei dort befindliche Sachen des Vermieters oder Hauptmieters vom Versicherungsschutz ausgeschlossen sind[193].

127 Zur Wohnung gehören auch Dachboden und Kellerräume[194], nicht hingegen Treppenhäuser, Trockenspeicher und Kellerflure in Mehrfamilienhäusern[195].

---

[184] So BGH v. 26.3.2003, r+s 2003, 240; ähnlich *Prölss/Martin/Knappmann*, § 10 VHB 92 Rn. 2, wonach ausreichend ist, dass die Garagen in der erweiterten Nachbarschaft belegen sind.
[185] BGH v. 26.3.2003, r+s 2003, 240.
[186] BGH v. 26.3.2003, r+s 2003, 240.
[187] Vgl. hierzu *Martin*, Sachversicherungsrecht, G IV Rn. 15 ff. mit zahlreichen Nachweisen; OLG Karlsruhe v. 21.1.1993, VersR 1993, 1266; OLG Frankfurt v. 10.1.1986, VersR 1987, 706; OLG Düsseldorf v. 27.3.1985, VersR 1986, 561; LG Bonn v. 19.11.2002, r+s 2003, 328.
[188] *Prölss/Martin/Knappmann*, § 10 VHB 84 Rn. 4.
[189] OLG Hamm v. 1.3.1996, NJWE-VHR 1996, 137; OLG Hamm v. 26.1.1990, r+s 1992, 241; *Prölss/Martin/Knappmann*, § 10 VHB 84 Rn. 4.
[190] Kritisch hierzu *Prölss/Martin/Knappmann*, § 9 VHB 2000 Rn. 2.
[191] Vgl. *Martin*, Sachversicherungsrecht, G IV Rn. 10 ff.; *Prölss/Martin/Knappmann*, § 10 VHB 84 Rn. 4; OLG Saarbrücken v. 20.9.1995, r+s 1996, 150 (151); LG Köln v. 22.3.1989, VersR 1989, 911; OLG Oldenburg v. 30.8.1995, VersR 1996, 1273; OLG Düsseldorf v. 27.3.1985, VersR 1986, 561 = r+s 1986, 262.
[192] *Martin*, Sachversicherungsrecht, G IV Rn. 10.
[193] Vgl. *Martin*, Sachversicherungsrecht, G IV Rn. 12.
[194] Vgl. *Martin*, Sachversicherungsrecht, G IV Rn. 14; OLG Frankfurt/M. v. 10.1.1986, VersR 1987, 706; LG Düsseldorf v. 12.6.1981, r+s 1984, 252.
[195] *Martin*, Sachversicherungsrecht, G IV Rn. 15; OLG Frankfurt/M. v. 10.1.1986, VersR 1987, 706; LG Köln v. 20.3.1984, VersR 1985, 677; LG Dortmund v. 30.3.1983, r+s 1984, 19; AG Neubrandenburg v. 1.2.1993, r+s 1993, 469 (470).

Eine Ausnahme vom Ausschluss des Versicherungsschutzes für Sachen in Gemeinschaftsräu- **128** men gilt seit den VHB 92 für **Waschmaschinen und Wäschetrockner.** Diese sind auch in Räumen versichert, die der VN gemeinsam mit anderen Hausbewohnern nutzt (§ 10 Nr. 2 Abs. 3 VHB 92). § 9 Nr. 4 VHB 2000 hat dies auf Krankenfahrstühle, Fahrräder und Kinderwagen des VN erweitert, vorausgesetzt die Räume befinden sich auf dem Grundstück, auf dem sich auch die versicherte Wohnung befindet. Soweit in § 10 Nr. 2 Satz 3 VHB 92 von dem VN „gehörenden" Maschinen die Rede ist, kann wegen des unjuristischen Ausdrucks nicht von einem Ausschluss des grundsätzlich gemäß § 1 Nr. 3 VHB 92 versicherten fremden Eigentums ausgegangen werden[196]. In § 9 Nr. 4 VHB 2000 ist dieser Zusatz demgemäß entfallen.

Nach § 9 Nr. 2 VHB 2000 gehören zur Wohnung auch **Loggien, Balkone** und an das **129** Gebäude unmittelbar anschließende **Terrassen.** Jedenfalls für Loggien und Balkone gilt dies bei zutreffender Auslegung auch für die VHB 84 und VHB 92[197].

Ebenfalls eine Sonderregelung besteht für **Antennenanlagen sowie Markisen.** Nach **130** §§ 10 Nr. 2 Satz 4 VHB 84/VHB 92, § 9 Nr. 3 VHB 2000 gilt insoweit als Versicherungsort das gesamte Grundstück, auf dem sich die versicherte Wohnung befindet.

Gemäß ausdrücklicher Bestimmung in § 10 Nr. 2 Satz 3 VHB 84, § 10 Nr. 3 VHB 92, § 9 **131** Nr. 2 Abs. 2 VHB 2000 gehören nicht zur Wohnung Räume, **die ausschließlich beruflich oder gewerblich genutzt** werden. Die Abgrenzung ist im Einzelfall schwierig. Voraussetzung für den Ausschluss ist, dass eine auf Dauer angelegte ausschließliche berufliche oder gewerbliche Nutzung vorliegt. Der Nutzungszweck ist nach Funktion und Einrichtung (z. B. Räume einer auf demselben Grundstück betriebenen Arzt- oder Anwaltspraxis, Verkaufsräume, Werkstatträume eines selbständig tätigen Handwerkers) abzugrenzen[198]. Das häusliche Arbeitszimmer, auch dasjenige eines Freiberuflers, unterfällt ebenso dem Versicherungsschutz wie sonstige Räume, die sowohl beruflich als auch privat genutzt werden, wobei eine private Nutzung nicht schon dann vorliegt, wenn in dem Raum auch privat genutzte Gegenstände aufbewahrt werden[199].

3. Wohnungswechsel

In §§ 11 Nr. 1 Satz 1 VHB 84/VHB 92, § 10 Nr. 1 Satz 1 VHB 2000 ist bestimmt, dass im **132** Falle eines Wechsels der Wohnung des VN der Versicherungsschutz auf die neue Wohnung übergeht. Ein **Wohnungswechsel** liegt dann vor, wenn der VN seinen Lebensmittelpunkt auf unabsehbare Zeit in eine andere als die im Versicherungsschein bezeichnete Wohnung verlegt[200]. Unerheblich ist, aus welchen Motiven oder aus welchem Anlass der Wohnungswechsel erfolgt, so dass auch ein unfreiwilliger Auszug einen Wohnungswechsel darstellt[201]. Insbesondere kommt es für den Begriff des Wohnungswechsels nicht darauf an, ob und ggf. in welchem Umfang der VN eigene Sachen aus der bisherigen Wohnung in die andere Wohnung eingebracht hat[202]. Ein Wohnungswechsel liegt auch dann vor, wenn der Einzug in die neue Wohnung, z. B. bei einem Lebensgefährten, von vornherein nur für einen vorübergehenden Zeitraum erfolgt. Maßgeblich ist, dass die bisherige Wohnung aufgegeben worden ist[203]. Ver-

---

[196] So zutreffend *Prölss/Martin/Knappmann*, § 10 VHB 92 Rn. 2.

[197] Vgl. *Martin,* Sachversicherungsrecht, G IV Rn. 19.

[198] *Prölss/Martin/Knappmann,* § 10 VHB 84 Rn. 5; vgl. OLG Düsseldorf v. 27. 3. 1996, r+s 1996, 318 betr. Hausratversicherung für bordellartigen Betrieb; LG Bremen v. 28. 6. 1990, r+s 1990, 315.

[199] Vgl. *Prölss/Martin/Knappmann,* § 10 VHB 84 Rn. 5; OLG Saarbrücken v. 17. 3. 1993, r+s 1994, 68 = NJW-RR 1994, 485 = VersR 1993, 1477; vgl. zu weiteren Einzelheiten *Martin,* Sachversicherungsrecht, G IV Rn. 39ff.

[200] Vgl. OLG Hamm v. 13. 1. 1989, r+s 1989, 364; OLG Köln v. 30. 8. 1990, r+s 1990, 347; OLG Hamm v. 12. 2. 1991, r+s 1991, 276; OLG Koblenz v. 27. 1. 2005, VersR 2005, 1283.

[201] OLG Hamm v. 13. 1. 1989, r+s 1989, 364; OLG Hamm v. 12. 2. 1991, r+s 1991, 276.

[202] OLG Frankfurt/M. v. 5. 5. 1999, r+s 2000, 426 = NVersZ 2000, 285; OLG Köln v. 27. 4. 1999, r+s 1999, 251; OLG Düsseldorf v. 10. 10. 1995, r+s 1996, 233; OLG Köln v. 30. 8. 1990, r+s 1990, 347; OLG Hamburg v. 25. 10. 1983, VersR 1984, 431; *Prölss/Martin/Kollhosser,* § 69 Rn. 14; *Prölss/Martin/ Knappmann,* § 11 VHB 84 Rn. 1; *Römer/Langheid/Langheid,* § 69 Rn. 9, jeweils m. w. N.

[203] OLG Frankfurt/M. v. 5. 5. 1999, NVersZ 2000, 285; VersR 2001, 236.

sicherungsschutz für den Hausrat in der bisherigen Wohnung kann dann nur noch über die Außenversicherung gemäß §§ 12 VHB 84/VHB 92, § 11 VHB 2000 bestehen[204].

133   Abgrenzungsprobleme ergeben sich, wenn der VN **mehrere Wohnungen** unterhält, wobei es sich um Erst- und Zweitwohnung(en) oder um mehrere eigenständige Hauptwohnungen handeln kann[205]. §§ 11 Nr. 1 Satz 2 VHB 84/VHB 92 bestimmen hierzu, dass in den Fällen, in denen der VN die im Versicherungsschein bezeichnete Wohnung beibehält, ein Wohnungswechsel nur vorliegt, wenn er die neue Wohnung in derselben Weise wie die bisherige nutzt. Hieraus folgt, dass die zusätzliche Errichtung einer Zweitwohnung keinen Wohnungswechsel darstellt[206]. Für die hinzugekommene Zweitwohnung muss ein gesonderter VV abgeschlossen werden. Im umgekehrten Fall, wenn also die bisherige Hauptwohnung zur Neben- oder Zweitwohnung und die neue Wohnung zur Hauptwohnung wird, sind die Vorschriften der §§ 11 Nr. 1 VHB 84/VHB 92 anzuwenden. Es ist dann für die beibehaltene bisherige Wohnung ein gesonderter VV abzuschließen[207].

134   Wird die neu hinzugekommene Wohnung gleichrangig mit der bisher versicherten Erstwohnung benutzt, so geht der Versicherungsschutz nicht auf die neue Wohnung über, da dann von einer Verlegung des Lebensmittelpunktes nicht gesprochen werden kann[208]. Das Problem des **Doppelwohnsitzes** wird nunmehr in § 10 Nr. 1 Abs. 2 VHB 2000 dahin geregelt, dass der Versicherungsschutz nicht übergeht, wenn der VN zusätzlich die bisherige Wohnung behält **und** die alte Wohnung weiterhin bewohnt. Die Regelung wirft weitere Zweifelsfragen auf. So bleibt unklar, ob der Versicherungsschutz auch dann nicht übergeht, wenn die bisherige Wohnung nur noch als Zweitwohnung oder Nebenwohnung benutzt wird. Auch in einem solchen Fall ist nämlich davon auszugehen, dass die alte Wohnung weiterhin bewohnt wird, da § 10 Nr. 1 Abs. 2 VHB 2000 zum Umfang des weiteren Bewohnens nichts sagt[209]. Auch der Begriff des „Doppelwohnsitzes" ist nicht eindeutig, da auch bei Erst- und Zweitwohnung ein Doppelwohnsitz vorliegt.

135   Besonderheiten gelten für Fall der **Trennung von Ehegatten.** Zieht bei einer Trennung von Ehegatten der (alleinige) VN aus der Wohnung aus und bleibt der andere Ehegatte in der bisherigen Ehewohnung zurück, so bestimmen § 11 Nr. 5 VHB 92, § 10 Nr. 6 VHB 2000, dass die neue Wohnung des VN und die bisherige Ehewohnung gleichrangig für eine **Übergangszeit von drei Monaten** als Versicherungsort gelten. Diese Regelung gilt bis zu einer Änderung des VV, längstens bis zum Ablauf von drei Monaten nach der nächsten, auf den Auszug des VN folgenden Prämienfälligkeit. Danach besteht Versicherungsschutz nur noch in der neuen Wohnung des VN. Der in der Ehewohnung verbleibende Ehegatte hat also keinen Versicherungsschutz mehr.

136   Eine Regelung für den Fall der Trennung von Ehegatten war in den VHB 84 (und auch in den VHB 74) nicht enthalten. Die VR haben jedoch eine **geschäftsplanmäßige Erklärung**[210] abgegeben, wonach bei Trennung von Eheleuten für die Dauer von drei Monaten Versicherungsschutz in der neuen und in der alten Wohnung besteht[211].

137   Der Grundsatz, dass der Versicherungsschutz im Anschluss an die Übergangszeit von längstens drei Monaten auf die neue Wohnung desjenigen Ehegatten übergeht, der VN ist, gilt auch dann, wenn der gesamte Hausrat in der bisherigen Wohnung bei dem anderen Ehegatten verbleibt[212].

---

[204] Siehe hierzu weiter unten Rn. 148 ff.

[205] Vgl. im Einzelnen *Martin,* Sachversicherungsrecht, G IV Rn. 83 ff.; *Dietz,* § 11 Rn. 2.3.

[206] *Prölss/Martin/Knappmann,* § 11 VHB 84 Rn. 1; *Martin,* Sachversicherungsrecht, G IV Rn. 74, 83.

[207] *Martin,* Sachversicherungsrecht, G IV Rn. 60, 86, 87.

[208] Vgl. *Martin,* Sachversicherungsrecht, G IV Rn. 88; AG Köln v. 28. 9. 1988, ZfS 1988, 368.

[209] Vgl. auch *Prölss/Martin/Knappmann,* § 10 VHB 2000 Anm. 1.

[210] VerBAV 1990, 179; dazu ausführlich *Martin,* Sachversicherungsrecht, r+s 1990, 181.

[211] Zum Geltungsumfang der geschäftsplanmäßigen Erklärung vgl. OLG Düsseldorf v. 5. 9. 2000, r+s 2001, 160; OLG Frankfurt/M. v. 2. 11. 1994, r+s 1996, 412, sowie *Martin,* Sachversicherungsrecht, G IV Rn. 115 ff.

[212] OLG Düsseldorf v. 5. 9. 1984, r+s 1985, 19; OLG Hamburg v. 25. 10. 1983, VersR 1984, 431.

Ziehen **beide Ehegatten** aus der gemeinsamen Wohnung aus, so verbleibt es bei Geltung   **138**
der geschäftsplanmäßigen Erklärung der VR und bei Geltung der VHB 92 dabei, dass nur die
neue Wohnung des (ausziehenden) VN im Anschluss an den Umzug versichert ist[213]. Die
VHB 2000 haben hieran nichts geändert. Soweit *van Bühren/Höra*[214] meinen, dass bei einem
Auszug beider Ehegatten der Versicherungsschutz für beide Wohnungen grundsätzlich gemäß § 10 Nr. 6 Abs. 2 VHB 2000 nach einer Übergangsfrist erlischt, und hieraus Bedenken
gegen die Wirksamkeit dieser Regelung ableiten, wird übersehen, dass sich § 10 Nr. 6 Abs. 2
VHB 2000 seiner systematischen Stellung nach nur auf den Fall bezieht, dass beide Ehegatten
VN sind.

Für den Fall, dass **beide Ehegatten VN** sind[215], ist streitig, ob es beim Umzug eines der   **139**
VN zu einer mit erheblichen Nachteilen verbundenen Spaltung des Versicherungsorts oder
zu einem Wegfall des Vertrages gemäß § 68 Abs. 2 VVG kommt[216]. Die VHB 2000 enthalten
erstmals für den Fall, dass beide Ehegatten VN sind, eine ausdrückliche Regelung. Zieht bei
Trennung nur einer der Ehegatten aus der Ehewohnung aus, so sind für eine Übergangszeit
die bisherige Wohnung und die neue Wohnung des ausziehenden Ehegatten gleichzeitig Versicherungsort. Dies gilt bis zu einer Änderung des Versicherungsvertrags, längstens bis zum
Ablauf von drei Monaten nach der nächsten, auf den Auszug des Ehegatten folgenden Bei-
tragsfälligkeit. Danach erlischt der Versicherungsschutz für die neue Wohnung (§ 10 Nr. 6
Abs. 1 VHB 2000).

Für den Fall, dass **beide Ehegatten VN** sind und **beide in neue Wohnungen umzie-**   **140**
hen, besteht gemäß § 10 Nr. 6 Abs. 1 VHB 2000 für eine Übergangszeit gleichzeitig Versicherungsschutz in beiden neuen Wohnungen. Nach Ablauf der Übergangsfrist erlischt der
Versicherungsschutz für beide neuen Wohnungen. Die Regelung wirft weitere Zweifelsfragen auf. Dies gilt insbesondere für die zeitliche Abfolge des Ausziehens. § 10 Nr. 6 Abs. 2
VHB 2000 geht, da für die Fristberechnung auf „den Auszug der Ehegatten" abgestellt wird,
ersichtlich von einem gleichzeitigen Auszug beider Ehegatten aus. Erfolgen die Auszüge
demgegenüber, was häufig vorkommen dürfte, nicht gleichzeitig, so gilt § 10 Nr. 6 Abs. 1
VHB 2000. Für den zeitlich späteren Auszug des anderen Ehegatten, der ebenfalls VN ist,
kommt sodann § 10 Nr. 1 VHB 2000 zur Anwendung. In jedem Falle verliert, wenn beide
Ehegatten VN sind, der zuerst ausziehende Ehegatte nach Ablauf der Übergangsfrist den Versicherungsschutz für die neue Wohnung.

Wegen der Gefahr des Verlustes von Versicherungsschutz besteht eine **Aufklärungs-**   **141**
pflicht des VR, falls er von einem beabsichtigten Wohnungswechsel oder der Anmietung
einer anderen Wohnung Kenntnis erlangt. Bei Verletzung der Belehrungspflicht kommt eine
Haftung des VR aus positiver Vertragsverletzung in Betracht[217].

Ein **Wohnungswechsel** ist dem VR spätestens bei Umzugsbeginn unter Angabe der   **142**
neuen Wohnfläche in Quadratmetern **schriftlich anzuzeigen** (§§ 11 Nr. 2 VHB 84/VHB
92, § 10 Nr. 2 VHB 2000). Verstöße gegen die Anzeigepflicht bei Wohnungswechsel sind
sanktionslos[218]. Ist mit dem Wohnungswechsel eine Gefahrerhöhung verbunden[219], greifen
§§ 13 Nr. 3a und c VHB 84/VHB 92, § 24 Nr. 1 Abs. 2b und d VHB 2000 ein. In § 10 Nr. 3
VHB 2000 ist insoweit ausdrücklich bestimmt, dass der VN dem VR schriftlich mitzuteilen
hat, ob die für die bisherige Wohnung vereinbarten besonderen Sicherungen auch in der
neuen Wohnung vorhanden sind. Da auf § 24 Nr. 1 VHB 2000 (Gefahrerhöhung) verwiesen

---

[213] *Prölss/Martin/Knappmann,* § 11 VHB 92 Rn. 2.
[214] *Van Bühren/Höra,* § 3 Rn. 167.
[215] Vgl. etwa den Fall OLG Hamm v. 28. 1. 1987, r+s 1987, 167.
[216] Vgl. hierzu *Martin,* Sachversicherungsrecht, H IV Rn. 77; *Schütz,* VersR 1985, 913; *Endermann,* VP
1986, 105; *Römer/Langheid/Langheid,* § 69 Rn. 9; *Prölss/Martin/Kollhosser,* § 69 Rn. 15.
[217] OLG Hamm v. 3. 6. 1998, r+s 1999, 75 = VersR 1999, 708; OLG Hamburg v. 25. 10. 1983, VersR
1984, 431; *Prölss/Martin/Kollhosser,* § 69 Rn. 14.
[218] *Prölss/Martin/Knappmann,* § 11 VHB 84 Rn. 4.
[219] Vgl. hierzu unten Rn. 163ff.

wird, ist § 10 Nr. 3 VHB 2000 ergänzend dahin auszulegen, dass die Mitteilungspflicht nur besteht, wenn entsprechende Sicherungen in der neuen Wohnung nicht vorhanden sind.

143   **Während des Wohnungswechsels** besteht gemäß §§ 11 Nr. 1 Abs. 2 VHB 84/VHB 92, § 10 Nr. 1 Abs. 3 Satz 2 VHB 2000 Versicherungsschutz sowohl für die bisherige Wohnung als auch für die neue Wohnung. Der Deckungsschutz für beide Wohnungen ist begrenzt für die Dauer von **zwei Monaten nach Umzugsbeginn.**

144   **Umzug** ist der Transport von Hausratsgegenständen von der bisherigen Wohnung in die neue Wohnung. Was unter Beginn des Umzugs zu verstehen ist, kann im Einzelfall zweifelhaft sein[220]. Regelmäßig wird der Versicherungsschutz in der neuen Wohnung mit der Verbringung von Hausrat in diese anzusetzen sein, wobei es unerheblich ist, ob es sich um Hausrat aus der alten Wohnung oder um anderweitig (neu) beschaffte Hausratsgegenstände handelt. Das Anbringen von Teppichen und Gardinen in der neuen Wohnung lässt den Umzug noch nicht beginnen[221]. Der Umzug und der Wohnungswechsel enden, wenn der Transport von Hausrat aus der früheren in die neue Wohnung abgeschlossen ist[222]. Ist der Umzug abgeschlossen, so endet der Versicherungsschutz für die alte Wohnung auch dann, wenn sich in der alten Wohnung noch Sachen befinden, bei diesen aber nicht die Absicht besteht, sie jemals in die neue Wohnung zu überführen[223].

145   **Während des Transportvorgangs** selbst besteht Versicherungsschutz nur in der Außenversicherung, da §§ 11 VHB 84/VHB 92, § 10 Nr. 1 Satz 2 VHB 2000 ausdrücklich davon sprechen, dass Versicherungsschutz während des Wohnungswechsels nur „in" beiden Wohnungen besteht[224].

146   Bei einem **Umzug in eine Wohnung außerhalb der Bundesrepublik Deutschland** findet ein Übergang des Versicherungsschutzes nicht statt (§§ 11 Nr. 1 Abs. 3 Satz 1 VHB 84/VHB 92, § 10 Nr. 1 Abs. 3 Satz 1 VHB 2000). Etwas anders gilt bei Vereinbarung der Klausel 7410, die gleichlautend sowohl für die VHB 92 als auch für die VHB 2000 vereinbart werden kann.

147   §§ 11 Nr. 3 VHB 84/VHB 92, § 10 Nr. 4 VHB 2000 sehen eine **automatische Prämienanpassung** vor, wenn die neue Wohnung an einem Ort liegt, für den der Tarif des VR einen anderen Beitragssatz vorsieht. Die bisherige Zweifelsfrage, ob maßgebend der Tarif bei Wohnungswechsel oder der Tarif bei Abschluss des Vertrages ist[225], ist in § 10 Nr. 4 Abs. 1 VHB 2000 dahin geklärt, dass der zum Zeitpunkt des Vertragsabschlusses gültige Tarif maßgebend ist. Wegen Verstoßes gegen § 34a VVG dürfte die Bestimmung über eine automatische Prämienanpassung **nichtig** sein[226].

4. Außenversicherung

148   Bei der **Außenversicherung,** die in §§ 12 VHB 84/VHB 92, § 11 VHB 2000 geregelt ist, handelt es sich um eine Erweiterung des grundsätzlich an den Versicherungsort gebundenen Versicherungsschutzes auf **Sachen, die sich außerhalb des vereinbarten Versicherungsort befinden.** Der Außenversicherungsschutz ist, was die versicherten Sachen betrifft, beschränkt auf Sachen, die im Eigentum des VN oder einer mit ihm in häuslicher Gemeinschaft lebenden Person stehen oder die deren Gebrauch dienen. Als Beispiele sind insoweit zu nen-

---

[220] In § 11 Nr. 1 VHB 2008 ist dies nunmehr definiert als Zeitpunkt, in dem erstmals versicherte Sachen dauerhaft in die neue Wohnung gebracht werden.

[221] LG Saarbrücken v. 13. 7. 1987, ZfS 1987, 155; *Prölss/Martin/Knappmann,* § 11 VHB 84 Rn. 3; *Martin,* Sachversicherungsrecht, G IV Rn. 54.

[222] *Dietz,* § 11 Rn. 2.6.

[223] *Prölss/Martin/Knappmann,* § 11 VHB 84 Rn. 2; *Martin,* Sachversicherungsrecht, G IV Rn. 50, 53; OLG Koblenz v. 4. 7. 1980, VersR 1981, 823.

[224] *Prölss/Martin/Knappmann,* § 11 VHB 84 Rn. 3; OLG Koblenz v. 7. 5. 1999, NVersZ 2000, 532 (533) = r+s 2000, 381; vgl. OLG Hamm v. 7. 9. 2007, VersR 2008, 678.

[225] Vgl. *Martin,* Sachversicherungsrecht, N IV Rn. 104; *Dietz,* § 11 Rn. 4 ff.; *Prölss/Martin/Knappmann,* § 11 VHB 84 Rn. 5.

[226] So *Martin,* Sachversicherungsrecht, N IV Rn. 104; *Prölss/Martin/Knappmann,* § 11 VHB 84 Rn. 5.

nen Sachen, die der VN vermietet, verleiht oder zur Reparatur oder Aufbewahrung weggibt[227]; ferner Sachen, die er mit sich an seinen Ausbildungs- oder Arbeitsplatz, in sein Urlaubsquartier oder sein Krankenhauszimmer verbringt[228].

Versicherte Sachen sind (nur) dann außenversichert, wenn sie sich **vorübergehend au-** **149** **ßerhalb der Wohnung** befinden. Als „vorübergehend" wird ein Zustand gekennzeichnet, der sich zeitlich und räumlich nach dem Willen des Berechtigten dahin entwickeln soll, dass der Gegenstand an den Versicherungsort gelangt, wobei es auf die konkrete, begründete subjektive Vorstellung des VN vom erwarteten Zeitpunkt des Verbringens in die Wohnung ankommt[229]. Dabei ist es unerheblich, ob sich der Gegenstand bereits einmal in der versicherten Wohnung befunden hat oder nicht. Versichert ist auch, was erstmals in die Wohnung verbracht werden soll[230]. Dies können auch ererbte Sachen sein, die sich noch in der Wohnung des Erblassers befinden[231].

Auch **privates Bargeld,** welches von einem Bankkonto abgehoben worden ist, um damit **150** private Anschaffungen zu tätigen, unterfällt dem Außenversicherungsschutz, ohne dass es darauf ankommt, ob das Bargeld zuvor in die Wohnung gelangt ist[232]. Zu weit geht es demgegenüber, Bargeld auch dann dem Außenversicherungsschutz zu unterstellen, wenn hiermit kein Hausrat im weiteren Sinne angeschafft werden soll, sondern andere Verbindlichkeiten beglichen werden sollen[233]. Bei Gegenständen, die sich bereits in der Wohnung befunden haben, wird eine überwiegende Wahrscheinlichkeit der Rückkehr in den Versicherungsort verlangt, um davon sprechen zu können, dass sich die Gegenstände nur vorübergehend außerhalb der Wohnung befunden haben[234]. Ob der Schwerpunkt des Gebrauchs der Sache innerhalb oder außerhalb der Wohnung liegt, ist nicht entscheidend, da mit dem Begriff „vorübergehend" nach dem Wortverständnis des durchschnittlichen VN nur zeitliche Vorstellungen verbunden werden[235]. Darlegungs- und **beweisbelastet** für das Tatbestandsmerkmal „vorübergehend" ist der VN[236].

Auch persönliche Sachen, die **beruflichen oder gewerblichen Zwecken** des VN oder **151** seiner Hausgenossen dienen, können im Rahmen der Außenversicherung mit versichert sein, wobei jedoch an das Merkmal „vorübergehend" strengere Anforderungen zu stellen sind, da bei regelmäßiger beruflicher Nutzung außerhalb des Versicherungsorts (z. B. tägliche Mitnahme von beruflich genutzten Gegenständen in das Geschäft oder zum Arbeitsplatz) nicht davon gesprochen werden kann, dass die Sachen sich nur „vorübergehend außerhalb" der Wohnung befinden, sondern umgekehrt nur eine vorübergehende Mitnahme in die Wohnung vorliegt[237].

---

[227] Vgl. für Schmuck im Banktresor OLG Köln v. 17. 9. 1996, r+s 1996, 498.

[228] *Prölss/Martin/Knappmann,* § 12 VHB 84 Rn. 8; vgl. auch *Wälder,* r+s 1996, 194 für Sachen, die außerhalb der Wohnung verwertet werden sollen.

[229] *Prölss/Martin/Knappmann,* § 12 VHB 84 Rn. 3; OLG Koblenz v. 7. 5. 1999, r+s 2000, 381 = NVersZ 2000, 532.

[230] Vgl. *Prölss/Martin/Knappmann,* § 12 VHB 84 Rn. 3; *Martin,* Sachversicherungsrecht, G V Rn. 19; OLG Koblenz v. 7. 5. 1999, r+s 2000, 381.

[231] Vgl. *Wälder,* r+s 1996, 194 in Anm. zu LG Hannover v. 26. 3. 1996, r+s 1996, 194.

[232] Vgl. *Martin,* Sachversicherungsrecht, G V Rn. 29; OLG Zweibrücken v. 3. 11. 1989, r +s 1990, 422; LG Köln v. 26. 6. 1991, r+s 1992, 63; LG Oldenburg v. 2. 3. 1988, VersR 1988, 484; a. A. *Prölss/Martin/ Knappmann,* § 12 VHB 84 Rn. 7.

[233] So zutreffend *Prölss/Martin/Knappmann,* § 12 VHB 84 Rn. 7; dies wird nicht beachtet bei OLG Zweibrücken v. 3. 11. 1989, r+s 1990, 422.

[234] *Martin,* Sachversicherungsrecht, G V Rn. 19, 20; *Prölss/Martin/Knappmann,* § 12 VHB 84 Rn. 3; BGH v. 11. 6. 1986, VersR 1986, 778; OLG Celle v. 22. 2. 1989, r+s 1989, 157 für den Fall der Entfernung von Sachen aus der ehelichen Wohnung.

[235] Vgl. *Martin,* Sachversicherungsrecht, G V 39; *Wälder,* r+s 1993, 267 (268).

[236] BGH v. 11. 6. 1986, VersR 1986, 778; *Martin,* Sachversicherungsrecht, G V Rn. 25.

[237] Vgl. *Martin,* Sachversicherungsrecht, G V Rn. 30, 42; *Prölss/Martin/Knappmann,* § 12 VHB 84 Rn. 6; AG Hamburg v. 17. 1. 1986, VersR 1986, 1066.

152   Immer dann, wenn für die außerhalb des Versicherungsorts befindlichen Sachen üblicherweise eine gesonderte Versicherung genommen wird, so z. B. für Sachen in Zweitwohnungen oder für Sachen, die dem außerhalb der Wohnung ausgeübten Beruf oder Gewerbe des VN dienen, ist entsprechend dem **Motiv der Hausrataußenversicherung,** einen gesonderten Versicherungsschutz durch einen gesonderten Vertrag für einen anderen Versicherungsort entbehrlich zu machen, eine einschränkende Auslegung des Begriffes „vorübergehend" gerechtfertigt[238].

153   Der Außenversicherungsschutz besteht für **maximal drei Monate**[239]. Darüber hinausgehende Zeiträume gelten nach der Definition der §§ 12 Nr. 1 Satz 2 VHB 84/VHB 92, § 11 Nr. 1 Satz 2 VHB 2000 nicht mehr als vorübergehend. Auch insoweit kommt es auf eine vorausblickende Beurteilung an[240]. War von vornherein eine über die Frist hinausgehende „Auslagerung" der versicherten Sachen vorgesehen, besteht von Anfang an kein Versicherungsschutz[241]. Insoweit fehlt es an dem Erfordernis, dass sich die Sache nur „vorübergehend" außerhalb der Wohnung befindet.

154   Eine Ausnahme gilt gemäß §§ 12 Nr. 2 VHB 84/VHB 92, wenn sich der VN oder eine mit ihm in häuslicher Gemeinschaft lebende Person wegen **Ausbildung, Wehrdienst oder Zivildienst** außerhalb der Wohnung aufhalten. Der Außenversicherungsschutz besteht dann so lange, bis ein eigener Hausstand gegründet wird. Motiv dieser Ausnahmevorschrift ist, dass den betroffenen Personen nicht angesonnen werden soll, für das Inventar ihrer meist nur provisorischen Unterkunft einen gesonderten Vertrag zu schließen[242]. Der Außenversicherungsschutz ist hierbei nicht auf die Unterkunft des Auszubildenden beschränkt, sondern besteht auch an dritten Orten, in welche die betroffene Person Sachen von der Unterkunft aus vorübergehend verbringt[243].

155   Während Außenversicherungsschutz nach den VHB 66, den VHB 74 und den VHB 84 nur innerhalb Europas besteht, gilt Außenversicherungsschutz nach § 12 Nr. 1 VHB 92 und § 11 Nr. 1 VHB 2000 **weltweit.** Die Begrenzung auf Europa nach den VHB 66 und VHB 74 meint Europa im geographischen, nicht im politischen Sinn[244]. Ausgeschlossen sind somit z. B. die Kanarischen Inseln und der asiatische Teil der Türkei[245].

156   **Kein Versicherungsschutz** besteht in der Außenversicherung gemäß §§ 12 Nr. 3 VHB 84/VHB 92, § 11 Nr. 3 VHB 2000 für **Sturm- und Hagelschäden an Sachen außerhalb von Gebäuden.** Man spricht insoweit von der **Gebäudegebundenheit** der Hausrataußenversicherung. Die Einschränkung betrifft insbesondere Sachen in Wohnwagen und Kraftfahrzeugen, sofern sich diese im Schadenzeitpunkt nicht selbst in einem Gebäude (Garage, Parkhaus) befunden haben[246]. Nach den VHB 66 und VHB 74 bestand eine Gebäudegebundenheit bei Sturmschäden nicht (§§ 6 Nr. 2 VHB 66/VHB 74). Danach waren auch Sturmschäden an Sachen außerhalb von Gebäuden versichert.

---

[238] Vgl. *Martin,* Sachversicherungsrecht, G V Rn. 22, 30, 42.

[239] Anders noch nach den VHB 74; auch insoweit sind jedoch strenge Anforderungen an das Merkmal „vorübergehend" zu stellen, vgl. BGH v. 11. 6. 1986, r+s 1986, 210; OLG Düsseldorf v. 10. 10. 1995, r+s 1996, 233; vgl. auch *Wälder,* r+s 1993, 267 (268).

[240] Vgl. OLG Koblenz v. 7. 5. 1999, r+s 2000, 381 = NVersZ 2000, 532 betr. Umzugsgut im Zwischenlager.

[241] *Prölss/Martin/Knappmann,* § 12 VHB 84 Rn. 4; *Martin,* Sachversicherungsrecht, G V Rn. 35.

[242] *Martin,* Sachversicherungsrecht, G V Rn. 31.

[243] *Prölss/Martin/Knappmann,* § 12 VHB 84 Rn. 4; *Martin,* Sachversicherungsrecht, G V Rn. 32; a. A. LG Essen v. 15. 10. 1992, VersR 1993, 1226 = r+s 1993, 192, das allerdings verkennt, dass § 12 Nr. 2 VHB 84 keinen neuen Versicherungsort bestimmt, sondern nur das Merkmal „vorübergehend" und die Zeitgrenze von drei Monaten erweitert.

[244] OLG Köln v. 31. 10. 1991, r+s 1991, 425 mit Hinweisen der Schriftleitung; *Prölss/Martin/Knappmann,* § 12 VHB 84 Rn. 1 m. w. N.

[245] OLG Hamburg v. 21. 1. 1987, r+s 1990, 311, 312; OLG Köln v. 31. 10. 1991, r+s 1991, 425 mit Hinweisen der Schriftleitung; OLG Karlsruhe v. 17. 6. 1999, r+s 1999, 422; anders LG Berlin v. 9. 1. 2007, VersR 2007, 941 f.

[246] LG Berlin v. 2. 2. 1999, VersR 1999, 1143; LG München v. 9. 12. 1997, VersR 1999, 1144.

Auch der Außenversicherungsschutz gegen das **Einbruchdiebstahlrisiko ist gebäude-** 157 **gebunden.** Wie durch § 12 Nr. 4 VHB 92 und § 11 Nr. 4 VHB 2000 ausdrücklich klargestellt wird, müssen für Schäden durch Einbruchdiebstahl die in § 5 Nr. 1 VHB 92 und § 5 Nr. 1 und 2 VHB 2000 genannten Voraussetzungen erfüllt sein[247]. Versicherungsschutz besteht mithin nur in den Fällen des erschwerten Diebstahls. Dies gilt auch nach den VHB 84, da § 12 VHB 84 nur eine Ausnahme vom Erfordernis des Versicherungsorts gemäß § 10 VHB 84 regelt, nicht aber die Definition des Versicherungsfalls in § 5 VHB 84 ändert[248].

Bei der Entwendung versicherter Sachen nach einem Einbruch in einen Pkw besteht Ver- 158 sicherungsschutz demnach nur dann, wenn sich der **Pkw in einem Gebäude,** wozu auch ein öffentliches Parkhaus gehört[249], befunden hat. Für den einfachen Diebstahl aus Fahrzeugen, insbesondere auch aus Wohnmobilen, besteht keine Deckung[250].

Für **Raub** besteht **Außenversicherungsschutz** gemäß § 12 Nr. 4b VHB 84, § 12 Nr. 5b 159 VHB 92, § 11 Nr. 5 VHB 2000 **nur dann,** wenn in den Fällen der Bedrohung mit einer Gewalttat die angedrohte Tat an Ort und Stelle verübt werden soll[251]. Dies entspricht der Regelung in §§ 5 Nr. 2b VHB 84/VHB 92, § 5 Nr. 3b VHB 2000. Während bei Raub innerhalb des Versicherungsorts alle mit Zustimmung des VN in der Wohnung anwesenden Personen als mögliche Raubopfer in Betracht kommen (§§ 5 Nr. 2 VHB 84/VHB 92, § 5 Nr. 4 VHB 2000), ist der Versicherungsschutz in der Außenversicherung auf Personen beschränkt, die mit dem VN in häuslicher Gemeinschaft leben (§§ 12 Nr. 4a VHB 84, § 12 Nr. 5a VHB 92, § 11 Nr. 5 VHB 2000). Ausgeschlossen werden mithin alle sonstigen berechtigten Dritten, z. B. Juweliere, Kürschner, Hotelportiers oder Reisebegleiter, denen die Sachen in Verwahrung oder zur Reparatur oder leihweise zur Benutzung übergeben worden sind[252].

Gegen Vandalismus besteht ein Außenversicherungsschutz nicht. 160

Für den Außenversicherungsschutz gelten gemäß § 12 Nr. 5 VHB 84, § 12 Nr. 6 VHB 92, 161 § 11 Nr. 6 VHB 2000 zunächst die **Entschädigungsgrenzen** für Wertsachen gemäß §§ 19 VHB 84/VHB 92, § 28 Nr. 3 VHB 2000. Darüber hinaus ist die Entschädigung in den VHB 84 auf bis zu 10% der Versicherungssumme, höchstens 15 000,00 DM (§ 12 Nr. 5 VHB 84), und in den VHB 92 auf bis zu 10% der Versicherungssumme, höchstens 20 000,00 DM (§ 12 Nr. 6 VHB 92), begrenzt. Die VHB 2000 sehen eine einzelvertragliche Vereinbarung vor.

VIII. Besondere Vertragspflichten

1. Gefahrumstände bei Vertragsschluss

Gemäß §§ 13 Nr. 1 VHB 84/VHB 92 hat der VN **bei Abschluss des Vertrages** alle An- 162 **tragsfragen** wahrheitsgemäß zu beantworten. Bei schuldhafter Verletzung der Obliegenheit kann der VR nach bisheriger Rechtslage nach Maßgabe der §§ 16 bis 21 VVG a. F. vom Vertrag zurücktreten und leistungsfrei sein. Die Vorschrift der §§ 13 Nr. 1 VHB 84/VHB 92 ist inhaltsgleich mit § 16 VVG a. F. so dass auf die Erläuterungen hierzu in den Kommentaren zum VVG verwiesen werden kann. § 23 VHB 2000 enthält eine ausführliche Regelung der

---

[247] Vgl. OLG Hamm v. 1. 3. 2006, VersR 2006, 833, 834.

[248] *Prölss/Martin/Knappmann,* § 12 VHB 84 Rn. 1; *Martin,* Sachversicherungsrecht, G V Rn. 17, 18; Hinweise der Schriftleitung in r+s 1996, 69; OLG Köln v. 28. 11. 1991, VersR 1992, 490 = r+s 1991, 426 = NJW-RR 1992, 312; OLG Hamm v. 12. 7. 1991, r+s 1991, 314 = VersR 1992, 353 = NJW-RR 1991, 1438; a. A. LG Hamburg v. 7. 6. 1994, r+s 1996, 33.

[249] Vgl. hierzu OLG Hamm v. 12. 7. 1991, r+s 1991, 314 = VersR 1992, 353; OLG Düsseldorf v. 28. 11. 1997, r+s 1998, 160; *Martin,* Sachversicherungsrecht, D III Rn. 6, 10; offenlassend OLG Köln v. 1. 6. 1999, r+s 1999, 380 (381).

[250] OLG Köln v. 28. 11. 1991, r+s 1991, 426; OLG Hamm v. 12. 7. 1991, r+s 1991, 314 = VersR 1992, 353; OLG Saarbrücken v. 25. 5. 1994, r+s 1995, 108; LG Hamburg v. 14. 6. 2001, r+s 2002, 77 = VersR 2002, 354; *Prölss/Martin/Knappmann,* § 12 VHB 84 Rn. 1.

[251] Zur Abgrenzung zum räuberischen Diebstahl vgl. OLG Hamm v. 1. 3. 2006, VersR 2006, 833, 834.

[252] Vgl. *Prölss/Martin/Knappmann,* § 5 VHB 84 Rn. 6, § 12 VHB 84 Rn. 1; OLG Hamm v. 1. 3. 2006, VersR 2006, 833, 834; vgl. im Einzelnen *Martin,* Sachversicherungsrecht, D XII Rn. 60 ff.

Anzeigepflichten des VN bei Vertragsschluss und der Rechtsfolgen bei unvollständigen und unrichtigen Angaben der gefahrerheblichen Umstände. Soweit es in § 23 Nr. 1 VHB 2000 – ähnlich wie in § 7 Nr. 1 VHB 74 und VHB 66 – heißt, dass der VN über die im Versicherungsantrag gestellten Fragen hinaus alle ihm bekannten gefahrerheblichen Umstände anzuzeigen hat, bestimmt § 23 Nr. 2a Abs. 2 VHB 2000, dass bei einem schriftlichen Fragenkatalog des VR wegen einer unterbliebenen Anzeige eines Umstands, nach dem nicht ausdrücklich gefragt worden ist, ein Rücktritt nur dann möglich ist, wenn der Umstand vom VN oder von dessen Bevollmächtigten arglistig verschwiegen wurde. Insoweit ist § 18 VVG a. F. inhalts- und wortgleich in die Bedingungen aufgenommen worden.

162a   Nach der **Neuregelung in § 19 Abs. 1 VVG** erstreckt sich die vorvertragliche Anzeigepflicht des VN nur noch auf diejenigen Gefahrumstände, nach denen der Versicherer in Textform gefragt hat. Der VN wird damit von dem Beurteilungsrisiko, ob ein Umstand gefahrerheblich ist, entlastet. Die Anzeigepflicht besteht gemäß § 19 Abs. 1 VVG bis zur Abgabe der Vertragserklärungen des VN. Nur dann, wenn der Versicherer erneut ausdrücklich in Textform nachfragt, besteht eine Anzeigeobliegenheit auch noch in dem Zeitraum zwischen Vertragserklärung und Vertragsannahme durch den Versicherer. Die nach bisheriger Rechtslage bestehenden Unsicherheiten über eine Nachmeldeobliegenheit des VN sind somit beseitigt. Die bloße Belehrung durch den Versicherer, dass auch solche nachgefragten Umstände anzuzeigen sind, die erst nach der Antragstellung entstanden oder dem VN bekannt geworden sind, reicht nicht aus.

162b   Die **Rechtsfolgen** einer Verletzung der vorvertraglichen Anzeigepflicht sind in § 19 Abs. 2–5, §§ 21, 22 VVG grundlegend neu geregelt. Zu Einzelheiten der Neuregelung (Kündigungsrecht bei einfach fahrlässiger oder schuldloser Anzeigeobliegenheitsverletzung, Rücktrittsrecht bei grober Fahrlässigkeit und Vorsatz, Vertragsänderungsrecht des Versicherers, Belehrungserfordernis, Kausalitätsgegenbeweis, Fristerfordernisse) kann auf die Ausführungen in § 14 verwiesen werden.

2. Gefahrerhöhung

163   Die Regelungen zur **Gefahrerhöhung** auf der Grundlage des bisherigen Rechtszustands sind enthalten in §§ 13 Nr. 2 und 3 VHB 84/VHB 92, § 24 VHB 2000. Während §§ 13 Nr. 2 VHB 84/VHB 92 zum Begriff der Gefahrerhöhung und zu den Rechtsfolgen eines Verstoßes gegen die Anzeigepflicht auf die §§ 23ff. VVG a. F. verweisen, enthält § 24 VHB 2000 eine umfassende Regelung, in die die Vorschriften der §§ 23ff. VVG a. F. weitgehend wortgleich übernommen worden sind. Überdies enthält § 24 Nr. 1 Satz 2 VHB 2000 eine eigenständige Definition des Begriffs der Gefahrerhöhung. Zum Begriff der Gefahrerhöhung und zu deren Rechtsfolgen nach bisherigem und neuen Recht kann zunächst auf die Kommentierungen zu den §§ 23ff. VVG a. F. und auf die Ausführungen in § 20 verwiesen werden.

164   **Spezifische Regelungen zur Gefahrerhöhung in der Hausratversicherung** sind in §§ 13 Nr. 3 VHB 84/VHB 92, § 24 Nr. 1 Satz 3 VHB 2000 enthalten. Die dortige Aufzählung ist, wie sich aus der Verwendung des Wortes „insbesondere" ergibt, nicht abschließend. Zu beachten ist stets die Vorschrift des § 34a VVG a. F. = § 32 VVG n. F., wonach sich der VR auf Vereinbarungen, durch die von den Vorschriften über die Gefahrerhöhung in §§ 23ff. VVG a. F. zum Nachteil des VN abgewichen wird, nicht berufen kann. Sämtliche Regelungen in den Bedingungs- und Klauselwerken über vereinbarte Gefahrerhöhungstatbestände sind insoweit auf ihre Wirksamkeit zu überprüfen[253].

165   Gemäß §§ 13 Nr. 3a VHB 84/VHB 92, § 24 Nr. 1 Abs. 2a und b VHB 2000 kann eine Gefahrerhöhung insbesondere dann vorliegen, wenn sich anlässlich eines **Wohnungswechsels**[254] oder aus sonstigen Gründen ein Umstand ändert, nach dem im Antrag gefragt worden ist. Umstände, die sich durch einen Wohnungswechsel ändern können, sind vielfältiger Art[255]. Liegt

---

[253] Vgl. *Martin*, Sachversicherungsrecht, N IV Rn. 29 ff., 76.

[254] Bei vorübergehender Auslagerung versicherter Gegenstände, die unter die Außenversicherung fallen, liegt eine anzeigepflichtige Gefahrerhöhung nicht vor, vgl. OLG Köln v. 17. 3. 1998, r+s 1998, 293.

[255] Vgl. hierzu im Einzelnen *Martin*, Sachversicherungsrecht, N IV Rn. 93 ff.

die Wohnung nach dem Umzug in einer anderen geografischen Gefahrenklasse, wofür maßgebend das kriminalstatistische Diebstahlrisiko ist[256], so greift die Spezialregelung der §§ 11 Nr. 3 VHB 84/VHB 92, § 10 Nr. 4 VHB 2000 ein. Weitergehende Folgen nach §§ 23 ff. VVG sind ausgeschlossen[257]. Dies gilt unabhängig davon, ob man §§ 11 Nr. 3 VHB 84/VHB 92, § 10 Nr. 4 VHB 2000 als wirksam oder wegen eines Verstoßes gegen § 34 a VVG a. F. als unwirksam ansieht[258].

Ändert sich durch einen Umzug oder durch zusätzlich genutzte Räume die **Wohnungs-** **166** **größe,** stellt dies **keine Gefahrerhöhung** dar, da die Größe der Wohnung keinen Einfluss auf die Wahrscheinlichkeit des Schadeneintritts hat[259]. Auch die Änderung des Wertes und der Zusammensetzung des Hausrats ist im Sinne der Vorschriften zur Gefahrerhöhung unerheblich, da die Leistungspflicht des VR durch die Versicherungssumme und die vereinbarten Wertgrenzen von vornherein eingeschränkt ist[260].

Gemäß §§ 13 Nr. 3 b VHB 84/VHB 92, § 24 Nr. 1 Abs. 2 c VHB 2000 kann eine **Gefahr-** **167** **erhöhung** dann vorliegen, wenn die ansonsten ständig bewohnte Wohnung länger als 60 Tage oder über eine für den Einzelfall vereinbarte längere Frist hinaus **unbewohnt bleibt** **und auch nicht beaufsichtigt wird.** Eine Beaufsichtigung ist nur dann gegeben, wenn sich während der Nacht eine dazu berechtigte volljährige Person in der Wohnung aufhält. Von einem **Bewohnen** der Wohnung kann nur dann gesprochen werden, wenn der VN oder eine bei ihm wohnende Person darin einen Haushalt führt, so dass ein anderweitiges Nachtquartier nicht ohne weiteres bereits dazu führt, dass die Wohnung als unbewohnt anzusehen ist[261]. Ist die Wohnung unbewohnt und, was als zusätzliche Voraussetzung hinzukommen muss, unbeaufsichtigt[262], so wird der Fristlauf durch jede Nächtigung unterbrochen und neu in Gang gesetzt[263]. Der **Gegenbeweis der Unerheblichkeit** (§§ 29, 34 a VVG a. F. = § 27 VVG n. F.) ist bei allen Gefahrerhöhungstatbeständen ebenso wie der **Einwand der Kompensation** durch andere Umstände möglich[264].

Die **Beseitigung oder Verminderung von Sicherungen,** die bei Antragstellung vor- **168** handen oder zusätzlich vereinbart worden sind, stellt gemäß §§ 13 Nr. 3 c VHB 84/VHB 92, § 24 Nr. 1 Abs. 2 d VHB 2000 eine Gefahrerhöhung dar, was bei einem Wohnungswechsel auch für den Sicherungsstandard der neuen Wohnung gilt. Auch insoweit ist stets der Maßstab der §§ 29, 34 a VVG a. F. = § 27 VVG n. F. anzulegen[265]. Möglich ist immer auch die Kompensation der erhöhten Gefahr durch zusätzliche Maßnahmen.

Zu Beispielsfällen, in denen eine Gefahrerhöhung bejaht oder verneint wurde, kann auf **169** die Ausführungen in § 20 und auf die Kommentierungen zu § 23 VVG a. F. verwiesen werden. Im Rahmen der Hausratversicherung gilt grundsätzlich, dass bei der Anwendung der Vorschriften über die Gefahrerhöhung Zurückhaltung geboten ist. **Wirtschaftlich sinnvoller Gebrauch** des Hausrats, dessen gefahrerhöhende Wirkungen sich nicht in zumutbarer Weise kompensieren lassen, ist entweder keine oder jedenfalls **keine erhebliche Gefahrerhöhung** im Sinne von § 29 Satz 2 VVG a. F. = § 27 VVG n. F.[266].

---

[256] Für das Feuerrisiko in der Hausratversicherung ist die Vorschrift unerheblich, vgl. OLG Köln v. 4. 4. 2000, r+s 2000, 205 (206).

[257] Vgl. *Prölss/Martin/Knappmann,* § 13 VHB 84 Rn. 4; *Dietz,* § 13 Rn. 4.1.1; vgl. auch OLG Köln v. 19. 11. 1992, r+s 1993, 387 (388).

[258] Vgl. hierzu *Prölss/Martin/Knappmann,* § 11 VHB 84 Rn. 5, § 13 VHB 84 Rn. 4; *Martin,* Sachversicherungsrecht, N IV Rn. 104.

[259] Vgl. *Prölss/Martin/Knappmann,* § 13 VHB 84 Rn. 4; OLG Hamm v. 19. 1. 2000, r+s 2000, 293 (294).

[260] Vgl. *Dietz,* § 13 Rn. 4.1.6.

[261] So zutreffend *Martin,* Sachversicherungsrecht, N IV Rn. 85.

[262] Vgl. hierzu LG Leipzig v. 9. 11. 1994, r+s 1995, 427 bei längerer Haft des VN.

[263] *Prölss/Martin/Knappmann,* § 13 VHB 84 Rn. 5; *Martin,* Sachversicherungsrecht, N IV Rn. 86.

[264] Vgl. *Martin,* Sachversicherungsrecht, N IV Rn. 32, 86; *Prölss/Martin/Knappmann,* § 13 VHB 84 Rn. 6.

[265] Vgl. z. B. BGH v. 21. 4. 1993, r+s 1993, 223 (224).

[266] Zutreffend *Martin,* Sachversicherungsrecht, N IV Rn. 78 ff., N IV Rn. 26 ff.; vgl. für einen Wohnungswechsel z. B. OLG Köln v. 4. 4. 2000, r+ s 2000, 205.

3. Sicherheitsvorschriften

170   **Sicherheitsvorschriften,** die in der Hausratversicherung nur von eingeschränkter Bedeutung sind, haben den Zweck, die Gefahr für den Eintritt eines Versicherungsfalls zu vermindern, Gefahrerhöhungen zu vermeiden und bereits eingetretene Gefahrerhöhungen zu beseitigen. Sicherheitsvorschriften müssen dem VN ein bestimmtes Verhalten auferlegen und bei abstrakter Betrachtung dazu geeignet sein, den Eintritt des Versicherungsfalls mindestens zu erschweren[267].

171   §§ 14 Nr. 1a VHB 84/VHB 92, § 25 Nr. 1a VHB 2000 bestimmen, dass der VN alle **gesetzlichen, behördlichen oder vereinbarten Sicherheitsvorschriften** zu beachten hat. Die Vorschriften enthalten mithin eine Verweisung auf andere Rechtsquellen von Sicherheitsvorschriften oder auf andere Teile des Vertrages[268]. Gesetzliche und behördliche Sicherheitsvorschriften spielen für die Hausratversicherung allenfalls im Bereich des Feuerrisikos eine Rolle. Vereinbarte Sicherheitsvorschriften (vornehmlich zu Alarmanlagen) sind in der Praxis bei Einfamilienhäusern und insbesondere bei höheren Versicherungssummen anzutreffen[269]. Auch für die Hausratversicherung gilt, dass bloße Beschreibungen des Risikos im Antrag oder in dessen Anlagen oder bloße Antworten auf Antragsfragen keine vereinbarten Sicherheitsvorschriften darstellen[270].

172   Als eine in die Bedingungen aufgenommene vereinbarte Sicherheitsvorschrift bestimmen die §§ 14 Nr. 1b VHB 84/VHB 92, § 25 Nr. 1b VHB 2000, dass der VN in der kalten Jahreszeit entweder die **Wohnung ausreichend zu beheizen** (und dies genügend häufig zu kontrollieren) oder alle **wasserführenden Anlagen und Einrichtungen zu entleeren** (abzusperren) und entleert zu halten hat[271]. Durch diese Sicherheitsvorschrift soll im Rahmen des Leitungswasserrisikos die **Frostgefahr** abgewehrt werden[272]. Soweit § 25 Nr. 1b VHB 2000 dem VN die Obliegenheit auferlegt, die Beheizung der Wohnung in der kalten Jahreszeit genügend häufig zu kontrollieren[273], stellt dies gegenüber den VHB 84/VHB 92 keine zusätzliche Einschränkung dar, da eine mangels Kontrolle ausgefallene Heizung objektiv den Obliegenheitsverstoß und regelmäßig auch einen Schuldvorwurf begründet[274].

173   Die in **§§ 14 Nr. 1c VHB 84/VHB 92** enthaltene Verpflichtung, bei Abwesenheit des VN Türen, Fenster und alle sonstigen Öffnungen der Wohnung ordnungsgemäß verschlossen zu halten, sowie alle bei Antragstellung vorhandenen und zusätzlich vereinbarten Sicherungen voll gebrauchsfähig zu erhalten und sie zu betätigen, ist vom BGH wegen unangemessener Benachteiligung des VN nach § 9 Abs. 2 Satz 2 AGBG für **unwirksam** erklärt worden[275]. Eine derartige Verpflichtung ist demgemäß in § 14 Nr. 1 VHB 92 und § 25 Nr. 1 VHB 2000 nicht mehr enthalten.

174   Selbstverständlich kommt gerade im Hinblick auf einen nicht ausreichenden Verschluss der Wohnung weiterhin Verlust des Versicherungsschutzes wegen **grober Fahrlässigkeit** in Betracht. Überdies besteht die Möglichkeit, Sicherheitsvorschriften, die die Betätigung von Schließvorrichtungen und Einbruchmeldeanlagen vorsehen, einzelvertraglich oder durch Einbeziehung der Klausel 7610 zu vereinbaren, so dass bei einem Verstoß §§ 14 Nr. 1a VHB 84/VHB 92, § 25 Nr. 1a VHB 2000 eingreifen.

---

[267] Vgl. BGH v. 13. 11. 1996, VersR 1997, 485; BGH v. 17. 4. 2002, VersR 2002, 829 ff.; OLG Oldenburg v. 16. 12. 1998, r+s 1999, 162.

[268] Vgl. im Einzelnen *Martin,* Sachversicherungsrecht, M I Rn. 18 ff.

[269] Vgl. z. B. OLG Frankfurt a. M. v. 26. 5. 1998, r+s 2000, 115; LG Hamburg v. 21. 3. 1988, r+s 1990, 349.

[270] *Martin,* Sachversicherungsrecht, M I Rn. 22; OLG Köln v. 4. 8. 1998, r+s 2000, 162 (164).

[271] Vgl. hierzu *Spielmann,* VersR 2006, 317.

[272] *Prölss/Martin/Knappmann,* § 14 VHB 84 Rn. 2; *Martin,* Sachversicherungsrecht, M I Rn. 64.

[273] Vgl. hierzu OLG Karlsruhe v. 19. 10. 2006, r+s 2006, 504, 505; *Prölss/Martin/Knappmann,* § 25 VHB 2000 Anm. 1.

[274] Vgl. *Martin,* Sachversicherungsrecht, M I Rn. 71; vgl. auch *Prölss/Martin/Knappmann,* § 14 VHB 84 Rn. 2; vgl. auch KG v. 26. 3. 1996, r+s 1996, 277.

[275] BGH v. 16. 5. 1990, BGHZ 111, 278 = VersR 1990, 896 = r+s 1990, 278.

Die **Rechtsfolgen der Verletzung von Sicherheitsvorschriften** nach bisheriger 175
Rechtslage sind in §§ 14 Nr. 2 VHB 84/VHB 92, § 25 Nr. 2 VHB 2000 geregelt. Es gelten
§ 6 Abs. 1 und 2 VVG a. F. wonach schon leichte Fahrlässigkeit zur Leistungsfreiheit führen
kann[276]. In § 14 Nr. 2 Satz 3 **VHB 92** ist demgegenüber bestimmt, dass Leistungsfreiheit nur
bei Vorsatz oder grober Fahrlässigkeit eintreten kann, was allerdings das Kündigungsrecht des
VR nicht einschränkt[277]. In § 25 Nr. 2 Satz 2 VHB 2000 ist geregelt, dass ein Kündigungsrecht des VR entfällt und der Versicherungsschutz (nur) bestehen bleibt, wenn die Sicherheitsvorschrift unverschuldet verletzt wurde. Ob diese Extremposition[278] einer Prüfung am
Maßstab des § 307 BGB standhält, ist fraglich. Zwar sieht § 6 Abs. 1 VVG a. F. Leistungsfreiheit grundsätzlich schon bei leichter Fahrlässigkeit vor. Auffallend ist jedoch, dass der VN
einer dem Massengeschäft zuzurechnenden Hausratversicherung schlechter gestellt wird als
der VN in der Geschäfts- und Industrieversicherung sowie der VN in der Wohngebäudeversicherung. Gemäß § 7 Nr. 2 AFB 87 und § 9 VGB 62, § 11 Nr. 2 Satz 2 VGB 88 tritt Leistungsfreiheit nur bei Vorsatz oder grober Fahrlässigkeit ein[279].

Soweit **§ 14 Nr. 2 VHB 84** die Einstandspflicht des VN auf alle mit ihm in häuslicher Ge- 176
meinschaft lebenden volljährigen Personen erstreckt, ohne dass diese Repräsentanten sein
müssen, ist die Vorschrift **unwirksam**. In § 14 Nr. 2 VHB 92 und in § 37 VHB 2000 ist demgemäß lediglich eine Zurechnung des Verhaltens von Repräsentanten bestimmt.

Führt die Verletzung einer Sicherheitsvorschrift zu einer **Gefahrerhöhung,** so gelten die 177
§§ 23 bis 30 VVG a. F. Danach kann der VR, wie §§ 14 Nr. 2 Abs. 2 VHB 84/VHB 92, § 25
Nr. 3 VHB 2000 ausdrücklich bestimmen, zur Kündigung berechtigt oder auch leistungsfrei
sein. Soweit die Leistungsfreiheit des VR bei einer Verletzung von Sicherheitsvorschriften
schon an eine leichte Fahrlässigkeit anknüpft, stellt sich nicht das Problem unterschiedlicher
Verschuldensvoraussetzungen für Obliegenheitsverletzung und Gefahrerhöhung. Anders ist
dies nach den VHB 92. Für diese gilt entsprechend der Rechtsprechung des BGH zu § 9
Abs. 1 VGB 62 und § 7 Nr. 1a, 2 AFB 87[280], dass der vertraglich vereinbarte Sorgfaltsmaßstab
der groben Fahrlässigkeit auch für die Gefahrerhöhung gilt.

Auch bei der Verletzung von Sicherheitsvorschriften sind der **Entschuldigungsbeweis** 178
und der **Kausalitätsgegenbeweis** möglich, was in § 25 Nr. 2 Abs. 2 VHB 2000 unter Übernahme des Wortlauts des § 6 Abs. 2 VVG a. F. ausdrücklich bestimmt ist.

4. Obliegenheiten nach dem Versicherungsfall

a) Die vom VN **nach Eintritt des Versicherungsfalls zu beachtenden Obliegenhei-** 179
ten sind geregelt in §§ 21 VHB 84/VHB 92, § 26 VHB 2000. Hinzu kommen die besonderen Obliegenheiten im Falle der Wiederherbeischaffung abhanden gekommener Sachen
(§§ 25 VHB 84/VHB 92, § 30 VHB 2000). Die in den VHB aufgeführten Obliegenheiten
des VN bei Eintritt des Versicherungsfalls decken sich weitgehend mit den Obliegenheiten
in anderen Sparten der Sachversicherung. Insoweit kann ergänzend auf die dortigen Ausführungen verwiesen werden.

b) Bei Eintritt eines Versicherungsfall hat der VN unverzüglich den **Schaden dem VR** 180
anzuzeigen (§§ 21 Nr. 1a VHB 84/VHB 92, § 26 Nr. 1a VHB 2000). Bei Schäden durch
Einbruchdiebstahl, Vandalismus oder Raub ist darüber hinaus eine unverzügliche Anzeige gegenüber der zuständigen Polizeidienststelle erforderlich. Die VHB 84 sehen eine Anzeige bei
der Polizei auch für Schäden durch Brand oder Explosion vor.

Die Schadenanzeige gegenüber dem VR hat **unverzüglich** zu erfolgen (§§ 21 Nr. 1a VHB 181
84/VHB 92, § 26 Nr. 1a VHB 2000). Für den Beginn der Frist kommt es stets auf die Kenntnisnahme des VN oder seiner Repräsentanten an, obwohl §§ 21 Nr. 1a VHB 84/VHB 92,

---

[276] Vgl. *Martin,* Sachversicherungsrecht, M II Rn. 10.
[277] Vgl. *Prölss/Martin/Knappmann,* § 14 VHB 92 Rn. 2.
[278] Vgl. zu den VHB 84 *Martin,* Sachversicherungsrecht, M II Rn. 10.
[279] Vgl. hierzu *Martin,* Sachversicherungsrecht, M II Rn. 8, 10; anders nach § 23 Nr. 2 VGB 2000.
[280] BGH v. 13. 11. 1996, r+s 1997, 120 (121); BGH v. 19. 10. 1994, VersR 1994, 1465 = r+s 1995,
24.

§ 26 Nr. 1 a VHB 2000 objektiv auf den Eintritt des Versicherungsfalls abstellen[281]. Die Schadenanzeige bedarf gemäß §§ 28 VHB 84/VHB 92, § 42 Nr. 1 VHB 2000 der Schriftform. Wird die Anzeige, z. B. gegenüber einem Agenten, nur mündlich oder fernmündlich erstattet, so besteht seitens des VR eine Verpflichtung, auf die Einhaltung der Schriftform hinzuweisen, anderenfalls Vorsatz oder grobe Fahrlässigkeit entfallen[282]. Soweit § 42 Nr. 1 Satz 2 VHB 2000 vorsieht, dass die schriftliche Anzeige an die Hauptverwaltung des VR zu richten ist, handelt es sich lediglich um eine Soll-Vorschrift, so dass die Anzeigeobliegenheit nach wie vor auch durch eine Meldung gegenüber dem Agenten erfüllt werden kann (§ 43 Nr. 2 VVG a. F. = § 69 Abs. 1 VVG n. F.) Auch insoweit wäre im Übrigen eine Hinweispflicht des Agenten darauf, dass eine Anzeige an die Hauptverwaltung des VR zu erfolgen hat, zu fordern[283].

182   An den **Inhalt der Anzeige** werden keine besonderen Anforderungen gestellt. Insbesondere sind nähere Angaben zur tatsächlichen oder vermuteten Schadenhöhe nicht erforderlich. Der in der Praxis häufig anzutreffende Einwand, die Schadenanzeige habe nicht unverzüglich gefertigt und abgesandt werden können, da noch Ermittlungen zum Umfang der abhanden gekommenen Sachen oder zur Schadenshöhe hätten angestellt werden müssen, greift grundsätzlich nicht durch[284]. Zweck der Anzeigeobliegenheit ist die Reduzierung der Vertragsgefahr[285].

183   c) Ebenfalls der Minderung der Vertragsgefahr, zugleich aber auch der Minderung des Schadens dient die Obliegenheit gemäß §§ 21 Nr. 1 b VHB 84/VHB 92, § 26 Nr. 1 c VHB 2000, wonach der Polizeidienststelle unverzüglich ein **Verzeichnis der abhanden gekommenen Sachen (sog. Stehlgutliste)** einzureichen ist. Der VN soll mit alsbaldigen Nachforschungen des VR wie auch der Polizei rechnen müssen und abgehalten werden, später den Umfang des Schadens aufzubauschen[286]. Dies schließt die Möglichkeit späterer Korrekturen selbstverständlich nicht aus, da es nachvollziehbar ist, dass der Schadenumfang nicht immer sofort vollständig festgestellt wird[287].

184   Wann noch von einer **Unverzüglichkeit** der Einreichung der Stehlgutliste auszugehen ist, wird in der Rechtsprechung uneinheitlich beurteilt. In der Regel wird dem VN mindestens eine Frist von einer Woche zuzubilligen sein. Nach Ablauf von zwei Wochen gehen die meisten Gerichte von einer verspäteten Vorlage der Stehlgutliste aus[288]. Zu berücksichtigen sind immer die Umstände des Einzelfalls, insbesondere auch der Umfang des Schadens[289]. Auffallend ist, dass in § 26 Nr. 1 c VHB 2000 – im Gegensatz zu den in lit. a, b und d bestimmten Obliegenheiten – nicht von einer unverzüglichen oder sofortigen Einreichung der Stehlgutliste die Rede ist. Zwar dürfte es sich insoweit um ein Redaktionsversehen handeln. Gleichwohl wird man bei einer verspäteten Vorlage der Stehlgutliste unter Geltung der VHB 2000 kaum mehr von einem vorsätzlichen oder grob fahrlässigen Verstoß ausgehen können[290].

---

[281] Vgl. *Knappmann,* r +s 2002, 485, 487.

[282] Vgl. im Einzelnen *Knappmann,* r+s 2002, 485, 487/488; *Prölss/Martin/Prölss,* § 33 Rn. 8.

[283] Vgl. *Knappmann,* r+s 2002, 485, 487/488.

[284] Vgl. *Martin,* Sachversicherungsrecht, X II Rn. 34; KG Berlin v. 8. 4. 2003, r+s 2003, 417 (419).

[285] Vgl. *Prölss/Martin/Knappmann,* § 21 VHB 84 Rn. 1; *Martin,* Sachversicherungsrecht, X II Rn. 24.

[286] Vgl. *Prölss/Martin/Knappmann,* § 21 VHB 84 Rn. 1; *Martin,* Sachversicherungsrecht, X II Rn. 85; OLG Köln v. 16. 3. 2004, VersR 2004, 1453; OLG Köln v. 19. 9. 2000, NVersZ 2001, 29; OLG Köln v. 19. 10. 1999, r+s 2000, 248; OLG Köln v. 14. 2. 1995, VersR 1996, 1143.

[287] Vgl. hierzu *Martin,* Sachversicherungsrecht, X II Rn. 87f.; OLG Koblenz v. 28. 1. 2000, r+s 2000, 161 (162).

[288] Eine verspätete Einreichung haben angenommen OLG Köln v. 30. 4. 1996, r+s 1996, 323 nach ca. 3 Wochen; OLG Köln v. 23. 1. 1996, r+s 1998, 250 nach 15 Tagen; OLG Köln v. 19. 10. 1999, r+s 2000, 248 nach 3 Wochen; OLG Köln v. 29. 4. 2003, r+s 2003, 327 nach 5 Wochen; OLG Hamm v. 4. 2. 2002, r+s 2002, 335/336 = NVersZ 2002, 324 nach 2 Wochen; vgl. auch OLG Hamburg v. 20. 12. 1996, r+s 1997, 206; OLG Köln v. 19. 8. 1997, r+s 1997, 469; OLG Köln v. 17. 5. 1994, r+s 1995, 70.

[289] Vgl. OLG Frankfurt v. 20. 9. 2000, r+s 2002, 512, (513), wonach eine Erstellung der Stehlgutliste am 10. Tag nach dem Versicherungsfall durch die Ehefrau des VN bei einem umfangreichen Schaden noch keine Obliegenheitsverletzung darstellt; OLG Hamm v. 17. 1. 2001, r+s 2001, 425 (427).

[290] So auch *van Bühren/Höra,* § 3 Rn. 222; *Prölss/Martin/Knappmann,* § 26 VHB 2000 Rn. 2.

Zu den **inhaltlichen Anforderungen** an die einzureichende Stehlgutliste ist in den Bedin-   **185** gungen nichts gesagt. Verlangt wird eine Beschreibung der einzelnen Gegenstände, die eine Individualisierung ermöglichen[291]. Soweit keine Individualisierung möglich ist, sind auch Sammelbezeichnungen zulässig[292]. Bloße Gattungsbezeichnungen reichen demgegenüber nicht aus[293]. Angaben zum Anschaffungspreis, Zeitwert oder zum Anschaffungsjahr können für die Stehlgutliste nicht verlangt werden[294].

Streitig ist, ob eine **Belehrungspflicht des VR** über die Obliegenheit zur Vorlage einer   **186** Stehlgutliste und über die Rechtsfolgen einer Verletzung dieser Obliegenheit besteht. Über- wiegend wird angenommen, dass der VR zu einer derartigen Belehrung nicht verpflichtet ist, der VN sich vielmehr nach Eintritt des Versicherungsfalls selbst anhand der Versicherungsbe- dingungen über seine Verpflichtungen zu informieren hat[295]. Hiergegen argumentiert mit ge- wichtigen Gründen *Knappmann*[296], der wegen der weitgehend fehlenden Kenntnis der Obli- genheit, eine Stehlgutliste bei der Polizei einzureichen, vom VR verlangt, dass er auf diese Obliegenheit und die Folgen ihrer Verletzung sofort nach Anzeige des Versicherungsfalls hin- weist. Eine Belehrungspflicht in jedem Einzelfall dürfte zu weit gehen. Zumindest wenn der VR die Versäumung erkennt, ist er zu einem Hinweis verpflichtet[297]. Auch dürfte im Rahmen der Prüfung der Leistungsfreiheit gemäß §§ 21 Nr. 3 VHB 84/VHB 92, § 26 Nr. 2 VHB 2000 grobe Fahrlässigkeit entfallen, wenn der VR nach Anzeige des Versicherungsfalls mit Übersen- dung der formalisierten Schadenanzeige zur Einreichung eines Verzeichnisses der abhanden gekommenen Sachen auffordert, nicht aber gleichzeitig darauf hinweist, dass ein solches Ver- zeichnis auch bei der Polizei einzureichen ist. Im Hinblick auf die verbreitete Praxis der Polizei, bei Diebstählen geringeren Ausmaßes die Fahndungsbemühungen zu reduzieren, kann jeden- falls im Rahmen der Hausratversicherung nicht davon ausgegangen werden, dass dem nicht über einschlägige Erfahrungen verfügenden VN die Obliegenheit zur Vorlage einer Stehlgut- liste bewusst ist[298].

d) Gemäß §§ 21 Nr. 1 c VHB 84/VHB 92, § 26 Nr. 1 d VHB 2000 hat der VN bei Eintritt   **187** des Versicherungsfalls unverzüglich abhanden gekommene **Sparbücher** und andere sperrfä- hige Urkunden **sperren zu lassen** sowie für abhanden gekommene Wertpapiere das Aufge- botsverfahren einzuleiten. Hierbei handelt es sich um eine spezielle Ausprägung der allgemei- nen Rettungspflicht aus § 62 VVG a. F. = § 82 VVG n. F.[299].

e) §§ 21 Nr. 1 d VHB 84/VHB 92 bestimmen, dass der VN ein von ihm unterschriebenes   **188** **Verzeichnis aller abhanden gekommenen, zerstörten oder beschädigten Sachen** (auch) dem VR vorzulegen hat. In § 26 Nr. 1 c VHB 2000 ist diese Obliegenheit nicht mehr gesondert, sondern zusammen mit der Obliegenheit zur Einreichung der Stehlgutliste bei der Polizei aufgeführt (§ 26 Nr. 1 c VHB 2000). Während die VHB 84/VHB 92 noch vorsehen, dass der VN den Versicherungswert der Sachen oder den Anschaffungspreis und das Anschaf- fungsjahr anzugeben hat, ist diese Sollvorschrift in den VHB 2000 nicht mehr enthalten.

f) §§ 21 Nr. 2 a VHB 84/VHB 92 statuieren – nahezu wortgleich mit § 62 VVG a. F. =   **189** § 82 Abs. 1 und 2 VVG n. F. – die Obliegenheit, den **Schaden** nach Möglichkeit **abzu- wenden oder zu mindern** und dabei die Weisungen des VR zu befolgen und ggf. selbst

---

[291] BGH v. 17. 3. 1988, r+s 1988, 146 = NJW RR 1988, 728; KG v. 2. 2. 1993, r+s 1995, 146; OLG Köln v. 9. 9. 2003, r+s 2003, 462; vgl. Hinweise der Schriftleitung in r+s 2003, 21.
[292] OLG Koblenz v. 28. 1. 2000, r+s 2000, 161 (162); *Martin,* Sachversicherungsrecht, X II 75 f.
[293] Vgl. OLG Köln v. 25. 9. 2007, VersR 2008, 917, 918; OLG Stuttgart v. 18. 11. 1993, r+s 1995, 146; LG Berlin v. 9. 1. 1992, VersR 1993, 1145; OLG Stuttgart v. 18. 4. 1986, NJW-RR 1986, 828.
[294] OLG Hamm v. 18. 5. 1994, r+s 1994, 306 = VersR 1995, 289.
[295] *Martin,* Sachversicherungsrecht, X II Rn. 79; OLG Hamm v. 20. 12. 1993, VersR 1995, 461; OLG Köln v. 16. 3. 2004, VersR 2004, 1453 („Spontanpflicht");OLG Köln v. 28. 3. 2000, r+s 2000, 339; OLG Koblenz v. 11. 7. 1986, VersR 1988, 25.
[296] *Knappmann,* r+s 2002, 485, 488/489.
[297] *Prölss/Martin/Knappmann,* § 21 VHB 84 Rn. 7; OLG Hamm v. 27. 5. 1994, r+s 1994, 308.
[298] Vgl. hierzu auch OLG Düsseldorf v. 18. 3. 2003, r+s 2003, 457 (458).
[299] Vgl. hierzu *Martin,* Sachversicherungsrecht, QU II Rn. 43.

Rüffer

einzuholen (Obliegenheit zur Schadenabwendung und Schadenminderung). Zum Inhalt dieser Obliegenheit kann auf § 15 verwiesen werden[300]. Zu den Rettungsmaßnahmen in der Hausratversicherung gehören beispielsweise die Ermöglichung von Fahndungsmaßnahmen der Polizei[301], die provisorische Abdeckung eines durch Sturm beschädigten Dachs sowie Trocknungsmaßnahmen[302]. In den VHB 2000 ist die Obliegenheit zur Schadenabwendung und Schadenminderung nicht mehr gesondert aufgeführt, was jedoch im Hinblick auf die allgemeine Rettungspflicht des § 62 VVG a. F. = § 82 Abs. 1 VVG n. F. ohne Bedeutung ist[303].

190   g) Nach §§ 21 Nr. 2b VHB 84/VHB 92, § 26 Nr. 1f VHB 2000 hat der VN dem VR auf dessen Verlangen jede zumutbare **Untersuchung über Ursache und Höhe des Schadens und über den Umfang seiner Entschädigungspflicht** zu gestatten; er hat jede hierzu dienliche **Auskunft** auf Verlangen schriftlich zu erteilen und die erforderlichen **Belege** beizubringen. Diese sehr weitgehende Aufklärungsobliegenheit rechtfertigt sich daraus, dass alle entscheidungserheblichen Tatsachen zur Ursache und Höhe des Schadens und zum Umfang der Entschädigungspflicht in der Sphäre des VN liegen. Ohne die Aufklärungsobliegenheit wäre dem VR der Zugang zu Beweismitteln aller Art versperrt[304]. Begrenzt wird die Aufklärungsobliegenheit durch das Erfordernis der **Zumutbarkeit.**

191   Die Obliegenheit, jede zumutbare Untersuchung über Ursache und Höhe des Schadens und über den Umfang der Entschädigungspflicht zu gestatten, setzt, wie sich aus dem nachfolgenden Halbsatz in §§ 21 Nr. 2b VHB 84/VHB 92 ergibt, **Sachdienlichkeit** voraus. Dies gilt auch nach den VHB 2000, obwohl § 26 Nr. 1f VHB 2000 nur noch allgemein von „jeder Auskunft" spricht. Der Begriff der Sachdienlichkeit ist weit auszulegen und umfasst alle für Anspruchsgrund und Anspruchshöhe rechtserheblichen Tatsachen[305]. Insbesondere kann auch nach Vorversicherungen, Vorschäden und anderen Indiztatsachen für die Glaubwürdigkeit des VN gefragt werden[306].

192   Verlangt werden kann insbesondere auch die **Einsichtnahme von Augenschein** (Besichtigung des Versicherungsorts, Besichtigung der versicherten Sachen)[307] sowie die Befragung Dritter[308]. Nicht ausdrücklich geregelt ist in den VHB 84/VHB 92 – im Gegensatz zu anderen Bedingungen und den VHB 2000 –, dass das Schadenbild unverändert zu lassen ist, bis der VR der Vorname von Veränderungen zustimmt. Diese Obliegenheit muss ggf. nach Eintritt des Versicherungsfalls vereinbart werden[309]. § 26 Nr. 1e VHB 2000 sieht nunmehr ausdrücklich vor, dass der VN die **Schadenstelle** möglichst so lange **unverändert zu lassen** hat, bis sie durch den VR freigegeben worden ist. Sind Veränderungen unumgänglich, sind zumindest die beschädigten Teile bis zu einer Besichtigung durch den VR aufzubewahren[310].

193   Der VN hat dem VR jede im Hinblick auf Schadensgrund und Schadenshöhe **sachdienliche Auskunft** zu erteilen, was auf Verlangen des VR schriftlich zu geschehen hat. Insoweit greifen die VHB die in § 34 VVG a. F. = § 31 VVG n. F. geregelte Auskunftspflicht auf. Unter den Begriff der „Auskunft" fallen alle Angaben des VN auf sachdienliche Fragen des VR, ins-

---

[300] Vgl. auch *Martin*, Sachversicherungsrecht, X II Rn. 183ff.
[301] Vgl. OLG Celle v. 15. 4. 1999, r+s 1999, 333; *Martin*, Sachversicherungsrecht, X II Rn. 185.
[302] Vgl. OLG Düsseldorf v. 29. 2. 2000, r+s 2001, 379 = NVersZ 2001, 422; OLG Hamm v. 23. 6. 1995, r+s 1996, 149.
[303] So auch *Prölss/Martin/Knappmann*, § 26 VHB 2000 Rn. 4.
[304] Vgl. hierzu *Martin*, Sachversicherungsrecht, X II Rn. 93.
[305] Vgl. im Einzelnen *Martin*, Sachversicherungsrecht, X II Rn. 153ff.
[306] Z.B. LG Düsseldorf v. 6. 1. 2005, VersR 2006, 214 zur Frage nach wirtschaftlichen Verhältnissen des VN.
[307] OLG Karlsruhe v. 5. 6. 1997, r+s 1997, 381; LG Köln v. 7. 4. 2005, VersR 2006, 260.
[308] Vgl. LG Köln v. 15. 11. 1989, r+s 1990, 25; *Martin*, Sachversicherungsrecht, X II Rn. 127ff., 134ff.
[309] Vgl. hierzu *Martin*, Sachversicherungsrecht, X II Rn. 138ff.; OLG Köln v. 19. 9. 1985, r+s 1988, 209 zu den VGB 62.
[310] Vgl. AG Dortmund v. 28. 1. 1991, r+s 1991, 387.

besondere auch zum Schadenhergang[311], zu den Vermögensverhältnissen des VN[312] und zu den Erwerbsumständen des Hausrats[313]. Da der Begriff der Auskunft nach dem allgemeinen Sprachgebrauch eine Frage desjenigen voraussetzt, dem die Auskunft erteilt wird, stellen nicht alle falschen und erst recht nicht alle unvollständigen Angaben des VN in der Schadenanzeige oder in Regulierungsverhandlungen eine Auskunft im Sinne von §§ 21 Nr. 2b VHB 84/VHB 92, § 26 Nr. 1f VHB 2000 dar[314]. Der VN darf abwarten, bis der VR an ihn herantritt und die Informationen anfordert, die er aus seiner Sicht zur Feststellung des Versicherungsfalls und des Umfangs der Leistungspflicht benötigt[315]. Falsche Angaben in der Schadenanzeige oder in den Regulierungsverhandlungen, die begrifflich nicht als Auskunft angesehen werden können, da es an einer entsprechenden Frage fehlt, können jedoch als arglistige Täuschung zu werten sein. Falsche Angaben gegenüber der Polizei oder gegenüber einem im Sachverständigenverfahren tätigen Sachverständigen stellen keine Verletzung der dem VR gegenüber bestehenden Aufklärungsobliegenheit dar.

In welcher **Form** die Auskünfte zu erteilen sind, kann durch den VR bestimmt werden. **194** Auf Verlangen des VR ist die Auskunft schriftlich zu erteilen. Dies bedeutet nicht, dass der VN eine mündliche Befragung ablehnen darf. Etwas anderes gilt, wenn die Beantwortung der Fragen die Einsichtnahme in schriftliche Unterlagen erfordert oder es auf rechnerische oder technische Genauigkeit ankommt[316]. Der VR muss dann, um dem der Aufklärungsobliegenheit vorangestellten Zumutbarkeitserfordernis zu genügen, die Fragen schriftlich stellen und dem VN eine schriftliche Beantwortung ermöglichen. Gleiches gilt, wenn der VR, was häufig im Rahmen von Regulierungsverhandlungen der Fall sein wird, die Antworten des VN in ihrem genauen Wortlaut aktenkundig machen möchte[317]. Lässt sich der VR die Auskünfte des VN mündlich erteilen, so hat er keinen Anspruch auf zusätzliche schriftliche Bestätigung, z. B. durch Unterzeichnung von „Regulierungsprotokollen"[318].

Der VN muss die Auskunft **persönlich** erteilen. Auf einen Beauftragten muss sich der VR **195** nicht verweisen lassen[319].

Von größter Bedeutung ist – wie auch bei den Antragsfragen des § 16 VVG – eine **präzise** **196** **Fragestellung.** Jede Doppeldeutigkeit oder Unklarheit ist zu vermeiden, da ansonsten häufig schon objektiv keine Obliegenheitsverletzung vorliegen wird, jedenfalls aber der Entschuldigungsbeweis möglich ist.

Der VN muss schließlich die erforderlichen **Belege beibringen,** was sich, soweit es um **197** die Vorlage von Kaufbelegen für abhanden gekommene oder zerstörte Sachen geht, schon aus der Nachweispflicht des VN ergibt. Aber auch andere Belege hat der VN beizubringen, wenn dies für die Ermittlung von Ursache und Höhe des Schadens von Bedeutung ist[320]. Daraus, dass Belege nur „beizubringen" sind, folgt, dass der VN nicht verpflichtet ist, Belege zu übersenden oder zu übergeben. Dies gilt insbesondere für Originalbelege, bei denen die Gefahr des Abhandenkommens besteht. Insoweit muss der VR sich darauf verweisen lassen, die Belege vor Ort einzusehen[321]. Etwas anderes gilt, wenn die Prüfung von Belegen auf ihre Echtheit erforderlich ist. Eine Herausgabe der Belege kann in einem solchen Fall schon im

---

[311] Vgl. z. B. OLG München v. 8. 8. 2000, r+s 2001, 32; OLG Köln v. 5. 12. 2000, r+s 2001, 161; OLG München v. 2. 10. 2003, VersR 2005, 1530 (Frage nach Schlüsselverhältnissen).

[312] Vgl. *Prölss/Martin/Prölss,* § 34 Rn. 6; BGH v. 16. 11. 2005, VersR 2006, 258.

[313] Vgl. z. B. OLG Köln v. 16. 4. 2002, r+s 2002, 251 = VersR 2002, 1419.

[314] BGH v. 11. 6. 1976, VersR 1976, 821; BGH v. 30. 11. 1977, VersR 1978, 122; OLG Hamm v. 21. 2. 1978, VersR 1979, 49; *Martin,* Sachversicherungsrecht, X II Rn. 146.

[315] BGH v. 21. 4. 1993, VersR 1993, 828; BGH v. 7. 7. 2004, VersR 2004, 1117; BGH v. 16. 11. 2005, VersR 2006, 258.

[316] Vgl. *Martin,* Sachversicherungsrecht, X II Rn. 148.

[317] So zutreffend *Martin,* Sachversicherungsrecht, X II Rn. 148, 150.

[318] OLG Köln v. 27. 6. 2000, r+s 2000, 468.

[319] *Martin,* Sachversicherungsrecht, X II Rn. 150.

[320] Vgl. OLG Köln v. 30. 6. 1988, r+s 1988, 337.

[321] Vgl. *Martin,* Sachversicherungsrecht, X II Rn. 117.

Rüffer

Rahmen der Obliegenheit, jedwede Untersuchung im Rahmen des Zumutbaren zu gestatten, verlangt werden. Die geprüften Belege sind nach angemessener Zeit zurückzugeben[322]. Eine Obliegenheit, Belege aufzubewahren, kann aus der nach dem Versicherungsfall zu erfüllenden Obliegenheit, die erforderlichen Belege beizubringen, nicht abgeleitet werden[323]. In der Praxis führt die Angabe des VN, Belege seien vernichtet oder sonst wie abhanden gekommen, regelmäßig zu erhöhten Beweisanforderungen, wenn es sich um Belege handelt, die üblicherweise aufbewahrt werden. Bei Gegenständen des allgemeinen Lebensbedarfs oder Geschenken lässt sich Nachteiliges aus dem Fehlen von Belegen allerdings nicht ableiten[324].

198 In **zeitlicher Hinsicht** endet die Aufklärungsobliegenheit nach der Rechtsprechung des BGH[325] mit der endgültigen Ablehnung seiner Leistungspflicht durch den VR. Gibt der VR allerdings zu erkennen, dass er erneut in die Prüfung seiner Leistungspflicht eintreten will, lebt die Aufklärungsobliegenheit wieder auf[326]. Im Rahmen des Deckungsprozesses gelten die allgemeinen zivilprozessualen Grundsätze der Darlegungs- und Beweislast. Eine Aufklärungsobliegenheit des VN im Deckungsprozess ist hiermit nicht zu vereinbaren[327].

199 Trotz vollständiger Entschädigungszahlung besteht die Aufklärungsobliegenheit ausnahmsweise dann fort, wenn der VR zunächst nur **unter Vorbehalt** geleistet hat[328]. Nach einem rechtskräftigen Leistungsurteil und nach einer vorbehaltlosen Schadenregulierung bestehen die Rechte aus der Aufklärungsobliegenheit nicht mehr. Die Voraussetzungen für einen Rückforderungsanspruch gemäß § 812 BGB oder die Voraussetzungen für eine Vollstreckungsgegenklage oder ein Wiederaufnahmeverfahren sind vom VR nicht nur nach allgemeinen zivilprozessualen Grundsätzen zu beweisen, sondern auch in tatsächlicher Hinsicht zu ermitteln[329]. Es dürfte den Rahmen des Zumutbaren überschreiten, wollte man vom VN verlangen, den VR nach einem rechtskräftig entschiedenen Deckungsprozess oder nach einer vorbehaltlosen Schadenregulierung dabei zu unterstützen, rechtserhebliche Tatsachen für einen Rückforderungsanspruch, eine Vollstreckungsgegenklage oder ein Wiederaufnahmeverfahren zu beschaffen.

200 **h)** Bei Verletzung einer der Obliegenheiten der §§ 21 Nr. 1 und 2 VHB 84/VHB 92, § 26 Nr. 1 VHB 2000 sehen §§ 21 Nr. 3 VHB 84/VHB 92, § 26 Nr. 2 auf der Grundlage des bisherigen Rechts **Leistungsfreiheit nach Maßgabe der §§ 6 Abs. 3, 62 Abs. 2 VVG a. F.** vor. Im Rahmen der Reform des VVG sind die Rechtsfolgen der Verletzung vertraglicher Obliegenheiten grundlegend neu geregelt worden. Vollständige Leistungsfreiheit besteht grundsätzlich nur noch bei vorsätzlicher Obliegenheitsverletzung. Bei grob fahrlässiger Obliegenheitsverletzung besteht ein quotales Leistungskürzungsrecht des Versicherers. Einfache Fahrlässigkeit wird bei Verletzung von Obliegenheiten nicht mehr sanktioniert. Sowohl bei vorsätzlicher als auch bei grob fahrlässiger Obliegenheitsverletzung steht dem VN gemäß § 28 Abs. 3 VVG n. F. der Kausalitätsgegenbeweis offen. Dies gilt nicht bei Arglist. Zu Einzelheiten kann verwiesen werden auf die Ausführungen in § 13.

Bei Verletzung der Obliegenheit zur unverzüglichen Vorlage einer Stehlgutliste bei der Polizei kann sich die Leistungsfreiheit gemäß §§ 21 Nr. 3 Abs. 2 VHB 84/VHB 92, § 26 Nr. 2 c VHB 2000 nur auf diejenigen Sachen beziehen, die der Polizei nicht oder nicht rechtzeitig

---

[322] OLG Hamm v. 9. 7. 1985, VersR 1985, 1093 = r+s 1986, 131; *Martin,* Sachversicherungsrecht, X II Rn. 117.

[323] Vgl. *Martin,* Sachversicherungsrecht, X II Rn. 118; *Prölss/Martin/Knappmann,* § 21 VHB 84 Rn. 5; BGH v. 14. 2. 1996, ZfS 1996, 305; OLG Stuttgart v. 18. 4. 1986, NJW-RR 1986, 828.

[324] Vgl. OLG Stuttgart v. 18. 4. 1986, NJW-RR 1986, 828; OLG Karlsruhe v. 4. 6. 1981, VersR 1982, 259; *Martin,* Sachversicherungsrecht, X II Rn. 119.

[325] BGH v. 7. 6. 1989, VersR 1989, 842 = r+s 1989, 296; *Prölss/Martin/Kollhosser,* § 13 AERB 81 Rn. 1; *Römer/Langheid/Römer,* § 6 Rn. 29 m. w. N.

[326] *Römer/Langheid/Langheid,* § 34 Rn. 3 m. w. N.; *Martin,* Sachversicherungsrecht, X II Rn. 100 ff., der noch weitergehend eine zeitliche Grenze der Aufklärungsobliegenheit grundsätzlich ablehnt.

[327] Anders *Martin,* Sachversicherungsrecht, X II Rn. 95 ff.

[328] OLG Hamm v. 3. 4. 1987, VersR 1987, 1129; *Martin,* Sachversicherungsrecht, X II Rn. 113.

[329] Z. T. anders *Martin,* Sachversicherungsrecht, X II Rn. 112 ff.

angezeigt worden sind. Bei einer Verletzung der Anzeigepflicht ist stets § 33 II VVG a. F. = § 30 Abs. 2 VVG n. F. zu beachten, was auch bei einer Verletzung der Schriftform gilt[330].

Beruht die Obliegenheitsverletzung weder auf Vorsatz noch auf grober Fahrlässigkeit, so **201** verbleibt es gemäß §§ 6 Abs. 3, 62 Abs. 2 VVG a. F. bei der Leistungspflicht des VR. Zu den Anforderungen dieses **Entschuldigungsbeweises** kann auf die allgemeinen Ausführungen zu § 6 Abs. 3 VVG a. F. und § 62 Abs. 2 VVG a. F. verwiesen werden[331]. Gelingt dem VN der Entschuldigungsbeweis nicht, so kommt der **Kausalitätsgegenbeweis** gemäß § 6 Abs. 3 Satz 2 VVG a. F. in Betracht. Der VN muss dann nachweisen, dass die Obliegenheitsverletzung weder Einfluss auf die Feststellung des Versicherungsfalles noch auf die Feststellung oder den Umfang der Versicherungsleistung gehabt hat.

In der Hausratversicherung ist der Kausalitätsgegenbeweis insbesondere von Bedeutung **202** bei Verletzung der Obliegenheit zur Vorlage einer **Stehlgutliste** bei der Polizei. Steht mit an Sicherheit grenzender Wahrscheinlichkeit fest – hohe oder gar nur überwiegende Wahrscheinlichkeit reicht nicht aus –[332], dass auch eine unverzügliche Einreichung der Stehlgutliste nicht zur Einleitung von Fahndungsmaßnahmen der Polizei oder im Falle ihrer Durchführung zu einem Fahndungserfolg geführt hätte, so ist der Kausalitätsgegenbeweis erbracht. Die Rechtsprechung geht überwiegend davon aus, dass beim **Diebstahl geringwertiger Massenwaren** ein Fahndungserfolg praktisch ausgeschlossen ist, so dass in diesen Fällen die verspätete Vorlage der Stehlgutliste nicht zur Leistungsfreiheit führt[333]. Handelt es sich um individualisierbare Gegenstände, so können Fahndungsaussichten trotz geringer Aufklärungsquote der Polizei nicht pauschal verneint werden[334]. Der Kausalitätsgegenbeweis ist dann geführt, wenn sich feststellen lässt, dass Sachen der gestohlenen Gattungen im örtlichen und zeitlichen Umfeld der Tat überhaupt nicht als Stehlgut aufgetaucht sind[335]. Ebenfalls als geführt anzusehen ist der Kausalitätsgegenbeweis, wenn die Polizei trotz Äußerung eines konkreten Tatverdachts Fahndungsmaßnahmen abgelehnt hat[336].

Kann der VN die Vorsatzvermutung nicht entkräften, so bleibt die Leistungspflicht des VR **203** nach bisheriger Rechtslage gemäß §§ 21 Nr. 4 VHB 84/VHB 92, § 26 Nr. 2b VHB 2000 gleichwohl bestehen, wenn die Obliegenheitsverletzung **Einfluss weder auf die Feststellung des Versicherungsfalls noch auf die Feststellung oder den Umfang der Entschädigungspflicht** hatte **und** die Obliegenheitsverletzung nicht geeignet war, die **Interessen des VR ernsthaft zu beeinträchtigen, und** den VN außerdem **kein erhebliches Verschulden** trifft. Nach den VHB 2000 müssen die beiden letztgenannten Voraussetzungen nicht kumulativ, sondern nur alternativ („oder") vorliegen, wobei es sich möglicherweise um eine Redaktionsversehen handelt. §§ 21 Nr. 4 VHB 84/VHB 92, § 26 Nr. 2b VHB 2000 sind Ausdruck der sog. **Relevanzrechtsprechung** des Bundesgerichtshofs[337]. Bei Anwendung

---

[330] Vgl. *Prölss/Martin/Prölss*, § 33 Rn. 17, 19; BK/*Dörner*, § 33 Rn. 19 ff.; OLG Köln v. 14. 5. 2002, r+s 2002, 338 (339).

[331] Vgl. ausführlich auch *Martin*, Sachversicherungsrecht, X II Rn. 16–20, 54–58, 66–69, 79–84, 157–161 und 171.

[332] *Prölss/Martin/Kollhosser,* § 13 AERB 81, Rn. 5; kritisch *Prölss/Martin/Knappmann,* § 21 VHB 84 Rn. 6.

[333] OLG Köln v. 19. 9. 2000, NVersZ 2001, 29; OLG Köln v. 16. 1. 1996, r+s 2000, 28; OLG Köln 21. 2. 1995, VersR 1996, 323 = r+s 1995, 149; OLG Koblenz v. 11. 7. 1986, VersR 1988, 25; OLG Hamm = r+s 1986, 235; *Prölss/Martin/Knappmann,* § 21 VHB 84 Rn. 6.

[334] Vgl. OLG Frankfurt v. 20. 7. 2000, r+s 2000, 464 = NVersZ 2001, 37 zu Schmuckgegenständen und Teilen einer Fotoausrüstung; OLG Köln v. 28. 3. 2000, r+s 2000, 339, 340; OLG Köln v. 19. 10. 1999, r+s 2000, 248, 250 für Schmuckgegenstände, seltene Markenkleidungsstücke, auffälliger Nerzmantel; OLG Köln v. 14. 2. 1995, r+s 1995, 147; zu weiteren Entscheidungen *Martin*, Sachversicherungsrecht, X II Rn. 90.

[335] OLG Hamm v. 28. 5. 1986, r+s 1986, 235, *Prölss/Martin/Kollhosser,* § 13 AERB 81 Rn. 5; *Martin*, Sachversicherungsrecht, X II Rn. 91.

[336] OLG Hamm v. 4. 2. 2002, r+s 2002, 335, 336 = NVersZ 2002, 324, 325.

[337] Vgl. *Martin*, Sachversicherungsrecht, X I Rn. 19–34; *Prölss/Martin/Knappmann,* § 21 VHB 84 Rn. 7; *Prölss/Martin/Kollhosser,* § 13 AERB 81 Rn. 4.

des neuen VVG ist der Kausalitätsgegenbeweis uneingeschränkt auch bei vorsätzlicher Obliegenheitsverletzung möglich, also nicht mehr von den zusätzlichen Anforderungen des fehlenden erheblichen Verschuldens und des Fehlens der generellen Eignung, die Interessen des VR ernsthaft zu gefährden, abhängig. Große Bedeutung hatte die Relevanzrechtsprechung bei vorsätzlich folgenlosen Obliegenheitsverletzungen in der Sachversicherung nicht, da es bei den in §§ 21 Nr. 1 und 2 VHB 84/VHB 92, § 26 Nr. 1a bis f VHB 2000 genannten Obliegenheiten an der generellen Eignung, das Aufklärungsinteresse des VR ernsthaft zu beeinträchtigen, kaum jemals fehlen dürfte[338].

204   Bei vorsätzlicher, folgenloser Verletzung von Aufklärungs- und Auskunftsobliegenheiten nach Eintritt des Versicherungsfalls macht die Rechtsprechung die Leistungsfreiheit des VR davon abhängig, dass der VN ausdrücklich und unmissverständlich über den Verlust seines Leistungsanspruchs auch für den Fall, dass die Obliegenheitsverletzung keinen Nachteil für den VR hatte, **belehrt** worden ist[339]. Ob bei späteren Nachfragen eine einmal ordnungsgemäß erteilte Belehrung wiederholt werden muss, ist umstritten und dürfte davon abhängen, ob die weitere Anfrage des VR zeitnah zur ersten Belehrung erfolgt[340]. In § 28 Abs. 4 VVG n. F. ist die Belehrungspflicht im Hinblick auf Aufklärungs- und Auskunftsobliegenheiten nunmehr ausdrücklich gesetzlich geregelt.

IX. Besondere Verwirkungsgründe; Wegfall der Entschädigungspflicht

1. Arglistige Täuschung

205   Nach §§ 22 Nr. 1 VHB 84/VHB 92, § 31 Nr. 1 VHB 2000 ist der VR von seiner Entschädigungspflicht frei, wenn der VN oder einer seiner Repräsentanten versucht, den VR arglistig über Tatsachen zu täuschen, die für den Grund oder die Höhe der Entschädigung von Bedeutung sind. Hieran hat die Neufassung des VVG nichts geändert (§ 22 VVG n. F.). Der Tatbestand der **arglistigen Täuschung** wird im Regelfall stets auch einen Verstoß gegen die Aufklärungsobliegenheit der §§ 21 Nr. 2b VHB 84/VHB 92, § 26 Nr. 1f VHB 2000 darstellen, so dass sich die bei Anwendung des bisherigen Rechts gegebene Leistungsfreiheit des VR zugleich auch aus §§ 21 Nr. 3 VHB 84/VHB 92, § 26 Nr. 2 VHB 2000 ergibt.

206   Voraussetzung ist, dass über **Tatsachen** getäuscht wird, die **für den Grund oder für die Höhe der Entschädigung von Bedeutung** sind. Hierunter fallen nicht nur anspruchsbegründende, sondern auch anspruchshindernde Tatsachen, ebenso Indiztatsachen und Beweismittel[341].

207   Die arglistige Täuschung muss sich **gegen den VR** richten, wobei falsche Angaben gegenüber Dritten, z. B. der Polizei oder Sachverständigen, ausreichen, wenn gegenüber dem VR auf diese Angaben verwiesen wird oder durch den Dritten auf den VR eingewirkt werden soll[342].

Es genügt jede objektiv falsche Angabe oder das Verschweigen offenbarungspflichtiger Tatsachen, z. B. das Verschweigen wieder aufgefundener Sachen[343].

208   In **subjektiver Hinsicht** ist nicht erforderlich, dass der VN sich bereichern will und Tatsachen vortäuscht, die zu einer höheren als der geschuldeten Entschädigung führen würden,

---

[338] Vgl. *Martin,* Sachversicherungsrecht, X I Rn. 27, 29; *Prölss/Martin/Knappmann,* § 21 VHB 84 Rn. 7.

[339] BGH v. 21. 1. 1998, r+s 1998, 144 = VersR 1998, 447 (448); OLG Köln v. 19. 12. 2000, r+s 2001, 121 = NVersZ 2001, 278 (279); OLG Hamm v. 24. 4. 1998, r+s 1998, 364; *Römer/Langheid/Römer,* § 6 Rn. 60 ff.; Berliner Kommentar/*Schwintowski,* § 6 Rn. 182 ff.

[340] Vgl. zur Problematik *Römer/Langheid/Römer,* § 6 Rn. 65; OLG Köln v. 29. 4. 1997, VersR 1997, 1395 = r+s 1997, 274; OLG Koblenz v. 11. 2. 2000, r+s 2000, 294 (295); OLG Oldenburg v. 20. 8. 1997, VersR 1998, 449 = r+s 1997, 450; OLG Oldenburg v. 17. 11. 1996, r+s 1997, 228 = VersR 1996, 1533; OLG Hamm v. 25. 8. 2000, r+s 2001, 140.

[341] *Martin,* Sachversicherungsrecht, X III Rn. 8, 13; BGH v. 2. 10. 1985, r+s 1985, 302.

[342] Vgl. *Prölss/Martin/Kollhosser,* § 16 AFB 30 Rn. 11; *Martin,* Sachversicherungsrecht, X III Rn. 9; BGH v. 5. 5. 1982, VersR 1982, 689; OLG Hamm v. 23. 11. 1977, VersR 1978, 811.

[343] Vgl. *Martin,* Sachversicherungsrecht, X III Rn. 10; *Prölss/Martin/Kollhosser,* § 16 AFB 30 Rn. 6.

oder Tatsachen verschweigt, die eine niedrigere Entschädigung zur Folge hätten. Nach ständiger Rechtsprechung liegt eine arglistige Täuschung auch darin, dass der VN die Täuschung einsetzt, um einen berechtigten oder vermeintlich berechtigten Anspruch durchzusetzen[344]. Ebenso reicht aus, wenn der VN täuscht, um die Schadenregulierung zu beschleunigen[345], oder Verdachtsmomente von sich abwenden will[346]. Ausreichend ist die Verfolgung eines **gegen die Interessen des VR gerichteten Zwecks** – sei es die Beschleunigung der Schadenregulierung oder das Ausräumen von Schwierigkeiten bei der Durchsetzung auch berechtigter Deckungsansprüche – verbunden mit dem Wissen, dass durch dieses Fehlverhalten die Schadenregulierung des VR möglicherweise beeinflusst werden kann[347].

Beispielsfälle für das Vorliegen einer arglistigen Täuschung: **209**
– Vorlage rückdatierter oder falscher Einkaufsbelege, Quittungen oder Rechnungen[348]; Vorlage inhaltlich unrichtiger Kaufbelege, insbesondere über einen höheren als den tatsächlichen Kaufpreis[349];
– unrichtige Angaben über andere Versicherungen und Vorschäden[350];
– wahrheitswidriges Vorspiegeln des Kaufs angeblich gestohlener Gegenstände[351];
– Unterschieben bereits vor dem Versicherungsfall vorhandener Schäden[352];
– falsche Angaben über die wirtschaftliche Lage des VN[353],
– falsche Angaben zum Schadenhergang und zur Schadenursache[354],
– falsche Angaben zur Wohnfläche bei vereinbartem Unterversicherungsverzicht[355].

Die **Beweislast** für die Arglist des VN trägt der VR. Beweiserleichterungen kommen dem **210** VR nicht zugute. Eine Ausnahme soll gemäß §§ 22 Nr. 1 Abs. 2 VHB 84/VHB 92, § 31 Nr. 1 Satz 2 VHB 2000 dann gelten, wenn eine Täuschung durch rechtskräftiges Strafurteil wegen Betruges oder Betrugsversuchs festgestellt ist. Streitig ist, ob die Begründung einer derartigen (unwiderleglichen) Beweisvermutung mit § 309 Nr. 12 BGB vereinbar ist. Zutreffend weist *Kollhosser*[356] darauf hin, dass derartige Beweisvermutungen zum Nachteil des VN von der zwin-

---

[344] Vgl. *Prölss/Martin/Kollhosser,* § 16 AFB 30 Rn. 9; *Martin,* Sachversicherungsrecht, X III Rn. 16; OLG Hamm v. 14. 2. 2007, VersR 2007, 1221; OLG Köln v. 23. 5. 2000, r+s 2002, 122; OLG Hamm v. 15. 7. 2002, r+s 2002, 423 (425/426); OLG Hamm v. 30. 9. 1994, r+s 1995, 187; OLG Hamm v. 25. 11. 1988, VersR 1989, 802; OLG Frankfurt v. 7. 4. 1978, VersR 1978, 834; LG Kleve, v. 15. 11. 1983, VersR 1984, 253.

[345] Vgl. ÖOGH v. 5. 4. 1990, VersR 1991, 327; OLG Hamm v. 25. 11. 1988, VersR 1989, 802.

[346] Vgl. *Prölss/Martin/Kollhosser,* § 16 AFB 30 Rn. 9 m. w. N.

[347] BGH v. 18. 11. 1986, r+s 1987, 49 = VersR 1987, 149; BGH v. 2. 10. 1985, BGHZ 96, 88 = VersR 1986, 77; BGH v. 8. 7. 1991, VersR 1991, 1129; OLG Hamm v. 15. 7. 2002, r+s 2002, 423 (425); OLG Hamm v. 25. 1. 2000, r+s 2000, 336, 337.

[348] Vgl. BGH v. 2. 10. 1985, r+s 1985, 302; OLG Köln v. 11. 9. 2001, r+s 2001, 513; OLG Koblenz v. 11. 2. 2000, r+s 2000, 294; OLG Hamm v. 17. 1. 1996, r +s 1996, 454; OLG Saarbrücken v. 9. 10. 1996, VersR 1997, 826; OLG Hamm v. 2. 10. 1998, r+s 1999, 33; OLG Hamm v. 25. 1. 2000, r +s 2000, 336 (337); OLG Köln v. 13. 12. 1994, r+s 1996, 234 (236); KG v. 6. 1. 2004, VersR 2005, 351 (352); OLG Koblenz v. 20. 5. 2005, VersR 2006, 1120 = r+s 2006, 74.

[349] OLG Hamm v. 17. 1. 1990, r+s 1992, 280; OLG Düsseldorf v. 21. 2. 1995, VersR 1996, 706 = r+s 1996, 319; OLG Saarbrücken v. 9. 10. 1996, VersR 1997, 826; OLG Karlsruhe v. 17. 6. 1999, r+s 2000, 78; OLG Koblenz v. 20. 5. 2005, r+s 2006, 74 = VersR 2006, 1120.

[350] OLG Hamm v. 10. 12. 1997, r+ s 1998, 473; OLG Köln v. 22. 5. 2001, r+s 2001, 468ff.; OLG Hamm v. 14. 2. 2007, VersR 2007, 1221 (Doppelversicherung); LG München v. 16. 4. 1999, NVersZ 2001, 40, 41; LG Amberg v. 28. 3. 1995, r+s 1997, 471; LG Hannover v. 27. 5. 1994, r+s 1995, 311; LG Essen v. 15. 2. 1967, VersR 1968, 193.

[351] OLG Naumburg v. 1. 8. 2000, r +s 2001, 33 (34) = NVersZ 2001, 39, 40; OLG Köln v. 25. 6. 2002, r+s 2002, 471 (472).

[352] OLG Frankfurt/M. v. 27. 1. 2000, NVersZ 2000, 289.

[353] OLG Braunschweig v. 20. 11. 1995, r+s 1997, 204 (205).

[354] OLG Köln v. 5. 12. 2000, r+s 2001, 161; OLG Hamm v. 23. 2. 2001, r+s 2001, 203.

[355] *Prölss/Martin/Knappmann,* § 18 VHB 84 Rn. 12; *Martin,* Sachversicherungsrecht, S II Rn. 86; OLG Köln v. 14. 11. 2000, r+s 2001, 204.

[356] *Prölss/Martin/Kollhosser,* § 14 AFB 87 Rn. 3.

genden Norm des § 286 Abs. 1 ZPO abweichen, die eine Tatsachenfeststellung durch freie Überzeugungsbildung des jeweils entscheidenden Gerichts gebietet. Insbesondere darin, dass dem VN die Möglichkeit des Gegenbeweises abgeschnitten wird, liegt ein Verstoß gegen § 309 Nr. 12 BGB[357]. Hierbei ist auch zu berücksichtigen, dass umgekehrt ein Freispruch in einem strafgerichtlichen Verfahren oder eine Einstellung den VR keineswegs der Möglichkeit berauben, im Deckungsprozess den Nachweis einer arglistigen Täuschung zu führen.

211   Jedenfalls **unanwendbar** ist die Beweislastregel der §§ 22 Nr. 1 Abs. 2 VHB 84/VHB 92, § 31 Nr. 1 Satz 2 VHB 2000 **auf Repräsentanten**[358].

212   Als **Rechtsfolge** sehen §§ 22 Nr. 1 VHB 84/VHB 92, § 31 Nr. 1 VHB 2000 vor, dass der VR vollständig von der Entschädigungspflicht frei wird. Es handelt sich insoweit um eine Verwirkungsbestimmung mit Strafcharakter[359].

213   Der vollständige Anspruchsverlust kann ausnahmsweise eine **unzulässige Härte** für den VN darstellen. Nach der Rechtsprechung kann deshalb in Anwendung von § 242 BGB trotz Vorliegens einer arglistigen Täuschung eine Leistungpflicht bestehen, was allerdings an strenge Voraussetzungen zu knüpfen ist.

214   Unbillig kann die vollständige Verwirkung der Entschädigung dann sein, wenn sich die unwahren Angaben **ausschließlich auf die Höhe** beziehen und nur **relativ geringfügige Werte** betreffen[360]. Vor allem gilt dies dann, wenn der VN bei Verlust seiner sämtlichen Ansprüche seine **Existenz verlieren** würde[361]. Eine starre Prozent-Grenze, bis zu der eine Täuschung als geringfügig anzusehen ist, kann nicht gezogen werden. Häufig wird in der Rechtsprechung eine Täuschung, die sich auf über 10% des Gesamtschadens bezieht, nicht mehr als unerheblich angesehen[362]. Trotz Geringfügigkeit kann eine besondere Hartnäckigkeit beim Täuschungsversuch, eine besonders weitgehende Täuschung oder eine besonders verwerfliche Gesinnung (Gewinnsucht) zu einer völligen Verwirkung führen[363].

215   Bei einem **treuwidrigen Verhalten des VR,** welches als ähnlich schwerwiegend wie die arglistige Täuschung des VN anzusehen ist, kommt eine Leistungsfreiheit nicht in Betracht[364]; dies gilt z. B. bei einem Versuch der Zeugenbestechung[365] oder bei einer vom VR geradezu herausgeforderten Täuschung bei der Ermittlung des Schadens, insbesondere bei einer Bedrohung des VN in seiner wirtschaftlichen Existenz durch Hinauszögern der Entschädigung aus schlechthin unvertretbaren Gründen[366].

---

[357] Hierzu tendiert auch OLG Hamm v. 15. 7. 2002, r+s 2002, 423 (425); a. A. OLG Bamberg v. 8. 8. 2002, VersR 2003, 59.

[358] Zutreffend *Prölss/Martin/Kollhosser*, § 14 AFB 87 Rn. 4; a. A. *Martin*, Sachversicherungsrecht, X III Rn. 23.

[359] BGH v. 26. 9. 1984, BGHZ 92, 184; BGH v. 2. 10. 1985, VersR 1986, 77; OLG Hamm v. 15. 7. 2002, r+s 2002, 424 (425); OLG Köln v. 11. 9. 2001, 513 (515).

[360] BGH v. 16. 6. 1993, VersR 1994, 45; BGH v. 5. 10. 1983, VersR 1984, 29; OLG Köln v. 26. 5. 1986, NJW-RR 1988, 1114; OLG Frankfurt v. 24. 6. 1988, VersR 1988, 1145.

[361] BGH v. 16. 6. 1993, VersR 1994, 45 (47); BGH v. 12. 5. 1993, VersR 1993, 1351; BGH v. 23. 9. 1992, VersR 1992, 1465; BGH v. 2. 10. 1985, BGHZ 96, 88 = VersR 1986, 77; BGH v. 29. 5. 1985, VersR 1985, 875; OLG Köln v. 21. 5. 1987, VersR 1988, 706; OLG Hamm v. 16. 7. 1986, VersR 1986, 1177; nach OLG Karlsruhe v. 17. 6. 1999, NVersZ 2000, 345 = r+s 2000, 78 kommt es auch bei Geringfügigkeit allein hierauf an.

[362] Vgl. BGH v. 12. 5. 1993, NJW-RR 1993, 1117 = VersR 1993, 1351; OLG Hamm v. 4. 7. 2001, r+s 2002, 164 (165); OLG Köln v. 11. 9. 2001, r+s 2001, 513 (515); OLG Frankfurt/M. v. 20. 7. 2000, r+s 2000, 464 (465); OLG Düsseldorf v. 21. 2. 1995, r+s 1996, 319 (320); OLG Köln v. 26. 5. 1986, NJW-RR 1988, 1114; OLG Hamm v. 19. 2. 1986, VersR 1987, 873; KG v. 6. 1. 2004, VersR 2005, 352 (353).

[363] BGH v. 23. 9. 1992, VersR 1992, 1465; BGH v. 13. 7. 2005, r+s 2005, 420; OLG Hamm v. 15. 7. 2002, r+s 2002, 424 (426); OLG Oldenburg v. 23. 6. 1993, r+s 1993, 428; vgl. insgesamt *Martin*, Sachversicherungsrecht, X III Rn. 34–49; *Prölss/Martin/Kollhosser*, § 16 AFB 30 Rn. 14; *Römer/Langheid/Römer*, § 6 Rn. 133, § 34 Rn. 30ff.

[364] Vgl. hierzu *Prölss/Martin/Kollhosser*, § 16 AFB 30 Rn. 17.

[365] Vgl. BGH v. 7. 6. 1989, VersR 1989, 842.

[366] Vgl. OLG Köln v. 21. 5. 1987, VersR 1988, 706.

Ähnlich wie bei der vereinbarten Leistungsfreiheit bei Obliegenheitsverletzungen setzt   **216** auch die Leistungsfreiheit wegen arglistiger Täuschung einen **prüfungs- und verhandlungsbereiten VR** voraus[367]. Nach endgültiger Deckungsablehnung greifen im Falle einer arglistigen Täuschung nur noch die allgemeinen Folgen des Zivil- und Strafrechts ein[368].

2. Verfristung

§§ 22 Nr. 2 VHB 92, § 40 VHB 2000 bestimmen auf der Grundlage des bisherigen Rechts,   **217** dass der VR von der Entschädigungspflicht frei ist, wenn der Anspruch auf Versicherungsschutz nicht innerhalb von 6 Monaten, nachdem er unter Angabe der mit dem Fristablauf verbundenen Rechtsfolgen abgelehnt worden ist, gerichtlich geltend gemacht wird. Insoweit wird lediglich die gesetzliche Regelung in **§ 12 Abs. 3 VVG** a. F. wiederholt. Zu den Einzelheiten kann auf die Kommentierungen zu § 12 VVG a. F. verwiesen werden. Die Neufassung des VVG enthält eine dem § 12 Abs. 3 VVG a. F. entsprechende Regelung nicht mehr. Vom VR gesetzte Klagefristen sind somit nur noch für eine Übergangszeit von Bedeutung.

X. Versicherungsfall; Nachweis des Versicherungsfalls

1. Versicherungsfall

Versicherungsfall in der Hausratversicherung ist die **Zerstörung,** die **Beschädigung** oder   **218** das **Abhandenkommen** versicherter Sachen durch eine in §§ 3 VHB 84/VHB 92, § 3 Nr. 1 VHB 2000 genannten Gefahren. Zeitlich fixiert wird der Versicherungsfall mithin nicht schon durch den Beginn des Schadenereignisses (z. B. Brandausbruch, Leitungswasseraustritt), sondern erst durch den **ersten Eintritt eines Sachschadens** an den versicherten Sachen[369]. Dies kann für die Frage, ob der Versicherungsfall in die Versicherungsdauer oder in den Geltungszeitraum einer höheren Versicherungssumme oder eines ansonsten geänderten Vertragsinhalts fällt, von erheblicher praktischer Bedeutung sein. Gleiches gilt für die Frage einer Einheit oder Mehrheit von Versicherungsfällen[370]. Grundsätzlich gilt, dass der Versicherungsfall andauert, solange adäquat kausal durch das Ereignis Schäden an versicherten Sachen entstehen, und zwar unabhängig davon, ob zu der einen versicherten Schadenursache eine weitere hinzu tritt oder nicht (gedehnter Versicherungsfall)[371]. Dies ist der Fall z. B. beim Eintritt von Sachschäden im Zusammenhang mit einem Diebstahl[372]. Etwas anderes gilt dann, wenn Diebstähle in mehreren Teilakten oder gar durch unterschiedliche Täter verübt werden[373].

2. Beweisanforderungen

Grundsätzlich ist es **Sache des VN,** die tatbestandlichen Voraussetzungen des von ihm   **219** geltend gemachten VersAnspruchs **zu beweisen.** Hierzu gehört auch der Nachweis des Versicherungsfalls[374]. Für die versicherten Gefahren des Einbruchdiebstahls, des Raubes und des Vandalismus stehen dem VN auch in der Hausratversicherung **Beweiserleichterungen** zu. Zu den Einzelheiten kann auf die Ausführungen zur Einbruchdiebstahl- und Raubversicherung § 33 Rn. 183 ff. verwiesen werden.

---

[367] *Prölss/Martin/Kollhosser,* § 16 AFB 30 Rn. 12 m. w. N.; *Römer/Langheid/Römer,* § 6 Rn. 29 m. w. N.; *Prölss/Martin/Prölss,* § 6 Rn. 33 m. w. N.; a. A. *Römer/Langheid,* § 34 Rn. 38 ff.
[368] BGH v. 22. 9. 1999, r+s 1999, 495 = NVersZ 2000, 87 (88); OLG Hamm v. 12. 6. 1991, VersR 1992, 301; *Lücke,* VersR 1992, 182.
[369] Vgl. *Martin,* Sachversicherungsrecht, B I Rn. 17, 20.
[370] Vgl. hierzu *Martin,* Sachversicherungsrecht, B IV Rn. 1 ff.
[371] So *Dietz,* vor § 3 Rn. 3.
[372] *Martin,* Sachversicherungsrecht, B IV Rn. 14.
[373] Vgl. *Martin,* Sachversicherungsrecht, B IV Rn. 9 ff.
[374] *Prölss/Martin/Kollhosser,* § 49 Rn. 11 ff.; *Römer/Langheid/Römer,* § 49 Rn. 12 m. w. N.

XI. Entschädigungsberechnung; Versicherungswert; Unterversicherung; Entschädigungsgrenzen; Sachverständigenverfahren; Zahlung der Entschädigung; Wiederherbeigeschaffte Sachen

220 Zu den vorgenannten Problemkreisen enthalten die Bedingungen zur Hausratversicherung teilweise Besonderheiten, auf die nachfolgend eingegangen wird. Im Übrigen kann verwiesen werden auf die Ausführungen in § 19 sowie auf die Ausführungen in § 31 zur Feuerversicherung. Die Regelungen der VHB 84/VHB 92/VHB 2000 werden nachfolgend im **Überblick** dargestellt.

1. Entschädigungsberechnung; Versicherungswert

221 §§ 18 Nr. 1 VHB 84/VHB 92, § 27 Nr. 1a VHB 2000 bestimmen für zerstörte oder abhanden gekommene Sachen als Entschädigungshöhe den **Versicherungswert bei Eintritt des Versicherungsfalls**[375]. Was als Versicherungswert gilt, ergibt sich aus §§ 18 Nr. 2 VHB 84/VHB 92 und aus § 12 VHB 2000, auf den in § 27 Nr. 1a VHB 2000 verwiesen wird.

222 **Versicherungswert** ist grundsätzlich der Wiederbeschaffungspreis von Sachen gleicher Art und Güte in neuwertigem Zustand[376]. Die Hausratversicherung ist somit grundsätzlich **Neuwertversicherung** (§§ 18 Nr. 2 Abs. 1 VHB 84/92, § 12 Nr. 3 bzw. 4 VHB 2000). Im Gegensatz zu anderen Neuwertversicherung, z. B. nach den AFB oder den AERB, enthalten die Bedingungen zur Hausratversicherung weder eine Wiederherstellungsklausel noch eine Entwertungsgrenze. Bedenken im Hinblick auf das versicherungsrechtliche Bereicherungsverbot (§ 55 VVG a. F.) bestehen gleichwohl nicht[377]. Neuwert ist definiert als derjenige Betrag, der aufzuwenden ist, um Sachen gleicher Art und Güte im neuwertigen Zustand wiederzubeschaffen oder sie neu herzustellen[378]. Maßgebend ist hierbei der niedrigere Betrag.

223 Eine Ausnahme vom Regelfall der Neuwertversicherung gilt für Sachen, die **für ihren Zweck im Haushalt des VN nicht mehr zu verwenden** sind, was vom VR zu beweisen ist[379]. Versicherungswert ist dann gemäß §§ 18 Nr. 2 Abs. 2 VHB 84/VHB 92, § 12 Nr. 3 bzw. Nr. 4 VHB 2000 der für den VN erzielbare Verkaufspreis (gemeiner Wert). Der gemeine Wert entspricht dem Verkehrswert, d. h. dem Wert, den die Sache nach ihrer objektiven Beschaffenheit für jedermann hat[380]. Ob eine versicherte Sache im Haushalt des VN nicht mehr zu verwenden ist, hängt von ihrem objektiven Zustand vor dem Hintergrund der Lebensumstände des VN ab[381]. Die Verwendung für einen anderen als den ursprünglichen Zweck bedeutet nicht unbedingt eine objektive Entwertung. Vorliegen wird in diesen Fällen allerdings eine Umwidmung, die für die Bestimmung des Versicherungswerts von Bedeutung ist[382].

224 **Wiederbeschaffungspreis** ist regelmäßig der Einkaufspreis für private Endverbraucher einschließlich der darauf entfallenden Mehrwertsteuer[383]. Etwas anderes gilt für Arbeitsgeräte und Sachen, die zum Betriebsvermögen des VN oder seines Arbeitgebers gehören. Dann ist maßgeblich der Einkaufspreis für gewerbliche Einkäufe (Großhandelspreis). Die besonderen Verhältnisse des VN, z. B. erzielbare Preisnachlässe, sind stets zu berücksichtigen[384]. Die

---

[375] Zum Wiederbeschaffungspreis und zur Wertsteigerung von Kunstwerken (Bildern) nach dem Versicherungsfall vgl. OLG Köln v. 14. 5. 2002, r+s 2002, 338 (339); LG Köln v. 2. 12. 2004, r+s 2005, 467; vgl. im übrigen *Prölss/Martin/Kollhosser*, § 55 Rn. 61 ff.
[376] Zur Darlegungslast des VN vgl. OLG Hamm v. 3. 12. 1999, r+s 2000, 118 (119).
[377] Vgl. hierzu *Römer/Langheid/Römer*, § 55 Rn. 2 ff.; *Prölss/Martin/Knappmann*, § 18 VHB Rn. 4; BGH v. 17. 12. 1997, VersR 1998, 305; BGH v. 4. 4. 2001, VersR 2001, 749 = r+s 2001, 252.
[378] BGH v. 8. 2. 1988, BGHZ 103, 228; Berliner Kommentar/*Schauer*, § 52 Rn. 14; *Prölss/Martin/Kollhosser*, § 52 Rn. 13.
[379] *Martin*, Sachversicherungsrecht, Q III Rn. 63; OLG Düsseldorf v. 9. 2. 1999, r+s 1999, 248 (249).
[380] Vgl. *Römer/Langheid/Langheid*, § 52 Rn. 3; Berliner Kommentar/*Schauer*, § 52 Rn. 9.
[381] *Prölss/Martin/Knappmann*, § 18 VHB 84 Rn. 3; *Martin*, Sachversicherungsrecht, Q III Rn. 58 ff., 83 ff.; OLG Düsseldorf v. 9. 2. 1999, r+s 1999, 248.
[382] *Prölss/Martin/Knappmann*, § 18 VHB 84 Rn. 6; *Martin*, Sachversicherungsrecht, Q III Rn. 95 ff.
[383] *Prölss/Martin/Kollhosser*, § 86 Rn. 4 ff., 10.
[384] *Prölss/Martin/Kollhosser*, § 86 Rn. 5; LG Kiel v. 9. 1. 2003, r+s 2003, 287.

Mehrwertsteuer wird, sofern Vorsteuerabzugsberechtigung besteht, nicht erstattet[385]. Dies wird in § 27 Nr. 3 VHB 2000 ausdrücklich klargestellt. Gleiches gilt, wenn der VN Mehrwertsteuer tatsächlich nicht gezahlt hat.

Bei lediglich beschädigten Sachen, also **Teilschäden,** werden gemäß §§ 18 Nr. 1 b VHB   **225** 84/VHB 92, § 27 Nr. 1 b VHB 2000 die notwendigen **Reparaturkosten**[386] bei Eintritt des Versicherungsfalls zuzüglich einer durch den Versicherungsfall etwa entstandenen und durch die Reparatur nicht auszugleichenden **Wertminderung** ersetzt. Höchstgrenze ist der Versicherungswert unmittelbar vor Eintritt des Versicherungsfalls. Kosten für die Feststellung der Reparaturwürdigkeit und Kosten für erfolglose Reparaturversuche sind als Bestandteil der notwendigen Reparaturkosten zu erstatten[387]. Ein Wertminderungsausgleich kommt bei einer unvollständigen Reparatur und auch dann in Betracht, wenn bei relativ geringfügigen Schäden deren Beseitigung unverhältnismäßig teuer wäre und deshalb eine Reparatur unterbleibt[388].

Besonders geregelt sind in § 27 Nr. 1 Abs. 2 VHB 2000 sogenannte **Schönheitsschäden.**   **226** Wird durch den Schaden die Gebrauchsfähigkeit einer Sache nicht beeinträchtigt und ist dem VN die Nutzung ohne Reparatur zumutbar, so ist die Beeinträchtigung durch Zahlung des Betrages auszugleichen, der dem Minderwert entspricht[389].

Abzuziehen sind sowohl beim Totalschaden als auch beim Teilschaden die **Restwerte.**   **227** Hiermit gemeint ist bei Teilschäden der Wert derjenigen Reste, die bei der Reparatur durch den Austausch von Altteilen gegen Neuteile anfallen[390]. Wert der Reste bei Totalschäden ist der durch den VN erzielbare Verkaufspreis der Reste[391].

Für **Kunstgegenstände und Antiquitäten** ist in § 12 Nr. 5 bzw. 6 VHB 2000 bestimmt,   **228** dass der Versicherungswert der Wiederbeschaffungspreis von Sachen gleicher Art und Güte ist. Nach den VHB 84/VHB 92 (dort § 18 Nr. 3) gilt nichts anderes[392].

2. Unterversicherung

Regelungen zur **Unterversicherung** finden sich in §§ 18 Nr. 3 bis 5 VHB 84/VHB 92,   **229** § 27 Nr. 4 und 5 VHB 2000. Danach gilt die allgemeine Proportionalitätsregel des § 56 VVG a. F. Gemäß § 75 VVG n. F. führt nur noch eine erhebliche Unterversicherung zu einer Leistungskürzung[393]. Ist die Entschädigung für versicherte Sachen auf bestimmte Beträge begrenzt (Entschädigungsgrenzen), was gemäß §§ 19 VHB 84/VHB 92, § 28 VHB 2000 für Wertsachen einschließlich Bargeld gilt, so werden bei der Ermittlung des Versicherungswerts der davon betroffenen Sachen höchstens diese Beträge berücksichtigt (§§ 18 Nr. 5 VHB 84/ VHB 92, § 27 Nr. 5 i. V. m. § 12 Nr. 6 bzw. Nr. 5 VHB 2000)[394]. Ergibt sich aus dem so ermittelten Versicherungswert des gesamten Hausrats eine Unterversicherung, so wird der Gesamtbetrag der Entschädigung entsprechend gekürzt. Danach sind die §§ 19 Nr. 2 und 3 VHB 84/ VHB 92, § 28 VHB 2000 anzuwenden[395].

Um eine Unterversicherung zu vermeiden, kann durch Einschluss der Klausel 7712 zu den   **230** VHB 2000 (Klausel 834 zu den VHB 84 und VHB 92) ein **Unterversicherungsverzicht**

[385] *Prölss/Martin/Kollhosser*, § 86 Rn. 10.
[386] Vgl. OLG Nürnberg v. 5. 5. 1994, r+s 1995, 106.
[387] Vgl. im Einzelnen *Martin*, Sachversicherungsrecht, R I Rn. 35 ff.
[388] *Prölss/Martin/Knappmann*, § 18 VHB 84 Rn. 1.
[389] Vgl. zum sog. Schönheitsschaden auch *Martin*, Sachversicherungsrecht, R I Rn. 24, B III Rn. 19 ff.; *Prölss/Martin/Knappmann*, Anm. zu § 27 VHB 2000.
[390] *Martin*, Sachversicherungsrecht, R III Rn. 2.
[391] *Martin*, Sachversicherungsrecht, R II Rn. 24, 26.
[392] Vgl. hierzu *Martin*, Sachversicherungsrecht, Q IV Rn. 69, 78 ff.; LG Köln v. 2. 12. 2004, r+s 2005, 467.
[393] Vgl. hierzu im Einzelnen *Martin*, Sachversicherungsrecht, S II Rn. 2, Rn. 22 ff.
[394] Vgl. hierzu *Martin*, Sachversicherungsrecht, S II Rn. 50.
[395] Vgl. hierzu *Martin*, Sachversicherungsrecht, S II Rn. 54; *Prölss/Martin/Knappmann*, § 18 VHB 84 Rn. 9.

vereinbart werden[396]. Die VHB 2000 sehen in § 12 (Fassung „Indizierung Quadratmeter-summe") die Ermittlung der Versicherungssumme nach der Wohnfläche vor. Zugleich ist bestimmt, dass sich die Versicherungssumme um einen Vorsorgebetrag in Höhe eines bestimmten Prozentsatzes erhöht. Entspricht bei Eintritt eines Versicherungsfall die Wohnfläche der versicherten Wohnung der im Versicherungsschein genannten Wohnfläche und unterschreitet der im Vertrag vereinbarte Betrag pro Quadratmeter Wohnfläche den vom VR für den Unterversicherungsverzicht vorgegebenen Betrag nicht, so entfällt gemäß § 13 Nr. 2 VHB 2000 der Unterversicherungseinwand.

231   In bestimmten Fällen kann seitens des VR eine **Beratungspflicht** bestehen, um eine drohende Unterversicherung zu vermeiden. Bei Verletzung dieser Pflicht kommen die Grundsätze der versicherungsrechtlichen Vertrauenshaftung oder Schadensersatzansprüche des VN in Betracht[397].

3. Entschädigungsgrenzen für Wertsachen und Bargeld

232   §§ 19 VHB 84/VHB 92, § 28 VHB 2000 enthalten zum einen eine **prozentuale Entschädigungsgrenze** für Wertsachen, ohne dass es auf die Art und Weise der Aufbewahrung dieser Wertsachen ankommt. Die Entschädigungsgrenze kann durch Vereinbarung erhöht werden. Im Hinblick auf die Regelungen in §§ 18 Nr. 5 VHB 84/VHB 92, § 12 Nr. 6 bzw. Nr. 5 VHB 2000 besteht bei einer an den Entschädigungsgrenzen orientierten Versicherungssumme nicht die Gefahr einer Unterversicherung[398].

233   Was unter **Wertsachen** zu verstehen ist, ergibt sich abschließend aus §§ 19 Nr. 1 VHB 84/VHB 92, § 28 Nr. 1 VHB 2000[399]. Zu den Einzelheiten kann verwiesen werden auf die Ausführungen bei *Martin*[400]. Problematisch ist, ob Gegenstände, deren mehr als 100-jähriges Alter sich nicht wertsteigernd auswirkt, zu den sonstigen Sachen im Sinne von §§ 19 Nr. 1e VHB 84/VHB 92, § 28 Nr. 1e VHB 2000 zu zählen sind[401]. Aus der Verwendung des Klammerzusatzes „Antiquitäten" ergibt sich, dass Gegenstände, die über 100 Jahre alt sind, nur dann der Wertbegrenzung unterfallen, wenn sich das Alter deutlich wertsteigernd auswirkt[402].

234   Besondere Entschädigungsgrenzen enthalten §§ 19 Nr. 3 VHB 84/VHB 92, § 28 Nr. 3 VHB 2000 **(betragsmäßige und verschlussabhängige Entschädigungsgrenzen).** Diese Grenzen gelten für Wertsachen, die sich außerhalb verschlossener mehrwandiger Stahlschränke (VdS-anerkannter Wertschutzschränke) befinden[403]. Entschädigungsgrenzen für Sachen, die unter ausreichend qualifiziertem Verschluss aufbewahrt werden, sehen §§ 19 Nr. 3 VHB 84/VHB 92, § 28 Nr. 3 VHB 2000 nicht vor. Insoweit gelten lediglich §§ 19 Nr. 2 VHB 84/VHB 92, § 28 Nr. 2 VHB 2000. Sachen unter sog. einfachen Verschluss in Möbelstücken stehen unverschlossenen Sachen gleich[404]. Befindet sich der Schlüssel zu dem qualifizierten Behältnis in unmittelbarer Nähe des Behältnisses, so dass er ohne ernsthafte Suche

---

[396] Zu den Einzelheiten des Unterversicherungsverzichts vgl. *Martin*, Sachversicherungsrecht, S II Rn. 77–112; *Prölss/Martin/Knappmann*, § 18 VHB 84 Rn. 10 ff.

[397] Vgl. OLG Frankfurt/M. v. 11. 11. 2005, VersR 2006, 406; OLG Hamm v. 20. 12. 2000, r+s 2001, 295; OLG Hamm v. 14. 7. 1995, r+s 1995, 389 (390); OLG Koblenz v. 12. 4. 1991, r+s 1993, 227 f.; vgl. auch *Kollhosser*, r+s 2001, 89 ff.

[398] Vgl. *Prölss/Martin/Knappmann*, § 19 VHB 84 Rn. 1.

[399] Hierzu können auch Arbeitsgeräte gehören, z.B. eine Violine, vgl. OLG Düsseldorf v. 6. 2. 1994, r+s 1995, 424 (425).

[400] Vgl. *Martin*, Sachversicherungsrecht, U IV Rn. 16 ff.; vgl. auch LG Köln v. 13. 1. 2005, VersR 2006, 358; OLG Köln v. 13. 6. 2005, r+s 2006, 244 betr. eine wertvolle Herrenarmbanduhr.

[401] Vgl. hierzu *Martin*, Sachversicherungsrecht, U IV Rn. 5 ff.; *Prölss/Martin/Knappmann*, § 19 VHB 84 Rn. 1.

[402] Vgl. *Martin*, Sachversicherungsrecht, U IV Rn. 6; OLG Düsseldorf v. 6. 2. 1994, r+s 1995, 424 (425).

[403] Vgl. hierzu *Martin*, Sachversicherungsrecht, U IV Rn. 1 ff.

[404] *Prölss/Martin/Knappmann*, § 19 VHB 84 Rn. 2.

leicht zu finden ist, sind die besonderen Anforderungen an einen qualifizierten Verschluss nicht erfüllt[405].

4. Entschädigungsgrenze bei mehrfacher Versicherung

Durch §§ 20 VHB 84/VHB 92 soll verhindert werden, dass die in den Versicherungsbedingungen enthaltenen Entschädigungsgrenzen dadurch unterlaufen werden, dass statt eines einzigen VV mit einer bedarfsgerechten Versicherungssumme mehrere VV bei demselben oder verschiedenen VR abgeschlossen werden. In derartigen Fällen ermäßigt sich der Anspruch gemäß §§ 12 VHB 84/VHB 92 (Außenversicherung) und §§ 19 Nr. 3 VHB 84/92 in der Weise, dass aus allen Verträgen insgesamt keine höhere Entschädigung geleistet wird, als wenn der Gesamtbetrag der Versicherungssummen im vorliegenden Vertrag in Deckung gegeben worden wäre. Die Entschädigungsgrenze wird mithin einem **fiktiven einheitlichen Versicherungsvertrag** entnommen[406]. Schwierige Auslegungsfragen ergeben sich insbesondere beim Zusammentreffen von Hausratsversicherungsverträgen mit unterschiedlich hohen Entschädigungsgrenzen oder nach verschiedenen Bedingungswerken[407]. **235**

Eine den §§ 20 VHB 84/VHB 92 entsprechende Regelung enthalten die VHB 2000 in § 33 Nr. 5. Ausdrücklich ist hierin auch die prozentuale Entschädigungsgrenze des § 28 Nr. 2 VHB 2000 einbezogen[408]. Im Übrigen entspricht § 33 VHB 2000 den Vorschriften der §§ 59, 60 VVG a. F. = §§ 78, 79 VVG n. F.

5. Sachverständigenverfahren

Auch im Rahmen der Hausratsversicherung ist – wie in den anderen Sparten der Sachversicherung – die Durchführung eines **Sachverständigenverfahrens** nach Eintritt des Versicherungsfalls zum Zwecke der Feststellung der Schadenshöhe vorgesehen. Die Einzelheiten sind geregelt in §§ 23 VHB 84/VHB 92, § 34 VHB 2000. Besonderheiten bestehen insoweit nicht. **236**

6. Zahlung der Entschädigung

Wann der VR die **Entschädigung zu zahlen** hat, ab wann und in welcher Höhe eine Verzinsung zu erfolgen hat und unter welchen Voraussetzungen **Abschlagszahlungen** verlangt werden können, ist in §§ 24 VHB 84/VHB 92, § 29 VHB 2000 geregelt. Insoweit bestehen gegenüber den Regelungen in der Feuerversicherung keine Besonderheiten. Auf die dortigen Ausführungen sowie die Ausführungen in § 21 kann verwiesen werden. **237**

Grundsätzlich gilt, dass die Auszahlung der Entschädigung **„binnen zwei Wochen"** zu erfolgen hat, nachdem die Leistungspflicht des VR dem Grunde und der Höhe nach festgestellt ist. Verzögert sich die Auszahlung, gerät der VR in Verzug[409]. **238**

Abschlagszahlungen kann der VN gemäß §§ 24 Nr. 1 VHB 84/VHB 92, § 29 VHB 2000 einen Monat nach Anzeige des Schadens in Höhe desjenigen Betrages verlangen, der nach Lage der Sache (voraussichtlich) mindestens zu zahlen ist. **239**

Die **Verzinsung** der Entschädigung ist geregelt in §§ 24 Nr. 2 VHB 84/VHB 92, § 29 Nr. 2 VHB 2000. Zur Zahlung fällig werden die Zinsen mit Fälligkeit der Entschädigung[410]. **240**

Gemäß §§ 24 Nr. 3 VHB 84/VHB 92, § 29 Nr. 3 VHB 2000 sind die **Fristen** zur Auszahlung und zur Verzinsung **gehemmt,** solange infolge Verschuldens des VN die Entschädigung nicht ermittelt oder nicht gezahlt werden kann. Gemäß §§ 24 Nr. 4 VHB 84/VHB 92, § 29 Nr. 4 VHB 2000 ist der VR berechtigt, die Zahlung aufzuschieben, solange Zweifel an der **241**

---

[405] Vgl. AG München v. 18. 4. 2000, r+s 2001, 36; AG Osnabrück v. 20. 4. 2000, VersR 2001, 714.

[406] Vgl. zu Einzelheiten *Martin,* Sachversicherungsrecht, U I Rn. 21 ff.; sowie *Dietz,* § 20 Rn. 1 ff.; OLG Karlsruhe v. 20. 10. 1994, r+s 1999, 117.

[407] Vgl. hierzu *Martin,* Sachversicherungsrecht, U I Rn. 45 ff.; BGH v. 6. 12. 1995, r+s 1996, 108; OLG Karlsruhe v. 20. 10. 1994, r+s 1999, 117.

[408] Anders bei den VHB 84 und VHB 92, vgl. *Martin,* Sachversicherungsrecht, U I Rn. 28.

[409] Zu den Einzelheiten vgl. auch *Martin,* Sachversicherungsrecht, Y II Rn. 1 ff.

[410] Vgl. zu Einzelheiten *Martin,* Sachversicherungsrecht, Y IV Rn. 1 ff.; *Prölss/Martin,* Sachversicherungsrecht, § 94 Rn. 2.

Empfangsberechtigung des VN bestehen, sowie für die Dauer eines behördlichen oder strafgerichtlichen Verfahrens gegen den VN oder einen seiner Repräsentanten aus Anlass des Versicherungsfalls. Das Auszahlungshindernis nach §§ 24 Nr. 4b VHB 84/VHB 92, § 29 Nr. 4b VHB 2000 entfällt nach der Rechtsprechung des BGH nicht erst dann, wenn die Ermittlungen formell rechtskräftig eingestellt sind. Eine vorläufige Einstellung reicht aus[411].

7. Wiederherbeigeschaffte Sachen

242   Nach § 25 VHB 84, § 25 Nr. 1 VHB 92, § 30 Nr. 1 VHB 2000 besteht eine Obliegenheit des VN zur unverzüglichen schriftlichen Anzeige, wenn der Verbleib abhanden gekommener Sachen ermittelt ist. Diese **Anzeigepflicht** wird als Spezialfall der Aufklärungsobliegenheit der §§ 21 Nr. 2b VHB 84/VHB 92, § 26 Nr. 1f VHB 2000 angesehen, so dass auch die Sanktionsvorschrift der §§ 21 Nr. 3 VHB 84/VHB 92, § 26 Nr. 2 VHB 2000 eingreift[412]. Bei Verletzung der Obliegenheit wird häufig der Verdacht nahe liegen, der VN habe die Wiedererlangung der Sache verschwiegen, um zusätzlich die Zahlung der Entschädigung zu erreichen oder die Entschädigung zu behalten[413].

243   Welche **Rechtsfolgen** es hat, wenn der VN den Besitz einer abhanden gekommenen Sache zurück erlangt, bevor die bedingungsgemäße Entschädigung oder Teile davon gezahlt worden sind, und wie zu verfahren ist, wenn eine Entschädigung in voller Höhe des Versicherungswerts bereits erfolgt ist, wird umfassend in § 30 Nr. 2 und 3 VHB 2000 geregelt. § 25 Nr. 2 VHB 92 enthält lediglich eine Regelung für den Fall der Wiedererlangung des Besitzes nach Zahlung. Die Vorschriften sind insoweit inhaltsgleich mit § 18 AERB 87.

244   Dem VN stehen insoweit **Wahlrechte** zu[414]. § 30 Nr. 4 VHB 2000 ergänzt die Regelung für den Fall, dass für die wiederherbeigeschaffte Sache die bereits gezahlte Entschädigung niedriger ist als der Versicherungswert. Dem Besitz einer zurückerlangten Sache steht es gleich, wenn der VN die Möglichkeit hat, sich den Besitz wieder zu verschaffen (§ 30 Nr. 5 VHB 2000). Im Hinblick auf die bei Wiedererlangung des Besitzes laufenden **Fristen** gemäß § 30 Nr. 2 bis 4 VHB 2000 ist die Vorschrift eng auszulegen[415]. Von Bedeutung ist, dass die Zweiwochenfrist des § 30 Nr. 2 VHB 2000, also in den Fällen, in denen die Entschädigung noch nicht oder nicht in voller Höhe gezahlt worden ist, ohne Aufforderung seitens des VN mit Besitzerlangung beginnt, während nach § 25 Nr. 2 VHB 92, § 30 Nr. 3 VHB 2000, also dann, wenn die Entschädigung schon in voller Höhe geleistet worden ist, die Frist erst ab Empfang einer schriftlichen Aufforderung des VR läuft.

XII. Prämie; Anpassung der Prämie; Bedingungsanpassung

1. Prämie und Prämienzahlung

245   Wegen der **Prämienzahlungspflicht** des VN und der Rechtsfolgen einer nicht rechtzeitigen Zahlung von Erstprämie und Folgeprämien kann, da die Regelungen in den VHB (§§ 15 Nr. 1 und 2 VHB 84/VHB 92, §§ 15 Nr. 2ff., 16 VHB 2000) insoweit keine Besonderheiten enthalten, auf die Ausführungen in § 12 und die Kommentierungen zu §§ 38, 39 VVG a. F. verwiesen werden.

2. Anpassung der Versicherungssumme

246   §§ 16 Nr. 1 VHB 84/VHB 92, § 13 VHB 2000 sehen die **Anpassung der Versicherungssumme** an die Entwicklung des Preisindexes zu Beginn eines jeden Versicherungsjahres vor. Die daraus resultierende Versicherungssumme ist dem VN bekannt zu geben. Inner-

---

[411] BGH v. 21. 10. 1998, r+s 1999, 32 = VersR 1999, 227; a. A. *Prölss/Martin/Knappmann,* § 24 VHB 84 Rn. 2; LG Bonn v. 26. 9. 1989, VersR 1990, 303; LG Hamburg v. 8. 1. 1985, VersR 1988, 509.

[412] Vgl. hierzu *Martin,* Sachversicherungsrecht, Z III Rn. 4; *Prölss/Martin/Knappmann,* § 25 VHB 84 Anm. 1.

[413] Vgl. *Martin,* Sachversicherungsrecht, Z II Rn. 13ff., Z III Nr. 4.

[414] Vgl. zu den Einzelheiten *Martin,* Sachversicherungsrecht, Z II Rn. 1ff.

[415] Vgl. hierzu *Martin,* Sachversicherungsrecht, Z III Rn. 6.

halb eines Monats nach Zugang der Mitteilung über die neue Versicherungssumme kann der VN der Anpassung durch schriftliche Erklärung widersprechen. § 13 Nr. 1 Abs. 4 Satz 2 VHB 2000 bestimmt, dass bei Unterschreiten des vom VR vorgegebenen Betrages pro Quadratmeter Wohnfläche gleichzeitig ein Unterversicherungsverzicht entfällt.

3. Anpassung des Prämiensatzes

Die Bedingungen zur Hausratversicherung sehen eine **Änderung und Anpassung der**   247 im VV vereinbarten **Prämie** zum einen in §§ 11 Nr. 3 VHB 84/VHB 92, § 10 Nr. 4 VHB 2000 für den Fall eines Wohnungswechsels und zum anderen in §§ 16 Nr. 2 VHB 84/VHB 92, § 14 VHB 2000 vor. Die Möglichkeit der Änderung des Prämiensatzes gemäß §§ 16 Nr. 2 VHB 84/VHB 92, § 14 VHB 2000 ist nicht an die Erhöhung einer bestimmten Gefahr geknüpft, sondern orientiert sich am **Schadenverlauf aller Hausratversicherungen**[416]. Soweit nach § 16 Nr. 2 VHB 92 eine Erhöhung unabhängig von den Veränderungen des Schadenverlaufs und auch unabhängig von Veränderungen des Preisindexes vorgesehen ist, bestehen gegen die Wirksamkeit der Bestimmung Bedenken, zumal die in § 16 Nr. 2 VHB 84 noch enthaltene obligatorische Minderung des Prämiensatzes nach unten nicht mehr vorgesehen ist[417]. Bei einer Erhöhung des Beitragssatzes kann der VN den VV innerhalb eines Monats nach Zugang der Mitteilung des VR kündigen (§ 16 Nr. 2 e VHB 84, § 16 Nr. 2b VHB 92, § 14 Nr. 4 VHB 2000).

4. Bedingungsanpassungsklausel

Die VHB 2000 enthalten in § 38 erstmals eine **Bedingungsanpassungsklausel** für den   248 Fall, dass sich Änderungen bestehender oder Inkrafttreten neuer Rechtsvorschriften unmittelbar auf die Bedingungen des Versicherungsvertrags auswirken, sich die höchstrichterliche Rechtsprechung zu den Versicherungsbedingungen ändert, ein Gericht die Unwirksamkeit der Versicherungsbedingungen rechtskräftig feststellt oder Bedingungen durch die Versicherungsaufsichtsbehörde oder das Kartellamt für mit geltendem Recht nicht vereinbar erklärt werden oder gegen Leitlinien oder Rundschreiben dieser Behörden verstoßen. Da die Voraussetzungen und der Inhalt der Änderungsbefugnis klar geregelt sind und zudem bestimmt ist, dass sich das bei Vertragsschluss zugrunde gelegte Verhältnis zwischen Leistung und Gegenleistung bei Gesamtbetrachtung der Anpassung nicht zum Nachteil des VN geändert werden darf (Verschlechterungsverbot), bestehen gegen die Wirksamkeit der Anpassungsklausel des § 38 VHB 2000 keine Bedenken[418].

XIII. Versicherungsdauer; Kündigung; Verjährung

1. Beginn und Ende des Versicherungsschutzes, Vertragsdauer, Kündigung

Der **Versicherungsschutz (Haftung des VR) beginnt** gemäß §§ 15 Nr. 3 VHB 84/   249 VHB 92, § 15 Nr. 1 VHB 2000 zu dem im Versicherungsschein angegebenen Zeitpunkt, wenn der VN den ersten oder einmaligen Beitrag rechtzeitig zahlt. Wird der VN zur Prämienzahlung erst nach dem im Versicherungsschein vereinbarten Beginn des Versicherungsschutzes aufgefordert, so gilt die Zahlung als rechtzeitig, wenn die Zahlung nach Aufforderung ohne Verzug erfolgt. Für Schäden, die nach Antragstellung, aber vor Zahlung der Erstprämie eintreten, besteht demnach – eine rechtzeitige Zahlung der Erstprämie vorausgesetzt – Versicherungsschutz. Ist die Zahlung des Jahresbeitrags in Raten vereinbart, gilt als erster Beitrag nur die erste Rate des ersten Jahresbeitrags (so ausdrücklich § 15 Nr. 2 Abs. 3 VHB 2000)[419].

---

[416] Vgl. zu den Einzelheiten nach § 16 Nr. 2 VHB 84, *Martin,* Sachversicherungsrecht, P IV Rn. 16 ff.; zur Wirksamkeit LG Hamburg v. 1. 12. 1989, r+s 1990, 423.

[417] Vgl. *Prölss/Martin/Knappmann,* § 16 VHB 92 Rn. 2 und 3.

[418] Vgl. zu den Wirksamkeitsvoraussetzungen von Anpassungsklauseln BGH v. 17. 3. 1999, NJW 1999, 1865; a. A. *van Bühren/Höra,* § 3 Rn. 274.

[419] *Prölss/Martin/Knappmann,* § 15 VHB 84 Rn. 1.

250 Der Vertrag ist für den **im Versicherungsschein angegebenen Zeitraum** abgeschlossen. Die früher häufig vorgesehene formularmäßige Bestimmung einer zehnjährigen Laufzeit ist unwirksam. Zulässig ist gemäß § 8 III VVG a. F. eine fünfjährige Bindung. § 11 Abs. 4 VVG n. F. reduziert die höchstzulässige Bindungsdauer auf 3 Jahre. VV von mindestens einjähriger Dauer verlängern sich von Jahr zu Jahr, wenn sie nicht spätestens 3 Monate vor Ablauf durch eine Partei schriftlich gekündigt werden (§§ 15 Nr. 4 VHB 84/VHB 92, § 20 Nr. 2 VHB 2000). Für Verträge mit einer Vertragsdauer von weniger als einem Jahr und für Verträge mit einer Vertragsdauer von bis zu drei Jahren sieht § 20 Nr. 3 und 4 VHB 2000 Sonderregelungen vor.

251 Unabhängig von der vereinbarten Laufzeit des Vertragsverhältnisses können sowohl der VN als auch der VR den VV **nach dem Eintritt eines Versicherungsfall außerordentlich kündigen** (§§ 26 VHB 84/VHB 92, § 21 VHB 2000). Kein Kündigungsrecht besteht gemäß § 21 Nr. 1 Satz 1 VHB 2000, wenn die Höhe des Schadens unterhalb des vereinbarten Selbstbehalts (Bagatellschäden) liegt. Die Kündigung ist schriftlich zu erklären und muss spätestens einen Monat nach dem Abschluss der Verhandlungen über die Entschädigung zugegangen sein. Die Kündigung des VR wird einen Monat nach ihrem Zugang wirksam (§§ 26 Nr. 1 VHB 84/VHB 92, § 21 Nr. 3 VHB 2000). Dies gilt nach den VHB 84/VHB 92 auch für die Kündigung des VN, wobei dieser jedoch bestimmen kann, dass seine Kündigung sofort oder zu einem anderen Zeitpunkt, spätestens jedoch zum Schluss des laufenden Versicherungsjahres, wirksam wird (§§ 26 Nr. 3 VHB 84/VHB 92). Nach § 21 Nr. 2 Satz 1 VHB 2000 wird die Kündigung des VN grundsätzlich sofort nach ihrem Zugang wirksam, es sei denn, der VN bestimmt, dass die Kündigung zu einem späteren Zeitpunkt, spätestens jedoch zum Ende des laufenden Versicherungsjahres, wirksam werden soll.

252 Nach §§ 15 Nr. 5 Abs. 2 VHB 84/VHB 92 hat der VR bei eine Kündigung des VN nach Eintritt eines Versicherungsfalles gemäß §§ 26 VHB 84/VHB 92 **Anspruch auf die Prämie für das laufende Versicherungsjahr.** Kündigt demgegenüber der VR, so hat er die Prämie für das laufende Versicherungsjahr nach dem Verhältnis der noch nicht abgelaufenen zu der gesamten Zeit des Versicherungsjahres zurückzuzahlen. Die VHB 2000 enthalten eine solche differenzierte Regelung nicht mehr. Vielmehr bestimmt § 19 VHB 2000, dass der VR bei vorzeitiger Beendigung des Vertrages – hierzu gehört nach dem Verständnis eines durchschnittlichen VN auch die Sonderkündigung nach dem Eintritt eines Versicherungsfalles – nur Anspruch auf den Teil des Beitrages hat, der der abgelaufenen Vertragszeit entspricht.

253 Ein Sonderkündigungsrecht bei **Insolvenz des VN** ist in § 22 VHB 2000 geregelt. Für die Prämie gilt ebenfalls § 19 VHB 2000.

2. Tod des Versicherungsnehmers

254 Nach dem **Tod des VN** besteht der Versicherungsschutz in dessen bisheriger Wohnung für eine Zeitdauer von 2 Monaten fort (§ 10 Nr. 4 VHB 84, § 15 Nr. 6 VHB 92, § 20 Nr. 5 VHB 2000). Die Versicherung wird auf diese Weise in eine **Versicherung der Erben**[420] umgewandelt, auch wenn diese die Wohnung nicht nutzen[421]. Das Versicherungsverhältnis endet zwei Monate nach dem Tod des VN, wenn nicht spätestens zu dieser Zeit ein Erbe die Wohnung in derselben Weise wie der frühere VN nutzt[422].

3. Verjährung

255 Ansprüche aus einem Hausratversicherungsvertrag **verjähren** nach bisherigem Recht in 2 Jahren. Die Frist beginnt mit dem Schluss des Jahres, in dem die Leistung verlangt werden kann. Ist ein Anspruch des VN bei dem VR angemeldet worden, zählt der Zeitraum von der Anmeldung bis zum Zugang der schriftlichen Entscheidung des VR bei der Fristberechnung nicht mit. Diese dem § 12 Abs. 2 VVG a. F. = § 15 VVG n. F. entsprechende Regelung ist in

---

[420] Dies gilt auch für möblierte Wohnungen, LG Aachen v. 24. 11. 1989, r+s 1990, 62.
[421] *Prölss/Martin/Knappmann*, § 10 VHB 84 Rn. 6.
[422] Vgl. zu den Einzelheiten *Martin*, Sachversicherungsrecht, G IV Rn. 107 ff.; *Prölss/Martin/Knappmann*, § 10 VHB 84 Rn. 6 f.; zu den VHB 74 vgl. BGH v. 24. 3. 1993, r+s 1993, 224 (225).

§ 39 VHB 2000 aufgenommen worden. Nach neuem Recht richtet sich die Verjährungsfrist, deren Hemmung und Neubeginn grundsätzlich nach den allgemeinen Regeln des BGB. Ansprüche aus einem Versicherungsvertrag verjähren mithin in drei Jahren gemäß §§ 195, 199 BGB.

B. Wohngebäudeversicherung

Literatur: *Martin,* Sachversicherungsrecht, Kommentar zu den AVB für Hausrat, Wohngebäude, Feuer, Einbruchdiebstahl und Raub, Leitungswasser, Sturm einschließlich Sonderbedingungen und Klauseln, 3. Aufl. 1992; *Dietz,* Wohngebäudeversicherung, Kommentar, 2. Aufl. 1999; *Prölss/Martin,* Kommentar zum VVG, 27. Aufl. 2004, Wohngebäudeversicherung bearbeitet von *Kollhosser.*

I. Einleitung

Die **Wohngebäudeversicherung** gehört zum Bereich der Sachversicherung und bietet   256
dem Eigentümer eines Gebäudes in einem rechtlich einheitlichen Vertrag Versicherungs-schutz gegen unterschiedliche Gefahren, eingeteilt in die Gefahrengruppen Brand/Blitz-schlag/Explosion, Leitungswasser/Rohrbruch und Sturm/Hagel. Dieser so genannte **kom-binierte Versicherungsschutz**[423] hat zum Ziel, dem Eigentümer eines Wohngebäudes für den Fall der Beschädigung oder der Zerstörung des Gebäudes und/oder der mitversicherten Sachen durch Verwirklichung bestimmter Gefahren Versicherungsschutz zu gewähren. Der Anwendungsbereich der Wohngebäudeversicherung ist nicht auf die Versicherung reiner Wohngebäude beschränkt, sondern umfasst auch gemischt genutzte Gebäude, die sowohl Wohnzwecken als auch anderen Zwecken dienen[424].

Abzugrenzen ist die Wohngebäudeversicherung von der Versicherung von Geschäftsge-   257
bäuden, Industriegebäuden und landwirtschaftlichen Gebäuden, für die gesonderte Versiche-rungsbedingungen entwickelt worden sind, die sich auf einzelne Gefahren und Gefahren-gruppen beziehen (z. B. AFB, AWB, AStB). Im Hinblick auf die versicherten Sachen ist die Gebäudeversicherung abzugrenzen zur Inhalts- oder Mobiliarversicherung, insbesondere der Hausratversicherung, die Versicherungsschutz für den Hausrat als Inbegriff beweglicher Sa-chen des privaten Lebensbereichs gewährt.

Neben dem Schutz des Eigentümers vor einer Belastung seines Vermögens durch Zerstö-   258
rung oder Beschädigung des Gebäudes dient die Gebäudeversicherung wirtschaftlich der Er-leichterung der Bereitstellung von Realkrediten, was in der Vergangenheit dazu führte, dass die Gebäudeversicherung in einigen Bundesländern von öffentlich-rechtlichen **Monopolan-stalten** betrieben wurde. Im Zuge der Vereinheitlichung und Liberalisierung des Versiche-rungsrechts im Europäischen Binnenmarkt wurden die landesrechtlichen Gebäudeversiche-rungsmonopole aufgehoben. Die einzelnen Versicherungsverhältnisse wurden in unbefristete vertragliche Versicherungsverhältnisse nach dem VVG übergeleitet[425].

II. Rechtliche Rahmenbedingungen und Rechtsgrundlagen

1. Versicherungsvertrag, Gesetzliche Rechtsgrundlagen

Die Wohngebäudeversicherungsverträge enthalten – vergleichbar mit der Hausratversiche-   259
rung – im Regelfall keine individuell ausgehandelten Vertragsgrundlagen[426]. Maßgeblich sind die im Antragsformular und im Versicherungsschein näher bezeichneten **Allgemeinen Ver-**

---

[423] Vgl. *Martin,* A II, Rn. 3 – aus der Verbindung verschiedener Gefahrengruppen, für die vor Einfüh-rung eigenständiger Bedingungen zur Wohngebäudeversicherung jeweils gesonderte Verträge abge-schlossen werden mussten, erklärt sich die Bezeichnung „Verbundene Wohngebäudeversicherung".

[424] Vgl. hierzu *Dietz,* S. 47 f.

[425] Vgl. zu den Einzelheiten *Dietz,* S. 5 ff., 8 f.

[426] Vgl. *Martin,* A IV Rn. 16, 17, 27.

sicherungsbedingungen (AVB). Weitere Rechtsquelle ist insbesondere das **VVG.** Unmittelbare Anwendung finden dessen allgemeine Vorschriften für alle Versicherungszweige (§§ 1–48 VVG a. F. = §§ 1–73 VVG n. F.) sowie die Vorschriften für die gesamte Schadenversicherung (§§ 49–80 VVG a. F. = §§ 74–99 VVG n. F.). Nach Inkrafttreten der Neufassung des VVG zum 1. 1. 2008 ist das VVG in der bisherigen Fassung grundsätzlich noch bis zum 31. 12. 2008 auf sogenannte Altverträge anzuwenden. Für Verträge, die ab dem 1. 1. 2008 abgeschlossen werden, gilt das neue VVG. Ab dem 1. 1. 2009 findet das neue VVG auch auf Altverträge Anwendung. Bei Eintritt eines Versicherungsfalls bis zum 31. 12. 2008 bestimmen sich die sich daraus ergebenden Rechte und Pflichten jedoch weiterhin nach dem alten VVG. Die bisherige Fassung des VVG und die Neufassung werden also noch für längere Zeit nebeneinander anwendbar sein. Neben den Vorschriften des VVG sind selbstverständlich auch die Vorschriften des BGB anwendbar, soweit die Bestimmungen des VVG und die einzelvertraglichen Regelungen, zu denen auch die AVB gehören, keine Abweichungen enthalten[427]. Von Bedeutung sind hierbei vor allem die früher im AGB-Gesetz (AGBG) geregelten Bestimmungen, die inzwischen in das BGB übernommen worden sind (§§ 305 ff. BGB). Diese Vorschriften haben nach Wegfall der aufsichtsbehördlichen Präventivkontrolle der Allgemeinen Versicherungsbedingungen zunehmende Bedeutung erlangt.

2. Allgemeine Versicherungsbedingungen, Übersicht der verschiedenen Fassungen, Klauseln

260 Der Versicherungsvertrag in der Wohngebäudeversicherung verweist regelmäßig auf **Allgemeine Versicherungsbedingungen,** in denen die vertraglichen Pflichten des VR und des VN beschrieben und in Ergänzung der gesetzlichen Bestimmungen präzisiert sind.

261 Nach wie vor eine weite Verbreitung haben die **„Allgemeinen Bedingungen für die Neuwertversicherung von Wohngebäuden gegen Feuer-, Leitungswasser- und Sturmschäden (VGB 62)"**[428]. Nach einer vom Gesamtverband der Deutschen Versicherungswirtschaft erhobenen Statistik lagen Ende 1996 noch etwa einem Drittel aller Wohngebäudeversicherungsverträge die VGB 62 zugrunde[429]. Die VGB 62 sind in der Folgezeit mehrfach ergänzt und verändert worden[430].

262 Ersetzt wurden die VGB 62 durch die **„Allgemeinen Wohngebäudeversicherungsbedingungen (VGB 88)"**, die seit dem Jahre 1989 von den Wohngebäudeversicherern eingeführt wurden und derzeit in der Fassung von Januar 1995 die weiteste Verbreitung haben. Nach Aufhebung der Vorabgenehmigungspflicht für Versicherungsbedingungen hat der Verband der Sachversicherer die VGB 88 als unverbindliche Musterbedingungen weiterhin zur Verwendung empfohlen[431]. Die VGB 88 sind gegenüber den VGB 62 zum einen redaktionell überarbeitet und an den Aufbau des korrespondierenden Bedingungswerks der VHB 84 angeglichen worden, wobei auch das Ziel verfolgt wurde, eine möglichst nahtlose Verbindung zwischen Wohngebäude- und Hausratversicherung zu schaffen[432].

263 Darüber hinaus enthalten die VGB 88 im Vergleich zu den VGB 62 eine Reihe materieller Änderungen. Insbesondere sehen die VGB 88 als **Regelfall** die **Gleitende Neuwertversicherung** mit einem Verzicht auf den Einwand der Unterversicherung vor. Darüber hinaus enthalten die VGB 88 gegenüber den VGB 62 sowohl Erweiterungen als auch Einschränkungen des Versicherungsschutzes. Die VGB 88 haben derzeit als Vertragsgrundlage in der Wohngebäudeversicherung die weiteste Verbreitung, die auch in Zukunft noch zunehmen wird[433].

264 Seit dem **Wegfall der Vorabgenehmigungspflicht von allgemeinen Versicherungsbedingungen** durch das Bundesaufsichtsamt für das Versicherungswesen sind die VR in der

---

[427] Vgl. hierzu *Martin*, A IV Rn. 44.
[428] Abdruck des Textes bei *Martin*, Text 33.
[429] Vgl. *Dietz*, S. 33.
[430] Vgl. im Einzelnen *Prölss/Martin/Kollhosser*, Vorbem. zu den VBG 62 Rn. 1.
[431] Vgl. *Prölss/Martin/Kollhosser*, 26. Aufl., Vorbem. zu den VGB 88 Rn. 4.
[432] Vgl. zu den Einzelheiten *Dietz*, S. 46.
[433] Abdruck des Textes bei *Martin*, Text 46, sowie *Prölss/Martin*, 27. Aufl., S. 1198 ff.

Formulierung ihrer AVB weitgehend frei. Vom Gesamtverband der Deutschen Versicherungswirtschaft e. V. wurden als Verbandsempfehlung die **„Allgemeinen Wohngebäudeversicherungsbedingungen (VGB 2000)"** aufgestellt und bekannt gegeben, wobei zwei Versionen, zum einen die „VGB 2000 – Wohnfläche" und zum anderen die „VGB 2000 – Wert 1914", als Musterbedingungen zur Auswahl stehen[434]. Die VGB 2000 sind im Gegensatz zu den genehmigten Fassungen der VGB für die VU unverbindlich. Es besteht die Möglichkeit der Vereinbarung abweichender Klauseln. Überdies steht es jedem VR frei, den Deckungsumfang auszudehnen und die Voraussetzungen der Deckung bestimmter Risiken eigenständig zu bestimmen. Die VGB 2000 weisen gegenüber den VGB 88 insbesondere eine abweichende Gliederung auf. Überdies sind in weitem Umfang gesetzliche Vorschriften inhalts- und/oder wortgleich in die Bedingungen aufgenommen worden. Was den Versicherungsumfang und die Voraussetzungen der Deckung bestimmter Risiken anbetrifft, entsprechen die VGB 2000 weitgehend den VGB 88. Inwieweit es in der Zukunft zu einer vermehrten Einführung der VGB 2000 kommt, muss abgewartet werden.

Im Rahmen der nachstehenden Erläuterungen werden die VGB 2000 in der Version **265** „VGB 2000 – Wert 1914" jeweils berücksichtigt. Die „VGB 2000 – Wohnfläche" sehen lediglich ein anderes Modell im Hinblick auf die Ermittlung des Versicherungswerts und der Versicherungssumme und deren Anpassung vor[435].

Im Hinblick auf die Neufassung des VVG und deren Inkrafttreten zum 1. 1. 2008 hat der **265a** Gesamtverband der Deutschen Versicherungswirtschaft e. V. neue Allgemeine Wohngebäudeversicherungsbedingungen als unverbindliche Musterbedingungen zur fakultativen Verwendung bekannt gegeben, wobei zwei Versionen, zum einen die **„VGB 2008 – Wert 1914"** und zum anderen die **„VGB 2008 – Wohnflächenmodell"** zur Auswahl stehen[436]. Die neuen Musterbedingungen berücksichtigen materiell-rechtliche Änderungen durch das neue VVG und enthalten darüber hinaus Klarstellungen zum Umfang des Versicherungsschutzes. Soweit durch das neue VVG Änderungen nicht veranlasst sind, stimmen die neuen Musterbedingungen im Wesentlichen mit den bisher in der Praxis verwendeten Bedingungen überein.

Soweit neue Musterbedingungen von den Versicherern verwendet werden, gilt dies zunächst nur für **ab dem 1. 1. 2008 neu abgeschlossene Verträge.** Die Versicherer sind jedoch gemäß Art. 1 Abs. 3 EGVVG berechtigt, ihre AVB für Altverträge mit Wirkung zum 1. 1. 2009 zu ändern, soweit die bisherigen Bedingungen von den Vorschriften des neuen Rechts abweichen. Erforderlich ist insoweit, dass die geänderten AVB dem VN spätestens bis zum 1. 12. 2008 unter Kenntlichmachung der Unterschiede in Textform mitgeteilt werden. Die Befugnis zur Änderung der den Altverträgen zugrunde liegenden Versicherungsbedingungen ist beschränkt auf solche Änderungen, die durch die Vorschriften des neuen VVG veranlasst sind. Für Altverträge werden mithin auch in Zukunft weiterhin unterschiedliche Bedingungen zur Anwendung kommen. Die neuen Musterbedingungen VGB 2008, über deren Anwendung in der Praxis abschließend noch nichts gesagt werden kann, werden nachfolgend nur insoweit behandelt, als sie grundlegende Änderungen im Vergleich zu den bisherigen Bedingungen beinhalten.

Neben den VGB liegen den Wohngebäudeversicherungsverträgen häufig weitere Ver **266** sicherungsbedingungen zugrunde. Von besonderer Bedeutung sind insoweit die **„Sonderbedingungen für die Gleitende Neuwertversicherung von Wohn-, Geschäfts und landwirtschaftlichen Gebäuden (SGlN)",** von denen wiederum verschiedene Fassungen existieren[437]. Durch die Einführung der Versicherungsform der Gleitenden Neuwertversicherung als Regelfall in den VGB 88 entfällt die Anwendung der SGlN für Wohngebäudeversicherungsverträge. Bedeutung haben die Sonderbedingungen für die

---

[434] Abgedruckt bei *Dörner,* Allgemeine Versicherungsbedingungen, 5. Aufl. 2007, Nr. 8 a und Nr. 8 b.
[435] Zu den Alternativmodellen zur Gleitenden Neuwertversicherung vgl. *Dietz,* S. 367 ff.
[436] Download über www.gdv.de/Publikationen/Versicherungsbedingungen/Schaden- und Unfallversicherung/Sachversicherung/Privatversicherung/Wohngebäudeversicherung
[437] Vgl. hierzu *Prölss/Martin/Kollhosser,* Vorbem. zu den SGlN 79 a.

Gleitende Neuwertversichtung nach wie vor für Geschäfts- und landwirtschaftliche Gebäude.

267   Zusätzlich zu den VGB konnten seit 1991 zur Absicherung gegen weitere Elementargefahren **„Besondere Bedingungen für die Versicherung weiterer Elementarschäden in der Wohngebäudeversicherung (BEW)"** vereinbart werden, wobei die Einschlussquote in die Wohngebäudeversicherungsverträge nach den VGB 88 relativ gering ist[438].

268   Neben den AVB werden in den Versicherungsverträgen vielfach zusätzliche **Klauseln** vereinbart, die der Ergänzung und Modifizierung der AVB dienen. Auch hierbei handelt es sich, so die Klauseln nicht individuell vereinbart worden sind, um Allgemeine Geschäftsbedingungen. Die Klauseln für die VGB 62 und die VGB 88 sind eingegliedert worden in ein gesamtes Klauselheft für verschiedene Sparten der Sachversicherung unter den Nr. 0910 ff. und 841 ff.[439]. Im Rahmen der Neufassung der VGB 88 und der VGB 2000 wurden auch die Klauseln neu gefasst (Klauseln Nr. 7100 ff.)[440]. Daneben enthalten die Wohngebäudeversicherungsverträge vielfach Bedingungs- und Prämienanpassungsklauseln, die mit denen in der Hausratversicherung vergleichbar sind[441]. Die VGB 2000 sehen in § 36 erstmals eine in die VGB aufgenommene Bedingungsanpassungsklausel vor.

269   **Welche Fassung der VGB** für den Versicherungsvertrag **maßgebend** ist, ergibt sich aus dem Versicherungsvertrag. Eine Umstellung bestehender Verträge auf neue Bedingungen ist nur mit ausdrücklicher Zustimmung des VN möglich[442]. Andererseits besteht für den VR grundsätzlich **keine Verpflichtung,** bestehende Verträge auf neue Bedingungen **umzustellen**[443]. Mit Einführung der VGB 88 haben sich die VR verpflichtet, Neuverträgen nur noch das neue Bedingungswerk zugrunde zu legen. Überdies wurden Altverträge mit schriftlicher Zustimmung des VN umgestellt[444].

270   In der nachfolgenden Darstellung werden sowohl die VGB 62 und die VGB 88 als auch die VGB 2000 (in der Fassung VGB 2000 – Wert 1914) behandelt. Für die konkrete Fallbearbeitung kommt es stets entscheidend auf das dem jeweiligen Versicherungsvertrag zugrunde liegende Bedingungswerk an. Dies gilt insbesondere nach Wegfall der Vorabgenehmigungspflicht von Allgemeinen Versicherungsbedingungen, da zunehmend unternehmenseigene Bedingungen Verwendung finden werden.

III. Versicherte Sachen

1. Allgemeines

271   Welche Sachen in der Wohngebäudeversicherung versichert sind und welche nicht, ist in § 2 VGB 62, §§ 1 VGB 88/VGB 2000 geregelt. In § 2 VGB 62 ist bestimmt, dass, soweit nichts anderes vereinbart ist, die im Versicherungsschein aufgeführten **Gebäude mit ihren Bestandteilen,** aber ohne Zubehör versichert sind. § 1 VGB 88 enthält, was das **Zubehör** und vom Mieter in das Gebäude eingefügte Sachen betrifft, differenzierende Regelungen. § 1 VGB 2000 ist weitgehend inhaltsgleich, enthält jedoch in Nr. 2 eine ausdrückliche Bestimmung für die Einbeziehung von Einbaumöbeln und Einbauküchen, Klingel- und Briefkastenanlagen, Müllboxen sowie Terrassen.

---

[438] Vgl. *Dietz*, S. 219 ff., 223.

[439] Abgedruckt unter Texte 34 bei *Martin*, S. 198 ff.

[440] Abgedruckt bei *Dietz*, S. 555, sowie bei *Dörner* (Fn. 12) im Anschluss an Nr. 8a und Nr. 8b.

[441] Vgl. hierzu Teil A Ziff. XII Nr. 2 und 4.

[442] Zur Umstellung auf geänderte Bedingungen im Hinblick auf das neue VVG vgl. oben Rn. 265a und Art. 1 Abs. 3 EGVVG.

[443] OLG Düsseldorf v. 2. 7. 1996, VersR 1997, 1134 = r+s 1997, 523; OLG Hamm v. 17. 3. 1993, r+s 1993, 441 = VersR 1994, 37; vgl. zu den Einzelheiten *Prölss/Martin/Prölss*, Vorbem. I Rn. 36.

[444] Vgl. *Prölss/Martin/Kollhosser*, Vorbem. zu den VGB 88 Rn. 3.

2. Gebäude und Gebäudebestandteile

Versicherte Sachen in der Wohngebäudeversicherung sind die **im Versicherungsvertrag**   272
bezeichneten Gebäude[445], wobei hierzu, obwohl dies in §§ 1 VGB 88/VGB 2000 nicht
mehr gesondert erwähnt ist, auch deren Bestandteile gehören[446]. Maßgeblich für den Versicherungsschutz ist mithin die konkrete Bezeichnung und Beschreibung im Versicherungsschein (Einzeldeklaration)[447]. Im Rahmen der häufig erforderlich werdenden Auslegung ist
stets zu berücksichtigen, dass die Wohngebäudeversicherung von der Inventarversicherung/
Hausratversicherung abzugrenzen ist. Gegenstand der Wohngebäudeversicherung ist grundsätzlich das Wohngebäude mit allen wesentlichen und unwesentlichen Bestandteilen, während umgekehrt – von einigen gesondert geregelten Ausnahmen abgesehen – Gebäude-
standteile vom Deckungsumfang der Hausratversicherung ausgeschlossen sind[448].

Der Begriff des **„Gebäudebestandteils"** ist in den VGB nicht definiert und in den neu-   273
eren Bedingungswerken nicht einmal mehr erwähnt[449]. Im Regelfall wird sich der Begriff des
Gebäudebestandteils mit dem der §§ 94f. BGB decken. Stets ist jedoch zu prüfen, ob sich aus
dem Regelungsgehalt der Bedingungen zur Wohngebäude in Abgrenzung zu demjenigen
der Hausrat- und Inventarversicherung nichts anderes ergibt[450]. Bedeutung hat dies vor allem
für die so genannten Scheinbestandteile i. S. d. § 95 BGB. Grundsätzlich lässt sich sagen, dass
durch die Gebäudeversicherung in erster Linie die Gebäudesubstanz und durch die Inven-
tar-/Hausratversicherung in erster Linie die Gebäudeeinrichtung geschützt werden soll, wobei die Beschreibung im Versicherungsschein stets vorrangig ist[451]. Gleichwohl verbleiben
eine Vielzahl von Abgrenzungsschwierigkeiten[452].

Ist im Versicherungsschein nur das „Wohngebäude" oder das „Wohnhaus" angegeben, so   274
stellt sich die Frage, ob auch **Nebengebäude, insbesondere Garagen oder Carports,** in
den Versicherungsschutz einbezogen sind. Dies ist nach heutiger Verkehrsanschauung, wonach zu einem Wohngebäude regelmäßig auch eine Garage oder ein Carport gehören, jedenfalls dann zu bejahen, wenn die Garage oder der Carport mit dem Wohnhaus fest verbunden
sind und mit diesem eine Einheit bilden[453]. Etwas anderes kann dann gelten, wenn sich aus
der Beschreibung im Versicherungsschein deutlich ergibt, dass die Garage vom Versicherungsschutz ausgeschlossen sein soll. Dies ist z. B. dann anzunehmen, wenn im Versicherungsschein die genauen Maße des Wohnhauses ohne die angebaute Garage angegeben sind[454].
Auch bei **sonstigen Anbauten** an das Gebäude (Schuppen, Remisen, Freisitze) kommt es
darauf an, ob eine feste Verbindung zum Wohngebäude besteht, was dann zu verneinen ist,
wenn eine Verbindung lediglich durch Isolierpappe besteht und der Anbau mit gleicher Konstruktion und mit gleichen Bestandteilen auch an anderer Stelle stehen könnte[455]. Erst recht

---

[445] Zum Gebäudebegriff vgl. im Einzelnen *Dietz*, S. 58 ff.

[446] Vgl. *Dietz*, S. 53.

[447] Vgl. *Dietz*, S. 53 f.

[448] Vgl. zu den Einzelheiten der Abgrenzung *Martin*, H II Rn. 17 ff.

[449] Abschnitt A § 5 Nr. 2 VGB 2008 enthält nunmehr einen Definitionskatalog für Gebäude, Gebäudebestandteile, Gebäudezubehör, Grundstücksbestandteile und das Versicherungsgrundstück.

[450] Vgl. *Prölss/Martin/Kollhosser*, § 2 VGB 62 Rn. 3.

[451] Vgl. *Prölss/Martin/Kollhosser*, § 2 VGB 62 Rn. 3.

[452] Vgl. im Einzelnen *Dietz*, S. 61 ff.

[453] Vgl. OLG Köln v. 21. 5. 1996, VersR 1997, 694 = r+s 1996, 414; als zu streng abzulehnen ist die
Entscheidung AG Gemünden/M. v. 4. 2. 1986, VersR 1986 1236, wonach trotz einer baulichen Verbindung durch eine gemeinsame Mauer und ein gemeinsames Dach Versicherungsschutz in der WohngebäudeV nicht bestehen soll; abweichend auch *Dietz*, S. 55.

[454] So die Entscheidung OLG Hamm v. 16. 10. 1991, r+s 1992, 60, der allerdings ein besonderer Sachverhalt zugrunde liegt, so dass Verallgemeinerungen bedenklich erscheinen.

[455] Vgl. LG Oldenburg v. 7. 9. 1991, VersR 1994, 468; LG Bückeburg v. 21. 12. 1993, r+s 1995, 71; AG
München v. 5. 12. 1986, VersR 1986, 1189; AG Sobernheim v. 2. 11. 1992, VersR 1993, 1269; zu streng
wiederum AG Speyer v. 4. 2. 1991, VersR 1992, 609.

besteht kein Versicherungsschutz, wenn es sich um freistehende Nebengebäude handelt und diese im Versicherungsschein nicht erwähnt sind[456].

275   Als in der Gebäudeversicherung **mitversicherte Gebäudebestandteile** sind anzusehen Heizungsanlagen einschließlich des Heizkessels und des Ölbrenners[457], Wärmepumpenanlagen[458], Anlagen der Warmwasserversorgung[459], sanitäre Installationen wie Badewannen und Waschbecken[460], hauseigene Schwimmbäder und deren Bestandteile sowie Saunen[461], Dachgärten und Dachterrassenbepflanzungen einschließlich Erdfüllung und Pflanzen[462], Balkone nebst Balkongeländer und Balkonverkleidungen[463], Einbruchmeldeanlagen[464], Markisen sowie Rundfunk- und Fernsehantennenanlagen[465]. Photovoltaikanlagen nebst den dazugehörigen Installationen sind gemäß Abschnitt A § 5 Nr. 3a VGB 2008 vom Versicherungsschutz ausdrücklich ausgeschlossen.

276   **Einbaumöbel, insbesondere Einbauküchen,** sind regelmäßig keine Gebäudebestandteile, sondern Hausrat, was insbesondere dann gilt, wenn die Einbauküchen serienmäßig hergestellt werden und ohne großen Aufwand und Beeinträchtigung ihrer Brauchbarkeit wieder demontiert werden können[466]. In § 1 Nr. 2a VGB 2000 ist ausdrücklich klargestellt, dass Einbaumöbel/-küchen, die nicht serienmäßig produziert, sondern individuell für das Gebäude raumspezifisch geplant und gefertigt worden sind, dem Versicherungsschutz in der Gebäudeversicherung unterfallen. Bei **Fußboden-, Wand- und Deckenbelägen,** insbesondere Tapeten, Holz- und Kunststoffverkleidungen, Kacheln, Fliesen und Teppichböden, ist regelmäßig von einem Gebäudebestandteil auszugehen, so dass Deckungsschutz in der Wohngebäudeversicherung und nicht in der Hausratversicherung besteht[467]. Bei Teppichböden gilt dies jedenfalls dann, wenn sie auf den Raum zugeschnitten und fest verklebt sind. Als Hausrat können Teppichböden lediglich dann angesehen werden, wenn sie ihrerseits auf bewohnbarem Untergrund liegen und ein Ablösen ohne Schäden am Untergrund jederzeit möglich ist[468].

277   **Elektrische Anlagen** der Licht- und Stromversorgung stellen wesentliche Bestandteile dar, nicht hingegen Lampen und Beleuchtungskörper[469].

278   Von den Gebäudebestandteilen als dem engeren Begriff sind „**Grundstücksbestandteile**" i. S. d. § 94 Abs. 1 BGB abzugrenzen. Für solche Grundstücksbestandteile, z. B. Abwasserleitungen, die außerhalb des versicherten Gebäudes unter der Hofdecke verlaufen, besteht kein Versicherungsschutz[470]. In § 1 Nr. 3 VGB 88 und in § 1 Nr. 2b VGB 2000 ist dies ausdrücklich klargestellt.

---

[456] Vgl. *Prölss/Martin/Kollhosser,* § 2 VGB 62 Rn. 1; OLG Celle v. 2. 3. 1995, VersR 1996, 748; AG Celle v. 25. 7. 1995, r+s 1996, 456.

[457] Vgl. BGH v. 16. 6. 1993, VersR 1993, 1102.

[458] Vgl. BGH v. 15. 11. 1989, VersR 1990, 200; anders OLG Oldenburg v. 8. 8. 1990, VersR 1990, 1349, für eine 15 m v. Gebäude entfernte Wärmepumpenanlage, die bei Vorhandensein einer funktionierenden Gasheizungsanlage nur als Zusatzheizung betrieben wird.

[459] Vgl. *Dietz,* S. 84.

[460] Vgl. *Martin,* H II Rn. 67.

[461] Vgl. *Martin,* H II Rn. 68; OLG Düsseldorf v. 29. 10. 1996, r+s 1998, 248.

[462] Vgl. *Martin,* H II Rn. 9 und 68; *Dietz,* S. 81.

[463] Vgl. *Dietz,* S. 81.

[464] OLG Hamm v. 4. 12. 1987, r+s 1988, 173 = NJW-RR 1988, 923; *Dietz,* S. 83 f.; *Martin,* H II Rn. 72 f.; a. A. *Spiegl,* r+s 1988, 233.

[465] Vgl. *Dietz,* S. 85; insoweit ergibt sich, falls diese Sachen nicht mehreren Wohnungen dienen, eine Überschneidung zur Hausratversicherung (vgl. §§ 1 Nr. 2a VHB 84/VHB 92).

[466] Vgl. *Prölss/Martin/Kollhosser,* § 2 VGB 62 Rn. 5; *Martin,* H II Rn. 61 ff.; *Dietz,* S. 81 f.; OLG Köln v. 30. 7. 1992, VersR 1992, 1468; OLG Saarbrücken v. 1. 12. 1995 = r+s 1996, 414 f. = VersR 1996, 97; OLG Köln v. 22. 6. 1999, r+s 1999, 383.

[467] Vgl. *Martin,* H II Rn. 69 ff.; *Dietz,* S. 81.

[468] So OLG Köln v. 1. 4. 2003, VersR 2004, 105; *Martin,* H II Rn. 71, vgl. auch OLG München v. 12. 7. 1996, VersR 1997, 999.

[469] *Martin,* H II Rn. 65; *Dietz,* S. 84.

[470] OLG Koblenz v. 15. 10. 1993, VersR 1995, 43; *Prölss/Martin/Kollhosser,* § 2 VGB 62 Rn. 2.

Abweichend von § 95 Abs. 2 BGB sind Bestandteile i. S. d. § 2 VGB 62 auch solche Teile,   279
die nur vorübergehend während einer Reparatur fachmännisch in das Gebäude eingefügt
sind (so genannte **Ersatzbestandteile**)[471].

3. Gebäudezubehör

Nach § 2 VGB 62 ist **Gebäudezubehör** ausdrücklich vom Versicherungsschutz ausge-   280
schlossen. Demgegenüber enthalten § 1 Nr. 2 VGB 88, § 1 Nr. 3 VGB 2000 eine Deckungserweiterung dahin, dass auch bestimmte bewegliche Sachen, nämlich Zubehör, welches der
Instandhaltung eines versicherten Gebäudes dient oder zu Wohnzwecken genutzt wird, mitversichert ist, soweit es sich in dem Gebäude befindet oder außen an dem Gebäude angebracht ist. Weiteres Gebäudezubehör ist, wie in § 1 Nr. 3 VGB 88, § 1 Nr. 2b Satz 2 VGB
2000 ausdrücklich klargestellt wird, nur aufgrund besonderer Vereinbarung versichert.

Der Begriff Zubehör wird in den bisherigen Versicherungsbedingungen nicht eigenständig definiert[472], so dass auf die Regelung in § 97 Abs. 1 BGB abzustellen ist. Danach sind Zubehör bewegliche Sachen, die, ohne Bestandteil der Hauptsache zu sein, dem wirtschaftlichen
Zwecke der Hauptsache zu dienen bestimmt sind und zu ihr in einem dieser Bestimmung
entsprechenden räumlichen Verhältnis stehen[473].

Entgegen dem Wortlaut der Bedingungen („Nutzung zu Wohnzwecken"), der nahe legen   281
könnte, dass der gesamte Hausrat als Zubehör zu qualifizieren ist, da er zu Wohnzwecken
genutzt wird, ist darauf abzustellen, ob das **Zubehör dem Wohngebäude selbst dient**[474].
In diesem Sinne sind als Zubehör anzusehen Heizmaterialien (Heizölvorrat, Kohle), künftig
in das Gebäude einzufügende Sachen, Maschinen in Gemeinschaftswaschanlagen, Feuer-
melder sowie Wasser-, Gas-, Elektrizitäts- und Wärmezähler[475]. Die Telefonanlage eines
Privathauses dürfte jedenfalls nach der Verkehrsanschauung nicht als Zubehör anzusehen
sein[476].

Gemäß § 1 Nr. 3 VGB 88, § 1 Nr. 2b Satz 2 VGB 2000 können weiteres Gebäudezubehör   282
sowie **sonstige Grundstücksbestandteile** aufgrund besonderer Vereinbarung mitversichert
werden, was beispielsweise für Einfriedungen (Mauern, Zäune, Gitter), Terrassen[477], Müllboxen, feste Hundehütten, Fahnenmasten und Werbeanlagen in Betracht kommen kann[478]. § 1
Nr. 2b VGB 2000 sieht ausdrücklich vor, dass Klingel- und Briefkastenanlagen, Müllboxen
sowie Terrassen, soweit sie sich auf dem im Versicherungsschein bezeichneten Grundstück
befinden, mitversichert sind.

4. Ausschluss von Mietereinbauten

Gemäß §§ 1 Nr. 4 VGB 88/VGB 2000 sind nicht versichert in das Gebäude nachträglich   283
eingefügte Sachen, die ein **Mieter** (oder Wohnungseigentümer) **auf seine Kosten beschafft
oder übernommen hat und für die er die Gefahr trägt.** Dieser Ausschluss stellt die
Kehrseite zu §§ 1 Nr. 2b VHB 84/VHB 92, § 1 Nr. 4b VHB 2000 dar, wonach diese Sachen
ausdrücklich in den VersSchutz in der HausratV einbezogen sind[479]. Der Ausschluss des Versicherungsschutzes für Mietereinbauten kann durch gesonderte Vereinbarung i. S. v. §§ 1

---

[471] Vgl. BGH v. 18. 3. 1992, VersR 1992, 606, betreffend eine bei der Reparatur eines teilweise geöffneten Flachdachs verwendete Abdeckplane; der BGH hat insoweit darauf abgestellt, dass der VN nach § 9
Nr. 3 VGB 62 zur Reparatur versicherter Sachen, insbesondere der Dächer verpflichtet ist, so dass nicht
angenommen werden könne, dass für die zu diesem Zweck eingefügten Sachen kein Versicherungsschutz
besteht; vgl. hierzu auch *Boldt,* VersR 1994, 281, sowie *Dietz,* S. 62 f.
[472] Anders jetzt Abschnitt A § 5 Nr. 2c VGB 2008.
[473] Vgl. zu einzelnen Abgrenzungsfragen *Dietz,* S. 65 ff.
[474] Vgl. hierzu im Einzelnen *Martin,* H II Rn. 24 ff.
[475] Vgl. *Martin,* H II Rn. 25.
[476] AG Menden v. 10. 10. 2002, VersR 2003, 241.
[477] Vgl. hierzu LG Köln v. 6. 8. 1998, r+s 1999, 424 (425).
[478] Vgl. *Martin,* H II Rn. 35; *Dietz,* S. 74.
[479] Vgl. *Martin,* H I Rn. 9, H II Rn. 21 und 45; *Dietz,* S. 76 ff.

Nr. 4 VGB 88/VGB 2000 rückgängig gemacht werden, was insbesondere für Einbauküchen in Mietwohnungen von Bedeutung sein kann[480].

IV. Versicherte Kosten

284   Neben der Entschädigung der durch den Versicherungsfall zerstörten, beschädigten oder abhanden gekommenen Sachen (Sachschäden) sehen die Versicherungsbedingungen der Wohngebäudeversicherung auch den Ersatz bestimmter **Kosten** vor, die infolge eines Versicherungsfalls entstanden sind. Die Regelungen sind enthalten in § 1 Nr. 2 VGB 62 und §§ 2 VGB 88/VGB 2000.

1. Aufräumungskosten

285   Versichert sind gemäß §§ 2 Nr. 1 a VGB 88/VGB 2000 notwendige Kosten für das **Aufräumen und den Abbruch versicherter Sachen,** für das Abfahren von Schutt und sonstigen Resten dieser Sachen zur nächsten Ablagerungsstätte sowie für das Ablagern und Vernichten[481]. § 1 Nr. 2 c VGB 62 spricht demgegenüber davon, dass Kosten versichert sind, „soweit sie die versicherten Gebäude betreffen". Hieraus ergibt sich, dass die Aufräumungskosten bei Beschädigung des Gebäudes nicht auf die versicherten Sachen beschränkt sind[482]. § 1 Nr. 2 c VGB 62 enthält eine Entschädigungsbegrenzung auf 1% der Versicherungssumme[483], während § 2 Nr. 2 i. V. m. § 17 Nr. 1 VGB 88 eine Entschädigungsgrenze von 5% vorsieht.

2. Bewegungs- und Schutzkosten

286   Versichert sind gemäß §§ 2 Nr. 1 b VGB 88/VGB 2000 notwendige Kosten, die dadurch entstehen, dass zum Zweck der Wiederherstellung oder Wiederbeschaffung versicherter Sachen andere Sachen bewegt, verändert oder geschützt werden müssen **(Bewegungs- und Schutzkosten)**[484]. Auch insoweit gilt nach § 17 Nr. 1 VGB 88 eine Entschädigungsgrenze von 5% der Versicherungssumme. Unter Geltung der VGB 62 konnten derartige Kosten durch gesonderte Vereinbarung der Klausel 843 versichert werden.

3. Schadenabwendungs- und Schadenminderungskosten

287   Gemäß § 1 Nr. 2 d VGB 62, § 2 Nr. 1 c VGB 88, § 2 Nr. 2 VGB 2000 sind Kosten für – auch erfolglose – Maßnahmen, die der VN zur Abwendung oder Minderung des Schadens für geboten (sachgerecht) halten durfte **(Schadenabwendungs- und Schadenminderungskosten)**, versichert. Nicht versichert sind demgegenüber gemäß § 16 Nr. 2 VGB 62, § 2 Nr. 3 VGB 88, § 2 Nr. 4 VGB 2000 Aufwendungen für Leistungen der Feuerwehr oder anderer im öffentlichen Interesse zur Hilfeleistung Verpflichteter, wenn diese Leistungen im öffentlichen Interesse erbracht werden[485]. Rettungskosten i. S. von § 1 Nr. 2 d VGB 62, § 2 Nr. 1 c VGB 88, § 92 Nr. 2 VGB 2000 sind abzugrenzen von Instandsetzungskosten i. S. von § 11 Nr. 1 b VGB 88, § 24 Nr. 1 b VGB 2000, die vom VN zu tragen sind[486].

4. Schadenermittlungskosten

288   **Schadenermittlungskosten** sind, obwohl in den VGB nicht ausdrücklich erwähnt, nach der gesetzlichen Regelung des § 66 VVG a. F. versichert[487]. Versichert sind insbesondere auch

---

[480] Vgl. *Martin,* H II Rn. 33 und 38.
[481] Vgl. im Einzelnen *Prölss/Martin/Kollhosser,* § 55 Rn. 57; *Martin,* W V.
[482] Vgl. *Martin,* W V Rn. 16; *Dietz,* S. 93 f.
[483] Zur Vereinbarkeit dieser Regelung mit § 5 AGBG vgl. *Prölss/Martin/Kollhosser,* § 1 VGB 62 Rn. 4, sowie LG Oldenburg v. 7. 9. 1991, r+s 1994, 468 (469).
[484] Vgl. im Einzelnen *Prölss/Martin/Kollhosser,* § 55 Rn. 58; *Martin,* W IV; nicht hierunter fallen Kosten des Abtransports und der Einlagerung vgl. LG Aachen v. 2. 3. 2005, r+s 2006, 195; OLG Köln v. 1. 8. 2005, r+s 2006, 195.
[485] Vgl. zu den Einzelheiten die Kommentierungen zu § 63 VVG sowie *Martin,* W II.
[486] Vgl. OLG Bamberg v. 17. 1. 2006, VersR 2006, 1213 = r+s 2006, 285.
[487] Vgl. *Martin,* W IX Rn. 3 ff.; *Dietz,* S. 186 f.

so genannte **Suchkosten** bei Leitungswasserschäden[488], was jedoch voraussetzt, dass eine Schadenursache gefunden wird, die einen versicherten Rohrbruch- oder Frostschaden darstellt[489]. Etwas anderes kann dann gelten, wenn der VR eine Übernahme der Kosten (auch konkludent) zugesagt hat[490].

V. Versicherter Mietausfall

Gemäß § 1 Nr. 3 VGB 62, §§ 3 VGB 88/VGB 2000 leistet der VR auch Entschädigung für **289** durch einen Versicherungsfall entstandene **Mietausfallschäden.** Die Bedingungen unterscheiden insoweit zwischen fremdvermieteten und eigengenutzten Räumlichkeiten[491]. Besonderheiten gelten für den Ersatz eines Mietverlustes bei gewerblich genutzten Räumen.

1. Vermietete Wohnräume

Bei fremdvermieteten Wohnräumen kann ein Mietausfallschaden dann entstehen, **290** wenn der Mieter infolge eines Versicherungsfalls berechtigt ist, die Zahlung der Miete ganz oder teilweise zu verweigern. Macht der Mieter von diesem Recht Gebrauch – die theoretische Möglichkeit zur Mietminderung reicht nicht aus – und entspricht die vorgenommene Mietminderung allgemein anerkannten mietrechtlichen Grundsätzen, so ist der VR zum Ersatz des Mietausfallschadens verpflichtet. Hierzu gehören auch, was in §§ 3 Nr. 1a VGB 88/ VGB 2000 ausdrücklich klargestellt wird, in gleicher Weise aber auch für die VGB 62 gilt[492], die fortlaufenden Mietnebenkosten.

2. Eigengenutzte Wohnräume

Werden Räumlichkeiten in dem versicherten Gebäude **vom VN selbst bewohnt** und **291** sind diese infolge eines VersFalls unbenutzbar geworden, so ersetzt der VR gemäß § 1 Nr. 3b VGB 62, §§ 3 Nr. 1b VGB 88/VGB 2000 den **ortsüblichen Mietwert** der Wohnräume, wobei jedoch Voraussetzung ist, dass dem VN die Beschränkung auf einen etwa benutzbar gebliebenen Teil der Wohnung nicht zugemutet werden kann. Ob dem VN tatsächlich Kosten für die Anmietung gleichwertigen Ersatzwohnraums entstehen, ist unerheblich, so dass die Mietwertentschädigung auch dann zu leisten ist, wenn der VN bei Freunden oder Verwandten wohnt[493]. Fortlaufende Nebenkosten werden bei eigengenutzten Wohnräumen nicht ersetzt[494]. Die Regelungen über den Ersatz des ortsüblichen Mietwerts sind auch anzuwenden bei unentgeltlicher Überlassung der Wohnräume an Dritte (z. B. Verwandte)[495].

3. Besonderheiten bei gewerblich oder teilgewerblich genutzten Räumen

Nach ihrem eindeutigen Wortlaut sehen § 1 Nr. 3a VGB 62, §§ 3 Nr. 1a VGB 88/VGB **292** 2000 den Ersatz eines Mietverlustes nur für Wohnräume vor[496]. § 3 Nr. 2 VGB 88, § 3 Nr. 3 VGB 2000 bestimmen darüber hinaus ausdrücklich, dass für gewerblich genutzte Räume die Versicherung des Mietausfalls oder des ortsüblichen Mietwerts einer besonderen Vereinbarung bedarf. Mit dieser Begründung wird die Auffassung vertreten, dass bei **gemischt genutzten** Gebäuden kein Anspruch auf Ersatz des Mietverlustes für gewerblich vermietete

---

[488] Z.B. Erdarbeiten zwecks Lokalisierung des Schadens, vgl. *Martin,* E I zu 116; OLG Karlsruhe v. 7. 5. 1998, r+s 1999, 422.
[489] OLG Köln v. 26. 3. 1992, r+s 1993, 71; LG Tübingen v. 28. 7. 2006, VersR 2007, 1222; *Dietz,* S. 186.
[490] So der Fall LG Köln v. 17. 10. 2002, r+s 2003, 330.
[491] Bei leerstehenden Gebäuden kann Ersatz von Mietausfall nicht verlangt werden, vgl. OLG Schleswig v. 6. 7. 2006, VersR 2007, 327.
[492] Vgl. *Martin,* W VIII Rn. 8.
[493] *Martin,* W VIII Rn. 14.
[494] Kritisch hierzu *Dietz,* S. 109 f.
[495] Vgl. hierzu *Dietz,* S. 110.
[496] Vgl. OLG Hamm v. 30. 10. 1992, r+s 1993, 107 f.; OLG Celle v. 10. 10. 1986, VersR 1987, 373 = r+s 1993, 265; *Prölss/Martin/Kollhosser,* § 1 VGB 62 Rn. 5; *Dietz,* S. 111.

Räume besteht. Werden allerdings für ein ausschließlich gewerblich genutztes Gebäude die Bedingungen der Wohngebäudeversicherung vereinbart, so kann hierin konkludent eine Abänderung der Regelungen der VGB dahin liegen, dass auch der Mietausfall der gewerblich genutzten Räume zu entschädigen ist[497]. Für gemischt genutzte Gebäude kann jedenfalls dann nichts anderes gelten, wenn das Objekt insgesamt zu einem einheitlichen Mietzins vermietet worden ist und wenn der privat genutzte Teil des Objekts überwiegt[498]. Zumindest dürfte in diesen Fällen eine Hinweispflicht des VR darauf bestehen, dass für die gewerblichen Räume eine gesonderte Mietausfallversicherung abzuschließen ist.

4. Zeitliche Entschädigungsgrenze

293   Nach § 1 Nr. 3 Satz 2 VGB 62 wird die Miete oder der Mietwert nur bis zum Schluss des Monats ersetzt, in dem die Wohnung wieder benutzbar geworden ist, höchstens jedoch für 6 Monate seit dem Eintritt des Versicherungsfalls. § 3 Nr. 3 VGB 88 erhöht die **Höchstgrenze für die Mietausfall- oder Mietwertentschädigung** auf 12 Monate, bestimmt auf der anderen Seite jedoch, dass Ersatz nur bis zu dem Zeitpunkt geleistet wird, in dem die Wohnung wieder benutzbar wird[499]. Die VGB 2000 sehen für die Dauer der Mietausfallentschädigung eine Individualvereinbarung vor.

294   Wird die Möglichkeit der Wiederbenutzung der Wohnung **schuldhaft verzögert,** so endet die Entschädigungspflicht[500]. Eine schuldhafte Verzögerung kann auf einer verspäteten Schadenanzeige beruhen[501]. Keine schuldhafte Verzögerung liegt dann vor, wenn der VN wegen fehlender finanzieller Möglichkeiten mit dem Wiederaufbau erst nach Auszahlung der Entschädigung beginnt[502].

VI. Versicherte Gefahren und Schäden

1. Allgemeines

295   Die Wohngebäudeversicherung in ihrer herkömmlichen Ausgestaltung bietet Versicherungsschutz gegen bestimmte katalogmäßig aufgeführte Risiken, stellt also **keine Allgefahrenversicherung** dar. Die versicherten Gefahren werden in drei Gefahrengruppen zusammengefasst, nämlich **Feuer** (Brand, Blitzschlag, Explosion), **Leitungswasser/Rohrbruch/ Frost** und **Sturm/Hagel,** wobei Hagel nach den VGB 62 nur nach Klausel 865 versicherbar war. Der Einschluss weiterer Gefahren, die in der klassischen Wohngebäudeversicherung ausgeschlossen sind, kann durch die Vereinbarung von Deckungserweiterungen erfolgen. Dies gilt insbesondere für (weitere) Elementargefahren. Jede der Gefahrengruppen der Wohngebäudeversicherung kann auch einzeln versichert werden (§§ 4 Nr. 3 VGB 88/VGB 2000).

296   Versicherte Schäden in der Wohngebäudeversicherung sind die **Zerstörung,** die **Beschädigung** oder das **Abhandenkommen** versicherter Sachen durch die im Einzelnen genannten Gefahren (§ 1 Abs. 1 und Abs. 2b VGB 62, §§ 4 VGB 88/VGB 2000). Hierbei sind nach allgemeiner Auffassung auch so genannte Folgeschäden versichert, was z. B. für Schäden durch Diebstahl oder Zerstörung geretteter Sachen oder für Schäden durch Löschen und Niederreißen von Bedeutung ist.

2. Brand, Blitzschlag, Explosion (§ 3 VGB 62, §§ 5 VGB 88/VGB 2000)

297   Versichert sind gemäß § 3 VGB 62, §§ 5 VGB 88/VGB 2000 Schäden, die durch **Brand, Blitzschlag und Explosion** entstehen. Eingeschlossen sind nach § 5 Nr. 4 VGB 2000 Schä-

---

[497] *Martin,* W VIII Rn. 3; *Prölss/Martin/Kollhosser,* § 1 VGB 62 Rn. 5.
[498] OLG Köln v. 7. 12. 1989, VersR 1991, 70; *Prölss/Martin/Kollhosser,* § 1 VGB 62 Rn. 5; a. A. OLG Celle v. 10. 10. 1986, r+s 1993, 264 f.
[499] Vgl. hierzu *Martin,* W VIII Rn. 4 und 14.
[500] Vgl. hierzu im Einzelnen *Martin,* W VIII Rn. 5 ff.
[501] OLG Köln v. 7. 12. 1989, VersR 1991, 70.
[502] OLG Hamm v. 15. 7. 1987, VersR 1988, 795; *Martin,* W VIII Rn. 6; *Prölss/Martin/Kollhosser,* § 1 VGB 62 Rn. 6.

den durch **Implosion.** Was Schäden durch Aufprall eines Luftfahrzeugs anbetrifft, so weisen die einzelnen Bedingungswerke Unterschiede auf. Die VGB 62 und VGB 88 sprechen in § 1 Nr. 1a VGB 62 und § 4 Nr. 1a VGB 88 vom Anprall oder Absturz eines bemannten Flugkörpers, seiner Teile oder seiner Ladung. Die VGB 2000 erweitern den Versicherungsschutz durch die Ersetzung des Begriffs „Flugkörper" durch den Begriff „Luftfahrzeug"[503] und den Verzicht auf das Wort „bemannt"[504].

Die versicherten Gefahren Brand, Blitzschlag, Explosion und Implosion werden in § 3 VGB 62, §§ 5 VGB 88/2000 definiert. Die Definitionen sind im Wesentlichen inhaltsgleich mit denjenigen in der Feuerversicherung (§ 1 Nr. 2 AFB), so dass auf die dortigen Ausführungen verwiesen werden kann.

Spezifische Risikoausschlüsse bei Brand, Blitzschlag, Explosion:

Während in den VGB 88 spezifische Risikoausschlüsse für Schäden durch bestimmte Ge- **298** fahren zusammenfassend in § 9 Nr. 2–6 VGB 88 geregelt sind, haben die VGB 2000 wieder den Aufbau der VGB 62 übernommen. Danach sind die Risikoausschlüsse in denjenigen Vorschriften enthalten, in denen die einzelnen versicherten Gefahren definiert werden. Hierdurch kann der VN sofort den Umfang des Versicherungsschutzes erkennen. Die in den Versicherungsbedingungen enthaltenen Risikoausschlüsse gelten grundsätzlich **ohne Rücksicht auf mitwirkende Ursachen,** so dass der Ausschluss auch dann eingreift, wenn andere (versicherte) Ursachen bei der Entstehung des Schadens mitgewirkt haben.

Nach § 3 Nr. 2 VGB 62, § 9 Nr. 2a VGB 88, § 5 Nr. 6 VGB 2000 sind Brandschäden, die **299** an versicherten Sachen dadurch entstehen, dass sie einem Nutzfeuer oder der Wärme zur Bearbeitung oder zu sonstigen Zwecken ausgesetzt werden, vom Versicherungsschutz ausgeschlossen. Dies gilt nach § 9 Nr. 2a VGB 88, § 5 Nr. 6 VGB 2000 auch für Sachen, in denen oder durch die Nutzfeuer oder Wärme erzeugt, vermittelt oder weitergeleitet wird, was jedoch lediglich klarstellende Funktion hat[505]. Zu den Einzelheiten des **Ausschlusses für so genannte Betriebs- und Nutzwärmeschäden** kann auf die Ausführungen zur Feuerversicherung verwiesen werden[506]. Der Ausschluss von Betriebs- und Nutzwärmeschäden gilt nicht für so genannte Folgeschäden von Betriebsschäden an anderen Sachen oder Sachteilen, da der Betriebsschadenausschluss nicht den Brandbegriff einengt, sondern nur bestimmte Sachen oder Sachteile von der Entschädigungspflicht ausnimmt[507].

Sengschäden sind gemäß § 9 Nr. 2b VGB 88, § 5 Nr. 5 VGB 2000 nur versichert, wenn **300** sie durch Brand, Blitzschlag oder Explosion oder (nach den VGB 2000) Implosion entstanden sind. Andere Sengschäden, z. B. durch zu heiße Bügeleisen, sind ausgeschlossen, was jedoch nur deklaratorische Bedeutung hat, da es mangels Lichterscheinung schon an einem Brand fehlt[508]. Die Rechtslage nach den VGB 62 ist somit nicht anders, obwohl dort Sengschäden nicht erwähnt sind[509].

Ausgeschlossen vom Versicherungsschutz sind gemäß § 9 Nr. 2c VGB 88 **Kurzschluss-** **301** **und Überspannungsschäden,** die an elektrischen Einrichtungen entstanden sind, außer wenn sie die Folge eines Brandes oder einer Explosion sind. Kurzschluss- und Überspannungsschäden durch Blitzschlag sind also nach den VGB 88 – anders als nach den VGB 62 – grundsätzlich nicht versichert[510]. Nach § 5 Nr. 2 Satz 2 und Nr. 7 VGB 2000 gilt der Ausschluss von Kurzschluss- und Überspannungsschäden bei Blitzschlag dann nicht, wenn der Blitz unmittelbar auf versicherte Sachen aufgetroffen ist. Die kompliziert gefasste Regelung bedeutet zu-

---

[503] Vgl. hierzu die Legaldefinition in § 1 Nr. 2 LuftverkehrsG.

[504] Vgl. zu der vergleichbaren Erweiterung in den VHB *Prölss/Martin/Knappmann,* § 3 VHB 92 Rn. 1; Feuerwerksraketen stellen keine unbemannten Flugkörper dar, vgl. LG Saarbrücken v. 30. 9. 2004, VersR 2005, 1728; vgl. auch *Wälder,* r+s 2006, 139, r+s 2007, 425.

[505] Vgl. hierzu *Martin,* F II Rn. 43.

[506] Vgl. hierzu auch *Prölss/Martin/Kollhosser,* § 1 AFB 30 Rn. 4 ff.; *Martin,* F II Rn. 5 ff.

[507] *Martin,* F II Rn. 19 und 29.

[508] Vgl. *Prölss/Martin/Knappmann,* § 9 VHB 84 Rn. 21; *Martin,* C I Rn. 23 ff.

[509] *Martin,* C I Rn. 25.

[510] Vgl. zu den Einzelheiten *Dietz,* S. 142 ff.

nächst, dass Kurzschluss- und Überspannungsschäden als Folge eines Brandes, einer Explosion oder Implosion versichert sind. Ist die Ursache ein Blitzschlag, so besteht Versicherungsschutz nur bei einem **unmittelbaren Auftreffen des Blitzes** auf das Gebäude oder andere mitversicherte Sachen. Der Ausschluss betrifft damit insbesondere versehentlich ausgelöste oder durch Stromschwankungen im Versorgungsnetz verursachte Kurzschlüsse und Überspannungen. Aber auch dann, wenn die Kurzschluss- und Überspannungsschäden auf Blitzeinschlag in eine Freileitung, eine Blitzschutzanlage oder ein Nachbargebäude beruhen und es in der Folge zu Beschädigungen an elektrischen Einrichtungen kommt, besteht kein Versicherungsschutz. Bedenken wegen Verstoßes gegen §§ 305 ff. BGB bestehen nicht[511], was jedenfalls im Hinblick auf die klar gefasste Vorschrift des § 5 Nr. 7 VGB 2000 gilt. Überdies ist zu berücksichtigen, dass die WohngebäudeVR ausdrücklich den Einschluss von Überspannungsschäden durch Individualvereinbarung anbieten (Klausel 7160 zu den VGB 88). Eine andere Frage ist, welche Anforderungen an den Beweis der Unmittelbarkeit des Blitzeinschlags zu stellen sind[512].

301a   Eine wesentlich klarere Regelung enthalten nunmehr die **VGB 2008.** Abschnitt A § 2 Nr. 3 VGB 2008 fordert für den Versicherungseinschluss von Überspannungs-, Überstrom- oder Kurzschlussschäden an elektrischen Einrichtungen und Geräten, dass an Sachen auf dem Versicherungsgrundstück durch Blitzschlag **Schäden anderer Art** entstanden sind. Sind solche Schäden vorhanden, ist der Beweis der Unmittelbarkeit des Blitzeinschlags geführt. Spuren eines direkten Blitzschlags an anderen Sachen als an elektrischen Einrichtungen und Geräten oder an Antennen stehen Schäden anderer Art gleich.

3. Leitungswasser (§ 4 VGB 62, §§ 6 VGB 88/VGB 2000)

302   **a)** Entsprechend dem **Aufbau der VGB 88 und VGB 2000** werden die versicherten Gefahren Leitungswasser/Rohrbruch/Frost, obwohl sie eine einheitliche Gefahrengruppe darstellen, nachfolgend getrennt voneinander behandelt.

Die Wohngebäudeversicherung bietet gemäß § 1b VGB 62, §§ 4 Nr. 1b VGB 88/VGB 2000 Versicherungsschutz bei Zerstörung, Beschädigung oder Abhandenkommen versicherter Sachen durch **Leitungswasser.** Leitungswasser ist eigenständig definiert in § 4 Nr. 1 VGB 62, §§ 6 VGB 88/VGB 2000, wobei sich die einzelnen Bedingungswerke zum Teil erheblich unterscheiden. Es kann an dieser Stelle nicht auf alle Einzelheiten und die vielfältigen Zweifelsfragen der in die Wohngebäudeversicherung einbezogenen Leitungswasserversicherung eingegangen werden. Insoweit ist auf die Ausführungen in § 34 (Leitungswasser-, Glas-, Sturmversicherung) zu verweisen.

303   **b) Schäden durch Wasser** (Nässeschäden) sind in der Wohngebäudeversicherung – Entsprechendes gilt für die Hausratversicherung – nur dann versichert, wenn es sich um Leitungswasser handelt. Leitungswasser wird in § 4 VGB 62, §§ 6 VGB 88/VGB 2000 definiert als **Wasser, das aus bestimmten Rohren, Einrichtungen und Anlagen bestimmungswidrig ausgetreten** ist. Für die Herkunft des Wassers kommen folgende Quellen in Betracht:

304   **Zu- oder Ableitungsrohre der Wasserversorgung** und die damit verbundenen Schläuche[513]. Als „Rohre" anzusehen sind dem Wasserdurchfluss dienende Behältnisse aus beliebigem Material, welches nach dem maßgeblichen Sprachgebrauch des täglichen Lebens fest sowie fest verarbeitet sein muss[514]. Hierzu gehören nicht Regenabflussrohre, soweit sie

---

[511] Vgl. zu der entsprechenden Vorschrift in den VHB *Prölss/Martin/Knappmann,* § 9 VHB 84 Rn. 22; vgl. aber auch *Prölss/Martin/Knappmann,* § 4 VHB 84 Rn. 3f.; OLG Hamburg v. 27. 9. 1995, VersR 1998, 92 = r+s 1998, 204 zu den VHB 74 mit Anm. *Wälder,* r+s 1998, 205 ff.; LG München v. 16. 5. 1997, VersR 1998, 93f. m. Anm. *Klimke;* VersR 1996, 497; zweifelnd v. *Bühren/Höra,* § 3 Rn. 74, 80; a. A. LG Gießen v. 24. 8. 1994, r+s 1995, 392 = VersR 1996, 496.

[512] Vgl. hierzu OLG Hamburg v. 27. 9. 1995, r+s 1998, 204 = VersR 1998, 92; OLG Nürnberg v. 12. 9. 2005, VersR 2006, 357 mit Anm. *Breideneichen.*

[513] Nicht erforderlich ist, dass das wasserführende System der Versorgung des versicherten Gebäudes dient, vgl. OLG Bamberg v. 2. 3. 2007, VersR 2007, 1409f.

[514] Vgl. *Martin,* E I Rn. 25; *Prölss/Martin/Kollhosser,* § 4 VGB 62 Rn. 3; LG Stuttgart v. 20. 5. 1992, VersR 1993, 474.

nicht auch häusliche Abwässer aufnehmen, da diese nicht der „Wasserversorgung" dienen[515]. Nicht als „Rohre" zu qualifizieren sind Regelventile[516] und Wasserabstellschieber[517].

Mit dem Rohrsystem (den Zu- und Ableitungsrohren der Wasserversorgung) **verbun-** 305 **dene Einrichtungen** sind alle Behältnisse, die bestimmungsgemäß Wasser durchlassen oder aufnehmen und dauernd durch eine Zuleitung oder durch eine Ableitung oder durch beides mit dem Rohrsystem verbunden sind[518]. Hierzu gehören Einrichtungen zum Zwecke des Wasserdurchlaufs (Hähne, Ventile, Filter), Einrichtungen zum Gebrauch stehenden Wassers (Waschbecken, Badewasser, Schwimmbecken), Einrichtungen zum Gebrauch stehenden oder durchlaufenden Wassers (Waschmaschinen, Toiletteninstallationen, Aquarien) und Einrichtungen zur Bearbeitung von Wasser. Um eine mit dem Rohrsystem verbundene Einrichtung handelt es sich auch bei Duschbecken oder Duschkabinen[519], so dass auch Schäden, die dadurch entstehen, dass Wasser durch eine undichte Silikonfugenabdichtung zwischen Duschtasse und gefliester Seitenwand der Duschkabine eindringt, unter den Versicherungsschutz gegen Schäden durch Leitungswasser fallen[520]. § 4 Nr. 1 VGB 62 wie auch §§ 6 Nr. 1 VGB 88/VGB 2000 sprechen von Einrichtungen der „Wasserversorgung". Der Begriff ist weit auszulegen. Er umfasst jede wirtschaftlich sinnvolle Bewegung und Verwendung von Wasser, unabhängig davon, ob es sich um Frisch- oder Brauchwasser handelt[521]. Dass das zugeführte oder ausgetretene Wasser aus einer öffentlichen Wasserversorgung stammen muss, lässt sich den Bedingungen nicht entnehmen[522]. Nach allgemeinem Sprachgebrauch dienen auch Einrichtungen, bei denen der Wasserverbrauch im Vordergrund steht (Waschmaschinen, Spülmaschinen), der Wasserversorgung[523].

Auch die **Beschädigung eines Heizkessels oder anderer wasserführender Einrich-** 306 **tungen,** die durch das Platzen eines darin befindlichen Wasserrohres verursacht worden ist, fällt unter das in der Leitungswasserversicherung versicherte Risiko[524]. § 4 Nr. 2 VGB 62 ist nicht als Einschränkung, sondern als Erweiterung von § 4 Nr. 1 VGB 62 konzipiert, so dass nicht nur auf Frost bestehende Schäden an Einrichtungen der Wasserversorgung versichert sind[525].

Als weitere Quelle eines versicherten Leitungswasseraustritts kommen gemäß § 4 Nr. 1 307 VGB 62, §§ 6 Nr. 1c VGB 88/VGB 2000 **Anlagen (Einrichtungen) der Warmwasser- oder Dampfheizung** in Betracht. § 6 Nr. 1c VGB 2000 schließt ausdrücklich auch den Leitungswasseraustritt aus Klima-, Wärmepumpen- oder Solarheizungsanlagen mit ein. Dieser Einschluss hat lediglich deklaratorischen Charakter. Auch nach den VGB 62 und den VGB 88 besteht insoweit Versicherungsschutz[526].

Ausdrücklich erwähnt sind in §§ 6 Nr. 1d VGB 88/VGB 2000 **Sprinkler- oder Beriese-** 308 **lungsanlagen** als Quelle eines bestimmungswidrigen Wasseraustritts. Auch insoweit handelt es sich nur um eine Klarstellung[527]. Gleichwohl besteht nach den VGB 62 insoweit kein Ver-

---

[515] *Martin,* E I Rn. 29; *Prölss/Martin/Knappmann,* § 7 VHB 84 Rn. 4; OLG Frankfurt/M. v. 14. 10. 1999, r+s 2000, 334 = VersR 2000, 723.

[516] AG Dortmund v. 10. 1. 1995, r+s 1995, 469.

[517] LG Stuttgart v. 20. 5. 1992, VersR 1993, 474 = r+s 1993, 389.

[518] So die Definition bei *Martin,* E I Rn. 35.

[519] Vgl. *Prölss/Martin/Knappmann,* § 7 VHB 87 Rn. 5; *Martin,* E I Rn. 36.

[520] Vgl. AG Düsseldorf v. 27. 9. 2001, VersR 2002, 481 = NVersZ 2002, 28; *Prölss/Martin/Knappmann,* § 7 VHB 84 Rn. 5.

[521] *Dietz,* S. 156.

[522] Vgl. OLG Karlsruhe v. 1. 7. 2004, VersR 2004, 1310 = r+s 2004, 419, 420 für Quellwasser.

[523] Vgl. hierzu im Einzelnen *Martin,* E I Rn. 41 ff., 46 f.

[524] BGH v. 16. 6. 1993, VersR 1993, 1102; OLG Oldenburg v. 19. 8. 1992, VersR 1993, 473 f.; *Wälder,* r+s 1989, 159; a. A. OLG Schleswig v. 9. 4. 1992, VersR 1993, 1395 f. m. Anm. *Krahe;* OLG Hamm v. 14. 3. 1989, r+s 1989, 157 f.; *Spiegl,* r+s 1993, 423; *Boldt,* VersR 1994, 281.

[525] *Prölss/Martin/Kollhosser,* § 4 VGB 62 Rn. 2; OLG Düsseldorf v. 29. 10. 1996, r+s 1998, 249.

[526] Vgl. *Martin,* E I Rn. 52; LG Aachen v. 15. 5. 1987, VersR 1988, 684 f.; vgl. auch KG v. 6. 7. 2007, VersR 2008, 393 betr. Kondensatwasser aus einer mit Brennwertgerät betriebenen Heizungsanlage.

[527] Vgl. *Martin,* E I Rn. 53.

sicherungsschutz, da dieses Risiko in § 4 Nr. 3 e VGB 62 ausdrücklich ausgeschlossen ist. Ein Einschluss war möglich nach Klausel 848 zu den VGB 62.

309   Gesondert erwähnt sind in § 6 Nr. 1 e VGB 2000 **Aquarien oder Wasserbetten.** Insoweit handelt es sich um eine echte Erweiterung des Versicherungsschutzes. Nach den VGB 62 und VGB 88 besteht Versicherungsschutz nur dann, wenn eine Verbindung mit dem Rohrsystem vorliegt.

310   Soweit in § 4 Nr. 1 VGB 62 mit den Zu- oder Ableitungsrohren verbundene **Schläuche** nicht erwähnt sind, stellt dies keine Einschränkung dar, da zum einen Schläuche ab einer gewissen Festigkeit auch als Rohre anzusehen sind und zum anderen der Wasseraustritt aus mit den Rohren verbundenen Schläuchen zugleich auch als Wasseraustritt aus den Rohren selbst anzusehen ist[528].

311   **c)** Voraussetzung für den Versicherungsschutz ist stets, dass das Leitungswasser **bestimmungswidrig ausgetreten** ist. Insoweit ist maßgeblich die subjektive und wirtschaftliche Bestimmung des Wassers durch den VN oder durch einen berechtigten Besitzer[529]. An einem bestimmungswidrigen Austritt fehlt es im Regelfall nur dann, wenn der Wasseraustritt in der konkreten Art und Weise den Planungen des VN entspricht. Tritt Wasser entgegen dieser Planung aus, ist dies stets bestimmungswidrig[530].

312   Stets bestimmungswidrig ist der zu Schäden des versicherten Gebäudes führende **Wasseraustritt auf benachbarten fremden Grundstücken** oder in benachbarten fremden Räumen, da es auf die Sicht des VN ankommt. Insoweit ist unerheblich, ob der Wasseraustritt z. B. in der darüber liegenden Wohnung eines Dritten vorsätzlich oder fahrlässig erfolgt[531]. Gleiches gilt für den vorsätzlich herbeigeführten Wasseraustritt in Vandalismusabsicht[532].

313   **d)** Dem austretenden Wasser ist gemäß § 4 Nr. 1 VGB 62, §§ 6 Nr. 2 VGB 88/VGB 2000 **austretender Wasserdampf** ausdrücklich gleichgestellt, wobei dies lediglich deklaratorische Bedeutung hat, da es sich bei Wasserdampf naturwissenschaftlich um Wasser in einem anderen Aggregatzustand handelt[533]. Gemäß § 6 Nr. 2 VGB 2000 stehen auch **wärmetragende Flüssigkeiten** (z. B. Sole, Öle, Kühlmittel und Kältemittel) dem Wasser gleich. Gegenüber den VGB 62 und VGB 88 stellt dies eine Erweiterung des Versicherungsschutzes dar, wobei sich *Martin* zu Recht dafür ausspricht, den Wasserbegriff auch nach den VGB 62 und VGB 88 weit auszulegen, also auch wärmetragende Flüssigkeiten als Wasser anzusehen[534].

314   Zweifelhaft ist, inwieweit Schäden und Folgeschäden, die nicht durch das ausgetretene Leitungswasser, sondern durch den „Austritt von Leitungswasser" und das hierdurch bewirkte Fehlen von Wasser im Rohrleitungssystem verursacht werden, vom Versicherungsschutz umfasst sind. Nach überwiegender Auffassung sind derartige Schäden, z. B. das Ausglühen eines beheizten Kessels wegen Wassermangel, nicht gedeckt[535].

315   **e) Spezifische Risikoausschlüsse** bei Leitungswasser enthalten § 4 Nr. 3 VGB 62, § 9 Nr. 3 und 4 VGB 88 sowie § 6 Nr. 3 VGB 2000.

316   Ausgeschlossen sind Schäden durch **Plansch- oder Reinigungswasser.** Es kommt nicht auf die Bestimmung des Wassers, sondern darauf an, dass die Schäden durch Gebrauch von Wasser zum Planschen und Reinigen entstanden sind[536].

317   Ausgeschlossen vom Versicherungsschutz sind gemäß § 4 Nr. 3 d VGB 62, § 9 Nr. 4 b VGB 88, § 6 Nr. 3 b VGB 2000 Schäden durch **Grundwasser, stehendes oder fließendes Ge-**

---

[528] *Martin*, E I Rn. 26; *Prölss/Martin/Knappmann*, § 7 VHB 92 Rn. 2.

[529] Vgl. *Martin*, E I Rn. 55; *Prölss/Martin/Knappmann*, § 7 VHB 84 Rn. 8.

[530] Vgl. zu den Einzelheiten *Martin*, E I Rn. 54 ff.; *Prölss/Martin/Knappmann*, § 7 VHB 84 Rn. 8.

[531] *Martin*, E I Rn. 55, 57.

[532] *Dietz*, S. 164.

[533] *Martin*, E I Rn. 14.

[534] *Martin*, E I Rn. 10 f., 13.

[535] *Martin*, E I Rn. 21; *Prölss/Martin/Knappmann*, § 7 VHB 84 Rn. 1; OLG Saarbrücken v. 4. 2. 1988, r+s 1988, 177.

[536] *Martin*, F IV Rn. 38; *Prölss/Martin/Knappmann*, § 9 VHB 84 Rn. 25.

wässer, Überschwemmung/Hochwasser oder Witterungsniederschläge oder einen durch diese Ursachen hervorgerufenen **Rückstau.** Da es sich überwiegend um Schäden aus Elementargefahren handelt, hat der Ausschluss nur deklaratorische Bedeutung. Konstitutiv wirkt demgegenüber der Ausschluss des Versicherungsschutzes für einen durch die im Einzelnen beschriebenen Ursachen hervorgerufenen Rückstau, der in der Hausrat- und Gebäudeversicherung von erheblicher praktischer Relevanz ist.

Ein **Rückstau** kann insbesondere nach starken Niederschlägen auftreten, wenn die Kanalisation nicht mehr in der Lage ist, das Niederschlagswasser vollständig aufzunehmen[537]. Unerheblich ist insoweit, ob das Eindringen des rückgestauten Wassers in das Gebäude auf dem Versagen eines Rückstauventils oder einer Pumpe beruht[538]. Versicherungsschutz besteht, wie in § 6 Nr. 3b VGB 2000 ausdrücklich klargestellt wird, allerdings dann, wenn die genannten Ursachen zu einem Rohrbruch führen und in dessen Folge Leitungswasser austritt[539]. Führt demgegenüber die Verstopfung eines Abwasserrohrs zum Rückstau von Niederschlagswasser, greift der Ausschluss ein[540]. Gleiches gilt, wenn der Rückstau von Niederschlagswasser zum Austritt von Leitungswasser aus Rohrleitungen im Gebäude führt[541]. Beweisbelastet für den Ausschluss ist der VR. Bei einem Schadenseintritt während starker Niederschläge kommt ein Anscheinsbeweis in Betracht[542].

Nicht versichert sind Leitungswasserschäden an versicherten Sachen, solange das versicherte **Gebäude noch nicht bezugsfertig (Rohbauten)** oder wegen **Umbauarbeiten** für seinen Zweck nicht mehr benutzbar ist (§ 9 Nr. 3a VGB 88, § 6 Nr. 3f VGB 2000). Nach § 4 Nr. 3a VGB 62 greift der Ausschluss nur in den Fällen mangelnder Bezugsfertigkeit ein[543]. Motiv für den Ausschluss ist, dass nicht bezugsfertige oder wegen Umbauarbeiten nicht mehr benutzbare Gebäude in der Leitungswasserversicherung ein unverhältnismäßig hohes Risiko darstellen[544].

Ein Wohngebäude ist dann **bezugsfertig,** wenn es bestimmungsgemäß von Menschen bezogen und auf Dauer bewohnt werden kann. Das Ausstehen gewisser Restarbeiten, z. B. Maler- und Tapezierarbeiten, ist insoweit unerheblich[545]. Da der Ausschlusstatbestand daran anknüpft, dass „das Gebäude" noch nicht bezugsfertig ist, verbleibt es bei dem Ausschluss auch dann, wenn für einzelne Teile des Gebäudes die Bezugsfertigkeit hergestellt worden ist[546]. Bei Mehrfamilienhäusern oder gemischt genutzten Gebäuden dürfte allerdings eine Belehrungspflicht des VR bestehen, wenn er erkennt, dass der VN bei Abschluss einer Gebäudeversicherung für ein erst teilweise bezugsfertig hergestelltes Gebäude mit sofortigem Versicherungsschutz rechnet[547]. Grundlegend anders dürfte die Rechtslage nach den VGB 2000 sein, da an die Stelle der Formulierung „solange das Gebäude noch nicht bezugsfertig ist" die Formulierung „soweit das Gebäude noch nicht bezugsfertig ist" getreten ist[548]. Nicht gleichzusetzen ist die fehlende Bezugsfertigkeit, bei der es auf den Erstbezug eines neu errichteten Gebäudes ankommt[549], mit

---

[537] Vgl. OLG Stuttgart v. 4.3. 2004, r+s 2004, 196 = VersR 2005, 116.
[538] Vgl. *Prölss/Martin/Kollhosser,* § 4 VGB 62 Rn. 4; *Martin,* F IV Rn. 35; OLG Düsseldorf. 25.4. 1989, VersR 1989, 800f.; OLG Köln v. 9.7. 1996, r+s 1996, 452; OLG Saarbrücken v. 23.10. 1996, r +s 1997, 32 = VersR 1997, 1000; LG Berlin v. 22.2. 1996, r+s 1996, 452f.
[539] Vgl. hierzu *Martin,* F IV Rn. 35.
[540] OLG Saarbrücken v. 23.10. 1996, r+s 1997, 32 = VersR 1997, 1000; *Prölss/Martin/Knappmann,* § 9 VHB 84 Rn. 26.
[541] LG Koblenz v. 9.2. 2001, r+s 2003, 243f.
[542] *Martin,* F IV Rn. 36.
[543] Auch die VGB 2008 sehen in Abschnitt A § 3 Nr. 4b nur einen Ausschluss bei mangelnder Bezugsfertigkeit vor.
[544] Vgl. *Martin,* F IV Rn. 8; *Dietz,* S. 175.
[545] OLG Hamm v. 1.7. 1988, VersR 1989, 365f.; *Martin,* F IV Rn. 9.
[546] Vgl. *Martin,* F IV Rn. 12f.; *Prölss/Martin/Kollhosser,* § 4 VGB 62 Rn. 4; OLG Oldenburg v. 31.3. 1993, r+s 1993, 468.
[547] *Martin,* F IV Rn. 16.
[548] Vgl. hierzu auch *Dietz,* S. 126.
[549] OLG Hamm v. 1.7. 1988, VersR 1989, 365f.; OLG Karlsruhe v. 18.12. 2003, VersR 2004, 374; *Martin,* F IV Rn. 18.

dem Leerstand eines Gebäudes. Der hierin liegenden besonderen Gefährdung wird durch die Sicherheitsvorschriften der § 9 Nr. 2b VGB 62, § 11 Nr. 1c VGB 88 und § 24 Nr. 1c VGB 2000 Rechnung getragen.

321   Ausgeschlossen sind nach § 9 Nr. 3a VGB 88, § 6 Nr. 3f VGB 2000 Leitungswasserschäden, solange (soweit) das versicherte Gebäude wegen **Umbauarbeiten** nicht benutzbar ist. Bei Geltung der VGB 62 greift dieser Ausschluss nicht ein[550]. Auch die VGB 2008 enthalten diesen Ausschuss nicht. Umbauarbeiten liegen nicht schon bei einer Renovierung oder einer Reparatur des Hauses vor, wobei diese begrenzten Maßnahmen im Regelfall ohnehin nicht dazu führen, dass das Gebäude nicht mehr benutzbar ist. Erforderlich sind ins Gewicht fallende Eingriffe in die Bausubstanz des versicherten Gebäudes[551]. Der Ausschluss gemäß § 9 Nr. 3a VGB 88 greift nur ein, wenn die Umbauarbeiten dazu führen, dass das gesamte Gebäude nicht mehr benutzbar ist[552]. Anders ist die Rechtslage wiederum nach § 6 Nr. 3f VGB 2000. Aus der Formulierung „soweit" ergibt sich, dass der Ausschluss bereits dann wirkt, wenn Teile des versicherten Gebäudes wegen Umbauarbeiten nicht benutzt werden können[553]. Der Ausschluss kann nach verständiger Auslegung allerdings nur dann eingreifen, wenn der Schaden seine Ursache im Bereich der wegen Umbauarbeiten nicht benutzbaren Gebäudeteile hat.

322   Bedenken bestehen im Hinblick auf die Vereinbarkeit des vollständiges Ausschlusses bei fehlender Bezugsfertigkeit oder fehlender Benutzbarkeit wegen Umbauarbeiten mit den Vorschriften der §§ 305ff. BGB deshalb, weil die Bedingungen einen Kausalitätsgegenbeweis nicht vorsehen und andererseits das Schicksal der auf den Ausschlusszeitraum entfallenden Prämie nicht geregelt ist[554].

323   § 4 Nr. 4e VGB 62 enthält einen Ausschluss für sämtliche Schäden durch **Sprinkler- oder Berieselungsanlagen.** Dieser Ausschluss wird in § 9 Nr. 4c VGB 88 und § 6 Nr. 3c VGB 2000 dahin eingeschränkt, dass nur die Fälle des bestimmungsgemäßen Wasseraustritts vom Versicherungsschutz ausgeschlossen sind (Öffnen der Sprinkler oder Bedienen der Berieselungsdüsen wegen eines Brandes, Druckproben, Umbauten oder Reparaturarbeiten an dem versicherten Gebäude oder an der Sprinkler- oder Berieselungsanlage)[555].

324   Ausgeschlossen sind gemäß § 4 Nr. 3c VGB 62, § 9 Nr. 4d VGB 88 und § 6 Nr. 3d VGB 2000 Schäden durch **Erdsenkung** (Erdfall) oder **Erdrutsch,** es sei denn, dass Leitungswasser die Erdsenkung oder den Erdrutsch verursacht hat (Unterspülung)[556]. Die Begriffe Erdsenkung und Erdrutsch werden in § 5 der Besonderen Bedingungen für die Versicherung weiterer Elementarschäden in der Wohngebäudeversicherung (BEW)[557] definiert. Erdsenkung ist eine naturbedingte Absenkung des Erdbodens über natürlichen Hohlräumen (§ 5 BEW). Unter Erdrutsch versteht man ein naturbedingtes Abgleiten oder Abstürzen von Gesteins- oder Erdmassen (§ 6 BEW). Beruht der Erdrutsch oder die Erdsenkung auf Eingriffen von Menschenhand (Sprengung, Baumaßnahmen, Bauarbeiten), so greift der Ausschluss nicht ein[558].

325   Vom Versicherungsschutz ausgeschlossen sind gemäß § 4 Nr. 3f VGB 62, § 9 Nr. 4e VGB 88, § 6 Nr. 3e VGB 2000 Gebäudeschäden durch **Schwamm**[559]. Schwammschäden sind allerdings dann versichert, wenn sie die Folge eines bestimmungswidrigen Leitungswasseraustritts sind[560].

---

[550] OLG Hamm v. 1.7. 1988, VersR 1989, 365f.

[551] *Dietz,* S. 177; *Martin* F IV Rn. 20.

[552] OLG Hamm v. 21.8. 1996, r+s 1996, 496; OLG Karlsruhe v. 18.12. 2003, VersR 2004, 374; *Martin,* F I Rn. 19.

[553] So *Dietz,* S. 177.

[554] Vgl. zu den Einzelheiten *Dietz* S. 178.

[555] Vgl. hierzu *Martin,* F IV Rn. 42.

[556] Vgl. zu Einzelheiten *Martin,* F IV Rn. 29; OLG Düsseldorf v. 12.7. 1983, VersR 1985, 1035.

[557] Abgedruckt bei *Dietz,* S. 557.

[558] Vgl. *Dietz,* S. 229; VGH Mannheim v. 29.11. 1994, VersR 1995, 1092.

[559] Vgl. hierzu *Martin,* F IV Rn. 45ff.; OLG Koblenz v. 13.1. 2006, VersR 2007, 944 = r+s 2007, 326.

[560] Vgl. *Prölss/Martin/Kollhosser,* § 4 VGB 62 Rn. 4; KG Berlin v. 27.3. 1992, r+s 1992, 311ff.; a. A. LG Detmold v. 5.12. 1991, r+s 1992, 173.

Der in § 4 Nr. 3b VGB 62 enthaltene Ausschluss von **Schäden an Kessel-, Maschinen-**   326
und elektrischen Kraftanlagen, die gewerblichen Zwecken dienen, ist in den VGB 88 und
den VGB 2000 nicht mehr enthalten. Soweit es sich hierbei um Zubehör handelt, ergibt sich
der Ausschluss bereits aus § 2 VGB 62.

Gemäß § 4 Nr. 3g VGB 62, § 9 Nr. 3b VGB 88 erstreckt sich der Versicherungsschutz   327
gegen Leitungswasser, Rohrbruch und Frost sowie gegen Sturm und Hagel ohne Rücksicht
auf mitwirkende Ursachen nicht auf Schäden durch Brand, Blitzschlag, Explosion, Anprall
oder Absturz eines bemannten Flugkörpers, seiner Teile oder seiner Ladung. Aus dieser Regelung folgt, dass Leitungswasserschäden, die durch einen Brand verursacht worden sind, einheitlich als Brandschäden zu qualifizieren sind. Hierfür hat der FeuerVR einzutreten. Die
Priorität der Feuerversicherung liegt im Interesse des VN, weil nahezu alle Wohngebäude gegen Brandschäden versichert sind, während eine Versicherung gegen Leitungswasserschäden nur für ca. 60% aller Wohngebäude abgeschlossen wurde[561]. In den VGB 2000
wurde auf eine entsprechende Abgrenzung verzichtet. Nachteile sind hiermit für den VN
nicht verbunden. Kommt es im Anschluss an Feuerschäden zu einem Leitungswasserschaden,
so haften nach den VGB 2000 FeuerVR und LeitungswasserVR nebeneinander[562].

§ 9 Nr. 4 Abs. 2 VGB 88 sowie § 6 Nr. 3b 2. Hs. VGB 2000 enthalten für **Folgeschäden**   328
eines Rohrbruchs eine bedeutsame **Rückausnahme.** Die Ausschlüsse von Leitungswasserschäden durch Plansch- oder Reinigungswasser, durch natürliches Wasser oder den dadurch
verursachten Rückstau sowie durch Öffnen der Sprinkler oder durch Bedienen der Berieselungsdüsen gelten gemäß § 9 Nr. 4 Abs. 2 VGB 88 nicht für Leitungswasserschäden infolge
eines Rohrbruchs. Gedacht ist zum Beispiel an folgenden Fall: Durch ein undichtes Flachdach dringt Regenwasser in das Gebäude ein. Dadurch wird die Außenseite eines Wasserrohres feucht und rostet. Infolge der Außenkorrosion kommt es zu einem Rohrbruch. Verursacht worden ist dieser Schaden durch Witterungsniederschläge, so dass der Ausschluss
gemäß § 9 Nr. 4b VGB 88 eingreifen würde. Aufgrund der Rückausnahme in § 9 Nr. 4
Abs. 2 VGB 88 sind derartige Schäden versichert[563]. Die VGB 2000 sehen die Rückausnahme
gemäß § 6 Nr. 3b VGB 2000 lediglich für Rohrbruchschäden vor, die ihre erste Ursache im
Eindringen natürlichen Wassers haben. Abschnitt A § 3 Nr. 4a) dd VGB 2008 enthält eine
entsprechende Rückausnahme nicht.

4. Rohrbruch, Frost (§ 4 Abs. 2 VGB 62; §§ 7 VGB 88/VGB 2000)

a) Die Versicherung von **Rohrbruch- und Frostschäden** ist geregelt in § 4 Nr. 2 VGB 62   329
und §§ 7 VGB 88/VGB 2000. Den bis auf einige Ausnahmen weitgehend übereinstimmenden
Bedingungen liegt ein **differenziertes Deckungskonzept** zugrunde. Dieses Deckungskonzept enthalten auch die VGB 2008 in Abschnitt A § 3 Nr. 1 und 2. Der Haftungsumfang richtet
sich zunächst danach, ob die Schäden innerhalb oder außerhalb der versicherten Gebäude entstanden sind. Bei **Schäden innerhalb der versicherten Gebäude** wird danach abgegrenzt,
ob es sich um **Schäden an bestimmten Rohren** (Zu- und Ableitungsrohren der Wasserversorgung; Rohre der Warmwasser- oder Dampfheizung; Rohre von Sprinkler- oder Berieselungsanlagen) oder um **Schäden an sonstigen Einrichtungen,** die im Einzelnen aufgezählt
sind, handelt. Während bei Rohren sowohl Frostschäden als auch sonstige Bruchschäden versichert sind, besteht bei den sonstigen Einrichtungen und Anlagen nur eine Versicherung
gegen Frostschäden.

Außerhalb der versicherten Gebäude beschränkt sich der Versicherungsschutz auf Frost-   330
schäden und sonstige Bruchschäden an Zuleitungsrohren der Wasserversorgung und an den
Rohren der Warmwasser- oder Dampfheizung (einschließlich Klima-, Wärmepumpen-
oder Solarheizungsanlagen), soweit diese Rohre der Versorgung versicherter Gebäude oder
Anlagen dienen und sich auf dem Versicherungsgrundstück befinden. Nicht versichert sind
demnach sonstige Einrichtungen und Anlagen, soweit sie sich außerhalb versicherter Ge-

---

[561] Vgl. *Dietz,* S. 121.
[562] Vgl. *Dietz,* S. 122.
[563] Vgl. auch *Dietz,* S. 178f.

bäude befinden. Ebenfalls nicht versichert sind nicht auf dem Versicherungsgrundstück befindliche Rohre und solche Rohre, die nicht der Versorgung versicherter Gebäude, sondern z. B. der Entsorgung oder sonstigen Zwecken dienen[564].

331   Soweit die VGB die Haftung für Rohrbruchschäden außerhalb versicherter Gebäude ausschließen, kann ein **einzelvertraglicher Einschluss** durch Vereinbarung der Klauseln 7260 bis 7262 zu den VGB 88/VGB 2008 erfolgen (erweiterte Versicherung von Wasserzuleitungs- und Heizungsrohren auf dem Versicherungsgrundstück; erweiterte Versicherung von Wasserzuleitungs- und Heizungsrohren außerhalb des Versicherungsgrundstücks; erweiterte Versicherung von Ableitungsrohren auf dem Versicherungsrundstück).

332   **b)** Ob Versicherungsschutz für Rohrbruch- oder Frostschäden besteht, hängt, wie dargelegt, entscheidend davon ab, ob der Schaden innerhalb des versicherten Gebäudes oder außerhalb des versicherten Gebäudes eingetreten ist. Unter dem Begriff **„innerhalb eines versicherten Gebäudes"** versteht man den räumlichen Bereich, der von der Bedachung, den Umfassungswänden und der Bodenplatte bzw. dem Keller- oder Parterrefußboden begrenzt wird[565].

Als nicht mehr „innerhalb der versicherten Gebäude" befindlich werden Rohre angesehen, die unterhalb der als Fundament gegossenen Bodenplatte des Gebäudes verlaufen, auch wenn sie noch in der beim Bau eingebrachten Kiesfilterschicht liegen[566]. Ebenso besteht kein Versicherungsschutz für Bruchschäden an Ableitungsrohren, die unterhalb des Fußbodens eines nicht unterkellerten Hauses oder unterhalb des Kellerfußbodens verlaufen[567].

333   Verlaufen Ableitungsrohre der Wasserversorgung **unterhalb des Kellerbodens zwischen den Fundamenten und in den Fundamenten selbst,** so befinden sie sich „innerhalb des Gebäudes" i. S. v. § 4 Nr. 2a VGB 62[568]. Nach den Ausführungen des BGH ist die Risikoausschlussklausel des § 4 Nr. 2 VGB 62 eng auszulegen und darf nicht weiter ausgedehnt werden, als es ihr Sinn unter Beachtung ihres wirtschaftlichen Zweckes und der gewählten Ausdrucksweise erfordert. § 4 Nr. 2 VGB 62 gebiete es nicht, den Ausschluss auf die zwischen den Fundamentmauern befindlichen Rohre zu erstrecken. In dieser Weise verlegte Ableitungsrohre seien in der Schadenneigung Ableitungsrohren gleichzusetzen, die oberhalb der Betonplatte des Gebäudes verlegt worden sind[569].

Die GebäudeVR haben der Rechtsprechung des BGH bei der Fassung der VGB 2000 Rechnung getragen. In § 7 Nr. 1 Satz 2 VGB 2000 ist ausdrücklich bestimmt, dass als innerhalb eines Gebäudes nicht der Bereich zwischen den Fundamenten unterhalb des Gebäudes gilt. Abschnitt A § 3 Nr. 1 VGB 2008 enthält diese Einschränkung nicht mehr. Ausdrücklich ist bestimmt, dass Rohre von Solarheizungsanlagen auf dem Dach als Rohre innerhalb des Gebäudes gelten.

Außerhalb des versicherten Gebäudes befinden sich auch Abwasserleitungen, die außen am Haus entlanglaufen[570] oder sich unter der Hofdecke des versicherten Grundstücks befinden[571].

334   **Innerhalb versicherter Gebäude** sind versichert **Frost- und sonstige Bruchschäden** an bestimmten Rohren (§ 7 Nr. 1 VGB 88). § 7 Nr. 1 VGB 2000 spricht von „frostbedingten und sonstigen Bruchschäden", was materiell keinen Unterschied macht. In § 4 Nr. 2a Satz 1

---

[564] Vgl. die Übersicht bei *Dietz*, S. 180f.; *Martin,* E I Rn. 78ff.

[565] *Dietz*, S. 183; *Martin* E I Rn. 94, so jetzt ausdrücklich auch Abschnitt A § 3 Nr. 1 VGB 2008.

[566] *Prölss/Martin/Kollhosser*, § 4 VGB 62 Rn. 3; AG Köln v. 5. 6. 1992, r+s 1995, 231; LG Trier v. 4. 7. 1992, r+ s 1993, 192; vgl. die Anm. der Schriftleitung in r+s 1993, 193 sowie r+s 1995, 231f.

[567] LG Freiburg v. 7. 2. 1980, VersR 1980, 120; LG Hamburg v. 21. 10. 1969, VersR 1970, 1004; LG Köln v. 9. 11. 1988, VersR 1989, 586, wobei in dieser Entscheidung allerdings nicht berücksichtigt wurde, dass § 4 Nr. 2 VGB 62 nur im Zusammenhang mit der Beseitigung von Rohrbruchschäden, nicht aber mit den Folgeschäden anlässlich eines Rohrbruchs, die gem. § 4 Nr. 1 VGB 62 versichert sind, eine Rolle spielt, vgl. hierzu *Müller*, VersR 1989, 1044; differenzierend *Martin*, E I Rn. 94.

[568] BGH v. 25. 3. 1998, r+s 1998, 203 = VersR 1998, 758.

[569] So BGH v. 25. 3. 1998, r+s 1998, 203 (204); vgl. auch *Dietz*, S. 183f.

[570] LG Essen v. 7. 6. 1988, ZfS 1988, 329.

[571] OLG Koblenz v. 15. 10. 1993, r+s 1994, 227 mit Hinweisen der Schriftleitung.

VGB 62 ist demgegenüber missverständlich von „Schäden durch Rohrbruch oder Frost" die Rede. Gleichwohl besteht kein Zweifel daran, dass durch die Rohrbruchversicherung nur frostbedingte und sonstige Bruchschäden an bestimmten Sachen ersetzt werden, nicht aber Schäden, die durch Bruch oder Frost bestimmter Sachen entstanden sind. Folgeschäden von Bruchschäden oder Frostschäden fallen mithin nicht unter den Versicherungsschutz[572]. Als Beispiel nicht versicherter Folgeschäden sind das Ausglühen eines Kessels wegen Wassermangels oder wegen Beheizung des unbemerkt durch Frost geplatzten Kessels zu nennen[573]. Folgeschäden, die dadurch entstehen, dass infolge des Bruch- oder Frostschadens bestimmungswidrig Leitungswasser austritt und hierdurch Schäden an versicherten Gebäuden verursacht werden, sind demgegenüber selbstverständlich versichert[574].

Als **Rohrbruch** ist jede nachteilige Veränderung des Rohrmaterials zu verstehen, die dazu **335** führt, dass die darin befindlichen Flüssigkeiten bestimmungswidrig austreten können[575]. Ein **Bruch** liegt vor, wenn das Material des Rohres einschließlich Dichtungen, Verschraubungen und anderen dazugehörigen Teilen ein Loch oder einen Riss bekommt[576]. Bloße Undichtigkeiten stellen keinen Rohrbruch dar. Auf die Ursachen des Bruchs kommt es nur bei den sonstigen Einrichtungen an, bei denen der Versicherungsschutz auf Frostschäden beschränkt ist. Die Rohrbruchversicherung als solche beinhaltet eine Allgefahrendeckung[577].

Häufig dürfte der Schadenseintritt auf eine **Korrosion der Rohrleitung** zurückzuführen **336** sein. Auch hierfür besteht Deckungsschutz, wobei die Entschädigungsleistung jedoch auf den Austausch des schadhaften Rohrstücks beschränkt ist. Der Austausch des gesamten durch Korrosion bedrohten oder beschädigten Rohrleitungssystems kann nicht verlangt werden. Derartige Kosten hat der VN im Rahmen der ihm obliegenden Instandhaltungsverpflichtung zu tragen[578]. Zu prüfen ist in den Fällen eines korrosionsbedingten Rohrbruchs jeweils, ob der VN seiner Instandhaltungsverpflichtung gemäß § 9 Nr. 2 VGB 62, § 11 Nr. 1 VGB 88, § 24 Nr. 1b VGB 2000 nachgekommen ist, wobei Leistungsfreiheit allerdings nur bei Vorsatz oder grober Fahrlässigkeit besteht.

Versichert sind gem. § 4 Nr. 2a Ziff. 1 VGB 62, §§ 7 Nr. 1 VGB 88/VGB 2000 Bruchschä- **337** den an Rohren der Wasserversorgung (Zu- oder Ableitungen), an Rohren der Warmwasser- oder Dampfheizung und an Rohren von Sprinkler- oder Berieselungsanlagen[579]. Zu den Zu- und Ableitungsrohren der Wasserversorgung gehören auch Zu- und Ableitungsrohre eines mit dem häuslichen Rohrsystem verbundenen Schwimmbads[580]. Kein Rohrbruch ist der Bruch eines Regelventils[581]. Derartige Schäden sind als Schäden an der sonstigen Anlage der Warmwasser- oder Dampfheizung i. S. v. § 4 Nr. 2a Ziff. 2 VGB 62, §§ 7 Nr. 2b VGB 88/ VGB 2000 anzusehen und daher nur versichert, wenn sie durch Frost entstanden sind[582].

---

[572] Vgl. *Martin,* E I Rn. 21 und 86; *Dietz,* S. 185.

[573] *Martin,* E I Rn. 87.

[574] Dies wird in der Entscheidung LG Köln v. 9. 11. 1988, VersR 1989, 586 nicht beachtet; vgl. hierzu *Müller,* VersR 1989, 1044.

[575] *Dietz,* S. 187 f.

[576] *Martin,* E I Rn. 81; OLG Düsseldorf v. 14. 5. 2002, VersR 2004, 193, OLG Bamberg v. 17. 1. 2006, VersR 2006, 1213 = r+s 2006, 285; Versicherungsombudsmann v. 2. 4. 2002, r+s 2004, 199.

[577] Vgl. hierzu *Dietz,* S. 185, 189.

[578] *Prölss/Martin/Kollhosser,* § 4 VGB 62 Rn. 3; OLG Karlsruhe v. 1. 2. 1996, VersR 1997, 612; OLG Hamm v. 20. 12. 1991, VersR 1993, 97; *Martin,* W II Rn. 52; LG Köln v. 3. 11. 2003, r+s 2004, 290 (291).

[579] Die Erwähnung von Sprinkler- oder Berieselungsanlagen hat lediglich deklarischen Charakter, so dass derartige Schäden auch nach den VGB 62 ohne weiteres versichert sind. Eingeschlossen in den Versicherungsschutz sind auch Bruchschäden an Rohren von Klima-, Wärmepumpen- oder Solarheizungsanlagen nach § 7 Nr. 1d VGB 2000.

[580] OLG Düsseldorf v. 29. 10. 1996, VersR 1997, 1484 = r+s 1998, 249.

[581] AG Dortmund v. 10. 1. 1995, r+s 1995, 469; LG Stuttgart v. 20. 5. 1992, r+s 1993, 447 = r+s 1993, 389; OLG Schleswig v. 9. 4. 1992, VersR 1993, 1395 f.

[582] Vgl. auch OLG Celle v. 11. 7. 1990, r+s 1994, 107.

338 Zweifelhaft ist, ob **Rohre, die innerhalb eines Heizkessels oder eines Boilers** verlaufen, als Rohre der Warmwasser- oder Dampfheizung, bei denen sowohl Frostschäden als auch
sonstige Bruchschäden versichert sind, einzustufen oder den in § 4 Abs. 2a Ziff. 2 VGB 62,
§§ 7 Nr. 2b VGB 88/VGB 2000 genannten Anlagen zuzurechnen sind, bei denen ein Versicherungsschutz nur besteht, wenn der Schaden „durch Frost" hervorgerufen worden ist. Da
bei den in § 4 Nr. 2a Ziff. 1 VGB 62, §§ 7 Nr. 1 VGB 88/VGB 2000 genannten Rohren der
Warmwasser- oder Dampfheizung nicht weiter differenziert wird, spricht alles dafür, dass
auch Bruchschäden an diesen Rohren durch andere Ursachen als Frost in der Wohngebäudeversicherung zu entschädigen sind[583]. Schäden, die das infolge des Rohrbruchs ausgetretene
Leitungswasser im Inneren der Anlage verursacht, sind nach der Rechtsprechung des BGH
in jedem Fall zu ersetzen[584].

339 Gemäß § 4 Nr. 2a Ziff. 2 VGB 62, §§ 7 Nr. 2 VGB 88/VGB 2000 besteht Versicherungsschutz für Frostschäden an den im Einzelnen genannten **sonstigen Einrichtungen,** soweit
diese sich innerhalb versicherter Gebäude befinden. Als sonstige Einrichtungen werden genannt Badeeinrichtungen, Waschbecken, Spülklosetts, Wasserhähne, Geruchsverschlüsse,
Wassermesser u. ä. Installationen, Heizkörper, Heizkessel, Boiler oder vergleichbare Teile von
Warmwasser- oder Dampfheizungen sowie Sprinkler- oder Berieselungsanlagen[585].

340 **c) Außerhalb versicherter Gebäude** ist der Deckungsumfang für Schäden durch Rohr-
bruch und Frost erheblich eingeschränkt und erstreckt sich gemäß § 4 Nr. 2b VGB 62, §§ 7
Nr. 3 VGB 88/VGB 2000 nur auf **Zuleitungsrohre der Wasserversorgung** und auf
Rohre der Warmwasser- oder Dampfheizung, wobei zusätzlich gefordert ist, dass die
Rohre der **Versorgung versicherter Gebäude** oder Anlagen dienen und sich **auf dem
Versicherungsgrundstück** befinden. Alle anderen Schäden sind, soweit nicht ein einzel-
vertraglicher Einschluss erfolgt ist, nicht versichert[586]. Befindet sich die Bruchstelle auf dem
Versicherungsgrundstück, so sind auch Schadenbeseitigungsarbeiten außerhalb des Versiche-
rungsgrundstücks zu entschädigen[587].

341 **d) Ausschlüsse:** Der Versicherungsschutz gegen Rohrbruch und Frost erstreckt sich gemäß § 9 Nr. 3a und Nr. 5 VGB 88, § 7 Nr. 4 VGB 2000 nicht auf Schäden durch Erdsenkung
oder Erdrutsch, es sei denn, dass Leitungswasser die Erdsenkungen oder den Erdrutsch verursacht hat, sowie auf Schäden an versicherten Sachen, solange (soweit) die Gebäude noch nicht
bezugsfertig oder wegen Umbauarbeiten für ihren Zweck nicht benutzbar sind. Gleichartige
Ausschlüsse gelten für die Leitungswasserversicherung, so dass auf die dortigen Ausführungen
verwiesen werden kann[588].

5. Sturm, Hagel (§ 5 VGB 62, §§ 8 VGB 88/VGB 2000)

342 Versicherungsschutz bietet die Wohngebäudeversicherung gem. §§ 4 Nr. 1c VGB 88/
VGB 2000 i. V. m. §§ 8 VGB 88/VGB 2000 gegen Schäden versicherter Sachen durch **Sturm
und/oder Hagel**[589]. Nach den VGB 62 (§ 1 Nr. 1c i. V. m. § 5) sind grundsätzlich nur
Sturmschäden versichert. Schäden durch Hagel konnten seit 1985 gegen Beitragszuschlag
einzelvertraglich nach der Klausel 865 eingeschlossen werden[590].

343 Als Besonderheit des Versicherungsschutzes gegen Sturm- und Hagelschäden ist zu beachten, dass nicht alle adäquaten Folgen eines Sturms oder Hagels in Form von Sachschäden ver-

---

[583] A. A. *Dietz,* S. 192; in Abschnitt A § 3 Nr. 1a) und b) VGB 2008 wird dies dahin klargestellt, dass bei
Rohren, die Bestandteil von Heizkesseln, Boilern oder vergleichbaren Anlagen sind, nur frostbedingte
Bruchschäden versichert sind.
[584] BGH v. 16. 6. 1993, VersR 1993, 1102 = r+s 1993, 349; vgl. hierzu oben Rn. 51.
[585] Vgl. hierzu im Einzelnen *Dietz,* S. 194; *Martin,* E I Rn. 86 ff.
[586] Vgl. zu den Einzelheiten *Dietz,* S. 195 f.; OLG Karlsruhe v. 7. 8. 2003, r+s 2003, 370 = VersR 2004,
105.
[587] OLG Karlsruhe v. 7. 5. 1998, r+s 1999, 422 (423); *Martin,* E I Rn. 116.
[588] Vgl. hierzu oben Rn. 316 ff.
[589] Vgl. allgemein und umfassend *Wussow,* VersR 2000, 679 ff.; *Dietz,* S. 202 ff.
[590] Vgl. *Martin,* E II Rn. 4 ff.

sichert sind, sondern nur die in den Bedingungen **abschließend aufgezählten Kausalverläufe.** Ausgeschlossen sind insbesondere Folgeschäden durch sturmbedingtes menschliches Verhalten[591].

Wann ein **Sturm** im Sinne der Versicherungsbedingungen vorliegt, ist in § 5 Nr. 1 VGB   **344** 62, §§ 8 Nr. 1 VGB 88/VGB 2000 eigenständig definiert. Danach versteht man unter Sturm eine wetterbedingte Luftbewegung von mindestens Windstärke 8. Maßgebend ist insoweit die Beaufort-Skala. § 8 Nr. 1 VGB 2000 führt zusätzlich auf, dass die Windgeschwindigkeit mindestens 63 km/Std. betragen haben muss. Da eine **wetterbedingte** Luftbewegung vorausgesetzt wird, sind Luftbewegungen durch Explosionen, Brand, Zugwirkung in Gebäuden sowie durch bewegte Massen, z. B. Flugzeuge, Hubschrauber, Eisenbahnen und Autos, nicht versichert[592].

Da die Regelung in § 5 Nr. 1 VGB 62, §§ 8 Nr. 1 VGB 88/VGB 2000 eine echte Leis-   **345** tungsbegrenzung darstellt, muss der **VN beweisen,** dass der Sturm mindestens Windstärke 8 erreicht hat[593]. Lässt sich z. B. lediglich Windstärke 7 +/− 1 feststellen, so besteht für hierdurch eingetretene Schäden kein Versicherungsschutz[594]. Wegen der auf der Hand liegenden Beweisschwierigkeiten – eine exakte Windstärkenmessung für den Versicherungsort dürfte kaum jemals vorliegen – sehen § 5 Nr. 1 S. 2 VGB 62, §§ 8 Nr. 1 VGB 88/VGB 2000 **Beweiserleichterungen** für den VN vor. Bei einem einwandfreien Zustand des Gebäudes, in dem sich die versicherten Sachen befunden haben, lassen § 5 Nr. 1 S. 2 VGB 62, §§ 8 Nr. 1 VGB 88/VGB 2000 den Rückschluss zu, dass der Schaden nur durch Sturm entstanden sein kann. Hierzu ist ggf. eine sachverständige Begutachtung erforderlich. Kann demgegenüber ein einwandfreier Gebäudezustand nicht festgestellt werden, so kann der VN zur Beweisführung auf Schäden zurückgreifen, die in der Umgebung des VersOrts an Gebäuden in einwandfreiem Zustand oder an ebenso widerstandsfähigen anderen Sachen entstanden sind. In Betracht kommen insoweit umgestürzte Baukräne, umgerissene Verkehrsschilder, abgerissene Äste oder entwurzelte Bäume.

Der Nachweis eines Sturms von Windstärke 8 kann durch **Aufzeichnungen nahe gele-**   **346** **gener Messstationen** geführt werden, wobei in Zweifelsfällen eine sachverständige Begutachtung zu erfolgen hat[595]. Der Nachweis, dass exakt im Schadenszeitpunkt Windstärke 8 geherrscht hat, kann nicht verlangt werden. Es reicht aus, dass die geforderte Windstärke zeitnah erreicht worden ist. Dass der Schaden möglicherweise während einer Anlauf- oder Zwischenphase mit geringerer Windstärke entstanden ist, ist unerheblich[596].

Versichert sind nur die in § 5 Nr. 2 VGB 62, §§ 8 Nr. 2 VGB 88/VGB 2000 alternativ be-   **347** schriebenen Sturmfolgen. Dies gilt zum einen für Schäden durch **unmittelbare Einwirkung des Sturms** auf versicherte Sachen. Unmittelbarkeit liegt dann vor, wenn der Sturm/ Hagel die zeitlich letzte Ursache des Sachschadens oder Abhandenkommens ist[597]. Unmittelbarkeit einer Einwirkung liegt nach anderer, inhaltlich aber nicht abweichender Definition dann vor, wenn zwischen das Kausalereignis und den Erfolg keine weitere Ursache tritt[598]. Eine unmittelbare Einwirkung liegt z. B. dann vor, wenn versicherte Sachen durch den Druck oder den Sog aufprallender Luft beschädigt, zerstört oder unauffindbar weggeweht werden

---

[591] Vgl. *Prölss/Martin/Knappmann,* § 8 VHB 84 Rn. 2; *Martin,* E II Rn. 13 ff.

[592] *Martin,* E II Rn. 17; OLG Schleswig v. 5. 7. 2000, r+s 2001, 337 (338); OLG Köln v. 14. 7. 1988, r+s 1988, 304.

[593] *Martin,* E II Rn. 38 f.; OLG Hamm v. 23. 8. 2000, r+s 2001, 334 (335).

[594] LG Berlin v. 1. 2. 1990, r+s 1990, 171; *Prölss/Martin/Knappmann,* § 8 VHB Rn. 1.

[595] Vgl. zur Übertragbarkeit von Messdaten sehr anschaulich OLG Stuttgart v. 16. 8. 2001, r+s 2002, 72 f.; OLG Hamm v. 23. 8. 2000, r+s 2001, 334 (335).

[596] OLG Köln v, 14. 12. 1999, r+s 2000, 382; *Martin,* E II Rn. 24 f.; *Prölss/Martin/Knappmann,* § 8 VHB Rn. 4.

[597] *Martin,* E II Rn. 29; *Prölss/Martin/Kollhosser,* § 8 VGB 84 Rn. 2; OLG Düsseldorf v. 4. 5. 1984, VersR 1984, 1035; OLG Köln v. 27. 6. 1995, r+s 1995, 390; OLG Köln v. 29. 10. 2002, r+s 2003, 65, 66; OLG Saarbrücken v. 12. 4. 2006, VersR 2006, 1635 = r+s 2007, 62.

[598] BGH v. 19. 10. 1983, r+ s 1984, 5 = VersR 1984, 28; vgl. hierzu *Wälder,* r+s 2003, 66.

und damit abhanden kommen. Deckung besteht auch, wenn der Sturm Sachen umwirft oder hinunterwirft und diese durch den Aufprall beschädigt oder versicherte Sachen (Türen, Fenster) an andere Gegenstände geschlagen und dadurch beschädigt werden[599].

348   **Keine unmittelbare Einwirkung** des Sturms ist z. B. in den Fällen gegeben, in denen durch den Sturm Wasser auf einer Dachfläche aufgeschoben oder aufgestaut wird und es in der Folge zu einem Einsturz des Daches kommt[600]. Ebenso fehlt es an einer unmittelbaren Einwirkung, wenn eine Flachdachentwässerung durch Hagel verstopft wird, sich anschließend auf dem Flachdach eine größere Menge stehenden Wassers ansammelt und das Wasser in der Folgezeit in angrenzende Wände und Decken eindringt[601]. An einer unmittelbaren Einwirkung fehlt es auch, wenn durch den Sturm zunächst (nur) das Nachbargebäude beschädigt wird[602].

349   Eine besondere Problematik stellt sich bei **Hagelschäden.** Wird durch den Hagel unmittelbar die Substanz des Gebäudes beschädigt, was auch durch den Druck ruhender Hagelmassen geschehen kann[603], so ist eine unmittelbare Einwirkung zu bejahen. Hieran soll es demgegenüber fehlen, wenn erst der Druck des zu Wasser gewordenen Hagels, z. B. in einem mit einem Fenster versehenen Lichtschacht, zu einer Beschädigung führt[604]. Dies ist – unabhängig davon, ob man wegen der Änderung des Aggregatzustandes des Hagels die Unmittelbarkeit verneint – schon deshalb zutreffend, weil die Zerstörung des Fensters durch den Druck des in einem Lichtschacht aufgestauten Regenwassers ebenfalls nicht versichert ist.

350   Gemäß § 5 Nr. 2b VGB 62, §§ 8 Nr. 2b VGB 88/VGB 2000 sind solche Schäden versichert, die dadurch entstanden sind, dass der Sturm Gebäudeteile, Bäume oder andere **Gegenstände auf versicherte Sachen wirft.** Versichert ist insoweit derjenige Sachschaden, den die geworfenen Gebäudeteile oder sonstigen Gegenstände durch ihren Aufprall auf versicherte Sachen und durch ihre physikalische oder chemische Beschaffenheit verursachen[605]. Zu den auf versicherte Sachen geworfenen Gegenständen gehören auch Regentropfen, Schneeflocken, Hagelkörner und Sand[606]. Folgerichtig kann dann auch die Ansammlung derartiger Gegenstände und der hierdurch bewirkte Gewichtsdruck zu einem versicherten Schaden führen[607], wobei allerdings für Schneelasten ein Ausschluss besteht. Werden sturmbedingt Regentropfen gegen versicherte Gegenstände geworfen und führt ihre Ansammlung und der hierdurch bewirkte Gewichtsdruck zu einem Schaden, so besteht, falls nicht der Ausschlusstatbestand des § 5 Nr. 5c VGB 62, des § 9 Nr. 6c VGB 88 oder des § 8 Nr. 4c VGB 2000 eingreift, Versicherungsschutz[608].

351   Ein versicherter Kausalverlauf liegt schließlich vor, wenn als Folge eines Sturmschadens durch unmittelbare Einwirkung des Sturms oder durch das Werfen von Gegenständen auf versicherte Sachen Schäden an Gebäuden, in denen sich versicherte Sachen befinden, oder an mit diesen baulich verbundenen Gebäuden entstehen. **Sturmbedingte Gebäudeschäden** sind vornehmlich dann gegeben, wenn der Sturm Öffnungen geschaffen hat, durch die

---

[599] Vgl. im Einzelnen *Martin,* E II Rn. 30; *Prölss/Martin/Knappmann,* § 8 VHB 84 Rn. 3; a. A. LG Bremen v. 19. 12. 1996, r+s 1997, 75; *Wälder,* r+s 1997, 76.

[600] OLG Oldenburg v. 5. 7. 2000, VersR 2001, 1233; OLG Schleswig v. 5. 7. 2000, r+s 2001, 337.

[601] OLG Köln v. 29. 10. 2002, r+s 2003, 65, 66; OLG Celle v. 24. 6. 1993, r+s 1993, 384.

[602] Vgl. Versicherungsombudsmann v. 9. 1. 2003, r+s 2004, 199.

[603] Vgl. hierzu *Wälder,* r+s 2003, 66, 67; *Wälder,* r+s 2007, 291.

[604] OLG Köln v. 27. 6. 1995, r+s 1995, 390, im Anschluss an LG Köln v. 10. 10. 1994, r+s 1995, 350; vgl. hierzu *Wälder,* r+s 2003, 66 (67); OLG Köln v. 29. 10. 2002, r+s 2003, 65; LG Bielefeld v. 31. 3. 2004, VersR 2005, 115 = r+s 2006, 246; a. A. LG Saarbrücken v. 7. 7. 2000, VersR 2002, 972.

[605] Vgl. *Martin,* E II Rn. 33; *Wussow,* VersR 2000, 679 (681 f.).

[606] Vgl. *Martin,* E II Rn. 37; *Wussow,* VersR 2000, 679 (681).

[607] Vgl. *Martin,* E II Rn. 34, 35; LG Bielefeld v. 31. 3. 2004, VersR 2005, 115.

[608] Vgl. *Martin,* E II Rn. 35, F V Rn. 18; OLG Karlsruhe v. 6. 10. 1994, r+s 1995, 149, das zutreffend darauf abstellt, ob durch den Gewichtsdruck ein Gebäudeschaden im Sinne von § 9 Nr. 5c VHB 84 entstanden ist.

Regen eindringt und zu Durchnässungsschäden führt[609]. Insoweit sind jedoch stets die Ausschlussvorschriften der §§ 5 Nr. 5c VGB 62, 9 Nr. 6c VGB 88 und 8 Nr. 4c VGB 2000 zu beachten.

Ein **Folgeschaden** liegt auch dann vor, wenn aus einem vom Sturm abgebrochenen   352 Regenrohr Wasser auf einen Balkon und von dort in das Gebäude eindringt oder wenn ein Regenrohr durch Gegenstände verstopft wird, die der Sturm auf das Gebäude und in dieses Regenfallrohr wirft[610]. Auch Schäden an versicherten Sachen bei Aufräumarbeiten oder Reparaturen nach Gebäudeschäden sind als Folgeschäden versichert, was auch für Diebstähle bei dieser Gelegenheit oder unter Ausnutzung durch den Sturm geschaffener Öffnungen gilt[611].

Anders als in früheren Bedingungswerken sind Schäden durch **Hagel** in den VGB 88 und   353 den VGB 2000 ausdrücklich mit versichert (§ 8 Nr. 3 VGB 88, § 8 Nr. 3 VGB 2000). Aus dem Verweis auf § 8 Nr. 2 VGB 88 und § 8 Nr. 2 VGB 2000 ergibt sich, dass auch insoweit nur bei den dort beschriebenen Kausalabläufen Versicherungsschutz besteht.

Spezifische Risikoausschlüsse bei Sturm und Hagel enthalten § 5 Nr. 5 VGB 62, § 9   354 Nr. 6 VGB 88 und § 8 Nr. 4 VGB 2000.

Nicht gedeckt sind ohne Rücksicht auf mitwirkende Ursachen Schäden, die auf **Sturm-**   355 **flut, Lawinen oder Schneedruck** (Schneelast) beruhen[612].

Von erheblicher praktischer Bedeutung ist der **Ausschluss für Schäden durch Eindrin-**   356 **gen von Regen, Hagel, Schnee oder Schmutz** durch nicht ordnungsgemäß geschlossene Fenster, Außentüren oder andere Öffnungen[613]. Dieser Ausschluss gilt dann nicht, wenn die Öffnungen durch Sturm oder Hagel entstanden sind, wobei dies auch auf einem früheren Sturm oder Hagel beruhen kann[614], und die Öffnungen zugleich einen Gebäudeschaden darstellen. An einem Gebäudeschaden fehlt es, wenn Fenster oder Türen aufgedrückt werden, ohne dass dies zu einer Substanzbeschädigung führt[615].

Unter den in § 5 Nr. 5 VGB 62, § 9 Nr. 6 VGB 88 und § 8 Nr. 4 VGB 2000 genannten Niederschlägen sind nicht zu verstehen bereits liegender Schnee, angestautes Schmelzwasser oder angesammeltes Regenwasser[616].

Gemäß § 5 Nr. 5d VGB 62, § 9 Nr. 3b VGB 88, § 8 Nr. 4f VGB 2000 werden Schäden, die   357 durch Brand, Blitzschlag, Explosion (Implosion), Aufprall eines Luftfahrzeuges, seiner Teile oder seiner Ladung verursacht werden, in der Sturm- und Hagelversicherung grundsätzlich ausgeschlossen. Sturm- oder Hagelschäden als Folge von Brandschäden sowie umgekehrt Brandschäden als Folge von Sturm- oder Hagelschäden sind demnach ausschließlich in der Feuerversicherung versichert[617]. Gemäß § 9 Nr. 6e VGB 88 sind Schäden durch Leitungswasser oder Rohrbruch ohne Rücksicht auf mitwirkende Ursachen in der Sturm-/Hagelversicherung grundsätzlich ausgeschlossen, wodurch eine Doppelversicherung zwischen den genannten Gefahrengruppen verhindert werden soll. Die VGB 62 und die VGB 2000 sehen eine entsprechende Regelung nicht vor[618].

---

[609] *Prölss/Martin/Knappmann*, § 8 VHB Rn. 6; *Martin*, E II Rn. 45; stets ist jedoch die unmittelbare Einwirkung auf das versicherte Gebäude erforderlich vgl. instruktiv Versicherungsombudsmann v. 9.1. 2003, r+s 2004, 199.

[610] Vgl. *Martin*, E II Rn. 140, 44; *Prölss/Martin/Kollhosser*, § 5 VGB 62 Rn. 4; *Prölss/Martin/Knappmann*, § 8 VHB 84 Rn. 6.

[611] Vgl. *Prölss/Martin/Knappmann*, § 8 VHB 84 Rn. 6; *Martin*, E II Rn. 50, 52.

[612] Vgl. hierzu *Martin*, F V Rn. 17.

[613] Hierzu gehören auch Undichtigkeiten des Außenmauerwerks, vgl. OLG Frankfurt/M. v. 30.1. 2003, r+s 2004, 417, 418; *Martin*, F V Rn. 20.

[614] So zutreffend *Martin*, F V Rn. 21.

[615] *Prölss/Martin/Knappmann*, § 9 VHB 84 Rn. 29; *Martin*, F V Rn. 22; *Wussow*, VersR 2000, 679 (682); instruktiv OLG Karlsruhe v. 6.10. 1994, r+s 1995, 149.

[616] *Prölss/Martin/Knappmann*, § 9 VHB 84 Rn. 29; OLG Hamm v. 7.5. 1986, NJW-RR 1986, 1221 = VersR 1987, 1081; vgl. hierzu auch *Martin*, F V Rn. 18.

[617] Vgl. zu den Einzelheiten *Dietz*, S. 215; *Martin*, F V Rn. 23.

[618] Vgl. zu den Einzelheiten *Dietz*, S. 215.

358   Von erheblicher praktischer Bedeutung ist auch in der Sturm-/Hagelversicherung der in § 5 Nr. 5a VGB 62, § 9 Nr. 3a VGB 88 und § 8 Nr. 4e VGB 2000 geregelte **Ausschluss bei nicht bezugsfertigen oder wegen Umbauarbeiten nicht benutzbaren Gebäuden**[619]. Es handelt sich insoweit im Gegensatz zu den anderen Ausschlussbestimmungen, durch die Schäden durch bestimmte Gefahren ausgeschlossen werden, um so genannte Sachausschlüsse, die Schäden an bestimmten Sachen vom Versicherungsschutz ausnehmen[620]. Zu den Einzelheiten kann verwiesen werden auf die entsprechenden Ausführungen bei der Leitungswasserversicherung[621].

359   Die Ausschlüsse sonstiger versicherter Sachen sind in den einzelnen Bedingungswerken unterschiedlich geregelt. Nach § 9 Nr. 6d VGB 88, § 8 Nr. 4d VGB 2000 sind lediglich Schäden an **Laden- und Schaufensterscheiben** vom Versicherungsschutz ausgeschlossen. § 5 Nr. 3a und b VGB 62 enthält demgegenüber einen deutlich weiter gehenden Ausschluss. Danach sind neben Laden- und Schaufensterscheiben auch künstlerisch bearbeitete Scheiben, Kirchenfenster und Scheiben in einer Einzelgröße von mehr als 3 qm nur aufgrund besonderer Vereinbarung versichert, was auch für Rahmen und Profile dieser Verglasungen gilt. Darüber hinaus sind alle **an der Außenseite des Gebäudes angebrachten Sachen** (z. B. Schilder, Leuchtröhrenanlagen, Markisen, Blendläden, Antennenanlagen), elektrische Freileitungen einschließlich Ständer und Masten sowie Einfriedungen vom Versicherungsschutz ausgeschlossen[622].

VII. Deckungserweiterungen im Hinblick auf weitere Elementargefahren

360   Die Grunddeckung der Wohngebäudeversicherung nach den VGB 62, VGB 88 und VGB 2000 umfasst Schäden durch die Elementargefahren Blitz, Frost, Sturm und Hagel. Weitere Elementargefahren wie Überschwemmung, Erdbeben, Erdrutsch oder Erdsenkung sowie Lawinen und Schneedruck sind ausdrücklich vom Versicherungsschutz ausgeschlossen. Um dem Bedürfnis nach einer **Versicherung gegen weitere Elementargefahren** zu entsprechen, bieten die VR im Rahmen der allgemeinen Sachversicherung eine erweiterte Elementarschadendeckung an, für die die „**Besonderen Bedingungen für die Versicherung weiterer Elementarschäden in der Wohngebäudeversicherung (BEW)**" geschaffen worden sind. Versichert sind nach § 2 Nr. 1 BEW Schäden durch Überschwemmung des Versicherungsgrundstücks, durch Erdbeben, durch Erdsenkung, durch Erdrutsch, durch Schneedruck oder durch Lawinen. Die genannten Gefahren bilden eine geschlossene Gefahrengruppe, die nur gemeinsam versichert werden kann. Zu allen Einzelheiten der Versicherung weiterer Elementarschäden unter Einschluss der Kommentierung der BEW wird auf die Ausführungen bei *Dietz*[623] verwiesen.

VIII. Ausschlüsse

1. Subjektive Risikoausschlüsse (Vorsatz und grobe Fahrlässigkeit)

361   Schäden, die der VN oder einer seiner Repräsentanten vorsätzlich oder grob fahrlässig herbeiführt, sind nach bisheriger Rechtslage ohne Rücksicht auf mitwirkende Ursachen **grundsätzlich vom Versicherungsschutz ausgeschlossen**. Diese in § 18 Nr. 1 VGB 62, § 9 Nr. 1a VGB 88, § 28 Nr. 2 VGB 2000 enthaltene Regelung ist inhaltsgleich mit § 61 VVG

---

[619] Abschnitt A § 4b) aa VGB 2008 sieht einen Ausschluss nur noch für nicht bezugsfertige Gebäude oder Gebäudeteile vor.

[620] Zum Motiv des Ausschlusses vgl. *Martin*, F V Rn. 4; OLG Rostock v. 30. 10. 2007, VersR 2008, 531 = r+s 2008, 152 mit Anm. *Wäder*, r+s 2008, 153, 154.

[621] Vgl. oben Rn. 319ff.

[622] Vgl. *Martin*, F V Rn. 7ff.; *Prölss/Martin/Kollhosser*, § 5 VGB 62 Rn. 5; OLG Saarbrücken v. 16. 9. 1992, r+s 1992, 384 = VersR 1993, 1353 für Terrassenüberdachung; ebenso AG Düsseldorf v. 25. 9. 1995, r+s 1996, 280; AG Dortmund v. 29. 8. 1994, r+s 1995, 73 m. Anm. *Wäder*.

[623] *Dietz*, S. 219ff.

a. F. Auf die Ausführungen in § 16 sowie auf die Kommentierungen von § 61 VVG a. F. kann insoweit weitgehend verwiesen werden.

Die **Neuregelung in § 81 VVG** sieht eine vollständige Leistungsfreiheit nur noch bei vor-   **361a** sätzlicher Herbeiführung des Versicherungsfalls vor. Bei grob fahrlässiger Herbeiführung des Versicherungsfalls ist der Versicherer gemäß § 81 Abs. 2 VVG n. F. berechtigt, seine Leistung in einem der Schwere des Verschuldens des VN entsprechenden Verhältnis zu kürzen. Die Einführung einer **verschuldensabhängigen Quotenhaftung** innerhalb der groben Fahrlässigkeit entspricht den Regelungen bei einer grob fahrlässigen Obliegenheitsverletzung oder Gefahrerhöhung (§§ 26 Abs. 1, 28 Abs. 2 VVG n. F.). Für das Ausmaß der Leistungsfreiheit des Versicherers kommt es darauf an, ob die grobe Fahrlässigkeit im konkreten Fall „nahe beim bedingten Vorsatz" oder aber „eher im Grenzbereich zur einfachen Fahrlässigkeit" liegt[624]. Hinsichtlich der Beweislast verbleibt es beim bisherigen Recht. Der Versicherer hat sowohl Vorsatz als auch grobe Fahrlässigkeit nachzuweisen.

Es muss abgewartet werden, ob die Versicherer von der grundsätzlich gegebenen Möglichkeit, im Rahmen Allgemeiner Versicherungsbedingungen pauschalierte Quotensätze festzulegen, Gebrauch machen. Die vom GDV veröffentlichten Musterbedingungen VHB 2008 sehen solche Quotensätze nicht vor. Die gemäß § 81 Abs. 2 VVG n. F. vorzunehmende Quotelung wird zur Bildung unterschiedlicher Fahrlässigkeitsstufen im Bereich der groben Fahrlässigkeit führen. Hierbei dürfte die bisherige Rechtsprechung durchaus von Bedeutung sein. Insbesondere bei den Fallgestaltungen, die schon bisher im Hinblick auf das Vorliegen einer groben Fahrlässigkeit kontrovers entschieden worden sind (Fenster in Kippstellung, Brennenlassen von Kerzen und unbeaufsichtigte Waschmaschinen oder Geschirrspüler), dürfte zukünftig, von Sonderfällen abgesehen, eine grobe Fahrlässigkeit allenfalls im Grenzbereich zur leichten Fahrlässigkeit anzunehmen sein.

Grob fahrlässig handelt nach allgemeiner Auffassung in Rechtsprechung und Schrifttum   **362** derjenige, der die im Verkehr erforderliche Sorgfalt unter Berücksichtigung sämtlicher Umstände in besonders hohem Maße verletzt und das unbeachtet lässt, was unter den gegebenen Umständen jedem hätte einleuchten müssen[625]. Die grobe Fahrlässigkeit setzt im Hinblick auf die Herbeiführung des Schadens das Bewusstsein des VN voraus, dass sein Verhalten geeignet ist, den Eintritt des Versicherungsfalls oder die Vergrößerung des Schadens zu fördern. Grob fahrlässige Unkenntnis steht dem gleich[626].

Zur Frage der grob fahrlässigen Herbeiführung des Versicherungsfalls gibt es eine **unfang-**   **363** **reiche Kasuistik,** wobei sich die Entscheidungen zum Teil auch auf andere Versicherungsbedingungen (AFB, AERB, VHB) beziehen. Im Rahmen der Wohngebäudeversicherung kommt grobe Fahrlässigkeit bei der Herbeiführung von Feuer- und Leitungswasserschäden in Betracht.

Im Rahmen des **Feuer- und Explosionsrisikos** sind insbesondere die Fälle des nachlässi-   **364** gen Umgangs mit brennenden Kerzen, mit anderen leicht brennbaren Gegenständen und das Rauchen im Bett von Bedeutung. Insoweit kommt es stets auf die Umstände des Einzelfalls an. So ist das **Brennenlassen von Kerzen** dann nicht als grob fahrlässig anzusehen, wenn die Räumlichkeiten nur für kurze Zeit verlassen werden oder das Brennenlassen auf eine besondere Ablenkung zurückzuführen ist[627]. Als grob fahrlässig ist demgegenüber das Brennenlassen von Kerzen bei längerer Abwesenheit eingestuft worden, wobei hinsichtlich des Zeit-

---

[624] Vgl. hierzu Begründung zum Regierungsentwurf BT-Drucks. 16/3945 = BR-Drucks. 707/06, S. 200.
[625] Vgl. *Römer/Langheid/Langheid,* § 61 Rn. 43 m. w. N.; *Prölss/Martin/Prölss,* § 6 Rn. 117.
[626] Vgl. *Römer/Langheid/Langheid,* § 61 Rn. 43; *Prölss/Martin/Prölss,* § 61 Rn. 11.
[627] Vgl. BGH v. 4. 12. 1985, NJW 1986, 705 = VersR 1986, 254; OLG Düsseldorf v. 21. 9. 1999, r+s 2000, 160; OLG Hamm v. 3. 5. 1989, r+s 1989, 334; OLG Düsseldorf v. 3. 3. 1998, r+s 1998, 424 = NVersZ 1998, 41; LG Wuppertal v. 5. 4. 1990, VersR 1990, 1396; OLG Oldenburg v. 29. 9. 1999, VersR 2000, 1494 = NVersZ 2000, 280; OLG Saarbrücken v. 29. 1. 1992, VersR 1992, 741; vgl. die umfangreiche Rechtsprechungsübersicht in r+s 2000, 509 ff.

raums die Grenzen fließend sind[628]. Bei **Rauchen im Bett** ist grobe Fahrlässigkeit anzuneh-men, wenn gleichzeitig Alkoholeinfluss oder Übermüdung gegeben ist[629].

365   Auch die unsachgemäße Lagerung brennbarer Gegenstände[630], die unsachgemäße Entsor-gung brennbarer Abfälle[631], die unsachgemäße Durchführung feuergefährlicher Arbeiten[632], das Unbeaufsichtigtlassen offener Kamine[633] sowie der unsorgfältige Umgang mit heißem Fett[634] werden regelmäßig als grob fahrlässig anzusehen sein. Häufig wird allerdings in subjek-tiver Hinsicht wegen eines sog. „Augenblicksversagens" eine grobe Fahrlässigkeit verneint[635].

366   Im Rahmen des **Leitungswasserrisikos** stellt sich das Problem der groben Fahrlässigkeit insbesondere bei während längerer Abwesenheit unter Druck stehenden und/oder unfach-männisch reparierten **Waschmaschinen oder Geschirrspülern.** Grobe Fahrlässigkeit dürfte allenfalls dann anzunehmen sein, wenn es gewohnheitsmäßig oder während einer Urlaubsreise unterlassen wird, die Zulaufleitung abzusperren[636]. Ähnliches gilt bei altersschwachen, vor-schriftswidrig reparierten oder mit Vorschäden behafteten Wasch- oder Spülmaschinen[637].

Während eines Spülvorgangs kann eine ununterbrochene Kontrolle nicht verlangt wer-den[638]. Ebenso wenig ist es grob fahrlässig, wenn die Wohnung während eines Wasch- oder Spülvorgangs für wenige Stunden verlassen wird[639].

367   Grobe Fahrlässigkeit bei **Rohrbruch- und Frostschäden** ist dann anzunehmen, wenn bei nicht in Betrieb befindlichen oder defekten Heizungsanlagen ein Absperren oder Entlee-ren der Wasserleitungsanlagen unterbleibt[640].

368   Außer für eigenes Verschulden hat der VN auch für Vorsatz und grobe Fahrlässigkeit seiner **Repräsentanten** einzustehen (§ 25 Nr. 2 VGB 88, § 35 VGB 2000). Soweit in früheren Fas-sungen der VGB 88 ein Leistungsausschluss auch bei Verschulden der mit dem VN in häus-licher Gemeinschaft lebenden volljährigen Personen vorgesehen ist[641], ist dies wegen Versto-ßes gegen § 307 BGB unwirksam[642].

---

[628] Vgl. OLG Hamburg v. 5. 5. 1993, r+s 1994, 184: grobe Fahrlässigkeit schon bei Verlassen der Woh-nung für etwa 15 Minuten; OLG Nürnberg v. 25. 10. 2001, r+s 2001, 512; LG Koblenz v. 29. 10. 1993, r+s 1994, 185; LG Baden-Baden v. 21. 3. 1986, r+s 1986, 289; OLG Oldenburg v. 17. 1. 2001, r+s 2002, 74; LG Köln v. 21. 6. 2001, r+s 2002, 383; AG Neunkirchen v. 8. 1. 1996, r+s 1997, 167 (168).

[629] Vgl. OLG Oldenburg v. 10. 10. 1990, r+s 1992, 208, OLG Köln v. 16. 9. 1993, r+s 1994, 24; OLG Düsseldorf v. 18. 5. 1999, NVersZ 2001, 87; OLG Köln v. 22. 8. 2000, r+s 2000, 427 = VersR 2001, 365; vgl. auch OLG Hamm v. 20. 8. 1989, r+s 1989, 333; OLG Hamm v. 27. 10. 1995, r+s 1996, 112.

[630] OLG Hamm v. 27. 3. 1985, VersR 1986, 561; LG Hamburg v. 8. 10. 1979, VersR 1980, 226.

[631] Vgl. LG Berlin v. 22. 4. 1993, r+s 1995, 189; OLG Celle v. 10. 6. 1994, r+s 1995, 190.

[632] OLG Köln v. 11. 4. 2000, r+s 2000, 296; OLG München v. 10. 7. 1991, r+s 1992, 207; OLG Köln v. 21. 9. 1989, r+s 1989, 366; OLG Oldenburg v. 16. 12. 1998; r +s 1999, 162; OLG Hamm v. 28. 1. 1987, r+s 1987, 167; OLG Düsseldorf v. 16. 11. 1993, r+s 1995, 425.

[633] OLG Koblenz v. 6. 12. 2002, VersR 2003, 1124 = r+s 2003, 112.

[634] OLG Köln v. 17. 10. 1985, NJW-RR 1987, 90; OLG Köln v. 7. 2. 1991, r+s 1991, 245; OLG Köln v. 8. 5. 2001, VersR 2002, 311; OLG Düsseldorf v. 9. 8. 1995, r+s 1995, 424; OLG Zweibrücken v. 28. 4. 1999, r+s 2000, 469 = NVersZ 2000, 288; LG Köln v. 27. 10. 2005, VersR 2006, 695; AG Borken v. 21. 5. 1992, r+s 1993, 389.

[635] Vgl. BGH v. 5. 4. 1989, VersR 1989, 840; OLG Köln v. 2. 3. 1990, r+s 1990, 186; OLG Frankfurt/M. v. 10. 12. 1987, r+s 1988, 143; OLG Köln v. 7. 2. 1991, r+s 1991, 244.

[636] OLG Oldenburg v. 18. 10. 1995, r+s 1996, 236; OLG Oldenburg v. 5. 5. 2004, VersR 2005, 976; vgl. auch *Prölss/Martin/Knappmann*, § 9 VHB 84 Rn. 7; *Martin*, O I Rn. 141 ff.

[637] *Martin*, O I Rn. 143; LG Hamburg v. 27. 3. 1985, VersR 1986, 564.

[638] OLG München v. 13. 1. 2005, r+s 2005, 107, 109; AG Köln v. 23. 5. 2006, VersR 2007, 242.

[639] OLG Koblenz v. 20. 4. 2001, VersR 2002, 231 = r+s 2001, 471; LG Münster v. 15. 7. 1988, r+s 1989, 367; LG Giessen v. 10. 7. 1996, r+s 1996, 456; AG Köln v. 23. 5. 2006, r+s 2006, 289 *Martin*, O I Rn. 145; a. A. OLG Karlsruhe v. 4. 12. 1986, VersR 1988, 1285; LG Passau v. 20. 2. 2006, VersR 2007, 242.

[640] OLG Hamm v. 18. 11. 1988, VersR 1989, 1083; OLG Saarbrücken v. 20. 4. 1988, VersR 1989, 397; LG Köln v. 11. 5. 1988, r+s 1988, 377; KG Berlin v. 26. 3. 1996, r+s 1996, 277.

[641] Vgl. hierzu *Dietz*, S. 471.

[642] BGH v. 21. 4. 1993, r+s 1993, 308 = VersR 1993, 830; OLG Hamm v. 6. 9. 1989, VersR 1990, 420 = r+s 1990, 133; *Prölss/Martin/Knappmann*, § 9 VHB 84 Rn. 11; *Prölss/Martin/Kollhosser*, § 25 VGB 88 Rn. 1.

Die objektiven und subjektiven Voraussetzungen der Leistungsfreiheit wegen vorsätzlicher **369**
oder grob fahrlässiger Herbeiführung des Versicherungsfalls sind **vom VR darzulegen und
zu beweisen**[643]. Die in § 18 Nr. 3 VGB 62, § 9 Nr. 1 a VGB 88, § 28 Nr. 2 Satz 2 VGB 2000
enthaltene (unwiderlegliche) Beweisvermutung bei rechtskräftigen Strafurteilen wegen
Brandstiftung dürfte mit § 309 Nr. 12 BGB nicht vereinbar sein. Zutreffend weist *Kollhosser*[644]
darauf hin, dass derartige Beweisvermutungen zum Nachteil des VN von der zwingenden
Norm des § 286 Abs. 1 ZPO abweichen, die eine Tatsachenfeststellung durch freie Überzeugungsbildung des jeweils entscheidenden Gerichts gebietet. Insbesondere darin, dass dem VN
die Möglichkeit des Gegenbeweises abgeschnitten wird, liegt ein Verstoß gegen § 309 Nr. 12
BGB[645]. Hierbei ist auch zu berücksichtigen, dass umgekehrt ein Freispruch in einem strafgerichtlichen Verfahren oder eine Einstellung den VR keineswegs der Möglichkeit berauben,
im Deckungsprozess den Nachweis einer vorsätzlichen Tatbegehung zu führen.

2. Objektive Risikoausschlüsse

Der durch § 1 Nr. 4 VGB 62, § 9 Nr. 1 b VGB 88, § 4 Nr. 4 VGB 2000 geregelte Ausschluss **370**
von Schäden, die durch **Kriegsereignisse** jeder Art, innere Unruhen, Erdbeben oder Kernenergie entstehen, findet sich nahezu in allen Bedingungen der Sachversicherung, wobei der
Umfang zum Teil unterschiedlich ist. Zur Begrifflichkeit und insbesondere zum Ausschluss
von Schäden infolge innerer Unruhen kann auf *Dietz*[646] und *Martin*[647] verwiesen werden[648].
Die in den früheren Fassungen der VGB 88 in § 9 Nr. 1 b VGB 88 enthaltene Beweislastregel
ist wegen Verstoßes gegen § 309 Nr. 12 BGB unwirksam[649]. In den Neufassungen der VGB
88 und in den VGB 2000 ist die Beweisvermutung zugunsten des VR nicht mehr enthalten.

3. Spezifische Risikoausschlüsse bei einzelnen Gefahren

Die spezifischen Risikoausschlüsse bei den einzelnen Gefahren sind im Rahmen der Aus- **371**
führungen zu Abschnitt V[650] abgehandelt.

IX. Besondere Vertragspflichten

1. Vorvertragliche Anzeigepflicht

Die vorvertragliche Anzeigepflicht und die Folgen einer schuldhaften Verletzung der Ob- **372**
liegenheit zur **Anzeige gefahrerheblicher Umstände** nach bisheriger Rechtslage sind geregelt in §§ 16 bis 22 VVG a. F. Diese Bestimmungen sind in den einzelnen Bedingungswerken zur Wohngebäudeversicherung mit zum Teil unterschiedlichem Wortlaut aufgenommen
worden. § 8 Nr. 1 VGB 62 bestimmt, dass der VN bei Schließung des Vertrages alle ihm bekannten Umstände, die für die Übernahme der Gefahr erheblich sind, dem VR schriftlich
anzuzeigen hat. Nach § 10 Nr. 1 VGB 88 hat der VN alle Antragsfragen, die für die Übernahme der Gefahr erheblich sind, wahrheitsgemäß zu beantworten. § 22 VGB 2000 enthält
eine ausführliche und die Bestimmungen der §§ 16 bis 22 VVG a. F. zum Teil wörtlich übernehmende Regelung der Anzeigepflichten des VN bei Vertragsschluss und der Rechtsfolgen
bei unvollständigen oder unrichtigen Angaben der gefahrerheblichen Umstände. Soweit es in
§ 22 Nr. 1 VGB 2000 heißt, dass der VN über die im Versicherungsantrag gestellten Fragen

---

[643] Ständige Rechtsprechung des BGH, vgl. etwa BGH v. 15.1.96, NJW-RR 1996, 664; BGH v.
19. 12. 1984, VersR 1985, 330 (331); Berliner Kommentar/*Beckmann*, § 61 Rn. 99 ff.

[644] *Prölss/Martin/Kollhosser*, § 14 AFB 87 Rn. 3; *Prölss/Martin/Knappmann*, § 9 VHB 84 Rn. 1.

[645] Hierzu tendiert auch OLG Hamm v. 15. 7. 2002, r+s 2002, 423 (425); a. A. OLG Bamberg v. 8. 8.
2002, VersR 2003, 59.

[646] *Dietz*, S. 237 f.

[647] *Martin*, F I Rn. 1–15.

[648] Vgl. auch *Fricke*, VersR 2002, 6; *Ehlers*, r+s 2002, 133; OLG Frankfurt/M. v. 27. 5. 1993, r+s 1993,
467; zur Abgrenzung zu Terroranschlägen *Dahlke*, VersR 2003, 25.

[649] Vgl. *Prölss/Martin/Kollhosser*, Vorbem. zu VGB 88 Rn. 4; *Prölss/Martin/Kollhosser*, § 1 AERB 81
Rn. 57; a. A. *Prölss/Martin/Knappmann*, § 9 VHB 84 Rn. 16.

[650] S. oben Rn. 298 ff., 315 ff., 341 und 354 ff.

hinaus alle ihm bekannten gefahrerheblichen Umstände anzuzeigen hat, bestimmt § 22 Nr. 2a Abs. 2 VGB 2000, dass bei einem schriftlichen Fragenkatalog des VR wegen einer unterbliebenen Anzeige eines Umstands, nach dem nicht ausdrücklich gefragt worden ist, ein Rücktritt nur dann möglich ist, wenn der Umstand vom VN oder dessen Bevollmächtigten arglistig verschwiegen wurde. Insoweit ist § 18 VVG a. F. inhalts- und wortgleich in die Bedingungen aufgenommen worden.

372a   Nach der **Neuregelung in § 19 Abs. 1 VVG** erstreckt sich die vorvertragliche Anzeigepflicht des VN nur noch auf diejenigen Gefahrumstände, nach denen der Versicherer in Textform gefragt hat. Der VN wird damit von dem Beurteilungsrisiko, ob ein Umstand gefahrerheblich ist, entlastet. Die Anzeigepflicht besteht gemäß § 19 Abs. 1 VVG bis zur Abgabe der Vertragserklärungen des VN. Nur dann, wenn der Versicherer erneut ausdrücklich in Textform nachfragt, besteht eine Anzeigeobliegenheit auch noch in dem Zeitraum zwischen Vertragserklärung und Vertragsannahme durch den Versicherer. Die nach bisheriger Rechtslage bestehenden Unsicherheiten über eine Nachmeldeobliegenheit des VN sind somit beseitigt. Die bloße Belehrung durch den Versicherer, dass auch solche nachgefragten Umstände anzuzeigen sind, die erst nach der Antragstellung entstanden oder dem VN bekannt geworden sind, reicht nicht aus.

372b   Die **Rechtsfolgen einer Verletzung der vorvertraglichen Anzeigepflicht** sind in § 19 Abs. 2 – 5, §§ 21, 22 VVG n. F. grundlegend neu geregelt. Zu Einzelheiten der Neuregelung (Kündigungsrecht bei einfach fahrlässiger oder schuldloser Anzeigeobliegenheitsverletzung, Rücktrittsrecht bei grober Fahrlässigkeit und Vorsatz, Vertragsänderungsrecht des Versicherers, Belehrungserfordernis, Kausalitätsgegenbeweis, Fristerfordernisse) kann auf die Ausführungen in § 14 verwiesen werden.

373   Zum Inhalt der vorvertraglichen Anzeigepflicht und zu den Rechtsfolgen einer Verletzung kann auf die Erläuterungen in den Kommentaren zum VVG und auf die Ausführungen bei *Dietz* und *Martin*[651] verwiesen werden. Als **gefahrerhebliche Umstände in der Wohngebäudeversicherung** sind insbesondere von Bedeutung die örtliche Lage des Gebäudes, die Art und Weise der Nutzung des Gebäudes, die Bauweise und das Alter des Gebäudes, das Vorhandensein besonderer Einrichtungen wie z. B. Fußbodenheizung und Solarheizung, die Nachbarbebauung und deren Nutzung sowie das Vorhandensein von Vorschäden[652].

2. Gefahrerhöhung

374   Die nach bisheriger Rechtslage in §§ 23 ff. VVG a. F. enthaltenen Regelungen zur **Gefahrerhöhung** gelten grundsätzlich auch in der Wohngebäudeversicherung. In § 8 Nr. 2 VGB 62 ist bestimmt, dass der VN ohne Einwilligung des VR nach Antragstellung keine Gefahrerhöhung vornehmen oder gestatten darf. Erlangt der VN Kenntnis davon, dass eine Gefahrerhöhung eingetreten ist, so hat er dem VR unverzüglich schriftliche Anzeige zu erstatten. Geregelt ist in § 8 Nr. 2 VGB 62 darüber hinaus das Kündigungsrecht des VR in den gesetzlich vorgesehenen Fällen und die Leistungsfreiheit im Falle eines Verstoßes gegen die Bestimmungen zur Gefahrerhöhung. Die VGB 88 enthalten in § 10 Nr. 2 VGB 88 die Bestimmung, dass eine Gefahrerhöhung dem VR unverzüglich schriftlich anzuzeigen ist. Hinsichtlich des Kündigungsrechts und der Leistungsfreiheit des VR wird auf §§ 23 bis 30 VVG a. F. verwiesen. § 10 Nr. 3 VGB 88 enthält einen (nicht abschließenden) Katalog von Gefahrerhöhungstatbeständen. § 23 VGB 2000 enthält umfassende Regelungen zur Gefahrerhöhung, wobei die Vorschriften der §§ 23 ff. VVG a. F. weitgehend wortgleich übernommen worden sind. Überdies enthält § 23 Nr. 1 VGB 2000 eine eigenständige Definition des Begriffs der Gefahrerhöhung.

Zum Begriff der Gefahrerhöhung und zu deren Rechtsfolgen nach bisherigem und neuem Recht kann auf die Kommentierungen zu den §§ 23 ff. VVG a. F. und die Ausführungen in § 20 verwiesen werden. Nachfolgend werden lediglich die besonderen Gefahrerhöhungstatbestände in der Wohngebäudeversicherung behandelt.

---

[651] *Dietz,* S. 280 ff.; *Martin,* M I – IV und V Rn. 35 – 46.
[652] Vgl. zu den Einzelheiten *Dietz,* S. 280 ff.

a) Eine **Gefahrerhöhung** kann gemäß § 10 Nr. 3a VGB 88, § 23 Nr. 1 VGB 2000 insbe- 375
sondere dann vorliegen, wenn sich ein **Umstand ändert, nachdem im Antrag gefragt**
worden ist. Zu berücksichtigen ist insoweit, dass gemäß § 16 VVG a. F. bei Abschluss des Versicherungsvertrags **nur gefahrerhebliche Umstände** anzuzeigen sind. Die Änderung eines
nicht gefahrerheblichen Umstands, nach dem der VR im Versicherungsantrag gefragt hat,
kann deshalb ungeachtet der Bestimmung in § 10 Nr. 3 VGB 88, § 23 VGB 2000 nicht zu
einer Gefahrerhöhung führen. Ohnehin ist im Hinblick auf die Vorschrift des § 34a VVG
a. F. = § 32 VVG n. F., wonach sich der VR auf Vereinbarungen, durch die von den Vorschriften über die Gefahrerhöhung in § 23ff. VVG a. F. zum Nachteil des VN abgewichen wird,
nicht berufen kann, stets zu überprüfen, ob Regelungen über vereinbarte Gefahrerhöhungstatbestände in den Bedingungs- und Klauselwerken wirksam sind[653].

b) Gemäß § 10 Nr. 3b VGB 88, § 23 Nr. 1b VGB 2000 kann eine Gefahrerhöhung dann 376
vorliegen, wenn ein Gebäude oder der überwiegende Teil eines Gebäudes nicht genutzt wird.
Gemeint ist hiermit der Tatbestand des **Leerstehenlassens eines Wohngebäudes** oder gemischt genutzten Gebäudes[654].

Ob das Leerstehenlassen von Wohngebäuden eine Gefahrerhöhung darstellt oder nicht, 377
hängt von den Umständen und der Zeitdauer ab. Eine Gefahrerhöhung dürfte immer dann
vorliegen, wenn der Leerstand des Gebäudes oder eines überwiegenden Teiles des Gebäudes
einhergeht mit einer **Verwahrlosung**[655]. Dieser Zustand ist jedenfalls von dem Zeitpunkt an
gegeben, an dem das Leerstehen eines Hauses nach außen erkennbar wird und sich Unbefugte bereits Zutritt verschafft haben[656].

Für sich allein betrachtet kann das Leerstehen eines Wohngebäudes grundsätzlich noch 378
nicht als eine Gefahrerhöhung erachtet werden. Es kommt insoweit darauf an, ob Umstände
gegeben sind, die der Gefahrerhöhung entgegenwirken[657]. Dies ist z. B. dann anzunehmen,
wenn das Wohngebäude im geschlossenen Ortsgebiet oder in einer Wohngegend mit bewohnten Nachbarhäusern liegt und ein Zustand der Verwahrlosung noch nicht eingetreten
ist[658] oder aber eine hinreichende Beaufsichtigung erfolgt[659]. Bei der Abwägung ist auch zu
berücksichtigen, dass durch den Leerstand eines Wohngebäudes die von den bisherigen Be-
wohnern ausgehenden Gefahren und Gefährdungen entfallen[660].

Die Vorschriften über die Gefahrerhöhung können **neben den Vorschriften über die** 379
Verletzung von Sicherheitsvorschriften zur Anwendung kommen, wie dies in § 9 Nr. 1
Satz 4 VGB 62, § 11 Nr. 2 Satz 3 VGB 88, § 24 Nr. 3 VGB 2000 ausdrücklich bestimmt ist.
Dies gilt insbesondere für die Fälle frostbedingter Rohrleitungsschäden in der Leitungswas-
serversicherung[661].

---

[653] Vgl. *Martin,* N IV Rn. 29ff., 76; OLG Köln v. 28. 3. 2000, r+s 2000, 207(208).

[654] Vgl. zur Abgrenzung des Tatbestandes, dass eine Wohnung „nicht ständig bewohnt" wird, *Dietz,*
S. 296.

[655] Vgl. OLG Karlsruhe v. 7. 11. 1996, r+s 1997, 207; OLG Rostock v. 16. 7. 2007, VersR 2008, 72, 73;
LG Düsseldorf v. 25. 10. 1994, r+s 1996, 32; LG Bielefeld v. 17. 3. 1995, r+s 1995, 368f.; *Wussow,* VersR
2001, 678 (681).

[656] Vgl. OLG Hamm v. 6. 2. 1998, VersR 1999, 359;OLG Hamm v. 6. 2. 1998, r+s 1998, 475; OLG
Karlsruhe v. 7. 11. 1996, r+s 1997, 207 = VersR 1997, 1225; OLG Hamm v. 24. 10. 1997, r+s 1997,
514; OLG Hamm v. 27. 7. 2005, VersR 2006, 113.

[657] Vgl. BGH v. 13. 1. 1982, r+s 1982, 129 = VersR 1982, 466; BGH v. 19. 10. 1994, r+s 1995, 24 (25);
OLG Köln v. 15. 11. 1984, r+s 1986, 12; OLG Köln v. 15. 9. 1988, r+s 1989 m. Anm. von *Wälder;* OLG
Hamm v. 11. 11. 1998, r+s 1999, 288 (289); OLG Hamm v. 17. 9. 1997, r+s 1998, 71 (72).

[658] OLG Köln v. 28. 3. 2000, r+s 2000, 207; OLG Köln v. 19. 8. 1997, r+s 1997, 424; OLG Köln v.
15. 9. 1988, r+s 1989, 195f.; LG Köln v. 30. 9. 1992, r+s 1994, 187.

[659] ÖOGH v. 22. 2. 1995, VersR 1996, 527; OLG Hamm v. 25. 8. 1989, r+s 1990, 22f.; vgl. im Einzelnen auch *Dietz,* S. 297/298.

[660] OLG Köln v. 15. 11. 1984, r+s 1986, 12; OLG Hamm v. 11. 11. 1998, r+s 1999, 288 (289).

[661] Vgl. OLG Hamm v. 21. 4. 1989, VersR 1990, 86 m. Anm. der Schriftleitung.

380   **c)** Gemäß § 10 Nr. 3 c VGB 88, § 23 Nr. 1 d VGB 2000 kann eine Gefahrerhöhung dann vorliegen, wenn in dem versicherten Gebäude ein **Gewerbebetrieb aufgenommen oder verändert wird**[662]. Beispielsweise gilt dies, wenn in einem als Hotel versicherten Gebäude ein bordellartiger Betrieb aufgenommen wird[663].

381   **d)** In § 23 Nr. 1 c VGB 2000 ist bestimmt, dass eine Gefahrerhöhung dann vorliegen kann, wenn an einem Gebäude **Baumaßnahmen** durchgeführt werden, die ein Notdach erforderlich[664] oder das Gebäude überwiegend unbenutzbar machen. Die Einführung dieser Bestimmung ist zurückzuführen auf eine Entscheidung des BGH[665], wonach das Abdecken eines Teils des Flachdaches eines Gebäudes während einer Reparatur eine genehmigungspflichtige Gefahrerhöhung nicht darstellt. Hierdurch entsteht nach Auffassung des BGH kein neuer Zustand erhöhter Gefahr, der von so langer Dauer ist, dass er die Grundlage eines neuen natürlichen Gefahrenverlaufs bilden kann. Hinzu kommt, dass der VN nach den Versicherungsbedingungen zu Reparaturmaßnahmen verpflichtet ist[666]. Ob bei Reparaturarbeiten tatsächlich eine Gefahrerhöhung anzunehmen ist, wird ungeachtet der Bestimmung in § 23 Nr. 1 c VGB 2000 von der Zeitdauer des Zustands abhängen[667].

3. Sicherheitsvorschriften

382   **Sicherheitsvorschriften** haben den Zweck, die Gefahr für den Eintritt eines Versicherungsfalls zu vermindern, Gefahrerhöhungen zu vermeiden und bereits eingetretene Gefahrerhöhungen zu beseitigen. Sicherheitsvorschriften müssen dem VN ein bestimmtes Verhalten auferlegen und bei abstrakter Betrachtung dazu geeignet sein, den Eintritt des Versicherungsfalls mindestens zu erschweren[668].

383   **a)** § 9 Nr. 1 VGB 62, § 11 Nr. 1 a VGB 88, § 24 Nr. 1 a VGB 2000 bestimmen, dass der VN alle **gesetzlichen, behördlichen oder vereinbarten Sicherheitsvorschriften** zu beachten hat. Die Vorschrift enthält mithin eine Verweisung auf andere Rechtsquellen von Sicherheitsvorschriften oder auf andere Teile des Vertrags[669]. Gesetzliche und behördliche Sicherheitsvorschriften sind vornehmlich im Bereich des Feuerrisikos von Bedeutung. Insoweit kommen die Landesbauordnungen und die dazu erlassenen Ausführungsbestimmungen, die Brandschutzgesetze sowie die in verschiedenen Ländern bestehenden Feuerungsverordnungen als gesetzliche Sicherheitsvorschriften in Betracht[670]. Als Beispiel für behördliche Sicherheitsvorschriften sind anzuführen die Unfallverhütungsvorschriften der Berufsgenossenschaften, die sich allerdings nur an deren Mitglieder wenden und demgemäß nur bei gemischt genutzten Grundstücken von Bedeutung sind[671]. Baurechtliche Vorschriften, nach denen die Errichtung und Änderung von Feuerstätten nicht genehmigungspflichtig, sondern nur anzeigepflichtig ist und der Betrieb der Feuerstätte nicht von der Erfüllung der Anzeigepflicht abhängt, stellen keine Sicherheitsvorschriften i. S. v. § 9 Nr. 1 VGB 62 dar, da es sich nur um Bestimmungen des formellen Baurechts, nicht aber um Regelungen, die auch dem Feuerschutz dienen, handelt[672]. Vereinbarte Sicherheitsvorschriften sind vornehmlich in der industriellen, gewerblichen und landwirtschaftlichen Feuerversicherung, nicht jedoch in der Wohngebäudeversicherung von Bedeutung.

---

[662] Vgl. zu den Einzelheiten *Dietz*, S. 299.

[663] OLG Düsseldorf v. 14. 3. 1995, r+s 1996, 147.

[664] Abschnitt A § 17 Nr. 1 c) VGB 2008 stellt darauf ab, ob im Verlauf der Baumaßnahmen das Dach ganz oder teilweise entfernt wird.

[665] BGH v. 18. 3. 1992, VersR 1992, 606 ff.

[666] Vgl. auch *Prölss/Martin/Kollhosser*, § 8 VGB 62 Rn. 2.

[667] Vgl. hierzu auch *Dietz*, S. 293, 299.

[668] Vgl. BGH v. 13. 11. 1996, VersR 1997, 485; BGH v. 17. 4. 2002, VersR 2002, 829 ff.; OLG Oldenburg v. 16. 12. 1998, r +s 1999, 162.

[669] Vgl. im Einzelnen *Martin*, M I Rn. 18 ff.

[670] Vgl. BGH v. 13. 11. 1996, VersR 1997, 485; LG Flensburg v. 17. 4. 2003, VersR 2004, 1555.

[671] OLG Düsseldorf v. 22. 4. 1986, r+s 1988, 83; OLG Celle v. 2. 12. 1987, VersR 1988, 617.

[672] OLG Saarbrücken v. 29. 1. 1992, VersR 1992, 741; *Prölss/Martin/Kollhosser*, § 9 VGB 62 Rn. 1.

b) Als eine in die Bedingungen aufgenommene vereinbarte Sicherheitsvorschrift bestim-   **384**
men § 11 Nr. 1b VGB 88, § 24 Nr. 1b VGB 2000, dass der VN die **versicherten Sachen,** insbesondere wasserführende Anlagen und Einrichtungen, Dächer und außen angebrachte Sachen, **stets in ordnungsgemäßem Zustand zu erhalten** und Mängel oder Schäden
unverzüglich beseitigen zu lassen hat. Eine vergleichbare Sicherheitsvorschrift ist in den VGB
62 in § 9 Nr. 2 und Nr. 3 VGB 62, allerdings nur für die Leitungswasser- und die Sturmversicherung, enthalten. § 9 Nr. 2a VGB 62 bestimmt zusätzlich, dass für den Fall, dass nach sach-
verständigem Ermessen oder gesetzlicher oder polizeilicher Vorschrift Neubeschaffungen oder
Abänderungen von Wasserleitungsanlagen und sonstigen wasserführenden Anlagen oder
Maßregeln gegen Frost erforderlich sind, diese unverzüglich, spätestens aber innerhalb einer
von dem VR zu bestimmenden angemessenen Frist ausgeführt werden müssen. Gegenüber
den VGB 88 und den VGB 2000 ergibt sich insoweit kein Unterschied, da die VGB 88 und
die VGB 2000 zum einen die Obliegenheit enthalten, Mängel oder Schäden an versicherten
Sachen unverzüglich beseitigen zu lassen, worunter auch erneuerungsbedürftige Wasserleitungsanlagen fallen, und zum anderen eine gesonderte Sicherheitsvorschrift zur Vermeidung
der Frostgefahr in § 11 Nr. 1d VGB 88 und § 24 Nr. 1d VGB 2000 aufgenommen worden ist.
Durch die **Instandhaltungspflicht,** die insbesondere in der Leitungswasser- und Rohrbruchversicherung sowie in der Sturm- und HagelV von Bedeutung ist, sollen alters- und ab-
nutzungsbedingte Verschleißschäden, die in aller Regel nicht plötzlich und unvorhersehbar,
sondern allmählich und vorhersehbar eintreten, vom Versicherungsschutz ausgeschlossen werden[673].

Praktische Auswirkungen hat die in den Bedingungen normierte Instandhaltungspflicht   **385**
des VN insbesondere bei so genannten **Korrosionsschäden** in der Rohrbruchversicherung.
Eine Verletzung der Sicherheitsvorschrift ist jedenfalls dann anzunehmen, wenn der VN einer
Aufforderung des VR, das korrodierte Rohrnetz zu sanieren, nicht nachkommt oder gehäuft
Schadenfälle eintreten[674]. Gleiches gilt, wenn in einem dem VN bekannten Wertgutachten
auf Baumängel im Wasser- und Leitungssystem hingewiesen wird und der VN die festgestellten Mängel nicht beseitigt[675].

c) Gemäß § 9 Nr. 2b VGB 62 hat der VN **in nicht benutzten Gebäuden** die **Wasser-**   **386**
leitungsanlagen abzusperren, zu entleeren und entleert zu halten. Das Gleiche gilt für
vorübergehend außer Betrieb gesetzte Anlagen. Eine entsprechende Sicherheitsvorschrift
enthalten § 11 Nr. 1c VGB 88 und § 24 Nr. 1c VGB 2000, wobei dem VN zusätzlich (kumulativ) aufgegeben wird, **nicht genutzte Gebäude oder Gebäudeteile genügend häufig
zu kontrollieren.** Darüber hinaus hat der VN gemäß § 11 Nr. 1d VGB 88 und § 24 Nr. 1d
VGB 2000 in der **kalten Jahreszeit** alle Gebäude und Gebäudeteile zu beheizen und dies genügend häufig zu kontrollieren oder dort alle wasserführenden Anlagen oder Einrichtungen
abzusperren, zu entleeren und entleert zu halten[676]. Es handelt sich bei § 11 Nr. 1c und
Nr. 1d VGB 88 um zwei getrennte Obliegenheiten für unterschiedliche Situationen. Jedenfalls nach den VGB 88 und VGB 2000 kann kein Zweifel daran sein, dass die Sicherheitsvorschriften bei nicht genutzten Gebäuden (§ 11 Nr. 1c VGB 88 und § 24 Nr. 1c VGB 2000) zu
allen Jahreszeiten einzuhalten sind[677]. Ob dies auch für die VGB 62 gilt, ist streitig[678]. Nach
überwiegender Auffassung ist der in § 9 Nr. 2b VGB 62 verwendete Begriff „nicht benutzt"

---

[673] Vgl. hierzu im Einzelnen *Dietz*, S. 307; *Martin* M I Rn. 60ff., 92ff., OLG Saarbrücken v. 12. 4. 2006,
VersR 2006, 1635 = r+s 2007, 62.
[674] Vgl. *Prölss/Martin/Kollhosser*, § 9 VGB 62 Rn. 3; OLG Karlsruhe v. 20. 10. 1994, r+s 1995, 189;
OLG Karlsruhe v. 1. 2. 1996, VersR 1997, 612; OLG Hamm v. 20. 12. 1991, VersR 1993, 97.
[675] OLG Rostock v. 23. 7. 2003, VersR 2004, 61.
[676] Vgl. zu den Sicherheitsvorschriften in der Leitungswasser-/Rohrbruchversicherung, *Spielmann*,
VersR 2006, 317ff.
[677] Vgl. hierzu *Dietz*, S. 309ff.; instruktiv OLG Köln v. 18. 3. 2003, VersR 2003, 1034; OLG Hamburg
v. 8. 4. 2004, VersR 2005, 221; OLG Koblenz v. 1. 6. 2006, VersR 2008, 115; OLG Hamm v. 23. 9. 1998,
r+s 1999, 115 = VersR 1999, 1145; LG Berlin v. 11. 3. 2004, VersR 2005, 75.
[678] Vgl. hierzu im Einzelnen *Martin*, M I Rn. 80ff.; *Dietz*, S. 310f.

mit „nicht genügend beheizt" gleichzusetzen, da die Obliegenheiten des Absperrens und Entleerens von Wasserleitungsanlagen der Frostvorsorge dienen[679]. Demgegenüber wird mit zutreffenden Gründen die Auffassung vertreten, dass die Sicherheitsvorschrift des § 9 Nr. 2b VGB 62 auch Wasserschäden vorbeugen soll, die sich durch mutwillige Beschädigung der Installation durch Dritte oder aber durch Materialermüdung ergeben[680].

387   Die in § 11 Nr. 1d VGB 88, § 24 Nr. 1d VGB 2000 enthaltene Bestimmung zu den Sicherheitsmaßnahmen während der kalten Jahreszeit – eine entsprechende Vorschrift in den VGB 62 gibt es nicht – gilt für **alle Gebäude unabhängig von der Art ihrer Nutzung**, wobei für ungenutzte Gebäude bei Einhaltung der Sicherheitsvorschriften des § 11 Nr. 1c VGB 88 und des § 24 Nr. 1c VGB 2000 eine weiter gehende Frostvorsorge nicht erforderlich ist[681]. Die Obliegenheit des § 11 Nr. 1c VGB 88 ist insoweit vorrangig[682]. Der VN kann zwischen den Alternativen Beheizen und Kontrolle oder Absperren oder Entleeren frei wählen, wobei die Kontrolle allerdings häufig genug erfolgen muss[683].

388   **d)** Die **Rechtsfolgen der Verletzung von Sicherheitsvorschriften** nach bisheriger Rechtslage sind in § 9 Nr. 1 VGB 62, § 11 Nr. 2 VGB 88 und § 24 Nr. 2 VGB 2000 geregelt. Neben der Möglichkeit zur Kündigung[684] kommt Leistungsfreiheit in Betracht, wobei diese nach § 9 Nr. 1 VGB 62 und § 11 Nr. 2 VGB 88 – in Abweichung von § 6 I Satz 2 VVG a. F. – allerdings nur dann eintritt, wenn die Verletzung auf Vorsatz oder grober Fahrlässigkeit des VN beruht[685]. Gemäß § 24 Nr. 2 VGB 2000 führt demgegenüber bereits leichte Fahrlässigkeit des VN zur Leistungsfreiheit, wodurch der Verschuldensmaßstab des § 6 I Satz 2 VVG a. F. wiederhergestellt wird. In der Regel wird grobe Fahrlässigkeit immer dann anzunehmen sein, wenn der VN trotz mehrerer Schadenfälle keine Sanierungsmaßnahmen durchführt[686], in einem auf längere Zeit unbewohnten Haus Wasserleitungen nicht entleert, Wasserleitungen zu Wasch- und Spülmaschinen nicht abstellt oder während der Frostperiode eine Beheizung des Hauses unterlässt[687].

389   Führt die Verletzung einer Sicherheitsvorschrift zu einer **Gefahrerhöhung,** so gelten die §§ 23 bis 30 VVG a. F. Danach kann der VR, wie § 9 Nr. 1 VGB 62, § 11 Nr. 2 VGB 88 und § 24 Nr. 3 VGB 2000 bestimmen, zur Kündigung berechtigt oder auch leistungsfrei sein. Soweit die Leistungsfreiheit des VR bei einer Verletzung von Sicherheitsvorschriften schon an eine leichte Fahrlässigkeit anknüpft, stellt sich nicht das Problem unterschiedlicher Verschuldensvoraussetzungen für Obliegenheitsverletzung und Gefahrerhöhung. Anders ist dies nach den VGB 62 und den VGB 88. Für diese gilt entsprechend der Rechtsprechung des BGH[688], dass der vertraglich vereinbarte Sorgfaltsmaßstab der groben Fahrlässigkeit auch für die Gefahrerhöhung gilt.

---

[679] Vgl. *Martin,* M I Rn. 81, 82; OLG Köln v. 30. 6. 1988, r+s 1989, 23; OLG Köln v. 15. 9. 1988, r+s 1989, 94; OLG Köln v. 28. 6. 1984, VersR 1986, 675f.; OLG Celle v. 15. 4. 1983, VersR 1984, 437; OLG Frankfurt/M. v. 7. 1. 1987, NJW-RR 1987, 611.

[680] Vgl. BGH v. 3. 12. 1975, VersR 1976, 134; OLG Stuttgart v. 25. 4. 1989, 337; OLG Düsseldorf v. 3. 4. 2001, r+s 2001, 423; LG Karlsruhe v. 28. 1. 1994, r+s 1994, 466; vgl. eingehend *Dietz,* S. 310f.

[681] Vgl. *Dietz,* S. 314.

[682] OLG Köln v. 18. 3. 2003, VersR 2003, 1034, OLG Koblenz v. 1. 6. 2006, VersR 2008, 115.

[683] Zu den Zeitintervallen vgl. *Dietz,* S. 312; OLG Stuttgart v. 4. 3. 2004, r+s 2004, 151 (152); OLG Bremen v. 4. 3. 2003, VersR 2003, 1569, 1570; OLG Köln v. 26. 7. 2005, VersR 2006, 502; OLG Karlsruhe v. 19. 10. 2006, r+s 2006, 504, 505 = VersR 2007, 644; OLG Frankfurt/M. v. 27. 1. 2005, r+s 2006, 23, 24;LG Lüneburg v. 9. 1. 2007, r+s 2007, 329.

[684] Zu den Einzelheiten vgl. *Martin,* M II Rn. 2.

[685] Vgl. OLG Saarbrücken v. 12. 4. 2006, VersR 2006, 1635, 1636 = r+s 2007, 62.

[686] OLG Rostock v. 23. 7. 2003, VersR 2004, 61.

[687] Vgl. *Prölss/Martin/Kollhosser,* § 9 VGB 62 Rn. 2; OLG Hamm v. 30. 1. 1998, r+s 1998, 474; OLG Saarbrücken v. 20. 4. 1988, VersR 1989, 397; OLG Köln v. 15. 9. 1988, r +s 1989, 94; OLG Köln v. 15. 9. 1988, VersR 1988, 1257; LG Köln v. 11. 5. 1988, VersR 1988, 1258; LG Düsseldorf v. 29. 10. 1998, r+s 2000, 29; LG Kassel v. 21. 10. 1998, r+s 2000, 30 m. Anm. der Schriftleitung; LG München v. 24. 11. 1998, r+ s 1999, 425.

[688] BGH v. 13. 11. 1996, r+s 1997, 120 (121); BGH v. 19. 10. 1994, VersR 1994, 1465 = r+s 1995, 24.

Auch bei der Verletzung von Sicherheitsvorschriften sind der **Entschuldigungsbeweis**   390
und der **Kausalitätsgegenbeweis** möglich, was in § 24 Nr. 2 VGB 2000 unter Übernahme
des Wortlauts des § 6 Abs. 2 VVG a. F. ausdrücklich bestimmt ist.

4. Obliegenheiten nach dem Versicherungsfall

Die vom VN nach Eintritt des Versicherungsfalls zu beachtenden Obliegenheiten sind ge-   391
regelt in § 15 VGB 62, § 20 VGB 88 und § 25 VGB 2000. Die in den VGB aufgeführten Obliegenheiten des VN bei Eintritt eines Versicherungsfalls (unverzügliche Schadenanzeige,
Einreichung eines Verzeichnisses abhanden gekommener Gegenstände, Rettungspflicht,
Aufklärungs- und Auskunftspflicht, Vermeidung von Veränderungen der Schadenstelle[689])
decken sich mit den Obliegenheiten in anderen Sparten der Sachversicherung, insbesondere
mit denen in der Feuer- und Hausratversicherung. Es kann deshalb auf die dortigen Ausführungen verwiesen werden[690].

X. Besondere Verwirkungsgründe; Wegfall der Entschädigungspflicht

1. Arglistige Täuschung

Nach § 18 Nr. 2 VGB 62, § 21 Nr. 1 Satz 1 VGB 88, § 28 Nr. 1 VGB 2000 ist der VR von   392
seiner Entschädigungspflicht frei, wenn der VN (oder einer seiner Repräsentanten) versucht,
den VR arglistig über Tatsachen zu täuschen, die für den Grund oder die Höhe der Entschädigung von Bedeutung sind. Hieran hat die Neufassung des VVG nichts geändert. Der Tatbestand der **arglistigen Täuschung** wird im Regelfall stets auch einen Verstoß gegen die Aufklärungsobliegenheit gemäß § 15 Nr. 1c VGB 62, § 20 Nr. 1d VGB 88 und § 25 Nr. 1d VGB
2000 darstellen, so dass sich die nach bisherigem Recht gegebene Leistungsfreiheit des VR
zugleich auch aus Obliegenheitsverletzung ergibt.

Zu den Einzelheiten der Leistungsfreiheit wegen arglistiger Täuschung kann auf die Ausführungen im Abschnitt Hausrat V[691] verwiesen werden. Besonderheiten bestehen bei der
Wohngebäudeversicherung insoweit nicht.

2. Verfristung

§ 19 Nr. 4 VGB 62, § 21 Nr. 2 VGB 88, § 38 VGB 2000 bestimmen auf der Grundlage des   393
bisherigen Rechts, dass der VR von der Entschädigungspflicht frei ist, wenn der Anspruch auf
Versicherungsschutz nicht innerhalb von 6 Monaten, nachdem er unter Angabe der mit dem
Fristablauf verbundenen Rechtsfolgen abgelehnt worden ist, gerichtlich geltend gemacht
wird. Insoweit wird lediglich die gesetzliche Regelung in **§ 12 Abs. 3 VVG** a. F. wiederholt.
Zu den Einzelheiten kann auf die Kommentierungen zu § 12 VVG a. F. verwiesen werden.
Die Neufassung des VVG enthält eine dem § 12 Abs. 3 VVG a. F. entsprechende Regelung
nicht mehr. Vom VR gesetzte Klagefristen sind somit nur noch für eine Übergangszeit von
Bedeutung.

XI. Versicherungsfall; Nachweis des Versicherungsfalls

1. Versicherungsfall

Versicherungsfall in der Wohngebäudeversicherung ist die **Zerstörung**, die **Beschädi-**   394
gung oder das **Abhandenkommen** versicherter Sachen durch eine der in § 1 VGB 62, §§ 4
VGB 88/VGB 2000 genannten Gefahren. Zeitlich fixiert wird der Versicherungsfall mithin
nicht schon durch den Beginn des Schadenereignisses (z. B. Brandausbruch oder Leitungswasseraustritt), sondern erst durch den **ersten Eintritt eines Sachschadens** an den versicherten Sachen[692]. Dies kann für die Frage, ob der Versicherungsfall in die Versicherungs-

---

[689] Vgl. hierzu OLG Hamm v. 20. 10. 2004, VersR 2005, 644 m. Anm. *Spielmann.*
[690] Vgl. zur Hausratversicherung oben Rn. 179 ff.
[691] S. oben Rn. 205 ff.
[692] Vgl. *Martin,* B I Rn. 17, 20; *Dietz,* S. 119.

dauer oder in den Geltungszeitraum einer höheren Versicherungssumme oder eines ansonsten geänderten Vertragsinhalts fällt, von erheblicher praktischer Bedeutung sein.

395   Gleiches gilt für die Frage einer **Einheit oder Mehrheit von Versicherungsfällen**[693]. Grundsätzlich gilt, dass der Versicherungsfall andauert, solange adäquat kausal durch das Ereignis Schäden an versicherten Sachen entstehen, und zwar unabhängig davon, ob zu der einen versicherten Schadenursache eine weitere hinzutritt oder nicht (gedehnter Versicherungsfall)[694]. Dies ist z. B. der Fall, wenn infolge eines Brandes Rohre der Wasserversorgung brechen, Leitungswasser austritt und hierdurch Durchnässungsschäden am Gebäude entstehen. Es handelt sich insoweit um einen einheitlichen Brandschaden. Ähnlich liegt es, wenn sich aus einen Brandschaden infolge des Wiederaufflackerns eines noch vorhandenen Glimm- oder Schwelbrandes ein nochmaliger Brand entwickelt. Auch insoweit handelt es sich um einen einheitlichen Versicherungsfall, für den der VR des ersten Brandereignisses einzustehen hat[695]. Konsequenzen hat diese Auffassung auch für die Höhe der Entschädigung, da z. B. Aufräumungs- oder Abbruchkosten, für deren Erstattung Entschädigungsgrenzen bestehen, bei Annahme eines einheitlichen Versicherungsfalls nur einmal zur Verfügung stehen.

396   Durchbrochen wird der Grundsatz der Einheit des Versicherungsfalls durch die in den Versicherungsbedingungen zum Teil vorgenommene **Abgrenzung der versicherten Gefahren gegeneinander.** So bestimmen § 4 Nr. 3g VGB 62, § 5 Nr. 5d VGB 62, § 9 Nr. 3 VGB 88, dass sich der Versicherungsschutz gegen Leitungswasser, Rohrbruch und Frost sowie gegen Sturm und Hagel ohne Rücksicht auf mitwirkende Ursachen nicht auf Schäden durch Brand, Blitzschlag, Explosion etc. erstrecken. Hierdurch wird, um eine DoppelV zwischen den einzelnen Gefahrengruppen zu vermeiden, der Feuerversicherung Priorität eingeräumt[696].

2. Beweisanforderungen

397   Grundsätzlich ist es **Sache des VN,** die tatbestandlichen Voraussetzungen des von ihm geltend gemachten VersAnspruchs zu beweisen. Hierzu gehört auch der Nachweis des Versicherungsfalls[697]. Spezifische versicherungsrechtliche Beweiserleichterungen, wie sie z. B. in der Hausratversicherung für die versicherten Gefahren des Einbruchdiebstahls, des Raubes und des Vandalismus gelten, gibt es in der Wohngebäudeversicherung nicht. In Betracht kommt selbstverständlich, insbesondere bei der Feststellung von Brandursachen, die Anwendung der Grundsätze des Anscheinsbeweises[698].

XII. Versicherungswert, insbesondere Versicherungswert 1914; Unterversicherung; Entschädigungsberechnung; Sachverständigenverfahren; Zahlung der Entschädigung

398   Zu den vorgenannten Problemkreisen enthalten die Bedingungen zur Wohngebäudeversicherung teilweise Besonderheiten, auf die nachfolgend, soweit sie nicht speziell versicherungstechnischer Natur sind, eingegangen wird. Im Übrigen kann verwiesen werden auf die Ausführungen in §§ 19 und 21 sowie auf die Ausführungen in § 31 zur Feuerversicherung. Die Regelungen der VGB 62/VGB 88/VGB 2000 werden nachfolgend im **Überblick** dargestellt.

1. Versicherungswert, insbesondere Versicherungswert 1914

399   § 88 VVG a. F. bestimmt für die Feuerversicherung, dass als Versicherungswert bei Gebäuden der ortsübliche Bauwert unter Abzug eines dem Zustand des Gebäudes, insbesondere

---

[693] Vgl. hierzu *Martin,* B IV Rn. 1 ff.; *Dietz,* S. 119.
[694] So *Dietz,* S. 120.
[695] Vgl. BGH v. 6. 3. 1991, r+s 1991, 171 = VersR 1991, 460.
[696] Vgl. zur Abgrenzung und zu den Auswirkungen im Einzelnen *Dietz,* S. 121 f.
[697] *Prölss/Martin/Kollhosser,* § 49 Rn. 11 ff.; *Römer/Langheid/Römer,* § 49 Rn. 12 m. w. N.
[698] BGH v. 6. 3. 1991, r +s 1991, 171 (172); vgl. Berliner Kommentar/*Schauer,* vor § 49 Rn. 70 ff.

dem Alter und der Abnutzung entsprechenden Betrags gilt (Zeitwert). Ortsüblicher Bauwert ist der Preis, zu dem am Schadensort unter Berücksichtigung der Preisentwicklung während der unvermeidlichen Zeitdauer des Wiederaufbaus ein Gebäude gleicher Art und gleicher Zweckbestimmung herzustellen ist[699]. § 88 VVG n. F. definiert den Versicherungswert allgemein für alle Bereiche der Sachversicherung als Wert der versicherten Sache zum Zeitpunkt des schädigenden Ereignisses. Die Wohngebäudeversicherung ist grundsätzlich eine **Neuwertversicherung,** wodurch dem tatsächlichen Versicherungsbedürfnis des VN Rechnung getragen wird[700]. Die vertragstechnische Verwirklichung der Neuwertversicherung ist in den verschiedenen Bedingungswerken der VGB unterschiedlich und zum Teil höchst kompliziert ausgestaltet.

a) Die **VGB 62** bestimmen in § 6 Nr. 1 Satz 1 VGB 62, dass Versicherungswert eines Gebäudes der ortsübliche Neubauwert und Versicherungswert der sonstigen Sachen der Wiederbeschaffungspreis (Neuwert) ist. Eine Versicherung zum Zeitwert sehen die VGB 62 nicht vor. Möglich war die Versicherung zum Zeitwert durch Vereinbarung der Klausel 846. Eine Ausnahme des Grundsatzes der Versicherung zum Neuwert gilt gemäß § 6 Nr. 1 Satz 2 VGB 62 dann, wenn versicherte Sachen für den Zweck, für den sie bestimmt sind, nicht mehr verwendbar sind. In diesen Fällen der dauernden Entwertung wird nur der gemeine Wert entschädigt. Bedeutung kann dies insbesondere bei einem beabsichtigten Abbruch des Gebäudes erlangen. Erforderlich ist insoweit, dass die Absicht des Abbruchs als endgültig und unwiderruflich nach außen in Erscheinung getreten sein muss[701]. Obwohl schon im Zeitpunkt der Einführung der VGB 62 die weitaus meisten Wohngebäudeversicherung zum gleitenden Neuwert abgeschlossen wurden, ist hierzu eine Regelung in den VGB 62 nicht enthalten. Die Bestimmungen hierzu fanden sich in Sonderbedingungen für die Gleitende Neuwertsicherung von Wohngebäuden (SGlN) Daneben existierten Sonderbedingungen für Geschäftsgebäude und landwirtschaftliche Gebäude. Diese wurden später zusammengefasst in den Sonderbedingungen für die gleitende Neuwertversicherung von Wohn-, Geschäfts- und landwirtschaftlichen Gebäuden (SGlN 79 und 79a) und in der Folgezeit mehrfach überarbeitet (SGlN 88 und SGlN 93)[702]. **400**

Die **VGB 88** führten die **Versicherungsform der Gleitenden Neuwertversicherung als Regelfall** ein. Die einzelnen Bestimmungen hierzu befinden sich in § 13 VGB 88. Daneben sind abweichende Vereinbarungen zum Versicherungswert gemäß § 14 VGB 88 möglich (Neuwert, Zeitwert, gemeiner Wert). **401**

Die **VGB 2000** existieren in den zwei Versionen „VGB 2000 – Wert 1914" und „VGB 2000 – Wohnfläche". Während die „VGB 2000 – Wert 1914" die Gleitende Neuwertversicherung auf der Grundlage des Versicherungswerts 1914 mit Anpassung an die Baukostenentwicklung vorsehen, enthalten die „VGB 2000 – Wohnfläche" eine Versicherung zum ortsüblichen Neubauwert mit Anpassung an die Baukostenentwicklung und einem Grundbeitrag, der sich aus der Wohnfläche, dem Gebäudetyp, der Bauausführung und -ausstattung, der Nutzung oder sonstiger vereinbarter Merkmale errechnet. Entsprechendes gilt für die VGB 2008. **402**

b) Grundlage der Gleitenden Neuwertversicherung, deren Ziel es ist, eine Unterversicherung aufgrund von Steigerungen des Gegenwartswertes auszuschließen, ist gemäß § 13 Nr. 1 VGB 88 und § 10 Nr. 1 VGB 2000 der so genannte **„Versicherungswert 1914".** Der Versicherungswert 1914 ist in § 13 Nr. 2 VGB 88, § 9 Nr. 1 VGB 2000 definiert als der ortsübliche Neubauwert des Gebäudes entsprechend seiner Größe und Ausstattung sowie seines Ausbaus, ausgedrückt in den Preisen des Jahres 1914. Hierzu gehören auch Architektengebühren sowie sonstige Konstruktions- und Planungskosten[703]. Der ortsübliche Neubauwert ist der **403**

---

[699] *Prölss/Martin/Kollhosser,* § 88 Rn. 3.

[700] Vgl. hierzu im Einzelnen *Martin,* Q II Rn. 2ff., 8ff.; *Römer/Langheid,* § 88 Rn. 3.

[701] Vgl. *Prölss/Martin/Kollhosser,* § 6 VGB 62 Rn. 2; *Martin,* Q III 75, 79, jeweils n.w.N.

[702] Vgl. im Einzelnen *Martin,* F IV Rn. 1ff.; sowie die Kommentierung der SGlN bei *Prölss/Martin/Kollhosser.*

[703] Vgl. im Einzelnen *Dietz,* S. 325f.

Rüffer

Geldbetrag, der aufzuwenden ist, um das versicherte Gebäude auf dem Versicherungsgrundstück zu errichten, wobei maßgebend die Baupreise an dem Ort sind, an dem das versicherte Gebäude steht[704]. Um daraus den „Versicherungswert 1914" errechnen zu können, wird der Gegenwartswert unter Heranziehung der Indexzahlen für die Gesamtbaupreise auf das Jahr 1914 heruntergerechnet[705].

404   § 13 Nr. 3 VGB 88 bestimmt, dass die vereinbarte Versicherungssumme 1914 dem Versicherungswert 1914 entsprechen soll (ebenso § 12 VGB 2000). Wird die dem Versicherungswert 1914 entsprechende Versicherungssumme 1914 im Versicherungsvertrag vereinbart und sind die Grundlagen des Versicherungswerts zutreffend ermittelt, so ist eine **Unterversicherung ausgeschlossen,** solange das versicherte Gebäude in seiner Substanz nicht werterhöhend verändert wird. Die Gleitende Neuwertversicherung führt auf diese Weise zu einer grundsätzlich unbegrenzten Entschädigungsverpflichtung des VR, wodurch sich die Gleitende Neuwertversicherung zum Vorteil des VN von der in der Sachversicherung ansonsten üblichen Neuwertversicherung mit einer festen oder einer mit Hilfe von Summenanpassungs- bzw. Wertzuschlagsklauseln angepassten Versicherungssumme unterscheidet[706]. Die Bedeutung der Versicherungssumme ist insoweit reduziert auf die Grundlage der Beitragsberechnung.

405   c) Die bei der **Ermittlung des Versicherungswerts 1914** und dessen Ableitung aus den ortsüblichen Neubauwerten bestehenden Schwierigkeiten begründen das Risiko, dass bereits der Versicherungswert 1914 und damit der Ausgangspunkt der dem Versicherungsvertrag zugrundezulegenden Versicherungssumme unzutreffend ist. Dies kann dazu führen, dass der Zweck der Gleitenden Neuwertversicherung, eine Unterversicherung zu vermeiden, verfehlt wird.

406   Wenngleich die zutreffende Ermittlung der Versicherungssumme in der Wohngebäudeversicherung grundsätzlich Sache des VN ist[707], ist in der Rechtsprechung seit längerem anerkannt, dass den VR bei der Ermittlung des Versicherungswerts und der Versicherungssumme in der Wohngebäudeversicherung **erhöhte Beratungs- und Aufklärungspflichten** treffen. Dies gilt vor allem im Hinblick auf die richtige Bemessung des Versicherungswerts 1914 und der Versicherungssumme 1914. Grundlegend ist insoweit die Entscheidung des Bundesgerichtshofs vom 7. 12. 1988[708]. Verwendet ein VR Versicherungsbedingungen, nach denen die Bestimmung des richtigen Versicherungswerts (hier: Versicherungswert 1914 der Gleitenden Neuwertversicherung), ohne dass dies offen zu Tage läge, so schwierig ist, dass sie selbst ein Fachmann nur mit Mühe treffen kann, überlässt er aber die Bestimmung des Wertes dem VN, so treffen den VR nach der Auffassung des BGH gesteigerte Hinweis- und Beratungspflichten. Der VR muss in geeigneter Form sowohl auf die Schwierigkeiten der richtigen Festsetzung des Versicherungswertes wie auch auf die Gefahren einer falschen Festsetzung aufmerksam machen. Zu einer ordnungsgemäßen Belehrung gehört auch der Hinweis, dass ein im Bauwesen nicht sachverständiger VN mit der Bestimmung des richtigen Versicherungswertes 1914 in aller Regel überfordert sein wird und dass es sich deshalb empfehlen kann, einen Sachverständigen zuzuziehen. Seiner Hinweispflicht kann der VR auch dadurch genügen, dass er dem VN eine eigene fachkundige Beratung anbietet[709]. Verletzt der VR schuldhaft seine Aufklärungspflicht gegenüber dem VN, so ist er dem VN nach den Regeln über das Verschulden bei Vertragsschluss zum Schadenersatz verpflichtet. Er hat den VN im Schadenfall so zu stellen, wie wenn er ordnungsgemäß beraten worden wäre. Bis zum Beweis des Gegenteils, der vom VR zu führen ist, muss davon ausgegangen werden, dass der VN das

---

[704] Vgl. *Dietz,* S. 326.
[705] Vgl. hierzu im Einzelnen *Prölss/Martin/Kollhosser,* § 1 SGlN Rn. 3, 8 ff.; *Dietz,* S. 328 ff.; *Martin,* S IV Rn. 1.
[706] *Dietz,* S. 331.
[707] *Prölss/Martin/Kollhosser,* § 56 Rn. 6 ff.; *Römer/Langheid/Römer,* § 50 Rn. 5, Berliner Kommentar/ *Schauer,* § 50 Rn. 10; jeweils m. w. N.
[708] BGH v. 7. 12. 1988, VersR 1989, 472 = r +s 1989, 58.
[709] So BGH v. 7. 12. 1988, r +s 1989, 58 (59) = VersR 1989, 472 (473).

Gebäude zum „richtigen" Versicherungswert versichert hätte, wenn ihm die Notwendigkeit dafür vom VR verdeutlicht worden wäre[710].

Eine **allgemeine Beratungspflicht** des VR oder gar eine Verantwortung des VR für die   **407** richtige Festlegung der Versicherungssumme kann aus der Entscheidung des BGH **nicht abgeleitet werden.** Beratungspflichten des VR mit der Folge einer Schadensersatzhaftung bei Verletzung dieser Pflichten sind auch in der Wohngebäudeversicherung nur dann begründet, wenn sich der VN entweder erkennbar verschätzt hat[711], wenn der VR dem VN gerade zur Ermittlung des Versicherungswerts einen sachkundigen Mitarbeiter zur Verfügung gestellt hat oder wenn die Bestimmung des Versicherungswerts selbst für einen Fachmann äußerst schwierig ist, was grundsätzlich für die Ermittlung des Versicherungswerts 1914 der Gleitenden Neuwertversicherung anzunehmen ist[712].

2. Unterversicherung und Unterversicherungsverzicht

Eine **Unterversicherung** ist gemäß § 56 VVG a. F. dann gegeben, wenn die Versiche-   **408** rungssumme niedriger als der Versicherungswert zur Zeit des Eintritts des Versicherungsfalls ist. § 75 VVG n. F. verlangt eine erhebliche Abweichung zwischen Versicherungssumme und Versicherungswert. In Betracht kommen insoweit eine anfängliche oder auch eine nachträgliche Unterversicherung. Zu einer anfänglichen Unterversicherung kann es in der Wohngebäudeversichtung insbesondere dann kommen, wenn die für den Bauwert des versicherten Gebäudes maßgeblichen Faktoren bei der Festlegung des Versicherungswerts nicht zutreffend oder nicht vollständig erfasst worden sind[713] oder wenn der Versicherungswert und die Versicherungssumme falsch berechnet worden sind. Regelungen zur Unterversicherung befinden sich in § 7 Nr. 2 VGB 62, § 16 VGB 88 und in §§ 26 Nr. 9, 12 VGB 2000. Danach gilt die allgemeine Proportionalitätsregel des § 56 VVG a. F. = § 75 VVG n. F.[714].

Das aus den Schwierigkeiten bei der Ermittlung des Versicherungswerts 1914 und der Ver-   **409** sicherungssumme 1914 herrührende Risiko einer Unterversicherung ist in den VGB 88 und den VGB 2000 weitgehend dadurch vermindert worden, dass die in der Gleitenden Neuwertversicherung vereinbarte Versicherungssumme 1914 unter bestimmten Voraussetzungen als „richtig ermittelt" gilt und dies zu einem **Unterversicherungsverzicht** führt.

Gemäß § 16 Nr. 3 a VGB 88, § 12 Nr. 2 a VGB 2000 gilt die Versicherungssumme 1914 als   **410** richtig ermittelt, wenn sie aufgrund einer vom VR anerkannten **Schätzung eines Bausachverständigen** festgesetzt wird[715]. Gleiches gilt gemäß § 16 Nr. 3 b VGB 88, § 12 Nr. 2 b VGB 2000, wenn der VN im Antrag den **Neubauwert in Preisen eines anderen Jahres** zutreffend angibt und der VR diesen Betrag umrechnet[716]. Auch bei dieser Berechnungsmethode bleibt es jedoch bei der Verantwortung des VN für die zutreffende Ermittlung des Neubauwerts eines beliebigen Jahres, so dass die Gefahr der Unterversicherung bestehen bleibt, zumal der private VN in der Regel damit überfordert ist, den Neubauwert eines Ge-

---

[710] OLG Saarbrücken v. 5. 12. 2001, VersR 2003, 196 = r+s 2002, 294.
[711] vgl. BGH, VersR 1984, 880.
[712] Vgl. hierzu *Prölss/Martin/Kollhosser*, § 56 Rn. 8; *Römer/Langheid/Römer*, § 50 Rn. 5 und 6; Berliner Kommentar/*Schauer*, § 50 Rn. 10 ff.; *Schirmer*, r+s 1999, 177, 183 (184); *Armbrüster*, VersR 1997, 931 ff.; *Römer*, VersR 1998, 1313 (1320); *Martin*, S IV Rn. 9 ff., 58; *Dietz*, S. 343 ff.; Rechtsprechungsübersicht von *Wälder*, r+s 1993, 425 f.; vgl. aus der Rechtsprechung; OLG Celle v. 20. 11. 2003, r+s 2004, 20; OLG Saarbrücken v. 5. 12. 2001, VersR 2003, 196; OLG Hamm v. 14. 6. 1991, r+s 1991, 312 f. = VersR 1992, 49 (50); OLG Oldenburg v. 19. 8. 1992, r+s 1993, 310; OLG Karlsruhe v. 5. 11. 1992, r+s 1994, 264 (266); LG Köln v. 30. 9. 1992, r+s 1994, 187; OLG Hamm v. 14. 7. 1995, r+s 1995, 389 (390); OLG Celle v. 3. 3. 1994, VersR 1995, 333 = r+s 1994, 225 m. Anm. *Schmidt*; OLG Köln v. 12. 11. 1996, r+s 1997, 30; OLG Saarbrücken v. 4. 2. 1998, r+s 1998, 384; OLG Frankfurt/M. v. 21. 11. 2001, VersR 2002, 1022 = r+s 2002, 467; LG Düsseldorf v. 1. 9. 2005, VersR 2006, 502; OLG Saarbrücken v. 18. 1. 2006, VersR 2006, 923 = r+s 2006, 197, 329; OLG Düsseldorf v. 13. 12. 2005, r+s 2006, 331.
[713] Vgl. hierzu den bei *Martin*, S. 360 abgedruckten Summenermittlungsbogen.
[714] Vgl. im Einzelnen *Martin*, S II Rn. 2, Rn. 22 ff.
[715] Vgl. hierzu *Martin*, S IV Rn. 21 ff.; *Dietz*, S. 349 f.
[716] Vgl. hierzu *Martin*, S IV Rn. 25 ff.; *Dietz*, S. 351 f.

bäudes zutreffend zu ermitteln. Abgenommen wird dem VN nur das Risiko der Umrechnung bzw. Indexierung. Größte praktische Bedeutung hat demgemäß die in § 16 Nr. 3 c VGB 88, § 12 Nr. c VGB 2000 angesprochene Methode der Bestimmung der Versicherungssumme 1914 nach Maßgabe des so genannten „Summenermittlungsbogens". Danach gilt die Versicherungssumme 1914 als richtig ermittelt, wenn der VN **Antragsfragen nach Größe, Ausbau und Ausstattung des Gebäudes zutreffend beantwortet** und der VR hiernach die Versicherungssumme 1914 berechnet[717].

411   Ist die im Versicherungsvertrag vereinbarte Versicherungssumme nach einer der in § 16 Nr. 3a–c VGB 88, § 12 Nr. 2a–c VGB 2000 genannten Methoden ermittelt worden, so führt dies gemäß § 16 Nr. 4 VGB 88, § 12 Nr. 3 VGB 2000 automatisch zu einem **Unterversicherungsverzicht** des VR. Ergibt sich allerdings im Versicherungsfall, dass die Beschreibung des Gebäudes und seiner Ausstattung in dem Summenermittlungsbogen (Bewertungsmethode gemäß § 16 Nr. 3 c VGB 88, § 12 Nr. 2 c VGB 2000) von den tatsächlichen Verhältnissen abweicht und dadurch die Versicherungssumme 1914 zu niedrig bemessen ist, gerät der Unterversicherungsverzicht wieder in Fortfall, sofern die abweichenden Angaben auf Vorsatz oder grober Fahrlässigkeit des VN beruhen (§ 16 Nr. 5 VGB 88, § 12 Nr. 4 VGB 2000)[718].

412   Zu einem Wegfall des Unterversicherungsverzichts kann es gemäß § 16 Nr. 6a VGB 88, § 12 Nr. 5 VGB 2000 auch dann kommen, wenn der der Versicherungssummenermittlung zugrunde liegende Bauzustand **nachträglich durch wertsteigernde bauliche Maßnahmen verändert** und die Veränderung dem VR nicht unverzüglich angezeigt wurde[719].

Die in § 16 Nr. 6b VGB 88 enthaltene Regelung, wonach der Unterversicherungsverzicht dann nicht gilt, wenn ein weiterer Gebäudeversicherungsvertrag für das Gebäude gegen dieselbe Gefahr besteht, verstößt gegen § 307 Abs. 2 Nr. 2 BGB[720]. In den VGB 2000 ist demgemäß eine entsprechende Regelung nicht mehr enthalten.

3. Entschädigungsberechnung

413   Die **Höhe der vom VR zu leistenden Entschädigung** entspricht bei zerstörten Gebäuden sowie bei zerstörten oder abhanden gekommenen sonstigen Sachen dem Versicherungswert, in der Regel also dem Neuwert, unmittelbar vor Eintritt des Versicherungsfalls (§ 7 Nr. 1a VGB 62, § 15 Nr. 1a VGB 88). § 26 Nr. 1a VGB 2000 spricht unter Übernahme der Begriffsbestimmung des Neuwerts in § 11 VGB 2000 von den ortsüblichen Wiederherstellungskosten des Gebäudes einschließlich der Architektengebühren sowie sonstiger Konstruktions- und Planungskosten. Der Neuwert eines Gebäudes wird in den Fällen eines Totalschadens grundsätzlich ohne Rücksicht auf die Entwertung des Gebäudes ersetzt, wenn der Versicherungswert 1914 oder der Neuwert als Versicherungswert vertraglich vereinbart wurden. Eine Ausnahme gilt gemäß § 6 Nr. 1 Satz 2 VGB 62, § 15 Nr. 1a VGB 88 i. V. m. § 14 Nr. 2 VGB 88 und § 26 Nr. 1b VGB 2000 dann, wenn die Gebäude zum Abbruch bestimmt oder sonst dauernd entwertet sind. In diesen Fällen wird lediglich der gemeine Wert, der in § 14 Nr. 1c VGB 88 und § 26 Nr. 1b VGB 2000 definiert ist als der für den VN erzielbare Verkaufspreis ohne Grundstücksanteile, ersetzt[721].

414   Ob ein zu einer Neuwertentschädigung führender Totalschaden oder aber lediglich ein Teilschaden (Reparaturschaden) vorliegt, ist im Einzelfall schwierig abzugrenzen. Von einem **Totalschaden** ist dann auszugehen, wenn die an der Sache entstandenen Beschädigungen technisch nicht mehr zu beseitigen sind (fehlende Reparaturfähigkeit) oder aber eine Reparatur wirtschaftlich nicht sinnvoll ist (fehlende Reparaturwürdigkeit)[722].

---

[717] Vgl. hierzu *Martin,* S IV Rn. 32 ff.; *Dietz,* S. 348, 354 ff.

[718] Vgl. *Martin,* S IV Rn. 38; *Dietz,* S. 363.

[719] Vgl. hierzu *Martin,* S IV Rn. 44 ff.; *Dietz,* S. 364; OLG Saarbrücken v. 7. 7. 1999, VersR 2000, 358 (359).

[720] Vgl. *Martin,* S IV Rn. 51 ff.

[721] Vgl. *Dietz,* S. 378 ff., 382; *Prölss/Martin/Kollhosser,* § 6 VGB 62 Rn. 2.

[722] Vgl. im Einzelnen *Dietz,* S. 388; *Martin,* R I Rn. 8 ff.

Steht die Reparaturwürdigkeit von beschädigten Sachen fest, liegt also lediglich ein **Teil-** 415
schaden vor, so werden gemäß § 7 Nr. 1 b VGB 62, § 15 Nr. 1 b VGB 88, § 26 Nr. 1 c VGB
2000 die notwendigen Reparaturkosten bei Eintritt des Versicherungsfalls zuzüglich einer
durch die Reparatur nicht auszugleichenden Wertminderung, höchstens jedoch der Versicherungswert bei Eintritt des Versicherungsfalls, ersetzt. Kosten für die Feststellung der Reparaturwürdigkeit und Kosten für erfolglose Reparaturversuche sind als Bestandteil der notwendigen Reparaturkosten zu erstatten[723].

Die **Mehrwertsteuer** ist bei privaten VN sowohl bei Totalschäden als auch bei Teilschä- 416
den Bestandteil des ersatzpflichtigen Schadens, was auch dann gelten soll, wenn Mehrwertsteuer, z. B. in den Fällen des persönlichen Tätigwerdens des VN, gar nicht angefallen ist[724].
§ 26 Nr. 5 VGB 2000 sieht demgegenüber vor, dass die Mehrwertsteuer neben den Fällen, in
denen Vorsteuerabzugsberechtigung besteht, auch dann nicht ersetzt wird, wenn der VN
Mehrwertsteuer tatsächlich nicht gezahlt hat.

Der Ersatz von Reparaturkosten umfasst auch hierbei anfallende **Nebenkosten** (so ge- 417
nannte „Regiekosten")[725]. Ebenfalls zu entschädigen sind **Eigenleistungen** des VN, soweit
diese qualitativ denen eines Fachbetriebs entsprechen[726].

Eine besondere Problematik ergibt sich gerade in der Wohngebäudeversicherung für so ge- 418
nannte **Schönheitsschäden.** Wird durch eine Beschädigung die technische Funktion nicht
beeinträchtigt – typische Beispiele hierfür sind Wasserflecken auf Tapeten, Anstrichen und
Bodenbelägen, Verrußungen an Fassaden, Risse im Mauerwerk oder im Verputz, Sprünge in
Wand- oder Bodenfliesen, Randabschläge an Dachziegeln oder andere Oberflächenbeschädi-
gungen wie Kratzer, Schrammen oder Dellen[727] – und ist eine Reparatur nicht möglich oder
steht diese gänzlich außer Verhältnis zum Umfang des Schadens, so kommt es darauf an, ob
dem VN die weitere Nutzung der in ihrem Aussehen beeinträchtigten Sache zuzumuten ist.
In diesen Fällen kann nur ein Ausgleich der Wertminderung verlangt werden[728].

Abzuziehen sind sowohl beim Totalschaden als auch beim Teilschaden die **Restwerte.** 419
Hiermit gemeint ist bei Teilschäden der Wert derjenigen Reste, die bei der Reparatur durch
den Austausch von Altteilen gegen Neuteile anfallen[729]. Wert der Reste bei Totalschäden ist
der durch den VN erzielbare Verkaufspreis der Reste[730].

Gemäß § 15 Nr. 2 VGB 88, § 26 Nr. 3 VGB 2000 werden auch die notwendigen **Mehr-** 420
kosten infolge Preissteigerungen zwischen dem Eintritt des Versicherungsfalls und der
Wiederherstellung entschädigt. Dies gilt jedoch dann nicht, wenn der VN die Wiederherstellung nicht unverzüglich veranlasst. In diesem Fall werden die Mehrkosten nur in dem Umfang ersetzt, in dem sie auch bei unverzüglicher Wiederherstellung entstanden wären[731].
Mehrkosten infolge von Betriebsbeschränkungen oder Kapitalmangel werden nicht ersetzt.
Die VGB 62 sehen die Entschädigung von Mehrkosten durch Preissteigerungen nicht vor.

---

[723] Vgl. im Einzelnen *Martin,* R I Rn. 35 ff.; *Dietz,* S. 391, 394.
[724] Vgl. *Martin,* R III Rn. 12; *Dietz,* S. 392.
[725] Vgl. OLG Köln v. 12. 12. 1995, VersR 1996, 1534 = r+s 1997, 253 m. Anm. der Schriftleitung;
Martin, R III Rn. 39, 43; vgl. zu den Einzelheiten *Dietz,* S. 394 ff.
[726] OLG Hamm v. 16. 4. 1999, r+s 1999, 515 (516); zur Berücksichtigungsfähigkeit von Eigenleistungen *Martin,* Q I Rn. 9 ff.; *Dietz,* S. 391 ff.
[727] So die Aufzählung bei *Dietz,* S. 396.
[728] Vgl. *Prölss/Martin/Kollhosser,* § 7 VGB 62 Rn. 1; *Dietz,* S. 396; OLG Düsseldorf v. 3. 8. 1993, VersR
1994, 670 betreffend die v. VN verlangte völlige Neuverfliesung eines Badezimmers; OLG Köln v. 25. 1.
2005, r+s 2005, 422 betreffend die Erneuerung eines Fußbodenbelags; OLG Saarbrücken v. 12. 4. 2006,
VersR 2006, 1635, 1637 betreffend die Erneuerung schadhaften Verputzes; vgl. auch OLG Düsseldorf v.
4. 4. 2006, VersR 2007, 943 = r+s 2007, 200 zur Kostenabwägung bei Verfliesung eines Badezimmers;
AG Amberg v. 29. 6. 2000, VersR 2002, 1506; AG München v. 15. 10. 1999, r+s 2000, 384 = VersR
2000, 581 m. Anm. *Mittendorf;* AG Nürnberg v. 24. 3. 1994, r+s 1994, 469; vgl. zum sog. Schönheitsschaden auch *Martin,* R I Rn. 24, B III Rn. 19 ff.
[729] *Martin,* R III Rn. 2.
[730] *Martin,* R II Rn. 24, 26.
[731] OLG Hamm v. 5. 3. 1997, VersR 1998, 318.

421   Gemäß § 15 Nr. 3 VGB 88, § 26 Nr. 4 VGB 2000 werden – im Rahmen der Entschädi-
       gungsgrenzen des § 17 VGB 88 und des § 26 Nr. 4 VGB 2000 – auch die notwendigen
       Mehrkosten infolge behördlicher Auflagen auf der Grundlage bereits vor Eintritt des
       Versicherungsfalls erlassener Gesetze und Verordnungen ersetzt. Soweit behördliche Auflagen
       mit Fristsetzung vor Eintritt des Versicherungsfalles erteilt wurden, sind die dadurch entste-
       henden Mehrkosten nicht versichert. Die Vorschrift hat Bedeutung insbesondere bei Schäden
       an älteren Wohngebäuden im Bereich der Elektroversorgung und der Sanitär- und Heizungs-
       technik[732]. Von der Regelung des § 15 Nr. 3 VGB 88, § 26 Nr. 4 VGB 2000 werden bei Teil-
       schäden nur Mehrkosten infolge solcher behördlichen Auflagen erfasst, die sich auf beschä-
       digte oder zerstörte versicherte Sachen beziehen und die Kosten der Schadensbeseitigung
       erhöhen[733]. Nach den VGB 62 sind Mehrkosten infolge behördlicher Auflagen nicht versi-
       chert.

422   Mehrkosten, die dadurch entstehen, dass wiederverwertbare Reste der versicherten und
       vom Schaden betroffenen Sachen infolge **behördlicher Wiederherstellungsbeschrän-
       kungen** nicht mehr verwertet werden dürfen, sind nicht versichert (§ 15 Nr. 3 Satz 2 VGB
       88, § 26 Nr. 4 Abs. 4 VGB 2000)[734].

423   In § 15 Nr. 3 Abs. 3 VGB 88, § 26 Nr. 4 Abs. 2 VGB 2000 ist schließlich geregelt, dass
       Mehrkosten, die dadurch entstehen, dass die Wiederherstellung der versicherten und vom
       Schaden betroffenen Sachen aufgrund behördlicher **Wiederaufbaubeschränkungen** nur
       an anderer Stelle erfolgen darf, nur in dem Umfang zu ersetzen sind, in dem sie auch bei Wie-
       derherstellung an bisheriger Stelle entstanden wären[735].

424   In den Fällen eines Totalschadens besteht **zunächst nur ein Anspruch auf Entschädi-
       gung in Höhe des Zeitwertes.** Den Anspruch auf Zahlung des Teils der Entschädigung,
       der den Zeitwertschaden übersteigt, erwirbt der VN nur, soweit und sobald er innerhalb eines
       Zeitraums von drei Jahren nach Eintritt des Versicherungsfalls sicherstellt, dass er die Entschä-
       digung verwenden wird, um versicherte Sachen in gleicher Art und Zweckbestimmung an
       der bisherigen Stelle wiederherzustellen oder wiederzubeschaffen. Ist dies an der bisherigen
       Stelle rechtlich nicht möglich oder wirtschaftlich nicht zu vertreten, so genügt es, wenn die
       Gebäude an anderer Stelle innerhalb der Bundesrepublik Deutschland (nach den VGB 62
       nur innerhalb derselben oder einer angrenzenden Stadt oder Gemeinde) wieder hergestellt
       werden. Diese in § 7 Nr. 3 VGB 62, § 15 Nr. 4 VGB 88 und § 26 Nr. 7 VGB 2000 enthaltene
       Wiederherstellungsklausel entspricht ihrem Wortlaut und Inhalt nach der Vorschrift in
       § 11 Nr. 5 AFB. Auf die Ausführungen zur Feuerversicherung und auf die Kommentierun-
       gen zu § 97 VVG a. F. = § 93 VVG n. F. kann verwiesen werden. Besonderheiten für die
       Wohngebäudeversicherung bestehen insoweit nicht.

4. Sachverständigenverfahren

425   Auch im Rahmen der Wohngebäudeversicherung ist – wie in den anderen Sparten der
       Sachversicherung – die Durchführung eines **Sachverständigenverfahrens** nach Eintritt des
       Versicherungsfalls zum Zwecke der Feststellung der Schadenshöhe vorgesehen. Die Einzel-
       heiten sind geregelt in § 17 VGB 62, § 22 VGB 88 und § 31 VGB 2000. Besonderheiten be-
       stehen insoweit nicht.

5. Zahlung der Entschädigung

426   Wann der VR die **Entschädigung zu zahlen** hat, ab wann und in welcher Höhe eine
       Verzinsung zu erfolgen hat und unter welchen Voraussetzungen **Abschlagszahlungen** ver-
       langt werden können, ist in § 19 VGB 62, § 23 VGB 88, § 27 VGB 2000 geregelt. Insoweit
       bestehen gegenüber den Regelungen in der Feuerversicherung keine Besonderheiten. Auf
       die dortigen Ausführungen sowie die Ausführungen in § 21 kann verwiesen werden.

---

[732] Vgl. zu den Einzelheiten *Martin,* Q IV Rn. 50 ff.
[733] OLG Köln v. 7. 3. 1995, r +s 1995, 347 = VersR 1996, 581; *Dietz,* S. 404; *Martin,* Q IV 50 ff.
[734] Vgl. *Martin,* Q IV Rn. 55 f.; *Dietz,* S. 406.
[735] Vgl. im Einzelnen *Dietz,* S. 405.

Grundsätzlich gilt, dass die Auszahlung der Entschädigung „**binnen 2 Wochen**" zu erfol-   427 gen hat, nachdem die Leistungspflicht des VR dem Grunde und der Höhe nach festgestellt ist. Verzögert sich die Auszahlung, gerät der VR in Verzug[736].

Abschlagszahlungen kann der VN gemäß § 19 Nr. 1 VGB 62, § 23 Nr. 1 VGB 88, § 27   428 Nr. 1 VGB 2000 einen Monat nach Anzeige des Schadens in Höhe desjenigen Betrages ver- langen, der nach Lage der Sache (voraussichtlich) mindestens zu zahlen ist.

Die **Verzinsung** ist geregelt in § 19 Nr. 1 Satz 2 bis 5 VGB 62, § 23 Nr. 2 VGB 88, § 27   429 Nr. 2 VGB 2000. Zur Zahlung fällig werden die Zinsen mit Fälligkeit der Entschädigung[737].

Gemäß § 19 Nr. 1 Satz 3 VGB 62, § 23 Nr. 3 VGB 88, § 27 Nr. 3 VGB 2000 sind die **Fris-**   430 **ten zur Auszahlung und Verzinsung gehemmt,** solange infolge Verschuldens des VN die Entschädigung nicht ermittelt oder nicht gezahlt werden kann. Gemäß § 19 Nr. 2 VGB 62, § 23 Nr. 5 VGB 88, § 27 Nr. 4 VGB 2000 ist der VR berechtigt, die Zahlung aufzuschieben, solange Zweifel an der Empfangsberechtigung des VN bestehen, sowie für die Dauer eines behördlichen oder strafgerichtlichen Verfahrens gegen den VN oder einen seiner Repräsen- tanten aus Anlass des Versicherungsfalls. Die Versicherungsbedingungen weisen insoweit einen jeweils unterschiedlichen Wortlaut auf. Während § 19 Nr. 2b VGB 62 auf den „Ab- schluss" der polizeilichen oder strafgerichtlichen Untersuchung abstellt, verlangt § 23 Nr. 5b VGB 88 den rechtskräftigen Abschluss des behördlichen oder strafgerichtlichen Verfahrens. In § 27 VGB 2000 ist demgegenüber – wie auch in §§ 24 Nr. 4b VHB 84/VHB 92, § 29 Nr. 4b VHB 2000 – die Rede davon, dass die Zahlung aufgeschoben werden kann, solange ein be- hördliches oder strafgerichtliches Verfahren „läuft". Jedenfalls für die VGB 62 und die VGB 2000 gilt somit die zu den VHB ergangene Rechtsprechung des BGH, wonach das Auszah- lungshindernis nicht erst dann entfällt, wenn die Ermittlungen formell rechtskräftig einge- stellt sind, sondern bereits bei einer vorläufigen Einstellung[738].

Voraussetzung für den Aufschub der Zahlung ist in jedem Fall, dass es sich um ein Verfah- ren handelt, dessen Ergebnis in irgendeiner Weise Einfluss auf die Zahlungspflicht des VR haben könnte[739]. Ob das Verfahren aktenmäßig noch gegen Unbekannt geführt wird, ist un- erheblich[740]. Ein Fälligkeitshindernis besteht allerdings dann nicht, wenn der VR die Ent- schädigung endgültig abgelehnt hat[741].

XIII. Versicherungsdauer; Kündigung; Verjährung

1. Beginn und Ende des Versicherungsschutzes, Vertragsdauer

Der **Versicherungsschutz (Haftung des VR) beginnt** gemäß § 10 Nr. 2 VGB 62, § 19   431 Nr. 3 VGB 88, § 13 VGB 2000 zu dem im Versicherungsschein angegebenen Zeitpunkt, wenn der VN den ersten oder einmaligen Beitrag rechtzeitig zahlt. Wird der VN zur Prä- mienzahlung erst nach dem im Versicherungsschein vereinbarten Beginn des Versicherungs- schutzes aufgefordert, so gilt die Zahlung als rechtzeitig, wenn die Zahlung nach Aufforde- rung ohne Verzug erfolgt. Für Schäden, die nach Antragstellung, aber vor Zahlung der Erstprämie eintreten, besteht demnach – eine rechtzeitige Zahlung der Erstprämie vorausge- setzt – Versicherungsschutz. Ist die Zahlung des Jahresbetrags in Raten vereinbart, gilt als ers-

---

[736] Zu den Einzelheiten vgl. auch *Martin,* Y II Rn. 1 ff.

[737] Vgl. zu Einzelheiten *Martin,* Y IV Rn. 1 ff.; *Prölss/Martin,* § 94 Rn. 2.

[738] BGH v. 21. 10. 1998, r+s 1999, 32 = VersR 1999, 227; a. A. *Prölss/Martin/Knappmann,* § 24 VHB 84 Rn. 2; LG Bonn v. 26. 9. 1989, VersR 1990, 303, LG Hamburg v. 8. 1. 1985, VersR 1988, 509; vgl. auch *Dietz,* S. 506 f.

[739] BGH v. 9. 1. 1991, r+s 1991, 100 = VersR 1991, 331; OLG Köln v. 17. 4. 2007, r+s 2007, 458 m. Anm. *Günther.*

[740] OLG Oldenburg v. 15. 10. 1997, r+s 1998, 427 = VersR 1998, 1502.

[741] BGH v. 6. 12. 2006, VersR 2007, 537, 539 = r+s 2007, 103, 106; BGH v. 27. 2. 2002, VersR 2002, 472; OLG Hamm v. 19. 1. 1994, VersR 1994, 1419; *Martin,* Y I Rn. 23; *Prölss/Martin/Kollhosser,* § 19 VGB 62 Rn. 1.

ter Beitrag nur die erste Rate des ersten Jahresbeitrags (so ausdrücklich § 13 Nr. 2 Abs. 3 VGB 2000).

432   Der Vertrag ist für den **im Versicherungsschein angegebenen Zeitraum** abgeschlossen (§ 19 Nr. 4 VGB 88, § 18 Nr. 1 VGB 2000). Die früher häufig formularmäßig vorgesehene Bestimmung einer 10-jährigen Laufzeit ist unwirksam. Zulässig ist gemäß § 8 Abs. 3 VVG a. F. eine 5-jährige Bindung. § 11 Abs. 4 VVG n. F. reduziert die höchstzulässige Bindungsdauer auf 3 Jahre. Versicherungsverträge von mindestens 1-jähriger Dauer verlängern sich von Jahr zu Jahr, wenn sie nicht spätestens 3 Monate vor Ablauf schriftlich gekündigt werden (§ 19 Nr. 4 Satz 2 VGB 88, § 18 Nr. 2 VGB 2000). Für Verträge mit einer Vertragsdauer von weniger als einem Jahr und für Verträge mit einer Vertragsdauer von bis zu 3 Jahren sieht § 18 Nr. 3 und 4 VGB 2000 Sonderregelungen vor.

2. Kündigung

433   Unabhängig von der vereinbarten Laufzeit des Vertragsverhältnisses können sowohl der VN als auch der VR den Versicherungsvertrag **nach dem Eintritt eines Versicherungsfalls außerordentlich kündigen** (§ 20 Nr. 2 VGB 62, § 24 Nr. 2 VGB 88, § 20 VGB 2000). Kein Kündigungsrecht besteht gemäß § 20 Nr. 1 VGB 2000, wenn die Höhe des Schadens unterhalb des vereinbarten Selbstbehalts (Bagatellschäden) liegt. Die Kündigung ist schriftlich zu erklären und muss spätestens einen Monat nach Auszahlung der Entschädigung (nach § 20 Nr. 2 VGB 62 einen Monat nach Abschluss der Verhandlungen über die Entschädigung) zugegangen sein. Die Kündigung des VR wird einen Monat nach ihrem Zugang wirksam (§ 20 Nr. 2 Satz 3 VGB 62, § 24 Nr. 2 Abs. 3 VGB 88, § 20 Nr. 3 VGB 2000). Dies gilt nach den VGB 62/VGB 88 auch für die Kündigung des VN, wobei dieser jedoch bestimmen kann, dass seine Kündigung sofort oder zu einem anderen Zeitpunkt, spätestens jedoch zum Schluss des laufenden Versicherungsjahres, wirksam wird (§ 20 Nr. 2 Satz 5 VGB 62, § 24 Nr. 2 Abs. 3 Satz 2 VGB 88). Nach § 20 Nr. 2 Satz 1 VGB 2000 wird die Kündigung des VN grundsätzlich sofort nach ihrem Zugang wirksam, es sei denn, der VN bestimmt, dass die Kündigung zu einem späteren Zeitpunkt, spätestens jedoch zum Ende des laufenden Versicherungsjahres, wirksam werden soll.

434   Nach § 10 Nr. 3 VGB 62, § 19 Nr. 5 VGB 88 hat der VR bei einer Kündigung des VN nach Eintritt eines Versicherungsfalls **Anspruch auf die Prämie für die laufende Versicherungsperiode/das laufende Versicherungsjahr.** Kündigt demgegenüber der VR, so hat er die Prämie für das laufende Versicherungsjahr nach dem Verhältnis der noch nicht abgelaufenen zu der gesamten Zeit des Versicherungsjahres zurückzuzahlen. Die VGB 2000 enthalten eine solche differenzierte Regelung nicht mehr. Vielmehr bestimmt § 17 VGB 2000, dass der VR bei vorzeitiger Beendigung des Vertrags – hierzu gehört nach dem Verständnis eines durchschnittlichen VN auch die Sonderkündigung nach dem Eintritt eines Versicherungsfalles – nur Anspruch auf den Teil des Beitrages hat, der der abgelaufenen Vertragszeit entspricht.

435   Ein Sonderkündigungsrecht bei **Insolvenz des VN** ist in § 21 VGB 2000 geregelt. Für die Prämie gilt in diesem Fall ebenfalls § 17 VGB 2000.

3. Verjährung

436   Ansprüche aus einem Wohngebäudeversicherungsvertrag **verjähren** nach bisherigem Recht in zwei Jahren. Die Frist beginnt mit dem Schluss des Jahres, in dem die Leistung verlangt werden kann. Ist ein Anspruch des VN bei dem VR angemeldet worden, zählt der Zeitraum von der Anmeldung bis zum Zugang der schriftlichen Entscheidung des VR bei der Fristberechnung nicht mit. Diese dem § 12 Abs. 2 VVG a. F. = § 15 VVG n. F. entsprechende Regelung ist in § 37 VGB 2000 aufgenommen worden.

Ansprüche aus einem Hausratversicherungsvertrag **verjähren** nach bisherigem Recht in 2 Jahren. Die Frist beginnt mit dem Schluss des Jahres, in dem die Leistung verlangt werden kann. Ist ein Anspruch des VN bei dem VR angemeldet worden, zählt der Zeitraum von der Anmeldung bis zum Zugang der schriftlichen Entscheidung des VR bei der Fristberechnung nicht mit. Diese dem § 12 Abs. 2 VVG a. F. = § 15 VVG n. F. entsprechende Regelung ist in § 39 VHB 2000 aufgenommen worden. Nach neuem Recht richtet sich die Verjährungsfrist, deren Hemmung und Neubeginn grundsätzlich nach den allgemeinen Regeln des BGB. Ansprüche aus einem Versicherungsvertrag verjähren mithin in drei Jahren gemäß §§ 195, 199 BGB.

XIV. Regress des Gebäudeversicherers

Zur Problematik des Regresses in der Gebäudeversicherung, insbesondere gegenüber dem schadenverursachenden Mieter, wird verwiesen auf die Ausführung in § 22 „Übergang des Ersatzanspruches"[742] sowie auf die Ausführungen in § 31 „Feuerversicherung"[743].   **437**

§ 33. Einbruchdiebstahl- und Raubversicherung

Inhaltsübersicht

---

[742] Vgl. dort insbersondere § 22 Rn. 81 ff., Rn. 92 ff.
[743] Vgl. dort § 31 Rn. 43.

Literatur: *Martin,* Sachversicherungsrecht, Kommentar zu den AVB für Hausrat, Wohngebäude, Feuer, Einbruchdiebstahl und Raub, Leitungswasser, Sturm einschließlich Sonderbedingungen und Klauseln, 3. Aufl. 1992; *Prölss/Martin,* Kommentar zum VVG, 27. Aufl. 2004 (Einbruchdiebstahl- und Raubversicherung bearbeitet von *Kollhosser*).

A. Einleitung

1   Die Einbruchdiebstahl- und Raubversicherung gehört zum Bereich der **Schadenversicherung** und hier zum Bereich der Sachversicherung (Schadenversicherung von Sachinteressen)[1]. Schutz bietet die Einbruchdiebstahl- und Raubversicherung gegen Schäden durch ge-

---

[1] Vgl. *Martin,* Sachversicherungsrecht, 3. Aufl., A I Rn. 3.

zieltes menschliches Verhalten im Gegensatz zu anderen Zweigen der Sachversicherung, die auf den Schutz gegen Elementargefahren (z. B. Brand, Leitungswasser, Sturm) ausgerichtet sind. Bei der Einbruchdiebstahl- und Raubversicherung handelt es sich um eine kombinierte Versicherung zur Deckung gegen eine Mehrzahl von Gefahren, wobei die Möglichkeit besteht, den Versicherungsschutz auf einzelne Gefahren, z. B. nur auf Einbruchdiebstahl oder nur auf Raub, zu beschränken.

Die Einbruchdiebstahl- und Raubversicherung wird häufig in der sog. Geschäftsversicherung mit Feuer- und Leitungswasser-, Sturm- und Hagelversicherung gebündelt (sog. gebündelte Versicherung). Im Rahmen ihrer Bündelung werden die verschiedenen Versicherungsverträge in einem Versicherungsschein zusammengefasst, was jedoch nichts an der rechtlichen Selbständigkeit der jeweils einzelnen Versicherungsverträge ändert. Während die Einbruchdiebstahl- und Raubversicherung als Teil der Geschäftsversicherung den **beruflichen und gewerblichen Lebensbereich** des VN abdeckt, werden Risiken durch Einbruchdiebstahl und Raub im privaten Lebensbereich durch die Hausratversicherung abgedeckt.

B. Rechtliche Rahmenbedingungen und Rechtsgrundlagen

I. Versicherungsvertrag, Gesetzliche Rechtsgrundlagen

Wichtigste Rechtsgrundlage der Einbruchdiebstahl- und Raubversicherung ist der **Versi-** **cherungsvertrag,** der grundsätzlich auch dafür maßgeblich ist, welche anderen Rechtsquellen, z. B. Allgemeine Versicherungsbedingungen, anwendbar sind. Maßgebliche weitere Rechtsquelle ist insbesondere das **VVG.** Unmittelbare Anwendung finden dessen allgemeine Vorschriften für alle Versicherungszweige (§§ 1–48 VVG a. F. = §§ 1–73 VVG n. F.) sowie die Vorschriften für die gesamte Schadenversicherung (§§ 49–80 VVG a. F. = §§ 74–99 VVG n. F.) Nach Inkrafttreten der Neufassung des VVG zum 1. 1. 2008 ist das VVG in der bisherigen Fassung grundsätzlich noch bis zum 31. 12. 2008 auf sogenannte Altverträge anzuwenden. Für Verträge, die ab dem 1. 1. 2008 abgeschlossen werden, gilt das neue VVG. Für die Zeit ab dem 1. 1. 2009 findet das neue VVG auch auf Altverträge Anwendung. Bei Eintritt eines Versicherungsfalls bis zum 31. 12. 2008 bestimmen sich die sich daraus ergebenden Rechte und Pflichten hingegen weiterhin nach dem alten VVG. Die bisherige Fassung des VVG und die Neufassung werden also noch für längere Zeit nebeneinander anwendbar sein. Neben den Vorschriften des VVG sind selbstverständlich auch die Vorschriften des HGB und des BGB anwendbar, soweit die Bestimmungen des VVG und die einzelvertraglichen Regelungen, zu denen auch die AVB gehören, keine Abweichungen enthalten[2]. Von Bedeutung sind hierbei vor allem die früher im AGB-Gesetz (AGBG) geregelten Bestimmungen, die inzwischen in das BGB übernommen worden sind (§§ 305 ff. BGB). Diese Vorschriften haben nach Wegfall der aufsichtsbehördlichen Präventivkontrolle zunehmende Bedeutung erlangt.

II. Allgemeine Versicherungsbedingungen, Klauseln

Der Versicherungsvertrag der Einbruchdiebstahl- und Raubversicherung verweist regelmäßig auf **Allgemeine Versicherungsbedingungen,** in denen die vertraglichen Pflichten von VR und VN beschrieben und in Ergänzung der gesetzlichen Bestimmungen präzisiert sind. Der Einbruchdiebstahl- und Raubversicherung lagen ursprünglich die „Sonderbedingungen für die Beraubungsversicherung (SBR)" zugrunde, die im Jahre 1938 durch die „Allgemeinen Einbruchsdiebstahlversicherungsbedingungen (AEB)", die parallel zu den AFB 30 entwickelt worden sind, abgelöst und ergänzt wurden[3]. Ab dem Jahre 1981 traten die „Allgemeinen Bedingungen für die Versicherung gegen Schäden durch Einbruchdiebstahl und

---

[2] Vgl. hierzu *Martin,* Sachversicherungsrecht, A IV Rn. 44.
[3] Vgl. Texte 6 bei *Martin,* Sachversicherungsrecht, S. 48 ff.

Raub (AERB 81)" an die Stelle der AEB und SBR. Auch heute noch liegen vielen Versicherungsverträge die AERB 81 zugrunde[4]. Auch die im versicherungsrechtlichen Schrifttum zitierte Rechtsprechung zur Einbruchdiebstahl- und Raubversicherung bezieht sich zu einem erheblichen Teil noch auf die AERB 81.

5   Parallel zu den AFB 87 wurden die **„Allgemeinen Bedingungen für die Einbruchdiebstahl- und Raubversicherung (AERB 87)"** entwickelt, die in der vom Verband der SachVR unverbindlich empfohlenen Fassung von Januar 2001[5] regelmäßig Grundlage für die heute im Rahmen der Geschäftsversicherung abgeschlossene Einbruchdiebstahl- und Raubversicherung sind. Die nachfolgenden Erläuterungen orientieren sich an den AERB 87.

5a   Im Hinblick auf die Neufassung des VVG und deren Inkrafttreten zum 1. 1. 2008 hat der Gesamtverband der Deutschen Versicherungswirtschaft e. V. neue Allgemeine Bedingungen für die Einbruchdiebstahl- und Raubversicherung **(AERB 2008)** als unverbindliche Musterbedingungen zur fakultativen Verwendung bekannt gegeben. Die neuen Musterbedingungen berücksichtigen die materiell-rechtlichen Änderungen durch das neue VVG und enthalten darüber hinaus Klarstellungen zum Umfang des Versicherungsschutzes.

Soweit die neuen Musterbedingungen von den Versicherern verwendet werden, gilt dies zunächst nur für **Neuverträge.** Die Versicherer sind jedoch gemäß Art. 1 Abs. 3 EGVVG berechtigt, ihre AVB für Altverträge mit Wirkung zum 1. 1. 2009 zu ändern, soweit die bisherigen Bedingungen von den Vorschriften des neuen Rechts abweichen. Erforderlich ist insoweit, dass die geänderten AVB dem VN spätestens bis zum 1. 12. 2008 unter Kenntlichmachung der Unterschiede in Textform mitgeteilt werden. Die Befugnis zur Änderung der den Altverträgen zugrunde liegenden Versicherungsbedingungen ist beschränkt auf solche Änderungen, die durch die Vorschriften des neuen VVG veranlasst sind. Für Altverträge werden mithin auch in Zukunft weiterhin unterschiedliche Bedingungen zur Anwendung kommen.

Die neuen Musterbedingungen AERB 2008, über deren Anwendung in der Praxis abschließend noch nichts gesagt werden kann, werden nachfolgend nur insoweit behandelt, als sie grundlegende Änderungen im Vergleich zu den bisherigen Bedingungen beinhalten.

6   Neben den AVB werden in den Versicherungsverträgen vielfach zusätzliche **Klauseln** vereinbart, die der Ergänzung und Modifizierung der AVB dienen. Auch hierbei handelt es sich, soweit die Klauseln nicht individuell vereinbart worden sind, um Allgemeine Geschäftsbedingungen. Gleiches gilt für etwa zusätzlich vereinbarte Sonderbedingungen. Die Klauseln für die Einbruchdiebstahl- und Raubversicherung sind eingegliedert in ein gemeinsames Klauselheft für die verschiedenen Sparten der Sachversicherung unter den Nr. 4000 ff.[6]

C. Versicherte Gefahren und Schäden

7   Die in der Einbruchdiebstahl- und Raubversicherung versicherten Gefahren und Schäden sind in § 1 Nr. 1a) bis 1 d) AERB 87 zusammengefasst. Danach leistet der VR Entschädigung für versicherte Sachen, die durch **Einbruchdiebstahl, Raub innerhalb eines Gebäudes oder Grundstücks, Raub auf Transportwegen oder Vandalismus nach einem Einbruch** abhanden gekommen, zerstört oder beschädigt werden. Ausdrücklich ist bestimmt, dass Versuchshandlungen als Ursache eines Abhandenkommens oder eines Sachschadens den vollendeten Taten gleichstehen.

Im Regelfall umfasst der Versicherungsschutz bei Zugrundelegung der AERB 87 sämtliche versicherten Gefahren. Es ist aber auch möglich, die Versicherung auf bestimmte Gefahren zu beschränken. Eine Ausnahme gilt bei Vandalismusschäden. Diese Gefahr kann nur in Verbindung mit Einbruchdiebstahl versichert werden.

---

[4] Vgl. hierzu *Martin,* Sachversicherungsrecht, D I Rn. 9.
[5] Abgedruckt bei *Dörner,* Allgemeine VersBedingungen, 5. Aufl. 2007, Nr. 3.
[6] Abgedruckt unter Texte 34 bei *Martin,* Sachversicherungsrecht, S. 198 ff.

I. Einbruchdiebstahl, § 1 Nr. 2 AERB 87

1. Allgemeines

Nicht jeder Diebstahl, durch den versicherte Sachen abhanden kommen, zerstört oder be- **8**
schädigt werden, stellt eine versicherte Gefahr i. S. der Versicherungsbedingungen dar. Erfasst
werden nur bestimmte **qualifizierte Formen des Diebstahls,** die in den AERB mit dem
Oberbegriff „Einbruchdiebstahl" bezeichnet werden[7]. Dabei ist dieser Oberbegriff nur als
Gegensatz zum nicht versicherten „einfachen Diebstahl" zu verstehen. Versichert sind
auch Tatbegehungen, bei denen der Täter nicht „einbricht", sondern einsteigt, mittels falscher Schlüssel eindringt, sich einschleicht, Behältnisse aufbricht oder einen gestohlenen richtigen Schlüssel für Gebäude oder Behältnisse missbraucht. Auf der anderen Seite sind die nach
den AERB 87 versicherten qualifizierten Begehungsformen des Diebstahls nicht identisch
mit den Fällen des „schweren" Diebstahls i. S. d. strafrechtlichen Vorschriften (§ 243 StGB).
Die Qualifizierungsmerkmale der Versicherungsbedingungen knüpfen daran an, dass besondere Schutzvorrichtungen oder Hindernisse überwunden werden müssen. Versichert sind
demgemäß – im Gegensatz zum nicht versicherten einfachen Diebstahl – nur Fälle des **erschwerten Diebstahls**[8].

Der Versicherungsfall des erschwerten Diebstahls oder Einbruchdiebstahls i. S. d. AERB 87 **9**
setzt als Ursache des Abhandenkommens, der Beschädigung oder Zerstörung versicherter Sachen einen **Diebstahl oder Diebstahlsversuch mit den besonderen Qualifizierungs-
merkmalen des erschwerten Diebstahls** voraus. Unerheblich ist insoweit, ob der Täter
nur ein oder mehrere Qualifizierungsmerkmale erfüllt. Stets liegt nur ein einziger Versicherungsfall vor. **Diebstahl** im versicherungsrechtlichen Sinne ist der **Bruch des unmittelbaren
Besitzes durch Wegnahme von Sachen**[9]. Der Straftatbestand des Diebstahls braucht im
Übrigen nicht voll erfüllt zu sein. Insbesondere ist es nicht erforderlich, dass der Täter in Zueignungsabsicht handelt. Ausreichend ist stets, dass die Sache dem VN abhanden kommt, worunter der Verlust ohne Aussicht auf alsbaldigen Rückgewinn des Besitzes zu verstehen ist[10].

Der Versicherungsfall des Diebstahls wird nicht dadurch ausgeschlossen, dass gleichzeitig
Raub oder ein sonstiger strafrechtlicher Sondertatbestand vorliegt[11].

Der in § 1 Nr. 1 AERB 87 ausdrücklich genannte **Diebstahlsversuch** muss auf die Weg- **10**
nahme versicherter Sachen gerichtet sein. Es ist somit nicht ausreichend, wenn der Täter beabsichtigt, nur einen Hausfriedensbruch oder eine Sachbeschädigung zu begehen, der Einbruch darauf gerichtet ist, einen nicht versicherten Gegenstand, z. B. ein Kraftfahrzeug, zu
entwenden oder aber ein Diebstahl in nicht versicherten angrenzenden Räumen geplant ist.

In erster Linie wird sich die Problematik des Versicherungsschutzes beim Diebstahlsversuch **11**
bei der Zufügung von Sachschäden (Beschädigungen oder Zerstörungen) stellen. Da bei nicht
vollendeter Handlung häufig offen bleibt, mit welcher Zielrichtung der Täter in das Gebäude
hatte eindringen wollen, stehen dem VN, um den Versicherungsschutz für Versuchshandlungen nicht zu entwerten, **Beweiserleichterungen** zu. Insoweit genügt es, wenn nach der Art
der vorgefundenen Beschädigungen der Täter überwiegend wahrscheinlich in das Gebäude
hatte eindringen wollen, um versicherte Sachen zu entwenden[12]. Soweit **Vandalismusschäden** in die Versicherung eingeschlossen sind, besteht bei Sachbeschädigungen nach einem Einbruch oder dessen Versuch stets Versicherungsschutz, hierfür ist nicht Voraussetzung, dass der
Einbruch in Diebstahlabsicht erfolgt ist[13]. Ausnahmsweise kann der Diebstahlsversuch auch zu

---

[7] Vgl. hierzu *Spielmann,* VersR 2004, 964.
[8] So die Terminologie bei *Martin,* Sachversicherungsrecht, D II 2 Rn. 5, 8.
[9] So *Martin,* Sachversicherungsrecht, D II Rn. 7.
[10] *Martin,* Sachversicherungsrecht, D II Rn. 15; zur Wegnahme durch Vermieter oder Mietnachfolger,
zur Wegnahme zum vorübergehenden Gebrauch oder in bloßer Zurückbehaltungsabsicht und zur Abgrenzung gegenüber Vandalismus vgl. *Martin,* Sachversicherungsrecht, D II Rn. 15–18.
[11] Vgl. *Martin,* Sachversicherungsrecht, D II Rn. 20 ff.
[12] Vgl. *Martin,* Sachversicherungsrecht, D VI Rn. 16.
[13] BGH v. 6. 2. 2002, r+s 2002, 163; *Martin,* Sachversicherungsrecht, D XI Rn. 30, 34.

einem Abhandenkommen der Sachen führen, z. B. bei Wegnahme durch Dritte, die sich einer durch den Täter geschaffenen Öffnung bedienen[14].

2. Einbruch, § 1 Nr. 2 a AERB 87

12   Nach § 1 Nr. 2 a AERB 87 liegt ein Einbruchdiebstahl vor, wenn der Täter in einen Raum eines Gebäudes einbricht, einsteigt oder mittels falscher Schlüssel oder anderer Werkzeuge eindringt.

13   a) Das **Einbrechen** i. S. d. § 1 Nr. 2 a AERB 87 setzt die Anwendung von **Gewalt gegen Gebäudebestandteile** voraus, um dadurch Hindernisse zu beseitigen, die dem Eintritt in ein Gebäude entgegenstehen[15].

Regelmäßig wird mit der Gewaltanwendung eine Substanzverletzung der dem Eintritt in das Gebäude entgegenstehenden Sachen verbunden sein. Dies ist jedoch nicht zwingend erforderlich. Insoweit handelt es sich allerdings um Grenzfälle, bei denen häufig – schon aus Gründen der Beweisführung – den Ausschlag gibt, ob die Gewaltanwendung Spuren hinterlässt. So ist z. B. Gewaltanwendung bei Aushebeln einer Lattenrosttür in einem Kellerabteil eines Mietshauses[16] oder bei Öffnen einer Tür durch einfaches Drücken verneint worden[17].

Nicht erforderlich ist, dass der Täter in den Raum, in den er einbricht oder aus dem er stiehlt, auch tatsächlich eintritt. Dies ist von Bedeutung insbesondere für den häufigen Fall, dass der Täter ein Loch in einer Schaufensterscheibe herstellt[18]. Hierbei sind allerdings gemäß § 12 Nr. 2 AERB 87 Entschädigungsgrenzen zu beachten.

14   Ziel der Einbruchshandlung muss der Raum eines Gebäudes sein, was sich daraus ergibt, dass gemäß § 4 Nr. 2 AERB 87 nur Gebäude oder Räume eines Gebäudes als Versicherungsort vereinbart sind. **Gebäude** ist ein Bauwerk, das den Eintritt von Menschen gestattet, räumlich umfriedet ist und dadurch gegen äußere Einflüsse bis zu einem gewissen Grad Schutz bietet[19]. Für die Einbruchdiebstahlversicherung ist insoweit auf die Auslegung des Gebäudebegriffs in § 243 I Satz 2 Nr. 1 StGB abzustellen[20]. Demgemäß stellen auch Rohbauten, sobald sie ein Stadium erreicht haben, das der Definition entspricht[21], Baracken, Ausstellungsgebäude, Traglufthallen, Baubuden, Zirkuszelte[22] und Container[23] Gebäude i. S. d. AERB 87 dar. Keine Gebäude sind demgegenüber Wohnwagen oder als Unterkunft genutzte Kraftfahrzeuge, es sei denn, dass dies einzelvertraglich anders vereinbart ist[24].

15   **Raum eines Gebäudes** ist jeder abgegrenzte und verschließbare Teil eines Gebäudes, der in verschlossenem Zustand Unbefugte abhält oder sie zwingt, eines der Mittel des erschwerten Diebstahls anzuwenden, um Zutritt zu erlangen[25]. Eine Boden- oder Deckenöffnung beseitigt die Eigenschaft als Raum eines Gebäudes nicht[26].

16   b) **Einsteigen** im Sinne der Versicherungsbedingungen ist dann gegeben, wenn der Dieb in den Raum eines Gebäudes auf eine hierfür nicht vorgesehene Art und Weise gelangt[27]. Als

---

[14] Vgl. *Prölss/Martin/Kollhosser,* § 1 AERB Rn. 19; *Martin,* Sachversicherungsrecht, D II Rn. 45.

[15] *Martin,* Sachversicherungsrecht, D III Rn. 1; *Prölss/Martin/Kollhosser,* § 1 AERB Rn. 23; OLG Karlsruhe v. 16. 11. 2006, r+s 2007, 23.

[16] LG Nürnberg v. 10. 3. 1981, VersR 1981, 1123; AG Augsburg v. 17. 3. 1982, r+s 1982 237.

[17] KG v. 25. 1. 1985, r+s 1985, 225; LG Hannover v. 18. 6. 1986, VersR 1986, 1093; LG Köln v. 16. 3. 1988, VersR 1988, 706; LG Düsseldorf v. 3. 12. 1998, r+s 1999, 423, 424.

[18] Vgl. *Martin,* Sachversicherungsrecht, D III Rn. 18; *Prölss/Martin/Kollhosser,* § 1 AERB Rn. 22.

[19] Vgl. *Prölss/Martin/Kollhosser,* § 88 Rn. 1; *Martin,* Sachversicherungsrecht, D III Rn. 4.

[20] Vgl. OLG Saarbrücken v. 19. 10. 1994, VersR 1996, 578.

[21] *Prölss/Martin/Kollhosser,* § 88 Rn. 2.

[22] Vgl. zu allem *Martin,* Sachversicherungsrecht, D III Rn. 4.

[23] OLG Saarbrücken v. 7. 3. 2001, VersR 2002, 93, 94 = r+s 2001, 206 f.

[24] Vgl. *Martin,* Sachversicherungsrecht, D III Rn. 5.

[25] *Martin,* Sachversicherungsrecht, D III Rn. 8, OLG Köln v. 1. 6. 1999, r+s 1999, 380; OLG Köln v. 13. 1. 2005, r+s 2006, 245 betr. Carport.

[26] *Martin,* Sachversicherungsrecht, D III Rn. 8.

[27] Gebrauch eines nicht bestimmungsgemäßen Zugangs durch eine ungewöhnliche Art der Fortbewegung, vgl. *Prölss/Martin/Kollhosser,* § 1 AERB 81 Rn. 24; BGH v. 8. 12. 1993, r+s 1994, 63, 64 = VersR

Beispiele hierfür sind zu nennen: Herablassen vom Flachdach auf einen Balkon, um durch die offene Balkontür in die Wohnung zu gelangen[28], Erklettern einer Fassade. Durchsteigen verschiedener Boden- oder Deckenöffnungen zwischen Räumen des Versicherungsorts, die hierfür normalerweise nicht benutzt werden[29]. Kein Einsteigen liegt demgegenüber vor, wenn der Täter über einen Gartenzaun steigt, um das Haus durch eine offene Türe zu betreten, da insoweit nur ein Einsteigen in den Garten vorliegt, bei dem es sich nicht um den Raum eines Gebäudes handelt[30]. Gleiches gilt bei Überklettern eines Hoftores[31] oder einer Mauer[32].

Nicht erforderlich ist, dass der Täter das Gebäude oder den Raum betritt. Der Griff eines Fassadenkletterers durch ein offenes Fenster genügt.

Andererseits reicht es nicht aus, wenn der Täter sich in gewöhnlicher Weise fortbewegt und lediglich mit der Hand durch eine Öffnung greift, da es insoweit an einer ungewöhnlichen Art und Weise der Fortbewegung fehlt[33].

c) Dem Einbrechen und Einsteigen gleichgestellt ist das Eindringen mittels falscher **17** Schlüssel oder anderer Werkzeuge.

Während sich die strafrechtliche Qualifizierung eines falschen Schlüssels danach richtet, ob der Schlüssel zur Zeit der Tatbegehung nach dem Willen des Berechtigten und der von ihm vorgenommenen Widmung nicht oder nicht mehr zum Öffnen der betreffenden Räume bestimmt ist, stellt der **versicherungsrechtliche Begriff „falscher Schlüssel"**[34] auf die Berechtigung im Herstellungszeitpunkt ab. Danach ist ein Schlüssel gemäß § 1 Nr. 2a AERB 87 als falsch zu bezeichnen, wenn die Anfertigung desselben für das Schloss nicht von einer dazu berechtigten Person veranlasst oder gebilligt worden ist. Daraus folgt grundsätzlich, dass der Schlüssel eine dauerhafte Prägung als „richtiger" oder „falscher" Schlüssel ausschließlich im **Herstellungszeitpunkt** erhält, die keiner nachträglichen Änderung durch Willensakt fähig ist.

Anders als beim Nachschlüsseldiebstahl im Strafrecht kann damit ein richtiger Schlüssel **18** versicherungsrechtlich **nicht nachträglich zu einem falschen Schlüssel** werden[35], weder durch Verlust noch durch Entwidmung[36]. Er bleibt selbst dann ein richtiger Schlüssel, wenn die Gebrauchsbefugnis eines anderen endet[37], der Berechtigte ihn wegwirft[38] oder wenn er gestohlen wird[39].

1994, 215; OLG Frankfurt/M. v. 17. 3. 2006, r+s 2007, 249; OLG Hamm v. 5. 11. 1997, r+s 1997, 338 = VersR 1997, 1352.

[28] OLG Frankfurt/M. v. 2. 7. 1987, VersR 1988, 820.

[29] BGH v. 12. 6. 1985, VersR 1985, 1029.

[30] LG Berlin v. 29. 10. 1982, VersR 1983, 769; OLG Frankfurt/M. v. 17. 10. 2001, NVersZ 2002, 323 = r+s 2002, 340.

[31] AG Marburg v. 16. 11. 1979, VersR 1981, 624.

[32] LG Mainz, 16. 4. 1985, VersR 1985, 559.

[33] *Martin,* Sachversicherungsrecht, D IV Rn. 4.

[34] Vgl. hierzu Wälder, r+s 2006, 183.

[35] OLG Hamm v. 8. 9. 1993, r+s 1994, 106; anders OLG Stuttgart v. 29. 9. 1982, VersR 1983, 745, wonach kein Raum für die Unterscheidung einer versicherungsrechtlichen und einer strafrechtlichen Betrachtungsweise sei, da beide Begriffe zu demselben Ergebnis führten; kritisch auch OLG Hamm v. 16. 11. 1979, VersR 1980, 737 f., das in der Differenzierung eine nicht mehr verständliche Begriffsverwirrung sieht, die absurde Ergebnisse hervorbringe.

[36] LG Düsseldorf v. 9. 11. 1989, r+s 1991, 210 f.

[37] OLG Köln v. 22. 9. 1988, VersR 1988, 1234 = r+s 1988, 340; OLG Köln v. 12. 2. 1987, r+s 1989, 228; LG Frankfurt/M. v. 2. 11. 1989, r+s 1991, 211 f.

[38] OLG Frankfurt/M. v. 8. 3. 1979, r+s 1979, 108.

[39] LG Düsseldorf v. 9. 11. 1989, r+s 1991, 210 f.; dies ergibt sich im übrigen auch daraus, dass § 1 Nr. 2e AERB 87 die Fälle des Abhandenkommens durch Diebstahl dem Versicherungsschutz unterstellt, ohne dass der Schlüssel dadurch zu einem falschen wird.

Rüffer   1859

Dies gilt insbesondere für frühere Mieter oder andere Berechtigte, die absichtlich oder versehentlich Schlüssel zurückbehalten haben[40], umgekehrt aber auch für Vermieter bzw. Vormieter, die einen Schlüssel nicht an den (Nach-) Mieter aushändigen[41].

Um einen richtigen Schlüssel handelt es sich auch weiterhin, wenn ein Mitarbeiter des VN den ihm zum Zwecke des Verriegelns der Geschäftsräume übergebenen Schlüssel an einen anderen, zu dieser Tätigkeit nicht bestimmten Mitarbeiter übergibt, der damit im Folgenden einen Einbruch verübt[42].

19 **Ausnahmsweise** wird ein falscher Schlüssel zu einem richtigen, falls der Berechtigte ihn in Gebrauch nimmt[43]. So ist ein vom Originalschlüssel unbefugt angefertigter Nachschlüssel nach Rückgabe an den Berechtigten als „richtig" einzuordnen, wenn dieser ihn als „richtigen" Schlüssel benutzt[44]. Allerdings wird der vom Täter zurückbehaltene Originalschlüssel in seiner Hand nicht zu einem falschen Schlüssel[45]. Insoweit liegt bloße Unterschlagung eines richtigen Schlüssels vor.

Eine weitere Änderung der versicherungsrechtlichen Qualifikation – jedoch im umgekehrten Sinne – tritt ein, falls ein Schloss im Zeitpunkt seines Einbaus nur über einen Schlüssel verfügt und ungewiss ist, ob andernorts ursprünglich zu diesem Schloss gehörende weitere Schlüssel vorhanden sind. Diese möglicherweise existenten Originalschlüssel sollen dann nicht mehr als bedingungsgemäße richtige Schlüssel bezeichnet werden können[46]. Davon zu unterscheiden ist die Nichtkenntnis eines Mieters von der Existenz weiterer, zu seinem Wohnungsschloss gehörenden Originalschlüssel; sie bleiben weiterhin richtige Schlüssel[47].

20 Als **berechtigte Person** im Sinne von § 1 Nr. 2a AERB 87 gilt, wer im Augenblick der Schlüsselanfertigung befugt ist, über das zu betätigende Schloss zu verfügen. Es kann daher keine Berechtigung zur Herstellung eines Schlüssels aus der Verfügungsbefugnis über den Schlüssel oder der Erlaubnis, die betreffenden Räume zu betreten, abgeleitet werden[48]. So ist ein Nachschlüssel, den ein Dritter hat anfertigen lassen, als der VN ihm einen Wohnungsschlüssel überlassen hatte, um Monteure zum Ablesen der Heizkörpermessgeräte in die Wohnung zu lassen, ein falscher Schlüssel[49].

21 Für die Bestimmung der Berechtigung kann auf zwei **Zeitpunkte** abgestellt werden: Hersteller bzw. Verkäufer von Schlössern sind verfügungsbefugt, solange sich das Schloss bei ihnen befindet und weder zu Sicherungszwecken eingesetzt noch in ein entsprechendes Objekt eingebaut worden ist. Die ihrerseits den Schlössern zugeordneten Schlüssel sind demzufolge richtige Schlüssel, so dass ein vom Verkäufer eines Schließzylinders unbefugt zurückbehaltener Schlüssel nicht als falscher Schlüssel zu bezeichnen ist[50].

Nach Einbau oder Ingebrauchnahme des Schlosses übt der Eigentümer/Mieter als berechtigter Besitzer des zu sichernden Objekts die Verfügungsbefugnis aus[51].

---

[40] OLG Hamm v. 16. 11. 1979, VersR 1980, 737; LG Berlin v. 11. 12. 1980, VersR 1982, 83; OLG Hamm v. 26. 4. 1985, r+s 1986, 214 = VersR 1985, 934; OLG Köln v. 22. 9. 1988, VersR 1988, 1234; LG Hamburg v. 19. 4. 1994, VersR 1996, 95f. = r+s 1997, 165; OLG Hamm v. 8. 9. 1993, r+s 1994, 106f.; LG Frankfurt/M. v. 2. 11. 1989, r+s 1991, 211.

[41] OLG Köln v. 21. 1. 2003, r+s 2003, 113 (114); OLG Hamm v. 26. 4. 1985, r+s 1986, 214 = VersR 1985, 934; OLG Hamm v. 8. 9. 1993, r+s 1994, 106; OLG Saarbrücken v. 20. 9. 1995, r+s 1996, 150f.; unklar dazu AG Charlottenburg v. 31. 7. 1987, r+s 1988, 19f. mit Hinweisen der Schriftleitung.

[42] LG Mönchengladbach v. 27. 5. 1993, r+s 1994, 388.

[43] OLG Hamm v. 16. 11. 1979, VersR 1980, 737 (738); *Martin,* Sachversicherungsrecht, D V 13.

[44] OLG Hamm v. 16. 11. 1979, VersR 1980, 737 (738).

[45] OLG Köln v. 22. 9. 1988, r+s 1988, 340; a. A. *Prölss/Martin/Kollhosser,* § 1 AERB 81 Rn. 25; *Martin,* Sachversicherungsrecht, D V Rn. 13.

[46] OLG Hamm v. 13. 5. 1992, r+s 1993, 27f.

[47] LG Marburg v. 22. 5. 1974, VersR 1974, 1191.

[48] OLG Stuttgart v. 29. 9. 1982, VersR 1983, 745.

[49] OLG Düsseldorf v. 19. 12. 1989, r+s 1990, 384.

[50] OLG Hamm v. 27. 2. 1991, r+s 1992, 346 = VersR 1992, 352.

[51] OLG Hamm v. 26. 4. 1985, VersR 1985, 934.

Demnach handelt es sich bei Schlüsseln, die Mieter zusätzlich anfertigen lassen, um richtige Schlüssel, auch wenn dies ohne vorherige Zustimmung des Eigentümers oder ohne alsbaldige Anzeige von der Anfertigung geschieht.

Ein Schlüssel, der nur **zufällig** in ein nicht für ihn bestimmtes Schloss passt, ist ein falscher **22** Schlüssel[52]. Anders liegt es, wenn für mehrere Schlösser an Zugängen ein und desselben Gebäudes oder an Türen ein und desselben Möbelstücks dieselben Schlüssel passen[53].

Bei **Kombinationsschlössern** ist nicht die verratene, sondern allenfalls die erratene oder **23** die durch Manipulation ermittelte Kombination als falscher Schlüssel zu behandeln[54].

Ist für Schloss und Schlüssel ein Sicherungsschein ausgestellt und wurde dieser Sicherungsschein unbefugt benutzt, so handelt es sich bei den auf diese Weise hergestellten Schlüsseln nicht um richtige Schlüssel, sondern um Nachschlüssel[55].

Bei den in § 1 Nr. a AERB 87 erwähnten **anderen Werkzeugen** kann es sich grundsätz- **24** lich um jedes Werkzeug handeln, mit dem bestimmungswidrig auf den Schließmechanismus des Schlosses eingewirkt wird, z. B. ein Dietrich, ein Draht, eine Lochkarte, eine Stange, mit der durch ein Loch gefasst und eine Verriegelung gelöst wird, oder ein „falsches" Ultraschallgerät für elektrische Garagentore[56].

VersSchutz in Form des Nachschlüsseldiebstahls besteht auch dann, wenn der Täter durch **25** einen Dritten (Handwerker, Schlüsseldienst, Polizei, Feuerwehr) unter der **Vorspiegelung,** er sei zutrittsberechtigt, ein Schloss öffnen lässt[57].

3. Aufbrechen eines Behältnisses, § 1 Nr. 2b AERB 87

Ist der Dieb in einen Raum eines Gebäudes[58] ohne Verwirklichung der qualifizierenden **26** Merkmale des § 1 Ziff. 2a AERB 87 gelangt, so liegt ein versicherter erschwerter Diebstahl dann vor, wenn ein in dem Raum befindliches **Behältnis aufgebrochen** oder für die Öffnung des Behältnisses **falsche Schlüssel oder andere Werkzeuge** benutzt werden. Für das Aufbrechen eines Behältnisses ist zwar keine Gewaltanwendung, wohl aber ein Mindestaufwand an Kraft oder technischen Mitteln erforderlich. Die Substanz des Behältnisses braucht nicht verletzt zu werden[59]. Insoweit gelten die gleichen Grundsätze wie für das Einbrechen[60].

Dem **Aufbrechen** des Behältnisses **gleichgestellt** ist die Verwendung falscher Schlüssel **27** oder anderer Werkzeuge. Insoweit kann auf die Ausführungen unter I. 2c) verwiesen werden.

Behältnis ist grundsätzlich jeder Raum, der geeignet ist, Sachen aufzunehmen und sie all- **28** seitig zu umschließen. Da für das Aufbrechen von Behältnissen ein Mindestaufwand an Kraft oder technischen Mitteln erforderlich ist, reicht das Aufreißen geschlossener Briefumschläge oder verklebter Kartons, unabhängig davon, ob hierin ein Behältnis zu sehen ist, nicht aus.

4. Einschleichen und Sich-Verbergen, § 1 Nr. 2c AERB 87

Als weitere Form des erschwerten Diebstahls ist gemäß § 1 Nr. 2c AERB 87 die Entwen- **29** dung aus einem verschlossenen Raum eines Gebäudes versichert, nachdem der Dieb sich in das Gebäude **eingeschlichen** oder sich dort **verborgen gehalten** hatte.

a) Ein **Einschleichen** liegt dann vor, wenn der Täter heimlich in das versicherte Gebäude **30** eintritt, wobei dieser Eintritt allen berechtigt im VersOrt anwesenden Personen verheimlicht werden muss[61]. Da es um die Verheimlichung des Eintritts und nicht etwa der diebischen Ab-

---

[52] LG Duisburg v. 11. 6. 1982, ZfS 1982, 312.
[53] OLG München v. 19. 2. 1954, VersR 1954, 188.
[54] So *Martin,* Sachversicherungsrecht, D V Rn. 2.
[55] *Martin,* Sachversicherungsrecht, D V Rn. 7.
[56] *Prölss/Martin/Kollhosser,* § 1 AERB 81 Rn. 26; *Wälder,* r+s 2006, 183, 184.
[57] *Martin,* Sachversicherungsrecht, D III Rn. 21, D V Rn. 15.
[58] Vgl. hierzu Rn. 15.
[59] *Martin,* Sachversicherungsrecht, D VI Rn. 5.
[60] Vgl. hierzu Rn. 13.
[61] So zutreffend *Prölss/Martin/Kollhosser,* § 1 AERB 81 Rn. 28; abweichend für frühere Bedingungen *Martin,* Sachversicherungsrecht, D VII Rn. 6.

sicht geht, reicht das Erschleichen offenen Zutritts, z. B. durch Täuschung eines Pförtners, nicht aus[62]. Kein Einschleichen liegt auch vor, wenn der Täter mit vorgetäuschter Kauf- oder Besichtigungsabsicht Geschäftsräume betritt, um sich nach Ende der Geschäftszeit einschließen zu lassen. In diesen Fällen ist jedoch der Tatbestand des sich Verbergens im Zeitpunkt des Geschäftsschlusses gegeben.

31   Abzugrenzen sind die Fälle des Einschleichens von denen des **unbemerkten Eintritts.** Einschleichen setzt besondere Vorkehrungen und Vorsichtsmaßnahmen voraus, durch die eine Wahrnehmung des Eintritts durch Dritte verhindert werden soll. Der unbemerkte Eintritt durch eine unverschlossene Tür reicht mithin nicht aus[63]. Die besonderen Vorkehrungen (listige Art der Ausführung), die für das Einschleichen in Abgrenzung zum einfachen Diebstahl verlangt werden, müssen sich auf den Versicherunsort beziehen. Heimlichkeit außerhalb des Versicherungsortes reicht nicht aus[64].

32   **b) Verborgen** hält sich, wer sich mit Hilfe örtlicher Gegebenheiten der Wahrnehmung Dritter entzieht. Diese Fallgestaltung kommt insbesondere in Betracht, wenn sich der Täter unbemerkt in einem Ladenlokal hat einschließen lassen[65].

33   **c)** Erforderlich ist sowohl bei der Begehungsvariante des Einschleichens als auch bei der des sich Verbergens, dass der betroffene Raum oder das **Gebäude zur Zeit der Tat verschlossen** gewesen sind. Eine Begehung zur Nachtzeit ist – abweichend von früheren Bedingungen – nicht erforderlich. Auch dieses Tatbestandsmerkmal dient der Abgrenzung zum einfachen Diebstahl. Ein „Ausbrechen" des Täters ist nicht erforderlich. Das Gebäude darf also wieder geöffnet sein, wenn der Täter es verlässt[66].

5. Räuberischer Diebstahl, § 1 Nr. 2 d AERB 87

34   **Räuberischer Diebstahl** setzt gemäß § 1 Nr. 2 d AERB 87 voraus, dass der Dieb in einem Raum eines Gebäudes bei einem Diebstahl auf frischer Tat angetroffen wird und sodann mit Gewalt oder Drohung sich den Besitz des gestohlenen Gutes erhält. Dadurch, dass der räuberische Diebstahl versicherungstechnisch einen Einbruchdiebstahl i. S. v. § 1 Nr. 2 AERB 87 darstellt, besteht dann kein Versicherungsschutz, wenn ausnahmsweise nur Versicherungsschutz für Raub, nicht aber für Einbruchdiebstahl vereinbart ist[67]. Unerheblich ist, ob es sich bei der Tat, an die sich die Gewaltanwendung oder Drohung anschließt, um einen einfachen oder einen erschwerten Diebstahl i. S. d. übrigen Begehungsformen des § 1 Nr. 2 AERB 87 handelt[68].

35   Der Begriff der **Gewalt** ist bei räuberischem Diebstahl grundsätzlich derselbe wie bei Raub[69]. Unterschiede ergeben sich daraus, dass sich die Gewaltanwendung oder Drohung im Falle des räuberischen Diebstahls gemäß § 1 Nr. 2 d AERB 87 gegen beliebige dritte Personen richten kann, während beim Versicherungsfall des Raubes Beschränkungen des Personenkreises (nur VN, Familienangehörige oder Arbeitnehmer) bestehen. Die Gewalt beim räuberischen Diebstahl kann sich insbesondere gegen Nachbarn, Passanten, Wachleute oder Polizisten richten[70].

---

[62] Vgl. *Prölss/Martin/Kollhosser*, § 1 AERB 81 Rn. 28; OLG Saarbrücken v. 19. 10. 1994, VersR 1996, 578 = r+s 1995, 391.

[63] *Prölss/Martin/Kollhosser*, § 1 AERB 81 Rn. 28; *Martin*, D VII Rn. 11; LG Hamburg v. 5. 4. 1990, VersR 1991, 659; OLG Frankfurt/M. v. 10. 1. 1986, VersR 1987, 706; LG Mainz v. 16. 4. 1985, VersR 1985, 559; vgl. auch OLG Hamm v. 14. 10. 1987, r+s 1988, 273, 274.

[64] Vgl. *Martin*, Sachversicherungsrecht, D VII Rn. 12; OLG Hamm vom 14. 10. 1987, r+s 1988, 273, 274.

[65] Vgl. OLG Köln v. 11. 9. 2001, r+s 2002, 25 = NVersZ 2002, 86.

[66] *Martin*, Sachversicherungsrecht, D VIII Rn. 20.

[67] Vgl. *Prölss/Martin/Kollhosser*, § 1 AERB 81 Rn. 38.

[68] Vgl. *Prölss/Martin/Kollhosser*, § 1 AERB 81 Rn. 38; *Martin*, Sachversicherungsrecht, D VIII Rn. 3.

[69] Vgl. hierzu Rn. 61.

[70] Vgl. *Martin*, Sachversicherungsrecht, D VIII Rn. 14.

6. Missbrauch eines gestohlenen richtigen Schlüssels für Gebäude und Behältnisse, § 1 Nr. 2e AERB 87

Eine Leistungspflicht des VR besteht im Rahmen der Einbruchdiebstahlversicherung **36** dann, wenn sich der Täter zum Zwecke des Diebstahls mit falschen Schlüsseln Zugang zum versicherten Gebäude verschafft. Da es dem VN nach Herstellung des Schlüssels prinzipiell nicht mehr möglich ist, dessen rechtliche Qualifikation als richtiger Schlüssel in der Hand eines Nichtberechtigten durch Willensakt zu beeinflussen[71], wäre der VN bei Missbrauch von richtigen Schlüsseln schutzlos. Diese Konsequenz mildern die als **„Schlüsselklauseln"** bezeichneten Vorschriften in § 1 Nr. 2e und f AERB 87 ab, falls die Tat mit Hilfe eines **gestohlenen oder geraubten richtigen Schlüssels** begangen wurde. Die wesentlichen Unterschiede der beiden Vorschriften bestehen in den Anforderungen, die an den Diebstahl oder Raub des richtigen Schlüssels (sog. **Schlüsselvortat**) zu stellen sind, sowie in den Ausschlussgründen des Versicherungsschutzes und der Verteilung der Beweislast im Hinblick auf die Frage des Verschuldens. Darüber hinaus gilt § 1 Nr. 2e AERB 87 nicht nur für Schlüssel zu Gebäuden und Räumen von Gebäuden, sondern grundsätzlich auch für Behältnisse.

a) Nach § 1 Nr. 1 Nr. 2e AERB 87 liegt ein Einbruchdiebstahl vor, wenn der Täter **unter 37 Verwendung eines richtigen Schlüssels,** den er sich **durch Einbruchdiebstahl oder außerhalb des Versicherungsorts durch Raub** verschafft hat, in einen Raum eines Gebäudes eindringt oder dort ein Behältnis öffnet. Dabei obliegt dem VN die Beweislast dafür, dass als Schlüsselvortat ein qualifizierter Diebstahl gemäß § 1 Nr. 2a bis d AERB 87 oder ein Raub begangen wurde.

Handelt es sich bei den gestohlenen Sachen aus Behältnissen um solche, die gegen Einbruchdiebstahl nur unter vereinbarten zusätzlichen Sicherheitsmerkmalen gemäß § 4 Nr. 4 AERB 87 versichert sind, so besteht Versicherungsschutz nur, wenn die richtigen Schlüssel des Behältnisses unter den in § 1 Nr. 2e aa) bis cc) AERB 87 aufgeführten Voraussetzungen erlangt wurden.

aa) Gemäß § 1 Nr. 2e aa) AERB 87 besteht Versicherungsschutz, wenn der Täter den rich- **38** tigen Schlüssel für das zur Aufbewahrung versicherter Sachen dienende Behältnis auf die in § 1 Nr. 2 AERB 87 bezeichnete Weise, also durch Erbrechen eines Behältnisses oder Benutzung falscher Schlüssel oder anderer Werkzeuge **aus einem Behältnis, das mindestens die gleiche Sicherheit bietet,** erlangt hat[72]. Ob das gleichwertige andere Behältnis innerhalb oder außerhalb des Versicherungsorts steht, ist für die Leistungspflicht des VR unerheblich[73].

Hat das qualifizierte Behältnis ausschließlich ein **Kombinationsschloss,** so entspricht **39** eine Notiz mit der entsprechenden Kombination einem richtigen Schlüssel[74]. Erlangt der Täter durch Erbrechen oder Gebrauch falscher Schlüssel aus einem gleichwertig qualifizierten Behältnis eine solche Notiz mit der für das Kombinationsschloss passenden Zahlenkombination, so besteht gleichwohl kein Versicherungsschutz nach § 1 Nr. 2e aa) AERB 87. Dies ergibt sich aus einem Umkehrschluss aus § 1 Nr. 2e cc) AERB 87, der für Behältnisse mit Kombinationsschlössern nur den Raub (Gewaltanwendung oder Drohung) als Schlüsselvortat dem Raub eines Schlüssels gleichstellt[75].

bb) Besitzt das Behältnis, in denen die Sachen versichert sind, zwei Schlösser, so ist nicht **40** erforderlich, dass das Behältnis, in dem die Schlüssel verwahrt werden, die gleiche Sicherheit wie das Behältnis bietet, in denen die Sachen versichert sind. Erforderlich ist allerdings gemäß § 1 Nr. 2e) bb) AERB 87, dass alle zugehörigen Schlüssel **außerhalb des Versicherungsorts** und zusätzlich, wenn es sich um Behältnisse mit zwei verschiedenen Schlüsselschlössern handelt, die beiden Schlüssel voneinander getrennt aufbewahrt werden[76]. „Voneinander ge-

---

[71] Vgl. hierzu oben Rn. 17 ff.
[72] Zum Inhalt dieser Regelung vgl. KG v. 1. 9. 2006, VersR 2007, 492.
[73] *Martin,* Sachversicherungsrecht, D X Rn. 12.
[74] Von *Martin,* Sachversicherungsrecht, D X Rn. 7 als „geistiger Schlüssel" bezeichnet.
[75] Vgl. hierzu *Martin,* Sachversicherungsrecht, D X Rn. 13.
[76] Vgl. *Martin,* Sachversicherungsrecht, D X Rn. 14, 15.

trennt" bedeutet, dass der Täter nach Auffinden des einen Schlüssels den anderen noch ernst-haft suchen muss[77].

41 *cc)* Schließlich besteht eine Leistungspflicht des VR nach § 1 Nr. 2e cc) AERB 87, wenn der richtige Schlüssel zu den gemäß § 4 Nr. 4 AERB 87 vereinbarten qualifizierten Behältnissen durch **Raub außerhalb des Versicherungsortes** erlangt worden ist, wobei der Raub im Übrigen die Merkmale des versicherungsrechtlichen Raubbegriffs aufweisen muss. Darüber hinaus enthält die Vorschrift für den besonderen Fall eines Kombinationsschlosses die Gleichstellung von Schlüsselraub und dem mit den Mitteln des Raubes erzwungenen Verrat der Kombination.

Nicht gefolgt werden kann aus § 1 Nr. 2e cc) Abs. 2 AERB 87, dass für Behältnisse, die nur mit Kombinationsschlössern ausgestattet sind, ein mit Mitteln der Gewalt oder Drohung erzwungener Verrat der Kombination nicht ausreicht, sondern Versicherungsschutz nur bei Vereinbarung der Klausel 4102 besteht[78]. Entscheidend ist, welche zusätzlichen Sicherheitsmerkmale für das Behältnis oder den Tresorraum zwischen VR und VN gemäß § 4 Nr. 4 AERB 87 vereinbart sind. Geht diese Vereinbarung dahin, dass Wertsachen nur dann versichert sind, wenn sie in einem Tresor mit Kombinationsschloss (oder mehreren Kombinationsschlössern) verwahrt werden, so genügt es, wenn der Verrat der Kombination unter Anwendung von Gewalt oder Drohung erzwungen wird. Es kann nicht zusätzlich, wenn dies nicht vereinbart ist, über § 1 Nr. 2e cc) AERB 87 die (zusätzliche) Sicherung durch ein Schlüsselschloss mit entsprechender Schlüsselvortat verlangt werden.

42 **b)** Wie sorgfältig bzw. sorglos der VN mit seinen Schlüsseln umgeht, ist für die Leistungspflicht des VR im Rahmen von §§ 61 VVG a. F. = § 81 VVG n. F. 14 Nr. 1 AERB 87 von Bedeutung, so dass der VR **erst bei vorsätzlicher oder grob fahrlässiger Herbeiführung** des Versicherungsfalls durch den VN leistungsfrei wird[79], wobei die Voraussetzungen für Vorsatz und grobe Fahrlässigkeit **vom VR zu beweisen** sind.

Ist dem VN weder Vorsatz noch grobe Fahrlässigkeit in Bezug auf die Begünstigung oder Ermöglichung der Schlüsselvortat nachzuweisen, so kommt eine mögliche Leistungsfreiheit des VR dennoch in Betracht, falls der VN nicht unverzüglich nach der Feststellung des Schlüsselverlustes das **Schloss auswechselt,** da das Abhandenkommen eines Schlüssels eine Gefahrerhöhung gemäß § 6 Nr. 4e AERB 87 bewirkt[80]. Dies gilt jedoch nicht hinsichtlich eines einfachen, nicht qualifizierten Behältnisses (Umkehrschluss aus § 6 Nr. 4 AERB 87).

7. Missbrauch eines gestohlenen richtigen Schlüssels für Gebäude, § 1 Nr. 2f AERB 87

43 Abweichend von dem vorhergehend erörterten Tatbestand verlangt § 1 Nr. 2f AERB 87 keine qualifizierte Begehungsform für den Schlüsseldiebstahl. Die Regelung dehnt den Versicherungsschutz bei einem Diebstahl unter Verwendung eines richtigen Schlüssels auf den **Fall eines einfachen Schlüsseldiebstahls** aus, der innerhalb oder außerhalb des Versicherungsorts verübt werden kann[81]. Bei der Auslegung des Begriffs Diebstahl kann nicht uneingeschränkt auf den strafrechtlichen Betriff des Diebstahls (§ 242 StGB) zurückgegriffen werden. Ein im Strafrecht notwendiger dauerhafter Ausschluss des Berechtigten ist versicherungsrechtlich nicht erforderlich[82], Insoweit wird auf das Tatbestandsmerkmal der Zueignungsabsicht verzichtet. Es genügt vielmehr eine unbefugte vorübergehende Gebrauchsanmaßung[83], die bereits zu bejahen ist, wenn der Täter den Schlüssel für einen einmaligen Gebrauch an sich ge-

---

[77] *Martin,* Sachversicherungsrecht, D X Rn. 15.
[78] So aber *Martin,* Sachversicherungsrecht, D X Rn. 9, 20.
[79] Vgl. zu den Voraussetzungen einer grob fahrlässigen Herbeiführung der Schlüsselvortat OLG Köln v. 15. 12. 1988, r+s 1991, 209.
[80] *Martin,* Sachversicherungsrecht, D VIII Rn. 27; OLG Köln v. 17. 8. 2004, r+s 2004, 464.
[81] *Martin,* Sachversicherungsrecht, D VIII Rn. 5.
[82] Demgegenüber stellen auf den strafrechtlichen Diebstahlsbegriff ab: BGH v. 10. 5. 1960, MDR 1960, 689; LG Hamburg v. 5. 5. 1989, r+s 1991, 278; *Prölss/Martin/Kollhosser,* § 1 AERB 81 Rn. 30.
[83] Vgl. LG Frankfurt/M. v. 22. 9. 1983, VersR 1984, 129.

nommen hat und ihn anschließend am Tatort zurücklässt[84] oder dem Besitzer wieder zurückgibt[85].

Indessen ist das Tatbestandsmerkmal der Wegnahme auch für den versicherungsrechtlichen **44** Diebstahlsbegriff unerlässlich. Ein Schlüsseldiebstahl liegt nur vor, wenn der Täter durch **Bruch fremden Gewahrsams in den Besitz des richtigen Schlüssels** gelangt ist. Daher genügt weder der Missbrauch eines dem Täter zu anderen Zwecken ohnehin zugänglichen Schlüssels[86], wie z. B. zur Reinigung der Wohnung[87], noch eine Unterschlagung des Schlüssels zu Missbrauchszwecken[88]. Den Ausschluss dieser nicht versicherten Möglichkeiten der Erlangung des Besitzes an dem zur Tat verwendeten Schlüssel hat der VN darzulegen und zu beweisen[89].

Eine Eingrenzung des Versicherungsschutzes nach § 1 Nr. 2 f AERB 87 erfolgt dadurch, **45** dass **weder der VN noch der Gewahrsamsinhaber den Diebstahl der Schlüssel durch fahrlässiges Verhalten ermöglicht haben** darf. Somit ist ein Versicherungsfall nach § 1 Nr. 2 f AERB 87 nur dann positiv festzustellen, wenn jegliches Verschulden am Verlust des Schlüssels zu verneinen ist. Für die Umstände, die eine fahrlässige Begünstigung der Entwendung ausschließen, trägt der VN die Beweislast[90]. Ein Verstoß gegen § 307 Abs. 1 Nr. 1 BGB liegt hierin nach zutreffender Auffassung nicht[91]. Zwar enthält § 1 Nr. 2 f AERB 87 im Vergleich zur gesetzlichen Regelung des § 61 VVG a. F. eine wesentliche Verschlechterung zu Lasten des VN. Schutzwürdige Erwartungen des VN auf einen bestehenden Versicherungsschutz können durch diese Einschränkung jedoch nicht verletzt werden, da der Missbrauch eines gestohlenen richtigen Schlüssels als Ausprägung des einfachen Diebstahls außerhalb des im Schutz gegen erschwerten Diebstahl bestehenden Vertragszwecks liegt[92], so dass § 1 Nr. 2 f AERB 87 nicht eine Einschränkung eines zugesagten Versicherungsschutzes, sondern die Zusage eines von vornherein eingeschränkten Versicherungsschutzes beinhaltet[93]. Verpflichtet sich der VR gleichwohl, für den Missbrauch echter Schlüssel versicherungsrechtlich einzustehen, so erweitert er damit den Haftungsumfang. Dies aber rechtfertigt wiederum den vom VN zu erbringenden Nachweis, den Diebstahl des Schlüssels nicht fahrlässig begünstigt zu haben. Dass ihm das Risiko verbleibt, welches sich durch den unachtsamen Umgang mit echten Schlüsseln verwirklicht, kann den VN schon deshalb nicht unangemessen benachteiligen, weil er es in der Hand hat, wie er mit seinen Schlüsseln umgeht[94].

Anders zu beurteilen ist allerdings die in § 1 Nr. 2 f AERB 81 enthaltene **Ausdehnung auf** **46** **jeden Schlüsselgewahrsamsinhaber,** auch wenn dieser kein Repräsentant des VN ist. Da das Fehlverhalten eines Dritten dem VN stets nur dann zuzurechnen ist, wenn der Dritte Repräsentant ist, ist die Klausel insoweit **unwirksam**[95].

---

[84] Vgl. OLG Saarbrücken v. 20. 9. 1995, VersR 1996, 1494 = r+s 1996, 150; OLG Oldenburg v. 20. 8. 1986, ZfS 1989, 355; *Martin,* Sachversicherungsrecht, D XIII Rn. 7.

[85] OLG Hamm v. 23. 2. 2002, NVersZ 2002, 324 = VersR 2002, 1280.

[86] *Martin,* Sachversicherungsrecht, D XVI Rn. 40 und 44; OLG Hamm v. 16. 12. 1987, NJW-RR 1988, 543 = VersR 1988, 1016; OLG Frankfurt/M. v. 8. 5. 1985, VersR 1986, 1092.

[87] LG Frankfurt/M. v. 22. 9. 1983, VersR 1984, 129.

[88] LG Hamburg v. 19. 4. 1994, VersR 1996, 95; LG Frankfurt v. 2. 11. 1989, ZfS 1990, 101 (102); *Martin,* Sachversicherungsrecht, D VIII Rn. 5.

[89] LG Hamburg v. 19. 4. 1994, VersR 1996, 95.

[90] OLG Düsseldorf v. 8. 10. 2002, r+s 2003, 155 (156); OLG Frankfurt/M. v. 21. 12. 1988, VersR 1989, 623; LG Berlin v. 23. 6. 1987, VersR 1988, 346; *Prölss/Martin/Kollhosser,* § 1 AERB 81 Rn. 31.

[91] Vgl. OLG Koblenz v. 28. 6. 2002, VersR 2002, 1146; OLG Frankfurt/M. v. 21. 12. 1988, VersR 1989, 623; LG Hamburg v. 19. 4. 1994, VersR 1996, 95 = r+s 1997, 164; LG Hanau v. 8. 1. 1993, VersR 1994, 931; *Prölss/Martin/Kollhosser,* § 1 AERB 81 Rn. 32; a. A. OLG Karlsruhe v. 19. 9. 1996, VersR 1997, 1230 = r+s 1997, 164 zu § 3 B Nr. 1 e VHB 74.

[92] *Martin,* Sachversicherungsrecht, D VIII Rn. 14.

[93] So zutreffend OLG Koblenz v. 28. 6. 2002, VersR 2002, 1146 (1147).

[94] OLG Frankfurt/M. v. 21. 12. 1988, VersR 1989, 623.

[95] Vgl. zu der inhaltlich gleichlautenden Vorschrift des § 5 Nr. 1 f VHB 84/§ 5 Nr. 1 f VHB 92/§ 5 Nr. 1 d VHB 2000; *Prölss/Martin/Knappmann,* § 5 VHB 84 Rn. 2.

47 Der VN (oder sein Repräsentant) handelt nur dann **fahrlässig,** wenn er die erforderliche Sorgfalt bei der Verwahrung des Schlüssels oder dem Umgang mit dem Schlüssel verletzt. Das ist der Fall, wenn der VN in vermeidbarer Weise die voraussehbare Gefahr einer Entwendung des Schlüssels begründet[96]. Wird der Schlüssel einem unrechtmäßigem Besitzer gestohlen, der ihn seinerseits durch Diebstahl, Unterschlagung oder unrechtmäßige Weitergabe erlangt hatte, so kommt es allein auf die Fahrlässigkeit des VN an.

48 Fahrlässigkeit des VN kann auch in anderer Form als nur in Form von Fahrlässigkeit bei der Schlüsselverwahrung gegeben sein. Stets ist auch die Frage eines **Auswahl-, Informations- oder Überwachungsverschuldens** des VN zu prüfen, wenn er die Schlüssel einem anderen überlassen hat und die Schlüssel dort abhanden kommen. Dies gilt insbesondere bei der Überlassung von Schlüsseln an Kinder[97].

49 Zum fahrlässigen Verhalten des berechtigten Schlüsselbesitzers beim Diebstahl richtiger Schlüssel gibt es eine kaum mehr übersehbare **Fülle von Rechtsprechung.** Wenngleich die Mehrzahl der Entscheidungen zu den VHB ergangen ist, sind diese auch für die Geschäftsversicherung von Bedeutung. Nachfolgend soll ein zusammenfassender Überblick – gegliedert nach typischen Fallgestaltungen – gegeben werden[98].

50 Eine häufige Fallgestaltung stellen **Schlüsselentwendungen aus Kraftfahrzeugen** dar. Im Allgemeinen handelt der VN nicht schon deshalb fahrlässig, weil er Schlüssel in einem geschlossenen Kfz zurücklässt, das er mehrere Stunden auf einem unbeaufsichtigten Parkplatz abstellt[99]. Verwahrt der VN allerdings zusätzlich Papiere mit Angaben über seine Wohnanschrift oder die Adresse seiner Geschäftsräume im Fahrzeug, so stellt dies ein fahrlässiges Verhalten dar[100], auch bei nur vorübergehender Abwesenheit[101]. Geht aus den im Kfz gefundenen Unterlagen nur der Name des VN hervor, nicht aber seine Adresse, so gilt nichts anderes, wenn aufgrund dieser Papiere einfachste Nachforschungen möglich sind, die über das Gebäude bzw. die Wohnung, zu denen der Schlüssel passt, Aufschluss geben[102]. Sind weder Papiere mit der Anschrift noch weitere aufschlussreiche Hinweise im Kfz vorhanden, so kann eine fahrlässige Begünstigung des Schlüsseldiebstahls gleichwohl vorliegen, wenn der VN seine Schlüssel über mehrere Tage in einem Kfz zurücklässt, das er in der Tiefgarage desselben Gebäudes abstellt, in dem sich auch der Versicherungsort befindet[103]. Ggf. können die besonderen Umstände des Einzelfalls zu einer Verneinung des Fahrlässigkeitsvorwurfs führen[104].

51 Trägt der VN die **Schlüssel am Körper** oder in **unmittelbarer Nähe,** entbindet ihn dies nicht von Sorgfaltspflichten[105].

52 Die Frage, ob Fahrlässigkeit anzunehmen ist, stellt sich ferner im Zusammenhang mit dem Diebstahl richtiger **Schlüssel, die in der Nähe des Versicherungsorts abgelegt sind.** So ist Fahrlässigkeit angenommen worden bei Deponieren eines Hausschlüssels hinter Fenster-

---

[96] OLG Frankfurt/M. v. 21. 12. 1988, VersR 1989, 623; Vers-Omb-Mann v. 11. 12. 2003, r+s 2004, 197.

[97] Vgl. im Einzelnen Sachversicherungsrecht, *Martin,* D VIII Rn. 15.

[98] Vgl. auch die Übersichten bei *Wälder,* r+s 1992, 73 ff. sowie Hinweise der Schriftleitung in r+s 1997, 77 und r+s 2003, 156.

[99] LG Berlin v. 23. 6. 1987, VersR 1988, 346 (347); LG München I v. 8. 11. 1985, VersR 1986, 986; differenzierend LG Köln v. 5. 12. 1996, r+s 1997, 76 (77).

[100] LG Berlin v. 7. 11. 1995, r+s 2001, 516; LG Köln v. 5. 12. 1996, r+s 1997, 76 (77); LG Karlsruhe v. 7. 11. 1975, VersR 1978, 1154 (1155); AG Beckum v. 12. 3. 1987, VersR 1988, 153; grobe Fahrlässigkeit gem. § 61 VVG nehmen an: LG München I v. 8. 11. 1985, VersR 1986, 986; AG Frankfurt/M. v. 2. 5. 1986, VersR 1986, 398.

[101] LG Köln v. 16. 7. 1986, VersR 1987, 87.

[102] OLG Düsseldorf v. 27. 2. 1996, r+s 1996, 318 hinsichtlich zurückgelassener Euro-Scheckkarte; LG Köln v. 16. 7. 1986, VersR 1987, 87.

[103] AG München v. 16. 9. 1987, VersR 1988, 484.

[104] Vgl. OLG Hamm v. 20. 9. 1985, VersR 1987, 86.

[105] Vgl. OLG Hamm v. 3. 6. 1987, VersR 1989, 624 zum (behaupteten) Taschendiebstahl in einem überfüllten Nahverkehrsmittel; LG Frankfurt/M. v. 4. 12. 1986, VersR 1986, 579 zum (behaupteten) Schlüsseldiebstahl durch im Fahrzeug mitgenommene Anhalter.

läden[106], beim Deponieren eines geöffneten Garagentores[107], bei Verwahrung in einem der Wohnung mit Namensschild zugeordneten Briefkasten[108], bei Einwerfen des Schlüssels in den an der Außenmauer des Hauses befindlichen ungesicherten Briefkasten der Nachbarn[109] oder bei der Verwahrung von privaten Schlüsseln in einer für Hotelgäste frei zugänglichen Vitrine[110]. Keine Fahrlässigkeit ist angenommen worden beim Verstecken von Schlüsseln in einem im Flur eines Zweifamilienhauses befindlichen Sicherungskasten oder in einem Treppenhaus befindlichen Zählerkasten, da hierfür zunächst Türen hätten aufgebrochen werden müssen[111].

Der VN setzt sich meist dem Vorwurf der Fahrlässigkeit aus, wenn er **fremden oder ihm** **52** **erst seit kurzem bekannten Personen Zutritt zu seiner Wohnung** gewährt und diese daraufhin einen Schlüssel entwenden. Wer einen Unbekannten, insbesondere während einer Übernachtung, einige Zeit unbeobachtet bzw. allein in der eigenen Wohnung lässt, ohne Schlüssel und Wertsachen in Sicherheit zu bringen, handelt daher fahrlässig[112]. Dies gilt erst recht bei Überlassung der Wohnung an ein weder namentlich noch adressenmäßig bekanntes Paar bei eigener Abwesenheit[113]. Besondere Sorgfaltsmaßstäbe gelten in Phasen unvermeidlich höherer Gefährdung, beispielsweise bei **Renovierungs- oder Bauarbeiten** und **Umzügen**[114]. Fahrlässigkeit verneint worden ist bei Diebstahl eines Schlüssels aus einer Kommode durch Monteure, die ein Nachbar auf Wunsch des VN zum Ablesen der Heizkörpermessgeräte in die versicherte Wohnung gelassen hat[115].

In den **Geschäftsräumen** selbst muss der VN für eine vor dem Zugriff nicht berechtigter **54** Personen geschützte Aufbewahrung seiner Schlüssel Sorge tragen. Fahrlässig ist die Aufbewahrung von Schlüsseln zu den versicherten Geschäftsräumen an einem ungesicherten Schlüsselbrett[116]. Anders wurde entschieden bei Verwahrung des Schlüssels in einem geschlossenen Kästchen unter der Ladentheke[117].

Schließlich stellt das **Aufbewahren von Schlüsseln in Kleidungsstücken oder Ta-** **55** **schen** ein den Schlüsseldiebstahl begünstigendes Verhalten dar, sofern die Kleidungsstücke oder Taschen ungesichert an unbeobachteten Orten zurückgelassen werden, was insbesondere für Schlüssel gilt, die sich in Kleidungsstücken oder Taschen befinden, die an Garderoben oder Stuhllehnen hängen[118].

Generell werden die Anforderungen an die Sorgfaltspflicht im Umgang mit Schlüsseln **56** oder bei der Verwahrung von Schlüsseln **in der Geschäftsversicherung strenger** zu beurteilen sein als in der Hausratversicherung.

---

[106] LG Karlsruhe v. 12. 10. 1988, ZfS 1989, 30.

[107] LG Hannover v. 26. 10. 1987, ZfS 1988, 57 (58).

[108] LG Mainz v. 16. 10. 1981, r+s 1982, 85.

[109] OLG Celle v. 18. 4. 1996, VersR 1997, 1228 = r+s 1996, 411; LG Hannover v. 19. 10. 1994, r+s 1995, 72 (73); OLG Düsseldorf v. 8. 10. 2002, r+s 2003, 155 (156) mit weiteren Rechtsprechungsnachweisen in der Anm. der Schriftleitung.

[110] LG Frankfurt/M. v. 22. 9. 1983, VersR 1984, 129 (130).

[111] Vgl. OLG Saarbrücken v. 20. 9. 1995, VersR 1996, 1494 = r+s 1996, 150 (151); OLG Oldenburg v. 20. 8. 1986, r+s 1986, 292 = NJW-RR 1986, 1472.

[112] LG Saarbrücken v. 21. 12. 1988, ZfS 1990, 356; LG Nürnberg-Fürth v. 1. 2. 1978, VersR 1978, 1129.

[113] OLG Köln v. 14. 1. 1993, r+s 1993, 149 (150) = VersR 1993, 1145; vgl. auch AG Köln v. 16. 12. 1987, NJW-RR 1988, 543; OLG München v. 11. 4. 1985, VersR 1985, 558 (559).

[114] LG Braunschweig v. 9. 11. 1983, ZfS 1987, 187 (188); LG Hamburg v. 21. 5. 1986, VersR 1984, 573.

[115] OLG Düsseldorf v. 19. 12. 1989, r+s 1990, 384 (385) = VersR 1990, 626.

[116] LG Aachen v. 10. 1. 1990, r+s 1991, 209 (210); AG Berlin-Charlottenburg v. 8. 2. 1982, VersR 1983, 383 für unbeaufsichtigte Schlüssel zu den Hotelzimmern.

[117] OLG Karlsruhe v. 1. 4. 1993, r+s 1994, 348 (349).

[118] Vgl. LG Berlin v. 11. 2. 1988, NJW-RR 1988, 1058; vgl. andererseits Vers-Omb-Mann v. 11. 12. 2003, r+s 2004, 197; LG Berlin v. 12. 2. 2004, VersR 2004, 1411 f. = r+s 2004, 508; LG Köln v. 29. 4. 2004, r+s 2005, 466; OLG Köln v. 26. 7. 2004, r+s 2005, 467.

Auch im Rahmen von § 1 Nr. 2f AERB 87 ist zu berücksichtigen, dass der VN gemäß § 6 Nr. 4e AERB 87 verpflichtet ist, nach Verlust eines Schlüssels für einen Zugang zum Versicherungsort oder für ein Behältnis das Schloss unverzüglich auszutauschen.

II. Raub innerhalb eines Gebäudes oder Grundstücks, § 1 Nr. 3 AERB 87

1. Allgemeines

57 Die Einbruchdiebstahl- und Raubversicherung bietet gemäß § 1 Nr. 1b AERB 87 Versicherungsschutz für Schäden, die durch **Raub innerhalb eines Gebäudes oder Grundstücks** abhanden kommen, zerstört oder beschädigt werden. Die versuchte Tatbegehung steht der vollendeten Tat gleich. In der Regel werden auch in der Geschäftsversicherung Diebstahl und Raub nebeneinander in einem rechtlich einheitlichen Vertrag versichert. Gleichwohl ist es selbstverständlich möglich, den Versicherungsschutz vertraglich auf eine der beiden Gefahren zu beschränken.

58 Der **versicherungsrechtliche Begriff des Raubes** ist in § 1 Nr. 3 AERB 87 definiert und gliedert sich in drei unterschiedliche Tatbestände. Raub liegt zum einen vor, wenn gegen den VN oder ihm gleichgestellte Personen **Gewalt** angewendet wird, um Widerstand gegen die Wegnahme versicherter Sachen auszuschalten (§ 1 Nr. 3a AERB 87). Raub liegt nach § 1 Nr. b AERB 87 auch vor, wenn der Täter eine Gewalttat mit Gefahr für Leib oder Leben **androht** und der VN oder eine ihm gleichgestellte Person daraufhin Sachen herausgibt oder sich wegnehmen lässt. Dem Raub durch Gewaltanwendung oder Drohung werden gemäß § 1 Nr. 3c AERB 87 Wegnahmehandlungen gleichgestellt, die dadurch ermöglicht werden, dass die **Widerstandskraft** des VN oder einer ihm gleichgestellten Person **ausgeschaltet** ist. Strafrechtlich handelt es sich hierbei um einen Fall des Diebstahls, was zeigt, dass der versicherungsrechtliche Begriff des Raubes sich mit dem strafrechtlichen Raubbegriff nicht deckt[119]. In **räumlicher Hinsicht** ist zu unterscheiden zwischen dem Raub innerhalb eines Gebäudes oder Grundstücks (§ 1 Nr. 1b AERB 87) und dem Raub auf Transportwegen (§ 1 Nr. 1c AERB 87). Die räumliche Begrenzung auf den im Versicherungsschein bezeichneten Versicherungsort wird gemäß § 4 Nr. 6 AERB 87 auf das gesamte Grundstück erweitert, auf dem der Versicherungsort liegt, soweit es allseitig umfriedet ist.

59 Ziel des versicherten Raubes muss stets die **Wegnahme versicherter Sachen** sein. Nicht unter den Versicherungsschutz fallen demnach Fälle der räuberischen Erpressung, wenn der Täter nicht die Wegnahme einer Sache, sondern eine andere Vermögensverfügung erzwingt oder zu erzwingen versucht. Von Bedeutung ist in diesem Zusammenhang, dass Sachen, die an dem Ort der Herausgabe oder Wegnahme erst auf Verlangen des Täters herangeschafft werden, nicht versichert sind, was durch § 4 Nr. 1 Abs. 2 AERB 87 ausdrücklich klargestellt wird. Hieran wird deutlich, dass der Deckungsumfang beim Raubrisiko nicht über den Deckungsumfang beim Diebstahlrisiko hinausgeht, da auch beim Diebstahl nur die innerhalb des Versicherungsorts bereits vorhandenen Sachen geschützt sind[120].

60 Durch ein und dasselbe Geschehen können **erschwerter Diebstahl und Raub nebeneinander** verwirklicht werden. Eine Leistungspflicht besteht in diesen Fällen auch dann, wenn nur eine der beiden Gefahren versichert ist[121].

2. Raub durch Gewaltanwendung

61 Raub durch **Gewaltanwendung** gemäß § 1 Nr. 3a AERB 87 setzt die Anwendung körperlicher oder mechanischer Energie voraus, um geleisteten oder erwarteten Widerstand

---

[119] Vgl. hierzu *Martin,* Sachversicherungsrecht, D XII Rn. 7.
[120] Vgl. hierzu *Martin,* Sachversicherungsrecht, D XII Rn. 7.
[121] *Prölss/Martin/Kollhosser,* § 1 AERB 81 Rn. 42; *Martin* D II, Rn. 20.

gegen eine Wegnahme auszuschalten[122]. Gewalt gegen Sachen reicht grundsätzlich nicht aus[123]. Etwas anderes gilt beim Verschließen von Zugängen oder Ausgängen[124].

Abgrenzungsschwierigkeiten bestehen zum **Trickdiebstahl.** Insoweit kommt es entschei- **62** dend darauf an, dass ein gewisses Maß an körperlicher Kraftanwendung vorliegt, der Täter also mehr tut, als zum bloßen Wegnehmen notwendig ist[125]. Danach ist das Wegreißen einer festgehaltenen Sache (z.B. unter dem Oberarm getragene Geldbombe) als Raub anzusehen[126], nicht demgegenüber der überraschende Zugriff auf nicht festgehaltene Sachen[127]. Wird vom Täter nachträglich Gewalt angewendet, um sich den Besitz der gestohlenen Sache zu erhalten, liegt räuberischer Diebstahl vor. Hierfür besteht, soweit in den Versicherungsverträgen eingeschlossen, Versicherungsschutz nach § 1 Nr. 2d AERB 87.

Opfer der Gewalt müssen der VN, einer seiner Arbeitnehmer oder die in § 1 Nr. 3 Abs. 2 **63** AERB 87 gleichgestellten Personen sein. Dies sind volljährige Familienangehörige des VN, denen die versicherten Sachen vorübergehend in Obhut gegeben waren, und solche Personen, die durch den VN mit der Bewachung der als Versicherungsort vereinbarten Räume beauftragt worden sind. Bedenklich erscheint die Einschränkung auf volljährige Familienangehörige. Die Ausdehnung auf Familienangehörige soll ihrem Sinngehalt nach lediglich Streit über die Arbeitnehmereigenschaft Familienangehöriger vermeiden, bei denen häufig ein förmliches Arbeitsverhältnis nicht besteht[128]. Da grundsätzlich auch Auszubildende, die vielfach noch nicht volljährig sind, zum Kreis der Arbeitnehmer gehören, dürfte die Beschränkung auf „volljährige" Familienangehörige schwerlich mit dem Verbot überraschender Klauseln gemäß § 305 c I BGB vereinbar sein.

3. Raub durch Drohung

Raub durch Drohung gemäß § 1 Nr. 3b AERB 87 verlangt die Androhung einer **Gewalt-** **64** **tat mit Gefahr für Leib oder Leben,** also einer Körperverletzung schwerer Art[129].

Ob der Täter die Drohung ernst meint, ist unerheblich. Entscheidend ist, dass die Drohung (nicht notwendig mit Worten) geäußert wird, bloße Befürchtungen reichen nicht aus[130].

Adressat der Drohung müssen der VN, einer seiner Arbeitnehmer oder die in § 1 Nr. 3 **65** Abs. 2 AERB gleichgestellten Personen sein[131]. Nicht erforderlich ist hingegen, dass der Adressat der Drohung zugleich auch Opfer der angedrohten Gewalttat ist[132]. Zu denken ist insoweit an Fälle, in denen sich die Gewalttat gegen einen Dritten richten soll[133]. Immer erforderlich ist, dass die Gewalttat innerhalb des Versicherungsortes – bei mehreren Versicherungsorten innerhalb desjenigen, an dem auch die Drohung ausgesprochen wird – verübt werden soll[134].

---

[122] *Prölss/Martin/Kollhosser,* § 1 AERB 81 Rn. 44; *Martin,* Sachversicherungsrecht, D XII Rn. 20; OLG Köln v. 13. 3. 2007, r+s 2007, 157 (keine Differenzierung nach dem Maß der aufgewendeten Gewalt); s. auch *Günther,* r+s 2007, 265 ff.

[123] LG Nürnberg-Fürth v. 23. 3. 1988, VersR 1989, 249; *Prölss/Martin/Kollhosser,* § 1 AERB 81 Rn. 44.

[124] LG Bremen v. 28. 4. 1988, NJW-RR 1988, 1053; *Martin,* Sachversicherungsrecht, D XII Rn. 23.

[125] Vgl. *Prölss/Martin/Kollhosser,* § 1 AERB 81 Rn. 44; *Martin,* Sachversicherungsrecht, D XII Rn. 27 ff.; OLG Köln v. 25. 4. 1991, r+s 1991, 277, 278.

[126] Vgl. BGH v. 26. 1. 1977, VersR 1977, 417, 418; OLG Hamm v. 29. 10. 1975, VersR 1976, 625; OLG Köln v. 17. 9. 1996, r+s 1996, 498 (499); Vers-Omb-Mann v. 28. 10. 2002, r+s 2004, 198.

[127] LG Düsseldorf v. 23. 11. 1984, VersR 1986, 280; LG Nürnberg-Fürth v. 23. 3. 1988, VersR 1989, 249; LG Kleve v. 3. 12. 1985, r+s 1986, 103; vgl. auch LG Köln v. 10. 3. 2005, VersR 2005, 787; LG Düsseldorf v. 1. 12. 2004, VersR 2005, 937, 938.

[128] Vgl. hierzu *Martin,* Sachversicherungsrecht, D XII Rn. 54.

[129] Vgl. hierzu *Martin,* Sachversicherungsrecht, D XII Rn. 44.

[130] *Prölss/Martin/Kollhosser,* § 1 AERB 81 Rn. 45; *Martin,* Sachversicherungsrecht, D XII Rn. 39 ff.

[131] Vgl. hierzu Rn. 63.

[132] So *Martin,* Sachversicherungsrecht, D XII Rn. 37; anders *Prölss/Martin/Kollhosser,* § 1 AERB 81 Rn. 46.

[133] Vgl. hierzu im Einzelnen *Martin,* Sachversicherungsrecht, D XII Rn. 37, 38, 107 ff.

[134] Vgl. hierzu *Martin,* Sachversicherungsrecht, D XII Rn. 45 ff. (keine Lösegeldversicherung).

4. Raub bei fehlender Widerstandskraft

66   Für den Tatbestand des **Raubs nach Ausschaltung der Widerstandskraft** gemäß § 1 Nr. 3 c AERB 87 ist erforderlich, dass der körperliche Zustand des VN oder der ihm gleichgestellten Personen infolge eines Unfalls oder infolge einer nicht verschuldeten sonstigen Ursache beeinträchtigt und dadurch seine Widerstandskraft ausgeschaltet ist. Erforderlich ist eine völlige Aufhebung der Widerstandskraft; eine bloße Erschöpfung reicht nicht aus[135].

67   Voraussetzung ist stets, dass die fehlende Widerstandskraft eine **körperliche Ursache** hat. Hieran fehlt es, wenn das Opfer lediglich deshalb nicht eingreift, weil es Angst und Sorge um die eigene Sicherheit oder seiner Angehörigen hat[136]. Überdies muss zwischen der durch eine körperliche Ursache ausgeschalteten Widerstandskraft und der Wegnahme ein unmittelbarer zeitlicher Zusammenhang bestehen. Eine allgemeine Behinderung reicht nicht aus[137]. Auch muss zwischen der physischen Ursache und der Wegnahme ein unmittelbarer Ursachenzusammenhang bestehen. Es ist deshalb erforderlich, dass Sachen aus der unmittelbaren körperlichen Obhut des durch einen Unfall oder durch sonstige Ursachen seiner Widerstandskraft beraubten Opfers weggenommen werden[138].

68   Anders als der Unfall, bei dem ein Verschulden des VN unschädlich ist, dürfen die sonstigen Ursachen, die zu einer Beeinträchtigung des körperlichen Zustands führen, nicht auf einem **Verschulden** des VN oder der ihm gleichgestellten Personen beruhen[139]. Als sonstige Ursachen kommen insbesondere Ohnmachten und Herzanfälle in Betracht. Gewaltlose Betäubung fällt schon unter den Begriff der Gewalt gemäß Nr. 3 a. Trunkenheit ist regelmäßig verschuldet, so dass dann kein Versicherungsschutz besteht.

III. Raub auf Transportwegen, § 1 Nr. 4 und 5 AERB 87

69   Der Raub auf Transportwegen stellt in der Einbruchdiebstahl- und Raubversicherung eine gesondert zu versichernde Gefahr dar. Gegenüber dem Raub in Geschäftsräumen enthalten § 1 Nr. 4 und 5 AERB 87 für den Raub auf Transportwegen einige Besonderheiten, die auf der erhöhten Gefährdung transportierter Sachen und deren häufig höherem Wert beruhen.

Gemäß § 1 Nr. 4 AERB 87 steht es der Eintrittspflicht des VR nicht entgegen, dass der Transport nicht vom VN selbst, sondern in seinem Auftrag durch sonstige Personen ausgeführt wird. Als beraubte Person kommt mithin jede Person in Betracht, die der VN mit einem Transport beauftragt. Dies gilt allerdings nicht, wenn der Transport durch ein gewerbliches Geldtransportunternehmen durchgeführt wird[140]. Voraussetzung für den Versicherungsschutz ist, dass die den Transport durchführenden Personen, was auch für den VN selbst gilt, älter als 18 und jünger als 65 Jahre sowie im Vollbesitz ihrer körperlichen und geistigen Kräfte sein müssen. Dieses Erfordernis ist insbesondere bedeutsam bei Alkoholisierung oder Übermüdung der Transportpersonen[141].

70   Eine weitere Einschränkung des Versicherungsschutzes enthält § 1 Nr. 4 c AERB 87. Ein Raub durch Drohung gemäß § 1 Nr. 3 b AERB 87 ist nur versichert, wenn die vom Täter angedrohte Gewalttat **an Ort und Stelle** verübt werden soll. Kein Versicherungsschutz besteht mithin, wenn der Täter damit droht, er werde eine Gewalttat an einer nicht am Tatort anwesenden Person ausüben. Diese Einschränkung ist deshalb erforderlich, weil § 4 Nr. 7 AERB 87 bestimmt, dass Versicherungsort für Schäden durch Raub auf Transportwegen die Bundesrepublik Deutschland ist und § 1 Nr. 3 b AERB 87 für den Geschäftsraub bestimmt, dass die angedrohte Gewalttat innerhalb des Versicherungsorts verübt werden soll.

---

135 Vgl. OLG Hamm v. 21. 1. 2000, r+s 2000, 292.
136 Vgl. OLG Frankfurt/M. v. 17. 10. 2001, r+s 2002, 340.
137 Vgl. *Martin*, Sachversicherungsrecht, D XII Rn. 31; vgl. auch OLG Oldenburg v. 2. 12. 1998, r+s 1999, 161 (162).
138 *Martin*, Sachversicherungsrecht, D XII Rn. 34.
139 Vgl. hierzu *Martin*, Sachversicherungsrecht, D XII Rn. 35.
140 Vgl. zu den Einzelheiten *Martin*, Sachversicherungsrecht, D XII Rn. 57.
141 Vgl. hierzu *Martin*, Sachversicherungsrecht, M III Rn. 55.

Gemäß § 1 Nr. 5 AERB 87 leistet der VR in den Fällen, in denen der VN bei der Durchführung des Transports nicht persönlich mitwirkt, eine begrenzte Entschädigung auch für Schäden, die den beraubten Personen entstehen. Entschädigungsgrenzen für Schäden durch Raub auf Transportwegen enthält § 12 Nr. 3 AERB 87.

IV. Vandalismus nach einem Einbruch, § 1 Nr. 6 AERB 87

1. Versicherungsschutz für Vandalismusschäden bei Einbeziehung in den Vertrag

§ 1 Nr. 1 d AERB 87 bestimmt, dass der VR Entschädigung für versicherte Sachen leistet, **71** die durch **Vandalismus nach einen Einbruch** oder durch den Versuch einer solchen Tat abhanden kommen, zerstört oder beschädigt werden. Aus § 1 Nr. 1 AERB 87, der den Tatbestand „Vandalismus nach einem Einbruch" gleichwertig neben die anderen Tatbestände (Einbruchdiebstahl, Raub) stellt, ergibt sich, dass es sich insoweit um eine eigenständige Gefahr handelt, die gesondert versichert werden muss.

Für „Vandalismus nach einem Einbruch" gilt insoweit lediglich die Besonderheit, dass **72** diese Gefahr **nur in Verbindung mit Einbruchdiebstahl** versichert werden kann (§ 1 Nr. 1 Satz 2 AERB 87). Der BGH hat in seiner Entscheidung vom 6. 2. 2002[142] klargestellt, dass der Versicherungsfall „Vandalismus nach einem Einbruch" nicht voraussetzt, dass ein Diebstahl begangen oder versucht worden oder der Einbruch in Diebstahlabsicht erfolgt ist. Die Bindung an die Versicherung des Risikos Einbruchdiebstahl ist lediglich Voraussetzung für die Versicherbarkeit des Risikos Vandalismus nach Einbruch auf der Ebene der vertraglichen Vereinbarung[143]. Bestätigt wird diese Auslegung durch die Definition des Versicherungsfalls in § 1 Nr. 6 AERB 87. Sein Eintritt hängt danach allein davon ab, dass der Täter in bestimmter Weise in den Versicherungsort eingedrungen ist und dort versicherte Sache vorsätzlich zerstört oder beschädigt hat[144]. Somit besteht nach § 1 Nr. 1 d, Nr. 6 AERB 87 Versicherungsschutz nicht nur für Vandalismus bei oder nach einem Einbruchdiebstahl, sondern **auch bei einem Eindringen zum Zweck der gezielten Zerstörung oder Beschädigung,** ohne dass es zur Ausführung eines erschwerten Diebstahls gekommen oder dieser versucht worden ist.

Die gegenteilige Auffassung, wonach Versicherungsschutz für Vandalismusschäden nur dann besteht, wenn der Vandalismus in irgendeiner Weise im Zusammenhang mit einem Diebstahl oder einem versuchten Diebstahl i. S. einer zeitlich einheitlichen Tatbegehung steht[145], ist mit dem Wortlaut von § 1 Nr. 6 AERB 87 und dem Verständnis eines durchschnittlichen VN nicht zu vereinbaren. Rechtserheblich ist allein die Art und Weise des Eindringens des Täters in den Versicherungsort. Liegen die Begehungsweisen des § 1 Nr. 2 a, 2 e oder 2 f AERB 87 vor, so kommt es weder auf die innere Willensrichtung des Täters noch darauf an, ob i. S. einer zeitlich einheitlichen Tatbegehung auch ein Diebstahl oder ein Diebstahlsversuch unternommen worden sind.

Nach den AERB 81 waren Vandalismusschäden nicht versichert. Eine Ausdehnung des Versicherungsschutzes auf „echte Vandalismusschäden", also auf Schäden, bei denen die Zerstörungsabsicht ein selbständiges Motiv der Täter war, konnte durch Vereinbarung der Klausel 412 erfolgen.

2. Versicherungsschutz für Vandalismusschäden ohne Einbeziehung in den Vertrag

Ist **Versicherungsschutz für Vandalismusschäden nicht vereinbart,** was auch unter **73** Geltung der AERB 87 nach wie vor möglich ist, kommt es entscheidend darauf an, ob die versicherten Sachen i. S. v. § 1 Nr. 1 S. 1 AERB 87 „**durch**" Einbruchdiebstahl oder Raub oder durch den Versuch einer solchen Tat zerstört oder beschädigt worden sind. Notwendig

---

[142] BGH v. 6. 2. 2002, VersR 2002, 480 = NVersZ 2002, 227 = r+s 2002, 163.
[143] So auch *Martin,* Sachversicherungsrecht, D XI Rn. 34.
[144] So BGH v. 6. 2. 2002, r+s 2002, 163 = VersR 2002, 480.
[145] So OLG Hamburg v. 17. 12. 2001, VersR 2002, 606.

ist insoweit ein adäquater Ursachenzusammenhang zwischen Einbruchdiebstahl oder Raub einerseits und dem eingetretenen Schaden andererseits[146]. Dieser Ursachenzusammenhang ist stets zu bejahen, wenn der Täter aus seiner Sicht Beschädigungen als notwendiges Mittel vornehmen muss, um die gestohlenen Gegenstände an sich zu nehmen und abtransportieren zu können[147]. Dies betrifft insbesondere Schäden an aufgebrochenen Möbelstücken, aus deren verschlossenen Schubfächern der Einbrecher Sachen entwendet, oder an sonstigen Behältnissen aller Art, soweit es sich um versicherte Sachen handelt. Für Beschädigungen, die der Täter aus Wut oder Enttäuschung über nicht erlangte oder zu geringe Beute vorgenommen hat, besteht ebenfalls Versicherungsschutz[148].

74   Dieser Nachweis unterliegt jedoch **strengen Anforderungen,** da er nur dann gelingen kann, wenn er gleichzeitig den Ausschluss des (bei einem fehlenden Einschluss von Vandalismusschäden nach den AERB 87 oder Klausel 412 nach den AERB 81) nicht versicherten Täterhandelns aus reinem Zerstörungswillen oder aus Rache beinhaltet. Ob der Wille des Täters, etwas zu beschädigen oder zu zerstören, selbständig neben der Diebstahlabsicht vorhanden war, lässt sich oftmals aus der Art des Schadens entnehmen. Werden Räumlichkeiten mit Farbe oder Chemikalien verwüstet, so spricht die Tatsache, dass ungewöhnliche oder aufwendig zu beschaffende Mittel (Buttersäure, ätzende Flüssigkeiten) von den Tätern mitgebracht wurden, für einen unabhängig vom Auffinden von Diebesgut vorhandenen Zerstörungswillen. Ebenso kann ein erheblicher Arbeits- und Zeitaufwand hinsichtlich der angerichteten Schäden und gleichzeitig das Zurücklassen üblicherweise als mitnehmenswert angesehener Gegenstände Indizwirkung dafür haben, dass es dem Täter maßgebend auf die Zerstörung ankam[149].

75   Das Eindringen in den Versicherungsort setzt **nicht** voraus, dass der Täter selbst in die Versicherungsräume gelangt ist oder auch nur mit mindestens einem Teil seines Körpers die Umrisse des Gebäudes überschritten haben muss[150]. Versicherungsschutz besteht z. B. auch, wenn der Täter einem Pflasterstein durch das geschlossene Fenster in die Versicherungsräume schleudert und durch die so entstandene Öffnung Chemikalien verspritzt[151].

D. Versicherte Sachen

I. Allgemeines

76   Welche Sachen in der Einbruchdiebstahl- und Raubversicherung vom Versicherungsschutz erfasst werden, ergibt sich aus dem Versicherungsvertrag. Dementsprechend heißt es in § 2 Nr. 1 AERB 87 lediglich, dass versichert sind **die in dem Versicherungsvertrag bezeichneten Sachen.** Die weiteren Bestimmungen des § 2 AERB 87 enthalten sodann überwiegend negative Abgrenzungen des Kreises der versicherten Sachen, wobei selbstverständlich die einzelvertraglichen Regelungen vorrangig sind. Die versicherten Sachen werden in der gebündelten Geschäftsversicherung durch eine sogenannte **Pauschaldeklaration** bestimmt, die sowohl dem Antragsformular als auch dem Versicherungsschein zugrunde liegt[152]. Ob Sachen zum vollen Wert oder auf Erstes Risiko versichert sind, ob eine Entschädigungsgrenze besteht und wessen Interesse eingeschlossen oder ausgeschlossen ist, spielt für die Eigenschaft als versicherte Sache keine Rolle. Auf der anderen Seite sind Sachen oder Sachgesamtheiten stets nur

---

[146] Vgl. *Prölss/Martin/Kollhosser,* § 1 AERB 81 Rn. 1; *Martin,* Sachversicherungsrecht, D XI Rn. 25.

[147] *Martin,* Sachversicherungsrecht, D XI Rn. 25.

[148] *Martin,* Sachversicherungsrecht, D XI Rn. 26; *Prölss/Martin/Kollhosser,* § 1 AERB 81 Rn. 1; OLG Hamm v. 21. 3. 1984, VersR 1985, 464 zu den VHB 74.

[149] Vgl. OLG Hamm v. 21. 3. 1984, VersR 1985, 464; vgl. auch OLG Düsseldorf v. 9. 5. 1989, r+s 1991, 59.

[150] *Martin,* Sachversicherungsrecht, D XI Rn. 35 f.

[151] Vgl. ÖOGH v. 14. 7. 1999, r+s 2001, 296 (297); *Prölss/Martin/Knappmann,* § 6 VHB Rn. 2.

[152] Vgl. im Einzelnen *Martin,* Sachversicherungsrecht, H III Rn. 8 ff.

dann versicherte Sachen, wenn und solange sie sich innerhalb des Versicherungsorts befinden (§ 4 Nr. 1 AERB 87).

Nach den **AERB 2008** gelten Daten und Programme nicht als Sachen. Abschnitt A § 4 **76a** AERB 2008 enthält gesonderte Vorschriften über die Entschädigung für **Daten und Programme.** Grundvoraussetzung ist, dass der Verlust, die Veränderung oder die Nichtverfügbarkeit der Daten und Programme durch einen dem Grunde nach versicherten Schaden an dem Datenträger verursacht wurde.

II. Eigentum des Versicherungsnehmers

Soweit nicht bestimmte Sachen, sondern Inbegriffe von Sachen versichert sind, bestimmt **77** § 2 Nr. 2 AERB 87, dass Sachen nur versichert sind, **soweit der VN Eigentümer ist,** er die Sachen unter **Eigentumsvorbehalt** erworben oder er sie **sicherungshalber (einem anderen) übereignet** hat[153]. Sachen, die vom VN unter Eigentumsvorbehalt erworben oder von ihm sicherungshalber übereignet worden sind, werden regelmäßig zugleich dem Einschluss versicherten Fremdeigentums gemäß § 2 Nr. 3 AERB 87[154] unterfallen.

III. Fremdeigentum

Der Einschluss **fremden Eigentums** in den Kreis der versicherten Sachen ist in § 3 Nr. 3 **78** AERB 87 geregelt, wobei dieser Einschluss für den VN nicht nur vorteilhaft ist, sondern wegen des steigenden Versicherungswertes und der Gefahr der Unterversicherung auch nachteilig sein kann[155], so dass häufig ein Interesse daran bestehen dürfte, fremde Sachen vom Versicherungsschutz auszuschließen. Ältere Bedingungswerke sahen Fremdeigentumsklauseln nicht vor. Ein Einschluss musste gesondert vereinbart werden[156].

Voraussetzung für den Einschluss fremden Eigentums ist zunächst, dass es **seiner Art nach 79 zu den versicherten Sachen** gehört. Insoweit kommt es auf die Regelung im Versicherungsschein einschließlich der Pauschaldeklaration an. Hierbei können sich erhebliche Abgrenzungsprobleme ergeben[157].

Weitere Voraussetzung ist, dass sich die fremden Sachen in der **Obhut des VN** befinden, **80** was ein Rechtsverhältnis voraussetzt, durch welches Sorgfalts- und Fürsorgepflichten des VN gegenüber dem Eigentümer begründet werden[158].

Das Obhutsverhältnis muss zum Zwecke der Bearbeitung, Benutzung oder Verwahrung oder zum Verkauf der fremden Sachen begründet worden sein. Hierunter fallen Fabrikation unter Verwendung fremder Sachen, Reparatur von Kundeneigentum sowie die Nutzung gemieteter, geliehener, unter Eigentumsvorbehalt erworbener oder zur Sicherheit übereigneter Gegenstände. Beim Verkauf ist es unerheblich, ob Veräußerung für eigene Rechnung oder für Rechnung des Eigentümers beabsichtigt ist[159]. Ausstellungsware fällt, da die Aufzählung in § 2 Nr. 3 AERB 87 abschließend ist, nicht unter den Versicherungsschutz, sondern muss gesondert versichert werden.

Fremdeigentumsschutz entfällt gemäß § 2 Nr. 3 2. Hs. AERB 87 dann, wenn der VN **81** insbesondere mit dem Eigentümer vereinbart hat, dass die fremden Sachen nicht versichert zu werden brauchen. Insoweit ist wiederum zu berücksichtigen, dass der nach § 2 Nr. 3 AERB 87 einbezogene Fremdeigentumsschutz den VN nicht nur begünstigt, sondern wegen der

---

[153] Vgl. *Martin,* Sachversicherungsrecht, H III Rn. 57.
[154] Vgl. *Martin,* Sachversicherungsrecht, H III Rn. 60, 73.
[155] Vgl. z. B. OLG Hamm v. 18. 1. 1995, r+s 1996, 30.
[156] Vgl. *Martin,* Sachversicherungsrecht, H III Rn. 61, 62.
[157] Vgl. hierzu im Einzelnen *Martin,* Sachversicherungsrecht, H III Rn. 63 ff. für Betriebseinrichtung und Vorräte.
[158] Vgl. zu Einzelheiten und zur Abgrenzung *Martin,* Sachversicherungsrecht, H III Rn. 70 ff.
[159] Vgl. *Martin,* Sachversicherungsrecht, H III Rn. 73.

Notwendigkeit einer höheren Versicherungssumme und der Gefahr der Unterversicherung auch belastet.

82   **Beweisbelastet** für die Voraussetzungen des Fremdeigentumsschutzes ist derjenige, der sich darauf beruft, mithin der VN, wenn er Versicherungsschutz begehrt, und der VR, wenn er aus dem Vorhandensein von versicherten fremden Sachen eine Unterversicherung herleiten will[160].

83   Bei Sachen, die unter Eigentumsvorbehalt gekauft oder zur Sicherung übereignet worden sind, wie auch für fremde Sachen gilt die Versicherung gemäß § 2 Nr. 4 AERB 87 **für Rechnung des Eigentümers und des VN.** Gedeckt ist also sowohl das Sachersatzinteresse des VN als auch dasjenige des Eigentümers[161]. Für die Höhe des Versicherungswerts ist bei Fremdeigentum jedoch nur das Interesse des Eigentümers maßgebend.

IV. Betriebseinrichtung

84   Für die Versicherung der **Betriebseinrichtung des VN** enthält § 2 Nr. 5 AERB 87 einen Negativkatalog. Die dort genannten Sachen, u. a. Bargeld, Sparbücher und Wertpapiere, Datenträger, Kraftfahrzeuge und Automaten, zählen nicht zu den versicherten Sachen. Insoweit wird das Entwendungsrisiko regelmäßig durch gesonderte Versicherungen (Technik- und Elektronikversicherung, Fahrzeugversicherung, Automatenversicherung) abgedeckt. Im Übrigen kommt es für die Frage, ob Gegenstände zur Betriebseinrichtung gehören, entscheidend auf die subjektive Sicht des VN und nicht auf die Zweckmäßigkeit an, so dass auch wertvolles Mobiliar zur Betriebseinrichtung gehören kann[162].

V. Gebrauchsgegenstände von Betriebsangehörigen

85   Der Versicherungsschutz für **Gebrauchsgegenstände von Betriebsangehörigen** unterliegt, soweit ein solcher vereinbart ist, gemäß § 2 Nr. 6 AERB 87 einer mehrfachen Einschränkung, wobei es allerdings unerheblich ist, ob diese Gebrauchsgegenstände im Eigentum der Betriebsangehörigen stehen oder nicht[163]. Zum einen ist Voraussetzung, dass sich die Sachen **üblicherweise oder auf Verlangen des Arbeitgebers** innerhalb des Versicherungsorts befinden. Damit soll Versicherungsschutz und Prämienaufwand auf den Rahmen der arbeitsrechtlichen Fürsorgepflicht beschränkt werden[164]. Bargeld, Wertpapiere und Kraftfahrzeuge von Betriebsangehörigen sind gemäß § 2 Nr. 6 Satz 2 AERB 87 generell nicht versichert. Schließlich gilt der Versicherungsschutz von Gebrauchsgegenständen der Betriebsangehörigen nur **subsidiär.** Soweit Entschädigung aus einem anderen Versicherungsvertrag beansprucht werden kann, entfällt die Leistungspflicht aus der Geschäftsversicherung (§ 2 Nr. 6 Satz 3 AERB 87). Insoweit kommt insbesondere die Hausratversicherung der Betriebsangehörigen in Betracht.

E. Versicherte Kosten

I. Allgemeines

86   Die **versicherten Kosten** werden in der Einbruchdiebstahl- und Raubversicherung in § 3 AERB 87 zusammengefasst. Es ergeben sich insoweit zu den anderen Zweigen der Sachversicherung, insbesondere zur Feuerversicherung, keine wesentlichen Unterschiede. § 3

---

[160] Vgl. *Martin*, Sachversicherungsrecht, H III Rn. 81.
[161] Vgl. hierzu *Martin*, Sachversicherungsrecht, J III Rn. 6, 11.
[162] OLG Hamm v. 18. 11. 1998, r+s 1999, 287 bei Einrichtung eines Immobilienbüros; *Martin*, Sachversicherungsrecht, H III 20.
[163] Vgl. *Martin*, Sachversicherungsrecht, H III Rn. 23, 85.
[164] Vgl. zu den Einzelheiten *Martin*, Sachversicherungsrecht, H III Rn. 24, 25.

AERB 87 gliedert sich auf in die stets mitversicherten Kosten (Schadenabwendungs- und Schadenminderungskosten gemäß Nr. 1 und Schadenermittlungskosten gemäß Nr. 2) und diejenigen Kosten, die nur bei besonderer Vereinbarung ersetzt werden (Aufräumungskosten, Bewegungs- und Schutzkosten, Ersatz von Gebäudeschäden, Schlossänderungskosten, Wiederherstellungskosten).

II. Schadenabwendungs- oder -minderungskosten; Schadenermittlungskosten

§ 3 Nr. 1 AERB 87 enthält im Wesentlichen eine Wiederholung des Gesetzestextes von **87** § 63 VVG a. F. = §§ 83, 90 VVG n. F. Auf die Ausführungen in den Kommentaren zum VVG kann insoweit verwiesen werden. Soweit § 3 Nr. 1 AERB 87 bestimmt, dass im Falle einer Unterversicherung auch diejenigen Kosten, die auf einer Weisung des VR beruhen, nur anteilig zu erstatten sind, dürfte dies gegen §§ 307 II BGB verstoßen[165].

Zu den Kosten der Schadenermittlung gemäß § 3 Nr. 2 AERB 87 kann auf die Kommentierungen zu § 66 VVG a. F. = § 85 VVG n. F. verwiesen werden. Besonderheiten bestehen in der Einbruchdiebstahl- und Raubversicherung nicht.

III. Aufräumungskosten, § 3 Nr. 3 a AERB 87

Soweit dies vereinbart ist, hat der VR die infolge eines Versicherungsfalls notwendigen **88** Aufwendungen für das Aufräumen der Schadenstätte, für das Abfahren von Schutt und sonstigen Resten zum nächsten Ablagerungsplatz und für das Ablagern oder Vernichten zu ersetzen **(Aufräumungskosten)**. Da § 1 Nr. 1 AERB 87 ausdrücklich den Versuch des erschwerten Diebstahls oder des Raubs einschließt, sind Aufräumungskosten auch dann zu ersetzen, wenn es nicht zu einer Entwendung kommt[166].

Aus der Verwendung des Begriffs „Schadenstätte" im Gegensatz zum Begriff des Versicherungsorts folgt, dass die Aufräumungskosten auch Bereiche außerhalb des Versicherungsgrundstücks betreffen können[167].

IV. Bewegungs- und Schutzkosten, § 3 Nr. 3 b AERB 87

Ebenfalls nur aufgrund besonderer Vereinbarung sind sogenannte Bewegungs- und **89** Schutzkosten zu ersetzen. Hierbei handelt es sich gem. § 3 Nr. 3 b AERB 87 um Aufwendungen, die dadurch entstehen, dass zum Zwecke der Wiederherstellung oder Wiederbeschaffung von versicherten Sachen **andere Sachen bewegt, verändert oder geschützt** werden müssen. Als Beispiele nennt § 3 Nr. b AERB 87 Aufwendungen für De- oder Remontage von Maschinen, für Durchbruch, Abriss oder Wiederaufbau von Gebäudeteilen oder für das Erweitern von Öffnungen[168]. Nicht unter Schutzkosten fallen Aufwendungen für den Schutz verbliebenen Inventars vor Dieben nach dem Eintritt von Gebäudeschäden[169]. Allenfalls kommt insoweit ein Ersatz unter dem Gesichtspunkt der Rettungskosten in Betracht, wenn der Schutz (Bewachung) der Verhütung weiterer Schäden dient[170].

---

[165] Vgl. *Martin*, Sachversicherungsrecht, S II Rn. 15, 16, W II Rn. 9.
[166] Vgl. *Martin*, Sachversicherungsrecht, W V Rn. 7.
[167] Vgl. *Martin*, Sachversicherungsrecht, W V Rn. 12.
[168] Vgl. zu den Einzelheiten *Martin*, Sachversicherungsrecht, W IV Rn. 1–17.
[169] Vgl. *Martin*, Sachversicherungsrecht, W IV Rn. 9.
[170] Vgl. *Martin*, Sachversicherungsrecht, W II Rn. 48.

Rüffer

V. Gebäudeschäden, § 3 Nr. 3 c AERB 87

90   Gemäß § 3 Nr. 3c AERB 87 können in der Diebstahlversicherung Kosten für die Reparatur von **Gebäudeschäden** oder an Schaukästen und Vitrinen außerhalb des Versicherungsorts versichert werden. Als Gebäudeschäden gelten Schäden an Dächern, Decken, Wänden,
Fußböden, Türen, Schlössern, Fenstern (ausgenommen Schaufensterverglasungen), Rolla-
den und Schutzgittern, wobei stets Voraussetzung ist, dass diese Gebäudeteile zu den als Versicherungsort vereinbarten Räumen gehören. Bei Schaukästen und Vitrinen erstreckt sich der
Versicherungsschutz auch auf solche, die sich außerhalb des Versicherungsortes, aber innerhalb des Grundstücks, auf dem der Versicherungsort liegt, und in dessen unmittelbarer Umgebung befinden[171]. Nach der ausdrücklichen Bestimmung in § 3 Nr. 3c AERB 87 reicht
auch ein Zusammenhang mit einer versuchten Tat aus. Ausdrücklich einbezogen sind auch
Gebäudeschäden aufgrund von Vandalismus nach einem Einbruch[172].

VI. Schlossänderungskosten, § 3 Nr. 3 d AERB 87

91   Bei entsprechender Vereinbarung sind gemäß § 3 Nr. 3d AERB 87 Aufwendungen für
Schlossänderungen an Türen der als Versicherungsort vereinbarten Räume versichert,
wenn Schlüssel zu diesen Türen durch einen Einbruchdiebstahl oder einen Raub abhanden
gekommen sind. Dies gilt nach den AERB 87 – anders als nach § 2 Nr. 5d AERB 81 – sowohl für einen Diebstahl oder Raub des Schlüssels innerhalb des Versicherungsorts als auch
für eine entsprechende Tat außerhalb des Versicherungsorts[173]. Ausgenommen vom Versicherungsschutz sind gemäß ausdrücklicher Bestimmung Türen von Tresorräumen.
      Gehen Schlüssel ohne einen erschwerten Diebstahl oder Raub verloren, so besteht kein
Versicherungsschutz. Gleichwohl ist der VN gemäß § 6 Nr. 4e AERB 87 verpflichtet, Schlossänderungen vorzunehmen, um eine Gefahrerhöhung zu beseitigen[174]. Da nur Schlossänderungskosten an Räumen, die zum Versicherungsort gehören, versichert sind, besteht eine Deckungslücke bei dem Verlust von Schlüsseln einer zentralen Schlüsselanlage[175].

VII. Wiederherstellungskosten, § 3 Nr. 3 e AERB 87

92   Gesondert versichert werden kann schließlich der Ersatz von Aufwendungen für die **Wiederherstellung** von Akten, Plänen, Geschäftsbüchern, Karteien, Zeichnungen, Lochkarten,
Magnetbändern, Magnetplatten oder sonstigen Datenträgern einschließlich des Neuwerts
der Datenträger (§ 3 Nr. 3e AERB 87)[176]. Soweit die Wiederherstellung nicht notwendig ist
oder nicht innerhalb von 2 Jahren seit Eintritt des Versicherungsfalls sichergestellt wird, beschränkt sich die Entschädigung gemäß § 3 Nr. 3e 2. Hs. AERB 87 auf den nach § 5 Nr. 4
AERB 87 berechneten Materialwert.

F. Versicherungsort

I. Allgemeines

93   Der Kreis der versicherten Sachen und der Kreis derjenigen Handlungen, die zu einem
Versicherungsfall führen, wird in räumlicher Hinsicht durch die Vorschriften über den **Versi-**

---

[171] Vgl. zu den Einzelheiten *Martin,* Sachversicherungsrecht, W VI Rn. 1–20.
[172] Zu den Beweisschwierigkeiten, wenn der Täter nicht in das Gebäude eingedrungen ist und zu Vandalismusschäden am Gebäude von Außen, vgl. *Martin,* Sachversicherungsrecht, W VI Rn. 16 ff.
[173] Vgl. *Martin,* Sachversicherungsrecht, W VII Rn. 4.
[174] Vgl. *Martin,* Sachversicherungsrecht, W VII Rn. 2.
[175] Vgl. *Martin,* Sachversicherungsrecht, W VII Rn. 8.
[176] Vgl. im Einzelnen *Martin,* Sachversicherungsrecht, Q II Rn. 54–62.

cherungsort beschränkt. § 4 Nr. 1 AERB 87 bestimmt, dass Versicherungsschutz „nur" besteht, wenn versicherte Sachen abhanden gekommen, beschädigt oder zerstört worden sind, solange sie sich innerhalb des Versicherungsortes befinden und wenn alle Voraussetzungen eines Einbruchdiebstahls, eines Raubes oder eines Vandalismus nach einem Einbruch innerhalb des Versicherungsortes – bei mehreren Versicherungsorten innerhalb desselben Versicherungsortes – verwirklicht worden sind. Bei Raub auf Transportwegen ist der Ort maßgebend, an dem die transportierten Sachen sich bei Beginn der Tat befunden haben. § 4 Nr. 1 AERB 87 ist Teil der sogenannten sekundären Risikoabgrenzung[177].

Wo der Versicherungsort liegt, ergibt sich für die Einbruchdiebstahl- und Raubversicherung aus dem Versicherungsvertrag, der regelmäßig eine genaue Umschreibung des Versicherungsorts enthält. Die Versicherungsbedingungen sehen sodann gattungsmäßige Erweiterungen oder Einschränkungen des einzelvertraglich bestimmten Versicherungsortes vor. § 4 AERB 87 enthält insoweit Regelungen jeweils für die gemäß § 1 Nr. 1a) bis d) AERB 87 versicherten Gefahren.

II. Räume eines Gebäudes

Versicherungsort für Schäden durch Einbruchdiebstahl (§ 1 Nr. 1a) oder Vandalismus nach einem Einbruch (§ 1 Nr. 1d) sind die **in dem Versicherungsvertrag bezeichneten Räume eines Gebäudes**. Die vertragliche Lokalisierung ist mithin von entscheidender Bedeutung. Beispielsweise liegt kein Versicherungsfall vor, wenn als Versicherungsort nur die in einer bestimmten Etage belegenen Räume vereinbart sind und der Täter die Zentraltür des Gebäudes erbricht, nicht aber die (unverschlossenen) Türen zu der Etage[178]. Ebenfalls liegt kein Versicherungsfall vor, wenn der Täter nur über einen Zaun, eine Mauer oder über ein Hoftor steigt, da es sich hierbei nicht um Räume eines Gebäudes handelt und alle Vorraussetzungen eines Einbruchdiebstahls innerhalb des Versicherungsorts verwirklicht werden müssen (§ 4 Nr. 1 Satz 1 AERB 87)[179].   **94**

Ist ein Gebäude insgesamt einzelvertraglich als Versicherungsort angegeben, so gehören hierzu auch **Nebengelasse** (z. B. nicht ausgebauter Dachboden), sofern sie nicht eindeutig ausgeschlossen sind[180]. Nicht zum Betriebsgebäude gehört ein hiermit nicht verbundenes Hoftor[181]. Um Unklarheiten über die Grenzen des Versicherungsorts zu vermeiden, wird bei Vertragsschluss häufig ein Lageplan beigefügt, der zum Teil mit einer Sicherungsbeschreibung verbunden ist[182]. Schwierigkeiten können sich dann ergeben, wenn die abstrakte Umschreibung des Versicherungsorts mit dem Lageplan nicht übereinstimmt oder aber der Versicherungsort im Versicherungsvertrag nur ungenau beschrieben ist (z. B. als „Versicherungsgrundstück" oder nur mit seiner postalischen Bezeichnung)[183]. Maßgeblich für die Bestimmung des Versicherungsorts sind die **tatsächlichen Verhältnisse bei Abschluss** oder einer entsprechenden Änderung des Versichrungsvertrages[184]. Aus Antworten auf Antragsfragen im Zusammenhang mit gefahrerheblichen Umständen kann eine Einschränkung des Versicherungsortes nicht abgeleitet werden[185].   **95**

---

[177] *Prölss/Martin/Kollhosser*, § 3 AERB 81 Rn. 1; *Martin,* Sachversicherungsrecht, G I Rn. 1, 6; *Martin,* Sachversicherungsrecht, VersR 1984, 1113.

[178] Vgl. OLG Frankfurt/Main v. 2. 7. 1987, VersR 1988, 820; OLG Karlsruhe v. 20. 4. 1989, VersR 1990, 783, *Prölss/Martin/Kollhosser,* § 3 AERB 81 Rn. 1.

[179] LG Berlin v. 29. 10. 1982, VersR 1983, 769; LG Mainz v. 16. 4. 1985, VersR 1985, 559; AG Marburg v. 16. 11. 1979, VersR 1981, 624; *Prölss/Martin/Kollhosser,* § 3 AERB 81 Rn. 1.

[180] OLG Hamm v. 31. 5. 1989, VersR 1990, 302; *Prölss/Martin/Kollhosser,* § 3 AERB 81 Rn. 2.

[181] LG Düsseldorf v. 26. 8. 1988, VersR 1988, 1121.

[182] Vgl. *Martin,* Sachversicherungsrecht, G III Rn. 15.

[183] Vgl. zu Einzelheiten *Martin,* Sachversicherungsrecht, G III Rn. 16ff.

[184] *Prölss/Martin/Kollhosser,* § 3 AERB 81 Rn. 2; OLG Oldenburg v. 12. 6. 1974, VersR 1976, 1029; OLG Oldenburg v. 27. 9. 1989, ZfS 1989, 427.

[185] Vgl. OLG Hamm v. 31. 5. 1989, VersR 1990, 302; *Martin,* Sachversicherungsrecht, G III Rn. 16, 19.

96   Bei Betriebserweiterungen oder Betriebsverlegungen ist eine Vertragsänderung erforderlich, soweit nicht Freizügigkeit vereinbart ist[186]. Im Einzelfall kann eine Aufklärungspflicht des VR bestehen[187].

97   Ausdrücklich bestimmt § 4 Nr. 2 Satz 2 AERB 87, dass **Gebrauchsgegenstände von Betriebsangehörigen in deren Wohnräumen nicht versichert** sind. Befinden sich betriebliche Gegenstände in den Privaträumen des VN und befinden sich diese Privaträume im „Versicherungsgebäude" oder auf dem „Versicherungsgrundstück", so kommt es entscheidend auf die einzelvertragliche Umschreibung des Versicherungsortes an[188].

III. Verschlossene Behältnisse

98   Besondere Sicherheitsanforderungen werden in § 4 Nr. 3 AERB 87 für einzelne nach Gattungen bezeichnete Wertgegenstände verlangt. Diese sind nur dann versichert, wenn sie sich in verschlossenen Behältnissen, die erhöhte Sicherheit auch gegen Wegnahme des Behältnisses gewähren, oder in Tresorräumen befinden. Bei diesen **„Verschlussvorschriften"** handelt es sich nicht um sog. „verhüllte Obliegenheiten"[189], so dass ein Kausalitätsgegenbeweis ausscheidet. Die Verschlussvorschrift des § 4 Nr. 3 AERB 87 gilt für Bargeld, Urkunden, z. B. Sparbücher und sonstige Wertpapiere, Briefmarken, Münzen und Medaillen, unbearbeitete Edelmetalle sowie Sachen aus Edelmetall (ausgenommen Raumschmuck) und Schmucksachen, Perlen und Edelsteine.

99   Der Begriff des **„Behältnisses"** schließt sowohl nach dem allgemeinen Sprachgebrauch als auch nach der versicherungstechnischen Verwendung (vgl. § 1 Nr. 2b und e AERB 87) aus, dass hierunter auch Zimmer, sonstige Räume oder Gebäudeteile fallen[190]. Eine Ausnahme gilt für Tresorräume, worunter auch tresorähnliche Räume fallen[191]. Behältnis ist jede Umschließung für Sachen, wobei allerdings Voraussetzung ist, dass das Behältnis erhöhte Sicherheit auch gegen die Wegnahme des Behältnisses selbst bieten muss, wobei auf Größe und Gewicht abzustellen ist[192]. Als Behältnis zu qualifizieren sind verschließbare Möbelstücke[193], deren verschließbare Schubfächer[194], insbesondere also Schreibtische und Sekretäre[195]. Ebenfalls als Behältnis i. S. v. § 4 Nr. 3 AERB 87 anzusehen sind festangeschraubte Kassetten in Schränken[196] und stabile Kästen an Türen oder Wänden, soweit sie hinreichend befestigt sind[197].

100   **Keine Behältnisse** i. S. v. § 4 Nr. 3 AERB 87 stellen demgegenüber leicht transportable Schmuck- und Geldkassetten[198], Gepäckstücke (Koffer, Taschen, Schachteln)[199] und Registrierkassen, Rückgeldgeber und Automaten mit Geldeinwurf gemäß gesonderter Vorschrift in § 4 Nr. 5 AERB 87 dar.

101   Um ein **verschlossenes Behältnis** handelt es sich nur dann, wenn jede seiner Öffnungen durch ein Schloss gesichert ist[200]. Ist das Schloss zwar betätigt, steckt aber der Schlüssel noch,

---

[186] *Prölss/Martin/Kollhosser*, § 3 AERB 81 Rn. 2; *Martin*, Sachversicherungsrecht, G III Rn. 28.

[187] BGH v. 5. 11. 1986, VersR 1987, 147; OLG Hamm v. 3. 5. 1998, r+s 1999, 75; *Martin*, Sachversicherungsrecht, G III Rn. 29.

[188] Vgl. BGH v. 11. 1. 1989, r+s 1989, 123 = VersR 1989, 395; hierzu auch *Martin*, Sachversicherungsrecht, G IV Rn. 32.

[189] Vgl. BGH v. 26. 4. 1972, VersR 1972, 575; *Prölss/Martin/Kollhosser*, § 3 AERB 81 Rn. 3; *Martin*, Sachversicherungsrecht, G I Rn. 16, 17, H III Rn. 33; *Römer/Langheid/Römer*, § 6 Rn. 8.

[190] LG Dortmund v. 26. 6. 1986, VersR 1988, 902; *Martin*, Sachversicherungsrecht, H III Rn. 35.

[191] Vgl. OLG Bamberg, r+s 1975, 260 für einen Kühlraum.

[192] Vgl. *Martin*, Sachversicherungsrecht, H III Rn. 36.

[193] LG Essen v. 1. 7. 1953, VersR 1953, 451.

[194] OLG München v. 19. 2. 1954, VersR 1954, 188.

[195] OLG Hamm v. 23. 11. 1977, VersR 1980, 1062; OLG Köln v. 11. 4. 1967, VersR 1967, 942.

[196] LG Hannover v. 6. 5. 1963, VersR 1963, 1191.

[197] AG Göttingen v. 18. 11. 1976, r+s 1977, 129.

[198] OLG Celle v. 30. 11. 1966, VersR 1968, 57.

[199] Vgl. *Martin*, Sachversicherungsrecht, H III Rn. 37.

[200] Vgl. *Martin*, Sachversicherungsrecht, H III Rn. 39.

so handelt es sich nicht um ein verschlossenes Behältnis. Soweit in der Rechtsprechung für die Frage, ob ein Behältnis verschlossen ist, teilweise danach abgegrenzt wird, ob der Schlüssel leicht zu finden ist oder nach ihm ernstlich gesucht werden muss[201], ist dies mit dem Wortlaut des § 4 Nr. 3 AERB 87 nicht zu vereinbaren[202]. Im Einzelfall kann allerdings bei leicht aufzufindenden Schlüsseln für Wertsachenbehältnisse eine grob fahrlässige Herbeiführung des Versicherungsfalls und damit Leistungsfreiheit gemäß §§ 61 VVG, 14 Nr. 1 AERB 87 vorliegen.

In der Praxis werden Verschlussvorschriften, wie dies § 4 Nr. 4 AERB 87 ausdrücklich vor   **102**
sieht, häufig **durch Sondervereinbarungen verschärft**[203]. Für Juwelier-, Uhrmacher- und Bijouteriegeschäfte gilt § 4 Nr. 3 AERB 87 ohnehin nur, wenn dies gesondert vereinbart ist[204].

IV. Versicherungsort bei Geschäftsraub

Für den **Versicherungsfall des Raubes** innerhalb eines Gebäudes oder Grundstücks (§ 1   **103**
Nr. 1 b AERB 87) erweitert § 4 Nr. 6 AERB 87 den Versicherungsort über die im Versicherungsvertrag V bezeichneten Räume hinaus auf das **gesamte Grundstück,** auf dem der Versicherungsort liegt, soweit es allseitig umfriedet ist[205]. Dass das Grundstück ausschließlich durch den VN benutzt wird, ist – anders als noch in § 3 Ziff. 6 AERB 8 – nicht erforderlich[206]. Werden im Falle eines Raubes aufgrund einer Drohung Sachen an den Ort der Herausgabe oder Wegnahme erst auf Verlangen des Täters herangeschafft, besteht gemäß § 4 Nr. 1 Satz 3 AERB 87 kein Versicherungsschutz, es sei denn, das Heranschaffen erfolgt nur innerhalb des Versicherungsortes, an dem auch die Drohung ausgesprochen worden ist.

V. Versicherungsort bei Transportraub

Versicherungsort für Schäden durch Raub auf Transportwegen (§ 1 Nr. 1 c AERB   **104**
87) ist der Ort, an dem die transportierten Sachen sich bei Beginn der Tat befunden haben (§ 4 Nr. 1 S. 2 AERB 87). Dieser Ort kann sich innerhalb der gesamten Bundesrepublik Deutschland befinden (§ 4 Nr. 7 AERB 87)[207].

G. Versicherungswert

I. Allgemeines

Die Regelungen zum **Versicherungswert** der versicherten Sachen finden sich in § 5   **105**
AERB 87. Danach wird zwischen verschiedenen Warengruppen differenziert. § 5 Nr. 1 AERB 87 bestimmt den Versicherungswert der technischen und kaufmännischen Betriebseinrichtung sowie der Gebrauchsgegenstände von Betriebsangehörigen, § 5 Nr. 2 AERB 87 den Versicherungswert von Waren, die der VN herstellt oder mit denen er handelt, sowie von Rohstoffen und Naturerzeugnissen, § 5 Nr. 3 AERB 87 den Versicherungswert von Wertpapieren und § 5 Nr. 4 AERB 87 schließlich denjenigen von Mustern, Anschauungsmodellen, Prototypen und Ausstellungsstücken und nicht mehr benötigten Fertigungsvorrichtungen.

---

[201] Vgl. LG Osnabrück v. 11. 9. 1987, ZfS 1987, 344; OLG Frankfurt v. 22. 2. 1984, VersR 1984, 956; OLG Hamm v. 30. 12. 1983, r+s 1984, 148; BGH v. 26. 4. 1972, VersR 1972, 577 = NJW 1972, 1232.
[202] Zutreffend *van Bühren/Tietgens*, § 6 Rn. 127.
[203] Vgl. KG v. 1. 9. 2006, VersR 2007, 492 = r+s 2007, 247 f.
[204] Vgl. *Martin,* Sachversicherungsrecht, H III Rn. 41, A II Rn. 17.
[205] Vgl. hierzu *Martin,* Sachversicherungsrecht, G II Rn. 9, D XII Rn. 74, 75.
[206] Vgl. hierzu *Martin,* Sachversicherungsrecht, G II Rn. 9, D XII Rn. 74.
[207] Vgl. hierzu *Martin,* Sachversicherungsrecht, D XII Rn. 96 ff.

Darüber hinaus ist § 5 Nr. 4 AERB 87 als Auffangvorschrift für den Versicherungswert aller sonstiger Sachen, soweit nicht etwas anderes vereinbart wurde, anzuwenden.

Nachfolgend kann nur ein grober Überblick gegeben werden. Wegen der Einzelheiten sei verwiesen auf die Ausführungen zur Feuerversicherung und der im Wesentlichen gleichlautenden Vorschrift des § 5 AFB 87 sowie auf die Kommentierung bei *Martin,* Sachversicherungsrecht[208].

II. Technische und kaufmännische Betriebseinrichtung

106   Versicherungswert der technischen und kaufmännischen Betriebseinrichtung sowie der Gebrauchsgegenstände von Betriebsangehörigen ist grundsätzlich der **Neuwert** (§ 5 Nr. 1 a AERB 87). Neuwert ist definiert als derjenige Betrag, der aufzuwenden ist, um Sachen gleicher Art und Güte im neuwertigen Zustand wiederzubeschaffen oder sie neu herzustellen[209]. Maßgebend ist hierbei der niedrigere Betrag.

107   Eine Ausnahme vom Regelfall der Neuwertversicherung gilt – abgesehen von einer abweichenden vertraglichen Vereinbarung – für abgenutzte Gegenstände oder für vollständig entwertete Sachen. Abgenutzte Gegenstände der technischen und kaufmännischen Betriebseinrichtung sind dann nur zum **Zeitwert** versichert, wenn dieser weniger als 40% des Neuwertes beträgt. Der Zeitwert ermittelt sich, indem vom Neuwert der Sache ein Abzug entsprechend ihrem insbesondere durch den Abnutzungsgrad bestimmten Zustand vorgenommen wird. Solange der Zeitwert nicht auf unter 40% des Neuwertes abgesunken ist, ist stets der Neuwert Versicherungswert. Die Beweislast trägt insoweit der VR[210].

108   Versicherungswert von Sachen, die für ihren Zweck allgemein oder im Betrieb des VN nicht mehr zu verwenden sind, ist der **gemeine Wert.** Definiert ist der gemeine Wert als der für den VN erzielbare Verkaufspreis für die Sache oder für das Altmaterial (§ 5 Nr. 1 c AERB 87). Der gemeine Wert entspricht dem Verkehrswert, d. h. dem Wert, den die Sache nach ihrer objektiven Beschaffenheit für jedermann hat[211].

III. Waren, Rohstoffe, Naturerzeugnisse

109   Der Versicherungswert von Waren, die der VN herstellt oder mit denen er handelt, von Rohstoffen und von Naturerzeugnissen ist gemäß § 5 Nr. 2 AERB 87 der Betrag, der aufzuwenden ist, um Sachen gleicher Art und Güte wiederzubeschaffen oder sie neu herzustellen. Maßgebend ist wiederum der niedrigere Betrag. Nach oben begrenzt ist der Versicherungswert durch den erzielbaren Verkaufspreis, der jedoch meist keine Rolle spielt, da der erzielbare Verkaufspreis regelmäßig höher ist als die Kosten der Neuherstellung oder Wiederbeschaffung[212].

IV. Wertpapiere

110   Der Versicherungswert von Wertpapieren mit amtlichem Kurs ist der mittlere Einheitskurs am Tag der jeweils letzten Notierung aller amtlichen Börsen der Bundesrepublik Deutschland. Der Versicherungswert von Sparbüchern ist der Betrag des Guthabens, derjenige von sonstigen Wertpapieren der Marktpreis.

Soweit für Wertpapiere auf die „letzte" Notierung abgestellt wird, bezieht sich dies auf den Zeitpunkt des Versicherungsfalls[213].

---

[208] Vgl. dort Abschnitt Q.

[209] BGH v. 8. 2. 1988, BGHZ 103, 228 = VersR 1988, 463; Berliner Kommentar/*Schauer,* § 52 Rn. 14; *Prölss/Martin/Kollhosser,* § 52 Rn. 13.

[210] *Martin,* Sachversicherungsrecht, Q III Rn. 27.

[211] Vgl. *Römer/Langheid,* § 52 Rn. 3; Berliner Kommentar/*Schauer,* § 52 Rn. 9.

[212] Vgl. *Martin,* Sachversicherungsrecht, Q II Rn. 2, 7, 24, 27.

[213] Vgl. *Martin,* Sachversicherungsrecht, Q II Rn. 31, Q I Rn. 61.

V. Muster, Anschauungsmodelle etc.

Für Muster, Anschauungsmodelle, Prototypen und Ausstellungsstücke sowie nicht mehr   **111** benötigte Fertigungsvorrichtungen sowie alle sonstigen Sachen verweist § 5 Nr. 4 AERB 87 auf § 5 Nr. 1b und c AERB 87. Hiernach ist mithin entweder der Zeitwert oder (bei nicht mehr zu verwendenden Sachen) der gemeine Wert maßgeblich.

H. Ausschlüsse

I. Allgemeines

Da die Einbruchdiebstahl- und Raubversicherung eine Versicherung gegen rechtswidrige   **112** Handlungen Dritter ist, liegt es nahe, dass die VR bestrebt sind, Schäden durch vorsätzliche Handlungen von Personen, die in einem **besonderen Näheverhältnis zum VN und zum Versicherungsort** stehen, vom Versicherungsschutz auszuschließen. Demgemäß sehen die Versicherungsbedingungen in § 1 Nr. 7 AERB 87 einen Ausschluss für Schäden durch vorsätzliche Handlungen von Mitbewohnern des VN und von bestimmten Arbeitnehmern des VN vor. Gerechtfertigt ist dieser Ausschluss, was insbesondere bei der Frage der Vereinbarkeit der bedingungsgemäßen Ausschlüsse mit §§ 305 ff. BGB zu berücksichtigen ist, immer nur dann, wenn durch das besondere Näheverhältnis die Ausübung der Tat begünstigt wurde. Ein uneingeschränkter Ausschluss wäre mit dem Vertragszweck der Einbruchdiebstahl- und Raubversicherung i. S. v. § 307 Abs. 1 und 2 BGB nicht vereinbar[214]. Die AERB 2008 sehen demgemäß einen Ausschluß für Schäden durch vorsätzliche Handlungen von Mitbewohnern und Arbeitnehmern des VN nicht (mehr) vor.

Die weiteren in § 1 Nr. 7 AERB 87 geregelten Ausschlusstatbestände beziehen sich auf besondere Risiken im Rahmen des Transportraubs sowie auf die auch in anderen Zweigen der Sachversicherung gebräuchlichen Ausschüsse von Elementargefahren und politischen Risiken. Schließlich ist für Schäden, die üblicherweise durch andere Zweige der Sachversicherung abgedeckt werden, zur Vermeidung von Überschneidungen ein Ausschluss bestimmt.

II. Vorsätzliches Handeln von Mitbewohnern, § 1 Nr. 7 a AERB 87

Gemäß § 1 Nr. 7 a AERB 87 besteht kein Versicherungsschutz für Schäden, die durch **vor-**   **113** **sätzliche Handlungen von Personen, die mit dem VN in häuslicher Gemeinschaft leben oder bei ihm wohnen,** verursacht worden sind, es sei denn, dass dadurch die Tat weder ermöglicht noch erleichtert wurde. Soweit in früheren Bedingungswerken (z. B. § 1 Ziff. 6a AERB 81) ein uneingeschränkter Ausschluss auch für Fälle vorgesehen ist, in denen die Tat durch den Umstand der häuslichen Gemeinschaft oder des Mitbewohnens weder ermöglicht noch erleichtert wurde, ist dies mit dem Vertragszweck i. S. v. § 307 Abs. 2 BGB n. F. = § 9 Abs. 2 Nr. 2 AGBG unvereinbar[215].

Die Begriffe der **häuslichen Gemeinschaft und des Wohnens** sind nicht streng vonei-   **114** nander abzugrenzen. Der Begriff des Wohnens schließt die meisten Fälle der häuslichen Gemeinschaft ein und geht vielfach darüber hinaus. Entscheidend sind die Verkehrsanschauung und der Sprachgebrauch des täglichen Lebens[216]. Zu weitgehend dürfte es sein, den Ausschlusstatbestand des § 1 Ziff. 7 a AERB 87 auch auf Hausangestellte und sonstige Personen, die sich nur zeitweise in der Wohnung des VN aufhalten, auszudehnen, da es insoweit an einem Zusammenleben in häuslicher Gemeinschaft fehlt. Sind diese Personen zugleich Arbeitnehmer, so greift allerdings der Ausschlusstatbestand des § 1 Ziff. 7 b AERB 87 ein. Auch

---

[214] Vgl. zur Problematik *Martin,* Sachversicherungsrecht, F III Rn. 40 ff.
[215] *Martin,* Sachversicherungsrecht, F III Rn. 47.
[216] So BGH v. 27. 4. 1988, NJW-RR 1988, 1050.

der Begriff des „Wohnens" ist nur erfüllt, wenn eine gewisse Häufigkeit gegeben ist. Ein bloßes einmaliges Übernachten reicht nicht aus[217].

115   Der Ausschluss greift, was in § 1 Ziff. 7 a 2. Hs. AERB 87 ausdrücklich bestimmt ist, nur ein,
wenn die Tat durch das Bestehen der häuslichen Gemeinschaft und des gemeinsamen Wohnens **ermöglicht oder erleichtert** worden ist. Von Bedeutung ist dies insbesondere dann,
wenn die Wohnung nicht zum Versicherungsort gehört. Eine Begünstigung der Tat dürfte
dann nur bei Schlüsseltaten entweder in der Form des Nachschlüsseldiebstahls oder der missbräuchlichen Verwendung richtiger Schlüssel gegeben sein. Beim Einbrechen, Einsteigen oder
Aufbrechen von Behältnissen liegt eine Begünstigung der Tat regelmäßig nicht vor.

116   Auch tatbestandsmäßige Handlungen von **Untermietern** fallen unter den Ausschlustat-
bestand, da auch diese Personen einen erleichterten Zugang zum Versicherungsort haben[218].

III. Vorsätzliches Handeln von Arbeitnehmern, § 1 Nr. 7 b AERB 87

117   Der Ausschluss für **vorsätzliche Handlungen von Arbeitnehmern** des VN setzt zunächst voraus, dass es sich um Arbeitnehmer des Betriebes handelt, der im Versicherungsvertrag als Versicherungsort bezeichnet ist. Arbeitnehmer des VN, die in einem anderen Betrieb
oder in dem vom Versicherungsort verschiedenen Privathaushalt des VN tätig sind, können
allenfalls Wohngenossen i. S. v. § 1 Nr. 7 a AERB 87 sein.

In welcher Weise das Beschäftigungsverhältnis ausgestaltet ist, ist unerheblich. Entscheidend ist das Bestehen eines Direktionsrechts des VN[219]. Ein solches Direktionsrecht besteht
sowohl bei Vollbeschäftigten oder zeitweise tätigen Arbeitnehmern als auch bei Leiharbei-
tern, nicht jedoch bei fremden Arbeitnehmern[220].

Nicht erforderlich ist, dass das Arbeitsverhältnis im Zeitpunkt der Tatausführung noch besteht, wenn Vorbereitungshandlungen, die während des Bestehens eines Arbeitsverhältnisses
vorgenommen worden sind (z. B. Fertigung eines Nachschlüssels), bei dem Diebstahl noch
fortwirken[221].

IV. Ausschlüsse bei Raub auf Transportwegen, § 1 Nr. 7 c AERB 87

118   Für die **Transportraubversicherung** erweitert § 1 Nr. 7 c AERB 87 den für Arbeitnehmer geltenden Ausschluss auf alle mit dem Transport beauftragten Personen, ohne dass diese
Arbeitnehmer des VN sein müssen. Beispielsfall: Ein Transportbeauftragter schlägt seinen Be-
gleiter nieder und flieht mit dem Geld[222]. Die AERB 2008 enthalten diesen Ausschluß nicht
mehr.

119   Ebenfalls ausgeschlossen in der Transportraubversicherung sind Schäden in Zeiträumen
mit **zu hoher Zahl gleichzeitiger Transporte.** Der Ausschluss beruht darauf, dass die Anzahl der vereinbarten Transporte Einfluss auf die Prämienkalkulation hat. Bei einer Überschreitung dieser Zahl kann nicht sicher festgestellt werden, ob der überfallene Transport zu
den versicherten oder zu den nicht versicherten Transporten gehörte[223]. *Martin*[224] äußert
Zweifel an der Vereinbarkeit des vollständigen Ausschlusses mit § 9 Abs. 2 Nr. 2 AGBG =
§ 307 Abs. 2 BGB.

---

[217] *Martin,* Sachversicherungsrecht, F III Rn. 13.
[218] KG v. 19. 12. 1975, VersR 1976, 977; *Martin,* Sachversicherungsrecht, F III Rn. 15.
[219] *Martin,* Sachversicherungsrecht, F III Rn. 16.
[220] *Martin,* Sachversicherungsrecht, F III Rn. 16.
[221] So zutreffend *Martin,* Sachversicherungsrecht, F III Rn. 17; nicht berücksichtigt bei OLG Stuttgart
v. 29. 9. 1982, VersR 1983, 745.
[222] *Martin,* Sachversicherungsrecht, F III Rn. 52.
[223] Vgl. *Martin,* Sachversicherungsrecht, F III Rn. 56.
[224] *Martin,* Sachversicherungsrecht, F III Rn. 58, 59.

V. Brand, Explosion, Leitungswasser, § 1 Nr. 7 d AERB 87

Ausgeschlossen sind Schäden, die durch **Brand, Explosion oder bestimmungswidrig** 120
austretendes Leitungswasser verursacht werden, auch wenn diese Schäden infolge eines
Einbruchdiebstahls oder Raubes entstehen. Es handelt sich hierbei um einen vollständigen
Ausschluss, der ohne Rücksicht darauf eingreift, ob im konkreten Fall anderweitiger Versicherungsschutz aus einer Feuer- oder Leitungswasserversicherung besteht. Wegen der Begriffe „Brand", „Explosion" und „bestimmungswidrig austretendes Leitungswasser" ist auf
die jeweilige Fassung der AVB im Zeitpunkt des Schadenseintritts abzustellen[225].

Praktisch bedeutsam ist die Frage, ob der Ausschluss auch für Vandalismusschäden gilt (vorsätzlich gelegter Brand, vorsätzlich herbeigeführte Explosion, vorsätzliche Herbeiführung
eines Leitungswasserschadens). Da in § 1 Nr. 7 d AERB 87 der gesondert eingeschlossene
„Vandalismus nach einem Einbruch" nicht erwähnt ist, gilt der Ausschluss nicht für reine
Vandalismusschäden[226].

VI. Kriegsereignisse, Innere Unruhen, Erdbeben, Kernenergie, § 1 Nr. 7 e AERB § 87

Ein Ausschluss für diese Elementargefahren findet sich in nahezu allen Sachversicherung, 121
wobei der Umfang zum Teil unterschiedlich ist. Zur Begrifflichkeit und insbesondere zum
Ausschluss von Schäden infolge innerer Unruhen kann auf *Martin*[227] verwiesen werden. Die
noch in § 1 Nr. 6 d AERB 81 enthaltene Beweislastregel ist wegen Verstoßes gegen § 309
Nr. 12 BGB unwirksam[228].

I. Besondere Vertragspflichten

I. Gefahrumstände bei Vertragsschluss

Gemäß § 6 Nr. 1 AERB 87 hat der VN **bei Abschluss des Vertrages** alle ihm bekannten 122
Umstände, die für die Übernahme der Gefahr erheblich sind, dem VR anzuzeigen. Bei
schuldhafter Verletzung der Obliegenheit kann der VR nach bisheriger Rechtslage nach
Maßgabe der §§ 16 bis 21 VVG a. F. vom Vertrag zurücktreten und leistungsfrei sein oder
den Versicherungsvertrag nach § 22 VVG anfechten. Die Vorschrift des § 6 Nr. 1 AERB 87
ist inhaltsgleich und zum Teil wortgleich mit § 16 VVG a. F., so dass auf die Erläuterungen
hierzu in den Kommentaren zum VVG verwiesen werden kann. Welche Umstände gefahrerheblich sind, ist in § 6 Nr. 1 AERB 87 nicht näher ausgeführt. Insoweit ist maßgeblich die
Definition in § 16 Satz 2 und 3 VVG a. F.

Nach der **Neuregelung in § 19 Abs. 1 VVG** erstreckt sich die vorvertragliche Anzeige- 122a
pflicht des VN nur noch auf diejenigen Gefahrumstände, nach denen der Versicherer in Textform gefragt hat. Der VN wird damit von dem Beurteilungsrisiko, ob ein Umstand gefahrerheblich ist, entlastet. Die Anzeigepflicht besteht gemäß § 19 Abs. 1 VVG bis zur Abgabe der
Vertragserklärungen des VN. Nur dann, wenn der Versicherer erneut ausdrücklich in Textform nachfragt, besteht eine Anzeigeobliegenheit auch noch in dem Zeitraum zwischen Vertragserklärung und Vertragsannahme durch den Versicherer. Die nach bisheriger Rechtslage
bestehenden Unsicherheiten über eine Nachmeldeobliegenheit des VN sind somit beseitigt.
Die bloße Belehrung durch den Versicherer, dass auch solche nachgefragten Umstände anzuzeigen sind, die erst nach der Antragstellung entstanden oder dem VN bekannt geworden
sind, reicht nicht aus.

---

[225] So *Martin*, Sachversicherungsrecht, F I Rn. 27.
[226] Vgl. *Martin*, Sachversicherungsrecht, F I Rn. 30.
[227] *Martin*, Sachversicherungsrecht, F I Rn. 1–15.
[228] Vgl. *Prölss/Martin/Kollhosser*, § 1 AERB 81 Rn. 57.

122b   Die **Rechtsfolgen einer Verletzung der vorvertraglichen Anzeigepflicht** sind in § 19 Abs. 2–5, §§ 21, 22 VVG n. F. grundlegend neu geregelt. Zu Einzelheiten der Neuregelung (Kündigungsrecht bei einfach fahrlässiger oder schuldloser Anzeigeobliegenheitsverletzung, Rücktrittsrecht bei grober Fahrlässigkeit und Vorsatz, Vertragsänderungsrecht des Versicherers, Belehrungserfordernis, Kausalitätsgegenbeweis, Fristerfordernisse) kann auf die Ausführungen in § 14 verwiesen werden.

123   In der Einbruchdiebstahl- und Raubversicherung können insbesondere falsche Angaben über die Art des in den versicherten Räumen konkret **betriebenen Gewerbes** einen Verstoß gegen § 6 Nr. 1 AERB 87 darstellen, so bei Nutzung eines als Hotel[229] oder als Pension[230] ausgegebenen Gebäudes als Bordell[231].

II. Gefahrerhöhung

1. Allgemeines

124   Die Regelungen zur **Gefahrerhöhung** sind enthalten in § 6 AERB 87 (§ 5 AERB 81). Zu dem Begriff der Gefahrerhöhung und deren Rechtsfolgen kann zunächst auf die Kommentierungen zu §§ 23 ff. VVG und auf die Ausführungen in § 20 verwiesen werden.

Spezifische Regelungen zur Gefahrerhöhung sind in der Einbruchdiebstahlversicherung enthalten in § 6 Nr. 4 und 5 AERB 87. Die dortige Aufzählung ist, wie sich aus der Verwendung des Wortes „insbesondere" ergibt, nicht abschließend. Verständlicherweise bemühen sich die VR gerade in der Einbruchdiebstahlversicherung um einen eher weit gezogenen Katalog von Beispielsfällen, in denen eine Gefahrerhöhung anzunehmen ist. Von erheblicher Bedeutung kann deshalb die Vorschrift des § 34a VVG a. F. = § 32 VVG n. F. werden, wonach sich der VR auf Vereinbarungen, durch die von den Vorschriften über die Gefahrerhöhung in §§ 23 ff. VVG zum Nachteil des VN abgewichen wird, nicht berufen kann. Sämtliche Regelungen in den Bedingungs- und Klauselwerken über vereinbarte Gefahrerhöhungstatbestände sind mithin auf ihre Wirksamkeit zu überprüfen[232].

Gem. § 6 Nr. 2 AERB 87, der inhaltlich mit § 23 VVG a. F. übereinstimmt, darf der VN ohne Einwilligung des VR keine Gefahrerhöhung vornehmen oder gestatten (Gefahrstandspflicht). Liegt gleichwohl eine Gefahrerhöhung vor, die dem VN bekannt ist, so ist diese Gefahrerhöhung unverzüglich dem VR anzuzeigen (Anzeigepflicht). Sind die Umstände, die zu einer Gefahrerhöhung geführt haben oder diese begründen sollen, bereits bei Antragstellung bekannt, so scheidet eine Gefahrerhöhung von vornherein aus[233].

2. Wegfall von Sicherungen, § 6 Nr. 4a AERB 87

125   Die **Beseitigung oder Verminderung von Sicherungen,** die bei Antragstellung vorhanden oder im Versicherungsvertrag zusätzlich vereinbart worden sind, stellt gem. § 6 Nr. 4a AERB 87 eine Gefahrerhöhung dar. Unter Sicherung versteht man alle Vorkehrungen, die geeignet sind, einen erschwerten Diebstahl zu verhindern. Hierzu zählen insbesondere Sicherheitsschlösser, zusätzliche Schlösser, Rollläden, Schutzgitter[234], Riegel und Einbruchmeldeanlagen. Sicherungen sind ferner Türen und Fenster, wenn sie eine Öffnung schließen, die normalerweise nicht als Zugang dient und deren Benutzung durch den Dieb erschwerten Diebstahl begründen würde[235].

---

[229] BGH v. 25. 1. 1989, VersR 1989, 398.
[230] Vgl. OLG Koblenz v. 1. 3. 2002, NVersZ 2002, 276 = r+s 2002, 336 (337 f.).
[231] Vgl. auch LG Köln v. 12. 6. 2003, r+s 2003, 420 für eine als „Einzelhandel mit Lebensmitteln" ausgegebene „Trinkhalle" und „Kiosk".
[232] Vgl. *Prölss/Martin/Kollhosser,* § 5 AERB 81 Rn. 3; *Martin,* Sachversicherungsrecht, N IV Rn. 29 ff.
[233] Vgl. OLG Hamm v. 1. 10. 1997, r+s 1998, 71.
[234] OLG Frankfurt/M. v. 20. 3. 1985, VersR 1985, 825.
[235] *Martin,* Sachversicherungsrecht, N IV Rn. 54; OLG Frankfurt/M. v. 2. 7. 1987, NJW-RR 1988, 33.

Sicherungen im weitesten Sinne sind schließlich auch Wachhunde, aber wohl nur, wenn deren Vorhandensein im Versicherungsvertrag ausdrücklich vereinbart worden ist[236], Innen- und Außenbewachung sowie Kontrolle durch Überwachungsunternehmen[237].

Insbesondere für **Einbruchmeldeanlagen** ist es problematisch, ob eine Gefahrerhöhung **126** darin liegt, dass der VN eine unbrauchbar gewordene Sicherung nicht repariert oder durch eine gleichwertige ersetzt hat. Insoweit kommt nur eine Anzeigepflicht gem. § 27 Abs. 2 VVG a. F. = § 23 Abs. 3 VVG n. F. in Betracht, da die Vornahme einer Gefahrerhöhung im Sinne des § 23 Abs. 1 VVG a. F. nur durch aktives Tun, nicht jedoch durch ein Unterlassen des VN verwirklicht werden kann[238]. In diesen Fällen kann Leistungsfreiheit auf der Grundlage des bisherigen Rechts nur nach § 28 VVG = § 26 VVG n. F. eintreten, woraus folgt, dass ein kurzfristiger Ausfall einer Alarmanlage ohne Eingriff durch den VN nicht zur Leistungsfreiheit führt. Es ist dann vom VR darzulegen, wann die Alarmanlage außer Funktion geraten ist und wann der VN von der Funktionsuntüchtigkeit Kenntnis erlangt hat[239].

3. Bauarbeiten, Gerüste, Aufzüge, § 6 Nr. 4b AERB 87

Bauarbeiten an dem Gebäude, in dem der Versicherungsort liegt, oder an einem angrenz- **127** enden Gebäude sowie die Errichtung von Gerüsten oder die Anbringung von Seil- oder anderen Aufzügen gelten gem. § 6 Abs. 4b AERB 87 als Gefahrerhöhung. Gegenüber diesem vereinbarten Gefahrerhöhungtatbestand werden häufig die gem. §§ 29, 34a VVG a. F. = § 27 VVG n. F. zuzulassenden Einwendungen greifen, wonach eine erhebliche Gefahrerhöhung nicht vorgelegen hat[240]. Die Erheblichkeit kann auch in den Fällen fehlen, in denen der Kausalitätsgegenbeweis nicht gelingen würde[241]. In jedem Falle besteht die Möglichkeit, gefahrerhöhende Umstände infolge von Bauarbeiten durch Sicherungsmaßnahmen auszugleichen, wie § 6 Nr. 6 AEB 87 ausdrücklich vorsieht[242].

Von Bedeutung ist, ob der VN die Bauarbeiten selbst veranlasst hat, dann gelten §§ 23 ff. VVG a. F., oder ob es sich um eine nicht veranlasste Gefahrerhöhung im Sinne von §§ 27, 28 VVG a. F. handelt. Letzteres ist der Fall, wenn der VN nur Mieter, Pächter oder (bei angrenzenden Gebäuden) Nachbar ist. In diesen Fällen kann die Leistungsfreiheit frühestens einen Monat nach dem Zeitpunkt beginnen, in dem die Anzeige bei dem VR hätte eingehen müssen.

4. Nicht mehr benutzte Räume, § 6 Nr. 4c AERB 87

Als Gefahrerhöhung gilt, wenn Räumlichkeiten, die oben, unten oder seitlich an den Ver- **128** sicherungsort angrenzen, **dauernd oder vorübergehend nicht mehr benutzt** werden. Beispielsweise gilt dies beim Leerstand einer Wohnung über den Geschäftsräumen eines in einem Industriegebiet gelegenen Bekleidungsgeschäftes[243]. Ob die §§ 23 ff. VVG a. F. oder §§ 27, 28 VVG a. F. Anwendung finden, hängt davon ab, ob der VN über die angrenzenden Räume verfügungsberechtigt ist oder nicht. Der Gegenbeweis der Unerheblichkeit (§§ 29, 34a VVG a. F. = § 27 VVG n. F.) ist auch hier möglich, ebenso wie der Einwand der Kompensation durch andere Umstände[244].

5. Stilllegung des Betriebs, § 6 Nr. 4d AERB 87

§ 6 Nr. 4d AERB 87 (= § 5 Nr. 3d AERB 81) bestimmt, dass eine Gefahrerhöhung dann **129** vorliegt, wenn der Betrieb dauernd oder vorübergehend, z. B. während der Betriebsferien, stillgelegt wird. Die AERB 2008 verlangen in Abschnitt A § 11 Nr. 1b als Sicherheitsvor-

---

[236] Vgl. *Martin,* Sachversicherungsrecht, N IV Rn. 57.
[237] Vgl. OLG Köln v. 27. 1. 1998, r+s 1998, 179.
[238] BGH v. 21. 1. 1987, VersR 1987, 653.
[239] Vgl. OLG Köln v. 21. 1. 1997, r+s 1997, 121 (122).
[240] *Martin,* Sachversicherungsrecht, N IV Rn. 63; OLG Hamm vom 28. 5. 1986, VersR 1987, 1105.
[241] *Martin,* Sachversicherungsrecht, N IV Rn. 63.
[242] Vgl. BGH v. 9. 7. 1975, VersR 1975, 845: Einsatz von Wachpersonal.
[243] Vgl. LG Itzehoe, OLG Schleswig v. 14. 8. 1997, r+s 1997, 425 (426).
[244] *Martin,* Sachversicherungsrecht, N IV Rn. 66.

schrift eine genügend häufige Kontrolle während einer vorübergehenden Betriebsstilllegung. Durch eine **dauernde oder vorübergehende Stilllegung** kann (muss aber nicht) die Entdeckung von Diebstählen verzögert werden, was den Anreiz für Diebe erhöhen kann. Die Gefährlichkeit einer Betriebsstilllegung beruht, worauf *Martin*[245] zutreffend hinweist, vor allem darauf, dass deren Dauer, insbesondere bei nur vorübergehenden Betriebsferien, im Interesse der Kunden kenntlich gemacht wird, wodurch die Dispositionen des Diebes erleichtert werden. Die Stilllegung muss von gewisser Dauer sein, so dass Schließungen über das Wochenende oder von einigen Tagen, z. B. wegen familiärer Ereignisse, den Tatbestand der Gefahrerhöhung nicht erfüllen.

130   Bei der bloß vorübergehenden Stilllegung, z. B. wegen Betriebsferien oder aus saisonbedingten Gründen (Eisdielen, Strandcafés), kommt der **Einwand aus § 29 S. 2 VVG a. F. = § 27 VVG n. F.** in Betracht. Dieser Einwand wird dann nicht begründet sein, wenn es sich um einen stärker gefährdeten Geschäftszweig (Juweliere, Teppich- und Pelzhändler, Diskotheken) handelt und sich Sachen von erheblichem Wert im Versicherungsort befinden[246]. Insbesondere bei Betrieben des Gastronomiegewerbes dürfte die vorübergehende Betriebsstilllegung wegen Urlaubs oder aus Saisongründen demgegenüber eine qualitativ erhebliche Gefahrerhöhung nicht darstellen, da der VR die Praxis der Betriebsstilllegung kennt[247]. Bei einer endgültigen Betriebsstilllegung ist regelmäßig die Übergangszeit bis zum Interessewegfall betroffen, so wenn der Betriebsinhaber nach Gewerbeabmeldung Geschäfts- und Werkstatträume nur noch unregelmäßig aufsucht, um Restverkäufe oder gelegentliche Reparaturaufträge durchzuführen[248]. Gleiches gilt bei der Verlagerung der Büro- und Fertigungsräume, wenn die verbliebenen Räume nur noch gelegentlich aufgesucht werden[249].

Keine Gefahrerhöhung liegt darin, dass sich die Eröffnung eines Betriebes zunächst hinausgezögert hat, wenn das Gebäude schon bei Abschluss des Vertrages leer gestanden hat[250].

6. Abhanden gekommene Schlüssel, § 6 Nr. 4 e AERB 87

131   Wird nach dem **Verlust eines Schlüssels** für einen Zugang zum Versicherungsort oder für ein Behältnis im Sinne der Versicherungsbedingungen das Schloss nicht unverzüglich durch ein gleichwertiges anderes ersetzt, so liegt hierin eine Gefahrerhöhung gem. § 6 Nr. 4 e AERB 87 (= § 5 Nr. 3 e AERB 81)[251]. Der VN hat also nach einem festgestellten Schlüsseldiebstahl oder nach einem sonstigen Schlüsselverlust das Schloss unverzüglich auszutauschen[252]. Gleiches muss gelten für den Verlust eines Schlüssel zu einer Alarmanlage[253].

Zweifelhaft ist, ob eine Gefahrerhöhung darin liegt, dass es der VN nach Phasen erhöhter Gefährdung unterlässt, den Bestand seiner Originalschlüssel zu überprüfen[254]. Unter § 6 Nr. 4 e AERB 87 lässt sich dies jedenfalls nicht subsumieren. Allenfalls kommt nach bisherigem Recht Leistungsfreiheit gem. § 61 VVG a. F. in Betracht[255], wobei dies eine Frage des Einzelfalls ist.

Gelangt der Schlüssel alsbald an den VN zurück, so führt dies wegen der Gefahr des Nachschlüsseldiebstahls nicht zum Wegfall der Gefahrerhöhung[256].

---

[245] *Martin,* Sachversicherungsrecht, N IV Rn. 67.

[246] Vgl. *Martin,* Sachversicherungsrecht, N IV Rn. 68, 69; N III 46 bis 50.

[247] Vgl. *Martin,* Sachversicherungsrecht, N III Rn. 48.

[248] OLG Frankfurt/M. v. 27. 5. 1987, NJW-RR 1988, 92.

[249] OLG Hamm v. 17. 6. 1992, VersR 1993, 48.

[250] So zutreffend OLG Karlsruhe v. 5. 11. 1992, r+s 1994, 264, 265; *Prölss/Martin/Kollhosser,* § 5 AERB 81 Rn. 4.

[251] Die AERB 2008 erfassen diesen Fall unter den Sicherheitsvorschriften gemäß Abschnitt A § 11 e.

[252] OLG Köln v. 17. 8. 2004, r+s 2004, 464.

[253] Vgl. BGH v. 8. 7. 1987, VersR 1987, 921; OLG München v. 10. 1. 1986, r+s 1986, 188.

[254] Vgl. *Martin,* Sachversicherungsrecht, N IV Rn. 72; LG Braunschweig v. 21. 5. 1986, ZfS 1987, 187.

[255] So wohl auch *Martin,* Sachversicherungsrecht, D VIII Rn. 28.

[256] LG Berlin v. 11. 12. 1980, VersR 1982, 83; *Martin,* Sachversicherungsrecht, N IV Rn. 71.

III. Sicherheitsvorschriften

Sicherheitsvorschriften sind in der Einruchdiebstahlversicherung die wichtigste Gruppe   132
von Obliegenheiten, die **vor** dem Versicherungsfall zu erfüllen sind. Sicherheitsvorschriften
haben den Zweck, die Gefahr für den Eintritt eines Versicherungsfalls zu vermindern, Gefahrerhöhungen zu vermeiden und bereits eingetretene Gefahrerhöhungen zu beseitigen. Sicherheitsvorschriften müssen dem VN ein bestimmtes Verhalten auferlegen und bei abstrakter Betrachtung dazu geeignet sein, den Eintritt des Versicherungsfalls mindestens zu erschweren[257].

1. Gesetzliche, behördliche oder vereinbarte Sicherheitsvorschriften

§ 7 Nr. 1 a AERB 87 bestimmt, dass der VN alle **gesetzlichen, behördlichen oder** in   133
dem Versicherungvertrag **vereinbarten Sicherheitsvorschriften** zu beachten hat. Die Vorschrift enthält somit eine Verweisung auf andere Rechtsquellen von Sicherheitsvorschriften
oder auf andere Teile des Vertrages[258]. Gesetzliche und behördliche Sicherheitsvorschriften
spielen für die Einbruchdiebstahl- und Raubversicherung – anders als für die Feuerversicherung – kaum eine Rolle. Vertraglich vereinbarte Sicherheitsvorschriften betreffen insbesondere die Installierung von besonderen Gebäudesicherungen (Gitter, Rolläden), Einbruchmeldeanlagen, Sicherheitsschlössern und Schlüsselverwahrungen sowie den Einsatz von
Bewachungsunternehmen[259]. Bloße Beschreibungen des Risikos im Antrag oder in dessen
Anlagen oder bloße Antworten auf Antragsfragen stellen keine vereinbarten Sicherheitsvorschriften dar[260].

2. Sicherung des Versicherungsorts bei Arbeitsruhe

Ausdrücklich bestimmt § 7 Nr. 1b AERB 87 als besondere Sicherheitsvorschrift für die Ein-   134
bruchdiebstahl- und Raubversicherung, dass der VN, **solange die Arbeit im Betrieb ruht,**
die Türen und alle sonstigen Öffnungen des Versicherungsorts stets ordnungsgemäß verschlossen zu halten hat (Nr. 1b aa) und alle bei Antragstellung vorhandenen und alle zusätzlich vereinbarten Sicherungen voll gebrauchsfähig zu erhalten und zu betätigen sind (Nr. 1b bb)[261].
Von besonderer Bedeutung ist insoweit die Verpflichtung, vorhandene oder zusätzlich vereinbarte Sicherungen im Falle ihrer Beschädigung zu reparieren, was vor allem für Einbruchmeldeanlagen gilt. Bei Verletzung dieser Obliegenheit liegt zugleich eine Gefahrerhöhung vor.

Türen und sonstige Öffnungen des Versicherungsorts sind nur dann **ordnungsgemäß**   135
verschlossen, wenn ein ordnungsgemäßer Zugang für Unbefugte ausscheidet, ein Einrin-
gen ohne Beschädigung der Türen und sonstigen Öffnungen und ohne Nachschlüssel nicht
möglich ist. Ein zweifaches Umdrehen des Schlüssels kann nicht gefordert werden[262]. Ein
Fenster ist nicht ordnungsgemäß verschlossen, wenn in einer Scheibe ein 40 cm großes Loch
ist[263].

3. Verzeichnisse

Gemäß § 7 Nr. 1c AERB 87 hat der VN über Wertpapiere und sonstige Urkunden, über   136
Sammlungen und über sonstige Sachen, für die dies besonders vereinbart ist, **Verzeichnisse**
zu führen und diese so aufzubewahren, dass sie im Versicherungsfall voraussichtlich nicht
gleichzeitig mit den versicherten Sachen zerstört oder beschädigt werden oder abhanden
kommen können. Die Vorschrift gilt nicht für Briefmarken und für Wertpapiere und sonstige

---

[257] Vgl. BGH v. 13. 11. 1996, VersR 1997, 485; BGH v. 17. 4. 2002, VersR 2002, 829 ff.; OLG Oldenburg v. 16. 12. 1998, r+s 1999, 162.
[258] Vgl. im Einzelnen *Martin,* Sachversicherungsrecht, M I Rn. 18 ff.
[259] Vgl. z. B. OLG Koblenz v. 24. 1. 2003, r+s 2003, 368.
[260] *Prölss/Martin/Kollhosser,* § 1 AERB 81 Rn. 1; *Martin,* Sachversicherungsrecht, M I Rn. 22; OLG
Köln v. 4. 8. 1998, r+s 2000, 162 (164).
[261] Vgl. zu den Einzelheiten *Martin,* Sachversicherungsrecht, M I Rn. 23 ff.
[262] OLG Frankfurt/M. v. 20. 9. 2000, r+s 2002, 512 (513) = NVersZ 2001, 364; OLG Koblenz v. 20. 3.
2003, r+s 2003, 504 (507) = VersR 2005, 1726.
[263] LG Frankfurt/M. v. 7. 11. 1989, VersR 1990, 1270.

Urkunden sowie Sammlungen, deren Wert insgesamt 2 500,00 € nicht übersteigt. § 7 Nr. 1 c AERB 87 begründet keine Obliegenheit, sondern enthält lediglich, wie sich aus § 7 Nr. 3 AERB 87 ergibt, eine Beweisführungsregelung[264].

4. Rechtsfolgen der Verletzung von Sicherheitsvorschriften

137   Die Rechtsfolgen der Verletzung von Sicherheitsvorschriften nach bisherigem Recht sind in § 7 Nr. 2 AERB 87 geregelt. Es gelten § 6 Abs. 1 und 2 VVG a. F., wobei schon leichte Fahrlässigkeit zur **Leistungsfreiheit** führen kann[265]. Wie sonst auch, sind der Entschuldigungsbeweis und der Kausalitätsgegenbeweis möglich. Bei nicht ordnungsgemäß verschlossenen Türen und sonstigen Öffnungen dürfte der Kausalitätsgegenbeweis kaum möglich sein[266].

138   Führt die Verletzung einer Sicherheitsvorschrift zu einer **Gefahrerhöhung**, so gelten auf der Grundlage des bisherigem Rechts die §§ 23 bis 30 VVG a. F. Danach kann der VR, wie § 7 Nr. 2 Abs. 2 AERB 87 ausdrücklich bestimmt, zur Kündigung berechtigt oder auch leistungsfrei sein. Da die Leistungsfreiheit des VR bei der Verletzung von Sicherheitsvorschriften schon an leichte Fahrlässigkeit anknüpft, stellt sich nicht das Problem unterschiedlicher Verschuldensvoraussetzungen für Obliegenheitsverletzung und Gefahrerhöhung[267]. Fraglich bleibt allerdings, ob in den Fällen, in denen eine Obliegenheitsverletzung ausnahmsweise nicht zur Leistungsfreiheit des VR führt (z. B. bei fehlender Relevanz der Obliegenheitsverletzung oder abgelaufener Kündigungsfrist), der VR eine Leistungsfreiheit über die Vorschriften der Gefahrerhöhung erreichen kann[268].

IV. Obliegenheiten nach dem Versicherungsfall

1. Allgemeines

139   Die vom VN **nach Eintritt des Versicherungsfalls zu beachtenden Obliegenheiten** sind geregelt in § 13 Nr. 1 a bis f AERB 87. Hinzu kommen die besonderen Obliegenheiten im Falle der Wiederherbeischaffung abhanden gekommener Sachen (§ 18 AERB 87). Die in § 13 AERB 87 aufgeführten Obliegenheiten des VN bei Eintritt des Versicherungsfalls decken sich weitgehend mit den Obliegenheiten in anderen Sparten der Sachversicherung. Insoweit kann ergänzend auf die dortigen Ausführungen verwiesen werden.

2. Schadenanzeige

140   Bei Eintritt eines Versicherungsfalls hat der VN **unverzüglich den Schaden dem VR und der zuständigen Polizeidienststelle anzuzeigen.** Insoweit reicht nach den Bedingungen grundsätzlich eine mündliche Anzeige, was jedoch häufig Beweisschwierigkeiten nach sich zieht. Der Begriff der **Unverzüglichkeit** wird in § 13 Nr. 1 a AERB 87 dahin bestimmt, dass gegenüber dem VR eine Anzeige noch als unverzüglich gilt, wenn sie innerhalb von drei Tagen abgesandt wird. Dies bedeutet, dass bei einer Anzeige innerhalb dieser Frist niemals eine schuldhafte Obliegenheitsverletzung vorliegt[269]. Für den Beginn der Frist kommt es stets auf die Kenntnisnahme des VN oder seiner Repräsentanten an, obwohl § 13 Nr. 1 AERB 87 objektiv auf den Eintritt des Versicherungsfalls abstellt[270]. Bei Schäden über 10 000,00 DM sieht § 13 Nr. 1 a AERB 87 im Interesse einer Beschleunigung des Zugangs der Anzeige beim VR vor, dass die Anzeige fernmündlich, fernschriftlich oder telegrafisch erfolgen sollte. Wegen § 309 Nr. 13 BGB handelt es sich insoweit nur um eine Soll-Vorschrift.

---

[264] Vgl. *Martin,* Sachversicherungsrecht, M I Rn. 3; *Prölss/Martin/Kollhosser,* § 6 AERB 81 Rn. 6.

[265] Vgl. *Martin,* Sachversicherungsrecht, M II Rn. 10.

[266] LG Hamburg v. 10. 5. 1985, VersR 1986, 753 für ungenügend gesichertes Kellerfenster; OLG Karlsruhe v. 2. 2. 1995, ZfS 1995, 267 = VersR 1996, 1142 für Nichtherablassen von Rollläden.

[267] Vgl. z. B. für § 7 Nr. 1 a, 2 AFB 87, BGH vom 13. 11. 1996, r+s 1997, 120 (121).

[268] Vgl. hierzu *Römer/Langheid,* § 32 Rn. 6; *Prölss/Martin/Prölss,* § 32 Rn. 2.

[269] Vgl. *Martin,* Sachversicherungsrecht, X II Rn. 36, 46.

[270] Vgl. *Martin,* Sachversicherungsrecht, X II Rn. 46; *Knappmann,* r+s 2002, 485, 487.

An den **Inhalt der Anzeige** werden keine besonderen Anforderungen gestellt. Insbeson- **141** dere sind nähere Angaben zur tatsächlichen oder vermuteten Schadenhöhe nicht erforderlich. Der in der Praxis häufig anzutreffende Einwand, die Schadenanzeige habe nicht unverzüglich gefertigt und abgesandt werden können, da noch Ermittlungen zum Umfang der abhanden gekommenen Sachen oder zur Schadenshöhe hätten angestellt werden müssen, greift grundsätzlich nicht durch[271]. Ausreichend ist die Schadenanzeige gegenüber einem Versicherungsagenten[272].

Zweck der Anzeigeobliegenheit ist die Reduzierung der Vertragsgefahr[273].

3. Stehlgutliste

Ebenfalls der Minderung der Vertragsgefahr, zugleich aber auch der Minderung des Scha- **142** dens dient die Obliegenheit gemäß § 13 Nr. 1b AERB 87, wonach der Polizeidienststelle unverzüglich ein **Verzeichnis der abhanden gekommenen Sachen (sog. Stehlgutliste)** einzureichen ist. Der VN soll mit alsbaldigen Nachforschungen des VR wie auch der Polizei rechnen müssen und abgehalten werden, später den Umfang des Schadens aufzubauschen[274]. Dies schließt die Möglichkeit späterer Korrekturen selbstverständlich nicht aus, da es nachvollziehbar ist, dass der Schadensumfang nicht immer sofort vollständig festgestellt wird[275].

Wann noch von einer **Unverzüglichkeit** der Einreichung der Stehlgutliste auszugehen ist, **143** wird in der Rechtsprechung uneinheitlich beurteilt. In der Regel wird dem VN mindestens eine Frist von einer Woche zuzubilligen sein. Nach Ablauf von zwei Wochen gehen die meisten Gerichte von einer verspäteten Vorlage der Stehlgutliste aus[276]. Zu berücksichtigen sind immer die Umstände des Einzelfalls, insbesondere auch der Umfang des Schadens[277].

Zu den **inhaltlichen Anforderungen** an die einzureichende Stehlgutliste ist in den Be- **144** dingungen nichts gesagt. Verlangt wird eine Beschreibung der einzelnen Gegenstände, die eine Individualisierung ermöglichen[278]. Soweit keine Individualisierung möglich ist, sind auch Sammelbezeichnungen zulässig. Bei gestohlenen elektronischen Geräten genügt die Typenbezeichnung nicht. Erforderlich sind auch die Gerätenummern[279]. Die Vorlage einer Inventurliste, die pauschale Angabe, es seien Textilien, hauptsächlich Lederwaren, mit einem bestimmten Wert entwendet worden sowie bloße Gattungsbezeichnungen bei Schmuck reichen nicht aus[280]. Angaben zum Anschaffungspreis, Zeitwert oder zum Anschaffungsjahr können für die Stehlgutliste nicht verlangt werden[281].

---

[271] Vgl. *Martin*, Sachversicherungsrecht, X II Rn. 34.

[272] Vgl. hierzu *Prölss/Martin/Prölss*, § 33 Rn. 8.

[273] Vgl. *Prölss/Martin/Kollhosser*, § 13 AERB 81 Rn. 1; *Martin*, Sachversicherungsrecht, X II Rn. 24, X II Rn. 64.

[274] Vgl. *Prölss/Martin/Kollhosser*, § 13 AERB 81 Rn. 1; *Martin*, Sachversicherungsrecht, X II Rn. 85; OLG Köln v. 19. 9. 2000, NVersZ 2001, 29; OLG Köln v. 19. 10. 1999, r+s 2000, 248; OLG Köln v. 23. 1. 1996, VersR 1996, 1534; OLG Köln v. 20. 11. 2007, VersR 2008, 819.

[275] Vgl. hierzu *Martin*, Sachversicherungsrecht, X II Rn. 87 f.; OLG Koblenz v. 28. 1. 2000, r+s 2000, 161 (162).

[276] Eine verspätete Einreichung haben angenommen OLG Köln v. 30. 4. 1996, r+s 1996, 323 nach ca. 3 Wochen; OLG Köln v. 23. 1. 1996, r+s 1998, 250 nach 15 Tagen; OLG Köln v. 19. 10. 1999, r+s 2000, 248 nach 3 Wochen; OLG Hamm v. 4. 2. 2002, r+s 2002, 335/336 = NVersZ 2002, 324 nach 2 Wochen; OLG Köln v. 20. 11. 2007, VersR 2008, 819 nach 7 Wochen.

[277] Vgl. OLG Frankfurt v. 20. 9. 2000, r+s 2002, 512, (513), wonach eine Erstellung der Stehlgutliste am 10. Tag nach dem Versicherungsfall durch die Ehefrau des VN bei einem umfangreichen Schaden noch keine Obliegenheitsverletzung darstellt; OLG Koblenz v. 15. 12. 2006, VersR 2007, 1694, wonach die Einreichung auch nach 33 Tagen noch unverzüglich ist, wenn ihre Aufstellung angesichts der Vielzahl der entwendeten Gegenstände mit erheblichen Schwierigkeiten und hohem zeitlichen Aufwand verbunden war.

[278] BGH v. 17. 3. 1988, r+s 1988, 146 = NJW-RR 1988, 728; KG v. 2. 2. 1993, r+s 1995, 146; vgl. Hinweise der Schriftleitung in r+s 2003, 21.

[279] BGH v. 17. 3. 1988, r+s 1988, 146 = NJW-RR 1988, 728; *Martin*, Sachversicherungsrecht, X II Rn. 76.

[280] OLG Stuttgart v. 18. 11. 1993, r+s 1995, 146; OLG Köln v. 30. 4. 1996, r+s 1996, 323.

[281] OLG Hamm v. 18. 5. 1994, r+s 1994, 306 = VersR 1995, 289.

145   Streitig ist, ob eine **Belehrungspflicht des VR** über die Obliegenheit zur Vorlage einer Stehlgutliste und über die Rechtsfolgen einer Verletzung dieser Obliegenheit besteht. Überwiegend wird angenommen, dass der VR zu einer derartigen Belehrung nicht verpflichtet ist, der VN sich vielmehr nach Eintritt des Versicherungsfalls selbst anhand der Versicherungsbedingungen über seine Verpflichtungen zu informieren hat[282]. Hiergegen argumentiert mit gewichtigen Gründen *Knappmann*[283], der wegen der weitgehend fehlenden Kenntnis von der Obliegenheit, eine Stehlgutliste bei der Polizei einzureichen, vom VR verlangt, dass er auf diese Obliegenheit und die Folgen ihrer Verletzung sofort nach Anzeige des Versicherungsfalls hinweist. Eine Belehrungspflicht in jedem Einzelfall, insbesondere in der Geschäftsversicherung, geht m. E. zu weit. Es dürfte allerdings im Rahmen der Prüfung der Leistungsfreiheit gemäß § 13 Nr. 2 und 3 AERB 87 grobe Fahrlässigkeit entfallen, wenn der VR nach Anzeige des Versicherungsfalls mit Übersendung der formalisierten Schadenanzeige zur Einreichung eines Verzeichnisses der abhanden gekommenen Sachen auffordert, nicht aber gleichzeitig darauf hinweist, dass ein solches Verzeichnis auch bei der Polizei einzureichen ist. Im Hinblick auf die verbreitete Praxis der Polizei, bei Diebstählen geringeren Ausmaßes die Fahndungsbemühungen zu reduzieren, kann in der Tat nicht davon ausgegangen werden, dass dem nicht über einschlägige Erfahrungen verfügenden VN die Obliegenheit zur Vorlage einer Stehlgutliste bewusst ist[284].

4. Schadenabwendung, Schadenminderung

146   § 13 Nr. 1 c AERB 87 statuiert – nahezu wortgleich mit § 62 VVG a. F. – die Obliegenheit, den Schaden nach Möglichkeit **abzuwenden oder zu mindern** und dabei die Weisungen des VR zu befolgen und ggf. selbst einzuholen (Obliegenheit zur Schadenabwendung und Schadenminderung). Zum Inhalt dieser Obliegenheit kann auf § 15 Rettungsobliegenheiten verwiesen werden[285].

147   Eine spezielle Ausprägung der allgemeinen Rettungspflicht findet sich in § 13 Nr. 1 d AERB 87, wonach für abhanden gekommene **Wertpapiere** unverzüglich das Aufgebotsverfahren einzuleiten und abhanden gekommene Sparbücher und sonstige Urkunden unverzüglich zu sperren sind[286].

5. Aufklärungsobliegenheit

148   **a)** Nach § 13 Nr. 1 e AERB 87 hat der VN dem VR auf dessen Verlangen im Rahmen des Zumutbaren jede **Untersuchung** über Ursache und Höhe des Schadens und über den Umfang seiner Entschädigungspflicht zu gestatten; er hat jede hierzu dienliche **Auskunft** auf Verlangen schriftlich zu erteilen und die erforderlichen **Belege** beizubringen. Diese sehr weitgehende Aufklärungsobliegenheit rechtfertigt sich daraus, dass alle entscheidungserheblichen Tatsachen zu Ursache und Höhe des Schadens und zum Umfang der Entschädigungspflicht in der Sphäre des VN liegen. Ohne die Aufklärungsobliegenheit wäre dem VR der Zugang zu Beweismitteln aller Art versperrt[287]. Begrenzt wird die Aufklärungsobliegenheit durch das Erfordernis der **Zumutbarkeit**.

149   **b)** In **zeitlicher Hinsicht** endet die Aufklärungsobliegenheit nach der Rechtsprechung des BGH[288] mit der endgültigen Ablehnung der Leistungspflicht durch den VR. Gibt der VR allerdings zu erkennen, dass er erneut in die Prüfung seiner Leistungspflicht eintreten

---

[282] *Martin,* Sachversicherungsrecht, X II Rn. 79; OLG Hamm v. 18. 1. 1985, VersR 1985, 461; OLG Köln v. 28. 3. 2000, r+s 2000, 339; OLG Koblenz v. 11. 7. 1986, VersR 1988, 25.

[283] *Knappmann,* r+s 2002, 485, 488/489.

[284] Vgl. OLG Düsseldorf v. 18. 3. 2003, r+s 2003, 457 f. = VersR 2005, 1727 zur Hausratversicherung.

[285] Vgl. auch *Martin,* Sachversicherungsrecht, X II Rn. 183 ff.

[286] Vgl. hierzu *Martin,* Sachversicherungsrecht, Q II Rn. 43.

[287] Vgl. hierzu *Martin,* Sachversicherungsrecht, X II Rn. 93.

[288] BGH v. 7. 6. 1989, VersR 1989, 842 = r+s 1989, 296; *Prölss/Martin/Kollhosser,* § 13 AERB 81 Rn. 1; *Römer/Langheid/Römer,* § 6 Rn. 29 m. w. N.

will, lebt die Aufklärungsobliegenheit wieder auf[289]. Im Rahmen des Deckungsprozesses gelten die allgemeinen zivilprozessualen Grundsätze der Darlegungs- und Beweislast. Eine Aufklärungsobliegenheit des VN im Deckungsprozess ist hiermit nicht zu vereinbaren[290].

Trotz vollständiger Entschädigungszahlung besteht die Aufklärungsobliegenheit aus- **150** nahmsweise dann fort, wenn der VR zunächst nur **unter Vorbehalt** geleistet hat[291]. Nach einem rechtskräftigen Leistungsurteil und nach einer vorbehaltlosen Schadenregulierung bestehen die Rechte aus der Aufklärungsobliegenheit nicht mehr. Die Voraussetzungen für einen Rückforderungsanspruch gemäß § 812 BGB oder die Voraussetzungen für eine Vollstreckungsgegenklage oder ein Wiederaufnahmeverfahren sind vom VR nicht nur nach allgemeinen zivilprozessualen Grundsätzen zu beweisen, sondern auch in tatsächlicher Hinsicht zu ermitteln[292]. Es dürfte den Rahmen des Zumutbaren überschreiten, wollte man vom VN verlangen, den VR nach einem rechtskräftig entschiedenen Deckungsprozess oder nach einer vorbehaltlosen Schadenregulierung dabei zu unterstützen, rechtserhebliche Tatsachen für einen Rückforderungsanspruch, eine Vollstreckungsgegenklage oder ein Wiederaufnahmeverfahren zu beschaffen.

c) Die Obliegenheit, jede zumutbare Untersuchung über Ursache und Höhe des Scha- **151** dens und über den Umfang der Entschädigungspflicht zu gestatten, setzt, wie sich aus dem nachfolgenden Halbsatz in § 13 Nr. 1 AERB 87 ergibt, **Sachdienlichkeit** voraus. Der Begriff der Sachdienlichkeit ist weit auszulegen und umfasst alle für Anspruchsgrund und Anspruchshöhe rechtserheblichen Tatsachen[293]. Insbesondere kann auch nach Vorversicherung, Vorschäden und anderen Indiztatsachen für die Glaubwürdigkeit des VN gefragt werden.

Verlangt werden kann die **Einsichtnahme** in Buchhaltungsunterlagen, die Einsichtnahme **152** von Augenschein (Besichtigung des Versicherungsorts, Besichtigung der versicherten Sachen) sowie die Befragung Dritter unter Einschluss der Arbeitnehmer des VN[294]. Nicht ausdrücklich ist in den AERB – im Gegensatz zu anderen Bedingungen – geregelt, dass das Schadenbild unverändert zu lassen ist, bis der VR Veränderungen zustimmt. Diese Obliegenheit muss ggf. nach Eintritt des Versicherungsfalls vereinbart werden[295].

d) Der VN hat dem VR jede im Hinblick auf Schadensgrund und Schadenshöhe **sach-** **153** **dienliche Auskunft** zu erteilen, was auf Verlangen des VR schriftlich zu geschehen hat. Insoweit greifen die AERB die in § 34 VVG a. F. = § 31 VVG n. F. geregelte Auskunftspflicht auf. Unter den Begriff der „Auskunft" fallen alle Angaben des VN auf sachdienliche Fragen des VR. Da der Begriff der Auskunft nach dem allgemeinen Sprachgebrauch eine Frage desjenigen voraussetzt, dem die Auskunft erteilt wird, stellen nicht alle falschen und erst recht nicht alle unvollständigen Angaben des VN in der Schadenanzeige oder in Regulierungsverhandlungen eine Auskunft i. S. v. § 13 Nr. 1 e AERB 87 dar[296]. Falsche Angaben in der Schadenanzeige oder in den Regulierungsverhandlungen, die begrifflich nicht als Auskunft angesehen werden können, da es an einer entsprechenden Frage fehlt, können jedoch eine arglistige Täuschung darstellen. Falsche Angaben gegenüber der Polizei oder gegenüber einem im Sachverständigenverfahren tätigen Sachverständigen stellen keine Verletzung der dem VR gegenüber bestehenden Aufklärungsobliegenheit dar.

---

[289] *Römer/Langheid,* § 34 Rn. 3 m. w. N.; *Martin,* Sachversicherungsrecht, X II Rn. 100 ff., der noch weitergehend eine zeitliche Grenze der Aufklärungsobliegenheit grundsätzlich ablehnt.
[290] Anders *Martin,* Sachversicherungsrecht, X II Rn. 95 ff.
[291] OLG Hamm v. 3. 4. 1987, VersR 1987, 1129; *Martin,* Sachversicherungsrecht, X II Rn. 113.
[292] Z. T. anders *Martin,* Sachversicherungsrecht, X II Rn. 112 ff.
[293] Vgl. im Einzelnen *Martin,* Sachversicherungsrecht, X II Rn. 153 ff.
[294] Vgl. hierzu *Martin,* Sachversicherungsrecht, X II Rn. 134 ff.
[295] Vgl. hierzu *Martin,* Sachversicherungsrecht, X II Rn. 138 ff.; OLG Hamm v. 24. 10. 1990, VersR 1991, 923.
[296] BGH v. 11. 6. 1976, VersR 1976, 821; BGH v. 30. 11. 1977, VersR 1978, 122; OLG Hamm v. 12. 4. 1978, VersR 1979, 49; *Martin,* Sachversicherungsrecht, X II Rn. 146.

154   e) In welcher **Form** die Auskünfte zu erteilen sind, kann durch den VR bestimmt werden. Auf Verlangen des VR ist die Auskunft schriftlich zu erteilen. Dies bedeutet nicht, dass der VN eine mündliche Befragung ablehnen darf. Etwas anderes gilt, wenn die Beantwortung der Fragen die Einsichtnahme in schriftliche Unterlagen erfordert oder es auf rechnerische oder technische Genauigkeit ankommt[297]. Der VR muss dann, um dem der Obliegenheit des § 13 Nr. 1 e AERB 87 vorangestellten Zumutbarkeitserfordernis zu genügen, die Fragen schriftlich stellen und dem VN eine schriftliche Beantwortung ermöglichen. Gleiches gilt, wenn der VR, was häufig im Rahmen von Regulierungsverhandlungen der Fall sein wird, die Antworten des VN in ihrem genauen Wortlaut aktenkundig machen möchte[298].

155   Der VN muss die Auskunft **persönlich** erteilen. Auf einen Beauftragten muss sich der VR nicht verweisen lassen[299].

156   f) Von größter Bedeutung ist – wie auch bei den Antragsfragen des § 16 VVG a. F. = § 19 Abs. 1 VVG n. F. – eine **präzise Fragestellung.** Jede Doppeldeutigkeit oder Unklarheit ist zu vermeiden, da ansonsten häufig schon objektiv keine Obliegenheitsverletzung vorliegen wird, jedenfalls aber der Entschuldigungsbeweis möglich ist.

157   g) Der VN muss schließlich die erforderlichen **Belege beibringen,** was sich, soweit es um die Vorlage von Kaufbelegen für abhanden gekommene oder zerstörte Sachen geht, schon aus der Nachweispflicht des VN ergibt. Aber auch andere Belege hat der VN beizubringen, wenn dies für die Ermittlung von Ursache und Höhe des Schadens von Bedeutung ist[300]. Daraus, dass Belege nur „beizubringen" sind, folgt, dass der VN nicht verpflichtet ist, Belege zu übersenden oder zu übergeben. Dies gilt insbesondere für Originalbelege, bei denen die Gefahr des Abhandenkommens besteht. Insoweit muss der VR sich darauf verweisen lassen, die Belege vor Ort einzusehen[301]. Etwas anderes gilt, wenn die Prüfung von Belegen auf ihre Echtheit erforderlich ist. Eine Herausgabe der Belege kann in einem solchen Fall schon im Rahmen der Obliegenheit, jedwede Untersuchung im Rahmen des Zumutbaren zu gestatten, verlangt werden. Die geprüften Belege sind nach angemessener Zeit zurückzugeben[302]. Eine Obliegenheit, Belege aufzubewahren, kann aus der nach dem Versicherungsfall zu erfüllenden Obliegenheit, die erforderlichen Belege beizubringen, nicht abgeleitet werden[303]. In der Praxis führt die Angabe des VN, Belege seien vernichtet oder sonstwie abhanden gekommen, regelmäßig zu erhöhten Beweisanforderungen, wenn es sich um Belege handelt, die üblicherweise aufbewahrt werden. Bei Gegenständen des allgemeinen Lebensbedarfs oder Geschenken lässt sich Nachteiliges aus dem Fehlen von Belegen nicht ableiten[304].

6. Verzeichnisse

158   Gemäß § 13 Nr. 1 f AERB 87 hat der VN dem VR innerhalb einer angemessenen Frist von mindestens 2 Wochen ein von ihm unterschriebenes **Verzeichnis aller abhanden gekommenen, zerstörten oder beschädigten Sachen** vorzulegen. Darüber hinaus kann der VR auch ein Verzeichnis aller unmittelbar vor Eintritt des Versicherungsfalls vorhandenen Sachen verlangen. In beiden Verzeichnissen ist der Versicherungswert der Sachen unmittelbar vor Eintritt des Versicherungsfalls anzugeben. Wie die Obliegenheit zur Einreichung der Stehlgutliste bei der Polizei dient auch die Obliegenheit zur Vorlage eines Verzeichnisses aller abhanden gekommenen, zerstörten oder beschädigten Sachen der Minderung der Vertrags-

---

[297] Vgl. *Martin,* Sachversicherungsrecht, X II Rn. 148.

[298] So zutreffend *Martin,* Sachversicherungsrecht, X II Rn. 148, 150.

[299] *Martin,* Sachversicherungsrecht, X II Rn. 150.

[300] Vgl. OLG Köln v. 30. 6. 1988, r+s 1988, 337 für Rapportzettel über Monteurstunden.

[301] Vgl. *Martin,* Sachversicherungsrecht, X II Rn. 117.

[302] OLG Hamm v. 22. 2. 1985, VersR 1985, 1053 = r+s 1986, 131; *Martin,* Sachversicherungsrecht, X II Rn. 117.

[303] Vgl. *Martin,* Sachversicherungsrecht, X II Rn. 118.

[304] Vgl. OLG Stuttgart v. 18. 4. 1986, NJW-RR 1986, 828; OLG Karlsruhe v. 4. 6. 1981, VersR 1982, 259; *Martin,* Sachversicherungsrecht, X II Rn. 119.

gefahr. Zweck der Obliegenheit, ein Verzeichnis aller unmittelbar vor Eintritt des Versicherungsfalls vorhandenen Sachen vorzulegen, ist es demgegenüber, dem VR die Prüfung einer ggf. vorliegenden Unterversicherung zu ermöglichen[305].

7. Rechtsfolgen bei Obliegenheitsverletzungen

Bei Verletzung einer der Obliegenheiten des § 13 Ziff. 1 AERB 87 sieht § 13 Nr. 2 **159** AERB 87 auf der Grundlage des bisherigen Rechts **Leistungsfreiheit nach Maßgabe der §§ 6 Abs. 3, 62 Abs. 2 VVG a. F.** vor. Wie durch § 13 Nr. 2 Satz 2 AERB 87 ausdrücklich klargestellt wird, gilt dies nicht, wenn lediglich die fernmündliche, fernschriftliche oder telegrafische Anzeige gemäß § 13 Nr. 1a AERB 87 unterbleibt, da es sich hierbei ohnehin nur um eine Soll-Vorschrift handelt. Im Rahmen der **Reform des VVG** sind die Rechtsfolgen der Verletzung vertraglicher Obliegenheiten grundlegend neu geregelt worden. Vollständige Leistungsfreiheit besteht grundsätzlich nur noch bei vorsätzlicher Obliegenheitsverletzung. Bei grob fahrlässiger Obliegenheitsverletzung besteht ein **quotales Leistungskürzungsrecht** des Versicherers. Einfache Fahrlässigkeit wird bei Verletzung von Obliegenheiten nicht mehr sanktioniert. Sowohl bei vorsätzlicher als auch bei grob fahrlässiger Obliegenheitsverletzung steht dem VN gemäß § 28 Abs. 3 VVG n. F. der Kausalitätsgegenbeweis offen. Dies gilt nicht bei Arglist. Zu Einzelheiten kann verwiesen werden auf die Ausführungen in § 13.

Bei einer Verletzung der Anzeigepflicht ist stets § 33 Abs. 2 VVG a. F. = § 30 Abs. 2 VVG n. F. zu beachten, was auch bei einer Verletzung der Schriftform gilt[306]. Bei Verletzung der Obliegenheit zur unverzüglichen Vorlage einer Stehlgutliste bei der Polizei kann sich die Leistungsfreiheit gemäß § 13 Nr. 2 Satz 3 AERB 87 nur auf diejenigen Sachen beziehen, die der Polizei nicht oder nicht rechtzeitig angezeigt worden sind.

Beruht die Obliegenheitsverletzung weder auf Vorsatz noch auf grober Fahrlässigkeit, so **160** verbleibt es gemäß §§ 6 Abs. 3, 62 Abs. 2 VVG a. F. bei der Leistungspflicht des VR. Zu den Anforderungen dieses **Entschuldigungsbeweises** kann auf die allgemeinen Ausführungen zu § 6 Abs. 3 VVG a. F. und § 62 Abs. 2 VVG a. F. verwiesen werden[307]. Gelingt dem VN der Entschuldigungsbeweis nicht, so kommt der **Kausalitätsgegenbeweis** gemäß § 6 Abs. 3 Satz 2 VVG a. F. in Betracht. Der VN muss dann nachweisen, dass die Obliegenheitsverletzung weder Einfluss auf die Feststellung des Versicherungsfalles noch auf die Feststellung oder den Umfang der Versicherungsleistung gehabt hat.

In der Einbruchdiebstahl- und Raubversicherung ist der Kausalitätsgegenbeweis insbeson **161** dere von Bedeutung bei Verletzung der Obliegenheit zur Vorlage einer **Stehlgutliste** bei der Polizei. Steht mit an Sicherheit grenzender Wahrscheinlichkeit fest – hohe oder gar nur überwiegende Wahrscheinlichkeit reicht nicht aus –[308], dass auch eine unverzügliche Einreichung der Stehlgutliste nicht zur Einleitung von Fahndungsmaßnahmen der Polizei oder im Falle ihrer Durchführung zu einem Fahndungserfolg geführt hätte, so ist der Kausalitätsgegenbeweis geführt. Die Rechtsprechung geht überwiegend davon aus, dass beim **Diebstahl geringwertiger Massenwaren** ein Fahndungserfolg praktisch ausgeschlossen ist, so dass in diesen Fällen die verspätete Vorlage der Stehlgutliste nicht zur Leistungsfreiheit führt[309]. Handelt es sich um individualisierbare Gegenstände, so können Fahndungsaussichten trotz geringer

---

[305] *Martin,* Sachversicherungsrecht, X II Rn. 172.
[306] Vgl. *Prölss/Martin/Prölss,* § 33 Rn. 17, 19; BK/Dörner, § 33 Rn. 19 ff.; OLG Köln v. 14. 5. 2002, r+s 2002, 338 (339).
[307] Vgl. ausführlich auch *Martin,* Sachversicherungsrecht, X II Rn. 16–20, 54–58, 66–69, 79–84, 157–161 und 171.
[308] *Prölss/Martin/Kollhosser,* § 13 AERB 81 Rn. 5.
[309] OLG Köln v. 19. 9. 2000, NVersZ 2001, 29; OLG Köln v. 16. 1. 1996, r+s 2000, 28; OLG Köln v. 21. 2. 1995, VersR 1996, 323 = r+s 1995, 149; OLG Koblenz v. 11. 7. 1986, VersR 1988, 25; OLG Hamm v. 28. 5. 1986, r+s 1986, 235; zurückhaltend *Prölss/Martin/Kollhosser,* § 13 AERB 81 Rn. 5.

Aufklärungsquoten der Polizei nicht pauschal verneint werden[310]. Der Kausalitätsgegenbeweis ist auch dann geführt, wenn sich feststellen lässt, dass Sachen der gestohlenen Gattungen im örtlichen und zeitlichen Umfeld der Tat überhaupt nicht als Stehlgut aufgetaucht sind[311]. Ebenfalls als geführt anzusehen ist der Kausalitätsgegenbeweis, wenn die Polizei trotz Äußerung eines konkreten Tatverdachts Fahndungsmaßnahmen abgelehnt hat[312].

162 Kann der VN die Vorsatzvermutung nicht entkräften, so bleibt die Leistungspflicht des VR gemäß § 13 Nr. 3 AERB 87 gleichwohl bestehen, wenn die Obliegenheitsverletzung Einfluss weder auf die Feststellung des Versicherungsfalls noch auf die Feststellung oder den Umfang der Entschädigungspflicht hatte **und** die Obliegenheitsverletzung nicht geeignet war, die Interessen des VR ernsthaft zu beeinträchtigen und den VN außerdem kein erhebliches Verschulden trifft. § 13 Nr. 3 AERB 87 ist Ausdruck der sog. **Relevanzrechtsprechung** des Bundesgerichtshofs[313]. Große Bedeutung hat der Einwand nach § 13 Nr. 3 AERB 87 nicht, da es bei den in § 13 Nr. 1 a bis f AERB 87 genannten Obliegenheiten an der generellen Eignung, das Aufklärungsinteresse des VR ernsthaft zu beeinträchtigen, kaum jemals fehlen dürfte[314].

163 Bei vorsätzlicher, folgenloser Verletzung von Aufklärungs- und Auskunftsobliegenheiten nach Eintritt des Versicherungsfalls macht die Rechtsprechung die Leistungsfreiheit des VR davon abhängig, dass der VN ausdrücklich und unmissverständlich über den Verlust seines Leistungsanspruchs auch für den Fall, dass die Obliegenheitsverletzung keinen Nachteil für den VR hatte, **belehrt** worden ist[315]. Ob bei späteren Nachfragen eine einmal ordnungsgemäß erteilte Belehrung wiederholt werden muss, ist umstritten und dürfte davon abhängen, ob die weitere Anfrage des VR zeitnah zur ersten Belehrung erfolgt[316].

V. Besondere Verwirkungsgründe

164 § 14 AERB 87 enthält drei unterschiedliche Tatbestände, nach denen eine Leistungsfreiheit des VR eintritt (**„Besondere Verwirkungsgründe"**). Die Bestimmung des § 14 AERB 87 entspricht weitgehend den Regelungen auch in anderen Zweigen der Sachversicherung. § 14 Nr. 1 AERB 87 erklärt den VR auf der Grundlage des bisherigen Rechts für leistungsfrei, wenn der VN den Schaden vorsätzlich oder grob fahrlässig herbeiführt. Die Vorschrift ist inhaltsgleich mit § 61 VVG. a. F. § 14 Nr. 2 AERB 87 regelt die Leistungsfreiheit in den Fällen einer arglistigen Täuschung durch den VN. § 14 Nr. 3 AERB 87 übernimmt schließlich die in § 12 Abs. 3 VVG a. F. geregelte Leistungsfreiheit, bei Leistungsablehnung und Ablauf einer Ausschlussfrist.

164a Die **Neuregelung in § 81 VVG** sieht eine vollständige Leistungsfreiheit nur noch bei vorsätzlicher Herbeiführung des Versicherungsfalls vor. Bei grob fahrlässiger Herbeiführung des Versicherungsfalls ist der Versicherer gemäß § 81 Abs. 2 VVG n. F. berechtigt, seine Leistung in einem der Schwere des Verschuldens des VN entsprechenden Verhältnis zu kürzen. Die

---

[310] Vgl. OLG Frankfurt v. 20. 7. 2000, r+s 2000, 464 = NVersZ 2001, 37 zu Schmuckgegenständen und Teilen einer Fotoausrüstung; OLG Köln v. 28. 3. 2000, r+s 2000, 339, 340; OLG Köln v. 19. 10. 1999, r+s 2000, 248, 250 für Schmuckgegenstände, seltene Markenkleidungsstücke, auffälliger Nerzmantel; zu weiteren Entscheidungen *Martin,* Sachversicherungsrecht, X II Rn. 90.

[311] OLG Hamm v. 28. 5. 1986, r+s 1986, 235; *Prölss/Martin/Kollhosser,* § 13 AERB 81 Rn. 5; *Martin,* Sachversicherungsrecht, X II Rn. 91.

[312] OLG Hamm v. 4. 2. 2002, r+s 2002, 335, 336 = NVersZ 2002, 324, 325.

[313] Vgl. *Martin,* Sachversicherungsrecht, X I Rn. 19–34; *Prölss/Martin/Kollhosser,* § 13 AERB 81 Rn. 4.

[314] Vgl. *Martin,* Sachversicherungsrecht, X I Rn. 27, 29.

[315] BGH v. 21. 1. 1998, r+s 1998, 144 = VersR 1998, 447 (448); OLG Köln v. 19. 12. 2000, r+s 2001, 121 = NVersZ 2001, 278 (279); OLG Hamm v. 24. 4. 1998, r+s 1998, 364; *Römer/Langheid/Römer,* § 6 Rn. 60 ff.; Berliner Kommentar/*Schwintowski,* § 6 Rn. 182 ff.

[316] Vgl. zur Problematik *Römer/Langheid/Römer,* § 6 Rn. 65; OLG Köln v. 29. 4. 1997, VersR 1997, 1395 = r+s 1997, 247; OLG Koblenz v. 11. 2. 2000, r+s 2000, 294 (295); OLG Oldenburg v. 20. 8. 1997, VersR 1998, 449 = r+s 1997, 450; OLG Oldenburg v. 17. 1. 1996, r+s 1997, 228 = VersR 1996, 1533; OLG Hamm v. 25. 8. 2000, r+s 2001, 140.

Einführung einer **verschuldensabhängigen Quotenhaftung** innerhalb der groben Fahrlässigkeit entspricht den Regelungen bei einer grob fahrlässigen Obliegenheitsverletzung oder Gefahrerhöhung (§§ 26 Abs. 1, 28 Abs. 2 VVG n. F.). Für das Ausmaß der Leistungsfreiheit des Versicherers kommt es darauf an, ob die grobe Fahrlässigkeit im konkreten Fall „nahe beim bedingten Vorsatz" oder aber „eher im Grenzbereich zur einfachen Fahrlässigkeit" liegt[317]. Hinsichtlich der Beweislast verbleibt es beim bisherigen Recht. Der Versicherer hat sowohl Vorsatz als auch grobe Fahrlässigkeit nachzuweisen.

1. Vorsätzliche oder grob fahrlässige Herbeiführung des Versicherungsfalls

Führt der VN den Schaden **vorsätzlich oder grob fahrlässig** herbei, so ist der VR nach **165** bisherigem Recht gemäß § 14 Nr. 1 AERB 87 von der Entschädigungspflicht frei. Die Regelung ist inhaltsgleich mit § 61 VVG a. F. Auf die Ausführungen in § 16 sowie auf die Kommentierungen von § 61 VVG a. F. kann deshalb verwiesen werden. Besonderheiten für die Einbruchdiebstahl- und Raubversicherung bestehen nicht.

Grob fahrlässig handelt nach allgemeiner Auffassung in Rechtsprechung und Schrifttum derjenige, der die im Verkehr erforderliche Sorgfalt unter Berücksichtigung sämtlicher Umstände in besonders hohem Maße verletzt und das unbeachtet lässt, was unter den gegebenen Umständen jedem hätte einleuchten müssen[318]. Die grobe Fahrlässigkeit setzt im Hinblick auf die Herbeiführung des Schadens das Bewusstsein des VN voraus, dass sein Verhalten geeignet ist, den Eintritt des Versicherungsfalls oder die Vergrößerung des Schadens zu fördern. Grob fahrlässige Unkenntnis steht dem gleich[319]. Zur Frage der grob fahrlässigen Herbeiführung eines Einbruchdiebstahls gibt es eine **umfangreiche Kasuistik**, wobei sich die Entscheidungen weit überwiegend auf die VHB beziehen. Es sind folgende Fallgruppen von Bedeutung:

Kontrovers wird in der Rechtsprechung die Frage entschieden, ob das **Belassen von Fen- 166 stern oder Balkontüren in Kippstellung** eine grobe Fahrlässigkeit darstellt. Soweit dies angenommen worden ist, handelte es sich jeweils um die Kippstellung von Erdgeschoss- oder Untergeschossfenstern während einer längeren Abwesenheit des VN[320]. Ohne das Hinzutreten besonderer Umstände wird das Zurücklassen eines Fensters in Kippstellung überwiegend noch nicht als grob fahrlässig angesehen, wobei immer auch geprüft werden muss, ob sich das Fehlverhalten überhaupt auf den Eintritt des Versicherungsfalls ausgewirkt hat[321]. Für die Einbruchdiebstahl- und Raubversicherung ist die Frage, ob das Zurücklassen eines in Kippstellung befindlichen Fensters grob fahrlässig ist, weitgehend ohne Bedeutung, da § 7 Nr. 1b aa AERB 87 ausdrücklich bestimmt, dass in den Zeiten der Betriebsruhe Türen und alle sonstigen Öffnungen des Versicherungsorts stets ordnungsgemäß verschlossen zu halten sind. Leistungsfreiheit kommt insoweit nicht nur wegen grober Fahrlässigkeit, sondern auch wegen Obliegenheitsverletzung gemäß § 7 Nr. 2 AERB 87 i. V. m. § 6 Abs. 1 und Abs. 2 VVG in Betracht.

---

[317] Vgl. hierzu Begründung zum Regierungsentwurf BT-Drucks. 16/3945 = BR-Drucks. 707/06, S. 200.
[318] Vgl. *Römer/Langheid/Langheid,* § 61 Rn. 43 m. w. N.; *Prölss/Martin/Prölss,* § 6 Rn. 117.
[319] Vgl. *Römer/Langheid/Langheid,* § 61 Rn. 43; *Prölss/Martin/Prölss,* § 61 Rn. 11.
[320] OLG Oldenburg v. 20. 3. 1996, r+s 1996, 455: Kippstellung eines Fensters im rückwärtigen Teil eines ansonsten unbewohnten Hauses für ca. 11 Stunden in der Nacht; OLG Celle v. 10. 6. 1992, VersR 1993, 572: Kippstellung eines nicht einsehbaren Schlafzimmerfensters einer Erdgeschosswohnung für eine halbe Nacht; OLG Karlsruhe v. 20. 11. 1997, r+s 1998, 162: Kippstellung eines nicht einsehbaren Fensters im Untergeschoss eines abgelegenen und von Bäumen geschützten Hauses für mehrere Stunden; vgl. auch LG München v. 14. 9. 1988, VersR 1989, 740; LG Duisburg v. 25. 3. 1988, VersR 1988, 483; LG Münster v. 29. 8. 1991, r+s 1994, 350; AG Hamburg v. 25. 2. 1997, VersR 1998, 360; AG Köln v. 26. 3. 1993, VersR 1993, 1268.
[321] Vgl. OLG Hamm v. 20. 12. 2000, VersR 2001, 1234; OLG Hamm v. 15. 1. 1997, VersR 1997, 1352; OLG Köln v. 29. 4. 1997, r+s 1997, 296; OLG Braunschweig v. 15. 4. 1993, r+s 1993, 384; OLG Hamm v. 17. 2. 1993, VersR 1993, 1265; OLG Hamm v. 20. 12. 1991, VersR 1993, 96; OLG Hamburg v. 31. 3. 1987, NJW-RR 1989, 797; vgl. auch *Terbille,* r+s 2000, 45 (51).

167   Die **Aufbewahrung von wertvollen Gegenständen in Kellerverschlägen** wird überwiegend als grob fahrlässig angesehen, wenn die Kellerräume leicht zugänglich und nicht besonders gesichert sind[322]. Grobe Fahrlässigkeit ist verneint worden bei einer nur provisorischen Sicherung eines aufgebrochen vorgefundenen und von Einbrechern ohne Wegnahme
von Gegenständen verlassenen Lagerraums[323]. Für die Einbruchdiebstahl- und Raubversicherung ist zu beachten, dass für Wertsachen besondere Verschlussvorschriften gemäß § 4 Nr. 3
und 4 AERB 87 gelten.

168   Wird eine **Eingangstür nur ins Schloss gezogen,** nicht aber abgeschlossen, kann unter
besonderen Umständen grobe Fahrlässigkeit angenommen werden[324]. Bei kürzerer Abwesenheit dürfte der Vorwurf grober Fahrlässigkeit nicht durchgreifen[325]. Für die Einbruchdieb-
stahl- und Raubversicherung ist wiederum zu berücksichtigen, dass § 7 Nr. 1b aa AERB 87
das ordnungsgemäße Verschließen aller Türen, solange die Arbeit im Betrieb ruht, verlangt.
Durch ein nur einmaliges (statt doppeltes) Betätigen des Türschlosses wird der vom VN geschuldete Sicherheitsstandard allerdings nicht unterschritten[326].

169   Die objektiven und subjektiven Voraussetzungen der Leistungsfreiheit wegen vorsätzlicher
oder grob fahrlässiger Herbeiführung des Versicherungsfalls sind **vom VR darzulegen und
zu beweisen**[327].

2. Arglistige Täuschung

170   Nach § 14 Nr. 2 AERB 87 ist der VR auch dann von seiner Entschädigungspflicht frei,
wenn der VN oder einer seiner Repräsentanten (vgl. hierzu § 17 AERB 87) versucht, den
VR arglistig über Tatsachen zu täuschen, die für den Grund oder die Höhe der Entschädigung von Bedeutung sind. Hieran hat die Neufassung des VVG nichts geändert. Der Tatbestand der **arglistigen Täuschung** wird im Regelfall stets auch einen Verstoß gegen die Aufklärungsobliegenheit des § 13 Nr. 1e AERB 87 darstellen, so dass sich die bei Anwendung des
bisherigen Rechts gegebene Leistungsfreiheit des VR zugleich auch aus § 13 Nr. 2 AERB 87
ergibt[328].

171   a) Voraussetzung ist, dass über **Tatsachen** getäuscht wird, die **für den Grund oder für
die Höhe der Entschädigung von Bedeutung** sind. Hierunter fallen nicht nur anspruchsbegründende, sondern auch anspruchshindernde Tatsachen, ebenso Indiztatsachen und Beweismittel[329].
Die arglistige Täuschung muss sich gegen den VR richten, wobei falsche Angaben gegenüber Dritten, z. B. der Polizei oder Sachverständigen, ausreichen, wenn gegenüber dem VR
auf diese Angaben verwiesen wird oder durch den Dritten auf den VR eingewirkt werden
soll[330].
Es genügt jede objektiv falsche Angabe oder das Verschweigen offenbarungspflichtiger
Tatsachen, z. B. das Verschweigen wieder aufgefundener Sachen[331].

---

[322] OLG Köln v. 13. 2. 1996, r+s 1996, 190; OLG Hamburg v. 6. 8. 1986, r+s 1987, 48; OLG Frank-
furt/M. v. 29. 10. 1981, VersR 1983, 358; KG v. 7. 10. 1994, VersR 1996, 972; LG Köln v. 11. 1. 2006,
r+s 2007, 289.
[323] BGH v. 23. 9. 1981, VersR 1982, 33.
[324] Vgl. OLG Düsseldorf v. 10. 3. 1992, r+s 1993, 152; OLG München v. 17. 1. 1986, VersR 1986, 585;
LG Düsseldorf v. 3. 9. 1982, ZfS 1993, 26; LG Wiesbaden v. 26. 10. 1190, r+s 1990, 455.
[325] OLG Düsseldorf v. 19. 3. 1996, r+s 1996, 234; OLG Nürnberg v. 7. 3. 1996, VersR 1996, 1534; LG
Karlsruhe v. 16. 11. 1990, NJW-RR 1991, 1183.
[326] OLG Frankfurt/M. v. 20. 9. 2000, r+s 2002, 512 (513) = NVersZ 2001, 364; OLG Koblenz v. 20. 3.
2003, r+s 2003, 504 (507).
[327] Ständige Rechtsprechung des BGH, vgl. etwa BGH v. 15. 1. 1996, NJW-RR 1996, 664; BGH v.
19. 12. 1984, VersR 1985, 330, 331; Berliner Kommentar/*Beckmann,* § 61 Rn. 99 ff.
[328] Vgl. OLG Köln v. 11. 9. 2001, r+s 2001, 513, 514.
[329] *Martin,* Sachversicherungsrecht, XIII Rn. 8, 13; BGH vom 2. 10. 1985, r+s 1985, 302.
[330] Vgl. *Prölss/Martin/Kollhosser,* § 16 AFB 30 Rn. 11; *Martin,* Sachversicherungsrecht, XIII Rn. 9;
BGH vom 5. 5. 1982, VersR 1982, 689; OLG Hamm v. 23. 11. 1977, VersR 1978, 811.
[331] Vgl. *Martin,* Sachversicherungsrecht, XIII Rn. 10; *Prölss/Martin/Kollhosser,* § 16 AFB 30 Rn. 6.

b) In **subjektiver Hinsicht** ist nicht erforderlich, dass der VN sich bereichern will und **172** Tatsachen vortäuscht, die zu einer höheren als der geschuldeten Entschädigung führen würden, oder Tatsachen verschweigt, die eine niedrigere Entschädigung zur Folge hätten. Nach ständiger Rechtsprechung liegt eine arglistige Täuschung auch darin, dass der VN die Täuschung einsetzt, um einen berechtigten oder vermeintlich berechtigten Anspruch durchzusetzen[332]. Ebenso reicht aus, wenn der VN täuscht, um die Schadenregulierung zu beschleunigen[333] oder Verdachtsmomente von sich abwenden will[334]. Ausreichend ist die Verfolgung eines **gegen die Interessen des VR gerichteten Zwecks** – sei es die Beschleunigung der Schadenregulierung oder das Ausräumen von Schwierigkeiten bei der Durchsetzung auch berechtigter Deckungsansprüche – verbunden mit dem Wissen, dass durch dieses Fehlverhalten die Schadenregulierung des VR möglicherweise beeinflusst werden kann[335].

c) **Beispielsfälle** für das Vorliegen einer arglistigen Täuschung: **173**
– Vorlage rückdatierter oder gefälschter Einkaufsbelege, Quittungen oder Rechnungen[336]; Vorlage inhaltlich unrichtiger Kaufbelege, insbesondere über einen höheren als den tatsächlichen Kaufpreis[337];
– falsche Angaben über die Geschäftsentwicklung und wirtschaftliche Lage eines Betriebs[338];
– unrichtige Angaben über andere Versicherungen und Vorschäden[339];
– wahrheitswidriges Vorspiegeln des Kaufs angeblich gestohlener Gegenstände[340];
– Unterschieben bereits vor dem Versicherungsfall vorhandener Schäden[341].

d) Die **Beweislast** für die Arglist des VN trägt der VR. Beweiserleichterungen kommen **174** dem VR nicht zugute. Eine Ausnahme soll gemäß § 14 Nr. 2 Abs. 2 AERB 87 dann gelten, wenn eine Täuschung i. S. von § 14 Nr. 2 Abs. 1 AERB 87 durch rechtskräftiges Strafurteil wegen Betrugs oder Betrugsversuchs festgestellt ist. Streitig ist, ob die Begründung einer derartigen (unwiderleglichen) Beweisvermutung mit § 309 Nr. 12 BGB = § 11 Nr. 15 AGBG vereinbar ist. Zutreffend weist *Kollhosser*[342] darauf hin, dass derartige Beweisvermutungen zum Nachteil des VN von der zwingenden Norm des § 286 Abs. 1 ZPO abweichen, die eine Tatsachenfeststellung durch freie Überzeugungsbildung des jeweils entscheidenden Gerichts gebietet. Insbesondere darin, dass dem VN die Möglichkeit des Gegenbeweises abgeschnitten wird, liegt ein Verstoß gegen § 309 Nr. 12 BGB[343]. Hierbei ist auch zu berücksich-

---

[332] Vgl. *Prölss/Martin/Kollhosser*, § 16 AFB 30 Rn. 9; *Martin* Sachversicherungsrecht, X III Rn. 16; OLG Köln v. 23. 5. 2000, r+s 2002, 122; OLG Hamm v. 15. 7. 2002, r+s 2002, 423 (425/426); OLG Hamm v. 25. 11. 1988, VersR 1989, 802 (rückdatierter Sicherungsübereignungsvertrag); OLG Frankfurt/M. v. 4. 4. 1978, VersR 1978, 834 (richtige, aber zurückdatierte Inventur); LG Kleve v. 15. 11. 1983, VersR 1984, 253 (Beleg über einen nicht vollzogenen Kauf).

[333] Vgl. ÖOGH v. 5. 4. 1990, VersR 1991, 327; OLG Hamm v. 25. 11. 1988, VersR 1989, 802.

[334] Vgl. *Prölss/Martin/Kollhosser*, § 16 AFB 30 Rn. 9 m. w. N.

[335] BGH v. 18. 11. 1986, r+s 1987, 49 = VersR 1987, 149; BGH v. 2. 10. 1985, BGHZ 96, 88 = r+s 1986, 23 = VersR 1986, 77; BGH v. 8. 7. 1991, VersR 1991, 1129; OLG Hamm vom 15. 7. 2002, r+s 2002, 423 (425); OLG Hamm vom 25. 1. 2000, r+s 2000, 336, 337.

[336] Vgl. BGH v. 2. 10. 1985, r+s 1985, 302; OLG Hamm v. 2. 10. 1998, r+s, 1999, 33; OLG Hamm v. 17. 1. 1996, r+s 1996, 454; OLG Saarbrücken v. 9. 10. 1996, VersR 1997, 826; OLG Hamm v. 2. 10. 1998, r+s 1999, 33; OLG Hamm v. 25. 1. 2000, r+s 2000, 336 (337); OLG Köln v. 13. 12. 1994, r+s 1996, 234 (236); OLG Koblenz v. 20. 5. 2005, VersR 2006, 1120.

[337] OLG Düsseldorf v. 21. 2. 1995, VersR 1996, 706; OLG Saarbrücken v. 9. 10. 1996, VersR 1997, 826; OLG Karlsruhe v. 17. 6. 1999, r+s 2000, 78; vgl. auch OLG Köln v. 4. 4. 2006, r+s 2006, 421 = VersR 2007, 493.

[338] OLG Braunschweig v. 20. 11. 1995, r+s 1997, 204; OLG Hamm v. 15. 7. 2002, r+s 2002, 423 (425).

[339] LG München v. 16. 4. 1999, NVersZ 2001, 40, 41; LG Essen v. 15. 2. 1967, VersR 1968, 193.

[340] OLG Naumburg v. 1. 8. 2000, r+s 2001, 33 (34) = NVersZ 2001, 39, 40; OLG Köln v. 25. 6. 2002, r+s 2002, 471 (472).

[341] OLG Frankfurt/M. v. 27. 1. 2000, NVersZ 2000, 289.

[342] *Prölss/Martin/Kollhosser*, § 14 AFB 87 Rn. 3.

[343] Hierzu tendiert auch OLG Hamm v. 15. 7. 2002, r+s 2002, 423 (425); a. A. OLG Bamberg v. 8. 8. 2002, VersR 2003, 59.

tigen, dass umgekehrt ein Freispruch in einem strafgerichtlichen Verfahren oder eine Einstellung den VR keineswegs der Möglichkeit beraubt, im Deckungsprozess den Nachweis einer arglistigen Täuschung zu führen.

175   Jedenfalls **unanwendbar** ist die Beweislastregel des § 14 Nr. 2 Abs. 2 AERB 87 **auf Repräsentanten**[344]. Dies gilt bereits deshalb, weil dies in § 17 AERB 87 nicht ausdrücklich erwähnt ist. Überdies folgt dies daraus, dass der VN auf den Ausgang des Strafverfahrens gegen den Repräsentanten keinen Einfluss hat[345].

176   Das Vorliegen einer arglistigen Täuschung indiziert allein nicht die Vortäuschung des (gesamten) Diebstahls[346].

177   e) Als **Rechtsfolge** sieht § 14 Nr. 2 AERB 87 vor, dass der VR vollständig von der Entschädigungspflicht frei wird. Es handelt sich insoweit um eine Verwirkungsbestimmung mit Strafcharakter[347].

178   Der vollständige Anspruchsverlust kann ausnahmsweise eine **unzulässige Härte** für den VN darstellen. Nach der Rechtsprechung kann deshalb in Anwendung von § 242 BGB trotz Vorliegens einer arglistigen Täuschung eine Leistungspflicht bestehen, was allerdings an strenge Voraussetzungen zu knüpfen ist.
Unbillig kann die vollständige Verwirkung der Entschädigung dann sein, wenn sich die unwahren Angaben ausschließlich auf die Höhe beziehen und nur relativ geringfügige Werte betreffen[348]. Vor allem gilt dies dann, wenn der VN bei Verlust seiner sämtlichen Ansprüche seine Existenz verlieren würde[349]. Eine starre Prozent-Grenze, bis zu der eine Täuschung als geringfügig anzusehen ist, kann nicht gezogen werden. Häufig wird in der Rechtsprechung eine Täuschung, die sich auf über 10 % des Gesamtschadens bezieht, nicht mehr als geringfügig angesehen[350]. Trotz Geringfügigkeit kann eine besondere Hartnäckigkeit beim Täuschungsversuch, eine besonders weitgehende Täuschung oder eine besonders verwerfliche Gesinnung (Gewinnsucht) zu einer völligen Verwirkung führen[351].

179   Bei einem **treuwidrigen Verhalten des VR,** welches als ähnlich schwerwiegend wie die arglistige Täuschung des VN anzusehen ist, kommt eine Leistungsfreiheit nicht in Betracht[352]; dies gilt z. B. bei einem Versuch der Zeugenbestechung[353] oder bei einer vom VR geradezu herausgeforderten Täuschung bei der Ermittlung des Schadens, insbesondere bei einer Bedrohung des VN in seiner wirtschaftlichen Existenz durch Hinauszögern der Entschädigung aus schlechthin unvertretbaren Gründen[354].

---

[344] Zutreffend *Prölss/Martin/Kollhosser,* § 14 AFB 87 Rn. 4; a. A. *Martin,* Sachversicherungsrecht, X III Rn. 23.

[345] Vgl. BGH v. 21. 10. 1981, VersR 1982, 81, 82.

[346] Vgl. BGH v. 21. 2. 1996, r+s 1996, 125 = VersR 1996, 575; OLG Hamm v. 15. 8. 1997, r+s 1998, 292; OLG Hamm v. 11. 1. 1995, r+s 1995, 245.

[347] BGH v. 26. 9. 1984, BGHZ 92, 184; BGH v. 2. 10. 1985, VersR 1986, 77; OLG Hamm v. 15. 7. 2002, r+s 2002, 424 (425); OLG Köln v. 11. 9. 2001, r+s 2001, 513 (515).

[348] BGH v. 16. 6. 1993, VersR 1994, 45; BGH v. 5. 10. 1983, VersR 1984, 29; OLG Köln v. 26. 5. 1986, NJW-RR 1988, 1114; OLG Frankfurt v. 24. 6. 1988, VersR 1988, 1145.

[349] BGH v. 12. 5. 1993, VersR 1993, 1351; BGH v. 23. 9. 1992, VersR 1992, 1465; BGH v. 2. 10. 1985, BGHZ 96, 88 = VersR 1986, 77; BGH v. 29. 5. 1985, VersR 1985, 875; OLG Köln v. 21. 5. 1987, VersR 1988, 706; OLG Hamm v. 31. 1. 1986, VersR 1986, 1177; nach OLG Karlsruhe v. 17. 6. 1999, NVersZ 2000, 345 = r+s 2000, 78 kommt es auch bei Geringfügigkeit allein hierauf an.

[350] Vgl. BGH v. 12. 5. 1993, NJW-RR 1993, 1117 = VersR 1993, 1351; OLG Hamm v. 4. 7. 2001, r+s 2002, 164 (165); OLG Köln v. 11. 9. 2001, r+s 2001, 513 (515); OLG Frankfurt/M. v. 20. 7. 2000, r+s 2000, 464 (465); OLG Düsseldorf v. 21. 2. 1995, r+s 1996, 319 (320); OLG Köln v. 26. 5. 1986, NJW-RR 1988, 1114; OLG Hamburg v. 19. 2. 1986, VersR 1987, 873.

[351] BGH v. 23. 9. 1992, VersR 1992, 1465; OLG Hamm v. 15. 7. 2002, r+s 2002, 424 (426); OLG Oldenburg v. 23. 6. 1993, r+s 1993, 428; vgl. insgesamt *Martin,* Sachversicherungsrecht, X III Rn. 34–49; *Prölss/Martin/Kollhosser,* § 16 AFB 30 Rn. 14; *Römer/Langheid/Römer,* § 6 Rn. 133, § 34 Rn. 30ff.

[352] Vgl. hierzu *Prölss/Martin/Kollhosser,* § 16 AFB 30 Rn. 17.

[353] Vgl. BGH v. 7. 6. 1989, VersR 1989, 842.

[354] Vgl. OLG Köln v. 21. 5. 1987, VersR 1988, 706.

f) Ähnlich wie bei der vereinbarten Leistungsfreiheit bei Obliegenheitsverletzungen setzt **180** auch die Leistungsfreiheit wegen arglistiger Täuschung einen **prüfungs- und verhandlungsbereiten VR** voraus[355]. Nach endgültiger Deckungsablehnung greifen im Falle einer arglistigen Täuschung nur noch die allgemeinen Folgen des Zivil- und Strafrechts ein[356].

3. Ausschlussfrist

§ 14 Nr. 3 AERB 87 bestimmt schließlich – inhaltlich gleichlautend mit § 12 Abs. 3 VVG **181** a. F. –, dass Leistungsfreiheit eintritt, wenn der Entschädigungsanspruch nicht innerhalb einer Frist von 6 Monaten gerichtlich geltend gemacht wird, nachdem der VR den Entschädigungsanspruch unter Angabe der mit dem Ablauf der Frist verbundenen Rechtsfolgen schriftlich abgelehnt hat. Eine Hemmung der Frist tritt ein für die Dauer eines Sachverständigenverfahrens (§ 14 Nr. 3 Satz 2 AERB 87). Die Neufassung des VVG enthält eine dem § 12 Abs. 3 VVG a. F. entsprechende Regelung nicht mehr. Vom VR gesetzte Klagefristen sind somit nur noch für eine Übergangszeit von Bedeutung.

Schließlich verweist § 14 Nr. 4 AERB 87 auf die Verjährungsvorschriften des § 12 Abs. 1 und 2 VVG a. F. Nach neuem Recht richtet sich die Verjährungsfrist, deren Hemmung und Neubeginn grundsätzlich nach den Allgemeinen Regeln des BGB. Ansprüche aus einem Versicherungsvertrag verjähren mithin in 3 Jahren gemäß §§ 195, 199 BGB.

J. Versicherungsfall; Nachweis des Versicherungsfalls

I. Versicherungsfall; Beweisanforderungen

VersFall in der Einbruchdiebstahl- und Raubversicherung ist gemäß § 1 Nr. 1 Satz 1 **182** AERB **das Abhandenkommen, die Zerstörung oder die Beschädigung versicherter Sachen** durch eine der in lit. a bis d genannten Gefahren.

Grundsätzlich ist es Sache des VN, die tatbestandlichen Voraussetzungen des von ihm geltend **183** gemachten Versicherungsanspruchs zu beweisen. Hierzu gehört auch der Nachweis des Versicherungsfalls[357]. Da dem VN im Falle der Entwendung versicherter Sachen wegen der geheimen Tatbegehung im Regelfall keine Beweismittel zur Verfügung stehen, mit denen der Vollbeweis des Versicherungsfalls geführt werden könnte, werden dem VN von der Rechtsprechung **Beweiserleichterungen** zugestanden, da ansonsten berechtigte Entschädigungsforderungen häufig wegen fehlenden Nachweises nicht durchsetzbar wären. Nach inzwischen gefestigter Rechtsprechung genügt der VN seiner Beweislast in der Einbruchdiebstahl- und Raubversicherung schon dann, wenn er Tatsachen beweist, die nach ihrem **äußeren Bild mit hinreichender Wahrscheinlichkeit** auf eine Wegnahme der versicherten Sachen gegen den Willen des VN schließen lassen[358]. Beweiserleichterungen gelten insbesondere für den Nachweis des Einbruchdiebstahls gemäß § 1 Nr. 2a AERB 87[359], aber auch für den Einsteigediebstahl gemäß § 1 Nr. 2a AERB 87[360], den Nachschlüsseldiebstahl gemäß § 1 Nr. 2a AERB 87[361], den Einbruchdiebstahl mittels Einschleichen gemäß § 1 Nr. 2c

---

[355] *Prölss/Martin/Kollhosser,* § 16 AFB 30 Rn. 12 m. w N.; *Römer/Langheid/Römer,* § 6 Rn. 29 m. w. N.; *Prölss/Martin/Prölss,* § 6 Rn. 33 m. w. N.; a. A. *Römer/Langheid,* § 34 Rn. 38 ff.

[356] BGH v. 22. 9. 1999, r+s 1999, 495 = NVersZ 2000, 87 (88); OLG Hamm v. 12. 6. 1991, VersR 1992, 301; *Lücke,* VersR 1992, 182.

[357] Vgl. hierzu *Prölss/Martin/Kollhosser,* § 1 AERB 81 Rn. 3, § 49 Rn. 11 ff.; *Römer/Langheid/Römer,* § 49 Rn. 12 m. w. N.

[358] So BGH v. 17. 5. 1995, BGHZ 130, 1 = VersR 1995, 909 = r+s 1995, 288; BGH v. 14. 6. 1995, r+s 1995, 345 (346); *Prölss/Martin/Kollhosser,* § 1 AERB 81 Rn. 6; *Römer/Langheid/Römer,* § 49 Rn. 17, jeweils m. w. N.; ausführlich *Römer,* NJW 1996, 2329; *Kollhosser,* NJW 1997, 969.

[359] Vgl. BGH v. 8. 11. 1995, VersR 1996, 186; BGH v. 14. 6. 1995, VersR 1995, 956 = r+s 1995, 345; BGH v. 20. 12. 2006, VersR 2007, 241 = r+s 2007, 106.

[360] Vgl. BGH v. 8. 12. 1993, VersR 1994, 215.

[361] BGH v. 9. 1. 1991, VersR 1991, 297 = r+s 1991, 98; BGH v. 9. 1. 1991, VersR 1991, 543.

AERB 87³⁶², die weiteren Fälle des erschwerten Diebstahls gemäß § 1 Nr. 2b bis 2f AERB 87³⁶³; den Versicherungsfall des Vandalismus nach einem Einbruch gemäß § 1 Nr. 1d AERB 87³⁶⁴ und für den Raub gemäß § 1 Nr. 3 AERB 87³⁶⁵.

184   Zum äußeren Bild eines **Einbruchdiebstahls** gehört zunächst das Vorhandensein irgendwelcher Einbruchspuren, sofern nicht ein Nachschlüsseldiebstahl in Betracht kommt³⁶⁶. Darüber hinaus ist der Nachweis erforderlich, dass zumindest einige der als gestohlen gemeldeten Sachen vor der behaupteten Tat vorhanden waren und später nicht mehr aufgefunden wurden³⁶⁷.

185   Die Tatsachen, die das äußere Bild einer bedingungsgemäßen Entwendung ausmachen, sind vom VN in vollem Umfang zu beweisen³⁶⁸. **Fehlt es an Einbruchspuren,** so kann der VN im Ausnahmefall gleichwohl den Nachweis des äußeren Bildes führen, wenn jede andere Möglichkeit als die des Einbruchs ausgeschlossen werden kann³⁶⁹. Besagen die herangezogenen strafrechtlichen Ermittlungsakten nichts darüber, ob sich die als entwendet behaupteten Sachen tatsächlich in den versicherten Räumen befunden haben und steht dem VN insoweit kein Zeuge zur Verfügung, so kann dieser Bestandteil des äußeren Bildes hilfsweise auch durch eine Parteivernehmung gemäß § 448 ZPO geführt werden³⁷⁰. Dies setzt indes die Glaubwürdigkeit des VN voraus³⁷¹.

II. Besonderheiten für den Beweis des Nachschlüsseldiebstahls

186   Die Komplettierung des äußeren Bildes eines versicherten Einbruchdiebstahls durch den Nachweis von Einbruchspuren ist im Falle des **Nachschlüsseldiebstahls** erschwert und weithin nicht möglich. Die besondere Begehungsweise bringt es mit sich, dass der Täter meist keine Spuren am Schloss der geöffneten Türen zurücklässt und damit der für das äußere Bild beweispflichtige VN nicht – wie bei anderen Begehungsweisen – dessen Eindringen aufgrund von Einbruchspuren beweisen kann. In diesen Fällen ist anerkannt, dass es für den Beweis eines Nachschlüsseldiebstahls zwar nicht ausreicht, wenn feststeht, dass versicherte Sachen abhanden gekommen sind, was in § 1 Nr. 2a letzter Halbsatz AERB 87 ausdrücklich hervorgehoben wird. Auf der anderen Seite braucht der VN aber auch nicht sämtliche Mög-

---

³⁶² Vgl. OLG Köln v. 11. 9. 2001, NVersZ 2002, 86 (87) = r+s 2002, 25.

³⁶³ OLG Düsseldorf v. 1. 12. 1992, r+s 1993, 470; OLG Karlsruhe v. 29. 12. 1988, VersR 1990, 735; OLG Köln v. 6. 9. 1990, r+s 1991, 384.

³⁶⁴ BGH v. 14. 4. 1999, r+s 1999, 247 = VersR 1999, 1014 = NJW-RR 1999, 1184; BGH v. 8. 11. 1995, r+s 1996, 410 = VersR 1996, 186; BGH v. 16. 6. 1993, VersR 1994, 45.

³⁶⁵ BGH v. 13. 3. 1991, VersR 1991, 924 = r+s 1992, 244.

³⁶⁶ Vgl. BGH v. 8. 11. 1995, VersR 1996, 186; BGH v. 14. 6. 1995, VersR 1995, 956 = r+s 1995, 345 (346); KG v. 24. 10. 2003, VersR 2004, 733; OLG Köln v. 12. 12. 2000, r+s 2001, 205; OLG Köln v. 5. 7. 2005, VersR 2006, 832.

³⁶⁷ BGH v. 14. 6. 1995, VersR 1995, 956 = r+s 1995, 345; BGH v. 18. 10. 2006, VersR 2007, 102, 103; *Prölss/Martin/Kollhosser,* § 49 Rn. 53; *Römer/Langheid/Römer,* § 49 Rn. 21; vgl. zu Einzelheiten die Ausführungen im Abschnitt § 23 Rn. 210 ff.; OLG Hamm v. 19. 1. 2001, r+s 2001, 382; OLG Hamm v. 28. 4. 1999, VersR 2000, 357 (358); OLG Hamm v. 5. 4. 2006, VersR 2006, 1490 = r+s 2006, 287; OLG Hamm v. 25. 4. 2007, r+s 2008, 197 m. Anm. Günther.

³⁶⁸ BGH v. 17. 3. 1993, VersR 1993, 571 = r+s 1993, 169; BGH v. 25. 3. 1992, VersR 1992, 867 = r+s 1992, 221.

³⁶⁹ Vgl. OLG Hamm v. 15. 6. 1994, VersR 1995, 1233; OLG Düsseldorf v. 3. 3. 1998, VersR 1999, 182 = r+s 1998, 425; KG v. 24. 10. 2003, VersR 2004, 733; *Römer,* r+s 2001, 45 (47, 48).

³⁷⁰ BGH v. 25. 3. 1992, VersR 1992, 867 = r+s 1992, 221; OLG Hamm v. 19. 1. 2001, r+s 2001, 382 = VersR 2001, 1509.

³⁷¹ OLG Düsseldorf v. 3. 3. 1998, r+s 1998, 425; OLG Saarbrücken v. 14. 10. 1998, VersR 1999 750 (751); OLG Düsseldorf v. 21. 9. 1999, r+s 1999, 514 (515); OLG Köln v. 5. 7. 2005, r+s 2005, 509; OLG Hamm v. 25. 4. 2007, VersR 2007, 1512; zur Frage der Parteivernehmung nach § 448 ZPO und zur persönlichen Anhörung gemäß § 141 ZPO sowie zur Beurteilung der Glaubwürdigkeit des VN im Einzelnen *Römer/Langheid/Römer,* § 49 Rn. 24 bis 29; *Prölss/Martin/Kollhosser,* § 1 AERB 81 Rn. 11, § 49 Rn. 36 ff.

lichkeiten einer nicht versicherten Entwendung auszuschließen, da er dann bereits den Vollbeweis erbracht hätte. Er genügt seiner Beweislast vielmehr schon dann, wenn er konkrete Umstände beweist, die nach der Lebenserfahrung mit lediglich hinreichender Wahrscheinlichkeit darauf schließen lassen, dass ein Nachschlüssel benutzt wurde[372]. Diese Beweisführung kann zum einen in der Weise erfolgen, dass Umstände nachgewiesen werden, die die Verwendung eines falschen Schlüssels wahrscheinlich machen, oder dadurch, dass die nicht versicherten Möglichkeiten ausgeschlossen werden, wobei es ausreicht, dass sie so unwahrscheinlich sind, dass sie der Wertung eines Nachschlüsseldiebstahls oder einer anderen versicherten Begehungsweise als hinreichend wahrscheinlich nicht entgegen stehen[373].

Umstände, die die Verwendung eines falschen Schlüssels wahrscheinlich machen, können **187** insbesondere **Duplizierungsspuren** an einem Originalschlüssel sein im Zusammenhang mit Spuren am Schließzylinder des Schlosses[374]. Regelmäßig wird der Beweis eines Nachschlüsseldiebstahls nur indirekt durch den **Ausschluss nicht versicherter Begehungsweisen** zu führen sein. Hierzu ist vom VN darzulegen und zu beweisen, wie viele Schlüssel für das betreffende Schloss angefertigt worden sind und wo diese Schlüssel sich im Tatzeitpunkt befunden haben[375]. Ist der Verbleib auch nur eines Schlüssels ungeklärt oder macht der VN gar keine Angaben zum Verbleib vorhandener Originalschlüssel, so ist es nicht ganz unwahrscheinlich und jedenfalls nicht ganz auszuschließen, dass bei der Tatbegehung ein „richtiger" Schlüssel Verwendung gefunden hat. Der Nachweis eines Nachschlüsseldiebstahls ist dann nicht geführt[376]. Hat der VN hingegen Tatumstände bewiesen, aus denen sich ergibt, dass alle denkbaren nicht versicherten Begehungsweisen entweder ausgeschlossen oder aber unwahrscheinlich sind, so dass ein Nachschlüsseldiebstahl als einzige Möglichkeit verbleibt, brauchen spekulative Feststellungen dazu, wie es möglich gewesen sein könnte, von einem der Originalschlüssel unbemerkt ein Duplikat zu ziehen, regelmäßig nicht getroffen zu werden, da die Möglichkeiten, dass ein Dritter einen Schlüssel vorübergehend an sich nimmt, im Allgemeinen so vielfältig sind, dass auf die Darlegung einer konkreten Zugriffsmöglichkeit verzichtet werden kann[377]. Erscheint es demgegenüber aufgrund der besonderen Umstände als nahezu ausgeschlossen, dass jemand unbemerkt ein Duplikat von einem der Originalschlüssel hergestellt hat und fehlen darüber hinaus Kopierspuren an den Originalschlüsseln, so kann eine hinreichende Wahrscheinlichkeit für einen versicherten Nachschlüsseldiebstahl nicht angenommen werden[378].

III. Vortäuschung des Versicherungsfalls; Gegenbeweis des Versicherers

Hat der VN unter Berücksichtigung der ihm zukommenden Beweiserleichterungen Tatsachen bewiesen, die nach ihrem äußeren Bild mit hinreichender Wahrscheinlichkeit den Schluss auf einen Versicherungsfall zulassen, so ist es Sache des VR, Tatsachen vorzutragen und zu beweisen, die nach der Lebenserfahrung die **Vortäuschung des Versicherungsfalls** mit erheblicher Wahrscheinlichkeit nahe legen[379]. **188**

---

[372] So BGH v. 18. 10. 1989, r+s 1990, 129; BGH v. 9. 1. 1991, VersR 1991, 297 (298) = r+s 1991, 98 (100); BGH v. 9. 1. 1991, VersR 1991, 543 (544); OLG Köln v. 3. 6. 1993, VersR 1994, 216; OLG Düsseldorf v. 23. 3. 1999, VersR 2000, 225; OLG Hamm v. 1. 10. 1997, r+s 1998, 71.

[373] Vgl. *Lücke*, VersR 1996, 785 (793) m. w. N.

[374] BGH v. 9. 1. 1991, VersR 1991, 297 (298).

[375] Vgl. OLG Hamm v. 28. 4. 1999, VersR 2000, 357 (358) = r+s 1999, 421; OLG Köln v. 21. 1. 2003, r+s 2003, 113 (114); OLG Köln v. 7. 3. 2005, VersR 2005, 1077 (1078); LG Dortmund v. 5. 2. 2007, VersR 2007, 1080; *Rixecker*, ZfS 2006, 464.

[376] OLG Hamm v. 28. 4. 1999, VersR 2000, 358 = r+s 1999, 421; OLG Hamm v. 3. 3. 1983, VersR 1983, 1121, 1122; OLG Köln v. 18. 6. 1996, r+s 1996, 367; OLG Karlsruhe v. 5. 5. 1994, VersR 1996, 846; OLG Köln v. 3. 6. 1993, VersR 1994, 216; OLG Düsseldorf v. 23. 3. 1999, VersR 2000, 225 f.

[377] OLG Düsseldorf v. 3. 3. 1998, VersR 1999, 182 (183) = r+s 1998, 425.

[378] OLG Düsseldorf v. 23. 3. 1999, VersR 2000, 225 f.; OLG Hamm v. 8. 9. 1993, r+s 1994, 106 (107).

[379] Vgl. hierzu im Einzelnen *Römer/Langheid/Römer*, § 49 Rn. 25 ff.; Berliner Kommentar/*Schauer*, vor § 49 Rn. 98 ff.; *Prölss/Martin/Kollhosser*, § 49 Rn. 35 ff., jeweils m. w. N.

Beweisanzeichen für die Vortäuschung eines Versicherungsfalls können sich beim Einbruchdiebstahl insbesondere aus dem Fehlen von Spuren des Abtransports der angeblich gestohlenen Waren[380] und aus einem nicht stimmigen Spurenbild[381] ergeben. Insgesamt bedarf es einer zusammenfassenden Würdigung aller Indizien, zu denen auch solche gehören, die im Rahmen des äußeren Bildes von Bedeutung sind[382]. Einzubeziehen sind hierbei vor allem auch Indiztatsachen, die die Glaubwürdigkeit des VN berühren[383].

IV. Höhe des Schadens

189   Für die **Höhe des Schadens,** also für die Feststellung der Anzahl und des Wertes der abhanden gekommenen Sachen, ist der VN in vollem Umfang beweisbelastet. Beweiserleichterungen kommen ihm insoweit ausschließlich im Rahmen des § 287 ZPO zugute[384].

K. Entschädigungsberechnung; Unterversicherung; Entschädigungsgrenzen; Sachverständigenverfahren; Zahlung der Entschädigung; Wiederherbeigeschaffte Sachen

190   Zu den vorgenannten Problemkreisen enthalten die Bedingungen zur Einbruchdiebstahl- und Raubversicherung nur in geringem Umfang Besonderheiten, so dass an dieser Stelle auf eine eingehende Erörterung verzichtet werden kann. Zu verweisen ist auf die Ausführungen in §§ 19 und 21 sowie auf die Ausführungen zur Feuerversicherung.
Die Regelungen der AERB 87 werden nachfolgend im Überblick dargestellt. Besonderheiten werden jeweils kurz angesprochen.

I. Entschädigungsberechnung

191   § 11 Nr. 1 AERB 87 bestimmt für entwendete oder sonst abhanden gekommene oder zerstörte Sachen als Entschädigungshöhe den **Versicherungswert unmittelbar vor Eintritt des Versicherungsfalls.** Was als Versicherungswert gilt, ergibt sich aus § 5 AERB 87, auf den in § 1 Nr. 11 a AERB 87 verwiesen wird.

192   Bei beschädigten Sachen oder bei Aufwendungen gemäß § 3 Nr. 3c bis d AERB 87 (Gebäudeschäden, Schlossänderungskosten) ersetzt der VR die notwendigen **Reparaturkosten** zur Zeit des Eintritts des Versicherungsfalls zuzüglich einer durch den Versicherungsfall etwa entstandenen und durch die Reparatur nicht auszugleichenden **Wertminderung.** Höchstgrenze ist der Versicherungswert unmittelbar vor Eintritt des Versicherungsfalls. Entsteht durch die Reparatur eine Wertsteigerung gegenüber dem Versicherungswert unmittelbar vor Eintritt des Versicherungsfalls, so ist diese Wertsteigerung von den zu entschädigenden Reparaturkosten abzuziehen. Für die Diebstahlversicherung, bei der das Abhandenkommen im Vordergrund steht, wird dies selten praktisch.

193   § 11 Nr. 5 AERB 87 enthält eine den Regelungen in der Feuerversicherung entsprechende **Wiederherstellungsklausel.** Danach erwirbt der VN im Rahmen der Neuwertversicherung des § 5 Nr. 1a AERB 87 einen Anspruch auf denjenigen Teil der Entschädigung, der den Zeitwertschaden übersteigt, nur, soweit und sobald er innerhalb von drei Jahren nach Eintritt des

---

[380] Vgl. BGH v. 14. 6. 1995, VersR 1995, 956.
[381] Vgl. OLG Karlsruhe v. 5. 6. 1997, VersR 1998, 757; OLG Hamburg v. 28. 4. 2006, VersR 2006, 1121.
[382] *Prölss/Martin/Kollhosser,* § 49 Rn. 35; *Lücke,* VersR 1996, 785 (794); vgl. instruktiv die Fälle BGH v. 12. 4. 1989, VersR 1989, 587; OLG Hamm v. 24. 1. 1997, VersR 1998, 316.
[383] *Prölss/Martin/Kollhosser,* § 49 Rn. 35; *Römer/Langheid/Römer,* § 49 Rn. 25 ff.; Berliner Kommentar/ *Schauer,* vor § 49 Rn. 102, jeweils m. w. N.
[384] Vgl. *Römer/Langheid/Römer,* § 49 Rn. 16, 32; BGH v. 13. 3. 1991, VersR 1991, 924 = r+s 1992, 244.

Versicherungsfalls sichergestellt hat, dass er die Entschädigung verwenden wird, um Sachen gleicher Art und Güte im neuwertigen Zustand wiederzubeschaffen oder um die beschädigten Sachen wiederherzustellen[385]. Ausnahmsweise genügt, wofür jedoch die vorherige Zustimmung des VR erforderlich ist, die Wiederbeschaffung gebrauchter Sachen[386].

Während grundsätzlich die Wiederbeschaffung von Sachen gleicher Art und Güte verlangt wird[387], sieht § 11 Nr. 5 Satz 3 AERB 87 für Kraft- oder Arbeitsmaschinen eine Ausnahme dahin vor, dass Maschinen beliebiger Art beschafft werden können, wenn deren Betriebszweck derselbe ist. Diese Regelung kann sich, da sie ansonsten kein Zugeständnis für den VN bedeuten würde, nicht auf den technischen Betriebszweck der Maschine beziehen, sondern setzt lediglich voraus, dass sich auch die ersatzweise angeschaffte Maschine im versicherten Betrieb des VN verwenden lässt[388].

II. Unterversicherung

Regelungen zur **Unterversicherung** finden sich in § 11 Nr. 3 AERB 87. Danach gilt die **194** allgemeine Proportionalitätsregel des § 56 VVG a.F[389]. § 75 VVG n. F. verlangt eine erhebliche Abweichung zwischen Versicherungssumme und Versicherungswert. Ist die Entschädigung für einen Teil der in einer Position versicherten Sachen auf bestimmte Beträge begrenzt (Entschädigungsgrenzen), so werden bei Ermittlung des Versicherungswerts der davon betroffenen Sachen höchstens diese Beträge berücksichtigt[390]. Ergibt sich aus dem so ermittelten Versicherungswert eine Unterversicherung, so wird der Gesamtbetrag des Schadens entsprechend gekürzt, danach ist § 12 Nr. 1b AERB 87 anzuwenden[391].

Ob eine Unterversicherung vorliegt, ist für jede vereinbarte Gruppe (Position)[392] gesondert festzustellen. Ein Summenausgleich findet, soweit nicht gesondert vereinbart, nicht statt[393].

Die Bestimmungen der Unterversicherung greifen nicht ein bei der Versicherung auf Ers- **195** tes Risiko (erste Gefahr)[394]. Auf erstes Risiko sind gemäß der Bestimmung des § 11 Nr. 4 AERB 87 Schäden durch Raub gemäß § 1 Nr. 3 bis Nr. 5 AERB 87 und die Kosten gemäß § 3 Nr. 3 AERB 87 versichert. Dies dürfte auch für Rettungskosten gemäß § 3 Nr. 1 AERB 87 gelten, die auf einer Weisung des VR beruhen[395].

Um eine Unterversicherung zu vermeiden, besteht durch Vereinbarung besonderer Klauseln die Möglichkeit einer Summenanpassung[396].

III. Entschädigungsgrenzen

Entschädigungsgrenzen sind Höchstbeträge je Versicherungsfall unterhalb der im Versi- **196** cherungsvertrag vereinbarten Versicherungssumme je Position und für einen Teil der in dieser Position gedeckten Schäden[397].

Der wichtigste Anwendungsfall für das Eingreifen von Entschädigungsgrenzen sind sog. Schaufensterschäden gemäß § 12 Nr. 2 AERB 87[398]. Voraussetzung ist, dass die Schäden ein-

---

[385] Vgl. im Einzelnen *Martin*, Sachversicherungsrecht, R IV Rn. 1 ff.

[386] Vgl. hierzu *Martin*, Sachversicherungsrecht, R IV Rn. 63 ff., 67.

[387] Vgl. hierzu *Martin*, Sachversicherungsrecht, R IV Rn. 71 ff., 79 ff. insbesondere zu Kapazität, Lebensdauer und Qualität der Sachen.

[388] Vgl. hierzu Sachversicherungsrecht, *Martin*, R IV Rn. 78; OLG Köln v. 8. 6. 1989, r+s 1989, 405.

[389] Vgl. hierzu im Einzelnen *Martin*, Sachversicherungsrecht, S II Rn. 2, Rn. 22 ff.

[390] Vgl. hierzu *Martin*, Sachversicherungsrecht, S II Rn. 51.

[391] Vgl. hierzu *Martin*, Sachversicherungsrecht, S II Rn. 54.

[392] Vgl. zu den Begriffen *Martin*, Sachversicherungsrecht, S. I Rn. 2.

[393] Vgl. im Einzelnen *Martin*, Sachversicherungsrecht, S I Rn. 26 ff.

[394] Vgl. zum Begriff *Martin*, Sachversicherungsrecht, S II Rn. 10.

[395] Vgl. hierzu oben Rn. 87; sowie *Martin*, Sachversicherungsrecht, S II Rn. 15 f.

[396] Vgl. hierzu im Einzelnen *Martin*, Sachversicherungsrecht, S III Rn. 1 ff.

[397] Vgl. *Prölss/Martin/Kollhosser*, § 11 AERB 81 Rn. 1; *Martin*, Sachversicherungsrecht, U I Rn. 6.

[398] Vgl. hierzu *Martin*, Sachversicherungsrecht, U II Rn. 13 bis 16.

getreten sind, ohne dass der Täter das Gebäude betreten hat. Beweispflichtig hierfür ist der VR[399].

Entschädigungsgrenzen gelten darüber hinaus gemäß § 12 Nr. 3 AERB 87 für die Transportraubversicherung, wobei die Entschädigungsgrenzen von der Zahl der Transportpersonen und von sonstigen Sicherheitsmaßnahmen abhängen[400].

IV. Sachverständigenverfahren

197 Auch im Rahmen der Einbruchdiebstahl- und Raubversicherung ist – wie in den anderen Sparten der Sachversicherung – die Durchführung eines Sachverständigenverfahrens nach Eintritt des Versicherungsfalls zum Zwecke der Feststellung der Schadenshöhe vorgesehen. Die Einzelheiten sind geregelt in § 15 AERB 87. Besonderheiten bestehen insoweit nicht.

V. Zahlung der Entschädigung

198 Wann der VR die Entschädigung zu zahlen hat, ab wann und in welcher Höhe eine Verzinsung zu erfolgen hat und unter welchen Voraussetzungen Abschlagszahlungen verlangt werden können, ist in § 16 AERB 87 geregelt. Insoweit bestehen gegenüber den Regelungen in der Feuerversicherung keine Besonderheiten. Auf die dortigen Ausführungen sowie die Ausführungen in § 21 kann verwiesen werden.

Grundsätzlich gilt, dass die Auszahlung der Entschädigung „binnen zwei Wochen" zu erfolgen hat, nachdem die Leistungspflicht des VR dem Grunde und der Höhe nach festgestellt ist. Verzögert sich die Auszahlung, gerät der VR in Verzug[401].

Abschlagszahlungen kann der VN gemäß § 16 Nr. 1 Satz 2 AERB 87 einen Monat nach Anzeige des Schadens in Höhe desjenigen Betrages verlangen, der nach Lage der Sache mindestens zu zahlen ist.

199 Die Verzinsung der Entschädigung ist geregelt in § 16 Nr. 2 AERB 87. Von Bedeutung ist insoweit, dass – anders als nach den früheren Bedingungen – auch die **Verzinsung der Neuwertspanne** schon mit der Schadenanzeige beginnt[402].

Gemäß § 16 Nr. 3 AERB 87 sind die Fristen zur Auszahlung und zur Verzinsung gehemmt, solange infolge Verschuldens des VN die Entschädigung nicht ermittelt oder nicht gezahlt werden kann. Gemäß § 16 Nr. 5 AERB 87 ist der VR berechtigt, die Zahlung aufzuschieben, solange Zweifel an der Empfangsberechtigung des VN bestehen, sowie für die Dauer eines behördlichen oder strafgerichtlichen Verfahrens gegen den VN oder einen seiner Repräsentanten aus Anlass des Versicherungsfalls.

VI. Wiederherbeigeschaffte Sachen

200 § 18 AERB 87 regelt in sehr eingehender Weise die Rechtslage bei Wiederauffinden und Wiederherbeischaffung abhanden gekommener Sachen.

Nach § 18 Nr. 1 AERB 87 besteht eine Obliegenheit des VN zur unverzüglichen schriftlichen Anzeige, wenn der Verbleib abhanden gekommener Sachen ermittelt ist. Diese **Anzeigepflicht** wird als Spezialfall der Aufklärungsobliegenheit des § 13 Nr. 1 e AERB 87 angesehen, so dass auch die Sanktionsvorschrift des § 13 Nr. 2 AERB 87 eingreift[403]. Bei Verletzung der Obliegenheit wird häufig der Verdacht naheliegen, der VN habe die Wieder-

---

[399] Vgl. *Prölss/Martin/Kollhosser*, § 11 AERB 81 Rn. 2; *Martin*, Sachversicherungsrecht, U II Rn. 15.

[400] Vgl. zu den Einzelheiten *Martin*, Sachversicherungsrecht, U II Rn. 17 ff.; sowie *Prölss/Martin/Kollhosser*, § 11 AERB 81 Rn. 3.

[401] Zu den Einzelheiten vgl. auch *Martin*, Sachversicherungsrecht, Y II Rn. 1 ff.

[402] Vgl. hierzu *Prölss/Martin/Kollhosser*, § 16 AFB 87 Rn. 5; *Martin*, Sachversicherungsrecht, Y V Rn. 1 ff., 9; *Römer/Langheid/Langheid*, § 94 Rn. 4.

[403] Vgl. hierzu *Martin*, Sachversicherungsrecht, Z III Rn. 4.

erlangung der Sache verschwiegen, um zusätzlich die Zahlung der Entschädigung zu erreichen oder die Entschädigung zu behalten[404].

In § 18 Nr. 2 und 3 AERB 87 wird sodann geregelt, welche Rechtsfolgen es hat, wenn der **201** VN den Besitz einer abhanden gekommenen Sache zurückerlangt, bevor die bedingungsgemäße Entschädigung oder Teile davon gezahlt worden sind, und wie zu verfahren ist, wenn eine Entschädigung in voller Höhe des Versicherungswerts bereits erfolgt ist. Dem VN stehen insoweit **Wahlrechte** zu[405]. § 18 Nr. 4 AERB 87 ergänzt die Regelung für den Fall, dass für die wiederherbeigeschaffte Sache die bereits gezahlte Entschädigung niedriger ist als der Versicherungswert. Dem Besitz einer zurückerlangten Sache steht es gleich, wenn der VN die Möglichkeit hat, sich den Besitz wieder zu verschaffen (§ 18 Nr. 5 AERB 87). Im Hinblick auf die bei Wiedererlangung des Besitzes laufenden **Fristen** gemäß § 18 Nr. 2 bis 4 AERB 87 ist die Vorschrift eng auszulegen[406]. Von Bedeutung ist, dass die Zweiwochenfrist des § 18 Nr. 2 AERB 87, also in den Fällen, in denen die Entschädigung noch nicht oder nicht in voller Höhe gezahlt worden ist, ohne Aufforderung seitens des VN mit Besitzerlangung beginnt, während nach § 18 Nr. 3 AERB 87, also dann, wenn die Entschädigung schon in voller Höhe geleistet worden ist, die Frist erst ab Empfang einer schriftlichen Aufforderung des VR läuft.

L. Repräsentanten

§ 17 AERB 87 bestimmt, dass dem VN im Rahmen von §§ 6, 7, 9, 13 und 14 Nr. 1 und **202** Nr. 2 AERB 87 **Repräsentanten gleich stehen.** Die Vorschrift des § 17 AERB 87 hat in ihrer jetzigen Fassung lediglich deklaratorische Bedeutung. Maßgeblich für die Zurechnung des Verhaltens Dritter sind die von der Rechtsprechung des Bundesgerichtshofs entwickelten Grundsätze. Insoweit kann auf die Kommentierungen zu § 6 VVG a. F. = § 28 VVG n. F. und die Ausführungen in § 17 (Haftung des VN für Dritte) verwiesen werden. Soweit frühere Fassungen der AERB 87 oder AERB 81 eigenständige Definitionen des Repräsentantenbegriffs enthalten, sehen dies die Neufassungen nicht mehr vor[407].

§ 34. Leitungswasser-, Glas- und Sturmversicherung

Inhaltsübersicht

---

[404] Vgl. *Martin*, Sachversicherungsrecht, Z II Rn. 13 ff., Z III Rn. 4.
[405] Vgl. zu den Einzelheiten *Martin*, Sachversicherungsrecht, Z II Rn. 1 ff.
[406] Vgl. hierzu *Martin*, Z III Rn. 6.
[407] Vgl. *Prölss/Martin/Kollhosser*, § 18 AERB 81 Rn. 1, § 17 AFB 87 Rn. 2; *Martin*, O II Rn. 56 ff.

Literatur: *Boldt,* Versicherungsschutz durch die Leitungswasserversicherung für Schäden im Inneren von leitungswasserführenden Einrichtungen?, VersR 1990, 1089; *Spielmann,* Sicherheitsvorschriften in der Leitungswasser-/Rohrbruchversicherung, VersR 2006, 371; *Wussow,* Sturmschäden im Versicherungs- und Haftpflichtrecht, VersR 2000, 679;

A. Einleitung: Rechtsgrundlagen

1   Den drei hier zu behandelnden Versicherungen ist gemeinsam, dass es sich um **Sachversicherungen** handelt, zu denen das VVG lediglich allgemeine, für alle Sachversicherungen geltende Regelungen vorsieht. Ihre Ausgestaltung erfahren alle drei Versicherungen in AVB. Die Leitungswasser- und die Sturmversicherung haben entsprechend der Schadenshäufigkeit eine große Bedeutung bei der **Gebäude- sowie der Hausratversicherung.** Sie sind daher in aller Regel Bestandteil der kombinierten Gebäudeversicherung bzw. der Hausratversicherung und folgerichtig in die **VGB** sowie die **VHB** einbezogen[1]. Schäden durch Sturm sind aber auch in der Kfz-Kaskoversicherung mitversichert (§ 12 Abs. 1 I c) AKB).

Die **Glasversicherung** spielt hingegen nicht nur im Rahmen der Gebäudeversicherung eine Rolle, sondern auch bei der Fahrzeugversicherung (vgl. § 12 Abs. 2 AKB)[2]. Der Glasbruch ist in der Regel über die **Gebäudeversicherung** mitabgedeckt, so dass in vielen Fällen eine Mehrfachversicherung im Sinne des §§ 77 ff. VVG bestehen wird. Jedoch sind Schadensfälle denkbar, in denen der Glasversicherung eine eigenständige Bedeutung zukommt. Dies gilt insbesondere für den Glasbruch durch vorsätzliches oder fahrlässiges Verhalten Dritter, aber auch für solche Glasscheiben, die regelmäßig in der kombinierten Gebäudeversicherung ausgeschlossen sind. Die Glasversicherung ist in den **AGlB 2008** in Form von verbandseigenen Musterbedingungen geregelt, von denen die nachfolgende Darstellung in der Regel ausgeht.

B. Leitungswasserversicherung

I. Versicherte Gefahr

1. Leitungswasser

2   a) Die **Leitungswasserversicherung** umfasst entgegen der Bezeichnung neben den durch Leitungswasser verursachten Schäden auch Bruchschäden an Rohren, in der sogenann-

---

[1] Nachfolgend werden die VGB 2008 sowie die VHB 2008 in der Fassung des GVD den Ausführungen zu Grunde gelegt. Ältere Klauselwerke wie etwa die AWB 87 oder frühere Fassungen der VGB und VHB werden nur im Einzelfall herangezogen, sofern dies für die Behandlung eines Themas bedeutsam ist. Allgemein hierzu *van Bühren/Tietgens,* § 4, Rn. 8 ff.

[2] Zur Fahrzeugversicherung siehe oben § 30; Die Glasversicherung als Bestandteil der Fahrzeugversicherung wird nachfolgend daher nicht behandelt.

ten **Rohrbruchversicherung** (vgl. § 1 Ziff. 3 AWB 87, § 7 VGB 2000, § 7 Ziff. 3 VHB 2000, § 4 Ziff. 1 VHB 2008). Die Zusammenfassung beider Versicherungen unter dem Begriff Leitungswasserversicherung lässt sich nur aus dem inhaltlichen Zusammenhang beider Versicherungen erklären, der sich daraus ergibt, dass ein Rohrbruch oftmals die Ursache für den nachfolgenden Leitungswasserschaden ist[3].

Versichert in der Leitungswasserversicherung ist die durch Leitungswasser **zerstörte, be- 3 schädigte** oder **abhanden gekommene versicherte Sache** (§ 4 Ziff. 1b VGB 2000, § 3 Ziff. 1d VHB 2000, § 4 Ziff. 2 VHB 2008, § 1 Ziff. 1 AWB 87[4]).

b) Der Schaden an der versicherte Sache muss **durch Leitungswasser** entstanden sein. 4 Die Feststellung eines Versicherungsfalls erfordert daher zunächst einmal, dass es sich bei der für den Schaden ursächlichen Substanz um Wasser handelt. Wie allgemein bei der Auslegung von Gesetzen und AGB ist hierbei zunächst vom Wortlaut auszugehen und dieser im Sinne des **allgemeinen Sprachgebrauchs** zu deuten[5]. Wesentlich ist danach, ob es sich bei einer schadensursächlichen Substanz nach allgemeinem Verständnis noch um **Wasser** handelt. Es kommt mithin nicht darauf an, ob etwa ein Chemiker die Substanz noch als Wasser bezeichnet. Daher lässt sich auch dann noch von Wasser sprechen, wenn diesem Schmutzpartikel oder andere chemische Stoffe wie z. B. Frostschutzmittel beigegeben sind, solange die Flüssigkeit landläufig noch als Wasser betrachtet wird[6]. Hingegen sind **chemische Substanzen,** die lediglich noch einen Wasseranteil aufweisen wie z. B. Chlorlauge nicht mehr als Wasser zu bezeichnen[7]. Umstritten war in der Vergangenheit, ob **wärmetragende Flüssigkeiten** als Wasser anzusehen sind[8]. Inzwischen dürfte jedoch durch den neugefassten § 6 Nr. 1c) VGB 2000, der ausdrücklich aus Solarheizungen, Klima- und Wärmepumpen austretendes Wasser einschließt, klargestellt sein, dass auch das wärmetragende Wasser eingeschlossen ist[9]. Dem Wasser gleichgestellt ist in jüngeren AVB auch der Wasserdampf (vgl. § 6 Ziff. 2 VGB 2000, § 7 Ziff. 2 VHB 2000, § 4 Ziff. 2 VHB 2008)[10].

c) Sprachlich wenig geglückt definieren die meisten AVB Leitungswasser als **bestim- 5 mungswidrig** aus Zu- oder Ableitungsrohren, mit diesen verbundenen Einrichtungen der Wasserversorgung, Einrichtungen der Warmwasser- oder Dampfheizung sowie aus Klima, Wärmepumpen- oder Solarheizungsanlagen, Sprinkler- und Berieselungsanlagen sowie Aquarien oder Wasserbetten **austretendes Wasser**[11]. Die ausdrückliche Einbeziehung von Klima-, Wärmepumpen sowie Solarheizungsanlagen ebenso wie der Sprinkler- und Berieselungsanlagen ist rein deklaratorisch, da bestimmungswidriger Wasseraustritt aus solchen Anlagen der Warmwasserheizung bzw. der Wasserversorgung auch unter der Geltung älterer AVB ohne ausdrückliche Nennung mitversichert war[12].

---

[3] Zur Entwicklung Rohrbruchversicherung in den verschiedenen AVB *Martin,* Sachversicherungsrecht, E I, Rn. 4.

[4] § 1 Nr. 1 AWB 87 erwähnt die abhanden gekommenen Sachen nicht. Eine praktische Bedeutung dieses Versicherungsfalls lässt sich bei der Leitungswasserversicherung auch nicht feststellen.

[5] Vgl. hierzu *Larenz,* Methodenlehre der Rechtswissenschaft, 5. Aufl. 1983 (Studienausgabe), S. 195; BGH v. 24. 7. 1988, NJW-RR 1988, 1050 (1051); *Martin,* Sachversicherungsrecht, E I 2, Rn. 8.

[6] LG Aachen v. 15. 5. 1987, VersR 1988, 684, (685); *Martin,* Sachversicherungsrecht, E I 2, Rn. 9, 11.

[7] LG München I v. 6. 10. 1988, VersR 1989, 1294, (1295); *Martin,* Sachversicherungsrecht, E I 2, Rn. 10.

[8] Vgl. zu den Klauseln, die Anlass für Zweifel gaben, *Martin,* Sachversicherungsrecht, E I 2, Rn. 10.

[9] Ähnlich auch *Martin,* Sachversicherungsrecht, E I 2, Rn. 13 für § 7 Nr. 1 VHB 84, wobei es allerdings aufgrund des klaren Wortlauts keines Rückgriffs auf das AGBG bedarf.

[10] § 1 Ziff. 5a) AWB 87 hat die Schäden durch Wasserdampf noch ausdrücklich von der Versicherung ausgeschlossen, vgl. näher bei *Martin,* Sachversicherungsrecht, E I 2, Rn. 15.

[11] So z. B. § 6 Ziff. 1 VGB 2000, § 7 Ziff. 1 VHB 2000: Wasserbetten und Aquarien als Behälter ohne Funktion für die Wasserversorgung oder -leitung passen an sich in die Systematik nicht und waren daher in den VGB 62 und VGB 68 noch nicht erfasst, vgl. zu dem insoweit überholten Meinungsstand *Martin,* Sachversicherungsrecht, E I 2, Rn. 49.

[12] *Martin,* Sachversicherungsrecht, E I, Rn. 52f.

6   **Zu- und Abflussrohre** sind dem Wasserdurchfluss dienende Ummantelungen, die eine bestimmte Festigkeit aufweisen müssen[13]. Sie müssen der Zuleitung von Frischwasser oder der Ableitung von Abwasser und damit der Wasserversorgung dienen. Zweifelhaft war wiederholt die Frage, ob Wasserschäden durch **abknickende** oder **undichte Regenfallrohre** als Leitungswasserschäden versichert sind[14]. Fraglich war hier, ob ein Regenfallrohr als Ableitungsrohr zur Wasserversorgung gehört. Dieses auf eine ungenaue Formulierung zurück zu führende Problem ist durch die Neufassung in den VGB 88 sowie VGB 2000 gelöst und von der Rechtsprechung nunmehr in dem Sinne zutreffend entschieden worden, dass Regenfallrohre nicht der Wasserversorgung dienen und damit ein durch Wasseraustritt verursachter Schaden nicht erfasst wird[15]. Als Begründung führt das OLG Frankfurt aus, dass ein Regenfallrohr schon deshalb auch nicht eine sonstige Einrichtung der Wasserversorgung i. S. d. § 6 Ziff. 1 VGB 88 darstellt, weil der Begriff der Wasserversorgung impliziert, dass die Versorgung maschinell oder zumindest ohne menschliches Zutun erfolge[16].

7   Auch ein Wasseraustritt aus den mit den Zu- oder Ableitungsrohren **verbundenen Schläuchen** ist versichert. Die zuvor nach § 6 Ziff. 1 b) VGB 88 erforderliche Verbindung zu den Einrichtungen der Wasserversorgung ist nach § 4 Ziff. 1 a) VGB 2000, § 7 Ziff. 1 VHB 2000, § 4 Nr. 2 VHB 2008 nicht mehr gefordert. Nach diesen neueren AVB ist nur noch erforderlich, dass die Schläuche mit dem Zu- oder Ableitungsrohr verbunden sind, so dass z. B. auch ein Verbindungsschlauch zu einer Waschmaschine umfasst ist.

8   Versichert ist auch der Wasseraustritt aus **Einrichtungen,** die mit den **Zu- und Ableitungsrohren verbunden** sind. Hierbei kann es sich um Behältnisse zur Aufnahme von Wasser wie z. B. Badewannen, Schwimmbecken o. ä. ebenso wie um Einrichtungen handeln, die lediglich der Regulierung von Zu- oder Abfluss dienen, wie z. B. Ventile, Wasserhähne u. a. oder die für einen bestimmten Zweck vorübergehend Wasser aufnehmen, z. B. Wasch- und Spülmaschinen[17].

9   Als Quelle für den Austritt nennen die AVB die **Einrichtungen der Warmwasser- oder Dampfheizung, Klima-, Wärmepumpen- oder Solarheizungsanlagen** (vgl. § 6 Ziff. 1 c) VGB 2000, § 7 Ziff. 1 b) VHB 2000, § 4 Nr. 2 VHB 2008). Die Ergänzung gegenüber älteren Klauselwerken um die Klima-, Wärmepumpen- und Solarheizungsanlagen trägt der zunehmenden Verbreitung dieser Geräte Rechnung (vgl. die älteren AVB in § 1 Ziff 2 c AWB 87 § 6 Ziff. 1 d) VGB 88). Indes ist diese Erweiterung insoweit rein deklaratorisch, als auch nach früheren AVB zumindest die Wärmepumpen- und die Solarheizungsanlagen als Warmwasserheizungen erfasst waren[18]. Neu und konstitutiv ist die Aufnahme der Klimaanlagen, die weder unter den Begriff der Dampfheizung noch der Warmwasserheizung subsumierbar sind, da Klimageräte nicht der Heizung, sondern der Kühlung von Räumen dienen[19].

10   Als mögliche Quelle eines Leitungswasseraustritts kommen schließlich die **Sprinkler- und Berieselungsanlagen** in Betracht. Auch diese Einrichtungen sollen der Wasserversorgung dienen, so dass sie auch dann als Austrittsort von Leitungswasser in Betracht kommen, wenn sie nicht ausdrücklich in den AVB genannt werden (vgl. z. B. § 4 Ziff. 1 VGB 62, § 1 Ziff. 2 b) AWB 87)[20].

---

[13] *Martin,* Sachversicherungsrecht, E I, Rn. 25 f.

[14] Offengelassen von OLG Hamm v. 7. 5. 1986, VersR 1987, 1081, (1082) zu § 4 Ziff. 1 VGB 62.

[15] OLG Frankfurt/M. v. 14. 10. 1999, VersR 2000, 723; a. A. für den Fall, dass durch die Regenrohre Abwasser abgeleitet werden, *Martin,* Sachversicherungsrecht, E I 2, Rn. 28 f.

[16] OLG Frankfurt/M. v. 14. 10. 1999, VersR 2000, 723, (724); a. A. wohl *Martin,* Sachversicherungsrecht, E I, Rn. 29, der eine weite Auslegung des Begriffs Wasserversorgung vertritt.

[17] *Martin,* Sachversicherungsrecht, E I, Rn. 35.

[18] BGH v. 15. 11. 1989, NJW-RR 1990, 158; LG Aachen v. 15. 5. 1987, VersR 1988, 684 f. Beide Urteile behandeln Wärmepumpen.

[19] Unzutreffend daher *Martin,* Sachversicherungsrecht, E I, Rn. 52.

[20] *Martin,* Sachversicherungsrecht, E I; Rn. 53.

Neu aufgenommen worden sind als Quellen eines Leitungswasseraustritts **Aquarien und** 11 **Wasserbetten.** Auffallend ist dabei, dass keine Verbindung mit Zu- oder Ableitungsrohren gefordert wird[21].

Der Leitungswasserschaden muss durch den Austritt von Wasser aus einem der vorgenann- 12 ten Behältnisse oder einer Einrichtung der Wasserversorgung eingetreten sein. Ausreichend ist mithin, dass das Leitungswasser die versicherten Sachen erreicht hat. Auf den Ort des Wasseraustritts kommt es hingegen nicht an[22].

Die erforderliche **Bestimmungswidrigkeit des Wasseraustritts** lässt sich zumeist bereits 13 anhand des Sachverhalts feststellen, ohne dass es einer weiteren Problematisierung dieses Kriteriums bedarf. Demzufolge hat sich die Rechtsprechung mit der Bestimmungswidrigkeit nicht eingehender auseinandergesetzt[23]. Von einem bestimmungswidrigen Wasseraustritt lässt sich immer dann sprechen, wenn der Wasseraustritt nicht dem Willen desjenigen entspricht, der die Wasseraustrittsquelle beherrscht. Hierbei kommt es auf die Sichtweise gerade des VN nicht an, denn auch ein nicht vom Willen eines Dritten getragener Wasseraustritt ist bestimmungswidrig, auch wenn er sich z. B. durch die Wohnungsdecke auf die versicherten Sachen des VN auswirkt[24]. Konsequenter Weise ist daher ein **vorsätzlich** durch einen Dritten in dessen Sphäre **herbeigeführter Wasseraustritt** auch dann **nicht bestimmungswidrig,** wenn das Wasser in die Räume des VN eindringt[25]. Aus diesem subjektiven Verständnis des Begriffs der Bestimmungswidrigkeit ergeben sich Zweifelsfragen in Fällen des Irrtums. So soll ein Irrtum über die Tatsache des Wasseraustritts oder die Menge, Temperatur oder den Verschmutzungsgrad dazu führen, dass der Austritt bestimmungswidrig ist[26]. Irrt der vorsätzlich den Wasseraustritt Herbeiführende hingegen über die Folgen des Wasseraustritts, insbesondere auch über den Schadensverlauf oder -umfang, so bleibt doch der Wasseraustritt ein bestimmungsgemäßer[27].

Für den Wasseraustritt aus einer **Sprinkleranlage** folgt aus dem Vorhergesagten, dass das 14 Ingangsetzen durch Rauchmelder zu einem bestimmungsgemäßen Wasseraustritt führt, so dass durch das Leitungswasser verursachte Schäden nicht in der Leitungswasserversicherung mitversichert sind[28]. Umgekehrt wird man aus den § 6 Ziff. 3 c) VGB, § 7 Ziff. 4 c) VHB 2000, § 4 Nr. 3 a ff) VHB 2008 aufgeführten Ausschlüssen die conclusio ziehen dürfen, dass Wasseraustritte aus Sprinkleranlagen in allen anderen Fällen als bestimmungswidrig anzusehen ist[29].

2. Rohrbruch

Historisch Bestandteil der Leitungswasserversicherung ist die Versicherung gegen **Schä-** 15 **den aus Rohrbruch.** Während ältere Klauselwerke diesen Fall zusammen mit der Leitungswasserversicherung regeln (z. B. § 4 Ziff. 2 VGB 62, § 1 Ziff. 3 AWB 87), sehen neuere AVB eine eigenständige Regelung für Rohrbruchschäden vor (z. B. § 7 VGB 2000).

Die Versicherung umfasst solche Schäden, die durch Bruch an Rohren der Wasserversorgung, der Warmwasser- und Dampfheizung, von Sprinkler- und Berieselungsanlagen sowie von Klima-, Wärmepumpen- oder Solarheizungsanlagen entstehen. Voraussetzung ist des Weiteren, dass diese Rohre innerhalb versicherter Gebäude liegen (vgl. § 7 Ziff. 1 VGB 2000). Weiterhin versichert sind Frostschäden an Heizungs- und Sanitäreinrichtungen sowie Sprink-

---

[21] Vgl. *Martin,* Sachversicherungsrecht, E I, Rn. 49, der zu Recht auf Grundlage der älteren AVB verlangt, dass bei nicht verbundenen Behältern allenfalls ein bestimmungswidriger Wasseraustritt aus dem Rohr oder dem Wasserhahn einen Versicherungsfall begründen kann.

[22] LG Stuttgart v. 3. 5. 1979, VersR 1980, 139 (140); *Martin,* Sachversicherungsrecht, E I, Rn. 31.

[23] *Martin,* Sachversicherungsrecht, E I, Rn. 62, vermutet hier eine großzügige Regulierungspraxis als Grund.

[24] Unverständlich insoweit *Martin,* Sachversicherungsrecht, E I, Rn. 55.

[25] A. A. *Martin,* Sachversicherungsrecht, E I, Rn. 57; *van Bühren/Tietgens,* § 4, Rn. 42.

[26] *Martin,* Sachversicherungsrecht, E I, Rn. 60.

[27] Zutreffend *Martin,* Sachversicherungsrecht, E I, Rn. 59, auch zu weiteren Irrtumsfällen.

[28] So jetzt ausdrücklich § 3 Ziff. 4a) hh) VGB 2008, § 6 Ziff 3c) VGB 2000, § 7 Ziff. 4c) VHB 2000; noch ohne jede Differenzierung hat § 4 Ziff. 3e) VGB 62 die Schäden durch Sprinkleranlagen ausgeschlossen.

[29] *Martin,* Sachversicherungsrecht, E I, Rn. 63.

ler- und Berieselungsanlagen (vgl. § 7 Ziff. 2 VGB 2000) und – außerhalb des Gebäudes – Bruchschäden an bestimmten Zu- und Ableitungsrohren (§ 7 Ziff. 3 VGB 2000). Auch die Zuleitung zu einem Sicherheitsventil eines Heizungskessels ist Bestandteil des Heizungskessels, so dass ein Bruch der Zuleitung und ein nachfolgender Schaden am Heizungskessel nur versichert ist, wenn der Bruch durch Frost verursacht worden ist[30].

II. Versicherte Sachen/Versicherungsort

1. Leitungswasserversicherung

16   Welche Sachen versichert sind, bestimmt sich nach der **Vereinbarung im Verssicherungsschein sowie den AVB.**

Bei der **kombinierten Wohngebäudeversicherung** enthält § 1 Ziff. 2 VGB 2000 eine Aufzählung der neben dem Gebäude **mitversicherten Sachen,** unabhängig von ihrer Eigenschaft als Zubehör oder Bestandteil des Gebäudes. Die VGB 62 hatte noch allgemein die Gebäudebestandteile zur versicherten Sache gezählt (§ 2 VGB 62), nach § 1 Ziff. 3 VGB 88 hingegen waren „Grundstückbestandteile" nur aufgrund besonderer Vereinbarung mitversichert. Im Hinblick auf die nicht konsequent der Begrifflichkeit der §§ 93, 94 BGB folgende Terminologie der AVB besteht Einigkeit, dass der Umfang der Versicherung durch Auslegung der AVB unter Berücksichtigung ihres Regelungszwecks zu erfolgen hat[31]. Als gesichert kann angesehen werden, dass das Gebäude und Gebäudebestandteile zur versicherten Sache gehören (vgl. § 2 Ziff. 2 AWB 87, § 2 VGB 62). Die VGB 88 und VGB 2000 erwähnen die Gebäudebestandteile nicht ausdrücklich (vgl. § 1 VGB 88, 3 1 VGB 2000)[32]. Jedoch wird man aus dem **Ausschluss von Grundstücksbestandteilen** den Umkehrschluss ziehen müssen, dass **Gebäudebestandteile nicht ausgeschlossen** sind. Im Einzelfall kann die Zuordnung schwierig sein. So war beispielsweise unklar, ob eine **außerhalb des Gebäudes befindliche Wärmepumpe** ein Gebäudebestandteil ist. Der BGH hat dies mit dem Hinweis bejaht, dass die zum Gebäude gehörende Heizungsanlage ohne die Wärmepumpe unvollständig und funktionsunfähig sei[33]. Auch nur **vorübergehend** zu Zwecken einer Reparatur in das Gebäude **eingebaute Bestandteile** sind als Gebäudebestandteile mitversichert, da der VN zur Instandhaltung und Instandsetzung der versicherten Sache verpflichtet ist (vgl. nur § 24 Ziff. 1b) VGB 2000)[34]. In neueren Musterbedingungen wird für einzelne Gegenstände durch Einbeziehung die Frage nach ihrer Eigenschaft als Gebäudebestandteil überflüssig. So sind in der kombinierten Gebäudeversicherung nach § 1 Ziff. 2 VGB 2000 **Einbaumöbel und -küchen** mitversichert, wenn sie individuell geplant und gefertigt worden sind. Klingel- und Briefkastenanlagen, Müllboxen und Terrassen sind ebenfalls ausdrücklich mitversichert (§ 1 Ziff. 2b) VGB 2000), unabhängig davon, ob sie Bestandteile des Gebäudes sind. Zubehör ist nur mitversichert, wenn es sich im Gebäude befindet oder außen angebracht ist und der Instandhaltung oder den Wohnzwecken des Gebäudes dient (§ 1 Ziff. 3 VGB 2000). Ausgeschlossen ist die **nicht ausdrücklich eingezogene Gebäudezubehör** sowie weitere Grundstücksbestandteile. Insoweit wird man grundsätzlich auf die Legaldefinition in §§ 94 Abs. 1, § 97 Abs. 1 BGB zurückgreifen können.

17   Nicht in die Gebäudeversicherung eingeschlossen sind Sachen, die der **Mieter oder Wohnungseigentümer** auf **seine Kosten** beschafft oder übernommen hat und für die er das Risiko trägt (vgl. § 1 Ziff. 4 VGB 2000, § 1 Ziff. 4 VGB 88). Sofern etwas anderes mit dem VR vereinbart ist, muss dies der Mieter vortragen und ggf. beweisen[35]. Allerdings greift in diesen Fällen u. U. die Hausratversicherung ein.

---

[30] OLG Schleswig v. 9. 4. 1992, VersR 1993, 1395 (1396) m. zust. Anm. *Krahe,* VersR 1993, 1397.

[31] *Prölss/Martin/Kohlhosser,* VGB 62, § 2, Rn. 3.

[32] Vgl. zum Gebäudebegriff auch unten, Rn. 28.

[33] BGH v. 15. 11. 1989, NJW-RR 1990, 158 (159).

[34] BGH v. 18. 3. 1992, VersR 1992, 606 (608).

[35] LG Köln v. 27. 8. 1998, VersR 1999, 184 (185); vgl. auch *Prölss,* Stille Teilhabe an fremden Versicherungsverträgen – zur konkludenten Einbeziehung von Drittinteressen in der Sachversicherung, r+s 1997, 221 (222).

Bei der **Hausratversicherung** ist der **gesamte Hausrat** (§ 1 Ziff. 1 VHB 2000, § 6 Nr. 1   **18**
VHB 2008) versichert, daneben zählen § 1 Ziff. 1–4 VHB 2000, § 6 Nr. 2 VHB 2008 weitere
mitversicherte Gegenstände auf. Gebäudebestandteile sind grundsätzlich nicht in die Hausratversicherung eingeschlossen (§ 1 Ziff. 5 VHB 2000, § 6 Nr. 4a VHB 2008). Die Zuordnung zu der Gebäude- oder Hausratversicherung kann im Einzelfall schwierig sein, zumal
sie sich nicht an der zivilrechtlichen Unterscheidung in Bestandteile und Zubehör orientiert[36]. Unabhängig von der Eigenschaft als Gebäudebestandteil umfasst werden jedoch
Markisen und Antennenanlage (§ 1 Ziff. 4a) VHB 2000, § 6 Nr. 2c cc) VHB 2008),
ebenso vom VN angeschaffte oder übernommene in das Gebäude **eingefügten Sachen,** für
die er aufgrund einer Vereinbarung mit dem Vermieter oder der Wohnungseigentümergemeinschaft das Risiko trägt (§ 1 Ziff. 4b) VHB 2000). Hierzu zählen z. B. vom Mieter verlegte
Parkettfußböden, ein von ihm **eingebauter Kamin,** aber auch die **individuell angefer-
tigte Einbauküche**[37]. Mitversichert in der Hausratversicherung sind auch Schäden durch
Leitungswasser an **Bodenbelägen,** nicht am Estrich[38], Innenanstrichen[39] oder Tapeten in
gemieteten Wohnungen, unabhängig davon, ob diese vom Mieter oder vom Vermieter
eingebracht worden sind (§ 2 Ziff. 1i) VHB 2000, § 6 Nr. 2c aa) VHB 2008)[40]. Mitversichert
in der Hausratversicherung sind nur die Sachen, die „dem Haushalt des VN zur privaten
Nutzung dienen" (§ 1 Ziff. 1 VHB 2000, § 6 Nr. 2a) VHB 2008). Als Hausrat sind alle Gegenstände anzusehen, die in einem Haushalt zur **Einrichtung** gehören, zum **Gebrauch
oder zum Verbrauch** dienen und dem privaten Lebensbereich zuzurechnen sind[41]. Ausgeschlossen sind damit Gegenstände, die der VN nur für berufliche der gewerbliche Zwecke
nutzt.

Die versicherte Sache muss sich bei Eintritt des Leitungswasserschadens innerhalb des ver-   **19**
sicherten Orts befunden haben (vgl. § 9 Ziff. 1 VHB 2000, § 6 Nr. 1 VHB 2008). Der **Versicherungsort** bestimmt sich nach § 9 Ziff. 2 VHB 2000, § 6 Nr. 3 VHB 2008 und umfasst
insbesondere die Wohnung einschließlich Loggien, Balkonen und Terrassen sowie ausschließlich vom VN genutzte Garagen und sonstige zu privaten Zwecken genutzte Räume
in Nebengebäuden des Grundstücks, auf dem sich die versicherte Wohnung befindet. **Zu
der Wohnung rechnen auch im Rahmen einer Wohnungserweiterung** neu hinzugekommene Räume, selbst wenn sich diese in einer anderen Etage des Wohnhauses befinden
und nicht direkt mit den bisherigen Räumen verbunden sind[42]. Wegen weiterer Einzelheiten
darf auf die Ausführungen zur Hausratversicherung verwiesen werden[43].

2. Rohrbruchversicherung

Für die Rohrbruchversicherung gilt im Unterschied zur Leitungswasserversicherung, dass   **20**
nur die **unmittelbar an den betroffenen Einrichtungen,** d. h. in der Regeln dem gebrochenen Rohr, entstehenden Schäden versichert sind, nicht jedoch **Folgeschäden**[44]. Als
Folgeschaden ist hierbei auch jeder Schaden an anderen Gegenständen des VN anzusehen.
Hierbei ist zu beachten, dass ein eingetretener Schaden an versicherten Sachen auch bei

---

[36] BGH v. 18. 3. 1992, NJW-RR 1992, 793 (794) zu sog. Ersatzbestandteilen, anders offenbar Münchener Kommentar/*Holch,* 4. Aufl. 2001, § 94, Rn. 37.
[37] Das hier früher bestehende Problem der Doppelversicherung durch Einschluss in die Gebäude- und
Hausratversicherung löst jetzt § 1 Ziff. 4 VGB 2000 (jetzt § 5 Ziff. 3h) VGB 2008) durch einen ausdrücklichen Ausschluss der gem. § 1 Ziff. 4b) VHB 2000 eingebrachten Sachen, vgl. im übrigen zur Doppelversicherung *Martin,* Sachversicherungsrecht, E I, Rn. 75f.
[38] *Martin,* Sachversicherungsrecht, E I, Rn. 70.
[39] Nicht erfasst sind Außenanstrich, auch Türen-, Fenster- und Heizkörperanstriche sind kein Innen-
anstrich, *Martin,* Sachversicherungsrecht, E I; Rn. 69.
[40] Zu weiteren Einzelheiten *Martin,* Sachversicherungsrecht, E I, Rn. 67–70.
[41] OLG Hamm v. 19. 1. 2000, NVersZ 2000, 282 (283); *Martin,* Sachversicherungsrecht, H IV, Rn. 3.
[42] OLG Hamm v. 19. 1. 2000, NVersZ 2000, 282 (283).
[43] Siehe oben, § 32.
[44] Ebenso *Martin,* Sachversicherungsrecht, E I, Rn. 17, 82; *van Bühren/Tietgens,* § 4, Rn. 58.

Rohrbruch versichert ist, wenn aus der Bruchstelle Leitungswasser ausgetreten ist[45]. Hierbei kommt es nicht darauf an, ob der Rohrbruch innerhalb oder außerhalb des Gebäudes eingetreten ist[46].

21   In der Hausratversicherung sind gegen Rohrbruch versichert die **Zu- und Ableitungsrohre** zu den sanitären Anlagen und leitungswasserführenden Installationen, die der VN als Mieter oder Eigentümer auf seine Kosten beschafft oder übernommen hat und für die er vereinbarungsgemäß die Gefahr trägt (§ 7 Ziff. 3 VHB 2000). Des Weiteren sind solche **Frostschäden** versichert, die an sanitären Anlagen und wasserführenden Installationen entstehen, die im Übrigen die vorgenannten Voraussetzungen erfüllen (§ 7 Ziff. 3 VHB 2000). Die Aufnahme dieser versicherten Gefahr ist neu, die VHB 84 sahen eine Versicherung der wasserführenden Installationen und sanitären Anlagen nur durch eine Zusatzklausel vor[47]. Diese Einschlüsse sind dann konstitutiv, wenn es sich bei den betroffenen Gegenständen um Bestandteile des Gebäudes handelt, die über die Gebäudeversicherung erfasst sind.

III. Spezifische Risikoausschlüsse

1. Leitungswasserversicherung

22   Ausgeschlossen sind nach den VGB 2000 **bestimmte Wasserschäden,** die nicht auf dem Austritt von Leitungswasser beruhen. Zu nennen sind insbesondere Schäden aufgrund von **Plansch- oder Reinigungswasser** (§ 6 Ziff. 3a) VGB 2000; § 1 Ziff. 5b) AWB 87; ebenso bereits § 4 Ziff. 3b) VGB 62), **Grundwasser, stehende und fließende Gewässer, Überschwemmungen/Hochwasser, Witterungsniederschläge** oder ein hierdurch hervorgerufener **Rückstau,** es sei denn, dieser führe wiederum zu einem Rohrbruch (§ 6 Ziff. 3b) VGB 2000, § 7 Ziff. 3b) VHB 2000, § 4 Ziff. 3a) cc) VGB 2008, ähnlich bereits § 4 Ziff. 3d) VGB 62; § 9 Ziff. 4b) VGB 88). Hierbei kommt es nicht darauf an, ob das Niederschlagswasser gesammelt und abgeleitet wird und sodann erst den Schaden verursacht[48].

Da die Leitungswasserversicherung sowieso nur Schäden aufgrund von Wasseraustritt aus Rohren und anderen Einrichtungen versichert, sind die Ausschlüsse weitgehend **deklaratorisch.** Lediglich im Falle eines Schadens aufgrund eines Rückstaus z. B. wegen eines Defekts in der Regenwasseraufbereitungsanlage ist der Ausschluss hierdurch verursachter Schäden konstitutiv, da er ohne den Ausschluss als Schaden aufgrund einer mit der Wasserversorgung verbundenen Einrichtung gedeckt wäre[49].

23   Die **Ausschlüsse** sind – wie Risikoausschlüsse allgemein – **eng auszulegen**[50]. Demzufolge sind die aufgrund Plansch- oder Reinigungswassers eingetretenen Schäden nur dann ausgeschlossen, wenn der Schaden auf dem Gebrauch des Wassers zum Planschen oder Reinigen beruht[51]. Mithin sind Schäden, die z. B. durch den Austritt von Reinigungswasser aus dem Ableitungsrohr entstehen, als Leitungswasserschäden versichert[52].

24   Ebenfalls ausgeschlossen ist der **bestimmungsgemäße Austritt von Wasser** aus Sprinkler- und Berieselungsanlagen (vgl. § 6 Ziff. 3c) VGB 2000, § 3 Ziff. 4a) hh) VGB 2008). Als bestimmungsgemäß definieren die VGB den Austritt aufgrund Brandes, durch Druckproben sowie Umbauten und Reparaturarbeiten an dem versicherten Gebäude oder der Anlage. Auch dieser Ausschluss ist teilweise deklaratorischer Natur, da die Sprinkleranlage bei Rauchentwicklung infolge eines Brandes oder von Reparaturarbeiten bestimmungsgemäß Wasser versprüht. Konstitutiv ist der Ausschluss insoweit als er auch Fälle eines bestimmungswidrigen

---

[45] So zu Recht *Müller,* Anm. zu LG Köln v. 9. 11. 1988, VersR 1989, 1044; ebenso *Martin,* Sachversicherungsrecht, E I, Rn. 17.

[46] *Martin,* Sachversicherungsrecht, E I, Rn. 17.

[47] Vgl. *Martin,* Sachversicherungsrecht, E I, Rn. 106.

[48] OLG Köln v. 23. 1. 2001, NVersZ 2001, 329.

[49] OLG Düsseldorf v. 25. 4. 1989, VersR 1989, 800 (801); *Martin,* Sachversicherungsrecht, F IV, Rn. 34.

[50] BGH v. 17. 3. 1999, NVersZ 1999, 394; *Römer/Langheid/Römer,* Vor § 1; Rn. 23.

[51] *Martin,* Sachversicherungsrecht, F IV, Rn. 37, zu den Begriffen Rn. 39 f.

[52] *Martin,* Sachversicherungsrecht, IV, Rn. 38 m.w. Beispielen.

Wasseraustritts erfasst, etwa wenn die Anlage aufgrund einer Fehlschaltung bei Reparaturarbeiten versehentlich anspringt und Wasser austritt.

Ausgeschlossen ist weiterhin ein Leitungswasserschaden durch **Erdfall oder Erdbeben,** 25 wenn nicht das Leitungswasser ursächlich für diese Ereignisse gewesen ist (§ 6 Ziff. 3d) VGB 2000, § 4 Ziff. 3a) ee) VGB 2008). Demgegenüber sprechen die älteren VGB und die VHB (§ 4 Ziff. 3a) ee) VGB 2008) von Erdsenkungen und Erdrutsch als ausgeschlossenen Schadensursachen (vgl. § 9 Ziff. 4d) VGB 88, spricht von „Erdeinsenkungen"). Die VGB unterscheiden sich von den früheren Ausschlüssen nicht nur begrifflich, sondern auch inhaltlich. So ist der Ausschluss für durch Erdbeben verursachte Leitungswasserschäden neu aufgenommen worden. Unklar ist, ob ein Erdfall identisch ist mit einer Erdsenkung. Vom Wortlaut ist Erdfall eher zu verstehen als Herabstürzen von Erde, mithin als Synonym für den Erdrutsch. Ob auch eine Erdsenkung einen Erdfall darstellt, ist demgegenüber zweifelhaft. Da bei einer Erdsenkung die Erde nach unten wegfällt, könnte man auch die Erdsenkung unter den Erdfall fassen[53]. Dafür spricht auch das historische Argument, dass die Erdsenkung seit jeher unter die Ausschlüsse fällt.

Klargestellt haben die VGB 2000, dass durch **Unterspülung** hervorgerufene Erdbe- 26 wegungen nicht unter die Ausschlüsse fallen. Dies ist zutreffend, da sich in diesen Fällen ein Leitungswasserrisiko verwirklicht. Diese Einschränkung des Ausschlusses ist schon bisher für älteren AVB vertreten worden, die keine Aussagen zu der Ursache der Erdrutsche oder Erdsenkung enthalten haben[54].

Ausgeschlossen sind schließlich auch solche **Schäden,** die zwar durch Leitungswasser ver- 27 ursacht worden sind, jedoch **in nicht bezugsfertigen** oder wegen Umbauarbeiten für ihren Zweck **nicht benutzbaren Gebäuden** auftreten (vgl. § 3 Ziff. 4b) VGB 2008, § 6 Ziff. 3f) VGB 2000; § 9 Ziff. 3a) VGB 88; die VGB 62 und AWB 87 hatten den Ausschluss noch auf nicht bezugsfertige Gebäude beschränkt, vgl. § 2 Ziff. 2 AWB 87, § 4 Ziff. 3a) VGB 62). Der Ausschluss unterstellt, dass das Risiko von Leitungswasserschäden in nicht bezugsfertigen Gebäuden sowie in Gebäuden, die aufgrund von Arbeiten nicht benutzbar sind, besonders hoch ist[55]. Bezugsfertigkeit bedeutet demnach, dass das Gebäude objektiv soweit für die vorgesehene Nutzung hergerichtet sein muss, wie dies nach der Art der Nutzung üblich ist[56]. Daraus folgt, dass fertiggestellte, aber noch nicht oder nicht mehr vermietete oder bezogene Wohnungen oder Büros benutzbar sind und daher nicht vom Versicherungsschutz ausgeschlossen sind[57]. Gleiches gilt, wenn Restarbeiten vereinbarungsgemäß vom Mieter auszuführen sind. Dies gilt etwa für die vom Wohnungsmieter anzubringenden Tapeten oder die Verlegung von Teppichböden. Ob man von benutzbaren Räumen auch dann sprechen kann, wenn – wie dies bei Bürogebäuden häufiger vereinbart wird – der Innenausbau, etwa die Errichtung von Zwischenwänden oder die Einziehung von geständerten Böden, weitestgehend vom Mieter vorgenommen wird, ist zweifelhaft. Vom Wortlaut ausgehend, ist aus der Sicht von Mieter und Vermieter in diesen Fällen Bezugsfertigkeit gegeben, da es Sache des Mieters ist, ob und inwieweit und in welchem Zeitraum er die Nutzbarkeit für seine Zwecke herstellt. Sieht man hingegen den Sinn und Zweck des Ausschlusses darin, dass die besonders **gefahrenträchtige Fortführung von Bauarbeiten** von der Versicherung nicht erfasst werden soll, so wird man die Benutzbarkeit verneinen müssen[58]. Diese Auslegung wird gestützt durch

---

[53] *Martin,* Sachversicherungsrecht, F IV, Rn. 29 hat die Ausschlüsse in den VGB 62, 88 dahin gehend verstanden, dass sie schnelle wie langsame Erdbewegungen erfassen wollen. Es ist mangels anderer Hinweise davon auszugehen, dass auch die VGB 2000 keine grundsätzliche Abkehr von diesem Ausschluss regeln wollen. Auch diese spricht für die Erfassung von Erdrutsch und Erdsenkung unter den Begriff Erdfall.
[54] *Martin,* Sachversicherungsrecht, F IV, Rn. 30.
[55] *Martin,* Sachversicherungsrecht, F IV, Rn. 8; *van Bühren/Tietgens,* § 4, Rn. 45.
[56] OLG Hamm v. 1.7. 1988, VersR 1989, 365 (366); *Martin,* Sachversicherungsrecht, F IV, Rn. 9.
[57] *van Bühren/Tietgens,* § 4, Rn. 46.
[58] *Martin,* Sachversicherungsrecht, F IV, Rn. 10 verlangt den Abschluss des Innenausbaus und will nur unbedeutende Restarbeiten als die Benutzbarkeit nicht berührend ausschließen; ebenso *van Bühren/Tietgens,* § 4, Rn. 46.

den erstmals in VGB 88 erweiterten Ausschluss für Umbauarbeiten, die die Benutzbarkeit ausschließen. Diese Erweiterung macht deutlich, dass unter Bezugsfertigkeit nicht nur die Übergabe an den Nutzer, sondern auch der Abschluss aller Arbeiten gemeint ist, die die Nutzbarkeit ausschließen. Daher kommt es auch nicht darauf an, ob vereinbarungsgemäß Innenausbauarbeiten auf den Mieter übertragen werden.

28   **Die Bezugsfertigkeit von Gebäudeteilen** führt nicht zu einer Aufspaltung des Versicherungsschutzes auf die bezugsfertigen und die nicht bezugsfertigen Teile. Entscheidend ist nach dem Wortlaut der AVB vielmehr, dass das **Gebäude als Ganzes** bezugsfertig ist[59]. Ob es sich bei **größeren, aus mehreren Teilen zusammengesetzten Bauwerken** um ein Gebäude oder um mehrere Gebäude handelt, kann im Einzelfall schwierig zu entscheiden sein. Zunächst ist hierbei wegen der notwendigen einheitlichen Auslegung der VGB auf die Definition der versicherten Sache zu verweisen. Da die Bestimmung der versicherten Sache und die Ausschlüsse zwei Seiten einer Medaille sind, muss die Festlegung des versicherten bzw. wegen fehlender Bezugsfertigkeit noch nicht versicherten Gebäudes einheitlich erfolgen. Ergibt sich aus dem Versicherungsschein keine Klarheit, bedarf der Gebäudebegriff der näheren Eingrenzung. Hierbei ist nicht zwingend den in §§ 94f. BGB enthaltenen Definitionen zu folgen, sondern zunächst wie stets bei AVB der allgemeine Sprachgebrauch heranzuziehen[60]. Danach bestimmen eher **funktionale Gesichtspunkte** das Verständnis. So wird ein Gebäude als selbständige Einheit wahrgenommen, wenn es über einen eigenen Eingang, eine eigene Hausnummer und eigene, nur in die jeweilige Einheit bedienende Aufzüge verfügt. Bezogen auf den Sinn und Zweck des Ausschlusses wird man des Weiteren danach zu unterscheiden haben, ob die im genannten funktionalen Sinn als Gebäude erscheinende Baulichkeit unabhängig von weiteren verbundenen, ebenfalls als eigene Gebäude erscheinende Baulichkeiten genutzt werden kann. Ist dies der Fall, so handelt es sich um ein separates Gebäude, unabhängig davon, ob es mit anderen Gebäuden verbunden ist oder die Gesamtheit rechtlich als ein Gebäude anzusehen ist.

29   Der in den VGB 88 neu aufgenommene Ausschluss von **Gebäuden, die durch Umbauarbeiten nicht ihrem Zweck entsprechend nutzbar** sind, beendet die zu vorhergehenden AVB geführte Diskussion, wann ein Umbau qualitativ in einen Neubau umschlägt und damit unter den Ausschluss für nicht bezugsfertige Gebäude fällt[61]. Unter den Begriff des Umbaus fallen zunächst nicht die üblichen Renovierungen und Instandsetzung- und Instandhaltungsarbeiten[62]. Vielmehr ist der Begriff Umbau in Bezug zu der weiteren Voraussetzung des Ausschlusses so zu verstehen, dass hierdurch die Nutzbarkeit ausgeschlossen wird. Mithin fallen nur gravierende und gewollte Substanzeingriffe unter den Begriff des Umbaus, die eine Nutzung während des Umbaus objektiv ausschließen[63]. Als Beispiele mögen etwa die komplette **Sanierung eines Altbaus** einschließlich Entkernung oder das Herausreißen aller Innenwände und -böden dienen.

30   Auch ist erforderlich, dass das gesamte Gebäude wegen des Umbaus **nicht mehr benutzbar** ist. Unerheblich ist im Hinblick auf die objektive Auslegung des Begriffs, ob der VN oder Dritte trotz objektiver Unbenutzbarkeit das Gebäude weiter benutzen[64]. Allerdings wird man im Hinblick auf die gebotene **enge Auslegung** von Ausschlussklauseln einschränkend eine tatsächliche Nutzung als Hinweis darauf ansehen müssen, dass die Benutzbarkeit nicht ausgeschlossen ist.

2. Rohrbruchversicherung

31   In der Rohrbruchversicherung nur **eingeschränkt erfasst** sind alle **Bruchschäden, die außerhalb des versicherten Gebäudes** auftreten. Eingeschlossen sind hier lediglich Zulei-

---

[59] Zutreffend *Martin*, Sachversicherungsrecht, F IV, Rn. 12.
[60] BGH v. 18. 3. 1992, NJW-RR 1992, 793 (794).
[61] Vgl. hierzu *Martin*, Sachversicherungsrecht, F IV, Rn. 18 m. Nw.
[62] *Van Bühren/Tietgens,* § 4, Rn. 47.
[63] Ähnlich *Martin*, Sachversicherungsrecht, F IV, Rn. 20.
[64] Zutreffend *Martin*, Sachversicherungsrecht, F IV, Rn. 21.

tungsrohre der Warmwasserversorgung und Rohre der Warmwasserheizungs-, Dampfheizungs-, Klima-, Wärmepumpen- oder Solarheizungsanlagen, die der Versorgung der versicherten Gebäude dienen und auf dem im Versicherungsschein bezeichneten Grundstück liegen (§ 7 Ziff. 3 VGB 2000; die § 1 Ziff. 3b) AWB 87, § 7 Ziff. 3 VGB 88, § 4 Ziff. 2b) VGB 62 beschränken den Einschluss auf Zuleitungsrohre der Warmwasser- und Dampfheizungsanlagen).

Die teilweise **Ausschluss von Ableitungsrohren** macht es erforderlich, bei Rohrbrü- **32** chen zunächst einmal zu prüfen, ob das betroffene Ableitungsrohr innerhalb oder außerhalb des Gebäudes verläuft, Hierbei definieren die AVB als außerhalb des Gebäudes liegend auch den Bereich zwischen den Fundamenten unterhalb des Gebäudes (§ 7 Ziff. 1 VGB 2000). Die VGB 2000 haben damit die Unsicherheit beseitigt, die sich bei Rohrbrüchen von Abwasserrohren unterhalb des Gebäudes ergaben[65]. Die VGB 2008 präzisieren dies dahingehend, dass Rohre unterhalb der Bodenplatte nicht versichert sind (§ 3 Ziff. 1b VGB 2008).

Im übrigen gelten die **Ausschlüsse für die Leitungswasserversicherung** größtenteils **33** nicht für die Rohrbruchversicherung. Dies ergibt sich in den VGB 2000 aus § 7 Ziff. 4, wonach von dem Versicherungsschutz nur ausgeschlossen sind Schäden durch Erdfall oder Erdrutsch, soweit diese nicht ihrerseits durch Leitungswasser herbeigeführt worden sind (§ 7 Ziff. 4a) VGB 2000, § 3 Ziff. 4a) ff) VGB 2008), Schäden an nicht bezugsfertigen oder wegen Umbauarbeiten nicht ihren Zwecken entsprechend nutzbaren Gebäuden (§ 7 Ziff. 4b VGB 2000, § 3 Ziff. 4b VGB 2008) sowie durch die allgemeinen Risiken Brand, Blitzschlag, Explosion, Implosion, Aufprall von Luftfahrzeugen, seiner Teile oder Ladung sowie Sturm und Hagel (§ 7 Ziff. 4c), d) VGB 2000, § 3 Ziff. 4a VGB 2008). Ähnliche Regelungen finden sich in den älteren AVB, vgl. § 1 Ziff. 5 AWB 87, § 9 Ziff. 5 VGB 88, § 4 Ziff. 3 VGB 62, bei denen im Umkehrschluss zu ermitteln ist, dass die Ausschlüsse für die Rohrbruchversicherung nicht gelten[66]. Die VGB 2000 machen mithin deutlich, dass Rohrbruchschäden auch dann ersetzt werden, wenn der Rohrbruch auf Korrosion durch Regenwasser oder Reinigungswasser beruht[67].

IV. Gefahrerhöhungen

Eine **Gefahrerhöhung** setzt nach § 23 Abs. 1 VVG voraus, dass der VN nach Abgabe seiner Vertragserklärung die Gefahr des Eintritts des Schadens oder eines größeren Schadens erhöht und dieser Zustand eine gewisse Dauer erreicht[68]. Vergleichsmaßstab ist nach der Neufassung des VVG jetzt der Zustand bei Abgabe der Vertragserklärung. Besonders häufig vorkommende Gefahrerhöhungen lassen sich – jedenfalls anhand der Rechtsprechung – für die Leitungswasser- und Rohrbruchversicherung nicht nachweisen. **34**

Als ein typischer Fall einer nachträglichen Gefahrerhöhung bei der Leitungswasserversicherung ist der **Leerstand des Gebäudes** anzusehen[69]. Die AVB sehen in § 15 Ziff. 1b) VGB 2008, § 23 Ziff. 1b) VGB 2000, § 10 Ziff. 3b) VGB 88 die Möglichkeit einer Gefahrerhöhung in der **Nichtnutzung des Gebäudes.** Ein längere Zeit anhaltender Leerstand erhöht das Risiko, dass in der Frostperiode infolge mangelnder Beheizung Rohrbrüche entstehen. Weitere Voraussetzung für eine Gefahrerhöhung ist, dass der Leerstand für eine gewisse Zeit anhält und der VN zumindest aufgrund der Jahreszeit mit Frostschäden gerechnet werden muss[70]. Die entsprechende Regelung in den AVB (z. B. § 23 Ziff. 1b) VGB 2000, § 15 Ziff. 1b VGB **35**

---

[65] Vgl. LG Köln v. 9.11.88, VersR 1989, 586 (587).

[66] *Martin,* Sachversicherungsrecht, F IV Rn. 2; anders für § 9 Ziff. 5 VGB 88 OLG Köln v. 25. 1. 2005, r+s 2005, 422.

[67] Vgl. *Martin,* Sachversicherungsrecht, F. IV; Rn. 2, der dies für die VGB 62 noch aus §§ 3, 5 AGBG herleitet.

[68] BGH v. 18. 10. 1952, BGHZ 7, 311 (317);, siehe oben § 20 Rn. 3.

[69] Vgl. etwa BGH v. 21. 9. 1964, BGHZ 42, 295 ff.; OLG Hamm v. 21. 4. 1989, VersR 1990, 86 ff.; *Prölss/Martin/Prölss,* § 23, Rn. 22.

[70] OLH Hamm v. 21. 4. 1989, VersR 1990, 86 (87); *Prölss/Martin/Prölss,* § 23, Rn. 22.

2008), wonach die Nicht-Nutzung als eine Gefahrerhöhung anzusehen sein kann, ist daher einschränkend dahin gehend auszulegen, dass kurzzeitige oder in die Sommerzeit fallende Leerstände eben so wenig eine Gefahrerhöhung darstellen wie eine teilweise Nichtnutzung des Gebäudes, wenn der genutzte Teil genügend beheizt wird, um ein Einfrieren von Rohren auszuschließen. Bei einem über mehrere Frostperioden reichenden Leerstand unterbricht demzufolge das Ende einer Frostperiode den Zustand der Gefahrerhöhung mit dem Ergebnis, dass auch die Anzeigepflicht entfällt[71]. Auch darf eine Gefahrerhöhung nicht schematisch angenommen werden, wenn der Leerstand in eine Frostperiode fällt. Vielmehr ist auch dann eine Gesamtabwägung der gefahrerheblichen Umstände vorzunehmen, bei der insbesondere auch die Risikoverringerung durch die Nichtnutzung von Räumen einzubeziehen ist[72]

36   Als weiterer typischer Fall einer Gefahrerhöhung kann in der Leitungswasserversicherung die **Korrosion von Rohren** angesehen werden, die zu Rohrbrüchen mit entsprechenden Leitungswasserschäden führen können. § 7 Abs. 1b) AWB 87 verlangt deshalb vom VN in Form einer Sicherheitsvorschrift auch, dass dieser alle wasserführenden Anlagen in ordnungsgemäßem Zustand zu halten hat (ebenso § 24 Ziff. 1b VGB 2000 und § 14 Ziff. 1a VGB 2008, die diese Pflicht als Obliegenheit ausgestalten). Allerdings erfordert § 23 Abs. 1 VVG, dass der VN eine **Gefahrerhöhung vornimmt**, so dass der VN die gefahrerhöhenden Umstände zumindest kennen muss[73]. Eine Prüfung des Zustand von Rohren ist jedoch beim Kauf eines Gebäudes oder einer Wohnung unüblich und auch nur mit erheblichem Aufwand möglich. Schon deshalb kommt eine Gefahrerhöhung in aller Regel nicht in Betracht. Auch ist zu berücksichtigen, dass eine Korrosion nicht vom VN „vorgenommen" wird, sondern ein chemischer Prozess ist, der ohne Zutun des VN abläuft. Da die Gefahrerhöhung nicht in eine Verpflichtung zur Abwendung von Gefahren umgedeutet werden kann[74], scheidet eine Gefahrerhöhung auch aus diesem Grund aus[75].

37   Eine weitere mögliche Gruppe von Gefahrerhöhungen sind die Fälle der **Durchführung von Baumaßnahmen**. Die VGB 2000 nennen jetzt als möglichen Fall solche Baumaßnahmen, die ein **Notdach** erfordern oder zur einer überwiegenden Unbenutzbarkeit des Gebäudes führen (§ 23 Ziff. 1c) VGB 2000). Da § 32 VVG abweichende Vereinbarungen von den Vorschriften zur Gefahrerhöhung in den §§ 23–27 VVG zu Lasten des VN verbietet, muss auch diese in den VGB 2000 enthaltene und wiederum als „Kann-Bestimmung" ausgestaltete Klausel gesetzeskonform ausgelegt und damit einschränkend interpretiert werden. Zunächst ist hierbei zu beachten, dass der VN nach den VGB (vgl. nur § 24 Abs. 1 Ziff. 1b) VGB 2000) verpflichtet ist, die versicherte Sache, insbesondere wasserführende Anlagen und Einrichtungen, Dächer und außen angebrachte Sachen stets in ordnungsgemäßem Zustand zu halten und Mängel oder Schäden unverzüglich zu beheben. Führt die Vornahme der dem VN obliegenden Reparaturen zum Verlust des Versicherungsschutzes, wäre dies ein merkwürdiges Ergebnis des vertragskonformen Verhaltens des VN. Die Alternative wäre für den VN die Unterlassung der Reparatur mit der Folge, eine Obliegenheit zu verletzen und auf diese Weise den Versicherungsschutz zu gefährden. In Anlehnung an Rechtsgedanken des § 28 Abs. 1 VVG wird man deshalb § 23 Ziff. 1c) VGB 2000 dahingehend verstehen müssen, dass nicht solche Arbeiten erfasst werden, die der VN im Rahmen seiner Instandhaltungs- und Instandsetzungsobliegenheit ausführt[76].

V. Obliegenheiten

38   Die spezifischen **vertraglichen Obliegenheiten** der Leitungswasser- und Rohrbruchversicherung beziehen sich im Wesentlichen auf die durch nachlässige Pflege und Leerstand von

---

[71] BGH v. 23. 6. 2004, VersR 2005, 218 (219).
[72] BGH v. 23. 6. 2004, 218 (219).
[73] BGH v. 13. 1. 1982, VersR 1982, 466; *Römer/Langheid/Langheid*, §§ 23–25, Rn. 28.
[74] BGH v. 11. 12. 1980, BGHZ 79, 156 (161).
[75] I.E. ebenso *Martin*, Sachversicherungsrecht, N V, Rn. 23.
[76] Vgl. BGH v. 18. 3. 1992, VersR 1992, 606 (607).

Gebäuden ausgehenden Gefahren. So hat der VN wasserführende Anlagen und Einrichtungen, Dächer und außen angebrachte Sachen in ordnungsgemäßem Zustand zu erhalten und Mängel und Schäden unverzüglich zu beseitigen (vgl. § 14 Ziff. 1a VGB 2008, § 24 Ziff. 1b) VGB 2000, § 7 Ziff. 1b) AWB 87, § 11 Ziff. 1b) VGB 88, § 9 Ziff. 2a) VGB 62). Des Weiteren hat der VN nicht genutzten Gebäude oder Gebäudeteile ausreichend zu kontrollieren und wasserführende Anlagen und Einrichtungen abzusperren, zu entleeren und entleert zu lassen (vgl. § 24 Ziff. 1c), VGB 2000, § 7 Ziff. 1d) AWB 87, § 11 Ziff. 1c) VGB 88, § 9 Ziff. 2b) VGB 62)[77]. So hat es die Rechtsprechung als grob fahrlässige Obliegenheitsverletzung angesehen, wenn in einem nicht bewohnten Gebäude in der kalten Jahreszeit über einen Monat die Wasserleitungen nicht entleert und abgesperrt werden[78]. Des Weiteren trifft den VN die Pflicht, in der kalten Jahreszeit Gebäude und Gebäudeteile zu beheizen oder andernfalls Wasserleitungen entleeren und wasserführende Anlagen und Einrichtungen abzusperren (§ 24 Ziff. 1d) VGB 2000, § 7 Ziff. 1d) AWB 87, § 11 Ziff. 2d) VGB 88, § 9 Ziff. 2b) VGB erfordert allgemeiner, dass der VN erforderliche Maßregeln gegen Frost zu ergreifen hat).

VI. Versicherungsfall

1. Leitungswasserversicherung

Der Versicherungsfall der Leitungswasserversicherung ist eingetreten, wenn die **versicherte 39 Sache** durch austretendes Leitungswasser **zerstört oder beschädigt** worden ist (vgl. nur § 4 Ziff. 1 VGB 2000, § 3 Ziff. 1 VHB 2000, § 4 Ziff. 2 VGB 2008, § 1 Ziff. 1 AWB 87, § 4 Ziff. 1 VGB 88). Der daneben in den AVB genannte dritte Fall des Abhandenkommens dürfte bei der Leitungswasserversicherung kaum bedeutsam sein. Der Wortlaut der AVB macht deutlich, dass das Wasser Ursache des Schadens sein muss, nicht die Tatsache des Austritts. Tritt der Schaden an einem Heizkessel ein, weil das für seinen Betrieb notwendige Wasser fehlt, so ist dies kein durch Leitungswasser verursachter Schaden[79]. Hierbei muss das Wasser aus Zu- oder Ableitungsrohren oder sonstigen mit dem Rohrsystem verbundenen Einrichtungen ausgetreten sein[80]. Ausgetreten ist das Wasser, sobald es an hierfür nicht bestimmte Stellen außerhalb des Rohrsystems gelangt ist[81].

Durch Wasser verursacht ist ein Schaden, wenn das **Wasser adäquat ursächlich** für den 40 Schaden geworden ist[82]. Der typische Fall des unmittelbar durch Leitungswasser verursachten Schadens ist der der **Durchnässung.** Die Durchnässung kann zu einer Beschädigung der Substanz, z. B. dem Einsturz einer durchnässten Mauer oder dem Aufquellen von Holz[83] führen, aber auch eine Verschmutzung der Substanz durch mit dem Leitungswasser mitgeführte Schmutzpartikel oder chemische Substanzen stellt einen Leitungswasserschaden dar[84]. Voraussetzung für einen Schaden infolge einer Durchnässung oder einer Verschmutzung ist allerdings, dass dieser Schaden zu einer dauerhaften Wertminderung der Sache führt[85].

Des weiteren setzt der Schaden voraus, dass das **Leitungswasser ausgetreten** ist. Fraglich ist 41 daher, ob auch Schäden von der Versicherung erfasst werden, die innerhalb einer der Wasserversorgung zuzurechnenden Einrichtung durch austretendes Leitungswasser entstehen. Das Problem stellt sich insbesondere, wenn Heizungsanlagen, Wärmepumpen, Waschmaschinen und Boiler beschädigt werden. Die Entscheidung hängt im Wesentlichen davon ab, wie eng der Begriff der jeweiligen Austrittsquelle gefasst wird: Sieht man die Waschmaschine mit ihren Zu-

---

[77] OLG Celle v. 7. 6. 2007, BauR 2007, 1290.
[78] OLG Stuttgart v. 25. 4. 1989, VersR 1989, 958.
[79] *Martin,* Sachversicherungsrecht, E I, Rn. 21.
[80] OLG Klön v. 28. 3. 2006, r+s 2006, 376.
[81] OLG Köln v. 28. 3. 2006, r+s 2006, 376.
[82] Zur adäquaten Kausalität BGH v. 14. 3. 1983, NJW 1986, 1329 (1331); *Römer/Langheid/Römer,* § 49, Rn. 3.
[83] Vgl. Sachverhalt in OLG Hamm v. 19. 1. 2000, NversZ 2000, 282.
[84] *Martin,* Sachversicherungsrecht, E I, Rn. 16, 50.
[85] *Martin,* Sachversicherungsrecht, E I, Rn. 16.

und Ableitungen als eine Einrichtung an, so ist es konsequent, einen im Gerät aufgetretenen Wasserschaden deshalb nicht für versichert zu halten, weil das Leitungswasser nicht ausgetreten ist[86]. Gestützt wird diese Argumentation im Wesentlichen auf die auch in den VGB 2000 noch vorgesehene Bestimmung, dass bei Klima-, Wärmepumpen- oder Solarheizungsanlagen frostbedingte und sonstige Bruchschäden versichert sind (§ 7 Ziff. 1 d), ebenso § 3 Ziff. 1 b) aa) VGB 2008). Weitergehend hatten noch die VGB 62 ausdrücklich Bruchschäden durch Frost u. a. an Boilern, Heizkesseln und gleichartigen Anlagen der Warmwasser- oder Dampfheizungsanlagen eingeschlossen (vgl. § 4 Ziff. 2 a)2. VGB 62, ebenso § 7 Ziff. 2 a), b) VGB 88). Im Umkehrschluss aus diesen Regelungen soll sich ergeben, dass andere Schäden an den genannten Einrichtungen nicht versichert sind[87].

42   Diese weite Auslegung lässt sich jedoch mit dem Sinn und Zweck der Leitungswasserversicherung nach neueren AVB nicht vereinbaren. So sind Heizungsanlagen und Wärmepumpenanlagen in der Gebäudeversicherung mitversichert, selbst wenn sie sich außerhalb des versicherten Gebäudes befinden[88], eine Waschmaschine gehört regelmäßig zum mitversicherten Hausrat[89]. Der VR hält es mithin für möglich, dass diese Einrichtungen nicht nur Quelle eines Leitungswasserschadens, sondern auch Gegenstand der Regulierung sein können. Hinzu kommt, dass der Umkehrschluss aus den Regelungen zur sog. Rohrbruchversicherung nicht trägt. Bei diesen Bestimmungen handelt es sich um eine Erweiterung des Versicherungsschutzes in der Leitungswasserversicherung auf Schäden, die auf anderen mit Wasser verbundenen Ursachen beruhen, aber nicht durch den Austritt von Leitungswasser verursacht worden sind. Es lässt sich den Regelungen nicht entnehmen, dass sie einen Ausschluss der genannten Einrichtungen bei Beschädigung durch Leitungswasser bezwecken. Folglich sind auch Schäden innerhalb der genannten Einrichtungen zur Wasserversorgung versichert, wenn sie auf dem Austritt von Leitungswasser etwa aus zu- oder abführenden Rohren innerhalb der Einrichtung beruhen[90].

43   **Adäquat verursacht** und damit versichert sind auch sog. **mittelbare** oder **Folgeschäden,** die sich aus dem Leitungswasserschaden an versicherten Sachen ergeben[91]. Dies betrifft insbesondere Fälle, in denen durchnässte Mauern zusammenbrechen und bislang nicht betroffene Gebäudeteile zum Einsturz bringen[92]. Ebenfalls zu den Folgeschäden zu rechnen sind Schäden, die im Zuge der Schadensbehebung auftreten, etwa durch Handwerker[93]. Allerdings ist hierbei stets zu prüfen, ob die weiteren Schäden aus dem unmittelbaren Leitungswasserschaden folgen oder in anderen Zusammenhängen, etwa bei der Verhinderung von Schadensweiterungen auftreten[94].

Mitversichert sind auch Vermögensschäden, die sich etwa daraus ergeben, dass ein Gebäude infolge des Leitungswasserschadens nicht vermietet werden kann oder der Miete zur Mietminderung berechtigt ist (vgl. § 3 Ziff. 1 VGB 2000; § 9 Ziff. 1 a)).

2. Rohrbruchversicherung

44   Der Versicherungsfall in der Rohrbruchversicherung erfasst Bruchschäden, die durch Frost oder sonstigen Ursachen an Rohren bestimmter Einrichtungen der Wasserversorgung entstehen. Hierbei unterscheiden die AVB Rohrbrüche innerhalb und außerhalb des versicherten

---

[86] LG Essen v. 27. 5.86, VersR 1988, 346 (347); *Boldt,* VersR 1990, 1089 (1090); kritisch hierzu *Martin,* Sachversicherungsrecht, E I, Rn. 34.

[87] *Boldt,* VersR 1990, 1089 (1090).

[88] BGH v. 15. 11.89, VersR 1990, 200 (201); *Martin,* Sachversicherungsrecht, E I, Rn. 34.

[89] So auch LG Essen v. 27. 5.86, VersR 1988, 346 (347).

[90] Zutreffend aber OLG Schleswig v. 9. 4. 1992, VersR 1993, 1395 (1396), zu den VGB 62 m. Anm. *Krahe,* VersR 1993, 1397.

[91] *Martin,* Sachversicherungsrecht, E I, Rn. 23 weist zu Recht darauf hin, dass die Begriffe mittelbarer Schaden wie auch Folgeschaden irreführend sind, da es in jedem Fall um Schäden infolge des ausgetretenen Wassers handelt.

[92] *Martin,* Sachversicherungsrecht, E I, Rn. 18.

[93] *Martin,* Sachversicherungsrecht, E I, Rn. 18.

[94] *Martin,* Sachversicherungsrecht, E I, Rn. 18.

Gebäudes. Außerhalb der Gebäude verlaufende Rohre der Wasserversorgung sind mitversichert, wenn sie auf dem im Versicherungsschein bezeichneten Grundstück liegen, der Versorgung des versicherten Gebäudes dienen und nicht unter den Ausschluss fallen (vgl. § 7 Ziff. 3 VGB 2000, § 3 Ziff. 2 VGB 2008, § 1 Ziff. 3b) AWB 87, § 7 Ziff. 3 VGB 88, § 4 Ziff. 2b) VGB 62)[95].

Als Rohrbruch bezeichnet man einen **infolge Substanzbeeinträchtigung** entstehenden Riss oder ein Loch im Rohrmaterial[96]. Mithin fällt weder eine Verstopfung des Rohrs noch eine durch menschliches Handeln ohne Substanzbeeinträchtigung herbeigeführte Funktionsbeeinträchtigung[97] oder eine Verkantung des Rohrs[98] unter den Begriff des Rohrbruchs. Ebenfalls nicht unter den Rohrbruch fallen **Korrosionsschäden,** da diese lediglich Vorstufe und u. U. Ursache eines Rohrbruchs sind[99]. Dies gilt selbst dann, wenn die Leitungen bereits durch Korrosion beschädigt worden sind und ein Bruch zu erwarten ist. In diesen Fällen trifft den VN vielmehr die vertraglich vereinbarte Obliegenheit, die Rohre instand zu setzen[100].

Auf die **Ursache des Rohrbruchs** kommt es im Übrigen nicht an. Lediglich wenn es um **45** Schäden an den weiteren versicherten Einrichtungen der Wasserversorgung geht, ist zu beachten, dass diese nur gegen Frostschäden versichert sind (vgl. § 7 Ziff. 2 VGB 2000, § 3 Ziff. 1b) VGB 2008). Schwierigkeiten wirft der Fall auf, dass ein Rohr bricht, das Bestandteil einer Einrichtung ist, die nur gegen Frostschäden versichert ist. Richtiger Weise wird man auch hier die den Ausschlusstatbestand eng auslegen müssen und unter die lediglich gegen Frost versicherten Einrichtungen nicht auch die Rohre innerhalb solcher Einrichtungen fassen dürfen[101]. Hierfür spricht zum einen die Tatsache, dass der Wortlaut der AVB zwischen Rohren und Einrichtungen unterscheidet, nicht jedoch danach, ob ein Rohr innerhalb einer Einrichtung verläuft. Zum anderen lässt sich eine Trennung oftmals nicht eindeutig vornehmen, so dass auch zur Vermeidung unnötiger und schwieriger Abgrenzungsfragen eine Einbeziehung auch von Rohren innerhalb der genannten Einrichtungen sinnvoll ist. Die VGB 2008 haben jetzt ausdrücklich auch frostbedingte Bruchschäden an Anschlussschläuchen in den Versicherungsschutz aufgenommen (§ 3 Ziff. 1b) aa) VGB 2008).

3. Umfang der Entschädigung

a) Bei durch die Leitungswasserversicherung **gedeckten Schäden** wird – wie generell in **46** der Sachversicherung – bei der Entschädigung das **Integritätsinteresse** zu Grunde gelegt. Dieses orientiert sich an dem **Interesse des Geschädigten,** dass sein Vermögen in der konkreten Zusammensetzung erhalten bleibt[102]. Daraus folgt, dass bei einer **Totalzerstörung eines Gebäudes** der **Neubauwert** (vgl. §§ 9, 10 VGB 2000, § 10 Ziff. 1a) VGB 2008) oder, sofern vereinbart, der **Zeitwert** (vgl. § 11 VGB 2000) ersetzt wird. Bei **Teilschäden** sowie Schäden an beweglichen Sachen sowohl in der Gebäude- wie in der Hausratversicherung sind die **Reparaturkosten** bzw. der **Wiederbeschaffungswert** Grundlage der Entschädigung[103]. Kommt eine Reparatur nicht in Betracht oder ist sie nur zu einen außer Verhältnis zum Wert der beschädigten Sache stehenden Preis möglich und vom VR deshalb nicht geschuldet[104], so erhält der Geschädigte Wertersatz[105]. Sind Gebäude zum Abbruch bestimmt

---

[95] Vgl. zu den Ausschlüssen oben, Rn. 22 ff.

[96] LG Karlsruhe v. 16. 4. 98, VersR 1999, 1277 (1278); *Martin,* Sachversicherungsrecht, E I, Rn. 81; *van Bühren/Tietgens,* § 4, Rn. 58; OLG Bamberg v. 17. 1. 2006, r+s 2006, 285 (286).

[97] LG Karlsruhe v. 16. 4. 1998, VersR 1999, 127 (1278).

[98] OLG Bamberg v. 17. 1. 2006, r+s 2006, 285 (286).

[99] *Martin,* Sachversicherungsrecht, E I, Rn. 83.

[100] OLG Karlsruhe v. 1. 2. 1996, VersR 1997, 612 (613); OLG Hamm v. 20. 12. 1991, VersR 1993, 97.

[101] LG Bonn v. 22. 1. 1985, VersR 1986, 807.

[102] OLG Düsseldorf v. 3. 8. 1993, VersR 1994, 670.

[103] Vgl. nur OLG Düsseldorf v. 3. 8. 1993, VersR 1994, 670 zur Gebäudeversicherung sowie OLG Hamm v. 19. 1. 2000, VersR 2000, 282 (284) zur Hausratversicherung.

[104] Vgl. OLG Düsseldorf v. 3. 8. 1993, VersR 1994, 670; AG München v. 29. 6. 2000, NVersZ 2001, 91 f.

[105] OLG Düsseldorf v. 3. 8. 1993, VersR 1994, 670.

oder bewegliche Sachen im Haushalt des VN für ihren Zweck nicht mehr zu verwenden, erhält der VN den gemeinen Wert (§ 9 Ziff. 4 VGB 2000, § 12 VHB 2000).

47   Der Umfang der Entschädigung bestimmt sich in erster Linie danach, ob durch Leitungswasser **geschädigte Sachen** von der Leitungswasserversicherung umfasst sind. Des Weiteren müssen die Schäden durch das ausgetretene Leitungswasser verursacht worden sein. Wie dargelegt sind in der Leitungswasserversicherung neben den **unmittelbaren Schäden** auch **Folgeschäden** an den versicherten Sachen eingeschlossen, wenn sie **adäquat-kausal** durch den Leitungswasserschaden herbeigeführt worden sind. Für den **Verursachungszusammenhang** und die Feststellung der adäquaten Kausalität gelten die allgemeinen Anforderungen. Üblich und sinnvoll ist die Umschreibung der adäquaten Ursächlichkeit als Kombination von negativen und positiven Voraussetzungen: Das Schadensereignis muss unter allgemeinen und nicht nur unter besonders eigenartigen, ganz unwahrscheinlichen und nach dem gewöhnlichen Verlauf der Dinge außer Betracht zu lassenden Umständen zur Herbeiführung eines Erfolgs geeignet sein[106]. Als typische adäquat verursachte Leitungswasserschäden sind Einsturz von durchnässtem Mauerwerk[107], die hieraus wiederum erwachsenden Schäden wegen Auslaufens eines Öltanks oder Ausfall einer Heizung[108] und die Beschädigung an beweglichen Sachen des VN anzusehen[109].
Wird der Schaden durch vorsätzliches oder fahrlässiges Handeln eines Dritten verursacht oder vergrößert, so ist er dann von der Leitungswasserversicherung gedeckt, wenn diese in einem Ursachenzusammenhang mit dem Leitungswasserschaden auftreten[110]. Dies gilt z. B. für Diebstahl durch Handwerker anlässlich der Reparaturarbeiten[111].

48   **b)** Oftmals Gegenstand gerichtlicher Auseinandersetzung ist die Frage, ob und inwieweit **optische Beeinträchtigungen** als Schäden durch den VR zu erstatten sind. Grundsätzlich gilt – wie allgemein im Schadensrecht –, dass das Integritätsinteresse des Geschädigten auch dann eine Reparatur rechtfertigt, wenn der Schaden vorrangig in einer optischen Beeinträchtigung liegt. Das sog. **Affektationsinteresse** des Geschädigten findet Berücksichtigung im Rahmen des Schadensersatzes[112]. Liegen die Reparaturkosten allerdings außer Verhältnis zu dem Wiederbeschaffungswert oder fordert der Geschädigte eine Erneuerung auch nicht beschädigter Sachen, um eine nach Reparatur der beschädigten Sachen verbleibende optische Beeinträchtigung auszugleichen, legt die Rechtsprechung einen strengen Maßstab an die Verhältnismäßigkeit an. Der Geschädigte kann danach eine Kostenerstattung nur im Rahmen des **Erforderlichen und Zumutbaren** verlangen[113]. Entscheidend ist hierbei für die Frage der **Zumutbarkeit**, ob der VN auch als nicht versicherter Gebäudeeigentümer bei verständiger Würdigung eine Reparatur vornehmen würde oder ob es sich um von ihm betriebenen Luxusaufwand handelt[114]. So hat es die Rechtsprechung als vom VR nicht zu erstattenden Luxusaufwand angesehen, wenn nicht beschädigte Fliesen über eine Fläche von 29 qm ersetzt werden sollen, um die optische Identität mit den ersetzten beschädigten Fliesen über 6 qm herzustellen[115]. Gleiches soll gelten bei einem Verhältnis von 3,25 qm beschädigter Fläche im Bad im Verhältnis zu einer unbeschädigten Fläche von 55 qm, die zwecks optischer Harmonisierung erneuert werden soll[116]. Der Geschädigte ist in diesen Fällen auf einen **Ausgleich des Minderwerts** verwiesen worden. M. E. sind die Entscheidungen zweifelhaft. Das Integ-

---

[106] Zuletzt BGH 9. 10. 1997, BGHZ 137, 11 (19); Münchener Kommentar/*Oetker,* 5. Aufl., Bd. 2, § 249, Rn. 105 und 111 ff. zur Kritik der Lehre an der Adäquanztheorie.
[107] *Martin,* Sachversicherungsrecht, E I, Rn. 18.
[108] *Martin,* Sachversicherungsrecht, E I, Rn. 18.
[109] OLG Hamm v. 19. 1. 2000, NVersZ 2000, 282 ff.
[110] *Martin,* Sachversicherungsrecht, E I, Rn. 22.
[111] *Martin,* Sachversicherungsrecht, E I, Rn. 22.
[112] Münchener Kommentar/*Oetker,* 5. Aufl., Bd. 2, § 251, Rn. 40.
[113] OLG Düsseldorf v. 3. 8. 1993, VersR 1994, 670; AG München v. 29. 6. 2000, NVersZ 2001, 91 f.
[114] OLG Düsseldorf v. 3. 8. 1993, VersR 1994, 670; AG München v. 29. 6. 2000, NVersZ 2001, 91 f.
[115] AG München v. 29. 6. 2000, NVersZ 2001, 91 (92).
[116] OLG Düsseldorf v. 3. 8. 1993, VersR 1994, 670.

ritätsinteresse des Geschädigten umfasst die **Wiederherstellung** des ursprünglichen oder eines gleichwertigen Zustands auch dann, wenn dies aus der Sicht des Gerichts als „Luxusaufwand" erscheint. Dieser ist zumindest dann ersatzwürdig, wenn die übrige Ausstattung der Wohnung oder des Hauses dafür spricht, dass es sich aus der Sicht des Geschädigten nicht um einen außer Verhältnis stehenden Aufwand handelt.

c) Für den Umfang der Entschädigung in der **Rohrbruchversicherung** gelten die vor-   **49** stehenden Ausführungen entsprechend: Der VN erhält entweder die Kosten der Reparatur des gebrochenen Rohrs oder bei Totalschaden Ersatz. Sind die Rohre schon vor dem Rohrbruch nicht mehr verwendbar gewesen und ist Entschädigung zum Zeitwert vereinbart worden (vgl. § 11 VGB 2000), entfällt eine Entschädigung[117].

d) Schwieriger zu klären ist, ob und inwieweit **Nebenkosten** von der Entschädigungs-   **50** pflicht des VR umfasst sind. In den neueren AVB findet sich hierzu die Regelung, dass Kosten für den Abbruch und das Aufräumen der versicherten Sache, die Schuttabfuhr sowie das Ablagern und Vernichten zum Entschädigungsumfang gehören, sofern sie **notwendig** sind (§ 2 Ziff. 1a) VGB 2000, § 7 Ziff. 1a) VGB 2008, VGB 88, § 2 Ziff. 1a) VHB 2000 und VHB 84). Ältere AVB enthalten hierzu keine Regelungen (vgl. § 6, 16 VGB 62, die nur Aufwendungen zur Schadensabwehr erfassen; § 3 Ziff. 4 AWB 87 erfassen die genannten Kosten nur, wenn sie ausdrücklich eingeschlossen werden). Die Regelungen beantworten die bei älteren AVB umstrittene Frage, ob diese Nebenkosten Teil der Entschädigung sind. Insbesondere im Hinblick auf die bei Abschluss des Versicherungsvertrages kaum kalkulierbaren Aufräum- und Entsorgungskosten und die demzufolge bei einem Einschluss drohende Über- oder Unterversicherung spricht gegen einen Einschluss[118], ebenso die eindeutige Begrenzung der Entschädigung auf den Neuwert (vgl. § 6 VGB 62), der sich Wiederherstellungswert ohne Beseitigung von „Altlasten" versteht[119]. Zu den Nebenkosten gehören auch die für die Freilegung des beschädigten Rohrs erforderlichen Kosten[120].

Ebenfalls ausdrücklich eingeschlossen in zu entschädigenden Kosten sind die sog. **Bewe-**   **51** **gungs- und Schutzkosten** (§ 2 Ziff. 1b VGB 2000, VHB 2000, VGB 88, VHB 84)[121].

Schließlich werden auch die Kosten entschädigt, die der VN zur **Schadensabwendung**   **52** **oder –minderung** aufgewendet hat, sofern sie notwendig waren (§ 2 Ziff. 2 VGB 2000, § 7 Ziff. 1b) VGB 2008, VGB 88, VHB 84). Eine Besonderheit stellen hier die sog. Auftaukosten bei der Rohrbruchversicherung dar. Sie sind in den § 4 Ziff. 2a) VGB 62 ausdrücklich erfasst, in § 3 Ziff. 1 AWB 87 sind Nebenarbeiten, zu verstehen einschließlich der Auftaukosten, bei Rohrbruch eingeschlossen. Sofern ein Rohrbruch noch nicht aufgetreten ist, können die Auftaukosten zu den Schadensabwendungskosten gerechnet werden[122], nach Eintritt des Schadens werden sie in der Regel notwendige Vorarbeiten für die Reparatur darstellen und insoweit zu entschädigen sein[123].

4. Ausschluss der Leistungspflicht wegen schuldhafter Herbeiführung des Versicherungsfalls

Der VR ist von der **Leistungspflicht befreit,** wenn der VN den Versicherungsfall vorsätz-   **53** lich herbeigeführt hat (§ 81 Abs. 1 VVG), wohingegen grobe Fahrlässigkeit nach der Neufassung des VVG nicht mehr zur Befreiung von der Leistungspflicht führt, sondern nur noch zur einer Kürzung der Leistung führt. Bei der Leitungswasserversicherung enthalten die AVB seit jeher sog. **Sicherheitsvorschriften,** die in der Form von vertraglichen Obliegenheiten dem VN Verhaltenspflichten auferlegen[124]. Diese haben jenseits ihrer Bedeutung als Obliegenhei-

---

[117] OLG Köln v. 11. 11. 1993, VersR 1994, 670.
[118] *Martin,* Sachversicherungsrecht, R II, Rn. 10.
[119] *Martin,* Sachversicherungsrecht, R II, Rn. 10.
[120] *van Bühren/Tietgens,* § 4, Rn. 59.
[121] Vgl. zu Einzelheiten *Martin,* Sachversicherungsrecht, R III, Rn. 37 ff.
[122] Zutreffend *Martin,* Sachversicherungsrecht, E II, Rn. 123.
[123] *Martin,* Sachversicherungsrecht, E II, Rn. 121.
[124] Siehe oben, Rn. 38; vgl. auch Spielmann, VersR 2006, 317 ff.

ten auch im Rahmen des § 81 VVG die Funktion, das für die grobe Fahrlässigkeit erforderliche **Bewusstsein für die Herbeiführung des Versicherungsfalls** zu prägen[125]. Die Kenntnis der Sicherheitsvorschriften ist bei der Ermittlung der groben Fahrlässigkeit einzubeziehen[126]. So sind insbesondere die Leerstandsfälle, in denen Leitungswasserschäden in leerstehenden Gebäuden wegen fehlender oder unzureichender Vorsorge aufgetreten sind, unter dem Gesichtspunkt der Herbeiführung des Versicherungsfalls behandelt worden. Die Sicherheitsvorschriften in den VGB sehen hierzu vor, dass in ganz oder teilweise nicht genutzten Gebäuden wasserführende Anlagen und Einrichtungen abzusperren, zu entleeren und entleert zu halten sind (vgl. § 25 Ziff. 1 c) VGB 2000). Die alleinige Verletzung dieser Obliegenheit begründet noch nicht den Vorwurf der grob fahrlässigen Herbeiführung des Versicherungsfalls[127]. Festzuhalten ist, dass bislang die Rechtsprechung die Annahme einer Herbeiführung des Versicherungsfalls bei **Leer-stehen-lassen eines Gebäudes** unter Verletzung der Sicherheitsvorschriften nicht angenommen hat, sei es, weil ausgleichende Maßnahmen gegen die grobe Fahrlässigkeit sprechen[128], sei es, weil nach den Umständen plausible Gründe für die Nichteinhaltung von Sicherheitsvorschriften sprachen[129].

54   An eine grob fahrlässige Herbeiführung des Versicherungsfalls ist des Weiteren im **Umgang mit Haushaltsgeräten** zu denken. So kann in dem Antritt einer längeren Urlaubsreise ohne Zusperren der Leitungen zu **Geschirr- und Waschmaschine** eine grob fahrlässige Herbeiführung des Versicherungsfalls zu sehen sein, z. B. wenn die Zuleitung stets nicht abgesperrt ist und damit der dauernde Druck das Risiko vorzeitigen Platzens erhöht[130].

55   Bei der Leitungswasser- und Rohrbruchversicherung spielt wie generell in der Gebäudeversicherung die Herbeiführung des Versicherungsfalls durch **Repräsentanten** eine wichtige Rolle, insbesondere bei der Vermietung des Gebäudes. Für die Zurechnung des vorsätzlichen oder grob fahrlässigen Verhaltens kommt es im Einzelfall darauf an, inwieweit der Mieter aufgrund Vereinbarung mit dem VN Aufgaben in Zusammenhang mit der Schadensverhütung wahrnimmt[131]. Kümmert sich der einzige Mieter des Gebäudes um die Heizungsanlage, soll er Repräsentant sein[132].

VII. Beweislastfragen

56   Im Hinblick auf die **Beweislast** gelten in der Leitungswasser- und Rohrbruchversicherung keine Besonderheiten gegenüber anderen Versicherungszweigen: Der VN hat darzulegen und zu beweisen, dass ein gedeckter Versicherungsschaden eingetreten ist. Dem VR obliegt der Nachweis, dass er aufgrund vorsätzlicher oder grob fahrlässiger Herbeiführung des Versicherungsfalls leistungsfrei geworden ist[133].

---

[125] *Martin,* Sachversicherungsrecht, O I Rn. 141; zur groben Fahrlässigkeit *Römer/Langheid/Langheid,* § 61, Rn. 48.

[126] BGH v. 19. 10. 1994, VersR 1994, 1465.

[127] Grundlegend BGH v. 21. 9. 1964, BGHZ 42, 295 (299f.); kritisch hierzu *Martin,* Sachversicherungsrecht, O I, Rn. 5. Die Kritik von *Martin* überzeugt nicht, denn die Ausführungen des BGH schließen es entgegen *Martin* nicht grundsätzlich aus, dass aus die Verletzung von Sicherheitsvorschriften eine grob fahrlässige Herbeiführung des Versicherungsfalls darstellt. Vielmehr hat der BGH umgekehrt nur festgestellt, dass nicht in jeder grob fahrlässige Verletzung von Obliegenheiten zugleich eine Herbeiführung des Versicherungsfalls liegt. Der BGH hat daher auch in einer späteren Entscheidung die Anwendung des § 61 VVG bei Verletzung einer Sicherheitsvorschrift in Betracht gezogen, BGH v. 19. 10. 1994, VersR 1994, 1465.

[128] LG Karlsruhe v. 30. 10. 1998, VersR 2000, 632.

[129] BGH v. 19. 10. 1994, VersR 1994, 1465 (1466).

[130] OLG Düsseldorf v. 16. 8. 1988., VersR 1989, 697.

[131] BGH v. 7. 6. 1989, NJW 1989, 2474; *Römer/Langheid/Römer,* § 61, Rn. 24.

[132] OLG Hamm 24. 2. 1989, VersR 1990, 265 (266).

[133] BGH v. 19. 10. 1994, VersR 1994, 1465: Auch die Kenntnis des VN von den Sicherheitsvorschriften muss der VR beweisen.

C. Sturmversicherung

I. Versicherte Gefahr

1. Begriff des Sturms

Die Sturmversicherung, auch in der Kfz-Kaskoversicherung, umfasst Schäden, die durch **57** unmittelbare Sturmeinwirkung** und vom Sturm auf versicherte Sache **geworfene Gegenstände** entstehen (§ 8 Ziff. 2a), b) VGB 2000, § 4 Ziff. 1 VGB 2008, VHB 2000, § 1 Ziff. 3a); b) AStB 87, § 12 Abs. 1 Ziff. I c) AKB). In den AStB, VGB und Folgeschäden an versicherten Sachen eingeschlossen (§ 8 Ziff. 2c) VGB 2000, VHB 2000, § 1 Ziff. 3c) AStB 87).

Unter **Sturm** verstehen sowohl die AKB wie auch die VGB, VHB und AStB eine **wetterbedingte Luftbewegung** von mindestens **Windstärke 8** nach der Beaufort-Skala. Wetterbedingt ist die Luftbewegung, wenn sie durch Luftdruckunterschiede zustande kommt[134]. Keine wetterbedingten Luftbewegungen sind demzufolge Sog- und Druckwellen, die z. B. durch Lawinen[135], Explosionen oder durch vorüberfahrende Züge, LKW o. ä. entstehen[136]. Dies gilt auch dann, wenn zu dem Lawinenabgang starke Luftbewegungen beigetragen haben[137].

Im Einzelfall kann die Feststellung schwierig sein, ob ein Sturm mindestens die Windstärke 8 **58** erreicht hat. In die Feststellung der Windgeschwindigkeit dürfen nur die wetterbedingten Luftbewegungen einfließen, die Hinzurechnung gebäudebedingter Beschleunigungseffekte ist unzulässig[138]. Sofern ein **Messstation** in der Nähe des Schadensortes existiert, können die dort erfolgten Messungen herangezogen werden[139]. Kann auf solche Erkenntnisse nicht zurückgegriffen werden, so sehen die AVB für die Gebäudeversicherung vor, dass der **Nachweis des Sturmschadens** auch dann erbracht ist, wenn entweder die Luftbewegung in der Umgebung Schäden an anderen Gebäuden, die zuvor in einwandfreiem Zustand waren, oder an anderen ebenso widerstandsfähigen Sachen herbeigeführt hat (§ 8 Ziff. 1a) VGB 2000, § 4 Ziff. 2 VGB 2008, § 1 Ziff. 2a) AStB). Alternativ reicht auch der Nachweis aus, dass der Schaden an der zuvor einwandfreien Sache nur durch Sturm herbeigeführt worden sein kann (§ 8 Ziff. 1b) VGB 2000, § 4 Ziff. 2 VGB 2008, § 1 Ziff. 2b) AStB). Ähnliche Beweismöglichkeiten sehen die AKB nicht vor, jedoch wird man die Regelung aus der Gebäudeversicherung als Anscheinsbeweisregelungen auch in der Kfz-Kaskoversicherung entsprechend heranziehen können.

Ob zum Zeitpunkt des Schadenseintritts der Sturm gerade mindestens Windstärke 8 erreicht hat, wird sich im Allgemeinen auch durch Feststellungen der Messstation nicht belegen lassen, da diese nicht den Zeitpunkt des Schadensereignisses festhält. Jedoch ist nach dem für die Auslegung der AVB maßgeblichen allgemeinen Sprachgebrauch[140] der Sturm ein einheitliches Ereignis, das nicht in verschiedene Phasen mit unterschiedlichen Windgeschwindigkeiten zerfällt. Demzufolge ist ein Sturm im Sinne der AVB auch gegeben, wenn dieser zunächst oder in Zwischenphasen nicht die Windstärke 8 erreicht[141].

2. Ausschluss mittelbarer Sturmschäden

Versichert sind zunächst nur **unmittelbar** durch Einwirkung des Sturms entstandene **59** Schäden. Unmittelbar ist ein Schaden dann durch Sturm verursacht, wenn die Luftbewegung die **letzte Ursache** für den Schadenseintritt gewesen ist[142]. Noch keine Unterbrechung der Unmittelbarkeit liegt darin, dass der Sturm Sachen umwirft oder hinabwirft und sie dadurch

---

[134] *Wussow,* VersR 2000, 679 (680).

[135] BGH v. 19. 10. 1983, VersR 1984, 28.

[136] OLG Oldenburg v. 5. 7. 2000, NVersZ 2001, 423 (424); *Martin,* Sachversicherungsrecht, E II, Rn. 17.

[137] BGH v. 19. 19. 1983, VersR 1984, 28.

[138] OLG Oldenburg v. 5. 7. 2000, NVersZ 2001, 423 (424).

[139] Vgl. OLG Oldenburg v. 5. 7. 2000, NVersZ 2001, 424.

[140] Vgl. für die Sturmversicherung zu diesem für die AVB generell geltenden Auslegungsgrundsatz BGH v. 19. 10. 1983, VersR 1984, 28.

[141] *Martin,* Sachversicherungsrecht, E II, Rn. 25.

[142] OLG Düsseldorf v. 4. 5. 1984, VersR 1984, 1035; *van Bühren/Tietgens,* § 4, Rn. 73.

beschädigt werden[143]. Die Unmittelbarkeit hat die Rechtsprechung in der Kfz-Kaskoversicherung auch angenommen, wenn ein durch einen Sturm herabgerissener Ast so unvermittelt vor ein Kfz fällt, dass dieses nicht mehr abgebremst werden kann[144]. Die Unmittelbarkeit wird auch nicht dadurch beseitigt, dass weitere Umstände wie z. B. ein schlechter baulicher Zustand den Sturmschaden begünstigt haben[145], so lange der Sturm nur adäquat-kausal für den Schaden geworden ist[146].

Zu den **ausgeschlossenen mittelbaren Sturmschäden** rechnet nach § 12 Abs. 1 I c) AKB auch der Fall, dass der Schaden auf ein durch **den Sturm veranlasstes Verhalten** des Fahrers zurückzuführen ist. Bremst der Fahrer oder fährt er auf ein anderes Fahrzeug auf, das seinerseits mit einem infolge des Sturms umgestürzten Baum zusammengeprallt ist, so fehlt es an der Unmittelbarkeit des Sturmschadens[147]. Hingegen beseitigt der vergebliche Versuch des Ausweichens vor einem infolge Sturms unvermittelt vor der Fahrzeug gestürzten Astes nicht die Unmittelbarkeit des Sturmschadens[148].

3. Geworfene Gegenstände

60 Neben den unmittelbaren Sturmschäden sind auch solche Schäden versichert, die dadurch entstehen, dass der Sturm Gebäudeteile, Bäume oder andere **Gegenstände auf versicherte Sachen wirft** (§ 8 Ziff. 2b) VGB 2000, § 4 Ziff. 1b) VGB 2008, § 1 Ziff. 3b) AstB 87, § 12 Abs. 1 I c) AKB).

Versichert ist damit der durch den **Aufprall des Gegenstands** auf die versicherte Sache entstehende Schaden. Der Begriff des Gegenstands ist nicht definiert. Nach dem maßgeblichen allgemeinen Sprachgebrauch ist demzufolge eine weite Auslegung geboten[149]. Danach können unter Gegenstände nicht nur Gebäudeteile, Äste u. ä. fallen, sondern auch Staub, Asche, Ruß, Hagelkörner, Schneeflocken und Regentropfen[150]. Insbesondere die durch Hagelkörner, Schneelast und eintretendes Regenwasser verursachten Schäden beschäftigen immer wieder die Gerichte. So soll ein **Schneelastschaden** auch dann nicht versichert sein, wenn die Schneemenge durch den Sturm angetrieben worden ist[151]. Dem ist nicht zuzustimmen, da jedenfalls in dem genannten Fall der Schaden erst durch den sturmbedingten Anfall einen größeren Schneemenge verursacht worden ist[152]. In der Gebäude- und Hausratversicherung sind Schneelastschäden in § 8 Ziff. 4b) VGB 2000, § 4 Ziff. 4a) cc) VGB 2008, VHB 2000 ausgeschlossen, der Ausschluss ist nach der hier vertretenen Ansicht konstitutiv.

61 Bricht hingegen das Dach einer Lagerhalle bei einem Sturm infolge von auf dem Dach **gestautem Regenwasser** zusammen, kann von einem sturmbedingten Werfen der Regentropfen in aller Regel nicht gesprochen werden[153]. Nur in Ausnahmefällen ist denkbar, dass die sturmbedingte Wucht des Aufpralls von Regentropfen einen Schaden verursacht. Ein denkbarer Schaden durch Regenwasser kommt in Betracht, wenn sturmbedingt das Regenabflussrohr verstopft ist[154] oder abgeknickt worden ist mit der Folge, dass Regenwasser auf den Balkon geleitet wird[155]:

---

[143] *Martin,* Sachversicherungsrecht, E II, Rn. 30.

[144] OLG Celle v. 14. 7. 1978, VersR 1990, 178.

[145] OLG Düsseldorf v. 4. 5. 1984, VersR 1984, 1035.

[146] *Wussow,* VersR 2000, 679 (681).

[147] OLG Hamm v. 15. 6. 1988, VersR 1989, 37; OLG Hamburg v. 29. 6. 1971, VersR 1972, 241; *Stiefel-Hofmann,* § 12 AKB, Rn. 54.

[148] OLG Düsseldorf v. 4. 5. 1984, VersR 1984, 1035.

[149] Ebenso LG Bielefeld v. 31. 3. 2004, r+s 2006, 246.

[150] OLG Oldenburg v. 5. 7. 2000, NVersZ 2001, 424 (425), *Martin,* Sachversicherungsrecht, E II, Rn. 37; a. A. LG Aurich v. 12. 3. 1980, VersR 1980, 1065 (1066), das für Gegenstände einen gewissen Härtegrad voraussetzt.

[151] LG Aurich v. 12. 3. 1980, VersR 1980, 1065 (1066).

[152] Zutreffend *Martin,* Sachversicherungsrecht, E II, Rn. 35.

[153] OLG Oldenburg v. 5. 7. 2000, NVersZ 2001, 424 (425).

[154] *Martin,* Sachversicherungsrecht, E II, Rn. 41.

[155] OLG Hamm v. 7. 5. 1986, VersR 1987, 1081 (1082).

Sofern Schäden durch sturmbedingt gegen versicherte Sachen **geschleuderte Hagelkörner** entstehen, fällt der Schaden unter den Versicherungsschutz der Sturmversicherung, unabhängig davon, ob auch Hagelschäden mitversichert sind[156]. Die Schadensfeststellung kann hier im Einzelfall schwierig sein, da nicht immer zu klären ist, ob der Schaden durch das Eigengewicht der Hagelkörner oder die gerade durch den Sturm verursachte Wucht des Aufpralls verursacht wurde. So spricht ein Schaden durch Hagelkörner auf der windabgewandten Seite des Gebäudes gegen einen Sturmschaden[157].

4. Folgeschäden

Folgeschäden des Sturms an versicherten Sachen sind in der **Gebäude- und der Haus-**   **62** **ratversicherung** ausdrücklich mitversichert (vgl. § 8 Ziff. 2c) VGB 2000, VHB 2000, § 4 Ziff. 1c) VGB 2008, § 1 Ziff. 3c) AStB). Dem Folgeschaden muss ein unmittelbar durch Sturm oder ein durch geworfene Gegenstände verursachter Schaden vorangehen. Dieser muss durch den Sturm zumindest mitverursacht worden sein[158]. Der wohl bedeutsamste Fall eines Folgeschadens ist die Beschädigung von Gebäude oder Inventar, die erst durch den sturmbedingten Schaden ermöglicht wird, z. B. durch in das vom Sturm beschädigte Gebäudedach **eindringendes Regenwasser**[159]. Ein als Folgeschaden gedeckter Fall ist auch ein Schaden infolge des Eindringens von Regenwasser in das Gebäude aufgrund eines **sturmbedingten Abknickens des Regenrohrs**[160]. Voraussetzung für den Einschluss ist, dass der Folgeschaden adäquat-kausal auf den Sturmschaden zurück zu führen ist[161]. **Zwischenursachen** schließen den Kausalzusammenhang daher nicht aus, solange der Schaden adäquatkausal ist. Typische Fälle sind etwa die Schäden bei Aufräum- und Reparaturarbeiten[162]Wird der Schaden erst durch Handeln oder Unterlassen des VN verursacht oder vergrößert, wird im Einzelfall zu prüfen sein, ob eine nach Schadenseintritt bestehende Obliegenheit vorsätzlich oder grob fahrlässig verletzt worden ist[163].

5. Versicherte Sachen/Versicherungsort

Zunächst gilt für die Sturmversicherung, dass die selben Sachen versichert sind, die in der   **63** **verbundenen Gebäudeversicherung** und der **Hausratversicherung** gegen Leitungswasser versichert sind. Insoweit kann auf die dortigen Ausführungen verwiesen werden. Allerdings kennt die Sturmversicherung auch als Bestandteil der verbundenen Gebäudeversicherung **spezielle Ausschlüsse** aus dem Kreis der versicherten Sachen. Zu nennen sind nach den VGB 2008 Laden- und Schaufensterscheiben (vgl. § 4 Ziff. 4b) bb)). Nach AStB sind versichert Gebäude und Bestandteile, nicht jedoch Gebäudezubehör. Von den Gebäudebestandteilen schließen die AStB 87 außerdem künstlerisch bearbeitete Scheiben, Kirchenfenster, Mehrscheiben-Isolierglas, Sicherheitsglasscheiben, Glasbausteine, Profilbaugläser, Dachverglasungen sowie Glas- und Kunststoffscheiben von mehr als 4 qm Einzelgröße sowie Rahmen und Profile der genannten Scheiben aus (§ 2 Ziff. 2a), ähnlich § 5 Ziff. 3a) VGB 62). Des Weiteren schließen die AStB bestimmte an der Außenseite des Gebäudes **angebrachte Gegenstände** aus, auch wenn diese Gebäudebestandteile sind (§ 2b) AStB 87). Die Aufzählung ist abschließend, wie sich daraus ergibt, dass sonstige an der Außenseite angebrachte Gegenstände ausdrücklich eingeschlossen sind. Weitergehend haben die VGB 62 noch alle an der Außenseite von Gebäuden angebrachten Sachen ausgeschlossen (§ 5 Ziff. 3b), während die VGB 88, 2000 und 2008 diese Ausschlüsse nicht mehr enthalten.

---

[156] *Martin,* Sachversicherungsrecht, E II, Rn. 38.
[157] *Martin,* Sachversicherungsrecht, E II, Rn. 38.
[158] OLG Nürnberg v. 26. 1. 1989, VersR 1989, 739 (740); *van Bühren/Tietgens,* § 4, Rn. 73.
[159] Vgl. Sachverhalt bei OLG Düsseldorf v. 29. 2. 2000, NVersZ 2001, 422.
[160] OLG Hamm v. 7. 5. 1986, VersR 1987, 1081 (1082).
[161] *Martin,* Sachversicherungsrecht, E II; Rn. 50; OLG Nürnberg v. 26. 1. 1989, VersR 1989, 739 (740).
[162] *Martin,* Sachversicherungsrecht, E II, Rn. 50.
[163] OLG Düsseldorf v. 29. 9. 2000, NVersz 2001, 422.

Ausgeschlossen sind wie bei der Leitungswasserversicherung des Weiteren Gebäude, die nicht bezugsfertig sind oder wegen Umbauarbeiten für ihre Zwecke nicht genutzt werden können (§ 4 Ziff. 4b) aa) VGB 2008)[164].

64   In der Hausratversicherung gilt für die Sturmschäden nach den VHB 2008 die **Einschränkung,** dass Versicherungsschutz nur innerhalb der Gebäude besteht (§ 5 Ziff. 4b) bb)) mit Ausnahme von Antennenanlagen und Markisen. Die gegenüber § 10 VHB 84 in den VHB 2000 (§ 9 Ziff. 2) erfolgte generelle Erweiterung des Versicherungsort um Terrassen, Loggien und Garagen gilt damit nicht für Sturmschäden.

Die AStB 87 schließen des Weiteren aus **elektrische Freileitungen, Ständer, Masten und Einfriedungen** (§ 2 Ziff. 2c), wobei auch für diese Gegenstände wie für die anderen ausgeschlossenen Gegenstände gilt, dass eine anderslautende Vereinbarung getroffen werden kann[165]. Sofern Betriebseinrichtung nach AStB versichert ist, sind verschiedene Gegenstände ausgenommen (§ 2 Ziff. 6, 7 AStB 87).

II. Spezifische Risikoausschlüsse

65   Die AStB, VGB und VHB sehen weitestgehend übereinstimmende spezifische Risikoausschlüsse vor. So sind Schäden aufgrund einer **Sturmflut** ausgeschlossen (§ 1 Ziff. 4a) AStB 87, § 8 Ziff. 4a) VGB 2000, VHB 2000, § 4 Ziff. 4a) aa) VGB 2008, § 9 Ziff. 6a) VGB 88, § 9 Ziff. 5a) VHB 84). Dies gilt auch für den Fall, dass die Sturmflut neben dem Sturm nur mitursächlich für den Schaden geworden ist. Damit ist dieser Risikoausschluss **konstitutiv** in dem Fall, dass der Sturm Wasser auf versicherte Sachen „geworfen" hat[166].

66   Ausgeschlossen sind des Weiteren **Lawinenschäden** und in den neueren AVB auch Schäden durch Schneedruck (vgl. § 8 Ziff. 4b) VGB 2000, VHB 2000, § 4 Ziff. 4a) dd) VGB 2008, nur Lawinen nach § 1 Ziff. 4b) AStB 87, § 9 Ziff. 6b) VGb 88). Auch dieser Ausschluss hat **konstitutive Wirkung,** wenn die Lawine mitursächlich für den Sturmschaden war oder der Schneedruck dadurch entstanden ist, dass der Sturm Schneeflocken an eine Stelle geweht hat[167].

67   Ein weiterer wichtiger Ausschluss betrifft die Schäden, die durch **Regen, Hagel, Schnee oder Schmutz** verursacht worden sind, wenn diese Substanzen durch nicht **ordnungsgemäß geschlossene Fenster, Außentüren oder andere Öffnungen** in das Gebäude eingedrungen sind und die Öffnung nicht als ein durch den Sturm oder Hagel verursachter Gebäudeschaden anzusehen ist (§ 8 Ziff. 4c) VGB 2000, VHB 2000, § 4 Ziff. 4a) bb) VGB 2008, § 1 Ziff. 4c) AStB 87, § 9 Ziff. 6c) VGB 88, § 9 Ziff. 5c) VHB 84). Ordnungsgemäß verschlossen sind Türen und Fenster dann, wenn sie verriegelt sind und damit Schutz gegen Sturm bieten[168]. Balkontüren mit Glasprossenfüllung sind den Fenstern gleichzustellen[169]. Zu den „anderen Öffnungen" enthalten die AVB keine Hinweise. Nach dem insoweit maßgeblichen allgemeinen Sprachgebrauch zählen hierzu aber nicht die Spalten und Ritzen zwischen Fenster und Rahmen, da die „anderen Öffnungen" hinsichtlich der Möglichkeit des Eindringens von Regen u. a. dem nicht ordnungsgemäß geschlossenen Fenster gleichgestellt werden müssen[170]. Zu denken ist daher bei den anderen Öffnungen etwa an nicht oder teilweise **nicht gedeckte Dächer** oder **Schornsteine.** Eine Öffnung ist etwa auch eine **aufgerissene Dachhaut,** wobei in diesem Fall eine provisorisch befestigte Plane, die der Sturm wegreißt, keinen Gebäudeschaden darstellt[171]. Eine Ausnahme von dem Ausschluss gilt, wenn die Öff-

---

[164] Siehe oben, Rn. 27.
[165] Vgl. im Einzelnen *Martin,* Sachversicherungsrecht, F V, Rn. 9ff.
[166] *Martin,* Sachversicherungsrecht, F V, Rn. 17.
[167] *Martin,* Sachversicherungsrecht, F V, Rn. 17.
[168] *Martin,* Sachversicherungsrecht, F V, Rn. 19.
[169] OLG Hamm v. 7. 5. 1986, VersR 1987, 1081 (1082).
[170] OLG Hamm v. 7. 5. 1986, VersR 1987, 1081 (1082); zustimmend *Martin,* Sachversicherungsrecht, F V, Rn. 20.
[171] OLG Köln v. 6. 6. 1974, VersR 1974, 990.

nung durch Sturm oder Hagel entstanden ist. Dies ist z. B. der Fall, wenn der Sturm Dachziegeln herunterweht[172], wobei nach dem Wortlaut der AVB nicht erforderlich ist, dass die Öffnung und der nachfolgende Sturmschaden durch den selben Sturm herbeigeführt worden sind[173]. Das zusätzliche Erfordernis, dass die durch Sturm oder Hagel entstandene Öffnung ein Gebäudeschaden sein muss, schließt Fälle aus, in denen z. B. der Sturm ein nicht ordnungsgemäß verschlossenes Fenster nur aufdrückt[174].

In den AStB 87 sind außerdem ausgeschlossen Schäden, die durch **Brand, Blitzschlag,**   68 **Explosion oder Absturz** eines bemannten Flugkörpers, seiner Teile oder Ladung oder durch Löschen, Niederreissen oder Ausräumen bei diesen Ereignissen entstehen (§ 1 Ziff. 4 d) AStB 87, ähnlich § 5 Ziff. 5 d) VGB 62). Dies gilt auch für den Fall, dass die Ereignisse durch Sturm verursacht werden (so ausdrücklich § 5 Ziff. 5 d) VGB 62). Die neueren AVB erwähnen diesen Ausschluss nicht mehr, da bereits die Beschränkung der Versicherung auf unmittelbare Sturmschäden, geworfene Gegenstände und aus diesen Fällen folgenden Schäden die Ausschlüsse implizit enthält.

III. Gefahrerhöhungen

Die AStB sowie VGB enthalten lediglich allgemeine Hinweise auf die Gefahrerhöhung.   69 Als Gefahrerhöhung kommt bei der Sturmversicherung insbesondere die Schaffung eines Zustands des Gebäudes in Betracht, der das **Risiko eines Sturmschadens erhöht**[175]. Allerdings gilt auch hier – wie für die Leitungswasserversicherung –, dass Instandsetzungsarbeiten am Gebäude, insbesondere bei Dacharbeiten, für sich genommen noch nicht als Gefahrerhöhung qualifiziert werden können, da der VN zur ordnungsgemäßen Instandhaltung und Instandsetzung nach den AVB gerade verpflichtet ist (vgl. nur § 7 Ziff. 1 b) AStB 87)[176]. Auch nur vorübergehende Unachtsamkeit, der das für die Gefahrerhöhung geforderte Element der Dauerhaftigkeit fehlt, scheidet als Gefahrerhöhung aus[177]. So liegt in dem Offenstehenlassen von Türen und Fenster regelmäßig keine Gefahrerhöhung[178].

IV. Obliegenheiten

Als vertragliche Obliegenheiten statuieren die AVB in Form von sog. **Sicherheitsvor-**   70 **schriften** die Verpflichtung, die versicherten **Gebäude** oder die Gebäude, in denen sich versicherte Sachen befinden, insbesondere die **Dächer,** in **ordnungsgemäßem Zustand** zu erhalten (§ 7 Ziff. 1 b) AStB 87, § 11 VGB 88, § 24 Ziff. 1 b) VGB 2000, § 14 Ziff. 1 a) VGB 2008). Gleiches gilt für die außen am Gebäude angebrachten Sachen (§ 24 Ziff. 1 b) VGB 2000, § 14 Ziff. 1 a) VGB 2008). Allerdings soll ein objektiver Verstoß gegen eine Sicherheitsvorschrift nicht ausreichen, wenn der VN bei einem Sturmschaden den nicht mehr ordnungsgemäßen Zustand der Fassade nicht kannte und ihm daher weder eine vorsätzliche noch eine grob fahrlässige Verletzung einer Instandhaltungsobliegenheit – hier nach § 11 Nr. 1 b VGB 88 – nachgewiesen werden kann[179].

Ist bereits ein Sturmschaden eingetreten, trifft den VN die Obliegenheit, unverzüglich zumindest provisorisch den Schaden so abzusichern, dass eine Vergrößerung des Schadens verhindert wird[180].

---

[172] Vgl. OLG Düsseldorf v. 29. 9. 2000, NVersZ 2001, 422.

[173] *Martin,* Sachversicherungsrecht, F V, Rn. 21.

[174] *Martin,* Sachversicherungsrecht, F V, Rn. 22.

[175] *Römer/Langheid/Römer,* §§ 23–25, Rn. 67; *Martin,* Sachversicherungsrecht, N V, Rn. 24.

[176] Ebenso BGH v. 18. 3. 1992, VersR 1992, 606 (608); OLG Oldenburg v. 21. 8. 1992, NJW-RR 1992, 289.

[177] Zu der Dauerhaftigkeit grundlegend BGH v. 18. 10. 1952, BGHZ 7, 311 (315); *Römer/Langheid/Langheid,* §§ 23–25, Rn. 20.

[178] *Martin,* Sachversicherungsrecht, N V, Rn. 24.

[179] OLG Saarbrücken v. 12. 4. 2006, VersR 2006, 1635 (1636).

[180] OLG Düsseldorf v. 29. 2. 2000, NVersZ 2001, 422.

V. Versicherungsfall

1. Sturmschaden

71   Der **Versicherungsfall** in der Sturmversicherung ist eingetreten, wenn einer der positiv umschriebenen Fälle – unmittelbarer Sturmeinwirkung, vom Sturm geworfene Sachen oder ein Folgeschaden eines dieser Geschehen vorliegt. Während die ersten beiden Fälle durch die Beschreibung des Verlaufs in AVB eingegrenzt sind, muss bei einem Folgeschaden geprüft werden, ob dieser adäquat-kausal durch eines der beiden anderen Ereignisse herbeigeführt worden ist[181]. Der häufigste Fall dürfte hierbei der Durchnässungsschaden sein, der infolge einer als Gebäudeschaden zu qualifizierenden Öffnung durch eindringendes Regenwasser entsteht[182]. Denkbar sind Folgeschäden insbesondere auch dann, wenn z. B. nach AStB 87 Betriebseinrichtung mitversichert ist (§ 2 Ziff. 6) und nach einem Sturmschaden bei Aufräumungs- und Reparaturarbeiten weitere Schäden auftreten[183].

2. Beweislast

72   Für die Verteilung der **Darlegungs- und Beweislast** gelten keine Besonderheiten. Der VN muss beweisen, dass der Schaden durch unmittelbare Sturmeinwirkung oder eine vom Sturm geworfene Sache verursacht worden ist[184]. Insbesondere muss er zunächst einmal beweisen, dass die Luftbewegungen die Windstärke 8 erreicht haben oder die Voraussetzungen für die in den AVB vorgesehene Unterstellung eines solchen Sturms vorliegen[185]. Aufgrund des Wortlauts der AVB, die von einem „unterstellten" versicherten Sturmereignis sprechen (vgl. § 8 Ziff. 1 VGB 2000), wird man annehmen müssen, dass der VR auch bei Vorliegen der die Unterstellung begründenden Tatsachen einen Versicherungsfall widerlegen kann, wenn er den Gegenbeweis erbringt, dass der Sturm nicht die Windstärke 8 erreicht hat oder der Schaden bereits vor Erreichen der Windstärke 8 eingetreten war[186]. Ob der VN daneben beweisen muss, dass die Schäden nicht bereits vor dem Sturm vorhanden gewesen sein müssen[187], erscheint zweifelhaft. Einen solchen Negativbeweis wird man von ihm nur dann verlangen können, wenn Anhaltspunkte vorliegen, die die Möglichkeit eines solchen Altschadens nahe legen. Ansonsten ist es Sache des VR, den vom VN bewiesenen Sturmschaden in Form des Gegenbeweises zu widerlegen.

73   Sofern sich der VR auf einen **Ausschluss** beruft, muss er dessen Voraussetzungen beweisen. Der VN wiederum hat die Beweislast dafür, dass ein von dem Ausschluss ausgenommener Fall vorliegt. Dies spielt insbesondere dann eine Rolle, wenn ein Durchnässungsschaden als Folgeschaden eines Sturmschadens in Rede steht: Während der VR beweisen muss, dass der Regen oder Schnee durch eine Öffnung in das Gebäude eingedrungen ist, trägt die VN die Beweislast dafür, dass diese Öffnung durch den Sturm entstanden ist und eine Gebäudeschaden darstellt.

3. Umfang der Entschädigung

74   Für die Sturmversicherung gelten bezüglich des **Entschädigungsumfangs** in der verbundenen Gebäude- und Hausratversicherung dieselben Bestimmungen wie für die anderen versicherten Gefahren. Auf die Ausführungen zur Leitungswasserversicherung kann deshalb verwiesen werden[188]. Auch bei der Sturmversicherung gilt grundsätzlich, dass eine optische Beeinträchtigung nicht hingenommen werden muss, wenn die Ausbesserung sturmgeschä-

---

[181] OLG Hamm v. 7. 5. 1986, VersR 1987, 1081 (1082).
[182] *Martin,* Sachversicherungsrecht, E II, Rn. 45.
[183] *Martin,* Sachversicherungsrecht, E II, Rn. 50.
[184] *Martin,* Sachversicherungsrecht, E II, Rn. 27.
[185] OLG Oldenburg v. 5. 7. 2000, NVersZ 2001, 424 (425); *Martin,* Sachversicherungsrecht, E II, Rn. 21.
[186] OLG Düsseldorf v. 4. 5. 1984, VersR 1984, 1035.
[187] *Martin,* Sachversicherungsrecht, E II, Rn. 27.
[188] Siehe oben, Rn. 46 ff.

digter Fassadenteile farblich von der übrigen Fassade abweicht[189]. Allerdings kann die Wiederherstellung der Fassade nur dann gefordert werden, wenn der Aufwand nicht außer Verhältnis zum eigentlichen Schaden steht[190].

Gelten für die Sturmversicherung die AStB 87, so sind Besonderheiten für die Gebäudeversicherung zu beachten. So wird lediglich der Zeitwert ersetzt, wenn der Wert des Gebäudes weniger als 40% des Neuwerts beträgt (§ 5 Ziff. 1b). Die gleiche Regelung gilt für Betriebseinrichtung, sofern diese mitversichert ist (§ 5 Ziff. 2). Betriebsunterbrechungsschäden sind nur aufgrund besonderen Einschlusses versichert (§ 11 Ziff. 3 AstB 87). Für den Ersatz von Kosten für Nebenarbeiten treffen die AStB keine besonderen Regelungen, so dass auch insoweit auf die Ausführungen zur Leitungswasserversicherung verwiesen werden kann.

Demgegenüber sind in der **Fahrzeugversicherung** nur die durch unmittelbaren Einwirkungen des Sturms auf das Fahrzeug verursachten Schäden versichert (§ 12 Ziff. 1 AKB). Dies erfordert, dass der Sturm unmittelbare Ursache des Schadens ist, mithin zwischen der Sturm das letzte Ereignis vor dem Schaden ist[191]. Ein unmittelbarer Zusammenhang besteht auch dann, wenn durch den Sturm Gegenstände auf das Kfz geworfen werden[192], nicht hingegen, wenn der Fahrer durch den Sturm zu einem Fehlverhalten veranlasst wird, das den Schaden herbeiführt[193].

D. Glasversicherung

I. Versicherte Gefahr

Wie oben dargelegt, sind in den AStB 87, aber auch in den VGB 62 bestimmte Glasschä- **75** den ausgeschlossen. In den neueren AVB, z. B. in den VGB 2008, 2000 und VGB 88 sind Schäden an **Glasscheiben,** die **Gebäudebestandteile** sind, mitversichert. Gleiches gilt für die AKB, die in der Voll- und Teileversicherung Glasbruch versichern (§ 12 Abs. 2).

Die **selbständige Glasversicherung** geht über die verbundenen Versicherungen hinaus. **76** Sie erfasst alle Schäden an versicherten Sachen, die durch **Bruch** entstehen (§ 1 Ziff. 1 AGlB 2008). Bruch (Zerbrechen) bezeichnet jeden **Riss in der Oberfläche** des Glases, unabhängig davon, ob er quer durch die Scheibe geht oder lediglich eine Ecke erfasst[194]. Umgekehrt sind reine **Schrammen und Kratzer,** die keinen Einfluss auf die Oberflächenspannung des Glases haben, kein Bruch und damit nicht versichert (§ 1 Ziff. 2a) aa) AGlB 2008). Auch **sonstige Beschädigungen,** die die Oberflächenspannung unberührt lassen, sind nicht versichert. Dies gilt z. B. für Muschelausbrüche (klarstellend § 1 Ziff. 2a) aa) AGlB 2008) und Eintrübungen des Glases[195]. Auch die Kfz-Kaskoversicherung erfasst ausschließlich Bruchschäden[196].

Ausgeschlossen sind auch ein Undichtwerden der Randverbindung von Mehrscheiben-Isolierverglasung (§ 1 Ziff. 2a) bb) AGlB 2008). Auch dieser Ausschluss ist deklaratorisch, da es sich bei dem Schaden nicht um ein Zerbrechen der Scheibe handelt.

II. Versicherte Sachen/Versicherungsort

Versichert sind in der Glasversicherung die in § 3 Ziff. 1 AGlB 2008 enumerativ aufgeführ- **77** ten **Glasscheiben.** Zu diesen zählen insbesondere Scheiben, Platten und Spiegel aus Glas, Scheiben und Platten aus Kunststoff, Platten aus Glaskeramik und Glasbausteine. Sie sind nur versichert, wenn sie einzeln oder in Gruppen im Versicherungsvertrag bezeichnet sind. Wei-

---

[189] OLG Saarbrücken v. 12. 4. 2006, VersR 2006, 1635 (1637).
[190] OLG Saarbrücken v. 12. 4. 2006, VersR 2006, 1635 (1637).
[191] BGH v. 19. 10. 1983, NJW 1984, 369; *Stiefel/Hofmann,* § 12 AKB, Rn. 54.
[192] *Stiefel/Hofmann,* § 12 AKB, Rn. 54.
[193] OLG Hamm v. 15. 6. 1988, VersR 1989, 37; AG Hamburg v. 24. 3. 1992, VersR 1992, 1309.
[194] *Prölss/Martin/Kohlhosser,* § 1 AGlB, Rn. 2.
[195] BayObLG v. 23. 2. 1995, NJW-RR 1996, 140 (141).
[196] Vgl. *Stiefel-Hofmann,* § 12 AKB, Rn. 93.

tere Voraussetzung ist, dass die versicherten Gläser fertig eingesetzt oder montiert sind. Ausgeschlossen sind damit alle Provisorien, noch nicht eingebaute Glasfenster u. a. Ausgeschlossen ist die Versicherung einer Sache gem. § 3 Ziff. 3 c) AGlB 2008, wenn diese bereits bei Antragstellung beschädigt ist.

Die scheinbar klare Aufzählung lässt einige Zweifelsfragen offen. So ist umstritten, ob ein **Ceran-Feld** Glas und damit versichert, oder Keramik und damit nicht in der Glasversicherung versichert ist. Hierzu liegen divergierende erstinstanzliche Entscheidungen vor[197]. Da es sich bei Ceran um behandeltes Glas handelt, spricht viel dafür, es unter die „sonstigen Sachen" in § 2 Ziff. 1 f) AGlB 94 zu fassen. Nach der Neufassung der AGlB sind sie jetzt gesondert versicherbar (§ 3 Ziff. 2 b) AGlB 2008). Ungeregelt ist auch die Frage, wie mit **zusammengesetzten Sachen** zu verfahren ist. Hier gilt, dass die Glasbestandteile solcher Sachen jedenfalls mitversichert sind, da sie die Voraussetzungen nach § 3 Ziff. 1 AGlB 2008 erfüllen. Dies folgt bereits darauf, dass sich die Beschaffenheit einer Glasscheibe ja nicht dadurch ändert, dass sie mit anderen Materialien verbunden wird. Hingegen sind die nicht unter § 3 Ziff. 1 AGlB 2008 fallenden Bestandteil solcher zusammengesetzter Sachen nicht vom Versicherungsschutz umfasst[198]. Für diese Aufteilung spricht auch, dass die mit dem Glas verbundenen Materialien wie z. B. Beschläge, Alarmeinrichtungen u. a. separat in die Versicherung einbezogen werden können (vgl. § 4 Ziff. 2 b) AGlB 2008). Gleiches gilt für die häufig bei Einrichtungsgegenständen anzutreffende Zusammensetzung, z. B. in Schränken mit Spiegelglas, Vitrinen, oder Türen mit Glaseinsatz.

78   Schließlich ist zu fragen, was unter **„sonstigen Sachen"** in der Auflistung des § 3 Ziff. 2 f) AGlB 2008 zu verstehen ist. Nach dem allgemeinen Sprachgebrauch sind sonstige Sachen in Zusammenhang mit der Glasversicherung und den in § 3 Ziff. 2 a)−e) AGlB 2008 aufgezählten Gegenständen alle nicht ausdrücklich erfassten, aus Glas hergestellten Sachen. Weiteren Aufschluss ergibt ein Vergleich mit den VHB 74[199]: Alle dort ausdrücklich oder implizit durch die Einschränkung der Versicherung aus Glasplatten jeder Art ausgeschlossenen Gegenstände aus Glas sind unter den weiten Begriff der sonstigen Sachen zu fassen, z. B. Sichtgläser in Herden, Waschmaschinen, künstlerisch bearbeitete Gläser u. a. m. Durch das Erfordernis der Benennung im Versicherungsvertrag ist das vom VR zu übernehmende Risiko trotz der scheinbaren Weite der versicherten Sachen eingegrenzt.

79   Die Versicherung bezieht sich primär **unabhängig von den Eigentumsverhältnissen** auf die **im Versicherungsschein bezeichneten Sachen.** Möglich ist mithin, dass die Glasversicherung des Mieters auch die in der Wohnung befindliche Verglasung, z. B. in Türen, und damit Eigentum des Vermieters, erfasst[200].

80   Von besonderer Bedeutung ist in der Glasversicherung der **Versicherungsort.** Hierzu regelt § 5 AGlB 2008, dass Versicherungsschutz nur innerhalb des Versicherungsorts besteht und dieser sich in den im Versicherungsvertrag bezeichneten Gebäuden oder Räumen von Gebäuden befindet. Damit sind Schäden ausgeschlossen, die sich auf dem Transport der versicherten Sachen ereignen. Gleichfalls ausgeschlossen ist der Versicherungsschutz, wenn der VN die Wohnung wechselt, es sei denn, VN und VR haben entsprechende Zusatzvereinbarungen getroffen[201].

III. Spezifische Ausschlüsse

81   Neben den allgemeine Ausschlüssen von Schäden durch Krieg, innere Unruhen, Erdbeben, oder Kernenergie finden sich in der Glasversicherung nur **wenige spezifische Risikoausschlüsse.**

---

[197] Für Glas AG Wuppertal v. 27. 7. 1995, VersR 1996, 1234, für Keramik AG Stuttgart-Canstatt v. 16. 12. 1997, VersR 1998, 1542; AG Köln v. 23. 8. 2005, VersR 2006, 213.
[198] *Prölss/Martin/Kohlhosser,* § 2 AGlB, Rn. 2.
[199] Abgedruckt und kommentiert bei *Prölss/Martin/Kohlhosser,* § 2 AGlB, Rn. 6 ff.
[200] *Prölss/Martin/Kohlhosser,* § 1 Rn. 12.
[201] Vgl. näher *Prölss/Martin/Kohlhosser,* § 1, Rn. 14.

So ist nach § 1 Ziff. 2 a) bb) AGlB 2008 eine **Undichtwerden von Randverbindungen** von Mehrscheiben-Isolierverglasung nicht versichert. Dies ergibt sich an sich auch ohne ausdrückliche Erwähnung daraus, dass nur Bruch versichert ist, eine Undichtigkeit der Randverbindung aber kein Bruch ist. Liegt allerdings gleichzeitig ein Bruch der Mehrscheiben-Isolierverglasung vor, so deckt die Versicherung auch die sonstigen Schäden an der Verglasung[202].

Ein weiterer Ausschluss betrifft **bestimmte Schadensursachen,** namentlich Brand, Blitzschlag, Explosion, Anprall oder Absturz von Luftfahrzeugen, seiner Teile oder seiner Ladung, und Schäden durch Löschen, Niederreißen oder Ausräumen bei diesen Ereignissen (§ 2 AGlB 2008). Fraglich ist hierbei, ob ein Glasschaden auch dann nicht versichert ist, wenn er durch Einsatz einer Schusswaffe herbeigeführt wird[203]. Dem ist entgegen zu halten, dass nach dem für die Auslegung der AVB maßgeblichen allgemeinen Sprachgebrauch eine Explosion mit einer plötzliche erheblichen Schall- und Druckwelle verbunden ist. Ein Schuss fällt danach nicht unter den Begriff der Explosion, mag auch der physikalische Wirkmechanismus derselbe sein wie bei der Detonation einer Bombe oder eines Brandsatzes. Nicht ausgeschlossen sind damit erst recht Schäden aufgrund von Wurfgeschossen, Steinschleudern u. ä.   82

IV. Gefahrerhöhungen

§ 10 AGlB 2008 listet typische Gefahrerhöhungstatbestände auf. Zu beachten bei derartigen Festschreibungen in AVB, dass § 42 VVG eine Abweichung von den §§ 23 ff. VVG zum Nachteil des VN verbietet. Infolgedessen setzen die in § 10 aufgelisteten Gefahrerhöhungen voraus, dass die Auslegung dieser Regelungen keine strengeren Anforderungen zu Lasten des VN ergibt als in den §§ 23 ff. VVG[204]. Mit anderen Worten dürfen die AVB keine Gefahrerhöhungstatbestände schaffen, die nicht sowieso nach § 23 VVG bereits eine Gefahrerhöhung darstellen. Unter diesem Gesichtspunkt begegnen die Bestimmungen in § 5 AGlB 94 erheblichen Bedenken.   83

So soll bei der Glasversicherung eine Gefahrerhöhung vorliegen, wenn **handwerkliche Arbeiten** am Versicherungsort ausgeführt werden (§ 5 Ziff. 3a) AGlB 94). Ob dies bereits ausreicht, um eine Gefahrerhöhung zu begründen, erscheint zweifelhaft. So erreicht nicht jeder handwerkliche Einsatz die für eine Gefahrerhöhung erforderliche Dauerhaftigkeit. Auch ist keineswegs erwiesen, dass jede Handwerkstätigkeit am Versicherungsort das Risiko eines Glasbruchs erhöht, man denke nur an Klempnerarbeiten in der Wohnung, die u. U. auch nicht entfernt mit dem versicherten Glas in Berührung kommen. Die Klausel verschiebt durch ihre Weite das Risiko erheblich zu Lasten des VN, der sich zudem oftmals nicht bewusst sein wird, dass er infolge der Klausel auch Handwerksarbeiten anzeigen muss, die nichts mit dem versicherten Risiko zu tun haben.

Auch die Regelung, dass eine Gefahrerhöhung vorliegt, wenn eine **Wohnung** mehr als 60 Tage **leer steht** oder ein **Gebäude** vorübergehend leer steht (§ 5 Ziff. 3b), d) AGlB 94, § 10 Ziff. 1a AGlB 2008), ist im Hinblick auf die Rechtsprechung zur Gefahrerhöhung fragwürdig. So ist bereits fraglich, ob der bloße Leerstand eine Gefahrerhöhung darstellt. Die Rechtsprechung verneint dies jedenfalls dann, wenn nicht äußerlich erkennbare Verwahrlosungsanzeichen hinzukommen[205]. Auch bezieht die Regelung nicht ein, dass mit der möglichen Gefahrerhöhung infolge der Nichtnutzung der Wohnung auch eine Gefahrminderung korrespondiert, da die von Nutzern der Wohnung ausgehenden Risiken entfallen[206]. Unab-   84

---

[202] Dies folgt schon aus § 1 Ziff. 1 AGlB 2008, der Naturalersatz als Versicherungsleistung vorsieht und daher eine letztlich nicht praktikablen Aufteilung zuwiderläuft, vgl. *Prölss/Martin/Kohlhosser,* § 2, Rn. 4.

[203] So *Martin,* Sachversicherungsrecht, C III, Rn. 7.

[204] Berliner Kommentar/*Riedler,* § 23, Rn. 17; zu der Unwirksamkeit der Schaffung konstitutiver Gefahrerhöhungstatbestände in AVB auch *Martin,* Sachversicherungsrecht, N IV, Rn. 40; vgl. auch oben, Rn. 34.

[205] Vgl. nur OLG Hamm v. 17. 9. 1997, VersR 1998, 1152 (1153) und OLG Köln v. 19. 8. 1997, VersR 1998, 1233 (1234); kritisch aus Berliner Kommentra/*Harrer,* § 23, Rn. 41.

[206] Vgl. nur Berliner Kommentar/*Harrer,* § 23, Rn. 41.

hängig von der möglichen Gefahrenkompensation verschärft die Klausel schon durch die undifferenzierte Annahme einer Gefahrerhöhung zu Lasten des VN die Voraussetzungen für der Anzeigepflicht und die Leistungsfreiheit bzw. Leistungskürzung des VR. Daher ist auch diese Klausel wegen einer für den VN nachteiligen Abweichung gem. § 42 VVG nicht zu Lasten des VN anwendbar.

85   Schließlich regeln die AGlB in Zusammenhang mit der Gefahrerhöhung auch die **Anzeigepflicht** den VN für den Fall, dass dieser einen Betrieb aufnimmt oder einen bestehenden Betrieb verändert (§ 5 Ziff. 4 AGlB 94, § 10 Ziff. 1 b), d) AGlB 2008). Die Anzeigepflicht ist als solche unproblematisch, da Leitungsfreiheit an ein Unterlassen der Anzeige nur geknüpft werden kann, wenn in der Aufnahme oder Änderung des Betriebs eine Gefahrerhöhung liegt[207].

V. Obliegenheiten

86   Die AGlB stellen nur wenige allgemeine Obliegenheit auf. So ist – wie in anderen Zweigen der Sachversicherung – der VN verpflichtet, die gesetzlichen, behördlichen oder im Versicherungsvertrag geregelten **Sicherheitsvorschriften** zu beachten (§ 6 Ziff. 1 a) AGlB 94). Des Weiteren hat der VN dafür Sorge zu tragen, dass die versicherten Sachen fachmännisch nach den anerkannten Regeln der Technik erstellt und eingebaut sind (§ 6 Ziff. 1 b AGlB 94).

VI. Versicherungsfall

1. Beweislast

87   Im Versicherungsfall gelten für die Beweislastanforderungen grundsätzlich die **allgemeinen Regelungen:** Jede Seite hat die für sie günstigen Tatsachen zu beweisen. Demzufolge hat der VN darzulegen und zu beweisen, dass die versicherte Sache durch einen Bruch beschädigt oder zerstört worden ist. Dem VR obliegt der Gegenbeweis, dass die Sache entweder nach dem Versicherungsschein oder § 3 Ziff. 2, 3 AGlB 2008 nicht vom Versicherungsschutz umfasst ist oder der Schaden außerhalb des Versicherungsortes eingetreten ist (§ 5 AGlB).

2. Umfang der Entschädigung

88   Abweichend von anderen Sachversicherung wird in der Glasversicherung grundsätzlich **Naturalersatz** geleistet (§ 11 Ziff. 1 AGlB 94, § 7.1 AGlB 2008). Zu leisten hat der VR Sachen gleicher Art und Güte wie sie der zerstörten oder beschädigten entsprechen. Während die Feststellung gleicher Art und Güte bei Glasschäden in der Regel unproblematisch ist[208], ist fraglich, ob **Vorschäden** am Glas zu einem **Abzug neu für alt** führt. Da Naturalersatz eine Montage einer neuen Scheibe umfasst, ist ein Abzug wegen Altersabnutzung oder Vorschäden anders als bei reinem Wertersatz technisch nicht möglich. Ein Abzug in Form einer Zuzahlung aber ist nicht vereinbart, so dass die AGlB für einen Abzug keine Grundlage bieten[209]. Zum Naturalersatz gehören nicht die sog. Erschwerniskosten, die separat versicherbar sind (vgl. § 3 Ziff. 2a) AGlB 94, § 7.1 Ziff. 1 c) AGlB 2008). Auch Kosten für die rein ästhetische Anpassung von unbeschädigten Sachen an die neue Sache sind ausgeschlossen (§ 11 Ziff. 3 b) AGlB 94, § 7 Ziff. 1 d) AGlB 2008).

89   Ausnahmsweise schuldet der VR lediglich **Geldersatz,** wenn eine Ersatzbeschaffung zu ortsüblichen Wiederherstellungskosten nicht möglich ist (§ 11 Ziff. 2a) AGlB 94). Hierunter fallen insbesondere Sachverhalte, in denen die Ersatzbeschaffung dem VR wirtschaftlich nicht zumutbar ist[210]. Dies sind etwa Fälle, in denen die zerstörten oder beschädigten Sachen nur noch mit einem gegenüber dem Zeitpunkt des Versicherungsvertrages erheblich erhöhten

---

[207] *Prölss/Martin/Kohlhosser*, § 5 AGlB, Rn. 10.
[208] *Prölss/Martin/Kohlhosser*, § 11 AGBl., Rn. 4.
[209] I.E. mit anderer Begründung (§ 5 AGBG) *Prölss/Martin/Kohlhosser*, § 11, Rn. 4.
[210] *Prölss/Martin/Kohlhosser*, § 11 AGlB, Rn. 6.

Aufwand zu beschaffen sind, etwa weil das Glasproduktion nur noch im entfernten Ausland erfolgt[211].

Gründe für eine Entschädigung in Geld sind des Weiteren Fälle der Unterversicherung (§ 11 Ziff. 2b) AGlB 94) sowie der unwiderleglich vermuteten Unterversicherung bei vom VN abgelehnter Erhöhung der Prämie wegen Erhöhung des Haftungsumfangs des VR (§ 11 Ziff. 2c) AGlB 94).

Zu den **mitversicherten Kosten** zählen die Kosten, auch der vergeblichen, **Schadens-** 90 **abwendungsbemühungen** (§ 3 Ziff. 1a) AGlB 94, § 4 Ziff. 1a) AGlB 2008), Aufwendungen für das vorläufige Verschließen von Öffnungen, wobei insbesondere die Kosten einer Notverglasung gemeint sind[212] sowie die Kosten der Entsorgung (§ 3 Ziff. 1c) AGlB 94, § 4 Ziff. 1b) AGlB 2008). Weitere Kosten müssen ausdrücklich in den Versicherungsschutz eingeschlossen werden (vgl. § 3 Ziff. 2 AGlB 94, § 4 Ziff. 2 AGlB 2008).

§ 35. Maschinenversicherung[*]

Inhaltsübersicht

---

[211] *Prölss/Martin/Kohlhosser,* § 11 AGlB, Rn. 6.
[212] Hierzu AG München v. 24. 10. 1985, VersR 1987, 501.
[*] Unter Mitarbeit von Dipl.-Ing., Dipl.-Wirt.-Ing. *Guido Schepers.*

Literatur: *v. Gerlach,* Die Maschinenversicherung, 2. Aufl. 1972; *Martin,* Neue „Allgemeine Maschinenversicherungsbedingungen (AMB)", VW 1969, 75 und 143; *ders.,* Bauleistungs- und Baugeräteversicherung: Neue AVB und Klauseln, VW 1974, 993, 1052, 1130 und 1192; *Scheuermeyer,* Maschinenversicherung in der Praxis, 2. Aufl. 1999; *Voit,* Neue Bedingungen und Klauseln zur Maschinenversicherung (AMB 91), VersR 1992, 142.

A. Einleitung

I. Die technischen Versicherungen

1   Der Begriff **technische Versicherungen** wird als Sammelbegriff für eine Vielzahl von Versicherungszweigen verwendet, die technische Kenntnisse für die Abläufe bei der Errichtung und bei dem Betrieb versicherter Sachen, für die Kalkulation von Risiko und Prämie, für die Beratung für Maßnahmen zur Minderung und Abwendung von Schäden sowie die Wiederherstellung bzw. Wiederbeschaffung nach einem Versicherungsfall erfordern[1]. Die Kennzeichnung der technischen Versicherungen ist damit die technische Eigenart der versicherten Sache und nicht die versicherte Gefahr, da generell eine Allgefahren-Deckung mit

---

[1] *Martin,* Montageversicherung, 1972, S. 1.

nur wenigen Gefahrenausschlüssen zugrunde gelegt wird[2]. Dies spiegelt sich auch in der Bezeichnung der Versicherungszweige wider, da häufig auf die versicherten Sachen (z. B. **Maschinenversicherung, Bauleistungsversicherung**) Bezug genommen wird.

Die technischen Versicherungen gehören als **Sachversicherung** zu den Nichtpersonen- 2 versicherungen[3]. Sie bieten Versicherungsschutz für das Sacherhaltungsinteresse des Eigentümers, aber auch, wenn vertraglich vereinbart, für das Sachersatzinteresse an versicherten Sachen. In den Betriebsunterbrechungsversicherungen, die den technischen Versicherungen zugeordnet sind, ist das sachschadenbedingte Ausbleiben von Erträgen, also das Sachnutzungsinteresse versichert. Die Betriebsunterbrechungsversicherung sind keine Sachversicherung[4], da sie reine Vermögensschäden versichern, die als Folge eines Sachschadens eintreten. Da grundsätzlich im Versicherungsfall nicht mehr als der Betrag des Schadens ersetzt wird, handelt es sich bei den technischen Versicherungen um Schadensversicherung, die im Gegensatz zu den Summenversicherungen stehen.

Die unter dem Begriff technische Versicherungen zusammengefassten Versicherungszweige 3 lassen sich in auf Dauer angelegte Versicherungen für in Betrieb befindliche Maschinen oder technische Anlagen, die so genannten **Bestandsversicherung,** und in Versicherungen für einmalige, nicht wiederkehrende Risiken während der Errichtung bzw. Entstehung von technischen Anlagen oder Bauwerken, die so genannten **Projektversicherungen,** einteilen.

Die **Versicherung von Haushaltsgeräten,** die **Reparaturkostenversicherung** von 4 Kraftwagen und die **Garantieverlängerungsversicherung** von technischen Geräten sind vom BAV in den Rechnungslegungsvorschriften den technischen Versicherungen zugeordnet worden, werden aber in der Praxis von anderen Versicherungssparten bearbeitet[5] und aus diesem Grund hier nicht weiter behandelt.

1. Projektversicherung

Die Projektversicherungen beziehen sich auf technische Anlagen und Bauwerke im **Ent-** 5 **stehungsstadium.** Als Versicherungsnehmer kommen entweder der Besteller, bei Bauwerken der Bauherr, ein Generalunternehmer oder einer der am Bau oder Montage beteiligten Unternehmer in Frage[6]. Bedient sich der beauftragte Unternehmer zur Ausführung der versicherten Leistungen noch diverser Nachunternehmer, so ist i. d. R. auch deren Interesse versichert. Nicht versichert ist das Interesse von reinen Lieferanten, da sie in dieser Eigenschaft nicht als Erfüllungsgehilfen des Unternehmers gelten.

Versicherungsschutz besteht vom Beginn der Arbeiten bis zur Fertigstellung oder der Ab- 6 nahme durch den Besteller für Sachschäden, die auf dem Montage- oder Bauplatz eintreten. Die **Entstehungsphase,** also der Zusammenbau beweglicher Sachen zu Bestandteilen einer technischen Anlage oder eines Bauwerks, kennzeichnet eine **besondere Risikosituation,** da eine Vielzahl von Bau- oder Montageunternehmen gleichzeitig tätig sind. Die hergestellten Objekte stellen zudem häufig Unikate dar. Die Koordination der Arbeiten und die Abstimmung der Schnittstellen stellen hohe Anforderungen an das Projektmanagement, insbesondere für die Erprobungsphase technischer Anlagen. Im Zeitraum der Errichtung und Erprobung technischer Objekte ist das Risiko deshalb deutlich höher, als während der vorangegangenen Fertigung der Einzelteile oder während der nachfolgenden Betriebsphase[7].

Versicherungsschutz für die Errichtung von technischen Anlagen wird in der **Montage-** 7 **versicherung** (AMoB[8]) geboten. Dagegen wird bei der Errichtung von Bauwerken die

---

[2] *Gabler,* Versicherungslexikon, 824.
[3] *Martin,* Sachversicherungsrecht, A I Rn. 1.
[4] Damit dürften die Betriebsunterbrechungsversicherungen auch nicht unter die §§ 88 ff. VVG (Abschnitt Sachversicherung) fallen.
[5] *Gabler,* Versicherungslexikon, 824.
[6] *Martin,* VW 1974, 993 (994).
[7] *Martin,* Montageversicherung, 1972, S. 2.
[8] Allgemeine Montageversicherungsbedingungen (AMoB), *Prölss/Martin/Voit/Knappmann,* Teil III M (III).

Bauleistungsversicherung gewählt. Die Bauleistungsversicherung bietet Versicherungs-schutz unter Einbeziehung der ABU[9], bei denen der Bauunternehmer Versicherungsnehmer ist, oder der ABN[10], bei denen der Bauherr oder der Generalunternehmer als Versicherungs-nehmer schlüsselfertige Gebäudeneubauten versichern kann[11]. Bei Großprojekten können auch kombinierte Montage-/Bauleistungsversicherungen zur Anwendung kommen, bei denen dann auch das Transportrisiko oder das projektbezogene Haftpflichtrisiko in den Versicherungsschutz einbezogen werden können. In Verbindung mit einer Montage- oder Bauleistungsversicherung kann eine Zusatzdeckung in Form der Visits Maintenance oder der Extendend Maintenance vereinbart werden. Diese Deckung schließt sich (lückenlos) an das Ende der Haftung in der Basisversicherung an, das durch die Abnahme des Werkes und den Gefahrübergang auf den Besteller gekennzeichnet ist. Die **Maintenanceversicherung** liegt damit zeitlich parallel zur Maschinenversicherung. Versicherte Gefahren in der Visits Maintenance sind Schäden, die an den versicherten Sachen anlässlich von Tätigkeiten zur (Nach)er-füllung (z. B. Restarbeiten, Gewährleistungsarbeiten) entstehen. Über die Extended Maintenance sind zusätzlich Schäden versichert, die ihren Ursprung in der vorangegangenen Montage, einschließlich Inbetriebnahme und Probebetrieb, haben, sich aber erst nach der Abnahme als Sachschaden auswirken.

8   Als Fortsetzung der Montageversicherung steht dem Unternehmer der Abschluss einer **Maschinengarantieversicherung** (AVB Garantie[12]) offen, die auch als eigenständige Versicherung für Lieferanten abgeschlossen werden kann. Nach dem Abschluss von Montage und Probebetrieb wird die technische Anlage vom Betreiber übernommen. Dennoch hat der Hersteller, aber auch Lieferanten, nach Gefahrübergang auf den Besteller bis zum Ende der Gewährleistungszeit für Sachmängel und daraus erwachsende **Folgeschäden** einzutreten. Das Risiko, dass durch den Sachmangel ein Sachschaden (Folgeschaden) an den versicherten Sachen eintritt, kann durch die Maschinengarantieversicherung gedeckt werden. Dabei wird anders als in allen anderen technischen Versicherungen keine Allgefahren-Deckung geboten. Gedeckt sind ausschließlich Sachschäden aufgrund von Konstruktions-, Material-, Guss-, Berechnungs-, Werkstätten- oder Montagefehler an der versicherten Sache aufgrund der Gewährleistungsbedingungen des Liefer- oder Verkaufsvertrages. Dabei ist ausschließlich das Interesse des Versicherungsnehmers als Hersteller oder Lieferant versichert[13].

2. Bestandsversicherung

9   Im Gegensatz zu den Projektversicherungen, die das Entstehungsstadium von technischen Anlagen und Bauwerken deckt, wird in den Bestandsversicherungen die **Betriebsphase** von betriebsfertigen Maschinen, technischen Anlagen oder elektronischen Geräten nach beendeter Erprobung versichert. Dabei können sowohl stationär eingesetzte technische Anlagen oder Maschinen als auch beweglich eingesetzte Maschinen versichert werden. Versichert sind nur diejenigen Sachen, die ausdrücklich im Maschinenverzeichnis genannt werden. Oft wird jedoch ein kompletter Maschinenpark des Versicherungsnehmers pauschal, ohne einzelne Nennung aller vorhandenen Maschinen versichert.

10   Versicherungsschutz besteht ab dem vertraglich vereinbarten Zeitpunkt, frühestens jedoch ab der **Betriebsfertigkeit** der technischen Anlagen oder Maschinen und endet zum vertraglich vereinbarten Zeitpunkt. Da es sich meistens um auf Dauer angelegten Versicherungs-schutz handelt, erneuern sich die Versicherungsverträge oft von Jahr zu Jahr[14]. Neben dem Interesse des Versicherungsnehmers kann auch das Interesse des Eigentümers, falls er nicht

---

[9] Allgemeine Bedingungen für die Bauwesenversicherung von Unternehmerleistungen (ABU), *Prölss/ Martin/Voit/Knappmann*, Teil III M (Va); vgl. auch *v. Rintelen*, § 36 Rn. 16ff.

[10] Allgemeine Bedingungen für die Bauwesenversicherung von Gebäudeneubauten durch Arbeitgeber (ABN), *Prölss/Martin/Voit/Knappmann*, Teil III M (Vb); vgl. auch *v. Rintelen*, § 36 Rn. 12ff.

[11] *Prölss/Martin/Voit/Knappmann*, Teil III M (V) Rn. 2.

[12] Allgemeine Versicherungsbedingungen für die Maschinen-Garantieversicherung.

[13] *Gabler*, Versicherungslexikon, S. 552.

[14] *Gerathewohl*, Rückversicherung – Grundlagen und Praxis, Bd. II, 1979, S. 167.

Versicherungsnehmer ist, und das Interesse von Mietern oder Pächtern sowie das Interesse von Sicherungsgläubigern, insbesondere bei der Finanzierung, versichert werden. Werden Sachen ohne Rücksicht auf bestehende oder zukünftige Eigentumsverhältnisse versichert, dann handelt es sich um eine Versicherung für Rechnung „wen es angeht"[15].

Die aktuellen Bedingungswerke der Bestandsversicherung sind so aufgebaut, dass die Rei- **11** henfolge der Paragraphen in den einzelnen Bedingungswerken einheitlich und zu einem großen Teil sogar der Wortlaut der einzelnen Paragraphen identisch sind. Diese Vereinheitlichung erhöht die Übersichtlichkeit für den Verwender[16] und rechtliche Erwägungen zu einer Sparte der technischen Versicherungen lassen sich oft auch auf die anderen Sparten übertragen. Zu den Bestandsversicherungen gehören im Wesentlichen die **Maschinenversicherung** und die **Elektronikversicherung**.

3. Betriebsunterbrechungsversicherungen

Generell kann mit Ausnahme der Maschinengarantieversicherung jede der oben genann- **12** ten Projektversicherung bzw. Bestandsversicherung mit einer entsprechenden **Betriebsunterbrechungsversicherung** ergänzt werden[17]. Gemeinsames Bedingungswerk ist heute die AMBUB 94[18], die durch Klauseln den jeweiligen Bedürfnissen der verschiedenen Betriebsunterbrechungsversicherungen angepasst wird. Für die Elektronikbetriebsunterbrechungsversicherung besteht allerdings mit der ABEBU[19] ein eigenes Bedingungswerk. Daneben gibt es weitere Betriebsunterbrechungsversicherungen, von denen insbesondere die Mehrkostenversicherung (AMKB)[20] und die Betriebsunterbrechungsversicherung bei Ausfall der öffentlichen Elektrizitätsversorgung ABUB(E)[21] von Bedeutung sind. Mit Inkrafttreten des geänderten VVG finden für die Betriebsunterbrechungsversicherungen als alleiniges Bedingungswerk die vom GDV neu entwickelten AMBUB 2008 mit entsprechenden Klauseln Verwendung. Normalerweise wird für den Abschluss einer Betriebsunterbrechungsversicherung der Abschluss einer entsprechenden Sachversicherung[22] beim gleichen Versicherungsunternehmen vorausgesetzt, um den Interessenkonflikt bei der Schadenbearbeitung zwischen Sach- und Betriebsunterbrechungsversicherer zu vermeiden.

Voraussetzung für einen Versicherungsfall in den Betriebsunterbrechungsversicherungen **13** ist ein versicherter Sachschaden, der normalerweise dem der entsprechenden Sachversicherung entspricht. Versicherungsschutz besteht, wenn der Betrieb des Versicherungsnehmers durch diesen Sachschaden unterbrochen oder beeinträchtigt wird. Entschädigung wird dann für den entgangenen Gewinn und die fortlaufenden (fixen) Kosten, also den Deckungsbeitrag, geleistet, den der Versicherungsnehmer nachweislich durch die **Unterbrechung** oder die **Beeinträchtigung** des Betriebes nicht erwirtschaften konnte. Eine wesentliche Rolle spielt damit beim Betriebsunterbrechungsschaden die Dauer der Unterbrechung und die Funktion der vom Sachschaden betroffenen Sache. Häufig kann der Unterbrechungsschaden durch Ersatzmaßnahmen, wie z. B. das Aufstellen von Leihmaschinen, provisorische Reparaturen, Zukauf von Zwischen- oder Fertigprodukten verkürzt oder gar vermieden werden. Die Kosten für solche Schadenminderungen werden durch die Betriebsunterbrechungsversicherung ebenfalls gedeckt und sind einziger Gegenstand der o. g. Mehrkostenversicherung.

---

[15] *Prölss/Martin/Voit/Knappmann,* Teil III M (I a) § 7 Rn. 3, *Prölss/Martin/Kollhosser,* Teil I Vor § 51 Rn. 14.

[16] *Dietz,* VW 1993, 648 (649).

[17] *Schildmann,* Technische Versicherungen, 1994, S. 61.

[18] Allgemeine Maschinen-Betriebsunterbrechungs-Versicherungsbedingungen (AMBUB 94).

[19] Allgemeine Bedingungen für die Elektronik-Betriebsunterbrechungsversicherung (ABEBU).

[20] Allgemeine Mehrkosten-Versicherungs-Bedingungen (AMKB), die Mehrkostenversicherung kann auch durch Vereinbarung der Klausel 170 zu den AMBUB 94 zustande kommen.

[21] Allgemeine Bedingungen für die Versicherung gegen Schaden durch Betriebsunterbrechung infolge eines Ausfalls der öffentlichen Elektrizitätsversorgung (ABUB(E)).

[22] Der Abschluss einer entsprechenden Sachversicherung kann für die Betriebsunterbrechungsversicherung bei Ausfall der öffentlichen Versorgung ABUB(E) keine Voraussetzung sein, da der Versicherungsfall nur durch Ereignisse außerhalb des versicherten Betriebes ausgelöst wird.

II. Die Maschinenversicherung

14   In England führten sich häufende Explosionen von Dampfkesseln in der Mitte des 19. Jahrhunderts zur Gründung der Manchester Steam Users Association, die zunächst einen festen Revisionsdienst für Dampfkessel einführte und diese später auch versicherte, zunächst fest mit einem Revisionsdienst verknüpft[23]. In Deutschland existierte zu dieser Zeit bereits die Vorschrift, dass Dampfkessel durch die neu gegründeten, halbstaatlichen Technischen Überwachungs Vereine (TÜV) zu untersuchen waren[24]. Deshalb waren es überwiegend **wirtschaftliche Bedürfnisse,** die im Jahr 1900 dazu geführt haben, die Maschinenversicherung als erste der technischen Versicherungen im damaligen Deutschen Reich einzuführen[25]. Die Maschinenversicherung hat auch heute noch aufgrund ihres Prämienaufkommens eine herausragende Bedeutung innerhalb der technischen Versicherungen[26].

15   Die Maschinenversicherung ermöglicht dem Betreiber von Maschinen, die wirtschaftlichen Folgen des Betriebsrisikos zu verringern und damit auf Basis der feststehenden Prämien eine genauere wirtschaftliche Planung vorzunehmen. Damit wird das **Betriebsrisiko** der versicherten Maschinen vom Betreiber auf ein Versicherungsunternehmen übertragen[27].

16   Die Maschinenversicherung bietet Versicherungsschutz gegen unvorhergesehen eintretende Sachschäden an im Versicherungsschein oder einem beigefügtem Verzeichnis – dem **Maschinenverzeichnis** – genannten Maschinen, maschinelle Einrichtungen, sonstigen technischen Anlagen sowie an deren Fundamenten und Reserveteilen. Dabei sind nur wenige Schadenursachen vom Versicherungsschutz ausgenommen, da eine **Allgefahren-Deckung** mit wenigen, abschließend aufgezählten Ausschlüssen geboten wird.

17   Zu den ausgeschlossenen Schadenursachen gehören höhere Gewalt[28], Schäden durch bei Versicherungsbeginn bekannte Mängel, Diebstahl, Brand, Blitzschlag, Explosion und Schäden, für die ein Lieferant oder Hersteller aus Gewährleistungsverpflichtung einzutreten hat. Der Ausschluss von Schäden durch betriebsbedingte **Abnutzung** bzw. von Verschleißschäden als Folge des bestimmungsgemäßen Betriebs kann als selbstverständlich angesehen werden, da die normale betriebsbedingte Abnutzung für den Versicherungsnehmer nicht unerwartet eintritt und es nicht Aufgabe der Maschinenversicherung sein kann, rein nutzungsbedingte Schäden zu decken[29].

18   Im Schadenfall erhält der Versicherungsnehmer die Kosten erstattet, die objektiv notwendig sind, um die versicherte Sache wieder in einen gleichwertigen Zustand zu bringen wie vor dem Schadenfall. Nur wenn die Kosten der Wiederherstellung über dem im Versicherungsvertrag definierten Zeitwert der versicherten Sache liegen, ist die Entschädigung auf den **Zeitwert begrenzt.** Dabei wird der Zeitwert, den die Sache unmittelbar vor dem Schadenfall hatte, nach technischen Gesichtspunkten ermittelt.

19   Die in der Maschinenversicherung zusammengefassten Versicherungszweige lassen sich nach ihrem **Einsatzort** in stationäre Maschinen und fahrbare oder transportable Geräte unterteilen.

1. Stationäre Maschinen

20   Die ersten Maschinenversicherungen[30] wurden für stationäre Maschinen entwickelt. Mit stationären Maschinen werden **ortsgebundene** maschinelle Einrichtungen, sonstige techni-

---

[23] *v. Gerlach,* Die Maschinenversicherung, S. 3; *Braun,* Der Maschinenschaden 1972, 83 (83).
[24] *Braun,* Der Maschinenschaden 1987, 193 (194).
[25] *Schildmann,* Technische Versicherungen, 1994, S. 10.
[26] *Schildmann,* Technische Versicherungen, 1994, S. 10; Die Maschinenversicherung hatte im Jahr 2005 nahezu einen Anteil von 40% am Prämienaufkommen der technischen Versicherungen; GDV Statistisches Taschenbuch der Versicherungswirtschaft, 2006.
[27] *v. Gerlach,* Die Maschinenversicherung, S. 2.
[28] Z.B. Erdbeben, Überschwemmung, Kriegsereignisse.
[29] *Martin,* VW 1969, 75 (78).
[30] Zur Entwicklung der Maschinenversicherung siehe auch Rn. 14.

sche Anlagen sowie deren Fundamente und Reserveteile bezeichnet. Diese Sachen haben einen festen Standort auf dem im Versicherungsvertrag benannten Betriebsgrundstück. Ihren Aufstellungsplatz verlässt die Maschine, wenn überhaupt, nur zu Revisionen, Überholungen, Instandsetzungen o. ä. Örtliche Veränderungen wirken sich auf den Versicherungsschutz allerdings nur aus, wenn die versicherten Sachen das Betriebsgrundstück verlassen.

Die versicherten Sachen müssen sich beim Eintritt des Sachschadens auf dem im Versiche- **21** rungsschein genannten **Betriebsgrundstück** befinden. Dagegen ist es völlig unerheblich, wo die versicherten Sachen sich befunden haben, als die Schadenursache gelegt wurde[31].

2. Fahrbare Geräte

Versichert sind die im Versicherungsschein genannten fahrbaren oder transportablen Bau- **22** geräte oder sonstigen Sachen mit deren Zusatzgeräten und Ersatzteilen. Diese Sachen konnten früher entweder in Verbindung mit einer Klausel in der Maschinenversicherung für stationäre Maschinen oder aber in der **Bauwesenversicherung,** in der die heutige Bauleistungsversicherung und die Baugeräteversicherung zusammen gefasst waren, versichert werden. Ausgehend von der Reform der AVB aller technischen Versicherungen wird die Versicherung für Baugeräte seit 1974 der Maschinenversicherung zugeordnet, da die Baugeräte alle Merkmale von Maschinen aufweisen[32].

Im Gegensatz zu den stationären Maschinen ist der Versicherungsort fahrbarer Geräte je **23** nach Einsatzzweck häufig kein definierbares Betriebsgrundstück, sondern ein geographisch weit gefasstes Gebiet, wie z. B. die Bundesrepublik Deutschland oder das geographische Europa. Dabei ist natürlich auch das **Bewegungsrisiko** mitversichert, denn gerade für die Versicherungsbedürfnisse des Bewegungsrisikos ist diese Versicherungsart geschaffen worden.

Für die fahrbaren Geräte ist der **Versicherungsschutz** auf Schäden durch Brand, Blitz- **24** schlag, Explosion und höhere Gewalt sowie bei Bedarf auf Diebstahl und Raub ausgedehnt, da für solche Geräte im Gegensatz zu den stationären Maschinen meistens keine Spezialversicherung, wie z. B. eine Feuerversicherung, geboten wird[33].

Neben der Versicherungsform der klassischen Maschinenversicherung besteht auch die **25** Möglichkeit, für die fahrbaren Geräte eine **Kaskoversicherung** abzuschließen, in der die inneren Betriebsschäden nicht zum Deckungsumfang gehören. In diesem Fall sind ausschließlich Sachschäden versichert, die durch von außen einwirkende Ursachen entstehen[34].

B. Rechtsgrundlage

Rechtsgrundlage in der Maschinenversicherung sind heute die im jeweiligen **Versiche-** **26** **rungsvertrag getroffenen Absprachen.** Der Versicherungsvertrag kann beliebige Inhalte haben, falls diese nicht gegen gesetzliche Regelungen verstoßen.

I. Rechtsrahmen

Neben dem Versicherungsvertrag sind die wichtigsten **Rechtsquellen** die Gesetze. Insbe- **27** sondere gilt für die Maschinenversicherung, wie für alle Versicherungen, das VVG[35]. Die technischen Versicherungen und damit auch die Maschinenversicherung sind bis heute nicht mit eigenen Vorschriften im VVG geregelt. Da die Maschinenversicherung Schadensversicherung ist, haben deshalb im Wesentlichen die allgemeinen Vorschriften für alle Versiche-

---

[31] *Prölss / Martin / Voit / Knappmann*, Teil III M (Ia) § 3 Rn. 1.
[32] *Martin,* VW 1974, 993 (993); s. auch *v. Rintelen,* § 36 Rn. 9 f.
[33] *Martin,* VW 1974, 1192 (1194); *Vandrey,* Sonderdruck VK 1975, 11.
[34] *Martin,* VW 1974, 1192 (1192); *Vandrey,* Sonderdruck VK 1975, 11.
[35] *Martin,* Sachversicherungsrecht, A IV Rn. 2.

rungszweige[36] sowie die Vorschriften der Schadensversicherung[37] bzw. der Unterabschnitt für die Sachversicherung Bedeutung.

28   Die Vorschriften des VVG ergänzen die im Versicherungsvertrag normalerweise bereits sehr detailliert vereinbarten Vertragsinhalte um die Punkte, zu denen der Versicherungsvertrag keine Aussage trifft. Grundsätzlich haben **die vertraglichen Vereinbarungen Vorrang vor den gesetzlichen Vorschriften.** Dies kann selbstverständlich nur gelten, soweit es sich bei den gesetzlichen Vorschriften um dispositive und nicht um zwingende oder halbzwingende Vorschriften handelt[38].

Weitere Rechtsquellen, die von besonderer Bedeutung für die Ausgestaltung und Abwicklung der Versicherungsverträge sind, sind das BGB das HGB und das VAG.

II. Änderungen durch die VVG-Reform

28a   Wesentlicher Bestandteil der Reform des Versicherungsvertragsrechts ist das **neue Versicherungsvertragsgesetz,** das am 1. 1. 2008 in Kraft getreten ist. Das neue VVG sieht im Teil Schadensversicherung[39] einen eigenen Abschnitt für die Sachversicherung[40] vor, der auf die Maschinenversicherung anzuwenden ist. Im Teil 2 VVG „Einzelne Versicherungszweige" sind, wie bisher, keine eigenständigen Bestimmungen für die Technischen Versicherungen oder die Maschinenversicherung enthalten.

28b   Die Maschinenversicherung ist durch die VVG-Reform nur in begrenztem Umfang betroffen, in erster Linie greifen die Änderungen, die für alle Versicherungen gelten[41], wie die Abschaffung des Policenmodells, das Widerrufsrecht bei Vertragsabschluss, die neu aufgenommenen Regelungen zur vorläufigen Deckung und die vorvertraglichen Anzeigepflichten. Den größten Einfluss auf die Maschinenversicherung hat nach derzeitiger Einschätzung die Aufgabe des Alles-oder-Nichts-Prinzips bei den Sanktionen für grob fahrlässige Verletzung vertraglicher Pflichten und Obliegenheiten[42].

III. Allgemeine Versicherungsbedingungen

29   Dem Vertragsinhalt der Maschinenversicherung liegen meist die einschlägigen AVB zugrunde, die nach h. M. **AGB der Versicherer** sind. Bestandteil der Versicherungsverträge können ferner ergänzende Klauseln und weitere Bestimmungen sein, die immer dann zu AGB werden, wenn sie üblicherweise Verwendung in einer Vielzahl von Versicherungsverträgen finden[43]. Dies gilt auch für Vereinbarungen zu einer bestimmten Risikogattung (z. B. Papierfabriken, Windkraftanlagen), die, selbst wenn sie nur selten Verwendung finden, AGB bleiben. In der Maschinenversicherung kommen häufig Maklerbedingungen zur Anwendung. Nach der herrschenden Meinung handelt es sich bei den Maklerbedingungen nicht um AGB im Sinne des § 305 Abs. 1 BGB, auch wenn sie vorformuliert sind. Werden in den Maklerbedingungen Formulierungen benutzt, die üblicherweise vom Versicherer verwendet werden so bleibt der Versicherer Verwender[44]. Besondere Bedingungen im eigentlichen Sinn des Wortes, die damit auch nicht AGB sind, sind solche, die nur für ein konkretes Risiko benutzt werden[45]. Die AVB unterliegen, wie alle AGB der Kontrolle nach dem AGB-

---

[36] §§ 1 bis 48 VVG a. F.; §§ 1 bis 73 VVG.
[37] §§ 49 bis 80 VVG a. F.; §§ 74 bis 99 VVG.
[38] *Martin,* Sachversicherungsrecht, A IV Rn. 46; *Prölss/Martin/Prölss,* Vorbem. III Rn. 22.
[39] §§ 74 bis 99 VVG.
[40] §§ 88 bis 99 VVG.
[41] §§ 1 bis 73 VVG.
[42] Zu Obliegenheitsverletzungen siehe *Marlow* § 13; zur Verletzung von vorvertraglichen Anzeigepflichten siehe *Knappmann* § 14; zu Rettungsobliegenheit siehe *Beckmann* § 15.
[43] *Martin,* Sachversicherungsrecht, A IV Rn. 34; *Prölss/Martin/Prölss,* Vorbem. I Rn. 13.
[44] *Prölss/Martin/Prölss,* Vorbem. I Rn. 15.
[45] *Prölss/Martin/Prölss,* Vorbem. I Rn. 111.

Recht[46]. Dabei bleibt der Versicherungsvertrag als Ganzes wirksam, wenn eine Bestimmung einer AVB aufgrund des AGB-Rechts unwirksam ist[47].

Die AVB gehören seit Inkrafttreten des 3. DurchfG/EWG zum VAG am 21. 7. 1994 nicht **30** mehr zum Geschäftsplan der Versicherer und müssen damit auch nicht mehr vom BAFin genehmigt werden. **Geschäftsplanmäßige Erklärungen,** mit denen die Versicherer sich früher verpflichtet haben, die Versicherungsnehmer in Bezug auf bestimmte Regelungen in den AVB zu begünstigen, haben nach dem Wegfall der Genehmigungspflicht für AVB durch das BAFin nur noch eine Bedeutung für Altverträge, die vor dem Wegfall der Genehmigungspflicht geschlossen wurden[48].

AVB müssen **objektiv ausgelegt** werden. Für die Auslegung von AVB kommt es nach stän- **31** diger Rechtsprechung im Allgemeinen darauf an, wie ein **durchschnittlicher Versicherungsnehmer** bei **verständiger Würdigung** und aufmerksamer Durchsicht unter Berücksichtigung des **Sinnzusammenhangs** die AVB auffassen wird. Dabei werden keine versicherungsrechtlichen Spezialkenntnisse unterstellt. Gibt es zu den AVB Individualabreden, so haben diese Individualabreden allerdings Vorrang bei der Auslegung von AVB[49]. Bei der Auslegung von AVB ist der Sprachgebrauch des täglichen Lebens zu berücksichtigen, für die Maschinenversicherung ist dabei allerdings eine technische Betrachtungsweise zu beachten[50]. Feststehende Begriffe aus der Rechtssprache, die in einem Vertrag verwendet werden, sind in diesem Sinn auszulegen. Vertragsteile, die dem Wortlaut oder dem Inhalt eines Gesetzes entsprechen, sind auch wie dieses Gesetz auszulegen. Bei der Interpretation von Versicherungsbedingungen können zudem Verkaufsprospekte oder der Versicherungsantrag Berücksichtigung finden[51]. Bei der Auslegung von Versicherungsverträgen mit verschiedenen Vertragsbestandteilen gehen die **besonderen Bestimmungen** immer den **allgemeinen** und die **geschriebenen** immer den **gedruckten Bestimmungen** vor[52]. Bestehen trotzdem nach der Auslegung von AVB Zweifel, so gehen diese zu Lasten des Verwenders, also des Versicherers. Hierzu genügt es aber nicht, dass vorhandene Auslegungsdifferenzen in der Literatur bzw. Rechtsprechung vorhanden sind, sondern es müssen zumindest zwei verschiedene Auslegungen möglich sein[53].

1. AMB 91

Die AMB 91 Fassung April 2004[54] sind die heute verwendeten AVB für die **Maschinen-** **32** **versicherung von stationären Maschinen.** Sie werden ergänzt durch ein umfassendes Klauselwerk. Mit Inkrafttreten des geänderten VVG am 1. 1. 2008 finden neue AVB für die Maschinenversicherung Verwendung, deren Inhalt auf die Regelungen des geänderten VVG Bezug nehmen. Die vom GDV entwickelten unverbindlichen Musterbedingungen AMB 2008 unterscheiden sich in Aufbau und Inhalt nicht unerheblich von den AMB 91. Wegen der Bedeutung der AMB 91 für bereits eingetretene Versicherungsfälle und in der Übergangsphase sind diese weiterhin Gegenstand der vorliegenden Kommentierung. In der Literatur umstritten ist die Frage, ob eine Bestandsumstellung tatsächlich notwendig ist, insbeson-

---

[46] *Prölss/Martin/Prölss,* Vorbem. I Rn. 17; Die Vorschriften des AGBG wurden nahezu unverändert als §§ 305–310 in das BGB eingefügt.
[47] *Martin,* Sachversicherungsrecht, A V Rn. 5; zu AGB und AGB-Recht s. *Präve,* § 10.
[48] *Prölss/Martin/Prölss,* Vorbem. I Rn. 18, 119 ff.; *Römer/Langheid/Römer,* Vor § 1 Rn. 2.
[49] *Prölss/Martin/Prölss,* Vorbem. III Rn. 1 ff., *Römer/Langheid/Römer,* Vor § 1 Rn. 16; *Dörner,* Versicherungsbedingungen, S. 10; BGH v. 1. 12. 2004 VersR 2005, 266 (267); *Baumann,* r+s 2005, 313 ff. mit Kritik an der heute herrschenden Meinung, dass AVB nicht gesetzesähnlich auszulegen sind.
[50] BGH v. 28. 4. 1976, VersR 1976, 676 (677).
[51] *Prölss/Martin/Prölss,* Vorbem. III Rn. 6–9, *Römer/Langheid/Römer,* Vor § 1 Rn. 18; *Dörner,* Versicherungsbedingungen, S. 10.
[52] *Prölss/Martin/Prölss,* Vorbem. III Rn. 21.
[53] *Römer/Langheid/Römer,* Vor § 1 Rn. 25.
[54] Allgemeine Maschinen-Versicherungsbedingungen (AMB 91) – Fassung April 2004; *Dörner,* Versicherungsbedingungen, S. 214 ff.

dere um die Wirksamkeit der Rechtsfolgen bei der Verletzung vertraglicher Obliegenheiten zu erhalten[55].

2. VDEW-Bedingungen

33   Mit den VDEW-Bedingungen Fassung Januar 2001[56] werden ebenfalls stationäre Maschinen versichert. Sie wurden konzipiert für die **Mitgliedsunternehmen der Vereinigung der Deutschen Elektrizitätswerke (VDEW)**[57] und tragen deren Bedürfnissen an den Versicherungsschutz Rechnung. Wesentliche inhaltliche Abweichungen von den AMB 91 werden nachfolgend im jeweiligen Sinnzusammenhang behandelt. Zukünftig werden die VDEW-Bedingungen nicht weiter fortgeführt. An ihre Stelle tritt die Kraftwerksklausel TK 2115 zu den AMB 2008, in der viele von den AMB 2008 abweichende Regelungen aus den VDEW-Bedingungen zusammengefasst werden. Wegen der Bedeutung der VDEW-Bedingungen für bereits eingetretene Versicherungsfälle und in der Übergangsphase sind diese weiterhin Gegenstand der vorliegenden Kommentierung.

3. ABMG 92

34   Die ABMG 92 Fassung April 2004[58] sind die heute verwendeten AVB für die Maschinen- und Kaskoversicherung für **fahrbare und transportable Geräte** und haben die bisherigen ABG und ABMG abgelöst. Die ABMG 92 gleichen den AMB 91 in weiten Bereichen. Die §§ 3–18 stimmen fast wörtlich mit den AMB 91 überein. Lediglich in den §§ 1 und 2 sowie in einigen Klauseln ergeben sich wesentliche Unterschiede zu den AMB 91, die im jeweiligen Sinnzusammenhang erläutert werden. Mit Inkrafttreten des geänderten VVG am 1.1.2008 finden die neuen ABMG 2008 Verwendung, deren Inhalt auf die Regelungen des geänderten VVG Bezug nehmen. Wegen der Bedeutung der ABMG 92 für bereits eingetretene Versicherungsfälle und in der Übergangsphase sind diese weiterhin Gegenstand der vorliegenden Kommentierung.

C. Versicherte Sachen und Interessen

35   Die Maschinenversicherung sieht die Versicherung aller Arten von Maschinen, Geräten und technischen Anlagen vor. Die AVB verweisen wegen der versicherten Sachen auf den Versicherungsvertrag. In den AVB wird lediglich eine grobe, beispielhaft auszulegende **Beschreibung möglicher versicherter Sachen** vorgenommen, die eine rein informatorische Bedeutung hat[59]. Die versicherten Sachen sollen im Versicherungsvertrag bezeichnet werden. Daraus ergibt sich, welche Sachen im konkreten Einzelfall versichert sind. Versichert ein Versicherer eine Sache in der Maschinenversicherung, so kann er später nicht geltend machen, dass diese Sache nicht in der Maschinenversicherung versicherbar sei[60]. In den VDEW-Bedingungen wird im Gegensatz zu den AMB 91 und den ABMG 92 auf das Maschinenverzeichnis verwiesen. Neben der Auflistung der versicherten Sachen im Maschinenverzeichnis besteht die Möglichkeit, die versicherten Sachen pauschal im Versicherungsvertrag anzugeben, z. B. im Rahmen der Inbegriffsversicherung[61].

---

[55] *Schnepp/Segger*, VW 2008, 907 ff.

[56] Versicherungs-Bedingungen für Mitglieder der Vereinigung Deutscher Elektrizitätswerke (VDEW) – Fassung Januar 2001; Unverbindliche Empfehlung des Verbandes der Sachversicherer.

[57] Seit 2000: Verband der Elektrizitätswirtschaft (VDEW). Der VDEW ist seit Oktober 2007 mit den Verbänden BGW, VDN und VRE zum BDEW (Bundesverband der Energie- und Wasserwirtschaft) fusioniert.

[58] Allgemeine Bedingungen für die Maschinen- und Kaskoversicherung von fahrbaren oder transportablen Geräten (ABMG 92) – Fassung April 2004; Unverbindliche Empfehlung des Verbandes der Sachversicherer.

[59] *Martin*, VW 1969, 75 (77).

[60] *Prölss/Martin/Voit/Knappmann*, Teil III M (Ia) § 1 Rn. 2.

[61] Zur Inbegriffsversicherung siehe auch Rn. 43 f.

Die Bedingungen grenzen ganz allgemein nicht nach **sachenrechtlichen Gesichts** 36 **punkten** ab, sondern es werden in den AVB eine Vielzahl von Abgrenzungen zu den versicherten Sachen vorgenommen, ohne auf sachrechtliche Gesichtspunkte abzustellen[62]. Es wird z.B. klargestellt, inwieweit zur versicherten Sache gehörende Reserveteile und Fundamente unter den Versicherungsschutz fallen.

I. Maschinenverzeichnis

In der Maschinenversicherung ist es üblich, alle versicherten Sachen konkret in einem Ma 37 schinenverzeichnis zu benennen. Das Maschinenverzeichnis ist rechtlich ein Bestandteil des Versicherungsscheins, wenn in ihm die versicherten Sachen bezeichnet werden. Das Maschinenverzeichnis soll eine Auflistung aller **selbstständig versicherten Sachen in einzelnen Positionen** enthalten. Dabei werden zu jeder Position die technischen Kenngrößen der Maschine, wie z.B. Drehzahl, Leistung, Spannung, Druck etc., sowie Daten zu deren Identifizierung, wie z.B. Baujahr, Fabriknummer, Typ, Hersteller etc. aufgeführt. Daneben wird zu jeder Position die Versicherungssumme sowie der Selbstbehalt im Maschinenverzeichnis aufgeführt[63].

Die Schaffung von Positionen im Maschinenverzeichnis führt zu einer Zerlegung der Ma 38 schinenversicherung in **mehrere Teilversicherungen,** wobei jedoch der **Versicherungsvertrag für alle Positionen einheitlich** ist[64].

Durch die eindeutige Beschreibung der versicherten Sachen im Maschinenverzeichnis ist 39 klar, dass nur solche Maschinen versichert sind, die konkret genannt sind. Maschinen, die nicht im Maschinenverzeichnis aufgeführt sind, sind deshalb keinesfalls versichert. Die Beschreibung der Maschinen ermöglicht es zudem, zu erkennen, welche **Bestandteile** zu der jeweiligen Maschine gehören. Die genaue Abgrenzung der unter dem Versicherungsvertrag versicherten Sache ist von großer Bedeutung, da durch sie auch die Versicherungssumme und der Versicherungswert der jeweiligen Position bestimmt werden[65].

Besteht für die (Mit-)Versicherung bestimmter Sachen das Erfordernis, dass diese im Versi 40 cherungsvertrag bezeichnet sein müssen, so ist eine Nennung im Maschinenverzeichnis in jedem Fall ausreichend. Werden Teile von Maschinen oder Anlagen in **getrennten Positionen** versichert, so werden sie dadurch nicht „Gegenstand besonderer Rechte", sondern werden nur im Sinne des Versicherungsschutzes als eigenständig versichert betrachtet[66].

II. Pauschalversicherung

Von einer Pauschalversicherung spricht man in der Maschinenversicherung immer dann, 41 wenn auf eine Einzelaufstellung in einem Maschinenverzeichnis zugunsten von einer oder mehreren **Sammelpositionen** verzichtet wird. In den Sammelpositionen werden die versicherten Sachen anhand von Oberbegriffen oder räumlichen Beschreibungen abgegrenzt[67]. Dabei sind wirtschaftlich zusammengehörige Sachen jeweils als einheitliche Sache zu sehen. Sind Teile einer wirtschaftlich zusammengehörigen Sache in verschiedenen Positionen versichert, so bilden sie keine einheitliche Sache und werden hinsichtlich des Versicherungsschutzes als selbstständig behandelt[68].

Da die versicherten Sachen bei Vereinbarung einer Pauschalversicherung nicht einzeln im 42 Versicherungsvertrag bezeichnet sind, werden sie **ihrer Art nach** eingegrenzt. Dabei sind dann alle Maschinen des Versicherungsnehmers, die unter diesen Inbegriff fallen, versichert.

---

[62] *Prölss/Martin/Voit/Knappmann,* Teil III M (Ia) § 1 Rn. 4.
[63] *Gabler,* Versicherungslexikon, S. 552, v. *Gerlach,* Die Maschinenversicherung, S. 20.
[64] *v. Gerlach,* Die Maschinenversicherung, S. 21; *Martin,* VW 1969, 75 (76).
[65] *Scheuermeyer,* Maschinenversicherung in der Praxis, S. 23.
[66] *Prölss/Martin/Voit/Knappmann,* Teil III M (I a) § 1 Rn. 2.
[67] *Gabler,* Versicherungslexikon, S. 614.
[68] *Prölss/Martin/Voit/Knappmann,* Teil III M (I a) § 9 Rn. 3.

Von Vorteil ist diese Form der Deklaration, wenn eine Vielzahl von ähnlichen Sachen versichert werden soll und häufig Neuanschaffungen oder Ersatzanschaffungen vorgenommen werden. Denn für jede Veränderung bei den versicherten Sachen müsste ansonsten das Maschinenverzeichnis ergänzt bzw. geändert werden. Bei komplexen technischen Anlagen wie bei der Versicherung von Kraftwerken ist es üblich, die Sammelpositionen nach prozess- oder verfahrenstechnischen Gesichtspunkten, z. B. Dampferzeuger einschließlich aller Hilfs- und Nebenanlagen oder Turbosatz inkl. Nebenanlagen festzulegen, um eine den technischen Gegebenheiten angepasste Abgrenzung zwischen den verschiedenen Positionen zu erhalten.

43 Der **Inbegriff** umfasst eine Vielzahl von Sachen, die aufgrund ihrer Zweckverbundenheit im Verkehr als Einheit behandelt werden. Werden verschiedene Positionen gebildet, in denen die versicherten Sachen in Gruppen eingeteilt werden, dann kann jede Gruppe einen versicherten Inbegriff darstellen. Die Abgrenzung der einzelnen Inbegriffe wird mit Gattungsmerkmalen vorgenommen[69]. Über die Einordnung der versicherten Sachen muss im Einzelfall nach technischen Gesichtspunkten entschieden werden.

43a Im neuen VVG wird die bisherige Vorschrift zum **Inbegriff von Sachen** § 54 VVG a. F. im § 89 VVG (Versicherung für Inbegriff von Sachen) neu gefasst. § 89 Abs. 1 VVG stimmt inhaltlich mit dem bisherigen § 54 VVG a. F. überein. Der § 89 Abs. 2 VVG stimmt im Wesentlichen mit dem § 85 VVG a. F. zur Feuerversicherung überein und gilt jetzt für die gesamte Sachversicherung, also auch für die Maschinenversicherung. In § 89 Abs. 2 wird eine generelle **Fremdversicherung** eingeführt, für alle Sachen die zum versicherten Inbegriff gehören, wenn sich der Eigentümer in einem **Dienstverhältnis** mit dem Versicherungsnehmer befindet. Dies ist dann von Bedeutung, wenn z. B. Reparaturunternehmen beim Versicherungsnehmer tätig werden und eigene Maschinen oder Geräte mitbringen, die die Gattungsmerkmale eines versicherten Inbegriffs erfüllen. In diesen Fällen sind die mitgebrachten Maschinen und Geräte auch über die Maschinenversicherung mitversichert. Gegebenenfalls kann dies dann aber zu einer Unterversicherung für diesen Inbegriff führen.

III. Stationäre Maschinen

44 Dass die AMB 91 und die VDEW-Bedingungen eine Versicherung für **ortsgebundene** bzw. **stationäre Maschinen** vorsehen, kann den Regelungen zu den versicherten Sachen nicht unmittelbar entnommen werden. Dem steht nicht entgegen, dass diese Bedingungswerke für stationäre Maschinen, maschinelle Einrichtungen und sonstige technische Anlagen gedacht und **konzipiert** wurden, was aus den Bestimmungen zum Versicherungsort[70] und in den AMB 91 indirekt in den Bestimmungen zum Versicherungsbeginn[71] hervorgeht. Deshalb ist es sinnvoll an die versicherten Objekte angepasste AVB zu verwenden.

45 Die AMB 91 enthalten trotz der umfänglichen Versicherbarkeit technischer Objekte einige Sonderregelungen darüber, ob einzelne **Sachen** oder **Bestandteile** von Sachen in den Versicherungsschutz eingeschlossen sind. In den VDEW-Bedingungen sind nur Regelungen zu den Ölfüllungen aufgenommen.

46 a) Die **Ölfüllungen bzw. Gasfüllungen** von versicherten Transformatoren, Kondensatoren, elektrischen Wandlern oder Schaltern sind ohne einzelvertragliche Vereinbarung mitversichert. Bei diesen Geräten ist das Öl Konstruktionsbestandteil (Isolierstoff und Kühlmedium) mit einer hohen Lebensdauer und kein Betriebsstoff[72]. Die VDEW-Bedingungen beinhalten keine abschließende Liste von Geräten, bei denen das Öl mitversichert ist, sondern erweitern die Liste um alle Geräte, bei denen das Öl Konstruktionsbestandteil ist. Gasfüllungen werden in den VDEW-Bedingungen nicht erwähnt, sind aber ebenfalls versichert, wenn die Gasfüllungen Konstruktionsbestandteil sind. In diesem Fall gehören die Gasfüllungen nicht zu den vom Versicherungsschutz ausgeschlossenen Betriebsmitteln.

---

[69] *Prölss/Martin/Kollhosser,* Teil I § 54 Rn. 1 ff.; *Römer/Langheid/Römer* § 54 Rn. 1–2.
[70] Zum Versicherungsort siehe auch Rn. 211 ff.
[71] Zum Versicherungsbeginn siehe auch Rn. 219 ff.
[72] Zur Abgrenzung von Betriebsstoffen in der Maschinenversicherung siehe Rn. 64.

Obwohl die **Ölfüllung von Turbinen** unter die Stoffklasse der **Betriebsstoffe** fällt, kann   **47**
diese aufgrund der hohen Kosten bei der Neubeschaffung im Schadenfall mitversichert werden. In den AMB 91 sind die genannten Öl- bzw. Gasfüllungen jedoch nur versichert, wenn
sie als Folge eines dem Grunde nach versicherten Schadens an anderen Teilen der versicherten
Sache beschädigt werden[73]. D. h. die Voraussetzung für einen versicherten Schaden an den
Öl- bzw. Gasfüllungen ist, dass zunächst ein Schaden an einem anderen Teil der versicherten
Sache eintritt und dieses Ereignis dann in der Folge die Öl- bzw. Gasfüllung beschädigt.

b) Jegliche **Röhren** von versicherten Sachen sind in den AMB 91 mitversichert. Diese   **48**
Klarstellung ist wichtig, da Röhren in vielen Anwendungsbereichen während der Lebensdauer der Maschine mehrfach getauscht werden müssen und damit vom Versicherungsschutz
ausgeschlossen wären[74]. Allerdings kann im Teilschadenfall von den Wiederherstellungskosten ein Abzug vorgenommen werden, der den Zustand der Röhre vor dem Schadenfall berücksichtigt[75]. Zur Vereinfachung der Bestimmung der Höhe der zustandsbedingten Abzüge
werden häufig Klauseln vereinbart, die die Höhe der Entschädigung in Abhängigkeit des Alters der Röhren oder der Anzahl der durchgeführten Scans staffeln.

c) Datenträger, das sind Datenspeicher für maschinenlesbare Informationen[76], gelten als   **49**
mitversichert, wenn sie **nicht vom Benutzer auswechselbar** sind. Als Beispiel werden in
den AMB 91 Festplatten jeder Art genannt. Aufgrund der technischen Weiterentwicklung
gibt es mittlerweile Festplatten, die für einen Wechsel durch den Benutzer vorgesehen sind
(Wechselplatten). Für diese Wechselplatten soll kein Versicherungsschutz bestehen, da das
entscheidende Kriterium für die Zuordnung die bestimmungsgemäße Auswechselbarkeit
durch den Benutzer ist[77]. Benutzer im Sinne dieser Bestimmung ist, wer die versicherte Maschine und den zugehörigen Datenträger für ihren bestimmungsgemäßen Einsatzzweck benutzt bzw. bedient. Damit gilt ein EDV-Techniker oder Programmierer hier nicht als Benutzer[78]. Andere Datenträger können durch Vereinbarung von Klausel 010[79] zu den AMB 91
versichert werden.

Systemprogrammdaten aus Betriebssystemen oder damit gleichzusetzende Daten sind   **50**
versichert, soweit sie für die Grundfunktion der versicherten Sache notwendig sind[80]. Andere
Daten, wie Anwenderprogramme oder Stamm- und Bewegungsdaten, z. B. kundenspezifische
Artikelstammdaten, Lohn- und Gehaltsdaten, können zusätzlich durch Klausel 010[67] zu den
AMB 91 versichert werden. Der Versicherungsschutz erstreckt sich nur auf Datenverluste,
wenn sie als Folge eines dem Grunde nach versicherten und vom Versicherungsnehmer nach-
zuweisenden Sachschadens an dem Datenträger eintreten, auf dem die Daten gespeichert
sind[81]. Der Datenträger muss dabei nicht zu den mitversicherten Datenträgern gehören, sondern kann z. B. auch eine vom Benutzer auswechselbare Diskette sein[82]. Diebstahl des Datenträgers ist in der AMB 91 kein dem Grunde nach versicherter Schaden an dem Datenträger, aus
diesem Grund ist der Verlust der Daten bei einem Diebstahl nicht versichert[83].

d) Sollen auch die **Zusatzgeräte, Reserveteile** oder **Fundamente** versicherter Sachen   **51**
versichert werden, dann muss dies im Versicherungsvertrag **vereinbart** werden. Eine Nennung im Maschinenverzeichnis ist hierfür ausreichend.

---

[73] AMB 91 § 1 Nr. 6.
[74] Gem. AMB 91 § 1 Nr. 5.c); s. auch Rn. 66 f.
[75] AMB 91 § 10 Nr. 5; s. auch Rn. 306.
[76] AMB 91 § 1 Nr. 2.c).
[77] *Prölss/Martin/Voit/Knappmann,* Teil III M (I a) § 1 Rn. 7; *Seitz/Bühler,* Elektronikversicherung, 1995,
S. 4.
[78] Ähnlich *Prölss/Martin/Voit/Knappmann,* Teil III M (I a) § 2 Rn. 20; *Scheuermeyer,* Maschinenversicherung in der Praxis, S. 32.
[79] *Prölss/Martin/Voit/Knappmann,* Teil III M (I a) § 2 Rn. 19.
[80] AMB 91 § 1 Nr. 2.c).
[81] OLG Karlsruhe v. 17. 7. 1997, VersR 1998, 183.
[82] *Seitz/Bühler,* Elektronikversicherung, 1995, 11.
[83] *Prölss/Martin/Voit/Knappmann,* Teil III M (I a) § 2 Rn. 23.

52 Die Abgrenzung zwischen einem **Zusatzgerät** und einem Bestandteil der versicherten Sache kann im Einzelfall schwierig sein und sollte danach entschieden werden, ob die versicherte Maschine auch ohne dieses Gerät technisch und betriebswirtschaftlich sinnvoll eingesetzt werden kann[84].

53 **Reserveteile** können der oder den versicherten Maschinen technisch eindeutig zugeordnet werden. Sie werden zum Zweck der Instandhaltung oder des verzögerungsfreien Einsatzes anlässlich des Ausfalls der entsprechenden Komponente einer versicherten Maschine vorgehalten[85]. Es können auch komplette Maschinen als Reserveteil versichert werden[86]. Reserveteile sind bereits vor der Betriebsfertigkeit[87], die ansonsten ein notwendiges Kriterium für den Beginn des Versicherungsschutzes ist, auch ohne entsprechende Vereinbarung versichert, da ansonsten die Versicherung von Reserveteilen keinen Sinn ergibt. Eine entsprechende Vereinbarung gemäß AMB 91 § 6 Nr. 3 zum Beginn des Versicherungsschutzes für Reserveteile ist allerdings aus Gründen der Klarheit zu empfehlen. Die in § 1 Nr. 5 aufgezählten, nicht versicherten Sachen können nicht als Reserveteile versichert werden[88].

54 Mit **Fundamenten** versicherter Sachen dürften im Wesentlichen Maschinenfundamente gemeint sein. Maschinenfundamente sind besondere Konstruktionen aus Stahlbeton oder Stahl, z. B. ein Turbinentisch, auf denen die versicherten Maschinen ruhen und befestigt werden. Sie dienen dazu, die statischen und dynamischen Beanspruchungen aus dem Betrieb aufzunehmen. Ist eine Maschine auf dem Hallenboden befestigt, weil ein besonderes Fundament für die Maschine nicht notwendig ist, dann kann der Hallenboden nicht als Maschinenfundament bezeichnet werden.

55 **e)** Die Versicherung von **Ausmauerungen, Auskleidungen** und **Beschichtungen** von Öfen, Feuerungsanlagen, usw. muss nur dann im Vertrag vereinbart werden, wenn diese Teile während der Lebensdauer erfahrungsgemäß mehrfach ausgewechselt werden müssen. Das bedeutet andererseits, dass diese Sachen automatisch versichert sind, falls ein Austausch während der Lebensdauer nicht mehrfach erforderlich ist. Inwieweit ein **Auswechseln** dieser Teile mehrfach erforderlich ist, muss nach technischen Erfahrungswerten, z. B. aus anderen, vergleichbaren Anlagen, und nach dem technischen Einsatzzweck beurteilt werden, da diese Teile abhängig von ihrem Einsatzzweck häufig einer betriebsbedingten Abnutzung unterliegen. Wird in Sicherheitsbestimmungen oder Betriebsanleitungen eine Auswechslung vorgeschrieben oder werden diese Teile bei der Lieferung einer Maschine oder Anlage mitgeliefert oder zum ständigen Bezug angeboten, dann ist der Nachweis für die Notwendigkeit des mehrfachen Auswechselns erbracht[89].

56 **Mehrfach** ausgewechselt bedeutet, dass die betroffenen Teile jedenfalls öfter als einmal, also mindestens zweimal während der Lebensdauer der Maschine oder Anlagenkomponente, deren Bestandteil sie bildet, ausgewechselt werden[90].

57 Das **Ausbessern** durch den Ersatz einzelner Steine einer Ausmauerung oder die Reparatur von kleinen Stellen einer Beschichtung kann aber nicht als Auswechselung bezeichnet werden[91].

58 Die (voraussichtliche) **Lebensdauer** der versicherten Sache muss technisch beurteilt werden und entspricht der durchschnittlichen Lebensdauer gleichartiger Sachen. Keinesfalls kann

---

[84] *Prölss/Martin/Voit/Knappmann*, Teil III M (I a) § 1 Rn. 8.

[85] DIN EN 13306 definiert in erster Linie unter Ziffer 3.6 den „Begriff" Ersatzteil" und verweist dort in Anmerkung 2 darauf, dass (oft) als Reserveteil eine Einheit bezeichnet wird, die für eine bestimmte Ausrüstung bestimmt und/oder austauschbar ist.

[86] *v. Gerlach*, Die Maschinenversicherung, S. 17; *Scheuermeyer*, Maschinenversicherung in der Praxis, S. 35.

[87] Zur Betriebsfertigkeit siehe Rn. 220f.

[88] A.M.: *Prölss/Martin/Voit/Knappmann*, Teil III M (I a) § 1 Rn. 9.

[89] *Voit*, VersR 1992, 142 (143).

[90] *Scheuermeyer*, Maschinenversicherung in der Praxis, S. 36.

[91] *Prölss/Martin/Voit/Knappmann*, Teil III M (I a) § 1 Rn. 11; a. M.: *Scheuermeyer*, Maschinenversicherung in der Praxis, S. 36.

die Abschreibungszeit als Grundlage für die Lebensdauer gewählt werden, da sich die Abschreibungszeit nach betriebswirtschaftlichen Notwendigkeiten richtet, die die voraussichtliche Lebensdauer (Nutzungszeitraum) der Sache nicht berücksichtigt[92].

f) Die in AMB 91 § 1 Nr. 6 abschließend aufgezählten **Transportbänder, Rampen,** 59
Seile, Betonkübel etc. sind nur als Folge eines dem Grunde nach versicherten Schadens an anderen Teilen der versicherten Sache versichert. Die Voraussetzung für einen versicherten Schaden ist, dass zunächst ein Schaden an einem anderen nicht vom Versicherungsschutz ausgeschlossenem Teil der versicherten Sache eintritt und dieses Ereignis dann **in der Folge** eine der hier genannten Sachen beschädigt. Die Voraussetzung ist auch erfüllt, wenn der dem Grunde nach versicherte Schaden an einem anderen Teil unterhalb des Selbstbehaltes bleibt. Die Darlegungspflicht für die Ursächlichkeit des versicherten Schadens an einem anderen Teil der versicherten Sache für den Folgeschaden an den hier genannten Sachen liegt beim Versicherungsnehmer[93].

IV. Fahrbare Geräte

In den ABMG 92 können **fahrbare oder transportable** Baugeräte und sonstige fahrbare 60
oder transportable Sachen versichert werden. Mit transportablen Sachen sind die bestimmungsgemäß beweglich eingesetzten Sachen gemeint, die ihren Einsatzzweck darin haben, an wechselnden Einsatzorten eingesetzt zu werden.

Die ABMG 92 enthalten keine weiteren Einzelregelungen darüber, welche **Sachen oder** 61
Bestandteile versicherte Sachen sein sollen. Für Daten, Datenträger, Zusatzgeräte und Reserveteile sind in den ABMG 92 die gleichen Regelungen getroffen wie für die AMB 91 (s. Rn. 49 ff.).

Ebenfalls identisch wie in den AMB 91 ist die Versicherung von **Folgeschäden** an Trans- 62
portbändern, Raupen, Seilen, Betonkübeln etc. geregelt (s. Rn. 59). Diese Regelung wird für die fahrbaren Geräte allerdings erweitert um **Werkzeuge aller Art,** die damit entgegen den Regelungen zu den AVB für stationäre Maschinen einen eingeschränkten Versicherungsschutz genießen.

V. Nicht versicherte Sachen

Die in den AVB als nicht versicherte Teile der Maschine[94] bezeichneten Sachen sind i. d. R. 63
im Listenpreis bzw. beim Kauf einer Maschine in deren Bestellwert enthalten. Da dieser Preis die Basis für den **Versicherungswert** bildet, finden die nicht versicherten Teile der Maschine Berücksichtigung bei der Ermittlung des **Zeitwertes** der Maschine und fließen damit auch bei einem **Totalschaden** in die Entschädigung ein. Auch bei einem **Teilschaden** bleibt der Wert der nicht versicherten Teile nicht grundsätzlich von der Entschädigung ausgeschlossen[95], falls eine Reparatur der Maschine oder Anlage ohne Beschädigung oder Zerstörung dieser Teile nicht möglich ist. Allerdings kann im Schadenfall von den Reparaturkosten ein Abzug für die Wertverbesserung vorgenommen werden[96]. Sind diese Teile bereits vor der Reparatur schadenfallbedingt beschädigt, so entfällt auch der Anspruch auf Entschädigung, da diese Teile nicht anlässlich der Reparatur zerstört oder beschädigt werden (s. auch Rn. 284).

a) **Hilfs- und Betriebsstoffe** bzw. **Betriebsmittel** (VDEW-Bedingungen) sind in den 64
AVB beispielhaft aufgezählt. D. h., dass auch andere, in der Aufzählung nicht genannte Stoffe,

---

[92] Vgl. oben Fn. 78.
[93] *Prölss/Martin/Voit/Knappmann*, Teil III M (I a) § 1 Rn. 17.
[94] AMB 91 § 1 Nr. 5; VDEW-Bedingungen § 1, II; ABMG 92 § 1 Nr. 4e) und f).
[95] AMB 91 § 10 Nr. 2a); VDEW-Bedingungen § 1, II Nr. 1; ABMG 92 § 10 Nr. 2a); zum Versicherungswert vgl. Rn. 260ff.; zum Zeitwert vgl. Rn. 311ff.; zum Totalschaden vgl. Rn. 309ff.; zum Teilschaden vgl. Rn. 276ff.
[96] *Prölss/Martin/Voit/Knappmann*, Teil III M (I a) § 1 Rn. 12.

die Hilfs- oder Betriebsstoffe sind, nicht versichert sind. Als Betriebsstoffe werden Stoffe bezeichnet, die während des Betriebs einer Maschine oder Anlage verbraucht werden, aber nicht in das Fabrikat eingehen (z. B. Öl, Kraftstoff). Hilfsstoffe sind dagegen Stoffe, die einen geringen Wert haben, aber Bestandteil des Fabrikats sind (z. B. Lötzinn, Leim, Nägel)[97].

65   **b) Werkzeuge aller Art** sind nicht versichert. Die beispielhafte Aufzählung dient der Erläuterung, welche Werkzeuge gemeint sein können, andere nicht explizit genannte Werkzeuge sind jedoch genauso vom Versicherungsschutz ausgeschlossen. Werkzeuge sind Fertigungsmittel, die Zustandsänderungen an Werkstücken oder Produkten herbeiführen. Was letztendlich unter den Begriff Werkzeug zu fassen ist, muss nach technischen Gesichtspunkten geklärt werden. Werkzeuge sind auch dann nicht versichert, wenn sie keiner oder nur einer geringen Abnutzung unterliegen[98]. In den VDEW-Bedingungen sind die nicht versicherten Werkzeuge auf **auswechselbare Werkzeuge** beschränkt.

66   **c)** Ebenfalls nicht versichert sind sonstige Teile, **die während der Lebensdauer der versicherten Sache erfahrungsgemäß mehrfach ausgewechselt** werden müssen[99]. Der seinem Wortlaut nach recht weit gefasste Ausschluss darf aber nicht zu einer unangemessenen Aushöhlung des Versicherungsschutzes führen. Im Zweifel muss deshalb auf **kleinere, als selbständige versicherte Sache anzusehende Einheiten** abgestellt werden, so dass es für den Versicherungsschutz auf deren Lebensdauer ankommt und nicht auf diejenige einer übergeordneten, längerlebigen Einheit.

67   Zu den von der Regelung erfassten „sonstigen" Sachen gehören zunächst die an dieser Stelle in den Bedingungen beispielhaft aufgezählten Teile. Bei einer Einzelbetrachtung der versicherten Maschinen kann es aber auch hier durchaus fraglich sein, ob z. B. ein Schlauch in dem konkreten Fall während der Lebensdauer der versicherten Sache erfahrungsgemäß mehrfach ausgewechselt werden muss und damit unter den beschriebenen Ausschluss fällt. Wenn ein Teil, wie in diesem Beispiel der Schlauch, der Art nach in der beispielhaften Aufzählung der ausgeschlossenen Sachen enthalten ist, so reicht dem Versicherer der Verweis auf eben diese Aufzählung. Ist der Versicherungsnehmer anderer Meinung, so ist er in der **Darlegungspflicht,** dass im konkreten Fall der Schlauch nicht erfahrungsgemäß mehrfach ausgewechselt werden muss[100]. Analog gilt dies in gleicher Weise auch für Werkzeuge und Hilfs- und Betriebsstoffe, wenn z. B. Öl Konstruktionsbestandteil der versicherten Sache ist (s. Rn. 46).

68   **d) Fahrzeuge zur Beförderung** von Gütern im Rahmen eines darauf gerichteten Gewerbes oder zur Beförderung von Personen dienen, können in den ABMG 92 nicht versichert werden. Wasser und Luftfahrzeuge sind ebenfalls nicht im Deckungsumfang enthalten. Bei diesen Gerätegruppen handelt es sich zwar um fahrbare Geräte, doch können diese in anderen Spezialdeckungen versichert werden. Falls Baubüros, Baubaracken, Labors oder Gerätewagen versichert sind, bleiben deren **Einrichtungen** ebenfalls vom Versicherungsschutz ausgeschlossen. Das Gleiche gilt für das Eigentum von Arbeitnehmern, die sich häufig in den Baubüros etc. aufhalten und unter Umständen ihre Wertgegenstände dort aufbewahren.

VI. Wechsel der versicherten Sache

69   Für den Fall, dass eine im Versicherungsvertrag bezeichnete (z. B. im Maschinenverzeichnis) versicherte Sache durch eine andere technisch vergleichbare Sache ersetzt wird, enthalten die AMB 91 und die ABMG 92 eine Regelung, nach der für die neue Sache automatisch für maximal drei Monate **vorläufige Deckung** besteht. Voraussetzung ist, dass der Versicherungsnehmer diesen Umstand dem Versicherer anzeigt. Erst ab dem Zeitpunkt, ab dem die Anzeige dem Versicherer **zugegangen** ist, beginnt die vorläufige Deckung. Aus welchem

---

[97] *Prölss/Martin/Voit/Knappmann,* Teil III M (I a) § 1 Rn. 12.
[98] *Scheuermeyer,* Maschinenversicherung in der Praxis, S. 41; a. M.: v. *Gerlach,* Die Maschinenversicherung, S. 18.
[99] Zur Anwendung des Ausschlusses s. auch Rn. 55 ff.
[100] *Prölss/Martin/Voit/Knappmann,* Teil III M (I a) § 1 Rn. 15.

Grund eine versicherte Maschine gewechselt wird, spielt keine Rolle. Faktisch scheidet die zuvor versicherte Maschine damit aus dem Versicherungsvertrag aus. Die Deckung für diese Maschine ist damit beendet, besteht aber für alle anderen versicherten Sachen unverändert fort[101].

Technisch vergleichbar ist eine Anlage, wenn sie für den gleichen Einsatzzweck verwen-   **70** det wird bzw. die gleiche Funktion wie die ausgeschiedene Maschine im Betrieb des Versicherungsnehmers übernimmt. Das ist auch erfüllt, wenn die neue Maschine eine höhere Kapazität oder Leistung hat und eine entsprechend dem technischen Forschritt verbesserte Ausführung aufweist[102].

Hat der Versicherungsnehmer seine Maschinen in **Sammelpositionen** pauschal versi-   **71** chert, dann macht die Regelung zum Wechsel von versicherten Sachen wenig Sinn. In diesem Fall fällt eine neue, gleichartige Maschine ohnehin unter den im Versicherungsvertrag verwendeten Oberbegriff und ist damit automatisch versichert. Durch unterschiedliche **Versicherungswerte** (s. Rn. 260 ff.) der neuen und der alten Maschine kann aber **Unterversicherung** (s. Rn. 269 ff.) eintreten, so dass die **Versicherungssumme** (s. Rn. 265 ff.) den neuen Gegebenheiten angepasst werden muss. Um die relativ aufwändige Anpassung der Versicherungssumme bei jeder Veränderung der versicherten Sachen zu vermeiden, besteht die Möglichkeit, im Versicherungsvertrag eine Vorsorgeversicherung mit einer Versicherungssumme zu vereinbaren, die pauschal Versicherungsschutz während eines Versicherungsjahres bis zu der vereinbarten Versicherungssumme bietet. Damit muss nur zum Beginn eines neuen Versicherungsjahres eine neue Versicherungssumme für Sammelpositionen vereinbart werden, um Unterversicherung zu vermeiden.

VII. Versichertes Interesse

In der Maschinenversicherung kann ein Anspruch auf Entschädigung nur bestehen, wenn   **72** der Versicherungsnehmer oder ein Versicherter ein versicherbares **Interesse** an den im Versicherungsvertrag bezeichneten Sachen haben. Interessen sind rechtliche Beziehungen, aufgrund derer der Versicherungsnehmer oder ein Versicherter im Schadenfall einen wirtschaftlichen Nachteil erleiden. Ein Interesse hat also derjenige, der den Schaden tragen müsste, wenn der Versicherungsvertrag nicht existieren würde. Welche der versicherbaren Interessen im Einzelnen vom Versicherungsschutz umfasst sind, ist im Versicherungsvertrag geregelt[103].

Die AMB 91 und die ABMG 92 enthalten konkrete Regelungen[104] über den Kreis der   **73** Personen, deren Interesse tatsächlich versichert ist, um möglichen Zweifeln vorzubeugen. Versichert ist immer das **Interesse des Versicherungsnehmers,** unabhängig davon, ob der Versicherungsnehmer Eigentümer der versicherten Sache ist. Das Interesse des **Eigentümers** ist darüber hinaus versichert, wenn der Versicherungsnehmer, z. B. als Mieter der versicherten Sache, nicht Eigentümer ist. Hierbei handelt es sich um eine Versicherung für Rechnung „wen es angeht" im Sinne von § 48 VVG[105], übereinstimmend mit § 80 Abs. 2 VVG a. F. Die einzige Einschränkung besteht, falls der Eigentümer als Lieferant, Werkunternehmer oder aus Reparaturauftrag gegenüber dem Versicherungsnehmer für den Schaden einzutreten hat.

Bei der **Sicherungsübereignung** von versicherten Sachen an einen Dritten ist neben   **74** dem Interesse des Versicherungsnehmers auch das Interesse des Sicherungseigentümers versichert, unabhängig davon zu welchem Zeitpunkt die Sicherungsübereignung stattfindet. Bei der **Veräußerung** versicherter Sachen gelten die gesetzlichen Regeln der §§ 69 ff. VVG a. F., die ohne wesentliche Änderungen in die §§ 95 ff. VVG übernommen wurden. Allerdings ist im Falle einer Veräußerung einer versicherten Sache unter **Eigentumsvorbehalt** neben dem

---

[101] *Prölss/Martin/Voit/Knappmann,* Teil III M (I a) § 8 Rn. 1; *Voit,* VersR 1992, 142 (147); zur vorläufigen Deckung s. *Hermanns,* § 7.

[102] *Prölss/Martin/Voit/Knappmann,* Teil III M (I a) § 8 Rn. 3; *Voit,* VersR 1992, 142 (147).

[103] *Prölss/Martin/Kollhosser,* Teil I Vor § 55 Rn. 1; *Martin,* Montageversicherung, 1972, § 3 Rn. 1.1.

[104] AMB 91 § 7; ABMG 92 § 7.

[105] *Voit,* VersR 1992, 142 (146 f.); *Prölss/Martin/Voit/Knappmann,* Teil III M (I a) § 7 Rn. 2 f.

Interesse des Versicherungsnehmers auch das Interesse des Eigentumsvorbehaltskäufers versichert. Dabei sind solche Schäden vom Versicherungsschutz ausgenommen, für die der Versicherungsnehmer als Lieferant, Werkunternehmer oder aus Reparaturauftrag gegenüber dem Eigentumsvorbehaltskäufers einzutreten hat[106]. Sicherungsnehmer sowie Eigentumsvorbehaltskäufer haben allerdings nur ein versichertes Interesse in Höhe ihrer Rest-(Darlehens- oder Kaufpreis-) Forderung. Soweit die Entschädigung höher ist, steht der überschießende Betrag dem Versicherungsnehmer zu[107].

75   **Sicherungsscheine** für Kreditinstitute bzw. **Sicherungsbestätigungen** für sonstige Kreditgeber sind Vereinbarungen, die bewirken, dass der Versicherungsnehmer Prämienschuldner bleibt, die Verfügungsbefugnis über die Rechte aus dem Versicherungsvertrag aber abweichend von den Regelungen im Versicherungsvertrag nicht dem Versicherungsnehmer, sondern alleine dem Kreditgeber zusteht[108]. Damit müssen Entschädigungen an den Kreditgeber ausgezahlt werden, wenn dieser nicht eine Freigabe zur Zahlung der Entschädigung an den Versicherungsnehmer oder eine andere Person erteilt[109]. Durch den Sicherungsschein wird der Kreditgeber davor bewahrt, einen Verlust durch den ersatzlosen Untergang des finanzierten Gegenstands zu erleiden. Damit der mitversicherte Kreditgeber seine Rechte aus dem Versicherungsvertrag im Schadenfall auch ohne Zustimmung des Versicherungsnehmers geltend machen kann, sind die §§ 75 Abs. 2, 76 Abs. 1 und 2 VVG a. F., die sich nach der Gesetzesreform in den §§ 44 Abs. 2, 45 Abs. 1und 2 VVG wiederfinden, durch den Sicherungsschein im Regelfall konkludent abgeändert[110].

76   Das Interesse von **Mietern, Pächtern, Entleihern** oder **Verwahrern** ist versichert, wenn der Versicherungsnehmer ihnen die versicherte Sache übergeben hat. Die Mitversicherung des Sachersatzinteresses von Dritten, im Wesentlichen handelt es sich um (erlaubte) Nutzer der versicherten Sache, hat zur Folge, dass im Schadenfall gegen diesen Personenkreis kein Regress genommen werden kann[111]. Hat der versicherte Nutzer eine eigene Versicherung genommen, die dasselbe Interesse an der versicherten Sache deckt, so besteht gegebenenfalls Doppelversicherung[112].

77   Wenn andere Personen als der Versicherungsnehmer mit ihrem Interesse versichert sind, handelt es sich um **eine Versicherung für fremde Rechnung**[113]. In diesen Fällen kann der Versicherungsnehmer auch über die Rechte des Versicherten verfügen, z. B. die Entschädigung verlangen. Der Versicherer darf allerdings den Nachweis verlangen, dass der Versicherte seine Zustimmung erteilt hat. Der Versicherte kann über seine Rechte, auch wenn er im Besitz des Versicherungsscheins ist, nur mit Zustimmung des Versicherungsnehmers verfügen. Aufgrund des gesetzlichen Treuhandverhältnisses muss der Versicherungsnehmer die Entschädigung einziehen und an den Berechtigten auskehren. Ein „Wahlrecht", die Versicherung in Anspruch zu nehmen oder nicht, soll dem Versicherungsnehmer nur dann zustehen, wenn kein besonderes Rechtsverhältnis mit dem Versicherten besteht und dieser sich auf andere Weise schadlos halten kann. Hierbei ist allerdings zu berücksichtigen, dass selbst ein derart eingeschränktes „Wahlrecht" dem Innenausgleich zwischen den Versicherern bei Doppelversicherung nicht entgegensteht[114].

---

[106] *Voit*, VersR 1992, 142 (147); *Prölss/Martin/Voit/Knappmann*, Teil III M (I a) § 7 Rn. 4ff.

[107] *Martin*, Sachversicherungsrecht, J IV Rn. 5.

[108] *Gerding*, Sicherungsscheine in der Mobiliarversicherung, 2004, S. 84.

[109] *Martin*, Sachversicherungsrecht, J V Rn. 20–24; *Gerding*, a. a. O., S. 85.

[110] *Römer/Langheid/Römer*, §§ 75, 76 Rn. 18ff.; BGH v. 6. 12. 2000, VersR 2001, 234 (235).

[111] *Voit*, VersR 1992, 142 (147); Ohne diese Regelung zur Mitversicherung dürfte in Bezug auf vermietete Maschinen, Baugeräte etc. die Rechtsprechung des BGH zum „Mieterregress" in der Gebäudeversicherung entsprechend anzuwenden sein, die einen Regressverzicht des Sachversicherers zugunsten des Mieters annimmt, siehe Rn. 348ff.

[112] Zur Doppelversicherung siehe Rn. 356ff.

[113] Zur Versicherung für fremde Rechnung siehe Armbrüster § 6 Rn. 91ff.

[114] Ähnlich wie bei einer unterlassenen Schadenanzeige oder sonstigen Obliegenheitsverletzungen nach Eintritt des Versicherungsfalls, BGH v. 13. 9. 2006, VersR 2006, 1536 (1539).

D. Versicherte Gefahren

I. Generalklausel

Durch die Festlegung der versicherten Gefahren in den AVB der Maschinenversicherung **78** wird aufgezeigt, welche Ursachen zu ersatzpflichtigen Schäden an den versicherten Sachen führen. Die versicherten Gefahren werden in der Maschinenversicherung durch eine Generalklausel[115] beschrieben, die die zentrale Aussage über die vom Versicherer übernommene Gefahr enthält. Damit ist die Maschinenversicherung eine **Allgefahrenversicherung,** die auf dem Prinzip der Versicherung gegen die Universalität der Gefahren beruht. Im Gegensatz dazu stehen Einzelgefahrendeckungen, die nach der Spezialität der Gefahren definiert sind (z. B. Feuerversicherung, Sturmversicherung, etc.).

1. Allgefahrenversicherung

Die Generalklausel legt fest, dass alle **unvorhergesehen eintretenden Schäden** an versi- **79** cherten Sachen zu einer Entschädigung führen, und zwar unabhängig von der zu Grunde liegenden Schadenursache[116]. Die in den AVB aufgezählten versicherten Gefahren sind damit nur beispielhaft. Sie dienen als Verkaufsargument des Versicherers, aber auch als Klarstellung und zur Information der Versicherungsnehmer, die einen Überblick über den Umfang der Versicherung gewinnen können.

Bei den beispielhaft aufgezählten versicherten Schadenursachen ist nicht das Vorhanden- **80** sein einer dieser Ursachen, z. B. ein Konstruktionsfehler, bereits ein versicherter Schaden, sondern erst der durch diese Ursachen entstehende Sachschaden, z. B. der Bruch eines Maschinenteils aufgrund eines Konstruktionsfehlers, ist versichert[117]. Auch wenn grundsätzlich alle Gefahren versichert sein sollen, so sind doch einige Gefahren explizit vom Versicherungsschutz ausgenommen. Unter die Ersatzpflicht der Maschinenversicherung fallen damit alle unvorhergesehen eintretenden Schäden, deren **Ursache nicht ausgeschlossen** ist.

2. Unvorhergesehen

In der Maschinenversicherung sind Schäden nur dann ersatzpflichtig, wenn sie unvorherge- **81** sehen eintreten. Dabei kommt es darauf an, dass die Schäden von dem **Versicherungsnehmer** oder einem **Repräsentanten** (s. Rn. 257 ff.) nicht rechtzeitig vorhergesehen werden, wobei in Übereinstimmung mit § 81 VVG bzw. § 61 VVG a. F. nur grobe Fahrlässigkeit schadet. Da in der Maschinenversicherung mit dem unvorhergesehenen Schadeneintritt der Umfang des Versicherungsschutzes definiert wird, ist die im Vertrag festgelegte Sanktion der Leistungsfreiheit bei einem grob fahrlässigem Verstoß zulässig, auch wenn zukünftig in § 81 VVG die Sanktion für grobe Fahrlässigkeit nicht durch vollständigen Verlust der Versicherungsleistung, sondern durch anteilige Kürzung der Versicherungsleistung im Verhältnis zur Schwere des Verschuldens geregelt ist[118]. Dagegen sind Schäden, die durch Mitarbeiter ohne Wissen des Versicherungsnehmers verschuldet oder vorhergesehen werden, vom Versicherungsschutz umfasst. Das folgt mittelbar aus der beispielhaften Aufzählung der versicherten Gefahren, die auch Schäden durch Bedienungsfehler und Fahrlässigkeit einschließt.

Mit dem Erfordernis eines unvorhergesehenen Schadeneintritts sollen alle Geschehnisse **82** aus dem Versicherungsschutz ausgeschlossen werden, bei denen sich das **bewusste Verwendungsrisiko** der versicherten Sache verwirklicht. Insbesondere fallen hierunter auch Schä-

---

[115] Der Versicherer leistet Entschädigung für unvorhergesehen eintretende Schäden an versicherten Sachen. (AMB 91 und ABMG 92 § 2 Nr. 1); Der Versicherer ersetzt ... Schäden an den versicherten Sachen, die durch ein unvorhergesehenes Ereignis entstehen, und zwar ohne Rücksicht auf einen Zusammenhang mit dem Betrieb (VDEW-Bedingungen § 3 I.).

[116] *Prölss/Martin/Voit/Knappmann,* Teil III M (I a) § 2 Rn. 1; OLG Karlsruhe v. 20. 2. 2003, VersR 2003, 1124 (1125).

[117] *Prölss/Martin/Voit/Knappmann,* Teil III M (I a) § 2 Rn. 1.

[118] Zur Aufgabe des „Alles oder Nichts Prinzips" siehe auch *Heß* § 16 Rn. 1 ff.

den durch Abnutzung (s. Rn. 129 ff.), die auf die bestimmungsgemäße Verwendung der versicherten Sache zurückzuführen sind. Versicherungsschutz soll dagegen (nur) für Schäden bestehen, die außerhalb des bewussten Verwendungsrisikos liegen, um die damit verbundenen, vom Versicherungsnehmer eben nicht kalkulierbaren, Vermögensnachteile auszugleichen.

83   Ein Schaden tritt auch dann nicht unvorhergesehen ein, wenn der Versicherungsnehmer oder Repräsentant den Schaden mit dem für den Betrieb erforderlichen Fachwissen rechtzeitig **hätte vorhersehen können.** Allerdings nur, wenn der Versicherungsnehmer oder der Repräsentant grob fahrlässig gehandelt haben. Diese Regelung in den AMB 91 und den ABMG 92 ist vergleichbar mit der Rechtsprechung[119] vor der Neufassung der AMB 91, in der der Begriff unvorhergesehen mit dem Begriff unvorhersehbar gleichgesetzt und auf ein Verschulden des Versicherungsnehmers oder Repräsentanten abgestellt wurde.

84   Oft wird der Versicherungsnehmer oder sein Repräsentant auf einen schadenauslösenden Vorgang aufmerksam, ohne dass noch eine Möglichkeit besteht, den Geschehensablauf zu beeinflussen und damit den Schaden zu verhindern. In einem solchen Fall ist der Schaden für den Versicherungsnehmer trotzdem unvorhergesehen eingetreten, wenn er den Schaden nicht **rechtzeitig,** also erst zu einem Zeitpunkt an dem der Schaden nicht mehr zu verhindern war, vorhergesehen hat oder vorhersehen konnte. Wenn der Schaden unmittelbar droht oder der Schaden bereits nicht mehr zu verhindern ist, dann fallen Kosten, die – der Situation angemessen – aufgewendet werden, um den Schaden zu mindern, unter den **Rettungskostenersatz** gemäß §§ 82, 83, 90 VVG bzw. §§ 62, 63 VVG a. F.[120] Hat der Versicherungsnehmer oder ein Repräsentant einen Geschehensablauf, der mit einer gewissen Wahrscheinlichkeit geeignet ist den Schaden herbei zu führen, rechtzeitig vorhergesehen und wendet Kosten auf, um den Schadeneintritt zu vermeiden, dann sind diese Kosten nicht als Rettungskosten ersatzpflichtig, sondern sind zumindest bei dem Risiko allgemein zuzuordnenden Gefahrenlagen als **Schadenverhütungskosten** vom Versicherungsnehmer zu tragen[121].

85   Schäden sind auch dann nicht unvorhergesehen, wenn der Versicherungsnehmer vorher durch Dritte, z. B. Hersteller, Verbände oder auch den Versicherer, **Kenntnis von Schäden oder Mängeln** an **anderen Anlagen**[122] erhalten hat, die für die eigenen Anlagen erheblich sind und es **grob fahrlässig** versäumt, entsprechende Vorkehrungen zum Schutz der versicherten Sachen zu treffen. Gleiches gilt auch, wenn eine als notwendig erkannte Reparatur der Anlagenkomponenten unterlassen wird. Genauso muss die falsche Einschätzung bekannter Umstände, die eine Reparatur erfordern, beurteilt werden. Grenzfälle können dann auftreten, wenn die Wahrscheinlichkeit für einen Schadeneintritt aufgrund eines bekannten Umstands nur sehr gering ist. In den meisten Fällen wird dann eine unterlassene Reparatur auch nicht als grob fahrlässiges Verhalten des Versicherungsnehmers oder eines Repräsentanten zu beurteilen sein, so dass der Schaden damit als unvorhergesehen einzustufen ist[123].

86   Für den Versicherungsnehmer besteht **keine Verpflichtung** gegenüber dem Versicherer, eine (aus welchem Grund auch immer) reparaturbedürftige Anlage reparieren zu lassen. Er trägt dann allerdings das Risiko selber, dass aus der Reparaturbedürftigkeit bei weiterer Nutzung der Anlage ein Schaden entsteht oder sich vergrößert, da dieser Schaden dann nicht mehr unvorhergesehen eintritt[124].

---

[119] BGH v. 28. 4. 1976, VersR 1976, 676 (677); OLG Hamm v. 12. 6. 87, VersR 1988, 731 (731).

[120] In § 90 VVG wird die Rechtsprechung zur so genannten Vorerstreckungstheorie, die sich zu § 63 VVG a. F. entwickelt hat, jetzt in das geänderte VVG übernommen. Dies führt aber ausdrücklich nicht zu einer Vorerstreckung der Rettungsobliegenheit; Begründung des Deutschen Bundestages zur Reform des Versicherungsvertragsgesetzes, Drucksache 16/3945 v. 20. 12. 2006, S. 82 f.

[121] *Prölss/Martin/Voit/Knappmann,* Teil III M (I a) § 2 Rn. 12 und 13.

[122] Z.B. durch ein Service-Bulletin des Herstellers, das dieser im Rahmen der Produktbeobachtung herausgibt.

[123] *Prölss/Martin/Voit/Knappmann,* Teil III M (I a) § 2 Rn. 15 und 17.

[124] *Prölss/Martin/Voit/Knappmann,* Teil III M (I a) § 2 Rn. 16.

Welches **Fachwissen** für einen Betrieb erforderlich ist, muss davon abhängig gemacht 87
werden, welches Fachwissen der Betrieb der jeweiligen versicherten Sache erfordert und
kann damit nur im Einzelfall entschieden werden[125].

Unvorhergesehen können Schäden auch dann sein, wenn diese **allmählich** entstehen, sich 88
also **der Schadeneintritt über einen längeren Zeitraum** hinzieht, wie dies z. B. bei nicht
bestimmungsgemäßen Temperatureinwirkungen auf Isolierstoffe der Fall sein kann. In diesem
Fall kommt es darauf an, dass der Schadeneintritt für den Versicherungsnehmer oder einen Repräsentant trotz der notwendigen Sorgfalt und vorhandenem Fachwissen überraschend ist[126].

Wenn für einen **Versicherten,** z. B. einen Mieter, ein Schaden vorhersehbar war, dann be- 89
steht für das Interesse des Versicherten kein Versicherungsschutz. Der Versicherungsschutz
eines Versicherten kann nicht weiter gehen als der Versicherungsschutz, den der Versicherte
durch eine selbst abgeschlossene Maschinenversicherung erlangen kann[127]. Der Versicherungsschutz für das Interesse des Versicherungsnehmers bleibt hiervon allerdings unberührt,
solange der Schaden für den Versicherungsnehmer unvorhergesehen eingetreten ist. Nach
Zahlung der Entschädigung an den Versicherungsnehmer steht dem Versicherer der Regress-
weg gegen den Versicherten offen.

In den **VDEW-Bedingungen** wird in § 3 I. anders als in den AMB 91 und den ABMG 92 90
verlangt, dass ein Schaden durch ein unvorhergesehenes **Ereignis** entsteht. Was unter einem
Ereignis zu verstehen ist, wird in einem Beispielkatalog im § 3 I der VDEW Bedingungen
unter den Nummern 1. bis 7. aufgeführt. Mit dem „unvorhergesehenen Ereignis" als Schadenursache wird ein **objektiver Begriff** geprägt, der die Beurteilung der versicherten Gefahren von den subjektiven Vorstellungen des Versicherungsnehmers oder seines Repräsentanten löst[128]. Ein Ereignis muss nicht von außen auf die versicherte Sache einwirken,
sondern kann nicht zuletzt ein in der Sache liegender, auch allmählicher Vorgang sein. Wenn
die VDEW-Bedingungen auf ein Ereignis abstellen, dann geschieht dies, um das objektive
bestimmungsgemäße Verwendungsrisiko vom Versicherungsschutz auszunehmen. Die Folgen des bestimmungsgemäßen (Dauer-)Betriebs stellen für sich genommen keinesfalls ein
unvorhergesehenes Ereignis dar[129].

Fraglich ist dennoch, wie weit der Ereignisbegriff auszulegen ist. Von einem Ereignis muss 91
gesprochen werden, wenn etwas in den **normalen Geschehensablauf interveniert** hat.
Ein solches Ereignis kann unter anderem ein Regelverstoß sein, der vor der versicherten Betriebsphase der Anlage, also von der Planung und der Konstruktion, über die Herstellung und
Lieferung bis hin zur Montage am Versicherungsort gelegt wurde. Versichert ist das schadenauslösende Eingreifen eines unvorhergesehen Ereignisses, durch das die nach objektiven technischen Gesichtspunkten unter den Bedingungen der bestimmungsgemäßen Verwendung
von dem Kollektiv gleicher oder gleichartiger Sachen erreichte (normale) Lebensdauer eines
Bauteils oder der ganzen Sache verfehlt wird.

Insbesondere bei neuentwickelten Werkstoffen oder Verfahren reicht es für die Feststellung 92
eines unvorhergesehenes Ereignisses nicht aus, dass die subjektive Lebensdauererwartung des
Versicherungsnehmers enttäuscht wurde, denn diese Lebensdauererwartung beruht lediglich
auf technischen Prognosen. Dabei kann häufig **die objektive normale Lebensdauer** einer
Sache erst durch gewonnene Erfahrung im Nachhinein beurteilt werden. Das Risiko, dass die
objektive normale Lebensdauer nicht der subjektiven Erwartungshaltung des Versicherungsnehmers entspricht, gehört zu den kaufmännischen Risiken, die der Versicherungsnehmer
tragen muss, wenn er Neuentwicklungen einsetzt[130]. Eine zuverlässige Abnutzungsprog-

---

[125] *Martin,* Montageversicherung, 1972, § 2 Rn. 4.2.3.
[126] *Prölss/Martin/Voit/Knappmann,* Teil III M (I a) § 2 Rn. 9; *Martin,* Montageversicherung, 1972, § 2
Rn. 4.2.2; v. *Gerlach,* Die Maschinenversicherung, S. 39; zu allmählich eintretenden Schäden s. auch
Rn. 240.
[127] *Martin,* VW 1974, 1052 (1052).
[128] *Bischoff/Feldmann,* VerBAV 1958, 153 (154).
[129] OLG Hamburg v. 12. 5. 1998, VersR 2000, 1015 (1016).
[130] Ähnlich: *Langheid,* VersR 2000, 1057 (1062); a. M.: OLG Hamburg v. 12. 5. 1989, VersR 2000, 1015.

nose[131] lässt sich beim Einsatz neuer Verfahren oder Werkstoffe gerade nicht stellen, was bei den Versicherungsnehmern der technischen Versicherungszweige als bekannt vorausgesetzt werden darf.

Ein unvorhergesehenes Ereignis i. S. d. Versicherungsbedingungen liegt nicht allein schon deswegen vor, weil später ein verbessertes Produkt für den gleichen Verwendungszweck eingesetzt werden kann. Erst, wenn ein **zu markierendes Ereignis** in den Prozess der Planung, Herstellung etc. oder in die Phase des bestimmungsgemäßen Betriebs **interveniert** hat, ist der Keim für einen versicherten Schaden gelegt. Der Schaden kann dann auch in der Form der vorzeitigen Abnutzung vorliegen. Ohne die Existenz eines zu markierenden Ereignisses sind Schäden, die aus der dauernden Betriebsbelastung resultieren, begrifflich nicht als vorzeitige Abnutzung zu sehen, sondern dann haben sich ausschließlich die dauernden Einflüsse des Betriebes verwirklicht.

II. Abhandenkommen

93   In der Maschinenversicherung ist das Abhandenkommen versicherter Sachen **nicht gedeckt.** Schäden an anderen versicherten Sachen, die durch den Vorgang des Abhandenkommens eintreten, sind nur innerhalb des Versicherungsortes versichert[132].

94   Eine Ausnahme bilden die ABMG 92, mit denen, wenn dies im Versicherungsvertrag vereinbart wird, das Abhandenkommen versicherter Sachen durch **Diebstahl, Einbruchdiebstahl** oder **Raub** versichert werden kann[133].

95   Unter Abhandenkommen einer Sache ist der **Verlust des unmittelbaren Besitzes** durch den Versicherungsnehmer oder den Versicherten zu verstehen, wenn gleichzeitig unwahrscheinlich geworden ist, dass der Besitz in absehbarer Zeit zurück erlangt werden kann. Nach Diebstahl-, Einbruchdiebstahl- oder Raubschäden ist in der Regel nicht damit zu rechnen, dass der Besitz in absehbarer Zeit zurückerlangt werden kann, so dass das Abhandenkommen zu bejahen ist[134].

96   Allerdings ist der Begriff Abhandenkommen erheblich weiter gefasst, als die Summe der Begriffe Diebstahl, Einbruchdiebstahl und Raub. Da aber ausdrücklich nur das Abhandenkommen **durch** Diebstahl, Einbruchdiebstahl und Raub versichert ist, fallen alle anderen Formen des Abhandenkommens, wie z. B. Unterschlagung oder Plünderung, nicht unter den Versicherungsschutz[135].

III. Beweislast

97   Der Versicherungsnehmer trägt die Beweislast für den **Eintritt des Versicherungsfalls.** In der Maschinenversicherung muss allerdings, im Gegensatz zu den Versicherungen von benannten Gefahren, aufgrund der Allgefahren-Deckung der Versicherungsnehmer nur darlegen, dass in der **Versicherungszeit** und am **Versicherungsort** ein Schaden an einer versicherten Sache unvorhergesehen eingetreten ist, um Entschädigung zu erlangen. Die versicherte Gefahr bzw. die Ursache des Schadens muss nicht vom Versicherungsnehmer dargelegt werden. Für das Erfordernis des unvorhergesehenen Schadeneintritts ist aufgrund der schwierigen Beweisbarkeit zunächst die Behauptung des Versicherungsnehmers ausreichend, der Schaden sei für ihn oder seine Repräsentanten nicht rechtzeitig vorhersehbar ge-

---

[131] Nach DIN 31051, Juni 2003, die „Vorhersage über das Abnutzungsverhalten einer Betrachtungseinheit, die mit Hilfe der Abnutzungsmechanismen aus den bekannten oder angenommenen Belastungen der zukünftigen Bedarfsforderungen ermittelt wird" (Ziffer 4.3.1.3).

[132] *Prölss/Martin/Voit/Knappmann,* Teil III M (I a) § 2 Rn. 5, zum Versicherungsort vgl. Rn. 211 ff.

[133] Zu den Begriffen Diebstahl und Einbruchdiebstahl s. *Rüffer,* § 33 Rn. 8 ff.; zum Begriff des Raubes s. *Rüffer,* § 33 Rn. 57 ff. und *Günther,* VersR 2007, 265 ff., mit umfangreichen Beispielen zur Rechtsprechung.

[134] *Martin,* Sachversicherungsrecht, B II Rn. 11 und 12.

[135] OLG Köln v. 18. 12. 2001, r+s 2001, 307; OLG Köln v. 28. 9. 1999, r+s 2000, 350 (350).

wesen. Kann der Versicherer hiergegen substanziiert vorbringen, dass diese Behauptung ganz oder in Teilen nicht den Gegebenheiten entspricht, dann muss der Versicherungsnehmer dies widerlegen. Dabei trifft ihn auch die Beweislast[136].

Der Versicherer trägt die Beweislast für die im Versicherungsvertrag vereinbarten **Aus-** **98** **schlüsse von Gefahren.** Unter die Beweislast fällt auch die adäquate Kausalität der ausgeschlossenen Schadenursache für den Schadeneintritt. Dabei muss nur eine der Ursachen zu den ausgeschlossenen gehören[137]. Kommt ein **Wiedereinschluss** für einen besonderen Fall einer ausgeschlossenen Schadenursache zum Tragen, dann liegt die Beweispflicht für das Vorliegen der Voraussetzungen des Wiedereinschlusses beim Versicherungsnehmer.

E. Ausschlüsse

I. Systematik der Ausschlüsse

Bei der Versicherung von **Einzelgefahren** ist der Versicherungsschutz auf bestimmte Ge- **99** fahren (Schadensursachen) beschränkt. Bewirkt erst das Zusammentreffen mehrerer Ursachen den Schaden, besteht für den Versicherer Eintrittspflicht, wenn eine der adäquaten Ursachen des Versicherungsfalles zu den eingeschlossenen zählt. Mitwirkende andere Ursachen, falls sie nicht zu den ausgeschlossenen zählen, sind hierbei ohne Einfluss. Es ist dann der Teilschaden zu ermitteln und dem Versicherungsnehmer zu ersetzen, der gerade durch die versicherte Ursache herbeigeführt ist. Der Grad der Kausalität ist nur in den Fällen zu berücksichtigen, wo die Vertragsbedingungen dies ausdrücklich vorsehen[138]. Zu berücksichtigen sind andere Schadenursachen, soweit sie als Eigenschaften der Sache zur Zeit des Schadens bereits deren Wert mindern.

Die Maschinenversicherung bietet eine **Allgefahrendeckung,** d. h. Schäden aus jeder **100** Ursache mit Ausnahme der ausdrücklich ausgeschlossenen Ursachen sind gedeckt[139]. Die Erwartung des Versicherungsnehmers, Versicherungsschutz gegen „alle" Gefahren zu besitzen, macht die besondere Anforderung an die Transparenz der Wirkungsweise der ausgeschlossenen Gefahren deutlich. Ausgeschlossen sind Schäden, die als adäquate Folge einer ausgeschlossenen Gefahr eintreten. Es darf nur der Teil des (Gesamt-)Schadens betrachtet werden, der auf die ausgeschlossene Gefahr zurückzuführen ist[140]. Der Vorrang des Ausschlusses greift in der Allgefahrenversicherung schon ein, wenn eine der adäquaten Ursachen des Schadens zu den ausgeschlossenen zählt[141]. Ausgenommen hiervon sind einschränkende Bestimmungen, nach denen der Ausschluss nur wirksam wird, wenn die Schäden eine **unmittelbare** **Folge** der ausgeschlossenen Ursache sind.

1. Kausalität

In der Maschinenversicherung liegen dem Sachschaden meist eine Mehrzahl von Schaden- **101** ursachen zugrunde. Die versicherten Sachen sind vor allem verschiedenen Arten von **Be-** **triebsbeanspruchungen** ausgesetzt, die in der Maschinenversicherung das charakteristische Schadenpotenzial darstellen (s. Rn. 129 ff.). Die Bedingungs- oder Äquivalenztheorie sieht alle Bedingungen als gleichwertig an, die zum Erfolg, hier also zum Sachschaden, beigetragen haben. Kausal ist jedes Ereignis, das nicht hinweggedacht werden kann, ohne dass der Erfolg entfiele **(Conditio sine qua non)**[142].

---

[136] *v. Gerlach,* Die Maschinenversicherung, S. 67; *Martin,* Montageversicherung, 1972, § 2 Rn. 8.1; *Prölss/Martin/Voit/Knappmann,* Teil III M (I a) § 2 Rn. 10.
[137] *Prölss/Martin/Voit/Knappmann,* Teil III M (I a) § 2 Rn. 28; zur Kausalität s. Rn. 101 f. und 103 ff.
[138] *Prölss/Martin/Kollhosser,* Teil I § 49 Rn. 26.
[139] *Martin,* Montageversicherung, 1972, § 2 Rn. 1.1.1.
[140] OLG Nürnberg v. 31. 3. 1994, VersR 1995, 206.
[141] *Prölss/Martin/Kollhosser,* Teil I § 49 Rn. 27.
[142] *Palandt/Heinrichs,* Vorbem. v. § 249 Rn. 57.

102   Die **Adäquanztheorie** zielt ergänzend darauf ab, unwahrscheinliche Kausalverläufe aus der Schadenszurechnung auszuscheiden. Ein adäquater Zusammenhang besteht, wenn eine Tatsache im Allgemeinen und nicht nur unter besonders eigenartigen, ganz unwahrscheinlichen und nach regelmäßigem Verlauf der Dinge außer Betracht zu lassenden Umständen zur Herbeiführung eines Erfolges geeignet ist[143].

2. Zusammenwirken von Schadenursachen

103   In der Maschinenversicherung als Vertreter der Allgefahrenversicherung spielt neben der Benennung der ausgeschlossenen Ursache die Erläuterung der Bedingungen zur Anwendung der Ausschlüsse im Zusammenwirken mit anderen Schadenursachen eine bedeutende Rolle. Durch die **Anwendungsvoraussetzungen** erschließt sich erst, welche Kraft der Ausschluss im Schadenfall entwickelt. Die Kausalreihen können meist nur durch eine ausführliche Schadensanalyse ermittelt werden. Das Maschinenrisiko ist dadurch gekennzeichnet, dass Produktfehler der versicherten Sache und auch Bedienungsfehler fast ausschließlich im Zusammenhang mit dem Betrieb zu einem Schadensbild führen.

104   a) Gelten Ausschlüsse **ohne Rücksicht auf mitwirkende Ursachen,** genügt es grundsätzlich, wenn der Versicherer beweist, dass der Versicherungsfall ohne die ausgeschlossene Ursache nicht eingetreten wäre[144]. Ein adäquater Kausalzusammenhang der ausgeschlossenen Gefahr mit dem Schadeneintritt bildet jedoch die Voraussetzung. Dass auch andere Ursachen mitgewirkt haben, hindert den Ausschluss nicht, da Sachschäden in der Regel auf mehr als auf nur eine einzige Ursache zurückzuführen sind. Die ausgeschlossene Ursache braucht nicht die wichtigste und in einer Kette von Ursachen nicht die zeitlich letzte (causa proxima) gewesen zu sein. Es muss sich nur um eine adäquate Ursache handeln[145].

105   b) In den **VDEW-Bedingungen** sind Schäden ausgeschlossen, die eine **unmittelbare Folge** der dauernden Einflüsse des Betriebes sind. Die Worte „unmittelbare Folge" bedeuten zwar auch, aber nicht nur, dass der Sachschaden in unmittelbarem zeitlichen Anschluss an die ursächlichen Einflüsse des normalen Betriebes der Maschine eingetreten sein muss, wenn er ausgeschlossen sein soll. Die „unmittelbare Folge" ist nur gegeben und der Ausschluss greift nur dann ein, wenn neben den Betriebseinflüssen weitere Ursachen auf gleicher zeitlicher Stufe nicht mitgewirkt haben[146]. In den VDEW-Bedingungen sind die Folgen des Dauerbetriebes nur vom Versicherungsschutz ausgeklammert, soweit sie **ohne Hinzutreten eines versicherten unvorhergesehenen Ereignisses,** z. B. Bedienungs-, Konstruktions- und Ausführungsfehler nach § 3 I. VDEW-Bedingungen, eintreten. Die Einwirkungen des Dauerbetriebes als Schadensursache schließen den Versicherungsschutz nicht aus, sofern sie den Schaden zusammen mit einer anderen Ursache, dem unvorhergesehenen Ereignis, bewirkt haben[147]. Diese Anwendungsvoraussetzung schränkt den Ausschluss praktisch auf die Fälle der unter den Betriebsbedingungen objektiv zu erwartenden Abnutzung und Belagbildung ein.

3. Kenntnis des verantwortlichen Betriebsleiters

106   In den VDEW-Bedingungen finden sich in § 3 II. Nr. 8 einschränkende Bestimmungen, die Schäden durch abschließend aufgezählte Schadenursachen nur dann ausschließen, wenn deren schädliche Wirkung von dem **verantwortlichen Betriebsleiter** erkannt war und hätte beseitigt werden können. Der Ausschluss steht in engem Zusammenhang mit der **Rettungspflicht** des Versicherungsnehmers nach § 82 VVG (§ 62 VVG a. F.) sowie mit der (schuldhaften) Herbeiführung des Versicherungsfalls nach § 81 VVG (§ 61 VVG a. F.), stellt diesen Tatbestand aber auf eine objektivierte Basis. Dem verantwortlichen Betriebsleiter wird in diesen Fällen ausdrücklich die Funktion als **Repräsentant** des Versicherungsnehmers zuerkannt, was eine deutliche Erweiterung zu dem üblicherweise als Klausel oder im ge-

---

[143] BGH v. 9. 10. 1997, NJW 1998, 138 (140).
[144] *Prölss/Martin/Voit/Knappmann,* Teil III M (I a) § 2 Rn. 28.
[145] *Martin,* Montageversicherung, 1972, § 2 Rn. 5.1.4.
[146] *Martin,* VersR 1972, 753 (757).
[147] OLG Hamburg v. 12. 5. 1998, VersR 2000, 1015 (1016); vgl. dazu Rn. 90.

schriebenen Bedingungstext definierten Personenkreis darstellt (s. Rn. 259). Die Funktion des Betriebsleiters im Sinne der VDEW-Bedingungen bezieht sich auf das betroffene Kraftwerk, Müllverbrennungsanlage etc. und schließt einen vollständigen Überblick über die Prozessabläufe ein. Personen, die in technisch enger umrissenen, spezialisierten Organisationseinheiten in leitender Funktion tätig sind, werden von der Ausschlussbestimmung nicht erfasst.

Im Sinne von § 3 II. Nr. 8 der VDEW-Bedingungen muss der Betriebsleiter **positive** 107 **Kenntnis** über die schädliche Wirkung der betriebsbedingten Einflüsse besitzen, ohne dass notwendigerweise bereits ein Sachschaden eingetreten ist oder zumindest unmittelbar bevorsteht. Da grundsätzlich von einer Vielzahl physikalischer und chemischer Beanspruchungen eine schädigende Wirkung auf die Sachsubstanz ausgeht, wäre dies für sich genommen eine sehr umfassende Ausschlussformulierung. Durch die Verknüpfung mit der zusätzlichen Bedingung, dass der Betriebsleiter hätte in der Lage gewesen sein müssen, die schädliche Wirkung (vor Schadeneintritt) zu beseitigen, wird die Anwendbarkeit des Ausschlusses wieder eingeschränkt. Fällt das Erkennen der schädlichen Wirkung mit dem (bevorstehenden) Eintritt des Schadenfalls zusammen, ohne dass der Betriebsleiter noch in der Lage ist, in den Geschehensablauf einzugreifen, so besteht Ersatzpflicht.

Der Versicherer ist durch den Ausschluss in dem Maße von der Verpflichtung zur Leistung 108 befreit, wie der Betriebsleiter die schädliche Wirkung hätte beseitigen können. Die Folgen für die Eintrittspflicht des Versicherers sind denen nach § 62 Abs. 2 S. 2 VVG a. F. bei grob fahrlässiger Verletzung der Obliegenheit durch den Versicherungsnehmer bzw. denen bei vorsätzlicher Verletzung der Obliegenheit nach § 82 Abs. 3 und 4 VVG gleichzusetzen. Auf den **Grad der Fahrlässigkeit** kommt es in der Ausschlussregelung aber nicht an. Die Nachweispflicht der Kenntnis des Betriebsleiters hat in allen Fällen derjenige, der sich auf den Ausschluss beruft, also der Versicherer. Trotz der Anknüpfung an das Verhalten des Repräsentanten, handelt es sich nicht um eine Obliegenheit, sondern um eine Risikobegrenzung. Der Versicherungsschutz wird für die genannten Gefahren (Rost, Kesselstein und Schlamm) von vorne herein eingeschränkt[148].

II. Kumulgefahren

Kumulrisiken werden in den AVB vom Versicherungsschutz ausgeschlossen, weil hier ein 109 besonders großes Schadenausmaß zu erwarten ist. Sie sind gekennzeichnet durch die Gefahr des **gehäuften Eintritts von Schäden** an verschiedenen versicherten Sachen in einer Vielzahl von verschiedenen Versicherungsverträgen durch ein Ereignis. Durch den Ausschluss von Kumulrisiken wird verhindert, dass die Leistungsfähigkeit der Versicherungswirtschaft durch einzelne katastrophale Ereignisse gefährdet wird.

1. Politische Gefahren oder Risiken

Unter politischen Risiken versteht man den Gefahrenzustand, der durch zwischenstaatli- 110 che oder innerstaatliche Ausnahmezustände oder -vorgänge besteht[149].

Vom Versicherungsschutz sind Schäden, die durch **Kriegsereignisse jeder Art** verursacht 111 werden, ausgeschlossen. Für die Wirksamkeit des Ausschlusses ist es nicht notwendig, dass ein Krieg förmlich erklärt wurde. Ebenso wenig wird das Ende eines Krieges durch die Vereinbarung eines Waffenstillstandes oder eines Friedensvertrages bestimmt. Krieg im versicherungsrechtlichen Sinn ist eine **bewaffnete Auseinandersetzung** zwischen zwei oder mehreren Staaten, wobei die völkerrechtliche Anerkennung dieser Staaten (z. B. im Bürgerkrieg) unerheblich ist. Krieg setzt den Gebrauch von Waffen oder ein Vordringen von Truppen auf fremdes Territorium voraus[150].

---

[148] Zur Abgrenzung v. Risikobegrenzung und Obliegenheit s. *Marlow*, § 13 Rn. 13.
[149] *Martin*, Montageversicherung, 1972, § 2 Rn. 5.2.1.
[150] *Ehlers*, r+s 2002, 133 (134); *Fricke*, VersR 1991, 1098, *Krahe*, VersR 1991, 634 (634).

112   Von dem Ausschluss des Kriegsereignisses werden nicht nur Schäden durch direkte Kampf-handlungen erfasst, sondern alle Schäden, die mit dem **Krieg in ursächlichem Zusammenhang** stehen. Es muss also eine adäquat kausale Verbindung zwischen dem Krieg und dem eingetretenen Schaden bestehen. Solange eine **kriegsbedingt erhöhte Gefahrenlage** vorhanden ist, können auch Schäden nach dem Ende des Kriegs unter den Ausschluss fallen. Auch Terrorakte, die Teil der Kriegsführung der beteiligten Kriegsparteien sind oder von diesen gefördert oder gebilligt werden, fallen ebenfalls unter den Ausschluss[151].

113   **Spätschäden,** die durch **nicht entdeckte Sprengladungen** aus früheren Kriegen entstehen, bleiben als adäquate Kriegsfolge stets vom Versicherungsschutz ausgeschlossen[152].

114   Schäden, die adäquat kausal auf **innere Unruhen** zurückzuführen sind, sind ebenfalls vom Versicherungsschutz ausgeschlossen. Innere Unruhen sind gegeben, wenn zahlenmäßig nicht unerhebliche Teile des Volkes in einer die öffentliche Ruhe und Ordnung störenden Weise in Bewegung geraten und Gewalttätigkeiten gegen Personen oder Sachen verüben. Ein einheitliches oder politisches Motiv des Handelns ist nicht notwendig. Ausschreitungen Einzelner bei Demonstrationen zählen nicht zu den inneren Unruhen[153].

115   In den VDEW-Bedingungen ist der Ausschluss von Schäden durch Kriegsereignisse und innere Unruhe anders formuliert, dürfte aber zu einem vergleichbaren Ergebnis führen. Zusätzlich sind auch Schäden vom Versicherungsschutz ausgeschlossen, die durch **Ausgesperrte oder Ausständige** während eines Tarifstreits verursacht werden, die **zusammengerottet** auf das Betriebsgrundstück eindringen und dort widerrechtlich bleiben. Dieser Ausschluss von Risiken während eines organisierten Streiks bzw. der Aussperrung durch die Arbeitgeber war früher ähnlich in den AMB formuliert[154].

2. Elementargefahren

116   In den AMB 91 sind als abschließende Aufzählung nur die Elementargefahren **Erdbeben, Überschwemmung stehender oder fließender Gewässer und Hochwasser** vom Versicherungsschutz ausgenommen. Voraussetzung für die Wirksamkeit des Ausschlusses ist allerdings, dass die Schäden eine adäquate **Folge** dieser Ereignisse sind und zusätzlich in dem Zeitraum eintreten, in dem diese Ereignisse andauern. Ein durch ein Erdbeben verursachter Einsturz eines Gebäudes einige Minuten nach dem Erdbeben, bei dem versicherte Maschinen beschädigt werden, fällt somit nicht unter den Ausschluss.

117   Damit eine **Überschwemmung** i. S. d. der Ausschlussbestimmung vorliegt, muss ein Gewässer über die Ufer getreten sein. Regenwasser, das sich in einer Senke sammelt, ist nicht von dem Ausschluss umfasst[155]. Ein **Hochwasser** ist eingetreten, wenn ein Fluss oder See infolge von Niederschlägen oder Schneeschmelze eine Wasserführung oberhalb des normalen Wasserstandes hat[156].

118   Die VDEW-Bedingungen schließen mit **Erdbeben, Erdsenkung, Felssturz und Überschwemmung** infolge Hochwasser eine größere Zahl von Elementarrisiken vom Versicherungsschutz aus als die AMB 91. Zudem werden auch Schäden, die durch andere **katastrophale Naturereignisse** entstehen, vom Versicherungsschutz ausgenommen. Was unter katastrophalen Naturereignissen zu verstehen ist, muss nach der Verkehrsauffassung entschieden werden[157]. **Erdsenkungen** entstehen, wenn durch den Bergbau oder auch durch Grund- oder Sickerwasser entstandene Hohlräume einstürzen. Zudem sind die Ausschlüsse in den VDEW-Bedingungen nicht auf die Dauer dieser Ereignisse begrenzt, so dass der Schadenfall aus dem o. g. Beispiel, bei dem eine Maschine erst nach einem Erdbeben zu Schaden kommt, hier vom Versicherungsschutz ausgenommen bleibt.

---

[151] *Dahlke,* VersR 2003, 25 (28 ff.); *Ehlers,* r+s 2002, 133 (135); *Krahe,* VersR 1991, 634 (635).
[152] *Prölss/Martin/Kollhosser,* Teil III B (I) § 1 Rn. 24.
[153] *Prölss/Martin/Kollhosser,* Teil III B (I) § 1 Rn. 16 ff.; *Martin,* Sachversicherungsrecht, F I Rn. 7 und 8.
[154] *v. Gerlach,* Die Maschinenversicherung, S. 43.
[155] *Schneider* § 24 Rn. 92; *Prölss/Martin/Voit/Knappmann,* Teil III E (I) § 4 Rn. 35.
[156] *v. Gerlach,* Die Maschinenversicherung, S. 41; LG Berlin v. 11. 11. 2003, VersR 2005, 403.
[157] *Bischoff, Feldmann,* VerBAV 158, 153 (154).

Die **ABMG 92** enthalten **keine Ausschlüsse** für Elementargefahren.   119

3. Kernenergie

Schäden durch Kernenergie unterliegen nicht dem Versicherungsschutz der Maschinen-   120
versicherung. Unter Kernenergie ist die Energie zu verstehen, die bei der **Kernumwandlung** freigesetzt wird, z. B. durch Kernspaltung (auch in Kernwaffen), Kernfusion oder bei
der technischen Nutzung von radioaktiven Isotopen. Lediglich die natürliche, unbeeinflusste
Kernumwandlung soll von dem Ausschluss nicht umfasst sein. Die bei der Kernumwandlung
freigesetzte Energie kann z. B. in Form von Strahlung, Wärme, Druck oder Bewegung auftreten[158].

Neben Sachschäden sind durch den Ausschluss Kernenergie auch **Mehrkosten,** z. B. für   121
die Reparatur nach einem Schadenfall, Entsorgungskosten und Aufräumungskosten infolge
von **radioaktiver Kontamination** vom Versicherungsschutz ausgeschlossen, auch wenn
der Schaden nicht durch Kernenergie entstanden ist. Entstehen in einem Schadenfall an einer
Maschine, in der bestimmungsgemäß radioaktives Material (z. B. radioaktive Isotope zur Füll-
standsmessung) verwendet wird, Mehrkosten für die Behandlung und Entsorgung dieses Materials, so fällt das unter die Ersatzpflicht, da hier kein Schaden durch Kernenergie vorliegt.
Die Entsorgung des radioaktiven Materials ist vergleichbar mit der Entsorgung anderer gefährlicher Stoffe[159].

Mit dem Fußnotentext in den AVB zu dem Ausschluss Kernenergie, mit dem auf die **Haf-**   122
tung nach dem Atomgesetz verwiesen wird, ist keine Einschränkung des Ausschlusses in
der Form zu sehen, dass lückenloser Versicherungsschutz mit speziellen Haftpflichtversicherungen geboten werden soll. Es handelt sich lediglich um einen Hinweis für den Verwender.
Deshalb bleiben auch Überhitzungsschäden, die durch Kernenergie verursacht wurden, vom
Versicherungsschutz ausgeschlossen[160].

III. Betriebsschäden

Von einem Betriebsschaden im Sinne der Maschinenversicherung ist zu sprechen, wenn der   123
Schaden nicht nur in einem **zeitlichen Zusammenhang** mit dem Betrieb steht, sondern
auch adäquat kausal auf **Betriebsbeanspruchungen,** insbesondere auf deren Zusammenwirken, zurückzuführen ist. Der Begriff des Betriebsschadens ist in den Bedingungswerken der
verschiedenen Zweige der Sachversicherung **nicht einheitlich definiert**[161]. Die technischen
Versicherungszweige und die Transportversicherung kennen den Betriebsschaden im Gegensatz zum Unfallschaden[162]. Insbesondere für die nach den ABMG 92 versicherbaren fahrbaren
Geräte ergibt sich für das Betriebsrisiko eine Analogie zur Kraftfahrversicherung, wobei die
AKB in § 12 Abs. 1 II e den Betriebsschaden ausdrücklich vom Versicherungsschutz ausnehmen.

Der Ausschluss von Betriebsschäden in der Maschinenversicherung umfasst ausdrücklich   124
nicht solche Schäden, die an **benachbarten Teilen** als Folge eines Betriebsschadens entstehen[163]. Hierdurch wird klargestellt, dass es sich für die benachbarten Teile um ein von außen
einwirkendes Ereignis handelt, das bezogen auf diesen Schadenumfang einen Versicherungsfall auslöst. Die Kausalkette von den ausgeschlossenen Betriebseinflüssen, wie Abnutzung und
Ablagerungen, zu den Folgeschäden an anderen Teilen ist durch die Bestimmung eindeutig
unterbrochen.

---

[158] *v. Gerlach,* Die Maschinenversicherung, S. 44.
[159] *Scheuermeyer,* Maschinenversicherung in der Praxis, S. 76; *Prölss/Martin/Voit/Knappmann,* Teil III M
(I a) § 2 Rn. 30.
[160] *Martin,* Sachversicherungsrecht, F I Rn. 1; zweifelnd *Scheuermeyer,* Maschinenversicherung in der
Praxis, S. 77; a. M.: *Prölss/Martin/Voit/Knappmann,* Teil III M (I a) § 2 Rn. 30.
[161] *Hofmann,* VersR 1998, 140.
[162] *Martin,* Sachversicherungsrecht, F II Rn. 5.
[163] § 2 Nr. 5 e) Abs. 2 AMB 91 und ABMG 92; § 3 III. Abs. 1 VDEW-Bedingungen.

Voßkühler   1959

125   Als kennzeichnend für einen Betriebsschaden wird angesehen, dass sich der Schaden innerhalb eines **bewussten Verwendungsrisikos** verwirklicht hat. Welche Art von Betriebsschäden vom Versicherungsschutz erfasst sind, ist in den AVB sehr unterschiedlich geregelt. Wohl
um einen bewussten Gegensatz zur Definition des Unfallschadens zu bilden, spricht die Aus-
schluss-Klausel 052 zu den ABMG 92 von „inneren" Betriebsschaden, für die keine Entschädigung geleistet wird (s. Rn. 201 ff.). Die zum Teil auch als „äußerer Betriebsschaden" bezeichneten Schäden durch zwangsläufige, sich dauernd wiederholende, von außen einwirkende
Einflüsse des bestimmungsgemäßen Einsatzes[164] (s. Rn. 209) sind ebenfalls Teil des nicht versicherten Verwendungsrisikos.

126   In der Maschinenversicherung galt es früher sogar als „Grundregel", dass Abnutzungsschäden durch „natürlichen" Verschleiß nicht unter den Versicherungsschutz fallen[165]. Unter
einem **technisch objektiv nicht unvorhergesehen** eingetretenen Sachschaden sind solche
Schäden zu verstehen, die aus dem **bestimmungsgemäßen Einsatz** der Maschine, Anlage
etc. resultieren[166]. Hinsichtlich des Versicherungsschutzes geht es innerhalb des zu betrachtenden technischen Systems um die Frage, ob – wie es die VDEW-Bedingungen ausdrücken
– ein unvorhergesehenes Ereignis (mit)ursächlich für den Schaden ist.

127   Grundsätzlich ist unter der „bestimmungsgemäßen Verwendung" einer Maschine deren
Verwendung entsprechend den Angaben in der Betriebsanleitung zu verstehen[167]. Was von
der bestimmungsgemäßen Verwendung erfasst wird, ist für jeden Anwendungsfall isoliert zu
entwickeln, in jedem Fall darf die Formulierung aber **nicht zu eng ausgelegt** werden.
Exemplarisch wird dieser Grundsatz im Geräte- und Produktsicherheitsgesetz (GPSG)[168] und
in der EG-Maschinenrichtlinie (2006/42/EG)[169] deutlich[170]. Bei der Entwicklung und dem
Bau einer Maschine sowie bei der Ausarbeitung der Betriebsanleitung muss der Hersteller
nicht nur den normalen Gebrauch der Maschine in Betracht ziehen, sondern auch die **nach
vernünftigem Ermessen zu erwartende Benutzung** der Maschine.

128   DIN EN 292 Teil 1[171] definiert die bestimmungsgemäße Verwendung einer Maschine
auch danach, was von ihrer Konstruktion, Bau und Funktion her als üblich anzusehen ist.
Zur bestimmungsgemäßen Verwendung gehört die Übereinstimmung mit der Betriebs-
oder Bedienungsanleitung, wobei ein **„vernünftigerweise vorhersehbarer Missbrauch"**
in Betracht gezogen werden muss.

1. Abnutzung

129   Die während der Betriebsphase durch die (bestimmungsgemäße) Nutzung der versicherten Maschine, Anlage etc. auftretenden Schadenbilder werden durch die **Überbeanspru-**

---

[164] § 2 Nr. 5 d) ABMG 92.

[165] *Roesch,* Der VN 1953, 15 f.

[166] Sehr anschaulich äußert sich *Endermann* in: VP 1969, 122 f. zur unvermeidbaren Abnutzung durch
Betriebsbeanspruchungen, wenn er darauf hinweist, dass eine Maschine kein Ausstellungsobjekt, sondern
ein Arbeitsmittel ist, mit dem ein bestimmter Erfolg erzielt werden soll.

[167] Vgl. Nr. 1.1.1 Anhang I Maschinenrichtlinie 2006/42/EG und DIN EN ISO 12100–1. Die Anwendung der neuen Maschinenrichtlinie 2006/42/EG ist ab dem 29. Dezember 2009 verpflichtend.
Die Umsetzung der Maschinenrichtlinie in deutsches Recht erfolgte durch Verordnung vom 18. Juni
2008, BGBl. I S. 1060.

[168] Gesetz über technische Arbeitsmittel und Verbraucherprodukte, in Kraft seit 1. Mai 2004. § 2 Abs. 5
definiert die bestimmungsgemäße Verwendung als „die Verwendung, für die ein Produkt nach den Angaben desjenigen, der es in den Verkehr bringt, geeignet ist oder die übliche Verwendung, die sich aus der
Bauart und Ausführung des Produktes ergibt.".

[169] In Deutschland umgesetzt durch die MaschinenVO – 9. Verordnung zum Geräte- und Produktsicherheitsgesetz (9 GPSGV); Zur Bedeutung der Maschinenrichtlinie vgl. *Klindt,* VW 2003, 676 f.;
S. auch LG Düsseldorf v. 30. 11. 2005, VersR 2006, 1650, mit Anmerkungen von *Klindt.*

[170] § 2 Abs. 5 GPSG definiert die bestimmungsgemäße Verwendung als „die Verwendung, für die die
technischen Arbeitsmittel nach den Angaben derjenigen, die sie in den Verkehr bringen, …, geeignet
sind".

[171] DIN EN 292–1: Sicherheit von Maschinen – Grundsätzliche Terminologie, Ausgabe 11/1991.

chung der Werkstoffe hervorgerufen. Die Werkstoffveränderung entsteht meist durch eine Kombination aus mehreren Beanspruchungsarten, in erster Linie der mechanischen, thermischen, chemisch-korrosiven sowie tribologischen (Über-)Beanspruchung[172]. Daneben sind bei bestimmten Risiken als weitere Beanspruchungsarten elektrische, strahlungsphysikalische und biologische Beanspruchungen zu nennen.

Die unvermeidbare[173] Zustandsveränderung von Bauteilen einer Maschine auf Grund der **130** im Betrieb wirkenden Beanspruchungen wird als **Abnutzung** bezeichnet. Hierbei sind die ursächlichen Prozesse von den Wirkungen, die diese Prozesse auf die versicherten Sachen ausüben, zu unterscheiden. Die tribologische Beanspruchung eines Werkstoffes durch Flächenpressung, Reibung oder chemische Wechselwirkungen der am Vorgang beteiligten Körper und Medien bildet beispielsweise mit der hierdurch im Werkstoff hervorgerufenen Veränderung in Form von Deformationen und Verschleiß eine Kausalkette, die zu einem Schadensbild führt oder führen kann. Die Beanspruchung geht der im Material mess- und nachweisbaren Abnutzung ursächlich voran.

Die Unterscheidung zwischen **normaler** und **vorzeitiger Abnutzung** in AMB 91 und **131** ABMG 92 kennzeichnet die Differenz der unter den gegebenen Einsatzbedingungen unter Berücksichtigung vergleichbarer Sachen objektiv zu erwartenden Lebensdauer eines Bauteils zu dem tatsächlich erreichten geringeren Wert. Es bleibt dann festzustellen, auf welchen Einfluss die Abweichung zurückzuführen ist. Der Zusatz, dass es sich um „betriebsbedingte" (normale oder vorzeitige) Abnutzung handeln muss, ist entbehrlich, da Ab-„Nutzung" nach dem allgemeinen Sprachgebrauch stets im Zusammenhang mit dem (bestimmungsgemäßen) Betrieb auftritt[174].

Je nach dem Erscheinungsbild und der Art der Beanspruchung wird zwischen **Bruch,** **132** **Alterung, Korrosion** und **Verschleiß** als den 4 **Hauptformen der Abnutzung** unterschieden. Zum besseren Verständnis der physikalisch-chemischen Zusammenhänge, die einen Schaden als Betriebsschaden deklarieren lassen, werden im Folgenden die am häufigsten anzutreffenden Erscheinungsformen der Abnutzung erläutert.

a) Bruch bezeichnet eine makroskopische Werkstofftrennung infolge der Überwindung **133** der Bindungen in Festkörpern durch mechanische Beanspruchung. Jeder Bruch verläuft in den drei Phasen Rissbildung, Risswachstum und Rissausbreitung[175]. Ein **Anriss** kann bereits ausreichend sein, um von einer Substanzverletzung und, wenn durch den Riss der Wert oder die Brauchbarkeit der Sache beeinträchtigt wird, von einem Sachschaden zu sprechen[176]. Die Rissbildung bzw. der Bruch tritt häufig im Zusammenwirken mit anderen Abnutzungserscheinungen, wie Korrosion und Verschleiß, auf, durch die das Bauteil in seiner Festigkeit gemindert wird. In technischen Abläufen wirkt i. d. R. eine Kombination von Beanspruchungsarten zusammen.

Wird ein Bauteil aufgrund seiner Einsatzbedingungen im Betrieb statisch überbeansprucht, **134** so entsteht ein **Gewaltbruch.** Beim nahezu verformungslosen Sprödbruch tritt die Werkstofftrennung meist schlagartig ein. Das resultierende Schadensbild lässt i. d. R. darauf schließen, dass neben den Betriebseinflüssen noch andere Vorgänge oder Zustände (Betriebsfehler etc.) als mitwirkende Schadenursachen vorliegen. **Schwingbrüche** entstehen durch mechanische Wechselbeanspruchungen. Die Anrisse aufgrund der Dauerschwingungsbeanspru-

---

[172] *Schmitt-Thomas/Siede,* Technik und Methodik der Schadenanalyse, 1989, S. 6.
[173] DIN 31051, Juni 2003, Ziffer 4.3.1, Anmerkung 2.
[174] Auf DIN 31051, Juni 2003, kann in diesem Zusammenhang nur bedingt verwiesen werden, da Abnutzung – aus Sicht der Instandhaltung – alle chemischen und/oder physikalischen Vorgänge einschließen soll, d. h. auch Unfälle und sonstige äußere Einwirkungen (Anhang B, Erläuterungen, S. 19).
[175] *Czichos,* in: *Hütte* – Die Grundlagen der Ingenieurwissenschaften, hrsg. v. *Czichos,* 32. Aufl. 2004, D 65.
[176] *Martin,* Montageversicherung, 1972, § 2 Rn. 2.3.6.; Wichtig ist aber, dass das Schadensbild eines Risses oder gar Bruchs nicht von vornherein ausschließt, dass es sich um einen Schaden durch Abnutzung handelt, weshalb die früher häufig verwendete Bezeichnung als „Maschinenbruchversicherung" irreführend wäre.

chung gehen fast ausschließlich von der Oberfläche aus. Der Schwingbruch kann solange fortschreiten, bis der verbliebene Werkstoffquerschnitt infolge der ansteigenden Spannung durch Gewaltbruch versagt (Restbruch)[177]. Der in der ersten Phase eines Schwingbruches zu beobachtende Vorgang der Anrissbildung durch erhöhte Spannungskonzentration an Oberflächenfehlern, Korngrenzen oder Einschlüssen sowie des (allmählich) fortschreitenden Risswachstums durch wiederholte Spannungszyklen wird als **Ermüdung** bezeichnet. Der **Restbruch** ist als letztes Stadium der Werkstofftrennung zunächst **dem Abnutzungsprozess zuzuordnen,** auch wenn das Schadenbild auf andere und/oder mitwirkende Schadenursachen schließen lässt. In solchen Fällen ist eine genaue Schadenanalyse zur Klärung der Schadenmechanismen hilfreich.

135   Die Kombination von mechanischer und gleichzeitig thermischer Beanspruchung führt zum **Warmbruch**[178]. Erhöhte Temperatur und gleichzeitig wirkende mechanische Spannungen führen zu Änderungen der Werkstoffeigenschaften, wie die Verfestigung infolge von Kriechverformung, die Bildung von Poren und Mikrorissen sowie Vorgänge der Rekristallisation und Teilchenkoagulation. Neben Warmgewaltbruch und -schwingbruch zählt der Temperaturwechselbruch durch Wärmedehnungswechsel zu den hauptsächlichen Schadenarten.

136   b) **Alterung** beschreibt allmählich im Material ablaufende chemische und physikalische Vorgänge, die im Wesentlichen unter normalen Betriebs- oder Umgebungsbedingungen stattfinden und eine Änderung der Werkstoffeigenschaften bewirken. Es ist hierbei zwischen inneren und äußeren Alterungsursachen zu unterscheiden[179]. Innere Alterungsursachen sind chemisch-physikalische (Zwangs-)Zustände der Werkstoffe, die durch thermodynamische Ausgleichsprozesse in Richtung der Einstellung eines Gleichgewichtszustandes verändert werden[180]. Äußere Alterungsursachen stellen z. B. Temperaturwechsel und die Energiezufuhr in Form von sichtbarer oder ultravioletter Strahlung dar.

137   Bei **Stahl** bezeichnet Alterung die Veränderung der Eigenschaften bei längerer Auslagerung bei Raumtemperatur oder wenig erhöhten Temperaturen. Nach längerer Auslagerungsdauer setzt vor allem bei erhöhten Temperaturen Koagulation von Ausscheidungen (Kohlenstoff, Stickstoff) ein, die im Ergebnis zur Minderung der Festigkeitswerte führt. Für ein **Kunststoffbauteil** bedeutet Alterung die nachteilige Substanzveränderung in einer länger dauernden Anwendung, wobei zwischen chemischer und physikalischer Alterung differenziert wird. Die **chemische Alterung** bezeichnet die Vorgänge im Werkstoff, die durch chemische Reaktionen bei der so genannten Bewitterung (UV-Strahlung, Sauerstoff, erhöhte Temperaturen) oder im Kontakt mit Chemikalien (Löse- und Reinigungsmittel) entstehen. Durch den Abbau der Molekularmasse tritt eine nachteilige Veränderung der mechanischen Eigenschaften des Kunststoffes ein. Die **physikalische Alterung** tritt bei amorphen Kunststoffen wie Polystyrol oder PVC auf, die aufgrund der Abkühlung aus der Schmelze bzw. dem gummielastischen Zustand unterhalb der Glastemperatur einen Zwangszustand angenommen haben. In Abhängigkeit von Temperatur und Druck strebt das Material im Laufe der Zeit seinem Gleichgewicht des spezifischen Volumens zu, was mit zunehmendem Alter die Werkstoffeigenschaften ungünstig beeinflusst[181].

138   c) Eine der häufigsten Schadenursachen in der Maschinenversicherung ist die **Korrosion.** DIN 50900 Teil 1[182] definiert den Begriff Korrosion als „die Reaktion eines metallischen Werkstoffes mit seiner Umgebung, die eine messbare Veränderung des Werkstoffes bewirkt

---

[177] *Bargel,* in Werkstoffkunde, hrsg. v. *Bargel/Schulze,* 8. Aufl. 2004, S. 114.
[178] *Czichos,* in: *Hütte* – Die Grundlagen der Ingenieurwissenschaften, hrsg. v. *Czichos,* 32. Aufl. 2004, D 67.
[179] *Czichos,* in: *Hütte* – Die Grundlagen der Ingenieurwissenschaften, hrsg. v. *Czichos,* 32. Aufl. 2004, D 65.
[180] *Wicke,* Einführung in die physikalische Chemie, 2. Aufl. 1980, S. 156.
[181] VDI-Lexikon Werkstofftechnik, hrsg. v. *Gräfen,* 1991, S. 14.
[182] DIN 50900, Korrosion der Metalle – Begriffe, Ausgabe 4/1982.

und zu einer Beeinträchtigung der Funktion eines metallischen Bauteiles oder eines ganzen Systems führen kann." Die Definition weist auf den Unterschied im Wertemaßstab zwischen dem **Korrosionsschaden** und der **Korrosionserscheinung,** nämlich der im ersten Teil des Satzes beschriebenen messbaren Werkstoffveränderung hin. Die Differenzierung ist bedeutsam, da Korrosion praktisch **in allen technischen Systemen anzufinden** ist. Die durch atmosphärische Korrosion eintretende leichte Rostbildung an einer Eisenbahnschiene stellt aber beispielsweise keinen Korrosionsschaden dar[183]. Dass der Korrosionsvorgang nicht in jedem Fall mit einem Schadensbild gleichzusetzen ist, zeigt auch die gezielt herbeigeführte und gewünschte Korrosion in Form der Bildung einer Passivschicht auf Metalloberflächen, die gerade erst die Stabilität des Werkstoffs gegenüber dem fortschreitenden Reaktionsverlauf bewirkt.

Zu den häufig auftretenden **elektrochemischen Korrosionsvorgängen,** die ausschließ-   **139** lich in Gegenwart einer ionenleitenden Elektrolytphase (Elektrolytlösung oder Salzschmelze) ablaufen, gehören die **Wasserstoffversprödung** und die **Sauerstoffkorrosion.** Zur **chemischen Korrosion** gehören die Auflösungsvorgänge von nicht-elektronenleitenden Werkstoffen bzw. von Werkstoffen in nicht-ionenleitenden Flüssigkeiten wie der von Kunststoffen in organischen Lösungsmitteln[184].

Als **Rost** werden die bei der atmosphärischen Korrosion und in Wässern auf Eisen und   **140** Stahl gebildeten oxidischen und hydroxidischen Korrosionsprodukte bezeichnet[185]. Rost ist **keine chemisch einheitliche Substanz,** sondern vielmehr ein heterogenes Gemenge verschiedener Eisenoxide, Eisenhydroxide und Oxidhydrate. Im allgemeinen Sprachgebrauch wird mit Rosten die **atmosphärische Korrosion** bezeichnet[186].

Auch die **Hochtemperaturoxidation** und die **Verzunderung** sind Formen der Korro-   **141** sion, die unter Einwirkung eines oxidierenden Mediums, wie z.B. Sauerstoff, Kohlendioxid oder Wasserdampf, auf die Oberfläche eines metallischen Werkstoffes bei erhöhter Temperatur ablaufen[187]. Die Zunderschichten sind meist unerwünscht, nur bei bestimmten Stahlsorten, z.B. hitzebeständigen Stählen, bewirken die Zunderschichten einen Schutz gegen weitere Verzunderung (Oxidschicht) und stellt in diesen Fällen auch kein Schadenbild dar.

d) Die **Tribologie** befasst sich mit den Vorgängen aufeinander einwirkender Oberflächen   **142** in Relativbewegung, wobei Deformationen und Abtragungen von Material – der **Verschleiß** – entstehen. Nach technischer Definition ist Verschleiß[188] der fortschreitende Materialverlust aus der Oberfläche eines festen Körpers, hervorgerufen durch tribologische Beanspruchungen, d.h. Kontakt und Relativbewegung eines festen, flüssigen oder gasförmigen Gegenkörpers. Verschleiß äußert sich im Auftreten von losgelösten kleinen Teilchen (Verschleißpartikel) sowie in Stoff- und Formänderungen der tribologisch beanspruchten Oberflächenschicht[189].

Aufgrund der beim Verschleißvorgang ablaufenden physikalischen und chemischen Pro-   **143** zesse treten **Adhäsion,** d.h. Ausbildung und Trennung von Grenzflächen-Haftverbindungen (z.B. Fressen), **Abrasion,** das ist der Materialabtrag durch furchende oder ritzende Beanspruchung, zu denen u.a. die Erosion und die Kavitation gehören, **Oberflächenzerrüttung,** das bedeutet die Ermüdung und Rissbildung in oberflächennahen Bereichen durch tribologische Wechselbeanspruchungen, und **tribochemische Reaktionen,** die infolge chemischer Wechselwirkungen zwischen Grundkörper, Gegenkörper und angrenzenden Medien entstehen, als die **vier Haupt-Verschleißmechanismen** auf[190]. Die Verschleißmechanismen kön-

---

[183] *Wendler-Kalsch / Gräfen,* Korrosionsschadenkunde, 1998, S. 12.
[184] VDI-Lexikon Werkstofftechnik, hrsg. v. *Gräfen,* 1991, S. 538.
[185] VDI-Lexikon Werkstofftechnik, hrsg. v. *Gräfen,* 1991, S. 540 und S. 862.
[186] VDI-Lexikon Werkstofftechnik, hrsg. v. *Gräfen,* 1991, S. 541.
[187] VDI-Richtlinie 3822 – Blatt 4, Ausgabe 6/1999, S. 14/15; VDI-Lexikon Werkstofftechnik, hrsg. v. *Gräfen,* 1991, S. 1097.
[188] DIN 50323–2, Tribologie – Begriffe, Ausgabe 8/1995.
[189] VDI-Lexikon Werkstofftechnik, hrsg. v. *Gräfen,* 1991, S. 1086.
[190] DIN 50320, Verschleiß – Begriffe, Ausgabe 12/1979.

nen in verschiedenen Verschleißarten je nach Art der tribologischen Beanspruchung und der beteiligten Stoffe einzeln oder kombiniert wirken.

2. Dauernde Einflüsse des Betriebes

144   In den **VDEW-Bedingungen** sind Schäden ausgeschlossen, die nachweisbar eine unmittelbare Folge der dauernden Einflüsse des Betriebes sind. Die dauernden Einflüsse des Betriebes **schließen** zunächst einmal alle Vorgänge der **Abnutzung** ein. Das sind physikalisch-chemische Einwirkungen, die mit der Nutzung der Betrachtungseinheit im bestimmungsgemäßen Betrieb einhergehen (s. oben Rn. 129 ff.). Über die Abnutzung hinaus sind jedoch auch betriebliche Vorgänge zu berücksichtigen, die nicht direkt zu einer Veränderung der Werkstoffeigenschaften führen, sondern in erster Linie die Gebrauchsfähigkeit der versicherten Sache einschränken. Aus diesem Grund stellen auch **Ablagerungen,** die durch den Begriff Abnutzung nicht abgedeckt werden, eine Folge der dauernden Betriebseinflüsse dar. Die Einschränkung der Brauchbarkeit von versicherten Sachen durch Ablagerungen kann als solche bereits die Sachschadendefinition erfüllen (s. Rn. 234 ff.). Darüber hinaus können die Ablagerungen eine mechanische, thermische oder korrosive Überbeanspruchung von Bauteilen hervorrufen, wenn nämlich die Ablagerungen auf Wärmeübertragerflächen als Isolator wirken und zur Überhitzung der Werkstoffe führen oder wenn es unterhalb von Belägen zu beschleunigten Korrosionsvorgängen kommt.

145   Das **Anwendungsspektrum** bei der Einstufung eines Schadens als Folge der dauernden Einflüsse des Betriebes ist **zunächst sehr weit gefasst,** wird durch die **Bedingung,** dass die Schäden eine „unmittelbare Folge" der Betriebseinflüsse sein müssen, jedoch **stark eingeschränkt** (s. Rn. 105). Da ein versicherter Sachschaden nur bei einem unvorhergesehenen Ereignis als Schadenursache vorliegt, handelt es sich bei § 3 II. 9. der VDEW-Bedingungen streng genommen nicht um einen Ausschluss, der definitionsgemäß eine Ausnahme von der primären Risikobegrenzung darstellt, sondern um eine Klarstellung[191]. Für Schäden an Wicklungen und Blechpaketen wird der Ausschluss in § 3 III 2. Abs. der VDEW-Bedingungen mit Hinweis auf den „Abzug neu für alt" im Falle eines Teilschadens abbedungen. Unter den genannten Voraussetzungen wird bei Kosten der reinen Neuwicklung und Neublechung nach Maßgabe von § 4 II Nr. 2 oder Nr. 3 der VDEW-Bedingungen ganz oder teilweise auf den „Abzug neu für alt" verzichtet, also auch der Teil des Schadens ersetzt, der sich unmittelbar auf die dauernden Betriebseinflüsse zurückführen lässt.

3. Korrosive Angriffe oder Abzehrungen

146   Der Ausschluss von Schäden durch korrosive Angriffe oder Abzehrungen findet sich in den AMB 91 und den ABMG 92 im Anschluss an die Ausschlussbestimmungen für normale und für vorzeitige Abnutzung[192]. Der Ausschluss ist sprachlich schon deshalb wenig gelungen, da es sich bei **„Abzehrungen" nicht** um einen **technisch-wissenschaftlich definierten** Begriff handelt[193] und auch die Bedeutung des Wortes **„Angriff" verschiedene Interpretationsversuche** zulässt[194].

147   Ein Ausschluss für Schäden durch „korrosive Angriffe, Abzehrungen oder Ablagerungen jeder Art an den von Flüssigkeiten, Dämpfen oder Gasen berührten Teilen" von im Versicherungsschein besonders zu bezeichnenden Sachen war als Klausel 111 zu den Allgemeinen Maschinenversicherungs-Bedingungen im Jahr 1969 vom Bundesaufsichtsamt genehmigt

---

[191] *Prölss/Martin/Kollhosser,* § 49 Rn. 13; OLG Saarbrücken v. 19. 7. 2006 VersR 2007, 345 (346).

[192] § 2 Nr. 5e) cc) AMB 91 und ABMG 92.

[193] Im Feuerungs- und Dampferzeugertechnik werden in der Praxis unter „Abzehrung" der Materialverlust in der Wanddicke von Heizflächen, Ausmauerungen etc. verstanden. In den Werkverträgen werden regelmäßig entsprechende Garantien für eine (zeitbezogene) „Abzehrungsrate" vereinbart.

[194] *Prölss/Martin/Voit/Knappmann,* Teil III M (I a) § 2 Rn. 37 mit zutr. Kritik an *Scheuermeyer,* Maschinenversicherung in der Praxis, S. 82; insofern ist es fraglich, ob der Ausschluss dem Transparenzgebot in § 307 Abs. 1 BGB genügt; zu den Anforderungen des Transparenzgebotes: OLG Brandenburg v. 25. 4. 2007, VersR 2007, 1071 (1072).

worden[195]. Die Klausel 111 diente zur **Klarstellung** der Ausschlussbestimmung Nr. 2.2.10 der damaligen Fassung der AMB für Schäden, die eine unmittelbare Folge der dauernden Einflüsse des Betriebes, der übermäßigen Bildung von Rost oder des übermäßigen Ansatzes von Ablagerungen sind. Den Erläuterungen ist zu entnehmen, dass die Klausel **auf Schnell-dampferzeuger zugeschnitten** ist, die keiner gleichmäßigen, kontinuierlichen Beanspruchung unterliegen[196]. Diese Kessel müssen nach einer Anheizzeit von wenigen Minuten die gewünschte Dampfmenge bei dem erforderlichen Druck bereitstellen, weshalb auf eine besonders sorgfältige Speisewasserpflege zu achten ist[197].

Der ursprünglich als Klarstellung konzipierte Ausschluss besitzt **keine eigenständige Be-** **148** **deutung,** da die angesprochenen Korrosions- und Verschleißmechanismen von den Ausschlüssen der normalen oder der vorzeitigen Abnutzung bereits erfasst werden. Die im Schrifttum vorgenommenen und zum Teil widersprüchlichen Deutungen gehen von Annahmen aus, die weder dem Wortlaut zu entnehmen sind, noch dem ursprünglichen Sinn des Ausschlusses gerecht werden[198]. Insbesondere die Einbeziehung von unfallartigen Ereignissen in die Ausschlussbestimmung ist abzulehnen[199].

4. Kesselstein, Schlamm und sonstige Ablagerungen

In AMB 91 und ABMG 92 sind Schäden durch übermäßigen Ansatz von Kesselstein, **149** Schlamm oder sonstigen Ablagerungen ausgenommen[200]. Diese Ausschlussformulierung wurde 1969 in die AMB in Anlehnung an die bereits 1958 überarbeiteten VDEW-Bedingungen integriert[201]. **Ablagerungen** im bestimmungsgemäßen Betrieb können begrifflich nur dort auftreten, wo bestimmungsgemäß oder unvermeidbar Stoffe in einem Trägermedium in Ruhe (Zwischen-/Lagerbehälter) oder in Bewegung (Fördersysteme, Rohrleitungen etc.) enthalten sind oder durch einen chemischen Reaktionsablauf gebildet werden können.

Der Ausschluss für Ablagerungen in AMB 91 und ABMG 92 gilt für einen **übermäßigen** **150** **Ansatz.** Die Formulierung stellt klar, dass in stoffführenden Systemen ohnehin mit einem gewissen Grad an Ablagerungen zu rechnen ist, deren Einfluss auf die Leistungsfähigkeit der Sache vorhersehbar ist. Selbst die Leistungsdaten von Apparaten oder ganzen Anlagen werden auf den Zustand der sog. **Grundverschmutzung** bezogen[202], da saubere Oberflächen innerhalb verfahrenstechnischer Systeme nur unmittelbar nach der Montage oder einer späteren Reinigung existieren, meist auch nur für einen kurzen Zeitraum. Bei der Auslegung von Wärmeaustauschern werden Ablagerungen beispielsweise durch einen sog. „fouling-factor" bei der Bestimmung der Austauscherfläche berücksichtigt.

Die Ablagerung stellt in der Regel einen **allmählich fortschreitenden Prozess** dar, wenn **151** sich beispielsweise Feststoffe aufgrund der Schwerkraft in Bereichen geringer Strömung absetzen oder durch Oberflächenkräfte an den Umfassungswänden anhaften. Dies gilt auch für gelöste Salze, die bei Überschreiten der Sättigungskonzentration an den Wänden auskristallisieren und an den gebildeten Keimzellen weiter aufwachsen. Bei der Förderung staubhaltiger Luft oder Abgase können Ablagerungen an den Kanalwänden eine Strömungsveränderung und Durchflussverminderung bewirken. Auf den äußeren, der Umgebung zugewandten Oberflächen von Maschinen oder Anlagenkomponenten können Ablagerungen entstehen, falls sich

---

[195] VerBAV 1969, 2 (7).
[196] *Dreischmeier,* VerBAV 1969, 30 (36).
[197] *Netz,* Wärme und Dampf, 3. Aufl. 1991, S. 255.
[198] Auch wenn die h. M. die Heranziehung der Historie einer Bestimmung für deren Auslegung ablehnt, so kann ein Blick in die Entstehungsgeschichte dennoch hilfreich sein, um Missverständnisse auszuschließen; vgl. auch OLG Hamm v. 7. 2. 2007, VersR 2007, 980 (981), zu einer Klausel in der Architektenhaftpflichtversicherung.
[199] Vgl. *Prölss/Martin/Voit/Knappmann,* Teil III M (I a) § 2 Rn. 37.
[200] § 2 Nr. 5 e) Abs. 1 dd) AMB 91 und ABMG 92.
[201] *Dreischmeier,* VerBAV 1969, 30 (31).
[202] Bspw. in der FDBR-Richtlinie über Abnahmeversuche an Abfallverbrennungsanlagen mit Rostfeuerungen, Ausgabe 1/1999, S. 11.

die Betriebsteile in einer staubhaltigen Atmosphäre befinden. In der Maschinenversicherung stellt die Verschmutzung einer Sache zunächst einmal keinen Sachschaden dar, denn der an der Oberfläche der versicherten Sache vorhandene Schmutz beeinträchtigt die Substanz nicht, auch wenn es sich um einen nur schwer und unter Aufwand von Kosten lösbaren Belag handelt[203].

152 In Bedingungswerken der Maschinenversicherung werden im Zusammenhang mit Ablagerungen ausdrücklich nur **Kesselstein** und **Schlamm** erwähnt[204], andere Erscheinungsformen sind als Ausschluss über die Sammelbegriffe „dauernde Betriebseinflüsse" (VDEW-Bedingungen) oder **sonstige Ablagerungen** (AMB 91 und ABMG 92) erfasst.

153 **a)** In VDI 3822 Blatt 4 wird **Kesselstein** als eine Form von Ablagerungen aufgeführt, und zwar im Allgemeinen unter Bildung harter und spröder Ablagerungsprodukte. Kesselstein stellt eine zusammenhängende mineralische Schicht aus Karbonaten, Sulfaten, Phosphaten oder Silikaten dar. Die festen Phasen bilden sich aus übersättigten Lösungen von Mineralien in Wasser. Bei der Verdampfung des Wassers bleiben die gelösten Salze als Kesselstein zurück. Die Ablagerungen treten wasserseitig bevorzugt an beheizten Stellen, z. B. an Innenflächen von Kesseln, in dampfbeheizten Heizschlangen oder Rohrbündeln auf, setzen Rohrleitungen zu und behindern den Wärmeübergang.

154 **b)** In den VDEW-Bedingungen wird **Schlamm** neben Rost und Kesselstein als potenziell ausgeschlossene Schadenursache genannt[205]. Es sind die im Betrieb des Kraftwerksprozesses vor allem als „Kesselschlamm" entstehenden Feststoffe gemeint, die sich nicht als Belag an den Umfassungswänden anlagern und aufwachsen, sondern (zunächst) im Flüssig-Feststoff-System suspendiert verbleiben. Ein Schadensbild kann in technischen Systemen infolge der Erhöhung des Feststoffanteils in der Suspension durch Absetzen der Partikel in Zonen niedriger Strömungsgeschwindigkeit hervorgerufen werden. Schlamm stellt dann insofern auch eine Ablagerung im Sinne der allgemeinen Ausschlussbestimmungen[206] dar, als er sich nicht wieder durch Suspendieren der Partikel in das Trägermedium auflöst.

155 Nicht vom Ausschluss erfasst wird das im **allgemeinen Sprachgebrauch** mit Schlamm assoziierte, durch Wasser aufgeschwemmte **Erdreich,** das beispielsweise bei einem Starkregenereignis in Maschinen oder Anlagensysteme eindringen kann. Bei diesem Vorgang handelt es sich um ein von außen auf die versicherte Sache einwirkendes Ereignis. In diesem Fall ist zu entscheiden, ob nur eine bloße Verschmutzung oder ein Sachschaden vorliegt (s. Rn. 235 ff.).

156 **c)** In Bedingungswerken der Maschinenversicherung werden im Zusammenhang mit Ablagerungen ausdrücklich nur Kesselstein und Schlamm erwähnt, alle andere Erscheinungsformen von Ablagerungen wie Staub, Beläge auf Wärmetauschern etc. fallen in den AMB 91 und ABMG 92 unter den Ausschluss **sonstige Ablagerungen.** Der zu den vom Ausschluss erfassten sonstigen Ablagerungen zu rechnende Wasserstein gehört zu den typischen Ablagerungen in wasserführenden Systemen wie auch Versalzungen und Kieselsäurebeläge.

5. Wiedereinschluss bei mitwirkenden Ursachen

157 Im **Zusammenwirken mit den Betriebseinflüssen** kommen eine Reihe möglicher Ursachen eines Schadens an den versicherten Objekten in Frage. Die **von außen wirkenden Ereignisse,** wie z. B. Naturgewalten, lassen sich i. d. R. markieren und von den betrieblichen Beanspruchungen trennen. In diesen Fällen kommt der Ausschluss nicht zur Anwendung, da die zur gleichen Zeit wirkenden Betriebsbeanspruchungen nur ein zufälliges Moment darstellen und nicht adäquat kausal für den Schaden sind. Die Frage der mitwirkenden Ursachen stellt sich aber verstärkt, wenn der Schaden unmittelbar, also i. S. d. zeitlich letzten Ursache durch die Betriebsbeanspruchungen ausgelöst wurde.

[203] *Martin*, Montageversicherung, § 2 Rn. 2.3.3; s. auch Rn. 237.
[204] In § 3 II. Nr. 8 der VDEW-Bedingungen im Zusammenhang mit der Kenntnis des verantwortlichen Betriebsleiters; s. hierzu auch Rn. 106 ff.
[205] § 3 II. Nr. 8 VDEW-Bedingungen.
[206] Vgl. § 2 Nr. 5 e) Abs. 1 dd) AMB 91 und ABMG 92.

In AMB 91 und ABMG 92[207] findet sich ein **Wiedereinschluss von zuvor ausge-** 158
schlossenen Betriebsschäden[208] (tertiäre Risikoabgrenzung) unter der Voraussetzung, dass
der Schaden – über die Betriebsbeanspruchung hinaus – durch eine besonders bezeichnete
Schadenursache entstanden ist[209]. Die Systematik, den Versicherungsschutz für spezielle Ge-
fahrensituationen über den Weg des Wiedereinschlusses zu gewähren, wird notwendig, da die
Ausschlüsse von Betriebsschäden zunächst sehr umfassend ohne Rücksicht auf mitwirkende
Ursachen gelten und hat Folgen für die Beweislast.

In den **VDEW-Bedingungen** ist für einen Wiedereinschluss **kein Platz.** Der dortige 159
Ausschluss von Schäden durch die dauernden Einflüsse des Betriebes scheidet ohnehin bei
einer Mitwirkung der in AMB 91 und ABMG 92 für den Wiedereinschluss genannten Schadenursachen aus, da der ausgeschlossene Schaden eine „unmittelbare Folge" der Betriebseinflüsse sein muss. Diese Unterscheidung in den Bedingungswerken hebt die Bedeutung der
Gestaltung der Anwendungsvoraussetzungen von Ausschlüssen hervor.

Der Wiedereinschluss in AMB 91 und ABMG 92 gilt für einige der zuvor in beiden Be- 160
dingungswerken beispielhaft aufgezählten versicherten Gefahren. Es handelt sich zum einen
um **technisch-objektive** Gefahrenmerkmale, wie das Versagen von Mess-, Regel- oder Si-
cherheitseinrichtungen, Wassermangel in Dampferzeugern (AMB 91) oder Schmiermittelmangel (ABMG 92). Zum anderen führen Risikosituationen zum Wiedereinschluss, die
durch Entscheidungen oder Tätigkeiten **subjektiv handelnder Personen** ausgelöst werden.
Hier sind zunächst Ungeschicklichkeit, Fahrlässigkeit oder Böswilligkeit zu nennen, wobei
(neben dem Versicherungsnehmer oder seinen Repräsentanten) die Mitarbeiter des Versicherungsnehmers, aber auch Dritte als Risikoträger in Frage kommen, z. B. ein Spediteur, der
beim Rangieren auf dem Betriebsgrundstück versicherte Sachen beschädigt. Die genannten
Schadenursachen lassen sich i. d. R. von den reinen Betriebsschäden leicht abgrenzen.

Daneben führen die **Bedienungsfehler,** aber auch die zu den Produktfehlern gehörenden 161
Konstruktions-, Material- sowie **Ausführungsfehler** als mitwirkende Ursachen ebenfalls
zum Wiedereinschluss der ausgeschlossenen Betriebsschäden. Da diese Fehler in einem sehr
engen Zusammenhang mit dem Betrieb existieren, wirken sie sich meist überhaupt erst im
Zusammenhang mit den Betriebsbeanspruchungen schädigend aus. Deshalb kann es schwierig sein, die **Kausalität des Fehlers** für den Schaden oder einen bestimmten Schadenumfang
festzustellen. Maßstab für das Vorliegen eines der o. g. Fehler ist **der Stand der Technik** zum
Zeitpunkt der Konstruktion bzw. der Herstellung.

a) Ein **Konstruktionsfehler** entsteht bei einem Verstoß gegen die zur Zeit der Durch- 162
führung der Konstruktion gegebenen technischen Erkenntnisse; eine danach korrekte Konstruktion kann nicht durch nachträgliche Erkenntnisse und mit der Folge eines erweiterten
Versicherungsschutzes zum Konstruktionsfehler werden. Bei einem Konstruktionsfehler
wird der nach dem **Stand der Technik** vorhandene Erkenntnisstand außer Acht gelassen[210].
Hierauf verweisen auch die Wiedereinschlüsse in den AVB[211].

Die genaue Auslegung einer Konstruktion gestaltet sich in der Praxis als schwierig, weil so- 163
wohl die Tragfähigkeit wie auch die Belastung in der Regel **starken Schwankungen** unterworfen sind[212]. Verfahrenstechnische Anlagen stellen aufgrund der Prozessanforderungen
oder auch der spezifischen Örtlichkeiten häufig **Unikate** dar, bei denen auf Erfahrungen nur
zum Teil zurückgegriffen werden kann. Daher stellt es sich häufig erst bei Inbetriebnahme
oder während des Betriebes heraus, dass die gewählte Konstruktion die Anforderungen nicht
oder nur eingeschränkt erfüllt.

---

[207] § 2 Nr. 5e) Abs. 3 von AMB 91 und ABMG 92.
[208] § 2 Nr. 5e) Abs. 1 bb) bis dd) von AMB 91 und ABMG 92.
[209] Eine (oder mehrere) der versicherten Gefahren nach § 2 Nr. 1 Abs. 2a) bis d) AMB 91 und ABMG
92.
[210] BGH v. 3. 10. 1984, VersR 1984, 1185; vgl. auch OLG Karlsruhe v. 10. 10. 2001, VersR 2003, 1584
(1585); zum Stand der Technik s. auch Rn. 172f.
[211] AMB 91 und ABMG 92 § 2 Nr. 5e) Abs. 3.
[212] *Broichhausen*, Schadenskunde, 1985, S. 193ff.

164   Bei der Ermittlung des Belastungsspektrums muss man in den meisten Fällen **von Annahmen ausgehen,** da es nicht möglich ist, alle während der gesamten Lebensdauer auftretenden, häufig durch **unvorhersehbare Einflussgrößen** bedingte Einzelbelastungen genau
vorauszubestimmen. Besonders kritisch ist die Erfassung derjenigen Belastungen, die nur
kurzzeitig, unregelmäßig oder lediglich in bestimmten Betriebszuständen auftreten. Aus den
genannten Gründen und weil nicht zu allen Anwendungsfällen normierte Konstruktions-
oder Auslegungsstandards existieren, ist es in einigen Fällen schwierig, einen konkreten Konstruktionsfehler als Schadenursache zu isolieren.

165   b) Die als **Materialfehler** bezeichneten Einflussgrößen sind die Folgen einer ungeeigneten Behandlung bei der Herstellung, d. h. bei der Urformung, Umformung oder Wärmebe-
handlung[213]. Dass die Eigenschaften der angelieferten Grundstoffe sowie der daraus hergestellten Zwischenprodukte mit den Anforderungen der Bestellung übereinstimmen, sollte
durch ein Prüf- oder Werkszeugnis nach DIN EN 10204[214] nachgewiesen werden. Je nach
der Beanspruchung beim Einsatz der Werkstoffe können die Auswirkungen der mit dem
Herstellungsprozess verbundenen Fehler noch zulässig sein oder nicht, da die gewünschte
Reinheit auch den Aufwand bei der Herstellung bestimmt. Beispiele für makroskopisch auftretende Werkstofffehler sind Lunker, Einschlüsse, Gasblasen, Poren, Seigerungen, d. h. Ent-
mischungsvorgänge aus der Schmelze, sowie Gefügefehler und -inhomogenitäten.

166   c) Als **Ausführungsfehler** sind Aktivitäten anzusehen, die trotz des Vorhandenseins einer
korrekten Konstruktion und Planung sowie fehlerfreier Werkstoffe entstehen, wenn bei der
Herstellung der Sache, z. B. der Bearbeitung der Werkstücke (Werkstattrisiko) oder dem Zusammenbau (Montagerisiko), Fehler begangen werden. Bei der Beurteilung komplexer Bauvorhaben könnte jede Abweichung von den Konstruktionsvorgaben als Ausführungsfehler
bezeichnet werden, da der einzelne Ausführende nicht in der Lage ist, die Folgen von Planab-
weichungen zu beurteilen und dafür die Verantwortung zu übernehmen.

167   d) **Betriebsfehler** beziehen sich auf einen Zeitraum nach Herstellung, Auslieferung und
Erprobung, wenn die betriebsfertige Sache in die Gefahrtragung des Bestellers übergegangen
ist. Demzufolge fallen Betriebsfehler in den Verantwortungsbereich des Verwenders oder Betreibers des versicherten Objektes, es sei denn, dass sie durch einen vorhandenen Produktfehler überhaupt erst möglich wurden. Beispielhaft hierfür sind Korrosionsschäden, die durch
Verwendung ungeeigneter Betriebsstoffe entstehen. Der Ursprung von Betriebsfehlern kann
auch in einer mangelhaften Spezifikation der Betriebsmittel bzw. der Einsatzgrenzen bezüglich der Inhaltsstoffe und sonstiger Qualitätsmerkmale liegen, was als Instruktionsfehler zu
bewerten wäre[215]. Dem allgemeinen Fehlerbegriff folgend, stellt der Betriebsfehler eine ungünstige Abweichung des Zustandes der Sache von den Merkmalen eines bestimmungsgemäßen Einsatzes dar. Das Auftreten von Betriebsfehlern kann in die Kategorien Bedienungsfehler, Betriebsbeanspruchungsfehler sowie Instandhaltungs- und Reparaturfehler unterteilt
werden[216].

168   Unter den Begriff des **Bedienungsfehlers**[217] fallen z. B. die Benutzungsfehler, also eine
nicht bestimmungsgemäße, den Vorgaben des Herstellers widersprechende Verwendung des
Produktes, Unterweisungsfehler innerhalb der Betriebsorganisation des Benutzers, aber auch
die Sabotage als vorsätzliche Fehlbedienung. Ein Bedienungsfehler liegt vor, wenn einmalig
oder laufend von Anleitungen des Herstellers oder vorhandenen Betriebserfahrungen abgewichen wird[218]. Der Bedienungsfehler als mitwirkende Schadenursache führt nach AMB 91
und ABMG 92 zum Wiedereinschluss.

---

[213] *Broichhausen,* Schadenskunde, 1985, S. 178.
[214] DIN EN 10204: Arten von Prüfbescheinigungen, Ausgabe 8/1995.
[215] *Aschenbrenner,* Vortrag auf dem VDI-Seminar Verschleiß-Korrosion-Betriebskosten an Verbren-
nungsanlagen, Bamberg am 7. und 8. Mai 1998, S. 5.
[216] *Schmitt-Thomas/Siede,* Technik und Methodik der Schadenanalyse, 1989, S. 108.
[217] *Schmitt-Thomas/Siede,* Technik und Methodik der Schadenanalyse, 1989, S. 108.
[218] *Prölss/Martin/Voit/Knappmann,* Teil III M (I a) § 2 Rn. 42.

Wenn sich eine **spezifische Betriebsweise** nachträglich als Ursache einer verkürzten Lebensdauer erweist, kann jedoch nicht von einem Bedienungsfehler gesprochen werden. Ebenso nicht, wenn aufgrund mangelhafter Dokumentation durch eine vom Anwender nicht als falsch identifizierbare Bedienung Schäden entstehen. Da Betriebsanleitung und Dokumentation Teil des herzustellenden Produktes sind, kann in den letzten Fällen als Schadenursache ein Produktfehler angenommen werden. Verstöße gegen die Instruktionspflicht, die bei dem allgemeinen Erfahrungswissen der in Betracht kommenden Abnehmerkreise beginnt, werden als **Instruktionsfehler** bezeichnet. Im Falle eines Instruktionsfehlers ist nach dem Wortlaut der Bedingungen kein Wiedereinschluss vorgesehen. **169**

Auch wenn der Hersteller für Entwicklungsfehler nicht haftet, so muss er nach Inverkehrbringen des Produkts verfolgen, ob sich bisher unbekannte Gefahren offenbaren, die von seinem Produkt ausgehen (aktive und passive Produktbeobachtungspflichten). Erlangt der Hersteller[219] Kenntnis von solchen Gefahren, besteht für ihn die **Instruktionspflicht,** Benutzer und Dritte zu warnen und, soweit die **Warnung** erkennbar nicht ausreicht, um eine hinreichende Schutzwirkung zu erzielen, weitere Maßnahmen ergreifen, z. B. den **Rückruf** des Produkts[220]. Reagiert der Verwender trotz Kenntnis einer Warnung oder eines Rückrufs nicht, so liegt ein Fall **bewusster Selbstgefährdung** vor[221]. Der Weiterbetrieb eines solchen Produktes kann dann nicht als Bedienungsfehler im Sinne einer versicherten Gefahr in der Maschinenversicherung angesehen werden. **169a**

Der **Betriebsbeanspruchungsfehler** spielt als unmittelbar schadenauslösende Ursache eine bedeutende Rolle, wenn auch neben äußeren Umgebungseinflüssen häufig andere Fehlerarten primär für deren Entstehung verantwortlich sind. Der Betriebsbeanspruchungsfehler ist gekennzeichnet durch eine Überbeanspruchung der Konstruktion oder der eingesetzten Werkstoffe, die über die im bestimmungsgemäßen Betrieb auftretende Beanspruchung hinausgeht. Die Überbeanspruchung kann meist auf die Folgen anderer Fehlerarten zurückzuführen sein, was sich entsprechend auf den Wiedereinschluss auswirkt. **170**

In die Gruppe der **Instandhaltungs- und Reparaturfehler** sind Fehlerarten einzuordnen, die vor, während oder nach der Durchführung von Wartungs- und Kontrollmaßnahmen sowie von Tätigkeiten zur Instandsetzung und Bearbeitung des technischen Objektes entstehen. Beispielhaft sind zu nennen Fehler beim Ersatzteileinbau, Einstellarbeiten etc, Revisions- und Inspektionsfehler, Fehler bei der Schmierung, Reinigung oder sonstigen Wartungsarbeiten sowie Fehler bei der Wiederinbetriebnahme. In diesen Fällen ist zu prüfen, ob ein entstehender Betriebsschaden z. B. wegen Fahrlässigkeit ersatzpflichtig ist. **171**

e) Maßgeblich für das Vorliegen eines **Konstruktionsfehlers** ist der **Stand der Technik** zur Zeit der Konstruktion, für das Vorliegen von **Bedienungs-, Material- oder Ausführungsfehler** der Stand der Technik zur Zeit der Herstellung[222]. In gesetzlichen Bestimmungen wird der Stand der Technik als unbestimmter Rechtsbegriff zur Dynamisierung der durch die Rechtsnorm geschaffenen Anforderungen, z. B. an den Schutz der Umwelt verwendet[223]. Im Hinblick auf die dynamische Anpassung an die mit dem Entwicklungsstand fortschrittlicher Technik steigenden Anforderungen und damit aber auch abnehmender Erprobungsreife ist der Stand der Technik einzuordnen zwischen den „anerkannten Regeln der Technik", d. h. technischen Regeln[224], die nach Meinung der überwiegenden Mehrheit der auf dem **172**

---

[219] Neben dem Hersteller können auch Zulieferer, Importeure, Quasi-Hersteller oder Händler entsprechende Pflichten treffen.

[220] *Frick/Kluth,* Produktbeobachtung, PHi, 2006, 206 (210).

[221] *Frick/Kluth,* Produktbeobachtung, PHi, 2006, 206 (211).

[222] BGH v. 15. 4. 1998, NJW 1998, 2814 (2815): Im Allgemeinen kommt es auf den Stand der anerkannten Regeln der Technik zur Zeit der Abnahme an.

[223] Vgl. *Seibel,* BauR 2004, 1718.

[224] BVerwGE v. 30. 9. 1996: DIN-Vorschriften und sonstige technische Regelwerke (VDI, VDE, DVGW etc.) kommen hierfür als geeignete Quellen in Betracht. Sie haben aber nicht schon kraft ihrer Existenz die Qualität von anerkannten Regeln der Technik und begründen auch keinen Ausschließlichkeitsanspruch.

Voßkühler

betreffenden Gebiet tätigen Fachleute als richtig anerkannt[225] und in der Praxis erprobt und bewährt sind, sowie dem „Stand von Wissenschaft und Technik", das ist, was an der Front der naturwissenschaftlichen und technischen Erkenntnisse zum Zeitpunkt der anstehenden Entscheidung als erforderlich und machbar angesehen wird. Nach einer Entscheidung des Bundesverfassungsgerichtes bewegt sich der Stand der Technik an der **Front der technischen Entwicklung,** da die allgemeine Anerkennung und die praktische Bewährung allein für den Stand der Technik nicht ausschlaggebend sind[226].

173   Für den Begriff „Stand der Technik" genügt es allerdings nicht, dass die Wissenschaft Lösungen für bestimmte Verfahren erforscht hat; es muss sich vielmehr um Techniken handeln, die bereits entwickelt sind. Von einem „Stand"[227] der Technik kann nur gesprochen werden, wenn die Verfahren, Einrichtungen und Betriebsweisen der **Öffentlichkeit** durch schriftliche oder mündliche Beschreibung, durch Benutzung oder in sonstiger Weise **zugänglich** gemacht worden sind[228]. Der Stand der Technik kann bei dem mit der Materie befassten Personenkreis als bekannt vorausgesetzt werden[229]. Eine erfolgreiche Betriebserprobung der Verfahren, Einrichtungen und Betriebsweisen muss deshalb aber noch nicht stattgefunden haben, es ist lediglich die Gewähr der praktischen Eignung erforderlich[230].

IV. Weitere Ausschlüsse

1. Gewährleistungsschäden

174   Das Eigentum an den in der Maschinenversicherung versicherten Sachen hat der Versicherungsnehmer durch **Kauf- oder Werkvertrag** erworben. Diesem Vorgang ist die **Herstellung im eigenen Betrieb** gleichzusetzen[231]. Verkäufer und Werkunternehmer haben dem Käufer, Besteller oder sonstigem Auftraggeber die Sache bzw. das Werk frei von Sach- und Rechtsmängeln zu verschaffen. Der Mangelbegriff stimmt im Kauf- und Werkvertragrecht inhaltlich überein[232]. Die Sache ist frei von Sachmängeln, wenn sie (bei Gefahrübergang) die vereinbarte Beschaffenheit hat[233]. Für Reparaturen einer versicherten Sache gilt üblicherweise ebenfalls das Werkvertragrecht[234].

175   In der Maschinenversicherung werden Schäden vom Versicherungsschutz ausgeschlossen, für die **ein Dritter als Lieferant** (Hersteller oder Händler), **Werkunternehmer** oder aus **Reparaturauftrag** einzutreten hat[235]. Dabei kommt es nicht auf eine Haftung eines Dritten an, sondern es wird vielmehr eine Eintrittpflicht aus den begründeten Kauf- oder Werkverträgen zugrunde gelegt. Somit ist klargestellt, dass auch Nacherfüllungsansprüche unter diesen Passus fallen. Wenn also einer der o. g. Dritten für einen grundsätzlich unter den Versicherungsschutz fallenden Schaden aus Werk- oder Kaufvertrag einzutreten hat, leistet der Versicherer keinen Ersatz gemäß den zugrunde liegenden Versicherungsbedingungen. Da es sich hier um einen Ausschlusstatbestand handelt, muss der Versicherer gegebenenfalls die Eintrittpflicht des Dritten beweisen[236]. Der Versicherungsnehmer hat im Rahmen seiner Auf-

---

[225] *Bender/Sparwasser/Engel,* Umweltrecht, 4. Aufl. 2000, S. 26.
[226] BVerfG v. 8. 8. 1979, NJW 1979, 359 (362).
[227] Vgl. *Taschner/Frietsch,* Produkthaftungsgesetz und EG-Produkthaftungsrichtlinie, 1990, Einführung Rn. 104 ff.
[228] Europäisches Patentübereinkommen, Art. 54.
[229] Vgl. Erläuterungen zur Umwelthaftpflichtversicherung, hrsg. Gesamtverband der Deutschen Versicherungswirtschaft in: VW 1998, Beilage zu Heft 24, S. 30.
[230] *Czychowski,* Wasserhaushaltsgesetz, 7. Aufl. 1998, S. 357.
[231] Vgl. § 7 Nr. 5 AMB 91 und ABMG 92.
[232] *Palandt/Sprau,* § 633 Rn. 2.
[233] §§ 434, 633 Abs. 1 S. 1 BGB.
[234] *Palandt/Sprau,* § 651 Rn. 4.
[235] AMB 91 § 2 Nr. 5h und ABMG 92 § 2 Nr. 5g.
[236] *v. Gerlach,* Die Maschinenversicherung, S. 61 f.

klärungs- und Mitwirkungspflichten die für eine Feststellung notwendigen Unterlagen bereitzustellen.

Der Ausschluss stellt eine in den Bedingungswerken der technischen Versicherungen selten **175b** anzutreffende Bestimmung dar, die eine **Subsidiarität** hinter Ansprüchen gegen Dritte anordnet[237]. Diese Form der Subsidiarität darf aber grundsätzlich nicht mit den Subsidiaritätsabreden in Versicherungsbedingungen verwechselt werden, die eine Doppelversicherung verhindern sollen, z. B. § 16 AMoB[238]. Dazu fehlt es schon an der Gleichstufigkeit der Ansprüche des Versicherungsnehmers gegen den Versicherer und gegen die in dem Ausschluss aufgeführten Dritten[239].

Bestreitet der Dritte seine **Eintrittspflicht,** dann leistet der Versicherer zunächst Ent- **176** schädigung, soweit er bedingungsgemäß zu leisten hat, bis über die Eintrittspflicht des Dritten Klarheit herrscht. Auch wenn sich erst nach Zahlung einer Entschädigungsleistung herausstellt, dass ein Dritter für den Schaden einzutreten hat, behält der Versicherungsnehmer die bereits gezahlte Entschädigung, bis die Eintrittspflicht des Dritten geklärt ist.

Grundsätzlich gehen **Ersatzansprüche** des Versicherungsnehmers gegen einen Dritten **177** mit der Entschädigung gemäß § 86 VVG (früher § 67 VVG a. F.) (gesetzlicher Forderungsübergang) auf den Versicherer **über.** In der Maschinenversicherung ist § 86 VVG für die Fälle, in denen ein Dritter als Lieferant (Hersteller oder Händler), Werkunternehmer oder aus Reparaturauftrag einzutreten hat, allerdings ausdrücklich abbedungen. Die Verhinderung des Forderungsübergangs nach § 86 VVG schließt rechtliche Bedenken über dessen zulässige Anwendung von vorne herein aus, die sich daraus ergeben könnten, dass dieser Gefahrenbereich über den Versicherungsvertrag aufgrund des Ausschlusstatbestandes nicht gedeckt ist[240]. Die Leistung eines (nur) subsidiär haftenden Versicherers steht der Anwendung von § 86 VVG ohnehin nicht entgegen[241].

Die AMB 91 und die ABMG 92 sehen vor, dass der Versicherungsnehmer trotz des Aus- **178** schlusses des § 67 VVG a. F.[242] seine Ansprüche außergerichtlich oder gerichtlich **gegen den Dritten durchsetzt.** Die Kosten der Maßnahmen zur Durchsetzung der Ansprüche hat der Versicherer zu tragen. Macht der Versicherungsnehmer die Ansprüche gegen Dritte geltend, so hat er die **Weisungen** des Versicherers zu beachten. Dieser Anspruch des Versicherers wird in § 242 BGB (Leistung nach Treu und Glauben) begründet. Folgt der Versicherungsnehmer den Weisungen des Versicherers nicht, dann muss er die Entschädigung zurückzahlen[243].

Sobald die Eintrittspflicht des Dritten unstreitig oder rechtskräftig festgestellt und der **179** Dritte dem Versicherungsnehmer den entsprechenden **Schadensersatz geleistet** hat, zahlt der Versicherungsnehmer in dieser Höhe die bereits gezahlte Entschädigung an den Versicherer zurück. Ebenfalls ist die gezahlte Entschädigung zurück zu zahlen, wenn der Versicherungsnehmer den Weisungen des Versicherers nicht Folge leistet. Das Risiko der Durchsetzbarkeit der Ansprüche aus den begründeten Kauf- oder Werkverträgen gegenüber den Vertragspartnern des Versicherungsnehmers sowie das Insolvenzrisiko liegt somit beim Versicherer[244]. Im Falle, dass jedoch der Dritte seine Eintrittspflicht für den entstandenen Schaden

---

[237] *Prölss/Martin/Voit/Knappmann,* Teil III M (I a) § 2 Rn. 52; zur Wirksamkeit entsprechender Subsidiaritätsklauseln vgl. *Palandt/Grüneberg,* § 309 Rn. 58.

[238] So aber *Prölss/Martin/Kollhosser,* § 59 Rn. 24, wo die Bestimmung sogar als Beispiel einer „qualifizierten" Subsidiaritätsklausel herangeführt wird, was allein wegen der Vorleistungspflicht gemäß Abs. 2 verfehlt wäre; Allgemeine Montageversicherungsbedingungen (AMoB), *Prölss/Martin/Voit,* Teil III M (III).

[239] Eine Ausnahme bilden im Rahmen des Kauf- oder Werkvertrags erworbene Garantieansprüche des Versicherungsnehmers, auf die § 78 VVG bzw. § 59 VVG a. F. mit guten Gründen analog anwendbar sein soll; vgl. *Prölss/Martin/Prölss,* § 67 Rn. 6.

[240] *Martin,* VW 1969, 75 (79); v. *Gerlach,* Die Maschinenversicherung, S. 62.

[241] BGH v. 23. 11. 1988, VersR 1989, 250.

[242] Zukünftig ist analog zu der früheren Regelung § 86 VVG bei Gewährleistungsschäden abbedungen.

[243] *Martin,* VW 1969, 75 (79); *Dreischmeier,* VerBAV 1969, 30(33).

[244] *Prölss/Martin/Voit/Knappmann,* Teil III M (I a) § 2 Rn. 52.

nach Eintritt anerkennt, somit auch keine begründete Vorleistung des Versicherers erfolgt, liegt das Insolvenzrisiko in vollem Umfang beim Versicherungsnehmer[245].

180   Abgeleitet aus § 820 BGB Abs. 2 muss der Versicherungsnehmer für die Dauer des **Schwebezustandes** die empfangene und später zurückzugewährende Entschädigung **nicht verzinsen.** Im Falle, dass die Eintrittspflicht eines Dritten unstreitig bzw. rechtskräftig festgestellt wurde und der Dritte dem Versicherungsnehmer den entsprechenden Schadensersatz geleistet hat, muss der Versicherungsnehmer die bereits gezahlte Entschädigung an den Versicherer zurück zahlen[246].

181   Falls der Versicherungsnehmer die versicherte Sache **selbst hergestellt** hat, dann sind Schäden, für die üblicherweise ein Lieferant im Rahmen eines Werk- oder Kaufvertrags einzutreten hätte, nicht ersatzpflichtig[247].

182   In den **VDEW-Bedingungen** werden ebenfalls Schäden ausgeschlossen, für die ein Lieferant oder die Reparaturwerkstätte einzutreten haben oder schadenersatzpflichtig sind[248]. Lässt sich die Eintrittspflicht oder Haftung des Dritten nur im Prozessweg feststellen, dies setzt eine begründete Ablehnung der Eintrittspflicht durch den Dritten bei gleichzeitiger Ersatzpflicht über den zugrunde liegenden Versicherungsvertrag voraus, ersetzt der Versicherer den Schaden gegenüber dem Versicherungsnehmer. In diesem Fall, anders als in den AMB 91 bzw. ABMG 92, kommt es als Folge zum gesetzlichen Übergang der Ersatzansprüche gemäß § 86 VVG bzw. § 67 VVG a. F. Der Versicherer erhält die Berechtigung, einen Prozess gegen Dritte zu führen[249]. Das Risiko einer Insolvenz des Dritten liegt damit beim Versicherer.

2. Gefahren der Feuerversicherung

183   Mit dem Ausschluss von Schäden durch **Brand, Blitzschlag, Explosion, Anprall oder Absturz von Flugkörpern** werden, um Doppelversicherung zu vermeiden, die Gefahren vom Versicherungsschutz ausgenommen, die als benannte Gefahren üblicherweise durch eine Feuerversicherung gedeckt sind.

184   In den ursprünglichen AMB 91 war der Ausschluss zunächst mit der Erweiterung versehen, dass der Ausschluss schon anwendbar ist, soweit diese Gefahren durch eine **Feuerversicherung gedeckt** werden **können.** Auf den tatsächlichen Abschluss einer solchen Feuerversicherung kam es nicht an. In den neueren Fassungen der AMB 91 wurde aufgrund der Rechtsunsicherheit über den Umfang dieses Ausschlusses eine Regelung unabhängig von den am Markt erhältlichen Bedingungen für die Feuerversicherung geschaffen, die den Deckungsumfang der Feuerversicherung, der nicht Teil der Maschinenversicherung sein soll, eindeutig in den AMB 91 definiert[250].

185   Die in der Maschinenversicherung ausgeschlossenen „**Feuer**"-**Gefahren** sind eng angelehnt an die in den **AFB 87**[251] vorgenommenen Definitionen der Gefahren. Die Wiedereinschlüsse in den AMB 91 zu den Feuergefahren entsprechen den Ausschlüssen sowie den nicht gedeckten Risiken der AFB 87, wodurch ein lückenloser Versicherungsschutz mit der AFB 87 erreicht wird[252].

186   In den AFB 87 ist nur der Anprall oder Absturz bemannter Flugkörper versichert[253], wohingegen die AMB 91 Schäden durch den Anprall oder Absturz von Flugkörpern uneingeschränkt vom Versicherungsschutz ausschließen. Schäden durch den Anprall oder Absturz

---

[245] *Scheuermeyer,* Maschinenversicherung in der Praxis, S. 64; Der Ausschluss bezieht sich auf den Zeitpunkt der Entstehung des Anspruchs, d. h. des Eintritts des Versicherungsfalls.

[246] *v. Gerlach,* Die Maschinenversicherung, S. 62.

[247] AMB 91 und ABMG 92 § 7 Nr. 5.

[248] VDEW-Bedingungen § 3 Nr. 7.

[249] *Bischoff, Feldmann,* VerBAV 158, 153 (154).

[250] *Scheuermeyer,* Maschinenversicherung in der Praxis, S. 85.

[251] Allgemeine Bedingungen für die Feuerversicherung (AFB 87/Fassung April 2004), *Dörner,* Versicherungsbedingungen, S. 15 ff.

[252] Zu den Gefahren der Feuerversicherung s. *Philipp,* § 31 Rn. 3 ff.

[253] *Wälder,* r+s 2006, 139 ff.

von **unbemannten Flugkörpern** bleiben also, wenn keine anderen Vereinbarungen getroffen werden, sowohl in der Maschinenversicherung als auch in der Feuerversicherung außerhalb des Versicherungsschutzes[254].

Die AFB 87 erweitern den Deckungsumfang um **Löschen, Niederreißen oder Ausräumen** infolge eines der versicherten Ereignisse. Dagegen beschränken die AMB 91 den Ausschluss auf Löschen oder Niederreißen bei diesen Ereignissen. Damit besteht für Kosten, die durch Ausräumen als Folge der in den AFB 87 versicherten Gefahren entstehen, sowohl in der Maschinenversicherung als auch in der Feuerversicherung Versicherungsschutz. Zudem ist der Ausschluss von Schäden durch Löschen und Niederreißen in den AMB 91 durch die Wahl des Wortes „bei" auf den Zeitraum des versicherten Ereignisses beschränkt, womit für Schäden, die nach dem Ereignis durch Löschen und Niederreißen entstehen, sowohl in der Maschinenversicherung als auch in der Feuerversicherung Deckungsschutz besteht[255]. **187**

In den AFB 87 sind **Brandschäden** ausgeschlossen, die an versicherten Sachen dadurch entstehen, dass sie einem **Nutzfeuer** zur Bearbeitung ausgesetzt werden oder in denen ein Nutzfeuer oder Wärme erzeugt wird. Solche Schäden sind in den AMB 91 versichert. Ausgenommen von diesem Einschluss bleiben Brandschäden an Räucher-, Trocken- und sonstigen ähnlichen Erhitzungsanlagen sowie an Dampferzeugungsanlagen, Wärmetauschern, Luftvorwärmern, Rekuperatoren, Rauchgasleitungen, Filter-, REA-, DENOX- und vergleichbaren technischen Anlagen. Was sonstige ähnliche Erhitzungsanlagen bzw. vergleichbare technische Anlagen sind muss nach technischen Gesichtspunkten entschieden werden. Eine Einschränkung, dass unter Filteranlagen nur solche zu verstehen sind, die Bestandteil einer Rauchgasreinigung sind, ist dem Wortlaut gerade nicht zu entnehmen, da hier auch sonstige vergleichbare technische Anlagen vom Versicherungsschutz ausgeschlossen sind[256]. **187a**

Die AFB 87 schließen Schäden an **Verbrennungskraftmaschinen** durch die im Verbrennungsraum auftretenden **Explosionen** und an **Schaltorganen** von elektrischen Schaltern durch den in Ihnen auftretenden Gasdruck vom Versicherungsschutz aus. Aus diesem Grund findet sich in den AMB 91 ein gleichlautender Wiedereinschluss. Dieser Wiedereinschluss bezieht sich ausschließlich auf die Schäden an der Verbrennungskraftmaschine bzw. am Schaltorgan selber. Explosionen von Schaltorganen sind durch diesen Wiedereinschluss dem Wortlaut nach nicht erfasst. Weitere Schäden an anderen Sachen infolge von Explosionen in Verbrennungsräumen oder durch Gasdruck in Schaltorganen entstehende Explosionen fallen keineswegs unter diesen Wiedereinschluss. Auch Explosionen in Verbrennungskraftmaschinen außerhalb des Verbrennungsraums z. B. im Abgaskanal fallen nicht unter den Wiedereinschluss. Bei Verbrennungsräumen von Verbrennungskraftmaschinen und bei Schaltorganen von elektrischen Schaltern handelt es sich um Teile die im Betrieb einer **stetigen Abnutzung** unterliegen[257]. Darin liegt auch der Ausschluss in den AFB 87 begründet. **187b**

In den **VDEW-Bedingungen** ist der Ausschluss des so genannten Feuerrisikos noch immer mit der Bedingung versehen, dass der Ausschluss schon anwendbar ist, soweit diese Gefahren durch eine Feuerversicherung gedeckt werden können. Auf den tatsächlichen Abschluss einer solchen Feuerversicherung kommt es allerdings nicht an (s. o. Rn. 184). Trotz der o. g. Rechtsunsicherheit wird sich der Deckungsumfang in der Versicherungspraxis allerdings nur wenig von dem der AMB 91 unterscheiden. **188**

Für **fahrbare Geräte** sind die Feuergefahren in den ABMG 92 nicht vom Versicherungsschutz ausgeschlossen. Für diese Sachen steht, im Gegensatz zu den ortsgebundenen Sachen, meist keine Spezialversicherung zur Verfügung, mit der diese Gefahren versichert werden können. **189**

---

[254] *Prölss/Martin/Voit/Knappmann,* Teil III M (I a) § 2 Rn. 27 a.

[255] *Scheuermeyer,* Maschinenversicherung in der Praxis, S. 87 f.; a. M. *Prölss/Martin/Voit/Knappmann,* Teil III M (I a) § 2 Rn. 27 a.

[256] A. M.: *Prölss/Martin/Voit/Knappmann,* Teil III M (I a) § 2 Rn. 27 b.

[257] *Bruck/Möller/Johannsen/Johannsen,* dritter Band, H 26 und H 27.

190   Die Maschinenversicherung und die Feuerversicherung sind üblicherweise so gestaltet, dass ein lückenloser Versicherungsschutz erreicht wird, wenn der Versicherungsnehmer sowohl eine Maschinenversicherung als auch eine Feuerversicherung abschließt. Damit nicht in ein und demselben Schadenfall in einem Sachverständigenverfahren der Schaden in der Maschinenversicherung als Feuerschaden, hingegen in einem Sachverständigenverfahren zur Feuerversicherung als Maschinenschaden bezeichnet wird, kann die **Klausel 009**[258] **Zusammentreffen von Maschinen- und Feuerversicherung** vereinbart werden, um zu verhindern, dass der Versicherungsnehmer trotz lückenlosen Versicherungsschutzes zunächst wegen der Klärung der Zuständigkeitsfrage ohne Entschädigung bleibt.

3. Diebstahl

191   In der Maschinenversicherung für stationäre Maschinen (AMB 91 und VDEW-Bedingungen) ist das **Abhandenkommen,** also der Verlust des Besitzes versicherter Sachen, nicht versichert. Der Versicherungsschutz beschränkt sich auf Sachschäden (Beschädigung oder Zerstörung) an der versicherten Sache. Die Wegnahme eines Teils der versicherten Sache stellt für sich genommen keinen Sachschaden an der ganzen Sache (Sacheinheit) dar[259].

192   Allerdings wird in den AMB 91 klargestellt, dass durch Diebstahl oder Diebstahlversuche verursachte Schäden an den **nicht gestohlenen Sachteilen,** z. B. durch eine unsachgemäße Demontage des Stehlgutes, unter den Versicherungsschutz fallen. Die Entschädigung umfasst die Reparatur der beschädigten Sachen, nicht aber die Wiederbeschaffungskosten der gestohlenen Teile. Werden versicherte Sachen unbeschädigt vom Versicherungsort entfernt und erleiden erst außerhalb des Versicherungsortes einen Schaden, so fällt dieser Vorgang nicht unter den Versicherungsschutz[260].

4. Elektronische Bauelemente

193   Häufig kommt es bei elektronischen Bauelementen bzw. Bauteilen zu einem **plötzlichen Funktionsversagen,** ohne dass äußere Spuren erkennbar sind. Die Ursache für dieses Funktionsversagen ist in den meisten Fällen nur extrem aufwendig zu ermitteln. Deshalb werden in der Praxis, aus Gründen der Wirtschaftlichkeit, üblicherweise komplette Baugruppen ohne weitere Ursachenprüfung getauscht. Der **Nachweis der Schadenursache** ist für den Versicherer damit in der Regel nicht zu erbringen. Deshalb lassen sich ersatzpflichtige von nicht ersatzpflichtigen Schäden nicht unterscheiden[261]. Um diese Probleme zu vermeiden, enthalten die AMB 91 und die ABMG 92 eine Einschränkung, die nur für elektronische Bauelemente bzw. Bauteile gilt[262]. Elektronische Bauelemente sind hierbei Einzelteile einer elektronischen Schaltung (auch eines Gerätes) wie z. B. Widerstände, Dioden, Transistoren, Kondensatoren, Spulen, Röhren, Chips, Mikroprozessoren, aber auch optoelektronische Bauelemente und Bauelemente der Leistungselektronik. Eine exakte Abgrenzung ist aufgrund der schnell fortschreitenden Entwicklung in diesem Bereich und Überschneidungen zu anderen Bereichen nicht möglich. Allerdings lassen sich die elektronischen Bauelemente von elektromechanischen Bauelementen, wie z. B. Relais, Schalter, Steckverbinder oder Motoren, abgrenzen[263].

---

[258] *Scheuermeyer,* Maschinenversicherung in der Praxis, S. 226; zum Sachverständigenverfahren s. Rn. 345 ff.

[259] *Prölss/Martin/Voit/Knappmann,* Teil III M (I a) § 2 Rn. 46.

[260] *Martin,* VW 1969, 75 (78 f.); *Prölss/Martin/Voit/Knappmann,* Teil III M (I a) § 2 Rn. 47, 48; zum Versicherungsort vgl. Rn. 211 ff.

[261] *Lihotzky,* VW 1991, 461 (463).

[262] AMB 91 § 2 Nr. 3; ABMG 92 § 2 Nr. 3: Entschädigung für elektronische Bauelemente (Bauteile) der versicherten Sache wird nur geleistet, wenn eine versicherte Gefahr nachweislich von außen auf eine Austauscheinheit (im Reparaturfall üblicherweise auszutauschende Einheit) oder auf die versicherte Sache insgesamt eingewirkt hat. Ist dieser Beweis nicht zu erbringen, so genügt die überwiegende Wahrscheinlichkeit, dass der Schaden auf die Einwirkung einer versicherten Gefahr von außen zurückzuführen ist. Für Folgeschäden an weiteren Austauscheinheiten wird jedoch Entschädigung geleistet.

[263] Brockhaus, Naturwissenschaft und Technik, Band 1, 115 und Band 2, 22.

Eine versicherte Gefahr muss nachweislich von außen auf eine **Austauscheinheit** oder die   194
versicherte Sache insgesamt eingewirkt haben. Eine Austauscheinheit ist eine der Reparaturpraxis entsprechend üblicherweise auszutauschende Einheit, z. B. eine Platine. Ist es allerdings
in der Reparaturpraxis üblich, ein besonders teures Bauelement einer Platine wiederzuver-
wenden, so kann in einem solchen Einzelfall auch dieses Bauelement eine Austauscheinheit
sein.

Auf die Austauscheinheit muss eine versicherte **Gefahr von außen** eingewirkt haben. Da-   195
bei kann die versicherte Gefahr sowohl auf die gesamte versicherte Sache eingewirkt haben,
als auch von einem anderen Teil der versicherten Sache ausgegangen sein. Beispielsweise kann
ein Lüfter ausfallen und dadurch Bauelemente auf einer anderen Platine überhitzen. Auch
eine Überspannung die innerhalb einer Anlage entsteht, wirkt für andere als die verursachenden Platinen oder sonstigen Bestandteile von außen[264].

Für **Folgeschäden** an anderen Austauscheinheiten wird, auch unabhängig von der Klar-   196
stellung im Text, Entschädigung geleistet, da für diese Austauscheinheiten die versicherte Gefahr von außen einwirkt, auch wenn für die zuerst beschädigte Baugruppe keine Gefahr von
außen eingewirkt hat. Der besonderen Erwähnung in den AVB hätte es somit nicht bedurft.

Dafür, dass eine versicherte Gefahr **nachweislich** von außen auf eine Austauscheinheit ge-   197
wirkt hat, trifft den Versicherungsnehmer die **Beweislast.** Dabei genügt es allerdings, wenn
der Versicherungsnehmer Umstände darlegen kann, die mit überwiegender Wahrscheinlichkeit zeigen, dass der Schaden auf eine Gefahr von außen zurückzuführen ist[265].

5. Daten

Verluste bzw. Veränderungen von Daten sind nur versichert, wenn diese Daten auf einem   197a
Datenträger gespeichert waren und der Verlust bzw. die Veränderung der Daten als Folge
eines versicherten Sachschadens an dem Datenträger eingetreten ist. Die Voraussetzung für
einen versicherten Schaden ist, dass zunächst ein Schaden an einem versicherten Datenträger
eintritt und dieses Ereignis dann **in der Folge** einen Verlust bzw. eine Veränderung der Daten
bewirkt. Die Voraussetzung ist auch erfüllt, wenn der dem Grunde nach versicherte Schaden
am Datenträger unterhalb des Selbstbehaltes bleibt. Diebstahl des Datenträgers ist kein versicherter Schaden am Datenträger. Die Darlegungspflicht für die Ursächlichkeit des Verlust
bzw. der Veränderung der Daten durch einen Schaden am Datenträger liegt beim Versicherungsnehmer[266].

6. Bekannte Mängel

Sind dem Versicherungsnehmer oder seinem Repräsentanten **zum Zeitpunkt des Ab-**   198
schlusses des Versicherungsvertrages **Mängel** an den versicherten Sachen **bekannt** oder hätten diese Mängel ihnen bekannt sein müssen, dann sind Schäden, die eine adäquate Folge dieser
Mängel sind, nicht ersatzpflichtig. Als Mängel sind dabei auch Beschädigungen anzusehen, die
vor Versicherungsbeginn eingetreten sind. Allerdings müssen die Mängel prinzipiell geeignet
sein, den später eingetretenen Schaden herbeizuführen[267], wofür immer dann einiges spricht,
wenn es tatsächlich zum Schadeneintritt gekommen ist. Dabei muss der Versicherungsnehmer
bzw. sein Repräsentant auch in der Lage gewesen sein, diese **Eignung zur Schädigung** der
versicherten Sache zu erkennen. Dies kann immer dann problematisch sein, wenn ein Mangel
in den beteiligten Fachkreisen zunächst als unkritisch für den weiteren Betrieb angesehen wird,
später aber neuere technische Erkenntnisse eine andere Bewertung ergeben[268].

Dieser Ausschluss hat letztendlich nur **deklaratorischen Charakter,** denn der Schaden   199
tritt für den Versicherungsnehmer oder seinen Repräsentanten nicht mehr **unvorhergese-**

---

[264] *Lihotzky,* VW 1991, 461 (463); Seitz/Bühler, Die Elektronikversicherung, S. 10.
[265] *Prölss/Martin/Voit/Knappmann,* Teil III M (I a) § 2 Rn. 27.
[266] *Prölss/Martin/Voit/Knappmann,* Teil III M (I a) § 2 Rn. 18, 23; OLG Karlsruhe v. 17. 7. 1997, VersR
1998, 183, Scheuermeyer, Maschinenversicherung in der Praxis, S 64; siehe auch Rn. 50.
[267] *Meyer-Kahlen,* VP 1979, 117 (117).
[268] *Prölss/Martin/Voit/Knappmann,* Teil III M (I a) § 2 Rn. 32f.

hen ein, wenn er einen Mangel und seine Eignung zur Schadensherbeiführung kannte oder kennen musste. Damit entfällt bereits aus diesem Grund die Ersatzpflicht für solche Schäden[269]. Der Hinweis in den AVB dient dazu, dem Versicherungsnehmer den möglichen Verlust des Versicherungsschutzes zu verdeutlichen.

7. Bekannte Reparaturbedürftigkeit

200   Werden reparaturbedürftige Maschinen vom Versicherungsnehmer betrieben und ist diese **Reparaturbedürftigkeit** dem Versicherungsnehmer oder seinem Repräsentanten bekannt oder musste ihm bekannt sein, dann sind Schäden, die eine adäquate Folge dieser Reparaturbedürftigkeit sind, nach den AMB 91 und den ABMG 92 nicht ersatzpflichtig. Das gilt auch, wenn die Maschine nur behelfsmäßig repariert ist. Nur wenn der Versicherer einer **behelfsmäßigen Reparatur zugestimmt** hat, sind Folgeschäden aus der Reparaturbedürftigkeit nicht vom Versicherungsschutz ausgenommen. Auch wenn der Hersteller den Versicherungsnehmer rechtzeitig und umfassend vor der Gefahr von (Sach-)Schäden durch die Benutzung seines Produktes gewarnt hat, dürfte eine „Reparaturbedürftigkeit" im Sinne dieser Bestimmung vorliegen[270].

200a   Wenn der Versicherungsnehmer oder sein Repräsentant eine Reparaturbedürftigkeit einer versicherten Sache kennen oder kennen mussten, dann tritt ein hierdurch an der Sache selbst verursachter Schaden für ihn nicht mehr **unvorhergesehen** ein. Damit entfällt bereits aus diesem Grund die Ersatzpflicht für solche Schäden[271]. Der Hinweis in den AVB dient in diesem Fall dazu, wie auch bei den bei Versicherungsbeginn bekannten Mängeln (s. o.), dem Versicherungsnehmer den möglichen Verlust des Versicherungsschutzes zu verdeutlichen. Zweifelhaft ist dagegen, ob es sich bei der Bestimmung zumindest dann nicht doch um eine **Obliegenheit** und nicht um eine Risikobegrenzung handelt, wenn der Einsatz einer reparaturbedürftigen Sache adäquate Ursache für einen Schaden **an anderen versicherten Sachen** ist, deren Gefährdung auch nicht unmittelbar auf der Hand liegen musste[272].

8. Ausschluss grob fahrlässig oder vorsätzlich herbeigeführter Schäden in den VDEW-Bedingungen

200b   In den VDEW-Bedingungen sind in § 3 I. Nr. 4 Schäden, die vom Versicherungsnehmer, der Unternehmensleitung oder dem **Betriebsleiter** grob fahrlässig oder vorsätzlich herbeigeführt wurden, ausgeschlossen. Als Beispiel wird eine unzulässige Überschreitung der maximalen Belastung genannt. Der Ausschluss steht in engem Zusammenhang mit der **Rettungspflicht** des Versicherungsnehmers nach § 82 VVG (§ 62 VVG a. F.) sowie mit der (schuldhaften) Herbeiführung des Versicherungsfalls nach § 81 VVG (§ 61 VVG a. F.) und hat eine ähnliche Wirkung wie das Erfordernis eines unvorhergesehenen Schadeneintritts. Die besondere Wirkung dieses Ausschlusses liegt darin, dass für grob fahrlässig oder vorsätzlich herbeigeführte Schäden dem verantwortlichen Betriebsleiter neben der Unternehmensleitung ausdrücklich die Funktion als **Repräsentant** des Versicherungsnehmers zuerkannt wird (s. Rn. 259)[273], auch wenn im Versicherungsvertrag durch eine Klausel ein anderer Personenkreis definiert wird.

---

[269] *Prölss/Martin/Voit/Knappmann,* Teil III M (I a) § 2 Rn. 36; *Scheuermeyer,* Maschinenversicherung in der Praxis, S. 79; *v. Gerlach,* Die Maschinenversicherung, S. 53; zum unvorhergesehenen Schadeneintritt vgl. Rn. 81 ff.

[270] Zur Vorsehbarkeit von Schäden bei dem Versicherungsnehmer bekannten Mängeln siehe Rn. 81 f.

[271] *Prölss/Martin/Voit/Knappmann,* Teil III M (I a) § 2 Rn. 36 u. 43; *Scheuermeyer,* Maschinenversicherung in der Praxis, S. 79; *v. Gerlach,* Die Maschinenversicherung, S. 53; zum unvorhergesehenen Schadeneintritt vgl. Rn. 81 ff.

[272] *Prölss/Martin/Prölss,* § 6 Rn. 4 ff.; BGH v. 24. 5. 2000, VersR 2000, 969 m. w. N.; vgl. Rn. 108; Zur Abgrenzung zwischen Risikobegrenzungen und Obliegenheiten s. auch *Heß,* § 16 Rn. 15 ff. und *Marlow,* § 13 Rn. 13 ff.

[273] Zur Kenntnis des verantwortlichen Betriebsleiters siehe auch Rn. 106.

9. Ausschluss innerer Betriebsschäden bei fahrbaren und transportablen Geräten

Bei Vereinbarung von Klausel 052 (Ausschluss von inneren Betriebsschäden) zu den **201** ABMG 92 wird der Deckungsschutz der ABMG 92 erheblich eingeschränkt[274]. Durch den Einschluss dieser Klausel in den Versicherungsvertrag als Ergänzung zu den ABMG 92 wurden die eigenständigen Allgemeinen Bedingungen für die Kaskoversicherung von Baugeräten (ABG) ersetzt. Die Klausel 052 ändert den Umfang der versicherten Gefahren und beschränkt diese auf reine **Unfallschäden.** Damit sind die **inneren Betriebsschäden** nicht Gegenstand der Deckung. Das Prinzip der Allgefahrenversicherung ist hier durchbrochen und es ist Aufgabe des Versicherungsnehmers, den Nachweis zu führen, dass ein Unfall Ursache des eingetretenen Schadens ist. Für die fahrbaren Geräte ergibt sich für das nicht versicherte Betriebsrisiko eine Analogie zur Kraftfahrtversicherung, da die AKB in § 12 Abs. 1 II e den Betriebsschaden ebenfalls vom Versicherungsschutz ausnehmen[275].

Gemäß Klausel 052 leistet der Versicherer Entschädigung für unvorhergesehen eintretende **202** Schäden an versicherten Sachen, welche als unmittelbare Folge eines **von außen her einwirkenden Ereignisses** eintreten. Nur einen beispielhaften Charakter haben die weiteren aufgezählten versicherten Gefahren, da sie typischerweise von außen her einwirkende Ereignisse beschreiben. Darunter fallen Schäden durch Sturm, Eisgang, Erdrutsch, Erdbeben, Überschwemmung oder Hochwasser. Darüber hinaus sind Schäden durch Brand, Blitzschlag, Explosion sowie Schäden durch Löschen bei den vorherigen Ereignissen versichert, auch wenn sie aus einer inneren Ursache entstanden sind, da diese Gefahren ohne einschränkende Bestimmung als versicherte Gefahren benannt sind. Vom Versicherungsschutz ausgeschlossen bleiben allerdings Schäden durch Brand, Blitzschlag, Explosion sowie Schäden durch Löschen bei den vorher genannten Ereignissen an Baubüros, Baubuden, Baubaracken, Werkstätten, Magazine, Labors oder Gerätewagen.

Der Ausschluss von **inneren Betriebsschäden,** insbesondere Bruchschäden, und zwar **203** ohne Rücksicht auf ihre Ursachen, wie Frost, Wasser-, Öl- oder Schmiermittelmangel, dient nur der Erläuterung, da es sich begrifflich bei einem inneren Betriebsschaden nicht um ein von außen her wirkendes Ereignis handelt[276].

Innere Betriebsschäden als Folge von Unfällen durch von außen her wirkende Ereig- **204** nisse sind jedoch versichert, auch wenn dieser Einschluss in der Klausel 052 nicht explizit geregelt ist. Maßgeblich bei der Beurteilung der Ersatzpflicht des inneren Betriebsschadens ist der enge zeitliche und örtliche Zusammenhang zwischen Unfall- und Betriebsschaden. Umgekehrt besteht ebenfalls Versicherungsschutz für Unfallschäden, die als Folge eines inneren Betriebsschadens eintreten, beispielsweise bei einem durch ein Bremsversagen verursachten Unfall eines fahrbaren Gerätes.

Die Abgrenzung zwischen Unfallschäden durch ein von außen her einwirkendes Ereignis **205** und inneren Betriebsschäden durch Einwirkung von innen ist im Einzelfall oft schwierig. Ein innerer Betriebsschaden liegt jedenfalls auch dann vor, wenn die eigene Kraft der versicherten Sache unerwünscht einwirkt, beispielsweise beim Heben einer Last durch einen Kran, die zum Abknicken des Auslegers führt. Um einen nicht versicherten Betriebsschaden handelt es sich auch, wenn bei der **bestimmungsgemäßen Betriebsweise** wiederholt schädliche Einflüsse auf die versicherte Sache einwirken, wie Beulen oder Kratzer an der Karosserie bei dem Betrieb eines fahrbaren Gerätes in unebenem Gelände[277]. Diese Schäden sind allerdings ohnehin durch einen Ausschluss in den ABMG 92 vom Versicherungsschutz ausgenommen.

---

[274] *Prölss/Martin/Voit/Knappmann,* Teil III M (I d) Rn. 6.

[275] Zur Abgrenzung des Unfallschadens vom Betriebsschaden in der Kfz-Kaskoversicherung, *Rademacher/Voigt,* VersR 2004, 1522ff.

[276] *Martin,* VW 1974, 1192 (1193).

[277] *Martin,* VW 1974, 1192 (1193f.); *Prölss/Martin/Voit/Knappmann,* Teil III M (I c) Rn. 8.

Wo im Einzelnen die Grenzen zwischen Unfallschaden und innerem Betriebsschaden liegen, muss nach dem Einsatzzweck der Sache entschieden werden[278].

206   Als innere Betriebsschäden dürfen allerdings nicht alle Schäden während des Betriebs verstanden werden, vielmehr können z. B. **Bedienungsfehler** zu einem entschädigungspflichtigen Schaden führen, etwa dann, wenn ein Gerät während des Betriebs umstürzt und durch den Sturz beschädigt wird[279].

207   Soll Versicherungsschutz bei **Abhandenkommen** durch Diebstahl, Einbruchdiebstahl oder Raub der versicherten Sachen bestehen, bedarf es einer besonderen Vereinbarung zwischen Versicherungsnehmer und Versicherer.

10. Weitere Ausschlüsse für fahrbare und transportable Geräte

208   Nur wenn dies besonders im Versicherungsvertrag vereinbart ist, wird Entschädigung geleistet für Schäden bei **Tunnelarbeiten** oder **Arbeiten unter Tage** und durch Versaufen oder Verschlammen infolge der besonderen Gefahren des **Einsatzes auf Wasserbaustellen**. Mit Ausnahme der Schäden durch Versaufen oder Verschlammen sind Schäden durch die besonderen Gefahren des Einsatzes auf Wasserbaustellen, im Bereich von Gewässern oder auf schwimmenden Fahrzeugen in den ABMG 92 mitversichert. Die allgemeinen Bedingungen berücksichtigen immer nur ein durchschnittliches Risiko, welches von der Gemeinschaft der Versicherten zu gleichen Teilen mitgetragen wird. Die oben erwähnten Gefahren stellen jedoch besondere Risiken dar, welche hauptsächlich aus der **Lage der Baustellen** resultieren. Sie bestehen für die Mehrzahl der Versicherten nicht. Aus diesem Grunde erfolgt die Mitversicherung nur mit besonderer Vereinbarung zwischen Versicherungsnehmer und Versicherer gegebenenfalls unter Erhebung einer zusätzlichen Prämie.

209   Nicht unter den Versicherungsschutz fallen Schäden, die **zwangsläufig**, durch sich dauernd wiederholende, von außen einwirkende Einflüsse des bestimmungsgemäßen Einsatzes eintreten. Das gilt nicht, wenn solche Schäden eine Folge eines anderen unter die Ersatzpflicht fallenden Schadens sind. Durch diesen Ausschluss wird klargestellt, dass alle Geschehnisse aus dem Versicherungsschutz ausgeschlossen werden, bei denen sich das **bewusste Verwendungsrisiko** der versicherten Sache im bestimmungsgemäßen Betrieb verwirklicht. Gemeint sind beispielsweise Beulen und Kratzer an einem Gabelstapler beim Rangieren mit Gitterboxen.

210   Versicherungsschutz für fahrbare und transportable Geräte besteht auch während der Dauer von **Transporten** innerhalb des Einsatzgebietes. Seetransporte sind von dieser Regelung jedoch explizit ausgeschlossen[280]. Wenn in dem Versicherungsvertrag kein Einsatzgebiet, sondern ein Betriebsgrundstück als Versicherungsort vereinbart ist, gelten hinsichtlich des Verlassens des Betriebsgrundstücks allerdings die gleichen Grundsätze wie in den AMB 91 und den VDEW-Bedingungen.

F. Versicherungsort

211   Der Versicherungsort wird im Versicherungsvertrag vereinbart und ist der **geographische Bereich**, in dem der Versicherungsfall eintreten muss, damit Versicherungsschutz besteht. In der Maschinenversicherung als Allgefahrenversicherung, in der Schäden aus beliebiger Ursache gedeckt sind, kommt es nicht auf den Entstehungsort der Schadenursache an. Die Schadenursache kann also auch außerhalb des Versicherungsortes gelegt worden sein, ohne dass dies eine Auswirkung auf den Versicherungsschutz hätte[281].

---

[278] *Prölss/Martin/Knappmann,* Teil III G (VI) § 12 Rn. 60; zu Schäden durch den bestimmungsgemäßen Einsatz vgl. Rn. 209.

[279] *Martin,* VW 1974, 1192 (1194); OLG Schleswig v. 27. 10. 70, VersR 1971, 406.

[280] § 2 Nr. 1h ABMG 92.

[281] *Martin,* Sachversicherungsrecht, G I Rn. 4; *v. Gerlach,* Die Maschinenversicherung, S. 70; *Prölss/Martin/Voit/Knappmann,* Teil III M (Ia) § 3 Rn. 1.

I. Betriebsgrundstück

Da der überwiegende Teil der versicherten Sachen in den Versicherungsverträgen auf Basis **212** der AMB 91 und der VDEW-Bedingungen während der Dauer ihres Betriebes ihren **Einsatzort** nicht wechselt, also als **ortsgebunden** bzw. **stationär** angesehen wird, wird der Versicherungsschutz auf diesen Ort beschränkt. Die räumliche Begrenzung des Versicherungsschutzes auf das Betriebsgrundstück[282] ist hauptsächlich im Bereich der Risikobeurteilung des Versicherer begründet, denn nur in einem begrenzten räumlichen Bereich ist mit einer gleichbleibenden Gefahrlage zu rechnen, die Grundlage einer wirtschaftlichen Prämienkalkulation ist. Ein Verlassen dieses Bereiches könnte zu einer Veränderung der Gefahrlage für diese Sachen führen[283]. Bei räumlichen Veränderungen, auch bei Transporten, der versicherten Sache innerhalb des bezeichneten Versicherungsortes wird der Versicherungsschutz nicht beeinträchtigt.

Im Antrag zur Maschinenversicherung wird sowohl nach Name und Adresse des Versiche- **213** rungsnehmers wie auch nach dem **Betriebsgrundstück** gefragt. Hintergrund ist, dass Firmensitz und Betriebsgrundstück nicht immer identisch sind und die versicherten Sachen auf mehrere Betriebsstätten verteilt sein können. Es ist Aufgabe des Versicherungsnehmers, darauf zu achten, dass sämtliche in Frage kommenden Betriebsgrundstücke im Versicherungsvertrag erwähnt werden. Da in der Maschinenversicherung der Versicherungsort mit dem bezeichneten Betriebsgrundstück gleichgesetzt wird, ist bei verständiger Würdigung des Begriffes „Betrieb" der Bereich eingegrenzt, in dem die versicherte Wirtschaftseinheit den technisch-wirtschaftlichen Teil der Leistung erbringt[284]. Es ist möglich, in einem Versicherungsvertrag mehrere Betriebsgrundstücke als Versicherungsort zu benennen, auch wenn diese räumlich voneinander getrennt liegen. Dann besteht Versicherungsschutz in den jeweils angegebenen Versicherungsorten. Der Versicherungsschutz wird jedoch unterbrochen, sobald ein Betriebsgrundstück verlassen und das andere noch nicht erreicht ist, auch bei der Überquerung einer Straße zwischen zwei Betriebsgrundstücken[285]. Der Versicherungsschutz ist auch unterbrochen, wenn eine versicherte Sache zwecks Reparatur den Versicherungsort verlässt. In diesen Fällen muss unter Umständen eine Transportversicherung abgeschlossen werden, um das Transportrisiko abzudecken.

Zusätzlich zu dem im Versicherungsvertrag bezeichneten Betriebsgrundstück ist in den **214** **VDEW-Bedingungen** der Versicherungsort auf den Standort von nicht zum Betrieb gehörenden **Reparaturwerkstätten** ausgeweitet worden. Der Versicherungsschutz beginnt jedoch erst bei Ankunft in der Reparaturwerkstätte, die Transporte zwischen dem Betriebsgrundstück und der Reparaturwerkstatt bleiben auch hier vom Versicherungsschutz ausgenommen. Hintergrund für diese Erweiterung des Versicherungsortes liegt in einem Entgegenkommen der Versicherer gegenüber den Mitgliedern der VDEW, da die in den VDEW-Bedingungen versicherten Sachen in vielen Fällen aufgrund ihrer Komplexität nicht am Versicherungsort repariert werden können und meist nur wenige, dem Versicherer bekannte Reparaturwerkstätten in Betracht kommen, so dass das Risiko für den Versicherer überschaubar bleibt. Im Gegensatz dazu ist sowohl die Zahl als auch die Qualität sich für eine Reparatur der unter AMB 91 versicherbaren Sachen anbietender Werkstätten nicht vom Versicherer zu überblicken.

II. Einsatzgebiete

In den ABMG 92 § 3 wird der Versicherungsort zusätzlich um die im Versicherungsvertrag **215** vereinbarten Einsatzgebiete erweitert. Die fahrbaren und transportablen Geräte, für die Versicherungsschutz geboten wird, werden in der Regel nicht ausschließlich auf einem **Be-**

---

[282] AMB 91 § 3; VDEW-Bedingungen § 2 Nr. 1.
[283] *v. Gerlach,* Die Maschinenversicherung, S. 68.
[284] *Scheuermeyer,* Maschinenversicherung in der Praxis, S. 112.
[285] *Prölss/Martin/Voit/Knappmann,* Teil III M (I a) § 3 Rn. 2.

triebsgrundstück eingesetzt, sondern können auch wechselnde Einsatzgebiete (Baustellen) aufweisen. Um nicht in jedem Fall einzelne Betriebsgrundstücke als Versicherungsort im Versicherungsvertrag zu deklarieren, werden **geographisch weit gefasste Gebiete,** wie z. B. die Bundesrepublik Deutschland oder das geographische Europa, als Einsatzgebiet und somit auch als vertraglich vereinbarter Versicherungsort definiert. Hiermit gilt das Bewegungsrisiko mitversichert, da speziell für dieses Versicherungsbedürfnis diese Art der Versicherung geschaffen wurde.

216   Wenn in den Versicherungsverträgen auf Basis der ABMG 92 nur Betriebsgrundstücke als Versicherungsort vereinbart sind, gelten hinsichtlich des **Verlassens des Betriebsgrundstücks** die gleichen Grundsätze wie in den AMB 91 und den VDEW-Bedingungen. Wenn ein Einsatzgebiet als Versicherungsort vereinbart ist, dann besteht Versicherungsschutz auf allen **Transporten** (mit Ausnahme von Seetransporten)[286], auch bei Transporten zu Reparaturwerkstätten, solange das Einsatzgebiet nicht verlassen wird.

G. Versicherungsdauer

217   Der Zeitraum, für den der Versicherer die Gefahrtragung aus dem Versicherungsvertrag übernimmt, wird **materielle Versicherungsdauer** genannt. Damit fallen die dem Grunde nach versicherten Schäden, die während der Dauer des materiellen Versicherungsschutzes eintreten, unter die Ersatzpflicht. Unerheblich ist der Zeitpunkt der Schadenfeststellung. Wird also ein Schaden erst nach Ablauf der materiellen Versicherungsdauer festgestellt und kann gleichzeitig der Nachweis geführt werden, dass der Schaden bereits vorher, also innerhalb der materiellen Versicherungsdauer, eingetreten ist, so besteht für diesen Schaden Deckung unter dem Versicherungsvertrag. Die Beweislast für den Zeitpunkt des Schadeneintritts liegt beim Versicherungsnehmer.

218   Der **Zeitpunkt** in dem die **Schadenursache gelegt** wurde, hat keine Bedeutung für die Beurteilung des Schadeneintritts innerhalb der materiellen Versicherungsdauer[287]. Dies wird schon alleine durch die beispielhafte Aufzählung der versicherten Gefahren deutlich, in der als mögliche Schadenursachen auch Konstruktionsfehler und Materialfehler genannt sind. Diese Produktfehler haben ihren Ursprung immer im Montage- oder Herstellungszeitraum und damit vor der Betriebsfertigkeit der Maschine, also vor dem Beginn der materiellen Versicherungsdauer der Maschinenversicherung.

I. Beginn des Versicherungsschutzes

1. Vereinbarter Zeitpunkt

219   Der materielle Versicherungsschutz in der Maschinenversicherung beginnt mit dem im Versicherungsvertrag **vereinbarten Zeitpunkt**[288]. Einzige Voraussetzung in den AMB 91 und den ABMG 92 ist, dass zu dem vereinbarten Zeitpunkt die versicherte Maschine betriebsfertig ist. Der materielle Versicherungsschutz setzt erst mit der Betriebsfertigkeit (s. u.) der Maschine ein. Die VDEW-Bedingungen sehen die Notwendigkeit der Betriebsfertigkeit für den materiellen Versicherungsbeginn nicht vor, so dass hiernach der materielle Versicherungsschutz immer mit dem im Versicherungsvertrag vereinbarten Zeitpunkt beginnt.

2. Betriebsfertigkeit

220   Unabhängig von dem im Versicherungsvertrag vereinbarten Zeitpunkt beginnt der materielle Versicherungsschutz erst mit Betriebsfertigkeit der versicherten Sache. Die Betriebsfer-

---

[286] ABMG 92 § 2 Nr. 1 h).
[287] *Martin,* VW 1969, 75 (76).
[288] Die Folgen nicht rechtzeitiger Zahlung der Prämie für den Beginn des Versicherungsschutzes werden an anderer Stelle behandelt; zur Prämienzahlungspflicht des Versicherungsnehmers s. *Hahn,* § 12.

tigkeit ist gegeben, sobald die versicherte Sache **nach Abschluss der Erprobung und des Probebetriebs,** soweit dieser vorgesehen ist, in Betrieb oder zur Arbeitsaufnahme bereit ist. Dabei spielt es keine Rolle, ob zu diesem Zeitpunkt eine Abnahme im zivilrechtlichen Sinn vorliegt[289]. Bis zur Abnahme trägt grundsätzlich der in der Maschinenversicherung nicht mitversicherte Werkunternehmer die Gefahr für Schäden an seinem Werk. Geht aber ein Schaden, z. B. in entsprechender Anwendung von § 645 BGB, schon vor der Abnahme zu Lasten des Versicherungsnehmers als dem Besteller, so besteht Versicherungsschutz, wenn die sonstigen Voraussetzungen (auch die Betriebsfertigkeit) für die Ersatzpflicht gegeben sind. Unabhängig davon, ob der Besteller bereits vor der Abnahme Eigentümer der versicherten Sache geworden ist, besteht ein versicherbares Interesse des Bestellers mindestens dann, wenn er als vertragliche Gegenleistung Rechnungen des Lieferanten der versicherten Sache ausgeglichen hat, z. B. in Form von Raten- oder Abschlagszahlungen.

Die **Erprobung** endet, sobald die Sache zur Arbeitsaufnahme bereit ist oder sich in Be-   **221** trieb befindet. Damit ist gemeint, dass die Maschine einmal störungsfrei entsprechend ihrem technischen Zweck eingesetzt wurde. Wenn ein Probebetrieb vorgesehen ist, beginnt die Betriebsfertigkeit erst mit **Abschluss des Probebetriebs.** Dauer und sonstige Bedingungen des Probebetriebs ergeben sich aus den vertraglichen Vereinbarungen zwischen dem Werkunternehmer und dem Versicherungsnehmer. Im Normalfall übernimmt der Werkunternehmer die Verantwortung und die Leitung für die Probebetriebsphase, während der Besteller sein Betriebspersonal beistellt, was sich bei dieser Gelegenheit in die Bedienung einer Maschine oder in die Fahrweise einer Anlage einübt. **Abnahmeversuche bzw. Leistungstests,** die dem Nachweis von Leistungsdaten und Funktionsgarantien dienen, finden häufig erst nach Abschluss des Probebetriebs statt, da zuerst ein ausreichend stabiler Betriebszustand erreicht werden muss. Damit wird klar, dass Abnahmeversuche bzw. Leistungstests keinen Einfluss auf die Betriebsfertigkeit haben können.

Für die Beurteilung der Betriebsfertigkeit spielt es keine Rolle, ob die Maschine nach **den**   **222** **Vorschriften des öffentlichen Rechts** betrieben werden darf[290]. Der Zustand der Betriebsfertigkeit wird allein nach technischen Gesichtspunkten beurteilt.

Wenn der materielle **Versicherungsschutz bereits vor der Betriebsfertigkeit** begin-   **223** nen soll, so muss dies besonders vereinbart sein. Für einen Beginn des materiellen Versicherungsschutzes vor der Betriebsfertigkeit reicht es nicht aus, dass nur der im Versicherungsvertrag vereinbarte Zeitpunkt vor der Betriebsfertigkeit liegt[291].

War die Maschine während des im Versicherungsvertrag vereinbarten Zeitraums bereits   **224** betriebsfertig und wird später die **Betriebsfertigkeit unterbrochen,** dann bleibt der Versicherungsschutz ohne Einschränkungen erhalten. Eine Unterbrechung der Betriebsfertigkeit bedeutet, dass es sich nur um einen begrenzten Zeitraum handeln kann. Bei Wegfall der Betriebsfertigkeit, z. B. durch einen Totalschaden, ist vom Ende des Versicherungsschutzes auszugehen[292].

II. Automatische Verlängerung

Für Versicherungsverträge mit mindestens einjähriger Vertragsdauer ist vorgesehen, dass   **225** sich der Versicherungsschutz **automatisch** von Jahr zu Jahr **verlängert,** wenn nicht der Versicherer oder der Versicherungsnehmer den Versicherungsvertrag spätestens drei Monate vor dem Ablauf gekündigt haben. Mit dieser Regelung wird verhindert, dass der Versicherungsschutz für den Versicherungsnehmer versehentlich endet, weil es unterlassen wurde, den Ver-

---

[289] OLG Köln v. 16. 7. 1996, VersR 1997, 234 (235); *v. Gerlach,* Die Maschinenversicherung, S. 75; *Martin,* VW 1969, 75 (76); *Scheuermeyer,* Maschinenversicherung in der Praxis, S. 193.

[290] *Prölss/Martin/Voit/Knappmann,* Teil III M (I a) § 6 Rn. 4.

[291] OLG Köln v. 16. 7. 1996, VersR 1997, 234 (235); *Prölss/Martin/Voit/Knappmann,* Teil III M (I a) § 6 Rn. 5.

[292] *Scheuermeyer,* Maschinenversicherung in der Praxis, S. 194; *Prölss/Martin/Voit/Knappmann,* Teil III M (I a) § 6 Rn. 7.

sicherungsvertrag zu erneuern. Die Kündigungsfrist von drei Monaten kann durch gegenseitige Vereinbarung bei Bedarf verkürzt werden.

226   In den VDEW-Bedingungen und den ABMG 92 beträgt die **Kündigungsfrist** abweichend von den Regelungen in den AMB 91 nur einen Monat.

III. Ende des Versicherungsschutzes

1. Kündigung im Schadenfall

227   Die Kündigung nach dem Eintritt des Versicherungsfalls ist in § 92 VVG für die gesamte Sachversicherung gesetzlich geregelt, bislang war dies nur für die Feuerversicherung nach § 96 VVG a. F. der Fall. Die AVB der Maschinenversicherung sehen die Möglichkeit einer **schadenfallbedingten Kündigung** sowohl für den Versicherungsnehmer als auch für den Versicherer vor. Dabei spielen die Motive der Kündigung keine Rolle[293], die Kündigung muss also z. B. nicht im Zusammenhang mit Schwierigkeiten bei der Schadenregulierung stehen. **Voraussetzung** für die Vornahme einer schadenfallbedingten Kündigung ist ein **Versicherungsfall.** Ein Versicherungsfall ist ein objektiv unter die Deckung des Versicherungsvertrages fallender Schaden. Darunter fallen auch Schäden, die aus subjektiven, vom Versicherungsnehmer zu vertretenden Gründen, z. B. wegen Obliegenheitsverletzungen, Gefahrerhöhungen oder arglistiger Täuschung leistungsfrei bleiben[294]. Die bloße Behauptung eines Versicherungsfalls oder die irrige Annahme eines solchen können ein Kündigungsrecht nicht begründen[295]. Schäden, bei denen der Umfang der Entschädigung den Selbstbehalt nicht übersteigt, sollten ein Kündigungsrecht ermöglichen[296].

228   Die **schriftliche Kündigung** muss spätestens einen Monat nach Auszahlung der Entschädigung zugehen und wird einen Monat nach Zugang wirksam. Allerdings hat der Versicherungsnehmer das Recht, die Wirksamkeit der Kündigung auf einen anderen Zeitpunkt zu legen, der allerdings spätestens zum Schluss des laufenden Versicherungsjahres liegen muss.

229   Anders als in den AMB 91 und den ABMG 92 kann der Versicherungsvertrag bei den **VDEW-Bedingungen** im Schadenfall sowohl durch den Versicherungsnehmer als auch durch den Versicherer nur mit Zustimmung eines mit drei Personen besetzten **Ausschusses** zum Quartalsende mit einmonatiger Kündigungsfrist gekündigt werden. Der Ausschuss besteht aus je einem Sachkenner des Versicherungsnehmers und des Versicherers sowie einem vom VDEW benannten Obmann.

2. Ablauf des Vertrages

230   Der materielle Versicherungsschutz endet bei Versicherungsverträgen mit einer **Versicherungsdauer von weniger als einem Jahr** mit dem im Versicherungsvertrag vereinbarten Zeitpunkt.

231   Für Versicherungsverträge mit mindestens einjähriger Vertragsdauer ist vorgesehen, dass sich der Versicherungsschutz automatisch von Jahr zu Jahr (Versicherungsperiode) verlängert, wenn nicht der Versicherer oder der Versicherungsnehmer den Versicherungsvertrag spätestens drei Monate vor dem Ablauf gekündigt haben. Damit endet der materielle Versicherungsschutz mit Ablauf derjenigen Versicherungsperiode, in der eine der Vertragsparteien den Versicherungsvertrag mindestens drei Monate vor Ende der Versicherungsperiode **gekündigt** hat.

232   In den **VDEW-Bedingungen** und den **ABMG 92** beträgt die **Kündigungsfrist** abweichend von den Regelungen in den AMB 91 nur einen Monat. Zudem verlängern sich in den VDEW-Bedingungen auch unterjährige Verträge automatisch, wenn der Vertrag nicht gekündigt wird.

---

[293] *Römer/Langheid/Langheid,* § 96 Rn. 1.
[294] *Prölss/Martin/Kollhosser,* Teil I § 96 Rn. 4; *Römer/Langheid/Langheid,* § 96 Rn. 13.
[295] *Martin,* Sachversicherungsrecht, L II Rn. 17.
[296] *Prölss/Martin/Kollhosser,* Teil I § 96 Rn. 4; *Martin,* Sachversicherungsrecht, L II Rn. 18; a. M.: *Römer/Langheid/Langheid,* § 96 Rn. 14.

H. Versicherungsfall

I. Begriff des Versicherungsfalls

Der Versicherungsfall ist das Ereignis, das die **Voraussetzung für die Leistungspflicht** 233 des Versicherers ist[297]. Der Versicherungsfall in der Maschinenversicherung ist eingetreten, wenn ein **Sachschaden** unvorhergesehen durch eine nicht vom Versicherungsschutz ausgeschlossene Ursache innerhalb des Versicherungsortes und während der Versicherungsdauer eingetreten ist, der zu Lasten eines versicherten Interessenträgers geht[298]. Der Sachschaden ist eingetreten, sobald sich eine versicherte Gefahr an den versicherten Sachen verwirklicht und die versicherte Sache erstmals in ihrer Substanz so geschädigt ist, dass ihr Wert oder ihre Brauchbarkeit gemindert ist. Unerheblich für den Versicherungsfall ist, zu welchem Zeitpunkt die Ursachen des Versicherungsfalls gelegt werden[299]. Der Versicherungsfall in der Maschinenversicherung ist also keinesfalls schon die Ursache des Sachschadens oder der Geschehensablauf der zum Sachschaden führt.

II. Begriff des Sachschadens

Der Versicherungsfall setzt einen unvorhergesehen eintretenden Sachschaden an der versi- 234 cherten Sache voraus. Dabei bezeichnet der Begriff **Sachschaden** nur das **Ergebnis** der schädigenden Entwicklung unter Ausblendung der Handlung (Sachbeschädigung), die dahin geführt hat[300]. Der Zustand der Sache vor der schädigenden Entwicklung ist also mit dem Zustand danach zu vergleichen. Dabei ist grundsätzlich zwischen einem Sachschaden einerseits und einem die Ersatzpflicht ausschließenden **Mangel** andererseits zu differenzieren, wobei das Vorliegen eines bloßen Mangels einen Sachschaden ausschließt und umgekehrt[301].

1. Sachschaden

Sachschäden liegen vor, wenn die Sachsubstanz so verletzt oder beeinträchtigt ist, dass der 235 Wert oder die Brauchbarkeit der Sache gemindert ist. Der Zustand der Sache muss sich in substanzbezogener Weise durch physikalische oder chemische Einwirkung nachteilig verändert haben[302]. Die **Änderung des Zustandes** durch äußere Einwirkung unterscheidet den Sachschaden von einem **Mangel** der Sache, wenn nämlich eine Sache infolge der Eigenschaften ihrer Substanz ihren bestimmungsgemäßen Zweck von vorne herein nicht oder nicht voll erfüllen kann, worunter auch die Lebensdauer der Sache einzubeziehen ist[303].

a) Damit die Voraussetzungen für einen Sachschaden vorliegen, muss zunächst geklärt 236 werden, ob eine **Sachsubstanzbeeinträchtigung** eingetreten ist. Im zweiten Schritt gilt es dann festzustellen, inwieweit diese Sachsubstanzbeeinträchtigung zu einer Minderung von dem Wert oder der Brauchbarkeit der versicherten Sache geführt hat. Eine typische Beeinträchtigung der Sachsubstanz ist bei Vorliegen eines **Bruches** gegeben. Ein **Anriss** ist schon ausreichend, um von einer Sachsubstanzbeeinträchtigung zu sprechen. Auch jede plastische **Verformung** der versicherten Sache stellt eine Substanzbeeinträchtigung dar. Dringen **Fremdkörper** in eine versicherte Sache ein, so ist die Sachsubstanz zwar nicht verletzt, aber zumindest beeinträchtigt. Damit sind die Kosten für die Entfernung der Fremdkörper begrifflich Reparaturkosten, die in der Maschinenversicherung ersatzpflichtig sind. Vergleichbar ist

---

[297] *Prölss/Martin/Prölss,* Teil I § 1 Rn. 31. Ausführlich zu den verschiedenen Definitionsmöglichkeiten des Versicherungsfalls, Schirmer r+s 2003, 221.

[298] *Martin,* Montageversicherung, 1972, § 1 Rn. 1.2.

[299] *Martin,* Sachversicherungsrecht, B I Rn. 17; *Martin,* Montageversicherung, 1972, § 1 Rn. 1.2.1.

[300] *Thürmann,* Der Sachschadenbegriff in der Bauleistungsversicherung, 1998, S. 125.

[301] BGH v. 27. 6. 1979, VersR 1979, 853 (855); BGH v. 29. 9. 2004, VersR 2005, 110 (111) zum Sachschadenbegriff in der Haftpflichtversicherung.

[302] BGH v. 27. 6. 1979, VersR 1979, 853 (855); *Martin,* Sachversicherungsrecht, B III Rn. 4.

[303] *Martin,* Montageversicherung, 1972, § 11 Rn. 4.2.

das unvorhergesehene Erstarren von in der Maschine bestimmungsgemäß vorhandenen Produktionsstoffen, die nicht mehr aus der Maschine entfernt werden können. Schwierig kann allerdings die Abgrenzung zur bloßen Verschmutzung sein[304].

237   In der Maschinenversicherung stellt eine bloße **Verschmutzung** einer Sache zunächst einmal keinen Sachschaden dar, denn der an der Oberfläche der versicherten Sache vorhandene Schmutz beeinträchtigt die Substanz nicht, auch wenn es sich um einen nur schwer und unter Aufwand von Kosten lösbaren Belag handelt. Dies gilt jedoch nicht, wenn der Belag durch an dieser Stelle nicht bestimmungsgemäß auftretende Stoffe oder **Fremdkörper** gebildet wird, die die versicherte Sache angreifen, in ihre Substanz eindringen und dadurch die Brauchbarkeit oder den Wert der Sache beeinträchtigen. Für die Einstufung als Sachschaden ist von Bedeutung, ob durch die Ablagerung der bestimmungsgemäße Einsatz der Sache unmittelbar oder durch die Gefahr eines weiteren Schadens behindert oder sogar ausgeschlossen wird[305]. So ist es regelmäßig als Sachschaden anzusehen, wenn durch einen zeitlichen Aufschub der Entfernung der an dieser Stelle nicht bestimmungsgemäß auftretenden Beläge oder Fremdkörper entweder **zusätzliche Schäden** an der versicherten Sache oder gesundheitliche Schäden für Personen **drohen,** die mit der Sache durch die weitere Verwendung oder im Rahmen der Reparatur in Berührung kommen[306]. Im Zweifelsfall liegt ein Sachschaden im Bereich der Maschinenversicherung dann vor, wenn die notwendig gewordenen Maßnahmen begrifflich als **Reparatur** und nicht nur als bloße Reinigung gelten können[307]. Die (weitere) Auslegung des Sachschadenbegriffs in der Haftpflichtversicherung kann für die Maschinenversicherung nicht ohne weiteres herangezogen werden[308].

238   Eine bloße **Funktionsunfähigkeit** oder mangelnde Einsatzbereitschaft der versicherten Sache ist für sich genommen, wenn keine Verletzung der Sachsubstanz der versicherten Sache vorliegt, kein versicherter Sachschaden, unabhängig von der jeweiligen Ursache[309]. Ist beispielsweise ein intaktes Bohrgerät durch zurückfallendes Bohrgut im Bohrloch eingeklemmt, dann liegt die mangelnde Einsatzbereitschaft dieses Bohrgerätes außerhalb des Gerätes selber und ist keine Sachsubstanzbeeinträchtigung dieses Gerätes[310].

239   Die Sachsubstanz einer **beweglichen Sache** ist nicht beeinträchtigt, wenn ihre **räumliche Lage** verändert ist, auch wenn hohe Kosten aufgewendet werden müssen, um die ursprüngliche Lage wiederherzustellen. Dagegen ist der Zusammenhalt und der **Spannungszustand** von Einzelteilen eine Eigenschaft der Sachsubstanz. Deshalb ist eine Lockerung von Teilen wie Bolzen oder Turbinenschaufeln der versicherten Sache eine Beeinträchtigung der Sachsubstanz[311]. In diesen Fällen muss jedoch berücksichtigt werden, inwieweit es sich um einen Betriebsschaden[312] handelt.

240   Eine **allmählich** eintretende Substanzbeeinträchtigung einer versicherten Sache kann unter technischen Gesichtspunkten erst von einem bestimmten Zeitpunkt an als Sachschaden bezeichnet werden. Nämlich ab dem Zeitpunkt, in dem erstmals der Zustand der versicherten Sache einen Zustand erreicht, der bereits als Sachschaden bezeichnet werden kann. Dies kann angenommen werden, wenn, nach technischen Gesichtspunkten beurteilt, die Sach-

---

[304] *Martin,* Montageversicherung, 1972, § 2 Rn. 2.3.6 u. 2.3.7; besondere Schwierigkeiten können bei länderübergreifenden Verträgen auftreten, da die spezifischen Rechtsauffassungen zur Auslegung des Begriffs „Sachschaden" z. T. deutlich variieren.

[305] *Martin,* Montageversicherung, 1972, § 2 Rn. 2.3.3.

[306] *Martin,* Sachversicherungsrecht, B III Rn. 9.

[307] *Prölss/Martin/Voit/Knappmann,* Teil III M (I a) § 2 Rn. 4; s. auch Rn 149 ff.

[308] Kongruenz zwischen dem deckungsrechtlichen Begriff des Sachschadens und der haftungsrechtlich relevanten Eigentumsverletzung (Ziffer 1.1 AHB 2004); *Koch,* r+s 2005, S. 181 ff.

[309] *Prölss/Martin/Voit/Knappmann,* Teil III M (I a) § 2 Rn. 3; *Martin,* Montageversicherung, 1972, § 2 Rn. 2.3.2; LG Bielefeld v. 31. 3. 2004, VersR 2005, 15.

[310] OLG Köln v. 14. 4. 1988, r+s 1988, 312 (313).

[311] *Prölss/Martin/Voit/Knappmann,* Teil III M (I a) § 2 Rn. 3; *Martin,* Montageversicherung, 1972, § 2 Rn. 2.3.5.

[312] Zum Ausschluss für Betriebsschäden siehe Rn. 123 ff.

substanzveränderung bereits eine Minderung der üblichen Gebrauchsfähigkeit und Lebensdauer bewirkt hat[313]. Der Versicherungsfall ist also auch dann gegeben, wenn der Schadeneintritt zeitlich gesehen nicht punktförmig eintritt[314]. Problematisch wird allerdings die Beurteilung des Versicherungsfalls, wenn der allmähliche Schadeneintritt sich über einen Zeitraum erstreckt, in dem die versicherte Sache zeitlich nacheinander in **zwei verschiedenen Versicherungsverträgen** versichert war. Der Zeitpunkt, an dem erstmalig die Merkmale eines Sachschadens vorliegen, liegt innerhalb des ersten Versicherungsvertrages und entwickelt sich weiter, bis er während der Dauer des zweiten Versicherungsvertrages festgestellt wird. Dann ist sowohl ein Versicherungsfall in dem ersten Versicherungsvertrag eingetreten und dort nach den Bedingungen des Versicherungsvertrages ersatzpflichtig, als auch in dem zweiten Versicherungsvertrag. Für den zweiten Versicherungsvertrag stellt sich die bereits vor dessen Versicherungsbeginn eingetretene Sachsubstanzbeeinträchtigung als Mangel an der versicherten Sache dar. Also ist in dem zweiten Versicherungsvertrag dann nur noch der Anteil des Schadens versichert, der über den bereits vorhandenen Schaden während des ersten Versicherungsvertrages hinaus entstanden ist durch die weitere Substanzbeeinträchtigung und Minderung des Wertes bzw. der Brauchbarkeit während der Dauer des materiellen Versicherungsschutzes des zweiten Versicherungsvertrages. Gleiches gilt auch, wenn erst während einer allmählich eintretenden Sachsubstanzbeeinträchtigung der Versicherungsschutz eines Versicherungsvertrages beginnt und vorher kein Versicherungsschutz bestanden hat. Die anfallenden Reparaturnebenkosten, wie Gerüstkosten, müssen entsprechend den jeweiligen Schadenanteilen proportional geteilt werden[315].

b) Eine eingetretene Beeinträchtigung der Sachsubstanz reicht alleine noch nicht aus, da- **241** mit ein versicherter Sachschaden vorliegt. Daneben muss entweder der **Wert** oder die **Brauchbarkeit** der Sache durch die Substanzverletzung oder Substanzbeeinträchtigung gemindert sein. Dies ist regelmäßig nicht der Fall bei den so genannten Schönheitsschäden[316], aber auch z. B. bei geringfügigen Rissen und Verformungen, die keinen Einfluss auf die momentane und die zukünftige Brauchbarkeit bzw. Wert der Sache haben[317]. Da die Wert- bzw. Brauchbarkeitsminderung mit der Sachsubstanzbeeinträchtigung einhergehen muss, tritt kein Versicherungsfall ein, wenn ein Vorgang zwar eine Wert- oder Brauchbarkeitsminderung, aber keine Sachsubstanzbeeinträchtigung der versicherten Sache bewirkt[318].

2. Mangel

Aus der **Betrachtung des Ergebnisses** einer Handlung oder der Art einer vorgefunde- **242** nen Funktionsbeeinträchtigung allein resultiert die in den technischen Versicherungszweigen häufig schwierige Unterscheidung, ob tatsächlich ein (versicherter) Schaden oder nur ein (reiner) Mangel vorliegt, aus dem sich kein Sachschaden entwickelt hat. Sachschäden als Folge eines Mangels sind in der Maschinenversicherung versichert, wenn die sonstigen Voraussetzungen für einen Versicherungsfall gegeben sind.

Mangel und Sachschaden bilden bei technischer Betrachtungsweise, aber auch im allge- **243** meinen Sprachgebrauch einen begrifflichen **Gegensatz**[319]. Ein Mangel und kein Sachschaden an der Sache liegt vor, wenn eine Sache infolge der Eigenschaften ihrer Substanz ihren bestimmungsgemäßen Zweck von vorne herein nicht oder nicht voll erfüllen kann, worunter auch die Lebensdauer der Sache einzubeziehen ist[320]. Eine Sache kann entweder schon seit der Herstellung mangelhaft sein, wenn keine Sachsubstanzbeeinträchtigung während der Versicherungsdauer eingetreten ist oder aber während der Bearbeitung der Sache anlässlich

---

[313] BGH v. 3. 6. 1981, VersR 1981, 875 (876).
[314] BGH v. 20. 7. 1976, VersR 1976, 676 (677).
[315] *Martin,* Sachversicherungsrecht, R III Rn. 29 ff.
[316] Zum Schönheitsschaden siehe auch Rn. 252 f.
[317] *Martin,* Montageversicherung, 1972, § 11 Rn. 2.4.3.
[318] *Scheuermeyer,* Maschinenversicherung in der Praxis, S. 50.
[319] BGH v. 29. 9. 2004, VersR 2005, 110 (111).
[320] *Martin,* Montageversicherung, 1972, § 11 Rn. 4.2.

einer Reparatur, Revision oder eines Umbaus wird ein Mangel neu gelegt, z. B. durch den Einbau eines falschen Ersatzteils. In diesen Fällen liegt der Ansatz zur Unterscheidung zwischen Sachschaden (oder Beschädigung) und Mangel nicht auf der Ebene des Zustandes der Sache als Ergebnis eines abgelaufenen Prozesses, sondern auf der Ebene einer Handlung oder eines Vorganges selbst. Von einem Sachschaden kann erst gesprochen werden, wenn etwas in eine zielgerichtet ablaufende Handlung **interveniert** und dadurch zu einem von dem beabsichtigten Ergebnis abweichenden Ergebnis führt[321]. Eine, aus welchen Gründen auch immer, falsch angelegte Handlung bei einer Reparatur, Revision oder einem Umbau führt für sich genommen stets zu einem Mangel.

244   Diese Unterscheidung verdeutlicht, warum auch sog. **Bearbeitungsschäden,** also Substanzveränderungen, die mit der bewussten und gesteuerten Behandlung der Sachen einhergehen (z. B. bei Wartung oder Instandsetzung einer Maschine), unter den genannten Umständen keinen versicherten Sachschaden darstellen[322]. Die Bearbeitung einer Sache kann nicht grundsätzlich als Sachschaden angesehen werden, von dem das (zufällig) richtige und erwartete Ergebnis lediglich eine Ausnahme bildet. Kommt es nämlich im Rahmen der Reparatur durch eine gelegentliche, aber neben der eigentlichen Handlung stehende Handlung zu einem Sachschaden, so besteht für den Schaden Ersatzpflicht[323]. Die begriffliche Abgrenzung des Mangels vom Sachschaden darf aber – auch wegen der unterschiedlichen Beweislast – keinesfalls mit dem Ausschluss von Tätigkeitsschäden in der Haftpflichtversicherung verwechselt werden, durch den der vom Versicherer grundsätzlich versprochene Deckungsschutz wieder eingeschränkt wird. Da das Interesse von Reparaturunternehmen als Dritte nicht mitversichert ist, kann der Maschinenversicherer in vollem Umfang Regress nehmen, soweit das Reparaturunternehmen den Schaden zu vertreten hat (s. Rn 351 ff.).

3. Schadenverdacht

245   a) Liegt ein Schadenverdacht vor, so ist dies keinesfalls mit einem Sachschaden gleichzusetzen, da der Versicherungsnehmer in der Maschinenversicherung die Darlegungspflicht für den tatsächlichen Eintritt des Sachschadens als Voraussetzung für einen Entschädigungsanspruch hat. Die Kosten, die der Versicherungsnehmer für eine, auch sehr aufwändige, Schadensuche aufwendet, sind für ihn ein reiner Vermögensschaden und fallen nicht unter den Versicherungsschutz, da diese Kosten nicht **als Folge einer Sachsubstanzverletzung** aufgewendet werden[324]. Auch sind die Kosten einer Schadensuche bei Schadenverdacht nicht nach § 85 VVG (gleiches gilt für § 66 VVG a. F.) als Schadenermittlungskosten ersatzpflichtig.

246   Erweist sich der Schadenverdacht als **begründet,** liegt also ein ersatzpflichtiger Schaden vor, dann sind die angefallenen Kosten für die Schadensuche entsprechend den versicherungsvertraglichen Regelungen über den Umfang der Entschädigung ersatzpflichtig. Wird statt eines vermuteten Schadens ein anderer Schaden gefunden, der in keinem Zusammenhang mit dem vermuteten Sachschaden steht, dann sind die Kosten für die Schadensuche nicht ersatzpflichtig, da sie auch unabhängig von dem Versicherungsfall hätten aufgewendet werden müssen[325]. Damit bleiben alle Kosten unentschädigt, die der Versicherungsnehmer ohnehin, also auch ohne die Feststellung des anderen Schadens, gehabt hätte[326].

---

[321] *Thürmann,* Der Sachschadenbegriff in der Bauleistungsversicherung, 1998, S. 155.

[322] Zutr. *Prölss/Martin/Voit/Knappmann,* Teil III M (Va) § 2 Rn. 7; a. M.: *Wussow-Ruppert,* Montageversicherung, 1971, S. 69.

[323] *Thürmann,* Der Sachschadenbegriff in der Bauleistungsversicherung, 1998, S. 158.

[324] *Martin,* Sachversicherungsrecht, B III Rn. 11; *Martin,* Montageversicherung, 1972, § 11 Rn. 2.3.2.

[325] Kosten sonstiger Maßnahmen, die auch unabhängig vom Versicherungsfall notwendig gewesen wären; AMB 91 und ABMG 92 § 10 Nr. 4a); Es handelt sich um eine besondere Regelung zur Ersatzfähigkeit von Mehrzweckkosten, *Schnitzler,* Der Schaden als Leistungsgrenze in der Sachversicherung, S. 271 ff.

[326] *Prölss/Martin/Voit/Knappmann,* Teil III M (I a) § 2 Rn. 6; zu auch unabhängig vom Versicherungsfall aufzuwendenden Kosten vgl. Rn. 296.

b) Die **VDEW-Bedingungen** sehen eine andere Regelung für **Untersuchungen bei**   **247** **Schadenverdacht**[327] vor als die AMB 91 und die ABMG 92. Führt der Versicherungsnehmer bei einem Schadenverdacht mit Zustimmung des Versicherers eine Untersuchung an einer versicherten Sache durch, dann werden die Kosten für das Auf- und Zudecken zwischen Versicherungsnehmer und Versicherer geteilt, wenn sich der Schadenverdacht als unbegründet erweist. Das Motiv für diese Regelung ist die Verhütung von vorhersehbaren Schäden, insbesondere bei Maschinen, bei denen die Kosten für das Auf- und Zudecken so hoch sind (z. B. Turbinen), dass ohne diese Regelung der Versicherungsnehmer, um Kosten zu sparen, evtl. auf die Untersuchung verzichten würde. Damit wird eine Ausnahme von § 83 VVG bzw. von § 63 VVG a. F. gemacht, wonach der Versicherungsnehmer die Kosten der Schadenverhütung selber tragen muss. Auf die **Zustimmung** des Versicherers kann deshalb ein **Rechtsanspruch** bestehen, wenn der Schadenverdacht sich so darstellt, dass spätere Folgeschäden als nicht mehr unvorhergesehen angesehen werden[328].

Im Rahmen dieser Bestimmung werden ausschließlich die Kosten für das **Auf- und Zu-**   **248** **decken** zwischen dem Versicherungsnehmer und dem Versicherer geteilt. Weitere Kosten, wie z. B. die Kosten für Untersuchungen, Rissprüfungen etc. müssen komplett vom Versicherungsnehmer getragen werden. Begrifflich stammt das Auf- und Zudecken aus dem Bereich der Dampfturbinen, für die ursprünglich die Untersuchungen bei Schadenverdacht eingeführt wurden. Gemeint sind damit die Kosten einer De- bzw. Remontage, um an die eigentliche Stelle zu gelangen, an der der Schaden vermutet wird.

Inwieweit die Regelung zur Untersuchung bei Schadenverdacht auch auf einen Schaden-   **249** verdacht angewendet werden darf, bei dem sowohl der vermutete Schaden, als auch der unter normalen Umständen zu befürchtende Folgeschaden **unterhalb des Selbstbehaltes** bleibt, erscheint sehr fraglich, da die Interessenssphäre des Versicherers durch die Schadenverhütung nicht berührt wird.

Für versicherte Sachen, für die **Revisionsfristen** vereinbart sind, richtet sich der Grad der   **250** Kostenteilung für das Auf- und Zudecken nach dem Zeitpunkt innerhalb der Revisionsfrist, zu dem die Untersuchung auf Schadenverdacht stattfindet. Dabei trägt der Versicherer die Kosten im ersten Drittel der Revisionsfrist komplett, im mittleren Drittel werden die Kosten zwischen Versicherungsnehmer und Versicherer geteilt und im letzten Drittel trägt der Versicherungsnehmer die Kosten alleine.

Erweist sich der Schadenverdacht als **begründet,** liegt also ein ersatzpflichtiger Schaden   **251** vor, dann sind die angefallenen Kosten für die Schadensuche entsprechend den Bestimmungen zu den Wiederherstellungskosten ersatzpflichtig. Wird statt eines vermuteten Schadens ein anderer Schaden gefunden, der in keinem Zusammenhang mit dem vermuteten Sachschaden steht, so war der Schadenverdacht unbegründet und die Kosten für das Auf- und Zudecken werden zwischen Versicherungsnehmer und Versicherer geteilt. Die Kosten können aber auch als Wiederherstellungskosten des anderen Schadens unter die Ersatzpflicht fallen, allerdings nicht, wenn der andere Schaden noch nicht notwendigerweise hätte beseitigt werden müssen, sondern die Schadenbeseitigung üblicherweise im Rahmen der nächsten Revision durchgeführt worden wäre. Denn bei der abstrakten Schadenberechnung wären für einen solchen Schaden auch nur die während der Revision anfallenden Mehrkosten[329] für die Reparatur ersatzpflichtig.

4. Schönheitsschaden

Bleibt durch eine prinzipiell als Schadenereignis anzusehende Einwirkung auf die Sache de-   **252** ren technische Brauchbarkeit (Nutzungsvermögen) und die Lebensdauer unverändert, so stellt

---

[327] VDEW-Bedingungen § 4 VIII.
[328] *Prölss/Martin/Voit/Knappmann,* Teil I § 66 Rn. 13; *Prölss/Martin/Voit/Knappmann,* Teil I § 63 Rn. 20.
[329] Die Kosten für das Auf- und Zudecken sind Kosten, die bei jeder Revision anfallen und damit zu den Kosten für Überholungen gehören, die zu Lasten des Versicherungsnehmers gehen (VDEW-Bedingungen § 4 I Nr. 4).

sich die Frage des Schönheitsschadens[330]. Ob ein sog. Schönheitsschaden einen Sachschaden i. S. d. Sachversicherungsrechts darstellt, hängt davon ab, ob das **Aussehen der Sache** für deren allgemeine Gebrauchsfähigkeit oder Wert maßgebend ist und nach der Verkehrsanschauung auch eine **technische Wertminderung** eingetreten ist. Ist eine Beeinträchtigung des Aussehens grundsätzlich als Sachschaden anzuerkennen, so gilt dies allerdings nur insoweit, als es um Beeinträchtigungen geht, die auch **tatsächlich wahrnehmbar** sind. Dies ist nicht der Fall, wenn die Beeinträchtigungen entweder von vorne herein nicht einsehbar sind oder auf Grund der Entfernung, von der aus die Schadenstelle einsehbar ist, nicht (mehr) wahrgenommen werden[331]. Auch der allgemeine äußere Zustand der versicherten Sache, wie er sich bereits vor dem Schaden dargestellt hat, ist bei der Bewertung der durch das Ereignis oder durch eine Reparatur entstandenen (zusätzlichen) optischen Beeinträchtigung zu berücksichtigen[332].

253   Bei den typischerweise in der Maschinenversicherung versicherten Sachen ist dem Versicherungsnehmer bei einem Schönheitsschaden, falls er nach den oben genannten Kriterien als Sachschaden zu charakterisieren ist, grundsätzlich zuzumuten, statt einer Reparatur oder neben einer nicht vollwertigen Reparatur einen **Wertminderungsausgleich** zu erhalten. Ein Wertminderungsausgleich kommt statt einer Wiederherstellung in Frage, wenn der Versicherungsnehmer als Nichtversicherter bei verständiger Würdigung wohl von einer in Anbetracht des Ergebnisses unverhältnismäßig aufwändigen Reparatur absehen würde[333]. Für die Höhe des Wertminderungsausgleichs sind in diesem Fall aber nicht die (abstrakt berechneten) Reparaturkosten maßgeblich, sondern nur ein anteiliger Betrag, der sich aus den Umständen des Einzelfalles ergibt[334].

5. Abhandenkommen

254   Das Abhandenkommen versicherter Sachen ist **kein Sachschaden** an den abhandengekommenen Sachen und aus diesem Grund in der Maschinenversicherung auch kein Versicherungsfall[335]. Die einzige Ausnahme ist die Versicherung von **fahrbaren Geräten,** da in Versicherungsverträgen auf Basis der ABMG 92 vereinbart werden kann, dass das Abhandenkommen versicherter Sachen durch Diebstahl, Einbruchdiebstahl und Raub zu den versicherten Gefahren gehört. Der Versicherungsfall ist erst eingetreten, sobald eine Sache abhanden gekommen ist, also ab dem Zeitpunkt, ab dem es nicht mehr wahrscheinlich ist, dass der Versicherungsnehmer sie in absehbarer Zeit zurückerlangt[336].

III. Einheit/Mehrheit von Versicherungsfällen

255   Die Frage, ob einer oder mehrere Versicherungsfälle eingetreten sind, ist in der Maschinenversicherung von Bedeutung, weil bei der Entschädigungsberechnung pro Versicherungsfall ein **Selbstbehalt** abgezogen werden kann. Dagegen kann der Versicherungsnehmer auch pro Versicherungsfall eine mögliche **Entschädigungsgrenze** in Anspruch nehmen, z. B. bei den auf erstes Risiko versicherten Kosten. Die Unterscheidung, ob nur ein Versicherungsfall oder mehrere Versicherungsfälle vorliegen, muss nach der Verkehrsauffassung entschieden werden[337].

256   Es liegen jedenfalls immer dann mehrere Versicherungsfälle vor, wenn die betroffenen Sachen in **verschiedenen Positionen** des Versicherungsvertrages versichert sind[338]. Auch

---

[330] *Martin,* Sachversicherungsrecht, B III, S. 447.
[331] VerwG Sigmaringen v. 25. 9. 1987, r+s 1988, 114 (115).
[332] OLG Saarbrücken v. 12. 4. 2006, r+s 2007, 62 (65); OLG Hamm v. 21. 4. 1989, VersR 1990, 376.
[333] OLG Düsseldorf v. 3. 8. 1993, VersR 1994, 670.
[334] OLG München v. 3. 6. 1992 (27 U 815/90).
[335] *Voit,* VersR 1992, 142 (143).
[336] *Martin,* Sachversicherungsrecht, B II Rn. 12; zum Abhandenkommen s. auch Rn. 93 ff.
[337] *Martin,* Montageversicherung, 1972, § 14 Rn. 3.1; *Martin,* Sachversicherungsrecht, B IV Rn. 2; *Prölss/Martin/Kollhosser,* Teil I § 56 Rn. 13.
[338] *Martin,* Sachversicherungsrecht, B IV Rn. 3.

wenn **verschiedene Sachen,** die in **einer Sammelposition** versichert sind, durch die gleiche Ursache, auch wenn dies zeitgleich geschieht, je einen Schaden erleiden, liegen mehrere Versicherungsfälle vor. In Ausnahmefällen können mehrere Sachsubstanzbeeinträchtigungen an verschiedenen Sachen auch zu einem Versicherungsfall zusammengefasst werden, wenn beispielsweise von einem Hallenkran Teile herabstürzen und mehrere Maschinen, die **in einer Position** versichert sind, gleichzeitig beschädigen. Nur wenn, wie in dem Beispiel, die Summe der eingetretenen Sachsubstanzveränderungen begrifflich als Einheit gesehen werden kann, ist ausnahmsweise nur ein Versicherungsfall eingetreten. Dafür reicht allerdings der bloße zeitliche oder räumliche Zusammenhang nicht aus[339].

IV. Repräsentant

Die versicherungsrechtliche Figur des Repräsentanten wurde von der Rechtsprechung **257** entwickelt, um den arbeitsteilig organisierten Versicherungsnehmer im Hinblick auf subjektive Risikobeschränkungen und Obliegenheitsverletzungen nicht dadurch besser zu stellen, dass er einen Dritten an seine Stelle treten lässt[340]. Der Begriff des Repräsentanten[341] soll für die **gesamte Rechtsbeziehung** zwischen Versicherungsnehmer und Versicherer eine Rolle spielen[342]. Dabei wird dem Versicherungsnehmer das Verhalten seines oder seiner Repräsentanten **zugerechnet.** Dies spielt z. B. eine Rolle bei den Obliegenheiten, der schuldhaften Herbeiführung eines Versicherungsfalls oder den Rettungsobliegenheiten. In der Maschinenversicherung sind insbesondere nur die Schäden ersatzpflichtig, die für den Versicherungsnehmer unvorhergesehen[343] eingetreten sind. Dabei steht die Vorhersehbarkeit für den Repräsentanten gleich mit der Vorhersehbarkeit für den Versicherungsnehmer.

In großen Unternehmen besitzt der Versicherungsnehmer bzw. seine Organe meist weder **258** die notwendige Sachkenntnis noch die ständige Nähe zu den versicherten Sachen, wie sie bei einem Betriebsleiter gegeben ist[344]. Deshalb wird dem Versicherungsnehmer in diesen Fällen das Verhalten seiner **Repräsentanten,** wie z. B. das eines Betriebsleiters oder Bauleiters, **zugerechnet**[345]. Das gilt allerdings nur in den Grenzen, in denen der Versicherungsnehmer dem Dritten die selbständige Wahrnehmung seiner Befugnisse übertragen hat[346]. Durch die Zurechnung des Verhaltens der Repräsentanten kann sich der Versicherungsnehmer (Einzelkaufmann oder Geschäftsführer und Vorstandsmitglieder von juristischen Personen) nicht darauf berufen, dass der Versicherungsfall für ihn unvorhergesehen eingetreten ist, weil er sich persönlich mit diesen Fragen nicht beschäftigt, sondern diese delegiert hat. Gleiches gilt auch für die Erfüllung der verschiedenen Obliegenheiten. Das Verhalten von Arbeitnehmern, die nicht Repräsentant sind, muss der Versicherungsnehmer sich nicht zurechnen lassen, auch wenn diese fahrlässig oder vorsätzlich handeln[347]. Zu den VDEW-Bedingungen gibt im § 3 II Nr. 4 und § 3 II Nr. 8 eine Sonderregel, durch die für diese Ausschlüsse neben der Unter-

---

[339] *Martin,* Montageversicherung, 1972, § 14 Rn. 3.

[340] BGH v. 14. 3. 2007, VersR 2007, 673 (674).

[341] Repräsentant ist, wer in dem Geschäftsbereich, zu dem das versicherte Risiko gehört, aufgrund eines Vertretungs- oder eines ähnlichen Verhältnisses an die Stelle des Versicherungsnehmers getreten ist. Die bloße Überlassung der Obhut über die versicherte Sache reicht hierbei nicht aus. Repräsentant kann nur sein, wer befugt ist, selbstständig in einem gewissen, nicht ganz unbedeutendem Umfang für den Versicherungsnehmer zu handeln (Risikoverwaltung). Es braucht nicht noch hinzuzutreten, dass der Dritte auch Rechte und Pflichten aus dem Versicherungsvertrag wahrzunehmen hat. BGH v. 21. 4. 1993, VersR 1993, 828.

[342] *Prölss/Martin/Prölss,* Teil I § 6 Rn. 63; zum Repräsentanten s. auch *Looschelders,* § 17 Rn. 29 ff.

[343] Zum unvorhergesehenen Schadeneintritt siehe Rn. 81 ff.

[344] *Wrabetz,* VersR 1994, 919 (920).

[345] In den VDEW-Bedingungen wird für die Ausschlussbestimmungen § 3 II Nr. 4 und Nr. 8 ausdrücklich der verantwortliche Betriebsleiter genannt.

[346] Zur Abgrenzung der Übertragung der Vertrags- von der Risikoverwaltung BGH v. 14. 3. 2007, VersR 2007, 673 (674).

[347] *Martin,* Montageversicherung, 1972, § 2 Rn. 4.2.4; s. auch Rn. 355.

nehmensleitung dem verantwortlichen Betriebsleiter ausdrücklich die Funktion des Repräsentanten zuerkannt wird[348].

259   In der allgemeinen Definition des Repräsentanten kann im Einzelfall unklar sein, welcher Funktionsträger innerhalb eines Unternehmens als Repräsentant des Versicherungsnehmers zu gelten hat. Deshalb wird häufig eine **Repräsentantenklausel** vereinbart, die eindeutig festlegt, wer Repräsentant des Versicherungsnehmers ist[349]. Werden als Repräsentant ausschließlich Geschäftsführer bzw. Vorstände des Versicherungsnehmers bezeichnet, entfällt damit auch i. d. R. die Zurechenbarkeit der Verantwortung der Personen, die die notwendige Sachkenntnis und Nähe zum versicherten Risiko haben. Gegenüber einem Vorstand oder Geschäftsführer einer großen Kapitalgesellschaft wird sich der Versicherer nur selten auf ein schadenursächliches grob fahrlässiges oder gar vorsätzliches Verhalten berufen können, insbesondere weil der Versicherer hierfür nachweispflichtig ist. In diesem Fall kommt aber ein grobes Organisationsverschulden in Betracht, was die entsprechenden Rechtsfolgen auszulösen vermag[350]. Auch nach der Reform des VVG wird die Entscheidung, welcher Funktionsträger innerhalb eines Unternehmens als Repräsentant gelten soll, weiter der Rechtsprechung überlassen.

I. Entschädigungsberechnung

I. Versicherungswert

260   Nach allgemeiner Definition stellt der Wert des versicherten Interesses den Versicherungswert dar[351]. In der Sachversicherung gilt der **Wert** der versicherten Sache als Versicherungswert. Da der „Wert" einer Sache objektiv und subjektiv sehr unterschiedliche Bedeutungen haben kann, ist in der Maschinenversicherung der Versicherungswert definiert. Durch diese Definition sind § 88 VVG bzw. § 52 VVG a. F. abbedungen[352].

261   Nicht der Listenpreis zum Zeitpunkt der Anschaffung, sondern der jeweils **gültige Listenpreis** der versicherten Sache im Neuzustand (**Neuwert**) zuzüglich der Bezugskosten[353] ist in der Maschinenversicherung der Versicherungswert. Daraus ergibt sich, dass Preiszugeständnisse oder Rabatte, die der Versicherungsnehmer beim Kauf der versicherten Sache erhalten hat, für die Ermittlung des Versicherungswertes nicht berücksichtigt werden dürfen. Die in den AVB als nicht versicherte Teile der Maschine[354] bezeichneten Sachen sind i. d. R. im Listenpreis bzw. beim Kauf einer Maschine in deren Bestellwert und damit auch im Versicherungswert enthalten.

262   Ändert sich der Listenpreis, so verändert sich auch der Versicherungswert. Der Versicherungswert ist als abstraktes Merkmal unabhängig von Zustandsänderungen der tatsächlich im

---

[348] Siehe hierzu auch die Rn. 106 ff. und Rn. 200b.

[349] VP 1997, 52 (52); *Scheuermeyer,* Maschinenversicherung in der Praxis, S. 57; ist der Versicherungsnehmer eine juristische Person, so ist das Handeln der in den üblichen Klauseln aufgeführten Organe ohnehin als deren eigenes Handeln anzusehen, insofern bedarf es der Zurechnung über die Figur des Repräsentanten nicht, OLG Köln v. 7. 6. 1994, VersR 1995, 205.

[350] OLG Hamm v. 14. 10. 1996, VersR 1997, 236.

[351] Vgl. § 51 VVG a. F. und § 74 VVG.

[352] Der BGH hat zur Transportversicherung mit Urteil v. 16. 11. 1992 (VersR 1993, 312) die Anwendung der DTV-Maschinenklausel, insbesondere die Regelung, den Versicherungswert auf Basis des Neuwertes der Maschine und die Entschädigung auf Basis des Zeitwertes vorzunehmen, als nicht mit dem damaligen AGBG vereinbar und damit für unwirksam erklärt. Der Grund für diese Entscheidung liegt darin, dass die DTV-Maschinenklausel von seeversicherungsrechtlichen Bestimmungen des HGB in unangemessener Weise zum Nachteil des Versicherungsnehmers abweicht. Da die seeversicherungsrechtlichen Bestimmungen nicht für die Maschinenversicherung gelten, ist das Urteil auf die Maschinenversicherung nicht übertragbar. Vgl. auch *Scheuermeyer,* Maschinenversicherung in der Praxis, S. 131 ff.

[353] Z.B. Kosten für Verpackung, Fracht, Zölle, Montage.

[354] AMB 91 § 1 Nr. 5; VDEW-Bedingungen § 1, II; ABMG 92 § 1 Nr. 4e) und f); siehe auch Rn. 63.

Betrieb befindlichen Maschinen, hängt also nicht vom **Alter** und **technischem Zustand** der versicherten Sache ab. Änderungen des Zeitwertes haben keinen Einfluss auf den Versicherungswert[355].

Werden Sachen, z. B. aufgrund des technischen Fortschritts, nicht mehr in Preislisten geführt, dann ist nicht der aktuelle Listenpreis einer anderen gleichartigen Sache, sondern der **letzte Listenpreis** maßgeblich, der entsprechend der Entwicklung der Preise von vergleichbaren Sachen laufend erhöht oder vermindert werden muss[356]. Für Sachen, die keinen Listenpreis haben, ist stattdessen der **Kauf-** oder **Lieferpreis** der versicherten Sache im Neuzustand zuzüglich der Bezugskosten für den Versicherungswert maßgeblich. Auch in diesem Fall muss der Versicherungswert laufend der Preisentwicklung angepasst werden.   **263**

Für Sachen, für die weder ein Listenpreis, noch ein Kauf- oder Lieferpreis existiert, z. B. bei   **264**
Eigenherstellung der versicherten Sache im Betrieb des Versicherungsnehmers, ermittelt sich der Versicherungswert aus den Kosten, die jeweils notwendig wären, um diese versicherte Sache in der gleichen Konstruktion und Abmessung erneut herzustellen.

II. Versicherungssumme

Die Versicherungssumme bezeichnet grundsätzlich den **Höchstbetrag der Ersatzleis-**   **265**
tung, die ein Versicherer im Schadenfall zu erbringen hat, und dient als **Prämienbemes-**
sungsgrundlage. In der Maschinenversicherung werden keine Gesamtversicherungssummen für alle versicherten Sachen, sondern eine Versicherungssumme für die einzelnen Positionen des Maschinenverzeichnisses oder pro Sammelposition gebildet. Die Höhe der Versicherungssumme kann frei zwischen Versicherungsnehmer und Versicherer vereinbart werden, sie soll aber dem **Versicherungswert** entsprechen, um Unterversicherung bzw. Überversicherung zu vermeiden[357]. Werden versicherte Sachen während der Versicherungsdauer, z. B. durch Hinzufügen oder Austausch von Teilen, geändert und verändert sich dadurch der Versicherungswert oder ändert sich der Versicherungswert durch Preissteigerungen, so soll die Versicherungssumme laufend angepasst werden. Es ist grundsätzlich Sache des Versicherungsnehmers sich um ausreichenden Versicherungsschutz und damit um eine genügende Versicherungssumme zu kümmern[358].

Die fortlaufende Anpassung der Versicherungssumme an die Preisentwicklung kann durch   **266**
ständige Vertragsänderungen erfolgen. Üblicherweise wird jedoch in der Maschinenversicherung eine **Prämienanpassungsklausel** (z. B. Klausel 007[359]) vereinbart, mit der die Versicherungssumme und die Prämien mit Beginn eines jeden Versicherungsjahres an die Preisentwicklung angepasst werden. Dieser **Preisanstieg** ist allerdings ein **Durchschnittswert,** so dass die tatsächliche Wertentwicklung für die jeweilige versicherte Sache sowohl über, als auch unter dem Durchschnitt liegen kann. Für die Beurteilung von Unterversicherung ist entscheidend, ob die Versicherungssumme zum Zeitpunkt der Vereinbarung dieser Klausel richtig gebildet war. Die unterschiedliche Wertentwicklung der versicherten Sache im Verhältnis zur Entwicklung des Durchschnitts führt bei Vereinbarung dieser Klausel also weder zur Unterversicherung noch zu einem Anspruch auf Prämienermäßigung aufgrund von Überversicherung (§ 51 VVG a. F. bzw. § 74 VVG). Durch diese Vereinbarung wird dem Versicherungsnehmer das Risiko abgenommen, dass die Versicherungssumme aufgrund des Preisanstiegs oder bei Änderungen des Listenpreises durch ständige Vertragsänderungen angepasst werden muss[360].

---

[355] *Martin,* VW 1969, 75 (79).
[356] OLG Frankfurt/M v. 23. 1. 2002, VersR 2002, 1098 (1099).
[357] *v. Gerlach,* Die Maschinenversicherung, S. 78.
[358] Zur Feuerversicherung: OLG Frankfurt v. 21. 11. 2001, VersR 2002, 1022; OLG Köln v. 21. 11. 96, VersR 1997, 1530 (1530); OLG Koblenz v. 25. 10. 96, VersR 1997, 1226 (1226).
[359] VerBAV 1991, 240.
[360] *Prölss/Martin/Voit/Knappmann,* Teil III M (Ia) § 4 Rn. 3 und 4; *Voit,* VersR 1992, 142 (146); *Scheuermeyer,* Maschinenversicherung in der Praxis, S. 136f.

267   In den VDEW-Bedingungen soll die Versicherungssumme dem **Neuwert** der ganzen versicherten Sache, einschließlich der Kosten für Fracht und Montage sowie für die mitversicherten Fundamente, entsprechen, um Unterversicherung zu vermeiden. Zudem enthalten die VDEW-Bedingungen eine **Vollwertklausel.** Hat der Versicherungsnehmer den Neuwert bei Abschluss des Versicherungsvertrages ordnungsgemäß ermittelt und als Versicherungssumme deklariert, so verzichtet der Versicherer solange auf den Einwand der Unterversicherung bis der Versicherer eine Neufestlegung der Versicherungssumme verlangt. Folgt der Versicherungsnehmer dieser Aufforderung nicht, so kann der Versicherer mit Beginn des nächsten Versicherungsjahres im Schadenfall Unterversicherung geltend machen. Selbstverständlich kann trotzdem auch für die VDEW-Bedingungen eine Prämienanpassungsklausel (Klausel 131 (86))[361] vereinbart werden.

268   Kostenschäden, wie die in den AMB 91 und den ABMG 92 durch besondere Vereinbarung versicherbaren Luftfrachtkosten, Bewegungs- und Schutzkosten, Dekontaminationskosten für Erdreich sowie Aufräumungs- und Entsorgungskosten werden stets auf **Erstes Risiko** versichert. Von Erstrisikoversicherung spricht man, wenn der Versicherer Schäden bis zum Betrag der Erstrisikosumme, das erste Risiko, trägt, während der Versicherungsnehmer erst in zweiter Linie ein Risiko trägt, nämlich in Höhe des Schadenbetrages, der die Erstrisikosumme übersteigt. Die Erstrisikosumme übernimmt die Funktion der Versicherungssumme, wenn sich ein Versicherungswert nicht oder nicht zuverlässig bestimmen lässt. Unterversicherung kann daher bei der Erstrisikoversicherung naturgemäß nicht angewendet werden.

III. Unterversicherung

269   Die Frage der Unterversicherung wird in der Maschinenversicherung in Anlehnung an § 56 VVG a. F. bzw. zukünftig unter den gesetzlichen Voraussetzungen von § 75 VVG geregelt. Allerdings weicht § 75 VVG insoweit von § 56 VVG a. F. ab, als nur eine **erhebliche Unterversicherung** erfasst wird. Diese Neuregelung wird in der Maschinenversicherung nur zur Anwendung kommen, soweit sie durch die getroffenen Regelungen in den AVB nicht abbedungen ist. Unterversicherung liegt vor, wenn die Versicherungssumme niedriger als der Versicherungswert bzw. der Neuwert (VDEW-Bedingungen) ist. Für die Ermittlung des Versicherungswertes kommt es auf den **Zeitpunkt** des **Schadeneintritts** an. Zu diesem Zeitpunkt kann eine Unterversicherung vorliegen, weil werterhöhende Maßnahmen vorgenommen wurden oder ein Preisanstieg der versicherten Sache eingetreten ist, ohne dass die Versicherungssumme entsprechend angepasst wurde[362].

270   Liegt Unterversicherung im Schadenfall vor, so wird die Entschädigung **proportional** nach der **Formel** „Entschädigung = (Versicherungssumme · Betrag des Schadens) / Versicherungswert" gekürzt[363]. Dabei ist in den AMB 91 und den ABMG 92 der Betrag des Schadens nach Berücksichtigung des vertraglich vereinbarten Selbstbehaltes in die Formel einzusetzen, da die AVB dies entgegen den gesetzlichen Regelungen so vorsehen[364]. In den VDEW-Bedingungen ist der Betrag des Schadens entsprechend den gesetzlichen Regelungen vor Berücksichtigung des vertraglich vereinbarten Selbstbehaltes in die Formel einzusetzen[365]. Die Unterversicherung ist auch auf Schadenermittlungskosten[366] und den Rettungskostenersatz[367] anzuwenden. Die Unterversicherung muss für jede im Versicherungsvertrag bezeichnete Position oder Sammelposition getrennt angewendet werden[368].

---

[361] *Scheuermeyer,* Maschinenversicherung in der Praxis, S. 249.
[362] *Römer/Langheid/Römer,* § 56 Rn. 3.
[363] *Prölss/Martin/Kollhosser,* Teil I § 56 Rn. 7.
[364] AMB 91 und ABMG 92 § 9 Nr. 4.
[365] *Prölss/Martin/Kollhosser,* Teil I § 56 Rn. 12.
[366] Schadenermittlungskosten nach § 66 VVG a. F. bzw. § 85 VVG.
[367] Rettungskostenersatz nach § 63 VVG a. F. bzw. § 83 VVG; zum Rettungskostenersatz s. *Beckmann,* § 15 Rn. 72 ff.
[368] *Prölss/Martin/Kollhosser,* Teil I § 56 Rn. 4.

Die Vermeidung der Unterversicherung liegt in der **Eigenverantwortung des Versiche-** 271
rungsnehmers, indem er die Versicherungssumme ausreichend wählt. Häufig wird zur Vermeidung von Unterversicherung aufgrund des Preisanstiegs eine Prämienanpassungsklausel[369] vereinbart.

IV. Abgrenzung von Teilschaden und Totalschaden

Die Reparaturfähigkeit einer Sache ist nicht alleine dafür entscheidend, ob nur ein Teil- 272
schaden im Sinne der AVB vorliegt. Vielmehr muss eine Reparatur auch unter wirtschaftlichen Gesichtspunkten betrachtet werden. Deshalb ist es für die Feststellung eines Teil- oder
Totalschadens neben der Reparaturfähigkeit von Bedeutung, ob die Sache wirtschaftlich
noch reparaturwürdig ist[370]. Ob ein **Teilschaden** oder ein **Totalschaden** vorliegt, hängt davon ab, ob die Wiederherstellungskosten zuzüglich des Wertes des bei der Wiederherstellung
anfallenden Altmaterials über oder unter dem im Totalschadenfall ersatzpflichtigen **Zeit-**
wert[371] liegen. Damit kommt es für die Feststellung des Totalschadens nicht darauf an, ob
die versicherte Sache zerstört oder völlig unbrauchbar geworden ist[372]. Für die Ermittlung
der Wiederherstellungskosten werden nur die in § 10 Nr. 2 AMB 91 bzw. ABMG 92 genannten Kosten berücksichtigt. Damit bleiben Entschädigungen für die auf erstes Risiko versicherbaren Luftfrachtkosten, Bewegungs- und Schutzkosten, Dekontaminationskosten für Erdreich sowie Aufräumungs- und Entsorgungskosten bei der Feststellung, ob ein Teilschaden
oder ein Totalschaden vorliegt, unberücksichtigt. Ebenfalls unberücksichtigt bleiben die Abzüge „neu für alt" für Verbrennungsmotoren, Akkumulatorbatterien, Röhren und die in
AMB 91 § 1 Nr. 6 bzw. ABMG 92 § 1 Nr. 5 abschließend aufgezählten Transportbänder,
Raupen, Seile, Betonkübel etc. In den **VDEW-Bedingungen** wird der Wert des Altmaterials bei der Feststellung, ob ein Teilschaden oder ein Totalschaden vorliegt, nicht berücksichtigt.

Der Wert des bei der Wiederherstellung anfallenden Altmaterials kann darüber entschei- 273
den, ob ein Teil- oder Totalschaden vorliegt. Im Falle eines Teilschadens wird zur Ermittlung
der Entschädigung der **Wert des Altmaterials** von den Wiederherstellungskosten in Abzug
gebracht. Der Wert des Altmaterials ist der Betrag, der bei einem Verkauf des Altmaterials
durch den Versicherungsnehmer zu erzielen ist, unabhängig davon, ob der Versicherungsnehmer das Altmaterial veräußert oder nicht. Nicht in jedem Fall maßgeblich ist der Preis, für den
der Lieferant oder Hersteller als Reparaturunternehmen das Altmaterial in Zahlung nimmt,
da er oft diese Teile nur zu einem besonders niedrigen Preis vergütet. Vielmehr kommt es darauf an, welcher Preis für den Versicherungsnehmer als ordentlicher Kaufmann bei der Veräußerung erzielbar wäre. Aufwendungen des Versicherungsnehmers, die notwendig sind, um
das Altmaterial zu veräußern, wie z. B. Arbeiten zum Sortieren, Zerkleinern oder Abtransportieren, mindern den Verkaufspreis und damit auch den anrechenbaren Wert des Altmaterials[373].

Die **voraussichtliche Reparaturdauer** spielt keine Rolle für die Abgrenzung zwischen 274
einem Teilschaden und einem Totalschaden, auch wenn dem Versicherungsnehmer hierdurch
Nachteile entstehen, da das sachschadenbedingte Ausbleiben von Erträgen (das Sachnutzungsinteresse) in der Maschinenversicherung nicht versichert ist. Diese Nachteile kann der
Versicherungsnehmer bei Bedarf durch den Abschluss einer entsprechenden Betriebsunterbrechungsversicherung abdecken[374].

---

[369] Zur Prämienanpassungsklausel siehe Rn. 266.
[370] *Engels,* VP 1983, 83 (83).
[371] Zum Zeitwert siehe Rn. 311.
[372] *Prölss/Martin/Voit/Knappmann,* Teil III M (I a) § 9 Rn. 1.
[373] *Martin,* Sachversicherungsrecht, R II Rn. 24–27; OLG Stuttgart v. 10. 10. 1989, VersR 1990, 379
(379).
[374] OLG Karlsruhe v. 20. 10. 1988, r+s 1990, 142 (142); *Prölss/Martin/Voit/Knappmann,* Teil III M (Ia)
§ 9 Rn. 1.

275   Die Bewertung eines Versicherungsfalls als Teilschaden oder Totalschaden ist davon abhängig, ob der Zeitwert des beschädigten Teils oder der Zeitwert der ganzen Sache für die Beurteilung zugrunde gelegt wird. Wenn die beschädigten Teile eine eigene Position im Maschinenverzeichnis bilden, sind sie auch dann nicht als einheitliche Sache zu sehen, wenn sie eine **wirtschaftliche Einheit** bilden. Der Zeitwert ist also nicht als Gesamtzeitwert der wirtschaftlichen Einheit, sondern für jede Position des Maschinenverzeichnisses gesondert zu bestimmen. Sind in einer Sammelposition mehrere versicherte Sachen enthalten, dann kommt es nicht auf den Gesamtbestand der versicherten Sachen an. Der Zeitwert ist ein je versicherter Sache zu bestimmender Wertmaßstab. Dabei gelten dann wirtschaftlich zusammengehörige Sachen als einheitliche Sache. Das Ineinandergreifen einzelner Maschinen in einer Anlage, z. B. das Ineinandergreifen von Turbine und Generator in einem Kraftwerk, führt noch nicht zu einer wirtschaftlichen Einheit, wohl aber Turbinengehäuse und Turbinenläufer zur wirtschaftlichen Einheit Turbine[375].

V. Teilschaden

276   Im Teilschadenfall besteht die Entschädigung aus den **Wiederherstellungskosten,** die um den Wert des bei der Wiederherstellung **anfallenden Altmaterials** (s. o. Rn. 273) gekürzt werden. Weiterhin muss, dort wo die AVB das vorsehen, der Abzug **„neu für alt"** für die Höhe der Entschädigung berücksichtigt werden. Die Entschädigung kann über die Wiederherstellungskosten (s. u.) hinaus eine Entschädigung für Kostenschäden enthalten.

1. Wiederherstellungskosten

277   Wiederherstellungskosten sind die Kosten, die als Folge des Versicherungsfalls objektiv notwendig aufgewendet werden müssen, um die beschädigte Sache wieder in einen Zustand zu versetzen, der dem unmittelbar vor dem Versicherungsfall entspricht. Dabei kann durchaus eine technisch andere, aber im Reparaturergebnis vergleichbare Lösung zum Einsatz kommen. Wichtig ist, dass die Sache hinsichtlich **Funktionsfähigkeit, Betriebssicherheit** und **Lebenserwartung** wiederhergestellt ist, bloße optische Beeinträchtigung bleibt im Regelfall bei technischen Objekten unberücksichtigt. Beispielsweise kann ein beschädigtes Kabel durch das Setzen einer Muffe repariert werden. Ein nach der Wiederherstellung verbleibender merkantiler Minderwert wird nicht berücksichtigt[376].

278   Kann eine beschädigte Sache aus technischen Gründen nur eingeschränkt wiederhergestellt werden, dann liegt nicht grundsätzlich ein Totalschaden vor. Der Versicherungsnehmer muss eine gewisse geringe Beeinträchtigung in Kauf nehmen, erhält allerdings dafür den **technischen Minderwert** ersetzt. Ähnlich verhält es sich, wenn durch eine Reparatur die Lebensdauer der Sache beeinträchtigt bleibt, beispielsweise, wenn die Reparatur Eingriffe in die Substanz (Abdrehen, Abschleifen, Verwenden eines Reserveanteils von Rohren in Kesselanlagen) von Teilen erfordert, die sich während der Lebensdauer des Teils nur begrenzt oft wiederholen lässt. In solchen Fällen können nicht die oft überproportional hohen Reparatur- bzw. Austauschkosten oder eine Totalschadenentschädigung verlangt werden, sondern vom Versicherungsnehmer ist ein angemessener Ausgleich für die technische Wertminderung zu akzeptieren[377].

279   Es besteht **kein Zwang zur Wiederherstellung.** Unterlässt der Versicherungsnehmer die Wiederherstellung, so sind die Kosten zu ersetzen, die notwendig gewesen wären, um die Wiederherstellung der Sache durchzuführen **(abstrakte Schadenberechnung).** Diese Kosten unterscheiden sich nicht von der Entschädigung, wenn die Reparatur tatsächlich durchgeführt würde. Der Versicherer ersetzt also den objektiv erforderlichen Geldbetrag. Wie der

---

[375] *Voit,* VersR 1992, 142 (147 f.); *Prölss/Martin/Voit/Knappmann,* Teil III M (I a) § 9 Rn. 3 f.; *v. Gerlach,* Die Maschinenversicherung, S. 21.

[376] *Martin,* Montageversicherung, 1972, § 11 Rn. 1.1.1; *Prölss/Martin/Voit/Knappmann,* Teil III M (I a) § 10 Rn. 2; zum Schönheitsschaden s. auch Rn. 252 f.

[377] *Martin,* Sachversicherungsrecht, R I Rn. 21; *Martin,* Montageversicherung, 1972, § 11 Rn. 1.1.2.

Versicherungsnehmer den Geldbetrag verwendet liegt in seiner Dispositionsfreiheit[378]. Über den Kosten der abstrakten Schadenberechnung liegende Kosten können nicht auf den Versicherer abgewälzt werden, auch wenn sie vom Versicherungsnehmer tatsächlich aufgewendet wurden. Dies gilt z. B. bei einer misslungenen Reparatur, wenn die Gewährleistungsansprüche nicht beim Reparaturunternehmen durchsetzbar sind[379] oder weil die durch den Versicherungsfall verursachte Unterbrechung des Betriebes durch eine Beschleunigung der Reparatur verkürzt werden soll.

Zu den Wiederherstellungskosten gehören auch die Kosten, die aufgewendet werden   **280** müssen, um den **Schadenumfang** zu ermitteln, also den technischen Sachverhalt, der den Zustand der betroffenen Sachen beschreibt. Ebenso ersatzpflichtig sind die begleitenden Verwaltungsarbeiten, z. B. für das Bestellen von Ersatzteilen oder die Auswahl von Reparaturunternehmen[380].

Kosten für die Hinzuziehung von **Gutachtern** bzw. **technischen Sachverständigen,**   **281** die der Versicherungsnehmer beauftragt, fallen nach § 85 Abs. 2 VVG genauso wie nach § 66 Abs. 2 VVG a. F. nicht unter die Wiederherstellungskosten in der Maschinenversicherung. Wenn aus Sicht des Versicherers eine Veranlassung für den Einsatz eines Gutachters oder technischen Sachverständigen[381] besteht, so ist es Sache des Versicherers, diese auf seine Kosten zu veranlassen oder den Versicherungsnehmer, gegen Übernahme der anfallenden Kosten, aufzufordern diese einzusetzen. Eine Ausnahme liegt dann vor, wenn es nach den Umständen für die Wiederherstellung notwendig war, Gutachter oder technische Sachverständige zur Feststellung des Reparaturumfangs oder zur Reparaturdurchführung einzusetzen. Dieser Aufwand gehört zu den notwendigen Wiederherstellungskosten[382]. Insbesondere ist das der Fall, wenn eine TÜV-Abnahme behördliche Auflage für die Wiederinbetriebnahme nach einer Reparatur ist, z. B. bei Kessel-Druckprüfungen[383]. Sachverständigenkosten, die der Versicherungsnehmer zur Feststellung der Schadenursache aufwendet, fallen in der Maschinenversicherung nie unter die notwendigen Wiederherstellungskosten, sondern sind Schadenverhütungskosten (s. Rn. 302), die der Versicherungsnehmer selber zu tragen hat.

Die Kosten zur Lokalisierung eines eingetretenen Schadens, die **Schadensuchkosten,** ge-   **282** hören zu den ersatzpflichtigen Kosten. Die Kosten für eine Untersuchung bei bloßem Schadenverdacht (Schadensuche) sind nur dann ersatzpflichtig, wenn ein versicherter Sachschaden gefunden wird. Allerdings nur in dem Umfang, in dem die Schadensuchkosten für den dann gefundenen Schaden notwendig waren. Dabei muss jeder einzelne wirkliche oder vermutete Schaden getrennt voneinander betrachtet werden, auch wenn die Vermutung besteht, dass es sich um nur einen Versicherungsfall handelt. Wird kein ersatzpflichtiger Schaden gefunden, so entfällt die Entschädigung der Schadensuchkosten. Ein eingetretener Schaden führt nicht zum Ersatz von Kosten einer umfangreichen Untersuchung, sei es an der gleichen oder an anderen Sachen, wegen des im Ergebnis unbegründeten Verdachts eines anderen Schadens. Die aufgewendeten Kosten sind im Zweifelsfall auch keine Kosten für die Ermittlung des Schaden- bzw. Reparaturumfangs. Wird neben einem Schaden z. B. auch ein Mangel gesucht

---

[378] *Prölss/Martin/Kollhosser,* Teil I § 55 Rn. 33.

[379] *Martin,* Sachversicherungsrecht, R III Rn. 21; vgl. auch Rn. 294.

[380] *Prölss/Martin/Kollhosser,* Teil I § 55 Rn. 50; zur Entschädigung von Kostenschäden vgl. auch Rn. 320ff.

[381] Zur Vielfalt der gesetzlich nur zum Teil geregelten Berufs- und Qualitätsbezeichnungen von Sachverständigen *Bleutge,* BauR 2006, 1632 (1633).

[382] *Römer/Langheid/Römer,* § 66 Rn. 7 und 10; *Prölss/Martin/Voit/Knappmann,* Teil I § 66 Rn. 18; Kosten eines Sachverständigengutachtens können beim Schadenersatz nach § 249 Abs. 2 Satz 1 BGB zum erforderlichen Herstellungsaufwand gehören, wenn eine vorherige Begutachtung zur tatsächlichen Durchführung der Wiederherstellung erforderlich und zweckmäßig ist, BGH v. 30. 11. 2004, VersR 2005, 380.

[383] Wird der Sachverständige in Erfüllung einer hoheitlichen Aufgabe tätig, so richten sich Ansprüche wegen einer Verletzung von Pflichten nach den Grundsätzen der Amtshaftung (§ 839 BGB i. V. m. Art. 34 GG), OLG Hamm v. 17. 10. 2006, BauR 2007, 732, BGH v. 25. 3. 1993, NJW 1993, 1784.

und ein versicherter Schaden gefunden, dann werden die Kosten der Schadensuche in den VDEW-Bedingungen nur anteilig ersetzt[384]. Die AMB 91 und die ABMG 92 enthalten dagegen eine Regelung für die Behandlung von Mehrzweckkosten. Falls die Beseitigung des Mangels und damit auch die Suche nach dem Mangel notwendig für den weiteren Betrieb der Maschine ist, dann sind die Kosten der Schadensuche sonstige Kosten, die auch unabhängig vom Versicherungsfall aufzuwenden gewesen wären. Damit sind in diesem Fall die Kosten der Schadensuche, sofern sie sich mit den Kosten der Mangelbeseitigung überschneiden, vom Versicherungsnehmer zu tragen[385]. Die VDEW-Bedingungen enthalten eine andere Regelung der Schadensuchkosten (Öffnen auf Schadenverdacht s. Rn. 247ff.).

283   Bei der **Auswahl der Reparaturunternehmen** sind im Rahmen des Zumutbaren die Unternehmen für die Berechnung der Wiederherstellungskosten zu berücksichtigen, die die Reparatur auf die preisgünstigste Art und Weise ausführen können. Maßgebend ist nicht, wo der Versicherungsnehmer tatsächlich reparieren lässt, sondern es kommt darauf an, wo ein ordentlicher Kaufmann reparieren ließe, wenn er nicht versichert wäre. Dabei sind allerdings auch die Qualität der Arbeitsausführung und die Zuverlässigkeit der Unternehmen zu berücksichtigen[386].

284   Die Kosten, der für die Reparatur benötigten **Ersatzteile** und **Reparaturstoffe** und die notwendigen Kosten für die Wiederbeschaffung der versicherten **Daten** sind in voller Höhe Bestandteil der Wiederherstellungskosten. Falls eine Reparatur ohne Beschädigung oder Zerstörung der nicht versicherten Hilfs- und Betriebsstoffe, Werkzeuge und sonstigen während der Lebensdauer der versicherten Sache mehrfach auszutauschenden Teile nicht möglich ist, gehören diese Teile auch zu den entschädigungspflichtigen Ersatzteilen und Reparaturstoffen. Allerdings kann im Schadenfall von den Reparaturkosten ein Abzug für deren Wertverbesserung vorgenommen werden[387]. Sind diese Teile bereits vor der Reparatur schadenfallbedingt beschädigt, so entfällt auch der Anspruch auf Entschädigung, da diese Teile nicht anlässlich der Reparatur zerstört oder beschädigt werden.

285   Sind Ersatzteile etwa aufgrund von **Produktionseinstellung** nicht mehr zu beziehen, so gehören die dadurch entstehenden Mehrkosten zu den Wiederherstellungskosten[388]. Dies kann sogar dazu führen, dass eine Wiederherstellung technisch nicht mehr möglich ist und damit ein Totalschaden vorliegt.

286   Neben den **Lohnkosten**, sowohl des Versicherungsnehmers als auch von Reparaturunternehmen, einschließlich der lohnabhängigen Kosten und den übertariflichen Lohnanteilen und Zulagen gehören auch die notwendigen **Transportkosten** zu den Wiederherstellungskosten. Dazu gehören einerseits die Transportkosten für Ersatzteile, andererseits aber auch Transportkosten für die komplette Maschine, wenn eine Reparatur nur in einer Werkstatt vorgenommen werden kann. Zu den notwendigen Transportkosten gehören auch die Prämien für eine Transportversicherung[389].

287   In der Maschinenversicherung gehören über die Lohn- und Transportkosten hinaus auch **Mehrkosten** für **tarifliche Zuschläge** für Überstunden sowie für Sonntags-, Feiertags- und Nachtarbeit und Mehrkosten für **Expressfrachten** zu den Wiederherstellungskosten. In Versicherungsverträgen auf Basis der VDEW-Bedingungen gilt das allerdings nur bei besonderer Vereinbarung. Bei den Mehrkosten für Expressfrachten handelt es sich allerdings nicht um Mehrkosten für Luftfracht, da diese Mehrkosten gesondert auf erstes Risiko versichert werden können. Falls im Einzelfall die Luftfrachtkosten niedriger sind als die Express-

---

[384] *Prölss/Martin/Voit/Knappmann*, Teil III M (I a) § 10 Rn. 4; *Prölss/Martin/Voit/Knappmann*, Teil I § 66 Rn. 12; OLG Köln v. 26. 3. 1992, r+s 1993, 71 (72).

[385] Zu den sonstigen Kosten, die auch unabhängig vom Versicherungsfall aufzuwenden sind, vgl. Rn. 295f.; AMB 91 § 10 Nr. 4a); ABMG 92 § 10 Nr. 4a).

[386] *Martin*, Sachversicherungsrecht, R III Rn. 34.

[387] *Prölss/Martin/Voit/Knappmann*, Teil III M (I a) § 1 Rn. 12; AMB 91 und ABMG 92 § 10 Nr. 2a); zu den während der Lebensdauer der versicherten Sache mehrfach auszutauschenden Teilen vgl. Rn. 63ff.

[388] *Prölss/Martin/Voit/Knappmann*, Teil III M (I a) § 10 Rn. 6.

[389] Zu den Kosten für eine Transportversicherung siehe auch Rn. 294.

frachtkosten, werden die Luftfrachtkosten ohne Abzug ersetzt. Auch für die Entschädigung der o. g. Mehrkosten gilt, dass sie objektiv notwendig sein müssen. Das entscheidet sich nach kaufmännischen Erwägungen, wobei zu prüfen ist, ob ein ordentlicher Kaufmann diese Kosten auch aufwenden würde, wenn er nicht versichert wäre. Da diese Mehrkosten üblicherweise auch als Schadenminderungskosten zur Vermeidung oder Minderung eines Unterbrechungsschaden in einer Maschinenbetriebsunterbrechungsversicherung ersatzpflichtig sind, kann der Ersatz der Mehrkosten in der Maschinenversicherung zu einer **Doppelversicherung** führen[390].

Bei den zu den Wiederherstellungskosten gehörenden **De- und Remontagekosten** handelt es sich um die Arbeiten, die an der versicherten Sache nötig sind, um die beschädigten Teile zu lösen sowie um den Wiederzusammenbau mit den benötigten Ersatzteilen. Ist eine Reparatur der Maschine an ihrem Standort nicht möglich, dann werden Kosten der De- und Remontage der ganzen Maschine entschädigt, um diese zur Reparatur in eine Reparaturwerkstatt bringen zu können. Auch evtl. notwendige Inbetriebnahmetätigkeiten, die notwendig sind, um den früheren betriebsfertigen Zustand zu erreichen, gehören zu den Remontagekosten[391]. **288**

Zu den Wiederherstellungskosten in der Maschinenversicherung gehören auch, falls notwendig, die Kosten für das **Aufräumen** oder **Dekontaminieren** der versicherten Sache oder der betroffenen Teile. Aufräumungskosten sind dabei die Kosten, die aufgewendet werden müssen, um beschädigte oder zerstörte Teile der versicherten Sache so zu beseitigen, dass die versicherte Sache in einen Zustand versetzt wird, der eine Wiederherstellung ermöglicht. Aufräumungskosten an anderen, als der versicherten Sache, werden nur entschädigt, wenn dies auf erstes Risiko besonders versichert ist und die Aufräumungskosten ursächlich auf den Schadenfall zurückzuführen sind. Auch zu den Wiederherstellungskosten gehören die Kosten für das Vernichten von Teilen der versicherten Sache oder deren Transport zur nächstgelegenen geeigneten Deponie und die Kosten für die Ablagerung. Welche Deponie geeignet ist, hängt von den abzulagernden Stoffen ab und muss dementsprechend im Einzelfall entschieden werden. Von den Wiederherstellungskosten ausgenommen bleiben die Kosten für die Einlieferhaftung für die abgelagerten Teile. **289**

Mit den in den AMB 91 und ABMG 92 als zu den Wiederherstellungskosten gehörenden **sonstigen notwendigen Kosten** sind beispielsweise Verpackungskosten oder Reisekosten und Auslösungen von Monteuren gemeint. Auch Reisekosten des Versicherungsnehmers für notwendige Reisen zu einer Reparaturwerkstatt fallen hierunter, nicht aber Trinkgelder oder Ähnliches. Bei technisch komplizierten Reparaturen umfassen die Reparaturkosten auch die Kosten für notwendige **Überwachung und Koordinierung der Arbeiten** und die Kosten für die Überprüfung der Reparaturarbeiten, insbesondere bei der **Abnahme** von Fremdleistungen. Nicht zu den sonstigen Kosten zählen die auf erstes Risiko versicherten Kosten und die in den AVB genannten Kosten, die nicht Wiederherstellungskosten sind[392]. **290**

Die **Mehrwertsteuer** wird Versicherungsnehmern, die vorsteuerabzugsberechtigt sind, vom Finanzamt erstattet und ist somit nicht Gegenstand der Wiederherstellungskosten[393]. Sie kann allerdings zu den Wiederherstellungskosten gehören, wenn der Versicherungsnehmer nicht vorsteuerabzugsberechtigt ist, wie z. B. Krankenhäuser, Körperschaften des öffentlichen Rechts, Banken und Versicherungen. In diesem Fall muss die Mehrwertsteuer in der Versicherungssumme enthalten sein, ansonsten besteht Unterversicherung. **291**

Nicht zu den Wiederherstellungskosten gehören Mehrpreise von Fremdleistungen infolge von hinausgeschobener Fälligkeit. Zu entschädigen ist der Nettobetrag zum Zeitpunkt der Wiederherstellung bzw. am Tag der nach unverzüglicher Reparatur zu erwartenden Rechnungsstellung, also der Barpreis ohne **Skontodifferenz.** Durch Inanspruchnahme des Skon- **292**

---

[390] *Prölss/Martin/Voit/Knappmann,* Teil III M (I a) § 10 Rn. 11; Zur Doppelversicherung s. Rn. 356 ff.
[391] *Martin,* Montageversicherung, 1972, § 11 Rn. 4.4.2.
[392] V. *Gerlach,* Die Maschinenversicherung, S. 95; *Martin,* Sachversicherungsrecht, R III Rn. 39.
[393] Entsprechend muss sich ein Geschädigter grundsätzlich ersparte Steuern auf seinen Schadensersatzanspruch anrechnen lassen, BGH v. 14. 9. 2004, VersR 2004, 1468.

Voßkühler

tos vermindert der Versicherungsnehmer den Schadenbetrag nicht, dagegen vergrößert der Versicherungsnehmer den Schadenbetrag um den nicht versicherten Skontobetrag, wenn er das Skonto nicht in Anspruch nimmt[394].

293   Wird während einer Reparatur einer versicherten Maschine ein eingetretener Schaden nicht sofort bei Eintritt des Versicherungsfalls festgestellt, sondern erst später nach weiteren Montageschritten, stellt sich die Frage ob die Wiederherstellungskosten zum **Zeitpunkt des Versicherungsfalls** oder zum **Zeitpunkt der Schadenfeststellung** ersatzpflichtig sind. Ein Turbinenrotor wird beispielsweise vor dem Wiedereinbau unbemerkt so beschädigt, dass ein unzulässiger Rundlaufschlag vorliegt. Dieser Rundlaufschlag wird allerdings erst nach dem Wiedereinbau des Rotors beim Probebetrieb festgestellt. Die Kosten der Wiederherstellung sind zum Zeitpunkt der Schadenfeststellung um die Ein- und Ausbaukosten des Rotors erhöht gegenüber dem Zeitpunkt des Schadeneintritts. Solange der Schadeneintritt unbemerkt blieb und auch bei objektiver Betrachtung nicht bemerkt werden musste, sind zusätzliche Wiederherstellungskosten durch die spätere Schadenfeststellung entschädigungspflichtig, da gemäß § 55 VVG a. F.[395] der Betrag des Schadens ersetzt wird. Wie sich der Betrag des Schadens zusammensetzt, ergibt sich aus den AVB der Maschinenversicherung. Anders als z. B. in den AFB 87 sind keine einschränkenden Regelungen zu den Wiederherstellungskosten enthalten, die bestimmen, dass die Wiederherstellungskosten zur Zeit des Eintritts des Versicherungsfalls zu entschädigen sind. In der Maschinenversicherung werden damit die Wiederherstellungskosten entschädigt, die zum Zeitpunkt der tatsächlichen Schadenfeststellung anfallen.

294   Kommt es als adäquate Folge der schadenbedingten Reparatur zu einem **zweiten Schaden,** so handelt es sich um einen neuen Versicherungsfall, wenn die Voraussetzungen für einen Versicherungsfall erfüllt sind. Der zweite Schaden ist nur dann im Rahmen des ersten Schadens zu ersetzen, wenn der Schadeneintritt bei der Reparatur des ersten Schadens in Kauf genommen werden muss, also aufgrund der vorliegenden Gegebenheiten fast nicht zu vermeiden ist[396]. Ansonsten gehören die Wiederherstellungskosten nicht zu den notwendigen Wiederherstellungskosten des ersten Schadens. Dafür kalkuliert der Reparaturunternehmer einen Wagniszuschlag, der damit auch in den Wiederherstellungskosten enthalten ist. Dieser Wagniszuschlag, z. B. in Form einer Versicherungsprämie für das Transport- oder Montagerisiko, wird auch bei der Wiederherstellung in einer eigenen Werkstatt erhoben und gehört zu den Wiederherstellungskosten[397].

2. Nicht im Umfang der Wiederherstellung versicherte Kosten

295   Wird ein Schaden zum Anlass genommen, eine bereits fällige **Überholung** durchzuführen oder ein Schaden wird erst anlässlich einer Revision festgestellt, dann hat der Versicherungsnehmer die Kosten dieser Überholung selber zu tragen. Die Wiederherstellungskosten sind also nur solche, die über die Überholung hinaus zusätzlich für die Schadenbeseitigung aufgewendet werden. Ein typisches Beispiel sind Turbinenrevisionen, bei denen durch das Aufdecken hohe Kosten entstehen. Oft werden deshalb Klauseln vereinbart, mit denen der Versicherungsnehmer verpflichtet wird in regelmäßigen Abständen eine Turbinenrevision durchzuführen. In diesen Klauseln ist auch geregelt, wer in welchem Umfang die Revisionskosten übernimmt, wenn anlässlich eines Schadenfalls Revisionsarbeiten durchgeführt werden[398].

---

[394] *Prölss/Martin/Kollhosser,* Teil I § 55 Rn. 65; Das Skonto ist ein Lieferantenkredit und damit nicht Teil der abstrakt zu bestimmenden Reparaturkosten. Vgl. auch Rn. 279.

[395] Auch wenn keine mit dem § 55 VVG a. F. inhaltlich übereinstimmende Regelung in das neue VVG aufgenommen wurde, so gelten die Grundsätze der Schadensversicherung fort. Die vertragstypischen Pflichten sind in § 1 VVG allgemein beschrieben.

[396] *Schnitzler,* Der Schaden als Leistungsgrenze in der Sachversicherung, S. 307 f.

[397] *Martin,* Sachversicherungsrecht, R III Rn. 51 bis 53; *Prölss/Martin/Voit/Knappmann,* Teil III M (Ia) § 10 Rn. 10.

[398] *Scheuermeyer,* Maschinenversicherung in der Praxis, S. 162; *v. Gerlach,* Die Maschinenversicherung, S. 95 f.

War die versicherte Sache bereits vor dem Versicherungsfall aus anderen Gründen **repara- 296 turbedürftig,** z. B. aufgrund eines bekannten Mangels, so sind die durch den Versicherungs- fall entstandenen Kosten um den Betrag zu kürzen, der auch vor dem Versicherungsfall für die Reparatur alleine hätte aufgewendet werden müssen[399]. Dies gilt auch für alle sonstigen Kos- ten, die auch unabhängig vom Versicherungsfall notwendig gewesen wären[400], also insbeson- dere der Kostenaufwand, der schon vor dem Versicherungsfall rechtlich festgeschrieben war. Wenn z. B. ein Umbau einer versicherten Maschine bereits vor dem Versicherungsfall in Auf- trag gegeben wurde, dann sind die notwendigen Reparaturkosten nur der durch den Versiche- rungsfall hinzukommende Mehrbetrag[401]. Durch diese Bestimmung zum Vorteilsausgleich wird festgelegt, dass der Versicherungsnehmer die Mehrzweckkosten alleine zu tragen hat[402].

Entscheidet der Versicherungsnehmer sich erst anlässlich des Versicherungsfalls, die versi- **297** cherte Sache zu verändern (s. o.), dann darf er die Gelegenheit der Schadenbeseitigung dazu nutzen, die versicherte Sache zu verbessern oder zu ändern und muss nur die etwaigen **Mehr- kosten**[403] der **Verbesserung bzw. Änderung** selber tragen[404]. Eine Verbesserung der versi- cherten Sache liegt auch vor, wenn ein Mangel an ihr beseitigt wird, auch wenn dieser Man- gel ursächlich für den Schaden war[405]. Die Entschädigung bleibt in solchen Fällen aufgrund der abstrakten Schadenberechnung unverändert[406]. Dies gilt auch, wenn beschädigte Teile er- neuert werden, obwohl eine Reparatur mit geringerem Kostenaufwand ohne Gefährdung der Betriebssicherheit möglich ist.

Wird eine **Konstruktionseinheit,** z. B. ein Motor, ein Getriebe etc., **ausgetauscht,** die **298** neben beschädigten Teilen mit überwiegender Wahrscheinlichkeit auch unbeschädigte Teile enthält, dann wird die Entschädigung angemessen gekürzt. Der Grund für die Kürzung liegt darin, dass hier einerseits bereits abgenutzte aber unbeschädigte Teile ausgetauscht werden und somit eine Wertverbesserung über die notwendigen Wiederherstellungskosten hinaus eintritt, die der Versicherungsnehmer selber tragen muss (s. o.). Andererseits dauert die Repa- ratur von Konstruktionseinheiten oft deutlich länger als deren Neulieferung, so dass durch den Austausch der Konstruktionseinheit ein in der Maschinenversicherung nicht versicherter Betriebsunterbrechungsschaden vermieden wird. Die Kürzung darf auch vorgenommen werden, wenn durch den Einbau der neuen Konstruktionseinheit der Gesamtwert der Ma- schine nicht gestiegen ist. Die **Kürzung der Entschädigung** setzt allerdings voraus, dass eine Reparatur der Konstruktionseinheit geringere Kosten verursacht hätte, als der Austausch der Konstruktionseinheit. Die Kürzung der Entschädigung ist auch abzulehnen, wenn eine Reparatur der Konstruktionseinheit nicht möglich ist, weil der Hersteller es ablehnt, eine Re- paratur durchzuführen und auch ansonsten keine Reparaturmöglichkeit gefunden werden kann. Unabhängig von dieser Bestimmung wird bei Verbrennungsmotoren ein Abzug von den Wiederherstellungskosten vorgenommen (Abzug „neu für alt" s. Rn. 305 ff.).

Dass die Kosten für eine Reparatur in **eigener Regie** nicht höher sein dürfen als die einer **299** Fremdreparatur, folgt schon aus dem Grundsatz der abstrakten Schadenberechnung[407]. In den

---

[399] *Martin,* VW 1969, 75 (80).

[400] AMB 91 und ABMG 92, § 10 Nr. 4a; OLG Hamm v. 8. 5. 1981, VersR 1981, 1150.

[401] OLG München v. 27. 4. 1977, VersR 1977, 759 (760); *Martin,* Sachversicherungsrecht, R III Rn. 22.

[402] *Schnitzler,* Der Schaden als Leistungsgrenze in der Sachversicherung, S. 271 ff.

[403] Regelungen zu Mehrkosten kommt, im Gegensatz zu den Regelungen zur Ersatzfähigkeit von Mehrzweckkosten, nur deklaratorische Bedeutung zu; *Schnitzler,* Der Schaden als Leistungsgrenze in der Sachversicherung, S. 271.

[404] *Prölss/Martin/Voit/Knappmann,* Teil III M (I a) § 10 Rn. 21.

[405] Nach DIN 31051, Fassung Juni 2003, sind Verbesserungen, z. B. die Schwachstellenbeseitigung, Teil der Instandhaltung und dienen der Steigerung der Funktionssicherheit, ohne die geforderte Funktion (Summe der bei der Herstellung festgelegten Anforderungen) zu ändern. Demgegenüber ist jede Ände- rung (Modifikation) immer mit einer Änderung der Funktion verbunden.

[406] *Martin,* Montageversicherung, 1972, § 11 Rn. 4.1.

[407] Zur abstrakten Schadenberechnung siehe auch Rn. 279.

AMB 91 und ABMG 92 wird dies ausdrücklich klargestellt. Mehrkosten, die durch eine Reparatur in eigener Regie gegenüber einer Fremdreparatur entstehen, gehören nicht zu den Wiederherstellungskosten. Umgekehrt kommen Einsparungen durch eine Reparatur in eigener Regie dem Versicherungsnehmer zugute, wenn nicht im Einzelfall die Reparatur in eigener Regie die übliche Schadenbeseitigung ist[408], insbesondere bei von dem Versicherungsnehmer selbst hergestellten Maschinen oder wenn der Versicherungsnehmer über die entsprechenden Instandhaltungskapazitäten verfügt. In Fällen in denen die **Reparatur** in der **eigenen Werkstatt** verkehrsüblich und zumutbar ist, fallen auch nur die Selbstkosten des Unternehmers unter die Ersatzpflichtigen Kosten. Das gilt insbesondere dann, wenn dem Unternehmer durch die Ausführung der Reparatur keine Drittaufträge verloren gehen. Dann gehört auch der Gewinn des Unternehmers nicht zu den Wiederherstellungskosten[409]. Ein über die Selbstkosten des Unternehmers hinausgehender Vermögensnachteil, der in der Sachversicherung Voraussetzung für eine weitergehende Entschädigung wäre, entsteht dem Versicherungsnehmer in diesen Fällen nicht.

300   Müssen im Rahmen der Wiederherstellung **Arbeiten an anderen, als der versicherten Sache** durchgeführt werden, dann fallen anders als in den VDEW-Bedingungen in den AMB 91 und den ABMG 92 die Kosten für diese Arbeiten nicht unter die Ersatzpflicht. Gemeint sind z. B. Arbeiten, um andere Maschinen zu De- und Remontieren, für das Erweitern von Öffnungen oder für Durchbruch, Abriss oder Wiederaufbau von Gebäudeteilen. Diese Kosten werden Bewegungs- und Schutzkosten genannt und können auf erstes Risiko versichert werden[410].

301   Kosten für das Abfahren einer Anlage sowie für die Wiederinbetriebnahme einer versicherten Anlage nach einer schadenbedingten Wiederherstellung, z. B. **Brennstoffe für das Anfahren** einer Müllverbrennungsanlage (MVA), gehören nicht zu den Wiederherstellungskosten, da sie nicht dazu dienen, die Sachsubstanz hinsichtlich Funktionsfähigkeit, Betriebssicherheit und Lebenserwartung wiederherzustellen. Der wiederherzustellende Zustand in der Maschinenversicherung ist auf den Sachsubstanzzustand und nicht auf den Betriebszustand der Sache bezogen. Die Kosten für das An- und Abfahren fallen in den Bereich der nicht versicherten Vermögensfolgeschäden. Gleiches gilt für **Warmhaltekosten,** die während der Reparaturzeit einer Anlage aufgewendet werden, um ein Abkühlen der Anlage bis zur Wiederinbetriebnahme zu verhindern. Bei Bedarf können diese Kosten in einer Betriebsunterbrechungsversicherung versichert werden.

302   Nicht zu den Wiederherstellungskosten gehören Kosten, die vom Versicherungsnehmer aufgewendet werden, um die Kausalkette, die zum Schaden geführt hat, also die **Schadenursachen** zu ermitteln[411]. Bei diesen Kosten handelt es sich um **Schadenverhütungskosten,** die der Versicherungsnehmer aufwendet, um den Eintritt weiterer gleichartiger Schäden aus derselben Ursache zukünftig zu verhindern. Der Versicherungsnehmer kann hierdurch dem Einwand des Versicherers begegnen, gleichartige Schäden seien in der Folgezeit für den Versicherungsnehmer nicht mehr unvorhergesehen und damit nicht ersatzpflichtig[412]. Andererseits kann der Versicherungsfall auch durch das Unterlassen von Schadenverhütungsmaßnahmen gemäß § 81 VVG bzw. § 61 VVG a. F. herbeigeführt werden[413]. Dies gilt auch für andere Fälle, in denen der Versicherungsnehmer Kosten aufwendet, um Schäden abzuwenden, die er

---

[408] *Prölss/Martin/Kollhosser,* Teil I § 55 Rn. 51; *Römer/Langheid/Römer,* § 55 Rn. 13; KG Berlin v. 22. 1. 1980, r+s 1981, 150 (152).

[409] *Geigel/Rixecker,* Der Haftpflichtprozess, 24. Aufl., Kap. 3 Rn. 16; BGH v. 30. 6. 1997, NJW 1997, 2879; a. M. OLG Zweibrücken v. 6. 3. 2002 VersR 2002, 1566.

[410] *Scheuermeyer,* Maschinenversicherung in der Praxis, S. 165; *Prölss/Martin/Voit/Knappmann,* Teil III M (Ia) § 10 Rn. 27; *Schnitzler,* Der Schaden als Leistungsgrenze in der Sachversicherung, S. 411; zu Bewegungs- und Schutzkosten vgl. Rn. 331 ff.

[411] Im Rahmen der Allgefahrenversicherung handelt es sich auch nicht um Schadenermittlungskosten im Sinne von § 85 VVG (§ 66 VVG a. F.).

[412] *Martin,* Montageversicherung, 1972, § 11 Rn. 1.3.2.

[413] BGH v. 14. 4. 1976, VersR 1976, 649; *Prölss/Martin/Prölss,* Teil I § 61 Rn. 6.

rechtzeitig vorausgesehen hat. Die Schadenverhütungsmaßnahmen, die zukünftigen Schadenfällen vorbeugen sollen, sind keine Rettungskosten im Sinne von §§ 62, 63 VVG a. F.[414], was gleichermaßen für die Nachfolgeregelungen in §§ 82, 83 VVG gilt. Auch im Rahmen des neu geschaffenen § 90 VVG, der in der Sachversicherung die gesetzlichen Voraussetzungen für einen erweiterten Aufwendungsersatz schafft, ist nur die Erstattung von Aufwendungen vorgesehen, die nach der bisherigen Rechtsprechung unter Anwendung der so genannten Vorerstreckungstheorie ebenfalls vom Versicherer zu ersetzen gewesen wären. Eine Ausdehnung der Leistungspflicht des Versicherers auf die Schadenverhütungskosten kann hierdurch keinesfalls begründet werden, da es regelmäßig an dem Erfordernis des unmittelbar bevorstehenden Schadeneintritts fehlen wird. Im Einzelfall hat der Versicherungsnehmer darzulegen, woraus er den Erstattungsanspruch nach § 90 VVG ableitet.

3. Vorläufige Wiederherstellung

Eine vorläufige oder **provisorische Reparatur** an einer Maschine wird häufig deshalb   303
vorgenommen, um den Betrieb, wenn auch oft nur eingeschränkt, fortführen zu können. Der Versicherungsnehmer vermeidet so einen in der Maschinenversicherung nicht versicherten Betriebsunterbrechungsschaden aufgrund langer Lieferzeiten von Ersatzteilen oder verschiebt die zeitaufwändige Reparatur in einen günstigeren Zeitraum, in dem die Auslastung des Betriebes geringer ist oder der Betrieb komplett steht, z. B. in den Betriebsferien. Da nur die notwendigen Wiederherstellungskosten ersetzt werden, ist die Entschädigung auf der Grundlage der abstrakten Schadenberechnung auf den Betrag begrenzt, der ohne die provisorische Reparatur notwendig gewesen wäre[415]. Die Mehrkosten, die durch eine provisorische Reparatur anfallen, muss der Versicherungsnehmer selber tragen oder über eine Betriebsunterbrechungsversicherung absichern.

Der Versicherungsnehmer muss nicht nur die Mehrkosten für Reparaturen, die als proviso   304
rische Reparaturen geplant waren, tragen, sondern auch für Reparaturen, die als endgültig geplant waren, sich aber im Nachhinein als **objektiv nicht ausreichend** herausgestellt haben. Die aufzuwendenden Mehrkosten für die endgültige Reparatur sind auch keine Rettungskosten[416].

4. Abzug Neu für Alt

Im Schadensersatzrecht ist anerkannt, dass sich der Geschädigte bei einer werterhöhenden   305
Reparatur einen Vorteilsausgleich anrechnen lassen muss. Sofern die AVB keine besonderen Regelungen enthalten, ist dieser Grundsatz auch auf den Versicherungsvertrag anwendbar. Begründet wird der Abzug „neu für alt"[417] mit dem **reparaturbedingten Austausch** von Teilen der versicherten Sache und der dadurch eintretenden Erhöhung des Zeitwertes der versicherten Sache, insbesondere bei dem Austausch von Verschleißteilen oder sonstigen lebensdauerbegrenzten Komponenten. Aus diesem Grund kann der Abzug „neu für alt" maximal in Höhe der **Werterhöhung** von Material- und Lohnkosten sowie Gemeinkosten vorgenommen werden. Von Lohnkosten und Gemeinkosten jedoch nur, soweit sie ausschließlich auf das ausgewechselte Teil entfallen und nicht ohnehin für die Reparatur an anderen Teilen der Maschine entstanden sind, für die kein Abzug „neu für alt" vorgenommen werden kann[418].

Bei Schäden an in den AMB 91 § 1 Nr. 6 und den ABMG 92 § 1 Nr. 5 aufgeführten Sa   306
chen sowie an **Verbrennungsmotoren, Akkumulatorbatterien** und **Röhren** wird von den Wiederherstellungskosten ein Abzug neu für alt vorgenommen, der sich an dem Maß der Entwertung der Sache vor dem Versicherungsfall orientiert. Damit ist der Abzug umso

---

[414] *Prölss/Martin/Voit/Knappmann*, Teil I § 62 Rn. 9; s. auch *Beckmann*, § 15 Rn. 75.

[415] V. *Gerlach*, Die Maschinenversicherung, S. 96; *Scheuermeyer*, Maschinenversicherung in der Praxis, S. 163f.

[416] *Prölss/Martin/Voit/Knappmann*, Teil III M (I a) § 10 Rn. 26; *Martin*, Montageversicherung, 1972, § 11 Rn. 5.

[417] *Schnitzler*, Der Schaden als Leistungsgrenze in der Sachversicherung, S. 352ff.

[418] *Prölss/Martin/Voit/Knappmann*, Teil III M (I c) Rn. 25.

größer, je stärker ihr Wert schon vor dem Versicherungsfall abgesunken war. Für bestimmte Teile ist, um Diskussionen im Schadenfall vorzubeugen, ein fester Abzug pro Jahr seit Nutzungsbeginn vorgesehen. Der für den Abzug maßgebliche Wert der Sache vor dem Versicherungsfall entspricht dem Zeitwert[419] dieser Sache.

307   In den **VDEW-Bedingungen** ist ein genereller Abzug „neu für alt" im Teilschadenfall vorgesehen. Dabei wird, wenn durch die Wiederherstellung eine **wesentliche** Erhöhung des Zeitwertes an der versicherten Sache eintritt, der Mehrwert von der Entschädigung abgezogen. Da in den VDEW-Bedingungen der Ausschluss von Schäden durch die dauernden Einflüsse des Betriebes nicht für Schäden an Wicklungen und Blechpaketen elektrischer Maschinen gilt, ist für solche Schäden gestaffelt nach Leistung und Betriebsjahren seit der letzten Neuwicklung bzw. Neubeblechung der Maschinen der Abzug neu für alt festgelegt, der nur von den Kosten der reinen Neuwicklung bzw. Neubeblechung vorgenommen wird[420]. Die Kosten der reinen Neuwicklung bzw. Neubeblechung umfassen nur die Materialien und Tätigkeiten, die direkt zum Zweck der Neuwicklung bzw. Neubeblechung vorgenommen werden. Nicht hierzu gehören z. B. die Kosten der Demontage der Maschinen, um die Neuwicklung bzw. Neubeblechung zu ermöglichen.

308   Der Abzug „neu für alt" kann in den VDEW-Bedingungen durch besondere Vereinbarung abbedungen werden, jedoch nicht für die in § 1 II Nr. 1 der VDEW-Bedingungen genannten auswechselbaren Werkzeuge etc. Für Schäden an **elektrischen Maschinen** kann das Abbedingen des Abzugs „neu für alt" allerdings nur in einem begrenzten Umfang vorgenommen werden, der ebenfalls durch eine Staffel in den VDEW-Bedingungen in § 4 II Nr. 3 festgelegt ist.

VI. Totalschaden

309   Im Totalschadenfall besteht die Entschädigung aus dem **Zeitwert** der versicherten Sache vor dem Versicherungsfall, die um den **Wert der Reste** gekürzt wird. Die Entschädigung kann über den Zeitwert (s. u.) hinaus eine Entschädigung für Kostenschäden enthalten.

310   Der **Wert der Reste**[421] ist, ähnlich wie der Betrag des Altmaterials (s. Rn. 273), der Betrag, der bei einem Verkauf der Reste durch den Versicherungsnehmer zu erzielen ist, unabhängig davon, ob der Versicherungsnehmer die Reste veräußert oder nicht. Es kommt darauf an, welcher Preis für den Versicherungsnehmer als ordentlicher Kaufmann erzielbar wäre. Aufwendungen des Versicherungsnehmers, die notwendig sind um das Altmaterial zu veräußern, wie z. B. Arbeiten zum Sortieren, Zerkleinern oder Abtransportieren, mindern den Verkaufspreis und damit auch den anrechenbaren Wert der Reste[422].

1. Zeitwert

311   Der Zeitwert ist der Wert, den die versicherte Sache unmittelbar vor dem Versicherungsfall hat. Der Zeitwert ist ein Prozentsatz des Versicherungswertes, dessen Höhe vom **Zustand der Sache** abhängt[423]. Er berechnet sich in der Maschinenversicherung aus dem Versicherungswert (in etwa der Kaufwert einer neuen Sache s. Rn. 260ff.), der um einen Abzug insbesondere für den **Abnutzungsgrad** gemindert wird. Der Abnutzungsgrad ist zwar das wichtigste Merkmal, allerdings können auch andere technisch bedingte Faktoren berücksichtigt werden. Das kann beispielsweise eine Mangelhaftigkeit der versicherten Sache, unsachgemäße Wartung oder auch eine Wertminderung, die aus Vorschäden resultiert, sein[424]. Die

---

[419] A.M.: *Scheuermeyer*, Maschinenversicherung in der Praxis, S. 163; Vgl. zum Zeitwert auch Rn. 311 ff.

[420] VDEW-Bedingungen § 4 II.

[421] Allgemein zur Berücksichtigung eines Restwertes: *Schnitzler*, Der Schaden als Leistungsgrenze in der Sachversicherung, S. 317 ff.

[422] *Martin*, Sachversicherungsrecht, R II Rn. 24–27; OLG Stuttgart v. 10. 10. 1989, VersR 1990, 379 (379).

[423] *Prölss/Martin/Voit/Knappmann*, Teil III M (Ia) § 4 Rn. 6.

[424] *Voit*, VersR 1992, 142 (147).

Höhe des Abzugs muss immer objektiv nach dem Zustand beurteilt werden. Daher spielt weder die bisherige Nutzungsdauer noch die zukünftige Nutzungsdauer der Sache eine Rolle, die bisherige Nutzungsdauer kann aber ein Indikator sein, falls sich der Abnutzungsgrad nicht mehr feststellen lässt. Marktpreise, Buchwerte, kaufmännische Abschreibungen oder modische Veränderungen spielen in der Maschinenversicherung keine Rolle bei der Bestimmung des Zeitwertes[425].

Bei **Reserveteilen,** bei denen keine altersbedingte Abnutzung und keine sonstigen wertmindernden Umstände, wie z. B. eine Mangelhaftigkeit des Reserveteils, vorliegen, ist der Zeitwert identisch mit dem Versicherungswert des jeweiligen Ersatzteils[426]. **312**

Der **Zeitwert von Baugeräten** wurde früher in den ABG[427] und den ABMG Fassung 1986 nach den Richtlinien der **Baugeräteliste** bestimmt, die vom Hauptverband der Deutschen Bauindustrie herausgegeben wird[428]. Dadurch wurde eine objektive Berechnungsgrundlage für den Zeitwert geschaffen, mit der Diskussionen über die Höhe des Zeitwertes im Schadenfall vermieden werden konnten. Für die Versicherung von fahrbaren und transportablen Geräten in den ABMG 92 gilt für die Bestimmung des Zeitwerts die gleiche Regelung, wie in den anderen AVB der Maschinenversicherung auch. Die Bestimmungsmethode der Baugeräteliste ist also nicht mehr verbindlich für die Zeitwertermittlung, sie kann allenfalls als Anhaltspunkt für die Zeitwertermittlung dienen. **313**

Da der Versicherungswert die in den AVB als **nicht versicherte Teile** der Maschine[429] bezeichneten Sachen i. d. R. enthält, finden die nicht versicherten Teile der Maschine Berücksichtigung bei der Ermittlung des Zeitwertes der Maschine und fließen damit auch bei einem Totalschaden in die Entschädigung ein. **314**

Der Zeitwert ist für **jede Position** des **Maschinenverzeichnisses** gesondert zu bestimmen. Sind in einer Sammelposition mehrere versicherte Sachen enthalten, dann ist der Zeitwert ein **je versicherter Sache** zu bestimmender Wertmaßstab. Dabei gelten dann wirtschaftlich zusammengehörige Sachen als einheitliche Sache. Das Ineinandergreifen einzelner Maschinen in einer Anlage, z. B. das Ineinandergreifen von Turbine und Generator in einem Kraftwerk, führt noch nicht zu einer wirtschaftlichen Einheit, wohl aber bilden Turbinengehäuse und Turbinenläufer die wirtschaftliche Einheit Turbine[430]. **315**

Erleidet eine Maschine einen Totalschaden und sind zugehörige **Reserveteile** (s. Rn. 53) deshalb nicht mehr einsetzbar und damit für den Versicherungsnehmer wertlos geworden, muss der Versicherungsnehmer diesen Vermögensnachteil selber tragen, da die Reserveteile einerseits unbeschädigt sind und andererseits keine wirtschaftliche Einheit mit der Maschine bilden. Zweifelsfrei ist dies so, wenn die Maschine und die zugehörigen Reserveteile in unterschiedlichen Positionen im Versicherungsvertrag aufgeführt sind. **Zusatzgeräte** (s. Rn. 52), die in der gleichen Position wie die vom Totalschaden betroffene Maschine im Versicherungsvertrag aufgeführt sind, bilden häufig eine wirtschaftliche Einheit mit der Maschine und werden in diesem Fall bei der Ermittlung des Zeitwertes der Maschine berücksichtigt. **316**

2. Kosten der Feststellung des Totalschadens

Ergibt sich beispielsweise erst nach dem Auseinanderbauen der versicherten Sache, einem Gutachten zur Feststellung des Schadenumfangs oder nach einem erfolglosen Reparaturversuch, dass ein Totalschaden im Sinne der Maschinenversicherung vorliegt, so werden die angefallenen (Mehr-)Kosten für die Demontage, den erfolglosen Reparaturversuch und die **317**

---

[425] *Martin,* Sachversicherungsrecht, Q III Rn. 39 und 43.

[426] *Scheuermeyer,* Maschinenversicherung in der Praxis, S. 63.

[427] Allgemeine Bedingungen für die Kaskoversicherung von Baugeräten (ABG).

[428] *Prölss/Martin/Voit/Knappmann,* Teil III M (I c) Rn. 24.

[429] AMB 91 § 1 Nr. 5; VDEW-Bedingungen § 1, II; ABMG 92 § 1 Nr. 4e) und f); zu den nicht versicherten Teilen der Maschine s. Rn. 63.

[430] *Voit,* VersR 1992, 142 (147f.); *Prölss/Martin/Voit/Knappmann,* Teil III M (I a) § 9 Rn. 3f.; *v. Gerlach,* Die Maschinenversicherung, S. 21.

Schadenumfangsermittlung als Rettungskosten auch **über die Totalschadenentschädigung hinaus** ersetzt, bis maximal zur Höhe der Versicherungssumme[431].

3. Kostenschäden im Totalschadenfall

318   Die Entschädigung für die **gesetzlich versicherten Kostenschäden** darf zusammen mit dem Hauptschaden die Versicherungssumme für die vom Schaden betroffene Position des Versicherungsvertrages nicht übersteigen. Im Falle des Totalschaden steht in der Maschinenversicherung also die Differenz zwischen dem Zeitwert der versicherten Sache und der Versicherungssumme der betroffenen Position des Versicherungsvertrages für eine Entschädigung der gesetzlich versicherten Kostenschäden zur Verfügung. Die Versicherungssumme als **Höchstgrenze der Entschädigung entfällt,** wenn auf Weisung des Versicherers Aufwendungen angefallen sind[432].

319   Die auf **erstes Risiko** in der Maschinenversicherung versicherten Kosten werden unabhängig davon, ob ein Teil- oder ein Totalschaden vorliegt, soweit notwendig bis zur Höhe der Versicherungssumme, die auf erstes Risiko genommen wurde, entschädigt. Dadurch können die Entschädigung für den Hauptschaden und die auf erstes Risiko versicherten Kosten zusammen höher als die Versicherungssumme der vom Schaden betroffenen Position sein.

VII. Kostenschäden

1. Gesetzlich versicherte Kostenschäden

320   Unter die gesetzlich versicherten Kostenschäden fallen die in § 83 VVG bzw. in § 63 VVG a. F. geregelten Kosten, welche sich als Rechtsfolge des § 82 VVG bzw. § 62 VVG a. F. **(Rettungspflicht)** ergeben. **Schadenermittlungs- und Schadenfeststellungskosten** stellen weitere gesetzlich versicherte Kostenschäden dar. Diese sind in § 85 VVG bzw. zukünftig in § 66 VVG a. F. geregelt.

321   **Höchstgrenze der Entschädigung** für die Summe aus Hauptschaden und Rettungskosten ist die **Versicherungssumme** der betroffenen Position. Nach § 85 Abs. 1 Satz 2 VVG sind die Schadenermittlungskosten entgegen der bisherigen Regelung in § 66 VVG a. F. auch insoweit zu erstatten, als sie zusammen mit der sonstigen Entschädigung die Versicherungssume übersteigen. Der Selbstbehalt darf bei der Berechnung der Entschädigungsleistung angesetzt werden. Besteht eine **Unterversicherung,** darf diese ebenfalls in die Berechnung einfließen[433].

322   Sind die versicherten Sachen in **unterschiedlichen Positionen** im Maschinenverzeichnis erfasst, ist zur Ermittlung der zu erstattenden Rettungs- bzw. Schadenermittlungskosten jede Position gesondert zu betrachten. Das Gleiche gilt für jede einzelne von mehreren vermuteten oder tatsächlichen Sachsubstanzverletzungen (Sachschäden) z. B. an einer Maschine unabhängig davon, dass es sich eventuell bezüglich der Selbstbehaltregelung nur um einen Schaden handelt[434]. Fallen Rettungskosten für eine in einer Erstrisikoposition versicherte Sache an und ist der durch die Rettungsmaßnahme vermiedene Schaden größer als die Erstrisikosumme, dann sind die Rettungskosten im Verhältnis der jeweiligen Interessen von Versicherer und Versicherungsnehmer zu teilen[435].

323   **a)** Der Versicherungsnehmer ist nach § 82 VVG, zukünftig nach § 62 VVG a. F. verpflichtet beim Eintritt eines Versicherungsfalls diesen nach Möglichkeit abzuwenden oder zu mindern. Die Kosten, die der Versicherungsnehmer als adäquate Folge von Maßnahmen aufwen-

---

[431] *Prölss/Martin/Voit/Knappmann,* Teil I § 62 Rn. 20; *Martin,* Sachversicherungsrecht, R I Rn. 37–39; Zu den Rettungsobliegenheiten und zum Rettungskostenersatz s. *Beckmann,* § 15.

[432] *Prölss/Martin/Voit/Knappmann,* Teil I § 63 Rn. 21 f.; *Römer/Langheid/Römer,* § 63 Rn. 10; *Beckmann* § 15 Rn. 92.

[433] *Beckmann* § 15 Rn. 92 ff.; *Martin,* Sachversicherungsrecht, W II Rn. 2 f.; zweifelnd *Prölss/Martin/ Voit/Knappmann,* Teil I § 66 Rn. 3; a. M.: *Römer/Langheid/Römer,* § 66 Rn. 2.

[434] *Prölss/Martin/Voit/Knappmann,* Teil I § 66 Rn. 12; *Martin,* Sachversicherungsrecht, W II Rn. 2.

[435] *Prölss/Martin/Voit/Knappmann,* Teil I § 63 Rn. 36; *Beckmann,* § 15 Rn. 96.

det, um entweder den Versicherungsfall **abzuwenden** oder den entstandenen Schaden zu **mindern,** sind **Rettungskosten**[436].

Gem. § 82 VVG bzw. § 62 VVG a. F. ist der Beginn der **Rettungsobliegenheit** in der   324 Sachversicherung nicht zwingend der Zeitpunkt des Eintritts des Versicherungsfalls. Es reicht vielmehr aus, wenn ein versicherter Schaden ohne Rettungsmaßnahmen **unabwendbar** wäre oder mit hoher Wahrscheinlichkeit innerhalb eines kurzen Zeitraumes eintreten würde (Vorerstreckungstheorie)[437]. Beispielsweise, wenn ein Hochwasser einen Deichbruch verursacht und die Produktionsanlagen eines Unternehmens innerhalb der nächsten Tage zu überfluten droht. Die Geschäftsleitung veranlasst daraufhin den Maschinenpark so weit wie möglich zu demontieren und an einem sicheren Ort so lange zu lagern, bis das Hochwasser wieder zurückgegangen ist. Die Kosten bis zur Wiederinbetriebnahme der Anlage stellte im Rahmen der so genannten Vorerstreckung Rettungskosten im Sinne des § 63 VVG a. F. dar und müssen demnach vom Versicherer erstattet werden. Zukünftig wird der Ersatz von Aufwendungen zur Abwehr unmittelbar bevorstehender Versicherungsfälle äquivalent zu der bisherigen Rechtsprechung zur Vorerstreckungstheorie in § 90 VVG geregelt[438].

Schadenverhütungsmaßnahmen, die aus keinem konkreten Anlass getroffen werden,   325 sondern lediglich dem Eintritt des Versicherungsfalls vorbeugen sollen, stellen keine Rettungsmaßnahmen im Sinne §§ 82 und 83 VVG (§§ 62, 63 VVG a. F.) dar[439]. Stehen Produktionsanlagen in einem hochwassergefährdeten Gebiet und entschließt sich die Geschäftsleitung, die Produktion grundsätzlich auszulagern, sind die dafür aufzuwendenden Kosten versicherungsvertraglich den Schadenverhütungsmaßnahmen zuzuordnen und dementsprechend nicht ersatzpflichtig. Gleiches gilt auch bei der Beseitigung von Mängeln, wenn dies dem zukünftigen sicheren Betrieb der Maschine dient[440].

b) Unter **Schadenermittlungskosten** versteht man Kosten, welche bei der Ermittlung   326 eines technischen Sachverhaltes speziell an Maschinen oder komplexen technischen Objekten entstehen. Im Schadenfall können die Kosten zur Feststellung einer fachgerechten Reparatur oder Kosten zur Abnahme von Leistungen Dritter sowohl Schadenermittlungskosten als auch notwendige Wiederherstellungskosten darstellen. **Schadenfeststellungskosten** entstehen dem Versicherungsnehmer intern, wenn dieser verbal oder in schriftlicher Form Verhandlungen mit dem Versicherer führt, um den Schaden dem Grunde und der Höhe nach „festzustellen". Die Schadenfeststellung beinhaltet hauptsächlich kaufmännische und buchhalterische Tätigkeiten, wie sie z. B. bei der Kostenaufstellung von Reparaturarbeiten in eigener Regie entstehen. Im allgemeinen Sprachgebrauch erfolgt keine strikte Trennung zwischen den Begrifflichkeiten Schadenermittlungs- und Schadenfeststellungskosten. Vielmehr werden die Schadenermittlungskosten als Oberbegriff verwendet[441].

Nicht unter die Schadenermittlungskosten fallen nach § 85 Abs. 2 VVG genauso wie nach   327 § 66 Abs. 2 VVG a. F. **Gutachter** bzw. **technische Sachverständige,** die der Versicherungsnehmer beauftragt. Wenn aus Sicht des Versicherers eine Veranlassung für den Einsatz eines Gutachters oder technischen Sachverständigen besteht, so ist es Sache des Versicherers, diese auf seine Kosten zu veranlassen oder den Versicherungsnehmer, gegen Übernahme der anfallenden Kosten, aufzufordern diese einzusetzen[442]. Die Kosten für Gutachter bzw. technische Sachverständige können gegebenenfalls Wiederherstellungskosten sein (s. Rn. 281).

---

[436] *Martin,* Sachversicherungsrecht, W II Rn. 16 ff.; *Prölss/Martin/Voit/Knappmann,* Teil I § 63 Rn. 1; *Müller,* VersR 2000, 533 (533); Zu den Rettungsobliegenheiten und zum Rettungskostenersatz s. *Beckmann,* § 15.

[437] *Prölss/Martin/Voit/Knappmann,* Teil I § 62 Rn. 3 ff.; *Müller,* VersR 2000, 533 (533).

[438] Begründung der Deutschen Bundestages zur Reform des Versicherungsvertragsgesetzes, Drucksache 16/3945 v. 20. 12. 2006, S. 82 f.

[439] *Prölss/Martin/Voit/Knappmann,* Teil I § 62 Rn. 9; *Römer/Langheid/Römer,* § 63 Rn. 1; *Beckmann,* § 15 Rn. 75.

[440] OLG Karlsruhe v. 1. 2. 1996, VersR 1997, 612.

[441] *Prölss/Martin/Voit/Knappmann,* Teil I § 66 Rn. 6 f.

[442] *Römer/Langheid/Römer,* § 66 Rn. 7 und 10; *Prölss/Martin/Voit/Knappmann,* Teil I § 66 Rn. 18.

328   Schadenermittlungskosten werden nur ersetzt, wenn ein entschädigungspflichtiger Schaden vorliegt und sie objektiv den **Umständen nach geboten** waren. Das reine Vorhandensein eines Schadenverdachts, welcher sich im Nachhinein als unbegründet herausstellt, reicht nicht aus[443].

329   In den **VDEW-Bedingungen** erfolgt bewusst eine Erweiterung der Kostenübernahme durch den Versicherer gegenüber den AMB 91 und den ABMG 92[444]. Stimmt der Versicherer einer **Untersuchung auf Schadenverdacht** zu, so übernimmt er damit automatisch teilweise oder ganz die für das notwendige Auf- und Zudecken der Anlage entstehenden Kosten.

2. Weitere zu vereinbarende Kostenschäden

330   In den AMB 91 und den ABMG 92 können durch besondere Vereinbarung die ansonsten nicht versicherten Luftfrachtkosten, Bewegungs- und Schutzkosten, Dekontaminationskosten für Erdreich sowie Aufräumungs- und Entsorgungskosten auf **Erstes Risiko** versichert werden. Die auf **erstes Risiko** in der Maschinenversicherung versicherten Kosten werden unabhängig davon, ob ein Teil- oder ein Totalschaden vorliegt, soweit notwendig auch über die Versicherungssumme der betroffenen Position bis zur Höhe der Versicherungssumme, die auf erstes Risiko genommen wurde, entschädigt. **Unterversicherung** kann bei der Erstrisikoversicherung nicht angewendet werden[445]. Ein zusätzlicher **Selbstbehalt** wird von den ersatzpflichtigen Kosten, die durch die Erstrisikopositionen gedeckt sind, nicht in Abzug gebracht[446].

331   **a) Bewegungs- und Schutzkosten** fallen laut Definition an, wenn infolge eines Versicherungsfalls **andere Sachen** bewegt, verändert oder geschützt werden müssen, um die beschädigte versicherte Sache in den Zustand wie vor Schadeneintritt zurückzuversetzen (Reparatur oder Wiederbeschaffung). Hierbei ist es unerheblich, ob die bewegten oder geschützten Sachen zu den im Versicherungsvertrag versicherten Sachen gehören. Bewegungskosten können z. B. entstehen bei der De- und Remontage von Anlagen und Geräten, für Durchbrüche oder Abriss und/oder Wiederaufbau von Gebäudeteilen (Dach, Wand) oder für die Vergrößerung von Öffnungen. Schutzkosten kommen zum Tragen, wenn bestehende Gebäude- oder Anlagenteile vor den Auswirkungen der Wiederherstellung oder Wiederbeschaffung der beschädigten versicherten Sache geschützt werden[447].

332   Der Versicherungsnehmer ist im **Teilschadenfall** gehalten, die Reparaturmethode zu wählen, mit welcher er auch ohne bestehenden Versicherungsschutz die Reparatur durchgeführt hätte – höhere Aufwendungen werden vom Versicherer nicht erstattet. Dabei kann eine Reparaturmethode, die beispielsweise einen Wanddurchbruch notwendig macht, deutlich geringere Wiederherstellungskosten verursachen, als die übliche Reparaturmethode ohne diese Maßnahme. Die Kosten für den Wanddurchbruch bleiben auch ohne eine Erstrisikoposition für Bewegungs- und Schutzkosten nicht unentschädigt, da sie als **Schadenminderungskosten** nach § 83 VVG bzw. analog nach § 63 VVG a. F. zu entschädigen sind.

333   In den **VDEW-Bedingungen** ersetzt der Versicherer im Teilschadenfall neben den Wiederherstellungskosten noch **sonstige Kosten,** die mit der Schadenbehebung in Zusammenhang stehen[448]. Hierin eingeschlossen sind die Bewegungs- und Schutzkosten. Im Totalschadenfall ist die Entschädigungsleistung wie in den AMB 91 auf den Zeitwert abzüglich des Restwertes begrenzt. Eine Entschädigung der Bewegungs- und Schutzkosten kann deshalb im Totalschadenfall nicht erfolgen.

334   **b)** Die Kosten für das Aufräumen und das Vernichten von Teilen sowie der Abtransport von Teilen in die nächstgelegene Deponie inkl. Kosten für das Ablagern sind im Teilschaden-

[443] *Prölss/Martin/Voit/Knappmann,* Teil I § 66 Rn. 11 f.; *Römer/Langheid/Römer,* § 66 Rn. 5.
[444] VDEW-Bedingungen § 4 Nr. VIII; zur Untersuchung auf Schadenverdacht vgl. Rn. 247 ff.
[445] *Prölss/Martin/Voit/Knappmann,* Teil III M (I a) § 10 Rn. 20.
[446] AMB 91 und ABMG 92 § 10 Nr. 9 lit. 1.
[447] *Martin,* Sachversicherungsrecht, W IV Rn. 3 ff.; *Scheuermeyer,* Maschinenversicherung in der Praxis, S. 109.
[448] VDEW-Bedingungen § 4 I Nr. 2.

fall (s. Rn. 289) versichert. Dies gilt jedoch ausdrücklich nur für die versicherte Sache und nur im Teilschadenfall. Entstehen diese Kosten an nicht versicherten Sachen oder im Totalschadenfall, dann kann eine Entschädigung nur erfolgen, wenn **Aufräumungs- und Entsorgungskosten** auf Erstes Risiko versichert sind.

Aufräumungs- und Entsorgungskosten sind Aufwendungen für das **Aufräumen der** 335 **Schadenstätte,** insbesondere die **Beseitigung von Trümmern,** das Abbrechen von stehen gebliebenen Resten sowie die Kosten für den **Abtransport** und die **Ablagerung** in einer geeigneten Deponie oder die sonstige Vernichtung[449]. Aufräumungskosten fallen an, wenn Sachen oder Sachteile endgültig räumlich verändert werden. Objekte der Aufräumung können sowohl unbeschädigte Sachen als auch beschädigte oder zerstörte Sachen (oder Teile davon) sein. Die beschädigten oder zerstörten Sachen wiederum können versicherte oder unversicherte Sachen umfassen[450].

In den **VDEW-Bedingungen** ersetzt der Versicherer im **Teilschadenfall** identisch mit 336 den Bewegungs- und Schutzkosten neben den Wiederherstellungskosten noch sonstige Kosten, die mit der Schadenbehebung in Zusammenhang stehen. Dazu gehören auch die Aufräumungs- und Entsorgungskosten. Im Totalschadenfall ist die Entschädigungsleistung wie in den AMB 91 auf den Zeitwert abzüglich des Restwertes der versicherten Sache begrenzt. Eine Entschädigung für Aufräumungs- und Entsorgungskosten im Totalschadenfall kann deshalb nicht erfolgen.

c) Erdreich gehört in der Maschinenversicherung üblicherweise nicht zu den versicherten 337 Sachen. Demnach besteht im Schadenfall keine Deckung für eventuell anfallende **Dekontaminations- und Entsorgungskosten für Erdreich.** Um bei einem dem Grunde nach versicherten Teil- oder Totalschaden der versicherten Sache, welcher als Folge eine Kontamination des Erdreiches nach sich zieht, eine Entschädigung für die Dekontamination- und Entsorgung des Erdreiches zu erlangen, empfiehlt sich der Einschluss von Klausel 016 zu den AMB 91. Hierbei ist zu berücksichtigen, dass die Klausel 016 nur dann Entschädigung bietet, wenn die Kosten aufgrund behördlicher Anordnung entstehen[451].

In den **VDEW-Bedingungen** gehören die anfallenden Dekontaminations- und Entsorgungskosten für Erdreich weder im Totalschadenfall noch im Teilschadenfall zu den Wiederherstellungskosten, da einerseits das Erdreich nicht zu den versicherten Sachen gehört und andererseits die Dekontaminations- und Entsorgungskosten für Erdreich üblicherweise nicht zu den notwendigen Schadenbehebungskosten gehören. 338

d) **Luftfrachtkosten** sind die Mehrkosten, die gegenüber Expressfrachten im Schadenfall 339 entstehen. Da die Expressfrachtkosten zu den ersatzpflichtigen Wiederherstellungskosten gehören, fällt unter die Erstrisikoposition nur der Differenzbetrag den die Luftfrachtkosten über den Expressfrachtkosten liegen. Luftfrachtkosten werden nur im Teilschadenfall ersetzt, falls sie auf erstes Risiko versichert sind.

Die Luftfrachtkosten können nach den **VDEW-Bedingungen** im Teilschadenfall eben- 340 falls auf erstes Risiko versichert werden[452].

VIII. Selbstbehalt

Der im Versicherungsvertrag vereinbarte Selbstbehalt wird **pro Versicherungsfall** von 341 der Entschädigung, die ohne Selbstbehalt zu leisten wäre, abgezogen. Wenn durch ein Schadenereignis mehrere versicherte Sachen betroffen sind, wird der Selbstbehalt von der Entschädigung für jede versicherte Sache einzeln abgezogen. Wenn die beschädigten Teile jeweils Bestandteil von verschiedenen Positionen im Maschinenverzeichnis sind, ist der jeweils ver-

---

[449] *V. Fürstenwerth/Weiß,* Versicherungsalphabet, S. 54.
[450] *Martin,* Sachversicherungsrecht, W V Rn. 15 ff.
[451] *Scheuermeyer,* Maschinenversicherung in der Praxis, S. 108.
[452] VDEW-Bedingungen § 4 I Nr. 3.

einbarte Selbstbehalt pro Position abzuziehen. Ob eine oder mehrere Sachen, die Bestandteil einer Sammelposition sind, von einem Schaden betroffen sind, hängt davon ab, ob die betroffenen Teile eine wirtschaftliche Einheit bilden[453].

342 Wird umgekehrt eine versicherte Sache von mehreren Schadenereignissen betroffen, dann wird der Selbstbehalt jeweils von der auf den einzelnen Versicherungsfall entfallenden Entschädigung abgezogen. Wenn zwischen den vorgefundenen Schäden ein **Ursachenzusammenhang** nachgewiesen werden kann, wird ausnahmsweise in der Maschinenversicherung nur ein Selbstbehalt in Abzug gebracht. Ein Ursachenzusammenhang liegt vor, soweit ein Versicherungsfall jeweils adäquate Ursache für einen anderen Versicherungsfall war. Ein Ursachenzusammenhang liegt nicht schon deshalb vor, weil mehrere Versicherungsfälle auf die gleiche Drittursache zurückzuführen sind. Auch für Zweitschäden, die lediglich zeitlich während des Transportes oder der Reparatur des ersten Schadens eintreten, jedoch ohne inneren Zusammenhang mit dem ersten Schaden, liegt kein adäquater Ursachenzusammenhang vor[454].

343 Die **VDEW-Bedingungen** sehen neben einem im Versicherungsvertrag vereinbarten **Mindestselbstbehalt** einen **prozentualen Selbstbehalt** von 20% des ohne Selbstbehalt ermittelten Entschädigungsbetrages vor. Werden durch ein Ereignis mehrere versicherte Sachen, auch in mehreren Positionen des Versicherungsvertrages, betroffen, dann wird – anders als in den AMB 91 und den ABMG 92 – nur ein Mindestselbstbehalt abgezogen, nämlich der höchste aus den betroffenen Positionen, wenn nicht der prozentuale Selbstbehalt zur Anwendung kommt. Wenn an einer versicherten Sache **gleichzeitig** mehrere Schäden festgestellt werden, dann wird, unabhängig davon, ob zwischen diesen Schäden ein Ursachenzusammenhang besteht, für diese Schäden der Selbstbehalt nur einmal abgezogen. Entscheidend ist die gleichzeitige Feststellung, z. B. während einer Revision. Wenn während des Betriebes einer Maschine ein Schaden entdeckt wird, der aber erst anlässlich einer späteren Revision behoben wird, dann ist dieser Schaden nicht gleichzeitig mit den sonstigen, bei der Revision festgestellten Schäden festgestellt worden. Damit wird von den Wiederherstellungskosten dieses Schadens dann ein gesonderter Selbstbehalt in Abzug gebracht.

344 Wenn der Versicherungsvertrag für die vom Schaden betroffene Position eine **Höchstentschädigungsleistung** vorsieht, wird der Selbstbehalt zunächst von der ermittelten Entschädigungsleistung abgezogen. Danach erfolgt die Prüfung, ob der sich ergebende Betrag die vereinbarte Höchstentschädigungsleistung übersteigt[455]. Bei Vorliegen von **Unterversicherung** wird in den AMB 91 und den ABMG 92 der Selbstbehalt vor Berücksichtigung der Unterversicherung und in den VDEW-Bedingungen nach Berücksichtigung der Unterversicherung abgezogen[456].

IX. Sachverständigenverfahren

345 In der Maschinenversicherung kann es vorkommen, dass zwischen dem Versicherungsnehmer und dem Versicherer Fragen zur **Schadenhöhe**, zur **Schadenursache** oder **sonstigen tatsächlichen Voraussetzungen des Entschädigungsanspruchs** aufgrund der teilweise sehr speziellen und komplexen technischen Gegebenheiten nicht einvernehmlich geklärt werden können. Aus diesem Grund sehen die AVB für solche Fälle ein Sachverständigenverfahren vor, auf das sich der Versicherungsnehmer und der Versicherer einvernehmlich einigen können, das aber auch durch einseitige Erklärung vom Versicherungsnehmer verlangt werden

---

[453] *V. Gerlach,* Die Maschinenversicherung, S. 84; s. auch Rn. 275; Anwendung der Proportionalitätsregel, auch bei Doppelversicherung.

[454] *V. Gerlach,* Die Maschinenversicherung, S. 84; *Martin,* VW 1969, 75 (81 f.); *Martin,* VW 1974, 1192 (1196); a. M.: *Voit,* VersR 1992, 142 (148).

[455] *Martin,* Sachversicherungsrecht, U I Rn. 12–14; a. M. *Prölss/Martin/Kollhosser,* Teil I § 56 Rn. 15.

[456] Zur Unterversicherung und zur Berücksichtigung des Selbstbehaltes bei vorliegen von Unterversicherung siehe auch Rn. 270.

kann. In dem Sachverständigenverfahren wird immer die Höhe des Schadens festgestellt, darüber hinaus sind aber auch bei Bedarf Feststellungen zur Schadenursache oder zu den sonstigen tatsächlichen Voraussetzungen des Entschädigungsanspruchs möglich.

Die Feststellungen werden durch je einen vom Versicherungsnehmer benannten und **346** vom Versicherer benannten **Sachverständigen** getroffen. Weichen die Feststellungen der beiden Sachverständigen voneinander ab, entscheidet ein vor Beginn des Feststellungsverfahrens benannter **Obmann** über die strittigen Punkte. Der genaue Ablauf des Sachverständigenverfahrens ist in den AVB beschrieben und unterscheidet sich in kleinen Details zwischen den AMB 91 und den ABMG 92 auf der einen Seite und den VDEW-Bedingungen auf der anderen Seite. Die Feststellungen des Sachverständigenverfahrens sind für beide Seiten verbindlich, solange nicht nachgewiesen wird, dass sie von der wirklichen Sachlage erheblich abweichen. Nur in den seltensten Fällen kommt es in der Maschinenversicherung zu der Einleitung des in den AVB vorgesehenen Sachverständigenverfahrens, meistens einigen sich der Versicherungsnehmer und der Versicherer in Fällen, die nicht einvernehmlich geklärt werden können, auf einen gemeinsamen Sachverständigen, der die strittigen Punkte klärt[457].

Darüber hinaus kann durch Klausel 009[458] ein Sachverständigenverfahren für den Fall ver- **347** einbart werden, dass im Schadenfall die **Feuerversicherung** und die **Maschinenversicherung** zusammentreffen. Damit können die daraus möglicherweise entstehenden Streitigkeiten, ob und in welchem Umfang ein Schaden als Schaden in der Maschinenversicherung oder als Schaden in der Feuerversicherung anzusehen ist, umgangen werden[459].

J. Regressmöglichkeiten

I. Regress

Regress bezeichnet den Rückgriff eines Ersatzpflichtigen, meist der vorleistende Versiche- **348** rer des Eigentümers der geschädigten Sache, auf einen Dritten (Schädiger), der dem Versicherer gegenüber für den geleisteten Ersatz zu haften hat[460]. Grundlage für den Regress im Privatversicherungsrecht ist § 86 Abs. 1 VVG bzw. § 67 Abs. 1 VVG a. F., der den Übergang von **Schadenersatzansprüchen** des Versicherungsnehmers gegen den Schädiger auf den Ersatz leistenden Versicherer vorsieht.

Gemäß dem **Grundsatz der Kongruenz** erstreckt sich der Übergang nur auf Ersatzan- **349** sprüche hinsichtlich der Schadenpositionen, die ihrer Art nach in den Schutzbereich des Versicherungsvertrages fallen[461]. Nach der von der h. M. vertretenen Differenztheorie[462] steht dem Versicherungsnehmer ein **Quotenvorrecht** über den Ersatzanspruch des Gläubigers insoweit zu, als der Versicherungsnehmer nicht vom Versicherer entschädigt worden ist, z. B. wegen eines Selbstbehaltes oder wegen Unterversicherung. Maßstab ist hierbei nicht der im Regressverfahren beim Schädiger geltend zu machende Ersatzanspruch, sondern das versicherbare Interesse des Eigentümers in der Höhe des im Versicherungsvertrag vereinbarten Versicherungswertes.

Die Entschädigung durch den Versicherer entfällt, wenn der Versicherungsnehmer vor **350** oder nach dem Schaden bereits eine entsprechende Leistung von dem Schädiger oder dem gefahrtragenden Dritten erhalten hat[463] da dann kein in der Schadenversicherung erforder-

---

[457] *Scheuermeyer*, Maschinenversicherung in der Praxis, S. 171 f.; v. *Gerlach*, Die Maschinenversicherung, S. 102 ff.
[458] *Scheuermeyer*, Maschinenversicherung in der Praxis, S. 226.
[459] *Voit*, VersR 1992, 142 (149).
[460] *V. Fürstenwerth/Weiß*, Versicherungsalphabet, 521.
[461] *Prölss/Martin/Prölss*, § 67 Rn. 8.
[462] Zur Argumentation hierfür s. *Bost*, VersR 2007, 1199 ff., a. M. *Ebert/Segger*, VersR 2001, 143 ff.
[463] *Prölss/Martin/Kollhosser*, vor § 51 Rn. 25.

licher Vermögensnachteils vorhanden ist. Der Versicherer kann auch bei **Erfüllungsansprü-**
chen den Versicherungsnehmer in Übereinstimmung mit § 86 VVG bzw. § 67 VVG a. F.
zwar nicht auf den Anspruch gegen den Dritten verweisen[464], braucht aber die Entschädigung
nur gegen Abtretung der Ansprüche zu leisten[465].

1. Regress bei Gewährleistungsfällen

351   Die vertragliche Mängelhaftung schützt das wirtschaftliche Nutzungs- und Äquivalenzinteresse des Erwerbers innerhalb des vertraglich vereinbarten oder gesetzlich vorgeschriebenen
Gewährleistungszeitraums[466]. In der Maschinenversicherung sind Schäden vom Versicherungsschutz ausgeschlossen, soweit für sie ein Dritter als Lieferant (Hersteller oder Händler),
als Werkunternehmer oder aus Reparaturauftrag, also auf Basis eines mit dem Versicherungsnehmer abgeschlossenen Kauf- oder Werkvertrags, einzutreten hat[467]. Anspruchsgrundlage
sind nach Gefahrenübergang und Abnahme die §§ 434 ff. BGB (Kaufvertrag) und §§ 633 ff.
BGB (Werkvertrag).

352   Die nicht zwingenden Regelungen der **§§ 86 VVG** und **67 VVG a. F.** sind durch die
AMB 91 und ABMG 92 insofern **vertraglich abbedungen,** als der Versicherungsnehmer
auf den noch nicht erfüllten Anspruch gegen den Schädiger verwiesen werden kann[468]. Bestreitet der Dritte seine Eintrittspflicht, sieht der Ausschluss zwar vor, dass der Versicherer zunächst Entschädigung leistet, der Versicherungsnehmer soll aber die Ansprüche gegenüber
dem Dritten entgegen § 86 VVG bzw. § 67 VVG a. F. behalten. Muss der Dritte für den Schaden einstehen, übernimmt der Versicherer die Kosten, damit der Versicherungsnehmer diesen
Anspruch nach seinen Weisungen außergerichtlich und erforderlichenfalls gerichtlich geltend
macht. Da der Versicherungsnehmer die vom Versicherer (zunächst) geleistete Entschädigung
erst zurückzuzahlen hat, soweit der Dritte Schadenersatz an den Versicherungsnehmer leistet,
geht das **Insolvenzrisiko** des Dritten zu Lasten des Versicherers[469]. Die Insolvenz eines **haft-**
pflichtversicherten Regressschuldners berührt den (übergegangenen) Ersatzanspruch insofern nicht, als der Anspruchsteller nach § 110 VVG bzw. § 157 VVG a. F. abgesonderte Befriedigung aus dem Freistellungsanspruch des Haftpflichtversicherungsnehmers aus dessen
Versicherungsvertrag verlangen kann.

353   In den VDEW-Bedingungen besteht nach § 3 II. 7. der Versicherungsschutz nur subsidiär
gegenüber den Ansprüchen des Versicherungsnehmers wegen Schäden, für die der Lieferant
oder die Reparaturwerkstätte einzutreten haben **oder schadenersatzpflichtig sind.** Letzteres stellt eine Erweiterung des Subsidiärdeckungsumfangs gegenüber den AMB 91 und
ABMG 92 dar. Der Versicherer leistet bedingungsgemäß, wenn sich die Ersatzpflicht oder
die Haftung des Lieferanten oder der Reparaturwerkstatt nur im Prozessweg feststellen lässt.
Die Ansprüche des Versicherungsnehmers gehen gemäß §§ 86 VVG, 67 VVG a. F. auf den
Versicherer über, der sich in den Bedingungen vorbehält, die Ansprüche gegen die Genannten im Prozess zu verfolgen[470]. Eine Zustimmung oder Freigabe durch den Versicherungsnehmer ist hierfür nicht notwendig.

2. Regress gegen Schadenverursacher

354   In der Maschinenversicherung ist das Interesse des Versicherungsnehmers als Eigentümer
der im Maschinenverzeichnis oder einer Sammelposition aufgeführten (eigenen oder fremden) Sachen versichert. Nach § 86 Abs. 1 VVG, entsprechend nach § 67 Abs. 1 VVG a. F.,
gehen **Schadenersatzansprüche** des Versicherungsnehmers oder des mitversicherten Ei-

---

[464] Zu den Ausnahmen s. Rn. 351.
[465] *Martin,* Sachversicherungsrecht, J I Rn. 10; vgl. § 255 BGB.
[466] *Palandt/Sprau,* ProdHaftG § 3 Rn. 1.
[467] § 2 Nr. 5 h) AMB 91 und § 2 Nr. 5 g) ABMG 92, wo in die Aufzählung zusätzlich noch Dritte in
ihrer Eigenschaft als Frachtführer oder Spediteur aufgenommen sind.
[468] *Prölss/Martin/Kollhosser,* § 55 Rn. 38.
[469] *Prölss/Martin/Voit/Knappmann,* Teil III M (Ia) § 2 Rn. 52.
[470] *Bischoff/Feldmann,* VerBAV 1958, 153 (154).

gentümers[471] gegen den Schädiger auf den Ersatz leistenden Versicherer über. In Frage hierfür kommen beispielsweise Serviceunternehmen, die bei Gelegenheit der Ausführung von Instandhaltungsmaßnahmen im Werk des Versicherungsnehmers die versicherten Sachen beschädigen oder deren mangelhafte Leistung später zu Schäden an anderen versicherten Sachen führt.

Der **Arbeitnehmer** des Versicherungsnehmers oder eines Versicherten haftet nur einge- **355** schränkt, wenn der von ihm verschuldete Schaden im Rahmen der Tätigkeiten entsteht, die durch den Betrieb veranlasst sind und auf Grund des Arbeitsverhältnisses geleistet werden[472]. Während der Arbeitnehmer bei leichter Fahrlässigkeit nicht haftet, wird der Schaden bei normaler Fahrlässigkeit zwischen Arbeitgeber und Arbeitnehmer nach den Gesamtumständen verteilt. Dabei sind u. a. der Grad des Verschuldens des Arbeitnehmers, die Gefahren der Arbeit und ein vom Arbeitgeber einkalkuliertes oder durch eine Versicherung abdeckbares Risiko zu berücksichtigen. Bei grober Fahrlässigkeit haftet der Arbeitnehmer i. d. R. voll, wobei allerdings unter Abwägung des Einkommens und des Haftungsrisikos Ausnahmen möglich sind[473]. Der **Grad des Verschuldens** bestimmt sich danach, in welchem Umfang der Arbeitnehmer bezogen auf den Schadenserfolg vorsätzlich oder fahrlässig gehandelt hat. In den technischen Versicherungszweigen wird von einem Rückgriff auf den Arbeitnehmer des Versicherungsnehmers oder eines Versicherten aus dem Gesichtspunkt von Billigkeit und Zumutbarkeit in der Regel kein Gebrauch gemacht[474]. Einzelvertraglich kann auch ein Regressverzicht vereinbart werden.

II. Doppel-/Mehrfachversicherung

Die Mehrfachversicherung entsteht, wenn in mehreren Versicherungsverträgen mit unter- **356** schiedlichen Versicherern dasselbe Interesse versichert ist sowie Identität des versicherten Schadens, der versicherten Gefahren, des Versicherungsortes und des Schadeneintritts im versicherten Zeitraum besteht. Mehrfachversicherung besteht für den Überschneidungsbereich des durch die mehreren Versicherungsverträge abgedeckten Risikos[475]. Man spricht von **Nebenversicherung**[476], wenn die Summe der Entschädigungen aus den mehreren Verträgen den **Betrag des Schadens** nach § 55 VVG a. F.[477] **nicht übersteigt,** anderenfalls liegt **Doppelversicherung** mit den in § 78 VVG bzw. § 59 VVG a. F. beschriebenen Folgen vor.

Für eine Doppelversicherung ist die Identität des versicherten Interesses, nicht aber Identi- **357** tät des Versicherungsnehmers erforderlich. Ein wichtiger Anwendungsfall der Doppelversicherung ist gerade das **Zusammentreffen einer Eigen- mit einer Fremdversicherung,** da derselbe Versicherungsnehmer die Überschneidung der Risikoabgrenzung in seinen Versicherungsverträgen leichter erkennen und vermeiden kann. Schließt die Sachversicherung des Versicherungsnehmers als Eigentümer das fremde (Sachersatz-)Interesse ein, z. B. des gefahrtragenden Nichteigentümers, der die Sache nutzt[478], ergibt sich eine mögliche Überschneidung mit dessen Haftpflichtversicherung. Der Einschluss eines Haftpflichtrisikos über die Deckung des Sachersatzinteresses innerhalb einer Sachversicherung kommt in Frage, wenn der Eigentümer und der Träger des Sachersatzinteresses vor Eintritt des Versicherungsfalls in rechtlichen Beziehungen stehen, die zugleich Anspruchsgrundlage sind[479]. Der Versicherungsvertrag des Eigentümers muss aber das **Sachersatzinteresse des Schädigers** ausdrück-

---

[471] Vgl. § 7 Nr. 2 Abs. 1 AMB 91.
[472] BAG v. 27. 9. 1994, BB 1994, 2205 (2206).
[473] BAG v. 17. 9. 1998, NJW 1999, 1049 (1051).
[474] *Saller/Winter*, VersR 1997, 1459.
[475] *Martin*, Sachversicherungsrecht, V I Rn. 1, 3.
[476] *Prölss/Martin/Kollhosser*, § 58 Rn. 1.
[477] § 55 VVG ist in dieser Form nicht in das reformierte Versicherungsvertragsgesetz übernommen worden.
[478] *Prölss/Martin/Prölss*, § 80 Rn. 6.
[479] *Martin*, VersR 1974, 535; *Armbrüster*, NVersZ 2001, 193 (193).

lich oder konkludent einschließen, damit Doppelversicherung besteht[480]. Anderenfalls kann der vorleistende Sachversicherer des Eigentümers in voller Höhe Regress gegen den Schädiger nehmen[481].

358 Auch ein zugunsten des potenziellen Schädigers vereinbarter **Regressverzicht** wirkt wie ein teilweiser Einschluss des Sachersatzinteresses des Schädigers in den Versicherungsvertrag des Geschädigten[482], der bei dieser Form der Mitversicherung u. U. aber noch die freie Wahl hat, den Versicherer oder den Schädiger in Anspruch zu nehmen[483]. Ein Regressverzicht kann ausdrücklich im Versicherungsvertrag vereinbart sein. Häufig ergibt sich der Regressverzicht bei potenziell Haftpflichtigen, die mit dem Eigentümer ein Vertragsverhältnis haben, auch durch konkludente Vereinbarung[484] oder eine ergänzende Vertragsauslegung, die sich am hypothetischen Parteiwillen orientiert[485]. Da auch bei der ergänzenden Vertragsauslegung dem tatsächlichen Willen der Parteien Beachtung zu schenken ist, falls ein solcher feststellbar ist[486], sollte sich der methodische Unterschied bei der Anwendung des Regressverzichts in der Versicherungspraxis nicht auswirken[487].

359 In der Maschinenversicherung nach AMB 91 und ABMG 92 ist § 7 Nr. 2 bis 4 zu entnehmen, welches (fremde) **Interesse neben dem des Versicherungsnehmers versichert** ist. Es handelt sich um das Sachinteresse des nicht mit dem Versicherungsnehmer identischen Eigentümers, z. B. wenn fremde Sachen innerhalb einer Sammelposition mitversichert werden sollen, die der Versicherungsnehmer (auch zeitbegrenzt) für seinen Betrieb nutzt oder aus sonstigen Gründen in Obhut genommen hat. Versichert ist darüber hinaus das Interesse des Käufers unter Eigentumsvorbehalt, der bis zum vereinbarten Bedingungseintritt aufschiebend bedingtes Eigentum und unmittelbaren Fremdbesitz an der versicherten Sache hat[488]. Das Interesse des Verkäufers ist gleichwohl in Höhe der noch ausstehenden Kaufpreisforderung ver-

---

[480] Fraglich ist, ob für die Berechnung des Innenausgleichs – wie bei Doppelversicherung zwischen mehreren Sachversicherern – der Versicherungswert der Sachversicherung, so LG Kassel v. 25. 1. 2007 und LG Karlsruhe v. 29. 6. 2007, r+s 2007, 378ff., oder der haftungsrechtliche Anspruch gemäß dem Deckungsumfang der Haftpflichtversicherung heranzuziehen ist, BGH v. 13. 9. 2006, VersR 2006, 1536 (1539), OLG Koblenz v. 9. 3. 2007, VersR 2007, 687ff. und OLG Köln v. 3. 7. 2007, r+s 2007, 377f. Für die erste Alternative sprechen sich aus: *Wälder,* r+s 2007, 381, und *Günther,* VersR 2006, 1542, wonach (auch) im Verhältnis zwischen Sach- und Haftpflichtversicherer bei divergierenden Gesamtschadensbeträgen die volle vertraglich geschuldete Leistung, z. B. bei entsprechender Vereinbarung des Neuwertschadens, in die Berechnung des Gesamtschadens gemäß § 78 VVG und § 59 VVG a. F. einzufließen hat; dagegen *Neugebauer,* VersR 2007, 623, sowie *Grommelt,* r+s 2007, 230 (231). *Wälder* weist zwar darauf hin, dass die Versicherung desselben Interesses begrifflich nicht ohne Weiteres mit der versicherungsvertraglichen Ersatzverpflichtung für einen Schaden an diesem Interesse zu verbinden sei. Zur Feststellung des Gesamtschadens muss aber der Versicherungswert ermittelt werden, *Prölss/Martin/Kollhosser,* § 59 Rn. 10, das ist nach § 74 Abs. 1 VVG und § 51 Abs. 1 VVG a. F. der Wert des versicherten Interesses. In den Betrag des Schadens i. S. v. § 78 Abs. 1 VVG bzw. § 59 Abs. 1 VVG a. F. kann daher keine Wertkomponente eingehen, die nur ein Versicherer zugunsten eines nicht doppelt versicherten Interesses eingeschlossen hat. Deshalb sprechen die besseren Gründe dafür, dass für den Ausgleichsanspruch nach § 78 Abs. 2 VVG, entsprechend für § 59 Abs. 2 VVG a. F., der zivilrechtliche Schadenersatzanspruch maßgeblich ist.
[481] *Prölss/Martin/Prölss,* § 67 Rn. 16.
[482] *Breideneichen,* VerR 2005, 501 (503), spricht vom „Quasi-Versicherungsnehmer", s. auch BGH v. 13. 9. 2006, VersR 2006, 1536 (1539).
[483] *Martin,* Sachversicherungsrecht, J I Rn. 12; Das Wahlrecht dürfte dem Versicherungsnehmer, insbesondere bei bestehendem Rechtsverhältnis und Prämienübernahme durch den vom Regressverzicht Geschützten, nur in seltenen Ausnahmefällen zustehen, ohne dass der Versicherungsnehmer sich schadensersatzpflichtig macht, BGH v. 3. 11. 2004, VersR 2005, 498; zum „Wahlrecht" des Versicherungsnehmers s. auch Rn. 360.
[484] *Armbrüster,* NVersZ 2001, 193 (195).
[485] *E. Lorenz,* VersR 2001, 94 (97), Anmerkung zu BGH v. 8. 11. 2000.
[486] BGH v. 1. 2. 1984, NJW 1984, 1177 (1178).
[487] So auch *Armbrüster,* NVersZ 2001, 193 (195).
[488] *Palandt/Bassenge,* § 929 Rn. 27.

sichert[489]. Mieter, Pächter, Entleiher oder Verwahrer von versicherten Sachen des Versicherungsnehmers haben ein Sachersatzinteresse, wenn sie dem Eigentümer gegenüber zum Schadenersatz verpflichtet sind. Das Gebrauchsinteresse des Mieters etc. ist als ein über den Ersatz oder die Wiederherstellung der Sache hinaus gehender Vermögensschaden in der Sachversicherung nicht versichert[490].

Ist das Interesse des Versicherungsnehmers der Maschinenversicherung auch durch einen **360** von den genannten Interesseträgern abgeschlossenen Versicherungsvertrag abgedeckt oder das in der Maschinenversicherung fremde Interesse zusätzlich durch eine Eigenversicherung versichert, so liegt Mehrfachversicherung meist in der Form der **Doppelversicherung** vor. Im Fall einer Doppelversicherung **geht die Ausgleichsregel** zwischen den beteiligten Versicherern nach § 78 Abs. 2 VVG dem Übergang von Ersatzansprüchen gemäß § 86 Abs. 1 VVG **vor.** Gleiches galt vor der Reform des Versicherungsvertragsrechts für das Verhältnis der §§ 59 Abs. 2 und 67 Abs. 1 VVG a. F. Regressansprüche gegen einen anderen Versicherer desselben Interesses bestehen nur, wenn einer der Versicherer subsidiär haftet. Grundsätzlich ist eine Subsidiaritätsklausel im Sachversicherungsvertrag bei Mitversicherung des Sachersatzinteresses und auch neben einem (ausdrücklichen) Regressverzicht nicht zu beanstanden. Der Haftpflichtversicherer ist in diesen Fällen uneingeschränkt einstandspflichtig[491]. Bei individuell ausgestalteten Verträgen der technischen Versicherung finden sich allerdings zum Teil besondere Vereinbarungen, nach denen der Sachversicherer trotz Subsidiarität zur Vorleistung verpflichtet ist, falls der Haftpflichtversicherer oder eine sonstige anderweitige Versicherung die Zahlung verweigert oder hinauszögert. Die Forderung gegen den Primärversicherer geht dann auf den (vorleistenden) Subsidiärversicherer über[492]. Mitversicherung des Sachersatzinteresses, auch in der Form des Regressverzichts, schützt den Fremdversicherer des doppelt versicherten Schadens in keinem Fall vor einer Inanspruchnahme durch den Versicherer des Eigentümers nach den Regeln des § 78 Abs. 2 VVG[493] (§ 59 Abs. 2 VVG a. F.). Für das Ausgleichsverhältnis der beiden Versicherer ist der nach objektiven Maßstäben zu ermittelnde Betrag des doppelt versicherten Schadens maßgeblich. Hiervon abweichende, besondere Regulierungsabreden eines Versicherers wirken sich nicht zu Lasten des daran nicht beteiligten Versicherers aus[494].

Treffen zwei Versicherungsverträge aufeinander, die jeweils eine eingeschränkte (einfache) **361** **Subsidiaritätsabrede** enthalten, so sind die §§ 78 VVG und 59 VVG a. F. nicht unmittelbar anwendbar. Der Versicherungsnehmer erhält nur dann den vollen Ausgleich für den ihm entstandenen Schaden, wenn dieser zumindest durch einen der beiden Verträge vollständig abgedeckt ist[495]. Die Versicherer haften nach § 421 BGB als Gesamtschuldner für den Überschneidungsbereich des jeweiligen Deckungsumfangs[496].

---

[489] *Prölss/Martin/Prölss*, § 80 Rn. 40.

[490] *Martin*, Sachversicherungsrecht, J I Rn. 8.

[491] *Staudinger/Kassing*, VersR 2007, 10 (13).

[492] BGH v. 21. 4. 2004, VersR 2004, 994 (995); BGH v. 23. 11. 1988, VersR 1989, 250 (251); *Segger*, VersR 2006, 38 ff.

[493] *Martin*, Sachversicherungsrecht, J IV Rn. 17; zum sog. „Mieterregress" bestätigend: BGH v. 13. 9. 2006, VersR 2006, 1536 (1539).

[494] OLG Düsseldorf v. 22. 9. 1998, r+s 1999, 482 (483).

[495] Sehen z. B. beide Verträge einen Abzug für eine Selbstbeteiligung vor, so hat der Versicherungsnehmer keinen Anspruch gegen die Versicherer bis zur Höhe des kleineren der beiden Abzugsbeträge.

[496] *Palandt/Grüneberg*, § 421 Rn. 6; vgl. OLG Düsseldorf v. 11. 11. 1994, NJW 1995, 2565.

4. Abschnitt. Weitere Schadensversicherungen

§ 36. Bauleistungsversicherung

Inhaltsübersicht

Literatur: *Heiermann/Meyer,* Handbuch der Versicherung von Bauleistungen, *Hinnekeuser,* Der Versicherungsfall in der Bauleistungsversicherung, 1992; *Johannsen,* Bauwesenversicherung – ein unbekanntes Wesen, DAI-Skript 2006; 2006; *Kunze,* Versicherungen im Baubetrieb, 1975; *Littbarski,* Haftungs- und Versicherungsrecht im Bauwesen, 1986; *Martin,* Bauleistungs- und Baugeräteversicherung: Neue AVB und Klauseln, VW 1974, 993ff., 1052ff., 1130ff., 1192ff.; *Meier,* Bauversicherungsrecht, 2006, *Platen,* Handbuch der Versicherung von Bauleistungen, 3. Aufl. 1995; *Rehm,* Bauwesenversicherung, 2. Aufl. 1989; *Roos/Schmitz-Gagnon,* Bauleistungsversicherung – Praktikerkommentar zu den ABN/ABU 2005, IBR-online.de, Stand 18. 10. 2007; *ders.,* Bauleistungsversicherung – Praktikerkommentar zu den ABN/ABU 2008, IBR-online.de, Stand 11. 6. 2008; *Siebel,* Projekte und Projektfinanzierung, 2001; *Thürmann,* Der Sachschadensbegriff in der Bauleistungsversicherung, 1988; *Wäldner,* Funktionale Grundbegriffe der Bauleistungsversicherung im Hinblick auf moderne Unternehmereinsatzform, 1981.

A. Einleitung: Wesen und Zweck der Bauleistungsversicherung

1   Die Bauleistungsversicherung bietet **Versicherungsschutz** für das **in der Herstellung befindliche Objekt** einer Bauleistung bis zur Abnahme. Das umreißt bereits die zeitlichen und gegenständlichen Grenzen der Versicherung. Die Bauleistungsversicherung entspricht im Deckungskonzept im Wesentlichen einer Montageversicherung. Während bei der Montageversicherung ein Montageobjekt versichert wird, was Konstruktionen aller Art, Maschinen, maschinelle und elektrische Einrichtungen sowie zugehörige Reserveteile sein können, vgl. § 1 Nr. 2 AMoB, erfasst die Bauleistungsversicherung im Wesentlichen Bauleistungen. Hierbei handelt es sich gemäß § 1 Nr. 1 VOB/A um „Bauarbeiten jeder Art mit und ohne Lieferung von Stoffen oder Bauteilen".

2   In zeitlicher Hinsicht ist die Bauleistungsversicherung gewissermaßen Vorläufer einer Gebäude- oder anderen Objektversicherung; sie ist eine **Sachversicherung** in Form der **Allgefahrenversicherung** für die Zeit der Entstehung eines Bauwerkes. Als Sachversicherung

deckt sie nur Sachschäden, nicht aber Vermögensschäden. Allgefahrenversicherung bedeutet nicht, dass tatsächlich alle Gefahren versichert sind. Im Gegensatz zum Enumerationsprinzip sind alle Gefahren versichert, soweit sie nicht ausdrücklich in den AVB ausgeschlossen sind. Die Bedingungen kennen absolute Ausschlüsse, z. B. Krieg, und relative Ausschlüsse, die gegen Prämienerhöhung mitversichert werden können. Insbesondere das wichtige Feuerrisiko muss besonders versichert werden[1].

Das **Versicherungsbedürfnis** für eine Bauleistungsversicherung ergibt sich für den Werk- **3** unternehmer insbesondere **aus den gesetzlichen Gefahrtragungsregelungen.** Nach § 644 Abs. 1 BGB trägt der Unternehmer die Gefahr bis zur Abnahme des Werks. Geht es vor Abnahme unter oder wird es beschädigt, so muss der Werkunternehmer es ohne Anspruch auf zusätzliche Vergütung wieder in Stand setzen oder neu errichten, um seiner werkvertraglichen Erfüllungspflicht zu genügen. Das Risiko der Vergütungsgefahr ist zwar durch § 7 VOB/B teilweise auf den Auftraggeber übertragen worden. Nach § 7 VOB/B behält der Werkunternehmer seinen Vergütungsanspruch für die ganz oder teilweise ausgeführte Leistung, soweit diese vor Abnahme durch höhere Gewalt, Krieg, Aufruhr oder andere objektive unabwendbare Umstände beschädigt oder zerstört wird. Das vom Werkunternehmer zu tragende Risiko bleibt aber weiter erheblich. Denn die in der Praxis relevanten Schadensfälle betreffen nur zu einem kleinen Teil wirklich objektiv unabwendbare Umstände. Vielfach beruhen Beschädigungen oder Zerstörungen auf vom Bauunternehmer selbst gesetzten Ursachen oder unterlassenen Schutzmaßnahmen, z. B. auch gegen als solche unabwendbare Umstände wie Hochwasser, Sturm etc.

Das sich hieraus ergebende Risiko lässt sich für den einzelnen Unternehmer nicht mit einem **4** wettbewerbsfähigen Wagniszuschlag auffangen. Der übliche Ansatz von 3 bis 5 % in einer Baupreiskalkulation für „Wagnis und Gewinn" kann nur das Gewährleistungsrisiko abdecken, nicht aber ein mögliches Totalschadenrisiko[2]. Durch den Abschluss einer Bauleistungsversicherung kann der Werkunternehmer das für ihn für ein Einzelobjekt **unkalkulierbare Risiko** durch eine **überschaubare Kostengröße,** die Prämie für die Bauleistungsversicherung, ersetzen. Üblich sind zurzeit für Einzelversicherung Prämiensätze für die Grunddeckung von 0,8 bis 1,2 ‰ der Bausumme.

Auch wenn das Schadensrisiko weitgehend den Werkunternehmer trifft, hat häufig gerade **5** der **Bauherr** ein **Interesse an der Versicherung** der Bauleistung. Aufgrund der geringen Eigenkapitalquote wären viele Bauunternehmen überhaupt nicht in der Lage, ohne (erneute) Vergütungs- oder Ersatzansprüche ein zerstörtes Bauwerk wieder aufzubauen. Größere Schadensfälle müssten damit schon aufgrund der Auseinandersetzung über die Verantwortungszuweisung zu einer Projektgefährdung führen, wenn nicht sogar die Gefahr begründen, dass der Bauherr seinen Werkunternehmer durch Insolvenz verliert und damit den Wiederaufbau (ein zweites Mal) bezahlen muss. Selbst wenn der Bauherr selbst risikofreudig sein sollte, verlangen häufig seine Kreditgeber aus Gründen des Kreditrisikoschutzes eine weitgehende Versicherung von Bauprojekten. Entweder wird der Bauherr selbst verpflichtet, eine entsprechende Versicherung abzuschließen, wobei in der Regel die Werkunternehmer (anteilig) an der Prämienzahlung beteiligt werden, oder der Bauherr wird verpflichtet, den Werkunternehmern, insbesondere bei Generalunternehmervergaben, entsprechende Versicherungsverpflichtungen aufzuerlegen[3].

Da die Folgen von Beschädigung oder Zerstörungen der Bauleistung von den Bauunter- **6** nehmen nicht oder nur schwer getragen werden können, ist auf ihr Drängen 1934 erstmals eine Bauwesenversicherung angeboten worden[4]. Sie trug den heute immer noch in der Überschrift zu den Allgemeinen Versicherungsbedingungen enthaltenen Namen **„Bauwesenversicherung",** da Versicherungsobjekt nicht nur die reine Bauleistung war, sondern

---

[1] Vgl. § 2 Nr. 5 ABU bzw. § 2 Nr. 6 ABN und näher unten Rn. 53.
[2] Vgl. auch *Hereth/Ludwig/Naschold,* Kommentar zur VOB, Bd. II 1954, § 7 Ez. 69.
[3] *Siebel/Sigulla,* Handbuch Projekte, S. 543.
[4] *Platen,* Handbuch, S. 1 f.; *Hereth/Ludwig/Naschold* (Fn. 3), § 7 VOB/B, Ez. 70.

auch die dazugehörige Baustelleneinrichtung einschließlich Hilfsbauten, Baugeräten, Baubuden und dergleichen[5].

7   Die Bauwesenversicherung war ursprünglich als **objektbezogene Einzelversicherung** konzipiert. Wegen des geringen Volumens des Versicherungszweiges musste das projektspezifische Risiko bei der Prämiengestaltung einzeln ermittelt werden[6]. Mit steigenden Umsätzen bildeten sich dann **Jahresverträge** heraus, wobei die Prämie auf Umsatzbasis oder anhand der Lohnsumme ermittelt worden ist.

8   Die Bauwesenversicherung deckte zunächst lediglich die Unternehmerrisiken bei der Erstellung der Bauleistung ab. Dabei richtete sich anfangs der Umfang des Versicherungsschutzes einfach nach dem Umfang der bauvertraglich übernommenen Risiken[7]. Da dies zu missbräuchlichen Risikoverlagerungen vom Bauherrn auf den Werkunternehmer führte, wurde der **Deckungsumfang** bei der Neufassung 1937 (AVB BW 1937) der **Gefahrverteilung nach der VOB/B** angepasst. Die VOB/B war 1926 vom Reichsverdingungsausschuss für Vergaben der öffentlichen Hand geschaffen worden und entwickelte sich bald zum Standard auch für private Bauverträge[8]. Eine Versicherung des Bauherrenrisikos war zunächst nicht vorgesehen. Sie wurde ab 1948 durch die „**Bauwesenversicherung von Wohngebäuden**" angeboten[9], deren Bedingungen 1954 überarbeitet wurden (AVB Wohngebäude 1954)[10].

9   Die eher kurzen AVB der Bauwesenversicherung stellten sich im Laufe der Zeit als lückenhaft und nicht der Entwicklung der Bautechnik entsprechend heraus. **1974** wurde deshalb **ein völlig neues Bedingungswerk** eingeführt, das aus zwei selbständigen[11], jedoch weitgehend übereinstimmenden Teilen besteht[12]. Die „**Allgemeinen Bedingungen für die Bauwesenversicherung von Unternehmerleistungen**" (ABU) stellen die Fortsetzung der bisherigen Bauwesenversicherung der Bauunternehmer dar. Sie bieten Versicherungsschutz für den Unternehmer von Bauleistungen. Er kann in den Bereichen Hoch-, aber auch Tief- und Ingenieurbau seine Leistungen versichern. Den ABU zur Seite gestellt wurden die „**Allgemeine Bedingungen für die Bauwesenversicherung von Gebäudeneubauten durch Auftraggeber**" (ABN). Mit ihnen kann der Bauherr oder Generalunternehmer den gesamten Gebäudeneubau (Hochbau) versichern. Diese Versicherung erfasst die Interessen aller Bauvertragsparteien, also neben den des Bauherrn/Auftraggebers auch die der Auftragnehmer einschließlich aller Nachunternehmer. Die ABN bzw. ABU sind in der Folgezeit mehrfach geringfügig überarbeitet worden. Eine grundlegende systematische und sprachliche Überarbeitung erfolgte durch die **Neufassung 2008**. Die ABN/ABU sind nun in jeweils zwei Abschnitte aufgeteilt. Die Abschnitte A enthalten die Regelung zum Versicherungsumfang, die Abschnitte B die sonstigen versicherungsvertraglichen Regelungen. Auch wenn damit Vieles abweichend formuliert und nicht mehr am gewohnten Platz steht, sind die inhaltlichen Änderungen eher unwesentlich. Im Wesentlichen erfolgte eine Anpassung an die VVG-Reform und die Übernahme von VVG-Regelungen in den Bedingungstext.

10   Reduziert wurde mit der Einführung der ABN/ABU der **Umfang der versicherten Sachen**. Die ursprünglich mitversicherten Baugeräte und Baustelleneinrichtungen sind nach § 1 Nr. 3 ABN bzw. ABU nicht mehr versichert. Hierfür müssen nunmehr gesonderte Maschinenkasko-Versicherungen nach ABG oder ABMG abgeschlossen werden. Da Versicherungsgegenstand nunmehr im Wesentlichen die **reine Bauleistung**, allerdings einschließlich

---

[5] Vgl. § 1 Nr. 1 Lit. b) der AVB Bw 1937, abgedruckt u. a. bei *Kunze*, Vers. im Baubetrieb, S. 118.

[6] Vgl. *Platen*, Handbuch, S. 2.

[7] Vgl. § 1 Nr. 1 AVB Bw 1934, abgedruckt in *Wäldner*, Grundbegriffe, S. 143.

[8] Vgl. zur Geschichte *Kapellmann/Messerschmidt/von Rintelen*, VOB, Vergabe- und Vertragsordnung für Bauleistungen 2. Aufl. 2007, Einl. VOB/B, Rn. 1 ff.

[9] *Hereth/Ludwig/Naschold* (Fn. 3), VOB/B, § 7 Ez. 98.

[10] Abgedruckt bei *Kunze*, Vers. im Baubetrieb, S. 120 oder *Wäldner*, Grundbegriffe, S. 157.

[11] Zu den Motiven für die Zweiteilung vgl. *Martin*, VW 1974, 933 (994 f.).

[12] Vgl. die übersichtliche Synopse bei *Rehm*, Bauwesenversicherung, S. 14 ff.

Hilfsbauten und Bauhilfsstoffe (bei ABU), ist, ist der Begriff „Bauwesen"-Versicherung, wie er noch in der Überschrift von ABU und ABN verwandt wird, zu weit. Sie wird heute deshalb entgegen der nicht passenden Überschrift als **Bauleistungsversicherung** bezeichnet[13]. Allerdings lebt der Begriff der Bauwesenversicherung in der Praxis weiter fort[14].

B. Rechtliche Rahmenbedingungen

Für die Bauleistungsversicherung werden **zwei Bedingungswerke** angeboten, die „All- **11** gemeinen Bedingungen für die Bauwesenversicherung von Unternehmerleistungen" (ABU) und die „Allgemeinen Bedingungen für die Bauwesenversicherung von Gebäudeneubauten durch Auftraggeber" (ABN). Diese sind in weiten Teilen, insbesondere hinsichtlich der Versicherungsausschlüsse und der Entschädigungsregelungen wortgleich. Wesentliche Unterschiede bestehen jedoch bei dem Umfang der versicherten Sachen und dem versicherten Interesse. Zugrunde gelegt wird hier die systematisch umgestaltete Neufassung der ABN/ABU 2008 in der vom GDV empfohlenen Version. Soweit die Zählung der Abschnitte A der Neufassung der durchgehenden Zählung der bisherigen Fassung nicht entspricht, wird die letzte Fassung vor der VVG-Reform (ABN/ABU 2005) mit zitiert. Bei inhaltlichen Änderungen werden beide Fassungen parallel erörtert.

I. ABN

Versichert werden nach A § 1 Nr. 1 ABN **alle Bauleistungen eines Gebäudeneubaus** **12** oder -umbaus. Da nicht einzelne Bauleistungen versichert werden, sondern die Gesamtleistung, wenden sich die ABN sowohl an den Bauherrn als auch an sonstige Auftragnehmer, die eine Gesamtleistung erbringen, insbesondere also Generalunternehmer oder -übernehmer, die die Herstellung eines (meist schlüsselfertigen) Gebäudes versichern wollen.

Versichert wird dabei immer das **Bauherrenrisiko und** das **Unternehmerrisiko.** Eine **13** isolierte Versicherung nur des Bauherrenrisikos wird nicht angeboten[15]. In sachlicher Hinsicht erfassen die ABN **nur Gebäude** (Hochbau), während **nach den ABU** auch die Leistungen des **Tiefbaus** und des **Ingenieurbaus** versichert werden können[16]. Der weitere Anwendungsbereich der ABU ergibt sich daraus, dass versicherte Sachen nach A § 1 Nr. 1 ABU allgemein Bauleistungen sind; darüber hinaus erwähnt die Klausel TK ABU 6365 (bisher Klausel 65 zu den ABU) Tiefbauwerke auch ausdrücklich.

Unter einem **Gebäude** ist nach den Bauordnungen der Länder eine bauliche Anlage zu **14** verstehen, die selbständig benutzbar und überdacht ist, von Menschen aufrecht betreten werden kann und geeignet und bestimmt ist, zum Schutze von Menschen, Tieren und Sachen zu dienen[17]. Der Begriff des sonstigen Bauwerks, insbesondere des **Ingenieurbauwerks,** ist gesetzlich nicht festgelegt. Herangezogen werden kann die Begriffsbestimmung der Rechtsprechung zu Bauwerken im Rahmen von §§ 634a Abs. 1 Nr. 2, 648 BGB. Bauwerke sind unbewegliche Sachen, die durch Verbindung von Arbeit und Material in Verbindung mit dem Erdboden hergestellt worden sind[18]. Der Begriff des Ingenieurbauwerks wird in § 51 HOAI

---

[13] *Platen,* Handbuch, S. 3 f.; *Prölss/Martin/Voit/Knappmann,* Teil III N V, Vorbem. § 1 ABU.
[14] Vgl. nur OLG Frankfurt/M. v. 27. 11. 2001, OLGR 2002, 121; KG v. 27. 11. 1998, KGR 1999, 145; OLG Köln v. 14. 1. 1997, OLGR 1997, 208.
[15] *Platen,* Handbuch, Rn. 2.0.4.
[16] Vgl. *Prölss/Martin/Voit/Knappmann,* § 1 ABN Rn. 1; begrifflich irreführend *Wäldner,* Grundbegriffe, S. 19.
[17] Vgl. z. B. § 2 Abs. 2 BauO NW.
[18] BGH v. 16. 9. 1971, BGHZ 57, 60 (61); *Palandt/Sprau,* § 634a Rn. 10.

näher beschrieben, ohne ihm endgültig einen verbindlichen Inhalt („sowie sonstige Einzelbauwerke, ausgenommen Gebäude") zu geben[19].

15   Da in der Rechtsprache verschiedene Gebäudebegriffe verwendet werden, wird deren Anwendbarkeit in der Literatur erörtert[20]. Letztlich kommt es aber auf die exakte abstrakte Abgrenzung zwischen Gebäuden und sonstigen Bauwerken nicht an, da entscheidend für den Versicherungsschutz ist, welches Objekt konkret **im Versicherungsschein als versicherte Sache** von den Parteien festgelegt worden ist. Das ist dann versichert[21]. Die Regelungen der ABN passen auch auf ein Ingenieurbauwerk[22]. In der Praxis werden Ingenieurbauwerke auch abweichend von der AVB-Systematik nach den ABN versichert, wenn der VN Bauherr ist[23].

II. ABU

16   Gegenstand der Versicherung nach den ABU sind die im Versicherungsschein bezeichneten Bauleistungen einschließlich Nebenleistungen. Die ABU wenden sich damit **an Bauunternehmer,** die (nur) die von ihnen (und ihren Nachunternehmern) zu erbringenden Bauleistungen versichern wollen[24].

17   Der **Begriff der Bauleistungen** im Sinne von A § 1 Nr. 1 ABU wird teilweise auf die Bauleistungen des Bauhauptgewerbes (Hoch-, Ingenieur-, Tief-, Wasser- und Straßenbau) begrenzt[25]. Die **Baunebengewerke** (Bauspenglereien, Schlossereien, Dachdeckerbetriebe, Zimmerarbeiten und die gesamten Ausbauarbeiten wie Trockenausbau, Fliesen, Elektroarbeiten, Heizung, Lüftung und Sanitär) sollen hierunter nicht fallen. Das ist juristisch nicht zutreffend[26]. AVB sind nach der ständigen Rechtsprechung des BGH so auszulegen, wie ein durchschnittlicher VN sie bei verständiger Würdigung, aufmerksamer Durchsicht und Berücksichtigung des erkennbaren Sinnzusammenhangs verstehen muss[27]. Begriffsprägend für jeden im Baugewerbe Tätigen ist jedoch die Definition des Begriffs Bauleistungen in § 1 VOB/A, wonach Bauleistungen Arbeiten **jeder** Art sind, durch die eine bauliche Anlage hergestellt, instand gehalten, geändert oder beseitigt wird[28]. Diese allgemeine Bedeutung ist maßgebend, zumal die ABU wie die ABN gerade auf VOB-Verträge hin konzipiert worden sind und der Begriff genau in diesem Sinne in den ABN verwandt wird.

18   Eine andere Frage ist, ob die VR aus versicherungstechnischen Gründen die Versicherung nach den ABU **tatsächlich** lediglich den Bauunternehmern des **Bauhauptgewerbes** und nicht der Baunebengewerke anbieten[29]. Werden im Versicherungsschein allerdings Bauleistungen beschrieben, zu deren Herstellung (auch) Leistungen der Baunebengewerke gehören, so sind diese – ebenso wie bei den ABN – mitversichert, zumal sie auch bei der Bestimmung der Versicherungssumme nach § 5 ABU und der Prämie berücksichtigt worden sind[30]. Die nicht versicherten Sachen sind in § 1 Nr. 3 ABU abschließend aufgezählt.

---

[19] Vgl. *Hesse/Korbion/Mantscheff/Vygen,* HOAI, 5. Aufl. 1996, § 51 Rn. 2f.

[20] Vgl. eingehend zum Meinungsstand *Roos/Schmitz-Gagnon,* Praktikerkommentar ABN/ABU 2008, A § 1 Rn. 16ff.

[21] Vgl. näher unten § 36 Rn. 31.

[22] Hiervon geht auch § 1 Nr. 3 der Klausel 67 (Jahresverträge ABN) aus.

[23] *Platen,* Handbuch, Rn. 10.6.3f.

[24] *Platen,* Handbuch, Rn. 4.0.0.1.

[25] So *Platen,* Handbuch, Rn. 4.1.1.1.

[26] So auch *Wäldner,* Grundbegriffe, S. 13; Beck'scher VOB-Kommentar/*Rüßmann,* VOB Teil B, 2. Aufl. 2008, Anh. § 7 Rn. 17f.

[27] Vgl. nur BGH v. 17. 5. 2000, VersR 2000, 1090 (1091) m. w. N.

[28] Vgl. dazu *Kapellmann/Messerschmidt/Lederer,* (Fn. 8), § 1 VOB/A Rn. 6ff.

[29] Soweit diese wegen des höheren Risikos nicht isoliert versichert werden, kann selbstverständlich eine Mitversicherung über eine Auftraggeberversicherung nach den ABN erfolgen.

[30] So auch *Meier,* Bauversicherungsrecht, S. 183.

Der Unterschied von ABN und ABU besteht im Hinblick auf das Versicherungsobjekt im **19** Wesentlichen darin, dass nach den ABN nur gesamte Gebäudeneu- oder -umbauten versichert werden können, während die ABU sich auf die Versicherung der **(gesamten) Bauleistungen eines (einzelnen) Unternehmers** beschränken. Während die ABN damit gegenständlich auch alle Ausbauarbeiten für das Gebäude erfassen und mitversichern, werden Versicherungen nach den ABU in der Praxis nur für die eigentlichen Bauunternehmer angeboten. Anderseits ist der baugewerbliche Anwendungsbereich der ABU dadurch erweitert, dass nicht nur die Arbeiten eines Hochbauunternehmers versichert werden, sondern insbesondere auch die des Tiefbaus, das heißt Straßenbaus einschließlich Verkehrsanlagebaus, aber auch Tunnelbaus[31] sowie aller Bereiche des Ingenieurbaus (z. B. Brücken, Anlagen der Wasserver- und Abwasserentsorgung, Wasserbau etc.)[32].

Auch wenn die ABU in erster Linie die **Unternehmerinteressen** versichern, besteht über **20** die **Klausel TK ABU 6364** (bisher Klausel 64) die Möglichkeit, den Versicherungsschutz auf die vom Bauherrn selbst zu tragenden[33] Schäden zu erweitern[34]. Diese Leistungserweiterung bietet sich insbesondere dann an, wenn eine Versicherung nach den ABN nicht in Betracht kommt, z. B. weil nur bestimmte Bauleistungen, nicht aber ein Gebäudeneu- oder -umbau versichert werden soll[35].

Darüber hinaus können sogar **Bauherren** selbst ABU-Versicherungsverträge unter Vereinbarungen der **Klausel TK ABU 6365** (bisher Klausel 65[36]) abschließen. Versichert wird **21** dann das Bauherreninteresse und das Interesse aller beauftragten Unternehmer. Hierdurch soll Auftraggebern die Möglichkeit gegeben werden, außerhalb des Bereiches des Hochbaus selbst VN zu werden. Während die ABU nur den jeweiligen Unternehmer versichern und dessen Nachunternehmer lediglich in den Genuss eines beschränkten Regressverzichts kommen[37], bewirkt die Vereinbarung der Klausel TK 6365 eine Mitversicherung aller beteiligten Unternehmen und gleicht damit die Unterschiede zwischen ABN und ABU faktisch aus[38].

III. Anwendungsbereiche ABN/ABU

Hinsichtlich des versicherten Interesses umfassen die ABN obligatorisch das Bauherren- **22** und Unternehmerrisiko, während die ABU nur das Unternehmerinteresse versichern. Hier ist allerdings, wie dargelegt, ein Einschluss des Bauherreninteresses über die Klausel 64 und 65 möglich.

---

[31] Vgl. Klausel 63, abgedruckt in *Platen,* Handbuch, S. 132.
[32] Vgl. näher die Objektliste für Ingenieurbauwerk in § 54 HOAI und *Hesse/Korbion/Mantscheff/Vygen,* HOAI, 5. Aufl. 1996, § 51 Rn. 2 ff.
[33] Der Umfang des Versicherungsschutzes ist etwas unklar, da nach der Klausel 64 die „zu Lasten" des VN gehenden Schäden versichert sein sollen sowie die, „für die der AG die Gefahr trägt." Nach dem juristischen Sprachgebrauch sind damit Schäden, die nicht rein zufällig sind, sondern die der AG zu vertreten hat, nicht erfasst (so zutreffend *Wäldner,* Grundbegriffe, S. 46). Die Versicherungspraxis geht allerdings davon aus, dass alle „zu Lasten" des AG gehenden Schäden versichert sind (*Platen,* Handbuch, Rn. 9.1.3, 9.1.5; *Rehm,* Bauwesenversicherung S. 112). Das dürfte auch dem maßgeblichen Verständnis des durchschnittlichen VN entsprechen.
[34] *Platen,* Handbuch, Rn. 9.1.3.
[35] Missverständlich *Platen,* Handbuch, Rn. 9.1.3, der auf die fehlende Möglichkeit zur isolierten Versicherung des Bauherrenrisikos abstellt. Das Bauherrenrisiko allein kann weder nach den ABN noch nach den ABU versichert werden.
[36] Abgedruckt bei *Platen,* Handbuch, S. 129; vgl. dazu auch OLG Köln v. 13. 8. 2002, IBR 2003, 1094.
[37] Vgl. dazu unten Rn. 70 f.
[38] Vgl. auch *Platen,* Handbuch, Rn. 10.6.2, wonach in der Praxis ABU-Verträge mit Klausel 65 genauso behandelt werden wie Verträge nach ABN.

23   Die unterschiedlichen Versicherungsbereiche können schematisiert wie folgt dargestellt werden:

Versicherte Leistungen:	Gebäude (Hochbau)		Tief- und Ingenieurbau
	Rohbau	Ausbau	
Versicherte Interessen:			
Ganzes Objekt (MitV Aller)	ABN		ABU + TK 6365
Bauleistung eines Unternehmers inkl. Bauherrenrisikos	ABU + TK 6364	–	ABU + TK 6364
Bauleistung eines Unternehmers	ABU	–	ABU

24   Für den Bereich des Hochbaus können die **Ausbaugewerke** ihre eigene Leistung zum großen Teil durch eine **Montageversicherung**[39] versichern. Ein ganzes Objekt wird mittels der ABU faktisch auch versichert, wenn der Bauherr nur einen Unternehmer, z. B. einen Generalunternehmer, mit allen Leistungen unter Einschluss der Klausel TK 6364 beauftragt oder bei einer Einzelgewerkevergabe allen Unternehmern eine Versicherungspflicht einschließlich des Bauherrenrisikos gemäß Klausel TK 6364 auferlegt. Das setzt allerdings voraus, dass es sich bei den Einzelgewerken um nach den ABU versicherbare Leistungen des Bauhauptgewerkes handelt.

IV. Abgrenzung zur Montageversicherung

25   Die **Montageversicherung** ist ebenfalls eine Sachversicherung für deren Entstehungszeit. Versicherungsschutz wird nach den „Allgemeinen Montageversicherungs-Bedingungen" (AMoB) gewährt für Schäden und Verluste, die während der Dauer der Montage am Montageobjekt entstehen. Montageobjekte und damit Versicherungsobjekte können sein nach A § 1 Nr. 1 AMoB „**Maschinen, maschinelle und elektrische Einrichtungen**", aber auch alle Arten von „**Konstruktionen**" sein. Gemeint sind damit Konstruktionen insbesondere aus Metall, Holz, Keramik und Kunststoffen[40], während Bauwerke nach den ABN und ABU versichert werden. Bei beweglichen Montageobjekten ist die **Abgrenzung** zu den definitionsgemäß **unbeweglichen**[41] **Bauwerken** einfach. Da Montage aber nicht nur die Verbindung beweglicher Sachen untereinander, sondern auch die Verbindung mit einem Grundstück umfasst, kann es zu Einordnungsschwierigkeiten kommen, z. B. bei Stahlbauten[42]. Reine **Stahlbauten** sollen nur über die Montageversicherung versichert werden können, während **Stahlbetonbauten** nur Gegenstand der Bauleistungsversicherung sein sollen[43].

26   Tatsächlich sind aber auch Bauwerke lediglich aus verschiedenen Baustoffen und Bauteilen zusammengesetzte Sachen, wären damit grundsätzlich auch als Montageobjekte versicherbar[44]. Auch hier ist deshalb zwischen der Versicherungspraxis und dem juristisch möglichen Anwendungsbereich der Versicherung zu unterscheiden. Der Versicherungsgegenstand in der Montageversicherung wird nicht durch den letztlich uneingeschränkten A § 1 Nr. 1

---

[39] Vgl. dazu unten Rn. 25.
[40] *Martin*, MontageV, 1972, § 1 Rn. 3.3.1; *Prölss/Martin/Voit/Knappmann*, § 1 AMoB Rn. 1.
[41] BGH v. 16. 9. 1971, BGHZ 57, 60 (61).
[42] Vgl. *Littbarski*, Haftungs- u. Versicherungsrecht, Rn. 651.
[43] So *Littbarski*, Haftungs- u. Versicherungsrecht, Rn. 653; *Neuenfeld*, Handbuch des Architektenrechts, Bd. 1, Teil IX, Rn. 182.
[44] *Siebel/Sigulla*, Handbuch Projekte S. 548.

AMoB bestimmt, sondern durch die **Festlegung im Versicherungsschein**[45]. Eine Werk-
halle könnte deshalb ebenso wie jedes anderes Bauwerk wirksam nach den AMoB versichert
werden[46].

Nachdem die Gebäudetechnik bei neuen Bauvorhaben immer größere Bedeutung erlangt, **27**
können und werden derartige Objekte **alternativ** durch **Montageversicherung** oder **Bauleistungsversicherung** versichert. Maßgebend ist für die Einordnung ist dabei regelmäßig
der **Schwerpunkt des Versicherungsobjektes.** Stellen die klassischen Bauleistungen weniger als 50 % der Gesamtversicherungssumme dar, so erfolgt häufig eine Montageversicherung
ggf. durch zusätzliche Klauseln der Bauleistungsversicherung[47]. Auch Projektversicherungen
für Großprojekte können sowohl auf Basis der ABN als auch der AMoB geschlossen werden.
Vor allem bietet die Montageversicherung Versicherungsschutz für eine Reihe von **Ausbau-
gewerken,** bei denen eine isolierte Versicherung der Unternehmerleistungen nach den ABU
nicht angeboten wird. So werden die Installationsarbeiten der Gebäudetechnik durch den Unternehmer eigenständig nach den AMoB versichert, nicht aber nach den ABU[48].

Diese Wahl des Bedingungswerks hat **Auswirkungen auf den Deckungsschutz,** insbe- **28**
sondere im Fall von Baumängeln. Nach der Bauleistungsversicherung werden auch **mängel-
bedingte Bauschäden** ersetzt und nur ein Abzug für die Kosten gemacht, die zusätzlich aufgewandt werden, damit der Mangel nicht erneut entsteht[49]. Nach A § 8 Nr. 2 lit. d) AMoB
2008 (§ 11 Nr. 4 lit. a) AMoB a. F.) werden demgegenüber Kosten, die der VN auch ohne
Schadenseintritt für die Behebung des Mangels hätte aufwenden müssen, d. h. alle Sowieso-
Kosten, nicht ersetzt[50]. Durch die Vereinbarung der Klausel TK 7723 kann aber ein Deckung
für Sowiesokosten erlangt werden, soweit es sich um Kosten der De- und Remontage handelt[51], wodurch die Bedingungswerke also wieder angenähert werden.

V. Abgrenzung zu sonstigen Versicherungen

Der Versicherungsschutz der Bauleistungsversicherung beschränkt sich im Wesentlichen **29**
auf die reine Bauleistung. Die ursprünglich von der Bauwesenversicherung mitversicherte
Baustelleneinrichtung einschließlich des Baugerätes muss heute **gesondert sachversi-
chert** werden. Das Baugerät für den Baustelleneinsatz kann nach den „Allgemeinen Bedingungen für Kaskoversicherung von Baugeräten" (ABG) versichert werden.

Die „Allgemeinen Bedingungen für Maschinen- und Kaskoversicherung von fahrbaren
oder transportablen Geräten" (ABMG 92) bieten Deckungsschutz außer für Baugeräte auch
für fahrbare oder transportable Sachen aller Art, § 1 Nr. 1 ABMG. Bei beiden der zum größten Teil wortgleichen Bedingungen handelt es sich um eine Allgefahrendeckung, wobei die
ABMG aber auch innere Betriebsschäden erfassen.

Mit der Abnahme der Bauleistung **erlischt** grundsätzlich der **Versicherungsschutz** der **30**
Bauleistungsversicherung. Anschließend lassen sich die Sachrisiken dann durch verschiedene
Sachversicherungen decken, wobei im Gegensatz zu den ABN/ABU oder auch AMoB regelmäßig keine Allgefahrendeckung mehr angeboten wird, sondern nur Schutz gegen die
enumerativ versicherten Risiken. Für Gewerbeobjekte bietet die Feuerversicherung nach
den AFB 1987 Schutz insbesondere gegen Brand, Blitzschlag, Explosion und Flugzeugab-
stürze. Durch die „Bedingungen für die Versicherung zusätzlicher Gefahren zur Feuerversicherung für Industrie- und Handelsbetriebe" (ECB 1987) wird die Deckung erweitert auf
verschiedene Arten böswilliger Beschädigungen und vor allem Sprinklerleckagen, Leitungs-

---

[45] *Prölss/Martin/Voit/Knappmann,* § 1 AMoB Rn. 3.
[46] *Siebel/Sigulla,* Handbuch Projekte, S. 531; *Martin,* Montageversicherung, 1972, § 1 Rn. 3.5.2.
[47] *Siebel/Sigulla,* Handbuch Projekte, S. 48.
[48] *Siebel/Sigulla,* Handbuch Projekte, S. 531.
[49] Vgl. § 9 Nr. 3 ABN bzw. ABU; vgl. näher Rn. 47 ff.
[50] *Siebel/Sigulla,* Handbuch Projekte, S. 539; a. M. *Prölss/Martin/Voit/Knappmann,* § 11 AMoB Rn. 7.
[51] *Martin,* MontageV, 1972, § 11 Rn. 4.4 zur Vorfassung.

wasser, Sturm, Hagel sowie Fahrzeuganprall u. a. m. Für Wohngebäude ist vor allem auf die allgemeinen Wohngebäude-Versicherungsbedingungen (VGB 88) zu verweisen.

C. Deckungsumfang der Bauleistungsversicherung

I. Versicherte Sachen

31   Maßgeblich für den Versicherungsschutz ist die **Bezeichnung** der versicherte(n) Sache(n) **im Versicherungsschein**. Die nachfolgenden Ausführungen ziehen sich deshalb in erster Linie auf das, was nach den Bedingungswerken versichert werden soll. Werden hiervon abweichende Bestimmungen im Vertrag getroffen, gehen diese vor[52]. Entgegen verbreiteter Auffassung[53] können deshalb **Ingenieurbauwerke** sehr wohl nach den ABN versichert werden, was auch tatsächlich geschieht[54]. Das wird auch bestätigt durch Ziff 1 c der TK ABN 5862 (Zusatzbedingung für Jahresverträge nach ABN, bisher Klausel 67[55]), wonach angemeldete „Bauvorhaben" als „versicherbar" gelten, soweit der VR nicht innerhalb von zwei Wochen widerspricht.

32   ABN und ABU versichern **Bauleistungen,** wobei A § 1 Nr. 1 ABN 2008 nun synonym von Lieferungen und Leistungen für ein Bauvorhaben spricht[56]. Der Begriff der Bauleistung ist sehr umfassend (**„Bauarbeiten jeder Art"**, § 1 VOB/A)[57]. Bauarbeiten sind alle bauhandwerklichen und bauindustriellen Maßnahmen, die dazu dienen, Bauwerke herzustellen, zu erhalten oder zu ändern[58]. Hierunter fallen auch Vorbereitungs- und Hilfstätigkeiten, wie Vermessung oder Baureinigung[59]. Die VOB verwendet den Begriff der Bauleistung allerdings nicht einheitlich. Bauleistungen im Sinne der Gefahrtragungsregelung des § 7 VOB/B sind nur unmittelbar mit dem Bauwerk verbunden, in seine materielle Substanz eingehende Leistungen, d. h. nicht bloße Vorarbeiten und Schutzmaßnahmen sowie die Einrichtung der Baustelle, die Lagerung der Baustoffe, die Schalung etc.[60] Aus A § 1 Nr. 1 ABU bzw. A § 1 Nr. 2 lit. d) ABN ergibt sich, dass die Bauleistungsversicherung den weiten (Bau-)Leistungsbegriff des § 1 VOB/A zugrunde legt[61]. Denn versichert sind nach den ABU die Bauleistungen einschließlich „aller dazugehörigen Hilfsbauten und Bauhilfsstoffe". Die „Hilfsbauten und Bauhilfsstoffe" gehören auch nach der Aufzählung des A § 1 Nr. 2 ABN grundsätzlich zu den versicherbaren Leistungen, müssen allerdings besonders mitversichert werden[62]. Das

---

[52] Vgl. *Siebel/Sigulla,* Handbuch Projekte, S. 548 zur AMoB; a. M.: *Prölss/Martin/Voit/Knappmann,* § 1 ABU Rn. 4, der im Zweifel dem VR allerdings die Berufung auf die Nichtversicherung abschneiden will.

[53] Vgl. z. B. OLG Köln v. 13. 8. 2002, NZBau 2003, 382; *Wäldner,* Grundbegriffe, S. 19 f.; *Schirmer,* ZVersWiss 1981, 637 (730).

[54] *Platen,* Handbuch, Rn. 10.6.3 f.

[55] Abgedruckt bei *Platen,* Handbuch S. 122.

[56] Die ABN 2008 verwenden den Begriff der Bauleistung weiterhin in A § 6 Nr. 3 c, A § 7 Nr. 2 a und Nr. 4 sowie B § 3 Nr. 3.

[57] *Roos/Schmitz-Gagnon,* Praktikerkommentar ABN/ABU 2008, A § 1 ABN Rn. 9 f, halten einen Rückgriff auf die VOB im Rahmen der ABN nicht für möglich, da die ABN keinen Bauvertrag auf Basis der VOB zugrunde legten. Für die Frage der Auslegung des Begriffs der Bauleistung ist aber nicht entscheidend, ob der der Versicherung zugrunde liegende Bauvertrag die Gefahrtragungsregelung der VOB beinhalten muss, sondern ob die ABN sich aus Sicht des VN an der Begriffsbildung der VOB anlehnen. Das ist nicht nur (allerdings für die Auslegung unmaßgeblich) historisch der Fall, sondern auch aus Sicht des VN, z. B. in § 3 Nr. 2 ABN. Letztlich kann das aber dahingestellt bleiben, da die eigenständige Definition von *Roos/Schmitz-Gagnon* zum selben Ergebnis führt.

[58] BGH v. 21. 12. 1972, BauR 1973, 110 (111) = VersR 1973, 279.

[59] *Roos/Schmitz-Gagnon,* Praktikerkommentar ABN/ABU 2005, § 1 ABN Rn. 33.

[60] BGH v. 21. 12. 1972, BauR 1973, 110 (111) = VersR 1973, 279.

[61] H. M. *Platen,* Handbuch, Rn. 3.1.1.1; *Prölss/Martin/Voit/Knappmann,* § 1 ABU, Rn. 3; a. M. *Wirth/Fischer,* Handbuch zur Vertragsgestaltung, Bd. 1, 2001, Teil XV, Rn. 132.

[62] Im Ergebnis *Rehm,* Bauwesenversicherung, S. 118, *Platen,* Handbuch, Rn. 3.1.1.1.

ist sachlich auch geboten, da diese Leistungen mit den Baupreisen abgegolten werden, damit in die Versicherungssumme eingehen und im Schadensfall auch erneut erbracht werden müssen.

Missverständlich sind allerdings Ausführungen, wonach die **Baustelleneinrichtung** zu **33** den Bauleistungen gehört[63]. Gemeint sein kann damit nur die Einrichtung als Vorbereitungshandlung[64], nicht aber das Sachinteresse an der Einrichtung selbst. Baugerät und Baustelleneinrichtung sind nach der Bauleistungsversicherung selbst nicht mehr mitversichert (A § 1 Nr. 3 lit. d), e), g) ABN/ABU.

Versichert sind gegen äußere Einwirkungen auch **unvollständige Teilleistungen,** wenn **34** beispielsweise die begonnenen Betonarbeiten eines Linienbauwerkes durch nachfolgende Arbeiten wieder beschädigt oder zerstört werden[65]. Denn Gegenstand der Versicherung ist das Bauwerk in allen Stadien seiner Entstehung[66]. Nicht versichert sind demgegenüber Mängel der Bauleistung (A § 3 Nr. 3 lit. a) ABN/ABU 2008, § 2 Nr. 2 lit. a) ABU 2005, § 2 Nr. 3 lit. a) ABN 2005). Die schwierige Abgrenzung zwischen versicherter Teilleistung und unversicherten Baumängeln wird unter Rn. 47 ff. näher dargestellt.

Mit versichert – allerdings nicht gegen Diebstahl – sind auch Baustoffe und Bauteile. **Bau-** **35** **stoffe** sind Baumaterialien, die bei der Herstellung durch Be- oder Verarbeitung Verwendung finden[67], d. h. jedenfalls die Grundstoffe, wie Sand, Zement, Steine etc. **Bauteile** sind demgegenüber aus Baustoffen in gewisser Art vorgefertigt (Fenster, Türen, Heizkörper etc.)[68]. Die genaue Abgrenzung ist fließend, kann aber dahingestellt bleiben, da Baustoffe oder/und Bauteile gleichermaßen versichert sind (A § 1 Nr. 1 ABU[69]).

Sobald sie eingebaut sind, sind sie als Teil der Bauleistung versichert. Sie werden in den **36** AVB gesondert hervorgehoben, damit auch angelieferte und **noch nicht eingebaute Baustoffe** und Bauteile unter den Deckungsschutz fallen[70]. Versicherungsort ist allerdings nach A § 4 ABN/ABU lediglich die Baustelle, so dass die Baustoffe und Bauteile auf getrennten Lagerplätzen und auf dem Transport nicht versichert sind[71]. Der Transport zwischen getrennten Bauplätzen kann nach A § 4 Abs. 2 ABN/ABU besonders versichert werden.

Im Gegensatz zu den Baustoffen und Bauteilen sollen die **Hilfsbauten und Bauhilfs-** **37** **stoffe nicht in das Bauwerk eingehen.** Sie werden als Hilfsmittel zur Bauausführung benötigt. Auch sie sind in den ABU grundsätzlich mitversichert, müssen demgegenüber in den ABN besonders versichert werden. Man unterscheidet bei den Bauhilfsstoffen zwischen **Verbrauchsstoffen,** wie Bretter, Bohlen, Kanthölzer, Stangen, aber auch Betriebsstoffen, wie Treibstoff und Öl[72] und Vorhaltestoffen, wie Schalungs- und Profilträger, Stahlrohrgerüste, Verbauteile etc.[73]. Der Umfang der versicherten bzw. versicherbaren **Vorhaltestoffe** wird durch A § 1 Nr. 3 lit. d), f) und g) ABN/ABU begrenzt, womit Geräte, Stahlrohrgerüste, Stahlschalungen etc. wieder aus dem Deckungsschutz der Bauleistungsversicherung herausgenommen werden. Sie müssen eigenständig durch eine Kaskoversicherung für Baugeräte versichert werden. Im Übrigen sind die Vorhaltestoffe nach den ABN soweit mittelbar ver-

---

[63] So *Prölss/Martin/Voit/Knappmann,* § 1 ABU Rn. 3.

[64] Vgl. Beck'scher VOB-Kommentar/*Messerschmidt,* VOB Teil A, 2001, § 1 VOB/A Rn. 50 m. w. N., versichert ist, da es sich um eine Sachversicherung handelt, das Tätigkeitsergebnis, nicht die Tätigkeit, vgl. auch *Wäldner,* Grundbegriffe, S. 17 f.

[65] Vgl. OLG Hamm vom 16. 6. 1999 VersR 2000, 1104.

[66] BGH v. 27. 6. 1979 VersR 1979, 856, 858; *Rehm,* Bauwesenversicherung S. 29.

[67] *Rehm,* Bauwesenversicherung S. 29.

[68] *Ingenstau/Korbion/Korbion,* (FN. 82) § 1 VOB/A Rn. 60.

[69] A § 1 Nr. 1 ABN spricht nun nur noch übergreifend von „Leistungen".

[70] *Rehm,* Bauwesenversicherung, S. 29.

[71] *Platen,* Handbuch, Rn. 3.4.00 ff.

[72] Die Betriebsstoffe werden zwar häufig auch kalkulatorisch unter den Gerätekosten erfasst; entscheidend ist jedoch nicht, ob und welche Teilleistungen bzw. Gemeinkosten sie kalkulatorisch zugeordnet werden, sondern dass es sich um Stoffe handelt, die nicht Bestandteil des Bauwerkes werden.

[73] *Fleischmann,* Angebotskalkulation mit Richtwerten, 3. Aufl. 1999, S. 28 f.; *Brüssler,* Baubetrieb von A–Z, 4. Aufl. 2003, S. 72.

sichert, wie ihre Kosten (in Höhe des Aufwands- und Abschreibewertes) über eine Zuschlagskalkulation in den Einheitspreisen der versicherten Einzelbauleistung eingegangen sind. Diese sind nämlich nach A § 7 ABN/ABU Grundlage für die Bestimmung der Entschädigungshöhe. **Werkzeuge** gehören von vornherein nicht zu den **Stoff**kosten[74], wären jedenfalls nach A § 1 Nr. 3 lit. e) ABN/ABU ausgeschlossen.

38   Wesentlich größere Bedeutung haben die **Hilfsbauten.** Es handelt sich um Hilfsmaßnahmen zur Bauleistung wie Gerüste, Verbaue, Bauzäune, Behelfsbrücken, aber auch Wasserhaltung und Schalungen[75]. Hier sind grundsätzlich nicht nur der (Arbeits-)Aufwand zur Herstellung der Hilfsbauten, also z. B. die Errichtung des Verbaus, versichert, sondern auch das verwandte Gerät selbst. Das folgt unmittelbar aus A § 7 Nr. 1 lit. a) ABN/ABU 2008 (§ 9 Nr. 1 S. 2 ABN/ABU 2005), wonach dessen Zeitwert entschädigt wird. Soweit Teile der Hilfsbauten nicht zu den versicherten Vorhaltestoffe gehören, sondern zum isoliert nach A § 1 Nr. 3 lit d) und e) ABN/ABU nicht versicherten Gerät, z. B. Pumpen der Wasserhaltung, setzt ihre Versicherung als Hilfsbau voraus, dass das Gerät in eine individuelle Konstruktion für die jeweilige Baustelle eingegangen ist[76]. Für Stahlrohrgerüste und Stahlschalung gelten allerdings auch im aufgebauten Zustand der ausdrückliche Versicherungsausschluss in A § 1 Nr. 3 lit g) ABN/ABU.

39   **Baugrund und Bodenmassen** sind nur in dem Umfang versichert, wie sie Bestandteil der Bauleistung sind[77]. Boden ist Teil der Bauleistung, wenn er als (neuer) zusätzlicher Boden zur Auffüllung oder für einen Austausch benötigt wird. Dann sind Arbeit und Boden – auch als Baustoff – versichert. Der Wert dieser Leistungen ist auch in der Versicherungssumme enthalten. Sind Bodenmassen dagegen auf dem Baugrundstück bereits vorhanden, z. B. als Aushub, so gehört nur deren Bearbeitung zur Vertragsleistung, nicht aber das bereits vorhandene Material. Die Wiederherstellungsarbeiten an abgerutschten Böschungen sind also versichert, nicht aber die Kosten für Ersatzboden[78]. Gleiches gilt für den Baugrund, der als solches nicht Teil der versicherten Bauleistung ist. Wird die bereits ausgehobene Baugrube durch einen Grundbruch oder eine Hangrutschung beschädigt, sind die Kosten für das Entfernen der Erdmassen und das neuerliche Ausheben versichert, nicht aber ohne weiteres die Kosten für die Wiederherstellung des umgebenden Baugrundes und dessen Sicherung[79]. Diese Schäden können zusätzlich auf Erstes Risiko versichert werden[80]. Denn diese Risiken sind mangels entsprechender Bauleistung nicht in die Versicherungssumme eingegangen. Wichtig ist der Einschluss vom Baugrund bei umfangreichen Ausschachtungsarbeiten, vor allem beim Untertagebau (Tunnelbau). Nur Maßnahmen für Ausräumen und zur Wiederherstellung der vertraglichen Ausbruchssollprofile wären als Bauleistung versichert, nicht aber die voraussichtlich deutlich höheren Kosten für die Wiederherstellung und Sicherung des die Tunnelröhre umgebenden Gebirges[81]. Die Versicherungsnotwendigkeit gilt nicht für den Bauherrn, bei dem in der Regel das Bodenrisiko liegt, sondern auch für den Bauunternehmer, da Grundbrüche oder Gesteinsmehrausbrüche keineswegs immer unvermeidbar sind und dann zu Lasten des Unternehmer gehen.

40   **Einbauten,** die wesentliche Bestandteile des Gebäudes im Sinne des § 94 BGB sind, sind grundsätzlich mitversichert. Demgegenüber ist die Lieferung bloßer **Einrichtungsgegen-**

---

[74] Unrichtig *Rehm,* Bauwesenversicherung, S. 30, *Neuenfeld* (Fn. 45), Rn. 176. Ob Kleinmaterial zu den Hilfsstoffen gehört, hängt davon ab, ob es im Bauwerk verbleibt. Kalkulatorisch wird es dann auch als Nebenstoff bezeichnet, *Fleischmann,* (Fn. 74), S. 28.

[75] Vgl. BGH v. 6. 2. 1985, VersR 1985, 656 (658); *Rehm,* Bauwesenversicherung, S. 30, 121; *Englert,* BauR 2004, 233 ff.

[76] BGH v. 6. 2. 1985, VersR 1985, 656 (658).

[77] Vgl. A § 1 Nr. 2 ABN/ABU.

[78] *Martin* VW 1974, 993 (996); *Kunze,* Versicherung im Baubetrieb, S. 23.

[79] OGH v. 8. 7. 2002, VersR 2003, 885; *Platen,* Handbuch, Rn. 3.1.2.13.

[80] A § 6 Nr. 3 lit. c) ABN/ABU 2008; § 5 Nr. 4 bzw. 5 lit. a) ABU/ABN 2005.

[81] *Roos/Schmitz-Gagnon,* Praktikerkommentar ABN/ABU 2008, A § 1 ABN Rn. 62.

stände, die nicht auf das Gebäude angepasst sind, keine Bauleistung[82]. So sind Einbauküchen aus serienmäßig hergestellten Einzelteilen keine wesentlichen Bestandteile[83]. Sie sind deshalb nicht versichert, auch wenn sie vom Generalunternehmer im Rahmen der schlüsselfertigen Erstellung erbracht und über den Generalunternehmerpreis in die Versicherungssumme eingeflossen wären[84]. Nach den ABN werden bestimmte **hochwertige Einbauten,** wie medizinisch-technische Einrichtungen, Stromerzeugungsanlagen, Datenverarbeitungsanlagen oder Bestandteile von unverhältnismäßig hohem Kunstwert nur nach besonderer Vereinbarung mitversichert[85]. Die Mitversicherung empfiehlt sich vor allem dann, wenn ansonsten eine Lücke bis zum Eingreifen des Versicherungsschutzes für die Betriebsphase bestehen würde. Die Montageversicherung des Anlagenerstellers endet mit der Abnahme des Montageobjektes[86] und bietet damit kein Versicherungsschutz für anschließende Beschädigung z. B. durch andere Bauarbeiten.

In A § 1 Nr. 3 ABN/ABU werden – nunmehr übereinstimmend – **nicht versicherte Sa-   40a chen** aufgezählt, nämlich Wechseldatenträger[87], bewegliche Sachen und nicht wesentliche Bestandteile, maschinelle Einrichtungen zu Produktionszwecken, Baugeräte, Kleingeräte und Handwerkzeuge, besondere Geräte, bestimmte Gerüste und Baustelleneinrichtung, Fahrzeuge, Akten, Zeichnungen und Pläne sowie Gartenanlagen und Pflanzen. Die Auflistung dient primär der Klarstellung, da es sich größtenteils nicht um versicherte (Bau-) Leistungen, Bauteile oder Hilfsbauten bzw. Gebäudeteile handelt[88]. Soweit maschinelle Einrichtungen auch als wesentliche Bestandteile oder Stahlrohr- und Spezialgerüste trotz ihrer Eigenschaft als Hilfsbauten[89] von der Versicherung ausgenommen werden, handelt es sich um sekundäre Risikobegrenzungen.

II. Versicherte Gefahren

1. Grundsatz: Allgefahrenversicherung

Die Bauleistungsversicherung ist eine **Allgefahrenversicherung,** die ursachenabhängig   41 Entschädigung für alle **„unvorhergesehen eingetretenen Schäden"** leistet. Allerdings sind auch einige wesentliche Tatbestände vom Deckungsschutz ausgenommen bzw. der Versicherungsschutz eingeschränkt. Das Diebstahlsrisiko ist weitgehend ausgeschlossen[90], ebenso Schäden aufgrund unzulässiger Bauprodukte, normaler Witterungseinflüsse, politischer Risiken und Kernenergie[91]. Bei den Schadensursachen Frost sowie Gründungsmaßnahmen, Grundwasser oder Veränderung des Baugrundes schließen bereits jegliche Verstöße gegen die anerkannten Regeln der Technik den Versicherungsschutz aus[92]. Das Feuerrisiko muss besonders versichert werden[93]. Schließlich sind auch Baumängel nicht versichert[94].

---

[82] Beck'scher VOB-Kommentar/*Messerschmidt,* VOB Teil A, 2001, § 1 VOB/A Rn. 51; *Ingenstau/Korbion/Korbion,* VOB Teile A und B, 16. Aufl. 2007, § 1 VOB/A, Rn. 43f.
[83] Münchener Kommentar/*Holch* § 94 BGB Rn. 27f. m.w.N.
[84] *Platen,* Handbuch, Rn. 3.5.3.1; vgl. aber auch oben Rn. 82.
[85] Vgl. näher *Roos/Schmitz-Gagnon,* Praktikerkommentar ABN/ABU 2008, A § 1 Rn. 42ff. Derartige Einbauten werden in der Regel nach den ABU gar nicht versichert, so dass dort kein Regelungsbedürfnis besteht.
[86] § 1 Nr. 3 AMoB.
[87] Das ist ein neuer Ausschluss, der in § 1 Nr. 3 ABN/ABU 2005 noch nicht enthalten war.
[88] *Martin* VW 1974, 993 (996) und VW 1974, 1130; zu Definitionen vgl. näher *Roos/Schmitz-Gagnon,* Praktikerkommentar ABN/ABU 2008, A § 1 ABN Rn. 65ff.
[89] Vgl. § 36 Rn. 37.
[90] § 2 Nr. 2, Nr. 3 lit. b) ABN; § 2 Nr. 2 lit. b) ABU.
[91] § 2 Nr. 5 ABN; § 2 Nr. 4 ABU.
[92] § 2 Nr. 4 ABN; § 2 Nr. 3 ABU.
[93] § 2 Nr. 6 ABN; § 2 Nr. 5 ABU.
[94] § 2 Nr. 3 lit. a) ABN; § 2 Nr. 2 lit. a) ABU.

2. Versicherungsfall: Unvorhergesehene Schäden

41a   Versichert sind nach A § 2 Nr. 1 ABN/ABU die Beschädigung oder Zerstörung versicherter Sachen. Nach dem allgemeinen Sprachgebrauch ist unter einer **Sachbeschädigung** eine körperliche Einwirkung auf die Substanz einer bereits bestehenden Sache zu verstehen, die eine Veränderung der äußeren Erscheinung und Form mit sich bringt; ein zunächst vorhanden gewesener Zustand muss beeinträchtigt worden sein; die Beschädigung liegt in der Aufhebung oder Minderung der Gebrauchsfähigkeit der Sache[95]. Diese aus der Haftpflichtversicherung stammende Definition gilt auch in der Bauleistungsversicherung[96]. Da maßgeblich für die Sachbeschädigung die Beeinträchtigung der Gebrauchsfähigkeit durch Zustandsveränderung ist, eine „Verletzung" der Sachsubstanz aber nicht erforderlich ist, kann bereits in dem Absinken und der Neigung eines Gebäudes aufgrund ungleichmäßigen Nachgebens des Baugrundes eine Sachbeschädigung liegen[97]. Gleiches gilt, wenn Stoffe planwidrig in nicht für sie vorgesehene Bereiche gelangen, z. B. Beton ausfließt oder Boden bzw. Wasser in eine Baugrube bzw. ein Gebäudeteil eindringen[98] oder ein Abwasserrohr durch Baumaterial verstopft wird[99]. Auch Verschmutzungen, die nur mit einem erheblichen Aufwand beseitigt werden können, sind bereits Sachbeschädigungen[100]. Wegen näherer allgemeiner Erläuterungen zum Begriff der Sachbeschädigung wird auf die Ausführungen zur Haftpflichtversicherung[101] und auf die parallele Verwendung des Begriffes in der Maschinenversicherung[102] verwiesen.

42   Die Beschädigung oder Zerstörung muss für den VN, die versicherte Person (Bauherr, Unternehmer) unvorhergesehen sein. Das ist nach A § 2 Nr. 1 Abs. 2 ABN/ABU aber nicht schon dann der Fall, wenn die relevanten Personen den Schaden tatsächlich nicht vorgesehen haben; gleichgestellt ist vielmehr der Fall, dass sie den Schaden mit dem erforderlichen Fachwissen hätten voraussehen können. Mit der Neufassung 2008 ist entsprechend des geänderten Verschuldensmaßstabes bei Obliegenheitsverletzungen und bei der Herbeiführung des Versicherungsfalles (§ 81 VVG) geregelt, dass nur grobe Fahrlässigkeit schadet und zu einem quotalen Leistungskürzungsrecht führt. In allen vorausgegangen Fassungen (vgl. § 2 Nr. 1 ABN/ABU 2005) war diese Einschränkung noch nicht enthalten. Das führte dazu, dass **unvorhergesehen** faktisch **mit unvorhersehbar gleichgesetzt wurde**[103]. Schon leichte oder leichteste Fahrlässigkeit des VN und seiner Repräsentanten hätte zum Deckungsausschluss ausgereicht[104]. Während das OLG Celle das letztlich als eine Einstandsreduzierung auf zufällige Schäden ansah und die Einschränkung wegen Gefährdungen des Versicherungsschutzes nach § 9 AGBG (§ 307 Abs. 1, 2 BGB) für unwirksam erachtete[105], hat der BGH die Klausel auch in dieser Form gebilligt[106], da wegen der Abänderbarkeit des § 61 VVG a. F. (§ 81 VVG) die Leistungsfreiheit des VR auch auf einfache Fahrlässigkeit ausgedehnt werden könne. Eine Aushöhlung des Versicherungsschutzes sei nicht gegeben, da es nur auf die Fahrlässigkeit des

---

[95] BGH v. 14. 4. 1976, VersR 1976, 629; BGH v. 27. 6. 1979.

[96] BGH v. 27. 6. 1979, VersR 1979, NJW 1979, 2404.

[97] BGH v. 27. 6. 1979, VersR 1979, NJW 1979, 2404.

[98] *Thürmann,* Sachschadenbegriff, S. 113; *Heiermann/Meyer,* Handbuch, § 1 ABU Rn. 5 f.

[99] OLG Frankfurt v. 25. 1. 1983, VersR 1983, 1045; anderer Ansicht Beck'scher VOB-Kommentar/ *Rüßmann,* VOB Teil B, 2. Aufl. 2008, Anh. § 7 Rn. 32, der eine Substanzveränderung für notwendig erachtet.

[100] *Roos/Schmitz-Gagnon,* Praktikerkommentar ABN/ABU 2005, § 2 ABN Rn. 129 ff.

[101] § 24 Rn. 29 f.

[102] Vgl. § 35 Rn. 235 ff.

[103] OLG Hamm v. 12. 6. 1987, VersR 1988, 731; *Rehm,* Bauwesenversicherung, S. 36; einschränkend *Platen,* Handbuch, 3.2.1.3.

[104] Vgl. *Wäldner,* Grundbegriffe, S. 28; wegen der Objektivierung des Kriteriums stellt dann auch das Erfordernis, dass das Schadensereignis in seinen wesentlichen Komponenten erkennbar gewesen sein muss (*Wäldner, S.* 29), keine wirkliche Begrenzung dar.

[105] OLG Celle v. 12. 6. 1981, VersR 1982, 457.

[106] BGH v. 1. 6. 1983, VersR 1983, 821 (822); ebenso OLG Hamm v. 12. 6. 1987, VersR 1988, 731.

v. Rintelen

Bauherrn, der beauftragten Unternehmer und deren Repräsentanten ankäme, während das Verschulden der sonstigen Bauausführenden nicht schade. Diese erhebliche Einschränkung hat allerdings deshalb keine praktische Auswirkung erlangt, weil die Versicherungen bereits 1986 eine **Geschäftsplanmäßige Erklärung** abgegeben haben, die frühere **Klausel 50** allgemein anzuwenden, nach der **nur grobe Fahrlässigkeit** der genannten Personen **zum Versicherungsausschluss** führte[107].

Seit der Deregulierung des Versicherungsmarktes haben die **Geschäftsplanmäßigen Erklärungen**[108] allerdings ihre **Verbindlichkeit verloren**[109]. Das BAV/BAFin geht zwar davon aus, dass die VU sich solange an die abgegebenen Geschäftsplanmäßigen Erklärungen halten werden, bis sie der Aufsichtsbehörde etwas anderes mitteilen[110]. Andererseits steht es dem VU frei, die Geschäftsplanmäßige Erklärung zu widerrufen. Weiter ist es fraglich, ob sie ohne ausdrückliche Einbeziehung in den Versicherungsvertrag zivilrechtliche Auswirkungen für das Verhältnis VR-VN noch haben können[111]. **43**

Sollte deshalb ein VU die Bauleistungsversicherung nach den Altbedingungen ohne Klausel 50 oder zu entsprechend modifizierten Neubedingungen anbieten, so dass bereits **einfache Fährlässigkeit** schadet, wird sich neben der Frage des Beratungsverschuldens, die sich nach der VVG-Reform verstärkt relevant wird, erneut die Frage eines **Verstoßes gegen § 307 Abs. 1, 2 BGB** stellen. Wichtige Erwägung der damaligen BGH-Entscheidung, wie Üblichkeit der Einschränkung und die Parallele zu den AMoB, treffen heute nicht mehr zu. Nachdem auch die Gefahren des Eigenverschuldens durch die verschärften Anforderungen an Organisationsverschulden neben den eigenen Auswahl- und Überwachungsschulden[112] sich deutlich erhöht haben, sollte eine Leistungsfreiheit schon bei einfacher Fahrlässigkeit trotz der Abdingbarkeit des § 81 VVG gegen § 307 BGB verstoßen[113]. Zwischenzeitlich hat der BGH bezogen auf die Hausratversicherung § 61 VVG a. F. Leitbildfunktion zuerkannt[114], wobei sich die Erwägungen generalisieren lassen[115]. Eine unangemessene Abweichung vom gesetzlichem Leitbild erscheint heute umso mehr gegeben, weil nunmehr nach § 81 VVG selbst grobe Fahrlässigkeit nicht zur vollständigen Leistungsfreiheit führt. Hinzu kämen weitere Wertungswidersprüche. Der Verstoß gegen allgemeine Sorgfaltspflichten mit einfacher Fahrlässigkeit würde zum Verlust des Versicherungsschutzes führen, während bei im Versicherungsvertrag normierten besonderen Sorgfaltspflichten gemäß § 28 VVG einfache Fährlässigkeit zwingend unschädlich ist und auch grobe Fährlässigkeit lediglich zu einem quotalen Leistungskürzungsrecht des VU führt. **44**

Wichtig für den Umfang des Versicherungsschutzes ist auch die Klärung, wessen Verschulden sich der VN zurechnen lassen muss. Grundsätzlich haftet der VN nur für eigenes Verschulden, nicht aber für fremdes, also nicht für das seiner Erfüllungsgehilfen[116] oder von Mitversicherten. A § 2 Nr. 1 Abs. 2 ABN/ABU stellt das heute durch negative Alternativfassung klar. Allerdings muss er für das (Fehl-)Verhalten seiner **Repräsentanten** so einstehen wie für **45**

---

[107] VerBAV 1986, 312.

[108] Dazu BGH v. 13. 7. 1988, BGHZ 105, 140 (150 ff.); OLG Düsseldorf v. 5. 9. 2000, NVersZ 2001, 279 (280).

[109] *Prölss/Schmidt/Frey/Schmidt,* Zusatz zu § 5 VAG, Rn. 1 ff.; *Littbarski,* AHB, Vorbem. Rn. 23.

[110] BAV VerBAV 1994, 286 (287); 1994, 356.

[111] *Littbarski,* AHB, Vorbem. Rn. 23; *Römer/Langheid/Römer,* VVG, vor § 1 Rn. 2; *Präve,* Versicherungsbedingungen, Rn. 35, 103.

[112] Allerdings muss das schadenstiftende Fehlverhalten mit dem Organisations-, Auswahl- oder Überwachungsverschulden in einem Pflichtwidrigkeitszusammenhang stehen.

[113] *Rehm,* Bauwesenversicherung S. 38, geht davon aus, dass jede Ausdehnung des Repräsentanten über die Organe des VN hinaus, die Bauleistungsversicherung für den Unternehmer bedeutungslos werden lasse; a. A. *Roos/Schmitz-Gagnon,* Praktikerkommentar zu den ABN/ABU 2008, A § 2 Rn. 120.

[114] BGH v. 21. 4. 1993, VersR 1993, 830 (831).

[115] *Präve,* Versicherungsbedingungen, Rn. 501; *Römer/Langheid/Langheid,* VVG § 61 Rn. 98; *Looschelders* VersR 2008, 1, 7.

[116] BGH v. 30. 4. 1981, VersR 1981, 948, 950; Berliner Kommentar/*Schwintowski,* § 6 Rn. 201.

eigenes Verschulden. Um den Versicherungsschutz nicht zu entwerten, darf der Repräsentantenbegriff über seinen versicherungstechnischen Zweck nicht ausgedehnt werden[117].

46 Nach der neuen Rechtsprechung des BGH ist Repräsentant, wer in dem Geschäftsbereich, zu dem das versicherte Risiko gehört, aufgrund eines Vertretungs- oder ähnlichen Verhältnisses an die Stelle des VN getreten ist. Die bloße Überlassung der Obhut über den Versicherungsgegenstand reicht nicht aus[118]. Vielmehr muss sich der VN seiner Verfügungsbefugnis und Verantwortlichkeit in Bezug auf die Risikoverwaltung des Versicherungsgegenstandes vollständig begeben haben, der Repräsentant ihn also „ersetzt" haben[119]. Die alte Rechtsprechung, die einen **Betriebsleiter**[120] oder einen **Bauleiter**[121] ohne weiteres als Repräsentanten einordnete, ist damit nicht mehr einschlägig[122]. Sie sind nur dann Repräsentanten, wenn sie die Verantwortung für das versicherte Risiko **vollständig** übernommen haben. Übt der VN tatsächlich Aufsichts- und Kontrollbefugnisse selbst oder z. B. durch einen Oberbauleiter aus, liegt die erforderliche vollständige Begebung der Verantwortlichkeit nicht vor[123]. Ein Bauleiter ist damit nur Repräsentant, wenn er die Baustelle selbstständig leitet und dabei nicht kontrolliert wird, während ein **Polier** in aller Regel nicht Repräsentant ist[124]. Mit der bloßen Benennung als **Vertreter** für die Leitung der Arbeiten **gemäß § 4 Nr. 1 Abs. 3 VOB/B** sind keine besonderen Verfügungsbefugnisse verbunden[125]. Nicht Repräsentanten des VN sind die von ihm eingeschalteten **Nachunternehmer**[126]. Die TK ABN 5232 und TK ABU 6232 enthalten gleichlautende **Repräsentantenklauseln,** die zunächst die jeweiligen Geschäftsführer bzw. Gesellschafter von Personengesellschaften als Repräsentanten definieren, im Schlusssatz jedoch auch die „verantwortlich handelnden Montage-/Bauleiter" einbeziehen. Diese Klausel bewirkt damit keine Einschränkung, sondern tendenziell eher eine Ausweitung des Repräsentantenkreises, weil sie das Erfordernis der **vollständigen** Verantwortungsübernahme zumindest sprachlich nicht aufnimmt[127].

3. Abgrenzung zu Baumängeln

47 Ausdrücklich **nicht versichert** sind **Mängel** der versicherten Bauleistung (§ 2 Nr. 3 lit. a) ABN/ABU). Auch ohne diese Klarstellung müsste der Unternehmer die während der Bauausführung auftretenden Mängel auf eigene Kosten beseitigen. Denn nach dem allgemeinen Sprachgebrauch ist unter Beschädigung einer Sache eine körperliche Einwirkung auf die Substanz einer bereits bestehenden Sache zu verstehen, nicht aber die von vornherein mangelhafte Herstellung einer Sache[128]. Demgegenüber besteht Versicherungsschutz, wenn ein Mangel einer Teilleistung über deren Mangelhaftigkeit hinaus einen (weitergehenden) **Schaden am Gesamtbauwerk** verursacht. Denn Gegenstand der Bauleistungsversicherung ist das Bauwerk in allen Stadien seiner Entstehung; geschützt sind damit auch die einzelnen Teilleistungen bzw. Teilleistungsschritte[129]. Sinn und Zweck der Versicherung ist gerade der Schutz vor Gefahren, die sich aus dem Aufeinanderbauen und Ineinandergreifen der einzelnen Leistungen und der damit gegebenen Einwirkungsmöglichkeiten anderer Baubeteiligter erge-

---

[117] BGH v. 1. 6. 1983, VersR 1983, 821 (822); *Rehm,* Bauwesenversicherung S. 38.
[118] Vgl. näher § 17 Rn. 29 ff.
[119] BGH v. 25. 3. 1992, VersR 1992, 865 (866) = NJW 1993, 1862 = BGHZ 122, 250; BGH v. 26. 4. 1989, VersR 1989, 733 (738) = BGHZ 107, 229; OLG Köln v. 14. 9. 1989, VersR 1990, 1270.
[120] BGH v. 15. 11. 1965, VersR 1966, 131 (132).
[121] BayObLG v. 20. 10. 1975, VersR 1976, 33; *Schirmer,* r+s 1990, 253 (255).
[122] Berliner Kommentar/*Schwintowski,* § 6 Rn. 223; *Prölss/Martin/Prölss,* § 6 VVG Rn. 66, 70; *Roos/Schmitz-Gagnon,* Praktikerkommentar zu den ABN/ABU 2008, A § 2 Rn. 67 f.
[123] BGH v. 25. 3. 1992, VersR 1992, 865 (866).
[124] OLG Hamm v. 16. 6. 1999, VersR 2000, 1104, 1105; vgl. auch *Hinnekeuser,* Versicherungsfall, S. 205.
[125] Vgl. *Kapellmann/Messerschmidt/von Rintelen,* (Fn. 8), § 1 VOB/B Rn. 91.
[126] *Wäldner,* Grundbegriffe, S. 68 f. m. w. N.
[127] Vgl. auch *Roos/Schmitz-Gagnon,* Praktikerkommentar zu den ABN/ABU 2008, Th 5232 Rn. 5.
[128] BGH v. 14. 6. 1976, VersR 1976, 629 (630); BGH v. 28. 11. 1966, VersR 1967, 160 (161); BGH v. 27. 10. 1954, NJW 1954, 1846.
[129] BGH v. 27. 6. 1979, VersR 1979, 856 (858).

ben[130]. Stürzen z. B. fehlerhaft erstellte Teile ein, so ist die Beschädigung des Gesamtobjektes jedenfalls versichert[131]. Dies folgt auch aus dem Allgefahrenversicherungsschutz, der nicht darauf abstellt, ob die Beschädigung auf einer inneren Ursache, dem Mangel, oder einer äußeren Einwirkung beruht[132] und wird heute durch A § 7 Nr. 1 lit. b) ABN/ABU 2008 (§ 9 Nr. 3 ABN/ABU 2005) noch einmal klargestellt. Danach leistet der VR auch Entschädigung, falls ein Mangel zu einem entschädigungspflichtigen Schaden an der mangelhaften oder der mangelfreien Teilleistung führt. Es wird lediglich ein Abzug für die Kosten gemacht, die zusätzlich aufgewandt werden müssen, damit der Mangel nicht erneut entsteht, so genannte **Verbesserungskosten.** Nur die bislang nicht aufgewandten Mehrkosten für eine mangelfreie Herstellung (z. B. mehr Stahl bei bislang unzureichender Bewehrung, höhere Materialgüte etc.) sind von der Entschädigung ausgenommen[133].

Damit erfolgt bei einem mangelbedingten Schaden zur Steigerung der Attraktivität der **48** Bauleistungsversicherung[134] **kein Abzug** der Mängelbeseitigungskosten als **Sowieso-Kosten,** wie es die alte Bauwesenversicherung[135] vorsah und heute noch z. B. in der Montageversicherung[136] geregelt ist. Vielmehr wird auch der Wert der mangelhaften Bauleistung selbst entschädigt. Aus Gründen der Risiko- bzw. Prämienreduzierung kann mit TK ABN 5761 bzw. TK ABU 6761 (früher **Klausel 61**[137]) der Abzug auf alle (Sowieso-)Kosten erweitert werden, die der VN auch ohne den Eintritt des Versicherungsfalles hätten aufwenden müssen, um den Mangel zu beseitigen.

Diese grundsätzliche Entschädigungspflicht auch für eigentliche Mängelbeseitigungskosten **49** macht die **Abgrenzung** zwischen **entschädigungspflichtiger Beschädigung** und **reinem Baumangel** besonders relevant. Der zivilrechtliche Mängelbegriff hilft nicht weiter, da jede Beschädigung zugleich den Mangelbegriff des § 633 BGB erfüllt. Versicherungsrechtlich spricht man deshalb von einem reinen Baumangel oder einem bloßen Leistungsmangel[138]. Kriterium ist, ob nach den technischen Gegebenheiten und der Lebensauffassung eine selbstständige Teilleistung vorliegt, die **durch** eine **Außeneinwirkung** beschädigt wird oder ob ein **Mangel einer einheitlichen Bauleistung unmittelbar als integraler Bestandteil** anhaftet[139]. Der Herstellungsprozess wird damit nicht als durchgehend gedacht, sondern wird in sich geschlossene Einzelteile/Stufen zerlegt. Innerhalb der jeweiligen Einzelteile besteht kein Versicherungsschutz für innere Schadensursachen, sondern erst, wenn die nächste Stufe als geschützter Zwischenzustand erreicht wird[140]. Die Kriterien zur Feststellung von selbstständigen Teilleistungen sind allerdings wenig präzise, lassen Raum für Wertungen und führen damit zu **Abgrenzungsschwierigkeiten im Einzelfall**[141]. Eindeutig sind aber zunächst die Ausgangspunkte: Sind Leistungen als in sich abgeschlossene Teile **teilabnahmefähig** im Sinne des § 12 Nr. 2 VOB/B[142], so ist eine nachfolgende Beschädigung eine Einwirkung von außen. Hiermit werden aber nur wenige Fälle erfasst, da teilabnahmefähig nur funktionell trennbare und selbstständig gebrauchsfähige Teilleistungen sind, wie Heizungs- und Sanitärinstallationen desselben Unternehmers[143]. Versicherungsrechtlich **selbstständige Teilleistungen** liegen

---

[130] *Littbarski,* Haftungs- u. VersR, Rn. 676 f.

[131] BGH v. 27. 10. 1954, NJW 1954, 1846 (zur einstürzenden Decke).

[132] *Rehm,* Bauwesenversicherung, S. 33; *Wäldner,* Grundbegriffe, S. 25 m. w. N.

[133] *Platen,* Handbuch, Rn. 3.9.3.1, 19.0.3; *Rehm,* Bauwesenversicherung, S. 72, 159.

[134] *Martin,* VW 1974, 993 (994).

[135] Vgl. BGH v. 27. 10. 1954, NJW 1954, 1846; BGH v. 27. 6. 1979, VersR 1979, 853 (855).

[136] A § 8 Nr. 2 lit. d) AMoB 2008, § 11 Nr. 4a AMoB a. F.

[137] Abgedruckt bei *Platen,* Handbuch, S. 130 oder *Rehm,* Bauwesenversicherung, S. 109.

[138] BGH v. 27. 10. 1954, NJW 1954, 1848; *Thürmann,* Sachschadenbegriff, S. 131 ff.

[139] BGH v. 27. 6. 1979, VersR 1979, 856 (858); OGH v. 6. 11. 1986, VersR 1987, 918 (919 f.).

[140] Vgl. *Thürmann,* Sachschadenbegriff, S. 148 f.

[141] Vgl. die umfangreichen Erwägungen von *Thürmann,* Sachschadenbegriff, S. 131 ff.

[142] Dazu *Ingenstau/Korbion/Oppler,* (Fn. 82), § 12 Nr. 2 VOB/B Rn. 6 ff.; Beck'scher VOB-Kommentar/*Jagenburg,* VOB Teil B, 2. Aufl. 2008, § 12 VOB/B Nr. 2 Rn. 12 ff.

[143] BGH v. 10. 7. 1975, BauR 1975, 423.

aber schon dann vor, wenn Einzelleistungen **typischerweise von verschiedenen Fachunternehmern** erbracht werden[144], z. B. Abdichtungs- und Betonarbeiten. Das gilt auch dann, wenn die Teilleistungen lediglich Teil einer Funktionseinheit sein sollen[145]. Vor den Gefahren der Einwirkung anderer Baubeteiligter auf die eigene Leistung soll die Bauleistungsversicherung gerade schützen. Da die Bauleistungsversicherung zugleich aber die Bauleistungen in allen Phasen ihrer Entstehung schützt, gilt das auch dann, wenn die unterschiedlichen Gewerke im konkreten Fall nur von einem einzelnen Unternehmer erbracht worden sind.

50   Demgegenüber sind die **bloßen Einzelschritte** einer „komplexeren Bauleistung"[146], **nichtselbstständige Teilleistungen.** Beschädigt der Unternehmer beim Einfüllen des Betons zur Herstellung einer Decke die von ihm verlegte Bewehrung, so widerspräche es der Lebensauffassung, die Bauleistung Stahlbetondecke in selbstständige Teilleistungen Bewehrung, Einfüllen und Rütteln des Betons zu zergliedern[147]. Der Unternehmer erstellt eine von Anfang an mangelhafte und wertlose Decke. Das erscheint auch dann richtig, wenn der Rohbauer die Bewehrung durch selbstständige Stahlknüpfer erstellen lässt[148]. Denn die Mangelhaftigkeit wird nach der Lebensauffassung und dem Bauvertrag hinsichtlich der gesamten Decke geprüft, so dass die gelöste Bewehrung nur als Mangelursache für den mangelhaften Bauteil erscheint. Etwas anderes würde aber dann gelten, falls der Bewehrungsknüpfer seine eigenen Leistungen gesondert versichert hätte; sie wäre dann die versicherte Gesamtleistung. Etwas anders gilt auch dann, wenn eine Lüftungsbaufirma Lüftungsrohre zwischen die Bewehrung aufstellt und diese anschließend beim Betonieren beschädigt werden[149]. Abgeschlossene Teilleistungen lägen auch dann vor, wenn bei der Herstellung größerer Flächen oder Anzahl die fertigen Teilleistungen durch die nachfolgenden Arbeiten wieder beschädigt werden[150]. Hinsichtlich des fertigen Leistungsteils handelt es sich um eine äußere Einwirkung. Demgegenüber liegt eindeutig ein bloßer Baumangel vor, wenn der Herstellungsprozess von vornherein fehlerhaft angelegt ist, z. B. Beton mit unzureichender Festigkeit verarbeitet wird[151].

51   Nach A § 7 Nr. 1 lit. b) ABN/ABU 2008 (§ 9 Nr. 3 ABN/ABU 2005) besteht die Entschädigungspflicht sogar dann, wenn ein **Mangel** zu einem **entschädigungspflichtigen Schaden** an den mangelhaften Teilen selbst führt. Das ist dann der Fall, wenn der Mangel durch äußere Ereignisse, wozu auch der Betrieb (vor Abnahme) gehören kann, vergrößert wird. Wenn Haarrisse der Schweißnähte durch Betriebseinflüsse des Rohres wesentlich vergrößert

---

[144] BGH v. 27. 6. 1979, VersR 1979, 856 (858); OLG Stuttgart v. 19. 1. 2006, BauR 2007, 494 (495); vgl. auch *Thürmann,* Sachschadenbegriff, S. 146 f.

[145] BGH a. a. O.; zu eng deshalb ÖOGH v. 6. 11. 1986, VersR 1987, 918 (919), der nur auf einzelne Bauphasen/Bauteile abstellen will.

[146] So BGH v. 27. 6. 1979, VersR 1979, 853, 855.

[147] OLG Frankfurt/M. v. 23. 5. 1984, VersR 1984, 1057; vgl. dazu auch *Littbarski,* Haftungs- und Versicherungsrecht Rn. 679 ff. und *Thürmann,* Sachschadenbegriff, S. 147 f. Begrifflich lässt sich das allerdings nicht zwingend ableiten. Da die Bewehrung zunächst ordnungsgemäß verlegt war, ist beim Betonieren ein bereits geschaffener Zustand wieder beeinträchtigt worden. Leistungsmangel und Sachschaden sind deshalb Typusbegriffe, die Wertungen erfordern, vgl. dazu *Larenz,* Methodenlehre der Rechtswissenschaft, 6. Aufl. 1991, S. 465.

[148] Der Einsatz verschiedener Unternehmer ist nur ein (starkes) Indiz für selbstständige Teilleistungen, die Indizfunktion hängt von der Typizität der Aufteilung ab (s. o. Rn. 49). Im Ergebnis ebenso *Thürmann,* Sachschadenbegriff, S. 146 f.

[149] OLG Stuttgart v. 19. 1. 2006, BauR 2007, 494 (495); nicht richtig dürfte die weitere Auffassung des OLG sein, die Lüftungsrohre hätten über ihre vorhandene Mangelhaftigkeit keinen Schaden erlitten. Hier wird der baurechtliche Mangelbegriff (Abweichung Soll zu Ist) unzulässigerweise auf die Versicherung übertragen. Eindeutig erscheint das jedenfalls bei den Rundrohren, die bei Verfüllung mit Sand gerade nicht beschädigt worden wären, also im vollen Umfang funktionsfähig geblieben wären. Der Mangel – zu geringe Stärke der Rohre – hat zu einem weiteren Schaden – Verformung und damit nicht ausreichender Querschnitt – geführt. Das ist nach § 9 Nr. 3 ABN/ABU aber ausdrücklich gedeckt.

[150] OLG Hamm v. 16. 9. 1999, VersR 2000, 1104 f.; *Thürmann,* Sachschadenbegriff, S. 148.

[151] Vgl. *Thürmann,* Sachschadenbegriff, S. 158 f.; Beck'scher VOB-Kommentar/*Rüßmann* (Fn. 26), Anh. § 7 Rn. 43; hierauf beschränkt sich aber entgegen *Thürmann* und *Rüßmann* nicht der unversicherte Baumangel.

werden, sollen danach die gesamten Reparaturkosten versichert sein, so dass Verbesserungskosten im Sinne des A § 7 Nr. 1 lit. b) ABN/ABU 2008 nicht anfallen[152]. Allerdings erscheint es fraglich, ob hier neben dem bereits vorhandenen Mangelunwert ein weitergehender Schaden an den Rohren eingetreten ist[153].

Letztlich kommt es, wie der BGH selbst feststellt, **auf den jeweiligen Einzelfall** an. Abgrenzungsschwierigkeiten werden sich aufgrund der Vielgestaltigkeit der tatsächlichen Verhältnisse nicht vermeiden lassen.   **52**

4. Gefahrenausschlüsse

Das **Feuerrisiko** (Brand, Blitzschlag, Explosion) muss nach A § 2 Nr. 2 lit. b) bzw. a)   **53** ABN/ABU 2008 (§ 2 Nr. 5 ABN/ABU 2005) besonders versichert werden. Diese erhebliche Lücke im Versicherungsschutz erklärt sich teilweise historisch[154] – in Gebieten mit Bannrecht (Monopol – oder Zwangsversicherung) konnte keine Deckung angeboten werden – und teilweise damit, dass die Gebäudefeuerversicherer in der Regel die Bauphase für ein halbes bis ein Jahr beitragsfrei mitversichern. Das kann allerdings inhaltlich nicht überzeugen, denn zum einen schlossen die AVB Bauwesen 1937 das Feuerrisiko mangels eines ausdrücklichen Ausschlusses und die AVB Wohngebäude 1954 gemäß § 2 Nr. 2 f[155] für Gebiete ohne Bannrecht ein; zum anderen deckt die Feuerversicherung nur das Interesse des Grundstückseigentümers/Bauherren, der allenfalls das Risiko der höheren Gewalt nach § 7 VOB/B trägt, nicht aber das viel größere Feuerrisiko des Unternehmers. Soweit der Deckungsschutz in der Gebäudefeuerversicherung nicht erweitert werden kann, ist der Einschluss des Feuerrisikos in die Bauleistungsversicherung dringend zu empfehlen, was auch häufig vom VR standardmäßig angeboten wird. Ansonsten muss auf die empfindliche Lücke im Versicherungsschutz zur Vermeidung von Aufklärungspflichtverletzung ausdrücklich hingewiesen werden.

Das **Diebstahlrisiko** ist grundsätzlich nicht mitversichert[156]. Nach § 7 VOB/B trägt der   **54** Auftraggeber die Gefahr für bereits eingebaute Teile, der Auftragnehmer für bloß angelieferte und noch nicht eingebaute Baustoffe und Bauteile. Damit geht ein Diebstahl in der Regel zu Lasten des Unternehmers, da er nach § 4 Nr. 5 VOB/B eine Schutzpflicht bis zur Abnahme hat und es sich bei einem Diebstahl in den meisten Fällen nach der strengen Rechtsprechung nicht um unabwendbare Umstände handelt[157]. Soweit im Rahmen Gefahrtragung Diebstahl auch als Beschädigung der Bauleistung im Sinn des § 7 Nr. 1 VOB/B eingeordnet wird[158], beruht dies auf den Besonderheiten der Gefahrentragungsregelung und kann nicht für die Bauleistungsversicherung übertragen werden[159]. Nach den ABN können fest verbundene Sachen, für die der VN die Gefahr trägt, gegen Diebstahl besonders versichert werden[160].

Schäden durch **ungewöhnliches** oder **außergewöhnliches Hochwasser** bzw. durch   **54a** entsprechend beeinflusstes Grundwasser sind in der Grunddeckung ausgeschlossen[161]. Bei Baustellen im Bereich von Gewässern kann zusätzlich die TK ABN 5269 bzw. TK ABU 6260 vereinbart werden, die den Versicherungsschutz von Sicherungsobliegenheiten abhängig machen (vgl. auch Rn. 61 f.).

---

[152] *Prölss/Martin/Voit/Knappmann,* § 9 ABU Rn. 2; *Heiermann/Franke/Knipp/Meyer,* Baubegleitende Rechtsberatung, 2002, S. 579.

[153] Vgl. OLG Stuttgart v. 19. 1. 2006, BauR 2007, 494 (495) und oben Fn. 155.

[154] So *Rehm,* Bauwesenversicherung S. 46 f.

[155] Abgedruckt z. B. bei *Kunze,* Versicherung im Baubetrieb, S. 120 oder *Wäldner,* Grundbegriffe, S. 157 ff.

[156] A § 2 Nr. 3 lit. b) ABN/ABU 2008 (§ 2 Nr. 2b ABU § 2 Nr. 2, 3 lit. a) ABN 2005).

[157] Vgl. BGH v. 24. 6. 1968, VersR 1968, 991; OLG Düsseldorf v. 22. 10. 1985, BauR 1985, 728.

[158] BGH v. 24. 6. 1968, VersR 1968, 991.

[159] Im Ergebnis auch AG Fulda v. 11. 1. 1995, VersR 1996, 707 f; wie hier *Roos/Schmitz-Gagnon,* Praktikerkommentar ABN/ABU 2005, § 2 ABN Rn. 109.

[160] Vgl. dazu BGH v. 29. 6. 1994, VersR 1994, 1185 (1187), insbesondere zu den Anforderungen an eine feste Verbindung (hier Fensterflügel und Türblätter); vgl. dazu auch *Roos/Schmitz-Gagnon,* Praktikerkommentar zu den ABN/ABU 2008, A § 2 Rn. 143 ff.

[161] A § 2 Nr. 2 lit. c) bzw. b) ABN/ABU.

55   Die **Beschädigung** bloß der **Oberflächen** von Bauteilen aus Glas, Metall oder Kunststoff bzw. vorgehängter Fassaden ist vom Versicherungsschutz ausgenommen, soweit sie im Rahmen einer Tätigkeit an diesen Sachen eintritt[162]. Ausgeschlossen sind damit nur Bearbeitungsschäden, nämlich durch Tätigkeit gerade **an** diesen Sachen. Eine ausdehnende Auslegung wie bei der Tätigkeitsklausel gem. Ziff. 7.7. AHB[163] ist nicht möglich. Der **Glasbruch** als solcher ist gedeckt[164]. Wegen der üblichen Mindestselbstbehalte bei jedem Schaden kann eine zusätzliche Glasbruchversicherung sinnvoll sein.

55a   Bislang enthielten § 2 Nr. 4 und 5 ABN bzw. § 2 Nr. 3 und 4 ABU 2005 Einschränkungen des Versicherungsschutzes, bei denen vielfach umstritten war, ob es sich um objektive Risikoausschlüsse, verhüllte Obliegenheiten oder gar nur um Konkretisierungen der Vorhersehbarkeit handelte. Diese Einschränkungen sind nun weitgehend in A § 2 Nr. 4 ABN/ABU 2008 zusammengefasst und wegen des geänderten Verschuldensmaßstabes für Obliegenheiten eindeutig als objektive Risikoausschlüsse ausgestaltet. Hierbei ist der Katalog der Einschränkungen/Ausschlüsse auch verändert worden. Da die Vorfassungen noch für Versicherungsfälle bis zum 31. 12. 2008 und damit noch geraume Zeit für die Regulierungs- und Gerichtspraxis Bedeutung haben, bleiben sie Ausgangspunkt der Darstellung. Die Neufassung 2008 wird jeweils im Anschluss erörtert.

56   Nach § 2 Nr. 4 ABN/§ 2 Nr. 3 ABU 2005 galt eine weitere Einschränkung des Versicherungsschutzes für **Schäden durch Frost**[165], aufgrund von oder **Grundwasser,** Ausfall der **Wasserhaltung** oder durch eine **Bauunterbrechung.** Nach § 2 Nr. 4 ABN 2005 besteht in diesen Fällen kein Versicherungsschutz, soweit der betroffene Unternehmer gegen anerkannte Regeln der Technik verstoßen oder notwendige und zumutbare Schutzmaßnahmen nicht getroffen hat. Demgegenüber stellt § 2 Nr. 3 ABU 2005 nicht auf den Unternehmer ab, sondern lässt den Verstoß bzw. das Unterlassen von Schutzmaßnahmen genügen. Diese Differenzierung wird dahin verstanden, dass bei den ABN 2005 nur Verstöße des betroffenen Unternehmers einschließlich seiner Repräsentanten[166] schaden, während bei den ABU 2005 aufgrund der Passivformulierung für den Verlust des Versicherungsschutzes auch Verstöße **aller Erfüllungsgehilfen** ausreichen[167]. Die Argumentation und der ggf. erforderliche Verschuldensgrad differieren dabei aber erheblich, weil Rechtscharakter der Einschränkungen in § 2 Nr. 3 ABN/§ 2 Nr. 4 ABU 2005 umstritten und ungeklärt ist[168]. Nach einer älteren Meinung handelt sich um **objektive Risikoausschlüsse**[169], so dass schon der Verstoß als solcher – unabhängig vom Verschulden – schadet. Teilweise werden **verhüllte Obliegenheiten**[170] angenommen, weil nicht ein Wagnis individualisierend beschrieben wird, sondern materiell ein bestimmtes Verhalten des VN gefordert wird[171]. In diesem Fall würde nach altem Recht nur einfache Fahrlässigkeit schaden, nach § 28 Abs. 2 VVG würde sogar grobe Fahrlässigkeit nur zur quotalen Leistungskürzung führen. Andere gehen schließlich zumindest für einen Teil der Ausschlüsse davon aus, dass sie nur **Konkretisierungen der Vorhersehbarkeit** nach § 2 Nr. 1 ABN/ABU 2005 sind[172], so dass wie dort nur grobe Fahrlässigkeit schadet, dann allerdings nach altem Recht zum vollen Leistungsausschluss führt.

---

[162] A § 2 Nr. 3 lit. c) ABN/ABU 2008 (§ 2 Nr. 2 lit. c) ABU; § 2 Nr. 3 lit. c) ABN 2005); vgl. dazu *Rehm,* Bauwesenversicherung, S. 41.

[163] Vgl. dazu näher § 26 Rd. 541 ff.

[164] Vgl. § 36 Rn. 95 zu Klausel 77.

[165] Dazu eingehend *Meyer,* Bauwirtschaft 1985, 1578 ff.

[166] *Prölss/Martin/Voit/Knappmann,* § 2 ABU Rn. 11.

[167] *Rehm,* Bauwesenversicherung, S. 41, 134; *Platen,* Handbuch, Rn. 3.2.4.4; *Kunze,* Versicherung im Baubetrieb, S. 25; *Martin,* VW 1974, 993 (998).

[168] Vielfach wird der Rechtcharakter auch nicht problematisiert; anders und eingehend demgegenüber Beck'scher VOB-Kommentar/*Rüßmann,* VOB Teil B, 2. Aufl. 2008, Anh. § 7 Rn. 56 ff.

[169] *Martin,* VW 1974, 993 (998); *Meyer,* Bauwirtschaft 1985, 1578 (1585).

[170] Vgl. näher § 13 Rn. 10 ff.

[171] Beck'scher VOB-Kommentar/*Rüßmann,* VOB Teil B, 2. Aufl. 2008, Anh. § 7 Rn. 62 ff.

[172] *Heiermann/Meyer,* Handbuch, § 2 ABU Rn. 92; *Prölss/Martin/Voit/Knappmann,* § 2 ABU Rn. 11.

Die Annahme der Einschränkungen als bloße Konkretisierung des § 2 Nr. 1 ABN/ABU   **56a**
2005 ist mit Wortlaut und Systematik der Regelung nicht vereinbar. Nach der früher herrschenden Meinung soll jeder Verstoß oder jede Fahrlässigkeit schaden. Das stellt wegen der
Reichweite dieser Ausschlüsse eine erhebliche Einschränkung des Versicherungsschutzes dar,
der als unangemessen oder gar als Verstoß gegen § 307 BGB angesehen wird. Dem soll durch
eine einschränkende Auslegung durch Anwendung der Klausel 50 mit dem Maßstab der groben Fahrlässigkeit begegnet werden[173]. Schon die Chronologie und Argumentation des Meinungsstreits zeigt, dass diese einschränkende Auslegung sich aber nicht am (gewandelten?) Verständnishorizont des durchschnittlichen VN ausrichtet, sondern dazu dient, die Ausschlüsse
einer gewandelten Rechtsprechung anzupassen und vor einer Unwirksamkeit nach § 307
BGB zu bewahren[174]. Diese Auslegung widerspricht auch im übrigen allgemeinen Auslegungsgrundsätzen. Gegen sie spricht, dass sie gar nicht für alle Ausschlüsse des § 2 Nr. 4 ABN,
§ 2 Nr. 3 ABU gelten soll, sondern lit. c) „Ausfall der Wasserhaltung" ausgenommen sein
soll[175], ohne dass diese Differenzierung in Wortlaut oder Systematik angelegt wäre. Entscheidend kommt hinzu, dass diese Auslegung dazu führt, dass die Ausschlüsse dann ganz überflüssig
wären und ein eigener Anwendungsbereich neben § 2 Nr. 1 ABN/ABU 2005 gar nicht verbliebe[176].

Die „Ausschlüsse" in § 2 Nr. 4 ABN/§ 2 Nr. 3 ABU 2005 sind **verhüllte Obliegenhei-**   **56b**
ten, weil innerhalb der grundsätzlich gewährten Allgefahrendeckung ein vorbeugendes Verhalten zur Wahrung seines Versicherungsschutzes gefordert wird. Etwas anders gilt nur für
den ausdrücklich nicht vom Verstoß gegen die Regeln der Technik abhängigem Ausschluss
für Bauunterbrechungen von mehr als drei Monaten[177]. Allerdings könnten hinsichtlich der
Wirksamkeit der Bestimmung insoweit Bedenken bestehen, als eine vertraglich vereinbarte
Obliegenheit inhaltlich hinreichend bestimmt und das vom VN geforderte Verhalten genügend konkret bezeichnet sein muss[178]. Ist dies nicht der Fall, könnte die Regelung, vorbehaltlich einer Inhaltskontrolle nach § 307 BGB dahin ausgelegt werden, dass die Vorschrift des
§ 81 VVG zu Lasten des VN auf einfache Fahrlässigkeit ausgedehnt werden soll[179]. In den Fällen der lit. a) und c) sind die Verhaltensanforderungen ausreichend konkretisiert[180], in den
Fällen der lit. b) und d) allerdings völlig offen. Letztere genügen ersichtlich nicht dem Bestimmtheitsgebot für Obliegenheiten, und können deshalb nur als partielle Abbedingung des
§ 81 VVG eingeordnet werden. Wenn der VR nach der Rechtssprechung des BGH insgesamt den Fahrlässigkeitsmaßstab modifizieren darf, dann erst Recht für einen sachlich begrenzten Bereich. Die Bedenken gegen die grundsätzliche Reduktion des allgemeinen Sorg-
faltsmaßstabes (Rn. 44) greifen nicht, soweit auch ein gegenständlich begrenzter objektiver
Risikoausschluss möglich wäre[181].

---

[173] *Prölss/Martin/Voit/Knappmann,* § 2 ABU Rn. 11; *Platen,* Handbuch, Rn. 3.2.4.2; *Heiermann/Meyer,*
Handbuch, § 2 ABU Rn. 147; *van Bühren/Johannsen,* § 23 Rn. 42.
[174] *Martin,* VW 1974, 993 (998), nahm zunächst einen Risikoausschluss an, bis zur 23. Aufl im *Prölss/
Martin* eine verhüllte Obliegenheit, hat in der 24. Aufl. die Frage dann bereits erörtert und offen gelassen
(Anm. 3 B zu ABU, ABN), während *Prölss/Martin/Voit* dann eine Konkretisierung des § 2 Nr. 1 angenommen hat.
[175] *Prölss/Martin/Voit/Knappmann,* § 2 ABU Rn. 11; *Heiermann/Meyer,* Handbuch, § 2 ABU Rn. 99,
103.
[176] Eine Auslegung darf nicht dazu führen, dass eine Regelung ohne eigenen Regelungsgehalt bleibt
und damit überflüssig ist, vgl. BGH NJW 2005, 2618.
[177] Beck'scher VOB-Kommentar/*Rüßmann,* VOB Teil B, 2. Aufl. 2008, Anh. § 7 Rn. 62 ff.
[178] Vgl. näher § 13 Rn. 6.
[179] Vgl. OLG Köln v. 29. 10. 1996, VersR 1997, 1268.
[180] So stellt *Meyer,* Bauwirtschaft 1985, 1578 (1584/1586) fest, dass die Regeln für das Bauen im Winter
so detailliert und umfassend seien, dass immer die Regeln der Technik nicht (ausreichend) beachtet worden sein müssen, wenn ein Frostschaden eintritt.
[181] So im Ergebnis auch *van Bühren/Johannsen,* § 23 Rn. 42, wonach, wenn die VU die Schadensereignisse auch generell hätten ausschließen dürfen, sie erst Recht eine Herabsetzung des Verschuldensmaßstabes vorsehen dürfen.

57   Auch wenn die Klauseln in § 2 Nr. 4 ABN/§ 2 Nr. 3 ABU 2005 materiell zulässige Einschränkungen des Versicherungsschutzes enthalten, können sie den formellen Anforderungen an AVB nicht genügen. Bei den Regelungen nach ABN und ABU wird durch den Klauseltext nicht klar, ob ein Verschulden erforderlich ist und auf welche Verschuldensform abzustellen ist. Dass es sich um verschuldensabhängige Obliegenheiten handelt, war von den Verfassern wohl gerade nicht gewollt[182], wird systematisch durch die Irrelevanz mitwirkender Ursachen und die Verknüpfung mit den anschließenden objektiven Risikoausschlüssen („Entschädigung wird … ferner nicht geleistet.") verdeckt und kommt deshalb nicht mit der erforderlichen Transparenz zum Ausdruck[183]. Bei § 2 Nr. 3 ABU 2005 kommt hinzu, dass die Passivformulierung zumindest dem Wortlaut nach die uneingeschränkte Zurechnung fremden Verhaltens zulässt, wie auch in der Literatur verbreitet angenommen wird[184]. Das wäre unangemessen und damit **nach § 307 Abs. 2 BGB unwirksam**[185], denn vor den Risiken der Fehler einfacher Mitarbeiter und Erfüllungsgehilfen soll die Bauleistungsversicherung gerade schützen[186]. Insoweit führt entweder die unangemessene Abweichung vom gesetzlichen Leitbild oder die nicht hinreichende Transparenz zur Unwirksamkeit.

57a   Diese Einschränkungen sollen – ebenso wie die weiteren Ausschlüsse (Rn. 62a) – **ohne Rücksicht auf mitwirkende Ursachen** gelten. Obliegenheitsverletzungen schaden bereits dann, wenn sie mitursächlich sind. Soweit die weitere Ursache zu einem zusätzlichen Schaden führt, kann der VN aber den Kausalitätsgegenbeweis führen.

58   **Weitere Versicherungsausschlüsse** bestehen nach § 2 Nr. 5 ABN/§ 2 Nr. 4 ABU 2005 für Schäden durch
- normale Witterungseinflüsse
- beanstandete oder unzulässige Baustoffe
- Kriegereignisse, innere Unruhen, Streik, Aussperrung etc. und
- Kernenergie[187]

Auch hier besteht Streit über die rechtliche Einordnung dieser Ausschlussbestimmung. *Voit/Knappmann* gehen hinsichtlich der ersten Punkte von Konkretisierungen des § 2 Nr. 1 ABN/ABU 2005 mit der Folge aus, dass lediglich grobe Fahrlässigkeit dem VN schaden soll[188], während *Platen* und *Martin* objektive Risikoausschlüsse annehmen[189].

59   Der Ausschluss für Schäden aufgrund **normaler Witterungseinflüsse** ist nach äußerer Erscheinung und materiellem Inhalt **objektiver Risikoausschluss**[190]. Fraglich kann dies aber für Schäden aufgrund **unzulässiger Bauprodukte** sein. Beim Risikoausschluss käme

---

[182] Vgl. die anfängliche Einordnung von *Martin,* VW 1974, S. 993 (998), der die ABN/ABU mit formuliert hat (*Wäldner,* Grundbegriffe, S. 5) als Risikoausschluss; eine historische Auslegung von AVB ist allerdings nicht zulässig.

[183] Wenn selbst *Martin,* der die Bedingungen mit verfasst hat und der Experte des Sachversicherungsrechts war, sich nicht klar werden konnte (vgl. vorausgegangene Fn. 182) und auch heute erhebliche Auffassungsunterschiede bestehen, ist die erforderliche Transparenz nicht gewahrt.

[184] Vgl. z. B. *Rehm,* Bauwesenversicherung, S. 42, 135; *Wäldner,* Grundbegriffe, S. 37; *Meyer,* Bauwirtschaft 1985, 1578 (1585).

[185] So auch *Meier,* Bauversicherungsrecht, S. 193; A.M. *Martin,* VW 1974, 993 (998), allerdings vor Inkrafttreten des AGBG; vgl. zur Unwirksamkeit einer Erweiterung der Repräsentantenhaftung durch AVB BGH v. 21. 4. 1993, VersR 1993, 830 (831); *Präve,* Versicherungsbedingungen, Rn. 499; vgl. auch Berliner Kommentar/*Schwintowski,* § 6 VVG Rn. 202.

[186] BGH v. 1. 6. 1983, VersR 1983, 821 (822).

[187] Einschluss Schäden durch radioaktive Isotope durch Klausel 54, vgl. *Rehm,* Bauwesenversicherung, S. 99 f.

[188] *Prölss/Martin/Voit/Knappmann,* § 2 ABU Rn. 16 f; *Heiermann/Meyer,* Handbuch, § 2 ABU Rn. 131 u. 152 f, gehen einerseits von einem vom Verschulden unabhängigen Risikoausschluss aus, wollen ihn aber nur anwenden bei grobem Verschulden des VN oder seiner Repräsentanten.

[189] *Martin* VW 1974, 993 (998)*; Platen,* Handbuch, Rn. 3.2.5.1; unklar *Rehm,* Bauwesenversicherung, S. 43.

[190] So selbst *Prölss/Martin/Voit/Knappmann* zu § 2 AMoB Rn. 15; vgl. auch Beck'scher VOB-Kommentar/*Rüßmann* (Fn. 26), Anh § 7 Rn. 65 und eingehend *Martin,* Montageversicherung, 1972, § 2 AMoB Rn. 5.4.1 zu den gleichlautenden AMoB.

es auf Verschulden überhaupt nicht an, bei einer verhüllten Obliegenheit wäre für eine Deckungsversagung nach § 6 VVG a. F. einfache Fahrlässigkeit des VN notwendig. Die Klausel fordert nicht ein bestimmtes vorbeugendes Verhalten des VN, sondern will das besondere Risiko ungeprüfter Baustoffe bzw. vom Bauexperiment nicht tragen[191]. Es handelt sich deshalb – wie unstreitig bei den anderen Ausschlüssen des § 2 Nr. 5 ABN/§ 2 Nr. 4 ABU 2005 für Kriegsereignisse etc. bzw. Kernenergie – um einen objektiven Risikoausschluss[192]. Die gegenteilige Auffassung überzeugt wiederum schon deshalb nicht, weil bei einem Erfordernis grober Fahrlässigkeit die Regelung neben § 2 Nr. 1 ABN/ABU 2005 schlicht leer laufen würde, was gegen anerkannte Auslegungsgrundsätze verstieße[193].

Für die Neufassung in A § 2 Nr. 4 ABN/ABU 2008 haben sich die Streitfragen erledigt. Es   **59a**
gelten folgende Ausschlüsse für Schäden:
– durch Vorsatz
– durch normale Witterungseinflüsse
– durch normale Wasserführung
– durch nicht redundante oder nicht einsatzbereite Wasserhaltungsanlagen
– während mehrmonatiger Bauunterbrechung
– durch beanstandete oder unzulässige Baustoffe
– Kriegereignisse, innere Unruhen, Streik, Aussperrung etc. und
– Kernenergie, nukleare Strahlung etc.
Es handelt sich eindeutig um **Risikoausschlüsse,** so dass Fragen des Verschuldens und des notwendigen Verschuldensgrades keine Rolle mehr spielen Auch die vorsätzliche Schadensherbeiführung ist ein (subjektiver) Risikoausschluss[194].

Normale Witterungseinflüsse sind solche, mit denen nach der Jahreszeit und den örtli-   **60**
chen Verhältnissen gerechnet werden muss[195]. Sie liegen vor, wenn sie sich im Rahmen der **Normalwerte der letzten 10 Jahre** bewegen[196]. Sie sind auch dann nicht versichert, wenn der VN z. B. aufgrund einer Wettervorhersage nicht mit Regen gerechnet hat[197]. Der Ausschluss soll ja gerade den Grundtatbestand des A § 2 Nr. 1 ABN/ABU einschränken[198]. Der VN muss übliche Schutzmaßnahmen treffen. Demgegenüber fallen **ungewöhnliche Witterungsverhältnisse,** die außerhalb der Normalspannbreiten liegen, unter den Versicherungsschutz[199]. Bei außergewöhnlichen Witterungseinflüssen, das heißt wenn die Wetterverhältnisse die Höchstwerte der letzten 20 Jahre überschreiten, liegt regelmäßig höhere Gewalt vor[200]. Auch hier greift der Ausschluss nicht. Im Rahmen der ABU besteht aber mangels Gefahrtragung nach den VOB/B kein Versicherungsschutz mehr, soweit nicht das Bauherrenrisiko (TK ABN 6364) eingeschlossen wurde.

Schäden durch normale Wasserführung bzw. **normale Wasserstände von Gewässern**   **61**
muss der VN durch Schutzmaßnahmen abwenden. Abzustellen ist auf die innerhalb der letzten 10 Jahre zu der jeweiligen Jahreszeit üblichen Werte[201]. Treten sie dennoch ein, sind sie nicht versichert. Der Ausschluss erfasst, weil „ohne Rücksicht auf mitwirkende Ursachen", auch Schäden durch Gewässer als Folge eines versicherungspflichtigen Schadens an Schutzmaßnahmen, insbesondere bei Schäden an Spundwänden oder Fangdämmen. Diese sind

---

[191] *Platen,* Handbuch, Rn. 3.2.5.6; *Rehm,* Bauwesenversicherung, S. 45; *Kunze,* Versicherungen im Baubetrieb, S. 25.
[192] *Platen,* Handbuch, Rn. 3.2.5.1 ff.; *Kunze,* Versicherung im Baubetrieb, S. 25.
[193] Vgl. BGH v. 18. 5. 1998, WM 1998, 1535 (1536).
[194] Vgl. § 16 Rn. 11.
[195] Vgl. auch OLG Düsseldorf v. 16. 4. 2002, NVersZ 2002, 525 = VersR 2003, 104.
[196] *Platen,* Handbuch, Rn. 3.2.5.3; *Rehm,* Bauwesenversicherung, S. 44.
[197] LG Stuttgart v. 17. 4. 2001, r+s 2002, 131 (Schädigung der frisch betonierten Bodenplatte durch Regen bei 30%iger Regenwahrscheinlichkeit).
[198] *Martin* VW 1974, 993 (998).
[199] *Rehm,* Bauwesenversicherung, S. 44; *Meier* Bauversicherungsrecht, S. 194.
[200] Vgl. z. B. BGH v. 12. 7. 1973, VersR 1973, 1143.
[201] TK ABU 6260 stellt auf die Maximalwerte der letzten 10 Jahre ab.

v. Rintelen

nach den neuen Bedingungen nur bei Vereinbarungen der TK ABN 5260 bzw. TK ABU 6260 versichert. Das stellt eine Änderung gegenüber den ABN/ABU 2005 dar. Dort bestand Versicherungsschutz für Folgeschäden, wenn die besonderen Obliegenheiten der Klausel 60 beachtet wurden[202]. Die Klausel 60 enthält einen sehr eingeschränkten Versicherungsschutz für Schäden durch Gewässer und Grundwasser. Bis 2004 verwiesen § 2 Nr. 7 ABN, § 2 Nr. 6 ABU wegen des Versicherungsschutzes ohne Einschränkung auf die Klausel 60, die damit automatisch Vertragsinhalt des Versicherungsvertrages wurde, was allerdings streitig war[203]. Für die Fassungen ab 2005 war eine besondere Mitversicherung erforderlich.

61a   Schäden durch normales **Grundwasser** muss der VN ebenfalls durch Schutzmaßnahmen abwenden. Er muss für ausreichend redundante Wasserhaltungsanlagen sorgen. Erst wenn diese trotz Redundanz ausfallen, besteht Versicherungsschutz. Schäden durch hohes Grundwasser infolge von ungewöhnlichem oder außergewöhnlichem Hochwasser ist nur bei Vereinbarung der TK ABN 5260 bzw. TK ABU 6260 versichert.

62   Wegen der Definition der ausgeschlossenen **politischen Risiken** und **Nuklearrisiken** kann zunächst auf die Erläuterung dieser Ausschlüsse in anderen AVB verwiesen werden[204]. **Innere Unruhen** sind vom normalen **Vandalismus** abzugrenzen. Notwendig für den Versicherungsausschluss ist die Zusammenrottung eines nicht unerheblichen Teils der Bevölkerung zum Zwecke, Gewalttätigkeiten zu begehen[205]. Das geschieht im Gegensatz zu den üblichen Baubeschädigungen in der Regel nicht heimlich, sondern öffentlich und provokativ[206]. Die Risiken innere Unruhen, Streik und Aussperrung lassen sich durch die TK ABN 5236/5237 bzw. TK ABU 6236/6237 wieder einschließen.

62a   Die Ausschlüsse gelten ohne Rücksicht auf **mitwirkende Ursachen.** Die allgemeine Auslegungsregel, dass beim Zusammentreffen von Ausschlüssen mit gedeckten Ursachen, der Ausschluss im Zweifel vorgeht, wird hiermit verbindlich festgeschrieben. Der Ausschluss greift also bereits dann, wenn es sich um eine adäquate Ursache des Schadens handelt. Es muss aber weder die wesentliche Ursache noch die zeitlich letzte Ursache sein. Eine Einschränkung entsprechend dem Wortlaut kann dann geboten sein, wenn die andere versicherte Ursache die ganz überwiegende Hauptursache des Schadens ist. Denn dann handelt es sich materiell nicht mehr um eine nur „mitwirkende" Ursache[207].

5. Dauer der Versicherung

63   Die Versicherung beginnt zu dem im Versicherungsvertrag vereinbarten Zeitpunkt[208]. Bei den Jahresverträgen nach den ABN ist eine Anmeldung der einzelnen Objekte erforderlich[209], bei den Jahresverträgen nach den ABU nur eine gesonderte Anmeldung für Baustoffe und Bauteile[210], sofern die Prämiensätze im Übrigen im Voraus vereinbart sind. Hinsichtlich der **Zahlung der Erstprämie** gilt nunmehr das **Einlösungsprinzip,** d. h. Verzug berechtigt zu Rücktritt und Leistungsfreiheit[211]. Anders ist die Rechtslage nach den ABN/ABU 2005.

---

[202] *Rehm,* Bauwesenversicherung, S. 106 f.

[203] *Platen,* Handbuch, S. 20 (Rn. 3.2.7.1); *Rehm,* Bauwesenversicherung, Anm. 43; *Johannsen,* Bauwesenversicherung, Anm. 43; *Martin* VW 1974, 993 (998); anderer Auffassung *Heiermann/Meyer,* Handbuch, § 2 ABU Rn. 135, wonach die Klausel besonders vereinbart werden muss, damit überhaupt Versicherungsschutz besteht.

[204] Vgl. z. B. § 35 Rn. 110 ff. zur Maschinenversicherung, § 38 Rn. 69 ff. zur Transportversicherung; vgl. zum Kriegsbegriff ausführlich § 46 Rn. 192 ff.

[205] Vgl. BGH v. 13. 11. 1974, VersR 1975, 126; KG v. 18. 5. 1973, VersR 1975, 175, 176; *Martin,* Sachversicherungsrecht, Anm. F I 11.

[206] Vgl. *Prölss/Martin/Kohlhosser,* § 1 AFB 30 Rn. 16.

[207] Vgl. *Heiermann/Meyer,* Handbuch, § 2 ABU Rn. 147.

[208] B § 2 Nr. 1 ABN/ABU 2008 (§ 7 ABN/ABU 2006).

[209] Vgl. TK ABN 5862 Nr. 1 lit. b), Nr. 5 lit. b) (§ 7 der Klausel 67 zu den ABN 2005); zur Rechtzeitigkeit einer Anmeldung nach AMoB und der Abgabe gegenüber dem Agenten, vgl. OLG Karlsruhe v. 5. 11. 1998, NVerZ 2000, 444 (445 f.).

[210] Vgl. TK ABU 6862 Nr. 1 lit. b), Nr. 8 lit. b) (§ 1 Nr. 2, § 7 der Klausel 62 zu den ABU 2005).

[211] B § 2 Nr. 2, 3 ABN/ABU.

Dort ist die Zahlung in Abweichung zu § 38 VVG a. F. nicht Voraussetzung für den Versicherungsschutz[212]. Eine **vorläufige Deckung** ist möglich[213]. War das Bauvorhaben bereits begonnen, so werden in der Regel bereits erbrachte Leistungen in den Versicherungsschutz mit aufgenommen.

Das **Ende** des Versicherungsschutzes wird im Versicherungsvertrag festgelegt, und zwar auf **64** den Zeitpunkt der voraussichtlichen Fertigstellung. Bei Bauverzögerungen sind Verlängerungen notwendig, für die in der Regel im Voraus Zusatzprämien vereinbart werden. Wird die Bauleistung früher als im Versicherungsvertrag vorgesehen fertig gestellt, so endet der Versicherungsschutz auch früher. Die **ABU** stellen auf die **Abnahme bzw. fiktive Abnahme** nach § 12 Nr. 5 VOB/B ab, da in diesem Moment die Gefahr auf den Bauherrn übergeht, § 640 BGB. Anders als bei den ABN/ABU 2005 wird dem Unternehmer nicht mehr die Obliegenheit[214] auferlegt, auf die Abnahme hinzuwirken[215]. Für Hilfsbauten und Bauteile wird eine Nachlaufzeit für die Baustellenräumung von einem Monat gewährt[216].

Die **ABN** differenzieren hinsichtlich des Endzeitpunktes. Die Mitversicherung der Unter- **65** nehmer endet wie bei den ABU mit der Abnahme der jeweiligen Leistung[217]. Für den VN[218] endet der Versicherungsschutz mit der **tatsächlichen Fertigstellung,** wobei die ABN auf den frühsten der nachfolgenden Zeitpunkte abstellen:
- Bezugsfertigkeit
- 6 Werktage nach Beginn der Nutzung oder
- behördliche Gebrauchsabnahme[219].

Bezugsfertig ist ein Gebäude, wenn es in Gebrauch genommen werden kann, ein Wohn- **66** haus also mit Einrichtungsgegenständen (Möbeln) versehen und bewohnt werden kann[220]. Wenn ein Bauträger mangels Käufer die Ausstattung der Wohnung wie Oberböden, Anstrich- und Fliesenarbeiten in Wohnungen oder Reihenhäusern noch nicht ausführen lässt, bleibt das Gebäude nicht bezugsfertig. Entgegen *Platen*[221] kann der Begriff der Bezugsfertigkeit hier nicht einen anderen, engeren Inhalt erhalten. Der VN ist nicht verpflichtet, die Bezugsfertigkeit vor dem vereinbarten Versicherungsende herbeizuführen[222]. Das gilt auch für die sich automatisch verlängernden Jahresverträge[223], die keine Versicherungszeit für Einzelobjekte enthalten. Hier greift ggf. der Risikoausschluss der mehrmonatigen Bauunterbrechung nach A § 2 Nr. 4 lit e) ABN.

Wird der Schaden durch oder an **Restleistungen** verursacht, die nach Abnahme oder Be- **67** zugsfertigkeit erbracht werden, besteht auch während der ursprünglichen Versicherungszeit nur noch ein begrenzter Versicherungsschutz. Das Risiko des Untergangs der Restleistungen trägt weitgehend der Unternehmer, die Schäden an anderen Bauleistungen müssen durch eine Haftpflichtversicherung gedeckt werden. Gleiches gilt für die Mitversicherung der Unternehmer nach den ABN. Die Praxis frühzeitiger Abnahmen, z. B. bei Mehrwertsteueränderung, ist wegen des begrenzten Haftpflichtversicherungsschutzes nicht ungefährlich. Nur

---

[212] *Platen,* Handbuch, Rn. 3.7.1.9.

[213] In § 8 Nr. 1 ABN/ABU 2005 ist sie ausdrücklich angesprochen.

[214] Nicht nachvollziehbar ist, warum *Rehm,* Bauwesenversicherung, bei den ABU eine Obliegenheit annimmt (S. 67), bei den ABN aber Verstöße für folgenlos erklärt (S. 155).

[215] Die in § 8 Nr. 3 ABU 2005 normierte Verpflichtung zur „Anzeige der Fertigstellung" geht allerdings ins Leere, falls eine förmliche Abnahme, wie häufig, vereinbart ist.

[216] B § 3 Nr. 2 ABU 2008 (§ 8 Nr. 3 Abs. 2 ABU 2005).

[217] B § 3 Nr. 2 ABN 2008 (§ 8 Nr. 4 ABN 2005).

[218] Die Auffassung von *Rehm,* Bauwesenversicherung, S. 154, dies bezöge sich nur auf die selbst erbrachten Bauleistungen des VN, im Übrigen sei der Ablauf der Versicherungszeit maßgeblich, ist unzutreffend. § 8 Nr. 3 und 4 ABN 2005 bzw. B § 3 Nr. 2 und 3 ABN 2008 erfassen zwingend alle Bauleistungen.

[219] Heute Bauzustandsbesichtigung zur abschließenden Fertigstellung, vgl. z. B. § 82 BauO NW.

[220] OLG Celle v. 27. 3. 1981, VersR 1981, 674 (zur Leistungswasserversicherung).

[221] *Platen,* Handbuch, Rn. 3.8.3.1.

[222] So auch *Roos/Schmitz-Gagnon,* Praktikerkommentar ABN/ABU 2005, § 8 ABN Anm. 9.3.1.

[223] Vgl. TK ABN 5862 Nr. 4 lit. b).

hinsichtlich des Bauherrenrisikos bleiben die Restleistungen als solches – nicht aber das übrige Objekt – auch nach Bezugsfertigkeit etc. bis zum Ablauf der Versicherungszeit geschützt[224]. Hier besteht allerdings die Möglichkeit, den Deckungsschutz durch die so genannten **Nachhaftungsklauseln** TK ABN 5290 und 5291 bzw. TK ABU 6291 und 6291 (bisher Klauseln 90 und 91[225]) zu verlängern.

68   Der Schaden muss **innerhalb der Versicherungszeit** selbst **eingetreten** sein. Er ist dann versichert, auch wenn er erst nach Abnahme etc. entdeckt wird[226]. Nicht ausreichend ist demgegenüber, dass die Schadensursache während der Versicherungszeit gesetzt wird und hieraus später ein Schaden entsteht[227], z. B. eine fehlerhafte Konstruktion nachträglich einstürzt. Hier besteht nur Versicherungsschutz durch eine Baugewährleistungsversicherung und/oder Haftpflichtversicherung. Diese Abgrenzung kann dazu führen, dass teilweise Versicherungsschutz besteht. Wird durch nachfolgende Arbeiten die ordnungsgemäße Abdichtung beschädigt, so ist das ein Versicherungsschaden, auch wenn er erst nach Abnahme entdeckt wird. Der weitere Schaden, der zu einem späteren Zeitpunkt durch eindringende Feuchtigkeit entsteht, ist demgegenüber nicht versichert[228]. Ist Schadensursache ein Mangel, so kommt es entscheidend darauf an, wann ein unversicherter Mangel in einen weitergehenden Schaden umschlägt[229]. Öffnen sich Haarrisse von Schweißnähten durch den späteren Betrieb, so lag während der Versicherungszeit ein reiner Baumangel vor. Mit der **TK ABN 5290/ABU 6290** kann der Versicherungsschutz aber auch auf diese Schäden erstreckt werden, die erst **in der Nachhaftungszeit auftreten**[230]. Bei mangelbedingten Schäden werden allerdings die gesamten Sowieso-Kosten in Abzug gebracht.

III. Versicherte Interessen

69   Hierin liegt der wesentliche Unterschied zwischen ABN und ABU. Die **ABU** versichern nur das **Interesse des Unternehmers** (VN), A § 3 Nr. 1 ABU. Geht der Bauschaden nicht zu seinen Lasten, weil er entweder auf höhere Gewalt oder anderen unabwendbaren Umständen beruht (§ 7 VOB/B) oder sogar vom Bauherrn zu vertreten ist (Verwirklichung von Baugrundrisiko, Planungsfehler etc.), besteht kein Versicherungsschutz. Der Unternehmer trägt in diesen Fällen nicht die Vergütungsgefahr und hat einen Anspruch auf erneute Bezahlung für die Wiederherstellungsarbeiten. Hier besteht allerdings die Möglichkeit der Erweiterung des Versicherungsschutzes auf Bauherrenrisiken durch die TK ABU 6364 und 6365[231].

70   Ebenfalls nicht, jedenfalls nicht formell mitversichert sind die Interessen seiner Nachunternehmer[232]. Hieran hat auch die Umformulierung in A § 3 Nr. 1 nichts geändert. Versichert ist nur das Interesse des VN an der Nachunternehmerleistung, nicht aber dieser selbst[233]. Hat der Nachunternehmer einen Bauschaden zu vertreten, so wird der VN zwar entschädigt, da er sich dessen Verhalten gegenüber dem Bauherrn zurechnen lassen muss. Der VR erwirbt aber die Ansprüche des VN gegenüber dem **Nachunternehmer.** Faktisch kommt es jedoch zu

---

[224] B § 3 Nr. 2 Abs. 2 ABN 2008 (§ 8 Nr. 3 Abs. 3 ABN 2005); für Jahresverträge fehlt eine Regelung für ein früheres Ende des Versicherungsschutzes.

[225] Abgedruckt bei *Platen,* Handbuch, S. 131.

[226] *Platen,* Handbuch, Rn. 3.8.1.1; *Prölss/Martin/Voit/Knappmann,* § 8 ABU Rn. 1.

[227] BGH v. 27. 6. 1979, VersR 1979, 853 (856); OLG München v. 19. 9. 2001, NVersZ 2002, 140 zu AMoB.

[228] *Rehm,* Bauwesenversicherung, S. 65, 153.

[229] Vgl. BGH v. 13. 6. 1981, VersR 1981, 875 (876) zur Maschinenversicherung.

[230] Zur Vorgängerklausel 90 *Platen,* Handbuch, Rn. 32.1.4.

[231] Vgl. Rn. 20 f., 89; Dann sind alle Nachunternehmer mitversichert, vgl. OLG Köln v. 13. 8. 2003, IBR 2003, 513 und BGH v. 10. 12. 2003, VersR 2004, 225.

[232] *Wäldner,* Grundbegriffe, S. 70 ff.; *Littbarski,* Haftungs- und Versicherungsrecht, Rn. 694; *Meier,* Bauversicherungsrecht, 197.

[233] Dementsprechend erfasst die Regressklausel des A § 3 Nr. 3 ABU anders als A § 3 Nr. 3 ABN nicht Nachunternehmeransprüche. Die fehlende Mitversicherung ergibt sich weiter aus Klausel TK ABU 6365, mit der nunmehr ausdrücklich die Mitversicherung erfolgt.

einer gewissen Mitversicherung, da A § 3 Nr. 3 ABU einen teilweise **Regressverzicht** vorsieht: Der VR nimmt nur Regress falls der Schaden
– für den Nachunternehmer selbst vorhersehbar war oder
– an anderen Bauleistungen als denen des Nachunternehmers eingetreten ist.

Anlass für den Rückgriff im ersten Fall ist, dass dann selbst der VN keinen Versicherungsschutz hätte, im letzteren Fall, dass ein Haftpflichtschaden vorliegt und die Bauleistungsversicherung insoweit nicht Haftpflichtfunktionen übernehmen will[234].

Der **Regressverzicht**[235] erfasst damit die Fälle unvorhergesehener Beschädigungen der **71** **eigenen Nachunternehmer-Leistungen**[236]. Das ist aufgrund der Ausgestaltung der ABU aber kein Fall der Mitversicherung fremder Interessen, sondern nur ein Regressverzicht[237]. Denn der Nachunternehmer ist nur (reflexartig) geschützt, falls sich der VN zur Schadensregulierung an den VR wendet. Dem VN stünde es in diesem Fällen aber auch frei, sich statt der Inanspruchnahme der Versicherung an den Nachunternehmer zu wenden[238]. Allerdings wird eine derartige Inanspruchnahme ausscheiden, wenn der VN seine Nachunternehmer an der Versicherungsprämie beteiligt[239]. Rechtlich besser stehen sich die Nachunternehmer, falls ein Tiefbauauftraggeber für ein Ingenieurbauwerk eine Bauleistungsversicherung nach den ABU i. V. m. der **TK ABU 6365** schließt. In diesem Fall sind alle Nachunternehmer wie bei den ABN (vgl. Rn. 73) echte Mitversicherte[240]. Wirtschaftlich steht der Nachunternehmer durch den Regressverzicht bei der Inanspruchnahme der Versicherung wie ein Mitversicherter[241], wobei seine Stellung aber von den Rechtsstellungen seiner Vorunternehmer abhängig ist. Als Mitversicherter wäre er nur vom Deckungsanspruch des VN abhängig, ansonsten würde ihm nur eigene grobe Fahrlässigkeit schaden. Beim bloßen Regressverzicht wäre die Regresskette auch dann eröffnet, wenn der Schaden zwar nicht für ihn vorhersehbar war, wohl aber für seinen unmittelbaren Auftraggeber.

Die Regressmöglichkeit nach A § 3 Nr. 3 lit. b) ABU ist für den nicht unwahrscheinlichen **72** Fall der Schädigung fremder Bauleistung für den Nachunternehmer durchaus gefährlich. Denn aufgrund des Deckungsausschlusses für Tätigkeitsschäden gemäß Ziff. 7.7 AHB bzw. eingeschränkter Versicherungssummen kann hier eine erhebliche unversicherte Differenz verbleiben. Die vertragliche Übernahme der Versicherung durch den Unternehmer gegen **Prämienbeteiligung** dürfte hier keinen **vertraglichen Haftungsverzicht** für Haftpflichtfälle bei einfacher Fahrlässigkeit bedeuten[242], der zur Folge hätte, dass kein Anspruch auf den VR mehr übergehen könnte. Zum einen ist fraglich, ob diese vom BGH für Mietverhältnisse angenommene Konstruktion nach der neuen versicherungsrechtlichen Lösung[243] noch Gültigkeit hat[244], zum anderen erhält der Nachunternehmer für die Prämienbeteiligung eine

---

[234] Vgl. *Wäldner,* Grundbegriffe, S. 71 f.

[235] § 3 Nr. 4 ABU.

[236] Vgl. *Rehm,* BauwesenV S. 52 f.; zu eng *Wäldner,* Grundbegriffe, S. 74, der allein auf die Fälle des Leistungsunvermögens des Nachunternehmers abstellt.

[237] *Wäldner,* Grundbegriffe, S. 73 f.; *Rehm,* Bauwesenversicherung S. 53; *Platen,* Handbuch, 4.3.3.1 f.; *Littbarski,* Haftungs- u. Versicherungsrecht, Rn. 694; a. M.: *Beese,* Bauwirtschaft 1975, 1262 (1265).

[238] Vgl. allgemein BGH v. 18. 3. 1986, VersR 1986, 775 (756); *Prölss/Martin/Prölss,* § 80 VVG Rn. 11 f.

[239] Vgl. allgemein BGH v. 7. 3. 1990, VersR 1990, 625 (626); Berliner Kommentar/*Hübsch,* § 80 VVG Rn. 29.

[240] Das ist nunmehr in TK ABU 6365 Nr. 1 Lit. b) ausdrücklich geregelt. Das gilt aber auch für die bisherige Klausel 65. Da deren Nr. 1 den Versicherungsumfang wortwörtlich so beschreibt wie § 3 Nr. 1 ABN 2005, ist der Umfang des Versicherungsschutzes aus der maßgeblichen Sicht des VN auch genauso auszulegen, vgl. BGH v. 10. 12. 2003, VersR 2004, 211 (212); OLG Köln v. 13. 08. 2002, IBR 2003, 513.

[241] Das bezeichnet der BGH im Rahmen seiner Rechtsprechung zum Regressverzicht auf den Mieter in der Gebäudeversicherung als Ziel dieser Konstruktion, vgl. BGH v. 3. 11. 2004, VersR 2005, 498 (499).

[242] Vgl. dazu BGH v. 26. 1. 2000, NVersZ 2000, 427; BGH v. 13. 12. 1995, VersR 1996, 320 (321 f.).

[243] BGH v. 8. 11. 2000, VersR 2001, 94 (95) bestätigt BGH v. 14. 2. 2001, VersR 2001, 230 und BGH v. 12. 12. 2001, VersR 2002, 433.

[244] Dafür *Gaul/Pletsch,* NVersZ 2001, 490 (495); a. M. *Armbrüster,* NVersZ 2001, 193 (194).

---

v. Rintelen

Gegenleistung, nämlich den Regressverzicht in Bezug auf die eigene Bauleistung. Deshalb empfiehlt sich jedenfalls in den Fällen, in denen die Prämie auf die Nachunternehmer umgelegt wird, die Regressmöglichkeit des A § 3 Nr. 3 lit. b) ABU durch die TK ABU 6866 insgesamt oder jedenfalls durch die TK ABU 6868 für die Fälle auszuschließen[245], in denen kein Haftpflichtversicherungsschutz besteht.

73 Einfacher ist die Lage bei der Versicherung nach **ABN.** Die ABN decken sowohl das **Bauherren-/Auftraggeberinteresse** wie auch das Interesse **aller beauftragten Unternehmer** einschließlich **aller Nachunternehmer**[246], wie nunmehr in A § 3 Nr. 2 ABN ausdrücklich klargestellt. Dabei wird das Bauherrenrisiko über den etwas zu eng geratenen Wortlaut auch dann erfasst, wenn VN ein (General-)Unternehmer ist[247], da die ABN wie schon die AVB Wohngebäude 1954 einen umfassenden Versicherungsschutz unabhängig von der Person des VN und unabhängig davon, wer die Bauleistung erbringt, bieten wollen[248]. Auch eine Klausel für die ansonsten erforderliche Erweiterung des Versicherungsschutzes wird nicht angeboten. Alle anderen Beteiligten neben dem VN sind **Mitversicherte**[249].

74 Dennoch sieht A § 3 Nr. 3 ABN die Möglichkeit vor, dass in Schadensfällen **Ansprüche gegen Mitversicherte** auf den VR übergehen. Sollten hiermit auch alle Erfüllungsansprüche auf Wiederherstellung der eigenen Bauleistung gemeint sein[250], so wäre der Versicherungsschutz für die mitversicherten Unternehmer nicht viel wert. Von dem Rückgriff blieben sie dann nur in den praktisch doch sehr seltenen Fällen höherer Gewalt bzw. anderer unabwendbarer Umstände verschont. Tatsächlich folgt aus der Einordnung als Mitversicherte, dass in den Fällen nicht grob fahrlässig unvorhergesehener Beschädigungen der eigenen Leistungen überhaupt kein Regress möglich ist[251]. Vielmehr erlangen sie als Mitversicherte einen eigenen Anspruch gegen den VR aus dem Versicherungsvertrag, § 44 VVG[252], über den sie allerdings nach B § 12 Nr. 1 ABN 2008 (§ 16 Nr. 1 ABN 2005) nicht verfügen können.

75 **Regressmöglichkeiten** nach A § 3 Nr. 3 ABN verbleiben damit neben den Fällen der Vorhersehbarkeit des Schadens für einen Mitversicherten[253] in den Fällen der Beschädigung **fremder Bauleistung.** Denn hinsichtlich dieses **Haftpflichtrisikos** sind die beauftragten Unternehmer **nicht mitversichert**[254] und damit Dritte im Sinne des § 86 VVG. Der Umfang der Mitversicherung ist der konkreten Ausgestaltung der Versicherungsbedingungen zu entnehmen. Aus A § 3 Nr. 3 ABN ergibt sich für Haftpflichtfälle allerdings eine Regressmöglichkeit, deren Umfang durch die TK ABN 5868 (bisher Klausel 68[255]) – im Vergleich zu A § 3 Nr. 3 ABN unmissverständlich – klargestellt wird[256]. Bei Vereinbarung der TK ABN 5868

---

[245] Vgl. zu den bisherigen Klauseln 66 und 82 *Platen,* Handbuch, 2.1.0.0 ff.; *Rehm,* Bauwesenversicherung, S. 115.

[246] BGH v. 10. 12. 2003, VersR 2004, 211 (212); OLG Köln v. 13. 08. 2002, IBR 2003, 513; *Littbarski,* Haftungs- u. Versicherungsrecht, Rn. 683; *Rehm,* Bauwesenversicherung, S. 140; *Martin,* VW 1974, 1130 (1131).

[247] *Rehm,* Bauwesenversicherung, S. 141; *Wäldner,* Grundbegriffe, S. 85 f.; *Martin,* VW 1974, 1130 (1131); *van Bühren/Johannsen* § 23 Rn. 70; wohl auch *Platen,* Handbuch, Rn. 3.3.1.0 f.; a. M. Beck'scher VOB-Kommentar/*Rüßmann* (Fn. 26), Anh. § 7 Rn. 81. Der von *Rüßmann* aufgezeigte Widerspruch besteht, wird in der Praxis allerdings zu Gunsten des VN aufgelöst. Der nicht zum Vorsteuerabzug berechtigte Bauherr hat Anspruch auf eine Bruttoentschädigung (vgl. Rn. 80).

[248] Das zeigt sich auch an dem entfallenen § 3 Nr. 2 Abs. 2 ABN 2005, wonach ausdrücklich auch die Bauleistungen versichert sind, die der (mitversicherte) Bauherr selbst erbringt.

[249] *Rehm,* Bauwesenversicherung, S. 141; *Wäldner,* Grundbegriffe, S. 78; vgl. auch § 3 Nr. 3 ABN.

[250] so wohl *Rehm,* Bauwesenversicherung, S. 142.

[251] ÖOGH v. 30. 1. 1992, VersR 1993, 639 (640); vgl. auch *Platen,* Handbuch, Rn. 22.0.1; allgemein: Berliner Kommentar/*Baumann,* § 67 VVG Rn. 72; *Bruck/Möller/Sieg,* § 67 VVG Anm., 134.

[252] Berliner Kommentar/*Hübsch,* § 75 VVG Rn. 1; *Bruck/Möller/Sieg,* § 75 VVG Anm. 1 ff.

[253] Vgl. dazu *Wäldner,* Grundbegriffe, S. 81 ff.; *Schirmer,* ZVersWiss 1981, 637 (734 f.).

[254] ÖOGH v. 30. 1. 1992, VersR 1993, 639 (640).

[255] Abgedruckt bei *Platen,* Handbuch, S. 132.

[256] Vgl. dazu *Platen,* Handbuch, Rn. 22.0.0 ff. und *Rehm,* Bauwesenversicherung, S. 193.

verzichtet der VR auf den Rückgriff wegen Schäden an vom Schadensverursacher nicht selbst erstellten Bauleistungen, soweit dieser nicht haftpflichtversichert ist.

Hinzuweisen bleibt, dass die **Rechtsstellung des Mitversicherten** nur **akzessorisch** zu   76 der des VN ist. Ist der VR gegenüber dem VN leistungsfrei, so ist er dies grundsätzlich auch gegenüber dem Mitversicherten[257]. Umgekehrt bleibt allerdings der selbstständige Versicherungsanspruch des VN durch Obliegenheitsverletzungen des Mitversicherten unberührt[258].

Fraglich ist nach den ABN 2005 der Versicherungsschutz eines **Generalunternehmers**   77 für seine **eigenen Bauleistungen.** Nach § 3 Nr. 2 ABN 2005 sind eigene Bauleistungen des VN so versichert als wäre ein anderer Unternehmer aufgrund der VOB/B beauftragt worden. Die herrschende Meinung versteht das **als zeitliche Grenze des Versicherungsschutzes** für Unternehmerschäden. Die nach der VOB/B zu Lasten des Unternehmers gehenden Schäden sollen nur versichert sein bis zu dem Zeitpunkt, zu dem ein dritter Unternehmer eine Abnahme erlangt hätte; anschließend sei nur noch das Gefahrtragungsrisiko des Auftraggebers versichert[259]. Konkret bedeutet das, dass ein Generalunternehmer, der bei Restleistungen sein Werk beschädigt, hiergegen nicht mehr versichert wäre. Gleiches würde für bereits gesetzte Schadensursachen gelten, die erst nach dem fiktiven Abnahmezeitpunkt zu einem Schaden führen[260]. Beschädigt der Generalunternehmer sein Werk nachträglich demgegenüber durch fehlerhafte Anordnungen an andere Unternehmer, so ginge das zu Lasten des Auftraggeberrisikos und wäre versichert.

Die Klausel ist in dieser **Auslegung rechtlich bedenklich.** Die Einschränkung des Versi-   78 cherungsschutzes kommen in dem Bedingungswortlaut nicht hinreichend zum Ausdruck[261]. Im Übrigen ist die Fiktionsregelung als solches **intransparent,** weil sie die Auswirkungen auf den Versicherungsschutz für den durchschnittlichen VN nicht deutlich macht. Erhöht wird die Intransparenz durch die praktischen Unklarheiten. Was gilt, wenn der Generalunternehmer durch eine Unvorsichtigkeit sein eigenes Werk nach einem fiktiven Abnahmezeitpunkt schädigt? Wann unterfällt die Unvorsichtigkeit dem Auftraggeberrisiko oder dem Unternehmerrisiko[262]? Unklar ist, welcher Zeitpunkt für die fiktive Abnahme gelten soll, wenn der Generalunternehmer verschiedene Bauleistungen erbringt. Soll die Fiktion des § 3 Nr. 2 ABN 2005 bereits für jedes Einzelgewerk gelten, so dass der Versicherungsschutz für das Unternehmerrisiko bei Rohbauarbeiten relativ früh beendet wäre, also Schäden z. B. aufgrund nachträglich einstürzender Wände jedenfalls am eigenen Gewerk nicht mehr versichert wären, oder für alle vom Generalunternehmer zu erbringenden Bauleistungen als Gesamtheit, so dass Versicherungsschutz bis zur letzten Leistung bestünde? Dem Generalunternehmer müsste angeraten werden, zur Aufrechterhaltung des Versicherungsschutzes am besten die Schlussreinigung selbst zu übernehmen. Gegen die zeitliche Einschränkung des Versicherungsschutzes spricht weiter, dass nach § 3 Nr. 1 ABN 2005 grundsätzlich Versicherungsschutz „für 100% aller denkbaren Schäden" gewährt werden soll[263], der Generalunternehmer bei dieser zeitlichen Ein-

---

[257] OLG Köln v. 14. 1. 1997, OLGR 1997, 208 (209); Berliner Kommentar/*Hübsch*, § 75 Rn. 4; a. M. *Schirmer* ZVersWiss 1981, 637 (735, Fn. 293).

[258] Berliner Kommentar/*Hübsch*, § 79 Rn. 12.

[259] *Rehm*, Bauwesenversicherung, S. 142; *Wäldner*, Grundbegriffe, S. 87. *Martin*, VW 1974, 1130 (1132), der die ABN mit formuliert hat (*Wäldner*, Grundbegriffe, S. 5) geht sogar davon aus, dass für Eigenleistungen des Generalunternehmers der Versicherungsschutz auf dem Zeitpunkt der fiktiven Abnahme begrenzt sei. Im Ergebnis wie hier *Roos/Schmitz-Gagnon*, Praktikerkommentar ABN/ABU 2005, § 8 ABN Anm. 9.3.5.

[260] Vgl. dazu oben Rn. 68.

[261] Vgl. z. B. *Heiermann/Meyer*, Handbuch, § 3 ABN Rn. 31, die § 3 Nr. 2 nicht als Einschränkung, sondern als Erweiterung verstehen, wodurch Versicherungsschutz nicht nur nach Gefahrübergang, sondern bereits während des Herstellvorgangs besteht. Gegen jede zeitliche Einschränkung durch § 3 Nr. 2 ABN auch *Roos/Schmitz-Gagnon*, Praktikerkommentar ABN/ABU 2005, § 8 ABN Anm. 9.3.5.

[262] Der Bauleiter des GU verursacht einen Schaden auf dem Rundgang zur Überwachung von GU-Restleistungen und Fremdarbeiten.

[263] *Martin*, VW 1974, 1130 (1131); *Rehm*, Bauwesenversicherung, S. 140; vgl. auch *Platen*, Handbuch, Rn. 3.3.10; *Wäldner*, Grundbegriffe, S. 47.

schränkung allerdings – auch zufälligen – Versicherungsschutzlücken ausgesetzt wäre. Wenn die ABN grundsätzlich einen umfassenden Versicherungsschutz gewähren wollen, kann die Fiktion des § 3 Nr. 2 ABN 2005 nur als eine Regelung über den **Umfang der Ersatzleistung** verstanden werden. Denn die Festlegung der Gefahrtragung in den ABN erlangt hier besondere Bedeutung. Fällt ein Schaden unter das Bauherren-/Auftraggeberrisiko, werden die Kosten wie Fremdrechnungen erstattet, geht der Schaden zu Lasten des Unternehmers nur die Selbstkosten[264].

78a   Durch die Neufassung 2008 ist die Streitfrage hinsichtlich der Dauer des Versicherungsschutzes geklärt. Denn die Regelung des § 3 Nr. 2 ABN 2005 ist entfallen. Stattdessen regelt nun A § 7 Nr. 2 lit. a) Abs. 3 ABN 2008 allein zur Entschädigungshöhe, dass Eigenleistungen des Bauherrn wie Schäden zu Lasten eines Unternehmers abgerechnet werden. Die Leistungen des Generalunternehmer-)Auftraggebers werden nicht ausdrücklich erwähnt, können aber wohl nicht anders behandelt werden[265].

IV. Entschädigungsumfang

79   Der Entschädigungsumfang wird durch die **Versicherungssummen** begrenzt. Diese sind zugleich Grundlage für die Prämienberechnung[266]. Grundsätzlich gilt der Volldeckungsgrundsatz. Bei den ABN muss der VN das **gesamte Bauvorhaben** versichern, bei den ABU seine **gesamte Vertragsleistung** (einschließlich Nachunternehmervergaben). Eine Negativauslese durch die Versicherung bloß besonders risikobehafteter Leistungen soll dadurch verhindert werden[267]. Bei einer Dach-ARGE kann ein Unternehmer sich auf die Versicherung seiner Lose nach den ABU beschränken[268].

80   Aus A § 5 ABN/ABU ergibt sich, wie die Versicherungssumme zu berechnen ist. Maßgebend für die Berechnung des Versicherungswerts der Bauleistung sind die Auftragssummen. Die nur teilweise (mit Abschreibungswerten oder Vorhaltekosten) in die Vertragspreise eingerechneten Hilfsbauten werden, soweit sie versichert sind, ebenso wie die Baustoffe zum Neuwert berücksichtigt, hinsichtlich des Materialanteils aber nur zum Zeitwert entschädigt. Die **Mehrwertsteuer** wird nur einbezogen, sofern sie im Schadensfall mangels Vorsteuerabzugsberechtigung zu ersetzen wäre, also beim Abschluss der Versicherung durch einen nicht zur Umsatzsteuer optierenden Bauherrn. Das kann bei der Mitversicherung eines solchen Bauherrn im Fall des Abschlusses der Versicherung durch den Generalunternehmer zu einer systematischen Ungereimtheit führen. Die Prämie des Generalunternehmers wird nach den Nettobeträgen berechnet, der Bauherr hat – in den eher seltenen Fällen, in denen er die Gefahr trägt – dennoch nach A § 7 Nr. 1 ABN einen Anspruch auf den Bruttobetrag.

81   Die Versicherungssumme wird zunächst auf der Grundlage der Vertragssummen festgelegt. Diese erhöhen sich jedoch häufig aufgrund von **Mengenänderungen oder Nachträgen.** Nach Beendigung der Versicherung sind auf Basis der Schlussrechnungssummen die Versicherungssummen endgültig festzulegen und die Prämie endgültig abzurechnen[269]. Diese Änderungen müssen nicht mehr – anders nach § 17 Nr. 1 ABN/ABU 2005 – unverzüglich angezeigt werden.

82   **Nicht zugestimmt** werden kann der verbreiteten Auffassung, die **Versicherungssumme** sei **nur** ein **Kalkulationsfaktor** zur Berechnung der Prämie und besage nichts dar-

---

[264] Vgl. Rn. 83; siehe auch *Platen,* Handbuch, Rn. 3.3.1.1.

[265] Bei rein formeller Argumentation kann man aber auch zu einer weitergehender Entschädigung nach A § 7 Nr. 1 ABN kommen, da Eigenleistungen eines vom Bauherrn unterschiedlichen Auftraggebers nicht erwähnt werden, dieser nach A § 3 Nr. 1, 2 und 3 ABN aber von den mitversicherten Unternehmern unterschieden wird.

[266] § 6 Nr. 2 ABN/ABU.

[267] Will der Bauherr nicht alle Leistungen versichern, kann er den Unternehmer der zu versichernden Teilleistung aufgeben, eine Versicherung nach den ABU einschließlich Klausel 64 abzuschließen.

[268] Nach der entfallenen Klausel 69 zu den ABN 2005 kann ausnahmsweise bei der Erstellung eines Fertighauses die Versicherung auf die Errichtung von Keller und Fundamenten beschränkt werden.

[269] § 5 Nr. 3 ABU, § 5 Nr. 4 ABN.

über, was tatsächlich versichert sei[270]. Die Bestimmung der Versicherungssumme hat nach der klaren Systematik der ABN/ABU eine eigenständige Bedeutung für die Festlegung der Entschädigung. Sie ist nicht bloß Teil der Prämienberechnung, sondern umgekehrt lehnt sich die Prämienberechnung an die Bestimmung der Versicherungssumme an. Ein Versicherungsvertrag ist nach §§ 133, 157 BGB **ganzheitlich** auszulegen, wobei diese Auslegungsvorschriften durch AVB auch gar nicht geändert werden könnten[271]. Da die Versicherungssumme die Umsetzung der versicherten Bauleistung in Zahlen sein soll, ist sie jedenfalls bei der Festlegung des Versicherungsumfanges zu berücksichtigen[272]. Sind nach A § 1 ABN/ABU nicht versicherte Sachen in die Versicherungssumme eingerechnet worden, muss also im Einzelfall überprüft werden, ob das lediglich versehentlich geschah, die Prämie also nur übersetzt wurde und ggf. zurückgefordert werden kann, oder ob das gewollt war und als individuelle Abrede den AVB vorgeht[273].

Entspricht die Versicherungssumme nicht dem Versicherungswert, so läge eigentlich eine **82a** **Unterversicherung** vor, die nach § 75 VVG – nunmehr aber erst nach Überschreiten der Erheblichkeitsschwelle – zu einer quotalen Entschädigung führen würde. Hier ist jedoch nach A § 5 Nr 3 ABN/ABU 2008 (§ 12 ABN/ABU 2005) zu unterscheiden: Ist die Versicherung entgegen A § 5 Abs. 1 ABN/ABU nicht für die gesamte (Bau-)Leistung genommen, so ist zunächst zu prüfen, ob die konkret beschädigten Sachen überhaupt nach A § 1 ABN/ABU versichert wurden. Sind sie nicht deklariert und versichert, werden sie nicht entschädigt. Sind sie demgegenüber von der Versicherung erfasst, wird nach A § 7 Nr. 7 ABN/ABU die Entschädigung verhältnismäßig gekürzt[274]. Praktisch wird das insbesondere, wenn der Unternehmer Hilfsbauten oder Bauhilfsstoffen nicht auf Neuwertbasis ansetzt. Wurde demgegenüber die gesamte Bauleistung versichert, die Versicherungssumme jedoch zu niedrig geschätzt oder hat sie sich der Versicherungswert durch Zusatzleistungen nachträglich erhöht[275], liegt keine Unterversicherung vor, da die Ermittlung der Versicherungssumme und der Versicherungsprämie nur vorläufig war und nach §§ A § 5 Nr. 2, B § § 2 Nr. 4 ABN/ABU erst auf der Basis der Schlussrechnungssummen endgültig erfolgt[276].

Entschädigt werden nach A § 7 Nr. 1 ABN/ABU 2008 (§ 9 Nr. 1 ABN/ABU 2005) **83** grundsätzlich die **Selbstkosten für** Aufräumung und **Wiederherstellung.** Zu den Wiederherstellungskosten gehören auch alle **Nebenkosten** der Schadensbeseitigung, insb. die Vor- und Nacharbeiten[277]. Hierunter kann auch zusätzlich anfallendes Architektenhonorar gehören, selbst wenn es nicht in die Bildung der Versicherungssumme eingegangen ist[278] oder

---

[270] *Platen,* Handbuch, Rn. 3.5.0.1; *Wirth/Fischer,* Handbuch der Vertragsgestaltung, Vertragsabwicklung und Prozessführung im privaten und öffentlichen Baurecht, Bd. 1, Teil XV, Rn. 142; *Roos/Schmitz-Gagnon* Praktikerkommentar zu den ABN/ABU 2008, A § 5 ABN Rn. 2.

[271] Vgl. nur *Quack,* BauR 1992, 18 (19) m.w.N.

[272] Ebenso *Meier,* Bauversicherungsrecht, S. 198.

[273] Vgl. dazu *Präve,* Versicherungsbedingungen, Rn. 321 ff.

[274] Diese „doppelte Sanktion" hat nach Martin VW 1974, 1052 (1053) Vertragsstrafecharakter. Sie ist deshalb ABG-rechtlich zweifelhaft, da sie kein Verschulden voraussetzt. *Johannsen,* Bauwesenversicherung, Anm. 53, geht davon aus, dass § 12 Nr. 1 nur die gesetzliche Regelung wiederholt.

[275] Zwar ist der VN nach § 5 Nr. 1 ABN/ABU zur Versicherung von nachträglichen Erweiterungen verpflichtet und hat diese auch nach § 17 Nr. 1 ABN/ABU unverzüglich anzuzeigen. Die Verletzung dieser Obliegenheit ist jedoch nicht vertraglich sanktioniert, vgl § 17 Nr. 4 ABN/ABU.

[276] Richtig *Martin* VW 1974, 1052 (1053); *Risthaus,* Die Unterversicherung – § 56 Versicherungsvertragsgesetz, 1999, S. 40; wohl auch *Rehm,* Bauwesenversicherung, S. 78; anders *Heiermann/Meyer,* § 12 ABN Rd. 7 f., die nur nachträgliche Werterhöhungen unter § 12 Nr. 2 ABN/ABU 2005 fallen lassen wollen, bei anfänglichen Berechnungsfehlern oder fehlerhafter Einschätzung gegen den Wortlaut § 12 Nr. 1 ABN/ABU 2005 anwenden wollen. *Roos/Schmitz-Gagnon,* Praktikerkommentar zu den ABN/ABU 2008, A § 5 ABN Rn. 45 wollen bei Zusatzleistungen eine nachtägliche Unterversicherung annehmen.

[277] *Heiermann/Meier* § 9 ABU Rn. 9f. und allgemein *Martin,* Sachversicherungsrecht, R III Rn. 37 ff.

[278] Vgl. *Awik* DAB 1985, 1599; *Roos/Schmitz-Gagnon,* Praktikerkommentar zu den ABN/ABU 2008, A § 5 ABN Rn. 23.

Zusatzkosten für den erschwerten Ausbau oder Wiederaufbau von Hilfsbauten aufgrund der Beschädigung[279]. Ersatzfähig sind auch die Kosten einer Schadensbeseitigung, die nicht körperlich an der beschädigten Sache selbst vorgenommen wird, sondern wenn durch äquivalente Maßnahmen deren Funktion auf andere Weise wieder hergestellt wird[280]. Für die Eigenleistung des Bauherrn oder des (mit-) versicherten Unternehmers sind das die Baupreise abzüglich der Zuschläge für Wagnis und Gewinn, nicht schadensbedingte Baustellengemeinkosten sowie Allgemeine Geschäftskosten[281], die mit einem vertraglich festzulegenden Prozentsatz (nach den bisherigen Fassungen 10%) pauschal in Abzug gebracht werden[282], bei Fremdleistungen die vollen Baupreise. Da die Beseitigung von Bauschäden häufig wie Regiearbeiten nach Aufwand und Stundenlohn erfolgt, enthält A § 7 Nr. 2 lit d) ABN/ABU 2008 (§§ 10 Nr. 4 bis 9 ABN/ABU 2005) hierfür eingehende Abrechnungsregeln.

84   War Ursache für den Schaden ein **Baumangel,** so werden nur die so genannten Verbesserungskosten in Abzug gebracht, nicht aber die sonstigen Sowieso-Kosten[283]. Mehrkosten **geänderter Bauweise** oder von Verbesserungsmaßnahmen[284], für behelfsmäßige Maßnahmen oder Beschleunigungskosten[285] werden selbstverständlich nicht entschädigt[286].

85   Der Entschädigungsumfang beschränkt sich auf die Sachwertentschädigung. **Vermögensschäden** (insbesondere Vertragsstrafen, Schadenersatzansprüche, Nutzungsausfallkosten) sind **nicht versichert.** Gleiches gilt für die **Schadensuchkosten,** d. h. den Aufwand zur Ermittlung der Schadensursache einer zutage getretenen Schadensauswirkung[287]. Die Schadensuchkosten können z. B. bei Feuchtigkeitskosten die Schadensbeseitigungskosten deutlich übersteigen. Sie werden nur auf erstes Risiko besonders versichert[288]. Ob dieser Ausschluss der Schadensuchkosten eine unangemessene Abweichung vom Leitbild des § 85 VVG ist, ist umstritten[289], aber zu verneinen, da auch nach der VVG-Reform die Abbedingung (auch durch AVB) zulässig ist und die ABN/ABU die Option der Mitversicherung anbieten[290]. Eine andere Frage ist, welche Beratungs- und Aufklärungspflicht den VR insoweit ggf. treffen.

86   **Aufräumkosten** sind grundsätzlich im Versicherungsumfang enthalten[291]. Erreichen allerdings die Wiederherstellungskosten bei einem Totalschaden die Versicherungssumme als Grenze der Entschädigung, blieben sie ungedeckt. Als so genannte zusätzliche Aufräumkosten können sie auf erstes Risiko besonders versichert werden[292]. Zu den Wiederherstellungskosten (Aufräumkosten) gehören auch die Kosten für Abtransport und Beseitigung/Deponierung der zerstörten Sachen[293].

---

[279] BGH v. 6. 2. 1985 = VersR 1985, 656 (658).

[280] BGH v. 27. 6. 1979, VersR 1979, 856; ÖOGH v. 8. 7. 2002, VersR 2003, 885 (888).

[281] A § 7 Nr. 2 ABN/ABU 2008 (§ 10 Nr. 1 ABU/ABN 2005).

[282] A §/Nr. 2 lit. b) ABN/ABU 2008 (§ 10 Nr. 2 ABU/ABN 2005).

[283] A §/Nr. 1 lit. b) ABN/ABU 2008 (§ 9 Nr. 3 ABU/ABN 2005) und vgl. näher oben Rn. 48 f.

[284] Umfasst sind aber äquivalente Maßnahmen, die nicht teurer sind, vgl. BGH v. 27. 6. 1979, VersR 1979, 856 (858).

[285] A § 7 Nr. 1 lit. c) ABN/ABU 2008 (§ 9 Nr. 2c ABN/ABU) spricht zwar ausdrücklich nur von Luftfrachtkosten. Der Ausschluss von Beschleunigungskosten ergibt sich aus dem Ausschluss von Vermögensschäden und dem Grundsatz der abstrakten Schadenberechnung, vgl. *Martin,* Sachversicherungsrecht, R III 11.

[286] A § 7 Nr. 1 lit cc) ABN/ABU 2008 (§ 9 Nr. 2c ABU/ABN 2005); vgl. auch BGH v. 27. 6. 1979, VersR 1979, 853 (855) und allgemein *Martin,* Sachversicherungsrecht, R III Rn. 18 ff.

[287] Vgl. näher § 35 Rn. 282 zur Maschinenversicherung.

[288] A § 6 Nr. 3 lit. a) ABN/ABU 2008 (§ 5 Nr. 4b ABU, § 5 Nr. 5b ABN 2005).

[289] Dafür *Prölss/Martin/Voit/Knappmann* § 9 ABU Rn. 1; *von Bühren/Johannsen* § 23 Rn. 91; *Heiermann/ Meier* § 9 ABU Rn. 15 ff.

[290] *Roos/Schmitz-Gagnon,* Praktikerkommentar ABN/ABU 2008, A § 7 ABN Rn. 37 ff.

[291] In § 9 Nr. 1 ABN/ABU 2005 war das ausdrücklich hervorgehoben.

[292] A § 6 Nr. 3 lit. b) ABN/ABU 2008 (§ 5 Nr. 4c ABU, § 5 Nr. 5c ABN 2005).

[293] *Platen,* Handbuch, Rn. 3.9.1.1; *van Bühren/Johannsen* § 23 Rn. 88; *Roos/Schmitz-Gagnon,* Praktikerkommentar ABN/ABU 2005, § 9 ABN Anm. 10.1.1.1.

Da A § 7 Nr. 1 lit. a) ABN/ABU 2008 (§ 9 Nr. 1 ABU/ABN 2005) von der Wiederher- **87** stellung eines Zustandes spricht, der dem Zustand vor Eintritt des Schadens „technisch gleichwertig" ist, wird hieraus gefolgert, auf den optischen Eindruck käme es nicht an, **Schönheitsfehler** müssten vom VN hingenommen werden[294]. Den Hinweis auf die technische Gleichwertigkeit wird man allerdings aus Sicht des VN dahin verstehen dürfen, dass die Wiederherstellung auf technisch andere Weise ggf. geboten und zulässig ist[295]. Ansonsten dürfte eine unzulässige Einschränkung des Versicherungsschutzes vorliegen. Denn wenn der Unternehmer den Schaden zu tragen hat, kann er dem Bauherrn verbleibende Schönheitsfehler nicht aufzwingen. Er hat auch diese Schäden zu beseitigen; nur bei unzumutbarem Aufwand kann er den Bauherren auf eine Minderung verweisen, was aber letztlich auch ein Schaden für ihn ist.

Die Bauleistungsversicherung sieht grundsätzlich einen **Selbstbehalt** vor. Dieser wird in **88** den ABN/ABU 2008 aber nicht mehr fest vorgegeben. Die Vorfassungen bis 2004 sahen einen Selbstbehalt von 20% (§ 14 ABU 2004) bzw. 10% (§ 14 ABN 2004) und einen **Mindestselbstbehalt** von 250,00 €[296] vor, der auch erhöht, ermäßigt, betragsmäßig festgelegt oder ausgeschlossen werden kann[297].

D. Leistungserweiterungen/Leistungseinschränkungen

I. Leistungserweiterung

1. Erweiterte Gefahrtragung

Die ABU gehen, wie dargelegt, davon aus, dass dem Bauvertrag die VOB/B zugrunde ge- **89** legt wird[298] und der Unternehmer deshalb gem. § 7 VOB/B nicht die Gefahr des zufälligen Untergangs trägt. Nun entspricht es allerdings der Baupraxis, dass auch in vielen VOB-Verträgen in Abänderung zu § 7 VOB/B eine Gefahrtragung gem. § 644 BGB vereinbart wird oder dem Unternehmer sogar weitergehende Risiken, z. B. das Bodenrisiko, auferlegt wird. Da der Versicherungsschutz gem. A § 3 Nr. 1 ABU sich grundsätzlich auf die Schäden beschränkt, die nach der VOB/B zu Lasten des Unternehmers gehen, kann hier durch die TK ABU **63 64** der Deckungsschutz auf **alle Schäden** erweitert werden, die **zu Lasten des Unternehmers** gehen[299].

2. Mitversicherung von Altbauten

Versichert durch die Bauleistungsversicherung ist die Bauleistung, grundsätzlich aber nicht **90** Haftpflichtschäden an (Dritt-)Eigentum. Bauarbeiten können jedoch z. B. durch Unterfangung, Abgrabung, Rammarbeiten etc. **Risiken für bereits bestehende (Nachbar-)Bebauung** begründen, die durch die Betriebshaftpflichtversicherung nur unzureichend erfasst wird. Hier bietet sich eine Deckungserweiterung durch die TK ABN 5155, 5180 und 5181 bzw. TK ABU 6155 an, wobei deren Versicherungsschutz begrenzt bleibt.

Die ältere **Klausel TK 5155/6155** erfasst nur Schäden bei (Teil-)Einsturz von Altbauten, **91** und das nicht einmal, wenn die Schäden auf Rammarbeiten oder Veränderungen der Grundwasserverhältnisse zurückgehen. Die **TK ABN 5180** ist für Umbauten gedacht und erfasst nicht den Einsturz, sondern sonstige Sachschäden des Altbaus, an denen selbst (Um-)Bauleis-

---

[294] *Platen*, Handbuch, Rn. 3.9.1.2; *Wirth/Fischer*, (Fn. 54), Teil XV Rn. 147; *van Bühren/Johannsen* § 23 Rn. 88.
[295] Zustimmend *Roos/Schmitz-Gagnon*, Praktikerkommentar ABN/ABU 2008, A § 7 ABN Rn. 11; so wohl auch *Rehm*, Bauwesenversicherung, S. 70.
[296] Gemäß Klausel 71 kann bei Gebäuden unter 250 000,00 € der Mindestselbstbehalt auf 150,00 € herabgesetzt werden, abgedruckt bei *Platen*, Handbuch, S. 132.
[297] Vgl. Klauseln 74–76, abgedruckt bei *Platen*, S. 130.
[298] Das soll nach Schätzungen bei 70 bis 80% der Bauverträge der Fall sein, vgl. *Kapellmann/Messerschmidt/v. Rintelen*, (Fn. 9), Einleitung VOB/B Rn. 40, Fn. 32.
[299] *Platen*, Handbuch, Rn. 9.1.0ff.; *Rehm*, Bauwesenversicherung, S. 111ff, jeweils zur Klausel 64.

tungen durchgeführt werden. Erfasst wird der Schaden an dem Altbau nur als „unmittelbare Folge eines ersatzpflichtigen Schadens" an der Neubauleistung, gewissermaßen als hinüberwirkender Folgeschaden[300].

92   Umfassenderen Schutz bietet die **TK ABN 5181**[301]. Erfasst werden im Sinne einer Allgefahrendeckung alle unvorgesehenen Schäden[302]. Ausgenommen bleiben Rissschäden durch Eingriffe in die tragende Konstruktion, durch Rammarbeiten, Veränderung der Grundwasserverhältnisse oder Setzungen, soweit sie nicht zum (Teil-)Abbruch führen[303]. Die tragende Konstruktion endet bei den Fundamenten, so dass insbesondere Unterfangungsschäden bzw. Schäden durch Baugrubenbrüche erfasst werden.

3. Sonstige Erweiterungen

93   Auf die folgenden teilweise wesentlichen Erweiterungen ist bereits hingewiesen worden:
   – Feuerrisiko, vgl. Rn. 53
   – Schadensuchkosten, vgl. Rn. 85
   – zusätzliche Aufräumkosten, vgl. Rn. 86
   – Einschluss von Auftraggeberschäden, vgl. Rn. 20
   – TK ABU 6365, vgl. Rn. 21
   – Verzicht auf Rückgriff gegen Nachunternehmer, vgl. Rn. 72
   – Einschluss politischer Risiken, vgl. Rn. 61
   – Nachhaftung, vgl. Rn. 67 f.

94   Schließlich ist auf die **Klausel TK ABN 5870**[304] hinzuweisen, mit der bei Bezugsfertigkeit von Teilen eines Bauwerks Lücken im Versicherungsschutz gegen Schäden durch **Sturm und Leitungswasser** geschlossen werden können, die sich daraus ergeben, dass in der Gebäudeversicherung der Versicherungsschutz für diese Gefahren in der Regel die Bezugsfertigkeit des gesamten Gebäudes voraussetzt[305].

II. Versicherungseinschränkungen

95   Auf der anderen Seite bestehen zahlreiche Möglichkeiten zur Einschränkung des Versicherungsschutzes bzw. zur Begründung zusätzlicher Obliegenheiten. Die Klauseln TK ABN 5256, 5858 und 5859/ABU 6256, 6858, 6859[306] begründen besondere Obliegenheiten bei Baumaßnahmen, die **aggressivem Grundwasser** ausgesetzt sind, in **Bergbau-/**oder in **(Grund-)Wassergebieten** liegen. Die Klausel TK ABN 5257/ABU 6257 legt dem VN die Beweislast dafür auf, dass **Risse in Beton** unvorhergesehen waren und schließt mangelbedingte Undichtigkeiten vom Versicherungsschutz aus. Die Klausel TK ABU 6263 nimmt auch bei mitversicherten Bodenmassen Mehrausbruch bei Tunnelarbeiten o. ä. aus der Entschädigungspflicht heraus. Mit der Klausel TK ABN 5877/ABU 6877 kann der Versicherungsschutz für **Glasbruchschaden** bereits beim „fertigen Einsatz", d. h. Einbau in den Rahmen bzw. Einhängen der Fenster, beendet werden, um hier ggf. eine Doppelversicherung zur möglicherweise abgeschlossenen weiterreichenden Glasbruchversicherung zu vermeiden[307]. Mit den Klauseln TK ABN 5761 und 5793/ABU 6761 und 6793 können die Entschädigungen bei mängelbedingten Schäden bzw. Schäden durch Naturgewalten begrenzt werden.

---

[300] Vgl. *Platen,* Handbuch, Rn. 30.2.1.0 zur Klausel 80.
[301] Entspricht der Klausel 81, vgl. *Platen,* Handbuch, S. 127.
[302] *Platen,* Handbuch, Rn. 31.0.0.1 ff. zur Klausel 81.
[303] Ziff. 2 lit. b) cc) der TK 5181.
[304] Abgedruckt bei *Platen,* Handbuch, S. 132.
[305] Vgl. OLG Celle v. 27. 3. 1981, VersR 1981, 674; vgl. auch OLG Rostock v. 30. 10. 2007 VersR 2008, 531.
[306] Entspricht Klauseln 56, 58 und 59, abgedruckt bei *Platen,* Handbuch, S. 130.
[307] *Platen,* Handbuch, Rn. 7.9.0.0 ff.; *Rehm,* Bauwesenversicherung, S. 196 f., jeweils zur Klausel 77.

E. Besondere Vertragspflichten

Auf die einzelnen **Obliegenheiten zur Gefahrvermeidung** ist bereits oben jeweils im   **96** Sachzusammenhang eingegangen worden. Mit der Neufassung 2008 ist die Anzahl der Obliegenheiten reduziert worden, weil stattdessen mehr Risikoausschlüsse vorgesehen sind (Rn. 57 a ff.). Entfallen ist auch die Obliegenheit des Unternehmers, die Abnahme bei Abnahmereife einfordern. Umgekehrt sind die bisherigen verhüllten Obliegenheiten in Bezug auf Gründungsmaßnahmen und Grundwasser (Rn. 56) nunmehr ausdrücklich als gefahrvorbeugende Obliegenheit ausgestaltet. Der VN muss die notwendigen Informationen über Baugrund und Grundwasserverhältnisse einholen[308]. Auch die gänzliche Unterbrechung der Arbeiten ist anzuzeigen.

Als Obliegenheit **nach Eintritt des Versicherungsfalls** wird vor allem die **Anzeigepflicht** praktisch relevant. Hier bestimmt B § 8 Nr. 2 lit. a) bb) ABN/ABU 2008 (§ 17 Nr. 3 lit. a) ABN/ABU 2005), dass der VR unverzüglich, d. h. jedenfalls innerhalb weniger Tage[309], gegebenenfalls auch mündlich oder telefonisch zu informieren ist. Das **Schadenbild** darf vor Freigabe durch den VR **nicht verändert** werden. Soweit Veränderungen z. B. aus Sicherheitsgründen oder zur Schadensminderung erforderlich sind, ist das Schadenbild insb. durch Fotos nachvollziehbar zu dokumentieren. Gegen diese beide Obliegenheiten wird in der Baupraxis gerne verstoßen, wie zahlreiche Entscheidungen belegen[310]. Daneben enthält B § 8 Nr. 2 ABN/ABU nun weitere Obliegenheiten nach Eintritt des Sicherungsfalls, wie Einholung von Weisungen, Diebstahlanzeige und Stehlgutliste sowie eine umfassende Auskunftspflicht. Nach den bisherigen Fassungen der ABN/ABU können mangels vertraglicher Regelung unrichtige Angaben in der Schadensanzeige allenfalls zu praktisch nicht relevanten Schadenersatzansprüchen führen[311]. Wegen des Inhalts dieser üblichen Obliegenheiten kann auf die Erläuterungen bei anderen Sachversicherungen verwiesen werden[312]

Die Schadensanzeige ist zwar erst nach Kenntnis möglich. Da dem VN neben seinen Re-   **97** präsentanten auch die Kenntnisse seiner **Wissensvertreter** zugerechnet werden[313], droht bei nicht ausreichender Organisation leicht eine Kürzung oder der Verlust des Versicherungsanspruchs. Die Nichtkenntnis der Pflicht zur Anzeige entlastet nach der Rechtsprechung in der Regel nicht von der für eine Leistungskürzung nach § 28 Abs. 2 VVG erforderlichen groben Fahrlässigkeit[314].

F. Regressmöglichkeiten

Im Rahmen der **ABN** sind alle Unternehmer einschließlich Nachunternehmer mitversi-   **98** chert, allerdings nur hinsichtlich ihres jeweils eigenen Gewerkes[315], nicht hinsichtlich des **Haftpflichtinteresses.** Beschädigen sie die Bauleistungen anderer Mitversicherter, bleibt die Möglichkeit der Inanspruchnahme im Rückgriffswege. Der **Regress** wird jedoch bei

---

[308] B § 8 Nr. 1 lit. a) aa) ABN/ABU.

[309] OLG Köln v. 14. 1. 1997, OLGR 1997, 208 (5 Tage zu lang); OLG Frankfurt/M. v. 16. 6. 1982, VersR 1992, 1065 (höchstens 1 bis 2 Wochen); allgemein: Berliner Kommentar/*Dörner,* § 33 Rn. 15 m. w. N.

[310] OLG Frankfurt/M. v. 27. 11. 2001, NVersZ 2002, 523 (524); OLG Hamm v. 2. 04. 2000, NZBau 2001, 143; OLG Köln v. 14. 1. 1997, OLGR 1997, 208; OLG Frankfurt/M. v. 16. 6. 1982, VersR 1982, 1065; LG Köln v. 2. 3. 2006, VersR 2006, 1254; LG Kaiserslautern v. 4. 11. 1964, VersR 1965, 278 (279).

[311] OLG Frankfurt/M. v. 25. 1. 1983, VersR 1983, 1045 (1046).

[312] Vgl. § 33 Rn. 139 ff. zur Einbruchdiebstahlversicherung, § 32 Rn. 179 ff. zur Hausratversicherung.

[313] OLG Frankfurt/M. v. 27. 11. 2001, NVersZ 2002, 523 (524); *Prölss/Martin/Voit/Knappmann,* § 17 ABU Rn. 3.

[314] Vgl. *Prölss/Martin/Prölss,* § 6 VVG Rn. 121 m. w. N.; Berliner Kommentar/*Dörner,* § 33 VVG Rn. 25 f.

[315] Vgl. oben Rn. 73 ff.

Vereinbarung der Klausel TK ABN 5868 ausgeschlossen, soweit die betroffenen Unternehmer keinen Haftpflichtversicherungsschutz genießen. Die Rechtsprechung über den konkludenten Regressverzicht in der Gebäudeversicherung ist wegen der ausdrücklichen anderslautenden Regelungen der ABN nicht übertragbar[316].

99   Im Rahmen der **ABU** sind die **Nachunternehmer** nicht mitversichert, genießen aber die **Regressbeschränkungen** des A § 3 Nr. 3 ABU, die zu einem den ABN entsprechenden Ergebnis führen. Die Vereinbarung der Klausel TK ABU 6866 wird der Regress wegen Schäden an der Bauleistung anderer vollständig ausgeschlossen, durch die Klausel TK ABU 6868 nur für die Fälle, in denen kein Haftpflichtversicherungsschutz besteht[317].

100   Immer in Regress genommen werden können, alle **externen Dritte,** die den Schaden verursacht haben[318]. Relevant wird dies insbesondere hinsichtlich der **Planer** bzw. anderer **Sonderfachleute** (z. B. Bodengutachter) des Bauherrn, soweit ihrer Fehler den Schaden (mit)verursacht haben[319]. Das gilt aber auch hinsichtlich von Planern, die der Unternehmer zur Erbringung eigenständiger Planungsleistungen als Nachunternehmer eingeschaltet hat. Denn derartige Planungsleistungen sind keine Bauleistungen[320]. In Regress genommen werden können bei der Vereinbarung der ABU auch die so genannten **Nebenunternehmer,** die also neben dem VN unmittelbar vom Bauherrn mit eigenen Bauleistungen beauftragt worden sind. Sie sind genauso Dritte wie **Arbeitnehmer** des VN, von Mitversicherten und erst recht von sonstigen Unternehmern. Diese sind – anders als z. B. in der Betriebshaftpflichtversicherung – nicht mitversichert. Sie können, soweit der arbeitsrechtliche Regressschutz nicht eingreift, ebenfalls in Anspruch genommen werden[321].

100a   Haben Auftraggeber und Auftragnehmer Bauleistungsversicherungen abgeschlossen, so liegt eine **Doppelversicherung** vor, die dem leistenden VU einen (hälftigen) Ausgleichsanspruch gibt. Die Zusatzbedingungen für die Jahresverträge nach den ABU sehen deshalb eine Subsidiaritätsklausel vor, wenn ein Auftraggeber oder der beauftragte Hauptunternehmer eine Versicherung abgeschlossen hat[322].

G. Überblick Baugewährleistungsversicherung

101   Die recht neue Baugewährleistungsversicherung bricht mit der bisherigen Versicherungstradition und **versichert Erfüllungsansprüche.** Denn sie wird nicht als besondere Art der Sachversicherung dem Bauherrn oder Käufer, sondern nur dem Auftragnehmer angeboten und ist für diesen **wie eine Haftpflichtversicherung** ausgestattet. Der Auftragnehmer kann im Rahmen einer Objekt- oder auch Jahresversicherung die ihm gegenüber geltend gemachten Mängelansprüche auf Nacherfüllung und, soweit die Nacherfüllung unmöglich oder unzumutbar ist, die Minderungsansprüche versichern. Während sich die Baugewährleistungsversicherung zunächst nur an die **bauausführenden Unternehmer** aus dem Bereich Rohbau und Baunebengewerke richtete, wird sie neustens auch für **Generalübernehmer oder Bauträger** angeboten, wobei die leistenden Unternehmer stillschweigend zumindest

---

[316] *v. Rintelen* IBR 2006, 476; unrichtig OLG Jena v. 21. 4. 2005, BauR 2006, 1902.

[317] Vgl. oben Rn. 72.

[318] Vgl. B § 13 ABN/ABU.

[319] Vgl. *Platen,* Handbuch, Rn. 3.3.1.4.; Die Haftungsfreistellung des § 10 Nr. 5 VOB/B greift hier nicht, da sie nur bei Schädigungen Dritter gilt.

[320] BGH v. 17. 9. 1987 BauR 1987, 702 (704); *Ingenstau/Korbion/Korbion,* (Fn. 82), § 1 VOB/A Rn. 34 m. w. N.; unklar *Wäldner,* Grundbegriffe, S. 87 f.

[321] *Wäldner,* Grundbegriffe, S. 61 f.

[322] Hat der Bauherr eine Versicherung nach den ABU 2005 unter Einschluss der Klausel 65 abgeschlossen, greift die Subsidiaritätsabrede aber nach deren Wortlaut nicht, so dass eine Doppelversicherung vorliegen könnte, vgl. OLG Köln v. 13. 8. 2002, NZBau 2003, 382 mit kritischer Anm. *v. Rintelen* IBR 2003, 1094; die Frage war nicht mehr Gegenstand des Nichtzulassungsbeschwerdeverfahrens BGH v. 10. 12. 2003, VersR 2003, 225.

faktisch mitversichert sein sollen[323]. Pate für die neue Versicherung ist die französische Pflichtversicherung für Baugewährleistungen (assurance décennale)[324]. Entwickler und fast einziger Anbieter auf dem deutschen Markt ist die VHV.

Die Baugewährleistungsversicherung entlastet nicht nur den Unternehmer oder Bauträger **102** von den Mängelrisiken, sondern soll ein **alternatives Sicherungsmittel** gegenüber dem üblichen Sicherungseinbehalt oder der Gewährleistungsbürgschaft werden. Denn für den Fall der **Insolvenz** erwirbt der **Bauherr unmittelbar Ansprüche** gegenüber dem VR[325], wohl als aufschiebend bedingter Mitversicherter.

Gegenstand der Versicherung sind **Mängel,** die erst **nach Abnahme hervortreten,** d. h. **103** entdeckt werden. Mängel vor der Abnahme muss der Unternehmer/Bauträger selbst beseitigen. Damit erlangt die Überprüfung auf Mängel bei der Abnahme für den VR besondere Bedeutung. In der Baugewährleistungsversicherung für Generalunternehmer/Bauträger sind deshalb obligatorische Baubegehungen durch einen vom VR beauftragten Sachverständigen baubegleitend und nach Fertigstellung vorgesehen[326]. Neben der Risikoreduzierung für den VR soll **die begleitende Bauqualitätskontrolle** durch anerkannte Sachverständige (TÜV) auch Marketing- und Wettbewerbsvorteile für den VN bewirken. Bei den Objekt- und Jahresversicherungen für Unternehmer sind baubegleitende Kontrollen nur für Sonderfälle vorgesehen. Grundsätzlich hat auch hier eine **formelle Abnahme** zu erfolgen, bei der die Mängel in einem Abnahmeprotokoll festzuhalten sind. Findet eine förmliche Abnahme ohne Mitwirkung eines vom Bauherrn beauftragten Architekten/Ingenieurs statt oder entfällt sie gänzlich, ist die Versicherung zu informieren, damit eine Überprüfung der Bauleistung durch einen Sachverständigen erfolgen kann. Entsprechendes gilt bei Tatbeständen wirtschaftlicher oder persönlicher Verflechtung[327].

Die Leistungspflicht des VR umfasst wie im Falle einer Haftpflichtversicherung einerseits **104** die Abwehr unberechtigter Mängelansprüche **(Rechtsschutzfunktion),** andererseits die Entschädigung im Fall berechtigter Mängelansprüche. Die **Entschädigung** erfolgt **auf Selbstkostenbasis** ohne Zuschläge für Wagnis, Gewinn und allgemeine Geschäftskosten, und zwar unabhängig davon, ob der Unternehmer selbst die Mängelbeseitigung durchführt oder er bzw. der Generalübernehmer/Bauträger den Mangel durch einen Drittunternehmer beseitigen lässt.

In diesem Umfang werden die **gesamten** gesetzlich bzw. nach der VOB/B geschuldeten **105** **Mängelbeseitigungskosten** entschädigt, d. h. einschließlich der Kosten vorbereitender Maßnahmen und der Wiederherstellung des ursprünglichen Zustandes. Lediglich die Schadenssuchkosten sind deckungsmäßig begrenzt. Ausgeschlossen sind die Sowieso-Kosten, d. h. die Kosten, die der VN an einer vertragsrechten Ausführung von vornherein mehr hätte aufwenden müssen, z. B. die Differenzkosten für besseres Material oder für eine größere Dimensionierung etc[328]. Vorgesehen ist des Weiteren eine **Selbstbeteiligung von 10 %,** mindestens jedoch 2 500,00 € pro Versicherungsfall. Bei der Objektversicherung ist die Entschädigungsleistung aller Versicherungsfälle aus dem versicherten Bauvorhaben auf die **Versicherungssumme** begrenzt; bei der Jahresversicherung ist die Gesamtleistung für alle Versicherungsfälle eines Versicherungsjahres auf das Dreifache der Versicherungssumme beschränkt.

---

[323] Während der Bauunternehmer die von ihm selbst zu erbringenden Mängelbeseitigungsmaßnahmen versichert, stünden dem Bauträger/GÜ grundsätzlich seinerseits Ansprüche gegen den jeweils leistenden Unternehmer zu. Der Bauträger/GÜ soll die Prämie jedoch auf seine Unternehmen umlegen. Damit die Zahlung nach Mängelbeseitigung unmittelbar an den leistenden Unternehmer erfolgen kann, müsste dieser Mitversicherter sein. Dies kommt in den AVB allerdings nicht ausreichend klar zum Ausdruck. In Betracht käme deshalb auch die Konstruktion eines stillschweigenden Regressverzichts.
[324] *Wirth/Fischer* (Fn. 61), Teil XV Rn. 160.
[325] § 12 AVB, Baugewährleistungsversicherung VHV.
[326] § 6 AVB, Baugewährleistungsversicherung VHV für GÜ/BT.
[327] § 6 Ziff. II, III; § 7 I 3 AVB. Baugewährleistungsversicherung. VHV. Objektversicherung.
[328] Vgl. da *Kapellmann/Messerschmidt/Weyer,* (Fn. 8), § 13 VOB/B Rn. 224 ff.

106   Der Versicherungsschutz beschränkt sich auf Nacherfüllungs- und Minderungsansprüche; zur Vermeidung von Doppelversicherung wird der Versicherungsschutz im Versicherungsschein in der Regel auf **Bauausführungsmängel** begrenzt. Planungsbedingte Mängel bzw. entsprechende quotale Mitverursachungskosten müssen bei der Architektenhaftpflichtversicherung geltend gemacht werden. **Schadenersatzansprüche,** insbesondere §§ 634 Nr. 4, 280, 281 BGB bzw. § 13 Nr. 7 VOB/B sind von vornherein **nicht versichert,** so dass z. B. Ansprüche auf Mietausfall, entgangenen Gewinn oder aus Vertragsrücktritt etc. nicht vom Deckungsumfang erfasst werden. Des Weiteren sind **einige Mängelarten** vom Versicherungsschutz **ausgeschlossen,** nämlich aus der Verwirklichung des Baugrundrisikos (Schiefstellungen, Setzungsrisse)[329], an der Raumakustik (gemeint ist die fehlerhafte akustische Gestaltung eines Raumes, nicht die üblichen Mängel der Bauakustik durch fehlerhafte Trittschall- oder Luftschallisolierung)[330], an Bepflanzungen und Aussaat, durch beanstandete oder pflichtwidrig ungeprüfte Baustoffe[331] sowie Folgeschäden aus der Versagung von Steuerungs- und Sicherungseinrichtungen (nicht der mangelbedingte Ausfall der Anlagen selbst) sowie wegen Rechtsmängeln. Für optische Mängel gilt in der Regel eine Deckelung von 30 000,00 €. Bei Jahresverträgen sind schließlich Mangelansprüche von bestimmten Angehörigen oder juristischen Personen, an denen der VN (mittelbar) beteiligt ist, ausgeschlossen. Die Verflechtungstatbestände haben dabei einen vergleichbaren Umfang wie bei der Berufshaftpflichtversicherung der Architekten[332].

§ 37. Rechtsschutzversicherung

Inhaltsübersicht

---

[329] Nur gemäß § 5 I 3 Baugewährleistungsversicherung VHV für GÜ/BT.
[330] Vgl. *Wirth/Fischer* (Fn. 61), Teil XV Rn. 181.
[331] Vgl. dazu oben Rn. 58 f.
[332] Vgl. dazu oben § 26 Rn. 205 f.

Literatur: *Bauer,* Die Rechtsprechung zu den Allgemeinen Bedingungen für die Rechtsschutzversicherung (ARB) im jeweiligen Berichtszeitraum, NJW 1991, 1335; NJW 1992, 1482; NJW 1993, 1302; NJW 1994, 1443; NJW 1995, 1464; *ders.,* Rechtsentwicklung bei den Allgemeinen Bedingungen für die Rechtsschutzversicherung (ARB) im jeweiligen Berichtszeitraum, NJW 1997, 1046; NJW 1998, 1273; NJW 1999, 1371; NJW 2001, 1536; NJW 2002, 1542; NJW 2003, 1491; NJW 2004, 1507; NJW 2005, 1472; NJW 2006, 1484; NJW 2007, 1504; NJW 2008, 1496; *ders.,* Der Steuer-Rechtsschutz im Rahmen der Rechtsschutzversicherung, DStR 2005, 1665; *Bergmann,* Rechtsbeziehungen zwischen Rechtsanwalt, Mandanten und Rechtsschutzversicherung, VersR 1981, 512; *Berger,* Die Rechtsprechung des BGH zu § 4 (1) k ARB 75, r+s 2004, 486; *ders.,* Der Baurisikoausschluss in der Rechtsschutzversicherung, VersR 2002, 1321; *Böhme,* Allgemeine Bedingungen für die Rechtsschutzversicherung (ARB), 12. Aufl. 2007; *Buschbell/Bruns,* ARB 2000 – GDV-Musterbedingungen, Tendenzen in der Bedingungs- und Tarifgestaltung, AnwBl 2001, 357; *Buschbell/Hering,* Handbuch Rechtsschutzversicherung, 3. Aufl. 2007; *van Bühren/Plote,* Rechtsschutzversicherung, 2007; *van Bühren* – Rechtsschutz – aktuelle Entwicklung des Bedingungsmarktes, AnwBl 2007, 473; *ders.,* Die Kostentragungspflicht des Rechtsschutzversicherers bei außergerichtlichem Vergleich, ZAP 2002, Fach 10, 191; *Cornelius-Winkler,* Rechtsschutzversicherung – Ein Leitfaden für die Praxis, 3. Aufl. 2008; *ders.,* Deckungszusage im Arbeitsrechtsschutz unter Vorbehalt?, VersR 2006, 194; *Döring,* Anwendung der „Einigungs-Quotenregel" in der Rechtsschutzversicherung bei vollständigem außergerichtlichen Obsiegen?, VersR 2007, 770; *Eidam,* Industrie-Straf-Rechtsschutzversicherung, 1994; *Enders,* In welcher Höhe übernimmt die Rechtsschutzversicherung ab dem 1. 7. 2006 die Anwaltsvergütung für eine Beratung?, JurBüro 2006, 337; *Ennemann,* Anwaltschaft und Rechtsschutzversicherung – Ein Spannungsverhältnis?, NZA 1999, 628; *Felzer/von Molo,* Außergerichtliche Aufhebungsverträge im Arbeitsrecht und Rechtsschutzversicherung, ZAP 2000, Fach 10, 165; *von Gehlen,* Die Beeinflussung des Versicherungsfalls durch den VN in der Rechtsschutzversicherung, 1995; *Gift/Bauer,* Das Urteilsverfahren vor den Gerichten für Arbeitssachen, 1. Aufl. 1993; *Harbauer,* Rechtsschutzversicherung, 7. Aufl. 2004; *ders.,* Rechtsbegriffe in der Rechtsschutzversicherung – Zugleich ein Beitrag zur Terminologie der ARB 94, NVersZ 1999, 193; *Hempfing/Traut,* Rechtsschutzversicherung, 2. Aufl. 1993; *Himmelreich/Klatt/Lang/Schirmer/Neusinger/van Bühren,* Aktuelle Probleme bei der Rechtsschutzversicherung, 1990; *Hümmerich,* Arbeitsrecht und Rechtsschutzversicherung, AnwBl 1995, 321; *Kühborth,* Die Obliegenheiten des VN in der Rechtsschutzversicherung beim und nach dem Eintritt eines Versicherungsfalles,

1988; *Küttner,* Rechtsschutzversicherung und Arbeitsrecht, NZA 1996, 453; *Kurzka,* Rechtsschutz für Wohnungseigentümer, r+s 2001, 265; *Looschelders,* Ausschluss der Klagebefugnis des Mitversicherten und Teilklageobliegenheit des VN in der Rechtsschutzversicherung nach den ARB 75, VersR 2000, 23; *Maier,* Der Ausschluss des Baurisikos in der Rechtsschutzversicherung, VersR 1997, 394; *ders.,* Neue Bedingungen in der Rechtsschutzversicherung (ARB 1994); *Mathy,* Rechtsschutz-Alphabet, 2. Aufl. 2000; *ders.,* Nochmals: Zur Einstandspflicht des Rechtsschutzversicherers beim Tatvorwurf der gefährlichen Körperverletzung, VersR 2007, 899; *ders.,* Aktuelle Fragen zum Versicherungsvertragsrechtsschutz in der Rechtsschutzversicherung, VersR 2005, 872; *ders.,* Nochmals: Streitigkeiten aus personenbezogenen Versicherungsverträgen eines selbständig Berufstätigen im Focus der Rechtsschutzversicherung, r+s 2004, 265; *ders.,* Die Mitversicherung des nichtehelichen Lebenspartners in der Rechtsschutzversicherung, VersR 2003, 820; *ders.,* Der problematische Versicherungsvertrags-Rechtsschutz in der Rechtsschutzversicherung, NVersZ 2001, 433; *ders.,* Aktuelle Fragen zur Versicherung der selbständigen Tätigkeit in der Rechtsschutzversicherung, VersR 1992, 781; *Meyer,* Vergütungsansprüche des Rechtsanwalts nach erfolgter Kostenübernahmeerklärung der Rechtsschutzversicherung und nachfolgender Insolvenz des Mandanten, JurBüro 2007, 187; *Neuhaus/Bucks,* Deckungsschutz in der Rechtsschutzversicherung bei Streit um Vorsorgeversicherungen, ZAP 2006, Fach 10, 242; *Obarowski,* Rechtsschutzversicherung: Hinweise für die anwaltliche Praxis – unter besonderer Berücksichtigung des Arbeitsrechts, VersR 2006, 1178; *Pabst,* Die Deckungsanfrage beim Rechtsschutzversicherer durch den Anwalt, AnwBl 2007, 136; *ders.,* Ausgewählte Probleme im Verhältnis von Rechtsschutzversicherer und VN im Arbeitsrechtsschutz, VersR 2006, 1615; *ders.,* Aktuelle Entwicklungen bei den ARB im Bereich sogenannter Anlegerklagen aus anwaltlicher Sicht, r+s 2004, 309; *Plote,* Anwalt und Rechtsschutzversicherung, 2000; *Prölss,* Risikoausschlüsse in der Rechtsschutzversicherung, r+s 2005, 225 (Teil I) und r+s 2005, 269 (Teil II); *Römer,* Die Rechtsschutzversicherung – insbesondere die Bedingungsanpassungsklausel – in der Rechtsprechung des BGH, r+s 2000, 177; *Schilasky,* Einschränkung der freien Rechtsanwaltswahl in der Rechtsschutzversicherung, 1998; *Schilling,* Die Allgemeinen Bestimmungen der Allgemeinen Bedingungen für die Rechtsschutzversicherung (ARB) und das AGB-Gesetz, 1987; *Schirmer,* Der Versicherungsfall – insbesondere in der Rechtsschutzversicherung, r+s 2003, 221 (Teil I) und r+s 2003, 265 (Teil II); *ders.,* Die Obliegenheiten in der Rechtsschutzversicherung, r+s 1999, 1 (Teil 1) und r+s 1999, 45 (Teil 2); *ders.,* Die Rechtsschutzversicherung für den Kraftfahrer, DAR 1992, 418; *Schuldt,* Weiterbeschäftigungsantrag und Rechtsschutzversicherung, ZAP 1999, Fach 10, 133; *Sperling,* Neue Allgemeine Bedingungen für die Rechtsschutzversicherung (ARB 94) – Motive und rechtliche Schwerpunkte –, VersR 1996, 133; *Tietgens,* Anwaltliche Beratungs-, Aufklärungs- und Auskunftspflichten in der Rechtsschutzversicherung, r+s 2005, 489; *Wendt,* Vertiefung der neueren Rechtsprechung des Bundesgerichtshofs zur Rechtsschutzversicherung, r+s 2008, 221; *ders.,* Risikoausschlüsse in der Rechtsschutzversicherung, MDR 2006, 481; *ders.,* Strukturen der neuen Rechtsprechung des Bundesgerichtshofs zur Rechtsschutzversicherung, r+s 2006, 1 (Teil I) und r+s 2006, 45 (Teil II).

A. Einleitung

I. Begriff der Rechtsschutzversicherung

Die Rechtsschutzversicherung ist eine Schadenversicherung und unterliegt damit den für **1** die gesamte Schadenversicherung geltenden Bestimmungen des VVG. In der Rechtsschutzversicherung verpflichtet sich der VR, vertraglich vereinbarte Leistungen zu erbringen, die zur Wahrnehmung der rechtlichen Interessen des VN erforderlich sind (§ 125 VVG[1]). Im Vordergrund steht dabei die Pflicht zur **Kostentragung,** die in der Regel durch Schuldbefreiung erfolgt. Daneben hat der VN einen Anspruch auf **Sorgeleistung.** Sie umfasst insbesondere die Pflicht zur Bestätigung des Versicherungsschutzes im Schadenfall sowie die Vermittlung von Rechtsdienstleistungen.

---

[1] Vor dem 1. 1. 2008 gab es keine gesetzliche Beschreibung. Da der Begriff „Rechtsschutz" mehrdeutig ist, wurde die Verwendung des Namens „Rechtsschutzversicherung" teilweise sogar als irreführend angesehen, vgl. *Harbauer/Bauer,* vor § 1 ARB 75 Rn. 8 und *van Bühren/Plote,* Einl. Rn. 1, § 1 ARB 2000 Rn. 3.

II. Bedeutung und Entwicklung

2   Die Rechtsschutzversicherung ist ein relativ junger Versicherungszweig, der besonders in Deutschland eine außergewöhnlich **dynamische Entwicklung** genommen hat. Es sind auch die deutschen Unternehmen, die den gesamten europäischen Rechtsschutzmarkt zu mehr als 70% bestimmen. Dabei muss man insbesondere die Verdienste der ersten Firmengründer würdigen, die vor inzwischen mehr als 70 Jahren die Rechtsschutzversicherung aus der Taufe hoben und damit für breite Bevölkerungskreise ohne Rücksicht auf ihre konkreten Vermögensverhältnisse einen relativ risikolosen Zugang zu den Gerichten ermöglichten. Allerdings beschränkte sich der Versicherungsschutz zunächst auf den Fahrzeugbereich. Erst nach dem 2. Weltkrieg kamen stetig neue Leistungsbereiche hinzu. Die Kunden erkannten, dass der Rechtsschutz andere elementare Risiken in der modernen Dienstleistungsgesellschaft abdecken muss. Im Zuge dieser Entwicklung wurden in rascher Folge weitere VU gegründet, großenteils als Tochtergesellschaften von Kompositversicherern.

3   Gerade in unserer heutigen, modernen Gesellschaft ist die Rechtsschutzversicherung wichtiger denn je. Zu unüberschaubar und kompliziert sind die rechtlichen Grundlagen und Zusammenhänge geworden, als dass der Ausgang eines Rechtskonflikts zuverlässig prognostiziert werden könnte. Hinzukommen steigende Anwalts- und Gerichtskosten, die schnell die Höhe des Streitwerts erreichen oder sogar übertreffen können. So mancher Nichtversicherte verzichtet daher auf seine Rechte, weil ihm das finanzielle Risiko zu gewagt erscheint oder weil ihm wegen des hohen Streitwerts sowie des bevorstehenden Instanzenwegs sogar der finanzielle Ruin droht. Nur mit Hilfe einer Rechtsschutzversicherung ist es möglich, das **Kostenrisiko einer rechtlichen Auseinandersetzung** auf diversen Rechtsgebieten (Arbeitsrecht, Mietrecht, Strafrecht usw.) nahezu vollständig abzusichern. Dies gilt auch für die Durchsetzung von Schadenersatzansprüchen des Versicherten gegen Dritte, da die Haftpflichtversicherung nur – quasi umgekehrt – für die Abwehr unbegründeter Schadenersatzansprüche eine Rechtsschutzfunktion übernimmt. Aber auch außerhalb der Versicherungsbranche gibt es praktisch keine Alternative zur Rechtsschutzversicherung. Die Prozesskostenhilfe wie auch die Rechtshilfe durch Organisationen und Verbände können nur Teilbereiche abdecken. Und auch die neue Geschäftsidee der sog. Prozessfinanzierung[2] kann allenfalls als Ergänzung zur Rechtsschutzversicherung verstanden werden.

4   Von der Zeit der Gründerväter bis heute hat der Zweig der Rechtsschutzversicherung eine Entwicklung genommen, die im Bereich der Schadensversicherung ihresgleichen sucht; sie hat dabei mehrere Sachversicherungszweige hinter sich gelassen. Einige Kennzahlen für das **Geschäftsjahr 2006**[3] mögen die derzeitige Situation der Rechtsschutzversicherung beschreiben:

Anzahl der Unternehmen	50 (1970 waren es erst 15)
Brutto-Beitragseinnahmen	3,06 Mrd. Euro
Verträge	19,45 Mio.
Versicherte Risiken	28,64 Mio.
Schadenfälle	3,55 Mio.
Schadenaufwand	2,21 Mrd. Euro
Marktausschöpfung	42,2% der Haushalte (West: 43,8%/Ost: 35,7%)

5   Insgesamt ist derzeit eine abnehmende Versicherungsdichte in der Rechtsschutzversicherung zu beobachten. Die trotz konjunktureller Zwischenhochs weiter angespannte Haushaltslage bei den Verbrauchern, Informationsdefizite in der Öffentlichkeit wie auch die teilweise lebensfremde Kritik in den Medien tragen dazu bei, dass die Notwendigkeit der Rechtsschutzversicherung zunehmend in Frage gestellt wird. Die durch die neuen Kostengesetze vom 1. 7. 2004 gestiegenen Anwalts- und Gerichtskosten könnten das Bild aber schnell wieder zurechtrücken. Generell ist zu beobachten, dass der Rechtsschutzversicherung in der Bevölkerung

---

[2] Hierzu ausführlich *Buschbell/Hering,* § 2 Rn. 35 ff.; *Wilde,* AnwBl 2006, 813.
[3] Quelle: Veröffentlichungen des GDV.

wieder eine höhere Bedeutung beigemessen wird. Der Markt dürfte noch längst nicht ausgeschöpft sein. Die Frage ist nur, welche VU sich im zunehmenden **Verdrängungswettbewerb** mit ihren unterschiedlichen Produktkonzepten behaupten werden. Eine kompromisslose Kundenorientierung, eine stark zunehmende Internationalisierung und zugleich hohe Rendite- und Kapitalanforderungen kennzeichnen den derzeit stattfindenden Strukturwandel[4]. Die VU haben dabei ein gewaltiges Entwicklungspotenzial für rechtliche Service- und Beratungsleistungen entdeckt. Auch wenn sich eine Einschränkung des Anwaltsmonopols zugunsten der Rechtsschutzversicherer in Deutschland nicht hat durchsetzen können, bieten sich für die VU im Bereich der Rechtsnavigation nicht zu unterschätzende Chancen, um der vom Kunden erwarteten Rolle eines „Rechtsdienstleisters" wirklich gerecht werden zu können. Die professionelle Vermittlung einer qualifizierten, telefonischen Rechtsberatung[5] als Soforthilfe ist hierfür nur ein Beispiel. Die Seele der Rechtsschutzversicherung wird aber auch zukünftig das bleiben, was sie groß gemacht hat: Gegen eine relativ geringe Jahresprämie macht sie den „kleinen Mann" stark, um auch gegen den finanziell übermächtigen Goliath auf Augenhöhe um sein Recht streiten zu können. Somit ist und bleibt Rechtsschutz ein zentraler Baustein der individuellen Daseinsvorsorge.

III. Änderungen durch die VVG-Reform

1. Leistungsbeschreibung

Mit Wirkung vom 1. 7. 1990 wurden mit den §§ 158l bis o einige wenige spezielle Regel- **6** ungen für die Rechtsschutzversicherung in das VVG eingefügt. Die §§ 126–129 VVG 2008 lassen sie an neuer Stelle inhaltlich unverändert bestehen. Neu hinzugefügt wurde mit **§ 125 VVG 2008** eine Beschreibung der Rechtsschutzversicherung, welche an die Formulierungen gängiger AVB angelehnt ist, aber den **Dienstleistungscharakter** der Rechtsschutzversicherung stärker betont („erbringt … Leistungen"). Um die künftige Produktentwicklung nicht zu hemmen, enthält die Vorschrift keine gesetzliche Definition der Rechtsschutzversicherung. Auch wird aus diesem Grund darauf verzichtet, den Versicherungsfall bei der Rechtsschutzversicherung gesetzlich zu regeln. Neue Versicherungs- und Leistungsformen bleiben somit möglich.

2. Rechtsfolgen einer Obliegenheitsverletzung

In der Rechtsschutzversicherung geht es fast ausschließlich um Obliegenheiten, die **nach 7 Eintritt eines Versicherungsfalles** zu erfüllen sind. Hierauf wirkt sich die neue Rechtsfolgensystematik nach § 28 VVG mit dem Wegfall des Alles-oder-Nichts-Prinzips aus. Der Umfang der Leistungspflicht bei **grober Fahrlässigkeit** soll sich zukünftig nach dem Verschuldensmaß richten. In der Regel wird dies zu einer **Quotelung** der Leistungskürzung führen. Speziell in der Rechtsschutzversicherung wird zu berücksichtigen sein, dass häufig der beauftragte **Rechtsanwalt** in die Korrespondenz mit dem VR eingebunden ist und sich der VN das **Wissen und Verhalten** seines Anwalts **zurechnen** lassen muss. Aufgrunddessen wird das Verschulden bei der Verletzung einer Schadenminderungsobliegenheit grundsätzlich **schwer** wiegen, denn der Anwalt ist schon aufgrund des Mandatsvertrages verpflichtet, möglichst kostensparend vorzugehen. Nach wie vor wird es daher in diesem Bereich Fälle der vollständigen Leistungsfreiheit trotz „nur" grober Fahrlässigkeit geben.

Gemäß § 17 Abs. 8 ARB 94/2000 (§ 20 Abs. 3 ARB 75) hat der VN den VR **bei der 8 Durchsetzung von Kostenerstattungsansprüchen gegen Dritte zu unterstützen.** Bislang war streitig, ob es sich insoweit um eine Obliegenheit oder um eine Rechtspflicht handelt[6]. § 86 VVG qualifiziert solche Mitwirkungspflichten ausdrücklich als Obliegenheit, so dass auch hier die abgestufte Rechtsfolgensystematik je nach Grad des Verschuldens greift.

---

[4] *Faßbender,* Aktuelle Fragen in der Versicherungswirtschaft (Leipziger Versicherungsseminare) 2005, 41 (42).
[5] Hierzu *Knospe,* ZfV 2006, 10; zu weiteren Innovationen vgl. *Bocquel,* versicherungsmagazin 2007, 23.
[6] *Prölss/Martin/Armbrüster,* § 20 ARB 75 Rn. 5 m. w. N.

9 Betroffen ist auch die sog. **„Führerscheinklausel"** in den Fällen des Fahrens ohne Fahrerlaubnis oder Zulassung. Auch hier richtet sich die Leistungsfreiheit zukünftig nach dem Verschuldensmaß. Weggefallen ist erfreulicherweise die nach dem VVG a. F. streitige Problematik des Kündigungserfordernisses. § 28 VVG unterscheidet auf der Rechtsfolgenseite – anders als § 6 VVG a. F. – nicht mehr zwischen Obliegenheiten, die vor und nach Eintritt eines Versicherungsfalles zu beachten sind, und **es bedarf keiner Kündigung** des VR mehr, um sich auf Leistungsfreiheit berufen zu können.

3. Meldepflicht bei Gefahrerhöhung

10 Auch bezüglich der möglichen Leistungsfreiheit infolge einer Gefahrerhöhung sieht **§ 26 VVG** ein nach der jeweiligen Verschuldensform **abgestuftes System** vor. Betroffen hiervon ist die Klausel in **§ 11 ARB 94/2000** (§ 9 ARB 75), die eine im Voraus vereinbarte Vertragsanpassung für den Fall vorsieht, dass sich bestimmte Bezugsgrößen, welche Grundlage der Beitragsbemessung sind, ändern. Nicht jede schuldhafte Verletzung der Meldepflicht zu relevanten Bezugsgrößen (je nach Tarif des VR z. B. Anzahl der Arbeitnehmer bei § 24 ARB, Erhöhung der Bruttomiete bei Vermieter-Rechtsschutz nach § 29 ARB) führt nach der Neuregelung zur Kürzung der Leistung. Zu beachten sind dabei auch die Besonderheiten in § 26 Abs. 3 Nr. 1 und 2 VVG, wonach die Leistungsfreiheit bei fehlender Kausalität oder unterlassener Kündigung durch den VR entfallen kann.

4. Umsetzung in den AVB

11 Das VVG 2008 macht die Anpassung der ARB 2000 erforderlich. Hierzu hat der GDV Textbausteine entwickelt und seinen Mitgliedsunternehmen bereits im April 2007 die an das VVG 2008 angepassten **Muster-ARB 2008** vorgestellt. Sie wurden den VU unverbindlich empfohlen und es ist davon auszugehen, dass die meisten VU sie im Laufe des Jahres 2008 unter Berücksichtigung ihrer hauseigenen Sonderregelungen umsetzen.

12 Für **Altverträge** sieht das VVG 2008 eine **Übergangsregelung** vor. Auch die Musterbedingungen ARB 75 und ARB 94 werden in der vorgegebenen Zeit anzupassen sein. Grundsätzliche Unterschiede im Änderungsbedarf gibt es nicht, so dass es auch hier im Wesentlichen um die Einarbeitung von Textbausteinen gehen wird.

B. Rechtliche Rahmenbedingungen/Rechtsgrundlagen

I. VVG

13 Die Rechtsschutzversicherung ist im VVG v. 30. 5. 1908 nicht ausdrücklich geregelt. Dies beruht darauf, dass die selbständige Rechtsschutzversicherung seinerzeit noch so gut wie unbekannt war. Auch bei späteren Novellierungen des Gesetzes wurde zunächst kein Bedürfnis für spezielle Regelungen auf dem Gebiet der Rechtsschutzversicherung gesehen. Erst die Umsetzung der EWG-Rechtsschutzversicherungsrichtlinie vom 22. 6. 1987[7] führte dazu, dass mit Wirkung vom 1. 7. 1990 nach § 158k VVG a. F. ein „Siebenter Titel. Rechtsschutzversicherung" mit den §§ 158l bis 158o VVG a. F. in das Gesetz aufgenommen wurde. Die Stellung dieser Regelung verdeutlichte, dass die Rechtsschutzversicherung eine echte Schadenversicherung ist[8]. Zur Erhaltung gesetzlicher Mindeststandards für die Sparte Rechtsschutzversicherung hat das VVG 2008 die Sonderregelungen in den **§§ 125–129 VVG** inhaltlich unverändert bestehen lassen und lediglich um einen § 125 ergänzt, welcher das Wesen der Rechtsschutzversicherung beschreibt. Die §§ 126–129 VVG beschränken sich auf die Festlegung weniger – aber wichtiger – Grundsätze, von denen nicht zum Nachteil des VN abgewichen werden kann (§ 129):
  – **§ 126:** Getrennte Dokumentation der Rechtsschutzversicherungsleistung bei einem Vertrag über mehrere Versicherungszweige. Begründung einer gesetzlichen Prozessstandschaft

---

[7] VerBAV 1987, 442.
[8] So früher schon BGH v. 24. 4. 1967, VersR 1967, 774.

des Schadenabwicklungsunternehmens; der VR ist im Deckungsprozess selbst dann nicht passivlegitimiert, wenn pflichtwidrig im Versicherungsschein nicht auf die Übertragung der Schadenabwicklung hingewiesen wurde[9].

– **§ 127:** Garantie der freien Anwaltswahl; dem entsprechen § 16 (1) ARB 75 und § 17 (1) ARB 94/2000/2008.

– **§ 128:** Sanktionierung eines in den AVB fehlenden, objektiven Gutachterverfahrens oder eines fehlenden Hinweises darauf bei Ablehnung der Deckung wegen nicht hinreichender Aussicht auf Erfolg oder wegen Mutwilligkeit; das Rechtsschutzbedürfnis gilt als anerkannt. Diese Rechtsfolge nennt auch § 18 (3) S. 3 ARB 94/2000/2008 für den Fall, dass der VR das vom VN beantragte Schiedsgutachterverfahren nicht rechtzeitig einleitet.

II. Vom GDV empfohlene Musterbedingungen

Da speziell für die Rechtsschutzversicherung nur völlig unzureichende gesetzliche Vor- **14** schriften existieren, werden Inhalt und Grundlage für Rechtsschutzversicherungsverträge durch die Allgemeinen Bedingungen für die Rechtsschutzversicherung (ARB) bestimmt. Insofern verwenden die VU fast ausschließlich die sog. **Verbandsbedingungen,** d. h. vom GDV (bis 31. 12. 1994: HUK-Verband; bis 1996: VdS) entworfene und dann bis 1994 vom BAV genehmigte Musterbedingungen.

Die **ARB 54**[10] waren die ersten einheitlichen AVB für die Rechtsschutzversicherung, wel- **15** che dann 1969 durch die **ARB 69**[11] abgelöst wurden. Da diese beiden Bedingungswerke nur noch einer verschwindend geringen Zahl von Altverträgen zugrunde liegen, spielen sie für die Regulierungspraxis so gut wie keine Rolle mehr.

Einen nicht unerheblichen Anteil in den Beständen haben nach wie vor die **ARB 75**[12], wel- **16** che dem Bedingungswerk ein neues Gesicht gaben[13] und bis 1994 den Markt beherrschten. In dieser Zeitspanne ist eine Vielzahl von **Klauseln** entwickelt worden[14], worunter die Transparenz des Vertragsinhalts sehr gelitten hat. Dies und das Bemühen um mehr Verständlichkeit des Bedingungstexts für den VN führten zu einer grundlegenden ARB-Reform, die im ersten Halbjahr 1994 ihren Abschluss fand und in die **ARB 94**[15] mündete[16]. Die ARB 94 stellen somit die letzte mit dem „Gütesiegel" des BAV versehene Fassung der ARB dar, da diese ja seit dem 1. 7. 1994 nicht mehr genehmigungsbedürftig sind. Die weitere Entwicklung erfolgte nunmehr ohne Beteiligung des BAV, aber nach wie vor über die Gremien des GDV, der seinen Mitgliedsunternehmen 1999 empfahl, die neuen Musterbedingungen in Form der **ARB 2000**[17] zu verwenden. Die ARB 2000 entsprechen im Wesentlichen den ARB 94. Die Einarbeitung nicht spartenspezifischer AVB-Bausteine sowie einzelne materiell-rechtliche Verbesserungen kennzeichnen dieses derzeit aktuellste Musterbedingungswerk[18], welches mit den **ARB 2008** im Wesentlichen wieder nur durch Bausteine ergänzt wurde, soweit dies durch die Anpassung an das VVG 2008 erforderlich war.

Neben den ARB sind eine Reihe von **Sonderbedingungen** auf dem Markt, wie z. B. der **17** Vermögensschaden-Rechtsschutz, der Industrie-Straf-Rechtsschutz, der Kommunal-Rechtsschutz oder der Daten-Rechtsschutz[19]. Diese beschränken sich aber auf bestimmte Zielgrup-

---

[9] OLG Düsseldorf v. 23. 10. 2001, VersR 2002, 757 = ZfS 2002, 148 = NJW-RR 2002, 454 = NVersZ 2002, 136 = r+s 2002, 246.

[10] VerBAV 1954, 139.

[11] VerBAV 1969, 67.

[12] VerBAV 1976, 130.

[13] *Sperling,* AnwBl 1976, 29.

[14] Übersicht bei *Harbauer/Bauer,* vor § 1 ARB 75 Rn. 22, 23b.

[15] VerBAV 1994, 97, 176.

[16] Zu Inhalt und Änderungen vgl. ausführlich *Sperling,* VersR 1996, 133; *Maier,* r+s 1995, 361; *Bauer,* NJW 1995, 1390; *Rex,* VersR 1996, 24 (Synopse).

[17] www.gdv.de/Publikationen/versicherungsbedingungen/avb.html.

[18] Zu Einzelheiten vgl. *Buschbell/Bruns,* AnwBl 2001, 357; *Plote,* § 3 Rn. 16; *Bauer,* NJW 2000, 1235.

[19] Vgl. hierzu *Harbauer/Bauer,* vor § 1 ARB 75 Rn. 24 ff.; *Matzen,* AnwBl 1979, 358.

pen und werden nur von einigen VU angeboten, so dass eine ausführliche Darstellung dieser Bedingungen verzichtbar ist.

III. Individuelle Produktentwicklung

18   ARB – Quo vadis? Zumindest **neue Gesetze** – wie zuletzt das VVG 2008 – und etwaige Änderungen der **Rechtsprechung** werden die VR auch zukünftig veranlassen, gemeinsame Interessen zu verfolgen und etwaige Bedingungsänderungen in Form von Musterbedingungen zu vereinheitlichen. Dass dabei zeitweise ein „rechtsfreier Raum" im Versicherungsverhältnis entstehen kann, ist leider nicht zu ändern, da der BGH 1999 die **Bedingungsanpassungsklausel** in § 10 A ARB 94 für **unwirksam** erklärt hat[20].

19   Was die Weiterentwicklung der ARB durch Leistungserweiterungen anbelangt, scheint dagegen inzwischen jeder VR „seines eigenen Glückes Schmied" zu sein. Schon 2001 wies Bauer[21] zu Recht darauf hin, dass eine Einheitlichkeit der ARB nicht mehr gegeben ist. Dies beruht darauf, dass die VR oftmals von den Musterbedingungen abweichende Klauseln verwenden. Diese befassen sich zunehmend mit materiell-rechtlichen Verbesserungen, also auf den Produktbereich. Hier hat die hohe Wettbewerbsintensität auf dem Rechtsschutzmarkt die VR gezwungen, **hauseigene Produktlösungen** zu entwickeln und anzubieten, und dies alles in immer kürzer werdenden Intervallen. Dabei ist inzwischen kein Thema mehr „tabu". Verbesserte oder zusätzliche Leistungsarten, die Höhe der Deckungssumme, der Kreis der versicherten Personen und andere Dinge mehr scheinen nur noch eine Frage des Preises zu sein. Und selbst der von den VR wegen der enormen Schadenhäufigkeit lange Zeit verpönte Firmen-Vertrags-Rechtsschutz könnte u. U. eine Renaissance erleben. Andererseits werden aber auch teilweise die Leistungen eingeschränkt. Dies geschieht zum Teil deshalb, um sog. Basisprodukte zu attraktiven Prämien anbieten zu können. Bei der Prüfung des Versicherungsschutzes durch den Anwalt kann daher nur zur Vorsicht gemahnt werden. Der jeweilige Versicherungsumfang lässt sich heute nicht mehr allein auf der Grundlage der Musterbedingungen zuverlässig bestimmen. Im Zweifel muss sich der Anwalt vom Mandanten die konkret vereinbarten AVB vorlegen lassen. Auch der zaghafte Versuch des GDV, mit den ARB 2008 einzelne in den verschiedenen VU häufig verwandte Sonderregelungen „einzufangen", vermag diese Situation nur ansatzweise zu entschärfen.

C. Versicherte Gefahren

20   Die Rechtsschutzversicherung ist, wie die meisten anderen Versicherungssparten auch, nach dem Prinzip der **„Spezialität des versicherten Risikos"** aufgebaut[22]. Danach hat der VN (sowie etwaige mitversicherte Personen) Anspruch auf Rechtsschutz, wenn er nach Eintritt eines Versicherungsfalles im versicherten Zeitraum und im örtlichen Geltungsbereich rechtliche Interessen
– in einer bestimmten versicherten **Eigenschaft** und
– auf einem bestimmten versicherten **Rechtsgebiet**
wahrzunehmen hat. Zusätzliche Einschränkungen ergeben sich durch einige allgemeine Risikoausschlüsse sowie die Beschränkung der Kostenübernahme auf bestimmte Kostenarten. Manche vergleichen daher die Rechtsschutzversicherung scherzhaft mit einem löchrigen „Schweizer Käse", bei dem die Löcher mehr Platz einnehmen als der Käse, allerdings wohl wissend, dass dieses Verhältnis nicht stimmt, denn die Zusagequote im Schadenfall liegt bei

---

[20] BGH v. 17. 3. 1999, NJW 1999, 1865 = NVersZ 1999, 396 = VersR 1999, 697 m. Anm. *Präve* = MDR 1999, 933 m. Anm. *Terbille;* zu Bedingungsanpassungsklauseln allgemein vgl. *Matusche-Beckmann,* NJW 1998, 112.
[21] NJW 2001, 1536.
[22] Vgl. *Harbauer/Stahl,* vor § 21 ARB 75 Rn. 1 mit Nachweisen.

mindestens 80% und könnte noch erheblich gesteigert werden, wenn der betroffene Rechtsschutz-Baustein versichert oder aber der Vertrag früher abgeschlossen worden wäre. Im Übrigen ist unbestritten, dass eine „All Risk"-Rechtsschutzversicherung nicht kalkulierbar wäre und dass der Versicherungsbeitrag hierfür von den allermeisten VN nicht bezahlt werden könnte. Angesichts der gestiegenen Kundenerwartungen sowie des Konkurrenzdrucks arbeiten die VR allerdings ständig daran, in vertretbarem Umfang einzelne „Löcher" zu schließen. Soweit dies nicht durch Musterbedingungen oder aufgrund von Empfehlungen des GDV branchenweit einheitlich erfolgt, sondern im Rahmen individueller Produkte einzelner VR, führt dies zwangsläufig dazu, dass sich der Anwender (Anwälte, Gerichte usw.) nicht mehr auf den Inhalt der Musterbedingungen verlassen kann, sondern bei bestimmten Fallkonstellationen unbedingt das konkret vereinbarte Bedingungswerk einsehen muss.

In welcher Eigenschaft der VN versichert ist, ergibt sich aus der jeweils vereinbarten **Vertragsform** (im Allgemeinen §§ 21 bis 29 ARB), welche sich auf einzelne oder mehrere **Lebensbereiche** des VN erstreckt (Verkehrs-, Privat-, Gewerbe-, Immobilienbereich) und nach dem **Baukastenprinzip** die in Form sogenannter **Leistungsarten** definierten Rechtsbereiche beinhaltet. **21**

I. Leistungsarten

§ 2 ARB 94/2000/2008 beschreibt in den Ziffern a) bis k) **11** verschiedene Leistungsarten, die sich auf Bereiche des privaten wie auch des öffentlichen Rechts erstrecken. Sie sind inhaltlich überwiegend identisch mit denen der **ARB 75,** wo die Leistungsarten **nicht vorweg** aufgezählt werden, sondern in der jeweiligen Vertragsform (§§ 21 bis 29 ARB 75) aufgeführt sind. Zu beachten sind im Übrigen etwaige weitere Leistungsarten, die von einzelnen VR über die Musterbedingungen hinaus angeboten werden. **22**

1. Schadenersatz–Rechtsschutz

Der Schadenersatz-Rechtsschutz gehört zu den Grundformen der Rechtsschutzversicherung, der mit Ausnahme des § 29 ARB in allen Vertragsformen wiederkehrt. Er umfasst nur die **aktive Geltendmachung** von Haftpflichtschadenersatzansprüchen. Die Abwehr solcher Ansprüche ist gemäß § 3 (2) a ARB 94/2000/2008 vom Versicherungsschutz ausgeschlossen. In den ARB 75 gab es diesen – klarstellenden – Ausschluss noch nicht, jedoch ergab sich die entsprechende Beschränkung aus dem Begriff „Geltendmachung" in der primären Risikobeschreibung. Die Feststellung, welche Ansprüche als Schadenersatzansprüche im Sinne der Leistungsart gelten und welche nicht, ist mit Ausnahme der nachfolgend erörterten Problembereiche meistens unproblematisch[23]. Macht der versicherte Stellenbewerber Schadens- und Entschädigungsansprüche z.B. wegen nicht geschlechtsneutraler Stellenausschreibung gem. **§ 15 AGG** geltend, ist dies kein Fall des Arbeits-Rechtsschutzes (vgl. Rn. 35a), sondern ein Sachverhalt, der – wie schon nach § 611a BGB – über Schadenersatz-Rechtsschutz gedeckt ist. Das gleiche gilt für Benachteiligungen im Zivilrecht bei der Anbahnung sog. Massegeschäfte. **23**

„Geltendmachung von Schadenersatzansprüchen" setzt – ungeachtet einer erfolgversprechenden Rechtsverfolgung – schon vom Begriff her voraus, dass der Schädiger bekannt ist und diesem gegenüber entsprechende Forderungen gestellt werden können. (Noch) kein Versicherungsschutz besteht daher, wenn der **Unfallgegner** nach einem Verkehrsunfall **unbekannt** geblieben ist (z.B. Fahrerflucht) und der Anwalt mit der Ermittlung des Unbekannten beauftragt wird[24]. Der Anwalt kann dann zwar quasi fiktiv Schadenersatzansprüche prüfen, geltend machen kann er sie aber ohne Identifizierung des Schädigers nicht. Erfahrungsgemäß übernehmen die VR in diesen Fällen entgegenkommenderweise die Kosten einer Erstberatung, wenn der VN den Anwalt vor Verständigung des VR unmittelbar aufgesucht hat. **24**

---

[23] Vgl. ausführlich *Harbauer/Stahl,* vor § 21 ARB 75 Rn. 45ff.
[24] AG Düsseldorf v. 17. 2. 2005, – 47 C 15041/04; AG Köln v. 1. 2. 1993, r+s 1993, 263; hierzu kritisch *Bauer,* NJW 1994, 1443 (1444); *Prölss/Martin/Armbrüster,* § 24 ARB 75 Rn. 5.

25   **a) Abgrenzung zum Rechtsschutz im Vertrags- und Sachenrecht.** Bestehen zwischen dem VN und dem Schädiger **vertragliche Beziehungen,** so muss bei Schadenersatzansprüchen geprüft werden, ob der Schadenersatz-Rechtsschutz einschlägig ist oder der Vertrags-Rechtsschutz. Dies ist deshalb wichtig, weil der VN evtl. den Vertrags-Rechtsschutz nicht versichert hat und spielt insbesondere im gewerblichen Bereich eine Rolle, weil ein Firmen-Vertrags-Rechtsschutz bei den meisten VU nur für einige wenige Berufsgruppen versicherbar ist.

26   Nach den **ARB 75** muss geprüft werden, ob Ansprüche geltend gemacht werden, die im Sinne des **§ 14 (1) Satz 2 ARB 75** „an die Stelle der Erfüllungsleistung treten" (Erfüllungssurrogat)[25]. Diese fallen nicht unter den Schadenersatz-Rechtsschutz, was insbesondere bei allen Ersatzleistungen wegen mangelhafter, unpünktlicher oder sonst unzureichender Erfüllung des Schuldners der Fall ist. Über den Schadenersatz-Rechtsschutz versichert ist dagegen der sich nicht in einem Erfüllungssurrogat erschöpfende Anspruch aus **pVV,** der als vertraglicher Anspruch auch unter den Vertrags-Rechtsschutz fällt. Insofern überschneiden sich der Schadenersatz-Rechtsschutz und der Vertrags-Rechtsschutz.

27   **§ 2a ARB 94** will solche Überschneidungen möglichst vermeiden und definiert den Schadenersatz-Rechtsschutz so, dass alle Schadenersatzansprüche nicht hierunter fallen, die **„auf einer Vertragsverletzung beruhen".** Dies bedeutet, dass Schadenersatzansprüche aus pVV nur über den Rechtsschutz im Vertrags- und Sachenrecht nach § 2d ARB 94 versichert sein können. Fraglich ist, was nach § 2a ARB 94 in den Fällen der **Anspruchskonkurrenz** zu gelten hat, wenn also der Schadenersatzanspruch sowohl auf Vertrag als auch auf **Delikt** gestützt werden kann[26]. Die auch für den durchschnittlichen VN erkennbare Intention, Überschneidungen mit dem Vertrags-Rechtsschutz zu vermeiden, spricht an sich dafür, auch den deliktischen Anspruch nur über Rechtsschutz im Vertrags- und Sachenrecht als gedeckt anzusehen, weil er eben auf einer Vertragsverletzung „beruht". Literatur und Rechtsprechung[27] halten jedoch diese Auslegung, die den Intentionen der Verfasser der ARB 94 entspricht[28], wegen der Unklarheitenregel für unzulässig. Die Vorschrift des § 2a ARB 94 sei dahin auszulegen, dass sie nur solche Schadenersatzansprüche nicht umfassen soll, die **ausschließlich** auf eine Vertragsverletzung gestützt werden. Eine andere Zielsetzung werde aus der Formulierung nicht hinreichend deutlich.

28   Die Neufassung in **§ 2a ARB 2000** trägt diesen Bedenken Rechnung. Durch die Einfügung des Wortes „auch" („soweit diese nicht **auch** auf einer Vertragsverletzung … beruhen") wird klargestellt, dass auch bei konkurrierenden Anspruchsgrundlagen Rechtsschutz insgesamt nur über Rechtsschutz im Vertrags- und Sachenrecht möglich ist. Im privaten Bereich des VN, z. B. im Falle der Arzthaftung, wirkt sich dies kaum aus, da heutzutage in der Regel auch die Leistungsart Rechtsschutz im Vertrags- und Sachenrecht mitversichert ist, über welche der Schadenfall dann insgesamt abgewickelt wird. Hier ist die Abgrenzung auch dadurch noch besser nachvollziehbar geworden, dass der Gesetzgeber mit dem SchadÄndG vom 19. 7. 2002 (BGBl. I S. 2674) den früher der unerlaubten Handlung vorbehaltenen Schmerzensgeldanspruch (§ 847 BGB a. F.) auch bei Vertragsverletzungen ermöglicht hat (§ 253 Abs. 2 BGB neu). Wirklich wichtig war die Abgrenzung in § 2a ARB 94/2000 für den gewerblichen Bereich, denn ansonsten müsste die Versichertengemeinschaft u. U. – nicht versicherte – Firmenvertragsstreitigkeiten mitfinanzieren, nur weil evtl. der VN einen konkurrierenden Anspruch aus unerlaubter Handlung „konstruiert", um in die Deckung zu kommen.

29   **b) Abgrenzung zum Wohnungs- und Grundstücks-Rechtsschutz.** § 2a ARB 94/2000/2008 nimmt die **Verletzung dinglicher Rechte** ausdrücklich aus dem Schadenersatz-Rechtsschutz heraus. Dies kommt insbesondere bei der Beschädigung eines Gebäudes

---

[25] Einzelheiten bei *Harbauer/Maier,* § 14 ARB 75 Rn. 15 ff.

[26] Hierzu ausführlich *Harbauer,* NVersZ 1999, 308.

[27] LG Hannover v. 16. 10. 1998, NJW-RR 1999, 614 = NVersZ 1999, 340; AG Mönchengladbach v. 17. 2. 2004, VersR 2005, 784; *Harbauer,* a. a. O.; *Prölss/Martin/Armbrüster,* § 2 ARB 94 Rn. 3.

[28] Vgl. *Sperling,* VersR 1996, 133 (135).

zum Tragen[29]. Durch diese Regelung sollen Überschneidungen mit dem Wohnungs- und Grundstücks-Rechtsschutz nach § 2c ARB 94/2000/2008 vermieden werden.

Im Rahmen der **ARB 75** war lange Zeit umstritten, ob der Schadenersatz-Rechtsschutz 30 (z. B. nach § 25 Abs. 2a ARB 75) auch Schadenersatzansprüche aus § 823 Abs. 1 BGB wegen Verletzung des Grundstückseigentums umfasst oder ob insoweit der **Ausschluss** für dingliche Rechte – z. B. nach **§ 25 (4) c ARB 75** – zum Tragen kommt. Eine Klärung hat hier eine Entscheidung des BGH[30] herbeigeführt, wonach eine Wahrnehmung rechtlicher Interessen „aus dinglichen Rechten" im Sinne des § 29 ARB 75 auch dann gegeben ist, wenn schuldrechtliche Schadenersatzansprüche aus unerlaubter Handlung geltend gemacht werden. Zum Risikoausschluss in den anderen Vertragsformen hat sich der BGH hingegen nicht geäußert. Die Entscheidung ist aber einhellig[31] so verstanden worden, dass die fraglichen Ansprüche nur über § 29 ARB 75 versicherbar sind. Dem ist zuzustimmen, da die Risikoabgrenzungen in den Vertragsformen der ARB 75 eine Überschneidung von Leistungen erkennbar verhindern sollen.

c) Entschädigungsansprüche. Nicht mehr unter den Schadenersatz-Rechtsschutz fal- 31 len zahlreiche öffentlich-rechtliche Entschädigungsansprüche, da diese **keinen Schadener-satzcharakter** im Sinne der §§ 249ff. BGB haben[32]. Dies gilt auch für Entschädigungsansprüche wegen hoheitlicher **Maßnahmen von Polizei und Ordnungsbehörden** zur Gefahrenabwehr[33]. Zu beachten ist aber, dass für einzelne öffentlich-rechtliche Entschädigungsansprüche der Rechtsweg zu den Sozialgerichten eröffnet ist, so dass über die Leistungsart Sozialgerichts-Rechtsschutz Deckung bestehen kann (z. B. Bundesseuchengesetz, Gesetz über die Entschädigung für Opfer von Gewaltstraftaten).

Ebenfalls zu den nicht versicherten Entschädigungsansprüchen zählen Ansprüche auf **Ent-** 32 **schädigung nach dem StrEG**[34]. Da die deutsche Rechtsordnung seit langer Zeit zwischen Schadenersatzansprüchen und Entschädigungsansprüchen unterscheidet und vollen Schadenersatz regelmäßig nur das Deliktsrecht gewährt, ist für eine andere Auslegung kein Raum.

d) Unterlassungsansprüche. Nicht ganz unproblematisch ist die Risikoabgrenzung bei 33 **Ehrverletzung,** also in den Fällen der Beleidigung oder der Behauptung unwahrer Tatsachen. Geht es um unwahre Tatsachenbehauptungen, so wird grundsätzlich **Widerruf** verlangt. Dieser Anspruch ist **gedeckt,** weil hiermit die Herstellung des früheren Zustands und die Beseitigung der Folgen, wie es für das Schadenrecht im Sinne des § 249 Satz 1 BGB typisch ist, verlangt wird[35]. Die Geltendmachung von **vorbeugenden Unterlassungsansprüchen,** z. B. wegen Beleidigung, fällt dagegen **nicht** unter den Schadenersatz-Rechtsschutz[36].

---

[29] Vgl. z. B. den Fall des OLG Oldenburg v. 19. 10. 1994, r+s 1995, 21: aus einem landwirtschaftlichen Fahrzeug läuft Flüssigdünger aus und beschädigt das Haus des VN.

[30] v. 5. 2. 1992, VersR 1992, 487 = NJW 1992, 1511 = r+s 1992, 127.

[31] Vgl. OLG Oldenburg, a. a. O.; LG Köln v. 14. 4. 1993, VersR 1993, 1518; *Harbauer/Stahl*, § 25 ARB 75 Rn. 58 m. w. N.; *Prölss/Martin/Armbrüster*, § 25 ARB 75 Rn. 22; *Böhme,* § 25 ARB 75 Rn. 20c.

[32] Vgl. ausführlich *Harbauer/Stahl,* vor § 21 ARB 75, 58.

[33] AG Düsseldorf v. 21. 9. 1990, ZfS 1991, 130; *Harbauer/Stahl,* vor § 21 Rn. 58; *Prölss/Martin/Armbrüster,* § 25 ARB 75 Rn. 10.

[34] H. M.: OLG Bamberg v. 29. 3. 1999, VersR 1999, 1407; AG Saarbrücken v. 23. 5. 1978, VersR 1978, 1111; *Prölss/Martin/Armbrüster,* § 25 ARB Rn. 10; a. A.: *Harbauer/Stahl,* vor § 21 Rn. 52.

[35] LG Aachen v. 22. 11. 1984, ZfS 1985, 52; a. A. *Vassel,* ZVersWiss 1986, 278 (281).

[36] H. M.: LG Ellwangen v. 31. 3. 2000, r+s 2000, 508; LG Stuttgart v. 28. 11. 1986, ZfS 1987, 210; LG Aachen v. 22. 11. 1984, ZfS 1985, 52; AG Besigheim v. 8. 10. 2007, – 3 C 767/07 (nicht veröff.); AG Eschweiler v. 3. 4. 2008, 22 C 10/08 (nicht veröff.); AG Düsseldorf v. 22. 11. 2007, 35 C 9787/07 (nicht veröff.); AG Düsseldorf v. 24. 10. 2007, 56 C 9325/07 (nicht veröff.); AG Düsseldorf v. 21. 11. 2006, – 40 C 7288/06 (juris); v. 16. 3. 2006, – 232 C 13366/05 (juris); AG Buchen v. 23. 5. 2006, – 1 C 48/06 (nicht veröff.); AG Frankfurt/M. v. 27. 3. 2003 – 32 C 5/03-41 – (nicht veröff.); AG Hannover v. 1. 8. 1997, r+s 1998, 27 mit zustimmender Anmerkung von *Schimikowski;* AG Lingen v. 30. 8. 1994, r+s 1998, 28; AG Aschaffenburg v. 6. 11. 1991, r+s 1997, 510; *Böhme,* § 14 ARB 75 Rn. 2; *Prölss/Martin/Armbrüster,* § 24 ARB 75 Rn. 5; *Mathy,* Rechtsschutz-Alphabet, Stichwort: Unterlassungsanspruch; *Vassel,* ZVersWiss 1986, 278 (281); a. A.: *Harbauer/Stahl,* vor § 21 Rn. 42 bei schuldhafter Rechtsgutverletzung; *van Bühren/Plote,* § 2 ARB 2000 Rn. 9 bei Wiederholungsgefahr; AG Regensburg v. 21. 10. 2003, VersR 2004, 327 = r+s 2004, 61.

Hier wird nämlich kein Schadenersatz im Sinne der Wiederherstellung des früheren Zustands gewährt, vielmehr soll **zukünftigen** Störungen **vorbeugend** entgegengetreten werden. Dies ist für den durchschnittlichen VN auch einleuchtend. Entgegen Harbauer[37] kommt es daher nicht darauf an, ob der Unterlassungsanspruch nur auf § 1004 BGB oder auch auf § 823 BGB gestützt werden kann. Die rechtsdogmatische Abgrenzung dieser Ansprüche voneinander wird ohnehin kontrovers diskutiert[38].

2. Arbeits-Rechtsschutz

34   Arbeits-Rechtsschutz wird gemäß **§ 2 b ARB 94/2000/2008** „für die Wahrnehmung rechtlicher Interessen aus Arbeitsverhältnissen sowie aus öffentlich-rechtlichen Dienstverhältnissen hinsichtlich dienst- und versorgungsrechtlicher Ansprüche" gewährt. In den Genuss der Versicherungsleistung kommen also nicht nur Arbeitgeber und Arbeitnehmer (einschließlich derjenigen des öffentlichen Dienstes) für deren Streitigkeiten aus dem **privatrechtlichen Arbeitsverhältnis,** sondern auch die Berufsgruppen, die zu ihrem Dienstherrn in einem öffentlich-rechtlichen Dienst- und Treueverhältnis stehen, also insbesondere die der Beamten, der Berufs- und Zeitsoldaten sowie der Richter. Der Deckungsumfang unterscheidet sich nur geringfügig vom Arbeits-Rechtsschutz nach den ARB 75. Danach bestand Versicherungsschutz für Streitigkeiten aus öffentlich-rechtlichen Anstellungsverhältnissen. § 2 b ARB 94/2000/2008 erweitert dies auf **öffentlich-rechtliche Dienstverhältnisse,** so dass auch die Pflichtdienstverhältnisse wie Wehrdienst oder Zivildienst hinsichtlich dienst- und versorgungsrechtlicher Ansprüche versichert sind[39].

35   **a) „Aus" Arbeitsverhältnis.** Die Leistungsart ist sehr weit gefasst. Sie erstreckt sich sowohl auf die Geltendmachung als auch die Abwehr von Ansprüchen, die in einem bereits **bestehenden Arbeitsverhältnis** ihre rechtliche Grundlage haben. Ansprüche, die erst auf **Begründung** eines Arbeitsverhältnisses oder eines öffentlich-rechtlichen Dienstverhältnisses gerichtet sind, fallen **nicht** unter den Versicherungsschutz, da sie nicht „aus" einem solchen Rechtsverhältnis abgeleitet werden[40]. Umgekehrt handelt es sich trotz zwischenzeitlicher Beendigung eines Arbeitsverhältnisses noch um die Wahrnehmung rechtlicher Interessen „aus" Arbeitsverhältnis, wenn Ansprüche aus einem Arbeitgeberdarlehen streitig werden[41], oder wenn Rechte und Pflichten für die Zeit nach Vertragsende vereinbart wurden (z. B. Wettbewerbsverbot)[42].

35a   Besonderer Betrachtung bedarf die Geltendmachung und Abwehr von Ansprüchen nach dem **Allgemeinen Gleichbehandlungsgesetz (AGG).** Geht es um Rechtsverstöße in einem laufenden Arbeitsverhältnis, z. B. wegen benachteiligender Entlohnung, Sozialauswahl oder Festlegung der Altersgrenze, handelt es sich für Arbeitnehmer und Arbeitgeber grundsätzlich um eine Interessenwahrnehmung „aus" Arbeitsverhältnis. Macht dagegen ein Stellenbewerber Schadens- und Entschädigungsansprüche z. B. wegen nicht geschlechtsneutraler Stellenausschreibung gem. **§ 15 AGG** geltend, so ist dies nicht über Arbeits-Rechtsschutz gedeckt, da der geltend gemachte Anspruch nicht aus einem bestehenden Arbeitsverhältnis abgeleitet wird. Deckung kann aber für den Anspruchsteller über den Schadenersatz-Rechtsschutz bestehen (vgl. Rn. 23). Für das Unternehmen, welches die Stelle ausgeschrieben hat, besteht eine Deckungslücke, da die Abwehr von Schadenersatzansprüchen grundsätzlich nicht versichert bzw. versicherbar ist. Einzelne VU haben diese Situation aufgegriffen und für Selbständige einen sog. **Antidiskriminierungs-Rechtsschutz** entwickelt, welcher speziell die Abwehr von Ansprüchen nach dem AGG abdeckt. Der Leistungsumfang dieses Produkts

---

[37] A. a. O.

[38] Vgl. *Waas,* VersR 2002, 1205.

[39] Vgl. *Harbauer/Stahl,* § 2 ARB 94 Rn. 4.

[40] LG Berlin v. 15. 4. 1976, r+s 1978, 46; *Harbauer/Stahl,* vor § 21 ARB 75 Rn. 110.

[41] OLG Hamm v. 3. 12. 1999, VersR 2000, 630; *Böhme,* § 24 ARB 75 Rn. 9 a.

[42] *Harbauer/Stahl,* vor § 21 ARB 75 Rn. 114; bei einem Zusammenhang mit selbständiger Tätigkeit ergibt sich allerdings ein Konkurrenzproblem wegen der gebotenen Risikoabgrenzung, vgl. hierzu Rn. 139.

beschränkt sich nicht nur auf die genannten Bewerberfälle, sondern erstreckt sich auch auf Fälle aus anderen Rechtsbereichen, die über die „normal" versicherbaren Leistungsarten nicht gedeckt wären (z. B. die Anspruchsabwehr eines gewerblichen Vermieters wegen behaupteter Benachteiligung bei Anbahnung eines Miet- oder Pachtverhältnisses oder Benachteiligungen in einer Firmenvertragsbeziehung).

Nicht immer müssen Arbeitgeber und Arbeitnehmer Parteien des Rechtsstreits sein. Um **36** Ansprüche aus dem Arbeitsverhältnis handelt es sich auch dann, wenn der Arbeitnehmer Ansprüche eines **Kaskoversicherers** abzuwehren hat, der die nach **§ 86 VVG** (§ 67 VVG a. F.) auf ihn übergegangenen Schadenersatzansprüche des Arbeitgebers wegen grob fahrlässiger Verletzung arbeitsvertraglicher Pflichten geltend macht[43]. Das Gleiche gilt für den Arbeitgeber, der eine **Drittschuldnerklage** wegen gepfändeter Lohnansprüche abzuwehren hat[44].

Im Einzelfall können ausnahmsweise auch Ansprüche unter die Leistungsart fallen, die **37** nicht direkt im Arbeitsverhältnis wurzeln, aber eng damit verknüpft sind. Dies ist z. B. bei Verwaltungsverfahren von Schwerbehinderten vor dem **Integrationsamt** (bis 30. 6. 2001: Hauptfürsorgestelle) wegen Zustimmung zur Kündigung der Fall (§§ 85 ff. SGB IX). Streitigkeiten dieser Art fallen bei Anfechtungs- oder Verpflichtungsklagen in die Zuständigkeit der Verwaltungsgerichte. Gleichwohl besteht nach herrschender und zutreffender Ansicht[45] Versicherungsschutz, da die Zustimmung des Integrationsamts als Wirksamkeitsvoraussetzung die „Kündigungssperre" beseitigen soll. Maßnahmen, die den Anspruch einer nicht rechtmäßigen Kündigung vorbereiten sollen, hat der Arbeitgeber zu unterlassen. Das Verfahren vor dem Integrationsamt steht daher in einem unmittelbaren, untrennbaren sachlichen Zusammenhang mit der Kündigung des Arbeitsverhältnisses.

Nicht über Arbeits-Rechtsschutz versichert sind Streitigkeiten von **Organvertretern** im **38** Sinne des § 4 (1) d ARB 75 bzw. § 3 (2) c ARB 94/2000/2008, soweit nicht ein ruhendes Arbeitsverhältnis wieder auflebt (vgl. hierzu Rn. 262), auch nicht die von **Gewerbetreibenden,** selbständigen **Handelsvertretern** oder **Freiberuflern,** da kein Arbeitsverhältnis zugrunde liegt. Für diese Personengruppen ist Rechtsschutz allenfalls über Sonderprodukte möglich (Anstellungsvertrags-Rechtsschutz, Firmen-Vertrags-Rechtsschutz). Zu einer gewissen Risikoüberschneidung kommt es bei **Chefärzten**[46], die neben dem Festgehalt Einnahmen aus der Behandlung ambulanter Patienten sowie aus der Erbringung wahlärztlicher Leistungen bei der Behandlung stationärer Patienten erzielen. Im ambulanten Tätigkeitsbereich wie auch im Nebentätigkeitsbereich (z. B. Anfertigung von Gutachten) handelt es sich zweifellos um eine nicht versicherte freiberufliche Tätigkeit. Die Einräumung des **Liquidationsrechts** bei der Erbringung wahlärztlicher Leistungen, welche grundsätzlich mit der Verpflichtung zur Beteiligung nachgeordneter Mitarbeiter verknüpft ist[47], ist dagegen die Vereinbarung einer besonderen **Form der Vergütung im Rahmen des Arbeitsverhältnisses/Dienstverhältnisses.** Die Übertragung solcher Dienstaufgaben unter Einsatz der personellen und sachlichen Ausstattung des Krankenhauses (Arbeitgeber) gehört zur vertraglich vereinbarten Leistung zwischen Arbeitnehmer und Arbeitgeber, so dass Streitigkeiten hieraus mit dem Arbeitgeber oder Dienstherrn über Arbeits-Rechtsschutz versichert sind[48]. Nicht mitversichert ist allerdings das Ausübungsrisiko des Liquidationsrechts gegenüber den selbstzahlenden Patienten. Hier gilt das Gleiche wie bei der freiberuflichen Tätigkeit im ambulanten Bereich. Grundsätzlich kann der Frage der Rechtsschutzdeckung an die steuerrechtliche Bewertung[49]

---

[43] *Harbauer/Stahl,* vor § 21 ARB 75 Rn. 121.

[44] AG Düsseldorf v. 24. 4. 1989, r+s 1989, 224; *Böhme,* § 24 ARB 75 Rn. 9 a.

[45] LG Hannover v. 25. 8. 1994, r+s 1996, 361; LG Koblenz v. 8. 11. 1988, r+s 1989, 155; AG Paderborn v. 10. 1. 1995, ZfS 1995, 150; AG Siegburg v. 17. 6. 1994, ZfS 1994, 463 = NJW-RR 1995, 285; AG Gelsenkirchen v. 27. 7. 1988, NZA 1988, 818; a. A. AG München v. 22. 3. 1985, VersR 1986, 571 = ZfS 1985, 339.

[46] Zur gerichtlichen Kontrolle von Chefarztverträgen vgl. *Reinecke,* NJW 2005, 3383.

[47] Hierzu *Münzel,* NJW 2001, 1752.

[48] Vgl. hierzu *Rieger,* DMV 1991, 393.

[49] Vgl. OFD Rheinland und Münster, Verfügung v. 28. 4. 2006, DB 2006, 1083.

angelehnt werden. Danach liegen Einkünfte aus selbständiger Tätigkeit nur vor, wenn die Verträge über die wahlärztlichen Leistungen unmittelbar zwischen den Patienten und dem Chefarzt abgeschlossen werden und die Liquidation durch den Chefarzt erfolgt.

39   Versichert sind auch Streitigkeiten aus **Ruhestands- und Vorruhestandsverhältnissen.** Dies ist deshalb gerechtfertigt, weil diese Rechtsbeziehung ohne das vorhergehende Arbeitsverhältnis gar nicht entstehen könnte und insofern einen „nachwirkenden" arbeitsvertraglichen Charakter hat[50]. Versichert sind also z. B. Streitigkeiten aus Versorgungszusagen des Arbeitgebers in Form eines Ruhegeldes oder Auseinandersetzungen mit einer Unterstützungskasse des Arbeitgebers im Sinne des § 1 Abs. 4 Betriebsrentengesetz und ggf. bei Insolvenz des Arbeitgebers Streitigkeiten mit dem Pensionssicherungsverein. Hiervon zu unterscheiden sind andere Formen von Zusatzrenten oder Versorgungszusagen, die entweder als versicherungsvertragliche oder sozialgerichtliche Angelegenheit versicherbar sind oder als verwaltungsrechtliche Streitigkeit (z. B. Zwangsversorgungseinrichtungen freier Berufe) nicht unter den Versicherungsschutz der Muster-ARB fallen[51]. Sieht das Bedingungswerk eines VR die Möglichkeit vor, im Rahmen einer versicherten Vertragsform die Leistungsart Arbeits-Rechtsschutz abzuwählen **(„Senioren-Rechtsschutz")**, entfällt der Versicherungsschutz auch für etwaige nachwirkende Streitigkeiten, z. B. aus der betrieblichen Altersversorgung, es sei denn es wird hierzu etwas anderes vereinbart.

40   **b) Individualrechtsstreitigkeiten.** Nach **§ 3 (2) b ARB 94/2000/2008** bezieht sich der Versicherungsschutz nicht auf das **kollektive** Arbeits- oder Dienstrecht. Hierzu gehört insbesondere das Recht der Verbände (Arbeitgeberverbände, Gewerkschaften), das Arbeitskampfrecht (Aussperrung, Streik), das Tarifvertragsrecht sowie das Betriebsverfassungsrecht und das Personalvertretungsrecht[52]. Mit dem Risikoausschluss sollte klargestellt werden, dass über die Leistungsart Arbeits-Rechtsschutz nur Streitigkeiten aus einem Individualarbeitsverhältnis versichert sein sollen[53].

41   In den **ARB 75** fehlt ein solcher Ausschluss, jedoch gibt es unter Würdigung des Sinn und Zwecks der Leistungsart eine **herrschende Rechtsprechung** hierzu, wonach eine Leistungspflicht des VR nur für individuelle Arbeitsverhältnisse anzuerkennen ist, **nicht** also für Streitigkeiten des Arbeitgebers mit **gemeinsamen Einrichtungen der Tarifvertragsparteien** im Sinne des § 4 (2) TVG (Lohnausgleichskassen, Urlaubskassen), insbesondere Beitragsstreitigkeiten mit der Zusatzversorgungskasse des Baugewerbes[54]. Der herrschenden Meinung ist zuzustimmen, denn der Terminus „aus Arbeitsverhältnissen" ist ein fest umrissener Begriff der Rechtssprache, der dem des § 2 ArbGG entspricht, so dass nur Streitigkeiten aus einem bestimmten – individuellen – Arbeitsverhältnis gemeint sein können[55].

42   Den Versicherungsschutz wird man allerdings dann bejahen können, wenn es bei Streitigkeiten zwischen Arbeitgeber und Betriebsrat über betriebsverfassungsrechtliche Angelegenheiten um **personelle Einzelmaßnahmen** geht (z. B. Entscheidungs- bzw. Mitwirkungsbefugnisse bei Versetzung, Kündigung)[56]. Zwar handelt es sich um einen Streit aus dem Betriebsverfassungsrecht, jedoch haben die Mitwirkungsrechte des Betriebsrats unmittelbare Auswirkung auf das Individualarbeitsverhältnis, so dass eine Wahrnehmung rechtlicher Interessen „aus Arbeitsverhältnissen" gegeben ist. Das Gleiche wird für Streitigkeiten zwischen Arbeitgeber und Arbeitnehmer aus einem **Sozialplan** zu gelten haben. Zwar gehört die Aufstellung eines Sozialplans nach § 112 BetrVG zum kollektiven Arbeitsrecht. Der Sozialplan

---

[50] *Harbauer/Stahl*, vor § 21 ARB 75 Rn. 122.

[51] Vgl. hierzu im Einzelnen *Harbauer/Maier*, § 4 ARB 75 Rn. 68 ff.

[52] Vgl. *Mathy*, ZfV 1992, 202.

[53] *Sperling*, VersR 1996, 133 (138).

[54] OLG Düsseldorf v. 28. 6. 1988, ZfS 1988, 285; OLG Celle v. 19. 6. 1987, ZfS 1987, 304; LG München v. 23. 6. 1989, r+s 1990, 55; LG Trier v. 23. 5. 1985, JurBüro 1986, 1903; a. A. LG Hannover v. 29. 9. 1982, ZfS 1982, 370: Anfechtung einer Betriebsratswahl.

[55] Ausführlich *Harbauer/Stahl*, § 24 ARB 75 Rn. 33 ff.

[56] *Harbauer/Stahl*, § 24 ARB 75 Rn. 36; *Prölss/Martin/Armbrüster*, § 25 ARB 75 Rn. 12; *Mathy*, ZfV 1992, 202 (203).

kann als Betriebsvereinbarung aber unmittelbar auf das Arbeitsverhältnis einwirken. Es entstehen daraus Ansprüche des Arbeitnehmers gegen den Arbeitgeber, die als Ansprüche „aus Arbeitsverhältnis" im Sinne des § 2 Abs. 1 Nr. 3a ArbGG geltend gemacht werden können. Dies rechtfertigt es, Versicherungsschutz für die Geltendmachung oder Abwehr eines individualrechtlichen Anspruchs des Arbeitnehmers im Rahmen des Arbeits-Rechtsschutzes zu bejahen.

c) Scheinselbständigkeit. Viele in freier Mitarbeit Beschäftigte stellen sich im Laufe **43** ihrer Tätigkeit die Frage, ob sie wirklich Selbständige sind, oder sie nicht vielmehr als Arbeitnehmer zu behandeln sind. Insbesondere der Wunsch nach sozialer Absicherung kann den in dieser Weise betroffenen VN veranlassen, den **Arbeitnehmerstatus** beim Arbeitsgericht durch Feststellungsklage geltend zu machen. Dieses Thema der sogenannten Scheinselbständigkeit[57] hat den Gesetzgeber veranlasst, durch das (rückwirkend) am 1. 1. 1999 in Kraft getretene „Gesetz zur Förderung der Selbständigkeit" (BGBl. I 2000, 2 ff.) gestaltend einzugreifen. Dieses Korrekturgesetz[58] beschränkt sich aber – ebenso wie die späteren „Hartz"-Gesetze[59] – auf die sozialversicherungsrechtliche Seite. Es enthält keine Neudefinition des Arbeitnehmerbegriffs. Die arbeitsrechtliche Klärung des Arbeitnehmerstatus blieb daher auch weiterhin der Rspr. der Arbeitsgerichte überlassen. Betroffen ist eine Vielzahl von freien Mitarbeitern, Subunternehmern, Franchisenehmern etc. in zahlreichen Unternehmen fast aller Branchen und Berufsgruppen[60]. Für einige Bereiche hat das **BAG** Abgrenzungskriterien definiert, so z. B. in mehreren Entscheidungen vom 15. 12. 1999[61] zur Selbständigkeit eines Versicherungsvertreters oder zu den Volkshochschullehrern[62].

Beruft sich der VN oder – bei Firmen-Rechtsschutz – ein Mitarbeiter des VN auf den Ar- **44** beitnehmerstatus, so ist die Arbeitnehmereigenschaft, an die der Versicherungsschutz in der Leistungsart Arbeits-Rechtsschutz anknüpft, in der Regel nicht eindeutig zu beurteilen. Es ist umstritten, ob der VR die Deckung dann von der Feststellung der Arbeitnehmereigenschaft im Rechtsstreit des VN abhängig machen kann[63]. Gegen die Möglichkeit eines solchen **Vorbehalts** wird insbesondere vorgebracht, dass es ausreichen müsse, wenn die Arbeitnehmereigenschaft schlüssig vorgetragen werde. Diese Argumentation vermengt aber unzulässigerweise die Frage der – gesondert zu prüfenden – hinreichenden Erfolgsaussicht mit dem Vorhandensein der versicherten Eigenschaft (Arbeitnehmer bzw. Arbeitgeber eines Arbeitnehmers), auf welche sich der Versicherungsschutz nach dem Prinzip der Spezialität des versicherten Risikos beschränkt. Es handelt sich – ähnlich der Situation beim Vorsatzausschluss (vgl. hierzu Rn. 309) – um einen Fall der **Voraussetzungsidentität,** wonach der VR einerseits verpflichtet ist, für die Dauer des Rechtsstreits vor dem Arbeitsgericht vorläufig Kostenfreistellung zu leisten, andererseits aber berechtigt ist, etwaige Kostenvorschüsse zurückzufordern, wenn im Arbeitsgerichtsprozess die Feststellung getroffen wird, dass kein Arbeitsverhältnis, sondern eine – nicht versicherte – Firmenvertragsbeziehung vorliegt. Um dasselbe Tatbestandsmerkmal muss dann ggf. im Deckungsprozess ein zweites Mal gestritten

---

[57] Ausf. hierzu *Reiserer/Freckmann,* NJW 2003, 180.

[58] Ausf. hierzu *Reiserer,* BB 2000, 94.

[59] Hierzu *Reiserer,* DStR 2003, 292 und *Rolfs,* NZA 2003, 65.

[60] Vgl. *Kunz/Kunz,* DB 1993, 326.

[61] Z.B. 5 AZR 566/98, r+s 2000, 219 = NZA 2000, 447 = DB 2000, 723; 5 AZR 3/99, DB 2000, 879 = ZIP 2000, 808.

[62] BAG v. 29. 5. 2002, NZA 2002, 1232; hierzu *Hromadka,* NJW 2003, 1847.

[63] **Bejahend:** OLG Celle v. 6. 12. 2005, – 8 W 70/05 (nicht veröff.); LG Bremen v. 27. 5. 2004, VersR 2005, 1529 mit abl. Anm. *Cornelius-Winkler,* VersR 2006, 194; LG Würzburg v. 15. 12. 1998, VersR 2000, 1013: sogar die Deckung für den VN als Arbeitgeber ganz ablehnend; AG Norderstedt v. 5. 7. 2002, AZ. 43 C 298/01 (nicht veröff.); *Harbauer/Stahl,* § 25 ARB 75 Rn. 20; *Harbauer.* VersR 1981, 846: Anmerkung zu OLG Karlsruhe v. 18. 12. 1980, VersR 1981, 845; *Römer,* r+s 2000, 177 (179); **verneinend:** *Böhme,* § 25 ARB 75 Rn. 7a; *Cornelius-Winkler,* VersR 2006, 194; *Adam,* AnwBl 2000, 110; *Buschbell/Hering,* § 13 Rn. 31.

werden[64], sofern man nicht die Deckungsklage von vornherein am Einwand der unzulässigen Rechtsausübung scheitern lässt.

3. Wohnungs- und Grundstücks-Rechtsschutz

45 Die Leistungsart beinhaltet zwei **immobilienbezogene** Risiken, nämlich die Wahrnehmung rechtlicher Interessen
- aus Miet- und Pachtverhältnissen sowie
- aus dinglichen Rechten, die Grundstücke, Gebäude oder Gebäudeteile zum Gegenstand haben.

Sie beruht auf einer **Sonderentwicklung,** die darauf zurückzuführen ist, dass dieses Risiko nach den ARB 75 nur in Form der gesonderten Vertragsart des **§ 29 ARB 75** versicherbar war. § 29 ARB 75 kombinierte dabei die – mit § 2c ARB 94/2000/2008 – vergleichbare Beschreibung der versicherten Rechtsgebiete mit den weiteren Leistungsvoraussetzungen, nämlich die Versicherung von bestimmten Objekten in einer bestimmten Eigenschaft. Mit § 2c ARB 94/2000/2008 gelang es, die Leistungsart isoliert zu definieren, so dass der Weg frei war für die generelle Verwendung des Bausteins „Wohnungs- und Grundstücks-Rechtsschutz" **in verschiedenen Vertragsformen,** nämlich
- über § 29 ARB 94/2000/2008 in Kombination mit dem Steuer-Rechtsschutz vor Gerichten als Rechtsschutz für Eigentümer und Mieter
- beim Landwirtschafts- und Verkehrs-Rechtsschutz nach § 27 ARB 94/2000/2008 für land- oder forstwirtschaftlich genutzte Immobilien
- beim Privat-, Berufs- und Verkehrs-Rechtsschutz für Selbständige nach § 28 ARB 94/2000/2008 für selbstgenutzte Immobilien.

Unternehmensspezifische Entwicklungen gehen inzwischen dahin, die Leistungsart nach § 2c ARB 2000/2008 auch in die Verträge nach §§ 23, 25, 26 ARB 2000/2008 zu integrieren, in der Regel dann mit der Option der Abwählbarkeit.

46 **a) Miet- und Pachtverhältnisse.** Als mietrechtliche Auseinandersetzung lässt sich nur das einordnen, was typischerweise Bestandteil eines Mietvertrages ist. Die Leistungsart kann daher **nicht** auf die **Wahrnehmung sonstiger Interessen schuldrechtlicher Art** erstreckt werden, die mit einem Miet- oder Pachtverhältnis zusammenhängen können, wie z.B. den **Kauf** von Inventar anlässlich der Anmietung eines Gastronomiebetriebes[65] oder die Gewährung eines **Darlehens** seitens des Vermieters[66]. Zu Recht ist deshalb auch bei einem Streit in Verbindung mit einem **Vorkaufsrecht des Mieters** angenommen worden, dass ein Streit aus Mietverhältnis auch dann nicht gegeben ist, wenn das betreffende Vorkaufsrecht dem Mieter im Mietvertrag eingeräumt worden ist[67]. Im Gegensatz dazu stellt sich eine Auseinandersetzung über das gesetzliche Vorkaufsrecht nach § 577 BGB (früher § 570b BGB) als mietrechtliche Angelegenheit dar[68], weil hier rechtliche Interessen des VN aus dem Mietverhältnis in seiner Eigenschaft als Mieter wahrgenommen werden. Bei einem Nutzungsvertrag über einen **Bootsliegeplatz** handelt es sich um ein Mietverhältnis über ein Grundstück[69]. Dass der betreffende Teil des Hafenbeckens von Wasser überflutet ist, steht seiner Einstufung als Grundstück, das vermietet oder verpachtet werden kann, nicht entgegen. Die Vermietung betrifft nicht irgendeine Menge Wasser, sondern einen bestimmten Teil des Hafenbeckens. Diese mit Wasser bedeckte Fläche ist fest abgegrenzt und nicht verlegbar[70].

47 Eine Besonderheit besteht bezüglich etwaiger **„sonstiger Nutzungsverhältnisse"** an Immobilien, wie z.B. die Wohnungsleihe, ein schuldrechtliches Wohnrecht oder die Nut-

---

[64] *Römer,* a. a. O.

[65] KG Berlin v. 3. 5. 2001, r+s 2001, 420.

[66] A. A. AG Lemgo v. 15. 1. 1987, r+s 1987, 105.

[67] AG Köln v. 26. 4. 1988, 249; zustimmend *Prölss/Martin/Armbrüster,* § 29 ARB 75 Rn. 1.

[68] *Harbauer/Stahl,* § 29 ARB 75 Rn. 12.

[69] A. A. AG Geldern v. 2. 3. 2005, VersR 2006, 356.

[70] EuGH v. 3. 3. 2005, DStRE 2005, 658: Vermietung von Bootsliegeplätzen stellt umsatzsteuerlich eine Grundstücksvermietung dar.

zungsüberlassung bis zum Besitzübergang anlässlich eines Grundstückskaufvertrages. Da diese Nutzungsverhältnisse mit Miet- oder Pachtverträgen vergleichbar sind, ist die Leistungsart nach § 2 c ARB 94/2000/2008 auch auf diese Fälle erstreckt worden. § 29 ARB 75 sah dies noch nicht vor, so dass auch die damit korrespondierenden Risikoabgrenzungen in den anderen Vertragsformen (z. B. § 26 Abs. 5 b ARB 75) nicht auf solche sonstigen Nutzungsverhältnisse angewandt werden konnten[71].

b) Dingliche Rechte. Aufgrund einer Grundsatzentscheidung des BGH[72] ist klargestellt, **48** dass eine Wahrnehmung rechtlicher Interessen „aus dinglichen Rechten" auch dann gegeben ist, wenn schuldrechtliche Schadenersatzansprüche aus § 823 Abs. 1 BGB wegen Verletzung des Grundstückseigentums **geltend gemacht** werden. Dagegen ist nach § 3 (2) a ARB 94/2000/2008 die **Abwehr** solcher Ansprüche vom Versicherungsschutz ausgeschlossen. Dies gilt auch für die Abwehr von Beseitigungsansprüchen gemäß § 1004 BGB, wenn der Anspruch dieselbe wiederherstellende Wirkung hat wie ein auf Naturalrestitution gerichteter Schadenersatzanspruch, denn der durchschnittliche VN muss dies so verstehen, dass er „auf Schadenersatz in Anspruch genommen wird"[73]. Die ARB 75 sahen einen entsprechenden Risikoausschluss noch nicht vor, so dass bei Absicherung des Grundstücksrisikos auch für die Abwehr von Schadenersatzansprüchen grundsätzlich Versicherungsschutz besteht. Sofern der VN eine Haftpflichtversicherung unterhält, ist allerdings die Subsidiaritätsklausel in § 2 (3) c ARB 75 zu berücksichtigen.

Streitig ist, wie zu entscheiden ist, wenn eine **Anspruchskonkurrenz** zwischen einer ding- **49** lichen und einer vertraglichen Anspruchsgrundlage gegeben ist. Da sich § 2 c ARB 94/2000/2008 und § 2 d ARB 94/2000/2008 untereinander abgrenzen, kann nur eine von beiden Leistungsarten einschlägig sein. Was gilt also, wenn der VN die Löschung einer Grundbucheintragung begehrt, die im Rahmen der Abwicklung eines Grundstückskaufvertrages herbeigeführt worden war? Teilweise wird hierzu die Auffassung vertreten, dass dann Wohnungs- und Grundstücks-Rechtsschutz erforderlich ist[74]. Diese Meinung kann für sich in Anspruch nehmen, dass sich die Wahrnehmung rechtlicher Interessen „aus dinglichen Rechten" grundsätzlich auf alle Ansprüche erstreckt, die aus dem dinglichen Recht entstehen können. Gleichwohl ist der Gegenmeinung[75] zu folgen, die bei Anspruchskonkurrenz der **schuldrechtlichen Anspruchsgrundlage** grundsätzlich den **Vorrang** gibt. Hierfür spricht die Tatsache, dass die Abwicklung von Grundstückskaufverträgen notwendigerweise mit Grundbucheintragungen verbunden ist. Verlangt nun eine Vertragspartei die Rückabwicklung des Vertrages, so wirkt sich dies automatisch auf die bestehenden Buchpositionen aus. Soweit diese dann bei der streitigen Rückabwicklung mit betroffen sind, wird dies der durchschnittliche VN noch der schuldrechtlichen Vertragsabwicklung zuordnen. Er kann nicht erwarten, dass er hinsichtlich der Buchpositionen zusätzlich den Wohnungs- und Grundstücks-Rechtsschutz versichert haben muss, obwohl er den Anspruch auf Löschung zumindest auch auf eine schuldrechtliche Anspruchsgrundlage stützen kann. Ähnlich wird zu entscheiden sein, wenn ein grundbuchlich abgesicherter Darlehensgläubiger **in das Grundstück des VN vollstreckt** und der VN z. B. wegen Sittenwidrigkeit des Darlehensvertrages Vollstreckungsgegenklage erhebt. Auch hier nimmt der VN auch Rechte als Grundstückseigentümer wahr, weil er sein Eigentum „verteidigen" will. Geprägt wird der Streit aber eindeutig durch die

---

[71] Vgl. OLG Hamm v. 26. 2. 1988, VersR 1988, 1176 = r+s 1989, 222: Nutzungsüberlassung anlässlich eines Grundstückskaufvertrages.

[72] V. 5. 2. 1992, VersR 1992, 487 = NJW 1992, 1511 = r+s 1992, 127; zu Einzelheiten vgl. Rn. 30.

[73] Für die Haftpflichtversicherung vgl. BGH v. 8. 12. 1999, NVersZ 2000, 189: Eigentumsbeeinträchtigung von Abwasserleitungen durch Baumwurzeln.

[74] LG Freiburg v. 12. 2. 1996, r+s 1996, 493: Löschung einer für den Käufer eingetragenen Grundschuld; *Prölss/Martin/Armbrüster,* § 25 ARB 75 Rn. 22.

[75] OLG Karlsruhe v. 28. 5. 1997, NJW-RR 1998, 322 = VersR 1998, 711: Löschung einer Auflassungsvormerkung; OLG Köln v. 29. 3. 1990, r+s 1990, 161: Grundbuchberichtigung wegen Nichtigkeit des Kaufvertrages nach §§ 104, 105 BGB; *Harbauer/Stahl,* § 25 ARB 75 Rn. 58; *Bauer,* NJW 1999, 1371 (1376).

Abwehr vertraglicher Ansprüche, so dass Deckung nur über § 2 d ARB 94/2000/2008 in Betracht kommt.

50   **c) Streitigkeiten zwischen Mitmietern/Miteigentümern.** Der Wohnungs- und Grundstücks-Rechtsschutz zielt erkennbar auf eine Rechtsbesorgung **„nach außen"** ab. Er will den Mieter schützen, wenn rechtliche Interessen gegenüber dem Vermieter wahrzunehmen sind und den Eigentümer, wenn seine Rechtsposition von anderen, z. B. von Nachbarn beeinträchtigt wird. Streiten dagegen mehrere Mitmieter des versicherten Objekts untereinander, z. B. wegen Besitzstörung oder Besitzentziehung, so liegt kein Streit „aus Mietvertrag" vor. Der Vermieter hat auch rechtlich gar keine Möglichkeit, gegen den Störer innerhalb derselben Mieteinheit vorzugehen. Für diese Fälle besteht daher kein Versicherungsschutz[76]. Das Gleiche gilt für Streitigkeiten zwischen Miteigentümern eines versicherten Objekts, z. B. wegen Aufhebung der Rechtsgemeinschaft, zumindest dann, wenn – wie grundsätzlich üblich – das Objekt als Ganzes und nicht nur der Miteigentumsanteil versichert wurde[77]. Die Problematik kann auch dann relevant werden, wenn Ansprüche auf Wohnungsüberlassung nach dem Gewaltschutzgesetz gegen einen Mitmieter oder Miteigentümer geltend gemacht werden. Auch hier liegt im Innenverhältnis ein gesetzliches Schuldverhältnis vor, welches jedenfalls nicht unter den Wohnungs- und Grundstücks-Rechtsschutz fällt.

4. Rechtsschutz im Vertrags- und Sachenrecht

51   Die in **§ 2 d ARB 94/2000/2008** definierte Leistungsart erstreckt sich – was durch den einleitenden Begriff „Vertragsrecht" nicht sofort deutlich wird – auf alle privatrechtlichen Schuldverhältnisse sowie dinglichen Rechte, allerdings mit der Einschränkung der **Subsidiarität** gegenüber den Leistungsarten a), b) und c). Durch die Subsidiarität soll erreicht werden, dass es nicht zu einer Subsumierung von Streitigkeiten des VN unter mehrere Leistungsarten kommen kann. Eine ähnliche Risikoabgrenzung findet sich schon in **§ 14 (1) Satz 2 ARB 75,** hier allerdings nur beschränkt auf die Abgrenzung von Schadenersatz-Rechtsschutz und Vertrags-Rechtsschutz.

52   **a) Gesetzliche Schuldverhältnisse.** Nach den **ARB 75** beschränkte sich der Versicherungsschutz auf die Wahrnehmung rechtlicher Interessen **„aus schuldrechtlichen Verträgen".** Demgemäß fielen Streitigkeiten aus gesetzlichen Schuldverhältnissen, wie z. B. die Eingriffskondiktion (§§ 812 ff. BGB) oder die GoA (§§ 677 ff. BGB) nicht unter den Versicherungsschutz. **§ 2 d ARB 94/2000/2008** schließt diese Lücke durch Erweiterung der Leistungsart auf alle **Schuldverhältnisse,** die dem Privatrecht zuzuordnen sind.

53   Verblieben ist allerdings die Deckungslücke im Hinblick auf **Vereinsstreitigkeiten.** Nach den ARB 75 war es ganz herrschende Meinung, dass Streitigkeiten zwischen Mitglied und Körperschaft (z. B. wegen Vereinsausschlusses) nicht als Wahrnehmung rechtlicher Interessen aus schuldrechtlichen Verträgen zu werten sind. Es handelt sich aber auch nicht um ein „Schuldverhältnis" im Sinne des § 2 d ARB 94/2000/2008, denn das Schuldverhältnis ist ein feststehender Rechtsbegriff, der im BGB als vertraglich oder gesetzlich (z. B. §§ 812 ff., 823 ff.) begründetes Schuldverhältnis verstanden wird. Die durch ein körperschaftsrechtliches Rechtsverhältnis – d. h. insbesondere durch eine Satzung – begründeten Rechte und Pflichten fallen nicht hierunter[78]. Das Gleiche gilt für **genossenschaftsrechtliche Streitigkeiten**[79]. Dass die ARB 94/2000/2008 den Risikoausschluss für das Genossenschaftsrecht nach § 4 (1) c ARB 75 nicht übernommen haben, hat also **nicht** dazu geführt, dass Streitigkeiten zwischen Mitglied und Körperschaft nunmehr versichert sind.

---

[76] *Harbauer/Stahl,* § 29 ARB 75 Rn. 44; *Prölss/Martin/Armbrüster,* § 29 ARB 75 Rn. 1; *Tetzlaff,* VersR 1984, 1031; *Rex,* VersR 1984, 1128; a. A. *Fuhrmann,* VersR 1984, 425.

[77] LG Mannheim v. 14. 5. 1987, ZfS 1987, 369; AG Münsingen v. 7. 3. 1991, r+s 1992, 21; *Harbauer/Stahl,* § 29 ARB 75 Rn. 25; *Prölss/Martin/Armbrüster,* § 29 ARB 75 Rn. 2; a. A. *Vassel,* ZVersWiss 1986, 278 (283).

[78] So auch *Harbauer/Stahl,* § 2 ARB 94 Rn. 8.

[79] *Harbauer/Stahl,* a. a. O.

Ähnliche Überlegungen führen dazu, dass die – über § 2a ARB 94/2000/2008 nicht ver- **54** sicherte – Geltendmachung oder Abwehr von **Unterlassungsansprüchen** bei Ehrverletzungen nicht über Rechtsschutz im Vertrags- und Sachenrecht abzudecken ist. Zwar kann auch das Unterlassen der Inhalt einer Leistung sein und damit ein Schuldverhältnis begründen (§ 241 Abs. 1 Satz 2 BGB). Zu diesen auf einer schuldrechtlichen Sonderverbindung beruhenden Unterlassungspflichten gehört aber nicht die vorbeugende Unterlassungsklage. Sie dient dem Schutz absoluter Rechte und absolut geschützter Rechtsgüter und geht auf Unterlassung künftiger Störungen[80]. Der durchschnittliche VN wird auch nicht erwarten, dass vorbeugende Ansprüche auf Unterlassung gegen einen Störer ihre Rechtsgrundlage in einem „Schuldverhältnis" haben.

b) Rechtsgeschäftsähnliche Verhältnisse (c. i. c.). Das inzwischen in § 311 Abs. 2 und **55** Abs. 3 BGB kodifizierte Rechtsinstitut der c. i. c. regelt Rechte und Pflichten aus einem gesetzlichen Schuldverhältnis. Da die **Geltendmachung** von Ansprüchen bereits über § 2a ARB 94/2000/2008 abgedeckt ist, scheidet die Anwendung des § 2d ARB 94/2000/2008 aus[81]. Die **Abwehr** solcher Ansprüche ist gemäß § 3 (2) a ARB 94/2000/2008 vom Versicherungsschutz ausgeschlossen. Soweit hierzu eine gegenteilige Meinung vertreten wird[82], berücksichtigt diese nicht hinreichend den Wortlaut des Ausschlusstatbestands, der nur die Vertragsverletzung ausnimmt. § 311 BGB unterscheidet aber ausdrücklich zwischen rechtsgeschäftlichen (= vertraglichen) und rechtsgeschäftsähnlichen Schuldverhältnissen. Ohne Vertrag kann auch keine Vertragsverletzung vorliegen.

c) Verletzung vertraglicher Nebenpflichten (pVV). Auch das Institut der pVV ist in- **56** zwischen durch die Neufassung des § 280 BGB kodifiziert (Schadenersatz wegen Pflichtverletzung). Während nach den ARB 75 die Geltendmachung von Ansprüchen aus pVV schon unter den Schadenersatz-Rechtsschutz fallen konnte (vgl. hierzu Rn. 26), erfasst § 2d ARB 94/2000/2008 **sowohl die Geltendmachung als auch die Abwehr** solcher Ansprüche. Im gewerblichen Bereich ist daher in jedem Falle ein Firmen-Vertrags-Rechtsschutz erforderlich. Wenn dieses Risiko ausnahmsweise versichert ist, muss der VN bei der Abwehr von pVV-Ansprüchen zunächst seine Betriebshaftpflichtversicherung in Anspruch nehmen, da der Rechtsschutzversicherer nur subsidiär einzustehen hat (§ 2 Abs. 3c, d ARB 75; § 5 Abs. 3g ARB 94/2000/2008).

d) Private Versicherungsverhältnisse. § 2d ARB 94/2000/2008 deckt – mit Aus- **57** nahme des Ausschlusses in § 3 (2) h ARB 94/2000/2008 – uneingeschränkt Streitigkeiten aus privaten Versicherungsverträgen ab. Nach den ARB 69/75 gilt insoweit noch der Allgemeine Risikoausschluss für „Versicherungsverträge aller Art" **(§ 4 (1) h ARB 69/75),** der erst **1978** durch eine **Klausel** seine Bedeutung verlor[83]. Auf die in der Klausel vorgesehene **Streitwertuntergrenze** wurde mit Einführung der ARB 94 **verzichtet.**

Auch § 2d ARB 94/2000/2008 deckt aber nur Streitigkeiten aus privatrechtlichen Ver- **58** sicherungsverträgen ab. Eine Deckungslücke verbleibt daher bei öffentlich-rechtlichen **Zwangsversorgungseinrichtungen freier Berufe**[84]. Da in diesen Fällen nicht die Zuständigkeit der Sozialgerichte gegeben ist, hilft auch die Leistungsart § 2f ARB 94/2000/2008 nicht weiter. Auf der anderen Seite beruht die Rechtsbeziehung zu einigen **öffentlich-rechtlichen Versicherungseinrichtungen** auf bürgerlichem Recht (z. B. Zusatzversorgungsanstalt für Gemeinden und Gemeindeverbände)[85], so dass hierfür Deckung nach § 2d ARB 94/2000/2008 besteht.

[80] Vgl. *Palandt/Sprau,* Einf. v. § 823 BGB Rn. 21.
[81] *Harbauer/Maier,* § 2 ARB 94 Rn. 3; a. A. *Prölss/Martin/Armbrüster,* § 2 ARB 94 Rn. 3.
[82] *Harbauer/Maier,* § 3 ARB 94 Rn. 7; *Prölss/Martin/Armbrüster,* § 3 ARB 94 Rn. 9.
[83] Vgl. ausführlich *Matzen,* VersR 1980, 805.
[84] AG Karlsruhe v. 11. 1. 1996, r+s 1997, 118; AG Steinfurt v. 23. 9. 1982, ZfS 1983, 47; *Harbauer/Maier,* § 4 ARB 75 Rn. 68.
[85] Weitere Beispiele bei *Harbauer/Maier,* § 4 ARB 75 Rn. 70.

5. Steuer-Rechtsschutz

59   § 2 e ARB 94/2000/2008 ermöglicht einen **Gerichts-Rechtsschutz** für die Wahrnehmung rechtlicher Interessen in steuer- und abgaberechtlichen Angelegenheiten vor deutschen Finanz- und Verwaltungsgerichten. Einzelne VR erweitern diesen Rechtsschutz inzwischen – i. d. R. nur im Rahmen von Sonderprodukten – auf das außergerichtliche Einspruchs- bzw. Widerspruchsverfahren.

60   **a) Historische Entwicklung.** Der Bereich des Steuer- und Abgaberechts war lange Zeit ein komplett nicht versicherbarer Rechtsbereich. Gemäß **§ 4 (1) n ARB 69/75** war der Versicherungsschutz für die Wahrnehmung rechtlicher Interessen aus diesem Rechtsbereich insgesamt ausgeschlossen.

61   Seit **1981** wurde das Rechtsgebiet in eingeschränkter Form unter Verwendung einer Standardzusatzbedingung zu den §§ 25 bis 27 ARB 75 als Steuer-Rechtsschutz vor Gerichten und in Bußgeldverfahren unter Versicherungsschutz genommen[86]. Eine Erweiterung erfolgte **1984** um den Bereich des motorisierten Verkehrs sowie des Grundstücksbereichs[87]. Der Steuer- und Abgabe-Rechtsschutz im Immobilienbereich wurde allerdings durch zwei zusätzliche Ausschlusstatbestände (Ziffern 3b und c) eingeschränkt.

61a   Die **ARB 94** haben diesen Versicherungsumfang praktisch uneingeschränkt übernommen. Zur besseren Transparenz wurde allerdings die bislang verwandte Zusatzbedingung als eigenständige Leistungsart – § 2 e – in den Katalog des § 2 ARB 94 sowie die jeweiligen Vertragsformen eingearbeitet. Dies hatte zur Folge, dass die speziellen Risikoausschlüsse in § 3 ARB 94 eingearbeitet werden mussten, worunter die Übersichtlichkeit etwas leidet.

62   **b) Steuer-Strafsachen.** Eine weitere Folge der Neuordnung des Steuer-Rechtsschutzes in den ARB 94/2000/2008 war es, dass die in den Zusatzbedingungen vorgenommene Verknüpfung mit der Verteidigung in Bußgeldverfahren und damit auch die **Beschränkung des Versicherungsschutzes auf Bußgeldverfahren entfallen** ist. Hintergrund für die ursprüngliche Beschränkung auf Ordnungswidrigkeiten im Bereich des Steuer- und Abgaberechts war die Tatsache, dass Steuerstraftaten nur vorsätzlich begehbar sind.

63   § 2 ARB 94/2000/2008 differenziert zwischen dem Steuer-Rechtsschutz vor Gerichten (§ 2 e), dem Straf-Rechtsschutz (§ 2 i) sowie dem Ordnungswidrigkeiten-Rechtsschutz (§ 2 j). Soweit also der VN in seiner Vertragsform den Straf-Rechtsschutz versichert hat, ist im Rahmen des § 2 i grundsätzlich auch in Steuerstrafsachen Kostenschutz möglich. Dies setzt allerdings voraus, dass man im Hinblick auf die beim objektiven Tatbestand von Steuerstraftaten und -ordnungswidrigkeiten festzustellende **Deckungsgleichheit** (Fahrlässigkeit = Ordnungswidrigkeit) von einem fahrlässig begehbaren Vergehen im Sinne der ARB ausgeht[88]. Da die ARB fest umrissene Begriffe der Rechtssprache verwenden, ist dies sehr fraglich[89].

64   **c) Besonderheiten zum versicherten Zeitraum.** Speziell für die Leistungsart Steuer-Rechtsschutz vor Gerichten regelt § 4 (4) ARB 94/2000/2008 in Anlehnung an die frühere Zusatzbedingung (Ziffer 5) einen **zusätzlichen zeitlichen Risikoausschluss,** der darauf abstellt, ob steuerrechtlich relevante Tatsachen bereits vor Versicherungsbeginn eingetreten sind oder sein sollen[90]. Zu prüfen sind damit in zeitlicher Hinsicht drei Aspekte:
– Zeitpunkt des Versicherungsfalles (§ 4 Abs. 1 c)
– Streitauslösende Willenserklärung/Rechtshandlung (§ 4 Abs. 3 a – z. B. Steuererklärung)
– Tatsächliche Voraussetzungen für den Bescheid (§ 4 Abs. 4)

---

[86] VerBAV 1981, 189; zu Einzelheiten vgl. *Harbauer,* DStR 1984, 21.

[87] VerBAV 1984, 173.

[88] Vgl. *Harbauer/Stahl,* § 2 ARB 94 Rn. 19 und *Harbauer/Maier,* § 4 ARB 75 Rn. 193.

[89] Vgl. *Bauer,* DStR 2005, 1665 (1666), der zu Recht darauf hinweist, dass die Steuerordnungswidrigkeit „Leichtfertigkeit", also einen erhöhten Grad von Fahrlässigkeit voraussetzt.

[90] Beispielsfall: AG Stuttgart v. 23. 2. 1988, ZfS 1988, 392 (zu Ziff. 5 der Zusatzbedingung).

6. Sozialgerichts-RS

Die Leistungsart ist für den VN sowohl als Privatperson als auch als Selbständiger von Inte- **65** resse, da beide Lebensbereiche betroffen sein können. Sie hat die Besonderheit, dass ausschließlich an die **Zuständigkeit der Sozialgerichte** angeknüpft wird.

a) Nur Gerichts-RS. Die Beschränkung des Versicherungsschutzes auf die „Wahrneh- **66** mung rechtlicher Interessen vor Sozialgerichten" besagt, dass ein Verfahren vor dem Sozialgericht **anhängig** sein muss. Die Wahrnehmung rechtlicher Interessen im vorgelagerten Widerspruchsverfahren (Vorverfahren) ist also nicht gedeckt, auch nicht die sich anschließende Prüfung der Erfolgsaussicht einer Klage durch einen Rechtsanwalt. Auf die Art des gerichtlichen Verfahrens kommt es bedingungsgemäß nicht an, d. h. es kann sich um eine Anfechtungs-, Verpflichtungs- oder Feststellungsklage, ggf. auch um eine Untätigkeitsklage (§ 88 SGG) handeln, wenn die Voraussetzungen dafür gegeben sind.

Dass der Versicherungsschutz außergerichtlich noch nicht gilt, wird von den VN häufig nicht verstanden. Auch wenn in diesem Stadium in der Regel medizinische Fragen im Vordergrund stehen, so kann doch in Einzelfällen auch hier schon eine rechtliche Betreuung sinnvoll oder sogar geboten sein. Deshalb bieten einige VR im Rahmen von **Sonderprodukten** Rechtsschutz für das dem sozialgerichtlichen Verfahren vorausgehende Widerspruchsverfahren an. Eine generelle Erweiterung der Standarddeckung steht dagegen nicht zur Diskussion, da dies den Versicherungsschutz merklich verteuern würde. Nur vereinzelt wird die Ausweitung auf das Vorverfahren als Standardleistung angeboten.

b) Gegenstandsbereiche. Häufig wird unterschätzt, wie viele Angelegenheiten auf- **67** grund der Zuweisung in § 51 SGG oder einer anderweitigen Eröffnung des Rechtsweges (vgl. § 51 Abs. 4 SGG) vor den Gerichten der Sozialgerichtsbarkeit entschieden werden. Auf der anderen Seite wird gelegentlich verkannt, dass die Leistungsart nicht das gesamte Sozialrecht abdeckt. **Nicht** versichert sind z. B. Streitigkeiten im Zusammenhang mit BAföG oder Wohngeld, da hierfür der **Verwaltungsrechtsweg** gegeben ist[91]. Dass sich die Änderung des Rechtswegs auf den Leistungsumfang auswirken kann, zeigt die Verlagerung der Sozialhilfestreitigkeiten auf die Sozialgerichte zum 1. 1. 2005. Mit der Begründung der Zuständigkeit der Sozialgerichte für das **ALG II** sowie die **Sozialhilfe** sind derartige Verfahren über den Sozialgerichts-RS versichert.

Einen Sonderfall stellt die 1994 eingeführte **Pflegeversicherung** dar. Nach § 51 Abs. 1 **68** Satz 2 SGG ist auch hierfür der Sozialgerichtsweg gegeben, und zwar nach einer Entscheidung des BSG[92] **auch** bei Ansprüchen aus einem **privaten** Pflegeversicherungsvertrag, was in der Folgezeit auch im Gesetzestext klargestellt wurde. Da der privaten Pflegeversicherung ein schuldrechtlicher Vertrag zugrunde liegt, ist – im Gegensatz zur gesetzlichen Pflegeversicherung – auch die außergerichtliche Interessenwahrnehmung gedeckt, nämlich über „Rechtsschutz im Vertrags- und Sachenrecht" gemäß § 2d ARB 94/2000/2008 bzw. die Klausel zum Versicherungs-Vertrags-Rechtsschutz nach den ARB 75[93].

7. Verwaltungs-RS in Verkehrssachen

Das **Verwaltungsrecht** ist in der Rechtsschutzversicherung nur in Teilbereichen vom Ver- **69** sicherungsschutz umfasst. Einer dieser Teilbereiche ist der Verwaltungs-Rechtsschutz in Verkehrssachen, der den Kraftfahrer schützt, wenn es um **Maßnahmen der Verwaltungsbehörde** geht, insbesondere wenn diese eine bestehende Fahrerlaubnis beeinträchtigen.

a) Entstehung. Der sog. **Führerschein-Rechtsschutz** nach den **ARB 75** (z. B. § 21 (4) **70** d ARB 75) beschränkt sich noch auf Fälle der Einschränkung, des Entzuges sowie der Wiedererteilung der Fahrerlaubnis. Aufgrund dessen ist z. B. die Streitigkeit im Zusammenhang

---

[91] Das Gleiche gilt für Streitigkeiten aus Versorgungswerken freier Berufe, vgl. AG Steinfurt v. 23. 9. 1982, ZfS 1983, 47.
[92] V. 8. 8. 1996, MDR 1997, 73.
[93] VerBAV 1983, 306.

mit einer Fahrtenbuchauflage nicht deckt. Außerdem beginnt der Versicherungsschutz **erst** mit dem **Widerspruchsverfahren.**

71   Einzelne VR haben sich 1991 eine **Klausel**[94] genehmigen lassen, wonach der Versicherungsschutz „die Wahrnehmung rechtlicher Interessen in verkehrsrechtlichen Angelegenheiten in Verfahren vor Verwaltungsbehörden und Verwaltungsgerichten umfasst". Dies bedeutete eine erhebliche Leistungserweiterung, da damit die Beschränkung auf Fahrerlaubnisangelegenheiten entfiel und Rechtsschutz schon dann möglich wurde, wenn noch gar kein Verwaltungsakt der Behörde vorlag.

72   Die vorgenannte Klausel war das Vorbild für die Neukonzeption der Leistungsart in **§ 2 g ARB 94.** Diese beinhaltet als Teilmenge den früheren Führerschein-Rechtsschutz, geht aber erheblich weiter, da auch die Fälle der Fahrtenbuchauflage oder der Anordnung von Verkehrsunterricht abgedeckt sind. Grundsätzlich würden hierzu auch die Abschleppmaßnahmen nach dem Polizeirecht der Länder gehören, jedoch werden diese Rechtsfälle aus dem Bereich des ruhenden Verkehrs (Halt- und Parkverstöße) vom Risikoausschluss nach § 3 (3) e ARB 94/2000/2008 erfasst. Die Erweiterung des Versicherungsschutzes auf das dem Widerspruchsverfahren vorgelagerte Verwaltungsverfahren kann z. B. dann relevant werden, wenn der VN die **Wiedererteilung der Fahrerlaubnis beantragt** hat und zunächst ein Gutachten beibringen soll. Hier kann eine anwaltliche Beratung für die richtige „Weichenstellung" wertvoll sein. Dass noch kein Verwaltungsakt der Behörde ergangen ist, besagt nicht, dass noch kein Versicherungsfall eingetreten ist, denn dieser gilt nach § 4 (1) c i. V. m. § 4 (2) ARB 94/2000/2008 bereits mit der vorausgegangenen Verkehrszuwiderhandlung als eingetreten.

73   **b) „Verkehrsrechtliche" Angelegenheit.** Ähnlich der Abgrenzung im Straf-Rechtsschutz (§ 2 i ARB 94/2000/2008) soll durch den Begriff „verkehrsrechtliche Angelegenheit" gewährleistet werden, dass nur die verkehrsbezogenen Angelegenheiten unter den Versicherungsschutz fallen, **nicht** hingegen Verwaltungsmaßnahmen, bei denen **verkehrswirtschaftliche** oder **sozialpolitische Regelungsinhalte** im Vordergrund stehen. Da es sich aber nicht um einen eindeutigen Begriff der Rechtssprache handelt, besteht zweifellos ein gewisser Auslegungsspielraum[95]. Entscheidend wird sein, ob die Verwaltungsmaßnahme primär der Sicherheit und Ordnung des Verkehrs zu dienen bestimmt ist. Keine „verkehrsrechtliche" Angelegenheit dürfte vorliegen, wenn z. B. ein Autowrack nach Vorschriften des **Abfallrechts** beseitigt und entsorgt wird, wohl aber dann, wenn bei einem Verkehrsunfall Öl vom Fahrzeug des VN ausläuft und zum Schutz der anderen Verkehrsteilnehmer im Wege einer Verwaltungsanordnung beseitigt wird.

8. Disziplinar- und Standes-RS

74   § 2 h ARB 94/2000/2008 hat die Leistungsart „ausgegliedert". Sie war nach den ARB 75 mit der Verteidigung gegen straf- oder bußgeldrechtliche Vorwürfe verknüpft. Aufgrund der Besonderheiten im strafrechtlichen Bereich war diese **formale Änderung** nicht zu vermeiden. Hinsichtlich des Versicherungsumfangs hat sich allerdings nichts geändert.

75   Welche Angelegenheiten das Disziplinarrecht sowie das Standesrecht betreffen[96], ist im Allgemeinen unproblematisch. Da Disziplinar- und Standesrechtsvorschriften in aller Regel keine Unterscheidung zwischen vorsätzlicher und fahrlässiger Begehung treffen, wird im Rahmen der Leistungsart nicht danach unterschieden. Allerdings besteht auch hier bei **vorsätzlicher Herbeiführung** des Versicherungsfalles kein Versicherungsschutz. Dies richtet sich nach § 4 (2) a ARB 75 bzw. § 3 (5) ARB 94/2000/2008.

76   Wie bei der Leistungsart „Straf-Rechtsschutz" setzt der Eintritt eines Versicherungsfalles voraus, dass gegen den VN in einem eingeleiteten Verfahren ein **Vorwurf** – hier der Verletzung einer Vorschrift des Disziplinar- und Standesrechts – erhoben wird. Es reicht also nicht

---

[94] VerBAV 1991, 417.
[95] *Sperling,* VersR 1996, 133 (135).
[96] Vgl. *Harbauer/Stahl,* vor § 21 ARB 75 Rn. 92–95.

aus, dass z. B. ein Soldat die Einleitung eines Disziplinarverfahrens nur befürchtet. Das Gleiche gilt, wenn ein Rechtsanwalt nach Beschwerde eines Mandanten von der Anwaltskammer zur Abgabe einer Stellungnahme aufgefordert wird, ohne dass bereits ein berufsrechtliches Verfahren eingeleitet wurde.

9. Straf-RS

Der Straf-Rechtsschutz ist neben dem Schadenersatz-Rechtsschutz die zweite Grundform **77** der Rechtsschutzversicherung, die – mit Ausnahme des § 29 ARB – in allen Vertragsformen enthalten ist. Er unterscheidet in **§ 2i ARB 94/2000/2008** zwischen Verkehrsdelikten (Ziff. aa) und „sonstigen", d. h. allgemeinen Vorschriften (Ziff. bb) und macht in differenzierter Form den Versicherungsschutz von der Art des Vorwurfs sowie vom Ausgang des Verfahrens abhängig. Hintergrund für diese Einschränkungen ist die Absicht, die vorsätzliche und rechtswidrige Herbeiführung des Versicherungsfalles vom Versicherungsschutz auszunehmen. Dies ist auch der Grund dafür, warum die entsprechenden Regelungen in den **ARB 75** im **§ 4 (3)** in die Form eines Risikoausschlusses gekleidet waren. § 2i ARB 94/2000/2008 löst die Aufgabe der Risikobeschreibung zweifellos besser, da die – teilweise erheblichen – Einschränkungen bereits aus der Definition der Leistungsart ablesbar sind.

a) Vorwurf. Der Versicherungsschutz setzt voraus, dass gegen den VN **in einem einge-** **78** **leiteten Verfahren** der Vorwurf der Verletzung einer strafrechtlichen Vorschrift gemacht wird. Das Gleiche gilt für den Ordnungswidrigkeiten-Rechtsschutz. „Verteidigungsmaßnahmen" vor der Erhebung eines Vorwurfs, wie z. B. eine **vorsorgliche Verteidigungsschrift** oder das Begehren auf Akteneinsicht mit gleichzeitigem Antrag auf Einstellung eines evtl. Ermittlungsverfahrens, stehen deshalb noch **nicht** unter Versicherungsschutz[97]. Wird der VN von der Polizei lediglich **informatorisch** gehört oder als **Zeuge** vernommen, so liegt noch **kein Schuldvorwurf** vor. Selbst eine Einstellungsmitteilung der Behörde ist noch kein sicheres Indiz dafür, dass tatsächlich gegen den VN ermittelt wurde, da es sich um die Reaktion auf eine vorsorgliche Verteidigungsschrift handeln kann. Eingeleitet ist ein Verfahren nur dann, wenn der VN als Beschuldigter vernommen wird oder wenn ihm Gelegenheit gegeben wurde, sich zu einer konkreten Beschuldigung zu äußern.

Einen Sonderfall stellen **Halteranzeigen** gegen juristische Personen im Zusammenhang **79** mit Verkehrsordnungswidrigkeiten – z. B. einer Geschwindigkeitsüberschreitung – dar. Zwar spricht die Zusendung eines Anhörungsbogens an die Firma bei vordergründiger Betrachtung für das Vorliegen eines Vorwurfs. Auch einem juristischen Laien ist aber klar, dass eine juristische Person keine Geschwindigkeitsübertretung begehen kann und die Zusendung des Anhörungsbogens tatsächlich nur zum Zweck der Ermittlung des Fahrers erfolgt. Eine anwaltliche Tätigkeit in diesem Zusammenhang ist daher mangels Schuldvorwurf nicht vom VR zu ersetzen[98]. Hieran ändert es nichts, dass der Firma je nach ihrem weiteren Verhalten eine Fahrtenbuchauflage droht. Kommt es im weiteren Verlauf nicht zur einer – unter den Versicherungsschutz fallenden – Verteidigung des Fahrers, könnte dies für den VR Anlass sein, entgegenkommenderweise die Kosten einer Verbraucherberatung nach § 34 RVG oder einer nach Nr. 4302 VV RVG vergüteten Stellungnahme gegenüber der Ermittlungsbehörde zu übernehmen[99].

---

[97] AG Viechtach v. 17. 10. 2002, r+s 2003, 238 = VersR 2003, 589 = AGS 2003, 379 m. Anm. *Schneider;* AG Düsseldorf v. 25. 11. 1988, r+s 1989, 292; AG Rheinberg v. 28. 4. 1986, ZfS 1986, 180; AG Siegen v. 7. 11. 1985, ZfS 1985, 18; AG Hannover v. 7. 10. 2002, r+s 2003, 110; v. 4. 10. 1985, ZfS 1985, 367; AG Geldern v. 21. 12. 1984, ZfS 1985, 113; AG Köln v. 29. 11. 1984, ZfS 1985, 50; AG Recklinghausen v. 31. 1. 1984, ZfS 1984, 110.

[98] AG Düsseldorf v. 15. 11. 2006, – 44 C 10060/06 (nicht veröff.); AG Regensburg v. 22. 7. 2003 – 5 C 1349/03 – (nicht veröff.); AG Landau v. 25. 6. 2001, r+s 2002, 203 m. Anm. *Kurzka* = AGS 2003, 89 m. Anm. *Schneider; Enders,* JurBüro 1996, 346.

[99] Zur Gebührenfrage vgl. AG Tübingen v. 13. 9. 2001, JurBüro 2002, 419 m. Anm. *Enders; Schneider,* Anm. zu AG Landau v. 25. 6. 2001, AGS 2003, 89.

80   **b) Aktive bzw. passive Nebenklage/Privatklage.** Während die – aus der Sicht des VN
– passive Nebenklage mit unter den Straf-Rechtsschutz fällt, weil auch in der Nebenklage der
Vorwurf der Verletzung einer Straftat liegt, ist die **aktive Nebenklage nicht** versichert, da
der Straf-Rechtsschutz nur die passive „Verteidigung" abdeckt. Das Gleiche gilt für die Pri-
vatklage.

81   Inzwischen haben die VU allerdings erkannt, dass für die Opfer schwerer Gewaltstraftaten
ein „aktiver" Straf-Rechtsschutz sehr wertvoll sein kann. Mit einem speziellen **Opfer-
Rechtsschutz** (hierzu Rn. 112) kann bei einigen VU die anwaltliche Begleitung als Verletztenbeistand und als Nebenklägervertreter zusätzlich versichert werden.

82   **c) Verkehrsdelikte.** § 4 (3) b ARB 75 bzw. § 2i, aa ARB 94/2000/2008 beschreiben den
Umfang des Versicherungsschutzes bei verkehrsrechtlichen Vergehen. Da hier gegenüber
dem allgemeinen Strafrecht mit einem niedrigeren Unrechtsgehalt gerechnet wird, entfällt
der Versicherungsschutz nur dann, wenn **rechtskräftig** festgestellt wird, dass der VN die
Straftat **vorsätzlich begangen** hat (z. B. Unfallflucht, § 142 StGB). Wie der Sprachregelung
nach **§ 11 Abs. 2 StGB** zu entnehmen ist, liegt eine Vorsatztat auch dann vor, wenn ein gesetzlicher Tatbestand verwirklicht ist, der hinsichtlich der Handlung Vorsatz voraussetzt, hinsichtlich der dadurch verursachten Folgen jedoch Fahrlässigkeit ausreichen lässt. Wird also
z. B. der VN wegen fahrlässiger Gefährdung des Straßenverkehrs in Folge vorsätzlicher Trunkenheit verurteilt **(§ 315 c Abs. 1 Nr. 1 a i. V. m. Abs. 3 Nr. 1 StGB),** so entfällt der Versicherungsschutz[100].

83   *aa) „Verkehrsrechtliche" Vorschriften.* In den verkehrsbezogenen Vertragsformen der ARB 75
wurde der Straf- und Ordnungswidrigkeiten-Rechtsschutz auf „verkehrsrechtliche" Vorschriften beschränkt. Dies hatte letztlich nur klarstellenden Charakter, denn verkehrsrechtliche
Vorschriften sind alle diejenigen, gegen die der VN speziell und vorwiegend **in seiner Eigenschaft als Eigentümer, Halter, Besitzer oder Fahrer eines Fahrzeuges** verstößt[101]. Die
ARB 94/2000/2008 verzichten daher in den Vertragsformen auf den Begriff „verkehrsrechtliche Vorschriften", jedoch taucht er in der vorgezogenen Beschreibung der Leistungsarten in
§ 2i ARB 94/2000/2008 auf, weil die verkehrsrechtlichen Vorschriften und die sonstigen Vergehen unterschiedlich behandelt werden.

84   Welche Straftatbestände zu den verkehrsrechtlichen Vorschriften zu zählen sind, ist grundsätzlich unproblematisch[102]. Gelegentlich sind sie von den sogenannten **verkehrswirtschaft-
lichen Regelungen**[103] zu unterscheiden, die mehr an wirtschaftliche, sozialpolitische oder
gewerberechtliche Aspekte anknüpfen (z. B. Arbeitszeitordnung, Güterkraftverkehrsgesetz).
Häufig ist hier ein Unternehmer angesprochen, der dieses nicht verkehrsrechtliche Risiko
über den Firmen-Rechtsschutz absichern kann. Verstöße gegen **§ 6 PflVG** haben verkehrsrechtlichen Bezug und sind daher nach § 2i, aa ARB 94/2000/2008 zu beurteilen (nur Verurteilung lässt den Versicherungsschutz entfallen)[104]. Das Gleiche wird für den Vorwurf der
Urkundenfälschung bei **Tachoscheibenmanipulation** (§ 22b StVG) zu gelten haben, da
hier zumindest **auch** ein verkehrsrechtlicher Bezug gegeben ist[105].

85   Auch andere, für sich gesehen nicht verkehrsrechtliche Vorschriften, sind nach herrschender Meinung nach § 2i, aa ARB 94/2000/2008 zu beurteilen, wenn sie in **Tateinheit** mit
einem Verkehrsdelikt stehen[106]. Dabei muss das Gewicht des Verkehrsverstoßes aber im Vor-

---

[100] AG Düsseldorf v. 18. 5. 1990/9. 11. 1990, r+s 1991, 203.
[101] *Harbauer/Maier,* § 4 ARB 75 Rn. 212.
[102] Vgl. *Harbauer/Maier,* § 4 ARB 75 Rn. 200 ff.; *Böhme,* § 4 ARB 75 Rn. 63, 64; *Schirmer,* DAR 1990,
81 (85).
[103] Hierzu ausführlich *Böhme,* § 4 ARB 75 Rn. 64.
[104] *Harbauer/Maier,* § 4 ARB 75 Rn. 211; *Böhme,* § 4 ARB 75 Rn. 64.
[105] *Harbauer/Maier,* § 4 ARB 75 Rn. 204.
[106] H. M.: LG Karlsruhe v. 27. 8. 1992, r+s 1993, 66 = VersR 1993, 1145; AG Düsseldorf v. 1. 3. 1991,
344; *Harbauer/Maier,* § 4 ARB 75 Rn. 205; *Schirmer,* DAR 1990, 81 (85); a. A.: AG Köln v. 2. 2. 1990,
ZfS 1990, 161; *Prölss/Martin/Armbrüster,* § 4 ARB 75 Rn. 54.

dergrund stehen[107], was z. B. in den Fällen der Nötigung durch dichtes Auffahren der Fall ist. Eine etwaige Beleidigung erfolgte dagegen **nur gelegentlich** der Teilnahme am Verkehr, so dass § 2i, bb ARB 94/2000/2008 einschlägig ist, wonach wegen des Charakters als Vorsatzdelikt kein Versicherungsschutz gegeben ist[108].

bb) Rückzahlungspflicht. Gemäß **§ 2i, aa ARB 94/2000/2008** bzw. **§ 20 (4) ARB 75** hat 86 der VN bei rechtskräftiger Verurteilung wegen Vorsatzes etwaige erbrachte Versicherungsleistungen an den VR zu erstatten. Dies gilt unabhängig davon, ob die Verurteilung möglicherweise fehlerhaft oder sachlich falsch ist[109]. Da es sich um einen vertraglichen Anspruch handelt, bestimmte sich die **Verjährung** bis zum 1. 1. 2008 nach **§ 12 VVG a. F.**[110]. Insoweit sind die Übergangsvorschriften zu beachten.

Durch Rundschreiben vom Mai 1989 hat das **BAV** davor **gewarnt,** eine evtl. Praxis der 87 **Regelkulanz** fortzusetzen[111]. Dadurch sollte verhindert werden, dass entgegen den ARB der vorläufige Versicherungsschutz faktisch zu einer endgültigen Rechtsschutzgewährung wird. Erfahrungsgemäß halten sich die VR seitdem an die Bedingungsregelung.

d) Allgemeine Straftaten. Für die Regelung der „sonstigen Vergehen"[112] nach § 2i, bb 88 ARB 94/2000/2008 (§ 4 (3) a ARB 75) ist kennzeichnend, dass **reine Vorsatztaten** nicht unter den Versicherungsschutz fallen, **auch wenn** das Verfahren **eingestellt** wird. Dies ist in der Vergangenheit teilweise rechtlich in Frage gestellt bzw. kritisiert worden[113]. Die Bedenken sind aber inzwischen verstummt. Der Rechtsschutzversicherer hat für Mängel der staatlichen Entschädigungsregelung nicht einzustehen. Um ein Vergehen, das sowohl vorsätzlich als auch fahrlässig begangen werden kann, handelt es sich auch dann, wenn die **fahrlässige Begehungsform** eines Vergehens nur eine **Ordnungswidrigkeit** darstellt[114]. Für den durchschnittlichen VN ist nicht erkennbar, dass für diese Fälle eine Deckungslücke bestehen soll. Auch unter Berücksichtigung der verschiedenen Begriffe der Rechtssprache wird er aufgrund des Regelungszusammenhangs davon ausgehen, dass der VR nur reine Vorsatztaten aus der Deckung ausklammern will.

aa) Gefährliche Körperverletzung. Umstritten ist, ob der Tatbestand der gefährlichen Körper- 89 verletzung nach § 224 StGB (früher § 223a StGB) zu den Delikten gehört, die sowohl vorsätzlich als auch fahrlässig begangen werden können. Strafrechtsdogmatisch wird teilweise die Auffassung vertreten, der Tatbestand der gefährlichen Körperverletzung sei kein eigenständiges Delikt gegenüber § 223 StGB, sondern nur ein durch die Begehungsweise qualifizierter Fall des Grunddelikts. Hieraus folgert ein Teil der Rechtsprechung eine Unklarheit, die zu Lasten des VR gehe[115]. Dieser Einwand überzeugt jedoch nicht. Die Rechtsschutzversicherung muss notwendigerweise Begriffe der juristischen Fachsprache verwenden – ohne

---

[107] Vgl. AG Heidelberg v. 3. 9. 1976, r+s 1977, 69 (Nötigung eines Fußgängers durch Befahren des Gehwegs: keine Eintrittspflicht).

[108] AG Köln v. 2. 2. 1990, ZfS 1990, 161 (insoweit zutreffend); AG Bochum v. 20. 3. 1989, AZ. 60 C 709/88; *Böhme,* § 4 ARB 75 Rn. 63.

[109] AG Dülmen v. 24. 4. 2002, r+s 2002, 379.

[110] *Prölss/Martin/Armbrüster,* § 20 ARB 75 Rn. 6.

[111] VerBAV 1989, 163 = ZfS 1989, 271.

[112] Der Vorwurf eines Verbrechens wird nicht genannt und ist somit nie vom Versicherungsschutz umfasst, LG Düsseldorf v. 17. 2. 2000, r+s 2000, 244; vgl. auch OLG Oldenburg v. 10. 8. 2005, NJW-RR 2005, 1548 = r+s 2006, 18. Die in der genannten Entscheidung auch verneinte Deckung für die in Tateinheit mit angeklagte Körperverletzung kann wohl nur aus den Grundsätzen der Teileintrittspflicht abgeleitet werden, hierzu *Bauer,* NJW 2006, 1484 (1486).

[113] Nachweise bei *Harbauer/Maier,* § 4 ARB 75 Rn. 189; *Prölss/Martin/Armbrüster,* § 4 ARB 75 Rn. 52; kritisch insbesondere *Blohut/Brause,* VersR 1977, 409.

[114] *Harbauer/Stahl,* § 2 ARB 94 Rn 19; *Prölss/Martin/Armbrüster,* § 4 ARB 75 Rn. 49; a. A. bei Steuerstraftaten *Bauer,* DStR 2005, 1665 (1666) unter Hinweis darauf, dass die Steuerordnungswidrigkeit „Leichtfertigkeit" voraussetzt.

[115] LG Saarbrücken v. 27. 6. 2002, r+s 2002, 420 = VersR 2003, 238 = ZfS 2002, 497; AG/LG Köln v. 24. 9. 1986/26. 5. 1987, ZfS 1987, 274; AG Saarbrücken v. 15. 5. 1995, ZfS 1995, 351; AG Mainz v. 5. 4.

jeweils auf Besonderheiten in der Rechtsdogmatik eingehen zu können –, mögen sie auch dem juristischen Laien nicht immer geläufig sein oder von ihm sogar missverstanden werden können. Zudem ist die Regelung des § 4 (3) ARB 75 bzw. § 2i ARB 94/2000/2008 selbst eindeutig und klar. Streit besteht lediglich in der Frage, ob eine gefährliche Körperverletzung ein fahrlässig begehbares Vergehen darstellt. Dies ist aber ein rein strafrechtlicher Streitpunkt, der die Regelung der ARB nur mittelbar berührt. Zu folgen ist daher der herrschenden Meinung[116], die eine restriktive Auslegung befürwortet, d. h., dass bei gefährlicher Körperverletzung ein nur vorsätzlich begehbares Vergehen vorliegt. Die herrschende Meinung betont zu Recht, dass **keine volle Tatbestandsidentität** zwischen § 230 StGB und § 224 StGB besteht. Der Tatbestand des § 230 StGB deckt sich lediglich mit demjenigen des § 223 StGB. Der Tatbestand der gefährlichen Körperverletzung enthält demgegenüber zusätzliche Tatbestandselemente, die einen erhöhten kriminellen Unrechtsgehalt ausweisen („mittels einer Waffe" pp.). Den erhöhten kriminellen Unrechtsgehalt unterstreicht die Strafrahmenverschiebung durch das am 1. 4. 1998 in Kraft getretene 6. StrRG. Die Strafandrohung beträgt jetzt Freiheitsstrafe von 6 Monaten bis zu 10 Jahren (bislang gemäß § 223a StGB 3 Monate bis zu 5 Jahren). Zu berücksichtigen ist auch, dass der bisherige verbrechensstrafbedrohte Vergiftungsstrafbestand des § 229 StGB eine Tatbestandsvariante der gefährlichen Körperverletzung in § 224 Abs. 1 Nr. 1 StGB geworden ist. Auch dies kennzeichnet die gefährliche Körperverletzung als **eigenständiges Delikt** mit eigenem Unrechtsgehalt.

90   *bb) Spezial-Straf-RS (Sonderprodukt).* Unternehmen und ihre Beschäftigten sowie Führungskräfte von Unternehmen in bestimmten Branchen und Berufsgruppen sind in besonderer Weise dem Risiko ausgesetzt, sich gegen Vorwürfe wegen eines Vorsatzdelikts verteidigen zu müssen. Da die Standardbedingungen dies nicht abdecken, bieten einige VR für **Unternehmensleiter** sowie für **bestimmte Unternehmen mit ihren Beschäftigten** einen erweiterten Straf-Rechtsschutz als sogenannten Spezial-Straf-Rechtsschutz an. Vorläufer dieses Sonderprodukts sind die 1983 entwickelten „Sonderbedingungen für die Industrie-Straf-Rechtsschutz-Versicherung (ISRS)[117], denen weitere diverse Klauseln in den ARB vorausgegangen waren[118]. Die ISRS bereiteten den Weg für die 1989 eingeführten „Sonderbedingungen zu § 24 ARB – Spezial-Straf-Rechtsschutz für Unternehmen (SSR)"[119]. Mit diesem Deckungskonzept konnten die zunächst nur für industrielle Großunternehmen konzipierten Leistungen auch Kleinstunternehmen und Selbständigen angeboten werden. Das zurzeit aktuellste Bedingungswerk sind die vom GDV unverbindlich empfohlenen „Spezial-Rechtsschutz-Bedingungen für Unternehmensleiter – USRB (Stand: Juli 2000)[120]. Nicht alle VR, die den Spezial-Straf-Rechtsschutz anbieten, legen aber ihren Verträgen diese Bedingungen zugrunde. Teilweise arbeiten sie nur noch mit sog. „Wordings", oder sie weichen in bestimmten Punkten von den Musterbedingungen ab. Deshalb empfiehlt es sich, das jeweilige Bedin-

---

1990, r+s 1991, 170; ebenso *Hermanns,* VersR 2007, 163; *Vassel,* ZVersWiss 1984, 608 (613) und *Schilling,* S. 101.
  [116] LG Osnabrück v. 1. 11. 1996, AZ. 12 S 359/96 (nicht veröff.); LG Düsseldorf v. 10. 8. 1989, ZfS 1990, 271; LG Freiburg v. 21. 2. 1989, VersR 1989, 800 = ZfS 1989, 129; LG Oldenburg v. 2. 7. 1982, ZfS 1984, 145; AG Düren v. 8. 4. 1997, r+s 1998, 380; AG Duisburg v. 22. 12. 1993, r+s 1994, 223; AG Osnabrück v. 30. 11. 1990, ZfS 1991, 309; AG Bad Mergentheim v. 12. 10. 1988, ZfS 1990, 161; AG Kassel v. 31. 8. 1989, ZfS 1990, 13; AG Düsseldorf v. 17. 3. 1989, r+s 1989, 292; AG Mannheim v. 19. 5. 1987, ZfS 1987, 367; AG Krefeld v. 8. 11. 1982, ZfS 1983, 369; AG Dortmund v. 10. 3. 1982, ZfS 1983, 368; AG Stuttgart v. 11. 6. 1982, ZfS 1983, 368; AG Geldern v. 14. 10. 1980, ZfS 1981, 50; *Harbauer/Maier,* § 4 ARB 75 Rn. 192; *Prölss/Martin/Armbrüster,* § 4 ARB 75 Rn. 49; *Böhme,* § 4 ARB 75 Rn. 60a; ausführlich *Mathy,* VersR 2007, 899; *Buschbell/Hering,* § 20 Rn. 46; *Terbille/Bultmann* MAH Versicherungsrecht § 26 Rn. 171.
  [117] VerBAV 1983, 386 ff.
  [118] Vgl. *Eidam,* S. 9.
  [119] VerBAV 1989, 272 f.; vgl. hierzu *Mathy,* Rechtsschutz-Alphabet, Stichwort: Spezial-Straf-Rechtsschutz.
  [120] *Buschbell/Hering,* § 20 Rn. 53 ff., Text: Anhang S. 721 ff.

gungswerk des Anbieters zu prüfen. Inzwischen war die Branche aufgrund des harten Wettbewerbs sehr „kreativ" mit der Folge, dass sich am Markt **diverse Deckungserweiterungen** durchgesetzt haben[121].

Die wesentliche Besonderheit des Spezial-Straf-Rechtsschutzes besteht darin, dass auch **91** beim Vorwurf, ein **nur vorsätzlich begehbares Vergehen** begangen zu haben, Rechtsschutz **zunächst** besteht. Wird der Versicherte allerdings wegen eines solchen Vergehens rechtskräftig verurteilt, muss er etwaige vom VR gezahlte Kosten erstatten. Einzelne VR gehen über diese Leistungserweiterung sogar hinaus und erstrecken den Versicherungsschutz auch auf **Verbrechen.** Dies ist rechtspolitisch nicht unbedenklich. Würde man noch einen Schritt weitergehen und den Versicherungsschutz auch dann generell bestehen lassen, wenn der VN wegen eines Vorsatzdelikts rechtskräftig verurteilt wurde, so wäre vermutlich die Grenze der Sittenwidrigkeit überschritten, denn es wäre mit der herrschenden Rechts- und Sozialmoral sowie dem verfassungsmäßigen Wertschutz für die potentiellen Opfer kaum vereinbar, wenn ein VN, der nachweislich ein Strafverfahren durch vorsätzliches Begehen einer Straftat provoziert hat, die Kosten hierfür auf die Versichertengemeinschaft abwälzen kann[122].

10. Ordnungswidrigkeiten-RS

Der Ordnungswidrigkeiten-Rechtsschutz zählt zu den unproblematischen Leistungsarten. **92** Sein Anwendungsbereich geht sehr weit, da er z. B. im **Verkehrsbereich** alle Verstöße gegen Bestimmungen der StVO und im **gewerblichen Bereich** je nach Branche und Berufsgruppe eine unübersehbare Vielzahl von OWi-Tatbeständen abdeckt. Der VN kann aber auch als **Privatperson** im Nichtverkehrsbereich betroffen sein, wenn es z. B. um OWi-Tatbestände im Bereich der Gefahrenabwehr geht (Immissionen, Tierhaltung etc.).

Wie bei allen anderen Leistungsarten auch können allgemeine Risikoausschlüsse betroffen **93** sein. Ein wichtiger Risikoausschluss im Verkehrsbereich ist der nach **§ 3 (3) e ARB 94/ 2000/2008** für **Halt- oder Parkverstöße.** Die ARB 75 sahen einen solchen Ausschluss noch nicht vor, jedoch konnte im Einzelfall der Versicherungsschutz wegen „Mutwilligkeit" der Rechtsverteidigung entfallen (vgl. hierzu Rn. 453).

Sowohl nach § 2j ARB 2000/2008 als auch nach § 4 (2) a ARB 75 besteht **auch für vor-** **94** **sätzlich begangene** Ordnungswidrigkeiten uneingeschränkt Versicherungsschutz. Dies ist deshalb gerechtfertigt, weil der Unrechtsgehalt einer Ordnungswidrigkeit nicht so schwer wiegt wie der einer Straftat. Eine **Ausnahme** machen nur die **ARB 94,** die zwischen verkehrsrechtlichen und sonstigen Ordnungswidrigkeiten unterscheiden und in § 2j, bb ARB 94 bei den nichtverkehrsrechtlichen Ordnungswidrigkeiten eine auflösende Bedingung für den Fall der rechtskräftigen Verurteilung des VN wegen Vorsatzes vorsehen. Da diese Einschränkung als verzichtbar erschien, wurde sie bereits mit den ARB 2000 wieder fallengelassen.

11. Beratungs-RS

Der Beratungs-Rechtsschutz nach § 2k ARB 94/2000/2008 ist die einzige Leistungsart, **95** die nur eine Beratung abdeckt. Sie **korrespondiert mit dem Risikoausschluss gemäß § 3 (2) g ARB 94/2000/2008,** wonach die Wahrnehmung rechtlicher Interessen „aus dem Bereich des Familien- und Erbrechts" vom Versicherungsschutz ausgeschlossen ist. Wenn es darum geht, wie weit man diese Rechtsgebiete auslegt, beeinflusst dieses Zusammenspiel den Umfang des Versicherungsschutzes in zwei Richtungen. Zieht man den Bereich des Familien- und Erbrechts weit, begünstigt dies den VN einerseits bei der Inanspruchnahme des Beratungs-Rechtsschutzes, auf der anderen Seite wird bei einer über die Beratung hinausgehenden Anwaltstätigkeit aufgrund des Risikoausschlusses der Versicherungsschutz eingeengt. Umgekehrt gilt das Gleiche.

---

[121] Hierzu *Klinkhammer,* VP 2006, 232.
[122] Vgl. *Neusinger,* in: *Himmelreich/Klatt/Lang/Schirmer/Neusinger/van Bühren,* Aktuelle Probleme bei der Rechtsschutzversicherung (1990), S. 83.

96   Von der Regelung in den **ARB 75** unterscheidet sich der Beratungs-Rechtsschutz nach den ARB 94/2000 nur in wenigen Punkten:

– In den ARB 75 (z. B. § 25e ARB 75) war die Beschreibung der Leistungsart **mit der Definition des Versicherungsfalles verknüpft.** Die ARB 94/2000/2008 heben diesen Systembruch auf und integrieren den Versicherungsfall für die Leistungsart Beratungs-Rechtsschutz in der allgemeinen Regelung des Versicherungsfalles in § 4 ARB 94/2000/ 2008 (Abs. 1 b).

– Mit Rücksicht auf die zunehmende internationale Verflechtung wurde mit den ARB 94/ 2000/2008 die **Beschränkung auf deutsches Recht** aufgegeben. Allerdings muss der beratende Anwalt in Deutschland zugelassen sein.

– § 2k ARB 94/2000/2008 erwähnt nicht mehr das Rechtsgebiet der **freiwilligen Gerichtsbarkeit.** Den Versicherungsschutz schränkt dies allerdings nicht ein, da der Risikoausschluss nach § 4 (1) p ARB 75 (Angelegenheiten der freiwilligen Gerichtsbarkeit) entfallen ist.

97   **a) Begriff „Familienrecht".** Die Zuordnung zum Familienrecht im Sinne der Leistungsart ist meistens unproblematisch, da das betroffene Rechtsgebiet im 4. Buch des BGB (§§ 1297 bis 1921 BGB) sowie in einzelnen Sondergesetzen (z. B. Ehegesetz) speziell geregelt ist. Dabei muss es sich nicht unbedingt um gesetzliche Ansprüche oder Pflichten handeln. Auch ein **vertraglicher Anspruch,** der zur Auseinandersetzung der familienrechtlichen Beziehungen begründet wird (z. B. Scheidungsfolgenvereinbarung, Unterhaltsregelung), ist ebenso wie der gesetzliche Anspruch, der dadurch ersetzt werden soll, dem ehelichen Familienrecht zuzurechnen[123]. **Konkurriert** mit einer familienrechtlichen Anspruchsnorm, wie z. B. bei Schadenersatzansprüchen gegen den Vormund bzw. Betreuer (§ 1833 BGB), ein Anspruch aus § 823 Abs. 2 BGB, ist gleichwohl das Familienrecht betroffen, so dass bei einer Anwaltstätigkeit über die Beratung hinaus der Risikoausschluss einschlägig ist[124].

98   Fraglich ist, ob das **Lebenspartnerschaftsrecht** nach dem am 1. 8. 2001 in Kraft getretenen LPartG zum „Bereich des Familienrechts" zu rechnen ist. Zunächst ist nicht zu verkennen, dass der Gesetzgeber die Neuregelung bewusst **nicht im 4. Buch des BGB** angesiedelt hat. Dies spräche an sich gegen die Zuordnung zum Familienrecht. Andererseits gehören zum Familienrecht alle staatlichen Rechtsnormen, welche die rechtlichen Beziehungen der Familienmitglieder zueinander und zu Dritten regeln. Insofern kann nicht unberücksichtigt bleiben, dass ein Lebenspartner **als Familienangehöriger** des anderen Lebenspartners **gilt** (§ 11 Abs. 1 LPartG) und auf diese Weise kraft Eintragung einen familienrechtlichen Status erlangt. Im Übrigen ist der Regelungsinhalt des LPartG dadurch geprägt, dass in weiten Bereichen die Rechtsfolgen der Lebenspartnerschaft den ehelichen Regelungen nachgebildet sind und auf diese Weise ein Abbild der Ehe („Quasi-Ehe") normiert[125] wird. Dies spiegelt sich auch in den zivilprozessualen Vorschriften wieder. § 23b Abs. 1 Nr. 15 GVG zählt Lebenspartnerschaftssachen zu den „Familiensachen", für welche die Familiengerichte zuständig sind. Ein durchschnittlicher VN wird daher bei verständiger Würdigung das Lebenspartnerschaftsrecht dem „Bereich des Familienrechts" zuordnen. Mit Rücksicht auf die strengen Auslegungsregeln der Rspr. haben aber inzwischen die meisten VR mit einer klarstellenden Regelung reagiert. Bei Einführung neuer Tarife wurden entsprechend einem Formulierungsvorschlag des GDV sowohl die Leistungsart Beratungs-Rechtsschutz als auch der Risikoausschluss um das Lebenspartnerschaftsrecht ergänzt.

99   **Nicht** dem Familienrecht zuzuordnen sind:

– Streitigkeiten aus bloß faktischen, **eheähnlichen** Verhältnissen (ungeachtet des Geschlechts)

---

[123] OLG Düsseldorf v. 29. 5. 1984, VersR 1985, 635; LG Mannheim v. 10. 12. 1987, ZfS 1988, 47; LG Heidelberg v. 26. 11. 1985, ZfS 1986, 111; LG Bonn v. 15. 1. 1985, ZfS 1985, 148; *Vassel,* ZVersWiss 1986, 278 (284).

[124] AG Lüneburg v. 7. 7. 2005, – 12 C 102/05; *Prölss,* r+s 2005, 225 (230).

[125] *Palandt/Brudermüller,* Einl. LPartG Rn. 2.

– Streitigkeiten in Bezug auf Vertragsbeziehungen zwischen Verwandten oder (früheren) Ehegatten, die nicht im Familienrecht begründet sind, wie z. B. ein **Schenkungswiderruf** wegen groben Undanks gegenüber dem getrenntlebenden Ehegatten[126] oder **Ausgleichsansprüche** eines geschiedenen Ehegatten gemäß § 426 Abs. 2 BGB wegen Rückführung eines gemeinsam aufgenommenen Darlehens[127]

– die über den Zugewinnausgleich hinausgehende **Vermögensauseinandersetzung,** wie z. B. die Auseinandersetzung der Bruchteilsgemeinschaft über ein gemeinsames Grundstück[128]

– eine Schadenersatzforderung **gegen** den eigenen **Rechtsanwalt,** der den VN in einer familienrechtlichen Angelegenheit vertreten hat[129]

– die Inanspruchnahme des Ehegatten des Schuldners aufgrund der gesetzlichen Mitverpflichtung nach **§ 1357 BGB**[130].

b) Begriff „Erbrecht". Die Zuordnung zum Erbrecht ist in der Regel unproblematisch, 100 da das Erbrecht vornehmlich im 5. Buch des BGB geregelt ist. Auch hier sind als Anlass für eine anwaltliche Beratung **vertragliche** Ansprüche denkbar, wie z. B. die Inanspruchnahme aus einem Erbauseinandersetzungsvertrag[131], streitige Fragen aus einem notariellen Vertrag über eine sogenannte **vorweggenommene Erbfolge**[132] oder eine Auseinandersetzung aus einem Erbschaftskauf[133].

Nicht dem Erbrecht zuzuordnen sind: 101

– Streitigkeiten, wenn der VN einen **ererbten** (gesetzlichen oder vertraglichen) **Anspruch** verfolgen oder von einer ererbten **Verbindlichkeit** freikommen will[134]

– der Streit zwischen Miterben um Freigabe einer hinterlegten Lebensversicherungssumme, wenn es nur um die Auslegung der **Bezugsberechtigungsklausel** geht[135].

c) Nur Beratung. Der Beratungs-Rechtsschutz wird dadurch charakterisiert, dass im Be- 102 reich ausgeschlossener Rechtsgebiete die Ratserteilung durch einen Rechtsanwalt oder Notar in den Versicherungsschutz einbezogen wird, um damit einem dahingehenden Mindestbedürfnis der VN nachzukommen. Rechtstechnisch haben sich die Verfasser der ARB dabei der **Rechtsfigur des § 20 Abs. 1 BRAGO** bedient, wonach Rat oder Auskunft nicht mit einer anderen gebührenpflichtigen Tätigkeit des Rechtsanwalts zusammenhängen durften. Der Versicherungsschutz hing also entscheidend davon ab, ob kostenrechtlich eine Beratungsgebühr nach § 20 BRAGO abgerechnet werden konnte oder nicht. Dies war zum einen dann nicht der Fall, wenn der Anwalt von vornherein über die Beratung hinaus tätig wurde, also aufgrund des Anrechnungstatbestands im Sinne des § 20 Abs. 1 Satz 4 BRAGO eine Beratungsgebühr erst gar nicht entstehen konnte. Aber auch dann, wenn der Anwalt zunächst eine Beratungsgebühr verdient hatte und aufgrund einer Erweiterung des Auftrags die Beratungsgebühr auf die weitergehende Tätigkeit (z. B. nach § 118 BRAGO oder § 31 BRAGO) anzurechnen war, bestand kein Versicherungsschutz[136]. Hatte der Versicherer die Beratungsgebühr in diesem Fall schon gezahlt, so stand ihm gegenüber dem VN ein Erstattungsan-

---

[126] OLG Hamm v. 25. 2. 1983, VersR 1983, 1025.

[127] LG Landau v. 12. 11. 2007, VersR 2008, 390 (trotz Einwands des Verzichts auf Unterhaltszahlungen); LG Kassel v. 27. 1. 1994, VersR 1994, 1418; AG Hanau v. 9. 6. 1992, ZfS 1992, 282.

[128] LG Hanau v. 13. 10. 1992, AZ. 2 S 224/92 (nicht veröff.); AG Coburg v. 16. 2. 1995, ZfS 1995, 231 = VersR 1996, 186.

[129] BayObLG v. 30. 12. 1981, NJW 1982, 587: keine Familiensache.

[130] AG Rastatt v. 26. 10. 1995, VersR 1996, 1100; a. A. *Prölss,* r+s 2005, 225 (230).

[131] AG Soest v. 26. 9. 1997, r+s 1998, 336.

[132] AG Mannheim v. 20. 7. 2004, r+s 2005, 247; *Mathy,* Rechtsschutz-Alphabet, Stichwort: Erbrecht; a. A. OLG Karlsruhe v. 20. 9. 2007, VersR 2008, 346.

[133] A. A. OLG Düsseldorf v. 14. 12. 1999, VersR 2000, 579; differenzierend *Prölss,* r+s 2005, 225 (230).

[134] *Harbauer/Maier,* § 4 ARB 75 Rn. 85.

[135] OLG Köln v. 3. 11. 1988, r+s 1989, 20.

[136] Dies wird heute nicht mehr bestritten; vgl. *Harbauer/Stahl,* vor § 21 ARB 75 Rn. 154 mit Hinweisen auf ältere Rechtsprechung; weitere Nachweise bei *Raczimski/Rademacher,* AnwBl 1991, 92.

spruch in dieser Höhe zu (§ 812 BGB). Die zum 1. 7. 2006 in Kraft getretene Neuregelung der Vergütung für Beratungen gem. **§ 34 RVG** (vorher schon Nr. 2100 und 2102 VV RVG) hat an dieser Struktur nichts geändert, da sie eine gleichlautende Anrechnungsbestimmung zur Grundlage hat.

103 Oft nicht ganz einfach ist die **Abgrenzung** zwischen einer Beratungstätigkeit nach § 34 RVG (früher § 20 Abs. 1 BRAGO) und einer **anderen gebührenpflichtigen Tätigkeit.** In der Regel wird der Entwurf eines Schreibens oder Schriftsatzes schon die Geschäftsgebühr nach Nr. 2300 VV RVG (früher § 118 Abs. 1 Nr. 1 BRAGO) entstehen lassen. Das Gleiche gilt für die Abfassung einer Vereinbarung (z. B. Scheidungsvereinbarung)[137]. Dagegen wird eine telefonische oder schriftliche Rückfrage bei einem Notar oder beim Grundbuchamt noch keine Geschäftsgebühr entstehen lassen, wenn diese Rückfrage für die sachgerechte Erteilung des Rates erforderlich ist.

104 Die Anrechnung der Beratungsgebühr erfordert neben der Identität zwischen Gegenstand der Ratserteilung und Gegenstand der nachfolgenden weitergehenden Tätigkeit einen **zeitlichen Zusammenhang.** Diesen hat die Rechtsprechung zu BRAGO-Zeiten bei einem Zeitabstand von 3 Monaten wiederholt bejaht[138]. Inzwischen bestimmt § 15 Abs. 5 Satz 2 RVG (vorher schon der durch das KostRÄndG 1994 angefügte Abs. 5 Satz 2 in § 13 BRAGO), dass der Zusammenhang erst dann entfällt, wenn der frühere Auftrag **mehr als 2 Kalenderjahre** erledigt war. Es mag sein, dass diese kostenrechtliche Folge im Einzelfall zu Unbilligkeiten führen kann[139]. Allerdings rechtfertigt dies keine Erweiterung des Versicherungsschutzes[140] und es muss der Schadenpraxis des VR überlassen bleiben, solche Einzelfälle ggf. großzügig zu handhaben, d. h. in Grenzfällen auf die Erstattung der zunächst angefallenen Beratungsgebühr zu verzichten. Soweit im Übrigen wiederholt der Wunsch nach einer Ausweitung des Versicherungsschutzes in familien- und erbrechtlichen Fällen geäußert wurde[141], ist dies eine Frage der Schaffung neuer Risiken. Angesichts der „Streitträchtigkeit" der betroffenen Rechtsgebiete werden hierzu keine einheitlichen Lösungen in der Rechtsschutzversicherungsbranche zu erwarten sein, vielmehr ist zunehmend mit Sonderprodukten zu rechnen, die durch ihre inhaltliche Ausgestaltung sowie die Prämienkalkulation Einzelrisiken beherrschbar machen können.

105 **d) Erweiterter Beratungs-RS (Sonderprodukt).** Viele VR haben inzwischen ihre Produkte so abgeändert, dass bei einer über die Beratung hinausgehenden **außergerichtlichen Anwaltstätigkeit** zumindest ein Teil der Anwaltskosten bis zu einem bestimmten **Höchstbetrag** übernommen wird. ARB-technisch umgesetzt wird dies durch Klauseln[142] oder durch eine entsprechende Änderung der Leistungsart Beratungs-Rechtsschutz[143], und zwar entweder als Standardleistung oder als – teureres – Sonderprodukt in insgesamt höherwertigen Rechtsschutzpaketen. Altenativ oder als weitere Ergänzung werden inzwischen von einzelnen VR die Kosten einer **Mediation** bis zu bestimmten Höchstbeträgen übernommen.

12. Spezielle Produkte für Teilbereiche des Familienrechts

106 Zumindest ein VU bietet inzwischen in familienrechtlichen Angelegenheiten Sonderprodukte an[144], die mit einem **obligatorischen Selbstbehalt** die außergerichtliche und gerichtliche Interessenwahrnehmung abdecken. Desweiteren sind zum Schutz vor Zweckabschlüssen **längere Wartezeiten** als die bisher übliche Wartezeit von 3 Monaten vorgesehen.

107 Eine Leistungsart erstreckt sich als **„Rechtsschutz in Unterhaltssachen"** auf die außergerichtliche und gerichtliche Wahrnehmung rechtlicher Interessen aus familienrechtlichen Streitigkeiten wegen gesetzlicher Unterhaltspflichten, über die im Falle einer gerichtlichen

---

[137] AG Saarbrücken v. 20. 9. 1988, r+s 1989, 56.
[138] AG Köln v. 23. 1. 1987, ZfS 1987, 178; AG Düsseldorf v. 24. 1. 1984, ZfS 1984, 208.
[139] *Harbauer/Stahl,* vor § 21 ARB 75 Rn. 155.
[140] A. A. wohl *Harbauer/Stahl,* a. a. O.
[141] *Raczimski/Rademacher,* AnwBl 1991, 92; *Abmeis,* AnwBl 1976, 330; *Kohlhaas,* VersR 1976, 29.
[142] VerBAV 1986, 458.
[143] Vgl. hierzu *Buschbell/Hering,* § 23 Rn. 32.
[144] Vgl. *Knospe,* ZfV 2001, 88.

Auseinandersetzung ein deutsches Familiengericht zu entscheiden hat. Damit sind die gängigen Unterhaltatbestände wie Kindesunterhalt, Ehegattenunterhalt, Unterhaltsansprüche der Eltern gegen das Kind usw. versichert, wenn ein Versicherungsfall im Sinne des § 4 (1) c ARB 2000/2008 eingetreten ist (Wartezeit: 1 Jahr).

Mit dem „Rechtsschutz in Ehesachen" kann die gerichtliche Wahrnehmung rechtlicher Interessen des VN und seines ehelichen Lebenspartners aus familienrechtlichen Angelegenheiten wegen Getrenntlebens, Scheidung oder Scheidungsfolgesachen vor deutschen Familiengerichten versichert werden, wobei ein Versicherungsfall im Sinne des § 4 (1) b ARB 2000/2008 eingetreten sein muss (Wartezeit: 3 Jahre). **108**

13. Firmen-Vertrags-RS

Diese heute kaum noch angebotene Rechtsschutzform kam 1969 auf den Markt und **109** wurde mit § 24 (3) ARB 75 aufgeteilt in den regulären Firmen-Vertrags-Rechtsschutz für die generelle Wahrnehmung rechtlicher Interessen aus schuldrechtlichen Verträgen und den sogenannten Handelsvertreter-Vertrags-Rechtsschutz, der auf Warenhandelsvertreter sowie ihre Unternehmen, für die sie Geschäfte vermitteln, zugeschnitten war[145]. Abdeckt war nur das gerichtliche Verfahren, wozu allerdings auch der einstweilige Rechtsschutz[146] oder die gerichtliche Beweissicherung gehörten. Auch die prozessuale Einbeziehung nicht rechtshängiger schuldvertraglicher Ansprüche in einen Prozessvergleich war als mitversichert anzusehen[147]. Umgekehrt reduziert sich die Deckung der beim eigenen Anwalt anfallenden Verfahrensgebühr durch die vollständige Anrechnung der zuvor verdienten Geschäftsgebühr nach der Vorbemerkung 3 Abs. 4 zu Nr. 3100 VV RVG[148]. Trotz der Beschränkung auf das gerichtliche Verfahren entwickelte der Firmen-Vertrags-Rechtsschutz eine enorme Schadenhäufigkeit, was 1984 dazu führte, dass das Risiko grundsätzlich nicht mehr angeboten wurde. Heute existieren nur noch geringe Altbestände und es wird im Neugeschäft grundsätzlich nur für bestimmte Heilberufe (z. B. Ärzte, Zahnärzte) Firmen-Vertrags-Rechtsschutz über Zusatzklauseln in den ARB 94/2000/2008 angeboten.

Inzwischen gibt es allerdings in der Branche Ansätze, diese Leistungsart im Rahmen neuer **110** Produktstrategien „wiederzuentdecken" und das Risiko zumindest für einzelne weitere Berufsgruppen oder in eingeschränkter Form anbieten. Seit 1988 schon bieten einzelne VU für Selbständige einen „Vertrags-Rechtsschutz für Hilfsgeschäfte hinsichtlich der Büro-, Praxis-, Betriebs- oder Werkstatträume und ihrer Einrichtung"[149] an. Dieser deckt auch die außergerichtliche Interessenwahrnehmung ab, umfasst aber andererseits nicht das – für die Unternehmen noch interessantere – Risiko aus den eigentlichen Betriebsaktivitäten, also insbesondere die Durchsetzung von Forderungen gegen Kunden. Seit 1999 wird ferner ein Versicherungs-Vertrags-Rechtsschutz für Gewerbetreibende angeboten, welcher sowohl Sachversicherungen als auch personenbezogene Verträge im Hinblick auf eine mögliche Einschränkung der beruflichen Tätigkeit des Gewerbetreibenden (z. B. BUZ-Versicherung, Krankentagegeld-Versicherung) abdeckt[150]. Der damit auch verbundene Versuch, die Abgrenzungsschwierigkeiten im Bereich der selbständigen/nichtselbständigen Tätigkeit in den Griff zu bekommen, war nur punktuell erfolgreich. Inzwischen sehen die hauseigenen Bedingungswerke der VR eine Vielzahl von Lösungsmöglichkeiten vor[151], bis hin zur Klarstellung in den §§ 23 bis 28 ARB, dass die personenbezogenen Versicherungsverträge der Privatsphäre zugerechnet werden. Inwieweit sich der reguläre Firmen-Vertrags-Rechtsschutz wieder durchsetzen wird, hängt von der individuellen Strategie der einzelnen VU ab. Die

---

[145] Vgl. hierzu *Harbauer/Stahl*, § 24 ARB 75 Rn. 56 ff.
[146] Mit der Einschränkung, dass es sich nicht nur um die Eintragung einer Sicherheit ins Grundbuch handelt, vgl. *Böhme*, § 24 ARB Rn. 13a.
[147] *Harbauer/Stahl*, § 24 ARB 75 Rn. 47.
[148] Zur Gebührenfrage vgl. BGH v. 7. 3. 2007, – VIII ZR 86/06 (juris).
[149] VerBAV 1988, 381.
[150] Vgl. *Nickel/Hellwig*, VW 2001, 867.
[151] Hierzu anschaulich *Mathy*, VersR 2005, 872 (884).

kaufmännische Vorsicht dürfte angesichts der negativen Erfahrungen in der Vergangenheit eher dafür sprechen, allenfalls Ausschnittsdeckungen (z. B. Inkasso, Wirtschaftsmediation) anzubieten.

14. Opfer-RS

111 Opfer von Gewaltstraftaten waren bisher nur zivilrechtlich mit dem Schadenersatz-Rechtsschutz für die Durchsetzung ihrer Schadenersatzansprüche gegen den Täter geschützt. Aufgrund des **„passiven" Charakters des Straf-Rechtsschutzes** bestand dagegen lange Zeit kein Rechtsschutz für die Beistandsleistung durch einen Rechtsanwalt im Strafverfahren gegen den Täter, also z. B. als Nebenkläger oder als Verletztenbeistand. Die Rechtsschutzversicherer hatten damit nicht Schritt gehalten mit den zahlreichen Aktivitäten des Gesetzgebers, der die Position des Opfers im Strafprozess erheblich gestärkt hat.

112 Einige VR haben diese Lücke erkannt und bieten –als Standardleistung oder mit zusätzlichem Beitrag – quasi als aktive Komponente des Straf-Rechtsschutzes den sogenannten Opfer-Rechtsschutz an. Wichtigster Baustein dieser Leistungsart ist der anwaltliche Beistand des nebenklageberechtigten VN sowohl im außergerichtlichen Bereich **(Zeugenbeistand, Verletztenbeistand)** als auch im gerichtlichen Verfahren **(Nebenkläger).** Aber auch die anwaltliche Unterstützung bei einem **Täter-Opfer-Ausgleich** ist mit geschützt. Häufig werden von Betroffenen in diesem Zusammenhang auch **Ansprüche nach dem Opferentschädigungsgesetz** geltend gemacht. Da der Sozialgerichts-Rechtsschutz diese Rechtsverfolgung erst im gerichtlichen Verfahren abdeckt, komplettieren einzelne Rechtsschutzversicherer den Opfer-Rechtsschutz mit einem Baustein, der auch die außergerichtliche Interessenwahrnehmung abdeckt[152].

15. Allgemeiner Verwaltungs-RS

113 Das Allgemeine Verwaltungsrecht galt bisher als nicht kalkulierbares und damit nicht versicherbares Rechtsgebiet. Die **Standardbedingungen** erfassen dieses Rechtsgebiet nur **in** wenigen **Teilbereichen,** insbesondere mit dem „Verwaltungs-Rechtsschutz in Verkehrssachen" sowie dem Beamtenrecht als Teil des „Arbeits-Rechtsschutzes" und ansonsten in einzelnen Randbereichen[153]. Unversichert blieben weite Teile des besonderen Verwaltungsrechts wie z. B. das Gewerberecht, Schulrecht, Polizei- und Ordnungsrecht usw.

114 Einzelne VR bieten inzwischen – entweder als Standardleistung oder als Zusatzleistung in höherwertigen Produkten – im Nichtverkehrsbereich einen **allgemeinen Verwaltungs-Rechtsschutz**[154] an, teilweise schon außergerichtlich, teilweise erst ab dem gerichtlichen Verfahren. Hier bedarf es einer genauen Lektüre des Bedingungstexts, da in der Regel einzelne Rechtsbereiche (z. B. Ausländer- und Asylrecht, Subventionen, Schutz der Umwelt, Hochschul-Kapazitätsverfahren[155]) ausgeschlossen sind.

II. Vertragsformen

115 Die §§ 21 bis 29 ARB schnüren die versicherbaren Rechtsgebiete (Leistungsarten) zu Rechtsschutzpaketen zusammen. Sie stellen dabei auf **bestimmte Eigenschaften** des VN ab, je nach dem welcher **Lebensbereich** mit dem Paket abgedeckt werden soll. Dies orientiert sich an folgenden 4 Hauptbereichen:
- Verkehrsbereich (Teilnahme am motorisierten Verkehr)
- Privatbereich (einschließlich der unselbständigen Berufstätigkeit)
- selbständige Tätigkeit (Gewerbetreibende, Freiberufler, sonstige)
- Grundstücks- und Mietbereich

---

152 Vgl. *Buschbell/Hering,* § 23 Rn. 5 ff.; *Knospe,* VW 2002, 1089.
153 *Harbauer/Stahl,* vor § 21 ARB 75 Rn. 21 ff.
154 Vgl. hierzu *Buschbell/Hering,* § 23 Rn. 14 ff.
155 Vgl. hierzu Rn. 433a (Obliegenheiten bei Mehrfachklagen).

1. Verkehrs-/Fahrzeug-/Fahrer-RS

Wer nur den Verkehrsbereich versichern will, kann grundsätzlich zwischen drei Vertrags- **116** formen wählen. Die am weitesten gehende Form ist der **Verkehrs-Rechtsschutz** (§ 21), der alle **auf den VN** bei Vertragsabschluss und auch alle während der Vertragsdauer auf ihn **zugelassenen** Fahrzeuge abdeckt. Im Unterschied zu § 21 ARB 75 erstreckt sich der Verkehrs-Rechtsschutz nach **§ 21 ARB 94/2000/2008** allerdings **nur** noch auf **Landfahrzeuge,** also nicht auf Motorfahrzeuge zu Wasser oder in der Luft. Einige VR bieten diesen Rechtsschutz inzwischen auch als **Familienversion** an, d. h. es sind dann auch die auf den Lebenspartner sowie die Kinder zugelassenen Fahrzeuge mitversichert.

Wer nur ein bestimmtes Fahrzeug versichern will, oder ein solches, das nicht auf ihn zuge- **117** lassen ist, kann den sogenannten **Fahrzeug-Rechtsschutz** versichern. Diese nach § 22 ARB 75 gesondert behandelte Rechtsschutzform ist mit den **ARB 94** in **§ 21** als **Absatz 3** integriert worden und ermöglicht dort auch die Absicherung von Wasser- oder Luftfahrzeugen. Hierdurch hat die Übersichtlichkeit in § 21 ARB 94/2000/2008 etwas gelitten. Die Neuordnung war aber unumgänglich, da für die zusätzliche Rechtsschutzes des Privat-Rechtsschutzes für Selbständige (jetzt § 23 ARB) ein Paragraph „geopfert" werden musste.

Der **Fahrer-Rechtsschutz** nach § 22 ARB 75 bzw. § 23 ARB 94/2000/2008 richtet sich **118** insbesondere an Personen, die kein eigenes Fahrzeug besitzen oder versichern wollen, aber als Fahrer **fremder** Fahrzeuge Rechtsschutz benötigen. Eine **Vorsorgeregelung** (§ 22 (4) ARB 94/2000/2008; vorher: Klausel zu § 23 ARB 75) stellt sicher, dass der VN bei Erwerb eines Fahrzeuges und Zulassung auf sich automatisch einen fahrzeugbezogenen Rechtsschutz erwirbt.

a) Persönliche Risikomerkmale. Der Verkehrs-Rechtsschutz knüpft den Versiche- **119** rungsschutz zum einen an die **Zulassung** eines bestimmten Fahrzeuges auf den VN, zum anderen an spezielle **Eigenschaften** (Eigentümer, Halter usw.), die zum Zeitpunkt des Versicherungsfalles betroffen sein müssen. Dagegen spielt die Zulassung beim Fahrzeug-Rechtsschutz keine Rolle und beim Fahrer-Rechtsschutz nur im Zusammenhang mit der Vorsorgeregelung.

Was das Zulassungserfordernis anbelangt, hat die Neufassung des Verkehrs-Rechtsschutzes **120** in § 21 ARB 94 zwei wichtige Fallgestaltungen zugunsten des VN neu geregelt. Dies betrifft zum einen die **Mietwagenfälle.** Im Gegensatz zu § 21 ARB 75 verzichtet die Neuregelung auf das Erfordernis der Zulassung für den Fall, dass der VN zum vorübergehenden Gebrauch ein Fahrzeug mietet, sei es als Ersatzfahrzeug nach einem Fahrzeugschaden oder bei Anmietung zu Urlaubszwecken. Damit ist der Streit aus dem Mietvertrag eindeutig versichert. Nach den ARB 75 wurde dieses Ergebnis teilweise durch eine erweiternde Auslegung erzielt[156]. Dem kann allerdings nicht gefolgt werden, da der Wortlaut dies nicht zulässt[157]. In diesen Fällen kann allenfalls mit Kulanzregelungen geholfen werden.

Eine weitere Änderung betrifft den **Erwerb eines Fahrzeuges,** das bei Eintritt des Ver- **121** sicherungsfalles nicht auf den VN zugelassen ist. § 21 (6) ARB 94/2000/2008 gewährleistet hier Vertrags-Rechtsschutz für den Fall, dass der Erwerb zum vorübergehenden Eigengebrauch – also nicht etwa zur Weiterveräußerung (z. B. in Form eines Gelegenheitshandels) – bezweckt war. § 21 ARB 75 deckt diesen Fall nicht ab, da es an der geforderten Zulassung fehlt[158]. Kann allerdings der VN nachweisen, dass das erworbene Fahrzeug an die Stelle eines bisher versicherten Fahrzeugs treten sollte (Ersatzfahrzeug), so kann im Wege einer analogen Anwendung des § 22 (7) ARB 75 der Versicherungsschutz bejaht werden[159]. Für den Fall der Weiterveräußerung gilt dies jedoch nicht[160].

---

[156] *Harbauer/Stahl,* § 21 ARB 75 Rn. 69.
[157] AG München v. 23. 11. 1984, ZfS 1987, 49.
[158] OLG Karlsruhe v. 9. 10. 1974, VersR 1975, 248: zu § 26 ARB 75; AG Wiesbaden v. 26. 9. 1984, ZfS 1987, 242: zu § 26 ARB 75; *Harbauer/Stahl,* § 21 ARB 75 Rn. 65.
[159] LG Köln v. 17. 6. 1992, r+s 1993, 24; *Harbauer/Stahl,* a. a. O.; *Böhme,* § 21 ARB 75 Rn. 17.
[160] *Böhme,* a. a. O.; *Maier,* r+s 1995, 361 (366).

122   Hinsichtlich der versicherten Eigenschaften treten gelegentlich Unsicherheiten auf, ob die Eigenschaft als Eigentümer oder Fahrer eines Fahrzeugs[161] betroffen ist, z. B. dann, wenn der VN als eine Schadenposition **Verdienstausfall** geltend macht. Beruht dies auf einem Ausfall des beschädigten oder zerstörten Fahrzeugs, so ist der VN in der versicherten Eigenschaft als Fahrzeugeigentümer betroffen[162]. Wird dagegen der Verdienstausfall als Personenschaden geltend gemacht, so ist dies über die Fahrereigenschaft versichert, und zwar unabhängig davon, ob der Verdienstausfall die unselbständige oder selbständige Tätigkeit des VN betrifft[163]. Kein Versicherungsschutz besteht mangels Betroffenheit der Eigentümereigenschaft, wenn eine mitgeführte **Ladung** beschädigt wird, was insbesondere beim gewerblichen Transport von Gütern relevant werden kann. Auch wenn hier die Schäden an den Transportgütern durch den Gebrauch des Fahrzeugs verursacht wurden, kann der Versicherungsschutz dennoch nicht bejaht werden, da eindeutig kein sachlicher Zusammenhang mit dem Eigentum am Fahrzeug besteht[164]. Hat der Eigentümer der gewerblichen Ladung den Firmen-Rechtsschutz (§ 24 ARB) versichert, so besteht dort Deckung über Schadenersatz-Rechtsschutz. Die Risikoabgrenzung zum Verkehrsbereich greift nicht, weil eben die Eigenschaft als Fahrzeugeigentümer nicht betroffen ist[165]. Bei Auseinandersetzungen aus einer **allgemeinen Unfallversicherung** ist darauf abzustellen, in welcher Eigenschaft der VN den Unfall erlitten hat. Über die Eigenschaft als Eigentümer oder Halter eines Fahrzeugs kommt Versicherungsschutz nicht in Betracht, da der VN eine allgemeine Unfallversicherung nicht speziell in dieser Eigenschaft abschließt, sondern als Privatperson oder Selbständiger für die gesamte private oder berufliche Sphäre. Hat der VN aber den Unfall als Fahrer oder Insasse eines KfZ erlitten, so ist er primär in dieser Eigenschaft betroffen mit der Folge, dass die rechtliche Auseinandersetzung dem Verkehrsbereich zuzuordnen ist und Deckung über Fahrzeug-Vertrags-Rechtsschutz besteht[166]. Ein anderes Verständnis würde sich dem VN aus dem Wortlaut der Bedingungsregelung nicht erschließen. Allerdings muss dann konsequenterweise beim Privat-Rechtsschutz der Versicherungsschutz verneint werden, wenn der VN als Fahrer eines KfZ den Unfall erlitten hat, weil dort die Interessenwahrnehmung als Fahrer (nicht hingegen als Insasse) von Motorfahrzeugen vom Versicherungsschutz ausgeschlossen ist.

123   § 21 (7) ARB 94/2000/2008 erweitert den Versicherungsschutz um weitere Eigenschaften in Form des sogenannten **Fußgänger-Rechtsschutzes,** der bereits nach den ARB 75 in Form einer Klausel[167] geboten wurde. Während die Begriffe Radfahrer und Fahrgast (= Insasse) öffentlicher oder privater Verkehrsmittel unproblematisch sind, treten beim Begriff des „Fußgängers" gelegentlich Abgrenzungsschwierigkeiten auf, wenn es z. B um eine sportliche Betätigung geht (Joggen, Skifahren usw.). Da es sich bei einer sportlichen Betätigung nicht um normale Handlungsabläufe im Verkehr handelt, wird man nach dem Sprachgebrauch des täglichen Lebens und unter Berücksichtigung der Verkehrsauffassung den Versicherungsschutz nicht bejahen können. Im Übrigen wird es darauf ankommen, ob der VN künstliche Fortbewegungsmittel benutzt oder nicht. So ist z. B. die Fortbewegung als Inline-Skater nicht als Teilnahme am Straßenverkehr als Fußgänger anzusehen[168].

124   **b) Führerscheinklausel.** Der verkehrsbezogene Rechtsschutz enthält als sogenannte Führerscheinklausel **3 Tatbestände,** bei deren alternativem Vorliegen zum Zeitpunkt des Versicherungsfalles der Versicherungsschutz gefährdet sein kann:

---

[161] Hierzu ausführlich *Harbauer/Stahl,* § 21 ARB 75 Rn. 13 ff.

[162] *Harbauer/Stahl,* § 21 ARB 75 Rn. 54, 55.

[163] *Harbauer/Stahl,* § 21 ARB 75 Rn. 58.

[164] *Harbauer/Stahl,* § 21 ARB 75 Rn. 53; a. A. *Vassel,* DB-Beilage 8/1970, S. 23, 24 zu den ARB 69.

[165] Vgl. *Harbauer/Stahl,* § 24 ARB 75 Rn. 70.

[166] H. M.: OLG Koblenz v. 28. 5. 1999, VersR 1999, 1487 = NVersZ 1999, 492; AG Weilheim v. 30. 10. 1995, VersR 1996, 1364 = r+s 1996, 64 = ZfS 1996, 151; *Harbauer/Stahl,* § 21 ARB 75 Rn. 62; *Prölss/Martin/Armbrüster,* § 21 ARB 75 Rn. 3; *Mathy,* NVersZ 2001, 433 (440); a. A.: *Böhme,* § 21 ARB 75 Rn. 19k; *Matzen,* VersR 1980, 805.

[167] Seit 1986 Standardklausel.

[168] OLG Nürnberg v. 30. 1. 2006, – 8 W 197/06.

- Fahren ohne die vorgeschriebene Fahrerlaubnis
- Fahren ohne Berechtigung
- Fahren ohne Zulassung.

Ob es sich dabei um Risikoausschlüsse handelt oder um die Sanktionierung verletzter Obliegenheiten im Sinne des § 28 VVG (§ 6 VVG a. F.), ist nach den älteren Bedingungswerken nicht eindeutig zu beantworten. Während der Wortlaut des § 21 (6) ARB 75 mehr für die Einstufung als Obliegenheit spricht („von der Verpflichtung zur Leistung frei"), deutet der Wortlaut des § 21 (8) ARB 94/2000 eher auf einen Risikoausschluss hin. Zu Recht wird nach herrschender Meinung[169] davon ausgegangen, dass es der Sache nach um eine „verhüllte" Obliegenheit geht[170]. Die vom GDV empfohlenen **Muster-ARB 2008** gehen bereits durch die Abfassung des Wortlauts („Bei Verstoß gegen diese Obliegenheit …") von einer **Obliegenheit** aus und setzen gleichzeitig die Rechtsfolgesystematik nach § 28 VVG um.

Was die tatbestandlichen Voraussetzungen der einzelnen Fallgruppen anbelangt, tauchen in **125** der Praxis nur wenige Fragen auf, die nicht einheitlich beantwortet werden. Bei der fehlenden Zulassung des Fahrzeugs geht es häufig darum, dass durch Veränderungen an Teilen des Fahrzeugs die **Betriebserlaubnis** – und damit die Zulassung – nach § 19 Abs. 2 Satz 1 StVZO i. V. m. § 3 Abs. 1 FZV **wirkungslos** geworden ist. Hierzu liegt eine umfangreiche Rechtsprechung[171] vor. Bleibt im Einzelfall offen, ob die Wirksamkeit der Betriebserlaubnis berührt wurde, so geht dies zu Lasten des **VR,** da dieser für die objektiven Voraussetzungen der Klausel **beweispflichtig** ist[172]. Die Beweislast kann auch beim Vorwurf des Fahrens ohne Fahrerlaubnis eine Rolle spielen, z. B. dann, wenn der VN behauptet, nicht er, sondern ein anderer Fahrzeuginsasse habe das Fahrzeug gelenkt. Einen Sonderfall stellt die Verhängung eines befristeten **Fahrverbots** nach § 44 StGB oder § 25 StVG dar. Es ist streitig, ob auch in diesen Fällen die Führerscheinklausel verletzt ist. Die überwiegende Literatur[173] bejaht dies unter Hinweis darauf, dass ein Fahrverbot zumindest in der praktischen Auswirkung einer befristeten Fahrerlaubnisentziehung gleichkommt und der Schutzzweck der Klausel eine Anwendung gebiete. Dieser Auffassung kann jedoch nicht gefolgt werden, da sie schon mit dem Wortlaut der Bestimmung nicht vereinbar ist. § 21 (6) ARB 75 bzw. § 21 (8) ARB 94/2000/2008 meint erkennbar die Fahrerlaubnis im Sinne des § 2 StVG, die bei einem Fahrverbot unberührt bleibt und anders als das Fahrverbot an die generelle Fähigkeit zum Führen von Kraftfahrzeugen anknüpft. Unter Hinweis auf diese Aspekte hat der BGH[174] für die vergleichbare Regelung des § 2 Abs. 2c AKB überzeugend die Anwendbarkeit der Führerscheinklausel auf Fahrverbote verneint. Solange die VR den Bedingungstext nicht ändern, kann deshalb auch im Rahmen der Rechtsschutzversicherung die Führerscheinklausel auf Fahrverbote nicht angewandt werden[175].

Weitere Voraussetzung für die Leistungsfreiheit des VR ist – außer bei Arglist – das **Kau-** **126** **salitätserfordernis** (§ 28 Abs. 3 VVG). Die Obliegenheitsverletzung muss Einfluss auf den Eintritt des Versicherungsfalles gehabt haben. Den Gegenbeweis muss der VN führen, was bei Straf- oder OWi-Verfahren wegen Fahrens ohne Fahrerlaubnis/Zulassung kaum möglich sein wird. Geht es dagegen um den Schadenersatz-Rechtsschutz, so wird – ähnlich der Situation in der Kraftfahrtversicherung – der Kausalitätsgegenbeweis gelegentlich geführt werden

---

[169] *Harbauer/Stahl,* § 21 ARB 75 Rn. 85; *Prölss/Armbrüster,* § 21 ARB 75 Rn. 6; *Stauch,* VersR 1991, 846; *Schirmer,* DAR 1992, 418 (422).

[170] Zur Frage der Anwendbarkeit des § 6 Abs. 1 Satz 2 VVG a. F. mit der damit verbundenen Kündigungspflicht des VR siehe Rn. 415.

[171] Nachweise bei *Harbauer/Stahl,* § 21 ARB 75 Rn. 123; *Böhme,* § 21 ARB 75 Rn. 34.

[172] Vgl. OLG Hamm v. 23. 12. 1976, DAR 1977, 194.

[173] *Harbauer/Stahl,* § 21 ARB 75 Rn. 117; *Böhme,* § 21 ARB 75 Rn. 29; a. A. *van Bühren/Plote,* § 21 ARB 2000 Rn. 65.

[174] V. 11. 2. 1987, NJW 1987, 1827 = VersR 1987, 897; hierzu kritisch *Stiefel/Hofmann,* § 2 AKB Rn. 252.

[175] So auch AG Nordhorn v. 27. 2. 1989, DAR 1989, 317.

können, weil sich z. B. das Fehlen der Fahrerlaubnis nicht auf den Eintritt des Schadenereignisses ausgewirkt hat[176].

127   Auch hinsichtlich des **Verschuldens** muss der Versicherte den Entlastungsbeweis führen, wobei – mit Ausnahme der Altfälle in der Übergangsfrist – die neue **Rechtsfolgensystematik** in **§ 28 Abs. 2 VVG** zu beachten ist. Danach wird leichte Fahrlässigkeit nicht mehr sanktioniert. Der VN oder die mitversicherte Person müssen allerdings nachweisen, dass ihre **Unkenntnis nicht grob fahrlässig** war. Dies wird in Ausnahmefällen möglich sein, z. B. dann, wenn bei einer TÜV-Untersuchung eine offensichtliche Veränderung nicht beanstandet wurde[177], wenn eine Fachwerkstatt eine falsche Auskunft gegeben hat, oder wenn der VN als Fahrzeughalter irrtümlich davon ausging, der Fahrer seines Kraftfahrzeuges verfüge über eine gültige Fahrerlaubnis. Solange fehlendes Verschulden oder nur leichte Fahrlässigkeit nicht nachgewiesen ist, muss der VR nicht leisten. Er kann die endgültige Prüfung der Eintrittspflicht bis zum Ausgang eines Straf- oder OWi-Verfahrens zurückstellen. Wird ein Strafverfahren nicht nach § 170 Abs. 2 StPO, sondern nach §§ 153, 153a StPO eingestellt, ist der Nachweis fehlenden Verschuldens nicht geführt[178]. Dies gilt insbesondere für die Einstellung nach § 153a StPO, da diese schon tatbestandlich ein geringes Verschulden voraussetzt. Häufig wird in diesen Fällen aber nur leichte Fahrlässigkeit anzunehmen sein, so dass der Versicherungsschutz bestehen bleibt. In den Fällen grober Fahrlässigkeit gilt das quotale Leistungskürzungsrecht je nach der Schwere des Verschuldens. Die **Muster-ARB 2008** setzen diese gesetzlichen Vorgaben in § 21 Abs. 8 ARB 2008 wie auch in den vergleichbaren Verkehrs-Regelungen um.

2. Privat (Familien)-RS

128   Wer nur den Privatbereich einschließlich der unselbständigen Berufstätigkeit versichern will, kann das hierauf zugeschnittene Bündel von Leistungsarten mit dem Privat-Rechtsschutz für Selbständige gemäß **§ 23 ARB 94/2000/2008** oder dem Privat- und Berufs-Rechtsschutz für Nichtselbständige gemäß **§ 25 ARB 94/2000/2008** versichern. Der Unterschied zwischen beiden Vertragsformen liegt nur in der Prämienhöhe. Dem Selbständigen wird eine höhere Prämie abverlangt, weil sein Kostenrisiko auch im Privatbereich als höher eingeschätzt wird. Bereits die Vorläuferregelung in **§ 25 ARB 75** (Familien-Rechtsschutz) Unterschied nach den Tarifen der VR zwischen Selbständigen und Nichtselbständigen. Die Fortentwicklung mit der zweigleisigen Regelung in §§ 23, 25 ARB 94/2000/2008 ist insofern moderner, als bei einer selbständigen Tätigkeit im Bagatellbereich (bis 6 000,– €) die billigere Variante nach § 25 versichert werden kann und wechselseitige Umwandlungsregelungen veränderten Gegebenheiten im Berufsbereich Rechnung tragen. Dabei wird die Berufstätigkeit des mitversicherten **Lebenspartners** mit einbezogen.

129   Nicht einheitlich ist die Mitversicherung der **volljährigen Kinder** geregelt. Während die ARB 69 eine solche Mitversicherung noch gar nicht kannten, erstreckte § 25 ARB 75 eine Mitversicherung auf „unverheiratete volljährige Kinder bis zur Vollendung des 25. Lebensjahres, wenn sich diese zumindest in Schul- oder Berufsausbildung befinden". Da diese Definition zu ungewollten Lücken wie z. B. bei unfreiwilligen Wartezeiten auf Beginn oder Fortsetzung der Ausbildung führte, stellen die §§ 23, 25 ARB 94/2000/2008 darauf ab, dass das Kind „keine auf Dauer angelegte, leistungsbezahlte berufliche Tätigkeit ausübt". Inzwischen haben einzelne VR – abweichend von den Musterbedingungen – die Altersbegrenzung auf 25 Jahre fallengelassen. Hierdurch wird gewährleistet, dass z. B. ein behindertes Kind, das keiner Berufstätigkeit nachgehen kann und auf Dauer bei den Eltern lebt, ohne Rücksicht auf das Alter mitversichert bleibt.

130   **a) Abgrenzung zur selbständigen Tätigkeit.** Der Lebensbereich der selbständigen Tätigkeit ist ein eigenständiger Deckungsbereich, der insbesondere mit der „klassischen"

---

[176] Hierzu ausführlich *Harbauer/Stahl*, § 21 ARB 75 Rn. 89–93.
[177] OLG Hamm v. 23. 12. 1976, DAR 1977, 194.
[178] *Böhme*, § 21 ARB 75 Rn. 36.

Form des Firmen-Rechtsschutzes gemäß § 24 ARB gesondert versichert werden kann. Um zu gewährleisten, dass dieses Risiko nicht über den Familien-Rechtsschutz zu übernehmen ist, sieht **§ 25 (1) Satz 2 ARB 75** eine Risikoabgrenzung dergestalt vor, dass „die Wahrnehmung rechtlicher Interessen im Zusammenhang mit einer selbständigen oder freiberuflichen Tätigkeit vom Versicherungsschutz ausgeschlossen" ist. Es handelt sich dabei um einen **sekundären Risikoausschluss,** für dessen Voraussetzungen der VR beweispflichtig ist[179].

Die ARB 94/2000/2008 behalten diese Systematik grundsätzlich bei, allerdings mit dem Unterschied, dass eine Überschneidung mit der selbständigen Tätigkeit dadurch vermieden wird, dass die **primäre Risikobeschreibung im jeweiligen Abs. 1 der §§ 23, 25 ARB 94/2000/2008** den Versicherungsschutz nur auf den privaten Bereich sowie den beruflichen Bereich in Ausübung einer nicht selbständigen Tätigkeit erstreckt. Danach muss also der VN beweisen, dass der private Bereich und nicht der Bereich einer selbständigen Tätigkeit betroffen ist.   **131**

aa) Allgemeines. Der **Begriff** der selbständigen Tätigkeit ist schwer zu definieren. Dies führt   **132** ebenso wie im Gewerberecht, im Steuerrecht sowie im Sozialversicherungsrecht zu **Abgrenzungsschwierigkeiten,** die immer wieder die Gerichte beschäftigen. Im Allgemeinen wird als selbständige Tätigkeit jede fortgesetzte Tätigkeit verstanden, die sich als Beteiligung am Wirtschaftsleben darstellt und sich in einem nach außen selbständigen von der privaten Sphäre getrennten Lebensbereich vollzieht. Der **BGH** hat mit **zwei Grundsatzentscheidungen**[180] wichtige Hinweise gegeben und klargestellt, dass
– „selbständige Tätigkeit" kein fest umrissener Begriff der Rechtssprache ist
– die von Wörterbüchern gegebenen Definitionen zur Auslegung nicht ausreichen
– der Begriff „selbständig" jedenfalls nicht in erster Linie und uneingeschränkt aus den Vorschriften des Gewerberechts, des Steuerrechts oder des Angestelltenversicherungsrechts bestimmt werden kann, vielmehr im Rahmen der ARB eigenständig zu bestimmen ist
– der **Regelungszusammenhang,** insbesondere der mit § 24 ARB, zu berücksichtigen ist
– selbständig nach allgemeinem Sprachgebrauch u. a. Erwerbstätige sind, die einen Betrieb insbesondere gewerblicher Art wirtschaftlich und organisatorisch als Eigentümer oder Pächter führen
– unter einer selbständigen oder freiberuflichen Tätigkeit im Sinne des **§ 25 ARB 75** nichts anderes zu verstehen ist, als die Tätigkeit eines **Gewerbetreibenden** oder eines **freiberuflich Tätigen** im Sinne des § 24 (1) Satz 1 ARB 75
– der Wortlaut des 1988 neu gefassten § 26 in Abs. 1 und Abs. 7 c ARB 75[181] dafür sprechen könnte, dass neben der gewerblichen und freiberuflichen auch eine **„sonstige selbständige Tätigkeit"** vom Versicherungsschutz ausgeschlossen sein soll.

Ein zweiter Problembereich betrifft die Frage, nach welchen Kriterien zu bestimmen ist,   **133** ob der konkrete VersFall in der Sphäre der selbständigen Tätigkeit oder im privaten Bereich eingetreten ist. Die sekundäre Risikobegrenzung in § 25 (1) Satz 2 ARB 75 lässt insoweit einen **„Zusammenhang"** mit einer selbständigen Tätigkeit ausreichen. Die Zuordnung ist aber oft nicht einfach, so dass bestimmte Fallgruppen immer wieder die Rechtsprechung beschäftigen[182].

bb) Unternehmensbeteiligungen. Eine selbständige Tätigkeit im Sinne der ARB liegt regelmä-   **134** ßig auch dann vor, wenn der VN Gesellschafter einer offenen Handelsgesellschaft oder **beherrschender Gesellschafter einer GmbH** ist, denn in diesen Fällen ist er an der Führung eines gewerblichen Betriebs als oder wie ein Eigentümer beteiligt[183]. Aber auch dann, wenn

---

[179] BGH v. 28. 6. 1978, VersR 1978, 816 (817).
[180] BGH a. a. O.; v. 23. 9. 1992, VersR 1992, 1510 = NJW 1992, 3242 = r+s 1992, 415 = ZfS 1992, 424.
[181] VerBAV 1988, 379.
[182] Ausführlich *Mathy,* VersR 1992, 78; *Harbauer/Stahl,* § 25 ARB 75 Rn. 23 ff.
[183] BGH v. 28. 6. 1978, VersR 1978, 816 (817); OLG Köln v. 2. 10. 2007, VersR 2008, 209 = r+s 2008, 13: Errichtung einer Familienholding (nach Angaben von *Wendt,* r+s 2008, 221 (230) rechtskräftig durch

der VN nicht die Mehrheit der Gesellschaftsanteile hält, kann eine selbständige Tätigkeit vorliegen, wenn der VN aufgrund sonstiger Umstände (z. B. als Alleingeschäftsführer) die Tätigkeit der Gesellschaft maßgeblich beeinflussen kann[184].

135   Keine selbständige Tätigkeit liegt nach einem Urteil des **BGH** vom **3. 5. 2006**[185]vor, wenn sich der VN zur **Kapitalanlage** als **Kommanditist** an einer GmbH & Co. KG beteiligt. Das gleiche gilt für die Beteiligung als **atypisch stiller Gesellschafter** an einer Publikums-AG[186] sowie die Eingehung einer **stillen Gesellschaft**[187], es sei denn der VN ist aufgrund seiner Vollmachten einem Inhaber oder Gesellschafter gleichzustellen[188]. Dass der VN im Hinblick auf seine Beteiligung eventuell als Mitunternehmer i. S. von § 15 I Nr. 2 EStG anzusehen ist, steht dem nicht entgegen. Dem verständigen VN erschließt sich nicht ohne Weiteres, dass eine selbständige Tätigkeit im Sinne der ARB und die Mitunternehmerschaft gem. § 15 EStG dasselbe sind[189].

136   *cc) Verwaltung privaten Vermögens.* Grundsätzlich gehört die Verwaltung eigenen Vermögens, auch wenn es beträchtlich ist, zum privaten Bereich. Sie ist keine Berufsausübung[190]. Gleichwohl kann im Einzelfall die Grenze zur selbständigen Tätigkeit überschritten sein. Hierzu hat die Rechtsprechung gewisse Kriterien herausgearbeitet, die zwar nicht ohne weiteres den zwingenden Schluss auf eine selbständige Tätigkeit zulassen, aber wichtige **Indizien** hierfür sein können, nämlich
– die Aufnahme von Fremdmitteln
– ein spekulativer Charakter der Geschäfte
– Umfang und Höhe der für die Verwaltung notwendigen oder nützlichen Geschäfte.

137   Die Entscheidung des BGH vom 23. 9. 1992[191], welche die Abgrenzung nach § 25 (1) Satz 2 ARB 75 zu beurteilen hatte, stellt insoweit eine gravierende **Zäsur** dar. Die Rechtsprechung vor diesem Urteil ist dadurch gekennzeichnet, dass eine selbständige Tätigkeit häufig dann bejaht wurde, wenn der VN **umfangreiche Börsenspekulationsgeschäfte**[192] betrieb oder **umfängliche Anlagen des Vermögens in Grundstücke**[193] tätigte. Dieser Grenzziehung, die zwar sehr kasuistisch war, jedoch in der Regel zu interessegerechten Lösungen führte, wurde mit der Entscheidung des BGH vom 23. 9. 1992 der Boden entzogen. Nach der Wortlautauslegung des BGH musste nunmehr ein **Gewerbe** vorliegen, d. h. es war zu prüfen, ob der „Umfang der Vermögensverwaltung einen **planmäßigen Geschäftsbetrieb** erfordert – wie etwa die Unterhaltung eines Büros oder einer Organisation zur Durchführung der Geschäfte". Angesichts moderner Kommunikationsmittel sowie der häufig fehlenden Nachprüfbarkeit war diese in der Literatur nicht ganz zu Unrecht kritisierte Abgrenzung von den Gerichten kaum noch praktisch zu bewältigen, was dazu führte, dass in der

---

Beschluss des BGH v. 12. 3. 2008, IV ZR 297/07); OLG München v. 25. 9. 1997, r+s 1997, 509; LG Köln, JurBüro 1990, 1201; LG Dortmund v. 4. 10. 1984, ZfS 1985, 82.

[184] OLG Saarbrücken v. 14. 3. 1990, r+s 1990, 238 = VersR 1990, 1391; OLG Oldenburg v. 30. 4. 1986, ZfS 1986, 211; LG Hannover v. 11. 9. 1986, ZfS 1987, 367; LG Hechingen v. 18. 10. 1985, ZfS 1986, 272.

[185] VersR 2006, 1119 = NJW-RR 2006, 1404 = r+s 2006, 373.

[186] OLG Celle v. 29. 7. 2004, VersR 2005, 1139 = r+s 2004, 414 = ZfS 2005, 36; a. A. LG Hannover v. 5. 8. 2004, r+s 2005, 19.

[187] OLG Düsseldorf v. 26. 9. 1995, VersR 1996, 844; LG Hannover v. 8. 9. 1989, ZfS 1990, 16.

[188] LG Berlin v. 12. 3. 1985, ZfS 1987, 145.

[189] BGH v. 3. 5. 2006, NJW-RR 2006, 1405 (1406 a. E.).

[190] BGH v. 23. 9. 1992, VersR 1992, 1510 = NJW 1992, 3242 = r+s 1992, 415 = ZfS 1992, 424; BGH v. 23. 10. 2001, NJW 2002, 368 (zu § 1 VerbrKrG).

[191] A. a. O.

[192] Z.B. OLG Bamberg v. 27. 11. 1991, ZfS 1992, 210; OLG München v. 12. 4. 1988, ZfS 1988, 318 = VersR 1989, 40; OLG Schleswig v. 24. 3. 1988, ZfS 1988, 248; OLG Karlsruhe v. 1. 7. 1982, ZfS 1982, 369; OLG Koblenz v. 7. 5. 1982, ZfS 1983, 16; LG Coburg v. 12. 7. 1991, ZfS 1992, 282.

[193] Z.B. OLG Hamm v. 23. 9. 1988, VersR 1989, 799; v. 16. 8. 1988, VersR 1989, 798; v. 18. 5. 1983, VersR 1984, 177; OLG Karlsruhe v. 7. 5. 1981, VersR 1982, 335 = ZfS 1982, 177; LG Köln v. 22. 2. 1989, ZfS 1989, 345; LG Berlin v. 3. 7. 1986, ZfS 1986, 370.

Folgezeit selbst bei umfangreichen und spekulativen Geschäften eine selbständige Tätigkeit **meistens verneint** wurde[194]. Nur **in einzelnen Fällen** wurde eine selbständige Tätigkeit noch **bejaht**[195].

Auf der Grundlage der **ARB 94/2000/2008** stellt sich die Situation entscheidend anders **138** dar. Da hier in den einzelnen Vertragsformen (auch in § 24 ARB) neben den Begriffen „gewerblich" und „freiberuflich" zusätzlich noch die **„sonstige selbständige Tätigkeit"** aufgeführt wird, ist die vom BGH auf der Grundlage der ARB 75 vorgenommene „Verkürzung" auf den Gewerbebegriff nicht mehr zulässig. Da die jeder gewerblichen oder freiberuflichen Tätigkeit immanente Nachhaltigkeit nicht mehr vorausgesetzt wird, ist nunmehr jede auf **Gewinnerzielung** gerichtete selbständige Tätigkeit, bei der es sich nicht nur um die Verwaltung privaten Vermögens handelt, vom Ausschluss betroffen[196]. Möglicherweise wird sich daher die Rechtsprechung zukünftig wieder mehr nach den Kriterien orientieren, die vor der BGH-Entscheidung vom 23. 9. 1992 von den Gerichten herangezogen wurden. Dabei wird auch – mehr als bisher – die Frage der **Fremdfinanzierung** eine Rolle spielen müssen. Zwar kann die Aufnahme von Fremdmitteln im Einzelfall auch zur ordnungsgemäßen – privaten – Vermögensverwaltung gehören. Insbesondere dann aber, wenn bei Wertpapier- oder Immobiliengeschäften nur in geringem Umfang oder sogar keinerlei eigene Mittel eingesetzt werden, ist darauf zu schließen, dass sich der VN eine selbständige Einnahmequelle verschaffen will[197]. Wer in solchen Fällen mit hohen Geldbeträgen und auch hohen Risiken jongliert, kann eine Zuordnung dieses Risikos zum privaten Bereich nicht erwarten. In diese Richtung geht auch ein NZB-Beschluss des **BGH v. 13. 6. 2007**[198], wonach bei einer fremdfinanzierten 23 Mio-Investition in Gewinnerzielungsabsicht eine selbständige Tätigkeit angenommen wurde. Die vorgetragene Rolle eines privaten „Feierabendanlegers" mochte der Senat dem betroffenen Ehemann der VN, dessen Ersparnisse nur als Kreditsicherheiten dienten, angesichts der Komplexität der Geschäfte nicht abnehmen. In Fällen des Grundstückshandels kann ggf. auch die Rspr. des BFH zur „Drei-Objekt-Grenze" fruchtbar gemacht werden[199].

dd) Arbeitsrechtliche Verfahren. Auch bei Streitigkeiten des VN mit seinem Arbeitgeber kann **139** ein Zusammenhang der rechtlichen Interessenwahrnehmung mit einer selbständigen Tätigkeit des VN bestehen, z. B. dann, wenn dem VN eine vertragswidrige, selbständige **Nebentätigkeit** oder der Verstoß gegen ein nachvertragliches **Wettbewerbsverbot** vorgeworfen wird. Ein „innerer, sachlicher Zusammenhang von nicht untergeordneter Bedeutung zwischen der

---

[194] OLG Köln v. 10. 7. 2001, r+s 2001, 421: 1 Immobilie mit Halle im Wert von ca. 1 Mio. DM; OLG Frankfurt v. 30. 3. 2001, VersR 2001, 1421 = r+s 2001, 376 = MDR 2001, 990: 2 Mietshäuser mit 12 Wohnungen; OLG Düsseldorf v. 12. 3. 2001, VersR 2002, 353 = r+s 2001, 466 = ZfS 2001, 512: Mehrfamilienhaus mit 6 Wohneinheiten und 1 Gewerbeeinheit; OLG Oldenburg v. 26. 11. 1997, VersR 1998, 1412: 2 Mehrfamilienhäuser; v. 30. 8. 1995, VersR 1996, 1233: 7 Eigentumswohnungen; OLG Bamberg v. 10. 3. 1994, NJW-RR 1994, 1507: US-Wertpapiere und Devisenterminkontrakte über 1 Mio. DM und 1 Mio. US-Dollar; OLG Köln v. 15. 2. 1993, r+s 1993, 145: Jährliche Mieteinnahmen von 480 000 DM; LG Koblenz v. 23. 1. 1998, r+s 1998, 468: Gesellschaftsbeteiligung in Höhe von 7 Mio. DM.

[195] OLG Frankfurt v. 9. 1. 2001, ZfS 2002, 400: 7 Eigentumswohnungen; OLG München v. 15. 10. 2002, NJW-RR 2003, 321: Überwiegend fremdfinanzierte Beteiligungen über 1,6 Mio. DM als atypisch stiller Gesellschafter; v. 25. 9. 1997, r+s 1997, 509 m. Anm. v. *Kurzka:* 27 Wohneinheiten und 2 Gewerbeeinheiten; OLG Köln v. 2. 9. 2003, r+s 2003, 504: Erwerb eines Grundstücks und Bebauung mit einer Seniorenwohnanlage; LG Berlin v. 9. 5. 2000, r+s 2000, 420: Grundstück im Wert von über 10 Mio. DM.

[196] *Prölss,* r+s 2005, 269 (274).

[197] OLG Frankfurt v. 9. 1. 2001, ZfS 2002, 400; OLG Hamm v. 7. 2. 1992, VersR 1992, 821 = r+s 1992, 417 = ZfS 1992, 389; OLG Düsseldorf v. 18. 11. 1989, ZfS 1990, 200; LG Coburg v. 13. 7. 1995, VersR 1996, 705 = r+s 1995, 419; LG Hamburg v. 4. 5. 1993, r+s 1993, 466.

[198] Zitiert bei *Wendt,* r+s 2008, 221, 230 (SAB-Treuhand-Fall).

[199] Grundlegend BFH v. 9. 12. 1986, DB 1987, 665 und zuletzt v. 13. 8. 2002, DB 2002, 2198; hierzu ausführlich *Vogelsang,* DB 2003, 844 und *Schubert,* DStR 2003, 573.

Wahrnehmung der rechtlichen Interessen und der selbständigen Tätigkeit"[200] kann in diesen Fällen nicht geleugnet werden. Gleichwohl wird sowohl in der Rechtsprechung[201] als auch in der Literatur[202] der Ausschluss überwiegend verneint. Hierbei wird meistens mit dem Regelungszusammenhang der ARB argumentiert, wonach Überschneidungen vermieden werden sollen, also Deckung entweder über den Privat-Rechtsschutz oder über den Firmen-Rechtsschutz möglich ist[203]. Dieser Regelungszusammenhang bedeutet aber nicht, dass die ARB einen lückenlosen Rechtsschutz gewährleisten. Dies zeigen die Fälle der **vorbereitenden** und der **abwickelnden Tätigkeit,** wie z. B. die Wahrnehmung rechtlicher Interessen in Verbindung mit einem Existenzgründungsdarlehen, eine Schadenersatzklage wegen Verdienstausfalls aufgrund zunächst versagter Wiederzulassung zur Anwaltschaft[204] oder der Streit aus einem unternehmensbezogenen Bürgschaftsvertrag nach Veräußerung des früher betriebenen Ladengeschäfts[205]. Der formale Beginn bzw. die formale Beendigung der selbständigen Tätigkeit ist in diesen Fällen unerheblich[206]. Wenn sich also in den arbeitsrechtlichen Fällen eine Deckungslücke ergibt, weil einerseits der Ausschluss nach § 25 (1) Satz 2 ARB 75 greift, andererseits aber auch über § 24 ARB 75 keine Deckung bestünde, so muss dies hingenommen werden, weil dies der Ratio des Ausschlusstatbestandes entspricht, wonach schon ein **mittelbarer** Zusammenhang mit der selbständigen Tätigkeit den Versicherungsschutz ausschließt. Hiervon bleibt auch die Leistungsart Arbeits-Rechtsschutz nicht verschont.

140   Anders mag dies nach den **ARB 94/2000/2008** zu beurteilen sein, die nicht mehr mit dem Risikoausschluss arbeiten, sondern im Rahmen der primären Risikobeschreibung voraussetzen, dass der VN bei Ausübung einer unselbständigen Tätigkeit betroffen ist. Dies wird man bei einem Streit aus dem Arbeitsverhältnis nicht verneinen können, auch wenn gleichzeitig die Sphäre der selbständigen Tätigkeit mit betroffen ist.

141   Macht der VN Ansprüche wegen unentgeltlicher Dienstleistungen geltend, die in **Erwartung testamentarischer Zuwendungen** erfolgten, ist keine selbständige Tätigkeit betroffen. Es handelt sich vielmehr um Ansprüche arbeitsvertraglicher Natur[207]. Auch die Beschäftigung von Hausangestellten (Reinigungskraft, Gärtner pp.) begründet keine selbständige Tätigkeit i. S. d. ARB[208]. Dagegen handelt es sich bei einer **Sponsoring-Tätigkeit** größeren Umfangs, bestehend aus im eigenen Namen abgeschlossenen Verträgen und finanziert durch im eigenen Namen aufgenommene Darlehen auch dann um eine freiberufliche Tätigkeit im Sinne der ARB, wenn dem ein Anstellungsvertrag mit einem Dritten zu Grunde liegt[209]. Tätigt der VN eine Vielzahl von Rechtsgeschäften über eine Auktionsplattform im Internet, kann allein hieraus nicht auf seine Unternehmereigenschaft geschlossen werden. Es besteht nämlich die Möglichkeit, dass es sich lediglich um private Rechtsgeschäfte handelt, wie sie von anderen natürlichen Personen z. B. über Zeitungsanzeigen abgewickelt werden[210].

---

[200] So die Auslegung in BGH v. 28. 6. 1978, VersR 1978, 816 (817).

[201] OLG Oldenburg v. 17. 1. 1996, VersR 1997, 484 = r+s 1996, 187; OLG Saarbrücken v. 25. 10. 1989, r+s 1990, 277 = VersR 1990, 381 = NJW-RR 1990, 41; OLG Bamberg v. 23. 10. 1986, VersR 1987, 1186; OLG Celle v. 30. 5. 1986, VersR 1987, 1188; a. A.: LG Köln v. 15. 11. 1989, r+s 1991, 57 = ZfS 1990, 57 = JurBüro 1990, 910; LG Münster v. 14. 1. 1987, ZfS 1989, 60.

[202] *Harbauer/Stahl,* § 25 ARB 75 Rn. 28; *Prölss/Martin/Armbrüster,* § 25 ARB 75 Rn. 9; *Böhme,* § 25 ARB 75 Rn. 5 c; a. A. *Mathy,* VersR 1992, 781 (786).

[203] Vgl. BGH v. 28. 6. 1978, VersR 1978, 816.

[204] LG Münster v. 8. 5. 2003, AZ. 15 O 117/03 (nicht veröff.).

[205] AG Aachen v. 8. 11. 2002, VersR 2003, 1529 = r+s 2003, 416.

[206] H. M., vgl. *Harbauer/Stahl,* § 25 ARB 75 Rn. 23 mit Nachweisen; a. A. OLG München v. 10. 11. 2006, NJW-RR 2007, 241; differenzierend OLG Celle v. 22. 11. 2007, VersR 2008, 636.

[207] OLG Köln v. 23. 1. 2001, r+s 2001, 201; *Harbauer/Stahl,* vor § 21 ARB 75 Rn. 120; *Palandt/Weidenkaff,* § 612 BGB Rn. 4.

[208] *Harbauer/Stahl,* § 25 ARB 75 Rn. 28.

[209] OLG Hamm v. 5. 3. 2003, NJW-RR 2003, 888 = VersR 2003, 1032 = r+s 2003, 283 = ZfS 2003, 367.

[210] LG Hof v. 29. 8. 2003, CR 2003, 854: zu §§ 14, 312b, 355 BGB.

ee) Versicherungsverträge. Die Frage des „Zusammenhangs" mit der selbständigen Tätigkeit **142** stellt sich auch dann, wenn der selbständig tätige VN rechtliche Interessen aus einem Versicherungsvertrag wahrzunehmen hat. Unproblematisch sind dabei zunächst die Versicherungsfälle, denen eine Streitigkeit aus solchen Versicherungszweigen zugrunde liegt, die insgesamt **eindeutig** der Privatsphäre oder dem Bereich der selbständigen Tätigkeit zugeordnet werden können, also z. B. einerseits die Privathaftpflichtversicherung, Krankenversicherung, Lebensversicherung usw. und andererseits die Betriebshaftpflichtversicherung, Transportversicherung oder auch die Feuerversicherung für ein gewerblich genutztes Gebäude.

Problematisch ist die Zuordnung dagegen bei folgenden Sparten: **143**
– Unfallversicherung
– Berufsunfähigkeitszusatzversicherung (BUZ)
– Krankentagegeldversicherung.

Dies liegt daran, dass solche Verträge sowohl von Privaten als auch von Selbständigen abgeschlossen werden können und dass für die Zuordnung eines Versicherungsfalles zum jeweiligen Lebensbereich unterschiedliche Kriterien in Betracht kommen.

Auch wenn der Versicherungsfall in der Rechtsschutzversicherung einerseits und in der betroffenen Sparte andererseits nicht identisch sind, liegt es bei der **Unfallversicherung** nahe, **144** darauf abzustellen, in welcher Sphäre das Unfallereignis eingetreten ist. Verunfallt der VN bei Ausübung seiner selbständigen Tätigkeit, so ist nicht nur die Geltendmachung von Schadenersatzansprüchen gegen einen etwaigen Schädiger, sondern auch ein Streit mit dem Unfallversicherer unternehmensbezogen und damit über den Privat-Rechtsschutz nicht versichert[211].

Schwierig ist die Risikoabgrenzung bei der **BUZ,** die der Selbständige in der Regel deshalb **145** abschließen wird, um einen evtl. Ausfall des Verdienstes aus der selbständigen Tätigkeit auszugleichen. Während hier die Gerichte zunächst den Risikoausschluss bejaht haben[212], verneint inzwischen die überwiegende Rechtsprechung[213] den Zusammenhang mit der selbständigen Tätigkeit, allerdings in der Regel nicht generell und nicht nach einheitlichen Kriterien. Als Hauptargument wird vorgebracht, dass die BUZ ja gerade dann eintreten solle, wenn der Beruf nicht mehr ausgeübt werden kann. Dem ist jedoch entgegenzuhalten, dass die Berufsunfähigkeit ein eigenständiger juristischer Begriff ist[214]. Im Gegensatz zur sozialversicherungsrechtlichen Erwerbsunfähigkeit bzw. Berufsunfähigkeit geht es bei der Berufsunfähigkeit im Sinne der BUZ darum, wie sich gesundheitliche Beeinträchtigungen auf die **konkrete** Berufsausübung des VN auswirken. So können z. B. dem mitarbeitenden Betriebsinhaber Betätigungsfelder verbleiben oder sich bei zumutbarer Umorganisation eröffnen, in denen er mit seiner gesundheitlichen Beeinträchtigung noch arbeiten kann. Es ist nicht einzusehen, warum ein Streit hierzu, der ausschließlich Selbständige betreffen kann, nicht unternehmensbezogen sein soll, zumal die BUZ für den Selbständigen in der Regel **Einkommensersatzfunktion** haben wird[215].

---

[211] H. M.: OLG Koblenz v. 28. 5. 1999, NVersZ 1999, 492; OLG München v. 30. 1. 1991, r+s 1992, 203; LG Ellwangen v. 24. 7. 1998, r+s 2000, 290; LG Düsseldorf v. 25. 1. 1990, AZ.: 11 O 228/89 (nicht veröff.); AG Aachen v. 4. 7. 2002, AZ. 10 C 414/01 (nicht veröff.); AG Koblenz v. 2. 2. 1994, VersR 1995, 459; a. A. OLG Hamm v. 15. 6. 2007, VersR 2008, 251 = ZfS 2008, 39; für einen Wegeunfall OLG Karlsruhe v. 4. 12. 2004, NJW-RR 2004, 179 = VersR 2004, 233 = r+s 2004, 285 = NZV 2004, 200 (nach Auffassung des Gerichts nur „mittelbarer" Zusammenhang), hierzu zu Recht kritisch *Mathy,* r+s 2004, 265.

[212] LG Stuttgart v. 15. 8. 1989, ZfS 1990, 15 = VersR 1990, 418; LG Köln v. 13. 5. 1992, ZfS 1993, 245.

[213] OLG Stuttgart v. 15. 2. 1996, VersR 1997, 569 = NJW-RR 1996, 1052; OLG Karlsruhe v. 2. 12. 1992, VersR 1993, 827 = NJW-RR 1993, 539 = ZfS 1993, 318; OLG Köln v. 25. 5. 1992, VersR 1992, 1220 = r+s 1992, 343 = ZfS 1992, 426.

[214] BGH v. 30. 9. 1992, BGHZ 119, 263.

[215] Kritisch zur OLG-Rechtsprechung auch *Mathy,* VersR 2005, 872 (880 ff.); *ders.,* r+s 2004, 265 ff.; *ders.,* NVersZ 2001, 433 (436); *Prölss,* r+s 2005, 269 (275); *van Bühren/Plote,* § 23 ARB 2000 Rn. 16; vgl. auch *Prölss/Martin/Armbrüster,* § 24 ARB 75 Rn. 2, der zu Recht darauf hinweist, dass der Rechtsschutz

146   Eine **Krankentagegeldversicherung** nimmt der Selbständige in Anspruch, weil er durch Krankheit vorübergehend berufsunfähig gewesen ist. Insoweit kommt dem Krankentagegeld eindeutig Einkommensersatzfunktion zu. Es ist auch – anders als teilweise bei der BUZ – nicht so, dass infolge des Versicherungsfalles die selbständige Tätigkeit des VN endet. Dass sich auch ein unselbständiger Arbeitnehmer entsprechend versichern kann, ändert an dieser Sachlage nichts, denn es kommt auf die konkrete Situation des VN an und nicht auf eine abstrakte Betrachtung. Beim Selbständigen ist daher ein innerer Zusammenhang mit der selbständigen Tätigkeit zu bejahen[216].

146a Um die Abgrenzungsschwierigkeiten in den Griff zu bekommen, haben inzwischen mehrere VR ihre **Bedingswerke angepasst**[217]. Teilweise wird für „personenbezogene" Versicherungsverträge gesonderter Versicherungsschutz angeboten, mitunter in Kombination mit Sach- und Haftpflichtversicherungen des Selbständigen. Andere Bedingungswerke beziehen „personenbezogene" Versicherungsverträge des Selbständigen ausdrücklich in den privaten Vertrags-Rechtsschutz ein. Dadurch mag im Einzelfall Rechtssicherheit geschaffen worden sein. Für Anwälte ist die Situation dadurch aber eher noch unübersichtlicher geworden.

147   **b) Abgrenzung zum Verkehrsbereich.** § 25 (4) a ARB 75 nimmt die Wahrnehmung rechtlicher Interessen im Zusammenhang mit dem motorisierten Verkehr vom Versicherungsschutz aus und knüpft dies an bestimmte **Eigenschaften** (Eigentümer, Halter, Fahrer usw.). Dadurch werden Überschneidungen mit den Verkehrsrisiken nach §§ 21 ff. ARB 75 grundsätzlich vermieden. Die ARB 94/2000/2008 übernehmen diese Systematik, jedoch wird durch die zusätzliche Erwähnung der **„Erwerber"**-Eigenschaft vermieden, dass Streitigkeiten aus dem **fehlgeschlagenen Kauf eines Motorfahrzeugs** über den Privat-Rechtsschutz zu regulieren sind. Nach § 25 (4) a ARB 75 greift die Ausschlussbestimmung nicht, wenn der VN zum Zeitpunkt des Versicherungsfalles noch nicht Eigentümer oder Halter geworden war[218].

148   Wird der VN von seinem Arbeitgeber auf Schadenersatz in Anspruch genommen, weil er das von ihm gefahrene **Firmenfahrzeug** schuldhaft beschädigt haben soll, so ist der VN in der – an sich ausgeschlossenen – Eigenschaft als **Fahrer** betroffen. Dies wird jedoch durch die arbeitsrechtlichen Fragen so stark überlagert, dass der Arbeitnehmereigenschaft Vorrang gebührt. Aufgrund dessen ist die Anwendbarkeit des Risikoausschlusses zu verneinen[219].

149   **c) Abgrenzung zum Immobilienbereich.** § 25 (4) b, c ARB 75 schließt die Immobilienrisiken vom Versicherungsschutz aus. Die Abgrenzung ist in der Regel unproblematisch, jedoch war lange Zeit unklar, inwieweit bei **schuldhafter Beeinträchtigung des Grundeigentums** des VN (§§ 823 ff. BGB) der Ausschluss nach § 25 (4) c ARB 75 („aus dinglichen Rechten an Immobilien") anzuwenden ist. Ein Grundsatzurteil des BGH vom 5. 2. 1992[220] hat hier den Weg freigemacht für eine klärende Rechtsprechung (ausführlich hierzu Rn. 30). § 2a ARB 94/2000/2008 greift dies auf, indem solche Ansprüche von vornherein aus der Leistungsart Schadenersatz-Rechtsschutz ausgeklammert werden.

3. Berufs-RS für Selbständige, Firmen und Vereine

150   **§ 24 ARB 94/2000/2008** kombiniert wegen des vergleichbaren Vertragsinhalts den Firmen-Rechtsschutz nach § 24 ARB 75 mit dem Vereins-Rechtsschutz nach § 28 ARB 75 zu

---

nach § 24 ARB leer liefe, wenn der VR den Versicherungsschutz auf (versicherungs-) vertragliche Streitigkeiten erstreckt; differenzierend *Cornelius-Winkler*, S. 20.

[216] LG Düsseldorf v. 27. 8. 1992, r+s 1993, 186; AG Lörrach v. 12. 2. 1991, AZ.: 4 C 266/90 (nicht veröff.); *Prölss/Martin/Armbrüster*, § 24 ARB 75 Rn. 2; *Mathy*, NVersZ 2001, 433 (437); VersR 1992, 781 (788); a. A.: LG Dortmund v. 16. 12. 1999, ZfS 2000, 170; LG Hagen v. 12. 6. 1995, VersR 1996, 1140 = ZfS 1996, 431.

[217] Hierzu ausführlich *Mathy*, VersR 2005, 872 (884); *Halm/Krahe/Engelbrecht/Mathy*, 34. Kapitel Rn. 300h (Seite 1973).

[218] Vgl. *Harbauer/Stahl*, § 25 ARB 75 Rn. 54.

[219] Vgl. *Harbauer/Stahl*, § 25 ARB 75 Rn. 51.

[220] VersR 1992, 487.

einer einzigen Vertragsform. Dadurch ist § 28 für die Regelung des neuen Kompakt-Rechtsschutzes für Selbständige freigeworden. Eine weitere Abweichung zu § 24 ARB 75 besteht darin, dass neben der gewerblichen und freiberuflichen Tätigkeit auch eine „sonstige" selbständige Tätigkeit des VN versicherbar ist. Angesichts der Annahmerichtlinien der VR wird diese Ergänzung für sich gesehen keine große Rolle spielen, sie kann aber im Regelungszusammenhang mit anderen Vertragsformen bedeutsam sein, insbesondere bei der Bestimmung des Leistungsumfangs des Privat-Rechtsschutzes (vgl. hierzu Rn. 138). Im Übrigen ist der Leistungsinhalt der neuen Fassung erheblich reduziert worden. Sowohl der Firmen-Vertrags-Rechtsschutz (§ 24 (3) ARB 75) als auch der Rechtsschutz für das Kfz.-Gewerbe (§ 24 (6) ARB 75) sind in § 24 ARB 94/2000/2008 nicht mehr enthalten. Soweit einzelne VR diese Produkte weiter anbieten wollen, haben sie entsprechende Klauseln entwickelt.

Der Grundsatz der Spezialität des versicherten Risikos kommt in § 24 ARB 94/2000/2008 **151** dadurch zum Ausdruck, dass der VN ausschließlich in der **im Versicherungsschein bezeichneten Eigenschaft** versichert ist. Übt der VN eine weitere Tätigkeit aus, die im Antrag nicht angegeben wurde, so besteht hierfür kein Versicherungsschutz, es sei denn es handelt sich um eng verwandte Berufstätigkeiten, die branchenüblich zusammen betrieben und auch im Tarif nicht unterschiedlich bewertet werden[221]. Erwirbt der VN einen weiteren Betrieb hinzu, hängt die Frage der Versicherungsdeckung davon ab, ob es sich nur um die Vergrößerung des bereits versicherten Betriebs handelt (dann gilt § 11 ARB 94/2000/2008 – Risikoerhöhung), oder ob ein branchenfremdes, andersartiges Unternehmen betroffen ist[222].

Eine Besonderheit des Firmen-Rechtsschutzes ist die sog. **Nachhaftung** im Falle der Ver **152** tragsbeendigung durch Berufsaufgabe oder Tod des VN. Sie wurde mit den ARB 75 eingeführt, fiel dann zunächst mit den ARB 94 weg und ist jetzt in den ARB 2000/2008 wieder vorgesehen.

Mitversichert im Firmen-Rechtsschutz sind die **Arbeitnehmer** (beschäftigten Personen) **153** „in Ausübung" ihrer beruflichen Tätigkeit für den VN. Hier gilt es, den Versicherungsschutz vom nicht versicherten Privatbereich der Arbeitnehmer abzugrenzen. Ein Wegeunfall im Sinne des § 8 Abs. 2 SGB VII trifft den Arbeitnehmer nicht in Ausübung der Berufstätigkeit für den VN[223]. Die aus sozialpolitischen Gründen vorgenommene Zurechnung zur gesetzlichen Unfallversicherung hat keinen Einfluss auf die Rechtsschutzdeckung, denn die Risikobeschreibung in § 24 ARB verlangt eindeutig eine schon begonnene bzw. noch nicht beendete Berufsausübung. Die Teilnahme am allgemeinen Verkehr soll erkennbar nicht mitversichert werden.

4. RS für Eigentümer und Mieter von Wohnungen

Mit dem Rechtsschutz nach § 29 ARB kann der VN die Wahrnehmung rechtlicher Inte **154** ressen aus schuldrechtlichen Nutzungsverhältnissen und dinglichen Rechten an Immobilien separat versichern, und zwar
– in Bezug auf ein bestimmtes **Objekt** (Grundstück, Gebäude, Gebäudeteil) und
– in einer bestimmten objektbezogenen **Eigenschaft** (Eigentümer, Mieter, Vermieter usw.).

Die VR sehen hierfür in ihren Tarifen diverse Angebotsformen vor, wobei die Größe des Objekts sowie die Art der Nutzung (Eigen-/Fremdnutzung; Wohn-/Gewerbeeinheit) die Höhe der Prämie bestimmen.

Mitversicherte Personen nennt § 29 ARB nicht, da für eine **Mitversicherung** grundsätz **155** lich kein Bedürfnis besteht. Gleichwohl kann sich die Frage der Mitversicherung dann stellen, wenn der VN mit anderen Personen eine **Rechtsgemeinschaft** bildet, was z. B. bei Mitmietern der Fall ist. Rechtsprechung und Literatur[224] halten in diesen Fällen zu Recht das Vorlie

---

[221] LG Fulda v. 12. 4. 1984, ZfS 1986, 144.
[222] Vgl. *Harbauer/Stahl*, § 24 ARB 75 Rn. 53.
[223] *Harbauer/Stahl*, § 24 ARB 75 Rn. 30; a. A. *Böhme*, § 24 ARB 75 Rn. 9a.
[224] OLG Frankfurt v. 28. 3. 1988, VersR 1988, 1291 = NJW-RR 1988, 922; AG Kelheim/LG Regensburg v. 29. 4. 1985/8. 10. 1985, ZfS 1985, 367 = NJW-RR 1986, 110; *Harbauer/Maier*, § 11 ARB 75 Rn. 12; *Prölss/Martin/Armbrüster*, § 29 ARB 75 Rn. 1.

gen einer – stillschweigenden – Mitversicherung nach dem Rechtsgedanken des § 48 VVG (§ 80 VVG a. F.) für möglich. Letztlich hängt dies davon ab, ob sich das Risiko durch die Mitversicherung nicht genannter Mitberechtigter wesentlich erhöht oder nicht. Da sich bei einem Lebenspartner praktisch nur eine Erhöhungsgebühr nach Nr. 1008 VV RVG (§ 6 BRAGO) risikoerhöhend auswirkt, wird man den Lebenspartner grundsätzlich als mitversichert ansehen können. Bei größeren Wohngemeinschaften kann der VN allerdings eine konkludente Mitversicherung nicht erwarten, da hier nicht nur mit höheren Gegenstandswerten, sondern auch mit mehreren Erhöhungsgebühren zu rechnen ist. Das gleiche wird dann zu gelten haben, wenn der VN nur einer von mehreren Miteigentümern eines Grundstücks ist und dies dem VR bei Vertragsabschluss nicht bekannt war[225].

156   **a) Versichertes Objekt.** Versicherungsschutz besteht nur für das im Versicherungsschein bezeichnete Grundstück, Gebäude oder Gebäudeteil. Deshalb ist an sich auch eine **Garage** gesondert zu versichern. § 29 (1) Satz 2 ARB 94/2000/2008 macht hierfür eine Ausnahme. Danach sind die zu einer versicherten Wohneinheit gehörenden Garagen und Abstellplätze mitversichert. Die ARB 75 sahen diese Mitversicherung noch nicht vor, wohl allerdings in der Regel der jeweilige Tarif des VR. Es entsprach dem Gebot der Transparenz, diese Leistungserweiterung im Bedingungstext offenzulegen.

157   § 29 ARB kennt keinen Vorsorge-Rechtsschutz wie der Verkehrs-Rechtsschutz oder der Fahrzeug-Rechtsschutz, d. h. hinzu kommende Immobilien werden nicht automatisch mitversichert und der Versicherungsvertrag erlischt, wenn der VN die versicherte Eigenschaft z. B. durch Verkauf seines Hauses oder durch Beendigung eines Mietverhältnisses verliert. Eine Ausnahme hiervon macht die sog. **Wohnungswechselklausel,** die seit 1979 als Standardklausel verwandt wurde[226] und mit § 12 ARB 94 in den Bedingungstext einfloss. Bei selbstbewohnten Wohneinheiten wird danach der „nahtlose" Übergang des Versicherungsschutzes auf das Nachfolgeobjekt gewährleistet. Allerdings setzt dies voraus, dass der VN die Nachfolgewohnung auch tatsächlich bezieht[227]. **§ 12 ARB 2000/2008** geht noch einen Schritt weiter. Nach dessen Abs. 3 reicht auch der **geplante** Wohnungswechsel und ein zusätzlicher Abs. 4 ermöglicht nunmehr auch den Übergang des Versicherungsschutzes bei **gewerblich genutzten** Objekten.

158   **b) Versicherte Eigenschaft.** Vereinigt der VN in seiner Person **mehrere** versicherbare Eigenschaften, so ist nach dem Grundsatz der Spezialität des versicherten Risikos nur die dem VR mitgeteilte Eigenschaft versichert. Die jeweiligen Tarife der VR sehen insoweit allerdings Ausnahmen in Form einer beitragsfreien Mitversicherung vor, so z. B. häufig bei Untervermietung oder bei wechselnder kurzfristiger Vermietung an Feriengäste. Hat sich der VN als Vermieter eines Objekts versichert, so wird man stillschweigend auch die Eigentümereigenschaft als mitversichert ansehen müssen. Umgekehrt gilt dies nicht, da das Risiko der Vermietung gegenüber der Wahrnehmung von Eigentümerinteressen eine erhebliche Risikoerhöhung darstellt[228].

159   Die Möglichkeit der Versicherung von **Wohnungseigentum** musste in § 29 ARB 94/2000/2008 nicht mehr eigens erwähnt werden, da der frühere Risikoausschluss für FGG-Angelegenheiten entfallen ist. Rechtsschutz besteht für den Wohnungseigentümer sowohl in Bezug auf sein Sondereigentum als auch den Miteigentumsanteil am gemeinschaftlichen Eigentum. Dass damit faktisch – quasi als Reflexwirkung – auch für die Wahrnehmung rechtlicher Interessen anderer Personen (Wohnungseigentümer) gesorgt werden kann, liegt in der Rechtsnatur des Wohnungseigentumsrechts begründet[229]. Einen gewissen Schutz vor der

---

[225] LG München v. 20. 5. 2003, NJW-RR 2003, 1264.
[226] VerBAV 1980, 212.
[227] LG Berlin v. 29. 4. 2003, r+s 2003, 415; LG Hannover v. 1. 12. 1988, ZfS 1989, 130; LG Köln v. 15. 7. 1987, ZfS 1987, 305.
[228] *Harbauer/Stahl,* § 29 ARB 75 Rn. 43.
[229] BGH v. 29. 3. 1995, VersR 1995, 698 = r+s 1995, 222.

Mitversicherung fremder Risiken verschaffen dem VR die Risikoausschlüsse nach §§ 4 (2) b und c ARB 75 bzw. § 3 (4) c und d ARB 94/2000/2008[230].

5. Kombinationsmöglichkeiten

a) Privat-, Berufs- und Verkehrs-Rechtsschutz. § 26 ARB 94/2000/2008 kombi- **160** niert den Privat- und Berufs-Rechtsschutz für Nichtselbständige mit dem Verkehrs-Rechtsschutz, allerdings mit der Besonderheit, dass die mitversicherten **volljährigen Kinder** im Fahrzeugbereich nicht mitversichert sind. Im Gegensatz zur Vorgängerregelung in § 26 ARB 75 – auch in der Fassung von 1988[231] – ist die generelle Mitversicherung des motorisierten Verkehrs nicht eigens beschrieben. Dies ändert aber nichts am Leistungsumfang[232]. Zu beachten ist, dass **Motorschiffe** und **Motorflugzeuge** in § 26 ARB 94/2000/2008 **nicht** mehr mitversichert sind. Allerdings weichen hauseigene Bedingungen einzelner VR inzwischen häufig von den Muster-ARB ab. Teilweise werden danach auch die volljährigen Kinder mit eigenen Fahrzeugen versichert und/oder die Beschränkung auf Landfahrzeuge wurde fallengelassen.

Zielgruppe des § 26 ARB 94/2000/2008 sind alle Personen, die keine selbständige Tätig- **161** keit ausüben, bzw. eine **Bagatellgrenze** von 6 000,– € nicht überschreiten (§ 26 ARB 75: 6 000,– DM). Dies ist allerdings nur eine Frage der versicherten Eigenschaft. Auch die Wahrnehmung rechtlicher Interessen im Zusammenhang mit einer nur geringfügig ausgeübten selbständigen Tätigkeit ist vom Versicherungsschutz ausgeschlossen.

Die berufliche Situation von VN und Lebenspartner kann sich während der Vertragslauf- **162** zeit ändern. § 26 ARB 94/2000/2008 sieht daher in Abs. 6 eine **Umwandlungsregelung** für den Fall einer Gefahränderung vor. Der zu einer Pauschalprämie angebotene Vertrag wandelt sich um in einen solchen nach § 21 ARB 94/2000/2008 (nur für den VN) und § 23 ARB 94/2000/2008, wenn eine über die Bagatellgrenze hinausgehende selbständige Tätigkeit ausgeübt wird. Nach **§ 26 ARB 75** lag dagegen ein **vollständiger Wagniswegfall** vor, wenn der VN die Eigenschaft „Lohn- und Gehaltsempfänger" verlor[233]. Da diese Rechtsfolge von den VN häufig nicht gesehen wurde, haben die meisten VR seit 1988 eine geänderte Fassung des § 26 ARB verwandt, welche eine Umwandlung – und damit ein Weiterbestehen – des Rechtsschutzvertrages regelte. Die ARB 94/2000/2008 haben diese Regelung aufgegriffen und weiterentwickelt.

b) Landwirtschafts- und Verkehrs-RS. Diese Kombination entspricht der Systematik **163** des § 26 ARB und deckt für den Landwirt und seine Familie alle **4 Lebensbereiche** ab, nämlich
– den Privatbereich
– die Ausübung der selbständigen Tätigkeit als Land- oder Forstwirt
– den Verkehrsbereich und
– den Wohnungs- und Grundstücks-Rechtsschutz für **alle land- oder forstwirtschaftlich genutzten Immobilien.**

---

[230] Hierzu ausführlich *Kurzka*, r+s 2001, 265.
[231] Hierzu ausführlich *Mathy*, VersR 1989, 335.
[232] *Harbauer/Stahl,* § 26 ARB 94 Rn. 1.
[233] OLG Oldenburg v. 16. 5. 1990, VersR 1991, 96 = ZfS 1990, 269; OLG Nürnberg v. 30. 11. 1989, VersR 1990, 1390 = r+s 1990, 53 = ZfS 1990, 15; OLG Hamburg v. 16. 1. 1986, VersR 1986, 357 = ZfS 1986, 80; LG Düsseldorf v. 10. 1. 1997, AZ.: 22 S 224/96 (juris); LG München v. 12. 10. 1993, r+s 1994, 261; LG Heidelberg v. 14. 9. 1988, ZfS 1990, 58; LG Köln v. 3. 8. 1988, ZfS 1990, 59; LG Stuttgart v. 19. 9. 1986, ZfS 1986, 369; LG Bielefeld v. 29. 1. 1985, ZfS 1986, 80; *Harbauer/Stahl,* § 26 ARB 75 Rn. 2; *Böhme,* § 26 ARB 75 Rn. 5b; *Mathy,* VersR 1991, 1341 mit ausführlicher Begründung; *Römer/ Langheid/Römer,* § 68 VVG Rn. 11; *Vassel,* ZVersWiss 1984, 608 (613); a. A.: OLG Düsseldorf v. 23. 10. 1990, NJW-RR 1991, 1182 = VersR 1991, 994 = r+s 1991, 167; LG Darmstadt v. 8. 2. 1983, ZfS 1983, 177; AG Bremerhaven v. 29. 6. 1990, VersR 1991, 995 = ZfS 1990, 378; *Prölss/Martin/Armbrüster,* § 26 ARB 75 Rn. 3.

164   Entsprechend weit ist der Kreis der mitversicherten Personen, der mit § 27 ARB 94/2000/ 2008 noch auf **Mitinhaber, Altenteiler** und **Hoferben** erweitert wurde. Nach den ARB 75 waren diese Erweiterungen bei vielen VR im Tarif vorgesehen. Diese Praxis wurde vom BAV[234] beanstandet. Durch die Einarbeitung in den Bedingungstext ist dem abgeholfen worden.

165   Ein landwirtschaftlicher Betrieb ist nach § 27 ARB nur dann versicherbar, wenn er einer landwirtschaftlichen Berufsgenossenschaft angehört und **nicht der Gewerbesteuerpflicht unterliegt**. Die Abgrenzung zum Gewerbebetrieb ist manchmal nicht einfach, z. B. wenn es um **Tierhaltung** geht. § 13 Abs. 1 EStG stellt insoweit eine Abgrenzungshilfe dar. Danach liegt eine gewerbliche Tierzucht vor, wenn keine ausreichenden landwirtschaftlichen Flächen als Futtergrundlage zur Verfügung stehen. Bei Beachtung des Flächenschlüssels kann also auch eine Pensionspferdehaltung noch zur Landwirtschaft gehören, wohingegen der Betrieb einer Reitschule dafür spricht, dass insgesamt ein Gewerbebetrieb vorliegt. Gibt der VN seine Tätigkeit als Landwirt auf, so endet der Vertrag nach § 27 ARB wegen **vollständigen Risikowegfalls**[235]. Dies gilt auch für die Fassung des § 27 ARB 94/2000/2008, da – anders als in §§ 23, 25, 26 – eine Umwandlungsregelung nicht vorgesehen ist.

166   Im **Verkehrsbereich** unterschied § 27 ARB 75 zwischen der sog. kleinen Kombination (nur grüne Kennzeichen) und der großen Kombination (auch schwarze Kennzeichen), wobei **Lastkraftwagen** mit schwarzem Kennzeichen, die im Allgemeinen für einen neben der Landwirtschaft unterhaltenen Gewerbebetrieb (Nebenbetrieb) eingesetzt werden, nicht mitversichert waren. § 27 ARB 94/2000/2008 verzichtet demgegenüber auf die Möglichkeit der Beschränkung auf grüne Kennzeichen. Ein Lastkraftwagen mit schwarzem Kennzeichen fällt ausnahmsweise dann unter den Versicherungsschutz, wenn er im konkreten Fall für die Landwirtschaft eingesetzt wurde.

167   Im **Wohnungs- und Grundstücksbereich** kommt es gelegentlich zu Abgrenzungsproblemen bei der Frage der „**landwirtschaftlichen Nutzung**" der einzelnen Immobilie. Dabei macht es keinen Unterschied, welche ARB versichert sind, da die Risikobeschränkung des hinzuversicherten § 29 ARB 75 (maßgebend ist der Versicherungsschein) mit der Beschreibung der Leistungsart in § 27 (3) ARB 94/2000/2008 vergleichbar war. Die Nutzungsüberlassung an andere Personen zur Kiesausbeutung wird man z. B. nicht mehr als landwirtschaftliche Nutzung ansehen können. Das Gleiche gilt für die Vermietung von Teilen des Hofgebäudes an Betriebsfremde.

168   **c) Privat-, Berufs- und Verkehrs-Rechtsschutz für Selbständige.** Was für den Landwirt schon immer möglich war, nämlich die Kombination aller Lebensbereiche in einem Vertrag zu einer Pauschalprämie, blieb den Gewerbetreibenden lange Zeit vorenthalten. Die ARB 75 sahen eine entsprechende Vertragsform nicht vor, jedoch gingen viele VR im Interesse der Bestandssicherung dazu über, für **kleinere Betriebe** solche Kombinationen anzubieten. Die **ARB 94** griffen dieses Bedürfnis auf und führten für selbständig Tätige mit **§ 28 ARB** eine neue Vertragsform ein, die der Systematik der §§ 26, 27 ARB entspricht.

169   § 28 ARB 94/2000/2008 **modifiziert** 3 der versicherten Leistungsarten:
– „Wohnungs- und Grundstücks-Rechtsschutz" beschränkt sich auf die selbstgenutzte Wohneinheit sowie die selbstgenutzte Gewerbeeinheit
– „Rechtsschutz im Vertrags- und Sachenrecht" sowie „Steuer-Rechtsschutz vor Gerichten" gelten nicht für die selbständige Tätigkeit.

170   Es sind in diesem Zusammenhang allerdings **unternehmensspezifische Angebote** zu beachten. So erstrecken z. B. einzelne VR inzwischen den **Steuer-Rechtsschutz** auch auf die selbständige Tätigkeit. Dies gilt dann sowohl für § 28 ARB 2000/2008 als auch für § 24 ARB 2000/2008. Zu erwähnen ist ferner der sog. **Antidiskriminierungs-Rechtsschutz,** welcher Deckungslücken bei der Abwehr von Ansprüchen nach dem AGG schließen soll (vgl. hierzu Rn. 35a).

---

[234] VerBAV 1991, 352.
[235] LG Hannover v. 11. 9. 1992, r+s 1993, 221.

d) RS für das Kraftfahrzeuggewerbe. § 24 (6) ARB 75 bietet für bestimmte Betriebe **171** des Kraftfahrzeuggewerbes eine auf deren Bedürfnisse zugeschnittene **Kombination des Firmen-Rechtsschutzes mit dem Verkehrs-Rechtsschutz** an, wobei letzterer auch den Privatbereich des VN umfasst. Von diesem erweiterten Deckungsschutz profitieren insbesondere die Arbeitnehmer des VN, die z. B. Versicherungsschutz genießen, wenn sie fremde Fahrzeuge fahren, die sich in **Obhut** des VN befinden (Kundenfahrzeuge) oder wenn sie mit dem eigenen Fahrzeug eine Besorgung für den Betrieb machen. Die Beschränkung des Vertrags-Rechtsschutzes auf Fahrzeuge mit **schwarzem Kennzeichen** – als Abgrenzung zu solchen mit rotem Kennzeichen – bedeutet, dass das Firmen-Vertrags-Risiko (Fahrzeughandel, Reparatur) nicht mitversichert ist.

In den **ARB 94/2000/2008** ist die Vertragsform nicht mehr vorgesehen, jedoch bieten **172** einzelne VR die Kombination als **Klausel** an. Teilweise ist auch der Bedingungstext individuell durch eine zusätzliche Vertragsform (z. B. § 24a) erweitert worden.

6. Sonderprodukte für Zielgruppen

Die seit Oktober 1999 angebotenen ARB 2000 stellten bis zur VVG-Reform, die eine **173** Überarbeitung in Form der ARB 2008 erforderlich machte, das letzte Bedingungswerk dar, welches vom GDV als Musterbedingungen empfohlen wurde. Seitdem haben viele VR ihre Produkte individuell **weiterentwickelt.** Sie haben dabei häufig bestimmte Zielgruppen im Auge, die aufgrund ihrer spezifischen Eigenheiten Zusatzleistungen kalkulierbar machen. Der Phantasie der VR sind hier keine Grenzen gesetzt. Der Wunsch nach Kundenbindung führt teilweise sogar dazu, dass dem VN Bündelprodukte angeboten werden, die nur als einen Baustein die Rechtsschutzsparte beinhalten. Dies geht soweit, dass dem Rechtsschutzvertrag nicht mehr die ARB, sondern dem Inhalt nach ähnliche AVB zugrundeliegen. Auch wer sich in der Rechtsschutzversicherung grundsätzlich auskennt, ist hier gezwungen, die konkreten AVB einzusehen.

D. Umfang der Kostenübernahme

Die Pflicht zur Kostenübernahme ist die Hauptpflicht des VR. Sie ist in § 2 ARB 75 bzw. **174** § 5 ARB 94/2000/2008 beschrieben und orientiert sich an dem Grundsatz der Spezialität des versicherten Risikos. Der VR trägt nur die im Leistungskatalog **aufgezählten** Rechtskosten **(Primäre Risikobegrenzung).** Deshalb fallen z. B. die Kosten der Übersetzung eines ausländischen Urteils[236] oder einer sonstigen Urkunde[237] nicht unter den Versicherungsschutz des § 2 (1) ARB 75. Solche Parteikosten sind vom VR allerdings dann zu übernehmen, wenn sie beim Gegner des VN anfallen und aus prozessualen Gründen zu übernehmen sind. Zu beachten ist, dass § 5 (5) a ARB 94/2000/2008 eine – in den ARB 75 noch nicht enthaltene – **Sorgeleistung** regelt, wonach der VR für die Übersetzung der für die Wahrnehmung der rechtlichen Interessen des VN im Ausland notwendigen schriftlichen Unterlagen sorgt. Die dabei anfallenden Kosten trägt der VR. Sie sind bei der Versicherungssumme nach § 5 (4) ARB 94/2000/2008 nicht zu berücksichtigen, da sie nicht zum Kostenkatalog gehören, sondern Bestandteil der Sorgepflicht des VR sind[238].

Von VN wird häufig nicht gesehen, dass gem. § 2 (3) ARB 75 und § 5 (3) ARB 94/2000/ **175** 2008 gewisse Kosten bzw. Kostenbestandteile in Form eines Negativkataloges **(Sekundäre Risikobegrenzungen)** wieder vom Versicherungsschutz ausgeschlossen werden. Diese Einschränkungen sind von den allgemeinen Risikoausschlüssen zu unterscheiden, denn sie gehen von einem eintrittspflichtigen Versicherungsfall aus und sondern nur bestimmte **Kostenteile** vom Versicherungsschutz aus, weil ihre Übernahme der Versichertengemeinschaft nicht zumutbar erscheint.

---

[236] AG Mannheim v. 30. 9. 1994, VersR 1994, 1463.
[237] AG Lübeck v. 15. 12. 1993, r+s 1994, 223.
[238] *Harbauer/Bauer,* § 5 ARB 94 Rn. 29.

176 **Wie** der VR seiner Pflicht zur Kostenübernahme nachkommt, steht ihm frei. Er wird den VN grundsätzlich durch Zahlung an den Kostengläubiger freistellen, jedoch kann er auch direkt an den VN bezahlen[239]. Letzteres kommt für den VR dann in Betracht, wenn die Deckungssumme bis auf einen Rest verbraucht ist, oder wenn die Gefahr der Pfändung der Versicherungsleistung durch mehrere Kostengläubiger besteht. Der **VN** hat seinerseits **grundsätzlich** nur einen **Schuldbefreiungsanspruch.** Erst dann, wenn er in Vorlage getreten ist und den Kostengläubiger befriedigt hat, steht ihm gegen den VR ein Zahlungsanspruch zu[240]. Dies wird bei Deckungsklagen gelegentlich nicht beachtet.

I. Versicherte Kosten

177 Nach den ARB 75 ergibt sich der Leistungsumfang grundsätzlich aus dem Katalog des § 2 (1), zu berücksichtigen sind jedoch etwaige **Zusatzklauseln.** So wurde z. B. 1981 durch eine Standardklausel die Möglichkeit geschaffen, bei KfZ-Vertragsstreitigkeiten die Kosten eines Privatgutachtens zu übernehmen[241]. Ein Teil der Klauseln ist mit § 5 (1) ARB 94 in den Bedingungstext eingearbeitet worden. Zu beachten sind aber auch weitere Ergänzungen und Modifikationen, wie z. B. Änderungen bei der Korrespondenzanwaltsregelung oder die Ausweitung der Kostenübernahme auf Schieds- und Schlichtungsverfahren aller Art in § 5 (1) d ARB 94/2000/2008[242], und es existieren diverse unternehmensspezifische Besonderheiten, die letztlich nur durch Abfrage beim jeweiligen VR in Erfahrung gebracht werden können.

1. Eigener Anwalt

178 Gem. § 2 (1) a ARB 75 bzw. § 5 (1) a ARB 94/2000/2008 übernimmt der VR die gesetzliche Vergütung eines für den VN tätigen **Rechtsanwalts, nicht** dagegen die Vergütung **anderer Personen,** denen eine Rechtsvertretung gestattet ist (z. B. Rentenberater, Hochschullehrer, Verbandsvertreter usw.)[243]. Die Annahme, dies gefährde den Vertragszweck und verstoße daher gegen § 307 Abs. 1 und Abs. 2 Ziff. 2 BGB[244], ist falsch. Es gelten die gleichen Grundsätze wie für die Prozesskostenhilfe, bei der § 121 ZPO den Kreis der beizuordnenden Personen festlegt[245]. **Ausnahmen** gelten bedingungsgemäß für den **Notar** im Beratungs-RS und für den **Steuerberater** im Steuer-RS. Die Kosten anderer Personen, denen in bestimmten Fällen eine Rechtsbesorgung gestattet ist, hat der VR nicht zu übernehmen. Eine völlig andere Frage ist, ob solche Kosten – z. B. nach § 91 ZPO – erstattungsfähig sind.

179 **a) Gesetzliche Vergütung.** Nach § 5 (1) a ARB 94/2000/2008 übernimmt der VR in Inlandsfällen die Vergütung des für den VN tätigen Rechtsanwalts bis zur Höhe der gesetzlichen Vergütung, bei Rechtsschutzfällen im Ausland ist die dort gesetzlich geregelte oder übliche Vergütung versichert. **Vereinbart** der VN mit dem Anwalt eine **höhere Vergütung,** so muss er die Mehrkosten selbst tragen. § 2 (1) b ARB 75 stellt dies ausdrücklich klar; in § 5 (1) a, b ARB 94/2000/2008 war dies verzichtbar, da die gesetzliche Vergütung als Obergrenze („bis zur Höhe") beschrieben wird.

179a Die zum 1. 7. 2006 in Kraft getretene Neuregelung der Vergütung für **Beratungen gem.** **§ 34 RVG**[246] sieht vor, dass der Rechtsanwalt auf eine Honorarvereinbarung hinwirken soll. Eine solche **Honorarvereinbarung** kann **nicht** als **gesetzliche** Gebühr angesehen wer-

---

[239] LG Stuttgart v. 9. 3. 1995, VersR 1996, 449; *Böhme,* § 2 ARB 75 Rn. 36.
[240] BGH v. 14. 4. 1999, VersR 1999, 706; v. 14. 3. 1984, VersR 1984, 530 = ZfS 1984, 238; OLG Köln v. 19. 8. 1997, r+s 1997, 507 = ZfS 1998, 68; OLG Hamm v. 16. 10. 1985, VersR 1987, 92.
[241] VerBAV 1981, 190.
[242] Einen vollständigen Vergleich der ARB 75/94 bietet die Synopse von *Rex,* VersR 1996, 24 (26); zu den Motiven der ARB 94 vgl. auch *Sperling,* VersR 1996, 133 (140).
[243] Vgl. *Harbauer/Bauer,* § 2 ARB 75 Rn. 9 ff.
[244] *Deumeland,* VuR 2002, 225 = Anm. zu OLG München v. 25. 4. 2001 betreffend § 91 ZPO.
[245] *Harbauer/Bauer,* § 2 ARB 75 Rn. 9.
[246] Hierzu ausführlich *Schneider,* NJW 2006, 1905.

den[247]. Ob zur Vermeidung einer Deckungslücke die ortsübliche Vergütung gem. §§ 612ff. BGB als gesetzlicher Auffangtatbestand angesehen werden kann[248], ist äußerst fraglich. Konstruktiv erscheint der Vorschlag von *Hansens*[249], Deckung bis zur Höhe der bis zum 30.6. 2006 geltenden Beratungsgebühr nach Nr. 2100ff. VV RVG zu gewähren. Angesichts der unsicheren Rechtslage hat der GDV schon im Jahr 2004 seinen Mitgliedsunternehmen empfohlen, die Erstattung von Beratungsgebühren durch eine entsprechende Bedingungsregelung in § 5 (1) ARB 2000 zu begrenzen. Diesen Vorschlag haben inzwischen die meisten Versicherer umgesetzt, wobei allerdings die Höhe des **Limits** unterschiedlich ist. Die Neuregelungen orientieren sich grundsätzlich an den Höchstgrenzen für Verbraucherberatungen ohne Honorarvereinbarung (190/250 Euro).

Einen Sonderfall stellen **Gebührenabkommen** dar, die **zwischen Anwalt und Rechts-** **180** **schutzversicherer** abgeschlossen werden, um unwirtschaftliche Korrespondenz über das Vorliegen bestimmter Gebührentatbestände oder über die Bewertung der Kriterien des § 14 RVG (früher § 12 BRAGO) zu vermeiden[250]. Rechtliche Bedenken bestehen hiergegen nicht, da Einzelfallabrechnungen auch im Rahmen solcher Gebührenabsprachen möglich sind und der VN in jedem Fall von der gesetzlichen Vergütung seines Anwalts freigestellt wird[251].

In Verkehrsunfallsachen kann dem Rechtsschutzversicherer eine individuelle **Gebühren-** **181** **vereinbarung** zugute kommen, die der Anwalt **mit einem KfZ-Haftpflichtversicherer** geschlossen hat. Einige KfZ-Haftpflichtversicherer bieten dem Anwalt anstelle der ihm z.B. nach Nr. 1000, 2300, 3100 VV RVG entstandenen Gebühren einen pauschalierten Gebührensatz bei der außergerichtlichen Schadensregulierung[252] unabhängig davon an, ob ein Vergleich geschlossen wurde oder wie umfangreich und schwierig die Angelegenheit war. Ergeben sich aufgrund dieser pauschalisierten Abrechnung **Gebührenunterschiede,** weil der Gebührenansatz geringer ist, als die nach dem RVG gegenüber dem Mandanten (VN) entstandenen Gebühren, kann der Anwalt von seinem Mandanten nicht nachfordern[253]. Das Gleiche gilt für den Fall, dass **Wertunterschiede** entstehen, weil der Erledigungsbetrag geringer ist als der ursprüngliche Geschäftswert im Verhältnis zum Mandanten. Die pauschalierte Abrechnung des Anwalts ist als Abrede zugunsten Dritter (§ 328 BGB) zu sehen, die dem Geschädigten den vollen Erledigungsbetrag – ohne Kürzung durch eine zusätzliche Differenzgebühr – zukommen lassen will[254]. Unabhängig davon könnte der VR die Übernahme einer Differenzgebühr mangels hinreichender Erfolgsaussicht (§ 17 ARB 75, § 18 ARB 94/ 2000/2008) ablehnen, soweit der VN den Anwalt mit der Durchsetzung unvertretbar hoher Ansprüche beauftragt hat.

b) Sonderfälle. Grundsätzlich hat der VR auch die zur gesetzlichen Vergütung des An- **182** walts gehörende **Umsatzsteuer** zu übernehmen. Eine Ausnahme besteht dann, wenn der **VN Unternehmer** ist und die Einschaltung des Anwalts betrieblich veranlasst war. In diesem Fall kann der VN die ihm in Rechnung gestellte Umsatzsteuer als **Vorsteuer** von seiner Umsatzsteuerlast abziehen (§ 15 Abs. 1 Nr. 1 UStG). Da er von dieser Möglichkeit im Rahmen seiner Schadenminderungsobliegenheit Gebrauch zu machen hat, besteht in Höhe des Umsatzsteuerbetrages kein Freistellungsanspruch gegenüber dem VR[255]. Dies gilt auch dann,

---

[247] *Van Bühren/Plote,* § 5 ARB 2000 Rn. 5a.
[248] Hierfür *van Bühren/Plote,* a.a.O.
[249] RVGreport 2006, 121 (124).
[250] Vgl. *Plote,* § 11 Rn. 275.
[251] *Schilasky,* S. 134ff.; zur Frage der kartellrechtlichen Zulässigkeit vgl. *Kerst/Mack,* VersR 2005, 479.
[252] Vgl. DAR 2004, 736.
[253] Vgl. *Prölss/Martin/Armbrüster,* § 2 ARB 75 Rn. 4 mit Rechtsprechungsnachweisen; *Harbauer/Bauer,* § 2 ARB 75 Rn. 229; *Böhme,* § 2 ARB 75 Rn. 2b.
[254] Vgl. *Prölss/Martin/Armbrüster,* a.a.O.; a. A. OLG Düsseldorf v. 24.5. 2005, – I-24 U 191/04 (juris); AG Schwandorf v. 15.4. 1993, ZfS 1994, 64 m. Anm. *Madert; Beck,* DAR 1998, 41.
[255] LG München v. 23.11. 1993, r+s 1994, 261; LG Krefeld v. 6.10. 1981, VersR 1982, 1047 = ZfS 1982, 147; AG Karlsruhe v. 27.2. 1998, JurBüro 1998, 416; *Harbauer/Bauer,* § 2 ARB 75 Rn. 35; *Prölss/Martin/Armbrüster,* § 2 ARB 75 Rn. 4.

wenn der Anwalt die Umsatzsteuer nicht von seinem Mandanten erhält, weil sich dieser z. B. in Liquidation befindet oder insolvent ist[256]. Auch Verteidigerkosten in einer Straf- oder Ordnungswidrigkeitensache sind vom VN als Betriebsausgaben abziehbar, wenn der Anlass unternehmensbezogen war, also z. B. auf einer Fahrt mit dem Firmenfahrzeug eine Ordnungswidrigkeit begangen worden sein soll[257]. Ist im Einzelfall zweifelhaft, ob der VN vorsteuerabzugsberechtigt ist, so wird die Beweislast beim VR anzusiedeln sein[258].

183   Ebenfalls zur gesetzlichen Vergütung gehört die in Nr. 1009 VV RVG (§ 22 BRAGO) geregelte **Hebegebühr**. Sie entsteht nur bei entsprechender Beauftragung, was bei einer Beauftragung durch den Rechtsschutzversicherer nach § 16 (2) ARB 75 bzw. § 17 (2) ARB 94/2000/2008 nicht anzunehmen ist[259]. Hat der VN den Auftrag erteilt, stellt dies einen Verstoß gegen die Schadenminderungsobliegenheit dar[260] und es handelt sich auch nicht um „erforderliche" Kosten i. S. d. § 1 ARB 94/2000/2008. Etwas anderes kann nur ausnahmsweise dann gelten, wenn der Fall so kompliziert ist, dass der durchschnittliche VN den Geldeingang und die Höhe der Zahlungen nur mit Schwierigkeiten selbst kontrollieren könnte[261], oder wenn sich der VN über längere Zeit im Ausland aufhält[262].

184   Hinsichtlich der Kosten, die bei der **Aktenversendung** in Unfallstrafsachen anfallen, muss differenziert werden. Beauftragt ein VR – in der Regel der KfZ-Haftpflichtversicherer – im Rahmen seiner Prüfung den Anwalt lediglich mit der Akteneinsicht bzw. der Anfertigung von Aktenauszügen, so erhält der Anwalt aufgrund einer Vereinbarung zwischen DAV und HUK-Verband (GDV) ein Pauschalhonorar. Hiervon zu unterscheiden ist der Fall, dass der Anwalt vom VN mit der **Vertretung in einem Zivil- oder Strafverfahren** beauftragt worden ist. In diesem Fall kann der Anwalt bei Einsicht in eine Unfallstrafakte die **Pauschale nicht** berechnen, vielmehr wird seine Tätigkeit durch die in dem betreffenden Verfahren entstehenden Gebühren abgegolten. Der Rechtsschutzversicherer hat allerdings die **Schreibgebühren** gem. Nr. 7000 VV RVG (§ 27 BRAGO) zu übernehmen[263] sowie als Teil der Gerichtskosten (§ 2 (1) c ARB 75 bzw. § 5 (1) c ARB 94/2000/2008) die **Aktenversendungspauschale** nach KV 9003[264].

185   Fraglich ist, ob der VR die Kostenrechnung eines **Anwalts** zu übernehmen hat, der sich **in eigener Sache selbst vertritt**. Der **Wortlaut** des § 2 (1) a ARB 75 bzw. § 5 (1) a, b ARB 94/2000/2008 spricht eindeutig dagegen, denn der Anwalt hat gegen sich selbst keinen Gebührenanspruch, von dem ihn der VR freizustellen hätte. Hinzukommt, dass er in Straf- und Bußgeldverfahren nicht sein eigener Verteidiger sein kann, so dass nach überwiegender Meinung[265] strafprozessual **kein Erstattungsanspruch** besteht. Die Versagung der Erstattung durch die Staatskasse ist auch nicht verfassungswidrig[266]. Kann also der Anwalt schon keinen Honoraranspruch erwerben, so kann auch der VR nicht verpflichtet sein, entsprechende Rechnungen auszugleichen. Diese zusätzliche Begründung entfällt allerdings dann, wenn der Anwalt in einer Zivilsache seine rechtlichen Interessen selbst wahrnimmt. In diesen Fällen wird überwiegend ein Honorar- bzw. Erstattungsanspruch bejaht[267]. Gleichwohl ist der VR nach 2 (1) a ARB 75 bzw. § 5 (1) a, b ARB 94/2000/2008 nicht leistungspflichtig, weil der Anwalt gegen sich selbst keinen Gebührenanspruch hat und eine erweiternde Analogie nicht

---

[256] LG München, a. a. O.

[257] AG Karlsruhe, a. a. O.; BFH v. 24. 7. 1990, BStBl. II 1992, 508 = BFHE 161, 509.

[258] *Harbauer/Bauer,* § 2 ARB 75 Rn. 35.

[259] BGH v. 24. 1. 1978, NJW 1978, 1003 = VersR 1978, 443.

[260] LG Hagen v. 5. 9. 1989, ZfS 1990, 14.

[261] *Harbauer/Bauer,* § 2 ARB 75 Rn. 42.

[262] *Schneider,* Anm. zu LG Detmold v. 23. 8. 2002, AGS 2003, 129.

[263] *Madert,* AGS 1992, 16.

[264] Vgl. hierzu *Chemnitz,* ZfS 1996, 403.

[265] *Harbauer/Bauer,* § 2 ARB 75 Rn. 43 mit Nachweisen; *Prölss/Martin/Armbrüster,* § 2 ARB 75 Rn. 6.

[266] BVerfG v. 26. 2. 1988, MDR 1988, 552 = NJW 1998, 2205; NJW 1980, 1677.

[267] Vgl. zum Meinungsstand ausführlich *Böhme,* § 2 ARB 75 Rn. 2d.

geboten ist[268]. Es muss der Regulierungspraxis des einzelnen VR überlassen bleiben, ob er sich über diese Rechtslage hinwegsetzt und in den Fällen, in denen eine Erstattung prozessual möglich ist, die Kosten des sich selbst vertretenden Anwalts übernimmt.

c) Anwaltswechsel. Nach 2 (1) a ARB 75 bzw. § 5 (1) a, b ARB 94/2000/2008 hat der **186** VR die gesetzliche Vergütung „eines" für den VN tätigen Rechtsanwaltes zu tragen. Das Wort **„eines"** ist als **Zahlwort** im Sinne eines einzigen Anwalts zu verstehen. Diese Auslegung gebietet allein schon der Zusammenhang mit der Korrespondenzanwaltsregelung, die eine Ausnahme von diesem Grundsatz darstellt[269]. Selbst wenn man dieser Auslegung nicht folgen will, ergibt sich zumindest aus dem Kriterium der „Notwendigkeit" bzw. „Erforderlichkeit" in § 1 ARB und im Übrigen aus der Schadenminderungsobliegenheit, dass der VN – auch in schwierigen Fällen – nicht die Kosten zweier gleichzeitig tätiger Anwälte zu tragen hat[270]. Die Erstattung der Kosten mehrerer Anwälte ist nur dann möglich, wenn dies die ARB ausdrücklich vorsehen oder wenn die Beauftragung mehrerer Anwälte ausnahmsweise **objektiv erforderlich** ist (z. B. Aufgabe der Anwaltstätigkeit, Tod des Anwalts)[271]. Ein solcher Ausnahmefall ist nicht gegeben, wenn die vorzeitige Kündigung des Anwaltsvertrages vom VN oder vom bisherigen Anwalt oder auch von beiden Seiten zu vertreten ist[272].

Bei Verkehrsunfällen des VN in Ländern der Europäischen Union ist zu berücksichtigen, **187** dass sich auf Grund der **4. Kraftfahrt-Haftpflicht-Richtlinie**[273] die Regulierungspraxis seit dem 1. 1. 2003 geändert hat. Ab diesem Zeitpunkt kann der Geschädigte seine Schadenersatzansprüche in seinem Heimatland beim Schadenregulierungsbeauftragten des ausländischen VR oder bei der Entschädigungsstelle regulieren. Wird hierfür zunächst ein deutscher Rechtsanwalt beauftragt, und nach Scheitern der Regulierung im Inland ein ausländischer Rechtsanwalt für das Klageverfahren im Ausland beauftragt, wird man in der Regel von einem **notwendigen Anwaltswechsel** ausgehen können mit der Folge, dass der VR beide Rechtsanwaltskosten übernehmen kann[274]. Der Grundgedanke der §§ 2 (1) a ARB 75, 5 (1) a, b ARB 94/2000, nämlich der Vermeidung nicht gebotener und daher der Versichertengemeinschaft nicht zumutbarer Mehraufwendungen, kommt hier nicht zum Tragen. In einem etwas anderen Licht zu betrachten ist die Situation allerdings inzwischen dadurch, dass nach der **neuen EUGH-Rechtsprechung**[275] zur **5. Kraftfahrt-Haftpflicht-Richtlinie** die Möglichkeit eröffnet ist, den gegnerischen KH-Versicherer, der seinen Firmensitz innerhalb der EU hat, am Wohnsitz des Geschädigten in Deutschland zu verklagen. Der Geschädigte wird sich eine Klage in Deutschland gut überlegen müssen, denn sie hat nicht nur Vorteile[276]. Feststeht jedenfalls, dass der Geschädigte definitiv zwischen dem Gerichtsstand im Unfallland und dem in seinem Wohnsitzland wählen kann. Damit ist fraglich, ob jetzt noch von einem notwendigen Anwaltswechsel ausgegangen werden kann. Da die Rechtslage nicht eindeutig ist, greifen die **Muster-ARB 2008** die Problematik in § 5 (1) b auf und sehen bei Weiterverfolgung des Falles im Ausland die Kostentragung des inländischen Anwalts bis zu einem Höchstbetrag vor.

---

[268] *Prölss/Martin/Armbrüster,* § 2 ARB 75 Rn. 6; *Böhme,* § 2 ARB 75 Rn. 2d; *van Bühren/Plote,* § 5 ARB 2000 Rn. 36; a. A. *Harbauer/Bauer,* § 2 ARB 75 Rn. 43.

[269] OLG Karlsruhe v. 17. 4. 1986, ZfS 1986, 178; LG Essen v. 27. 2. 1985, ZfS 1985, 239; AG Düsseldorf v. 30. 3. 2001, VersR 2001, 1375; *Böhme,* § 2 ARB 75 Rn. 4; *Mathy,* Rechtsschutz-Alphabet, Stichwort: Rechtsanwalt; a. A. *Schilling,* S. 35.

[270] OLG Köln v. 23. 2. 1989, r+s 1989, 120; *Harbauer/Bauer,* § 2 ARB 75 Rn. 21; *Prölss/Armbrüster,* § 2 ARB 75 Rn. 3.

[271] LG Hannover v. 16. 12. 2005, ZfS 2006, 227: Anwaltszulassung erloschen.

[272] *Harbauer/Bauer,* § 2 ARB 75 Rn. 26; *Prölss/Martin/Armbrüster,* § 2 ARB 75 Rn. 3; OLG Köln, a. a. O.

[273] Vgl. hierzu *Backu,* DAR 2003, 145; *Notthoff,* ZfS 2003, 105.

[274] Vgl. *Buschbell/Hering,* § 10 Rn. 258; *Hering,* PVR 2003, 70 (74).

[275] EUGH v. 13. 12. 2007, C 463/06, VersR 2008, 111 = ZfS 2008, 139 (Vorabentscheidung); nach Bejahung der Vorlagefrage nun BGH v. 6. 5. 2008, VI ZR 200/05.

[276] Vgl. *Nugel,* ZfS 2008, 309 (311); *Becker,* DAR 2008, 187 (191).

188 **d) Korrespondenzanwalt.** Nach **§ 2 (1) a S. 4 ARB 75** übernimmt der VR auch weitere Kosten bis zur Höhe einer Verkehrsanwaltsgebühr, wenn
– der VN mehr als 100 km vom zuständigen Gericht entfernt wohnt und
– es sich um eine gerichtliche Wahrnehmung der rechtlichen Interessen des VN handelt.

Da der Wortlaut offen lässt, ob mit der Entfernung von 100 km die Luftlinie oder Straßen- oder Bahnkilometer gemeint sind, wird man zumindest aufgrund der sog. Unklarheitenregel des § 305 c Abs. 2 BGB (früher: § 5 AGBG) die **kürzeste Straßen- oder Bahnverbindung** gelten lassen müssen, auch wenn die Berechnung der Luftlinie einfacher und klarer wäre[277]. Durch den Begriff **„bis zur Höhe"** wird zweierlei zum Ausdruck gebracht: Zum einen ist nur die speziell für den Verkehrsanwalt vorgesehene Gebühr nach Nr. 3400 VV RVG (früher § 52 BRAGO) abgedeckt, **nicht** hingegen weitere Gebühren wie z. B. eine **Einigungsgebühr** für eine etwaige Mitwirkung des Verkehrsanwalts an einem Vergleich[278]; zum anderen ist die Versicherungsleistung – ohne Rücksicht auf die Höhe der tatsächlich entstandenen Mehrkosten der Anwaltstätigkeit – summenmäßig begrenzt, d. h. es werden vom VR **alternativ** zur Gebühr nach Nr. 3400 VV RVG auch **Reisekosten** bis zu dieser Höhe übernommen. Dies kann dann relevant werden, wenn kein zusätzlicher Anwalt eingeschaltet wird und beim nicht gerichtsansässigen Anwalt Reisespesen anfallen. **In Auslandsfällen** ist in § 2 (1) ARB 75 die Übernahme der Kosten eines deutschen Verkehrsanwalts **nicht** vorgesehen. Für eine gegenteilige Auslegung geben weder der Wortlaut, noch der Sinn und Zweck und die Systematik der Bedingungsregelung Anlass[279].

189 Mit **§ 5 (1) a ARB 94/2000/2008** (Inlandsfälle) hat sich die Verkehrsanwaltsregelung in verschiedenen Punkten geändert. Die Entfernung zwischen Wohnort des VN und Gerichtsort ist jetzt auf die **Luftlinie** festgelegt. Ferner ist die Regelung auf den LG-Bezirk des VN **örtlich begrenzt**[280] und es wird vorausgesetzt, dass ein **„zusätzlicher Rechtsanwalt"** beauftragt wird. Die alternative Übernahme von Fahrt- und Abwesenheitsgeldern ist also nicht mehr vorgesehen. Vor dem Hintergrund der Neuregelung der Postulationsfähigkeit mit Wirkung vom 1. 1. 2000 erscheint dies unbefriedigend. Einzelne VR haben dies zum Anlass genommen, die entsprechende Regelung – abweichend von den Muster-ARB – in hauseigenen Bedingungswerken anzupassen. Die Regelung für **Auslandsfälle** in **§ 5 (1) b ARB 94/2000/2008**, welche wegen der dortigen Besonderheiten insgesamt neu gestaltet wurde[281], sieht ebenfalls die Übernahme der Kosten eines zusätzlichen Verkehrsanwalts vor. Die Erweiterung gilt hier sogar für eine **außergerichtliche** Interessenwahrnehmung.

190 **Umstritten** ist, ob der VR die Hinzuziehung eines Verkehrsanwalts bei Vorliegen der örtlichen Voraussetzungen für alle Instanzen uneingeschränkt abdecken muss, oder ob in den **Rechtsmittelinstanzen** eine **Notwendigkeitsprüfung** geboten ist. Inzwischen liegt hierzu eine Entscheidung des **BGH** vom 24. 1. 2007[282] vor, wonach zumindest nach **§§ 1 (1), 2 (1) a ARB 75** eine Notwendigkeitsprüfung nicht statthaft sei. Auch in der Literatur wird teilweise[283] die Auffassung vertreten, die Regelung unterliege keinen Einschränkungen. Diese allein am Wortlaut haftende Auslegung überzeugt jedoch nicht. Zum einen beruht die Leistungserweiterung erkennbar auf der Grundsituation, dass der VN für die außergerichtliche Wahrnehmung seiner rechtlichen Interessen grundsätzlich einen Anwalt seines Vertrauens an seinem Wohnort beauftragen möchte und nicht von vornherein einkalkulieren

---

[277] AG Essen v. 17. 2. 1986, AnwBl 1986, 351; *Harbauer/Bauer,* § 2 ARB 75 Rn. 79; *Prölss/Martin/Armbrüster,* § 2 ARB 75 Rn. 8.

[278] LG Stuttgart v. 5. 6. 1986, ZfS 1986, 271; LG Hanau v. 10. 8. 1982, ZfS 1986, 146.

[279] OLG Köln v. 29. 1. 1987, ZfS 1987, 110.

[280] Vgl. hierzu *Sperling,* VersR 1996, 133 (141).

[281] Vgl. *Harbauer/Bauer,* § 5 ARB 94 Rn. 5; *Sperling,* a. a. O.; zu den Auswirkungen im Hinblick auf die 4. KH-Richtlinie (ABl EG Nr. L 181, S. 65) vgl. *Buschbell/Hering,* § 10 Rn. 246 ff. und *Hering,* PVR 2003, 70.

[282] NJW 2007, 1465 = VersR 2007, 488 = r+s 2007, 195 = ZfS 2007, 712.

[283] *Harbauer/Bauer,* § 2 ARB 75 Rn. 77; *Prölss/Martin/Armbrüster,* § 2 ARB 75 Rn. 8; a. A.: *van Bühren/Plote,* § 17 ARB 2000 Rn. 31; *Böhme,* § 2 ARB 75 Rn. 18; *Sperling,* VersR 1996, 133 (141).

kann, ob eine gerichtliche Auseinandersetzung bei einem entfernten Gericht erforderlich sein wird. Hier erscheint die Beauftragung von zwei Anwälten – und damit auch die Kostenübernahme – sachlich gerechtfertigt, zumal in diesen Fällen auch im Rahmen des § 91 ZPO häufig eine Erstattungsfähigkeit bejaht wird, was dem VR beim Anspruchsübergang nach § 20 (2) ARB 75 bzw. § 17 (8) ARB 94/2000/2008 zugute kommt. In der Rechtsmittelinstanz liegt die Situation aber anders, da der Prozessanwalt vom VR auf jeden Fall bezahlt wird und es nun darum geht, ob der VN einen zweiten Anwalt zusätzlich für die Rechtsmittelinstanz als Verkehrsanwalt beauftragen kann. Es kann dem verständigen VN nicht verborgen bleiben, dass dies eine **abstimmungspflichtige Maßnahme** ist, die nicht ohne Rücksicht auf das Kostenrisiko und die Notwendigkeit im Einzelfall zu prüfen ist. **Zu Recht** hat daher die Instanz-Rechtsprechung[284] **in der Revision** den Versicherungsschutz **abgelehnt,** da hier ein neues tatsächliches Vorbringen grundsätzlich unzulässig ist und der beim Revisionsgericht zugelassene Anwalt eine rechtliche Beurteilung anhand des vom Berufungsgericht festgestellten und aus den Gerichtsakten ersichtlichen Sachverhalts alleine vornehmen kann. Aus dem gleichen Grund wird auch im Rahmen des § 91 ZPO eine Erstattungsfähigkeit eines Verkehrsanwalts grundsätzlich verneint. Der verständige VN kann nicht erwarten, dass der VR solche Mehrkosten, die auch bei erfolgreicher Rechtsverfolgung beim VR verbleiben würden, automatisch und ohne jede Notwendigkeitsprüfung übernimmt, zumal die 100 km-Grenze für Rechtsmittelinstanzen nur begrenzt einen Sinn ergibt; sie beruht in erster Linie auf der nur für die 1. Instanz zutreffenden Überlegung, dass es dem VN ab dieser Entfernung nicht zugemutet werden soll, sofort einen am Gerichtsort tätigen Anwalt aufzusuchen. Vor dem Hintergrund dieser Interessenlage verstößt es daher gegen die Schadenminderungsobliegenheit und entspricht auch nicht dem Gebot der „notwendigen" (§ 1 ARB 75) bzw. „erforderlichen" (§ 1 ARB 94/2000/2008) Rechtsverfolgung[285], wenn der VN einen Anwalt damit beauftragt, zwischen ihm und dem Revisionsanwalt „den Verkehr zu führen". Anderenfalls würden sich die Kosten für den Rechtsschutz in Revisionsverfahren ohne sachliche Notwendigkeit erheblich verteuern. Dasselbe gilt grundsätzlich auch für das **Berufungsverfahren,** da hier ebenfalls der Berufungsanwalt regelmäßig in der Lage ist, den Rechtsstreit nach den Akten und dem Verkehr mit der Partei, auch über eine längere Distanz, umfassend zu beurteilen[286]. Ein ständiger Kontakt mit dem VN über einen Verkehrsanwalt wird nur in besonderen Ausnahmefällen erforderlich sein. Wenn dies der VN im konkreten Fall darlegen kann, hat der VR allerdings auch in der Berufungsinstanz die Kosten eines Verkehrsanwalts zu übernehmen, sofern nicht der erstinstanzliche Anwalt den VN ohnehin auch in der Berufung vertritt. Ob die Entscheidung des BGH vom 24. 1. 2007 auch auf **§ 5 (1) a ARB 94/2000** übertragen werden kann, wie *Bauer*[287] meint, ist zu bezweifeln, denn das tragende Argument für den BGH ist die Tatsache, dass der Begriff der „Notwendigkeit" in § 1 (1) ARB 75 ausschließlich mit hinreichender Erfolgsaussicht und fehlender Mutwilligkeit in Verbindung gebracht wird. Dies verstelle dem VN den Blick auf ein Notwendigkeitserfordernis i. S. von § 91 (1) S. 1 ZPO. § 1 ARB 94/2000 spricht demgegenüber von „**erforderlichen** Kosten". § 125 VVG greift diesen Grundsatz auf, indem eine Pflicht des VR zur Erbringung „erforderlicher Leistungen" definiert wird. Hierdurch kann dem verständigen VN nicht verborgen bleiben, dass vermeidbare Kosten nicht unter die Leistungspflicht fallen. Wünschenswert ist allerdings für die Zukunft eine Klarstellung, da in § 5 (1) ARB eine ausdrückliche Leistungsbegrenzung leicht umsetzbar wäre und den Streit endgültig beilegen würde. Dementsprechend beschränkt **§ 5 (1) der Muster-ARB 2008** die Verkehrsanwaltsleistung nunmehr ausdrücklich auf die **1. Instanz.**

---

[284] LG Göttingen v. 8. 10. 1992, r+s 1993, 187; LG Fulda v. 16. 3. 1989, ZfS 1990, 416; AG Osnabrück v. 2. 5. 1991, r+s 1994, 182.

[285] Auf diesen Gesichtspunkt verweist zu Recht *Sperling*, VersR 1996, 133 (141).

[286] AG Osnabrück v. 2. 9. 1998, r+s 1999, 246; *Böhme*, § 2 ARB 75 Rn. 18.

[287] NJW 2007, 1504 (1506).

2. Gerichtskosten

191   Gemäß § 5 (1) c ARB 94/2000/2008 und § 2 (1) c ARB 75 hat der VR die Gerichtskosten zu übernehmen. Hierzu gehört – in Form von **Auslagen** des Gerichts – u. a. die Entschädigung von **Sachverständigen,** die vom Gericht „**herangezogen**" werden. Die Versicherungsleistung wird fällig, wenn beim VN nach Maßgabe der Nr. 9005 des Kostenverzeichnisses (Anlage 1 zum GKG) die Zahlung mit einer Gerichtskostenrechnung angefordert wird[288]. **Privatgutachten** werden durch die Regelung **nicht** umfasst. Für diese gilt § 5 (1) f ARB 94/2000/2008[289]. Kein Privatgutachter, sondern vom Gericht „herangezogen" ist der Arzt, der auf Antrag des VN nach **§ 109 SGG** gutachtlich gehört wird[290]. Erfolgt der Antrag des VN allerdings aus Mutwillen und werden ihm deshalb die Kosten auferlegt (§ 192 Abs. 1 SGG), so ist der VR wegen Obliegenheitsverletzung von der Verpflichtung zur Leistung frei[291].

192   Ebenfalls zu den Gerichtskosten zählen die Kosten des **Gerichtsvollziehers,** die für Vollstreckungshandlungen anfallen. Hierzu gehört auch die Durchführung einer Zwangsräumung durch den VN. Wird umgekehrt der VN zwangsgeräumt, fällt dies nicht unter den Versicherungsschutz[292]. Beauftragt der Gerichtsvollzieher den VN, die Zwangsräumung selbst und auf eigene Kosten durchzuführen, so sind dies keine „Kosten des Gerichtsvollziehers" im Sinne der Bedingungsregelung[293].

3. Schieds- und Schlichtungsverfahren

193   **§ 5 (1) d ARB 94/2000/2008** sieht die Übernahme der Gebühren in Schieds- oder Schlichtungsverfahren vor. Damit wurde der Versicherungsschutz in diesem Bereich gegenüber **§ 2 (1) c ARB 75 (nur Schiedsgerichte)** nicht unerheblich erweitert. In der Praxis ist zu unterscheiden zwischen
- Schiedsgerichtsverfahren
- Schiedsstellen/Schlichtungsstellen/Gutachterkommissionen
- Obligatorischen Güteverfahren nach Maßgabe des § 15 a EGZPO und
- Sachverständigenausschüssen.

194   § 5 (1) d ARB 94/2000/2008 deckt u. a. die Kosten eines **Schiedsgerichts** ab. Allerdings ist die Kostenübernahme beschränkt auf die Höhe der Gebühren, die im Falle der Anrufung eines zuständigen staatlichen Gerichts 1. Instanz entstehen würden. § 2 (1) c ARB 75 deckt das $1^1/_2$ fache dieses Betrages ab, andererseits erhöht sich die Versicherungsleistung nicht, wenn nach Erlass des Schiedsspruchs noch weitere Kosten für ein Verfahren zur Erlangung eines vollstreckbaren Titels vor dem staatlichen Gericht anfallen[294].

195   Im Gegensatz zu § 2 (1) c ARB 75 erstreckt sich § 5 (1) d ARB 94/2000/2008 auch auf die Kosten von **Schieds- und Schlichtungsstellen,** die nicht anstelle des staatlichen Gerichts entscheiden. Hierunter fallen insbesondere die vielerorts bestehenden Schiedsstellen des Handwerks, Gutachterkommissionen zur Beilegung von Arzthaftpflichtstreitigkeiten oder auch betriebliche Schiedsstellen, die auf Tarifvertrag oder Betriebsvereinbarung beruhen. Die Regelung wird allerdings nur dann relevant, wenn die konkrete Schlichtungsstelle die Erhebung von Gebühren (Kosten) vorsieht. **Hiervon zu unterscheiden** sind die **Kosten des** für den VN tätigen **Anwalts.** Ob für dessen Tätigkeit im Rahmen des § 5 (1) a ARB 94/2000/2008 zu übernehmende – gesonderte – Gebühren nach Nr. 2303 VV RVG (früher §§ 62, 65

---

[288] *Harbauer/Bauer,* § 2 ARB 75 Rn. 101.

[289] Hierzu ausführlich *Buschbell,* DAR 2003, 55; zum Versicherungsumfang nach den ARB 75 vgl. *Kern,* DAR 1990, 37.

[290] *Harbauer/Bauer,* § 2 ARB 75 Rn. 101; *Böhme,* § 2 ARB 75 Rn. 25 m. w. N.

[291] Vgl. *Harbauer/Bauer,* § 15 ARB 75 Rn. 21; *Böhme,* § 2 ARB 75 Rn. 25.

[292] *Harbauer/Bauer,* § 2 ARB 75 Rn. 165, 180.

[293] AG Papenburg v. 18. 12. 1987, 2 C 688/87 (nicht veröff.); *Böhme,* § 2 ARB 75 Rn. 26a; a. A.: AG Memmingen v. 2. 2. 1995, VersR 1996, 54; *Harbauer/Bauer,* § 2 ARB 75 Rn. 107; *Prölss/Armbrüster,* § 2 ARB 75 Rn. 12.

[294] *Harbauer/Bauer,* § 2 ARB 75 Rn. 111.

oder 67 BRAGO) anfallen oder ob er seine Tätigkeit nur nach Nr. 2300 VV RVG (früher § 118 BRAGO) abrechnen kann, richtet sich nach der Art der jeweiligen Rechtssache[295].

Ebenfalls eine Form des Schlichtungsverfahrens, und damit durch § 5 (1) d ARB 94/2000/ **195a** 2008 gedeckt[296], ist die **Mediation.** Dieser Begriff bezeichnet ein Verfahren, bei dem die Konfliktpartner mit Hilfe einer dritten, neutralen Person (Mediator) im Gespräch miteinander Lösungen finden und beschließen. Insbesondere bei familiären oder nachbarschaftlichen Konflikten, aber auch im Bereich der Wirtschaft wird dieses – leider häufig zu wenig bekannte – Verfahren zunehmend eingesetzt. Da die Bedingungsregelung allgemein von „Gebühren" spricht, muss der Mediator nicht notwendigerweise Rechtsanwalt sein. Die entweder frei vereinbarte oder ansonsten nach § 612 Abs. 2 BGB zu bestimmende Mediatorenvergütung trägt der VR bedingungsgemäß bis zur Höhe der Gebühren, die im Falle der Anrufung eines zuständigen staatlichen Gerichts in der ersten Instanz entstehen. Einzelne VR weichen hiervon zugunsten der VN nach oben ab, da der normale Rahmen bei kleineren Streitwerten oft nicht ausreichen würde. Sonderregelungen gibt es vereinzelt auch zu familien- und erbrechtlichen Angelegenheiten, die aufgrund der Beschränkung auf einen Beratungs-Rechtsschutz (§ 3 Abs. 2g ARB 94/2000/2008) normal nicht unter den Kostenschutz nach § 5 (1) d ARB 94/2000/2008 fallen. Den VU bieten sich hier weitgehend noch nicht genutzte Chancen, einerseits echte Dienstleisterqualitäten zu entwickeln und andererseits die außergerichtliche Konfliktlösung als Aufgabe des Gemeinwohls voranzutreiben. Die derzeit fehlende Kundennachfrage, die im Wesentlichen auf Unkenntnis der Materie zurückzuführen ist, sollte dabei kein wirkliches Hindernis darstellen.

Auch die **obligatorische außergerichtliche Streitschlichtung** (Ausführungsgesetze zu **196** § 15a EGZPO) fällt unter den Begriff „Schieds- oder Schlichtungsverfahren" i. S. d. § 5 (1) d ARB 94/2000/2008. Die Höchstgrenze der zu erstattenden Gebühren für den Streitschlichter bemisst sich nach den Kosten für ein erstinstanzliches Gerichtsverfahren gemäß KV Nr. 1210 in Höhe von 3 Gerichtsgebühren. § 2 (1) c ARB 75 sieht Versicherungsschutz hierfür nicht vor. Da die gesetzliche Neuregelung aber auch im Interesse der VR liegt, geben diese in der Regel auch dann Kostenschutz, wenn die ARB 75 vereinbart sind.

In manchen Versicherungszweigen ist bei Meinungsverschiedenheiten über die Höhe des **197** Schadens ein **Sachverständigenverfahren** vorgesehen (z. B. § 14 AKB). Auch solche Verfahren würden an sich von § 5 (1) d ARB 94/2000/2008 erfasst. Eine Kostenübernahme scheidet aber deshalb aus, weil ein Versicherungsfall im Sinne des § 4 (1) c ARB 94/2000/ 2008 nicht vorliegt, wenn der VR zulässigerweise auf das vertraglich vereinbarte Sachverständigenverfahren verweist.

4. Gegnerische Kosten

Gem. § 5 (1) h ARB 94/2000/2008 bzw. § 2 (1) g ARB 75 übernimmt der VR die dem **198** Gegner **durch die Wahrnehmung seiner rechtlichen Interessen** entstandenen Kosten, soweit der VN zu deren Erstattung verpflichtet ist. Hierunter fallen **nicht** solche Erstattungsansprüche des Gegners, die auf **materiell-rechtlichen Gründen** (z. B. Verzug, pVV, unerlaubte Handlung) beruhen[297]. Vom VR nicht zu erstatten ist daher insbesondere die beim gegnerischen Anwalt anfallende Geschäftsgebühr nach Nr. 2300 VV RVG. Dass der VR bei gerichtlichen Verfahren aufgrund der Rechtsprechung des BGH zur Anrechnung der vorgerichtlichen Geschäftsgebühr auf die Verfahrensgebühr[298] begünstigt wird, weil sich die vom VR zu übernehmende Verfahrensgebühr des gegnerischen Anwalts – und nicht etwa die Geschäftsgebühr – reduziert, ändert hieran nichts. Für die Leistungspflicht des VR ist in der Re-

---

[295] Vgl. OLG Karlsruhe v. 19. 4. 1984, JurBüro 1985, 236; *Fischer,* JurBüro 1993, 133.

[296] *Harbauer/Bauer,* § 5 ARB 94/2000 Rn. 8; *Buschbell/Hering,* § 10 Rn. 145.

[297] BGH v. 20. 2. 1985, NJW 1985, 1466; LG Hamburg v. 27. 6. 2007, – 302 S 10/07 (nicht veröff.): Besprechungsgebühr des gegnerischen Anwalts; *Ombudsmann für Versicherungen* v. 4. 6. 2007, – 02638/ 2007-M (nicht veröff.): aus § 280 Abs. 1 BGB zu ersetzende gegnerische Anwaltskosten; *Harbauer/Bauer,* § 2 ARB 75 Rn. 138.

[298] BGH v. 22. 1. 2008, NJW 2008, 1323; v. 30. 4. 2008, III ZB 8/08.

gel die Vorlage eines Kostenfestsetzungsbeschlusses erforderlich. Auch ohne gerichtlichen Kostenanspruch des Gegners besteht aber Versicherungsschutz ausnahmsweise dann, wenn der VN dem Gegner materiell-rechtlich die Kosten eines **selbständigen Beweisverfahrens** zu erstatten hat, weil hier die Erstattungspflicht nicht schon vor, sondern „bei" der Wahrnehmung rechtlicher Interessen entstanden ist und ihm die Überbürdung der Kosten bei Durchführung des Prozesses ohnehin gedroht hätte[299]. Dagegen hat der VR nicht solche Kosten zu übernehmen, die dem Gegner nur deshalb entstehen, weil der VN eine Leistung nicht erbringen kann oder will, zu der er verurteilt wurde[300].

199   Die früher umstrittene Frage, ob und in welchem Umfang der VR die vom VN im Rahmen einer Verfahrenseinstellung nach §§ 153 Abs. 2, 153a Abs. 2 StPO übernommenen **Nebenklagekosten** zu tragen hat[301], hat sich durch § 472 StPO i. d. F. vom 1. 4. 1987 erledigt[302].

II. Leistungseinschränkungen

200   § 5 (3) ARB 94/2000/2008 (entspricht § 2 (3) ARB 75) nimmt einen Teil der an sich versicherten Kosten vom Versicherungsschutz aus, weil ihre Übernahme der Versichertengemeinschaft nicht zumutbar erscheint. Da es sich um Ausnahmetatbestände handelt, muss der **VR** die Voraussetzungen darlegen und ggf. **beweisen.** Auf ein Verschulden des VN kommt es nicht an, da es sich rechtstechnisch nicht um Obliegenheiten, sondern um objektiv bestimmbare – sekundäre – Risikobeschränkungen handelt[303], welche die Leistungspflicht des VR in Teilbereichen präzisieren und begrenzen.

1. Vergleichsklausel

201   Die Kostenübernahmebeschränkung nach § 5 (3) a, b ARB 94/2000/2008 (entspricht § 2 (3) a ARB 75) spielt in der Praxis eine große Rolle. Die Auslegung der Klausel beschäftigt immer wieder die Gerichte. Wichtige „Eckdaten" hat allerdings der **BGH** mit zwei **Grundsatz-Entscheidungen**[304] vorgegeben. Er hat klargestellt, dass
- die Vorschrift bezweckt, Kosten von der Erstattungspflicht auszunehmen, deren Übernahme der VN dem Gegner „**unnötig**" zugesteht, um von ihm Zugeständnisse in der Hauptsache zu erhalten
- die Zahlungspflicht des VR allein an dem **objektiven,** mathematischen **Wertverhältnis** von Obsiegen und Unterliegen ausgerichtet ist
- die **Erfolgsaussichten** sowie der hypothetische Prozessausgang **nicht berücksichtigt** werden dürfen
- in den Vergleich **einbezogene Streitigkeiten,** auf die sich die Eintrittpflicht des VR nicht erstreckt, bei der Feststellung des „Erfolgsverhältnisses" außer Betracht bleiben
- vom VR nach **Treu und Glauben** ausnahmsweise eine Kostenteilung zu akzeptieren ist, wenn im Einzelfall die Feststellung des Erfolgsverhältnisses erhebliche Schwierigkeiten bereitet und eine Kostenteilung noch vertretbar erscheint
- bei der Rückabwicklung von Verträgen eine **wirtschaftliche Bewertung** aller Leistungen geboten ist mit der Folge, dass z. B. bei Abwehr einer Zahlungsverpflichtung mit gleichzeitiger Zahlung eines – erheblich geringeren – Geldbetrages als „Abstandssumme" ein vollständiges Unterliegen vorliegen kann.

---

[299] So zutreffend AG Hannover v. 8. 11. 1991, r+s 1992, 419 im Hinblick auf die vom BGH entwickelten Grundsätze.

[300] LG Köln v. 11. 3. 1987, ZfS 1987, 275 = r+s 1987, 199: Sicherungsvollstreckung nach § 720a ZPO; AG Nettetal v. 19. 2. 1992, VersR 1993, 572 = r+s 1993, 263; *Harbauer/Bauer,* § 2 ARB 75 Rn. 165, 180.

[301] Vgl. ausführlich *Böhme,* § 2 ARB 75 Rn. 35 d.

[302] *Prölss/Martin/Armbrüster,* § 2 ARB 75 Rn. 18; zur Frage der „freiwilligen" Übernahme von Gerichtskosten vgl. *Harbauer/Bauer,* § 2 ARB 75 Rn. 174 ff.

[303] *Harbauer/Bauer,* § 2 ARB 75 Rn. 166.

[304] V. 16. 6. 1977, VersR 1977, 809; v. 27. 1. 1982, VersR 1982, 391 = NJW 1982, 1103.

Den Grundsatz von **Treu und Glauben** bemüht das OLG Köln[305] auch bei **schleppen-**   201a
der Reaktion des VR auf Versuche des VN bzw. des beauftragten Anwalts, mit dem VR
den Leistungsumfang im Falle konkreter Vergleichsgespräche mit der Gegenseite zu klären.
Es gehört in der Tat zu den Nebenpflichten des VR, bei solchen Anfragen – z. B. bei Vergleichen mit Widerrufsvorbehalt – in angemessener Zeit zu reagieren, um den VN vor Nachteilen zu bewahren. Kommt er dem schuldhaft nicht nach, kann er sich nach Treu und Glauben
nicht auf die Risikobeschränkung berufen.

Nach einhelliger Auffassung ist die Vergleichsklausel auch bei einer **außergerichtlichen**   202
Erledigung des Streits anzuwenden. **Umstritten** ist allerdings, ob dies uneingeschränkt gilt,
oder ob zum Zeitpunkt des Vergleichsabschlusses ein **materiell-rechtlicher Kostenerstat-**
tungsanspruch des VN gegen den Gegner bestehen muss[306]. Teilweise wird die Auffassung
vertreten[307], die Klausel sei nur dann anwendbar, wenn der VN dem Gegner gegenüber auf
einen materiell-rechtlichen Kostenerstattungsanspruch verzichtet hat. Zur Begründung hierfür wird auf die Ratio der Klausel, unnötige Kostenzugeständnisse zu verhindern, verwiesen
und darauf, dass bei Fehlen eines Erstattungsanspruchs der Gegner nicht – wie in einem Prozess
– zur Übernahme einer entsprechenden Kostenquote gezwungen werden könne. Dem ist jedoch entgegenzuhalten, dass der Gegner auch bei einem gerichtlichen Vergleich nicht zu einer
Kostenübernahme „gezwungen" werden kann. Ferner ist es für den VR oft schwer zu beurteilen, ob der VN einen materiell-rechtlichen Kostenerstattungsanspruch hat oder nicht. Die
Vergleichsklausel verpflichtet den VR nicht zum Nachweis, dass unnötige Kostenzugeständnisse gemacht wurden. Die generelle Ratio der Vorschrift gilt auch bei außergerichtlicher Interessenwahrnehmung, wobei die VR in Kauf nehmen, dass der VN bei gerichtlicher Fortsetzung und streitiger Entscheidung schlechter abschneidet als bei einem Vergleich und dann
u. U. sogar mit höheren Kosten belastet wird[308]. Nach überwiegender und zutreffender Auffassung[309], der inzwischen auch der **BGH** mit Urteil vom **25. 1. 2006**[310] gefolgt ist, ist daher
die Anwendung der Vergleichsklausel **nicht davon abhängig** zu machen, dass der VN einen
Anspruch auf Kostenerstattung gegen den Gegner hat. Ebenso wenig kommt es darauf
an, ob die Parteien ausdrücklich eine Kostenregelung getroffen haben oder nicht[311]. Wurde die
Kostenfrage offen gelassen, wäre dies im Übrigen – in entsprechender Anwendung des § 98
ZPO – als stillschweigende Einigung über Kostenaufhebung zu werten[312]. Auch ein volles
Obsiegen des VN durch **schlichtes Nachgeben** oder durch endgültiges Absehen von der
Verfolgung des vermeintlichen Anspruchs seitens des Gegners könnte nach dem Wortlaut
unter die Klausel fallen. Teilweise wird daher für solche Fallgestaltungen die Anwendbarkeit
der Klausel bejaht[313]. Hierbei wird jedoch der Sinn und Zweck der Regelung außer Acht ge-

---

[305] V. 24. 10. 2006, VersR 2007, 101 = r+s 2007, 19.

[306] Hierzu ausführlich *van Bühren,* ZAP 2002, 37.

[307] LG Bremen v. 14. 6. 2007, NJW-RR 2007, 1404; AG Bühl v. 10. 1. 2002, ZfS 2002, 250; AG Düsseldorf v. 23. 10. 1989, r+s 1990, 91; *van Bühren,* a.a.O; *van Bühren/Plote,* § 5 ARB 2000 Rn. 166; *Mathy,*
Rechtsschutz-Alphabet, Stichwort: Vergleich; *Cornelius-Winkler,* S. 98.

[308] BGH v. 16. 6. 1977, VersR 1977, 809 unter Ziff. I 2.

[309] OLG Hamm v. 2. 6. 1999, VersR 1999, 1276; LG Hannover v. 9. 6. 2005, RVGreport 2005, 437;
LG Bielefeld v. 15. 1. 2003, ZfS 2003, 253 = AGS 2003, 422 m. Anm. *Schneider;* LG Bochum v. 5. 9.
2000, r+s 2001, 154; LG Bielefeld v. 28. 8. 1991, ZfS 1991, 415; AG Osnabrück v. 23. 12. 1991, r+s
1993, 223; AG Radolfzell v. 7. 3. 1991, r+s 1991, 345; AG Köln v. 6. 11. 1987, ZfS 1988, 248; *Harbauer/
Bauer,* § 2 ARB 75 Rn. 168; *Prölss/Martin/Armbrüster,* § 2 ARB 75 Rn. 21.

[310] NJW 2006, 1281 = VersR 2006, 404 = MDR 2006, 871 (der BGH spricht von der Erledigung „etwaiger" Kostenerstattungsansprüche der Parteien untereinander", auf das tatsächliche Vorhandensein solcher Ansprüche kam es ihm also erkennbar nicht an).

[311] BGH, a.a. O.; OLG Hamm, a.a. O.; LG Saarbrücken v. 14. 1. 1999, r+s 1999, 244; a. A.: LG Freiburg v. 19. 7. 1990, VersR 1991, 688; *van Bühren,* ZAP 2002, 37 (40).

[312] *Harbauer/Bauer,* § 2 ARB 75 Rn. 168.

[313] LG München II v. 10. 3. 2005, RVGreport 2005, 438; *Prölss/Martin/Armbrüster,* § 2 ARB 75 Rn. 21;
a. A. LG Hagen v. 23. 3. 2007, JurBüro 2007, 653 = NJW-RR 2008, 478; *Döring,* VersR 2007, 770: Verstoß gegen § 305c und § 307 BGB.

lassen, welcher dahingeht, großzügige Kostenzugeständnisse zu Lasten des VR zu verhindern. Ein solches Verhalten des VN steht hier nicht zur Debatte. Begibt sich der Gegner einseitig in die Rolle des Unterlegenen, kann der VN auch wegen der Kosten keinen Einfluss nehmen. Im Ergebnis wird man die Klausel daher nur bei vertraglichen Einigungen, d. h. bei Vergleichen, anwenden können. Da sich dies durch einfache Auslegung der Klausel ermitteln lässt, geht die Entscheidung des LG Hagen[314] zu weit, wenn dort wegen vermeintlichen Verstoßes gegen das Transparenzgebot die Unwirksamkeit der gesamten Klausel angenommen wird.

203 Nicht immer einfach zu beurteilen ist das „Erfolgsverhältnis" bei **Kaufverträgen,** wenn es um Mängel oder die Rückabwicklung des Vertrages geht. Hier ist regelmäßig eine wirtschaftliche Betrachtungsweise geboten, was in § 5 (3) b ARB 94/2000/2008 dadurch unterstrichen wird, dass „das angestrebte und das erzielte Ergebnis" zu vergleichen sind. Davon ausgehend hat wirtschaftlich gesehen der Gegner des VN das angestrebte Ergebnis voll erzielt, wenn sich der VN als Verkäufer verpflichtet, anstelle des eingeklagten großen Schadenersatzes den kleinen Schadenersatz für Mängel ohne Rückabwicklung des Kaufvertrages zu zahlen[315]. Ist umgekehrt der VN der Käufer, ist grundsätzlich von einem vollständigen „Obsiegen" des VN auszugehen, wenn dieser bei zunächst geltend gemachtem Wandlungsanspruch eine Reduzierung des Kaufpreises erreicht. Im Zweifel wird er dies von Anfang an angestrebt haben[316]. Erreicht der VN vergleichsweise die angestrebte Rückabwicklung eines Kaufvertrages mit der Maßgabe, dass der schon gezahlte Kaufpreis auf den Neuerwerb eines anderen (teureren) Fahrzeugs angerechnet wird, so kann darin ein messbares Unterliegen nicht gesehen werden[317].

204 Wird dem Mieter im Räumungsprozess eine **Räumungsfrist** gewährt, so stellt dies i. d. R. kein Teilunterliegen des Vermieters dar[318], da die Räumungsfrist nicht das Erkenntnisverfahren, sondern nur die Zwangsvollstreckung betrifft. Dies schließt allerdings nicht aus, dass im Einzelfall ein Teilunterliegen vorliegen kann, da z. B. die Sondervorschrift des § 93b ZPO eine andere Bewertung gebieten kann[319].

205 Nach der Rechtsprechung[320] ist die Vergleichsklausel nicht anwendbar, wenn die Parteien es dem Gericht überlassen, eine Kostenentscheidung nach **§ 91a ZPO** zu treffen. Dies wird damit begründet, dass der VN in solchen Fällen kein Kostenzugeständnis an seinen Gegner gemacht habe. Überzeugend ist dies nicht, da hierdurch der VN ohne Grund besser gestellt wird als derjenige VN, der die Kosten von vornherein – abweichend von der Erfolgsquote in der Hauptsache – mit dem Gegner vereinbart. Da zudem bekanntermaßen die Beurteilungsmaßstäbe für Kostenentscheidungen nach § 91a ZPO mit der Ratio der Vergleichsklausel nicht konform gehen, muss die Klausel nach ihrem wirtschaftlichen Zweck auch in den Fällen des § 91a ZPO Anwendung finden[321]. Hierfür spricht auch der Wortlaut des § 5 (3) b ARB 94/2000/2008, der – anders als § 2 (3) a ARB 75 – nicht von einer Übernahme von Kosten spricht, sondern von Kosten, die im Zusammenhang mit einer einverständlichen Erledigung „entstanden sind". Andersherum kann aus dieser Formulierung nicht abgeleitet werden, die Kostenübernahmebeschränkung erstrecke sich nur auf die anwaltliche Einigungsgebühr[322]. Bei aufmerksamer Lektüre dieser gegenüber § 2 (3) a ARB umformulierten

[314] a. a. O.

[315] LG Mönchengladbach v. 31. 3. 2000, VersR 2001, 1280.

[316] *Sperling,* VersR 1996, 133 (141).

[317] LG Köln v. 31. 5. 2006 – 20 S 36/05 (juris); LG Bochum v. 5. 9. 2000, r+s 2001, 154; AG Nürnberg v. 12. 8. 2005, r+s 2006, 452; AG Marsberg v. 17. 9. 1997, r+s 1999, 30.

[318] LG München v. 14. 5. 1993, r+s 1994, 142 = ZfS 1994, 224; AG Andernach v. 24. 10. 2000, r+s 2001, 251; AG Schwelm v. 6. 5. 2003, – 20 C 103/02 – (nicht veröff.).

[319] Vgl. LG Karlsruhe v. 24. 1. 1997, VersR 1997, 962; *Böhme,* § 2 ARB 75 Rn. 37b.

[320] OLG Hamm v. 8. 12. 2004, NJW-RR 2005, 331 = VersR 2005, 1142 = r+s 2005, 26; OLG Karlsruhe v. 16. 6. 1983, VersR 1984, 839 = ZfS 1984, 335; LG Köln v. 24. 4. 2006, r+s 2006, 453; AG Tauberbischofsheim/LG Mosbach v. 22. 1. 1982/27. 7. 1982, VersR 1983, 681.

[321] A. A. *Harbauer/Bauer,* § 5 ARB 94 Rn. 20 (anders noch in der Vorauflage).

[322] So aber wohl OLG Hamm v. 8. 12. 2004, VersR 2005, 1142 (1143 unter 2b); zustimmend *Bauer,* NJW 2006, 1484 (1487).

Regelung wird der verständige VN durchaus erkennen, dass der VR nur diejenigen Kosten der Rechtsverfolgung erstatten muss, die ihm im Falle einer Entscheidung durch Urteil gem. §§ 91 ff. ZPO auferlegt worden wären, wenn es ein Urteil mit demselben Inhalt wie im Vergleich erlassen hätte.

2. Vollstreckungsmaßnahmen

Die Rechtsschutzversicherung deckt naturgemäß auch die Zwangsvollstreckung als letzte **206** Stufe der rechtlichen Interessenwahrnehmung ab, soweit die konkrete Maßnahme (Antrag oder Abwehr) hinreichende Aussicht auf Erfolg bietet. Um das Kostenrisiko in diesem Bereich vernünftig zu begrenzen, beschränkt **§ 2 (3) b ARB 75** den VersSchutz summenmäßig auf 3 Vollstreckungsmaßnahmen. Der Wortlaut lässt allerdings offen, ob die zeitlich ersten 3 Anträge gemeint sind, so dass dem VN ein Wahlrecht zugesprochen wird[323], welches dieser allerdings – wenn er es ausgeübt hat – nicht mehr nachträglich ändern kann. **§ 5 (3) d ARB 94/2000/2008** schiebt dieser Möglichkeit, dem VR die teuersten Verfahren in Rechnung zu stellen, einen Riegel vor. Der Versicherungsschutz beschränkt sich ausdrücklich auf die zeitlich ersten 3 Maßnahmen.

a) Vollstreckung gegen Gesamtschuldner. Hat der VN einen Vollstreckungstitel **207** gegen Gesamtschuldner, ist zu berücksichtigen, dass sich die Zwangsvollstreckung stets gesondert gegen jeden einzelnen Schuldner richtet, wobei es sich auch gebührenmäßig um mehrere Angelegenheiten i. S. d. § 18 Nr. 3 RVG (§ 58 Abs. 1 BRAGO) handelt[324]. Deshalb hat der VR auch dann, wenn der VN die Zwangsvollstreckung gegen die Gesamtschuldner im gleichen Gesuch beantragt, **insgesamt nur 3** Vollstreckungsmaßnahmen und nicht etwa 3 je Gesamtschuldner zu übernehmen[325]. Dies muss unabhängig davon gelten, ob es sich um ein Urteil oder um mehrere Vollstreckungsbescheide gegen Gesamtschuldner handelt.

b) Vollstreckung aus notarieller Urkunde; Drittschuldnerklage. Ein Antrag auf **208** Vollstreckung i. S. d. § 2 (3) b ARB 75 bzw. eine Zwangsvollstreckungsmaßnahme i. S. d. § 5 (3) d ARB 94/2000/2008 kann auch eine Klage sein[326]. Dies ist von erheblicher Bedeutung, da sich die Eintrittspflicht in jedem Fall ausschließlich nach dem zugrunde liegenden Vollstreckungstitel richtet (Versicherungsfall, Risikoausschlüsse usw.) und zum anderen eine solche Zwangsvollstreckungsmaßnahme erhebliche Kosten auslösen kann, zumal eine Klage durch mehrere Instanzen gehen kann. Im konkreten Fall muss aber sorgfältig geprüft werden, ob der VN, je nachdem ob er als Gläubiger, Schuldner oder als außerhalb der Zwangsvollstreckung stehender Dritter betroffen ist, Kosten einer Zwangsvollstreckungsmaßnahme aufzuwenden hat, oder ob es sich für ihn um ein Erkenntnisverfahren handelt, mit der Folge, dass die Eintrittspflicht komplett zu prüfen ist (Leistungsart, Versicherungsfall, Risikoausschlüsse usw.). Diese Überlegungen sind z. B. bei der Vollstreckungsgegenklage[327], bei der Drittschuldnerklage[328] oder bei Rechtshandlungen i. S. d. Anfechtungsgesetzes[329] anzustellen. **Einseitige Unterwerfungen unter die sofortige Zwangsvollstreckung gem. § 794 Abs. 1 Nr. 5 ZPO** (z. B. zu Gunsten einer fondsfinanzierenden Bank) sind nach einer Grundsatzentscheidung des **BGH** vom **17. 1. 2007**[330] keine der Rechtskraft fähigen Vollstreckungstitel i. S. der Risikobeschränkungen des § 5 (3) d ARB 94/2000/2008 und des § 2 (3) b ARB 75. Der VN

---

[323] AG Würzburg v. 23. 10. 1997, VersR 1999, 189; *Harbauer/Bauer,* § 2 ARB 75 Rn. 179; a. A. *Böhme,* § 2 ARB 75 Rn. 42.

[324] BGH v. 10. 8. 2006, RVGreport 2006, 461; *Gerold/Schmidt/Müller-Rabe,* Nr. 3309 VV RVG Rn. 261, 320.

[325] AG Essen v. 21. 5. 1986, AZ.: 23 C 20/86 (nicht veröff.); AG Dortmund v. 13. 11. 1981, ZfS 1982, 49; *Harbauer/Bauer,* § 2 ARB 75 Rn. 183; *Böhme,* § 2 ARB 75 Rn. 43; *Mathy,* Rechtsschutz-Alphabet, Stichwort: Zwangsvollstreckung.

[326] *Harbauer/Bauer,* § 2 ARB 75 Rn. 181 ff.

[327] *Harbauer/Bauer,* § 2 ARB 75 Rn. 196.

[328] *Harbauer/Bauer,* § 2 ARB 75 Rn. 205 f.

[329] *Harbauer/Bauer,* § 2 ARB 75 Rn. 214.

[330] VersR 2007, 535 = NJW-RR 2007, 749 = r+s 2006, 450 = MDR 2007, 720.

vermag den Klauseln keinen ausreichenden Anhalt für eine zeitliche Begrenzung des Rechtsschutzes (5 Jahre) bei solchen nicht rechtskraftfähigen Vollstreckungstiteln zu entnehmen. Hierbei ist insbesondere zu berücksichtigen, dass die im Rahmen einer Vertragsgestaltung eingegangene einseitige Unterwerfung unter die sofortige Zwangsvollstreckung grundsätzlich noch keinen Rechtsschutzfall bildet, mit der eine Frist für eine zeitliche Risikobegrenzung zu laufen beginnen könnte. Wird also in diesen Fällen gegen die Vollstreckung aus der Urkunde eine prozessuale Gestaltungsklage analog § 767 Abs. ZPO erhoben, sind normal wie in einem Erkenntnisverfahren die Voraussetzungen für den Anspruch auf Rechtsschutz zu prüfen. Die Fünfjahesfrist i. S. der genannten Risikobeschränkungen kann erst später für den aus der Gestaltungsklage entstandenen Titel angewandt werden.

209   Hat der VN als Vollstreckungsgläubiger einer Geldforderung einen Pfändungs- und Überweisungsbeschluss ausgebracht und zahlt der Dritte – z. B. der Arbeitgeber des Schuldners – nicht freiwillig an den VN, so muss der VN gegen den Drittschuldner klagen. Es ist umstritten, wie dieser Fall der **Drittschuldnerklage** einzuordnen ist. Teilweise wird die Auffassung vertreten, es handele sich nicht um einen Antrag auf Vollstreckung, vielmehr sei der Sachverhalt als eigenständiger Versicherungsfall zu prüfen[331]. Auch wenn hierfür gute Gründe ins Feld geführt werden können, ist der Gegenmeinung[332] zu folgen, die von einer **Vollstreckungsmaßnahme** ausgeht. Sie hebt zu Recht hervor, dass der VN die Klage allein deshalb erhebt, um Befriedigung für seinen titulierten Anspruch zu erhalten und sich mit der Drittschuldnerklage auf die Höhe seiner Forderung beschränken muss. Aus seiner Sicht handelt es sich eindeutig um die Fortsetzung der Zwangsvollstreckung. Diese Auslegung nach den Verständnismöglichkeiten eines durchschnittlichen VN muss in diesem Fall gegenüber der juristischen Terminologie Vorrang haben, zumal allein hierdurch für den VN unerwartete Deckungslücken (gepfändete Forderung fällt nicht unter die versicherten Leistungsarten, Risikoausschlüsse nach § 4 Abs. 2b und c ARB 75 usw.) vermieden werden. Der Streit dürfte allerdings auf der Grundlage des **§ 5 (3) d ARB 94/2000/2008** hinfällig sein, denn hier ist nicht mehr vom Vollstreckungs-„Antrag" die Rede, sondern von Kosten „aufgrund" von Vollstreckungsmaßnahmen[333].

3. Teileintrittspflicht

210   In der Praxis kommt es nicht selten vor, dass sich die Vergütung des Anwalts des VN **nach einer einheitlichen Rechnung für den Gesamtstreitwert** richtet, jedoch der VR nur für einen Teil der Interessenwahrnehmung eintrittspflichtig ist. Dies kann z. B. dann der Fall sein, wenn ein Teil der Ansprüche von einem Risikoausschluss erfasst wird[334] oder wenn der VR teilweise wegen nicht hinreichender Erfolgsaussicht den Versicherungsschutz versagt hat und der VN gleichwohl diesen Teil der nicht versicherten Ansprüche – auf eigenes Kostenrisiko – mit verfolgt.

211   Es ist **umstritten**, wie der vom VR zu übernehmende Kostenanteil in diesen Fällen zu berechnen ist. Nach der **h. M.**[335], welcher sich inzwischen auch der **BGH** mit Urteil vom **4. 5. 2005**[336] angeschlossen hat, schuldet der VR nur die **Quote der Rechtsverfolgungskosten, die dem Anteil am Gesamtstreitwert entspricht.** Demnach kann der VN die

---

[331] OLG Karlsruhe v. 19. 4. 2007, VersR 2007, 1078 = r+s 2007, 322; *Maier*, r+s 2007, 312; *Schneider*, VersR 1995, 10; *Prölss/Martin/Armbrüster*, § 2 ARB 75 Rn. 28 für § 2 (3) b ARB 75.

[332] AG Dortmund v. 13. 11. 1981, ZfS 1982, 49; *Harbauer/Bauer*, § 2 ARB 75 Rn. 205; *Böhme*, § 2 ARB 75 Rn. 44; ausführlich *Rex*, VersR 1995, 505 gegen *Schneider*, a. a. O.

[333] *Prölss/Martin/Armbrüster*, § 5 ARB 94 Rn. 16; *Maier*, r+s 2007, 312 (313).

[334] Vgl. z. B. AG Gemünden a. Main v. 21. 7. 2006, – 17 C 245/06 (nicht veröff.): Zeichnung einer Geldanlage, die zu ¼ aus nicht versicherten Spekulationsgeschäften besteht – Deckung zu ¼ verneint.

[335] OLG München v. 1. 10. 2002, VersR 2003, 765 = JurBüro 2003, 267 = AGS 2003, 377 m. abl. Anm. *van Bühren;* LG Düsseldorf v. 24. 4. 1992, r+s 1992, 309; LG Karlsruhe v. 27. 8. 1992, r+s 1993, 66; LG Braunschweig v. 21. 2. 1986, ZfS 1986, 240; AG Grevenbroich v. 17. 10. 1988, VersR 1989, 1043; AG Heidelberg v. 26. 7. 1985, ZfS 1987, 210; *Harbauer/Stahl*, vor § 21 ARB 75 Rn. 5; *Böhme*, § 1 ARB 75 Rn. 4.

[336] NJW 2005, 2228 = VersR 2005, 936 = r+s 2005, 462 = ZfS 2005, 564 = MDR 2005, 986 = NZV 2005, 410.

Kosten seines Anwalts **nicht fiktiv** so abrechnen, als handele es sich beim eintrittspflichtigen Teil des Gesamtstreitwerts um eine für die Gebührenberechnung zu trennende Angelegenheit. Eine Verteilung nach Quoten befürwortet ebenfalls das OLG Köln[337]. Es vertritt auch die Auffassung, dass der VR nur die tatsächlich entstandenen Kosten zu erstatten hat, also diejenigen, die unter Berücksichtigung der Degression angefallen sind, jedoch wird die Abrechnung nach den Vorgaben des OLG Köln dadurch sehr kompliziert[338], dass sie das Prinzip der Kostenfestsetzung bei Streitgenossen mit unterschiedlicher Beteiligung am Rechtsstreit anwendet. Die **Gegenmeinung**[339] will dagegen allein den VN in den Genuss des Degressionsvorteils kommen lassen und eine fiktive Abrechnung nach dem eintrittspflichtigen Streitwert zulassen. Die Argumente hierfür überzeugen aber nicht. Da der Rechtsschutzversicherer selbstverständlich[340] nur die tatsächlich entstandenen Kosten zu erstatten hat, ist für die Anwendung der Unklarheitenregel des § 5 AGBG (jetzt: § 305c Abs. 2 BGB)[341] kein Raum. Ebenso wenig kann das sich aus § 86 VVG (§ 67 VVG a. F.) ergebende Quotenvorrecht des VN eine fiktive Abrechnung begründen, denn der Degressionsvorteil des VN ergibt sich anders als der Vorteil, der dem VN nach dem Prinzip des Quotenvorrechts (Differenztheorie) verbleiben soll, erst aus einem Vergleich mit einer hypothetischen Situation, nämlich einer separaten Interessenwahrnehmung, die tatsächlich gar nicht stattgefunden hat. Die Zulässigkeit eines solchen Vergleichs lässt sich mit dem Quotenvorrecht nicht begründen[342]. Auch das Argument, in anderen Versicherungssparten sei die Frage der Teildeckung ausdrücklich in den AVB geregelt (z. B. § 3 Abs. 3 Nr. 1 AHB, § 10 Abs. 6 AKB), ist letztlich nicht stichhaltig, da es sich um völlig unterschiedliche Leistungen handelt. Es ist damit zu rechnen, dass die Gegenmeinung aufgrund der Grundsatzentscheidung des BGH vom 4. 5. 2005 ihre Bedeutung verloren hat. Dies gilt auch für die Berechnungsmethode des OLG Köln, die der BGH mit guten Gründen verwirft. Gleichwohl wäre es zu begrüßen, wenn die VR für die Zukunft eine klarstellende Regelung in die ARB einarbeiten würden. Gerade bei einer elementaren Regelung wie der Bestimmung des Leistungsumfangs der Kostenübernahme sollte der Durchschnittsversicherungsnehmer auch ohne Zuhilfenahme der Rechtsprechung sofort erkennen können, was versichert ist und was nicht.

Auch in **Straf- und Ordnungswidrigkeitenverfahren** kann sich das Problem der Teildeckung stellen, wenn dem VN mehrere Delikte vorgeworfen werden und nur ein Teil davon unter die Deckung fällt. Hier besteht in Rechtsprechung und Literatur Einigkeit[343], dass eine fiktive Abrechnung auf der Grundlage des eintrittspflichtigen Delikts nicht zugelassen werden kann. Der Umfang der Kostentragungspflicht ist in diesen Fällen **nach dem Gewicht und der Bedeutung der einzelnen Vorwürfe im Gesamtzusammenhang** zu errechnen. Dies kann bedeuten, dass bei Gesetzeskonkurrenz oder auch bei Tateinheit zwischen einem – nicht versicherten – nur vorsätzlich begehbaren Vergehen (z. B. Betrug) und einer – versicherten – Fahrlässigkeitstat der Versicherungsschutz ganz ausgeschlossen ist, weil der Vorwurf fahrlässigen Handelns gegenüber dem Vorsatzvorwurf ganz zurücktritt[344]. Jedoch kommt es **212**

---

[337] V. 6. 3. 2001, NVersZ 2002, 30 = r+s 2001, 330; dieser Auffassung folgt *Prölss/Martin/Armbrüster*, § 2 ARB 75 Rn. 5.

[338] Vgl. hierzu *Bauer*, NJW 2002, 1542 (1546).

[339] OLG Hamm v. 1. 4. 1992, r+s 1992, 341 = VersR 1993, 94; *van Bühren*, MDR 2001, 1393; *Schneider*, AGS 2003, 333.

[340] So ausdrücklich OLG Köln v. 6. 3. 2001, r+s 2001, 330 (331).

[341] Dies befürwortet OLG Hamm, a. a. O.

[342] *Prölss/Martin/Armbrüster*, § 2 ARB 75 Rn. 5.

[343] LG Duisburg v. 16. 12. 1996, r+s 1997, 117; LG Karlsruhe v. 27. 8. 1992, r+s 1993, 66; AG Düsseldorf v. 4. 4. 2007, – 39 C 17122/06 (nicht veröff.); AG Gelsenkirchen v. 26. 8. 1998, ZfS 1999, 121; AG Marl v. 18. 10. 1995, r+s 1997, 337; AG Hofgeismar v. 11. 10. 1994, r+s 1995, 262; *Mümmler*, JurBüro 1987, 343, 808 (809); *Harbauer/Maier*, § 4 ARB 75 Rn. 179; *Prölss/Martin/Armbrüster*, § 4 ARB 75 Rn. 55; *Böhme*, § 4 ARB 75 Rn. 60b; a. A. *van Bühren*, MDR 2001, 1393 (1394).

[344] AG Geilenkirchen v. 15. 5. 1974, VersR 1975, 231; LG Duisburg v. 16. 12. 1996, r+s 1997, 117: Betrugsvorwurf wegen fingierter Unfälle im Straßenverkehr.

stets auf die Umstände des Einzelfalles an. Häufig geben die vom Strafgericht verhängten Ta-gessätze gute Anhaltspunkte für eine gerechte Bewertung des versicherten Teils der Verteidi-gerkosten.

4. Rechtsgemeinschaft

213   In der Praxis kommt es gelegentlich vor, dass ein Recht mehreren Personen gemeinschaft-lich zusteht, jedoch von den Rechtsinhabern nur ein Teil versichert ist. Für die Deckungs-frage ist dann grundsätzlich entscheidend, ob es sich um eine **objektbezogene** oder eine **personenbezogene** Vertragsart handelt[345]. Ist z. B. ein Kraftfahrzeug oder ein Grundstück als Ganzes versichert, so besteht nicht nur für den VN, sondern für alle Miteigentümer Ver-sicherungsschutz bei Streitigkeiten, die sich auf das Objekt als Ganzes beziehen. Werden da-gegen rechtliche Interessen aus einem personenbezogenen Vertrag wahrgenommen (z. B. § 25 ARB), so hat der VN nur **anteilig** für seinen VN Versicherungsschutz zu leisten. Ver-kauft also beispielsweise der VN zusammen mit einem – nicht mitversicherten – Miteigentü-mer ein Grundstück und werden rechtliche Interessen aus diesem Vertrag wahrgenommen, so erhält der VN als Mitgläubiger (§ 432 BGB) nur anteilig entsprechend der Quote an der Ge-samthand Versicherungsschutz[346].

214   Auch bei quotenmäßig beschränkter Leistungspflicht kann u. U. der VR in Höhe der vol-len Kosten leistungspflichtig sein. Dies ist dann der Fall, wenn der Anwalt nicht nur vom VN, sondern auch vom anderen Rechtsinhaber beauftragt wurde und **der Anwalt den VN** wegen der Gebühren **als Gesamtschuldner** in voller Höhe, d. h. über den Anteil im Innen-verhältnis hinaus, **in Anspruch nimmt.** Zwar kann dann der VR aufgrund der Subsidiari-tätsklausel (siehe hierzu unten unter Rn. 215) verlangen, dass der VN zunächst den anderen Rechtsinhaber (Gesamtschuldner) zur Zahlung seines Kostenanteils auffordert. Im Falle der Freistellungsverweigerung muss aber der VR vorleisten und ist darauf angewiesen, die dann auf ihn übergegangene Ausgleichsforderung gegen den anderen Rechtsinhaber durchzuset-zen.

5. Subsidiarität

215   Durch die Subsidiaritätsklausel in **§ 5 (3) g ARB 94/2000/2008,** welche die Regelung in § 2 (3) c und d ARB 75 abgelöst hat, soll vermieden werden, dass Dritte, die dem VN zur Kostenerstattung verpflichtet sind, durch das Bestehen des Rechtsschutzvertrages von der Zah-lungspflicht entlastet werden. Die ARB 75 unterschieden noch zwischen 2 Varianten: Wäh-rend **§ 2 (3) d ARB 75** speziell die Fälle erfassen sollte, in denen der Dritte die Kostenüber-nahme gerade **wegen des Bestehens** einer Rechtsschutzversicherung verweigern könnte (z. B. bei Ansprüchen auf Auslagenersatz durch die Staatskasse bei Freispruch des VN[347] oder in den Fällen des § 117 Abs. 3 S. 2 VVG/§ 158c Abs. 4 VVG a. F.[348]), regelt **§ 2 (3) c ARB 75** allgemein eine Subsidiarität für alle Fälle, in denen ein Dritter aufgrund materiellen oder pro-zessualen Rechts zur Erstattung der Rechtskosten verpflichtet ist (z. B. vertragliche Ansprüche des VN gegen seinen Haftpflichtversicherer[349] oder gesetzliche Ansprüche aus Schuldnerver-zug, pVV oder unerlaubter Handlung[350]). § 5 (3) g ARB 94/2000/2008 fasst diese beiden Tat-bestände zu einer Vorschrift zusammen[351]. Ob dies sprachlich sonderlich geglückt ist, mag da-hinstehen. Jedenfalls ist es nicht gerechtfertigt anzunehmen[352], die Neufassung sei auf die Fälle des bisherigen § 2 (3) c ARB 75 nicht anwendbar. Fraglich kann allenfalls sein, ob der VN – was

---

[345] *Harbauer/Stahl,* vor § 21 ARB 75 Rn. 6.
[346] LG Düsseldorf v. 13. 11. 2002, 11 O 555/01 (nicht veröff.); a. A. OLG Köln v. 3. 11. 1988, r+s 1988, 368 = VersR 1989, 736 für Zahlungsansprüche eines Miterben.
[347] *Harbauer/Bauer,* § 2 ARB 75 Rn. 244; *Böhme,* § 2 ARB 75 Rn. 46.
[348] *Harbauer/Bauer,* § 2 ARB 75 Rn. 233 ff.; *Böhme,* § 2 ARB 75 Rn. 47.
[349] *Harbauer/Bauer,* § 2 ARB 75 Rn. 223.
[350] *Harbauer/Bauer,* § 2 ARB 75 Rn. 224 ff.
[351] Vgl. *Harbauer,* § 5 ARB 94 Rn. 25 in der 6. Auflage.
[352] So aber *Prölss/Martin/Armbrüster,* § 5 ARB 94 Rn. 18; *Harbauer/Bauer,* § 5 ARB 94 Rn. 25.

§ 2 (3) c ARB 75 ausdrücklich vorsah – zunächst den Dritten zur Zahlung auffordern muss. Auch ohne ausdrückliche Erwähnung in § 5 (3) g ARB 94/2000/2008 dürfte dies aber im Interesse einer effektiven Subsidiarität zumindest dann zu bejahen sein, wenn die Erstattungspflicht des Dritten feststeht und unproblematisch realisiert werden kann. Nur soweit dies nicht der Fall ist, ist der VR vorleistungspflichtig mit der Folge des Anspruchsübergangs nach § 86 VVG (§ 67 VVG a. F.), § 17 (8) ARB 94/2000/2008.

6. Deckungssumme

§ 5 (4) ARB 94/2000/2008 (entspricht § 2 (4) ARB 75) begrenzt die vom VR zu über-   **216** nehmenden Leistungen auf die vereinbarte Deckungssumme. Maßgebend hierfür ist der jeweilige Tarif des VR. Soweit noch Verträge nach den ARB 75 bestehen, ist meistens eine Deckungssumme von 100 000 DM vereinbart. Bei Einführung der ARB 94 lag die Deckungssumme überwiegend bei 200 000 DM. Inzwischen sind die unternehmensspezifischen Entwicklungen kaum noch überschaubar, teilweise wird sogar eine unbegrenzte Deckungssumme angeboten. Entscheidend ist die Angabe im Versicherungsschein.

Erfolgt während der Laufzeit des Rechtsschutzvertrages eine Vertragsänderung mit **Vereinbarung einer neuen, höheren Deckungssumme,** so ist im konkreten Schadenfall maßgebend, wann der Versicherungsfall eingetreten ist. Liegt der Versicherungsfall noch vor der Vertragsänderung, so kann die erhöhte Deckungssumme hierfür nicht in Anspruch genommen werden[353]. Liegen mehrere Versicherungsfälle vor, die zeitlich und ursächlich zusammenhängen, kann es sein, dass unterschiedliche Deckungssummen zugrunde liegen. Grundsätzlich kann dann der VN als Gesamtleistung die höhere Deckungssumme beanspruchen.

In Literatur und Rechtsprechung[354] wird teilweise eine **Aufklärungspflicht** des VR für   **217** den Fall angenommen, dass eine Erschöpfung der Deckungssumme vorauszusehen ist. Die schuldhafte Verletzung einer solchen Pflicht könnte dazu führen, dass der VR ggf. über die Deckungssumme hinaus Kosten übernehmen muss. Bei der Annahme einer solchen Pflicht ist aber Zurückhaltung geboten, da der VN die vereinbarte Deckungssumme kennt und aufgrund der anwaltlichen Vertretung über die Entwicklung seines Rechtsstreits informiert ist. Es würde die Fürsorgepflicht des VR überspannen, wenn dieser regelmäßig eine Vorauskalkulation noch ausstehender oder zu erwartender Kosten vornehmen müsste. Eine Hinweispflicht kann deshalb nicht allgemein, sondern nur **ausnahmsweise** dann angenommen werden, wenn **aufgrund konkreter Umstände** Veranlassung zu der Annahme besteht, dass der VN bzw. sein Anwalt das Kostenrisiko und die Gefahr der Deckungssummenüberschreitung nicht überblicken[355]. Dies kann z. B. dann der Fall sein, wenn der VR die Voraussetzungen des § 5 (4) S. 2 ARB 94/2000/2008 annimmt und mehrere Rechtsschutzfälle insgesamt nur mit einer Deckungssumme regulieren will.

Für den VR ist der sich anbahnende Verbrauch der Deckungssumme auch insoweit von   **218** Interesse, als sich bei der Abwicklung der Restzahlungen Schwierigkeiten ergeben können, weil mehrere Gläubiger – ggf. durch Pfändungsmaßnahmen – auf die Versicherungsleistung Zugriff nehmen wollen. § 2 (4) ARB 75 sieht hier ein Recht des VR vor, sich durch **Zahlung an den VN** oder durch **Hinterlegung** für den VN[356] von seiner Leistungspflicht zu befreien. In § 5 (4) ARB 94/2000/2008 ist das Hinterlegungsrecht – wegen fehlender praktischer Bedeutung – entfallen. Der VR kann aber nach wie vor an den VN zahlen, auch wenn die Klausel dies nicht ausdrücklich hervorhebt[357].

---

[353] OLG Braunschweig v. 28. 2. 1989, ZfS 1991, 21; LG Berlin v. 22. 5. 1990, r+s 1991, 169; vgl. auch *Wendt,* r+s 2008, 221 (225) (Hinweis auf einen PKH-Ablehnungsbeschluss des BGH v. 22. 2. 2006, IV ZA 8/05).

[354] OLG Hamm v. 4. 4. 2000, NJW-RR 2001, 1073; *Harbauer/Bauer,* § 2 ARB 75 Rn. 259; *Prölss/Martin/Armbrüster,* § 2 ARB 75 Rn. 35.

[355] OLG Köln v. 16. 1. 1996, r+s 1996, 105; v. 17. 1. 1991, VersR 1991, 1126.

[356] Vgl. OLG Hamburg v. 10. 9. 1996, VersR 1998, 841: Eine Hinterlegung zugunsten der Kostengläubiger befreit den VR nicht.

[357] OLG Hamburg v. 10. 9. 1996, VersR 1998, 841 (843).

219   In der Praxis kommt es nicht selten vor, dass aus einem Geschehensablauf mehrere Versicherungsfälle entstehen, die **zeitlich und ursächlich zusammenhängen.** Zur Risikobegrenzung wird die Deckungssumme in diesen Fällen insgesamt nur einmal zur Verfügung gestellt (Satz 2 der Klausel). Die Beurteilung des erforderlichen Zusammenhangs hat sich dabei nicht an dem Zusammenhang von Prozessen, sondern an den Ereignissen und Verhaltensweisen, welche die Versicherungsfälle begründet haben, zu orientieren[358]. Es kommt entscheidend darauf an, ob die Versicherungsfälle – quasi als Klammer – gemeinsame Ursachen haben und aufgrunddessen nach der Verkehrsanschauung einem einheitlichen Lebensvorgang angehören. Die Rechtsprechung hat insoweit bereits einige Fälle entschieden und gewisse Kriterien herausgearbeitet[359]. Letztlich bleibt die Beurteilung des Zusammenhangs aber immer eine Frage des Einzelfalls. Hinweise für eine sachgerechte Auslegung gibt der **BGH** im sog. **Invaliditäts-Fall**[360]. Der VN hatte nach einem Verkehrsunfall Invaliditätsansprüche aus fünf bei verschiedenen VR gehaltenen Unfallversicherungen angemeldet, die unter der Federführung eines VR bearbeitet wurden. Der BGH sah den erforderlichen zeitlichen und sachlichen Zusammenhang aus zwei Aspekten als gegeben an: Bei dem Bearbeitungsergebnis des führenden VR als gemeinsamer Entscheidungsgrundlage und in der nach erster Leistungsablehnung erhöhten Gefahr, dass auch die anderen VR sich der Beurteilung im Ergebnis anschließen (Domino- oder Nachzieheffekt)[361].

E. Ausschlüsse

I. Allgemeines

220   Allgemeine Risikoausschlüsse sind jedem Versicherungszweig eigen. Auch die Rechtsschutzversicherung kommt nicht ohne Risikoausschlüsse aus, weil ansonsten eine vernünftige wirtschaftliche Beitragskalkulation nicht möglich wäre. Bei der **Auslegung** der Risikoausschlüsse sind die Auslegungsregeln des BGH[362] zu beachten. Danach ist maßgebend, wie ein **durchschnittlicher VN** bei aufmerksamer Durchsicht und verständiger Würdigung die jeweils gewählte (Wort-) Fassung von AVB unter Berücksichtigung des dabei erkennbar werdenden Sinnzusammenhangs verstehen muss. Von diesem Grundsatz gibt es aber eine

---

[358] BGH v. 8. 11. 1989, VersR 1990, 301 = r+s 1990, 54.

[359] BGH, a. a. O.: Unzutreffende Bankauskunft über die Bonität des Bauherrn und späterer Streit des VN mit einem Subunternehmer (offengelassen); OLG Hamm v. 30. 11. 2006, VersR 2007, 1511 = r+s 2007, 417: Haftungsansprüche gegen zwei Ärzte bei Behandlungszusammenhang; OLG Köln v. 6. 3. 2001, r+s 2001, 330: Regressansprüche aus mehreren Verfügungen des Erblassers (Zusammenhang teilweise bejaht); v. 16. 1. 1996, r+s 1996, 105: Streit mit Leasinggeber und Verkäufer wegen Fahrzeugmängel; OLG Hamm v. 11. 10. 1988, r+s 1989, 192: VN prozessiert wegen fehlerhaften Architektengutachtens gegen den Gutachter sowie wegen eines darauf beruhenden Grundstückskaufs gegen den Verkäufer; v. 30. 9. 1988, r+s 1989, 54: VN ist Grundstückseigentümer und streitet einerseits mit dem Voreigentümer wegen Lieferung von Mutterboden und andererseits mit einem Erbbauberechtigten wegen des Erbbauzinses (Zusammenhang verneint); OLG Karlsruhe v. 21. 8. 1997, r+s 1998, 199: Hepatitisinfektion nach Unfall; OLG Düsseldorf v. 27. 3. 1984, ZfS 1984, 145: Regressansprüche gegen einen Anwalt aus einem deckungspflichtigen Rechtsstreit; LG Düsseldorf v. 7. 9. 2007, – 11 O 448/06 (nicht veröff.): Arzthaftungsverfahren gegen mehrere Ärzte bei Aufenthalt in verschiedenen Krankenhäusern; LG Düsseldorf v. 15. 1. 1988, ZfS 1988, 211: Laufende Schädigung durch Finanzmakler bei der Vermittlung von Anlageobjekten; LG Köln v. 17. 12. 1986, ZfS 1988, 79: Streit mit Notar und Käufer des Grundstückskaufvertrages.

[360] NA-Beschluss v. 2. 10. 2002 – IV ZR 108/02 – (nicht veröff.) zum Urteil des OLG München v. 11. 12. 2001 – 25 U 1977/01 (nicht veröff.), vgl. hierzu *Wendt,* r+s 2006, 45 (49).

[361] Ebenso LG Saarbrücken v. 23. 12. 2004, r+s 2006, 70 für Klageverfahren gegen mehrere BUZ-Versicherer.

[362] BGH v. 5. 7. 1989, VersR 1989, 908 (909); v. 29. 4. 1998, NJW 1998, 2449 = NVersZ 1998, 47 = VersR 1998, 887.

wichtige Ausnahme: Für die Risikoausschlüsse in der Rechtsschutzversicherung ist kennzeichnend, dass – weil es eben um Kostenschutz für bestimmte Rechtsangelegenheiten geht – zwangsläufig mehr oder weniger festumrissene **Fachbegriffe der Rechtssprache** verwandt werden müssen. Soweit dies der Fall ist, hat die rechtstechnische Bedeutung Vorrang gegenüber dem allgemeinen Sprachgebrauch[363]. Der VN muss sich also ggf. von seinem Anwalt erklären lassen, was ein ihm nicht geläufiger Fachausdruck in den ARB bedeutet.

Bei der Mehrzahl der vom Versicherungsschutz ausgeschlossenen Bereiche handelt es sich **221** um solche, die als nicht rechtsschutzversicherbar angesehen werden können. Sie tragen entweder die Gefahr eines Kumulrisikos in sich, oder sie betreffen nur einen relativ kleinen Personenkreis und weisen zudem noch ein hohes Rechtskostenrisiko auf. **§ 4 ARB 75** fasst die vom Versicherungsschutz ausgeschlossenen Tatbestände zusammen, wobei der größte Teil im ersten Absatz in Form einer relativ wahllos gehaltenen Aufzählung geregelt ist. **§ 3 ARB 94** enthält demgegenüber den Versuch einer Systematisierung. Sachverhalte, die in einem inneren Zusammenhang stehen (z. B. Kumulrisiken, besondere Verfahren) werden in Abschnitte (= Absätze) aufgeteilt. Zudem sind mit den ARB 94 einige Risikoausschlüsse weggefallen, auf der anderen Seite aber neue Ausschlüsse hinzugekommen[364]. Die **ARB 2000/2008** entsprechen[365] hinsichtlich der Risikoausschlüsse den ARB 94. Schon seit Einführung der ARB 94 ist allerdings eine **Tendenz** dahingehend feststellbar, dass einzelne VR in Teilaspekten **von den Musterbedingungen abweichen.** Dies betrifft auch die Risikoausschlüsse. Bisher als nicht versicherbar angesehene Rechtsgebiete werden von einzelnen VR – teilweise nur für bestimmte Angebotsformen – in den Versicherungsschutz einbezogen, oder es werden umgekehrt einzelne Ausschlüsse gegenüber den Musterbedingungen verschärft oder sogar neu hinzugefügt. Für die Klärung etwaiger unternehmensspezifischer Abweichungen ist deshalb unbedingt ein Blick in die konkret vereinbarten AVB zu empfehlen.

Gewisse Schwierigkeiten bereitet die Subsumtion unter den einzelnen Risikoausschluss, **222** wenn vom VN Ansprüche mit **konkurrierender Anspruchsgrundlage** abzuwehren oder geltend zu machen sind[366]. Es ist zu unterscheiden, ob der konkrete Ausschluss ganze Rechts-„Bereiche" vom Versicherungsschutz ausnimmt, oder ob er sich auf bestimmte Rechtsverhältnisse – z. B. bestimmte Verträge – bezieht. Ist die Interessenwahrnehmung aus dem „Bereich" eines bestimmten Rechtsgebiets ausgeschlossen und gibt der ausgeschlossene Rechtsbereich der rechtlichen Auseinandersetzung das **Gepräge,** so schlägt der Ausschluss auf alle konkurrierenden Ansprüche (z. B. § 823 Abs. 2 BGB wegen Verletzung eines Schutzgesetzes) durch[367].

Wird ein vom Versicherungsschutz ausgeschlossenes **Rechtsverhältnis abgeändert,** dann **223** behält es im Zweifel seinen Rechtscharakter bei. So hat z. B. eine Ratenzahlungsabrede über eine bereits titulierte Bürgschaftsverpflichtung keine schuldumschaffende Wirkung, so dass ein Streit hieraus ein solcher aus dem Bürgschaftsversprechen bleibt und unter den Ausschluss des § 4 (1) h ARB 75 fällt[368]. Ähnliches hat für Verträge zur Regelung familienrechtlicher Ansprüche zu gelten[369].

---

[363] Vgl. hierzu *Winter,* r+s 1991, 397; *Harbauer,* NVersZ 1999, 193.

[364] Vgl. im Einzelnen *Maier,* r+s 1995, 361 (363); *Sperling,* VersR 1996, 133 (137).

[365] Mit Ausnahme kleiner redaktioneller Änderungen aufgrund neuer Gesetze wie das MarkenG oder die InsO.

[366] Vgl. hierzu *Harbauer/Maier,* § 4 ARB 75 Rn. 9.

[367] OLG Hamm v. 10. 3. 1978, VersR 1978, 753; LG Freiburg v. 12. 2. 1996, r+s 1996, 493; LG Köln v. 27. 11. 1985, ZfS 1986, 78.

[368] LG Düsseldorf v. 15. 1. 2003, – 23 S 361/01 (nicht veröff.); *Harbauer/Stahl,* vor § 21 ARB 75 Rn. 107.

[369] *Harbauer/Stahl,* a. a. O.

II. Einzelne Ausschlüsse

1. Kriegsklausel

224   Die Anwendung der Kriegsklausel, die sich neben Kriegsereignissen auch auf andere Kumulrisiken wie innere Unruhen oder Streiks bezieht, hat bislang in der Praxis keine Schwierigkeiten bereitet. Der Ausschluss greift ein, wenn der ausgeschlossene Sachverhalt, also z. B. das Kriegsereignis für den Schaden **adäquat ursächlich** war[370].

225   Fraglich ist – wie bei der Anwendung der Kriegsklausel in anderen Sparten auch –, ob sich ein Krieg räumlich beschränken lässt: man denke hier nur an staatlich geförderte Terrorakte außerhalb der Kampfzone, wie dies z. B. im Golfkrieg 1991 befürchtet und in Bezug auf den Jugoslawienkonflikt 1999 erörtert wurde. Noch problematischer wird dies, wenn zu hinterfragen ist, inwieweit z. B. **Terrorakte** wie die vom 11. 9. 2001 in New York und Washington unter den Kriegsbegriff fallen[371], insbesondere hinsichtlich der befürchteten Ereignisse danach außerhalb des Waffengangs in Afghanistan. Eine klare Risikoabgrenzung ist hier kaum möglich. Für die VR muss dies Anlass sein, darüber nachzudenken, terroristische Gewalthandlungen – wie schon in der Transport- und Luftfahrtversicherung praktiziert – ausdrücklich vom Versicherungsschutz auszuschließen, oder den Kriegsbegriff so zu definieren, dass auch Terrorakte darunterfallen[372].

2. Baurisiko

226   Der Ausschluss des Baurisikos zählt zu den wichtigsten Risikoausschlüssen in der Rechtsschutzversicherung. Ihm liegt der Gedanke zugrunde, dass rechtliche Auseinandersetzungen im Zusammenhang mit Baumaßnahmen weitaus häufiger auftreten, als dies beim Erwerb eines bereits vorhandenen Bauwerks der Fall ist. Dieses Risiko trifft nur den relativ kleinen Teil der VN, der solche Baumaßnahmen – häufig nur einmal in seinem Leben – durchführt. Im Interesse möglichst niedriger Versicherungsbeiträge wurde daher in der Entwicklungsgeschichte der Rechtsschutzversicherung schon sehr früh das mit Baumaßnahmen und den sie begleitenden Vorgängen verbundene **hohe Rechtskostenrisiko** vom Versicherungsschutz ausgenommen[373].

227   Auch wenn der Vergleich einer Baumaßnahme mit dem Kauf einer Gebrauchtimmobilie der tragende Gedanke für den Zweck der Ausschlussklausel war, so darf dies andererseits nicht dazu verleiten, ihn bei konkreten Sachverhalten zur Auslegung der Klausel heranzuziehen[374]. Anderenfalls würde der Ausschluss entgegen seiner erkennbaren Konzeption überwiegend leer laufen. Der Ausschlusstatbestand kann also nicht deshalb verneint werden, weil der Streit auch bei Kauf einer Gebrauchtimmobilie hätte entstehen können[375]. Die Besonderheit der Klausel ist eben darin zu sehen, dass nicht – wie in einigen anderen Ausschlüssen – spezielle Rechtsgebiete oder Rechtsbeziehungen vom Versicherungsschutz ausgeschlossen werden, sondern **ein ganzer Lebenssachverhalt**, nämlich das „Bauen". Damit wird bewusst in Kauf genommen, dass unter den Ausschluss nicht nur diejenigen Streitigkeiten fallen, die allein bei der Errichtung eines Gebäudes auftreten können, sondern auch solche, die isoliert betrachtet auch bei einer Gebrauchtimmobilie auftreten können. Entscheidend ist der im Ausschluss geforderte **ursächliche Zusammenhang** mit dem Sachverhalt „Bauen", der als streitträchtig erkannt und deshalb vom Versicherungsschutz ausgeschlossen wurde.

228   **a) Entwicklung des Ausschlusses.** Die Vorläufer in den heutigen Ausschlussklauseln zum Baurisiko in den ARB 54[376] sowie den nachfolgenden ARB 69 („in seiner Eigenschaft

---

[370] *Harbauer/Maier*, § 4 ARB 75 Rn. 12; *Böhme*, § 4 ARB 75 Rn. 2.
[371] Vgl. hierzu *Fricke*, VersR 2002, 6; *ders.*, VersR 1991, 1098; *Ehlers*, r+s 2002, 133.
[372] Vgl. hierzu die Vorschläge von *Fricke*, VersR 2002, 6 (9).
[373] *Harbauer/Maier*, § 4 ARB 75 Rn. 86; BGH v. 16. 10. 1985, VersR 1986, 132 (133).
[374] Hierauf verweist zu Recht *Berger*, VersR 2000, 1321 (1323).
[375] So aber OLG Oldenburg v. 16. 11. 1997, VersR 1998, 1412 (1413).
[376] Vgl. *Harbauer/Maier*, § 4 ARB 75 Rn. 87.

als Bauherr")[377] sind heute praktisch bedeutungslos. Für ca. ein Drittel der laufenden Rechtsschutzverträge wird dagegen noch die Nachfolgeregelung des **§ 4 (1) k ARB 75**[378] maßgebend sein. Hierzu ist eine Fülle von Rechtsprechung ergangen, die zu Teilaspekten (z. B. Baufinanzierung) herrschende Meinungen – und damit eine gewisse Rechtssicherheit – herausarbeiten konnte. Der Wunsch nach Rechtssicherheit wird aber hin und wieder dadurch gedämpft, dass einzelne Gerichte im Laufe der Zeit ihre Rechtsauffassung ändern, was möglicherweise auf gewandelte Verbraucherschutzgedanken oder – den an sich nicht zulässigen – Blick auf verbesserte Nachfolgeklauseln zum Baurisikoausschluss zurückzuführen ist.

Auslöser von Deckungsprozessen ist meistens die streitige Auslegung des Begriffs der „Un **229** mittelbarkeit"** in § 4 (1) k ARB 75. Dieser Zusammenhang ist nach der Rechtsprechung des BGH[379] dann gegeben, wenn hinsichtlich der wahrzunehmenden Interessen ein „zeitlicher und innerer sachlicher Zusammenhang" mit der Planung und Errichtung des Gebäudes zu bejahen ist[380]. Die meisten Instanzgerichte sind dieser Auslegungsregel gefolgt, sie verließen jedoch teilweise den vorgezeichneten Weg, indem nach sog. „typischen" oder „untypischen" Baurisiken gesucht wird, wobei teilweise als Abgrenzungskriterien Begriffe wie die des „Bankrisikos"[381] oder des „Steuerrisikos"[382] geprägt werden. Diese Abgrenzungsversuche sind problematisch, da sie von der Tatsache wegführen, dass der Ausschlusstatbestand in erster Linie auf den ursächlichen Zusammenhang mit dem Lebenssachverhalt „Bauen" abstellt und nicht darauf, wie häufig ein bestimmtes Rechtsproblem gerade beim Bauen auftritt. Solche Überlegungen wird der durchschnittliche VN bei unbefangener Lektüre der Klausel auch in der Regel nicht anstellen. Anders sieht dies inzwischen der BGH: Er greift mit seinen Urteilen vom 19. 2. 2003[383] und 25. 6. 2003[384] den Begriff des „typischen" Baurisikos auf und grenzt hiervon das seiner Meinung nach anders geartete „Erwerbsrisiko" ab, welches außerhalb des von der Klausel verfolgten Zwecks liege (hierzu ausführlich Rn. 233).

Mit der Umgestaltung der ARB im Jahre 1994 ist die Baurisikoklausel durch **§ 3 (1) d** **230** **ARB 94** neu gefasst worden. Die Neufassung vermeidet den konfliktbeladenen Begriff der „Unmittelbarkeit" und fordert nunmehr (nur noch) einen **„ursächlichen Zusammenhang"** mit den aufgeführten Baumaßnahmen. Die Auslegung wird ferner durch präzisere und ausführlichere Beschreibungen erleichtert[385].

b) Kauf eines Baugrundstücks. Da für die Errichtung eines Gebäudes ein Baugrund **231** stück erforderlich ist, wird das Baurisiko bereits dann berührt, wenn der VN ein Grundstück zu Bauzwecken erwirbt. **§ 3 (1) d aa ARB 94/2000/2008** schließt daher diese Fallgestaltung ausdrücklich vom Versicherungsschutz aus.

Zu **§ 4 (1) k ARB 75** hat erst die Rechtsprechung des **BGH** eine Klärung der Rechtslage **232** herbeigeführt. Bis dahin wurde in Rechtsprechung und Literatur danach differenziert, ob bei Abschluss des Kaufvertrages eine konkrete Bauabsicht bestand[386]. Mit seiner grundlegenden Entscheidung vom **1. 2. 1989**[387] hat der BGH dieser Auslegung widersprochen und generell beim Kauf eines Baugrundstücks den Risikoausschluss **verneint**. Etwas anderes soll nur für den Fall gelten, dass der Grundstückskauf in einem rechtlich untrennbaren Zusammenhang

---

[377] Hierzu *Harbauer*, § 4 ARB 75 Rn. 87 ff. in der 6. Auflage.

[378] Vgl. hierzu *Hering*, VersVerm 1984, 409.

[379] BGH v. 16. 10. 1985, VersR 1986, 132 (134); BGH v. 1. 2. 1989, r+s 1989, 119; BGH v. 10. 11. 1993, VersR 1994, 44 (45).

[380] Hierzu kritisch *Maier*, VersR 1997, 394 (396), der diese Definition als zu weit gefasst ansieht.

[381] OLG Köln v. 3. 11. 1988, r+s 1988, 368 = VersR 1989, 736 = NJW-RR 1989, 346.

[382] OLG Oldenburg v. 16. 11. 1997, VersR 1998, 1412 (1413) = r+s 1998, 115 (116).

[383] BGH v. 19. 2. 2003, VersR 2003, 454 = NJW-RR 2003, 672 = r+s 2003, 194 = ZfS 2003, 313 und 567 = MDR 2003, 744 = VuR 2003, 269; Anm. *Maier*, r+s 2003, 325.

[384] BGH v. 25. 6. 2003, r+s 2003, 412.

[385] Allgemein zur unterschiedlichen Fassung in den ARB 75/ARB 94 vgl. *Maier*, VersR 1997, 394: *Harbauer/Maier*, § 3 ARB 94 Rn. 6.

[386] So z. B. OLG Celle v. 3. 7. 1987, ZfS 1987, 272.

[387] BGH v. 1. 2. 1989, r+s 1989, 119 (Baugrundstück-Fall I, vgl. *Wendt*, MDR 2006, 481, 482).

mit vom Verkäufer zu erbringenden Bauleistungen steht. Diese enge Auslegung hat der BGH mit **zwei weiteren Urteilen**[388] konsequent fortgesetzt. Auch wenn der Verkäufer dem VN gegenüber zur Bebauung verpflichtet ist, greift der Ausschluss nicht, solange ausschließlich rechtliche Interessen hinsichtlich des kaufvertraglichen Teils des gemischten Kauf-/Werkvertrages wahrzunehmen sind[389]. *Berger*[390] hat dieser teilweise gekünstelt wirkenden Auslegung des § 4 (1) k ARB 75 mit guten Gründen widersprochen[391]. Auch die Instanzgerichte sind teilweise von der Rechtssprechung des BGH abgewichen und haben auf Streitigkeiten über den Kauf von Baugrundstücken den Ausschluss angewandt[392]. Die h. M.[393] hat sich dagegen inzwischen der Auffassung des BGH angeschlossen. Da diese den Vorteil einer klaren rechtlichen Abgrenzung hat, ist nicht damit zu rechnen, dass sich hiervon abweichende Meinungen durchsetzen werden.

233   War der Verkäufer neben der Grundstücksübertragung auch zur Gebäudeerrichtung verpflichtet (gemischter Vertrag) und **beschränkt sich der Streit nicht auf die kaufvertragliche Seite,** so greift der Ausschluss, wobei es ohne Bedeutung ist, ob der Vertrag von den Vertragsparteien als „Kaufvertrag" bezeichnet wird[394]. Kein Versicherungsschutz besteht also z. B. dann, wenn die Rückgängigmachung des Vertrages im Streit ist[395]. Dass es um allgemeines Vertragsrecht geht, steht der Anwendung des Ausschlusses nicht entgegen[396]. Für § 4 (1) k ARB 75 hat der **BGH** diese Auslegung aber mit seinen Urteilen vom **19. 2. 2003**[397] und **25. 6. 2003**[398] dadurch eingeschränkt, dass es sich für die Annahme eines unmittelbaren Zusammenhangs um die Durchsetzung von Ansprüchen halten muss, die mit der **fehlerfreien** Planung oder Errichtung des Gebäudes zu tun haben. So sei nicht das Baurisiko, sondern ein – davon zu unterscheidendes – **„Erwerbsrisiko"** betroffen, wenn das Gebäude fehlerfrei errichtet wurde und Ansprüche deshalb geltend gemacht werden, weil der VN über den Wert der Immobilie getäuscht wurde und deshalb den Vorwurf der deliktischen Schädigung und der Verletzung von Aufklärungspflichten erhebt. Solche Vorwürfe stünden außerhalb des von der Klausel verfolgten Zwecks. Mehrere Oberlandesgerichte[399] hatten dies vorher entgegengesetzt entschieden und das Klauselverständnis eines durchschnittlichen VN anders ausgelegt[400]. Anders verhält es sich dann, wenn vom VN – auch – Baumängel geltend gemacht werden und insofern auch nach dem Verständnis des BGH das typische Baurisiko betroffen

---

[388] BGH v. 14. 2. 1990, VersR 1990, 485 (Baugrundstück-Fall II, vgl. *Wendt,* a. a. O.); BGH v. 10. 11. 1993, VersR 1994, 44 (Einfamilienhaus-Fall, vgl. *Wendt,* a.a.O.).

[389] Im Fall des BGH-Urteils vom 10. 11. 1993 hatte der VN wegen unterlassener Aufklärung über Lärm durch Omnibusverkehr – also wegen Eigenschaften des Grundstücks – eine Kaufpreisminderung verlangt.

[390] VersR 2000, 1321 (1324) und r+s 2004, 486ff.

[391] Vgl. auch *Böhme,* § 4 ARB 75 Rn. 34f.

[392] Z.B. LG Hannover v. 15. 6. 1994, r+s 1994, 345 bei Nichteinhaltung der Zusage eines Alpenblicks.

[393] *Harbauer/Maier,* § 4 ARB 75 Rn. 106; *Prölss/Martin/Armbrüster,* § 4 ARB 75 Rn. 20; *Maier,* VersR 1997, 398.

[394] *Harbauer/Maier,* § 4 ARB 75 Rn. 105; *Prölss/Martin/Armbrüster,* § 4 ARB 75 Rn. 20; OLG München v. 6. 9. 2001, r+s 2002, 117.

[395] OLG München, a. a. O.; OLG Saarbrücken v. 5. 8. 1987, VersR 1987, 979.

[396] LG Krefeld v. 27. 10. 1983, ZfS 1987, 18.

[397] BGH v. 19. 2. 2003, VersR 2003, 454 = NJW-RR 2003, 672 = r+s 2003, 194 = ZfS 2003, 313 = MDR 2003, 744 = VuR 2003, 269 (Immobilienfonds-Fall I, vgl. *Wendt,* MDR 2006, 481, 482); Anm. *Maier,* r+s 2003, 325.

[398] BGH v. 25. 6. 2003, r+s 2003, 412 (Immobilienfonds-Fall II, vgl. *Wendt,* a. a. O., S. 483).

[399] OLG Düsseldorf v. 21. 1. 2003, r+s 2003, 323; OLG München v. 19. 11. 2002, – 25 U 3379/02 – (nicht veröff.); OLG Köln v. 13. 8. 2002, VersR 2003, 319 = ZfS 2003, 254; OLG Bamberg v. 16. 5. 2002, r+s 2003, 197; OLG Hamburg v. 9. 4. 2002, – 9 U 184/01 – (nicht veröff.); OLG Schleswig v. 22. 7. 2002, VersR 2002, 1551.

[400] *Maier,* r+s 2003, 325 (Anm. zu BGH v. 19. 2. 2003) weist zu Recht darauf hin, dass eine solche Diskrepanz Unbehagen auslöst; kritisch auch *Berger,* r+s 2004, 486ff.

ist. Dies ist z. B. dann der Fall, wenn dem Versicherten eine Wohnfläche zugesagt war, welche bautechnisch von Anfang an nicht erzielbar war[401].

Streitig ist, ob beim Erwerb eines neu zu errichtenden Gebäudes (Ersterwerb) der Versicherungsschutz auch dann ausgeschlossen ist, wenn die **Wohnung bei Vertragsabschluss schon fast oder bereits ganz fertiggestellt** ist. Das OLG Köln[402] hat dies verneint. Im konkreten Fall war das Appartement zum Zeitpunkt des Erwerbs, der offensichtlich als Kapitalanlage dienen sollte, fertig und bereits mehrere Monate vermietet. Demgegenüber hat das OLG Frankfurt[403] auch bei schon vollständiger Errichtung den Ausschluss bejaht, sofern es sich noch um einen **Ersterwerb** handelt. Auch wenn zunächst der Wortlaut des Ausschlusses, der einen Zusammenhang mit der Errichtung verlangt, für die Auffassung des OLG Köln zu sprechen scheint, dürfte bei näherer Betrachtung der Auffassung des OLG Frankfurt zu folgen sein. Zum einen würde ansonsten das eher zufällige Moment der jeweiligen Bauphase über den Versicherungsschutz entscheiden. Zum anderen weist das OLG Frankfurt zu Recht darauf hin, dass auf einen Grundstückserwerbsvertrag mit Bauverpflichtung, was die Bauleistungen angeht, auch dann Werkvertragsrecht anzuwenden ist, wenn ein dabei mit erworbenes Bauwerk bereits fertig errichtet ist, ja sogar dann, wenn es schon einige Monate vom Veräußerer selbst bewohnt war. Damit sind die vielfältigen Prozessrisiken eines Bauprozesses ebenso offen, wie wenn der Erwerb noch vor der Fertigstellung stattgefunden hätte. Dieser Auslegung ist inzwischen auch der **BGH** mit Urteil vom **29. 9. 2004**[404] gefolgt. Der BGH hebt zu Recht hervor, dass bei Erwerbsverträgen mit Herstellungsverpflichtung der Bezug zur Baumaßnahme nicht bereits zwangsläufig mit der Fertigstellung des Objekts insgesamt oder auch nur des zu erwerbenden Objektteils entfällt. Für den verständigen Versicherungsnehmer bleibt die Eigenschaft als Bauvorhaben im Sinne der Klausel erhalten, unabhängig davon, ob er den Erwerbsvertrag in einem Zeitpunkt abschließt, in dem mit der Erstellung noch nicht begonnen worden ist, noch erhebliche oder auch nur geringe (Rest-) Arbeiten ausstehen oder die Arbeiten bereits abgeschlossen sind.

c) Baufinanzierung. Neben der technischen Planung und Abwicklung eines Bauvorhabens gehört die Finanzierung für den Bauwilligen zu den elementaren Fragen, wenn er sich zu einer Baumaßnahme entschließt. Es liegt daher nahe, auch die hieraus resultierenden Rechtsprobleme dem Baurisiko zuzuordnen. Zu **§ 4 (1) k ARB 75** ist allerdings bis heute **umstritten,** ob Fragen der Baufinanzierung in unmittelbarem Zusammenhang mit der Planung bzw. Errichtung eines Gebäudes zu sehen sind.

Soweit *Berger*[405] davon spricht, dass der Baurisikoausschluss „ein schier unerschöpfliches Thema in Literatur und Rechtsprechung ist", trifft dies insbesondere auf die Baufinanzierung zu. Immerhin hatte sich dazu eine **h. M.**[406] herausgebildet, die § 4 (1) k ARB 75 auf Finanzie-

---

[401] OLG Karlsruhe v. 5. 2. 2004, VersR 2004, 777 = ZfS 2004, 427.

[402] V. 19. 8. 1997, r+s 1997, 507 mit zust. Anm. *Schimikowski.*

[403] V. 9. 1. 2002, r+s 2002, 288; vorher bereits AG München v. 27. 11. 1997, r+s 1998, 287; offen lassend OLG München v. 6. 9. 2001, VersR 2002, 1372 = ZfS 2003, 39.

[404] VersR 2004, 1596 = NJW-RR 2005, 257 = MDR 2005, 210 = r+s 2005, 61 Anm. *Obarowski* (Eigentumswohnung-Fall, vgl. *Wendt,* MDR 2006, 481, 483); ebenso nunmehr OLG Stuttgart v. 26. 5. 2008, 7 W 12/08 (nicht veröff.).

[405] VersR 2000, 1321.

[406] OLG Schleswig v. 22. 7. 2002, NJW-RR 2002, 1460 = VersR 2002, 1551 = r+s 2002, 510 = ZfS 2002, 544; OLG Köln v. 13. 8. 2002, r+s 2002, 510 = ZfS 2003, 254 = VersR 2003, 319; v. 17. 9. 1990, r+s 1990, 418; v. 11. 5. 1983, ZfS 1983, 241; OLG Nürnberg v. 28. 1. 1993, ZfS 1993, 172; OLG Karlsruhe v. 3. 5. 1996, r+s 1996, 446 = VersR 1997, 182; OLG Karlsruhe v. 18. 4. 1985, ZfS 1985, 209; OLG Bamberg v. 16. 5. 2002, r+s 2003, 197; v. 18. 4. 1994, r+s 1994, 344 = VersR 1995, 529; OLG München v. 19. 11. 2002, AZ. 25 U 3379/02 (nicht veröff.); v. 17. 5. 1999, r+s 1999, 419; OLG Stuttgart v. 21. 1. 2000, MDR 2000, 335; OLG Düsseldorf v. 21. 1. 2003, r+s 2003, 323; LG Köln v. 20. 12. 2001, VersR 2002, 1277; LG München v. 13. 1. 1997, r+s 1998, 201; LG Baden-Baden v. 15. 2. 2000, r+s 2000, 245; LG Koblenz v. 23. 1. 1998, r+s 1998, 468; *Harbauer,* § 4 ARB 75 Rn. 109 in der 6. Auflage; *Böhme,* § 4 ARB 75 Rn. 34c; *Vassel,* ZVersWiss 84, 609 (614); *Kühl,* VersR 1982, 936; *Hering,* VersVerm 1984, 409.

Obarowski

rungsstreitigkeiten anwendet. Die Verfasser dieser Meinung knüpften in der Regel schon am Begriff der „**Planung**" an und subsumierten darunter neben der Architektenplanung auch die **wirtschaftliche** Planung in Form der Beschaffung der Finanzierung.

237   **A. A.** sind insbesondere *Maier*[407] und *Prölss/Martin/Armbrüster*[408], die mit Hilfe der **Unklarheitenregel** des § 5 AGBG (jetzt: § 305c BGB) die Anwendung des Begriffs der „Planung" verneinen und einen unmittelbaren Zusammenhang mit der „Errichtung" nur dann sehen, wenn Störungen im Baubereich auch der Bank entgegengehalten werden. Eine engere Auslegung wird teilweise auch in der Rechtsprechung vertreten, die im Einzelfall differenziert und mit Begriffen wie „Bonität des VN"[409], „Steuerrisiko"[410] oder „Rentabilität"[411] eine Abgrenzung zum Baurisiko zu verdeutlichen versucht. Diesen Entscheidungen lagen aber jeweils **Sonderfälle** zugrunde, so dass sie für die Lösung der generellen Problematik nur begrenzt herangezogen werden können. Als einen solchen Sonderfall wird man auch eine Entscheidung des OLG Hamm[412] ansehen müssen, in welcher es um die Rückzahlung eines zu Bauzwecken aufgenommenen Arbeitgeberdarlehens ging und somit nach Auffassung des Gerichts nicht das Baurisiko, sondern ein Risiko „aus dem Arbeitsverhältnis" betroffen war.

238   Der **BGH** hat sich zunächst in einer Entscheidung vom **16. 10. 1985**[413] mit der Baufinanzierung befasst. Diese Entscheidung wurde im Allgemeinen so verstanden, dass sie nur den Einzelfall lösen wollte und die „Grundsatzfrage" bewusst offengelassen hat[414]. Gleichwohl war sie – zu Recht – die Richtschnur für die h. M., denn verschiedene wichtige Fragen sind vom BGH recht eindeutig beantwortet worden. Wichtig ist in diesem Zusammenhang, den konkreten Sachverhalt zu sehen. Er betraf die Errichtung eines Wohnhauses im Bauherrenmodell. Das Gebäude wurde **mangelfrei fertig gestellt.** Streit entstand deshalb, weil sich die erwarteten **Steuervorteile nicht realisiert** hatten. Dies veranlasste den VN, den Baubetreuungsvertrag wegen Täuschung anzufechten, was Streitigkeiten auch mit den anderen Vertragspartnern – u. a. auch die finanzierende Bank – zur Folge hatte. Auch wenn die Lösung nicht hierüber erfolgte, so hat doch der BGH den Kreditvertrag eindeutig dem Begriff der „Planung" i. S. d. § 4 (1) k ARB 75 zugeordnet und lediglich darüber hinaus erwogen – aber letztlich verneint –, ob auch der Steuerberatervertrag als „Vertrag zur Baufinanzierung" im weiteren Sinne zur Planung zu rechnen ist. Der Vertrag mit dem Steuerberater lässt sich in der Tat nicht mehr der „Planung" zuordnen, denn es ist doch ein erheblicher Unterschied, ob es um die Bereitstellung der Gelder und Kredite oder nur um spätere steuerliche Auswirkungen der Gebäudeerrichtung geht. Gelöst hat der BGH den Fall schließlich über den Begriff der „Errichtung", weil nicht nur der Grundstückskaufvertragsteil betroffen war, vielmehr die Rückabwicklung insgesamt vom VN gefordert wurde. Den „unmittelbaren" Zusammenhang hat der BGH ungeachtet der Tatsache bejaht, dass das Wohngebäude mangelfrei errichtet wurde, also keine Einwände aus dem technischen Baubereich auf die Finanzierung „durchschlugen". Die h. M. konnte somit zu Recht die Auffassung des BGH für sich in Anspruch nehmen. Inzwischen ist allerdings eine neuere Entscheidung des **BGH** vom **25. 6. 2003**[415] zu beachten. Danach hält dieser an der vorstehend geschilderten Sichtweise, wie sie im Senatsurteil vom 16. 10. 1985 vertreten wurde, ausdrücklich nicht mehr fest. Die Durchsetzung von Ansprüchen, die sich aus der Finanzierung und dem Erwerb eines zur Bebauung vorgesehenen Grundstücks oder aus dem Erwerb und der Finanzierung von Fondsanteilen ergeben, soll nur dann unter den Ausschluss fallen, wenn der

---

[407] VersR 1997, 394 (395 ff.); r+s 2003, 325 (Anm. zu BGH v. 19. 2. 2003: FN. 323).

[408] § 4 ARB 75 Rn. 18, 19: ebenso *Mink,* AnwBl 1988, 145 (149).

[409] LG Düsseldorf v. 7. 11. 1991, NJW-RR 1992, 989.

[410] OLG Oldenburg v. 26. 11. 1997, Vers 1998, 1412.

[411] OLG Karlsruhe v. 21. 3. 2002, VersR 2002, 842 mit Anm. von *Berger* = r+s 2002, 418 mit Anm. von *Maier* = MDR 2002, 1371.

[412] V. 3. 12. 1999, VersR 2000, 630.

[413] BGH VersR 1986, 132 = r+s 1986, 40 = ZfS 1986, 114 (Bauherrenmodell-Fall, vgl. *Wendt,* MDR 2006, 481).

[414] Vgl. *Berger,* VersR 2000, 1321 (1322).

[415] r+s 2003, 412 (Immobilienfonds-Fall II, vgl. *Wendt,* 2006, 481, 483).

VN die Planung und Errichtung des Objekts für fehlerhaft hält. Anderenfalls sei die Rechtsverfolgung dem – vom Baurisiko zu unterscheidenden – Erwerbsrisiko zuzuordnen. Dieser differenzierten Betrachtungsweise hat sich inzwischen das OLG Köln[416] angeschlossen. Es bleibt abzuwarten, ob auch andere Instanzgerichte diese geänderte Auslegung unkritisch übernehmen. Überzeugend ist sie jedenfalls nicht, da die vermeintlichen Überlegungen eines durchschnittlichen VN eher spekulativ und wohl auch lebensfremd sind. Ein einheitlicher wirtschaftlicher Gesamtzusammenhang wird ohne plausible Begründung zerrissen[417] und es bleibt auch insgesamt unbeantwortet, worin denn die Spezifika gerade eines „unmittelbaren" Zusammenhangs zu sehen sein sollen. Wer in diesen Begriff allzu viel hineindeutet, macht Anwaltskanzleien und Gerichte zu Orakel-Stätten. Rechtssicherheit wird hierdurch jedenfalls nicht geschaffen.

Die kontroverse Rechtsprechung zeigt auf, dass die Auslegungsproblematik meistens bei **239** fremdgenutzten Immobilien, also bei Kapitalanlagen diskutiert wird. Es werden dann schnell Vergleiche mit anderen Kapitalanlagen wie Aktienfonds, Schiffsbeteiligungen und dergleichen angestellt, deren Finanzierung auch mit einem Risiko verbunden ist, das sich dann unabhängig von der Errichtung einer Immobilie verwirklicht. Solche **Vergleiche** sind aber ebenso **Fehl am Platz** wie der Vergleich mit dem Erwerb einer gebrauchten Immobilie, denn der Risikoausschluss nach § 4 (1) k ARB 75 will allein den besonderen Sachverhalt der Planung und Errichtung von Gebäuden vom Versicherungsschutz ausschließen. Dabei hängt die Baufinanzierung, die in der Regel wegen der Art des konkreten Bauprojekts streitig wird, unmittelbar mit der Planung und Errichtung des konkreten Bauvorhabens zusammen, und zwar auch dann, wenn der Bank vorgeworfen wird, über die Rentabilität der Geldanlage in eine Immobilie falsch beraten zu haben. Um hier Klarheit zu schaffen, führt **§ 3 (1) d, dd ARB 94/2000** das Baufinanzierungsrisiko **ausdrücklich** als Unterfall des Baurisikos auf und es wird anstelle des unmittelbaren Zusammenhangs lediglich ein ursächlicher Zusammenhang gefordert. Damit liegt für den durchschnittlichen VN auf der Hand, dass auch solche Auseinandersetzungen wegen Verletzung vor- oder nebenvertraglicher Pflichten eines Kreditgebers im Rahmen eines Finanzierungsgeschäfts unter den Ausschluss fallen, die nicht rechtlich untrennbar mit den Bauleistungen verbunden sind[418]. Gerade für einen juristischen Laien liegt ein anderes Verständnis fern, denn es ist allgemein bekannt, dass es im Zusammenhang mit der Finanzierung von Bauvorhaben auch zu Rechtsstreitigkeiten kommen kann, die mit dem eigentlichen baurechtlichen Verhältnis nichts zu tun haben. Der **BGH** ist – anders als zu § 4 (1) k ARB 75 (vgl. Rn. 238) – der OLG-Rechtsprechung mit Urteil vom **29. 9. 2004**[419] gefolgt. Tragendes Argument ist für ihn, dass aus der Sicht des durchschnittlichen Versicherungsnehmers nach der sprachlichen Gestaltung der Klausel und ihrem erkennbaren Sinnzusammenhang auch der Vorwurf fehlerhafter Finanzierungsberatung von dem Risikoausschluss erfasst wird. Die Grenzen der Auslegung zeigt der **BGH** allerdings mit einer weiteren Entscheidung vom **28. 9. 2005**[420] auch auf. Der Streit um den Neuwertanteil in einer Feuerversicherung unterliegt danach nicht dem Ausschluss, weil der Feuer- oder Gebäudeversicherer nicht ein Bauvorhaben zu finanzieren, sondern für einen Schadenausgleich zu sorgen hat. Der erforderliche Zusammenhang mit der Baufinanzierung ist auch dann nicht mehr gegeben, wenn zwischen zwei ehemaligen Bauherren Streit wegen der Rechtsposition aus einem Lebensversicherungsvertrag entsteht, nachdem der Kredit schon vollständig zurückgeführt war und der Kreditgeber die Sicherheit freigegeben hatte[421].

---

[416] V. 18. 2. 2003, VersR 2003, 1437 = r+s 2003, 282 = ZfS 2003, 365.

[417] OLG Schleswig v. 22. 7. 2002, ZfS 2002, 544 (545).

[418] OLG Karlsruhe v. 3. 7. 2003, NJW-RR 2003, 1339 = VersR 2004, 59 = r+s 2003, 502 = ZfS 2003, 515; v. 12. 11. 2002, NJW-RR 2003, 247 = ZfS 2003, 205 und 252; OLG München v. 15. 7. 2003, – 25 U 5074/02 – (nicht veröff.); OLG Düsseldorf v. 22. 7. 2003, – I-4 U 16/03 – (nicht veröff.).

[419] VersR 2004, 1596 = NJW-RR 2005, 257 = MDR 2005, 210 = r+s 2005, 61 Anm. *Obarowski* (Eigentumswohnung-Fall, vgl. *Wendt,* MDR 2006, 481, 483).

[420] VersR 2005, 1684 = r+s 2005, 504 = MDR 2006, 390 (Neuwertspitzen-Fall, vgl. *Wendt,* MDR 2006, 481, 484).

[421] OLG Karlsruhe v. 29. 1. 2004, VersR 2005, 496 = r+s 2004, 192.

240   **d) Beteiligungserwerb.** Streitigkeiten aus „Bauherrenmodellen", „Bauträgermodellen" oder ähnlichen Vertragskonstruktionen, die in der Regel aus Gründen der **Kapitalanlage,** insbesondere unter dem Aspekt der Steuerersparnis, eingegangen werden, werden in Literatur und Rechtsprechung generell dem Ausschluss unterworfen[422]. Denn mit der Beteiligung an solchen Anlagemodellen schließt sich der Bauherr einer Gemeinschaft an, deren Zielsetzung immer in der Errichtung eines Gebäudes besteht[423].

241   Für die Beteiligung an **geschlossenen Immobilienfonds** gilt nichts anderes. Solche Fonds werden meistens in der Rechtsform der KG oder der BGB-Gesellschaft konzipiert. Durch die Annahme der Beitrittserklärung ist der Zeichner in Höhe seiner Zeichnungssumme über einen Treuhänder mittelbar als Treugeber an der Personengesellschaft beteiligt. Anders als bei den offenen Immobilienfonds[424] können sich nicht Personen in unbegrenzter Zahl an dem Fonds beteiligen, vielmehr wird der Fonds zu dem im Prospekt genannten Termin geschlossen, d. h. es werden keine weiteren Gesellschafter aufgenommen. Auch die Immobilien, die nach dem Fondskonzept erworben bzw. errichtet werden sollen, sind grundsätzlich nicht austauschbar bzw. können nicht ergänzt werden. Ziel der Anlage ist es, durch den Erwerb und die dauerhafte Vermietung steuerliche Vorteile zu haben (i. d. R. nach dem Bauherrenerlass) und daneben natürlich auch von der Wertschöpfung zu profitieren. Gegen die Anwendung des Baurisikoausschlusses in diesen Fällen könnte zwar eingewandt werden, dass der VN rechtlich nicht immer Eigentümer des Grundstücks werden soll, sondern je nach Vertragsmodell das Eigentum ggf. nur über einen Treuhänder gehalten wird. Zu Recht hat die Rechtsprechung gleichwohl den Risikoausschluss auch in diesen Fällen angewandt, weil nach dem Sinn und Zweck der Klausel unter Eigentum auch eine **„wirtschaftliche Eigentümerstellung"** zu verstehen ist. Erforderlich ist nur, dass die Gesellschaft nach innen allein im Interesse und auf Rechnung der Gesellschafter handelt und auf diese Weise das wirtschaftliche Eigentum vermittelt; nach außen braucht dies hingegen nicht erkennbar zu sein[425]. Dass diejenigen, die sich an einem geschlossenen Immobilienfonds beteiligen, nicht in erster Linie bauen „wollen", also das **Motiv** nicht gerade in der Teilhabe an einer Bautätigkeit liegt, vielmehr die Anlage aus Gründen der Steuerersparnis oder der Altersvorsorge erfolgt, steht der Anwendung des Ausschlusses nicht entgegen[426]. Mit der Bautätigkeit als solcher wollen die meisten Anleger nichts zu tun haben, sie ist für sie nur notwendiges Mittel zum Zweck. Gleichwohl müssen und wollen sie durch andere „bauen lassen" und ihnen liegt naturgemäß daran, dass die Gebäude planmäßig fertig gestellt werden.

242   Für rechtliche Auseinandersetzungen bei geschlossenen Immobilienfonds ist es typisch, dass vom VN die **Verletzung vertraglicher Aufklärungspflichten** oder sogar eine **deliktische** Schädigung geltend gemacht wird. Hierzu hatte sich eine überwiegende Auffassung gebildet, wonach das Risiko, bei der Durchführung eines Bauvorhabens mit betrügerischen Handlungen des Vertragspartners konfrontiert zu werden, nicht quasi als „allgemeines Lebensrisiko" vom Baurisiko abgegrenzt werden kann[427]. Dem ist allerdings durch die Entscheidungen des

---

[422] BGH v. 16. 10. 1984, VersR 1986, 132; OLG Karlsruhe v. 18. 4. 1985, ZfS 1985, 209; LG München v. 13. 1. 1997, r+s 1997, 290; LG Baden-Baden v. 15. 2. 2000, r+s 2000, 245; LG Koblenz v. 23. 1. 1998, r+s 1998, 468; LG Düsseldorf v. 13. 7. 1989, ZfS 1990, 309; *Harbauer/Maier,* § 4 ARB 75 Rn. 102; *Böhme,* § 4 ARB 75 Rn. 34 f.

[423] Zu den einzelnen Anlagemodellen vgl. *Mink,* AnwBl 1988, 145 (147 ff.).

[424] Die Verwaltung dieser in der Rechtsform der Aktiengesellschaft konzipierten Sondervermögen richtet sich nach den Vorschriften des KAGG.

[425] OLG Karlsruhe v. 18. 4. 1985, ZfS 1985, 209 (210); LG Düsseldorf v. 13. 7. 1989, ZfS 1990, 309 (310); LG Göttingen v. 14. 6. 2000, – 8 O 458/99 – (nicht veröff.).

[426] So zutreffend OLG Köln v. 13. 8. 2002, r+s 2002, 510 = VersR 2003, 319.

[427] OLG Köln v. 13. 8. 2002, r+s 2002, 510 = VersR 2003, 319; LG München v. 15. 12. 1988, r+s 1989, 191; *Harbauer,* § 4 ARB 75 Rn. 102 in der 6. Aufl.; *Berger,* VersR 2002, 1276; a. A. LG Coburg v. 1. 2. 2002, VersR 2002, 1275 mit krit. Anmerkung von *Berger.*

BGH vom **19. 2. 2003**[428] und vom **25. 6. 2003**[429] für die Auslegung des § 4 (1) k ARB 75 der Boden entzogen worden. Nach Auffassung des BGH betrifft das Risiko der deliktischen Schädigung durch Täuschung über die Ertragsfähigkeit des Anlagemodells keinen Vorgang, der die Baumaßnahmen unmittelbar begleitet, vielmehr sei diese Rechtsverfolgung dem – vom Baurisiko zu unterscheidenden – Erwerbsrisiko zuzuordnen. Anders verhält es sich nur dann, wenn vom VN – auch – Baumängel geltend gemacht werden und insofern das typische Baurisiko betroffen ist. Liegen dem Rechtsschutzvertrag dagegen die ARB 94/2000/2008 zugrunde, ist die Baufinanzierungsklausel nach **§ 3 (1) d, dd ARB 94/2000/2008** zu beachten. Nach einer – zutreffenden – Entscheidung des **OLG Düsseldorf** vom **28. 3. 2006**[430] greift der Baurisikoausschluss auch dann ein, wenn sich der Versicherte an einem geschlossenen Immobilienfonds beteiligt hat. Im konkreten Fall hatte der Versicherte die Fondsbeteiligung erworben, weil ihm diese wegen des damit verbundenen Erwerbs von (Gesamthands-) Eigentum angepriesen worden war. Der **BGH** hat diese Auslegung in einer Entscheidung vom **17. 10. 2007**[431] bestätigt, allerdings auch einschränkend klargestellt, dass es auf die jeweilige Ausgestaltung der Beteiligung im Einzelfall ankomme. Grundsätzlich macht es nach Auffassung des BGH keinen Unterschied, ob das zu erwerbende Gebäude i. S. der Klausel im Allein-, Mit-, Teil- oder gesamthänderisch gebundenen Eigentum steht. Es bleibe keine Zweifel, dass der Versicherer bei solchen Fonds-Strukturen das Risiko nicht tragen will. Deutlich wird in den Entscheidungsgründen aber auch, dass **Eigentum und Besitz des VN** für den BGH entscheidende Kriterien sind. Nicht anwendbar ist die Klausel daher dann, wenn nach der Fonds-Struktur ausschließlich die Gesellschaft Eigentümerin der Immobilien wird, der einzelne Anleger aber daran selbst nicht beteiligt ist[432].

Beteiligt sich der VN als **atypisch stiller Gesellschafter** an einem Unternehmen, wel-   **242a** ches u. a. den Erwerb und Handel von und mit bebauten und unbebauten Grundstücken zum Gegenstand hat, dürfte die Baufinanzierungsklausel nach § 3 (1) d, dd ARB 94/2000/ 2008 nicht zur Anwendung kommen, selbst wenn der konkrete Streit einen ursächlichen Zusammenhang mit der Finanzierung aufweisen sollte. Anders als bei der Beteiligung an einem geschlossenen Immobilienfonds kann der Versicherungsnehmer nicht davon ausgehen, dass er Anteile an konkreten Immobilien erwirbt, die er ggf. auch wieder veräußern kann. Tatsächlich entsteht nur eine schuldrechtliche Beziehung zwischen dem stillen Gesellschafter und dem dinglich allein berechtigten Unternehmensinhaber, was für eine Subsumtion unter § 3 (1) d, dd ARB 94/2000/2008 nicht ausreicht[433].

e) Einzelfälle. Neben den bereits erörterten Abgrenzungsfragen liegt in Einzelfragen eine   **243** kaum noch überschaubare Rechtsprechung vor. Umstritten ist beispielsweise, inwieweit kaufvertragliche Leistungsstörungen beim **Kauf von Baumaterial** vom Ausschluss erfasst werden. Die Rechtsprechung[434] bejaht dies nahezu einhellig, unabhängig davon, ob es zum Einbau der Materialien gekommen ist. *Prölss/Armbrüster*[435] verlangt dagegen, dass Mängel des Bauwerks

---

[428] VersR 2003, 454 = NJW-RR 2003, 672 = r+s 2003, 194 = ZfS 2003, 313 = MDR 2003, 744 = VuR 2003, 269 (Immobilienfonds-Fall I, vgl. *Wendt*, MDR 2006, 481, 482); Anm. *Maier*, r+s 2003, 325; der Auslegung des BGH folgend OLG Celle v. 19. 8. 2004, VersR 2005, 216 = r+s 2005, 17.

[429] r+s 2003, 412 (Immobilienfonds-Fall II, vgl. *Wendt*, a. a. O., S. 483).

[430] VersR 2007, 832 = r+s 2007, 324 = OLGR 2007, 474 (der Kläger hat die zugelassene Revision – IV ZR 114/06 – (nicht veröff.) zurückgenommen, nachdem der BGH den Antrag auf Prozesskostenhilfe zurückgewiesen hat).

[431] VersR 2008, 113 = r+s 2008, 69 = NJW-RR 2008, 271 (Immobilienfonds-Fall III – Sachwert Plus).

[432] Hierzu ausführlich *Wendt*, r+s 2008, 221 (228, 229).

[433] OLG Celle v. 7. 12. 2006, r+s 2007, 242.

[434] LG Frankfurt/M. v. 4. 7. 1995, r+s 1995, 420; AG St. Goar v. 14. 3. 1991, r+s 1992, 166; LG Darmstadt v. 10. 8. 1988, ZfS 1989, 58 (Holzschutzmittel); AG Germersheim v. 9. 6. 1988, ZfS 1989, 58; AG Schwandorf v. 20. 5. 1988, ZfS 1989, 58; LG Ravensburg v. 15. 12. 1983, ZfS 1984, 80 (Mangelfolgeschäden).

[435] Rn. 21 zu § 4 ARB 75.

als Folge des Einbaus geltend gemacht werden. Diese Auffassung, die praktisch nur Mangelfolgeschäden erfasst, erscheint nach dem Sinn und Zweck des Ausschlusses zu eng. Mit *Maier*[436] wird man ausreichen lassen müssen, dass das Material zumindest eingebaut wurde, denn ab diesem Zeitpunkt wird der jeweilige Bauabschnitt unmittelbar beeinflusst.

244   Ebenso zu beurteilen sind Rechtsstreitigkeiten, die im Zusammenhang mit dem bei Errichtung eines Wohnhausneubaus erfolgten Einbau einer **spezialgefertigten Kücheneinrichtung** stehen[437]. Dies ist deshalb gerechtfertigt, weil eine Einbauküche – anders als die sonstige Einrichtung mit Möbeln – als Teil der einheitlichen Baumaßnahme angesehen werden muss und nach der überwiegenden Rechtssprechung[438] sogar zu den wesentlichen Bestandteilen eines Grundstücks bzw. Gebäudes gehört.

245   Das Baurisiko kann sich auch im **Wohnungs- und Grundstücksbereich** verwirklichen. So sind z. B. Nachbarstreitigkeiten[439] dazu zu rechnen, ferner Streitigkeiten zwischen Wohnungseigentümern[440] z. B. wegen der Gültigkeit von Beschlüssen über bauliche Maßnahmen sowie ggf. auch Streitigkeiten zwischen Mietvertragsparteien[441], etwa über genehmigungspflichtige Ausbauten.

246   Zumindest nach § 3 (1) d ARB 94/2000/2008, wonach auf das Merkmal der „Unmittelbarkeit" verzichtet wird, werden auch Schadenersatzprozesse gegen den **Rechtsanwalt**[442] oder gegen den beurkundenden **Notar** vom Ausschluss erfasst[443]. Für die Notarhaftung bejaht dies zutreffend das AG Düsseldorf[444] auch schon bei Geltung des § 4 (1) k ARB 75. Man wird hier allerdings verlangen müssen, dass – wie im Fall des AG Düsseldorf – das konkrete Rechtsproblem eng mit der Planung und Errichtung des Gebäudes verknüpft ist. Ansprüche wegen Schlechterfüllung des Anwaltsvertrages stehen dagegen in keinem Fall in einem „unmittelbaren" Zusammenhang mit der Baumaßnahme, so dass § 4 (1) k ARB 75 nicht anwendbar ist[445].

247   **f) Genehmigungspflichtige Veränderung.** Insbesondere bei Modernisierungsarbeiten kommt eine weitere Variante des Risikoausschlusses zum Tragen, nämlich die genehmigungspflichtige bauliche Veränderung. Dies kann z. B. ein **Dachausbau** sein, der wegen des Einbaus einer Gaube genehmigungspflichtig ist. Dass hierbei auch Arbeiten anfallen, die als solche nicht genehmigungspflichtig wären, ändert nach einhelliger Auffassung[446] nichts daran, dass auch im Hinblick auf sie der Ausschluss greift. Dem Ziel des Ausschlusses würde nicht genügt, wenn einzelne Streitpunkte aus einem einheitlichen Zusammenhang herausgelöst würden[447]. Hat ein Verkäufer ein bestehendes **Altobjekt** in Wohnungseigentum aufgeteilt und grundlegend **saniert,** liegt der Schwerpunkt neben der Eigentumsverschaffung vor allem im Bereich der werkvertraglichen Verpflichtungen, vergleichbar mit dem Neubau einer Eigentumswohnanlage und dem Verkauf einzelner Eigentumswohnungen. Dies rechtfertigt es, Streitigkeiten im Zusammenhang mit dem Erwerb solcher Objekte dem Baurisiko zuzu-

---

[436] VersR 1997, 394 (398).

[437] LG Bielefeld v. 10. 7. 1981, ZfS 1982, 210.

[438] Vgl. *Palandt/Heinrichs,* § 93 Rn. 5 (Stichwort: Einbauküche) mit Nachweisen.

[439] AG Münsingen v. 7. 3. 1991, r+s 1992, 21 = ZfS 1992, 100; AG Sinsheim v. 26. 6. 1986, r+s 1987, 199; a. A. *Prölss/Martin/Armbrüster,* § 4 ARB 75 Rn. 27.

[440] AG Mannheim v. 16. 11. 1990, ZfS 1991, 93; LG Berlin v. 28. 2. 1991, AG Charlottenburg v. 28. 5. 1990, ZfS 1991, 269; *Harbauer/Maier,* § 4 ARB 75 Rn. 98; *van Bühren/Plote,* § 3 ARB 2000 Rn. 34; a. A. OLG Karlsruhe v. 16. 1. 1991, ZfS 1991, 129 (weil die Baumaßnahme bereits durchgeführt war); *Prölss/ Martin/Armbrüster,* § 4 ARB 75 Rn. 25.

[441] AG Bremervörde v. 11. 4. 1986, ZfS 1986, 209; a. A. LG München v. 29. 3. 2007, NJW-RR 2008, 417 (Klage auf Modernisierungsduldung).

[442] AG Hannover v. 4. 4. 2007, r+s 2007, 419.

[443] Vgl. *Harbauer/Maier,* § 3 ARB 94 Rn. 6 d.

[444] V. 11. 7. 1980, ZfS 1981, 115; a. A. LG Düsseldorf v. 4. 2. 2004, NJW-RR 2004, 832.

[445] So auch OLG Köln v. 24. 4. 2001, r+s 2001, 374 = NVersZ 2002, 29.

[446] LG Coburg v. 1. 12. 1995, VersR 1997, 612; AG Amberg v. 29. 11. 1983, ZfS 1984, 81.

[447] LG Frankfurt/M. v. 4. 7. 1995, r+s 1995, 420; OLG München v. 18. 2. 1986, ZfS 1986, 146.

ordnen[448]. Die gegenteilige Auffassung[449] übersieht, dass der Veräußerer eines Altbaus oder einer Altbauwohnung für Sachmängel der gesamten Bausubstanz nach den Gewährleistungsregeln des Werkvertragrechts haftet, wenn er vertragliche Bauleistungen übernommen hat, die insgesamt nach Umfang und Bedeutung Neubauarbeiten vergleichbar sind[450]. Dies gilt sogar dann, wenn die geschuldete Modernisierung oder Sanierung bei Abschluss des Vertrages bereits fertiggestellt ist[451].

3. Recht der Handelsgesellschaften

a) Allgemeines. Sinn und Zweck des Ausschlusses in § 4 (1) c ARB 75 bzw. § 3 (2) c ARB **248** 94/2000/2008 war der Gedanke, dass Streitigkeiten aus dem Handels- und Gesellschaftsrecht oft sehr hohe Kosten verursachen und nur für verhältnismäßig wenige VN in Betracht kommen. Letzteren Gesichtspunkt wird man allerdings inzwischen etwas anders betrachten müssen, wenn man nämlich die Aktivitäten inzwischen breiter Bevölkerungsschichten am Kapitalmarkt mit den daraus resultierenden – teilweise neuartigen – Rechtsproblemen berücksichtigt.

Zu den Handelsgesellschaften gehören OHG (§ 105 HGB), KG (§ 161 HGB), AG (§ 3 **249** AktG), KGaA (§ 278 AktG), GmbH (§ 13 Abs. 3 GmbHG) sowie die GmbH & Co. KG[452], nicht hingegen – angesichts des klaren Wortlauts – die stille Gesellschaft oder die BGB-Gesellschaft. Dem Risikoausschluss unterliegen alle Ansprüche, die ihren rechtlichen Grund im Gesellschaftsvertrag oder einer Norm aus dem Gesellschaftsrecht finden[453]. Es müssen **spezifisch gesellschaftsrechtliche Rechtsfragen** im Vordergrund stehen[454]. Soweit dies der Fall ist, werden **auch Ansprüche aus Delikt** (§§ 823 Abs. 2, 826 BGB) in Verbindung mit gesellschaftsrechtlichen Vorschriften vom Ausschluss erfasst[455].

b) Aktionärsklagen. Umstritten ist, inwieweit auch Aktionärsklagen **gegen Vorstände** **250** von börsennotierten Aktiengesellschaften unter den Ausschluss fallen, wenn Anleger Verstöße gegen die Ad-hoc-Publizität (z. B. § 15 WpHG), oder unrichtige Angaben über die Vermögenslage der Gesellschaft nach § 400 Abs. 1 Nr. 1 AktG bzw. § 44 BörsG geltend machen[456]. Angesichts der Abstraktheit des Risikoausschlusses ist die Beantwortung dieser Auslegungsfrage nicht einfach.

Was den Erwerb von Geschäftsanteilen an einer Handelsgesellschaft allgemein betrifft, wird **251** teilweise[457] die Auffassung vertreten, der Ausschluss sei nur dann einschlägig, wenn der VN mit dem Erwerb von Gesellschaftsanteilen eine beherrschende Stellung erlangen will. Diese Meinung überzeugt jedoch nicht, da die Frage der **Majorität** keine Frage des spezifischen Gesellschaftsrechts ist und dieser Gedanke auch im Sinn und Zweck des Ausschlusses keine Stütze findet. Er spielt an anderer Stelle eine Rolle, wenn es nämlich darum geht, ab wann die Beteiligung an einem Unternehmen – in Abgrenzung zur Privatsphäre – eine selbstständige Tätigkeit des VN im Sinne der Risikoabgrenzungen der ARB begründet[458].

Entscheidend muss sein, ob anlässlich des Erwerbs von Anteilsrechten an einer Handelsge- **252** sellschaft ein Streit entstanden ist, bei dem gesellschaftsrechtliche Belange im Vordergrund stehen. Dies ist in der Regel dann nicht der Fall, wenn Fragen des allgemeinen Vertragsrechts, z. B. die Wirksamkeit des Vertrages zu klären sind[459]. Um solche allgemein-vertraglichen Probleme geht es dagegen in den sog. Aktionärsklagen nicht, denn der Aktionär will gerade den

---

[448] LG Dresden v. 14. 3. 2003, VersR 2003, 990.
[449] OLG Oldenburg v. 1. 9. 2004, VersR 2005, 114 = NJW-RR 2004, 1612.
[450] BGH v. 6. 10. 2005, NJW 2006, 214.
[451] BGH v. 16. 12. 2004, MDR 2005, 622.
[452] LG Osnabrück v. 12. 8. 1997, VersR 1998, 1108 = r+s 1998, 244 = ZfS 1998, 191.
[453] LG Duisburg v. 10. 9. 1979, ZfS 1980, 13.
[454] OLG Hamm v. 20. 10. 2000, r+s 2001, 116.
[455] LG Köln v. 17. 11. 1985, ZfS 1986, 78.
[456] Vgl. z. B. OLG München v. 14. 5. 2002, ZIP 2002, 1727 („Infomatec").
[457] LG Bückeburg v. 2. 2. 1990, r+s 1991, 94; *Harbauer/Maier*, § 4 ARB 75 Rn. 23.
[458] Hierzu BGH v. 28. 6. 1978, VersR 1978, 816 (817).
[459] OLG Hamm v. 20. 10. 2000, r+s 2001, 116.

Schutzbereich spezifisch gesellschaftsrechtlicher Normen in Anspruch nehmen, indem er Pflichtverletzungen von Gesellschaftsorganen rügt, die den Kernbereich des Gesellschaftsrechts berühren. Andererseits ist nicht zu verkennen, dass insbesondere bei Ansprüchen aus § 44 BörsG (Prospekthaftung) das haftungsauslösende Moment schon vor dem Erwerb der Aktie gesetzt wurde. In diesem Stadium geht es aus der Sicht des VN erst um den Kauf von Aktien und nicht um die Wahrnehmung rechtlicher Interessen aus einer späteren Stellung als Aktionär. Für Fälle des § 44 BörsG hat daher das LG München[460] die Anwendbarkeit des Risikoausschlusses verneint. Eine im Anschluss daran ergangene, gegenteilige und gut begründete Entscheidung des LG Hannover[461] hat der **BGH** mit Revisionsurteil vom **21. 5. 2003**[462] aufgehoben und damit Rechtsklarheit geschaffen. Dabei bleibt der BGH seiner langjährig geübten Methodik treu. Es darf nicht voreilig auf die Unklarheitenregelung des § 305 (2) BGB zurückgegriffen werden[463], vielmehr muss zunächst versucht werden, die Unklarheit mit den allgemeinen Mitteln der Auslegung zu beseitigen. Zu diesem Zweck ist auf die Sicht des durchschnittlichen VN abzustellen. Nach Auffassung des BGH ist bei dieser Auslegung das Geltendmachen von Ansprüchen aus § 44 BörsG nicht als Wahrnehmung rechtlicher Interessen aus dem Bereich des Rechtes der Handelsgesellschaften anzusehen. Tragendes Argument hierfür ist die **Abgrenzung** des Rechtes der Handelsgesellschaften **vom Kapitalmarktrecht.** Sehr überzeugend ist dieses Argument nicht, da der Begriff des Kapitalmarktrechts nicht fest definiert ist[464] und entgegen der Annahme des BGH nicht klar beschrieben werden kann. Schwer zu entkräften ist dagegen das zweite Argument des BGH, welches darauf abstellt, dass in den Fällen des § 44 BörsG der haftungsbegründende Vorgang – der Erlass und die Herausgabe des unrichtigen Prospekts – vor dem Zeitpunkt des Erwerbs liegt. Damit kommt zum Ausdruck, dass die Vorschriften nach §§ 44 ff. BörsG nicht Ansprüche des Erwerbers als Aktionär, sondern als Teilnehmer am Wertpapiermarkt betreffen. Auch der juristisch nicht gebildete VN wird dies nicht ohne weiteres dem Recht der Handelsgesellschaften zuordnen. Mit der gleichen Begründung hat der **BGH** in einer weiteren Entscheidung vom **3. 5. 2006**[465], die ebenfalls einen Prospekthaftungsfall zum Gegenstand hatte, seinen Standpunkt bekräftigt. Offen bleibt allerdings auch nach den beiden BGH-Entscheidungen, inwieweit eventuell andere Aktionärsklagen, die den VN sehr wohl in seiner Stellung als Aktionär betreffen (z. B. Halteentscheidungen aufgrund fehlerhafter ad-hoc-Mitteilungen) von der Risikoausschlussklausel erfasst werden. Umso mehr besteht für die VR Handlungsbedarf. Wenn sie wollen, dass die Versichertengemeinschaft nicht mit den Kosten solcher Prozesse belastet werden soll, müssen sie für den Bereich der Kapitalanlagen den Risikoausschluss zukünftig verständlicher formulieren. Da es sich bei Wertpapiergeschäften um spekulative Geldanlagen handelt, wäre es alternativ zu einer Umformulierung des § 3 (2) c ARB 2000 auch denkbar, den Spekulationsausschluss in § 3 (2) f ARB 94/2000, der sich bislang auf hochspekulative Geschäfte beschränkt, auf Fälle des Aktienerwerbs sowie Anlagen auf Prospektgrundlage zu erweitern. Einzelne VR haben dies bereits in modernisierten ARB-Fassungen umgesetzt. Die Muster-ARB 2008 greifen dies mit dem Vorschlag einer Neuformulierung des § 3 (2) f auf.

---

[460] LG München v. 28. 3. 2002, NJW 2002, 1807 = NVersZ 2002, 331 = VuR 2002, 251 mit zust. Anm. *Schwintowski;* Empfehlung des Versicherungsombudsmanns v. 27. 2. 2002, BKR 2002, 327.

[461] V. 19. 8. 2002, NVersZ 2002, 578 = NZG 2002, 1068.

[462] NJW 2003, 2384 = VersR 2003, 1122 = MDR 2003, 1178 = r+s 2003, 362 = ZfS 2003, 467 = WM 2003, 1363 = NZG 2003, 876 (Prospekthaftungs-Fall I – Telekom).

[463] Hierauf verweist zutreffend *Looschelders,* LMK 2003, 166 (Anm. zu BGH v. 21. 5. 2003).

[464] Zu Begriff und Rechtsquellen des Kapitalmarktrechts vgl. *Schwarz,* DStR 2003, 1930; *Merkt/Rossbach,* JuS 2003, 217.

[465] NJW-RR 2006, 1405 = VersR 2006, 1119 = r+s 2006, 373 = MDR 2006, 1407 (Prospekthaftungs-Fall II).

4. Handelsvertreterrecht

§ 4 (1) f ARB 75 erstreckt sich auf die Wahrnehmung rechtlicher Interessen „aus dem Be- 253
reich des Handelsvertreterrechts". Damit sollen insbesondere die dem Handelsvertreterrecht
spezifischen Ausgleichsansprüche nach § 89 HGB, welche oft besonders langwierige und
auch kostenintensive Streitigkeiten verursachen, vom Versicherungsschutz ausgenommen
werden. Der Ausschluss ist im Zusammenhang mit der Regelung in **§ 24 (3) Ziff. 2 ARB
75** zu sehen, welche – abweichend von § 4 (1) f – für Warenhandelsvertreter Rechtsschutz
für gerichtliche Streitigkeiten aus diesem Rechtsbereich ermöglicht. Dieser **Handelsvertre-
ter-Rechtsschutz**[466] wurde aber schon einige Jahre vor Einführung der nachfolgenden
ARB 94 nicht mehr angeboten, so dass er nur noch für vereinzelte Altverträge relevant ist.

Aus der Formulierung **„aus dem Bereich"** wird deutlich, dass nicht nur die gesetzlich 254
nicht abdingbaren Ansprüche des Handelsvertreterrechts, sondern auch damit konkurrierende vertragliche Ansprüche gemeint sind. Deshalb fällt z.B. auch eine **Aufhebungsver-
einbarung** unter den Ausschluss, mit welcher – ohne Umschaffung des zugrunde liegenden
Rechtsverhältnisses – die beiderseitigen Rechte und Pflichten im Zusammenhang mit der
Beendigung des Handelsvertreterverhältnisses geregelt werden[467].

Dagegen ist der Ausschluss nicht anwendbar, wenn es um eine **analoge Anwendung des
§ 89 HGB** geht[468]. Zwar muss der VN zur Kenntnis nehmen, dass er als selbständiger Handelsvertreter keinen Versicherungsschutz genießt und sich ggf. durch Nachfrage kundig machen, was unter dem Handelsvertreterrecht zu verstehen ist. Ein durchschnittlicher VN kennt
aber weder die vorhandene höchstrichterliche Rspr. zur analogen Anwendung des § 89 HGB
noch die Rechtsfigur der analogen Gesetzesanwendung. Ein wirksamer Risikoausschluss
auch bei analoger Anwendung einzelner Vorschriften des Handelsvertreterrechts auf Personen, die nicht Handelsvertreter sind, müsste deshalb einen hierauf hinweisenden Zusatz enthalten, was bei § 4 (1) f ARB 75 aber nicht der Fall ist[469].

Wieder etwas anders gelagert ist die – umstrittene – Frage, ob **Provisionsstreitigkeiten** 255
eines unselbständigen Handlungsgehilfen im Sinn der §§ 59 ff. HGB unter den Ausschluss fallen. Hierfür könnte sprechen, dass § 65 HGB auf einen Teil der Provisionsregelung
für Handelsvertreter verweist und dass in diesen Fällen die Rechtskostenrisiken ähnlich hoch
einzuschätzen sind wie bei der Provisionsklage eines Handelsvertreters. Zu Recht wendet die
h. M.[470] gleichwohl den Ausschluss auf angestellte Handlungsgehilfen **nicht** an. Entscheidendes Kriterium für die Stellung als Handelsvertreter ist nämlich die Selbständigkeit. Der durchschnittliche VN muss daher den Ausschluss so verstehen, dass nur die Streitigkeiten des selbständigen Handelsvertreters vom Versicherungsschutz ausgeschlossen sind.

In den **ARB 94/2000/2008** ist der **Risikoausschluss** für das Handelsvertreterrecht **weg-** 256
gefallen. Grund hierfür ist nicht eine beabsichtigte Rechtsschutzerweiterung, sondern die
Tatsache, dass in den Vertragsformen für den Selbständigen ein **Firmen-Vertrags-Rechtsschutz nicht mehr vorgesehen** ist und allenfalls für bestimmte Berufsgruppen über Zusatzklauseln angeboten wird. Dies gilt auch für den Vertrag nach § 28 ARB 94/2000/2008, der
zwar u. a. den „Rechtsschutz im Vertrags- und Sachenrecht" umfasst, jedoch ausdrücklich
nicht für den Bereich der selbständigen Tätigkeit. Da praktisch alle relevanten Streitigkeiten
aus dem Handelsvertreterrecht vertraglicher Natur sind, bedeutet dies faktisch, dass auch
nach den ARB 94/2000/2008 die spezifischen Vertragsstreitigkeiten des selbständigen Handelsvertreters **nicht vom Versicherungsschutz umfasst** sind. Dagegen hat der angestellte

---

[466] Zu Einzelheiten vgl. *Harbauer/Stahl,* § 24 ARB 75 Rn. 56 ff.
[467] OLG Hamm v. 27. 5. 1994, VersR 1995, 42 = r+s 1994, 421.
[468] BGH v. 5. 7. 1989, VersR 1989, 908.
[469] BGH, a. a. O., 909 am Ende.
[470] OLG Köln v. 22. 9. 1983, VersR 1984, 634 = ZfS 1984, 278; OLG Frankfurt/M. v. 24. 3. 1982,
ZfS 1982, 175; LG Münster v. 22. 4. 1982, ZfS 1982, 208; *Harbauer/Maier,* § 4 ARB 75 Rn. 51 a; *Prölss/
Martin/Armbrüster,* § 4 ARB 75 Rn. 9; *Schlüper-Oehmen/Garn,* AnwBl 1983, 417; a. A. LG Köln v. 30. 12.
1980, ZfS 1981, 250; AG Flensburg v. 4. 11. 1975, ZfS 1981, 252; AG Münster v. 30. 12. 1981, ZfS 1982,
175.

Handlungsgehilfe uneingeschränkten Arbeits-Rechtsschutz für Provisionsstreitigkeiten. Insofern ist der Streitpunkt zu § 4 (1) f ARB 75 für die neuen Bedingungswerke obsolet geworden.

5. Organvertreter

257 § 4 (1) d ARB 75 schließt den Versicherungsschutz aus, wenn rechtliche Interessen aus einem Anstellungsvertrag eines gesetzlichen Vertreters wahrgenommen werden. Betroffen sind alle **Anstellungsverträge,** d. h. schuldrechtliche Dienstverträge im Sinn von § 611 BGB, die **juristische Personen des Privatrechts** mit ihren gesetzlichen Vertretern abzuschließen pflegen. „**Gesetzliche Vertreter**" im Sinn der Ausschlussbestimmung sind demnach insbesondere der Geschäftsführer einer GmbH, der Vorstand einer Aktiengesellschaft oder der Vorstand eines Vereins.

258 Auch derjenige gesetzliche Vertreter wird vom Ausschluss erfasst, der nur **zusammen mit einem anderen** zur Vertretung befugt ist. Der BGH[471] hat dies in diesem Sinne entschieden und zur Begründung zutreffend darauf hingewiesen, dass die **Gesamtvertretung** der gesetzliche Regelfall ist (§ 35 Abs. 2 S. 2 GmbHG, § 78 Abs. 2 AktG). Es ist kein Anhaltspunkt dafür ersichtlich, dass der Begriff des gesetzlichen Vertreters in § 4 (1) d ARB 75 anders zu verstehen ist als im Recht der jeweiligen juristischen Person.

259 Ebenso eindeutig ist die Frage zu beantworten, ob der Ausschluss auch dann greift, wenn **zwischen dem Vertragspartner des Anstellungsvertrages und der juristischen Person keine Identität** besteht. Dies kann z. B. bei Vertragsgestaltungen innerhalb eines Konzerns oder bei einer GmbH und Co. KG[472] relevant werden. Der BGH[473] hat diese Frage unter Hinweis auf die einhellige Auffassung in Rechtsprechung und Literatur[474] für das Vorstandsmitglied einer Sparkasse mit Anstellungsvertrag bei einem Zweckverband bejaht. Nach dem Wortlaut und ihrem erkennbaren Sinn, Streitigkeiten mit häufig besonders hohen Kosten vom allgemeinen Arbeits-Rechtsschutz auszunehmen, greife die Klausel immer dann ein, wenn es um die Wahrnehmung rechtlicher Interessen aus dem Vertrag geht, der das Anstellungsverhältnis des gesetzlichen Vertreters der juristischen Person regelt. Ob diese juristische Person oder deren Träger oder wirtschaftlicher Inhaber Partner des Anstellungsvertrages ist, sei unerheblich[475].

260 Bei **Vereinen** besteht häufig die Praxis, dass bestimmte Geschäftsbereiche oder sogar die Erledigung aller laufenden Geschäfte des Vereins, für die nach der Satzung der Vereinsvorstand zuständig ist, einem „Geschäftsführer" übertragen werden. Ein solcher Geschäftsführer ist grundsätzlich nicht Organ des Vereins. Allerdings kann gemäß **§ 30 BGB** durch die Satzung eines Vereins bestimmt werden, dass neben dem Vorstand für gewisse Geschäfte **besondere Vertreter**[476] zu bestellen sind. Soweit der VN als ein solcher Vertreter anzusehen ist, ist er Vereinsorgan wie der Vorstand und unterfällt damit dem Risikoausschluss. Eine weitere Sonderregelung trifft in diesem Zusammenhang **§ 66 Abs. 3 S. 2 Handwerksordnung.** Danach kann die gesetzliche Vertretung der Handwerksinnung ausdrücklich auch dem Geschäftsführer übertragen werden. Aufgrunddessen kann z. B. der Geschäftsführer eines **Landesinnungsverbands** als Organvertreter anzusehen sein[477]. Das Gleiche trifft auf den Geschäftsführer

---

[471] BGH v. 10. 12. 1997, NJW 1998, 1154 = r+s 1998, 157 = ZfS 1998, 150 = MDR 1998, 302.

[472] Vgl. hierzu BAG v. 20. 8. 2003, NZA 2003, 1108 = DB 2003, 2183, wonach – unter Aufgabe der früheren Rechtsprechung – auch der Geschäftsführer der Komplementär-GmbH, der einen Anstellungsvertrag mit der KG geschlossen hat, als gesetzlicher Vertreter der KG i. S. v. § 5 (1) S. 3 ArbGG anzusehen ist.

[473] A. a. O.

[474] AG Hamburg v. 17. 1. 1992, r+s 1992, 167; LG Köln v. 17. 6. 1992, VersR 1995, 827 = r+s 1995, 306; *Böhme,* § 4 ARB 75 Rn. 14a; *Harbauer/Maier,* § 4 ARB 75 Rn. 30.

[475] Für die GmbH und Co. KG vgl. auch LG Osnabrück v. 12. 8. 1997, VersR 1998, 1108 = r+s 1998, 244 = ZfS 1998, 191: Anstellungsvertrag mit der KG; kritisch aber *Bauer,* NJW 1999, 1371 (1373).

[476] Vgl. hierzu OLG Hamm v. 29. 9. 1977, DNotZ 1978, 292; LAG München v. 10. 3. 2003, – 4 TA 377/02 – (nicht veröff.).

[477] Vgl. LAG Niedersachsen v. 4. 2. 2002, NZA-RR 2002, 491.

einer **Kassenärztlichen Vereinigung** zu, der kraft Satzung die Vertretungsbefugnis hat, mag diese auch aufgrund der Weisungsgebundenheit gegenüber dem Vorstand eingeschränkt sein[478].

Von der Ausschlussregelung des § 4 (1) d ARB 75 nicht erfasst werden **öffentlich-recht-** **261** **liche Dienstverhältnisse,** weil hier die schuldrechtliche Komponente fehlt. Anders zu beurteilen sind diese Fälle aber auf der Grundlage der ARB 94/2000/2008, die den Risikoausschluss insofern erweitern. Nach **§ 3 (2) c ARB 94/2000/2008** werden nicht nur Verträge, sondern **Anstellungsverhältnisse** aller – also auch öffentlich-rechtlicher – Art vom Risikoausschluss umfasst[479]. Auch das ehrenamtlich tätige Vorstandsmitglied eines Vereins dürfte unter den Begriff „Anstellungsverhältnis" fallen.

Eine in der Praxis wichtige Besonderheit besteht darin, dass bei einem GmbH-Geschäftsfüh- **262** rer ein **ruhendes Arbeitsverhältnis** nach Beendigung der Organeigenschaft wieder aufleben kann. Dies ist nach der Rechtsprechung des BAG[480] dann der Fall, wenn der Angestellte zum Geschäftsführer bestellt wurde, ohne dass sich an den Vertragsbedingungen im Übrigen etwas geändert hat. Wird der Angestellte bei einer derartigen Vertragsgestaltung als Geschäftsführer abberufen, so wird das Arbeitsverhältnis hierdurch wieder auf seinen ursprünglichen Inhalt zurückgeführt. Wird ihm nun gekündigt, so sind für die Entscheidung über seine hiergegen erhobene Klage die Arbeitsgerichte sachlich zuständig. Dies bedeutet, dass der Geschäftsführer zwar keinen Versicherungsschutz hat für die Geltendmachung von Ansprüchen aus dem – beendeten – Vertrag als Geschäftsführer der GmbH, wohl aber für die Kündigungsschutzklage gegen die Kündigung des wieder aufgelebten Arbeitsverhältnisses[481]. Zu beachten ist in diesem Zusammenhang, dass sich die Rechtsprechung des BAG seit der Entscheidung vom 9. 5. 1985 weiterentwickelt hat. Das BAG geht inzwischen bei nicht klaren und eindeutigen Vereinbarungen von der Vermutung aus, dass mit Abschluss eines Geschäftsführer-Dienstvertrages grundsätzlich das ursprüngliche Arbeitsverhältnis durch **konkludente Aufhebung** sein Ende findet[482]. Hieraus hat sich die Rechtsfrage ergeben, inwieweit das am 1. 5. 2000 in Kraft getretene Schriftformerfordernis gem. § 623 BGB der Annahme eines „konkludenten Aufhebungsvertrages" entgegensteht[483]. Das BAG hat mit Urteil vom 19. 7. 2007[484] klargestellt, dass mit dem Abschluss eines schriftlichen Geschäftsführer-Dienstvertrages das Schriftformerfordernis für den Auflösungsvertrag gewahrt ist.

Für Vermittler von Rechtsschutzverträgen kann der Risikoausschluss nach § 4 (1) d ARB 75 **263** bzw. § 3 (2) c ARB 94/2000/2008 schnell zur Haftungsfalle werden. Gelegentlich wird übersehen, dass der Ausschluss **abbedungen** werden kann. Aufgrund von Sonderklauseln bieten einige VR im Zusammenhang mit dem Vermögensschaden-Rechtsschutz für Aufsichtsräte, Beiräte, Vorstände, Unternehmensleiter und Geschäftsführer (VRB bzw. USRB)[485] diesem Personenkreis Versicherungsschutz für gerichtliche Streitigkeiten aus dem Anstellungsverhältnis an[486]. Teilweise wird dieser Versicherungsschutz sogar schon für die außergerichtliche Interessenwahrnehmung angeboten.

---

[478] ArbG Bremen v. 14. 11. 2002, – 8 Ca 8206/02 – (nicht veröff.).

[479] *Harbauer/Maier,* § 3 ARB 94 Rn. 9.

[480] BAG v. 9. 5. 1985, NZA 1986, 792.

[481] OLG Köln v. 21. 5. 1992, VersR 1992, 1350 = r+s 1992, 308; OLG Frankfurt/M. v. 16. 12. 1998, NVersZ 1999, 584.

[482] BAG v. 25. 4. 2002, NJW 2003, 918 = NZA 2003, 272; v. 8. 6. 2000, NJW 2000, 3732 = NZA 2000, 1013.

[483] Hierzu *Fischer,* NJW 2003, 2417 und *Bauer/Baeck/Lösler,* ZIP 2003, 1821 mit weiteren Nachweisen.

[484] DB 2007, 2093 = NZA 2007, 1095.

[485] Zu den VRB vgl. VerBAV 1971, 324; AnwBl 1979, 359; sie wurden weiterentwickelt durch die „Spezial-Rechtsschutz-Bedingungen für Unternehmensleiter" (USRB – Stand: Juli 2000), hierzu *Buschbell/Hering,* § 12 Rn. 63 ff.

[486] Vgl. GB BAV 1972, 83; VerBAV 1985, 442 (443).

6. Geistiges Eigentum

264   § 3 (2) d ARB 94/2000/2008 nimmt – wie schon der erste Teil der früheren Ausschlussbestimmung in § 4 (1) c ARB 75 – diejenige Interessenwahrnehmung vom Versicherungsschutz
aus, die in ursächlichem Zusammenhang mit im Bedingungstext beispielhaft genannten
Rechtsgebieten (z. B. Patentrecht, Markenrecht) steht, die das geistige Eigentum schützen.
Der Ausschluss erstreckt sich ausdrücklich auch auf die in der Aufzählung nicht enthaltenen
„**sonstigen Rechte aus geistigem Eigentum**". Er erfasst daher z. B. auch das **Sorten-
schutzrecht,** da es sich hierbei um einen dem Patentrecht ähnlichen Schutz der Schaffung
und Entdeckung von Pflanzensorten handelt[487]. Aufgrund der weiten Fassung („Bereich"/
„ursächlicher Zusammenhang") sind auch Streitigkeiten aus **schuldrechtlichen** Nutzungs-
und Verwertungsverträgen über geistige Leistungen, z. B. aus Lizenzverträgen vom Versicherungsschutz ausgeschlossen[488].

265   **a) Arbeitnehmererfindungen.** Für die Leistungsart „Arbeits-Rechtsschutz" ist der Ri-
sikoausschluss von Bedeutung, soweit es um Arbeitnehmererfindungen geht. Das Gesetz über
Arbeitnehmererfindungen vom 25. 7. 1957 (**ArbnErfG,** BGBl. I S. 756), das inzwischen
mehrfach novelliert wurde, enthält noch heute die zentrale Rechtsgrundlage des deutschen
Arbeitnehmererfinderrechts. Es unterscheidet zwischen patent- und gebrauchsmusterfähigen
Erfindungen (§ 2 ArbnErfG) einerseits und **technischen Verbesserungsvorschlägen** (§ 3
ArbnErfG) andererseits und trifft Sonderregelungen zur Rechtswegzuständigkeit. Danach ist
von folgenden Zuständigkeiten auszugehen:
– Ausschließliche Zuständigkeit der Landgerichte für Patentstreitigkeiten über Erfindungen
  (Patentstreitkammern), §§ 39 (1) ArbnErfG, 143 (1) PatG
– Zuständigkeit der Arbeitsgerichte für Ansprüche auf Leistung einer festgestellten oder fest-
  gesetzten Vergütung für eine Erfindung, §§ 39 (2) ArbnErfG, 2 (2) a ArbGG
– Zuständigkeit der Arbeitsgerichte für technische Verbesserungsvorschläge
  Vor diesem Hintergrund ist hinsichtlich der Reichweite des Risikoausschlusses wie folgt zu
differenzieren:

266   Beziehen sich Streitigkeiten auf technische Verbesserungsvorschläge, die **weder patent-
noch gebrauchsmusterfähig** sind, greift der Risikoausschluss nicht ein. Solche Vorschläge
können ohne weiteres vom Arbeitgeber übernommen werden und begründen im Fall ihrer
Verwertung nur eine Vergütungspflicht des Arbeitgebers (§ 20 ArbnErfG). Hieraus wird deutlich, dass sie keinen Ausschließlichkeitscharakter wie die geschützten Arbeitnehmererfindungen haben und damit nicht mehr dem „geistigen Eigentum" im Sinn der Ausschlussbestimmung zugerechnet werden können.

267   Resultiert die Streitigkeit dagegen aus einer Erfindung des Arbeitnehmers, die **patent-
oder gebrauchsmusterfähig** ist, ist der Ausschluss anzuwenden. Der Schwerpunkt der
rechtlichen Interessenwahrnehmung liegt in diesen Fällen nämlich im Bereich des Patent-
rechts und nicht primär in der Sphäre des Arbeitsrechts[489].

268   Nach teilweise vertretener Auffassung[490] soll insoweit aber noch zusätzlich hinsichtlich der
Rechtswegzuständigkeit differenziert werden. Ist der Vergütungsanspruch streitig und somit die Zuständigkeit der Patentstreitkammern gegeben, soll der Ausschluss greifen. Für
Streitigkeiten vor dem Arbeitsgericht wegen Ansprüche auf Leistung einer festgestellten oder
festgesetzten Vergütung (§ 39 (2) ArbnErfG) bestünde dagegen Versicherungsschutz. Nach
zutreffender Auffassung[491] greift der Ausschluss aber auch dann, wenn die festgestellte oder
festgesetzte Vergütung für eine Arbeitnehmererfindung vor dem Arbeitsgericht verfolgt wer-

---

[487] LG Lüneburg v. 9. 2. 1989, VersR 1991, 296.
[488] *Harbauer/Maier,* § 4 ARB 75 Rn. 33.
[489] AG Ansbach v. 28. 12. 2006, VersR 2007, 1268; *Harbauer/Maier,* § 4 ARB 75 Rn. 41; *Böhme,* § 4
ARB 75 Rn. 16; a. A. *Prölss/Martin/Armbrüster,* § 4 ARB 75 Rn. 7.
[490] AG Hannover v. 1. 2. 1985, ZfS 1985, 112; LG Lüneburg v. 21. 12. 1998, 6 S 168/98 (nicht veröff.).
[491] *Harbauer/Maier,* § 4 ARB 75 Rn. 41; *Böhme,* § 4 ARB 75 Rn. 16.

den muss. Soweit hiergegen geltend gemacht wird, es handele sich um Ansprüche aus dem Arbeitsverhältnis[492], kann dem schon deshalb nicht gefolgt werden, weil es dann der ausdrücklichen Rechtswegregelung in § 2 (2) a ArbGG nicht bedurft hätte[493].

b) Domain-Streitigkeiten. Wer im Internet mit einer eigenen Domain auftritt, muss 269 immer damit rechnen, dass er mit anderen aneinander gerät, die „bessere" Rechte an der gewählten Adresse reklamieren. Oft kommt es zu gerichtlichen Verfahren, in denen der **Kennzeicheninhaber** versucht, den Domainnamen freizuklagen[494].

Gerichtsentscheidungen aus diesem Bereich betreffen insbesondere Unternehmen und 270 sind sehr uneinheitlich. Dies liegt daran, dass die Gerichte von unterschiedlichen rechtlichen Lösungsansätzen ausgehen. Eine häufig herangezogene Anspruchsgrundlage ist der Schutz des Namens gem. § 12 BGB. Inhaber einer **Marke** oder Geschäftsbezeichnung können schließlich nach dem Markengesetz geschützt sein[495]. Ein Domainname kann gem. § 4 MarkenG insbesondere dann als Marke Schutz genießen, wenn er beim Deutschen Patent- und Markenamt eingetragen ist. Häufiger wird es so sein, dass ein Domainname zur Kennzeichnung von Waren- oder Dienstleistungen des namensgleichen Betriebs verwendet wird, sodass der Schutz als geschäftliche Bezeichnung gem. § 5 MarkenG in Anspruch genommen werden kann. Soweit hieraus Unterlassungs-, Schadenersatz-, oder Auskunftsansprüche abgeleitet werden, ist der Risikoausschluss einschlägig, weil Rechte „aus geistigem Eigentum" wahrgenommen werden.

7. Spekulationsgeschäfte

§ 4 (1) g ARB 75 wie auch **§ 3 (2) f ARB 94/2000/2008** schließen bestimmte spekula- 271 tive Rechtsgeschäfte vom Versicherungsschutz aus. Die Anknüpfung an „Spiel- und Wettverträge" darf dabei nicht unterschätzt werden. Möglicherweise hatten die VR mit diesem Ausschluss zunächst selbst nur an Wette und Glücksspiel gedacht, also an die typischen nicht einklagbaren Verbindlichkeiten, bei denen ein berechtigtes Interesse der VN an einer Rechtsschutzgewährung zu verneinen ist. Seine wahre Bedeutung hat der Risikoausschluss dann aber im Bereich äußerst riskanter Kapitalanlagen erlangt, nämlich beim Zeichnen von **Waren- und Devisenterminoptionsgeschäften.** § 3 (2) f ARB 94/2000 **erweitert** dies noch auf **„vergleichbare"** Spekulationsgeschäfte.

Die **Entwicklung** des Ausschlusses dürfte insoweit aber noch **nicht abgeschlossen** sein. 272 Die Rechtsschutzversicherung ist eine Massenversicherung, in der es um akzeptable Prämien für eine Vielzahl von Versicherten geht, die zunächst einmal daran interessiert sind, für die gewöhnlichen Verträge des täglichen Lebens versichert zu sein. Unter diesem Aspekt könnten VR wie Versichertengemeinschaft daran interessiert sein, nicht nur die Rechtskostenrisiken aus dem hochspekulativen Kapitalanlagebereich vom Versicherungsschutz auszuschließen, sondern den Ausschluss auf ein niedrigeres Spekulationsniveau zu erweitern, also z. B. auf alle Wertpapiergeschäfte. Streitigkeiten aus solchen Verträgen sind insbesondere dann, wenn es um Schadensersatz wegen entgangenen Gewinns geht, sehr kostenträchtig. Einwenden ließe sich, dass nicht nur der besonders finanzstarke oder risikofreudige Anleger unter den Ausschluss fallen würde, sondern auch der sog. Kleinaktionär. Hier hat allerdings z. B. gerade die Geschichte des sog. Neuen Markts gezeigt, wie schnell in diesem spekulativen Bereich Massenschäden entstehen können. Auch unter diesem zusätzlichen Aspekt des Kumulrisikos könnte es sinnvoll sein, alle Wertpapiergeschäfte unabhängig von der Höhe der Anlage vom Versicherungsschutz auszuschließen.

a) Spiel- und Wettverträge, Termingeschäfte. Warenterminoptionsgeschäfte sowie 273 Devisen- und Aktienoptionsgeschäfte waren bis zum Inkrafttreten des 4. Finanzmarktförde-

---

[492] *Schaub,* NZA 1989, 868.
[493] *Gift/Bauer,* S. 306.
[494] Zur Streitwertbestimmung bei Domain-Streitigkeiten siehe *Schmittmann,* MMR 2002, Heft 12 unter „aktuell" V–VIII.
[495] *Wegner,* CR 1999, 250; *Kort,* DB 2001, 249.

rungsgesetzes v. 21. 6. 2002 (BGBl I 2002, 2010)[496] am 1. 7. 2002 verdeckte **Differenzge-schäfte.** Sie blieben als Verträge mit Spielcharakter unverbindlich gem. §§ 762, 764 BGB, so dass Ansprüche hieraus unter den Ausschluss fielen[497]. Das Gleiche wird nach Aufhebung des § 764 BGB mit Wirkung ab 1. 7. 2002 für solche **Finanztermingeschäfte** i. S. d. §§ 37 d – 37 g WpHG zu gelten haben, die nur zu Spekulationszwecken vorgenommen wurden und deshalb als Abschluss einer Spielwette gem. § 762 BGB zu werten sind[498].

274   Zu den Ansprüchen „aus Spiel- und Wettverträgen" i. S. d. § 4 (1) g ARB 75 rechnen auch **vertragsähnliche Ansprüche** aus c. i. c., denn sie erhalten ihr typisches Gepräge durch die Aufnahme von „Vertrags"-Verhandlungen[499]. Dies gilt auch für Ansprüche aus Geschäftsbe-sorgung oder pVV oder aus der Rückabwicklung solcher Verträge, da auch diese durch den Spielcharakter des Vertrages geprägt werden[500]. Bei der **Kreditgewährung** handelt es sich ebenfalls um ein anbahnendes Geschäft für die vom Versicherungsschutz ausgeschlossene Spekulation. Dies rechtfertigt es, auch solche Nebenverträge unter den Ausschluss zu subsu-mieren[501].

275   Anders kann es sich mit konkurrierenden Ansprüchen aus **unerlaubter Handlung** ver-halten. Zwar spräche die Interessenlage dafür, auch diese auszuschließen. Die Formulierung des § 4 (1) g ARB 75 bringt dies aber nicht hinreichend zum Ausdruck. Es ist daher Versiche-rungsschutz zu gewähren, wenn der VN Schadenersatzansprüche schlüssig darauf stützen kann, dass ihm durch eine unerlaubte Handlung anlässlich des Abschlusses oder der Abwick-lung eines Differenzgeschäfts ein Schaden zugefügt wurde[502]. Nach **§ 3 (2) f ARB 94/2000/ 2008** werden dagegen auch konkurrierende Ansprüche aus unerlaubter Handlung vom Aus-schluss mitumfasst. Ausgeschlossen sind danach nämlich nicht nur Ansprüche „aus" Spiel- und Wettverträgen, sondern alle Ansprüche **„in ursächlichem Zusammenhang"** mit die-sen Verträgen[503]. Aufgrund dieser Verschärfung ist auch die Rückforderung von Zahlungen im Rahmen eines so genannten **Schenkkreises** oder ähnlichen Schneeballsystems unter den Ausschluss zu fassen[504]. Dass hierbei von einem „Spiel" auszugehen ist, ergibt sich bereits aus dem allgemeinen Sprachgebrauch. Der VN spekuliert darauf, dass weitere Mitspieler gewin-nen und er seinen Einsatz – mehrfach – zurückerhalten werde.

276   **b) Sonstige Spekulationsgeschäfte, Gewinnzusagen.** § 3 (2) f ARB 94/2000 er-wähnt ausdrücklich auch **Termingeschäfte.** Ob es sich dabei um ein verbindliches oder un-verbindliches Termingeschäft handelt, spielt für die Ausschlussbestimmung keine Rolle[505]. Zielrichtung des Ausschlusses ist erkennbar nicht die Unverbindlichkeit des Geschäfts, son-dern die Tatsache, dass ein spekulativer Gewinn aus Marktschwankungen gezogen werden soll. Die Aufhebung des § 764 BGB wirkt sich in diesem Zusammenhang also nicht aus[506]. Die zusätzliche Erwähnung „vergleichbarer Spekulationsgeschäfte" in § 3 (2) f ARB 94/ 2000 hat im Wesentlichen nur beschreibende bzw. **klarstellende** Bedeutung, denn es gibt

---

[496] Dazu *Fleischer,* NJW 2002, 2977.
[497] BGH v. 17. 10. 1984, NJW 1985, 920 = VersR 1985, 32.
[498] vgl *Prölss,* r+s 2005, 225 (233).
[499] BGH, a. a. O., unter Ziff. II 1.
[500] LG Essen v. 15. 7. 1991, r+s 1993, 306; AG Kehlheim v. 14. 3. 2002, r+s 2003, 456.
[501] OLG Köln v. 19. 11. 1994, VersR 1995, 656 = r+s 1995, 103 = ZfS 1995, 193; *Harbauer/Maier,* § 4 ARB 75 Rn. 56; *Böhme,* § 4 ARB 75 Rn. 18a; zweifelnd *Prölss/Martin/Armbrüster,* § 4 ARB 75 Rn. 10.
[502] H. M.: BGH, a. a. O.; OLG Düsseldorf v. 3. 3. 1998, r+s 1998, 379; OLG Hamm v. 7. 2. 1992, VersR 1992, 821; *Harbauer/Maier,* § 4 ARB 75 Rn. 57a; *Prölss/Martin/Armbrüster,* § 4 ARB 75 Rn. 10; a. A.: LG Bielefeld v. 5. 6. 1984, VersR 1984, 1168 = ZfS 1984, 237; *Böhme,* § 4 ARB 75 Rn. 18a.
[503] *Harbauer/Maier,* § 3 ARB 94 Rn. 12; *Prölss/Martin/Armbrüster,* § 3 ARB 94 Rn. 14; *Maier,* r+s 1995, 361 (363).
[504] H. M.: OLG Hamm v. 19. 7. 2006, NJW-RR 2007, 1433; LG Düsseldorf v. 23. 11. 2007, 22 S 141/ 07 (nicht veröff.); LG Köln v. 13. 4. 2006, – 24 S 37/05 (juris); AG Frankfurt/M. v. 2. 7. 2007, VersR 2008, 777; AG Köln v. 13. 2. 2007, VersR 2007, 1366; AG Stuttgart v. 31. 1. 2007, – 1 C 6133/06 (nicht veröff.); a. A. LG Karlsruhe v. 28. 4. 2006, – 9 S 374/05 (nicht veröff.).
[505] *Harbauer/Maier,* § 3 ARB 94 Rn. 13.
[506] LG München v. 6. 3. 2008, r+s 2008, 242 (Zinsdifferenzgeschäfte).

keinen Fachbegriff des Spekulationsgeschäfts, der allgemein gebräuchlich ist und einheitlich ausgelegt wird. Der in § 23 EStG geregelte Sachverhalt ist erkennbar nicht gemeint[507].

Der **Kauf von Aktien** stellt kein Termin- oder vergleichbares Spekulationsgeschäft dar[508], **277** da es sich hierbei um Kassageschäfte handelt und nicht lediglich aus den Schwankungen der Börsenkurse oder Marktpreise ohne Güterumsatz Gewinn erzielt werden soll. Das Gleiche hat für **Aktienanleihen** zu gelten. Sie stellen nach der Rechtsprechung des BGH keine Termingeschäfte dar[509]. Soweit also der Rechtsschutzversicherer die Absicht hat, auch den Kauf von Aktien oder von anderen umlauffähigen Wertpapieren vom Versicherungsschutz auszuschließen, müsste er diese Sachverhalte wegen des Transparenzgebots im Bedingungstext konkret bezeichnen. Einzelne VR haben in ihren neuen Bedingungsversionen zusätzliche Einschränkungen des Versicherungsschutzes im Kapitalanlagebereich – in unterschiedlicher Form[510] – bereits umgesetzt. Hier gilt es also, die Besonderheiten in den jeweiligen AVB zu beachten.

Eine Erweiterung des § 3 (2) f ARB 94/2000 haben inzwischen die meisten VR insoweit **278** vorgenommen, als sie in neueren Bedingungsversionen **ab 2002** zusätzlich Ansprüche aus **Gewinnzusagen** (§ 661a BGB)[511] vom Versicherungsschutz ausgeschlossen haben. Nach den ARB 75 bestünde hierfür ohnehin kein Versicherungsschutz, da es sich um ein gesetzliches Schuldverhältnis handelt[512], also keine rechtlichen Interessen aus einem „schuldrechtlichen Vertrag" wahrgenommen werden[513]. § 2d ARB 94/2000 erstreckt sich demgegenüber auch auf gesetzliche Schuldverhältnisse, so dass Rechtsschutz möglich ist, sofern nicht im konkreten Fall ein Spielvertrag zustande kommt[514]. Hier kann nur durch einen klaren Risikoausschluss bewirkt werden, dass die Versichertengemeinschaft solche kostenträchtigen und wenig schutzwürdig erscheinenden Rechtsangelegenheiten mit ihren Prämien nicht mit abdecken muss. Die **Muster-ARB 2008** sehen ihn in § 3 (2) f ausdrücklich vor.

8. Anliegerabgaben

Steuer- und Abgabestreitigkeiten aus dem **Immobilienbereich** waren bis 1984 aufgrund **279** des Risikoausschlusses in § 4 (1) n ARB 75 vom Versicherungsschutz ausgeschlossen. Seitdem war es aber aufgrund einer Zusatzbedingung[515], die von den meisten VR verwandt wurde, möglich, bei Absicherung des Grundstücksbereichs (§ 29 ARB) die hierauf bezogenen Verfahren vor Finanz- und Verwaltungsgerichten zu versichern. Kein Versicherungsschutz besteht allerdings nach **Abs. 3b der Zusatzbedingung** für eine Auseinandersetzung wegen Erschließungs- und sonstiger Anliegerabgaben, es sei denn, dass es sich um laufend erhobene Gebühren für die Grundstücksversorgung handelt. Verwaltungsgerichtliche Streitigkeiten wegen des Aufwands für die **Herstellung oder Verbesserung einer Erschließungsanlage** (Erschließungsbeiträge, Straßenbaubeiträge) sind somit **nicht versicherbar.**

---

[507] *Harbauer/Maier,* § 3 ARB 94 Rn. 14.

[508] OLG Köln, VersR 2007, 352; OLG Karlsruhe v. 20. 11. 2003, NJW-RR 2004, 325 = r+s 2004, 107; LG München v. 28. 3. 2002, NVersZ 2002, 331 = VuR 2002, 251 mit zust. Anm. *Schwintowski.*

[509] BGH v. 12. 3. 2002, DStR 2002, 1055.

[510] Teilweise werden Verträge in bezug auf fremdgenutzte Immobilien durch eine Erweiterung des Risikoausschlusses in § 3 (1) d ARB 94/2000 vom Versicherungsschutz ausgenommen.

[511] Zur internationalen Zuständigkeit deutscher Gerichte in diesen Fällen vgl. BGH v. 28. 11. 2002, NJW 2003, 426.

[512] Vgl. *Harbauer/Stahl,* vor § 21 ARB 75 Rn. 105.

[513] AG Hamburg v. 20. 1. 2003, r+s 2003, 365; zur rechtlichen Einordnung der Gewinnzusage vgl. BGH v. 16. 10. 2003, NJW 2003, 3620 (Anm. *Lorenz,* LMK 2003, 217); v. 28. 11. 2002, NJW 2003, 426 (427).

[514] OLG Köln v. 30. 11. 2004, VersR 2005, 1386 = r+s 2005, 288 (das Vorliegen eines Spielvertrages wird nicht erörtert); LG Görlitz v. 17. 6. 2003, NJW-RR 2003, 1388 verneint das Vorliegen eines Spielvertrages; zur Abgrenzung der Gewinnzusage vom Spiel- und Wettvertrag ausführlich *Steck,* NJW 2003, 3679.

[515] Vgl. VerBAV 1984, 173; *Harbauer/Stahl,* vor § 21 ARB 75 Rn. 170 (179).

280   § 2 e ARB 94/2000/2008 integriert den „Steuer-Rechtsschutz vor Gerichten" in den Katalog der Leistungsarten. Der frühere Risikoausschluss nach Abs. 3 b der Zusatzbedingung findet sich nunmehr in **§ 3 (2) i ARB 94/2000/2008** wieder. Inhaltlich besteht kein Unterschied, so dass ebenfalls nur Verfahren wegen laufender Gebühren für Wasser, Strom, Müllabfuhr usw. gedeckt sind[516].

9. Enteignung pp.

281   § 4 (1) r ARB 75 bzw. § 3 (3) d ARB 94/2000/2008 schließt bestimmte Verfahrensarten vom Versicherungsschutz aus, die häufig einen größeren, regional begrenzten Kreis von Rechtsinhabern betreffen. Es geht dabei in der Regel um hoheitliche Maßnahmen oder Planungen, die sich auf die Rechte eines Grundstückseigentümers nachteilig auswirken. Der Ausschlusstatbestand führt dazu, dass im Gegensatz zum privaten Nachbarrecht ein großer Teil des **öffentlichen Nachbarrechts** dem Deckungsbereich des § 29 ARB („aus dinglichen Rechten") entzogen wird.

282   **a) Enteignungsangelegenheiten.** Das Recht der öffentlich-rechtlichen Ersatzleistungen kennt nicht nur die förmliche Enteignung, sondern auch den **„enteignenden Eingriff"** und den **„enteignungsgleichen Eingriff"**. Der Ausschluss spricht daher nicht von förmlichen Enteignungsverfahren, sondern von Enteignungs-**„Angelegenheiten"**. Somit werden auch die vorgenannten Rechtsinstitute vom Ausschluss erfasst[517].

283   Zusätzliche Fragen ergeben sich aus der Neuorientierung der Eigentumsdogmatik. Während nach dem früher vom BGH und dem BVerwG vertretenen weiten Enteignungsbegriff gesetzlich eingeräumte Ansprüche, die dem Ausgleich eines andernfalls ein Sonderopfer begründenden, unzumutbaren Eigentumseingriffs dienten, als Enteignungs-Entschädigungsansprüche i. S. des Art. 14 Abs. 3 GG angesehen wurden, werden sie nunmehr als **Ausgleichsansprüche im Rahmen der Sozialbindung des Eigentums** gemäß Art. 14 Abs. 1 S. 2, Abs. 2 GG gewertet[518]. Von praktischer Bedeutung ist dies insbesondere bei salvatorischen Klauseln, die sich z. B. im Telekommunikationsrecht[519], vor allem aber im **Natur-, Landschafts- und Denkmalschutzrecht** finden und eine Entschädigung für wesentliche Nutzungsbeschränkungen vorsehen, die sich **wie eine Enteignung auswirken**. Da sich der Risikoausschluss auf alle Enteignungs-„Angelegenheiten" erstreckt, wird man auch diesen Teilbereich des früher sog. „enteignenden Eingriffs" unter den Ausschluss subsumieren müssen[520].

284   Um enteignende bzw. enteignungsgleiche Ansprüche kann es sich auch handeln, wenn Ansprüche bei Beeinträchtigung des Grundstückseigentums durch **Immissionen aufgrund hoheitlicher Betätigung** geltend gemacht werden. So liegen insbesondere den Ansprüchen auf Entschädigung für Schutzmaßnahmen wegen **Lärm durch öffentlichen Straßenbau** (§§ 41 bis 43 BImSchG) enteignungsgleiche Eingriffe zugrunde, mit der Folge, dass sie unter die Ausschlussklausel fallen[521]. Das Gleiche gilt für öffentlich-rechtliche Lärmschutzansprüche, die sich auf den Bau oder die wesentliche[522] Änderung von **Eisenbahnstrecken** beziehen. Für Lärmsanierungsansprüche[523] gegen die Deutsche Bahn AG greift der Ausschluss dagegen nicht, da diese aufgrund der 1993 geänderten Eisenbahnverfassung[524] privatrechtlicher Natur sind (§ 906 BGB). Fluglärmimmissionen, die von einem **Militärflughafen** ausgehen, begründen Entschädigungsansprüche aus enteignendem Eingriff, wenn sich die vorgegebene

---

[516] *Harbauer/Stahl,* vor § 21 ARB 75 Rn. 191, *Harbauer/Maier,* § 3 ARB 94 Rn. 17.

[517] OLG Celle v. 15. 12. 1984, VersR 1995, 1305 = r+s 1995, 102 = ZfS 1996, 33; *Harbauer/Maier,* § 4 ARB 75 Rn. 141; *Schilling,* S. 93.

[518] Vgl hierzu *Lege,* NJW 1995, 2745; *Sellmann,* NVwZ 2003, 1417.

[519] Zur Inhaltsbestimmung des Grundeigentums in § 57 TKG vgl. BVerfG v. 25. 8. 1999, NJW 2000, 798.

[520] So wohl auch *Harbauer/Maier,* § 4 ARB 75 Rn. 140.

[521] Vgl. *Böhme,* § 4 ARB Rn. 47.

[522] Vgl. §§ 41, 42 BImSchG i. V. m. der 16. BImSchV.

[523] Hierzu ausführlich *Roth,* NVwZ 2001, 34.

[524] ENeuOG v. 27. 12. 1993, BGBl I 2378.

Grundstückssituation nachhaltig verändert und dadurch das benachbarte Wohneigentum schwer und unerträglich trifft[525]. Hier gibt es allerdings außer der Entschädigungsregel im Fluglärmgesetz keine normativ vorgeprägten Grenzwerte, vielmehr wird die Zumutbarkeitsgrenze von der Rspr. gezogen. Bei strenger Anwendung des Risikoausschlusses wären auch öffentlich-rechtliche Abwehransprüche gegen Lärmbelästigungen durch **öffentliche Einrichtungen** wie Schulhöfe, Sportplätze, Spielplätze, Kirmesplätze und dergleichen vom Versicherungsschutz ausgeschlossen, denn wenn die Duldungsgrenze des § 906 Abs. 2 BGB überschritten ist[526], ergeben sich Ansprüche auf Folgenbeseitigung bzw. Geldausgleich nach Enteignungsgrundsätzen[527].

Soweit Lärmschutz in der **Fachplanung** als Abwägungsfaktor zu berücksichtigen ist[528], **285** besteht die Besonderheit, dass die Behörden auch geringe Lärmbelastungen in die Abwägung einstellen müssen, also auch solche, die keine Gesundheitsgefahr begründen und auch das Eigentum nicht beeinträchtigen. Erfolgt in diesem Bereich eine Rechtsvertretung des VN, wäre fraglich, ob der Risikoausschluss eingreift, wenn sich der VN auf solche geringen Lärmbelastungen beruft. Allerdings scheitert der Versicherungsschutz dann schon daran, dass keine Wahrnehmung rechtlicher Interessen „aus dinglichen Rechten" i. S. d. § 29 ARB gegeben ist, denn das Rechtsschutzrisiko nach § 29 ARB soll speziell das Eigentum des VN vor Eingriffen Dritter schützen und nicht das Interesse der Allgemeinheit an Lärmschutz abdecken. Bei Beeinträchtigungen unterhalb der Zumutbarkeitsschwelle liegt kein Versicherungsfall vor.

Das Vorgehen des VN gegen eine **Genehmigung** zugunsten des benachbarten – privaten **288** – Grundstückseigentümers (z. B. Baugenehmigung, Gaststättenerlaubnis) ist **keine** Enteignungsangelegenheit, weil hier nicht in Eigentumsrechte eingegriffen wird, sondern es darum geht, die Rechte des Nutznießers der Genehmigung von denen anderer Personen mit über- oder gleichgeordneten Werten abzugrenzen[529].

Bei Gebäude- bzw. Vermögensschäden durch **Straßenbauarbeiten** kommt dagegen wiederum ein öffentlich-rechtlicher Entschädigungsanspruch in Betracht, soweit die Eigentumsverletzung auf hoheitliche Maßnahmen zurückzuführen ist. So hat z. B. der BGH[530] im Falle der Beschädigung eines denkmalgeschützten Gebäudes durch Straßenbauarbeiten der öffentlichen Hand eine Entschädigung in Gestalt der Wiederherstellungskosten aus enteignendem Eingriff zugesprochen.

b) Planfeststellungsverfahren. „Planfeststellung" ist ein feststehender Begriff der **288** Rechtssprache, der nicht auf Fälle wie die Aufstellung von Bauleitplänen in Form von Flächennutzungsplänen (§§ 5 – 7 BauGB) oder Bebauungsplänen (§§ 8 – 13 BauGB) ausgedehnt werden kann[531]. Da die Risikosituation aber vergleichbar ist (großer, regional begrenzter Kreis von Rechtsinhabern betroffen; Vorhersehbarkeit des Versicherungsfalles), wurden diese Fälle mit § 3 (3) d ARB 94/2000/2008 in den Risikoausschluss aufgenommen.

c) Im Baugesetzbuch geregelte Fälle. Die Neufassung des Ausschlusses in § 3 (3) d **289** ARB 94/2000/2008 umfasst sämtliche „im Baugesetzbuch geregelten Angelegenheiten". Dazu gehören die schon nach § 4 (1) r ARB 75 ausgeschlossenen **Umlegungs**-Angelegenheiten[532], zusätzlich aber auch **Maßnahmen der Bauleitplanung.** Für ein Normenkon-

---

[525] BGH v. 25. 3. 1993, NJW 1993, 1700 = BGHZ 122, 76.

[526] Die Schwelle der Unzumutbarkeit wird durch § 22 i. V. m. § 3 BImSchG definiert; für Sportanlagen gilt die 18. BImSchV (Sportanlagenlärmschutzversicherung) v. 18. 7. 1991, BGBl I 1588 und 1790; zur Frage der Anwendbarkeit der 18. BImSchV auf Ballspielplätze und ähnliche Anlagen für Kinder vgl. BVerwG v. 11. 2. 2003, NZM 2003, 450.

[527] Vgl. *Palandt/Bassenge,* § 906 BGB Rn. 38, 39.

[528] Vgl. hierzu *Halama/Stüer,* NVwZ 2003, 137; *Schink,* NVwZ 2003, 1041.

[529] In der Regel geschieht dies durch nachbarschützende Vorschriften wie § 5 BImSchG, § 4 Abs. 1 Nr. 3 Gaststättengesetz oder Vorschriften der jeweiligen Landesbauordnung.

[530] BGH v. 10. 12. 1998, NJW 1999, 938 = NVwZ 1999, 453.

[531] *Harbauer/Maier,* § 4 ARB 75 Rn. 137; *Böhme,* § 4 ARB 75 Rn. 44.

[532] Vgl. hierzu OLG Karlsruhe v. 6. 8. 1998, r+s 1999, 70 = VersR 1999, 613.

trollverfahren gegen einen Bebauungsplan besteht also kein Rechtsschutz, auch wenn das Grundstück nach § 29 ARB versichert ist. Damit entfällt die Diskussion, ob schon der Satzungsbeschluss als Versicherungsfall anzusehen ist, oder erst die spätere konkrete Baumaßnahme eines Anliegers[533]. Macht der VN nur eine wirtschaftliche Beeinträchtigung seines Eigentums wegen möglichen Wertverlusts z. B. durch ein Überangebot an Bauland geltend, wäre dies ohnehin keine Interessenwahrnehmung aus „dinglichen Rechten" i. S. von § 29 ARB[534].

290　　Fraglich ist, ob auch die **Anfechtung einer Nachbarbaugenehmigung** als eine „im Baugesetzbuch geregelte Angelegenheit" angesehen werden kann. Auch wenn dies die Verfasser der ARB 94 möglicherweise nicht beabsichtigt haben[535], lässt doch die Bezugnahme auf das gesamte BauGB eine Anwendung des Ausschlusses zu, wenn die konkrete Streitigkeit nicht durch die landesrechtliche Bauordnung, sondern durch Fragen der **planungsrechtlichen Zulässigkeit nach §§ 29–44 BauGB** geprägt wird. Dies kann z. B. bei Bauvorhaben wie Windkraftanlagen[536] oder Mobilfunkmasten[537] der Fall sein, wenn die formelle und materielle Rechtmäßigkeit der Anlage nach der jeweiligen Landesbauordnung (Genehmigungspflicht, Regelung über die Abstandsflächen usw.) unstrittig ist und nur um Fragen der materiellen Rechtmäßigkeit nach Bauplanungsrecht (z. B. Gebot der Rücksichtnahme) gestritten wird.

10. Insolvenzverfahren

291　　Nach Stellung eines Antrags auf Insolvenzeröffnung über das Vermögen des VN wegen dessen bevorstehender oder schon eingetretener Insolvenz besteht die Gefahr, dass er in erheblich gesteigertem Umfang rechtliche Interessen wahrnehmen und damit Rechtskosten aufwenden muss. **§ 4 (1) q ARB 75** wie auch **§ 3 (3) c ARB 94/2000/2008** schließen dieses stark gehäufte Risiko aus. Da die InsO erst am 1. 1. 1999 in Kraft getreten ist, sprechen § 4 (1) q ARB 75 und § 3 (3) c ARB 94 noch von „Konkurs- und Vergleichsverfahren". Gleichwohl wird man trotz der Erweiterung des Anwendungsbereichs der InsO auf die **Verbraucherinsolvenz** das neue Insolvenzrecht unproblematisch auch auf diese Klauselfassungen anwenden können[538]. Der in der Klausel verwandte Begriff „im Zusammenhang mit" ist bewusst weit gewählt und lässt erkennen, dass auch eine im Rechtsschutzvertrag des insolventen VN **mitversicherte Person,** gegen die selbst kein Insolvenzverfahren läuft, vom Ausschluss betroffen ist, wenn von ihr z. B. wegen einer vom Insolvenzverwalter ausgesprochenen Insolvenzanfechtung die Herausgabe eines Grundstücks begehrt wird[539].

292　　Ist ein **Versicherungsfall vor Beantragung** des Insolvenzverfahrens eingetreten, so verbleibt es trotz einer Erfüllungsablehnung des Insolvenzverwalters (§ 103 Abs. 2 S. 1 InsO) bei der Leistungspflicht des VR für diesen Versicherungsfall[540]. Wird allerdings in einem laufenden Fall nach Durchführung der Mobiliarvollstreckung die Eröffnung des Insolvenzverfahrens über das Vermögen des VN beantragt, so sind die **Kosten des Insolvenzverfahrens nicht gedeckt**[541]. Da der VN als Schuldner unmittelbar als Verfahrensbeteiligter betroffen ist, kann für diesen Teil der rechtlichen Interessenwahrnehmung der ursächliche Zusammenhang nicht geleugnet werden.

---

[533] Vgl. hierzu *Harbauer/Maier,* § 14 ARB 75 Rn. 44; LG München v. 13. 7. 1988, r+s 1988, 371.

[534] OLG Stuttgart v. 8. 12. 2005, VersR 2006, 500 = NJW-RR 2006, 604.

[535] *Sperling,* VersR 1996, 133 (139).

[536] Vgl hierzu *Hornmann,* NVwZ 2006, 969; *Mock,* NVwZ 1999, 937; *v. Nicolai,* NVwZ 2002, 1078.

[537] Vgl. hierzu *Gehrken,* NVwZ 2006, 977; *Determann,* NVwZ 1997, 647; *Köhler-Rott,* JA 2001, 802; *Martens/Appelbaum,* NZM 2002, 642; *Wahlfels,* NVwZ 2003, 653.

[538] AG Essen v. 18. 8. 1999, 20 C 250/99 (nicht veröff.).

[539] OLG München v. 1. 4. 2005, r+s 2007, 375 mit krit. Anm. von *Cornelius-Winkler.*

[540] OLG Karlsruhe v. 7. 3. 2002, NVersZ 2002, 328 = VersR 2002, 1143 = r+s 2003, 62 = ZfS 2003, 203.

[541] AG München v. 28. 2. 1990, ZfS 1990, 198; *Prölss/Martin/Armbrüster,* § 4 ARB 75 Rn. 38.

Die Frage nach dem Zusammenhang stellt sich auch dann, wenn ein **Insolvenzantrag** vor   293
Beginn des Rechtsstreits **mangels Masse abgelehnt** oder das Insolvenzverfahren schon **beendet** war. Akut wird dies z. B. dann, wenn der VN nach Beantragung des Insolvenzverfahrens Arbeitsverhältnisse kündigt und die hiergegen gerichteten Kündigungsschutzklagen erst nach Ablehnung des Insolvenzantrags anhängig gemacht werden. Da hier der Streit durch eine insolvenzbedingte Maßnahme ausgelöst wurde, ist der Zusammenhang im Sinne des Risikoausschlusses gegeben[542].

Werden im Insolvenzverfahren **Arbeitsverhältnisse gekündigt,** handelt es sich um ein   293a
typisches Insolvenzrisiko. Der Zusammenhang kann nicht mit der Begründung verneint werden, dass auch vor der Insolvenzverfahrenseinleitung eine **Sanierung** habe stattfinden können[543]. Da der Risikoausschluss allgemein von „Insolvenzverfahren" spricht, sind sowohl Maßnahmen der Betriebsstilllegung, als auch solche der Betriebsfortführung erfasst.

Nach nahezu einhelliger Auffassung[544] gilt der Risikoausschluss nur für Streitigkeiten, die   294
nach der Stellung des Insolvenzantrags liegen. Ist also der Versicherungsfall vor dem Insolvenzantrag eingetreten, so sind die hieraus resultierenden Rechtskosten – mit Ausnahme der Kosten des Insolvenzverfahrens selbst – versichert. Eine andere Auslegung wäre weder vom Wortlaut noch vom Sinn und Zweck des Risikoausschlusses gedeckt. Für die Neufassung des Risikoausschlusses in **§ 3 (3) c ARB 2000** gilt nichts anderes, auch wenn sich diese auf Insolvenzverfahren erstreckt, die „eröffnet werden sollen"[545]. Der Hintergrund für diese Textänderung war ein anderer. Mit dem erweiterten Risikoausschluss soll auch das **außergerichtliche Schuldenbereinigungsverfahren** erfasst werden, welches gem. § 305 InsO vor Beantragung des Insolvenzverfahrens durchzuführen ist. Letztlich hat dies aber nur klarstellenden Charakter, da eine anwaltliche Vertragshilfe bei der Schuldenbereinigung in aller Regel keine „notwendige" bzw. „erforderliche" rechtliche Interessenwahrnehmung im Sinn von § 1 ARB darstellt.

11. Mitversicherte Personen

Gem. **§ 3 (4) a ARB 94/2000/2008** besteht kein Rechtsschutz für die Wahrnehmung   295
rechtlicher Interessen
– mehrerer VN desselben Rechtsschutzversicherungsvertrages untereinander[546]
– mitversicherter Personen untereinander und
– mitversicherter Personen gegen den VN.

Dieser Risikoausschluss, der **mögliche Interessenkollisionen vermeiden** will, entspricht im Wesentlichen der Vorgängerregelung in **§ 11 (2) S. 2 ARB 75.** Er gilt auch dann, wenn der VN mit der vom Versicherungsschutz ausgeschlossenen Interessenwahrnehmung des Versicherten ausdrücklich einverstanden ist[547].

Nach nahezu einhelliger und zutreffender Auffassung[548] findet der Ausschluss auch im **Be-**   296
ratungs-Rechtsschutz, also z. B. bei Trennung oder Ehescheidung, Anwendung. Zwar wird ein Interessenkonflikt erst bei einer weitergehenden Rechtsvertretung nach außen offen

---

[542] OLG Stuttgart v. 26. 9. 1988, VersR 1989, 249; AG Regenburg v. 9. 4. 2002, r+s 2003, 239 m. Anm. *Kruzka.*

[543] OLG Düsseldorf v. 21. 2. 2006, – I-4 U 108/05 (nicht veröff.); OLG Hamm v. 5. 5. 2006, – 20 U 67/06 (Hinweisbeschluss [nicht veröff.]).

[544] OLG Karlsruhe v. 7. 3. 2002, NVersZ 2002, 328 = VersR 2002, 1143 = r+s 2003, 62 = ZfS 2003, 203; OLG Stuttgart, a. a. O.; *Harbauer/Maier,* § 4 ARB 75 Rn. 133; *Prölss/Martin/Armbrüster,* § 4 ARB 75 Rn. 38; a. A. wohl *Böhme,* § 4 ARB 75 Rn. 41a.

[545] So zutreffend OLG Karlsruhe, a. a. O.; a. A. *Kurzka,* Anm. zu AG Ravensburg v. 9. 4. 2002, r+s 2003, 239.

[546] Vgl. hierzu *Harbauer/Maier,* § 3 ARB 94 Rn. 23.

[547] *Harbauer/Maier,* § 11 ARB 75 Rn. 20; *Prölss/Martin/Armbrüster,* § 11 ARB 75 Rn. 2.

[548] LG Berlin v. 11. 12. 1991, VersR 1992, 828; LG Düsseldorf v. 26. 11. 1982, ZfS 1983, 83; AG Schwäbisch-Gmünd v. 29. 4. 1994, r+s 1996, 409; AG Wetzlar v. 22. 3. 1988, r+s 1988, 268; AG Heinsberg v. 12. 11. 1980, ZfS 1981, 16 = VersR 1981, 152; Anm. *Bauer,* VersR 1981, 523; AG Krefeld v. 28. 7. 1982, ZfS 1982, 303; *Schilling,* S. 127; *Theda,* VersVerm 1983, 418; a. A. *Pakulla,* AnwBl 1983, 229.

in Erscheinung treten. Ein potentieller Interessenkonflikt wird aber nicht selten schon im Beratungsstadium vorliegen, so dass nach der Ratio des Ausschlusses auch in familienrechtlichen Angelegenheiten die Beratung „gegen" den VN unter den Ausschluss gefasst werden muss. Der VN selbst erhält dagegen Versicherungsschutz für die Beratung „gegen" eine mitversicherte Person.

12. Nichteheliche Lebensgemeinschaft

297   Soweit in den Bedingungen auf Antrag die Mitversicherung eines nichtehelichen Lebenspartners ermöglicht wird, ist zu beachten, dass gem. **§ 3 (4) b ARB 94/2000/2008** die Wahrnehmung rechtlicher Interessen der nichtehelichen Lebenspartner **untereinander** in ursächlichem Zusammenhang mit der nichtehelichen Lebensgemeinschaft – auch nach deren Beendigung – vom Versicherungsschutz **ausgeschlossen** ist. Vor Einführung der ARB 94 war dies im Rahmen einer seit 1987 meist verwendeten **Sonderklausel**[549] entsprechend geregelt, allerdings mit dem Unterschied, dass nur bei Vereinbarung der Sonderklausel, d. h. bei Mitversicherung des Lebenspartners, auch für den VN selbst der Versicherungsschutz für Streitigkeiten mit dem anderen Lebenspartner ausgeschlossen war. Für § 3 (4) b ARB 94/2000/2008 ist es dagegen ohne Bedeutung, ob der Lebenspartner, gegen der VN vorgeht, mitversichert wurde[550]. Der generelle Ausschluss soll eine **Gleichstellung mit Eheleuten** herbeiführen, die gem. § 3 (2) g ARB 94/2000/2008 für familienrechtliche Streitigkeiten keinen Versicherungsschutz genießen.

298   Ausgeschlossen sind nicht alle Streitigkeiten der nichtehelichen Lebenspartner untereinander[551], sondern nur solche, die in einem **ursächlichen Zusammenhang** mit der Lebensgemeinschaft stehen. Aufgrund dieser Formulierung kommt es zwar grundsätzlich auf die Rechtsnatur des Streits nicht an[552]. Andererseits wird man den Zusammenhang dann nicht bejahen können, wenn es sich um einen Streit aus einem quasi „neutralen" Rechtsverhältnis handelt (z. B. Arbeitsverhältnis, Darlehen für die Firma des Lebenspartners)[553].

299   Umstritten ist, ob sich der Risikoausschluss auch auf Streitigkeiten **gleichgeschlechtlicher** Lebenspartner erstreckt[554]. Ursache für dieses Auslegungsproblem ist, dass die soziologische und gesellschaftspolitische Entwicklung sowie der vergleichbare Charakter der Beziehung zwar eine Einbeziehung auch gleichgeschlechtlicher Lebenspartner nahe legen, andererseits aber in Büchern und Urteilen[555] die nichteheliche Lebensgemeinschaft allgemein als Gemeinschaft zwischen Mann und Frau definiert wird. Das OLG Köln[556] hat aufgrund dieser Unsicherheit den Ausschluss nach § 3 (4) b ARB 94/2000 wegen Verstoßes gegen das Transparenzgebot als unwirksam angesehen. Diese Entscheidung erscheint aber zu weitgehend. Auch wenn man der Meinung ist, der Ausschluss ergreife gleichgeschlechtliche Lebenspartnerschaften nicht, was zweifelhaft ist, so bliebe doch der Sinn der Regelung ansonsten erhalten und für den verständigen VN erkennbar. Es wäre daher zumindest eine geltungserhaltende Reduktion[557] geboten. **In neueren Bedingungswerken** spielt dieses Problem bei gleichgeschlechtlichen Lebenspartnern keine Rolle mehr. Die meisten VR haben nämlich inzwischen **das am 1. 8. 2001 in Kraft getretene LPartG zum Anlass genommen,** die Bedingungen in Bezug auf unterschiedliche Formen der Lebensgemeinschaft kom-

---

[549] Vgl. *Harbauer/Bauer,* vor § 1 ARB 75 Rn. 23a; VerBAV 1988, 6; weitere Fundstellen zu aktualisierten Klauseltexten bei *Mathy,* VersR 2003, 820.

[550] *Harbauer/Maier,* § 3 ARB 94 Rn. 24.

[551] Wenn dies gewollt gewesen wäre, hätte man dies einfacher so formulieren können.

[552] *Harbauer/Maier,* § 3 ARB 94 Rn. 24.

[553] *Prölss/Martin/Armbrüster,* § 3 ARB 94 Rn. 27.

[554] Wohl bejahend *Harbauer/Stahl,* § 25 ARB 75 Rn. 13; *Harbauer/Maier,* § 3 ARB 94 Rn. 24; verneinend *Prölss/Martin/Armbrüster,* § 3 ARB 94 Rn. 26.

[555] Vgl. nur BVerfG v. 17. 11. 1992, NJW 1993, 643 (645).

[556] OLG Köln v. 17. 7. 2001, r+s 2001, 464 = VersR 2002, 182 = ZfS 2002, 94 = NVersZ 2002, 92; hierzu kritisch *Mathy,* VersR 2003, 820 (824).

[557] Vgl. hierzu *Prölss/Martin/Prölss,* Vorbem. I Rn. 102.

plett **anzupassen.** § 3 (4) b ARB 2000 wurde dabei so gefasst, dass ausdrücklich Lebensgemeinschaften gleich welchen Geschlechts unter den Ausschluss fallen. Ausgenommen hiervon wird nur die eingetragene Lebenspartnerschaft, die wegen der Vergleichbarkeit mit der Ehe in den Ausschluss nach § 3 (2) g ARB 2000 integriert wurde, andererseits aber auch ausdrücklich in den Genuss des Beratungs-Rechtsschutzes kommt.

13. Übergegangene Ansprüche

Nach **§ 3 (4) c ARB 94/2000/2008** besteht kein Rechtsschutz für die Wahrnehmung 300 rechtlicher Interessen aus „Ansprüchen oder Verbindlichkeiten, die nach Eintritt des Rechtsschutzfalles auf den VN übertragen worden oder übergegangen sind". Sinn und Zweck der Vorschrift ist es, zu verhindern, dass ein **bereits konfliktbehafteter Anspruch** von einer Person, hinter der keine Rechtsschutzversicherung steht, auf den Versicherten übergeht, von diesem also unter Inanspruchnahme seiner Rechtsschutzversicherung geltend gemacht werden kann. Die Bestimmung entspricht im Hinblick auf Forderungen **§ 4 (2) b ARB 75.** Die **Erweiterung auf** übergegangene **Verbindlichkeiten** bedeutet keine sachliche Änderung, da der Versicherungsschutz in diesen Fällen schon nach **allgemeinen versicherungsrechtlichen Gründen** ausgeschlossen ist[558]. Ist nämlich der Versicherungsfall schon vor Übertragung der Verbindlichkeit im Wege der Einzelrechtsnachfolge oder Gesamtrechtsnachfolge auf den VN beim Altschuldner eingetreten (z. B. durch Nichtbezahlung einer Forderung bei Fälligkeit), so kann der Übergang der Schuld auf den VN nicht bewirken, dass das im Rechtskreis des Altschuldners schon eingetretene Risiko über den Rechtsschutzvertrag des VN als Rechtsnachfolger abgewickelt werden kann[559].

Durch die Formulierung „oder übergegangen" stellt § 3 (4) c ARB 94/2000/2008 klar, 301 dass auch der **gesetzliche Forderungsübergang** vom Ausschluss erfasst werden soll. Nach § 4 (2) b ARB 75 kann dieses Ergebnis nur durch entsprechend weite Auslegung des Begriffs „Übertragung" gefunden werden, was allerdings auch sachlich gerechtfertigt ist, denn nur diese Auslegung wird dem Sinn und Zweck der Vorschrift gerecht[560]. Häufige Fälle in der Praxis sind der Forderungsübergang auf den Bürgen gem. **§ 774 Abs. 1 S. 1 BGB** sowie Ausgleichsansprüche nach **§ 426 BGB** (z. B. bei gemeinsamer Kreditaufnahme bei Eheleuten). Fraglich ist, ob der Ausschluss auch dann zum Zuge kommt, wenn – konkurrierend zum gesetzlichen Anspruch – im Innenverhältnis zum Hauptschuldner bzw. zum Mitverpflichteten ein versicherter vertraglicher Anspruch besteht, was aber nur selten der Fall sein wird[561]. Nach zutreffender Ansicht[562] fällt auch dann der Regress des Bürgen gegen den Schuldner unter den Ausschluss, denn die Anspruchskonkurrenz ändert nichts daran, dass auch ein Anspruch aus dem Bürgschaftsvertrag in den Streit zwischen Bürgen und Schuldner involviert ist.

Ebenfalls ein Fall des gesetzlichen Forderungsübergangs ist der Anspruchsübergang nach 302 **§ 6 Entgeltfortzahlungsgesetz,** etwa wenn ein Arbeitnehmer bei einem Verkehrsunfall verletzt wird und der versicherte Arbeitgeber nach Leistung von Lohnfortzahlung beim Schädiger Regress nehmen will. Zwar ist auch hier der Risikoausschluss einschlägig[563], jedoch besteht hier für den VR Anlass, eine Ausnahme zu machen, weil der Arbeitgeber zwar nicht

---

[558] *Harbauer/Maier,* § 3 ARB 94 Rn. 25; § 4 ARB 75 Rn. 173a.

[559] Näheres vgl. *Harbauer/Maier,* § 4 ARB 75 Rn. 173a.

[560] OLG Stuttgart v. 25. 2. 1994, NJW-RR 1994, 538 = r+s 1994, 302; LG Hagen v. 14. 8. 1984, ZfS 1985, 177; *Harbauer/Maier,* § 4 ARB 75 Rn. 166; *Prölss/Martin/Armbrüster,* § 4 ARB 75 Rn. 43.

[561] Vgl. OLG Köln v. 17. 12. 2001, NVersZ 2002, 236 = r+s 2002, 116: Substantiierter Vortrag erforderlich; vgl. auch die Entscheidung des LG Essen v. 9. 10. 1995, ZfS 1995, 32, der im Ergebnis nicht zugestimmt werden kann, da die ARB 75 versichert waren und im Innenverhältnis der Gesamtschuldner kein Vertrag bestand: hierzu *Prölss/Martin/Armbrüster,* § 24 ARB 75 Rn. 7; *Harbauer/Maier,* § 4 ARB 75 Rn. 60.

[562] *Prölss,* r+s 2005, 225 (235).

[563] *Böhme,* § 4 ARB 75 Rn. 53.

schadenersatzrechtlich, wohl aber im Ergebnis wirtschaftlich der Geschädigte ist und auch nicht die Gefahr des kollusiven Zusammenwirkens der Beteiligten besteht[564].

303   Bei **Leasingverträgen** stellt sich die Frage des Risikoausschlusses, wenn der Leasingnehmer nach einem Verkehrsunfall den Fahrzeugschaden geltend macht, oder wenn gegen den Verkäufer des geleasten Fahrzeugs Gewährleistungsansprüche geltend gemacht werden sollen. Der Risikoausschluss greift zweifellos nicht ein, wenn im Leasingvertrag Vorausabtretung vereinbart wurde, da dann die Abtretung der künftigen Forderungen vor Eintritt des Versicherungsfalles erfolgt[565]. Anders ist dies dann, wenn der Anspruch nach dem Eintritt eines Versicherungsfalles abgetreten wird. Im Allgemeinen berufen sich die VR aber in solchen Fällen nicht auf den Ausschluss, denn bei einem ernstgemeinten Leasingvertrag kann nicht unterstellt werden, dass Ansprüche nur deshalb abgetreten werden, um dadurch in den Genuss der Rechtsschutzversicherung des Zessionars zu kommen[566].

14. Fremde Ansprüche/Verbindlichkeiten

304   Die Geltendmachung von **Ansprüchen Dritter** ist gem. **§ 3 (4) d 1. Alt. ARB 94/ 2000/2008** vom Versicherungsschutz ausgeschlossen. Diese Regelung, die der früheren Klausel in **§ 4 (2) c ARB 75** entspricht, soll verhindern, dass der nichtversicherte eigentliche Rechtsinhaber in den Genuss der Versicherungsleistung kommt, indem an seine Stelle eine versicherte Person tritt, die den Anspruch geltend macht. Dies kann z. B. dann der Fall sein, wenn der VN eine Reise nicht nur für sich, sondern auch für weitere – nicht mitversicherte – **Mitreisende** bucht. Die materielle Berechtigung (Aktivlegitimation) zur Geltendmachung von Gewährleistungsansprüchen für die nicht mitversicherten Mitreisenden[567] ändert nichts daran, dass insoweit Ansprüche Dritter geltend gemacht werden. Der Ausschluss erfasst dagegen **nicht** den Fall einer **Fremdversicherung** (z. B. Unfallversicherung), bei der es von vornherein Sache des VN ist, die Rechte des Mitversicherten geltend zu machen[568].

305   Nach **§ 3 (4) d 2. Alt. ARB 94/2000/2008** ist die **„Haftung für Verbindlichkeiten anderer Personen"** ausgeschlossen. Hierunter fallen insbesondere Bürgschafts- und Schuldübernahmeverträge[569], die in **§ 4 (1) h ARB 75** – zusammen mit anderen bestimmten Verträgen – einen eigenen Ausschlusstatbestand bildeten. Während nach § 4 (1) h ARB 75 sowohl die Schuldner- als auch die Gläubigerrolle des VN unter den Ausschluss fiel[570], ist demgegenüber nach § 3 (4) d 2. Alt. ARB 94/2000/2008 nur noch die Schuldnerrolle ausgeschlossen[571]. Um eine Haftung für Verbindlichkeiten anderer Personen handelt es sich auch dann, wenn der VN eine **dingliche Sicherheit** für eine fremde Schuld bestellt hat und hieraus in Anspruch genommen wird. Eine solche Haftungsübernahme ist auch als „Schuldübernahmevertrag" i. S. d. § 4 (1) h ARB 75 anzusehen[572], denn die Formulierung „aller Art" stellt klar, dass unter diesen Ausschluss nicht nur die konkret aufgeführten Verträge fallen, sondern alle, die mit den Genannten vergleichbar sind. Der durchschnittliche VN wird eine solche Haftung auch nicht als etwas anderes als einen Schuldbeitritt empfinden[573]. Auf der Grundlage des § 3 (4) d 2. Alt. ARB 94/2000/2008 spielt der Meinungsstreit keine Rolle

---

[564] *Harbauer/Maier,* § 4 ARB 75 Rn. 171; *Plote,* Anwalt und Rechtsschutzversicherung, S. 64.

[565] *Prölss/Martin/Armbrüster,* § 4 ARB 75 Rn. 45.

[566] Vgl. auch LG Aachen v. 27. 12. 2001, r+s 2002, 464: Das Gericht erwägt, bei Leasingverträgen allgemein wegen des wirtschaftlichen Zusammenhangs die Ausschlussklausel nicht anzuwenden.

[567] Vgl. hierzu *Kaufmann,* MDR 2002, 1036.

[568] BGH v. 29. 4. 1998, NJW 1998, 2449 = NVersZ 1998, 47 = ZfS 1998, 396.

[569] OLG Köln v. 17. 12. 2001, r+s 2002, 116.

[570] OLG Celle v. 15. 4. 1993, r+s 1993, 303; *Harbauer/Maier,* § 4 ARB 75 Rn. 58.

[571] Zur Abgrenzung zwischen Mitdarlehnsnehmerschaft und Schuldbeitritt vgl. BGH v. 4. 12. 2001, NJW 2002, 744; v. 18. 6. 2002, MDR 2002, 1202.

[572] LG Aachen v. 26. 4. 1984, VersR 1984, 334; *Prölss/Martin/Armbrüster,* § 4 ARB 75 Rn. 13; a. A. OLG Oldenburg v. 1. 11. 1995, VersR 1996, 622 = r+s 1996, 61: Strenge rechtstechnische Interpretation bei einem Fall mit kompliziertem Sachverhalt; zweifelnd OLG Saarbrücken v. 16. 11. 2005, r+s 2006, 151.

[573] So zutreffend *Prölss/Martin/Armbrüster,* § 4 ARB 75 Rn. 13.

mehr, da der Wortlaut für eine Beschränkung auf Fälle der Übernahme der persönlichen Haftung nichts hergibt[574].

§ 3 (4) d 2. Alt. ARB 94/2000/2008 ist auch dann einschlägig, wenn eine mitversicherte **306** Person die **Schuld einer versicherten Person übernimmt.** Zwar soll der Ausschluss nach seinem Sinn und Zweck vor allem verhindern, dass das Kostenrisiko des Rechtsstreits eines nichtversicherten Erstschuldners zu Lasten der Risikogemeinschaft auf einen versicherten Zweitschuldner übergewälzt wird[575]. Gleichwohl ist eine teleologische Reduktion der Regelung nicht geboten. Dafür spricht entscheidend, dass es in einem solchen Fall der versicherten Person unbenommen ist, selbst Versicherungsschutz zu beanspruchen, so dass kein Bedürfnis dafür besteht, der mitversicherten Person Rechtsschutz für die Wahrnehmung rechtlicher Interessen aus der übernommenen Verbindlichkeit zu ermöglichen[576].

15. Vorsatztaten

§ 4 (2) a ARB 75 bzw. § 3 (5) ARB 94/2000/2008 sollen verhindern, dass der VN ange- **307** sichts des Versicherungsschutzes das versicherte Interesse vorsätzlich herbeiführt. Eine Abwälzung solcher Schäden auf die Versichertengemeinschaft wäre nicht vertretbar. Es handelt sich um einen **subjektiven Risikoausschluss,** der die generelle Regelung des § 81 VVG (§ 61 VVG a. F.) zugunsten des VN dergestalt abändert, dass der Ausschluss nur bei vorsätzlich rechtswidriger Herbeiführung des Versicherungsfalles gilt, nicht hingegen bei grob fahrlässiger Verursachung. Der Ausschluss gilt grundsätzlich[577] für alle versicherten Leistungsarten, mit Ausnahme des Straf- und Ordnungswidrigkeiten-Rechtsschutzes und des Beratungs-Rechtsschutzes. Für den Bereich des Straf-Rechtsschutzes enthält § 4 (3) ARB 75 eine Sonderregelung, die mit den ARB 94/2000/2008 in die Beschreibung der Leistungsart integriert wurde (§ 2i ARB 94/2000/2008).

a) § 4 (2) a ARB 75. Nach § 4 (2) a ARB 75 muss der VN den Versicherungsfall „vorsätz- **308** lich und rechtswidrig verursacht" haben. Lange Zeit war umstritten, auf welche Umstände sich der **Vorsatz** beziehen muss. Konkret ging es darum, ob es ausreichen soll, dass der Vorsatz des VN die als Versicherungsfall geltenden Tatsachen (Schadenereignis, behaupteter Rechtsverstoß) umfasst, oder ob der VN bei seiner Vorsatztat auch die Entstehung von Rechtskosten und die Verursachung eines Rechtsstreits bewusst in Kauf genommen haben muss[578]. Eine Klärung ist inzwischen durch den **BGH**[579] erfolgt. Danach muss der Vorsatz des VN **nicht** auch das **Bewusstsein** umfassen, es werde zu einer **Kostenbelastung des Rechtsschutzversicherers** kommen. Der Entscheidung des BGH ist zuzustimmen. Sie entspricht der Ratio der Vorsatzklausel und berücksichtigt, dass der VR das fragliche Bewusstsein des VN in der Regel gar nicht nachweisen könnte. Dem trickreichen Vorsatztäter wäre für Ausreden Tür und Tor geöffnet.

Für den Risikoausschluss nach § 4 (2) a ARB 75 ist kennzeichnend, dass in der Regel erst in **309** der rechtlichen Auseinandersetzung des VN geklärt wird, ob der VN vorsätzlich und rechtswidrig gehandelt hat. Dies hat diverse Streitfragen zur **Fälligkeit** der Versicherungsleistung sowie zum **Widerruf der Deckungszusage** und der damit verbundenen **Rückforderung** von – mit oder ohne Vorbehalt – erbrachten Versicherungsleistungen aufgeworfen[580]. Unproblematisch sind dabei zunächst die Fälle, wo der VR erst nach Abschluss des Verfahrens überhaupt etwas über den Vorsatzvorwurf erfährt. Zwar handelt es sich bei der Kostendeckungszusage um ein deklaratorisches Schuldanerkenntnis, das dem VR Einwendungen und Einreden entziehen kann[581], jedoch setzt dies voraus, dass ihm das Vorliegen der Einwendung

---

[574] LG Waldshut-Tiengen v. 6. 4. 2006, – 1 T 21/06.

[575] *Harbauer/Maier,* § 4 ARB 75 Rn. 58.

[576] OLG Koblenz v. 8. 3. 2002, – 10 U 1410/01 – (nicht veröff.).

[577] Soweit nicht etwaige von den Musterbedingungen abweichende Regelungen etwas anderes vorsehen.

[578] Vgl. zum Meinungsstand *Prölss/Martin/Armbrüster,* § 4 ARB 75 Rn. 40.

[579] BGH v. 26. 2. 1997, VersR 1997, 1142 = r+s 1997, 201.

[580] Vgl. *Harbauer/Maier,* § 4 ARB 75 Rn. 154, 155; *Prölss/Martin/Armbrüster,* § 4 ARB 75 Rn. 41.

[581] Vgl. nur OLG Düsseldorf v. 26. 9. 1995, NJW-RR 1996, 1371 = VersR 1996, 844.

bei Abgabe der Zusage bekannt ist oder dass er damit zumindest gerechnet hat. Ist diese Voraussetzung nicht gegeben, kann der VR die Zusage unzweifelhaft widerrufen[582]. Fraglich ist, wie sich der VR zu verhalten hat, wenn sich schon aus der Schadenmeldung Anhaltspunkte für eine vorsätzliche Handlung ergeben, jedoch der VN den Vorwurf bestreitet. Da der VR für die Voraussetzungen des Risikoausschlusses beweispflichtig ist und eine Klärung des Vorwurfs grundsätzlich erst im Verfahren erfolgen wird, kommt der VR – ungeachtet der eher akademischen Frage, ob die Versicherungsleistung fällig ist, oder die (endgültige) Entscheidung über die Eintrittspflicht noch zurückgestellt werden kann – nicht umhin, **vorläufig** Kostenschutz zur Verfügung zu stellen[583]. Ausschlaggebend hierfür ist die Tatsache, dass in der Rechtsschutzversicherung der Deckungsschutz von dem Ergebnis einer Prognose abhängig ist, also von einer Beurteilung ex ante[584]. Dies bedeutet, dass wie in den anderen Fällen der sog. Voraussetzungsidentität auch[585] der VN bedingungsgemäß von fälligen Forderungen seiner Kostengläubiger freizustellen ist. Die endgültige Deckung hängt dann davon ab, ob der Vorsatzvorwurf im laufenden Verfahren nachgewiesen wird oder nicht. Im Falle des Nachweises kann der VR die erbrachten Leistungen nach § 812 BGB i. V. m. § 4 (2) a ARB 75 zurückfordern. Umstritten ist, ob der Rückforderungsanspruch voraussetzt, dass der VR die Deckungszusage mit einem entsprechenden **Vorbehalt** versehen hat. Teilweise wird die Auffassung vertreten, dass ohne einen solchen Vorbehalt die Leistung nicht zurückgefordert werden kann[586], was entweder mit § 814 BGB oder mit der Verletzung einer Aufklärungspflicht („Warnhinweis") begründet wird. Die Gegenmeinung[587] lehnt das Erfordernis eines Vorbehalts generell ab und verweist auf die für den VN erkennbare Besonderheit des § 4 (2) a ARB 75, wonach Leistungsverweigerungs- und ggf. Rückforderungsrechte erst nach Abschluss des Verfahrens bestehen. Auch § 20 (4) ARB 75 spricht gegen die Erforderlichkeit eines Rückforderungsbehalts. Eine vermittelnde Position nimmt das OLG Düsseldorf[588] ein, indem es den Vorbehalt nur dann verlangt, wenn sich die Schlussfolgerung des Vorsatzes geradezu aufdrängen muss, also z. B. für die Berufungsinstanz, wenn sich in der ersten Instanz die Verdachtsmomente verdichtet haben. Zu dieser Frage hat sich auch der BGH[589] – wenn auch nur am Rande – geäußert. Der BGH hält Einschränkungen in der Deckungszusage bezüglich § 4 (2) a ARB 75 **nicht** für **erforderlich.** Nach Auffassung des BGH liefe dies „dem in besonderem Maße von Treu und Glauben bestimmten Vertragsverhältnis zwischen VR und VN zuwider". Dem ist zuzustimmen. In den Fällen des § 4 (2) a ARB 75 kann das Bestehen oder Nichtbestehen der Leistungspflicht erst nach rechtskräftigem Abschluss des zugrunde liegenden Rechtsstreits beurteilt werden. Auch aus einer vorbehaltlosen Zusage für ein Berufungsverfahren kann deshalb kein Vertrauenstatbestand erwachsen[590].

310   **Arbeitsrechtliche Streitigkeiten:** Typischer Anwendungsfall des § 4 (2) a ARB 75 im Arbeitsrecht ist die Kündigung des Arbeitsverhältnisses wegen vorsätzlicher Pflichtverletzungen des Arbeitnehmers (z. B. Unterschlagung, Beleidigung, vorgetäuschte Krankheit etc.)[591]. Ist Vorsatz nachgewiesen, entfällt der Ausschluss nicht dadurch, dass die ursprünglich fristlose Kündigung im Wege eines Vergleichs in eine ordentliche, betriebsbedingte Kündigung abge-

---

[582] OLG Düsseldorf, a. a. O.; OLG München v. 18. 12. 1990, r+s 1993, 381.
[583] *Harbauer/Maier*, § 4 ARB 75 Rn. 154; *Prölss/Martin/Armbrüster*, § 4 ARB 75 Rn. 40.
[584] Vgl. *Römer*, r+s 2000, 177 (178).
[585] Vg. hierzu *Harbauer/Bauer*, § 18 ARB 75 Rn. 19.
[586] OLG Köln v. 13. 5. 2003, Info-Letter 2003, 186; OLG Frankfurt/M. v. 23. 6. 1999, ZfS 2000, 506 (507); OLG Köln v. 18. 3. 1997, VersR 1997, 1274m. abl. Anm. *Kurzka*, VersR 1998, 291; LG Mannheim v. 15. 4. 1994, r+s 1996, 313.
[587] OLG Oldenburg v. 7. 6. 2006, VersR 2006, 1633; v. 12. 2. 1992, r+s 1992, 239; OLG Köln v. 29. 10. 2002, r+s 2003, 151 (153): bei Verurteilung des VR zur Deckung ist ein Rückforderungsvorbehalt im Tenor nicht erforderlich; v. 15. 9. 1988, r+s 1988, 370; LG Köln v. 20. 12. 2001, r+s 2002, 244.
[588] V. 26. 6. 2001, NVersZ 2002, 190 = r+s 2002, 242.
[589] V. 18. 3. 1992, NJW 1992, 1509 = VersR 1992, 568 = r+s 1992, 201.
[590] LG Köln v. 20. 12. 2001, r+s 2002, 244 (245).
[591] Vgl. OLG Frankfurt/M. v. 23. 6. 1999, ZfS 2000, 506; LG Coburg v. 22. 11. 1994, r+s 1995, 144.

ändert wird[592]. Nimmt der Arbeitnehmer auf Anweisung des Arbeitgebers ein Firmenfahrzeug in Betrieb, ohne im Besitz der erforderlichen Fahrerlaubnis zu sein, besteht für die Abwehr des Regressanspruchs des Kaskoversicherers kein Versicherungsschutz[593]. Auch ein vorsätzlicher Verstoß gegen die arbeitsvertraglichen Treuepflichten, z. B. durch Betreiben einer Firma in Konkurrenz zum ehemaligen Arbeitgeber kann zum Ausschluss des VersSchutzes führen. Allerdings muss in jedem Fall der Vorsatzvorwurf der Auseinandersetzung das **„Gepräge"** geben, und der Risikoausschluss kann nicht auf zusätzliche Gegenstände mit erstreckt werden, die nicht in **zurechenbarer** Weise aufgrund des vorsätzlichen Verhaltens des Arbeitnehmers streitig geworden sind[594], z. B. wenn der Arbeitgeber völlig haltlose Ansprüche geltend macht oder entsprechende Einwendungen erhebt.

Verkehrsunfälle: Besonders unerfreuliche Anwendungsfälle des § 4 (2) a ARB 75 sind **311** fingierte, d. h. nur **vorgetäuschte** Straßenverkehrsunfälle zum Nachteil eines Kfz-Haftpflichtversicherers[595]. Auch hier muss der VR – zum Leidwesen der Gerichte – vorläufig Kostenschutz zur Verfügung stellen und etwaige Leistungen an den VN zurückfordern, ggf. mit den Schwierigkeiten, wie sie mit einem Indizienbeweis verbunden sind.

Versicherungsstreitigkeiten: Eine vorsätzliche Herbeiführung des Versicherungsfalles **312** kann bereits bei **Abschluss** eines Versicherungsvertrages vorliegen, wenn z. B. bei Abschluss einer Lebensversicherung arglistig eine Alkoholabhängigkeit verschwiegen wird[596], oder wenn bei Beantragung einer Krankenversicherung **Anzeigepflichten** vorsätzlich verletzt werden[597]. Im **Schadenfall** schließt § 4 (2) a ARB 75 den Versicherungsschutz aus, wenn der VN z. B. gegenüber dem Kasko- oder Hausratversicherer vorsätzlich gegen **Aufklärungspflichten** verstoßen hat[598]. Allerdings wirkte sich dabei die Vorsatzvermutung des § 6 Abs. 3 VVG a. F. nicht zugunsten des Rechtsschutzversicherers aus[599]. Sie ist nun nach § 28 VVG ohnehin weggefallen.

Allgemeine Vertragsstreitigkeiten: Der Risikoausschluss greift ein, wenn z. B. bei **313** einem Grundstückskaufvertrag der Käufer über Mängel **arglistig getäuscht** wird oder wenn beim Autokauf Unfälle bewusst verschwiegen werden[600]. Das Gleiche gilt für **notarielle Falschbeurkundungen**[601] oder andere **Scheingeschäfte** wie z. B. ein solches, um die Ausübung eines Vorkaufsrechts zu verhindern[602].

b) § 3 (5) ARB 94/2000/2008. § 3 (5) ARB 94/2000/2008 schränkt den Anwendungs- **314** bereich des Ausschlusses nicht unerheblich ein, indem das nichtstrafbare Verhalten des VN nunmehr unbeachtlich bleibt. Eine noch so schwerwiegende Vertragsverletzung reicht also nicht, wenn nicht zugleich der Tatbestand einer **Vorsatzstraftat** erfüllt wurde. Es ist fraglich, ob diese Änderung zugunsten des VN zu begrüßen ist[603]. Einerseits verhindert die Beschrän-

---

[592] AG Kamen v. 21. 6. 2001, ZfS 2002, 196.

[593] LG Münster v. 11. 5. 2000, ZfS 2001, 134.

[594] Zu sehr einschränkend allerdings insoweit OLG Düsseldorf v. 25. 1. 1983, VerBAV 83, 156 = VersR 1983, 975 (Leitsatz); hierzu kritisch Vassel, ZVersWiss 1984, 608 (610); vgl. auch *Harbauer/Maier,* § 4 ARB 75 Rn. 149; *Böhme,* § 4 ARB 75 Rn. 50.

[595] Vgl. LG Köln v. 20. 12. 2001, r+s 2002, 244; LG Hagen v. 27. 4. 2001, r+s 2002, 22; LG Duisburg v. 8. 7. 1994, r+s 1995, 306; LG Essen v. 3. 2. 1992, r+s 1993, 21.

[596] OLG Köln v. 20. 10. 1998, r+s 1999, 113.

[597] AG Minden v. 23. 5. 1996, r+s 1997, 72.

[598] Vgl. z. B. OLG Düsseldorf v. 26. 6. 2001, NVersZ 2002, 190 = r+s 2002, 242; OLG Hamm v. 12. 5. 1995, r+s 1995, 386 = ZfS 1996, 271; LG Kiel v. 21. 5. 1999, ZfS 2000, 456; LG Essen v. 9. 3. 1999, r+s 2000, 158; LG Mainz v. 14. 4. 1998, ZfS 2000, 458; LG Berlin v. 4. 4. 1989, VersR 1989, 1189 = ZfS 1989, 199.

[599] OLG Hamm, a. a. O.; OLG Köln v. 18. 3. 1997, VersR 1997, 1274 = r+s 1997, 201.

[600] OLG Düsseldorf v. 16. 7. 2002, r+s 2002, 422 = ZfS 2003, 312 = NJW-RR 2003, 527; OLG Oldenburg v. 12. 2. 1992, r+s 1992, 239; LG Mannheim v. 15. 4. 1994, r+s 1996, 313; LG Duisburg v. 27. 4. 1989, ZfS 1989, 309; LG Kassel v. 13. 11. 1986, ZfS 1987, 114.

[601] OLG Nürnberg v. 3. 4. 1987, 273; LG Darmstadt v. 8. 3. 1996, r+s 1997, 68 = ZfS 1997, 33.

[602] LG Koblenz v. 2. 2. 1995, VersR 1996, 184 = r+s 1995, 143.

[603] Bejahend *Sperling,* VersR 1996, 133 (139); verneinend *Prölss/Martin/Armbrüster,* § 3 ARB 94 Rn. 30.

kung auf „kriminelle Sachverhalte" eine zu weitgehende Anwendung des Ausschlusses durch den VR (z. B. bei Verzug des VN mit der Mietzahlung oder dergl.), andererseits müssen VN mit „normalem" subjektiven Risiko die Risiken von vorsätzlich handelnden VN finanziell mittragen. Dass ein **Strafverfahren** gegen den VN durchgeführt wurde, ist **nicht Voraussetzung** für den Ausschluss. Es reicht, wenn der Gegner die gesetzlichen Tatbestandsmerkmale einer Straftat schlüssig darlegt und diese ggf. bewiesen werden[604]. Die Begehung einer vorsätzlichen Straftat schließt den Versicherungsschutz auch dann aus, wenn die Straftat nicht den Versicherungsfall bildet, sondern diesem vorausgeht. Beispiele hierfür sind der Regress des Kaskoversicherers nach vorsätzlicher Trunkenheitsfahrt oder ein verwaltungsrechtliches Verfahren wegen Wiedererteilung der Fahrerlaubnis, die wegen Drogenkonsums entzogen worden war[605].

315   Als problematisch hat sich die **Umkehr der Beweislast** in § 3 (5) **ARB 94** erwiesen. Während gem. § 81 VVG (§ 61 VVG a. F.) der VR hinsichtlich der Voraussetzungen für einen Ausschluss des Versicherungsschutzes beweispflichtig ist, obliegt es gem. § 3 (5) ARB 94 dem VN, schon bei der **Behauptung** einer vorsätzlichen Straftat das Fehlen der Voraussetzungen des Ausschlusses zu beweisen. Diese Benachteiligung des VN gegenüber der gesetzlichen Rechtslage ist in der Literatur wiederholt als Verstoß gegen § 11 Nr. 15 AGBG sowie § 9 Abs. 2 Nr. 1 AGBG kritisiert worden[606]. Die VR haben diesen **rechtlichen Bedenken** dadurch Rechnung getragen, dass in § 3 (5) **ARB 2000** die Beweislast wieder i. S. d. § 81 VVG (§ 61 VVG a. F.) verteilt wurde.

316   c) **Bindungswirkung.** In den Fällen des Vorsatzausschlusses kann das Bestehen oder Nichtbestehen der Leistungspflicht erst nach rechtskräftigem Abschluss des zugrunde liegenden Rechtsstreits beurteilt werden. Da in diesem Verfahren alle Tat- und Rechtsfragen rechtskräftig geklärt werden und der dort festgestellte Vorsatz mit dem entscheidenden Erfordernis der Vorsatzklausel identisch ist (sog. Voraussetzungsidentität), liegt es nahe, dieser Feststellung bindende Wirkung für den nachfolgenden Deckungsprozess beizumessen, zumal der VN dort alle prozessualen Möglichkeiten hatte, auf die Entscheidung Einfluss zu nehmen. Hierfür spräche auch die Parallele zur Haftpflichtversicherung. Bei ihr hat eine solche Feststellung im Haftpflichtprozess Bindungswirkung auch im Verhältnis zwischen VN und Haftpflichtversicherer (Trennungsprinzip des § 100 VVG/§ 149 VVG a. F.). Für den Bereich der Rechtsschutzversicherung existiert eine dieser Vorschrift entsprechende Regelung allerdings nicht. Der **BGH**[607] **verneint** daher, entgegen der bisherigen st. Rspr. und herrschenden Lehre, eine **Bindungswirkung** nach dem Grundsatz der Voraussetzungsidentität für Deckungsprozesse zwischen Rechtsschutzversicherern und ihren VN. Diese Entscheidung ist nicht nur aus wirtschaftlichen Gründen unbefriedigend, weil um dasselbe Tatbestandsmerkmal zweimal gestritten werden muss[608], sondern sie ist auch rechtlich **zweifelhaft,** denn die Nichtanerkennung einer rechtskräftigen Entscheidung des Ausgangsprozesses und die Forderung nach erneuter Entscheidung derselben Frage im Deckungsprozess stellt sich als treuwidrige und **unzulässige Rechtsausübung** dar. Vereinzelte Stimmen haben sich daher bei Rückforderungsansprüchen des VR zu Recht über die Entscheidung des BGH hinweggesetzt und eine Bindungswirkung aufgrund der materiell-rechtlichen Wirkung der rechtskräftigen Entscheidung im Hauptprozess bejaht[609].

---

[604] *Harbauer/Maier,* § 3 ARB 94 Rn. 28.
[605] Zur Entziehung der Fahrerlaubnis wegen Haschischkonsums vgl. BVerfG v. 8. 7. 2002, NZV 2002, 529 m. Anm. *Gehrmann.*
[606] *Prölss/Martin/Armbrüster,* § 3 ARB 94 Rn. 31; *van Bühren/Brieske,* AnwBl 1995, Beil. zu H. 3, S. 5, 7.
[607] V. 18. 3. 1992, BGHZ 117, 345 = VersR 1992, 568 = r+s 1992, 201 = ZfS 1992, 211.
[608] *Römer,* r+s 2000, 177 (179).
[609] LG Köln v. 20. 12. 2001, r+s 2002, 244; *Böhme,* § 4 ARB 75 Rn. 50.

F. Versicherungsfall

Anspruch auf Rechtsschutz besteht nach Eintritt eines Versicherungsfalles bzw. nach der   **317**
Terminologie der ARB 94 nach Eintritt eines Rechtsschutzfalles. Da je nach Art der rechtlichen Interessenwahrnehmung (Durchsetzung oder Abwehr von Ansprüchen/gesetzliche
oder vertragliche Ansprüche) eine Anknüpfung an unterschiedliche Ereignisse in Betracht
kommt, treffen die ARB eine **differenzierte Regelung,** welche der Tatsache Rechnung
trägt, dass sich das Prozesskostenrisiko in unterschiedlicher Weise realisieren kann.

Während die ARB 75 noch vier verschiedene Arten von Versicherungsfällen definieren,   **318**
unterscheidet **§ 4 ARB 94/2000/2008** nur noch zwischen **drei Varianten.** Dies beruht darauf, dass die in § 14 (2) ARB 75 eigenständige Regelung für Fälle des Straf-, Ordnungswid-
rigkeiten-, Disziplinar- oder Standesrechtes einschließlich der damit im Zusammenhang stehenden Führerscheinangelegenheiten in die „Auffang"-Regelung des § 4 (1) c ARB 94/
2000/2008 integriert wurde. Eine zusätzliche Vereinfachung ergab sich daraus, dass die bisherige Sonderstellung des Versicherungsfalles für den Beratungs-Rechtsschutz in den §§ 25, 26
und 27 ARB 75 wegfallen konnte. Dieser Versicherungsfall ist jetzt in § 4 (1) b ARB 94/
2000/2008 geregelt.

I. Im Schadenersatz-Rechtsschutz

Die ARB sehen sowohl in **§ 14 (1) S. 1 ARB 75** als auch in **§ 4 (1) a ARB 94/2000/2008**   **319**
eine eigenständige Regelung des Versicherungsfalles nur für die Leistungsart Schadenersatz-
Rechtsschutz vor. Die Regelungen weichen aber in ihren Auswirkungen voneinander ab.
Während § 14 (1) S. 1 ARB 75 auf das Schadenereignis (= Folgeereignis) abstellt, soll nach
§ 4 (1) a ARB 94/2000 das Kausalereignis maßgebend sein. Da die Zugrundelegung des Folgeereignisses dem VN den Vorteil des Sofortschutzes bietet und zudem die sehr weite Fassung
des Kausalereignisses Auslegungsprobleme mit sich bringt, sind einige VR in der Folgezeit
dazu übergegangen, in neueren Bedingungswerken wieder – wie in § 14 (1) S. 1 ARB 75 –
auf das Schadenereignis abzustellen. Die Muster-ARB 2008 gehen aber nach wie vor vom
Kausalereignis aus.

1. Schadenereignis/Folgeereignis (ARB 75)

Schadenursache und Schadeneintritt fallen häufig zeitlich auseinander. In diesen Fällen ist   **320**
fraglich, ob es für den Eintritt des Schadenereignisses auf den Zeitpunkt ankommt, in dem der
Schädiger den Haftungsgrund setzt (so die Kausalereignistheorie), oder auf den Zeitpunkt, in
dem das geschützte Rechtsgut – z. B. Eigentum, Gesundheit, Vermögen pp. – beeinträchtigt
wird (so die **Folgeereignistheorie**)[610]. Die **h. M.**[611] hat zu Recht der Folgeereignistheorie
den Vorzug gegeben. Entscheidendes Argument ist die Wortfassung des § 14 (1) Satz 1 ARB
75, die in der Terminologie eindeutig an die mit der vom BGH mit Urteil v. 27. 6. 1957[612] eröffnete und bis BGH v. 4. 12. 1980[613] für das Gebiet der Haftpflichtversicherung aufrechterhaltene Rechtsprechung anknüpft, wonach während der Wirksamkeit der Versicherung nur der
„reale Verletzungszustand" eingetreten, nicht jedoch der Haftungsgrund gesetzt sein muss.
Aufgrunddessen verbietet sich im Rahmen der ARB 75 eine abweichende Auslegung, welche
im Übrigen ohne erkennbaren Grund die in § 14 (1) S. 1 ARB 75 geregelten Sachverhalte „al-

---

[610] Ausdrücklich offenlassend BGH v. 19. 3. 2003, NJW 2003, 1936 = VersR 2003, 638 = MDR 2003,
871 = r+s 2003, 363 = ZfS 2003, 364 = NZV 2003, 326.
[611] OLG Düsseldorf v. 8. 2. 1983, VersR 1983, 975; v. 29. 3. 1990, r+s 1990, 163; OLG Köln v. 21. 4.
1988, r+s 1988, 266, v. 23. 10. 1989, r+s 1990, 88; v. 10. 7. 2000, r+s 2001, 117; OLG Celle v. 14. 5.
1982, VersR 1983, 1024; OLG Karlsruhe v. 6. 8. 1998, VersR 1999, 613 (616); OLG Saarbrücken v.
19. 11. 1992, VersR 1993, 876; *Harbauer/Maier,* § 14 ARB 75 Rn. 11; *Prölss/Martin/Armbrüster,* § 14
ARB 75 Rn. 1.
[612] NJW 1957, 499.
[613] VersR 1981, 173.

len übrigen Fällen" im Sinne des § 14 (3) ARB 75 gleichsetzen würde. Diesen Grundsätzen folgend kommt es im Einzelfall darauf an, welches Folgeereignis den Schaden des VN unmittelbar ausgelöst hat bzw. wann dieser Schaden erstmals in Erscheinung getreten ist.

321   Versicherungsfall ist demgemäß bei einem **ärztlichen Kunstfehler** der Eintritt der dadurch verursachten Gesundheitsbeeinträchtigung und nicht die ärztliche Behandlung selbst[614]. Dass möglicherweise ein Teil des Schadens (z. B. Verdienstausfall) während des versicherten Zeitraums eintritt, ist unerheblich, da es nicht auf den Eintritt des Schadens, sondern auf den Eintritt des zugrundeliegenden Schadenereignisses ankommt[615].

322   In Fällen der **Produkthaftung** ist ebenfalls auf den realen Verletzungszustand abzustellen, also z. B. in den Kindertee-Produkthaftungsfällen auf den Beginn des kariösen Verletzungszustands oder bei HIV-infizierten Bluttransfusionen auf den Zeitpunkt der Infektion. Wie die Schadenersatzklagen gegen **Zigarettenhersteller**[616] zu beurteilen sind, ist umstritten. Während nach einer Meinung[617] das Folgeereignis schon in der Nikotinabhängigkeit (Sucht) gesehen werden kann, sieht die Gegenmeinung[618] das Folgeereignis erst in den gesundheitlichen Folgen der Sucht, wie z. B. ein Bronchialkarzinom oder eine Herzerkrankung. Entscheidend dürfte in diesem Zusammenhang sein, mit welchem Tatsachenvortrag der VN den Schadenersatzanspruch begründet. Dabei kommt als frühestmöglicher Zeitpunkt das dem Anspruchsgegner vorgeworfene pflichtwidrige Verhalten in Betracht, aus dem der Anspruch hergeleitet wird. Dies deshalb, weil der verständige VN unter dem Schadenereignis nur ein solches verstehen wird, für das der Schadenersatzpflichtige, gegen den er Ansprüche erhebt, in haftungsrechtlich zurechenbarer Weise verantwortlich ist[619]. Wird also der verklagte Hersteller schon für die Sucht verantwortlich gemacht, weil auf den Produkten keine Warnhinweise angebracht waren, so wird in der Sucht das Folgeereignis zu sehen sein, weil die Sucht schon einen pathologischen Zustand darstellt. Dagegen ist der Beginn der Nikotinsucht (noch) nicht maßgebend, wenn der VN seine Ansprüche auf ein pflichtwidriges Verhalten des Herstellers in einem (späteren) Zeitraum stützt, als er schon nikotinsüchtig war, indem er z. B. geltend macht, er hätte sich nach Beginn der Sucht das Rauchen noch abgewöhnen können, wenn der Hersteller ihn über die – durch neuere Forschungsergebnisse bekannt gewordene – suchterregende Wirkung bestimmter Stoffe aufgeklärt und bewusst suchtsteigernde Stoffe nicht beigemengt hätte. Eine andere Frage ist natürlich, ob solche Schadenersatzansprüche gegen Zigarettenhersteller mit hinreichender Aussicht auf Erfolg geltend gemacht werden können. Die Bemühungen der Betroffenen vor deutschen Gerichten waren bislang erfolglos[620].

323   Bei Schadenersatzansprüchen aus **Amtspflichtverletzung** ist der Versicherungsfall in dem Zeitpunkt eingetreten, in dem die Amtspflicht verletzt worden ist. Wenn der Notar einen formnichtigen Vertrag beurkundet, ist dies die fehlerhafte Beurkundung[621]. Bei anderen Vorwürfen kann das Schadenereignis aber auch erst später liegen[622].

---

[614] OLG Düsseldorf v. 8. 2. 1983, VersR 1983, 975 (Psychiatrische Behandlung); OLG Celle v. 14. 5. 1982, VersR 1983, 1024 (Prothese); OLG Saarbrücken v. 19. 11. 1992, VersR 1993, 876 (HIV-Infektion).

[615] OLG Hamm v. 2. 11. 1999, VersR 2000, 450 = r+s 2000, 114.

[616] Zur Haftung des Tabakwarenproduzenten vgl. *Molitoris,* NJW 2004, 3662; *Rohlfing/Thiele,* VersR 2000, 289; *Buchner,* VersR 2000, 28.

[617] OLG Düsseldorf v. 10. 7. 2000, r+s 2001, 117.

[618] OLG Celle v. 29. 3. 2001, VersR 2002, 91.

[619] BGH v. 19. 3. 2003, NJW 2003, 1936 = VersR 2003, 638 = MDR 2003, 871 = r+s 2003, 363 = ZfS 2003, 364 = NZV 2003, 326 = LMK 2003, 125 mit zust. Anm. *Reiff* (Reemtsma-Fall, vgl. *Wendt,* r+s 2003, 1, 3).

[620] Vgl. hierzu OLG Hamm v. 14. 7. 2004, NJW 2005, 295; OLG Frankfurt/M. v. 1. 2. 2001, NJW-RR 2001, 1471; LG Arnsberg v. 14. 11. 2003, NJW 2003, 232; LG Bielefeld v. 25. 1. 2000, NJW 2000, 2514; *Molitoris,* NJW 2004, 3662 (3664) m. w. N.; ähnlich gelagerte Fälle (Schokoriegel, Bier usw.) erörtert *Bischoff,* VersR 2003, 958.

[621] OLG Düsseldorf v. 23. 10. 1989, r+s 1990, 88.

[622] Vgl. OLG Karlsruhe v. 6. 8. 1998, VersR 1999, 613 (616) = r+s 1999, 70 (74) bei unterlassener Berücksichtigung einer dinglichen Belastung (Rücktritt des Käufers); OLG Hamm v. 15. 9. 2000,

Fälle der **Anwaltshaftung** sind ebenfalls nach § 14 (1) S. 1 ARB 75 zu lösen, soweit es um   **324** Ansprüche aus pVV geht, die nicht auf das sogenannte Erfüllungssurrogat gerichtet sind[623]. Hierbei wird es in der Regel um Vermögensschäden gehen, so dass zu fragen ist, wann der Vermögensverlust in Erscheinung getreten ist[624].

Bei einer **fehlgeschlagenen Kapitalanlage** kann das Schadenereignis bereits eingetreten   **325** sein, wenn der VN einen weit überhöhten Preis für die gezeichnete Anlage gezahlt hat[625] oder wenn die Rückzahlung des Anlagebetrages mangels Bonität des Schuldners von Anfang an erheblich gefährdet war[626] Dies ist deshalb gerechtfertigt, weil als Schaden auch schon die Verschlechterung der Vermögenslage anzusehen ist, ohne dass bereits feststehen muss, ob der Schaden bestehen bleibt und damit endgültig wird.

2. Kausalereignis (ARB 94/2000/2008)

Nach § 4 (1) a ARB 94/2000/2008 löst beim Schadenersatz-Rechtsschutz des § 2a das Er-   **326** eignis, durch das der Schaden **verursacht** wurde oder worden sein soll, die Leistungspflicht des VR aus. Abgestellt wird hier also auf das Kausalereignis. Für die meisten Fälle des Schadenersatz-Rechtsschutzes wird dies zu den gleichen Ergebnissen führen wie nach § 14 (1) S. 1 ARB 75, wenn nämlich – wie z. B. bei einem Verkehrsunfall – Schadenursache und Schadeneintritt zeitlich zusammenfallen oder nah aufeinanderfolgen.

In den Fällen der **Produkthaftung** sowie der **Umwelthaftung** fallen Schadenursache   **327** und Schadeneintritt auseinander. Für diese Fälle soll die Neuregelung möglichen Zweckabschlüssen vorbeugen[627]. Manipulationsmöglichkeiten sind hier durchaus denkbar, wenn man z. B. an Fälle denkt, in denen die Medien öffentlich darüber diskutieren, ob von bestimmten Medikamenten eine Gesundheitsgefahr für eine Vielzahl von Abnehmern dieses Produkts ausgeht. Nach der Neuregelung sind Zweckabschlüsse so gut wie ausgeschlossen, da die erste Schadenursache bereits gesetzt ist, wenn das Produkt in den Verkehr gelangt ist[628]. Selbst wenn man unter dem Aspekt der adäquaten Kausalität einen höheren Grad der Gefährdung des VN verlangt, wäre spätestens auf den erstmaligen Erwerb des Produkts durch den VN abzustellen. Will ein Raucher einen **Zigarettenhersteller** schadenersatzpflichtig machen, kommt es – anders als nach § 14 (1) S. 1 ARB 75 (hierzu Rn. 322) – nicht auf das Folgeereignis, z. B. in Form des Erleidens eines Herzinfarkts, an, sondern auf die Ursachen, die von dem in Anspruch genommenen Haftpflichtigen zurechenbar gesetzt worden sind und den Eintritt eines Schadens hinreichend wahrscheinlich gemacht haben. Gehen die Vorwürfe dahin, Warnhinweise unterlassen zu haben sowie den Konsum des VN bei Beginn des Rauchens gefördert zu haben, ist auf diese Ereignisse abzustellen[629]

Problematisch ist die Auslegung des Begriffs des „ersten Ereignisses" dann, wenn Ursachen   **328** vorliegen, die nicht der Schädiger, sondern ein **Dritter** oder gar der **VN selbst** gesetzt hat. Hier besteht die Gefahr, dass der VR in der Kausalkette zu weit zurückgeht und damit in außerordentlich weitem Umfang Schäden von der Versicherbarkeit ausnimmt. In der Literatur[630] wird daher versucht, durch Zugrundelegung strenger Maßstäbe beim Erfordernis der Adäquanz zu angemessenen Ergebnissen zu kommen. Andererseits darf nicht verkannt werden, dass auch in solchen Fällen Zweckabschlüsse denkbar sind, wenn z. B. der VN eine Medienberichterstattung angreift, die er schon auf sich zukommen sah, weil er sich selbst zuvor

---

NVersZ 2001, 282 bei einem Erbvertrag zwischen Eheleuten, der keine Regelung für den Fall der Auflösung der Ehe enthielt (Rechtskraft der Scheidung).

[623] Vgl. OLG Köln v. 21. 4. 1988, r+s 1988, 266; v. 29. 3. 1990, r+s 1990, 163.

[624] *Prölss/Martin/Armbrüster,* § 14 ARB 75 Rn. 2.

[625] OLG Stuttgart v. 14. 7. 1993, r+s 1993, 344.

[626] LG Frankfurt/O. v. 16. 7. 2003, VersR 2005, 826.

[627] Vgl. *Sperling,* VersR 1996, 133 (140).

[628] *Prölss/Martin/Armbrüster,* § 4 ARB 94 Rn. 5.

[629] OLG Hamm v. 30. 6. 2004, NJW-RR 2004, 1401 = VersR 2005, 71 = r+s 2004, 375 = ZfS 2004, 530.

[630] Ausführlich *Prölss/Martin/Armbrüster,* § 4 ARB 94 Rn. 2 ff.

rechtswidrig verhalten hatte oder weil bereits eine öffentliche Kritik vorlag, die eine weitere Eskalation befürchten ließ, ggf. auch in Form einer nach der Behauptung des VN fehlerhaften Berichterstattung. Das LG Stralsund[631] hat in einem solchen Fall zu Recht auf zurechenbare Ereignisse vor der – vom VN angegriffenen – Berichterstattung in den Medien abgestellt. Einer solchen weiten Auslegung hat allerdings inzwischen der **BGH** mit einer Grundsatzentscheidung zu einem Fall der Ausstrahlung einer Fernsehsendung[632] widersprochen. Zwar lasse es der Wortlaut der Klausel auch unter Berücksichtigung des Erfordernisses der Adäquanz zu, sich auf Ursachen zu beziehen, die vom VN selbst oder von einem außerhalb des Haftpflichtverhältnisses stehenden Dritten stammen. Der verständige VN werde aber als für den Beginn des Versicherungsschutzes maßgebende Ereignisse **nur solche Ursachen** verstehen, **die der Schadenersatzpflichtige,** gegen den er Ansprüche erhebt, zurechenbar **gesetzt hat,** weil erst durch solche Ereignisse der Eintritt eines Schadens nach der Lebenserfahrung hinreichend wahrscheinlich gemacht werde. Im konkreten Fall hatte der auf Schadenersatz in Anspruch genommene Fernsehsender die Sendung erst nach Abschluss des Rechtsschutzvertrages durch den VN ausgestrahlt und vor Abschluss des Vertrages noch keinerlei Ursache für den geltend gemachten Schaden gesetzt. Demgemäss war nach Auffassung des BGH der Versicherungsfall im versicherten Zeitraum eingetreten, und zwar ungeachtet der Tatsache, dass über die in der Sendung angeprangerten Vorfälle schon in vorvertraglicher Zeit in anderen Medien kritisch berichtet worden war.

328a   Seit ca. 2002 ist zu beobachten, dass einige VR von den Musterbedingungen abgewichen sind und **in unternehmenseigenen Versionen** der ARB 2000 wieder – analog § 14 (1) S. 1 ARB 75 – auf das Schadenereignis i. S. eines **Folgeereignisses** abstellen. Grund hierfür ist zum einen, dass diese Definition des Versicherungsfalles für den Neukunden günstiger ist, aber auch die Erfahrung der VR, dass die Folgeereignistheorie bei der Anwendung in der Schadenpraxis mehr Rechtssicherheit bietet. Im Schadenfall ist daher immer ein genaues Studium der zugrunde liegenden Bedingungen erforderlich.

II. Im Beratungs-Rechtsschutz

329   Der Versicherungsfall im Beratungs-Rechtsschutz ist so definiert, dass eine **rein vorsorgliche** Beratung **nicht** unter den Versicherungsschutz fällt. Versicherungsfall ist nur ein solches **Ereignis, das die Rechtslage des VN verändert.** Die Rechtslage ist dann verändert, wenn Rechte oder Verbindlichkeiten des VN in zeitlichem und adäquat ursächlichem Zusammenhang mit dem Ereignis neu begründet, belastet, übertragen, inhaltlich geändert oder aufgehoben werden[633].

330   Bloße **Gesetzesänderungen** sind kein „Ereignis", das als Versicherungsfall zu werten ist[634]. Dies ergibt sich bereits aus dem Wortlaut, der einen sinnlich wahrnehmbaren sich ereignenden tatsächlichen Vorgang erfordert, der die Rechtssphäre des einzelnen VN aufgrund des konkreten Geschehens tangiert.

331   Es gibt immer wieder Ereignisse, bei denen die Änderung der **Rechtslage** nicht eindeutig, sondern ganz oder teilweise **zweifelhaft** ist. Auch in solchen Fällen muss aufgrund des klaren Wortlauts der Bedingungsregelung die **objektive** Rechtslage maßgebend sein, so dass selbst die für einen Rechtskundigen bei zunächst oberflächlicher Prüfung „mögliche rechtliche Be-

---

[631] LG Stralsund v. 29. 9. 1999, r+s 2000, 25.

[632] BGH v. 25. 9. 2002, VersR 2002, 1503 = NJW 2003, 139 = r+s 2003, 16 = ZfS 2003, 92 = MDR 2002, 1434 (Report-Fall, vgl. *Wendt,* r+s 2006, 1, 5); hieran anknüpfend im sog. Reemtsma-Fall BGH v. 19. 3. 2003, BGH v. 19. 3. 2003, NJW 2003, 1936 = VersR 2003, 638 = MDR 2003, 871 = r+s 2003, 363 = ZfS 2003, 364 = NZV 2003, 326 = LMK 2003, 125 (Leitsatz mit zust. Anm. *Reiff*).

[633] AG Augsburg v. 20. 5. 1986, ZfS 1986, 302; AG Bretten v. 22. 12. 1995, r+s 1997, 118; *Harbauer/ Stahl,* vor § 21 ARB 75 Rn. 160.

[634] LG Schweinfurt v. 16. 9. 1977, r+s 1977, 244; *Harbauer/Stahl,* vor § 21 ARB 75 Rn. 159; *Prölss/ Martin/Armbrüster,* § 25 ARB 75 Rn. 15.

deutung" nicht ausreicht, um einen Versicherungsfall zu bejahen[635]. Erfahrungsgemäß wird aber in rechtlich wirklich schwierigen Fällen von den VU großzügig reguliert, was beispielsweise beim Vorliegen mehrerer Testamente der Fall sein kann.

1. Familienrecht

Häufigster Fall im Familienrecht ist die Beratung bei **Trennung** der Eheleute, nämlich **332** über die Trennungsfolgen und/oder ein etwa bestehendes Scheidungsrecht. Hier ist zu beachten, dass es sich um unterschiedliche Versicherungsfälle handelt.

Hinsichtlich der **Trennungsfolgen** wie die Regelung des Unterhalts und Sorgerechts und **333** des Hausrats stellt die Trennung der Eheleute den Versicherungsfall dar. Eine vom VN nur beabsichtigte oder vom Ehepartner angekündigte Trennung reicht grundsätzlich nicht aus, da der VN nur den Aufwand für eine Beratung **über seine gegenwärtige Lage** beanspruchen kann[636].

Eine weitergehende Beratung über ein **Scheidungsrecht** setzt über die Trennung hinaus **334** ein anderes Ereignis mit rechtsändernder Wirkung voraus. Entweder muss eine **Mindesttrennungsdauer von einem Jahr** verstrichen sein, nach deren Ablauf gemäß § 1565 Abs. 1 BGB ein Scheitern der Ehe vermutet wird oder die Fortsetzung der Ehe muss eine **unzumutbare Härte** darstellen aus Gründen, die in der Person des anderen Ehegatten liegen (§ 1565 Abs. 2 BGB). Im letzteren Fall muss der VN die tatsächlichen Voraussetzungen einer solchen unzumutbaren Härte konkret darlegen.

Grundsätzlich nicht beratungsfähig ist während des Getrenntlebens der **Zugewinnaus-** **335** **gleich.** Dieser entsteht erst durch die Beendigung des gesetzlichen Güterstandes durch rechtskräftige Scheidung. Eine Ausnahme besteht nur in den Fällen des vorzeitigen Zugewinnausgleichs gemäß §§ 1385, 1386 BGB. Ferner ist daran zu denken, ob bei Erhebung der Scheidungsklage nicht zumindest zum Auskunftsrecht bzw. zur Auskunftspflicht hinsichtlich der Vermögensverhältnisse beraten werden kann.

Kein Versicherungsfall liegt vor, wenn der VN den Abschluss oder die Änderung eines **336** **Ehevertrages** bzw. Scheidungsfolgenvertrags plant[637]. Das Gleiche gilt, wenn ein hierauf gerichteter Antrag an den VN gerichtet wird. Die Rechtslage ändert sich erst durch den Abschluss des von einer Partei geplanten Vertrages selbst[638], denn erst dann vermag die vertragliche Regelung Wirkungen zu entfalten.

2. Erbrecht

Der Eintritt des **Erbfalles** stellt regelmäßig das Ereignis dar, welches die Rechtslage des **337** VN zur Folge hat. Dies gilt auch für Vor- und Nacherbschaft. Ist der VN Miterbe geworden, kann er sich über die Quote und die Durchsetzbarkeit seines Erbanspruchs beraten lassen[639]. Die Kostenübernahme beschränkt sich dann auf den entsprechenden Gegenstandswert.

In Ausnahmefällen kann auch schon vor Eintritt eines Erbfalles ein Versicherungsfall angenommen werden. Dies ist z. B. dann der Fall, wenn die Voraussetzungen für den **Entzug des** **338** **Pflichtteils** (§ 2333 BGB) gegeben sind, oder wenn ein Rechtsgeschäft unter Lebenden erbfallähnliche Wirkungen hat. Dies kann z. B. eine Hofübergabe nach der Höfeordnung oder eine sonstige **vorweggenommene Erbfolge** sein. In diesen Fällen liegt quasi der Erbfall mit seinen Rechtsfolgen schon vor dem Zeitpunkt des Todes des Erblassers und ist

---

[635] AG Düsseldorf v. 17. 2. 1992, r+s 1993, 187; a. A.: LG Hannover v. 12. 8. 1993, ZfS 1994, 144; *Harbauer/Stahl*, vor § 21 ARB 75 Rn. 166.

[636] H. M.: LG Essen v. 8. 12. 1987, ZfS 1988, 109; AG München v. 19. 1. 1982, VersR 1983, 364; LG Augsburg v. 4. 12. 1981, VersR 1983, 580 = ZfS 1982, 85; *Prölss/Martin/Armbrüster*, § 25 ARB 75 Rn. 15; *Vassel*, ZVersWiss 1986, 278 (279); a. A.: LG Köln v. 18. 12. 1981, ZfS 1982, 84; LG Stade v. 28. 4. 1982, AnwBl 1982, 539; AG Aachen v. 27. 9. 1991, VersR 1992, 868.

[637] LG Augsburg v. 9. 10. 1981, ZfS 1982, 48; LG Düsseldorf v. 4. 2. 1981, VersR 1981, 1071.

[638] AG Gronau v. 29. 11. 1977, r+s 1978, 69.

[639] AG/LG Heidelberg v. 3. 5. 1988/20. 9. 1988, ZfS 1988, 391.

Obarowski

ein Ereignis, das die Rechtslage der erbberechtigten Angehörigen des Übergebers verändert[640].

339   Kein Versicherungsschutz besteht für eine nur **vorsorgliche Rechtsberatung,** die der VN einholt, weil er ein Testament abfassen lassen will[641], oder weil – umgekehrt – sein voraussichtlicher künftiger Erblasser zu Lebzeiten Vermögensbestandteile an Dritte übertragen hat und der VN eine Schmälerung des künftigen Nachlasses befürchtet. Das Gleiche gilt, wenn ein Kind des VN ankündigt, bei Tod des Elternteils die gesetzlichen Erbansprüche geltend zu machen[642].

III. In den übrigen Leistungsarten

340   Für alle weiteren Leistungsarten, die nicht unter § 4 (1) a ARB 94/2000/2008 (Schadenersatz-Rechtsschutz) oder § 4 (1) b ARB 94/2000/2008 (Beratungs-Rechtsschutz) fallen, bestimmt sich der Versicherungsfall nach **§ 4 (1) c ARB 94/2000/2008.** Diese Regelung entspricht praktisch der des **§ 14 (3) ARB 75,** jedoch mit der Besonderheit, dass die frühere Sonderregelung des § 14 (2) ARB 75 integriert wurde. Für die Zukunft ist im Übrigen zu beachten, dass einzelne VR das Leistungsspektrum nach § 2 ARB 94/2000 erweitert haben (z. B. im Familienrecht, Verwaltungsrecht). Bei etwaigen neuen Leistungsarten ist deshalb zu prüfen, wie der VR insoweit den Versicherungsfall definiert hat.

1. Verstoß

341   **a) Allgemeines.** Für das Vorliegen eines Verstoßes genügt eine **objektive Zuwiderhandlung** gegen Rechtspflichten oder Rechtsvorschriften. Es kommt also nicht darauf an, wann der VN von dem Verstoß eines anderen Kenntnis erlangt oder ob er sich eines eigenen Verstoßes bewusst ist[643]. Ebenso wenig kommt es darauf an, wann aufgrund des Verstoßes Ansprüche geltend gemacht oder abgewehrt werden. Subjektive Elemente werden in § 4 (1) c ARB 94/2000/2008 gezielt nicht berücksichtigt, um Zweckabschlüssen vorzubeugen.

342   Als Versicherungsfall gilt nicht nur ein wirklicher, sondern auch ein **behaupteter** Verstoß gegen Rechtspflichten oder Rechtsvorschriften. Ob ein Rechtsverstoß vorgelegen hat, erweist sich in aller Regel erst im Verlaufe einer rechtlichen Auseinandersetzung. Ausgelöst wird diese aber schon durch die Behauptung eines Rechtsverstoßes, so dass es nahe lag, an diesen frühen Zeitpunkt der Entstehung eines Kostenbedarfs anzuknüpfen. Es soll nach Möglichkeit verhindert werden, dass die Risikogemeinschaft Kosten für solche rechtliche Auseinandersetzungen übernehmen muss, mit deren Eintritt der VN bei Stellung des Versicherungsantrags schon konkret rechnen musste oder die sogar schon eingetreten waren.

343   Behauptet ist ein Pflichtverstoß im Sinne von § 4 (1) c ARB 94/2000/2008, wenn ein Sachvortrag vorliegt, der ernst gemeint ist und zumindest den **Tatsachenkern** eines Pflichtverstoßes enthält (kein reines Werturteil). Auf Gesichtspunkte der Schlüssigkeit, Substantiertheit oder Entscheidungserheblichkeit innerhalb des Verfahrens kommt es dabei nicht an[644], ebenso wenig auf eine Geschäfts- oder Zurechnungsfähigkeit des Handelnden. Für den Verstoß reicht vielmehr eine mit natürlichem Willen vorgenommene rechtswidrige Handlung aus[645].

---

[640] AG Beckum v. 14. 6. 1977, r+s 1977, 178; AG Erkelenz v. 3. 10. 1979, ZfS 1980, 212; *Harbauer/Stahl,* vor § 21 ARB 75 Rn. 163.

[641] OLG München v. 2. 4. 1981, ZfS 1982, 176; AG Schöneberg v. 18. 7. 1977, r+s 1977, 178; AG Frankfurt/M. v. 9. 2. 1989, ZfS 1989, 239.

[642] AG Düsseldorf v. 11. 3. 1983, ZfS 1983, 209.

[643] OLG Köln v. 17. 8. 2004, r+s 2005, 105 = ZfS 2005, 618 (Abrechnungsfehler eines Kassenarztes, die erst nach einer Plausibilitätsprüfung entdeckt werden und per Bescheid zu einer Kürzung der Honoraransprüche führen); *Harbauer/Maier,* § 14 ARB 75 Rn. 41.

[644] BGH v. 20. 3. 1985, VersR 1985, 540 (541).

[645] OLG Köln v. 29. 3. 1990, VersR 1991, 295 = r+s 1990, 161 = NJW-RR 1990, 930 = ZfS 1990, 351.

Kein Verstoß und damit kein Versicherungsfall liegt vor, wenn jemand von einem gesetz-   **344** lichen oder vertraglichen Recht Gebrauch macht, dessen Ausübung seinerseits weder einen Verstoß darstellt noch einen solchen voraussetzt[646]. Beispiele hierfür sind die Ausübung eines Vorkaufsrechts, der Widerruf eines Haustürgeschäfts, die Aufhebung einer Gemeinschaft (§ 749 Abs. 1 BGB), die Bauvoranfrage eines Nachbarn[647] oder die Beteiligung des Mieters im Zwangsversteigerungsverfahren[648]. Auch im Rahmen einer – durch Rechtsverstöße ausgelösten – rechtlichen Auseinandersetzung kann es vorkommen, dass **zu Teilaspekten,** insbesondere **bei Abschluss eines Vergleichs,** kein Versicherungsfall vorliegt. So besteht z. B. kein Versicherungsschutz hinsichtlich einer in einen Vergleich aufgenommenen Räumungspflicht, wenn über diese bislang nicht gestritten wurde[649]. Das Gleiche gilt, wenn anlässlich der Erledigung einer Mietstreitigkeit wegen Eigenbedarfskündigung im Wege des Vergleichs eine Vereinbarung über die Erhöhung der Kaltmiete getroffen wird[650].

Beruht der vom VN zu verfolgende oder abzuwehrende Anspruch auf einem Verstoß, be-   **345** reitet die zeitliche Festlegung des Versicherungsfalles normalerweise keine Schwierigkeiten. Erbringt z. B. der Schuldner bei **Fälligkeit** seine gesetzliche oder vertragliche Leistung nicht, dann liegt hierin bereits ein Rechtsverstoß, auch wenn sich der Schuldner noch nicht in Verzug befindet[651]. Ansonsten muss in jeder Rechtsbeziehung, sei sie vertraglich oder gesetzlich geregelt, anhand der streitigen Ansprüche geprüft werden, welcher Rechtsverstoß den Streit adäquat ausgelöst hat und von wann dieser datiert. Problematisch kann dies dann sein, wenn um die **Wirksamkeit eines Vertrages** gestritten wird. Hier ist danach zu differenzieren, wie die Unwirksamkeit rechtlich begründet wird. Geht es z. B. um Irrtumsanfechtung (§ 119 BGB), Dissens (§§ 154, 155 BGB) oder Wegfall der Geschäftsgrundlage (jetzt § 313 BGB), so liegt der Verstoß noch nicht bei Vertragsabschluss, sondern erst in der Anfechtung oder der Behauptung, der Vertrag sei rückabzuwickeln, sofern der Gegner deren Berechtigung bestreitet[652]. Wird dagegen die Nichtigkeit des Vertrages auf Täuschung (§ 123 BGB) oder die Missachtung gesetzlicher Vorschriften (§§ 105, 117, 125, 138 BGB, Belehrungspflicht nach § 2 HWiG) gestützt, so ist der Versicherungsfall schon mit Abschluss des Vertrages eingetreten[653].

Werden vom VN oder vom Gegner **Gewährleistungsansprüche** geltend gemacht, liegt   **346** der Beginn des Verstoßes bereits in der die Gewährleistungspflicht auslösenden Handlung des Schuldners, wie z. B. in der Übergabe einer mangelhaften Kaufsache (§ 433 BGB), in der

---

[646] AG Frankfurt/M. v. 23. 11. 1992, r+s 1993, 383; *Harbauer/Maier,* § 14 ARB 75 Rn. 45.

[647] OLG Hamburg v. 7. 3. 1991, r+s 1991, 202 = ZfS 1991, 273.

[648] AG Hamburg v. 14. 2. 1990, r+s 1990, 241.

[649] AG Offenburg v. 23. 10. 1987, ZfS 1988, 285.

[650] AG Freiburg v. 11. 2. 1994, r+s 1995, 263.

[651] OLG Frankfurt/M. v. 10. 11. 2004, VersR 2006, 111 (Fälligkeit des Freistellungsanspruchs bei Gesamtschuldnerausgleich untergeschiedener Ehegatten); OLG Saarbrücken v. 6. 3. 2002, – 5 U 757/01– 57 (juris) (Wiederaufleben des gesamtschuldnerischen Ausgleichsanspruchs eines die gemeinsamen Schulden allein bedienenden Ehegatten nach dem Scheitern der Ehe); OLG Nürnberg v. 16. 9. 1977, VersR 1978, 755; LG Karlsruhe v. 18. 8. 1978, r+s 1978, 200; AG Düsseldorf v. 4. 3. 1988, r+s 1989, 156.

[652] Irrtumsanfechtung: *Harbauer/Maier,* § 14 ARB 75 Rn. 47; *Prölss/Martin/Armbrüster,* § 14 ARB 75 Rn. 22; a. A. LG Köln v. 8. 6. 1994, VersR 1995, 828; *Böhme,* § 14 ARB 75 Rn. 11a; Dissens: *Harbauer/ Maier,* § 14 ARB 75 Rn. 47; Wegfall der Geschäftsgrundlage: OLG Hamm v. 10. 10. 1997, r+s 1998, 114; *Harbauer/Maier,* § 14 ARB 75 Rn. 47.

[653] Täuschung: AG Burg v. 18. 9. 1997, r+s 1998, 245; AG Köln v. 15. 6. 1990, VersR 1991, 417 = r+s 1991, 239; AG Weinheim v. 20. 2. 1987, ZfS 1988, 143; Geschäftsunfähigkeit: *Harbauer/Maier,* § 14 ARB 75 Rn. 48; offengelassen von OLG Köln v. 29. 3. 1990, VersR 1991, 295 = NJW-RR 1990, 930 = r+s 1990, 161; Formmangel: LG Darmstadt v. 8. 3. 1996, r+s 1997, 68; Scheingeschäft: *Prölss/Martin/Armbrüster,* § 14 ARB 75 Rn. 21; offen lassend OLG Düsseldorf v. 26. 9. 1995, VersR 1996, 844; Sittenwidrigkeit: LG Hanau v. 23. 5. 2005, r+s 2005, 419; LG Osnabrück v. 15. 1. 1991, r+s 1992, 418; *Prölss/Martin/Armbrüster,* § 14 ARB 75 Rn. 21; unterlassene Widerrufsbelehrung nach dem HWiG: LG Wiesbaden v. 15. 2. 2006, VersR 2006, 1252; LG Hanau v. 23. 5. 2005, r+s 2005, 419; a. A. BGH v. 17. 10. 2007, VersR 2008, 113 (Haustürwiderrufs-Fall).

Überlassung einer mangelhaften Mietsache (§§ 535, 536 BGB)[654] oder in der Ablieferung eines mangelhaften Werkes (§ 633 BGB).

347　Für die zeitliche Festlegung des Versicherungsfalles kommt es nach einhelliger Auffassung auf die **Behauptungen in dem** Verfahren an, für das Rechtsschutz begehrt wird (**„Ausgangsverfahren"**), nicht hingegen auf einen davon abweichenden Vortrag im Deckungsprozess[655]. Fraglich ist allerdings, ob die entsprechenden Vorwürfe auch dann noch maßgeblich sind, wenn sie im Lauf der rechtlichen Auseinandersetzung **fallen gelassen** werden. Nach herrschender Meinung[656] ändert sich hierdurch der Versicherungsfall nicht, auch nicht für die Prozessphase nach Änderung des Vortrages[657]. Dem ist zuzustimmen. Da der Versicherungsfall den behaupteten Verstoß ausreichen lässt, liegt der Beginn der Gefahrverwirklichung ohne Rücksicht auf die Richtigkeit der Behauptung im ursprünglich behaupteten Zeitraum.

348　Anders zu beurteilen ist die Situation, wenn nach Ausbruch des Streits **ein weiterer Verstoß** behauptet wird, der zeitlich noch früher liegt. Würde man diesen nicht berücksichtigen, wäre der Versicherungsschutz manipulierbar. Es ist daher auf den nun vorgetragenen Verstoß abzustellen, wenn er adäquat kausal für den Ausbruch des Streits war[658].

349　**b) „Drohender" Verstoß.** Fraglich ist, ob auch ein **bloß befürchteter,** aber noch nicht begonnener Rechtsverstoß, den Versicherungsfall begründen kann. Aus Gründen der Rechtssicherheit ist dies grundsätzlich zu verneinen[659]. Es kommt letztlich auf die Gesamtwürdigung aller Umstände an. Nicht zuletzt zur Vermeidung von Zweckabschlüssen wird man einen Versicherungsfall z. B. dann bejahen müssen, wenn der Schuldner schon vor Eintritt der Fälligkeit den Anspruch erkennbar und nachweislich ernstlich bestreitet[660].

350　Einen Sonderfall stellen im Arbeitsrecht die Fälle **außergerichtlicher Aufhebungsverträge,** insbesondere **nach Androhung einer Kündigung** dar[661]. Die Frage, ob und wann in solchen Fällen der Versicherungsfall eingetreten ist, ist in der Rechtsprechung äußerst umstritten[662]. Während teilweise die Auffassung vertreten wird, dass erst der Ausspruch einer Kündigung den Versicherungsfall begründet[663], lässt ein anderer – ebenso bedeutender – Teil der Gerichte eine zumindest ernsthaft angedrohte Kündigung ausreichen, um einen Versicherungsfall anzunehmen[664]. Um hier zu richtigen und interessengerechten Lösungen zu

---

[654] LG Bamberg v. 25. 4. 2005, r+s 2005, 333; LG Köln v. 3. 4. 1991, ZfS 1991, 239; LG Stuttgart v. 8. 1. 1990, r+s 1991, 94; AG Achim v. 18. 3. 1997, r+s 1997, 293; *Harbauer/Maier,* § 14 ARB 75 Rn. 46.

[655] *Prölss/Martin/Armbrüster,* § 14 ARB 75 Rn. 15.

[656] OLG Köln v. 17. 5. 1990, r+s 1990, 276; OLG Hamm v. 19. 1. 1979, VersR 1980, 669; LG Stade v. 18. 5. 1987, ZfS 1987, 306; LG Hannover v. 19. 4. 1989, r+s 1989, 290; v. 11. 9. 1986, NJW-RR 1987, 342; v. 11. 2. 1981, VersR 1981, 878 = ZfS 1981, 342; *Harbauer/Maier,* § 14 ARB 75 Rn. 43.

[657] A. A. *Prölss/Martin/Armbrüster,* § 14 ARB 75 Rn. 15.

[658] AG Herford v. 27. 11. 1986, ZfS 1987, 274; *Harbauer/Maier,* § 14 ARB 75 Rn. 43; *Prölss/Martin/Armbrüster,* § 14 ARB 75 Rn. 15.

[659] *Prölss/Martin/Armbrüster,* § 14 ARB 75 Rn. 10.

[660] *Harbauer/Maier,* § 14 ARB 75 Rn. 44; *Vassel,* ZVersWiss 1973, 651 (653); *von Gehlen,* S. 51.

[661] Hierzu ausführlich *Schäder,* NVersZ 2000, 315; *Felzer/v. Molo,* ZAP 2000, 963.

[662] Nach Angaben von *Wendt,* r+s 2008, 221 (225) ist beim BGH zum Aktenzeichen IV ZR 305/07 eine vom Berufungsgericht zugelassene Revision anhängig.

[663] LG Düsseldorf v. 7. 3. 2008, 22 S 409/07 (nicht veröff.); v. 18. 9. 2007, – 21 S 314/07 (nicht veröff.); v. 17. 12. 2003, – 23 S 285/03 (nicht veröff.); LG Mönchengladbach v. 21. 2. 2003, JurBüro 2003, 318; AG Düsseldorf v. 31. 10. 2007, – 22 C 9676/07 (nicht veröff.); AG Essen v. 9. 1. 2007, – 20 C 465/06 (nicht veröff.); AG Hamburg-St. Georg v. 31. 3. 2006, – 911 C 544/05; AG Hamburg v. 21. 6. 2001, r+s 2002, 377; AG Hannover v. 19. 5. 2003, JurBüro 2003, 655; v. 5. 12. 2000, r+s 2001, 250; v. 12. 1. 1998, r+s 1998, 336; v. 4. 8. 1995, r+s 1996, 107; AG Leipzig v. 2. 7. 1998, r+s 1999, 204; AG Buxtehude v. 10. 11. 1997, r+s 1998, 246; AG Aachen v. 18. 11. 1997, r+s 1998, 245; AG Gießen v. 24. 10. 1996, r+s 1997, 24; AG Hamburg v. 22. 8. 1995, r+s 1996, 107; AG München v. 1. 9. 2005, NJW-RR 2006, 322; v. 20. 10. 1995, r+s 1996, 274; v. 25. 1. 1996, r+s 1996, 275; AG Frankfurt/M. v. 3. 11. 1994, r+s 1995, 304; AG Köln v. 1. 6. 1994, r+s 1995, 68; v. 5. 1. 1990, ZfS 1990, 164.

[664] OLG Saarbrücken v. 19. 7. 2006, NJW 2006, 3730 = VersR 2007, 57 = AnwBl 2006, 764 = ZfS 2006, 703 = r+s 2006, 495 mit abl. Anm. von *Will;* OLG Nürnberg v. 21. 2. 1991, ZfS 1991, 200;

kommen, wird man auf die **Umstände des Einzelfalles** abstellen müssen. Sind – behauptete – Pflichtverletzungen des Arbeitnehmers der Grund für die angestrebte Trennung, so ist der Eintritt eines Versicherungsfalles unzweifelhaft. Als Versicherungsfall gilt hier (schon) der Zeitpunkt der Pflichtverletzung, so dass es auf die Kündigung oder die Androhung einer solchen nicht mehr ankommt[665]. Umgekehrt liegt ein Versicherungsfall zweifellos dann nicht vor, wenn die Initiative für die Aufhebungsverhandlungen vom Arbeitnehmer ausgeht, weil er beispielsweise eine neue Stelle antreten oder in den vorzeitigen Ruhestand treten und bei seinem bisherigen Arbeitgeber noch eine Abfindung „mitnehmen“ will[666]. Problematisch ist der Eintritt eines Versicherungsfalles letztlich nur in den Fällen, in denen der Arbeitgeber keine konkreten Pflichtverletzungen behauptet, z. B. weil diese für eine Kündigung nicht ausreichen würden oder wenn die beabsichtigte Trennung betriebs- oder personenbezogene Gründe hat. Zwar wird man in einem schlichten Angebot eines Änderungs- oder Aufhebungsvertrages noch keinen Rechtsverstoß sehen können[667]. Hieran ändert es auch nichts, dass betriebliche Veränderungen möglicherweise unabwendbar erscheinen und sich für den VN u. U. als existenzbedrohend darstellen. Anders ist es aber ausnahmsweise dann, wenn dem VN rechtswidrige Nachteile in Aussicht gestellt werden und er hierdurch dermaßen unter Druck gesetzt wird, dass ihm kein zumutbarer Gestaltungsspielraum verbleibt. *Ennemann*[668] und *Schäder*[669] weisen in diesem Zusammenhang zu Recht darauf hin, dass es sich bei der Androhung einer Kündigung, die zum Abschluss eines Aufhebungsvertrages führt, um eine **anfechtbare Rechtshandlung** handeln kann **(§§ 123 BGB, 240 StGB).** Zum anderen kann hierin ein Verstoß des Arbeitgebers gegen seine **arbeitsvertragliche Fürsorgepflicht** gesehen werden[670], denn spiegelbildlich betrachtet verstößt auch der Arbeitnehmer beispielsweise dann gegen seine arbeitsvertragliche Rücksichtnahmepflicht, wenn er für den Fall der Verweigerung einer Urlaubsverlängerung eine künftige Erkrankung „androht“, um hierdurch den Arbeitgeber unter Druck zu setzen[671]. Solche Einzelfälle, die schon vor Ausspruch einer Kündigung den Versicherungsfall begründen, werden aber in der Praxis die Ausnahme darstellen, zumal die Ankündigung einer rechtmäßigen Kündigung keine Nötigung darstellen kann. Die Auffassung des OLG Saarbrücken[672], die Ankündigung des Arbeitgebers, das Arbeitsverhältnis werde bei Ablehnung eines Aufhebungsvertrages auf jeden Fall gekündigt, sei immer schon ein Rechtsverstoß, geht zu weit. Anders als in der vom Gericht bemühten Entscheidung des BGH vom 28. 9. 2005[673], welcher eine Leistungsverweigerung eines Feuerversicherers zugrunde lag, geht es in der arbeitsrechtlichen Problematik um die Ankündigung der Ausübung eines Gestaltungsrechts. Solche Vorbereitungshandlungen oder Absichtserklärungen verändern die Rechtsposition des VN noch nicht. Sie wären im Übrigen

---

LG Berlin v. 9. 7. 2002, NVersZ 2002, 579 = ZfS 2003, 256 = VersR 2003, 101; LG Darmstadt v. 14. 4. 1999, VersR 2000 (mit Einschränkungen), 51; LG Baden-Baden v. 19. 12. 1996, NJW-RR 1997, 790; LG Hannover v. 8. 6. 1996, r+s 1997, 202; LG Stuttgart v. 21. 12. 1995, VersR 1997, 446; LG Göttingen v. 10. 2. 1983, AnwBl 1983, 335; AG Pirna v. 28. 3. 2002, r+s 2002, 334; AG Berlin-Wedding v. 14. 11. 2001, VersR 2002, 1098; AG Berg.Gladbach v. 28. 2. 1996, r+s 1997, 69; AG Tettnang v. 17. 11. 1995, AnwBl 1997, 292; AG Wiesbaden v. 11. 11. 1993, r+s 1995, 304; AG Düsseldorf v. 26. 10. 1992, r+s 1994, 305; AG Halle/Westfalen v. 25. 6. 1991, r+s1991, 345.

[665] AG Pirna v. 28. 3. 2002, r+s 2002, 334.

[666] *Küttner*, NZA 1996, 453 (459).

[667] Vgl. *Schirmer*, r+s 2003, 265 (269); *Harbauer/Maier*, § 14 ARB 75 Rn. 45, 53; *van Bühren/Plote*, § 4 ARB 2000 Rn. 35; *Pabst*, VersR 2006, 1615.

[668] NZA 1999, 628 (630).

[669] NVersZ 2000, 315 (316).

[670] *Felzer/v. Molo*, ZAP 2000, 963 (967); *Küttner*, NZA 1996, 453 (459); AG Koblenz v. 20. 1. 2005, NJW-RR 2006, 1036: Angebot einer Aufhebungsoption, die den Verlust von Rechten nach dem BErzGG einbezieht.

[671] BAG v. 5. 11. 1992, DB 1993, 486 = NZA 1993, 308; LAG Köln v. 17. 4. 2002, NZA-RR 2003, 15.

[672] A. a. O., Fußnote 655.

[673] NJW-RR 2006, 37.

nur selten zeitlich und objektiv fixierbar, was aber – zur Vermeidung von Manipulationen – erkennbar ein grundlegendes Kriterium der Definition des Versicherungsfalles in § 4 (1) c ARB 94/2000/2008 darstellt. Einzelne Versicherer haben in ihren Bedingungen inzwischen **Sonderregelungen** installiert, die bei Aufhebungsverträgen oder angedrohten Kündigungen ausdrücklich einen Versicherungsfall definieren bzw. die **Leistungsart Arbeits-Rechtsschutz erweitern,** um auf diese Weise Deckungslücken zu schließen oder mithilfe limitierter Leistungen zumindest abzumildern.

351   Mit der Problematik des Versicherungsfalles bei Aufhebungsverträgen automatisch verknüpft ist die kostenrechtliche Frage, nach welchem **Gegenstandswert** der VR die Kosten der anwaltlichen Tätigkeit zu übernehmen hat[674]. Bereits zu BRAGO-Zeiten war dies umstritten. Konkret ging es darum, ob der Gebührenberechnung nach §§ 8 Abs. 2 BRAGO, 25 Abs. 2 Kostenordnung der dreifache Jahresbetrag des Arbeitseinkommens zugrunde zu legen ist (soweit nicht die Restlaufzeit des Arbeitsverhältnisses geringer ist), oder ob der Streitwert über die Regelung des § 8 Abs. 1 Satz 2 BRAGO aus § 12 Abs. 7 ArbGG a. F. (mit der dort bestimmten Höchstbegrenzung auf den Betrag des für die Dauer eines Vierteljahres zu leistenden Arbeitsentgelts) zu entnehmen ist. Das **BAG** hat diese Frage am **16. 5. 2000**[675] höchstrichterlich entschieden. Beauftragt danach eine Arbeitnehmerin einen Rechtsanwalt mit der Wahrnehmung ihrer Interessen, weil der Arbeitgeber das Arbeitsverhältnis beenden möchte, so ist der Gegenstandswert der vorgerichtlichen anwaltlichen Tätigkeit **entsprechend § 8 Abs. 1 S. 2 BRAGO unter Anwendung der gerichtlichen Wertvorschrift des § 12 Abs. 7 S. 1 ArbGG a. F. zu bestimmen.** Das gilt auch dann, wenn durch die anwaltliche Tätigkeit ein Aufhebungsvertrag mit einer Abfindungsvereinbarung zustande kommt, ohne dass ein gerichtliches Verfahren eingeleitet wird. Das BAG begründet dies zutreffend damit, dass für den Fall des Scheiterns der vom Arbeitgeber veranlassten Verhandlungen über die Auflösung des Arbeitsverhältnisses gewöhnlich zu erwarten ist, dass nach Ausspruch einer Kündigung durch den Arbeitgeber im gerichtlichen Verfahren erneut Verhandlungen aufgenommen werden. Die aktuellen Gebührenvorschriften gem. **§§ 23 Abs. 1 Satz 2 RVG, 42 Abs. 4 GKG** haben an dieser Systematik nichts geändert. Es bleibt also dabei, dass das Vierteljahresentgelt die Höchstgrenze bildet und eine Abfindung nicht hinzugerechnet wird[676].

352   Um einen weiteren Sonderfall handelt es sich dann, wenn der Arbeitgeber ein **Verfahren vor dem Integrationsamt** (bis 30. 6. 2001: Hauptfürsorgestelle) nach §§ 85 ff. SGB IX (bis 30. 6. 2001: SchwbG) betreibt, um die Zustimmung zu einer Kündigung zu erreichen. Auch hier wird man einen Versicherungsfall dann bejahen müssen, wenn der Arbeitnehmer die Unzulässigkeit der beabsichtigten Kündigung behauptet[677].

353   Dagegen liegt kein Versicherungsfall vor, wenn der Arbeitgeber des VN einen **Sozialplan** verabschiedet hat und sich der VN dann beraten lässt, ob er zu den Arbeitnehmern gehört, die Ansprüche aus dem Sozialplan geltend machen können[678]. Anders kann dies dann sein, wenn der VN als Arbeitgeber einen unangemessenen Sozialplan zur Berechnung eines Abfindungsangebots heranzieht und auf dieser Grundlage mit einer Kündigung des Arbeitsverhältnisses droht[679]. Dann ist der Beginn des Pflichtenverstoßes bereits mit der Abfassung des Sozialplans gegeben.

---

[674] Vgl. hierzu OLG Nürnberg v. 21. 2. 1991, ZfS 1991, 200; AG Hamburg v. 30. 4. 1990, ZfS 1991, 52; OLG Hamm v. 1. 4. 1992, NJW-RR 1992, 927 (928); AG Berg.Gladbach v. 28. 2. 1996, r+s 1997, 69; AG Halle/Westfalen v. 25. 6. 1991, r+s 1991, 345; AG Buxtehude v. 10. 11. 1997, r+s 1998, 246.

[675] BAG v. 16. 5. 2000, JurBüro 2001, 477.

[676] Dies übersieht das OLG Saarbrücken in seiner Entscheidung v. 19. 7. 2006, NJW 2006, 3730 = VersR 2007, 57 = AnwBl 2006, 764 = ZfS 2006, 703 = r+s 2006, 4.

[677] LG Hannover v. 25. 8. 1994, r+s 1996, 361; AG Singen v. 22. 6. 1999, NVersZ 2000, 148; AG Paderborn v. 10. 1. 1995, ZfS 1995, 150; AG Siegburg v. 17. 6. 1994, ZfS 1994, 463; *Prölss/Martin/Armbrüster,* § 14 ARB 75 Rn. 25.

[678] LG Hanau v. 22. 5. 1990, r+s 1991, 56.

[679] AG Wilhelmshaven v. 16. 7. 1996, r+s 1998, 69.

2. Mehrere Verstöße

a) Allgemeines. § 4 (2) Satz 2 ARB 94/2000/2008 regelt die Fälle, in denen für die **354** Wahrnehmung rechtlicher Interessen mehrere Rechtsschutzfälle ursächlich sind. Die Regelung entspricht weitgehend § 14 (3) Satz 2 ARB 75 und ist in erster Linie für Rechtsschutzfälle nach § 4 (1) c ARB 94/2000/2008 von Bedeutung. Maßgebend ist in diesen Fällen der **erste Verstoß** aus einer möglichen Reihe von Verstößen, wenn er nicht länger als ein Jahr vor Versicherungsbeginn begangen worden ist. Mit der Einschränkung durch die **Jahresfrist** geht der Bedingungsgeber davon aus, dass sich länger zurückliegende Vorgänge im Zweifel erledigt haben.

Es ist allerdings zu beachten, dass die Jahresfrist den VN nur dann begünstigt, wenn es sich **355** tatsächlich um **mehrere** Rechtsverstöße bzw. Rechtsschutzfälle handelt. Insbesondere bei Dauerschuldverhältnissen entstehen Streitigkeiten oft aus einem Verstoß, der über einen kürzeren oder längeren Zeitraum ohne Unterbrechung andauert oder sich in gewissen Abständen in gleichartiger oder ähnlicher Weise wiederholt. Nach einhelliger Auffassung können solche Verstöße einem **Dauerverstoß** gleichstehen mit der Folge, dass die Jahresfrist des § 14 (3) Satz 2 ARB 75 nicht gilt[680]. Mit Hilfe dieser Auslegung werden quasi verschiedene Einzelakte zu einer natürlichen Handlungseinheit, d. h. zu einem einzigen Verstoß verbunden. Dies ist zur Vermeidung von Zweckabschlüssen auch gerechtfertigt, denn die Konfliktträchtigkeit eines Dauerverstoßes, der über den Beginn der Jahresfrist hinaus unvermindert andauert, unterliegt keinem Zweifel. Die Grenzen der Auslegung des § 14 (3) ARB 75 sind allerdings dann erreicht, wenn ein Dauerverstoß mit späteren Einzelverstößen zusammentritt. Mit der Regelung in § 4 (2) ARB 94/2000/2008 ist es gelungen, auch diese Besonderheit bei **„Rechtsschutzfällen, die sich über einen Zeitraum erstrecken"** (= Dauerverstöße) zu berücksichtigen.

Liegen mehrere Rechtsverstöße vor, so setzt die Maßgeblichkeit des ersten Verstoßes **ad-** **356** **äquate Kausalität** voraus[681]. Dies muss im Sinne einer wertenden Beurteilung ausgelegt werden, die von praktischen vernünftigen Abgrenzungskriterien ausgeht. So ist für die Feststellung des Versicherungsfalles zunächst entscheidend, ob die Behauptung eines Verstoßes zur Grundlage eines Rechtsstreits geworden ist, unabhängig vom prozessualen Schicksal der Behauptung. Häufig ist es allerdings so, dass sich eine Partei quasi nur zur „Illustration" auf frühere Verstöße mit beruft. Dann kann es gerechtfertigt sein, dieses Beiwerk (**„Kolorit"**)[682] nicht als konfliktauslösend anzusehen und damit nicht mit zu berücksichtigen. Ähnlich liegen die Fälle, in denen ein zeitlich früherer Verstoß aufgrund des Verhaltens der Parteien als **erledigt bzw. „verziehen"** angesehen werden kann. Das Nichtberücksichtigen solcher Verstöße ist jedoch problematisch, da dann sehr stark auch subjektive Aspekte in die Auslegung einfließen. Letztlich kommt es auf die **Gesamtumstände** des einzelnen Falles an.

Unproblematisch ist die Kausalität dann, wenn mehrere Verstöße erst in ihrer **Summe** den **357** Streit ausgelöst haben, wie dies z. B. bei der Kündigung eines Vertrages wegen wiederholter Rechtsverstöße der Fall ist. Hier kann der einzelne Verstoß nicht isoliert betrachtet werden, vielmehr ist in jedem Falle der Zeitpunkt des ersten Verstoßes maßgeblich[683].

b) Problembereiche. Insbesondere bei **Dauerschuldverhältnissen** wie z. B. Arbeits- **358** oder Mietverträgen können sich Rechtskonflikte aus diversen Verstößen ergeben, so dass die Festlegung des Versicherungsfalles häufig nicht einfach ist. Erfahrungsgemäß treten auch in anderen speziellen Rechtsbeziehungen gehäuft Auslegungsprobleme auf. Diese Fälle bedürfen daher einer näheren Betrachtung.

---

[680] Vgl. *Prölss/Martin/Armbrüster,* § 14 ARB 75 Rn. 17; *Harbauer/Maier,* § 14 ARB 75 Rn. 61; *Böhme,* § 14 ARB 75 Rn. 12; *Wendt,* r+s 2008, 221 (225) unter Hinweis auf einen PKH-Ablehnungsbeschl. des BGH v. 22. 2. 2006, IV ZA 8/05 (fortgesetzte Betrügerreien im Arbeitsverhältnis).

[681] Vgl. BGH v. 20. 3. 1985, VersR 1985, 540; OLG Köln v. 11. 10. 1994, VersR 1995, 1478.

[682] BGH v. 14. 3. 1984, VersR 1984, 530 (532); v. 20. 3. 1985, VersR 1985, 540 (541).

[683] *Prölss/Martin/Armbrüster,* § 14 ARB 75 Rn. 35.

359   *aa) Arbeitsrecht.* Problematisch sind zum einen die Fälle, in denen noch keine Kündigung vorliegt und der Arbeitgeber zunächst einen Aufhebungsvertrag unterbreitet oder **mit** einer **Kündigung droht.** Es ist sehr umstritten, ob dann schon ein Versicherungsfall angenommen werden kann (vgl. hierzu ausführlich Rn. 350).

360   Kündigt der Arbeitgeber das Arbeitsverhältnis, hängt der Versicherungsschutz von den **Kündigungsgründen** ab. Handelt es sich um eine betriebs- oder personenbedingte Kündigung, so stellt erst die Kündigung den Versicherungsfall dar. Kündigt der Arbeitgeber dagegen wegen (angeblicher) Vertragsverletzungen des Arbeitnehmers, so sind nach einhelliger Auffassung diese für den Versicherungsfall maßgebend[684]. Dies gilt unabhängig davon, ob die Verstöße bereits Gegenstand einer Abmahnung waren oder nicht.

361   Fraglich ist, worauf abzustellen ist, wenn wegen **krankheitsbedingter Fehlzeiten** des Arbeitnehmers gekündigt wird. Teilweise wird die Auffassung vertreten[685], dass dann auf die Fehlzeiten abzustellen ist. Der Gegenmeinung[686], die den Versicherungsfall erst in der Kündigung sieht, ist der Vorzug zu geben. Zwar trifft es zu, dass mit häufigen Fehlzeiten wegen Krankheit der Keim für eine rechtliche Auseinandersetzung gelegt wurde und bei Nichtberücksichtigung der Fehlzeiten Zweckabschlüsse möglich sind. Dies rechtfertigt es aber nicht, eine unstreitig entschuldigte Fehlzeit als Rechtsverstoß zu bewerten. Zum einen ergibt sich aus § 616 BGB, dass keine Rechtspflicht besteht, auch im Falle einer Erkrankung den Dienstpflichten weiter nachzukommen, zum anderen stellen die Fehlzeiten für den Arbeitgeber nur Anknüpfungstatsachen dar, um die Besorgnis von Störungen der Betriebsabläufe für die Zukunft zu begründen. Auch aus Ansicht des Arbeitgebers ist die krankheitsbedingte Kündigung keine Sanktion für Fehlzeiten in der Vergangenheit[687].

362   Ein weiterer Sonderfall ist die Kündigung des Arbeitsverhältnisses wegen **früherer Tätigkeit für das Ministerium für Staatssicherheit (Stasi).** Auch hier sind die Meinungen geteilt. Es wird zum einen die Auffassung vertreten[688], dass in einer vorvertraglichen Stasi-Tätigkeit generell kein Rechtsverstoß gesehen werde kann. Das AG Charlottenburg[689] sieht das auch so, jedoch kommt es im Wege einer ergänzenden Vertragsauslegung zu dem Ergebnis, dass aus dem Gesichtspunkt der Verhinderung von Zweckabschlüssen auf die damalige Tätigkeit für MfS abzustellen ist. Die vom AG Charlottenburg angenommene Lücke besteht aber tatsächlich nicht. Es ist vielmehr der Auffassung[690] zuzustimmen, die den Versicherungsfall bereits in dem beanstandeten Verhalten in der damaligen DDR sieht. Dem steht nicht entgegen, dass es sich in derartigen Fällen um personenbedingte Kündigungen handelt. Die Prognose zur persönlichen Eignung ergibt sich in diesen Fällen nämlich aus dem missbilligten Verhalten in der Vergangenheit. Zumindest dann, wenn dem Arbeitnehmer konkrete Verstöße gegen Prinzipien der Menschlichkeit vorgeworfen werden, ist es gerechtfertigt, dies als Versicherungsfall zu bewerten. Dagegen reicht es nicht aus, dass der Arbeitgeber seine Entscheidung rein pauschal mit früherer Stasi-Tätigkeit begründet. Es würde dann an dem vom BGH[691] geforderten Tatsachenkern eines Pflichtenverstoßes fehlen.

363   Verweigert der Arbeitgeber die Weiterbeschäftigung wegen **Befristung** des Arbeitsvertrages, so liegt der behauptete Rechtsverstoß in der Befristung, so dass hierauf abzustellen

---

[684] *Prölss/Martin/Armbrüster,* § 14 ARB 75 Rn. 25 mit Nachweisen; *Böhme,* § 14 ARB 75 Rn. 16.
[685] LG Stuttgart v. 5.9. 1989, ZfS 1990, 164; LG Konstanz v. 23.11. 1988, ZfS 1990, 163; AG Hannover v. 19.7. 2001, r+s 2002, 22; AG Frankfurt v. 5.5. 1995, r+s 2002, 161; AG Wipperfürth v. 10.10. 1994, r+s 2002, 162; *Böhme,* § 14 ARB 75 Rn. 16.
[686] AG/LG Köln v. 8.2. 1996/31.10. 1996, r+s 1997, 465; LG Paderborn v. 23.2. 1995, ZfS 1995, 273; LG Berlin v. 29.5. 1990, r+s 1991, 95; AG Lennestadt v. 17.7. 2003, NZA-RR 2004, 40; *Prölss/Martin/Armbrüster,* § 14 ARB 75 Rn. 25; *Harbauer/Maier,* § 14 ARB 75 Rn. 45; *Gift/Bauer,* S. 314.
[687] Vgl. BAG v. 12.4. 2002, EBE/BAG 2002, 138 = NJW 2002, 3271 = DB 2002, 1943.
[688] LG Köln v. 3.9. 1998, r+s 1999, 156; LG Chemnitz v. 2.12. 1997, VersR 1998, 1276 = r+s 1998, 117; *Prölss/Martin/Armbrüster,* § 14 ARB 75 Rn. 25.
[689] V. 30.3. 1993, r+s 1994, 303; v. 11.2. 1994, r+s 1994, 383.
[690] AG Düsseldorf v. 17.2. 1995, ZfS 1995, 472; *Harbauer/Maier,* § 14 ARB 75 Rn. 53.
[691] V. 20.3. 1985, VersR 1985, 540.

ist[692]. Etwas anderes gilt nur dann, wenn der VN die Befristung selbst nicht angreift, sondern geltend macht, der Arbeitgeber habe während der Dauer des Zeitvertrages objektiv einen Vertrauenstatbestand geschaffen, wonach er – der VN – davon ausgehen konnte, er werde im Anschluss an den Zeitvertrag weiterbeschäftigt werden (§ 242 BGB)[693]. Bei **mehreren** Befristungen hintereinander ist grundsätzlich die letzte maßgebend[694], weil arbeitsrechtlich die Wirksamkeitskontrolle allein anhand des zuletzt geschlossenen befristeten Arbeitsvertrages vorgenommen wird. Im Einzelfall kann allerdings ein Dauerverstoß vorliegen. Es muss dann aber der VR substantiiert darlegen, dass auch die Erstverträge rechtlich zu beanstanden waren[695].

Erbringt der Arbeitgeber **Lohnzahlungen** nicht, so ist Versicherungsfall das Unterbleiben **364** der Zahlung zum Fälligkeitszeitpunkt[696]. Dies gilt auch dann, wenn Nachzahlungen rückwirkend ab Beginn des Arbeitsverhältnisses, z. B. wegen unzutreffender Eingruppierung, geltend gemacht werden[697]. Wiederholte **verspätete** Zahlungen des Gehalts begründen einen Dauerverstoß, so dass auf die erste verspätete Zahlung abzustellen ist[698].

Ein Dauerverstoß liegt auch dann vor, wenn der Arbeitnehmer über einen längeren Zeit- **365** raum Beträge aus der Arbeitgeberkasse entnimmt **(Veruntreuung).** Liegt also die erste Handlung vor Vertragsbeginn, so ist insgesamt Vorvertraglichkeit gegeben[699]. Das gleiche hat umgekehrt für Schadenersatzansprüche des Arbeitnehmers zu gelten, die auf **Mobbing**[700] durch den Arbeitgeber bzw. dessen Erfüllungsgehilfen i. S. des § 278 BGB (z. B. Vorgesetzte) gestützt werden.

Wird bei einem Streit über den Bestand des Arbeitsverhältnisses eine Einigung über die **366** Beendigung des Arbeitsverhältnisses erzielt, so werden häufig **nicht streitige Punkte** in die Vergleichsregelung einbezogen. Es ist umstritten, inwieweit der VR für eine solche **„globale Bereinigung des Rechtsverhältnisses"** eintrittspflichtig ist[701]. Ungeachtet der sich ggf. auch stellenden Frage, ob nicht ein solches Vorgehen des VN gegen die Schadenminderungs-obliegenheit verstößt[702], ist zu klären, wo in diesem Zusammenhang der Versicherungsfall zu sehen ist; bezieht er sich nur auf die streitige Kündigung des Arbeitsverhältnisses, oder er-streckt er sich wegen des wirtschaftlichen Zusammenhangs mit dem Ausgangsstreitpunkt auch auf die Miterledigung unstreitiger Punkte? Diejenigen, die vollen Versicherungsschutz für alle Vergleichspunkte bejahen[703], begründen dies damit, dass solche Globalvergleiche sachdienlich und üblich und häufig auch zur Erreichung eines günstigen Ergebnisses für die eine oder andere Vertragspartei erforderlich seien. Zusätzlich könnte auch das Titulierungsin-teresse – in der Regel das des Arbeitnehmers – angeführt werden. Alle diese Gesichtspunkte lassen jedoch außer Acht, dass die Definition des Versicherungsfalles ein objektiv konflikt-trächtiges Geschehen voraussetzt, welches die Aufwendung von Rechtskosten mehr oder we-

---

[692] LG Essen v. 7. 7. 1987, ZfS 1988, 110; AG Freiburg v. 25. 4. 1985, ZfS 1988, 110; AG Bochum v. 26. 3. 1985, ZfS 1985, 111; a. A. LG Berlin v. 29. 6. 1993, ZfS 1994, 183: nur streitauslösende Willenser-klärung.

[693] Vgl. hierzu BAG v. 24. 10. 2001, NZA 2003, 153 (155).

[694] LG Essen, a. a. O.; AG Freiburg, a. a. O.; *Prölss/Martin/Armbrüster,* § 14 ARB 75 Rn. 25; *Harbauer/Maier,* § 14 ARB 75 Rn. 53, 64; *Böhme,* § 14 ARB 75 Rn. 16.

[695] LG Essen, a. a. O.

[696] LG Trier v. 30. 10. 1984, ZfS 1985, 21; AG Tiergarten v. 28. 5. 1984, ZfS 1985, 52; *Harbauer/Maier,* § 14 ARB 75 Rn. 53, 63.

[697] LG Düsseldorf v. 29. 11. 1996, r+s 1997, 251.

[698] AG Karlsruhe v. 27. 3. 1997, r+s 1997, 293.

[699] LG Frankfurt/M. v. 26. 11. 1990, ZfS 1991, 54; vgl. auch *Wendt,* r+s 2008, 221 (225) unter Hinweis auf einen PKH-Ablehnungsbeschl. des BGH v. 22. 2. 2006, IV ZA 8/05.

[700] Hierzu BAG v. 16. 5. 2007, NZA 2007, 1154.

[701] Vgl. hierzu *Hümmerich,* AnwBl 1995, 321 (332).

[702] Hierfür *Kühborth,* Die Obliegenheiten des VN in der Rechtsschutzversicherung, S. 198.

[703] LG Hannover v. 23. 4. 1986 (11. Kammer), r+s 1986, 158 = NJW 1987, 1337; AG Wiesbaden v. 9. 10. 2003, NJW-RR 2003, 116; AG Köln, AnwBl 2002, 184; AG Stuttgart v. 29. 7. 1996, ZfS 1996, 471; *Prölss/Martin/Armbrüster,* § 14 ARB 75 Rn. 25; *Böhme,* § 14 ARB 75 Rn. 16; *Hümmerich,* a. a. O.

nig zwangsläufig erscheinen lässt. Dies ist in arbeitsrechtlichen Angelegenheiten der Verstoß gegen Rechtspflichten oder Rechtsvorschriften. Fehlt es hieran, so hat der VR auch dann den Versicherungsschutz nicht zu übernehmen, wenn die Anwaltsbeauftragung aus der Sicht des VN zweckmäßig oder dazu geeignet war, zukünftigen Streitigkeiten vorzubeugen[704]. Ferner ist zu beachten, dass jeder Verstoß nur den Streit über einen bestimmten Gegenstand auslöst, so dass bei verschiedenen Streitgegenständen grundsätzlich jeder Gegenstand gesondert auf das Vorliegen eines Verstoßes sowie die Kausalität für die Auseinandersetzung hierüber zu untersuchen ist[705]. Diese Überlegungen führen dazu, dass bei einem Vergleich, der sich auch auf nichtstreitige Punkte erstreckt, **nur die streitigen Positionen** gedeckt sind, weil **nur insoweit ein Versicherungsfall** vorliegt. Zuzustimmen ist daher der Auffassung[706], die den Versicherungsschutz auf das Kostenrisiko für arbeitsrechtliche Streitigkeiten beschränkt und hinsichtlich sonstiger mit Unterstützung eines Rechtsanwaltes getroffener Regelungen, die eine noch gar nicht entstandene Streitigkeit vermeiden sollen, verneint. Für die Richtigkeit dieses Ergebnisses spricht auch folgende **Gegenprobe:** Derjenige VN, der die Kündigung des Arbeitsverhältnisses akzeptiert und ausschließlich über Folgeansprüche (z. B. Zeugnis, Herausgabe des Dienstwagens, betriebliche Altersversorgung usw.) mit dem Arbeitgeber verhandelt, ohne dass dieser gegen Rechtspflichten verstoßen hat, wird zweifelsohne Versicherungsschutz für anwaltliche Unterstützung nicht erlangen können. Warum soll dann der Arbeitnehmer, der gegen die Kündigung rechtlich vorgeht und aus Zweckmäßigkeitsüberlegungen unstreitige Punkte in einen Vergleich mit einbezieht, besser stehen und Versicherungsschutz für streitwertmäßig teilweise ganz erhebliche Mehrwerte erhalten? Es darf im Übrigen nicht übersehen werden, dass fehlender Versicherungsschutz bei Vergleichsmehrwerten nicht nur im Arbeitsrecht, sondern auch bei anderen Schuldverhältnissen auftreten kann. So ist es bei mietrechtlichen Streitigkeiten einhellige Auffassung, dass nur die streitigen Ansprüche unter den Versicherungsschutz fallen, nicht hingegen anderweitige nichtstreitige Punkte, die aus Anlass eines Vergleichs mitgeregelt werden[707].

367 Inzwischen hat der **BGH** die Rechtsfrage mit **Urteil v. 14. 9. 2005**[708] zugunsten des Versicherungsnehmers entschieden. Nach Auffassung des BGH hat der Versicherer bei gerichtlichen Vergleichen die Kosten auch insoweit zu tragen, „als in den Vergleich weitere, den Gebührenstreitwert erhöhende, nicht wegen eines bestimmten Rechtsverstoßes streitige Gegenstände einbezogen worden sind, wenn für sie grundsätzlich ebenfalls Versicherungsschutz besteht und sie mit dem eigentlichen Gegenstand des verglichenen Rechtsstreits in rechtlichem Zusammenhang stehen". Ob sich die Instanzgerichte zukünftig an diese Vorgabe halten werden, bleibt abzuwarten. Seitens der Versicherer war jedenfalls zu überlegen, ob nicht das vom BGH verneinte Auslegungsergebnis durch eine Ergänzung des § 5 (3) b ARB 2000 (Vergleichsklausel) herbeigeführt werden kann. Die Argumentation des BGH zeigt einen solchen Lösungsweg auf. Die Muster-ARB 2008 greifen ihn mit einer Neufassung des § 5 (3) b auf.

368 Eine andere – kostenrechtliche – Frage ist die, wie solche unstreitigen Gegenstände des Vergleichs **streitwertmäßig zu berücksichtigen** sind. Es herrscht Streit, ob sich der Vergleichswert nach dem Gesamtbetrag aller Ansprüche richtet, ob die unstreitigen Punkte durch Schätzung nach § 3 ZPO nur mit einem Bruchteil zu bewerten sind oder ob bei der Bemessung des Gegenstandswertes die nichtstreitigen Ansprüche sogar gänzlich auszuklam-

---

[704] *Harbauer/Maier,* § 14 ARB 75 Rn. 8.

[705] *Prölss/Martin/Armbrüster,* § 14 ARB 75 Rn. 34.

[706] LG Hannover v. 4. 5. 1993 (20. Kammer), r+s 1993, 466; AG Hamburg v. 12. 1. 1984, ZfS 1984, 180; *Vassel,* ZVersWiss 1986, 278 (285).

[707] AG Freiburg v. 11. 2. 1994, r+s 1995, 263 (Einigung über Mieterhöhung im Zuge der Beilegung des Streits über eine Eigenbedarfskündigung: Versicherungsfall verneint); AG München v. 28. 4. 1989, r+s 1989, 332 (Mitregelung einer streitigen Ablösesumme für Einbauten nach Streit über die Kündigung des Mietverhältnisses: Versicherungsfall bejaht); AG Offenburg v. 23. 10. 1987, ZfS 1988, 285 (Streit über Minderung und Mietzahlung mit anschließender, einvernehmlicher Vereinbarung der Räumung zur Beendigung des zerrütteten Mietverhältnisses: Versicherungsfall verneint).

[708] VersR 2005, 1725 = NJW 2006, 513 = AnwBl 2006, 64 = MDR 2006, 392 = NZA 2006, 229.

mern sind[709]. Mehrere LAG und OLG haben sich inzwischen dafür ausgesprochen, dass unstreitige Gegenstände bei der Bemessung des Wertes für die anwaltliche Einigungsgebühr nicht zu berücksichtigen sind[710].

bb) Mietrecht. Erfolgt eine **Kündigung** des Mietverhältnisses, so sind die **Kündigungs-** 369 **gründe** maßgebend. Wird die Kündigung auf Rechtsverstöße des Mieters gestützt, z. B. verspätete bzw. unterbliebene Mietzahlung[711], unberechtigte Untervermietung[712] oder ständige Verletzung der Rücksichtnahmepflichten[713], so ist auf den ersten Rechtsverstoß abzustellen. Dies gilt bei Kündigung wegen verspäteter oder unterbliebener Mietzinszahlung auch dann, wenn die Räumungsklage nur mit den beiden letzten Monatsmieten begründet wird, z. B. weil hierdurch erst eine fristlose Kündigung möglich wurde[714]. Bei **wiederholten Kündigungen** des Mietvertrages ist die zeitlich erste maßgebend, zumindest als streitauslösende Willenserklärung[715].

Wird der Mietvertrag wegen **arglistiger Täuschung** angefochten, so tritt der Versiche- 370 rungsfall bereits bei Abschluss des Mietvertrages ein[716]. Dies gilt auch dann, wenn die Anfechtung erst im Zusammenhang mit einer Kündigung des Mietvertrages erfolgt[717].

Ebenfalls bereits mit Beginn des Mietvertrages tritt der Versicherungsfall ein, wenn dem 371 Mieter eine **mangelbehaftete** Wohnung überlassen wird[718]. Es liegt dann ein Dauerverstoß vor. Bei späterem Auftritt des Mangels ist dieses entscheidend. Auf die Kenntniserlangung oder etwa die Anspruchserhebung (z. B. Mietminderung) kommt es dabei nicht an[719], aber auch nicht auf Fehler in der Bausubstanz, die erst später den Mietmangel hervorgerufen haben.

Nicht einheitlich beantwortet wird die Frage des Versicherungsfalles, wenn der Mieter sei- 372 nen vertragsgemäßen **Renovierungspflichten** nicht nachkommt. Teilweise wird der Versicherungsfall erst bei Auszug der Wohnung gesehen, wenn der Mieter die Wohnung trotz Fristsetzung und Ablehnungsandrohung nicht in den geschuldeten Zustand versetzt hat[720]. Dies kann im Einzelfall richtig sein, jedoch muss in diesen Fällen auf den Vortrag des Vermieters abgestellt werden. Behauptet der Vermieter konkret eine Beschädigung der Mietsache[721] oder rügt er das Unterbleiben bestimmter Schönheitsreparaturen[722], so ist auf diese behaupteten Rechtsverstöße abzustellen[723].

---

[709] Details und Rechtsprechungshinweise bei *Göttlich/Mümmler,* „Einigungsgebühr"- Gegenstandswert des Einigungsvertrages, 10.7.

[710] LAG Baden-Württemberg v. 4. 4. 2005, – 3 Ta 44/05 (juris); v. 22. 9. 2004, – 3 Ta 136/04 (juris); v. 7. 7. 1994, JurBüro 1995, 248; LAG Hamm v. 27. 10. 1997, –. 9 Ta 246/97 (nicht veröff.); LAG Köln v. 29. 1. 2002, – 7 Ta 285/01 (juris); v. 17. 8. 1998, NJW-RR 1999, 1303; LAG Mecklenburg-Vorpommern v. 28. 10. 2003, – 1 Sa 129/03 (nicht veröff.); LAG München v. 25. 9. 1992, – 2 Ta 220/92 (nicht veröff.); v. 3. 9. 2001, – 4 Sa 513/99 (nicht veröff.); LAG Rheinland-Pfalz v. 3. 4. 1984, JurBüro 1985, 397; LAG Schleswig-Holstein v. 16. 10. 2003, JurBüro 2001, 196; OLG München v. 22. 2. 2000, JurBüro 2001, 141; OLG Oldenburg v. 10. 2. 2003, 5 U 99/00 (nicht veröff.).

[711] LG Hannover v. 19. 4. 1989, r+s 1989, 290; AG Bruchsal v. 23. 4. 1986, ZfS 1987, 177; AG Köln v. 19. 12. 1986, ZfS 1987, 177.

[712] LG Hildesheim v. 8. 4. 1993, VersR 1993, 1265.

[713] OLG Celle v. 22. 3. 2001, r+s 2001, 423.

[714] AG Stuttgart v. 20. 2. 2001, r+s 2001, 334; AG Charlottenburg v. 15. 3. 1991, ZfS 1991, 310; *Harbauer/Maier,* § 14 ARB 75 Rn. 54.

[715] LG Berlin v. 29. 9. 1992, r+s 1993, 382; AG Köln v. 20. 12. 1994, VersR 1995, 1480 = r+s 1995, 226.

[716] AG Weinheim v. 20. 2. 1987, ZfS 1988, 143.

[717] AG Köln v. 15. 6. 1990, VersR 1991, 417.

[718] LG Bamberg v. 25. 4. 2005, r+s 2005, 333; LG Köln v. 3. 4. 1991, ZfS 1991, 239; LG Stuttgart v. 18. 1. 1990, r+s 1991, 94; AG Achim v. 18. 3. 1997, r+s 1997, 293.

[719] *Prölss/Martin/Armbrüster,* § 14 ARB 75 Rn. 24; a. A. LG Düsseldorf v. 2. 4. 1993, r+s 1993, 306: Der Vermieter muss erst zur Beseitigung des Mangels aufgefordert worden sein.

[720] LG Hamburg v. 25. 3. 1994, VersR 1994, 1479.

[721] Hierzu LG Karlsruhe v. 14. 12. 1995, r+s 1997, 203.

[722] Hierzu OLG Celle v. 15. 4. 1993, r+s 1993, 303.

[723] *Prölss/Martin/Armbrüster,* § 14 ARB 75 Rn. 24; *Harbauer/Maier,* § 14 ARB 75 Rn. 60.

373   Kündigt der Vermieter eine **Modernisierungsmaßnahme** an und entspricht die Ankündigung nicht den gesetzlichen Vorgaben, so tritt der Versicherungsfall ein. Führen die Verhandlungen hierüber zum Abschluss eines neuen Mietvertrages, soll nach AG Leipzig[724] auch der Abschluss des Mietvertrages vom Versicherungsschutz umfasst sein. Dem kann nicht zugestimmt werden, denn es liegt insoweit kein Versicherungsfall vor, sondern nur eine nicht versicherte Vertragshilfe. Der Fall ist ähnlich zu beurteilen wie der Erwerb einer Eigentumswohnung, die der VN als Mieter anlässlich des Herausgabeverlangens des Vermieters kauft[725].

374   *cc) Grundstücksangelegenheiten.* Wird in einer Nachbarschaftsangelegenheit um einen (angeblichen) **Überbau** gestritten, so ist auf den Zeitpunkt des vorgenommenen Überbaus abzustellen. Da auch der Verstoß eines „Dritten" den Versicherungsfall auslösen kann, muss dies auch dann gelten, wenn der Voreigentümer den Überbau verursacht haben soll, d. h. es kann nicht erst auf den – späteren – Zeitpunkt des Erwerbs des Grundstücks durch den VN abgestellt werden[726].

375   Bei einer Grenzbepflanzung kommt es auf den Zeitpunkt der **Anpflanzung** an, nicht hingegen auf die Beanstandung des zu geringen Grenzabstandes[727]. Wird dagegen nicht die Anpflanzung selbst beanstandet, sondern beispielsweise nur die **Einhaltung der gesetzlichen Baumhöhe** verlangt, kommt es darauf an, wann die ersten Bäume die Höhe überschritten hatten[728].

376   **Immissionen,** die der Zustandstörer beseitigen soll, stellen einen Verstoß erst dann dar, wenn sie das Grundstück konkret beeinträchtigen und daher ihre Unterlassung nach §§ 1004, 906 BGB verlangt werden kann[729]. Wird der Zustand verändert, weil sich die Störquelle räumlich verändert hat oder nunmehr mit dem Rechtsnachfolge des Störers gestritten wird, so hat sich der in dem ursprünglichen Zustand liegende Verstoß nicht erledigt. Es liegt in der Regel ein Dauerverstoß vor mit der Folge, dass trotz Änderung des Streitgegenstandes auf den Eintritt des ursprünglichen Zustands abzustellen ist[730]. Anders ist es dann, wenn der Störer aufgrund einer vormaligen Beeinträchtigung des VN rechtskräftig verurteilt wurde und nunmehr aufgrund nachträglich eingetretener Umstände eine Abänderung des Urteils begehrt[731]. Diese Fallgestaltung ist vergleichbar mit dem nachträglichen Wegfall der Geschäftsgrundlage, bei welchem in der Regel erst die Berufung einer Partei auf nachträglich eingetretene Umstände als Verstoß zu werten ist.

377   Die Nichtzahlung von **Wohngeld** und Sonderauslagen durch einen Wohnungseigentümer stellt erst dann einen Verstoß dar, wenn die Beitragspflicht nach § 16 Abs. 2 WEG durch einen Beschluss der Wohnungseigentümer begründet und fällig wurde. Der VN als Wohnungseigentümer kann deshalb frühestens zu diesem Zeitpunkt gegen seine Betragspflicht verstoßen[732].

378   Wird die **Entziehung des Wohnungseigentums** begehrt, so ist auf die behaupteten Verstöße abzustellen[733]. Dies gilt auch dann, wenn von den Wohnungseigentümern hinsichtlich der Tragung von Hauslasten nur geringfügige Teilbeträge beanstandet werden[734]. Verweigert der VN als Miteigentümer einer Wohnungseigentumsanlage die **Zustimmung zur Veräu-**

---

[724] V. 31. 3. 1998, VersR 1999, 483.
[725] AG Hanau v. 5. 2. 1992, r+s 1992, 379.
[726] AG Itzehoe v. 5. 3. 1987, ZfS 1990, 163; *Böhme,* § 14 ARB 75 Rn. 16 – unter d) „Verschiedenes"; a. A. *Prölss/Martin/Armbrüster,* § 14 ARB 75 Rn. 29.
[727] AG Gelsenkirchen v. 28. 11. 1984, r+s 1985, 151.
[728] AG München v. 23. 7. 1987, ZfS 1987, 200; *Prölss/Martin/Armbrüster,* § 14 ARB 75 Rn. 29.
[729] LG Hamburg v. 27. 6. 1991, VersR 1992, 309.
[730] LG Düsseldorf v. 28. 10. 1987, r+s 1988, 81; *Prölss/Martin/Armbrüster,* § 14 ARB 75 Rn. 16; a. A. AG Düsseldorf v. 6. 2. 1987, r+s 1988, 82.
[731] OLG Hamm v. 12. 2. 2003, VersR 2003, 1170 = NJW-RR 2003, 887 = r+s 2003, 237 = ZfS 2003, 366: Klage einer Flugplatzbetriebsgesellschaft auf Duldung des Flugbetriebs wegen angeblichen Wegfalls der Lärmbeeinträchtigung.
[732] BGH v. 29. 3. 1995, VersR 1995, 698 = r+s 1995, 222.
[733] LG Köln v. 6. 12. 1989, r+s 1991, 55.
[734] OLG Bremen v. 26. 2. 1988, VersR 1988, 1291.

ßerung von Wohnungseigentum an einen Dritten unter Berufung auf Verstöße des Dritten (als Mieter) gegen die Hausordnung, liegt der maßgebliche Rechtsverstoß nicht im Zustimmungsverlangen des Veräußerers oder in der Weigerung des VN, sondern in dem behaupteten Verstoß des Dritten[735].

dd) Versicherungs-Vertragssachen. Es sind zunächst der Versicherungsfall im Sinne der ARB **379** und der Versicherungsfall im streitigen Versicherungsverhältnis zu **unterscheiden.** Lehnt also beispielsweise der Hausratversicherer des VN nach einem Einbruchdiebstahl den Versicherungsschutz wegen Prämienverzugs ab, spielt der Einbruchdiebstahl für die Rechtsschutzdeckung keine Rolle. Maßgebender Rechtsverstoß ist vielmehr die Nichtzahlung der Prämie bei Fälligkeit[736].

Angesiedelt **in der Sphäre des VN** bereitet die Feststellung des Versicherungsfalles in der **380** Regel keine Schwierigkeiten. Der Versicherungsfall tritt z. B. ein bei
- Prämienverzug
- Verletzung der vorvertraglichen Anzeigepflicht
- Verletzung der versicherungsvertraglichen Aufklärungspflicht
- Falschangabe in der Schadenanzeige.

Zu beachten ist je nach Sachverhalt der Ausschluss bei vorsätzlicher und rechtswidriger Herbeiführung des Versicherungsfalles gemäß § 4 (2) a ARB 75 bzw. § 3 (5) ARB 94/2000/2008.

Fraglich ist, wann der Versicherungsfall eingetreten ist, wenn der VR eine Entschädigung **381** verweigert, weil der VN den Versicherungsfall im Sinne des **§ 81 Abs. 2 VVG** (§ 61 VVG a. F.) grobfahrlässig herbeigeführt hat. § 81 Abs. 2 VVG beinhaltet keine Rechtspflicht, nach herrschender Meinung auch keine Obliegenheit, vielmehr handelt es sich um einen subjektiven Risikoausschluss. An die Verletzung einer Verhaltenspflicht kann also nicht angeknüpft werden. § 81 Abs. 2 VVG ist in diesem Zusammenhang aber als **Rechtsvorschrift** im Sinne des § 14 (3) Satz 1 ARB anzusehen[737], die eine rechtliche Regelung trifft und bestimmte Folgen bei Nichtbeachtung auslöst. Wortlaut und Sinn der Bedingungsregelung geben keinen Anhaltspunkt für eine einengende Auslegung dahingehend, dass ein Verstoß gegen Rechtspflichten nur dann gegeben ist, wenn diese Rechtspflichten regeln. Der Begriff „Rechtsvorschrift" ist vielmehr im Verhältnis zum Begriff „Rechtspflicht" der Weitergehende und verlangt lediglich eine rechtliche Regelung, ohne notwendigerweise auch eine Rechtspflicht gegenüber Dritten beinhalten zu müssen.

Nicht ganz einfach ist die Feststellung des Versicherungsfalles, soweit sich dieser **in der 382** **Sphäre des anderen VR** ereignet hat oder ereignet haben soll. Häufig ist der erste Rechtsverstoß innerhalb des anderen Versicherungsverhältnisses darin zu sehen, dass der andere VR angeblich oder tatsächlich unzureichend und verspätet reguliert, ohne sich hierbei auf einen vorausgegangenen Verstoß des VN gegen dessen versicherungsvertragsrechtliche Pflichten zu berufen. Entscheidend ist dann, wann der VR trotz **Fälligkeit** nicht oder unzureichend reguliert. Die Fälligkeit der Versicherungsleistung richtet sich dabei grundsätzlich nach **§ 14 VVG** (§ 11 VVG a. F.). Allerdings ist § 14 VVG **abänderlich,** so dass in den einzelnen Versicherungszweigen gesonderte Fälligkeitsregelungen vorzufinden sind. Dies führt dazu, dass zuweilen die – nicht versicherte – Regulierungshilfe durch einen Anwalt von einem behaupteten Rechtsverstoß – und damit einem Versicherungsfall – nicht einfach abzugrenzen ist. Zu beachten ist hierbei, dass nicht immer erst die endgültige Ablehnungsentscheidung des VR den Rechtsschutzfall auslöst. Der **BGH** hat mit Urteil vom **28. 9. 2005**[738] zutreffend klargestellt, dass auch schon eine vorausgehende ernsthafte Leistungsverweigerung i. S. einer Vorabauskunft als Vertragsverletzung und damit als Verstoß i. S. § 4 (1) S. 1 c ARB 94/2000/2008 gewertet werden kann.

---

[735] OLG Köln v. 17. 5. 1990, r+s 1990, 276.
[736] *Harbauer/Maier,* § 14 ARB 75 Rn. 55.
[737] OLG Bremen v. 7. 11. 1995, – 3 U 41/95 – (nicht veröff.).
[738] NJW-RR 2006, 37 = VersR 2005, 1684 (Neuwertspitzen-Fall).

383   Eine Besonderheit ergibt sich daraus, dass in manchen Versicherungszweigen bei Meinungs-verschiedenheiten über die Höhe des Schadens ein **Sachverständigenverfahren** vorgesehen ist. Teilweise wird hierzu die Auffassung vertreten, dass für die Kosten dieses Verfahrens Deckung besteht, weil der VR eine nach Meinung des VN unzureichende Entschädigungsregulierung angeboten hat[739]. Dem kann jedoch nicht gefolgt werden. Da die Versicherungsleistung erst nach der Feststellung durch den jeweiligen Sachverständigenausschuss fällig wird, kann der VR erst jetzt gegen Rechtspflichten verstoßen. Für die Durchführung des Sachverständigenverfahrens besteht also mangels Versicherungsfall noch kein Versicherungsschutz[740].

384   Fraglich ist, wann der Versicherungsfall eingetreten ist, wenn sich der andere VR auf eine **Klausel der AGB** beruft, die der VN für **unwirksam** hält. Die Rechtsprechung[741] sieht den Versicherungsfall zutreffend schon im Zeitpunkt des Abschlusses der jeweiligen Versicherung, also der Vereinbarung der angeblich unwirksamen Klausel, als eingetreten.

385   *ee) Führerscheinsachen.* Für Fälle, in denen es um Verfahren wegen Einschränkung, Entzuges oder Wiedererteilung der Fahrerlaubnis wegen charakterlicher Mängel geht, sieht § 14 (2) Satz 2 ARB 75 eine Sonderregelung des Versicherungsfalles vor. Aus der Tatsache, dass der Bedingungstext darauf abstellt, wann der VN begonnen hat oder begonnen haben soll, „**die Vorschrift**" zu verletzen, andererseits aber in der Regel eine **Kette von Verstößen** zum Entzug der Fahrerlaubnis geführt hat, hatte sich ein heftiger Meinungsstreit dazu entwickelt, auf welche Verkehrszuwiderhandlung abzustellen ist.

386   Nach zutreffender Auffassung gilt der Versicherungsfall bereits mit der **ersten** Zuwiderhandlung eingetreten[742]. Die Gegenmeinung[743], die grundsätzlich auf die **letzte** Zuwiderhandlung abstellen will, nämlich diejenige, die die Punktzahl auf 18 erhöht und damit das Entziehungsverfahren unmittelbar eingeleitet hat, verkennt, dass die Verwaltungsbehörde bei der Prüfung der Geeignetheit des VN zum Führen von Kraftfahrzeugen auch die früheren Verkehrszuwiderhandlungen mit berücksichtigen muss. Diese bildeten auch einen potentiellen Gefahrenfaktor, denn jede Eintragung ist für den Stand des Punktekontos im Verkehrszentralregister relevant und wirft die Frage nach der Eignung des Fahrens zum Führen von Kraftfahrzeugen auf. Eine solche Auslegung entspricht im Übrigen der Intention des § 14 (2) Satz 2 ARB 75, Zweckabschlüsse zu vermeiden.

387   Die gleichen Überlegungen sind anzustellen, wenn die Behörde die **Wiedererteilung der Fahrerlaubnis ablehnt** und dies auch auf Verstöße stützt, die vor der Straftat lagen, derentwegen der VN verurteilt wurde. Da auch hier die Behörde die Gesamtpersönlichkeit des VN würdigen muss, können die früheren Verstöße nicht außer Betracht bleiben[744].

388   Eine interessengerechte Lösung wäre es gewesen, in diesen Fällen **§ 14 (3) Satz 2 ARB 75** mit der **Jahresfrist analog** anzuwenden, was zur Folge gehabt hätte, dass immer dann Versicherungsschutz bestand, wenn der VN innerhalb eines Jahres vor Vertragsabschluss keine Verkehrszuwiderhandlung begangen hat[745]. Diese Überlegungen sind auch teilweise Regu-

---

[739] *Buschbell,* AnwBl 1997, 639 (644).

[740] AG Düsseldorf v. 22. 2. 1996, r+s 1996, 448; *Harbauer/Maier,* § 14 ARB 75 Rn. 55a; *Bauer,* NJW 1998, 1273 (1275).

[741] OLG Saarbrücken v. 12. 1. 2000, NVersZ 2000, 489 = VersR 2000, 1536; AG Kiel v. 27. 2. 1998, r+s 2000, 461.

[742] LG Hechingen v. 30. 12. 1991, r+s 1992, 165 (Für den Fall erheblicher Voreintragungen); AG Gelsenkirchen v. 11. 6. 1990, ZfS 1990, 376; AG Düsseldorf v. 2. 1. 1989, ZfS 1990, 418; AG Hamburg v. 19. 9. 1989, ZfS 1990, 418; AG Göttingen v. 2. 9. 1981, ZfS 1981, 309; *Böhme,* § 14 ARB 75 Rn. 10f; *Vassel,* ZversWiss 1981, 269 (274); *Kühl,* VersR 1989, 235.

[743] LG Itzehoe v. 18. 2. 1988, VersR 1988, 906; LG Kiel v. 10. 9. 1982, DAR 1983, 24; LG Aachen v. 22. 4. 1977, VersR 1977, 1049; *Harbauer/Maier,* § 14 ARB 75 Rn. 33ff.; *Prölss/Martin/Armbrüster,* § 14 ARB 75 Rn. 7; *Schirmer,* DAR 1992, 418 (425); *Schilling,* S. 138; *v. Gehlen,* S. 37; *Simon,* AnwBl 1977, 105 (Erreichen des neunten Punkts).

[744] AG Osnabrück v. 1. 6. 1978, ZfS 1981, 147; AG Mannheim v. 8. 3. 1990, VersR 1990, 1392; AG Hamburg v. 27. 9. 1985, ZfS 1986, 275; a. A. LG Tübingen v. 25. 2. 1983, VersR 1983, 1026.

[745] Vgl. *Vassel,* ZVersWiss 1984, 608 (615).

Obarowski

lierungspraxis der VU geworden. § 4 ARB 94/2000/2008 löst die Problematik genau mit diesem Ergebnis. Dadurch, dass für die Leistungsart „Verwaltungsrechtsschutz in Verkehrssachen" gemäß § 2g ARB 94/2000/2008 der Versicherungsfall nach **§ 4 (1) c i. V. m. § 4 (2) ARB 94/2000/2008** zu bestimmen ist, ist klargestellt, dass auf die **erste** Verkehrszuwiderhandlung abzustellen ist, allerdings eben mit der Einschränkung, dass länger als ein Jahr vor Vertragsbeginn zurückliegende Verstöße außer Betracht bleiben[746]. Der **BGH** hat diese Auslegung mit Urteil vom **5. 7. 2006**[747] bestätigt und zutreffend darauf hingewiesen, dass dem Gebot der Adäquanz durch die Jahresfristregelung in § 4 (2) S. 2 ARB 94 ausreichend Rechnung getragen wird. Aufgrund Zeitablaufs hat der Meinungsstreit zur Auslegung des § 14 (2) S. 2 ARB 75 heute nur noch akademische Bedeutung. Er hat aber wichtige Impulse für die Auslegung des § 4 ARB 94/2000/2008 gegeben.

3. Wartezeit

Für bestimmte Leistungsarten sehen die ARB eine Wartezeit von drei Monaten vor. Damit **389** soll sogenannten **Zweckabschlüssen** vorgebeugt werden.

Es muss im Einzelfall aber auf das konkrete Bedingungswerk abgestellt werden § 4 ARB **390** 94/2000/2008 hat die Regelung des § 14 ARB 75 etwas modifiziert, in dem nämlich einerseits Streitigkeiten aus Kauf- und Leasingverträgen über fabrikneue Kraftfahrzeuge aus der Wartezeit herausgenommen wurden, andererseits aber nunmehr für alle Führerscheinangelegenheiten (auch die im Zusammenhang mit Straf- und Bußgeldverfahren) die Wartezeit gilt[748]. Die Entwicklung ist inzwischen aber noch weitergegangen. Der **Trend** geht dahin, dass einzelne VR zunehmend von den Musterbedingungen abweichen und **den Anwendungsbereich der Wartezeit noch weiter einschränken.** So ist z. B. bei neueren Verträgen die Wartezeit teilweise nur noch für die Leistungsart Arbeits-Rechtsschutz und Wohnungs- und Grundstücks-Rechtsschutz vorgesehen. Auf der anderen Seite steht es jedem VR frei, die Wartezeit, die als zeitlich begrenzter Risikoausschluss anzusehen ist, auch auf einen größeren Zeitraum als drei Monate zu erstrecken[749]. Dies kann z. B. bei der Erweiterung des Versicherungsschutzes durch zusätzliche Leistungsarten relevant werden, wenn ein weitergehendes Bedürfnis zum Schutz vor Zweckabschlüssen gesehen wird. Dass die Wartezeit nicht prämienfrei ist, steht dem nicht entgegen, denn bei Prämienfreiheit wären die während der Zeit des tatsächlichen Versicherungsschutzes zu bezahlenden Prämien entsprechend höher[750].

Wird der Versicherungsschutz durch **zusätzliche Risiken** ergänzt, z. B. durch Einbezie- **391** hung einer zusätzlichen Leistungsart oder Abschluss eines zusätzlichen Vertrages nach § 29 ARB, dann beginnt für das neue Risiko wieder eine Wartezeit[751]. Bei Umstellung auf eine neue Vertragsform (z. B. von § 26 auf § 25 ARB) entsteht dagegen für die identischen Leistungsarten keine neue Wartezeit[752].

Relevant ist das Thema Wartezeit auch dann, wenn sich der Kreis der **mitversicherten** **392** **Personen** erweitert. Erfolgt dies auf Antrag, wie z. B. bei der fakultativen Mitversicherung des nichtehelichen Ehepartners, wird man – soweit der VR nicht im Einzelfall hierauf verzichtet – für die wartezeitpflichtigen Leistungsarten eine neue Wartezeit für die mitversicherte Person annehmen müssen[753]. Wird dagegen jemand quasi „automatisch" bzw. obligatorisch durch Eheschließung (z. B. im Rahmen des § 26 ARB) oder den Beginn eines Arbeitsverhält-

[746] LG Mannheim v. 6. 3. 1998, VersR 1998, 624 = ZfS 1998, 312; *Maier*, r+s 1995, 361 (364); *Schirmer*, DAR 1992, 418 (425); zweifelnd *Harbauer/Maier*, § 4 ARB 94 Rn. 9.
[747] NJW 2006, 3001 = VersR 2006, 1355 = r+s 2006, 449 = ZfS 2006, 702 = MDR 2007, 88.
[748] *Harbauer/Maier*, § 4 ARB 94 Rn. 7.
[749] OLG Düsseldorf v. 30. 6. 2005, VersR 2005, 1426 (mit krit. Anm. *Woitkewitsch*) = NJW-RR 2005, 1692 = MDR 2006, 447: Eine sechsmonatige Wartezeitklausel ist nicht unangemessen.
[750] *Prölss/Martin/Armbrüster*, § 14 ARB 75 Rn. 38.
[751] OLG Karlsruhe v. 15. 1. 2008, VersR 2008, 675 = r+s 2008, 105 (neue Leistungsart „Verwaltungsgerichts-Rechtsschutz"); OLG Köln v. 21. 1. 1993, r+s 1993, 104; LG Oldenburg v. 31. 5. 1994, r+s 1995, 225.
[752] OLG Saarbrücken v. 25. 10. 1989, VersR 1990, 381.
[753] So auch VerBAV 1988, 153 und VerBAV 1991, 416 (417).

nisses (z. B. § 24 ARB) mitversichert, so ist die Wartezeit nicht anzuwenden, da deren Zweck in solchen Fällen erkennbar nicht zum Tragen kommt[754].

393   **Wechselt der VN den VR,** so wird der Nachversicherer in der Regel auf die Wartezeit verzichten, soweit für das betreffende Risiko eine Vorversicherung bestand. Auch dann verbleibt aber für den VN das Risiko, dass bei Eintritt eines Versicherungsfalles die streitauslösende Willenserklärung/Rechtshandlung in die Laufzeit des Vorversicherers fällt und damit unter Umständen beide VR den Versicherungsschutz berechtigt ablehnen können (siehe hierzu Rn. 401–403).

IV. Streitauslösende Willenserklärung/Rechtshandlung

394   Es handelt sich um einen zusätzlichen zeitlichen Risikoausschluss, der wie die Wartezeitregelung Zweckabschlüssen vorbeugen soll. Nach **§ 14 (3) Satz 3 2. Alt. ARB 75** schadet dem VN jede Willenserklärung/Rechtshandlung, die vor oder innerhalb von drei Monaten nach Versicherungsbeginn vorgenommen wurde. Dagegen schließt nach **§ 4 (3) a ARB 94/2000/2008** nur noch die **vor Vertragsbeginn** vorgenommene Willenserklärung/Rechtshandlung den Versicherungsschutz aus[755].

395   Die streitauslösende Willenserklärung/Rechtshandlung im Sinne der Bedingungsregelung **muss** streng **vom Eintritt des Versicherungsfalles unterschieden werden.** Dies wird dadurch deutlich, dass nur an den Versicherungsfall gewisse Rechtsfolgen geknüpft sind, z. B. bei Obliegenheitsverletzungen, bei Prämienverzug oder hinsichtlich eines etwaigen Sonderkündigungsrechts. Ferner ist die Willenserklärung/Rechtshandlung nicht geeignet, – quasi im Sinne einer analogen Anwendung – den Versicherungsschutz zu begründen, weil es sich eben nur um einen zeitlichen Risikoausschluss handelt. Es besteht also kein Versicherungsschutz, wenn eine rechtliche Auseinandersetzung durch eine Willenserklärung im versicherten Zeitraum ausgelöst wurde, der behauptete Rechtsverstoß – und damit der Versicherungsfall – jedoch erst nach Beendigung des Versicherungsvertrages erfolgt ist[756].

396   **„Vorgenommen",** d h. tatsächlich abgegeben, ist eine Willenserklärung erst dann, wenn sie zugegangen ist. Eine behauptete Willenserklärung reicht – anders als beim Rechtsverstoß – nicht aus[757].

397   Fraglich ist, wie die Klausel hinsichtlich der erforderlichen **Kausalität** zwischen Willenserklärung und Rechtskonflikt auszulegen ist. Die Problematik wird besonders deutlich, wenn es um Willenserklärungen geht, die zum **Abschluss eines Vertrages** führen. Nach dem Zweck der Ausschlussbestimmung fallen solche Erklärungen grundsätzlich nicht unter den Ausschluss, weil sie erfahrungsgemäß noch nicht den Keim eines nachfolgenden Rechtsverstoßes in sich tragen[758]. Das ist jedoch dann anders zu beurteilen, wenn eine Partei von vornherein beabsichtigt, den Vertrag nicht zu erfüllen[759] oder wenn eine **„offene" bzw. besonders „streitträchtige" Klausel** im Vertrag (z. B. im Mietvertrag) den Rechtsverstoß herbeigeführt hat[760]. Entsprechendes gilt, wenn die Unklarheit einer Erklärung (Dissens) geltend gemacht wird[761].

---

[754] GB BAV 1983, 69.

[755] *Harbauer/Maier,* § 4 ARB 94 Rn. 10.

[756] OLG Köln v. 9. 11. 1989, r+s 1989, 403; AG Karlsruhe v. 13. 2. 1996, r+s 1997, 71.

[757] OLG Nürnberg v. 7. 3. 1991, VersR 1992, 441 = NJW-RR 1991, 1181 = r+s 1992, 19.

[758] OLG Düsseldorf v. 18. 1. 1994, VersR 1994, 1337 = r+s 1994, 180; OLG Hamm v. 20. 10. 2000, r+s 2001, 116; v. 6. 9. 1991, VersR 1992, 734 = r+s 1991, 418; OLG Köln v. 23. 1. 2001, r+s 2001, 201 = ZfS 2001, 514: Versprechen, unentgeltliche Dienstleistungen testamentarisch zu entlohnen (in diesem Fall lässt sich das Ergebnis des Gerichts bezweifeln).

[759] OLG Hamm v. 17. 11. 2000, r+s 2001, 248.

[760] LG Berlin v. 19. 4. 2001, r+s 2001, 510; LG Bielefeld v. 10. 2. 1993, ZfS 1993, 174; LG Hannover v. 18. 4. 1990, ZfS 1991, 53.

[761] OLG Hamm v. 20. 10. 2000, NVersZ 2001, 183 (Inhalt eines Angebots); LG Köln v. 20. 12. 1989, JurBüro 1990, 1200.

Typische Fälle für streitauslösende Willenserklärungen/Rechtshandlungen sind die Scha- **398** denmeldung an den VR[762], wozu auch die Anzeige des Unfalls bei der Berufsgenossenschaft gehört[763], oder die **Kündigung bzw. Aufhebung eines Mietverhältnisses** mit den daraus adäquat kausal entstandenen Folgestreitigkeiten[764].

Ähnliches hat für die **Kündigung eines Arbeitsverhältnisses** mit nachfolgenden Prozes- **399** sen wie z. B. zur Zeugniserteilung oder über Urlaubsgeld zu gelten[765]. Auch ein **Mieterhöhungsverlangen** kann eine streitauslösende Rechtshandlung darstellen[766].

Möglich ist auch, dass sich eine auf eine Leistung gerichtete Willenserklärung zunächst er- **400** ledigt hat, dann aber anschließend durch eine **zweite Willenserklärung** Streit entsteht. Grundsätzlich ist dann die erste Willenserklärung maßgebend[767], z. B. wenn der VN sich in erster Linie auf die Wirkungen einer früheren Erklärung beruft oder wenn die spätere Erklärung formale Versäumnisse der früheren ausräumen soll[768]. Hier kommt es aber sehr auf die Umstände des Einzelfalles an[769]. Bei der Regulierung von Versicherungsleistungen wird häufig eine Zäsur anzunehmen sein, wenn zunächst befristet Leistungen erbracht wurden (z. B. Rente) und anschließend auf neuer Sachverhaltsgrundlage über weitere Leistungen Streit entsteht.

V. Verbandsempfehlung bei Versichererwechsel

Wechselt ein VN den VR, so kann dies auch bei nahtloser Weiterversicherung zu **De-** **401** **ckungslücken** führen. Erfolgt z. B. die streitauslösende Willenserklärung/Rechtshandlung noch während der Laufzeit des ersten Vertrages, so kann dies zur Folge haben, dass keine der beiden VU Rechtsschutz zu gewähren hat: Der erste VR braucht nicht einzutreten, da der Versicherungsfall nicht in die Laufzeit seines Vertrages fällt (Nachvertraglichkeit); für den zweiten VR handelt es sich um einen Versicherungsfall, der durch eine Willenserklärung bzw. Rechtshandlung ausgelöst worden ist, die vor Abschluss des Versicherungsvertrages erfolgte (**§ 14 (3) Satz 3 ARB 75/§ 4 (3) a ARB 94/2000/2008**). Zur Vermeidung eines unbilligen Ergebnisses hatte der GDV (früher HUK-Verband bzw. VdS) den ihm angeschlossenen Rechtsschutzversicherern durch Rundschreiben vom 3. 3. 1977 **empfohlen,** dass **beide VR hälftig im Kulanzwege** Rechtsschutz gewähren, sofern davon ausgegangen werden kann, dass der VN bei Abschluss des zweiten Rechtsschutzvertrages vom Eintritt des Versicherungsfalles keine Kenntnis hatte und der Wechsel zu dem Zweitversicherer lückenlos nach Beendigung des Vertrages bei dem Erstversicherer erfolgt ist. Die federführende Bearbeitung des Schadenfalls sollte dann zweckmäßigerweise durch den zweiten Rechtsschutzversicherer erfolgen, der dem VN gegenüber voll reguliert und dem alsdann die Hälfte seiner Aufwendungen vom ersten Rechtsschutzversicherer erstattet wird[770]. Entsprechend sollte verfahren werden, wenn beim Steuer-Rechtsschutz die für die Steuerfestsetzung maßgeblichen Voraussetzungen bereits während des Laufs der Vorversicherung eingetreten sind oder

---

[762] AG Karlsruhe v. 13. 2. 1996, r+s 1997, 71; *Wendt,* r+s 2008 , 221 (223) unter Hinweis auf einen Beschl. des BGH v. 5. 4. 2006, IV ZR 176/05 (Renten-Fall).

[763] *Prölss/Martin/Armbrüster,* § 14 ARB 75 Rn. 42; *Harbauer/Maier,* § 14 ARB 75 Rn. 74; a. A.: AG Villingen-Schwenningen v. 17. 8. 1988, r+s 1989, 156; AG Lingen v. 3. 5. 1990, ZfS 1990, 419.

[764] H. M.: LG Duisburg v. 25. 1. 1996, r+s 1997, 70; LG Hannover v. 11. 1. 1989, ZfS 1989, 129; LG Berlin v. 24. 1. 1989, ZfS 1989, 310; LG Mannheim v. 15. 3. 1984, ZfS 1984, 277; LG Gießen v. 3. 11. 1982, ZfS 1984, 46; LG München v. 8. 3. 1983, ZfS 1984, 47; AG Goslar v. 26. 3. 2003, – 28 C 261/02 – (nicht veröff.); AG Eschweiler v. 6. 8. 1987, ZfS 1988, 14; *Harbauer,* § 14 ARB 75 Rn. 71; *v. Gehlen,* S. 65; a. A.: AG Mönchengladbach v. 24. 3. 1988, r+s 1988, 300 = ZfS 1988, 393; differenzierend *Prölss/Martin/Armbrüster,* § 14 ARB 75 Rn. 24, 41.

[765] AG Mannheim v. 30. 1. 1992, VersR 1992, 441; v. 2. 5. 1980, ZfS 1981, 213.

[766] LG Marburg v. 21. 4. 1993, r+s 1993, 423; LG Köln v. 11. 9. 1990, ZfS 1991, 20.

[767] LG Berlin v. 29. 9. 1992, r+s 1993, 382 = ZfS 1993, 173; LG Köln v. 11. 9. 1990, ZfS 1991, 20.

[768] Vgl. AG Köln v. 10. 12. 1994, r+s 1995, 226.

[769] *Harbauer/Maier,* § 14 ARB 75 Rn. 76a; *Prölss/Martin/Armbrüster,* § 14 ARB 75 Rn. 40.

[770] *Harbauer/Maier,* § 14 ARB 75 Rn. 78.

sein sollen **(Abs. 5 der Zusatzbedingung zum Steuer-Rechtsschutz der ARB 75/§ 4 (4) ARB 94/2000/2008).**

402   Da sich die Handhabung der beschriebenen Praxis als zunehmend problematisch erwiesen hat (Einwand der Verjährung, divergierende Risikoausschlüsse etc.), entstand im Kreis der Versicherer der Wunsch, eine verlässliche Neuregelung in den ARB selbst zu entwickeln. Ergebnis der Diskussionen war ein **Rundschreiben des GDV vom 20. 6. 2006,** mit welchem unverbindlich ein neuer **§ 4a ARB** als Musterklausel empfohlen wurde. § 4a ARB geht von dem Grundsatz aus, dass der **aktuelle Versicherer** Ansprechpartner des VN ist. Er **allein** ist nach dem Inhalt der Klausel eintrittspflichtig, d. h. er verzichtet gegenüber seinem Versicherungsnehmer auf den Einwand der Vorvertraglichkeit nach § 4 (3) a ARB 2000. Eine Teilung der Kosten zwischen den Versicherern findet nicht mehr statt. Der GDV hat den Mitgliedsunternehmen empfohlen, die beschriebene Regelung – unabhängig von der Einführung der neuen Klausel im Neugeschäft – bereits ab dem 1. 10. 2006 auch im Bestandsgeschäft anzuwenden.

403   Zu beachten ist, dass nicht alle Rechtsschutzversicherer dem GDV beigetreten sind und dass die Empfehlung **keinen Anspruch** auf Versicherungsschutz **begründet**[771]. Nur wenn der neue § 4a ARB vereinbart ist, hat der Versicherungsnehmer einen Rechtsanspruch gegenüber seinem aktuellen Versicherer. Im Übrigen gilt die Empfehlung wie auch der neue § 4a ARB nur für nahtlosen Versichererwechsel, so dass bei einer Lücke zwischen den beiden Verträgen allenfalls bei Vorliegen besonderer Umstände mit einer Abwicklung des Falles durch den aktuellen Versicherer gerechnet werden kann.

VI. Nachmeldung

404   Da verspätet gemeldete Versicherungsfälle schwerer aufklärbar sind und zudem ohne Risikoabgrenzung erhebliche Spätschadenreserven verursachen würden, schließt **§ 4 (4) ARB 75** den Versicherungsschutz für solche Fälle aus, die dem Rechtsschutzversicherer **später als zwei Jahre nach Beendigung** des Versicherungsvertrages gemeldet werden. Es handelt sich dabei nicht um eine Obliegenheit, sondern um eine **Ausschlussfrist**[772], die nicht mit der Verjährung des Versicherungsanspruchs zu verwechseln ist. Vergleichbare Ausschlussfristen finden sich auch in anderen Versicherungssparten (z. B. § 7 Abs. 1 AUB, II Ziff. 1 der Architektenhaftpflichtversicherung). **§ 4 (3) b ARB 94/2000/2008** erweitert die Frist zugunsten des VN von zwei auf **drei Jahre.** Für den Rechtsschutzversicherer besteht grundsätzlich keine Verpflichtung, den VN bei Beendigung des Versicherungsvertrages auf die Frist hinzuweisen[773].

405   Kann der VN nachweisen, dass der Versicherungsfall noch während der Laufzeit des inzwischen beendeten Versicherungsvertrages eingetreten ist, reicht für die Wahrung der Frist eine **„Meldung"** im Sinne des § 4 (4) ARB 75, d. h. die Mitteilung eines Lebenssachverhaltes, aus welchem sich evtl. zu verfolgende Ansprüche des VN entnehmen lassen. Der VN muss für eine Meldung noch keinen konkreten Anspruch schlüssig begründen und hierfür Rechtsschutz verlangen[774]. § 4 (3) b ARB 94/2000/2008 fordert demgegenüber, dass der **„Anspruch geltend gemacht wird".** Hieran wird man höhere Anforderungen stellen müssen[775]. Dies ergibt sich bereits aus § 17 (3) ARB 94/2000/2008, wonach der VN den VR unaufgefordert über sämtliche Umstände des Versicherungsfalles zu unterrichten hat, wenn er „den Rechtsschutzanspruch geltend macht".

406   Versäumt der VN die Frist, so ist grundsätzlich der Versicherungsschutz ausgeschlossen, unabhängig davon, wann der VN Kenntnis vom Versicherungsfall erlangt hat. Allerdings kann es

---

[771] OLG Karlsruhe v. 12. 11. 2002, NJW-RR 2003, 248 = ZfS 2003, 205.

[772] BGH v. 15. 4. 1992, NJW 1992, 2233 = VersR 1992, 819 = r+s 1992, 236 = MDR 1992, 1133.

[773] LG Stuttgart v. 9. 10. 1997, r+s 1998, 248; LG Köln v. 19. 10. 1987, r+s 1988, 82.

[774] BGH a. a. O.; OLG Bamberg v. 20. 6. 2002, VersR 2004, 906; LG Frankfurt/O. v. 16. 7. 2003, VersR 2005, 826; LG Duisburg v. 5. 2. 1996, r+s 1996, 273.

[775] *Prölss/Martin/Armbrüster,* § 4 ARB 94 Rn. 16.

vorkommen, dass der VN erst nach Ablauf der Frist Kenntnis erlangt. Die Rechtsprechung hat daher in diesen Fällen einen **Entschuldigungsbeweis** durch den VN zugelassen[776]. Ein Irrtum über die Anforderungen an die Meldung eines Versicherungsfalles entschuldigt hierbei aber den VN nicht, denn eine darauf begründete Untätigkeit stellt eine schuldhafte Verletzung der den VN obliegenden Sorgfaltspflicht dar. Ist die Frist entschuldbar versäumt, beginnt keine neue Frist, vielmehr muss der VN den Versicherungsfall nunmehr **unverzüglich** (§ 121 BGB) melden[777]. Obergrenze ist in der Regel eine Frist von zwei Wochen[778].

Wechselt der VN seinen Rechtsschutzversicherer und stellt sich zwei bzw. drei Jahre **407** nach Ablauf des ersten Rechtsschutzvertrages heraus, dass während der Laufzeit dieses Vertrages ein Versicherungsfall eingetreten war, kann der Fall eintreten, dass beide VR bedingungsgemäß nicht zu leisten haben. Der erste VR braucht nicht zu leisten, da der Versicherungsfall erst später als zwei bzw. drei Jahre nach Beendigung des Versicherungsvertrages gemeldet wurde (§ 4 (4) ARB 75 bzw. § 4 (3) b ARB 94/2000/2008), der zweite deshalb nicht, da es sich für ihn um ein vorvertragliches Ereignis handelt. Entsprechend der vergleichbaren Problematik bei streitauslösender Willenserklärung/Rechtshandlung und Versichererwechsel (siehe hierzu Rn. 401–403) sah eine Verbandsempfehlung vom 3. 3. 1977 vor, dass beide VR je hälftig auf dem Kulanzweg die Kosten übernehmen, soweit davon ausgegangen werden kann, dass der VN bei Abschluss des zweiten Rechtsschutzvertrages vom Eintritt des Versicherungsfalles **keine Kenntnis** hatte. Die mit Rundschreiben des GDV vom 20. 6. 2006 empfohlene Musterklausel des **§ 4a ARB** (siehe hierzu Rn. 402) geht dagegen von dem Grundsatz aus, dass der Nachversicherer allein leistungspflichtig ist. Voraussetzung ist allerdings, dass der Versicherungsnehmer die Meldung beim Vorversicherer nicht vorsätzlich oder grob fahrlässig versäumt hat. Der GDV hat seinen Mitgliedsunternehmen empfohlen, die beschriebene Regelung ab dem 1. 10. 2006 auch im Bestandsgeschäft anzuwenden.

G. Örtlicher Geltungsbereich

Im Interesse der Risikogemeinschaft grenzen §§ 3 ARB 75, 6 ARB 94/2000/2008 den **408** Geltungsbereich des Versicherungsschutzes **geografisch** ein. Dies ist sinnvoll, denn eine uneingeschränkte Weltdeckung würde den Rechtsschutz aufgrund der unübersehbaren Kostenrisiken im außereuropäischen Ausland erheblich verteuern. Von dieser allgemeinen Risikobegrenzung zu unterscheiden sind punktuelle Regelungen in den ARB, die den Versicherungsschutz auf die Interessenwahrnehmung **vor deutschen Gerichten** beschränken, wie dies beim Sozialgerichts-Rechtsschutz sowie beim Steuer-Rechtsschutz vor Gerichten der Fall ist. Eine weitere Besonderheit ist die Beschränkung auf **deutsches Recht** im Beratungs-Rechtsschutz nach den ARB 75, welche allerdings im Hinblick auf die fortschreitende internationale Verflechtung mit der Neuregelung in § 2k ARB 94 entfallen ist und in eine Begrenzung auf in Deutschland zugelassene Rechtsanwälte umgewandelt wurde.

§ 3 ARB 75 enthält zwei Voraussetzungen für die Leistungspflicht des VR: **409**
– Der **Versicherungsfall** im Sinne des § 14 ARB 75 muss im Geltungsbereich eingetreten sein und
– zusätzlich muss der **örtliche Gerichtsstand** für die Wahrnehmung der rechtlichen Interessen des VN in diesem Gebiet liegen.

Ist eine dieser beiden Voraussetzungen nicht erfüllt, besteht kein Versicherungsschutz. Gedeckt ist somit z. B. eine in Deutschland geführte Klage des VN, der durch ein in den USA fehlerhaft hergestelltes Produkt geschädigt wurde, weil der Versicherungsfall nach § 14 (1) ARB 75 in Deutschland eingetreten ist und auch der Gerichtsstand für die Klage gegen den

---

[776] BGH, a. a. O.; OLG Bamberg v. 16. 5. 2002, r+s 2003, 109; LG Frankfurt/O. v. 16. 7. 2003, VersR 2005, 826; LG Landshut v. 14. 10. 1997, r+s 1998, 335; LG Düsseldorf v. 7. 6. 1990, ZfS 1990, 311.

[777] BGH, a. a. O., VersR 1992, 819 (821); OLG Bamberg, a. a. O.

[778] OLG Oldenburg v. 31. 10. 2006, – 3 W 25/06 –.

Hersteller in Deutschland ist (§ 32 ZPO). Nicht gedeckt wäre hingegen die Zwangsvollstreckung aus dem deutschen Urteil in den USA, weil der Gerichtsstand für diesen Teil der Interessenwahrnehmung[779] außerhalb des Geltungsbereichs liegt[780]. Ist der Versicherungsfall außerhalb des Geltungsbereichs eingetreten, besteht insgesamt kein Versicherungsschutz, auch wenn ein Gericht im Geltungsbereich zuständig ist. Dies kann z. B. dann der Fall sein, wenn bei arbeitsrechtlichen Streitigkeiten[781] oder bei einem Darlehensstreit[782] der den Versicherungsfall auslösende Rechtsverstoß außerhalb des Geltungsbereichs begangen wurde oder begangen worden sein soll. Das Gleiche gilt grundsätzlich für Reisevertragsstreitigkeiten, wenn der Reisemangel außerhalb des Geltungsbereichs auftritt[783], es sei denn man sieht den ersten Rechtsverstoß schon in einem Organisationsverschulden des Reiseveranstalters. In all diesen Fällen ist es nicht treuwidrig, wenn sich der VR auf § 3 ARB 75 beruft. Es widerspräche den Grundsätzen einer eindeutigen Risikoabgrenzung, würde man die Gewährung von Versicherungsschutz z. B. von der Notwendigkeit einer kostspieligen Beweisaufnahme oder generell von Billigkeitserwägungen abhängig machen[784].

410   Mit **§ 6 ARB 94** ist die Situation für den VN im Sinne einer eingeschränkten Weltdeckung erheblich verbessert worden. Rechtsschutz besteht danach ohne Rücksicht auf den Ort des Eintritts des Rechtsschutzfalles (§ 4 ARB 94) – insoweit also weltweit –, wenn für die Interessenwahrnehmung ein Gericht oder eine Behörde im örtlichen Geltungsbereich des § 6 ARB 94 gesetzlich zuständig ist. Damit ist z. B. auch für Fernreisende oder für Montagearbeiter deutscher Firmen der wünschenswerte Rechtsschutz gewährleistet.

411   Eine echte Weltdeckung wird nunmehr mit **§ 6 (2) ARB 2000** für **zeitlich begrenzte Auslandsaufenthalte** geboten. Aufgrund dieser Ausdehnung des Geltungsbereichs kann der VN z. B. bei einem Auto- oder Skiunfall in Kanada direkt vor Ort anwaltliche und ggf. auch gerichtliche Hilfe in Anspruch nehmen. In diesem Zusammenhang sind auch etwaige Abweichungen der VU von der Verbandsempfehlung zu berücksichtigen, soweit es nämlich den Zeitraum und den Grund des Auslandsaufenthalts (ggf. nicht nur Urlaubsreisen, sondern auch beruflich bedingte Reisen) sowie die Begrenzung der Kostenübernahme auf einen Höchstbetrag anbelangt. Die **Muster-ARB 2008** gehen nach wie vor von einem längstens sechs Wochen dauernden, nicht beruflich bedingten Auslandsaufenthalt aus. Einzelne VU erweitern die Weltdeckung inzwischen auch auf Streitigkeiten aus **privaten Verträgen,** die über das **Internet** abgeschlossen werden.

H. Besondere Vertragspflichten

412   Der Rechtsschutzvertrag ist ein gegenseitiger Vertrag mit dem Charakter eines Dauerschuldverhältnisses. Hauptpflicht des VR ist es, dem VN im Versicherungsfall die Rechtsverfolgung zu ermöglichen und die hierbei anfallenden Kosten zu tragen. Demgegenüber hat der VN hauptsächlich die Pflicht zur Prämienzahlung. Daneben bestehen für den VN **gesetzliche und vertragliche Verhaltenspflichten** (Obliegenheiten), die bei Nichterfül-

---

[779] Die Bezugnahme in § 3 ARB 75 auf die „Wahrnehmung rechtlicher Interessen" ist ersichtlich als Oberbegriff gemeint.

[780] LG Wuppertal v. 31. 1. 1992, VersR 1992, 1350 m. Anm. *Mathy* = r+s 1992, 204 (Zwangsvollstreckung in Kanada); LG München v. 3. 6. 1993, r+s 1994, 464 (Zwangsvollstreckung in Mexiko); *Prölss/Martin/Armbrüster,* § 3 ARB 75 Rn. 1; *Böhme,* § 3 ARB 75 Rn. 3; a. A. *Harbauer/Bauer,* § 3 ARB 75 Rn. 5, der den Gerichtsstand ausschließlich auf das „Grundverfahren" beziehen will und die Zwangsvollstreckung insoweit nur als unselbständigen Verfahrensteil ansieht.

[781] OLG Karlsruhe v. 14. 2. 1986, ZfS 1986, 208; LG Hamburg v. 11. 12. 1991, r+s 1992, 310; a. A.: LG Essen v. 21. 12. 1984, VersR 1987, 93; GBBAV 1980, 89.

[782] LG Memmingen v. 2. 3. 1994, r+s 1994, 424; LG Trier v. 7. 5. 1985, ZfS 1985, 302.

[783] Vgl. *Böhme,* § 3 ARB 75 Rn. 5.

[784] OLG Karlsruhe v. 14. 2. 1986, ZfS 1986, 208 (209); *Böhme,* § 3 ARB 75 Rn. 4; a. A. *Prölss/Martin/Armbrüster,* § 3 ARB 75 Rn. 1.

lung/Nichtbeachtung zum Verlust des sonst gegebenen Versicherungsanspruchs führen können[785]. Aber auch für den VR können sich aus dem Grundsatz von **Treu und Glauben** Nebenpflichten ergeben, deren Verletzung den Verlust eigener Rechtspositionen zur Folge hat[786].

I. Obliegenheiten

Die Rechtsschutzversicherung kennt eine Reihe von Obliegenheiten, die der VN beachten muss, um seinen Versicherungsschutz nicht zu gefährden. Sie sind entweder **vor** oder **nach** Eintritt des Versicherungsfalles zu erfüllen. Die größere praktische Relevanz haben die nach Eintritt eines Versicherungsfalles zu erfüllenden Obliegenheiten, welche dem VN insbesondere Informations-, Abstimmungs- und Schadenminderungspflichten auferlegen. Grundlage hierfür ist § 17 ARB 94/2000/2008 bzw. § 15 ARB 75.   **413**

1. Vor Eintritt des Versicherungsfalles

Obliegenheiten, die der VN vor Eintritt des Versicherungsfalles zu erfüllen hat, finden sich nur in den **verkehrsbezogenen** Risiken. Zu beachten ist dabei insbesondere die sog. **Führerscheinklausel** (vgl. z. B. §§ 21 (8), 22 (5), 26 (5) ARB 94/2000/2008), welche für 3 Fallgestaltungen die Leistungsfreiheit des VR vorsieht (Einzelheiten unter Rn. 124, 125).   **414**

Problematisiert wird in Literatur und Rechtsprechung der Zeitpunkt zur Erfüllung dieser Obliegenheiten, ob sie wirklich schon **vor** oder erst **bei** Eintritt des Versicherungsfalles eingreifen. Die Beantwortung dieser Frage war nach § 6 Abs. 1 S. 2 VVG a. F. relevant dafür, **ob der VR** den Versicherungsvertrag **kündigen muss,** um sich auf die Leistungsfreiheit als Sanktion berufen zu können. Der Meinungsstand hierzu ist sehr differenziert. In der Literatur wird überwiegend die Auffassung vertreten, die Obliegenheit sei vor Eintritt des Versicherungsfalles zu erfüllen gewesen, woraus sich gem. § 6 Abs. 1 S. 2 VVG a. F. eine Pflicht zur Kündigung ergebe[787]. Die überwiegende Rechtsprechung[788] geht dagegen zu Recht davon aus, dass Obliegenheitsverletzung und Versicherungsfall zeitlich zusammenfallen und verneint aufgrund dessen die Anwendbarkeit von § 6 Abs. 1 S. 2 VVG a. F. und damit ein Kündigungserfordernis. Mit der Neuregelung der Obliegenheiten in § 28 VVG 2008 ist dieser Streitpunkt – mit Ausnahme der Versicherungsfälle zu Altverträgen in der Übergangsfrist – nicht mehr relevant, allenfalls noch dafür, ob dem VR ein Kündigungsrecht nach § 28 Abs. 1 VVG zusteht. Auf der Rechtsfolgenseite unterscheidet **§ 28 Abs. 2 VVG** nicht mehr zwischen Obliegenheiten vor und nach Eintritt des Versicherungsfalles. Da eine Kündigung auch aus der Sicht des Gesetzgebers nicht immer im Interesse des VN liegt, ist die **Ausübung des Kündigungsrechts** nach der Neuregelung **nicht mehr Voraussetzung für die Leistungsfreiheit** des VR. Ein in der Praxis gelegentlich diskutierter Zankapfel ist damit erfreulicherweise weggefallen.   **415**

2. Nach Eintritt des Versicherungsfalles

Während § 15 ARB 75 nur die vom VN zu beachtenden Obliegenheiten beschrieb, regelt **§ 17 ARB 94/2000/2008** das Verhalten beider Vertragsparteien. Absatz 3 legt als Haupt-Obliegenheit die **Informationspflichten** des VN fest. Absatz 5 zählt dann in weitgehend „entschlackter" Form[789] alle weiteren Verhaltenspflichten des VN auf, insbesondere die Obliegenheit zur **Geringhaltung** der Versicherungsleistung.   **416**

---

[785] Hierzu ausführlich *Schirmer,* r+s 1999, 1 ff. und 45 ff.

[786] Vgl. *Schirmer,* r+s 1999, 1 (3); *Prölss/Martin/Armbrüster,* § 1 ARB 75 Rn. 1; *Harbauer/Bauer,* § 1 ARB 75 Rn. 17.

[787] *Harbauer/Stahl,* § 21 ARB 75 Rn. 86; *Schirmer,* r+s 1999, 1 (10); *ders.,* DAR 1992, 418 (424); *Burmann,* ZfS 1991, 91 (92); *Beck,* DAR 1994, 129 (130); a. A. *Kühborth,* Die Obliegenheiten des VN in der Rechtsschutzversicherung; zweifelnd auch *Stauch,* VersR 1991, 846 („verliert nämlich das ursprüngliche Motiv des Gesetzgebers seinen Sinn …").

[788] LG Stuttgart v. 28. 2. 1991, r+s 1991, 238; AG München v. 18. 10. 1993, r+s 1994, 263; zu dieser Auffassung neigt auch AG Speyer v. 18. 3. 1991, r+s 1992, 311.

[789] *Sperling,* VersR 1996, 133 (143).

417   Abweichend von § 15 ARB 75 bestimmte § 17 Absatz 6 ARB 94/2000, dass das **Kausalitätserfordernis auch bei vorsätzlicher Obliegenheitsverletzung** gilt. Dies war insoweit zu begrüßen, als die Relevanz-Rechtsprechung bei vorsätzlicher Obliegenheitsverletzung obsolet wurde[790]. Unerfreulich war dagegen, dass der VN, der lügt, nur noch ein geringes Sanktionsrisiko hatte[791]. Die Regelung in **§ 28 Abs. 2 VVG** hat dieses Thema einer klaren und angemessenen Lösung zugeführt: In Anlehnung an die Relevanz-Rechtsprechung des BGH legt Abs. 3 S. 1 für die Leistungsfreiheit nach Abs. 2 ein Kausalitätserfordernis fest. Etwas anderes gilt aber aus Gründen der Generalprävention bei **Arglist** des VN, d. h. für diese Fälle ist **Kausalität nicht erforderlich.** Die Regelung in **§ 17 Abs. 6 S. 5 und 6 ARB 2008** trägt dieser gesetzlichen Vorgabe Rechnung.

418   a) **Abstimmungs- und Informationsobliegenheiten.** § 15 (1) ARB 75 modifiziert die gesetzliche Obliegenheit zur unverzüglichen Anzeige eines Versicherungsfalles (§§ 30 Absatz 1 VVG bzw. § 33 Abs. 1 VVG a. F.). Der VN muss den VR nicht sofort nach Eintritt eines Versicherungsfalles **unterrichten,** sondern erst dann, wenn sich kostenauslösende Maßnahmen abzeichnen und er hierfür Rechtsschutz „begehrt"[792]. Die Unterrichtung muss dann allerdings so **rechtzeitig** erfolgen, dass der VR die Notwendigkeit der Rechtswahrnehmung – Klage oder Rechtsmittel – noch prüfen kann[793]. Für § 17 (3) ARB 94/2000/2008 gilt insoweit das Gleiche. Auch wenn dort von der „Geltendmachung" des Rechtsschutzanspruchs gesprochen wird, kann der VN die Information des VR nicht beliebig hinausschieben[794]. Ansonsten ergäbe auch die zusätzliche Verpflichtung zur **Abstimmung** kostenauslösender Maßnahmen (§ 15 (1) d, cc 1. Alt. ARB 75; § 17 (5) c, aa ARB 94/2000/2008) keinen Sinn.

419   Bezüglich der **Rechtsfolgen** bei verspäteter Meldung oder Abstimmung rechtlicher Schritte ist die Neuregelung der Obliegenheiten nach § 28 VVG zu berücksichtigen. Die Meldung erst **nach Abschluss einer Instanz** oder sogar erst **nach Abschluss des gesamten Verfahrens** bedeutete nach bislang herrschender Auffassung eine vorsätzliche oder doch zumindest grobfahrlässige Obliegenheitsverletzung, die zur **Leistungsfreiheit** des VR führte[795]. Dies galt grundsätzlich auch für Eilverfahren (z. B. Arrestverfahren)[796]. Nicht einheitlich zu beantworten war die Frage der Leistungsfreiheit, wenn der Antrag auf Kostendeckung erst **mehrere Monate nach Klageerhebung** erfolgt. Die Rechtsprechung legte hier einen strengen Maßstab an und ging häufig von einer vorsätzlichen Obliegenheitsverletzung aus[797], wobei allerdings teilweise die Folgen der Obliegenheitsverletzung durch die Relevanz-Rechtsprechung des BGH abgemildert wurden[798]. Konnte dem VN im Einzelfall nur ein Fahrlässigkeitsvorwurf gemacht werden, hatte dieser die Möglichkeit, den Kausalitätsgegenbeweis zu führen[799]. Nach § 17 (6) ARB 94/2000 hatte der VN diese Möglichkeit auch bei vorsätzlicher Obliegenheitsverletzung. Unter Berücksichtigung des **§ 28 VVG 2008** werden

---

[790] *Schirmer,* r+s 1999, 45 (47).

[791] Hierauf verweist zu Recht *Prölss/Martin/Armbrüster,* § 17 ARB 94 Rn. 14.

[792] *Harbauer/Bauer,* § 15 ARB 75 Rn. 6.

[793] *Schirmer,* r+s 1999, 45.

[794] *Schirmer,* a. a. O.; a. A. *Prölss/Martin/Armbrüster,* § 17 ARB 94 Rn. 2.

[795] Offen gelassen von BGH v. 5. 5. 2004, NJW-RR 2004, 967 = VersR 2004, 1553 = r+s 2004, 374 (der VN konnte jedenfalls den Kausalitätsgegenbeweis nicht führen); OLG Köln v. 24. 4. 2001, NVersZ 2002, 29; OLG Bamberg v. 9. 7. 1987, ZfS 1988, 214; LG Berlin v. 11. 12 2001, r+s 2004, 62; LG Nürnberg v. 26. 4. 1996, ZfS 1996, 430; LG Giessen v. 9. 2. 1994, r+s 1995, 421; LG Hannover v. 29. 4. 1993, ZfS 1993, 244 = r+s 1994, 21; LG Karlsruhe v. 28. 10. 1988, ZfS 1989, 203; LG Bremen v. 11. 11. 1988, ZfS 1989, 167; LG Hof v. 15. 8. 1989, ZfS 1990, 350; AG Essen v. 3. 12. 1993, VersR 1994, 1295 = ZfS 1995, 32; AG Mönchengladbach v. 18. 10. 1991, r+s 1992, 130; AG Mannheim v. 25. 4. 1998, ZfS 1990, 201 = VersR 1990, 382; AG Münster v. 9. 6. 1987, ZfS 1988, 111; AG Trier v. 9. 12. 1981, ZfS 1982, 114; a. A. OLG Köln v. 4. 4. 2006, r+s 2006, 374 (Prüfung der Erfolgsaussicht zugelassen).

[796] LG Coburg v. 28. 10. 1992, ZfS 1994, 105; *Harbauer/Bauer,* § 15 ARB 75 Rn. 9.

[797] Vgl. z. B. LG Hamburg v. 6. 2. 1997, r+s 1998, 68.

[798] Vgl. OLG Frankfurt/M. v. 30. 3. 2001, NVersZ 2001, 375.

[799] OLG Frankfurt/M. v. 13. 1. 1999, NVersZ 1999, 184 = ZfS 1999, 258.

die genannten Grundsätze weiterhin Geltung haben, allerdings mit der Einschränkung, dass dem VR bei **grober Fahrlässigkeit** nur noch ein **quotales Leistungskürzungsrecht** nach der Schwere des Verschuldens zusteht (§ 28 Abs. 2 S. 2 VVG – § 17 Abs. 6 ARB 2008). Den Kausalitätsgegenbeweis kann der VN – außer bei Arglist – jederzeit führen. Insoweit ist die Relevanz-Rechtsprechung des BGH hinfällig. Die Frage ist nur, welche Bedeutung den Anknüpfungsmerkmalen „Eintritt oder Feststellung des Versicherungsfalles" bzw. „Feststellung oder Umfang seiner Leistungspflicht" zukommt. Letztlich wird dies auf den Einzelfall ankommen. Wird dem VR aufgrund der Obliegenheitsverletzung die Sachverhaltsaufklärung oder eine rechtzeitige Erfolgsaussichtenprüfung erschwert, kann die Kausalität nicht verneint werden. Anderenfalls ergäbe die Vereinbarung solcher Verhaltenspflichten keinen Sinn, weil sie praktisch immer folgenlos blieben.

Die gleichen Grundsätze gelten im Falle einer **Klageerhöhung.** Auch dies ist ein wesent- **419a** licher Umstand, der dem VR unverzüglich mitzuteilen ist, damit dieser die Erfolgsaussichten, aber auch alle anderen Voraussetzungen der Eintrittspflicht prüfen und den VN über das Ergebnis der Prüfung frühzeitig informieren kann[800]. Im Übrigen ist für **jede Instanz gesondert zu prüfen,** ob der VN seinen Obliegenheiten genügt hat. Eine für die 1. Instanz festgestellte Obliegenheitsverletzung schlägt nicht ohne weiteres auf die Beurteilung der Deckungsverpflichtung für ein Berufungsverfahren durch[801].

Streitig ist, ob bei **Berufungsverfahren** zwischen der **„fristwahrenden Berufungsein-** **420** **legung"** und der Durchführung der Berufung zu unterscheiden ist. In der Rechtsprechung wird teilweise die Auffassung vertreten, die „fristwahrende Berufungseinlegung" sei nicht abstimmungspflichtig, weil dies noch keine „nennenswerten Kosten" auslöse[802] und im Übrigen eine ständige Praxis der VR existiere, für eine nur fristwahrend eingelegte Berufung Deckung zu gewähren[803]. Dem ist jedoch in der Literatur zu Recht widersprochen worden[804]. Die Möglichkeit, durch Beschränkung der Berufungsanträge das Kostenrisiko zu verringern, ist höchst problematisch. Hinzukommt, dass der Berufungsbeklagte auch bei nur fristwahrend eingelegter Berufung berechtigt ist, seinerseits schon einen Rechtsanwalt für die Berufungsinstanz zu beauftragen, so dass bei Rücknahme der Berufung eine Verfahrensgebühr an die Gegenseite zu erstatten ist[805]. Eine andere Frage ist, ob der VR die Verneinung der Leistungspflicht allein auf die fehlende Abstimmung der Berufungseinlegung stützen kann, wenn es um die Kosten der Durchführung der Berufung insgesamt geht. Man wird die Entscheidung hierüber von den Umständen des Einzelfalles abhängig machen müssen. Grundsätzlich steht dem VN die Möglichkeit des Kausalitätsgegenbeweises zu, d. h. der VR hat die Kosten des Berufungsverfahrens zu übernehmen, wenn er bei rechtzeitiger Information durch den VN hinreichende Erfolgsaussichten für das Rechtsmittel bejaht hätte[806]. Zweifel gehen allerdings zu Lasten des VN.

b) Schadenminderungsobliegenheit. Auch in der Rechtsschutzversicherung trifft den **421** VN die Schadenminderungspflicht des § 82 VVG (§ 62 Absatz 1 VVG a. F.). In spezieller Ausformung dieses Rettungsgedankens enthält § 17 (5) c ARB 94/2000/2008 (§ 15 (1) d ARB 75) verschiedene Verhaltenspflichten, die gewährleisten sollen, dass die Versichertengemeinschaft keine unnötigen Kosten übernehmen muss. Hierbei entlastet es den VN nicht, wenn er sich zur Erfüllung der Obliegenheiten einer Hilfsperson bedient. Überlässt also der VN die

---

[800] OLG Köln v. 23. 9. 2003, r+s 2004, 19: Unnötiger Hilfsantrag auf Nachteilsausgleich im Rahmen einer Kündigungsschutzklage; LG Köln v. 3. 8. 2000, r+s 2001, 250; LG Düsseldorf v. 16. 9. 2003, – 11 O 518/02 (nicht veröff.).

[801] OLG Köln v. 13. 5. 2003, r+s 2003, 414.

[802] OLG Düsseldorf v. 18. 1. 1994, VersR 1994, 1137.

[803] OLG Hamm v. 9. 11. 1990, VersR 1991, 806 = NJW-RR 1991, 612 = r+s 1991, 53; zustimmend insoweit *Schirmer*, r+s 1999, 45 (46).

[804] *Kurzka*, VersR 1992, 1446; *Harbauer/Bauer*, § 15 ARB 75 Rn. 20; *Prölss/Martin/Armbrüster*, § 15 ARB 75 Rn. 7; *Böhme*, § 15 ARB 75 Rn. 8a; *Cornelius-Winkler*, S. 87.

[805] BGH v. 17. 12. 2002, EBE/BGH 2003, 36 = NJW 2003, 756 = Rpfleger 2003, 217.

[806] Vgl. OLG Köln v. 24. 4. 2001, r+s 2001, 374; LG Hannover v. 29. 4. 1993, ZfS 1993, 244.

Abwicklung des Versicherungsfalles dem für ihn tätigen **Anwalt,** so muss er sich das Handeln oder Unterlassen des Anwalts unmittelbar als Verschulden **zurechnen lassen.** Auch wenn die rechtliche Begründung hierfür schwankt (z. B. Repräsentantenhaftung, § 278 BGB)[807], über das Ergebnis ist man sich aber einig.

421a   Vor dem Hintergrund der neuen Rechtsfolgensystematik bei Obliegenheitsverletzungen gemäß **§ 28 Abs. 2 VVG,** welche bei grober Fahrlässigkeit nur noch ein quotales Leistungskürzungsrecht nach der **Schwere des Verschuldens** vorsieht, hat die Zurechenbarkeit des anwaltlichen Verschuldens eine besondere Bedeutung erlangt. Für den Anwalt ergibt sich bereits aus dem Mandatsvertrag die Pflicht, den für den VN sichersten und billigsten Weg zu gehen. Ein Vorgehen, welches unnötige Kosten auslöst, wird entweder vorsätzlich erfolgen oder zumindest **in hohem Maße grob fahrlässig.** Für den VN bedeutet dies, dass der VR die Leistung häufig nicht nur quotal, sondern **vollständig** kürzen wird.

422   *aa) Allgemeines.* Zur Vermeidung unnötiger Kosten muss der VN die effektivste und kostengünstigste prozessuale Möglichkeit wählen, um seine rechtlichen Interessen wahrzunehmen und durchzusetzen. Dem entspricht es, dass sich der VN ggf. auf eine **Teilklage** beschränkt, soweit seine Interessen nicht unbillig beeinträchtigt werden. Auch eine vernünftige unversicherte Person würde ihr Prozessrisiko durch eine Teilklage mindern, soweit dies mit ihren berechtigten Interessen vereinbar ist. Entgegen der überwiegenden Rechtsprechung, die das Gebot einer Teilklage nur in Ausnahmefällen bejahen will[808], ist aufgrund der Struktur der Klausel ein strenger Maßstab geboten[809]. Nicht die Beschränkung der Klage, sondern umgekehrt die unbillige Beeinträchtigung der Interessen des VN ist die Ausnahme, die vom VN im Einzelfall dargetan werden muss. Bei der Gefahr von Nachteilen ist insbesondere das Verjährungsrisiko zu berücksichtigen[810], welches allerdings konkret sein muss, denn ggf. sind Absprachen mit der Gegenseite möglich oder es kann im Prozessverlauf die Verjährung durch geeignete Maßnahmen unterbrochen werden[811]. Auch für die Annahme, dass bei einer Teilklage eine abschließende Klärung der streitigen Fragen nicht erwartet werden kann, muss es konkrete Anhaltspunkte geben[812]. Dabei sind nicht zuletzt die wohlverstandenen eigenen Interessen des VN zu berücksichtigen, der bei hohen Streitwerten Gefahr läuft, dass die Deckungssumme nicht ausreicht, um den Instanzenzug auszuschöpfen. Im Gegensatz zu § 15 (1) d, aa ARB 75 ist in den ARB 94/2000/2008 eine ausdrückliche Regelung der Teilklageobliegenheit weggefallen. Dieses Gebot ist aber aus der Obliegenheit, eine unnötige Erhöhung der Kosten zu vermeiden (§ 17 (5) c, cc ARB 94/2000/2008), abzuleiten[813].

423   §§ 15 (1) d, bb ARB 75, 17 (5) c, bb ARB 94/2000/2008 regeln eine **Warteobliegenheit:** der VN hat vor Klageerhebung die Rechtskraft eines anderen gerichtlichen Verfahrens abzuwarten, das tatsächliche oder rechtliche Bedeutung für den beabsichtigten Rechtsstreit haben kann. In tatsächlicher Hinsicht kann dies z. B. die Vorgreiflichkeit eines gerichtlichen Strafverfahrens für einen beabsichtigten Zivilprozess sein[814]. Von erheblicher praktischer Bedeutung ist auch die Möglichkeit, die Klärung der Rechtslage in einem **Musterprozess** abzuwarten, was bei Unternehmenszusammenbrüchen oder Anlagebetrügereien in Betracht

---

[807] Vgl. *Tietgens,* r+s 2005, 489 (492); *Schirmer,* r+s 1999, 45 (48); *Harbauer/Bauer,* § 15 ARB 75 Rn. 31; *Prölss/Martin/Armbrüster,* § 15 ARB 75 Rn. 12.

[808] OLG Karlsruhe v. 4. 7. 2002, NVersZ 2002, 577 = VersR 2003, 58 = r+s 2002, 462 = ZfS 2003, 516; OLG Hamm v. 12. 3. 1999, VersR 1999, 964 = ZfS 1999, 355; a. A. LG Freiburg v. 10. 9. 1985, ZfS 1987, 336.

[809] *Looschelders,* VersR 2000, 23 (27).

[810] OLG Frankfurt/M. v. 13. 1. 1999, NVersZ 1999, 184 = ZfS 1999, 258; OLG Hamm v. 17. 7. 1992, r+s 1993, 144.

[811] OLG Nürnberg v. 26. 11. 1981, VersR 1982, 695.

[812] So zutreffend *Looschelders,* a. a. O., S. 28.

[813] *Looschelders,* a. a. O., S. 28; *Prölss/Martin/Armbrüster,* § 17 ARB 94 Rn. 12; *Harbauer/Bauer* § 17 ARB 94 Rn. 13.

[814] LG München v. 4. 11. 1981, ZfS 1982, 18; *Harbauer/Bauer,* § 15 ARB 75 Rn. 16; *Schirmer,* r+s 1999, 45 (46).

kommt[815]. Als problematisch hat sich dabei allerdings die Einschränkung in den ARB 75 „aufgrund desselben Versicherungsfalles" erwiesen[816]. Sie ist in den ARB 94/2000/2008 bewusst entfallen, um die Anwendung auf die genannten Fälle zweifelsfrei zu erstrecken[817]. Zu beachten ist aber wie bei Teilklagen auch hier, dass die Interessen des VN nicht aus Verjährungs-, Rechtskraft- oder Vollstreckungsgründen unbillig beeinträchtigt werden[818].

Die Pflicht des VN, die Prozesskosten möglichst niedrig zu halten, kann es gebieten, sich **424** im Wege der subjektiven Klagehäufung (§§ 59, 60 ZPO) einer sog. **Sammelklage** anzuschließen und von einer Einzelklage abzusehen. Diese Möglichkeit besteht z. B. dann, wenn mehrere gekündigte Arbeitnehmer denselben Anwalt mit der Kündigungsschutzklage beauftragt haben[819]. Wählt der Anwalt nicht den Weg der Gemeinschaftsklage, kann das sogar Schadenersatzansprüche der Mandanten auslösen[820]. Der Weg einer Sammelklage ist auch dann geboten, wenn mehrere Personen gegen einen Anlagebetrüger Schadenersatzansprüche verfolgen und eine hierauf spezialisierte Anwaltskanzlei beauftragen[821]. In aller Regel stehen dem keine vernünftigen Gründe entgegen. Das Gebühreninteresse des Anwalts muss hintanstehen. Ggf. kann das Gericht, falls der Prozess eines Streitgenossen eine Sonderentwicklung (etwa durch eine Beweisaufnahme) erfahren sollte, die Verbindung durch Beschluss aufheben und die Ansprüche in getrennten Prozessen weiterverhandeln[822]. Eine neue Art der Bündelung der Interessen bietet das am 1. 1. 2005 in Kraft getretene Kapitalanleger-Musterverfahrensgesetz **(KapMuG)**[823]. Die dort vorgesehene Herbeiführung eines Musterentscheids durch das zuständige OLG fördert die rasche Klärung von Sach- und Rechtsfragen für alle klagenden Kapitalanleger. Zudem senkt es erheblich das Prozessrisiko für den einzelnen Anleger, insbesondere dadurch, dass Auslagen, z. B. für Sachverständige, im Unterliegensfall auf alle Kläger anteilig verteilt werden. Zusätzliche Gerichts- oder Anwaltsgebühren entstehen im Musterverfahren nicht.

Das Bestreben des VN muss es sein, seine Ansprüche möglichst in einer Klage zu verfolgen **425** und nicht mehrere Verfahren anhängig zu machen. So ist es z. B. kostengünstiger, **mehrere Schuldner** mit einer Klage **gemeinsam** in Anspruch zu nehmen, anstatt mehrere Verfahren zu betreiben[824]. Hat der VN gegen seine Schuldner **mehrere Ansprüche** und zunächst nur einen Teil gerichtlich anhängig gemacht, ist die **Klageerweiterung** gegenüber einer zusätzlichen Einzelklage der kostengünstigere Weg[825]. Das Gleiche gilt für den Fall, dass mehrere versicherte Personen aufgrund identischen Sachverhalts (z. B. Verkehrsunfall) Ansprüche gegen dieselbe Person gerichtlich geltend machen[826].

---

[815] OLG Celle v. 1. 8. 1990, ZfS 1990, 378.
[816] Vgl. OLG Köln v. 22. 2. 2000, NVersZ 2000, 590.
[817] *Sperling,* VersR 1996, 133 (143); *Schirmer,* r+s 1999, 45 (46).
[818] LG Berlin v. 10. 8. 1989, r+s 1990, 220.
[819] OLG Koblenz v. 8. 11. 2000, MDR 2001, 720; AG Münster v. 24. 5. 1988, NZA 1988, 818; LAG Berlin v. 27. 4. 2006, NZA-RR 2006, 432 = MDR 2006, 1438 (Berücksichtigung im Kostenfestsetzungsverfahren).
[820] OLG Koblenz, a. a. O., m. w. N.
[821] LG Düsseldorf v. 8. 7. 1988, AZ. 22 S 334/87 (nicht veröff.); vgl. auch *Pabst,* r+s 2004, 309 (314): „Ein Lieblingskind der Rechtsschutzversicherer …".
[822] LG Düsseldorf, a. a. O.
[823] Hierzu *Völlkommer,* NJW 2007, 3094; *Meier,* DStR 2005, 1860; *Gundermann/Härle,* VuR 2006, 457; *Zypries,* ZRP 2004, 177.
[824] OLG Celle v. 18. 1. 2007, VersR 2007, 1122 = NJW-RR 2007, 1520 (mehrere nacheinander behandelnde Ärzte); LG Düsseldorf v. 19. 10. 2007, – 20 S 14/07 (juris [Kapitalanlage]); LG Hamburg v. 11. 10. 1989, r+s 1990, 165; AG Düsseldorf v. 2. 2. 2007, – 232 C 8216/06 (juris [das Gericht weist zutreffend darauf hin, dass es sich auch außergerichtlich grundsätzlich um dieselbe Angelegenheit i. S. des § 15 Abs. 2 RVG handelt]); *Harbauer/Bauer,* § 15 ARB 75 Rn. 21.
[825] OLG Frankfurt/M. v. 2. 10. 1991, JurBüro 1992, 164; LG Oldenburg v. 20. 11. 1992, r+s 1993, 146; AG Frankfurt/M. v. 13. 10. 1999, r+s 2000, 205 = ZfS 2000, 171.
[826] OLG Hamm v. 2. 4. 2001, r+s 2002, 21 = ZfS 2002, 302 = VersR 2002, 353.

426 Von der Erhebung einer **negativen Feststellungsklage** hat der VN grundsätzlich Abstand zu nehmen. Dies gilt insbesondere für die beabsichtigte Erweiterung einer schon anhängigen Zahlungsklage um einen Feststellungsantrag[827]. Hat sich der Gegner nur außergerichtlich eines Anspruchs berühmt, kann der VN dessen Vorgehen in Ruhe abwarten. Ein Abwarten kann aber ausnahmsweise unzumutbar sein, wenn es um hohe Beträge geht und der VN konkrete Vermögensdispositionen vornehmen muss[828], weil z. B. die Kündigung und Fälligstellung eines Kredits droht. An solche Ausnahmesituationen sind aber hohe Anforderungen zu stellen, da neben dem Kostenaspekt auch einer unnötigen Inanspruchnahme der Gerichte zu begegnen ist.

427 *bb) Arbeitsrechtliche Fälle.* Die Rechtsprechung des BAG[829] zum **Weiterbeschäftigungsanspruch,** welcher in der Regel erst mit positiver Verbescheidung der Kündigungsschutzklage erwächst, hat eine heftige, immer noch anhaltende Kontroverse zur Anwendung der Schadenminderungsobliegenheit ausgelöst[830]. Hintergrund hierfür ist die Tatsache, dass die allermeisten LAG den Weiterbeschäftigungsantrag in der Streitwertfestsetzung zusätzlich bewerten (i. d. R. 1 oder 2 Bruttomonatsgehälter). Dem müssen VN und Anwalt durch die Vermeidung einer unnötigen oder falschen Antragstellung Rechnung tragen[831]. Dabei kommt es entscheidend auf die örtliche Rechtsprechung des jeweils zuständigen LAG an. Dort, wo keine zusätzliche Streitwertfestsetzung erfolgt, weil Kündigungsschutzantrag und Weiterbeschäftigungsantrag als wirtschaftliche Einheit angesehen werden[832], stellt sich das Problem der Obliegenheiten nicht. Im Übrigen kann der Weiterbeschäftigungsantrag als (unechter) Hilfsantrag gestellt werden[833]. Teilweise wird die Auffassung vertreten, dass dann in Anwendung des § 45 Abs. 1 S. 2 GKG (§ 19 Abs. 4 GKG a. F.) eine Streitwertaddition ausscheidet[834]. Zur Vermeidung einer unnötigen Kostenerhöhung[835] muss daher der VN den Weiterbeschäftigungsantrag als – kostenneutralen – Hilfsantrag stellen. Dieser in der Literatur[836] favorisierte Lösungsweg, der auch in der Rechtsprechung zum Thema Obliegenheitsverletzung wiederholt aufgegriffen wurde[837], hat sich allerdings nur teilweise realisieren lassen, weil derzeit die allermeisten LAG auch den unechten Hilfsantrag zusätzlich bewerten[838]. Dem VN ist es dann nach der überwiegenden

---

[827] OLG München v. 30. 4. 2002, AZ. 25 U 4526/01 (Feststellungswiderklage [nicht veröff.]); AG Hildesheim v. 26. 4. 1991, r+s 1993, 147; AG München v. 12. 1. 1982, ZfS 1982, 83 (Feststellungswiderklage).

[828] AG Charlottenburg v. 15. 3. 1991, NJW-RR 1993, 217.

[829] V. 27. 2. 1985, NJW 1985, 2968 = NZA 1985, 702.

[830] Vgl. *Löwisch,* VersR 1986, 404; *Rex,* VersR 1986, 1055; *Küttner/Sobolewski,* AnwBl 1985, 493; *Küttner,* NZA 1996, 453 (460); *Ahlenstiehl,* VersR 1988, 222; *Gift/Bauer,* S. 321 ff.; *Becker/Glaremin,* NZA 1989, 207; *Ennemann,* NZA 1999, 628; *Schuldt,* ZAP 1999, Fach 10, 133; *Dollmann,* BB 2003, 2681 (2683).

[831] Die Auffassung von *Vassel,* ZVersWiss 1986, 278 (285 f.), es sei noch gar kein Versicherungsfall nach § 14 (3) ARB 75 gegeben, hat sich nicht durchsetzen können.

[832] LAG Baden-Württemberg v. 12. 3. 1990, JurBüro 1990, 1270.

[833] BAG v. 4. 8. 1988, NZA 1988, 741.

[834] Hessisches LAG v. 23. 3. 2007, AGS 2007, 512; LAG Düsseldorf v. 27. 7. 2000, NZA-RR 2000, 613; v. 12. 12. 1996, r+s 1997, 219; v. 8. 11. 1990, JurBüro 1991, 418; v. 5. 1. 1989, JurBüro 1989, 955; LAG Schleswig-Holstein v. 14. 1. 2003, AnwBl 2003, 308.

[835] Hessisches LAG v. 23. 3. 2007, a. a. O. und LAG Düsseldorf v. 17. 5. 1989, JurBüro 1989, 1441 nehmen sogar Mutwilligkeit i. S. d. § 114 ZPO an.

[836] *Ahlenstiehl,* a. a. O.; *Becker/Glaremin,* a. a. O.; *Prölss/Martin/Armbrüster,* § 15 ARB 75 Rn. 4.

[837] AG Charlottenburg v. 28. 6. 1991, r+s 1991, 377; AG Geldern v. 23. 10. 1990, r+s 1991, 311; AG Lübeck v. 13. 7. 1990, r+s 1991, 421; AG Ahaus v. 25. 1. 1989, ZfS 1990, 19; AG Grevenbroich v. 17. 10. 1988, VersR 1989, 1043; AG Köln v. 30. 1. 1989, ZfS 1990, 19.

[838] LAG München v. 30. 10. 1990, NZA 1992, 140; LAG Sachsen v. 4. 4. 1996, NZA-RR 1997, 150; LAG Schleswig-Holstein v. 10. 2. 1987, AnwBl 1988, 294; LAG Hamburg v. 5. 6. 2000, 7 Ta 12/00 (nicht veröff.); LAG Brandenburg v. 24. 3. 1995, 2 Ta 40/95 (nicht veröff.); LAG Niedersachsen v. 9. 1. 1996, 6 Ta 457/94 (nicht veröff.); LAG Hamm v. 29. 7. 1998, 9 Ta 58/98 (nicht veröff.); LAG Köln v. 29. 5. 2000, 2 Ta 78/00 (nicht veröff.); v. 31. 7. 1995, JurBüro 1996, 195; LAG Thüringen v. 19. 3. 1996, 8 Ta 44/96 (nicht veröff.); LAG Saarland v. 12. 12. 1989, 1 Ta 37/89 (juris).

und zutreffenden Rechtsprechung[839] zumutbar, mit der Anbringung des Weiterbeschäftigungsantrags bis zum eventuellen Scheitern der Güteverhandlung zuzuwarten. Damit ist einerseits dem Titulierungsinteresse des VN ausreichend Rechnung getragen[840] und es wird andererseits vermieden, dass durch eine sofortige Anbringung des Weiterbeschäftigungsantrags zusammen mit dem Feststellungsantrag unnötige Kosten entstehen.

Eine unnötige Kostenerhöhung ist auch dann anzunehmen, wenn der VN die Kündi **428** gungsschutzklage mit einem **allgemeinen Feststellungsantrag**[841] verbindet, welcher eventuelle weitere Beendigungstatbestände erfassen soll. Ein solcher vorbeugender Antrag wirkt sich nach einem Teil der Rechtsprechung[842] streitwerterhöhend aus. Er ist im Allgemeinen nicht erforderlich, weil möglicherweise zusätzlich auftretenden Streitpunkten über eine Anfechtung oder nachgeschobene Kündigungen ohne weiteres mit ergänzenden Klageanträgen begegnet werden kann[843]. Die bloße Vorsorge des Anwalts für den Fall des Überlesens einer Schriftsatzkündigung reicht zur Rechtfertigung des Kostenrisikos nicht aus[844]. Im Übrigen bewegt man sich, was Zulässigkeit und Rechtsfolgen des allgemeinen Feststellungsantrages anbelangt, ohnehin auf höchst unsicherem Terrain[845]. Erhebt der VN gegen eine **Folgekündigung** eine separate Klage, verstößt dies grundsätzlich ebenfalls gegen die Schadenminderungsobliegenheit, da der Weg der Klageerweiterung kostengünstiger ist[846]. Ist umgekehrt der Arbeitgeber versichert und werden gegen ihn im Falle von Mehrfachkündigungen mehrere Kündigungsschutzprozesse anhängig gemacht, gebietet es die Schadenminderungsobligenheit, eine Verbindung der Verfahren zu beantragen[847]. Ab Verbindung der Verfahren kann der Streitwert auf höchstens den Vierteljahrsbetrag gem. § 42 Abs. 4 GKG (§ 12 Abs. 7 S. 1 ArbGG a. F.) festgesetzt werden[848].

Will der VN die Kündigungsschutzklage im Hinblick auf Lohnansprüche um einen Leis **429** tungsantrag erweitern, muss er dies mit dem VR abstimmen. Geht es um die Zahlung **zukünftigen Lohns,** der nach Ablauf der Kündigungsfrist fällig wird, ist es dem VN grundsätzlich zuzumuten, sich zunächst auf die Kündigungsschutzklage zu beschränken[849]. Es entspricht der

---

[839] Nachweise bei *Harbauer/Bauer,* § 15 ARB 75 Rn. 20a; *Prölss/Martin/Armbrüster,* § 15 ARB 75 Rn. 4; *Böhme,* § 15 ARB 75 Rn. 4b; *Gift/Bauer,* S. 323; die jüngere Rechtsprechung bejaht durchweg eine Obliegenheitsverletzung: LG Köln v. 20. 2. 1997, r+s 1997, 464; AG Hagen v. 18. 5. 2007 – 16 C 71/07 (nicht veröff.); AG Hamburg-St. Georg v. 25. 8. 2006, – 911 C 175/06; AG Schöneberg v. 27. 9. 2005, – 3 C 313/05 (nicht veröff.); AG Nürnberg v. 31. 7. 2003, JurBüro 2004, 39; AG Sömmerda v. 6. 6. 2002, JurBüro 2002, 542; AG Hannover v. 9. 5. 2001, – 555 C 2722/01 (nicht veröff.); AG Köln v. 25. 6. 1998, r+s 1998, 470; AG München v. 13. 6. 1997, r+s 1997, 467; AG Düsseldorf v. 18. 12. 1997, – 47 C 15743/ 97 – (nicht veröff.); AG Tiergarten v. 1. 12. 1997, – 5 C 456/97 – (nicht veröff.); AG Amberg v. 6. 5. 1997, – 2 C 0074/97 – (nicht veröff.); AG Nauen v. 22. 10. 1997, – 13 C 256/97- (nicht veröff.).
[840] Die wenigen Fälle der Säumnis des Arbeitgebers beschränken sich im Falle unterlassenen Einspruchs auf Insolvenzfälle.
[841] Vgl. BAG v. 13. 3. 1997, NZA 1997, 844.
[842] Z.B. LAG Rheinland-Pfalz v. 18. 9. 1997, – 2 Ta 158/97 – (nicht veröff.); LAG Hamm v. 29. 11. 1999, 9 Ta 500/99; anders allerdings jetzt LAG Hamm v. 3. 2. 2003, NZA-RR 2003, 321.
[843] LG Hamburg v. 26. 9. 2007, – 302 T 4/07 (nicht veröff.): Leistungsfreiheit wegen Obliegenheitsverletzung.
[844] *Wenzel,* DB 1997, 1869 (1873).
[845] Vgl. *Berkowsky,* NZA 2001, 801.
[846] LG Oldenburg v. 20. 11. 1992, r+s 1993, 146; AG Aschaffenburg v. 15. 2. 1984, ZfS 1984, 111 (Mutwilligkeit annehmend); LAG München v. 15. 9. 1983, JurBüro 1984, 432 (Verletzung des Mandatsvertrages annehmend); *Harbauer/Bauer,* § 15 ARB 75 Rn. 21; *Prölss/Martin/Armbrüster,* § 15 ARB 75 Rn. 9.
[847] Vgl. OLG Karlsruhe v. 19. 6. 1986, ZfS 1986, 303.
[848] LAG Baden-Württemberg v. 2. 1. 1991, JurBüro 1991, 667; LAG München v. 8. 3. 1988, AnwBl 1989, 240; *Mümmler,* JurBüro 1992, 79.
[849] OLG Oldenburg v. 6. 2. 2002, VersR 2002, 1022 = r+s 2002, 288 = ZfS 2003, 145; OLG Frankfurt/M. v. 2. 10. 1991, JurBüro 1992, 164; LG Essen v. 5. 2. 2003, r+s 2003, 457 = VersR 2003, 1391; AG Bremen v. 26. 10. 1988, ZfS 1990, 20; AG Charlottenburg v. 10. 7. 1985, ZfS 1985, 368; AG Köln v. 23. 11. 1984, ZfS 1985, 178; *Küttner,* NZA 1996, 453 (462); *Prölss/Martin/Armbrüster,* § 15 ARB 75 Rn. 5.

Lebenserfahrung, dass der Arbeitgeber im Falle des Obsiegens des Arbeitnehmers im Kündigungsschutzprozess jedenfalls aus Kostengründen seiner Zahlungsverpflichtung nachkommt. Ferner ist davon auszugehen, dass der Arbeitnehmer den ihm zustehenden Lohn nicht schneller erhält, wenn er sofort im Klagewege geltend gemacht wird, denn bevor die Frage der Rechtmäßigkeit der Kündigung entscheidungsreif ist, kann auch nicht über Lohnansprüche entschieden werden. Der VN kann allerdings dann nicht auf den Ausgang des Kündigungsschutzprozesses verwiesen werden, wenn aufgrund einer tariflichen Ausschlussfrist der Verlust der Ansprüche droht[850]. Dies ist in der Praxis nur ausnahmsweise der Fall, weil nach der Rechtsprechung des BAG[851] in der Erhebung der Kündigungsschutzklage die schriftliche Geltendmachung der vom Ausgang des Kündigungsschutzprozesses abhängigen Ansprüche des Arbeitnehmers auf Verzugslohn liegt und der Klageabweisungsantrag des Arbeitgebers nicht als schriftliche Ablehnung der künftigen Ansprüche auf Annahmeverzugslohn angesehen werden kann. Zu beachten ist aber, dass die einzelnen Tarifverträge unterschiedliche Verfallfristen vorsehen[852]. Sog. zweistufige Verfallklauseln sind teilweise so formuliert, dass allein schon bei Untätigkeit des Arbeitgebers die gerichtliche Geltendmachung des Verzugslohns erforderlich ist. Der VN kann ausnahmsweise auch dann nicht auf den Ausgang der Kündigungsschutzklage verwiesen werden, wenn konkrete Anhaltspunkte dafür bestehen, dass der Arbeitgeber nicht willens und nicht in der Lage ist, die Ansprüche des VN nach Erlass eines rechtskräftigen Urteils zu befriedigen[853]. Er muss sich dann allerdings auf die sukzessive Geltendmachung der fällig werdenden Gehälter beschränken, da ohne zeitliche Begrenzung der Streitwert i. d. R. mit dem 3-Jahres-Gehalt festgesetzt werden wird (§ 42 Abs. 4 GKG bzw. § 12 Abs. 7 S. 2 ArbGG a. F.). Das Additionsverbot nach § 42 Abs. 5 S. 1, 2. Halbsatz GKG kommt allenfalls für solche Lohnforderungen zum Zuge, die vor Einreichung der Klage fällig geworden sind.

429a Bezieht der VN in einen Kündigungsschutzprozess im Wege eines Hilfsantrags Ansprüche auf einen sogenannten **Nachteilsausgleich** gem. § 113 BetrVG ein, so stellt dies grundsätzlich eine zur Leistungsfreiheit des VR führende Erhöhung der Kosten dar[854]. Dies gilt jedenfalls dann, wenn der den Streitwert erheblich erhöhende Hilfsantrag nur zur – angeblichen – Verbesserung der Verhandlungsposition führen soll und dem VN keine Rechtsnachteile drohen, wenn er den Hilfsantrag nicht stellt.

429b Umstritten ist die Frage, ob in **Kündigungsschutzsachen** der versicherte Arbeitnehmer dem Anwalt **sofort Prozessauftrag** zu geben hat, um damit unnötige Kosten zu vermeiden[855]. Die Problematik ist insbesondere durch die Einführung des RVG mit seiner neuen Gebührenstruktur aufgekommen. Bereits zu BRAGO-Zeiten hatte das Landgericht München I[856] einen Verstoß gegen die Schadenminderungsobliegenheit angenommen, weil der Versicherungsnehmer zunächst nur für die außergerichtliche Interessenwahrnehmung Mandat erteilt hatte, wodurch eine überflüssige Besprechungsgebühr entstanden war. Diese wäre bei sofortigem Prozessauftrag nach § 37 Nr. 1 BRAGO durch die Prozessgebühr abgegolten worden, sodass keine – zusätzliche – Besprechungsgebühr angefallen wäre. Was zu BRAGO-Zeiten in der genannten Konstellation der Ausnahmefall war (in der Regel wird ja nicht besprochen), ist mit Einführung des RVG zu einem generellen und ernst zu nehmenden Problem geworden. Der Gesetzgeber ordnet nunmehr an, dass die Geschäftsgebühr nicht mehr wie früher voll, sondern nur zur Hälfte auf die Verfahrensgebühr angerechnet wird. Es entstehen also

---

[850] LG Berlin v. 28. 2. 1989, r+s 1989, 404.

[851] V. 11. 12. 2001, NZA 2002, 816.

[852] Vgl. hierzu *Gröger,* NZA 2000, 793; zu den Auswirkungen des Gesetzes zur Modernisierung des Schuldrechts vgl. *Schrader,* NZA 2003, 345.

[853] OLG Frankfurt/M. v. 16. 12. 1998, NVersZ 1999, 584.

[854] OLG Köln v. 23. 9. 2003, NJW-RR 2004, 181 = VersR 2004, 639 = r+s 2004, 19 = NZA 2004, 149; *Bauer,* NJW 2005, 1472 (1475), *Buschbell/Hering,* § 13 Rn. 89.

[855] Hierzu ausführlich *Mack,* JurBüro 2007, 400 (für Obliegenheit); *Fischer,* NZA 2006, 513 (gegen Obliegenheit).

[856] Vom 4. 11. 2004, AGS 2005, 365 mit Anm. *Schneider;* ebenso haben entschieden AG Düsseldorf v. 9. 3. 2004, JurBüro 2004, 426 und AG München v. 25. 2. 2004, JurBüro 2004, 427.

in jedem Fall zusätzliche Kosten, wenn der Anwalt zunächst außergerichtlich Mandat erhält und sodann gesondert für die Kündigungsschutzklage. Die meisten Rechtsschutzversicherer verlangen inzwischen von ihrem Versicherungsnehmer, der gegen eine Kündigung vorgehen will, dass er seinem Anwalt sofort Prozessauftrag erteilt. Bei sofortigem Prozessauftrag fällt eine auf die Verfahrensgebühr nicht anrechenbare außergerichtliche Geschäftsgebühr nach Nr. 2300 VV RVG nicht an, denn außergerichtliche Verhandlungen zählen gem. **§ 19 Abs. 1 Nr. 2 RVG** mit zu den durch die Verfahrensgebühr abgegoltenen Tätigkeiten. Hält sich der Versicherungsnehmer hieran nicht, so ist nach der überwiegenden und zutreffenden Rechtsprechung[857] von einer grob fahrlässigen Obliegenheitsverletzung auszugehen, wenn der Versicherungsnehmer trotz der kurz bemessenen Frist für eine Kündigungsschutzklage zunächst außergerichtlich Mandat erteilt. Die Gegenmeinung[858] verkennt, dass es keineswegs um die – zweifellos bedingungswidrige – Beschränkung des Versicherungsschutzes auf die gerichtliche Interessenwahrnehmung geht, sondern darum, durch die **Art des Anwaltsauftrages** den Anfall einer unnötigen Gebühr zu vermeiden. Das dagegen vorgebrachte Argument, dass bei sofortigem Klageauftrag eine Terminsgebühr entstehen kann, wenn eine außergerichtliche Einigung gelingt, ist nicht stichhaltig. Die Praxis zeigt nämlich, dass in der Regel die Erhebung einer Kündigungsschutzklage notwendig ist. Dass es in Einzelfällen zu vorgerichtlichen Einigungen kommt, vermag nichts daran zu ändern, dass der sofortige Klageauftrag grundsätzlich der Kosten sparende Weg ist. Der beauftragte Anwalt muss den Mandanten über diese Problematik aufklären und die Vorgehensweise mit dem Versicherer abstimmen, um Nachteile für den Mandanten zu vermeiden und einer eigenen Haftung zu entgehen[859].

cc) Weitere Einzelfälle. Bei einem nach § 287 ZPO zu schätzenden **Schmerzensgeldanspruch** ist es zur Verminderung des Kostenrisikos geboten, die Höhe des Anspruchs in das Ermessen des Gerichts zu stellen, anstatt einen bezifferten Betrag zu fordern[860]. Die Interessen des VN werden ausreichend dadurch gewahrt, dass er in der Klagebegründung seine Vorstellun- **430**

---

[857] LG Hamburg v. 19. 10. 2007, 302 S 19/07 (nicht veröff.); v. 26. 9. 2007, 302 T 4/07 (nicht veröff.); v. 7. 9. 2006, JurBüro 2006, 649 = ZfS 2007, 168; v. 11. 9. 2007, JurBüro 2008, 39: Pflichtverletzung im Mandatsverhältnis; LG München v. 10. 6. 2008, 30 S 17964/07 (nicht veröff.); LG Düsseldorf v. 16. 2. 2007, – 20 S 179/06 (juris); LG Darmstadt v. 25. 10. 2006, JurBüro 2007, 424; LG Cottbus v. 17. 5. 2006, – 1 S 257/05 (juris); AG Düsseldorf v. 30. 4. 2008, 27 C 662/08 (nicht veröff.); AG Düsseldorf v. 19. 2. 2008, 40 C 11893/07 (nicht veröff.); AG Düsseldorf v. 31. 5. 2007, – 27 C 648/07 (nicht veröff.); AG Düsseldorf v. 28. 7. 2005, r+s 2006, 284; AG Herne-Wanne v. 29. 4. 2008, 13 C 92/08 (nicht veröff.); AG Lahr v. 20. 11. 2007, 2 C 485/05 (nicht veröff.); AG Wiesloch v. 11. 1. 2008, 2 C 17/07 (nicht veröff.); AG Köln v. 13. 3. 2008, 139 C 395/07 (nicht veröff.); AG Rheine v. 17. 10. 2007, – 4 C 510/07 (nicht veröff.); AG München v. 4. 9. 2007, – 232 C 6216/07; AG Frankfurt/M. v. 12. 12. 2006, – 30 C 2258/06-32 (nicht veröff.); AG Frankfurt/M. v. 29. 9. 2006, – 32 C 1965/06-48 (nicht veröff.); AG Frankfurt/M. v. 8. 12. 2005, – 29 C 1474/05-21 (nicht veröff.); AG Ahaus v. 26. 10. 2006, – 15 C 94/06 (nicht veröff.); AG Ulm v. 19. 10. 2006, – 6 C 774/06 (nicht veröff.); AG Nürnberg v. 9. 10. 2006, – 13 C 3829/06; AG Königstein im Taunus v. 13. 10. 2006, – 23 C 87/06 (14 [nicht veröff.]); AG Hamburg-Wandsbek v. 20. 11. 2006, – 714 C 90/06 (nicht veröff.); AG Hamburg-St. Georg v. 18. 7. 2006, – 911 C 173/06 (nicht veröff.); AG Hamburg-St. Georg v. 15. 2. 2006, 916 C 253/05 (juris); AGS 2006, 311; AG Hamburg-St. Georg v. 23. 12. 2005, – 915 C 613/05 (nicht veröff.); AG Hamburg-St. Georg v. 29. 11. 2005, – 914 C 422/05, AGS 2006, 310; AG Essen v. 1. 8. 2006, – 20 C 63/06 (juris), NJW-RR 2007, 24 = NZM 2006, 912; AG Stuttgart v. 12. 7. 2006, – 50 C 2110/06 (nicht veröff.); AG Stuttgart v. 13. 2. 2007, – 11 C 5864/06 (nicht veröff.); AG Stuttgart v. 23. 6. 2006, – 1 C 2369/06 (juris); AG Schwerte v. 30. 1. 2006, – 7 C 230/06 (nicht veröff.).

[858] LG Köln v. 30. 1. 2008, JurBüro 2008, 199 (Sonderfall: 30jährige Betriebszugehörigkeit); AG München v. 27. 4. 2007, JurBüro 2007, 591; AG Hamburg-Altona v. 7. 12. 2006, NZA-RR 2007, 594 = JurBüro 2007, 265; AG Velbert v. 8. 9. 2006, AnwBl 2006, 770; AG Ibbenbüren v. 10. 1. 2006, – 31 C 81/06 (nicht veröff.); AG Cham v. 22. 12. 2005, JurBüro 2006, 213; AG Wiesbaden v. 14. 9. 2005, JurBüro 2007, 143; AG Essen-Steele v. 22. 6. 2005, JurBüro 2005, 585 = AnwBl 2005, 655 mit Anm. *Eckert; Pabst,* VersR 2006, 1615 (1616); *Fischer,* NZA 2006, 513 ff.

[859] *Mack,* JurBüro 2007, 400 (401); *Schneider,* RVGprofessionell 2006, 170.

[860] OLG Köln v. 16. 4. 2002, ZfS 2002, 495; OLG Nürnberg v. 26. 11. 1981, VersR 1982, 695; *Harbauer/Bauer,* § 15 ARB 75 Rn. 23; *Prölss/Martin/Armbrüster,* § 15 ARB 75 Rn. 9.

gen über den **ungefähren Größenbereich** der geltend gemachten Forderung vorträgt[861]. Mit diesen Angaben kann das Gericht das Interesse des VN und seine etwaige Beschwer für den Fall eines Rechtsmittelverfahrens wertmäßig feststellen. Es ist auch nicht gehindert, eine deutlich über dem dargelegten Größenbereich liegende Summe zuzusprechen, solange der VN für sein Begehren keine Obergrenze angegeben hat[862]. Der VN kann auch noch in der Berufungsinstanz eine höhere Größenordnung angeben, da dies verjährungsrechtlich irrelevant ist. Es handelt sich nicht um eine Änderung des Streitgegenstandes, weil auch der erstinstanzliche Antrag die rechtliche Möglichkeit bot, bei Vorliegen der materiellen Voraussetzungen ein entsprechend hohes Schmerzensgeld zuzusprechen[863].

431   Der VN verstößt auch dann gegen seine Schadenminderungspflicht, wenn er der Aufforderung des VR nicht nachkommt, gegen einen **unrichtigen Streitwertbeschluss** Beschwerde einzulegen[864]. Auch wenn sich der für den VN tätige Anwalt einem Interessenkonflikt ausgesetzt sieht, muss er für seinen Mandanten den billigsten Weg zur Rechtsverfolgung beschreiten. Auf keinen Fall darf – zulasten des VR – in Bezug auf einen erkennbar überhöhten Streitwertbeschluss Rechtsmittelverzicht erklärt werden. Wird dies nicht beachtet, muss sich der VN das Verschulden des Anwalts[865] zurechnen lassen. Ebenfalls zur Leistungsfreiheit des VR führt die unterlassene Herbeiführung einer statthaften Berichtigung eines **fehlerhaften Kostenfestsetzungsbeschlusses**[866].

432   Unnötige Kosten können auch dadurch entstehen, dass der **VN im gerichtlichen Termin nicht erscheint.** Kein Versicherungsschutz besteht daher für Gebühren anlässlich der Vertretung in der Hauptverhandlung, wenn der VN trotz Anordnung seines persönlichen Erscheinens nicht erscheint und sein Einspruch gegen den Bußgeldbescheid deshalb verworfen wird. Kommt der VN zu der Erkenntnis, dass sein Einspruch unbegründet ist, muss er ihn rechtzeitig zurücknehmen[867]. Das Gleiche gilt, wenn der VN ohne Entschuldigung zu seiner vom Gericht beschlossenen Parteivernehmung nicht erscheint[868] oder wenn grob fahrlässig Säumniskosten verursacht werden. Grobe Fahrlässigkeit liegt nicht vor, wenn der VN rechtzeitig vor dem Termin mit verständlicher Begründung um Verlegung gebeten, die Ablehnung dieser Bitte aber erst am Terminstag erhalten hat[869].

432a   Wird der VN von seinem Rechtsanwalt wegen einer bereits **verjährten Honorarforderung** in Anspruch genommen, gebietet es die Schadenminderungsobliegenheit, dass der VN gegenüber seinem Anwalt die Einrede der Verjährung erhebt[870]. Dem VN steht es frei, die fragliche Rechnung seines Anwalts trotz bestehender Verjährungseinrede zu begleichen, um ein etwaiges Vertrauensverhältnis nicht zu belasten. Im Verhältnis zum VR ist der VN indes verpflichtet, von der Verjährungseinrede Gebrauch zu machen, um die Versichertengemeinschaft nicht mit vermeidbaren Kosten zu belasten.

433   In **Bußgeldverfahren** kann die Vorgehensweise von VN und Anwalt im Zusammenhang mit der **Zusatzgebühr** nach **Nr. 5115 VV RVG** (früher § 84 Abs. 2 BRAGO) unnötige Kosten verursachen. Legt der VN gegen einen Bußgeldbescheid ohne jeden sachlichen Grund Einspruch ein oder nimmt er den Einspruch erst gegenüber dem Amtsgericht zurück,

---

[861] Zum Einfluss auf die Streitwertfestsetzung vgl. OLG Düsseldorf v. 15. 11. 1994, OLGR 1995, 45.

[862] BGH v. 30. 4. 1996, MDR 1996, 886.

[863] BGH v. 10. 10. 2002, MDR 2002, 26.

[864] LG Coburg v. 28. 4. 2003, – 11 O 80/03 – (nicht veröff.); LG Stuttgart v. 22. 5. 1997, ZfS 2000, 221; AG Hamburg 6. 10. 1999, ZfS 2000, 360; AG Charlottenburg v. 28. 6. 1991, NJW-RR 1992, 355 = r+s 1991, 377; *Harbauer/Bauer,* § 15 ARB 75 Rn. 21; *Prölss/Martin/Armbrüster,* § 15 ARB 75 Rn. 9; *Vassel,* ZVersWiss 1986, 278 (280): Weisungsrecht des VR nach § 62 VVG a. F.

[865] Vgl. hierzu *Tietgens,* r+s 2005, 489 (497).

[866] OLG Köln v. 12. 4. 2007, r+s 2007, 374.

[867] AG Dorsten v. 27. 9. 1989, r+s 1990, 342.

[868] LG Braunschweig v. 18. 8. 1993, r+s 1994, 20; hierzu kritisch *Bauer,* NJW 1995, 1464 (1467).

[869] BGH v. 20. 4. 1994, VersR 1994, 1061.

[870] LG Oldenburg v. 4. 5. 2007, – 13 S 775/06 (nicht veröff.); AG Düsseldorf v. 30. 12. 2004, – 230 C 9234/04 (nicht veröff.); v. 4. 5. 2004, – 29 C 15205/03 (nicht veröff.).

obwohl kein vernünftiger Grund hierfür vorlag, den Einspruch nicht schon gegenüber der Bußgeldstelle zurückzunehmen, so hat der VR die vom Anwalt abgerechnete Gebühr nach Nr. 5115 VV RVG nicht zu übernehmen[871]. Dagegen wird man vom VN grundsätzlich nicht verlangen können, den zunächst berechtigterweise eingelegten Einspruch erst innerhalb der 2-Wochen-Frist des Abs. 1 Nr. 4 der Nr. 5115 VV RVG zurückzunehmen, um den Anfall der höheren Gebühr zu verhindern[872]. Ein solches − kostengünstigeres − Vorgehen kann zwar im Einzelfall sinnvoll und geboten sein. Vorrang haben aber im Zweifel die Interessen des VN, die der Verteidiger mit den Kostenaspekten verantwortungsvoll abzuwägen hat.

Eine neuartige Problematik hat sich in sog. **Kapazitätsverfahren** ergeben, welche − soweit   **433a**
nicht ausdrücklich ausgeschlossen − unter den von einigen VR angebotenen **Verwaltungsgerichts-Rechtsschutz** im Nichtverkehrsbereich fallen. Für derartige Verfahren ist kennzeichnend, dass der Studienplatzbewerber − um seine Chancen zu optimieren − quasi nach dem „Schrotflinten-Prinzip" diverse Hochschulen außerhalb des allgemeinen Zulassungsverfahrens in Anspruch nimmt, weil deren Kapazitätsberechnungen falsch und tatsächlich noch freie Plätze vorhanden seien (sog. „verschwiegene" bzw. „außerkapazitäre" Studienplätze). Soweit in diesen Fällen ein Versicherungsfall dargelegt werden kann, weil aufgrund falscher Berechnung der jeweiligen Hochschule in der einschlägigen Zulassungszahlenverordnung die Zulassungszahl fehlerhaft festgesetzt wurde und auch hinreichende Erfolgsaussichten bejaht werden können, stellt sich die Frage, ob der VR den Versicherungsschutz auf eine bestimmt Anzahl an Verfahren begrenzen kann. Das LG Hannover[873] sieht die Grenze bereits bei **einem** Verfahren, da ein verständiger Bürger, der keine finanziellen Rücksichten zu nehmen hat, nur eine Universität verklagen würde, wenn er die Kosten selbst zu tragen hätte. Das OLG Celle[874] hat dies in der Berufungsinstanz anders gesehen und die Grenze bei **zehn** Verfahren gezogen. Ob eine solche Obergrenze überhaupt bestimmt werden kann, ist fraglich. Klar sein dürfte jedenfalls, dass der VN nicht Versicherungsschutz für Verfahren gegen sämliche Universitäten verlangen kann, bei denen der gewünschte Studiengang angeboten wird. Ähnlich wie im PKH-Verfahren[875] wird im Einzelfall zu berücksichtigen sein, ob der Bewerber überhaupt auf einen Studienplatz außerhalb der festgesetzten Kapazität angewiesen ist und wie seine Loschance in einem gerichtlich angeordneten Losverfahren einzuschätzen ist. Es obliegt dem VN, der durch die Prozesshäufung bewusst ein erhebliches Unterliegensrisiko eingeht (sobald ein Verfahren erfolgreich war, sind alle anderen Klagen aussichtslos), diese Umstände zu recherchieren und den VR entsprechend zu informieren. In gewissem Umfang werden daher ausnahmsweise auch die Erfolgsaussichten der beabsichtigten Rechtsverfolgung in die Bewertung der Schadenminderungsobliegenheit mit einfließen müssen. Würde man dem nicht folgen, liefe dies auf eine unbestimmte Vielzahl gerichtlicher (Eil-) Verfahren, d. h. einen Vorsorge-Rechtsschutz, gestützt auf Eventualitäten, hinaus. Mit dem offenkundigen Übermaßgebot der ARB wäre dieses Ergebnis nicht zu vereinbaren. Die VR würden sich allerdings leichter tun, wenn sie − vorausgesetzt sie wollen Rechtsschutz für Kapazitätsverfahren überhaupt anbieten − zukünftig direkt in der Beschreibung der Leistungsart den Versicherungsschutz auf eine bestimmte Zahl von Klagen beschränken würden. Einzelne VR sind aufgrund der Mehrfachklagenproblematik dazu übergangen, den Versicherungsschutz für Kapazitätsverfahren ganz auszuschließen. Hierbei spielt sicherlich auch eine Rolle, dass der bei diesem Thema in beson-

[871] AG Gelsenkirchen v. 27. 6. 2004, AGS 2004, 323 und AG Hamburg-Barmbek v. 4. 4. 2003, AGS 2004, 324 mit jeweils zust. Anm. *Schneider;* AG München v. 22. 7. 1998, ZfS 1999, 214; AG Köln v. 11. 3. 1998, VersR 1999, 483; AG Ludwigshafen v. 26. 8. 1997, − 2e C 169/97 (nicht veröff.); AG Charlottenburg v. 17. 3. 1997, − 26b C 12/97 (nicht veröff.); AG Hamburg v. 1. 10. 1996, − 21b C 1569/96 (nicht veröff.).
[872] AG Düsseldorf v. 23. 9. 1998, ZfS 1999, 119; AG Bühl v. 28. 10. 1996, AGS 1997, 22.
[873] LG Hannover v. 7. 7. 2006, − 13 O 355/05 (nicht veröff.).
[874] OLG Celle v. 19. 4. 2007, VersR 2007, 1218 (nicht rechtskräftig).
[875] Vgl. z. B. OVG Münster v. 8. 9. 2004, − 13 C 1767/04 (juris); VGH Kassel v. 19. 1. 2007, − 8 MM 2644/06.

Obarowski

derer Weise gegebenen Gefahr von Zweckabschlüssen mit Wartezeitregelungen nur begrenzt begegnet werden kann.

II. Nebenpflichten des Versicherers

434 Gem. § 1 ARB sorgt der VR für die Wahrnehmung der rechtlichen Interessen des VN. § 17 (4) ARB 94/2000/2008 konkretisiert die **Sorgepflicht** dahingehend, dass der VR dem VN den Anspruch auf Rechtsschutz zu bestätigen hat. Dieser Anspruch auf **Deckungszusage** war in den ARB 75 noch nicht ausdrücklich vorgesehen, aber gleichwohl anerkannt[876]. Gibt der VR in dieser Form „grünes Licht", hat der VN die Gewissheit, dass in dem bestätigten Umfang die Kosten übernommen werden, denn die Deckungszusage des VR hat rechtlich den Charakter eines **deklaratorischen Schuldanerkenntnisses**[877]. Hieraus folgt, dass der VR sich nicht nachträglich auf Versagungsgründe berufen kann, die er zum Zeitpunkt der Zusage kannte. Das Gleiche gilt für Versagungsgründe, mit denen er nach dem vom VN geschilderten Sachverhalt rechnen musste, sofern nicht die Deckungszusage mit einem ausdrücklichen Vorbehalt versehen wurde. Umgekehrt ist der VR **nach Ablehnung** des Versicherungsschutzes **nicht gehindert,** weitere **Ablehnungsgründe nachzuschieben,** da der VN hierdurch in seiner Dispositionsfreiheit nicht beeinträchtigt wird[878]. Dies gilt auch für die nachgeschobene Ablehnung wegen fehlender Erfolgsaussicht, allerdings wegen der Besonderheit des Gutachterverfahrens (§ 128 VVG/§ 158 n VVG a. F.) nur dann, wenn sich der VR diesen speziellen Einwand in der anderweitig begründeten Deckungsablehnung vorbehalten hatte (vgl. hierzu Rn. 448).

435 Nach Auffassung des **BGH** kann sich der VR **schadenersatzpflichtig** machen, wenn er **unberechtigt Deckungsschutz ablehnt** und der VN durch Versäumung einer Klagefrist Ansprüche verliert. Der VR könne sich nicht darauf berufen, dass ein Schadenersatzanspruch außerhalb des Schutzzwecks der Norm liege. Diese mit Beschluss vom **26. 1. 2000**[879] begonnene Rechtsprechung hat der BGH mit seinem Urteil vom **15. 3. 2006**[880] fortgeführt. Er stellt klar, dass die Haftung des VR nicht durch die vereinbarte Deckungssumme begrenzt sei, sondern auch das darüber hinaus gehende Erfüllungsinteresse umfasse. Die Ersatzpflicht des VR entfalle allerdings wegen überwiegenden Mitverschuldens des VN nach § 254 BGB, wenn der VN den VR nicht auf den drohenden Ablauf der Frist hinweist und nicht darüber informiert, dass er ohne Deckungsschutz keine Klage erheben werde. Für die Möglichkeit und Zumutbarkeit einer Kreditaufnahme, die ebenfalls eine Haftung des VR nach § 254 BGB entfallen lassen könne, sei der VR darlegungspflichtig.

436 Ebenfalls Ausfluss der Sorgepflicht nach § 1 ARB ist die in § 17 ARB 94/2000/2008 bzw. § 16 ARB 75 geregelte Pflicht, bei der **Einschaltung eines Rechtsanwalts** mitzuwirken. Benennt der VN keinen Anwalt, ist der VR verpflichtet, einen Anwalt auszuwählen und zu beauftragen. Dass hierdurch die vom VR ausgewählten Kanzleien gefördert werden, ist eine notwendige Nebenfolge und verstößt nicht gegen Wettbewerbsrecht[881].

437 Für den VR können sich auch **Hinweispflichten** sowie ergänzende Leistungspflichten ergeben. Hierzu gehören die gesetzliche Hinweispflicht nach § 128 S. 2 VVG (§ 158 n S. 2 VVG a. F.) sowie weitere Verhaltenspflichten im Rahmen der Durchführung des Schiedsgutachterverfahrens nach § 18 ARB 94/2000/2008. Ferner kann der VR nach Treu und Glauben verpflichtet sein, den VN auf die Gefahr der Deckungssummenüberschreitung hinzuweisen (hierzu Rn. 217).

---

[876] *Harbauer/Bauer,* § 1 ARB 75 Rn. 15; *Prölss/Martin/Armbrüster,* § 1 ARB 75 Rn. 1.

[877] *Harbauer/Bauer,* § 16 ARB 75 Rn. 5 a; *Prölss/Martin/Armbrüster,* § 17 ARB 75 Rn. 14 (jeweils mit Rechtsprechungsnachweisen).

[878] Vgl. *Harbauer/Maier,* § 4 ARB 75 Rn. 5; *Harbauer/Bauer,* § 17 ARB 75 Rn. 2; *Prölss/Martin/Armbrüster,* § 17 ARB 75 Rn. 16; *Schirmer,* r+s 1999, 45 (48).

[879] NJW-RR 2000, 690 = NVersZ 2000, 244 = r+s 2000, 244 m. Anm. *Schimikowski* (PVV I); vgl. hierzu auch *Römer,* r+s 2000, 177 (179) und *Mathy,* NVersZ 2001, 433 (441).

[880] VersR 2006, 830 = NJW 2006, 2548 = r+s 2006, 239 = MDR 2006, 1226 (PVV II).

[881] LG Bremen v. 4. 9. 1997, VersR 1998, 974.

Eine besondere **Schutzpflicht** ergibt sich daraus, dass der VR den VN von Forderungen **438**
des Gegners zu befreien hat. Er muss dann durch geeignete Maßnahmen (Herausgabe des
Vollstreckungstitels, Sicherung von Beweisen) dafür sorgen, dass der VN aufgrund eines **Kos-
tentitels** nicht (erneut) zur Zahlung herangezogen wird[882]. Anderenfalls läuft er Gefahr, sich
gegenüber dem VN schadenersatzpflichtig zu machen. Im Hinblick auf die begrenzte Frist
zur Aufbewahrung der Schadenunterlagen (§ 257 HGB) sowie die parallel bestehende Pflicht
des Anwalts, Nachteile für den Mandanten zu vermeiden, muss aber jeweils auf die Umstände
des Einzelfalles abgestellt werden.

Keinen Verstoß gegen vertragliche Nebenpflichten stellt es dar, wenn der VR Informatio- **439**
nen über die **Kündigung eines Rechtsschutzvertrages** an den GDV (früher: HUK-Verband) zur dortigen **Speicherung** weitergibt[883]. Da der VN diese Daten bei Abschluss eines
neuen Vertrages bei einem anderen VR nach § 19 VVG (§ 16 VVG a. F.) offenbaren muss, werden seine Rechte durch die Speicherung der Daten beim GDV nicht beeinträchtigt.

I. Erfolgsaussichten/Mutwilligkeit

Der Abschluss eines Rechtsschutzvertrages soll den VN in die Lage versetzen, im Bedarfs- **440**
fall seine rechtlichen Interessen frei von Kostenüberlegungen wahrnehmen zu können. Er soll
auch einen riskanten Prozess durchführen dürfen, von dem er ohne das Bestehen einer
Rechtsschutzversicherung möglicherweise Abstand genommen hätte. Auf der anderen Seite
kann der VR keine schrankenlose Inanspruchnahme der Versicherungsleistungen zulassen, da
hieran die Versichertengemeinschaft, die derartiges mit ihren Beiträgen mitfinanzieren
müsste, kein Interesse haben kann. Das vom VR übernommene Risiko wird daher insofern
sekundär begrenzt, als eine aussichtslose oder mutwillige Interessenwahrnehmung von der
Deckung ausgeklammert wird. **§ 18 (1) ARB 94/2000/2008** bestimmt, dass der VR in diesen Fällen den Versicherungsschutz ablehnen kann. Das Gegenstück hierzu in den ARB 75 ist
§ 17 ARB 75. Diese Vorläuferregelung war im Zusammenhang mit **§ 1 ARB 75** zu sehen,
welche – ohne dass dies rechtlich erforderlich war[884] – die hinreichend erfolgversprechende
und nicht mutwillige Interessenwahrnehmung als „notwendige" Wahrnehmung rechtlicher
Interessen definierte. Die ARB 94/2000/2008 verzichten auf eine solche Vorab-Definition,
stattdessen wird in § 1 ARB 94/2000/2008 durch die Beschränkung auf die „erforderlichen"
Kosten ein generelles Übermaßverbot verankert.

I. Erfolgsaussichtenprüfung

Bereits § 128 VVG (§ 158n VVG a. F.) geht davon aus, dass der VR bei fehlender Erfolgs- **441**
aussicht den Versicherungsschutz ablehnen kann. § 18 (1) b ARB 94/2000/2008 begrenzt
diese Leistungseinschränkung aber auf die Leistungsarten **§ 2 a) bis g) ARB 94/2000/2008.**
In Straf- und Bußgeldverfahren werden somit die Erfolgsaussichten insgesamt nicht geprüft,
im Gegensatz zu § 17 (1) S. 3 ARB 75 also auch nicht im Revisions- und Rechtsbeschwerde-
rechtszug.

Der VR muss seine Leistungspflicht **„unverzüglich"** ablehnen. Im Allgemeinen wird in- **442**
soweit eine Frist von 2 bis 3 Wochen ab dem Zeitpunkt der vollständigen Information des
VR angenommen[885]. Bei Nichteinhaltung dieser Frist soll der VR insgesamt das Recht verlieren, sich auf fehlende Erfolgsaussicht zu berufen[886]. Es erscheint allerdings sehr fraglich,

---

[882] KG Berlin v. 24. 4. 1990, r+s 1991, 23.
[883] OLG Frankfurt/M. v. 6. 5. 1981, VersR 1982, 568; *Prölss/Martin/Prölss,* Vorbem. II Rn. 16; *Hoeren,*
VersR 2005, 1014.
[884] *Sperling,* VersR 1996, 133 (134).
[885] OLG Frankfurt/M. v. 9.7. 1997, NJW-RR 1997, 1386 = VersR 1998, 357 = AnwBl 1999, 128;
Prölss/Martin/Armbrüster, § 17 ARB 75 Rn. 5 m. w. N.; *Harbauer/Bauer,* § 17 ARB 75 Rn. 2.
[886] BGH v. 19. 3. 2003, NJW 2003, 1936 = VersR 2003, 638 = MDR 2003, 871 = r+s 2003, 363 =
ZfS 2003, 364 = NZW 2003, 326.

Obarowski

eine so weitgehende Rechtsfolge anzunehmen, da es nicht im Interesse der Versichertengemeinschaft liegen kann, wegen einer bloßen Fristüberschreitung völlig aussichtslose Rechtsverfolgungen mitfinanzieren zu müssen. Das Gebot der „unverzüglichen" Entscheidung ist daher einschränkend so auszulegen, dass der VR bei Fristüberschreitung ungeachtet der Erfolgsaussicht als Schadenersatz die zwischenzeitlich entstandenen Kosten zu tragen hat[887]. Etwaige Zweifel hinsichtlich der Höhe des Schadens werden allerdings zu lasten des VR gehen müssen.

443   Die Erfolgsaussicht ist **in jeder Instanz erneut zu prüfen,** also jeweils vor Klageerhebung sowie Berufungs- und Revisionseinlegung. Dies beruht darauf, dass die ARB keine umfassende Zusage vorsehen, welche von vornherein alle in Betracht kommenden Rechtszüge umfasst. Die Abstimmungsobliegenheiten gem. §§ 15 ARB 75, 17 ARB 94/2000/2008 verdeutlichen vielmehr, dass der VR für jede Instanz gesondert über die Rechtsschutzgewährung entscheidet[888].

1. Hinreichende Aussicht auf Erfolg

444   Das Erfordernis der **hinreichenden** Erfolgsaussicht ist wörtlich aus der Definition der sachlichen Voraussetzungen für die Bewilligung von Prozesskostenhilfe in **§ 114 Abs. 1 S. 1 ZPO** übernommen. Nach einer Grundsatzentscheidung des **BGH**[889] bringt dies unmissverständlich zum Ausdruck, dass der VR unter eben den sachlichen Voraussetzungen Versicherungsschutz gewähren will, unter denen eine Partei Prozesskostenhilfe beanspruchen kann. Zugleich werden der Praxis für die Auslegung einige Hinweise gegeben[890]. Für die Praxis besonders bedeutsam ist, dass der VR beim Angebot zulässiger Beweismittel die **Beweiswürdigung nicht vorwegnehmen darf.** Etwas anderes kann allerdings dann gelten, wenn ein Beweismittel schon in einem anderen gerichtlichen Verfahren gewürdigt worden ist[891], oder wenn die Klage des VN bewusst auf falschen Sachvortrag gestützt wird, mit dessen Widerlegung in der Beweisaufnahme zu rechnen ist[892].

2. Wirtschaftliche Interessenwahrnehmung

445   Zuweilen schwierig einzuordnen sind Fälle, die so gelagert sind, dass dem VN eindeutig die **Durchsetzung einer Rechtsposition nicht möglich** ist, dieser aber gleichwohl anwaltliche Hilfe in Anspruch nimmt, um durch Verhandlungen mit der Gegenseite ein wirtschaftlich möglichst günstiges Ergebnis zu erzielen. Der **BGH**[893] hat hierzu klargestellt, dass der Begriff des „wirtschaftlichen" Interesses nicht der nach § 1 ARB versicherten Wahrnehmung „rechtlicher Interessen" gegenüber gestellt werden kann[894]. Soweit also die Voraussetzungen für einen Versicherungsfall im Sinne des § 4 ARB 94/2000/2008 (§ 14 ARB 75) vorliegen und eine Rechtsverfolgung auf Seiten des VN aussichtslos ist, muss – auch wenn die Erfolglosigkeit noch so eindeutig ist und von der Wahrnehmung wirtschaftlicher Interessen gesprochen werden könnte – das Verfahren nach § 18 ARB 94/2000/2008 (§ 17 ARB 75) durchgeführt werden. Die Entscheidung des BGH geht allerdings noch einen Schritt weiter. Der BGH sieht die **Notwendigkeit** der rechtlichen Interessenwahrnehmung im Sinne des § 1 ARB auch dann noch als gegeben an, wenn sich der VN für den Abschluss eines **umfassenden** und komplizierten **Vollstreckungsvergleichs** anwaltlicher Hilfe bedient[895]. Für

---

[887] So zutreffend *Schirmer,* DAR 1990, 441 (442).
[888] BGH v. 14. 4. 1999, r+s 1999, 285 (286); v. 2. 5. 1990, r+s 1990, 275 (276); OLG Hamm v. 3. 2. 1989, VersR 1989, 838; *Harbauer/Bauer,* § 15 ARB 75 Rn. 20; *Prölss/Martin/Armbrüster,* § 17 ARB 75 Rn. 2.
[889] V. 16. 9. 1987, NJW 1988, 266 = VersR 1987, 1186.
[890] Hierzu ausführlich *Bauer,* VersR 1988, 174.
[891] BGH, a. a. O.; AG Aachen v. 14. 8. 1998, VersR 1999, 1106.
[892] LG Berlin v. 8. 10. 1985, VersR 1986, 1186.
[893] V. 22. 5. 1991, VersR 1991, 919; hierzu kritisch *Kurzka,* VersR 1994, 409 (410).
[894] So aber die früher h. M.; vgl. *Prölss/Martin/Armbrüster,* § 1 ARB 75 Rn. 8 mit Nachweisen.
[895] BGH, a. a. O., S. 920 unter 1 c.

den Fall einer schlichten Stundung oder Ratenzahlungsvereinbarung, die keine besonderen Rechtskenntnisse verlangt, wird man dies aber nicht mehr bejahen können[896].

3. Stichentscheid/Schiedsgutachten

Nach § 128 VVG (§ 158n VVG a. F.) hat der VR für den Fall von Meinungsverschiedenheiten über die Erfolgsaussichten oder die Mutwilligkeit ein objektives Schiedsverfahren vorzusehen. Diesen Vorgaben genügt – wenn auch mit gewissen Bedenken – das sog. **Stichentscheidsverfahren** nach **§ 17 (2) ARB 75.** Eine höhere Garantie für die vom Gesetzgeber geforderte Objektivität bietet das im Zuge der ARB 94 eingeführte **Schiedsgutachterverfahren** nach **§ 18 ARB 94/2000/2008**[897]. Es hat sich entgegen der im Vorfeld geäußerten Zweifel[898] als durchaus praktikabel und sachgerecht erwiesen. Gleichwohl sind die **meisten VR** mit ihren Bedingungswerken wieder auf das Stichentscheidsverfahren **umgeschwenkt.** Ein Argument hierfür mag gewesen sein, dass das Verfahren nach § 17 (2) ARB 75 für den VN in jedem Fall kostenfrei ist. Eine solche Regelung ließe sich allerdings auch in § 18 (5) ARB 94/2000/2008 installieren. Einzelne Versicherer haben dies inzwischen auch in einer modernisierten Fassung der ARB umgesetzt. **§ 17 (2) S. 2 ARB 75** ist für den VN jedenfalls insofern nachteilig, als ein **offenbar unrichtiges Gutachten**[899] die Parteien **nicht bindet,** wogegen der VR mit dem Schiedsgutachterverfahren nach § 18 ARB 94/2000/2008 auf einen solchen Einwand, der neue Meinungsverschiedenheiten auslösen kann, verzichtet. Ein weiterer Vorteil des Schiedsgutachterverfahrens besteht für den VN darin, dass fristwahrende Maßnahmen ungeachtet der Entscheidung des Schiedsgutachters gedeckt sind (§ 18 Abs. 3 S. 2 ARB 94/2000/2008). Im Ergebnis ist daher nicht recht verständlich, warum sich das Schiedsgutachterverfahren nicht hat durchsetzen können. Da eine Einheitlichkeit in der Branche offensichtlich nicht herstellbar ist, nennen die Muster-ARB 2008 für die Umsetzung des § 128 VVG in § 18 ARB 2008 beide Alternativen, also sowohl das Schiedsgutachter-Verfahren, als auch das Stichentscheids-Verfahren.

Was **„Kosten in dem zur Fristwahrung notwendigen Umfang"** i. S. des § 18 Abs. 3 **446a** S. 2 ARB 94/2000/2008 sind, muss durch Auslegung ermittelt werden. Nicht erfasst werden hierdurch zweifellos solche Kosten, die der VN schon vor der ablehnenden Entscheidung des VR oder vor Beantragung des Schiedsgutachterverfahrens ausgelöst hat[900]. Hiervor soll ihn die Regelung erkennbar nicht schützen. Fraglich ist, ob auch etwaige beim Gegner durch eine fristwahrende Klage oder ein fristwahrendes Rechtsmittel entstehende Kosten gedeckt sind. Hierfür könnte der generelle Zweck der Regelung sprechen, die den VN „bis zum Abschluss des Schiedsgutachterverfahrens" vor Kosten bewahren soll. Ausdrücklich genannt sind andererseits nur solche Kosten, die durch eine fristwahrende Maßnahme entstehen. Dies ist zunächst nur die beim eigenen Anwalt durch die Klageerhebung oder Einlegung eines Rechtsmittels entstehende Verfahrensgebühr zuzüglich der einzuzahlenden Gerichtskosten. Der durchschnittliche VN wird eine derartige Begrenzung der Kostenübernahme aber nicht erwarten. Er muss vielmehr annehmen, dass der VR alle durch die fristwahrende Maßnahme notwendigerweise anfallenden Kosten im Umfang des § 5 ARB 94/2000/2008 übernimmt. Gedeckt sind daher beispielsweise auch etwaige beim Berufungsbeklagten entstehende Anwaltskosten, solange das Schiedsgutachterverfahren nicht abgeschlossen ist[901]. Die ausdrückliche Beschränkung auf die „notwendigen" Kosten macht allerdings deutlich, dass der VN sich in besonderer Weise um eine Geringhaltung der Kosten bemühen muss. Im Einzelfall

---

[896] Angedeutet, aber letztlich offen gelassen von BGH, a. a. O., S. 920 unter 1d; OLG Schleswig v. 12. 12. 1991, VersR 1992, 351: Eindeutige Rechtslage bei Ablauf einer Nachfrist gem. § 326 BGB; unklar *Harbauer/Bauer,* § 1 ARB 75 Rn. 6; *Prölss/Martin/Armbrüster,* § 1 ARB 75 Rn. 8.

[897] Hierzu *Beck,* AnwBl 1995, 620.

[898] *Schirmer,* DAR 1990, 441.

[899] Vgl. hierzu BGH v. 20. 4. 1994, VersR 1994, 1061 mit Anm. *Lorenz;* OLG Hamm v. 3. 11. 2004, r+s 2005, 157; OLG Köln v. 29. 10. 2000, NJW-RR 2003, 392 = r+s 2003, 151 = ZfS 2004, 36.

[900] AG Jena v. 22. 2. 2008, r+s 2008, 243; *Kilian,* r+s 2007, 446 (447).

[901] A. A. *Kilian,* r+s 2007, 446 (448).

kann der VN daher z. B. verpflichtet sein, die Rechtsmittelbegründungsfrist verlängern zu lassen, da vor Ablauf der Rechtsmittelbegründungsfrist eine Zurücknahme des Rechtsmittels, die der VN bei für ihn negativem Ausgang des Schiedsgutachterverfahrens im Zweifel anstreben wird, zu einer beachtlichen Ermäßigung der Gerichts- und Anwaltskosten führen kann.

447   Streitig ist, ob der VN **ohne** Durchführung des Schiedsverfahrens **sofort Deckungsklage** erheben kann. Der Wortlaut der Bedingungsregelung lässt dies offen. Die bloße Einräumung einer „Möglichkeit" spricht aber letztlich dafür, von einem **Wahlrecht des VN** auszugehen[902]. Somit ist für eine sofortige Deckungsklage das Rechtsschutzbedürfnis gegeben. Andererseits muss der VN dann davon ausgehen, dass der Prüfungsumfang des Gerichts nicht eingeschränkt ist. Das Gericht kann die Erfolgsaussichten auch aus solchen Gründen verneinen, die der VR in seiner Entscheidung nicht herangezogen hatte[903].

448   § 128 VVG (§ 158n VVG a. F.) **verpflichtet den VR,** den VN bei Verneinung der Leistungspflicht auf das Schiedsverfahren **hinzuweisen.** Anderenfalls kann er die Erfolgsaussicht nicht mehr bestreiten. Fraglich ist, ob dieser Hinweis verzichtbar bzw. im Deckungsprozess nachholbar ist, wenn der VR den Versicherungsschutz zunächst aus **anderen** Gründen – z. B. wegen eines Risikoausschlusses – abgelehnt hat und sich, wenn diese Ablehnung streitig wird, **im Deckungsprozess** vorsorglich auch auf fehlende Erfolgsaussicht berufen will. In der Rechtsprechung der Oberlandesgerichte wird dies überwiegend verneint[904]. Für die grundsätzliche **Möglichkeit des Nachschiebens** dieser – zusätzlichen – Begründung sprechen aber gute Gründe. Zum einen wird so vermieden, dass der VR bei jeder Ablehnung, die auf den unterschiedlichsten Gründen beruhen kann und in den allermeisten Fällen auch nicht streitig wird, quasi prophylaktisch auch noch die Erfolgsaussichten prüfen und damit einen enormen Aufwand betreiben muss, der für die allermeisten Fälle überflüssig ist. Zum anderen kann der VN selbst nicht an der Durchführung eines Schiedsverfahrens interessiert sein, wenn der VR ohnehin aus anderen Gründen bei der Ablehnung bleibt, denn der Gutachter kann nur hinsichtlich der Erfolgsaussichten der beabsichtigten Rechtsverfolgung verbindlich entscheiden. Auf der anderen Seite ist natürlich nicht die Gefahr zu verkennen, dass der VR den Einwand fehlender Erfolgsaussicht missbräuchlich benutzt und im Deckungsprozess immer automatisch auch die Erfolgsaussicht bestreitet. Der **BGH** hatte hier zunächst mit Urteil vom **16. 10. 1985**[905] eine sachgerechte Lösung vorgezeichnet. Er ließ ein Nachschieben im Deckungsprozess nicht generell, sondern nur dann zu, wenn der VR außergerichtlich einen entsprechenden **Vorbehalt** gemacht hatte. Ein solcher Vorbehalt setzte nicht die Belehrung nach § 128 VVG (§ 158n VVG a. F.) voraus, da der VR ja gerade nicht endgültig und ausschließlich wegen fehlender Erfolgsausicht ablehnte, sondern sich diesen Einwand nur hilfsweise für den Fall vorbehielt, dass sein Hauptablehnungsgrund sich als nicht haltbar erwies. Ggf. war dem VN im Deckungsprozess die Möglichkeit der Durchführung des Schiedsverfahrens einzuräumen, falls er nicht ohnehin durch das Gericht entscheiden lassen wollte[906]. Von dieser Ansicht ist der BGH aber inzwischen in einem Urteil vom **19. 3. 2003**[907] abgerückt. Nach den Verständnismöglichkeiten des durchschnittlichen VN sei § 17 ARB 75 so

---

[902] H. M.: OLG Köln v. 6. 10. 1988, VersR 1989, 359 mit Anm. *Bauer* = r+s 1988, 334; OLG Frankfurt/M. v. 15. 2. 1984, VersR 1984, 857; *Bauer,* NJW 1997, 1046 (1050); *Schirmer,* DAR 1990, 441 (444); *Harbauer/Bauer,* § 17 ARB 75 Rn. 10; *Prölss/Martin/Armbrüster,* § 17 ARB 75 Rn. 1; *Römer/Langheid/Römer,* § 158n VVG Rn. 5; a. A.: OLG Celle v. 30. 5. 1986, VersR 1987, 1188; LG Köln v. 2. 7. 1986, NJW-RR 1987, 544; LG Stuttgart v. 19. 1. 1995, VersR 1995, 1438; *Füchtler,* VersR 1991, 156; *Gift/Bauer,* S. 311.

[903] OLG Köln v. 11. 3. 2003, r+s 2003, 455.

[904] OLG Köln v. 16. 4. 2002, r+s 2002, 289; v. 22. 2. 2000, NVersZ 2000, 590; OLG Koblenz v. 28. 5. 1999, NVersZ 1999, 492; OLG Hamm v. 22. 1. 1999, r+s 1999, 202 = VersR 1999, 1362; OLG Stuttgart v. 14. 7. 1993 r+s 1993, 344; OLG Düsseldorf v. 9. 5. 2000, NVersZ 2001, 184 = VersR 2001, 233.

[905] NJW-RR 1986, 104 = VersR 1986, 132.

[906] BGH, a. a. O.

[907] BGH v. 19. 3. 2003, NJW 2003, 1936 = VersR 2003, 638 = MDR 2003, 871 = r+s 2003, 363 = ZfS 2003, 364 = NZV 2003, 326.

auszulegen, dass sich der VR bei Verletzung der Pflicht zur **„unverzüglichen"** Mitteilung im Deckungsprozess nicht mehr auf die fehlende Erfolgsaussicht berufen kann. Die Entscheidung vermag nicht zu überzeugen. Zum einen wird vom BGH in Anlehnung an die Rechtsfolgen von Obliegenheitsverletzungen durch den VN eine Waffengleichheit zwischen VN und VR diskutiert, um die es aber gar nicht gehen kann, denn sowohl in § 15 ARB als auch in § 17 ARB 75 geht es darum, die Interessen der Versichertengemeinschaft zu wahren. Hinzukommt, dass der VN nach den Vorgaben des BGH mit mehr Rückfragen und mit längeren Bearbeitungszeiten rechnen muss, und dies aus Aspekten, die häufig gar nicht entscheidungserheblich sind, sondern vom VR nur deshalb aufgeklärt werden, um sich entsprechend den strengen Vorgaben des BGH rechtlich abzusichern. „De lege ferenda" kann den VR hier nur empfohlen werden, die Regelung in § 18 ARB 2000/2008 so zu modifizieren, dass eine interessengerechte Lösung des Problems geboten wird. So wäre es denkbar, die „Unverzüglichkeit" dergestalt einzuschränken, dass eine Ablehnung wegen fehlender Erfolgsaussicht erst dann – und dann aber auch unverzüglich – erfolgen muss, sobald der VN einer anders begründeten Ablehnung widersprochen hat. Steht fest, dass der VN oder sein Anwalt die Möglichkeit positiv kannte, ein Gutachterverfahren einzuleiten, bedarf es keines Hinweises durch den VR mehr; das wäre eine unnötige Förmelei[908].

4. „Abrategebühr"

Die Informations- und Abstimmungsobliegenheiten verlangen vom VN nicht, dass er den **449** Anwalt erst nach Verständigung des VR aufsucht. Hieraus wird teilweise abgeleitet[909], der VR müsse eine Gebühr nach § 34 RVG (§ 20 BRAGO) als sog. „Abrategebühr" übernehmen für den Fall, dass der vom VN – ohne vorherige Verständigung des VR – beauftragte Anwalt von einer Rechtsverfolgung wegen fehlender Erfolgsaussicht abrät. Dieser Auffassung kann jedoch nicht gefolgt werden, da unzulässigerweise die Obliegenheiten mit den versicherten Risiken vermengt werden. Richtig ist zwar, dass der VN im Rahmen der Obliegenheiten sofort den Anwalt aufsuchen kann. Er trägt dabei aber immer das **allgemeine Risiko,** dass der konkrete Fall nicht unter die Deckung fällt (z. B. weil die betreffende Leistungsart nicht versichert ist oder wegen eines Risikoausschlusses) und er dann dem Anwalt mindestens eine Ratsgebühr schuldet, die der VR wegen fehlender Deckung nicht zu übernehmen hat. Deshalb erscheint es konsequent, eine Leistungspflicht des VR auch dann zu verneinen, wenn die Deckung „nur" an der fehlenden Erfolgsaussicht scheitert. Zu erwägen wäre allerdings, die Beratung durch den Anwalt als antizipierten Stichentscheid aufzufassen und dem VN quasi in Analogie zu § 17 (2) S. 1 ARB 75 einen Anspruch auf Kostenübernahme bis zur Höhe der Vergütung eines Stichentscheids zuzubilligen[910].

Nach den ARB 94/2000/2008 ist die Rechtslage eindeutig. **§ 17 (4) S. 2 ARB 94/2000/** **450** **2008** stellt klar, dass der sofortige Gang zum Anwalt den Leistungsumfang nicht erweitert, vielmehr sich der Rechtsschutzanspruch nach dem Umfang richtet, wie ihn der VR bei sofortiger Information zulässigerweise festgelegt hätte. Eine sog. Abrategebühr ist somit vom VR bei fehlender Deckung nicht geschuldet[911]. Dem VN verbleibt nur die Möglichkeit, die Durchführung eines Schiedsgutachterverfahrens nach § 18 ARB 94/2000/2008 zu beantragen, falls er die Rechtsauffassung von Anwalt und VR in Frage stellt.

II. Mutwilligkeit

Gem. **§§ 1, 17 ARB 75** kann der VR auch bei „mutwilliger" Interessenwahrnehmung **451** den Versicherungsschutz ablehnen. Da sich dieser Begriff ebenso wie das Erfordernis hinreichender Erfolgsaussicht in § 114 (1) ZPO findet, gelten auch hier die entsprechenden

---

[908] OLG Karlsruhe v. 6. 8. 1998, VersR 1999, 613 = NVersZ 1999, 232; *Römer/Langheid/Römer,* § 158n VVG a. F. Rn. 6; a. A. *Bauer,* NJW 2000, 1235 (1239).
[909] AG Prüm v. 18. 8. 1993, r+s 1994, 62; *Harbauer/Bauer,* § 17 ARB 75 Rn. 3a.
[910] So *Prölss/Martin/Armbrüster,* § 17 ARB 75 Rn. 13.
[911] AG Heidelberg v. 20. 7. 2006, – 23 C 54/06 (nicht veröff.)

Grundsätze[912]. Zum besseren Verständnis für den VN versucht **§ 18 (1) a ARB 94/2000/ 2008,** den Begriff der Mutwilligkeit im Sinne eines groben Missverhältnisses zwischen Kosten und Nutzen zu beschreiben.

1. Allgemeines

452   Da die Definitionen der Mutwilligkeit im Rahmen der Prozesskostenhilfe für die Rechtsschutzversicherung übernommen werden können[913], gibt es in Literatur und Rechtsprechung keine grundsätzlichen Auslegungsdifferenzen. Einschlägige Urteile sind – mit Ausnahme der Bagatellbußgeldsachen (hierzu sogleich unter Rn. 453) – selten, da die Mutwilligkeit in der Schadenpraxis nur eine ganz geringe Rolle spielt. Gelegentlich wird die Mutwilligkeit auch mit der Schadenminderungsobliegenheit vermengt[914]. Fraglich ist, ob bei **Vermögenslosigkeit des Schuldners** des VN Mutwilligkeit anzunehmen ist. Man wird dies zumindest dann bejahen müssen, wenn die Vermögenslosigkeit feststeht, z. B. bei Liquidation der beklagten Firma[915] oder wenn der Schuldner bekanntermaßen unpfändbar und unbekannten Aufenthalts ist. Die Aussicht, dass der Gegner einmal zu Geld kommt, muss greifbar sein[916]. Nach Ansicht des **BGH**[917] ist dem VN kein Mutwillen anzulasten, wenn er sich zum Erhalt seiner Ansprüche einen nach § 197 Abs. 1 Nr. 3 BGB 30 Jahre vollstreckbaren Titel verschaffen möchte. In dieser Allgemeinheit wird man dem nicht zustimmen können. Es muss zumindest die begründete Hoffnung bestehen, dass der zurzeit vermögenslose Schuldner im Laufe dieser Jahre doch noch zu pfändbarem Vermögen kommen kann[918]. Auch ein Nichtrechtsschutzversicherter würde ansonsten für das Erstreiten von „Papiertigern" keine Rechtskosten aufwenden. Klagen auf Auszahlung einer Gewinnzusage nach § 661a BGB gegen eine **im Ausland ansässige Briefkastenfirma** sind i. d. R. mutwillig i. S. v. § 114 ZPO[919] und damit auch in der Rechtsschutzversicherung nicht gedeckt[920]. Mutwillig ist ferner die Durchführung eines **Insolvenzverfahrens,** wenn nach Schätzung des Gerichts die Insolvenzmasse schon die Verfahrenskosten nicht deckt (§ 26 Abs. 1 InsO)[921].

2. Bagatellbußgeldsachen

453   Im Rahmen des **§ 17 ARB 75** ist umstritten, inwieweit sich der VR bei der Verteidigung gegen einen geringfügigen Bußgeldbescheid (ohne Nebenfolgen) auf Mutwilligkeit berufen kann. Teilweise wird die Auffassung vertreten[922], die Verteidigung gegen Bußgeldbescheide sei nie mutwillig, weil das immaterielle Interesse des VN an der Beseitigung des staatlichen Vorwurfs im Vordergrund stünde. Die ganz überwiegende Rechtsprechung[923] hat dagegen insbesondere bei Halt- und Parkverstößen die Verteidigung gegen geringfügige Bußgeldbescheide, die weder ein Fahrverbot noch die Eintragung in das Verkehrszentralregister zur Folge hatten, als mutwillig angesehen, wobei entweder allein oder überwiegend auf die wirtschaftliche Seite, d. h. das offensichtliche Missverhältnis zwischen Kosten und Nutzen, abge-

---

[912] Vgl. BGH v. 16. 9. 1987, NJW 1988, 266 = VersR 1987, 1186.

[913] Vgl. *Bauer,* VersR 1988, 174 (176).

[914] Z.B. AG München, ZfS 1982, 83: negative Feststellungswiderklage; AG Aschaffenburg, ZfS 1984, 111: jeweils gesonderte Kündigungsschutzklagen gegen mehrere nacheinander ausgesprochene Kündigungen.

[915] OLG Köln v. 16. 8. 1994, VersR 1995, 530 = r+s 1994, 423; LG Hamburg v. 11. 10. 1989, r+s 1990, 164.

[916] LG Karlsruhe v. 15. 1. 1982, VersR 1982, 997.

[917] BGH v. 19. 2. 2003, VersR 2003, 454 a. E. = NJW-RR 2003, 672 = r+s 2003, 194.

[918] *Van Bühren/Plote,* § 1 ARB 2000 Rn. 48.

[919] OLG Dresden v. 23. 12. 2003, NJW-RR 2004, 1078; OLG Hamm v. 10. 3. 2005, OLGR 2005, 409.

[920] LG Köln v. 10. 5. 2006, – 20 O 71/06 (nicht veröff.).

[921] *Harbauer/Bauer,* § 2 ARB 75 Rn. 216; *Böhme,* § 17 ARB 75 Rn. 2.

[922] *Prölss/Martin/Armbrüster,* § 1 ARB 75 Rn. 5.

[923] Nachweise bei: *Harbauer/Bauer,* § 17 ARB 75 Rn. 7; *Prölss/Martin/Armbrüster,* § 1 ARB 75 Rn. 5; *Böhme,* § 17 ARB 75 Rn. 4a.

stellt wird. Zu folgen ist einer vermittelnden Auffassung[924], die unter Berücksichtigung von Treu und Glauben (§ 242 BGB) auf die **Umstände des Einzelfalles** abstellt. So wird in der Regel dann von Mutwilligkeit auszugehen sein, wenn neben dem Missverhältnis zwischen Geldbuße und Verteidigungskosten hinzukommt, dass der VN überhaupt keine sachlichen und rechtserheblichen Gründe für eine Verteidigung vorbringen kann oder ihm – in Anlehnung an den Rechtsgedanken des § 109a OWiG[925] – zuzumuten ist, zunächst selber ohne Einschaltung eines Rechtsanwalts der Verwaltungsbehörde einfach gelagerte Verteidigungsgründe mitzuteilen[926].

Die Streitfrage im Rahmen der ARB 75 hat durch die **seit dem 1. 4. 1987** geltende **Halterhaftung** (§ 25a StVG) teilweise an Bedeutung verloren. Durch die Halterhaftung wird regelmäßig das Bußgeld durch eine mindestens gleich hohe Belastung mit Verfahrenskosten ersetzt. Deshalb ist es seit dem 1. 4. 1987 wirtschaftlich unsinnig, sich gegen den Vorwurf eines Halt- oder Parkverstoßes allein mit der Nichtfeststellbarkeit des Fahrers verteidigen zu wollen. Die Inanspruchnahme von Versicherungsschutz wäre in diesen Fällen stets mutwillig. Daher hat das BAV im Sinne einer Klarstellung kraft Rechtsverordnung v. 29. 11. 1940 (RGBl I 1543) die Versicherungsbedingungen mit Wirkung vom 1. 4. 1987 so geändert, dass in den Fällen der Halterhaftung für die entsprechende Verteidigervergütung kein Versicherungsschutz besteht[927]. **454**

Unproblematisch ist die rechtliche Situation nach den ARB 94/2000/2008. Dies beruht in erster Linie darauf, dass der **Risikoausschluss nach § 3 (3) e ARB 94/2000/2008** über die Verfahren nach § 25a StVG hinaus alle Verfahren wegen des Vorwurfs eines Verstoßes im ruhenden Verkehr gem. §§ 12 und 13 StVO vom Versicherungsschutz ausnimmt. Eine Ablehnung wegen groben Missverhältnisses im Sinne des § 18 (1) a ARB 94/2000/2008 wird daneben nur noch ausnahmsweise in Betracht kommen. **455**

J. Besonderheiten des Versicherungsvertrages

I. Rechtsstellung dritter (mitversicherter) Personen

Ebenso wie in vielen anderen Versicherungszweigen ist es bei der Rechtsschutzversicherung üblich, neben dem VN auch andere Personen, die mit dem VN in irgendeiner Weise verbunden sind, in den Versicherungsschutz einzubeziehen. Alle Vertragsformen der ARB (§§ 21–29) sehen mitversicherte Personen vor, § 29 ARB allerdings nicht ausdrücklich[928]. Bekannteste Beispiele mitversicherter Personen sind im Rahmen des Privat-Rechtsschutzes der Ehegatte und die Kinder und beim Verkehrs-Rechtsschutz die berechtigten Fahrer der versicherten Kraftfahrzeuge. Die rechtliche Stellung der insoweit „für fremde Rechnung" mitversicherten Personen ist in den **§§ 43–48 VVG** (§§ 74–80 VVG a. F.) geregelt, allerdings sehen die ARB in unterschiedlicher Form Abweichungen vor (**§ 15 ARB 75; § 11 ARB 94/ 2000/2008**). Beginn und Ende der Mitversicherung orientieren sich zum einen am Schicksal des Rechtsschutzvertrages insgesamt, zum anderen an der Erlangung bzw. dem Verlust der versicherten Eigenschaft (z. B. Heirat/Scheidung). **456**

Auch ohne Vorliegen der Mitversicherungsmöglichkeiten der ARB kann der VN durch **gesonderte Vereinbarung** den Versicherungsschutz auf andere Personen erweitern. Be- **457**

---

[924] LG Aurich v. 30. 6. 1989, NJW-RR 1991, 29 = ZfS 1990, 232; AG Essen v. 8. 10. 1992, NJW-RR 1993, 1058 = ZfS 1993, 98; *Harbauer/Bauer*, § 17 ARB 75 Rn. 9.

[925] Vgl. hierzu *Schirmer*, in: *Himmelreich/Klatt/Lang/Schirmer/Neusinger/van Bühren*, Aktuelle Probleme bei der Rechtsschutzversicherung (1990), S. 49.

[926] AG Hannover v. 7. 11. 2000, r+s 2001, 155; AG Frankfurt/M. v. 10. 10. 1996, – 32 C 1396/96-22 – (nicht veröff.); a. A. AG Stuttgart v. 27. 1. 2003, NZV 2003, 429 = ZfS 2004, 36 (auch dem VN, der selbst Rechtsanwalt ist, müsse die Hinzuziehung eines „Spezialisten" ermöglicht werden).

[927] GB BAV 1987, 69 = NJW 1987, 1187; hierzu ausführlich *Harbauer/Bauer*, § 2 ARB 75 Rn. 122a.

[928] Siehe hierzu Rn. 155.

kanntester Fall einer gesonderten Vereinbarung ist die Mitversicherung des nichtehelichen Lebenspartners nach den ARB 75, die diese Möglichkeit – anders als jetzt die ARB 94/2000/2008 – noch nicht ausdrücklich vorsahen. Die Mitversicherung setzt allerdings – soweit nicht die Tarifrichtlinien des VR etwas anderes regeln – voraus, dass die betreffende Person nicht verheiratet ist, da eine Person trotz etwaigen Getrenntlebens vom Ehepartner nicht zugleich Ehe- bzw. nichtehelicher Lebenspartner sein kann[929]. U.U. ist auch eine **stillschweigende** Mitversicherung anzunehmen, wenn sich – wie z.B. bei einer Eigentümergemeinschaft an jeweiligen Objekten (z.B. Kraftfahrzeuge, Grundstücke) – durch hinzukommende Personen das Kostenrisiko nicht wesentlich erhöht (§ 27 VVG) und der VN den Vertrag nicht ausdrücklich für sich allein abschließen wollte[930]. In den ARB nicht geregelt ist der Fall des **Komplementärs** einer KG, die den Firmen-Vertrags-Rechtsschutz versichert hat. Im Hinblick auf dessen gesellschaftsbezogene Stellung (§§ 161 Abs. 2, 128 HGB) sowie die berechtigte Erwartung eines lückenlosen Versicherungsschutzes ist der Komplementär neben der KG als VN anzusehen[931].

458   Nach § 15 (2) S. 1 ARB 94/2000/2008 sind die mitversicherten Personen berechtigt, ihren Anspruch auf die Versicherungsleistung selbst geltend zu machen, sie sind also auch für eine Deckungsklage **aktivlegitimiert.** Liegen dem Rechtsschutzvertrag dagegen noch die ARB 75 zugrunde, ist die Situation anders. § 11 (2) S. 1 ARB 75 sieht eine Spaltung zwischen materieller Rechtsinhaberschaft und formellem Verfügungsrecht vor[932]. Danach kann der Versicherte seine Rechte nicht selbständig geltend machen, vielmehr steht das Verfügungsrecht ausschließlich dem VN zu. Dies gilt – insofern abweichend von § 44 Abs. 2 VVG (§ 75 Abs. 2 VVG a. F.) – auch dann, wenn der VN zustimmt oder der Versicherte im Besitz des Versicherungsscheins ist[933]. Im Einzelfall kann die Geltendmachung des Einwands nach § 11 (2) S. 1 ARB 75 allerdings **rechtsmissbräuchlich** sein. Dies ist dann der Fall, wenn der VR zuverlässig weiß, dass der in Frage stehende Dritte zum Kreis der Versicherten zählt und wenn darüber hinaus der VN zu erkennen gibt, dass er selbst den VR definitiv nicht in Anspruch nimmt[934]. Denn dann ist gewährleistet, dass der VR sich wegen des streitigen Anspruchs nicht mit weiteren Personen – insbesondere dem VN – auseinandersetzen muss, sondern lediglich einem Prozessgegner gegenübersteht[935].

459   Soweit es sich nicht um den ehelichen Lebenspartner des VN handelt, kann dieser das Verfügungsrecht des Versicherten nach § 15 (2) S. 2 ARB 94/2000/2008 durch **Widerspruch** ausschließen. Nach § 11 (2) S. 2 ARB 75 gilt dies uneingeschränkt, also auch dann, wenn es sich um den Lebenspartner handelt. Ob ein solcher Widerspruch des VN pflicht- oder treuwidrig ist, muss der Mitversicherte gegenüber dem VN notfalls im Prozessweg klären[936]. Dem VR kann er dies nicht entgegenhalten[937], denn diesem ist es nicht zumutbar, sich mit dem Versicherten über die Gründe des VN für dessen Widerspruch auseinanderzusetzen. Zu beachten ist im Übrigen, dass die Interessenwahrnehmung **Mitversicherter untereinander und gegen den VN** vom Versicherungsschutz **ausgeschlossen** ist (§§ 11 Abs. 2 S. 2 ARB

---

[929] AG Pfaffenhofen v. 12. 4. 2001, r+s 2002, 20, m. zust. Anm. *Mathy*, r+s 2002, 119.

[930] *Harbauer/Maier*, § 11 ARB 75 Rn. 12.

[931] BGH v. 24. 1. 1990, r+s 1990, 123.

[932] Hierzu ausführlich *Looschelders*, VersR 2000, 23.

[933] LG Hildesheim v. 10. 3. 1988, ZfS 1989, 59; *Prölss/Martin/Armbrüster*, § 11 ARB 75 Rn. 1; a A.: LG Fulda v. 16. 3. 1989, ZfS 1990, 416; AG Hamburg v. 24. 11. 1987, ZfS 1989, 166; AG Köln v. 29. 1. 1988, ZfS 1988, 391; *Harbauer/Maier*, § 11 ARB 75 Rn. 18.

[934] OLG Hamm v. 12. 3. 1999, VersR 1999, 964; OLG Karlsruhe v. 15. 12. 1994, VersR 1995, 1352 = r+s 1995, 224; OLG München v. 18. 12. 1990, r+s 1993, 382; OLG Schleswig v. 10. 2. 1986, ZfS 1986, 113; LG Köln v. 31. 10. 1996, r+s 1997, 465.

[935] So auch zutreffend *Looschelders*, VersR 2000, 23 (26).

[936] Vgl. hierzu LG Köln v. 12. 6. 1997, r+s 1997, 423 (Ehefrau); LAG Frankfurt/M. v. 7. 1. 1987, ZfS 1987, 213 (Fürsorgepflicht des Arbeitgebers).

[937] *Harbauer/Maier*, § 11 ARB 75 Rn. 19; *Looschelders*, VersR 2000, 23 (26); a. A. *Prölss/Martin/Armbrüster*, § 11 ARB 75 Rn. 1.

75; 3 Abs. 4a und b ARB 94/2000/2008)[938]. Dieser Ausschluss gilt auch dann, wenn der VN mit einer solchen Interessenwahrnehmung einverstanden wäre oder sie sogar fordert[939].

Gelegentlich wird an den VR der Wunsch herangetragen, aus bestimmten Gründen den **460** Rechtsstreit eines nicht versicherten **Dritten** zu finanzieren, z. B. weil der VN ein wirtschaftliches Interesse an diesem Rechtsstreit hat. In solchen Fällen ist der VR auch unter Berücksichtigung der Grundsätze von Treu und Glauben nicht eintrittspflichtig[940]. Das Gleiche gilt, wenn es um die Geltendmachung von Ansprüchen geht, die der VN an einen Dritten **abgetreten hat,** um im Prozess als Zeuge auftreten zu können; denn der VR trägt nur die Kosten, die der VN einem in § 2 ARB 75 bzw. § 5 ARB 94/2000/2008 genannten Gläubiger schuldet[941]. Für dieses Ergebnis sprechen auch sachliche Erwägungen. So ist der nicht versicherte Dritte insbesondere nicht den vertraglichen Obliegenheiten unterworfen, was als mögliche Quelle von Streitigkeiten nicht zu unterschätzen ist. Für den Fall, dass der VR trotz der ihm bekannten Abtretung Deckungszusage erteilt, wird die Auffassung vertreten, der Zessionar erlange dadurch die Stellung einer mitversicherten Person[942]. Dies mag für die Frage der Anspruchsberechtigung bzw. Verfügungsmacht des Zessionars zutreffend sein. Eine Vereinbarung von Obliegenheiten mit den entsprechenden Rechtsfolgen kann hieraus aber nicht abgeleitet werden. Die Obliegenheiten treffen nur den VN, der sich das Verhalten des Zessionars als seines Repräsentanten oder Wissensvertreters zurechnen lassen muss[943].

II. Kündigung

Das VVG und die ARB sehen eine Reihe von Kündigungsmöglichkeiten für VR und VN **461** vor. Wichtigster Fall ist die **ordentliche** Kündigung zum Ablauf des Vertrages. Die Einzelheiten regelt § 8 ARB. § 8 ARB 75/94/2000 berücksichtigte auch eine Vertragslaufzeit von mehr als fünf Jahren, jedoch war in der Praxis eine Laufzeit von höchstens fünf Jahren die Regel. Der BGH hat solche Laufzeiten für wirksam erachtet[944]. § 11 VVG lässt sie ebenfalls zu, jedoch wird dem VN nunmehr bei einer Vertragslaufzeit von mehr als drei Jahren das Recht eingeräumt, den Vertrag bereits **zum Schluss des dritten Jahres** zu kündigen (**§ 11 Abs. 4 VVG). § 8 Abs. 3 S. 2 ARB 2008** setzt dies entsprechend um. Bei Verträgen mit einer Dauer von mindestens einem Jahr gilt eine Verlängerungsklausel, die sich in den Grenzen des § 11 VVG (§ 8 VVG a. F.) bewegt. Zu beachten ist in der Rechtsschutzversicherung, dass häufig mehrere rechtlich selbständige Verträge in einem Versicherungsschein zusammengefasst sind. Diese können unterschiedliche Laufzeiten haben und auch isoliert gekündigt werden. So ist z. B. auch der Firmen-Vertrags-Rechtsschutz ein selbständiger Vertrag mit der Folge, dass er – insbesondere im Hinblick auf die nur einjährige Laufzeit – ein von dem „Grundvertrag" nach § 24 ARB (Firmen-Rechtsschutz) unabhängiges Schicksal haben kann[945]. Nicht einzeln kündigungsfähig sind hingegen die in den Vertragsformen als „Paket" zusammengefassten Leistungsarten. Je nach VU sind aber in den Rechtsschutzprodukten einzelne Leistungsarten „abwählbar" (z. B. Vertrags-Rechtsschutz, Arbeits-Rechtsschutz), so dass der VN insoweit eine Vertragsänderung mit dem VR vereinbaren kann.

Für die Praxis bedeutsam ist ferner die **außerordentliche** Kündigung nach dem Versiche- **462** rungsfall, die in zwei Varianten die vorzeitige Vertragsbeendigung ermöglicht. So ist zum

---

[938] Siehe hierzu Rn. 295.
[939] AG Schwäbisch-Gmünd v. 29. 4. 1994, r+s 1996, 409.
[940] LG Berlin v. 23. 3. 1989, r+s 1990, 55.
[941] LG Düsseldorf v. 23. 1. 1997, r+s 1998, 422; AG München v. 10. 2. 2003, Info-Letter 2003, 214; *Lorenz,* VersR 1994, 1062 = Anm. zu BGH v. 20. 4. 1994, VersR 1994, 1061; *Prölss/Martin/Armbrüster,* § 1 ARB 75 Rn. 9.
[942] OLG Nürnberg v. 7. 3. 1991, r+s 1992, 19.
[943] *Prölss/Martin/Armbrüster,* a. a. O.
[944] BGH v. 26. 3. 1997, NJW 1997, 1849 = VersR 1997, 685 = r+s 1997, 335.
[945] AG Ludwigsburg v. 30. 9. 1977, r+s 1979, 2; AG München v. 21. 6. 1979, r+s 1979, 177; *Harbauer/Bauer,* § 8 ARB 75 Rn. 8; *Prölss/Martin/Armbrüster,* § 8 ARB 75 Rn. 3.

einen zugunsten des VN ein vorzeitiges Kündigungsrecht für den Fall vorgesehen, dass der VR den VersSchutz **zu Unrecht abgelehnt** hat (§ 19 Abs. 1 ARB 75; § 13 Abs. 1 ARB 94/ 2000/2008). Daneben normiert § 13 Abs. 2 ARB 94/2000/2008 für beide Vertragspartner ein Kündigungsrecht. Es setzt voraus, dass **innerhalb von 12 Monaten** mindestens **zwei Versicherungsfälle** eingetreten sind, für die der VR die **Leistungspflicht bejaht** hat. Die ursprüngliche Fassung des vergleichbaren § 19 Abs. 2 ARB 75 sah diese Kündigungsmöglichkeit nur für den VR vor, um schadenhäufige Verträge im Interesse der Risikogemeinschaft rasch beenden zu können. Der BGH[946] untersagte aber die Verwendung dieser Klausel, weil sie mit § 9 Abs. 1 AGBG nicht vereinbar war. Er beanstandete, dass das Kündigungsrecht nicht beiden Parteien in gleicher Weise zustehe. Die VU haben sich daraufhin im Jahre 1992 vom BAV genehmigen lassen, eine abgeänderte Kündigungsregelung in die ARB aufzunehmen, welche die vom BGH geforderte „Waffengleichheit" herstellt. Der hieraus entstandene § 19 Abs. 2 ARB 75 n. F.[947] war Vorbild für die Regelung des § 13 Abs. 2 ARB 94/2000/2008. Zu beachten ist, dass für die Ausübung des Sonderkündigungsrechts die **Schriftform** und eine **Frist von einem Monat** (nach Zugang der Ablehnung oder Zusage) vereinbart ist.

463   Weitere Möglichkeiten der außerordentlichen Kündigung bestehen bei **Gefahrerhöhung** (§ 11 ARB 94/2000/2008; § 9 ARB 75) und bei Prämienverzug (§ 38 Abs. 3 VVG/§ 39 Abs. 3 VVG a. F.). Zu erwähnen ist ferner das außerordentliche Kündigungsrecht des VN infolge **Beitragsanpassung** (§§ 10 B ARB 94, 10 ARB 2000/2008).

III. Wagniswegfall/Risikoänderung

464   Die Fortdauer der zum Zeitpunkt des Vertragsabschlusses bestehenden Risikolage ist ungewiss. Das Risiko kann während der Vertragslaufzeit ganz oder teilweise wegfallen. Die Rechtsfolgen eines solchen Wagniswegfalls sind in **§ 80 Abs. 2 VVG** (§ 68 Abs. 2 VVG a. F.) gesetzlich geregelt. Ein teilweiser Wagniswegfall kommt allerdings in den ARB kaum vor. In den meisten Fällen liegt nur eine **Gefahrminderung** vor. Deren Rechtsfolgen regeln die ARB ebenso wie die einer **Gefahrerhöhung** im Sinne einer Vertragsänderung bzw. -anpassung, die in den §§ 23 VVG ff. a. F. kein Vorbild hatte, aber mit der Neuregelung der Gefahrerhöhung im Rahmen der VVG-Reform die Regelung bei **Prämienerhöhung** wegen Gefahrerhöhung in **§ 25 VVG 2008** aufgreifen konnte.

465   Die Fälle der Vertragsanpassung bei **Gefahränderung** sind in **§§ 9 ARB 75, 11 ARB 94/ 2000/2008** geregelt. Je nachdem, ob es sich um eine Gefahrerhöhung oder eine Gefahrminderung handelt, kann entweder der VR einen höheren Beitrag oder der VN eine Beitragsherabsetzung verlangen. Beispiele hierfür sind eine Veränderung der Mitarbeiterzahl beim Firmen-Rechtsschutz, Erwerb oder Verkauf eines Fahrzeugs beim Verkehrs-Rechtsschutz oder die Vergrößerung des landwirtschaftlichen Grundbesitzes beim Landwirtschafts- und Verkehrs-Rechtsschutz. Damit der VR von gefahrerhöhenden Umständen erfährt, ist dem VN eine **Meldepflicht** auferlegt worden, deren schuldhafte Verletzung Sanktionen nach sich ziehen kann. In **§ 9 ARB 75 und § 11 ARB 94/2000** war die Meldepflicht als Rechtspflicht ausgestaltet. Ihre schuldhafte Verletzung führte – ungeachtet des Verschuldensmaßes – zu einer **proportionalen Leistungskürzung** ähnlich der gesetzlichen Regelung des § 56 VVG a. F. bei Unterversicherung[948]. Noch weitreichender war die Rechtsfolge der Meldepflichtverletzung bei einer gegenstandsbezogenen Risikoerhöhung, z. B. durch Erwerb eines zusätzlichen Fahrzeugs beim Verkehrs-Rechtsschutz. § 11 (3) S. 3 ARB 94/2000 bestimmte hierfür die Leistungsfreiheit des VR. Diese gegenständliche Risikobegrenzung war früher in § 21 (7) ARB 75 geregelt[949]. Dass sie in die generelle Regelung des § 11 ARB 94 eingearbeitet wurde, war unter dem Aspekt der Systematik sicherlich konsequent, jedoch ist die Regelung nicht

---

[946] V. 27. 3. 1991, NJW 1991, 1828 = VersR 1991, 580 = r+s 1991, 200.
[947] VerBAV 1992, 186.
[948] Vgl. *Harbauer/Maier*, § 9 ARB 75 Rn. 13.
[949] Hierzu ausführlich *Harbauer/Stahl*, § 21 ARB 75 Rn. 128 ff.

leicht aufzufinden. Nachdem die Neuregelung der Gefahrerhöhung in §§ 23–27 VVG 2008 einerseits die Möglichkeit der Vertragsanpassung vorsieht und andererseits ein abgestuftes System der Leistungsfreiheit je nach Verschuldensmaß vorgibt, ist die Musterklausel in **§ 11 ARB 2008** entsprechend umgestaltet worden. Der Umfang der Leistungsfreiheit richtet sich jetzt nicht mehr nach den Tarifbeiträgen, sondert hängt – wie in § 26 Abs. 1 VVG – allein vom **Grad des Verschuldens** des VN ab. Im Einzelfall kann dies dazu führen, dass der VR ganz leistungsfrei ist. Aufgegriffen hat die neue Musterklausel auch die Regelung in § 27 VVG. Eine nur **unerhebliche** Gefahrerhöhung hat nach **§ 11 Abs. 4 ARB 2008** keine rechtlichen Auswirkungen. Die Besonderheiten in § 26 Abs. 3 Nr. 1 und 2 VVG, wonach die Leistungsfreiheit bei fehlender Kausalität oder unterlassener Kündigung durch den VR entfallen kann, wurden im Text des § 11 Abs. 3 ARB 2008 berücksichtigt.

Von einem **vollständigen Wagniswegfall** und damit dem Ende des Versicherungsschutzes **466** ist dann auszugehen, wenn der VN die **Eigenschaft verliert,** an die der Versicherungsschutz angeknüpft hat. **§§ 10 ARB 75, 12 ARB 94/2000/2008** regeln dies analog der gesetzlichen Regelung in § 80 Abs. 2 VVG (§ 68 Abs. 2 VVG a. F.). Die meisten in der Praxis auftretenden Fälle sind unproblematisch. So endet z. B. der Rechtsschutz des § 29 ARB als Eigentümer oder Vermieter, wenn der VN sein Grundstück veräußert. Ebenso endet der Vertrag nach § 27 ARB, wenn der VN seine Tätigkeit als selbständiger Landwirt aufgibt[950]. Problematisch ist dagegen die Rechtslage bei Veräußerung oder Verpachtung des nach § 24 ARB versicherten **Betriebs**[951]. Nach zutreffender Auffassung ist die Annahme eines Vertragsübergangs durch eine direkte oder analoge Anwendung des § 102 Abs. 2 VVG/§ 151 Abs. 2 VVG a. F. (Sonderregelung für die Betriebshaftpflichtversicherung) nicht gerechtfertigt[952]. Anderenfalls käme dies in der Wirkung einem Vertrag zu Lasten Dritter gleich, der unserer Rechtsordnung fremd ist[953]. Die Interessenlage in der Rechtsschutzversicherung ist auch nicht mit derjenigen in der Betriebshaftpflichtversicherung vergleichbar, da Betriebsinhaber mit Rechtskonflikten unterschiedlich umgehen. Streitig ist auch die Frage, ob ein Vertrag nach **§ 26 ARB 75 a. F.** (vor 1988) automatisch wegen Wagniswegfalls erlischt, wenn der VN durch Aufnahme einer ausschließlich selbständigen Tätigkeit die Eigenschaft als **Lohn- oder Gehaltsempfänger** verliert. Nach herrschender und zutreffender Meinung ist von einem vollständigen Wagniswegfall auszugehen[954].

IV. Abweichende Regelungen bei Wagniswegfall

§ 12 (1) S. 1 ARB 94/2000/2008 steht unter dem Vorbehalt, dass keine abweichenden Regelungen getroffen werden. Solche – abweichenden – Regelungen ergeben sich zum einen **467** aus den Vertragsformen der ARB, die verschiedene **Umwandlungsregelungen** vorsehen. Beispiele hierfür sind die Umwandlungen gem. §§ 23 (5), 25 (5) und 26 (6), (7) ARB 94/2000/2008 bei Änderung der beruflichen Tätigkeit des VN oder seines Lebenspartners. Von besonderer Bedeutung ist dabei die Vertragsänderung in § 26 ARB 94/2000/2008, welche die nach den ARB 75 aufgetretene Problematik kundenfreundlich löst. Keine Anpassung des Vertrages vorgesehen ist dagegen in den Fällen der §§ 27, 28 ARB 94/2000/2008, wenn der VN die selbständige Tätigkeit aufgibt. Hier wäre es auch schwierig, eine generalisierende und rechtlich einwandfreie Lösung zu finden, die den Interessen beider Vertragsparteien gerecht wird.

Der Haus- und Wohnungs-Rechtsschutz nach § 29 ARB 94/2000/2008 enthält keine von **468** § 12 ARB 94/2000/2008 abweichende Regelung. Allerdings ist die **Wohnungswechselklausel** mit § 12 (3) ARB 94 eingearbeitet und in § 12 (3) ARB 2000 noch einmal verbessert

---

[950] LG Hannover v. 11. 9. 1992, r+s 1993, 221.
[951] Hierzu ausführlich *Harbauer/Maier*, § 10 ARB 75 Rn. 10ff.
[952] *Harbauer/Maier*, § 10 ARB 75 Rn. 12; AG München v. 6. 11. 1995, r+s 1997, 26; a. A. *Bruck/Möller/Sieg*, § 68 Anm. 37; offen lassend *Böhme*, § 10 ARB 75 Rn. 1.
[953] So zutreffend *Harbauer/Maier*, a. a. O.
[954] Siehe hierzu Rn. 162.

worden[955]. Zudem ermöglicht **§ 12 (4) ARB 2000/2008** zusätzlich den Übergang des Versicherungsschutzes bei **gewerblich genutzten Objekten.**

469   Ein Sonderfall des Wagniswegfalls ist der **Tod des VN.** Nach den ARB 75 ermöglichten Standardklauseln[956] einen Fortbestand des Vertrages bis zum nächsten Beitragsfälligkeitstermin und ggf. einen Übergang des Vertrages auf den Ehegatten oder eine andere Person. § 12 (2) ARB 94/2000/2008 bietet nunmehr eine umfassende Regelung. Neu ist dabei, dass innerhalb eines Jahres die Aufhebung des Vertrages mit Wirkung ab dem Todestag verlangt werden kann.

V. Verjährung

470   In den ARB 75 ist die Verjährung der gegenseitigen Ansprüche aus dem Rechtsschutzversicherungsverhältnis nicht eigens geregelt. Die Verjährung richtet sich daher bis zum 31. 12. 2007 nach **§ 12 VVG a. F.** Mit Inkrafttreten der VVG-Reform am **1. 1. 2008** ist diese Sonderregelung weggefallen. Auch für Ansprüche aus dem Versicherungsvertrag gilt nunmehr die Regelverjährung von drei Jahren gemäß **§ 195 BGB.** Unter § 12 VVG a. F. fielen alle Ansprüche des VN gegen den VR und umgekehrt **„aus dem Versicherungsvertrag",** also insbesondere der Anspruch des VN auf Versicherungsschutz, aber auch vertragliche Rückforderungsansprüche des VR oder Ansprüche des einen oder anderen Teils auf Schadenersatz wegen Verzug oder pVV[957]. Diese Abgrenzung ist seit dem 1. 1. 2008 hinfällig und allenfalls noch für Übergangsfälle relevant (Art. 3 EGVVG). Mit **§ 14 ARB 94** wurde der Versuch unternommen, eine an § 12 VVG a. F. angelehnte, aber andererseits die Besonderheiten der Rechtsschutzversicherung berücksichtigende eigenständige Regelung zu finden. Die Regelung war allerdings missglückt, da sie nicht zwischen der Pflicht zur Kostenübernahme und der Pflicht zur Sorgeleistung differenzierte[958]. **§ 14 ARB 2000** trug dem mit einer modifizierten Fassung Rechnung[959]. Die vom GDV empfohlenen ARB 2008 verzichten auf eine Sonderregelung, sondern geben in **§ 14 ARB 2008** lediglich den wesentlichen Inhalt der gesetzlichen Regelungen (§ 195 BGB, § 14 VVG) wieder.

471   Wann der **Anspruch auf Kostentragung** fällig wird, richtet sich nicht nach § 14 Abs. 1 VVG (§ 11 Abs. 1 VVG a. F.), da diese Vorschrift nur auf Zahlungsansprüche anwendbar ist[960]. Der Anspruch nach § 5 ARB 94/2000/2008 (§ 2 ARB 75) geht auf Befreiung von den bei der Wahrung der rechtlichen Interessen entstehenden Kosten. Für die Fälligkeit dieses Kostenbefreiungsanspruchs kommt es nach §§ 5 (2) a ARB 94/2000/2008, 2 (2) ARB 75 darauf an, wann der VN wegen der Kosten in Anspruch genommen wird[961]. Wann die daneben bestehende **Pflicht zur Sorgeleistung** (Bestätigung der Deckung, Bestimmung eines Rechtsanwaltes) fällig wird, kann ebenfalls § 14 VVG nicht entnommen werden. Nach überwiegender Meinung ist dieser Anspruch fällig, wenn sich für den VN die Notwendigkeit der Wahrung rechtlicher Interessen so konkret abzeichnet, dass er mit der Entstehung von Rechtskosten rechnen muss[962]. Allerdings muss dem VR eine angemessene Frist zur Prüfung der Eintrittspflicht zugestanden werden[963]. Im Gegensatz zu den ARB 75, die den Anspruch

---

[955] Zu Einzelheiten siehe Rn. 157.

[956] VerBAV 1977, 446; 1988, 6.

[957] *Harbauer/Bauer,* § 18 ARB 75 Rn. 2.

[958] Vgl. auch *Prölss/Martin/Armbrüster,* § 14 ARB 94 Rn. 1, der die Regelung für unwirksam hält.

[959] Vgl. hierzu *van Bühren/Plote,* § 14 ARB 2000 Rn. 2: Verstoß gegen § 15a VVG a. F. und § 307 Abs. 2 Nr. 1 BGB.

[960] *Römer/Langheid/Römer,* § 11 VVG Rn. 2.

[961] BGH v. 14. 4. 1999, NVersZ 1999, 441 = VersR 1999, 706 = NJW-RR 1999, 1037 = r+s 1999, 285.

[962] OLG Hamburg v. 17. 6. 1998, VersR 1999, 1012 = r+s 1998, 420; OLG Hamm, VersR 1999, 577 = r+s 1999, 28 = ZfS 1999, 169; OLG Schleswig v. 27. 11. 1997, VersR 1998, 1501 = r+s 1998, 158; OLG Karlsruhe v. 4. 7. 1991, ZfS 1991, 380; OLG Köln v. 21. 2. 1985, VersR 1986, 805; *Römer/Langheid/Römer,* § 11 VVG Rn. 35.

[963] OLG München v. 8. 11. 1985, VersR 1986, 806; *Harbauer/Bauer,* § 2 ARB 75 Rn. 145; *Prölss/Martin/Armbrüster,* § 2 ARB 75 Rn. 19.

auf Deckungsbestätigung nicht ausdrücklich regelten, bestimmt **§ 17 Abs. 4 ARB 94/2000/ 2008,** dass der VR verpflichtet ist, den Umfang des für den Rechtsschutzfall bestehenden Versicherungsschutzes zu bestätigen. Dies ist gegenüber dem Anspruch auf Kostenbefreiung als eigenständige Fälligkeitsregelung anzusehen.

Sehr umstritten und auch durch die Entscheidung des **BGH** v. **14. 4. 1999**[964] nicht ab- **472** schließend geklärt ist die Frage, ob der Anspruch auf Versicherungsschutz **einheitlich** verjähren kann. Dies spielt insbesondere dann eine Rolle, wenn der VN aufgrund eines Versicherungsfalles mit der Entstehung von Rechtskosten rechnen muss und eventuell auch schon kostenauslösende Maßnahmen ergreift, er aber gleichwohl den VR erst nach einigem Zeitablauf informiert. Nach Auffassung des **BGH** gibt es in der Rechtsschutzversicherung – zumindest auf der Grundlage der ARB 75 – **keinen generellen, einheitlichen Anspruch auf Versicherungsschutz,** der als solcher verjähren kann und dessen Verjährung sich auch auf erst später fällig werdende Ansprüche auf Kostentragung nach § 2 ARB 75 erstreckt[965]. Demgegenüber war es bis zu dieser Entscheidung des BGH h.M., dass die einzelnen Zahlungs- und Befreiungsansprüche aus einem generellen Versicherungsanspruch abgeleitet sind und unabhängig von ihrer Fälligkeit nicht mehr geltend gemacht werden können, wenn der Anspruch auf Sorgeleistung bzw. Deckungszusage bereits verjährt ist[966]. Diese Rechtsmeinung entsprach dem Zweck des § 12 VVG a. F., möglichst schnell eine klare Rechtslage zu schaffen und dem VR die Bildung der notwendigen Rückstellungen zu ermöglichen. Allerdings sind auch die Gegenargumente des BGH beachtlich. Die ARB 75 regeln ausschließlich die Fälligkeit von Kostenbefreiungsansprüchen, eine Fälligkeitsregelung hinsichtlich eines „generellen Anspruchs auf VersSchutz" beinhaltet der Bedingungstext nicht. Gegen das Bestehen eines solchen Anspruchs spricht auch, dass nach den ARB kein Anspruch auf eine umfassende, sondern nur auf die jeweilige Instanz beschränkte Kostendeckungszusage besteht[967]. Die Praxis wird daher die Entscheidung des BGH beachten müssen.

Nicht Stellung genommen hatte der BGH in der Entscheidung vom 14. 4. 1999 zu der **473** Frage, wann Verjährung eintritt, wenn der VR eine **Deckungszusage abgelehnt** hat. Hier ist nach einer in der Literatur und Rechtsprechung teilweise verteteten Auffassung § 14 Abs. 1 VVG (§ 11 Abs. 1 VVG a. F.) zu berücksichtigen, wonach die Leistungen des VR fällig sind, wenn dieser seine Feststellungen zum Versicherungsfall beendet hat. Davon ist auszugehen, wenn der VR Leistungen endgültig ablehnt[968]. Da die ARB 75 hierzu keine abweichende Fälligkeitsregelung treffen, spricht in der Tat einiges dafür, § 14 Abs. 1 VVG mit der Maßgabe anzuwenden, dass die Leistung mit dem Zugang des Schreibens über die endgültige Deckungsablehnung fällig wird. Dies würde bedeuten, dass der VN keinerlei Ansprüche mehr aus dem Versicherungsfall geltend machen kann, wenn er die Verjährungsfrist verstreichen lässt und zwar unabhängig davon, wann er von Kostengläubigern in Anspruch genommen wird[969]. Denn der VN weiß aufgrund der Ablehnung, dass der VR keinerlei Leistung erbringen will; er muss nicht – wie z. B. bei der Bestätigung der Deckung für eine Instanz – davor geschützt werden, dass der VR (jeweils) nach drei (früher zwei) Jahren alle möglicherweise entstehenden, noch gar nicht absehbaren Kostenbefreiungsansprüche mit der Verjährungseinrede abzuwehren versucht. Der **BGH** hat diesen Rechtsstandpunkt allerdings nicht geteilt und mit Urteil

---

[964] NVersZ 1999, 441 = VersR 1999, 706 = NJW-RR 1999, 1037 = r+s 1999, 285 (Verjährung I).
[965] A. a. O.
[966] OLG Düsseldorf v. 27. 7. 1998, – 4 W 28/98 –; OLG Hamburg v. 17. 6. 1998, r+s 1998, 420; OLG Schleswig v. 27. 11. 1997, r+s 1998, 158; OLG Hamm v. 29. 5. 1996, r+s 1996, 359; OLG Karlsruhe v. 4. 7. 1991, ZfS 1991, 380; OLG München v. 8. 11. 1985, VersR 1986, 806; OLG Köln v. 21. 2. 1985, VersR 1986, 805; LG Berlin v. 24. 9. 1991, r+s 1993, 464; a. A.: OLG Stuttgart v. 12. 12. 1991, VersR 1992, 954 = ZfS 1992, 64; OLG Frankfurt/M. v. 28. 3. 1990, r+s 1990, 379 = MDR 1992, 926; OLG München v. 29. 11. 1989, VersR 1990, 651.
[967] BGH v. 2. 5. 1990, r+s 1990, 275.
[968] *Römer/Langheid/Römer,* § 11 VVG a. F. Rn. 12 mit Rechtsprechungsnachweisen.
[969] LG Düsseldorf v. 1. 9. 2005, – 11 O 183/05 (nicht veröff.); LG Berlin v. 12. 5. 2003, r+s 2003, 366; a. A. *Wegener,* VersR 1991, 1121 (1122).

vom **25. 1. 2006**[970] entschieden, dass auf der Grundlage der **ARB 75** auch eine endgültige Deckungsablehnung den Beginn der Verjährung nicht herbeiführt. Zur Begründung verweist der
BGH erneut darauf, dass die ARB 75 keinen generellen, einheitlichen Anspruch auf Versicherungsschutz kennen. Eine Deckungsablehnung bleibe für die Fälligkeit des Anspruchs auf Befreiung von konkreten Kosten unbeachtlich. Entgegen der Einschätzung von *Bauer*[971] wird
man diese Entscheidung nicht uneingeschränkt auf die ARB 94/2000/2008 übertragen können. Zu beachten ist hier die Regelung in **§ 17 Abs. 4 Satz 1 ARB 94/2000/2008,** wonach
der VR verpflichtet ist, „den Umfang des für den Rechtsschutzfall bestehenden Versicherungsschutzes" **zu bestätigen.** Diese Pflicht korrespondiert mit der ebenfalls in § 17 ARB
94/2000/2008 geregelten Obliegenheit des VN, den VR durch geeignete Informationen in
die Lage zu versetzen, über die Eintrittspflicht **für die jeweilige Instanz** zu entscheiden. Insofern beinhaltet § 17 Abs. 4 Satz 1 ARB 94/2000/2008 eine gegenüber § 5 Abs. 2 ARB 94/
2000/2008 **eigenständige Fälligkeitsregelung.** Lehnt also der VR den Versicherungsschutz
für die angefragte Instanz ab, so führt dies die Fälligkeit des Anspruchs auf Deckung dieser Instanz herbei, mit der Folge, dass dieser – dann auch mit einer Feststellungsklage einklagbare –
Anspruch nach § 195 BGB verjährt, und zwar unabhängig davon, wann aus dem Deckungsanspruch abgeleitete Kostenbefreiungsansprüche fällig werden. Lediglich für weitere Instanzen
würde die Verjährung nicht beginnen, weil insoweit noch kein Anspruch auf Deckungsbestätigung fällig war. Um der Regelung der Verjährung in § 14 ARB 2008 einen wirklichen Sinn
zu geben, wäre es wünschenswert, wenn die VR hier im Interesse der Transparenz die beiden
Fälligkeitsregelungen in § 5 Abs. 2 und in § 17 Abs. 4 ARB 2008 aufgreifen würden.

474   Bei **Rückforderungsansprüchen gegen den VN** war bis zum 31. 12. 2007 zu unterscheiden, ob sie auf dem Versicherungsvertrag beruhten (dann galt **§ 12 Abs. 1 VVG a. F.:**
zwei Jahre), oder ob sie sich aus § 812 BGB ergaben (dann galt **§ 195 BGB:** drei Jahre). Jedenfalls ein vertraglich geregelter Rückzahlungsanspruch des VR wegen zu Unrecht gezahlter
Versicherungsleistungen unterlag der kurzen Verjährung des § 12 VVG a. F.[972]. Dies traf auf
die Fälle der vorsätzlichen Verletzung einer Strafvorschrift zu, die den VN gem. § 20 (4)
ARB 75 (entspricht § 2i, aa S. 2 ARB 94/2000/2008) zur Rückzahlung der Leistungen verpflichten. Nicht ausdrücklich in den ARB geregelt ist der Fall, dass der Versicherungsschutz
nachträglich z. B. aufgrund eines Risikoausschlusses oder einer Obliegenheitsverletzung entfällt. Die hieraus resultierenden Rückzahlungsansprüche gegen den VN verjährten daher
schon vor der VVG-Reform nach § 195 BGB[973]. Das Gleiche galt nach überwiegender Auffassung für Bereicherungsansprüche, die sich daraus ergeben, dass der erstattungspflichtige
Schuldner an den VN zahlt oder den Erstattungsanspruch mit der Hauptforderung verrechnet[974], aber auch umgekehrt für Rückzahlungsansprüche des VN wegen zuviel gezahlter Versicherungsprämien[975]. Der auf den VR **übergegangene Anspruch des VN gegen seinen
Anwalt** auf Rückzahlung nicht verbrauchter Vorschüsse verjährte ebenfalls schon vor der
VVG-Reform nach § 195 BGB in drei Jahren[976], ebenso der auf §§ 675, 667 BGB beruhende
Anspruch des VN auf Herausgabe der vom Gegner erstatteten Kosten[977]. Hat der Anwalt
vom VR Vorschusszahlungen erhalten und rechnet er seine Gebühren innerhalb der Verjäh-

---

[970] NJW 2006, 1281 = VersR 2006, 404 = MDR 2006, 871 (Verjährung II).
[971] NJW 2007, 1504 (1508).
[972] BGH v. 25. 10. 1989, VersR 1990, 189 = NJW-RR 1990, 159.
[973] LG Hagen v. 27. 4. 2001, 1 S 213/00 (juris); LG Essen v. 9. 3. 1999, r+s 2000, 158; LG Hechingen v.
1. 10. 1990, r+s 1991, 307.
[974] LG Bonn v. 4. 12. 1992/AG Bonn v. 15. 4. 1992, 19 S 69/92 (nicht veröff.) und 7 C 619/91 (nicht
veröff.); LG Lüneburg v. 13. 12. 1990, 4 S 241/90 (nicht veröff.); AG Traunstein v. 29. 8. 1997, 312 C
1143/97 (nicht veröff.); AG Delmenhorst v. 4. 11. 1994, 4 C 772/94 IV (nicht veröff.); a. A.: LG Mönchengladbach v. 23. 5. 1997, r+s 1997, 423; LG Trier v. 31. 7. 1990, r+s 1991, 309.
[975] OLG Düsseldorf v. 14. 5. 1991, r+s 1991, 396.
[976] AG Hamburg v. 23. 11. 1993, r+s 1994, 262; *Römer/Langheid/Römer,* § 12 VVG a. F. Rn. 5.
[977] LG Aachen v. 12. 1. 1995, r+s 1995, 305.

rungsfrist nach § 195 BGB weder gegenüber dem Mandant noch dem VR gegenüber ab, so kann er sich gegenüber dem Rückzahlungsverlangen nicht auf Verjährung berufen[978].

K. Regressmöglichkeiten

Da die Rechtsschutzversicherung eine Schadenversicherung ist, gilt für sie auch **§ 86 VVG** **475** (§ 67 VVG a. F.), so dass **Kostenerstattungsansprüche des VN gegen Dritte** auf den VR übergehen. Hieraus ergeben sich in erheblichem Umfang Rückforderungsansprüche, bei deren Realisierung der VN den VR zu unterstützen hat[979]. Da der Anspruchsübergang nicht offenkundig ist, bedarf die Erteilung einer vollstreckbaren Ausfertigung des Titels nach § 727 Abs. 1 ZPO des Nachweises durch öffentlich beglaubigte Urkunden. Nachdem lange Zeit umstritten war, ob und unter welchen Voraussetzungen der Nachweis entbehrlich ist[980], hat der **BGH** mit Beschluss vom **5. 7. 2005**[981] klargestellt, dass **§ 138 Abs. 3 ZPO nicht anwendbar** ist. Für den Nachweis der Rechtsnachfolge ist demnach erforderlich, dass der Schuldner die Rechtsnachfolge zugesteht (§ 288 ZPO) und der bisherige Gläubiger (VN) der Erteilung der Vollstreckungsklausel an den Rechtsnachfolger (VR) zustimmt. Bereits an den VN zurückgezahlte Beträge sind dem VR zu erstatten. Darüber hinaus können sich aus diversen Gründen **Rückzahlungsansprüche gegen den VN** ergeben, insbesondere wenn der ursprünglich bestehende Versicherungsschutz nachträglich wegfällt.

I. Anspruchsübergang

§ 86 VVG (§ 67 VVG a. F.) bestimmt einen Übergang von Ansprüchen des VN „auf Ersatz **476** des Schadens gegen einen Dritten" auf den VR. **§ 17 (8) ARB 94/2000/2008** bzw. **§ 20 (2) ARB 75** wiederholt diese an sich schon kraft Gesetzes bestehende Rechtslage. Die Regelung hat aber darüber hinaus Bedeutung, weil in zulässiger Weise der Anspruchsübergang auch auf Fälle ausgedehnt wird, die möglicherweise nicht unter § 86 VVG fallen würden, wie z. B. rein vertragliche Ansprüche oder Bereicherungsansprüche[982].

Hinsichtlich des Umfangs des Forderungsübergangs ergeben sich aus § 86 VVG Einschrän- **477** kungen[983]. Eine wichtige Einschränkung ist das sog. „Familienprivileg", welches nach § 86 Abs. 2 VVG auf alle Fälle der **„häuslichen Gemeinschaft"** ausgedehnt wurde und zweifellos auch für die Rechtsschutzversicherung gilt. Zu beachten ist ferner der sich aus § 86 Abs. 1 VVG ergebende **Rangvorbehalt** des VN. Er spielt dann eine Rolle, wenn Zahlungen des Schuldners zu verrechnen sind, nachdem der VR dem VN (Gläubiger) die vom Schuldner geschuldeten Kosten schon erstattet hat. Erbringt der Schuldner nur Teilzahlungen, so kommen diese ungeachtet der Tilgungsreihenfolge nach §§ 367, 366 BGB zunächst dem VN zugute. Erst wenn der VN befriedigt ist, kommt der VR zum Zuge[984]. Dieser Umstand bereitet in der Praxis im Allgemeinen keine Probleme. Problematisch ist dagegen die Anwendung des ebenfalls aus § 86 Abs. 1 VVG folgenden **Quotenvorrechts** auf die Rechtsschutzversicherung. Hier geht es nicht um den Rang der Forderung bei Teilleistungen des Schuldners, sondern darum, in welchem Umfang z. B. bei Teilunterliegen des VN im Prozess Erstattungsansprüche auf den VR übergehen, wenn der VR aus versicherungsvertraglichen Gründen – z. B. wegen eines

---

[978] OLG Frankfurt/M. v. 29. 11. 1989, r+s 1990, 341 = ZfS 1990, 199; AG Hamburg v. 16. 1. 1996, r+s 1996, 316.

[979] Vgl. hierzu *Harbauer/Bauer*, § 20 ARB 75 Rn. 26; *Prölss/Martin/Armbrüster*, § 20 ARB 75 Rn. 5.

[980] Vgl. zuletzt OLG Hamburg v. 5. 3. 2004, MDR 2004, 835; Saarl. OLG v. 10. 2. 2004, ZfS 2004, 426; OLG Koblenz v. 24. 3. 2003, ZfS 2003, 420 = JurBüro 2003, 319 = MDR 2003, 1014 = Rpfleger 2003, 448 = AGS 2003, 224 m. Anm. *van Bühren* und *Wellner*.

[981] BGH v. 5. 7. 2005, – VII ZB 23/05 (juris [Titelumschreibungs-Fall]).

[982] *Harbauer/Bauer*, § 20 ARB 75 Rn. 13.

[983] Hierzu ausführlich *Groß*, DAR 1999, 337.

[984] OLG Hamm v. 14. 6. 1999, r+s 1999, 158 = NVersZ 1999, 537; *Harbauer/Bauer*, § 20 ARB 75 Rn. 23.

vereinbarten Selbstbehalts – nicht alle Rechtskosten des VN übernommen hat (hierzu sogleich unter Rn. 480).

1. Voraussetzungen

478   Ein Anspruchsübergang setzt voraus, dass der **VR** auf die Forderung eines Kostengläubigers für den VN eine **Zahlung geleistet** hat. Dies kann auch eine Kulanzzahlung sein, da der Anspruchsübergang nicht vom Bestehen einer Leistungspflicht abhängt[985]. Zahlt der VR in der irrtümlichen Annahme einer Leistungspflicht, so ist der Übergang des Erstattungsanspruchs des VN auf den VR durch die Realisierung des Bereicherungsanspruchs auflösend bedingt[986].

479   Weitere Voraussetzung ist, dass ein **Dritter aus irgendeinem Rechtsgrund verpflichtet** ist, dem VN die vom VR geleisteten Beträge ganz oder teilweise zu ersetzen. Vom Anspruchsübergang erfasst wird daher neben dem prozessualen Kostenerstattungsanspruch[987] eine Vielzahl diverser Erstattungsansprüche wie z. B. aus pVV, Verzug, Gewährleistung oder Bereicherung[988]. Hierzu gehört auch der Schadenersatzanspruch gegen den Anwalt des VN wegen fehlerhafter Prozessführung[989]. Erhält der Anwalt, der vom VR einen Vorschuss genommen hat, später vom Gegner des VN Zahlungen und leitet diese nicht weiter, geht der **Auskunfts- und Rechenschaftsanspruch des VN gegen seinen Anwalt** aus §§ 675, 667 BGB auf den VR über[990]. Aufgrunddessen ist der Anwalt unmittelbar gegenüber dem VR zur Auskunft und ggf. Auszahlung des Erstattungsbetrages verpflichtet. Es finden die Vorschriften der §§ 401 ff. BGB Anwendung (hierzu ausführlich Rn. 491).

2. Quotenvorrecht des VN

480   Der Übergang von Erstattungsansprüchen des VN auf den VR kann nach § 86 Abs. 1 S. 2 VVG eingeschränkt sein. § 86 Abs. 1 S. 2 VVG sagt, dass der Übergang **nicht zum Nachteil des VN** geltend gemacht werden kann. Dem Interesse des VN an einer vollen Deckung seines durch die Versicherung erfassten Schadens soll damit vor dem Interesse des VR, seine Aufwendungen bei dem erstattungspflichtigen Dritten zurückzuholen, der Vorrang eingeräumt werden. Während das Quotenvorrecht im Bereich der Fahrzeug-Kaskoversicherung anerkannt ist und dort erhebliche praktische Bedeutung erlangt hat[991], ist die Anwendung des Quotenvorrechts in der Rechtsschutzversicherung nicht selbstverständlich und erst in den letzten Jahren näher beleuchtet worden[992]. Es erscheint zunächst nicht plausibel, dass die Realisierung von Kostenerstattungsansprüchen durch den VR eingeschränkt sein soll, weil dieser ja nicht nur die eigenen Kosten des VN abdeckt, sondern auch die dem Gegner im Rahmen der rechtlichen Auseinandersetzung entstehenden Kosten, somit das Kostenrisiko für das Entstehen von Erstattungsansprüchen getragen hat. Aufgrund der Zuordnung der Rechtsschutzversicherung zur Schadenversicherung kann aber die Anwendung des § 86 Abs. 1 S. 2 VVG nicht von vornherein verneint werden.

---

[985] *Prölss/Prölss,* § 67 VVG a. F. Rn. 20.

[986] BGH v. 28. 9. 1961, NJW 1961, 2158 = VersR 1961, 992; *Prölss/Prölss,* § 67 VVG a. F. Rn. 20.

[987] Einschließlich der Zinsforderung, vgl. AG Rheinberg v. 27. 4. 2004, – 10 C 24/04 (nicht veröff.), anderenfalls wäre der VN bereichert.

[988] Weitere Beispiele bei *Harbauer/Bauer,* § 20 ARB 75 Rn. 13.

[989] OLG Köln v. 12. 4. 2007, VersR 2007, 1648 (fehlerhafter KfB); v. 29. 6. 1993, NJW-RR 1994, 27 = r+s 1994, 220 (Führen eines aussichtslosen Prozesses); LG Kiel v. 28. 4. 1992, r+s 1992, 380; AG Mönchengladbach v. 3. 7. 2002, r+s 2002, 466.

[990] LG Düsseldorf v. 14. 8. 2002, JurBüro 2003, 41 m. Anm. *Enders;* v. 18. 1. 2000, r+s 2000, 157; LG Braunschweig v. 3. 4. 2001, ZfS 2002, 151; LG München v. 13. 3. 1996, VersR 1997, 1099 = ZfS 1997, 431; LG Aachen v. 12. 1. 1995, r+s 1995, 305; AG Tempelhof-Kreuzberg v. 3. 1. 2003, ZfS 2003, 468; AG Heilbronn v. 15. 6. 2000, r+s 2000, 421; AG Cham v. 22. 12. 1999, VersR 2001, 94 = JurBüro 2000, 369; AG Eschweiler v. 5. 5. 1999, r+s 2000, 246; AG Hamburg v. 16. 1. 1996, r+s 1996, 316; vgl. zum Themenkreis auch ausführlich *Scharder,* PVR 2003, 242.

[991] Vgl. *Bost,* VersR 2007, 1199; *Lachner,* ZfS 1999, 184 und ZfS 1998, 161; *Hoffmann,* ZfS 1999, 45; *Holtmann,* JuS 1991, 649; *Müller,* VersR 1989, 317.

[992] *Freyberger,* DAR 2001, 93; *Buck,* ZAP 2001, 1073; *Schneider,* RVGprofessionell 2008, 65; *ders.,* BRAGOreport 2000, 17.

Die praktische Anwendung des Quotenvorrechts erfolgt nach der sog. Differenztheorie, **481** was an sich unproblematisch ist[993]. Die Differenztheorie wird aber eingeschränkt durch den Grundsatz **„Kongruenz vor Differenz"**[994]. Da der VN nur Prämien für bestimmte zu versichernde Risiken erbracht hat („Spezialität des versicherten Risikos"), ist er auch nur insoweit gegenüber seinem VR bevorrechtigt zu behandeln, als Schäden im Rahmen dieses versicherten Risikos auszugleichen sind (kongruente Schäden). Bei einer Einbeziehung inkongruenter Schäden würde er ansonsten Ersatz auch für solche Schäden erlangen, auf welche sich der Versicherungsschutz überhaupt nicht bezieht. Wie in der Kaskoversicherung wird man auch in der Rechtsschutzversicherung die mit dem VN vereinbarte **Selbstbeteiligung** als kongruenten Schaden ansehen können[995]. Dies bedeutet, dass der VN die vom VR nicht getragene Selbstbeteiligung aus der Kostenerstattung des Gegners für sich entnehmen darf. Nicht zugestimmt werden kann allerdings der Auffassung[996], die einen bereicherungsrechtlichen Ausgleichsanspruch gegen den VR für den Fall annimmt, dass der VN im Prozess überwiegend unterliegt, so dass der VR die eigenen Kosten des VN und zusätzlich einen Teil der gegnerischen Kosten übernommen hat. Da hier eine Kostenerstattung i. S. d. § 86 Abs. 1 VVG nicht stattfindet, scheidet eine Anwendung des Quotenvorrechts aus. Sie kann auch nicht mit Hilfe einer fiktiven getrennten Kostenfestsetzung konstruiert werden.

In der Literatur wird teilweise die Auffassung vertreten, auch andere **nicht gedeckte Kos- 482 ten,** wie z. B. eine nicht gedeckte Verkehrsanwaltsgebühr, Reisekosten des Anwalts oder sogar nicht versicherte Kosten wegen Versagung von Deckungsschutz für die zweite Instanz, gehörten zu den kongruenten Kosten und könnten daher vom VN voll aus der Kostenerstattung entnommen werden[997]. Dem kann nicht gefolgt werden. Zum einen handelt es sich tatsächlich um **inkongruente** Schäden[998], die nicht in das versicherte Risiko fallen und deshalb dem VN allenfalls gekürzt[999] zugute kommen können. Zum anderen ist immer der Kostenausgleich für die jeweilige Instanz maßgebend. Werden die versicherungsvertraglich nicht gedeckten Kostenteile beim konkreten Kostenausgleich wegen fehlender Notwendigkeit nicht berücksichtigt (z. B. Verkehrsanwalt), kommt die Anwendung des Quotenvorrechts nicht in Betracht, denn das Quotenvorrecht kann nicht dazu führen, dass der VN einen Kostenersatz erhält, auf den er ansonsten weder prozessrechtlich noch versicherungsrechtlich einen Anspruch gehabt hätte[1000]. Aus diesem Grund kommt das Quotenvorrecht auch dann nicht in Betracht, wenn sich gegen die Staatskasse ein Anspruch auf Rückzahlung von **nicht verbrauchten Gerichtskosten** ergibt[1001]. Da der VN in diesem Fall von vornherein keine Vermögenseinbuße hat, kann der Übergang dieser Forderung auf den VR nie zum Nachteil des VN erfolgen.

II. Widerruf der Deckungszusage

Stellt sich nachträglich heraus, dass kein oder nur in geringerem als dem bestätigten Um- **483** fang Versicherungsschutz besteht, kann der VR seine Zusage widerrufen und den VN auf Rückzahlung wegen **ungerechtfertigter Bereicherung gem. § 812 Abs. 1 BGB** in Anspruch nehmen. Hierzu gehören insbesondere die Fälle der vorsätzlichen Herbeiführung des Versicherungsfalles (§ 3 (5) ARB 94/2000/2008; § 4 (2) a ARB 75)[1002], sowie der Leistungs-

---

[993] *Harbauer/Bauer*, § 20 ARB 75 Rn. 19.

[994] Vgl. *Römer/Langheid/Römer*, § 67 VVG a. F. Rn. 40; *Harbauer/Bauer*, § 20 ARB 75 Rn. 20.

[995] AG Köln v. 5. 7. 2006, JurBüro 2006, 546; *Freyberger*, a. a. O.

[996] AG Bonn v. 29. 10. 1998, 2 C 226/98 (nicht veröff.); *Schneider*, BRAGOreport 2000, 31; *ders.,* ProzRB 2002, 20; *Boon*, ZfS 2003, 481.

[997] *Buck*, ZAP 2001, 1073 (1076); *Schneider*, BRAGOreport 2000, 17 (19).

[998] *Harbauer/Bauer*, § 20 ARB 75 Rn. 18.

[999] Vgl. hierzu *Harbauer/Bauer*, § 20 ARB 75 Rn. 20; *Holtmann*, JuS 1991, 649 (651).

[1000] Vgl. *Römer/LangheidRömer*, § 67 VVG a. F. Rn. 39.

[1001] A. A. AG Wetzlar v. 27. 6. 2006, AGS 2007, 115 mit krit. Anm. von *Schneider*.

[1002] OLG Düsseldorf v. 26. 6. 2001, NVersZ 2002, 190 = r+s 2002, 242; OLG Frankfurt/M. v. 23. 6. 1999, ZfS 2000, 506; OLG Köln v. 20. 10. 1998, NVersZ 1999, 183 = r+s 1999, 113 = ZfS 1999, 120;

freiheit wegen Obliegenheitsverletzung, z. B. wegen Verschweigens einer selbständigen Tätigkeit[1003], wegen Verweigerung der Auskunft über den Stand des Verfahrens trotz Aufforderung[1004] oder bei Nichtherausgabe des gegen den Prozessgegner erwirkten Kostenfestsetzungsbeschlusses[1005]. Der Rechtsgrund für die zunächst geleistete Zahlung entfällt ferner in den Fällen der sog. Voraussetzungsidentität[1006], also z. B. dann, wenn streitig war, ob der VN Arbeitnehmer oder selbständig war und sich im Hauptprozess herausstellt, dass die versicherte Eigenschaft (Arbeitnehmer) nicht gegeben ist[1007]. Es kann aber auch nur eine bloße Überzahlung vorliegen, weil z. B. bei einer gütlichen Erledigung die Vergleichsklausel (§ 2 (3) a ARB 75; § 5 (3) b ARB 94/2000/2008) nicht gewahrt ist und der VR über den letztlich zu tragenden Kostenteil hinaus Vorschüsse geleistet hatte. In all diesen Fällen besteht ein Rückforderungsanspruch **nur gegen den VN** aufgrund des gestörten Deckungsverhältnisses. Kein Anspruch besteht gegen den jeweiligen Kostengläubiger, da das Valutaverhältnis zwischen VN und Kostengläubiger in Ordnung ist[1008].

III. Rückzahlungspflicht des VN in Sonderfällen

484   Für zwei Fallgestaltungen sehen die ARB **vertragliche** Rückzahlungsansprüche gegen den VN vor. Diese verdrängen solche aus § 812 BGB[1009], was für die Frage der Verjährung relevant sein kann (hierzu Rn. 474).

485   § 20 (4) S. 1 ARB 75 sieht entsprechende Ansprüche für den Fall vor, dass der VN wegen **vorsätzlicher Verletzung einer Vorschrift des Strafrechts** rechtskräftig verurteilt wurde. Das Gleiche gilt für mitversicherte Personen (§ 11 Abs. 3 ARB 75). Der VR kann die Versicherungsleistung auch unmittelbar von dem mitversicherten Fahrer zurückfordern[1010]. Die Regelung ist jetzt in § 2i, aa S. 2 ARB 94/2000/2008 verankert.

486   § 20 (4) S. 2 ARB 75 verpflichtet den VN zur **Rückzahlung** einer **Kaution** für den Fall, dass die Kaution einbehalten wurde oder verfiel. § 5 (5) b ARB 94/2000/2008 beschreibt die Versicherungsleistung ausdrücklich als Darlehen, so dass sich der Rückzahlungsanspruch aus § 488 BGB ergibt. Hatte der VR für den mitversicherten Fahrer des Fahrzeugs des VN eine Kaution erbracht, kann der VR die Kaution nicht vom VN, sondern nur vom mitversicherten Fahrer zurückverlangen[1011].

L. Die Rolle des Anwalts im Dreiecksverhältnis

487   Das Verhältnis des Anwalts zum Rechtsschutzversicherer erinnert an eine Zweck- bzw. Zwangsehe. Ob sie wollen oder nicht, sitzen sie in einem gemeinsamen Boot, denn da ist noch ein Dritter im Bunde: der gemeinsame Schützling „Kunde". Der eine nennt ihn Mandant und ist beauftragt, dessen rechtliche Interessen fachmännisch und optimal – notfalls vor Gericht – durchzusetzen. Der andere nennt ihn VN und hat sich auf die Fahne geschrieben, durch die Übernahme des Kostenrisikos für breite Bevölkerungskreise – ohne Rücksicht auf ihre konkreten Vermögensverhältnisse – den Zugang zum Recht zu ermöglichen. Letztendlich geht es also um ein gemeinsames Ziel und da beide Seiten voneinander profitieren, leben

---

OLG Hamm v. 12. 5. 1995, r+s 1995, 386; OLG Oldenburg v. 12. 2. 1992, r+s 1992, 239; LG Köln v. 20. 12. 2001, r+s 2002, 244; LG Kiel v. 21. 5. 1999, ZfS 2000, 456; LG Essen v. 9. 3. 1999, r+s 2000, 158.
[1003] LG Berlin v. 7. 9. 2000, – 7.O.443/99 – (nicht veröff.).
[1004] AG Grevenbroich v. 5. 10. 1993, r+s 1995, 105.
[1005] AG Eschweiler v. 15. 5. 1996, r+s 1996, 448.
[1006] *Harbauer/Bauer*, § 18 ARB 75 Rn. 19.
[1007] AG Norderstedt v. 5. 7. 2002, 43 C 298/01 (nicht veröff.).
[1008] LG Verden v. 25. 11. 1992, r+s 1993, 262; *Harbauer/Bauer*, § 20 ARB 75 Rn. 25.
[1009] BGH v. 18. 9. 1991, VersR 1991, 1357.
[1010] LG München v. 25. 6. 1991, r+s 1991, 344.
[1011] OLG Köln v. 8. 6. 1999, ZfS 1999, 490.

Rechtsanwälte und Rechtsschutzversicherer weitgehend in Frieden miteinander. Der Anwalt weiß den VR als schnellen Gebührenzahler zu schätzen und der VR ist dem Anwalt für die – nicht vergütete – Korrespondenz über den Deckungsschutz dankbar. Zuweilen ziehen aber dunkle Wolken auf. Beide Seiten betrachten sich dann argwöhnisch und liebäugeln mit der Versuchung, eigene Wege zu gehen. In der Anwaltschaft wurde bereits laut darüber nachgedacht, eine eigene, vermeintlich kundenfreundlichere, Rechtsschutzversicherung zu gründen[1012] und die VU fordern zunehmend eine Liberalisierung der Rechtsberatung zu ihren Gunsten. Gründe hierfür sind ausreichend vorhanden. Ca. 80% der VN wünschen eine Rechtsberatung durch ihren VR[1013]; sie sehen in ihm nicht nur einen reinen Zahlmeister, sondern auch einen in Rechtsangelegenheiten kompetenten Dienstleister, der ihnen den Weg durch den Paragrafendschungel zeigen soll. Durch eine solche Eigenregulierung könnte der VR seinen Schadenaufwand, der durch das RVG vom 1. 7. 2004 kräftig gestiegen ist, erheblich reduzieren. Das neue Rechtsdienstleistungsgesetz (RDG) hat diese Hoffnungen aber vorerst zunichte gemacht. Da hiermit zu rechnen war, haben die VR bereits einen anderen Weg eingeschlagen und die Anwaltschaft in einen telefonischen Beratungsdienst eingebunden[1014]. Die zunächst nur als Service angebotene Leistung, welche dem Kunden rund um die Uhr zur Verfügung steht, ist von einzelnen VU inzwischen zu einem Versicherungsprodukt aufgerüstet worden[1015].

I. Freie Anwaltswahl

Da der VR die juristische Dienstleistung nicht selbst erbringen darf, sorgt er nach Eintritt **488** eines Versicherungsfalles für die Einschaltung eines Rechtsanwalts. **§ 17 (1) ARB 94/2000/ 2008** bzw. **§ 16 (1) ARB 75** berücksichtigt dabei das inzwischen auch in **§ 127 VVG** (§ 158 m VVG a. F.) verankerte Recht des VN, einen Anwalt frei zu wählen. Die im Vorfeld der Einführung der ARB 94 geäußerte Befürchtung[1016], der VR wolle dieses Recht durch die modifizierte Fassung in § 17 (1) ARB 94 einschränken[1017], war unbegründet. Der BGH[1018] hat bereits zur Anwaltswahl durch Mietervereine entschieden, dass das Recht der freien Anwaltswahl unzumutbar beschränkt wird, wenn sich der Verein durch vertragliche Vereinbarung **im Voraus vorbehält,** bestimmte Rechtsanwälte selber auszuwählen, ohne dabei an die Benennung eines Anwalts durch das Mitglied gebunden zu sein. In diesem Lichte ist auch § 17 (1) ARB 94/2000/2008 (… „aus dem Kreis der Rechtsanwälte auszuwählen, deren Vergütung der VR nach § 5 Absatz 1a und b trägt") auszulegen, wo ein Vorbehalt i. S. d. der BGH-Entscheidung gerade nicht vorgesehen ist. Der Grundsatz der freien Anwaltswahl ist dort auch keineswegs „versteckt" worden[1019]. Die Regelung entspricht vielmehr uneingeschränkt der gesetzlichen Vorgabe in § 127 VVG (§ 158 m VVG a. F.)[1020] und wird nur dadurch ergänzt, dass der VR in bestimmten Fällen einen Anwalt benennen oder beauftragen **muss.** Macht der VN von seinem Recht, den Anwalt auszuwählen, keinen Gebrauch, so geht dieses Recht auf den VR über[1021].

Eine andere Frage ist es, ob der VR dem VN bestimmte Anwälte **empfehlen darf.** Solange **489** dies unverbindlich – also ohne psychischen oder wirtschaftlichen Druck – geschieht, ist die Frage uneingeschränkt zu bejahen, denn der VR bewegt sich im Rahmen seiner vertraglichen

[1012] *Van Bühren,* ZAP 2003, 81 (84).
[1013] *Kellenbenz,* versicherungsmagazin 2005, 50.
[1014] Vgl. hierzu *van Bühren,* AnwBl 2007, 473 (476); *Obarowski,* VersR 2006, 1178 (1179).
[1015] Vgl. die Berichte in ZfV 2005, 471 und VW 2005, 1612.
[1016] *Stobbe,* AnwBl 1991, 500.
[1017] Zur Möglichkeit der Beschränkung des Leistungsumfangs auf bestimmte Anwälte vgl. *Schilasky,* S. 191 ff.
[1018] V. 26. 10. 1989, NJW 1990, 578.
[1019] So aber *van Bühren,* MDR 1998, 745 (747).
[1020] Vgl. *Römer/Langheid/Römer,* Anm. zu § 158 m VVG a. F.
[1021] *Schilasky,* S. 29.

Verpflichtung, für die Einschaltung eines Rechtsanwalts zu „sorgen" (§ 1 ARB). Der VN hat die berechtigte Erwartung, dass der VR ihn nicht auf die „Gelben Seiten" verweist, sondern konkrete Anwälte benennt, die über eine Erfahrung im jeweils einschlägigen Rechtsgebiet verfügen. Anwälte, die solche unverbindlichen Empfehlungen „dulden", verstoßen weder gegen § 43b BRAO, noch verhalten sie sich wettbewerbswidrig i. S. d. § 1 UWG. Dies gilt auch dann, wenn zwischen dem VR und der empfohlenen Anwaltskanzlei eine (zulässige) Gebührenvereinbarung besteht[1022].

II. Rechtsbeziehung zum Versicherer

490   Die Einschaltung des Anwalts für die Interessenwahrnehmung des VN wirft die Frage auf, inwieweit sich daraus Rechte oder Pflichten gegenüber dem VR ergeben. Entscheidend ist dabei, dass der VR den Anwalt namens und im Auftrag – also nur als Vertreter – des VN beauftragt. Damit werden Rechtsbeziehungen zwischen dem VR und dem Anwalt von vornherein ausgeschlossen. Letzterer schuldet seine Tätigkeit im Rahmen eines Dienstvertrages mit Geschäftsbesorgungscharakter (§§ 611, 675 BGB) ausschließlich dem VN[1023]. Der VR wird dagegen nicht Vertragspartei des Geschäftsbesorgungsvertrages, so dass der Anwalt, auch wenn ihm gegenüber eine Deckungszusage abgegeben wurde, **keinen Gebührenanspruch gegen den VR** hat. Durch die Deckungszusage übernimmt der VR lediglich im Wege der Erfüllungsübernahme gem. § 329 BGB die Freistellung des VN, ohne dass dadurch ein eigenes Forderungsrecht des Anwalts als Kostengläubiger entsteht[1024]. Auch eine etwaige Abtretung der Versicherungsansprüche durch den VN vermag hieran nichts zu ändern. Die von Gesetzes wegen an sich gegebene Abtretungsmöglichkeit wird nämlich durch §§ 20 (1) ARB 75, 17 (7) ARB 94/2000/2008 ausgeschaltet[1025].

491   Wegen der fehlenden Vertragsbeziehung hat grundsätzlich auch der VR gegen den Anwalt keinen unmittelbaren Anspruch. Der VR kann den Anwalt allerdings als **Regressschuldner** in Anspruch nehmen, wenn Ansprüche auf den VR nach §§ 86 VVG, 20 (1) ARB 75, 17 (8) ARB 94/2000/2008 übergegangen sind[1026]. Dies können z. B. **Schadenersatzansprüche des VN** gegen den Anwalt aus fehlerhafter Prozessführung sein[1027]. Beruht das schadenstiftende Verhalten des Anwalts darauf, eine **aussichtslose Klage** geführt zu haben, befreit ihn die vom Rechtsschutzversicherer erteilte Deckungszusage nicht von der Haftung[1028]. Erhält der Anwalt, der vom VR einen Vorschuss genommen hat, später vom Gegner des VN Zahlungen und leitet diese nicht weiter, geht der **Auskunfts- und Rechenschaftsanspruch des VN** gegen seinen Anwalt aus §§ 675, 667 BGB als unselbständiges Nebenrecht (§ 401 BGB) auf den VR über[1029]. Das OLG Saarbrücken[1030] billigt dem VR sogar einen direkten Anspruch gegen den Anwalt aus Geschäftsführung ohne Auftrag gemäß §§ 677, 681 Satz 2, 667

[1022] LG Bremen v. 4. 9. 1997, VersR 1998, 974; *Buschbell/Hering,* § 28 Rn. 9 ff.

[1023] Vgl. BGH v. 24. 1. 1978, NJW 1978, 1003 zur Beauftragung von Rechtsanwälten, vor allem einer Sozietät, durch Rechtsschutzversicherer.

[1024] OLG Köln v. 31. 10. 2000, r+s 2001, 248; AG München v. 25. 11. 1994, r+s 1995, 186; AG Köln v. 6. 11. 1987, ZfS 1988, 80; LAG Hamm v. 16. 10. 1990, ZfS 1991, 307; *Harbauer/Bauer,* § 16 ARB 75 Rn. 5; *Prölss/Martin/Armbrüster,* § 16 ARB 75 Rn. 2; *Bergmann,* VersR 1981, 512 (514).

[1025] Hierzu ausführlich *Harbauer/Bauer,* § 20 ARB 75 Rn. 3.

[1026] Hierzu ausführlich *Scharder,* PVR 2003, 242; vgl. auch Rn. 479.

[1027] OLG Koblenz v. 16. 2. 2006, NJW 2006, 3150 (Erheben einer unschlüssigen Klage); OLG Köln v. 29. 6. 1993, NJW-RR 1994, 27 = r+s 1994, 220 (Führen eines aussichtslosen Prozesses); LG Kiel v. 28. 4. 1992, r+s 1992, 380; AG Mönchengladbach v. 3. 7. 2002, r+s 2002, 466.

[1028] OLG Koblenz a.aO.; OLG Köln a. a. O.

[1029] LG Braunschweig v. 3. 4. 2001, ZfS 2002, 151; LG Düsseldorf v. 18. 1. 2000, r+s 2000, 157; LG München v. 13. 3. 1996, VersR 1997, 1099 = ZfS 1997, 431; LG Aachen v. 12. 1. 1995, r+s 1995, 305; AG Tempelhof-Kreuzberg v. 3. 1. 2003, ZfS 2003, 468; AG Heilbronn v. 15. 6. 2000, r+s 2000, 421; AG Cham v. 22. 12. 1999, VersR 2001, 94 = JurBüro 2000, 369; AG Eschweiler v. 5. 5. 1999, r+s 2000, 246; AG Hamburg v. 16. 1. 1996, r+s 1996, 316.

[1030] V. 6. 6. 2007, VersR 2007, 1554 = r+s 2007, 503.

BGB zu. Der Fremdheit des Geschäfts stehe nicht entgegen, dass der Anwalt im Rahmen der Beitreibung von Kostenerstattungsansprüchen zugleich in seiner Funktion als Anwalt für seinen Mandanten tätig geworden ist.

Hinsichtlich möglicher Einwände des Anwalts ist Folgendes zu berücksichtigen: **492**

– Hat der Anwalt eine Kostenerstattung der Gegenseite vereinnahmt und zahlt den Betrag an den VN aus, kann er sich gegenüber dem VR nicht auf den Wegfall der Bereicherung berufen. Da er vom Forderungsübergang Kenntnis hatte, kann er gem. **§ 407 (1) BGB** nicht mit befreiender Wirkung gegenüber dem VR an den VN leisten[1031]. Wenn der VN die Zahlung nicht an den VR weiterleitet, muss der Anwalt also die Summe noch einmal aufbringen und an den VR zahlen. Fällt der VN in Insolvenz, bleibt der Anwalt letztlich auf dem Schaden sitzen.

– Eine Aufrechnung mit Ansprüchen des VN gegen den VR scheitert an der fehlenden **Gegenseitigkeit** (§ 387 BGB)[1032]. Denkbar wäre zwar eine Abtretung der Ansprüche an den Anwalt. Dem steht aber das Abtretungsverbot nach §§ 20 (1) ARB 75, 17 (7) ARB 94/2000/2008 entgegen.

– Will der Anwalt mit eigenen Gebührenansprüchen gegen den VN aufrechnen, ist **§ 406 BGB** zu beachten. Danach ist die Aufrechnung ausgeschlossen, wenn der Anwalt bei dem Erwerb der Gegenforderung vom Forderungsübergang Kenntnis hatte[1033] oder wenn die Forderung erst nach Erlangung und später als die übergegangene Forderung fällig geworden ist. Maßgebend ist hierbei, wann der Anwalt die in § 10 RVG (§ 18 BRAGO) vorgeschriebene Kostenrechnung erteilt hat[1034]. Ist eine Honorarforderung verjährt, bevor der Anwalt eine dem § 10 RVG (§ 18 BRAGO) entsprechende Kostenrechnung erteilt hat, ist die Aufrechnung nach **§ 215 BGB** (§ 390 BGB a. F.) ausgeschlossen, weil in unverjährter Zeit keine Aufrechnungslage bestand[1035].

– Hat der VR an den Anwalt eine bestimmte Gebühr bezahlt (z. B. Terminsgebühr) und wird in einem anschließenden Kostenfestsetzungsverfahren festgestellt, dass die Gebühr nicht entstanden ist, kann der Anwalt dem auf §§ 86 (1) S. 1 VVG, 812 (1) Alt. 1 BGB gestützten Rückzahlungsverlangen des VR jedenfalls dann nicht entgegenhalten, dieser habe einwendungslos bezahlt (§ 781 BGB), wenn der VR von den für den Gebührenansatz maßgebenden Umständen keine qualifizierte Kenntnis hatte[1036].

III. Rechtsbeziehung zum VN

1. Gebührenanspruch für die Korrespondenz mit dem Versicherer

Rechtsschutzversicherte Mandanten erwarten in der Regel, dass der Anwalt beim VR die **493** Deckungszusage einholt und auch die weitere Korrespondenz mit diesem führt. Nach einhelliger Auffassung in der Literatur[1037] handelt es sich dabei um einen eigenständigen Auftrag, der gesondert mit der Gebühr nach VV 2300 (früher: § 118 Abs. 1 Nr. 1 BRAGO) zu vergüten ist. In der Rechtsprechung ist die Frage dagegen umstritten. Teilweise wird die Auffassung vertreten, es handele sich nur um einen **Annex** zum eigentlichen Mandat. Genauso wie die

---

[1031] OLG München v. 9. 11. 1999, r+s 1999, 158 m. Anm. *Kurzka;* AG Cham, a. a. O.

[1032] AG Springe v. 14. 12. 2005, – 4 C 149/05 (nicht veröff.); AG Heilbronn, a. a. O.

[1033] AG Pforzheim v. 15. 4. 2002, ZfS 2002, 546; AG Hamburg v. 5. 6. 2001, – 23A C 54/01 – (nicht veröff.); AG Moers v. 13. 9. 2000, – 550 C 38/00 – (nicht veröff.); AG Köln v. 15. 10. 1997, – 136 C 19/97 – (nicht veröff.); AG München v. 22. 11. 1996, – 173 C 15772/96 – (nicht veröff.).

[1034] AG Erfurt v. 23. 8. 2002, ZfS 2003, 93; AG Moers, a. a. O.; AG Köln v. 23. 1. 1997, – 134 C 408/96 – (nicht veröff.); v. 6. 7. 1994, r+s 1994, 465; zur formalen Korrektheit i. S. d. § 18 BRAGO bei Bußgeldsachen vgl. auch OLG Köln v. 30. 7. 2002, JurBüro 2002, 580.

[1035] AG Wesel v. 1. 9. 2005, 5 C 114/05 (nicht veröff.); AG Neuss v. 24. 1. 2003, NJW-RR 2003, 644 = JurBüro 2003, 471 = PVR 2003, 264.

[1036] AG Schöneberg v. 24. 1. 2003, – 15 C 426/02 – (nicht veröff.).

[1037] Vgl. *Gerold/Schmidt/Rabe,* RVG, § 19 Rn. 27; *Buschbell/Hering,* § 25 Rn. 9; *Hansens,* JurBüro 1998, 292; *Mümmler,* JurBüro 1984, 1601 (1605); *Bergmann,* VersR 1981, 512 (513).

Kosten des Prozesskostenhilfeverfahrens gem. § 16 Nr. 2 RVG (§ 37 BRAGO) zum Rechtszug dazugehörig zählen, diene auch der Schriftverkehr mit der Rechtsschutzversicherung als begleitende Tätigkeit der Durchsetzung des Anspruchs[1038]. Eine vermittelnde Meinung geht zwar auch von keiner eigenen Angelegenheit aus, sondern nur von einer besonderen Form der Einforderung der Vergütung, die nach § 19 Nr. 13 RVG (§ 37 Ziff. 7 BRAGO) zum Rechtszug gehört. Dies sei aber dann anders, wenn die Deckungspflicht des VR zweifelhaft ist und der Mandant den Anwalt gerade deshalb beauftragt, seine Interessen gegenüber dem VR zu vertreten[1039]. Ein anderer Teil der Rechtsprechung[1040] geht demgegenüber – wie die Literatur – von einer besonderen Angelegenheit aus. Dieser Auffassung ist zu folgen, jedoch mit einer Einschränkung. Zwar handelt es sich bei der Korrespondenz mit dem VR nicht um eine bloße Unterrichtung eines Beteiligten, sondern im Hinblick auf das Einholen der Deckungszusage um eine **besondere Angelegenheit i. S. v. § 15 RVG (früher: § 13 Abs. 2 S. 1 BRAGO),** die gesondert zu vergüten ist. Im Hinblick darauf, dass Mandanten i. d. R. darauf vertrauen, der Anwalt werde für ihn insoweit gebührenfrei tätig, sowie die Tatsache, dass weder der VR noch der Gegner die Kosten erstatten, ist aber von einer **Hinweispflicht** des Anwalts auszugehen[1041]. Will also der Anwalt die Einholung der Deckungszusage gesondert vergütet haben, so muss er den Mandanten auch ohne ausdrückliche Nachfrage darüber aufklären und ggf. auf die Möglichkeit hinweisen, zur Vermeidung dieser Kosten selbst um Deckung beim VR nachzusuchen.

494   Eine andere Frage ist es, ob der Anwalt auf die Vergütung – etwa aus Servicegesichtspunkten, oder weil er im Rahmen der Belehrungspflichten die Deckung ohnehin prüfen muss – **verzichten** kann. Dies ist grundsätzlich zu bejahen[1042] und entspricht auch einer verbreiteten Praxis[1043]. Standesrechtlich bedenklich wäre es nur, wenn der Anwalt den Verzicht ausdrücklich vereinbart, indem er auf den Anfall einer Gebühr hinweist und zugleich erklärt, dass er sie nicht in Rechnung stelle[1044].

2. Repräsentantenstellung/Aufklärungspflichten

495   Überlässt der VN dem Anwalt die Abwicklung der Korrespondenz mit dem VR, dann hat der Anwalt für den VN die **Obliegenheiten zu beachten**[1045]. Aufgrund dieser Repräsentantenstellung muss sich der VN das Handeln oder Unterlassen des Anwalts unmittelbar als Verschulden zurechnen lassen[1046]. Die Rechtsfolgen einer Obliegenheitsverletzung treffen insoweit zunächst nur den VN. Auf diesem Weg kann allerdings für den Anwalt eine **Regresshaftung** entstehen. Dies hat zur Folge, dass der VN gegenüber dem an sich entstandenen Gebührenanspruch des Anwalts mit einem eigenen Schadenersatzanspruch aufrechnen kann, so dass im Endeffekt der Anwalt seinen Gebührenanspruch ganz oder teilweise verliert[1047]. Die gleiche Rechtsfolge tritt ungeachtet einer Obliegenheitsverletzung des VN ein, wenn der Anwalt gegen die **Pflicht aus dem Mandatsvertrag** verstößt, den für den VN si-

---

[1038] OLG München v. 4. 12. 1990, JurBüro 1993, 163.

[1039] SchlOLG v. 10. 5. 1979, JurBüro 1979, 1321; zustimmend *Vassel,* ZVersWiss 1980, 491 (495).

[1040] AG Ettenheim v. 8. 11. 2005, AGS 2006, 275; AG Lüdenscheid v. 9. 5. 1996, ZfS 1997, 110; AG Ahaus v. 9. 10. 1975, AnwBl 1976, 171.

[1041] OLG Stuttgart v. 6. 8. 2002, AGS 2003, 68; *Harbauer,* § 2 ARB 75 Rn. 149; vorsichtiger *Bergmann,* a. a. O.: „Es empfiehlt sich …“.

[1042] *Hansens,* a. a. O.; *Mümmler,* JurBüro 1984, 1601 (1606).

[1043] *Buschbell/Hering,* § 25 Rn. 11; *van Bühren,* AnwBl 2007, 473 (475); *ders.* MDR 1998, 745 (747).

[1044] *Hansens,* a. a. O.

[1045] Hierzu ausführlich *Tietgens,* r+s 2005, 489.

[1046] Vgl. *Schirmer,* r+s 1999, 45 (48); *Harbauer/Bauer,* § 15 ARB 75 Rn. 31; *Prölss/Martin/Armbrüster,* § 15 ARB 75 Rn. 12.

[1047] OLG Hamburg v. 13. 3. 2002, AnwBl 2003, 114 (Mehrere Einzelklagen statt Klageerweiterung); OLG Koblenz v. 8. 11. 2000, MDR 2001, 720 (Mehrere Einzelklagen statt Sammelklage); LG Hannover v. 3. 11. 2000, VersR 2002, 93 (Vorsätzliche Nichteinholung einer Deckungszusage); AG Geldern v. 23. 10. 1990, r+s 1991, 311 (Unnötiger Weiterbeschäftigungsantrag); *Harbauer/Bauer,* § 2 ARB 75 Rn. 27; *Harms,* VersR 1990, 818 (819).

chersten, schnellsten und billigsten Weg zu gehen. Soweit ein Gebührenanspruch auf diese Weise entfällt, entfällt auch der Grund für eine Freistellung des VN durch den VR[1048]. Dies kann z. B. dann der Fall sein, wenn der Anwalt nicht auf **mangelnde Erfolgsaussicht** der beabsichtigten Rechtsverfolgung hinweist[1049] oder es in einer Strafsache schuldhaft versäumt, eine bei Freispruch fehlerhaft ergangene Kostengrundentscheidung anzufechten[1050]. Hat der Anwalt fehlenden Versicherungsschutz wegen fahrlässig unzureichender Information des VR zu verantworten, so haftet er dem Mandanten u. U. sogar auf Freistellung von den Kostenansprüchen der Gegenseite und des Gerichts[1051]. Gelegentlich wird gesagt, durch das Vorhandensein einer Rechtsschutzversicherung erhöhe sich das Haftungsrisiko für den Anwalt[1052]. Dies ist sicherlich wahr, andererseits relativiert sich diese Feststellung dadurch, dass in den Fällen der Obliegenheitsverletzung häufig auch eine Verletzung der ohnehin aus dem Mandatsvertrag bestehenden Pflichten vorliegt. Das Bestehen einer Rechtsschutzversicherung entlastet den Anwalt hiervon nicht.

Eine weitere Gefahrenquelle ergibt sich für den Anwalt bereits bei **Mandatserteilung** **496** durch eine rechtsschutzversicherte Person. Zwar ist fraglich, ob der Anwalt von sich aus regelmäßig das Bestehen einer Rechtsschutzversicherung abzuklären hat[1053]. Erhält er aber von seinem Auftraggeber einen entsprechenden Hinweis, muss er davon ausgehen, dass der Mandant den Prozess auf Kosten des VR führen will und die Mandatserteilung davon abhängig macht, dass eine Eintrittspflicht des VR gegeben ist[1054]. In der Rspr. ist wiederholt entschieden worden, dass der Anwalt für das Vorliegen eines **unbedingten Auftrags** – also unabhängig von einer Deckungszusage – **beweispflichtig** ist[1055]. Letztendlich wird der Anwalt also nicht umhin können, die **Klärung der Eintrittspflicht** des VR herbeizuführen, um sich nicht schadenersatzpflichtig zu machen. Der Umfang dieser Pflicht hängt von den Umständen des Einzelfalles ab[1056]. Zwar kann vom Anwalt grundsätzlich auch die Kenntnis von Versicherungsbedingungen verlangt werden. Jedoch dürfen keine unangemessen hohen Anforderungen an die Belehrungspflicht gestellt werden[1057]. Je kostenträchtiger das Mandat ist, umso umfassender ist die Beratungspflicht. Ggf. muss sich der Anwalt durch Rückfragen beim VN oder beim VR über unklare Punkte vergewissern[1058]. Pflichtwidrig ist es jedenfalls, den Mandanten über eine sich aufdrängende Leistungsfreiheit des VR im Unklaren zu lassen[1059] oder die Eintrittspflicht des VR zu behaupten, obwohl die eigene Rechtsüberzeugung nicht durch Fachliteratur und Rspr. abgesichert ist[1060]. Ggf. ist dem Mandanten darzulegen, dass über die Eintrittspflicht keine verbindliche Auskunft gegeben werden kann und ihm eine Entscheidung dazu abzuverlangen, ob er lediglich unter der Bedingung der Eintrittspflicht des VR prozessieren will[1061].

[1048] *Harbauer/Bauer,* § 2 ARB 75 Rn. 27.

[1049] BGH v. 17. 4. 1986, VersR 1986, 656; OLG Koblenz v. 16. 2. 2006, NJW 2006, 3150 (Anspruchsübergang auf den VR); OLG Köln v. 12. 3. 1997, VersR 1998, 1282; v. 29. 6. 1993, NJW-RR 1994, 27 = r+s 1994, 220 (Anspruchsübergang auf den VR); LG Hannover v. 3. 11. 2000, VersR 2002, 93.

[1050] AG Köln v. 7. 8. 1997, ZfS 1997, 430 m. Anm. *Madert.*

[1051] OLG Köln v. 22. 3. 2004, NJW-RR 2004, 1573.

[1052] *Harms,* VersR 1990, 818 (820).

[1053] Hierfür LG Tübingen v. 25. 7. 1994, VersR 1996, 854; einschränkend *Buschbell/Hering,* § 24 Rn. 1.

[1054] BayVerfGH v. 19. 11. 1998, NJW-RR 1999, 934.

[1055] OLG Naumburg v. 30. 9. 2002, – 1 U 28/02 – (juris); OLG Nürnberg v. 29. 6. 1989, NJW-RR 1989, 1370; OLG Düsseldorf v. 6. 11. 1975, VersR 1976, 892; LG Hanau v. 27. 12. 1977, AnwBl 1978, 231; a. A. AG Charlottenburg v. 9. 4. 2003, JurBüro 2003, 424: Den Rechtsanwalt treffen keine Aufklärungs-Hinweis- oder Warnpflichten bezogen auf das Rechtsschutzversicherungsverhältnis.

[1056] Hierzu *Tietgens,* r+s 2005, 489 (491).

[1057] LG Berlin v. 11. 12. 1991, ZfS 1994, 462; *Böhme,* § 16 ARB 75 Rn. 6.

[1058] LG Tübingen, 25. 7. 1994, VersR 1996, 854 (855).

[1059] OLG Düsseldorf v. 23. 11. 1999, NJW 2000, 1650 (nicht notwendiger Verkehrsanwalt in der Berufung).

[1060] AG Würzburg v. 23. 10. 1997, VersR 1999, 189 = r+s 1999, 104.

[1061] *Buschbell/Hering,* § 23 Rn. 6 ff.; *Chab,* AnwBl 2003, 652, 653.

IV. Insolvenz des VN

497   Bei rechtsschutzversicherten Mandanten muss sich der Anwalt über die Zahlungsfähigkeit seines Mandanten grundsätzlich keine Gedanken machen. Soweit die Deckungszusage nicht ausnahmsweise rückwirkend entfällt, kann der Anwalt davon ausgehen, dass der VR seinen VN vom Anwaltshonorar freistellen wird. Probleme können sich aber dann ergeben, wenn über das Vermögen des VN das Insolvenzverfahren eröffnet wird. Die Insolvenzeröffnung führt dazu, dass der Anwalt aus der Masse keine volle Deckung bekommen kann, sondern nur einen Anspruch auf die **Insolvenzquote** hat. Hieran ändert auch die Zahlungsbereitschaft des VR nichts, denn der Schuldbefreiungsanspruch des VN wandelt sich mit der Insolvenzeröffnung in einen Zahlungsanspruch des Insolvenzverwalters gegen den VR um[1062]. Zahlt der VR gleichwohl **an den Anwalt,** so handelt es sich um die **Zahlung an einen Nichtberechtigten,** die den Insolvenzgläubigern gegenüber unwirksam ist (§ 81 InsO). Der Anwalt ist deshalb nach Bereicherungsgrundsätzen verpflichtet, das vom VR erhaltene Honorar an den Insolvenzverwalter herauszugeben. Einer Aufrechnung mit seinem Gebührenanspruch steht § 96 InsO entgegen[1063]. Das Ergebnis ist zweifellos unbefriedigend. Leider ist es aber nicht möglich, die Regelung, wie sie durch § 110 VVG (§ 157 VVG a. F.) für den Bereich der Haftpflichtversicherung getroffen ist (Schutz des Geschädigten bei Insolvenz des VN), im Wege der Analogie auf die Rechtsschutzversicherung zu übertragen[1064].

M. Beweislastfragen

I. Allgemein

498   Auch in der Rechtsschutzversicherung gelten zunächst die allgemeinen Grundsätze der Beweislastverteilung. Der VN, der Leistungen wegen eines Versicherungsfalles geltend macht, muss also grundsätzlich die tatbestandlichen Voraussetzungen des Anspruchs beweisen[1065]. Dazu gehört der **Nachweis des VN,** dass er in einer durch die §§ 21–29 ARB unter Versicherungsschutz gestellten Eigenschaften betroffen ist[1066] und dass ein Versicherungsfall überhaupt und innerhalb des versicherten Zeitraums[1067] sowie im örtlichen Geltungsbereich[1068] eingetreten ist. Dem VN obliegt ferner die Beweislast dafür, dass es sich um eine „notwendige", d. h. hinreichend erfolgversprechende und nicht mutwillige, Interessenwahrnehmung handelt[1069] und dass die Rechtskosten, deren Übernahme er vom VR verlangt, unter den vereinbarten Leistungskatalog fallen[1070].

499   Die Voraussetzungen von Risikoausschlüssen gem. §§ 4 ARB 75, 3 ARB 94/2000/2008 stehen dagegen als Ausnahmeregelungen zur **Beweislast des VR**[1071]. Hierzu gehört auch die Wartezeit als zeitlich begrenzter Risikoausschluss[1072]. Das Gleiche gilt für die sekundären Risikobeschränkungen gem. §§ 2 (3) ARB 75, 5 (3) ARB 94/2000/2008[1073].

500   Geht es um die Zuordnung zu den versicherten **Rechtsgebieten** (Leistungsarten), ist grundsätzlich von einer Darlegungs- und Beweispflicht des VN auszugehen. Allerdings reicht

---

[1062] A. A. *Meyer,* JurBüro 2007, 187 (188), der die Deckungszusage des VR als „Finanzierungsvertrag" zwischen VR und Anwalt qualifiziert.
[1063] Vgl. OLG Köln v. 10. 9. 1997, VersR 1998, 1151.
[1064] Vgl. *Kurzka,* VersR 1980, 12 (14).
[1065] *Römer/Langheid/Römer,* § 49 VVG a. F. Rn. 12.
[1066] *Harbauer/Stahl,* vor § 21 ARB 75 Rn. 3.
[1067] *Harbauer/Maier,* § 14 ARB 75 Rn. 2.
[1068] *Harbauer/Bauer,* § 3 ARB 75 Rn. 1.
[1069] *Prölss/Martin/Armbrüster,* § 1 ARB 75 Rn. 7.
[1070] *Harbauer/Bauer,* § 2 ARB 75 Rn. 5.
[1071] *Römer/Langheid/Römer,* § 49 VVG a. F. Rn. 12; *Harbauer,* § 4 ARB 75 Rn. 3.
[1072] *Harbauer/Maier,* § 14 ARB 75 Rn. 67.
[1073] *Harbauer/Bauer,* § 2 ARB 75 Rn. 5.

es hier, wenn der VN **schlüssig** darlegt, dass der von ihm verfolgte oder abzuwehrende Anspruch in den Schutzbereich einer versicherten Leistungsart fällt. Ob sich der Anspruch letztlich als begründet erweist, ist irrelevant, denn ansonsten würde der Rechtsschutz erheblich verkürzt, ohne dass dies aus den ARB hinreichend deutlich hervorginge[1074].

II. Versicherte Eigenschaft

Problematisch ist die Rechtslage, wenn der Versicherungsschutz von einer versicherten Eigenschaft abhängt, welche zugleich zwischen dem VN und seinem Gegner streitig ist, so dass zu erwarten ist, dass die Frage in dem zwischen den Parteien schwebenden Rechtsverfahren geklärt wird. Hierzu gehört insbesondere der Fall, dass der **Arbeitnehmerstatus** des VN streitig ist. Ferner kann klärungsbedürftig sein, ob der VN – wie von ihm behauptet – **Eigentümer eines Kraftfahrzeuges** ist. Solche Fälle der „Voraussetzungsidentität"[1075] sind so zu lösen, dass der VR die Zusage mit einem **Vorbehalt** versehen kann, wonach die Deckung von den Feststellungen im laufenden Verfahren des VN abhängt (hierzu ausführlich Rn. 43, 44: „Scheinselbständigkeit"). **501**

III. Risikoabgrenzungen

Ein wesentliches Element der Systematik der ARB ist die Beschränkung des Versicherungsschutzes in der jeweiligen Vertragsform auf bestimmte Lebensbereiche (Verkehr, Privat usw.). Dies geschieht häufig durch sog. sekundäre Risikoausschlüsse. Deren Voraussetzungen muss der **VR nachweisen**[1076]. Ein klassisches Beispiel hierfür ist die Abgrenzung zur selbständigen Tätigkeit in § 25 (1) S. 2 ARB 75 (hierzu ausführlich Rn. 130ff.). Ggf. kann hier allerdings die gesetzliche Vermutung des **§ 344 HGB** herangezogen werden, wenn es sich beim VN um einen Kaufmann handelt[1077]. Zu beachten ist ferner, dass in den Vertragsformen der **ARB 94/2000/2008,** die den Privat-Rechtsschutz beinhalten, der Versicherungsschutz **primär** auf den privaten Bereich des VN erstreckt wird. Danach muss also der VN beweisen, dass der private Bereich und nicht der – unversicherte – Bereich der selbständigen Tätigkeit betroffen ist. **502**

IV. Vorsätzliche Verursachung

Als problematisch hat sich die **Umkehr der Beweislast** in **§ 3 (5) ARB 94** erwiesen. Während gem. § 81 VVG (§ 61 VVG a. F.) der VR hinsichtlich der Voraussetzungen für einen Ausschluss des Versicherungsschutzes beweispflichtig ist, obliegt es gem. § 3 (5) ARB 94 dem VN, schon bei der Behauptung einer vorsätzlichen Straftat das Fehlen der Voraussetzungen des Ausschlusses zu beweisen. Diese Benachteiligung des VN gegenüber der gesetzlichen Rechtslage ist in der Literatur wiederholt als Verstoß gegen § 11 Nr. 15 AGBG sowie § 9 Abs. 2 Nr. 1 AGBG kritisiert worden[1078]. Die VR haben diesen **rechtlichen Bedenken** dadurch **Rechnung getragen,** dass in **§ 3 (5) ARB 2000** die Beweislast wieder i. S. d. § 81 VVG (§ 61 VVG a. F.) verteilt wurde. Der VR muss also wie bei § 4 (2) a ARB 75 die Voraussetzungen des Ausschlusses beweisen. Ist eine Klärung des Vorwurfs erst im Verfahren des VN zu erwarten, muss der VR vorläufig Kostenschutz zur Verfügung stellen. Die endgültige Deckung hängt dann davon ab, ob der Vorsatzvorwurf im laufenden Verfahren nachgewiesen wird oder nicht (hierzu ausführlich Rn. 309). § 3 (5) ARB 2008 behält diese Regelung bei. Einzelne VR haben abweichend hiervon wieder auf den Wortlaut des § 4 (2) a ARB zurückgegriffen, ohne dass sich dies aber auf die Beweislast auswirkt. **503**

[1074] *Harbauer/Stahl,* vor § 21 ARB 75 Rn. 4; *Prölss/Martin/Armbrüster,* Vorb. 1 vor § 21 ARB 75.
[1075] Vgl. *Harbauer/Bauer,* § 18 ARB 75 Rn. 19.
[1076] *Prölss/Martin/Armbrüster,* § 25 ARB 75 Rn. 9a.
[1077] OLG Stuttgart v. 15. 8. 2002, r+s 2003, 64; OLG Hamm v. 8. 5. 1985, ZfS 1986, 18; v. 15. 10. 1985, VersR 1987, 402; v. 23. 9. 1988, VersR 1989, 799; OLG Oldenburg v. 9. 5. 1990, ZfS 1989, 20.
[1078] *Prölss/Martin/Armbrüster,* § 3 ARB 94 Rn. 31; *van Bühren/Brieske,* AnwBl 1985, Beil. zu H. 3, S. 5, 7.

§ 38. Transportversicherung*

Inhaltsübersicht

* Unter Mitarbeit von *Olympia Kosma*. Dank gilt Herrn *Tjard-Niklas Trümper*, LL.M., Wiss. Assistent am Max-Planck-Institut für ausländisches und internationales Privatrecht, Hamburg, für die Mitwirkung an der Aktualisierung dieser Auflage.

Heiss

Bereichsübergreifende Literatur: *Abele,* Versicherungen im Logistikbereich, TranspR 2005, 383; ders., Versicherungen der Spedition, TranspR 2006, 62; *Basedow/Metzger,* Verzugsschaden in der Seeversicherung – Zugleich ein Beitrag zur angewandten Rechtsvergleichung in der AGB-Kontrolle in *Bork/Hoeren/Pohlmann* (Hrsg.), Festschrift für Helmut Kollhosser zum 70. Geburtstag, Karlsruhe 2004, S. 3–24; *Bodis,* Das Quotenvorrecht im dt. und engl. TransportVsrecht, TranspR 2008, 1 ff.; *Bruck,* Materialien zu den Allgemeinen Deutschen SeeVersBedingungen, Band I und II, Hamburg 1919; *Dt. Gesellschaft für Transportrecht* (Hrsg.), Gütertransport und Versicherungen, Neuwied 1990; *Enge,* Transportversicherung – Recht und Praxis in Deutschland und England³, Wiesbaden 1996 (zit.: *Enge*); *ders.,* in: Transportversicherung, hrsg. v. Dt. Gesellschaft für Transportrecht, Gütertransport und Versicherungen, Neuwied 1990, 7; *Flach,* Auswirkungen des neuen Versicherungsvertragsrechts auf die Transportversicherungssparten, TranspR 2008, 56; *Franck,* Die Strukturen der Seeversicherung, TranspR 1997, 215; *Freise,* Versicherungen des gewerblichen Eisenbahnverkehrs, TranspR 2006, 45; *Gärtner,* Rechtsprobleme bei der Versicherung von Kunstgegenständen, NJW 1991, 2993; *Hagen,* Seeversicherungsrecht, Berlin 1938; *Herber,* Seehandelsrecht, Berlin 1999; *Heuer,* Versicherungen des gewerblichen Straßengüterverkehrs, TranspR 2006, 22; *Jänisch,* Die Entwicklung der Seeversicherung von den Anfängen bis zum Anfang des 20. Jahrhunderts unter besonderer Berücksichtigung von Lloyd's, Berlin (Diplomarbeit der Humboldt-Universität) 1993; *Jakobi,* Angebot und Nachfrage in der Seeversicherung, Berlin 1969; *Jenssen,* Die europäische Mitversicherung – Ein Beitrag zur Dienstleistungsfreiheit in Europa, Karlsruhe 1990; *Kahrs,* Die europäische Dienstleistungsfreiheit und die steuerliche Betriebsstätte, dargestellt am Beispiel der Transportversicherung IStR 1998, 617; *Koller,* Im Labyrinth des Speditions- und Rollfuhrversicherungsscheins, TranspR 1992, 201; *Kreuzmann,* Transportversicherung Neuwied 1997; *Lensing,* Die Ausstellungsversicherung unter besonderer Berücksichtigung des Messewesens, Karlsruhe 1991; *Looks,* Taxe, NeuwertV und Bereicherungsverbot, VersR 1991, 731; *Luttmer/Herold/Karow,* Technologien zur See und Transportversicherung, Köln 1991; *Meier,* Transportversicherung, Bern 1976; *Mellert,* Marine Insurance, Zürich 1997 (Swiss Re Publication); *ders.,* Marine cargo reinsurance, Zürich 1996 (Swiss Re Publications); *Michels,* Vertragsfreiheit und Kündigungsrecht in der Benannten Warenkreditversicherung, VersR 1977, 1082; *Müller-Rostin,* Versicherungen des gewerblichen Luftverkehrs, TranspR 2006, 49; *Prüssmann/Rabe,* Seehandelsrecht⁴, München 2000; *Puttfarken,* Seehandelsrecht, Heidelberg 1997; *Remé,* Deutsche Rechtsprechung zum Seeversicherungsrecht 1988–1999, VersR 2001, 414;*Remé/Gercke,* Transportversicherung, in: *Terbille,* Münchener Anwalts-Handbuch Versicherungsrecht, München 2004, 708; *Ritter/Abraham,* Das Recht der Seeversicherung², Band I und II, Hamburg 1967; *Roos,* Anmerkung zu OLG Köln v. 30. 4. 2002, VersR 2003, 1252; *Sasse,* Deutsche Seeversicherung Sammlung Seeversicherungsrechtlicher Entscheidungen nebst Literaturverzeichnis, Karlsruhe 1958 (1923–1957) mit Nachtrag Karlsruhe 1964, und Karlsruhe 1982 (1958–1980); *Schlegelberger,* Seeversicherungsrecht, Berlin 1960; *Schlegelberger/Liesecke,* Seehandelsrecht², Berlin 1964; *Schwampe,* Versicherungen der gewerblichen Seeschifffahrt, TranspR 2006, 55; *Sieg,* Der Schutz der VN in der sogenannten unechten Transportversicherung, BB 1969, 1201; *Sieveking,* Das deutsche Seeversicherungsrecht, Berlin 1912; *Tecklenborg,* System des Seeversicherungswesens nach der Natur der Sache, Bremen 1862; *Thume,* Versicherungen des Transports, TranspR 2006, 1; *ders.,* Der Regress des TranspVR, VersR 2008, 455; *ders.,* Der Regress des Transportversicherers gegen den eigenen Versicherungsnehmer bei der Fremdversicherung des Spediteur-Frachtführers, VersR 2004, 1222; *Thume/de la Motte* (Hrsg.), Transportversicherungsrecht, München 2004; *Umbach,* Aspekte internationaler Durchdringung des Seeversicherungsgeschäftes im 20. Jahrhundert, ZVersWiss 2005, 865; *Voigt,* Deutsches SeeVersicherungs-Recht, Jena 1884.

Hinweis: Weitere speziellere Literatur vor den jeweiligen Teilabschnitten.

A. Einleitung

I. Begriff der Transportversicherung

Der Gütertransport, mag er zu Lande, zu Wasser oder zur Luft erfolgen, ist mannigfaltigen **1** Risiken ausgesetzt. Die Vielzahl der am Transport Beteiligten (Versender, Spediteur, Frachtführer, Empfänger, Dritte) und der zwischen ihnen bestehenden Rechtsverhältnisse wirkt als ein juristischer Multiplikator der Risiken. Es überrascht daher nicht, dass uns im Transportwesen auch eine Mehrzahl an Versicherunsprodukten begegnet. In **funktionalem** Sinne kann man daher unter dem Begriff der Transportversicherung jegliche Versicherung von Risiken, die sich auf eine Güterbeförderung beziehen, verstehen[1]. Dieser funktionale, weite Ansatz ist **juristisch** je nach Sachzusammenhang zu differenzieren, zumal die Transportversicherung i. e. S. eigenen Regelungen folgt, die wiederum je nach Teilsparte (z. B. Versicherung von Binnen- oder Seetransporten) unterschiedlich sind[2].

II. Arten von transportbezogenen Versicherungen

1. Allgemeines

Die Einteilung von gütertransportbezogenen Versicherungen wird gängig anhand von **2** **drei** verschiedenen **Kriterien** vorgenommen[3]: Eine Klassifizierung richtet sich am **versicherten Interesse** aus, eine weitere am **Transportweg,** eine letzte an der **Dauer** der Versicherung.

2. Klassifizierung nach dem versicherten Interesse

a) Unter den versicherten Interessen steht zunächst jenes auf **Sachschadensersatz** betref **3** fend das **beförderte Gut** im Vordergrund **(Güter-Transportversicherung).** Hierher zählen auch die Nebensparten der Valorenversicherung[4], der Reisegepäckversicherung[5], der Ausstellungsversicherung[6] sowie der Kühlgut- und Tiefkühlgut-Versicherung[7].

b) Ein Interesse am Erhalt der Sache wird auch im Rahmen der **Kaskoversicherung** des **4** Transportmittels, also des Seeschiffs[8], des Flussschiffs[9], des Landfahrzeugs (Straßen- oder Schienenfahrzeugs)[10] bzw. des Luftfahrzeugs gedeckt. Liegt das Sachwertinteresse am Schiff bzw. an Teilen davon wegen der vertraglichen Risikoverteilung während des Baus, des Umbaus bzw. der Reparatur bei der Werft, so muss dieses Interesse in einer eigenen Versicherung abgedeckt werden[11].

---

[1] Zu den einzelnen Versicherungsarten sogleich II.; einprägsam aus funktionaler Sicht z. B. *Mellert,* Marine Insurance, insb. S. 11 ff.

[2] Zu den rechtlichen Rahmenbedingungen unten B.

[3] So etwa *Enge,* S. 16 ff.; ihm folgend Berliner Kommentar/*Dallmayr,* Vorbem. §§ 129–148 Rn. 7 ff.

[4] Wobei zwischen Bank-Valoren und Bijouterie-Valoren zu unterscheiden ist; vgl. nur *Prölss/Martin/ Voit,* § 129 VVG Rn. 8; *Enge,* S. 325 und 326; *Thume/de la Motte/Eckardt,* Kap. 3 Rn. 1105 f.

[5] Hierzu Kap. 41.

[6] Hierzu *Lensing,* passim und *Thume/de la Motte/Eckardt,* Kap. 3 Rn. 823 ff.

[7] Vgl. zu den Nebensparten der Transportversicherung *Enge,* S. 325 ff. und *Thume/de la Motte/Eckardt,* Kap. 3 Rn. 820 ff.; ähnlich Berliner Kommentar/*Dallmayr* Vorbem. §§ 129–148 Rn. 12.

[8] Ausführlich hierzu *Enge,* S. 205 ff. sowie *Thume/de la Motte/Enge/Dr. Enge,* Kap. 4 Rn. 1 ff.

[9] Auch hierzu *Enge,* S. 307 ff. sowie *Thume/de la Motte/Brunn,* Kap. 4 Rn. 419 ff.; für den Spezialfall der Wassersportversicherung; *Thume/de la Motte/Brunn,* Kap. 4 Rn. 419 ff. sowie *Enge,* S. 314 f.

[10] Hier ist freilich einschränkend darauf hinzuweisen, dass die Kaskoversicherung von Land- und Luftfahrzeugen keine Transportversicherung i. S. d. § 130 VVG ist; vgl. auch Rn. 323.

[11] Näheres bei *Enge,* S. 295 ff. sowie *Thume/de la Motte/Enge/Dr. Enge,* Kap. 4 Rn. 307 ff.; vgl. BGH v. 5. 7. 1971, NJW 1971, 1938: Schiffsneubauversicherung ist jedenfalls für die Zeit nach dem Stapellauf eine Seeversicherung im Sinne des § 209 VVG.

5 **c)** Versichert werden ferner transportbezogene **Haftpflichtrisiken.** Ganz vorrangig geht es dabei um das Interesse des Verkehrsträgers (Frachtführers, Spediteurs oder Lagerhalters) auf Freistellung von der (vertraglichen) Haftung für das beförderte Gut (**Verkehrshaftungsversicherung**[12] bzw. – in der Seeversicherung – die **Protection & Indemnity-Versicherung** [P&I], welche im Rahmen der Indemnity auch Ladungsschäden deckt[13]). Im Rahmen der Verkehrshaftungsversicherung wird beispielsweise die Haftung im Straßengüterverkehr nach den §§ 407 ff. HGB bzw. der CMR, im Eisenbahngüterverkehr nach CIM, im Lufttransport nach Warschauer bzw. Montrealer Abkommen, sowie die Haftung nach den Haager Regeln, Hague/Visby- bzw. Hamburg-Rules im Seetransport (P&I-Versicherung) gedeckt.

6 **d)** Ebenfalls um die Versicherung von transportbezogenen Haftpflichtrisiken (Verkehrshaftungsrisiken) handelt es sich bei der **Speditionsversicherung.** Hintergrund ist Art. 29 ADSp i. d. F. seit dem 1. 1. 2003, der den Spediteur – im Gegensatz zu vorigen Fassungen der ADSp – nur noch zum Abschluss einer Haftpflichtversicherung verpflichtet (Art. 29 ADSp spricht von der „Haftungsversicherung"). Für die damit erforderliche Haftungsversicherung werden seit dem 1. 1. 2003 Versicherungsbedingungen[14] empfohlen, die den Deckungsschutz des Spediteurs nunmehr eindeutig als **Haftpflichtversicherung** ausgestalten, indem sie diesen ausschließlich an die Haftung aus Verkehrsverträgen anknüpfen. Abgelöst wurde hierdurch der Deckungsschutz des SLVS[15], der noch eine Doppelfunktion hatte und sowohl Haftpflicht- als auch Sachversicherung darstellte[16]. Dieser Systemwechsel hin zur reinen Haftpflichtversicherung hatte wirtschaftliche Gründe[17]. Frühere Abgrenzungsproblematiken und das System der Haftungsersetzung durch Sachversicherungsschutz gehören damit der Vergangenheit an[18].

3. Klassifizierung nach dem Transportweg

7 Nach dem Transportweg werden die **See-, Binnen-** (Beförderung durch Flussschiffe, Straßen- und Schienenfahrzeuge) und **LuftTransportversicherung** unterschieden. Freilich kommen auch Versicherungen für **kombinierte** (multimodale)Transporte vor.

4. Klassifizierung nach der Dauer

8 Die Dauer der Transportversicherung kann je nach Vertragsgestaltung entweder von der tatsächlichen Dauer der Reise abhängen (**Reiseversicherung**) oder aber kalendermäßig bemessen sein (**Zeitversicherung**)[19]. Sie kann sich ferner auf eine bestimmte Reise (**Einzelversicherung**) oder aber auf mehrere Reisen (idealtypisch: alle von einem VN durchgeführ-

---

[12] Zu ihnen *Thume/de la Motte,* Kap. 5; *Prölss/Martin/Voit* sub S. Verkehrshaftungs- und Speditionsversicherung; Berliner Kommentar/*Dallmayr,* Vorbem. §§ 129–148 Rn. 41 ff.; *van Bühren/Ehlers,* § 20 Rn. 221 ff.; Abgrenzung zur Güterversicherung, siehe BGH v. 7. 5. 2003, NJW-RR 2003, 1107; missverständlich zur Verkehrshaftungsversicherung ist die Entscheidung des BGH v. 23. 11. 1988, VersR 1989, 250, worin die frühere, nicht mehr existierende KVO-Versicherung – eine Verkehrshaftungsversicherung – als Haftpflicht- und zugleich als Transportversicherung charakterisiert wurde, siehe hierzu *Thume/de la Motte/ders.,* Kap. 5 Rn. 6 ff. sowie *Thume,* TranspR 2006, 1 (4) jeweils m. w. N.

[13] Zur P&I-Versicherung näher unten Rn. 336 ff.

[14] DTV-Verkehrshaftungs-Versicherungsbedingungen für die laufende Versicherung für Frachtführer, Spediteure und Lagerhalter 2003 in der Fassung 2008 (DTV-VHV 2003/2008).

[15] Speditions-, Logistik- und Lagerversicherungsschein; der SLVS hatte wiederum mit Inkrafttreten des Transportrechtsreformgesetzes (BGBl. 1998 I 1588) am 1. 7. 1998 den Deckungsschutz des SVS/RVS (Speditionsversicherungsschein/Rollfuhrversicherungsschein) abgelöst; vgl. hierzu Berliner Kommentar/*Dallmayr,* Vorbem. §§ 129–148 Rn. 4 und 47 ff.

[16] Vgl. §§ 2, 3 SLVS.

[17] Vgl. Bericht über die Geschäftslage in der Transportversicherung 2001/2002 des Transport-Informations-Service des GDV, 6 ff. („Sorgenkind Speditionsversicherung: Die Speditionsversicherung ist für die TransportVR das Sorgenkind Nr. 1 ..."); <http://www.tis-gdv.de/tis/bedingungen/berichte/2002/bericht2.html>; siehe auch *Thume/de la Motte/ders.,* Kap. 5 Rn. 309 ff.

[18] Vgl. zur Abgrenzungsproblematik nach den früheren ADSp mit weiteren Nachweisen Berliner Kommentar/*Dallmayr,* Vorbem. §§ 129–148 Rn. 51 ff.; zur Haftungsersetzung durch Sachversicherung siehe insbesondere BGH v. 27. 10. 1967, BGHZ 49, 160 (165).

[19] Vgl. *Enge,* S. 19.

ten Transporte) beziehen **(laufende Versicherung)**[20]. Die laufende Versicherung ist nunmehr in den §§ 53–58 VVG geregelt. Nach § 210 VVG sind auf sie die Beschränkungen der Vertragsfreiheit nach dem VVG nicht anwendbar.

III. Allgemeine Charakteristika

Unter den vielen Besonderheiten, welche die Transportversicherung auszeichnen, sind jedenfalls drei hervorzuheben: ihre **Tradition, Internationalität** und **wirtschaftliche Bedeutung.** Einige Andeutungen zu diesen Stichworten müssen hier genügen: Die Transportversicherung wird häufig als der **älteste Zweig** der Versicherung bezeichnet[21]. Ihre Geschichte wird bestimmt durch die Verselbständigung des Versicherungsvertrages aus dem Typus des Seedarlehens (foenus nauticum), die Bezüge zur „lex Rhodia de iactu" (als einer Vorläuferin der großen Haverei), die Einflüsse des kanonischen Zinsverbotes, die ersten Seeversicherungsgesetze und nicht zuletzt die Besonderheiten der Lloyd's Insurance und des Londoner Versicherungsmarktes überhaupt[22]. Die Transportversicherung ist **naturgemäß international** angelegt[23]. Das zeigt sich schon an ihrer Entwicklungsgeschichte. Es bestätigt sich durch die wirtschaftliche Dimension. Nicht zuletzt sind die versicherten Transporte häufig international. Die Internationalität zeigt sich aber auch an Einzelheiten, wie z. B. in der deutschen Versicherungspraxis anhand der Mitgliedschaft deutscher Reeder in englischen P&I-Clubs, an diversen Sonderregeln im Versicherungsaufsichtsrecht für dienstleistende Unternehmen in der Transportversicherung[24] oder auch am Einfluss englischer Versicherunsbedingungen auf die deutschen ADS und zumindest mittelbar auf die DTV-Güter[25]. Die **wirtschaftliche Dimension** der Transportversicherung wird z. B. durch einen Blick auf die Bruttobeiträge des Jahres 2006 deutlich. Diese betrugen gute 1,8 Milliarden Euro[26]. Dabei gilt es zu bedenken, dass die betroffenen Einzelrisiken häufig sehr groß sind, womit dem Instrument der (grenzüberschreitenden) Mit- und Rückversicherung besondere Bedeutung zukommt[27].

9

B. Rechtsgrundlagen der Transportversicherung

Literatur: Büchner/Jürss, VVG-Reform: Die Seeversicherung unter der Flagge des § 203 n. F. (§ 187 a. F.) VVG?, VersR 2004, 1090; *Ehlers,* Güterversicherungsbedingungen (DTV-Güter 2000), Karlsruhe 2001; *ders.,* Brauchen wir noch ein Recht der Seeversicherung?, TranspR 2004, Sonderbeilage März 2004, S. XIV; *ders.,* Auswirkungen der Reform des VVG auf das Transportversicherungsrecht, TranspR 2007, 5; *Flach,* Auswirkungen des neuen Versicherungsvertragsrechts auf die Transportversicherung, TranspR 2008, 56; *Johannsen,* Zur Einbeziehung des Seeversicherungsrechts in die VVG-Reform, VersR 2005,

---

[20] Vgl. *Enge,* S. 19.

[21] *Kreuzmann,* S. 1; *Enge,* S. 19; *Meier,* S. 16; *Mellert,* Marine Insurance, S. 6; zur Entwicklung der Seeversicherung *Jänisch,* passim.

[22] Zu diesen Stichworten ausführlicher: *Thume/de la Motte/ders.,* Kap. 1 Rn. 31 ff.; *Franck,* TranspR 1997, 215; *Hagen,* S. 6 ff.; *Meier,* S. 16 ff.; *Enge,* S. 19 ff.; *Jänisch,* S. 2 ff. und – zur Lloyd's Insurance – S. 17 ff.; auch *Tecklenborg,* S. 1 ff.; und *Seebohm,* in: *Voigt* XXII ff.; *Ritter/Abraham,* Vorbem. Rn. 3 ff. (diese Autoren vor allem zur Entwicklung der deutschen Seeversicherung); Materialien zu den ADS bei *Bruck* passim.

[23] Vgl. *Enge,* in: Dt. Gesellschaft für Transportrecht, 7 (10 f.): „Transportversicherung ist international"; lehrreich *Umbach,* ZVersWiss 2005, 865 ff.

[24] § 111 VAG; hierzu unten Rn. 43.

[25] Auf die englischen „clauses" und den Marine Insurance Act 1906 wird durchgehend bei *Ritter/Abraham* und *Enge* Bezug genommen, instruktiv *Basedow/Metzger,* in: *Bork/Hoeren/Pohlmann* (Hrsg.), Festschrift für Helmut Kollhosser, S. 3 ff.

[26] So *Bergeest,* Bericht über die Geschäftslage in der Transportversicherung 2006/2007, <http://www.tis-gdv.de/tis/bedingungen/inhalt1.htm>; allgemein zu Nachfragevolumen und Angebotsstruktur in der Seeversicherung *Jakobi,* S. 56 ff. (Nachfrage) und 89 ff. (Angebotsstruktur); die Zahlen stammen freilich aus der Zeit vor 1969, sind also veraltet.

[27] Vgl. – für die Mitversicherung – z. B. *Enge,* S. 39; *Jenssen,* passim.

319; *Müller-Collin,* Die Allgemeinen Deutschen Seeversicherungsbedingungen (ADS) und das AGB-Gesetz, Karlsruhe 1994; *Nissen,* Die Beratungen des Seeversicherungsausschusses der Akademie für Deutsches Recht zu einem neuen Seeversicherungsgesetz (1934–1939), Frankfurt a. M. 1991; *Remé,* Ein neues Gesetz für die Seeversicherung?, VersR 1980, 989; *Richartz,* Die Auswirkungen der verabschiedeten Neuregelung des VVG auf die Seeversicherungsrecht, TranspR 2007, 300; *Schirmer,* Aktuelle Entwicklungen zum Recht der Obliegenheiten, Teil I und II, r+s 1990, 217 und 253; *Schwampe,* Die Auswirkungen der VVG-Reform auf die Versicherung von Seeschiffen, in: *Harms* (Hrsg.), Vertrieb, Versicherung, Transport – Karl-Heiz Thume zum 70. Geburtstag, 251; *Trölsch,* Die Obliegenheiten in der Seeversicherung, Karlsruhe 1998.

I. Gesetzesrecht

1. Sondervorschriften für die Transportversicherung

10   Die Transportversicherung unterliegt in vielfacher Hinsicht gesetzlichen **Sonderregelungen.** Im Versicherungsaufsichtsrecht enthält § 111 VAG eine Sonderbestimmung für die im Dienstleistungsverkehr betriebene Transportversicherung. Innerhalb des privaten Transportversicherungsrechts nimmt die Seeversicherung eine Sonderrolle ein, da das VVG gemäß § 209 VVG keine Anwendung findet[28]. Die BinnenTransportversicherung unterliegt der Spartenregelung der §§ 130–141 VVG und wird – ebenso wie die Lufttransportversicherung – durch die Sonderregelung des § 210 VVG i. V. m. Art. 10 Abs. 1 EGVVG i. V. m. Anlage Teil A zum VAG – von den Beschränkungen der Vertragsfreiheit im VVG befreit. Weiterhin treffen den VR in der Transportversicherung als Versicherung eines Großrisikos im Sinne des Art. 10 Abs. 1 S. 2 EGVVG i. V. m. Anlage Teil A zum VAG weder die Beratungspflicht aus § 6 Abs. 1 VVG (s. § 6 Abs. 6 VVG) noch die Informationspflicht aus § 7 Abs. 1 VVG (s. 7 Abs. 5 VVG)[29]; ebenso wenig steht dem VN das Widerrufsrecht aus § 8 Abs. 1 VVG zu (s. § 8 Abs. 3 S. 1 Nr. 4 VVG). Internationalprivatrechtlich gilt im Anwendungsbereich des EGVVG die Sondervorschrift des Art. 10 Abs. 1 EGVVG und im internationalen Verfahrensrecht kennt Art. 13 Nr. 5 i. V. m. Art. 14 Nr. 1–5 EuGVVO[30] ganz ähnliche Spezialnormen. Zumal die Anwendbarkeit der jeweiligen Sondervorschriften für jeden Versicherungsvertrag eigens zu prüfen ist, stellen sich im Einzelnen komplexe **Abgrenzungsprobleme,** denen im Folgenden näher nachzugehen ist.

2. Abgrenzungsfragen

11   a) Die Sondervorschrift des § 111 VAG bestimmt den eigenen Anwendungsbereich durch eine **enumerative Auflistung** von transportbezogenen Versicherungen. Sie verweist hierfür auf die Nr. 4–7, 10b und 12 der Anlage Teil A zum VAG. Hierunter fallen die Sparten bzgl. Risiken der **Schienenfahrzeug-Kasko, Luftfahrzeug-Kasko, See-, Binnensee- und Flussschifffahrtskasko, Transportgüter,** Haftpflicht für **Landfahrzeuge** mit eigenem Antrieb – **Haftpflicht** aus **Landtransporten, See-, Binnensee- und Flussschifffahrtshaftpflicht. Nicht** unter § 111 VAG fällt die **LuftHaftpflichtversicherung,** weil diese eine Pflichtversicherung ist[31]. Hinzu kommt nach Abs. 2 die **Mitversicherung**

---

[28] Die wegen des vorherrschenden Bedingungsrechts beinahe obsoleten Spezialbestimmungen der §§ 778 ff. HGB wurden durch Art. 4 des Gesetzes zur Reform des Versicherungsvertragsrechts vom 23. 11. 2007, BGBl. 2007 I 2631, aufgehoben; beachtenswert ist in diesem Zusammenhang, dass der Gesetzgeber den Vorschlag der Reformkommission (s. Abschlussbericht vom 19. 4. 2004, S. 10), die See(Güter)versicherung in den Anwendungsbereich der Transportversicherung im Sinne der §§ 130 ff. VVG miteinzubeziehen, mit der Begründung zurückgewiesen hat, dass dann die Vorschriften des VVG im Rahmen der AGB-Kontrolle von Seeversicherungsverträgen als Leitbild zu berücksichtigen wären, was zu großer und inakzeptabler Rechtsunsicherheit innerhalb des Seeversicherungsmarktes geführt hätte (s. Begründung zum Gesetzesentwurf der Bundesregierung, BT-Drucks. 16/5862, S. 115).

[29] Nur wenn es sich beim VN um eine natürliche Person handelt, sind anwendbares Recht und zuständige Aufsichtsbehörde in Textform mitzuteilen, vgl. § 7 Abs. 5 S. 2 VVG.

[30] Für den Geltungsbereich des LugÜ (also im Verhältnis zur Schweiz, zu Norwegen und Island) siehe dessen Art. 12 Nr. 5 i. V. m. Art. 12a.

[31] Vgl. *Fahr/Kaulbach/Bähr,* § 111 VAG Rn. 1; *Prölss/Schmidt/Schmidt,* § 111 VAG Rn. 3.

im **Dienstleistungsverkehr** betreffend die in Art. 10 Abs. 1 EGVVG aufgezählten Risiken[32].

b) Im Rahmen der Versicherung von transportbezogenen Risiken genießen die Parteien **12** in mehrfacher Hinsicht ein höheres Maß an **Partei- bzw. Privatautonomie** als in anderen Sparten. Art. 13 Nr. 5 i. V. m. Art. 14 Nr. 1–5 EuGVVO räumt den Parteien die Rechtsmacht ein, die internationale Zuständigkeit frei zu vereinbaren. Art. 10 Abs. 1 S. 2 Nr. 1 EGVVG gewährt Rechtswahlfreiheit[33] und § 210 VVG i. V. m. Art. 10 Abs. 1 EGVVG nimmt die Beschränkungen der Vertragsfreiheit, wie sie das VVG enthält, zurück. Für diese Normenkomplexe gilt: Die Partei- bzw. Privatautonomie erstreckt sich auf die **Güterversicherung**[34], die **Kaskoversicherung** (mit Ausnahme der Versicherung von Landfahrzeugen)[35] sowie die transportbezogenen **Haftpflichtversicherung**[36]. Bei den Haftpflichtversicherungen der Landtransporte ist einschränkend zu beachten, dass die EuGVVO hier keine erweiterte Parteiautonomie gewährt[37]. Im internationalen Verfahrensrecht sind ferner die erweiternden Bestimmungen des Art. 13 Nr. 5 i. V. m. Art. 14 Nr. 3 (insbesondere Fracht- und Charterverlustversicherung) und 4 (zusammenhängende Versicherung weiterer Risiken) EuGVVO hervorzuheben. Im internationalen Versicherungsvertragsrecht sind die Rechtswahlmöglichkeiten nach Art. 9 Abs. 2–4 und Art. 10 Abs. 2 und 3 EGVVG zu beachten. Allgemein werden Privat- und Parteiautonomie dann gewährt, wenn **Großrisiken** vorliegen[38].

c) § 209 VVG nimmt die **Seeversicherung** vom Geltungsbereich des VVG aus[39]. Nach **13** altem Recht (§ 147 VVG a. F.) galt das auch dann, wenn der Seetransport mit einem Binnentransport kombiniert wurde: Von einigen Bestimmungen der §§ 129–148 VVG a. F. abgesehen, unterstellte nämlich § 147 VVG auch den **kombinierten Transport** insgesamt den Regeln des Seeversicherungsrechts[40]. Eine dem § 147 VVG a. F. entsprechende Regelung ist

---

[32] Hierzu sogleich b).

[33] Das Bedürfnis einer korrigierenden, richtlinienkonformen Auslegung des Art. 10 Abs. 1 S. 1 EGVVG ist durch dessen Änderung durch Art. 3 Nr. 3 des Gesetzes zur Reform des Versicherungsvertragsrechts vom 23. 11. 2007, BGBl. 2007 I 2631, nicht mehr erforderlich, s. Begründung der Bundesregierung, BT-Drucks. 16/5862, S. 120; vgl. zur alten Rechtslage nur Berliner Kommentar/*Dörner*, Art. 10 EGVVG Rn. 23 m. w. N.

[34] Siehe Art. 14 Nr. 1 lit. b) EuGVVO sowie Art. 14 Nr. 5 i. V. m. Art. 5 lit. d) und Anhang A Nr. 7 der Ersten Richtlinie Nicht-Lebensversicherung, ABl. 1973 Nr. L 228/3 i. d. g. F.; für das EGVVG siehe dessen Art. 10 Abs. 1 S. 2 i. V. m. Anlage Teil A Nr. 7 zum VAG; für das VVG siehe dessen § 210 VVG, der pauschal auf Art. 10 Abs. 1 S. 2 EGVVG verweist.

[35] Siehe Art. 14 Nr. 1 lit. a) EuGVVO sowie Art. 14 Nr. 5 i. V. m. Art. 5 lit. d) und Anhang A Nr. 4, 5, 6 der Ersten Richtlinie Nicht-Lebensversicherung, ABl. 1973 Nr. L 228/3 i. d. g. F.; für das EGVVG siehe dessen Art. 10 Abs. 1 S. 2 i. V. m. Anlage Teil A Nr. 4, 5, 6 zum VAG; für das VVG siehe dessen § 210 VVG, der pauschal auf Art. 10 Abs. 1 S. 2 EGVVG verweist.

[36] Siehe Art. 14 Nr. 2 EuGVVO sowie Art. 14 Nr. 5 i. V. m. Art. 5 lit. d) und Anhang A Nr. 11, 12 der Ersten Richtlinie Nicht-Lebensversicherung, ABl. 1973 Nr. L 228/3 i. d. g. F.; für das EGVVG siehe dessen Art. 10 Abs. 1 S. 2 i. V. m. Anlage Teil A Nr. 10b, 11, 12 zum VAG; für das VVG siehe dessen § 210 VVG, der pauschal auf Art. 10 Abs. 1 S. 2 EGVVG verweist. Die Regelung des EGVVG und des VVG geht also insofern weiter als jene nach der EuGVVO, als sie auch die Haftpflicht aus Landtransporten mitumfasst.

[37] Der Verweis in Art. 14 Nr. 5 EuGVVO auf das RL-Recht der EG enthält die Landtransporthaftpflicht nicht; anders eben Art. 10 Abs. 1 EGVVG, der auf Nr. 10b der Anlage Teil A zum VAG verweist.

[38] Vgl. Art. 10 Abs. 1 S. 2 EGVVG i. V. m. Anlage Teil A zum VAG (bzw. § 210 VVG i. V. m. Art. 10 Abs. 1 S. 2 EGVVG i. V. m. Anlage Teil A zum VAG); sowie Art. 13 Nr. 5 i. V. m. Art. 14 Nr. 5 EuGVVO i. V. m. den dort genannten RLen der EG.

[39] Näheres bei *Thume/de la Motte/Thume,* Kap. 2 Rn. 282–285; *Halm/Engelbrecht/Krahe/Schmitt,* 8. Kap., Rn. 22; *Prölss/Martin/Kollhosser,* § 186 VVG Rn. 1; Berliner Kommentar/*Schwintowski,* § 186 VVG Rn. 2, 3; die Bestimmungen des VVG sind auch nicht analog auf die Seeversicherung übertragbar: siehe BGH v. 5. 7. 1971, BGHZ 56, 339 = VersR 1971, 1031 = NJW 1971, 1938; LG Düsseldorf v. 15. 6. 1990, VersR 1991, 298; zur Bedeutung im Rahmen der AVB-Kontrolle siehe unten Rn. 32.

[40] Für die aktuelle Rechtslage so nun auch *Flach,* TranspR 2008, 56 (59); vgl. zur früheren Rechtslage *Römer/Langheid/Römer,* § 186 VVG Rn. 1 sowie – zum Zweck der Regelung – § 147 Rn. 1; *Prölss/Martin/Voit,* § 147 VVG Rn. 1; Berliner Kommentar/*Dallmayr,* § 147 VVG Rn. 1.

im reformierten VVG nicht mehr enthalten. Wie bei kombinierten Flug- und Binnentransporten bereits nach altem Recht müssen die gesetzlichen Regeln nun auch bei kombinierten See- und Binnentransporten gesondert angewendet werden. In praktischer Hinsicht bedeutet dies, dass die Versicherungsbedingungen eines solchen kombinierten Versicherungsvertrages auf die dann auch anwendbaren rechtlichen Regelungen des VVG angepasst werden müssen. Ob der weit reichenden Vertragsfreiheit in diesem Bereich allerdings keine besonders bedeutsame Änderung. Zudem sei erwähnt, dass kombinierte Transporte nur selten[41] als Einzelrisiko versichert werden, sondern regelmäßig im Rahmen von Generalpolicen, also laufenden Versicherungen[42]. Der Begriff der Seeversicherung im Sinne des § 209 VVG ist weit zu verstehen: Umfasst sind nicht nur die Güterversicherung (Cargo-Insurance), sondern auch die Seekaskoversicherung (Hull-Insurance), die Seehaftpflichtversicherung (Protection and Indemnity-Insurance) und diverse Nebensparten[43]. Nicht erfasst sind Personenversicherung, die Seerisiken abdecken[44].

14 **d)** § 130 VVG misst den Anwendungsbereich der §§ 130–141 VVG aus. Dabei gilt, dass sie nur auf **Binnen**transportversicherungen (also nicht auf die Seeversicherung) zur Anwendung kommen. Treffend wird die Transportversicherung vom österreichischen OGH als „die Versicherung von Gütern gegen Gefahren der Beförderung zu Lande oder auf Binnengewässern und die Versicherung von Schiffen gegen die Gefahren der Binnenschifffahrt einschließlich der Haftung für Kollisionsschäden"[45] charakterisiert.

15 § 130 Abs. 1 VVG erfasst die **Güterversicherung** bei **Transporten** zu **Lande** oder auf **Binnengewässern** sowie – in der reformierten Fassung nun auch ausdrücklich – **der mit der Beförderung verbundenen Lagerung**[46]. Nicht umfasst ist der Lufttransport. Wird ein kombinierter Binnen- und Lufttransport versichert, so folgt jeder Vertragsteil den für ihn einschlägigen gesetzlichen Vorschriften[47]. Ob ein Versicherungsvertrag diesen Kriterien entspricht, hängt nicht von seiner Bezeichnung als „Transportversicherung" ab[48], sondern vom Inhalt des Vertrages[49]. Dieser muss auf die Versicherung einer Beförderungsgefahr (der spezifischen Transportgefahr[50]) gerichtet sein, wozu neben der eigentlichen Beförderung (also der Ortsveränderung des Gutes[51]) auch die Bewegungsbereitschaft gezählt wird[52]. Das Risiko der Beförderung muss den **ausschließlichen** oder doch **überwiegenden** Gegenstand der Versicherung bilden[53]. Die Beförderung darf **nicht nur** die **Nebenfolge** eines auf einen anderen

---

[41] Z.B. bei Akkreditivgeschäften oder cif-Verkäufen.

[42] *Ehlers,* TranspR 2007, 5 (8 und 9).

[43] Vgl. Berliner Kommentar/*Schwintowski,* § 186 VVG Rn. 2, 3.

[44] Vgl. *Ritter-Abraham,* Vorb. Rn. 20; *Sieg,* VersR 1986, 1137 (1137).

[45] ÖOGH v. 26. 5. 1993 VersR 1993, 1303; vgl. *Heiss/Lorenz,* § 129 VVG Rn. 1.

[46] Näher hierzu sogleich Rn. 17.

[47] Vgl. *Prölss/Martin/Voit,* § 147 VVG Rn. 1; ihm folgend Berliner Kommentar/*Dallmayr,* § 147 VVG Rn. 1; dasselbe gilt für die Bedingungswerke, wenn diese nicht anderes bestimmen, vgl. BGH v. 20. 5. 1963, VersR 1963, 717.

[48] Eine solche Bezeichnung ist weder erforderlich noch ausreichend; so zutreffend *Prölss/Martin/Voit,* § 129 VVG Rn. 6; dem folgend OLG Koblenz v. 14. 12. 1987, VersR 1988, 1061 (AutoinhaltsV).

[49] Wobei gerne eine typisierende Betrachtung angelegt wird: vgl. *Römer/Langheid/Römer,* § 129 VVG Rn. 7; *Prölss/Martin/Voit,* § 129 VVG Rn. 6; BGH v. 29. 6. 1983, VersR 1983, 949 (950 rechte Spalte); BGH v. 24. 11. 1971, VersR 1972, 85 (86).

[50] So ÖOGH v. 1. 3. 1960 VersR 1960, 454 (*Wahle*) = VersSlg 162; vgl. *Heiss/Lorenz,* § 129 VVG Rn. 3.

[51] *Prölss/Martin/Voit,* § 129 VVG Rn. 10: „Beförderung ist der Bewegungsvorgang, durch den Güter von dem bisherigen Ort an einen bestimmten anderen gebracht werden"; vgl. auch BGH v. 29. 6. 1994, VersR 1994, 1058 (für § 11 AKB).

[52] ÖOGH v. 26. 5. 1993 VersR 1993, 1303; vgl. *Heiss/Lorenz,* § 129 VVG Rn. 2; ebenso Berliner Kommentar/*Dallmayr,* § 129 VVG Rn. 4; *Prölss/Martin/Voit,* § 129 VVG Rn. 1 und 10; vgl. auch Pkt. 8.1 DTV-Güter 2000/2008.

[53] So z. B. *Prölss/Martin/Voit,* § 129 VVG Rn. 6; *Römer/Langheid/Römer,* § 129 VVG Rn. 7; BGH v. 24. 11. 1971, VersR 1972, 85 (Juwelier-, Reise- und Warenlagerversicherung); BGH v. 21. 11. 2007,

Zweck gerichteten Verhaltens sein[54]. Der BGH hat im Anschluss an das Reichsgericht das Risiko der Beförderung und damit die Transportgefahr dadurch gekennzeichnet, dass die versicherten Sachen während ihrer Beförderung fremder und wechselnder Obhut überlassen werden. Liegt solch eine **Fremdbeförderung** nicht vor, so handle es sich auch nicht um eine Transportversicherung[55].

Den Gegenstand des Transports müssen **Güter** bilden. Hierunter sind grundsätzlich alle   **16** (freilich: beweglichen) Sachen zu verstehen[56]. Die Verpackung gehört nicht zum Gut[57]. Anderes gilt, wenn die Sache „erst zusammen mit der Verpackung das Gut im wirtschaftlichen Sinne bildet"[58].

Der Transport muss zu **Land** oder auf **Binnengewässern** stattfinden. Zur Bestimmung   **17** der „Binnengewässer" wird teils auf § 407 HGB verwiesen[59], der den Begriff des Binnengewässers aber nicht definiert, sondern dessen Abgrenzung zur See voraussetzt. Gemeinhin wird daher auf die Flaggenrechtsverordnung[60] zum Flaggenrechtsgesetz Bezug genommen[61]. Soweit hiernach keine verbindliche Festlegung der Seegrenze möglich ist, soll auf die Anschauungen der maßgeblichen seemännischen Kreise abzustellen sein; dabei soll das maßgebliche Abgrenzungskriterium für das Überschreiten der Seegrenze der Beginn der der Seefahrt eigentümlichen Gefahren und Schwierigkeiten sein[62]. Dem entspricht die „natürliche Betrachtungsweise" des BGH, wonach z. B. das Wattenmeer nicht zu den Binnengewässern

---

VersR 2008, 395 (Valorenversicherung); OLG Düsseldorf v. 17. 9. 1974, VersR 1975, 563 (Reisegepäckversicherung); LG Frankfurt/M. v. 20. 10. 1976, VersR 1977, 562, jedoch gegenteilig OLG Hamburg v. 12. 6. 1975, VersR 1976, 433; BGH v. 21. 11. 2007, IV ZR 70/07; OLG Koblenz v. 14. 12. 1987, VersR 1988, 1061 (Autoinhaltsversicherung); OLG Karlsruhe v. 29. 9. 1988, VersR 1990, 786 (Valorenversicherung), jedoch anders im Falle LG Frankfurt/M. v. 5. 7. 1989, VersR 1990, 155 (*Martin*); BGH v. 29. 6. 1983, VersR 1983, 949 (Schaustellerversicherung); die Musterkollektionenversicherung ist Transportversicherung: LG Köln v. 1. 4. 1981, VersR 1982, 140; LG Berlin v. 18. 3. 1969, VersR 1969, 1131; unter Umständen kommt eine Vertragsspaltung in Frage, vgl. z. B. OLG Celle v. 24. 7. 1968, VersR 1969, 179.

[54] Ausführlicher hierzu *Hüffer*, VersR 1975, 871 (872 f.); ihm folgend LG Frankfurt/M. v. 20. 10. 1976, VersR 1977, 562.

[55] BGH v. 24. 11. 1971, VersR 1972, 85; BGH v. 26. 2. 1969, BGHZ 51, 356 (358) = VersR 1969, 507; BGH v. 29. 6. 1983, VersR 1983, 949; ihm folgend Berliner Kommentar/*Dallmayr*, § 129 VVG Rn. 4 a. E.: „Der Ansicht des BGH ist zuzustimmen, da die Transportversicherung keine Selbstversicherung ist"; auch *Römer/Langheid/Römer*, § 129 VVG Rn. 7; *Thume/de la Motte/Thume*, Kap. 2 Rn. 158, der diesbezüglich aber auf die Ausnahme des Werkverkehrs hinweist, wo dieses Kriterium keine Anwendung finden dürfe; dagegen *Hüffer*, VersR 1975, 871 (872 rechte Spalte); *Prölss/Martin/Voit*, § 129 VVG Rn. 1 unter Berufung auf OLG Hamburg v. 12. 6. 1975, VersR 1976, 433: „Warum es auf wechselnde Obhut ankommen soll, erscheint nicht ganz verständlich"; auch LG Frankfurt a. M. v. 20. 10. 1976, VersR 1977, 562.

[56] Vgl. Berliner Kommentar/*Dallmayr*, § 129 VVG Rn. 6 („… unabhängig davon, ob sie privaten oder gewerblichen Zwecken dienen …"); ebenso *Thume/de la Motte/Thume*, Kap. 2 Rn. 159; *Prölss/Martin/Voit*, § 129 VVG Rn. 9 spricht von Waren, freilich in einem weiten Sinne, weil z. B. auch Tiere, zu transportierende (leere) Transportmittel bzw. Container dazu gezählt werden; dem folgt *van Bühren/Ehlers*, § 20 Rn. 38.

[57] Berliner Kommentar/*Dallmayr*, § 129 VVG Rn. 6.

[58] So *Prölss/Martin/Voit*, § 129 VVG Rn. 15 für den Fall, dass die Verpackung nicht nur dem Schutz des Gutes dient, sondern dieses nur zusammen mit der Verpackung veräußerlich ist; eindringlich OLG Hamburg v. 25. 6. 1981, VersR 1982, 157, wo die Verpackung für das Gut (für die Tropen bestimmtes Magermilchpulver) derart essentiell war, dass die Verpackungsbeschädigung zugleich einen Totalschaden am Gut bedeutete.

[59] So *Prölss/Martin/Voit*, § 129 VVG Rn. 11.

[60] Vom 4. 7. 1990 BGBl. I 1389, zuletzt geändert durch Verordnung vom 31. 10. 2006 BGBl. I 2407.

[61] Berliner Kommentar/*Dallmayr*, § 129 VVG Rn. 7; so auch BGH v. 13. 3. 1980, BGHZ 76, 201 = VersR 1980, 546 = NJW 1980, 1747; ferner *Rabe*, Einführung Rn. 33 ff.; *Schaps/Abraham*, Vor § 476 Rn. 12; *Herber*, S. 7.

[62] *Schaps/Abraham*, Vor § 476 Rn. 12; *Rabe*, Einführung Rn. 37; Münchener Kommentar HGB/*Goette*, § 26 BinSchG Rn. 15.

Heiss

zählt[63]. Auch die Küstenschifffahrt wird der See- und nicht der Binnenschifffahrt zugerechnet[64].

18　§ 130 Abs. 2 VVG inkludiert die **Schiffskaskoversicherung** auf Binnengewässern[65] sowie eine **Haftpflichtversicherungskomponente:** Haftung gegenüber Dritten aus einem Schiffszusammenstoß[66]. Diese Haftpflichtkomponente unterliegt daher den Vorschriften über die Transportversicherung (§§ 130–141 VVG) und nicht den Bestimmungen über die Haftpflichtversicherung (§§ 100–124 VVG)[67].

19　Als **Schiff** wird gängig ein „schwimmfähiger Hohlkörper von nicht ganz unbedeutender Größe" angesehen, „der fähig und dazu bestimmt ist, auf oder unter Wasser fortbewegt zu werden und dabei Personen oder Sachen zu tragen"[68]. Dazu zählen auch Schwimmbagger[69], Schwimmkräne[70], Getreideheber[71], Vergnügungsschiffe[72], private (Segel-)Boote[73], Proviantboote von 8 m Länge, welche mit einem 55 PS starken Motor ausgestattet sind[74], nicht aber mit Muskelkraft bewegte (Ruder- oder Tret-)Boote[75], Flöße, Pontons und Bojen[76].

20　Das Schiff muss auf **Binnengewässern**[77] reisen, auf die Bauart als Binnen- oder Seeschiff kommt es dagegen nicht an[78].

21　Die frühere Anknüpfung der Haftpflichtversicherungskomponente an das Vorliegen eines **Schiffszusammenstoßes** (§ 129 Abs. 2 S. 2 VVG a. F.) wurde dahingehend geändert, dass nicht nur ein Schiffszusammenstoß im herkömmlichen Sinne[79], sondern auch der Zusammenstoß des versicherten Schiffes mit einem festen oder schwimmenden Gegenstand den Versicherungsfall auslöst[80].

3. Allgemeine Vorschriften

22　Insoweit nicht die zitierten Sondervorschriften eingreifen, kommen auf transportbezogene Versicherungen die allgemeinen Vorschriften der Schadensversicherung (§§ 74–87 VVG),

---

[63] BGH v. 13. 3. 1980, BGHZ 76, 201 = VersR 1980, 546 = NJW 1980, 1747 mit Nachweisen zu teils abweichenden Literaturstimmen; weitere Beispiele aus der Rspr.: RG v. 8. 12. 1883, RGZ 13, 68 (72 f.); RG v. 2. 4. 1921, RGZ 102, 45 jeweils für den Greifswalder Bodden; siehe auch BGH v. 6. 12. 1984, NJW 1987, 496 zur Elbmündung; BGH v. 9. 7. 1987, NJW 1988, 1318 zur Seewasserstraße Schlei.

[64] *Prölss/Martin/Voit,* § 129 VVG Rn. 12 m. w. N.

[65] Hierzu soeben Rn. 17.

[66] Näher hierzu Rn. 21.

[67] *Prölss/Martin/Voit,* § 129 VVG Rn. 18.

[68] Siehe nur *Prölss/Martin/Voit,* § 129 VVG Rn. 13 m. w. N.; auch Berliner Kommentar/*Dallmayr,* § 129 VVG Rn. 16 unter Berufung auf BGH v. 14. 12. 1951, NJW 1952, 1135 (Ls.); OLG Hamburg v. 6. 1. 1977, VersR 1977, 813; näheres bei *Rabe,* Einführung Rn. 2 ff.; *Herber,* S. 83 ff.; *Puttfarken,* S. 289 ff.; *Schaps/Abraham,* vor § 476 Rn. 1 ff.

[69] BGH v. 13. 3. 1980, BGHZ 76, 201 (202 f.) = VersR 1980, 546 = NJW 1980, 1747.

[70] BGH v. 14. 12. 1951, NJW 1952, 1135 (Ls.).

[71] OLG Hamburg 6. 1. 1977, VersR 1977, 813.

[72] BGH v. 29. 6. 1951, BGHZ 3, 34 (43), wo es freilich um die Qualifikation als „Binnenschiff" ging.

[73] BGH v. 29. 11. 1971, BGHZ 57, 309 (310–313).

[74] BGH v. 14. 1. 1960, VersR 1960, 305 (307).

[75] BGH v. 29. 11. 1971, BGHZ 57, 309 (312).

[76] So Berliner Kommentar/*Dallmayr,* § 129 VVG Rn. 16 m. N. zur Rspr.; *Prölss/Martin/Voit,* § 129 VVG Rn. 13.

[77] Zum Begriff oben Rn. 17.

[78] *Prölss/Martin/Voit,* § 129 VVG Rn. 14.

[79] Ein solcher setzt die Berührung von mindestens zwei Schiffen voraus, die Berührung eines Schiffes mit dem Ankerdraht eines anderen reicht dafür aus, vgl. OLG Hamburg v. 22. 12. 1988, VersR 1989, 721; zur Erweiterung des Kollisionsbegriffs durch die Vertragspraxis siehe BGH v. 9. 12. 1965, VersR 1966, 129 (130); die beiden Schiffe müssen sich im Übrigen nicht in Bewegung befinden, vgl. OLG Hamburg v. 6. 1. 1977, VersR 1977, 813.

[80] Vgl. Begründung der Bundesregierung, BT-Drucks. 16/5862, S. 92, wobei anzumerken ist, dass diese Ausdehnung des Versicherungsfalls nicht auf einen Vorschlag der Reformkommission zurückgeht, vgl. § 131 Abs. 2 des Entwurfs 2006, Abschlussbericht vom 19. 04. 2004, S. 247.

die Vorschriften über die Sachversicherung (§§ 88–99 VVG) sowie die Vorschriften für alle Versicherungszweige (§§ 1–73 VVG) gegebenenfalls auch andere Vorschriften für besondere Versicherungszweige (z. B. §§ 100 ff. VVG für die Haftpflichtversicherung) zur Anwendung. Subsidiär gelten die Vorschriften des HGB und des BGB.

II. Allgemeine Versicherungsbedingungen

1. Die Bedeutung von AVB in der Transportversicherung

Infolge der weit gezogenen Vertragsfreiheit wird das Recht der Transportversicherung ganz   **23**
schwergewichtig von den jeweiligen **Allgemeinen Versicherungsbedingungen** geprägt. Sie gelten als „selbstgemachtes Recht der Wirtschaft" nur auf Grundlage der vertraglichen Vereinbarung[81] und sind daher auch nach vertragsrechtlichen Grundsätzen auszulegen[82].

2. Die verbandsempfohlenen AVB

Heute werden vom Fachausschuss Transport im GDV folgende **AVB** empfohlen[83]:   **24**

a) In der Seeversicherung: **25**

- **DTV-GüterVersicherungsbedingungen 2000** i. d. F. Juli 2008 (mit 2 Varianten: Volle Deckung oder eingeschränkte Deckung); samt Bestimmungen über die laufende Versicherung, Kriegsklausel, Kriegswerkzeugklausel, Streik- und Aufruhrklausel, Beschlagnahmeklausel, Bergungs- und Beseitigungsklausel, Bewegungs- und Schutzkostenklausel, Schutz- und Konditionsdifferenzversicherungsklausel, Klassifikations- und Altersklausel, Besondere Bedingungen für die Versicherung von Umzugsgut, Besondere Bedingungen für die Versicherung von Ausstellungen und Messen, Güterfolgeschaden-Klausel, Isotopen-Klausel; Vermögensschadenklausel; diese Bedingungen verdrängen die ADS 1919 i. V. m. ADS Güterversicherung 1973/84/94[84] vollständig.

- **DTV-Kaskoklauseln** 1978/2004 **(Seekaskoversicherung),** samt Klauseln für Nebeninteressen 1978/2004, Übernahmeklausel 1994/2004, Doppeltaxen-Klausel 1992/2004, Eisklauseln 1979/2004, Minenklausel 1989/2004 für Kasko- und Nebeninteressen für Baggereifahrzeuge und -geräte auf Binnen- und Küstengewässern, Minenklausel 1989/2004 für Kasko und Nebeninteressen (exkl. Baggereifahrzeuge und -geräte), Hypotheken-Klausel 2004; diese AVB gehen den ADS 1919 (insbesondere deren Zweiten Abschnitt, Ersten Titel, Kaskoversicherung [§§ 58–79]) vor[85].

---

[81] Wobei mit Blick auf die – inzwischen weitgehend überholten – ADS jedenfalls für die Praxis der Hansestädte eine gewohnheitsrechtliche Geltung behauptet wird; so *Prölss/Martin/Voit,* § 147 VVG Rn. 1; ihm folgend Berliner Kommentar/*Dallmayr,* § 147 VVG Rn. 1; *Thume/de la Motte/Thume,* Kap. 2 Rn. 225; anders m.N. zur älteren Rspr. *Ritter/Abraham,* Vorb. Rn. 9; nach *Schlegelberger,* S. 2 sollen die ADS rechtsordnungsartigen Charakter haben (unter Verweis auf RG v. 13. 10. 1942, RGZ 170, 233; RG v. 26. 3. 1943, RGZ 171, 43; BGH v. 18. 11. 1952, BGHZ 8, 55).

[82] Ausführlich hierzu *Römer/Langheid/Römer,* Vor § 1 VVG Rn. 15 ff.; deutlich für die Speditionsversicherung jüngst BGH v. 23. 1. 2002, TranspR 2002, 205 (206); vgl. auch OLG Hamburg v. 24. 4. 1997, VersR 1998, 580 (581) für eine an Treu und Glauben orientierte Auslegung; vgl. auch *Koller,* TranspR 1992, 201 (201 f.); a. A. offenbar *Enge,* S. 36; für die ältere Lehre namentlich *Ritter/Abraham,* Vorb. Rn. 11, nämlich Auslegung nach den für Gesetze geltenden Grundsätzen; zustimmend *Schlegelberger,* S. 2 verweisend auf RG v. 13. 10. 1942, RGZ 170, 233; RG v. 26. 3. 1943, RGZ 171, 43; BGH v. 18. 11. 1952, BGHZ 8, 55.

[83] Die zitierten Bedingungswerke sind unter <http://www.tis-gdv.de/tis/bedingungen/inhalt2.htm> einsehbar; die Quellen einzelner, dort nicht einsehbarer Bedingungen werden in eigenen Fn. Angeführt.

[84] Urfassung bei Deutsche SeeVR (Hrsg.), Allgemeine Deutsche Seeversicherungs-Bedingungen, Hamburg 1919; viele Verträge werden noch auf der Grundlage der ADS geschlossen, so dass sich die neuen DTV-Güter am Markt erst noch durchsetzen müssen; so *Remé/Gercke,* in: Münchener Anwalts-Handbuch, § 10 Rn. 21; *Ehlers,* TranspR 2006, 7 (11); *Halm/Engelbrecht/Krahe/Schmitt,* 8. Kap., Rn. 98.

[85] Das galt schon für die DTV-Kaskoklauseln 1978; siehe die Ausgabe Allgemeine Deutsche Seeversicherungs-Bedingungen, sowie DTV-Kaskoklauseln 1978, Berlin/New York 1985; Erläuterungen zu den DTV-Kaskoklauseln 1978 bei *Enge,* Erläuterungen zu den DTV-Kaskoklauseln 1978, Karlsruhe 1980.

- die Seekaskoversicherunversicherung umfasst auch gewisse **Haftpflichtrisiken**[86]; weitergehenden Schutz bieten **P&I-Versicherungen** nach den jeweils unterlegten **Club Rules**[87].
- die **Haftpflichtversicherung** des **Spediteurs** und des **Lagerhalters** richtet sich – im Gegensatz zur Haftung des Frachtführers – auch bei Seetransporten nach den **DTV-Verkehrshaftungs-Versicherunsbedingungen** für Frachtführer, Spediteure und Lagerhalter 2003 in der Fassung 2008 (DTV-VHV 2003/2008); sie fußen aus der Sicht des Spediteurs auf den ADSp 2003[88] und ersetzen insbesondere den SLVS 1998.

26   **b)** In der Binnentransportversicherung

- **DTV-Güterversicherunsbedingungen 2000** i. d. F. Juli 2008[89], deren Verwendung nunmehr auch in der Binnentransportversicherung empfohlen wird; sie ersetzen daher die früheren ADB 1963 (Allgemeine Deutsche Binnen-Transportversicherungs-Bedingungen)[90], die in der Praxis aufgrund ihrer unzureichenden Deckung ohnehin nie eine Rolle gespielt haben[91];
- Allgemeine **Bedingungen für die Versicherung von Flusskasko-Risiken 2000, in der Fassung 2008 (AVB Flusskasko 2000/2008),** samt Übernahmeklausel 1995/2008, Allgemeine Bedingungen für die Versicherung von Mannschaftseffekten in der Binnenschifffahrt 1994/2008, Donauklausel, Besondere Bedingungen für die Versicherung schwimmender Baggereianlagen 2004/2008;
- die **AVB Flusskasko 2000/2008** decken auch diverse **Haftpflichtrisiken**[92];
- die Haftpflichtversicherung des Frachtführers **im Straßenverkehr,** des Spediteurs und des Lagerhalters wird nunmehr die Verwendung der **DTV-Verkehrshaftungs-Versicherungsbedingungen für Frachtführer, Spedition und Lagerhalter 2003, in der Fassung 2008 (DTV-VHV 2003/2008),** samt Allgemeine Bedingungen für die laufende Versicherung gegen Zoll- und Abgabenforderungen 2005/2008, Besondere Bedingungen für die Beförderung und Lagerung hochwertiger Güter 2005/2008; ersetzt wird daher insbesondere die KVO/CMR- und AGNB-Police der Bundeszentralgenossenschaft Straßenverkehr (BZG) e.G., Frankfurt a. M.[93].

27   **c)** In der Lufttransportversicherung

- **DTV-Güterversicherungsbedingungen 2000** i. d. F. 2008[94], deren Verwendung auch in der Lufttransportversicherung empfohlen wird;
- Die Haftpflichtversicherung des Spediteurs und Lagerhalters richtet sich auch beim Lufttransport nach den **DTV-VHV 2003/2008**[95].

28   **d)** In der Wassersportkaskoversicherung

- Allgemeine Bedingungen für die Kasko-Versicherung von Wassersportfahrzeugen 1985 i. d. F. 2008

29   **e)** In den **Nebensparten** zur Transportversicherung

- **DTV-Valoren-Transportversicherungsbedingungen 2000** i. d. F. 2008 (DTV-Valoren 2000/2004), samt Bestimmungen für die laufende Versicherung 2000/2008, Kriegs-

---

[86] Vgl. Pkt. 34 DTV-Kaskoklauseln 1978/2004; zum Gesamtthema *Zeller,* Die Deckung von Haftpflichtrisiken im Rahmen der Seekaskoversicherung, Frankfurt/M. 1987.

[87] Vgl. *Hazelwood,* passim; *Thume/de la Motte/Schwampe,* Kap. 5 Rn. 64 ff.; *Schwampe,* TranspR 2006, 55 (60–62); *Herber,* S. 423; *Remé,* in: Dt. Gesellschaft für Transportrecht, 166; *Puttfarken,* S. 399 ff.; veranschaulichend auch die Entscheidung der EU-Kommission v. 12. 4. 1999, ABl. 1999 Nr. L 125/12.

[88] Siehe den neuen Art. 29 ADSp; abgedruckt in TranspR 2003, 40.

[89] Im Detail siehe unter Rn. 25.

[90] Zu diesen siehe *Prölss/Martin/Voit,* unter P. Transportversicherung, I. ADB 1963.

[91] *Thume/de la Motte/Ehlers,* Kap. 3 Rn. 1.

[92] Vgl. Pkt. 4 AVB Flusskasko 2000/2008.

[93] Zu diesen siehe *Prölss/Martin/Voit,* unter S. Verkehrshaftungs- und Speditionsversicherung, I. Verkehrshaftungsversicherung.

[94] Im Detail siehe unter Rn. 25.

[95] Im Detail siehe unter Rn. 26.

klausel 2000/2008, Streik- und Aufruhrklausel 2000/2008, Beschlagnahmeklausel 2000/
2008; AVB Reiselager Schmuck 1988/2008; Kfz-Sonderbestimmungen zu den AVB Reiselager Schmuck 1988/2008; AVB Musterkollektionen 1994/2008;

- AVB-Ausstellungsversicherung 2008; AVB Camping 1985/2008 samt dazugehörigen
  Klauseln; AVB Fotoapparate 1985/2008 samt dazugehörigen Klauseln 1985/2008; AVB
  Jagd- und Sportwaffen nebst Zubehör 1994/2008 samt Sonderbedingungen 1994/2008;
  AVB Musikinstrumente 1994/2008 samt Sonderbedingungen 1994/2008; Allgemeiner
  Teil der Versicherungsbedingungen für die Reiseversicherung 2008 (AT-Reise 2008) samt
  Besondere Versicherungsbedingungen für die Reiseabbruchversicherung 2008 (VB-Rei-
  seabbruch 2008), Besondere Versicherungsbedingungen für die Reisegepäckversicherung
  in der Fassung 2008 (VB-Reisegepäck 2008), Besondere Versicherungsbedingungen für
  die Reiserücktrittskostenversicherung in der Fassung 2008 (VB-Reiserücktritt 2008); AB
  Reise-Rücktrittskostenversicherung 2002/2008 (ABRV 2002/2008); AVB Schmuck und
  Pelze im Privatbesitz 1985/2008 samt dazugehörigen Klauseln 1985/2008.

f) Rechtliche **Qualifikation** dieser Sparten   **30**

- Seeversicherung im Sinne des § 209) VVG sind die unter a) genannten Versicherungsspar-
  ten mit Ausnahme der DTV-VHV 2003/2008;
- Transportversicherung im Sinne des § 130 VVG sind die DTV-Güter 2000/2008, wenn sie
  Transporte zu Land oder auf Binnengewässern versichern, die AVB Flusskasko 2000/2008
  sowie die Wassersport-Kaskoversicherung[96];
- Unter § 210 VVG bzw. Art. 10 Abs. 1 EGVVG bzw. Art. 13 Abs. 5 i. V. m. Art. 14
  EuGVVO fallen die DTV-Güter 2000/2008, die DTV-Kaskoklauseln 1978/2004, P&I-
  Versicherungen, AVB Flusskasko 2000/2008, Wassersport-Kaskoversicherung[97]; unter
  § 210 VVG bzw. Art. 10 Abs. 1 EGVVG, nicht aber unter Art. 13 Abs. 5 i. V. m. Art. 14
  EuGVVO fällt die Verkehrshaftungsversicherung des Frachtführers im Straßenverkehr
  gem. den DTV-VHV 2003/2008;
- die Zuordnung der Nebensparten ist im Einzelnen anhand der oben dargelegten[98] Kriterien vorzunehmen. Die Literatur bietet anhand der Rspr. erstellte Listen[99].

3. Vertragskontrolle

Mit der Bedeutung der Vertragsfreiheit und damit der Allgemeinen Versicherungsbedin-   **31**
gungen steigt auch die Wichtigkeit der **Vertragskontrolle.** Dabei geht es zum einen um die
Frage, inwieweit das Transportversicherungsrecht noch **zwingendes Recht** kennt. Zum anderen ist zu klären, welche Schranken aus der **AGB-Kontrolle** gemäß §§ 305 ff. BGB erwachsen[100].

a) Zwingendes Recht ist in der Transportversicherung schon wegen §§ 209, 210 VVG die   **32**
Ausnahme. Dennoch spielen zwingende Normen auch hier eine Rolle: Für die **Seeversiche-**

---

[96] *Römer/Langheid/Römer,* § 129 VVG Rn. 8; auch *Roos,* S. 13 ff.; *Heppe,* S. 70 ff.; in diese Richtung
weist, wenngleich offen lassend BGH v. 8. 2. 1988, BGHZ 103, 228 = VersR 1988, 463 = NJW 1988,
1590 = MDR 1988, 563: „die zwar zur Transportversicherung zählen könnte (vgl. § 129 Abs. 2 VVG)";
dagegen *Prölss/Martin/Voit,* § 129 VVG Rn. 8; OLG Hamm v. 26. 1. 1973, VersR 1973, 362; *Gerhard,*
TranspR 2007, 458 (459), der vor dem Hintergrund des reformierten VVG mit Verbraucherschutzerwägungen ergebnisorientiert argumentiert; hierzu noch unten Rn. 321 ff.
[97] Mit beachtlichen Argumenten für eine teleologische Reduktion des Begriffes des Großrisikos und
damit gegen die Anwendbarkeit von § 210 VVG auf die Wassersport-Kaskoversicherung: *Gerhard,*
TranspR 2007, 458 (459); *Heppe,* S. 161 ff.
[98] Siehe oben Rn. 2 ff.
[99] Siehe die Listen bei *Prölss/Martin/Voit,* § 129 VVG Rn. 8; *Römer/Langheid/Römer,* § 129 VVG
Rn. 8; siehe auch die in FN. 53 zitierte Rspr.; speziell zur Kunstgegenständeversicherung *Gärtner,* NJW
1991, 2993 (2993 f.).
[100] Zu den neuen §§ 305 ff. BGB und ihrer Anwendung auf Versicherungsbedingungen siehe *Römer/
Langheid/Römer,* Vor § 1 VVG Rn. 3 ff. m. w. N.; zu einem rechtsvergleichenden Ansatz in der AGB-Kontrolle s. *Basedow/Metzger,* in: *Bork/Hoeren/Pohlmann* (Hrsg.), Festschrift für Helmut Kollhosser, S. 3–24.

rung gelten die §§ 134, 138 BGB[101]. Sie wirken insbesondere im Zusammenhang mit Ausfuhr-, Embargo-, Einfuhrgesetzen und dergleichen[102], aber wohl nicht mit Zoll- und Steuervorschriften[103]. Dabei haben deutsche Gerichte derartige Vorschriften des deutschen Rechts als Eingriffsnormen[104] auch dann zu beachten, wenn auf den Versicherungsvertrag ausländisches Recht zur Anwendung kommt[105]. Zumal z. B. Ausfuhrverbote den Export nicht aber die Versicherung des Exports verbieten, verstößt ein Versicherungsvertrag nicht gegen ein Verbotsgesetz (§ 134 BGB), sondern allenfalls gegen die guten Sitten (§ 138 BGB)[106]. Auch ausländische Vorschriften können, wenn der Versicherungsvertrag im Übrigen deutschem Recht unterliegt, zur Anwendung kommen oder doch berücksichtigt werden[107]. Die Rechtsprechung erzielt dieses Ergebnis, indem sie ausländische zwingende (z. B. Kulturgüterschutz-) Vorschriften im Rahmen der Sittenwidrigkeitskontrolle nach § 138 BGB berücksichtigt[108]. Musterbeispiel bildet der nigerianische Tanzmaskenfall[109]: Kulturgüterschutzbestimmungen betroffener Staaten, die mit grundsätzlichen Überzeugungen der Völkergemeinschaft konform gehen, werden im deutschen Recht im Rahmen des § 138 BGB berücksichtigt. Demnach ist die Versicherung eines illegalen Transports nichtig. Die Nichtigkeit folgt nach dem BGH unmittelbar aus § 138 BGB, wenn beide Parteien von den Voraussetzungen des Sittenwidrigkeitsurteils (der Illegalität des Kulturgüterexports) Kenntnis haben[110]. Sollte dies nicht der Fall sein, so soll sich die Unwirksamkeit aus dem Fehlen eines versicherbaren Interesses ergeben[111].

33   Für die **Binnen-** und **Lufttransportversicherung** erklärt § 210 VVG die „Beschränkungen der Vertragsfreiheit" im VVG für unanwendbar[112]. Auch hier greifen freilich die Vorschriften der §§ 134, 138 BGB ein[113]. Darüber hinaus wird erwogen, § 210 VVG nehme

---

[101] Vgl. *Ehlers*, S. 34 f.

[102] Zu weitgehend OLG Saarbrücken v. 28. 9. 1999, VersR 2000, 760 = TranspR 2002, 125, wonach ein Transport ohne die vorausgesetzte EG-Lizenz die TransportV (hier: CMR-Haftpflicht) unrechtmäßig mache.

[103] Deutlich etwa OLG Hamburg v. 6. 5. 1993, TranspR 1994, 25 (26) für nigerianische Einfuhr- und Zollbestimmungen, die weder deutsche Interessen schützen, noch auf allgemein anerkannten Werten basieren; vielmehr ging es eben nur um handelspolitische Beschränkungen, fiskalische Interessen und die Verhinderung von Devisentransfers; vgl. OLG Köln v. 3. 3. 1999, VersR 2000, 206 für einen Beförderungsvertrag, wobei die Waren unterfakturiert wurden, um Zollvorschriften zu umgehen: „Sittenwidrig wäre demgemäß nicht die Beförderung, sondern wären die Handlungen gewesen, die unmittelbar auf die Verwirklichung des Zollvergehens abzielten"; das wird regelmäßig auch auf die Versicherung eines Transports zutreffen, in dessen Rahmen Zollvergehen stattfinden.

[104] Zum Begriff der Eingriffsnormen im internationalen Vertragsrecht Münchener Kommentar BGB/*Martiny*[4], Art. 34 EGBGB Rn. 10 ff.; zur Unzulässigkeit der Vereinbarung eines ausschließlichen Gerichtsstandes in einem anderen Staat, der zur Umgehung der über Art. 34 EGBGB geschützten, zwingenden deutschen Vorschriften führen kann s. OLG München v. 17. 5. 2006, TranspR 2006, 317.

[105] Zu den „eigenen" Eingriffsnormen Münchener Kommentar BGB/*Martiny*[4], Art. 34 EGBGB Rn. 52 ff.

[106] Vgl. die Erwägungen zum Verhältnis von § 134 BGB zu § 138 BGB bei *Ritter/Abraham*, § 1 Rn. 18.

[107] Auch hierzu Münchener Kommentar BGB/*Martiny*[4], Art. 34 EGBGB Rn. 37 ff. und 89 ff.

[108] Dagegen soll eine Anwendung des § 134 BGB auf eine ausländische, in Deutschland nicht unmittelbar zur Anwendung kommende Verbotsnorm ausscheiden; OLG Hamburg v. 6. 5. 1993, TranspR 1994, 25 (26); vgl. auch OLG Köln v. 3. 3. 1999, VersR 2000, 206 (für den Transport-, nicht den Versicherungsvertrag).

[109] BGH v. 22. 6. 1972, VersR 1972, 849.

[110] BGH v. 22. 6. 1972, VersR 1972, 849; vgl. auch BGH v. 24. 5. 1962, VersR 1962, 659; BGH v. 21. 12. 1960, BGHZ 34, 169; ausführlich hierzu *Ritter/Abraham*, § 1 Rn. 18.

[111] Siehe § 2 ADS, der in den DTV-Güter 2000/2008 fehlt (dort kommen die allgemeinen Regeln über das Fehlen des versicherten Interesses zur Anwendung); zu § 2 ADS siehe BGH v. 22. 6. 1972, VersR 1972, 849; auch OLG Hamburg v. 6. 5. 1993, TranspR 1994, 25 (26); vgl. auch BGH v. 24. 5. 1962, VersR 1962, 659; auch hierzu – mit Vergleich zur englischen Rechtslage – *Ritter/Abraham*, § 1 Rn. 18.

[112] Die zwingenden und halbzwingenden Bestimmungen sind daher anwendbar aber nur dispositiv; vgl. BGH v. 3. 6. 1992, BGHZ 118, 275 = VersR 1992, 1089.

[113] Es gilt das soeben zur Seeversicherung Ausgeführte.

nicht alle zwingenden Bestimmungen zurück. Ausgenommen sollen insbesondere Vorschriften sein, die nicht zu einer Vertragskorrektur, sondern zur (absoluten) Nichtigkeit des Vertrages führen[114]. Hierzu werden § 51 Abs. 3 VVG a. F. (nun § 74 Abs. 2 VVG), § 59 Abs. 3 VVG a. F. (nun § 78 Abs. 3 VVG) und die der Natur der Sache nach zwingenden Vorschriften gezählt[115]. Welches Vorschriften im letzteren Sinne sind, wird jedoch nicht ausgeführt und bleibt unklar. Die Folge ist erhebliche Rechtsunsicherheit, weshalb diese Auffassung insoweit abzulehnen ist. Auch ist ihr nicht im Hinblick auf die §§ 51 Abs. 3, 59 Abs. 3 VVG a. F. (nun §§ 74 Abs. 2, 78 Abs. 3 VVG) zu folgen. Zum einen ist mit einer Abbedingung dieser Vorschriften nicht zu rechnen, zum anderen bleibt § 138 BGB stets vorbehalten, der hier ein taugliches Korrektiv darstellt[116].

Erwogen wurde ferner eine **einschränkende Auslegung** des § 210 VVG in mehrfacher **34** Hinsicht. So sollen seinem Wortlaut gemäß nur Beschränkungen der Vertragsfreiheit unanwendbar sein. Der Gerichtsstand des Versicherungsvermittlers gemäß § 48 VVG a. F. sollte daher als eine **prozessrechtliche** Vorschrift auch in der Transportversicherungssparte zwingendes Recht bleiben[117]. Diese am Wortlaut klebende Betrachtung ist aus teleologischen und systematischen Gründen abzulehnen. Erst recht gilt dies für den nun eingeführten Gerichtsstand des VN in § 215 Abs. 1 VVG. Naturgemäß spricht § 210 VVG als Bestimmung eines Gesetzes, das ganz überwiegend Vertragsrecht enthält, von der Vertragsfreiheit. Diese besteht in Form der Parteiautonomie aber auch im internationalen Vertragsrecht („Rechtswahlfreiheit"[118]) und im (internationalen) Verfahrensrecht („Freiheit der Gerichtsstandswahl"[119]). Beschränkungen der Parteiautonomie (hier: § 48 VVG a. F. bzw. nun § 215 VVG) erfolgen – ganz gleich wie im materiellen Vertragsrecht – wegen der Unterlegenheit einer Partei (hier: des VN[120]). Genau dieser Rechtfertigungsgrund für eine Einschränkung der Vertragsfreiheit liegt indessen nach § 210 VVG in der Transportversicherung nicht vor. Es spricht daher nichts dagegen, auch die Beschränkung der Parteiautonomie in § 48 VVG a. F. bzw. § 215 VVG der Ausnahmeregelung des § 210 VVG zu unterstellen. Das führt überdies zu dem vorzugswürdigen Ergebnis eines systematischen Einklangs mit dem internationalen Verfahrensrecht, insbesondere mit Art. 13 Abs. 5 i. V. m. Art. 14 EuGVVO: Auch dort werden die sonst zugunsten des VN herrschenden Prorogationsbeschränkungen[121] in der Transportversicherung zurückgenommen.

Eine weitere einschränkende Interpretation wurde für die so genannten **Jedermannsver- 35 sicherung** vorgeschlagen[122]. Hierfür spricht in der Tat, dass der subjektive Gesetzgeberwille im Wortlaut des § 187 VVG (in der Fassung vor Änderung durch Gesetz vom 28. 6. 1990, BGBl I 1990, 1249) nur unzureichend Ausdruck gefunden hatte[123]. Gedacht war nämlich an

---

[114] So *Prölss/Martin/Kollhosser*, § 187 VVG Rn. 4; dem folgend *Thume/de la Motte/Thume*, Kap. 2 Rn. 314; vgl., wenngleich offen lassend, BGH v. 3. 6. 1992, BGHZ 118, 275 = VersR 1992, 1089.

[115] *Prölss/Martin/Kollhosser*, § 187 VVG Rn. 4.

[116] Ähnlich Berliner Kommentar/*Schwintowski*, § 187 VVG Rn. 5; vgl. auch die Begründung zu § 187 VVG i. d. F. BGBl. 1990 I 1249, BT-Drucksache 11/6341, 37; eindeutig in diesem Sinne ist die Begründung zum Gesetzesentwurf der Bundesregierung v. 20. 12. 2006, BT-Drucks. 16/5862, S. 115; eine derartige Tendenz ist auch in BGH v. 1. 12. 2004, VersR 2005, 266 zu erkennen.

[117] OLG Hamm v. 12. 5. 1955, NJW 1955, 1323 = VersR 1955, 613; hierzu Berliner Kommentar/*Schwintowski*, § 179 VVG Rn. 4.

[118] Vgl. Art. 27 EGBGB sowie Art. 10 Abs. 1 EGVVG; zur Frage, nach welchem Recht die Wirksamkeit einer Konnossementsklausel zu beurteilen ist (hier: Identity-of-Carrier-Clause, die mit einer Rechtswahlklausel verknüpft war) s. BGH v. 15. 2. 2007, TranspR 2007, 119 (120 f.).

[119] Vgl. im europäischen Verfahrensrecht Art. 23 EuGVVO; im autonomen Recht § 38 ZPO; zur Wirksamkeit einer Gerichtsstandsvereinbarung in einem Konnossement nach Art. 23 Abs. 1 EuGVVO s. BGH v. 15. 2. 2007, TranspR 2007, 119 (120 ff.).

[120] Vgl. insbesondere die Regelung der internationalen Zuständigkeit in Versicherungssachen nach Art. 8–14 EuGVVO.

[121] Vgl. Art. 13 EuGVVO.

[122] Siehe *Hüffer*, VersR 1975, 871 (874 f); in der Tendenz auch *Sieg*, BB 1969, 1201.

[123] Deutlich *Hüffer*, VersR 1975, 871 (874).

die Liberalisierung einer Sparte, in der sich in der Regel gleich starke Verhandlungspartner gegenüberstehen. Bei Jedermanns-Transportversicherung verfehlt die Bestimmung daher ihren Zweck. Dennoch ist eine Reduktion des Wortlauts bedenklich: Zum einen hätte der Gesetzgeber sowohl im Rahmen im Rahmen der Novellierung des § 187 VVG a. F. im Jahre 1990 wie auch im Rahmen der Versicherungsrechtsreform von 2007 Gelegenheit gehabt, einem entsprechenden gesetzgeberischen Willen den erforderlichen Ausdruck zu verleihen. Zum anderen verweist § 210 VVG auf Art 10 Abs. 1 S. 2 EGVVG, also auf eine europarechtlich durch Art. 7 Abs. 1 lit. f Zweite Richtlinie Nicht-Lebensversicherung induzierte Vorschrift, die daher auch europarechts-, insbesondere richtlinienkonform auszulegen ist. Will man den vom Gesetzgeber angestrebten Gleichlauf von Vertragsfreiheit nach § 210 VVG und Parteiautonomie nach Art. 10 Abs. 1 S. 2 EGVVG aufrechterhalten, so bedarf es einer Orientierung an der europarechtlich determinierten Auslegung des Art. 10 Abs. 1 S. 2 EGVVG. Hier aber fehlt es – soweit ersichtlich – bisher an Vorschlägen für eine teleologische Reduktion[124]. Die Rechtsprechung wird sich daher bei Jedermannsversicherung wohl weiterhin des Mittels bedienen, diese anhand des Kriteriums der Fremdbeförderung nicht als Transportversicherung zu qualifizieren[125].

36   **b)** Im Rahmen der **AGB-Kontrolle** nach den §§ 305 ff. BGB – die trotz § 210 VVG anwendbar sind[126] – kommt dem abbedungenen dispositiven Versicherungsrecht eine Funktion als Leitbild zu[127]. Freilich gilt es zu beachten, dass die dispositiven Bestimmungen des VVG nur bei Binnen-, Luftfahrtversicherung und laufenden Versicherungen[128] direkt zur Anwendung gelangen. Im Bereich der Seeversicherung fungierte als gesetzliches Leitbild im Sinne des § 307 Abs. 2 Nr. 1 BGB das Seeversicherungsrecht nach den §§ 779 ff. HGB a. F. und es galt, dass die Bestimmungen des VVG auch nicht analog anwendbar waren[129]. Mit der ersatzlosen Streichung des Seeversicherungsrechts im HGB ist ein gesetzliches Leitbild des Seeversicherungsvertrages entfallen, was zur Folge hat, dass die Inhaltskontrolle nach § 307 Abs. 2 Nr. 1 BGB nicht in Betracht kommt, sondern vielmehr § 307 Abs. 2 Nr. 2 BGB anzuwenden ist[130]. Nach § 307 Abs. 2 Nr. 2 BGB müssen bei der Inhaltskontrolle von Klauseln eines Seeversicherungsvertrages vertragstypenspezifische Gerechtigkeitserwartungen als Leitbild entwickelt werden[131]. Auszugehen ist bei deren Konkretisierung von den nach Treu und Glauben berechtigten Erwartungen von VN und VR, die im Bereich der Seeversicherung maßgeblich durch die übliche Klauselpraxis geprägt sind. In einem zweiten Schritt ist dann anhand normativer Wertungen zu überprüfen, ob sich die Klauseln in zumutbaren Grenzen

---

[124] Vgl. nur Berliner Kommentar/*Dörner*, Art. 10 EGVVG Rn. 11: „Ein Großrisiko liegt danach **ohne weiteres** vor beim Abschluss einer Transport- oder Haftpflichtversicherung, die …" (Hervorhebung nicht im Original).

[125] Zu dieser Tendenz *Hüffer*, VersR 1975, 871 (871 f.).

[126] Zutreffend *Römer/Langheid/Römer*, § 187 VVG Rn. 4 m. w. N.; ebenso *Prölss/Martin/Kollhosser*, § 187 VVG Rn. 5; *Thume/de la Motte/Thume*, Kap. 2 Rn. 315; BGH v. 2. 12. 1992, BGHZ 120, 290; die Anwendung setzt voraus, dass der VR Verwender der AVB ist, was nach OLG Köln v. 16. 11. 1999, OLGR Köln 2000, 147, nicht gegeben sein soll, wenn der Versicherungsmakler die AVB ausformuliert. Das ist grundsätzlich richtig, doch ist im Einzelfall darauf zu achten, ob der Versicherungsmakler tatsächlich unabhängig vom VR (und nicht als Pseudomakler) agiert.

[127] Siehe § 307 Abs. 2 Nr. 1 BGB; vgl. *Coester*, in: *Staudinger*, Buch 2, §§ 305–310, § 307 Rn. 229 ff.; vgl. schon die Erwägungen bei *Michels*, VersR 1977, 1082; insofern verbleibt dem dispositiven Recht eine Restfunktion; ansonsten ist die Kodifikation der einzelnen Versicherungszweige im VVG durch dispositive Vorschriften wegen der Bedeutung der AVB empirisch als fehlgeschlagen zu bezeichnen.

[128] Bei diesen finden allerdings nur die allgemeinen Bestimmungen, nicht jene der §§ 130–141 VVG Anwendung.

[129] Siehe BGH v. 5. 7. 1971, BGHZ 56, 339 = VersR 1971, 1031; LG Düsseldorf v. 15. 6. 1990, VersR 1991, 298; ausführlich zur alten Rechtslage *Müller-Collin*, S. 84.

[130] S. nur *Palandt/Grüneberg*, § 307 Rn. 31; *Richartz*, TranspR 2007, 300 (303) ist diesbezüglich zu ungenau und unterscheidet nicht zwischen Nr. 1 und Nr. 2 des § 307 Abs. 2 BGB.

[131] Allgemein hierzu *Coester*, in: *Staudinger*, Buch 2, §§ 305–310, § 307 Rn. 267 ff.; *Fuchs*, in: *Ulmer/Brandner/Hensen*, AGB-Recht[10], § 307 Rn. 238 ff.

halten. In diese Wertung können insbesondere auch rechtliche Regelungs- und Wertungs-
muster aus anderen Zusammenhängen einfließen, soweit sie allgemeine Rechtsgrundsätze
niederlegen, die auf die Seeversicherung übertragbar sind. In diesem Zusammenhang sind
insbesondere die §§ 241 ff. BGB, das vierte Buch des HGB, aber auch die Vorschriften des
VVG zu nennen[132]. Da bei einer solchen Vorgehensweise nur die übertragbaren allgemeinen
Rechtsgrundsätze Berücksichtigung finden, handelt es sich nicht um eine Umgehung des
§ 209 VVG bzw. einer Anwendung des VVG durch „die Hintertür des § 307 BGB"[133]. Wertungsgesichtspunkte können im Übrigen und gerade bei der in besonderem Maße international geprägten Seeversicherung durch angewandte Rechtsvergleichung[134] bzw. durch Blick in
rechtsvergleichende Ausarbeitungen zum Vertragsrecht gewonnen werden[135]. Werden andererseits die Seeversicherungsbedingungen einem Binnen- bzw. Lufttransportversicherungs-
vertrag zugrunde gelegt[136], so sind diese im Rahmen des Binnen- bzw. Lufttransportversiche-
rungsvertrags an der gesetzlichen Leitregelung des VVG (und damit – im Rahmen ihrer
Anwendbarkeit – der §§ 130–141 VVG) zu messen.

Die Rspr. hat im Bereich der BinnenTransportversicherung mehrfach AVB einer Kontrolle **37**
unterworfen. Dabei ging es ganz vorrangig um die gesetzlichen Leitbilder der – wegen § 210
VVG in der Transportversicherung nur dispositiven – Vorschriften über Obliegenheitsverletzungen und die Verwirkung von Ansprüchen gegen den VR durch Ablauf der Klagefrist
gem. § 12 Abs. 3 VVG a. F.[137]. Insofern ist zu beachten, dass die zitierten Entscheidungen vor
dem Hintergrund eines durch §§ 6 und 12 Abs. 3 VVG a. F. geprägten gesetzlichen Leitbilds
ergingen, welches durch die Reform des VVG mitunter erheblich umgestaltet wurde (s. § 28
VVG) bzw. ersatzlos entfallen ist (s. § 15 VVG, in den die Regelung des § 12 Abs. 3 VVG a. F.
nicht aufgenommen wurde) und zwar zugunsten des VN. Insofern ist in jedem Einzelfall zu
prüfen, ob die bisherige Rspr. auf AVB unter Geltung des reformierten VVG übertragbar ist.
Eine Klausel, welche an eine Obliegenheitsverletzung des VN die Leistungsfreiheit des VR
knüpft, ist nicht nur dann unwirksam im Sinne des § 307 Abs. 1 BGB, wenn die Sanktion
auch bei mangelndem Verschulden vorgesehen ist[138], sondern auch dann, wenn zwar leichte
(ste) Fahrlässigkeit[139] verlangt wird, es aber an einem Kausalitätskriterium fehlt[140]. Im Gefolge

---

[132] So auch *Ehlers,* TranspR 2007, 1 (8); ein solches Beispiel findet sich bereits aus der Zeit vor Aufhebung
der §§ 779 ff. HGB mit BGH v. 28. 4. 1980, BGHZ 77, 88 (93) = VersR 1980, 964 = NJW 1980, 2817.

[133] Hiervor warnt *Richartz,* TranspR 2007, 300 (303).

[134] Zu einem solchen Ansatz s. *Basedow/Metzger,* in: *Bork/Hoeren/Pohlmann* (Hrsg.), Festschrift für Helmut Kollhosser, S. 3–24; vgl. auch *Thume/de la Motte/Schwampe,* Kap. 5 Rn. 98, der auf LG Hamburg v.
26. 8. 2002, TranspR 2002, 469 verweist.

[135] Hervorzuheben sind die hier die kommenden Principles of European Insurance Contract Law, zum
bisherigen Stand, insbesondere dem Draft Common Frame of Reference (CFR): „Insurance Contract"
to the European Commission, siehe <http://restatement.info>.

[136] So enthalten die DTV-Güterversicherungsbedingungen 2000/2008 einheitliche AVB für den See-,
Binnen- und Lufttransport.

[137] Die Entscheidungen ergingen vor Inkrafttreten des reformierten VVG zu §§ 6 und 12 Abs. 3 VVG
a. F.; während die Regelung der Obliegenheitsverletzung, wenn auch verändert, mit § 15 VVG in das
neue VVG übernommen wurde, entfiel die Regelung des § 12 Abs. 3 VVG a. F., der die Hemmung der
Verjährung betraf, s. Begründung zu § 15 VVG in Gesetzentwurf der Bundesregierung, BR-Drucks.
707/06 S. 160.

[138] Eine solche Regelung hält auch in der Seeversicherung einer Inhaltskontrolle nicht stand, siehe
BGH v. 28. 4. 1980, BGHZ 77, 88 (93), wo es um die Verletzung der vorvertraglichen Anzeigepflicht
ging; dasselbe gilt auch in der Warenkreditversicherung – nach § 210 VVG i. V. m. Art. 10 Abs. 1 S. 2
Nr. 2 EGVVG i. V. m. Nr. 14 Anlage Teil A zum VAG ebenfalls Großrisiko –, s. BGH v. 2. 12. 1992,
VersR 1993, 223 (224).

[139] Typische Beispiele sind z. B. Klauseln, wonach der VN zur Sorgfalt eines ordentlichen Kaufmanns
des jeweiligen Geschäftszweigs verpflichtet ist, vgl. BGH v. 24. 11. 1971, VersR 1972, 85; OLG Karlsruhe
v. 15. 10. 1981, VersR 1982, 1189, sowie v. 15. 11. 2007, Aktenzeichen 12 U 69/07.

[140] BGH v. 9. 5. 1984, VersR 1984, 831; der BGH stützt seine Erwägungen auf die allgemeine Treuwidrigkeit der Klausel aber auch auf einen Widerspruch der Klausel zum Wesen des Versicherungsverhältnisses; hierzu *Martin,* VersR 1984, 1107 (1117 f.); *W.-H. Roth,* IPRax 1986, 16; auch *Schirmer,* r+s

dieser Rspr. hält *W.-H. Roth* die Vereinbarung der Leistungsfreiheit bei irrelevant gebliebenen, aber grob fahrlässig begangenen Obliegenheitsverletzungen ebenso für zulässig, wie bei leicht fahrlässig begangenen aber relevanten Verstößen[141]. Enger zählt demgegenüber *Schirmer* sowohl das Verschuldensprinzip (einschließlich des auf grobe Fahrlässigkeit erhöhten Verschuldensstandards[142]) als auch das Kausalitätsprinzip in § 6 Abs. 2 und Abs. 3 S. 2 VVG a. F. (nun § 28 Abs. 3 VVG) samt der sich daran anhängenden Relevanzrechtsprechung des BGH zum durch AVB nicht abdingbaren Kern der gesetzlichen Regelung[143]. Die Kündigungspflicht des § 6 Abs. 1 S. 3 VVG a. F. (nun § 28 Abs. 1 VVG) könnten die AVB zwar abbedingen, doch müssten die AVB zumindest eine den §§ 25 Abs. 3 bzw. 71 Abs. 2 S. 2 VVG a. F. (nun §§ 26 Abs. 3 bzw. 97 Abs. 2 VVG) vergleichbare Regelung enthalten[144]. Ähnlich hat das OLG Köln eine Klausel aufrechterhalten, welche die Leistungsfreiheit des VR für grob fahrlässige und vorsätzliche Verletzungen von Obliegenheiten im Sinne des § 6 Abs. 1 VVG a. F. (nun § 28 Abs. 1 VVG) unter Abbedingung des Kündigungserfordernisses nach § 6 Abs. 1 VVG a. F. (nun § 28 Abs. 1 VVG) anordnet[145]. Durch AVB erweiterbar sei nach *Schirmer* der Repräsentantenbegriff[146], wohingegen die Rspr. auch hier Grenzen aufzeigt[147]. Schließlich könnte die gesetzliche Beweislastverteilung zuungunsten des VN umgekehrt werden[148]. Zu weitgehend sieht es das LG Frankfurt a. M. als zulässig an, wenn die AVB Verhaltenspflichten des VN, die ansonsten als Obliegenheiten i. S. d. § 6 VVG a. F. (nun § 28 VVG) zu werten wären, als Risikoausschlüsse behandeln[149]. Wollte man dem folgen, so könnten die soeben dargelegten Grundsätze der Inhaltskontrolle von AVB in der Transportversicherung einfach umgangen werden[150]. Auch geht die Berufung des LG Frankfurt a. M. auf eine Entscheidung des BGH fehl: Der BGH hat § 6 VVG a. F. (nun § 28 VVG) auf eine Juwelierversicherung zwingend angewandt, weil er sie nicht als Transportversicherung angesehen hat. Mit keiner Silbe aber hat der BGH gesagt, in der Transportversicherung könnten Obliegenheiten als Risikoausschlüsse behandelt (und damit nicht nur § 6 VVG a. F. (nun § 28

1990, 217 und 253 (256 f.); ähnlich schon OLG München v. 30. 11. 1979, VersR 1980, 570, vgl. auch die Folgejudikatur OLG Köln v. 14. 6. 1993, VersR 1994, 977; OLG Köln v. 30. 8. 1990, VersR 1991, 770.

[141] Siehe *W.-H. Roth*, IPRax 1986, 16 (19); offen lassend demgegenüber BGH v. 2. 12. 1992, VersR 1993, 223 (für die Warenkreditversicherung): „Ob dabei sämtliche Regelungen des § 6 VVG [a. F., nun § 28 VVG] Leitbildfunktion haben, kann hier offen bleiben"; s. auch § 137 Abs. 1 VVG.

[142] Dieser bereits in § 6 VVG a. F. enthaltene Verschuldensmaßstab wurde in § 28 VVG übernommen, wobei die für grobe Fahrlässigkeit neu eingeführte Quotenregelung in § 28 Abs. 2 S. 2 VVG zu beachten ist.

[143] Siehe *Schirmer*, r+s 1990, 217 und 253 (257); hinsichtlich der Verpflichtung zu einem verschärften Sorgfaltsmaßstab durch AVB ist im Hinblick auf das Transparenzgebot aus § 307 Abs. 1 S. 2 BGB zu beachten, dass eine derartige Verpflichtung nicht frei schwebend, abstrakt oder als allgemeine Pflicht deklariert in die AVB aufgenommen werden sollte; vielmehr ist es geboten, den vereinbarte Haftungsmaßstab immer im direkten Zusammenhang mit der vereinbarten Obliegenheit aufzuführen, für die er Anwendung finden soll; vgl. OLG Karlsruhe v. 15. 11. 2007, Aktenzeichen 12 U 69/07, wo der VR sich nicht auf einen unter „Allgemeine Pflichten" aufgeführten verschärften Haftungsmaßstab berufen konnte; wenn gleich anders BGH v. 24. 11. 1971, VersR 1972, 85 sowie OLG Karlsruhe v. 15. 10. 1981, VersR 1982, 1189.

[144] Siehe *Schirmer*, r+s 1990, 217 und 253 (257).

[145] OLG Köln v. 30. 8. 1990, VersR 1991, 770 (771).

[146] Siehe *Schirmer*, r+s 1990, 217 und 253 (257).

[147] Vgl. OLG Köln v. 1. 10. 1999, TranspR 2001, 180 (181) m. w. N.; zu Literaturmeinungen auch jenseits der Transportversicherung *Prölss/Martin/Prölss*, § 6 Rn. 64.

[148] Siehe *Schirmer*, r+s 1990, 217 und 253 (257 m. w. N. in Fn. 156); vgl. OLG Hamm v. 12. 2. 1982, VersR 1982, 1041, wonach die vertraglich vereinbarte Beweislastverteilung des § 58 Abs. 2 ADS – Vermutung der Fahruntüchtigkeit – einen allgemeinen Beweisgrundsatz enthalte, der über seinen vertraglich vereinbarten Geltungsbereich hinaus entsprechend angewendet werden könne (hier: auf ein Boot).

[149] LG Frankfurt/M. v. 5. 7. 1989, VersR 1990, 155 unter Berufung auf BGH v. 26. 2. 1969, BGHZ 51, 356 = VersR 1969, 507; zuvor auch schon OLG Düsseldorf v. 13. 3. 1962, VersR 1962, 778; anders wohl OLG Köln v. 5. 11. 1992, VersR 1993, 574.

[150] Siehe vor diesem Hintergrund die detaillierte Analyse zur Seeversicherung bei *Trölsch*, S. 131 ff.

VVG), sondern auch eine Inhaltskontrolle mit dem Leitbild § 6 VVG a. F. (nun § 28 VVG) abbedungen) werden[151]. Die hier vertretene Ansicht wird von einer jüngeren Entscheidung des BGH bestätigt: Dieser hat eine AVB-Klausel in der Flusskaskoversicherung als Obliegenheit bezeichnet, wenngleich sie in den Bedingungen als Risikoausschluss formuliert war[152].

Die Rechtsprechung musste sich in der Vergangenheit weiterhin mit der Wirksamkeit **38** einer Klausel, welche den VR von der Pflicht befreite, den VN über die Rechtsfolgen des Ablaufens der Klagefrist zu belehren (vgl. § 12 Abs. 3 S. 2 VVG a. F.)[153]. Mit ersatzloser Streichung des § 12 Abs. 3 VVG a. F.[154] stellt sich diese Problematik nicht mehr. Darüber hinaus ist mit Angleichung an das Verjährungsrecht des BGB fraglich, ob eine Rückkehr durch AVB zu einer kürzeren Verjährungsfrist – etwa nach Vorbild des alten § 12 Abs. 3 VVG – einer Inhaltskontrolle nach den §§ 305 ff. BGB standhält. Unproblematisch dürfte es sein, wenn die AVB es bei der Geltung des § 15 VVG – also einem kenntnisabhängigen Verjährungsbeginn – belassen und darüber hinaus nur die Verjährungsfrist von drei auf zwei oder ein Jahr verkürzen[155]. Jedenfalls sind solche AVB im Rahmen einer Transportversicherung aufgrund der weitergehenden Privatautonomie (§§ 209, 210 VVG), die auch im Rahmen der Inhaltskontrolle zu berücksichtigen ist[156], als nicht unangemessen einzustufen[157].

§ 137 Abs. 1 VVG, der der allgemeinen, aber entfallenen Vorschrift des § 61 VVG a. F. **39** entspricht, ist als subjektiver Risikoausschluss frei abdingbar. Eine Verschärfung des Verschuldensmaßstabs („Sorgfalt eines ordentlichen Kaufmanns") in den AVB ist wirksam[158]. Nichtig nach § 307 Abs. 2 Nr. 1 BGB sind allerdings Klauseln, nach denen kein Versicherungsschutz besteht, wenn Dritte den Versicherungsfall grob fahrlässig herbeiführen, die nicht notwendig auch Repräsentanten des VN sind[159]. In diesem Zusammenhang ist weiterhin zu beachten, dass innerhalb der Transportversicherung i. S. d. §§ 130 ff. VVG bei Herbeiführung des Versicherungsfalls nach wie vor das Alles-oder-Nichts-Prinzip gilt; § 137 Abs. 1 VVG weicht als

---

[151] BGH v. 26. 2. 1969, BGHZ 51, 356 = VersR 1969, 507.

[152] BGH v. 24. 5. 2000, TranspR 2002, 255 = VersR 2001, 969; vgl. auch OLG Köln v. 17. 3. 1998, TranspR 2000, 474 = VersR 1999, 618, wo im Rahmen einer Haftpflichtversicherung des Straßenverkehrs-Frachtführers ein Ausschluss als Obliegenheit behandelt wurde.

[153] LG Hamburg v. 2. 10. 1991, VersR 1993, 311; LG Stuttgart v. 24. 1. 1989, VersR 1989, 1191; zu beiden Entscheidungen *Remé,* VersR 2001, 414 (415); OLG Koblenz v. 14. 12. 1987, VersR 1988, 1061; OLG Hamm v. 4. 10. 1985, VersR 1986, 55; LG Krefeld v. 6. 3. 1984, VersR 1984, 735; LG Hamburg 4. 11. 1981, VersR 1983, 236; LG Köln v. 1. 4. 1981, VersR 1982, 140; vgl. auch LG Köln v. 29. 1. 1979, VersR 1979, 618.; LG Stuttgart v. 21. 4. 1978, VersR 1978, 835; OLG Hamburg v. 12. 6. 1975, VersR 1976, 433; vgl. auch OLG Köln v. 10. 10. 1963, VersR 1965, 778; OLG Köln v. 13. 11. 1972, VersR 1974, 130; zustimmend Münchener Kommentar BGB/*Kieninger*⁵, § 307 Rn. 197 wegen mangelnder „zentraler Bedeutung" der Rechtsfolgenbelehrungspflicht in § 12 Abs. 3 VVG; vgl. ferner LG Berlin v. 18. 3. 1969, VersR 1969, 1131 für die Verkürzung der 6-Monatefrist des § 12 Abs. 3 VVG.

[154] S. Begründung zum Gesetzentwurf der Bundesregierung, BT-Drucks. 16/5862, S. 64.

[155] S. allgemein hierzu *Palandt/Heinrichs,* § 202 Rn. 13ff.; ablehnend offenbar *Franz,* VersR 2008, 298 (307).

[156] S. hierzu nur BGH v. 1. 12. 2004, VersR 2005, 266 (267), m. w. N.

[157] Ein Umkehrschluss könnte sich im Übrigen aus § 439 Abs. 4 HGB ergeben.

[158] Das gilt wegen des dispositiven Charakters der allgemeineren Regelung des § 81 VVG grundsätzlich auch außerhalb der Transportversicherung; siehe OLG Karlsruhe v. 15. 10. 1981, VersR 1982, 1189.

[159] S. dazu auch außerhalb der Transportversicherung *Prölss/Martin/Prölss,* § 61 Rn. 30; so zu einer Klausel in der Wassersportkaskoversicherung OLG München v. 6. 12. 2005, VersR 2006, 970 (971) im Anschluss an OLG Karlsruhe v. 17. 9. 1998, VersR 1999, 1237 (1238), wonach der Ausschluss der Haftung für jedes grob fahrlässige oder vorsätzliche Handeln des Fahrzeugführers mit den wesentlichen Grundgedanken des § 61 VVG a. F., dem § 137 Abs. 1 VVG entspricht, nicht vereinbar ist; das OLG München hält eine Ausschlussklausel, die außer dem VN auch Dritte nennt, im Hinblick auf den VN für wirksam; vgl. OLG München v. 21. 3. 2006, VersR 2006, 1492 (1493); s. auch Anmerkung *Roos* zu OLG Köln v. 30. 4. 2002, VersR 2003, 1252 (1253); zu AVB einer Speditionsversicherung s. LG Hamburg v. 20. 12. 2004, TranspR 2005, 221 (223f.).

lex specialis vom – ohnehin dispositiven[160] – § 81 Abs. 2 VVG ab und sieht keinen anteiligen Risikoausschluss bei grober Fahrlässigkeit vor[161].

40   Im Bereich der **Seeversicherung**[162] betrafen einzelne Fälle eine Überraschungskontrolle, die zweifelsohne zur Anwendung kommt[163]. Streitig war insbesondere die Leitbildfunktion von dort nicht (auch nicht analog) anwendbaren Bestimmungen des VVG, insbesondere der Vorschriften über Obliegenheitsverletzungen i. S. d. § 6 VVG a. F. (nun § 28 VVG)[164]. Der BGH hat diese gesetzlichen Regelungen (bzw. das in § 6 VVG a. F. und nun in § 28 VVG enthaltene Verschuldenserfordernis) jedenfalls im Rahmen einer auf Treu und Glauben fußenden Wertung herangezogen: „Dieser Gedanke hat in § 6 VVG [a. F., nun § 28 VVG,] seinen Niederschlag gefunden, der allerdings gemäß § 186 VVG [a. F., nun § 209 VVG,] … auf die Seeversicherung nicht angewendet werden kann. Er ist aber lange vor dem Inkrafttreten des VVG in ständiger Rspr. vom Reichsgericht anerkannt worden und behält als ein das gesamte Rechtsleben beherrschender Grundsatz auch außerhalb des Bereichs des VVG für die Seeversicherung seine Geltung"[165]. Auch für den Fall der vorvertraglichen Anzeigepflicht hat der BGH neben der nun aufgehobenen Vorschrift des § 809 Abs. 2 HGB a. F. den Rechtsgedanken des § 17 Abs. 2 VVG a. F. (nun – erweitert – § 19 Abs. 3 S. 1 VVG) (Verschuldensprinzip) berücksichtigt[166]. Außerdem wurde in der Seeversicherung eine Klausel kassiert, die das Vorliegen einer Unterversicherung fingiert und daher die Schadensersatzleistung kürzt[167].

4. Allgemeine Versicherungsbedingungen und Art. 81 EGV

41   Das System einheitlich verwendeter AVB ist auf **kartellrechtliche** Bedenken (Art. 81 EGV) gestoßen[168]. Bereits die Gruppenfreistellungsverordnung vom 21. 12. 1992[169] erlaubte in ihrem Titel III (Art. 5–9) zwar die gemeinsame Ausarbeitung von Musterbedingungen, diesen durfte aber keine verbindliche Wirkung in dem Sinne zukommen, dass die Verwendung abweichender AVB durch ein Unternehmen verhindert würde. Dies veranlasste den Fachausschuss Transport im GDV zunächst dazu, die AVB nur zu empfehlen und auf die Abweichungsmöglichkeiten im Einzelnen hinzuweisen. Der Zusatz „… soweit/falls nichts anderes vereinbart ist …" ist in den einzelnen Klauseln nicht mehr zu finden. Dafür ist die Neufassung der AVB vorab mit dem allgemeinen Hinweis versehen, dass es eine unverbindliche Bekanntgabe zur fakultativen Verwendung sei und abweichende Vereinbarungen möglich

---

[160] Vgl. § 87 VVG, der § 81 VVG nicht aufzählt.

[161] Die Rückkehr zum Alles-oder-Nichts-Prinzip dürfte darüber hinaus aber auch außerhalb des Geltungsbereichs der §§ 130 ff. VVG einer Inhaltskontrolle standhalten, vgl. *Ehlers,* TranspR 2007, 1 (9), was erst recht gilt, wenn es sich um die Versicherung von Großrisiken i. S. d. § 210 VVG oder um eine SeeV i. S. d. § 209 VVG handelt.

[162] Hierzu *Müller-Collin,* S. 95 ff.

[163] Hierzu siehe BGH v. 24. 2. 1986, VersR 1986, 696; BGH v. 16. 11. 1992, VersR 1993, 312 (314).

[164] Dies passt mit dem Streit über die Rechtsnatur der Obliegenheiten in der Seeversicherung zusammen; hierzu *Trölsch,* S. 28 ff. und (eigener, differenzierender Ansatz) 71 ff.; vgl. auch *Looks,* VersR 2008, 883 ff.

[165] BGH v. 15. 6. 1951, BGHZ 2, 336 (341); siehe auch OLG Hamburg v. 28. 5. 1970 VersR 1970, 1150 m. w. N.; ähnlich im Ergebnis *Trölsch,* S. 131 ff. zur Frage der verhüllten Obliegenheiten.

[166] BGH v. 28. 4. 1980, BGHZ 77, 88 (93) = VersR 1980, 964 = NJW 1980, 2817.

[167] BGH v. 16. 11. 1992, VersR 1993, 312 (314).

[168] Siehe *Enge,* S. 35 und – weitergehend – 31; weiterführend auch die Entscheidung der Kommission v. 12. 4. 1999, ABl. 1999 Nr. L 125/12 zur P&I-Versicherung, die zwei Vereinbarungen der Mitgliedsclubs der International Group of P&I Clubs betrifft; zuvor Entscheidung der Kommission v. 16. 12. 1985, ABl. 1985 Nr. L 376/2; zu einer weiteren kartellrechtlichen Entscheidung auf dem Gebiet der Seeversicherung s. Entscheidung der Kommission v. 4. 12. 1992, ABl. 1992 Nr. L 4/26.

[169] Verordnung (EWG) Nr. 3932/92 der Kommission vom 21. 12. 1992 über die Anwendung von Artikel 85 Absatz 3 auf bestimmte Gruppen von Vereinbarungen, Beschlüssen und aufeinander abgestimmten Verhaltensweisen im Bereich der Versicherungswirtschaft, ABl. 1992 Nr. L 398/7; diese Verordnung ist am 31. 3. 2003 ausgelaufen und durch die Verordnung (EG) Nr. 358/2003 der Kommission vom 27. 2. 2003 ersetzt worden, ABl. 2003 Nr. L 53/8.

seien. Gleiches gilt nach der neuen Gruppenfreistellungsverordnung vom 27. 2. 2003[170], Titel III (Art. 5, 6), welche mit 1. 4. 2003 in Kraft getreten ist[171].

C. Exkurs: Aufsicht über Transportversicherungsunternehmen

I. Die Historie des § 111 VAG

Seit dem 1. Durchführungsgesetz/EWG zum VAG 1975 wird die Transportversicherung **42** der **Versicherungsaufsicht** unterstellt[172]. Diese Regelung wurde durch das 14. Änderungsgesetz zum VAG 1983 partiell revidiert, indem der heutige § 111 VAG in seiner Grundstruktur geschaffen wurde[173]. Eine Novelle 1985 hat die Fassung des § 111 VAG leicht geändert[174]. § 111 VAG wurde an europäische Vorgaben angepasst, als der EuGH 1986 aussprach, dass das deutsche VAG in bestimmten Teilen gegen Europarecht verstoße[175]. Ganz allgemein wurde ein Verstoß gegen die Dienstleistungsfreiheit im generellen Niederlassungserfordernis nach deutschem VAG gesehen. Deutschland wurden aber auch Verstöße bei der Umsetzung der Mitversicherungs-RL vorgeworfen[176]. Beides betrifft auch die Transportversicherung. § 111 VAG wurde daher (und auch aus anderen Gründen) in mehreren Novellen immer wieder (teils inhaltlich, teils redaktionell) geändert[177]. Auch im Zuge der VVG-Reform wurde der in § 111 Abs. 2 VAG enthaltene Verweis auf Art. 10 Abs. 1 EGVVG auf S. 2 der Vorschrift präzisiert[178].

II. Regelungsinhalt

1. Transportversicherung

Obwohl die Transportversicherung **im Allgemeinen** der **Aufsicht** nach VAG untersteht, **43** wird hiervon die **im Dienstleistungsverkehr** betriebene Transportversicherung ausgenommen (§ 111 Abs. 1 VAG)[179]. Konkret sind von dieser Aufsichtsfreistellung die Sparten der Nr. 4–7 und 12 sowie die Risikoart der Nr. 10b der Anlage Teil A zum VAG betroffen[180].

2. Mitversicherung

§ 111 Abs. 2 VAG betrifft die **Mitversicherung** auf Gemeinschaftsebene und zwar gerade **44** auch in der Transportversicherung. Auch sie betrifft nur die Beteiligung an einer Mitversicherung **im Dienstleistungsverkehr.** Sie muss sich ferner auf jene Transportversicherungsrisiken beziehen, die von Art. 10 Abs. 1 S. 2 EGVVG erfasst werden[181]. Liegen diese Voraussetzungen vor, so ist auch die Beteiligung an der Mitversicherung aufsichtsfrei[182].

---

[170] ABl. 2003 Nr. L 53/8.

[171] Siehe Art. 12 der VO; Geltungsdauer bis zum 31. 3. 2010.

[172] Das Gesetz stammt vom 18. 12. 1975, BGBl. 1975 I 3139.

[173] Das Gesetz stammt vom 29. 3. 1983, BGBl. 1983 I 377 (siehe auch die damalige Neufassung des VAG in BGBl. 1993 I 1261); zur Geschichte des § 111 VAG *Prölss/Schmidt/Schmidt*, § 111 VAG Rn. 2.

[174] Das Gesetz stammt vom 19. 12. 1985; siehe BGBl. 1985 I 2355.

[175] Siehe EuGH v. 4. 12. 1986, VersR 1988, 1225.

[176] Siehe die RL des Rates zur Koordinierung der Rechts- und Verwaltungsvorschriften auf dem Gebiet der Mitversicherung auf Gemeinschaftsebene vom 30. 5. 1978, ABl. 1978 Nr. L 151/25.

[177] Siehe: BGBl. 1990 I 1249; BGBl. 1992 I 2; BGBl. 1994 I 1630; BGBl 1997 I 512 und BGBl. 2000 I 1857.

[178] S. Begründung zum Gesetzesentwurf der Bundesregierung, BT-Drucks. 16/5862, S. 122.

[179] Einzelheiten bei *Prölss/Schmidt/Schmidt*, § 111 VAG Rn. 3ff.; zur Dienstleistungsfreiheit der TransportVR aus europarechtlicher Sicht *Kahrs,* IStR 1998, 617.

[180] Hierzu oben Rn. 11.

[181] Hierzu oben Rn. 12.

[182] Näheres bei *Prölss/Schmidt/Schmidt,* § 111 VAG Rn. 8ff.

3. Optionen zur Erweiterung der Befreiung von Aufsicht

45   Die Freistellung von der Aufsicht kann generell durch Rechtsverordnung, individuell durch Verwaltungsakt auf VR aus **Drittstaaten** erstreckt werden[183].

D. Gütertransportversicherung

Literatur: *Anderson,* ISM Code: a practical guide to the legal and insurance implications[2], London 2005; *Argyriadis,* Die Frachtversicherung, Hamburg 1961; *Basedow/Wurmnest,* Die Dritthaftung von Klassifikationsgesellschaften, Tübingen 2004; *dies.,* Klassifikationsverträge als Verträge mit Schutzwirkung zugunsten Dritter, VersR 2005, 328; *Bayer,* Frachtführerhaftung und Versicherungsschutz für Ladungsschäden durch Raub oder Diebstahl im grenzüberschreitenden Straßengüterverkehr, VersR 1995, 626; *Becker,* Die Seeversicherungs-Police, Hamburg 1965; *Capotosi,* Die Versicherung für internationale Transporte, VersR 1985, 524; *Chiang,* Das Interesse im Seeversicherungsrecht, Frankfurt a. M. 1986; *Cologne Re* (Hrsg.), Marine Safety and the Future: Proceedings of the Cologne Re Seminar/(Rotterdam 1995), Köln 1995; *Dahlke,* Terror als Schadensursache, VersR 2003, 25; *de la Motte,* ADS GüterV 1973 in der Fassung 1984, TranspR 1985, 124; *ders.,* CMR. Schaden – Entschädigung – Versicherung, VersR 1988, 317; *ders.,* Die Auswirkungen des ISM Codes auf das Seehaftungsrecht, Hamburg 1998; *Donellan/Miller,* ISM Code, Impact on Risk Improvement and Underwriting, in: *Cologne Re* (Hrsg.), Marine Safety and the Future: Proceedings of the Cologne Re Seminar (Rotterdam 1995), Köln 1995, 91; *Ehlers,* Güterversicherungsbedingungen (DTV-Güter 2000), Karlsruhe 2001; *ders.,* Die neuen Güterversicherungsbedingungen 2000 (DTV-Güter 2000), TranspR 2000, 11; *ders.,* Krieg, Kriegsereignisse, terroristische und politische Gewalthandlungen, Beschlagnahme, Eingriffe von hoher Hand, r+s 2002, 133; *ders.,* Transportversicherung – Güterversicherung – Versicherung politischer Gefahren, TranspR 2006, 1; *Enge,* Transportversicherung, in: Deutsche Gesellschaft für Transportrecht (Hrsg.), Gütertransport und Versicherungen, Neuwied 1990, 7; *ders.,* Beginn der Güterversicherung bei der Haus-zu-Haus-Klausel und Interesse des FOB-Käufers, VersR 1984, 511; *Eriksen,* Classification Societies – Quality Control of Surveys from within and from without, in: *Cologne Re* (Hrsg.), Marine Safety and the Future: Proceedings of the Cologne Re Seminar (Rotterdam 1995), Köln 1995, 55; *Ernst,* Nochmals: Der imaginäre Gewinn in der Transportversicherung, VersR 1963, 1004; *Fricke,* Rechtliche Probleme des Ausschlusses von Kriegsrisiken in AVB, VersR 2002, 6; *Gielisch,* Zur Stellung des Havariekommissars, TranspR 1992, 313; *Grau,* Havarie-Grosse nach YAR und die Neuerungen durch Sydney 1994, TranspR 1998, 279; *Gundemann,* Transportversicherung – Neue Zeitrechnung unter schlechtem Stern, VW 1998, 1328 und 1332; *Helm,* Zusammenspiel der einzelnen Versicherungen, in: Deutsche Gesellschaft für Transportrecht (Hrsg.), Gütertransport und Versicherungen, Neuwied 1990, 197; *Hesse,* Der imaginäre Gewinn in der Transportversicherung, VersR 1963, 215; *Heuer,* Anmerkung zu OLG Hamburg v. 12. 7. 2004 (6 U 241/03), TranspR 2005, 128; *Holtappels,* Haftung von Klassifikationsgesellschaften in der Handelsschifffahrt, TranspR 2002, 278; *ders.,* Haftung von Klassifikationsgesellschaften, Hansa 2002, 67; *Jayme,* Deutsch-italienischer Juristenkongress in Heidelberg, IPRax 1985, 115; *Karstaedt,* Grundsätzliche Fragen der Drittzurechnung in den Allgemeinen Deutschen Seeversicherungsbedingungen, Karlsruhe 1979; *Klingmüller,* Seeversicherung – Trotz Marktschwäche positives Ergebnis – Von der IUMI-Konferenz 1998 in Lissabon, VW 1999, 32; *Koller,* Im Labyrinth des Speditions- und Rollfuhrversicherungsscheins, TranspR 1992, 201; *ders.,* Die Unzulänglichkeit der Verpackung im Transport- und Transportversicherungsrecht, VersR 1993, 519; *Kraft/Schlingmann,* Die Dritthaftung von Klassifikationsgesellschaften – Zugleich ein Beitrag zu den Grundlagen der beruflichen Dritthaftung –, VersR 2004, 1095; *von Kottwitz,* Die laufende Versicherung, Hamburg 1976; *N. Lagoni,* The liability of classification societies, Berlin u. a. 2007; *Lehr,* Die neuen Incoterms 2000, VersR 2000, 548; *Looks,* Rechtliche Auswirkungen des ISM Code, Schriften des Deutschen Vereins für Internationales Seerecht, Reihe A: Berichte und Vorträge, Hamburg 2000; *Looks/Kraft,* Die zivilrechtlichen Auswirkungen des ISM Code, TranspR 1998, 221; *Luttmer/Winkler,* Lieferungsbedingungen und Transportversicherung[7], Köln 2000; *Möhrle,* Laufende Versicherung, 1994; *Möller,* Cifgeschäft und Versicherung, 1932; *de la Motte,* Die Auswirkungen des ISM-Codes auf das Seehaftungsrecht, Münster 1999; *Müller-Rostin,* Terroristische Angriffe auf den Luftverkehr – eine Herausforderung auch für die LuftfahrtVR, VersR 2003, 153; *Nielsen,* Schadensersatzpflicht von Seefrachtführern bei Falschausstellung von An-Bord-Konnossementen zwecks missbräuchlicher Inanspruchnahme von Bankakkrediten, TranspR 2005, 145; *Passehl,* Die Beschaffenheitsschäden in der Seeversicherung, Karlsruhe 1966; *Remé,* Deutsche Rechtsprechung zum Seeversicherungsrecht 1988–1999, VersR 2001, 414; *ders.,* Gedanken zum Repräsentanten in der Transportversicherung, VersR 1989, 115; *Remé,* Institute Cargo Clauses und ADS Güterversicherung 1973 in einer

---

[183] Siehe § 111 Abs. 3 und 4 VAG.

Police?, VersR 1980, 207; *ders.*, Die neuen DTV-Kasko-Klauseln, ein Gemeinschaftswerk, VersR 1979, 293; *Schubert*, Das Sachverständigenverfahren im Seeversicherungsrecht, Frankfurt a. M. 1998; *Schultze*, Das Kausalitätsproblem in der Seeversicherung, VersR 1958, 273; *Schulze*, Der Wechsel des Interesseträgers in der Seeversicherung, VersR 1976, 317; *Sieg*, Versicherte Interessen bei der Güterversicherung des FOB-Käufers, TranspR 1995, 19; *ders.*, Versicherungsfragen zum Recht des Überseekaufs, RIW 1995, 100; *ders.*, Herbeiführung des Versicherungsfalls in der GüterTransportversicherung durch den Spediteur, TranspR 1995, 195; *ders.*, Betrachtungen zur Gewinndeckung in der Seeversicherung, VersR 1997, 649; *ders.*, Die Dispache: Rechtsgrundlagen, Verfasser, Funktion im Bereich der Versicherungsleistung, VersR 1996, 684; *ders.*, Versicherungsschein in wertpapierrechtlicher Sicht und seine Bedeutung bei Veräußerung der versicherten Sache, VersR 1977, 213; *Werber/Winter* (Hrsg.), Hamburger Reihe A (Rechtswissenschaft) Nr. 96: Beilegung von Seerechtsstreitigkeiten vor dem Internationalen Seegerichtshof und ihre Bedeutung für die Versicherungswirtschaft, Karlsruhe 2000; *Zapp*, Zulässigkeit der Geltendmachung des Transportversicherungsregresses durch Dritte, TranspR 1993, 422.

I. Allgemeines

1. Einheitliche AVB für alle Gütertransporte

a) Die Versicherung des Gütertransports zur **See** wird heute auf Grundlage der **DTV-** **46** **Güter** 2000i. d. F. Juli 2008 angeboten[184]. Die DTV-Güter 2000/2008 verdrängen die früheren ADS im Bereich der Gütertransportversicherung vollständig. Durch die Geschlossenheit der Regelung schaffen sie insbesondere Transparenz[185].

b) Die DTV-Güter 2000/2008 wurden jedoch auch mit Blick auf **andere Gütertrans-** **47** **porte** (auf Binnengewässern, zur Luft oder zu Land) formuliert[186]. Dies ist das konsequente Ergebnis der praktischen Erfahrung, wonach auch schon die ADS bzw. die DTV-Güter 1973 (i. d. F. 1994) vielen Gütertransportversicherung, die nicht Seeversicherung waren, zugrunde gelegt wurden[187].

2. Deckungsvarianten der DTV-Güter

Dem VN stehen im Rahmen der DTV-Güter zwei Deckungsvarianten zur Auswahl: Zum **48** einen kann der VN **volle Deckung** im Sinne einer Allgefahrendeckung wählen (DTV-Güter volle Deckung), zum anderen eine **eingeschränkte Deckung,** bei der nur taxativ aufgelistete Risiken zum Versicherungsumfang zählen (DTV-Güter eingeschränkte Deckung). Im Zweifel handelt es sich um eine Allgefahrenversicherung[188].

II. Versicherbare Interessen

1. Definition

Pkt. 1 DTV-Güter umschreibt das versicherbare Interesse[189] in der Gütertransportversiche- **49** rung im Wesentlichen im Einklang mit dem früheren § 1 ADS[190]: Das versicherte Interesse

---

[184] Darunter fallen auch kombinierte Transporte, die teils zur See, teils auf Binnengewässern oder zu Lande durchgeführt werden; siehe *de la Motte*, TranspR 1985, 124; hierzu auch oben Rn. 25 f.; zur Frage, ob in einer Police sowohl nach den ADS als auch nach den englischen Institute Cargo Clauses versichert werden kann *Remé*, VersR 1980, 207; zur Weiterverwendung der ADS in der Praxis siehe *Remé/Gercke*, in: Münchener Anwalts-Handbuch, § 10, Rn. 21.

[185] Vgl. *Ehlers*, S. 27 f.

[186] Vgl. *Ehlers*, TranspR 2000, 11 (11).

[187] Vgl. auch hierzu *Ehlers*, S. 27, wonach sich die ADB (Allgemeine Deutsche Binnen-Transportversicherungs-Bedingungen) am Markt nicht haben durchsetzen können; ebenso *de la Motte*, TranspR 1985, 124; zur Konfusion hinsichtlich der dann anzuwendenden Rechtsnormen BGH v. 28. 6. 1993, VersR 1994, 91 = NJW-RR 1993, 1371; hierzu *Remé*, VersR 2001, 414 (416).

[188] Vgl. Pkt. 2.1 DTV-Güter (volle Deckung): „... sofern nichts anderes bestimmt ist"; ebenso für die DTV-Güter 1973 OLG Hamburg v. 12. 7. 1979, VersR 1980, 182.

[189] Zur Geschichte der Interesselehre, insbes. in der Seeversicherung, *Chiang*, S. 5 ff.; zur moderneren Entwicklung des Interessebegriffs in der Seeversicherung *Sieg*, VersR 1986, 1137.

[190] So auch *Ehlers*, S. 31.

muss demnach **am Transportgut** bestehen, es muss **in Geld schätzbar** (also von ökonomischem Wert) sein und richtet sich auf das Bestehen der Gefahren der **Beförderung**[191] und damit **verbundener Lagerung.**

2. Arten versicherbarer Interessen

50   **a)** Im Vordergrund steht naturgemäß das **Sachwertinteresse** des **Eigentümers** des Gutes (inkl. Zubehör), doch beschränkt sich der Interessebegriff nicht hierauf. Interesseträger i. S. d. DTV-Güter ist vielmehr jeder, der aus dem Verlust der Sache einen Schaden leiden würde[192].

51   **b)** Ein versicherbares Interesse hat insbesondere auch der Käufer, der bereits die **Preisgefahr** trägt[193]. Bereits vor Übergehen der Preisgefahr hat der Käufer ein versicherbares Interesse, wenn er zugunsten des Verkäufers ein unwiderrufliches Dokumentenakkreditiv bei einer Bank zur Zahlung des Kaufpreises Kasse gegen Dokumente eröffnet[194].

52   **c)** Die DTV-Güter nennen weitere Interessen, die außer oder neben den Gütern im Wege besonderer Vereinbarung[195] versichert werden können[196], nämlich:
- den imaginären Gewinn,
- den Mehrwert,
- den Zoll,
- die Fracht,
- Steuern und Abgaben,
- sonstige Kosten.

53   Unter **imaginärem Gewinn** wird jener Gewinn eines noch nicht im Besitz der Ware befindlichen Käufers[197] verstanden, „der bei Abschluss des Vertrages nach kaufmännischer Berechnung möglicherweise zu erwarten war"[198]. Mangels abweichender Vereinbarung wird der imaginäre Gewinn mit 10% des Versicherungswertes[199] versichert[200].

54   Vom imaginären Gewinn ist der **Mehrwert** zu unterscheiden, welcher ebenfalls versicherbar ist[201]. Durch die Versicherung des Mehrwerts soll das Unterversicherungsrisiko vermieden werden, welches entstehen kann, wenn der Wert des Gutes während der Reise durch allgemeine Marktwertveränderungen oder aber durch einen Wertverlust der Policenwährung steigt[202]. Der Unterschied zur Gewinnversicherung liegt daher nach *Enge* darin, dass der Mehrwert – anders als der imaginäre Gewinn – objektiv begründet ist, unabhängig von der Durchführung der Reise eintritt und nicht nach kaufmännischer Berechnung als möglich eintretend zu erwarten war[203].

---

[191] Hierzu *Ehlers,* S. 36; fraglich war früher insbesondere, ob auch kommerzielle Risiken Gefahren der Beförderung (bzw. nach dem ADS: der Seeschifffahrt) seien (hierzu BGH v. 9. 2. 1981, BGHZ 80, 55 = VersR 1981, 524); diese Frage regelt nunmehr Pkt. 2.4.1.6 DTV-Güter; hierzu unten Rn. 76.

[192] Vgl. *Sieg,* VersR 1986, 1137 unter Berufung auf den von *Benecke* entwickelten technischen Interessebegriff; zum Problem der Schadensverlagerung bei Gefahrenübergang im Kaufrecht nach den ADS *Herber,* S. 421.

[193] Vgl. BGH v. 3. 10. 1983, VersR 1984, 56; das Interesse des Käufers ist indessen nicht automatisch in der Versicherung des Verkäufers gedeckt; vgl. *Sieg,* TranspR 1995, 19 (20).

[194] BGH v. 3. 10. 1983, VersR 1984, 56.

[195] Siehe Pkt. 10.3 S. 1 DTV-Güter.

[196] Siehe Pkt. 1.1.3 DTV-Güter.

[197] Zum Käufer als Träger des Interesses auf Gewinn *Ritter/Abraham,* § 1 Rn. 52 (a. E.) f.

[198] Siehe – auf der Basis des § 100 Abs. 2 ADS – *Sieg,* VersR 1997, 649 (651; dort auch zu Beweiserleichterungen für den VN); *Ritter/Abraham,* § 1 Rn. 39 ff.; siehe auch § 779 Abs. 1 und § 793 Abs. 2 HGB, die im Zuge der VVG-Reform aufgehoben wurden; sowie *Hesse,* VersR 1963, 215 und *Ernst,* VersR 1963, 1004 f.

[199] Zu diesem Pkt. 10 DTV-Güter; hierzu unten Rn. 160.

[200] Vgl. *Sieg,* VersR 1997, 649 (651).

[201] Zu den Problemen der gegenseitigen Abgrenzung *Schlegelberger,* S. 22 f.

[202] Vgl. nur *Enge,* S. 179.

[203] *Enge,* S. 179.

Versicherung der **Fracht** bedeutet im Rahmen der Güterversicherung die Deckung des **55**
Risikos, die Frachtforderung bzw. die bereits beglichene Fracht infolge des Verlustes (oder
der Beschädigung) des Frachtgutes zu verlieren[204]. Das versicherte Interesse liegt also zunächst
nicht beim Befrachter, sondern beim Verfrachter[205]. Dieses Interesse kann vom Verfrachter für
eigene Rechnung oder aber – insbesondere aufgrund einer vertraglich übernommenen
Verpflichtung – vom Befrachter zugunsten des Verfrachters geschlossen werden. Hat der Befrachter die Gefahr des Verlustes vertraglich übernommen („Fracht endgültig bezahlt" oder
„Fracht endgültig verdient"), so liegt das versicherte Interesse bei ihm[206]. Die Deckung des
Verlustrisikos an einer endgültig bezahlten oder doch endgültig versprochenen Fracht ist versicherbar, doch soll dies keine Frachtversicherung, sondern eine Versicherung des Eigentü-
merinteresses darstellen, weil die endgültig bezahlte Fracht den Wert der Güter entsprechend
erhöht[207]. Daher werde auch die endgültig bezahlte Fracht in den Versicherungswert eingerechnet[208].

Die Versicherung des **Zolls,** von **Steuern** und **Abgaben** bezieht sich auf den Mehrwert **56**
„drüben"[209]. Es geht also um finanzielle Belastungen, die am Bestimmungsort entstehen[210].
Voraussetzung für die Entstehung des versicherten Interesses ist also, dass die jeweiligen
Steuern und Abgaben bereits auf die versicherte Ware erhoben worden sind, der Bestimmungsort mithin erreicht wurde.

Die DTV-Güter und auch der Katalog des Pkt. 1.1.3 enthalten eine **demonstrative** Auf- **57**
zählung versicherbarer Interessen. Das zeigt sich – neben dem Wortlaut des Pkt. 1.1.3 DTV-
Güter (arg.: „… insbesondere auch …") – nicht zuletzt in der offenen Verweisung auf alle
sonstigen Kosten, die ebenfalls ein versicherbares Interesse begründen[211].

3. Fehlen eines versicherten Interesses

In den DTV-Güter fehlt es an einer Regelung analog § 2 Abs. 1 S. 1 ADS, wonach das **58**
Fehlen eines Interesses den Versicherungsvertrag ungültig macht[212]. Angesichts des Fehlens
einer Regelung – Pkt. 26 S. 2 DTV-Güter 2000, der §§ 1–80 VVG a. F. für ergänzend anwendbar erklärte, wurde aufgehoben – kommt das dispositive Recht, also § 80 VVG, zur Anwendung, wenn nicht eine Seeversicherung i. S. d. § 209 VVG vorliegt. Im Falle einer Seeversicherung muss dann auf das dispositive Recht mit Ausnahme des VVG zurückgegriffen
werden, wobei die in den Vorschriften des VVG zum Ausdruck kommenden allgemeinen
Rechtsgrundsätze über die Vorschrift des § 346 HGB oder nach § 242 BGB berücksichtigt
werden können[213].

III. Versicherte Gefahren

1. Allgefahrendeckung

Die Güterversicherung kann als **Allgefahrenversicherung** genommen werden. Vorbe- **59**
haltlich abweichender Vereinbarungen ist das **beförderte Gut** gegen alle Risiken während

---

[204] Vgl. *Schlegelberger,* S. 27; *Ritter/Abraham,* § 1 Rn. 68 ff.

[205] Im einzelnen *Argyriadis,* S. 77 ff.

[206] *Ritter/Abraham,* § 1 Rn. 77; ein „Restinteresse", die Fracht nicht zu verlieren, das weiterhin versicherbar ist (wenn nicht der Befrachter auch dieses Risiko vertraglich übernimmt), verbleibt allerdings
beim Verfrachter, näher hierzu *Ritter/Abraham,* § 1 Rn. 78 ff.; vgl. *Argyriadis,* S. 85 ff.

[207] *Ritter/Abraham,* § 1 Rn. 77; zur Rechtsnatur der Frachtversicherung allgemein *Argyriadis,* S. 105 ff.

[208] Hierzu Pkt. 10.2 DTV-Güter; zur vergleichbaren Situation nach den ADS *Ritter/Abraham,* § 1
Rn. 77 und § 90 Rn. 12.

[209] Siehe zum Begriff *Ritter/Abraham,* § 90 Rn. 27; vgl. auch *Enge,* S. 175 (a. E.).

[210] Vgl. *Chiang,* S. 164 f.

[211] Siehe Pkt. 1.1.3 DTV-Güter (a. E.).

[212] Pkt. 17.7 betrifft lediglich das versicherte Interesse für imaginären Gewinn, Mehrwert, Zoll, Fracht
und sonstige Kosten i. S. d. Pkt. 1.1.3 a. E.

[213] § 785 HGB a. F. wurde im Zuge der VVG-Reform aufgehoben.

der Dauer der Versicherung versichert[214]. Die Versicherung umfasst **auch Vorreise-** und **Retourgüter**[215]. War das **Transportgut** bei Beginn der Versicherung **beschädigt,** so besteht dennoch Versicherungsschutz, wenn die Beschädigung für den Versicherungsfall nicht kausal ist, wobei aus der Formulierung in Pkt. 2.2.2 DTV-Güter („… ohne Einfluss …") zu schließen ist, dass ein **Alles-oder-Nichts-Prinzip** herrscht.

2. Eingeschränkte Deckung

60   Anstelle der Allgefahrenversicherung kann die Güterversicherung auch mit **eingeschränkter Deckung** genommen werden. Hier werden nur die in den DTV-Güter (eingeschränkte Deckung) ausdrücklich aufgelisteten Gefahren versichert. Hierher zählen der Verlust oder die Beschädigung von Gütern als Folge eines der nachstehenden Ereignisse[216]:

61   **a) Transportmittelunfall**[217]: hierzu zählen nach Pkt. 2.1 DTV-Güter (eingeschränkte Deckung) auch Strandung, Aufgrundstoßen, Kentern, Sinken, Scheitern oder Beschädigung des Schiffes durch Eis;

62   **b)** Einsturz von **Lagergebäuden;**

63   **c) Brand, Blitzschlag, Explosion, Erdbeben, Seebeben, vulkanische Ausbrüche** und sonstige **Naturkatastrophen,** Anprall oder Absturz eines **Flugkörpers,** seiner Teile oder seiner Ladung;

64   **d)** Überbordwerfen, Überbordspülen oder Überbordgehen durch **schweres Wetter;**

65   **e) Aufopferung** der Güter;

66   **f)** Entladen, Zwischenlagern und Verladen von Gütern in einem **Nothafen,** der infolge des Eintritts einer versicherten Gefahr angelaufen wurde; dasselbe gilt, wenn bei einem Lufttransport ein Flughafen infolge einer **Notlandung** angeflogen wurde;

67   **g)** Totalverlust ganzer Kolli beim **Be-, Um-** oder **Entladen** eines Transportmittels. Unter einem **Kollo** ist nach dem typischen, auch im Seefrachtrecht geläufigen Wortverständnis das einzelne Ladungsstück und nicht die Ladungspartie als Gesamtheit der verladenen und einheitlich versicherten Güter zu verstehen[218]. Hierzu zählen z. B. Baumstämme, Kisten, Fässer, Stahlblechrollen oder Maschinen[219].

3. Risikoausschlüsse

68   Unabhängig davon, ob eine Allgefahren- oder aber eine eingeschränkte Deckung gewährt wird, nehmen die DTV-Güter bestimmte Einzelrisiken vom Deckungsumfang aus **(Risikoausschlüsse).** Diese können durch **Individualvereinbarung** oder auch von der Verbandsempfehlung abweichende AVB in den Deckungsumfang **aufgenommen** werden. Hierfür stellen die Verbandsempfehlungen bereits vorformulierte Klauseln zur Verfügung[220]. Im Einzelnen unterliegen in den DTV-Güter einem Risikoausschluss:

---

[214] Siehe Pkt. 2.1 Abs. 1 DTV-Güter; näher hierzu *Ehlers,* S. 50 f.; vgl. auch *Veith/Gräfe/Hoeft,* § 6 Rn. 127; zur Abgrenzung der versicherten Transportgefahr gegenüber betrügerischem Verhalten OLG Frankfurt a. M. v. 28. 7. 1998, TranspR 1999, 215; vgl. zur Abgrenzung gegenüber der „all marine risks" Klausel im englischen Recht, BGH v. 13. 11. 1967, VersR 1968, 62.

[215] Siehe Pkt. 2.2.1 DTV-Güter.

[216] Zum folgenden Pkt. 2.1 DTV-Güter (eingeschränkte Deckung).

[217] Pkt. 2.1 DTV-Güter (eingeschränkte Deckung); vgl. hierzu OLG Stuttgart v. 20. 12. 1979, VersR 1980, 918 (Straßentransport).

[218] Vgl. OLG Hamburg v. 10. 4. 1986, TranspR 1986, 389 (390) mit Ausführungen zur Entstehungsgeschichte der inhaltsgleichen Vorgängerklausel in den ADS.

[219] OLG Hamburg v. 10. 4. 1986, TranspR 1986, 389 (391 betreffend Baumstämme; dort auch Nachweise zur Rspr. betreffend die anderen genannten Beispiele).

[220] Einsehbar unter <http://www.tis-gdv.de/tis/bedingungen/avb/ware/ware.html>; Pkt. 2.4.2 DTV-Güter weist auf diese Klauseln ausdrücklich hin.

a) Kriegsgefahren[221]. Die Ausschlussklausel ist weit gefasst und umfasst daher neben dem **69** Krieg[222] auch Bürgerkrieg[223], kriegsähnliche Ereignisse und die feindliche[224] Verwendung von Kriegswerkzeugen unabhängig vom Krieg bzw. das Vorhandensein solchen Kriegswerkzeugs als Folge von Krieg bzw. kriegsähnlichen Ereignissen[225]. Der Kriegsbegriff ist also versicherungsrechtlich autonom und weit zu bestimmen[226].

b) Aufruhr und bürgerliche Unruhen[227]. Aufruhr wird definiert als der „mit den Mit- **70** teln der Gewalt durchgeführte, organisierte Kampf der Untertanen gegen die bestehende Staatsgewalt"[228]. Nicht darunter fallen bloße Plünderungen oder Gewalttätigkeiten[229]. Bürgerliche Unruhen zählen zu den „inneren Unruhen"[230]. Sie setzen voraus, dass „zahlenmäßig nicht unerhebliche Teile des Volkes in einer die öffentliche Ruhe und Ordnung störenden Weise in Bewegung geraten und Gewalttätigkeiten gegen Personen oder Sachen verüben"[231]. Die Unruhe muss sich also nicht wie der Aufruhr als Kampf der Untertanen gegen die Staatsgewalt darstellen. Nicht zu den Unruhen zählen Ausschreitungen einzelner im Rahmen einer Demonstration und Sabotageakte[232].

c) Terroristische oder politische Gewalthandlungen[233]. Politische und terroristische **71** Gewalthandlungen sind regelmäßig eins[234]. Terror muss aber nicht begriffsnotwendig auf politische Ziele abstellen. Der Ausschluss der politischen Gewalthandlung stellt auf das Motiv der Tat ab. Eine terroristische Gewalthandlung setzt demgegenüber die Instrumentalisierung öffentlichen Schreckens voraus, nicht notwendig aber ein politisches Motiv. Die Versicherungsbranche definiert Terrorakte im Gefolge des 11. September wie folgt: Terrorakte sind „jegliche Handlungen von Personen oder Personengruppen zur Erreichung politischer, religiöser, ethischer, ideologischer oder ähnlicher Ziele, die geeignet sind, Angst oder Schrecken

---

[221] Pkt. 2.4.1.1 DTV-Güter; zur Frage, ob der VR den VN auf den Ausschluss der Kriegsgefahr hinweisen muss: BGH v. 20. 5. 1963, VersR 1963, 717.

[222] *Ehlers,* S. 89 (m. w. N.) stellt auf „eine bewaffnete Auseinandersetzung zwischen zwei oder mehreren Staaten, das Bestehen eines Gewaltzustandes" ab.

[223] Darunter wird der bewaffnete Kampf innerhalb eines Staates verstanden, indem Aufständische gegen eine amtierende Regierung kämpfen; so m. w. N. *Ehlers,* S. 91.

[224] Nicht also bei Übungen und Manövern stattfindende Verwendung; siehe *Ehlers,* S. 93.

[225] Es geht um das Risiko der nach dem Krieg verbliebenen Bomben, Minen etc; vgl. *Ehlers,* S. 94.

[226] Zum versicherungsrechtlichen Kriegsbegriff im Allgemeinen: Berliner Kommentar/*Dörner/Staudinger,* § 84 VVG Rn. 4, wobei zu beachten ist, dass § 84 VVG a. F. mitsamt der übrigen Vorschriften zur allgemeinen Feuerversicherung im Zuge der VVG-Reform aufgehoben worden ist; *Fricke,* VersR 2002, 6; zur Seeversicherung (nach den früheren ADS) *Ritter/Abraham,* § 35 Rn. 3 ff.; *Schlegelberger,* S. 121 ff.; österreichische Rspr. bei *Heiss/Lorenz,* § 84 VVG Rn. 1 ff.; vgl. auch *Ehlers,* S. 89, der insb. darauf hinweist, dass das Eingreifen der NATO in Jugoslawien den versicherungsrechtlichen Kriegstatbestand erfüllt, auch wenn sie nicht von Krieg sprach; s. auch *Thume/de la Motte/Ehlers,* Kap. 3 Rn. 106 ff.; zum Kriegsrisiko in der Güterversicherung *ders.,* TranspR 2006, 7 (13 f.); engere Definition des Krieges – jedoch in anderem Zusammenhang – bei *Römer/Langheid/Römer,* § 84 Rn. 3, der nur Kriege im völkerrechtlichen Sinne als vom Ausschlusstatbestand erfasst sieht.

[227] Pkt. 2.4.1.2 (a. E.) DTV-Güter.

[228] Siehe die in der Rspr. entwickelte Definition bei *Ritter/Abraham,* § 35 Rn. 8; vgl. *Ehlers,* S. 97; *Veith/Gräfe/Hoeft,* § 6 Rn. 365.

[229] *Ritter/Abraham,* § 35 Rn. 8.

[230] So *Prölss/Martin/Kollhosser,* § 1 AFB Rn. 17, der für eine Aufgabe des Begriffs „bürgerliche Unruhe" zugunsten desjenigen der „inneren Unruhe" plädiert; *Thume/de la Motte/Ehlers,* Kap. 3 Rn. 123, bezeichnet „bürgerliche Unruhen" und „innere Unruhen" als Synonyme; ferner Berliner Kommentar/*Dörner/Staudinger,* § 84 VVG Rn. 9; aus der Rspr.: BGH v. 13. 11. 1974, VersR 1975, 126; OLG Frankfurt/M. v. 27. 5. 1993, MDR 1993, 763 = FamRZ 1993, 1221 = r+s 1993, 467.

[231] *Prölss/Martin/Kollhosser,* § 1 AFB Rn. 16; vgl. *Ehlers,* S. 98; dem folgt *Veith/Gräfe/Hoeft,* § 6 Rn. 365.

[232] Weiterführend *Prölss/Martin/Kollhosser,* § 1 AFB Rn. 1.

[233] Pkt. 2.4.1.2 DTV-Güter; zur Einführung des Terrorismus-Ausschlusses *de la Motte,* TranspR 1985, 124; zur aktuellen Bedeutung in der Luftfahrtversicherung *Müller-Rostin,* VersR 2003, 153.

[234] Vgl. *Ehlers,* S. 97: „Ob der politischen neben der terroristischen Gewalthandlung eine eigene Bedeutung zukommt, erscheint fraglich".

in der Bevölkerung oder in Teilen der Bevölkerung zu verbreiten und dadurch auf eine Regierung oder staatliche Einrichtung Einfluss zu nehmen"[235]. Von Aufruhr und Unruhen sind terroristische und politische Gewalthandlung – das stellt Pkt. 2.4.1.2 DTV-Güter ausdrücklich klar – insbesondere dadurch zu unterscheiden, dass sie nicht „von der Anzahl der daran beteiligten Personen" abhängen.

72   **d) Streik, Aussperrung, Arbeitsunruhen**[236]. Der Ausschluss umfasst die Arbeitskampfmaßnahmen des Streiks und der Aussperrung, wobei es nicht auf die Zulässigkeit des Arbeitskampfes nach den Bestimmungen des Kollektivarbeitsrechts ankommt, sowie Unruhen, die von der Belegschaft eines (oder mehrerer, regelmäßig branchengleicher) Unternehmen ausgehen.

73   **e) Beschlagnahme, Entziehung oder sonstige Eingriffe von hoher Hand**[237]. Beschlagnahme wird definiert als „Entziehung oder Beschränkung der Verfügungsgewalt über einen Gegenstand zugunsten eines anderen, insbesondere des Staates, sei es zur Aneignung (Aneignungsbeschlagnahme, Enteignung), sei es zur bloßen Benutzung (Gebrauchsbeschlagnahme), sei es nur zur Sicherung späterer Aneignung (Sicherungsbeschlagnahme)"[238]. Der Begriff der Entziehung ist insofern weiter gefasst, als er nur darauf abstellt, dass die Güter aus der tatsächlichen Macht des Versicherten entfernt werden. Eine genaue Abgrenzung ist letztlich nicht erforderlich, weil auch alle **sonstigen** Eingriffe von hoher Hand ausgeschlossen sind. Hierher zählen Verfügungen von hoher Hand, worunter man „Anordnungen der öffentlichen Gewalt versteht, durch die über Personen oder Gegenstände, sei es aus Gründen des öffentlichen Wohls, sei es im Einzelinteresse, Beschränkungen verhängt werden"[239]. Beispiele bilden die Anhaltung, Aufbringung, Nehmung, Zurückhaltung, Anforderung[240].

74   **f) Verwendung von chemischen, biologischen, biochemischen Substanzen oder elektromagnetischen Wellen als Waffen**[241]. Dieser Ausschluss wurde 2004 in die DTV-Güter eingearbeitet und erfasst den Einsatz von so genannten „dirty bombs", die bei einer Detonation chemisches, biologisches, biochemisches oder elektromagnetisches Abfallmaterial mit dem Ziel freisetzen, eine möglichst flächendeckende Verstrahlung, Kontamination oder Verseuchung herbeizuführen[242].

75   **g) Kernenergie oder sonstige ionisierende Strahlung**[243]. Der Ausschluss von Gefahren der Kernenergie ist auch in anderen Sparten häufig anzufinden, weil atomare Unfälle katastrophenartige Ausmaße haben können, die das Funktionieren des Gesetzes der großen Zahl in Frage stellen.

76   **h) Zahlungsunfähigkeit** und **Zahlungsverzug** des Reeders, Charterers oder Betreibers des Schiffes oder sonstige **finanzielle Auseinandersetzungen** mit den genannten Personen[244]: Der Ausschluss betrifft nur finanzielle Risiken (z. B. neuerliche Zahlung der Fracht nach Vorauszahlung an den mittlerweile insolventen Charterer[245]). Der Ausschluss soll Rechtsklarheit schaffen und die Absender dazu anhalten, den Verfrachter nicht nur nach

---

[235] Siehe *Müller-Rostin,* VersR 2003, 153 in Fn. 2; weiterführend auch *Dahlke,* VersR 2003, 25; sowie *Fricke,* VersR 2002, 6 (7 ff.).

[236] Pkt. 2.4.1.2 DTV-Güter.

[237] Pkt. 2.4.1.3 DTV-Güter.

[238] *Ritter/Abraham,* § 35 Rn. 20; Beispiel – aus der Binnentransportversicherung – KG Berlin v. 26. 1. 1953, VersR 1953, 158; vgl. auch *Thume/de la Motte/Ehlers,* Kap. 3 Rn. 126 ff.

[239] *Ritter/Abraham,* § 73 Rn. 5.

[240] Siehe – mit weiteren Erläuterungen – *Ritter/Abraham,* § 121 Rn. 23.

[241] Pkt. 2.4.1.4 DTV-Güter.

[242] S. dazu *van Bühren/Ehlers,* § 20 Rn. 95 sowie *Ehlers,* TranspR 2006, 7 (13).

[243] Pkt. 2.4.1.5 DTV-Güter; vgl. Berliner Kommentar/*Dörner/Staudinger,* § 84 VVG Rn. 10, wobei zu beachten ist, dass § 84 VVG a. F. mitsamt der übrigen Vorschriften zur allgemeinen Feuerversicherung im Zuge der VVG-Reform aufgehoben worden ist.

[244] Siehe Pkt. 2.4.1.6 DTV-Güter.

[245] Beispiel und nähere Erläuterungen bei *Enge,* S. 119 f., der insbesondere die Sachverhaltskonstellation des nach den ADS GüterV 1973 entschiedenen Falles in BGH v. 9. 2. 1981, VersR 1981, 524 (525) =

dem Preis, sondern auch nach seiner Bonität zu wählen[246]. Der Ausschluss wird von einem subjektiven Kriterium abhängig gemacht: Demnach greift der Risikoausschluss nicht ein, wenn der VN beweist, dass er die genannten Personen bzw. den von ihm beauftragten Spediteur mit der Sorgfalt eines ordentlichen Kaufmanns ausgewählt hat, oder aber der Käufer VN bzw. Versicherter ist und gemäß dem Kaufvertrag die Auswahl der am Transport beteiligten Personen nicht beeinflussen konnte[247].

i) Die DTV-Güter enthalten weitere Risikoausschlüsse, welche Pkt. 2.5 als **nicht ersatz-** 77 **fähige Schäden** ausweist. Dieser Betitelung nach müsste es sich eigentlich um Schäden aus versicherten Gefahren handeln, die nicht ersatzfähig sind. Das gilt in der Tat für Pkt. 2.5.2 DTV-Güter, der **mittelbare Schäden,** auch wenn oder besser: gerade weil sie durch eine versicherte Gefahr verursacht wurden, von der Ersatzfähigkeit ausnimmt. In Pkt. 2.5.1 DTV-Güter werden demgegenüber auch die **Ursachen** der nicht ersatzfähigen Schäden bezeichnet, sodass es sich um Risikoausschlüsse handelt. Ausgeschlossen sind demnach:

Innerer Verderb oder Schäden aus der **natürlichen Beschaffenheit** der Güter[248]: Scha- 78 den aus der natürlichen Beschaffenheit ist „jede … Verschlechterung oder Verminderung der Güter, die auch ohne den Transport entstanden wäre oder die notwendige Folge eines Transports wie des versicherten ist"[249]. Der innere Verderb ist dafür ein Beispielsfall. Die Klausel stellt sich als ein Risikoausschluss dar, der womöglich nur klarstellende Wirkung hat, weil das beschriebene Risiko eigentlich keine Transportgefahr betrifft. Jedenfalls nimmt die Klausel nicht die Ersatzfähigkeit von Schäden zurück, die im Verderb liegen. Führen nämlich versicherte Gefahren als äußere Einflüsse zum Verderb, so kann von einem **inneren** Verderb eben nicht mehr gesprochen werden[250]. Analoges gilt für den Ausschluss für Schäden aus der natürlichen Beschaffenheit, wenn sie durch ungewöhnliche äußere Einflüsse verursacht werden[251]. Ein Schaden infolge der natürlichen Beschaffenheit liegt z. B. vor, wenn Kaffeesäcke in unbelüfteten Containern von Südostasien nach Deutschland transportiert werden und das sich aus der Eigenfeuchte des Kaffees bildende Kondenswasser auf den Kaffee schädigend einwirkt[252].

Handelsübliche **Mengen-, Maß-** und **Gewichtsdifferenzen** und **-verluste**[253]: ähnlich 79 wie beim inneren Verderb verwirklicht sich hier keine spezifische Transportgefahr, sondern nimmt das Geschehen gerade seinen erwarteten Verlauf; erfasst werden nicht nur Messungenauigkeiten, sondern auch echte Verluste, soweit sie als handelsüblich angesehen werden können[254]. Im Ergebnis stellt auch diese Klausel eine Risikoeingrenzung (mit womöglich nur klarstellender Wirkung) dar.

BGHZ 80, 55 (Verschollenheit von Schiff und Güter durch Konkurs des Charterers) als nicht einschlägig bezeichnet.

[246] Zur Entstehungsgeschichte und ratio dieses Ausschlusses siehe *Enge,* S. 119 f.; *Ehlers,* S. 102; *ders.,* TranspR 2006, 7 (10); instruktiv BGH v. 9. 2. 1981, BGHZ 80, 55 = VersR 1981, 524.

[247] Siehe Pkt. 2.4.1.6 DTV-Güter.

[248] Siehe Pkt. 2.5.1.2 DTV-Güter; zur Qualifikation als objektiver Risikoausschluss z. B. *Römer/Langheid/Römer,* § 131 VVG Rn. 2, hierbei ist jedoch zu beachten, dass die Pkt. 2.5.1.2 DTV-Güter sehr ähnliche Vorschrift des § 131 Abs. 2 VVG a. F. im Zuge der VVG-Reform ersatzlos entfallen ist.

[249] So in Anlehnung an die Rspr. *Ritter/Abraham,* § 85 Rn. 3; siehe auch BGH v. 27. 9. 1971, VersR 1971, 1056 (1057); OLG Hamburg v. 20. 5. 1955, VersR 1955, 501 (502); insgesamt zu den Beschaffenheitsschäden *Passehl,* Die Beschaffenheitsschäden in der Seeversicherung, Karlsruhe 1966.

[250] Vgl. OLG Hamburg v. 21. 6. 1979, VersR 1979, 1123, wo das Gericht nicht von einem inneren, sondern von einem durch Ausfall der Ventilation verursachten Verderb ausging; ebenso und deutlich OLG Hamburg v. 27. 4. 1989, TranspR 1990, 382 = VersR 1991, 544, wo eine unzureichende Kühlung zum Verderb führte; hierzu *Remé,* VersR 2001, 414 (415); vgl. auch OLG Hamburg v. 21. 2. 1972, VersR 1972, 753, wo der Begriff des „inneren Verderbs" durch AVB erweitert wurde.

[251] So auch BGH v. 27. 9. 1971, VersR 1971, 1056 (1057); sowie LG Düsseldorf v. 8. 4. 1964, NJW 1964, 2066.

[252] So KG Berlin v. 2. 7. 1999, TranspR 2000, 461.

[253] Pkt. 2.5.1.3 DTV-Güter.

[254] So etwa für „Schwund, Manko" und „Leckage in handelsüblicher Größenordnung" *Enge,* S. 123.

80   Normale **Luftfeuchtigkeit** oder gewöhnliche **Temperaturschwankungen**[255]: Gemeint sind insbesondere Schäden, welche von Schiffsdunst bzw. Ladungsdunst verursacht werden[256]. Darunter versteht man die „Luft, die sich regelmäßig in den mehr oder weniger abgeschlossenen Laderäumen auch seetüchtiger (d. h. hier: beförderungstüchtiger) Schiffe auf der Seereise zu entwickeln pflegt"[257]. Wichtig ist die Eingrenzung auf ein „normales" Maß; ungewöhnliche Luftfeuchtigkeit und Temperaturschwankungen sind versicherte Ursachen. Für die „Normalität" stellt der BGH auf die „nach Ort, Zeit und Erfahrung zu erwartenden Ereignisse" ab[258]. Auch diese Klausel ist nicht Begrenzung des ersatzfähigen Schadens, sondern eine Risikoeingrenzung.

81   Nicht beanspruchungsgerechte **Verpackung** oder unsachgemäße **Verladeweise**[259]: Auch hier gilt, dass es sich nicht um die Ersatzfreistellung von Schadenspositionen handelt, sondern um den Ausschluss einer bestimmten Schadensursache vom Versicherungsschutz. Der Ausschluss ist subjektiv formuliert, indem es auf eine grobe Fahrlässigkeit bzw. auf Vorsatz des VN ankommt. Der Formulierung („… es sei denn …") ist zu entnehmen, dass der VN das Fehlen grober Fahrlässigkeit zu beweisen hat. In Abkehr von den ADS-GüterV 1973 (i. d. F. vor 1994) spricht der Ausschluss nicht mehr von „handelsüblich"[260], sondern von „beanspruchungsgerecht" bzw. „(un-)sachgemäß"[261]. Die Rspr. hat es beispielsweise zu den Verpackungsfehlern gerechnet, wenn Farbe in Plastikeimern in mehr als sechs Lagen übereinander in einem Container gestapelt wird und diese dann nicht genügend gegen ein Zusammenbrechen des Staus abgesichert wird[262]. Anderes gilt, wenn der vom Verfrachter gestellte Container undicht ist[263]. Im Luftfrachtverkehr werden bisweilen starre Außenverpackung und Polstermaterial für die zerbrechlichen Gegenstände im Behältnis angemahnt[264].

82   **Reiseverzögerung**[265]: Umstritten ist bzw. war nach § 28 ADS die Bedeutung der Reiseverzögerungsklausel[266]. Ihrem Wortlaut nach bezieht sich die Klausel auf alle durch Reiseverzögerung verursachten Schäden[267]. *Schlegelberger* will den Ausschluss nur auf mittelbare Schä-

---

[255] Pkt. 2.5.1.4 DTV-Güter; vgl. als einen Fall, in dem dieses Risiko neben anderen (Selbsterhitzung und Selbstentzündung) durch einzelvertragliche Abrede versichert war, OLG Hamburg v. 24. 4. 1997, VersR 1998, 580.

[256] Zur Abgrenzung von versicherten Niederschlägen *Ehlers*, S. 109 sowie *Thume/de la Motte/Ehlers*, Kap. 3 Rn. 148 f.

[257] *Ritter/Abraham*, § 86 Rn. 18 unter Berufung auf die Rspr.

[258] BGH v. 27. 9. 1971, VersR 1971, 1056 (1057), wo es um „gewöhnliche" Einflüsse des Transports auf die natürliche Beschaffenheit der beförderten Güter ging; vgl. auch LG Köln v. 19. 11. 1998, VersR 2000, 53.

[259] Pkt. 2.5.1.5 DTV-Güter.

[260] Hierzu OLG Frankfurt/M. v. 30. 8. 2000, VersR 2002, 354 (355); unter Berufung auf BGH v. 26. 2. 1996, VersR 1996, 1260; zu letzterer Entscheidung *Remé*, VersR 2001, 414 (416); sowie LG Berlin v. 12. 12. 1989, TranspR 1990, 296; OLG München v. 13. 11. 2002, VersR 2003, 1299; BGH v. 8. 5. 2002, VersR 2002, 845; ausführlich zur „handelsüblichen Verpackung" *Koller*, VersR 1993, 519 (524 ff.).

[261] Zur Änderung schon 1994 vgl. *Enge*, S. 124 ff.; zum Kriterium der sachgerechten Beladung nach den ADB OLG Köln v. 1. 12. 1977, VersR 1978, 760: „Ob eine Verladeweise allgemein und im besonderen sachgerecht ist, hängt von der Beschaffenheit des Transportgutes ab".

[262] OLG Hamburg v. 28. 2. 1985, TranspR 1985, 293 = VersR 1986, 1016, das in subjektiver Hinsicht ausführt, der Verpackungsmangel leuchte selbst einem Laien ein; vgl. auch BGH v. 18. 3. 1971, VersR 1971, 559.

[263] OLG Bremen v. 18. 9. 1986, VersR 1987, 43; weiteres Beispiel – allerdings bezogen auf einen Straßentransport, dem die ADS-Güterversicherung 1973 unterlegt wurden – in OLG Köln v. 10. 11. 1988, VersR 1989, 284.

[264] So das OLG Köln, zitiert in der Revisionsentscheidung des BGH 1. 10. 1986, VersR 1987, 91.

[265] Siehe Pkt. 2.5.1.1 DTV-Güter.

[266] Zur Diskussion *Enge*, S. 120 f.

[267] In diesem Sinne *Enge*, S. 120 f., der bei bloß „mittelbaren" Reiseverzögerungen, also jenen, die nach Eintritt einer versicherten Gefahr den Schaden vergrößern, darauf abstellen will, ob die Verzögerung der Reise eine eigene causa proxima des vergrößerten Schadens war, oder aber die versicherte Gefahr auch causa proxima der Verzögerung war.

den anwenden[268]. Er verweist insofern auf *Ritter/Abraham*[269], die differenzieren: Ist die Verzögerung nicht causa proxima[270], so soll der VR haften, wenn die nächste Ursache eine versicherte Gefahr ist. Keinesfalls soll der VR haften, wenn die Verzögerung einen mittelbaren Schaden auslöst. Dagegen sei der unmittelbar durch die Verzögerung eintretende Schaden nicht gemeint, weil § 28 ADS den Ausschluss nur als Beispielsfall dafür formuliere, dass der VR nur in dem durch die ADS bestimmten Umfang hafte[271]. Dieses, u. E. unklare Argument ist auf die nunmehr empfohlenen DTV-Güter nicht übertragbar, zumal diese in Pkt. 2.5.1.1 jeglichen Schaden aus der Verzögerung einer Reise ohne Einschränkung bzw. Erläuterung ausnehmen. War also die ausschlaggebende Ursache eine Reiseverzögerung, so besteht kein Versicherungsschutz[272]. Außerhalb der Seeversicherung, wo die Lehre von der causa proxima nicht gilt[273], genügt es für das Eingreifen des Ausschlusses, dass die Reiseverzögerung (eine) adäquate Ursache des Versicherungsfalls war, weil ausgeschlossene Ursachen vorgehen[274].

j) In Pkt. 3 DTV-Güter findet sich der gängige subjektive Risikoausschluss der **Herbei-** 83 **führung des Versicherungsfalles** durch den VN. Er gleicht (beinahe) wörtlich § 137 Abs. 1 VVG. § 81 VVG, die allgemeine Vorschrift zur Herbeiführung des Versicherungsfalles, sieht im Falle des grob fahrlässig herbeigeführten Versicherungsfalles eine Quotelung vor, während § 137 Abs. 1 VVG die Beibehaltung des Alles-oder-Nichts-Prinzips für die Transportversicherung klarstellt. Voraussetzung der Leistungsfreiheit des VR ist demnach die grob fahrlässige oder gar vorsätzliche Herbeiführung des Versicherungsfalls durch den VN[275]. Rechtsprechungsbeispiele finden sich insbesondere in Fällen des Landtransports. **Keine** grobe Fahrlässigkeit:
- Überschreitung der zulässigen Höchstgeschwindigkeit von 40 km/h um fast 100%[276];
- Abstellen des mit Textilien beladenen LKW, der in der Hotelgarage nicht geparkt werden kann, auf offener, belebter Straße eines Mailänder Vororts während der Übernachtung im Hotel[277];
- kurzfristiges Abstellen eines Fahrzeugs mit in undurchsichtigen Säcken verpackter Kollektionsware[278];
- Abstellen eines mit Tiefkühlware beladenen LKW von Samstag abends bis Montag früh auf einem von Wohnhäusern umgebenen Betriebshof, der nur durch eine relativ schmale und lange Einfahrt zu erreichen ist.

Grobe Fahrlässigkeit[279]:
- ungesichertes Abstellen eines Containers mit wertvoller Ware über das Wochenende auf einem Speditionshof, der für eine Vielzahl von Menschen unkontrolliert zugänglich ist[280];
- Abstellen eines einsehbar mit Textilien beladenen PKW abends für ca. $^1/_2$ h in wenig belebter, schlecht beleuchteter Straße[281];
- unbeaufsichtigtes Abstellen eines beladenen LKW in der Mailänder Innenstadt[282];

---

[268] *Schlegelberger*, S. 95.

[269] Genauer: *Schlegelberger* verweist auf die erste Auflage, die nur von *Ritter* bearbeitet worden war. Dieselben Ausführungen finden sich aber auch in der von *Abraham* bearbeiteten 2. Auflage, auf die hier eingegangen wird.

[270] Zu Begriff und Bedeutung siehe unten Rn. 152f.

[271] *Ritter/Abraham,* § 28 Rn. 35.

[272] In diesem Sinne schon OLG Hamburg v. 18. 8. 1983, VersR 1983, 1151; wohl auch *Ehlers,* S. 105.

[273] Hierzu noch unten Rn. 153.

[274] Vgl. m. w. N. Berliner Kommentar/*Schauer*, Vorbem. §§ 49–68a VVG Rn. 35.

[275] Zur Repräsentantenhaftung in der Gütertransportversicherung siehe unten Rn. 150.

[276] LG Darmstadt v. 9. 2. 1999, TranspR 2001, 272.

[277] OLG Saarbrücken v. 29. 4. 1997, VersR 1998, 450 (Ls.).

[278] OLG Köln v. 20. 2. 2001, NVersZ 2001, 335 = r+s 2001, 349 = ZfS 2001, 419.

[279] Vgl. auch – mit Blick auf die CMR-Versicherung früheren Zuschnitts – den Überblick bei *Bayer,* VersR 1995, 626.

[280] OLG Hamburg v. 31. 7. 1997, OLGR Hamburg 1997, 386.

[281] LG Münster v. 9. 1. 1951, VersR 1951, 84.

[282] BGH v. 16. 2. 1984 NJW 1984, 2033; hierzu *Jayme*, IPRax 1985, 115.

- unbeaufsichtigtes Abstellen eines beladenen Fahrzeugs für über eine halbe Stunde in Oberitalien[283];
- Verladung eines ungenügend verschlossenen Benzinkanisters unter fabrikneuen Textilien[284];
- Ablegen einer brennenden Zigarette im Führerhaus des LKW[285];
- Unterlassen ordnungsgemäßer Befestigung von transportierten Maschinen[286].

84   **k)** Die DTV-Güter fordern als Voraussetzung für den Deckungsschutz, dass das **Schiff** für die Aufnahme und Beförderung der versicherten Güter **geeignet** ist[287]. Ein **See**schiff[288] muss ferner der **DTV-Klassifikations- und Altersklausel** entsprechen. Diese Klausel schränkt den Versicherungsschutz auf stählerne Seeschiffe mit eigenem maschinellem Antrieb ein[289]. Für stählerne Schiffe schreibt die Klausel ein bestimmtes **Höchstalter** vor[290]. Darüber hinaus muss das Schiff durch eine Klassifikationsgesellschaft klassifiziert sein[291]. Die DTV Klassifikations- und Altersklausel nennt hier nur die international anerkannten Klassifikationsgesellschaften, die in der International Association of Classification Societies (IACS) zusammengeschlossen sind: Germanischer Lloyd, Lloyd's Register, American Bureau of Shipping, Bureau Veritas, China Classification Society, Nippon Kaaji Kyokai, Korean Register of Shipping, Det Norske Veritas, Registro Italiano Navale, Russian Register[292]. Sollte ein Schiff diesen Standards nicht gerecht werden – also entweder zu alt oder nicht die erforderliche Klasse aufweisen –, so besteht Versicherungsschutz nur gegen jeweils vor Beförderungsbeginn zu vereinbarende Zulageprämie[293]. Andernfalls begeht der VN eine Obliegenheitsverletzung i. S. d. Pkt. 7.2 DTV-Güter[294].

---

[283] OLG Hamburg v. 28. 1. 1993, TranspR 1993, 361 (362, für die Verkehrshaftungsversicherung); ähnlich – für Art. 29 CMR – ÖOGH v. 31. 7. 2001, VersR 2003, 271; zur Angemessenheit einer Frist von höchstens 45 Minuten, während derer ein Fahrzeug auf einem unbewachten Parkplatz verlassen werden darf, die in Versicherungsbedingungen einer Frachtführerhaftpflichtversicherung vorgesehen war s. BGH v. 1. 12. 2004, TranspR 2005, 83 (84) = VersR 2005, 266 (267); s. auch OLG Frankfurt/M. v. 8. 12. 2004, VersR 2006, 115; vgl. – für die Versicherung von Wertsachen – OLG Hamburg v. 21. 6. 1989, TranspR 1990, 79 (Abstellen eines Porsche in Lyon mit einem wertvollen Leopardenmantel).
[284] LG Aschaffenburg v. 21. 8. 1953 VersR 1953, 430.
[285] LG Berlin v. 27. 6. 1989, VersR 1990, 1006.
[286] OLG Nürnberg v. 24. 9. 1981, VersR 1982, 1166.
[287] Pkt. 7.1 DTV-Güter, der im Wesentlichen § 134 Abs. 1 VVG entspricht, wobei letztere Vorschrift voraussetzt, dass der VN überhaupt Einfluss auf die Auswahl des Transportmittels hat, was aber nach Pkt. 7.2 Abs. 2 auch innerhalb der DTV-Güter gilt; nach ÖOGH v. 23. 2. 1999, VersR 2000, 1439 sowie ÖOGH v. 11. 7. 2001, VersR 2003, 135 soll es bei der Eignungsprüfung (hier: § 9 Abs. 2 AÖTB 1988) nur auf die generelle Eignung (Klassifikation) ankommen, nicht hingegen auf die Ungeeignetheit eines Fahrzeuges für einen konkreten Transport wegen technischer Mängel.
[288] Der einschlägige Pkt. 7.2 DTV-Güter gilt nicht für Binnenschiffe und andere Transportmittel.
[289] In Pkt. 3 DTV Klassifikations- und Altersklausel war vorgesehen, dass Transporte mit anderen Seefahrzeugen nur aufgrund besonderer Vereinbarung vor Beginn der Verladung versichert werden. Diesen Pkt. gibt es nicht mehr.
[290] Pkt. 1 Abs. 1 DTV Klassifikations- und Altersklausel; nach *Enge,* S. 117 entfielen 1991 über 80%, 1992 über 90% aller Totalverluste auf über 15 Jahre alte Schiffe; in der Neufassung der Klausel ist eine konkrete Altersangabe, die zuvor fehlte, enthalten.
[291] Pkt. 7.1 Abs. 2 DTV-Güter i. V. m. Pkt. 1 Abs. 2 DTV Klassifikations- und Altersklausel; zur International Association of Classification Societies (IACS) *Enge,* S. 205 f.; zur Tätigkeit der Gesellschaften *Eriksen,* in: *Cologne Re* (Hrsg.), Marine Safety and the Future: Proceedings of the Cologne Re Seminar (Rotterdam 1995), 55; zur Haftung von Klassifikationsgesellschaften *Holtappels,* TranspR 2002, 278; *ders.,* Hansa 2002, 67; *Kraft/Schlingmann,* VersR 2004, 1095; *Basedow/Wurmnest,* passim; *dies.,* VersR 2005, 328 ff.; *Lagoni,* passim.
[292] Nicht genannt wird im Übrigen das Indian Register of Shipping, eine Klassifikationsgesellschaft, die zwar kein Vollmitglied in der IACS, aber mit dieser assoziiert ist.
[293] Pkt. 2 DTV Klassifikations- und Altersklausel.
[294] Pkt. 2 Abs. 2 DTV Klassifikations- und Altersklausel.

„Falls erforderlich" muss das Schiff überdies nach dem International Safety Management **85**
Code (ISM Code[295]) zertifiziert sein oder es muss alternativ ein Document of Compliance
(DoC) beim Eigner oder Betreiber des Schiffes vorliegen[296].

Eine Zertifizierung des Schiffes nach dem ISM Code liegt dann vor, wenn für das Schiff **86**
von der zuständigen Stelle[297] ein Zeugnis über die Organisation von Sicherheitsmaßnahmen
(Safety Management Certificate = SMC) ausgestellt wurde[298]. Dadurch wird dokumentiert,
dass die Einhaltung der Vorschriften des ISM Code an Bord des Schiffes kontrolliert und festgestellt wurde. Die Erforderlichkeit eines solchen SMC ergibt sich zum einen aus dem Anwendungsbereich des ISM Code und zum anderen aus dessen zwingendem Charakter innerhalb seines Anwendungsbereichs. Letzterer ergibt sich aus dem Umstand, dass der ISM Code
zwar ursprünglich als unverbindliche Entscheidung der IMO[299] erging, inzwischen aber als
Kapitel IX der SOLAS[300] in selbige aufgenommen wurde[301] und daher in allen Vertragsstaaten, mithin in fast allen Schifffahrtsnationen gilt[302]. Der Anwendungsbereich des ISM Code
ergibt sich aus Kapitel IX Regel 2 Nr. 1 SOLAS. Hiernach werden seit dem 1. 7. 2002 alle
Fahrgastschiffe jedweder Größe[303], Frachtschiffe[304] und bewegliche Offshore-Bohreinheiten
jeweils mit einer Bruttoraumzahl von 500 und mehr erfasst.

Alternativ zum SMC genügt, dass ein Document of Compliance (= DoC[305]) nach der SO- **87**
LAS beim Eigner oder Betreiber des Schiffes vorliegt[306]. Ein DoC wird ausgestellt, wenn ein
Unternehmen i. S. d. ISM Code[307] ein den Vorschriften des ISM Code entsprechendes System
für die Organisation von Sicherheitsmaßnahmen (Safety Management System = SMS) einge-

---

[295] BAnz. Nr. 53 v. 16. 3. 1995, S. 2732ff.; hierzu *Anderson,* passim; *Donella/Miller,* in: *Cologne Re*
(Hrsg.), Marine Safety and the Future: Proceedings of the Cologne Re Seminar (Rotterdam 1995), 87.

[296] Pkt. 7.1 Abs. 2 DTV-Güter.

[297] Die Zuständigkeit ergibt sich aus dem nationalen Recht des Staates, unter dessen Flagge das jeweilige Schiff fährt; für Schiffe unter deutscher Flagge ergibt sich die Zuständigkeit aus §§ 5, 6 SeeaufgabenG
(i. d. F. der Bekanntmachung v. 26. 7. 2002, BGBl. 2002 I 2876, zuletzt geändert durch Gesetz vom
31. 10. 2006, BGBl. 2006 I 2407), wonach die Überwachung der für die Betriebssicherheit der Wasserfahrzeuge vorgeschriebenen Einrichtung in die Zuständigkeit der Seeberufsgenossenschaft (SeeBG) fällt;
dabei bedient sich die SeeBG gem. § 6 Abs. 2 SeeaufgabenG hinsichtlich technischer Belange des Germa-
nischen Lloyds.

[298] Pkt. 13.4 ISM Code und Regel IX/4.3 Internationales Übereinkommen von 1974 zum Schutz des
menschlichen Lebens auf See (International Convention for the Safety of Life at Sea = SOLAS),
BGBl. 1979 II S. 141.

[299] International Maritime Organization.

[300] Siehe Fn. 298.

[301] In Deutschland durch die 7. SOLAS-Änderungsverordnung v. 28. 11. 1995, BGBl. 1995 II S. 994;
vgl. *Ehlers,* S. 152.

[302] *Looks/Kraft,* TranspR 1998, 221; seit Verabschiedung der Verordnung (EG) Nr. 336/2006 des Europäischen Parlaments und des Rates v. 15. 2. 2006 zur Umsetzung des Internationalen Codes für Maßnahmen zur Organisation eines sicheren Schiffsbetriebs innerhalb der Gemeinschaft und zur Aufhebung der
Verordnung (EG) Nr. 3051/95 des Rates, ABl. 2006 L 64/1, stellt der ISM-Code unmittelbar und verbindlich anwendbares EG-Recht dar, wobei der Anwendungsbereich der VO über den des ISM-Codes
hinaus erweitert wurde.

[303] Einschließlich Fahrgasthochgeschwindigkeitsfahrzeugen.

[304] Insbesondere Öltank-, Chemikalien-, Gastank-, Massengutschiffe und Fracht-Hochgeschwindig-
keitsfahrzeuge.

[305] In der deutschen Fassung: Zeugnis über die Erfüllung der einschlägigen Vorschriften des Internationalen Codes für Maßnahmen zur Organisation eines sicheren Schiffsbetriebs (ISM Code).

[306] Pkt. 7.1 Abs. 2 DTV-Güter.

[307] Gem. Pkt. 1.1.2 ISM Code und IX/1.2 SOLAS der „Eigentümer des Schiffes oder irgendeine sonstige Stelle oder Person, wie der Geschäftsführer oder der Bareboat-Charterer, die vom Eigentümer des
Schiffes die Verantwortung für den Betrieb übernommen hat und die sich durch Übernahme dieser Verantwortung einverstanden erklärt hat, alle durch den ISM Code auferlegten Pflichten und Verantwortlichkeiten zu übernehmen".

richtet hat[308]. Im Gegensatz zum SMC, das die Sicherheitsvorkehrungen direkt an Bord des Schiffes zertifiziert, wird das DoC also für ein Sicherheitskonzept (SMS) erteilt, das von der verantwortlichen Person an Land ausgearbeitet wird und sowohl die Vorgänge auf dem Schiff als auch die parallel dazu verlaufenden Vorgänge an Land im Auge hat. Eine Ausfertigung des DoC ist an Bord eines jeden Schiffes des Unternehmers, für das der ISM Code gilt, mitzuführen, um den Anforderungen des ISM Code zu entsprechen[309]. Das DoC ist als Beweis dafür anzusehen, dass der Unternehmer in der Lage ist, die Vorschriften des ISM Code zu erfüllen[310]. Dieser Umstand und die Tatsache, dass Erstellung und Einhaltung eines SMS wesentlicher Regelungsgehalt des ISM Code sind[311], haben wohl dazu geführt, dass das DoC als Dokument angesehen wird, das die Geeignetheit des Transportmittels in ausreichendem Maße bescheinigt[312]. Dies gilt, obwohl das DoC keine Aussage über die Zustände an Bord des Schiffes, also des Transportmittels, trifft. Ein DoC ist ebenso erforderlich wie das SMC, weshalb auf die Ausführungen dort verwiesen werden kann[313].

88   Der Ausschluss gem. Pkt. 7.2 DTV-Güter knüpft an subjektive Voraussetzungen an: Trotz Fehlens der geforderten Schiffseigenschaften besteht Versicherungsschutz, wenn der VN auf die Auswahl des Schiffes keinen Einfluss hatte[314] oder[315] den Spediteur oder Verfrachter mit der Sorgfalt eines ordentlichen Kaufmannes ausgewählt hat[316]. Hier trifft den VN ab Kenntnis von der mangelnden Eignung des Schiffes eine Anzeigeobliegenheit, die allerdings in den DTV-Güter sanktionslos gelassen wird, und in der Folge eine Pflicht zur Entrichtung einer Zuschlagsprämie[317].

89   l) Leistungsfreiheit des VR und damit ein Haftungsausschluss liegt des Weiteren vor, wenn ein **der Art nach anderes** Transportmittel das versicherte **Gut** befördert bzw. dieses trotz Vereinbarung eines „direkten Transports" **umgeladen** wird. Dies gilt auch, wenn **ausschließlich** ein bestimmtes **Transportmittel** oder ein bestimmter **Transportweg** vertraglich festgelegt wird[318]. Die Leistungsfreiheit tritt nicht ein, wenn die Beförderung nach Beginn der Versicherung aufgrund eines Versicherungsfalles oder aber ohne Zustimmung des VN geändert oder aufgegeben wird[319]. In diesem Fall wird auf die Bestimmungen zur Gefahrerhöhung verwiesen[320].

4. Haftungserweiterungen

90   Pkt. 2.3.1.1 DTV-Güter erstreckt die Deckung auf den Beitrag zur **großen Haverei** bzw. auf Kosten aus der vertraglichen Vereinbarung einer **Both-to-Blame-Clause**. Dieser Deckungsschutz steht gedanklich und folgerichtig auch systematisch in den DTV-Gütern den Aufwendungen für eine Schadensabwendung sehr nahe und wird daher im Rahmen der versicherten Schäden besprochen.

---

[308] Pkt. 13.1 ISM Code und Regel IX/4.1 SOLAS.

[309] Pkt. 13.3 ISM Code und IX/4.2 SOLAS.

[310] Pkt. 13.2 ISM Code; *Ehlers*, S. 151.

[311] *Looks/Kraft*, TranspR 1998, 222.

[312] Pkt. 7.1 Abs. 2 DTV-Güter.

[313] Siehe zum sog. Schiffssicherheitsrecht *Herber*, S. 72 ff.; zum ISM Code *Anderson*, passim; *Rabe*, § 606 Rn. 3; zu den zivilrechtlichen Auswirkungen *Looks/Kraft*, TranspR 1998, 221 ff.; *Looks*, DVIS A 93; *de la Motte*, passim; zu Auswirkungen auf das Versicherungswesen *Klingmüller*, VW 1999, 32; *Gundemann*, VW 1998, 1328 und 1332.

[314] Vgl. § 134 Abs. 1 VVG.

[315] Pkt. 7.2 DTV-Güter spricht von „bzw.".

[316] Pkt. 7.2 S. 1 DTV-Güter; vgl. *Ehlers*, S. 154 f.

[317] Pkt. 7.2 S. 2 DTV-Güter.

[318] Siehe Pkt. 6.1 DTV-Güter.

[319] Die Zustimmung durch einen Repräsentanten ist dem VN zuzurechnen; *Ehlers*, S. 149; *Thume/de la Motte/Ehlers*, Kap. 3 Rn. 240.

[320] Siehe Pkt. 6.2 S. 2 DTV-Güter.

IV. Versicherte Schäden

1. Substanzschaden

Versichert ist zunächst der **Substanzschaden** am beförderten Gut; dieser kann sich aus **91** einem **Verlust** oder einer **Beschädigung** ergeben[321].

Verlust und Beschädigung werden in den DTV-Güter im Zusammenhang mit der Bestim- **92** mung der Ersatzleistung definiert[322]. **Verlust**[323]: Eine Sache ist nicht nur verloren, wenn sie untergegangen (zerstört) ist, sondern auch wenn sie dem VN ohne Aussicht auf Wiedererlangung entzogen ist[324]. Dasselbe gilt, wenn Sachen in ihrer Beschaffenheit zerstört sind, also „nicht mehr das sind, als was sie versichert sind"[325]. Dem Verlust gleichgestellt ist die **Verschollenheit** des versicherten Gutes mit dem Schiff, es sei denn, die Ursache des Verlusts liege mit überwiegender Wahrscheinlichkeit in einer nicht versicherten Gefahr[326]. Ein Schiff gilt unter regelmäßigen Umständen als verschollen, wenn seit dem Zeitpunkt der geplanten Ankunft 60 Tage verstrichen sind und bis zur Reklamation keine Nachricht von ihm eingegangen ist[327]. **Reklamation** ist die nach Ablauf der genannten Frist vom VN oder Versicherten an den VR erteilte Mitteilung, dass das Schiff nicht angekommen ist und keine Nachrichten vorliegen[328]. Liegen Krieg, kriegsähnliche Ereignisse, Bürgerkrieg oder innere Unruhen vor, die die Nachrichtenverbindung stören können, so verlängert sich die Frist „entsprechend den Umständen des Falles, höchstens jedoch auf sechs Monate"[329].

Eine **Beschädigung** liegt vor, wenn die Güter in voller Menge und in ihrer ursprüng- **93** lichen Beschaffenheit noch vorhanden sind, jedoch wertmindernd in ihrer Substanz beeinträchtigt wurden[330].

2. Kosten der Schadensabwendung, Schadensminderung und Schadensfeststellung

Neben dem Substanzschaden sind auch **Kosten** der Schaden**abwendung,** Schadens**min-** **94** **derung** und Schadens**feststellung** gedeckt[331]. Die Kostenübernahme seitens des VR korrespondiert mit entsprechenden Pflichten des VN[332]. Kosten der Schadensabwendung und -minderung (Rettungskosten) aber auch der Schadensfeststellung werden ersetzt, wenn der VN deren Aufwendung für geboten halten durfte[333] oder aber gemäß den Weisungen des VR machte[334]. Die Erhebungskosten von Dritten, die mit Aufgaben der Schadensfeststellung betraut sind, werden ebenso (ausdrücklich) eingeschlossen wie Kosten infolge von Weisungen des VR[335]. Schadensabwendungskosten sind nach der Rspr. auch dann zu ersetzen, wenn der VN irrtümlich aber schuldlos vom Vorliegen eines Versicherungsfalles ausgeht[336].

---

[321] Pkt. 2.1 Abs. 2 DTV-Güter.

[322] Pkt. 17 DTV-Güter.

[323] Zum Begriff z.B. OLG Hamburg v. 25. 6. 1981, VersR 1982, 138; auch *Ritter/Abraham,* § 28 Rn. 38.

[324] Pkt. 17.1 DTV-Güter.

[325] *Enge,* S. 196 mit Beispielen.

[326] Pkt. 17.2 DTV-Güter.

[327] Pkt. 17.2 S. 2 DTV-Güter.

[328] Siehe BGH v. 9. 2. 1981, BGHZ 80, 55 (59) = VersR 1981, 524 (525).

[329] Pkt. 17.2 DTV-Güter.

[330] Hierzu mit Beispielen *Enge,* S. 198.

[331] Pkt. 2.3.1.2 DTV-Güter; die Abwendungspflicht aber auch der Kostenersatzanspruch werden von der Rspr. auf jenen Zeitpunkt vorgezogen, in dem der Eintritt des Versicherungsfalles unmittelbar droht; vgl. für die Transportversicherung OLG Hamburg v. 4. 10. 2001, TranspR 2002, 123 (125); zur genaueren Eingrenzung ersatzfähiger Kosten (betr. die Speditionsversicherung) BGH v. 23. 1. 2002, TranspR 2002, 205.

[332] Pkt. 15 DTV-Güter.

[333] Pkt. 2.3.1.2.1 DTV-Güter; auf den Erfolg kommt es daher nicht an; vgl. *Ehlers,* S. 74.

[334] Pkt. 2.3.1.2.2 DTV-Güter.

[335] Pkt. 2.3.1.2.3 DTV-Güter.

[336] Vgl. für die Transportversicherung (hier: P&I): OLG Hamburg v. 4. 10. 2001, TranspR 2002, 123 (124).

95   Die Rettungs- und Feststellungskosten sind auch zu ersetzen, wenn sie **erfolglos** geblieben sind[337]. Sie sind selbst dann durch den VR zu übernehmen, wenn sie – zusammen mit der eigentlichen Ersatzleistung – die **Versicherungssumme übersteigen**[338]. Dennoch kann der VR im Falle einer **Unterversicherung** den Kostenersatz pro rata kürzen[339]. Der VN hat Anspruch auf **Bevorschussung** der Kosten[340].

3. Kosten der Umladung, Zwischenlagerung und Weiterbeförderung

96   Weisungsgemäß aufgewendete oder sich als geboten darstellende (Mehr-)Kosten der Umladung, einstweiligen Lagerung sowie des Weitertransports, welche aus einem **Versicherungsfall** oder versicherten **Unfall des Transportmittels** resultieren, sind ebenfalls gedeckt[341].

4. Beiträge zur großen Haverei

97   **a)** Ersatzfähig ist ferner der Beitrag des Versicherten zur **großen Haverei**[342]. Zweierlei Voraussetzungen müssen gegeben sein. Zum einen muss der Beitrag aufgrund einer nach **Gesetz** oder international anerkannten **Haverei-Regeln** aufgemachten Dispache[343] geleistet bzw. zu leisten sein. Beispielhaft nennen die DTV-Güter (für die Seeschifffahrt) die **York Antwerpener Regeln**[344], wie sie heute in aller Regel in Seefrachtverträgen vereinbart werden. Zum anderen setzt die Kostenübernahme voraus, dass durch die Haverei-Maßregel ein versicherter **Schaden abgewendet** werden sollte. Bei Allgefahrendeckung liegt diese Voraussetzung regelmäßig vor, bei beschränkter Deckung ist sie aber im Einzelnen zu prüfen. Ist, um ein fiktives Beispiel zu bilden, Feuer nicht versichert und bricht an Bord Feuer aus, das durch ein Fluten eines Schiffsteils gelöscht wird, so diente die Haverei-Maßregel nicht der Verhinderung eines versicherten, sondern eines nicht versicherten (Brand-)Schadens. Sollte ein teils versicherter, teils nicht versicherter Schaden abgewendet werden, so leistet der VR Teilersatz[345].

98   **b)** Der VR haftet für die vollen Beiträge bis zur Höhe der **Versicherungssumme,** wenn diese dem Versicherungswert entspricht[346]. Dies ist von Bedeutung, weil der Güterwert, wie er der Berechnung des Beitrags zur großen Haverei (Beitragswert) zugrunde gelegt wird,

---

[337] Pkt. 2.3.2 DTV-Güter.

[338] Pkt. 2.3.3 DTV-Güter; die Regelung entspricht insoweit § 135 Abs. 1 VVG für die Binnentransportversicherung.

[339] Siehe Pkt. 17.5. DTV-Güter, der die „Aufwendungen" ausdrücklich in die Unterversicherungsregelung einschließt; die Frage war mit Blick auf den Kostenersatz nach § 63 Abs. 2 VVG a. F. umstritten; § 63 Abs. 2 VVG a. F. wurde durch § 83 Abs. 2 VVG ersetzt, wobei die Regelung nur sprachlich geändert wurde, s. Begründung zum Gesetzesentwurf der Bundesregierung, BT-Drucks. 16/5862, S. 81; vgl. zum alten Rechtsstand *Prölss/Martin/Voit*, § 63 VVG Rn. 3, dagegen die h. M. Berliner Kommentar/*Beckmann*, § 63 VVG Rn. 31 m. w. N.; im reformierten VVG ist im Übrigen § 90 für die Sachversicherung zu beachten; außerdem ist § 83 VVG in den Katalog der halbzwingenden Vorschriften aufgenommen worden (§ 87 VVG).

[340] Pkt. 2.3.4 DTV-Güter.

[341] Pkt. 2.3.1.3 DTV-Güter; zum Unfallbegriff in Pkt. 2.3.1.3 DTV-Güter siehe *Ehlers*, S. 82 ff. sowie *Thume/de la Motte/Ehlers,* Kap. 3 Rn. 92 ff.

[342] Pkt. 2.3.1.1 DTV-Güter; zum Begriff *Schlegelberger/Liesecke*, § 700 HGB Rn. 1 ff.; *Schaps/Abraham,* Vor § 700 HGB Rn. 3 ff. und § 700 HGB Rn. 1 ff.; *Rabe*, vor § 700 HGB Rn. 4 und § 700 HGB Rn. 1 ff.; *Puttfarken*, S. 319 ff.; auch *Ehlers*, S. 62 ff.; *ders.*, TranspR 2006, 7 (12); BGH v. 23. 9. 1996, VersR 1997, 90; zu den Schutzpflichten des Dispacheurs aus dem Vertrag mit dem Kapitän oder Reeder vgl. OLG Hamburg v. 12. 7. 1990, TranspR 1990, 381; zur Haftung des Dispacheurs OLG Hamburg v. 17. 2. 1994, VersR 1996, 393; hierzu *Sieg*, VersR 1996, 684; OLG Hamburg v. 12. 7. 1990, VersR 1991, 602.

[343] Hierzu und zur Rolle des Dispacheurs BGH v. 23. 9. 1996, VersR 1997, 90; weiter *Rabe*, § 729 HGB Rn. 1 ff. und zum Dispacheverfahren *Rabe*, Anhang § 729 HGB Rn. ff.; vgl. auch *Ehlers*, S. 65 f.

[344] Zu diesen, seit 2004 in der Neufassung von Vancouver, *Herber*, S. 376 und 381 f.; *Grau*, TranspR 1998, 279 ff.; *Rabe*, Anhang § 733 HGB Rn. 1 ff.

[345] Siehe Pkt. 2.3.1.1 DTV-Güter (arg.: „… soweit …").

[346] Pkt. 2.3.1.1 S. 2 DTV-Güter.

anders berechnet wird als der Versicherungswert i. S. d. Pkt. 10.2 DTV-Güter. Abgestellt wird im Rahmen der großen Haverei auf den Güterwert bei Reiseende bzw. Löschung der Ware, welcher den Versicherungswert (Güterwert am Absendungsort bei Beginn der Versicherung[347]) regelmäßig übersteigt[348]. Daraus resultiert aber keine Einrede der Unterversicherung für den Versicherten, vielmehr haftet er (sozusagen „auf erstes Risiko") bis zur Versicherungssumme. Die Einrede der **Unterversicherung** bleibt indessen vorbehalten[349]. Sie setzt allerdings voraus, dass der ursprüngliche Versicherungswert (und nicht der Beitragswert im Rahmen der großen Haverei) höher ist als die Versicherungssumme.

c) Der Beitrag zur großen Haverei ist selbst dann ersatzfähig, wenn er **zusammen** mit anderen Entschädigungen die Versicherungssumme **übersteigt**[350]. Den VR trifft die Pflicht, für den Beitrag des VN zur großen Haverei eine **Garantie** oder **Bürgschaft** zu übernehmen bzw. den Einschuss zur großen Haverei **vorzuleisten**[351].   99

5. Both-to-Blame-Clause

Ersatzfähig ist zuletzt auch die Erbringung von Ersatzleistungen bzw. Aufwendungen infolge der im Frachtvertrag vereinbarten **Both-to-Blame-Collision-Clause**[352]. Sie entspringt einer spezifisch internationalrechtlichen Problemstellung[353]: Aufgrund international (insb. mit Blick auf die USA) unterschiedlicher Haftungsregeln kommt es vor, dass der Reeder dem Absender gegenüber im Falle einer mitverschuldeten Schiffskollision nicht haftet, Letzterer sich aber aufgrund einer Gesamthaftung an den Reeder des gegnerischen Schiffes halten kann. Dieser fordert dann anteilig Regress. Der Reeder, der sich einem solchen Anteilsregress ausgesetzt sieht, vereinbart mit dem Kunden die Both-to-Blame-Collision-Clause, auf deren Grundlage er die geleisteten Zahlungen rückfordern kann. Diese Rückzahlungen des Versicherten unterliegen dem Versicherungsschutz[354].   100

6. Mittelbare und reine Vermögensschäden

Mittelbare Schäden sind gem. Pkt. 2.5.2 DTV-Güter von der Ersatzpflicht des VR ausgenommen. Dabei geht es um Schäden, die aus einem Versicherungsfall mittelbar folgen. Das ist z. B. der Fall, wenn wegen eines versicherten Güterschadens die fortlaufenden Kosten aus der Fortführung des Betriebes nicht mehr zu erwirtschaften sind[355]. Dasselbe gilt für reine Vermögensschäden, weil es hier an einem versicherten Schaden von vornherein fehlt. Hierher zählen ausschließlich Verspätungsschäden und Schäden aus Nachnahmefehlern[356]. Freilich können diese Schäden vom VR einzelvertraglich übernommen werden[357]. Dies geschieht z. B. mittels der Güterfolge- und der Vermögensschadenklausel.   101

V. Besonderheiten des Vertragsschlusses

1. Vorvertragliche Anzeigepflicht

a) Die DTV-Güter enthalten in ihrem Pkt. 4 **eigene Regeln** über die vorvertragliche Anzeigepflicht. Diese weichen (teilweise) von den insoweit abbedungenen §§ 19 – 22 VVG ab.   102

---

[347] Pkt. 10.2 DTV-Güter.
[348] Vgl. *Ehlers*, S. 67.
[349] Pkt. 2.3.1.1. S. 3 i. V. m. Pkt. 17.5 DTV-Güter.
[350] Pkt. 2.3.1.1 S. 3 i. V. m. Pkt. 2.3.3 DTV-Güter; siehe *Ehlers*, S. 67.
[351] Pkt. 2.3.4 DTV-Güter.
[352] Pkt. 2.3.1.1 Abs. 2 DTV-Güter; hierzu m. w. N. zur both-to-blame-collision-clause *Ehlers*, S. 68 f.
[353] Zum folgenden insb. *Enge*, S. 136 und – zur möglichen Nichtanerkennung einer both-to-blame-clause durch US-amerikanische Gerichte – S. 243; insbesondere zum amerikanischen Recht s. *ders.*, TranspR 2006, 7 (12).
[354] Vgl. auch *Ehlers*, TranspR 2000, 11 (16).
[355] Siehe Pkt. 3.1 Güterfolgeschadenklausel zu den DTV-Güter 2000/2008.
[356] Siehe Pkt. 3 Vermögensschadenklausel zu den DTV-Güter 2000/2008.
[357] Darauf weist Pkt. 2.5.2 DTV-Güter ausdrücklich hin; vgl. *Ehlers*, S. 114 f., der meint, die VR seien sich des Potenzials dieser Deckung nur begrenzt bewusst.

Fraglich ist, ob diese AVB jemals Wirkung entfalten, zumal im Zeitpunkt der Anzeigepflicht-erfüllung der Vertrag noch nicht geschlossen ist[358]. Der BGH scheint von der auch für das vorvertragliche Stadium wirksamen Einbeziehung solcher AVB-Klauseln auszugehen, jeden-falls hat er eine die vorvertragliche Anzeige betreffende AVB-Klausel, die eine Leistungsfrei-heit ohne Verschulden des VN eintreten lassen wollte, einer AGB-Kontrolle unterworfen[359]. Einer solchen Kontrolle hätte es von vornherein nicht bedurft, wenn die Klausel nicht verein-bart oder für das vorvertragliche Stadium irrelevant gewesen wäre. In einer weiteren Ent-scheidung, welche eine Yacht-Kaskoversicherung betraf, hat der BGH die Leistungsfreiheit des VR wegen Verletzung der vorvertraglichen Anzeige durch den VN auf Grundlage der einschlägigen AVB anerkannt[360].

103   **b) Gefahrerhebliche Umstände** sind – ganz analog § 19 VVG – anzuzeigen. Der Wort-laut der DTV-Güter scheint anzudeuten, der VN müsse über die Anzeige dieser Umstände hinaus auch alle „sonstigen" Fragen des VR wahrheitsgemäß und vollständig beantworten[361]. Hierbei dürfte es sich um eine unbeabsichtigt weite Formulierung handeln, die sinnvoll dahin zu verstehen ist, dass der VN nur Fragen nach gefahrerheblichen Umständen beantworten muss. In diese Richtung deutet auch Pkt. 4.3 Abs. 2 DTV-Güter, der bei Verwendung eines **Fragebogens** des VR die Anzeigepflicht hinsichtlich nicht ausdrücklich nachgefragter Um-stände auf ein **Verbot arglistigen Verschweigens** reduziert. Dasselbe gilt für die Vermutung der Gefahrerheblichkeit schriftlich nachgefragter Umstände gemäß Pkt. 4.1 S. 3 DTV-Güter: Diese Vermutung wäre überflüssig, müsste der VN auch Fragen nach nicht gefahrerheblichen Umständen unter Sanktionsdruck beantworten. Ein gegenteiliges Interpretationsergebnis würde auch nicht der Inhaltskontrolle nach § 307 BGB standhalten, weil dem VN eine schwere Last zur Beantwortung jeglicher Frage auferlegt würde, ohne dass dieser Last eine be-rechtigte Interessenverfolgung auf Seiten des VR gegenüberstünde. Die Gefahrerheblichkeit wird – abweichend vom reformierten § 19 Abs. 1 VVG[362] – anhand des Kriteriums der Entscheidungsrelevanz für den VR bestimmt[363]. Flankiert wird diese Bestimmung von einer Vermutungsregelung, wonach Umstände, nach denen der VR ausdrücklich und schriftlich gefragt hat, im Zweifel als entscheidungserheblich gelten[364]. Damit enthalten die DTV-Güter – wie § 16 VVG a. F. – einen abstrakten, von den Fragen des VR prinzipiell unabhängigen Maßstab, während nach § 19 Abs. 1 S. 1 VVG nur solche Umstände gefahrerheblich sind, nach denen der VR mindestens in Textform gefragt hat. Wie nach altem Recht bürdet Pkt. 4.1 DTV-Güter dem VN damit das Risiko einer Fehleinschätzung über die Gefahrerheblich-keit auf. Dieses Risiko wird nur dadurch abgefedert, dass sich die Anzeigepflicht im Falle vom VR schriftlich gestellter und vom VN zu beantwortender Fragen (Fragebogen), auf ein Ver-

---

[358] Vgl. – für Schriftformklauseln, die in allen Sparten zulässig sind – *Römer/Langheid/Römer*, §§ 16, 17 VVG Rn. 79: „Zu diesem Zeitpunkt besteht allerdings noch kein Vertrag. Daher ist diese Klausel nur die einseitige Erklärung des VR, nur schriftliche Anträge entgegennehmen zu wollen"; freilich erfüllt der VN seine Anzeigepflicht in aller Regel anhand eines vom VR überlassenen Antragsformulars und unter-fertigt mit diesem auch eine Einwilligung in die Geltung der AVB.

[359] BGH v. 15. 6. 1951, BGHZ 2, 336 (341).

[360] BGH v. 18. 12. 1989, VersR 1990, 384.

[361] Siehe Pkt. 4.1 DTV-Güter: „… gefahrerheblichen Umstände anzuzeigen **und** die gestellten Fragen … zu beantworten" (Hervorhebung nicht im Original).

[362] S. hierzu die Begründung zum Gesetzesentwurf der Bundesregierung, BT-Drucks. 16/5862, S. 64 f.

[363] Pkt. 4.1 S. 2 DTV-Güter; die Regelung entspricht § 16 Abs. 1 S. 2 VVG a. F.

[364] Pkt. 4.1 S. 3 DTV-Güter; die Regelung entspricht § 16 Abs. 1 S. 3 VVG a. F; allerdings unterläuft den DTV-Güter an dieser Stelle eine offensichtlich nicht gemeinte Fehlformulierung, wonach Umstände nach denen ausdrücklich oder schriftlich gefragt wurde, im Zweifel als gefahrerheblich gelten; der Wort-laut lässt nämlich entweder den Hinweis auf schriftliche Fragen überflüssig erscheinen („ausdrückliches Fragen" genügt) oder aber umfasst auch implizit, erst durch subtile Interpretation ermittelbare Fragen eines Texts; gerade das würde indessen überhaupt nicht überzeugen: enthält ein Antragsformular keine ausdrücklich Frage nach bestimmten Umständen, so wird es sich schwerlich um eine für den VR ver-tragsschlussrelevante Tatsache handeln.

bot arglistigen Verschweigens reduziert[365]. Dennoch dürfte diese Klausel in Anbetracht der §§ 209, 210 VVG einer Inhaltskontrolle standhalten, insbesondere wenn man bedenkt, dass auf beiden Seiten Unternehmer stehen, denen jeweils die gefahrerheblichen Umstände sehr wohl bewusst sind.

c) Die Anzeigepflicht setzt **Kenntnis** oder **grobfahrlässige Unkenntnis** des VN von **104** den gefahrerheblichen Umständen voraus. Dies geht indirekt aus Pkt. 4.2 Abs. 2 DTV-Güter hervor, wonach Leistungsfreiheit auch eintritt, wenn der VN den gefahrerheblichen Umstand infolge grober Fahrlässigkeit nicht kannte. Damit wird dem VN eine (beschränkte) Nachforschungsobliegenheit auferlegt[366]. Lässt sich der VN beim Abschluss des Vertrages vertreten, so wird ihm die **Kenntnis** (**nicht** aber eine **grob fahrlässige Unkenntnis**[367]) des Vertreters zugerechnet[368].

d) An die Anzeigepflichtverletzung wird die **Leistungsfreiheit** des VR geknüpft, ohne **105** dass er vom Vertrag zurücktreten muss[369]. Ob diese Einschränkung wirksam ist, war zumindest bis zur VVG-Reform streitig[370]. Die Pflichtverletzung kann in einer unrichtigen oder unvollständigen Anzeige liegen.

Die DTV-Güter kennen mehrere Ausnahmen von der Leistungsfreiheit: Zum einen steht **106** dem VN ein **Entlastungsbeweis** zu[371]. Er muss beweisen, dass weder ihn **persönlich** noch seinen **Vertreter** ein Verschulden an der Anzeigepflichtverletzung trifft. War die Anzeige anhand eines vom VR gestellten **Fragebogens** zu erstatten und wurde ein Umstand verschwiegen, nach dem nicht ausdrücklich gefragt worden war, so tritt die Leistungsfreiheit des VR wegen dieser Nichtanzeige nur im Fall **arglistigen Verschweigens** ein[372]. Diesen Umstand hat nach der Formulierung in Pkt. 4.3 Abs. 2 DTV-Güter der VR zu beweisen. Des Weiteren steht dem VN der **Kausalitätsgegenbeweis** zu[373]. Allerdings gilt hier ein **Alles-oder-Nichts-Prinzip**. Zuletzt scheidet die Leistungsfreiheit auch bei **Kenntnis des VR** von den gefahrerheblichen Umständen bzw. der Anzeigepflichtverletzung aus[374]. Das hat auch zu gelten, wenn der VR erst nach Vertragsschluss aber noch vor dem Versicherungsfall Kenntnis erlangt. Nach Treu und Glauben muss es dem VR nämlich verwehrt sein, in Kenntnis des Leistungsfreiheitstatbestands die Prämien weiter zu kassieren, um sich im Versicherungsfall auf die Anzeigepflicht zu berufen. Vielmehr hat der VR dem VN den Leistungsfreiheitstatbestand mitzuteilen und ihm damit Gelegenheit zu Nachverhandlungen und Nachkauf von Versicherungsschutz durch Zahlung einer Aufschlagsprämie zu geben[375]. Tut er dies nicht, so scheidet seine Leistungsfreiheit ab Kenntnisnahme gleichermaßen aus, wie wenn er den Vertrag schon

---

[365] Pkt. 4.3 Abs. 2 DTV-Güter.

[366] Anders nach § 19 Abs. 1 S. 1 VVG: „… ihm bekannten Gefahrumstände …".

[367] Siehe den ausdrücklich auf Kenntnis beschränkten Wortlaut in Pkt. 4.1 Abs. 2 DTV-Güter; eine Erstreckung der Regelung auf grob fahrlässige Unkenntnis des Vertreters verbietet sich schon wegen der contra-proferentem-Regel.

[368] Vgl. § 20 S. 1 VVG.

[369] Siehe Pkt. 4.2 Abs. 1 DTV-Güter; vgl. *Ritter/Abraham*, § 20 Rn. 3: „Ohne weiteres. Insbesondere ohne dass es einer entsprechenden Erklärung gegenüber dem VN bedarf"; s. dazu nun § 131 Abs. 1 VVG, wo der Gesetzgeber in Anbetracht der in der Transportversicherung gängigen Vertragspraxis extra eine Ausnahme von § 19 Abs. 2 VVG vorgesehen hat, um kein falsches gesetzliches Leitbild i. S. d. § 307 Abs. 2 BGB zu schaffen, s. Begründung zum Gesetzesentwurf der Bundesregierung, BT-Drucks. 16/5862, S. 92.

[370] Hierzu m. w. N. *Ehlers,* S. 129 sowie *Thume/de la Motte/Ehlers,* Kap. 3 Rn. 191.

[371] Pkt. 4.3 Abs. 2 DTV-Güter.

[372] Pkt. 4.3 Abs. 2 DTV-Güter.

[373] Pkt. 4.2 Abs. 3 DTV-Güter.

[374] Pkt. 4.3 Abs. 1 DTV-Güter.

[375] Ansonsten würde die Klausel auf Bedenken hinsichtlich der Inhaltskontrolle gem. § 307 BGB stoßen; vgl. *Schirmer,* r+s 1990, 217 und 253, der auch bei § 6 Abs. 1 VVG a. F. (nun § 28 Abs. 1 VVG) eine Abbedingung des Kündigungserfordernisses nur im Ausgleich gegen eine den §§ 25 Abs. 3 bzw. 71 Abs. 2 S. 2 VVG a. F. (nun §§ 26 Abs. 3 bzw. 97 Abs. 2 VVG) vergleichbare Regelung als wirksam ansieht.

in Kenntnis der Umstände bzw. Anzeigepflichtverletzung geschlossen hätte (Pkt. 4.3 Abs. 1 DTV-Güter).

107   **e)** Scheidet die Leistungsfreiheit aus, weil die **Pflichtverletzung schuldlos** begangen wurde oder aber der **Umstand** schuldlos (gemeint muss sein: schuldlos oder nur **leicht fahrlässig**[376]) **nicht bekannt** war, so gebührt dem VR eine **Zuschlagsprämie**, die allerdings der Vereinbarung bedarf[377]. Einigen sich die Parteien nicht, so wird § 315 Abs. 3 BGB analog herangezogen[378].

108   **f)** Jedenfalls vorbehalten bleibt das Recht des VR, den Vertrag wegen **arglistiger Täuschung** anzufechten[379]. Eine Anfechtung wegen Irrtums über gefahrerhebliche Umstände seitens des VR scheidet demgegenüber aus.

2. Policierung

109   **a)** Der Abschluss und auch die Änderung des Transportversicherungsvertrages sind **formfrei** möglich[380]. Der VR hat allerdings dem VN **auf Verlangen** eine **unterzeichnete** Versicherunspolice auszuhändigen[381]. Anders als nach § 3 Abs. 1 VVG reicht nach den DTV-Güter die bloße Textform i. S. d. § 126b BGB nicht aus. Da sich die Policenvorschriften in Pkt. 11 DTV-Güter als eine abschließende Regelung präsentiert, ist ein Rückgriff auf die Regelung des § 3 Abs. 1 VVG nicht möglich.

110   **b)** Die Police hat grundsätzlich **keine konstitutive Wirkung.** Eine solche entfaltet sie allerdings in beschränktem Umfang über Pkt. 11.4 DTV-Güter. Danach gilt der Inhalt der Police als vom VN **genehmigt,** wenn dieser nicht unverzüglich (also: ohne schuldhaftes Zögern gem. § 121 Abs. 1 BGB[382], wobei die Belange beider Parteien zu berücksichtigen sind und insbesondere die gründliche Überlegung und Beratung mit einem Rechtsbeistand möglich sein muss[383]; eine absolute Grenze liegt wohl bei 2 Wochen[384]) nach Aushändigung dem Inhalt widerspricht. Eines besonderen Hinweises auf die einzelnen Abweichungen oder einer Rechtsfolgenbelehrung bedarf es nicht[385]. Allerdings kann der VN die (fingierte) Genehmigung wegen Irrtums anfechten[386]. Damit hält die Bestimmung wohl auch einer Inhaltskontrolle stand: Im Handelsverkehr gilt Schweigen auch ohne eine Genehmigungsfiktion in einer AGB-Klausel als Zustimmung (insbesondere beim kaufmännischen Bestätigungsschreiben)[387]. Freilich kommt im Versicherungswesen die besondere Komplexität der Materie erschwerend hinzu, welche die Nachkontrolle durch den VN schwieriger macht.

111   **c)** Der VR braucht im Versicherungsfall nur gegen **Vorlage** der Police zu leisten (Police als Schuldschein)[388]. Noch weiter reicht die Bedeutung der Innehabung der Police in der **Versicherung für fremde Rechnung,** wo der Versicherte seine Ansprüche in der Regel nur dann selbst geltend machen kann, wenn er im Besitz des Versicherungsscheins ist[389].

---

[376] Ansonsten würden für schuldlos unbekannte Umstände schärfere Sanktionen gelten als für leicht fahrlässig unbekannte.

[377] Pkt. 4.4 DTV-Güter.

[378] So *Ehlers, S.* 133.

[379] Pkt. 4.5 DTV-Güter; vgl. § 22 VVG.

[380] BGH 20. 5. 1963, VersR 1963, 717.

[381] Pkt. 11.1 DTV-Güter; vgl. den ersatzlos gestrichenen § 784 HGB; auch § 3 Abs. 1 VVG, wo die Aushändigungspflicht nicht erst auf Verlangen besteht.

[382] Diese Legaldefinition durchzieht das ganze Privatrecht, siehe *Palandt/Heinrichs,* BGB § 121 Rn. 3.

[383] Siehe z. B. Münchener Kommentar BGB/*Kramer*⁵, § 121 Rn. 6.

[384] *Palandt/Heinrichs,* BGB § 121 Rn. 3.

[385] Vgl. demgegenüber die Regelung des § 5 VVG; vgl. auch die Inhaltskontrollkriterien nach § 308 Nr. 5 BGB, die hier freilich nicht unmittelbar anwendbar sind.

[386] Pkt. 11.4. S. 2 DTV-Güter.

[387] Vgl. hierzu Münchener Kommentar BGB/*Kieninger*⁵, § 308 Nr. 5 Rn. 16.

[388] Pkt. 11.2 S. 1 DTV-Güter; vgl. *Ehlers,* S. 184.

[389] Vgl. nur Pkt. 13.2 S. 3 DTV-Güter; die Geltendmachung der materiell dem Versicherten zukommenden Ansprüche steht also dem VN zu, solange er im Besitz des Versicherungsscheins ist; vgl. OLG Köln

Wird die Police vorgelegt, so kann der VR **schuldbefreiend** an den **Inhaber** leisten (Legitimationswirkung der Police zugunsten des VR)[390]. Die Schuldbefreiung tritt dennoch nicht ein, wenn der VR von der Nichtberechtigung des Inhabers Kenntnis hatte bzw. wohl auch dann, wenn er infolge grober Fahrlässigkeit die mangelnde Berechtigung des Inhabers nicht kannte[391]. Dieselbe Legitimationswirkung tritt ein, wenn eine **Inhaberpolice** ausgestellt wird[392]. Die Police kann aber auch **an Order** gestellt werden[393].

3. Versicherungsvermittler

Im gesamten Versicherungsgeschäft ist es eine Erfahrungstatsache, dass Versicherungsverträge weniger aktiv nachgefragt als vielmehr vertrieben werden. Dem **Versicherungsvertrieb** kommt daher im Allgemeinen (wirtschaftlich und juristisch) eine besondere Bedeutung zu. Im Transportversicherungsgeschäft steigt die Bedeutung der Versicherungsvermittler, weil hier der Kunde und bisweilen auch der VR auf das know-how der Vermittler besonders angewiesen sind. Im Transportsversicherungsgeschäft begegnen uns – wie anderswo auch – die Typen des **Vertreters** und des **Maklers.** Auf einige Besonderheiten soll im Folgenden hingewiesen werden.   **112**

a) Da Seeversicherungsverträge nicht dem VVG unterliegen, finden auf den Versicherungsvertreter die Bestimmungen über den Handelsvertreter im HGB Anwendung[394]. Für das Außenverhältnis zum VN, also für Vollmachtsfragen stehen dabei **§§ 91, 91a HGB** im Vordergrund. Die §§ 59–73 VVG finden darüber hinaus keine Anwendung, insbesondere wurde Pkt. 26 DTV-Güter, der in seiner ursprünglichen Fassung die Vorschriften des VVG für anwendbar erklärte, derart geändert, dass nur noch allgemein auf die Anwendbarkeit deutschen Rechts verwiesen wird. Fraglich ist daher, ob im Falle der Vermittlung von Seeversicherungsverträgen die zum Recht der Versicherungsvertreter nach den §§ 43ff. VVG a. F. (nun §§ 59ff. VVG) ergangene Rspr.[395] zur Anwendung gelangt[396]. Zu bejahen dürfte dies zumindest für die Erfüllungshaftung des VR für den Versicherungsvertreter sein, wofür deren Anerkennung als Gewohnheitsrecht spricht. Der BGH hat diese denn auch ohne Verweis der AVB auf die §§ 43ff. VVG a. F. (nun §§ 59ff. VVG) in der Seeversicherung angewandt[397]. Diesbezüglich bleibt jedoch abzuwarten, ob die Rspr. nach der Reform des Versicherungsvermittlerrechts und der VVG-Reform neben den §§ 6, 63 VVG noch an der Erfüllungshaftung festhält[398]. Die übrige Rspr. zum Recht der Versicherungsvertreter dürfte in der Seeversicherung jedoch nur Anwendung finden, wenn der VR seinem Versicherungsvertreter eine im Umfang dem § 69 VVG entsprechende Vollmacht eingeräumt hat. Die §§ 91, 91a HGB sind in dieser Hinsicht weniger weit reichend als § 69 VVG. Die rechtsgeschäftliche Vollmacht des Vertreters kann freilich noch weiter reichen als die gesetzliche Vollmacht nach § 69 VVG. Sie kann insbesondere **Abschlussvollmacht** i. S. d. § 71 VVG bzw. § 91 i. V. m. § 55 HGB sein.   **113**

---

v. 5.7. 1973, VersR 1974, 877; vgl. zur stärkeren Stellung des Sicherungseigentümers, dem ein Sicherungsschein erteilt wird, OLG Hamburg v. 17. 5. 1990, VersR 1990, 1351.

[390] Pkt. 11.2 S. 2 DTV-Güter.

[391] Vgl. *Ehlers*, S. 184, der für grobe Fahrlässigkeit zweifelt, jedoch zustimmende Rspr. zitiert; identisch *Thume/de la Motte/Ehlers*, Kap. 3 Rn. 309.

[392] Auch hierzu m. w. N. *Ehlers*, S. 185; es fehlt also regelmäßig am Einwendungsausschluss zugunsten des VN; hierzu *Sieg*, VersR 1977, 213.

[393] So § 363 Abs. 2 HGB („gekorenes Orderpapier“).

[394] § 92 Abs. 1 HGB.

[395] Vgl. nur die Rspr. zur Erfüllungshaftung des VR für seine Agenten oder die Auge-und-Ohr-Rspr. des BGH; zu diesen Aspekten *Prölss/Martin/Kollhosser*, § 43 VVG Rn. 29ff. (Erfüllungshaftung) und 17 (Auge-und-Ohr).

[396] Für eine Anwendung des Regelungsgehalts des § 43 VVG a. F. (nun § 69 VVG) in der Seeversicherung auch ohne Verweis in den AVB *Schlegelberger*, S. 7.

[397] BGH v. 5. 7. 1971, VersR 1971, 1012.

[398] Gegen die Fortgeltung der Erfüllungshaftung wendet sich u. a. *E. Lorenz*, in: Canaris-FS, Band 1, S. 757 (772ff.) m. w. N.

114   Eine derartige Abschlussvollmacht besitzen insb. die so genannten **Assekuradeure**[399]. Ursprünglich waren das Privatleute, die ähnlich dem Muster von Lloyd's of London als VR auftreten konnten. Zunehmend kooperierten die Assekuradeure mit den großen Versicherungsgesellschaften[400]. Später können Assekuradeure schon aus aufsichtsrechtlichen Gründen nicht mehr selbständig Versicherungsdeckung gewähren. Sie agieren daher heute ausschließlich in der Rolle von Versicherungsvertretern[401]. Ihnen wird allgemein ein besonderes know-how zugesprochen[402]. Sie besitzen daher Abschlussvollmacht, die bei der Handelskammer Hamburg bzw. beim Verein Bremer SeeVR hinterlegt wird[403]. Nach dortigem Handelsbrauch soll den Assekuradeuren auch die Befugnis zukommen, als Prozessstandschafter Ansprüche des VR gegen einen Schädiger gem. § 67 VVG a. F. (nun § 86 VVG) geltend zu machen[404].

115   **b)** Der Versicherungsmakler ist Handelsmakler i. S. d. **§ 93 HGB.** Die auch außerhalb der Seeversicherung bekannten, vom HGB abweichenden **Gewohnheitsrechtsgrundsätze** (Provisionszahlung nur durch den VR; Versicherungsmakler als Bundesgenosse des VN) finden auch auf die Seeversicherung Anwendung[405]. Eine besondere Stellung in der Seeversicherung nimmt der Makler zunächst ein, weil dort der Marktanteil des Maklergeschäfts vergleichsweise hoch ist. Dies hat u. a. mit der besonderen Funktion des Maklers zu tun, häufig nicht nur zu einem, sondern zu mehreren (Mit-)Versicherern vermitteln zu müssen[406]. Dabei kann sich der Makler eines **Börsenslips** bedienen, der inhaltlich dem Vermittlungsauftrag des Kunden entspricht. Dieser slip wird seitens mehrerer VR unter Angabe der jeweiligen Deckungssumme gezeichnet. Auch werden Seeversicherungsverträge in stärkerem Maße als andere individuell ausgehandelt, sodass dem Makler eine wichtige Verhandlungsrolle zukommt.

4. Mitversicherung

116   **a)** Transportrisiken sind bisweilen durch einen einzigen Versicherer nicht abdeckbar. In solchen Fällen stellt neben der Rückversicherung die so genannte Mitversicherung ein beliebtes Instrument der **Risikostreuung** dar[407]. Hierbei beteiligen sich mehrere VR am Risiko, wobei jeder einzelne das Ausmaß seiner Haftungsbeteiligung selbst bestimmt[408]. Eine wichtige Rolle kommt hierbei häufig dem Versicherungsmakler zu, der das Risiko bei mehreren in Deckung gibt[409]. Die DTV-Güter regeln diese Versicherungsform in ihrem Pkt. 25.

117   **b)** Die Beteiligung mehrerer VR an der Deckung eines Risikos bedeutet zunächst nicht, dass diese zueinander in ein besonderes Verhältnis eintreten[410]. Auch haftet jeder VR dem VN gegenüber nur für den von ihm übernommenen **Anteil**[411]. Dies gilt auch dann, wenn im Rahmen einer laufenden (Mit-)Versicherung die Einzelpolice bzw. das Zertifikat nur vom führen-

---

[399] Instruktiv zur Rechtsstellung der Assekuradeure BFH v. 14. 10. 1999, FR 2000, 152; vgl. auch *Remé/Gercke*, in: Münchener Anwalts-Handbuch, § 10, Rn. 94 ff.; *Thume/de la Motte/Thume,* Kap. 2 Rn. 52.

[400] Vgl. *Enge*, in: Dt. Gesellschaft für Transportrecht, 7 (9).

[401] Faktisch war dies schon vor 1975 der Fall.

[402] *Enge,* in: Dt. Gesellschaft für Transportrecht, 7 (9).

[403] Hierzu *Enge*, S. 23 f.; sowie Berliner Kommentar/*Dallmayr*, Vor §§ 129–148 VVG Rn. 1 und 2; vgl. auch zur Prozessführungsbefugnis der Assekuradeure BGH v. 15. 11. 2001, TranspR 2002, 458.

[404] Siehe OLG Düsseldorf v. 14. 11. 2001, TranspR 2002, 73; OLG Düsseldorf v. 21. 3. 1991, TranspR 1991, 201; darin liege auch kein Verstoß gegen das Rechtsberatungsgesetz; so OLG Hamburg v. 30. 11. 1995, TranspR 1996, 280; vgl. auch *Zapp*, TranspR 1993, 422.

[405] Im Einzelfall kann der Makler freilich zum Vertreter des VR mutieren: vgl. BGH 17. 1. 2001, VersR 2001, 368.

[406] Zur MitV sogleich Rn. 116 ff.

[407] Vgl. z. B. OLG Hamburg v. 6. 5. 1993, TranspR 1994, 25 (27).

[408] Dies geschieht häufig grenzüberschreitend, weswegen die Mitversicherung auf Gemeinschaftsebene schon relativ früh durch die Mitversicherungs-RL (RL 78/473/EWG) des Rates v. 30. 5. 1978, ABl. 1978 Nr. L 151/25, liberalisiert wurde.

[409] Hierzu soeben bei Fn. 406.

[410] Vgl. näher *Ritter/Abraham,* Vorb. Rn. 44.

[411] Pkt. 25.1 DTV-Güter: „… nur für ihren Anteil und nicht als Gesamtschuldner"; vgl. *Ehlers*, S. 322.

den VR gezeichnet ist[412]. Dennoch sind mit der Stellung des so genannten **führenden** VR besondere Wirkungen auch für und gegen die anderen Mitversicherer verbunden[413]. Der führende VR erhält seine Rolle durch Vereinbarung einer so genannten **Führungsklausel**[414].

c) Dem führenden VR kommt zunächst **Vollmacht** zu, (auch) namens und mit Wirkung   **118** für und gegen die Mitversicherer **Vereinbarungen** mit dem VN zu treffen[415]. Dies gilt insbesondere für die Erweiterung des Versicherungsschutzes über die DTV-Güter hinaus und für Leistungszusagen im Versicherungsfall[416]. Ausgenommen bleiben nach Pkt. 25.2 S. 3 DTV-Güter die Erhöhung des Policenmaximums, der Einschluss der Kriegsrisiken[417], der Risiken von Streik, terroristischen oder politischen Gewalthandlungen, und bürgerlichen Unruhen[418] sowie der Risiken von Eingriffen von hoher Hand[419], die Änderung der Policenwährung und der Kündigungsbestimmungen[420]. Hierfür bedarf es der Zustimmung jedes einzelnen Mitversicherers. Sollte der führende VR solche Vereinbarungen ohne die entsprechende Zustimmung (also vollmachtlos) treffen, so haftet er persönlich auch für die Anteile der Mitversicherer auf Erfüllung[421]. Gemäß Pkt. 25.5 DTV-Güter hat der führende VR auch eine **Empfangsvollmacht** für Erklärungen insb. des VN.

d) Die Vollmacht des führenden VR erstreckt sich auch auf die **Prozessführung** bzw. die   **119** Führung eines **Schiedsverfahrens**[422]. Im Deckungsprozess ist damit zwar jeder Mitversicherer Beklagter hinsichtlich seines Anteils, der Prozess kann aber vom führenden VR im Namen aller allein geführt werden. Der VN braucht indessen nicht alle Mitversicherer zu verklagen, denn die DTV-Güter anerkennen ausdrücklich die **Bindungswirkung** eines allein gegen den führenden VR und nur seinen Anteil betreffenden Urteils gegenüber den Mitversicherern[423]. Die Regelung dient der Prozesskostenersparnis[424]. Die Bindungswirkung wird jedoch zurückgenommen, wenn der Anteil des führenden VR und damit der Streitwert die Berufungs- bzw. Revisionssumme nicht überschreitet. Zur Eröffnung des Rechtszuges an das Berufungs- und das Revisionsgericht kann hier jeder beteiligte VR vom VN verlangen, die Klage so weit auszudehnen, dass die entsprechenden Summen erreicht werden[425]. Zwar braucht der VN diesem Verlangen nicht zu entsprechen, doch entfällt sonst die beschriebene Bindungswirkung[426].

e) Soll der führende VR wechseln, so bedarf dies nach Pkt. 25.4 DTV-Güter zwar keiner   **120** Zustimmung der Mitversicherer, jedoch hat der führende VR oder der VN den Mitversicherern den **Wechsel** schriftlich anzuzeigen. Jedem Mitversicherer steht ein **Kündigungsrecht** zu, welches binnen 1 Monats ab Zugang der schriftlichen Mitteilung auszuüben ist[427].

---

[412] Pkt. 25.1 DTV-Güter; vgl. OLG Hamburg v. 17. 5. 1984, VersR 1984, 980.

[413] Zum führenden VR siehe *Hübener*, Die Führungsklausel in der Mitversicherung, Karlsruhe 1954; vgl. auch *Lange/Dreher*, VersR 2008, 289 ff.

[414] Hierzu *Ritter/Abraham*, Vorb. Rn. 45.

[415] Pkt. 25.2 S. 1 DTV-Güter.

[416] Zu Deckungserweiterungen siehe – mit den dort gemachten Einschränkungen – Pkt. 25.2 S. 3 DTV-Güter; zu den Zusagen im Rahmen der Schadensregulierung siehe Pkt. 25.2 S. 2 DTV-Güter.

[417] Im einzelnen Pkt. 2.4.1.1 DTV-Güter.

[418] Im einzelnen Pkt. 2.4.1.2 DTV-Güter.

[419] Im einzelnen Pkt. 2.4.1.3 DTV-Güter.

[420] Hintergründe der Ausnahmen bei *Ehlers*, S. 324 f.

[421] Pkt. 25.2 Abs. 2 DTV-Güter, der insofern über § 179 Abs. 2 BGB hinausgeht.

[422] Pkt. 25.3 Abs. 1 DTV-Güter; das gilt auch für einen Regressprozess, siehe BGH v. 7. 6. 2001, VersR 2002, 117 = NJW-RR 2002, 20 = WM 2002, 85; zur Prozessführungsbefugnis in der Verkehrshaftungsversicherung OLG Bremen v. 13. 1. 1994, TranspR 1995, 120.

[423] Pkt. 25.3 Abs. 2 DTV-Güter; zur richtigen Bezeichnung des Beklagten in der Klageschrift vgl. OLG Celle v. 18. 2. 1993, TranspR 1994, 122.

[424] Näher hierzu *Ehlers*, S. 326.

[425] Pkt. 25.3 Abs. 2 S. 2 DTV-Güter.

[426] So Pkt. 25.3 Abs. 2 S. 3 DTV-Güter.

[427] Siehe Pkt. 25.4 S. 2 und 3 DTV-Güter.

121   f) Aus **international-verfahrensrechtlicher** Sicht ist zu ergänzen, dass nach Art. 9 Abs. 1 lit. c EuGVVO Klagen gegen Mitversicherer bei jenem Gericht anhängig gemacht werden können, bei dem der führende VR nach den Art. 8 ff. EuGVVO verklagt wird[428]. Diese Zuständigkeit ist in der Gütertransportversicherung zwar abdingbar[429], doch machen die DTV-Güter von dieser Möglichkeit keinen Gebrauch[430]. Dies schließt einzelvertragliche Gerichtsstands- oder Schiedsklauseln freilich nicht aus.

5. Versicherung für fremde Rechnung

122   a) Die Güterversicherung kann für fremde Rechnung genommen werden[431]. Für diese Versicherungsform enthalten die DTV-Güter **Sonderregelungen,** welche weitgehend den §§ 43–48 VVG entsprechen.

123   b) Wird die Versicherung für **fremde Rechnung** geschlossen, so kann sie zugunsten eines bestimmt bezeichneten Dritten oder aber für Rechnung **wen es angeht** (also des jeweiligen Interesseträgers) genommen werden[432]. Die Versicherung für Rechnung wen es angeht kann ausdrücklich als solche bezeichnet sein. Sie liegt bereits dann vor, wenn „sonst aus dem Vertrag zu entnehmen" ist, „dass unbestimmt gelassen werden soll, ob eigenes oder fremdes Interesse versichert ist"[433]. Die Versicherung für Rechnung wen es angeht wird regelmäßig vom Verkäufer auf Grundlage eines cif-Geschäfts genommen[434]. Mit Gefahrübergang wird der Käufer Interesseträger und daher Versicherter[435].

124   c) **Nicht** versichert sind nach den DTV-Güter die Interessen des **Verfrachters, Frachtführers, Lagerhalters** und **Spediteurs**[436]. Sie sind daher insbesondere den Regressforderungen des VR ausgesetzt[437].

125   d) Die weiteren Regelungen entsprechen beinahe wörtlich den Regelungen der §§ 43–48 VVG[438]. Auf deren Inhalte braucht hier nicht weiter eingegangen zu werden[439]. Pkt. 13.6 DTV-Güter weicht von § 47 Abs. 1 VVG sprachlich ab, indem er ausdrücklich auch ein Verschulden des Versicherten einem Verschulden des VN gleichsetzt. Dass die Geltung dieser Regelungen in der Seegüterversicherung teilweise[440] auf Vertrag beruht, schadet nicht, weil ein

---

[428] Vgl. Art. 8 Abs. 1 lit. c) EuGVÜ/LugÜ.

[429] Siehe Art. 13 Nr. 5 i. V. m. Art 14 EuGVVO.

[430] Sie enthalten in Pkt. 26 lediglich eine Rechtswahlklausel; hierzu unten Rn. 181.

[431] Siehe Pkt. 1.1.4 DTV-Güter; nach Pkt. 13.1 Abs. 1 DTV-Güter soll bei Versicherung für einen anderen im Zweifel eine Versicherung für fremde Rechnung nicht aber ein in fremdem Namen geschlossener Versicherungsvertrag gegeben sein; dies korrespondiert mit der gesetzlichen Zweifelsregel des § 43 Abs. 2 VVG; eine entsprechende Regelung galt nach dem aufgehobenen § 783 Abs. 2 HGB auch in der Seeversicherung.

[432] Pkt. 13.1 Abs. 2 DTV-Güter; nach *Schulze,* VersR 1976, 317 (317) ist dies regelmäßig der Fall.

[433] Siehe Pkt. 13.1 Abs. 2 DTV-Güter; zur Frage, inwieweit die Versicherung für wen es angeht auch den Erwerber der versicherten Waren erfasst, siehe *Schulze,* VersR 1976, 317; *Sieg,* RIW 1995, 100 (102).

[434] Zum Zusammenhang von Lieferklauseln und Transportversicherung *Luttmer/Winkler,* 13 ff. (cif-Geschäft); *Möller,* S. 54 f. und – zur Bestimmung des Interesseträgers – 134 ff.

[435] Vgl. *Chiang,* S. 126 f.

[436] Pkt. 13.7 DTV-Güter.

[437] BGH v. 7. 5. 2003, NJW-RR 2003, 1107; zum Regress gegen diese Personen und deren Schutz im Rahmen der Verkehrshaftungsversicherung unten Rn. 344 f.; gerade für den Spediteur ist die Regresspflichtigkeit umstritten, wenn er die Güterversicherung als VN für Rechnung des Befrachters schloss; vgl. nur *Thume,* VersR 2004, 1222; *de la Motte,* VersR 1988, 317 (322) mit Verweis auf BGH v. 11. 7. 1960, VersR 1960, 724 = NJW 1960, 1903 (*Prölss*).

[438] Siehe Pkt. 13.2–13.6 DTV-Güter; hierzu gerade auch mit Blick auf §§ 74–80 VVG a. F. (nun §§ 43–48 VVG) *Ehlers,* S. 197 ff.

[439] Siehe auch unten Rn. 183 ff.; für eine bereicherungsrechtliche Rückabwicklung von an den VN erbrachten und von diesem an den Versicherten weiter geleiteten Versicherungsleistungen siehe OLG Koblenz v. 28. 7. 2000, VersR 2001, 636.

[440] Diverse Regelungen waren in der Seeversicherung schon im HGB enthalten: siehe nur die durch die VVG-Reform ersatzlos gestrichenen Vorschriften der §§ 781, 783, 883, 886 ff. HGB a. F.

Vertrag zugunsten Dritter die Rechtsstellung des Dritten grundsätzlich frei ausgestalten, den Anspruch des Dritten also insbesondere auch bedingen oder an die Erfüllung von Obliegenheiten knüpfen kann[441]. Das gilt auch für die Regelung in Pkt. 13.4, die die Insolvenz des Versicherten betrifft, sowie für Pkt. 13.5, wonach das Aufrechnungsrecht des VR dadurch erweitert wird, dass das Erfordernis der Gegenseitigkeit der Forderungen nach § 387 BGB eingeschränkt wird.

VI. Dauer der Versicherung

1. Begriff

Die Laufzeit der Versicherung wird gängig in die formelle, materielle und technische Dauer eingeteilt. Besonderheiten der Transportversicherung sind insbesondere bei der **materiellen Versicherungsdauer** (Deckungszeitraum) auszumachen.   **126**

2. „Haus zu Haus"

Nach Pkt. 8 DTV-Güter besteht Versicherungsschutz „von Haus zu Haus". Die Bedeutung dieser Klausel wird in den DTV-Güter näher geregelt. Danach sind Beginn und Ende der Versicherung zu bestimmen.   **127**

a) Der **Beginn** der Versicherung richtet sich nach dem Zeitpunkt, in welchem die versicherten Güter am Absendungsort zur unverzüglichen Beförderung von der Aufbewahrungsstelle entfernt werden[442]. Versicherungsschutz tritt also mit **Reiseantritt** im Lager des Verkäufers ein[443]. Dabei muss es sich um den Antritt der endgültigen Reise handeln. Ein wichtiges Indiz hierfür liegt in der Reiseverpackung der Güter. Nicht hierzu zählen bloße Vorbereitungen (z. B. Transporte im Lager selbst, um die Güter für die Reise zu verpacken). Auch gehört das Bereitstellen im Packraum zur Abholung noch nicht hierher. Erst wenn die Güter zur unverzüglichen Beladung des Transportmittels „angefasst" werden, beginnt der Versicherungsschutz[444]. Auf den Zeitpunkt der Übergabe an den Transportunternehmer kommt es indessen nicht an[445].   **128**

b) Für das **Ende** der Versicherung stellen die DTV-Güter mehrere Alternativen bereit, von denen die zeitlich erstgelagerte entscheidet[446]. Der Normalfall besteht in der **Ablieferung** der Güter an der vom Empfänger bestimmten Stelle[447]. Der Ablieferungsort wird im Versicherungsvertrag angegeben, kann sich freilich bis zur Ankunft der Güter im Bestimmungshafen ändern. Eine Ablieferung liegt z. B. vor, wenn der Empfänger die Ware auf seine   **129**

---

[441] Zum Thema insbesondere *Schirmer,* Zur Vereinbarung von Obliegenheiten zu Lasten Dritter insbesondere in Verträgen zu ihren Gunsten, FS R. Schmidt, Karlsruhe 1976, 826.

[442] Siehe die Definition in Pkt. 8.1 DTV-Güter; vgl. OLG Hamburg v. 6. 8. 1998, TranspR 1999, 254 (255); OLG Hamm v. 6. 10. 1995, TranspR 1997, 247 (248).

[443] Vgl. *Enge,* S. 156; vgl. *Ehlers,* S. 157f. sowie *Thume/de la Motte/Ehlers,* Kap. 3 Rn. 257ff.; *Veith/ Gräfe/Hoeft,* § 6 Rn. 202ff.

[444] Zu alledem *Enge,* S. 156; zustimmend wohl OLG Hamburg v. 27. 4. 1989, VersR 1991, 544, wo auf die Entfernung der Güter vom Absendungsort zur Beförderung auf der versicherten Reise abgestellt wird, auch wenn das Kriterium der Unmittelbarkeit nicht besonders betont wird; a. A. wohl OLG Köln v. 10. 11. 1988, VersR 1989, 284, wonach der Versicherungsschutz bereits beginnen soll, wenn die Güter fertig für den Transport verpackt sind, auch wenn der eigentliche Abtransport erst einen Tag später erfolgt; jedoch betrifft die Entscheidung die ADS Güterversicherung 73/84, deren Pkt. 5.1 dem Pkt. 7.1 DTV-Güter entspricht, wobei aber der Zusatz „… unverzüglichen …" fehlt; insofern ist die Entscheidung nur sehr bedingt auf die DTV-Güter übertragbar, vgl. zutreffend *Veith/Gräfe/Hoeft,* § 6 Rn. 204; vgl. zu dieser Entscheidung *Remé,* VersR 2001, 414 (415); darauf verweisend *Römer/Langheid/Römer,* § 134 VVG Rn. 2; unentschieden Berliner Kommentar/*Dallmayr,* § 134 VVG Rn. 4; vgl. BGH v. 3. 10. 1983, VersR 1984, 56; vgl. auch *Sieg,* TranspR 1995, 19.

[445] Vgl. hierzu OLG Schleswig v. 28. 2. 1952, VersR 1952, 372 (*Schultze*).

[446] Pkt. 8.2 DTV-Güter.

[447] Pkt. 8.2.1 DTV-Güter; hierzu OLG Schleswig v. 28. 2. 1952, VersR 1952, 372 (*Schultze*); OLG Köln v. 27. 2. 1986, TranspR 1987, 108 = VersR 1987, 661 (Ls.).

Kosten bei der Kaianstalt einlagert[448]. Werden die Güter ab Bestimmungshafen an einen anderen Ablieferungsort weiter transportiert und führt die **Änderung des Ablieferungsortes** zu einer **Gefahrerhöhung,** so endet die Versicherung im Zeitpunkt, in dem die Weiterreise nach Abladung im Bestimmungshafen beginnt[449]. Es handelt sich also um eine Ausnahme zur Regelung sonstiger Gefahrerhöhungen, die vom VN vorgenommen werden dürfen und nur eine Pflicht zur Anzeige bzw. zur Bezahlung einer Zuschlagsprämie auslösen. Unabhängig von allen sonstigen Umständen endet die Versicherung nach Ablauf einer im Einzelnen zu vereinbarenden **Frist,** die mit dem Abladen der Güter im Bestimmungshafen beginnt[450]. Die DTV-Güter überlassen die Bemessung dieser Frist in den AVB jedem einzelnen VR, nach den früheren ADS-Güterversicherungen 1973 (Pkt. 5.2.4) betrug sie 60 Tage. Eine Ausnahme enthält Pkt. 8.2.3 DTV-Güter: Soweit eigene Interessen des VN versichert sind und der Transport nach Ausladen der Güter durch ein versichertes Ereignis verzögert wird, bleibt die Versicherung auch über den Ablauf der Frist hinaus aufrecht, wenn der VN die Verzögerung unverzüglich anzeigt. Der VR kann eine Zuschlagsprämie verrechnen. Ähnliches gilt für **Zwischenlagerungen:** Werden die hierfür in Pkt. 9 DTV-Güter vorgesehenen Fristen überschritten, so endet die Versicherung[451]. Zuletzt knüpfen die DTV-Güter auch an den **Zeitpunkt des Gefahrenübergangs** an: Wird die Versendung zu den Incoterms **FOB** (free on board) oder **CFR** (cost and freight) versandt, so endet die Versicherung mit der **Verstauung** der Güter an Bord des Seeschiffs[452]. Dieser Zeitpunkt ist jenem des Gefahrenübergangs (unwesentlich) nachgelagert[453]. Dies geschah in den DTV-Güter, um früher immer wieder auftauchende Abgrenzungsprobleme zu beseitigen[454]. Direkt mit dem Gefahrübergang endet die Versicherung, wenn die Güter wegen eines **versicherten Ereignisses verkauft** werden[455].

130 c) Die Versicherungsdauer umfasst auch die Zeiten einer **Zwischenlagerung**[456]. Nach Pkt. 9.1 DTV-Güter ist für die Höchstdauer der Versicherung von Zwischenlagerungen eine Frist zu vereinbaren. An einer Empfehlung fehlt es insoweit (nach den ADS-Güterversicherungen 1973 waren es 30 Tage[457])[458]. In die Frist einzurechnen sind der Ankunfts- und Abrei-

---

[448] OLG Hamburg 25. 10. 1984, TranspR 1985, 357; vgl. *Ehlers,* S. 160.

[449] Pkt. 8.2.2 DTV-Güter; zur Unsicherheit, die im Tatbestandselement der Gefahrerhöhung liegt, mit Beispielen *Ehlers,* S. 162.

[450] Pkt. 8.2.3 DTV-Güter.

[451] Siehe Pkt. 8.2.6 DTV-Güter.

[452] Siehe Pkt. 8.2.4 DTV-Güter.

[453] Der Gefahrübergang tritt bei Verwendung dieser Klauseln mit Überschreiten der Schiffsreling im vereinbarten Verschiffungshafen ein; Übersicht über die Incoterms bei *Enge,* S. 164, allerdings zur Fassung von 1990; zu den Incoterms 2000 siehe *Baumbach/Hopt,* HGB S. 1608 ff.; *Bredow/Seiffert,* Incoterms 2000, Bonn 2000, passim; sowie *Lehr,* VersR 2000, 548 ff.; *Piltz,* RIW 2000, 485 ff.; *Wertenbruch,* ZGS 2005, 136 ff.

[454] Hierzu *Ehlers,* S. 165; dort auch der Hinweis auf die Möglichkeit einer Doppelversicherung ab Gefahrenübergang; zur vergleichbaren Problematik im englischen common law lesenswert *Pyrene* v. *Scindia Navigation* [1954] 2 QB 402, 419 (Devlin J).

[455] Pkt. 8.2.5 DTV-Güter.

[456] Pkt. 9 DTV-Güter; dabei spielt der Grund der Lagerung (unfreiwillige oder disponierte Lagerung) keine Rolle; vgl. *Ehlers,* S. 167; für die Deckung nach den ADS Güter 1973/84 wurde die Klausel für die Versicherung von politischen Risiken und Lagerrisiken (PoLaR-Klausel) entwickelt, die nur die Dauer der Versicherung von Lagerrisiken und die Kündigung der politischen Gefahren regelt, jedoch nichts über den vereinbarten Deckungsschutz aussagt; s. dazu OLG Hamburg v. 12. 7. 2004, TranspR 2005, 127 mit Anmerkung von *Heuer,* S. 128; s. auch *Ehlers,* TranspR 2006, 7 (11); die PoLaR-Klausel wird nicht mehr vom GDV empfohlen. Dafür sind in der Streik- und Aufruhrklausel sowie in der Beschlagnahmeklausel Kündigungsregelungen hinsichtlich dieser Gefahren auch für lagernde Güter enthalten.

[457] Siehe Pkt. 5.2.3 ADS-Güterversicherung 1973; i. d. F. 1984 wurde ein „Wiederaufleben" des Versicherungsschutzes vorgesehen, wenn die Reise binnen 90 Tagen fortgesetzt wird; hierzu *de la Motte,* TranspR 1985, 124 (125).

[458] Einzelvertraglich kann freilich auch eine unbefristete Versicherung vereinbart werden; vgl. den Fall OLG Hamburg v. 3. 10. 1985, TranspR 1986, 63.

setag[459]. Die Frist darf überschritten werden, wenn die Zwischenlagerung nicht durch den VN veranlasst war und dieser entweder keine Kenntnis hatte oder keinen Einfluss auf die Dauer der Lagerung nehmen konnte (transportbedingte, also unfreiwillige Lagerung)[460]. Ab Kenntnis hat der VN dem VR die Fristüberschreitung anzuzeigen, dem VR gebührt eine Zuschlagsprämie[461]. Überschreiten die Lagerzeiten diese Frist, so endet der Versicherungsschutz insgesamt[462].

d) Die Haus-zu-Haus-Klausel kann freilich **einzelvertraglich abbedungen** werden[463].   **131** So hatte der BGH zu entscheiden, ob die in einer Einzelpolice vorgenommene Beschreibung der Reise „Von Flughafen Hongkong …" den Versicherungsbeginn entgegen der Haus-zu-Haus-Klausel in den AVB verschiebt. Der BGH sah darin nur eine „summarische Beschreibung der versicherten Reise" und kein Abbedingen der Haus-zu-Haus-Klausel[464]. Das Gut war damit ab Wegtransport vom Lager des Käufers versichert[465].

VII. Umstandsänderungen während der Versicherung

1. Gefahränderung und -erhöhung

a) In Abweichung von der gesetzlichen Regelung im alten § 814 HGB und von den   **132** durch Pkt. 26 DTV-Güter zur Anwendung berufenen §§ 23 ff. VVG **erlaubt** Pkt. 5.1 DTV-Güter ausdrücklich die Veränderung, insbesondere die **Erhöhung der Gefahr** durch den VN[466]. Ebenso kann der VN die Gefahrerhöhung durch Dritte gestatten. Dabei liegt eine Gefahränderung insbesondere vor, wenn der **Transport verzögert,** von der Transport**strecke** erheblich **abgewichen**[467], der Bestimmungs**hafen geändert** wird oder aber die Güter **an Deck verladen** werden[468]. Die Vorschriften gelten auch[469], wenn bei Vereinbarung eines direkten Transports nach Beginn der Versicherung das Transportschiff geändert oder die Beförderung aufgegeben wird[470]. Vorausgesetzt wird allerdings, dass die Änderung des Transportmittels bzw. die Aufgabe der Beförderung Folge eines versicherten Ereignisses oder ohne Zustimmung des VN erfolgt ist[471]. Schwierig kann im Einzelfall die Beurteilung sein, ob eine Gefahr nur geändert wurde oder aber überhaupt eine neue (getrennt zu versichernde) Unternehmung vorliegt: Wird Rindfleisch versichert, so stellt es nach Ansicht des OLG Hamburg

---

[459] Pkt. 9.3 DTV-Güter.

[460] Pkt. 9.2 DTV-Güter.

[461] Pkt. 9.2 Abs. 2 DTV-Güter.

[462] Pkt. 8.2.6 DTV-Güter; anders noch Pkt. 5.2.3 ADS-Güterversicherung 1973, der nur ein Ruhen der Versicherung bis zur Fortsetzung des Transports anordnete.

[463] Siehe z. B. OLG Hamburg v. 11. 9. 1986, VersR 1987, 1234 (Versicherungsende mit „Beendigung der Roll-of-Operation auf der Pier in X."); OLG Hamburg v. 16. 8. 1979, VersR 1981, 128 (Erstreckung des Versicherungsschutzes bis die Güter die Einzelhandelsgeschäfte bzw. Verteilungslager des VN erreichen einschließlich Zwischenlagerungen in Deutschland).

[464] BGH v. 3. 10. 1983, VersR 1984, 56.

[465] Kritisch hierzu *Enge,* S. 156; *ders.,* VersR 1984, 511; auch *Ehlers,* S. 159.

[466] Eine Ausnahme bilden die Pkte. 6.1 (Änderung und Aufgabe der Beförderung) und 8.2.2 (nicht vereinbarter Ablieferungsort) DTV-Güter; hierzu Rn. 89 und Rn. 129.

[467] Vgl. – zu § 15 Abs. 3 und 4 AÖS 1975 – ÖOGH v. 15. 6. 1989, VersR 1990, 643: Das Kriterium der Erheblichkeit ist nicht nur anhand der Verlängerung der Strecke infolge der abweichenden Transportroute zu bewerten, sondern nach allen risikorelevanten Gesichtspunkten.

[468] Siehe Pkt. 5.3 DTV-Güter; zur Regelung für die Deckverladung nach den ADS-Güter 1973 im Vergleich siehe *Ehlers,* S. 141.

[469] Pkt. 6.2 DTV-Güter spricht von einer **entsprechenden** Anwendung der Vorschriften über die Gefahrerhöhung, weil es sich nicht um eine Gefahränderung, sondern eine Umgestaltung des Transports handle; so *Ehlers,* S. 145.

[470] Pkt. 6.2 DTV-Güter.

[471] Pkt. 6.2 DTV-Güter.

eine Gefahränderung und keine neue Unternehmung dar, wenn das Fleisch im Rahmen einer Zwischenlagerung tiefgekühlt wird[472].

133   **b)** Der VN hat eine vorgenommene bzw. eine ihm zur Kenntnis gelangte Gefahränderung **unverzüglich anzuzeigen**[473]. Sanktionen für eine Anzeigepflichtverletzung werden **nur** für Gefahr**erhöhungen** (und nicht für jede Gefahränderung) angedroht. Demnach ist der VR bei unterbliebener Anzeige einer Gefahrerhöhung von der Leistung **frei**[474]. Dem VN steht jedoch ein **Entlastungsbeweis** offen[475]: Gelingt ihm der Nachweis, dass die Pflichtverletzung (das ist die unterlassene Anzeige, nicht die Gefahrerhöhung) weder auf **Vorsatz** noch auf **grober Fahrlässigkeit** beruht, so bleibt der VR zur Leistung verpflichtet[476]. Dasselbe gilt, wenn der VN erfolgreich einen **Kausalitätsgegenbeweis** führt, wobei hier ein **Alles-oder-Nichts-Prinzip** herrscht[477]. Die mangelnde Kausalität, welche für das Bestehen bleiben der Leistungspflicht vorausgesetzt wird, bezieht sich nicht auf die Anzeigepflichtverletzung, sondern auf die Gefahrerhöhung.

134   **c)** Unabhängig von der Anzeigepflicht des VN gebührt dem VR im Falle der Gefahrerhöhung eine **Zuschlagsprämie,** die zu vereinbaren ist[478]. Der VR hat ohne Zuschlagsprämie zu haften, wenn die Gefahrerhöhung durch das **Interesse des VR** veranlasst wurde[479]. Dies ist der Fall, wenn nach objektiver Beurteilung des Falles zur Zeit der Gefahränderung diese für den VR von Vorteil war[480]. Obwohl die Formulierung gegenteiligen Anschein erzeugt, kommt es auf die innere Einstellung des VN (sein Motiv) nicht an[481]. *Ritter/Abraham* nennen als Beispielsfall das Anlaufen eines Zwischenhafens wegen Verdachts einer Undichtheit des Schiffes, wenngleich sich später herausstellt, dass der Verdacht falsch war[482]. Dasselbe gilt, wenn die Gefahrerhöhung durch ein **versichertes Ereignis,** das die Güter bedroht, veranlasst wurde. *Ritter/Abraham* nennen das Beispiel eines (versicherten) Streiks am Bestimmungshafen, der den VN dazu zwingt, einen anderen Hafen anzulaufen[483]. Keine Zuschlagsprämie gebührt dem VR ferner, wenn die Gefahrerhöhung durch ein **Gebot der Menschlichkeit** veranlasst wurde. Hier geht es um das „sittliche Gebot zu wechselseitiger Hilfsbereitschaft"[484]. Rechtsgebote können, müssen aber nicht notwendig auch Gebote der Menschlichkeit sein[485]. Regelmäßig geht es um die Rettung fremder Interessen (z. B. fremdes Menschenleben[486]) unter Zurückstellung eigener, weniger gewichtiger Interessen (z. B. Zeit, Mühe und Kosten einer Bergung). Musterbeispiel ist das Abweichen vom vereinbarten Transportweg, um Menschenleben zu retten[487].

2. Veräußerung der versicherten Sache

135   **a)** Die Veräußerung der versicherten Sache wird unter Pkt. 14 DTV-Güter, teilweise abweichend von den §§ 95–98 VVG, umfassend geregelt. In dieser Hinsicht sind die DTV-Gü-

---

[472] OLG Hamburg v. 28. 2. 1985, TranspR 1985, 356.
[473] Pkt. 5.2 DTV-Güter.
[474] Pkt. 5.4 DTV-Güter.
[475] Die Beweislast des VN folgt aus der Formulierung („… es sei denn …"); vgl. *Ehlers*, S. 142.
[476] Pkt. 5.4 DTV-Güter.
[477] Pkt. 5.4 DTV-Güter; vgl. auch § 132 VVG, der ebenfalls – abweichend von § 26 Abs. 2 VVG – am Alles-oder-Nichts-Prinzip festhält.
[478] Pkt. 5.5 DTV-Güter; auch hier soll mangels Einigung der Parteien § 315 Abs. 3 BGB analog herangezogen werden; vgl. *Ehlers*, S. 143.
[479] Zur Unklarheit dieser Ausnahme *Ehlers*, S. 143.
[480] So *Ritter/Abraham*, § 24 Rn. 12.
[481] Zutreffend Berliner Kommentar/*Harrer*, § 26 VVG Rn. 2.
[482] *Ritter/Abraham*, § 24 Rn. 12.
[483] *Ritter/Abraham*, § 24 Rn. 17.
[484] *Ritter/Abraham*, § 24 Rn. 20.
[485] *Ritter/Abraham*, § 24 Rn. 21.
[486] Vgl. *Ehlers*, S. 144.
[487] *Ritter/Abraham*, § 24 Rn. 22 unter Berufung auf die Begründung zum VVG (§§ 23 ff.); vgl. Berliner Kommentar/*Harrer*, § 26 VVG Rn. 4.

ter in der Fassung von 2008 geändert worden und verweisen nicht mehr – wie die vorigen Fassungen – auf die Vorschriften des VVG, sondern enthalten eine abschließende Regelung. Man mag sich wiederum fragen, ob es in der Rechtsmacht der Vertragsparteien liegt, Regelungen für Dritte (den Erwerber) zu treffen. Insbesondere die automatische **Vertragsübernahme** kann nicht zwischen VR und VN vereinbart werden, sondern bedarf nach allgemeinem Vertragsrecht der Zustimmung des Erwerbers. Näheres Hinsehen aber räumt die Bedenken aus: Die Vertragsübernahme durch den Erwerber regelt schon das Gesetz selbst (s. § 95 Abs. 1 VVG). Für den Bereich der Seeversicherung galt dies ebenfalls nach dem durch die VVG-Reform ersatzlos gestrichenen § 899 Abs. 1 HGB a. F. Durch die Streichung dieser Vorschrift dürfte sich jedoch an der Rechtslage nichts geändert haben, der in § 95 Abs. 1 VVG enthaltene Rechtsgedanke ist insofern verallgemeinerungsfähig bzw. gehört zum gesetzlichen Leitbild des Sachversicherungsrechts. Jedenfalls stellt er einen Handelsbrauch i. S. d. § 346 HGB dar. Die übrigen Regelungen sind für den Erwerber durchweg günstiger als die gesetzlichen Vorschriften. Gegen begünstigende Abreden aber bestehen keine Bedenken.

b) Unter einer **Veräußerung** versteht man die rechtsgeschäftliche Übertragung des Ei-   **136** gentums an der Sache durch den VN[488]. Folge der Veräußerung ist der **automatische Eintritt** des Erwerbers in die Versicherung des Veräußerers[489]. Will der **Erwerber** nicht eintreten, so steht ihm nach Pkt. 14.6 DTV-Güter ein **Kündigungsrecht** zu[490]. Dieses Recht ist binnen einen Monats ab Erwerb bzw. ab Kenntnis von der Versicherung und mit sofortiger Wirkung auszuüben[491]. Dem Veräußerer steht ein solches Kündigungsrecht ebenso wenig zu wie dem VR[492]. Kündigt der Erwerber nicht, so haftet er neben dem VN für die ausständige **Prämie** als Gesamtschuldner[493]. Kein Fall der Veräußerung der versicherten Sache nach Pkt. 14 DTV-Güter ist die **Zwangsversteigerung** i. S. d. § 99 VVG; diese ist kein Rechtsgeschäft. Die Zwangsversteigerung der versicherten Sache ist damit – anders als in vorigen Fassungen der DTV-Güter – in der Fassung von 2008 nicht mehr geregelt. Damit greift hier, soweit anwendbar, das dispositive Gesetzesrecht, also § 99 VVG, der auf die Regelungen zur Veräußerung der versicherten Sache nach den §§ 95–98 VVG verweist. Eine Regelungslücke besteht wiederum für die Seeversicherung, für die nach § 209 VVG die Vorschrift des § 99 VVG nicht gilt.

c) Ist eine **Police** ausgestellt, so begünstigen die DTV-Güter den Erwerber in zweifacher   **137** Weise: Zum einen entfällt die Mithaftung des Erwerbers für die Prämie[494]. Zum anderen scheidet eine Berufung des VR auf seine Leistungsfreiheit wegen Nichtzahlung der Prämie[495] aus, solange der Erwerber vom Prämienverzug ohne Fahrlässigkeit nichts wusste[496].

3. Verpfändung der Entschädigungsforderung

Keinen Fall der Veräußerung der versicherten Sache regelt Pkt. 14.3 DTV-Güter, der inso-   **138** fern systematisch fehl am Platze ist[497]. In der Sache erstreckt die Klausel den Pkt. 14.2 S. 2

---

[488] Hierzu im Einzelnen z. B. Berliner Kommentar/*Dörner*, § 69 VVG Rn. 2 ff.

[489] Pkt. 14.1 Abs. 1 DTV-Güter, der dem Wortlaut des § 95 Abs. 1 VVG entspricht; im Übrigen galt dies auch nach dem ersatzlos entfallenen § 899 Abs. 1 S. 1 HGB a. F.

[490] Die Vorschrift entspricht im Wesentlichen § 96 Abs. 2 VVG.

[491] Die zweite in § 96 Abs. 2 VVG genannte Variante (Kündigung zum Schluss der laufenden Periode) ist im Seeversicherungsrecht nicht relevant, weil es an der Einteilung der Dauer in Perioden fehlt; vgl. *Ritter/Abraham,* § 16 Rn. 5: „Die Seeversicherung, auch die See-Zeitversicherung, arbeitet durchweg mit der einheitlichen Prämie".

[492] Pkt. 14.4 DTV-Güter.

[493] Pkt. 14.1 Abs. 2 DTV-Güter, der dem Wortlaut des § 95 Abs. 2 VVG entspricht; dieselbe Regelung enthielt der ersatzlos gestrichene § 899 Abs. 1 S. 2 HGB a. F., der keine Einschränkung auf die laufende Periode kannte, weil Seeversicherungen nicht nach Perioden untergliedert werden.

[494] Pkt. 14.2 S. 1 DTV-Güter.

[495] Pkt. 12.4 DTV-Güter.

[496] Pkt. 14.2 S. 2 DTV-Güter.

[497] Besser ist die Formulierung der ADS, welche die Regelung zwar auch mit der Veräußerung zusammenfassen jedoch den Gesamtabschnitt zutreffend weiter betiteln.

Heiss

DTV-Güter auch ohne Veräußerung auf den **Pfandgläubiger.** Ist sohin eine Police ausgestellt und eine Entschädigungsforderung daraus verpfändet, so kann sich der VR dem Pfandgläubiger gegenüber nicht auf eine Leistungsfreiheit wegen Prämienzahlungsverzugs des VN berufen, wenn der Pfandgläubiger vom Verzug ohne Fahrlässigkeit nichts wusste.

VIII. Pflichten des Versicherungsnehmers

1. Prämienzahlung

139   a) Der **VN** schuldet die **Prämie,** bestehend aus dem Entgelt für die Risikotragung des VR („Nettoprämie") sowie Nebenkosten und Versicherungssteuern[498]. Dabei arbeitet die Seeversicherung mit Einmalprämien, eine Untergliederung der prämienbelasteten Zeit in Perioden mit laufenden (Folge-)Prämien findet also nicht statt[499]. Diesem Befund entspricht es, dass die DTV-Güter nur von „der Prämie" sprechen und insbesondere nicht zwischen Erst- und Folgeprämie unterscheiden. Besonderheiten ergeben sich in der **laufenden Versicherung**[500].

140   b) Die Prämie ist **sofort** nach Abschluss des Vertrages fällig[501]. Insofern kommt es weder auf ein Verschulden des VN noch auf die Ausstellung bzw. Aushändigung der Police an.

141   c) Trotz sofortiger Fälligkeit ist die Leistung des VN **rechtzeitig,** wenn er (zumindest) die **Zahlungsaufforderung** (Prämienrechnung[502]) erhält und danach **unverzüglich** die Leistung erbringt[503]. In **Verzug** gerät der VN also erst durch **schuldhaftes Verzögern** der Zahlung. Auch dann setzt der Verzug weiter voraus, dass der VR den VN **schriftlich** und unter Setzung einer **Nachfrist** von mindestens **zwei Wochen** gemahnt hat[504].

142   d) Pkt. 12.4 DTV-Güter regeln die **Rechtsfolgen** des Prämienzahlungsverzuges, jedenfalls was die entscheidende Frage der Gegenleistung, also des Versicherungsschutzes, und der Vertragslösung wegen Verzugs anbelangt, in Abweichung von BGB und HGB[505]. Die Sanktionen sind an den erfolglosen **Ablauf der Nachfrist** ebenso geknüpft, wie an eine entsprechende **Rechtsfolgenbelehrung** in der Mahnung durch den VR[506]. Unter diesen Voraussetzungen ist der VR **leistungsfrei,** wenn im Zeitpunkt des Versicherungsfalles die Prämie nicht bezahlt war[507]. Darüber hinaus kann der VR – allerdings erst nach Ablauf von zwei weiteren Wochen – den Vertrag **fristlos kündigen**[508]. Kündigt der VR, so gilt der Grundsatz der **Unteilbarkeit der Prämie:** Der VN hat die gesamte Prämie zu bezahlen[509]. Diese Regelung stellt eine Abweichung zum Nachteil des VN vom dispositiven Vertragsrecht des § 39 VVG dar. Mittels des durch die VVG-Reform neu gefassten § 39 VVG wurde das Prinzip der Unteilbarkeit der Prämie allgemein und halbzwingend[510] aufgegeben. Dieses Prinzip führe vielfach zu einer unangemessenen Benachteiligung des VN[511]. Im Hinblick hierauf stellt sich die Frage, ob die Beibehaltung des Prinzips der Unteilbarkeit der Prämie in Pkt. 12.4 Abs. 2

---

[498] Pkt. 12.1 DTV-Güter.

[499] *Ritter/Abraham,* § 16 Rn. 5.

[500] Hierzu unten Rn. 194 f.

[501] Pkt. 12.1 DTV-Güter.

[502] Häufig wird sie mit der Police übersandt, was Pkt. 12.2 DTV-Güter ausdrücklich erwähnt, ohne die Policenaushändigung zur Voraussetzung einer nicht rechtzeitigen Zahlung zu erheben.

[503] Pkt. 12.2 DTV-Güter.

[504] Pkt. 12.3 DTV-Güter.

[505] Unberührt bleibt freilich das Recht des VR, die Prämie einzuklagen und ggf. Verzugszinsen zu fordern.

[506] Pkt. 12.4 Abs. 1 (Ablauf der Zahlungsfrist) und Abs. 3 (Rechtsfolgenbelehrung) DTV-Güter.

[507] Pkt. 12.4 Abs. 1 DTV-Güter.

[508] Pkt. 12.4 Abs. 2 S. 1 DTV-Güter.

[509] Pkt. 12.4 Abs. 2 S. 2 DTV-Güter.

[510] Vgl. § 42 VVG.

[511] S. Begründung zum Gesetzesentwurf der Bundesregierung, BT-Drucks. 16/5862, S. 72.

S. 2 DTV-Güter einer Inhaltskontrolle gemäß §§ 305 ff. BGB standhält. Diese Frage dürfte vor dem Hintergrund der §§ 209, 210 VVG zu bejahen sein.

2. Obliegenheiten

a) Obliegenheiten[512] treffen den VN entweder aus **Gesetz** oder **Vertrag.** In den DTV- **143** Güter werden Obliegenheiten, welche in anderen Sparten gesetzlich ausgestaltet sind, vertraglich abweichend geregelt. Neben den Vorschriften über die vorvertraglichen Anzeigen sind hier insbesondere die Regelungen über die Gefahränderung zu erwähnen[513]. Dasselbe gilt für die Obliegenheiten nach dem Schadensfall, nämlich die Anzeige- und Auskunftspflicht, Schadensabwendungs- und Minderungspflicht sowie die Pflicht zur Regresswahrung[514]. Aus alledem folgt: In der Transportversicherung stehen die **vertraglichen Obliegenheiten** ganz deutlich im Vordergrund. Dabei wurden die Anzeigepflicht und die Regelungen über die Gefahränderung bereits besprochen[515]. Hier ist daher nur noch auf die Obliegenheiten **nach dem Versicherungsfall** einzugehen.

b) Als eine Obliegenheit nach dem Versicherungsfall nennen die DTV-Güter zuerst die **144** Pflicht zur **Schadensanzeige**[516]. Sie hat dem VR gegenüber und unverzüglich zu erfolgen. Eine Sanktion enthält Pkt. 15 allerdings nicht[517]. Der systematischen Stellung und der Formulierung in Pkt. 15.5 gemäß handelt es sich um eine reine Obliegenheit[518] (arg.: „… eine der in Ziffern 15.2 bis 15.5 genannten Obliegenheiten …“, was nahe legt, dass die in Ziffer 15.1 genannte Pflicht zwar auch eine Obliegenheit darstellt, aber nicht sanktioniert wird), wobei zweifelhaft ist, ob ihre Verletzung zu Schadensersatzansprüchen des VR führt[519].

c) Daneben besteht die Obliegenheit, einen unmittelbar drohenden Schaden **abzu-** **145** **wenden** bzw. einen eingetretenen Schaden **zu mindern**[520]. Dabei hat der VN insbesondere die Weisungen des VR zu befolgen, ja sogar einzuholen, soweit die Umstände dies zulassen[521].

d) Ist der Schaden eingetreten, so hat der VN alle **Auskünfte** zu erteilen, die der Ermitt- **146** lung des Versicherungsfalls und der Leistungspflichten des VR dienlich sind[522]. Er hat insbesondere den **Havariekommissar,** wie er im Versicherungsvertrag bestimmt ist, notfalls den nächstgelegenen **Lloyd's Agent** zur Schadensfeststellung hinzuzuziehen[523]. Nach der Rspr. tritt der VN durch das Kontaktieren des Havariekommissars mit diesem in kein Vertragsver-

---

[512] Zum Begriff nur Berliner Kommentar/*Schwintowski,* § 6 VVG RN. 15 ff.; zur Abgrenzung von Risikoausschlüssen in der Transportversicherung OLG Hamburg v. 24. 4. 1997, OLGR Hamburg 1997, 369; OLG Hamburg v. 28. 5. 1970, VersR 1970, 1150; OLG Köln v. 27. 1. 1998, r+s 1998, 179.

[513] Siehe Pkt. 4 und 5 DTV-Güter.

[514] Siehe Pkt. 15 DTV-Güter.

[515] Hierzu oben Rn. 102 ff. (Anzeigepflicht) und Rn. 132 ff. (Gefahränderung).

[516] Pkt. 15.1 DTV-Güter.

[517] Siehe Pkt. 15.5 DTV-Güter, der sich auf die Schadenanzeige nach Pkt. 15.1 DTV-Güter gerade nicht bezieht.

[518] Zum Streit über die Rechtsnatur der Obliegenheiten in der Seeversicherung *Trölsch,* S. 28 ff.; zur Anzeigepflicht S. 363 f.; aus rechtsvergleichender Perspektive *Rühl,* Obliegenheiten im Versicherungsvertragsrecht, Tübingen 2004.

[519] *Trölsch,* S. 363 f. qualifiziert die Pflicht zur Anzeige des Versicherungsfalls (gem. § 40 ADS) ebenfalls als eine (vertraglich) nicht sanktionierte Obliegenheit, spricht dann allerdings – ihrem differenzierenden Ansatz gemäß – dem VR Schadensersatzansprüche aus pVV (nun § 280 Abs. 1 BGB) zu; für Schadensersatzansprüche auch die ältere Lehre, *Ritter/Abraham,* § 40 Rn. 17, die aber nicht auf dem Boden der h. L. zur Rechtsnatur der Obliegenheiten steht; siehe die Ausführungen Vorbem. Rn. 63; zur heute h. M. nur Berliner Kommentar/*Schwintowski,* § 6 VVG Rn. 18.

[520] Pkt. 15.2 DTV-Güter; zu den Grenzen dieser Pflicht (keine Pflicht zur Aushandlung von Reparaturrabatten) OLG Frankfurt/M. 23. 4. 1997, OLGR Frankfurt 1997, 246.

[521] Pkt. 15.2 S. 2 DTV-Güter.

[522] Pkt. 15.4 S. 1 DTV-Güter.

[523] Pkt. 15.3.1 und 2 DTV-Güter; das Havarie-Zertifikat ist dem VR einzureichen; zum Lloyd's Agent OLG Hamburg v. 28. 10. 1971, VersR 1972, 580.

Heiss $\qquad$

hältnis ein, vielmehr handelt der Kommissar im Auftrag des VR[524]. **Beweismittel** hat der VN sicher zu stellen[525].

147   Die Rolle des **Havariekommissars** ist auf die Schadenserhebung und folglich die Ausstellung des Havarie-Zertifikats beschränkt. Anerkenntnisse kann er nicht abgeben aber auch einen Schadensfall nicht als ungedeckt ablehnen[526]. Solange im Einzelfall nicht weiterreichende Kompetenzen eingeräumt sind[527], ist die eigentliche Schadensabwicklung ausschließlich dem VR selbst vorbehalten. Unmittelbar ihm gegenüber sind daher auch die Erklärungen und Anzeigen des VN abzugeben. Eine Zurechnung an den VR erfolgt allerdings hinsichtlich aller Erklärungen des VN, die der Havariekommissar im Rahmen seines Auftrags zur Schadenserhebung empfängt (z. B. Auskünfte des VN zur Schadensfeststellung nach Pkt. 15.4 DTV-Güter).

148   e) Zuletzt hat der VN **Regressrechte** des VR gegenüber (potentiell) schadensersatzpflichtigen Dritten zu wahren[528] und den VR beim Regress zu unterstützen[529]. Den VN trifft auch insofern eine **Beweissicherungspflicht**[530].

149   f) Obliegenheitsverletzungen **befreien** den VR von seiner Leistungspflicht, wenn den VN der Vorwurf **grober Fahrlässigkeit** oder des **Vorsatzes** trifft[531]. Diese Verschuldensform(en) hat – anders als nach § 28 Abs. 2 VVG – der VR zu beweisen, weil sie Voraussetzung der Leistungsfreiheit und nicht Voraussetzung einer Ausnahme zur Leistungsfreiheit ist (sind)[532]. Die Leistungsfreiheit tritt jedoch **insoweit nicht** ein, als keine ursächliche Beziehung zwischen Obliegenheitsverletzung und dem Eintritt des Versicherungsfalles oder dem Umfang der Leistungspflicht des VR besteht[533]. Dem VN steht somit ein **Kausalitätsgegenbeweis ohne Alles-oder-Nichts-Prinzip** offen[534]. Bemerkenswert ist, dass dieser Kausalitätsgegenbeweis nach den DTV-Güter in der Fassung von 2008 sogar dem vorsätzlich bzw. arglistig handelnden VN offen steht. Insofern sind die aktuellen DTV-Güter in der Fassung von 2008 weniger restriktiv als die vorigen Fassungen[535] bzw. die Regelung nach § 28 Abs. 3 S. 2 VVG. In Bezug auf den Kausalitätsgegenbeweis ist jedoch die auf § 242 BGB gestützte **Relevanzrechtsprechung** des BGH[536], die § 28 Abs. 3 VVG zu-

---

[524] Vgl. OLG Hamburg v. 19. 12. 1991, TranspR 1992, 70 = VersR 1992, 869; kritisch hierzu *Remé* VersR 2001, 414 (417); kritisch auch – weil von einem Doppelrechtsverhältnis des Havariekommissars zum VR und zum VN ausgehend – *Gielisch,* TranspR 1992, 313.

[525] Pkt. 15.4 S. 2 DTV-Güter.

[526] Vgl. zur Rolle der Havariekommissare und zum international bestehenden Netz *Enge,* S. 25; sowie *Remé/Gercke,* in: Münchener Anwalts-Handbuch, § 10, Rn. 99, 100.

[527] Was bisweilen in Form von „Schadenzahlungsklauseln" geschieht; auch hierzu *Enge,* S. 25.

[528] Vgl. § 86 Abs. 2 VVG, durch den das bisherige Aufgabeverbot nach § 67 VVG a. F. ebenfalls als umfassende Obliegenheit zur Regresswahrung ausgestaltet wurde, vgl. hierzu Begründung zum Gesetzesentwurf der Bundesregierung, BT-Drucks. 16/5862, S. 81 f.; vgl. auch BGH v. 16. 11. 1992, BGHZ 120, 216 = VersR 1993, 312 für den Fall, dass der VN zwar Ansprüche gegen den Frachtführer anmeldet, dann aber verjähren lässt (allerdings ist die Entscheidung auf Grundlage der ADS ergangen); zur Entscheidung *Remé,* VersR 2001, 414 (416).

[529] Pkt. 15.6 DTV-Güter; zu den zu ergreifenden Maßnahmen im Einzelnen *Ehlers,* S. 229; dies gilt im Übrigen nun auch nach § 86 Abs. 2 S. 1 VVG.

[530] Pkt. 15.4 DTV-Güter; diese Obliegenheit soll schon aus der Schadensminderungspflicht folgen; so *Ehlers,* S. 227 unter Berufung auf die SeeVsrechtliche Rspr.

[531] Pkt. 15.5 S. 1 DTV-Güter.

[532] Abweichend die Beweislastverteilung bei § 28 Abs. 2 VVG, wonach der VR Vorsatz nachweisen muss – dann gilt ein Alles-oder-Nichts-Prinzip – (§ 28 Abs. 2 S. 1 VVG) und der VN den Vorwurf der groben Fahrlässigkeit widerlegen muss – andernfalls verringert sich die Leistungspflicht des VR in einem der Schwere des groben Verschuldens entsprechenden Verhältnis (§ 28 Abs. 2 S. 2 a. E. VVG).

[533] Pkt. 15.5 S. 2 DTV-Güter.

[534] Die Regelung entspricht insofern ganz dem Muster des § 28 Abs. 3 S. 1 VVG.

[535] Vgl. Pkt. 15.6 S. 2 DTV-Güter in der ursprünglichen Fassung von 2000 sowie in der Fassung von 2004.

[536] Zu ihr *Römer/Langheid/Römer,* § 6 VVG Rn. 51 ff.; die Anwendbarkeit der Relevanzrechtsprechung bejaht auch *Ehlers,* S. 231 f.; ebenso *Veit/Gräfe/Hoeft,* § 6 Rn. 450.

grunde gelegt wurde[537], zu beachten. Eine gesonderte Regelung sieht Pkt. 15.6 Abs. 2 DTV-Güter für die **Verletzung der Obliegenheit zur Regresswahrung** nach Pkt. 15.6 DTV-Güter vor. In der Sache unterscheidet sich die Regelung allerdings nicht von der Regelung nach Pkt. 15.5 DTV-Güter. Auch nach Pkt. 15.6 müssen zwei kumulative Kriterien erfüllt sein, damit der VR leistungsfrei wird: erstens ein gesteigertes Verschulden (Vorsatz oder grobe Fahrlässigkeit) und zweitens eine ursächliche Beziehung zwischen der Verletzung der Obliegenheit zur Regresswahrung und dem Scheitern des Regresses des VR.

g) Im Transportversicherungsrecht gilt wie anderswo die Rspr. zur Haftung des VN für **150** seine **Repräsentanten**[538]. Danach ist dem VN ein Verhalten desjenigen zuzurechnen, der „in dem Geschäftsbereich, zu dem das versicherte Risiko gehört, aufgrund eines Vertretungs- oder ähnlichen Verhältnisses an die Stelle des VN getreten und befugt ist, selbständig in einem gewissen Umfang für diesen zu handeln und auch dessen Rechte und Pflichten als VN wahrzunehmen"[539]. **Nicht** hierher gehören in der Güterversicherung der **Kapitän**[540] und – umso weniger – die **Schiffsbesatzung**[541]. Zu Recht kritisiert wird die Rspr. des OLG Karlsruhe, wonach ein Dritter, der für den VN oder Versicherten die Verladung der Güter vornimmt, Repräsentant sei[542]. Repräsentanteneigenschaft spricht die Rspr. auch einem selbständigen Unternehmer zu, der Güter des VN eigenverantwortlich packt und staut[543]. **Nicht** zu den Repräsentanten zählt der **Spediteur**[544], zumindest soweit er nicht mit der selbständigen Verpackung des Transportgutes beauftragt ist[545], sowie ein **Unterfrachtführer,** auch wenn er im Vertrag mitversichert ist[546]. Versichert der Eigentümer seine Sache (hier: nach den ADB 1963), so ist der **Mieter** dieser Sache, der die alleinige Obhut ausübt, sein Repräsentant hinsichtlich der erforderlichen Beaufsichtigung der Sache[547]. Der **LKW-Fahrer** ist **nicht** Repräsentant[548], so weit er nicht ganz ausnahmsweise auch die technischen und kaufmännischen Geschicke seines Transportunternehmens in der Hand hat[549].

[537] S. Begründung zum Gesetzesentwurf der Bundesregierung, BT-Drucks. 16/5862, S. 69.
[538] Siehe *Thume/de la Motte/Thume*, Kap. 2 Rn. 26ff.; *Römer/Langheid/Römer*, § 6 VVG Rn. 145ff. sowie § 130 VVG Rn. 2; zur Ablehnung einer Repräsentantenhaftung nach der österreichischen Rspr. die Nachweise bei *Heiss/Lorenz*, § 6 VVG Rn. 18.
[539] BGH v. 24. 2. 1986, VersR 1986, 696 (697) m. w. N. insbesondere zur Rspr. des BGH; zu den Beispielen in der Transportversicherung *Thume/de la Motte/Thume*, Kap. 2 Rn. 29ff.; *Karstaedt*, S. 86ff. (Seegüterversicherung); *Ehlers*, S. 236ff.; *ders*, TranspR 2000, 11 (19); *Remé*, VersR 1989, 115 (117: Seewarenversicherung; 118: Binnenwarenversicherung).
[540] BGH 28. 4. 1980, BGHZ 77, 88 = VersR 1980, 964 = NJW 1980, 2817; OLG Hamburg v. 18. 8. 1983, VersR 1983, 1151 (1153); hierzu *Thume/de la Motte/Thume*, Kap. 2 Rn. 29; Berliner Kommentar/ *Dallmayr*, § 130 VVG Rn. 10ff.; *Römer/Langheid/Römer*, § 130 VVG Rn. 2; vgl. OLG Karlsruhe v. 2. 6. 1981, VersR 1983, 74 (*Bauer*) (Schiffsführer).
[541] Dies stellt der durch die VVG-Reform neu gefasste § 137 Abs. 2 VVG nun (u. a. auch für die Güterversicherung) ausdrücklich klar; vgl. auch RG v. 20. 4. 1921, RGZ 102, 111; OLG Hamburg v. 28. 8. 1958, MDR 1959, 395; hierzu Berliner Kommentar/*Dallmayr*, § 130 VVG Rn. 10ff.
[542] OLG Karlsruhe v. 2. 9. 1994, TranspR 1994, 445 = VersR 1995, 413 (nur Ls.); kritisch hierzu Berliner Kommentar/*Dallmayr*, § 130 VVG Rn. 12.
[543] OLG Hamburg v. 6. 3. 1969, VersR 1969, 558.
[544] Vgl. *Sieg*, TranspR 1995, 195 (196).
[545] *Thume/de la Motte/Thume*, Kap. 2 Rn. 29.
[546] Vgl. ÖOGH 20. 7. 1989, TranspR 1991, 37 (für die Haftpflichtversicherung), wo auch darauf hingewiesen wird, dass das Verhalten des Versicherten dem VN im Rahmen seiner Eigenversicherung nicht zuzurechnen ist; hierzu allgemein auch *Prölss/Martin/Prölss*, § 79 VVG Rn. 2.
[547] LG München I v. 31. 10. 1974, VersR 1975, 236.
[548] BGH v. 24. 2. 1986, VersR 1986, 696; BGH v. 14. 4. 1971, VersR 1971, 538; LG Berlin v. 27. 6. 1989, VersR 2000, 1006; OLG Köln v. 20. 2. 2001, NVersZ 2001, 335 = r+s 2001, 349 = ZfS 2001, 419; vgl. jedoch LG Köln v. 27. 6. 1979, VersR 1980, 139 (wo die Leistungsfreiheit durch die AVB auch auf grob fahrlässige Herbeiführung durch den Fahrer als „Beauftragten" ausgedehnt wurde).
[549] So im Falle LG Berlin v. 27. 6. 1989, VersR 2000, 1006; vgl. auch OLG Hamburg v. 28. 1. 1993, TranspR 1993, 361, wo der Ehemann der Klägerin eben keineswegs nur als LKW-Fahrer tätig war (für die Verkehrshaftungsversicherung).

IX. Versicherungsfall

1. Verursachung und Beweislast

151   a) Im Versicherungsfall ist zuallererst der Geschehensablauf festzustellen. Der VR haftet nur dann, wenn sich eine **versicherte Gefahr** verwirklicht hat. Der Eintritt der versicherten Gefahr muss einen **versicherten Schaden** verursacht haben.

152   b) Im **Seeversicherungsrecht** gilt die Lehre von der **causa proxima**[550]. Die Rspr. hat sie vielfach angewandt und im Einzelnen ausgeprägt[551]. Nur eine causa kann die proxima sein, sodass mithilfe dieser Rechtsfigur auch Fragen konkurrierender Ursachen gelöst werden. Es ist nämlich unter mehreren Ursachen, die an einem Schaden mitgewirkt haben, gemäß einem zeitlichen und sachlichen Verständnis nur die nächste, d. h. wirksamste, erheblichste, als ursächlich anzusehen[552]. Nach richtiger Ansicht tritt daher die Lehre von der causa proxima nicht an die Stelle der Äquivalenz- und Adäquanztheorie, sondern wählt innerhalb mehrerer äquivalenter und adäquater Ursachen die entscheidende Ursache als allein maßgebende aus[553].

153   c) **Außerhalb** des Seeversicherungsrechts gilt die Lehre von der causa proxima **nicht**[554]. Nach *Ehlers* soll jedoch Pkt. 2.6 DTV-Güter die Anwendung der Lehre auch bei der Binnen- und Lufttransportversicherung sicherstellen[555]. Dies mag die Absicht der Verfasser dieser Klausel gewesen sein, eine nach den Grundsätzen der AVB-Interpretation erfolgende Auslegung kann indessen nicht zu diesem Ergebnis kommen. Pkt. 2.6 DTV-Güter hat es nämlich mit der Situation zu tun, dass mehrere Ursachen als conditiones sine quibus non in Frage kommen, man aber die wirkliche conditio nicht kennt. Es geht also in Pkt. 2.6 DTV-Güter keineswegs darum, durch das proxima-Kriterium unter mehreren conditiones sine quibus non die entscheidende herauszufiltern. Vielmehr wählt Pkt. 2.6 DTV-Güter unter mehreren alternativ sich anbietenden Ursachen jene aus, für welche die überwiegende Wahrscheinlichkeit spricht[556]. Jenseits der Seeversicherung bleibt es somit bei den allgemeinen versicherungsrechtlichen Kausalitätslehren, die im Wesentlichen an die **Adäquanztheorie** anknüpfen[557].

154   d) Die **Beweislast** für die Kausalität einer versicherten Gefahr trifft nach allgemeinen Grundsätzen den **VN**[558]. In der Transportversicherung gilt dieser Grundsatz allerdings nur bei **eingeschränkter Deckung**. Bei **Allgefahrendeckung** braucht demgegenüber nur dargetan zu werden, dass der Schaden im **Deckungszeitraum** eingetreten ist[559]. Der VN muss

---

[550] Allgemein zu Kausalitätsfragen in der Seeversicherung *Schulze,* VersR 1958, 274.

[551] RG v. 5. 12. 1936, RGZ 153, 113 (118 ff.); RG v. 28. 11. 1941, RGZ 169, 1 (17 ff.); BGH v. 8. 5. 2002, TranspR 2003, 74 (75 f.), wo es um einem kombinierten Transport geht; OLG Hamburg v. 11. 6. 1987, TranspR 1988, 79 (83); OLG Hamburg v. 18. 8. 1983, VersR 1983, 1151; OLG Hamburg v. 29. 11. 1962, VersR 1963, 449 (453).

[552] Berliner Kommentar/*Dallmayr,* § 131 VVG Rn. 13; *Puttfarken,* S. 392; kritisch zur causa proxima-Regel *Schwampe,* TranspR 2006, 55, (57 f.).

[553] So auch *Ehlers,* S. 53 f.; deutlich RG v. 28. 11. 1941, RGZ 169, 1 (17); OLG Hamburg v. 29. 11. 1962, VersR 1963, 449 (453).

[554] Vgl. Berliner Kommentar/*Schauer,* Vorbem. §§ 49–68a VVG Rn. 29 und 30, der wie hier zwischen Seeversicherung und anderen Versicherungen unterscheidet; ebenso *Schwampe,* TranspR 2006, 55 (57).

[555] *Ehlers,* S. 54, ders., TranspR 2006, 7 (14 f.) sowie *Thume/de la Motte/Ehlers,* Kap. 3 Rn. 32 ff. und Rn. 161 ff.

[556] Hierzu noch sogleich Rn. 155.

[557] Näheres hierzu – und insbesondere auch zur Lösung des Kumulproblems – Berliner Kommentar/*Schauer,* Vorbem. §§ 49–68a VVG Rn. 31 ff.

[558] Zur Beweislast im Versicherungsfall Berliner Kommentar/*Schauer,* Vorbem. §§ 49–68a VVG Rn. 66.

[559] Berliner Kommentar/*Dallmayr,* Vorbem. § 129 VVG Rn. 14; ebenso *Veit/Gräfe/Hoeft,* § 6 Rn. 389; näher hierzu mit Beispielen *Enge,* S. 56 f.; vgl. BGH v. 28. 4. 1980, VersR 1980, 964, wo die genaue Schadensursache wegen der Allgefahrendeckung offen bleiben konnte; instruktiv auch OLG Hamburg v. 11. 10. 1979, VersR 1980, 576.

daher nur beweisen, dass die Güter auf den Transport gelangt sind[560]. Dieser Beweis kann durch die Vorlage eines Konnossements geführt werden, solange nicht andere Umstände gegen dessen Richtigkeit sprechen[561]. Beruft sich der VR demgegenüber darauf, eine **ausgeschlossene Ursache** hätte den Schaden herbeigeführt, so trifft ihn hierfür die volle Beweislast[562]. Dabei reicht es z. B. nicht aus, wenn der VR behauptet, ein Kriegsrisiko habe sich verwirklicht, und nachweist, dass die Holzladung eines unter Beschuss liegenden Schiffes verbrannt ist. Dies jedenfalls dann nicht, wenn Raketenbeschuss das Holz nur in Zusammenwirken mit aus dem Tank ausgetretenem Dieselöl als Brandbeschleuniger entflammen konnte[563]. Insbesondere genügt es z. B. nicht, das Vorliegen mangelhafter Verpackung zu beweisen, wenn der Verpackungsmangel mit dem späteren Schaden nichts zu tun hat (hier: Wasserschaden, der auch bei sachgemäßer Verpackung eingetreten wäre)[564]. Jedoch soll es ausreichen, wenn der VR Verpackungsmängel nachweist, die selbst einem Laien einleuchten und Anhaltspunkte für ungewöhnliche Transporterschütterungen nicht vorliegen[565].

e) Dabei regeln die DTV-Güter für bestimmte, nicht versicherte Gefahren (innerer Ver- **155** derb, handelsübliche Mengendifferenzen und dgl., Luftfeuchtigkeit und Temperaturschwankungen) den Fall, dass die eigentliche Ursache unklar bleibt, der Versicherungsfall also entweder durch eine versicherte oder durch eine ausgeschlossene Ursache hervorgerufen wurde: In dieser Situation soll es für die Deckungspflicht des VR ausreichen, wenn der Schaden mit **überwiegender Wahrscheinlichkeit** durch eine versicherte Ursache herbeigeführt wurde[566]. Das Beweismaß der überwiegenden Wahrscheinlichkeit erinnert an das englische Zivilprozessrecht, wo für den Beweis eine preponderance of evidence gefordert wird. Es folgt – wenn man Pkt. 2.6 DTV-Güter einmal umgekehrt liest –: Der VR braucht schon dann nicht zu leisten, wenn unter zwei möglichen Ursachen die ausgeschlossene die größere Wahrscheinlichkeit für sich hat. In der Allgefahrendeckung, wo der VN die Kausalität einer bestimmten Gefahr nicht nachzuweisen braucht, wird somit das **Beweismaß** für das Eingreifen eines der genannten Risikoausschlüsse zugunsten des VR **gesenkt**. Bei eingeschränkter Deckung kommt der VN, der die Kausalität einer versicherten Ursache nachzuweisen hat, in den Genuss dieser Beweismaßsenkung.

2. Insb.: Sachverständigenverfahren

a) Die Feststellung von **Ursache** und **Höhe** des Schadens mag besonderen Sachverstand **156** erfordern[567]. Wie in verschiedenen anderen Sparten auch stellen daher die DTV-Güter den

---

[560] Vgl. OLG Hamburg v. 6. 8. 1998, TranspR 1999, 254.

[561] Siehe z. B. den Fall OLG Hamburg v. 6. 8. 1998, TranspR 1999, 254; zu Praktiken von Verkäufern, vom Verfrachter ein „reines Konnossement" durch eine Haftungsfreistellungsverpflichtung zu erlangen *Enge,* S. 170f mit Nachweis zur Rspr.; vgl. OLG Hamm v. 7. 11. 1994, TranspR 1995, 124; sowie OLG Düsseldorf v. 17. 2. 1994, TranspR 1995, 167; zur Haftung eines Verfrachters gegenüber einer Akkreditivbank wegen Falschangaben in einem Konnossement s. BGH v. 15. 3. 2004, VersR 2005, 292, (293f.); nach Zurückverweisung durch den BGH bejahte das OLG Hamburg die Haftung des Seefrachtführers wegen vorsätzlicher sittenwidriger Schädigung gem. § 826 BGB gegenüber der Akkreditivbank, die gegen Vorlage des wahrheitswidrig ausgefüllten Konnossements gezahlt hatte; s. OLG Hamburg v. 16. 9. 2004, TranspR 2005, 159 (160f.); dazu und zu weiteren Einzelheiten in diesem weit angelegten Betrugsfall, durch den mehrere arabische Banken geschädigt wurden s. auch *Nielsen,* TranspR 2005, 145.

[562] Berliner Kommentar/*Schauer,* Vorbem. §§ 49–68a VVG Rn. 68, wo auch darauf hingewiesen wird, dass der VN das Vorliegen der „Ausnahme von der Ausnahme" (also den teilweisen Einschluss eines grundsätzlich ausgeschlossenen Risikos) zu beweisen hat.

[563] In diesem Sinne OLG Hamburg v. 28. 2. 2002, TranspR 2002, 364.

[564] ÖOGH v. 6. 11. 1986, TranspR 1987, 459.

[565] Vgl. OLG Hamburg v. 28. 2. 1985, TranspR 1985, 293 = VersR 1986, 1016.

[566] Pkt. 2.6 DTV-Güter; vgl. OLG Köln v. 1. 12. 1977, VersR 1978, 760, für § 2 Abs. 3 ADB 1963, wo bei Ungewissheit über die Schadensursache die Vermutung für die in Frage stehende ausgeschlossene Ursache spreche, der VN das Fehlen der Kausalität also zu beweisen hätte.

[567] Vgl. BGH v. 28. 6. 1993, TranspR 1993, 396, wonach sich das Sachverständigenverfahren eben nur auf Ursache und Höhe des Schadens bezieht.

Parteien ein **Sachverständigenverfahren** zur Verfügung[568]. Es ist auf Verlangen einer Partei durchzuführen[569]. Es handelt sich nicht um ein Schiedsverfahren im eigentlichen Sinne, sondern um die verbindliche Feststellung von Tatbestandselementen[570]. Die Entscheidung der Sachverständigen ist allerdings für ein Gericht verbindlich, es hat insbesondere eine eigene Beweiserhebung und -würdigung zu unterlassen[571]. Die Bindungswirkung entfällt nur dann, wenn die Entscheidung der Sachverständigen erheblich und offenkundig von der Wirklichkeit abweicht[572]. Die Versicherungsleistung wird nicht fällig, solange das Sachverständigenverfahren läuft[573].

157 **b)** Wird ein solches Verfahren durchgeführt, so benennt jede Partei einen **Sachverständigen**[574]. Die beiden Sachverständigen wählen einen Dritten als **Obmann**[575]. Können oder wollen die Sachverständigen bzw. der Obmann die Feststellungen nicht treffen oder verzögern sie die Feststellungen ungewöhnlich, so sind neue Sachverständige zu benennen[576].

158 **c)** Jeder Sachverständige erstellt ein **Gutachten,** das alle erforderlichen Angaben enthält[577]. Die beiden Gutachten werden den Parteien gleichzeitig präsentiert[578]. Bei Abweichungen übergibt sie der VR dem Obmann, der die streitigen Punkte entscheidet, wobei sich seine **Entscheidung** innerhalb der Grenzen der divergierenden Gutachten bewegen muss[579].

159 **d)** Die **Kosten** des Verfahrens werden vom VR getragen, wenn er dessen Durchführung verlangt[580]. Wird das Sachverständigenverfahren aufgrund einer Einigung der Parteien oder aber auf Verlangen des VN geführt, dann trägt jede Partei die Kosten ihres Sachverständigen, die Kosten des Obmanns werden hälftig geteilt[581].

3. Haftungsgrenzen des Versicherers

160 **a)** Unabhängig von der konkreten Schadenshöhe haftet der VR nur binnen bestimmter Betragsgrenzen. Die **äußerste Grenze** bildet dabei die **Versicherungssumme**[582]. Eine Ausnahme enthält Pkt. 2.3.3 DTV-Güter für die Beiträge zur großen Haverei und Schadensabwendungs-, Schadensminderungs- und Schadensfeststellungskosten[583]: Sie werden auch dann ersetzt, wenn sie zusammen mit dem Schaden die Versicherungssumme übersteigen.

---

[568] Pkt. 20 DTV-Güter; zu Vorläufern dieser Bestimmung und insgesamt zur historischen Entwicklung *Schubert*, S. 25 ff.

[569] Pkt. 20 DTV-Güter.

[570] Siehe Berliner Kommentar/*Beckmann*, § 64 VVG Rn. 5; vgl. auch *Prölss/Martin/Voit*, § 64 VVG Rn. 8.

[571] Pkt. 20.6 DTV-Güter; vgl. Berliner Kommentar/*Beckmann*, § 64 VVG Rn. 11; die Bindungswirkung gilt nur im Aufgabenfeld der Sachverständigen (Ursache und Höhe des Schadens), nicht auch für sonstige Feststellungen und Rechtsausführungen; vgl. BGH v. 28. 6. 1993, TranspR 1993, 396.

[572] Pkt. 20.6 DTV-Güter; zu diesen Kriterien *Prölss/Martin/Voit*, § 64 VVG Rn. 35 ff.

[573] Siehe unten Rn. 175.

[574] Pkt. 20.1 DTV-Güter; dort auch zur hilfsweisen Benennung durch die IHK bzw. die deutschen konsularischen Vertretungen am Güterbelegenheitsort, falls eine Partei auch nach schriftlicher Aufforderung durch die andere keinen Sachverständigen benennt; zu den Qualifikationen des Sachverständigen und zum Rechtsverhältnis des Sachverständigen zu den Parteien siehe *Schubert*, S. 199 ff.

[575] Pkt. 20.2 DTV-Güter; dort auch zur hilfsweisen Benennung durch die IHK bzw. die deutschen konsularischen Vertretungen am Güterbelegenheitsort, falls sich die Sachverständigen nicht auf einen Obmann einigen; zur Stellung des Obmanns *Schubert*, S. 236 f.

[576] Pkt. 20.7 DTV-Güter.

[577] Pkt. 20.3 DTV-Güter; zum Inhalt des Gutachtens (nach den alten DTV-Güter) *Schubert*, S. 159 ff. (dort auch zur Begründung, Verständlichkeit und Form).

[578] Pkt. 20.4 S. 1 DTV-Güter.

[579] Pkt. 20.4 S. 2, 3 DTV-Güter.

[580] Pkt. 20.5 S. 4 DTV-Güter.

[581] Pkt. 20.5 S. 1–3 DTV-Güter.

[582] Pkt. 21.1 DTV-Güter.

[583] Diese Regelung wird in Pkt. 21.3 DTV-Güter ausdrücklich vorbehalten.

Nach Pkt. 21.2 S. 1 DTV-Güter gilt dies „auch für jeden späteren Versicherungsfall". Diese nicht eindeutige Formulierung wird in ihrem Gehalt klar, wenn man den folgenden S. 2 liest. Ihm zufolge werden Beiträge zur Haverei und aufgewendete Schadensabwendungs-, Schadensminderungs- und Schadensfeststellungskosten nicht von der Versicherungssumme abgezogen. Dasselbe gilt, wenn die Entschädigung des VR zur Wiederherstellung bzw. Ausbesserung beschädigter Güter geleistet wird. Es folgt, dass die **Versicherungssumme** in anderen Fällen für die restliche Versicherungsdauer in Höhe der Ersatzleistung gekürzt wird. Wird nämlich die Versicherungsleistung nicht zur Wiederherstellung bzw. Ausbesserung der Güter verwendet, so besteht insofern auch kein versichertes Interesse mehr.

b) Die Höhe der Versicherungssumme wird vereinbart, ihre Berechnung erfolgt gemäß **161** Pkt. 10.1 DTV-Güter. Demnach soll die Summe dem **Versicherungswert** entsprechen. Dieser bestimmt sich nach dem **gemeinen Handelswert** bzw. dem gemeinen Wert[584]. Der Wert ist objektiv zu ermitteln, also ohne Rücksicht auf eine besondere subjektive Wertbeziehung des VN zum versicherten Gut. Abzustellen ist ferner auf die Verkehrskreise, denen der VN angehört (Produzent, Großhändler, Einzelhändler)[585]. Maßgebend ist der gemeine (Handels-)Wert der Güter am **Absendeort** und im Zeitpunkt des **Versicherungsbeginns**[586]. Zum gemeinen Wert **hinzugerechnet** werden die Versicherungskosten, sowie die Kosten, welche bis zur Annahme durch den Verfrachter entstehen, und die endgültig bezahlte Fracht[587]. Erstreckt sich die Versicherung auch auf Interessen nach Pkt. 1.1.3 DTV-Güter (imaginärer Gewinn, Mehrwert, Zoll, Fracht, Steuern und Abgaben, sonstige Kosten), so sind diese nur versichert, wenn ihr Wert in der Versicherungssumme und damit im Versicherungswert eingerechnet sind[588]. Der imaginäre Gewinn gilt im Zweifel als mit 10% des Versicherungswerts versichert[589]. Der Versicherungswert kann **taxiert** sein, womit im Regelfall eine genaue Wertermittlung unterbleiben kann[590]. Sollte der taxierte Wert den tatsächlichen Wert **erheblich** übersteigen[591], so kann der VR **jederzeit** eine **Herabsetzung** der Taxe fordern[592].

c) Dieselben Regeln gelten, wenn **sonstige Interessen separat,** also in einem eigenen **162** Versicherungsvertrag versichert werden[593].

4. Berechnung der Ersatzleistung

Für die Berechnung der Ersatzleistung unterscheiden die DTV-Güter den **Verlust,** die **163** **Beschädigung** und die vor Transportende erfolgende **Veräußerung** der Güter.

a) Dem (vollständigen oder teilweisen) **Verlust** steht es gleich, wenn die Güter ohne **164** Hoffnung, wiedererlangt zu werden, entzogen, nach dem Urteil eines Sachverständigen in ihrer ursprünglichen Beschaffenheit zerstört oder aber verschollen sind[594]. In diesem Fall **kann** der VN den auf die verlorenen Güter entfallenden Teil der **Versicherungssumme** verlangen. Hiervon abgezogen wird der Wert **geretteter** Güter. Gemeint sind solche Güter, die im Zeitpunkt der Zahlung der Versicherungssumme gerettet sind, nicht auch solche, die

---

[584] Pkt. 10.2 DTV-Güter.
[585] Zu alledem *Enge,* S. 172.
[586] Pkt. 10.2 DTV-Güter.
[587] Pkt. 10.2 DTV-Güter.
[588] Pkt. 10.3 S. 1 DTV-Güter.
[589] Pkt. 10.3 S. 2 DTV-Güter.
[590] Pkt. 10.5 Abs. 1 S. 1 DTV-Güter.
[591] In der Regel liegt Erheblichkeit vor, wenn der tatsächliche den taxierten Wert zumindest um 10% übersteigt; vgl. Berliner Kommentar/*Schauer,* § 57 VVG Rn. 14 m.w.N.
[592] Pkt. 10.5 Abs. 1 S. 2 DTV-Güter; zum entscheidenden Zeitpunkt nach § 76 VVG, der § 57 VVG a. F. entspricht, siehe Berliner Kommentar/*Schauer,* § 57 VVG Rn. 15 f.; zu einzelvertraglich vereinbarten Anpassungsverzichten des VR *Ehlers,* S. 179.
[593] Pkt. 10.4 und 10.5 Abs. 2 DTV-Güter.
[594] Pkt. 17.1 und – für die Verschollenheit – 17.2 DTV-Güter; vgl. OLG Hamburg v. 10. 4. 1986, TranspR 1986, 389; vgl. oben Rn. 92.

später wieder auftauchen[595]. Der VN kann auf diesen Zeitpunkt Einfluss nehmen, denn die Ersatzleistung hängt von seinem **Verlangen** ab[596].

165   b) Im Falle einer **Beschädigung** ist der Schaden anhand des **Wertverlusts** zu bestimmen[597]. In diesem Fall sind der **Gesundwert** und der **Krankwert** zu ermitteln[598]. Der Gesundwert ist der gemeine (Handels-)Wert der Güter in unbeschädigtem Zustand und am **Ablieferungsort**[599]. Der **Schaden** umfasst jenen Bruchteil des Versicherungswerts, der dem Verhältnis des Wertunterschieds von Gesund- und Krankwert zum Gesundwert entspricht[600]. Beispiel: Betragen der Versicherungswert 9.–, der Gesundwert (am Ablieferungsort) 12.– und der Krankwert 4.–, so beträgt der Wertunterschied 8.–. Das Verhältnis von Wertunterschied zum Gesundwert ist 8/12 also 2/3. Demgemäß sind 2/3 des Versicherungswerts (9.–), also 6.–, der Schaden. Bei allem kann der VR verlangen, dass der Krankwert **konkret**, also durch Verkauf der beschädigten Güter – freihändig oder durch öffentliche Versteigerung – ermittelt wird[601]. In diesem Fall gilt der **Bruttoerlös** als Krankwert. Sollte der versicherte Verkäufer vorleistungspflichtig sein, so übernimmt der VR, wenn er den Verkaufsbedingungen zustimmt, zusätzlich das **Bonitätsrisiko**[602].

166   c) In bestimmten Fällen kann der VN **wahlweise** zu den Regelungen in Pkt. 17.1 und 17.3 DTV-Güter auch die Kosten der Wiederherstellung bzw. Wiederbeschaffung verlangen[603]. Dies gilt bei Beschädigung bzw. Verlust von **Teilen der Güter**[604]. Wird allerdings ein Gut beschädigt oder geht es verloren, das Teil einer **Sachgesamtheit** ist[605], so werden die Kosten der Wiederherstellung bzw. Wiederbeschaffung nur ersetzt, wenn sie möglich bzw. sinnvoll ist. Im Übrigen erfolgt Ersatz wie bei Totalverlust, wobei **Restwerte** angerechnet werden[606]. Ferner können die Kosten der Wiederherstellung bzw. Wiederbeschaffung beim Transport gebrauchter **Maschinen,** Geräte, Apparate, Fahrzeuge und deren Teile ersetzt werden. Beträgt der Zeitwert dieser Gegenstände weniger als 40% des Neuwerts, so wird höchstens der **Zeitwert** ersetzt[607].

167   d) In bestimmten Situationen wird der begonnene **Transport aufgegeben** oder aus anderem Grunde **nicht vollendet,** ohne dass der VR von der Leistungspflicht befreit wird. Einen Fall der Aufgabe eines Transportes bei aufrechter Leistungspflicht regelt z. B. Pkt. 6.2 DTV-Güter. Ist in einem solchen Fall der Weitertransport der Güter untunlich, weil die Kosten unverhältnismäßig sind[608] oder aber die Beendigung der Beförderung unangemessen lange dauern würde, so kann der VR den **Verkauf** der Güter – freihändig oder in öffentlicher Versteigerung – verlangen. Diesem Verlangen hat der VN unverzüglich zu entsprechen[609]. Zu einem Verkauf der Güter kann es aber auch als notwendige Folge eines Versicherungsfalles kommen[610]. Der VN erleidet hier jedenfalls einen Schaden in Höhe der Differenz von Versicherungssumme und Erlös. Diesen hat der VR zu ersetzen[611]. Wird beim Verkauf der Kauf-

---

[595] Zum Schicksal der anderen Güter Pkt. 18.1 DTV-Güter; vgl. *Ritter/Abraham*, § 71 Rn. 23.

[596] Zur Rechtsnatur des Verlangens vgl. *Ritter/Abraham*, § 71 Rn. 17.

[597] Pkt. 17.3 DTV-Güter.

[598] Vgl. *Ehlers*, S. 250 ff.; *Thume/de la Motte/Thume*, Kap. 3 Rn. 466 ff.; *Veit/Gräfe/Hoeft*, § 6 Rn. 167 ff.

[599] Pkt. 17.3.1 S. 1 DTV-Güter.

[600] Pkt. 17.3.1 S. 2 DTV-Güter.

[601] Pkt. 17.3.2 DTV-Güter; näher hierzu *Ehlers*, S. 252 f.

[602] Pkt. 17.3.2 S. 2.

[603] Pkt. 17.4 DTV-Güter; zum Begriff der Kosten der Wiederherstellung bzw. Wiederbeschaffung detailliert *Ehlers*, S. 254 f.

[604] Pkt. 17.4.1 DTV-Güter.

[605] Zum Begriff der Sachgesamtheit mit Beispielen *Ehlers*, S. 255.

[606] Pkt. 17.4.2 DTV-Güter.

[607] Pkt. 17.4.3 DTV-Güter.

[608] Zur Kostentragungspflicht des VR Pkt. 2.3.1.3 DTV-Güter.

[609] Pkt. 17.6.1 DTV-Güter.

[610] Pkt. 17.6.2 S. 2 DTV-Güter.

[611] Pkt. 17.6.2 DTV-Güter.

preis kreditiert und hat der VR dem zugestimmt, dann haftet der VR auch für die Bonität des Käufers[612].

e) Im Falle einer **Unterversicherung** gilt die Proportionalitätsregel **ähnlich** § 75 **168** VVG[613]. Die Regelung weicht insofern von § 75 VVG ab, als dass sie – wie § 57 VVG a. F. – bei jeder Unterschreitung des Versicherungswertes eingreift und nicht nur bei einer erheblichen. Weiterhin erstreckt sie die Proportionalitätsregel nicht nur auf den Schadensersatz, sondern auch auf den Ersatz der Aufwendungen[614]. Die Regel gilt auch für die Beiträge zur großen Haverei[615]. Das gilt – ganz gleich § 76 S. 3 VVG – auch, wenn der Versicherungswert taxiert wurde und selbst bei erheblicher Übersetzung der Taxe[616]: Hier wird die Entschädigung nach dem Verhältnis der Versicherungssumme zur vereinbarten Taxe gekürzt. Die Proportionalitätsregel in Pkt. 10.5 S. 3 DTV-Güter bezieht sich allerdings nur auf den Schaden, nicht auf die Aufwendungen[617].

f) Für die Ermittlung des **Gewinnschadens** gelten dieselben Grundsätze. Daher erhält **169** der VN denselben Anteil (Schadensprozentsatz) an der (dem imaginären Gewinn gewidmeten) Versicherungssumme, wie er ihn für den Wertersatz erhält. Das ist bedenklich, weil der Verlust imaginären Gewinns deutlich höher sein kann, als es der Prozentsatz ausdrückt[618]. Nichts anderes gilt für **Mehrwert, Zoll, Fracht und sonstige Kosten.** Diese Schäden werden indessen nur ersetzt und die zugehörigen Versicherungssummen bei der Schadenberechnung nur veranschlagt, wenn das versicherte Interesse im Zeitpunkt des Versicherungsfalles entstanden war[619]. Beispiele für nicht entstandene Interessen hat *Enge* formuliert[620]: Im Rahmen eines (unter Einschluss des imaginären Gewinns) versicherten cif-Geschäfts gehen die Güter auf dem Weg zum Verschiffungshafen total verloren. Zumal der imaginäre Gewinn ein versicherbares Interesse des Käufers ist, welches noch nicht entstanden war, wird der imaginäre Gewinn von der Versicherungssumme abgezogen. Dasselbe gilt mit Blick auf Zollkosten, wenn diese aufgrund des Versicherungsfalles nicht anfallen. Umgekehrt mag es sein, dass sich der VN infolge des Versicherungsfalles **Kosten spart;** sie werden ebenfalls von der Versicherungssumme abgezogen, die der Schadensberechnung zugrunde gelegt wird[621].

g) Die Ersatzleistung wird um jene Beträge gekürzt, die der VN **anderweitig** als **Scha-** **170** **densersatz** erhalten hat[622]. Der anderweitige Ersatz muss in einem direkten Kausalitätsverhältnis zum Versicherungsfall stehen[623]. Hierher zählen insbesondere Schadensersatzleistungen deliktisch oder vertraglich haftender Dritter, die der VN erhält[624].

h) Einen **Selbstbehalt** schließen die DTV-Güter ausdrücklich aus[625]. Eine einzelvertragliche Regelung ist freilich möglich.　　　**171**

i) Die soeben beschriebenen Regeln des Schadensersatzes kann der VR allesamt umgehen, indem er sein **Abandonrecht** gem. Pkt. 19 DTV-Güter ausübt. Die Ausübung dieses Rechts verpflichtet den VR zur Zahlung der Versicherungssumme, setzt die Zahlung aller-　　**172**

---

[612] Pkt. 17.6.3 DTV-Güter.
[613] Pkt. 17.5 DTV-Güter.
[614] So ausdrücklich Pkt. 17.5 DTV-Güter.
[615] Pkt. 10.5 S. 3 und 2.3.1.1 S. 3 DTV-Güter.
[616] Vgl. Pkt. 10.5 S. 3 DTV-Güter.
[617] Vgl. den Wortlaut des Pkt. 10.5 S. 3 im Gegensatz zu Pkt. 17.5 („… und Aufwendungen …") DTV-Güter.
[618] Beispiele bei *Enge,* S. 177.
[619] Pkt. 17.7 S. 1 DTV-Güter.
[620] Zum folgenden *Enge,* S. 48.
[621] Pkt. 17.7 S. 2 DTV-Güter.
[622] Pkt. 17.8 DTV-Güter.
[623] Vgl. zu dieser Abgrenzung *Ehlers,* S. 269.
[624] Vgl. im Einzelnen *Prölss/Martin/Kollhosser,* § 55 VVG Rn. 38–41.
[625] Pkt. 2.1 DTV-Güter: „… ohne Franchise …".

dings nicht voraus[626]. Sie hat zur Folge, dass der VR von allen weiteren Verbindlichkeiten befreit ist. Das gilt – freilich erst ab Zugang der Erklärung, wonach er sein Abandonrecht ausübe, beim VN[627] – insbesondere für Kosten der Schadensabwendung, -minderung und -fest-
stellung, welche sonst über die Versicherungssumme hinaus zu ersetzen sind. Der VN erhält
somit ohne weiteres die Versicherungssumme und bleibt darüber hinaus weiterhin Berechtigter an den versicherten Sachen[628]. Seinem Ermessen aber auch seiner alleinigen Risikobereitschaft bleibt es anheim gegeben, wie er mit Blick auf die verlorenen bzw. beschädigten Sachen verfährt. Bei allem soll der VR mit seiner Entscheidung über die Ausübung des
Abandonrechts nicht lange zögern können: Seine Erklärung muss dem VN binnen 5 Werk-
tagen ab Kenntnis des VR vom Versicherungsfall und seinen unmittelbaren Folgen zugehen.
Fristversäumnis führt zur Verwirkung des Abandonrechts[629].

173   **j)** In jedem Falle ist die Leistung in jener **Währung** auszuzahlen, in der die **Versicherungssumme** vereinbart ist[630].

5. Geltendmachung der Versicherungsforderung

174   **a)** Zur Geltendmachung der Versicherungsleistung ist die so genannte **Andienung des
Schadens** erforderlich[631]. Mittels dieser Erklärung des VN soll der VR auf seine aktuelle
Entschädigungsverpflichtung vorbereitet werden[632]. Die Erklärung muss zwar nicht die
Höhe der geforderten Ersatzleistung beziffern, jedoch muss die **Art** des Schadens angegeben
sein[633]. Die Erklärung bedarf der **Schriftform** und ist binnen der Andienungsfrist **abzusenden.** Die Andienungsfrist beträgt **15 Monate.** Die Frist beginnt mit dem Ende der Versicherung bzw. bei Verschollenheit mit Ablauf der Verschollenheitsfrist. Rechtsfolge unterlassener
Andienung ist die **Verwirkung** des Anspruchs auf die Versicherungsleistung[634]. Es handelt
sich also um eine materielle Ausschlussfrist. Insofern entspricht die Regelung strukturell dem
ersatzlos gestrichenen § 12 Abs. 3 VVG a. F. und führt zu einer Verkürzung der dreijährigen
Verjährungsfrist nach § 195 BGB. Eine AGB-rechtliche Inhaltskontrolle einer solchen Klausel
ist seit dem Wegfall des § 12 Abs. 3 VVG nicht unproblematisch, vermutlich sogar grenzwertig. Überschritten dürfte die Grenze zur Unangemessenheit nach § 307 BGB hier jedoch
noch nicht sein. Ausschlaggebend hierfür ist, dass die Frist von 15 Monaten erst ab einem
Zeitpunkt – Ende des Versicherungsschutzes[635] oder Ablauf der Verschollenheitsfrist[636] – zu
laufen beginnt, an dem der VN typischerweise Kenntnis vom eingetretenen Schaden hat
und deswegen weniger schutzwürdig ist. Im Übrigen ließe sich auch die Rechtsprechung
des BGH zu § 12 Abs. 3 VVG a. F. übertragen, derzufolge aus Treu und Glauben ausnahmsweise eine angemessene Verlängerung gewährt wurde[637].

---

[626] BGH v. 5. 7. 1971, VersR 1971, 1012 (1013).

[627] Pkt. 19.2 DTV-Güter, die auf den Zeitpunkt der Aufwendung bzw. der Verpflichtung zur Zahlung
durch den VN abstellen.

[628] Vgl. Pkt. 19.4 DTV-Güter, wonach der VR an den versicherten Gütern keine Rechte erwirbt.

[629] Pkt. 19.3 DTV-Güter.

[630] Pkt. 22.3 DTV-Güter.

[631] Pkt. 16.1 DTV-Güter; zu Zweifeln, ob dieses Erfordernis noch zeitgemäß ist *Ehlers,* S. 240: „Letztlich haben Traditionsgründe für die Beibehaltung der Andienung den Ausschlag gegeben“.

[632] Vgl. *Ritter/Abraham,* § 42 Rn. 8 und 9.

[633] *Ritter/Abraham,* § 42 Rn. 9; das gilt z. B. gerade auch für Havarie-grosse-Beiträge und andere Aufwendungen; vgl. *Ehlers,* S. 241.

[634] Pkt. 16.2 DTV-Güter; hierzu *Ehlers,* S. 242 unter Verweis auf BGH v. 28. 10. 1971, VersR 1972, 88
(90).

[635] Pkt. 16.1 1. Alt. DTV-Güter; im Falle einer Generalpolice oder laufenden Versicherung ist hierunter das Ende des Versicherungsschutzes des jeweiligen Einzeltransportes abzustellen, vgl. *Thume/de la
Motte/Ehlers,* Kap. 3 Rn. 452; *Enge,* S. 101.

[636] Pkt. 16.1 Alt. 2 i. V. m. Pkt. 17.2 DTV-Güter: 60 Tage seit geplanter Ankunft bzw. bei europäischen
Binnentransporten 30 Tage seit geplanter Ankunft.

[637] Vgl. hierzu *Römer/Langheid/Römer,* § 12 VVG Rn. 87 f.

b) Der Anspruch auf die Versicherungsleistung ist **fällig,** sobald die Entschädigung ab-   175
schließend festgestellt wird und weitere zwei Wochen vergangen sind[638]. Dies ist erst der Fall,
wenn ein anhängiges Sachverständigenverfahren abgeschlossen ist[639]. Bisweilen können die
Feststellungen sehr lange dauern. Dann hat der VN einen Monat nach Andienung des Schadens Anspruch auf eine **Abschlagszahlung,** wie sie nach Lage der Dinge jedenfalls zu zahlen
sein wird[640]. Der Anspruch auf Abschlagszahlung entsteht trotz Ablaufs der Monatsfrist nicht,
solange die Feststellungen durch Verschulden des VN verzögert werden[641]. Die Abschlags-
zahlungspflicht des VR setzt ein Verlangen des VN voraus.

c) Ansprüche aus dem Versicherungsvertrag **verjähren** in **3 Jahren.** Die Frist **beginnt**   176
mit Ablauf des Jahres in dem die Leistung fällig geworden ist. Im Falle der großen Haverei
kommt es auf den Schluss des Jahres an, in dem der Beitrag des VN durch eine Dispache geltend gemacht wird[642]. Die Verjährung ist **gehemmt,** solange der VR nach Andienung des
Schadens durch den VN diesem seine Entscheidung nicht schriftlich mitgeteilt hat. Es kommt
dabei auf den Zugang des Schreibens beim VN an[643].

6. Rechtsverhältnisse nach Entschädigung

a) Leistet der VR für die versicherten Güter durch Zahlung der Versicherungssumme vol-   177
len Ersatz, so **kann** der VR **wählen,** ob er die Rechte an den Gütern erwerben will
(Rechtsübergang) oder nicht[644]. Grundsätzlich wird dies im Interesse des VR liegen, weil
er – nachdem er den VN voll entschädigt hat – vorhandene Restwerte nutzen kann. Eigentum kann aber auch verpflichten und bei in ihrem Wert zerstörten Gütern kann dies mit Kosten verbunden sein. In diesem Fall wird der VR am Rechtsübergang kein Interesse haben.
Das Wahlrecht ist vom VR **unverzüglich** nach Kenntnis der Umstände des Versicherungsfalles auszuüben. Der VR kann also nicht die Entwicklung der Dinge abwarten, sondern
muss dem VN mitteilen, woran dieser ist. In jedem Falle aber bleibt der VN zur Schadensminderung verpflichtet, soweit der VR hierzu nicht selbst imstande ist, und er hat dem VR
alle Auskünfte und Dokumente zu überlassen, die zur Ausübung der Rechte erforderlich
sind[645]. Die Kosten dieser Lasten trägt der VR[646]. Die Regelung verhindert eine Bereicherung des VN und senkt mittelbar die Versicherungskosten, weil der gegebenenfalls erzielte
Verkaufserlös die Schadenssumme senkt. Umgekehrt besteht kein Anlass, dem VR im Wege
dieses Wahlrechts eine Bereicherungsmöglichkeit einzuräumen: Sollte also der Netto-Erlös
(erzielter Kaufpreis abzüglich der Kosten) höher sein als die bezahlte Versicherungssumme,
so hat der VR den übersteigenden Teil dem VN zu erstatten[647]. Äußert sich der VR **nicht**
unverzüglich, so bleibt das Eigentum an den Gütern beim VN[648]. Gelingt dem VN in diesem
Fall eine Wiedererlangung von Gütern, so hat der VN dem VR deren gemeinen Wert oder
den Netto-Verkaufserlös zu erstatten.

b) Funktionsverwandt ist der **Übergang von Ersatzansprüchen** des VN gegenüber   178
Dritten auf den VR[649]. Die Regelung in Pkt. 23 DTV-Güter lehnt sich stark an § 86 VVG

---

[638] Pkt. 22.1 S. 1 DTV-Güter; vgl. ÖOGH v. 23. 11. 1978, VersR 1979, 170.

[639] Zu dieser Voraussetzung für die Fälligkeit im allgemeinen siehe *Prölss/Martin/Voit,* § 64 VVG
Rn. 10ff.; vgl. auch OLG Frankfurt a. M. v. 24. 3. 1959, VersR 1959, 593 für § 12 ADB.

[640] Pkt. 22.1 DTV-Güter; vgl. ÖOGH v. 23. 11. 1978, VersR 1979, 170; zur insofern vergleichbaren
Regelung in § 11 Abs. 2 VVG a. F. (nun, lediglich redaktionell geändert, § 14 Abs. 2 S. 1 VVG) vgl. *Rö-
mer/Langheid/Römer,* § 11 VVG Rn. 16f.; Berliner Kommentar/*Gruber,* § 11 VVG Rn. 19ff.

[641] Pkt. 22.2 DTV-Güter; vgl. § 14 Abs. 2 S. 2 VVG.

[642] Zu alledem Pkt. 24.1 DTV-Güter.

[643] Pkt. 24.2 DTV-Güter.

[644] Pkt. 18.1 DTV-Güter.

[645] Pkt. 18.2 DTV-Güter.

[646] Pkt. 18.2 S. 3 DTV-Güter.

[647] Pkt. 18.2 S. 4 DTV-Güter.

[648] Pkt. 18.1 S. 2 DTV-Güter.

[649] Vgl. hierzu auch *Thume,* VersR 2008, 455ff.; *Bodis,* TranspR 2008, 1ff.

an. Fehlte es in vorigen Fassungen der DTV-Güter noch an einem Befriedigungsvorrecht des VN analog § 86 Abs. 1 S. 2 VVG[650], so ist es in der Fassung von 2008 enthalten[651]. Pkt. 23.1 Abs. 1 S. 3 DTV-Güter vertieft das Verbot der **Regressvereitelung** nach Pkt. 15.6 DTV-Güter, dessen Verletzung mit der Sanktion der Leistungsfreiheit des VR bedroht ist. Diese Obliegenheit wird zusammen mit der Schadensminderungspflicht im Pkt. 23.3 DTV-Güter zeitlich über den Übergang der Ersatzansprüche hinaus erstreckt.

179   Die Grundsätze des Übergangs von Ersatzansprüchen gelten auch im Falle der **großen Haverei**[652]. Der Zeitpunkt, in dem der Vergütungsanspruch des VN für die Aufopferung eigener Güter auf den VR übergeht, wird jedoch auf dessen Entstehen vorverlegt[653]. Zumal hier der Übergang des Vergütungsanspruchs von der Höhe der vom VR erbrachten Ersatzleistung abgekoppelt wird, hat der VR dem VN entstehende Überschüsse zu erstatten[654].

180   Vom Übergang erfasst sind auch Ersatzansprüche gegenüber jenen Personen, die mit der Abwicklung des Transports beauftragt sind, insbesondere also gegenüber **Spediteur** und **Verfrachter**[655]. Soweit der VN mit diesen Unternehmern Haftungsbeschränkungen vereinbart, die über die durchweg gesetzlich vorgesehenen Haftungsbeschränkungen noch hinausgehen[656], so liegt darin – streng betrachtet – eine Regressvereitelung zulasten des VR[657]. Dennoch soll die Haftungsfreistellung keinen Einfluss auf den Versicherungsschutz haben, wenn die vereinbarte Haftungsbeschränkung **handelsüblich** ist. Dasselbe gilt, wenn der VN auf den Haftungsausschluss **keinen Einfluss** hatte[658].

X. Internationales Privat- und Verfahrensrecht

1. Kollisionsrechtliche Rechtswahl

181   In der Transportversicherung herrscht internationalprivatrechtliche **Parteiautonomie.** Dies folgt für Versicherungen, welche Risiken decken, die außerhalb des EWR belegen sind[659], aus Art. 27 Abs. 1 EGBGB. Allerdings sind, wenn es sich auf Seiten des VN um ein Verbrauchergeschäft handelt, die Rechtswahlbeschränkungen der Art. 29, 29a EGBGB zu beachten[660]. Für andere Verträge folgt dies aus Art. 10 Abs. 1 S. 1 EGVVG[661]. Die DTV-Güter enthalten daher eine wirksame **Rechtswahl** zugunsten **deutschen Rechts**[662]. Das OLG

---

[650] Im Übrigen ist die Vorschrift des § 148 VVG a. F., die zumindest die Anwendbarkeit des Befriedigungsvorrechts nach § 67 Abs. 1 S. 2 VVG a. F. (nun § 86 Abs. 1 S. 2 VVG) für die Transpversicherung im Sinne der §§ 130 ff. VVG ausschloss, ersatzlos entfallen.

[651] Pkt. 23.1 Abs. 1 S. 2 DTV-Güter.

[652] Pkt. 23.1 Abs. 2 S. 1 DTV-Güter.

[653] Pkt. 23.1 Abs. 2 S. 2 DTV-Güter.

[654] Pkt. 23.1 Abs. 2 S. 3 DTV-Güter.

[655] Vgl. hierzu oben Rn. 124 (Pkt. 13.7 DTV-Güter) sowie unten Rn. 344 ff. (Verkehrshaftungsversicherung).

[656] Solche über das gesetzliche Maß hinausgehenden Haftungsbeschränkungen sind allerdings, wenn überhaupt, nur in engen Grenzen möglich, denn die transportrechtlichen Haftungsregimes stellen größtenteils entweder zwingendes Recht dar (vgl. z. B. Art. 3 Abs. 8 Haager Regeln, Art. 41 CMR, Art. 49 Montrealer Übereinkommen) oder sind zumindest AGB-fest (vgl. z. B. §§ 449 Abs. 2, 451 h Abs. 2, 466 Abs. 2 HGB).

[657] Pkt. 23.2 S. 1 DTV-Güter stellt dementsprechend klar, dass der VR in einem solchen Fall von seiner Leistungspflicht befreit ist.

[658] Pkt. 23.2 S. 2 DTV-Güter.

[659] Vgl. Art. 37 Nr. 4 EGBGB.

[660] Die Ausnahme des Art. 29 Abs. 4 Nr. 1 EGBGB erstreckt sich nur auf den Beförderungsvertrag.

[661] Im Zuge der VVG-Reform wurde die richtlinienwidrige Einschränkung in Art. 10 Abs. 1 S. 1 EGVVG a. F. auf in Deutschland ansässige VN und hier belegene Risiken endlich aufgehoben, vgl. Begründung zum Gesetzesentwurf der Bundesregierung, BT-Drucks. 16/5862, S. 120; zur alten Rechtslage: Berliner Kommentar/*Dörner,* Art. 10 EGVVG Rn. 23.

[662] Pkt. 26 DTV-Güter; vgl. – für die Kaskoversicherung – OLG Hamburg v. 27. 11. 1980, VersR 1981, 647.

Hamburg hatte über einen Versicherungsvertrag zu entscheiden, der eine „to-follow-Klausel" enthielt[663]. Darin verpflichtet sich der deutsche VR, im Rahmen einer Mitversicherung dem führenden englischen VR in Bezug auf „claims, decisions, settlements, surveys" zu folgen. Allein in dieser Klausel soll allerdings noch keine stillschweigende Rechtswahl i. S. d. Art. 27 Abs. 1 EGBGB gelegen haben, zumal der Sachverhalt neben dem starken Bezug zu Deutschland auch noch Elemente enthielt, die in die USA wiesen[664].

2. Fehlen einer Gerichtsstandsklausel

182 Obwohl auch **international-verfahrensrechtlich Parteiautonomie** herrscht, machen die DTV-Güter davon **keinen Gebrauch.** Das schließt nicht aus, dass die Parteien einzelvertraglich Gerichtsstands- oder Schiedsabreden schließen[665]. An dieser Stelle sei nur nochmals hervorgehoben, dass in der hier besprochenen Sparte auch die Regelungen des europäischen Verfahrensrechts (insb. Art. 8–14 EuGVVO) abdingbar sind.

XI. Insbesondere: Laufende Versicherung

1. Begriff

183 **a)** Durch die VVG-Reform hat die laufende Versicherung eine eigene Regelung in den §§ 53–58 VVG erfahren[666]. Die laufende Versicherung wird in § 53 VVG als eine Versicherung definiert, die in der Weise genommen wird, „dass das versicherte Interesse bei Vertragsschluss nur der Gattung nach bezeichnet und erst nach seiner Entstehung dem VR einzeln aufgegeben wird"[667]. In der Sache geht es also um eine Versicherung **künftiger Interessen**[668]. Es handelt sich dabei um eine besondere technische Ausgestaltung eines Versicherungszweiges (hier: der Gütertransportversicherung), nicht um eine eigene Sparte.

184 **b)** Die laufende Versicherung tritt in verschiedenen **Formen** auf[669]: Bisweilen wird ein Rahmenvertrag **(Generalpolice)** geschlossen, der **keine Versicherungssumme** enthält. Diese ergibt sich für den einzelnen Transport durch den jeweiligen Versicherungswert, wobei die Vereinbarung von so genannten **Maxima**[670] üblich ist. Den VN trifft eine Pflicht zur (einzelnen oder summarischen) Anmeldung der Beförderungen **(Deklarationspflicht).** Auf Grundlage der Anmeldungen wird dann die Prämie berechnet. Ist demgegenüber für die laufende Versicherung eine **Versicherungssumme** vereinbart, so werden hiervon die einzelnen Versicherungswerte der durchgeführten Transporte so lange abgezogen, bis die Versicherungssumme erschöpft ist und der VN bei Bedarf neuen Versicherungsschutz kaufen muss **(Abschreibepolice).** Den VN trifft hier eine **Dokumentationspflicht** hinsichtlich der Beförderungen. Zuletzt kann die laufende Versicherung als **Pauschalpolice** ausgestaltet sein:

[663] OLG Hamburg v. 4. 10. 2001 TranspR 2002, 120.

[664] OLG Hamburg v. 4. 10. 2001 TranspR 2002, 120 (121 f.).

[665] Zur (möglichen) Rolle des Internationalen Seegerichtshofs siehe den Sammelband hrsg. von *Werber/Winter,* im Rahmen der Hamburger Reihe A (Rechtswissenschaft) Nr. 96, Beilegung von Seerechtsstreitigkeiten vor dem Internationalen Seegerichtshof und ihre Bedeutung für die Versicherungswirtschaft, Karlsruhe 2000.

[666] S. Begründung zum Gesetzesentwurf der Bundesregierung, BT-Drucks. 16/5862, S. 50 und 75 f.

[667] Eine solche Definition enthielt im Übrigen bereits § 187 Abs. 2 VVG in der Fassung bis zum 30. 6. 1990 vor Änderung durch Gesetz vom 28. 6. 1990, BGBl I 1990, 1249; eine mit § 187 Abs. 2 VVG in der Fassung vor Juli 1990 übereinstimmende Bestimmung gilt mit § 187 Abs. 2 öVVG nach wie vor in Österreich; zur Definition Berliner Kommentar/*Schauer,* vor §§ 49–68a VVG Rn. 55 und – zur Abgrenzung der laufenden Versicherung von der Versicherung eines Inbegriffs von Sachen – Rn. 60; insbesondere auch *Ritter/Abraham,* § 97 Rn. 6, die hervorheben, dass die „Aufgabe" der Güter für die Begriffsbestimmung der laufenden Versicherung nicht ausschlaggebend ist.

[668] Deutlich z. B. ÖOGH 19. 10. 1994 VR 1995/4, 24; vgl. Berliner Kommentar/*Schauer,* vor §§ 49–68a VVG Rn. 55; *Ritter/Abraham,* § 97 Rn. 6.

[669] Zum Folgenden Berliner Kommentar/*Schauer,* vor §§ 49–68a VVG Rn. 57, 58.

[670] Sie können die Versicherungssumme oder aber den Haftungshöchstbetrag limitieren; hierzu unten Rn. 196 f.

Versichert sind dann im Rahmen einer vereinbarten **Versicherungssumme** alle Transporte an einem bestimmten Tag. Den VN trifft hier auf Verlangen des VR eine Beweislast hinsichtlich der durchgeführten Transporte. Wird bei dieser Variante die Prämie nicht vorweg fixiert, sondern vom Umsatz der Transporte abhängig gemacht, so spricht man auch von einer **Umsatzpolice**[671]. Bei allem kann die laufende Versicherung für beide Teile **obligatorisch,** für beide Teile **fakultativ** oder aber für die eine Partei obligatorisch für die andere fakultativ ausgestaltet sein. Dieses Kriterium stellt darauf ab, ob der VR verpflichtet ist, alle Risiken in Deckung zu nehmen, bzw. ob der VN verpflichtet ist, alle Risiken in Deckung zu geben.

185   c) Die konkrete Ausgestaltung hängt von der **Parteienvereinbarung** ab. Für die Praxis empfiehlt der Gesamtverband der Deutschen Versicherungswirtschaft die **Bestimmungen für die laufende Versicherung (Fassung Januar 2008),** die ihrerseits in Einzelpunkten verschiedene Gestaltungsvarianten andienen. Auf sie wird im Folgenden eingegangen.

2. Gegenstand der laufenden Versicherung

186   a) Gegenstand der Versicherung sind, soweit nicht vertraglich Einschränkungen – insbesondere auf bestimmte Güterarten – vorgenommen werden, **Güter aller Art**[672]. Vorausgesetzt wird allerdings, dass diese nach **kaufmännischen Grundsätzen** versichert werden, sei es für eigene oder für fremde Rechnung[673]. Für die Bestimmung der „kaufmännischen Grundsätze" kommt es auf die Umstände des Falles und die allgemeine Anschauung des Handelsverkehrs an[674]. Damit scheiden Transporte vom Versicherungsschutz aus, die der VN im Einzelfall nicht versichert hätte. Ausgenommen werden ferner Transporte, die der VN nicht nach kaufmännischen Grundsätzen versichert, weil ein eigenes rechtliches oder wirtschaftliches Interesse fehlt, sondern nur weil ihn eine vertraglich vereinbarte Pflicht zur Versicherung gegenüber einem Dritten trifft[675]. Umgekehrt kann es sein, dass ein eigenes rechtliches oder wirtschaftliches Interesse – und daher eine sich aus kaufmännischen Grundsätzen ergebende Notwendigkeit zur Versicherung – erst nach Transportbeginn beim VN entsteht. In diesem Fall besteht zugunsten des VN Versicherungsschutz[676]. Das Eintreten des Versicherungsschutzes setzt allerdings voraus, dass dem VN keine Schäden bzw. gefahrerheblichen Umstände bekannt sind, die eine Anzeigepflicht begründen[677].

187   b) **Andere** als die genannten Güter können vertraglich eingeschlossen werden. Nach Pkt. 1.3 DTV-Laufende Versicherung setzt dies voraus, dass Prämien und Deckungsumfang vor Transportbeginn vereinbart worden sind. Freilich ist diese AVB ihrerseits einzelvertraglich abdingbar.

188   c) Nähere sachliche **Eingrenzungen** des Versicherungsschutzes werden in der Police getroffen. Solche beziehen sich z. B. auf die versicherten Reisen/Transportwege und Transportmittel.

3. Beiderseits obligatorische Deckung

189   a) Die laufende Versicherung ist nach dem Konzept der DTV-Laufende Versicherung für beide Parteien **obligatorisch.** Der VN hat **sämtliche** Transporte und Lagerungen zur Versicherung anzumelden[678]. Der VR hat seinerseits Versicherungsschutz für alle gemeldeten Transporte und Lagerungen zu den vereinbarten Bedingungen zu gewähren[679].

190   b) Diese Ausgestaltung hat Auswirkungen in Einzelfragen. Dies gilt z. B. für die **vorvertragliche Anzeigepflicht** im Sinne von Pkt. 4 DTV-Güter. Bei obligatorischer Deckung

---

[671] Hierzu *Enge,* S. 189.
[672] Pkt. 1.1 DTV-Laufende Versicherung.
[673] Pkt. 1.1 DTV-Laufende Versicherung.
[674] Ausführlicher zu den „kaufmännischen Grundsätzen" *Ritter/Abraham,* § 97 Rn. 28.
[675] Pkt. 1.1 S. 2 DTV-Laufende Versicherung.
[676] Pkt. 1.2 DTV-Laufende Versicherung.
[677] Pkt. 1.2 DTV-Laufende Versicherung.
[678] Pkt. 2.1 DTV-Laufende Versicherung.
[679] Pkt. 2.2 DTV-Laufende Versicherung.

aller Transporte ist der Vertrag hinsichtlich aller Beförderungen als ein einheitlicher anzusehen. Daher ist die Anzeigepflicht im Zeitpunkt des Abschlusses der laufenden Versicherung und nicht aus Anlass jeder einzelnen Deklaration zu erfüllen[680]. Die Regeln der vorvertraglichen Anzeige sind daher auf die Deklarationspflicht nicht zu übertragen[681].

4. Deklaration von Einzelrisiken

a) Die DTV-Laufende Versicherung folgen mangels abweichender Parteienvereinbarung **191** dem System der **Einzelanmeldung**[682]. Demnach ist jeder unter die Versicherung fallende Transport **unverzüglich** unter **Angabe des Versicherungswerts** und der **Details des Transports** dem VR zu melden[683]. Bei der Deklaration handelt es sich um eine **Wissenserklärung**[684]. Ausgenommen von der Deklarationspflicht sind Rücktransporte, die infolge eines Versicherungsfalles vorgenommen werden[685]. Für die Deckung bestimmter Risiken reicht die Deklaration des Transportes nicht aus, sie bedürfen einer vorherigen, schriftlichen Vereinbarung. Hierzu zählt die Versicherung der Güter unabhängig davon, wer die Gefahr trägt; die Versicherung von Lagerungen über die Fristen des Pkt. 9.1 DTV-Güter hinaus; die Mehrwert-, Konditions- und Summendifferenzversicherung, die Schutzversicherung und die separate Versicherung der Interessen nach Pkt. 1.1.3 DTV-Güter; die Versicherung von Veranstaltungen wie Messen und Ausstellungen; die Versicherung von Aufenthalten und Lagerungen bei Verpackungsbetrieben[686].

b) Eine **Verletzung** der Deklarationspflicht macht den VR **leistungsfrei**[687]. Diese Leis- **192** tungsfreiheit tritt nicht ein, wenn der VN mit der **Sorgfalt eines ordentlichen Kaufmanns** gehandelt hat und die Deklaration unverzüglich nach Entdeckung des Fehlers nachholt **(Versehensklausel)**[688]. Einer Kündigung des Versicherungsvertrages durch den VR bedarf es nicht[689]. Wie sich aus Pkt. 3.1.4 DTV-Laufende Versicherung ergibt, hat der VR wegen einer Deklarationspflichtverletzung auch kein Recht zur außerordentlichen (und fristlosen) Kündigung. Ein solches gewährt die Klausel dem VR nämlich nur bei vorsätzlicher Pflichtverletzung seitens des VN[690]. In diesem Fall gebührt dem VR die Prämie bis zum Wirksamwerden der Kündigung[691].

---

[680] Vgl. Berliner Kommentar/*Schauer,* Vor §§ 49–68a VVG Rn. 58 a. E.; zu ehedem divergierenden Ansichten *Ritter/Abraham,* § 97 Rn. 9.

[681] Deutlich *Enge,* S. 185f.

[682] Pkt. 3.1 DTV-Laufende Versicherung; diese Regelung stellt nun auch nach § 53 VVG den Regelfall dar.

[683] Pkt. 3.1.1 DTV-Laufende Versicherung; anzugeben sind das Gut, die Verpackungsart, das Transportmittel, der Transportweg, eine Verladung in Seeschiffsleichtern sowie vom VR ausdrücklich nachgefragte Umstände; vgl. hierzu *Enge,* S. 186f.; zur Rechtsnatur der Deklarationspflicht *Prölss/Martin/Kollhosser,* § 187 VVG Rn. 17; angesichts der ausdrücklichen Regelungen des Verschuldenserfordernisses und der Prämienfolgen einer Verletzung ist die Abgrenzungsproblematik entschärft.

[684] Zur Bedeutung dieser Qualifikation *Ritter/Abraham,* § 97 Rn. 7; in der Begründung zum Gesetzesentwurf der Bundesregierung wird der synonyme Begriff der Tatsachenerklärung verwendet, s. BT-Drucks. 16/5862, S. 76.

[685] Pkt. 3.1.2 DTV-Laufende Versicherung.

[686] So Pkt. 3.1.5 DTV-Laufende Versicherung.

[687] Pkt. 3.1.3 DTV-Laufende Versicherung; zumal die Leistungsfreiheit vereinbart ist, erübrigt sich die Frage, ob auch ohne Vereinbarung der VR jedenfalls bei Arglist des VN leistungsfrei sei; hierzu m. w. N. *Prölss/Martin/Kollhosser,* § 187 VVG Rn. 17; vgl. nun auch § 54 Abs. 1 S. 1 DTV-Güter.

[688] Pkt. 3.1.3 DTV-Laufende Versicherung; vgl. *Enge,* S. 187; vgl. § 54 Abs. 1 S. 2 VVG, wonach der VR nicht leistungsfrei wird, wenn der VN beweisen kann, dass ihn nur der Vorwurf einfacher Fahrlässigkeit trifft und er die Anmeldung unverzüglich nachgeholt hat.

[689] Pkt. 3.1.3 DTV-Laufende Versicherung; dies gilt nun auch nach § 54 Abs. 1 VVG.

[690] Dasselbe gilt nun auch gemäß § 54 Abs. 2 S. 1 VVG.

[691] Pkt. 3.1.4 S 2 DTV-Laufende Versicherung; dieselbe Regelung ist nun auch in § 54 Abs. 2 S. 3 VVG.

Heiss   2271

193   c) Die DTV-Laufende Versicherung regeln auch das System der **summarischen An-meldung,** welches aber nur bei **besonderer Vereinbarung** zum Tragen kommt[692]. Hier braucht der VN nicht jeden einzelnen Transport zu deklarieren. Vielmehr werden die Transporte „summiert" in regelmäßigen Abständen – je nach Vereinbarung monatlich, vierteljährlich, halbjährlich oder jährlich – **im Nachhinein** gemeldet[693]. Im Übrigen bleibt es bei den Regelungen, wie sie auch für die Einzelanmeldung gelten[694].

5. Prämie

194   a) Der Anspruch des VR auf die Prämie entsteht mit dem Versicherungsbeginn. Die Fälligkeit der Prämie hängt indessen von der **Erteilung der Rechnung** ab[695]. Ab Rechnungserteilung hat der VN die Prämie **unverzüglich, spätestens** binnen **14 Tagen** zu begleichen[696]. Im Übrigen verbleibt es bei den Verzugsregeln der DTV-Güter[697].

195   b) Die Erteilung der Rechnung erfolgt bei Einzelanmeldung und summarischer Deklaration jeweils unterschiedlich. Bei **Einzelanmeldung** werden Prämien für einen im Voraus vereinbarten Zeitraum und nach den in der Generalpolice festgelegten Tarifen **im Nachhinein** in Rechnung gestellt[698]. Bei **summarischer Deklaration** kann der VR – mangels abweichender Vereinbarung – eine **Vorausprämie** für das kommende Versicherungsjahr verlangen. Diese wird auf Grundlage einer Schätzung des Jahresumsatzes berechnet. Am Ende des Versicherungsjahres erfolgt die Endabrechnung, in deren Rahmen die bezahlte Vorausprämie verrechnet wird[699]. Es kann hier also zu Nach- oder Rückzahlungen kommen. Pkt. 5.2 DTV-Laufende Versicherung hebt die Möglichkeit hervor, im Wege besonderer Vereinbarung die Prämien für die Mitversicherung politischer Gefahren in die Vorausprämie einzubeziehen. Auch hier erfolgt freilich eine Verrechnung nach Ablauf des Versicherungsjahres[700].

6. Maxima

196   a) Die DTV-Laufende Versicherung folgen dem Konzept der **Generalpolice ohne Versicherungssumme.** Dennoch werden im Vertrag so genannte **Maxima** (also: Höchstsummen) vereinbart. Sollte im Vertrag nichts Gegenteiliges vereinbart sein, so stellen diese Maxima **Höchstversicherungssummen** pro Transportmittel bzw. feuertechnisch getrenntem Lager dar[701]. Übersteigt die Gesamtversicherungssumme der Güter eines Transports das Maximum, so liegt eine **Unterversicherung** vor und die Entschädigung wird nach der pro-rata-Formel gekürzt[702]. Beträgt z. B. die Höchstversicherungssumme 10.–, die Gesamtversicherungssumme der transportierten Güter jedoch 15.– und tritt ein Schaden in Höhe von 6.– ein, so werden nur 10/15, also 2/3 des Schadens (= 4.–) ersetzt[703]. Diese pro-rata-Regel wird jedoch nicht angewandt[704], wenn nach Versicherungsbeginn eine Zusammenverladung verschiedener Versendungen auf ein Transportmittel bzw. eine Zusammenlagerung auf ein Lager erfolgt[705], ohne dass der VN darauf Einfluss nahm bzw. nehmen konnte. In diesem Fall trifft den VN eine Pflicht, die Überschreitung des Maximums unverzüglich anzuzei-

---

[692] Pkt. 3.2 DTV-Laufende Versicherung.
[693] Pkt. 3.2.1 DTV-Laufende Versicherung.
[694] Pkt. 3.2.2 DTV-Laufende Versicherung, der die entsprechende Geltung der Pkte. 3.1.2 bis 3.1.5 auch bei summarischer Deklaration anordnet.
[695] Pkt. 5.3 DTV-Laufende Versicherung.
[696] Pkt. 5.3 DTV-Laufende Versicherung.
[697] Pkt. 12.3 und 12.4 DTV-Güter; hierzu oben Rn. 141 f.
[698] Pkt. 5.1 DTV-Laufende Versicherung.
[699] Pkt. 3.2.3 DTV-Laufende Versicherung.
[700] Pkt. 3.2.3 Abs. 2 DTV-Laufende Versicherung.
[701] Pkt. 4.1.1 DTV-Laufende Versicherung.
[702] Pkt. 4.1.1 DTV-Laufende Versicherung.
[703] Vgl. *Ehlers,* S. 171 f.
[704] Hierbei handelt es sich um eine gegenüber der früheren Bedingungslage wesentliche Deckungserweiterung; siehe *Ehlers,* S. 172.
[705] Im Detail Pkt. 4.1.2 DTV-Laufende Versicherung.

gen[706]. Die Höchstversicherungssumme begrenzt die Entschädigung inkl. Aufwendungen und Kosten[707]. Hiervon unberührt bleiben der Ersatz solcher Aufwendungen und Kosten, welche gem. Pkt. 2.3.3 DTV-Güter über die Versicherungssumme hinaus ersetzt werden[708]. Fraglich ist, ob Pkt. 4.1.2 DTV-Laufende Versicherung in Fällen, in denen die Überschreitung der Höchstversicherungssumme dem VN nicht zuzurechnen ist, nur die Einrede der Unterversicherung zurücknimmt oder aber das Maximum überhaupt, sodass nicht nur im Teilschadensfall die pro-rata-Kürzung zurückgenommen wird, sondern auch im Totalschadensfall Vollersatz über die Höchstversicherungssumme hinaus geleistet wird. Pkt. 4.1.3 DTV-Laufende Versicherung scheint dagegen zu sprechen. Dennoch ist die Frage zu bejahen: Denn auf die Einrede der Unterversicherung kann verzichtet werden, indem das Maximum als Höchsthaftungssumme vereinbart ist[709]. Dann werden Schäden bis zum Maximum ohne Unterversicherungseinrede ersetzt. Dennoch ordnet Pkt. 4.2.2 DTV-Laufende Versicherung die entsprechende Anwendung des Pkt. 4.1.2 DTV-Laufende Versicherung auch für die Vereinbarung von Höchsthaftungssummen i. S. d. Pkt. 4.2.1 DTV-Laufende Versicherung an. Dies macht aber bei Vereinbarung einer Höchsthaftungssumme nur Sinn, wenn in diesen besonderen Fällen der Schaden auch über die Höchstbeträge hinaus ersetzt wird. Dann freilich leuchtet es nicht ein, bei Vereinbarung einer Höchstversicherungssumme ein anderes Ergebnis zu erzielen.

b) Pkt. 4.2.1 DTV-Laufende Versicherung weist zunächst auf die Möglichkeit hin, die **197** Maxima als **Höchsthaftungssumme** zu vereinbaren[710]. Damit sind Schäden bis zur Höchstsumme gedeckt, ohne dass es zu einer Kürzung wegen Unterversicherung kommen kann. Im oben erwähnten Beispiel wäre daher der volle Schaden in Höhe von 6.– zu ersetzen. Nur wenn der Schaden die Höchsthaftungssumme von 10.– übersteigt, erhält der VN nur die 10.–. Dennoch beruft Pkt. 4.2.2 DTV-Laufende Versicherung die Punkte 4.1.2 und 4.1.3 DTV-Laufende Versicherung auch hier zur Anwendung. Zumal aber bis zur Höchsthaftungssumme ohnehin ohne Unterversicherungseinrede gehaftet wird, kann damit nur gemeint sein, dass in diesen besonderen Fällen auch über die Höchsthaftungssumme hinaus gehaftet wird.

7. Policierung

Nach dem Konzept der DTV-Laufende Versicherung wäre das Dokument, welches über **198** die laufende Versicherung ausgestellt wird **(Generalpolice),** eine Police im Rechtssinne. Dieses Dokument hilft aber beim Einzeltransport nicht, wenn die gesamte Transportstrecke teils für Rechnung des Verkäufers, teils (ab Gefahrenübergang) für Rechnung des Käufers (insofern also für fremde Rechnung) versichert wird. Hier bedarf es eines auf den Einzeltransport hin spezifizierten Dokuments **(Zertifikat),** mithilfe dessen (auch) der Käufer die Rechte aus der Versicherung geltend machen kann[711]. Dieser Situation entsprechend, wird das Zertifikat zur Police erklärt. Auf deren Aushändigung hat der VN Anspruch, ohne dass ihr Inhalt mangels Widerspruchs als genehmigt gelten würde[712]. Umgekehrt wird der Generalpolice der Charakter als Versicherungsschein im Rechtssinne genommen, jedoch soll die Genehmigungsfiktion Anwendung finden[713].

---

[706] Pkt. 4.1.2 Abs. 2 DTV-Laufende Versicherung.
[707] Pkt. 4.1.3 DTV-Laufende Versicherung.
[708] Siehe Pkt. 4.1.3 DTV-Laufende Versicherung, der Pkt. 2.3.3 DTV-Güter ausdrücklich vorbehält.
[709] Hierzu sogleich b).
[710] Klärend hebt dabei Pkt. 4.2.1 S. 2 DTV-Laufende Versicherung hervor, dass bei summarischer Anmeldung als Versicherungssumme der Versicherungswert i. S. d. Pkt. 10 DTV-Güter gilt; zu diesem oben Rn. 161.
[711] Zur Bedeutung der Police in der Versicherung für fremde Rechnung, Pkt. 13 DTV-Güter.
[712] Pkt. 6.1 DTV-Laufende Versicherung.
[713] Pkt. 6.2 DTV-Laufende Versicherung.

8. Auflösung des Vertrags

199   **a)** Der Vertrag über die laufende Versicherung endet zum **Ablauf** der vereinbarten Dauer. In der Regel wird die Dauer vertraglich mit einem Jahr bemessen. Allerdings bedarf es für die Endigung einer **Kündigung,** welche spätestens drei Monate vor Vertragsablauf zu erklären ist, ansonsten der Vertrag als stillschweigend jeweils um ein Jahr verlängert gilt[714]. Für die Rechtzeitigkeit der Kündigung kommt es auf den Zugang der Erklärung beim Vertragspartner an. Eine Empfangsvollmacht des Versicherungsmaklers sehen die Bedingungen in der Fassung von 2008 nicht mehr vor.

200   **b)** In bestimmten Fällen haben die Parteien ein **außerordentliches Kündigungsrecht.** Dies gilt im **Schadensfall**[715] und bei **Kriegszustand**[716]. Bezüglich der außerordentlichen Kündigung wegen eines Kriegszustands, so kann nur der VR den Versicherungsschutz für die betroffene Region kündigen[717], in welchem Fall der VN seinerseits zur Kündigung des gesamten Versicherungsvertrages berechtigt ist[718].

201   **c)** Eine Kündigung wirkt sich nur beschränkt auf bereits **begonnene Versicherungen** aus. Grundsätzlich bleibt der Versicherungsvertrag bis zum Ende der betreffenden Versicherung aufrecht[719]. Für lagernde Güter endet der Versicherungsschutz und damit der Versicherungsvertrag durch Kündigung mit dem nächsten deklarierten Ablauftermin, spätestens einen Monat nach Kündigung[720]. Eine Ausnahme besteht für transportbedingte Zwischenlagerungen: Hier verbleibt es bei der Grundregel, wonach der Versicherungsvertrag mit dem Versicherungsende endet.

202   **d)** Ist der VR insolvent oder droht eine Insolvenz, so kann der VN wahlweise vom Vertrag **zurücktreten** oder auf Kosten des VR **anderweitig Versicherung** nehmen. Letztere Variante wird für den VN nur dann attraktiv sein, wenn noch realistische Aussicht auf (vollen) Kostenersatz besteht. Die Regelung gilt nicht, wenn der VR Sicherheit leistet[721].

E. Seekaskoversicherung

Literatur: *Ehlers,* Das neue Seeunfalluntersuchungsrecht, NordÖR 2002, 391; *Enge,* Erläuterungen zu den DTV-Kaskoklauseln 1978, Karlsruhe 1980; *Henriksen,* Wie der Gesetzgeber ein bewährtes Verfahren handstreichartig abschaffen will, TranspR 2000, 396; *Karstaedt,* Grundsätzliche Fragen der Drittzurechnung in den Allgemeinen Deutschen Seeversicherungsbedingungen, Karlsruhe 1979; *Kreutziger,* Zur Seeuntüchtigkeit im Seeversicherungsrecht, VersR 1964, 995; *Looks,* Taxe, Neuwertversicherung und Bereicherungsverbot, VersR 1991, 731; *ders.,* Der Kapitän-Repräsentant des Reeders in der Seekaskoversicherung, VersR 2003, 1509; *ders.,* Die Verletzung der Rettungspflicht des VN in der Seeversicherung, VersR 2008, 883; *Looks/Kraft,* Die zivilrechtlichen Auswirkungen des ISM Code, TranspR 1998, 221; *Maßmann,* Die Taxe im Seeversicherungsrecht, Frankfurt a. M. 2007; *Möller,* Unausgebesserte Teilschäden und nachträglicher Totalverlust in der Seekaskoversicherung, MDR 1950, 393; *Paulsen,* Eine Zusammenfassung der Kernpunkte der Reformdiskussion, TranspR 2002, 65; *Ramming,* Der schlafende Wachoffizier vor dem BGH, Anmerkung zu BGH, Urteil v. 26. 10. 2006 (I ZR 20/04), TranspR 2007, 58; *Remé,* Gedanken zum Repräsentanten in der Transportversicherung, VersR 1989, 115; *ders.,* Die neuen DTV-Kasko-Klauseln, ein Gemeinschaftswerk, VersR 1979, 293; *Ross,* Ein Vergleich der englischen und deutschen Seekaskoversicherung unter besonderer Berücksichtigung des Deckungsumfanges der englischen Lloyd's-Police im Vergleich zur deutschen Kasko-Police, Hamburg 1969; *Schulze,* Das Ende des § 71 Abs. III ADS?, VersR 1977, 10; *Schwampe,* Die Bergung in der Transportversicherung, VersR 2007, 1177; *Sieg,* Betrachtungen zur Gewinndeckung in der Seeversicherung, VersR 1997, 649; *Stahl,* Die Taxe

---

[714] Pkt. 7.1 DTV-Laufende Versicherung.
[715] Pkt. 7.2 DTV-Laufende Versicherung; dort auch näheres zu den Kündigungsmodalitäten.
[716] Pkt. 7.3 DTV-Laufende Versicherung.
[717] Pkt. 7.3.1 Abs. 1 DTV-Laufende Versicherung.
[718] Pkt. 7.3.2 DTV-Laufende Versicherung.
[719] Pkt. 7.4.1 DTV-Laufende Versicherung.
[720] Pkt. 7.4.2 DTV-Laufende Versicherung.
[721] Pkt. 8 DTV-Laufende Versicherung.

in der Seeversicherung – Ist das Recht des Versicherers auf Herabsetzung der Taxe noch zeitgemäß? –, VersR 2004, 558; *Zschoche,* Stabilitätsunfälle – sind sie auf dem deutschen Markt noch versicherbar?, TranspR 2004, 52.

I. Allgemeines

In der Seekaskoversicherung geht es nicht um die beförderten Güter, sondern um Interes- **203** sen an einem **Schiff**[722], welches zur See reist. Diese Versicherung wird nach den DTV-Kaskoklauseln 1978/1994 i. d. F. 2004 angeboten[723]. Die Klauseln gehen den ADS vor[724], regeln aber nicht alle Fragen, sodass den ADS noch ein relativ breiter Anwendungsbereich verbleibt. Diese Regelungstechnik ist vor dem Hintergrund des mittlerweile im BGB ausdrücklich verankerten **Transparenzgebots** durchaus bedenklich[725]. Der VN muss nämlich – will er sich den Inhalt des Versicherungsvertrages erschließen – die DTV-Kasko mit den ADS „zusammenlesen", was im Einzelnen zu einem recht anspruchsvollen Puzzle-Spiel werden kann[726]. Eine weitere Verkomplizierung tritt ein, weil eine Mehrzahl an besonderen Bedingungen vorliegt, die im Falle ihrer Vereinbarung wiederum Anwendungsvorrang genießen[727]. Ein Beispiel: Wenn der VN sein Schiff veräußert, so greift die Regelung des § 50 ADS ein. Dennoch darf der VN nicht übersehen, dass auch die DTV-Kasko einen vorrangig anzuwendenden Pkt. 13 enthalten, der freilich wiederum auf § 50 Abs. 2 ADS verweist. Über das Schicksal des § 50 Abs. 1 ADS sagt Pkt. 13 DTV-Kasko nichts. Im Auslegungswege wird man daher von dessen Anwendbarkeit weiterhin ausgehen können, zumal Pkt. 13 DTV-Kasko nur die Veräußerung des Schiffes, nicht hingegen von Schiffsparten betrifft. Folgt der VN dem Verweis auf § 50 Abs. 2 ADS, so hat er zugleich die Änderungsregelung in Pkt. 13 Abs. 2 DTV-Kasko zu beachten. § 50 Abs. 2 ADS gilt nämlich nur noch mit der Maßgabe, dass der VN die Prämie für den Zeitraum nach Veräußerung des Schiffes voll ersetzt bekommt. Man mag diese Regelungstechnik vor dem Transparenzgebot durch die hohe Professionalität der VN dieser Sparte, die ja über ihren Verband die DTV-Kasko im Einzelnen mit den Versicherungsunternehmen ausgehandelt haben, zu rechtfertigen versuchen, eine transparente Neufassung ist dennoch dringend anzumahnen.

II. Versicherbare Interessen

1. Allgemeines

a) Die DTV-Kasko enthalten keine Regelung der versicherbaren Interessen[728]. Eine Spe- **204** zialregelung enthalten die DTV-Klauseln für **Nebeninteressen**[729]. Die Umschreibung der versicherbaren Interessen im Allgemeinen ist daher nach wie vor **§ 1 ADS** zu entnehmen[730].

---

[722] Zum Begriff des Schiffes oben Rn. 19.

[723] Zur Historie der DTV-Kasko-Klauseln 1978 *Remé,* VersR 1979, 293; vgl. auch *Thume/de la Motte/ Enge/Enge,* Kap. 4 Rn. 1; im Übrigen verfügen große Seekaskomakler häufig auch über eigene Standardklauseln, so *Schwampe,* TranspR 2006, 55 (57).

[724] Pkt. 1 DTV-Kasko.

[725] Siehe § 307 Abs. 1 S. 2 BGB, hierzu Münchener Kommentar BGB/*Kieninger*[5], § 307 BGB Rn. 51 ff.; dabei sollte schon die Neuformulierung der DTV-Kasko 1978 Transparenz schaffen; vgl. *Remé,* VersR 1979, 293 (a. E.: „… durchsichtig und übersichtlich …"); vgl. *Ehlers,* S. 27 (für die vor den DTV-Güter 2000 ähnliche Situation in der GüterV).

[726] Vgl. für die vor den DTV-Güter 2000 ähnliche Situation in der Güterversicherung, *Ehlers,* S. 27: „Bei diesem Ineinandergreifen der beiden Bedingungswerke sind Unklarheiten unvermeidlich, weil nur Teile und manchmal nur einzelne Absätze einer Vorschrift der ADS ergänzend anwendbar sind".

[727] Vgl. die DTV-Klauseln für Nebeninteressen 1978/1994 i. d. F. 2004; Doppeltaxen-, Eis-, Minen-, Hypotheken- und Übernahmeklausel.

[728] Auch Pkt. 6 Abs. 1 DTV-Kasko enthält keine Regelung versicherbarer Interessen, sondern verweist hinsichtlich der Summen für Nebeninteressen auf die Parteienvereinbarung.

[729] Pkt. 2 DTV-Nebeninteressen.

[730] Hierzu *Ritter/Abraham,* § 1 ADS insb. Rn. 33 ff.

Versichert werden kann demnach grundsätzlich **jedes** Interesse, welches **vermögenswert** (also: in Geld schätzbar) ist und sich auf das Bestehen der **Seegefahren** durch ein **Schiff** bezieht[731].

205　**b)** Die Versicherung kann für **gegenwärtige,** aber auch **künftige**[732] und grundsätzlich auch für in der **Vergangenheit** liegende (Rückwärtsversicherung[733]) Interessen genommen werden.

206　**c)** Das versicherte Interesse ist in der Police **bestimmt** zu bezeichnen[734]. Bei Fehlbezeichnung ist die Versicherung für den VR nicht verbindlich[735], hinsichtlich aller weiterer Fragen gelten die Regelungen über das Fehlen eines versicherbaren Interesses[736]. Die Last, auf eine richtige Bezeichnung zu achten, liegt also beim VN (falsa demonstratio nocet). Er kann sich jedoch einer weiten, allgemeinen Umschreibung bedienen, wenn sich der VR damit begnügt[737]. Eine falsa demonstratio seitens des VN setzt voraus, dass der VR die Fehlbezeichnung nicht durchschaut. Eine erhebliche falsa demonstratio liegt also nicht vor, wenn die Auslegung ergibt, dass VN und VR mit der gewählten Bezeichnung das tatsächlich vorliegende Interesse meinten[738]. Auch soll der VR nach Treu und Glauben (§ 13 ADS) zur Deckung verpflichtet sein, wenn der VN das Interesse irrtümlich falsch bezeichnet hat und der VR das tatsächlich vorliegende Interesse gleichermaßen versichert hätte[739]. Eine Ausnahme zum Erfordernis einer bestimmten Bezeichnung des Interesses kennt die so genannte „Interessenversicherung" für behaltene Fahrt und sonstige Interessen: hier gilt das versicherte Interesse in Höhe der versicherten Summe als bewiesen[740].

207　**d)** Das **Fehlen** eines versicherbaren Interesses führt gemäß § 2 Abs. 1 S. 1 ADS zur Unwirksamkeit des Versicherungsvertrages. § 2 Abs. 1 S. 2 ADS erwähnt als besonderen Fall des Fehlens eines versicherten Interesses die verpönte **Wettversicherung.** Die Prämienzahlungspflicht des VN hängt in einem solchen Fall von der eigenen Kenntnis bzw. dem Kennenmüssen[741], aber auch von der Unkenntnis des Unwirksamkeitsgrundes durch den VR ab[742].

2. Arten versicherbarer Interessen

208　**a)** Im Vordergrund steht das **Sachwertinteresse** des **Eigentümers** am Schiff[743]. Hinzu kommen insbesondere **Gewinninteressen** am Schiff[744], das Interesse an der zu verdienenden **Provision**[745], an der **Fracht**[746], der **Schiffsmiete**[747], den **Überfahrts-**[748] und **Haverei-**

---

[731] Vgl. § 1 Abs. 1 ADS sowie die exemplarische Aufzählung in § 1 Abs. 2 ADS.

[732] § 4 Abs. 2 ADS.

[733] § 5 ADS.

[734] Siehe § 1 Abs. 3 ADS.

[735] § 1 Abs. 3 ADS; dort auch die Ausnahme der Verwechslung von Schiffsmiete und für bestimmte Zeit geschlossene Fracht, weil die Abgrenzung dieser beiden Vertragskonstrukte besonders schwer fällt.

[736] §§ 2, 3 ADS; zu deren Anwendbarkeit auch *Ritter/Abraham,* § 1 ADS Rn. 186.

[737] Dann sind alle Interessen versichert, die aus Sicht des VR der Beschreibung durch den VN zu entnehmen sind; vgl. *Enge,* S. 46.

[738] Zur Anwendung vertraglicher Auslegungsregeln auch *Ritter/Abraham,* § 1 ADS Rn. 184.

[739] So *Enge,* S. 46.

[740] Pkt. 2.6 DTV-Nebeninteressen; hierzu *Enge,* S. 276 und (allgemein) 46.

[741] § 3 Abs. 1 ADS.

[742] Zur Kenntnis des VR § 2 Abs. 2 ADS.

[743] § 1 Abs. 2 ADS.

[744] Die freilich versicherbar sind, auch wenn sie in § 1 Abs. 2 ADS nicht ausdrücklich erwähnt werden; hierzu *Ritter/Abraham,* § 1 ADS Rn. 54; näher hierzu und insbesondere zur Abgrenzung gegenüber der Schiffsmietenversicherung *Sieg,* VersR 1997, 649.

[745] Hauptanwendungsfall ist die vom Schiffsmakler zu verdienende Provision für weitere Frachtverträge; vgl. *Ritter/Abraham,* § 1 ADS Rn. 61.

[746] Die Frachtversicherung wird in Pkt. 3 DTV-Nebeninteressen näher ausgestaltet; allgemein zur Frachtversicherung nach § 1 ADS: *Ritter/Abraham,* § 1 ADS Rn. 66 ff.

[747] *Ritter/Abraham,* § 1 ADS Rn. 93 ff.

[748] *Ritter/Abraham,* § 1 ADS Rn. 98 ff.

geldern[749]. Hinzu kommen **sonstige Forderungen,** zu deren Deckung das Schiff dient. Vorausgesetzt wird nicht notwendig eine dingliche Belastung des Schiffes, es reicht aus, wenn nach der Anschauung des Verkehrs zwischen der Forderung und dem Schiff ein besonderer Zusammenhang besteht[750]. Hierher zählen die Schiffhypotheken-Forderungen, Kollisionsforderungen[751] und Vorschussgelder[752]. Zuletzt nennt § 1 ADS das Interesse des Erstversicherers, **Rückversicherung** zu nehmen[753].

b) Im Wege der **Nebeninteressenversicherung** können das Interesse an der **behaltenen Fahrt des Schiffes**[754] sowie die **Exzedenten**[755] für Haverei[756], Aufwendungen gemäß der Ballastschiffklausel[757] und Ersatz an Dritte[758] gedeckt werden. Die DTV-Nebeninteressen gestalten auch die Versicherung der **Fracht** sowie des Interesses des VN an der **Versicherungsprämie** näher aus[759]. Eine früher gängig vereinbarte Beschränkung der Summen für diese Nebeninteressen auf einen Prozentsatz der Kaskotaxe[760] fehlt in den DTV-Kasko[761]. Nach Pkt. 6.3 DTV-Kasko deckt der TransportVR diese Nebeninteressen jedoch höchstens bis zu den in der Kaskopolice vereinbarten Beträgen. Freilich ist auch diese Geschäftsbedingung einzelvertraglich abdingbar[762]. Der VR hat jedenfalls Anspruch, dass ihm die Nebeninteressenversicherung im Schadensfalle offen gelegt werden[763]. **209**

III. Versicherte Gefahren

1. Grundsatz der Allgefahrendeckung

Gemäß § 28 S. 1 ADS gilt (auch) in der Schiffskaskoversicherung der Grundsatz der Allgefahrendeckung. Versichert ist das **Schiff** demnach „soweit nicht ein anderes bestimmt ist" gegen **alle Seegefahren,** denen es während der Dauer der Versicherung[764] ausgesetzt ist[765]. **210**

2. Demonstrative Aufzählung versicherter Risiken in den ADS

§ 28 S. 2 ADS listet typische Seegefahren demonstrativ auf. Dort werden genannt: **211**
- Eindringen von Seewasser; Schiffszusammenstoß; Strandung; Schiffbruch;
- Brand; Explosion; Blitzschlag; Erdbeben; Eis;
- Diebstahl; Seeraub; Plünderung; andere Gewalttätigkeiten[766].

---

[749] Näheres bei *Ritter/Abraham,* § 1 ADS Rn. 108 ff.; § 1 Abs. 2 ADS erwähnt noch die Bodmereigelder, doch wurden die Bestimmungen im HGB über die Bodmerei durch das Seerechtsänderungsgesetz vom 21. 6. 1972, BGBl. 1972 I, 966, aufgehoben; zur früheren Rechtslage *Ritter/Abraham,* § 1 ADS Rn. 106 ff.

[750] *Ritter/Abraham,* § 1 ADS Rn. 121.

[751] Näheres bei *Ritter/Abraham,* § 1 ADS Rn. 118 ff.

[752] *Ritter/Abraham,* § 120 ADS Rn. 122 ff.

[753] Ausführlich *Ritter/Abraham,* § 120 ADS Rn. 125 ff.

[754] Pkt. 2.1 DTV-Nebeninteressen; Begriff und Entwicklung der Versicherung für behaltene Fahrt bei *Ritter/Abraham,* § 120 ADS Rn. 3 ff.

[755] Pkt. 2.1 DTV-Nebeninteressen.

[756] Siehe Pkt. 35 DTV-Kasko.

[757] Siehe Pkt. 35.4 DTV-Kasko.

[758] Siehe Pkt. 34 DTV-Kasko.

[759] Siehe Pkt. 3 (Fracht) und Pkt. 4 (Prämie) DTV-Nebeninteressen.

[760] So noch Pkt. 6.1 DTV-Kasko 1978; zur Teleologie dieser Summenbeschränkung *Enge,* S. 272; *ders.,* DTV-Kaskoklauseln, S. 19.

[761] Die Summen werden individuell vereinbart; vgl. Pkt. 6.1 DTV-Kasko.

[762] Worauf Pkt. 6.3 DTV-Kasko auch ausdrücklich hinweist.

[763] Pkt. 6.2 DTV-Kasko.

[764] Zur Dauer der Kaskoversicherung unten Rn. 251 ff.

[765] Vgl. auch *Schwampe,* TranspR 2006, 55 (57), der den Unterschied zum englischen Seeversicherungsmarkt betont, in dem typischerweise nur eine „named perils" Deckung gezeichnet werden kann.

[766] Zu diesen Gefahren näher *Ritter/Abraham,* § 28 ADS Rn. 33.

3. Eingeschränkte Deckung

212   **a)** Die Kaskoversicherung kann auch als **Einzelrisikenversicherung** genommen werden. Ein Musterbeispiel bildet die einzelvertraglich zu vereinbarende Klausel „nur für Kriegsgefahr" in § 121 ADS. Hier wird die Allgefahrendeckung durch eine Versicherung ausschließlich des Kriegsrisikos ersetzt.

213   **b)** Ein Spezialfall der Einzelrisikenversicherung betrifft die Versicherung der **Ausrüstung**[767]. Diese ist im Falle des Totalverlustes im Rahmen der Allgefahrendeckung mitversichert[768]. **Teilschäden** sind indessen nur versichert, wenn sie durch **Feuer** oder **Explosion** verursacht werden[769].

4. Risikoausschlüsse

214   **a)** Ausgeschlossen werden Schäden, die durch die **Seeuntüchtigkeit** des Schiffes entstehen[770]. Die Seetüchtigkeit ist begrifflich auf die jeweils unternommene Reise zu beziehen (**relative** Seetüchtigkeit[771]). Die Seetüchtigkeit muss im Zeitpunkt des **Reisebeginns** vorliegen[772]. Der Ausschluss ist **subjektiv** formuliert, greift also nur ein, wenn der VN die Seeuntüchtigkeit zu vertreten hat[773]. Eine Seeuntüchtigkeit liegt nach der Rspr. z. B. vor, wenn ein Schwimmbagger verschleppt wird, dessen Lukendeckel falsch verschlossen ist, sodass ständig Seewasser eindringt[774].

215   In seiner jüngeren Rspr. neigt der BGH zur Ansicht, dass es sich bei der Klausel über die Tüchtigkeit eines Fahrzeugs nicht um einen Risikoausschluss, sondern eine **verhüllte Obliegenheit** handelt[775]. In der Seekaskoversicherung ist die Qualifikation allerdings von untergeordneter Bedeutung, weil der Ausschluss ohnehin subjektiv formuliert ist und Risikoausschlüsse nur dann eingreifen, wenn sie causa proxima des Versicherungsfalles waren.

216   Zur Seetüchtigkeit gehören insbesondere die gehörige **Ausstattung, Bemannung** und **Beladung** (keine Über- und Unterladungen)[776]. Erforderlich ist fernerhin das Vorhandensein

---

[767] Zum Begriff unten Rn. 231.

[768] Siehe Pkt. 3 DTV-Kasko.

[769] Pkt. 4.2 DTV-Kasko.

[770] Pkt. 23 DTV-Kasko, der § 58 ADS vollständig verdrängt; zum früheren § 58 ADS siehe *Kreutziger,* VersR 1964, 995; RG v. 21. 1. 1928, RGZ 128, 39 (40); OLG Hamm v. 12. 2. 1982, VersR 1982, 1041; vgl. hierzu *Remé/Gercke,* in: Münchener Anwalts-Handbuch, § 10 Rn. 70.

[771] *Ritter/Abraham,* § 58 ADS Rn. 7; *Kreutziger,* VersR 1964, 995 (995); *Thume/de la Motte/Schwampe,* Kap. 5 Rn. 253; siehe auch RG v. 27. 11. 1926, RGZ 115, 67 (68): „Seetüchtigkeit bedeutet im allgemeinen nach herrschender Anschauung … die Fähigkeit des Schiffes, die gewöhnlichen, unvermeidlichen Gefahren der in Aussicht genommenen Seefahrt zu bestehen. Die Seetüchtigkeit eines Schiffes hängt somit im wesentlichen von seiner Beschaffenheit, seiner Einrichtung und Ausrüstung ab"; zur relativen Seetüchtigkeit auch RG v. 9. 7. 1927, RGZ 118, 13 (15.); BGH v. 21. 2. 1974, VersR 1974, 589 („relative Fahruntüchtigkeit" in der Wassersport-Fahrzeugversicherung); BGH v. 26. 10. 2006, BGHZ 169, 281 = TranspR 2007, 36 (37) zur Seetüchtigkeit i. S. d. § 559 Abs. 1 HGB; vgl. auch Anm. von *Ramming,* TranspR 2007, 58.

[772] Vgl. Pkt. 23.1 DTV-Kasko: „… in See gesandt wird …".

[773] Pkt. 23.2 DTV-Kasko; anders noch nach § 58 ADS – siehe *Enge,* S. 227; sowie RG v. 27. 11. 1926, RGZ 115, 67 (70); RG v. 21. 1. 1928, RGZ 128, 39 (41).

[774] OLG Hamburg v. 11. 6. 1987, TranspR 1988, 79.

[775] Nach der früheren Rspr. des BGH handelt es sich um einen Risikoausschluss und nicht um eine verhüllte Obliegenheit: so im Rahmen der Flusskaskoversicherung BGH v. 11. 2. 1985, VersR 1985, 629; vgl. auch OLG Karlsruhe v. 2. 6. 1981, VersR 1983, 74 (*Bauer*); nach einer jüngeren Entscheidung wird an dieser „formalen Betrachtungsweise, die bei der Auslegung eines durchschnittlichen VN abstellt, … nicht festgehalten"; so BGH v. 24. 5. 2000, TranspR 2002, 255 = VersR 2001, 969 (obiter; der BGH klärt insbesondere nicht, wie sich seine neue Ansicht auf den gesetzlichen Ausschluss nach § 138 VVG in der Flusskaskoversicherung auswirkt); zum Meinungsstand in der Literatur zur Seeversicherung *Trölsch,* S. 395 f., die von einem subjektiven Risikoausschluss ausgeht.

[776] Pkt. 23.1 DTV-Kasko; näher hierzu *Ritter/Abraham,* § 58 ADS Rn. 13 ff.; zur mangelhaften Beladung z. B. OLG Karlsruhe v. 8. 11. 1928, JW 1929, 1601; zur mangelhaften Bemannung RG v. 20. 4. 1921, RGZ 102, 111; BGH v. 26. 10. 2006, BGHZ 169, 281 = TranspR 2007, 36 (38) zur Übermüdung

der Papiere zum **Ausweis** von Schiff, Besatzung und Lagerung. Zuletzt muss das Schiff durch eine anerkannte Klassifikationsgesellschaft in der **höchsten Klasse** zertifiziert sein und einen **Fahrterlaubnisschein** der See-Berufsgenossenschaft[777] bzw. – bei ausländischen Schiffen – der zuständigen Behörde besitzen[778]. Das Fehlen eines Safety Management Certificate allein begründet noch keine Seeuntüchtigkeit, weil es hierfür nicht auf das Vorliegen eines Zertifikats, sondern auf den zertifizierungsfähigen Zustand des Schiffes ankommt. Anderes gilt für das Fehlen eines **Safety Management System** an Bord des Schiffes: Hierin wird ein Fall der Seeuntüchtigkeit gesehen[779].

b) Ausgeschlossen sind auch Schäden durch **Abnutzung,** wie sie bei gewöhnlichem Gebrauch entstehen, durch **Alter, Fäulnis, Rost, Korrosion, Wurmfraß** oder **Kavitation**[780]. Der Risikoausschluss ist **objektiv** formuliert, hängt also nicht von einem Verschulden des VN ab[781]. Ob der Ausschluss eingreift oder nicht, hängt davon ab, ob die ausgeschlossene Ursache die causa proxima war[782]. In diesem Fall leistet der VR dennoch anteiligen Schadensersatz, wenn eine versicherte Ursache mitgewirkt hat[783]. **217**

c) Ausgeschlossen sind Schäden durch **Gefahrgüter**[784]. Gefahrgüter sind solche, die nach deutschem Recht[785] nicht oder nur unter besonderen Auflagen befördert werden dürfen. Bei Verladung in einem ausländischen Hafen kommt dem VN eine Rechtswahl zu: Er kann die am Verladeort geltenden Vorschriften zur Anwendung berufen[786]. Voraussetzung des Haftungsausschlusses ist ein Verstoß gegen diese Vorschriften und Kausalität zwischen Rechtsverstoß und Schaden. Dem VN steht dann ein **zweifacher Entlastungsbeweis** zu[787]: Er kann nachweisen, dass er die Vorschriften beachtet und alles Erforderliche für deren Einhaltung getan hat. Der Versicherungsschutz bleibt aber auch erhalten, wenn er nachweist, dass er die Beförderung des Gefahrguts nicht kannte und auch nicht kennen musste. **218**

d) Die Regelung über Gefahrgüter wird auch auf **lose verschifftes Massengut** erstreckt, falls die einschlägigen Rechtsvorschriften bzw. die Vorgaben der Klassifikationsgesellschaft nicht erfüllt werden[788]. **219**

---

eines Besatzungsmitglieds; zur mangelhaften Verladung von gefährlichen Gütern aus dem Blickwinkel des Frachtvertrages BGH v. 14. 12. 1972, VersR 1973, 218; auch (und nicht auf gefährliche Güter eingeschränkt) OLG Hamburg v. 13. 9. 1990, VersR 1991, 1271; BGH 11. 3. 1974, VersR 1974, 771.

[777] Der Fahrterlaubnisschein hängt von der Erfüllung der Sicherheitsstandards zum Schutz menschlichen Lebens ab; siehe *Enge*, S. 206.

[778] Hierzu schon oben Rn. 84.

[779] S. *Thume/de la Motte/Enge/Enge*, Kap. 4 Rn. 192; vgl. auch – wenngleich letztlich offen lassend – *Looks/Kraft*, TranspR 1998, 221 (227 f.); *Rabe*, § 559 Rn. 6.

[780] Pkt. 27.1 DTV-Kasko, der § 59 ADS vollständig verdrängt.

[781] Zutreffend *Enge*, S. 230.

[782] Versicherungsschutz besteht daher in vollem Umfang, wenn die causa proxima eine versicherte Ursache war; vgl. Pkt. 27.2 S. 2 DTV-Kasko.

[783] Pkt. 27.2 S. 1 DTV-Kasko; Beispiel bei *Enge*, S. 230.

[784] Pkt. 14.1 DTV-Kasko.

[785] Die Qualifikation als gefährliches Gut ergibt sich in der Seeschifffahrt aus § 2 Gefahrgutverordnung See (GGVSee) i. d. F. v. 6. 1. 2006 BGBl. 2006 I 138, zuletzt geändert durch Art. 518 der Verordnung v. 31. 10. 2006 BGBl. 2006 I 2407; § 2 GGVSee verweist wiederum auf den Internationalen Code für die Beförderung gefährlicher Güter mit Seeschiffen (IMDG Code) geändert durch die Entschließung MSC. 157 (58) in der amtlichen deutschen Übersetzung bekannt gegeben am 23. 5. 2005 (VkBl. 2005, S. 418) und die Richtlinien für die sichere Behandlung von Schüttladungen bei der Beförderung mit Seeschiffen v. 30. 8. 1990 BAnz. Nr. 226a v. 6. 12. 1990, zuletzt geändert nach Maßgabe des MSC-Rundschreibens 962 v. 1. 6. 2000 (VkBl. 2001, S. 16).

[786] Pkt. 14.2 DTV-Kasko.

[787] Pkt. 14.1 DTV-Kasko.

[788] Pkt. 14.3 DTV-Kasko; zu beachten sind insbesondere die Richtlinien für die sichere Behandlung von Schüttladungen bei der Beförderung mit Seeschiffen v. 30. 8. 1990 BAnz. Nr. 226a v. 6. 12. 1990, zuletzt geändert durch Bekanntmachung v. 19. 12. 2000 BAnz. 2001 S. 5342.

Heiss

220   **e)** Ausgeschlossen waren nach § 61 ADS **Eisschäden,** die durch Durchbrechen feststehenden Eises hervorgerufen wurden[789]. Die **DTV-Eis** 1979 (i. d. F. 2004), welche einzelvertraglich vereinbart werden[790], differenzieren bei der Deckung von Eisschäden jeglicher Art nach der **Eisklasse des Schiffes.** Es kommt dabei zu Ausschlüssen, Beschränkungen der versicherten Reiserouten und zur Vereinbarung von Abzugsfranchisen (Selbstbeteiligungen[791]). Insoweit Eisschäden danach ausgeschlossen sind, stellt Pkt. 9 DTV-Eis eine Beweiserleichterung zur Verfügung. Entscheidend ist, ob die überwiegende Wahrscheinlichkeit für oder gegen einen versicherten Eisschaden spricht. Besteht hierüber zwischen den Parteien Uneinigkeit, so entscheidet – unter Ausschluss des ordentlichen Rechtswegs – ein Schiedsgericht. Dieses Schiedsgericht entscheidet aber nur die Kausalitäts- und nicht andere Deckungsfragen. Insofern verbleibt es beim ordentlichen Rechtsweg[792].

221   **f)** Ausgeschlossen sind auch die Gefahren der **Kernenergie** und **radioaktiver Stoffe**[793]. Hier kommt es indessen zu einem partiellen (also: tertiären) **Wiedereinschluss** des Risikos[794]. Vorausgesetzt wird ein versichertes Ereignis, welches zur Folge hat, dass an Bord des versicherten Schiffes bzw. an Bord eines Kollisionsschiffes verladenes, radioaktives Material Schäden (insbesondere Kontamination) erzeugt[795]. Hiervon wiederum (also quartär) ausgenommen sind Schäden, die aus einem Verstoß gegen deutsche **Klassifikationsvorgaben** resultieren[796]. Auch hier kommt dem VN allerdings der **zweifache Entlastungsbeweis** zu wie bei gefährlicher Ladung[797].

222   **g)** Die DTV-Kasko schließen die **Kriegsgefahr** aus[798]. Auch hier ist der Begriff weit gefasst, bezieht also den Bürgerkrieg, kriegsähnliche Ereignisse, feindliche Verwendung von Kriegswerkzeugen sowie das Vorhandensein von Kriegswerkzeug als Folge einer dieser Risiken mit ein. Auch kommt es zu einem tertiären Risikoeinschluss: Schäden aus Kriegsgefahr sind versichert, soweit sie durch Nichtantreten oder Nichtfortsetzen der Reise oder durch Anlaufen eines Nothafens entstehen[799]. Im Übrigen können Kriegsrisiken in einer eigenen **Kriegsversicherung** abgedeckt werden[800]. Insbesondere kann die Gefahr des Vorhandenseins von Kriegswerkzeug durch Vereinbarung der **DTV-Minenklausel** in die Deckung aufgenommen werden[801].

223   **h)** Neben den eigentlichen Kriegsrisiken findet sich in den DTV-Kasko auch ein Kündigungsrecht des VR im Hinblick auf **Gewalthandlungen**[802]. Nach Pkt. 15 DTV-Klauseln zählen hierzu Arbeitsunruhen, Aufruhr, innere Unruhen und Piraterie. Genau besehen handelt es sich um eine **Option** des VR, diese Risiken einzeln oder insgesamt mit einer Frist von

---

[789] Näher hierzu (und insbesondere zum Begriff des „feststehenden Eises") *Ritter/Abraham,* § 61 ADS Rn. 2 ff.

[790] Zutreffend der Hinweis in Pkt. 22 DTV-Kasko.

[791] Deren Abzug hängt von subjektiven Umständen (Kennen oder Kennenmüssen der Eisgefahr auf Seiten des VN) ab – vgl. Pkt. 8 DTV-Eis; umgekehrt kann der VN die Selbstbeteiligung nicht anderweitig versichern, ansonsten der VR ganz leistungsfrei wird – vgl. Pkt. 6 DTV-Eis.

[792] Zu alledem Pkt. 9 DTV-Eis.

[793] Pkt. 19.1 DTV-Kasko; zur Geschichte dieses Ausschlusses, insbesondere zur Bedeutung des Unfalls in Tschernobyl *Enge,* S. 222.

[794] Pkt. 19.2 DTV-Kasko.

[795] Beachte allerdings die Subsidiaritätsklausel in Pkt. 19.6 DTV-Kasko.

[796] Pkt. 19.4 DTV-Kasko.

[797] Hierzu oben bei Rn. 218.

[798] Pkt. 16 DTV-Kasko.

[799] Pkt. 16.2 DTV-Kasko.

[800] Siehe die hierauf bezogene Subsidiaritätsklausel in Pkt. 16.3 DTV-Kasko.

[801] Die DTV-Minenklausel 1989 i. d. F. 2004 ist zweigeteilt: Sie umfasst in ihrer ersten Version Kasko und Nebeninteressen im allgemeinen, in ihrer zweiten Kasko und Nebeninteressen für Baggereifahrzeuge und -geräte auf Binnen- und Küstengewässern.

[802] Pkt. 15 DTV-Kasko.

14 Tagen zu kündigen. Die Kündigung kann jederzeit erklärt werden. Der VN kann daraufhin den gesamten Vertrag mit einer Frist von einer Woche schriftlich kündigen.

i) Ausgeschlossen sind diverse Risiken hoheitlichen Handelns. Hierher zählen zunächst   **224** die **Beschlagnahme** sowie sonstige **Entziehung** durch **Verfügung von hoher Hand**[803]. Nach dem öOGH sollen nicht nur die Schäden aus der Verfügung als solcher, sondern auch Schäden, die anlässlich solcher Verfügungen entstehen (z. B. Beschädigungen während staatlicher Kontrollen), von der Deckung ausgenommen sein[804]. Eingeschlossen bleiben gerichtliche Verfügungen **(Arreste),** wenn der VR dem VN für die Kosten der Erfüllung des der Verfügung zugrunde liegenden Anspruchs aus dem Versicherungsvertrag haftet[805]. Eingeschlossen werden auch Schäden am Schiff, die diesem unmittelbar durch behördliche Maßnahmen zur Verhinderung bzw. Minderung von Gewässerverschmutzungen zugefügt werden, wenn die Verschmutzungsgefahr aus einem versicherten Ereignis herrührt und der VN schuldlos handelt[806].

j) Keinen Risikoausschluss, sondern eine **Subsidiaritätsklausel** enthält § 64 ADS. Wird   **225** das versicherte Schiff zum Schleppen bzw. Leichtern anderer Fahrzeuge oder für sonstige Hilfeleistungen verwendet und dabei beschädigt, so haftet der VR nur insoweit, als der VN keinen Anspruch auf **Leichter-, Schlepp- oder Hilfslohn** hat[807]. Ein solcher Lohnanspruch wird also von der Entschädigungsforderung gegenüber dem VR von vornherein abgezogen und zwar unabhängig davon, ob die Vergütung tatsächlich geleistet wird oder nicht[808].

k) Ausgeschlossen sind Schäden, die durch eine **Verzögerung der Reise** eintreten[809].   **226**

l) § 33 ADS enthält einen allgemeinen, subjektiven **Herbeiführungsausschluss**[810].   **227** Nicht gedeckt sind demnach Schäden, die der VN vorsätzlich oder fahrlässig herbeiführt. Leichte Fahrlässigkeit genügt[811]. Im Falle **nautischen Verschuldens** wird der Verschuldensmaßstab hingegen auf Vorsatz oder **grobe Fahrlässigkeit** angehoben[812]. Unter nautischem Verschulden versteht man die „fehlerhafte Führung des Schiffes"[813]. Die subjektiven Voraussetzungen (Herbeiführung und Verschulden) müssen durch den VN bzw. einen **Repräsentanten** erfüllt werden[814]. Gemäß ausdrücklicher Anordnung in § 33 Abs. 3 ADS zählt die

---

[803] Pkt. 17.1 DTV-Kasko; zum Begriff der „Verfügung von hoher Hand" näher *Ritter/Abraham,* § 73 ADS Rn. 5.

[804] öOGH v. 10. 7. 1986, VersR 1988, 198; kritisch hierzu *Enge,* S. 53.

[805] Pkt. 17.2 DTV-Kasko; näher zur Arrestgefahr *Ritter/Abraham,* § 36 ADS Rn. 3; Beispiele bei *Enge,* S. 54; zur Frage, ob auch Kosten der Abwendung einer Arrestgefahr gedeckt sind, RG v. 23. 10. 1926, RGZ 115, 165.

[806] Pkt. 18 DTV-Kasko.

[807] § 64 ADS; zum Leichter-, Schlepp- und Hilfslohn §§ 740 ff. HGB; siehe auch *Schwampe,* VersR 2007, 1177 ff.

[808] Hierzu *Ritter/Abraham,* § 64 ADS Rn. 5.

[809] Zum genauen Anwendungsbereich dieses Ausschlusses oben Rn. 82.

[810] Zu dieser Qualifikation und zur einschlägigen Diskussion OLG Hamburg v. 17. 3. 1988, VersR 1988, 1147; für maschinelle Einrichtungen kennt Pkt. 20.2 DTV-Kasko einen speziellen Herbeiführungsausschluss; hierzu Rn. 228 ff.

[811] § 33 Abs. 1 S. 1 ADS; dabei hat es der BGH im Rahmen einer MotorbootKaskoV als grob fahrlässig gewertet, wenn das Boot trotz bestehender Möglichkeit von Undichtheiten längere Zeit mit offenen Seeventilen stillliegt; BGH v. 2. 7. 1979, VersR 1979, 932; vgl. auch OLG Frankfurt a. M. v. 19. 3. 2003, NJW-RR 2004, 28.

[812] § 33 Abs. 1 S. 2 ADS.

[813] Näheres bei *Ritter/Abraham,* § 33 ADS Rn. 23; zum nautischen Verschulden s. auch BGH v. 26. 10. 2006, TranspR 2007, 36 (39 f.) und Anmerkung von *Ramming,* TranspR 2007, 58; s. auch Urteil der Vorinstanz OLG Hamburg v. 18. 12. 2003, VersR 2004, 1067.

[814] Zum Repräsentanten in der Seekaskoversicherung umfassend *Karstaedt,* 45 ff.; sowie *Remé,* VersR 1989, 115 (116 f.).

Besatzung des Schiffes als solche nicht hierzu[815]. Sehr wohl aber soll der **Kapitän** Repräsentant des Reeders sein[816]. Dasselbe gilt für einen **Prokuristen** des VN[817].

5. Risikoerweiterung: Maschinelle Einrichtungen

228   **a)** Nach dem alten § 65 ADS waren Kajüts- und Maschinenschäden nur im Strandungsfalle[818] versichert. Diese Regelung wird durch den neuen Pkt. 20.2 DTV-Kasko vollständig ersetzt. Dieser erwähnt die Kajütsschäden nicht mehr. Solche sind also mit dem Schiff versichert. Dasselbe gilt für **maschinelle Einrichtungen**[819], für die der Gefahrenkatalog sogar über die Seegefahrendeckung hinaus **erweitert** wird. Demnach haftet der VR für Schäden an maschinellen Einrichtungen bei Eintritt einer versicherten (See-)Gefahr aber auch als Folge von verborgenen Material- und Fertigungsmängeln, von Konstruktionsfehlern und -mängeln sowie als Folge eines Wellenbruchs[820].

229   **b)** Der Risikoeinschluss enthält zugleich einen besonderen **Herbeiführungsausschluss.** Nicht versichert sind Schäden infolge grober Vernachlässigung der maschinellen Einrichtungen über längere Zeit hinweg[821].

230   **c)** Auch gilt bei der Versicherung von Maschinenschäden ein besonderer **Selbstbehalt,** der zu den vereinbarten Franchisen[822] hinzukommt. Der Selbstbehalt ist einzelvertraglich zu vereinbaren und kommt nur dann zur Anwendung, wenn ein Bedienungsfehler der Schiffsmannschaft für den Schaden (mit-)ursächlich war[823].

IV. Gegenständliche und geographische Reichweite des Versicherungsschutzes

1. Gegenständliche Reichweite

231   **a)** Der Versicherungsschutz erfasst in der Kaskoversicherung das **Schiff.** Zum Schiff zählen auch seine **Bestandteile, maschinellen Einrichtungen**[824], **Zubehör** (wie Rettungsboote, Anker, Ketten, Trossen, Inventar, Instrumente, Seekarten, Reserveteile[825]), auch wenn es nicht im Eigentum des VN steht, und **Ausrüstung** (also zur Reise erforderliche

---

[815] Allgemein in diesem Sinne RG v. 20. 4. 1921, RGZ 102, 111.

[816] Hierzu der Überblick über die Rechtsprechungsentwicklung bei *Remé,* VersR 1989, 115 (119f.), der insgesamt neun einschlägige Entscheidungen anführt; hierunter aus jüngerer Zeit BGH v. 7. 2. 1983, VersR 1983, 479 (481 sub 4.); OLG Hamburg v. 11. 6. 1987, VersR 1987, 1004; vgl. BGH v. 28. 6. 1971, VersR 1971, 833 (der Fall betraf freilich die Haftung des Reeders aus dem Frachtvertrag); vgl. ferner *Looks,* VersR 2003, 1509; *Schwampe* differenziert: nimmt der Kapitän Aufgaben wahr, bei denen es sich um typische Aufgaben der Schiffsbesatzung handelt, sei er nicht Repräsentant des Reeders; nimmt er dagegen Aufgaben des Reeders wahr, komme eine Repräsentantenstellung in Betracht; s. *Schwampe,* TranspR 2006, 55 (59).

[817] Siehe OLG Hamburg v. 17. 3. 1988, VersR 1988, 1147.

[818] Zum Begriff der Strandung siehe den aufgehobenen § 853 HGB a. F.

[819] Nach Pkt. 20.1 DTV Kasko zählen hierzu die Hauptantriebsanlage einschl. Welle und Propeller, Hilfsaggregate, Pumpen, Kühlanlagen und Deckmaschinen mit zugehörigen Einrichtungen. Nicht dazu gehören Rohrleitungen mit Armaturen, Vorrats- und Betriebstanks mit zugehörigen Einrichtungen; für diese besteht der allgemeine Versicherungsschutz der Seekaskoversicherung.

[820] Pkt. 20.2 DTV-Kasko; hierzu *Remé/Gercke,* in: Münchener Anwalts-Handbuch, § 10, Rn. 76; nach OLG Hamburg v. 12. 5. 1999, VersR 2000, 1142 sind gem. Pkt. 20.2 DTV-Kasko auch Schäden versichert, die an dem falsch konstruierten Teil selbst eingetreten sind; s. dazu *Schwampe,* TranspR 2006, 55, (58).

[821] Pkt. 20.2 DTV-Kasko.

[822] Zur allgemeinen Abzugsfranchise unten Rn. 288.

[823] Pkt. 20.3 DTV-Kasko.

[824] Zu diesen oben Rn. 228.

[825] Beispiele nach *Enge,* S. 213.

und zum Verbrauch bestimmte Gegenstände wie Brennstoffe, Schmiermittel, Lebensmittel, Wasser[826])[827].

b) Der Versicherungsschutz erstreckt sich auch auf **von Bord genommene Teile**[828]. **232** Hier gilt jedoch die Subsidiaritätsklausel des Pkt. 5 S. 2 DTV-Kasko: Andere Versicherungen gehen voran.

2. Geographische Reichweite

Versicherungsschutz besteht für Fahrten innerhalb bestimmter **Fahrtgrenzen.** Diese **233** werden in Pkt. 7 näher bestimmt. Die DTV-Kasko unterscheiden **europäische** und **außer-europäische** Fahrten[829]. Der Formulierung der Pkte. 7.1 und 7.2 DTV-Kasko gemäß (arg.: „Versichert sind …" bzw. „Ausgeschlossen sind …") müsste es sich um objektive Risikobe-grenzungen handeln und ein Überschreiten der Fahrtgrenzen automatisch zum Verlust des Versicherungsschutzes führen. Pkt. 7.3 DTV-Kasko stellt demgegenüber klar, dass ein Über-schreiten der Fahrtgrenzen eine **Gefahränderung** darstellt, was in Pkt. 11.5 Nr. 3 DTV-Kasko noch einmal wiederholt wird. Die **Rechtsfolgen** bestimmen sich daher nach Pkt. 11.2 bis 11.4 DTV-Kasko[830].

V. Versicherte Schäden

1. Totalverlust und Beschädigung

a) Ähnlich der Güterversicherung ist das Schiff gegen Schäden versichert, welche im **To-** **234** **talverlust** oder in der **Beschädigung** des Schiffes bestehen können[831].

b) Totalverlust liegt vor, wenn das Schiff in seiner ursprünglichen Beschaffenheit **zer-** **235** **stört** oder dem VN ohne Aussicht auf Wiedererlangung **entzogen** wurde[832]. Dem Verlust steht die **Verschollenheit** gleich[833]. Verschollenheit ist gegeben, wenn das Schiff den Be-stimmungshafen nicht erreicht hat und auch sonst keine Nachricht über seinen Verbleib vor-liegt[834]. Darüber hinaus muss die Verschollenheitsfrist abgelaufen sein. Sie beträgt **zwei Mo-nate,** gerechnet ab dem Tag der letzten Nachricht vom Schiff[835]. Der Verschollenheit und damit dem Verlust steht die **Anhaltung** oder **Zurückhaltung** eines Schiffes infolge einer **Verfügung von hoher Hand** sowie das **Nehmen** durch **Seeräuber** gleich[836]. Hier wird die Frist jedoch starr mit 2 Monaten bemessen[837]. Freilich ist zu bedenken, dass das **Risiko** von Verfügungen von hoher Hand – mit Ausnahme der Arrestgefahr[838] und behördlicher Maßnahmen zum Gewässerschutz[839] – vom Deckungsumfang ausgeschlossen ist[840]. Damit scheidet ein Ersatz aus, solange diese Risiken nicht einzelvertraglich in die Deckung einbezo-gen werden[841].

---

[826] Beispiele nach *Enge*, S. 213.
[827] Siehe Pkt. 3 und 4 DTV-Kasko.
[828] Pkt. 5 S. 1 DTV-Kasko.
[829] Siehe die sehr detaillierte Regelung in Pkt. 7.1 und 7.2 DTV-Kasko.
[830] So auch *Enge*, S. 216; *Thume/de la Motte/Enge/Enge*, Kap. 4 Rn. 40.
[831] Siehe §§ 71 ff. und 74 ff. ADS; eine Einschränkung auf Totalverlust ist möglich, hierzu die einschlä-gige Klausel in § 123 ADS.
[832] § 71 Abs. 2 ADS.
[833] Siehe § 72 ADS.
[834] § 72 Abs. 1 S. 2 ADS.
[835] Pkt. 31.1 DTV-Kasko.
[836] § 73 ADS.
[837] Auch hierzu § 73 ADS.
[838] Pkt. 17.2 DTV-Kasko.
[839] Pkt. 18 DTV-Kasko.
[840] Siehe Pkt. 17.1 DTV-Kasko.
[841] Wie hier *Enge*, S. 75; freilich handelt es sich um eines von vielen Beispielen nicht transparenter Ge-staltung der AVB.

236   c) Eine **Beschädigung** liegt vor, wenn das Schiff in seiner ursprünglichen Beschaffenheit noch vorhanden, in seiner Substanz jedoch wertmindernd beeinträchtigt ist. Bei derartigen **Teilschäden** ist nach der Schadensfeststellung (§ 74 ADS[842]) das Schiff unverzüglich auszubessern[843]. Die Ausbesserung hat unter Wahrung der Interessen des VR zu erfolgen, insbesondere ist der VR vor Abschluss des Reparaturvertrages zu hören[844]. Dieser hat bei der Ausbesserung bestimmte Aufsichtsrechte[845]. Die Reparatur hat tatsächlich zu erfolgen, ansonsten der VN **keinen Anspruch** auf die Ersatzleistung hat[846]. *Möller* hat dieses Reparaturerfordernis als eine Obliegenheit interpretiert, sodass die Leistungsfreiheit des VR an ein Verschulden des VN zu knüpfen ist[847]. Die Obliegenheit zur unverzüglichen Reparatur wird darüber hinaus in zwei Fällen zurückgenommen: Den ersten markiert Pkt. 33.2 DTV-Kasko. Demnach bedarf es der Reparatur nicht, wenn das Schiff nach der Beschädigung ein Seefähigkeitsattest von der zuständigen Klassifikationsgesellschaft erhält und der Schaden unverzüglich festgestellt wird[848]. Die Reparatur ist in dem zweiten Fall nicht erforderlich, wenn sie aus einem in den Verhältnissen des VN liegenden, von diesem nicht zu vertretenden wichtigen Grund unterbleibt[849]. Streitigkeiten über das Vorliegen eines wichtigen Grundes werden von einem Schiedsgericht gem. § 75 Abs. 6 ADS entschieden. Die Rspr. hat dem VN überdies Ansprüche aus positiver Vertragsverletzung (nun § 280 Abs. 1 BGB) zuerkannt, falls der VR dem VN die sofortige Reparatur durch ungerechtfertigte Verweigerung von Versicherungsschutz unmöglich macht[850].

237   d) Bei Teilschäden kann der VR überdies verlangen, dass weitere Angebote eingeholt werden, das Schiff zur Reparatur irgendwo anders hin verbracht wird oder ein Reparaturort bzw. eine Reparaturwerft nicht verwendet wird[851]. Wird die Reparatur später nach einem vom VR akzeptierten Tenderangebot durchgeführt, so leistet der VR eine Entschädigung für die verloren gegangene Zeit (**Tenderentschädigung**)[852].

2. Kosten der Schadensabwendung, -minderung und -feststellung

238   Auch Kosten der Schadens**abwendung, -minderung** und **-feststellung** sind Versicherungsschäden[853]. Der VR haftet daher für Kosten, deren Aufwendung aus Sicht des VN geboten war bzw. für Abwendungs- und Minderungskosten, wenn der VN auf Weisung des VR gehandelt hat. Kosten eines durch den VN hinzugezogenen Sachverständigen werden jedoch nur erstattet, wenn der VN hierzu verpflichtet oder aber vom VR aufgefordert wurde[854]. Die Kosten sind auch dann zu ersetzen, wenn ihre Aufwendung **erfolglos** geblieben ist[855]. Der VR ist **vorschusspflichtig**[856].

---

[842] Hierzu unten Rn. 278.

[843] § 75 Abs. 1 S. 1 ADS.

[844] § 75 Abs. 1 S. 2 und 3 ADS.

[845] § 75 Abs. 2 ADS.

[846] Siehe die Klarstellung in Pkt. 33.1 DTV-Kasko; zur früheren Diskussion *Enge,* DTV-Kasko, 87; sowie *Schlegelberger,* S. 186.

[847] *Möller,* MDR 1950, 393 (395); siehe auch BGH v. 15. 6. 1951, VersR 1951, 209.

[848] Siehe Pkt. 33.2 DTV-Kasko; Mehraufwendungen infolge verspäteter Reparatur übernimmt der VR dann freilich nicht; Pkt. 33.3 DTV-Kasko.

[849] § 75 Abs. 5 ADS; als Beispiel wird der Fall angeführt, dass der VN das Schiff veräußert, ohne dass der Erwerber in die Versicherung eintritt.

[850] BGH v. 22. 6. 1972, VersR 1972, 970.

[851] Pkt. 30.1 DTV-Kasko.

[852] Pkt. 30.2 DTV-Kasko.

[853] Siehe § 32 ADS.

[854] Siehe § 32 Abs. 1 Nr. 3 S. 2 ADS.

[855] Näheres in § 32 Abs. 2 ADS.

[856] Siehe § 32 Abs. 2 S. 2 ADS.

3. Große Haverei

a) Der VR haftet auch für **Beiträge** zur großen Haverei und für zu dieser gehörige **Auf-** 239
opferungen[857]. Voraussetzung der Ersatzpflicht des VR ist insbesondere, dass durch die Ha-
vereimaßregel ein **versicherter Schaden abgewendet** werden sollte[858].

b) Der Ersatz für Aufopferungen erfolgt auch dann, wenn zwar **nur Güter des Reeders** 240
verladen werden, die Aufopferungen aber zur großen Haverei gehören würden, wenn die
Güter einem anderen gehörten[859]. Dabei wird die Dispachierung sinngemäß nach den York-
Antwerpener-Regeln 1994, allerdings ohne die Regeln XX und XXI vorgenommen. Regel
XX nimmt Provisionen auf Auslagen aus, Regel XXI die Zinsen auf in großer Haverei ver-
gütete Verluste[860].

c) Entsprechendes gilt für **Ballastreisen** (Reisen ohne Ladung)[861]. Hier wird die Entschä- 241
digung allerdings gekürzt, wenn der Wert des Schiffes am Ende der Reise (z. B. infolge Inflation[862]) höher ist als die Versicherungssumme[863]. Zur objektiven Wertermittlung ist zwingend ein Sachverständigenverfahren nach § 74 ADS vorgesehen[864].

4. Berge- und Hilfslohn

Wird das versicherte Schiff von Dritten geborgen bzw. wird ihm Hilfe geleistet und 242
schuldet der VN dem Dritten Berge- bzw. Hilfslohn, so ist dieser (und auch eine allfällige Sicherheitsleistung[865]) ein ersatzpflichtiger **Versicherungsschaden**[866]. Die Ersatzpflicht des
VR (bzw. die Pflicht des VR, Sicherheit zu leisten) ist jedoch in jedem Falle auf die Lohnan-
teile beschränkt, welche auf das Schiff entfallen[867]. Pkt. 36 DTV-Güter wird üblicherweise
durch einen zweiten Absatz erweitert, wonach der VR keinen Ersatz für Sondervergütungen
nach Art. 14 des Internationalen Bergungsübereinkommens von 1989 leistet[868].

VI. Besonderheiten des Vertragsschlusses

1. Vorvertragliche Anzeigepflicht

a) Nach den §§ 19 ff. ADS trifft den Antragsteller eine im Einzelnen ausformulierte **An-** 243
zeigepflicht. Die Regelung folgt in weiten Teilen den §§ 19 ff. VVG, enthält aber auch ganz
erhebliche Abweichungen. Die Anzeigepflicht besteht bei Schließung des Vertrages[869], wobei
auch der Zeitraum zwischen Antragstellung und Annahme seitens des VR hierzu zählt[870].
Anzuzeigen sind Umstände, die dem VN (bzw. seinem den Vertrag schließenden Vertreter[871])
bekannt[872] bzw. aufgrund grober Fahrlässigkeit unbekannt[873] und die gefahrerheblich sind[874].

---

[857] Siehe § 29 Abs. 1 ADS; wobei die Ausschlussregelung des § 62 ADS, welche auf Deck verladene Güter betrifft, eingeschränkt wird. Sie ist dann nicht anzuwenden, wenn die Decksverladung handelsüblich
war (Pkt. 35.2 DTV-Kasko).
[858] § 29 Abs. 1 S. 2 ADS.
[859] Pkt. 35.1 DTV-Kasko; vgl. § 29 Abs. 2 ADS.
[860] Zu den York-Antwerpener-Regeln im Zusammenhang *Enge,* DTV-Klauseln, 98.
[861] Pkt. 35.3 DTV-Kasko, sowie Pkt. 35.5 DTV-Kasko, der § 63 ADS ausdrücklich abbedingt.
[862] Näheres bei *Enge,* DTV-Klauseln, 98.
[863] Pkt. 35.4 DTV-Kasko.
[864] Hierzu unten Rn. 278.
[865] Vgl. Pkt. 36 S. 2 i. V. m. Pkt. 24 DTV-Kasko.
[866] Zur Ersatzfähigkeit von Bergelöhnen im See- und Binnenversicherungsrecht s. *Schwampe,* VersR
2007, 1177.
[867] Pkt. 36 DTV-Kasko.
[868] Vgl. § 744 HGB; s. auch *Thume/de la Motte/Enge/Enge,* Kap. 4 Rn. 300f.
[869] § 19 Abs. 1 ADS.
[870] § 19 Abs. 2 ADS.
[871] § 22 ADS.
[872] § 19 Abs. 1 S. 1 ADS.
[873] Dies folgt aus § 20 Abs. 1 S. 2 ADS.
[874] Wobei der Begriff der Gefahrerheblichkeit in §§ 19 Abs. 1 S. 2 und 21 ADS weit gefasst wird.

Ausgenommen sind allgemein bekannte Tatsachen[875], sowie solche, die dem VR bekannt sind[876]. Für die Versicherungspraxis wurde hervorgehoben, dass durch die Pflicht nach dem ISM-Code, ein Safety Management System einzurichten, wonach der VN insb. auch zur internen Kontrolle angehalten ist, dem VN aus den ihm vorgelegten Dokumenten über Schäden aus der Vergangenheit vielerlei Umstände bekannt werden, welche gefahrerheblich sind. Dies werde sich auf seine Anzeigepflicht auswirken[877].

244   **b)** Rechtsfolge der Anzeigepflichtverletzung ist die **Leistungsfreiheit** des VR. Sie soll keiner Vertragsauflösung, keiner Erklärung gegenüber dem VN und auch keiner Kausalität zwischen Anzeigepflichtverletzung und Versicherungsfall bzw. Umfang des Schadens bedürfen[878]. Ein Verschulden des VN soll es nach den ADS nur bei unterlassener Anzeige, nicht auch bei unrichtigen Angaben brauchen[879]. Ist die Leistungsfreiheit mangels Verschulden ausgeschlossen, so gebührt dem VR eine der tatsächlichen Gefahrenlage entsprechende **Zuschlagsprämie**[880].

245   **c)** Die Sanktionsregelung ist aus Gründen der AVB-Kontrolle (§ 307 Abs. 1 BGB) **unwirksam.** Der BGH hat dies für das mangelnde Verschuldenskriterium bei unrichtiger Anzeige bereits ausgesprochen[881]. Nichts anderes hat für das gänzlich fehlende Kausalitätserfordernis zu gelten. Diesbezüglich ist zwar das gesetzliche Leitbild in Form des durch die VVG-Reform aufgehobenen § 811 Abs. 3 HGB a. F. entfallen, die Auslegung der Klausel führt jedoch zu ihrer Unangemessenheit nach § 307 Abs. 2 Nr. 2 BGB. Das fehlende Kausalitätskriterium schränkt die vertragswesentliche Leistungspflicht des VR so ein, dass die Erreichung des Vetragszwecks gefährdet ist. Dies ergibt sich durch Heranziehung der Wertung aus § 28 Abs. 3 VVG, der insoweit einen allgemeinen Rechtsgrundsatz darstellt, der auch außerhalb des Anwendungsbereichs des VVG gilt[882]. Bedenklich ist auch das völlige Fehlen eines Klarstellungserfordernisses. Dies gilt in der Kaskoversicherung umso mehr, wenn sie auf (womöglich sehr lange) Zeit und nicht auf eine einzelne Reise abgeschlossen wird[883]. *Schirmer* hat daher u. E. zu Recht gefordert, Leistungsfreiheitsklauseln müssten zumindest eine dem § 25 Abs. 3 VVG a. F. (nun § 26 Abs. 3 VVG) bzw. § 71 Abs. 2 S. 2 VVG a. F. (nun § 97 Abs. 2 VVG) nachgebildete Regelung enthalten[884]. Jedenfalls bedarf die Regelung der vorvertraglichen Anzeige dringender Revision.

2. Policierung

246   Die Pflicht des VR zur **Policierung** des Vertrags und ihre Wirkungen werden in den §§ 14, 15 ADS geregelt. Diese entsprechen wörtlich Pkt. 11 DTV-Güter, sodass auf die diesbezüglichen Ausführungen verwiesen wird[885].

3. Versicherungsvermittler

247   Die im Rahmen der DTV-Güter beschriebenen Besonderheiten der Versicherungsvermittlung gelten weitgehend auch bei der Schiffskaskoversicherung. Auf die diesbezüglichen

---

[875] § 19 Abs. 1 S. 1 ADS.

[876] Dies folgt aus § 20 Abs. 2 S. 1 ADS.

[877] So *Looks/Kraft,* TranspR 1998, 228.

[878] Siehe auch *Ritter/Abraham,* § 20 ADS Rn.

[879] Vgl. *Enge,* S. 65; ebenso *Schlegelberger,* S. 79.

[880] § 20 Abs. 3 ADS.

[881] BGH v. 28. 4. 1980, BGHZ 77, 88 (93) = VersR 1980, 964 = NJW 1980, 2817; s. auch OLG Hamburg v. 10. 6. 2004, TranspR 2004, 328 (330), das unter Hinweis auf die genannte Entscheidung die Leistungsfreiheit des Versicherers aus § 20 Abs. 1 ADS mit der Begründung bejaht, dass die Versicherungsnehmerin in diesem Fall ein Verschulden an der unrichtigen Anzeige (hinsichtlich der Klassifizierung einer versicherten Barge) treffe.

[882] So für die Binnentransportversicherung BGH v. 9. 5. 1984, VersR 1984, 830; a. A. offenbar OLG Hamburg v. 10. 6. 2004, TranspR 2004, 328, das auf diesen Punkt nicht eingeht.

[883] Nach *Enge,* S. 211 beträgt die Vertragslaufzeit regelmäßig ein Jahr.

[884] *Schirmer,* r+s 1990, 217 und 253 (257).

[885] Oben Rn. 109 ff.

Ausführungen wird insofern verwiesen[886]. Ebenso wie die DTV-Güter in der Fassung von 2008 erklären weder die ADS noch die DTV-Kasko die §§ 43–48 VVG für anwendbar. Freilich erzeugt der Einsatz von Versicherungsvertretern einen Anschein, demzufolge der VN jedenfalls auf einen bestimmten, dem § 43 VVG letztlich entsprechenden Vollmachtsumfang vertrauen darf[887].

4. Mitversicherung

a) Auch in der Schiffskaskoversicherung bedient man sich gerne der Risikostreuung durch   **248** **Mitversicherung.** Wiederum kommt dem **Versicherungsmakler** die Aufgabe zu, im Interesse des VN ein Kollektiv von VR zu sammeln, deren Einzelbeteiligungen am Risiko insgesamt zur gewünschten Deckung führen. Die Verhältnisse der Beteiligten zueinander werden durch eine **Führungsklausel** geregelt. Sie ist in den DTV-Kasko ganz ähnlich gestaltet wie bei den DTV-Güter[888].

b) Pkt. 9.1 betont den Grundsatz, wonach jeder VR nur für den von ihm übernommenen   **249** **Anteil** haftet. Eine gesamtschuldnerische Haftung wird ausdrücklich abgelehnt. Verbunden sind die Mitversicherer somit nicht über eine solidarische Haftung, sondern über eine weitgehende **Vollmacht** des führenden VR, im Namen aller Mitversicherer zu handeln. Er kann namens des Mitversicherungskonsortiums mit dem VN **Vereinbarungen** treffen, den **Schaden regulieren, Regress** führen, **Hypothekenklauseln** und **Verpfändungsanzeigen** zeichnen, **Garantieerklärungen** zugunsten des zur Sicherheitsleistung verpflichteten VN abgeben[889] sowie **Prozesse** und **Schiedsverfahren** führen[890]. Auch ist der führende VR hinsichtlich Willenserklärungen und Anzeigen des VN **empfangsbevollmächtigt**[891].

5. Versicherung für fremde Rechnung

Die SchiffsKaskoV kann für **fremde Rechnung** genommen werden. Hierfür gelten die   **250** §§ 52–57 ADS. Diese gleichen in weiten Zügen den einschlägigen Vorschriften der §§ 43–48 VVG. Sie sind mit Pkt. 13 DTV-Güter beinahe identisch, sodass auf die dortigen Ausführungen zur Versicherung für fremde Rechnung verwiesen wird[892].

VII. Dauer der Versicherung

1. Allgemeines

Auch bei der Kaskoversicherung ist weniger die formelle und technische als vielmehr die   **251** **materielle** Dauer problematisch. Die Frage wird in Pkt. 2 DTV-Kasko selbständig, also unter Verdrängung der §§ 66–69 ADS geregelt. Lediglich in Pkt. 2.1 wird noch auf § 68 ADS verwiesen, indem eine Regelung für den Fall bereitgestellt wird, dass sich das Schiff im Zeitpunkt des Endes der Versicherung noch „im Sinne des § 68 ADS" unterwegs befindet. Freilich hilft dieser Verweis auch nicht wirklich weiter, weil § 68 ADS den Begriff „unterwegs" auch nur gebraucht und nicht definiert. Der Verweis kann daher nur insofern dienlich sein, als man damit (indirekt) auf das bereits entwickelte Verständnis von „unterwegs" in § 68 ADS Bezug nimmt[893].

---

[886] Oben Rn. 112 ff.
[887] Vgl. *Schlegelberger*, S. 7: „Im allgemeinen wird die Regelung des § 43 VVG auch für den Versicherungsvertreter des Seerechts zutreffen". Freilich weist *Schlegelberger* zu Recht darauf hin, dass es auf die Umstände des Einzelfalls ankommt.
[888] Zu diesen oben Rn. 116 ff.
[889] Hierzu Pkt. 24 DTV-Kasko.
[890] Die Vollmachten werden dem führenden VR durch Pkt. 9.2, 9.3 und 9.5 DTV-Kasko eingeräumt.
[891] Pkt. 9.4 DTV-Kasko.
[892] Siehe oben Rn. 122 ff.
[893] Hierzu *Ritter/Abraham*, § 68 ADS Rn. 3; *Schlegelberger*, S. 174.

2. Grundsatz: Zeitversicherung

252   Die Dauer der Versicherung wird grundsätzlich nicht durch die Reise, sondern durch die vereinbarten Daten des Beginns und des Endes bestimmt[894]. Es handelt sich somit bei der Kaskoversicherung um eine **Zeitversicherung**[895]. Dies gilt im Grundsatz selbst dann, wenn das Schiff zum Versicherungsende noch „unterwegs" ist[896], also die Reise[897] bereits angetreten aber noch nicht beendet hat[898].

3. Verlängerungsoption des Versicherungsnehmers

253   Dem VN kommt unter bestimmten Voraussetzungen eine **Option** zu, den Vertrag zu verlängern[899]. Erste Voraussetzung ist, dass das Schiff bei Versicherungsende noch unterwegs ist[900]. Zweitens muss das Schiff auf der (bisherigen) Reise einen versicherten Schaden erlitten haben, der die Seetüchtigkeit (und damit die Reise) beeinträchtigt. Drittens muss der VN die Option durch Erklärung gegenüber dem VR ausüben. Die verlängerte Versicherung endet mit Abschluss der Reparatur bzw., falls nicht repariert wird, mit Feststellung des Schadens[901].

4. Klassenverlust

254   Die Seetüchtigkeit im Sinne des Pkt. 23.1 DTV-Kasko setzt voraus, dass das Schiff durch eine anerkannte Klassifikationsgesellschaft in die höchste Klasse gestuft wurde. Es kann sein, dass das Schiff während der Reise seine Klasseneinstufung verliert. In diesem Fall endet die Versicherung mit **Klassenverlust** vorzeitig und automatisch[902]. Die Rechtsfolgen bestimmen sich im Einzelnen nach den Regeln über die Veräußerung des versicherten Schiffes[903].

5. Veräußerung des versicherten Schiffes

255   Vorzeitig beendet wird der Versicherungsvertrag auch bei einer Veräußerung des versicherten Schiffes[904]. Die Veräußerung lässt den Versicherungsvertrag grundsätzlich **automatisch enden**[905]. Davon wird im Wege des Verweises von Pkt. 13 DTV-Kasko auf § 50 Abs. 2 ADS (samt Weiterverweis auf §§ 66–68 ADS) eine Ausnahme gemacht, wenn die Veräußerung während einer Reise erfolgt. In diesem Fall bleibt die Versicherung gemäß den Regeln der §§ 66–68 ADS bis zum Ende der Reise zum nächsten Bestimmungsort aufrecht.

6. Prämienzahlungsverzug

256   Im Falle des Prämienzahlungsverzuges kommt dem VR unter bestimmten Voraussetzungen ein **außerordentliches Kündigungsrecht** zu[906]. Dann endet die Versicherung mit Ablauf des fünften Tages nach Zugang der Kündigung beim VN. Eine Verlängerung der Versicherung nach §§ 67, 68 ADS wird dabei ausdrücklich ausgeschlossen[907].

---

[894] Pkt. 2.1 S. 1 DTV-Kasko; die Versicherung kann auch als Rückwärtsversicherung genommen werden, vgl. § 5 ADS.

[895] Auch hier sind freilich einzelvertragliche Abweichungen jederzeit möglich; zur Praxis *Enge,* S. 211.

[896] Pkt. 2.1 S. 2 DTV-Kasko.

[897] Der Begriff der Reise soll sich nach einer früheren Klausel-Definition richten. Demnach ist eine Reise jede Fahrt, „zu der das Schiff von neuem ausgerüstet oder die auf Grund eines neuen Frachtvertrags oder nach vollständiger Löschung der Ladung angetreten wird"; vgl. *Ritter/Abraham,* § 68 ADS Rn. 3 a. E.

[898] So das Verständnis bei *Schlegelberger,* S. 174; sowie *Ritter/Abraham,* § 68 ADS Rn. 3.

[899] Pkt. 2.2 DTV-Kasko.

[900] Zum Begriff des „Unterwegsseins" soeben Rn. 251.

[901] Siehe Pkt. 2.2 DTV-Kasko.

[902] Pkt. 37.2 DTV-Kasko.

[903] Siehe den Verweis in Pkt. 37.2 DTV-Kasko auf Pkt. 13 DTV-Kasko, der wiederum auf § 50 Abs. 2 ADS verweist – ein weiteres Beispiel allzu intransparenter Bedingungsgestaltung durch überlange Verweisungsketten.

[904] Siehe Pkt. 13 DTV-Kasko.

[905] Zu den Folgen der Vertragsbeendigung für die Prämienzahlungspflicht des VN unten Rn. 265.

[906] Pkt. 8.4 DTV-Kasko.

[907] Pkt. 8.4 DTV-Kasko.

7. Zahlungsunfähigkeit des Versicherers

Bei Zahlungsunfähigkeit des VR kann der VN vom Vertrag **zurücktreten** oder auf Kos- **257** ten des VR **anderweitig Versicherung** nehmen[908]. Der VR kann diese Rechtsfolgen abwenden, indem er dem VN **Sicherheit** leistet[909]. Anderweitige Rechte für den Fall der Zahlungsunfähigkeit eines Vertragspartners bleiben von der Regelung unberührt[910].

VIII. Umstandsänderungen während der Versicherungsdauer

1. Gefahränderung

a) Pkt. 11 DTV-Kasko regelt die Änderung der Gefahr in ganz weitgehender Übereinstim- **258** mung mit Pkt. 5 DTV-Güter. Danach gilt der Grundsatz der Erlaubnis zur Gefahränderung[911]. Gefahränderungen sind insbesondere das Docken oder Slippen mit Ladung, unübliches Schleppen oder Geschlepptwerden (mit Ausnahme von Seenotsituationen), das Überschreiten der Fahrtgrenzen[912], Umschlag auf hoher See zwischen Seeschiffen, unüblicher Regressverzicht in Zeitchartverträgen, Einsatz des Schiffes bei militärischen Manövern[913]. Hinzu tritt nach Pkt. 37.1 DTV-Kasko der Fall, dass die Klasse oder die Flagge des Schiffes geändert wird. Sonderfälle der Gefahränderung sind das Stillliegen des Schiffes und der Wechsel der Bereederung, welche beide gesondert geregelt werden[914].

b) Trotz Erlaubnis, die Gefahr zu verändern bzw. verändern zu lassen, trifft den VR eine **259** **Anzeigepflicht**[915]. Analog Pkt. 5.4 DTV-Güter führt die unterlassene Anzeige einer Gefahr**erhöhung** zur **Leistungsfreiheit** des VR[916]. Auch in der Kaskoversicherung steht dem VN der **Kausalitätsgegenbeweis** (unter Beachtung des Alles-oder-Nichts-Prinzips) zu[917]. Und auch ein Entlastungsbeweis ist möglich, wobei der VN – entgegen Pkt. 5.4 DTV-Güter – **nur** mangelnden **Vorsatz** (und nicht auch mangelnde grobe Fahrlässigkeit) darzutun braucht[918]. Die Leistungsfreiheit sollte nach Treu und Glauben (§ 13 ADS) auch nach tatsächlicher Kenntnisnahme durch den VR entfallen.

c) Dem VR gebührt für eine Gefahrerhöhung eine **Zuschlagsprämie,** die zu vereinba- **260** ren ist[919]. Gleich wie bei der Güterversicherung schuldet der VN keine Zuschlagsprämie, wenn die Gefahrerhöhung durch das Interesse des VR oder durch ein Gebot der Menschlichkeit veranlasst bzw. durch einen drohenden Versicherungsschaden geboten war[920].

2. Wechsel der Bereederung

a) Pkt. 12 DTV-Kasko regelt den besonderen Fall des **Wechsels der Bereederung.** Ein **261** solcher liegt vor, wenn risikorelevante Handlungen bzw. Entscheidungen[921], nämlich „die **Bemannung, Ausrüstung** und **Inspektion** des Schiffes auf einen **anderen** übertragen" werden[922]. Die Obliegenheit ist dabei kumulativ ausgestaltet. Von einem Wechsel der Be-

---

[908] § 47 S. 1 ADS.
[909] § 47 S. 2 ADS.
[910] Vgl. etwa die Hervorhebung des Zurückbehaltungsrechts nach § 321 BGB bei *Ritter/Abraham,* § 47 ADS Rn. 20.
[911] Pkt. 11.1 DTV-Kasko; vgl. § 132 VVG für die Binnentransportversicherung.
[912] Vgl. Pkt. 7.3 DTV-Kasko.
[913] Siehe die Auflistung in Pkt. 11.5 DTV-Kasko.
[914] Siehe Pkt. 10 DTV-Kasko (Stillliegen) und Pkt. 12 DTV-Kasko (Wechsel der Bereederung).
[915] Pkt. 11.2 DTV-Kasko.
[916] Pkt. 11.3 DTV-Kasko.
[917] Siehe Pkt. 11.3 DTV-Kasko.
[918] Pkt. 11.3 DTV-Kasko.
[919] Pkt. 11.4 DTV-Kasko.
[920] Näheres zu diesen Fällen oben Rn. 134.
[921] Vgl. *Enge,* S. 219: „Die Einschätzung der Qualität des Managements der Reederei durch die VR ist von wesentlicher Bedeutung für die Übernahme des Risikos und die Höhe der Prämie".
[922] So wörtlich die Definition in Pkt. 12.1 DTV-Kasko.

reederung im Sinne des Pkt. 12.1 DTV-Kasko kann also nur dann gesprochen werden, wenn sowohl Bemannung, Ausrüstung als auch Inspektion des Schiffes übertragen werden[923]. Bei dem **anderen** muss es sich um eine rechtlich und wirtschaftlich vom VN unabhängige Person handeln[924]. Mangels Änderung des subjektiven Risikos zählt die Übertragung der Bereederung auf eine Konzerntochtergesellschaft regelmäßig nicht hierher[925]. Die **Veräußerung** des Schiffes zählt keinesfalls hierher, weil sie in Pkt. 13 DTV-Kasko eigens geregelt ist.

262   **b)** Den VN trifft die **Obliegenheit,** dem VR den Wechsel der Bereederung **anzuzeigen**[926]. Die Anzeige hat **vorweg** zu erfolgen. Der VR hat die Wahl, den Versicherungsvertrag weiter bestehen zu lassen oder zu kündigen[927]. Das Kündigungsrecht ist **binnen 14 Tagen** ab Zugang der Wechselanzeige des VN beim VR auszuüben[928]. Die **Kündigungsfrist** beträgt wiederum 14 Tage[929]. Trotz Kündigung kann die Versicherung nach Maßgabe der §§ 66–68 ADS, welche dem Pkt. 2.2 DTV-Kasko ähneln[930], verlängert werden[931]. Die **Prämienabrechnung** erfolgt wie im Falle der Veräußerung des versicherten Schiffes[932].

263   **c)** Verletzt der VN seine Anzeigeobliegenheit, so ist der VR **leistungsfrei**[933]. Dem VN steht jedoch ein **Entlastungs-** und ein **Kausalitätsgegenbeweis** zu. Demgemäß bleibt die Leistungspflicht des VR bestehen, wenn der VN beweist, dass die Anzeigepflicht nicht vorsätzlich verletzt wurde. Die Deckung bleibt auch erhalten, wenn der VN beweist, dass die Pflichtverletzung weder auf den Eintritt des Versicherungsfalles noch auf den Umfang der Leistungspflicht des VR Einfluss hatte[934]. Pkt. 12.5 DTV-Kasko enthält indessen **kein Klarstellungserfordernis.** Erlangt der VR sohin anderweitig vom Wechsel der Bereederung Kenntnis, so könnte er nach dem Wortlaut der Klausel ruhig zuwarten und sich im Schadensfalle trotz Lukrierung der Prämie auf seine Leistungsfreiheit berufen. Jedenfalls wenn der VN ohne qualifizierten Vorsatz (insbesondere also ohne Bereicherungsabsicht) gehandelt hat, wird man ein solches Vorgehen nach Treu und Glauben (§ 13 ADS und § 242 BGB) als rechtsmissbräuchlich ansehen müssen: Jedenfalls ab tatsächlicher Kenntnis des VR vom Wechsel der Bereederung hat dieser entweder zu kündigen oder aber seine Leistungsfreiheit erlischt zusammen mit dem Kündigungsrecht 14 Tage nach Kenntniserlangung.

3. Veräußerung des versicherten Schiffes

264   **a)** Wird das versicherte Schiff veräußert, so **endet** die Versicherung nach Pkt. 13 DTV-Kasko **automatisch.** Diese Regelung scheint den Erwerber auf ersten Blick zu benachteiligen, weil sein in der Sachversicherung typischerweise bestehendes Eintrittsrecht nach § 95 VVG unterlaufen wird[935]. Allerdings stellt § 140 VVG bereits klar, dass bei der Binnenschiffs-Kaskoversicherung bereits etwas anderes gilt. Indessen sind sowohl § 95 VVG als auch § 140 VVG nach § 209 VVG nicht auf die Seeversicherung anzuwenden. Vor der VVG-Reform regelte § 899 HGB a. F. diesen Fall für die Seeversicherung. Abweichend von der allgemeinen Regelung des § 95 VVG (vormals § 69 VVG a. F.) sah § 899 HGB a. F. – wie § 140 VVG – ein

---

[923] Vgl. *Thume/de la Motte/Enge/Enge,* Kap. 4 Rn. 84, die darauf hinweisen, dass eine Gefahränderung vorliegen könne, wenn die Inspektion des Schiffes übertragen werde.
[924] So *Enge,* S. 220.
[925] Vgl. *Enge,* S. 220.
[926] Pkt. 12.1 DTV-Kasko.
[927] Pkt. 12.2 DTV-Kasko.
[928] Pkt. 12.2 DTV-Kasko.
[929] Pkt. 12.2 DTV-Kasko.
[930] Zu diesem oben Rn. 253.
[931] Pkt. 12.3 DTV-Kasko.
[932] Pkt. 12.4 DTV-Kasko.
[933] Pkt. 12.5 DTV-Kasko.
[934] Zu alledem Pkt. 12.5 DTV-Kasko.
[935] Daher sind solche Endigungsvereinbarungen im Geltungsbereich des § 98 VVG unzulässig; vgl. Berliner Kommentar/*Dörner,* § 72 VVG Rn. 3 m. w. N.

Eintrittsrecht des Erwerbers nur dann vor, wenn sich das Schiff bei Veräußerung auf einer Reise befand. Aber auch für diesen Fall endigte die Versicherung mit der „Entlöschung des Schiffes im nächsten Bestimmungshafen"[936]. Trotz der ersatzlosen Streichung des § 899 HGB a. F. im Zuge der VVG-Reform ist diese Regelung als allgemeiner Rechtsgrundsatz der Kaskoversicherung, der auch in § 140 VVG zum Tragen kommt, zu berücksichtigen[937]. Insofern stellt die in Pkt. 13 DTV-Kasko vorgesehene Regelung keine unangemessene Benachteiligung des VN dar, denn nach dieser Bestimmung gilt nichts anderes als nach § 899 HGB a. F. bzw. als in der Binnenschiffskaskoversicherung. Pkt. 13 DTV-Kasko verweist nämlich auf § 50 Abs. 2 ADS, welcher im Wege einer Verweisungskette über § 68 ADS (Zeitversicherung) hin zu § 66 Abs. 1 S. 2 ADS die Versicherung in eben diesem Zeitpunkt enden lässt. Für diese Verlängerung sagt Pkt. 13 DTV-Kasko nichts über das Schicksal des Versicherungsvertrages aus. Hier tritt der Erwerber in die Rechte und Pflichten aus dem Versicherungsverhältnis ein.

b) Die Folgen der Vertragsbeendigung für die **Prämienzahlungspflicht** regelt Pkt. 13 **265** DTV-Kasko abweichend von der früher verwendeten Klausel in § 50 Abs. 2 ADS[938]. Pkt. 13 DTV-Kasko räumt dem VN grundsätzlich ein **volles Rückerstattungsrecht** hinsichtlich des nicht konsumierten Prämienteils ein. Ausgenommen ist allerdings jener Prämienteil, der auf die Zeit einer Nachhaftung gem. § 34 Abs. 2 SchiffsrechteG entfällt. Nach dem SchiffsrechteG erstreckt sich die Hypothek am Schiff auch auf die Versicherungsforderung[939]. Die Verpflichtung des VR gegenüber dem Hypothekargläubiger endet nach § 34 Abs. 2 SchiffsrechteG erst nach Ablauf von zwei Wochen, nachdem der VR dem Gläubiger die Vertragsbeendigung mitgeteilt hat[940]. Für diese Nachhaftungszeit gebührt dem VR weiterhin die Prämie[941].

4. Stillliegen des Schiffes

a) Ein Sonderfall der Gefahränderung ist auch das **Stillliegen** des Schiffes in einem **siche- 266 ren Hafen**[942]. Hier geht es freilich nicht um eine Gefahrerhöhung, sondern um eine Gefahrenminderung bzw. einen Gefahrenausschluss (gewissermaßen ein Ruhen der Gefahr) während des Stillliegens. Pkt. 10 DTV-Kasko regelt daher konsequent die Frage des **Prämienschicksals** für diese Zeit. Dabei gewährt sie dem VN einen beschränkten Rückerstattungsanspruch.

b) Eine Prämien**rückerstattung** setzt das Vorliegen **mehrerer Kriterien** voraus. Zuerst **267** muss das Stillliegen mehr als 14 aufeinander folgende Tage hindurch dauern. Zweitens muss das Schiff in einem sicheren Hafen liegen. Das Schiff darf nicht außerhalb der Fahrtgrenzen stillliegen[943]. Das Stillliegen darf nicht durch Streik, Aufruhr, Krieg, Verfügung von hoher Hand, angemaßte Gewalt oder bewaffneten Aufstand (mit-)verursacht sein[944]. Keinesfalls

---

[936] Vgl. § 900 Abs. 2 S. 3 HGB a. F.

[937] Dahingehend ist auch der Wille des Gesetzgebers zu interpretieren, der gerade die Rechtsunsicherheit im Hinblick auf die Inhaltskontrolle nach den §§ 305 ff. BGB vermeiden wollte, vgl. Begründung zum Gesetzentwurf der Bundesregierung, BT-Drucks. 16/5862, S. 115.

[938] Vgl. den Hinweis auf § 50 Abs. 2 ADS in Pkt. 13 DTV-Kasko, der aus Transparenzgründen besser gestrichen werden sollte. Die Formulierung, § 50 Abs. 2 ADS würde „geändert" deutet nämlich unzutreffend an, der Bestimmung käme noch eine begrenzte Bedeutung für das Prämienschicksal zu.

[939] Instruktiv zum Verhältnis von Schiffshypothek und Schiffskaskoversicherung OLG Hamburg v. 27. 11. 1980, VersR 1981, 647.

[940] Zu alledem *Enge,* DTV-Klauseln, 40.

[941] Nach *Enge,* DTV-Klauseln, 41 soll die Prämie an die zugunsten des Gläubigers aushaftende Versicherungssumme angepasst werden. Ist ein Schiff mit einem Wert von 20 Mio. versichert, aber daran eine Hypothek nur in Höhe von 1 Mio. begründet, so soll der VR nur die Prämie für diese 1 Mio. VersSumme erhalten.

[942] Siehe Pkt. 10 DTV-Kasko.

[943] Pkt. 10.5 DTV-Kasko.

[944] Pkt. 10.5 DTV-Kasko.

rückerstattet werden Zuschlagsprämien[945]. Die Rückerstattung erfasst jedoch auch die Prämie für Nebeninteressen[946].

268 c) Die zu erstattende Prämie wird **pro rata temporis** berechnet[947]. Sie wird für jedes Quartal ermittelt[948], was mit der Prämienvorauszahlungspflicht des VN für drei Monate nach Pkt. 8.1 DTV-Kasko korreliert. Die genaue Bemessung ist **von Fall zu Fall** zu vereinbaren[949]. Dabei sind diverse Umstände zu berücksichtigen[950]: ob das Fahrzeug unbeschäftigt und unbeladen stillliegt; ob daran Arbeiten durchgeführt werden; ob das Fahrzeug aus anderen Gründen stillliegt.

IX. Pflichten des Versicherungsnehmers

1. Prämienzahlung

269 a) Der VN hat die Prämie[951] **im Voraus** für jeweils **3 Monate** zu begleichen[952]. Dabei kommt dem VN eine Zahlungsfrist von **10 Tagen** ab Beginn der dreimonatigen Periode zu. Maßgeblich ist der Eingang der Prämie beim VR. Es genügt jedoch auch, wenn die Prämie binnen dieser Frist beim **Makler** eingegangen ist und der Makler die Prämie so unverzüglich weiterleitet, dass sie spätestens innerhalb weiterer 7 Tage beim VR einlangt.

270 b) Entgegen der früheren Regelung nach § 16 Abs. 2 S. 2 ADS kann der VN gem. Pkt. 8.6 DTV-Kasko mit Gegenforderungen nur **aufrechnen,** wenn diese fällig sind, oder aber der VR schriftlich zustimmt (womit es sich nicht mehr um eine Aufrechnungsmöglichkeit handelt). Dem VR hingegen räumt Pkt. 8.6 DTV-Kasko sehr wohl die Möglichkeit ein, fällige Leistungen mit der nächsten zu zahlenden Prämie zu verrechnen.

271 c) Ein **Prämienzahlungsverzug,** der nicht von einem Verschulden des VN abhängt[953], führt zum **Verlust** des **Vorauszahlungsrabatts** und zu einem außerordentlichen **Kündigungsrecht** des VR[954]. Der Rabatt für die Vorauszahlung entfällt automatisch mit Beginn des Quartals, in dem der Prämienzahlungsverzug eintritt. Das Kündigungsrecht kann vom VR mit einer Kündigungsfrist von 5 Tagen ausgeübt werden. Nach Ablauf des fünften Tages (ab Zugang der Kündigung beim VN) endet die Versicherung ohne eine Verlängerungsmöglichkeit nach §§ 67, 68 ADS.

272 d) Wird die Versicherungssumme ausgezahlt, was im Falle eines Totalverlustes der Fall ist, oder aber die Differenz zwischen Versicherungssumme und dem Verkaufserlös eines reparaturunwürdigen Schiffes beglichen, so ist nach Pkt. 8.5 DTV-Kasko die **Prämie** für das gesamte laufende Jahr **konsumiert.** Noch nicht bezahlte Teile dieser Jahresprämie sind ohne Abzug von Rabatten aber unter Abzug von Prämienrückvergütungen, auf welche der VN Anspruch hat, zu bezahlen[955].

2. Obliegenheiten

273 a) In Tatbestand und Rechtsfolge werden die Obliegenheiten des VN **vertraglich** ausgestaltet. Dabei wurden die Obliegenheiten der **vorvertraglichen Anzeige,** die Frage der **Ge-**

---

[945] Pkt. 10.4 DTV-Kasko.
[946] Pkt. 10.1 DTV-Kasko.
[947] Pkt. 10.2 DTV-Kasko.
[948] Pkt. 10.3 DTV-Kasko.
[949] Pkt. 10.1 DTV-Kasko.
[950] Näher hierzu Pkt. 10.1 DTV-Kasko.
[951] Zu ihrer Kalkulation im Einzelnen *Enge,* S. 210f.
[952] Pkt. 8.1 DTV-Kasko; ein Vorauszahlungsrabatt ist einzeln zu vereinbaren, vgl. Pkt. 8.3 DTV-Kasko; eventuelle Prämienzuschläge aus einer Periode werden mit der nächsten Quartalsprämie bezahlt, vgl. Pkt. 8.2 DTV-Kasko.
[953] Siehe Pkt. 8.4 DTV-Kasko, der nur vom Nichteingang der Prämie innerhalb der Zahlungsfrist spricht.
[954] Pkt. 8.4 DTV-Kasko.
[955] Zu alledem Pkt. 8.5 DTV-Kasko.

fahrstandspflicht und die Anzeigepflicht bei **Wechsel der Bereederung** bereits geschildert[956]. Daneben besteht z. B. die Pflicht zur Anzeige von Doppelversicherung[957]. Hinzu kommen insbesondere **Obliegenheiten im Schadensfall.** Hierher zählen die **Anzeige-, Abwendungs-, Minderungs-** und **Aufklärungspflicht.**

b) Über die **Rechtsnatur** der Obliegenheiten wird insbesondere in der Seeversicherung **274** bis zum heutigen Tage wissenschaftlich debattiert[958]. In der Seekaskoversicherung stellt sich die Frage besonders deutlich, weil hier noch in weitem Umfang auf die ADS Bezug genommen wird. Die Frage ist von entscheidender Bedeutung, weil Obliegenheiten – anders als echte Rechtspflichten – nicht einklagbar sind, bei ihnen § 278 BGB (Haftung für Erfüllungsgehilfen) jedenfalls nicht direkt anwendbar ist und ihre Verletzung grundsätzlich auch keine Schadensersatzpflichten auslöst[959]. Die ältere Seeversicherungsrechtliche Lehre geht von echten Rechtspflichten aus und will daher z. B. den vorderhand sanktionslosen § 40 ADS (Schadensanzeigepflicht) mit Schadensersatzansprüchen bewehren[960]. Auch die Rechtsprechung ist dem ehedem gefolgt[961]. Die Verhandler der ADS, TransportVR und Reeder, haben die Frage mehrfach und intensiv diskutiert, ohne dass dies aus dogmatischer Sicht zu einer eindeutigen Klärung beigetragen hätte[962]. U. E. ist die Qualifikation als Obliegenheit vorzuziehen[963]. Zum einen ergibt sich das aus auslegungstechnischen Gründen. Die ADS, welche die Pflichten enthalten, äußern sich nicht ausdrücklich zur Rechtsnatur. Insbesondere die Formulierung in § 40 ADS „hat ... anzuzeigen" lässt nicht eindeutig auf die eine oder andere Rechtsnatur schließen[964]. Im Zweifel aber ist eine Klausel gegen deren Verwender (also den VR) auszulegen, was zur Qualifikation als Obliegenheit führen muss. Um als echte Rechtspflicht verstanden werden zu können, muss angesichts der Diskussion und der eindeutig h. M. zugunsten der Obliegenheitstheorie im Geltungsbereich des VVG aus Transparenzgründen ein deutlicherer Hinweis auf einen solchen Vertragswillen gefordert werden. Überdies sind die erwähnten Lasten des VN in den neuen DTV-Güter eindeutig als Obliegenheit ausgestaltet[965], was belegt, dass sich auch im Seeversicherungsbereich die Obliegenheitstheorie durchsetzt.

c) Die ADS kennen die Obliegenheit der **Schadensanzeige** und der **Aufklärung** des **275** Versicherungsfalls[966]. Sanktioniert werden diese beiden Obliegenheiten nicht. Anderes gilt bei der **Abwendungs-** und **Minderungspflicht** gem. § 41 ADS, welche auch ein Weisungsrecht des VR kennen. Verletzt der VN diese Obliegenheit, so ist der VR von seiner **Leistung frei**[967]. Die Leistungsfreiheit ist auf jenen Teil beschränkt, welcher durch die Verletzung der Abwendungs- bzw. Minderungspflicht entstanden ist. Hierfür ist nach der Formulierung im § 41 Abs. 3 ADS der VR beweispflichtig. Darüber hinaus entfällt die Leistungsfreiheit ganz, wenn der VN beweist, dass ihn kein Verschulden trifft. Die Pflicht zur Minderung bleibt auch nach Übergang der Schadensersatzansprüche des VN auf den VR erhalten[968].

---

[956] Hierzu oben Rn. 243 ff. (zur vorvertraglichen Anzeigepflicht), Rn. 258 ff. (zur Gefahrstandspflicht) und Rn. 261 ff. (zur Anzeigepflicht bei Wechsel der Bereederung).

[957] § 12 ADS.

[958] Ausführlich zum Diskurs und einen differenzierenden Ansatz vertretend *Trölsch,* S. 28 ff.; allgemein und rechtsvergleichend *Rühl,* Obliegenheiten im Versicherungsrecht, Tübingen 2004.

[959] Obwohl vom Konzept der Obliegenheit ausgehend differenziert *Trölsch,* S. 71 ff.

[960] Siehe nur *Ritter/Abraham,* § 40 ADS Rn. 17; im Ergebnis auch *Trölsch,* S. 364.

[961] Nachweise bei *Ritter/Abraham,* § 40 ADS Rn. 17.

[962] Siehe nur den Bericht bei *Enge,* S. 85 f.

[963] In diesem Sinne auch *Trölsch,* S. 71 ff., wenngleich sie hinsichtlich der Rechtsfolgen von Obliegenheitsverletzungen differenziert; anders wohl noch heute *Enge,* S. 88.

[964] Für eine Qualifikation als Obliegenheit *Trölsch,* S. 363 f.

[965] Siehe Pkt. 15 DTV-Güter.

[966] § 40 ADS und § 43 ADS.

[967] § 43 Abs. 3 ADS.

[968] So § 46 ADS.

X. Versicherungsfall

1. Verursachung, Beweislast und Feststellung

276   **a)** Hinsichtlich Verursachung und Beweislast gelten zunächst die bei der Güterversicherung dargestellten **allgemeinen Grundsätze**[969]. Insbesondere ist die Lehre von der **causa proxima** (von der nächsten Ursache) zu beachten[970]. Auch gilt dieselbe **Beweislastverteilung** und die Beweiserleichterung infolge der Allgefahrendeckung, wonach der VN nur den Eintritt des Schadens während der Versicherungsdauer nachzuweisen hat[971].

277   **b)** Die **Feststellung** des Versicherungsfalls unterliegt einer Sondervorschrift, wenn der Schadensfall durch die **Bundesstelle für Seeunfalluntersuchung** oder aber eine analoge ausländische Behörde untersucht wird[972]. In diesem Falle hat der VN bei Totalverlust oder Verschollenheit die Entscheidung der Behörde vorzulegen. Bei anderen (Teil-)Schäden gilt dies nur auf Verlangen des VR. Die Vorlage ist Voraussetzung für die Zahlung der Entschädigung durch den VR. Die Pflicht ist – insbesondere bei überlangen Verwaltungsverfahren – mithilfe § 43 ADS („… billigerweise zugemutet werden kann …“) auszumessen[973] bzw. notfalls über § 13 ADS (Treu und Glauben) einzuschränken.

278   **c)** Im Falle eines **Teilschadens** ist in den ADS zwingend die Durchführung eines **Sachverständigenverfahrens** zur Schadensfeststellung vorgesehen[974]. Die Sachverständigen haben die **Schäden** einzeln zu bezeichnen, die **Reparaturkosten** anzugeben und – soweit tunlich – auch die **Ursache** zu benennen[975]. Nähere Bestimmungen über die Bestellung der Gutachter und gegebenenfalls eines Obmanns enthält § 75 Abs. 2 bis 4 ADS. Die Feststellung der Sachverständigen ist **verbindlich,** es sei denn, die Feststellungen weichen von der wahren Sachlage offenbar und erheblich ab[976]. Solange der Schaden nicht durch die Sachverständigen festgestellt ist, kann der VR die Zahlung der Entschädigung verweigern. Dies gilt nicht, wenn der VN das Unterbleiben gehöriger Feststellung nicht zu vertreten hat und der Schaden in anderer geeigneter Weise festgestellt ist[977].

279   **d)** Für Erklärungen des VN betreffend die Feststellung von Teilschäden ist der örtlich zuständige **Havariekommissar** empfangsbevollmächtigt[978].

2. Haftungsgrenzen des Versicherers

280   **a)** Äußerste Grenze der Haftung des VR ist die **Versicherungssumme**[979]. Hiervon ausgenommen bleibt der Ersatz der Kosten für **Schadensabwendung, -minderung** und **-er-**

---

[969] Hierzu oben Rn. 154.

[970] Mit Blick auf die DTV-Kasko 1978 betont *Remé,* VersR 1979, 293, dass VR wie Reeder bei der causa-proxima-Regel bleiben wollten.

[971] A. A. wohl LG Hamburg v. 17. 12. 2003, TranspR 2004, 82 (86) unter Berufung auf *Enge,* S. 256 (dort falsch zitiert: „S. 356“), der jedoch auch von den allgemeinen Grundsätzen der Beweislastverteilung ausgeht; s. *Enge,* S. 56 f.; ebenso *Schwampe,* TranspR 2006, 55 (57).

[972] Pkt. 25 DTV-Kasko spricht noch vom „Seeamt“, das hierfür aber nicht mehr zuständig ist; die Untersuchung von Schiffsunfällen unterliegt nach dem neu geschaffenen Seesicherheits-Untersuchungsgesetz (SUG) v. 16. 6. 2002, BGBl. 2002 I 1815, geändert durch Art. 322 der Verordnung v. 31. 10. 2006, BGBl. 2006 I 2407, der Bundesstelle für Seeunfalluntersuchung (§ 12 SUG), die aus dem vormaligen Bundesoberseeamt in Hamburg gebildet wird; die Seeämter waren hierfür nach dem alten Seeunfalluntersuchungsgesetz (SeeUG) v. 6. 12. 1985, BGBl. 1985 I 2146 zuständig; siehe zum neuen SUG *Ehlers,* NordÖR 2002, 391; *Paulsen,* TranspR 2002, 65; zur Vorgeschichte *Henriksen,* TranspR 2000, 396.

[973] So *Enge,* DTV-Klauseln, 72.

[974] § 74 ADS.

[975] Siehe § 74 Abs. 5 Nr. 4 und 5 ADS.

[976] Hierzu nur Berliner Kommentar/*Beckmann,* § 64 VVG Rn. 36 ff. (Erheblichkeit) und 39 ff. (Offensichtlichkeit).

[977] Zu alledem § 74 Abs. 9 ADS.

[978] § 74 Abs. 10 ADS.

[979] § 37 Abs. 1 S. 1 ADS; für den Fall der Überversicherung (Versicherungssumme ist höher als der Versicherungswert) ordnet § 9 ADS die Unwirksamkeit des Übermaßes an.

mittlung[980]. Diese sind auch dann zu ersetzen, wenn sie zusammen mit der übrigen Entschädigung die Versicherungssumme übersteigen.

b) Die **Versicherungssumme** wird jeweils um eingetretene Schäden **gekürzt**[981]. Sie **281** füllt sich aber mit Beginn einer jeden **neuen Reise** wieder automatisch auf[982]. Das gilt auch bei der Zeitversicherung, deren Dauer sohin in **Haftungsreisen** aufgelöst wird[983]. Infolge des Verweises in § 37 Abs. 1 S. 2 ADS auf die Regelung in § 34 Abs. 3 ADS ist unter einer neuen Reise jede Fahrt zu verstehen, „zu der das Schiff von neuem ausgerüstet oder die auf Grund eines neuen Frachtvertrages oder nach vollständiger Löschung der Ladung angetreten wird, sowie jede Zureise in Ballast. Die zwischen zwei Reisen liegende Zeit wird der vorhergehenden Reise zugerechnet"[984]. Die Kosten der Schadenabwendung, -minderung und -feststellung werden von der Versicherungssumme nicht abgezogen[985]. Dasselbe gilt für Kosten der Wiederherstellung bzw. Ausbesserung und Beiträgen zur großen Haverei[986]. Diese Kosten müssen im Zeitpunkt des Zweitschadens nicht beglichen, sondern nur als Verpflichtungen entstanden sein[987].

c) Die Versicherungssumme wird als Kaskotaxe gemäß Pkt. 3 DTV-Kasko **vereinbart**[988]. **282** Sie umfasst das Schiff, die maschinellen Einrichtungen, das Zubehör und die Ausrüstung. Gem. § 6 Abs. 2 S. 2 ADS kann der VR Herabsetzung der Taxe verlangen, wenn sie den Versicherungswert erheblich übersteigt[989]. Die Taxe kann auch gemäß der **DTV-Doppeltaxen-Klausel** 1994 i. d. F. 2004 für Totalverlust, Verschollenheit, Reparaturunfähigkeit, Reparaturunwürdigkeit bzw. die Ausübung des Abandonrechts nach § 38 ADS einerseits, für andere Schäden andererseits unterschiedlich (insofern „doppelt") vereinbart werden. Nebeninteressen werden mit getrennten Summen versichert.

d) Umgekehrt ist die Haftung des VR auch **nach unten begrenzt.** So werden nach § 34 **283** Abs. 1 ADS nur Schäden ersetzt, die zumindest 3% des Versicherungswerts erreichen **(Integralfranchise**[990])[991]. Diese Grenze gilt **nicht** für die Deckung der Beiträge zur großen Have-

---

[980] § 37 Abs. 2 ADS; diese Regelung gilt nicht für die Aufwendungen zur großen Haverei; vgl. *Ritter/ Abraham,* § 37 ADS Rn. 9.

[981] Siehe § 37 Abs. 1 S. 1 ADS: „… während der versicherten Reise entstehenden Schaden …".

[982] Das ergibt sich ebenfalls aus der Formulierung in § 37 Abs. 1 S. 1 ADS (siehe die vorangehende FN) sowie dem Verweis in § 37 Abs. 1 S. 2 ADS auf die Regelung des § 34 Abs. 3 ADS; vgl. *Ritter/Abraham,* § 37 ADS Rn. 6.

[983] Siehe *Ritter/Abraham,* § 37 ADS Rn. 6.

[984] Siehe § 34 Abs. 3 S. 2 ADS.

[985] § 37 Abs. 3 ADS; näheres bei *Ritter/Abraham,* § 37 ADS Rn. 11.

[986] § 37 Abs. 3 ADS; näheres bei *Ritter/Abraham,* § 37 ADS Rn. 12; dort wird richtig darauf hingewiesen, dass der VN die Haftung des VR (willkürlich) erweitern kann; daher soll ihn eine Pflicht treffen, so zu verfahren, als ob er nicht versichert wäre. Verletzt der VN diese Handlungspflicht, so soll die Schadenminderungspflicht verletzt sein.

[987] Ausdrücklich in diesem Sinne § 37 Abs. 3 ADS.

[988] Zu aktuellen Problemen im Zusammenhang mit der Vereinbarung einer Taxe in der Seeversicherung s. *Stahl,* VersR 2004, 558.

[989] S. *Enge,* DTV-Klauseln, 16, der jedoch eine Rückwirkung des Herabsetzungsverlangens als mit dem Vertrauensgrundsatz unvereinbar ansieht; so auch *Thume/de la Motte/Enge/Enge,* Kap. 4 Rn. 22 f., die ausführen, Versicherer und Reeder hätten sich darauf verständigt, von der Möglichkeit einer rückwirkenden Herabsetzung der Taxe keinen Gebrauch zu machen (Rn. 23); a. A. *Stahl,* VersR 2004, 558, der sich auf die gegenteilige seeversicherungsrechtliche Praxis beruft; dies belegt das Urteil des LG Hamburg v. 17. 12. 2003, TranspR 2004, 82 (88), in dem es um ein Herabsetzungsverlangen des VR ging; zur Herabsetzung der Taxe im Seeversicherungsrecht vgl. *Maßmann,* S. 70 ff.; *Stahl,* VersR 2004, 558; nach *Ritter/ Abraham,* § 6 ADS Rn. 37 kann das Herabsetzungsrecht des VR nicht beschränkt oder ausgeschlossen werden; zum Meinungsstand s. *Maßmann,* S. 74 ff., der das Recht des Versicherers zur Herabsetzung der Taxe für abdingbar hält (S. 77 f.); so auch *Stahl,* VersR 2004, 558 (560 ff.).

[990] Hierzu *Enge,* S. 58.

[991] Wobei das Verhältnis von Schaden und Versicherungswert für jede Reise („Haftungsreise") gesondert zu ermitteln ist; siehe § 34 Abs. 3 ADS.

rei, für Aufopferungen sowie für die Kosten der Schadensabwendung, -minderung und -feststellung[992].

3. Berechnung der Ersatzleistung

284 a) Im Falle des **Totalverlusts** bzw. der **Verschollenheit** kann der VN die **Versicherungssumme** verlangen[993]. Anzurechnen sind hier Ersatzleistungen, die der VN anderweitig erlangt, sowie allenfalls gerettete Sachen[994]. Der VR kann verlangen, dass der Wert geretteter Sachen durch öffentliche Versteigerung festgestellt wird[995].

285 b) Bei **Teilschäden** richtet sich die Ersatzleistung nach den tatsächlich aufgewendeten **Reparaturkosten**[996]. Der Betrag wird jedoch durch den von Sachverständigen **festgestellten Schadensbetrag begrenzt**[997]. Abzüge („neu für alt") erfolgen dabei nicht[998]. Eine Ausnahme bilden Kosten für Schrapen und Giftanstrich. Zwar sind auch die Kosten des Bodenanstrichs vom VR zu ersetzen, Schrapen und Giftanstrich aber werden im Verhältnis der Zeit ersetzt, die der Restlebensdauer des Anstrichs entspricht[999]. Abgezogen wird ferner der Restwert ausgetauschter Sachen[1000]. Zu ersetzen sind nicht nur die reinen Reparaturaufwendungen, sondern auch Kosten der Verbringung zu und der Rückbringung von der Reparatur sowie Finanzierungskosten[1001].

286 c) Im Falle der Tenderung gelten abweichende Regeln: Folgt der VN dem Verlangen des VR nicht und holt daher keine Tenderofferte ein, so wird der festgestellte Schaden um einen in der Police zu bestimmenden Prozentsatz **gekürzt**[1002]. Wird trotz Tenderung das Tenderangebot vom VN nicht angenommen, so beschränkt sich die Entschädigungsleistung des VR auf das **Tenderangebot** zuzüglich ersparter Kosten[1003]. Wird das Tenderangebot angenommen, so sind die Reparaturkosten nach diesem Offert zuzüglich der **Tenderentschädigung,** die sich nach vereinbarten Tagessätzen bemisst[1004], zu ersetzen.

287 d) Ein Wahlrecht kommt dem VN bei **Reparaturunfähigkeit** und **-unwürdigkeit** des Schiffes zu[1005]. Sobald eine von beiden im Verfahren nach § 74 ADS (Sachverständigengutachten) festgestellt ist, kann der VN das Schiff öffentlich versteigern lassen und vom VR die Versicherungssumme abzüglich des Erlöses und anderweitigen Ersatzes verlangen[1006]. Das Wahlrecht muss **unverzüglich** ausgeübt werden[1007].

---

[992] § 34 Abs. 2 ADS.

[993] § 71 ADS (Totalverlust) und § 72 ADS (Verschollenheit); dasselbe gilt gem. § 73 ADS, wenn das Schiff durch Verfügung von hoher Hand an- bzw. zurückgehalten bzw. durch Seeräuber genommen wird; freilich setzt dies einen vertraglichen Einschluss dieser Risiken voraus; vgl. oben Rn. 235.

[994] § 71 Abs. 1 S. 2 ADS; dasselbe muss wohl auch bei Verschollenheit gelten, weil § 72 Abs. 1 ADS unmittelbar an die Regelung des § 71 ADS anknüpft (arg.: „... kann auch dann die Versicherungssumme verlangen ..."; vgl. insofern auch *Schlegelberger,* S. 180).

[995] § 71 Abs. 3 ADS.

[996] § 75 Abs. 3 S. 1 ADS.

[997] § 75 Abs. 3 S. 2 ADS.

[998] Siehe Pkt. 28 und 33.4 DTV-Kasko, die § 75 Abs. 3 Nr. 1 und § 76 ADS abbedingen.

[999] Pkt. 29 DTV-Kasko.

[1000] Siehe § 75 Abs. 3 Nr. 2 ADS.

[1001] § 75 Abs. 4 ADS.

[1002] Pkt. 30.5 DTV-Kasko.

[1003] Pkt. 30.6 DTV-Kasko.

[1004] Pkt. 30.3 DTV-Kasko; diverse andere Entschädigungen sind hiervon abzuziehen – siehe Pkt. 30.4 DTV-Kasko.

[1005] § 77 ADS; die Reparaturunfähigkeit wird in § 77 Abs. 1 ADS näher definiert, die Reparaturunwürdigkeit in § 77 Abs. 2 ADS.

[1006] Siehe § 77 Abs. 1 ADS, dessen Regelungsinhalt auch für den Fall der Reparaturunwürdigkeit gilt (§ 77 Abs. 2 ADS).

[1007] Siehe § 77 Abs. 4 ADS; hierzu *Ritter/Abraham,* § 77 ADS Rn. 41.

e) Die Parteien können eine **Abzugsfranchise**[1008] vereinbaren[1009]. Diese wird in jedem **288** einzelnen Schadensereignis von der Entschädigungsleistung abgezogen[1010]. Kein Abzug erfolgt bei Totalverlust und gleichgestellten Ereignissen[1011], bei Beiträgen zur großen Haverei, bei Aufopferungen und den Kosten für Schadensabwendung, -minderung, sowie Aufwendungen, die der VN gemäß den Weisungen des VR macht[1012].

f) Liegt eine **Unterversicherung** vor, so hat der VR den Schaden und die Aufwendun- **289** gen nur im Verhältnis der Versicherungssumme zum Versicherungswert zu ersetzen (pro-rata-Regel)[1013]. Dasselbe gilt, falls bei einer Taxierung des Versicherungswertes, die Versicherungssumme niedriger ist als die Taxe[1014].

g) Im Falle einer **Doppelversicherung** bzw. **Mehrfachversicherung**[1015] enthält § 10 **290** ADS eine Regelung, die sich inhaltlich mit § 78 VVG deckt. Der VN kann nicht mehr fordern als den Schaden[1016]. Die VR haften nach außen solidarisch, im Innenverhältnis ist der Schaden im Verhältnis der Versicherungssummen zu verteilen.

h) Der VR hat auch in der Kaskoversicherung ein **Abandonrecht**[1017]. Durch Zahlung **291** der Versicherungssumme kann er sich von allen weiteren Verbindlichkeiten befreien. Das Recht wird allerdings nicht durch die Zahlung, sondern durch **Erklärung** ausgeübt[1018]. Die Befreiung erstreckt sich nicht auf die Kosten der Schadensabwendung, -minderung, -feststellung und -behebung, welche vor Zugang der Erklärung beim VN von diesem aufgewendet wurden[1019]. Der VR hat sein Recht binnen **5 Tagen** ab Kenntnis von dem Versicherungsfall und dessen unmittelbaren Folgen auszuüben[1020]. Der VR erlangt bei Ausübung des Abandonrechts keine Rechte am Schiff[1021].

4. Geltendmachung der Versicherungsforderung

a) Die Geltendmachung der Versicherungsforderung setzt einerseits die **Andienung** des **292** Schadens (mit Ausnahme der versicherten Beiträge des VN zur großen Haverei[1022]) durch den VN voraus[1023]. Diese hat binnen 15 Monaten ab Beendigung der Versicherung zu erfolgen[1024]. Eine Fristversäumung lässt den Entschädigungsanspruch erlöschen (Ausschlussfrist)[1025].

[1008] Zum Begriff und zur Abgrenzung von der Integralfranchise *Enge,* S. 57 ff.; sowie *Remé/Gercke,* in: Münchener Anwalts-Handbuch, § 10, Rn. 72.

[1009] Pkt. 21.1 DTV-Kasko.

[1010] Siehe Pkt. 21.2 DTV-Kasko, mit den begrenzten Ausnahmen der Schwerwetter- und Eisschäden (hierzu allerdings noch Pkt. 21.4 DTV-Kasko).

[1011] Für diese verweist Pkt. 21.3 erster Spiegelstrich DTV-Kasko auf § 123 Abs. 1 ADS, der insbesondere auch die Verschollenheit umfasst.

[1012] Pkt. 21.3 zweiter bis vierter Spiegelstrich DTV-Kasko.

[1013] § 8 ADS.

[1014] § 6 Abs. 2 S. 2 ADS.

[1015] Seit der VVG-Reform verwendet das VVG an Stelle des Begriffes der Doppelversicherung den Begriff der Mehrfachversicherung, vgl. § 78 VVG im Gegensatz zu § 59 VVG a. F.

[1016] Für den Fall arglistiger Doppelversicherung, siehe § 10 ADS.

[1017] Siehe § 38 ADS.

[1018] *Ritter/Abraham,* § 38 ADS Rn. 7, insbesondere unter Berufung auf die Erwähnung der „Erklärung" in den Abs. 2 und 3 in § 38 ADS.

[1019] § 77 Abs. 2 ADS.

[1020] § 77 Abs. 3 ADS.

[1021] § 77 Abs. 4 ADS; vgl. demgegenüber § 71 Abs. 3 ADS, § 72 Abs. 3 ADS (und § 73 ADS).

[1022] Zur Ausnahme siehe § 42 Abs. 3 ADS.

[1023] § 42 Abs. 1 ADS; zum Begriff oben Rn. 174.

[1024] § 42 Abs. 1 S. 1 ADS; rechtzeitige Absendung der Andienungserklärung durch den VN genügt; vgl. § 42 Abs. 1 S. 2 ADS.

[1025] § 42 Abs. 2 ADS; Ausnahmen können sich aus § 13 ADS bzw. § 242 BGB ergeben; hierzu schon oben Rn. 174.

293   **b)** Die Entschädigungsforderung des VN wird frühestens einen Monat nach Erteilung einer **Schadensrechnung**[1026] samt Belegen durch den VN an den VR fällig. Verzögert sich die Schadensrechnungs- und Beleglegung ohne Verschulden des VN, so kann dieser vorab ¾ jenes Betrages verlangen, den der VR nach Lage der Dinge jedenfalls schuldet[1027].

294   **c)** Verzögert der VR die Erbringung der Versicherungsleistung, so gebührt dem VN Ersatz seines **Verzugsschadens.** Pkt. 26 DTV-Kasko schränkt die Ersatzpflicht jedoch für den Fall, dass ein Streit zwischen VR und VN durch gerichtliches oder schiedsgerichtliches Verfahren entschieden wird, auf **vorsätzliche Verzögerung** durch den VR ein. Dies hält einer Inhaltskontrolle nach § 307 BGB nicht stand, weil die rechtzeitige Erbringung der eigenen Leistung wohl zu den Kardinalpflichten gehört und im gegebenen Zusammenhang auch nicht bloß untergeordnete Erfüllungsgehilfen handeln[1028]. Freilich wird in einer Fehleinschätzung der Rechtslage durch den VR (auf deren Grundlage er das den Verzug verursachende Verfahren führt) regelmäßig nicht schuldhaft sein.

295   **d)** Ansprüche aus dem Versicherungsvertrag verjähren in **5 Jahren**[1029]. Die Frist beginnt mit dem Schluss des Jahres, in dem die Versicherung endet bzw. die Verschollenheitsfrist abläuft[1030].

5. Stellung des Realgläubigers

296   Der durch eine Schiffshypothek[1031] besicherte Gläubiger erlangt durch das **SchiffsrechteG**[1032] eine starke Position als **Drittbeteiligter.** Das SchiffsrechteG bezieht sich auf See- und Binnenschiffe, allerdings nur auf solche, die im deutschen Schiffsregister eingetragen sind, was voraussetzt, dass sie unter deutscher Flagge segeln[1033]. Liegen diese Voraussetzungen vor, so erstreckt sich die Hypothek am Schiff auch auf die Versicherungsforderung[1034]. Vor Fälligkeit der Hypothek darf der VR nur an den Gläubiger und den Reeder gemeinsam leisten, nach Fälligkeit nur noch an den Gläubiger[1035]. Hat der Gläubiger seine Rechte dem VR angemeldet[1036], so bleibt die Leistungspflicht des VR dem Hypothekargläubiger gegenüber selbst dann aufrecht, wenn der VR dem VN gegenüber leistungsfrei geworden ist[1037]. Selbst

---

[1026] § 44 Abs. 1 ADS; die Gestaltung der Schadensrechnung wird in § 44 Abs. 2 ADS näher geregelt.

[1027] Im Detail siehe § 44 Abs. 1 S. 2 ADS.

[1028] Vgl. zu dieser Ausstrahlungswirkung des § 309 Nr. 7 BGB auf die Kontrolle von AGB, welche gem. § 307 BGB beiderseitigen Unternehmergeschäften zugrunde gelegt werden, Münchener Kommentar BGB/*Kieninger,* § 309 Nr. 7 Rn. 33ff.; *Basedow/Metzger* lehnen eine Übertragung des Unwerturteils des § 309 Nr. 7b BGB auf den Seeversicherungsverkehr unter Berufung auf die branchentypischen Wertungen der Seekaskoversicherung, die sie u. a. aus einer rechtsvergleichenden Betrachtung der Rechts- und Vertragslage anderer Seeversicherungsländer ableiten, ab; s. *Basedow/Metzger,* in: *Bork/Hoeren/Pohlmann,* (Hrsg.), Festschrift für Helmut Kollhosser S. 3 (7ff.).

[1029] Siehe § 48 ADS.

[1030] § 48 ADS.

[1031] Zu dieser und ihrem Verhältnis zu den Schiffsgläubigerrechten nach §§ 754ff. HGB siehe *Enge,* S. 285ff. und 288.

[1032] Gesetz über die Rechte an eingetragenen Schiffen v. 15. 11. 1940, RGBl. 1940 I 1499, BGBl. III Nr. 403–4, zuletzt geändert durch Gesetz v. 26. 11. 2001, BGBl. 2001 I 3138; siehe auch die damit zusammenhängenden Vorschriften der Schiffsregisterordnung i. d. F. der Bekanntmachung v. 26. 5. 1994, BGBl. 1994 I 1133, zuletzt geändert durch Art. 92 der Verordnung v. 31. 10. 2006, BGBl. 2006 I 2407; des Flaggenrechtsgesetzes i. d. F. der Bekanntmachung v. 26. 10. 1994, BGBl. 1994 I 3140, zuletzt geändert durch Art. 326 der Verordnung v. 31. 10. 2006, BGBl. 2006 I 2407, sowie des Pfandbriefgesetzes v. 22. 5. 2005, BGBl. 2005 I 1373.

[1033] § 3 Abs. 2 SchRegO v. 26. 5. 1994, BGBl. 1994 I 1133 zuletzt geändert durch Art. 92 der Verordnung v. 31. 10. 2006, BGBl. 2006 I 2407; hierzu *Herber,* S. 99; vgl. *Enge,* S. 285f.

[1034] § 32 Abs. 1 SchiffsrechteG; vgl. *Prölss/Martin/Voit,* § 129 VVG Rn. 24; Berliner Kommentar/*Dallmayr,* § 129 VVG Rn. 22.

[1035] § 32 Abs. 2 SchiffsrechteG i. V. m. §§ 1281, 1282 BGB; hierzu *Enge,* S. 289.

[1036] Siehe § 34 SchiffsrechteG.

[1037] § 36 SchiffsrechteG; dies gilt auch, wenn der Herbeiführungsausschluss eingreift; so (für die Flusskaskoversicherung) OLG Hamburg v. 27. 11. 1980, VersR 1981, 647.

im Falle einer Auflösung des Versicherungsvertrages trifft den VR gegenüber dem Hypothekargläubiger eine Nachhaftung von zwei Wochen[1038]. Dies gilt nach dem SchiffsrechteG lediglich dann nicht, wenn die Leistungsfreiheit wegen Prämienzahlungsverzugs, wegen Seeuntüchtigkeit des Schiffes oder wegen Deviation (Abweichen vom vorgesehenen bzw. üblichen Reiseweg) besteht[1039]. Die Bedeutung dieser Ausnahmen ist nach *Enge* in der Praxis gering[1040]. Der VR hat dem Gläubiger einen Prämienzahlungsverzug des VN anzuzeigen. Der Gläubiger kann sodann seinerseits die Prämie begleichen[1041]. Deviationen sind heute nach den DTV-Kasko nur anzeigepflichtig, sie führen aus sich heraus nicht zur Leistungsfreiheit[1042]. Die Haftungsfreistellung wegen Seeuntüchtigkeit wird in der Praxis durch eine Vereinbarung zwischen VR und Hypothekargläubiger diesem gegenüber abbedungen[1043]. Hat der VR trotz kranken Versicherungsverhältnisses an den Hypothekargläubiger geleistet, so geht die Hypothek insoweit auf ihn über[1044].

6. Rechtsverhältnisse nach dem Schadensfall

a) Befriedigt im Falle eines Totalverlusts der VR den VN, so gehen dessen **Rechte am** **297** **Schiff** gemäß § 71 Abs. 3 ADS auf den VR über. Dieser ursprünglich automatische Eintritt des VR in die Rechte des VN wird durch Pkt. 32 DTV-Kasko (analog Pkt. 18.1 DTV-Güter) in ein **Wahlrecht** des VR gewandelt. Der VR braucht den Rechtsübergang daher nicht zu wählen, wenn dies für ihn wirtschaftlich nachteilig ist[1045]. Will der VR den Rechtsübergang, so hat er dies spätestens bis zur Anerkennung des Schadens zu erklären. Dasselbe gilt bei Verschollenheit des Schiffs[1046](und gegebenenfalls bei Verfügungen von hoher Hand bzw. Nehmung durch Seeräuber[1047]).

b) Ansprüche des VN gegen Dritte auf Schadensersatz gehen auf den VR über, insoweit **298** dieser den VN entschädigt **(Zession)**[1048]. Der VN hat dem VR bei der Geltendmachung der Ansprüche in bestimmtem Umfang zu unterstützen und darf, bei sonstiger Leistungsfreiheit des VR, die Ansprüche nicht aufgeben[1049]. Fraglich ist die Rangfolge mehrerer Anspruchsinhaber gegenüber dem ersatzpflichtigen Dritten. Neben dem regressberechtigten Kasko-VR kommen die Nebeninteressen-VR und auch der VN, wenn er von den VR nicht vollständig befriedigt wurde, in Frage. Dabei wird das Verhältnis des Nebeninteressen-VR zum Kasko-VR durch Pkt. 2.7 DTV-Nebeninteressen im Sinne eines Vorrangs des Kasko-VR geklärt. Fraglich ist, ob dem VN gegenüber dem Kasko-VR (und damit auch gegenüber dem Nebeninteressen-VR) ein Befriedigungsvorrecht zukommt, wie es außerhalb der Transportversicherung durch § 86 Abs. 1 S. 1 bzw. S. 2 VVG gewährleistet ist. Die Frage wird von *Ritter/Abraham* bejaht[1050]. In der Tat folgt das **Quotenvorrecht** aus Wesen und Zweck der Versicherung und auch des Regressrechts[1051].

[1038] § 36 Abs. 2 SchiffsrechteG; zur Wirkung auf die Prämienzahlungspflicht des VN oben Rn. 261.
[1039] § 36 Abs. 2 SchiffsrechteG; siehe hierzu oben E) VII. 6. Rn. 256 (Freiwerden des VR infolge Prämienzahlungsverzugs, § 36 Abs. 2 Nr. 1;) und E) III. 4. a) Rn. 214ff. (Begriff der Seeuntüchtigkeit, § 36 Abs. 2 Nr. 2).
[1040] *Enge*, S. 289f.
[1041] § 34 Abs. 1 und § 38 SchiffsrechteG.
[1042] Vgl. *Enge*, S. 290.
[1043] So der Bericht bei *Enge*, S. 290.
[1044] Siehe *Enge*, S. 290.
[1045] Zu möglichen, besonders negativen Folgen für die Reederhaftung wegen des fortbestehenden Eigentums am Schiff *Schulze*, VersR 1977, 10 (12f.).
[1046] § 72 Abs. 3 ADS i. V. m. Pkt. 32 DTV-Kasko.
[1047] Vgl. § 73 ADS, der auch insofern auf § 72 ADS verweist.
[1048] § 45 ADS.
[1049] § 45 Abs. 1 S. 2 ADS und § 45 Abs. 2 ADS.
[1050] *Ritter/Abraham*, § 45 ADS Rn. 14 und 22.
[1051] Hierzu ausführlich *Ritter/Abraham*, § 45 ADS Rn. 14 und 22; Berliner Kommentar/*Baumann*, § 67 VVG Rn. 106–111; differenzierend *Römer/Langheid/Römer*, § 67 VVG Rn. 39; die Bedenken bei *Enge*,

XI. Internationales Privat- und Verfahrensrecht

299   Die ADS enthalten sowohl eine **Gerichtsstands-**[1052] als auch eine **Rechtswahlklausel**[1053]. Beide Klauseln sind angesichts der im Bereich der Transportversicherung geltenden Parteiautonomie wirksam[1054]. § 127 S. 1 ADS etabliert einen ausschließlichen Gerichtsstand am allgemeinen Gerichtsstand des VR, der somit sowohl für Klagen des VR als auch des VN gilt. Der allgemeine Gerichtsstand des VR bestimmt sich international-verfahrensrechtlich heute in der Regel nach dem Wohnsitz des VR im Sinne des Art 60 EuGVVO. § 127 ADS dürfte demgegenüber mit Blick auf den Begriff des allgemeinen Gerichtsstands nach § 13 ZPO formuliert worden sein. Dafür spricht insbesondere, dass die Regelung eigentlich auf die örtliche Zuständigkeit hin maßgeschneidert ist. Diese Absicht der Verfasser des § 127 ADS wird dem durchschnittlichen VN im internationalen Versicherungsgeschäft indessen nicht deutlich, sodass in internationalen Fällen wohl tatsächlich zunächst auf die EuGVVO abzustellen ist. Im praktischen Ergebnis wird dies regelmäßig nichts ändern, eine der heutigen Rechtslage entsprechende Neuformulierung des § 127 ADS wäre aber wünschenswert. Vereinbart wird in § 127 ferner ein **Wahlgerichtsstand** am Ort der gewerblichen Niederlassung des den Vertrag vermittelnden Versicherungsvertreters[1055]. § 126 ADS enthält eine **Rechtswahl** zugunsten **deutschen Rechts**.

F. Flusskaskoversicherung

Literatur: *Brunn,* Erläuterungen zu den Allgemeinen Bedingungen für die Versicherung von Flusskasko-Risiken 1992 (AVB Flusskasko 1992), Karlsruhe 1992; *Klopsch,* Der Versicherungswert in der Binnenschiffsversicherung, Berlin 1973; *Kosma,* Die Auswirkungen der VVG-Reform auf die AVB Flusskasko (Bericht zum Vortrag von *Sven Gerhard* vom 31.5. 2007 in der Vortragsreihe des Instituts für Binnenschifffahrtsrecht der Universität Mannheim), VersR 2007, 1060; *E. Lorenz,* Der „Schiffahrtsunfall" i. S. d. § 1 AVB-Flußkasko, VersR 1981, 1001.

I. Allgemeines

1. Die Unterscheidung zur Seekaskoversicherung

300   Die Flusskaskoversicherung unterscheidet sich von der Seekaskoversicherung durch ihren **geographischen Geltungsbereich.** Dieser ist in der Flusskaskoversicherung auf (europäische) Binnengewässer eingeschränkt[1056].

2. Geltende Rechtsvorschriften und AVB

301   Die Flusskaskoversicherung unterliegt dem **VVG** (hier insbes. den §§ 130 ff. BGB[1057]). Ihre AVB sind eigens ausgestaltet. Die heute gängig verwendeten AVB-Flusskasko heben sich dabei in ihrer **Gestaltung** von den DTV-Kasko insbesondere durch ihre umfassende Regelung in einem **einzigen** Bedingungswerk ab. Jene **Transparenzprobleme,** welche in der Seekaskoversicherung schon aufgrund der Mehrzahl von anwendbaren Bedingungstexten zu beklagen sind, fehlen hier auf angenehme Weise. Seit 2008 empfiehlt der GDV jedoch die neu ge-

---

S. 107 f. sowie neuerdings bei *Bodis,* TranspR 2008, 1 (11 ff.) können demgegenüber nicht durchgreifen, auch nicht nach Wegfall des § 804 HGB a. F. durch die VVG-Reform.

[1052] § 127 ADS, der auf den örtlichen Gerichtsstand hin ausformuliert ist, die internationale Zuständigkeit damit aber mitregelt.

[1053] § 126 ADS.

[1054] Für das internationale Prozessrecht siehe insbesondere Art. 13 Nr. 5 i. V. m. Art. 14 Nr. 1 lit. a) (und auch Nr. 5) EuGVVO (bzw. gegebenenfalls § 38 ZPO); für das IPR siehe Art. 27 EGBGB bzw. Art. 10 Abs. 1 EGVVG.

[1055] § 127 S. 2 ADS; dieser Gerichtsstand kann freilich auch im Ausland liegen.

[1056] Pkt. 2.1 AVB-Flusskasko.

[1057] Vgl. auch Pkt. 31.2 AVB-Flusskasko.

fassten AVB-Flusskasko 2008 und AVB-Flusskasko 2000 in der Fassung von 2008 nebenei-nander. Beide Bedingungswerke weichen in sachlicher Hinsicht nur an wenigen Stellen von-einander ab, insbesondere hinsichtlich des Ausschlusses von Schäden verursacht durch Streik, Aussperrung oder Arbeitsunruhen[1058] und der Priorität von Schadensabwendungs- und -er-mittlungskosten gegenüber den Kosten der Wrackbeseitigung[1059].

II. Ähnlichkeiten von See- und Flusskaskoversicherung

1. Gestaltungsparallelen in den AVB

In ihrem Inhalt ähneln die AVB-Flusskasko den DTV-Kasko in vielerlei Hinsicht. Das gilt **302** schon für Pkt. 1 AVB-Flusskasko, der die Begriffe Schiff, maschinelle Einrichtung, Zubehör und Ausrüstung definiert. Es gilt für die Mehrzahl der Risikoausschlüsse[1060] (Mangelnde Fahrtüchtigkeit des Schiffes[1061] – eine verhüllte Obliegenheit[1062] –, Eisschäden[1063], politische Gewalthandlungen und dgl.[1064], Krieg und dgl.[1065], Verfügungen von hoher Hand und dgl.[1066], Kernenergie[1067], Abnutzung[1068] sowie Verstoß gegen Vorschriften zum Transport ge-fährlicher Güter[1069]) aber auch für den Einschluss von Schäden am Schiff aus hoheitlichen Maßnahmen bei Gewässerverschmutzung[1070]. Es gilt ferner für die Definition der versicher-ten Schäden: Ersetzt werden Totalverlust (samt Reparaturunfähigkeit bzw. -unwürdig-keit[1071])[1072], Teilschäden[1073], Beiträge zur großen Haverei[1074], Aufopferungen[1075], Kosten der

---

[1058] In den AVB-Flusskasko 2000/2008 werden Streik, Aussperrung und Arbeitsunruhen im Gegensatz zu Pkt. 3.2.1.5 AVB-Flusskasko 2008 nicht mehr ausgeschlossen.

[1059] Pkt. 7.3 AVB-Flusskasko 2008 legt im Gegensatz zu den AVB-Flusskasko 2000/2008 eine Priorität der Schadensabwendungs-, Schadensminderungs- und Schadensermittlungskosten (Pkt. 27 AVB-Fluss-kasko 2008) gegenüber den Kosten der Wrackbeseitigung fest.

[1060] Zu Risikoausschlüssen, die von den DTV-Kasko abweichen unten Rn. 304 ff.

[1061] Pkt. 3.2.1.2 AVB-Flusskasko (vgl. auch § 138 VVG; zum dortigen Begriff der Fahruntüchtigkeit, der sachlich unverändert dem nach § 132 VVG a. F. entspricht, z. B. *Römer/Langheid/Römer*, § 132 VVG Rn. 2; *Prölss/Martin/Voit*, § 132 VVG Rn. 1; Berliner Kommentar/*Dallmayr*, § 132 VVG Rn. 4; zur Fahr-untüchtigkeit nach Binnenschifffahrtsrecht BGH v. 21. 4. 1975, VersR 1975, 1117).

[1062] So die neuere Rspr., sodass das Verschuldenserfordernis des § 28 Abs. 1 VVG (vormals § 6 Abs. 1 VVG a. F.) und das Kausalitätskriterium des § 28 Abs. 3 VVG (vormals § 6 Abs. 2 VVG a. F.) zum Tragen kommen; siehe BGH v. 24. 5. 2000, TranspR 2002, 255 = VersR 2001, 969, der aber das Verhältnis seiner neuen Ansicht zu § 132 VVG a. F. (nun – sachlich unverändert – § 138 VVG) nicht klärt; zu diesem OLG Karlsruhe v. 2. 6. 1981, VersR 1983, 74 *(Bauer)*; abweichend die ältere Rspr.: BGH v. 11. 2. 1985, VersR 1985, 629; ihm folgend z. B. Berliner Kommentar/*Dallmayr*, § 132 VVG Rn. 1; siehe ferner OLG Hamm v. 4. 2. 1976, VersR 1978, 58 (für die Wassersport-Fahrzeugversicherung), wonach der Ausschluss nicht eingreift, wenn die Fahruntüchtigkeit die Folge eines (versicherten) Unfalls ist; zum Fall fehlerhafter Be-ladung des Schiffes OLG Hamburg v. 22. 6. 1981, VersR 1982, 565; vgl. auch BGH v. 15. 10. 1979, VersR 1980, 65 (66; zu tiefes Abladen); zum Fall fehlerhafter Bemannung BGH v. 4. 7. 1966, VersR 1966, 749.

[1063] Pkt. 3.2.1.3 AVB-Flusskasko; erweitert freilich um Pkt. 3.2.1.4 AVB-Flusskasko.

[1064] Pkt. 3.2.1.5 AVB-Flusskasko; hier ist jedoch der in der vorigen Rn. erwähnte Unterschied zwi-schen dem sehr viel weiter reichenden Ausschluss in Pkt. 3.2.1.5 AVB-Flusskasko 2008 und dem Aus-schluss nach Pkt. 3.2.1.5 AVB-Flusskasko 2000/2008 zu beachten.

[1065] Pkt. 3.2.1.6 AVB-Flusskasko.

[1066] Pkt. 3.2.1.7 AVB-Flusskasko.

[1067] Pkt. 3.2.1.8 AVB-Flusskasko.

[1068] Pkt. 3.2.1.10 AVB-Flusskasko.

[1069] Pkt. 3.2.1.11 AVB-Flusskasko.

[1070] Pkt. 3.1.3.4 i. V. m. Pkt. 8 AVB-Flusskasko.

[1071] Pkt. 19 AVB-Flusskasko.

[1072] Pkt. 18 AVB-Flusskasko.

[1073] Pkt. 22 AVB-Flusskasko.

[1074] Pkt. 3.1.3.2 i. V. m. Pkt. 5 AVB-Flusskasko.

[1075] Pkt. 3.1.3.3 i. V. m. Pkt. 6 AVB-Flusskasko.

Schadensabwendung, -minderung und -feststellung[1076] sowie Sicherheitsleistungen[1077]. Ähnliche Regeln enthalten die AVB-Flusskasko auch für die Reparatur des Schiffes: So die Regel über die Tenderung[1078] und die Reparaturpflicht[1079]. Ähnlichkeiten bestehen hinsichtlich diverser Aspekte der Berechnung der Ersatzleistung: In der Police wird eine Abzugsfranchise vereinbart[1080]; im Falle der Unterversicherung gilt die pro-rata-Regel[1081]; anderweitige Versicherung und (bestimmte) anderweitig erlangte Ersatzleistungen werden angerechnet[1082]; dem VR steht ein Abandonrecht zu[1083]. Die Feststellung des Schadens[1084] erfolgt ähnlich wie in der Seekaskoversicherung. Das gilt auch für die Legung einer Schadensrechnung, die Fälligkeit der Versicherungsleistung[1085] sowie den Ersatz des Verzugsschadens[1086]. Die AVB-Flusskasko kennen auch das Wahlrecht des VR, ob die Rechte am Schiff im Totalverlustfall auf den VR übergehen sollen, das Regressrecht des VR ergibt sich aus § 86 VVG. Ähnlich ausgestaltet ist der Versicherungsvertrag schließlich bei der Regelung der Gefahränderung[1087], der Prämienrückvergütung bei Stillliegen des Schiffes[1088], der Mitversicherung[1089] und – abgesehen von der zusätzlich enthaltenen Bedingung automatischer Vertragsverlängerung[1090] – der Dauer der Versicherung[1091].

2. Insb.: Die Stellung des Realgläubigers

303 Die Stellung des Realgläubigers wird auch bei Binnenschiffen vom **SchiffsrechteG** bestimmt[1092]. Damit gelten auch hier die zur Seeversicherung getätigten Ausführungen[1093].

III. Markante Besonderheiten der AVB-Flusskasko

1. Hauptunterschied: Einzelgefahrendeckung

304 **a)** Der markanteste Unterschied zur Seekaskoversicherung besteht im System der **Einzelgefahrendeckung.** Im Gegensatz zur Seekaskoversicherung, wo grundsätzlich alle Seegefahren während der Versicherungsdauer gedeckt sind, und auch zum gesetzlichen Konzept

---

[1076] Pkt. 3.1.3.6 i. V. m. Pkt. 27.1.1 und 27.1.2 AVB-Flusskasko; Pkt. 3.1.3.7 i. V. m. Pkt. 27.1.3 AVB-Flusskasko; sowie Pkt. 3.1.3.8 i. V. m. Pkt. 27.1.4 AVB-Flusskasko; vgl. § 144 VVG und hierzu RG v. 3. 2. 1926, RGZ 112, 384; Kosten der Schadensabwendung bzw. -minderung können auch Schäden sein, die der VN bei Rettungsarbeiten leicht fahrlässig herbeigeführt hat; vgl. BGH v. 21. 3. 1977, VersR 1977, 709.

[1077] Pkt. 24 AVB-Flusskasko.

[1078] Vgl. Pkt. 20 AVB-Flusskasko.

[1079] Pkt. 21 AVB-Flusskasko.

[1080] Pkt. 9.1–9.3 AVB-Flusskasko.

[1081] Pkt. 14.1.1 AVB-Flusskasko.

[1082] Pkt. 26 AVB-Flusskasko.

[1083] Pkt. 28 AVB-Flusskasko.

[1084] Pkte. 16 (Feststellung des Schadens), 17 (Sachverständigenverfahren) AVB-Flusskasko; beachte jedoch die Kostenregelung für das Schiedsverfahren in Pkt. 17.6 AVB-Flusskasko; den Sachverständigen werden eigene Instruktionen an die Hand gegeben; siehe die Instruktionen für die Sachverständigen in der Binnenschifffahrt 2008 unter >www.tis-gdv.de/tis/bedingungen/avb/fluss/fluss.html<.

[1085] Pkt. 23 AVB-Flusskasko.

[1086] Pkt. 25 AVB-Flusskasko.

[1087] Pkt. 11.2 AVB-Flusskasko.

[1088] Pkt. 12.4 und 12.5 AVB-Flusskasko.

[1089] Pkt. 30 AVB-Flusskasko; zur Mitversicherung bei der Wassersport-Fahrzeugversicherung OLG Hamburg v. 17. 5. 1984, VersR 1984, 980.

[1090] Siehe Pkt. 10.2 AVB-Flusskasko.

[1091] Pkt. 10.1 AVB-Flusskasko; vgl. zur auf Zeit abgeschlossenen Transportversicherung RG v. 3. 2. 1926, RGZ 112, 384.

[1092] Hierzu – für die Versicherung von Binnenschiffen – *Klopsch,* S. 95 ff. (samt Ausführungen über die Bemessung des Versicherungswerts bei Vorliegen einer Schiffshypothek).

[1093] Siehe oben Rn. 296.

für die Binnentransportversicherung (§ 130 Abs. 2 S. 1 VVG[1094]) beschränkt sich die Deckung in der Flusskaskoversicherung auf enumerativ aufgezählte Risiken[1095]. Dies hat insbesondere zur Folge, dass der VN nicht nur den Schadenseintritt während der Versicherungsdauer, sondern gerade die Verwirklichung einer versicherten Gefahr zu beweisen hat[1096]. Dabei gilt im Rahmen der Kausalitätsprüfung (nur) die Adäquanztheorie, die Lehre von der causa proxima findet in der Binnentransportversicherung keine Anwendung[1097].

b) Nach Pkt. 3.1.1 erster Spiegelstrich AVB-Flusskasko ist der **Schifffahrtsunfall** versichert. Der Begriff wird in den AVB selbst nicht weiter definiert. Auch das VVG enthält keine Definition. Der Unfall ist freilich im Versicherungsrecht im Allgemeinen und in der Transportversicherung im Speziellen ein bekannter Terminus, sodass sich eine systematische Auslegung anbietet. Dieser Ansatz wird insbesondere von *E. Lorenz* verfolgt, der in kritischer Durchleuchtung der bestehenden Rspr. den Begriff im Einzelnen umschreibt[1098]. Im Anschluss an seine detaillierte Analyse prägen folgende **Elemente** den Unfallbegriff: Zuallererst muss es sich beim Unfall um ein Ereignis handeln, welches **plötzlich**[1099] **von außen** her auf das Schiff einwirkt[1100]. Nicht hierher zählen Abnutzungsschäden, Schäden aus Alter und Befall sowie innere (also ohne plötzliche Verursachung von außen und ohne weitere Folgen entstehende) Betriebsschäden (Maschinenausfall)[1101]. Streitig war, ob die Einwirkung von außen auf ein **äußeres Ereignis** zurückzuführen sein muss, oder aber auch das Eindringen von Wasser wegen Undichtheiten des Schiffes versichert ist[1102]. Zu Recht lehnt *E. Lorenz* das Erfordernis eines äußeren Ereignisses aus grundsätzlichen und systematischen Erwägungen ab[1103]. Ebenso abzulehnen ist es, ein Element der **Unfreiwilligkeit** in den Unfallbegriff einzubringen[1104]. Die

---

[1094] Zum dort verankerten System der Allgefahrendeckung *Prölss/Martin/Voit*, § 129 VVG Rn. 15; auch Berliner Kommentar/*Dallmayr*, § 129 VVG Rn. 8 ff. (Ausführungen betreffen die Güterversicherung).

[1095] Siehe Pkt. 3.1 AVB-Flusskasko.

[1096] Allgemein zur Beweislast des VN bei Einzelgefahrendeckung Berliner Kommentar/*Schauer*, Vorbem. §§ 49–68a VVG Rn. 65 ff.; vgl. zu bestimmten Einzelauswirkungen im Zusammenhang mit dem Unfallbegriff der AVB-Flusskasko, *E. Lorenz*, VersR 1981, 1001 (1006).

[1097] A. A. *Thume/de la Motte/Brunn*, Kap. 4 Rn. 433; zu versicherungsrechtlichen Kausalitätsfragen siehe z. B. Berliner Kommentar/*Schauer*, Vorbem. §§ 49–68a VVG Rn. 26 ff. (im Gegensatz zur Seeversicherung – Rn. 30).

[1098] Siehe *E. Lorenz*, VersR 1981, 1001.

[1099] Vgl. OLG Hamm v. 4. 2. 1976, VersR 1978, 58 (zur Wassersport-Fahrzeugversicherung): „Für den Begriff der Plötzlichkeit kommt es aber nicht so sehr auf die Zeitdauer als vielmehr darauf an, dass das Ereignis unerwartet, unvorhergesehen und unentrinnbar eintritt"; vgl. auch OLG Köln v. 30. 10. 1974, VersR 1975, 237; OLG Nürnberg v. 27. 2. 1975, VersR 1975, 897 („Fallbö"); OLG Oldenburg v. 5. 4. 1978, VersR 1979, 517; an der Plötzlichkeit fehlt es jedenfalls bei Korrosionsschäden, vgl. OLG Hamburg v. 15. 1. 1976, VersR 1976, 582; sowie bei Schäden infolge des Alters- und Verschleißzustandes des Schiffes: OLG Hamburg v. 22. 6. 1981, VersR 1982, 565.

[1100] Hierzu *E. Lorenz*, VersR 1981, 1001 (1005); zu Beweislast und Beweismaß OLG Hamburg v. 9. 11. 1981, VersR 1983, 431.

[1101] *E. Lorenz*, VersR 1981, 1001 (1005); wobei nach OLG Hamm v. 4. 2. 1976, VersR 1978, 58, die Betriebsvorgänge den Schaden unmittelbar herbeiführen müssen; nur mittelbare Herbeiführung durch Förderung einer versicherten Gefahr nehmen die Deckung nicht zurück; fragwürdig die Qualifikation als „Betriebsschaden" bei OLG Hamburg v. 22. 6. 1981, VersR 1982, 565.

[1102] In letzterem Sinn z. B. OLG Hamm v. 4. 2. 1976, VersR 1978, 58; OLG Düsseldorf v. 30. 5. 1972, VersR 1972, 851; BGH v. 2. 7. 1979, VersR 1979, 932.

[1103] *E. Lorenz*, VersR 1981, 1001 (1005 ff.); in systematischer Hinsicht hätte die Gegenansicht insbesondere einen unnötigen Widerspruch zum Bedingungswerk für die Versicherung von Wassersport- und Vergnügungsbooten gebracht; zustimmend *Thume/de la Motte/Brunn*, Kap. 4 Rn. 436.

[1104] Auch hierzu *E. Lorenz*, VersR 1981, 1001 (1007 f.); für die Ansicht von *E. Lorenz* spricht insbesondere, dass der Unfallbegriff im Pkt. 3.1.1 AVB-Flusskasko die Unfreiwilligkeit (anders als die AUB) nicht anspricht und diese später (Pkt. 3.2.1.1) einen Herbeiführungsausschluss kennen; ebenso im Ergebnis der BGH v. 15. 6. 1970, VersR 1970, 753 für den Fall einer in Betrugsabsicht erfolgenden Herbeiführung des Unfalls; zustimmend *Thume/de la Motte/Brunn*, Kap. 4 Rn. 437; a. A. OLG Hamburg v. 9. 11. 1981, VersR 1983, 431 (433).

Frage ist von größter praktischer Bedeutung, weil sich ein Pfandrecht am Schiff auf die Versicherungsforderung erstreckt. Eine solche Versicherungsforderung bestünde erst gar nicht, wenn der Unfallbegriff das Element der Unfreiwilligkeit enthielte und der Schaden durch den VN herbeigeführt worden wäre. Die Forderung besteht jedoch, wenn man die Unfreiwilligkeit nicht zum Unfallbegriff zählt, weil sich der Herbeiführungsausschluss dem gesicherten Gläubiger gegenüber nicht durchsetzt[1105]. Diesem kommt daher ein Pfandrecht an der Versicherungsforderung zu.

306   c) Versichert sind Schäden durch **Brand, Blitzschlag** und **Explosion**[1106]. Eine Definition ist den AVB Flusskasko allerdings nicht zu entnehmen. Da dieselben Begriffe vor der VVG-Reform in § 82 VVG a. F. den Umfang des Versicherungsschutzes in der Feuerversicherung bestimmten, kann auf die zu § 82 VVG a. F. ergangene Rspr. und Schrifttum zurückgegriffen werden[1107], auf die hier verwiesen werden kann[1108].

307   d) Versichert sind auch **Einbruch-Diebstahl, Beraubung** und **Vandalismus**[1109]. Auch diese Begriffe werden in den AVB-Flusskasko nicht eigens definiert, sind aber aus der Einbruchdiebstahl- und Raubversicherung nach den AERB, derzeit aktuell in der Fassung von 2008, bekannt. Die zu den AERB ergangene Rspr. und Lehre kann also – mutatis mutandis – übertragen werden[1110].

308   e) Zuletzt ist das Risiko der **höheren Gewalt** versichert[1111]. Hierunter versteht die Rspr. „ein von außen auf den Betrieb einwirkendes Ereignis"[1112], das „außergewöhnlich und unvorhersehbar und selbst bei Anwendung äußerster Sorgfalt ohne Gefährdung des Betriebes und wirtschaftlichen Erfolges des Unternehmens nicht abzuwenden und nicht wegen seiner Häufigkeit von den Betriebsunternehmern in Rechnung zu ziehen und in Kauf zu nehmen ist"[1113].

2. Weitere wichtige Einzelunterschiede

309   a) In den AVB-Flusskasko finden sich besondere **Haftungsausschlüsse.** Ausdrücklich ausgenommen sind Schäden an maschinellen Einrichtungen infolge Bedienungsfehler oder Explosion in den Einrichtungen[1114]; Schäden durch schuldhafte zu tiefe Abladung[1115]; sowie mittelbare Schäden[1116]. Beachtenswert ist, dass die AVB-Flusskasko 2000/2008 im Gegensatz zu den AVB-Flusskasko 2008 in Pkt. 3.2.1.5 keinen Haftungsausschluss mehr für durch Streik, Aussperrung oder Arbeitsunruhen verursachte Schäden enthalten[1117].

310   b) Verwendung findet ferner die **DTV-Flusskasko-Übernahmeklausel** 1995 i. d. F. 2008[1118]. Ihr zufolge kommen dem VR Einsichtsrechte in die Dokumente von Klassifikationsgesellschaften und ähnlichen Einrichtungen zu. Auch lässt der VR das Schiff durch Sach-

---

[1105] § 36 Abs. 1 SchiffsrechteG; hierzu BGH v. 15. 6. 1970, VersR 1970, 753.

[1106] Siehe Pkt. 3.1.1 zweiter Spiegelstrich AVB-Flusskasko.

[1107] Vgl. nur Berliner Kommentar/*Dörner/Staudinger*, § 82 VVG Rn. 4ff.; *Prölss/Martin/Kollhosser*, § 82 VVG Rn. 2ff.; *Römer/Langheid/Römer*, § 82 VVG Rn. 2ff.; jeweils mit Nachw.

[1108] Vgl. auch Kap. 31 Rn. 3ff. dieses Bandes.

[1109] Pkt. 3.1.1 vierter Spiegelstrich AVB-Flusskasko.

[1110] Siehe nur *Prölss/Martin/Kollhosser*, Teil III/A/, § 1 AERB 1981 Rn. 17ff. (Einbruch-Diebstahl) und Rn. 39ff. (Raub), sowie die Neufassungen (samt teilweisen Einschlusses der Vandalismusrisiken) in § 1 AERB; vgl. auch Kap. 32 in diesem Band.

[1111] Pkt. 3.1.1 dritter Spiegelstrich AVB-Flusskasko.

[1112] Gefordert wird auch hier eine Einwirkung von außen; reine Betriebsschäden sind kein Fall der höheren Gewalt; vgl. OLG Celle v. 23. 12. 1977, VersR 1978, 917 (zur Wassersport-FahrzeugV); siehe auch *Thume/de la Motte/Brunn*, Kap. 4 Rn. 439.

[1113] OLG Celle v. 23. 12. 1977, VersR 1978, 917 (zur Wassersport-Fahrzeugversicherung) m. w. N.; vgl. auch OLG Hamburg v. 15. 1. 1976, VersR 1976, 582.

[1114] Pkt. 3.2.1.9 AVB-Flusskasko.

[1115] Pkt. 3.2.1.12 AVB-Flusskasko; vgl. BGH v. 7. 7. 1980, VersR 1980, 1045; vgl. BGH v. 15. 10. 1979, VersR 1980, 65 (66; Qualifikation als Fahruntüchtigkeit).

[1116] Pkt. 3.2.2 AVB-Flusskasko.

[1117] Vgl. Demgegenüber Pkt. 3.2.1.5 AVB-Flusskasko 2008.

[1118] Einsehbar unter >www.tis-gdv.de/tis/bedingungen/avb/fluss/fluss.html<.

verständige besichtigen, die einen Bericht verfassen. Darauf aufbauend fordert der VR vom VN Reparaturen bzw. eine Anpassung des Versicherungsvertrages. Folgt der VN dem Verlangen des VR nicht, so steht diesem ein Kündigungsrecht zu[1119].

c) Was die zu ersetzenden **Schäden** anbelangt, so nennen die AVB-Flusskasko ausdrück- **311** lich auch die Kosten der Wrackbeseitigung[1120].

d) Gleich wie in der Seekaskoversicherung bildet die vereinbarte **Versicherungssumme** **312** die äußerste Grenze der Ersatzpflicht des VR[1121]. Nach Pkt. 27.1.6 AVB-Flusskasko 2008 sind die Kosten der Schadensabwendung, -minderung und -feststellung hiervon ausgenommen, während dies nicht nach den AVB-Flusskasko 2000/2008 gilt. Die Deckelung erfasst jedoch den Ersatz für Beiträge zur großen Haverei[1122]. Dabei werden nach dem System der AVB-Flusskasko **drei** Versicherungssummen vereinbart: die allgemeine Summe für die Kaskoversicherung, eine besondere Summe für die Ersatzleistungen an Dritte sowie eine letzte für die Kosten der Wrackbeseitigung[1123].

e) Im Falle des **Totalverlusts** – dem Reparaturunfähigkeit und -unwürdigkeit gleichste- **313** hen[1124] – ersetzt der VR den **Versicherungswert**[1125]. Dieser wird als **Zeitwert** bei Beginn des jeweils laufenden Versicherungsjahres bemessen („unveränderlicher Zeitwert")[1126]. Nach Pkt. 13.2 AVB-Flusskasko ist der Zeitwert durch Zugrundelegung des Wiederbeschaffungswertes einer neuen Sache unter Abzug eines den tatsächlichen Zustand des Schiffes (Alter, Abnutzung, Gebrauch, etc.) reflektierenden Betrages zu ermitteln.

f) Bei **Teilschäden** richtet sich der Ersatz zuerst nach der durch die Schadensfeststellung **314** nach Pkt. 16 AVB-Flusskasko festgesetzten **Schadenstaxe**[1127]. Jedoch braucht der VR nicht mehr als die **tatsächlich** aufgewendeten Reparaturkosten zu ersetzen[1128]. Der VR kann die Einholung mehrerer Angebote verlangen und die Ersatzleistung durch das **günstigste Angebot** beschränken[1129]. Vorgesehen ist ein Abzug „neu für alt" bzw. des Erlöses bzw. Wertes von ausgetauschten Teilen[1130].

3. Insb.: Anlehnung an das bzw. Anwendung des VVG

a) Das VVG ist auf die Flusskaskoversicherung anwendbar, wenngleich die Vorschriften **315** für dispositiv erklärt werden[1131]. Pkt. 31.2 AVB-Flusskasko hebt die **subsidiäre** Anwendung des VVG (bzw. überhaupt der gesetzlichen Bestimmungen) noch einmal eigens hervor.

b) Auch die Einzelregelungen folgen **inhaltlich** ganz weitgehend dem VVG. Das gilt zu- **316** nächst für den Prämienzahlungsverzug[1132], den Herbeiführungsausschluss in Pkt. 3.2.1.1 AVB-Flusskasko[1133] und die Rechtsfolgen von Obliegenheitsverletzungen des VN, wo aller-

---

[1119] Zu alledem DTV-Flusskasko-Übernahmeklausel.
[1120] Pkt. 3.1.3.4 i. V. m. Pkt. 7 AVB-Flusskasko.
[1121] Pkt. 14.1.2 AVB-Flusskasko; auch Pkt. 18.2 AVB-Flusskasko.
[1122] Pkt. 14.1.2 AVB-Flusskasko.
[1123] Siehe Pkte. 14.1–14.3 i. V. m. Pkt. 14.4 AVB-Flusskasko.
[1124] Vgl. Pkt. 19 AVB-Flusskasko.
[1125] Pkt. 18.2 AVB-Flusskasko, wobei freilich ein eventueller Restwert des Wracks oder geborgener Gegenstände abzuziehen ist.
[1126] Pkt. 13.1 AVB-Flusskasko; insofern ist der Versicherungswert taxiert; vgl. BGH 15. 12. 1969, VersR 1970, 243; für ein erhebliches Abweichen zwischen taxiertem und tatsächlichem Wert im Zeitpunkt des Versicherungsbeginns siehe LG Hamburg v. 14. 2. 1978, VersR 1978, 1136.
[1127] Pkt. 22.1 AVB-Flusskasko.
[1128] Auch hierzu Pkt. 22.1 AVB-Flusskasko; zur Reparaturpflicht siehe Pkt. 21 AVB-Flusskasko sowie Pkt. 22.4 AVB-Flusskasko.
[1129] Pkt. 20.1 und 20.2 AVB-Flusskasko.
[1130] Pkt. 22.2 AVB-Flusskasko.
[1131] Siehe §§ 130ff. VVG und § 210 VVG.
[1132] Pkt. 12.3 AVB-Flusskasko.
[1133] Wie nach § 137 VVG wird in Pkt. 3.2.1.1 AVB-Flusskasko – abweichend von der allgemeinen Regelung des § 81 VVG – das Alles-oder-Nichts-Prinzip beibehalten; vgl. OLG Hamm v. 3. 12. 1996,

dings – wie in den §§ 130 ff. VVG – das Alles-oder-Nichts-Prinzip beibehalten wurde[1134]. Das außerordentliche Kündigungsrecht nach Eintritt des Versicherungsfalles[1135] gleicht inhaltlich ganz weitgehend der Regelung des § 92 VVG.

317   c) Eine Ausnahme hiervon bildet seit der VVG-Reform der Umfang der **vorvertraglichen Anzeigepflicht.** Dieser wird nämlich ganz ähnlich wie in § 16 VVG a. F. bestimmt[1136]. Anders als nach dem reformierten § 19 Abs. 1 VVG[1137] wird die Gefahrerheblichkeit anhand eines abstrakten, von den Fragen des VR prinzipiell unabhängigen Maßstabs bestimmt[1138]. Nach § 19 Abs. 1 S. 1 VVG sind hingegen nur solche Umstände gefahrerheblich, nach denen der VR mindestens in Textform gefragt hat. Wie nach altem Recht bürdet Pkt. 11.1 AVB-Flusskasko dem VN damit das Risiko einer Fehleinschätzung über die Gefahrerheblichkeit auf. Anders als im Rahmen der DTV-Güter[1139] bleibt dieses Risiko sogar dann bestehen, wenn der VR sich durch einen schriftlichen vom VN zu beantwortenden Fragebogen Klarheit über die gefahrerheblichen Umstände gemacht hat. Auch wenn es sich bei der Versicherung von Flusskaskorisiken um Großrisiken i. S. d. § 210 VVG handelt, was im Rahmen einer Inhaltskontrolle nach den §§ 305 ff. BGB zu berücksichtigen ist, so ist die Angemessenheit des Pkt. 11.1 AVB-Flusskasko dennoch nicht unproblematisch.

4. Mannschaftseffekten

318   Durch gesonderten Vertrag sind Mannschaftseffekten, also Hausrat und Gegenstände des persönlichen Bedarfs versicherbar. Sie werden auf Grundlage der **Allgemeinen Bedingungen** für die Versicherung von Mannschaftseffekten in der Binnenschifffahrt 1994 Fassung 2008 versichert[1140].

5. Internationales Privat- und Verfahrensrecht

319   a) Die AVB-Flusskasko enthalten weder eine Schiedsklausel noch eine Bestimmung über die internationale bzw. örtliche Gerichtszuständigkeit. Es verbleibt insofern bei den gesetzlichen Quellen und im Rahmen autonom-deutschen Prozessrechts auch bei § 215 VVG (Gerichtsstand des Wohnsitzes des VN).

320   b) Die AVB-Flusskasko enthalten in Pkt. 31.2 einen Verweis auf **deutsches** Recht, welches subsidiär zu den Bedingungen anzuwenden sein soll. Hierin ist eine kollisionsrechtliche Wahl deutschen Rechts zu sehen. Diese ist gemäß Art. 10 Abs. 1 S. 2 Nr. 1 EGBGB bzw. Art. 27 Abs. 1 EBGBG wirksam[1141].

VersR 1997, 572 (nicht ausreichende Ballastierung bei Leerfahrt); vgl. zum Begriff der groben Fahrlässigkeit auch BGH v. 17. 12. 1979, VersR 1980, 325; der VN ist deliktisch (und auch versicherungsrechtlich) nicht für die Fehler eines Fachunternehmens sowie die fehlerhafte Prüfung durch die Schiffsuntersuchungskommission verantwortlich; vgl. BGH v. 24. 4. 1989, VersR 1989, 761; bei Inanspruchnahme eines Vorspannbootes liegt die Oberleitung beim Führer des Schleppzuges; vgl. OLG Köln v. 20. 12. 2005, TranspR 2007, 117 (118); der Kapitän ist anders als in der Seekaskoversicherung in der Regel nicht Repräsentant des VN; s. *Thume/de la Motte/Brunn,* Kap. 4 Rn. 448; vgl. zum Begriff der Schiffsbesatzung §§ 3 Abs. 2, 21 BinSchG.

[1134] Pkt. 15.3 AVB-Flusskasko.

[1135] Pkt. 29 AVB-Flusskasko.

[1136] Siehe Pkt. 11.1 AVB-Flusskasko, der mit Pkt. 4.1 DTV-Güter identisch ist, vgl. deshalb die Ausführungen bei Rn. 103.

[1137] S. hierzu die Begründung zum Gesetzesentwurf der Bundesregierung, BT-Drucks. 16/5862, S. 64 f.

[1138] Wie in Pkt. 4.1 S. 3 DTV-Güter kommt es auch in Pkt. 11.1.1 S. 3 AVB-Flusskasko zu einer Fehlformulierung, wenn die Vermutung der Gefahrerheblichkeit für solche Umstände aufgestellt wird, nach denen ausdrücklich **oder** schriftlich gefragt wurde; vgl. hierzu die Ausführungen bei Fn. 364.

[1139] Pkt. 4.3 Abs. 2 DTV-Güter.

[1140] Einsehbar unter >www.tis-gdv.de/tis/bedingungen/avb/fluss/fluss.html<.

[1141] Die Rechtswahlbeschränkung nach Art. 29 EGBGB ist bei der Sparte der Flusskaskoversicherung praktisch unbedeutend.

G. Wassersportkaskoversicherung

Literatur: *Gerhard,* Ausgewählte Rechtsprechung zur Wassersport-Kaskoversicherung 2000–2003, TranspR 2005, 63; *ders.,* Ausgewählte Rechtsprechung zur Wassersport-Kaskoversicherung 2004–2006, TranspR 2007, 181; *ders.,* Die Auswirkungen der VVG-Reform auf die Wassersportkaskoversicherung, TranspR 2007, 458; *Gürtler,* Die neuen AVB für Wassersportfahrzeuge, ZfV 1963, 451; *Heppe,* Bedingungen in der Sportbootversicherung, Frankfurt a. M. u. a. 2005; *Roos,* Die Wassersportkaskoversicherung, 1999; *Zettl,* Schiffsunfall und höhere Gewalt in der Wassersport-Fahrzeug-Versicherung, ZfV 1964, 418.

I. Rechtsgrundlagen

Wassersportfahrzeuge werden nach den **Allgemeinen Bedingungen** für die Kasko-Ver-　**321** sicherung von Wassersportfahrzeugen 1985 i. d. F. 2008 versichert. Die Bedingungen ähneln teils den AVB-Flusskasko teils (z. B. Grundsatz der Allgefahrendeckung) den DTV-Kasko. Die Versicherung von Wassersportfahrzeugen unterliegt den gesetzlichen Bestimmungen über die **Transportversicherung** (§§ 130–141 VVG[1142]). Im internationalen Privatrecht ist allerdings zu bedenken, dass im Anwendungsbereich des EGBGB[1143] dessen Art. 29 (Verbraucherschutz) die Rechtswahl beschränkt. Im Geltungsbereich des EGVVG und für die Gerichtsstandswahl nach der EuGVVO gilt dies nicht: Art. 10 Abs. 1 EGVVG gibt freie Rechtswahl für alle Schiffskaskoversicherung nach Anlage Teil A Nr. 6 zum VAG. Art. 13 Nr. 5 i. V. m. Art. 14 Nr. 1 lit. a EuGVVO beschränkt die freie Gerichtsstandswahl zwar auf Versicherungen von Schiffen, welche gewerblich genutzt werden, in Art. 13 Nr. 5 i. V. m. Art. 14 Nr. 5 und i. V. m. den dort genannten Richtlinienbestimmungen (Art. 5 Abs. 5 lit. d i. V. m. Anlage A, Nr. 6, Erste RL-Schaden i.d.g.F.) aber fehlt eine solche Einschränkung für die Schiffsversicherung. Hier besteht also auch Freiheit der Gerichtsstandswahl.

II. Grundsätze

Die AVB-Wassersport gehen vom Grundsatz der **Allgefahrendeckung** aus[1144]. Hiervon　**322** ausgenommen sind die auch bei der See- und Flusskaskoversicherung nicht versicherten Gefahren[1145]. Die Rspr. zu den verhüllten Obliegenheiten ist wiederum zu beachten[1146]. Der geographische Geltungsbereich ist auf **Flüsse** und **Binnengewässer** in Europa sowie den

---

[1142] Vgl. *Römer/Langheid/Römer,* § 129 VVG Rn. 8 unter Verweis auf den BGH v. 8. 2. 1988, BGHZ 103, 228 = VersR 1988, 463 = NJW 1988, 1590 = MDR 1988, 563, der die Frage allerdings offen lässt; a. A. *Prölss/Martin/Voit,* § 129 VVG Rn. 8; *Gerhard,* TranspR 2007, 458 (459); OLG Hamm v. 26. 1. 1973, VersR 1973, 362; zum Meinungsstand auch *Roos,* S. 13 ff., der die Wassersportfahrzeug-Kaskoversicherung zur Transportversicherung zählt.

[1143] Dieses findet auf Versicherungsverträge über Risiken Anwendung, welche außerhalb des EWR belegen sind; vgl. oben Rn. 181.

[1144] Pkt. 3.1 AVB-Wassersport.

[1145] Vgl. Pkt. 3.2 AVB-Wassersport; siehe z. B. BGH v. 21. 2. 1974 VersR 1974, 589 („relative Fahruntüchtigkeit"; Revisionsentscheidung zu OLG Hamburg v. 9. 11. 1972, VersR 1973, 538); zum Ausschluss für Fahruntüchtigkeit auch OLG Hamm v. 4. 2. 1976, VersR 1978, 58; zu vom Ausschluss der Fahruntüchtigkeit abweichenden Zusatzbedingungen OLG Hamburg v. 5. 12. 1974, VersR 1975, 1022; zum subjektiven Herbeiführungsausschluss siehe BGH 2. 7. 1979, VersR 1979, 932; BGH v. 16. 2. 2005, VersR 2005, 629 (631) – Vorinstanz: OLG Celle v. 18. 12. 2003, VersR 2004, 585 (587 f.); OLG München v. 21. 3. 2006, VersR 2006, 1492 (1493); OLG München v. 6. 12. 2005, VersR 2006, 970 (971) im Anschluss an OLG Karlsruhe v. 17. 9. 1998, VersR 1999, 1237 (1238); zur relevanten aktuellen Rspr. vgl. auch *Gerhard,* TranspR 2007, 181 (182); *ders.,* TranspR 2005, 63 (63 f.); zur Frage der Abdingbarkeit des § 61 VVG s. oben Rn. 39.

[1146] Vgl. – speziell für die Wassersportkaskoversicherung – BGH v. 25. 5. 1987, TranspR 1988, 169, wonach der Ausschluss der Haftung bei „mangelhafter Vertäuung und Verankerung" eine verhüllte Obliegenheit darstellt (siehe nunmehr Pkt. 3.4.4 AVB-Wassersport); siehe auch oben Rn. 214 ff. (Seekasko) und Rn. 302 (Flusskasko), insb. für die Fahruntüchtigkeit des Schiffes; zur Rettungsobliegenheit des VN

Landaufenthalt, das Anlandholen und Zuwasserlassen sowie Land- und Flusstransporte begrenzt[1147]. Gegenständlich bezieht sich die Versicherung auf das Fahrzeug, die Maschinenanlage, die technische Ausrüstung, das Zubehör, das Inventar, das Beiboot und die persönlichen Effekten[1148]. Die AVB-Wassersport enthalten **keine Haftpflichtkomponente**[1149]. Die Versicherung kann als Neuwertversicherung genommen werden[1150]. Auch in der Wassersportkaskoversicherung gilt die Rspr. zur Haftung des VN für seine **Repräsentanten**[1151].

H. Andere Kaskoversicherungen

Literatur: *Stade,* Die KaskoV für Luftfahrzeuge, Frankfurt a. M. 1999; *Müller-Rostin,* Terroristische Angriffe auf den Luftverkehr – eine Herausforderung auch für die Luftfahrtversicherer, VersR 2003, 153.

323   Die Kaskoversicherung von **Luft-, Straßen-** und **Schienenfahrzeugen** wird nicht zur Transportversicherung gezählt[1152]. Sie folgen daher weder den gesetzlichen Bestimmungen über die Transportversicherung noch den für Schiffe einschlägigen Versicherungsbedingungen[1153]. Die Luftfahrzeug- und Schienenkaskoversicherung fallen jedoch ebenso wie die Schiffskaskoversicherung unter § 210 VVG[1154]. Auch aus der Sicht des internationalen Privatrechts stehen die Luft- und Schienenfahrzeugkaskoversicherung der Schiffsversicherung gleich. Insbesondere besteht in diesen Sparten gemäß Art. 10 Abs. 1 EGVVG i. V. m. Nr. 4 und Nr. 5 der Anlage Teil A zum VAG Rechtswahlfreiheit. Gemäß Art. 13 Abs. 5 i. V. m. Art 14 Nr. 1 lit. a EuGVVO besteht in der Luftfahrzeugkaskoversicherung auch Freiheit der Gerichtsstandswahl. Dasselbe gilt gem. Art. 13 Abs. 4 i. V. m. Art. 14 Nr. 5 EuGVVO, der wiederum auf den Begriff des Großrisikos in den Richtlinien zum europäischen Versicherungsrecht[1155] verweist, bei der Schienenfahrzeugkaskoversicherung.

---

im Rahmen der Schadensabwendungs und -minderungspflicht s. BGH v. 14. 3. 2006, VersR 2006, 821 (822).

[1147] Pkt. 2 AVB-Wassersport; dabei stellt die Verlagerung des Liegeplatzes grundsätzlich keine Gefahrerhöhung dar; vgl. OLG Düsseldorf v. 30. 5. 1972, VersR 1972, 851 (852).

[1148] Vgl. Pkt. 1.1 AVB-Wassersport; beachte jedoch die Ausnahmen in Pkt. 1.2 AVB-Wassersport; Zubehör und dgl. soll nach AG Hamburg v. 9. 10. 1991, TranspR 1991, 453 nur versichert sein, während es sich im Boot (und nicht in anderen Fahrzeugen) befindet.

[1149] Vgl. *Enge,* S. 314.

[1150] So BGH v. 8. 2. 1988, VersR 1988, 463; kritisch hierzu *Looks,* VersR 1991, 731; s. auch OLG Hamburg v. 1. 8. 2001, VersR 2002, 1101, (1102).

[1151] Vgl. OLG Karlsruhe v. 17. 9. 1998, VersR 1999, 1237 (1238), wonach weder die Stellung als Ehegatte der VN noch das Führen des Bootes allein eine Repräsentantenstellung begründet; OLG Köln v. 30. 4. 2002, VersR 2003, 991 (Die Stellung als Schiffsführer auf dem Boot eines Hobbyseglers reiche für die Annahme einer Repräsentantenstellung nicht aus); in diesem Sinne auch OLG München v. 6. 12. 2005, VersR 2006, 970 (971), das für die Beantwortung der Frage, ob ein Skipper auf einer fremden Yacht Repräsentant des VN ist, auf die Umstände des Einzelfalls abstellt; vgl. dazu auch die Anm. von *Roos,* VersR 2003, 1252; s. auch OLG München v. 21. 3. 2006, VersR 2006, 1492 (1493 f.), das eine Repräsentantenstellung eines Dritten verneint, weil diesem lediglich die Obhut über die versicherte Sache überlassen wurde (keine Risikoverwaltung); zur Frage, wer Schiffsführer einer Yacht ist s. LG München v. 7. 12. 2004, VersR 2005, 830 (831).

[1152] Das zeigt sich auch an den einschlägigen gesetzlichen Bestimmungen; siehe § 130 Abs. 2 VVG, der nur auf Binnenschiffe abstellt.

[1153] Zur Kraftfahrzeugversicherung siehe Kap. 30 in diesem Band; zur Luftfahrt-Kaskoversicherung siehe *Stade,* S. 205 (Anhang: Luftfahrt-Kaskoversicherungs-Bedingungen) sowie *Thume / de la Motte / Mühlbauer,* Kap. 4 Rn. 820 ff.

[1154] § 210 VVG i. V. m. Art. 10 Abs. 1 S. 2 Nr. 1 EGVVG i. V. m. Nr. 4 und 5 Anlage Teil A zum VAG; vgl. für die Luftkaskoversicherung *Stade,* S. 27.

[1155] Siehe Art. 5 lit. d) 1. RL-Schaden i. d. F. Art. 5 2. RL-Schaden.

I. Haftpflichtdeckung im Rahmen der Schiffskaskoversicherung

Literatur: *Argyriadis*, Zur Deckung von Haftpflichtschäden aus Schiffszusammenstoß, VersR 1963, 605; *Hazelwood*, P&I clubs – law and practice[3], London 2000; *Janzen*, Die Haftung von Reeder und SeeVR, Karlsruhe 1978; *Kirsten*, P&I-Versicherung – regionale Lösungen für neue Märkte, VW 2002, 1109; *Pant*, Gesellschafts- und versicherungsrechtliche Aspekte der englischen Protection and Indemnity Clubs, Karlsruhe 1988; *Remé*, P&I-Versicherung, in: Deutsche Gesellschaft für Transportrecht (Hg.), Gütertransport und Versicherungen, Neuwied 1990, 166; *Schwampe*, Charterer's Liability Insurance, Karlsruhe 1984; *Sieg*, Charterer's Liability Insurance, VersR 1998, 1; *Zeller*, Die Deckung von Haftpflicht-Risiken im Rahmen der Seekasko-Versicherung, Frankfurt a. M. 1987.

I. Allgemeines

1. Gesetzliche Konzeption der Haftpflichtkomponente

Nach der gesetzlichen Konzeption der See- und Binnentransportversicherung umfasst die **324** Schiffsversicherung auch eine **Haftpflichtkomponente**[1156]. Die insoweit erfassten Haftpflichtdeckungen sind keine Haftpflicht- sondern Transportversicherung[1157]. Sie unterliegen daher zuerst den gesetzlichen Bestimmungen über die Transport- und nicht jenen über die Haftpflichtversicherung[1158]. Dies schließt freilich nicht aus, dass man Bestimmungen des Haftpflichtversicherungsrechts ergänzend anwendet, wenn diese den Vorschriften über die Transportversicherung nicht zuwiderlaufen[1159].

2. Die Ausgestaltung in den DTV-Kasko und den AVB-Flusskasko

Diesem Konzept folgen auch die einschlägigen **AVB** in der Seeversicherung (Pkt. 34 **325** DTV-Kasko) und in der Flusskaskoversicherung (Pkt. 4 Flusskaskoversicherung). Die beiden Bedingungswerke sind in weiten Zügen parallel ausgestaltet. Sie werden daher nachfolgend gemeinsam dargestellt. Indessen ist darauf hinzuweisen, dass die Regelung über die Haftpflicht bei Binnenfahrten in das Gesamtwerk der AVB-Flusskasko eingebettet ist[1160]. Die folgenden Ausführungen sind daher unter dieser Prämisse zu lesen[1161]. Dasselbe gilt mutatis mutandis für die Haftpflichtkomponente der Seekaskoversicherung.

II. Versichertes Risiko

1. Primäre Risikoabgrenzung

a) Versicherungsschutz besteht für den Fall der **Haftpflicht** des VN[1162]. Diese muss – um **326** versichert zu sein – mehrere Kriterien erfüllen[1163]: Zum einen muss sie sich aus **gesetzlichen**

[1156] Siehe § 130 Abs. 2 S. 2 VVG; zu ihm *Prölss/Martin/Voit*, § 129 VVG Rn. 1; Berliner Kommentar/ *Dallmayr*, § 129 VVG Rn. 20; *Römer/Langheid/Römer*, § 129 VVG Rn. 11; für die Seeversicherung vgl. noch § 820 Abs. 2 Nr. 7 HGB a. F.; Historisches bei *Zeller*, S. 8 ff.; zu dieser deutschen Eigenart in der Seeversicherung siehe *Janzen*, S. 85 ff.

[1157] Ausführlich *Zeller*, S. 80 ff., der die Unterstellung der Haftpflichtkomponente durch den gesetzlich legitimierten Parteiwillen rechtfertigt (83); das soll auch dann gelten, wenn die Haftpflichtrisiken isoliert in einem eigenen Vertrag (z. B. als Exzedentenversicherung) gedeckt werden (85 f.).

[1158] Siehe OLG Karlsruhe v. 27. 6. 1996, VersR 1997, 737; für die Seeversicherung gilt dies mit Blick auf die §§ 100 ff. VVG schon wegen § 210 VVG; vgl. BGH v. 5. 7. 1971, BGHZ 56, 339 = VersR 1971, 1031 = NJW 1971, 1938.

[1159] *Zeller*, S. 84 und (detailliert) 126 ff.

[1160] Auch gilt – anders als in der Seeversicherung – die gesetzliche Regelung des VVG, insbesondere die §§ 130 ff. VVG.

[1161] So kommen in der Flusskaskoversicherung die allgemeinen Risikoausschlüsse der AVB-Flusskasko zur Anwendung, die im einzelnen von jenen der DTV-Kasko abweichen; vgl. z. B. zum Herbeiführungsausschluss OLG Hamburg v. 28. 8. 1958, MDR 1959, 395.

[1162] Beispiele für die Haftpflicht in der Binnenschifffahrt in OLG Hamburg v. 22. 12. 1988, VersR 1989, 721; BGH v. 1. 2. 1982, VersR 1982, 491.

[1163] Pkt. 34.1 DTV-Kasko; Pkt. 4.1 AVB-Flusskasko.

Bestimmungen ergeben. Vertraglich zwischen VN und Drittem vereinbarte Haftungser-weiterungen sind somit nicht erfasst[1164]. Vom Versicherungsschutz erfasst sind indessen Haf-tungen aus Vertrag, die den gesetzlichen Regelungen der Vertragshaftung entspringen, ohne dass die Haftung vertraglich erweitert wurde[1165]. Die Haftpflichtkomponente deckt nur **Sachschäden**[1166], nämlich Verlust und Beschädigung[1167]. Der Schaden und damit die Ersatz-pflicht muss einen **Dritten** betreffen. Dritter ist jedermann, der nicht VN oder Versicherter ist[1168]. Es kann sich dabei um den Eigentümer der transportierten Güter[1169], den Eigentümer des Kollisionsschiffes bzw. der darauf befindlichen Ladung oder um unbeteiligte Dritte han-deln.

327   **b)** Der Sachschaden muss durch **navigatorische Maßnahmen** im Zusammenhang mit der **Teilnahme am Schiffsverkehr** verursacht worden sein[1170]. Hier zeigt sich eine nicht überzeugende Abweichung in der Fassung der beiden Klauseln: Mit Blick auf die navigatori-schen Maßnahmen spricht Pkt. 34.1 DTV-Kasko von solchen, die in **unmittelbarem Zu-sammenhang** mit der Teilnahme am Schiffsverkehr stehen. Diese Formulierung leuchtet ein. Dies gilt aber nicht für die veränderte Wortstellung in Pkt. 4.1 AVB-Flusskasko: Er spricht von **unmittelbaren navigatorischen Maßnahmen** und wirft unwillkürlich die Frage auf, was man im Gegensatz dazu unter mittelbaren navigatorischen Maßnahmen zu verstehen hat. Eine sinnhaltige Erklärung fehlt. Die veränderte Wortstellung dürfte ein Versehen sein.

328   **c)** Für die **Seeversicherung** kommt alternativ die Schadensverursachung bei der **Bewe-gung des Schiffes** hinzu[1171]. Diese Neufassung der Klausel unter Abweichung von § 78 ADS[1172], der noch (eng) von Schiffskollisionen sprach, sollte dazu dienen, auch Kollisionen mit anderen (schwimmenden oder feststehenden[1173]) Gegenständen sowie Schäden ohne un-mittelbare Kollision (Sog, Dünung, Behinderung anderer durch Manöver etc.[1174]) in die De-ckung aufzunehmen. Fraglich kann sein, ob die Formulierung in den **AVB-Flusskasko** be-wusst enger gefasst wurde, diese damit Schäden aus bloßer Bewegung des Schiffes ohne Vorliegen navigatorischer Maßnahmen (z. B. durch ein losgerissenes und in Fahrt geratenes Schiff[1175]) nicht mit umfassen. Der Wortlaut legt dies nahe, weil er im Übrigen dem Wortlaut in Pkt. 34.1 DTV-Kasko folgt. Die Frage kann freilich solange dahinstehen, als mit Stimmen aus der Literatur trotz abweichender Formulierung ein materieller Unterschied zwischen den Klauseln nicht gesehen wird[1176].

[1164] Anders nach § 78 ADS; hierzu *Ritter/Abraham,* § 78 ADS Rn. 11.

[1165] Vgl. auch *Zeller,* S. 352 ff.

[1166] Hierzu zählt z. B. auch ein zu ersetzendes Korallenriff; LG Hamburg v. 30. 11. 2001, NVersZ 2002, 287; kritisch *Remé/Gercke,* in: Münchener Anwalts-Handbuch, § 10 Rn. 84.

[1167] Das ergibt sich bereits aus den Grundsatzbestimmungen in Pkt. 34.1 DTV-Kasko und Pkt. 4.1 AVB-Flusskasko. Für die Seeversicherung wird dies noch eigens in Pkt. 34.4.1 erster Spiegelstrich DTV-Kasko hervorgehoben, indem Tod oder Verletzung von Personen nicht versichert sein sollen.

[1168] Ausführlich *Ritter/Abraham,* § 78 ADS Rn. 9; vgl. zur Schwesterschiffklausel unten Rn. 335.

[1169] Hier ist allerdings der Haftungsausschluss nach Pkt. 34.4.1 dritter Spiegelstrich DTV-Kasko und Pkt. 4.8 AVB-Flusskasko zu beachten.

[1170] Die Teilnahme am Schiffsverkehr umfasst den fließenden und ruhenden Verkehr; vgl. *Brunn,* S. 39; die Eingrenzung auf Schäden aus navigatorischen Maßnahmen schließt rein technische Maßnahmen vom Deckungsschutz aus; *Brunn,* S. 39 f., erwähnt Be- und Entladung, Treibstoffübernahme, Wartung, In-standhaltung, Reparatur.

[1171] Pkt. 34.1 DTV-Kasko; vgl. – allerdings zur sprachlich abweichenden alten Bedingungslage – *Zeller,* S. 298 ff. mit Fallübersicht 328 f.; die Alternative der bloßen Bewegung fehlt in der sprachlich abweich-enden Fassung der AVB-Flusskasko (siehe Pkt. 4.1 AVB-Flusskasko).

[1172] Und von § 130 Abs. 2 S. 2 VVG; zum Begriff des Schiffszusammenstoßes vgl. RG v. 8. 5. 1895, RGZ 35, 113.

[1173] Vgl. *Enge,* DTV-Kasko, 91.

[1174] Vgl. *Enge,* DTV-Kasko, 91.

[1175] Vgl. zu dieser Konstellation BGH v. 9. 12. 1965, VersR 1966, 129 (130).

[1176] Ausdrücklich *Brunn,* S. 40, der Pkt. 34.1 DTV-Kasko und Pkt. 4.1 AVB-Flusskasko trotz abweich-enden Wortlauts materiell gleichsetzt.

2. Risikoerweiterungen in der Seekaskoversicherung

Die DTV-Kasko enthalten **Haftungserweiterungen** für die Seeversicherung. Diese be- **329** treffen **vertraglich** vereinbarte Haftungen bei Schleppungen und für Werfteigentum[1177]. Die vertraglich übernommenen Haftungen sind aber nur gedeckt, soweit ihr Umfang **ortsüblich** ist.

3. Spezielle Haftungsausschlüsse

Die AVB enthalten auch spezielle **Haftungsausschlüsse:** Nicht gedeckt sind Haftpflicht- **330** schäden aus dem Freiwerden von flüssigen oder gasförmigen Stoffen sowie Chemikalien[1178]; in der Flusskaskoversicherung ferner aus dem Freiwerden von gefährlichen Gütern im Sinne des § 5h Abs. 1 S. 2 BinSchG[1179]. Dieser Ausschluss greift nicht ein, wenn das Freiwerden der genannten Stoffe auf einen Schiffszusammenstoß als causa proxima zurückzuführen ist und soweit es um die daraus resultierende Beschädigung des in die Kollision verwickelten anderen Schiffes bzw. der darauf befindlichen Sachen geht[1180]. In der Seekaskoversicherung sind darüber hinaus Ersatzverpflichtungen des VN gegenüber einem Kollisionsgegner aus der so genannten both-to-blame-Klausel ausgenommen[1181]. Nach den AVB-Flusskasko sind Umweltschäden an Natur und Landschaft gemäß § 1 Bundesnaturschutzgesetz von der Deckung ausgenommen[1182].

III. Umfang der Haftung

1. Leistungspflichten des Versicherers

In Abweichung von der gesetzlichen Regelung des § 130 Abs. 2 S. 2 VVG[1183] umfasst die **331** Haftung nicht nur den eigentlichen **Haftpflichtschaden**[1184]. Vielmehr sind auch die **Prüfung der Haftpflichtfrage** und die **Abwehr unberechtigter Ansprüche** von der Versicherung gedeckt[1185]. Im Rahmen der Abwehr unberechtigter Ansprüche kommt dem VR

[1177] Pkt. 34.2 DTV-Kasko (Schleppung) und Pkt. 34.3 DTV-Kasko (Werfteigentum).

[1178] Siehe Pkt. 34.4.1 zweiter Spiegelstrich DTV-Kasko und Pkt. 4.7.1 erster Spiegelstrich AVB-Flusskasko.

[1179] Pkt. 4.7.1 zweiter Spiegelstrich AVB-Flusskasko; § 5h BinSchG verweist für die Qualifizierung gefährlicher Güter seinerseits auf die Anlage A zur Verordnung über die Beförderung gefährlicher Güter auf dem Rhein (ADNR) in der jeweils in der Bundesrepublik Deutschland in Kraft gesetzten Fassung; dies ist zur Zeit die Anlage 1 zur Verordnung zur Inkraftsetzung der Verordnung über die Beförderung gefährlicher Güter auf dem Rhein und der Verordnung über die Beförderung gefährlicher Güter auf der Mosel v. 21. 12. 1994, BGBl. 1994 II S. 3830, 3831, zuletzt geändert durch Verordnung v. 21. 12. 2006, BGBl. 2006 II 1378.

[1180] Pkt. 34.4.1 zweiter Spiegelstrich DTV-Kasko und Pkt. 4.7.1 AVB-Flusskasko; die AVB-Flusskasko folgen hier der causa-proxima-Lehre, weil in Pkt. 4.7.1 von der „nächsten Folge eines Zusammenstoßes" die Rede ist.

[1181] Pkt. 34.4.2 DTV-Kasko; zu dieser Klausel oben Rn. 100.

[1182] Pkt. 4.7.2 AVB-Flusskasko.

[1183] So auch noch nach den alten AVB-Flusskasko: siehe OLG Karlsruhe v. 27. 6. 1996, VersR 1997, 737; vgl. auch noch den ersatzlos gestrichenen § 820 Abs. 2 Nr. 7 HGB a. F.

[1184] Den der VR übrigens insoweit ersetzt, als dieser durch ihn oder mit seiner Genehmigung durch den VN anerkannt wurde; ferner, wenn der VR oder der VN mit dessen Genehmigung einen Vergleich geschlossen hat; zuletzt, wenn die Haftpflicht des VN durch gerichtliche Entscheidung festgestellt wurde; vgl. Pkt. 34.5 zweiter Spiegelstrich DTV-Kasko und Pkt. 4.2 zweiter Spiegelstrich AVB-Flusskasko; vgl. *Zeller*, S. 156 f. (allerdings für die Seeversicherung nach den insofern mittlerweile überholten ADS); vgl. zur Verweigerung der Anerkennung der Haftpflicht RG v. 28. 11. 1896, RGZ 38, 55.

[1185] Siehe Pkt. 34.5 DTV-Kasko und Pkt. 4.2 AVB-Flusskasko; vgl. *Brunn*, S. 40; zur früher vertretenen Ansicht, die Abwehr unberechtigter Ansprüche sei in der Seekaskoversicherung mangels ausdrücklicher Erwähnung in den ADS bzw. DTV-Kasko 1978 nicht versichert, kritisch *Zeller*, S 163 ff. m. w. N.; für den Fall, dass die Haftpflichtansprüche die Versicherungssumme übersteigen oder aber auch nicht gedeckte Schadensersatzansprüche im Haftpflichtprozess geltend gemacht werden, wird der Prozesskostenersatz aliquot geteilt; vgl. Pkt. 34.7 DTV-Kasko und Pkt. 4.6 AVB-Flusskasko; hierzu *Brunn*, S. 41.

Heiss

eine **Prozessführungsbefugnis** zu[1186]. Auch kann der VR alle ihm zweckdienlichen Erklärungen namens des VN abgeben (z. B. Anerkenntnis, Einwilligung in einen Vergleich, etc.; **Regulierungsvollmacht**)[1187]. Von Bedeutung ist bei der Haftpflichtdeckung auch die Verpflichtung des VR, die vom VN geschuldeten **Sicherheitsleistungen** zu erbringen[1188].

2. Versicherungssumme

332   **a)** Die Haftung des VR ist betragsmäßig durch die **Versicherungssumme** begrenzt. Sie wird in der Flusskaskoversicherung für die Haftpflichtdeckung eigens (also unabhängig von der Summe für das Schiff und die Wrackbeseitigung) vereinbart[1189]. In der Seeversicherung wird zwar nur eine Versicherungssumme vereinbart, die Deckung von Haftpflichtansprüchen Dritter wird aber bis zu dieser Summe separat versichert **(Separathaftungsklausel)**[1190]. Eine Unterversicherung in der Kaskodeckung schlägt auf die Haftpflichtversicherung nicht durch[1191].

333   **b)** Für den Fall, dass die vereinbarte Summe in der Seekaskoversicherung zur Begleichung der Haftpflichtansprüche des Dritten nicht ausreicht, kann eine **Exzedentenversicherung** als Versicherung eines Nebeninteresses genommen werden[1192]. Diese deckt die übersteigenden Beträge bis zu einem bestimmten Grad ab[1193].

3. Teilersatz bei Haftung der Fracht

334   Haftet in der Seefahrt neben dem Schiff auch die **Fracht,** so beschränkt sich die Haftung des VR auf den auf das Schiff entfallenden Teil **(Partialversicherung)**[1194].

IV. Insb.: Schwesterschiffklausel

335   Ein Schadensersatzanspruch und damit ein Anspruch auf Freistellung gegen den VR setzt voraus, dass ein Dritter, also nicht der VN selbst geschädigt wurde. Dies ist nicht der Fall, wenn das schädigende Schiff ein **Schwesterschiff** (bzw. andere Gegenstände), also ein demselben Reeder gehörendes Schiff (bzw. einen Gegenstand) zerstört oder beschädigt. Hier **fingieren** die **DTV-Kasko,** das den Schaden erleidende Schiff bzw. der Gegenstand sei **fremdes Eigentum**[1195]. Dadurch wird konstruktiv vorgegeben, der VN hafte einem Dritten, und damit die Leistungspflicht des VR ausgelöst[1196]. In der **Flusskaskoversicherung** gilt der **gegenteilige Grundsatz:** Mangels abweichender Einzelvereinbarung trägt im Falle der Kollision von zwei demselben VN gehörenden Schiffen jedes Schiff und damit jeder KaskoVR seinen eigenen Schaden[1197].

[1186] Pkt. 34.6 Abs. 2 DTV-Kasko und Pkt. 4.4 AVB-Flusskasko; vgl. zur Bindungswirkung von Feststellungen im Haftpflichtprozess für den Deckungsprozess OLG Karlsruhe v. 27. 6. 1996, VersR 1997, 737.

[1187] Pkt. 34.6 Abs. 3 DTV-Kasko und Pkt. 4.5 AVB-Flusskasko; hierzu z. B. *Brunn,* S. 41.

[1188] Siehe Pkt. 24 DTV-Kasko und Pkt. 24 AVB-Flusskasko.

[1189] Siehe Pkt. 14.2 AVB-Flusskasko; einen Summenausgleich versagt Pkt. 14.4 S. 2 AVB-Flusskasko.

[1190] Siehe Pkt. 34.8 DTV-Kasko, der insofern § 37 ADS ändert; vgl. *Zeller,* S. 188 ff.; derartige Separathaftungsklauseln waren schon vor den DTV-Kasko geläufig; vgl. *Ritter/Abraham,* § 37 ADS Rn. 3; *Argyriadis,* VersR 1963, 605 (607).

[1191] Ausführlich *Zeller,* S. 192 ff.

[1192] Auch sie gab es schon ehedem; vgl. *Argyriadis,* VersR 1963, 605 (608).

[1193] Näheres in Pkt. 2.3.3 DTV-Nebeninteressen; hierzu schon oben Rn. 209.

[1194] Zur Berechnung und zu anderen Details siehe Pkt. 34.9 DTV-Kasko; vgl. auch *Zeller,* S. 205 ff.

[1195] Pkt. 34.10 DTV-Kasko; zur Klausel nach den DTV-Kasko 1978 *Zeller,* S. 371; vgl. auch *Argyriadis,* VersR 1963, 605 (608).

[1196] Vgl. *Enge,* DTV-Kasko, 95 f; *Ritter/Abraham,* § 78 ADS Rn. 9.

[1197] Pkt. 4.9 AVB-Flusskasko; vgl. *Brunn,* S. 42; sowie *Argyriadis,* VersR 1963, 605 (608); zur Vereinbarung einer sog. Schwesterschiffklausel in der Flusskaskoversicherung s. OLG Hamburg v. 18. 5. 2004, OLGR 2005, 29 (30 ff.), wonach für eigene Schiffe oder andere Gegenstände des VN auch Nutzungsausfall zu leisten ist.

V. Ergänzender Haftpflichtversicherungsschutz durch P&I-Versicherungen

1. Entstehung und Struktur der P&I-Versicherungen

a) Die Haftpflichtkomponente der Schiffskaskoversicherung deckt nicht alle Gefahren **336** und jedenfalls nicht den gesamten Betrag des Haftpflichtschadens. Diese seit jeher bestehende Tatsache hat englische Reeder dazu veranlasst, im Wege der Eigeninitiative so genannte **P&I-Clubs** (Protection and Indemnity Clubs) zu gründen[1198]. Zweck dieser Clubs war die Deckung der durch die Seeversicherung unversicherten Risiken (Absicherung des nicht gedeckten „Viertels" und nicht versicherter Gefahren). Es handelt sich nach deutschem Sprachgebrauch um **Versicherungsvereine auf Gegenseitigkeit**[1199]. Die Versicherungsnahme bei diesen Vereinen ist daher mit einem Clubbeitritt verbunden[1200].

b) Die P&I-Clubs geben sich **Club Rules,** welche den Versicherungsvertrag hinsichtlich **337** der versicherten Gefahren aber auch im Übrigen (Abschluss, Dauer, etc.) regeln[1201]. Diese rules nehmen also die Funktion Allgemeiner Versicherungsbedingungen war[1202].

c) Die englische P&I-Versicherung wird auch von ausländischen (und damit auch deut- **338** schen) Reedern genutzt[1203]. Auch im Ausland haben sich P&I-Clubs etabliert[1204]. In **Deutschland** gibt es etwa die Triton P&I oder die Hanseatic P&I[1205].

d) Die wichtigsten P&I Clubs sind in einer **International Group of P&I-Clubs** (IG) **339** zusammengeschlossen[1206]. Der Zusammenschluss basiert auf dem International Group Pooling Agreement und dem International Group Agreement. Die Mitglieder der IG versichern etwa 90% der weltweiten Tonnage[1207]. In den agreements werden Absprachen betreffend Schadensteilung, Mindestdeckung, Versicherungsbedingungen, Rückversicherung, Prämienangebote u. dgl. getroffen. Die EG-Kommission hat in einer Entscheidung die kartellrechtlichen Grenzen solcher Vereinbarungen aufgezeigt[1208].

[1198] In England galt im regulären Seeversicherungsmarkt die Devise, so genannte Running Down Clauses (RDC) zu vereinbaren, die das Haftpflichtrisiko auf $^3/_4$ der Haftpflichtschäden eingrenzte, um den Anreiz zur Schadenverhütung auf Seiten des VN zu erhalten; zu diesen „$^3/_4$th RDC" *Remé*, in: Dt. Gesellschaft für Transportrecht (Hrsg.) 166 (166 f.); *Enge*, S. 291; *Zeller*, S. 582 ff.; *Janzen*, S. 82 f; zur Entstehung der P&I Clubs ausführlich *Pant*, S. 10 ff.

[1199] *Remé*, in: Dt. Gesellschaft für Transportrecht (Hrsg.) 166 (und – zur inneren Organisation der Clubs – 167 f.); *Pant*, S. 22 und (zur Club-Organisation) 57 ff.

[1200] Vgl. *Enge*, S. 292; dort auch zur Beitragsgestaltung in der Gegenseitigkeitsversicherung (advance call, supplementary call und final call); insbesondere zum Zusatzbeitrag bei Austritt aus dem Verein *Remé* in: Dt. Gesellschaft für Transportrecht (Hrsg.) 166 (172); detailliert zum Call-System *Pant*, S. 79 ff.

[1201] Wer einem P&I-Club beitritt, unterwirft sich diesen Club Rules; vgl. *Enge*, S. 292.

[1202] Wobei die rules der verschiedenen Clubs sehr ähnlich sind; vgl. *Remé*, in: Dt. Gesellschaft für Transportrecht, 166 (167); Beispiel abgedruckt bei *Pan*, S. 143 ff.; auch in Deutschland kommt es vor, dass Versicherungsvereine auf Gegenseitigkeit in ihren Statuten AVB enthalten; sie unterliegen dann einer Inhaltskontrolle, siehe BGH v. 8. 10. 1997, VersR 1997, 1517.

[1203] Vgl. zur Ergänzungsfunktion der P&I-Versicherung aus deutscher Sicht *Zeller*, S. 653.

[1204] Vgl. *Remé*, in: Dt. Gesellschaft für Transportrecht, 166 (174): Norwegen, Schweden, Japan, USA; siehe auch *Thume/de la Motte/Schwampe*, Kap. 5 Rn. 68.

[1205] Über das Vermögen der Trampfahrt in Hamburg wurde das Insolvenzverfahren eröffnet; s. Pressemitteilung der BaFin v. 10. 10. 2003, abrufbar auf der Homepage der BaFin unter <http://www.bafin.de>; zu diesem VV. a.G. s. *Remé*, in: Dt. Gesellschaft für Transportrecht, 166 (174), der daneben auf den RechtsschutzVR „Schutzverein Deutscher Reeder" V. a.G. in Hamburg hinweist); vgl. auch *Herber*, S. 422, wonach dieser VV. a.G. vorrangig Küstenschiffe versichert; zu Unterschieden vgl. im Einzelnen *Schwampe*, TranspR 2007, 55 (60).

[1206] Hierzu und zum folgenden EG-Kommission v. 12. 4. 1999, ABl. 1999 Nr. L 152/12.

[1207] Vgl. *Schwampe*, TranspR 2007, 55 (60); vgl. auch die Angaben auf der Internet-Seite der IG unter <www.igpandi.com>.

[1208] Siehe insb. den Spruch der Entscheidung der EG-Kommission v. 12. 4. 1999, ABl. 1999 Nr. L 152/12 (31).

2. Der Deckungsschutz

340   **a)** Der Deckungsschutz der P&I-Versicherung ist äußerst vielfältig und hat sich historisch aus der Lückenhaftigkeit des Versicherungsschutzes der übrigen Seeversicherungen entwickelt[1209]. Die Teilsparte der **Protection**[1210] umfasst diverse **Personenschäden**[1211]. Von entscheidender Bedeutung aber ist die **Exzedentendeckung** für im Rahmen der Seeversicherung ungedeckte Haftpflichtbeträge[1212] und die Erweiterung der versicherten Gefahren in der Haftpflichtversicherung[1213]. Zur Protection gehört schließlich auch die Versicherung der Kosten für die **Wrackbeseitigung**[1214]. Die Teilsparte der **Indemnity**[1215] umfasst insbesondere die Haftung für **Ladungsschäden**[1216]. Hierher gehören auch diverse Nebenrisiken[1217]. In einer dritten Teilsparte – **Defence**[1218] – wird teilweise eine **Rechtsschutzversicherung** geboten[1219]. Sie wird im Markt aber auch als separat betriebene selbständige Versicherung angeboten[1220]. Bemerkenswert ist, dass die P&I-Clubs im Wesentlichen auf Grundlage einer **illimité-Haftung** operieren[1221], wenngleich die Vereinbarung von **Abzugsfranchisen** üblich ist[1222]. Voraussetzung der Ersatzleistung ist die vorherige Begleichung des Schadens durch den VN (pay to be paid)[1223]. Außergewöhnlich ist schließlich, dass sich die P&I-Clubs üblicherweise gewisse Ermessensspielräume auch hinsichtlich der Gewährung von Versicherungsschutz einräumen lassen[1224].

341   **b)** Ihrem Zweck gemäß tritt die P&I-Versicherung nur **subsidiär** ein. Nach der gebräuchlichen Subsidiaritätsklausel geht die Kaskoversicherung vor[1225]. Diese Klausel greift immer ein, wenn „ein solventer KaskoVR für den Versicherungsfall zur Verfügung steht, der zahlen kann und zahlen muss"[1226].

[1209] S. *Thume/de la Motte/Schwampe,* Kap. 5 Rn. 64 und 125.

[1210] Genaue Auflistung der versicherten Risiken bei *Enge,* S. 293.

[1211] Näheres bei *Remé,* in: Dt. Gesellschaft für Transportrecht, 166 (169); *Thume/de la Motte/Schwampe,* Kap. 5 Rn. 177 ff.

[1212] Vgl. *Remé,* in: Dt. Gesellschaft für Transportrecht, 166 (169 f.); zur Exzedentenfunktion der P&I-Versicherung *Zeller,* S. 655; vgl. im Einzelnen *Thume/de la Motte/Schwampe,* Kap. 5 Rn. 126 ff.

[1213] Vgl. hierzu *Herber,* S. 423, der auf den diesbezüglichen RückVsbedarf der P&I-Clubs hinweist, denn „gedeckt wird jede – gesetzlich, auch durch nationales Recht vorgeschriebene – Haftung; besonders auf dem Gebiet der Umwelthaftung haben nicht nur die USA in letzter Zeit scharfe Gesetze erlassen".

[1214] Näheres bei *Remé,* in: Dt. Gesellschaft für Transportrecht, 166 (170); vgl. auch *Thume/de la Motte/Schwampe,* Kap. 5 Rn. 148 ff.

[1215] Genaue Auflistung der versicherten Risiken bei *Enge,* S. 293 f.

[1216] *Remé,* in: Dt. Gesellschaft für Transportrecht, 166 (170); *Thume/de la Motte/Schwampe,* Kap. 5 Rn. 162 ff.

[1217] Näheres bei *Remé,* in: Dt. Gesellschaft für Transportrecht, 166 (170 f.); vgl. im Einzelnen auch *Thume/de la Motte/Schwampe,* Kap. 5 Rn. 190 ff.

[1218] Genaue Auflistung der versicherten Risiken bei *Enge,* S. 294.

[1219] *Remé,* in: Dt. Gesellschaft für Transportrecht, 166 (171).

[1220] *Thume/de la Motte/Schwampe,* Kap. 5 Rn. 65 und 282.

[1221] *Remé,* in: Dt. Gesellschaft für Transportrecht, 166 (173); *Zeller,* S. 656; eine Ausnahme gilt allerdings seit 1996 für sog. overspill bzw. catastrophe claims, die die Rückversicherungsdeckung der International Group übersteigen, siehe hierzu *Hazelwood,* S. 276 f.; vgl. auch *Thume/de la Motte/Schwampe,* Kap. 5 Rn. 68.

[1222] *Enge,* S. 294.

[1223] *Enge,* S. 294; dieses Kriterium wird indessen einschränkend interpretiert; vgl. *Janzen,* S. 94; ausführlich zur Vorauszahlungsvereinbarung *Thume/de la Motte/Schwampe,* Kap. 5 Rn. 300–302; eine pay-to-be-paid-Klausel ist in der P&I-Versicherung auch in Deutschland wirksam, vgl. LG Hamburg v. 26. 8. 2002, TranspR 2002, 469 mit Ausführungen zum „legitimen Interesse" des VR an der Klausel (471 f.).

[1224] S. hierzu *Thume/de la Motte/Schwampe,* Kap. 5 Rn. 123 f. m.w.N., insb., auch zur nicht unproblematischen Anwendung des § 315 BGB auf derlei Ermessensspielräume nach deutschem Recht, und ausführlich zum Ganzen *Hazelwood,* S. 25 ff.

[1225] Zur Subsidiaritätsklausel s. *Thume/de la Motte/Schwampe,* Kap. 5 Rn. 211 m.w.N.

[1226] Siehe LG Hamburg v. 30. 11. 2001, NVersZ 2002, 287.

3. Streitbeilegung

Streitigkeiten zwischen Mitglied und Club werden zunächst vom **Vorstand** entschie-   **342** den[1227]. Gegen diese Entscheidung kann das Mitglied ein **Schiedsgericht** – bei englischen P&I-Clubs stets in London – anrufen[1228]. Eine solche Vereinbarung ist auch nach der EuGVVO jederzeit zulässig[1229]. Englische Schiedsverfahren richten sich nach dem Arbitration Act 1996[1230].

VI. Exkurs: Charterer's Liability Insurance

Von der Haftpflichtkomponente der Kaskoversicherung und auch der P&I-Versicherung   **343** zu unterscheiden ist die **Charterer's Liability Insurance.** Es handelt sich um eine eigenständige Sparte, mögen auch die gängigen Policen ergänzend auf die ADS verweisen[1231]. Sie ist Seeversicherung i. S. d. § 209 VVG[1232]. Die Gefahrendeckung umfasst neben der Haftung des Charterers gegenüber Dritten auch die Haftung des Charterers gegenüber dem Reeder für die Beschädigung des Schiffs, sei es aus Delikt oder Vertrag (damage to hull)[1233]. Im Hinblick auf die Haftung des Charterers gegenüber dem Schiffseigentümer ist besonders die neuere englische Rspr. zu beachten, wonach der Charterer – für das Seerecht untypisch – unbeschränkt haftet[1234].

J. Verkehrshaftungsversicherung

Literatur: *Abele,* Versicherung und qualifiziertes Verschulden im Transportversicherungsbereich, TranspR 2004, 152; *ders.,* Transporthaftungsversicherung 2004, TranspR 2004, Sonderbeilage März 2004, S. II; *Bayer,* Frachtführerhaftung und Versicherungsschutz für Ladungsschäden durch Raub oder Diebstahl im grenzüberschreitenden Straßengüterverkehr, VersR 1995, 626; *Bracker,* ADSp und Speditionsversicherung (Bericht), TranspR 1998, 450; Deutscher Verkehrsverlag, ADSp 2003, Haftung und Versicherung für Speditionen und Verlader ab 1. 1. 2003, Hamburg 2002; *Czerwenka,* Das Budapester Übereinkommen über den Vertrag über die Güterbeförderung in der Binnenschifffahrt (CMNI), TranspR 2001, 277; *de la Motte,* CMR – Schaden – Entschädigung – Versicherung, VersR 1988, 317; *ders.,* Gedanken über die Zukunft des deutschen Transportrechts und der Verkehrshaftungs-Versicherung, TranspR 1992, 352; *ders.,* Das Interesse in § 1 SVS/RVS, VersR 1982, 835 und VersR 1983, 324; *Ehlers,* Die neuen DTV-VHV für Frachtführer, Spedition und Lagerhalter 03 (DTV-VHV 03) und das grobe Organisationsverschulden im Deckungsverhältnis sowie Besonderheiten der Pflichtversicherung nach § 7a GüKG, VersR 2003, 1080; *Eickmeier,* Reichweite und Grenzen der Haftungsfreizeichnung gemäß § 41a ADSp unter dem Einfluss der neugefassten Speditionsversicherungsbedingungen, Karlsruhe 1993; *Fremuth/Thume,* Frachtrecht, Heidelberg 1997; *Glöckner,* Die Haftungsbeschränkungen und die Versicherung nach den Art. 3, 23–29 CMR, TranspR 1988, 327; *Häusser/Abele,* Aktuelle Probleme der Speditionsversicherung, TranspR 2003, 8; Heidelberger Kommentar zum HGB, hrsg. v. *Glanegger* u. a., 7. Aufl., Heidelberg 2007; *Helm,* Versicherung von Transportschäden und Versicherungsregress, Beilage VersR 1983, 116; *Herber,* Nochmals: Multimodalvertrag, Güterumschlag und anwendbares Recht,

---

[1227] *Pant,* S. 116.

[1228] Vgl. *Pant,* S. 117 ff.

[1229] Das gilt schon wegen Art. 1 Abs. 2 lit. d) EuGVVO (Ausnahme der Schiedsgerichtsbarkeit), jedenfalls aber wegen Art. 13 Nr. 5 i. V. m. Art. 14 Nr. 2 und Nr. 5 EuGVVO; die diesbezüglichen Bedenken bei *Pant,* S. 117 in Fn. 295 erübrigen sich daher.

[1230] Zu diesem z. B. *Marshall,* Gill: The Law of Arbitration⁴, London 2001.

[1231] So *Sieg,* VersR 1998, 1 (1).

[1232] So *Schwampe,* S. 4f.

[1233] Vgl. *Sieg,* VersR 1998, 1 (1); zur haftungsrechtlichen Situation *Schwampe,* S. 1 ff.; zu den Einzelheiten der Versicherungsdeckung *Schwampe,* S. 11 ff.; zur Möglichkeit der Haftungsbegrenzung s. *Schwampe,* TranspR 2006, 55, (62).

[1234] S. Court of Appeal v. 12. 2. 2004, *CMA CGM SA* v *Classica Shipping Co Ltd* (The CMA Djakarta) [2004] EWCA Civ 114 = [2004] 1 All E.R. (Comm) 865 = [2004] 1 Lloyd's Rep. 460; vgl. auch *Schwampe,* TranspR 2007, 55 (62).

TranspR 2005, 59; *ders.*, Pflichtversicherung für den Spediteur – mit vielen Fragezeichen, TranspR 2004, 229; *Heuer,* Die Haftung des Spediteurs und des Lagerhalters als „Großrisiko" i. S. des § 187 VVG, TranspR 2007, 55; *ders.*, Die ADSp nach dem Ableben der Speditionsversicherung, TranspR 2003, 1; *ders.*, Verkehrshaftungsversicherung, in: Dt. Gesellschaft für Transportrecht (Hg.), Gütertransport und Versicherungen, Neuwied, 1990, 31; *Jaegers,* Zum Inkrafttreten der CMNI, TranspR 2007, 141; *Jenssen,* Urteilsanmerkung, TranspR 1989, 157; *Kadletz,* Das neue Montrealer Übereinkommen vom 28. 5. 1999 über den internationalen Luftbeförderungsvertrag („Neues Warschauer Abkommen"), VersR 2000, 927; *Kirchhof,* Der Luftfrachtvertrag als multimodaler Vertrag im Rahmen des Montrealer Übereinkommens, TranspR 2007, 133; *Knorre,* Nur eine Änderung der Bedingungen der VHV oder der Beginn eines neuen Zeitalters für die Transportbeteiligten?, TranspR 2003, 102; *Koller,* Die Unzulänglichkeit der Verpackung im Transport- und Transportversicherungsrecht, VersR 1993, 519; *ders.*, Die Wirksamkeit des Haftungsausschlusses gemäß § 41 ADSp, TranspR 1986, 129; *ders.*, Die Wirksamkeit des ADSp-Haftungsausschlusses für die durch den SVS/RVS nicht abdeckbaren Schäden, TranspR 1986, 357; *Otte,* „Vorwirkung" des CMNI durch Vereinbarung in Bedingungswerken – Umsetzung und Auswirkungen in *Riedel/Wiese* (Hg.), Probleme des Binnenschiffahrtsrechts X, Heidelberg 2004, S. 53–82; *Ramming,* Neues vom ausführenden Frachtführer, VersR 2007, 1190; *Reiff,* Sinn und Bedeutung von Pflichthaftpflichtversicherung, TranspR 2006, 15; *Remé,* Deutsche Rechtsprechung zum Seeversicherungsrecht 1988 bis 1999, VersR 2001, 414; *Roesch,* Zur Zulässigkeit einer unmittelbaren Leistungsklage des Geschädigten gegen den KVO-VR, VersR 1977, 891; *ders.*, Ist der frachtrechtliche HaftpflichtVR des Straßenfrachtführers zur Führung „umgekehrter" (aktiver) Haftpflichtprozesse verpflichtet?, VersR 1977, 113; *Röhricht/Graf von Westphalen,* HGB², Köln 2001; *Roltsch,* Die Haftpflichtversicherung des Straßenfrachtführers, Karlsruhe 1983; *ders.*, Der Direktanspruch des Verfügungsberechtigten gegen den Straßentransport-HaftpflichtVR, VersR 1985, 317; *Salzmann,* Folgen für die Speditionsversicherung, in: Deutscher Verkehrsverlag, ADSp 2003, Haftung und Versicherung für Speditionen und Verlader ab 1. 1. 2003, Hamburg 2002, 21; *Schaible,* Anmerkung zu BGH v. 15. 12. 1976 (VersR 1977, 174), VersR 1977, 662; *Schmid/Müller-Rostin,* In-Kraft-Treten des Montrealer Übereinkommens von 1999: Neues Haftungsregime für internationale Lufttransporte, NJW 2003, 3516; *Schneider,* Verkehrshaftungsversicherung, Wiesbaden 1992; *ders.*, Speditionsversicherung, in: Dt. Gesellschaft für Transportrecht (Hg.), Gütertransport und Versicherung, Neuwied, 1990, 68; *Schumacher,* Die Versicherung des Lagergeschäfts, Karlsruhe 1988; *Sieg,* Abtretungsbeschränkungen in Verkehrs- und korrespondierenden Versicherugnsverträgen, TranspR 1993, 48; *Starosta,* Zur Auslegung und Reichweite der Ziffer 23.3 ADSp, TranspR 2003, 55; *Thonfeld,* Nochmals: Zur Reichweite von Ziff. 23.3 ADSp 2003, TranspR 2003, 237; *Tuma,* Anmerkung zum Urteil des Obersten Gerichtshofs Wien v. 24. 6. 1999 (TranspR 2000, 370), TranspR 2000, 372; *Valder,* Inhalt und Auswirkungen im Überblick, in: Deutscher Verkehrsverlag, ADSp 2003, Haftung und Versicherung für Speditionen und Verlader ab 1. 1. 2003, Hamburg 2002, 9; *Wieske,* Zukunft des ADSp – wie lange ist ein Bedingungswerk noch zeitgemäß?, VersR 2002, 1489; *ders.*, Die Verwendung der Kapitel I bis VI des Budapester Übereinkommens über den Vertrag über die Güterbeförderung in der Binnenschifffahrt (CMNI) als Modell europäischer Binnenschifffahrtsbedingungen, TranspR 2003, 383.

I. Das neue Bedingungswerk für die Verkehrshaftungsversicherung

1. DTV-VHV 2003/2008

344   Werden transportierte Güter beschädigt bzw. zerstört oder gehen sie verloren, so können **Frachtführer, Spediteur** und auch **Lagerhalter** dafür haftbar sein. Sie sind dann insbesondere dem **Regress** des GütertransportVR ausgesetzt[1235]. Diese Haftungsrisiken werden im Rahmen der **Verkehrshaftungsversicherung** gedeckt. Die empfohlenen Allgemeinen Versicherungsbedingungen (DTV-Verkehrshaftungsversicherungs-Bedingungen für die laufende Versicherung für Frachtführer, Spediteure und Lagerhalter 2003 in der Fassung 2008, DTV-

---

[1235] BGH v. 25. 11. 2004, BGHR 2005, 711 (s. dort zur Darlegungs- und Beweislast für grob fahrlässiges Verhalten des Spediteurs S. 712); BGH v. 7. 5. 2003, NJW-RR 2003, 1107; BGH v. 13. 2. 2003 NJW-RR 2003, 751; OLG Düsseldorf v. 17. 1. 2007, VersR 2007, 1147; OLG Köln v. 16. 1. 2007, VersR 2007, 1149; kritisch zur Begründung der beiden letzten Urteile, in denen es um sehr ähnliche Fälle ging und die eine Haftung des ausführenden Frachtführers (s. § 437 HGB) ablehnen, *Ramming,* VersR 2007, 1190; OLG Stuttgart v. 14. 1. 2004, TranspR 2005, 27; vgl. auch *Helm,* Beilage VersR 1983, 116; deutlich für den Regress gegen den Frachtführer (Unterfrachtführer) z. B. ÖOGH v. 9. 6. 1998, VersR 1999, 651; zum anwendbaren Recht betreffend den Regress OLG München v. 5. 11. 1997, VersR 1999, 384.

VHV 2003/2008) wurden erstmalig im Dezember 2002 einheitlich abgefasst[1236]. Sie lösen frühere Versicherungsformen, insbesondere die KVO/CMR-, AGNB- und die Speditionsversicherung ab. Die folgenden Ausführungen konzentrieren sich daher im Wesentlichen auf die neuen Bedingungen.

2. Historischer Hintergrund

Ein ganz wesentlicher Grund für die Neugestaltung der AVB war die **Krise** in der **Spedi** 345
tionsversicherung[1237]. Der Abschluss einer solchen war nach den alten ADSp für den Spediteur verpflichtend, und zwar auch was den Inhalt der Versicherung anbelangte[1238]. Lange Zeit hatten die VR darauf gedrängt, diese Form der Sach- bzw. (später) der gemischten Sach- und Haftpflichtversicherung[1239]- kombiniert mit einem System der Haftungsersetzung durch Versicherugnsschutz in den ADSp[1240] – zugunsten einer Haftung des Spediteurs und folglich einer reinen Haftpflichtversicherung aufzugeben[1241]. Demgemäß wurden die ADSp neu gefasst und werden nunmehr i. d. F. 2003 empfohlen[1242]. Nach diesen Bedingungen besorgt der Spediteur eine Güterversicherung (also eine Sachversicherung) nur, wenn der Auftraggeber ihn vor Übergabe der Güter damit beauftragt[1243]. Die Haftung des Spediteurs wird durch eine solche Sachversicherung nicht ersetzt, vielmehr regeln die ADSp 2003 die Haftungsfragen detailliert[1244]. Der Spediteur ist nach den ADSp verpflichtet, für seine Haftung eine Haftpflichtversicherung abzuschließen, die bestimmten inhaltlichen Kriterien zu genügen hat[1245]. Solchen Versicherungsschutz können die Spediteure (aber auch Frachtführer im Straßenverkehr und Lagerhalter) seit Dezember 2002 gemäß den DTV-VHV 2003 (derzeit aktuell in der Fassung von 2008) nachfragen. Seit der VVG-Reform, wonach § 210 VVG die Einschränkungen der Vertragsfreiheit nach dem VVG nun nicht nur im Falle von Großrisiken, sondern auch für die laufende Versicherung zurücknimmt, stellt die Verkehrshaftungsversicherung nach den DTV-VHV 2003/2008 ausschließlich eine laufende Versicherung

---

[1236] Vgl. *Häusser/Abele,* TranspR 2003, 11; Überblick über die Verkehrshaftungsversicherung vor den DTV-VHV 2003 bei *Heuer,* in: Dt. Gesellschaft für Transportrecht, S. 31.

[1237] Zur Kritik an der alten Speditionsversicherung – in rechtlicher und wirtschaftlicher Sicht – *Häusser/Abele,* TranspR 2003, 8 (10f.); vgl. auch *Valder,* in: Deutscher Verkehrs-Verlag, 9.

[1238] Vgl. nur *Prölss/Martin/Voit,* SVS/RVS Pkt. 1 Rn. 1; *Schneider,* in: Dt. Gesellschaft für Transportrecht, S. 68; auch *Heuer,* TranspR 2003, 1 (5); *de la Motte,* TranspR 1992, 352 (354) hatte diesem System noch ein längeres Überleben vorausgesagt; vgl. zum inneren Bezug zwischen ADSp und alter SpeditionsV OLG Frankfurt/M. v. 23. 6. 1981, VersR 1982, 569 mit der kritischen Anm. von *Gran,* VersR 1982, 871.

[1239] Siehe zuletzt Pkt. 2 Speditions-, Logistik- und Lagerversicherungsschein (SLVS) i. d. F. 1999: „Doppelfunktion der Versicherung"; zur Doppelfunktion z. B. *Häusser/Abele,* TranspR 2003, 9; vgl. auch oben A) II. 2. d); zu den früheren Angebotstypen *Bracker,* TranspR 1998, 450 (451).

[1240] Vgl. auch hierzu *Prölss/Martin/Voit,* SVS/RVS Pkt. 1 Rn. 4; vgl. ähnlich zur früheren Lagerhalterversicherung *Schumacher,* S. 30ff.; zu den Grenzen einer solchen Haftungsersetzung durch Versicherungsschutz *Koller,* TranspR 1986, 129; *ders.,* TranspR 1986, 357; *Eickmeier,* S. 157 m. w. N.; zu Konsequenzen im Rahmen der Interessenlehre *de la Motte,* VersR 1982, 835 und VersR 1983, 324.

[1241] Hierzu *Golling,* Transportversicherung am Scheideweg, Bericht über die Geschäftslage in der Transportversicherung 2001/2002, einsehbar unter >http://www.tis-gdv.de/tis/bedingungen/berichte/2002/bericht2.html<; vgl. auch *Wieske,* VersR 2002, 1489; *Valder,* in: Deutscher Verkehrs-Verlag, 14.

[1242] Text abgedruckt in TranspR 2003, 40ff.; zur neuen Ausgestaltung der Versicherungspflicht des Spediteurs *Heuer,* TranspR 2003, 1 (5); vgl. zur Unfreiwilligkeit seitens der Spediteure *Valder,* in: Deutscher Verkehrs-Verlag, 9.

[1243] Pkt. 21.1 ADSp 2003; den Spediteur trifft grundsätzlich keine Hinweispflicht, dass für den Transport eine Versicherung abgeschlossen werden sollte, OLG Düsseldorf v. 23. 2. 1989, VersR 1990, 502; anders bei besonders wertvollen Gütern OLG Schleswig v. 25. 9. 1984, TranspR 1985, 137.

[1244] Im Einzelnen siehe Pkt. 22–28 ADSp; zu den Haftungsbegrenzungen *Heuer,* TranspR 2003, 1 (7f.); zu Pkt. 23.3 ADSp *Starosta,* TranspR 2003, 55; *Thonfeld,* TranspR 2003, 237.

[1245] Pkt. 29 ADSp; allerdings erfolgt keine detaillierte Vorgabe der Mindestbedingungen für den Versicherungsschutz mehr; vgl. *Heuer,* TranspR 2003, 1 (5f, wo auch auf das wegen der nur noch allgemeinen Vorgaben aufkommende Problem größerer Rechtsunsicherheit hingewiesen wird).

dar. Dadurch wird der Problematik ausgewichen, dass nur die Versicherung der Haftpflicht aus Landtransporten Großrisiko im Sinne des § 210 VVG ist, während die Speditions- und Lagerhalterversicherung kein solches Großrisiko darstellt[1246].

II. Rechtsnatur der VHV

1. VHV als Haftpflichtversicherung

346   Die Verkehrshaftungsversicherung ist eine **Haftpflichtversicherung**[1247]. Sie wird jedoch bisweilen zur Transportversicherung bzw. „zugleich auch" zur Transportversicherung gerechnet[1248]. Diese Qualifikation durch den BGH, der zur Stützung seines Ergebnisses kein Wort einer substantiellen Begründung verliert, geht fehl[1249]: So wurde die vom BGH in Bezug genommene Ansicht von *Martin* in der neueren Bearbeitung durch *Voit* aufgegeben[1250]. Der Verweis auf die frühere Entscheidung des BGH v. 24. 3. 1976[1251] wurde als Fehlverweis erkannt[1252]; in der Entscheidung ging es nämlich nur darum, dass § 27 Abs. 1 S. 2 GüKG a. F. den § 187 VVG a. F. (nun § 210 VVG, Vertragsfreiheit in der Transportversicherung) auch auf die dort geregelte Haftpflichtversicherung für anwendbar erklärt[1253]. Damit wird die Haftpflichtversicherung noch nicht zur Transportversicherung[1254]. Mit *Voit* wird man den Streit aus pragmatischer Sicht beiseite schieben, wenn man jedenfalls bestimmte Bestimmungen der Transportversicherung auf die Verkehrshaftungsversicherung analog erstreckt[1255]. Aber auch diese Analogie ist fragwürdig: Der Gesetzgeber hat in § 130 Abs. 1 VVG jede Binnentransportgüterversicherung (mit Ausnahme des Lufttransports) zur Transportversicherung gezählt, unabhängig davon, ob der Transport zu Lande oder auf Binnengewässern durchgeführt wird. In seinem Abs. 2 S. 2 bezieht § 130 VVG ausdrücklich auch die Haftpflichtkomponente der Schiffskaskoversicherung in die Transportversicherung ein. Die Landfahrzeugkaskoversicherung erwähnt er ebenso wenig wie die dazugehörige Haftpflichtversicherung. Das Reden des Gesetzgebers bei Schiffen und sein gleichzeitiges Schweigen bei Landfahrzeugen kann

---

[1246] S. hierzu sogleich Rn. 347 f.

[1247] In diesem Sinne auch *Prölss/Martin/Voit,* § 129 VVG Rn. 8 (für die KVO/CMR-Versicherung) und Verkehrshaftungsversicherung (KVO/CMR) Vorbem. Rn. 1; *Thume/de la Motte/ders.,* Kap. 5 Rn. 1 ff.; *Thume,* TranspR 2006, 1 (4); *Koller,* VersR 1993, 519 (523); *Jenssen,* TranspR 1989, 157; *Schneider,* S. 189; vgl. auch *Fremuth/Thume/Fremuth,* § 38 KVO Rn. 2 m. w. N.; aus der Rspr. BGH v. 7. 12. 1961, VersR 1962, 129 (KVO-Versicherung); wohl auch OLG Saarbrücken v. 28. 9. 1999, VersR 2000, 760 (761), wo auf die §§ 1, 149 ff. VVG a. F. (nun §§ 1, 100 ff. VVG) verwiesen wird; CMR-Versicherung) = TranspR 2002, 125; HG Wien v. 2. 9. 1998, TranspR 2000, 91.

[1248] Vgl. BGH v. 23. 11. 1988, TranspR 1989, 156 = VersR 1989, 250 = NJW-RR 1989, 922 unter Berufung auf die 24. Aufl. von *Prölss/Martin/Martin,* § 129 VVG Rn. 1. b) und dem dort vorzufindenden Verweis auf BGH v. 24. 3. 1976, VersR 1976, 480 (481); OLG Köln v. 14. 6. 1993; VersR 1994, 977; OLG Karlsruhe v. 29. 6. 1995; VersR 1995, 1306; *Römer/Langheid/Römer,* § 129 VVG Rn. 8; *Thume/de la Motte/ders.,* Kap. 5 Rn. 6 ff.

[1249] Zu Recht ermuntert *Heuer,* in: Dt. Gesellschaft für Transportrecht, S. 31 (48), dazu, sich von der BGH-Entscheidung nicht irre machen zu lassen; auch betont *Heuer* die Tatsache, dass der BGH kein Wort der Begründung verliere; vgl. zur Einstufung als reine Haftpflichtversicherung auch *Thume,* TranspR 2006, 1 (4); ebenfalls ablehnend *Thume/de la Motte/ders.,* Kap. 5 Rn. 9 ff.

[1250] *Prölss/Martin/Voit,* sub S. Verkehrshaftungs- und Speditionsversicherung, I. Vorbem. Rn. 2.

[1251] BGH v. 24. 3. 1976, VersR 1976, 480 (481).

[1252] Besonders deutlich Staub-Großkommentar/*Helm,* Anh. I § 429 HGB Rn. 9 m. w. N.

[1253] Vgl. auch *Heuer,* in: Dt. Gesellschaft für Transportrecht, S. 31 (49); zum Verweis des § 27 Abs. 1 S. 2 GüKG auf § 187 VVG a. F. (nun § 210 VVG) BGH v. 15. 12. 1976, VersR 1977, 662.

[1254] Mit Staub-Großkommentar/*Helm,* Anh. I § 429 HGB Rn. 9 ist sogar vom Gegenteil auszugehen: § 27 Abs. 1 S. 2 GüKG wäre überflüssig, wenn die Haftpflichtversicherung als Transportversicherung ohnehin unter § 187 VVG a. F. (nun § 210 VVG) fiele; vgl. auch *Schneider,* S. 189.

[1255] *Prölss/Martin/Voit,* sub S. Verkehrshaftungs- und Speditionsversicherung, I. Vorbem. Rn. 2: §§ 130, 131, 134, 135, 140, 142, 145, 148 VVG a. F., deren Rechtsgedanken sich seit der VVG-Reform nur noch in den §§ 136, 137, 139, 141 VVG wieder finden; im Übrigen sind die Vorschriften im Zuge der VVG-Reform entfallen, so dass eine analoge Anwendung ohnehin nicht mehr notwendig bzw. möglich ist.

schwerlich als gesetzgeberisches Versehen und damit als eine ungewollte Lücke, welche eine Analogie rechtfertigt, interpretiert werden. Im Gegenteil: Die Formulierung des § 130 VVG deutet auf eine bewusste, damit durch Analogie nicht schließbare Lücke hin. Für die Haftpflichtversicherung stehen ja auch eigene, durchaus passende Regelungen in den §§ 100 ff. VVG zur Verfügung.

2. Insb.: § 210 VVG und die Haftpflichtversicherung des Frachtführers im Straßenverkehr

Für § 210 VVG ist diese Frage zunächst ohne Bedeutung: § 210 VVG verweist auf Art. 10 **347** Abs. 1 S. 2 EGVVG, dieser wiederum auf die Anlage Teil A, Nr. 10b zum VAG, wonach in der **Verkehrshaftungsversicherung bei Straßenverkehrstransporten** ebenfalls das erweiterte Maß an Vertragsfreiheit gewährt wird[1256]. Dennoch war zumindest bis vor der VVG-Reform z. B. strittig, ob die Vorschrift des § 154 VVG a. F. (nun, teilweise geändert §§ 105, 106 VVG) abdingbar ist[1257]. U. E. ist hier zwischen dem Innenverhältnis und dem Außenverhältnis zu unterscheiden. Solche Vorschriften des VVG, die – insb. im Pflichtversicherungsbereich – den Drittgeschädigten selbst begünstigen, können nicht zu dessen Lasten abbedungen werden, wohl aber im Innenverhältnis zwischen VN und VR.

3. Insb.: § 210 VVG und die Haftpflichtversicherung des Lagerhalters und Spediteurs

Fraglich ist indessen die Anwendung der Nr. 10b in der Anlage Teil A zum VAG auf die **348** **Haftpflichtversicherung** des **Spediteurs** und des **Lagerhalters.** Die erwähnte Nr. 10b spricht von „Haftpflicht für Landfahrzeuge mit eigenem Antrieb – Haftpflicht aus Landtransporten", meint daher wohl tatsächlich nur den Frachtführer. Die bisher zu diesem Punkt ergangene Rechtsprechung folgert daraus, dass Speditions- und Lagerhalterversicherung keine Großrisiken im Sinne des Art. 10 Abs. 1 S. 2 EGVVG i. V. m. Anlage Teil A zum VAG sind und daher für diese Versicherungen alle Beschränkungen der Vertragsfreiheit des VVG gelten[1258]. Diese Differenzierung ist fragwürdig, da keine sachlichen Gründe für sie ersichtlich sind[1259]. Schon *Helm* wies zu Recht darauf hin, dass die Anlage Teil A zum VAG den Spediteur nicht eigens erwähnt und dieser im dortigen Katalog der Versicherungssparten nur schwer einzureihen ist[1260]. Gleiches gilt für den Lagerhalter. *Helm* mahnte daher eine gesetzliche Klärung an, die aber bis zum heutigen Tage nicht ergangen ist[1261]. Unabhängig davon, dass § 210 VVG als Ausnahmevorschrift eng auszulegen ist[1262], bietet sich eine analoge Anwendung des § 210 VVG auf Speditions- und Lagerversicherung an[1263]. Vor dem Hintergrund der erwähnten Rechtsprechung sind vor allem kombinierte Policen, also auch die DTV-VHV 2003/ 2008, in denen die Versicherung der Haftpflicht von Frachtführern, Spediteuren und Lagerhaltern zusammengefasst sind, äußerst problematisch[1264]. In diesem Zusammenhang ist beson-

---

[1256] S. auch BGH v. 1. 12. 2004, TranspR 2005, 83 (85) = VersR 2005, 266 (268); *Thume/de la Motte/ ders.,* Kap. 5 Rn. 12; *Prölss/Martin/Voit,* sub S. Verkehrshaftungs- und Speditionsversicherung, I. Vorbem. Rn. 2; vgl. zur alten Rechtslage BGH v. 24. 3. 1976, VersR 1976, 480.

[1257] Vgl. für die frühere KVO-Versicherung BGH v. 15. 12. 1976, VersR 1977, 174 (keine Abdingbarkeit in der KVO-Versicherung) und die Kritik hieran von *Schaible,* VersR 1977, 662.

[1258] OLG Hamburg v. 26. 10. 2006 (noch nicht rechtskräftig – BGH IV ZR 293/06), TranspR 2007, 258; LG Hamburg v. 20. 12. 2004, TranspR 2005, 221 (224); dem folgend *Thume,* TranspR 2006, 1 (5); *Ehlers,* TranspR 2007, 5 (12); in diesem Sinne schon *Schneider,* in: Dt. Gesellschaft für Transportrecht, S. 68 (72).

[1259] So auch *Heuer,* TranspR 2007, 55.

[1260] Staub-Großkommentar/*Helm,* Anh. I § 429 HGB Rn. 14.

[1261] Dabei ist bei der Anlage Teil A zum VAG auch ihr europarechtlicher Hintergrund zu bedenken.

[1262] So schon Staub-Großkommentar/*Helm,* Anh. I § 429 HGB Rn. 14.

[1263] Vgl. hierzu ausführlich *Heuer,* TranspR 2007, 55 ff., der insbesondere darauf hinweist, dass sowohl die Intention des deutschen als auch des Gemeinschaftsgesetzgebers für eine Gleichbehandlung dieser Risiken mit dem Risiko des Frachtführers spreche.

[1264] Vgl. auch *Ehlers,* TranspR 2007, 5 (12).

ders bedeutsam, dass der BGH für kombinierte Versicherungen entschieden hat, dass für diese § 210 VVG nur dann gilt, wenn ausschließlich Großrisiken versichert werden. Die Praxis hat sich damit geholfen, dass sie die DTV-VHV 2003/2008 als laufende Versicherung ausgestaltet hat. Für diese gilt nach § 210 VVG dasselbe wie für die Versicherung von Großrisiken[1265].

4. Pflichtversicherungen

349　　**a)** Verkehrshaftungsversicherung sind zum Teil Pflichtversicherungen[1266]. Eine Pflicht zum Abschluss einer Haftpflichtversicherung kann sich aus **Gesetz** oder **Vertrag** ergeben.

350　　**b)** Musterbeispiel einer vertraglich vereinbarten Haftpflichtversicherungspflicht ist **Pkt. 29 ADSp 2003**[1267]. Demgemäß muss der Spediteur eine Haftungsversicherung abschließen, die bestimmten inhaltlichen Kriterien zu entsprechen hat. Diese sind indessen nicht (mehr) im Einzelnen fixiert, sondern werden nur in allgemeinen Anforderungen an den Versicherungsschutz umrissen. So hat die Versicherung zu **marktüblichen Bedingungen** zu erfolgen[1268]. Sie hat die **Regelhaftungssummen** nach Gesetz und ADSp abzudecken[1269]. **Nicht** zur Regelhaftungssumme gehört die Haftung für **qualifiziertes Verschulden** (insb. durch Vorsatz und grobe Fahrlässigkeit des Spediteurs)[1270]. Diese Haftung unterliegt daher auch nicht der Versicherungspflicht[1271]. Dabei können **Haftungsmaxima** des VR je Schadensfall, Schadensereignis und Versicherungsjahr ebenso vereinbart werden wie **Selbstbehalte** des Spediteurs[1272]. Der Spediteur muss die Versicherung auf Verlangen des Auftraggebers durch eine **Bestätigung** des VR nachweisen[1273]. Pkt. 29.3 ADSp hält eine Sanktion bereit, sollte der Spediteur keine ausreichende Haftpflichtversicherung vorhalten: Der Spediteur darf sich in diesem Fall nicht auf die ADSp berufen, insbesondere also nicht auf die Haftungsbegrenzungen der Pkte. 23 ff. ADSp[1274].

351　　**c)** Eine gesetzliche Haftpflichtversicherung kennt das **Güterkraftverkehrsgesetz (GüKG).** Gemäß § 7a GüKG hat der Frachtführer im Straßenverkehr (das Gesetz spricht vom „Unternehmer") „eine Haftpflichtversicherung abzuschließen und aufrechtzuerhalten, die die gesetzliche Haftung wegen **Güter- und Verspätungsschäden** nach dem Vierten Abschnitt des Vierten Buches des Handelsgesetzbuches während Beförderungen, bei denen der Be- und Entladeort im Inland liegt, versichert"[1275]. Nach § 7a Abs. 2 GüKG sind die Vereinbarung einer Jahreshöchstersatzleistung, die nicht weniger als das Zweifache der Mindestversicherungssumme[1276] betragen darf, und eines Selbstbehalts zulässig[1277]. Der VN und sein Fahrpersonal haben während der Beförderung den Versicherungsnachweis mitzuführen[1278].

[1265] Vgl. auch Begründung zum Gesetzesentwurf der Bundesregierung, BT-Drucks. 16/5862, S. 115, wo allerdings die Problematik der kombinierten Verkehrshaftungsversicherung nicht hervorgehoben wird.

[1266] S. zu diesen *Reiff,* TranspR 2006, 15 ff.

[1267] Vgl. auch den sehr ähnlichen § 33 VBGL in der Fassung vom 27. 1. 2003.

[1268] Pkt. 29.1 ADSp.

[1269] Siehe insb. die Haftungsbegrenzungen nach Pkt. 23–26 ADSp; gegen diese werden zurecht Bedenken aus Sicht der AGB-Kontrolle vorgebracht; siehe *Heuer,* TranspR 2003, 1 (2 f.).

[1270] Pkt. 27 ADSp; siehe OLG Düsseldorf v. 22. 1. 1998, TranspR 1999, 120 (betr. Lagerhalter).

[1271] Kritisch gegenüber dieser Ausnahme *Heuer,* TranspR 2003, 1 (5 f.).

[1272] Pkt. 29.2 ADSp.

[1273] Pkt. 29.4 ADSp; vgl. *Valder,* in: Deutscher Verkehrs-Verlag, 15.

[1274] Vgl. *Heuer,* TranspR 2003, 1 (2).

[1275] § 7a GüKG wurde durch das Gesetz zur Reform des Güterkraftverkehrsrechts v. 22. 6. 1998, BGBl. 1998 I 1485 eingefügt und auf vielfache Kritik – vgl. u. a. *Herber,* TranspR 2004, 229 (239) sowie *Ehlers,* VersR 2003, 1080 (1086) – durch das 1. Gesetz zur Änderung des GüKG v. 2. 9. 2004, BGBl. 2004 I 2302, neu geregelt; kritisch zur Neufassung *Heuer,* TranspR 2006, 22 (24 f.); die Versicherungspflicht bestand schon zuvor; vgl. *Schneider,* S. 192.

[1276] Nach § 7a Abs. 2 S. 1 GüKG beträgt die Mindestversicherungssumme € 600 000,00 je Schadensereignis.

[1277] Beschränkungen (auch betragsmäßige) waren in der alten Fassung des § 7a GüKG nicht vorgesehen; kritisch gegenüber einer Pflicht, unlimitierte Deckung zu besorgen, *Heuer,* TranspR 2003, 1 (4).

[1278] Vgl. § 7a Abs. 4 GüKG.

Der VR hat dem Bundesamt für Güterverkehr den Abschluss und auch ein allfälliges Erlöschen des Versicherungsschutzes mitzuteilen[1279]. Vom Bestehen des Versicherungsschutzes hängt die Konzession des Frachtführers ab[1280].

d) Die **gesetzlichen Regeln** über die **Pflichthaftpflichtversicherung** (§§ 113–124   **352** VVG) kommen nur auf **ex lege** obligatorische Versicherungen zur Anwendung[1281]. Auf die Haftungsversicherung des Spediteurs sind sie somit nicht anwendbar. Sehr wohl aber unterliegt die Haftpflichtversicherung gem. § 7a GüKG den §§ 113–124 VVG. Über ihre Wirkung kann im Einzelnen auf die einschlägige Literatur verwiesen werden[1282]. Hervorgehoben sei an dieser Stelle allerdings, dass durch die VVG-Reform mit § 115 VVG ein Direktklagerecht eingeführt wurde. Dieses wurde zwar gegenüber dem Entwurf eines reformierten VVG im Zuge des Gesetzgebungsverfahrens abgeschwächt, dennoch gewährt es die Möglichkeit der Direktklage gegen den VR im praktisch wichtigsten Fall – der Insolvenz des VN. Ein solches wird aber allgemein nicht (mehr) nach den ADSp gewährt[1283].

III. Anwendungsbereich

1. Persönlicher Anwendungsbereich

a) VN einer Versicherung nach den DTV-VHV können der **Frachtführer** im **Straßen-**   **353** **güterverkehr**[1284], der **Spediteur** und der **Lagerhalter** sein[1285]. Nicht unter die DTV-VHV fallen die Frachtführer im Luft-, Eisenbahn- und Schiffsverkehr[1286]. Das gilt auch dann, wenn ein im Straßenverkehr versicherter Frachtführer einen solchen Transport im Selbsteintritt erledigt[1287].

b) **Frachtführer, Spediteur** und **Lagerhalter** sind nach dem Konzept der DTV-VHV   **354** VN und **Versicherte.** Hierzu zählen das in der Betriebsbeschreibung genannte Unternehmen sowie rechtlich unselbständige, deutsche Niederlassungen bzw. Betriebsstätten[1288]. Der Versicherungsschutz erstreckt sich nach Pkt. 2.2 DTV-VHV aber auch auf die **Arbeitnehmer** des VN, soweit diese bei der Durchführung des Verkehrsvertrages gehandelt haben.

2. Sachlicher Anwendungsbereich

a) Die DTV-VHV bezeichnen als Gegenstand der Versicherung die **Verkehrsverträge**   **355** der oben genannten Unternehmen. Jene Tätigkeiten, welche damit primär[1289] verbunden sind, müssen in einer Betriebsbeschreibung dokumentiert sein[1290].

[1279] § 7a Abs. 5 GüKG.

[1280] Vgl. hierzu *Glöckner,* TranspR 1988, 327 (334).

[1281] Siehe § 113 Abs. 1 VVG: „… eine Verpflichtung durch Rechtsvorschrift …“.

[1282] Zur Haftpflichtversicherung und zu diversen Pflichtversicherung siehe Kap. 25–32 in diesem Band jeweils m. w. N.

[1283] Vgl. zu dieser Verschlechterung *Häusser/Abele,* TranspR 2003, 8 (12); für die ADSp auch *Valder,* in: Deutscher Verkehrs-Verlag, S. 16; vgl. zur Frage eines Direktklagerechts nach den früheren Bedingungen für die Haftpflichtversicherung des Straßenfrachtführers *Roltsch,* S. 73 ff.; *ders.,* VersR 1985, 317; sowie *Roesch,* VersR 1977, 891.

[1284] Zum Begriff aus versicherungsrechtlicher Sicht – allerdings nach alter Bedingungslage – OLG v. 8. 3. 2001, TranspR 2001, 359.

[1285] Pkt. 1.1 DTV-VHV.

[1286] *Golling,* Transportversicherung am Scheideweg, Bericht über die Geschäftslage in der Transportversicherung 2001/2002, einsehbar unter >http://www.tis-gdv.de/tis/bedingungen/berichte/2002/bericht2.html<.

[1287] Siehe die Klarstellung in Pkt. 1.3 Abs. 1 erster Spiegelstrich DTV-VHV.

[1288] Pkt. 2.1 DTV-VHV.

[1289] Vgl. Pkt. 1.3 sechster Spiegelstrich DTV-VHV, der sekundäre Pflichten ausnimmt.

[1290] Pkt. 1.1 DTV-VHV; die Betriebsbeschreibung wird vom VR durch Befragung der Unternehmer erstellt; siehe *Häusser/Abele,* TranspR 2003, 8 (11); *Veith/Gräfe/Hoeft,* § 6 Rn. 42 ff.; das neue System ist nach *Salzmann,* in: Deutscher Verkehrs-Verlag, S. 25 „gewöhnungsbedürftig“.

356   **b)** Bestimmte Verkehrsverträge sind von der Versicherung **ausgenommen** bzw. bedürfen eigener Versicherung. Jedenfalls hierher gehören das Umzugsgut, Schwergut, Großraumtransporte, Kranarbeiten, Montagearbeiten, abzuschleppende und zu bergende Güter[1291]. Weitere Verkehrsverträge können durch Einzelvereinbarung ausgenommen werden[1292].

357   **c)** Die DTV-VHV bieten dem VN trotz der erforderlichen Betriebsbeschreibung dadurch Flexibilität, dass sie auch eine **Vorsorgeversicherung** enthalten[1293]. Demnach fallen auch solche Tätigkeiten unter den Versicherungsschutz, die der VN nach Vertragsschluss neu aufnimmt, was in der Regel nur bei qualitativen Änderungen der Tätigkeit der Fall sein wird[1294]. Vorausgesetzt wird allerdings, dass es sich bei der neu aufgenommenen Tätigkeit um eine Tätigkeit handelt, die üblicherweise zu dem vom VN betriebenen Gewerbe gehören. Versicherungsschutz besteht in diesem Falle mit Aufnahme der Tätigkeit, ohne dass es einer vorherigen Anzeige bedürfte[1295]. Der Schutz ist allerdings mit einer eigens zu vereinbarenden Summe begrenzt.

358   Der VN muss die neue Tätigkeit binnen eines Monats nach ihrer Aufnahme anzeigen. Unterlässt er diese **Anzeige,** so wird der VR **rückwirkend leistungsfrei**[1296]. Dasselbe soll gelten, wenn binnen eines Monats ab erstatteter Anzeige eine **Prämienvereinbarung** betreffend das neue Risiko nicht zustande kommt. Beide Klauseln sind bedenklich. Zwar gelten die Beschränkungen der Vertragsfreiheit des VVG nach § 210 VVG nicht für die DTV-VHV als laufender Versicherung, dennoch liegt hier eine unangemessene Benachteiligung des VN vor[1297]. Nach den DTV-VHV besteht nämlich bereits Versicherungsschutz. Der VN soll nur das tatsächliche Entstandensein des versicherten Risikos melden. Insofern ähnelt diese Pflicht der Anzeigeobliegenheit betreffend eine unverschuldete Gefahrerhöhung[1298]. Dort gilt als Grundsatz, dass sogar durch einfache Fahrlässigkeit verursachte Verstöße folgenlos bleiben und zwar sowohl für die Vergangenheit als auch für die Zukunft. U. E. ist daher der rückwirkende Verlust des Versicherungsschutzes nach § 307 Abs. 2 Nr. 1 BGB zu beanstanden. Dysfunktionale Wirkungen dürfte auch die Regelung über die Prämienvereinbarung hervorrufen. Sollte nämlich während der Anzeigefrist ein Versicherungsfall eingetreten und die Anzeige rechtzeitig erstattet worden sein, so braucht der VR nach dem Wortlaut der Klausel den bereits eingetretenen und versicherten Schaden nicht zu ersetzen, wenn er die Prämienverhandlungen scheitern lässt. Dem mag man entgegenhalten, der VR sei in dieser Situation zu einem den Kriterien von Treu und Glauben entsprechenden Verhalten verpflichtet. Die Klausel sagt dies aber nicht und ist insofern zumindest intransparent. Auch kann der VR mit seiner Prämienforderung jedenfalls die Grenzen von Treu und Glauben ausreizen, wobei der VN zustimmen muss, weil ihm rückwirkender Deckungsverlust trotz pflichtgerechten Handelns seinerseits droht. Auch das widerspricht § 307 BGB.

[1291] Zu alledem Pkt. 1.3 dritter – fünfter Spiegelstrich DTV-VHV; zum Ausschluss von Sondertransporten und zum Wiedereinschluss von Übermaßtransporten durch Sondervereinbarung OLG Köln v. 17. 3. 1998, TranspR 2000, 474 = VersR 1999, 618.

[1292] Diese Möglichkeit suggeriert den Vertragsparteien Pkt. 1.3 zweiter Spiegelstrich DTV-VHV.

[1293] Pkt. 1.2 DTV-VHV; *Veith/Gräfe/Hoeft*, § 6 Rn. 47 ff.; vgl. jedoch die Kritik dieses Systems bei *Salzmann*, in: Deutscher Verkehrs-Verlag, S. 23: „Die Vorsorgeversicherung gibt also begrifflich vielmehr her als sie tatsächlich bietet".

[1294] Vgl. *Veith/Gräfe/Hoeft*, § 6 Rn. 47 ff., wo darauf hingewiesen wird, dass massive quantitative Veränderungen ebenfalls ein neues nicht unter die Vorsorgeversicherung fallendes Risiko darstellen können; letztlich ist dies immer auch eine Frage der Betriebsbeschreibung i. S. d. Pkt. 1.1 DTV-VHV, so zutreffend *Thume/de la Motte/Kollatz,* Kap. 6 Rn. 4.

[1295] Zur nachträglichen Anzeige sogleich unter b).

[1296] Pkt. 1.2 S. 4 DTV-VHV.

[1297] Unkritisch demgegenüber *Häussler/Abele*, TranspR 2003, 1 (11).

[1298] Vgl. § 26 VVG.

3. Räumlicher Anwendungsbereich

Als räumlichen Anwendungsbereich nennen die DTV-VHV den **EWR,** also das Hoheits- **359** gebiet all jener Staaten, die Mitglieder des EWR sind, **und** die **Schweiz**[1299]. Erfasst sind nationale und internationale Transporte. Die Einschränkung auf den EWR ohne Schweiz in der Fassung von 2003, derzufolge z. B. Transporte in die Schweiz nicht mitumfasst waren, wurde aus Sicht der Kunden stark kritisiert[1300]. Daraufhin wurde der räumliche Geltungsbereich auf die Schweiz erweitert[1301].

IV. Versicherbares Interesse

Nach den DTV-VHV sind die **Haftpflicht-** und (auf die Abwehr unberechtigter Ansprü- **360** che gerichtete) **Rechtsschutzinteressen** der Verkehrsunternehmer versicherbar. Das Interesse darf nicht gegen ein gesetzliches Verbot (rechtswidriges Interesse) oder die guten Sitten verstoßen. Als rechtswidrig hat es das OLG Saarbrücken angesehen, wenn ein Frachtführer Versicherung für einen grenzüberschreitenden Transport nimmt, ohne die dafür erforderliche EG-Lizenz zu besitzen[1302]. Diese Entscheidung überzeugt nicht. Zum einen fehlt es an einer Begründung des OLG Saarbrücken dafür, dass es sich beim Genehmigungserfordernis um eine Verbotsnorm i. S. d. § 134 BGB handelt und der Verbotszweck auch auf die Versicherung des Transports zu erstrecken ist (entweder direkt oder über § 138 BGB). Hierfür wäre nicht zuletzt auf die Teleologie des Genehmigungserfordernisses einzugehen. In jedem Falle aber lässt sich die Rspr. unter der Geltung der DTV-VHV nicht mehr aufrecht erhalten, weil es Pkt. 7.1.5 DTV-VHV nur zu den Obliegenheiten des VN zählt, auf das Vorhandensein der erforderlichen Genehmigungen zu achten. Der Transport ist also versichert, vorbehaltlich eventuell eintretender Leistungsfreiheit des VR wegen Obliegenheitsverletzung durch den VN[1303].

V. Versicherte Gefahren

1. Bausteinsystem

Die neuen DTV-VHV kennen keine pauschale Versicherung der Haftung aus allen mögli- **361** chen Haftungsnormen mehr[1304]. Um den gebotenen Versicherungsschutz am Bedarf des einzelnen VN auszurichten, verwenden die DTV-VHV ein so genanntes **Bausteinsystem**[1305]. Die im Einzelnen als Bausteine bezeichneten Teile können bei Bedarf Verwendung finden, mangels Bedarfs auch weggelassen werden. Das gilt z. B. bei der Definition der Haftungsgrundlagen in Pkt. 3 DTV-VHV: Die Auflistung aller möglicher Haftungsgrundlagen ist für keinen VN in ihrer Gesamtheit relevant. Es können jene Risiken ausgewählt werden, die den betreffenden VN auch tatsächlich treffen. Wichtig ist für den VN freilich, dass die relevanten Bausteine auch in der Police aufgeführt sind[1306].

[1299] Pkt. 5 DTV-VHV.

[1300] *Salzmann,* in: Deutscher Verkehrs-Verlag, S. 22.

[1301] Zur Versicherungspraxis vgl. die Nachweise bei *Veith/Gräfe/Hoeft,* § 6 Rn. 70ff.

[1302] OLG Saarbrücken v. 28. 9. 1999, VersR 2000, 760 = TranspR 2002, 125; unter Verweis auf *de la Motte,* VersR 1988, 317; vgl. aber OLG Hamburg v. 8. 3. 2001, TranspR 2001, 481, wo aus dem Fehlen einer gewerberechtlichen Erlaubnis keinerlei Rückschlüsse auf die Versicherbarkeit des Haftpflichtinteresses gezogen werden.

[1303] Pkt. 7.3 DTV-VHV; vgl. unten Rn. 377.

[1304] Vgl. *Häussler/Abele,* TranspR 2003, 1 (11).

[1305] Siehe die Anmerkung bei Pkt. 3, 4.4, 4.5, 6.15, 8 DTV-VHV; vgl. auch *Veith/Gräfe/Hoeft,* § 6 Rn. 52ff.

[1306] *Häussler/Abele,* TranspR 2003, 1 (11).

2. Bausteine versicherter Gefahren

362   **a)** Der Katalog an Bausteinen versicherter Gefahren umfasst sowohl die Haftung aus **Vertrag** als auch jene aus **Delikt**[1307]. Die Haftung aus dem Verkehrsvertrag kann durch (zwingendes oder nachgiebiges) Gesetzesrecht oder **vertraglich** ausgestaltet sein. Beim Gesetzesrecht ist zwischen internationalem **Einheitsrecht** und **nationalem** (autonomem) **Recht** zu unterscheiden.

363   **b)** Vorweggenommen seien hier deliktische Ansprüche. Sie können neben oder anstelle der Vertragshaftung geltend gemacht werden. Die Haftung aus **Delikt** ist **jedenfalls** versichert, egal aus welcher Rechtsquelle (inländisches, ausländisches oder Einheitsrecht) sie sich ergibt[1308].

364   **c)** Verschiedene Rechtsquellen des **Einheitsrechts** regeln die Vertragshaftung und werden von den DTV-VHV daher aufgezählt. Für den Frachtführer im **Straßenverkehr** ist insbesondere das **CMR** (Übereinkommen über den Beförderungsvertrag im internationalen Straßengüterverkehr[1309]) von Bedeutung[1310]. Das CMR kann auch für den Spediteur relevant werden, wenn dieser den Frachtvertrag im Wege des Selbsteintritts faktisch durchführt oder als Fixkosten- und Sammelladungsspediteur handelt[1311]. Die Regeln des CMR sind zwingendes Recht[1312]. Vereinbarungen, welche von Regeln des CMR direkt oder indirekt abweichen, sind – von wenigen Ausnahmen abgesehen[1313] – (teil)nichtig[1314]. Eine indirekte Abweichung wird insbesondere in einer Vereinbarung gesehen, kraft welcher sich der Frachtführer die Ansprüche aus der Güterversicherung abtreten lässt[1315]. Auf dieser Grundlage hat z. B. der öOGH Haftungsfreizeichnungen für nichtig erklärt[1316]. Dasselbe gilt für eine Vereinbarung, die zu einem Ausschluss des Regresses des GütertransportVR gegen den Frachtführer führt[1317]. Der BGH hat eine Klausel aufrecht erhalten, wonach der Absender für die Eindeckung der CMR-Haftung des Frachtführers zu sorgen hat[1318]. Dabei hebt der BGH hervor, dass für die Beurteilung eines mittelbaren Abweichens vom CMR eine wirtschaftliche Betrachtungsweise anzulegen ist. Im konkreten Falle ging es um einen Unterfrachtführer, für den der Hauptfrachtführer Versicherungsschutz besorgen sollte. Der BGH weist insbesondere auf den Kostenvergütungsanspruch des Hauptfrachtführers hin, sodass das wirtschaftliche Ergebnis eben nicht zu einer unzulässigen Haftungseinschränkung des (Unter-)Frachtführers führe. Eine Versicherungspflicht kennt das CMR indessen nicht.

365   Im Bereich des **Eisenbahntransports** nennen die DTV-VHV das Übereinkommen über den internationalen Eisenbahnverkehr (Anhang B i.d.g.F.; **COTIF**[1319]) und die einheitlichen Rechtsvorschriften für den Vertrag über die internationale Eisenbahnbeförderung von Gü-

---

[1307] Zu letzterer siehe insb. Pkt. 3.12 DTV-VHV.

[1308] Siehe Pkt. 3.12 DTV-VHV.

[1309] Übereinkommen vom 19. 5. 1956, BGBl. 1961 II 1119.

[1310] Siehe Pkt. 3.4 DTV-VHV; zu den gescheiterten Bestrebungen, eine Generalpolice auf internationaler Basis zu schaffen *Glöckner*, TranspR 1988, 327 (333); speziell zur Haftung für Diebstahl und Raub *Bayer*, VersR 1995, 626.

[1311] Vgl. *Fremuth/Thume/ders.*, Art. 1 CMR Rn. 4 m. w. N.; *Schneider*, S. 138; § 459 (Fixkosten-Spediteur) und § 460 (Sammelladungsspediteur) HGB.

[1312] Art. 41 Abs. 1 CMR.

[1313] Sie betreffen die Regelungen der Art. 37 und 38 CMR; siehe Art. 40 CMR.

[1314] Auch hierzu Art. 41 Abs. 1 CMR.

[1315] Art. 41 Abs. 2 CMR; hierzu öOGH v. 24. 6. 1999, TranspR 2000, 370 = ZfRV 1999, 232; Anmerkung zu dieser Entscheidung bei *Tuma*, TranspR 2000, 372; vgl. auch öOGH v. 15. 12. 1977, VersR 1978, 980; allgemein zu Abtretungsbeschränkungen *Sieg*, TranspR 1993, 48.

[1316] öOGH v. 17. 3. 1998, ZfRV 1998, 162 = TranspR 1998, 361.

[1317] öOGH v. 24. 6. 1999, TranspR 2000, 370 = ZfRV 1999, 232; hierzu *Tuma*, TranspR 2000, 372.

[1318] BGH v. 10. 12. 1998, VersR 1999, 777.

[1319] Übereinkommen über den internationalen Eisenbahnverkehr (COTIF) v. 9. 5. 1980 (BGBl. 1985 II 130; 1990 II 1662; 1991 II 679; 1992 II 1182), in der Fassung des Änderungsprotokolls vom 3. 6. 1999 (BGBl. 2002 II 2140), durch Deutschland ratifiziert am 5. 9. 2003 und seit dem 1. 7. 2006 in Kraft.

tern (**CIM**[1320])[1321]. Sie werden freilich nur relevant, insoweit ein VN nach den DTV-VHV einen Eisenbahntransport im Selbsteintritt faktisch durchführt und diese Tätigkeit durch eigene Vereinbarung in die Versicherung einbezogen wird[1322].

Für **Lufttransporte** verweisen die DTV-VHV auf das Montrealer Übereinkommen 1999 **366** (MÜ[1323]), das Warschauer Abkommen 1929 (**WA**[1324]), das Haager Protokoll 1955[1325] und das Zusatzabkommen von Guadalajara von 1981[1326] und andere, gegebenenfalls relevante Übereinkommen. Auch sie können für den Frachtführer nur nach Maßgabe des Art. 1.3 DTV-VHV relevant werden. Das gilt auch für den selbsteintretenden bzw. den Sammelladungs- und Fixkosten-Spediteur[1327].

Für **Seetransporte** wird pauschal auf das maßgebliche Einheitsrecht verwiesen[1328]. Bei- **367** spielhaft hervorgehoben werden die Haager Regeln[1329], die Hague Visby Rules[1330] und die Hamburg-Regeln[1331]. Wiederum gilt: Die Bezugnahme hat nur Relevanz, wenn der Frachtführer bzw. Spediteur einen Seetransport im Selbsteintritt faktisch durchführt und dieses Risiko in die Deckung mit aufgenommen wird. Für den Spediteur ist die Haftpflichtdeckung auch relevant, wenn er als Fixkosten- oder Sammelladungsspediteur handelt (§ 413 HGB).

d) Bei nationalen **gesetzlichen Regelungen** der Vertragshaftung ist zwischen deutschen **368** und ausländischen Vorschriften, innerhalb letzterer wiederum zwischen den Vorschriften eines EWR-Staates und solchen anderer Staaten zu unterscheiden.

Die Haftung nach den **deutschen** gesetzlichen Bestimmungen ist jedenfalls versichert[1332]. **369** Verwiesen wird in den DTV-VHV insbesondere auf die **§§ 407 ff. HGB.** Die §§ 407 ff. HGB betreffen den Frachtführer, §§ 467 ff. HGB den Lagerhalter und §§ 453 ff. HGB den Spediteur.

Bei der Haftung nach **ausländischem** Recht ist zu unterscheiden: Haftungen nach dem **370** Recht eines EWR-Staates werden versichert[1333]. Bei Haftungen nach anderen Rechtsord-

---

[1320] Einheitliche Rechtsvorschriften für den Vertrag über die internationale Eisenbahnbeförderung von Gütern (CIM – Anhang B zum COTIF).

[1321] Pkt. 3.6 DTV-VHV.

[1322] Vgl. Pkt. 1.3 DTV-VHV.

[1323] Übereinkommen zur Vereinheitlichung bestimmter Vorschriften über die Beförderung im internationalen Luftverkehr v. 28. 5. 1999, BGBl. 2004 II 459; zum Montrealer Übereinkommen und dessen Interaktion mit dem deutschen Multimodalrecht s. *Kirchhof,* TranspR 2007, 133; s. dazu auch OLG Karlsruhe v. 21. 2. 2006, TranspR 2007, 203; zur Inhaltskontrolle einer Klausel in Beförderungsbedingungen eines Luftfrachtführers gemessen an dem Montrealer Übereinkommen s. BGH v. 5. 12. 2006, TranspR 2007, 27 (29 f.).

[1324] Internationales Abkommen v. 12. 10. 1929, RGBl. 1933 II 1039, i. d. F. v. 28. 9. 1955, BGBl. 1958 II 291 (Einarbeitung des Haager Protokolls); zum Montrealer Übereinkommen („Neues Warschauer Übereinkommen") *Kadletz,* VersR 2000, 927; *Schmid/Müller-Rostin,* NJW 2003, 3516.

[1325] Änderungsprotokoll zum WA v. 28. 9. 1955, BGBl. 1958 II 291.

[1326] Zusatzabkommen zum WA v. 18. 9. 1961, Gesetz v. 27. 8. 1963, BGBl. 1963 II S. 1159 und BGBl. 1964 II 1371.

[1327] Vgl. *Schneider,* S. 139 betreffend die frühere WA-Deckung im Rahmen der Verkehrshaftungsversicherung des Spediteurs.

[1328] Pkt. 3.8 DTV-VHV.

[1329] Internationales Abkommen v. 25. 8. 1924 zur Vereinheitlichung von Regeln über Konnossemente, RGBl. 1939 II 1044.

[1330] Internationales Übereinkommen zur Vereinheitlichung von Regeln über Konnossemente v. 25. 8. 1924, geändert durch das Protokoll v. 23. 2. 1968.

[1331] Übereinkommen der Vereinten Nationen über die Beförderung von Gütern auf See v. 31. 3. 1978, deutsche Übersetzung abgedruckt in TranspR 1992, 436.

[1332] Vgl. Pkt. 3.1 DTV-VHV; zur Problematik des anwendbaren Rechts bei Multimodalverträgen, nach dem sich die Haftung für Güterschäden bestimmt, vgl. *Herber,* TranspR 2005, 59 m. w. N.; s. dazu auch BGH v. 29. 6. 2006, TranspR 2006, 466.

[1333] Vgl. Pkt. 3.5 DTV-VHV.

nungen gilt dies nur mit der Maßgabe, dass die Deckung auf den Betrag von 8,33 Sonderziehungsrechten je kg für den Güterschaden begrenzt ist[1334].

371   **e)** Soweit zulässig, kann die Haftung des Frachtführers, Spediteurs und Lagerhalters **vertraglich** abbedungen, begrenzt oder erweitert werden. Auch eine solche vertragliche Ausgestaltung ist grundsätzlich von der DTV-VHV gedeckt. Vorausgesetzt wird allerdings, dass der VR dem Einschluss solcher Vertragsklauseln in den Versicherungsschutz zugestimmt hat[1335]. Dies gilt nach den DTV-VHV für die **AGB** des VN im Allgemeinen (Pkt. 3.2), im Umfang des **§ 449 Abs. 2 Nr. 1 HGB** (Pkt. 3.3) sowie bei vom VN verwendetem **House Airway Bill** bzw. **House Bill of Lading** (Pkt. 3.10). Keiner solchen Zustimmung des VR bedarf es bei Verwendung eines FIATA Bill of Lading **(FBL)** bzw. eines Through Bill of Lading **(TBL),** wenn diese der von der FIATA verabschiedeten Form entsprechen (Pkt. 3.9)[1336].

3. Risikoausschlüsse

372   **a)** Auch die Risikoausschlüsse folgen dem **Bausteinprinzip,** können also im Einzelfall verwendet oder aber weggelassen werden. In der Fassung 2003 galt für die **Pflichtversicherung** – insb. nach § 7a GüKG – die Besonderheit, dass die Risikoausschlüsse nicht gelten sollten, soweit die (zwingenden) Pflichtversicherungsbestimmungen entgegenstanden[1337]. Dies war gerade mit Blick auf die umfassende Versicherungspflicht nach § 7a GüKG häufig der Fall. Aus der Sicht des Transparenzgebots sind derartige Klauseln bedenklich, weil dem Kunden die Abschätzung der rechtlichen Tragweite einer Klausel selbst überlassen bleibt (arg. Pkt. 6 DTV-VHV: „ … soweit nicht zwingende gesetzliche Vorschriften …"). Er muss ermitteln, inwieweit die Risikoausschlüsse in Pkt. 6 DTV-VHV den Pflichtversicherungsschutz aushöhlen und daher unwirksam sind. Es handelte sich somit im Bereich der Pflichtversicherung um eine salvatorische Klausel, die am Transparenzgebot scheiterte[1338]. In der Fassung 2008 findet sich dieser Hinweis auf zwingende gesetzliche Vorschriften des Pflichtversicherung nicht mehr[1339].

373   **b)** Die Risikoausschlüsse zerfallen in mehrere Untergruppen: Zuerst begegnen uns Ausschlüsse von nicht unmittelbar beherrschbaren Ursachen wie **Naturkatastrophen** (Erdbeben, Blitzschlag, Vulkanausbrüche und dgl.[1340]), **Krieg** und kriegsähnlichen Ereignissen[1341], **Streik** und ähnlichen Ereignissen[1342] sowie **Eingriffen von hoher Hand**[1343]. Seit der Fassung von 2005 sind auch Ausschlüsse vorgesehen hinsichtlich der Haftung verursacht durch die Verwendung von chemischen, biologischen, biochemischen Substanzen oder elektromagnetischen Wellen als Waffen mit gemeingefährlicher Wirkung[1344] sowie durch Kernenergie oder sonstige ionisierende Strahlung[1345]. Weiters knüpfen die Ausschlüsse an die Haftungs- und Versicherungslage nach Branchenüblichkeit bzw. – falls weiterreichend – beim VN an. So werden vertraglich übernommene Haftungen, die sich als **unüblich** darstellen, ebenso ausgenommen[1346], wie Risiken, die **üblicherweise** den Gegenstand einer **betriebsbezogenen Haftpflichtversicherung** bilden[1347]. Sollte der VN noch weitergehen-

---

[1334] Pkt. 3.11 DTV-VHV; vgl. § 431 Abs. 4 HGB und Art. 23 Abs. 7 CMR; siehe Heidelberger Kommentar/*Ruß,* § 431 Rn. 6.
[1335] So die wiederkehrend in Pkt. 3.2, 3.3, 3.10 DTV-VHV enthaltene Einschränkung.
[1336] Hierzu z. B. *Schneider,* S. 145 ff.
[1337] Siehe Pkt. 6 DTV-VHV.
[1338] Vgl. Münchener Kommentar BGB/*Basedow*[5], § 305 BGB Rn. 71.
[1339] Vgl. Pkt. 6 DTV-VHV 2003/2008.
[1340] Pkt. 6.1 DTV-VHV.
[1341] Pkt. 6.2 DTV-VHV; vgl. oben Rn. 69.
[1342] Pkt. 6.3 DTV-VHV; vgl. oben Rn. 72.
[1343] Pkt. 6.6 DTV-VHV; vgl. oben Rn. 73.
[1344] Pkt. 6.4 DTV-VHV.
[1345] Pkt. 6.5 DTV-VHV.
[1346] Siehe Pkt. 6.12 DTV-VHV.
[1347] Im Detail Pkt. 6.9 DTV-VHV.

den anderweitigen Versicherungsschutz genießen, so werden auch die dort umfassten Risiken vom Versicherungsschutz ausgenommen[1348]. Ausgenommen sind das Risiko der Haftung aus **Nichterfüllung** des Vertrages (Eigenschäden des VN)[1349], sowie die Haftung für **nicht zweckentsprechende** Verwendung, Weiterleitung oder Rückzahlung von Vorschüssen, Erstattungsbeiträgen etc.[1350]. Zuletzt werden **subjektive Risikoausschlüsse** formuliert: Hierher gehört zuallererst der Haftungsausschluss wegen **vorsätzlicher Herbeiführung**[1351] des Versicherungsfalls durch den VN oder einen Repräsentanten[1352]. Der Haftungsausschluss soll sich auch auf den Erfüllungsgehilfen des VN selbst erstrecken, soweit dieser vorsätzlich gehandelt hat[1353]. Diese Erstreckung leuchtet nicht ein: Der Erfüllungsgehilfe des VN ist nämlich kein Versicherter, sodass es eines Ausschlusses gar nicht bedarf. Ein Haftungsausschluss wäre insoweit sinnvoll, als sich der VN selbst als Erfüllungsgehilfe eines anderen Unternehmens haftbar macht. Gerade davon handelt die Bestimmung in Pkt. 6.20 DTV-VHV indessen nicht. Und auch eine zweite, sinnstiftende Variante adressiert die Klausel nicht. Gemeint ist der Fall, in dem der VN als Geschäftsherr für vorsätzliches Handeln seines Erfüllungsgehilfen einzustehen hat[1354]. In diesem Fall kann die Haftung des VR zunächst ausgeschlossen sein, wenn der Erfüllungsgehilfe Repräsentant des VN war, was aber bei gängigen Lebenssachverhalten nicht der Fall sein wird. Ferner ist zu beachten, dass der VN als Geschäftsherr für das Verschulden des Erfüllungsgehilfen einzustehen hat wie für sein eigenes[1355]. Insofern ist die Haftung des VN bei Vorsatz des Erfüllungsgehilfen eine Haftung für vorsätzliches Verhalten. Dies ändert aber nichts am bestehenden Versicherungsschutz, weil Pkt. 6.20 DTV-VHV nur das vorsätzliche Handeln des VN und seiner Repräsentanten ausnimmt. Pkt. 6.20 DTV-VHV bedarf also, soll ihm realer Sinn zukommen, einer redaktionellen Korrektur. Anderes gilt mit Blick auf den **Arbeitnehmer** des VN. Er ist durch Pkt. 2.2 DTV-VHV mitversichert. Konsequent wird daher auch ihm gegenüber die Haftung für vorsätzlich herbeigeführte Versicherungsfälle zurückgenommen[1356]. Zur Gruppe der subjektiven Ausschlüsse zählt auch Pkt. 6.15 DTV-VHV. Es geht um Haftungen, die Folge von **Mängeln im Betrieb** des VN sind[1357]. Vorausgesetzt wird allerdings, dass der VR die Behebung des Mangels binnen angemessener Frist bereits verlangt und auf den ansonsten eintretenden Risikoausschluss hingewiesen hat[1358]. Anzumerken ist, dass der BGH eine sehr ähnliche Klausel in den AHB als Obliegenheit und nicht als Risikoausschluss qualifiziert hat[1359].

[1348] Siehe Pkt. 6.10 DTV-VHV.

[1349] Pkt. 6.11 DTV-VHV.

[1350] Pkt. 6.14 DTV-VHV; vgl. OLG Hamburg v. 6. 8. 1998, TranspR 2000, 459.

[1351] Eine – nach AGB-Recht zulässige – Erstreckung des Haftungsausschlusses auf grobe Fahrlässigkeit findet nicht statt; zur Zulässigkeit OLG Düsseldorf v. 9. 1. 2002, TranspR 2002, 207; Saarländisches OLG v. 13. 7. 2005, TranspR 2007, 83 (84 ff.); zur Konsequenz für Fälle des Organisationsverschuldens *Ehlers,* VersR 2003, 1080 (1081 ff.).

[1352] Pkt. 6.20 DTV-VHV; nicht zu den Repräsentanten zählt der angestellte Fahrer eines Frachtführers vgl. BGH v. 17. 4. 1997, VersR 1998, 79 unter Verweis auf BGH v. 17. 12. 1964, VersR 1965, 149; sowie OLG Hamm v. 9. 12. 1992, VersR 1993, 1519 (1520); auch der im Unternehmen der Ehefrau angestellte Ehemann, der die Transporte durchführt, ist nicht Repräsentant; vgl. OLG Köln v. 17. 3. 1998, TranspR 2000, 474 = VersR 1999, 618;

[1353] Pkt. 6.20 DTV-VHV.

[1354] Pkt. 6.20 DTV-VHV spricht ausdrücklich nur von Ansprüchen gegen den Erfüllungsgehilfen selbst, nimmt also auf die Haftung des VN für den Erfüllungsgehilfen gerade keinen Bezug.

[1355] § 278 BGB.

[1356] Pkt. 6.21 DTV-VHV.

[1357] Pkt. 6.15 DTV-VHV.

[1358] Pkt. 6.15 DTV-VHV.

[1359] Vgl. BGH v. 29. 11. 1972, VersR 1973, 145 (146); konsequent wurde die Leistungsfreiheit an die Voraussetzungen des § 6 Abs. 1 und 2 VVG a. F. (nun § 28 VVG) gebunden.

VI. Prämienzahlungspflicht

374   Die DTV-VHV enthalten keine besondere Regelung betreffend die Prämienzahlungspflicht bzw. den Verzug. Pkt. 12 bestimmt lediglich, dass der VR die **Prämienanmeldungen**[1360], wie sie in der laufenden Versicherung üblich sind, durch Einsichtnahmen in die Geschäftsunterlagen überprüfen kann[1361]. Dadurch erlangtes Wissen darf der VR nicht weitergeben[1362].

VII. Obliegenheiten des Versicherungsnehmers

1. Obliegenheiten vor dem Versicherungsfall

375   Die DTV-VHV kennen eine Vielzahl von Obliegenheiten, die in solche **vor** und **nach** dem Versicherungsfall untergliedert werden. Die Obliegenheiten, welche der VN vor dem Versicherungsfall zu erfüllen hat, dienen allesamt der Verringerung der Gefahr bzw. der Vermeidung einer Gefahrerhöhung[1363]. Es handelt sich daher um Obliegenheiten, auf welche § 28 Abs. 3 VVG anzuwenden ist.

2. Obliegenheiten nach dem Versicherungsfall

376   **Nach** dem Versicherungsfall (vgl. §§ 28, 30, 31 VVG) hat der VN die auch anderswo bekannten Obliegenheiten zu erfüllen[1364]. Hierher zählen insbesondere die Abwendungs-, Minderungs-, Anzeige- und Auskunftspflicht[1365]; das Verbot, Ansprüche zu befriedigen bzw. anzuerkennen oder eigenmächtig Prozesse zu führen, den Regress des VR zu vereiteln[1366], Versicherungsansprüche abzutreten[1367].

Ein Anerkenntnis liegt in jeglicher „Handlung oder Äußerung des VN gegenüber dem Geschädigten, aus dem sich das Bewusstsein von dem Bestehen eines Anspruchs unzweideutig ergibt"[1368]. Unter Befriedigung versteht man „jede Leistung, die die Ansprüche des Dritten ganz oder teilweise erfüllt, nicht aber eine einseitige Verrechnung des Dritten vor ihrer Anerkennung durch den VN"[1369]. Nicht hierher zählt es, wenn der VN eine Verrechnung durch den Dritten aus Gründen wirtschaftlichen Drucks und nur unter Protest akzeptiert hat[1370].

[1360] Zur Qualität der Anmeldepflicht und zu den Rechtsfolgen vgl. BGH v. 17. 1. 2001, VersR 2001, 368 = TranspR 2002, 258.

[1361] Pkt. 12 DTV-VHV; bei mangelhafter Buchführung braucht der VN keine eidesstattliche Erklärung abzugeben; vgl. OLG München v. 18. 5. 1990, VersR 1991, 810; hierzu *Remé,* VersR 2001, 414 (415).

[1362] Pkt. 12 S. 2 DTV-VHV.

[1363] Im einzelnen siehe Pkt. 7.1.1 bis 7.1.13 DTV-VHV; gemäß der Rspr. des BGH v. 24. 5. 2000 TranspR 2002, 255 = VersR 2001, 969, wurde auch die Pflicht zur Verwendung verkehrssicherer Fahrzeuge als Obliegenheit ausgestaltet; zu den einzelnen Obliegenheiten siehe *Remé/Gercke,* in: Münchener Anwalts-Handbuch, § 10 Rn. 212 ff.; zur AGB-Kontrolle z. B. OLG Saarbrücken v. 18. 6. 2003, OLGR Saarbrücken 2003, 456; zur Obliegenheit des VN, für die Sicherung beladener Kraftfahrzeuge, Anhänger und Wechselbrücken/Container gegen Diebstahl oder Raub zu sorgen s. KG v. 13. 4. 2007, TranspR 2007, 256; s. auch Pkt. 7.1.4 DTV-VHV; zur Wirksamkeit einer in AVB vorgesehenen Obliegenheit des VN, das Fahrpersonal sorgfältig auszuwählen und sorgfältig zu überwachen s. Saarländisches OLG v. 13. 7. 2005, TranspR 2007, 83 (86 f.); vgl. auch Pkt. 7.1.10 DTV-VHV.

[1364] Im einzelnen siehe Pkt. 7.2.1 bis 7.2.7 DTV-VHV.

[1365] Zur Unterscheidung von Anzeige- und Auskunftspflicht (nach §§ 33, 34 VVG a. F., nun §§ 30, 31 VVG) ÖOGH v. 26. 6. 1986, TranspR 1988, 147 (149; für die CMR-Versicherung).

[1366] Zur Wahrung von Regressansprüchen OLG Bremen v. 11. 1. 2001, TranspR 2001, 166.

[1367] Eine Abtretung an den Geschädigten würde nämlich im Ergebnis zu Direktansprüchen gegenüber dem VR führen; vgl. BGH v. 12. 3. 1975, VersR 1975, 655.

[1368] ÖOGH v. 26. 6. 1986, TranspR 1988, 147 (150; für die CMR-Versicherung).

[1369] ÖOGH v. 26. 6. 1986, TranspR 1988, 147 (150; für die CMR-Versicherung).

[1370] ÖOGH v. 26. 6. 1986, TranspR 1988, 147 (150; für die CMR-Versicherung).

3. Sanktion für Obliegenheitsverletzungen

Als Sanktion für Obliegenheitsverletzungen sieht Pkt. 7.3 DTV-VHV die **Leistungsfrei-** 377 **heit** des VR vor[1371]. Diese orientiert sich grundsätzlich an der gesetzlichen Regelung in § 28 VVG. Die Leistungsfreiheit tritt bei vorsätzlichen und grob fahrlässigen Verstößen wie nun auch nach der gesetzlichen Regelung des § 28 VVG auch **ohne Kündigung** ein[1372]. Mit der Änderung der gesetzlichen Regelung stellt sich die Problematik der Inhaltskontrolle dieser Regelung anders als unter der Geltung des § 6 Abs. 1 S. 2 und 3 VVG a. F. nicht mehr[1373]. Nach Pkt. 7.3.2 DTV-VHV ist der VR bei Verletzung einer nach Eintritt des Versicherungs-falles bestehenden Auskunfts- oder Aufklärungsobliegenheit abweichend von § 28 Abs. 4 VVG auch ohne gesonderte Mitteilung von der Leistung befreit. Diese Befreiung von der Mitteilungspflicht nach § 28 Abs. 4 VVG ist zwar nicht ganz unproblematisch, dürfte jedoch aufgrund der nach § 210 VVG erweiterten Privatautonomie[1374] – die DTV-VHV ist eine lau-fende Versicherung – einer Inhaltskontrolle nach den §§ 305 ff. BGB standhalten.

4. Repräsentantenhaftung

Der VN hat für Obliegenheitsverletzungen seiner Repräsentanten einzustehen. Der im 378 Unternehmen der Ehefrau angestellte **Ehemann,** welcher die Transporte tatsächlich durch-führt ist **nicht Repräsentant**[1375]. Ganz generell wird der **angestellte Fahrer nicht** zu den Repräsentanten gezählt[1376].

VIII. Dauer der Versicherung

1. Formelle Dauer

a) VR und VN haben ein **ordentliches Kündigungsrecht**[1377]. Die Kündigung muss in 379 Textform und zum Ende des laufenden Versicherungsjahres erfolgen. Die Kündigungsfrist beträgt drei Monate, wobei es auf den Zugang der Kündigungserklärung beim Vertragspart-ner ankommt.

b) Im Schadensfalle haben VR und VN ein **außerordentliches Kündigungsrecht** (Pkt. 380 13.2 DTV-VHV). Dieses weicht vor allem insofern von § 111 VVG ab, als dass dieses Kündi-gungsrecht nicht von weiteren Bedingungen abhängig ist.

2. Materielle Dauer

Endet die formelle Dauer, so wirkt sich dies noch nicht unmittelbar auf die materielle 381 Dauer, also die Zeitspanne, in der Versicherungsschutz gewährt wird, aus. Gemäß Pkt. 13.3 DTV-VHV bleibt der Versicherungsschutz vielmehr bis zur vollständigen Erfüllung aller Ver-kehrsverträge erhalten, die vor dem formellen Versicherungsende bereits geschlossen waren **(Nachhaftung).** Bei verfügten Lagerungen soll dies allerdings nur bis maximal einen Monat nach Vertragsbeendigung gelten.

[1371] Eine solche Sanktion hat der BGH ausnahmsweise nach § 242 BGB auch ohne Sanktionsvereinba-rung angenommen, wenn der VN tragende Obliegenheiten grob verletzt; BGH v. 14. 10. 1987, TranspR 1988, 30.

[1372] Pkt. 7.3.1 DTV-VHV.

[1373] Siehe hierzu noch BGH v. 1. 12. 2004, TranspR 2005, 83 (85 f.) = VersR 2005, 266 (268 f.); OLG Frankfurt/M. v. 8. 12. 2004, VersR 2006, 115 (116); OLG Hamburg v. 17. 10. 2005, TranspR 2007, 258 (260 f.).

[1374] § 32 S. 1 VVG gilt also nicht.

[1375] Vgl. OLG Köln v. 17. 3. 1998, TranspR 2000, 474 = VersR 1999, 618; zum Repräsentantenbegriff auch oben Rn. 149; s. auch *Veith/Gräfe/Hoeft,* § 6 Rn. 345 ff.

[1376] BGH v. 17. 4. 1997, VersR 1998, 79 (für den subjektiven Herbeiführungsausschluss); OLG Frank-furt/M. v. 8. 12. 2004, VersR 2006, 115, das eine eigene Obliegenheitsverletzung des VN bejaht, weil er den Fahrer mangelhaft belehrt hat; ein mitversichertes Unternehmen ist ebenfalls nicht Repräsentant des VN, vgl. BGH v. 29. 1. 2003, NJW-RR 2003, 600.

[1377] Pkt. 13.1 DTV-VHV.

IX. Versicherte Schäden

1. Grundsatz: Freistellung und Rechtsschutz

382   Zur Leistungspflicht des VR zählen zunächst die **Freistellung** des VN (bzw. Vtn) von begründeten Schadensersatzansprüchen sowie die **Abwehr** unbegründeter Ansprüche[1378]. Insofern entspricht die Regelung § 100 Abs. 1 VVG[1379].

2. Aufwendungs- und Kostenersatz

383   a) Der VR ersetzt dem VN diverse Aufwendungen und Kosten. Hierher zählen zunächst Aufwendungen zur **Abwendung** bzw. **Minderung** des **Schadens**[1380]. Zu den Schadensminderungskosten zählen auch die Auslagen nach Pkt. 4.4 DTV-VHV: Werden infolge einer Fehlleitung Mehrkosten für die Beförderung aufgewandt, um einen versicherten Schaden zu vermeiden, dann ersetzt der VR diese Kosten. Die Haftung des VR ist mit einer Summe begrenzt, die durch einen zu vereinbarenden Prozentsatz des Wertes des Gutes bemessen ist. Auch Pkt. 4.3 DTV-VHV gehört hierher: Ihm zufolge ersetzt der VR dem VN die Beiträge zur **großen Haverei,** soweit durch die Haverei-Maßregel ein versicherter Schaden (also ein Haftpflichtfall) abgewendet werden sollte.

384   b) Der VR ersetzt ferner **Bergungs-, Vernichtungs-** und **Beseitigungskosten,** die der VN aufgrund gesetzlicher oder behördlicher Anordnung mit Blick auf das beschädigte Gut aufzuwenden hat und soweit nicht anderweitiger Versicherungsschutz besteht[1381].

385   c) Der VR ersetzt schließlich die **Prozess-** und **vorprozessualen Kosten** des VN[1382].

3. Ausgenommene Schäden

386   a) Von der Ersatzpflicht des VR ausgenommen sind Haftpflichtverbindlichkeiten des VN mit Blick auf bestimmte Rechtsgüter. Hierher zählen alle **Personenschäden**[1383], Schäden an **lebenden Pflanzen** und **Tieren**[1384] sowie an **Umzugsgut, Wertgegenständen** (Kunstgegenständen, Antiquitäten, Edelmetallen, Edelsteinen, echten Perlen, Geld, Valoren), **Dokumenten** und **Urkunden**[1385].

387   b) Ausgenommen sind ferner Schäden aus **Charter-** und **Teilcharterverträgen** im Zusammenhang mit der Güterbeförderung zu Schiff, durch die Eisenbahn bzw. Luftfahrzeuge[1386].

388   c) Nicht ersetzt werden Ansprüche mit **strafähnlichem Charakter:** Geldstrafen, Verwaltungsstrafen, Bußgelder, Erzwingungs- und Sicherungsgelder und sonstige Zahlungen mit Buß- und Strafcharakter[1387]. Eigens genannt werden Entschädigungen mit Strafcharakter, insbesondere punitive bzw. exemplary damages nach US-amerikanischem und kanadischem Recht[1388].

[1378] Pkt. 4.1 DTV-VHV; ob der VR in besonderen Situationen (Aufrechnung seitens des Geschädigten) auch einen Aktivprozess führen muss ist str.; vgl. *Roesch,* VersR 1977, 113, der die Frage bejaht.

[1379] Vgl. in diesem Zusammenhang *Römer/Langheid/Langheid,* § 149 VVG Rn. 23 und 24; Berliner Kommentar/*Baumann,* § 149 VVG Rn. 6ff.; *Prölss/Martin/Voit,* § 149 VVG Rn. 2ff.

[1380] Pkt. 4.2 erster Spiegelstrich DTV-VHV.

[1381] Pkt. 4.5 DTV-VHV.

[1382] Pkt. 4.2 zweiter Spiegelstrich DTV-VHV.

[1383] Pkt. 6.19 DTV-VHV.

[1384] Pkt. 6.8 DTV-VHV.

[1385] Pkt. 6.7 DTV-VHV.

[1386] Pkt. 6.16 DTV-VHV.

[1387] So allgemein Pkt. 6.13 DTV-VHV.

[1388] Pkt. 6.17 DTV-VHV.

X. Berechnung der Ersatzleistung

1. Begrenzungen der Ersatzleistung

a) Die Leistung des VR ist jedenfalls mit der **Versicherungssumme** begrenzt. Die DTV-   **389**
VHV differenzieren hier allerdings, indem sie Haftungsmaxima pro **Schadensfall, Scha-**
densereignis und **Jahr** einführen[1389].

b) Unter einem **Schadensfall** verstehen die DTV-VHV die Ansprüche eines Geschädig-   **390**
ten aus einem Verkehrsvertrag[1390]. Wurden mehrere geschädigt, so gilt die Entschädigungsgrenze für jeden Anspruchsberechtigten gesondert. Dasselbe gilt, falls ein einzelner Geschädigter Ansprüche aus verschiedenen Verkehrsverträgen mit demselben VN hat. Die
Entschädigungsgrenze wird für jeden Verkehrsvertrag einzeln und individuell vereinbart. Die
DTV-VHV geben hier keine Werte vor.

c) Unter einem **Schadensereignis** verstehen die DTV-VHV die Ansprüche aller Ge-   **391**
schädigten aus allen Verkehrsverträgen mit dem VN, die von einem einheitlichen Ereignis
herrühren[1391]. Auch das Maximum der Ersatzleistung pro Schadensereignis wird individuell
vereinbart. Sollte das Maximum nicht für alle Schadensfälle ausreichen, so werden die Ersatzleistungen anteilig (und zwar im Verhältnis der Ansprüche zueinander) gekürzt[1392].

d) Alle Ersatzleistungen eines **Versicherungsjahres** werden ferner durch ein Jahresmaxi-   **392**
mum begrenzt. Auch dieses wird individuell vereinbart[1393].

e) Eine besondere Begrenzung des **Jahresmaximums** kennt Pkt. 8.3.2 DTV-VHV bei   **393**
Haftung für **qualifiziertes Verschulden** des VN[1394]. Darunter verstehen die DTV-VHV
einen Haftungsfall, den der VN, sein gesetzlicher Vertreter oder leitender Angestellter durch
Leichtfertigkeit und im Bewusstsein, dass ein Schaden mit Wahrscheinlichkeit entstehen
werde, herbeiführt[1395]. Qualifiziertes Verschulden liegt nach den DTV-VHV auch dann vor,
wenn Kardinalpflichten verletzt werden oder der Schaden durch ein grobes Organisationsverschulden herbeigeführt wird. Die Haftungshöchstsumme für derartige Schäden ist wiederum
individuell zu vereinbaren. Der in vorigen Fassungen der DTV-VHV in Pkt. 8.3.2 DTV-
VHV enthaltene Hinweis, dass die Pflichtversicherungserfordernisse von dieser Haftungsbegrenzung unberührt bleibe, ist ersatzlos entfallen.

2. Selbstbehalt

Die DTV-VHV sehen auch Selbstbehalte des VN vor **(Schadensbeteiligung**[1396]**).** Dabei   **394**
unterscheiden sie einen allgemeinen Selbstbehalt[1397] und die Schadensbeteiligung für
Manko- und Fehlmengenschäden[1398].

XI. Regress des Versicherers

Pkt. 10.1 DTV-VHV schränkt den Regress des VR gegen den VN und dessen Arbeitneh-   **395**
mer auf **vorsätzliche Handlungen** ein. Das versteht sich von selbst, weil bei vorsätzlichem
Handeln kein Versicherungsschutz besteht[1399]. Daneben wird ein Regressrecht eingeräumt,

---

[1389] Pkt. 8 DTV-VHV.
[1390] Pkt. 8.1 DTV-VHV.
[1391] Vgl. Pkt. 8.2 DTV-VHV.
[1392] Pkt. 8.2 DTV-VHV.
[1393] Zu alledem Pkt. 8.3.1 DTV-VHV.
[1394] Zu Problemen dieser Begrenzung insbesondere im Hinblick auf § 7a GüKG *Häusser/Abele*,
TranspR 2003, 8 (12); *Thume/de la Motte/Kollatz*, Kap. 6 Rn. 24, wo darauf hingewiesen wird, dass die
VR auf Grund der praktischen Schwierigkeiten teilweise auf die Vereinbarung der Klausel verzichten.
[1395] Insofern entspricht die Definition dem § 435 HGB; vgl. auch Pkt. 27.2 ADSp.
[1396] Pkt. 9 DTV-VHV.
[1397] Pkt. 9.1 DTV-VHV.
[1398] Pkt. 9.2 DTV-VHV.
[1399] Siehe Pkt. 6.20 und 6.21 DTV-VHV.

falls der VR trotz Leistungsfreiheit gegenüber dem VN dem geschädigten Dritten gegenüber zur Leistung verpflichtet bleibt[1400].

XII. Internationales Privat- und Verfahrensrecht

1. Rechtswahl- und Gerichtsstandsklausel

396   Die DTV-VHV enthalten sowohl eine Rechtswahl- als auch eine Gerichtsstandsklausel. Die **Rechtswahlklausel** verweist auf deutsches Recht, insbesondere das VVG[1401]. Die **Gerichtsstandsklausel** unterscheidet Aktivklagen des VR und solche des VN. Klagt der VR gegen den VN so soll das Gericht am Ort der Niederlassung oder des Sitzes des VN zuständig sein[1402]. Der VR hat hier also ein Wahlrecht, ob er seine Klage am Sitz oder an der vertragsbezogenen Niederlassung des VN einbringt. Für Klagen des VN gegen den VR soll das Gericht am Ort der zuständigen geschäftsführenden Stelle des VR zuständig sein[1403]. Gemeint ist der Gerichtsstand der Agentur (vormals § 48 VVG a. F.). Der allgemeine Gerichtsstand am (Wohn-)Sitz des VR soll offenbar nicht zur Verfügung stehen. Diese Gerichtsstandsklausel regelt ihrem Wortlaut nach nur die örtliche Zuständigkeit, entscheidet damit aber indirekt zugleich über die internationale Zuständigkeit.

2. Wirksamkeit der Gerichtsstandsklausel?

397   **a)** Für Versicherungsverträge herrscht gemäß Art. 13 Nr. 5 EuGVVO dann Freiheit der Gerichtsstandswahl, wenn es sich um ein in Art. 14 EuGVVO genanntes Risiko handelt. Hierzu gehört die Haftung des Frachtführers im Straßenverkehr ebenso wenig wie jene des Spediteurs und Lagerhalters[1404]. Die Gerichtsstandsklausel ist daher im internationalen Rechtsverkehr (bei Anwendbarkeit der EuGVVO) **unwirksam**, insoweit sie die gesetzlichen Gerichtsstände für Klagen gegen den VR einschränkt bzw. für Klagen gegen den VN ausweitet (Gerichtsstandsklauseln **zuungunsten des VN**). Das ist in Pkt. 14.2 DTV-VHV nicht der Fall, weil für Klagen des VR auch nach dem EuGVVO die Gerichte des Wohnsitzstaates des Beklagten und des Staates der vertragsrelevanten Niederlassung international zuständig sind. Pkt. 14.2 DTV-VHV ist jedoch europarechtskonform, also im Sinne der Zuständigkeitsregelungen der Art. 12 und 5 Nr. 5 EuGVVO zu interpretieren. Dabei sind die Optionen des VR, welche Art. 12 EuGVVO dem VR zusätzlich einräumt, wirksam abbedungen, weil die engere Formulierung in Pkt. 14.2 zugunsten des VN wirkt.

398   **b)** Pkt. 14.3 DTV-VHV kann demgegenüber nur als **Wahlgerichtsstand** aufgefasst werden, weil die Klausel ansonsten die Zuständigkeiten nach der EuGVVO zuungunsten des VN abbedingen würde. Dies gilt nicht, wenn VR und VN im Vertragsschlusszeitpunkt ihren Wohnsitz oder gewöhnlichen Aufenthalt beide in Deutschland haben und der Gerichtsstand des Schadensortes abbedungen werden sollte. Insofern ist die Klausel wirksam, wenn das Recht des Staates, in dem das schädigende Ereignis eingetreten ist, eine solche Vereinbarung zulässt[1405].

399   **c)** Die vorstehenden Ausführungen betreffend die Unwirksamkeit der Gerichtsstandsklausel gelten ferner dann nicht, wenn die **EuGVVO nicht anwendbar** ist[1406], der **VN** seinen Wohnsitz **nicht in einem Mitgliedstaat** hat[1407] oder aber der VN die Kriterien für **Groß-**

[1400] Pkt. 10.2 DTV-VHV.

[1401] Pkt. 14.1 DTV-VHV.

[1402] Pkt. 14.2 DTV-VHV.

[1403] Pkt. 14.3 DTV-VHV.

[1404] Sie werden weder in Art. 14 Nr. 1–4 EuGVVO noch in den durch Art. 14 Nr. 5 EuGVVO in Bezug genommenen EG-Richtlinien erwähnt.

[1405] Art. 13 Nr. 3 EuGVVO.

[1406] Indem es hier um die Regelung der Klagen des VN gegen den VR geht und die DTV-VHV von deutschen VR verwendet werden, ist dieser Falls praktisch auszuschließen.

[1407] Dabei ist zu beachten, dass in Dänemark die ähnlichen Beschränkungen des EuGVÜ, in Polen, Norwegen, Island und der Schweiz jene des LGVÜ gelten.

risiken erfüllt[1408]. Hierfür muss der VN einer Haftpflichtversicherung mindestens zwei der folgenden drei Kriterien erfüllen: Bilanzsumme € 6,2 Mio.; Nettoumsatz € 12,8 Mio.; durchschnittliche Beschäftigtenzahl im Verlauf des Wirtschaftsjahres 250.

3. Wirksamkeit der Rechtswahlklausel?

a) Die Wirksamkeit der Rechtswahlklausel kann nach den **Art. 27 ff. EGBGB oder** den   **400** **Art. 7 ff. EGVVG** zu beurteilen sein. Die Art 7 ff. EGVVG kommen zur Anwendung, wenn das Risiko innerhalb des EWR belegen ist. Art. 7 Abs. 2 EGVVG definiert die Belegenheit des Risikos, wobei für die Haftpflichtversicherung des Frachtführers insb. Nr. 4 zu beachten ist. Handelt es sich beim VN demnach um eine natürliche Person, so kommt es auf deren gewöhnlichen Aufenthalt an. Ist der VN eine juristische Person, so kommt es auf den Ort des Unternehmens, der Betriebsstätte oder der entsprechenden Einrichtung an.

b) Sollte demnach das **EGBGB** anwendbar sein, so wäre die **Rechtswahl wirksam,** weil   **401** Art. 27 EGBGB den Parteien Autonomie einräumt und Rechtswahlbeschränkungen nicht entgegenstehen.

c) Im Anwendungsbereich des **EGVVG** ist die **Rechtswahl** der Parteien **beschränkt.**   **402** **Freie** Rechtswahl genießt der **Frachtführer** im Straßenverkehr gemäß Art. 10 Abs. 1 S. 2 EGVVG i. V. m. Nr. 10b der Anlage Teil A zum VAG. In Verträgen mit Frachtführern ist Pkt. 14.1 DTV-VHV sohin wirksam. Anderes gilt grundsätzlich bei Verträgen mit Spediteuren und Lagerhaltern. Ihnen kommt – es sei denn, sie erfüllen die Kriterien für Großrisiken i. S. d. Art. 10 Abs. 1 S. 2 Nr. 3 EGVVG[1409] – nur beschränkte Rechtswahl zu. Im Rahmen der beschränkten Rechtswahlmöglichkeiten könnten im Einzelfall Art. 10 Abs. 2 und 3 sowie Art. 9 Abs. 2 und 3 EGVVG die Rechtswahl rechtfertigen. **Im Übrigen** aber ist sie **unwirksam** und es folgt gem. Art. 8 EGVVG die Anwendung des Rechts des Staates, in dem das **Risiko belegen** ist[1410].

K. Haftpflichtdeckung des Luftfrachtführers

Literatur: *Frings,* Luftfahrt-Haftung und Versicherung, Köln 1985; *Kadletz,* Haftung und Versicherung im internationalen Lufttransportrecht, Frankfurt a. M. 1998.

Werden Güter zur **Luft** transportiert, so ist die Haftung des Frachtführers von den DTV-   **403** VHV nicht umfasst[1411]. Die Haftung des Luftfrachtführers wird in Deutschland nach den Luftfahrt Haftpflichtversicherungs-Bedingungen (Luftfahrzeughalter, Luftfrachtführer) DLP 300/01 gedeckt[1412]. Eine Versicherungspflicht besteht nicht[1413].

[1408] Vgl. Art. 14 Nr. 5 EuGVVO i. V. m. Art. 5 lit. d) Nr. iii 1. RL-Schaden (i. d. F. Art. 5 2. RL-Schaden); die RLen sind z. B. abgedruckt bei *Prölss/R. Schmidt,* VAG[11], München 1997, 1270 (1. RL-Schaden) und 1318 (2. RL-Schaden).

[1409] Zu den Kriterien schon oben Rn. 399.

[1410] Zur Belegenheit des Risikos schon oben Rn. 400.

[1411] Und zwar mangels abweichender Vereinbarung auch dann nicht, wenn ein nach den DTV-VHV VN der VN diese Transporte im Selbsteintritt durchführt; siehe Pkt. 1.3 DTV-VHV.

[1412] S. dazu *Thume/de la Motte/Mühlbauer,* Kap. 5 Rn. 33–62; vgl. zu der früheren Deckung nach den AHB zusammen mit den Besonderen Bedingungen für die Luftfahrzeughalter- und Luftfrachtführer-Haftpflichtversicherung *Kadletz,* S. 19 ff.

[1413] Das Warschauer Abkommen, die EG-Verordnung über die Haftung von Luftfahrtunternehmen bei Unfällen (ABl. 1997 Nr. L 285/1) und das LuftVG samt LuftVZO enthalten keine auf die Güterbeförderung bezogene Versicherungspflicht.

§ 39. Kredit- und Kautionsversicherung

Inhaltsübersicht

Literatur: *Bergeest,* Warenkreditversicherung und Zahlungsunfähigkeit, DB Special Beilage Nr. 14/90; *ders.,* Die Vertrauensschadenversicherung in ihren modernen Erscheinungsformen, Diss. Hamburg, 1981; *Bethge,* 75 Jahre Hermes Kreditversicherungs-AG, Hamburg, 1991; *Bödeker,* Staatliche Exportkreditversicherungssysteme, Berlin u. a., 1992; *Bülow,* Recht der Kreditsicherheiten, 6. Aufl., Heidelberg, 2003; *Deutsch,* Das neue Versicherungsvertragsrecht, 6. Aufl. 2008; *Dreher,* Die Kautionsversicherung im System des Privatversicherungsrechts, VersR 2007, 731; *Farny,* Versicherungsbetriebslehre, 3. Aufl. Karlsruhe 2000; *Fortmann,* Die Investitionsgüterkreditversicherung, Diss. Hamburg 1989; *Gramlich,* Richtlinien für die Übernahme von Ausfuhrgewährleistungen, in: *Hohmann/John* (Hrsg.), Ausfuhrrecht, 2002, Teil 6, S. 2408; *Greuter,* Die staatliche Exportkreditversicherung, 6. Aufl. 2000; *Grossmann/Mönnich,* Warranty&Indemnity Insurance. Die Versicherbarkeit von Garantierisiken aus Unternehmenskaufverträgen, VW 2003, 652, 654; *Hasselbach/Reichel,* Die Gewährleistungsversicherung als Risikominimierungsmodell bei Private-Equity-Transaktionen und sonstigen Unternehmenskäufen, ZIP 2005, 277; *Herrmann H.,* Grundlehren BGB/HGB, Bd. 1, 3. Aufl., Nürnberg, 2006; *ders.,* Ist der VVG-Reformvorschlag zum Recht der Obliegenheiten europarechtskonform, VersR 2003, 1333–1343; *ders.,* Wirtschaftsprivatrecht BGB/HGB I und II für Bachelor-Studiengänge, 2007; *Herzfelder,* Geschichte der Kreditversicherung, 1903; *Hübner U.,* Verhaltensabhängige Risikoausschlüsse und verhüllte Obliegenheiten, VersR 1978, 981; *Ihlas,* Stand und Entwicklungsmöglichkeiten der Vertrauensschadenversicherung, VersR 1994, 898; *Janus,* Ausfuhrgarantien und Ausfuhrbürgschaften des Bundes in: *Schimansky/Bunte/Lwowski,* Bankrechtshandbuch, Bd. 3, 2. Aufl. 2001, § 122; *Karrer,* Elements of credit insurance, London 1957; *Koch,* Die Vertrauensschadensversicherung in ihrer aktuellen Erscheinungsform, VersR 2005, 1192; *Kossen,* Die Kautionsversicherung, 1996; *Lechner,* Der Londoner Markt im Umbruch, SIGMA-Heft der Swiss Re 2/2002; 2003; *Lorenz,* Der subjektive Risikoausschluss durch § 61 VVG und die Sonderregelung in § 152 VVG, VersR 2000, 1; *Leverenz,* Vertragsschluss nach der VVG-Reform, 2008; *Lwowski/Scholz,* Das Recht der Kreditsicherung, 8. Aufl. 2000; *Lwowski/Merkel,* Das Recht der Kreditsicherheiten, 8. Aufl. 2003; *Marlow/Spuhl,* Das neue VVG kompakt, 3. Aufl. 2008; *Meiners Frank,* Vertrauensschadenversicherung in: v. Bühren (Hrsg.), Hdb. Versicherungsrecht, 2. Aufl. 2003, S. 1645 ff.; *Meyer B. H.,* Die Kreditversicherung, 4. Aufl. 1997; *ders./Querner,* Internationalisierung der Kreditversicherung, VW 1997, 1138; *Michels,* Vertragsfreiheit und Kündigungsrecht in der Benannten Warenkreditversicherung, VersR 1977, 1082; *Neuhaus,* Zwischen den Jahrhundertwerken – Die Übergangsregeln des neuen VVG, r+s 2007, 44; *Neuhaus/Kloth,* Praxis des neuen VVG, Arbeitsbuch für Versicherer und Vermittler, 2007; 2. Aufl. 2008 (i. Erscheinen); *Präve,* Auf dem Weg zu einem neuen Vertragsrecht. Anmerkungen zu den VVG-Entwürfen des Bundesjustizministeriums, VW, 2002, 1836–1841; 1934–1937; *Pörschke,* Die private Ausfuhrkreditversicherung, Diss. Hamburg 1991; *Proske,* Die Kautionsversicherung in der Insolvenz des Unternehmers, ZIP 2006, 1035; *Reinicke/Tiedtke,* Kreditsicherung, 3. Aufl. 1994; *Scheibe/Moltrecht/Kuhn,* Garantien und Bürgschaften, Ausfuhrgewährleistungen des Bundes und Rechtsverfolgung im Ausland, Loseblatt; *Schmidt R.,* Anm. BGH MDR 1956, 288, in MDR 1956, 291; *Schmidt/Laster,* Kredit- und Kautionsversicherung: Instrumente zum Ausgleich von Verpflichtungen, www.swissre.com unter research & publications–sigma.dom No. 6/2006; *dies.* Credit insurance and surety: solidifying comitments, Sigma 6/2006; *Schnedelbach,* Das Recht der Kreditversicherung, Leipzig, 1970; *Sieg,* Investitionsgüterkreditversicherung in Deutschland, BB 1997, 2066; *Schneider, W.,* Vertrauensschadenversicherung in: *Terbille* (Hrsg.), Münchener Anwalts-Hdb. Versicherungsrecht, 2004, § 29, S. 2285 ff.; *Schwintowski/Schäfer,* Bankrecht, Köln u. a. 1997; *Sieg,* Investitionsgüterkreditversicherung in Deutschland, BB 1997, 2066; *Wagner P. R.,* Die Kreditversicherung, Frankfurt am Main, 1985; *ders./Pütz,* Private Exportkreditversicherung in Deutschland, in: FS C. Zimmerer, München 1997; *Weipert,* Die Teilzahlungskreditversicherung und die Warenversicherung bei Abzahlungsgeschäften, Diss. Hamburg, 1966; *v. Wick/Feldmann,* Kredit- und Kautionsversicherung – Stand und neuere Entwicklungen I-III, VW 1997, 1132 ff., 1212 ff. 1287 ff.; *dies.,* Neue Rahmenbedingungen für die Kredit- und Kautionsversicherung, 1998; *dies.,* in: *Terbille* (Hrsg.), Münchener Anwalts-Hdb., Versicherungsrecht, 2004, § 28 S. 2233 ff.; *Wilke,* Die Grenzen des Risikoausschlusses im Privatversicherungsrecht, Diss. Köln 1976; *Wittchen,* Die Warenkreditversicherung, Karlsruhe, 1995.

A. Warenkreditversicherung als Prototyp und Rechtsgrundlagen

I. Gegenstand und Sparten

Wesentlich für Kreditversicherung ist, dass der VR das Ausfallrisiko für Forderungen des 1 VN gegen Dritte aus Warenlieferungen, Werk- oder Dienstleistungen ganz oder teilweise übernimmt (§ 1 AVB Warenkredit[1]). Ausfall i. S. d. Kennzeichnung bedeutet Zahlungsunfähigkeit oder Nicht-Zahlung unter im VV bestimmten Bedingungen. Seit 1990 besteht keine Spartentrennung mehr[2], doch ist wegen der Gefährlichkeit des Geschäfts nach § 6 Abs. 4 S. 1, 2 VAG i. V. m. Nr. 14/15 der Anlage zum VAG eine besondere Zulassung erforderlich.

Die zunehmende Internationalisierung stellt die auffälligste Entwicklung der neueren Zeit dar und unterstreicht zugleich, wie sehr dieser Versicherungstyp mit der allgemeinen grenz-

---

[1] AVB-WKV von Euler-Hermes 1999i. d. F. 2003, Internetversion eulerhermes.com v. 12. 1. 2008; ebenso die 1999er Version von Gerling; so veröff. auf der Internet-Seite Gerling Speziale Kreditversicherungs-AG unter www.impqct-online.com/public/de/news/rechtliches/gerling_Agb.html (20. 1. 2007); Buchversionen bei *Wittchen,* Die Warenkreditversicherung, S. 284 ff. mit zugehörigen Spezialklauseln, S. 289 ff.; AVB-AKV 1988 in *Pörschke,* Ausfuhrkreditversicherung, S. 145 ff.; zu Bedingungswerken der staatlichen Exportkreditversicherungen s. *Scheibe/Moltrecht/Kuhn,* Garantien und Bürgschaften, Loseblatt; *Bödeker,* Exportkreditversicherungssysteme, 1992, S. 408 ff. Jeweils wurden die aktuellen Versionen von Euler-Hermes und Atradius (ex Gerling) verglichen und nur bei Abweichungen angegeben, ob Gerling oder Hermes-Bedingungen gemeint sind.

[2] Vgl. VerBAV 1996, 136.

übergreifenden Ausweitung internationaler Märkte verbunden ist[3]. In internationalen Konzernen kommt bereits heute die Delegation der Managementverantwortung an vormalige Töchter vor, so dass sich immer häufiger die Frage nach Ausstellung von Kreditversicherungspolicen an die betreffenden ausländischen Konzernunternehmen stellt (z. B. Masterpolice bei ausl. Vertriebsgesellschaft)[4].

2   Die Begrenzung auf das Warengeschäft und auf Dienstleistungen diente ursprünglich der Abgrenzung vom **banktypischen Kreditsicherungsgeschäft.** Doch sind die Grenzen heute fließend geworden. Forderungen aus vielfältigen Dienst-, Werk-, Miet- und Pachtverträgen, wie Speditions-, Montage-, Textilveredelungs- und Ausrüstungsverträgen, werden durch Kreditversicherung abgesichert[5]. Aber das klassische Bankgeschäft des Finanzkredits ist nach wie vor kein typischer Gegenstand der Kreditversicherung[6]. Im Zuge der immer wieder neu ansetzenden Trends zu Allfinanz-Dienstleistungen[7] mag auch diese (sachliche) Marktabgrenzung keine dauerhafte sein. Doch hat sich die fachliche Arbeitsteilung zwischen Banken und Versicherungen in der schon etwas über 100 Jahre andauernden Geschichte der Kreditversicherungswirtschaft als deutlich überlegen erwiesen[8].

3   Erste Ansätze reichen zwar bis **Mitte des 19. Jahrhunderts** zurück, als v. a. in Frankreich Anfangserfolge mit Kreditversicherung erzielt wurden[9]. Doch scheiterten diese Versuche in erster Linie daran, dass man sich – bankähnlich – zu weitgehend in der Sanierung notleidender Kredite engagierte. In den 80er und 90er Jahren ereilte einige englische Kreditversicherung das gleiche Schicksal, da man hier noch dem Prinzip voller Schadensabdeckung folgte und deshalb zu wenig Anreize zur Schadensverhütung und Schadensminderung beim VN setzte[10]. Erst um die Jahrhundertwende kam es dann zur Entwicklung moderner Kreditversicherungsformen in den USA, Deutschland[11], Österreich und der Schweiz. Die American Credit Indemnity Company wurde 1893 gegründet[12], im Jahr 1906 die Eidgenössische Versicherungs-AG, Zürich. Erste deutsche Gründungen scheiterten zunächst am Zusammenbruch der Wirtschaft nach dem 1. Weltkrieg[13], und es kam zu einer nachhaltigen Entwicklung eigentlich erst nach dem 2. Weltkrieg[14].

---

[3] Vgl. *Meyer/Querner,* VW 1997, 1138 ff.

[4] Vgl. *Meyer,* Kreditversicherung, S. 81 f.; näher s. u. zu A. II, Rn. 7 f.

[5] Vgl. *Meyer,* Kreditversicherung S. 26; s. auch die Versicherung eines Darlehensgebers für eine Kfz.-Kauffinanzierung auf den Fall der Arbeitslosigkeit bzw. Tod des Käufers in BGH, Urteil v. 11. 5. 2005, Az. IV ZR 25/04, VersR 2005, 976, dazu näher unten Rn. 32; OLG Dresden, Urteil v. 30. 6. 2005, Az. 4 U 232/05, VersR 2006, 61; 495.

[6] Auch die Kautionsversicherung bezieht sich gewöhnlich nicht auf Finanzkredite, sondern auf spezielle Sicherungsnachfragen, wie Absicherungen im Baugewerbe, Anlagen- und Maschinenbau; näher s. u. zu E.

[7] Vgl. nur *Farny,* Versicherungsbetriebslehre, S. 352 ff. m. w. N.

[8] Auf einer anderen Ebene liegen die Konzernverbindungen beider Wirtschaftszweige. Dafür sei aus der Kreditversicherung die Verflechtung des weltweiten Marktführers Euler-Hermes Kreditversicherungs-AG über deren Konzernmutter Allianz SE mit der Dresdner Bank angeführt. Die Swiss Re ist mit 25 % beim zweitgrößten Kreditversicherer, der Atradius Kreditversicherung (ehemals Gerling NCM), beteiligt und hatte Anfang 2008 eine Mehrheitsbeteiligung von 41,96 % vor Dt. Bank (33,89 %).

[9] *Wittchen,* Warenkreditversicherung, S. 3: noch frühere Ansätze in England fielen dem Überseeschwindel der Jahre 1710–1720 zum Opfer, *Herzfelder,* Geschichte der Kreditversicherung, S. 9.

[10] Näher *Herzfelder,* Geschichte der KreditV, S. 9 ff.; *Meyer,* Kreditversicherung, S. 11.

[11] Gründung der „Kreditversicherungsbank" als Vorläufer der Hermes Kreditversicherungs-AG in 1917, s. *Wittchen,* S. 4.

[12] Vgl. *Wittchen,* S. 4.

[13] Insbes. der Zusammenbruch des damals zweitgrößten Sachversicherers, der Frankfurter Allgemeinen Versicherungs-AG im Jahr 1929, vgl. *Habicht,* 50 Jahre Hermes Kreditversicherungs-AG, 2. Aufl. 1992, S. 29 f.

[14] Der Hermes nahm die Warenkreditversicherung erst 1951 wieder auf und führte sogleich die modernen Formen der Mantelkreditversicherung etc. ein, die die Pauschalkreditversicherung zunehmend ablösten, vgl. nochmals *Habicht,* 50 Jahre Hermes Kreditversicherungs-AG, S. 109.

Die Kreditversicherung gehört zur Gattung der **Schadensversicherung** i. S. d. § 1 Abs. 1   4
S. 2 VVG, da sie einen Schaden am Vermögen des VN ersetzt. Dadurch ist sie ebenso von den
Personenversicherung, die an der körperlichen Integrität des VN ansetzen, unterschieden,
wie von den Summenversicherung zu trennen[15]. Die Höchstentschädigungsklausel des § 12
AVB-WKV (Gerling) i. V. Versicherungsschein begrenzt nur die Entschädigungsleistung für
ein Versicherungsjahr auf einen Höchstbetrag, legt aber keine jeweils im Versicherungsfall zu
leistende Summe fest.

Man unterscheidet folgende **Sparten** der Kreditversicherung: 5
– Delkrederesparten: Warenkreditversicherung (WKV), Investitionsgüterkreditversicherung
  (IKV) und Konsumentenkredit[16]; Ausfuhrkreditversicherung (AKV);
– Vertrauensschadenversicherung;
– Kautionsversicherungssparten: Bürgschaften und Garantien.

Die WKV gilt als **Prototyp**[17] der Kreditversicherung, obgleich das VVG weder dies erkennen lässt, noch überhaupt eine Definition der Kreditversicherung aufweist. Statt dessen
beruht die Typisierung darauf, dass die WKV die allgemeinste Art der Deckung von Forderungsausfällen darstellt und als solche systematisch im Aufsichtsrecht sowie in der Ersten
Koordinierungsrichtlinie Schaden[18] und dem dazu erlassenen Ersten Durchführungsgesetz/
EWG zum VAG[19] Eingeordnet ist. Deshalb wird dieser Versicherungstyp auch hier als
Grundform behandelt und nur bei wesentlichen Abweichungen auf das Recht der anderen
Versicherungstypen verwiesen. Trotz des eingangs (Rn. 1) erwähnten internationalen Haupt-
trends der Entwicklung wird also der Ausfuhrkreditversicherung kein besonderer Abschnitt
gewidmet, dafür aber der internationale Aspekt in der Grundform der Kreditversicherung
stets beachtet. Erst am Schluss wird gesondert auf die Sonderformen und auf die Kautionsversicherung eingegangen (s. u. zu E).

II. Bedeutung und Marktstrukturen

Die **Bedeutung** der Kreditversicherung lässt sich am deutlichsten an den Insolvenzstatisti-   6
ken ablesen, die seit 1960 einen mehr oder weniger kontinuierlichen Anstieg von 2 358 auf
über 40 000 Unternehmensinsolvenzen in 2003 mit einem Forderungsausfall von ca.
33 Mrd. € ausweisen[20]. 2006 waren es immer noch 30 462 Insolvenzen bei Unternehmen und
freien Berufen[21]. War noch zwischen 1985 und 1990 ein gewisser Rückgang von 13 625 auf
8 730 festzustellen[22], so verlief der Anstieg danach – mit einer geringfügigen Abflachung in
1999 – wieder sprunghaft ansteigend. V.a. seit den Börseneinbrüchen ab 2000 betrugen die
Steigerungsraten knapp 5 000 Unternehmensinsolvenzen per anno. Aber auch nach der Erho-
lung der Kapitalmärkte dürfte das Kreditversicherungsbedürfnis durch die langfristige Insol-
venzentwicklung in Deutschland nachhaltig belegt sein. Hinzu kommt u. a. die Versicherung
von Bankenforderungen aus Kreditkarten und – vielfach verbrieften – Forderungen aus dem
Bau von Eigenheimen, die in 2007 aufgrund der Subprime-Krise in den USA zu kräftigen
Herabstufungen von Kreditversicherern im Rating von Standard&Poors, Moody's und Fitch[23]

---

[15] Einteilung nach *Bruck/Möller,* VVG, § 1 Anm. 22.

[16] Atypischer Schutz für Risiken von Kreditinstituten und anderen Finanzdienstleistern bei Ratenkredit-
verträgen, Kreditkartengeschäften und electronic cash, s. *Feldmann/v. Wick,* Anwalts-Hdb., S. 2243 Rn. 17.

[17] Vgl. *Möller,* in *Bruck/Möller/Sieg,* vor § 49–80 Anm. 14; *Wittchen,* Warenkreditversicherung, S. 11:
„Archetyp".

[18] V. 24. 7. 1973, ABl. Nr. L228/3, vgl. *Wittchen,* a. a. O., S. 12.

[19] I. d. F. v. 29. 3. 1983 V. BGBl. I, 377, Anhang, Teil A: Sparte 14 Kreditversicherung; Sparte 14a WKV
mit Risikoart „allgemeine Zahlungsunfähigkeit"; dazu BAV1979, 183ff.

[20] Vgl. *Förste,* Insolvenzrecht, 2003 S. 2; *Feldmann/v. Wick,* Anwalt-Hdb., S. 2233 Rn. 1 m. w. N.

[21] Vgl. IDW, Deutschland in Zahlen, 2007, S. 51.

[22] *Wittchen,* Die Warenkreditversicherung, S. 1.

[23] Erster Rang im Rating ist besonders deshalb wichtig für Kreditversicherer, weil zugleich die Bonität
des VN daran partizipiert; vgl. die Bemühungen zur Kapitalerhöhung der Bondversicherer in den USA
Anfang 2008, Handelsblatt v. 25. 1. 2008, S. 21; in 2007 wurde etwa dem kleineren Anbieter ACA Capi-

sowie wegen der internationalen Ansteckungsgefahren zu Sonderprüfungen der europäischen Vereinigung der Versicherungsaufseher Ceiops führte[24]. So gefährlich solche Entwicklungen für das Ranking und die Solvenz mancher Kreditversicherung selbst ist[25], so sehr zeigt sich daran zugleich der weltweit gestiegene Kreditversicherungsbedarf[26].

7   Bei etwa $^3/_4$ der Insolvenzen waren in den 90er Jahren Kreditversichtung feststellbar[27]. Neuere Zahlen zeigen für 2005 ca. 2 Mal so viel Insolvenzen[28] und eine knappe Verdoppelung der Bruttobeiträge, so dass die Kreditversicherungsdichte bei den Insolvenzunternehmen sich nicht wesentlich geändert haben dürfte. Bezogen auf alle „in Frage kommende Unternehmen" soll das Verhältnis der KreditVN nach Angaben des GDV etwa $^1/_5$ betragen[29]. Auf den einschlägigen Märkten in Deutschland waren 2007 im Wesentlichen[30] nur fünf **Gesellschaften** tätig:
– die Allgemeine Kreditversicherung Coface AG in Mainz[31];
– die Atradius, ehemals Gerling NCM in Köln[32];
– die Euler Hermes Kreditersicherungs-AG in Hamburg[33];
– die Zürich Versicherung AG (Deutschland) und
– R + V Allgemeine Versicherung in Wiesbaden.

8   Der engen nationalen Oligopolisierung steht das Zusammenwachsen der **internationalen Versicherungsmärkte** gegenüber. Zunächst sind auch in anderen europäischen Ländern enge Oligopole von jeweils ein bis drei unabhängigen nationalen Anbietern die Regel. 90% der Anteile des Weltkreditversicherungsmarktes lagen 2007 bei folgenden Versicherungsgruppen:
– Euler Hermes, Frankreich/Deutschland (Konzernmutter Allianz);
– Atradius: Gerling/NCM, Deutschland/Niederlande (jetzt Schweizer Rück u. Dt. Bank);
– Coface, Frankreich.
Bei Atradius waren schon vor dem Zusammenschluss von Gerling mit der NCM im Jahr 1996 mehr als 60% der Risiken im Ausland belegen. Davon entfielen etwa 90% auf die USA, EU (plus Schweiz/Norwegen), Australien, Südafrika und Australien. Während hier die Sättigungsgrenzen erreicht scheinen, sieht man unerschlossene Potentiale v. a. in der

---

tal die erstklassige Bonität von Standard&Poors entzogen, womit für den KreditVR ernsthafte Insolvenzgefahren verbunden sind, vgl. Handelsblatt v. 21. 1. 2008, S. 21; „Krisenzuspitzung" wohl auch die Herabstufungen von Ambac und MBIA durch S&P und Fitch Mitte 2008, vgl. Handelsblatt v. 23. 6. 2008, S. 23.

[24] Vgl. nur Handelsblatt v. 5. 11. 2007, S. 24; und v. 27. 12. 2007, S. 22; zur Übertragbarkeit der Darlehensforderungen ohne Verstoß gegen das Bankgeheimnis oder gegen das DatenschutzG s. BGH, Urteil v. 27. 2. 2007, Az. XI ZR 195/05, heruntergeladen am 26. 1. 2008 bei www.lexetius.com/2007, 395.

[25] S. nochmals die Nachw. o. vorvorige Fn.

[26] S. auch den Bericht über den Marktzutritt des internationalen Großkonzerns Berkshire Hathaway, der mit seinen Bonitätsnoten von AAA die Notwendigkeit von Risikoaufschlägen bei den Weltmarktführern MBIA und Ambac nutzt, HBl. v. 2. 1. 2008, S. 22. Die Märkte sind demzufolge nicht nur in Bewegung, sondern auch für Zutrittskandidaten immer noch hoch begehrt. – Zur nationalen Entwicklung wird eine Verknappung und Verteuerung des Kreditversicherungsangebots erwartet, vgl. GDV, Pressedienst der Versicherungswirtschaft v. 15. 1. 2008, S. 1.

[27] Vgl. *B. Stieghan*, BB 1993, Beilage 19, S. 3.

[28] 1993 waren es 15 148 Unternehmensinsolvenzen und 722 Mio. € Bruttobeiträge; 2005 waren es 36 643 Unternehmensinsolvenzen und 1 374 Mio. Bruttobeiträge; s. GDV-Jahrb. 2006, S. 123; leichter Rückgang der Insolvenzen dagegen im 2007: 28 000 mit 625 Mio. € Bruttobeiträgen, s. GDV, Pressedienst der Versicherungswirtschaft v. 15. 1. 2008.

[29] Vgl. Handelsblatt v. 16. 1. 2008, S. 30.

[30] Hinzu kommen All-risk-Angebote, z. B. von HDI-Gerling Industrieversicherungen.

[31] 100%ige Tochter der französischen Natexis Banques Populaires, vgl. *Ch. Schmidt/D. Laster*, Sigma 6/2006, S. 21.

[32] Mit Konzernverflechtung zur Dt. Bank AG und zur Talanx.

[33] Über die französische AGFzu 68,12% zum Allianz-Konzern gehörig.

NAFTA, ASEAN, China, MERCOSUR und in den ost- und mitteleuropäischen Reform-staaaten[34].

In der **International Credit Insurance Association** (ICIA) werden diese Anbieter zusammen mit anderen aus dem außereuropäischen Ausland über ein Intranet kooperativ tätig, das zur Vermittlung folgender Dienste dient:
– Kapitalbeteiligungen bzw. ausländische Töchter/Niederlassungen
– halbexklusive Underwriting-Kooperationen
– privilegierte Rückversicherungsbeziehungen
– personelle Verflechtungen.

In der **Ausfuhrkreditversicherung** besteht eine Besonderheit darin, dass die privaten   **9**
VR vielfach die Absicherung **politischer Risiken** ausschließen. Insoweit bestehen nur Angebote der vom Bund getragenen Euler Hermes Kreditversicherungs-AG, Hamburg bzw. bei der französischen Euler Hermes SA, an der die Allianz SE in 2004 noch zu 68,2% beteiligt war[35], und – in geringerem Umfang – der unter französischem Einfluss stehenden Coface (monopolistische Marktstruktur). Das wird gern mit dem Argument untragbarer politischer Risiken ausländischer Kreditnehmer begründet[36], so dass Manches für ein sog. natürliches Monopol[37] spricht. Aber angesichts der Verdrängung staatlicher Auslandskreditversicherung für Risiken innerhalb der OECD-Länder erscheint zweifelhaft, ob sich diese These generell halten lässt. Zumindest besteht in erheblichem Umfang internationaler Wettbewerb durch die Weltmarktführer Municipal Bond Insurance Association, Inc. (MBIA), und die zur größten US-Bank, Citibank, gehörende American Municipal Bond Insurance Corp. (Ambac)[38]. Auch gab es bereits in den 90er Jahren Anzeichen dafür, dass das europäische Subventionsrecht angewendet wird, soweit staatliche Träger der Auslandskreditversicherung Zuwendungen an ihre Mandatare leisten[39].

III. Stoffabgrenzung und VVG-Reform

Das **Versicherungsaufsichtsrecht** wird nur insoweit mit behandelt, als dies durch den   **10**
Sachzusammenhang mit **privatrechtlichen Fragen** nahe gelegt ist. Derartige Annexfragen ergeben sich v. a. deshalb recht häufig, weil die Deregulierung der europäischen Versicherungsmärkte durch die EU-Richtlinien bislang nur auf der öffentlich-rechtlichen Ebene durchgeführt ist, das Privatrecht aber grundlegend mit berührt hat. Insbesondere ist die präventive AVB-Kontrolle durch die EG-Richtlinien der sog. Dritten Generation[40] abgeschafft worden, um anstelle der Staatsaufsicht in diesem Bereich mehr Wettbewerb zu ermöglichen. Die Ausrichtung des Versicherungsprivatrechts an diesem Ziel des Europarechts ist immer noch recht unvollständig, so dass auf einige Hinweise dazu an geeigneter Stelle nicht verzichtet werden kann.

---

[34] Dazu und z. Folgenden *Meyer,* Kreditversicherung, S. 79 ff., weitere Potentiale liegen im zunehmenden Geschäftsfeld des sog. asset backed securities, bei denen die Kreditversicherer zur Besserung des rating beitragen können, s. BAV-Rundschreiben R 1/2002, VerBAV 2002, 128, aber inzwischen selbst infolge der US-subprime-Krise unter Downgrading-Druck geraten, s. o. vorvorige Fn.

[35] Vgl. Handelsbl. v. 9. 9. 2004, S. 24.

[36] Vgl. nur *Meyer,* Kreditversicherung, S. 14, 72 f.

[37] Die firmeninterne Kostendegression (economies of scale) ist in Relation zur Marktgröße so wichtig, dass im Wettbewerb auf Dauer nur ein Unternehmen überleben würde, vgl. *Müller J./Vogelsang,* Staatliche Regulierung, Baden-Baden 1979, S. 36 ff.; *Schmidt I.,* Wettbewerbspolitik und Kartellrecht, 7. Aufl. Stuttgart, 2001, S. 36.

[38] Vgl. nochmals HBl. v. 2. 1. 2008, S. 22.

[39] Hinweise dazu bei *Meyer,* a. a. O. S. 76.

[40] Vgl. nur Richtl. des Rates zur Koordinierung der Rechts- und Verwaltungsvorschriften für die Direktversicherung (mit Ausnahme der Lebensversicherung) v. 18. 6. 1992, ABl. EG L228; Richtl. für die Direktversicherung (Lebensversicherung v. 10. 11. 1992, ABl. EG L360. Die neue Gesamtrichtlinie Leben v. 5. 11. 2002 (ABl. EG L 345; vgl. *E. Lorenz,* VersR 2003, 175 f.) ist bis 19. 6. 2004 umzusetzen.

11   Abweichend vom Zwischenbericht[41] haben schon der Abschlussbericht[42] der **VVG-Reformkommission** von 2004 und die §§ 53–58 VVG 2008 eine weitgehende Sonderbehandlung der Kreditversicherung vorgenommen, indem die seit 1990 aus § 187 Abs. 2 VVG verbannte „laufende Versicherung" reaktiviert wurde. Die meisten der tiefen Einschnitte in das allgemeine Versicherungsvertragsrecht sind hier zurückgenommen bzw. modifiziert worden, weil dieser Vertragstyp dadurch gekennzeichnet ist, dass die „versicherten Interessen bei Vertragsschluss nur der Gattung nach bezeichnet und erst später, nach ihrem Entstehen, dem VR einzeln aufgegeben werden"[43]. Sind im allgemeinen Versicherungsvertragsrecht insbes. die Vorschriften über Obliegenheiten und Pflichtverletzungen des VN grundlegend zum Schutze des Verbrauchers und damit zum Nachteil der VR verändert worden, so wird hiervon bei der laufenden Versicherung wieder abgewichen, weil „… das versicherte Risiko sich regelmäßig in der Geschäftsbeziehung zwischen dem VN und einem Dritten – insbes. dessen Kunden verwirklicht". V.a. sei es gerechtfertigt, „schon bei jeglicher schuldhaften Verletzung einer vor Eintritt des Versicherungsfalles zu erfüllenden Obliegenheit den VR … von der Verpflichtung zur Leistung (sc. vollständig) zu befreien."[44]. Darin kommt schwach, aber unmissverständlich zum Ausdruck, dass der VN als Unternehmer und dessen Kreditinteresse nicht in gleicher Weise schutzwürdig erscheinen wie das des VN als Verbraucher. Andererseits wird bei der Leistungsbefreiung wegen Verletzung der Obliegenheit zur Anzeige von Gefahrerhöhungen nach § 57 Abs. 2 Nr. 2 VVG 2008 grobe Fahrlässigkeit vorausgesetzt, was vom bloßen Fahrlässigkeitserfordernis des § 25 Abs. 2 S. 1 a. F. abweicht und der Regelung im allgemeinen Versicherungsrecht gem. § 26 Abs. 1 S. 2 VVG 2008 mit Blick auf den Verschuldensgrad entspricht. Doch gibt es keine volle Entsprechung, weil bei grober Fahrlässigkeit für die laufende Versicherung volle Leistungsbefreiung vorgesehen ist, während § 26 Abs. 1 S. 2 nur quotale Kürzung vorsieht. Es liegt also zur Gefahrerhöhung eine Art Mittelweg zwischen altem und neuem Recht vor, obgleich zu sonstigen Obliegenheitsverletzungen die Übereinstimmungen zum alten Recht überwiegen[45].

Selbstverständlich sind die die Kreditversicherung betreffenden Regeln des Rechts der laufenden Versicherung im neuen VVG nachfolgend zu behandeln. Auch sollen die Abweichungen vom allgemeinen Versicherungsvertragsrecht besonders hervorgehoben werden, um die systematischen Bezüge zu verdeutlichen, soweit dies für die rechtspolitische Würdigung oder die systematische Auslegung erheblich erscheint. Daneben muss aber auch der Stand des Rechts zum VVG i. d. F. 2007 kommentiert werden, weil insoweit für die sog. Altverträge, d. h. für Verträge, die vor dem 1. 1. 2008 abgeschlossen wurden, zumeist noch bis zum 31. 12. 2008 Weitergeltung besteht (Art. 1 Abs. 1 EGVVG 2008). Überwiegend wird sogar der bisherige Rechtszustand vorausgeschickt, weil die praktische Bedeutung des Neuen vielfach nur auf der Grundlage des überkommenen Rechts verständlich wird. Da die letzte Novelle des VVG a. F. erst im Mai 2007 erfolgte, wird dieses Gesetz als VVG 2007 bezeichnet und dem VVG 2008 gegenübergestellt.

12   Probleme des **Handelsbilanz- und Steuerrechts** werden im Folgenden keine eigenen Abschnitte gewidmet, da der Verf. keine spezifische Kompetenz im Steuerrecht hat. Die Behandlung von Einzelfragen im Zusammenhang anderer versicherungsrechtlicher Problembereiche ist dadurch nicht ausgeschlossen.

---

[41] Zwischenbericht der Kommission zur Reform des Versicherungsvertragsrechts v. 30. 5. 2002, Internet-Text www.bmj.bund.de/images/11494.pdf.

[42] Abschlussbericht der Kommission zur Reform des Versicherungsvertragsrecht v. 19. 4. 2004, www.bmj.bund.de/files/-/667/VVG_Abschlussbericht2004.pdf; Buchveröffentlichung Schriftenreihe VersR 2004.

[43] Abschlussbericht, a. a. O., Nr. 1.2.2.14, S. 57; übereinstimmend Begründung. RegE (2006), www.bmj.bund.de/archive/1320.pdf Nr. 6, S. 157.

[44] Abschlussbericht, a. a. O.; so jetzt § 58 Abs. 1 VVG 2008.

[45] Kritik zur Kompliziertheit der Reform und zur Verfehlung des Reformziels systematischer Vereinheitlichung des Obliegenheitsrechts auch bei *Reusch*, VersR 2007, 1313; vgl. auch – aber mit Rechtfertigung – *Römer*, VersR 2006, 740.

IV. VVG/BGB/Nebengesetze

Wichtigste gesetzliche Grundlage des Kreditversicherungsgesetzes ist das **VVG,** soweit des-   13
sen Geltung nicht durch § 187 VVG 2007, bzw. § 210 VVG 2008 dieses Gesetzes selbst
i. V. m. Art. 10 Abs. 2 S. 2 Nr. 2 EGVVG 2007/2008 und der Anlage A zum VAG Nr. 14a
ausgeschlossen ist. Die genannte Anlage A Nr. 14a bezieht sich auf Kreditversicherung, so
dass für diese nach § 187 VVG die Anwendbarkeit von Bestimmungen in „diesem Gesetz"
(VVG) ausscheiden, die „Beschränkungen der Vertragsfreiheit" beinhalten. Die Reichweite
dieser Geltungsausnahme ist in Rspr. und Lehre weitgehend umstritten.

Unstreitig ist aber zunächst, dass nach dem eindeutigen Wortlaut alle Beschränkungen der
Vertragsfreiheit auch für die Kreditversicherung gelten, die nicht im VVG, sondern etwa in
§§ 138, 134 BGB geregelt sind. Sittenwidrige oder verbotsgesetzwidrige Abreden sind deshalb auch in Kreditversicherungsverträgen nichtig[46]. – Ebenfalls wohl heute nicht mehr umstritten ist, dass § 187 VVG 2007 nicht generell von gesetzlichen Verbraucherschutzbestimmungen des VVG dispensiert, also etwa der Anwendbarkeit von § 6 VVG von vornherein
entgegensteht; denn i. S. von § 187 VVG ist als „Beschränkung" für die Vertragsfreiheit nicht
zu verstehen, dass das Gesetz (dispositives) Recht zum Schutz des Verbrauchers regelt. Erst
wenn eine solche Regelung für absolut oder halbseitig unabdingbar erklärt wird, kommt
eine Beschränkungswirkung in Betracht[47]. Daraus folgt z. B. dass § 6 Abs. 4 VVG mangels abweichender Parteiabrede auf die Kreditversicherung anwendbar ist, da § 15a VVG 2007 insoweit keine halbzwingende Wirkung statuiert[48].

Da § 187 VVG 2007/§ 210 VVG 2008 aber nicht zwischen **zwingenden und halbzwin-**   14
genden[49] Beschränkungsvorschriften unterscheidet, wird verbreitet die Ansicht vertreten, dass
die Geltungsausnahme beides umfasst[50], also z. B. auch die Regelung zum Gerichtsstand des
Versicherungsagenten nach § 48 Abs. 1 VVG oder die zum Umfang der Vertretungsmacht von
Vermittlungs- und Abschlussagenten nach §§ 43–47 VVG betrifft. Entsprechende Geltungs-
einschränkungen müssten auch für die dazu gehörige Rspr. zur Auge-und-Ohr-Stellung
des Agenten und zur Repräsentantenhaftung angenommen werden. Die Gegenansichten
gehen teils dahin, dass alle absolut zwingenden Vorschriften des VVG für Kreditversicherung
zu beachten sind[51], oder dass nach dem Sinn und Zweck der Freiheitsbeschränkung situations-
spezifisch unterschieden werden muss, ob eine typische Unterlegenheitssituation des benachteiligten Vertragspartners vorliegt (hier sog. Situationslehre)[52]. Schließlich wird noch die
Ansicht vertreten, dass nur solche Beschränkungen der Vertragsfreiheit im VVG auf Kreditversicherer unanwendbar sind, die ausschließlich den individuellen Interessen der Vertragspartner
oder der vom Vertrag betroffenen Personen dienen, bei Verletzung öffentlicher Interessen aber
kein Dispens gegeben ist[53].

Mit Blick auf die Motive des VVG von 1907 ergibt sich, dass die Unterscheidung nach absolut oder relativ zwingender Natur der Beschränkungsvorschrift ebenso wenig maßgebend

---

[46] Vgl. nur OLG Düsseldorf v. 13. 3. 1962, VersR 1962, 778 (779); auch *Michels,* VersR 1977, 1083;
Wittchen, WarenkreditV, S. 16 m. w. N.

[47] Vgl. *Wittchen,* a. a. O. S. 23.

[48] Vgl. nur *Bruck/Möller,* § 33 VVG, Anm. 29; a. A. *Michels,* VersR 1977, 1083 f.; auch *Prölss/Martin,*
23. Aufl., § 187 Anm. 1; doch ist die Verschuldensabhängigkeit des Kündigungsrechts nach § 6 Abs. 1
VVG abdingbar, vgl. OLG Koblenz v. 8. 5. 1998, VersR 1998, 1505.

[49] Darunter versteht man Vorschriften, von denen laut Vertrag nicht **zum Nachteil** des VN abgewichen werden darf, s. §§ 15a, 42, 68a VVG.

[50] Vgl. nur *Michels,* VersR 1977, 1083; *Genzmer,* Kreditversicherung, in: Versicherungsenzyklopädie,
Bd. 5, Teil F. V8, Wiesbaden 1976, S. 103; OLG Düsseldorf v. 13. 3. 1962, VersR 1962, 778 (779).

[51] Vgl. nur BGH v. 1. 2. 1968, VersR 1968, 289 (290) betr. den Rücktritt nach § 6 Abs. 4 VVG (nicht
verwiesen in § 15a VVG); *Bruck/Möller,* Einl. VVG, Anm. 42; und zu § 6 Anm. 20.

[52] Vgl. *Wittchen,* Warenkreditversicherung, S. 17 f.; offen gelassen in BGH v. 3. 6. 1992, BGHZ 118,
275 = VersR 1992, 1089 (1090).

[53] Vgl. nur *Prölss/Martin,* § 187 a. F. Anm. 1 A; *Bergeest,* Vertrauensschadenversicherung, S. 6.

gewesen ist wie die nach der Auswirkung auf private oder öffentliche Interessen. Vielmehr wurde hier auf die typische Unterlegenheitssituation des VN aus Mangel an Geschäftserfahrung und aus Gründen der Unausweichlichkeit abgestellt[54]. Die bis heute lesenswerten Ausführungen der VVG-Begründung nehmen in bemerkenswerter Weise manche Erkenntnisse der neueren Verbraucherschutzdiskussion vorweg und scheinen insbes. im Lichte der modernen Lehre von der sog. Vertragsparität[55] nach wie vor maßgebend. Deshalb soll hier im Ansatz der Situationslehre zugestimmt werden, d. h. die Geltungsausnahme des § 187 VVG wird so verstanden, dass Beschränkungen der Vertragsfreiheit in der Kreditversicherung nur dann vorliegen, wenn die betreffenden Regeln des VVG dem Schutz vor situationstypischer Unterlegenheit des VN dienen. Darauf wird im Folgenden immer wieder zurückzukommen sein[56].

15   Exemplarisch seien aber vorab die Probleme zulässiger **Gerichtsstandvereinbarungen** gem. § 48 VVG und sogenannter verhüllter Obliegenheiten erörtert. Nach § 48 Abs. 2 VVG 2007 ist der Gerichtsstand der Agentur zwingend, um dem VN keine unverhältnismäßigen Kosten für Klagen an einem weit entfernten deutschen oder ausländischen Gericht aufzubürden. Es handelt sich um eine absolut zwingende Vorschrift, die primär den privaten Interessen des VN dient[57]. Mit den o. a. Lehren gelangt man deshalb bei dieser Frage zu ganz unterschiedlichen Ergebnissen. Stellt man aber auf die situationsspezifische Unterlegenheitssituation des VN ab, so ergibt sich, dass Vereinbarungen eines vom Sitz des Versicherungsagenten abweichenden Gerichtsstandes jedenfalls dann zulässig sind, wenn sie nicht in den AVB geregelt sind. Denn bei individualvertraglicher Vereinbarung ist der kaufmännische VN nicht typischer Weise situationsunterlegen. Ist die Klausel dagegen in den AVB untergebracht, so lässt dies die Rspr. zum AGB-Recht zwar zu[58]. Aber § 48 Abs. 2 VVG 2007 geht auch für die Kreditversicherung nach hier vertretender Ansicht vor. Denn man kann nicht davon ausgehen, dass ein verständiger kaufmännischer Verkehrsteilnehmer sich in das Studium der AVB mit Blick auf die Gerichtsstandsklauseln vertieft. Dies kann allenfalls für die Klauseln zum Äquivalenzverhältnis von Leistung und Gegenleistung, nicht aber für die justizjuristischen Kautelen angenommen werden, die erst nach Scheitern des Vertrages zur Anwendung gelangen sollen. § 187 VVG 2007 dispensiert also insoweit nicht von § 48 VVG. – Die Vorschrift ist nach neuem Recht durch § 215 VVG 2008 verdrängt, wonach bei den praktisch besonders wichtigen Klagen gegen den VN durchweg der Wohnsitz des VN maßgebend ist. Dadurch entfällt das Problem für Neuverträge.

16   Für **verhüllte Obliegenheiten** gelangt man mit übereinstimmenden Erwägungen zu angemessenen Ergebnissen. Es geht um AVB-Klauseln, die als Risikoausschlüsse formuliert sind, aber der Sache nach den Obliegenheiten i. S. d. §§ 6, 16f. VVG 2007 derart ähnlich sind, dass eine Leistungsbefreiung unabhängig vom Verschulden des VN unangemessen erscheint. Die Rspr. hat teils die Anwendbarkeit der §§ 6, 16f. bejaht[59], teils verneint[60], während in der Literatur die ablehnende Ansicht durchaus vorherrschend ist, dafür aber eine Ein-

---

[54] Begr. Zum VVG a. F., Anlage 1 zur ReichstagsDrs. 364 der 12. Legislaturperiode I. Session 1907, S. 6. Dazu treffend *Wittchen*, Warenkreditversicherung, S. 17f. m. w. N. zur Reform v. 1939.

[55] Dazu vgl. grdl. *Hönn*, Vertragsparität, 1982, S. 88ff., passim; dazu *H. Herrmann*, Buchbespr. NJW 1982, 2059.; zur Differenzierung nach neueren informationsökonomischen Erwägungen vgl. *Drexl*, Die wirtschaftliche Selbstbestimmung des Verbrauchers, 1998, S. 193ff., 200ff.

[56] Z. B. zu A) IV, D) II (zum Problem verhüllter Obliegenheiten); i. Erg. ähnlich *W. Schneider*, in Anwalts-Hdb., § 29 Rn. 8 für die Vertrauensschadenversicherung.

[57] Die Vorschrift ist nach neuem Recht durch § 215 VVG 2008 verdrängt, wonach durchweg der Wohnsitz des VN maßgebend ist.

[58] Vgl. nur OLG Frankfurt/M. v. 18. 12. 1998, NJW-RR 1999, 604; wohl auch BGH v. 24. 7. 1996, NJW 1996, 3013; *Palandt/Heinrichs*, § 307 Rn. 107 m. w. N.; anders nur im nichtkaufm. Verkehr, vgl. OLG Düsseldorf v. 29. 12. 1993, NJW-RR 1995, 440; EuGH v. 27. 6. 2000, ZiP 2000, 1165 zu Richtl. 93/13/EG.

[59] OLG Düsseldorf, VP 1965, 58; LG Köln v. 3. 11. 1976, r+s 1977, 21 (22); bestätigt durch OLG Köln v. 9. 1. 1978, r+s 1978, 153.

[60] OLG Düsseldorf v. 13. 3. 1962, VersR 1962, 778 (779).

ordnung als Risikoausschluss oder als Obliegenheit durch Auslegung vorzunehmen sein kann[61]. Überprüft man diese Ansichten nach dem Kriterium situationstypischer Unterlegenheit des VN, so wird man danach zu differenzieren haben, ob die betr. Klausel bei Aushandlung des VV für den VN ohne unzumutbaren Informationsaufwand wahrnehmbar erscheint. Das kann noch am ehesten bei den Ausschlussklauseln mit Prämienrelevanz, also bei solchen Klauseln bejaht werden, bei denen der ausgeschlossene Risikoumstand zum Gegenstand einer zusätzlichen Versicherung mit gesondert berechneter Prämie gemacht wird[62]. Denn der (gewerbliche) VN prüft typischer Weise die Alternativen, die Prämieneinsparungen ermöglichen, ihm dafür aber eine eigene Risikovorsorge auferlegen. Es handelt sich um preisnahe AVB-Klauseln, für die die verbreitete Annahme, ökonomische Vernunft stehe der Kenntnisnahme von AGB/AVB entgegen[63], durchweg nicht zutrifft.

Nach § 28 Abs. 2 S. 2 VVG 2008 soll künftig bei den Obliegenheitsverletzungen eine **17** (quotale) Leistungsbefreiung des VR nur noch in Fällen **grober Fahrlässigkeit** des VN in Betracht kommen[64]. Für diese Ansicht wird im Zwischenbericht der **VVG-Reformkommission** (s. o. zu A. III) insbes. geltend gemacht, dass der VR sich bei besonderem Interesse an der Risikovermeidung im Wege von (verschuldensunabhängigen) Ausschlussklauseln behelfen könne[65]. Auch wenn dieser Ausweg angesichts der Rspr. zu verhüllten Obliegenheiten im allgemeinen Versicherungsrecht wenig aussichtsreich erscheint, gibt er doch immerhin für die Kreditversicherung und die übrigen Versicherungsarten i. S. d. § 187 VVG eine sinnvolle Ausweichmöglichkeit, soweit nach hier vertr. Ansicht die Geltung der §§ 28, 32 VVG 2008 ausgeschlossen ist.

V. Allgemeine Versicherungsbedingungen

Das heute in §§ 305 – 310 BGB geregelte AGB-Recht gilt mangels einer – früher vielfach **18** geforderten[66] – Bereichsausnahme unstr. auch für AVB. Die neuere Rspr. hat dies insbes. auch für die Geltung des seit der Schuldrechtsreform von 2002 besonders legalisierten **Transparenzgebots** i. S. d. § 307 Abs. 1 S. 2 BGB bestätigt[67]. Doch wird man speziell zum Transparenzgebot keine weiterreichenden Schlüsse auf die AVB für Kreditversicherung ziehen können, da das Transparenzgebot bislang ausschließlich auf Verträge mit Verbrauchern angewendet worden ist. Für Verträge mit Unternehmern ist dagegen die AGB-Kontrolle nach § 310 Abs. 1 BGB insoweit begrenzt, als die Einbeziehungskontrolle gem. § 305 Abs. 2 und Abs. 3 sowie die konkrete Klauselbegrenzung i. S. d. §§ 308 f. BGB keine Anwendung findet. Davon ist zwar die Transparenzkontrolle nicht betroffen, da sie unter § 307 Abs. 1 S. 2 fällt.

---

[61] *Schmidt R.,* Anm. z. Urteil BGH v. 28. 6. 1955, MDR 1956, 288 (291) *Hübner,* VersR 1978, 988; *Wilke,* Grenzen des Risikoausschlusses im Privatversicherungsrecht, S. 116; *Bergeest,* DB Special Beilage Nr. 14/90, S. 14 ff., 55; *Fortmann,* Die Investitionsgüterkreditversicherung, S. 71; *Pörschke,* Die private Ausfuhrkreditversicherung, S. 12; *Wittchen,* Die Warenkreditversicherung, S. 21; *Michels,* Ulrich, VersR 1977, 1082 (1083).

[62] Vgl. den Vorschlag zum allgemeinen Versicherungsrecht bei Berliner Kommentar/*Schwintowski,* a. a. O. Rn. 26 f.

[63] Vgl. nur *M. Adams,* Eigentum, Kontrolle und beschränkte Haftung, 1991 S. 85; ders., AG 1990, 63 ff.; a. A. schon *Herrmann,* DSWR 1998, 312 (313 f.); *ders.* DZWiR 1994, 45 (51) ähnlich – für AGB gegenüber Kaufleuten und Existenzgründern – OLG Düsseldorf v. 23. 11. 1995, MDR 1996, 465 = EWiR 1996, 97 mit Anm. *Eckert; Palandt/Heinrichs,* § 310 Rn. 3; näher s. u. zu D. I.

[64] Zwischenbericht der Kommission zur Reform des Versicherungsvertragsrechts v. 30. 5. 2002, Internet-Text www.bmj.bund.de/images/11494.pdf., S. 43 (45); krit. schon *Präve,* VW 2002, 1836 (1839); *Herrmann,* Info-Letter VersuHR 2003, 98 f.; *ders.,* VersR 2003, 1333 (1340 f.).

[65] Zwischenbericht, a. a. O. S. 45.

[66] Vgl. nur *Angerer,* ZVersWiss. 1975, 197; *Möller,* ebd. S. 219.

[67] Vgl. nur v. 12. 10. 2005, NJW 2005, 3559 betr. Rückkaufwert in der LV; BGH v. 9. 5. 2001, VersR 2001, 839 und 841 betr. Überschussklauseln der LV und OLG Düsseldorf v. 4. 9. 1997, VersR 1997, 1272; BGH v. 8. 10. 1997, BGHZ 136, 394 = NJW 1999, 1865 betr. Änderungsvorbehalt der Rechtschutzversicherung.

Aber für das Maß gebotener Verständlichkeit wird auf den Durchschnittsnachfrager abgestellt, so dass im Verkehr unter Kaufleuten erheblich mehr technischer Sprachgebrauch zuzulassen ist. Deshalb dürften hier Überschussbeteiligungsklauseln einwandfrei sein, auch wenn sie zur Vereinfachung auf die Grundsätze ordnungmäßiger Bilanzierung abstellen[68]. Denn wer als Kaufmann nach § 238 HGB selbst zur Einhaltung dieser Grundsätze verpflichtet ist, der kann sich nicht auf deren Unverständlichkeit im Verhältnis zum AVB-Verwender berufen. Allerdings hat der BGH neuerdings in einem Kreditversicherungsfall Intransparenz der AVB angenommen. Ein Kfz.-Darlehen war für den Fall der Arbeitslosigkeit des Käufers und Darlehensnehmers versichert, und in den AVB wurde für den Deckungsumfang einerseits vom sozialversicherungsrechtlichen Begriff der Arbeitslosigkeit abgesehen, dann aber wieder teilweise hierauf Bezug genommen, ohne dass für den VN hinreichend durchschaubar geworden sei, inwieweit das Eine oder das Andere gegeben sein sollte[69]. Auch der unternehmerische Verstehenshorizont des Vertragspartners des Verwenders ist also nicht unbegrenzt. Doch handelte es sich im entschiedenen Fall schon um eine recht extreme Komplikation von AVB-Inhalten.

19   Größere Bedeutung kommt der Abgrenzung von **primären und sekundären Risikoausschlussklauseln** zu, die über die Reichweite der Inhaltskontrolle gem. § 307 Abs. 3 BGB entscheidet. Danach bleiben Klauseln, die nicht von gesetzlichen Bestimmungen abweichende Regelungen enthalten, kontrollfrei, soweit sie nicht intransparent sind. Primäre Risikoabgrenzungen betreffen die versicherte Person oder den versicherten Gegenstand, den Zeitraum des Versicherungsschutzes und die wesentliche Kennzeichnung des versicherten Risikos, nicht aber die Ausgrenzung von Zweifelsfällen im Grenzbereich des übernommenen Risikos[70]. Letztere Regeln gehören zur sog. sekundären Risikoabgrenzung[71]. Diese allgemeine Unterscheidung dürfte ebenso wie für die Transportversicherung[72] auch für die Kreditversicherung maßgebend sein, auch wenn dazu bisher Beispiele aus der höchstrichterlichen Rspr. kaum[73] bekannt sind.

20   Des Weiteren ist die **Leitbildfunktion** des dispositiven Gesetzesrechts gem. § 307 Abs. 2 Nr. 1 BGB zu beurteilen. Soweit Abweichungen vom VVG vorliegen, dispensiert § 187 VVG hiervon bereits ipso jure für die Kreditversicherung. Demzufolge kann man nicht ohne Weiteres annehmen, dass die gesetzliche Regelung auch für die Kreditversicherung eine leitbildartige Gerechtigkeitswertung enthält[74]. Richtig ist zwar, dass § 187 VVG eigentlich nur den zwingenden Charakter der ansonsten dispositiven VVG-Regeln beseitigt, die Leitbildfunktion also nicht zwingend verliert[75]. Doch erscheint diese Betrachtung reichlich formal. Materiell entscheidend kann auch insoweit nur sein, ob die betr. Gesetzesbestimmung auf den Schutz des situationstypisch unterlegenen VN abzielt[76]. Ist dies nicht der Fall, so fällt die Leitbildfunktion von vornherein weg. Aber auch andernfalls kann die Gesetzesbestimmung nur dann als leitbildartige Gerechtigkeitsnorm verstanden werden, wenn die Unterlegenheitssituation auch in der Kreditversicherung, also zwischen Kaufleuten, typisch erscheint[77].

---

[68] Anders BGH v. 9. 5. 2001, VersR 2001, 839 und 841 nur für Verbraucherverträge.

[69] BGH Urteil v. 11. 5. 2005, Az. IV ZR 25/04, VersR 2005, 976, näher s. u. Rn. 32.

[70] Vgl. nur BGH v. 10. 7. 1996, BGHZ 123, 83, betr. Wissenschaftlichkeitsklausel in der KV; und v. 19. 5. 2004, BGH NJW-RR 2004,1397, betr. abschließende Aufzählung medizin. Hilfsmittel.

[71] Zur Technik der Leistungsbeschreibung s. *Prölss/Martin*, VVG, 25. Aufl. 1992, § 49 Anmerkung 1 A.

[72] BGH v. 16. 11. 1992, BGHZ 120, 216 (223) betr. die DTV-Maschinenklausel in der Transportversicherung.

[73] Geprüft, aber nicht bejaht z. B. in BGH, Urteil v. 5. 11. 2005, Az. IV ZR 25/04, veröff. unter www. versicherung-recht.de/urteile/details.php?id=89 (abgerufen am 16. 1. 2008), dazu näher unten Rn. 32; ähnlich OLG Dresden, Urteil v. 30. 6. 2005, veröffl. unter www.versicherung-recht.de/urteile/details. php?id=89 (abgerufen am 16. 1. 2008).

[74] So aber *Pörschke*, Ausfuhrkreditversicherung, S. 20; *Wittchen*, Warenkreditversicherung, S. 37; *Bergeest*, Vertrauensschadenversicherung, S. 64.

[75] So insbes. *Bergeest*, Vertrauensschadenversicherung, S. 64.

[76] Vgl. nur BGH v. 2. 12. 1992, VersR 1993, 223 (224).

[77] Beispielsweise hat BGH v. 3. 6. 1992, BGHZ 118, 275 = VersR 1992, 1089 (1090) die Zulässigkeit der salvatorischen Klausel des § 17 Abs. 3 AVB-WKV zum Gerichtsort des VR offengelassen, obgleich

Sonderprobleme werfen die **Bedingungsanpassungsklauseln** der §§ 16 AVB-WKV   21
(Gerling), 17 AVB-AKV auf. Danach (Abs. 1 lit. a/b) sind sowohl bei Gesetzesänderungen als
auch bei Neuerungen in der Rspr. einseitige Anpassungsrechte des VR begründet, die „in
rechtlicher und wirtschaftlicher Hinsicht zumutbar" sein müssen. Entsprechendes soll nach
lit. c/d für den Fall der Unwirksamkeit von AVB-Klauseln und sogar bei geänderter Praxis der
Versicherungsaufsicht (BAFin) gelten. Solche Anpassungsklauseln sind in der neueren Rspr.
z. T. beanstandet worden[78]. Dabei handelte es sich aber um Massenversicherung mit Verbrauchern, nicht mit gewerblichen VN, so dass nicht sicher ist, ob die genannten Kreditversiche-
rungsklauseln Bestand haben werden. Die kritische Rspr. stellt v. a. auf das Transparenzgebot
ab, das heute in § 307 Abs. 1 S. 2 BGB geregelt ist und keine Begrenzung auf Verbraucherverträge kennt, da § 310 Abs. 1 BGB insoweit keine Ausnahme für den Geschäftsverkehr mit Unternehmern macht. Doch sind die Maßstäbe zur Verständlichkeit für den Durchschnittsver-
braucher sicher etwas anders zu sehen als im Verkehr mit nicht-gewerblichen Verbrauchern.
Ob dies allerdings ausreicht, alle genannten Veränderungsfälle anpassungsfähig zu stellen,
kann bezweifelt werden. Dennoch muss man berücksichtigen, dass Anpassungsbedarf unab-
weislich nicht nur zum VVG 2008 besteht. Auch stellt das Widerspruchsverfahren nach § 16
Abs. 3 Unterabs. 4 AVB-WKV (Gerling), wonach gegen die bei Änderung von Gesetzen oder
Rspr. vorgenommenen AVB-Anpassungen Widerspruch innerhalb eines Monats zu erklären
ist, nicht nur eine verhältnismäßige Regelung dar, sondern führt auch zu Verbesserungen der
Möglichkeiten nachvertraglicher Informationsverarbeitung[79], so dass man die Klausel im Er-
gebnis als BGB-konform ansehen könnte. Dennoch ist es in den derzeit verwendeten AVB
WKV (Euler-Hermes, Version 2003)[80] nicht vorgesehen. In Anbetracht der durch die VVG-
Reform erforderlich gewordenen AVB-Anpassungen und der großen Rechtsunsicherheiten
in weiten Bereichen ist die (Wieder-) Einführung einer solchen Klausel bedenkenswert.

B. Gegenstand der Versicherung/Ausschlüsse/Selbstbehalte

I. Versicherbare Forderungen

Nach § 1 AVB-WKV sind nur Forderungsausfälle „aus Warenlieferungen (sowie Werk-   22
und) Dienstleistungen" versicherbar. Damit ist im Kern eine **Abgrenzung vom echten Fi-
nanzkredit** gemeint, um die Trennung vom Bankgeschäft zu halten[81]. Demzufolge sind Finanzdienstleistungen von der Versicherbarkeit nach § 1 AVB-WKV ausgenommen, nicht aber
solche aus Speditionsverträgen, Mietverträgen, Montageverträgen oder aus Verträgen über
die Softwareherstellung und Warenbearbeitung, wie Textilveredelung oder Ausrüstung[82].

Implizit begrenzt § 1 AVB-WKV die Versicherbarkeit auch auf Forderungen, die im **re-**   23
gelmäßigen Geschäftsbetrieb des VN anfallen. Demzufolge sind etwa die vom VN durch
Abtretung erworbenen oder veräußerten[83] Forderungen nicht versichert, es sei denn, der VR

---

solche Klauseln gegenüber einem Nicht-Kaufmann grundsätzlich nicht wirksam sind (BGH v. 4. 3. 1987,
NJW 1987, 1815 (1818); BGH v. 26. 11. 1984, NJW 1985, 623 (627).
[78] Vgl. nur BGH v. 8. 10. 1997, BGHZ 136, 394= NJW 1999, 1865; *Palandt/Heinrichs*, § 307 Rn. 23;
zur Vorinstanz s. *Herrmann*, DSWR 1998, 312 (313f.); *ders.*, ZEuP 1999, 663 (685f.).
[79] Differenzierend *Drexl*, Die wirtschaftliche Selbstbestimmung des Verbrauchers, 1998, S. 479ff. mit
versicherungsrechtlichen Überlegungen.
[80] A. a. O. (Fn. 1).
[81] Dazu schon o. zu A. I.
[82] Vgl. *Meyer*, Kreditversicherung, S. 26.
[83] Da es sich um eine sog. Inbegriffsversicherung handelt, findet § 68 Abs. 2 VVG 2007 Anwendung,
BGH v. 8. 5. 1961, BGHZ 35, 153 (155); *Möller*, in: *Bruck/Möller/Sieg*, § 54 Anm. 32; anders aber bei
Globalzession, da hier der gesamte versicherte Inbegriff veräußert wird, so dass § 69ff. VVG mit der Maßgabe zur Anwendung gelangen können, dass der Erwerber auch die Folgen von Obliegenheitsverletzungen des Veräußerers tragen muss, vgl. BGH v. 13. 1. 1982, VersR 1982, 466; *Prölss/Martin*, § 69 Anm. 4;
zur Kollision mit echtem Factoring vgl. *Wittchen*, Warenkreditversicherung, S. 240ff.; und unten zu D. II.

hat die Deckung in Kenntnis des Sachverhalts zugesagt[84]. Entsprechendes gilt für alle durch echtes oder unechtes Factoring[85] erworbenen Forderungen des VN sowie für Forderungen konzernverbundener Unternehmen. Konzernweite Deckungen haben den Vorteil, dass das Prämienaufkommen innerhalb des VV steigt, so dass eine höhere Höchstentschädigungs-grenze i. S. d. § 12 AVB-WKV[86] festgelegt werden kann. Im Hinblick auf die Forderungen der Konzernunternehmen handelt es sich um Versicherung für fremde Rechnung i. S. § 74 VVG 2007/§ 43 VVG 2008, bei der § 75 Abs. 2 VVG 2007/§ 44 VVG 2008 meist dahinge-hend abbedungen ist, dass nur der VN die Rechte aus dem VV geltend machen kann[87].

24   Nach dem Wortlaut des § 1 AVB-WK muss es sich des Weiteren um Forderungen gegen-über „**versicherten Kunden**" handeln, d. h. die Forderungen müssen entweder im Rah-men der Selbstprüfung oder der Kreditmitteilung liegen, die nach §§ 2 Abs. 1, 3 f. AVB (Her-mes; § 2 Abs. 2 Unterabs. 2 Gerling) erfolgt. Auch muss die Forderung nach § 2 Abs. 2 lit. b AVB WKV (Hermes) „im Zusammenhang mit der Ausübung einer unternehmerischen Tä-tigkeit entstanden sein". Folglich scheiden sowohl Konsumentenkredite als auch Ansprüche gegen Freiberufler und gegen staatliche Einrichtungen oder öffentlich-rechtlich organisierte Unternehmen, wie Rundfunkanstalten, Energieversorgungsbetriebe, Verkehrsbetriebe und dergl. aus. Andererseits sind Kunden i. S. d. Klausel ohne weiteres alle privatrechtlich organi-sierten Betriebe, die mehrheitlich oder ausschließlich von öffentlich-rechtlichen Gebietskör-perschaften beherrscht werden, eine Konstellation, die bei der immer noch zunehmenden Neigung staatlicher und kommunaler Stellen zu Formen des sog. public-private-partnership große praktische Bedeutung hat[88]. Denn diese sind auch dann insolvenzfähig, wenn sich etwa aus dem Konzernrecht ergeben sollte, dass der Mehrheitsgesellschafter die Schulden zu über-nehmen hat (§ 305 AktG), oder eine Haftung wegen qualifiziert faktischen Konzerns[89] in Be-tracht kommt. Oft werden solche Haftungsmöglichkeiten erst im Laufe des Insolvenzverfah-rens ausgenutzt, so dass der Versicherungsfall i. S. d. Kreditversicherungsvertrages bereits eingetreten ist[90].

25   Die Forderungen müssen zudem entweder bereits **fakturiert** sein, oder innerhalb der nächsten 30 Kalendertage fakturiert werden (§ 2 Abs. 1 lit. b AVB-WKV Hermes). In § 2 Abs. 1 AVB-WKV Gerling ist das Fakturierungserfordernis ohne die 30-Tage-Klausel vorge-sehen. Da beim Streckengeschäft die Auslieferung stets vor der Fakturierung erfolgt, wird zu-dem noch oft individualvertraglich vereinbart, dass die tatsächliche Lieferung mit bestimmten näher bezeichneten Anforderungen an die Betriebsabrechnung genügt[91]. Ebenfalls vor der Faktura können Forderungen versichert sein, für die das sog. Fabrikationsrisiko vereinbart ist[92]. Bestreitet der Kunde die Forderung wegen angeblichen Sachmangels oder mit anderen unberechtigten Einwänden, und fällt er vor gerichtlicher Klärung in die Insolvenz, so kann der VN den Versicherungsschutz verlieren, weil § 2 Abs. 1 AVB-WKV (Hermes) vorsieht, dass nur Forderungen versichert sind, die „frei von Gegenrechten des Kunden sind". Doch hindert die Insolvenz den VN nicht zwingend, seine Klage weiterzuverfolgen (§ 240 ZPO),

---

[84] S. *Meyer,* a. a. O.

[85] Zur Unterscheidung vgl. nur BGH v. 19. 9. 1977, BGHZ 69, 254 (257 f. [echt]) und BGH v. 14. 10. 1981, BGHZ 82, 50 (56) (unecht); dazu *Serick,* NJW 1981, 794; *Herrmann,* Grundlehren BGB/HGB, Bd. 1, a. a. O. S. 177.

[86] S. u. zu C. IV.

[87] Vgl. *Wittchen,* Warenkreditversicherung, S. 43.

[88] Vgl. nur *Kleespieß,* Police Private Partnership, 2003. S. 4 ff.

[89] Vgl. nur BGH v. 16. 7. 2007, NZG 2007, 667 (Trihotel); BGH v. 28. 3. 1993, BGHZ 122, 123 (133 ff.) = NJW 1993, 1200 ff. (TBB); dazu *Wagner,* FS. Canaris, Bd. 2, 2007, 473 (492 ff.); *Eidenmüller,* ZHR 2007, 644 (661), (666); *Herrmann,* Gesellschafts- und Konzernrecht, 2008, Kap. 8, V.3; 9, III (i. Er-scheinen).

[90] Näher sogleich unter II und s. u. D. V.

[91] Näher, Warenkreditversicherung, S. 44.

[92] Zur Unterscheidung vom Delkredererisiko näher *Matzel,* in: Boccia (Hrsg.), FS. Zum 25-jährigen Bestehen der Societa Italiana Cauzioni, 63 (66).

so dass die Klausel des § 2 Abs. 1 AVB insoweit keine unbillige Härte i. S. d. § 307 Abs. 1 BGB bedeutet[93].

II. Versichertes Risiko

1. Zahlungsunfähigkeit

Das versicherte Risiko wird in §§ 1, 12 Abs. 1 AVB-WKV (Hermes)[94] mit „Versicherungs-   **26**
fall" und **„Zahlungsunfähigkeit"** bezeichnet. Darunter ist nach § 12 Abs. 1 lit. a–f AVB-WKV Folgendes zu verstehen:

a. dem Forderungsmanagement des VR ist es nach Beauftragung durch den VN und inner-halb einer bestimmten Frist nicht gelungen, die Forderung vollständig einzuziehen[95];

b. das gerichtliche Insolvenzverfahren („Konkursverfahren"[96]) ist eröffnet, oder seine Eröff-nung ist mangels Masse abgelehnt;

c. gerichtliche Feststellung der Annahme eines Schuldenbereinigungsplanes[97];

d. „mit sämtlichen Gläubigern (ist) ein außergerichtlicher Liquidations- oder Quotenver-gleich zustande gekommen;

e. ganz oder teilweise fruchtlose Zwangsvollstreckung des VN;

f. ähnlicher Tatbestand bei Kunden mit Sitz im Ausland.

Genauere zeitliche Festlegungen regelt § 12 Abs. 3 a–f. Zuvor kann der Versicherungsfall bereits bei drohender Zahlungsunfähigkeit und unzureichender Verwertung von Eigentums-vorbehalten im Einvernehmen mit dem VR (Abs. 4).

Für die Risiko-Einschätzung ist besonders wichtig, dass die Zahlungsunfähigkeit in diesem   **27**
Sinne **während der Laufdauer der Kreditversicherungsvertrages** eingetreten sein muss. Dafür genügt aber nicht der Antrag des VN oder eines weiteren Gläubigers auf Eröffnung des Verfahrens, sondern hierüber muss vom Gericht stattgebend oder ablehnend entschieden worden sein (§ 12 Abs. 1 b). Im Fall d muss die Zustimmung sämtlicher Gläubiger innerhalb der Frist eingeholt sein. Zu e genügt ebenfalls nicht ein Antrag auf Zwangsvollstreckung, son-dern es kommt auf den Tag der Durchführung der Vollstreckungsmaßnahme an.

Zu lit. e (früherer lit. d) hat das LG Köln[98] treffend festgestellt, dass im Hinblick auf das Treu- und Glaubensgebot des § 242 BGB eine weite Auslegung geboten ist, die es bei erwie-sener Unmöglichkeit der Zwangsvollstreckung ausreichen lässt, dass der Gläubiger den fruchtlosen Versuch einer solchen gemacht hat. Der Schuldner war Unternehmensberater und hatte sein ehemaliges Büro anderweitig vermietet, war aber selbst mit unbekanntem Auf-enthalt verzogen. Das Gericht meinte zu Recht, es könne nicht sein, dass der Versicherungs-recht bei mangelndem Zugriff auf den Schuldner entzogen werde. „Die Klägerin bedarf des Versicherungsschutzes erst recht".

Im Insolvenzrecht wird ein weiterer Begriff der Zahlungsunfähigkeit verwendet: voraus-   **28**
sichtlich dauernder Mangel an Zahlungsmitteln[99]. Aber § 12 Abs. 1 AVB-WKV engt diesen Begriff auf die zu a–f genannten **Sondertatbestände** mit abschließender Wirkung ein, was mit dem Wörtchen „nur" hinreichend deutlich zum Ausdruck kommt[100].

---

[93] Näher *Pörschke,* Ausfuhrkreditversicherung, S. 137; *Wittchen,* Warenkreditversicherung, S. 44.

[94] Weitestgehend übereinstimmend § 9 Abs. 1 Nr. 1–4 AVB-WKV Gerling.

[95] Ausnahmen dazu in § 12 Abs. 2 a–c.

[96] So noch der Wortlaut nach der bis 1999 geltenden Konkursordnung.

[97] An die Stelle des Vergleichsverfahrens ist jetzt nach der neuen InsO der sog. Insolvenzplan (Planver-fahren) getreten, der keine Einstimmigkeit der Gläubiger voraussetzt, sondern auch solche Gläubiger bin-det, die ihm nicht zugestimmt haben, § 245 InsO; näher s. u. zu G. I; kein Versicherungsfall ist die Ein-leitung des Löschungsverfahrens gem. § 2 LöschG, OLG Koblenz v. 25. 2. 2000, VersR 2001, 582 f.

[98] Urteil v. 5. 10. 2005, Az. 82 O 62/05 zu Nr. 2 der Gründe (download v. 24. 1. 2008 unter www.ver sicherungs-recht.de/urteile/details.php?id=37.

[99] Vgl. schon RG v. 17. 12. 1901, RGZ 50, 39 (41).

[100] Vgl. BGH v. 17. 9. 1986, VersR 1987, 68, 69 betr. Unklarheitenregel des heutigen § 305 c Abs. 2 BGB.

29 In der **Ausfuhrkreditversicherung** hat sich diese strenge Handhabung als unpraktikabel erwiesen, weil in vielen Entwicklungsländern gerichtliche Hilfe gar nicht oder nicht zeitnah erreicht werden kann. Deshalb erweitert § 3 Abs. 4 AVB-AKV den Katalog der Zahlungsunfähigkeitsmerkmale um den Nachweis der Uneinbringlichkeit infolge wirtschaftlicher Umstände, der z. B. durch Uneinbringlichkeitsbescheinigung der örtlichen Deutschen Handelskammer erbracht werden kann[101]. Nachzuweisen ist, dass die Forderung 6 Monate nach Fälligkeit trotz Maßnahmen im Rahmen kaufmännischer Sorgfalt nicht erfüllt wurde, und schon nach 2 Monaten dieser Frist eine entsprechende Mitteilung an den Bund erfolgt ist. Nach § 3 Abs. 3 Nr. 6 AVB-AKV führt schließlich noch der Sonderfall zur Zahlungsunfähigkeit, dass nach Versendung der Ware die Uneinbringlichkeit zu befürchten ist und der „Garantienehmer noch in seiner Verfügungsgewalt befindliche Ware" zwar mit Einverständnis des Bundes verwertet, dabei aber einen „Mindererlös" erleidet. Ist nur ein Erlös unterhalb der geschuldeten Forderung des VN erzielt worden (Mindererlös), so ist der Differenzbetrag vom VR zu erstatten. Maßgebend ist der Tag, an dem die Höhe des Mindererlöses feststeht.

30 Wollen die Parteien auch Forderungen einbeziehen, die vor Vertragsschluss entstanden sind, und für die der Versicherungsfall bereits – unerkannt – eingetreten ist, so können sie eine sog. **Rückwärtsversicherung** i. S. d. § 2 VVG abschließen[102]. Doch geschieht dies nicht durch Einbeziehung der Spezialklausel Nr. 2, da hiernach „bestehende" Forderungen versichert werden[103].

30a Versicherungsfälle, die nach Beendigung des Versicherungsvertrages eintreten, sind nicht versichert, wenn keine besondere **Nachhaftung** vereinbart ist. V. a. deshalb hat das Kündigungsrecht des VR binnen Monatsfrist nach Eröffnung des Insolvenzverfahrens beim VN gem. § 14 Abs. 1 VVG 2007 i. V. m. § 15 AVB-WKV (Gerling) erhebliche praktische Bedeutung, zumal bei Insolvenz von wichtigen Abnehmern oft trotz der Kreditversicherung die Anschlussinsolvenz des VN droht. Noch in 2003 hat der BGH geklärt, dass § 15 AVB-WKV nicht gegen § 307 Abs. 1 BGB verstößt[104]. Aber die Rechtslage hat sich jetzt dadurch geändert, dass der BGH[105] für die Kautionsversicherung alten Rechts festgestellt hat, dass es sich insolvenzrechtlich gar nicht um einen Versicherungsvertrag, sondern um Geschäftsbesorgung i. S. § 675 BGB handelt, und dass deshalb der Versicherungsvertrag sogleich mit Insolvenzeröffnung nach § 115 f. InsO beendet wird. Folglich entfällt die Monatsfrist, die in § 14 VVG bisher wegen der halbzwingenden Wirkung des § 15a VVG 2007 unabdingbar festgelegt war. Auf das allgemeine Kreditversicherungsrecht wird man diese (verfehlte[106]) Ansicht allerdings nicht zu übertragen haben, so dass die Monatsfrist nach § 15 AVB-WKV (Gerling) für die Altverträge wegen Art. 1 EGVVG 2008 noch bis 31. 12. 2008 weiterhin gilt. Für Neuverträge sahen noch die Kommissionsvorschläge und der RegE VVG[107] im neuen § 18 eine genaue Übereinstimmung zum § 14 VVG 2007 vor, doch ist dies im weiteren Gesetzgebungsverfahren dann fortgefallen. Daraus kann man sicher nicht schließen, dass nunmehr auch Klauseln mit Kündigungsrechten des VR unterhalb monatlicher Kündigungsfrist zugelassen werden sollten. Denn dagegen spricht der vorrangige Verbraucherschutzzweck der VVG-Reform. § 15 AVB-WKV (Gerling) braucht also nicht geändert zu werden.

2. Protracted Default/Warranty

31 Gegen Mehrprämie war schon bisher die Vereinbarung einer **Zahlungsverzugsklausel** (protracted default clause) üblich. Jetzt ist dieser Risikoeinschluss in § 3 Abs. 4 AVB-AKV 2003 als Regelfall vorgesehen. Der VR stellte früher eine sog. Protracted-default-Liste auf,

---

[101] Vgl. *Meyer*, Kreditversicherung, S. 29; zur ergänzenden Vertragsauslegung des § 9 AVB-WKV bei Besonderheiten des ausländischen Insolvenzrechts s. BGH v. 24. 4. 2002, VersR 2002, 845.

[102] Vgl. OLG Stuttgart, OLGE 7, 159 f.

[103] Darauf weist zu Recht *Wittchen*, Warenkreditversicherung S. 87.

[104] BGH, Urteil v. 26. 11. 2003, Az. IV ZR 6/03, VersR 2004, 858.

[105] BGH, Urteil v. 6. 7. 2006, VersR 2006, 1637.

[106] S. die Kritik bei *Dreher*, VersR 2007, 731 ff.; näher u. Rn. 123c.

[107] Abdr. in VVG-Kommission Abschlussbericht 2004, S. 306 (445).

aus der für jedes Land die genaue Frist zu ersehen ist, um die die Fälligkeit der Forderung überschritten sein muss (Karenzfrist). Nach § 3 Abs. 4 AVB-AKV 2003 beträgt die Karenzfrist jetzt einheitlich 6 Monate. Schon insoweit kann man von qualifiziertem Verzug sprechen. Außerdem muss die Forderung rechtlich begründet („Rechtsbeständigkeit" § 4 Abs. 1 AVB-AKB). Bei bestrittener Forderung hat der Bund ein Ermessen. Der Entschädigungsantrag „kann" zurückgewiesen werden § 4 Abs. 2 AVB-AKB. An der rechtlichen Begründetheit wird es bei gegebener Unstreitigkeit selten fehlen. Doch kann es vorkommen, dass der Kunde in Unkenntnis seiner Rechte bestimmte Forderungen vorerst unbestritten lässt oder erst abwarten möchte, bis der VR nach Zahlung an den VN bei ihm Regress nimmt[108]. Solche Risiken will der VR im Regelfall nicht übernehmen.

Der Garantienehmer trägt im Verhältnis zum Bund ausschließlich die Verantwortung für die Rechtsbeständigkeit (§ 4 Abs. 3 AVB-AKB) Besondere Bedeutung hat dies im Hinblick auf die gerade für diese Fälle wichtige Regressmöglichkeit des VR gegenüber dem Kunden, wenn dieser nicht wegen akuter Insolvenzgefahr säumig ist. Dann ist ein Rückgriff durch den Bund u. U. möglich, wenn die Entschädigungsleistung erbracht ist (§ 8 Abs. 1 AVB-AKB), so dass, wenn dieser aus Rechtsgründen scheitert, der Garantienehmer die erhaltene Entschädigung u. U. ganz oder teilweise zurückzahlen muss (§ 6 Abs. 1 AVB-AKB).

In der Praxis begegnet auch der Typ der Arbeitslosigkeits-Kreditversicherung, der insbes. **32** zur Absicherung von Krediten beim Kfz.-Kauf verwendet wird[109]. Die finanzierende Bank schließt einen Gruppenversicherungsvertrag mit einem VR ab, der das Risiko bei Nichtzahlung von Darlehensraten wegen Arbeitslosigkeit des Kfz-Käufers abdeckt. Eine Besonderheit besteht hier darin, dass der BGH wegen des Transparenzgebots des § 307 Abs. 1 S. 2 BGB strenge Anforderungen an die AVB-Formulierung des Arbeitslosigkeitstatbestandes stellt. Zwar sind Abweichungen vom sozialrechtlichen Begriff der Arbeitslosigkeit zulässig. Doch wird es dann für den Durchschnittskunden zu schwierig, wenn einerseits doch wieder an die Berechtigung zum Arbeitslosen- oder -hilfe angeknüpft wird, dann aber nicht akzeptiert werden soll, dass das Sozialrecht geringen Hinzuverdienst unschädlich sein lässt[110].

Weitere spezielle Versicherungstypen, wie die Kautionsversicherung[111] und die Warranty&Indemnity Insurance[112] sehen anstelle der Verzugsklauseln einen Schutz für **Garantiezusagen** vor. Auch in der Investitionsgüterkreditversicherung kommen entsprechende Klauseln vor. Der VN muss dabei nicht die Zahlungsunfähigkeit oder den qualifizierten Verzug nachweisen, sondern es geht um den Eintritt von Garantiefällen und deren Nachweis. Wenn etwa das Investitionsgut geliefert oder das Bauwerk fertig gestellt ist, und der Kunde wegen angeblicher Sachmängel die Zahlung verweigert, ist die Forderung nicht unbestritten, so dass kein Versicherungsfall i. S. d. protracted default-Klausel vorliegt. Hat aber der VR eine Gewährleistungsbürgschaft übernommen, oder liegt eine Warranty&Indemnity-Police[113] vor, so ist die Versicherungsleistung geschuldet.

Ähnliches kann für den Fall vereinbart sein, dass der Käufer sich weigert, die in der Investitionsgüterkreditversicherung eigentlich erforderliche Konformitätserklärung abzugeben. Will der VN sich für den Zeitraum der Leistungs- oder Feststellungsklage gegen das Insolvenzrisiko seines Kunden absichern, so muss er vereinbaren, dass ihm die Deckungszusage vorab erklärt wird. Beispielsweise kann es genügen, dass der VN bestimmte Lieferpapiere vorlegt. In der gewöhnlichen Warenkreditversicherung sind derartige Risiken indessen normaler Weise nicht versichert.

---

[108] S. näher unten zu D. V.
[109] Vgl. nur BGH, Urteil v. 11. 5. 2005, Az. IV ZR 25/04, VersR 2005, 976.
[110] So der BGH ebd. zu II.1 c und d.
[111] Näher s. u. zu E. IV/V.
[112] Näher *Grossmann/Mönnich,* VW 2003, 652ff. und s. u. zu E. VI.
[113] *Grossmann/Mönnich,* VW 2003, 652 (654), sog. Verkäufer-Police.

III. Risikoausschlüsse

1. Nebenforderungen und Kosten der Rechtsverfolgung

33   Neben der versicherten Hauptforderung sind in den Versicherungsschutz eingeschlossen alle mit der ordnungsmäßigen Vertragsabwicklung **zusammenhängenden Kosten,** wie Frachten, Versicherungsprämien, Wechseldiskont und -spesen. Aber die Mehrwertsteuer ist ebenso wie Zölle und sonstige Steuern nicht mehr in der WKV eingeschlossen (§ 2 Abs. 3 bzw. Abs. 1 AVB-WKV Hermes/Gerling).

34   Ausgeschlossen sind auch die **Nebenforderungen** wegen Nicht- oder Schlechterfüllung und Kosten der Rechtsverfolgung[114]. Dazu rechnen nach § 2 Abs. 3 bzw. Abs. 5 AVB-WKV (Hermes/Gerling) insbes.
   – Forderung auf Verzugszinsen und Vertragsstrafen;
   – Schadensersatzforderungen, z. B. wegen entgangenen Gewinns gem. § 252 BGB;
   – Kosten der Rechtsverfolgung und Zwangsvollstreckung[115].

2. Politische Risiken und Naturkatastrophen

35   Ferner sind vom Versicherungsschutz grundsätzlich **ausgenommen** nach § 2 Abs. 2 lit. a Forderungen gegen „öffentlich-rechtliche Abnehmer", da hier kein Insolvenzrisiko besteht. Ebenfalls ausgeschlossen sind konzerninterne Ansprüche (lit. b), Forderungen aus Vermietung und Verpachtung von Immobilien (lit. c), aus Verträgen, die behördlicher Genehmigung bedürfen, Im- oder Exportrestriktionen unterliegen, oder wegen Krieg oder kriegsähnlichen Ereignissen sowie Natur- oder Kernenergiekatastrophen besonders risikobelastet sind (lit. d/e). Ebenso nicht gedeckt sind nach lit. e Forderungsausfälle wegen **politischer Risiken.** Auch dabei handelt es sich um sog. objektive Risikoausschlüsse, weil die betr. Merkmale unabhängig vom subjektiven Verhalten des VN eintreten[116]. Hierzu obliegt dem VR die Darlegungs- und Beweislast, dass die Versicherungsfälle „durch Krieg, kriegerische Ereignisse, innere Unruhen, Streik, Beschlagnahme, Behinderung des Waren- und Zahlungsverkehrs von hoher Hand, Naturkatastrophen oder durch Kernenergie mit verursacht" sind.
       Speziell in der AKV zählen zu den politischen Risiken die Konvertierungs- und Transferrisiken, Zahlungsverbots- und Moratoriumsrisiken sowie Kursrisiken. Dort sind diese Risiken oft eingeschlossen[117]. Aber andere Fälle höherer Gewalt sind nicht mitversichert, da die hierdurch verursachten Risiken nicht versicherungsmathematisch kalkulierbar erscheinen.

36   Grundsätzlich muss der VR **beweisen,** dass eines der politischen Risiken sich ausgewirkt hat; denn es handelt sich um einen Ausschlusstatbestand, der zum Vorteil des VR wirkt. Nach § 2 Abs. 5 c AVB-WKV (Gerling) hilft ihm im Zweifel die „überwiegende Wahrscheinlichkeit" (Satz 2). Darin kann nach z. T. vertr. Ansicht eine in AGB unzulässige Beweiserleichterung i. S. § 309 Nr. 12 BGB liegen[118]. Zwar handelt es sich nicht stets um eine überwiegend im „Verantwortungsbereich" des VR liegende Tatsache i. S. d. § 309 Nr. 12 lit. a BGB, so dass im Einzelfall nach den näheren Umständen zu urteilen ist. Politische Unruhen sind meist außerhalb des Einflussbereichs beider Parteien. Doch kommt es darauf großenteils nicht mehr an, da die Neufassung der AVB-WKV (Hermes) in § 2 Abs. 2 nur noch die nachgewiesene Kausalität als Risikoausschluss formuliert. Beweiserleichternd wirkt nur noch, dass „Mit"-

---

[114] Sog. primärer Risikoausschluss, vgl. *Lorenz,* VersR 2000, 2; abweichende Gestaltung aber bei Garantieklauseln, s. u. zu B. II.2.
[115] Anders zum Aufwandsersatz gem. § 63 VVG BGH v. 21. 3. 1977, VersR 1977, 709; näher s. u. zu D. III.
[116] Vgl. *Lorenz,* VersR 2000, 2.
[117] Vgl. § 3 Abs. 2 AVB-AKV 2003.
[118] Vgl. nur BGH v. 28. 6. 1952, VersR 1952, 277 (278); OLG Hamburg v. 16. 7. 1947, VW 1947, 270; OLG Hamburg v. 5. 6. 1957, VW 1947, 271; unbedenklich aber nach BGH v. 28. 11. 1951, VersR 1952, 52 f.

Verursachung politischer Umstände ausdrücklich ausreicht. Die Mitursächlichkeit muss aber feststehen und darf nicht nur wahrscheinlich sein.

IV. Ausfalldeckung/Selbstbeteiligung

Die Vereinbarung voller Ausfalldeckungen gehört der Vergangenheit der Kreditversicherungspraxis an und hat sich nicht bewährt, weil bei fehlendem Selbstbehalt zu wenig Anreize des VN bestehen, sein Streben nach Umsatzausweitung im Rahmen vertretbarer Kreditrisiken zu halten (s. o. zu A. I). Die Höhe des Selbstbehalts wird nicht in den AVB festgelegt, sondern bleibt dem Versicherungsschein vorbehalten (§ 14 Abs. 1/5 Abs. 1 AVB-WKV Hermes/Gerling). Üblich sind **Selbstbeteiligungen** von 30% in der WKV und 25% in der AKV[119]. Dadurch wird erreicht, dass der VN für jede ausgefallene und versicherte Forderung 70 bzw. 75% Deckung erhält.

Will der VN mehr Risiko selbst behalten, so kann dies selbstverständlich im Wege der vertraglichen Vereinbarung erreicht werden. Meist wird dann die Prämie entsprechend abgesenkt, da der VR ein geringeres Risiko zu tragen hat. Beim sog. Partnerschaftsvertrag, der v. a. von großen VN gewünscht wird, die nur mit bonitätsmäßig einwandfreien Kunden in Geschäftsbeziehung treten, wird eine hälftige Risikoteilung zwischen VR und VN vereinbart. Neben oder anstelle des prozentualen Selbstbehalts kann auch noch ein sog. Entschädigungsvorrisiko vereinbart werden. Der VN behält einen von vornherein festgelegten Ausfallbetrag, der als Prozentsatz oder als absolute Zahl vom Gesamtbetrag der versicherten Forderungen p. a. festgelegt wird[120].

Erhöht sich das Risiko des VR während der Laufzeit des Kreditversicherungsvertrages, so kann die für die bisherige Zeit vereinbarte Deckung nicht verändert werden; denn der Vertrag dient ja gerade der Sicherung gegen Bonitätsverschlechterungen bei den Abnehmern des VN. Wohl aber kann für die Zukunft eine **höhere Selbstbeteiligung** des VN vereinbart werden. Eine dahin gehende einseitige Festlegung ist in § 8 Abs. 6 AVB-WKV (Gerling) vorgesehen. Mit der Rspr. zu den Preisanpassungsklauseln[121] könnte man aber eine Obergrenze sowie eine Klauselergänzung dahingehend zu verlangen haben, dass ein Kündigungsrecht des VN begründet wird und die Selbstbeteiligung abgesenkt wird, wenn sich die Bonität der Kunden verbessert. Davon kann zwar im kaufmännischen Verkehr abgesehen werden, wenn im Hinblick auf den Anpassungsgegenstand funktionsfähiger Wettbewerb besteht. Doch müssen die Anpassungsklauseln dann so gefasst sein, dass sie auf die im Hause des VR im Anpassungszeitpunkt üblichen Selbstbeteiligungskonditionen abstellen[122]. Daneben besteht die Möglichkeit, wegen Gefahrerhöhung zu kündigen. Nach § 24 Abs. 1 VVG 2007/§ 24 Abs. 2 VVG 2008 kann dies in Monatsfrist seit Meldung der Gefahrerhöhung geschehen. Zur Vermeidung einer solchen Kündigung kommt oft eine Einigung über höheren Selbstbehalt in Betracht.

Der VN darf das bei ihm verbleibende Risiko nicht anderweitig versichern (§§ 14 Abs. 2/5   **38** Abs. 2 AVB-WKV Hermes/Gerling, sog. **Vertragsrisiko**). Denn dadurch würde die bereits erwähnte Anreizfunktion ganz oder teilweise entfallen. Bei schuldhafter Verletzung der dahingehenden Obliegenheit wird der VR von der Leistungspflicht unabhängig davon frei, ob der Schaden auch ohne die Zuwiderhandlung eingetreten wäre. Dies ist nach h. M. darin begründet, dass keine Gefahrstandsobliegenheit i. S. d. § 6 Abs. 2 VVG 2007 vorliegt, so dass diese Vorschrift nicht anwendbar ist[123]. Nur in eng begrenzten Ausnahmefällen sollen Aus-

---

[119] Vgl. *Meyer,* Warenkreditversicherung, S. 33.

[120] Dazu und zu weiteren Formen des Selbstbehalts s. *Prölss/Martin/Kollhosser,* § 56 Rn. 10f.

[121] Vgl. schon BGH v. 7. 10. 1981, BGHZ 82, 21, 90, 69 v. 1. 2. 1984 (Daimler); BGHZ 27. 9. 1984 92, 200 (203); BGH NJW 17. 2. 2004, 1588; *Palandt/Grüneberg,* BGB-Komm. 67. Aufl. 2008, § 309 Rn. 8–10.

[122] Vgl. nur BGHZ v. 27. 9. 198492, 200 (203); 97, 212; BGH NJW 17. 2. 2004, 1588; näher, *Herrmann,* DZWiR 1994, 45ff.; 95ff.

[123] BGH v. 28. 4. 1971, VersR 1971, 662 (663); OLG Hamm v. 7. 2. 1979, VersR 1979, 616 (617); *Wittchen,* Warenkreditversicherung, S. 172 m. w. N.

nahmen nach § 242 BGB zuzulassen sein, wenn keinerlei Gefährdung der Interessen des VR denkbar ist[124]. Das ist aber bei Versicherung des Selbstbehalts wegen der erwähnten Anreizwirkung sicher nicht anzunehmen. Nachdem § 28 Abs. 3 VVG 2008 das Ursächlichkeitserfordernis einheitlich für jede Leistungsbefreiung wegen Obliegenheitsverletzungen normiert hat, kann keine Befreiung wegen Verstoßes gegen §§ 14 Abs. 2/5 Abs. 2 AVB-WKV Hermes/Gerling mehr angenommen werden. Jedoch ist in § 14 Abs. 2 Satz 2 AVB-WKV Hermes vorgesehen, dass der VR berechtigt ist, den Anspruch gegen den weiteren VR in Abzug zu bringen.

V. Risikoaufhebung wegen Gefahrerhöhung und Schadensminderungspflichten

39   Der VN selbst muss im Regelfall selbst dafür sorgen, dass die Forderungen, für die das Zahlungsziel überschritten ist, erfüllt oder eingetrieben werden. Gelingt dies innerhalb von 3 Monaten nach Eintritt der Fälligkeit nicht, so liegt darin eine Gefahrerhöhung, die nach § 8 Abs. 2 lit. a AVB-WKV (Gerling) anzeigepflichtig ist, da es sich um eine „ungünstige Information über (die)… Zahlungsweise … des Kunden" handelt. Der VN hat eine **Nichtzahlungsmeldung** an den VR zu machen. Fehlt diese, so handelt es sich um eine Obliegenheitsverletzung i. S. § 14 AVB-WKV (Gerling)[125]. Aber darüber hinausgehend kann der VR nach § 8 Abs. 6 AVB-WKV (Gerling) auch den Versicherungsschutz für alle künftigen Forderungen aus Lieferungen und Leistungen aufheben, ohne dass es hierfür vorab einer warnenden Mitteilung bedarf. Auch muss der VN spätestens nach 3 Monaten ein Inkassoinstitut einschalten, um den Schaden niedrig zu halten. Andernfalls kann insoweit bereits eine Leistungsbefreiung des VR für diese Forderung eintreten[126].

40   Für das allgemeine Versicherungsrecht regelt § 27 Abs. 1 VVG 2007/§ 24 Abs. 2 VVG 2008 ein **Kündigungsrecht** binnen Monatsfrist. Zwar gilt dies wegen § 187 VVG nach h. M. nicht zwingend für die KreditV[127], doch bedarf es dafür einer abbedingenden Bestimmung in den AVB. Ohne Kündigung bzw. Ausschlusserklärung kann der VR die Gefahrerhöhung nicht vermeiden, da der VR sonst die Möglichkeit hätte, die Prämien weiterhin zu erheben und sich doch der zusätzlichen Risikotragung zu entziehen[128]. Deshalb bleibt derzeit – außerhalb der Vertrauensschadenversicherung[129] – für den VR gar nichts anderes übrig, als die Kündigung auszusprechen, wenn er den Fall für gewichtig genug ansieht, und für die nicht betroffenen Forderungen gegenüber anderen Kunden eine neue Versicherung abzuschließen[130]. Aber für künftige Forderungen ist die sofortige Risikoaufhebung gem. § 8 Abs. 6 AVB-WKV (Gerling) möglich. Oft wird allerdings die von § 25 Abs. 1 VVG 2008 eingeführte Zulässigkeit einer Prämienerhöhung näher liegen, obgleich hierfür wiederum die Monatsfrist gem. § 24 Abs. 2 VVG 2008 gilt. Neue AVBs könnten wegen § 210 VVG 2008 das Monatserfordernis abbedingen.

41   Erhöht der VN dadurch die Gefahr, dass er von vornherein eine **Stundungsvereinbarung** mit dem Schuldner der versicherten Forderung trifft, die vom Zahlungsziel des Versicherungsscheins abweicht, so schließt § 2 Abs. 4 AVB-WKV (Hermes) das Risiko dafür von vornherein aus. Die h. M. sieht bei Fällen ohne Risikoausschluss die §§ 23 ff. VVG 2007 durch die AVB-WKV derogiert und wendet lediglich die §§ 32, 6 VVG 2007 an, soweit de-

---

[124] Vgl. nochmals BGH v. 28. 4. 1971, VersR 1971, 662 (663).
[125] Näher s. u. zu C. VIII, Rn. 71 ff.
[126] Zur Praxis der Schadensminderungspflichten nach § 8 Abs. 3 AVB-AKV vgl. nochmals *Meyer,* KreditV, S. 30.
[127] Vgl. nur BGH v. 29. 9. 1971, VersR 1971, 1055 (1056): *Prölss/Martin,* § 187 Anm. 1; *Bruck/Möller,* VVG Bd. 1, § 6 Anm. 110.
[128] Vgl. Amtl. Begr. VVG v. 7. 11. 1939, in Dt. Justiz 1939, 1771 (1773); ebenso BGH v. 31. 1. 1952, BGHZ 4, 369; BGH v. 24. 4. 1985, VersR 1985, 775.
[129] Dazu billigend, ABV VerBAV 1974, 315.
[130] Darauf verweist auch BGH v. 22. 6. 1988, VersR 1988, 1013 (1014).

ren Voraussetzungen gegeben sind[131]. Anderes gilt nur insoweit als keine in den AVB geregelten Tatbestände der Gefahrerhöhung vorliegen, in Anbetracht der Lückenhaftigkeit der AVB also auch keine verdrängende Wirkung gegeben sein kann. Beispiel: der VN ändert seine allgemeinen Zahlungs- und Lieferungsbedingungen zu seinen Ungunsten ab[132]. Zum neuen VVG ergeben sich, soweit ersichtlich, keine Änderungen, da § 210 Derogationen zu §§ 24, 26, 28, weiterhin zulässt.

Besondere Verhaltenspflichten zur Gefahrminderung und bei Gefahrerhöhung sind   **42** nach § 8 Abs. 3/4 AVB-WKV/AKV
– eigene Vermeidung und Minderung mit der „Sorgfalt eines ordentlichen Kaufmannes";[133]
– Befolgung von Weisungen des VR;
– auf Befragen Auskünfte an VR geben und erforderliche Unterlagen einreichen;
– Anzeige über geleistete Zahlungen auf die zum Inkasso gegebenen Forderungen;
– Vergleiche und Zahlungsabsprachen nur mit Einwilligung des VR.

Bei Pflichtverletzung gibt es keine Leistungsbefreiung unabhängig vom Verschulden, weil § 14 Abs. 2 AVB (Gerling) a. F. insoweit gegen § 307 Abs. 2 Nr. 1 BGB verstieß[134]. Jetzt ist nach Abs. 1 verschuldensabhängige Leistungsbefreiung vorgesehen, was für Altverträge noch bis zum 31. 12. 2008 ohne Weiteres zulässig ist, danach aber an die Voraussetzungen zur groben Fahrlässigkeit und an die Quotelung nach § 28 Abs. 2 VVG 2008 anzupassen wäre, wenn § 210 VVG 2008 nicht von der Geltung des neuen Gesetzesrechts dispensieren würde. Anders ist es zwar, wenn man die alte Rspr. zum einfachen Verschuldenserfordernis des § 6 VVG 2007 als Leitbildnorm i. S. § 307 Abs. 2 Nr. 1 BGB heranzuziehen hätte. Aber dagegen steht, dass jetzt § 58 Abs. 1 VVG 2008 eine Sonderregelung für die laufende Versicherung trifft und sowohl das Erfordernis leichter Fahrlässigkeit genügen lässt als auch keine Quotelung vorschreibt.

Hinzukommt die Pflicht, die Sicherheiten bestmöglich zu verwerten, auch soweit sie die versicherte Forderung absichern (§ 10 Abs. 1 AVB-WKV/AKV (Gerling)). Kosten, die dem VN dabei entstehen, kann er nach § 63 VVG 2007/2008 als Aufwandsersatz geltend machen, obgleich sie gem. § 2 Abs. 5 lit. a AVB vom Umfang des Versicherungsschutzes ausgeschlossen sind, denn die Regeln zum vertraglichen Deckungsumfang und zum gesetzlichen Aufwandsersatz sind voneinander unabhängig zu sehen[135].

C. Vertragsschluss und Pflichten vor Eintritt des Versicherungsfalls

I. Vordeklaration des Versicherungsnehmers und Prämienkalkulation

In der Kreditversicherungswirtschaft sind allgemeingültige Tarife unüblich. Stattdessen   **43** wird mit jedem VN eine mehr oder weniger **individuelle Prämiengestaltung** praktiziert. Zunächst gibt der VN eine sog. Vordeklaration ab, in der er alle wesentlichen Angaben über die Art des zu versichernden Geschäfts macht, die Höhe der zu versichernden Jahresumsätze benennt und die Forderungsausfälle der letzten Jahre angibt. Dabei handelt es sich um vor-

---

[131] Vgl. BGH v. 21. 9. 1964, BGHZ 42, 295 = VersR 1965, 29; BGH v. 28. 10. 1981, VersR 1982, 84; BGH v. 14. 5. 1986, VersR 1986, 693; ebenso zur Verdrängung des § 27 VVG bei Bonitätsverschlechterung eines Kunden durch § 8 Abs. 6 AVB-WKV *Wittchen,* WarenkreditV, S. 146f.; z. T. abw. *Pörschke,* AusfuhrKreditV S. 80; *Fortmann,* InvestitionsgüterKreditV, S. 129.

[132] Dazu s. *Pörschke,* AusfuhrKreditV S. 74ff.; *Fortmann,* InvestitionsgüterKreditV, S. 118–129; praktisch selten, vgl. *Wittchen,* WarenkreditV, S. 147.

[133] In BGH v. 24. 11. 1971, VersR 1972, 85 (86) ist offengelassen, ob diese Regelung als Obliegenheit i. S. d. §§ 32, 6 VVG anzusehen ist; dafür z. B. *Pörschke,* AusfuhrKreditV, S. 71; ähnlich *Wittchen,* WarenkreditV, S. 168f.

[134] Vgl. OLG Hamburg v. 7. 2. 1996, VersR 1996, 1102f.; für Rechtsanwaltsfehler gilt Zurechnung als Wissensvertreter OLG Koblenz v. 6. 8. 1999, VersR 2000, 180f.

[135] Vgl. BGH v. 21. 3. 1977, VersR 1977, 709; *Möller,* in: *Bruck/Möller/Sieg,* § 63 Anm. 4; aber keine zu weite Auslehnung der sog. Vorerstreckungstheorie, s. *Gas,* VersR 2003, 414 (418).

vertragliche Anzeigepflichten über abschlusserhebliche Umstände i. S. d. § 16 Abs. 1 S. 2 VVG 2007, so dass bei schuldhaft fehlerhaften Angaben das Rücktrittsrecht des VR nach § 16 Abs. 2 VVG 2007 gegeben ist[136]. Nach § 19 Abs. 3/4 VVG 2008 gibt es für gewöhnliche Verträge das Rücktrittsrecht bei Abschluss nach dem 1. 1. 2008 nur noch bei mindestens grob fahrlässiger Anzeigenpflichtverletzung, und wenn der VR den Vertrag nicht auch bei Kenntnis der nicht angezeigten Umstände, wenn auch zu anderen Bedingungen, abgeschlossen hätte. Doch ist die Regelung des § 54 Abs. 1 VVG 2008 speziell, wonach für die laufende Versicherung zwischen der Anmelde- und Anzeigepflicht zu unterscheiden ist.

Die Anmeldepflicht betrifft die Angaben zur Bezeichnung des versicherten Risikos, also die sog. Vordeklaration, während das Äquivalent zu § 19 in § 56 VVG 2008 geregelt ist. Bei Anmeldepflichtverletzungen greift ein volles Leistungsbefreiungsrecht ein, wenn mindestens grobe Fahrlässigkeit des VN vorliegt, und keine Nachmeldung nach Kenntniserlangung erfolgt ist (§ 54 Abs. 1 VVG 2008). Es kommt ein fristloses Kündigungsrecht hinzu, wenn Vorsatz vorliegt, wobei noch Besonderheiten für bereits begonnenen Schutz für versicherte Einzelrisiken bestehen (Abs. 2). Einfach fahrlässige Anmeldepflichtverletzungen lösen dagegen nach neuem Recht kein Leistungsbefreiungsrecht mehr aus.

Anzeigepflichtverletzungen lösen nach § 56 Abs. 1 VVG 2008 nicht das Rücktrittsrecht des § 19 Abs. 2 VVG 2008, sondern ein Kündigungsrecht verbunden mit einem Leistungsverweigerungsrecht aus, wenn der nicht angezeigte Umstand für den Eintritt eines Versicherungsfalles ursächlich geworden ist. Zum Umfang der Anzeigepflicht wird auf § 19 verwiesen, so dass auch insoweit erhebliche Änderungen zum alten Recht gelten. Insbes. sind nur nachgefragte Umstände anzuzeigen.

Vom Rücktrittsrecht kann der VR nur bis zu 1 Monate nach Kenntnis über die Anzeigepflichtverletzung des VN Gebrauch machen (§ 20 Abs. 1 VVG 2007/§ 21 Abs. 1 VVG 2008)[137.] Eine AVB-Klausel, die darüber hinausgehend die Beendigung des Vertrages ermöglicht, ist nach § 307 Abs. 2 Nr. 1 BGB angreifbar[138]. Für die Rechtsfolgen der Verletzung der Anmeldepflicht sind keine Ausschlussfristen geregelt.

44   Im Unterschied zu den Regeln über die Obliegenheitsverletzungen haben sich also die Vorschläge der **VVG-Reformkommission** durchgesetzt, wonach erst grobe Fahrlässigkeit des VN schadet[139]. Um so wichtiger ist die Frage der Geltung für Altverträge. Aufgrund eines Gegenschlusses zu Art. 1 Abs. 1 EGVVG 2008 müsste man ab 1. 1. 2009 die Geltung neuen Rechts auch für die Anmelde- und Anzeigepflichten und deren Verletzungsfolgen anzunehmen haben[140]. Doch soll davon bei Vertragsabschluss vor dem 1. 1. 2008 abzusehen sein, weil es sich um Auswirkungen der Informationslage bei Vertragsschluss, also unter der Geltung alten Rechts, handelt[141]. Dem ist mit Blick auf die gravierende wirtschaftsrechtliche Bedeutung der Umstellung zuzustimmen[142].

45   Da die Vordeklaration mangels Festlegung über die Prämie noch kein Antrag auf Versicherungsschutz ist[143], entscheidet der VR nach Eingang der Anzeige darüber, ob und zu welchen

---

[136] Z.T. wird eine Obliegenheitsverletzung i. S. d. § 6 VVG angenommen, OLG Koblenz v. 28. 3. 1991, VersR 1992, 571; ebenso zur Umsatzmeldung in der Einbruchsdiebstahlversicherung RG v. 11. 2. 1938, RGZ 157, 67 (75); krit. *Wittchen,* Warenkreditversicherung, S. 227 ff.: Nebenpflicht mit fristloser Kündigungssanktion nach qualifizierter Mahnung analog § 39 Abs. 3 VVG.

[137] Aus der Falschmeldung folgt meist Nichtzahlung der eigentlich geschuldeten Prämie mit der weiteren Folge, dass der VR nicht exakt, und deshalb nicht wirksam mahnen kann; dazu näher BGH v. 9. 7. 1986, VersR 1986, 986; BGH v. 6. 3. 1985, VersR 1985, 533; *Bruck/Möller,* VVG-Kommentar, § 39 Anm. 19; *Wittchen,* Warenkreditversicherung, S. 235 f.

[138] Vgl. KG v. 10. 11. 2000, VersR 2003, 500 f.

[139] Näher *Marlow/Spuhl,* VVG kompakt, S. 43 ff.; dagegen vgl. nur *Präve,* VW 2002, 1836 (1839).

[140] Zur unechten Rückwirkung insoweit, s. *Neuhaus,* r+s 2007, 441, 442.

[141] Vgl. die Gesetzesbegrd. Drs. BT 16/3945, S. 118.

[142] Näher *Herrmann,* Info-LetterVersHR 2003, 98 f.; *ders.,* VersR 2003, 1333 (1340 f.).

[143] Vgl. *Wick/Feldmann,* VW 1997, 1132: zum Zustandekommen des Mantelvertrages und der konkreten Versicherungsdeckung s. u. zu D. II und IV.

Bedingungen er einen Antrag an den VN richten will. Dafür wird die Prämie meist anhand eines **Promillesatzes auf die Ultimosalden** der versicherten Abnehmer (durchschnittliche Höhe der offenen Forderungen je Kunde) berechnet[144], wobei die Höhe des Promillesatzes individuell taxiert wird, indem der VR mit seiner Erfahrung die Bonität der Kunden des VN einschätzt. Für diese Zwecke hat der VR meist nicht nur die Informationen des VN, sondern auch die anderer VN zur Verfügung, die mit demselben Abnehmerkreis Geschäfte betreiben. Außerdem führt der VR die Prüfung gewöhnlich gar nicht selbst durch, sondern er schaltet spezialisierte Kreditprüfungsgesellschaften ein[145].

Zeigen sich beim Vergleich der Angaben verschiedener VN erhebliche Abweichungen der Vordeklaration über Forderungsausfälle von versicherten Abnehmerkreisen, so liegt gleichwohl nicht notwendig eine Kenntnis des VR i. S. § 16 Abs. 3 VVG 2007/§§ 54 Abs. 1, 56 Abs. 1 S. 1 VVG 2008 vor, die zum Ausschluss des Rücktritts- bzw. Leistungsverweigerungsrechts führen würde. Denn es kann sein, dass die Bonitätsprüfung gerade wegen der scheinbaren Unbedenklichkeit der Angaben des Antragstellers summarisch erfolgt, und dass die Risikoeinschätzung ohne Aufdeckung der Fehlinformation erfolgt.

Sind beim VN Zahlungsziele von weniger als 30 Tagen üblich, so geht man für die Prä-   **46** mienkalkulation meist nicht von Ultimosalden, sondern von den **monatlichen Umsätzen** des potentiellen Kunden aus. Denn die monatliche Höhe der offenen Forderungen kann dann hohen Schwankungen unterliegen, so dass die Durchschnittsberechnung nicht sinnvoll darauf gestützt werden kann. Die Praxis von Umsatzprämien begegnet v. a. im Mineralölhandel, in der Milchwirtschaft und im Fleischgroßhandel[146].

Außerdem können der Prämienkalkulation noch weitere Besonderheiten, wie insbes. die   **47** Höhe des Selbstbehalts oder ein von vornherein festgelegter Ausfallbetrag (**Entschädigungsvorrisiko**[147]) zugrunde gelegt werden. Auch kann natürlich dem Umstand Rechnung getragen werden, dass bei Einziehung der Forderungen des VN im Lastschriftverfahren noch eine Widerrufsfrist läuft. Macht der Kunde davon Gebrauch, so ist die Forderung gegen ihn wieder offen, so dass der VR dafür das Risiko tragen muss. Dementsprechend wird er versucht sein, die Prämie erhöht anzusetzen.

II. Mantelvertrag, Vertragsformen und -bestandteile

Hat der VR die Vordeklaration erhalten und die Details zu den Risikoausschlüssen und   **48** Selbstbehalten ausgehandelt, so macht er ein unverbindliches Angebot zum Abschluss eines **Mantelvertrages** (auch sog. Rahmenvertrag)[148]. Reagiert der VN positiv, so ist dies das Angebot i. S. d. § 145 BGB. Nach dessen Zugang beim VR (§ 130 BGB) erstellt dieser eine Ausfertigung des Mantelvertrages[149], die dem VN als Annahmeerklärung entweder isoliert oder zusammen mit dem Kreditlimit zugeleitet wird. Konkreter Versicherungsschutz entsteht dann erst mit der Zusendung des Kreditlimits, das als Einzellimit für jeden Kunden des VN besonders erklärt (s. u. zu IV) oder als Gesamtlimit gefasst wird[150]. Darin liegt zugleich die Ausübung eines Leistungsbestimmungsrechts i. S. d. § 315 BGB[151].

---

[144] Vgl. § 6 Abs. 3 Unterabs. 1 AVB-WKV/AKV (Gerling).

[145] Näher dazu *Wick/Feldmann*, VW 1997, 1212 (1213).

[146] Ebenso meist in der AKV, vgl. *Meyer*, Kreditversicherung, S. 39.

[147] Dazu s. o. zu C. I.

[148] Vgl. nur *Wick/Feldmann*, VW 1997, 1132; vgl. den Vorgang beim sog. Invitatio-Modell; dazu s. *Leverenz*, Vertragsschluss, S. 127 ff.

[149] *Wittchen*, Warenkreditversicherung, S. 39.

[150] Zu den Besonderheiten eines Gesamtlimits s. *Wick/Feldmann*, VW 1997, 1132 (1134).

[151] Die wohl überw. Meinung geht allerdings von zwei selbständigen Verträgen aus, vgl. *Pörschke*, Ausfuhrkreditversicherung, S. 27; *Michels*, VersR 1977, 1087; wie hier aber *Wittchen*, Warenkreditversicherung, S. 48 unter Hinweis auf OLG Hamburg v. 11. 1. 1978, Az. 26 O 159/77. Der BGH hat jedenfalls auch eine einseitige rechtsgestaltende Willenserklärung bejaht, BGH v. 3. 6. 1992, BGHZ 118, 278 = VersR 1992, 1089 (1090).

49 In der Praxis sind v. a. drei **Vertragstypen** geläufig:
- Einzeldeckung (Investitionsgütergeschäft, nicht in der WKV/AKV)
- revolvierende Einzeldeckung (AKV, selten)
- revolvierende Deckung im Rahmen eines Mantelvertrages: benannte Versicherung oder Pauschaldeckung (häufigste Form).

50 Die **Einzeldeckung** kommt praktisch nur noch in der Investitionsgüterversicherung und auch dort nur noch in seltenen Ausnahmefällen vor, weil die Gefahr zu groß ist, dass der VN eine negative Risikoauslese gegen den VR betreibt. Beispiele sind Investitionsgüterlieferungen ins Ausland, die vom VN nur sporadisch getätigt werden. Die Bonitätsprüfung muss dann auf das individuelle Risiko der Einzeldeckung bezogen werden. Oft fehlt es dafür an verlässlichen Informationen, so dass private VR heute meist keine Deckung anbieten. Wo dies doch geschieht, sind für Neuverträge nach dem 1. 1. 2008 durch § 54 Abs. 2 VVG 2008 Besonderheiten bei Verletzung der Anmeldepflicht geregelt. Es besteht ein fristloses Kündigungsrecht, das aber mangels besonderer Abrede nicht die Einzelrisiken berührt, für die der Versicherungsschutz bereits begonnen hat. Für den begonnenen Schutz kann eine dem Risiko bei Erfüllung der Anmeldepflicht entsprechende Prämie verlangt werden (§ 54 Abs. 2 S. 3 VVG 2008). Es handelt sich um eine Modifikation, die die Besonderheiten gegenüber der Prämienanhebung nach § 19 Abs. 4 S. 2 VVG 2008 regelt, wobei aber nicht das Kündigungsrecht des VN wegen mehr als 10%iger Anhebung gewährt wird, das § 19 Abs. 6 VVG 2008 bei erhöhten Prämien wegen allgemeiner Anzeigepflichtverletzung gibt. Ein systematischer Bruch liegt schon aufgrund dessen nicht vor, dass Anzeige- und Anmeldepflichten zu unterscheiden sind[152].

51 Auch die **revolvierende Einzeldeckung** wird von privaten Kreditversicherern kaum mehr angeboten. Sie bezieht den Versicherungsschutz auf fortlaufende Lieferungen an einen Einzelkunden, also etwa einen ausländischen Abnehmer, wenn der VN im Wesentlichen nur mit diesem Geschäfte betreibt. Sind mehrere Abnehmer vorhanden, so besteht die Gefahr negativer Risikoauslese gegen den VR, so dass die Risikodeckung in der privaten Versicherungswirtschaft mit zu großen Gefahren verbunden wäre.

52 Mantelverträge mit **revolvierender Deckung** kommen in der Form der benannten Versicherung oder der (unbenannten) Pauschaldeckung vor. Mit der Benennung bezeichnet der VN alle Kunden individuell, mit denen er Geschäfte betreibt. Der VR kann dann sowohl das von ihm übernommene Risiko konkret und individuell einschätzen als auch evtl. gezielt zur Risikobetreuung tätig werden, ohne diesbezügliche Zusatzinformationen beim VN einzuholen, Geschäftsunterlagen einzusehen, etc[153]. Im Mantelvertrag werden gewöhnlich Höchstgrenzen des versicherten Forderungssaldos je Kunde festgelegt, die nach einer Mitteilung des BAV v. 22. 5. 1996 den Betrag von 50 000,– DM nicht überschreiten sollten[154]. Oberhalb dieser Salden von 25 000,– € trägt der VN in der Praxis das Risiko allein, wenn keine Sonderabreden getroffen sind.

53 Bei der **Pauschaldeckung** wird keine individuelle Benennung der Kunden ausbedungen, dafür aber pauschal eine Obergrenze[155] festgelegt, bis zu der der Kunde ohne namentliche Aufgabe unter Versicherungsschutz beliefert werden kann[156]. Oberhalb dieser Grenze ist Benennung erfordert, so dass die Pauschaldeckung eigentlich nur eine Ergänzung der benannten Versicherung ist. Der Höchstbetrag entspricht meist der sog. Anbietungsgrenze, d. h. dem Betrag, von dem ab bei Überschreiten des Forderungssaldos nach § 3 Abs. 2 AVB-WKV/AKV (Gerling) einen gesonderten Antrag zu stellen, den Deckungsumfang zu erhöhen. Üblich sind 5 000 bis 10 000 €[157]. Die Pauschaldeckung ist nur für das kurzfristig revolvierende

---

[152] S. o. Rn. 43.

[153] Zu den Obliegenheiten des VN vgl. § 8 Abs. 5 AVB-WKV/AKV (Gerling).

[154] Rundschreiben R 1/96, VerBAV 1996, 135 f.; dazu *Wick/Feldmann*, VW 1997, 1132 (1136).

[155] Auch diese sollte nach Ansicht des BAV 50 000,– DM nicht überschreiten, vgl. Rundschreiben R 1/ 96, VerBAV 1996, 135 f.; dazu *Wick/Feldmann*, VW 1997, 1132 (1136).

[156] Dadurch wird der VN zur verantwortlichen Instanz der Bonitätsprüfung, vgl. *Wick/Feldmann*, VW 1997, 1212 (1214).

[157] Vgl. *Meyer*, KreditV, S. 37.

Geschäft zweckmäßig, da bei längerfristigen Lieferantenkrediten die Risiken naturgemäß größer werden und deshalb nicht der pauschalen Einschätzung überlassen bleiben können. Häufig wird bis zur Anbietungsgrenze ein erhöhter Selbstbehalt des VN vereinbart[158].

Der Versicherungsschutz beginnt aufgrund ausdrücklicher Vereinbarung meist mit Zugang **54** der sog. **Kreditmitteilung.** Da diese Kreditmitteilung wegen der mit ihr verbundenen Bonitätsprüfung durch beauftragte Prüfungsgesellschaften[159] gewöhnlich eine gewisse Zeit in Anspruch nimmt, wird häufig eine sog. Vorausdeckung mit besonders festgelegter Höchstgrenze vereinbart[160].

III. Einschluss des Kunden/Anbietungspflicht/Anbietungsgrenze

Soweit Benennung der Kunden vereinbart ist (s. o. zu II), hat der VR ein besonderes Inte- **55** resse daran, dass die Risiken breit gestreut sind. Deshalb ist der VN gehalten, alle versicherbaren Forderungen[161] und deren Schuldner zum Einschluss in den Versicherungsschutz aufzugeben. Diese sog. **Anbietungspflicht** (§ 3 AVB-WKV/AKV (Gerling)) soll verhindern, dass der VN Risikoauslese gegen den VR betreibt und dadurch dessen übernommenes Risiko verschlechtert. Kommen nach Benennung der Kunden neue Abnehmer des VN hinzu, so sind diese rechtzeitig vor Durchführung der ersten Lieferung an den VR zu melden. Zugleich muss ein Antrag auf Erhöhung der Versicherungssumme gestellt werden, sobald sich zeigt, dass der dem neuen Kunden eingeräumte Forderungssaldo zur Überschreitung der bisher beantragten Versicherungssumme führen wird.

Liegt der Forderungssaldo unterhalb der **Anbietungsgrenze** von meist 5 000 bis 10 000 €, **56** so bedarf es nicht der Benennung. Doch wird meist für diese Forderungen ein höherer Selbstbehalt des VN vereinbart. Das Risiko von Forderungsausfällen ist gewöhnlich niedriger und kann vom VN besser ganz oder teilweise selbst getragen werden. Auch ist wegen der relativ niedrigen Forderungshöhe meist ein größerer Kreis von Kunden mit ausreichender Risikostreuung gegeben, so dass hierfür keine individualisierte Risikoprüfung durch den VR erfolgen muss.

Kommt es erst im Zeitablauf des VV zur Überschreitung der Anbietungsgrenze durch einen Kunden, so muss auch dies umgehend mit Antrag auf Erhöhung der Versicherungssumme nachgemeldet werden (§ 3 Abs. 2 AVB-WKV/AKV (Gerling)). Das gilt aber nicht für ganz kurzfristige Saldoveränderungen. Bei Unterschreitung der Anbietungsgrenze bleibt der Versicherungsschutz unverändert erhalten (§ 3 Abs. 3 AVB (Gerling)).

IV. Kreditlimit/äußerstes Kreditziel

Die Entscheidung des VR über die Übernahme des Versicherungsschutzes wird dem VN **57** mit einer von der Police gesonderten sog. **Kreditmitteilung** übermittelt und auch im Versicherungsschein festgesetzt. Die Mitteilung umfasst das Kreditlimit, bis zu dem für den betr. VN das Risiko für seine Kunden gezeichnet werden kann (§ 2 Abs. 2 Unterabs. 3 AVB-WKV/AKV (Gerling)); und es wird – ebenfalls entsprechend dem Ergebnis der Kreditprüfung – entschieden, ob dieses Limit uneingeschränkt oder mit Einschränkungen erteilt wird. Nach hier vertr. Ansicht handelt es sich um eine Leistungsbestimmung gem. § 315 BGB[162]. Die – in der älteren Literatur überwiegende – Gegenansicht nimmt einen vom Mantelvertrag rechtlich getrennten Einzelvertrag für jedes Kreditlimit an[163], muss dafür aber komplizierte

---

[158] Näher s. o. zu B. IV.
[159] Dazu s. o. zu C. I.
[160] Näher s. u. zu C. V.
[161] Dazu näher o. zu B. I.
[162] S. die Nachw. o. zu C. II; zur Zulässigkeit von Leistungsbestimmungsrechten in AGB vgl. nur BGH v. 1. 7. 1992, BGHZ 119, 55, (59); BVerfG v. 28. 12. 1999, VersR 2000, 214, betr. Prämienanpassung; näher *Herrmann,* ZEuP 1999, 663 (685 f.) m. w. N.
[163] Vgl. *Michels,* VersR 1977, 1087; dagegen zu Recht *Wittchen,* Warenkreditversicherung, S. 47 ff.

Unterstellungen für die Annahmeerklärung des VN vornehmen. Insbes. überzeugt es nicht, die Kreditmitteilung als Versicherungsschein i. S. d. § 3 VVG einzuordnen und bei Abweichungen vom Antrag des VN die Schweigensregelung des § 5 Abs. 2 VVG anzuwenden[164]. Denn dafür bedürfte es einer (unnötigen) Umstellung der Praxis auf Hinweise über die Abweichungen und auf Rechtsbelehrungen über die Folgen des Schweigens des VN.

58 Werden Forderungen gegenüber mehreren Schuldnern versichert, so sind zweierlei Erklärungen zu unterscheiden: das Einzellimit und das **Gesamtlimit**[165]. Die Einschränkungen können sowohl auf die Kredithöhe als auch auf bestimmte Zahlungskonditionen bezogen sein, oder Modifikationen der Selbstbeteiligung des VN enthalten. Ist der VN mit diesen Festlegungen nicht einverstanden, so kann er neu verhandeln, oder notfalls die gerichtliche Billigkeitskontrolle nach § 315 Abs. 3 BGB herbeiführen.

Die AVB (Hermes) sind begrifflich etwas anders gefasst, stimmen inhaltlich aber weitgehend überein. Dem VN wird im Versicherungsschein eine „Selbstprüfungsgrenze" eingeräumt, innerhalb derer die Forderungen versichert sind (§ 3 Abs. 1). Übersteigen die Forderungen gegen einen Kunden diese Grenze, kann Versicherungsschutz dadurch erreicht werden, dass der VN innerhalb von 30 Tagen die Festsetzung einer dahin gehenden Versicherungssumme beantragt, und der VR zustimmt. Lehnt er ab, sind die bestehenden Forderungen oberhalb der Selbstprüfungsgrenze unversichert, ohne dass dies Einfluss auf den bestehenden Versicherungsschutz für die Forderungen unterhalb hat. Forderungen aus künftigen Lieferungen und Leistungen gegen denselben Kunden sind nicht mehr versichert (§ 3 Abs. 2 S. 4 AVB-WKV (Hermes)).

59 Das Kreditlimit ist von der sog. **Höchstentschädigung** i. S. d. § 12 AVB-WKV/AKV (Gerling) zu unterscheiden. Es bezieht sich auf den Höchstkredit, der dem einzelnen Kunden des VN gegenüber mit Versicherungsschutz eingeräumt werden kann. Demgegenüber bezeichnet die Höchstentschädigung den Gesamtumfang des Versicherungsschutzes für alle Forderungen des VN gegenüber der Vielzahl seiner Kunden[166]. Das Äquivalent dazu ist in den AVB-WKV (Hermes) die dort sog. Antragsgrenze, die wie die „Höchstentschädigung" die Versicherungssumme i. S. § 50 VVG 2007/§ 74 Abs. 1 VVG 2008 umfasst.

60 Wird das Kreditlimit überschritten, so muss der VN hierüber unverzüglich **Anzeige** machen (§ 7 Abs. 2 AVB-WKV (Gerling)), auch wenn es sich insoweit um unversicherte Forderungen handelt. Bei Verletzung dieser in den AVB ausdrücklich so bezeichneten „Obliegenheit" des VN[167] gibt es zwar u. U. ein Leistungsbefreiungsrecht des VR, aber keinen Schadensersatzanspruch[168]. Str. ist, ob dem VN der Kausalitätsgegenbeweis i. S. d. § 6 Abs. 2 VVG abgeschnitten ist, weil § 187 VVG 2007/§ 210 VVG 2008 die Vorschrift abdingbar stellt und § 7 Abs. 3 S. 2 AVB insoweit enger als § 6 Abs. 2 VVG 2007 (bzw. § 28 Abs. 3 S. 1 VVG 2008) gefasst ist[169]. Grund des Streits ist, dass die Anzeigepflicht bei Gelingen des Kausalitätsgegenbeweises entwertet werden könnte. Um dies zu vermeiden, braucht man aber nicht so weit zu

---

[164] So aber *Pörschke,* Ausfuhrkreditversicherung, S. 30; *Fortmann,* Investitionsgüterkreditversicherung, S. 44.

[165] Näher *Wick/Feldmann,* VW 1997, 1132 (1134).

[166] Näher s. u. zu C. VI.

[167] § 7 Abs. 3 S. 2; vgl. *Bruck/Möller,* VVG-Kommentar, Bd. 1, § 6 Anm. 10; andere Einordnung gleichwohl in OLG Koblenz v. 8. 3. 2002, VersR 2002, 1507; Hans. OLG v. 7. 11. 1990, zit. n. *Wittchen,* Warenkreditversicherung, S. 159 m. w. N. zum Theorienstreit.

[168] Vgl. schon RG v. 25. 1. 1904, RGZ 56, 346; RG v. 21. 12. 1905, RGZ 62, 191 (192); RG v. 31. 3. 1921, RGZ 102, 215; RG v. 29. 6. 1931, RGZ 133, 117; BGH v. 13. 6. 1957, BGHZ 24, 378; BGH v. 7. 11. 1996, VersR 1967, 27; *Bruck/Möller,* VVG-Kommentar, Bd. 1, § 6 Anm. 5 ff.

[169] Einerseits z. B. *Fortmann,* Investitionsgüterkreditversicherung, S. 132; andererseits *Prölss/Martin,* § 32 Anm. 2; zum Streit um die Geltung des § 6 Abs. 2 in der Krankenversicherung s. einerseits BGH v. 28. 4. 1971, VersR 1971, 662 (663) m. Anm. *Surminski,* NJW 1972, 343; andererseits BGH v. 13. 11. 1980, BGHZ 79, 6 (12) = VersR 1981, 183; dazu *Wittchen,* Warenkreditversicherung, S. 162 f.; keine Leistungsbefreiung des VR, wenn die Verletzung der Meldepflicht lediglich dazu führt, dass der VR Gefahr läuft, von anderen bei ihm Versicherten in Anspruch genommen zu werden, vgl. OLG Koblenz v. 26. 2. 1999, VersR 2000, 315.

gehen, die Beweismöglichkeit generell zu bestreiten, sondern es genügt deren strenge Handhabung hinsichtl. der Voraussetzungen[170]. – Auch nach neuem Recht ist Kausalität erfordert (§ 28 Abs. 3 S. 1 VVG 2008). Da es sich insoweit um eine allgemeine Obliegenheitsverletzung i. S. 58 VVG 2008 und nicht um die Verletzung einer Anzeigeobliegenheit i. S. § 56 VVG 2008 handelt, greift die Leistungsbefreiung nach § 58 Abs. 1 VVG 2008 nicht nur bei grober Fahrlässigkeit des VN, sondern bei jedem Verschulden.

Mit dem Kreditlimit wird dem VN gem. § 7 AVB-WKV/AKV (Gerling) auch das sog. **61 äußerste Kreditziel** angezeigt. Darin liegt u. a. die Mitteilung der höchstzulässigen Zeitdauer der Krediteinräumung. Auch insoweit ist bei Überschreitungen des Kunden eine umgehende Mitteilung an den VR vonnöten (§ 7 Abs. 2 S. 1 AVB-WKV/AKV (Gerling)). Gleiches soll gelten, wenn durch Übernahme von Wechseln oder durch Stundungsvereinbarungen die Überschreitung des Kreditlimits erkennbar wird (§ 7 Abs. 2 S. 2 AVB (Gerling)). Aber bei Stundung fällt die versicherte Forderung nicht nachträglich aus dem Versicherungsschutz heraus, wenn das Kreditziel überschritten wird[171]. Im Ergebnis anders ist es dagegen nach § 2 Abs. 4 AVB-WKV (Hermes), wenn der VN von vornherein ein längeres Zahlungsziel vereinbart, als im Versicherungsschein festgelegt worden ist. Die Klausel enthält insoweit einen Risikoausschluss.

Nach § 7 Abs. 3 letzter Halbs. AVB-WKV/AKV (Gerling) endet mit der Überschreitung **62** des äußersten Kreditziels der Versicherungsschutz für künftige Lieferungen und Dienstleistungen, „es sei denn, der VR bestätigt den Fortbestand des Versicherungsschutzes"[172]. Die **Bestätigung** muss auf einer (zutreffenden) Anzeige des VN beruhen und berührt nicht etwaige nachteilige Folgen wegen unterlassener Anzeigeobliegenheiten (§ 7 Abs. 3 S. 2 AVB (Gerling)), d. h. es kann eine Leistungsbefreiung des VR in Betracht kommen, wenn die betr. Nicht-Anzeige eine Gefahrerhöhung i. S. d. § 23 VVG betrifft[173], und Verschulden des VN vorliegt (§ 25 Abs. 2 VVG). Einfache Fahrlässigkeit genügt nach geltendem Recht[174]. Hat die Nicht-Anzeige keinen Einfluss auf den Eintritt des Versicherungsfalls und auf den Umfang der Leistung des VR, so entfällt das Leistungsbefreiungsrecht nach § 25 Abs. 3 VVG 2007/§ 57 Abs. 2 Nr. 3 VVG 2008.

V. Beginn des Versicherungsschutzes und vorläufige Deckung

Der Versicherungsschutz beginnt zu dem **im Vertrag festgelegten Zeitpunkt**. Meist **63** wird der Zugang der sog. **Kreditmitteilung** für maßgeblich erklärt[175]. Mangels einer solchen Abmachung ist aber nach allgemeinen Grundsätzen des Vertragsschlusses der Zugang der vertraglichen Annahmeerklärung entscheidend. Nach der Vorausdeklaration, die keinen Antrag im Rechtssinn darstellt, und nach der Kreditprüfung durch den VR oder die von diesem beauftragte Prüfungsgesellschaft, erfolgt das Angebot des VR, das mit der Kreditmitteilung verbunden ist. Nimmt man an, dass wegen der Vorausdeklaration auf den Zugang einer

---

[170] Zudem liegt mit der Nichtanzeige auch Gefahrerhöhung vor, da der Gesamtbetrag der offenen Forderungen im Verhältnis zum Kunden höher geworden ist. Aber die Rechtsfolgen bestimmen sich nicht nach den Gefahrerhöhungsregeln der §§ 23 ff. VVG 2007/2008, sondern allein nach den AVB (näher s. u. zu D. III).

[171] Vgl. OLG Hamburg v. 7. 2. 1996, VersR 1996, 1102 f.

[172] Vgl. die Zustimmung zur Überschreitung der „Selbstprüfungsgrenze" i. S. § 3 Abs. 2 AVB-WKV (Hermes).

[173] Vgl. nur OLG Koblenz v. 5. 12. 2002, VersR 2002, 1507 m. enger Auslegung der 2-Jahresfrist des § 7 Abs. 4 AVB; nach BGH v. 9. 12. 1987, VersR 1988, 267 (269) ist das äußerste Kreditziel ein primärer Risikoausschluss. Davon bleibt aber die obige Einordnung bei Fehlanzeigen unberührt; bei geringfügiger Gefahrerhöhung kann die Leistungsbefreiung rechtsmissbräuchlich sein, s. OLG Hamburg v. 24. 8. 1999, VersR 2001, 327.

[174] Anders jetzt § 57 Abs. 2 Nr. 2 VVG 2008 und schon der Zwischenbericht der VVG-Reformkommission, a. a. O. (Fn. 28) S. 51; krit. *Präve*, VW 2002, 1836 (1839); *Herrmann*, Info-LetterVersuHR 2003, 98 f.; *ders.*, VersR 2003, 1333 (1340 f.).

[175] Dazu schon o. C. IV. a. E.

Annahmeerklärung verzichtet wird, so kann der Vertrag jedenfalls mit Kenntnisnahme des VN sogleich zustande kommen (§ 151 S. 1 BGB).

64   Da die Kreditmitteilung wegen der mit ihr verbundenen Bonitätsprüfung durch beauftragte Prüfungsgesellschaften[176] gewöhnlich eine gewisse Zeit in Anspruch nimmt, wird häufig eine sog. **Vorausdeckung** vereinbart. Sie wird aber vom VR grundsätzlich auf einen Höchstbetrag begrenzt und nur für solche Fälle gewährt, in denen der VN Erstabschlüsse mit besonderem Zeitdruck tätigen will (z. B. Abschlüsse auf Messen). Evtl. behält sich der VR vor, telefonische oder fernschriftliche Bank- oder Büroauskünfte einzuholen, bevor er die Vorausdeckung zusagt[177].

VI. Höhe des Versicherungsschutzes

65   Die **VersHöhe** wird in zweifacher Weise bestimmt:
– durch das Kreditlimit gegenüber jedem einzelnen Kunden des VN und
– durch die Höchstentschädigung für alle Forderungsausfälle des VN.

66   Die Grundzüge dazu sind bereits im Zusammenhang mit der Begründung des Versicherungsschutzes erörtert[178]. Für die Entwicklung während der Vertragsdauer bleibt nachzutragen, wie das **Nachrücken** der jüngeren Forderungen erfolgt, wenn zeitlich vorhergehende erfüllt werden, und was gilt, wenn das Limit überschritten wurde. Zunächst legt § 2 Abs. 3 AVB-WKV/AKV (Gerling)[179] fest, dass im Rahmen des Kreditlimits die „jeweils ältesten ab Beginn des Versicherungsschutzes entstandenen Forderungen" des VN versichert sind. Ein Nachrücken jüngerer Forderungen kommt deshalb erst dann in Betracht, wenn die Summe der älteren wieder niedriger als die Versicherungssumme liegt (Abs. 3 S. 2)[180]. Jede vor Eintritt der Zahlungsunfähigkeit geleistete Zahlung wird auf die älteste Forderung des VN angerechnet (Abs. 3 Unterabs. 2 S. 1). Wird also etwa nach dem Leistungszweck des Schuldners zuerst eine jüngere Forderung erfüllt, die wegen des Kreditlimits gar nicht versichert ist[181], so kommt dies dem VN nicht direkt zugute, da die Anrechnung auf versicherte ältere Forderungen erfolgt. Maßgebend ist nach dem klaren Wortlaut der AVB der Zeitpunkt der Entstehung der Forderungen, nicht deren Fälligkeit. Führen Kreditsicherheiten für jüngere Forderungen zur Befriedigung des VN, so wird die Tilgungswirkung auch insoweit auf die älteren Forderungen angerechnet. Bei bedingten Forderungen wird die Entstehung nach Eintritt der Bedingung auf den Zeitpunkt der Begründung zurückgerechnet.

Hat der Kunde aber Vorkasse oder Bezahlung versprochen, damit der VN ihn trotz Erreichung des Kreditlimits oder der Höchstentschädigung beliefert, so besteht insoweit gar kein Kreditrisiko, also auch keine versicherbare Forderung. Deshalb werden solche Zahlungen auch im Verhältnis des VR und VN nicht auf ältere Forderungen angerechnet[182]. Bei Zahlung auf Forderungen, für die das Limit gestrichen wurde (s. u. Rn. 73 m. Nachw.) können eigentlich keine Forderungen mehr nachrücken, so dass der VR einseitig entlastet würde. Die Literatur bejaht deshalb Ausnahmen, soweit die Forderung grundsätzlich in den Versicherungsschutz hätte einbezogen werden können.

67   Die **Höchstentschädigung** wird als Gesamtsumme der Deckung von Forderungen des VN pro Jahr festgelegt (§ 12 AVB-WKV/AKV (Gerling)). Richtwert der Praxis ist das Zwanzigfache der Jahresprämie[183]. Für die Frage, ob die Höchstsumme erreicht wird, wird nicht

---

[176] Dazu s. o. zu C. I.
[177] Näher s. u. zu C. V.
[178] S. o. zu C. IV.
[179] Vgl. § 5 Abs. 1 AVB-WKV (Hermes).
[180] Vgl. § 5 Abs. 2 S. 1 AVB-WKV (Hermes).
[181] Zu Manipulationsgefahren insoweit *Wittchen*, Warenkreditversicherung, S. 56.
[182] Vgl. nur *Wittchen*, Warenkreditversicherung unter Hinweis auf den ähnlichen Fall BGH v. 11. 11. 1982, WM 1983, 151; z. Folgenden s. *Feldmann/v. Wick*, im Anwalts-Hdb., § 28 Rn. 55 ff.
[183] Vgl. *Meyer*, Kreditversicherung, S. 57; zur nicht ganz seltenen Praxis höher liegender Versicherungssumme – dazu s. o. zu C. II – nimmt *Michels* (VersR 1977, 1087) an, dass eine individualvertragliche Ab-

dasjenige mitberechnet, was der VN selbst aufbringt, d. h. sein Selbstbehalt wird ebenso herausgerechnet wie dasjenige, was er durch Verwertung von Kreditsicherheiten, wie Eigentumsvorbehalten, Bürgschaften oder dergl. erzielt.

Berechnungsbeispiel: Die Jahresprämie des VN sei auf 50 000 € festgelegt. Beim größten Abnehmer beläuft sich das Kreditlimit auf 3 Mio. €. Die zur Insolvenz angemeldete Forderung beträgt 2,9 Mio. €:

Forderung	2 900 000,–
Erlös aus Eigentumsvorbehalten 30%	870 000,–
	2 030 000,–
Insolvenzquote: 30%	609 000,–
	1 421 000,–
Selbstbeteiligung: 30%	426 300,–
Entschädigungsbetrag	994 700,–

Da die Höchstentschädigung als 20-faches der Jahresprämie von 50 000,– € bestimmt ist, also 1 000 000,– € ausmacht, ist der Gesamtschaden des VN gerade noch gedeckt.

VII. Prämie und Zahlungsbedingungen

Die **Prämie** wird, wie bereits erwähnt, individuell nach dem Ergebnis der **Bonitätsprü-** **68** **fung** festgelegt (s. o. zu E. I). Die Prämienpflicht beginnt erst mit dem Versicherungsschutz (§ 6 Abs. 1 S. 1 AVB-WKV/AKV (Gerling)[184]). Der VN ist verpflichtet, dem VR die für die Prämienberechnung erforderlichen Angaben über die Ultimo-Salden oder die Umsatzvolumina seiner Kunden zu machen. Nach Abs. 2 Unterabs. 3 AVB (Gerling) ist diese Meldung „eine Voraussetzung für den Versicherungsschutz", so dass auch unverschuldete Nicht- oder Fehlmitteilungen zur Leistungsbefreiung des VR führen sollen. Nach § 18 Abs. 4 S. 2 AVB-WKV (Hermes) wird Verschulden vorausgesetzt, so dass im Einklang mit § 6 Abs. 1 S. 2 VVG 2007/§ 58 Abs. 2 VVG 2008 auch leichte Fahrlässigkeit genügt, und keine Quotelung in Betracht kommt. Sofern § 6 Abs. 2 Unterabs. 3 AVB (Gerling) als verhüllte Obliegenheit i. S. der Rspr.[185] aufgefasst wird, ist die Rechtslage wie bei den AVB Hermes einzuschätzen.

Gerät der VN in **Zahlungsverzug**, so gelten die allgemeinen Bestimmungen, d. h. der **69** VR kann nach § 38 Abs. 1 VVG 2007/§ 37 VVG 2008 vom Vertrag zurücktreten, wobei nach neuem Recht Vertretenmüssen des VN vorausgesetzt wird. Der Rücktritt braucht nicht besonders erklärt zu werden, sondern gilt als bewirkt, wenn der VR die ausstehenden Forderungen nicht innerhalb von 3 Monaten seit Fälligkeit gerichtlich geltend macht (Abs. 1 S. 2). Zu vertretende Nichtzahlung hat bei der Erstprämie sogleich die Leistungsbefreiung des VR zur Folge (Einlösungsprinzip), bei der Zweitprämie erst nach Verstreichen der Nachfrist (§§ 38 f. VVG 2007/§§ 37 f. VVG 2008). Während nach § 39 Abs. 1 S. 2 VVG 2007 nur für die Folgeprämie ein Warnhinweis des VR erforderlich war, ist dieses Erfordernis nach §§ 37 Abs. 2, 38 Abs. 1 S. 2 VVG 2008 jetzt stets vorgesehen. § 11 Abs. 4 AVB-WKV (Hermes) sieht noch das Einlösungsprinzip ohne Warnung vor, das für Neuverträge nicht mit § 37 Abs. 2 VVG 2008 in Einklang steht. Da § 210 VVG 2008 aber von der halbzwingenden Wirkung des § 42 dispensiert, kommt es auf die umstrittene Frage an, ob § 305 ff. BGB daneben

---

änderung der Höchstentschädigungsklausel i. S. d. § 305b BGB vorliegt; a. A. *v. Ammon,* VersR 1978, 1089; *Wittchen,* Warenkreditversicherung, S. 138–140 unter Hinweis auf OLG Koblenz, v. 28. 3. 1991 – 2 U 77/89 (insoweit nicht in VersR 1992, 571 abgedruckt), weil der VR sich in einem derart wichtigen Punkt nicht über den Inhalt seiner Kreditmitteilung hinwegsetzen wolle. Doch ist er es, der die Widersprüchlichkeit der Erklärungen herbeigeführt hat, so dass jedenfalls § 305c Abs. 2 BGB zum Vorrang der für den VN günstigeren Regelung führen dürfte.

[184] S. aber § 11 Abs. 1 AVB-WKV (Hermes): Verweis auf den Versicherungsschein, der Modifikationen im Einzelfall enthalten kann.

[185] Vgl. nur BGH v. 26. 2. 1969, BGHZ 51, 356 (360); VersR 2000, 969: vorbeugendes Verhalten i. S. der sog. Verhaltenstheorie; Überblick, *Römer/Langheid,* § 6 Rn. 8 f.

Anwendung finden. Bejaht man dies mit der h. M.[186], so können die AVB zwar noch bis zum 31. 12. 2008 angepasst werden (Art. 1 Abs. 3 EGVVG 2008). Aber für Neuverträge setzt sich bis dahin § 37 Abs. 2 S. 2 VVG 2008 wegen § 307 Abs. 2 Nr. 1 i. V. § 306 Abs. 2 BGB durch.

70   In der WKV wird meist nichts über die **Zahlungsbedingungen** festgelegt, die der VN mit seinen Kunden vereinbart. Man überlässt es dem VN, wie er aufgrund seines Eigeninteresses an der Erfüllung der Forderungen (Selbstbehalt) den Vertrag mit seinem Kunden gestaltet. Nur bei der AKV wird häufig eine besondere Form der Zahlungsbedingungen vorgeschrieben, bei deren Nicht-Einhaltung der VN seinen Versicherungsschutz verliert. Geläufig sind die Klauseln: documents against acceptance (Dokumente gegen Akzept) oder documents against payment (Dokumente gegen Barzahlung). Abgekürzt spricht man von D/A-Konditionen bzw. von D/P-Konditionen. Im ersteren Fall wird bei Vorlage der Transportpapiere zunächst nur ein Akzept gegeben, während bei der D/P-Klausel Barzahlung erfolgt.

Außerdem wird aber – auch bei der WKV – zwingend festgelegt, dass der VN bei Krediteinräumung die naheliegenden Möglichkeiten der Kreditsicherung ausschöpft, d. h. dass er insbesondere eine oder mehrere Formen des Eigentumsvorbehalts vereinbart. Darauf wird zurückzukommen sein (s. u. zu D) II).

VIII. Maßnahmen bei Bonitätsverschlechterung/Abänderung und Ende des Versicherungsschutzes

71   Verschlechtert sich die Bonität des Kunden des VN nach Abschluss des VV, so muss er dem VR umgehend **Meldung wegen Gefahrerhöhung** machen (§ 8 Abs. 2 Unterabs. 2a–e AVB-WKV/AKV (Gerling)[187]), d. h. „insbes. bei

a. ungünstigen Informationen über Vermögenslage, Zahlungsweise oder persönliche Beurteilung des Kunden,

b. starker Verschlechterung der Zahlungsmoral,

c. Einstellung der Belieferung aus Bonitätsgründen,

d. nachträglich vereinbarten Wechselprolongationen, Nichteinlösung von Schecks oder Wechseln sowie Rücklastschriften mangels Deckung,

e. Einleitung des gerichtlichen Mahnverfahrens bzw. Klagerhebung.“

72   Der VR darf dann im Namen des VN Vereinbarungen mit den Kunden zur Absicherung der Forderungen abschließen, d. h. er hat **Vertretungsmacht,** ohne dass der VN diese in bestimmter Weise begrenzen darf. Auch eigene Maßnahmen zur Risikobegrenzung muss der VN, soweit möglich, treffen. Er hat dabei aber etwaige Weisungen des VR zu befolgen (§ 8 Abs. 3 S. 2 AVB (Gerling)[188]). Die Risikovorsorge liegt also auch dann primär in den Händen des VR, wenn ein hoher Selbstbehalt vereinbart ist, oder sogar eine hälftige Teilung des Risikos im Rahmen eines Partnerschaftsvertrages ausbedungen ist[189]. Grund für diese Regelung ist, dass der VR die Vermögenslage des betr. Kunden des VN häufig besser kennt und beurteilen kann. Zudem hat er aufgrund anderer Kreditversicherungsverträge zu Schulden des gleichen Unternehmens die Möglichkeit, sog. Sammelvereinbarungen über die Kreditsicherung zu treffen, zu denen der betr. Unternehmer oder Manager u. U. weit eher geneigt ist als bei Einzelvereinbarungen mit dem VN, um etwaige weitere Rufschädigungen zu vermeiden.

73   Bei derartiger Gefahrerhöhung „oder aus sonstigen ihm (sc. dem VR) berechtigt erscheinenden Gründen“ kann der VR den **Versicherungsschutz beschränken** oder sogar aufhe-

---

[186] Dafür BGH 2. 12. 1992, BGHZ 120, 290 (295), betr. Abweichungen von § 6 VVG 2007; *Römer/Langheid,* § 187, Rn. 4; dagegen *Weber,* in: FS Horst Baumann, 1999, 359, 375.

[187] Vgl. § 7 AVB-WKV (Hermes) betr. „Überfälligkeitsmeldung“ und ebd. § 10 Abs. 2 betr. Anzeige wegen „drohender oder eingetretener Zahlungsunfähigkeit“ Abs. 3c betr. „ungünstige Informationen über die Vermögenslage oder die Zahlweise des Kunden“; zu zulässigen Informationsquellen des VRs. LG Köln v. 30. 3. 2004, VersR 2005, 269.

[188] Vgl. § 9 Abs. 2 AVB-WKV (Hermes).

[189] Dazu s. o. zu B. IV.

ben (§ 8 Abs. 6 AVB-WKV (Gerling)[190]). Das gilt natürlich nur für die Deckung künftiger Risiken, nicht mit Wirkung ex tunc. Denn das Wesen des Kreditversicherungsvertrages liegt in der Absicherung der bereits entstandenen Forderungsrisiken, so dass eine Klausel mit Rückwirkung schon wegen § 307 Abs. 2 Nr. 2 BGB betr. die sog. Kardinalpflichten unzulässig wäre. Die zulässige Streichung des Limit unterscheidet sich von der Kündigung i. S. § 15 AVB-WKV (Gerling) dadurch, dass versicherte Forderungen auch dann versichert bleiben, wenn der Versicherungsfall noch nicht eingetreten ist. Bei Kündigung wird die Deckung auf die Fälle beschränkt, in denen der Kunde des VN bereits insolvent geworden ist[191].

Nach § 17 Abs. 1 S. 1 AVB-WKV Gerling (§ 18 Abs. 1 S. 1 AVB-AKV) gelten Änderungen oder Ergänzungen des VV nur, wenn sie förmlich im **Nachtrag zum Versicherungsschein** festgelegt oder sonst schriftlich mitgeteilt sind. „Mündliche Nebenabreden" haben nach Satz 2 keine Gültigkeit. Dadurch sollen v. a. mündliche Nebenabreden durch Abschlussagenten ausgeschlossen werden, obgleich sie dazu nach § 43 Nr. 1 VVG gesetzliche Vertretungsmacht haben. Doch darf der VN dadurch nicht daran gehindert werden, seine Rechte aus einer nach § 305b BGB stets vorrangigen – auch mündlich wirksamen – Individualabrede geltend zu machen[192]. Die uneingeschränkte Nichtigkeitsklausel über „mündliche Nebenabreden" soll gleichwohl im kaufmännischen Verkehr Gültigkeit haben[193].

Der Versicherungsschutz **endet** nach 4 Abs. 2 AVB-WKV (Gerling)[194] aufgrund folgender **74** Umstände:

a. Aufhebung wegen Gefahrerhöhung nach § 8 Abs. 6 AVB
b. Überschreitung des Kreditziels gem. § 7 Abs. 3 AVB
c. Eintritt des Versicherungsfalls gem. § 9 AVB, wobei die Forderung mit der Erfüllung gem. § 362 erlischt.

Keine hinreichende **Gefahrerhöhung** liegt vor, wenn die Forderung durch Handlungen **75** des Insolvenzverwalters nach § 55 Abs. 1 Nr. 1 InsO zur Masseverbindlichkeit wird[195]. Anders dürfte aber bei Hingabe ungedeckter Schecks und bei Wechselprotest zu urteilen sein. Dazu hat die Rspr. Gefährdungen der Leistungsfähigkeit i. S. d. § 321 Abs. 1 BGB bejaht[196], so dass die gleiche Einschätzung auch für das Kreditversicherungsrecht nahe liegt[197]. § 308 Nr. 3 BGB findet keine Anwendung, weil die Vertragsbeendigung ex nunc erfolgt und demzufolge keine Leistungsbefreiung für einen bereits eingetretenen Versicherungsfall bewirkt.

Ist das **Kreditlimit befristet** erteilt, so kann schon bei Verstreichen dieser Frist eine Been- **76** digung des Versicherungsschutzes in Betracht kommen. Das gilt aber nicht für Forderungen, die zu diesem Zeitpunkt bereits entstanden sind, aber das Kreditlimit überstiegen haben. Wird später auf ältere Forderungen geleistet, so rücken diese Forderungen in das Kreditlimit ein und nehmen deshalb am VersSchutz auch dann teil, wenn inzwischen die Befristung ausgelaufen ist.

Außerdem fällt der Schutz mit der Beendigung oder **Befristung des Kreditversiche-** **77** **rungsvertrages** fort, d. h. auch auf bis zu diesem Zeitpunkt versicherte Forderungen ist für die Zukunft keine Deckung mehr zu gewähren, wenn nur der Zeitpunkt der Zahlungsunfähigkeit[198] später eintritt als der der Vertragsbeendigung. Denn bei Zahlungsunfähigkeit ist der

---

[190] Vgl. § 6 Abs. 1 AVB-WKV (Hermes).
[191] Vgl. *Feldmann/v. Wick,* Anwalts-Hdb., S. 3353, § 28 Rn. 53.
[192] Vgl. nur BGH v. 26. 3. 1986, NJW 1986, 1809; BGH v. 31. 10. 1984, NJW 1985, 320 (322).
[193] *Wolf/Horn/Lindacher,* § 9 AGBG Anm. S 51–70 m. Einschränkungen bei sog. qualifizierter Schriftformklausel.
[194] Vgl. § 6 Abs. 3 AVB-WKV (Hermes).
[195] Vgl. OLG Düsseldorf v. 28. 4. 1970, MDR 1970, 1009.
[196] BGH v. 27. 9. 1961, WM 1961, 1372 betr. Scheck; OLG Celle v. 19. 12. 1969, DB 1970, 581, betr. Wechsel.
[197] Ähnlich auch *Wittchen,* Warenkreditversicherung S. 92, der Überschreitung des Kreditziels annimmt; zur Gefahrerhöhung bei Umwandlung des VN in GmbH & Co. KG s. OLG Koblenz v. 22. 2. 2002, VersR 2002, 1420.
[198] Dazu näher o. zu B. II. 1.

Versicherungsfall bereits eingetreten, so dass die Vertragsbeendigung keine Leistungsbefreiung des VR mehr bewirken kann. Eine Aushaftung des VR für ehemals versicherte Forderungen findet aber nicht statt[199].

78   Ausländische Kreditversicherer gewähren allerdings häufig die **Aushaftung**[200], wonach nur noch die vor dem Aushaftungszeitpunkt bereits eingetretenen Versicherungsfälle gedeckt werden. Insoweit kann es leicht zu Doppelversicherung kommen, wenn während der Aushaftungszeit ein neuer Kreditversicherungsvertrag nach deutschem Recht abgeschlossen wird. Nach § 59 Abs. 1 VVG 2007/§ 78 Abs. 1 VVG 2008 haften beide VR als Gesamtschuldner und im Verhältnis zueinander zu gleichen Teilen (Abs. 2). Doch kommt keine Ausgleichspflicht in Betracht, wenn einer der VR wegen Obliegenheitsverletzung des VN leistungsbefreit ist[201].

79   Keine volle Beendigung des Kreditsicherungsvertrages, sondern nur eine **Teilkündigung** kann analog § 30 Abs. 1 VVG 2007/§ 29 Abs. 1 VVG 2008 ausgesprochen werden, wenn anzunehmen ist, dass der zur Kündigung berechtigende Umstand nur einen Teil des Vertrages erfasst, der auch unabhängig von den übrigen Vertragsteilen abgeschlossen worden wäre. Das wird von der neueren Rspr. etwa bei Obliegenheitsverletzungen zu Recht bejaht, die lediglich Einzelrisiken gegenüber bestimmten Kunden des VN betreffen und die Auflösung des gesamten Kreditversicherungsvertrages nicht tragen[202]. In solchen Fällen wird man dann auch die kündigungsrechtliche Voraussetzung des Leistungsbefreiungsrechts i. S. d. § 6 Abs. 1 S. 3 VVG zu bejahen haben, wenn eine bloße Teilkündigung wegen des Versicherungsschutzes gegenüber einem Einzelkunden vorliegt[203].

D. Versicherungsfall/Nachhaftung und Regressmöglichkeiten

I. Obliegenheiten im Versicherungsfall

80   Tritt der Versicherungsfall ein, d. h. fällt der VN in die Insolvenz etc., so hat der VN nach § 8 Abs. 2 S. 1 AVB-WKV/AKV (Gerling)[204] die Pflicht, dem VR hierüber **Mitteilung** zu machen. Außerdem muss er nun die ihm zustehenden Rechte geltend machen und insbes. die bestellten Sicherheiten bestmöglich verwerten (§ 10 Abs. 1)[205] und bei einem etwaigen Vergleichsverfahren alle Forderungen anmelden. Zudem sind alle Auskünfte zu erteilen und Unterlagen vorzulegen, die der VR zur Feststellung der Zahlungsfähigkeit und der Höhe des Ausfalls für erforderlich erachtet (noch Abs. 1). Denn der VR kann neben dem VN tätig werden, um Sanierungsmaßnahmen oder Verwertungsschritte zu unternehmen. Die dafür benötigten Informationen muss ihm der VN bereitstellen.

81   Beim Abschluss von **Vergleichen,** Zahlungsvereinbarungen und ähnlichen Abmachungen mit dem insolventen Kunden muss der VN die Zustimmung des VR einholen. Umgekehrt kann der VR auch gegen den Willen des VN tätig werden, da dieser sogar Weisungen des VR zu befolgen hat (§ 8 Abs. 3 S. 2 AVB-WKV (Gerling)). Nach § 12 Abs. 1 lit. a AVB-WKV (Hermes) tritt der Versicherungsfall im Regelfall nur ein, wenn es dem zuvor beauf-

---

[199] Die AVB-WKV sind insoweit mit § 307 Abs. 1 BGB vereinbar, vgl. BGH v. 17. 9. 1986, VersR 1987, 68, 69; zust. *Wittchen,* Warenkreditversicherung, S. 99; ebenso sogar, wenn die Prämie noch über das Vertragsende hinaus bezahlt worden ist, OLG Koblenz v. 8. 11. 2002, VersR 2003, 854 (855); a. A. für die AVB-AKV *Pörschke,* Ausfuhrkreditversicherung, S. 48.

[200] Vgl. *Karrer,* Elements of credit insurance, S. 107.

[201] BGH v. 5. 3. 1986, VersR 1986, 380; zu ähnlichen Fällen s. *Bruck/Möller/Sieg-Möller,* § 59 Anm. 37 m. w. N.

[202] BGH v. 3. 6. 1992, BGHZ 118, 275 = VersR 1992, 1089 (1090) m. zust. Anm. *Wittchen,* VersR 1993, 531.

[203] Vgl. *Wittchen,* Warenkreditversicherung, S. 177.

[204] Vgl. § 13 Abs. 1 AVB-WKV (Hermes): Einreichung der Unterlagen und Nachweis des endgültig versicherten Ausfalls.

[205] Vgl. OLG Koblenz v. 6. 8. 1999, VersR 2000, 180 betr. Eigentumsvorbehalt; z. Folgenden s. OLG Koblenz v. 11. 4. 1997, VersR 2000, 178.

trage Forderungsmanagement des VR nicht gelungen ist, die versicherte Forderung vollständig einzuziehen.

Wird eine Obliegenheitsverletzung, wie oft, erst nach Eintritt des Versicherungsfalles entdeckt, so fragt sich, ob der VR von seinem **Kündigungsrecht** Gebrauch machen muss, um 82
das Recht auf Leistungsbefreiung nicht zu verlieren (§ 6 Abs. 1 S. 3 VVG). Der BGH hat dies
außerhalb der Kreditversicherung bejaht, wenn der Versicherungsvertrag durch den dauerhaften Wegfall des versicherten Interesses (z. B. aufgrund des endgültigen Verlustes der Sache)
vor Ablauf der Kündigungsfrist gegenstandslos wird[206]. Da die Schuldner versicherter Forderungen im Regelfall nur einmalig zahlungsunfähig werden, wird in der Kreditversicherungsrechtlichen Literatur gefolgert, dass diese Rspr. übertragbar ist[207].

II. Sicherheiten und Kreditüberwachung

Der VN muss für Vorleistung von Warenlieferungen stets einen **Eigentumsvorbehalt** 83
(EV) gem. § 449 BGB vereinbaren, da die Forderung sonst nach § 2 Abs. 4 AVB-WKV/
AKV (Gerling) unversichert bleibt. Die Klausel ist als Risikoausschluss formuliert, stellt aber
auf ein gefahrminderndes Verhalten des VN ab, so dass nach h. M.[208] eine sog. verhüllte Obliegenheit vorliegt, und für das Leistungsbefreiungsrecht das Verschuldenserfordernis des § 6
Abs. 1 VVG 2007 zu beachten ist. Doch dürfte bei unterbliebener Absicherung meist mindestens leichte Fahrlässigkeit gegeben sein, da der EV fast überall verkehrsüblich ist. Zudem hat
der VN einen wichtigen Anreiz, den EV zu vereinbaren, weil die Forderungshöhe insoweit
nicht für die Berechnung der Anbietungsgrenze herangezogen wird[209]. Kennt der VN, wie
meist, die Verkehrsüblichkeit, so wird sogar grobe Fahrlässigkeit i. S. § 28 Abs. 2 VVG 2008
vorliegen und anteilige Leistungsbefreiung nach neuem Recht in Betracht kommen. Zur
Quote gibt es, soweit ersichtlich, noch keine Erfahrungswerte. Doch liegt es nahe, auf den
Gesamtumfang der erkennbar zur Verfügung stehenden Sicherheiten im Verhältnis zu den
versicherten Forderungen abzustellen.

Soll ein Eigentumsvorbehalt vereinbart werden, so wird der dingliche **Übereignungsver-** 84
trag aufschiebend bedingt (§§ 449, 158 BGB). Selbstverständlich kann noch bei Lieferung
auf der dinglichen Ebene ein Eigentumsvorbehalt vereinbart werden, solange die Übereignung noch nicht gemäß § 929 oder 931 bewirkt worden ist. Hat der Verkäufer den Antrag
auf Übereignung mit Eigentumsvorbehalt bei der Lieferung unterbreitet, so nimmt der Käufer das Angebot jedenfalls dann konkludent an, wenn er die Ware widerspruchslos entgegen
nimmt[210]. Verwahrt er sich allerdings gegen den Eigentumsvorbehalt und liefert der Verkäufer gleichwohl, so verzichtet dieser auf den Eigentumsvorbehalt. Soweit auf Verkäufer- oder
auf Käuferebene Gehilfen auftreten, findet insoweit meist Stellvertretungsrecht Anwendung.
Hat einer der Gehilfen keine Vertretungsmacht, so tritt schwebende Unwirksamkeit bis zur
Genehmigung oder zur verweigerten Genehmigung ein[211].

Haben sich die **Bestätigungsschreiben** von Verkäufer und Käufer gekreuzt, und sehen 85
diese etwas Verschiedenes im Hinblick auf den Eigentumsvorbehalt vor, so ist das letzte Angebot dasjenige des Verkäufers, das mit der Lieferung unterbreitet wird (s. § 150 Abs. 2). Nach
dieser sog. Theorie letzten Wortes kommt deshalb der Eigentumsvorbehalt in diesen Fällen

---

[206] BGH v. 17. 11. 1955, BGHZ 19, 31 (35); st. Rspr., BGH v. 14. 11. 1960, VersR 1960, 1107; BGH v.
24. 4. 1985, VersR 1985, 775 (776).

[207] Vgl. *Wittchen*, Warenkreditversicherung, S. 180 f.

[208] Vgl. nur BGH v. 12. 6. 1985, VersR 1985, 979 (980), VersR 1990, 786 (787), ohne die sog. Verhaltenstheorie aber ausdrücklich zu übernehmen; näher *Bruck/Möller* § 6 Rn. 13 ff. m. w. N.; zur Gegenmeinung (Ausschlusstheorie) s. *Römer/Langheid-Römer*, § 6 Rn. 4; das Argument wird oft zusammengefasst
mit dem vorigen Kriterium, vgl. BGH v. 2. 12. 1992, BGHZ 120, 290 (294) = VersR 1993, 223; BGH
v. 21. 2. 1990, VersR 1990, 482(483) (h. M.); vertiefend *Lorenz*, VersR 2000, 2, 3 f., passim.

[209] Näher s. o. C. III.

[210] Näher s. *Herrmann*, Wirtschaftsprivatrecht II, 2007, S. 76.

[211] §§ 177, 179; näher s. *Herrmann*, Grundlehren BGB/HGB, Bd 1 VI.4.

zustande, weil der Käufer nicht widerspricht, obgleich er wegen des Vertrauensschutzes beim kaufmännischen Bestätigungsschreiben zur Rückäußerung verpflichtet gewesen wäre. Diese Lösung ist aber streitig. Nach neuerer Ansicht des BGH wird der Fall behandelt, als hätten sich bloß die beiden zuvor ausgetauschten Bestätigungsschreiben gekreuzt, so dass die Grundsätze der ergänzenden Vertragsauslegung Anwendung finden[212].

86   Der Eigentumsvorbehalt verliert seine Wirkung, wenn die letzte Rate des Kaufpreises gezahlt ist (§§ 449, 158 Abs. 1). Er kann aber auch schon dadurch erlöschen, dass der Erstkäufer mit Einwilligung des Verkäufers an einen Zweitkäufer weiter veräußert (§ 185), es sei denn, dass auch dies nur unter Eigentumsvorbehalt geschehen darf (sog. **weitergeleiteter Eigentumsvorbehalt**[213]). Hierbei wird meist zusätzlich vereinbart, dass der Anspruch des Erstgegen den Zweitkäufer auf Kaufpreiszahlung an den Verkäufer abgetreten wird (**verlängerter Eigentumsvorbehalt**[214]). Schließlich begegnet noch häufig die Klausel, wonach der Ersterwerber die gekaufte Ware weiterverarbeiten darf, um sie sodann an einen Zweitkäufer weiter zu veräußern. Die Klausel geht gewöhnlich dahin, dass der Erstkäufer die Verarbeitung für den Verkäufer vornimmt, so dass deshalb die Wirkung des § 950 vermieden wird. § 950 sieht an sich vor, dass mit Verarbeitung der Sache das Eigentum an den Verarbeiter übergeht. Wird aber vereinbart, dass die Verarbeitung nicht für den Erstkäufer, sondern für den Verkäufer erfolgt, so tritt die Wirkung des § 950 nicht ein (Sonderform des verlängerten Eigentumsvorbehalts, auch sog. **erweiterter Eigentumsvorbehalt**[215]).

87   Der Verkäufer kann wegen § 449 die Ware auch schon dann zurückverlangen, wenn der Käufer mit der Zahlung der Raten zu einem nicht gänzlich unerheblichen Teil in **Verzug** gerät. Normalerweise wird damit der Rücktritt vom Kaufvertrag erklärt, so dass der Verkäufer dann auch verpflichtet wird, die bereits erhaltenen Raten abzüglich etwaiger Kosten an den Käufer zurückzuzahlen. Das Rückgabeverlangen muss aber nicht notwendig als Rücktritt vom Kaufvertrag ausgelegt werden, zumal der Verkäufer zum Ausdruck bringen kann, dass er die Sache nach der Rückgabe nur treuhänderisch verwahren möchte und die Rückgabe nur zu seiner zusätzlichen Sicherung und zur Druckausübung gegenüber dem Käufer verlangt. Der BGH hat gleichwohl entschieden, dass der Kaufvertrag in diesen Fällen aufgelöst wird[216].

88   Nicht selten stellt sich das **Konkurrenzproblem** von zusammentreffendem EV mit **Globalzessionen** von Banken, die diese sich zur Absicherung der von ihnen gewährten Finanzkredite geben lassen. Der BGH hat in Fällen dieser Art eine Sittenwidrigkeit des Vertrages über die Globalzession zur Besicherung des Gründungsdarlehens angenommen. Zwar gelte das Prioritätsprinzip nach § 398, das sich schon daraus ergibt, dass nur der Inhaber einer Forderung diese abtreten kann. Ist aber der Darlehensnehmer mit wirksamer Erstabtretung gar nicht mehr Gläubiger der Forderung, so kann er logischerweise keine Zweitabtretung mehr vornehmen. Aber die Erstabtretung ist nach Ansicht des BGHs wegen Anstiftung zum Betrug oder einer dieser nahe kommenden sittenwidrigen Verhaltensweise nichtig, da der Geber des Gründungsdarlehens absehen kann, dass der Darlehensnehmer seine Lieferanten im Unklaren über die vorherige Globalzession lassen werde[217].

89   Von einer derartigen Anstiftung oder anstiftungsähnlichen Gestaltung kann keine Rede sein, wenn die Banken bei der Vergabe des Gründungsdarlehens oder bei dem Vertragsschluss über die Globalzession aus anderem Anlass eine Klausel vorsehen, wonach sie sich bei späteren Lieferantenkrediten mit verlängertem Eigentumsvorbehalt schuldrechtlich verpflichten, die Forderungen gegenüber den Dritten zugunsten der Warenlieferanten freizugeben. Jedoch hat der BGH auch solche bloß **obligatorischen Freigabeklauseln** für sittenwidrig angese-

---

[212] Vgl. BGH v. 7. 2. 1985, BGH NJW 1985, 1893; zustimmend *Herrmann,* Grundlehren BGB/HGB I, S. 161.

[213] Vgl. nur BGH v. 4. 3. 1991, NJW 1991,2285 (2286); *Palandt/Weidenkaff,* § 449 Rn. 16.

[214] Vgl. nur BGH v. 8. 10. 1986, NJW 1986, 487; *Palandt/Weidenkaff,* § 449 Rn. 16.

[215] Vgl. schon BGH v. 3. 3. 1956, BGHZ 20, 159; *Palandt/Bassenge,* § 950 Rn. 9; *Herrmann,* Wirtschaftsprivatrecht, S. 83.

[216] BGH v. 1. 7. 1970, BGHZ 54, 214; a. A. *Honsell,* JuS 1981, 705 (709ff.).

[217] BGH v. 30. 4. 1959, BGHZ 30, 149.

hen, weil sie die Warenlieferanten das Insolvenzrisiko für die in dinglicher Hinsicht vorrangige Bank tragen lasse[218]. Das erscheint höchst zweifelhaft. Allenfalls wird man auch hier noch anzunehmen haben, dass die Zwischenschaltung der Bank den Darlehensnehmer veranlassen wird, den Lieferanten gegenüber die Globalzession zu verschweigen. Eine solche Betrugsveranlassung ist sittenwidrig. Die Sittenwidrigkeit ergreift trotz des Abstraktionsgrundsatzes auch das dingliche Abtretungsgeschäft, da dieses als geschäftliche Einheit mit dem Darlehensvertrag anzusehen ist.

Von den obligatorischen sind die **dinglichen Freigabeklauseln** zu unterscheiden. Hier   **90** vereinbart die Bank, sie werde bei der Einziehung von Forderungen aus verlängertem Eigentumsvorbehalt lediglich einzugsberechtigt. Der Anspruch stehe aber dem Lieferanten als Vorbehaltsgläubiger unmittelbar zu. Das wird vom BGH gebilligt, weil hier auch im Insolvenzfall der Bank ein unmittelbarer Zahlungsanspruch des Warenlieferanten begründet wird[219].

Beim **echten Factoring** ist nach h. M. anders, beim unechten Factoring aber gleich zu ur-   **91** teilen. Die Factoring-Bank erwirbt die Forderung gegen einen Risikoabschlag, um sie anstelle des ursprünglichen Forderungsinhabers vom Schuldner einzuziehen. Kollidiert dies mit nachfolgenden und branchenüblichen Lieferantenkrediten, die im Wege des verlängerten Eigentumsvorbehalts gesichert sind, so wendet die Rspr. § 138 Abs. 1 auf echtes Factoring nicht an, weil die Factoring-Bank dem ursprünglichen Forderungsinhaber den Gegenwert der Forderung (sog. Barvorschuss) fast vollständig auszahlt[220]. Anders soll es beim unechten Factoring sein[221]. Denn hier trägt der Factoring-Kunde das Risiko der Uneinbringlichkeit der Forderung weiterhin, so dass der Fall wirtschaftlich ähnlich einem Kredit sein soll, für den die Bank die Forderung als Sicherheit erwirbt. Die der Globalzession ähnliche Sicherungswirkung kollidiere unerträglich mit der des Eigentumsvorbehaltsgläubigers (EV-Gl.), so dass der Factoring-Kunde veranlasst werde, eine Factoring-Abrede seinen Lieferanten zu verschweigen, wenn diese nach der Verkehrsübung nur unter verlängertem Eigentumsvorbehalt zu leisten bereit sind. – Anders soll es nur dann sein, wenn der Factoring-Vertrag vorsieht, dass der Erwerb durch die Factor-Bank gem. § 158 Abs. 2 auflösend dahingehend bedingt wird, dass der Schuldner zahlt[222]. Fällt demnach die Forderung ohne abweichende Verfügungsmöglichkeit des Factor-Kunden an diesen zurück, kann der EV-Gl. hierauf ungehindert zugreifen.

Die Gegenansicht will auch das unechte Factoring v. a. deshalb vom Vorwurf der Sittenwidrigkeit ausnehmen, weil auch in diesem Fall sofort der Barwert ausgezahlt wird und zur Befriedigung der EV-Gläubiger verwendet werden kann[223]. Dem ist mit dem Vorbehalt zuzustimmen, dass die Bank eine wirksame Zweckbindung für die Barwertzahlung vorsieht, den Betrag vorrangig zur Rückführung der Warenkredite einzusetzen. Die Praxis hat für die bankmäßige Durchführung solcher Zweckabreden verschiedene Gestaltungsformen entwickelt (Ander-Konten, etc.), so dass für die Warenkreditgeber hinreichende Sicherheit besteht, sind doch letztlich auch sie an der Bankbevorschussung interessiert.

Die dargestellten Modalitäten der EV-Gestaltung und -Entwicklung müssen vom VR lau-   **92** fend ebenso überwacht werden wie alle anderen etwaigen Veränderungen der Bonität des Kunden. Deshalb sehen die AVB-WKV/AKV ein umfängliches System von **Anzeigeobliegenheiten** des VN vor, das bereits o. (zu C. II.2) dargestellt worden ist. Der VR ist oft in der Lage, diese Anzeigen und Berichte über einen finanzschwachen Kunden mit denen anderer Lieferanten zusammenzusehen, die ebenfalls bei ihm versichert sind. Daraus ergibt sich meist ein besser zusammenhängendes Bild, als es der VN aus seiner Einzelsicht erhält. Auch kann häufig ein Konzept für eine Sammelvereinbarung mit weiteren Gläubigern (Lieferanten) des insolvenzgefährdeten Kunden entwickelt werden[224].

---

[218] BGH v. 9. 11. 1978, BGHZ 72, 308.

[219] BGH v. 19. 12. 1979, BGHZ 75, 391.

[220] BGH v. 19. 9. 1977, BGHZ 69, 254 (257f.)

[221] BGH v. 14. 10. 1981, BGHZ 82, 50 (56); *Serick,* NJW 1981, 794.

[222] *Palandt/Grüneberg,* § 398, Rn. 37.

[223] Vgl. nur *Fikentscher,* Schuldrecht, 8. Aufl. 1991, Rn. 611.

[224] Dazu schon o. zu C. VIII.

III. Schadensverhütung, -minderung, Vertragsbeendigung und Nachhaftung

93   Der VN wird ebenso wie der VR daran interessiert sein, geeignete Maßnahmen zur **Vermeidung der Insolvenz** oder zur Minderung des Forderungsausfalls zu treffen. Das gilt sowohl für die Zeit vor dem Eintritt des Versicherungsfalls als auch danach. Deshalb darf zunächst auf die Ausführungen o. zu Nr. I. verwiesen werden. – Ist der EV vereinbart, so muss der VN nach § 10 Abs. 1 AVB-WKV/AKV (Gerling)[225] für **bestmögliche Verwertung** sorgen. Die daraus erzielten Erlöse werden von der Entschädigungsleistung i. S. d. § 11 AVB abgesetzt (§ 10 Abs. 2 lit. D AVB), mindern also das Risiko des VR. Kann nicht festgestellt werden, ob die Verwertungserlöse auf versicherten oder unversicherten Forderungen entfallen, so werden sie anteilig verrechnet (§ 10 Abs. 2 Unterabs. 2 AVB). Auch diese anteilige Verrechnung mindert das Risiko des VR, so dass der VN nach § 10 Abs. 1 AVB auch insoweit verpflichtet sein dürfte, zur Schadensminderung des VR tätig zu werden[226]. Denn der VN soll sich so verhalten, als ob er das Kreditrisiko nicht versichert hätte[227]. Für die gesetzliche Schadensminderungspflicht gem. § 62 VVG 2007/§ 82 Abs. 1 VVG 2008 ist allerdings anerkannt, dass der VN sich bei Schadenseintritt zunächst um die Rettung unversicherter Güter kümmern darf. Entsprechend abgestuft wird man auch die Minderungspflicht in der Kreditversicherung zu sehen haben[228].

93 a   Tritt der Versicherungsfall nach Beendigung des Kreditversicherungsvertrages ein, so ist insoweit kein Versicherungsschutz gegeben[229]. Es gibt also **keine Nachhaftung** des VR[230]. § 15 AVB-WKV (Gerling) regelt ein **Kündigungsrecht** des VR binnen Monatsfrist nach Eröffnung des Insolvenzverfahrens beim VN gem. § 14 Abs. 1 VVG 2007. Der BGH hat dazu unlängst festgestellt, dass diese Regelung mit § 307 Abs. 1 BGB vereinbar ist[231]. Das wird man auch für das neue Recht anzunehmen haben, obgleich die Streichung des § 14 VVG 2007 im VVG 2008 keine gesetzliche Monatsfrist mehr vorsieht[232]. Nur für die Kautionsversicherung gilt nach der neusten Rspr. die **sofortige Beendigung** des hierzu – wenngleich fälschlich – angenommenen Geschäftsbesorgungsvertrages[233].
§ 92 Abs. 1 VVG 2008 bestimmt, dass der VR bis zu 1 Monat nach **Eintritt des Versicherungsfalles** kündigen darf, und dass er dabei eine Kündigungsfrist von 1 Monat einzuhalten hat. Das gilt zwar nur für Sachversicherungen. Doch ist die Kreditversicherung eine solche[234]. Allerdings ist der Eintritt der Insolvenz beim VN nicht mit der beim Kunden zu verwechseln, dessen Forderung versichert ist. Doch zeigt sich auch hier, dass eine Lösung des Vertragsverhältnisses im Krisenfall binnen Monatsfrist nahe gelegt ist[235].

93 b   Bei Beendigung eines Restkreditversicherungsvertrages auf den Todesfall erhält der VN den **Rückkaufwert**, wie in der Kapital- Lebensversicherung nach § 176 VVG 2007/§ 169 VVG 2008, wenn die AVB es so vorsehen[236]. Demzufolge müssen wegen der halbzwingenden Wirkung gem. § 178 VVG 2007/§ 171 VVG 2008 für Altverträge auch die Vorgaben der Rspr.[237]

---

[225] Vgl. § 9 Abs. 1 S. 2 AVB-WKV (Hermes).

[226] Unwirksamkeit der Klausel i. d. F. von 1963 nach BGH v. 11. 11. 1982, WM 1983, 151; für Wirksamkeit wegen nur noch „anteiliger" Verrechnung s. *Wittchen*, Warenkreditversicherung, S. 129 ff.

[227] Vgl. *Fortmann*, Investitionsgüterkreditversicherung, S. 89.

[228] Vgl. *Wittchen*, Warenkreditversicherung, S. 128.

[229] Dazu schon o. Rn. 32 a.

[230] So schon BGH, Urteil v. 17. 9. 1986, VersR 1987, 68 unter I.2; zuletzt BGH, Urteil v. 26. 11. 2003, VersR 2004, 858 unter II.2 b.

[231] BGH, Urteil v. 26. 11. 2003, Az. IV ZR 6/03, VersR 2004, 858.

[232] Näher s. o. Rn. 32 a.

[233] BGH, Urteil v. 6. 7. 2006, VersR 2006, 1637.

[234] Vgl. *Dreher*, VersR 2007, 731, 734: Schadensversicherung; zur Sachversicherung als Oberbegriff s. *Prölls/Martin/Kollhosser*, § 49 VVG, Rn. 1

[235] Vgl. auch die Monatsfrist bei Gefahrerhöhung gem. 24 Abs. 2 VVG 2008.

[236] Vgl. *Prölss/Martin/Kollhosser*, § 176 Rn. 2.

[237] BGH v. 12. 10. 2005, BGHZ 164, 297, 314 ff., betr. das Transparenzgebot bei Zillmerung; näher s. u. *Brömmelmeyer*, § 42 Rn. 105 ff.

zu § 176 VVG 2007 und für Verträge nach dem 1. 1. 2008 die des § 169 VVG 2008 eingehalten werden[238]. Bei den **Altverträgen** sind die Zillmerungsklauseln auch dann nichtig, wenn sie aufgrund der älteren Rspr.[239] im Wege einseitiger Vertragsanpassung nach § 172 Abs. 2 VVG 2007 mit Beispielsrechnungen versehen worden sind, und nicht zugleich der Mindestrückkaufwert von 50% des eingezahlten Kapitals vorgesehen wurde. Zwar bestehen v. a. gegen die 50%-Grenze erhebliche Einwände unter dem Aspekt unzulässiger richterlicher Kontrolle von AGB-Klauseln, die die Substanz des Vertrages i. S. EU-Richtl. über missbräuchliche Klauseln in Verbraucherverträgen betreffen[240]. Aber die Praxis hat sich auf die Anforderungen des BGH inzwischen eingerichtet, so dass auch für die Restschuldkreditversicherungen davon auszugehen ist.

Für die Neuverträge ist der prozentuale Mindestrückkaufwert in § 169 Abs. 3 VVG 2008 **93c** nunmehr europarechtskonform aufgegeben, statt dessen aber nun dafür zu sorgen, dass die Abschlusskosten auf die ersten 5 Vertragsjahre verteilt werden. Die aufsichtsrechtlichen Regeln über Höchstzillmersätze müssen zudem nach § 169 Abs. 3 S. 1 Halbs.2 VVG 2008 eingehalten werden. Auch dies gilt nicht nur für die Kapital-LV, sondern analog auch für die Restschuldkreditversicherung auf den Todesfall[241].

Für Alt- und Neuverträge ist in der Rspr. zutr. entschieden worden, dass kein Auskunfts- **93d** anspruch der Gefahrperson besteht, vom VR über die konkrete Berechnung des Rückkaufwertes informiert zu werden[242]. Als VN fungiere nicht die Person des Darlehensnehmers, auf dessen Todesfall die Versicherung genommen wird, sondern die Bank, deren Darlehensforderung versichert wird. Auch komme kein Auskunftsanspruch „unabhängig vom Fehlen einer vertraglichen Beziehung" in Betracht, da es in dieser Hinsicht ausreiche, dass der VR auf die Möglichkeit verwiesen habe, bei der BAFin. eine Überprüfung der Berechnungsmethode zu beantragen. Auch insoweit ist dem Urteil zuzustimmen, obgleich der Verweis auf das Informationsrecht des Darlehensgebers praktisch meist wenig weiterhilft, da dieser nach Ablösung des Darlehens kein wirtschaftliches Interesse mehr an der Höhe des Rückkaufwertes hat. Ein außervertraglicher Auskunftsanspruch nach § 242 BGB hängt aber nach h. M. davon ab, dass der Berechtigte über das Bestehen eines möglichen Anspruchs gegen den Auskunftsverpflichteten unverschuldet irrt, und der Verpflichtete ohne unzumutbare Schwierigkeiten in der Lage wäre, die Auskunft zu geben[243]. Es wäre unzumutbar, mit der Auskunft über den Rückkaufwert Informationen preiszugeben, die interne Unternehmensdaten betreffen und im Wettbewerb mit anderen VRn geheimhaltungsbedürftig sind[244]. Bei Tätigwerden der BAFin. können diese Probleme vermieden werden.

IV. Entschädigung

Tritt der Insolvenzfall oder eine andere Form der Zahlungsunfähigkeit[245] ein, so muss die **94** Entschädigung an den VN geleistet werden. Doch steht deren Höhe nicht sogleich fest, sondern muss erst ermittelt werden, oder sie ergibt sich sogar erst im Fortgang des Insolvenzverfahrens durch Bestimmung der Insolvenzquote i. S. d. § 39 Abs. 1 InsO, so hat der VN nach Ablauf von 6 Monaten[246] seit Kenntnis des VR vom Versicherungsfall einen Anspruch auf **vorläufige Abrechnung** mit einstweiliger Entschädigung (11 Abs. 1 S. 2 AVB-WKV). Re-

---

[238] Vgl. BGH v. 26. 9. 2007, r+s 2008, 29, Rn. 19; *Prölss/Martin/Kollhosser,* vor § 159 Rn. 53.
[239] BGH v. 9. 5. 2001, BGHZ 147, 354 (363f.)
[240] Richtl. EG 93/13, NJW 1993, 1838; näher *Herrmann,* Milestones of Europeanization 2003–5, www.assurances.de.
[241] Vgl. nochmals BGH v. 26. 9. 2007, r+s 2008, 29, Rn. 19; *Prölss/Martin/Kollhosser,* vor § 159 Rn. 53.
[242] AG Breisach v. 13. 6. 2006, Az. 2 C 18/06, NJOZ 2007, 4531.
[243] BGH v. 6. 2. 2007, NJW 2007, 1806: *Palandt/Heinrichs,* § 260 Rn. 8, st. Rspr.
[244] Zutr. auch der Hinweis des AG Breisach auf BGH VersR 1983, 746.
[245] Dazu s. o. zu C. II. 1.
[246] Drei Monate in der AKV, s. § 11 Abs. 1 S. 2 AVB-AKV (Gerling).

gelmäßig wird vorab eine Quote von 50% gezahlt[247]. Entsprechendes gilt für die Deckung in Fällen des sog. protracted default[248].

94a   Mit der Leistung durch den VR an den VN wird keine Tilgung für den (insolventen) Schuldner der versicherten Forderung bewirkt, sondern es wird nur erreicht, dass der VN durch die Deckung nicht in Liquiditätsschwierigkeiten gerät[249]. Auch für einen etwaigen Bürgen ergibt sich deshalb keine befreiende Wirkung[250], zumal die Forderung auf den VR kraft der AVB-WKV, wie sogleich zu zeigen[251], übergeht.

95   Hat der VN sowohl versicherte als **auch unversicherte Forderungen** gegen den insolventen Kunden, so muss die Deckung so gut wie möglich auf die versicherten Forderungen bezogen werden. Denn der VR kann nicht verlangen, dass die Entschädigung durch Zahlungen auf Forderungen gemindert wird, für die er kein Risiko getragen hat[252]. Soweit die genaue Bezugnahme praktisch unmöglich ist, findet eine anteilige Verrechnung auf beide Forderungsgruppen statt (§ 10 Abs. 2 S. 2 AVB-WKV (Gerling))[253]. Das gleiche Pauschlierungsverfahren wird angewendet, wenn der VN Sicherheiten verwertet und daraus Zahlungen erhalten hat, deren Zuordnung zu versicherten oder unversicherten Forderungen nicht exakt vorgenommen werden kann. Den auf diese Weise ermittelten Netto-Ausfall erstattet der VR sodann unter Abzug der vereinbarten Selbstbeteiligung[254].

96   Die so errechnete Ausfalldeckung wird ohne Abzüge wegen etwaiger **Unterversicherung** i. S. § 56 VVG 2007/§ 75 VVG 2008 gewährt, obgleich die AVB keine ausdrückliche Klausel über eine Versicherung auf erstes Risiko enthalten[255]. In Anbetracht der Prämienberechnung nach Ultimosalden[256], die die Angleichung von Versicherungssumme und Versicherungswert bewirkt, und wegen § 2 Nr. 3 AVB-WKV zu Nachrücken bisher unversicherter Forderungen kann implizit ein Verzicht des VR auf § 56 VVG angenommen werden[257].

97   Hat der VN Anzeigepflichten zur Bonitätsverschlechterung des Kunden oder zur Kreditzielüberschreitung verletzt, so müssen auch insoweit **Abzüge** berechnet werden, wenn der VR das diesbezügliche Leistungsbefreiungsrecht begründet geltend macht. Auch dabei bleibt aus praktischen Gründen oft gar nichts anderes übrig als anteilig zu pauschalieren. Da die VVG-Reform, wie von der Reformkommission vorgeschlagen, vom Alles-oder-nichts-Prinzip Abstand genommen hat (§ 28 Abs. 2 S. 2 VVG 2008), muss die Höhe der Leistungsbefreiung quotal im Verhältnis zum Ausmaß des Verschuldens des VN errechnet werden. Die Schwierigkeiten der Berechnung, die in der rechtspolitischen Kritik vielfach eingewendet wurden[258], sind in der Kreditversicherung schon bisher nicht unüberwindbar gewesen, werden also wohl auch in Zukunft keine unverhältnismäßigen Probleme auslösen.

98   Der Entschädigungsanspruch kann vom VN nur mit schriftlicher Einwilligung des VR **abgetreten** werden (§ 13 S. 1 AVB-WKV (Gerling)). Dadurch werden aber die etwa bestehenden Einreden und etwaige Aufrechnungsrechte des VR nicht beeinträchtigt (S. 2). Auch erfolgt die tatsächliche Abrechnung nur mit dem VN (S. 3). Dieser hat zudem weiterhin alle

---

[247] Vgl. *Meyer,* Kreditversicherung, S. 68.

[248] Dazu s. o. zu B. II. 2.

[249] Vgl. nur OLG Schleswig v. 7. 10. 2004, Az. 11 U 79/03, JURIS-Online v. 16. 1. 2008, Rn. 41.

[250] S. nochmals OLG Schleswig, a. a. O., vorige Fn., Rn. 43.

[251] S. u. zu V., Rn. 99 ff.

[252] BGH v. 11. 11. 1982, WM 1983, 151 (152); BGH v. 30. 6. 1983, WM 1983, 912.

[253] Die Klausel dürfte heute nicht mehr zu beanstanden sein, obgleich der BGH die a. F. von 1963 verworfen hat vgl. BGH v. 11. 11. 1982, WM 1983, 1519), dazu schon o. zu D. III.

[254] Dazu s. o. zu B. IV.

[255] Vgl. RG v. 12. 6. 1992, JW 1925, 1998; die Lehre fordert z. T. einen solchen Verzicht auf § 56 VVG, s. *Bruck/Möller/Sieg-Möller,* § 56 Anm. 1; *Prölss/Martin,* § 56 Anm. 3; diesen kann man aber in der Klausel des § 2 Abs. 3 AVB-WKV zum Nachrücken der die Versicherungssumme übersteigenden Forderungen in den Versicherungsschutz sehen, ähnlich *Wittchen,* Warenkreditversicherung, S. 119.

[256] S. o. zu C. VII.

[257] Vgl. *Wittchen,* Warenkreditversicherung, S. 119.

[258] S. aber den Hinweis auf Typisierungen wie zum Recht des Schmerzensgeldes bei *Roth,* in Herrmann/Wambach (Hrsg.), Reform des Versicherungsvertragsrechts, 2003 S. 160.

Vertragspflichten zu erfüllen, insbes. ordnungsgemäße Schadensanzeige zu erstatten und die erforderlichen Unterlagen einzureichen[259].

Zahlt der VR ohne Rechtsgrund, z. B. weil fälschlich (noch) das Bestehen eines Versicherungsverhältnisses angenommen worden ist, so erfolgt die **Rückabwicklung nach § 812 Abs. 1 BGB** zwischen VN und VR wegen Leistungskondiktion. Das gilt auch dann, wenn die Zahlung etwa wegen Abtretung des Zahlungsanspruchs an den Geber des versicherten Darlehens an diesen abgetreten wurde[260]. Die Leistung ist an den VN bewirkt, obgleich die unmittelbare Zahlung an den Darlehensgeber geflossen ist. M.a.W. die Rückabwicklung erfolgt übers Dreieck, es sei denn, es liegt einer der anerkannten Durchgriffsfälle wegen Doppelmangels etc. vor[261]. Der Durchgriff ist in der Rspr. nur in eng begrenzten Ausnahmefällen anerkannt worden[262].   **98a**

V. Regress gegen Schuldner/Dritte

Hat der VR geleistet, so **gehen die Forderungen** nach § 11 Abs. 2 AVB-WKV/AKV (Gerling)[263] auf den VR **über,** ohne dass es einer gesonderten Abtretung des VN bedarf. Da zumindest der Selbstbehalt abzuziehen ist, geht immer nur ein Forderungsteil über. Leistet nun der Schuldner noch auf die Gesamtforderung, so kommt dies anteilig und mit gleichem Rang[264] sowohl dem VR als auch dem VN zugute. Doch kann der Schuldner den Leistungszweck abweichend hiervon bestimmen[265].   **99**

Gehen einzelne Rechte **nicht kraft AVB** über, so ist der VN verpflichtet, die dafür notwendigen Handlungen vorzunehmen. Das ist etwa der Fall, wenn die Nebenrechte mangels Akzessorietät[266] nicht ohne Verfügung des VN mit übergehen können. Der VR kann also notfalls auf entsprechende Willenserklärung des VN klagen und die Vollstreckungswirkung gem. § 894 ZPO erreichen, so dass die Erklärung des VN mit der Rechtskraft des Urteils gesetzlich fingiert wird. – Werden nach der Entschädigungsleistung noch Zahlungen oder Leistungen an den VN erbracht, die bei der Ausfallberechnung nicht berücksichtigt worden sind, so müssen diese an den VR zur Nachberechnung gemeldet werden (§ 11 Abs. 3 AVB-WKV/AKV (Gerling)).   **100**

Der Übergang der (Rest-) Forderungen gegen Dritte nach § 11 Abs. 2 AVB-WKV/AKV (Gerling) ist, wie gezeigt, nicht von besonderen rechtsgeschäftlichen Verfügungshandlungen des VN abhängig. Auf ihn finden die §§ 398 ff. BGB analog Anwendung (412 BGB). Entsprechendes gilt für den Übergang anderer Rechte (§ 413 BGB). Wichtigste Folge ist, dass dem Schuldner etwaige **Einwendungen** ungeschmälert erhalten bleiben (§ 404 BGB), und dass ihm die Aufrechnungsmöglichkeit erhalten bleibt (406 BGB). Auch muss der VR nach § 407 Rechtshandlungen gegen sich gelten lassen, die der Schuldner gegenüber dem VN gutgläubig vorgenommen hat.   **101**

---

[259] BGH VersR 1956, 276; *Prölss/Martin,* § 15 Anm. 8.
[260] Vgl. nur OLG Celle v. 8. 3. 2006, MDR 2006, 1121 zu II.2; *Palandt/Sprau,* § 812 Rn. 61.
[261] Vgl. nur *Palandt/Sprau,* § 812 Rn. 663.
[262] BGH v. 10. 3. 1993, BGHZ 122, 46, betr. fingierter Diebstahl bei Kaskoversicherung für Kfz-Leasing.
[263] Ebenso § 16 AVB-WKV (Hermes).
[264] Vgl. BGHZ v. 8. 12. 1966, 46, 242 (244).
[265] Ebd. S. 243. Hierauf kann der VR meist eher Einfluss nehmen als der VN, vgl. *Wittchen,* Warenkreditversicherung, S. 143.
[266] Z.B. Sicherungsgrundschuld, § 1192 Abs. 1 BGB; selbständige Garantien.

E. Sonderformen

I. Ausfuhrkreditversicherung

102   Der internationale Wettbewerb hat die Kreditierung von Forderungen beim grenzübergreifenden Absatz von Waren und Dienstleistungen erforderlich gemacht, so dass sich Deutschland nach dem zweiten Weltkrieg entschloss, zur Förderung des **Wiederaufbaus der Exportwirtschaft** erneut staatliche Einrichtungen der Kreditversicherung zu schaffen[267]. Haftungsträger wurde der Bund mit privatrechtlichen Mandataren: der Euler Hermes-Kreditversicherungs-AG, Hamburg etc., und der PwC Deutsche Revision AG Wirtschaftsprüfungsgesellschaft, Hamburg etc. Wesentliche Aufgabe ist es, das umfassende kommerzielle und politische Kreditrisiko dort abzudecken, wo die wirtschaftliche Absicherung allein nicht ausreicht.

103   Daneben entwickelte sich die **private Exportkreditversicherung**[268], soweit der hier benötigte Ausschluss politischer Risiken sinnvoll erschien. Da die private Versicherungswirtschaft neben flexiblerem Service auch Preisvorteile[269] bieten kann, hat sich die staatliche Exportkreditversicherung hier zurückgezogen und nimmt grundsätzlich keine Risiken innerhalb der OECD mehr in Deckung[270]. Auch aufgrund internationaler Vorgaben scheint dies sinnvoll.

1. Staatliche Exportkreditgarantien: Rechtsgrundlagen und internationale Vorgaben[271]

104   Die staatliche Ausfuhrkreditversicherung ist Teil der staatlichen Leistungsverwaltung und bedarf als solche zwar nicht, wie die Maßnahmen der Eingriffsverwaltung, einer formalen gesetzlichen Grundlage, doch wird aus rechtsstaatlichen Gründen nicht gänzlich auf eine objektiv-rechtliche Basis verzichtet[272]. Bei Subventionen reicht nach h. M. der Haushaltplan als Satzungsrecht aus[273]. Unstr. genügen aber die Festlegungen im **HaushaltsG** des Bundes[274], das für 2008 in § 3 Abs. 1 bis zu 313,6 Mrd. € Bürgschaften, Garantien und sonstige Gewährleistungen erlaubt. Nach Nr. 1 der Vorschr. sind 40 Mrd. für Kredite an ausländische Schuldner „zur Finanzierung **förderungswürdiger** oder bei besonderem staatlichen **Interesse der BRD**" bereitgestellt. Wegen näherer Einzelheiten wird a. E. des Abs. 1 auf Kap. 3208 des Bundeshaushaltsplanes verwiesen[275]. Daneben ist auf die Richtl. für die Übernahme von Ausfuhrgewährleistungen abzustellen[276], die keine Rechtssatzqualität hat, sondern als Selbstbindung der Verwaltung i. S. des Gleichbehandlungsgebots fungiert[277]. Die formal gesetzliche Grundlage des HaushaltsG ist nach Art. 115 Abs. 1 S. 1 GG erfordert, wonach Gewährleis-

---

[267] Schon Mitte der 20er Jahre gab es eine staatliche Exportkreditversicherung.

[268] Dazu wurden hier benutzt die AVB-AKV (Gerling und Hermes), wie o. Fn. 1; AVB-AKV (Coface) i. d. F. 04/2005, heruntergeladen unter www.ak-coface.de.

[269] Vgl. *Gramlich*, Die staatliche Exportkreditversicherung, 6. Aufl. 2000, S. 16: „kostengünstigere Alternative".

[270] Vgl. nur Richtl. des BMWi v. 31. 1. 2002 für die Übernahe von Ausfuhrgewährleistungen, BAnz. Nr. 59 v. 26. 3. 2002, S. 6077 Abs. 3: „Ausfuhrdeckungen, die auf dem privaten Versicherungsmarkt allg. in derselben Art … angeboten werden, sollen nicht als Ausfuhrgewährleistungen übernommen werden"; vgl. *Wagner/Pütz*, FS Zimmerer, S. 125 ff.; Ausnahmen bei Versicherung kurzfristiger Forderungen an staatliche Institutionen und mittel- und langfristiger Forderungen, vgl. *Meyer*, Kreditversicherung, S. 73.

[271] Übersicht der Rechtsgrundlagen – wenngleich heute z. T. schon etwas veraltet – b. *Gramlich*, Die staatliche Exportkreditversicherung, 2000, S. 135 ff.

[272] Vgl. zu BVerwGE 33, 303 (336 f.), betr. Zulassung zum Hochschulstudium.

[273] Vgl. nur BVerwGE 58,45 (48); BVerwG, DÖV 1977, 606; a. A. *Erichsen*, DVBl. 1977, 606.

[274] § 3 Abs. 1 S. 1 Nr. 1 HaushaltsG v. 22. 12. 2007, BGBl. I S. 3216.

[275] Der genannte Rahmen wird allerdings gekürzt um bereits früher übernommene Deckungen, für die noch keine Inanspruchnahme des Bundes erfolgt ist, s. *Gramlich*, in: *Hohmann/John* (Hrsg.) Ausfuhrrecht, 2002, 2468 Rn. 2.

[276] V. 30. 12. 1983, i. d. F. v. 31. 1. 2002, BAnz. Nr. 59 v. 26. 3. 2002, S. 6077 f.

[277] *Gramlich*, in: *Hohmann/John* (Hrsg.) Ausfuhrrecht, 2002, 2408 Rn. 6.

tungsübernahmen, die in künftigen Jahren zu einer Beanspruchung des Bundes führen können „einer der Höhe nach bestimmten oder bestimmbaren Ermächtigung durch Bundesgesetz" bedarf.

In der Lehre wird z. T. gefordert, die Richtlinien durch eine gesetzliche Regelung zu ersetzen, da die Materie für die Berufsausübung der (potentiellen) Deckungsnehmer i. S. von Art. 12 Abs. 1 GG von wesentlicher wirtschaftlicher Bedeutung ist. Das beruht (implizit) auf dem sog. **Parlamentsvorbehalt,** der aufgrund des Rechtsstaatsgebots des Art. 20 Abs. 2 GG ein Tätigwerden des parlamentarischen Gesetzgebers u. a. dann erfordert, wenn die Regelung der Materie von essentieller Bedeutung für Grundrechte ist[278]. Da die grundlegenden Festlegungen für die Vergabe von Exportkreditgarantien aber, wie gezeigt, formal gesetzlich geregelt sind, scheint dem Parlamentsvorbehalt hinreichend Genüge getan. **104a**

In den genannten Rechtsgrundlagen kommt übereinstimmend zum Ausdruck, dass das **zweistufige Modell** des Subventionsrechts zur Anwendung gelangen soll, wonach die Entscheidung über das Ob der Ausfuhrgewährleistung nach öffentlichem Recht getroffen werden soll, während die hierauf folgende Abwicklung nach privatem Vertragsrecht ausgestaltet ist. Zum Ob gehört insbes. die Übernahmeentscheidung, durch der die der Antragsteller noch keine Deckung, aber einen Anspruch auf Abschluss eines Vertrages erhält. Für Streitigkeiten hierzu ist der öffentliche Rechtsweg eröffnet (§ 40 Abs. 1 VwGO), während bei Vertragsstörungen der ordentliche Rechtsweg offen steht (§ 13 GVG). **104b**

Nach dem völkerrechtlichen Abkommen über die Errichtung der Welthandelsorganisation[279] (World Trade Organisation, **WTO**) und Art. 3.2 des noch aus der Vorgängerorganisation GATT stammenden, aber novellierten Übereinkommens über Subventionen und Ausgleichsmaßnahmen[280] ist es verboten, „Subventionen" aufrechtzuerhalten oder neu zu gewähren. Eine im Anhang I dazu enthaltene Beispielsliste umfasst auch die „Bereitstellung von Programmen für Ausfuhrkreditbürgschaften oder -versicherungen". Subventionen dieser Art sind „anfechtbar" (Art 8.1 lit b), wenn ein WTO-Mitglied durch ihre Verwendung nachteilige Auswirkungen auf die Interessen anderer Mitglieder verursacht (Art. 5). Gem. Art. 7 können im Rahmen des Streitbeilegungsverfahrens Abhilfemaßnahmen getroffen oder Ausgleichszölle gem. Art. 10 ff. festgelegt werden. **104c**

Im Rahmen der **OECD** kam es 1978 zu einem Übereinkommen zwischen 12 Industriestaaten und der E(W)G über Leitlinien für öffentlich unterstützte Exportkredite, um Gefahren eines „**Subventionskrieges**" zwischen den wichtigsten Exportnationen entgegenzutreten. Dabei handelt es sich um ein gentlemen's agreement, das keine als solches rechtsverbindliche Wirkung hat, aber durch entsprechende Ratsempfehlungen europarechtliche Verbindlichkeit gem. Artt. 133 Abs. 3, 249 EGV erlangt hat[281]. **104d**

Für die Länder der EU sind zudem Artt. 87 ff., 132 EGV zu beachten, wonach **wettbewerbsverfälschende Beihilfen** verboten und wettbewerbswidrige Ausfuhrbeihilfen schrittweise vereinheitlicht werden müssen. Auf dieser Grundlage hat die Kommission 1997 eine Mitteilung an die Mitgliedstaaten gerichtet, wonach verfälschende Exportversicherungssysteme binnen Jahresfrist abzuändern waren (Nr. 4.2). Für mittel- und langfristige Exportkreditrisiken seien jedoch keine Maßnahmen der Beihilfeaufsicht, sondern eine Vereinheitlichung der Regelungen angezeigt (Nr. 1.4). Hierzu hat der Rat sodann 1998 eine Richtlinie[282] verabschiedet, wonach mittel- und längerfristige Unterstützungszusagen im Einklang mit gemeinsamen Grundsätzen für die Exportkreditversicherung stehen müssen und u. a. auch ein bestimmtes Notifikationsverfahren einzuhalten ist. Die Richtlinie war nach ihrem Art. 8 bis zum

---

[278] Vgl. nur BVerfGE 33, 125 (159), betr. Facharztrecht; dazu differenzierend *Taupitz,* Die Standesordnungen der freien Berufe, 1991, 844 ff.; *Ruffert,* in: *Kluth* (Hrsg.), Hdb. Des Kammerrechts, 2005, 247 (251).

[279] Übereinkommen zur Errichtung der WTO v. 15. 4. 1994, BGBl. II, S. 1443/1625.

[280] V. 15. 4. 1994, ABl. EG Nr. L 336/156.

[281] Vgl. die Rats-Entscheidung 93/112 EWG v. 22. 2. 1993, ABl. EG Nr. L 44/1, geändert durch Entscheidung 97/530/EG v. 24. 7. 1997, ABl. EG Nr. L 216/77.

[282] V. 19. 5. 1998, ABl. EG Nr. L 148/23.

1. 4. 1999 umzusetzen. Außer den o. a. (Rn. 104) Rechtsgrundlagen gibt es bislang keine Umsetzungsakte der BRD.

105   Im Wesentlichen geht es um die Übernahme von „**Bürgschaften**" und „**Garantien**" für die Bezahlung einzelner Lieferungen und Leistungen[283]. Bürgschaften begegnen v. a. dann, wenn der ausländische Schuldner eine öffentliche Körperschaft, eine Behörde oder ein Staat ist. Garantien werden bei privatwirtschaftlichern Abnehmern gewährt[284]. Seit 1981 bietet der Bund für das kurzfristige Geschäft außerhalb der OECD die sog. Ausfuhr-**Pauschal-Gewährleistung** (APG)[285], wonach die Garantiezeit für den gesamten Ausfuhrumsatz pauschal bis zu einem Jahr versichert wird[286]. Hauptvorteil dieser Regelung ist, dass die APG gegenüber der Einzeldeckung günstigere Entgelte kalkulieren kann, weil die Risikostreuung günstiger ist und verwaltungsmäßige Vereinfachungen bestehen. Bei dem neueren Produktangebot der APG-light werden kurzfristige Forderungen mit Kreditlaufzeiten bis zu 4 Monaten vornehmlich kleinerer mittelständischer Exporteure abgesichert, wobei die Garantiezeit 6 Monate beträgt[287]. Auch kann eine Deckung für protracted default von sechs Monaten bei mittel- und langfristigen Geschäften mit mehr als 2 Jahren Kreditlaufzeit übernommen werden[288].

2. Übernahmeentscheidung

105a   Das Bundesministerium für Wirtschaft trifft die Entscheidungen über eine Übernahme von Ausfuhrgewährleistungen gem. Nr. 3.1 der Richtl. i. V. § 39 BHO[289] und im Einvernehmen mit dem Auswärtigen Amt und dem Bundesministerium für wirtschaftliche Zusammenarbeit und Entwicklung in dem Interministeriellen Ausschuss für Ausfuhrgarantien und Ausfuhrbürgschaften. An den Sitzungen nehmen auch die Vertreter der mit der Geschäftsführung betrauten Mandatare teil[290]. Für die Einzelheiten zu den Voraussetzungen der Übernahmeentscheidung darf nochmals auf die Richtlinie i. d. F. v. 31. 2. 2002[291] und die umfänglichen Kommentierungen[292] dazu verwiesen werden. Zur Rechtswirkung der Richtlinie wurde schon o. (Rn. 104) bemerkt, dass trotz der Selbstbindungswirkung **kein Anspruch** auf Übernahme begründet wird[293], sondern lediglich eine **Selbstbindung** der Verwaltung vorliegt, im Rahmen der Richtlinie den Antragstellern eine Gleichbehandlung zukommen zu lassen. Danach sind zwar Differenzierungen möglich, wenn sie auf sachlichen Erwägungen beruhen und keine unverhältnismäßigen Benachteiligungen bewirken, die nach § 40 VwVfG kontrollierbar sind. Auch Verfahrensfehler können gem. § 46 VwVfG vor den Verwaltungsgerichten

---

[283] Zur rechtlichen Unterscheidung von Kreditversicherungsvertrag und Bürgschaft bzw. Garantie s. *Dreher*, VersR 2007, 731, 732; zur Einordnung der Gewährleistung als Versicherungs- oder Garantieversicherung *Janus*, in: *Schimansky/Bunte/Lwowski*, Bankrechts-Hdb., Bd. 3, 2001, S. 4324 f.; näher s. u. zu IV.1.

[284] S. Nr. 1.1.1–2 der Richtl. für die Übernahme von Ausfuhrgewährleistungen v. 30. 12. 1983 i. d. F. v. 31. 1. 2002, BAnz. Nr. 59 v. 26. 3. 2002, S. 6077 f.

[285] Näher s. *Janus*, in: *Schimanski* u. a., Bankrechts-Hdb. § 122 zu V.2c Rn. 52 ff.; zum früheren 2-Jahreszeitraum s. *Bödeker*, Exportkreditversicherungssysteme S. 65 ff.; Osteuropa: Deckung von Exportgeschäften durch die Hermes Kreditversicherung AG, WiRO 1999, 224; zur neuen APG-light mit 4 Monaten Garantiezeit s. www.agaportal.de/pages/aga/produkte/aga-light.html.

[286] S. neuestens § 3 Abs. 2 AGB Ausfuhrgarantien 2004 (abgerufen am 10. 1. 2008 unter www.exportgarantien.de.

[287] S nochmals www.agaportal.de/pages/aga/produkte/aga-light.html.

[288] Näher s. o. zu B. II. 2.

[289] V. 19. 8. 1969, BGBl. I S. 1284.

[290] Das sind die Euler Hermes Kreditversicherung, Hamburg als Federführer und die PwC Deutsche Revisions AG Wirtschaftsprüfungsgesellschaft, Hamburg (Nr. 3.5 der Richtl.)

[291] BAnz. v. 26. 3. 2002, S. 6077 f.

[292] S. insbes. *Scheibe/Moltrecht/Kuhn*, Garantien und Bürgschaften, Ausfuhrgewährleistungen des Bundes und Rechtsverfolgung im Ausland, Loseblatt; *Gramlich*, in: *Hohmann/John* (Hrsg.) Ausfuhrrecht, 2002, 2408 ff.; *Stolzenburg*, Die staatliche Exportkreditversicherung, 5. Aufl. 1996.

[293] So auch ausdrückl. Nr. 1.3 Richtl. und § 3 Abs. 2 HGrGG und § 3 Abs. 2 BHO.

angegriffen werden. Liegt eine positive Entscheidung vor, so handelt es sich um einen begünstigenden Verwaltungsakt, der nur unter den Voraussetzungen des § 48 f. VwVfG widerrufen oder rückgängig gemacht werden darf[294].

Liegt die Übernahmeentscheidung vor, so führt dies immer noch nicht unmittelbar zum **105 b** **Anspruch auf Abschluss** eines Exportkreditgarantievertrages. Vielmehr muss noch eine urkundliche Erklärung der Bundesschuldenverwaltung hinzu kommen (Richtl. Nr. 5.2).

3. Vertragliche Abwicklung

Im Gewährleistungsvertrag werden nach Nr. 5.3 folgende Einzelheiten der Deckung gere- **105 c** gelt:

- Leistungen und Rechte des Deckungsnehmers (Deckungsgegenstände)
- Umstände, bei deren Eintritt eine Entschädigung des Bundes erfolgt (Risikotatbestände)
- Selbstbehalte
- Höchstsummen
- Voraussetzungen, unter denen der Bund die Deckung beschränken darf (Deckungseingriffe)
- mögliche Umschuldungsvereinbarungen
- sonstige AVBs, soweit es sich um wiederkehrend gleiche Vertragsbestimmungen handelt.

Ersichtlich handelt es sich neben den Deckungseingriffen um die aus dem allgemeinen Kreditversicherungsrecht bekannten Termini und Regelungsgegenstände, die bereits o. (zu B–D mit behandelt wurden. Deckungseingriffe sind gänzliche oder teilweise Widerrufe oder Rücktritte i. S. der §§ 48 f VwVfG. Soweit im Gewährleistungsvertrag bereits Vorsorge für derartige Tatbestände getroffen worden ist, entsteht ein insoweit eingeschränkter Vertrauensschutz i. S. § 49 VwVfG. Einzelheiten dazu ergeben sich aus dem allgemeinen Verwaltungsverfahrensrecht und gehören systematisch nicht in das Kreditversicherungsvertragsrecht.

Das **Angebot** für den privatrechtlichen Vertragsabschluss ist regelmäßig bereits in dem **105 d** Antrag auf Übernahme enthalten. Für die **Annahmeerklärung** bedarf es, wie gesagt (o. Rn. 105 b), der urkundlichen Erklärung der Bundesschuldenverwaltung. Fehlt es an diesem Formerfordernis, so hat der durch die Deckungszusage Begünstigte einen Anspruch auf Erfüllung der Formvoraussetzungen[295].

Etwaige Abweichungen vom Antrag werden dem Deckungsnehmer in Schriftform mitgeteilt[296]. Mangels unverzüglichem Widerspruch wird in der Praxis Einverständnis unterstellt, d. h. man nimmt gem. § 150 BGB ein neues Angebot an, was wohl am besten damit erklärt werden kann, dass der Vertrag unter Verzicht auf Zugang der Annahmeerklärung nach § 151 BGB zustande kommt[297].

4. Besonderheiten des privaten Versicherungsrechts

Ein Kernproblem der privaten Exportkreditversicherung ist die **Abgrenzung politischer** **106** **und kommerzieller Risiken,** da nur die letzteren in den Versicherungsschutz eingeschlossen sind[298]. Dabei ist meist nicht so sehr schwierig festzustellen, ob hoheitliche Ursachen der Zahlungsunfähigkeit vorliegen. Wichtige Beispiele sind Importsperren, Embargoverfügungen, staatliche Eingriffe in den Devisenverkehr etc. Doch muss feststellbar sein, ob diese Ursachen maßgebend wirksam geworden sind, oder ob sie eine ohnehin vorhandene Schieflage des schuldnerischen Unternehmens nur unwesentlich beeinflusst haben. Beispielhaft seien die

---

[294] Vgl. *Gramlich,* in: *Hohmann/John* (Hrsg.) Ausfuhrrecht, 2002, 2408 ff., Rn. 48.

[295] Vgl. *Gramlich,* in: *Hohmann/John* (Hrsg.) Ausfuhrrecht, 2002, 2408 ff., Rn. 110.

[296] Ebd. Rn. 111; näher zum Annahmeschreiben *Schallehn/Stolzenburg,* Exportkreditversicherung, I., Rn. 20 a.

[297] Ähnlich *Gramlich,* a. a. O. Rn. 111.

[298] § 2 Abs. 5 lit. d AVB-AKV (Gerling, a. a. O. Fn. 1): keine Deckung bei „Krieg, kriegerischen Ereignissen, inneren Unruhen, Streik, Beschlagnahme, Behinderung des Waren- und/oder Zahlungsverkehrs von hoher Hand …"; zum Rechtsschutz bei Streitigkeiten in der staatlichen Exportkreditversicherung s. *Sellner/Külpmann,* RiW 2003, 410.

Eingriffe der mexikanischen Notenbank in den Devisenmarkt zur Verbesserung des Peso-Dollar-Kurses in den 80er Jahren genannt[299]. Dadurch wurde der Kurs des Peso bis Anfang 1982 künstlich relativ stabil gehalten, doch sah man sich danach gezwungen, den US-Dollar zu verteuern und den Peso abzuwerten, um zu starke Valutaabflüsse und devisenverzehrende Importe zu verhindern. Mexikanische Unternehmen mit hohen versicherten Auslandsschulden waren daraufhin in großer Menge insolvent geworden. Doch war der politische Einfluss offenbar derart dominant, dass der privatrechtliche Versicherungsschutz ausgeschlossen schien.

107   Da die Vollstreckungs- und Insolvenzrechte im Ausland stark differieren und oftmals erhebliche Durchsetzungsschwierigkeiten mit sich bringen, werden auch in der privaten Ausfuhrkreditversicherung die sog. **protracted default-Klauseln** vereinbart[300]. Die Prämien werden meist nicht, wie in der WKV üblich[301], nach anhand eines Promillesatzes auf die Ultimosalden der versicherten Abnehmer (durchschnittliche Höhe der offenen Forderungen je Kunde) berechnet[302], sondern auf der Basis von Umsatzvolumina und typisierter Länderrisiken[303]. Dadurch ergeben sich Spezialprobleme bei Umsatzschwankungen, auf die hier nicht näher eingegangen werden kann.

108   Besondere praktische Bedeutung hat zudem, dass die Länderrechte erhebliche Unterschiede in Hinblick auf Kreditsicherheiten aufweisen. Für die dinglichen Sicherheiten gilt meist unabdingbar das **Recht der belegenen Sache** (lex rei sitae)[304]. Für Personalsicherheiten ist dagegen auf das vertragsrechtliche Kollisionsrecht abzustellen, das meist durch Rechtswahlklauseln gestaltet werden kann.

II. Investitionsgüterkreditversicherung

1. Versicherungsgegenstand

109   Die **Besonderheiten** dieser Sparte liegen in der Einzelversicherung, den längeren Zahlungszielen[305] und in der Möglichkeit, neben dem Delkredererisiko (sog. D-Deckung) auch das **Fabrikationsrisiko** (F-Deckung) abzusichern. Während die D-Deckung viele Ähnlichkeiten zur WKV aufweist, geht die F-Deckung dahin, dass der VN auch dann entschädigt wird, wenn er für bestimmte Abnehmer notwendig in Vorrat beschafften Produkte wegen deren Insolvenz nicht mehr ausliefern kann (sog. Selbstkostendeckungsklausel). Sogar bei Weisung des VR, wegen Gefahrerhöhung nicht mehr zu liefern, greift der Versicherungsschutz.

110   Nach § 4 Nr. 1 AVB-IKV[306] beginnt der Versicherungsschutz nicht mit Abschluss des Vertrages, sondern erst dann, wenn der Kunde nach Erhalt des Investitionsgutes oder der Werklieferung ausdrücklich oder durch schlüssiges Verhalten anerkannt hat, dass es sich bei der Lieferung um die vertraglich geschuldete Leistung handelt (**Konformitätserklärung, KE**), nicht jedoch vor Zugang der **Deckungszusage** (Deckungserklärung, DE). Sowohl die KE als auch die DE sind rechtsgeschäftsähnliche Erklärungen, die in jedem Einzelfall erneut vorgenommen werden müssen. Fällt der Kunde in die Insolvenz, bevor er die KE abgegeben hat, oder verweigert er diese sogar bis zu diesem Zeitpunkt objektiv unberechtigt, so ist der VR frei[307].

---

[299] Vgl. *Meyer,* Kreditversicherung, S. 74 f.

[300] Vgl. näher o. zu B. II. 2; vgl. § 9 Abs. 2 Unterabs. 4 AVB-AKV (Gerling); § 9 Abs. 1 lit. a AVB-AKV (Coface).

[301] S. o. zu C. I.

[302] Vgl. § 6 Abs. 3 Unterabs. 1 AVB-WKV/AKV (Gerling).

[303] Vgl. *Meyer,* Kreditversicherung, S. 39.

[304] Für Deutschland s. Art. 43 EGBGB; krit. *Stoll,* IPrax 2000, 264.

[305] Laufzeiten bis zu 5 Jahren.

[306] Abgedruckt bei *Weipert,* Teilzahlungskreditversicherung, S. 89 ff.; fast übereinstimmend in Nummer 4 AVB-IKV (Coface), Internetveröffentlichung bei www.coface.at/PDF/AVB_Coface_CAPITAL_Goods_Info06_s.pdf.

[307] Keine Unangemessenheit nach § 307 Abs. 1 BGB, s. *Fortmann,* Industriekreditversicherung, S. 58–61; aber enge Auslegung der sog. Selbstkostendeckungsklausel im Versicherungsschein gem. BGH v. 5. 11. 1997, VersR 1998, 185 (186).

Nach § 2 Nr. 1 AVB-IKV ist die einmalige **Prolongation** von zwei nicht aufeinanderfol- **111** genden Monatsraten im Rahmen der ursprünglich vereinbaren Kreditlaufzeit ohne Zustimmung des VR zulässig. Darin liegt zwar keine Gefahrerweiterung im Hinblick auf die Gesamtlaufzeit des Kredites, da die Prolongation im vereinbarten zeitlichen „Rahmen" bleiben muss, aber bei Insolvenz muss der VR u. U. einen höheren Ausfall decken, solange der Kunde die Prolongation zahlungsmäßig noch nicht kompensiert hat. Der VR muss dieser Risikoausweitung nicht zustimmen. Doch steht der Risikoerhöhung eine größere Flexibilität bei kurzfristigen Liquiditätsschwierigkeiten des Kunden gegenüber[308].

2. Besonderheiten bei Vertragsschluss/Abwicklung

Auch in der IKV werden sog. **Mantelverträge** mit allgemeinen Regeln abgeschlossen[309]. **112** Daneben tritt aber dann die schon erwähnte Deckungszusage, die das übernommene Risiko viel stärker individualisiert als in der WKV. Die Kreditlaufzeit wird häufig an die steuerlichen Abschreibungsmöglichkeiten angelehnt. Meist wird aber ein Kreditlimit von mehr als drei Jahren nicht übernommen, da Bonitätsprognosen über längere Zeiträume mit besonderen Schwierigkeiten verbunden sind. Gleichwohl sind einige Kreditversicherer dazu übergegangen, einerseits auch Geschäfte mit über drei Jahre hinausgehender Kreditgewährung abzuschließen, andererseits aber auch bestimmte Arten von Kreditgeschäften und Schuldnergruppen generell vom Versicherungsangebot auszunehmen[310].

Die normale **Selbstbeteiligung** beträgt 30%. Doch wird typischer Weise der Selbstbehalt **113** des VN dahingehend modifiziert, das sog. Mindestrücknahmewerte mit zeitlicher Staffelung vereinbart werden: z. B.
– 40% des versicherten Kreditbetrages im ersten Jahr
– Zwischenstufen (meist mit statischer Abfolge) bis
– 10% im vierten Jahr der Kreditlaufzeit.

Im Unterschied zur Warenkreditversicherung kann der VR nach der bereits erwähnten **114** Deckungserklärung (DE) nicht mehr von der Haftung loskommen, wenn sich die **Bonität des Kunden verschlechtert.** Da die DE, wie gesagt, viel stärker individualisiert ist als in der WKV, würde die Beschränkung des Versicherungsschutzes zu sehr in Widerspruch mit der DE treten. Deshalb findet die Vorschrift des § 8 Abs. 6 AVB. WKV insoweit keine Entsprechung in den AVB-IKV. Gleiches gilt auch bei Verschlechterungen des Zeitwertes des Investitionsgutes[311], obgleich sich das versicherungstechnische Risiko sehr wesentlich hierauf bezieht[312]. Wird also das Gut während der Laufzeit des Kredites durch technische Innovation entwertet, kann der VR gleichwohl nicht hinter seine DE zurück.

Die Vertragspraxis hat sich auch auf die heute sehr verbreitete Vertragsgestaltung des **115** **Leasing** eingestellt[313] und bietet Schutz für Forderungen aus allen Leasingformen an (Vollamortisation/Teilamortisation). Jeweils wird der Leasinggesellschaft als VN die Möglichkeit eingeräumt, bei dem versicherten Kreditbetrag zwischen dem Anschaffungswert des Investitionsgutes und der Summe aller Leasingraten zu wählen.

Zum **Eintritt des Versicherungsfalls** ergeben sich kaum Besonderheiten, da auch inso- **116** weit nicht das Ausbleiben von Ratenzahlungen oder die Gefahr des Wiederverwertungsverlustes[314], sonder der Eintritt der Insolvenz und deren Syrrogate[315] maßgebend sind. Doch ist

---

[308] *Weipert,* Teilzahlungskreditversicherung, S. 40; nicht mehr so nachweisb. In den AVB-IKV (Coface, a. a. O. vorvorige Fn.

[309] Näher s. o zu C. II.

[310] Vgl. *Meyer,* Kreditversicherung, S. 92.

[311] Z.T. wird allerdings die Ansicht vertreten, dass die Gefahr des Wiederverwertungsverlustes versichert ist, *Weipert,* Teilzahlungskreditversicherung, S. 38; dagegen aber zu Recht, *Fortmann,* Investitionsgüterkreditversicherung, S. 55f.

[312] Zu Sonderproblemen bei Spezialanfertigungen s. *Meyer,* a. a. O., S. 90.

[313] Vgl. nur *Meyer,* a. a. O. S. 93f.

[314] Str., wie hier *Fortmann,* Investitionsgüterkreditversicherung, S. 55f.; a. A. *Weipert,* Teilzahlungskreditversicherung, S. 38.

[315] Näher s. o. zu B. II.

bei der Berechnung der Entschädigung besonders zu berücksichtigen, dass ein etwa erzielter Mindererlös für den Eigentumsvorbehalt am Investitionsgut durch den Mindestrücknahmewert bereinigt werden muss.

III. Vertrauensschadenversicherung

117   Unstreitig wächst die **Bedeutung** dieser Versicherungsform mit dem enormen Anstieg von Straftaten im Betrieb, wie Betrug, Computermanipulation, Diebstahl, Unterschlagung, Untreue und Urkundenfälschung. Für 2003 wurden allein in Deutschland Schadensvolumina von 2,5–3 Mrd. € geschätzt[316]. Die Kriminalstatistik für 2006 weist bereits eine Schadenssumme von 4 Mrd. Euro aus, wovon 40–50% auf versicherbare Schädigungen durch eigene Mitarbeiter zurückzuführen seien[317]. Die Trends zu steigender Schadenshöhe im Einzelfall, zur Begehung durch höhere Angestellte und weg vom Diebstahl zu Täuschungsdelikten scheinen ungebrochen, so dass auch der Bedarf der betroffenen Unternehmen nach Versicherungsschutz laufend und überproportional ansteigt. Zwar betrug die Marktdurchdringung in 2003 nach *Schneider*[318] erst ca. 10%. Doch sprechen die neuen Zahlen zum Schadensanstieg[319] und der größere Bekanntheitsgrad des Versicherungstyps für weiteren Anstieg.

Man unterscheidet die **Personengarantie-** und die **Personenkautionsversicherung**[320]. Bei Ersterer ist der Arbeitgeber VN, bei Letzterer der Arbeitnehmer, der als Sicherheit für das Risiko von Straftaten während seiner Tätigkeit eine Police hinterlegt. Die Personenkautionsversicherung wird als Versicherung für fremde Rechnung i. S. §§ 74ff. VVG 2007/§ 43ff. VVG 2008 abgeschlossen[321]. Von ihr ist die Directors and Officers-Liability-Insurance zu unterscheiden, die speziell für Schäden durch Führungskräfte im Unternehmen entwickelt worden ist. VN ist hier meist, wie in der Personengarantieversicherung, das versicherte Unternehmen selbst. Daneben ist als Ausschnittdeckung der Personengarantieversicherung die Computermissbrauchsversicherung bekannt[322].

118   Die Vertrauensschadenversicherung (VSV) deckt alle Begehungsformen mit **vorsätzlicher** und bedingt vorsätzlicher Schadenszufügung, also neben den schon erwähnten Tatbeständen auch Schäden im Scheck- und Zahlungsverkehr, Überweisungen auf das eigene Konto nach Fälschung oder Erschleichung einer Unterschrift (Standarddeckung, sog. V-Deckung). Zusätzlich kann die Erweiterungsdeckung „F" gezeichnet werden, die auch gegen **fahrlässig** verursachte Schäden absichert[323]. In beiden Fällen bereitet die gemeinsame Verursachung mit nicht versicherten Drittpersonen regelmäßig keine Schwierigkeiten, weil meist unerlaubte Handlungen vorliegen, für die § 840 Abs. 1 BGB die gesamtschuldnerische Haftung vorsieht, selbst wenn der Versicherte lediglich einen geringen Tatbeitrag in der Form der Beihilfe geleistet hat. Bei sog. primären Vermögensverletzungen führt die Haftung nach §§ 826, 840 Abs. 1

---

[316] Hermes-Schätzung v. 2003, zit. n. *Schneider,* Anwalts Hdb., S. 2286, § 29 Rn. 5; vgl. auch *Koch,* VersR 2005, 1192.

[317] Siehe die Informationen mit www.eulerhermes.com/ger/ger/service/downloads_vsv.html?parent= downloads.

[318] *Schneider,* a. a. O. (vor E I, S. 2286); Hauptbieter sind Euler-Hermes, Axa-Colonia, Zürich und Winterthur, IT-bezogene Paketlösungen bieten an Chubb ForeFront und ACE Dataguard, dazu *Koch,* Versicherbarkeit von IT-Risiken, 2005, Rn. 2229ff.

[319] S. den Nachw. o. Fn. 317.

[320] Vgl. *Bergeest,* Vertrauensschadenversicherung, S. 149f.

[321] Vgl. LG Düsseldorf v. 8. 12. 1978, VersR 1980, 81; Berliner Kommentar/*Hübsch,* § 74 Rn. 3; z. B. VSV als Pflichtversicherung der Notarkammern für treuwidriges Notarhandeln n. § 67 Abs. 3 Nr. 3 BNotO, s. BGH v. 15. 5. 1997, VersR 1997, 1144; *Ihlas,* VersR 1994, 898; z. Folgenden *Sieg,* VersR 1996, 1210 (1211f.); *Lattwein,* VP 1998, 86f.

[322] Vgl. *Ihlas,* VersR 1994, 898ff. m.w. Angaben zur Klauselpraxis und zur Abgrenzung von der Versicherung gegen Datenmissbrauch Dritter.

[323] Nr. I Muster-AB-VSV, abgedruckt b. *Schneider,* a. a. O. (vor E I, S. 2286), S. 2303ff.; übereinstimmend AVB-VSV (Hermes), www.eulerhermes.com/ger/ger/service/downloads_vsv.html?parent= downloads; zur Fahrlässigkeit bei Verbotsirrtum s. *Koch,* VersR 2005, 1192 Nr. III. 3.

BGB zum gleichen Ergebnis, wenn vorsätzliches Handeln vorliegt. In Fällen der F-Deckung haftet der Versicherte dagegen „nur" aus Vertrag, so dass es auf die verursachten Folgen seines Tatbeitrags ankommt. Dabei wird aber vorsätzliches Handeln des Dritten zu Einschränkungen des Kausal- und Zurechnungszusammenhangs führen, wenn nicht der Schutzzweck der verletzten Norm auf Zurechnung beim Versicherten zielt[324].

Große praktische Bedeutung hat in der VSV die Einengung auf Schäden von Personen i. S. der **Repräsentantenhaftung,** die die Rspr. eigentlich zu § 61 VVG 2007 entwickelt hat, um die Leistungsbefreiung des VR wegen vorsätzlichen oder grob fahrlässigen Verhaltens des VN auszulegen. Danach genügt es, wenn der VN jemanden mit der Obhut der versicherten Gegenstände und/oder mit der eigenverantwortlichen sog. Risikoverwaltung betraut hat. Nachdem der BGH beide Merkmale nicht mehr kumulativ voraussetzt, sondern auch die Risikoverwaltung allein ausreichen lässt[325], kollidiert die Repräsentantenhaftung mit dem Interesse des VN, gegen Schadenszufügung jedweder Mitarbeiter gesichert zu sein. Zur Lösung des Problems wird der Begriff des Repräsentanten teils auf Personen begrenzt, die mit der Verwaltung des VsVertrages betraut sind (*Bergeest,* VSV, S. 139 ff.), teils engt man ihn auf den Kreis der Gesellschafter des VN ein (*Schneider,* Anwalts-Hdb., § 29, Rn. 23). Zuzustimmen ist der Ansicht von *Bergeest,* weil sie insgesamt die ausgewogenere Kompromisslösung darstellt und den besseren Anschluss an die Rspr. ausweist. Mit dem gesellschaftsrechtlichen Abgrenzungskriterium würde der versicherungsspezifische Aspekt der Risikoverwaltung gänzlich verlassen, und zudem bleiben Zweifel bei Zwergbeteiligungen und bei Beteiligung mit Mischformen von Eigen- und Fremdkapital[326].

Nicht weniger praxiserheblich ist die Frage, ob der Kreis der versicherten Personen nicht bloß auf Täter unerlaubter Handlungen i. S. § 1 AB-VSV zu begrenzen ist, sondern teleologisch restringierend das Merkmal „erheblicher Vertrauensenttäuschung" erfordert werden soll[327]. Dafür wird darauf hingewiesen, dass der Zweck der VSV nicht auf Sicherung gegen unternehmerische Fehlentscheidungen gerichtet sei, dies aber unweigerlich die Folge wäre, wenn keine Einengung auf Vertrauenspersonen erfolge. Demgegenüber scheint die Einengung auf Vorsatztaten bei der V-Deckung ausreichend, da der Versicherungsschutz insoweit hinreichend von bloßen Fehlentscheidungen abgegrenzt wird. Bei der F-Ergänzungsdeckung fällt fahrlässiges Handeln unterhalb der Grenze mittlerer Fahrlässigkeit ohnehin aus der Haftung heraus[328], so dass der Versicherungsschutz auch insoweit genügend eingeengt erscheint.

Je Versicherungsperiode wird eine **Höchstersatzleistung** festgelegt (§ 3 Muster-ABV: 119 „Versicherungssumme", zit. N. *Schneider,* a. a. O. Rn. 56). In der Rspr. wird dies z. T. dahingehend interpretiert, dass bei wiederkehrenden Untreuehandlungen, die jahrelang unentdeckt bleiben, der jährlich anfallende Schaden bis zur Höchstsumme abzudecken ist (OLG Hamm v. 13. 5. 1993, VersR 1993, 221; zust. *Schneider,* a. a. O. Rn. 30 f.). Der Versicherungsfall werde nicht durch den Schadenseintritt definiert oder durch dessen Entdeckung, sondern durch den Vertrauensbruch des Arbeitnehmers. Sofern dieser als Mehrheit von Straftaten ohne Gesamtvorsatz und Fortsetzungszusammenhang i. S. des Strafrechts einzuordnen sei, müsse in jeder Versicherungsperiode ein neuer Versicherungsfall angenommen werden, der nur durch die jährlich neue Versicherungssumme begrenzt sein könne. Diese Auslegung sei jedenfalls wegen der Unklarheitenregel des § 305 c Abs. 2 BGB geboten. Dabei bleibt aber unberücksichtigt, dass es um die Deckung des Risikos von Veruntreuungsmöglichkeiten in der betrieblichen Organisation und nicht um Feinheiten des Strafrechts geht. Das Strafrecht

---

[324] Vgl. BGH v. 26.1 1989, BGHZ 106, 313 (316); *Palandt/Heinrichs,* vor § 249 Rn. 76.

[325] Vgl. nur BGH v. 21. 4. 1993, NJW 1994 (828); *Römer/Langheid,* § 61 Rn. 18; a. A. *Koch,* VersR 2005, 1192.

[326] Sog. gesplittete Einlagen und dergl., vgl. *K. Schmidt,* Quasi-Eigenkapital als haftungsrechtliches und als bilanzielles Problem in: FS Goerdeler, 1987, S. 487–498.

[327] So *Bergeest,* VSV, S. 79, 83: zust. *Schneider,* Anwalts-Hdb., § 29 Rn. 25 f. mit Hinw. auf § 1 HERMES AVB-Vertrauensschaden 2000; zur Deckung bei vom VN beauftragtem Personal s. *Koch,* VersR 2005, 1192 zu Nr. IV.

[328] Vgl. nur BAG GS v. 27. 9. 1994, NJW 1995, 210, 211.

ist auf die individuelle Schuld des Täters gerichtet, während das Recht der VSV ganz unzweideutig auf die Absicherung betrieblicher Vertrauenspositionen zielt. Im Zeitablauf neue
Versicherungsfälle kann man nach hier vertr. Ansicht eigentlich nur dann annehmen, wenn
derselbe Täter eine andersartige Vertrauensposition oder -situation ausnutzt. Die höchstrichterliche Klärung bleibt deshalb abzuwarten. Keine Zweifel bestehen aber, wenn die AVB ausdrücklich „Tateinheit" oder dergl. voraussetzen (s. das Beisp. b. *Koch,* VersR 2005, 1192 zu
Nr. X. 1).

    Zu diesem Fragenkreis gehört, inwieweit dem VN Obliegenheiten i. S. von § 6 Abs. 2 VVG
2007/§ 28 Abs. 3 VVG 2008 auferlegt sind **(Gefahrstandsobliegenheiten),** Treuwidrigkei-
ten durch betriebliche Maßnahmen vorzubeugen. Allgemein wird dies wegen § 6 Nr. 1 a ABV
bejaht, wonach der VN bei der Einstellung der Arbeitnehmer die Sorgfalt eines ordentlichen
Kaufmanns zu wahren hat und sich deshalb lückenlose Tätigkeitsnachweise für die letzten Jahre
vor Vertragsbeginn erbringen lassen muss. Dem ist zuzustimmen. Will der Arbeitgeber davon
aus praktischen Gründen abweichen, so mag er dies dem VR mitteilen. – Zudem soll durch
den Wandel der Lebensverhältnisse des Arbeitnehmers eine Gefahrerhöhung gegeben sein,
über die der VN nach § 23 Abs. 2 VVG 2007/(2008) Mitteilung zu machen habe (*Bergeest,*
VSV, S. 119f.). Die Ansicht verkennt aber nicht, dass das geltende Arbeitsrecht die Möglichkeiten des Arbeitgebers stark einengt, in Nachforschungen über betriebliche und außerbetriebli-
che Umstände einzutreten. Nur soweit eine „sehr hohe Wahrscheinlichkeit" von Vertrauens-
verletzungen besteht, kann Näheres in Erfahrung gebracht und beim VR gemeldet werden.

    Der Deckungsumfang umfasst die unmittelbaren Schäden[329], wobei auch Aufwendungen
zur Wiederherstellung zerstörter Dateien, Datenträger oder Computerprogramme eingeschlossen sind. Mittelbare Schäden (Folgeschäden) sind dagegen ausgeschlossen, da deren
Höhe oft nur mit großen Unsicherheiten feststellbar sind. Beispiele dafür sind der Produktionsausfall nach Sabotage an einer Maschine oder EDV-Anlage und der entgangene Gewinn
nach einer Betriebsspionage oder einem Geheimnisverrat. Zudem sind meist Schäden ausgeschlossen, „deren anderweitige Versicherung durch den VN üblich und möglich ist", d. h.
Feuer, Wasser etc. (§ 4 Abs. 4 ABCM, VerBAV 84, 401 f.) Daneben ist der Ausschluss für Personen vorgesehen, die schon früher Vertrauensschäden verursacht haben, was bei geringfügigen Vorschäden mit *Ihlas* (VersR 1994, 900) zu weitgehend erscheint; zu weiteren Subsidiaritätsklauseln und zur Überwindung von Problemen i. S. § 305 c Abs. 2 BGB s. *Koch,* VersR
2005, 1192, Text mit dortiger Fn. 36).

120   Die **Prämie** wird in Abhängigkeit zur Anzahl der in die VSV eingeschlossenen Vertrauenspersonen sowie nach der vereinbarten Versicherungssumme errechnet. Als Versicherungssumme in diesem Sinn ist die Höchstentschädigung des VR für alle Schäden des VN aus Fällen der VSV anzusehen.

121   Grundsätzlich wird vorausgesetzt, dass der Name der schädigenden Person feststeht, und
dass diese nach gesetzlichen Bestimmungen über unerlaubte Handlungen zum Ersatz verpflichtet ist. Z.T. sehen die Verträge aber auch vor, dass Schäden durch **nicht identifizierte
Schadensverursacher** mitversichert sind, was praktisch wegen der oft kriminellen Tatumstände besonders wichtig ist, aber die sonst bestehende Obliegenheit, für jede versicherte Vertrauensperson die Vertrauenswürdigkeit zu überprüfen, entwertet. – Sogar solche Schäden
sind nach den AVB oft meldepflichtig, die sich als Versicherungsfall erweisen könnten (z. B.
§ 11 Nr. 3 AVB-AXA). Damit soll dem VR die Möglichkeit gegeben werden, u. U. selbst
zur weiteren Aufklärung beizutragen. – Selbstbehalte des VN sind auch bei dieser Versicherungsform üblich, damit der VN zur Vorsicht bei der Einstellung seines Vertrauenspersonals
veranlasst wird. Die Zusammenfassung von Risiken in (internationalen) Konzernen kommt
vor, bereitet aber wegen der unterschiedlichen Kriminalitätsraten im Ausland besondere
Schwierigkeiten.

---

[329] Vgl. § 4 Nr. 3 AVB-VSV, Abdruck bei *Bergeest,* Vertrauensschadenversicherung, S. 122ff.; aktuellere
Angaben unter www.eulerhermes.com/ger/ger/service/downloads_vsv.html?parent=downloads; *Ihlas,*
VersR a. a. O., S. 900: kein entgangener Gewinn; *Meyer,* a. a. O. S. 129ff.

IV. Kautionsversicherung/Bürgschaft

Die Kautionsversicherung sichert nicht den VN gegen Insolvenzrisiken Dritter, sondern **122** der VN sichert seine Gläubiger gegen die eigene Insolvenz ab. Sie gehört nicht nur zum Versicherungsrecht i. S. des VVG und VAG[330], sondern auch zum **Bürgschafts- und Garantierecht** der §§ 241, 765 ff. BGB[331]. Der BGH hat die Kautionsversicherung vor Kurzem insolvenzrechtlich als Geschäftsbesorgungsversicherung i. S. §§ 675 ff. BGB eingeordnet und damit nicht das Wahlrecht zur Vertragsfortsetzung oder –beendigung in § 103 InsO für gegeben erachtet, sondern Erlöschen mit Insolvenzeröffnung beim VN angenommen[332]. Sowohl die grds. Einordnung als auch die praktischen Folgerungen[333] sind seither extrem streitig[334], so dass auch hierauf im Folgenden als Besonderheit des Kreditversicherungsrechts ausführlicher zurückzukommen ist[335].

1. Grundstruktur, Vertragstypen und Abgrenzungsfragen

Seit grundsätzlicher Aufhebung der Spartentrennung in 1990 können Kompositversicherer auch als Kredit- und Kautionsversicherer tätig werden[336]. Wegen der besonderen Gefährlichkeit des Geschäfts ist aber nach § 6 Abs. 4 S. 1, 2 VAG i. V. m. Nr. 15 der Anlage zum VAG eine besondere Zulassung erforderlich, die nach § 2 Abs. 1 Nr. 4 von der Bankauskunft ausnimmt. **Namhafte Kautionsversicherer** in Deutschland sind die Hermes Kreditversicherungs-AG, der HDS-Gerling Speziale Kreditversicherungs-AG, die Zürich Kautions- und Kreditversicherungs-AG, die Winterthur Garantie Deutsche Garantie- und Kautions-Versicherungs-Aktiengesellschaft, und der Kautionsverein für das deutsche Baugewerbe VVaG[337]. **123**

Es handelt sich nicht um Versicherung für fremde Rechnung i. S. d. §§ 74–80 VVG 2007/ **123a** §§ 43 ff. VVG 2008, sondern um eigenständige Rechtsbeziehungen zwischen dem VR und dem Dritten, die neben dem VV bestehen. In den AVB Avalkredit 1989[338] wird deshalb – zutreffend – der Dritte als „Avalgläubiger", nicht als Dritter bezeichnet[339]. Die **Nähe zum Bankgeschäft** ist aber größer als im allgemeinen Kreditversicherungsgeschäft[340]. Deshalb bedurfte es der Ausnahme von der Bankaufsicht in § 2 Abs. 1 Nr. 5 KWG, die lediglich für Großkredite nach § 13 KWG eine Anzeige an die Deutsche Bundesbank bzw. an deren Nachfolgerin mit Weiterleitung an die Versicherungsaufsicht erfordert[341]. Auch die steuerrechtliche Behandlung zeigt die Zwitterstellung der Kautionsversicherung zwischen dem Bank und Versicherungsrecht. Im Gegensatz zur Warenkreditversicherung unterliegen die Prämien der Kautionsversicherung nach § 2 Abs. 2 VersStG[342] nicht der Versicherungssteuer, was der Gesetzgeber, wie folgt, begründet: „Selbst wenn die sog. Kautionsversicherung wahre Versicherungen sein sollten und von aufsichtspflichtigen Versicherungsunternehmun-

---

[330] Str., wie hier BGH v. 11. 7. 1960, BGHZ 33, 97; *Prölss/Martin/Kotthoffer*, § 187 VVg Rn. 9; *Prölss,* ebd.; § 1 VVG Rn. 5; für Unterscheidung vom Versicherungsrecht *Möller,* in *Bruck/Möller/Sieg,* vor §§ 49–80 VVG, Anm. 14 (auch Vertrauensschadenversicherung).

[331] Zur Trennung beider Vertragsebenen *Dreher*, VersR 2007, 731 (732).

[332] BGH v. 6. 7. 2006, VersR 2006, 1637.

[333] Dazu insbes. *Proske*, ZIP 2006, 1035.

[334] Vgl. nur *Dreher*, VersR 2007, 731 ff.

[335] S. u. IV. 3.

[336] VerBAV 1996, 136; § 5 Nr. 1a AVB-Anwaltrecht – plus (2003); www.zuerich.de/media/pdf/avb_ktvi.pdf.

[337] Angaben im Wesentl. nach *Wick/Feldmann,* a. a. O. Fn. 2.

[338] VerBAV 1990, 124 ff.

[339] *Wick/Feldmann,* a. a. O., S. 1212.

[340] Das rechtfertigt aber noch nicht die volle Einordnung als bankrechtlichen Geschäftsbesorgungsversicherung, wie der BGH, Urteil v. 6. 7. 2006, VersR 2006, 1637; wie hier *Dreher*, VersR 2007, 731, 732 ff. annimmt.

[341] Näher *Wick/Feldmann*, VW 1997, 1212.

[342] BGBl. 1996 I S. 23 ff.: „Als VV gilt nicht ein Vertrag, durch den der VR sich verpflichtet, für den VN Bürgschaft oder sonstige Sicherheit zu leisten."

---

gen betrieben werden sollten – was immerhin bezweifelt werden kann (!) – so werden sie doch von der Versicherungssteuer auszunehmen sein …" (zit. n. *Kassen,* Kautionsversicherung, S. 66).

123 b   Die **Grundstruktur** der **Kautionsversicherung** ist von der Bürgschaft zu unterscheiden und neben dem allgemeinen Kreditversicherungsrecht im Folgenden nur mit Blick auf Besonderheiten des Zusammenspiels von Kreditversicherung und Kreditsicherung zu erörtern. Denn anders als beim allgemeinen Kreditversicherungsvertrag geht es nicht um die Zahlung von Forderungsausfällen, sondern darum, dass der VR dem VN in der Form eines „Kreditvertrages" einen Gesamtbürgschaftsrahmen (auch sog. Avalkredit) einräumt, aus dem einzelne Bürgschaften auf Grund auszustellender Bürgschaftsurkunden abgerufen werden können, indem der VN beim VR einen Antrag auf Bürgschaftsübernahme stellt[343]. Der Bürgschaftsversicherung besteht dann unabhängig vom Schicksal des Versicherungsvertrages, so dass z. B. die Ausübung des Widerspruchs nach § 5a VVG die Wirksamkeit der etwa bereits abgeschlossenen Bürgschaftsversicherung unberührt lässt (vgl. *Kossen,* Kautionsversicherung, S. 201–205). Die zu sichernden Forderungen des VN können Erfüllungs- oder Gewährleistungsansprüche sein und kauf-, werkvertragliche, aber auch steuerliche Ansprüche betreffen. Nach der Prüfung der Bonität des VN (s. o. Rn. 45) werden von diesem Sicherheiten verlangt, die zumeist entweder als Rückbürgschaften (s. u. Rn. 127), Abtretung von Festgeldkonten oder Verpfändung von Wertpapieren gewährt werden. Nach § 3 Nr. 1 AVB-Avalkredit-plus steht die gestellte Sicherheit für alle bestehenden, künftigen und bedingte Ansprüche des VR gegen den VN.

123 c   Neuerdings hat der BGH gleich zweimal den Kautionsversicherungsvertrag zu §§ 115f. InsO als **Geschäftsbesorgungsvertrag** i. S. § 675ff. BGB eingeordnet[344], insofern aber die Besonderheiten betont, so dass keine Zustimmung zur früheren Ansicht angenommen werden kann, der Versicherungsvertrag sei allgemein so zu qualifizieren[345]. Hauptargument des BGH ist die Vergleichbarkeit des Kautionsversicherungsgeschäfts mit dem Avalgeschäft der Banken „seiner wirtschaftlichen Funktion nach"[346], zumal diese stark mit der rechtlichen Erwägung verbunden wird, dass dem VR in Abweichung zu § 67 VVG 2007/§ 86 2008 ein Regress zusteht, auch wenn der VN keinen Anspruch gegen einen Dritten hat. Wirtschaftlich (und rechtlich) sei die vertragliche Leistung deshalb gar nicht, wie bei sonstigen Versicherungsverträgen, auf die endgültige Deckung eines Risikos, sondern – wie beim Avalgeschäft – auf Kreditsicherung gerichtet[347]. Der wirtschaftsfunktionellen Denkweise ist zwar im Ansatz zuzustimmen, doch weist sie schon im Hinblick darauf Mängel auf, dass der VR nicht dafür Regress nehmen kann, dass er die erforderlichen Mittel für das zugesagte Limit bereitgestellt hat. Vielmehr kann er nur vom VN zurückfordern, was er als Bürge an den Gläubiger gezahlt hat. In der Bereitstellung des Limit liegt aber die eigentliche von der Leistung des Bürgschaftsversicherung zu unterscheidende Leistung des Versicherungsvertrages[348]. Dem entspricht es, dass die wirtschaftliche Funktion der Kautionsversicherung – wie andere Versicherungen – auf dem Gesetz der großen Zahl beruht[349], während das Avalgeschäft der Banken die Risikostreuung allenfalls als einen Teil neben anderen Funktionen der Risikobewältigung benutzt, unter denen die Funktionen der Risiko-Diversifikation durch Streuung auf den Kapitalmärkten im Vordergrund steht[350].

---

[343] Vgl. auch *Dreher,* VersR 2007 731 (732).

[344] BGH v. 6.7. 2006, VersR 2006, 1637 = BKR 2007, 74 mit Anm. *Habersack;* ebenso Vorinstanzen OLG Frankfurt/M. v. 2.6. 2005, ZIP 2005, 1245; OLG München v. 25. 10. 2005, ZIP 2006, 677 (678).

[345] Vgl. nur *Schünemann,* JZ 1995, 432 m.w.N.

[346] BGH v. 6.7. 2006, VersR 2006, 1637 unter Bezugnahme auf *Pröske,* ZIP 2005, 1035 (1036); und BGH v. 18.1. 2007, ZIP 2007, 543.

[347] Ebd.; näher schon *Gärtner,* VersR 1967, 118 (121).

[348] Zutr. *Dreher,* VersR 2007, 731 (735); vgl. schon BFH v. 9.12. 1069, BFHE 99, (60) (63).

[349] Vgl. nochmals *Dreher,* a. a. O., S. 733 – 735 in Verbindung mit der sog. Vermögensgestaltungstheorie; dazu s. *Schmidt-Rimpler,* VersR 1964, 792.

[350] Zu den Grundformen der Risikobewältigung vgl. *Weyers,* Unfallschäden, 1971; zur allgemeinen Bedeutung für das Privatrecht s. *Herrmann,* FS N.Horn, 2006, 1091 (1103ff).

Trotz der, wie gezeigt, berechtigten Widersprüche gegen die geschäftsbesorgungsrechtliche Ansicht des BGH hat dieser seine Ansicht inzwischen bestätigt und auf das Gesamtvollstreckungsverfahren ausgedehnt[351]. Die unmittelbare Rechtsfolge besteht darin, dass der VR aufgrund der mit der Insolvenzeröffnung automatisch bewirkten Vertragsbeendigung keine Prämie für die Zeit während des Insolvenzverfahrens verlangen kann, die nach § 58 Abs. 1 Nr. 3 InsO als Masseforderung vorrangig vor den Insolvenzforderungen durchsetzbar wäre[352]. Ungeklärt ist, ob auch die umfänglichen und durch das VVG 2008 nochmals erheblich erweiterten Sonderregeln über Informationspflichten beider Vertragsparteien unanwendbar sein sollen, weil sie für das Geschäftsbesorgungsrecht der §§ 675, 662ff. BGB nicht vorgesehen sind. Manches spricht indessen dafür, die Ansicht des BGH als rein insolvenzrechtlich zu charakterisieren, so dass sie dort in erster Linie für die Frage Bedeutung gewinnt, ob der Insolvenzverwalter ein Wahlrecht zur Fortsetzung des Vertrages oder dessen Auflösung nach §§ 103 InsO hat, oder der Vertrag nach §§ 115f. InsO mit der Eröffnung des Insolvenzverfahrens automatisch erlischt. Dafür spricht, dass der BGH für seine Ansicht neben den o. a. Gründen betont, mit der Verfahrenseröffnung sei die abgesicherte Gefahr des Insolvenzeintritts verwirklicht[353]. Andererseits fällt es schwer anzunehmen, dass sich zugleich die Rechtsnatur von einem bis dahin bestehenden Versicherungsvertrag zu einem Geschäftsbesorgungsvertrag wandelt und zugleich das Erlöschen eintritt. Es bleibt also eigentlich nur die Konstruktion einer insolvenzrechtsspezifischen Vertragsauslegung, die für Fragen außerhalb der InsO, also v. a. für die Obliegenheiten und Informationspflichten der §§ 6, 16, 23ff. VVG 2007/§ 7f., 19, 28 VVG 2008 weitgehend ohne Bedeutung ist. Dagegen mögen zwar systematische Einwände bestehen, doch können diese nicht dazu führen, dass auch außerhalb des Insolvenzrechts Geschäftsbesorgungsrecht mit voll verdrängender Wirkung des Versicherungsrechts anwendbar wäre. In der Literatur ist schon angedeutet worden, dass man einen **gemischten Vertragstypus** annehmen könnte, der versicherungs- und geschäftsbesorgungsrechtliche Elemente miteinander vereint[354]. Dem ist als Auffanglösung zuzustimmen, sofern die rein versicherungsvertragliche Konstruktion in der Praxis keine Anerkennung findet. Die geschäftsbesorgungsrechtlichen Typuselemente liegen dann v. a. in den insolvenzrechtlichen Rechtsfolgen, d. h. in der Beendigung durch Insolvenzeröffnung mit der Eröffnung des Verfahrens. Da weitere Aspekte der Typusvermengung bisher nicht diskutiert werden, bleiben sie im Folgenden außer Betracht, auch wenn sie für die Zukunft nicht ganz ausgeschlossen werden können.

Sodann wird der **Kreditvertrag** (Kreditzusage) abgeschlossen, wobei die sachlichen und **124** zeitlichen Begrenzungen in der Form des Limits, der Limitklassen und sog. Konditionentabellen (s. § 3 Nr. 3 AVB-Avalkredit-plus) geregelt werden. Der Gesamtrahmen wird festgelegt, und es gibt innerhalb dessen noch feinere Unterteilungen nach Bonität und Konditionen. Die Prämie wird nach § 6 Nr. 1 der o. a. AVB pauschal für die Bereitstellung des Litmits als Jahresprämie im Voraus geschuldet (keine Rückerstattung wegen mangelnder Ausnutzung des Limits, Nr. 2). Doch kann eine zeitanteilige Rückvergütung erfolgen, wenn nach Nr. 3 eine Absenkung der Limitklasse auf Antrag des VN vorgenommen worden ist.

Während der Laufdauer des Vertrages ist die **Anzeigepflicht des VN** wegen etwaiger anderweitiger Sicherheiten besonders wichtig (z. B. § 2 Nr. 1c AVB-Avalkredit-plus: „… über alle wesentlichen Änderungen, die für … die Kreditbeurteilung von Bedeutung sein könnten"). Der VR darf nach § 5 Nr. 1a AVB ohne Prüfung von Einwendungen, also auf erstes Anfordern an den Begünstigten (Gläubiger/Haftungsempfänger) zahlen, wenn er die Inanspruchnahme dem VN mitgeteilt hat und dieser keine gerichtlichen Abwehrmaßnahmen

---

[351] BGH v. 18. 1. 2007, ZIP 2007, 543, Rn. 17.
[352] Zu Forderungen aus besonderen Prämienklauseln und deren Schicksal als Insolvenzforderungen, sowie zu dahingehenden Sicherheiten s. u. zu 3, Rn. 134ff.
[353] BGH v. 6. 7. 2006, ZIP 2006, 1781, Rn. 19.
[354] Ansätze bei *Dreher*, VersR 2007, 731, 738 im Anschluss an die allgemeine Vertragstypenlehre von *Larenz/Canaris,* Lehrbuch des Schuldrechts, Bd. II/2, 13. Aufl. 1994, S. 46ff., 62ff.

eingeleitet hat. Danach besteht ein Rückgriffanspruch des VR, für den der VN nach § 5 Nr. 2a auf Einwendungen gegen Grund, Höhe und Bestand der geltend gemachten Ansprüche verzichtet (näher dazu *Vossberg,* ZIP 2002, 968 ff.). Das ist ebenso wie in der Personenkautionsversicherung zulässig, da ein über die Sicherung hinausgehendes eigenes Interesse des VN nicht mitversichert ist[355].

§ 7 Nr. 2b AVB berechtigt den VR – über § 314 BGB hinausgehend – zur Beendigung des Kreditvertrages durch fristlose Kündigung u. a. dann, wenn „beim VN nach Einschätzung … (des VR) eine Vermögensverschlechterung eintritt". Diese ist primär objektiv nach den Angaben des Jahresabschlusses einzuschätzen, weil eine subjektive Betrachtung aus der Sicht des VR den „Vertragszweck im praktischen Ergebnis völlig aushöhlte"[356].

125   Die Grundstruktur der Bürgschaft wird im Wortlaut des § 765 BGB deutlich: Der Bürge verpflichtet sich, „gegenüber dem Gläubiger eines Dritten, für die Erfüllung der Verbindlichkeiten des Dritten einzustehen". Es sind also mindestens zwei Verträge zu berücksichtigen, der zwischen dem Gläubiger und dem sog. Hauptschuldner und der zwischen dem Gläubiger und dem Bürgen. Der Bürge wird nicht Mitschuldner gegenüber dem Gläubiger, sondern er geht nur eine Einstandspflicht ein, die dann in Betracht kommt, wenn der Hauptschuldner nicht oder nicht rechtzeitig erfüllt. Hinzu kommt noch die Sicherungsabrede als causa der Bürgschaft.

Zum gesetzlichen Normalfall gehört es zudem, dass der Bürge die **Einrede der Vorausklage** nach § 771 BGB hat. Aber auch wenn diese Einrede, wie im Verkehr unter Kaufleuten (§ 349 HGB) und meist bei Bankkrediten ausgeschlossen wird, haftet der Bürge nachrangig, d. h. er kann vom Hauptschuldner Befreiung von der Verbindlichkeit verlangen und bei erfolgreicher Inanspruchnahme durch den Gläubiger Rückgriff gegenüber dem Hauptschuldner nehmen (§ 774 Abs. 1 BGB).

Für diesen Fall **geht die gesicherte Forderung vom Gläubiger auf den Bürgen über.** Der Bürge hat dann regelmäßig zwei nebeneinander bestehende Ansprüche gegen den Hauptschuldner, den aus übergegangenem Recht gem. § 774 Abs. 1 BGB, und den aus dem regelmäßig begründeten Auftragsverhältnis (§ 670 BGB). Der Forderungsübergang verstärkt also das Recht des Bürgen, insbes. im Hinblick auf etwa bestehende weitere für die selbe Forderung bestellte Kreditsicherheiten. Hat etwa der Hauptschuldner zusätzlich ein Pfandrecht an einer beweglichen Sache oder einer Hypothek bestellt, so gehen diese akzessorischen Rechte mit dem Übergang der gesicherten Forderung auf den Bürgen über. Hierbei kann es zwar zu Problemen kommen, wenn Rechte Dritter berührt werden, nicht aber dann, wenn der Hauptschuldner selbst Eigentümer der sichernden Gegenstände oder Inhaber der sichernden Forderungen ist. In diesen Fällen kann der Bürge unstreitig auch auf diese Sicherungen zur Durchsetzung seiner Regressforderungen zugreifen.

126   Kreditversicherer geben grundsätzlich keine Bürgschaften für **kurzfristige Kredite** aus Gewährung von Zahlungszielen im Warenverkehr. Eine nur historisch zu erklärende Ausnahme hiervon bilden die Ausfallbürgschaften gegenüber der Delkrederestelle Stahl, einer Verrechnungsstelle der eisenschaffenden Industrie[357]. Ansonsten liegen die Schwerpunkte der Praxis bei Absicherungen im Anlagen- und Maschinenbau, im Bau- und Baunebengewerbe[358].

127   Nach der **Art der Risikoabsicherung** unterscheidet man:
– Bietungsbürgschaften (bei Ausschreibungen im Ausland)
– Anzahlungsbürgschaften
– Vertragserfüllungsbürgschaften
– Mängelgewährleistungsbürgschaften.

---

[355] Vgl. BGH v. 11. 7. 1960, BGHZ 33, 97 (100); Berliner Kommentar/*Hübsch,* 180 VVG Rn. 58.

[356] Vgl. OLG Koblenz v. 16. 2. 1996, VersR 1996, 1486 f.; z. Folgenden s. *Bülow,* Kreditsicherheiten, Rn. 49 ff.; außerdem müssen der Gläubiger der Hauptforderungen und der Bürgschaft dieselbe Person sein, vgl. BGH v. 3. 4. 2003, NJW 2003, 2231.

[357] *Meyer,* Kreditversicherung, S. 119.

[358] Vgl. *Deutsch,* Versicherungsvertragsrecht, Rn. 361.

Entsprechend ihrer wirtschaftlichen Bedeutung hat sich zur Bürgschaft eine Fülle verschiedenartiger Vertragstypen entwickelt. Das gilt nicht nur für die weiter unten zu behandelnden Fälle der Mehrheit von Bürgen, wie Mitbürgschaft, Nachbürgschaft, Rückbürgschaft und Ausfallbürgschaft (s. u. zu 6.), sondern auch für die Höchstbetragsbürgschaft (s. ebd.), für die Vertragserfüllungsbürgschaften, Anzahlungsbürgschaften und für Bürgschaften für Sachmangelgewährleistungsrechte. Dabei muss man sich vergegenwärtigen, dass die zu sichernde Forderung nach § 765 Abs. 2 BGB auch eine künftige oder bedingte Forderung sein kann. Einige nähere Angaben mögen die Vielfalt unterschiedlicher Bürgschaftszwecke verdeutlichen:

Am besten bekannt sind die **Vertragserfüllungsbürgschaften,** die etwa bei Auskehrung **128** eines Darlehens vereinbart werden. Der Bürge haftet für die fristgerechte Erfüllung der Darlehensraten. Tritt wegen wiederholter Fristversäumung die Totalfälligkeit ein, so kann der Darlehensgeber den Bürgen auf sofortige Zahlung der gesamten Darlehenssumme einschließlich etwaiger Kosten und sonstiger Nebenforderung in Anspruch nehmen. Es wird also nicht nur das Insolvenzrisiko, sondern auch das Risiko für vorübergehende Liquiditätsengpässe vom Kreditgeber auf den Bürgen überwälzt. Etwas andere wirtschaftliche Funktionen hat die sog. Anzahlungsbürgschaft, die z. B. im Anlagenbau verwendet wird. Der oder die Bauunternehmer sichern die von ihnen gewährten Vorleistungen dadurch ab, dass sie sich – meist von einer Bank – einer Anzahlungsbürgschaft – geben lassen. Dadurch wird die Liquidität des Bauherrn zunächst nicht beansprucht. Sobald die zu erstellende Anlage wirtschaftlich ganz oder teilweise genutzt werden kann, kann die Anzahlungsbürgschaft gekündigt werden.

Zusätzliche rechtliche Unterschiede ergeben sich bei den Bürgschaften für **künftige und** **129** **bedingte Forderungen.** Handelt es sich etwa um die Besicherung von Giroforderungen, so sind die zu sichernden Forderungen im Zeitpunkt des Abschlusses des Bürgschaftsvertrages noch nicht begründet. Nach § 765 Abs. 2 BGB genügt es aber, wenn die Forderung, die später entsteht, im Zeitpunkt des Abschlusses des Bürgschaftsvertrages hinreichend bestimmbar ist. Das ist bei Forderungen aus einem Giro-Vertrag i. S. d. § 675 i. V. m. § 355 HGB der Fall. Ist nicht nur die Höhe der künftigen Forderung ungewiss, sondern bereits deren Entstehung, so handelt es sich um bedingte Forderungen (i. S. d. § 158 BGB). Bei der Kontokorrentbürgschaft sind die Grenzen der AGB-Kontrolle gem. §§ 305 ff. BGB zu beachten.

Weitere Beispiele sind die **Gewährleistungsbürgschaft** für Sachmängel im Kauf- oder Werkvertragsrecht. Der Verkäufer oder Werkunternehmer hoffen natürlich, dass keinerlei Gewährleistungsrechte entstehen, weil der Vertragsgegenstand unbeanstandet bleibt. Wo diese Erwartung aber erfahrungsgemäß in der Vielzahl der Fälle unrealistisch ist, schließt man vor allem dann Gewährleistungsbürgschaftsverträge, wenn keine hinreichende Sicherheit dafür besteht, dass der Verkäufer bzw. Werkunternehmer in die Lage sein wird, die nötigen Maßnahmen der Nachbesserung oder Ersatzlieferung ordnungsgemäß zu erfüllen[359]. Allerdings darf nicht formularmäßig vereinbart werden, dass der Erwerber vorauszahlungspflichtig ist, wenn der Bauträger ihm eine Bürgschaft nach § 7 MaBV übergibt[360]. Auch kann keine Reduktion der Bürgschaft nach Baufortschritt vorgesehen werden, weil darin eine unzulässige Vermischung von Sicherheiten nach der MaBV liegt (sog. Abschmelzungsvereinbarung[361]. Auch Klauseln, die dem Besteller erlauben, 5 % der Auftragssumme für die Dauer der Gewährleistungsfrist einzubehalten, den Gläubiger aber auf die Inanspruchnahme der Bürgschaft verweisen, wenn keine wesentlichen Mängel vorliegen, werden von der Rspr. nicht gebilligt.§ 307 Abs. 1 BGB sei verletzt, weil das Liquiditätsrisiko einseitig auf den Gläubiger abge-

---

[359] Nach § 7 MaBV wird eine solche Bürgschaft u. U. gesetzlich zwingend erfordert. Diese schließt Ansprüche auf Rückgewähr der Vorauszahlung, die auf Mangelansprüchen beruhen, mit ein, BGH v. 21. 1. 2003, NJW-RR 2003, 592; a. A. *Tiedtke,* NJW 2005, 2498 (2504).

[360] BGH v. 2. 5. 2002, NZW 2002, 754 m. Vorlage an den EuGH; wie und m. w. N. zur Diskussion *Tiedtke,* NJW 2005, 2498 (2505).

[361] BGH v. 6. 5. 2003, NJW-RR 2003, 1171; *Basty,* Der Bauträgervertrag, 4. Aufl. 2002, Rn. 513; a. A. *Bergmeister/Reiß,* MaBV für Bauträger, 4. Aufl. 2003, Rn. 184, 191 ff.

wälzt sei[362]. – Auch zur Besicherung von **Transportschäden** werden Bürgschaften z. T. bestellt, die bedingte Forderungen zum Gegenstand haben. Bei diesen wird das Äquivalenzverhältnis zu entsprechenden Versicherungen besonders deutlich. Inzwischen gibt es auch zur Kauf-Gewährleistung längst entsprechende Versicherungstypen. Bisweilen ist sogar die Abgrenzung zwischen Bürgschafts- und VV nicht ganz einfach. Soweit nur eine Bürgschaft vorliegt, unterliegt der Sicherungsgeber nicht der Versicherungsaufsicht nach dem VAG.

2. Zum Abschluss des Bürgschaftsvertrags

130 § 765 BGB regelt lediglich, dass die Bürgschaftsverpflichtung „durch Vertrag" begründet wird, lässt aber offen, wer die **Parteien des Vertrages** sind. Meist wird der Bürge als VR direkt mit dem Gläubiger abschließen. Jedoch ist auch ein Vertragsabschluss zwischen dem Bürgen (VR) und Hauptschuldner (VN) möglich, wenn dadurch eine unmittelbare Verbindlichkeit zugunsten des Gläubigers der gesicherten Forderung begründet wird. Insoweit liegt also dann ein echter Vertrag zugunsten Dritter i. S. § 328 Abs. 1 BGB vor.

130a Der Vertrag bedarf nach § 766 BGB der **Schriftform**. Es handelt sich also um eine gesetzliche Schriftform, bei deren Fehlen die Nichtigkeitsfolge der §§ 125 zwingend eingreift. Nur bei vertraglich angeordneter Schriftform führt deren Nichteinhaltung nicht stets, sondern nur „im Zweifel" zur Nichtigkeit – allerdings bedarf nur die „Erklärung des Bürgen" der Schriftform[363], ganz gleich, ob es sich dabei um das Angebot oder die Annahmeerklärung handelt. Die Erklärung des Gläubigers kann formfrei sein. Nebenabreden und Änderungsvereinbarungen bedürfen der Form, wenn sie den Bürgen belasten[364]. Aber § 350 HGB hebt den Formzwang auf, wenn der Bürger (als VR) Kaufmann ist.

131 In der Praxis wird häufig so verfahren, dass der Bürge eine **Blankettunterschrift** unter das Bürgschaftsformular setzt und den Hauptschuldner oder eine andere Person ermächtigt, den gewünschten Betrag später einzutragen. Dann liegt zwar die nach § 126 ff. BGB erforderliche eigenhändige Unterschrift vor. Aber die Erklärung enthält einstweilen noch nicht alle notwendigen Bestandteile zum Abschluss eines Bürgschaftsvertrages. Dennoch hat die Rspr. diese Vorgehensweise unter der Voraussetzung gebilligt, dass eine schriftliche Ermächtigung zur Vervollständigung der Urkunde erteilt wird, und diese den Ermächtigungsrahmen hinreichend fixiert[365]. In der Literatur ist aber dagegen eingewendet worden, dass das Formerfordernis nicht nur Beweiszwecken, sondern auch dem Schutz vor Übereilung dient, und deshalb zumindest die Eintragung eines Höchstbetrages vor Unterzeichnung erforderlich sei. Bleibe der Betrag gänzlich offen, so laufe die Vorschrift des § 767 Abs. 1 Satz 3 BGB weitgehend leer, wonach die Bürgschaftsverpflichtung nicht dadurch erweitert werden kann, dass der Hauptschuldner nachträglich Änderungen der Hauptschuld vornimmt[366]. Dem ist die neuere Praxis, wie gesagt, mit der Maßgabe gefolgt, dass der Ermächtigungsrahmen schriftlich fixiert sein muss. – Überschreitet der Ermächtigte diesen Rahmen, so soll der Bürge dafür analog § 172 Abs. 2 BGB haften, da er mit der Blanko-Unterschrift einen Rechtsschein gesetzt habe (BGH a. a. O. S. 127). In der Literatur ist dagegen zu Recht eingewendet worden, dass § 172 BGB für die Analogie nicht taugt, weil keine gesetzliche Schriftform der Vollmacht vorausgesetzt ist (*Bülow,* Kreditsicherheiten, Rn. 902 ff.). Der Einwand greift aber nicht, wenn – wie bei der Kautionsversicherung regelmäßig – der Bürge als VR Kaufmann ist, und deshalb wegen § 350 HGB keine gesetzliche Schriftform erfordert wird. Der Analogie des BGH zu § 172 Abs. 2 BGB beim Blanko-Missbrauch kann also insoweit ohne Einschränkung

---

[362] BGH v. 25. 3. 2004, BGHZ 157, 29 = NJW 2004, 443; volle Unwirksamkeit der Klausel und keine ergänzende Vertragsauslegung nach BGH v. 9. 12. 2004, NJW-RR 2005, 458; zust. *Tiedtke,* NJW 2005, 2498 (2503).

[363] BGH v. 15.6.04, NJW-RR 2004, 337; BGH v. 29. 2. 1996, BGHZ 132, 119 (122f.); elektronische Form reicht nicht, § 766 S. 2 BGB.

[364] Vgl. BGH v. 30. 10. 1997, WM 1997, 625.

[365] Vgl. BGH v. 16. 12. 1999, NJW 2000, 1179; BGH v. 29. 2. 1996, BGHZ 132, 119 (128); BGH v. 12. 1. 1984, NJW 1984, 798f.; RG v. 18. 2. 1904, RGZ 57, 66f.

[366] *Rimmelspacher,* Kreditsicherungsrecht, Examinatorium, 2. Aufl. 1987.

gefolgt werden. Allerdings muss auch in diesen Fällen streng beurteilt werden, ob der Gläubiger etwa fahrlässig auf den Rechtsschein vertraut hat, und ihm deswegen der Schutz zu versagen ist.

In ähnlicher Weise gibt es ein Bedürfnis der Praxis an der sog. weiten Zweckerklärung. Insbes. bei der Kontokurrentbürgschaft hat die Rspr. vielfach die allgemeine Inhaltskontrolle des § 307 Abs. 2 Nr. 1 BGB auf Klauseln anwendet, die die Haftung des Bürgen auf alle bestehenden Forderungen des Gläubigers gegen den Hauptschuldner erstreckt, ohne die verbürgte Forderung näher zu bezeichnen[367]. Auch kann eine unzulässige Überraschung oder ein Verstoß gegen das Transparenzgebot gem. §§ 305c Abs. 1, 307 Abs. 1 S. 2 BGB vorliegen, wenn die Bürgschaft aus Anlass eines Kontokurrentkredits vereinbart wurde, dann aber in den AGB auf alle gegenwärtigen und künftigen Ansprüche ausgedehnt wird[368]. Doch gilt anderes, wenn der Bürge hinreichend erkennen kann, welches Risiko er auf sich nimmt, oder wenn er zugleich Geschäftsführer des Hauptschuldners (VN) ist und als solcher selbst entscheidenden Einfluss auf die künftige Entwicklung des Forderungsumfanges hat[369]. Hinzukommt, dass der BGH betont, für Banken und Versicherungen würden die genannten Einschränkungen nicht mit gleicher Strenge gelten, soweit deren Bürgschaftszusagen zu ihrem typischen Geschäftsfeld gehörten[370].

3. Akzessorietät

Nach § 767 BGB ist der **„jeweilige Bestand"** der Hauptverbindlichkeit für die Verpflichtung des Bürgen maßgebend. Das soll insbesondere auch dann gelten, wenn die Hauptverbindlichkeit durch Verschulden oder Verzug des Hauptschuldners erhöht wird. Die Vorschrift hat die Erfüllungsbürgschaft zum Gegenstand (s. o. 1). Wird also etwa eine Bürgschaft für die Verbindlichkeit des Verkäufers zur Übereignung der Kaufsache gegeben, so kann sich der Käufer als Gläubiger der Forderung bei einem anderen Verkäufer eindecken, auch wenn dafür ein höherer Kaufpreis zu zahlen ist (§§ 325, 280 Abs. 1 BGB)[371]. Auch für die so ausgeweitete Bürgschaftsverbindlichkeit haftet der Bürge.

Nach der gleichen Vorschrift sind auch Verzugsschäden i. S. d. §§ 280, 286 BGB von der Bürgschaft mit abgedeckt. Gleiches soll für den Fall gelten, dass der Hauptschuldner eine Vertragsstrafe zu zahlen hat. Wird aber für die gesicherte Forderung ein Vergleich abgeschlossen, so kann dadurch nach h. M. keine Erweiterung der Bürgschaft herbeigeführt werden, da insoweit eine nachträgliche Verfügung i. S. §§ 767 Abs. 1 Satz 3, 768 Abs. 2 BGB herbeigeführt werden würde. Das Gleiche gilt bei einem Schuldanerkenntnis oder einen Schuldbeitritt, da der Bürge hierdurch fremddisponiert würde (BGH v. 24. 6. 1996, BGHZ 132, 119 (128). Eine AGB-Klausel, nach der die Bürgschaft auch für im Zusammenhang stehende Bereicherungsansprüche gilt, ist nicht überraschend i. S. d. § 305c Abs. 1 BGB. Die Bürgschaft sichert dann den Rückgewährungsgrund des Gläubigers aus § 812 I BGB. Doch wird nicht ein Anspruch des Gläubigers auf Ersatz entgangener Steuervorteile, die durch Überschreitung der Bauzeit entstanden sind, von der Bürgschaft mit abgedeckt[372].

Verringert sich die Hauptschuld durch Teilerfüllung, Aufrechnung, Vergleich oder Erlass, so ermäßigt sich dem entsprechend auch die Bürgschaftsschuld. Auch dies ist eine Folge der

132

---

[367] BGH v. 28. 10. 1999, WM 2000, 64 (65 ff.), doch bleibt eine Haftung des Bürgen für die ihm bekannten Forderungen, die Anlass für den Vertragsschluss waren.

[368] Überraschend: BGH v. 18. 5. 1995, WM 1995, 1397 (1399 ff.); BGH v. 1. 6. 1994, WM 1994, 1242; intransparent BGH v. 28. 10. 1999, BGHZ 143, 95 (99 f.) mit Rezension *Siems*, JuS 2001, 429.

[369] BGH v. 28. 10. 1999, BGHZ 143, 95 (101); BGH v. 15. 7. 1999, WM 1999, 1761, betr. Prolongation; NJW 1998, 2815; zust. *Nobbe*, BKR 2002, 752; *Lwowski*, Kreditsicherung, Rn. 377.

[370] BGH v. 24. 9. 1998, WM 1998, 2186.

[371] Ebenso, wenn die Unmöglichkeit nach Fristsetzung i. S. d. § 323 Abs. 1 herbeigeführt wird.

[372] Zu § 812 BGB s. BGH v. 15. 3. 2001, NJW 2001, 1859; BGH v. 21. 11. 1991, NJW 1992, 1234 (1235); zur Haftung wegen entgangener Steuervorteile s. BGH v. 11. 3. 2003, NJW-RR 2003, 959; ebenso keine Haftung wegen Mietausfall nach Kauf einer Eigentumswohnung mit Mängeln, BGH v. 22. 10. 2002; NJW 2003, 1527.

Herrmann

Akzessorietät i. S. § 765 Abs. 1. Eine Ausnahme hiervon ist in den Fällen anerkannt, in denen der Hauptschuldner wegen Vermögenslosigkeit im Handelsregister gelöscht wird und deshalb aufhört zu bestehen. Mit dem Untergang der Hauptforderung wird die Bürgschaftsschuld verselbständigt[373].

133   Der Bürge kann die **Einreden des Hauptschuldners** geltend machen, muss sich also etwa auf die Verjährung der gesicherten Forderung berufen, auch wenn der Hauptschuldner dies nicht tut (§ 768 Abs. 1 BGB). Auch Einwendungen, wie z. B. der Einwand der Erfüllung i. S. d. § 362 BGB, können durch den Bürgen erhoben werden; denn dadurch wird der Bestand der gesicherten Forderung ipso iure berührt, so dass aus Akzessorietätsgründen auch die Bürgschaftsverpflichtung selbst abgeändert bzw. beseitigt wird. Insoweit liegt also gar keine Wahrnehmung eines fremden Rechts vor, wie bei der Erhebung von Einreden des Hauptschuldners, sondern es handelt sich um eine eigene Einwendung. Kann nur der Hauptschuldner, nicht aber der Bürge aufrechnen, so steht die Aufrechnungsbefugnis zwar nicht dem Bürgen zu. Er kann aber die Befriedigung nach § 770 Abs. 2 BGB verweigern. Ein formularmäßiger Ausschluss der Einrede der Aufrechenbarkeit ist wegen Verletzung des § 307 Abs. 2 Nr. 1 BGB unwirksam[374]. Entsprechendes gilt auch dann, wenn nicht der Hauptschuldner, aber der Gläubiger aufrechnungsberechtigt ist[375]. Die gleiche Befugnis steht dem Bürgen nach § 770 Abs. 1 BGB auch dann zu, wenn der Hauptschuldner sich durch Anfechtung von der Verpflichtung aus der Hauptschuld befreien könnte, dies aber, aus welchen Gründen auch immer, nicht tut. Oft wird aber ein Ausschluss der Einrede der Aufrechenbarkeit vereinbart. Entspr. AGB-Klauseln müssen unstreitige und rechtskräftig festgestellte Gegenforderungen des Hauptschuldners ausnehmen[376].

134   Eine wichtige Ausnahme von der Akzessorietät der Bürgschaft ist dann zu bedenken, wenn der **Hauptschuldner in die Insolvenz** geht und vollständig abgewickelt wird. Dann ist die zu sichernde Forderung nicht mehr existent, auch wenn der Gläubiger mit einer geringen Quote oder mit Null aus dem Insolvenzverfahren hervorgegangen ist. Dennoch muss die Bürgschaftsverpflichtung natürlich aufrechterhalten bleiben. Gerade für diesen Fall ist sie abgeschlossen worden. Es wäre eine übermäßige Strapazierung des Dogmas der Akzessorietät, wenn man in diesem Fall die Bürgschaftsverpflichtung mit der zu sichernden Forderung untergehen lassen würde[377]. Fällt die Hauptschuld fort, weil die Hauptschuldnerin wegen Vermögenslosigkeit und/oder Löschung im Handelsregister untergegangen ist, so kann sich der Bürge dennoch nach § 768 BGB auf inzwischen eingetretene Verjährung berufen, weil die Forderung nunmehr im Rahmen des Bürgschaftsversprechens selbständig weiter besteht und demnach auch verjähren kann[378]. Der Gläubiger konnte die Verjährung zwar nicht mehr durch Klage gegen die erloschene Rechtsperson des Hauptschuldners[379], wohl aber durch Klage gegen den Bürgen nach § 203 Abs. 1 Nr. 1 BGB hemmen. Sollte dieser nach §§ 771, 768 BGB die Einrede der Vorausklage erheben, so ist diese beim Avalkredit ohnehin regelmäßig ausgeschlossen, oder – wenn nein – deshalb verwehrt, weil eine Vorausklage wegen Untergangs der Person des Beklagten rechtslogisch undenkbar ist. – Ähnlich liegen die Fälle einer Forderungsveränderung im Rahmen eines gerichtlich bestätigten Vergleichs oder eines Zwangsvergleichs im Insolvenzverfahren.

---

[373] Näher s. u. Rn. 134.
[374] BGH v. 16. 1. 2003, BGHZ 153, 293 = JZ 2003, 845 m. Anm. *Habersack/Schürnbrand;* ist aber eine wirksame Aufrechnung tatsächlich erfolgt, so kann sich der Bürge darauf berufen, dass die zu sichernde Forderung nicht mehr besteht, BGH v. 28. 4. 2002, NJW 2002, 2867 (2868).
[375] BGH a. a. O., vorige Fn.
[376] BGH v. 16. 1. 2003, NJW 2003, 1521.
[377] Vgl. BGH v. 13. 12. 1978, BGHZ 73, 94 (97); anders aber bei außergerichtlichem Vergleich mit dem Insolvenzverwalter, BGH v. 1. 10. 2002, NJW 2003, 59.
[378] BGH v. 28. 1. 2003, BGHZ 153, 337; *Brox/Walker,* Besonderes Schuldrecht, 32. Aufl. 2007, § 32 Rn. 22; a. A. *Tiedtke,* NJW 2005, 2498 (2500).
[379] So der Einwand von *Tiedtke,* a.a.O, vorige Fn.

Herrmann

Hat der Gläubiger den Zusammenbruch des Hauptschuldners und damit den Bürgschafts-
fall herbeigeführt, so handelt er u. U. treuwidrig mit der Folge, dass er auch den Bürgen nicht
in Anspruch nehmen kann, weil er dessen Regress vereitelt hat. Das kann etwa der Fall sein,
wenn der Gläubiger als Bank pflichtwidrig die Einlösung eines Schecks verweigert, obwohl
die dadurch bewirkte Kontobelastung sich im Rahmen des vereinbarten Kontokorrents gehalten hätte[380].

Die Akzessorietät kann vertraglich nur begrenzt eingeschränkt werden. Selbstverständlich   **135**
kann an Stelle der Bürgschaft ein **Garantievertrag** geschlossen werden; denn dann liegt gar
keine Bürgschaft vor, so dass die §§ 767 f. BGB keine Sperrwirkung entfalten können. Nicht
ganz so eindeutig ist der Fall der Bürgschaft auf **erstes Anfordern.** Hier sollen dem Bürgen
entgegen § 768 BGB die meisten Einreden und Einwendungen abgeschnitten sein, so dass er
insoweit auf einen Gegenprozess wegen Rückforderung aus § 812 Abs. 1 BGB verwiesen sein
soll. Diese Gestaltungsform ist bei Kreditinstituten und Versicherungsgesellschaften unstreitig
zulässig[381]. In Wahrheit ist die Akzessorietät auch gar nicht materiell eingeschränkt, sondern
es geht nur um eine verfahrensmäßige Abstufung.

Da die Bürgschaft nach § 765 Abs. 2 BGB auch für künftige Verbindlichkeiten des   **136**
Hauptschuldners vereinbart werden kann, kann sie auch einen **Kontokorrentkredit** absichern. Sie erledigt sich nicht etwa durch eine vorübergehende Rückführung des Kredits[382].
Für einen novierenden Umschuldungskredit des Hauptschuldners haftet der Bürge dagegen
nicht[383].

4. Zum Innenverhältnis, insbes. in der Insolvenz des VN

Die meisten weiteren Fragen des **Bürgschafts- und Garantievertragsrechts** gehören   **137**
nicht zum engeren Problembereich des Kautionsversicherungsrechts, so dass in dieser Auflage
von einer näheren Behandlung aus Raumgründen abgesehen wird. Für den Rechtsstand von
2003 darf auf die 1. Aufl. verwiesen werden[384]. Statt dessen haben sich in der neueren Rspr.
und Literatur wiederholt Fragen zur rechtlichen Wirksamkeit und verfahrensrechtlichen Bedeutung des Kautionsversicherungsvertrags in der Insolvenz des VN gestellt. Da die Kautionsversicherung auf die Deckung der Insolvenzrisiken abzielt, betreffen die neueren Entwicklungen zum Verhältnis des Insolvenz- und Kautionsversicherungsrechts Wesensfragen
und Kernprobleme zur Fortbildung dieses Rechtsbereichs.

Die **Abgrenzung** des Kautionsversicherungsrechts[385] **vom Geschäftsbesorgungsver-**   **138**
trag ist str. Nachdem der BGH die Gemeinsamkeiten zumindest im Insolvenzrecht betont
hat[386], kann die entgegen gesetzte Ansicht der älteren instanzgerichtlichen Rspr.[387] wohl als
überholt angesehen werden. Obgleich das insolvenzrechtliche Schrifttum sich dem überwiegend angeschlossen hat[388], beharrt die Literatur, wie gezeigt (s. o. Rn. 123 c) zum Versicherungsrecht weitgehend auf der versicherungsrechtlichen Einordnung[389]. Dennoch hat der

---

[380] BGH v. 6. 2. 2004, NJW 2004, 3779.

[381] Vgl. nur BGH v. 10. 11. 1998, WM 1998, 2522; BGH v. 10. 9. 2002, WM 2002, 2192; für Ausweitung auf weitere Finanzdienstleister, *Bülow,* Kreditsicherheiten, Rn. 928, 979; näher s. u. zu E. 5.

[382] BGH v. 17. 3. 1994, WM 1994, 784 (785); zul. auch Klauseln, wonach Verbindlichkeiten eines möglichen Rechtsnachfolgers abgesichert sein sollen, BGH v. 6. 5. 1993, WM 1993, 1080 (1083); zust. *Lwowski/Merkel,* Kreditsicherheiten, S. 48.

[383] BGH v. 8. 11. 2001, WM 2002, 919; BGH v. 6. 4. 2000, WM 2000, 1141; *Nobbe,* BKR 2002, 752.

[384] Dort Rn. 132–152.

[385] Zum früheren Streit für das allgemeine Versicherungsrecht und insbes. für die LV s. *Lorenz* in: *Beck-mann/Matusche-Beckmann,* Versicherungsrechts-Handbuch (Voraufl.) § 1 Rn. 149; a. A. (für Geschäftsbesorgung) *Schünemann,* JZ 1995, 432 m.w.Nachw.

[386] BGH VersR v. 6. 7. 2006, 1637 = BKR 2007, 74 mit Anm. *Habersack;* ebenso Vorinstanzen OLG Frankf. v. 2. 6. 2005, ZIP 2005, 1245; OLG München v. 25. 10. 2005, ZIP 2006, 677, 678.

[387] Vgl. v. a. KG v. 4. 7. 2004, ZinsO 2004, 9; i. Erg. übereinstimmend *Dreher,* VersR 2007, 731 (733ff.).

[388] Vgl. nur *Proske,* ZIP 2006, 1035.

[389] Vgl. nur *Dreher,* VersR 2007, 731, 733ff.; für die ältere Literatur s. *Bruck-Möller,* VVG, 8. Aufl. 1980, § 1 Anm. 4; w. Nachw. b. *Gärtner,* VersR 1967, 118, Fn. 5.

BGH seine Ansicht inzwischen nicht nur bestätigt sondern sogar auf das Gesamtvollstreckungsverfahren ausgedehnt[390]. Die hauptsächliche und nicht voll typusprägende Rechtsfolge besteht darin, dass dem VR wegen des durch die Eröffnung des Insolvenzverfahrens beendeten Vertrages **keine Masseforderung** auf die Prämie für die Zeit während des Insolvenzverfahrens zusteht. Der Insolvenzverwalter hat nach h. M. kein Fortsetzungswahlrecht nach § 103 InsO, da die §§ 115 f. InsO vollständig verdrängende Wirkung entfalten[391].

139   Dennoch sehen die AVB-Avalkredit[392] durchweg vor, dass die **Prämien auch nach Vertragsende weiter zu zahlen** sind, solange die in Erfüllung der vertraglichen Pflichten eingegangenen Bürgschaften nicht zurückgegeben sind, oder eine sonstige Freistellung des VR vom Bürgschaftsrisiko erfolgt ist. Das ist auch unter dem Aspekt des § 307 Abs. 2 Nr. 1 BGB nicht zu beanstanden, da der VR insoweit weiterhin Risikovorsorge zu betreiben hat[393]. Für die Praxis bleibt demzufolge gar nichts anderes übrig, als eine gewöhnliche **Insolvenzforderung** i. S. § 38 InsO anzunehmen[394]. Soweit nicht, wie gewöhnlich, Sicherheiten bestellt sind[395], sind die Prämienforderungen zur Tabelle anzumelden, so dass lediglich die quotale Befriedigung im Rahmen der Insolvenzabwicklung in Betracht kommt.

140   Der VR hat bei Inanspruchnahme als Bürge **Rückgriffsforderungen** gegen den VN, die sowohl auf § 774 BGB als auch auf den AVB-Avalkredit beruhen[396]. Darin liegt eine Besonderheit des Kautionsversicherungsrechts, weil der VR bei anderen Versicherungsarten sich die Leistung nicht beim VN zurückholen kann, sondern dieser für die Leistungserbringung und die Vorsorge zu diesem Zweck Prämien gezahlt hat. Mit der Kautionsversicherung soll der VN hingegen nicht endgültig von den durch die Versicherung gesicherten Ansprüchen des Dritten freigehalten werden, sondern es soll nur verhindert werden, dass der Dritte wegen Insolvenz des VN leer ausgeht oder auf die Insolvenzquote verwiesen wird.

140a   Die Rechtsgrundlage für den Regress in den AVB hat insbes. im Hinblick auf die sehr weitgehenden **Einwendungsausschlüsse**[397] und die **Verwaltungsgebühren**[398], die in den Regress einbezogen werden, eigenständige Bedeutung. Ob diese gem. § 307 Abs. 2 Nr. 1 oder Nr. 2 zu beanstanden sind, wird in der Literatur z. T. als offene Frage angesehen[399]. Richtig daran ist, dass die Rspr. zum Bürgschaftsrecht in beiderlei Hinsicht eingegriffen hat. Darauf ist sogleich zurückzukommen. Doch scheint der BGH zur Kautionsversicherung keine Bedenken dieser Art gehabt zu haben, als er den Regress des VR als Hauptgrund für die geschäftsbesorgungsrechtliche Einordnung angesehen hat[400]. Wären die diesbezüglichen Klauseln der AVB im Hinblick auf die Einwendungsausschlüsse zu beanstanden gewesen, so hätte dies gem. § 306 Abs. 1 BGB zur Nichtigkeit der gesamten Regressklausel geführt, da eine geltungserhaltende Reduktion nicht in Betracht kommt[401]. Wird die Klausel also vom BGH als typusbestimmend angesehen, so muss die Vorfrage ihrer Gültigkeit (implizit) positiv beantwortet sein.

Eine erschöpfende Untersuchung dazu kann hier mangels Vorarbeiten nicht geboten werden. Doch spricht der Vergleich mit der bürgschaftsrechtlichen Rspr. und mit der Rspr. zum Leistungsbestimmungsrecht von Preisanpassungsklauseln für die Rechtmäßigkeit der AVB-Avalkredit. Zwar darf zu § 768 i. V. § 307 Abs. 2 Nr. 1 AGBG keine umfassende Ausschlussklausel vorliegen, sondern nur konkret benannte Einwendungen können ausgeschlossen wer-

---

[390] BGH v. 18. 1. 2007, ZIP 2007, 543, Rn. 17.
[391] Vgl. nochmals BGH v. 7. 6. 2006, ZIP 2006, 1781, Rn. 12; a. A. HK-InsO/*Marotzke*, § 115, Rn. 6.
[392] S. die Nachw. bei *Proske*, ZIP 2006, 1035 (1036 Fn. 7, 26).
[393] Vgl. OLG Frankf., ZIP 2005, 1245 (1247); zust. *Proske*, a. a. O. Text mit Fn. 30.
[394] Keine Behandlung wie Zinsen nach § 38 InsO, vgl. *Proske*, a. a. O. S. 1037.
[395] Dazu s. Rn. 139 f.
[396] Vgl. nur § 5 Abs. 1 AVB-Avalkredit (Hermes).
[397] Vgl. nur § 4 Abs. 1 lit. b AVB-Avalkredit (Hermes); § 6 Abs. 2 lit. a AVB-Avaklkredit (R+V).
[398] Vgl. nur §§ 5 Abs. 1, 6 AVB-Avalkredit (Hermes); § 6 Abs. 2 lit. b AVB-Avaklkredit (R+V).
[399] *Proske*, ZIP 2006, 1035 (1037 Fn. 43).
[400] S. o. Rn. 133.
[401] BGH v. 3. 11. 1999, NJW 2000, 1110 (1113), st. Rspr.

den[402]. Aber der Kunde verzichtet nach den AVB-Avalkredit nicht generell, sondern nur auf recht detailliert geregelte Einzelrechte[403]. Zudem darf keine Ausdehnung des Regresses über den Umfang der Forderungen hinaus vorliegen, für die die Sicherheit bestellt wird[404]. Damit ist nicht gemeint, dass der Bürge keine Verwaltungsgebühren berechnen darf, wenn er in Anspruch genommen worden ist. Vielmehr ging es im entschiedenen Fall darum, dass die Bank den Bürgen aus angeblich zu sichernden Forderungen in Anspruch nahm, die z. Zt. der Übernahme der Bürgschaft noch nicht entstanden waren.

Gegen Verwaltungsgebühren aus Inanspruchnahme als Bürge hat die Rspr. nur unter besonders zu missbilligenden Umständen des Einzelfalles geurteilt. Es darf kein „auffälliges Missverhältnis" von Leistung und Gegenleistung bestehen, das eine Art „Strafzins" oder „Vertragsstrafe" darstellt, oder besonders unübersichtlich an versteckter Stelle der AGB geregelt ist[405]. Davon kann bei den AVB-Avalkredit keine Rede sein Die Kostenregelung ist unter der fett gedruckten Überschrift „Regressvereinbarungen" in § 3 AVB-Avalkredit (Hermes) durch Verweis auf § 4 Abs. 1 lit. c unmissverständlich abgefasst. Dadurch wird für die Gebührenberechnung auf das Leistungsbestimmungsrecht des § 315 BGB abgestellt und für die Ausübung des in dieser Vorschrift eröffneten billigen Ermessens auf das Anwaltsgebührenrecht verwiesen[406]. – Ergänzend ist auf die Rspr. zu AGB-Klauseln über Leistungsbestimmungsrechte abzustellen. Insofern ist in der Rspr. einerseits seit Langem anerkannt, dass keine gerichtliche Kontrolle stattfindet, solange der Klauselverwender sein Ermessen an Referenzmaßstäbe bindet, die ihrerseits wettbewerblicher Preisbildung unterliegen[407]. Wo dies aber andererseits, wie beim Verweis auf die staatliche Gebührenregelung für Rechtsanwälte, nicht der Fall ist, ist die Klauselkontrolle wiederum hauptsächlich unter Aspekten der Transparenz und der Ausgewogenheit der Interessenwahrung angebracht. Der Verweis auf das RechtsanwaltsvergütungsG[408] entspricht hinreichend dem Transparenzerfordernis, da es sich um ein mit voller Öffentlichkeitswirkung publiziertes Gesetz im formellen Sinne handelt[409]. Zur Ausgewogenheit ist allerdings zu berücksichtigen, dass die AVB nicht erfordern, dass die gebührenpflichtige Maßnahme des VR durch einen Anwalt durchgeführt wird. Regelmäßig handelt es sich aber um rechtlich fundierte Maßnahmen, so dass die Bezugnahme auf das Anwaltsrecht nicht unsachgemäß erscheint. Abweichungen nach unten sind zudem möglich, soweit dies wiederum „billigem Ermessen" entspricht. Die Gebührenregelung der AVB-Avalkredit scheint deshalb mit § 307 Abs. 1 und Abs. 3 BGB vereinbar.

Ist der Regressanspruch **vor Insolvenzeröffnung** erfolgt, weil der Versicherungsfall bereits zuvor eingetreten ist, so liegt zweifelsfrei eine Insolvenzforderung gem. § 38 InsO vor. Die Schuld ist wie jede andere Insolvenzforderung vor Eintritt des Insolvenzfalles entstanden und nimmt daher am gewöhnlichen Verfahren der Anmeldung und Quotenzuweisung teil[410]. Allerdings ist dieser Rückgriffsfall nicht die Regel, da zumeist die Inanspruchnahme des VR als Bürge erst mit Insolvenz des VN eintritt. **141**

---

[402] BGH v. 8. 3. 2001, NJW 2001, 1857; *Palandt/Sprau*, § 768, Rn. 8.

[403] Vgl. nur §§ 4 Abs. 1 AVB-Avalkredit (Hermes): Rechte, „… die augrund der etwaigen Unwirksamkeit der dem Aval zugrunde liegenden Sicherungsvereinbarung bestehen könnten (z. B. Unwirksamkeit der formularmäßigen Verpflichtung zur Stellung einer Bürgschaft auf erstes Anfordern oder unter Verzicht auf die Einreden gemäß § 768 BGB)".

[404] BGH v. 28. 10. 1999 NJW 2000, 658; *Palandt/Grüneberg*, § 307 Rn. 94.

[405] BGH v. 9. 11. 1978, NJW 1979, 805 (807), betr. Sittenwidrigkeit nach § 138 BGB.

[406] S. § 5 Abs. 1 i. V. m. § 4 Abs. 1 lit. c AVB-Avalkredit (Hermes).

[407] BGH v. 6. 3. 1986, BGHZ 97, 212 (217 f.) „Zinsvorbehalt"; näher s. *Herrmann*, DZWiR 1993, 54 (56 f.).

[408] V. 5. 5. 2004, BGBl. I S. 717 ff.

[409] Zu den Publizitätsaspekten gesetzlicher Gebührenregelungen im Vergleich zu Honorarordnungen von Kammern und Verbänden freier Berufe vgl. *Herrmann*, Die gesetzliche Wertgebühr für Steuerberater im Lichte der EuGH-Rechtsprechung von *Dijon* bis *Cipolla*, DStR 2008 (im Erscheinen).

[410] Ebenso *Proske*, ZIP 2006, 1035 (1037).

142   In diesen Fällen der Inanspruchnahme **nach Insolvenzeintritt** kommt es nach inzw. allg. M. allein darauf an, dass der anspruchsbegründende Tatbestand sachrechtlich vor Insolvenzeröffnung abgeschlossen ist[411]. Der bloße Bedingungseintritt i. S. § 158 Abs. 1 BGB löst zwar die Inanspruchnahme des VR und dessen regressbegründende Zahlung aus. Doch ist die Verpflichtung dazu bereits zuvor verbindlich festgelegt, so dass die für die vertragliche Vereinbarung maßgebende Risikolage vollkommen unbeeinflusst vom später hinzukommenden Insolvenzgeschehen gewesen ist. Das allein ist für die Einordnung als Insolvenzforderung erheblich.

143   Anders ist es aber im Hinblick auf die Sicherheiten, die gerade gegen den Eintritt der Insolvenz schützen sollen, und die ebenfalls gem. den AVB-Avalkredit regelmäßig bestellt werden. Das gilt zunächst für **Rückbürgschaften,** auch wenn der Rückbürge widerum Sicherheiten an dem schuldnerischen Vermögen genommen hat, deren Inanspruchnahme die Masse mittelbar schmälert. Denn wenn der Rückbürge in Anspruch genommen wird, und er deshalb auf seine Sicherheiten am Schuldnervermögen zugreift, geht es im Verhältnis zum VR als Bürgen gar nicht um die Beziehung des VR zum Schuldner, sondern allein um die zum Rückbürgen. Dafür ist der Insolvenzstatus des VN ohne rechtlichen Belang.

Bei dinglichen Sicherheiten handelt es sich entweder um **Sicherungsabtretung** von Forderungen, die der VN gegenüber Dritten, insbes. gegenüber Banken hat. Obgleich die Vollabtretung nach § 398 BGB dazu führt, dass die Forderung gar nicht mehr zum Vermögen des VN gehört, also auch nicht von der Insolvenzeröffnung verhaftet sein kann, wird für die sicherungsweise Abtretung keine Aussonderung, sondern ein bloßes Absonderungsrecht nach §§ 50 Abs. 1, 51 Abs. 1 Nr. 1 InsO angenommen[412]. Dem ist schon mit Blick darauf zuzustimmen, dass § 166 Abs. 2 InsO die originäre Einziehungsbefugnis des Insolvenzverwalters für zur Sicherheit abgetretene Forderungen regelt.

Handelt es sich um die **Verpfändung von Forderungen** nach §§ 1273 ff. BGB, die allerdings wegen des Anzeigeerfordernisses nach 1280 BGB praktisch selten ist, so kommt auch hierfür das Absonderungsrecht nach §§ 50 Abs. 1, 51 Abs. 1 Nr. 1 InsO in Betracht. Allerdings besteht insofern eine praktisch wichtige Einschränkung, weil § 1282 Abs. 1 S. 1 i. V. § 1228 Abs. 2 BGB die Einziehung durch den Pfandgläubiger nur vorsieht, wenn die gesicherte Forderung fällig ist. Das ist bei der Regressforderung des VR gegen den VN aber deshalb der Fall, weil nach § 41 Abs. 1 InsO mit der Insolvenzeröffnung auch Forderungen fällig werden, die bisher noch nicht fällig waren[413].

5. Innenverhältnis, insbes. Regress

144   Da dem Regress des VR sowohl aus dem Versicherungsvertrag als auch aus dem Bürgschaftsrecht nach der Rspr. so grundlegende Bedeutung zukommt, sollen die grundlegenden Angaben dazu aus Rspr. und Lehre hier übermittelt werden, obgleich ansonsten das Bürgschaftsrecht ausgeklammert bleibt[414]. Mit der Befriedigung durch den Bürgen erwirbt dieser zunächst regelmäßig einen **Aufwandsersatzanspruch** nach § 670 BGB, wenn der Hauptschuldner den Bürgen, wie meist, mit der Übernahme der Bürgschaft beauftragt hat. Ist der Bürgschaftsauftrag entgeltlich, so ist § 670 BGB wegen der Verweisung des § 675 BGB ebenfalls anwendbar. Außerdem geht aber nach § 774 BGB die Forderung des Gläubigers auf den Bürgen über, so dass etwaige akzessorische Sicherungsrechte, die neben der Bürgschaft bestellt sind, ebenfalls mit auf den Bürgen übergehen können (§§ 401, 412 BGB)[415]. Der Übergang kann aber nicht zum Nachteil des Gläubigers geltend gemacht werden, so dass die dem Gläubiger verbleibenden Sicherheiten Vorrang vor den auf den Bürgen übergegangenen haben[416].

---

[411] Vgl. nur Münchener Kommentar/*Ehricke,* InsO, 2001, § 38 Rn. 16 m. w. N.; konkr. zur Kautionsversicherung vgl. *Vosberg,* ZIP 2002, 968, 970; *Proske,* ZIP 2006, 1035 (1037 f.).

[412] Vgl. *Vosberg,* ZIP 2002, 968 (971); *Proske,* ZIP 2006, 1035 (1038).

[413] Näheres bei *Proske,* ZIP 2006, 1035 (1038 f.); zum Verfahrensrecht ebd. S. 1039 f.

[414] S. aber vorauf. Rn. 130 ff.

[415] Zum Umfang des Übergangs der Sicherheiten s. sogleich.

[416] BGH v. 11. 1. 1990, WM 1990, 260 (261).

Nicht zu den mit übergehenden Sicherungsrechten gehören die Sicherungsübereignung, **145** die Sicherungsabtretung und der Eigentumsvorbehalt. Auch die Sicherungsgrundschuld ist **nicht akzessorisch** und kann deswegen nicht automatisch mit übergehen. Aber nach h. M. erwirbt der zahlende Bürge einen Anspruch gegen den Gläubiger auf Abtretung der Sicherheit[417].

Streitig ist, in welcher Höhe die mitgehenden oder abzutretenden Sicherheiten dem Bür- **146** gen zugute kommen sollen[418]. Ein Teil der Lehre geht dahin, den Bürgen zu privilegieren, weil dieser mit seinem gesamten Privatvermögen haftet, während dingliche Sicherheiten immer nur den sichernden Vermögensteil haften lassen. Außerdem lasse § 776 BGB erkennen, dass der Bürge wegen seiner schärferen Haftung umfänglicher vor Benachteiligungen geschützt sei, als dingliche Sicherungsgeber[419]. Der BGH hat eine **gesamtschuldnerische Haftung** aller Sicherungsgeber angenommen, wenn zwischen diesen oder im Verhältnis zum Gläubiger keine Vor- oder Nachrangigkeit vereinbart worden ist. Ein gesetzlicher Vorrang der Bürgschaft vor anderen Kreditsicherheiten wurde nicht bejaht[420]. Wichtig daran ist, dass auch die Zahlung des Hypothekenschuldners zum Übergang der gesicherten Forderung nach § 1143 BGB führt. Es würde also den reinen Zufall einer zuerst eingehenden Zahlung überlassen, ob dem Bürgen oder dem Hypothekenschuldner der Vorrang gebührt. Auch wäre ein Wettlauf um die Erstbefriedigung nicht auszuschließen. Beides kann gesetzlich nicht gewollt sein, so dass bei fehlender Rangabrede eigentlich nur die Risikoteilung nach Maßgabe des Gesamtschuldrechts in Betracht kommt. Der zuerst zahlende Bürge erwirbt also nur die auf ihn nach § 426 Abs. 2 BGB entfallende Quote zur Befriedigung aus den übrigen bestellten Sicherheiten[421].

Zur Frage der **Rangvereinbarung** ist selbstverständlich auch auf konkludente Erklärun- **147** gen abzustellen; denn dabei geht es nicht um den Inhalt der Bürgschaft selbst, sondern um das Verhältnis zu den übrigen Sicherungsgebern. Die Rangabrede ist ein selbstständiger Vertrag, der entweder zwischen den Sicherungsgebern direkt oder mit dem Gläubiger abgeschlossen wird, wobei die Besonderheiten der Drittwirkung von vertraglichen Pflichten zu beachten sind. Wird also, wie häufig, keine Gesamtvereinbarung mit allen Sicherungsgebern zustande gebracht, so kommt es nach hier vertretener Ansicht v. a. auf die zeitliche Reihenfolge der Sicherungsbestellung an. Ein nachträglich hinzutretender Sicherungsgeber kann jedenfalls nicht ohne Zustimmung eines früheren Sicherungsgebers einen vertraglichen Vorrang vor diesem erhalten. Dies wäre ein unzulässiger Vertrag zu Lasten Dritter[422].

6. Mehrheit von Bürgen und Höchstbetragsbürgschaft

Verbürgen sich mehrere für dieselbe Verbindlichkeit, so liegt darin zwar kein kreditver- **148** sicherungsrechtliches Spezialproblem. Aber der Fall kommt doch besonders häufig bei bestehender Kreditversicherung vor, da die wirtschaftliche Entscheidung über die Gewährung einer Bürgschaft des VR bereits bei Abschluss des Kreditversicherungsvertrages gefallen ist, später aber noch anderweitig verbürgte Forderungen hinzukommen können. Die Bürgen haften nach h. M.[423] unabhängig davon wie Gesamtschuldner, ob sie dies vereinbaren (§ 769 BGB), d. h. auch der nachträgliche zutretende Bürge, der von einer früher bestellten Bürg-

---

[417] Vgl. BGH v. 29. 6. 1989, NJW 1989, 2530; BGH v. 18. 9. 1997, NJW 1997, 3372.

[418] Meinungsstand b. *Tiedtke*, WM 1990, 1270.

[419] Nachw. b. *Tiedtke*, a. a. O.

[420] BGH v. 29. 6. 1989, NJW 1989, 2530; v. 18. 9. 1997 BGHZ 108, 179 (186 f.); für Verallgemeinerbarkeit für ähnliche Sicherheitenmehrheiten s. *Schmitz*, in: *Schimanski/Bunte/Lwowski*, Bankrechtshandbuch, § 91 Rn. 105.

[421] BGH v. 29. 6. 1989, BGHZ 108, 179 f.; *Medicus*, Bürgerliches Recht, 21. Aufl., 2007, Rn. 941; a. A. (Vorrang des Bürgen) *Reinicke/Tiedtke*, Kreditsicherung, 5. Aufl. 2006.

[422] Näher *Herrmann*, Quasi-Eigenkapital im Kapitalmarkt- und Unternehmensrecht, 1996, 234 ff., passim.

[423] Vgl. nur BGH v. 29. 6. 1989, BGHZ 108, 179 ff.; *Medicus*, Bürgerliches Recht, 21. Aufl., 2007, Rn. 941; a. A. *Reinicke/Tiedtke*, Kreditsicherung, 5. Aufl. 2006, Rn. 1111.

schaft keine Kenntnis hat, wird haftungsrechtlich Gesamtschuldner. Jeder Mitbürge haftet aufs Ganze aber nur einmal (§ 421 BGB). Zahlt ein später hinzutretender Mitbürge zuerst, so geht die gesicherte Forderung entsprechend der nach § 426 Abs. 2 BGB auf ihn entfallende Quote auf ihn über. Der Bürge, der sich früher vertraglich verpflichtet hat, wird dadurch nicht mehr belastet, als er gewollt hat. Dies wäre nur dann der Fall, wenn der später hinzutretende Bürge vollständig auf den Erstbürgen zugreifen könnte. In jedem Falle ist aber insoweit gar kein Vertrag zu Lasten Dritter fraglich, sondern es geht bei § 769 BGB um eine gesetzliche Gesamtschuldregelung.

149   Nach § 776 S. 1 BGB wird der Bürge frei, wenn der Gläubiger eine andere **Sicherheit aufgibt** und soweit der Bürge von dem betr. Sicherungsgeber gem. § 774 BGB hätte Ersatz verlangen können. Ein formularmäßiger Verzicht hierauf soll nach der Rspr. unwirksam sein, wenn er ohne Einschränkung erfolgt[424].

150   Neben der Mitbürgschaft gibt es aufgrund der Vertragsfreiheit auch noch die **Nachbürgschaft**. Bei ihr will der Nachbürge nicht gleichrangig zum Vorbürgen haften, sondern er erwirbt eine Einrede der Vorausklage nach § 771 BGB im Verhältnis zum Vorbürgen. Der Gläubiger muss also zunächst die fruchtlose Vollstreckung gegenüber dem Hauptschuldner und dann gegenüber dem Vorbürgen versuchen.

151   Wieder anders ist die Konstruktion der **Rückbürgschaft**. Bei ihr bürgt der Rückbürge nicht für die Hauptschuld, sondern für die Regressforderung des Erstbürgen gegen den Hauptschuldner. Es kann also nie zu einer Forderung des Gläubigers gegen den Rückbürgen kommen. Demzufolge braucht sich der Rückbürge auch nicht auf die wirtschaftlichen Verhältnisse beim Gläubiger einzurichten, sondern ihn interessiert nur die Kreditwürdigkeit des Hauptschuldners und des Erstbürgen.

152   Schließlich ist die **Ausfallbürgschaft** zu bedenken. Darunter versteht man eine Abrede, nach der der Gläubiger auf den Ausfallbürgen nur dann zugreifen darf, wenn nicht nur gegen den Hauptschuldner fruchtlos vollstreckt wurde, sondern auch alle weiteren etwa bestehenden Sicherheiten verbraucht worden sind. Es handelt sich also um einen Fall der Rangabrede, die über den gesetzlichen Spezialfall des § 772 BGB hinausgeht. Während nach § 772 BGB nur die Mobiliarsicherheiten vorrangig in Anspruch zu nehmen sind, müssen bei der Ausfallbürgschaft auch die Immobiliarsicherheiten zuerst verwertet werden.

153   Die **Höchstbetragsbürgschaft** kommt ebenfalls häufig bei Mehrheit von Sicherungsgebern vor, kann aber auch isoliert vereinbart werden. Bei ihr wird die Inanspruchnahme des Bürgen betragsmäßig begrenzt. Es wird also nur ein Teil der zu sichernden Forderung von der Bürgschaft erfasst. Diese Konstruktion wird häufig dann verwendet, wenn die zu sichernde Forderung noch nicht besteht oder im Rahmen eines Kontokorrent-Verhältnisses veränderlich ist. Anders als bei der **Teilbürgschaft** erlischt die Höchstbetragsbürgschaft nicht, wenn der Gläubiger vom Hauptschuldner bis zum Höchstbetrag befriedigt wird. Sie bleibt vielmehr für den noch offenen Rest der Hauptschuld bis zum Höchstbetrag bestehen[425].

Die Höchstbetragsbürgschaft kann als Mitbürgschaft oder ein Teilbürgschaft vereinbart werden. Beträgt die Hauptschuld etwa 10 000,– € und übernehmen B1 und B2 Mitbürgschaften von 6 000,– € bzw. 4 000,– €, so kann, wenn B1 zuerst zahlt, dieser gegen B2 vorgehen, weil die Hauptschuld mit der diesbezüglichen Bürgschaftssicherung auf ihn nach § 774 BGB übergeht. Aber nach dem oben Gesagten ist im Regelfall nur eine hälftige Inanspruchnahme möglich (nicht 4 000,– €, sondern 2 000,– €). Wird eine Teilbürgschaft vereinbart, so haften B1 und B2 dem G nur isoliert.

---

[424] BGH v. 2. 3. 2000, WM 2000, 764 und 1141; vgl. BGH v. 2. 3. 2000, BGHZ 144, 52: § 242 BGB bei willkürlicher Aufgabe von Sicherheiten.
[425] Vgl. *Bülow,* Kreditsicherheiten, Rn. 1029.

V. Warranty&Indemnity Insurance

1. Grundstruktur und wirtschaftliche Bedeutung

Die Warranty&Indemnity Insurance (WII)[426] ist in Deutschland noch wenig verbreitet, hat   **154** sich aber auf dem **Londoner Markt**[427] seit Beginn des Jahrhunderts bewährt und beginnt, sich allmählich auch in Deutschland durchzusetzen[428]. Sie wird zur Absicherung von Garantiezusagen beim Unternehmenskauf (**M&A-Geschäft**) eingesetzt. Der Verkäufer garantiert für die Ordnungsmäßigkeit der Bilanzierung und für die Richtigkeit bestimmter weiterer Unternehmenskennzahlen. Dennoch verlangt der Käufer regelmäßig, dass er bei (Teil-) Übergabe, dem sog. closing nicht den gesamten vereinbarten Kaufpreis an der Verkäufer auszahlt, sondern einen Teil auf ein Treuhandkonto überweist, der in etwa dem Risiko von bilanziellen Bewertungsspielräumen und dergl. entspricht. Trotz der Garantiezusage und der Kaufpreiskreditierung trägt der Käufer für etwaige Schadensersatzansprüche ein erhebliches Insolvenzrisiko des Verkäufers, wenn das Treuhandkonto von vornherein zu knapp bemessen ist, oder für unerwartete Folgeschäden nicht ausreicht. Umgekehrt erleidet der Verkäufer schwerwiegende Liquiditätseinbußen, da er auf das Treuhandkonto nicht zugreifen kann. Nicht selten besteht deshalb die Gefahr des Scheiterns oder Verzögerns der Kaufverhandlungen (dead lock situation).

Mit Hilfe der WII kann hier weitgehend Abhilfe geschaffen werden. Die Zahlung des Restkaufpreises braucht insoweit nicht auf ein Treuhandkonto zu erfolgen, so dass die Liquidität dem Verkäufer sogleich zur Verfügung steht und der Käufer dennoch gesichert ist. Neuerdings gibt es auch deutsche Versicherungstypen, die auf die Anwendung deutschen Rechts auf den Unternehmenskaufvertrag zugeschnitten sind[429].

Neben die **Verkäufer-Police (VP)** ist seit etwa 3 Jahren im anglo-amerikanischen Rechts-   **154a** kreis auch die **Käufer-Police (KP)** getreten, die in Deutschland noch (!) nicht praktiziert wird[430]. Sie soll in erster Linie den Käufer schützen, indem dieser bei Ansprüchen wegen verletzten Garantieversprechen des Verkäufers einen weiteren (zahlungskräftigen) Schuldner, den VR, erhält. Das Sicherungsmittel eines Treuhandkontos für den Kaufpreis kann u. U. entfallen, eine Garantie durch die Obergesellschaft oder die Hausbank des Verkäufers wird nicht benötigt. Es kommt auch vor, dass keine KP vereinbart wird, sondern der Verkäufer seine Ansprüche aus der VP an den Käufer abtritt, oder dass man den Käufer zum Mitversicherten der VP macht. Aber die KP behält daneben ihre zunehmende praktische Bedeutung[431].

Die **VP** ist regelmäßig **preiswerter**[432] als die KP, weil sie den Verkäufer als den regelmäßig   **154b** besser Informierten zum Schuldner der Anzeigeobliegenheit i. S. § 16 VVG 2007/§ 19 VVG 2008 macht, und das Risiko des VR schon deswegen geringer ist. Hinzu kommt, dass der Versicherungsfall bei der VP erst eintritt, wenn über den garantierten Schadensersatz durch rechtskräftiges Urteil oder Schiedsspruch entschieden ist, während es bei der KP ausreicht, dass der Käufer gegenüber dem Verkäufer die Unrichtigkeit der Garantie und seinen dadurch verursachten Schaden darlegt[433]. Denn mit der Leistung durch den VR geht der Anspruch gem. § 67 VVG 2007/§ 86 VVG 2008 auf den VR über, so dass dann nachträglich geprüft werden kann ob die Garantieverletzung gegeben ist.

---

[426] Weniger geläufig, aber inzwischen auch verbreitet ist der Begriff der Gewährleistungsversicherung, s. *Hasselbach*, ZIP 2005, 377 mit ebendiesem Titel.

[427] Dazu allgemein *Lechner*, Londoner Markt, S. 6 ff.

[428] *Grossmann/Mönnich*, VW 2003, 552 (654 f.).

[429] Zu den Vorteilen insoweit vgl. *Grossmann/Mönnich*, VW 2003, 552 (654).

[430] *Hasselbach/Reichel*, ZIP 2005, 377, 378.

[431] *Hasselbach/Reichel*, ZIP 2005, 377.

[432] 2–5% der Deckungssumme berichten *Hasselbach/Reichel*, a. a. O. S. 381, während die KP 3–6% kosten soll; vgl auch *Grossmann/Mönnich*, a. a. O. S. 655.

[433] *Hasselbach/Reichel*, ZIP 2005, 377, 378.

Ein gewisser Nachteil der KP kann gleichwohl darin liegen, dass der VR, wie aus der Praxis zu hören ist, weit zeit- und kostenaufwändigere Prüfungen von sich aus durchführt als bei der VP. Das wirkt sich natürlich auf höhere Prämien aus.

2. Verkäufer-Police

155   **Versichertes Risiko** ist bei der VP die Haftung des Verkäufers für Gewährleistungszusagen bzw. bei der KP das Insolvenzrisiko des Verkäufers für Ansprüche des Käufers gegen diesen, d. h. es geht um die Absicherung ungewisser Ansprüche aus der Garantiezusage. Demzufolge sind ausgeschlossen alle bekannten Risiken, wie die für laufende Rechtsstreitigkeiten, Steuern und Altlasten. Weitere Standard-Ausschlüsse sind:
- Risiken, die dem Verkäufer bei Abschluss des Versicherungsvertrages **bekannt** sind (§ 16 VVG 2007/§ 19 VVG 2008; plus AVB);
- **zukunftsorientierte** Garantien, insbes. das Erreichen von Budget-/Umsatzzahlen, die künftige Erfüllung (Bonität) von Forderungen;
- Garantien zur Angemessenheit von gesetzlichen, betrieblichen oder sonstigen **Altersversorgungsrückstellungen;**
- Ansprüche gegen den Verkäufer aus anderen als vertraglichen Gewährleistungsansprüchen.

156   Bei der VP gibt der VR zudem keinen Deckungsschutz, wenn der Verkäufer als VN gegenüber dem Käufer **arglistig falsche Garantien** gegeben hat. § 16 VVG ist zwar abdingbar, weil die halbzwingende Wirkung des § 34a VVG nicht entgegensteht und § 187 VVG auch davon noch dispensiert. Aber der Vertrag wäre wegen Sittenwidrigkeit nach § 138 Abs. 1 BGB nichtig, weil der Verkäufer sich nicht gegen die Haftung aus vorsätzlich falsch abgegebenen Garantiezusagen versichern können soll[434].

Dafür findet aber in den Fällen einfach fahrlässiger Falschangaben und teils sogar bei grober Fahrlässigkeit des Verkäufers kein Regress gegen diesen statt. Hinreichende Absicherung wird durch die Vereinbarung von Selbstbehalten des VN erreicht, obgleich diese wohl meist nicht sehr hoch sind[435]. Die Prämienhöhe liegt je nach individueller Risikobeurteilung des VR zwischen 2–4 Prozent der Versicherungssumme. Diese schwankt je nach dem Risikoumfang zwischen 5 Mio. und 150–170 Mio. Euro. Häufig wird eine Mindestversicherungsprämie von 150 000 bis 200 000 € verlangt, so dass die WII für kleinere Unternehmenskäufe ungeeignet ist. Für die großen M&A-Geschäfte (mega-deals) mit weit höheren Garantierisiken gibt es wohl bisher keine deutschen Versicherungsangebote. Aber auch im Londoner Markt sind sie eher unüblich, weil die beteiligten Großunternehmen selbst zur Risikotragung bereit und in der Lage sind. Die Kosten der Risikoprüfung werden regelmäßig nicht gesondert in Rechnung gestellt, sondern sind in die Prämie mit einkalkuliert[436].

157   Die VP ist zudem, wie auch die KP, **subsidiär,** d. h. der VR soll hinter allen spezielleren Versicherungsansprüchen nachrangig haften. Das betrifft v. a. Umwelt-Policen, die bestimmte Folgekosten bei Dekontaminations- oder Sicherungsmaßnahmen decken. Hier kann sogar eine sog. Remediation Cost Cap-Policy vorrangig sein, die eine Deckung oberhalb der von einem Umweltgutachter geschätzten Kosten übernimmt, aber gedeckelt ist. Auch spezialisierte Formen der Rechtsschutzversicherung können für einen Vorrang vor der VP oder der KP in Betracht kommen[437]. Werden die Versicherungen dieser Risiken bei ein und demselben VR kombiniert[438], so kann natürlich auch die Subsidiarität modifiziert werden.

158   **Selbstbehalte** sind auch bei diesem Versicherungstyp die Regel, um den VN zu sorgfältiger Schadensvermeidung anzureizen. Wenn im Unternehmenskaufvertrag sog. Freibeträge

---

[434] Im Erg. ebenso *Grossmann/Mönnich,* a. a. O. S. 654.

[435] Vgl. *Grossmann/Mönnich,* a. a. O. S. 655: „de minimis".

[436] *Grossmann/Mönnich,* a. a. O. S. 656; dort auch Angaben zur Prüfungsdauer von „wenigstens zwei Wochen" und zur ersten Einschätzung innerhalb von zwei Tagen.

[437] *Hasselbach/Reichel* sprechen insofern von der Litigation Transfer- und der Litigation Cap-Policy, a. a. O. S. 379f.

[438] *Hasselbach/Reichel,* a. a. O. S. 379f.

vereinbart sind, entsprechen die Selbstbehalte mindestens diesen, obgleich insoweit eigentlich gar kein Selbstbehalt vorliegt. Durch echte Selbstbehalte kann die Prämie durchaus 1–2% günstiger angeboten werden[439].

Außerdem werden gewöhnlich **Höchstbeträge** vereinbart, bis zu denen der VR die   **159** Haftung höchstens übernimmt. Die übernommenen Risiken sind oft gigantisch, so dass ein VR allein gar nicht in der Lage ist, Volldeckung zu bieten. Die Haftung des VR wird also gedeckelt. Aber für weitere Versicherungsbedarfe steht das sog. **Schichtenmodell** zur Verfügung. Unter Versicherungsschichten versteht man, dass bei höheren Verkaufspreisen eine Mehrheit von VRn eingeschaltet wird, weil einer allein mangels Deckungskapitals keinen Schutz anbietet. Meist werden hierbei Schichten (layers) der Höchstbeträge von VR 1–X unterschieden, die aufeinander aufbauen. Aber auch andere Deckelungen (caps) kommen in Betracht.

Bei Bestimmung des zuerst unter Vertrag genommenen VR als „first layer"[440] ist dieser berechtigt, weitere VR für höhere Schichten vertraglich einzubinden. Gelingt dies nicht, so haftet der first layer allein. Andernfalls kann eine gestuft nachrangige Risikodeckung vereinbart werden.

3. Käufer-Police

Die Käufer-Police ist eingangs (zu 1) schon in der Grundstruktur vorgestellt. Sie ist wirt-   **160** schaftlich weniger als Haftpflichtversicherung, sondern mehr als Betriebsunterbrechungsversicherung einzuordnen, weil sie nicht ein eigenes Risiko des VN, sondern ein von einem Dritten verursachtes Risiko abdeckt. Die praktische Bedeutung liegt zunächst darin, dass hier auch Schutz für **arglistige Falschangaben** des Verkäufers angeboten werden kann, soweit der Käufer als VN nicht seinerseits Kenntnis hat und etwa im Hinblick auf Steuerschulden mit dem Verkäufer sogar kollusiv zusammenwirkt. Ist der Käufer der VN, so ist er nicht selbst derjenige, der in der genannten Weise arglistig oder rechtswidrig handelt. Sein Schutzbedarf ist in dieser Hinsicht vertragsrechtlich anerkennenswert und in der anglo-amerikanischen Praxis im Rahmen der Vertragsfreiheit rechtswirksam abgesichert.

Die deutsche Versicherungswirtschaft wird wohl folgen.   **161**

Denn es gibt weitere **ökonomische Funktionen,** denen die KP eigenständig dienen kann:
- sie ist zwar teurer als die VP, aber sie dient dem Schutz des Käufers, statt primär dem des Verkäufers;
- sie trägt der besonderen Risikosituation des Unternehmenskäufers Rechnung, der die Lage des zu kaufenden Unternehmens typischer Weise weit schlechter einschätzen kann als der Verkäufer;
- sie erfordert kein rechtskräftiges Urteil oder einen Schiedsgerichtsspruch wegen Garantieverletzung.

Auch bei der KP wird allerdings immer auch ein **Selbstbehalt** des VN vereinbart, um An-   **162** reize für dessen eigene Sorgfalt und für die seines Vertragspartners zu schaffen. Aber entsprechend den Bedürfnissen der Parteien kann der Vertrag auch im Wege der Individualvereinbarung auf einzelne Garantien des Unternehmenskaufvertrags beschränkt und dadurch die Prämie abgesenkt werden.

Zudem sind **Höchstbeträge** ebenso zwingend zu vereinbaren wie bei der VP, um die sta-   **163** tistische Risikokalkulation zu ermöglichen. Auch insofern gibt es deswegen das Schichtenmodell, das o. (Rn. 154) erläutert wurde. Damit verbunden ist auch die Gestaltungsvariante des „First Layers", der zunächst das gesamte Risiko übernimmt, aber berechtigt wird, mit weiteren VRn zusammenzuarbeiten (Syndizierung, s. o. Rn. 154).

---

[439] Vgl. ebd. S. 382.
[440] Terinologie nach *Hasselbach/Reichel,* a. a. O. S. 384.

§ 40. Haftpflicht- und Elektronikversicherung für IT-Risiken

Inhaltsübersicht

Literatur: *Buchner,* Die IT-Versicherung, 2007; *Bundesamt für Sicherheit in der Informationstechnik (BSI)* BSI, Die Lage der IT-Sicherheit in Deutschland 2007 (http://www.bsi.de/literat/lagebericht/lagebericht 2007.pdf); Bundesamt für Sicherheit in der Informationstechnik (BSI), IT-Grundschutzkataloge (http://www.bsi.de/gshb/deutsch/index.htm); *Bundesminister des Innern* (Hrsg.), Polizeiliche Kriminalstatistik 2006, (zit.: Kriminalstatistik 2007, http://www.bmi.bund.de/cln_012/nn_165126/Internet/Content/Broschueren/2007/Polizeiliche_Kriminalstatistik_2006_de.html); *Engels,* ABE – Ein neues Bedingungswerk zur Elektronikversicherung, VP 1991, 237; *Gesamtverband der Deutschen Versicherungswirtschaft e. V.* (Hrsg.), Erläuterungen zu den Besonderen Bedingungen und Risikobeschreibungen für die Haftpflicht-versicherung von IT-Dienstleistern, Stand: August 2002 (zit.: Erläuterungen zu den BBR-IT) lt. Rundschreiben v. 1. 8. 2002, zu beziehen über den Gesamtverband der deutschen Versicherungswirtschaft; *Gesamtverband der Deutschen Versicherungswirtschaft e. V.* (Hrsg.), Erläuterungen zu den Besonderen Bedingungen und Risikobeschreibungen für die Haftpflichtversicherung von Software-Häusern, Stand: 15. 2. 2001 lt. Rundschreiben v. 5. 3. 2001, zu beziehen über den Gesamtverband der deutschen Ver-sicherungswirtschaft (zit.: Erläuterungen zu den Software-Musterbedingungen); *Gesamtverband der Deut-schen Versicherungswirtschaft e. V.* (Hrsg.), Erläuterungen zur Klausel 28 ABE, Fassung Mai 2002 „Software-Versicherung" „Erweiterte Datenversicherung" vom Mai 2002, zu beziehen über den Gesamtverband der deutschen Versicherungswirtschaft (zit.: Erläuterungen zur Software-Versicherung); *Koch,* Versicher-barkeit von IT-Risiken, 2004; ders., Versicherbarkeit von IT-Eigenschadensrisiken Sachversicherung der Unternehmens-IT, ITRB 2007, 138; *ders.,* Versicherbarkeit von IT-Fremdschadensrisiken Haftpflichtver-sicherung für IT-Fremdschäden, ITRB 2007, 187; *Lihotzky,* Bedingungsfragen der Elektronik-Versiche-rung, VW 1993, 314; *ders.,* Neue Bedingungen für die Elektronik-Versicherung (I), VW 1991, 991; *ders.,* Elektronik-Versicherung (II), VW 1991, 461; *ders.,* Elektronik-Versicherung (III), VW 1991, 531; *v. Manstein,* IT-Risiken: Haftung und Versicherung, PHi 2002, 122 ff. und 180 ff.; *Meier/Wehlau,* Die zivil-rechtliche Haftung für Datenlöschung, Datenverlust und Datenzerstörung, NJW 1998, 1585; *Seitz/Büh-ler,* Die Elektronikversicherung Karlsruhe 1995; *Schildmann,* Technische Versicherungen, 1994; *Spindler,* Verantwortlichkeiten von IT-Herstellern, Nutzern und Intermediären, Studie im Auftrag des Bundesam-tes für Sicherheit in der Informationstechnik (BSI), 2007; *Stockmeier,* Die Haftpflichtversicherung des In-ternet-Nutzers, 2005.

A. Einleitung

I. Besonderheiten der Versicherung von IT-Unternehmen

Die Betriebsrisiken von IT-Unternehmen haben in den letzten Jahren erheblich an Bedeu- **1** tung gewonnen. Dies ist auf die wirtschaftliche Entwicklung in diesem Bereich und auf die damit verbundene Zunahme einschlägiger Schäden zurückzuführen. Die betroffenen Un-ternehmen erkennen zunehmend die Notwendigkeit eines entsprechenden Versicherungs-schutzes. Zwei Versicherungszweige stehen aufgrund der Bedeutung des Austauschs und der Verarbeitung elektronischer Daten besonders im Vordergrund: die Haftpflicht- und die Elektronikversicherung.

2   Im Bereich der **Haftpflichtversicherung** für IT-Unternehmen, also der Deckung von Fremdschäden, besteht eine wesentliche Besonderheit darin, dass es sich bei den eintretenden Schäden vorwiegend um reine Vermögensschäden handelt, also solche die weder durch Personen- noch durch Sachschäden entstanden sind[1]. Gerade bei **Drittschäden** ist das mögliche Ausmaß von vornherein besonders schwer abzuschätzen. Anders als beim herkömmlichen Haftungsrisiko können durch die elektronische Vernetzung Dritte geschädigt werden, mit denen zuvor noch niemals eine Beziehung bestand und deren Schädigung daher auch gar nicht in Betracht gezogen werden konnte[2]; mit anderen Worten ist die Steuerbarkeit des Risiko wesentlich geringer als bei klassischen Drittschäden und nur vergleichbar mit anderen extensiven Industriehaftpflichtrisiken mit breiter Streuung, etwa Umweltschäden. Die herkömmliche Betriebshaftpflichtversicherung ist im Schwerpunkt gerade auf die Deckung von Personen- und Sachschäden und sich daraus ergebende Vermögensschäden ausgerichtet (Ziff. 1.1. AHB), wobei Ziff. 7.15 AHB einen Versicherungsschutz für Haftpflichtansprüche wegen Datenschäden vollständig ausschließt, ohne dass es auf die rechtliche Einordnung von Datenschäden als Eigentums- oder Vermögensschaden ankäme[3]. Aus diesem Grunde hat der Markt besondere **Bedingungen für die Haftpflichtversicherung von IT-Unternehmen** entwickelt, die sich von den herkömmlichen Bedingungen für die Betriebshaftpflichtversicherung, durch eine dezidierte **Vermögensschadendeckung,** unterscheiden[4].

3   Im Bereich der **Elektronikversicherung** liegen die Besonderheiten für diesen Wirtschaftszweig weniger in eigens für IT-Unternehmen entwickelten Versicherungsprodukten – die hier **verfügbaren** Bedingungen und Klauseln finden auch in anderen Wirtschaftszweigen Anwendung – sondern in dem engen **Zusammenspiel der Elektronik- mit der Haftpflichtversicherung.** Es ist kennzeichnend für die hier behandelten Risiken, dass sich **Schäden oftmals zugleich als Eigen- und als Drittschäden** ereignen: einer Schädigung anderer Unternehmen, etwa durch einen übertragenen Virus, geht häufig eine entsprechende Schädigung des eigenen Unternehmens voraus. Der **Eigenschaden** ist versicherungstechnisch der Sach- bzw. der Elektronikversicherung zugewiesen. Der Drittschaden kann hingegen nur von der Haftpflichtversicherung abgedeckt werden. Oftmals sind daher Haftpflicht- und Elektronikversicherung gleichzeitig angesprochen. Bei den Deckungsvoraussetzungen bestehen zwischen beiden Versicherungszweigen erhebliche Unterschiede, doch erleichtern andererseits bestehende Gemeinsamkeiten auch die Beantwortung von Zweifelsfragen, die in diesem noch relativ jungen Versicherungssegment mitunter auftreten.

II. Der Begriff des IT-Risikos

4   Unter IT-Risiko wird hier das Betriebsrisiko von Unternehmen der Informationstechnologie verstanden. Eine feststehende Definition, welche Unternehmen bzw. Risiken unter diesen mittlerweile zur Alltagssprache gehörenden Begriff zu zählen sind, gibt es nicht, denn die Vielfalt einschlägiger Tätigkeiten ist ausgesprochen groß. Wie noch auszuführen sein wird, sind nicht alle bestehenden Risiken versicherbar. Um den Kreis des Versicherbaren näher zu beschreiben, soll zunächst die Gesamtheit der Risiken umrissen werden. Dies sind in jedem Fall die folgenden **Tätigkeitsbereiche:**

5   Im Bereich **Software** die Erstellung von Software, Software-Handel, Implementierung und Pflege von Software sowie damit verbundene Beratungsleistungen.

---

[1] S. Ziff. 1.1 Allgemeine Versicherungsbedingungen für die Haftpflichtversicherung (AHB), Stand: Januar 2008; abzugrenzen sind hiervon die sogenannten unechten Vermögensschäden (Vermögensfolgeschäden), welche als Folge eines ursächlichen Personen- oder Sachschadens eintreten und in der Betriebshaftpflichtversicherung unter die Deckung für Personen- und Sachschäden fallen.

[2] Der Missbrauch des firmeneigenen Rechners durch unbefugte Dritte zur Schädigung anderer, etwa bei der Durchführung eines Distributed Denial of Service-Angriffes, ist ein solcher Fall.

[3] *Koch,* ITRB 2007, 187 (188); zur rechtlichen Qualifikation von Datenschäden unten Rn. 80.

[4] Näher unten Rn. 45.

Im Bereich **Hardware** deren Herstellung, der Hardware-Handel, die Modifizierung, In-   6
stallation und Wartung von Hardware sowie damit zusammenhängende Beratungsleistungen.
Hinzu kommen hier auch die Herstellung bzw. der Handel mit Steuer-, Mess- und Regeltechnik.

Im Bereich der allgemeinen **IT-Dienstleistungen** die IT-Analyse, -Organisation, -Ein-   7
weisung und -Schulung, die Netzwerkplanung, -Installation, -Integration, -Pflege, damit
verbundene Beratungsleistungen sowie der Betrieb von Rechenzentren und Datenbanken.

Im Bereich der **Dienstleistungen im Internet** die Zugangsvermittlung ins Internet (z. B.   8
Access-Providing), das Bereithalten fremder Inhalte (z. B. Host-Providing), das Bereithalten
eigener Inhalte (z. B. Content-Providing) und das Application-Service-Providing (Gewährung von Software-Nutzung über das Internet). Aber auch das Betreiben von elektronischen
Portalen, wie etwa Auktionsplattformen, Suchmaschinen (wie z. B. Google) oder anderen
sog. Location Tools, zählt hierzu.

Als Sonderfelder sind **Kommunikationsdienste** wie der Betrieb von Telekommunika-   9
tionsnetzen zu nennen und IT-Tätigkeiten, für welche der Gesetzgeber eine **Pflichtversicherung** vorschreibt. Hier ist das Anbieten von Zertifizierungsdienstleistungen nach den
Vorschriften des Signaturgesetzes[5] zu nennen.

Neben solchen offensichtlich einschlägigen Industriezweigen können auch Unternehmen   10
in „herkömmlichen" Branchen mit **Tätigkeiten im Bereich der Informationstechnologie als Annex** zu ihrem hauptsächlichen Betätigungsfeld befasst sein. Dies ist der Fall, wenn
Unternehmen elektronisch Daten mit Geschäftspartnern austauschen, diesen beispielsweise
Software-Komponenten zur Verfügung stellen oder im Wege des E-Commerce Dienstleistungen auch über das Internet erbringen. Anwendungsbeispiele für Ersteres sind die Home-
banking-Module, welche Banken ihren Kunden zur Verfügung stellen. Ein anderes Beispiel
sind Softwarekomponenten, welche Automobilhersteller ihren Vertragswerkstätten zur Verfügung stellen, damit diese Reparaturen und Inspektionen an der Bordelektronik der Fahrzeuge vornehmen können. Die Tätigkeit von Unternehmen lässt sich heute selbst für Kleinst-
unternehmer praktisch nicht mehr ohne den Einsatz von IT-Produkten denken.

III. Risikofelder Haftpflicht

Aufgrund der in der Haftpflichtversicherung gebotenen Allgefahrendeckung ist es hier nicht   11
wie in der Elektronikversicherung möglich, die versicherten Gefahren abschließend zu beschreiben. Gleichwohl sollen im Folgenden die Risikobereiche dargestellt werden, welche bei
IT-Unternehmen typischerweise zu Ansprüchen Dritter führen. Dies ist von Bedeutung, da die
**Deckung in Ansehung der verschiedenen Risikobereiche teilweise differenziert aus-
gestaltet** ist. Die Risikofelder einschließlich der rechtlichen Anknüpfungspunkte für Haftungsansprüche können allerdings im Rahmen dieser Darstellung nur grob skizziert werden.

Die möglichen Schadensbilder, die sich aus einer Tätigkeit im IT-Bereich ergeben können,   12
sind vielfältig. Aus der bisherigen Schadenerfahrung lässt sich allerdings auf bestimmte **Ri-
sikokategorien** schließen: Zu unterscheiden sind einerseits „technische" Risiken, wie unbefugte Eingriffe in Systeme, Hacking, Viren, Systemfehler, Fehlbedienung, Falschberatung
und der Diebstahl von Informationen und andererseits Risiken, die sich in erster Linie aus Inhalten im Internet ergeben, wie Verletzung der Privatsphäre, Beleidigung, Verleumdung,
Wettbewerbsverstöße und die Verletzung geistigen Eigentums (Schutzrechte).

1. Technische Risiken

a) Unbefugte Eingriffe in Systeme, Hacking. Eine ernste Gefahr für Unternehmen   13
sind Schäden, die durch unbefugte Eingriffe in Systeme verursacht werden. Solche Schäden
sind häufig durch mangelnde Sicherheitsvorkehrungen bedingt. Hier liegt ein erhebliches
Risiko nicht allein für die eigenen Systeme, sondern auch eine Gefährdung für Dritte, wenn

---

[5] SignaturG, BGBl. 2001 I S. 876.

etwa der eigene Rechner zum Angriff auf Dritte missbraucht wird, oder wenn im eigenen System gespeicherte Daten Dritter beschädigt werden. In solchen Fällen der Drittschädigung stellt sich die Frage der Haftung.

14   Unbefugte Eingriffe in Systeme können als **interne Angriffe** aus dem Unternehmen selbst erfolgen oder als Angriffe von außen. Das interne, also von eigenen Mitarbeitern ausgehende Risiko gilt gemeinhin als eine unterschätzte Gefahr[6]. Es ist deshalb besonders schwerwiegend, weil der entsprechende Schutz umfangreiche Vorkehrungen erfordert. Rein technische Lösungen, wie sie sich für die Abschirmung nach außen anbieten, genügen hier nicht. Ein Risiko stellen dabei nicht nur böswillige sondern auch unvorsichtige Mitarbeiter dar[7]. Die allgemein angespannte Sicherheitssituation wird durch die verstärkte Fremdvergabe sicherheitsrelevanter Aufgaben noch verschärft. Wird etwa aus Kosten- oder Kapazitätsgründen ein externer Dienstleister eingebunden, dann erschwert dies die Kontrolle der vorhandenen Sicherheitsvorkehrungen und dementsprechend auch das Entdecken von Sicherheitslücken.

15   **Externe Angriffe** drohen in Form von Hackerangriffen[8]. Hacker sind eine Gefahr für alle Unternehmen, deren IT-Systeme auch von außen her zugänglich sind, was praktisch immer der Fall ist. Die Motivation von Hackerangriffen kann durchaus unterschiedlich sein, doch ist der Anteil der Angriffe, die gezielt bestimmten Unternehmen gelten, hoch. Eine Spielart böswilliger Angriffe von außen sind die sogenannten **Distributed Denial of Service Attacks** (DDoS), welche die Internet-Verbindungen der angegriffenen Unternehmen durch gezielte Überlastung lahm legen[9]. Bereits eine kurzfristige Distributed Denial of Service Attack auf ein Unternehmen kann dieses allein an Arbeitszeit für EDV-Administratoren hohe Summen kosten.

16   Mit Blick auf mögliche **Haftungsansprüche** sind unbefugte Eingriffe eine besondere Gefahr für solche Unternehmen, die für die Sicherheit der IT-Systeme bzw. Daten anderer einzustehen haben, sei es als Lieferanten von Software bzw. Systemkomponenten oder als Dienstleister. Stellt sich bei einem Drittschaden heraus, dass die erforderlichen Sicherheitsvorkehrungen nicht oder unzureichend getroffen wurden, so rückt die Haftungsfrage in Gestalt von Regressansprüchen ins Bild. Die böswilligen Verursacher der Schäden, etwa Hacker, stehen dabei als Haftungsschuldner in der Regel nicht zur Verfügung.

17   **b) Viren.** Wie beim Hackerangriff ist auch der Befall durch einen Virus zunächst ein Problem des primär betroffenen Unternehmens selbst. Verbreitet sich der Virus allerdings weiter – häufig durch unzureichende Schutzvorkehrungen – und schädigt Dritte, dann stellt sich die Haftungsfrage[10]. Die Verbreitung von Viren über das Internet, insbesondere über e-Mails, ereignet sich häufig, ist allerdings weder die einzige, noch die vorherrschende Art der Ausbreitung von Viren. Verbreitungsquellen für Viren sind vielmehr auch Originalsoftware, vorinstallierte Software auf vertriebener Hardware, Wartungs- und Servicepersonal sowie Anwender. Häufig begünstigt eine bestimmte Software Viren in besonderer Weise, wenn sie weit verbreitet ist und zusätzlich Schwachstellen besitzt, welche die Verbreitung erleichtern[11]. Ein besonderes Haftungsrisiko im Zusammenhang mit der Verbreitung von Viren haben neben Firmen, die Software produzieren, Unternehmen, die Arbeiten an Systemen

---

[6] Zur aktuellen Entwicklung BSI, Die Lage der IT-Sicherheit in Deutschland 2007, S. 30f.

[7] Das klassische Beispiel hierfür ist das mit einem Notizzettel am Bildschirmrand für jeden sichtbar befestigte Passwort für den Systemzugang.

[8] Die Kriminalstatistik 2006 führt 1672 Fälle (2005: 1609 Fälle) von Datenveränderung bzw. Computersabotage auf.

[9] Dazu BSI, Die Lage der IT-Sicherheit in Deutschland 2007, S. 23; *Pierrot* in: *Ernst Hacker,* Cracker & Computerviren, Rn. 128ff.; *Spindler,* Verantwortlichkeiten von IT-Herstellern, Nutzern und Intermediären, Studie im Auftrag des Bundesamtes für Sicherheit in der Informationstechnik (BSI), 2007, Rn. 87ff.

[10] *Spindler,* Verantwortlichkeiten von IT-Herstellern, Nutzern und Intermediären, Studie im Auftrag des Bundesamtes für Sicherheit in der Informationstechnik (BSI), 2007, Rn. 58ff.; *Koch,* Versicherbarkeit von IT-Risiken, Rn. 375ff.; *ders.;* NJW 2004, 801ff.; *Libertus,* MMR 2005, 507ff.

[11] BSI, Die Lage der IT-Sicherheit in Deutschland 2007, S. 19.

Dritter vornehmen. Auf der Seite des Geschädigten wird bei der Verbreitung von Viren allerdings regelmäßig die Frage eines Mitverschuldens zu berücksichtigen sein, da angemessene Vorkehrungen gegen Viren angesichts der allgemein bekannten Gefährdung heutzutage als Selbstverständlichkeit zu betrachten sind[12].

c) **Systemfehler, Fehlbedienung, Falschberatung.** Neben böswillig herbeigeführten **18** Beschädigungen sind Schäden an IT-Systemen häufig die Folge von Systemfehlern, Fehlbedienung, falscher Unterweisung etc. Werden dabei Dritte geschädigt, dann kommen Haftungsansprüche in Betracht. Betroffen sein können insbesondere Unternehmen, die Systemkomponenten an andere liefern, Arbeiten an fremden Systemen durchführen oder sonstige Dienstleistungen erbringen. Ein besonderer Schwerpunkt solcher Vorkommnisse liegt im Bereich der Beschädigung oder versehentlichen Löschung von Daten. Haftungsfälle infolge von Drittschäden durch **Datenverlust** ereignen sich in mannigfaltiger Weise, etwa bei Versagen eines nicht hinreichend getesteten Datensicherungsprogramms[13], durch unzureichende Installation eines Datensicherungssystems[14], Überlassung veralteter Datenbestände als „Datensicherung" an Auftraggeber[15] oder den fehlenden Hinweis in einer Software-Dokumentation auf die Möglichkeit eines Datenverlustes[16]. Allerdings ist bei der Beurteilung der Haftung regelmäßig die **Frage eines möglichen Mitverschuldens des Geschädigten** zu prüfen. Die Datensicherung im eigenen System gehört heute für alle Unternehmen zum selbstverständlichen Bestandteil eines ordnungsgemäßen IT-Riskmanagements, für dessen Einhaltung die Geschäftsleiter zu sorgen haben (s. § 91 Abs. 2 AktG) und auf deren Vorliegen sich Dritte verlassen können[17].

d) **Diebstahl von Informationen.** Auch der Diebstahl von Informationen kann zu **19** Schäden und Haftungsansprüchen führen[18]. Von dem Schaden hinsichtlich eigener Daten abgesehen sind Drittschäden insbesondere in zwei Konstellationen denkbar: entweder speichert ein Unternehmen in den eigenen Systemen Daten Dritter, die dann in die falschen Hände gelangen oder ein Unternehmen ist als Dienstleister für Dritte tätig und durch Fehler bei dieser Tätigkeit werden dem Dritten Informationen gestohlen. Eine ungenügende Absicherung von Systemen kann im Rahmen einer Haftungsprüfung Indiz für ein gegebenes Verschulden sein, insbesondere wenn entsprechende Sicherheitslösungen ohne weiteres verfügbar sind. An möglichen Schäden ist hier unter anderem an den Missbrauch von Daten etwa der Kreditkarteninformationen zu denken. Aber auch der Wert der Daten als solcher, etwa von Kundendaten, ist nicht zu unterschätzen. Finanzielle Verluste in diesem Bereich sind allerdings schwierig zu beziffern.

2. Risiken aus Inhalten im Internet

Neben den zuvor behandelten „technischen" Haftungsrisiken, welche sich in erster Linie **20** aus dem Versagen von Software, von technischen Komponenten oder aus fehlerhaften

---

[12] Ausführlich *Spindler,* Verantwortlichkeiten von IT-Herstellern, Nutzern und Intermediären, Studie im Auftrag des Bundesamtes für Sicherheit in der Informationstechnik (BSI), 2007, Rn. 315 ff.

[13] BGH v. 2. 7. 1996, NJW 1996, 2924.

[14] LG Detmold v. 25. 9. 1998, CR 1999, 689.

[15] OLG Köln v. 2. 2. 1996, NJW-RR 1997, 558.

[16] OLG Hamm v. 10. 11. 1997, CI 1999, 28.

[17] Vgl. OLG Hamm v. 1. 12. 2003, MMR 2004, 487; OLG Karlsruhe v. 20. 12. 1995, NJW-RR 1997, 554: Danach lag in der Unterlassung einer Datensicherung ein derart grobes Mitverschulden des Klägers, dass demgegenüber die behauptete fahrlässige Datenvernichtung seitens des Beklagten als vernachlässigenswert zurücktat; OLG Köln v. 22. 4. 1994, NJW-RR 1994, 1262; LG Stuttgart v. 30. 1. 2002, CR 2002, 487; LG Kleve v. 23. 3. 1990, JurPC Web-Dok. 66/1998, Abs. 1–18; AG Kassel v. 22. 10. 1997, NJW-RR 1998, 1326; *Meier/Wehlau,* NJW 1998, 1585, 1590; *Spindler,* Verantwortlichkeiten von IT-Herstellern, Nutzern und Intermediären, Studie im Auftrag des Bundesamtes für Sicherheit in der Informationstechnik (BSI), 2007, Rn. 327, zu den Geschäftsleiterpflichten Rn. 336 ff.

[18] Die Kriminalstatistik 2006 führt 2990 Fälle (2005: 2366 Fälle) des Ausspähens von Daten (§ 202a StGB) auf.

Dienstleistungen im Bereich von IT-Systemen ergeben können, bringt das Internet einen weiteren Risikobereich mit sich: die **Verletzung der Rechte Dritter durch Informationen,** die im Web zur Verfügung gestellt werden. Ansprüche auf Schadenersatz können u. a. auf der Grundlage von § 823 BGB, § 97 UrhG und §§ 3, 9 UWG bestehen. Der Vorwurf, mit im Internet angebotenen Inhalten Rechte anderer zu verletzen, trifft zuerst den eigentlichen Anbieter solcher Inhalte, der diese als eigenen „Content" zur Verfügung stellt. Dies ist in der Regel der Betreiber einer Website oder derjenige, der strittige Inhalte beispielsweise in ein Internet-Forum einstellt. Daneben können sich Ansprüche aber insbesondere auch gegen die Provider richten, welche durch ihre Dienstleistung, etwa das Hosting der betreffenden Website oder des Forums, diese Inhalte im Internet zugänglich machen[19]. Neben der Veröffentlichung rechtswidriger Informationen kann auch der **Umgang mit gewonnenen Informationen** gegen fremde Rechte verstoßen.

21   **a) Verletzung der Privatsphäre, Beleidigung, Verleumdung.** Verletzungen im Bereich der Persönlichkeitsrechte sind vor allem im Internet relevant[20]. Ein Schadenszenario liegt darin, dass **im Internet veröffentlichte Informationen** Personen beleidigen oder in anderer Weise in ihrem Persönlichkeitsrecht verletzen. Eine haftungsrechtliche Verantwortlichkeit trifft in solchen Fällen die Urheber der Informationen, unter Umständen aber auch die beteiligten Provider. Eine andere Schadenmöglichkeit liegt in der **ungewollten Veröffentlichung** persönlicher Informationen. So offenbaren Anbieter von E-Mail-Diensten, Online-Versicherungsvermittler, Online-Steuerberater und andere Unternehmen versehentlich vertrauliche Informationen über einzelne Kunden im Internet. In der Regel sind Systemfehler die Ursache solcher Vorkommnisse.

22   Eine weitere Quelle von Ansprüchen kann das Sammeln persönlicher Informationen im Internet über einzelne Personen ohne deren Zustimmung bzw. vorherige Aufklärung sein. Dies ist insbesondere in Hinblick auf Informationen über Kunden und Besucher von Web-Seiten im Internet eine weithin geübte Praxis. Die technischen Möglichkeiten hierzu sind vielfältig. Das sogenannte **Profiling** erlaubt es dabei, Profile von Personen anzulegen, die dann für die verschiedensten Zwecke, insbesondere zum Marketing sowie zum Maßschneidern von Online-Angeboten verwendet werden können. Eine Möglichkeit, an diese Informationen zu gelangen, besteht in der Verwendung von Cookies. Diese kleinen Datensätze, welche beim Besuch von Websites auf dem PC des Besuchers abgelegt werden, ermöglichen es den Diensteanbietern im Internet, die verschiedenen Nutzer zu identifizieren und ihren Weg durch das Netz zu verfolgen. Die §§ 11 bis 15 TMG enthalten detaillierte Vorschriften über die Erhebung und Auswertung von Daten im Internet, insbesondere solcher Daten, die mit Hilfe von Cookies gesammelt werden[21].

23   Werden Persönlichkeitsrechte Dritter verletzt, dann richten sich deren Ansprüche häufig auf **Beseitigung oder Unterlassung** der Verletzung. Daneben können aber auch Ansprüche auf **Schadenersatz** bestehen. Die Grundlage der Ansprüche kann vertraglicher Natur sein, wenn etwa korrekte Datenverarbeitung geschuldet und die entsprechende Pflicht verletzt wird, aber auch deliktsrechtlicher Natur. Nach § 823 Abs. 1 BGB kann der Geschädigte bei Verletzung des „allgemeinen Persönlichkeitsrechts" Ersatz auch für immaterielle Schäden verlangen. Dies gilt auch für Ansprüche nach § 823 Abs. 2 BGB in Verbindung mit einem Schutzgesetz. Solche Schutzgesetze sind beispielsweise § 202a StGB (Ausspähen von Daten)[22], das Fernmeldegeheimnis nach § 88 TKG und § 206 StGB sowie datenschutzrechtliche Bestimmungen. Auch Ansprüche nach § 824 BGB (Kreditgefährdung) und § 826 BGB (sit-

---

[19] S. zur Haftung oben Abschnitt B. II.

[20] Speziell zu Persönlichkeitsrechtsverletzungen im Internet s. *Spindler/Nink* in: *Spindler/Schuster,* § 823 BGB Rn. 20ff.

[21] Näher dazu *Spindler/Nink* in: *Spindler/Schuster,* § 11 TMG Rn. 8; *Schmitz* in: *Spindler/Schmitz/Geis,* § 1 TDDSG Rn. 30.

[22] Die Kriminalstatistik 2006 weist einen Anstieg beim Ausspähen von Daten gemäß § 202a StGB von +26,4 Prozent auf 2 990 Fälle (2005: 2 366 Fälle) aus.

tenwidrige vorsätzliche Schädigung) kommen in Betracht. § 7 BDSG bildet eine Grundlage für Ansprüche auf Schadenersatz im Falle einer unzulässigen oder unrichtigen Erhebung, Verarbeitung oder Nutzung personenbezogener Daten.

b) Unlauterer Wettbewerb. Ein weiterer Schauplatz rechtlicher Auseinandersetzungen   24
im IT-Bereich ist das Wettbewerbsrecht. Gerade in umkämpften Märkten bieten sich Anlässe für Auseinandersetzungen auf diesem Feld. Diese sind oftmals von einer Gestalt, dass ein Versicherungsschutz für Ansprüche Dritter, die aus solchen Streitigkeiten resultieren, von vornherein ausscheiden muss (Vorsatzausschluss). Der Bereich des Internets eröffnet allerdings auch neue und zuvor unbekannte Möglichkeiten, in wettbewerbsrechtliche Streitigkeiten verwickelt zu werden.

Als Auslöser für Ansprüche hat sich etwa die Verwendung von sogenannten **Metatags** auf   25
Websites herausgestellt. Diese werden von Suchmaschinen gelesen, und dienen für diese als Informationsträger über Inhalt und Zielrichtung der betreffenden Website. Kritisch ist unter anderem die Praxis zu sehen, Metatags ohne Bezug zum Inhalt der Website zu verwenden oder durch entsprechende Gestaltung von Metatags Suchabfragen, die eigentlich anderen Websites gelten sollen, auf die eigene Seite umzuleiten[23].

Auch die Verwendung von **Links** auf Websites kann Anlass für wettbewerbsrechtliche Ansprüche sein, wenn etwa durch die Art, in der ein Link realisiert ist, nicht deutlich wird, dass   26
die Inhalte der verlinkten Seite von jemand anderem stammen[24]. Diskutiert wird auch die Frage der wettbewerbsrechtlichen Zulässigkeit von sogenannten **Deep Links.** Ein Deep Link verweist nicht auf die Titel- oder Eingangsseite des anderen Anbieters (wo dieser möglicherweise bezahlte Werbung platziert hat), sondern auf eine Unterseite. Dadurch können diesem Werbeeinnahmen verloren gehen[25].

Das sogenannte **Spamming** hat ebenfalls eine Relevanz im Bereich des Wettbewerbs-   27
rechts (s. § 7 Abs. 2 Nr. 3 UWG). Es handelt sich dabei um das unaufgeforderte, massenhafte Versenden von E-Mails zu Werbezwecken. Dieses Spamming, gegen das sich viele Unternehmen mit Hilfe besonderer Techniken zu schützen versuchen, beansprucht die Rechner und Übertragungskapazitäten Dritter. Es kann aber auch ungewollte Folgen haben, sich mit technischen Mitteln gegen Spammer zur Wehr zu setzen. Verschiedentlich beschwerten sich die Versender seriöser E-Mails, etwa die Versender von Newslettern, welche regelmäßige E-Mails an Abonnenten ihres Newsletters senden, dass sie durch die Anti-Spam Systeme von Providern daran gehindert wurden, ihre Abonnenten zu erreichen[26].

Werbung im Internet, auf der viele Geschäftsmodelle basieren, wirft wettbewerbsrecht-   28
liche Fragestellungen etwa im Zusammenhang mit dem Trennungsgebot auf. Dieses schreibt eine deutliche Trennung von Werbung einerseits und redaktionellen Inhalten andererseits vor. Die Geltung des Trennungsgebotes ergibt sich für den Bereich der Telemediendienste aus § 6 TMG, § 54 RStV.

Schließlich können sich wettbewerbsrechtliche Konflikte auch daraus ergeben, dass das In-   29
ternet eine Reihe von **neuen Geschäftsmodellen** hervorgebracht hat, welche ohne dieses Medium gar nicht denkbar wären, die aber neuartige Konfliktsituationen entstehen lassen. Ein Beispiel war etwa das sog. Powershopping, bei dem sich mehrere Käufer elektronisch zusammenfinden, um hierdurch günstigere Preise zu erzielen[27].

---

[23] Siehe zur Verwendung fremder Kennzeichen als Metatag BGH v. 18. 5. 2006, GRUR 2007, 65 – Impuls; BGH v. 8. 2. 2007, GRUR 2007, 784 – Aidol.

[24] S. Fn. 10.

[25] BGH v. 17. 7. 2003, MMR 2003, 719 – Paperboy; *Ott,* WRP 2004, 52; *Spindler,* JZ 2004, 150.

[26] Zur Wettbewerbswidrigkeit sog. „Blacklists" mit dem ein fremder Mailserver wegen Spam-Mails geblockt wird, LG Lüneburg v. 27. 9. 2007, MMR 2008, 61 m. abl. Anm. von *Heidrich;* näher zu den Möglichkeiten der Spam-Abwehr; *Hoeren,* NJW 2004, 3513 ff.

[27] Zum Verstoß des „Powershopping" gegen § 1 UWG (jetzt: § 3 UWG), OLG Köln v. 1. 6. 2001, MMR 2001, 523; ähnlich zu Rückwärtsauktionen im Internet OLG Hamburg v. 25. 4. 2002, GRUR-RR 2002, 232.

30   **c) Verletzung geistigen Eigentums (Schutzrechte).** Die Verletzung geistigen Eigentums spielt in rechtlichen Auseinandersetzungen im IT-Bereich eine erhebliche Rolle. Zahlreiche Gerichtsentscheidungen, die im Zusammenhang mit Tätigkeiten im Internet veröffentlicht werden, betreffen die Verletzung von **Marken-, Namens- und Urheberrechten,** etwa im Zusammenhang mit einer nicht autorisierten Verwertung von Musikdateien, Fotos und redaktionellen Beiträgen. Beispiele für die Verletzung von Markenrechten sind etwa Streitigkeiten um Domain-Namen, sowie die unberechtigte Verwendung von fremden Marken bei Web-Auftritten oder als Adwords i. R. d. Suchmaschinenwerbung[28]. Auch die Verletzung von Patentrechten ist als Risiko zu nennen. Eine Haftung für die Verletzung von Schutzrechten kann sich bei Bestehen vertraglicher Beziehungen mit dem Anspruchsteller aus Vertrag, im Übrigen auch aus Vorschriften des Urheber-, Marken-, Namens- und Datenschutzrechts ergeben. Zu berücksichtigen sind dabei die bereits erwähnten Vorschriften des Telekommunikationsrechts. Im Falle der Nutzung fremden geistigen Eigentums sind auch Ansprüche aus Bereicherungsrecht oder Geschäftsführung ohne Auftrag denkbar.

B. Rechtliche Rahmenbedingungen/Rechtsgrundlagen

I. Haftungsgrundlagen

31   Werden Dritte durch das Verhalten eines Unternehmens geschädigt, dann stellt sich die Frage, ob Haftungsansprüche bestehen. Existiert eine vertragliche Beziehung zum Geschädigten, kann diesem gegenüber eine Haftung aus vertraglicher Grundlage gegeben sein. Daneben kann eine Haftung aus außervertraglicher Rechtsgrundlage in Betracht kommen[29].

32   Im Bereich der IT-Schäden gelten für die Haftung zwischen Geschäftspartnern die gleichen Grundsätze wie in anderen Geschäftszweigen auch. Grundlage für **vertragliche Ansprüche** auf Schadensersatz neben der Leistung bildet § 280 Abs. 1 BGB in Verbindung mit der für den jeweiligen Vertragstyp geltenden Verweisungsnorm[30]. Verletzt der Schuldner eine Pflicht aus dem Vertragsverhältnis, so kann der Gläubiger Ersatz des hierdurch entstehenden Schadens verlangen. Nach § 280 Abs. 1 S. 2 BGB muss der Verkäufer die Pflichtverletzung zu vertreten haben, was jedoch vermutet wird. Eine Haftung – auch ohne Verschulden – kann nach § 276 Abs. 1 BGB bestehen, wenn sie vertraglich vereinbart wurde oder wenn der Schuldner nach § 443 BGB eine Garantie übernommen hat und die garantierte Beschaffenheit nicht gegeben ist. Ersatz kann auf dieser Grundlage nicht allein für Personen- und Sachschäden, sondern auch für Vermögensschäden verlangt werden.

33   Aus der vertraglichen Beziehung ergeben sich **gegenseitige Sorgfaltspflichten** der Partner, die in Abhängigkeit vom Inhalt des Vertragsverhältnisses unterschiedlich ausgeprägt sein können. Gleichsam eine Mindestverpflichtung für alle Vertragspartner dürfte darin bestehen, die eigenen Systeme so abzusichern, dass sie weder **bösartige Software,** etwa Viren[31], an den Vertragspartner übertragen, noch etwa dafür missbraucht werden können, Dritten als Einfallstor bzw. Angriffsmittel auf die Systeme des Partners zu dienen[32]. Wird diese Sorgfalts-

---

[28] OLG Braunschweig v. 12. 7. 2007, NJOZ 2007, 4282; OLG Braunschweig v. 11. 12. 2006, GRUR 2007, 71; eine Markenrechtsverletzung ablehnend OLG Düsseldorf v. 23. 1. 2007, MMR 2007, 247.

[29] *Bäumer* in: *Reinhard/Pohl/Capellaro,* IT-Sicherheit und Recht, 2007, Rn. 297 ff.; *Koch,* Versicherbarkeit von IT-Risiken, Rn. 182 ff., 500 f., 669 ff.; *Spindler,* Verantwortlichkeiten von IT-Herstellern, Nutzern und Intermediären, Studie im Auftrag des Bundesamtes für Sicherheit in der Informationstechnik (BSI), 2007, Rn. 94 ff., 276 ff., 332 ff., abrufbar unter http://www.bsi.de/literat/studien/recht/IT-Recht.pdf.

[30] Liegt zum Beispiel ein Kaufvertrag vor, § 437 Nr. 3 BGB, bei einem Werkvertrag § 634 Nr. 4 BGB.

[31] Vgl. LG Hamburg v. 18. 7. 2001, NJW 2001, 3486 zur Verpflichtung zum Einsatz neuester Anti-Viren-Programme bei vertragsgemäßer Überprüfung von Daten; *Koch,* NJW 2004, 801; *Libertus,* MMR 2005, 507; *Schneider/Günther,* CR 1997, 389 (394).

[32] Siehe im Einzelnen *Spindler,* Verantwortlichkeiten von IT-Herstellern, Nutzern und Intermediären, Studie im Auftrag des Bundesamtes für Sicherheit in der Informationstechnik (BSI), 2007, Rn. 376 ff.

pflicht verletzt und ergibt sich daraus ein Schaden, dann kann ein Schadensersatzanspruch bestehen. Die Frage, welcher Sorgfaltsmaßstab anzuwenden ist, richtet sich nach dem Inhalt des Vertrages und insbesondere nach der Art der geschuldeten Leistung. Abhängig von den vertraglichen Vereinbarungen können auch weitere Sorgfaltspflichten hinzutreten. Eine Verletzung vertraglicher Sorgfaltspflichten kann beispielsweise auch darin bestehen, dass eine gelieferte Software beim Auftraggeber wegen mangelnder Kompatibilität Systeme beschädigt, dass ein Dienstleister bei der Arbeit an Systemen des Auftraggebers dort versehentlich Daten löscht oder dass der mit einer Beratung oder Schulung beauftragte Dienstleister fehlerhafte oder unvollständige Weisungen erteilt, deren Befolgung dann zu Schäden führt.

In der Regel wird die vertragliche Haftung durch **allgemeine Geschäftsbedingungen** **34** ausgestaltet. Zahlreiche AGB-Bestimmungen sollen dabei dazu dienen, diese Haftung zu begrenzen. In der Praxis zeigt sich allerdings häufig, dass diese Bestimmungen nicht in der vom Verwender gewünschten Art und Weise zum Tragen kommen, wenn etwa Haftungsbeschränkungen dem Partner gegenüber nicht durchgesetzt werden können, allgemeine Geschäftsbedingungen nicht wirksam vereinbart werden oder wenn sie der gesetzlichen Inhaltskontrolle nicht standhalten. Insbesondere ist der Umstand von Bedeutung, dass eine Haftungsbeschränkung dann nicht zum Tragen kommt, wenn sich herausstellt, dass gleichzeitig eine Beschaffenheitsgarantie übernommen wurde, vgl. §§ 444, 639 BGB. Zudem schränkt selbst zwischen Unternehmen die Rechtsprechung gem. § 307 BGB die Möglichkeit zur Haftungsbeschränkung in AGB erheblich ein, etwa indem die Haftung für die Verletzung von Kardinalpflichten selbst für leicht fahrlässige Verursachung nicht ausgeschlossen werden kann. Allenfalls für Haftungsbegrenzungsklauseln der Höhe nach, welche zumindest die vertragstypischen, vorhersehbaren Schäden abdeckt, lässt die Rechtsprechung eine Akzeptanz erkennen[33]. Hinsichtlich der Haftung ist schließlich festzuhalten, dass durch allgemeine Geschäftsbedingungen nur die Haftung dem Geschäftspartner gegenüber beschränkt werden kann, nicht jedoch die Haftung gegenüber nicht am Vertrag beteiligten Dritten. Gleiches gilt für die sogenannten **Disclaimer,** mit denen die Haftung des Verwenders für Inhalte von Websites beschränkt werden soll[34].

Eine **Haftung im außervertraglichen Bereich** besteht bei schuldhafter Verletzung des **35** absoluten Rechtsgutes eines Dritten nach Deliktsrecht, § 823 Abs. 1 BGB. Geht es jedoch – wie hier in der Mehrzahl der Fälle – um reine Vermögensschäden greift die Anspruchsgrundlage des § 823 Abs. 1 BGB nur in Ausnahmefällen. Bei einer in der Praxis wichtigen Fallgruppe, der Beschädigung von Daten, ist die Frage, ob es sich dabei um Sachschäden und damit um eine Eigentumsverletzung i. S. v. § 823 Abs. 1 BGB oder um Vermögensschäden handelt, noch nicht endgültig geklärt[35].

Eine deliktische Haftung kann sich ferner nach § 823 Abs. 2 BGB gegen denjenigen richten, der gegen ein den Schutz eines anderen bezweckendes Gesetz verstößt. Auf der Grundlage von § 823 Abs. 2 BGB können auch reine Vermögensschäden ersetzt verlangt werden. Als **Schutzgesetze** sind unter anderem strafrechtliche Normen zu nennen, insbesondere das durch das 41. StrÄndG zur Bekämpfung der Computerkriminalität geänderte und erweiterte Computerstrafrecht: Nach § 202a StGB handelt strafbar, wer sich oder anderen unbefugt Daten verschafft, die nicht für ihn bestimmt und die gegen unberechtigten Zugang besonders gesichert sind. Neu geschaffen wurden der Straftatbestand des Abfangens von Daten (§ 202b StGB) sowie der umstrittene Vorfeldtatbestand des § 202c StGB[36]. Nach § 303a StGB macht

---

[33] S. dazu BGH v. 25. 2. 1998, NJW 1998, 1640, 1644; BGH v. 19. 2. 1998, NJW-RR 1998, 1426; BGH v. 11. 11. 1992, NJW 1993, 335; BGH v. 23. 2. 1984, NJW 1985, 3016; Münchener Kommentar/ *Kieninger,* § 309 Nr. 7 BGB Rn. 38; *Ulmer/Brandner/Hensen/G. Cristensen,* § 309 Nr. 7 BGB Rn. 39, 46.

[34] Näher dazu *Ernst,* ITRB 207, 165; *Hoffmann* in: *Spindler/Schuster,* § 7 TMG Rn. 24 ff.

[35] Ausführlich *Spindler,* Verantwortlichkeiten von IT-Herstellern, Nutzern und Intermediären, Studie im Auftrag des Bundesamtes für Sicherheit in der Informationstechnik (BSI), 2007, Rn. 108 ff.; s. u. Rn. 80.

[36] Ausführlich zu den Einzelfragen des Computerstrafrechts *Ernst,* NJW 2007, 2661 ff.; *Gröseling/Höfinger,* MMR 2007, 549 ff., 626 ff.

sich strafbar, wer rechtswidrig Daten löscht, unterdrückt, unbrauchbar macht oder verändert. § 303b StGB stellt die Störung fremder Datenverarbeitung unter Strafe. Auch Normen aus dem Bereich des Datenschutzes sind hier zu nennen[37].

37   Im Bereich der **Produkthaftung** ist als zusätzliche, verschuldensunabhängige Anspruchsgrundlage das ProdHaftG zu nennen. Software kann zwar als Produkt im Sinne des § 2 ProdHaftG eingeordnet werden, wobei unerheblich ist, ob sie dem Empfänger auf Datenträger übergeben wird oder beim Online-Bezug heruntergeladen werden kann[38]. Im IT-Bereich ist die Bedeutung des ProdHaftG jedoch von vornherein beschränkt durch das Erfordernis einer Personen- oder Sachverletzung, die den Ersatz primärer Vermögensschäden ausschließt. Der Begriff des Sachschadens erfasst zwar wie bei § 823 Abs. 1 BGB auch Datenschäden, jedoch werden Sachschäden nur erfasst soweit eine „andere Sache" betroffen ist und diese ihrer Art nach gewöhnlich für den privaten Ge- und Verbrauch bestimmt ist (§ 1 Abs. 1 Satz 2 ProdHaftG). Zudem gilt hier nach § 11 ProdHaftG eine Selbstbeteiligung des Geschädigten in Höhe von 500,– €.

38   **Besondere Haftungsvorschriften** bestehen für Anbieter von Zertifizierungsdiensten im Zusammenhang mit der elektronischen Signatur und für Anbieter von Telekommunikationsdienstleistungen für die Öffentlichkeit. Der Zertifizierungsdiensteanbieter haftet aus seiner Tätigkeit nach § 11 SigG und unterliegt nach § 12 SigG der Pflicht zu einer Deckungsvorsorge mit einer Mindestdeckungssumme von 250 000,– € für jeden durch ein haftungsauslösendes Ereignis verursachten Schaden[39]. Für Telekommunikationsunternehmen gilt bei Schäden gegenüber ihren Kunden nach § 44a TKG eine Haftungsbeschränkung für Vermögensschäden von 12 500 Euro je Endnutzer und von 10 Mio. Euro gegenüber der Gesamtheit der Geschädigten je schadenverursachendem Ereignis[40].

II. Besonderheiten der Haftung für Inhalte im Internet

39   Gesetzliche Sonderregelungen bestehen für die Verantwortlichkeit für Inhalte im Internet nach dem Telemediengesetz (TMG)[41], welches der Umsetzung der E-Commerce-Richtlinie 2000/31/EG dient und an die Stelle des alten Teledienstegesetzes (TDG)[42] und des hinsichtlich der Haftungsvorschriften wortgleichen Mediendienste-Staatsvertrages (MDStV)[43] getreten ist. Haftungsprivilegierungen sind nur vorgesehen hinsichtlich der Verantwortlichkeit für fremde Informationen, nicht jedoch für den sogenannten **Content Provider,** der eigene Inhalte zur Nutzung bereithält (s. § 7 Abs. 1 TMG), was schwierige Fragen des „Zu-Eigen-Machens" fremder Inhalte aufwerfen kann[44]. Ein Sonderfall der haftungsrechtlichen Verantwortlichkeit für eigene Inhalte in Websites ist die **Haftung für Links,** welche nach gegenwärtiger Rechtslage jedoch nicht von den Haftungsvorschriften des TMG erfasst werden[45]. Das Setzen von Links auf andere Websites kann dazu führen, dass der Inhalt jener Websites demjenigen, der das Link dorthin gesetzt hat, inhaltlich zugerechnet wird. Auf diese

---

[37] Näheres im nachfolgenden Abschnitt „Verletzung der Privatsphäre, Beleidigung, Verleumdung".

[38] Zu den umstrittenen Einzelfragen *Spindler,* Verantwortlichkeiten von IT-Herstellern, Nutzern und Intermediären, Studie im Auftrag des Bundesamtes für Sicherheit in der Informationstechnik (BSI), 2007, Rn. 189ff.

[39] Näher *Geis* in: *Spinder/Schmitz/Geis,* § 12 SigG Rn. 2.

[40] Die Vorschrift entspricht weitgehend der Haftungsregelung des § 7 TKV 1997; zur Neuregelung *Ditscheid,* MMR 2007, 210, 211.

[41] Telemediengesetz (TMG) vom 26. 2. 2007 (BGBl. I S. 179), verkündet als Art. 1 Elektronischer-Geschäftsverkehr-VereinheitlichungsG v. 26. 2. 2007 (BGBl. I S. 179); Inkrafttreten gem. Art. 5 Satz 1 dieses G am 1. 3. 2007.

[42] Gesetz über die Nutzung von Telediensten (Teledienstegesetz – TDG) v. 22. 7. 1997, BGBl. I S. 1870, zuletzt geändert durch Art. 1 und 4 Abs. 1 G v. 14. 12. 2001, BGBl. I S. 3721.

[43] Mediendienste-Staatsvertrages (Sechster Rundfunkänderungsstaatsvertrag) vom 20. 12. 2001.

[44] Dazu *Hoffmann* in: *Spindler/Schuster,* § 7 TMG Rn. 15ff.

[45] BGH v. 1. 4. 2004, MMR 2004, 529, 530 – Schöner Wetten; OLG Stuttgart v. 24. 4. 2006, MMR 2006, 387, 388; ausführlich *Hoffmann* in: *Spindler/Schuster,* TMG Vorb. 7ff. Rn. 36ff.

Weise kann sich eine Verantwortlichkeit nicht allein für die selbst gestalteten Inhalte auf der eigenen Website ergeben, sondern auch für Inhalte Dritter auf deren Websites, die für den Link-Setzer sehr viel schwerer zu kontrollieren sind, als die eigenen Inhalte[46]. Soweit die Verantwortlichkeitsvorschriften der §§ 8 bis 10 TMG einschlägig sind, ist nach der Art des angebotenen Dienstes zu unterscheiden:

Reine Durchleitung: Die Regelung des § 8 TMG betrifft die Übermittlung fremder In-   **40** formationen und die Zugangsvermittlung zu solchen Informationen in einem Kommunikationsnetz. Erfasst wird damit neben dem sog. Routing vor allem der Access-Provider[47]. Access-Provider sind nach § 8 TMG für die von ihnen übertragenen fremden Inhalte nicht verantwortlich, vergleichbar mit der rechtlichen Verantwortlichkeit einer Telefongesellschaft[48] für die von ihr übertragenen Telefongespräche. Damit scheiden auch Schadensersatzansprüche gegen den Access-Provider wegen der übermittelten Informationen aus, vorausgesetzt, der Provider hat die übermittelten fremden Informationen nicht ausgewählt oder verändert und auch den Adressaten der übermittelten Informationen nicht ausgewählt. Eine nur zur Durchführung der Übermittlung erforderliche automatische kurzzeitige Zwischenspeicherung (Caching) der übertragenen Informationen wird der Durchleitung gleichgestellt (§ 8 Abs. 2 TMG).

Caching: Der Begriff der Zwischenspeicherung in § 9 TMG entspricht dem des § 8   **41** Abs. 2 TMG mit dem Unterschied, dass die automatische Zwischenspeicherung nicht ausschließlich zur Durchführung der Übermittlung, sondern der beschleunigten Abrufmöglichkeit und Netzentlastung für andere Nutzer dient. Um von der Haftungsfreistellung zu profitieren, darf der Diensteanbieter die fremden Informationen insbesondere nicht verändern und muss sie unverzüglich entfernen oder den Zugang sperren, sobald er Kenntnis davon erlangt, dass die Information am Ausgangsort der Übertragung entfernt oder der Zugang gesperrt wurde oder aber eine entsprechende gerichtliche oder behördliche Anordnung ergangen ist[49].

Hosting: Im Gegensatz zum Access-Provider speichert der sogenannte Host-Provider In-   **42** formationen seiner Kunden für diese in seinen Systemen für prinzipiell unbestimmte Zeit und hält die Informationen im Auftrag der Kunden für den Zugriff Dritter bereit[50]. Ein typischer Anwendungsfall ist dabei das Speichern („Hosting") von Websites. Nach § 10 TMG ist der Host-Provider für solche Informationen inhaltlich nicht verantwortlich, was Schadensersatzansprüche diesbezüglich ausschließt. Diese Haftungsprivilegierung des Host-Providers besteht allerdings nur dann, wenn er keine Kenntnis von der Rechtswidrigkeit einer Information hat, und ihm im Falle von Schadensersatzansprüchen auch keine Tatsachen oder Umstände bekannt sind, aus denen die Rechtswidrigkeit offensichtlich wird. Außerdem muss er, sobald er die entsprechende Kenntnis erlangt hat, unverzüglich tätig geworden sein, um die Information zu entfernen oder den Zugang zu ihr zu sperren. Hier ergibt sich vor allem aus den der groben Fahrlässigkeit angenäherten Voraussetzung für die gesetzliche Haftungsfreistellung bei Schadensersatzansprüchen ein verbleibendes Haftungsrisiko aus der Tätigkeit als Host-Provider[51].

---

[46] Zur Haftung aus der Verwendung von Links *Ott*, GRUR Int 2007, 14 ff.; *Ott*, WRP 2006, 691 ff.; *Peifer*, IPRax 2006, 246 ff.; *Köster/Jürgens*, MMR 2002, 420 ff.; *Spindler* in: *Spindler/Schmitz/Geis*, Vor § 8 TDG Rn. 30 ff.

[47] *Spindler* in: *Spindler/Schmitz/Geis*, § 9 TDG Rn. 14, 17; *Hoffmann* in: *Spindler/Schuster*, § 8 TMG Rn. 16 f.

[48] Deren Haftung richtet sich nicht nach dem TDG sondern nach den § 40 Telekommunikationsgesetz (TKG) v. 25. 7. 1996, BGBl. I S. 1120, i. V. m. § 7 der Telekommunikations-Kundenschutzverordnung.

[49] Ausführlich *Hoffmann* in: *Spindler/Schuster*, § 9 TMG Rn. 35; *Spindler* in: *Spindler/Schmitz/Geis*, § 10 TDG Rn. 19 f.

[50] *Hoffmann* in: *Spindler/Schuster*, § 10 TMG Rn. 1.

[51] *Spindler* in: *Spindler/Schmitz/Geis*, § 11 TDG Rn. 23; *Hoffmann* in: *Spindler/Schuster*, § 10 TMG Rn. 33.

43   Nach § 7 Abs. 2 TMG sind der Access-Provider und der Host-Provider nicht verpflichtet, die von ihnen übermittelten oder gespeicherten Informationen zu überwachen oder nach Umständen zu forschen, die auf eine rechtswidrige Tätigkeit hinweisen. Stellt sich aber heraus, dass vom Host- bzw. Access-Provider übermittelte Informationen gegen Rechte Dritter verstoßen, dann lässt § 7 Abs. 2 TMG eine sich auf anderer Rechtsgrundlage ergebende **Verpflichtung zur Entfernung oder Sperrung** solcher Informationen unberührt. Durch diese Ausnahmeklausel ermöglicht das TMG ungeachtet der Haftungsfreistellungen in §§ 8 bis 10 TMG insbesondere die zivilrechtliche Inanspruchnahme von Internet-Providern im Wege der Unterlassungsklage bzw. -verfügung basierend auf den Grundsätzen der Störerhaftung[52].

44   Das Telemediengesetz enthält in den §§ 5 und 6 verschiedene Informationspflichten für Diensteanbieter, wobei Informationspflichten auf anderer Rechtsgrundlage bzw. die Vorschriften des Gesetzes gegen den unlauteren Wettbewerb (UWG) unberührt bleiben, § 5 Abs. 2, § 6 Abs. 3 TMG. Die Verletzung dieser Informationspflichten kann für den Anbieter eines Telemediendienstes selbst haftungsrechtlich von Bedeutung sein, aber ebenso für Unternehmen, welche ihrerseits dienstleistend für Telemedien tätig sind.

C.   Versicherte Gefahren/Schäden

I.   Haftpflichtversicherung für IT-Risiken

45   Die Haftpflichtversicherung hat die Abwehr unberechtigter und die Befriedigung berechtigter Ansprüche zum Inhalt, welche von Dritten gegen das versicherte Unternehmen geltend gemacht werden. Dies gilt auch für die Konzepte zur Haftpflichtversicherung, die zur Absicherung von IT-Risiken angeboten werden. Der Versicherungsmarkt ist in diesem Bereich von einer großen Vielfalt an Versicherungskonzepten[53] und deren fortwährender Weiterentwicklung gekennzeichnet. Im Jahr 2001 gab der Gesamtverband der deutschen Versicherungswirtschaft e. V. (GDV) unverbindliche **Besondere Bedingungen und Risikobeschreibungen für die Hatpflichtversicherung von Software-Häusern** heraus[54], welche erstmals eine Allgefahrendeckung für Vermögensschäden vorsahen, aber beispielsweise den Bereich des Internet-Providing vollständig außen vor ließen.

46   Diese wurde 2002 abgelöst durch die **Besonderen Bedingungen und Risikobeschreibungen für die Haftpflichtversicherung von IT-Dienstleistern**[55]. Letztere sind vom Deckungsumfang her umfassender und beziehen neben der Deckung für Softwarehäuser auch Internet-Provider und Risiken aus Herstellung und Handel von Hardware mit ein. Die Betriebshaftpflichtversicherung wurde als Ausgleich zu den Ausschlustatbeständen der AHB durch die **Zusatzbedingungen zur Betriebshaftpflichtversicherung für die Nutzer von Internet-Technologien**[56] ergänzt, welche die dadurch bewirkte Lücke schließen sollen[57]. Sie erfassen Ansprüche gegen VN wegen Schäden aus dem Austausch, der Übermittlung und der Bereitstellung elektronischer Daten. Die Musterbedingungen des GDV, an welche sich erfahrungsgemäß die Konzepte zahlreicher VR anlehnen, bieten einen guten Anhalt zum Stand des verfügbaren Versicherungsschutzes und der dabei auftretenden Fragen. Da es

---

[52] BGH v. 19. 3. 2007, MMR 2007, 507 – Internetversteigerung II; BGH v. 11. 3. 2004, MMR 2004, 668 – Internetversteigerung I; BGH v. 12. 7. 2007, MMR 2007, 634; zu entsprechenden Haftungsrisiken aus wettbewerbsrechtlichen Verkehrspflichten BGH v. 12. 7. 2007, GRUR 2007, 890 – Jugendgefährdende Medien bei eBay.

[53] Dieses Phänomen ist auch in anderen VersMärkten zu beobachten, etwa in den USA, wo entsprechende Deckungskonzepte bereits einige Jahre zuvor entwickelt worden waren.

[54] Im Folgenden: „Software-Musterbedingungen".

[55] Musterbedingungen des GDV, Stand: April 2007; im Folgenden: „BBR-IT".

[56] Musterbedingungen des GDV, Stand: April 2007; im Folgenden: „BHV-IT".

[57] Ziff. 7.7, 7.15 und 7.16 AHB, s. Ziff. 2 BHV-IT; *Koch,* Versicherbarkeit von IT-Risiken, Rn. 2409.

die Vielfalt der auf dem Markt befindlichen Versicherungsprodukte unmöglich macht, einen detaillierten Überblick über alle angebotenen Lösungen zu geben, werden nachfolgend die Musterbedingungen des GDV für die Versicherung von IT-Dienstleistern als Grundlage der Kommentierung herangezogen. Im konkreten Einzelfall sind jedoch die, dem jeweiligen Vertrag zugrundeliegenden, Besonderen Bedingungen des jeweiligen VR maßgeblich.

Im Gegensatz zur Elektronikversicherung, wo (wie grundsätzlich in der Sachversicherung) **47** die vom Versicherungsschutz umfassten Gefahren im Bedingungstext präzise und abschließend beschrieben werden, gilt in der Haftpflichtversicherung das Prinzip der **Allgefahrendeckung.** Dies bedeutet, dass grundsätzlich alle Schadenskonstellationen, welche zu Ansprüchen Dritter führen, versichert sind soweit nicht einschränkende Vertragsbestimmungen oder Ausschlüsse den Versicherungsschutz begrenzen.

II. Elektronikversicherung für IT-Risiken

In der Elektronikversicherung leistet der VR Entschädigung für Sachschäden an versicherten Sachen des VN, durch von diesem nicht rechtzeitig vorhergesehene Ereignisse und bei Abhandenkommen versicherter Sachen durch Diebstahl, Einbruchdiebstahl, Raub oder Plünderung. Versichert ist hier also im Gegensatz zur Haftpflichtversicherung der **Eigenschaden** des VN.

Die **Entwicklung der Elektronikversicherung** begann mit einer Spezialversicherung **49** für Anlagen in der Nachrichtentechnik[58]. Über eine weitergehende Deckung im Bereich der Schwachstromanlagen entwickelte sich diese Versicherungssparte zur eigentlichen Elektronikversicherung, wie sie seit Mitte der achtziger Jahre bezeichnet wird. Aus den Allgemeinen Versicherungsbedingungen für Fernmelde- und sonstige elektrotechnische Anlagen (AVFE 76)[59] entwickelten sich die **Allgemeinen Bedingungen für die Elektronik-Versicherung (ABE),** welche seit 1991 existieren und seitdem im VdS fortwährend weiterentwickelt wurden. Die seit 1. 1. 2008 geltenden ABE wurden mit einigen inhaltlichen Änderungen neu gegliedert und an das neue VVG[60] angepasst. Da die meisten Verträge für Unternehmen der Informationstechnologie auf der Basis der ABE bestehen dürften, werden die Vorgänger-Bedingungswerke und insbesondere die AVFE 76 an dieser Stelle nicht behandelt. Nicht behandelt werden können auch individuelle Vertragskonzepte einzelner VR. Jedoch bieten die ABE und die dazu entwickelten Klauseln eine sicherlich repräsentative Grundlage für die auf dem Markt anzutreffenden Vertragswerke.

Die Elektronikversicherung, die zu den technischen Versicherungen zählt, kann hier nicht **50** umfassend, sondern nur hinsichtlich des **Zusammenspiels und der Abgrenzung zur Haftpflichtversicherung** dargestellt werden. Die Bedingungswerke der technischen Versicherungen und damit auch diejenigen der Elektronikversicherung wurden im Laufe der Zeit denen der Sachversicherung angepasst. Aus diesem Grund werden allgemeine Regelungen etwa zu Gefahrumständen bei Vertragsabschluss, Prämienzahlung, Sachverständigenverfahren, Zahlung der Entschädigung, Schriftform, Kündigung des Vertrages, Agentenvollmacht und Gerichtsstand im Folgenden nicht behandelt.

Die Elektronikversicherung im Rahmen der ABE bildet gleichsam die Grundform dieser **51** Versicherungssparte, die durch verschiedene **Klauseln** erweitert werden kann. Im Bereich der IT-Unternehmen sind besonders die Klauseln zur Versicherung von „Daten" (TK 1911), zur „Software-Versicherung" (TK 1928), zur „Elektronik-Pauschalversicherung" (TK 1926) und zur „Mehrkostenversicherung" (TK 1930) zu nennen. Diese werden nachfolgend ebenfalls erläutert.

---

[58] *Schildmann,* Technische Versicherungen, S. 42.
[59] Abgedruckt bei *Seitz/Bühler,* Elektronikversicherung, S. 169.
[60] Gesetz über den Versicherungsvertrag (Versicherungsvertragsgesetz – VVG) vom 23. 11. 2007, BGBl. I S. 2631.

III. Versicherbare Unternehmen

1. Haftpflichtversicherung

52   Nach den **Musterbedingungen für die Haftpflichtversicherung von IT-Dienstleistern** kann Versicherungsschutz nicht für jedes Betätigungsfeld bzw. Risiko geboten werden. Dies hat verschiedene Gründe. So kann der gebotene Versicherungsschutz sinnvollerweise nicht auf jede denkbare Tätigkeit zugeschnitten sein. Auch das Ausmaß bestimmter Risiken oder ihre Einschätzbarkeit durch den VR kann dazu führen, dass sich ein VR dafür entscheidet, keinen Versicherungsschutz zur Verfügung zu stellen. Um den Kreis der versicherbaren Risiken genau zu beschreiben, wurde in den Musterbedingungen des Verbandes für die Versicherung von IT-Dienstleistern der für ein Bedingungswerk ungewöhnliche Weg gewählt, die **versicherbaren Risiken in einer abschließenden Aufzählung** zu nennen[61]. Folgende Risiken sind nach den BBR-IT[62] versicherbar:

53   Im Bereich **Software** sind versicherbar die Erstellung von Software, Software-Handel, -Implementierung und -Pflege sowie damit verbundene Beratungsleistungen[63].

54   Im Bereich der **allgemeinen IT-Dienstleistungen** sind versicherbar die IT-Analyse, -Organisation, -Einweisung und -Schulung, die Netzwerkplanung, -Installation, -Integration, -Pflege sowie damit verbundene Beratungsleistungen[64].

55   Im Bereich der **Dienstleistungen im Internet** sind versicherbar die Zugangsvermittlung ins Internet (z. B. Access-Providing) und das Bereithalten fremder Inhalte (z. B. Host-Providing). Das Bereithalten eigener Inhalte (z. B. Content-Providing) ist nur für Personen- und Sachschäden versicherbar, nicht aber – soweit nicht etwas anderes vereinbart ist – für Vermögensschäden, wobei Vermögensschäden aus der Verletzung von Datenschutzgesetzen und Persönlichkeitsrechten wiederum unberührt bleiben[65]. Das Application-Service-Providing (Zur-Verfügung-Stellen von Anwendungsprogrammen, auf die über das Internet zugegriffen werden kann), sowie der Betrieb von Rechenzentren und Datenbanken sind nur in den Versicherungsschutz einbezogen, wenn besonders vereinbart[66]. Gleiches gilt für das GRID-Computing.

56   Im Bereich **Hardware** sind versicherbar Hardware-Handel, die Modifizierung (Nachrüstung), Installation und Wartung von Hardware sowie damit zusammenhängende Beratungsleistungen[67]. Nur im Fall gesonderter Vereinbarung erstreckt sich der Versicherungsschutz auch auf die Herstellung von Hardware und die Herstellung und den Handel von/mit Mess-, Steuer- und Regeltechnik. Auf die Versicherung reiner Handelsbetriebe sind die Musterbedingungen nicht zugeschnitten. Hier sind die üblichen Besonderen Bedingungen und Risikobeschreibungen für Handelsbetriebe anwendbar. Soweit es sich bei der Handelstätigkeit jedoch lediglich um eine nachrangige **Annex-Tätigkeit** des Unternehmens handelt, können die BBR-IT verwendet werden. Sie bieten dann für den Bereich der Handelstätigkeit Deckung im Umfang der erweiterten Produkthaftpflichtversicherung[68]. Gleiches gilt für den Handel mit Steuer-, Mess- und Regeltechnik. Für reine Hersteller von Hardware sowie von Steuer-, Mess- und Regeltechnik sind die Musterbedingungen ebenfalls nicht vorgesehen, sondern andere Versicherungskonzepte, insbesondere das Verbandsmodell zur erweiterten Produkthaftpflichtversicherung. Eine herstellende Tätigkeit kann im Rahmen der Musterbedingungen für die Versicherung von IT-Dienstleistern jedoch dann mitversichert werden, wenn es sich lediglich um eine untergeordnete **Annex-Tätigkeit** handelt. Die Musterbedin-

---

[61] Ziff. 1.1 der BBR-IT; ebenso *Koch* in: *Schneider/v. Westphalen,* Software-Erstellungsverträge, M Rn. 202.
[62] S. auch die Erläuterungen zu den BBR-IT Ziff. 3.
[63] Ziff. 1.1.1 der BBR-IT.
[64] Ziff. 1.1.1 der BBR-IT.
[65] S. Ziff. 1.1 Abs. 4 der BBR-IT und Ziff. 1.5.5 der BBR-IT.
[66] Ziff. 1.1.2 der BBR-IT.
[67] Ziff. 1.1.3 der BBR-IT.
[68] Ziff. 3.3.4 der BBR-IT.

gungen bieten in diesem Fall für den Bereich der herstellenden Tätigkeit Deckung im Umfang der erweiterten Produkthaftpflichtversicherung[69].

Nicht versicherbar sind, über die Besonderen Bedingungen und Risikobeschreibungen **57** für die Haftpflichtversicherung von IT-Dienstleistern, reine Beratungsunternehmen sowie Sachverständige, Anlage- und Unternehmensberater. Für diese Tätigkeiten stehen andere Deckungskonzepte auf der Grundlage der Allgemeinen Versicherungsbedingungen zur Versicherung für Vermögensschäden (AVB) zur Verfügung.

Auch für einige **Sonderfelder** sind die Musterbedingungen für die Versicherung von IT- **58** Dienstleistern nicht vorgesehen: Dies gilt für Kommunikationsdienste wie den Betrieb von Telekommunikationsnetzen und für solche IT-Tätigkeiten, bei welchen der Gesetzgeber eine Pflichtversicherung vorschreibt, etwa das Anbieten von Zertifizierungsdienstleistungen[70] nach den Vorschriften des SigG/SigV[71]. Für diese Bereiche sind Sonderkonzepte erforderlich[72], die hier jedoch nicht behandelt werden können.

Die **Zusatzbedingungen für die Nutzer von Internet-Technologien** enthalten in **59** Ziff. 6 eine Aufzählung nicht versicherter Risiken, die als eine Art „Zeichnungsrichtlinie"[73] angesehen werden können und den Kreis der versicherbaren Unternehmen eingrenzen. Nicht versichert sind danach etwa Risiken aus Software-Erstellung, -Handel, -Implementierung, -Pflege, aus IT-Beratung, -Analyse, -Organisation, -Einweisung, -Schulung, Netzwerkplanung, -installation, -integration, -betrieb, -wartung, -pflege, dem Bereithalten fremder Inhalte (z. B. Access-, Host-, Full-Service-Providing) und Betrieb von Rechenzentren und Datenbanken. Die hier genannten Risiken werden von den Besonderen Bedingungen und Risikobeschreibungen für die Haftpflichtversicherung von IT-Dienstleistern (BBR-IT) erfasst.

Wie schon in den BBR-IT ist auch in den Zusatzbedingungen für Internet-Nutzter der **60** Betrieb von Telekommunikationsnetzen vom Versicherungsschutz ausgenommen. Für das Anbieten von Zertifizierungsdiensten i. S. d. SigG/SigV gelten die Allgemeinen Versicherungsbedingungen für die Haftpflichtversicherung von Zertifizierungsdienstanbietern. Die in SpStr. 8 genannten Tätigkeiten, für die eine gesetzliche Pflicht zum Abschluss einer Vermögensschadenshaftpflichtversicherung besteht, betreffen beispielsweise Rechtsanwälte, Wirtschaftsprüfer, Finanzdienstleister etc[74].

2. Elektronikversicherung

In der Elektronikversicherung ist der **Kreis der versicherbaren Unternehmen** anders **61** als in der Haftpflichtversicherung[75] **nicht bereits in den Bedingungen weitgehend festgelegt.** Die Möglichkeit, einem Unternehmen Versicherungsschutz zu bieten, bestimmt sich in der Elektronikversicherung nach der sinnvollen Anwendbarkeit der Bedingungen, insbesondere aber aufgrund der geschäftspolitischen Entscheidung des einzelnen VR, für welche Risiken er gewillt ist, Deckung zur Verfügung zu stellen.

---

[69] Ziff. 3.3.5 der BBR-IT.

[70] Allgemeinen Versicherungsbedingungen für die Haftpflichtversicherung von Zertifizierungsdiensteanbietern (Stand: August 2002).

[71] Gesetz über Rahmenbedingungen für elektronische Signaturen (Signaturgesetz – SigG), BGBl. 2001 I S. 876; Verordnung zur elektronischen Signatur (Signaturverordnung – SigV), BGBl. 2001 I S. 3074.

[72] S. die Allgemeinen Versicherungsbedingungen für die Haftpflichtversicherung von Zertifizierungsdienste-Anbietern, Stand: August 2002.

[73] So *Stockmeier*, Die Haftpflichtversicherung des Internet-Nutzers, 2005, S. 76.

[74] *Koch*, Versicherbarkeit von IT-Risiken, Rn. 2432; *Stockmeier*, Die Haftpflichtversicherung des Internet-Nutzers, 2005, S. 77.

[75] S. dazu den vorstehenden Abschnitt.

IV. Versicherungsumfang Besondere Bedingungen und Risikobeschreibungen für die Haftpflichtversicherung von IT-Dienstleistern (BBR-IT)

62   Im Schadensfall ist die Frage zu beantworten, ob es sich bei einem geltend gemachten Schadensersatzanspruch um einen gedeckten Schaden handelt. Die Frage der Deckung beantwortet sich auf Grundlage der im Einzelfall zur Anwendung kommenden Versicherungsbedingungen. Dies sind in der Regel die **Allgemeinen Bedingungen für die Haftpflichtversicherung (AHB),** welche auch den **Besonderen Bedingungen und Risikobeschreibungen für die Haftpflichtversicherung von IT-Dienstleistern** zugrunde liegen[76] sowie die besonderen Bedingungen und Risikobeschreibungen des jeweiligen VR für die IT-Haftpflichtversicherung. Die Musterbedingungen des GDV für IT-Dienstleister, welche diesen Erläuterungen zugrundegelegt werden, folgen in ihrer Struktur einem Aufbau, wie er für Besondere Bedingungen und Risikobeschreibungen in der allgemeinen Haftpflichtversicherung typisch ist. Einem ersten Abschnitt „Allgemeine Vereinbarungen" folgen Abschnitte zum „Betriebsstättenrisiko", zum „Produkt-/Leistungsrisiko" und zum „Umweltrisiko".

63   Im Rahmen der vorliegenden Kommentierung werden nicht die AHB behandelt, sondern die Musterbedingungen des GDV für IT-Dienstleister als Besondere Bedingungen und Risikobeschreibungen insoweit sie Abweichungen zu den Bedingungswerken der allgemeinen Haftpflichtversicherung enthalten[77], die sich aus der besonderen Natur des IT-Risikos erklären.

1. Versichertes Risiko

64   Versichert ist nach Ziff. 1.1 Abs. 1 der Musterbedingungen des GDV für IT-Dienstleister im Rahmen der Allgemeinen Versicherungsbedingungen für die Haftpflichtversicherung (AHB) die gesetzliche Haftpflicht des VN als IT-Dienstleister für Personen-, Sach- und daraus entstandene weitere Schäden. Vermögensschäden i. S. v. Ziff. 2.1 AHB[78] sind nach Maßgabe besonderer vertraglicher Bestimmungen ebenfalls versichert, Ziff. 1.1 Abs. 2 der BBR-IT. Das versicherte Risiko wird in einer katalogartigen Aufzählung im Rahmen von Ziff. 1 der BBR-IT detailliert beschrieben[79]. Diese **detaillierte Beschreibung des versicherten Risikos im Rahmen der Besonderen Bedingungen** geht über das in der allgemeinen Haftpflichtversicherung sonst an dieser Stelle Übliche hinaus. Der Grund liegt darin, dass bei herkömmlichen Betriebsrisiken das typischerweise bestehende Risikobild in der Regel mit wenigen, in ihrer Bedeutung allgemein anerkannten Begriffen umschrieben werden kann, im Gegensatz zu IT-Risiken, für die es weder allgemein feststehende Betriebsbilder noch eine Terminologie gibt, welche allgemeingültig und in ihrer Bedeutung unmissverständlich wäre. Ein weiterer Grund für die detaillierte Risikobeschreibung ist die gebotene umfangreiche Deckung für Vermögensschäden. Bei einer im Wesentlichen auf Personen- und Sachschäden ausgerichteten Deckung sind die denkbaren Schadenssituationen in Art und Umfang von vornherein recht gut abzuschätzen. Vermögensschäden sind hingegen in unterschiedlichster Form denkbar und in ihrem möglichen Umfang kaum zu kalkulieren. Umso wichtiger ist deswegen jedenfalls die präzise Bestimmung der gegebenenfalls schadensauslösenden Tätigkeiten.

65   Der Katalog der versicherten Risiken dient in den Musterbedingungen aber nicht allein der Risikobeschreibung, sondern erfüllt auch den Zweck der **Katalogisierung der Risiken,** um diesen dann im Rahmen der Bedingungen differenzierte Deckungsinhalte zuzuweisen.

---

[76] Seltener basieren Versicherungskonzepte im Bereich der IT-Haftpflichtversicherung auf den Allgemeinen Versicherungsbedingungen zur Versicherung für Vermögensschäden (AVB).

[77] S. insoweit § 24.

[78] Ziff. 2.1 AHB lautet: „Der Versicherungsschutz kann durch besondere Vereinbarung erweitert werden auf die gesetzliche Haftpflicht privatrechtlichen Inhalts des Versicherungsnehmers wegen Vermögensschäden, die weder durch Personen- noch durch Sachschaden entstanden sind".

[79] Ziff. 1.1.1–1.1.4 der BBR-IT.

Beispiele dafür sind etwa die Deckung für Auslandsschäden[80] oder die Deckung für Vermögensschäden in den Bereichen des eigenen Content[81] und der Hardware[82].

Insgesamt bietet das Deckungskonzept damit nicht nur Versicherungsschutz für die in den **66** vorstehenden Kapiteln behandelten speziellen IT-Risiken, welche überwiegend in Form von Vermögensschäden drohen, sondern stellt eine **umfassende Absicherung des Betriebsrisikos einschließlich des Personen- und Sachschadenrisikos sowie des Umweltrisikos** zur Verfügung.

2. Deckung für Vermögensschäden

a) Varianten der Vermögensschadensdeckung: Die Betriebshaftpflichtversicherung **67** bietet klassischerweise Versicherungsschutz für Personen und Sachschäden. Darüber hinaus ist in der allgemeinen Betriebshaftpflichtversicherung eine Deckung für bestimmte, jedoch stark eingegrenzte Vermögensschadenstatbestände enthalten. Eine umfangreichere Deckung für Vermögensschäden bietet die erweiterte Produkthaftpflichtversicherung durch eine Reihe genau benannter und eingegrenzter Vermögensschadenstatbestände, wie sie als Folge der Erbringung von Leistungen und der Lieferung von Produkten typischerweise auftreten. Zu nennen sind hier insbesondere die Deckungstatbestände der Verbindungs-/Vermischungsschäden, Verarbeitungsschäden sowie Ein- und Ausbaukosten. Neben der erweiterten Produkthaftpflichtversicherung bieten weitere Konzepte, wie etwa die Rückrufkostenversicherung, Deckung für reine Vermögensschäden in Form von bestimmten genau benannten Kostenpositionen. Diese Konzepte stoßen allerdings im Bereich der Informationstechnologie mit ihrem exponierten und vor allem äußerst vielgestaltigen Vermögensschadensrisiko an ihre Grenzen. Hier wird eine weitergehende Deckung für reine Vermögensschäden benötigt. Eine weitgehende Vermögensschadensdeckung birgt aber grundsätzlich für den VR ein hohes, schwer einschätzbares und deshalb schwer kalkulierbares Risiko. In der Praxis beschreiten die VR daher unterschiedliche Wege, um eine Deckung für die sogenannten „reinen Vermögensschäden" zur Verfügung zu stellen.

Eine Möglichkeit, Deckung für reine Vermögensschäden zu bieten und gleichzeitig das **68** damit versicherte Gefahrenpotential unter Kontrolle zu behalten, besteht darin, so wie bei der erweiterten Produkthaftpflichtversicherung, durch eine **enumerative Deckungsbeschreibung** bestimmte, genau beschriebene Kostenbausteine in die Deckung aufzunehmen, womit zugleich alle Schadensbilder, welche diesen Tatbeständen nicht entsprechen, von der Deckung ausgenommen sind. Ein im Markt gelegentlich anzutreffender Deckungstatbestand im Bereich der IT-Risiken ist in diesem Zusammenhang die explizite Deckung der Wiederherstellungskosten von Daten nach deren Verlust bzw. Beschädigung. In diesem Fall besteht eine **Parallele zur Software-Deckung in der Elektronikversicherung,** durch welche ebenfalls die Kosten für die erforderlichen Maßnahmen zur Wiederherstellung bzw. -gewinnung von Daten versichert werden[83]. Die BBR-IT gehen diesen Weg bei der Deckung für Vermögensschäden im Zusammenhang mit Hardware-Handel, -Beratung, -Modifizierung, -Installation und -Wartung[84].

Dort, wo die Deckung nicht in der zuvor beschriebenen Weise enumerativ auf Bausteine **69** begrenzt ist, spricht man von einer **offenen Vermögensschadensdeckung.** Eine solche stellen die BBR-IT für den größten Teil der in Ziff. 1.1 der Bedingungen genannten versicherten Risiken zur Verfügung[85]. In dieser umfangreichen **Deckung von reinen Vermögensschäden** im Sinne von Ziff. 2.1 AHB liegt einer der wesentlichen Unterschiede der Versicherungskonzepte für die IT-Haftpflichtversicherung im Vergleich zur herkömmlichen

---

[80] S. nachfolgend Rn. 234 ff.
[81] S. nachfolgend Rn. 72 ff.
[82] S. nachfolgend Rn. 78 ff.
[83] S. Rn. 146 ff., 156 ff.
[84] S. nachfolgend Rn. 78 f.
[85] S. nachfolgend Rn. 71 ff.

Betriebshaftpflichtversicherung. Eine gewisse Begrenzung erfährt die Deckung dabei durch eine **enumerative Beschreibung der versicherten Tätigkeiten.**

70   Zusätzlich wird die Vermögensschadensdeckung in Teilbereichen an **besondere Anforderungen geknüpft, welche vom VN zu erfüllen sind.** Dies gilt auch für die BBR-IT. Ein Beispiel ist das Erfordernis einer ausreichenden Datensicherung oder des Einsatzes von Virenscannern[86]. Daneben kommen besondere Ausschlüsse, wie etwa Experimentierklauseln zur Anwendung[87]. In vielen Konzepten gelten für die reinen Vermögensschäden schließlich eine besondere Deckungssumme und besondere Selbstbehalte.

71   **b) Vermögensschadensdeckung in den BBR-IT:** Die BBR-IT stellen die Deckung für Vermögensschäden unter Ziff. 3 für das Produkt-/Leistungsrisiko zur Verfügung, d. h. im Rahmen der Deckung für Schäden durch erstellte oder gelieferte Erzeugnisse sowie durch erbrachte Arbeiten oder sonstige IT-Leistungen[88]. Die Bezeichnung **„Produkt-/Leistungsrisiko"** tritt für den IT-Bereich an die Stelle des herkömmlichen Begriffes „Produktrisiko", da hier auch eigenständige Dienstleistungen versichertes Hauptrisiko sein können. Neben der Deckung für Vermögensschäden in Ziff. 3.3.3 der BBR-IT wird unter der Ziff. 3.3.2 Versicherungsschutz für Schäden durch Datenlöschung, -beschädigung oder Beeinträchtigung der Datenordnung geboten und zwar soweit diese durch den Tätigkeitsbereich Provider, Rechenzentren, Datenbanken verursacht werden. Diese Regelung geht, wenn sie einschlägig ist, der nachfolgend geregelten Vermögensschadensdeckung vor.

72   Die Deckung für Vermögensschäden im Rahmen der Versicherung des Produkt-/Leistungsrisikos ist in den BBR-IT als offene Vermögensschadensdeckung ausgestaltet, welche durch eine **Liste der diesbezüglich versicherten Tätigkeiten/Risiken** präzisiert wird. Versicherungsschutz besteht danach für gesetzliche Schadensersatzansprüche Dritter, wegen Vermögensschäden im Sinne von Ziff. 2.1 AHB, soweit es sich um Schäden handelt

- aus für Dritte erstellter **fehlerhafter Software,** wozu auch Schäden im Zusammenhang mit Software-Handel sowie -Implementierung und -Pflege für Dritte zählen[89],
- aus für Dritte vorgenommener **fehlerhafter IT-Analyse,** -Organisation, -Einweisung und -Schulung sowie aus damit verbundenen Beratungsleistungen[90],
- aus für Dritte vorgenommener **fehlerhafter Netzwerkplanung,** -installation, -integration und -pflege sowie aus damit verbundenen Beratungsleistungen[91],
- aus der versicherten Tätigkeit als **Provider** für die Zugangsvermittlung ins Internet (z. B. Access Providing), für das Bereithalten fremder Inhalte (z. B. Host Providing)[92].

73   Stellen Access- oder Host-Provider Zugangssoftware zur Verfügung, so sind aus der Mangelhaftigkeit dieser Software resultierende Schadensersatzansprüche Dritter als Annextätigkeit mitversichert[93].

74   Falls vereinbart, sind auch eingeschlossen Schadensersatzansprüche Dritter wegen Vermögensschäden aus dem Bereithalten **eigener Inhalte** (z. B. Content Providing), dem Zur-Verfügung-Stellen von Anwendungsprogrammen, auf die über das Internet zugegriffen werden kann (Application Service Providing) und dem **Betrieb von Rechenzentren und Datenbanken**[94]. Das Risiko aus dem **Bereithalten eigener Inhalte** (Content-Providing) ist demnach **nicht** automatisch im Deckungsumfang für Vermögensschäden enthalten. Es besteht aber die Möglichkeit, es im Einzelfall, und das wird in der Regel bedeuten für Teilrisiken, in die Vermögensschadensdeckung einzuschließen. Gleiches gilt für das **Application Service**

---

[86] S. Rn. 194ff., 197ff.
[87] S. dazu unten Rn. 205 f.
[88] Ziff. 3.1 der BBR-IT.
[89] Ziff. 3.3.3.1 der BBR-IT.
[90] Ziff. 3.3.3.2 der BBR-IT.
[91] Ziff. 3.3.3.3 der BBR-IT.
[92] Ziff. 3.3.3.4 der BBR-IT.
[93] *Koch,* Versicherbarkeit von IT-Risiken, Rn. 2446.
[94] Ziff. 3.3.3.4 der BBR-IT.

Providing, Betrieb von Rechenzentren und Datenbanken und in Zukunft auch für **GRID-Computing.**

Mängel bei der Beratung über die An- oder Verwendung der vom VN hergestellten   **75** oder gelieferten Erzeugnisse sowie Falschlieferungen sind nach Ziffer 3.3.3.5 Abs. 1 der BBR-IT Mängeln in der Herstellung oder Lieferung gleichgestellt.

Versicherungsschutz besteht insoweit – abweichend von Ziff. 1.1, 1.2 und 7.3 AHB – auch   **76** für auf Sachmängeln beruhende Schadensersatzansprüche Dritter im gesetzlichen Umfang, wenn der VN aufgrund einer Vereinbarung mit seinem Abnehmer über bestimmte Eigenschaften seiner Erzeugnisse, Arbeiten und IT-Leistungen dafür **verschuldensunabhängig einzustehen** hat, dass diese bei Gefahrübergang vorhanden sind[95]. Mit dieser Regelung wurde die bis zur Modernisierung des Schuldrechts verwendete Regelung zur Versicherung von Schäden infolge von Eigenschaftszusicherungen der neuen Terminologie im Gesetz angepasst.

Damit ist der gesamte Bereich der im Abschnitt „Versichertes Risiko" aufgeführten Tä-   **77** tigkeiten von der offenen Vermögensschadensdeckung umfasst. Die hier gebotene Vermögensschadensdeckung bietet für Vermögensschäden, wie sie sich aus den Kapitel C III aufgeführten Risikofeldern ergeben können, auf diese Weise einen weitreichenden Versicherungsschutz. Eine Ausnahme bildet die Deckung für Aktivitäten im Bereich Hardware, Steuer-, Mess- und Regeltechnik. Für diese wird eine Vermögensschadensdeckung für Ein- und Ausbaukosten entsprechend dem Modell der erweiterten Produkthaftpflichtversicherung geboten. Siehe dazu den folgenden Abschnitt.

c) Deckung für Vermögensschäden im Zusammenhang mit Hardware/Steuer-,   **78** **Mess- und Regeltechnik.** Zur Versicherung von Vermögensschäden in Tätigkeitsfeldern, die nahe an der Nahtstelle zu „herkömmlichen" Produkten liegen, nämlich Hardware-Handel, -Beratung, einschl. -Modifizierung (Nachrüstung), -Installation, -Wartung (Aus- und Einbaukosten) sowie – falls vereinbart – Hardware-Herstellung und Herstellung von Steuer-, Mess- und Regeltechnik bieten die Musterbedingungen eine Vermögensschadensdeckung entsprechend dem Modell der erweiterten Produkthaftpflichtversicherung nach dem Enumerativprinzip[96]. Ein Beispiel hierfür ist etwa die gelegentliche Lieferung oder der Einbau einer Festplatte oder von Arbeitsspeicher durch ein Software-Haus[97]. Nach den Musterbedingungen besteht hier **Deckung für Aus- und Einbaukosten** (s. im Einzelnen Ziff. 3.3.4.2) entsprechend dem, was für diese Tätigkeitsfelder marktüblich ist und bei solchen Betrieben zur Anwendung kommt, bei denen die Bereiche Hardware bzw. Steuer- Mess- und Regeltechnik den Tätigkeitsschwerpunkt bilden. Die Bedingungen für die IT-Haftpflichtversicherung wären in diesen Fällen von vornherein nicht anwendbar. Für die in Ziff. 3.3.4.2 genannten Kosten besteht Versicherungsschutz auch dann, wenn sie im Rahmen der Pflicht zur Nacherfüllung (§§ 439, 635 BGB) anfallen[98].

Fakultativ kann nach den Musterbedingungen auch die sogenannte **Steuerelemente-**   **79** **klausel** in die Deckung eingeschlossen werden[99]. Damit sind Vermögensschäden infolge der Mangelhaftigkeit von Produkten versichert, deren maschinelle Herstellung mit Hilfe der vom VN gelieferten, montierten, installierten, gewarteten oder reparierten Erzeugnisse unmittelbar gesteuert, kontrolliert oder in sonstiger Weise beeinflusst wird. Beispiel: der VN liefert neben der Steuerungs-Software ergänzend einzelne Hardware-Elemente für eine Produktionsstraße. Durch einen Fehler dieser Hardware-Elemente wird anschließend Ausschuss produziert[100].

---

[95] Ziff. 3.3.1 der BBR-IT.
[96] Ziff. 3.3.4 der BBR-IT; *Koch,* Versicherbarkeit von IT-Risiken, Rn. 2529.
[97] Bsp. aus den Erläuterungen zu den BBR-IT zu Ziff. 3.3.4.
[98] Ziff. 3.3.4.3 der BBR-IT.
[99] Ziff. 3.3.5 der BBR-IT.
[100] Bsp. aus den Erläuterungen zu den BBR-IT zu Ziff. 3.3.5.

3. Deckung für Datenschäden

80   **Löschung und Beschädigung von Daten** zählen zu den am häufigsten vorkommenden IT-Schäden. Die zuvor unter der Überschrift „Technische Risiken" beschriebenen Schadensmöglichkeiten gehen oftmals mit der Beschädigung von Daten einher; etwa bei unbefugten Eingriffen in Systeme, bei der Verbreitung von Viren, beim Auftreten von Systemfehlern oder bei Falschbedienung. Als Folge davon spielt die deckungsrechtliche Behandlung von Schäden, welche durch die Löschung oder Beschädigung von Daten entstehen, in der Schadenpraxis der VR und in der praktischen Diskussion eine erhebliche Rolle. Dabei ist auch die Frage zu beantworten, ob man die Beschädigung von Daten als **Vermögensschaden oder als Sachschaden** zu betrachten hat[101]. Die BBR-IT lösen diese Frage durch **ausdrückliche Regelung:** Schäden Dritter durch Löschung, Beschädigung oder Beeinträchtigung der Ordnung von Daten Dritter und alle sich daraus ergebenden Vermögensschäden werden nach dem Bedingungswortlaut wie Sachschäden behandelt[102], wofür auch die deliktsrechtliche Behandlung von Daten als Eigentumsschäden spräche. In anderen auf dem Markt befindlichen Bedingungen findet sich auch die umgekehrte Festlegung, wonach Datenschäden wie Vermögensschäden behandelt werden. Wieder andere Konzepte treffen keine derartige Zuweisung und lassen damit offen, wie eine Behandlung dieser Schäden im Einzelfall erfolgt. Eine weitere, ebenfalls praktizierte Möglichkeit ist es schließlich, eine Sonderregelung speziell für die Deckung von Datenschäden mit hierauf bezogener Versicherungssumme vorzusehen.

81   Bei dem Risiko der Datenbeschädigung handelt es sich um ein Frequenzschadensrisiko, was insbesondere für Schäden gilt, die sich vor Abschluss der Arbeiten und der Ausführung sonstiger IT-Leistungen ereignen. Weil dieses Risiko noch dazu ausgesprochen eng mit dem Tätigkeitsschadensrisiko verzahnt ist[103], sehen die BBR-IT ein **Sublimit** sowie einen **Selbstbehalt** für Haftpflichtansprüche aus Schäden Dritter durch Löschung, Beschädigung oder Beeinträchtigung der Ordnung von Daten Dritter und alle sich daraus ergebenden **Vermögensschäden, die vor Abschluss der Arbeiten und der Ausführung der sonstigen IT-Leistungen eintreten,** vor[104].

82   **Schäden** Dritter durch Löschung, Beschädigung oder Beeinträchtigung der Ordnung von Daten Dritter und daraus folgende Vermögensschäden können allerdings auch **nach Abschluss der Arbeiten und Ausführung der sonstigen IT-Leistungen** eintreten. In diesem Fall handelt es sich nicht mehr um Tätigkeitsschäden i. S. d. Ziff. 7.7 AHB. Es ist vielmehr die Sphäre des Produkt- bzw. Leistungsrisikos betroffen, welches die BBR-IT in einem eigenen Abschnitt[105] behandeln. Für diesen Bereich sehen die BBR-IT kein Sublimit, sondern lediglich einen Selbstbehalt vor[106].

83   **Datenschäden, welche aus Tätigkeiten als Provider und aus dem Betrieb von Rechenzentren und Datenbanken resultieren,** weisen die BBR-IT von vornherein ausdrücklich der Sphäre des Produkt- bzw. Leistungsrisikos zu[107]. Damit kommt in jedem Fall lediglich der für diesen Bereich vorgesehene Selbstbehalt[108] zur Anwendung, nicht aber das Sublimit, welches bei Datenschäden durch sonstige Tätigkeiten vor Abschluss der Arbeiten

---

[101] Eine Eigentumsverletzung bejahend OLG Karlsruhe v. 7. 11. 1995, NJW 1996, 200, 201; *Meier/ Wehlau*, NJW 1998, 1585, 1588; *Faustmann*, VuR 2006, 260ff.; *Spindler* in: *Bamberger/Roth* § 823 BGB Rn. 55 m. w. N.; anders LG Konstanz v. 10. 5. 1996, NJW 1996, 2662.

[102] Ziff. 1.5.3.1, S. 2 und Ziff. 3.3.2, S. 2 der BBR-IT; diese ausdrückliche Regelung für Datenschäden wurde ausweislich der Erläuterungen zu den BBR-IT Ziff. 8 auch deshalb vorgenommen, da es vor dem Hintergrund der nach wie vor unklaren rechtlichen Qualifikation von Daten durchaus denkbar ist, dass Schäden durch Datenlöschung, -beschädigung oder Beeinträchtigung der Datenordnung als Vermögensschäden qualifiziert werden; in diesem Fall würde die Regelung für Tätigkeitsschäden nicht greifen.

[103] Dazu sogleich der folgende Abschnitt.

[104] Ziff. 1.5.3.1 i. V. m. Ziff. 1.5.3.5 der BBR-IT.

[105] Ziff. 3ff. der BBR-IT.

[106] Ziff. 3.5.3 der BBR-IT.

[107] Ziff. 1.5.3 Abs. 1 und Ziff. 3.3.2 der BBR-IT.

[108] Ziff. 3.5.3 der BBR-IT.

bzw. der Ausführung sonstiger IT-Leistungen gilt. Auf diese Weise ist im Schadensfall auch eine Differenzierung zwischen Schäden vor Abschluss bzw. nach Abschluss der Arbeiten entbehrlich. Hintergrund für diese Regelung ist, dass eine solche Differenzierung in der Praxis auch kaum möglich wäre, da etwa Providerleistungen schwerlich als zu einem bestimmten Zeitpunkt erbracht gelten, sondern ständig abgerufen werden können[109].

Ein besonderes Risiko im Bereich der Datenschäden stellen, wie bereits dargestellt, An-   **84** griffe durch Hacker sowie Schäden durch Viren dar. Die Musterbedingungen des GDV für die Haftpflichtversicherung von Software-Häusern enthielten deshalb noch einen ausdrücklichen **Ausschluss für Schäden durch Viren** („Software, die geeignet ist, die Datenordnung zu verändern oder zu zerstören, z. B. Software-Viren, Trojanische Pferde und dgl.") und Hacker („Schäden, die dadurch entstehen, dass Dritte unberechtigte Eingriffe in interne und/oder externe Datennetze vornehmen, wie z. B. bei Hacker-Attacken"). Diese Einschränkung weisen die BBR-IT nicht mehr auf[110]. Sie bieten stattdessen Versicherungsschutz auch für derartige Risiken, allerdings unter bestimmten Voraussetzungen, die im Abschnitt „Ausschlüsse" näher erläutert werden[111].

4. Deckung für Tätigkeitsschäden

Eng verbunden mit dem Risiko der Beschädigung von Daten ist das Tätigkeitsschadens-   **85** risiko. Der klassische Ausschluss der Ziff. 7.7 AHB für Tätigkeitsschäden hat auch im Bereich der IT-Haftpflichtversicherung seine Bedeutung. Allerdings bereitet die Anwendung der klassischen Formulierung des Tätigkeitsschadens (= Schäden, die an fremden Sachen durch eine gewerbliche oder berufliche Tätigkeit des VN an oder mit diesen Sachen entstanden sind) auf Sachverhalte in der Informationstechnologie in der Praxis bisweilen Schwierigkeiten. Das kann etwa der Fall sein, wenn ein Dienstleister an einer Software seines Auftraggebers tätig wird und im Anschluss an dieses Tätigwerden andere Programme auf dem System nicht mehr ordnungsgemäß arbeiten. Aus diesem Grunde gehen einige VR den Weg, Deckung für sogenannte Implementierungsschäden, über eine speziell formulierte Klausel zu bieten. Die BBR-IT enthalten ebenfalls eine **speziell formulierte Klausel,** in welcher der Tätigkeitsschadenausschluss der Ziff. 7.7 AHB für bestimmte Schadenskonstellationen abbedungen und damit Deckung gewährt wird[112]. Eingeschlossen ist danach – abweichend von Ziff. 7.7 AHB – die gesetzliche Haftpflicht aus Schäden an fremden Sachen (auch Daten) und allen sich daraus ergebenden Vermögensschäden zunächst dann, wenn die Schäden durch **Installations- und Implementierungsarbeiten** oder eine sonstige gewerbliche oder berufliche Tätigkeit des VN **an diesen Sachen** (auch Daten) entstanden sind. Bei unbeweglichen Sachen gilt diese Regelung nur insoweit, als diese Sachen oder Teile von ihnen unmittelbar von der Tätigkeit betroffen waren. Der Einschluss gilt ferner dann, wenn Schäden dadurch entstanden sind, dass der VN diese **Sachen** (auch Daten) **zur Durchführung von Installations- und Implementierungsarbeiten** oder einer sonstigen gewerblichen oder beruflichen Tätigkeit **benutzt** hat. Bei unbeweglichen Sachen gilt diese Regelung wiederum nur insoweit, als diese Sachen oder Teile von ihnen unmittelbar von der Benutzung betroffen waren. Eingeschlossen sind schließlich Schäden durch Installations- oder Implementierungsarbeiten oder durch eine gewerbliche oder berufliche Tätigkeit des VN, wenn sich die geschädigten **Sachen** (auch Daten) oder – sofern es sich um unbewegliche Sachen handelt – deren Teile **im unmittelbaren Einwirkungsbereich der Tätigkeit befunden** haben.

Die Ausschlussbestimmungen der Ziff. 1.2 AHB (Erfüllungsansprüche) und der Ziff. 7.8   **86** AHB (Schäden an hergestellten oder gelieferten Arbeiten oder Sachen) bleiben bestehen, worauf die BBR-IT ausdrücklich hinweisen[113].

---

[109] S. dazu die Erläuterungen zu den BBR-IT, Ziff. 5.
[110] Siehe Ziff. 1.7.1.1 und 3.4.2.1 der BBR-IT zum Ausschluss des Versicherungsschutzes bei bewusst pflichtwidrig unterlassenen Sicherheits- und Schutzvorkehrungen.
[111] Dazu unten Rn. 193 ff.
[112] Ziff. 1.5.3.2 der BBR-IT.
[113] Ziff. 1.5.3.3 der BBR-IT.

87   Ausgeschlossen bleiben in jedem Fall Ansprüche wegen der Beschädigung von Sachen (auch Daten), die sich beim VN zur Reparatur oder zu sonstigen Zwecken befinden oder von ihm übernommen wurden[114]. Hier sind insbesondere Tatbestände der Lohnveredelung zu erwähnen.

88   Für Tätigkeitsschäden gelten nach den BBR-IT das gleiche **Sublimit** und der gleiche **Selbstbehalt** wie für Datenschäden vor Abschluss der Arbeiten und der Ausführung sonstiger IT-Leistungen. Die Regelungen zu den Tätigkeitsschäden finden bei allen Tätigkeitsschäden Anwendung, unabhängig davon, ob dabei Daten beschädigt wurden oder nicht und unabhängig davon, ob der Schaden vor oder nach Abschluss der Arbeiten bzw. der Ausführung der sonstigen IT-Leistungen eingetreten ist[115].

5. Deckung bei Verletzung von Datenschutzgesetzen/Persönlichkeitsrechten

89   Aus der Gefahr, welche vor allem bei Nutzung des Internets, aber auch durch sonstige datenverarbeitende Tätigkeiten für die Privatsphäre besteht[116], ergibt sich der Bedarf nach einem entsprechenden Versicherungsschutz. Nach den meisten einschlägigen Versicherungskonzepten und so auch nach den BBR-IT ist deshalb die gesetzliche Haftpflicht wegen Vermögensschäden i. S. d. Ziff. 2.1 AHB aus der Verletzung von Datenschutzgesetzen durch Missbrauch personenbezogener Daten einerseits und aus der Verletzung von Persönlichkeitsrechten andererseits mitversichert[117]. Eingeschlossen sind dabei – abweichend von Ziff. 7.4 (1) AHB – auch gesetzliche Haftpflichtansprüche von Versicherten untereinander. Dieser Deckungsbaustein gilt auch für Schäden aus dem Bereithalten eigener Inhalte (z. B. Content Providing).

90   **Ausschlüsse:** Soweit nicht etwas anderes vereinbart wurde, bleiben im Rahmen des Versicherungsschutzes für Persönlichkeitsrechtsverletzungen Ansprüche auf Auskunft, Berichtigung, Sperrung und Löschung von Daten sowie hiermit zusammenhängende Verfahrenskosten, Bußgelder, Strafen und Kosten derartiger Verfahren sowie Strafvollstreckungskosten ausgeschlossen. Ausgeschlossen bleiben auch Ansprüche wegen Schäden aus der Diskriminierung oder Belästigung durch den VN, einen Mitversicherten oder eine von ihnen bestellte oder beauftragte Person während der Aufnahme, dem Bestehen oder der Beendigung von Arbeitsverhältnissen[118].

6. Deckung für Wettbewerbs- und Schutzrechtsverletzungen

91   Wie bereits eingangs erwähnt, entziehen sich zahlreiche Risikoszenarien im Bereich des Wettbewerbsrechts und der Schutzrechte einer versicherungstechnischen Lösung. In der Betriebs- und Produkthaftpflichtversicherung sind diese Risiken bereits über Ziff. 1.1 AHB (Inanspruchnahme auf Schadenersatz) sowie im Bereich der klassischen Vermögensschadenshaftpflichtversicherung über einen besonderen Ausschluss von der Versicherung ausgenommen. Dies erfolgt vor dem Hintergrund, dass derartige Risiken von Betrieb zu Betrieb höchst individuell und zudem für den VR äußerst schwierig einzuschätzen sind. Die Beherrschung dieses Risiko mittels entsprechender Recherchen durch die Unternehmen selbst ist üblicherweise eine effektivere und zugleich kostengünstigere Lösung des Problems als der Versuch, diese Risiken mit Hilfe einer Haftpflichtversicherung abzusichern. Dies gilt grundsätzlich auch für IT-Unternehmen. Ein Unterschied besteht allerdings im Bereich des Internets. Der Provider kann die Inhalte, die seine Kunden im Internet anbieten, nur bedingt kontrollieren. Gleichwohl hat er, wie oben erwähnt, durchaus ein Haftungsrisiko in diesem Bereich. Die Folge können gegen den Provider gerichtete Ansprüche auf Unterbindung etc. sein, die in der Regel im Wege des einstweiligen Rechtsschutzes geltend gemacht werden. Aus diesem Grunde bieten einige Versicherungskonzepte – nicht jedoch die BBR-IT – Versicherungs-

---

[114] Ziff. 1.5.3.4, 1. Spiegelstrich der BBR-IT.
[115] Ziff. 1.5.3.2 Abs. 2 der BBR-IT.
[116] S. Rn. 21 ff.
[117] Ziff. 1.5.5 der BBR-IT.
[118] Ziff. 1.5.5 Abs. 4 der BBR-IT.

schutz für Gerichts- und Anwaltskosten von Verfahren, mit denen Unterlassungsklagen oder der Erlass einer einstweiligen Verfügung gegen den VN begehrt werden. Obliegenheit ist in solchen Fällen die unverzügliche Benachrichtigung des VR.

7. Versicherungssummen, Selbstbehalte

Die BBR-IT enthalten kombinierte Versicherungssummen für Personen- und sonstige   **92** Schäden (Sach- und Vermögensschäden). Für Schäden durch Datenlöschung, -beschädigung oder Beeinträchtigung der Datenordnung und für Tätigkeitsschäden ist gem. Ziff. 1.5.3.5 und für Mietsachschäden gem. Ziff. 2.2.2.2 ist ein Sublimit innerhalb der Versicherungssumme für sonstige Schäden (Sach- und Vermögensschäden) vorgesehen.

V. Versicherungsumfang Zusatzbedingungen zur Betriebshaftpflichtversicherung für die Nutzer von Internet-Technologien (BHV-IT)

Anders als die Besonderen Bedingungen und Riskobeschreibungen für die Haftpflichtver-   **93** sicherung von IT-Dienstleistern bieten die Zusatzbedingungen Versicherungsschutz nur für mit der Nutzung von Internet-Technologien zusammenhängende Risiken. Grundlage des Versicherungsschutzes sind die AHB, die durch Vereinbarung um die Zusatzbedingungen ergänzt werden können (Ziff. 1 BHV-IT). Vorbehaltlich abweichender Regelungen in den BHV-IT gelten daher die Bedingungen der AHB.

1. Versichertes Risiko

Nach Ziff. 2 Abs. 2 BHV-IT ist, falls auf dem Versicherungsschein oder seinen Nachträgen   **94** ausdrücklich vereinbart, die gesetzliche Haftpflicht des VNs wegen **„Schäden aus dem Austausch, der Übermittlung und der Bereitstellung elektronischer Daten (z. B. im Internet, per E-Mail oder mittels Datenträger")** gedeckt. Wenngleich die Bezeichnung Zusatzbedingungen „für die Nutzer von Internet-Technologien" eine entsprechende Beschränkung nahe legen würde, ist der Anwendungsbereich der BHV-IT nicht allein auf den elektronischen Datenaustausch beschränkt, sondern erfasst beispielsweise auch den Datenaustausch durch Weitergabe von CD-ROMs, USB-Sticks oder anderer Datenträger, wodurch ein vollständiger Versicheungsschutz erreicht wird[119].

Die Zusatzbedingungen stellen den Versicherungsschutz des IT-Nutzers wieder her, wel-   **95** cher durch die Nullstellung der IT-Risiken in Ziff. 7.7, 7.15, 7.16 AHB entfallen war[120]. Nähere Konkretisierung erfährt das versicherte Risiko in den folgenden Ziff. 2.1 bis 2.5, welche sich auf die korrespondierenden Ausschlüsse in den AHB beziehen. **Nicht versichert** nach den Zusatzbedingungen sind Ansprüche aus den in Ziff. 6 BHV-IT genannten Tätigkeiten und Leistungen (s. dazu bereits oben Rn. 59 f.).

a) Abweichungen von Ziff. 7.7 und 7.15 AHB. Nach Ziff. 7.15 sind von der Haft-   **96** pflichtversicherung Ansprüche „wegen Schäden aus dem Austausch, der Übermittlung und der Bereitstellung elektronischer Daten" ausgeschlossen. Ziff. 2.1 bis 2.3 BHV-IT beziehen Schäden aus Löschung, Unterdrückung, Unbrauchbarmachung oder Veränderung von Daten bei Dritten (Datenveränderung), aus der Nichterfassung und fehlerhaften Speicherung von Daten bei Dritten sowie der Störung des Zugangs Dritter zum elektronischen Datenaustausch (s. Ziff. 7.15 (1) bis (3) AHB) – zumindest in beschränktem Umfang – wieder in die Deckung mit ein. Zugleich reagieren die Ziff. 2.1 bis 2.3 BHV-IT auf den Ausschluss der Ziff. 7.7 AHB (sog. Bearbeitungsklausel), der beispielsweise Schäden aufgrund von Wartungsarbeiten vom Versicherungsschutz ausklammert, die aber von Ziff. 2.1 bis 2.3 BHV-IT gedeckt sein sollen[121].

---

[119] *Stockmeier*, Die Haftpflichtversicherung des Internet-Nutzers, 2005, S. 37.
[120] *Koch*, ITRB 2007, 187, 188; *Stockmeier*, Die Haftpflichtversicherung des Internet-Nutzers, 2005, S. 37.
[121] *Stockmeier*, Die Haftpflichtversicherung des Internet-Nutzers, 2005, S. 37.

97   Nicht ausdrücklich genannt werden die in Ziff. 7.15 (4) AHB ausgeschlossenen Schäden aus der „Übermittlung vertraulicher Daten oder Informationen". Im Einzelfall wird hier der Versicherungsschutz für Persönlichkeitsrechtsverletzungen nach Ziff. 2.4 BHV-IT greifen können[122].

98   *aa) Löschung, Unterdrückung, Unbrauchbarmachung oder Veränderung von Daten bei Dritten.* Für die Auslegung der unter dem Oberbegriff „Datenveränderung" zusammengefassten Tathandlungen Löschung, Unterdrückung, Unbrauchbarmachung oder Veränderung von Daten kann auf die Auslegung der gleichlautenden Begriffe in § 303 a Abs. 1 StGB zurückgegriffen werden[123]. Gelöscht sind Daten, wenn sie vollständig und unwiederbringlich unkenntlich gemacht werden[124]. Die konkrete Form der Löschungshandlung im Einzelfall ist unerheblich und kann neben dem einfachen Löschen auch dem Überschreiben mit neuen Daten erfolgen[125]. Unterdrückung von Daten liegt vor, wenn sie dem Zugriff des Verfügungsberechtigten – zumindest zeitweilig – entzogen werden und deshalb von diesem nicht mehr verwendet werden können[126]. Unbrauchbarmachen bedeutet, dass Daten in ihrer Gebrauchsfähigkeit so beeinträchtigt werden, dass sie nicht mehr ordnungsgemäß verwendet werden können und damit ihren bestimmungsgemäßen Zweck nicht mehr zu erfüllen vermögen[127]. Datenveränderung (i. e. S.) liegt vor, wenn die Daten einen anderen Informationsgehalt bzw. Aussagewert erhalten, wobei unerheblich ist, ob die Veränderung durch teilweise Löschung, inhaltliches Umgestalten gespeicherter Daten oder Hinzufügen weiterer Daten geschieht[128]. Eine Minderung der Gebrauchstauglichkeit wird bei der Auslegung des Tatbestands des § 303 a StGB nicht verlangt[129], doch dürfte ohne eine solche regelmäßig kein zivilrechtlicher Haftungsfall eintreten.

99   Der Wiedereinschluss von Schäden aus der Datenveränderung durch Viren und andere Schadprogramme nach Ziff. 2.1 BHV-IT ist gegenüber dem korrespondierenden Ausschluss in Ziff. 7.15 (1) AHB insoweit eingeschränkt, als die **Datenveränderung** *bei Dritten* eingetreten sein muss. Abgestellt wird damit auf eine Abgrenzung nach Veranwortlichkeitssphären, so dass Datenveränderungen, welche bereits im Einflussbereich des VNs eingetreten sind, nicht versichert sind[130].

100   Ein weiterer Unterschied zum Ausschluss nach Ziff. 7.15 AHB ergibt sich im Hinblick auf den **Deckungsinhalt:** Nach Ziff. 2.1 wird jeder Personen-, Sach- und Vermögensschäden gedeckt, jedoch nur soweit dieser durch Computerviren und andere Schadprogramme verursachte worden ist[131]. Datenveränderungen aus sonstigen Gründen werden von Ziff. 2.2 als Auffangregelung erfasst, deren Deckungsumfang jedoch erheblich eingeschränkt ist.

101   Die Begriffe „Virus" und „Schadprogramm" werden in den BHV-IT nicht definiert, doch sind letztlich Programme gemeint, welche zu Datenveränderungen im beschriebenen Sinne

---

[122] S. *Stockmeier,* Die Haftpflichtversicherung des Internet-Nutzers, 2005, S. 32 f.

[123] *Koch,* Versicherbarkeit von IT-Risiken, Rn. 1646; *Stockmeier,* Die Haftpflichtversicherung des Internet-Nutzers, 2005, S. 24, 39.

[124] BT-Drucks. 10/5058, S. 34 zu § 303 a StGB Absatz 1; *Stockmeier,* Die Haftpflichtversicherung des Internet-Nutzers, 2005, S. 24; *Stree* in: *Schönke/Schröder,* § 303 a StGB Rn. 4.

[125] *Stree* in: *Schönke/Schröder,* § 303 a StGB Rn. 4; *Hoyer* in: SK-StGB § 303 a Rn. 8.

[126] BT-Drucks. 10/5058 zu § 303 a StGB Absatz 1, S. 35; *Stree* in: *Schönke/Schröder,* § 303 a StGB Rn. 4; *Stockmeier,* Die Haftpflichtversicherung des Internet-Nutzers, 2005, S. 24; *Ernst* in: *Ernst/Hacker,* Cracker & Computerviren, Rn. 273 ff.; *Hoyer* in: SK-StGB § 303 a Rn. 9.

[127] BT-Drucks. 10/5058 zu § 303 a StGB Absatz 1, S. 35; *Stockmeier,* Die Haftpflichtversicherung des Internet-Nutzers, 2005, S. 24; *Hoyer* in: SK-StGB § 303 a Rn. 10.

[128] BT-Drucks. 10/5058 zu § 303 a StGB Absatz 1, S. 35; *Stockmeier,* Die Haftpflichtversicherung des Internet-Nutzers, 2005, S. 24; *Stree* in: *Schönke/Schröder,* § 303 a StGB Rn. 4.

[129] BT-Drucks. 10/5058, S. 36; *Hoyer* in: SK-StGB § 303 a Rn. 11; *Koch,* Versicherbarkeit von IT-Risiken, Rn. 1650.

[130] *Stockmeier,* Die Haftpflichtversicherung des Internet-Nutzers, 2005, S. 26.

[131] *Koch,* Versicherbarkeit von IT-Risiken, Rn. 2411; *Stockmeier,* Die Haftpflichtversicherung des Internet-Nutzers, 2005, S. 39 f.

führen können[132]. Viren sind ein Unterfall von Programmen mit Schadensfunktionen. Nach der Definition des BSI handelt es sich um „eine nicht selbstständige Programmroutine, die sich selbst reproduziert und dadurch vom Anwender nicht kontrollierbare Manipulationen in Systembereichen, an anderen Programmen oder deren Umgebung vornimmt"[133]. Neben Viren können Datenveränderungen aber auch durch Würmer verursacht werden[134], die zur Weiterverbreitung von Schadcodes dienen oder zur Überlastung und (zeitweiligen) Unterdrückung von Daten führen können[135]. Nicht gemeint sein dürften dagegen „Trojanische Pferde" (oder auch Backdoors)[136], die allein den Zweck verfolgen, Daten auf dem Rechner auszuspionieren, aber zu keiner Datenveränderung i. S. v. Ziff. 2.1 BHV-IT führen[137].

bb) Datenveränderung aus sonstigen Gründen, Nichterfassung und fehlerhafte Speicherung von Daten bei Dritten. Schäden aufgrund einer Datenveränderung aus sonstigen – also nicht auf Computerviren und Schadprogramme beruhenden – Gründen sowie der Nichterfassung und fehlerhaften Speicherung von Daten bei Dritten fallen unter Ziff. 2.2 BHV-IT. Wegen des unterschiedlichen Versicherungsumfangs ist die strikte Trennung in den BHV-IT zwischen Datenveränderungen durch Schadprogramme (s. insoweit Ziff. 2.1 BHV-IT) und solchen aus sonstigen Gründen zu beachten. Der Begriff der Datenveränderung ist i. S. d. Klammerdefinition der Ziff. 2.1 BHV-IT als „Löschung, Unterdrückung, Unbrauchbarmachung oder Veränderung von Daten" zu verstehen. Ein Beispiel für die Datenveränderung aus sonstigen Gründen ist die Zurverfügungstellung fehlerhafter Software, welche Veränderungen im System des Kunden vornimmt oder auch die Versendung inkompatibler Dateien, welche zu Datenverlusten beim Empfänger führt[138]. In jedem Fall müssen auch die „sonstigen Gründe" im Zusammenhang mit dem Austausch, der Übermittlung und der Bereitstellung elektronischer Daten stehen[139].   **102**

Gegenüber Schäden durch Viren und Schadprogramme ist der Umfang des Versicherungsschutzes nach Ziff. 2.2 BHV-IT deutlich reduziert, indem nur der aus den genannten Tatbeständen resultierende Personen- und Sachschaden, nicht aber sich daraus ergebender Vermögensschaden (unechter Vermögensschaden), wieder einbezogen wird[140]. Was Datenschäden anbelangt ist zu unterscheiden: Versicherungsschutz besteht nur für die Kosten zur Wiederherstellung der *veränderten* Daten bzw. zur Erfassung/korrekten Speicherung *nicht oder fehlerhaft erfasster* Daten[141]. An die Datenveränderung bzw. Nicht- oder Fehlspeicherung anknüpfende Folgeschäden, wie z. B. Betriebsausfallschäden, werden jedoch nicht erfasst[142]. Gleichfalls nicht vom Versicherungsschutz gedeckt sind *weitere* nachteilige Datenveränderun-   **103**

---

[132] S. im Einzelnen die Beschreibungen zu ausgewählten Schadprogrammen auf der Website des BSI, abrufbar unter http://www.bsi.de/av/index.htm; s. auch *Spindler,* Verantwortlichkeiten von IT-Herstellern, Nutzern und Intermediären, Studie im Auftrag des Bundesamtes für Sicherheit in der Informationstechnik (BSI), 2007, Rn. 52 ff.; *Pierrot* in: *Ernst/Hacker,* Cracker & Computerviren, Rn. 107 ff.

[133] Abrufbar unter http://www.bsi.de/literat/faltbl/F19Kurzviren.htm.

[134] Nach der Definition des BSI handelt es sich um ein selbstständiges, selbstreproduzierendes Programm, das sich in einem System (vor allem in Netzen) ausbreitet, s. http://www.bsi.de/literat/faltbl/F19Kurzviren.htm.

[135] *Pierrot* in: *Ernst/Hacker,* Cracker & Computerviren, Rn. 109.

[136] Trojanische Pferde sind Programme, die neben scheinbar nützlichen auch nicht dokumentierte schädliche Funktionen enthalten und diese unabhängig vom Computer-Anwender und ohne dessen Wissen ausführen; im Gegensatz zu Computer-Viren können sich Trojanische Pferde jedoch nicht selbständig verbreiten; so die Definition des BSI, abrufbar unter http://www.bsi.de/literat/faltbl/F33 Trojaner.htm.

[137] Anders wohl *Koch,* Versicherbarkeit von IT-Risiken, Rn. 2413.

[138] Beispielsfall bei *Koch,* Versicherbarkeit von IT-Risiken, Rn. 2415; *Stockmeier,* Die Haftpflichtversicherung des Internet-Nutzers, 2005, S. 26.

[139] Ziff. 2 Abs. 2 BHV-IT.

[140] Vgl. die entsprechende Differenzierung in Ziff. 1.1 AHB.

[141] Ziff. 2.2, 2. SpStr. BHV-IT.

[142] *Stockmeier,* Die Haftpflichtversicherung des Internet-Nutzers, 2005, S. 41; *Koch,* Versicherbarkeit von IT-Risiken, Rn. 2415.

gen[143]. Unabhängig vom Streit um die Qualifikation des Datenschadens als Eigentumsverletzung[144], sind diese daher nicht Teil des nach Ziff. 2.2, 1. SpStr. erfassten Sachschadens.

104   *cc) Störung des Zugangs Dritter zum elektronischen Datenaustausch.* Schäden aus der Störung des Zugangs Dritter zum elektronischen Datenaustausch sind vor allem beim Missbrauch des IT-Systems des VNs für *Denial-of-Service*-Attacken denkbar[145], können aber genauso auf der Versendung inkompatibler Dateien beruhen, die eine Datenveränderung[146] oder einen Sachschaden[147] beim Empfänger auslösen und so dessen Zugang zum Internet-Verkehr stören[148]. Auch bei Ziff. 2.3 BHV-IT ist zu beachten, dass die Störung des Zugangs nur dann erfasst wird, wenn er aus dem Austausch, der Übermittlung und der Bereitstellung elektronischer Daten resultiert[149], beispielsweise aber dann nicht, wenn die Zugangsstörung unmittelbare Folge eines Kurzschlusses ist[150]. Soweit die Störung des Zugangs durch eine von Viren oder andere Schadsprogramme verursachte Datenveränderung herührt, besteht Versicherungsschutz schon über Ziff. 2.1 BHV-IT[151]. Eine zeitliche Begrenzung des Versicherungsschutzes für Schaden aus Zugangsstörungen ist nicht vorgesehen, da dem Umstand Rechnung zu tragen ist, dass das Schadensrisiko bei zeitlichen Unterbrechungen betriebs- und branchenabhängig sehr unterschiedlich ausfallen kann[152].

105   *dd) Obliegenheiten des Versicherungsnehmers.* In den Fällen der Ziff. 2.1 bis 2.3 obliegt es jeweils dem VN, dass seine auszutauschenden, zu übermittelnden, bereitgestellten Daten durch Sicherheitsmaßnahmen und/oder -techniken (z. B. Virenscanner, Firewall) gesichert oder geprüft werden bzw. worden sind, die dem Stand der Technik entsprechen. Als Mindestsicherheitsstandard können hierbei beispielsweise die IT-Grundschutzkataloge des Bundesamt für Sicherheit in der Informationstechnik (BSI) herangezogen werden[153]. Der VN kann sich hierzu auch der Hilfe Dritter bedienen (s. Ziff. 2.3 a. E.). Es handelt sich hierbei um eine, vom VN vor Eintritt des Versicherungsfalles, zu erfüllende Obliegenheit, deren Verletzung die Rechtsfolgen der Ziff. 26 AHB auslöst[154].

106   Nach Ziff. 26.2 Abs. 1 AHB/§ 28 Abs. 2 VVG gilt im Fall der Obliegenheitsverletzung, dass der Versicherungsschutz bei vorsätzlicher Verletzung vollständig entfällt und der VR bei grober Fahrlässigkeit des VNs berechtigt ist, seine Leistung in einem der Schwere des Verschuldens des VNs entsprechenden Verhältnis zu kürzen. Will der VR die Leistungspflicht vollständig vermeiden, trifft ihn die Beweislast für Vorsatz des VNs[155]. Umgekehrt muss sich der VN vom Vorwurf der groben Fahrlässigkeit entlasten, will er die volle Versicherungsleistung erhalten (s. Ziff. 26.2 Abs. 3 AHB/§ 28 Abs. 2 S. 2 Hs. 2 VVG)[156]. Mit Ausnahme der arglistigen Obliegenheitsverletzung bleibt der Versicherungsschutz zudem auch dann bestehen, wenn der VN nachweist, dass die Verletzung der Obliegenheit weder für den Eintritt

---

[143] Ziff. 2.2, 1. SpStr. BHV-IT.

[144] Dazu Rn. 80.

[145] *Koch,* Versicherbarkeit von IT-Risiken, Rn. 2416; *Stockmeier,* Die Haftpflichtversicherung des Internet-Nutzers, 2005, S. 42. Zur Risikoverteilung bei DoS-Attacken AG Gelnhausen v. 6. 10. 2005, MMR 2006, 124; ausführlich *Spindler,* Verantwortlichkeiten von IT-Herstellern, Nutzern und Intermediären, Studie im Auftrag des Bundesamtes für Sicherheit in der Informationstechnik (BSI), 2007, Rn. 87; *Pierrot* in *Ernst,* Hacker, Cracker & Computerviren, Rn. 128ff.

[146] Insoweit besteht hinsichtlich der Kosten für die Wiederherstellung der Daten Versicherungsschutz nach Ziff. 2.2 Abs. 1 BHV-IT.

[147] Insoweit greift die Betriebshaftpflichtversicherung, *Stockmeier,* Die Haftpflichtversicherung des Internet-Nutzers, 2005, S. 43.

[148] *Stockmeier,* Die Haftpflichtversicherung des Internet-Nutzers, 2005, S. 42.

[149] Ziff. 2 Abs. 2 BHV-IT.

[150] *Koch,* Versicherbarkeit von IT-Risiken, Rn. 2416.

[151] *Stockmeier,* Die Haftpflichtversicherung des Internet-Nutzers, 2005, S. 42.

[152] *Stockmeier,* Die Haftpflichtversicherung des Internet-Nutzers, 2005, S. 43.

[153] Abrufbar unter http://www.bsi.bund.de/gshb/deutsch/index.htm.

[154] S. Ziff. 2.3 BHV-IT a. E.

[155] RegBegr. BT-Drucks. 16/3945 zu § 28 Abs. 2 VVG; *Langheid,* NJW 2007, 3665, 3669.

[156] *Langheid,* NJW 2007, 3665, 3669; *Marlow,* VersR 2007, 43, 44.

oder die Feststellung des Versicherungsfalls noch für die Feststellung oder den Umfang der dem VR obliegenden Leistung kausal war (Ziff. 26.2 Abs. 4 AHB/§ 28 Abs. 3 VVG).

Durch das neue VVG wurde die bislang nach Ziff. 26.1 AHB 2004/§ 6 Abs. 1 VVG a. F.   **107** bestehende zwingende Verknüpfung von Leistungsfreiheit des VRs und Ausübung des Kündigungsrechts für den Fall der Obliegenheitsverletzung aufgehoben, da eine Kündigung nicht immer im Interesse des VNs liegen wird[157]. Auch wenn die Leistungspflicht bereits nach Ziff. 26.2 AHB/§ 28 Abs. 2 VVG entfällt bzw. gekürzt werden kann, ist der VR aber nach Ziff. 26.1 AHB/§ 28 Abs. 1 VVG innerhalb eines Monats ab Kenntnis von der Obliegenheitsverletzung zur fristlosen Kündigung berechtigt[158]. Das Kündigungsrecht besteht nicht, wenn der VN beweist, dass die Obliegenheitsverletzung weder auf Vorsatz noch auf grober Fahrlässigkeit beruhte[159].

b) Abweichungen von Ziff. 7.16 AHB. Abweichend von Ziff. 7.16 AHB sind Schäden   **108** aus der Verletzung von Persönlichkeitsrechten mit Ausnahme der Verletzung von Urheberrechten (Ziff. 2.4 BHV-IT) und der Verletzung von Namensrechten (Ziff. 2.5 BHV-IT) versichert. Insoweit besteht in beiden Fällen auch Versicherungsschutz für immaterielle Schäden.

aa) Verletzung von Persönlichkeitsrechten. Schäden aus der Verletzung von Persönlichkeits-   **109** rechten meint nicht nur die Verletzung des aus Art. 1 Abs. 1, 2 Abs. 1 GG abgeleiteten allgemeinen Persönlichkeitsrechts, sondern erstreckt sich weitergehend auch auf Schäden aus der Verletzung besonderer Persönlichkeitsrechte. Darunter sind zu verstehen Verletzungen des Namensrechts und des Rechts am eigenen Bild (§ 22 KunstUhG), der schadensersatzbegründende Verstoß gegen strafrechtliche Beleidigungstatbestände (§§ 823 Abs. 2 BGB, 185 ff. StGB), die Kreditschädigung (§ 824 BGB), die Verletzung des vertraulich gesprochenen Wortes (§ 201 StGB), der Verrat von Privat- und Geschäftsgeheimnissen (§§ 203 StGB, § 17 UWG) oder der Verstoß gegen datenschutzrechtliche Bestimmungen zum Schutz personenbezogener Daten[160]. In diesem Zusammenhang ist der Ausschluss des Versicherungsschutzes für Dateien, mit denen widerrechtlich Nutzerinformationen gesammelt werden können (z. B. Cookies, trojanische Pferde)[161] sowie der im Fall bewusster Abweichung von gesetzlichen Vorschriften[162] zu beachten. Das sog. „Spamming" kann zumindest gegenüber nichtgewerblichen Empfängern eine Verletzung des allgemeinen Persönlichkeitsrechts darstellen, jedoch gilt insoweit der Ausschluss nach Ziff. 7.1 1. Spiegelstrich BHV-IT[163].

Nicht vom Versicherungsschutz erfasst ist der besonders schadensträchtige Bereich der   **110** **Verletzung von Urheberrechten.** Von vornherein nicht unter Begriff des Persönlichkeitsrechts fällt insoweit die Verletzung von wirtschaftlichen Verwertungsrechten. Hinsichtlich des Ausschlusses von Beeinträchtigungen des Urheberpersönlichkeitsrechts (§§ 12 ff. UrhG)[164] ist zu bedenken, dass dessen dogmatische Herleitung und Verhältnis zum allgemeinen Persön-

---

[157] RegBegr. BT-Drucks. 16/3945 zu § 28 Abs. 1 VVG, abweichend etwa § 26 Abs. 3 VVG n. F.

[158] S. Ziff. 26.2 Abs. 5 AHB.

[159] *Langheid,* NJW 2007, 3665 (3669).

[160] Vgl. die Aufzählung bei *Gounalakis/Rhode,* Persönlichkeitsschutz im Internet, 2002, Rn. 37 ff.; *Koch,* Versicherbarkeit von IT-Risiken, Rn. 2420; *Stockmeier,* Die Haftpflichtversicherung des Internet-Nutzers, 2005, S. 49.

[161] Ziff. 7.1, 2. SpStr. BHV-IT. Dazu unten Rn. 222.

[162] Ziff. 7.3 BHV-IT.

[163] Näher zur Verletzung des allgemeinen Persönlichkeitsrechts durch Spamming *Goulanakis/Rhode,* Persönlichkeitsschutz im Internet, 2002, Rn. 218; *Spindler/Nink* in: *Spindler/Schuster,* § 823 BGB Rn. 32; *Micklitz* in: *Spindler/Schuster,* § 6 TMG Rn. 81; *Köhler* in: *Hefermehl/Köhler/Bornkamm,* § 7 UWG Rn. 84; auch im gewerblichen Bereich für Verletzung des allgemeinen Persönlichekeitsrechts in: Münchener Kommentar BGB/*Wagner,* § 823 Rn. 534g.

[164] Zur möglichen Verletzung des Urheberpersönlichkeitsrechts im Zusammenhang mit Hyperlinks (Inline- oder Frame-Links) *Koch,* Versicherbarkeit von IT-Risiken, Rn. 448; *Wiebe* in: *Bräutigam/Leupold,* Online-Handel, B I Rn. 269.

lichkeitsrecht umstritten sind[165]; Ziff. 2.4 BHV-IT enthält insoweit eine Klarstellung und nimmt Urheberrechtsverletzungen insgesamt von der Deckung aus[166].

111 *bb) Verletzung von Namensrechten.* Ziff. 2.5 BHV-IT dehnt den Versicherungsschutz auf Schäden aus der Verletzung von Namensrechten aus, also die Rechtsbeeinträchtigung durch Zuordnungsverwirrung oder Identitätstäuschung infolge Namensleugnung bzw. -anmaßung[167]. Als besonderes Persönlichkeitsrecht ist die Verletzung von Namensrechten weitgehend von Ziff. 2.4 BHV-IT erfasst[168]. Ihre Hervorhebung in einer eigenen Ziffer trägt jedoch der besonderen Bedeutung von Namensrechtsverletzungen im Internet, insbes. im Zusammenhang mit Domain-Streitigkeiten[169] und dem Sublimit für daraus entstehende Schäden nach Ziff. 4.2 BHV-IT Rechnung[170].

112 Der **Begriff des Namensrechts** beschreibt zunächst den Namen i. S. v. § 12 BGB, welcher dazu dient eine natürliche oder auch juristische Person zu kennzeichnen[171]. Gleichfalls wird aber auch die Firma unter der ein Kaufmann im Geschäftsverkehr auftritt (§§ 17ff. HGB) in den Namensschutz einbezogen und zwar unabhängig davon, ob der bürgerliche Name des Inhabers Firmenbestandteil ist[172]. Auch Unternehmenskennzeichen (§ 5 Abs. 1 und 2 MarkenG), die wie ein Name Kennzeichnungs- und Zuordnungsfunktion haben, fallen unter den Namensschutz, wobei § 12 BGB jedoch im Anwendungsbereich der §§ 5, 15 MarkenG verdrängt wird[173]. Die Kennzeichenverwendung im geschäftlichen Verkehr ist auch dann von der Deckung von Schäden aus Verletzungen des Namensrechts erfasst, wenn in dem fraglichen Kennzeichen nicht der Name einer Person Verwendung findet und mithin der Charakter als Immaterialgüterrecht überwiegt[174].

113 Bedeutung kann Ziff. 2.5 vor allem beim Streit um **Domainnamen** erlangen[175], wo es einerseits um die Verletzung fremder Rechte durch Domainnamen, andererseits um den kennzeichenrechtlichen Schutz des Domainnamens selbst gehen kann[176]. Zweifelhaft ist im Zusammenhang mit Domainnamen indes die konkrete Reichweite der Deckung durch die BHV-IT, da sich damit zusammenhängende Streitigkeiten in der Praxis auch auf Verletzungen

---

[165] Für eine Einordnung als besonderes Persönlichkeitsrecht BGH v. 5. 3. 1971, NJW 1971, 885, 886; *Spindler/Nink* in: *Spindler/Schuster,* § 823 BGB Rn. 6; *Schulze* in: *Dreier/Schulze,* Vor § 12 UrhG Rn. 5; dagegen *Gounalakis/Rhode,* Persönlichkeitsschutz im Internet, 2002, Rn. 78; *Rehbinder,* Urheberrecht, Rn. 235.

[166] *Stockmeier,* Die Haftpflichtversicherung des Internet-Nutzers, 2005, S. 50.

[167] Andere Verletzungshandlungen unterfallen dem allgemeinen Persönlichkeitsrecht *Bamberger/Roth/ Bamberger,* § 12 BGB Rn. 92; Münchener Kommentar BGB/*Bayreuther,* § 12 Rn. 5.

[168] Näher zum Verhältnis von Namensrecht und allgemeinem Persönlichkeitsrecht in *Bamberger/Roth/ Bamberger,* § 12 BGB Rn. 10; *U. Müller* in: *Spindler/Schuster,* § 12 BGB Rn. 2, 7; zur Einordnung des Namensrechts zwischen Persönlichkeitsrecht und Immaterialgüterrecht BGH v. 1. 12. 1999, GRUR 2000, 709, 712 (Ls 1) – Marlene Dietrich; *Spindler/Nink* in: *Spindler/Schuster,* § 823 BGB Rn. 6; Münchener Kommentar BGB/*Bayreuther,* § 12 Rn. 2ff.

[169] S. *Stockmeier,* Die Haftpflichtversicherung des Internet-Nutzers, 2005, S. 56ff., 66ff.; *Koch,* Versicherbarkeit von IT-Risiken, Rn. 2423.

[170] Dazu unten Rn. 117.

[171] Zum weiten Anwendungsbereich der Norm Münchener Kommentar BGB/*Bayreuther,* § 12 Rn. 22ff.; *Bamberger/Roth/Bamberger,* § 12 BGB Rn. 11; *U. Müller* in: *Spindler/Schuster,* § 12 BGB Rn. 3ff.

[172] BGH v. 6. 7. 1954, GRUR 1955, 43 – Farina II; in Münchener Kommentar BGB/*Bayreuther,* § 12 Rn. 34; *Bamberger/Roth/Bamberger,* § 12 BGB Rn. 28.

[173] BGH v. 9. 9. 2004, NJW 2005, 1196 – mho.de; BGH v. 22. 11. 2001, GRUR 2002, 622, 624 – shell.de; *Ingerl/Rohnke,* § 15 MarkenG Rn. 27, Nach § 15 MarkenG Rn. 3; Münchener Kommentar BGB/*Bayreuther,* § 12 Rn. 14.

[174] Kennzeichen im geschäftlichen Verkehr werden als Immaterialgüterrechte, nicht als Persönlichkeitsrecht qualifiziert, doch sind Überschneidungen denkbar, s. Münchener Kommentar BGB/*Bayreuther,* § 12 Rn. 2ff.; *Bamberger/Roth/Bamberger,* § 12 BGB Rn. 10; *Palandt/Heinrichs,* § 12 BGB Rn. 2, 16.

[175] *Koch,* Versicherbarkeit von IT-Risiken, Rn. 2423 unter Verweis auf die Anlage 2 zum Rundschreiben des GDV H 25/04 M v. 17. 6. 2004, S. 7.

[176] Ausführlich Münchener Kommentar BGB/*Bayreuther,* § 12 Rn. 58, 204ff.; *Ingerl/Rohnke,* Nach § 15 MarkenG Rn. 29ff.

von Marken (§§ 1 Nr. 1, 4, 14 MarkenG) beziehen können, sei es aufgrund Verletzung einer fremden Marke durch einen Domainnamen, sei es aufgrund Streits um den Schutz des Domainnamens selbst[177]. In einem strengen Sinne unterfällt das Markenrecht nicht dem Namensrecht, da Marken die Herkunft einer Ware oder Dienstleistung bezeichnen, nicht die einer Person[178]. Doch sind im Einzelfall Überschneidungen von Namens- und Markenrecht denkbar, wenn die Marke einen Namen i. S. v. § 12 BGB oder einen Firmenbestandteil enthält[179]. Nachdem die Erläuterungen des GDV zu den BHV-IT Domainstreitigkeiten als Anwendungsfall von Ziff. 2.5 hervorheben[180], wäre es eine schwer nachvollziehbare Aufspaltung und Beschränkung des Versicherungsschutzes, würde der Bereich der Domainstreits im Zusammenhang mit Marken weitgehend vom versicherten Risiko ausgenommen. Im Interesse eines vollumfänglichen Schutzes in Domain-Streitigkeiten spricht daher Einiges dafür den Begriff des Namensrechts in einem „untechnischen" Sinne zu verstehen[181]. Es verbleiben gleichwohl Unsicherheiten, die eine Klarstellung in den Versicherungsbedingungen empfehlenswert erscheinen lassen.

cc) Gerichts- und Anwaltskosten. Die BHV-IT gehen bei Schäden aus Persönlichkeits- und **114** Namensrechtsverletzungen über den Haftpflichtversicherungsbereich hinaus und bilden faktisch eine partielle Rechtsschutzversicherung. In Erweiterung von Ziff. 1.1 AHB werden in den Fällen der Ziff. 2.4 und 2.5 auch Gerichts- und Anwaltskosten eines Verfahrens, mit dem der Erlass einer einstweiligen Verfügung gegen den VN begehrt wird ersetzt und zwar auch dann, wenn es sich um Ansprüche auf Unterlassung oder Widerruf handelt; gleiches gilt für eine gegen den VN gerichtete Unterlassungsklage. Dies ist vor allem angesichts von auf die Grundsätze der zivilrechtlichen Störerhaftung gestützten Unterlassungsanträgen in Internet-bezogenen Sachverhalten von Bedeutung, auch wenn die besonders relevanten Bereiche des Urheber- und Markenrechts von den Zusatzbedingungen ausgeklammert sind.

2. (Mit-)Versicherte Personen

Mitversichert sind nach Ziff. 3 BHV-IT (entsprechend Ziff. 7.1.2.3 und 7.1.2.4 der Be- **115** triebshaftpflichtbedingungen) die gesetzlichen Vertreter und das Leitungs- und Beaufsichtigungspersonal des VNs in ihrer jeweiligen Eigenschaft sowie alle übrigen Betriebsangehörigen, soweit es Schäden betrifft, die sie in Ausführung ihrer dienstlichen Verrichtungen für den VN verursachen[182]. Ansprüche aus Personenschäden aus Arbeits- bzw. Dienstunfällen und Berufskrankheiten sind nach Ziff. 3 Abs. 2 BHV-IT ausgeschlossen[183]. Außerhalb dieses Bereichs können Mitarbeiter des VNs jedoch „Dritte" im Sinne der Ziff. 2 BHV-IT sein, so dass beispielsweise Ansprüche des Mitarbeiters gegen den VN wegen Datenschäden am privaten Computer ggf. versichert sind[184].

---

[177] OLG Hamburg v. 21. 9. 2000, GRUR-RR 2002, 100; OLG Hamburg v. 2. 11. 2000, GRUR-RR 2001, 126; *Hacker* in: *Ströbele/Hacker,* § 8 MarkenG Rn. 87, § 14 MarkenG Rn. 118 ff.; *Ingerl/Rohnke,* Nach § 15 MarkenG Rn. 74 ff.

[178] *Bamberger/Roth/Bamberger* § 12 BGB Rn. 13, 30; *Soergel/Heinrich,* § 12 BGB Rn. 153. Bei weitem Begriffsverständnis können Marken (untechnisch) als der „Name eines Produkts" bezeichnet werden, so etwa *Fezer,* § 1 MarkenG Rn. 6.

[179] *Soergel/Heinrich,* § 12 BGB Rn. 153; s. auch Münchener Kommentar BGB/*Bayreuther,* § 12 BGB Rn. 10.

[180] So *Koch,* Versicherbarkeit von IT-Risiken, Rn. 2423 mit Verweis auf Anlage 2 zum Rundschreiben des GDV H 25/04 M v. 17. 6. 2004, S. 7; *Stockmeier,* Die Haftpflichtversicherung des Internet-Nutzers, 2005, S. 56 ff.

[181] Im Ergebnis wohl ebenso *Stockmeier,* Die Haftpflichtversicherung des Internet-Nutzers, 2005, S. 56 ff.; *Koch,* Versicherbarkeit von IT-Risiken, Rn. 2423.

[182] Näher *Prölss/Martin/Voit/Knappmann,* 7.1.2 Betriebshaftpfl. Rn. 6 ff.

[183] Siehe im Einzelnen *Prölss/Martin/Voit/Knappmann,* 7.1.2 Betriebshaftpfl. Rn. 8 ff.

[184] *Stockmeier,* Die Haftpflichtversicherung des Internet-Nutzers, 2005, S. 70.

3. Versicherungssumme, Sublimit, Serienschaden, Anrechnung von Kosten

116   **a) Versicherungssumme/Sublimit.** Für Risiken, welche der Zusatzversicherung unterfallen, kann nach Ziff. 4.1 BHV-IT unabhängig von der Art des zu ersetzenden Schadens eine eigene Versicherungssumme ausgewiesen werden. Die BHV-IT weichen hier von Ziff. 6.2 AHB insoweit ab, als diese Versicherungssumme zugleich die Höchstersatzleistung für alle Versicherungsfälle eines Versicherungsjahres darstellt.

117   Nach Ziff. 4.2 BHV-IT ist eine Sublimitierung für Schäden aus Namensrechtsverletzungen (Ziff. 2.5 BHV-IT) vorgesehen. Das Erfordernis einer Höchstersatzleistung wird dabei mit den potentiell besonders hohen Streitwerten und folglich Prozesskosten (s. o.) in Fällen der Namensrechtsverletzung begründet[185].

118   **b) Serienschäden.** Mehrere während der Wirksamkeit der Versicherung eintretende Versicherungsfälle gelten nach Ziff. 4.3 BHV-IT als ein Versicherungsfall, der im Zeitpunkt des ersten dieser Versicherungsfälle eingetreten ist, wenn diese auf derselben Ursache, auf gleichen Ursachen mit innerem, insbesondere sachlichem und zeitlichem Zusammenhang oder auf dem Austausch, der Übermittlung und Bereitstellung elektronischer Daten mit gleichen Mängeln, beruhen. Die Vorschrift ersetzt für Serienschäden insoweit Ziff. 6.3 AHB. Als Risikobegrenzungsklausel ist eine Serienschadenklausel nach der Rechtsprechung des BGH grundsätzlich eng auszulegen[186]. Im Falle der Schadensverursachung durch Viren ist für die Beurteilung der Einheitlichkeit des Versicherungsfalles jeweils darauf abzustellen, ob es sich um dasselbe Virus handelt; nicht ausreichend ist hingegen, wenn es sich lediglich um denselben Virus- oder Schadprogrammtyp handelt[187].

119   **c) Kostenanrechnung.** Aufwendungen des VRs für Kosten werden gemäß Ziff. 4.4 BHV-IT – abweichend von Ziff. 6.5 AHB – als Leistung auf die Versicherungssumme angerechnet[188]. Als Kosten gelten in diesem Zusammenhang Anwalts-, Sachverständigen-, Zeugen- und Gerichtskosten, Aufwendungen zur Abwendung oder Minderung des Schadens bei oder nach Eintritt des Versicherungsfalles sowie Schadenermittlungskosten, ebenso Reisekosten, die dem VR nicht selbst entstehen. Die Anrechnung erfolgt auch dann, wenn die Kosten auf Weisung des VRs entstanden sind.

VI. Versicherungsumfang Allgemeine Bedingungen für die Elektronikversicherung (ABE)

120   Die ABE wurden im Zuge der Anpassung an das neue VVG[189] neu gefasst und teilen sich nunmehr in einen Abschnitt A und B. Der Versicherungsumfang der Elektronikversicherung auf Basis der ABE bestimmt sich, anders als in der Haftpflichtversicherung, dem Grunde nach durch einen abschließenden Katalog versicherter Sachen, einen Katalog versicherter Schäden und Gefahren sowie den festgelegten Versicherungsort. Der Höhe nach wird der Versicherungsschutz durch die auf der Grundlage des Versicherungswertes festgelegte Versicherungssumme begrenzt.

1. Versicherte Sachen

121   Versicherte Sachen sind nach A § 1 Ziff. 1 ABE **elektrotechnische und elektronische Anlagen und Geräte.** Anlagen und Geräte der Informations-, Kommunikations- und Medizintechnik werden anders als in früheren Fassungen nicht mehr eigens erwähnt. Aufgrund des weiten Fokus der ABE zählen damit auch die entsprechenden Einrichtungen von IT-Un-

---

[185] S. *Koch,* Versicherbarkeit von IT-Risiken, Rn. 2426; *Stockmeier,* Die Haftpflichtversicherung des Internet-Nutzers, 2005, S. 67, 72.

[186] BGH v. 17. 9. 2003, NJW 2003, 3705 (3706); BGH v. 27. 11. 2002, NJW 2003, 511.

[187] *Koch,* Versicherbarkeit von IT-Risiken, Rn. 2427.

[188] Ausf. *Stockmeier,* Die Haftpflichtversicherung des Internet-Nutzers, 2005, S. 72 f.

[189] Gesetz über den Versicherungsvertrag (Versicherungsvertragsgesetz – VVG) vom 23. 11. 2007, BGBl. I S. 2631.

ternehmen grundsätzlich zu den versicherbaren Sachen in der Elektronikversicherung. Um im konkreten Fall versichert zu sein, muss ein Gegenstand im Versicherungsvertrag bezeichnet sein, A § 1 Ziff. 1 ABE.

Datenträger sind nach A § 1 Ziff. 2 lit. a ABE nur versichert, wenn es sich nicht um **122** Wechseldatenträger (z. B. Festplatten jeder Art, USB-Sticks, Flash-Speicher, DVD-RAMs etc.) handelt. Die Tatsache, dass seit Herausgabe der ABE in der Fassung vom Januar 1997 vom Benutzer auswechselbare Festplatten auf den Markt gekommen sind, macht die Schwierigkeit deutlich, bei der Abfassung von Bedingungen mit der technischen Entwicklung Schritt zu halten. Das entscheidende Kriterium für die Geltung der Einschränkung in A § 1 Ziff. 2 lit. a ABE dürfte heute sein, ob ein Speichermedium ohne weiteres, d. h. insbesondere ohne Werkzeuge von einem normalen Bediener des Gerätes, ausgewechselt werden kann[190]. Eine Versicherungsmöglichkeit für auswechselbare Datenträger besteht im Rahmen der Klauseln TK 1911 Datenversicherung[191] bzw. TK 1928 Software-Versicherung[192/193].

Daten sind nach den ABE nur versichert, wenn es sich um „Daten des Betriebssystems, **123** welche für die Grundfunktion der versicherten Sache notwendig sind" handelt (A § 6 Ziff. 2 lit. b ABE); andere Daten werden nur nach besonderer Vereinbarung erfasst (A § 6 Ziff. 2 lit. b ABE). Allerdings ist auch diese Abgrenzung nicht unproblematisch, da je nach Betriebssystem häufig Daten im Zusammenhang mit bestimmten Anwendungsprogrammen gespeichert werden können und fraglich sein kann, ob es sich hierbei um Grundfunktionen der versicherten Sache handelt.

Eine Entschädigung für die nach A § 6 Ziff. 2 lit. a ABE versicherten Daten setzt voraus, **124** dass der Verlust, die Veränderung oder die Nichtverfügbarkeit der Daten infolge eines dem Grunde nach versicherten **Schadens an dem Datenträger** eingetreten ist, auf dem diese Daten gespeichert waren[194]. Dabei kommt es allerdings nicht darauf an, ob der Datenträger selbst im Sinne von § 1 Ziff. 2a ABE versichert ist. Es genügt die Einwirkung eines versicherten Schadens[195].

Nicht versichert sind nach § 1 Ziff. 2 lit. b bis d ABE **Hilfs- und Betriebsstoffe** sowie **125** **Verbrauchsmaterialien,** Arbeitsmittel und Werkzeuge aller Art. Ausgenommen vom Versicherungsschutz sind ferner sonstige Teile, die während der Lebensdauer der versicherten Sachen erfahrungsgemäß mehrfach ausgewechselt werden müssen, z. B. Sicherungen, Lichtquellen, nicht wieder aufladbare Batterien, Filtermassen und -einsätze. Eine Einschränkung dieses Ausschlusses kommt allerdings dann zum Tragen, wenn solche Gegenstände zur Wiederherstellung der Sache beschädigt oder zerstört und deswegen erneuert werden müssen, § 9 Ziff. 8a ABE. In diesem Fall werden die Kosten unter Abzug einer evtl. Wertverbesserung ersetzt.

Der Versicherungsschutz beginnt nach Abschnitt B § 2 Ziff. 1 ABE mit dem im Versiche- **126** rungsschein angegebenen Zeitpunkt. Versichert sind nach A § 1 Ziff. 1 ABE aber nur **betriebsfertige Sachen.** Als betriebsfertig wird eine Sache nach A § 1 Ziff. 1 Abs. 2 ABE angesehen, sobald sie nach beendeter Erprobung und – soweit vorgesehen – nach beendetem Probebetrieb entweder am Versicherungsort zur Arbeitsaufnahme bereit ist oder sich dort bereits in Betrieb befindet. Damit sind beispielsweise neu angelieferte, noch „im Karton" befindliche Geräte nicht vom Versicherungsschutz umfasst. Eine spätere Unterbrechung der

---

[190] *Schildmann,* Technische Versicherungen, S. 43; *Seitz/Bühler,* Elektronikbversicherung, S. 4; *Lihotzky,* VW 1991, 462.

[191] Klauseln zu den Allgemeinen Bedingungen für die Elektronik-Versicherung (TK-ABE 2008), Version 1. 1. 2008, Ziff. 2 TK 1911.

[192] Ziff. 2 TK 1928.

[193] S. dazu die Abschnitte C. VI 6 (Rn. 146ff.) und C. VI 7 (Rn. 156ff.).

[194] Dabei kommt es lediglich darauf an, ob der Datenträger durch einen nach § 2 ABE versicherten Schaden geschädigt wurde, nicht hingegen darauf, ob dieser Datenträger selbst nach § 1 Ziff. 2a ABE versichert ist; versichert sein können also auch Daten auf einer auswechselbaren Festplatte; vgl. *Schildmann,* Technische Versicherungen, S. 43; *Seitz/Bühler,* Elektronikversicherung, S. 4.

[195] *Seitz/Bühler,* Elektronikversicherung, S. 11.

Betriebsfertigkeit, etwa während eines Transportes der Sache innerhalb des Versicherungsortes, unterbricht nicht den Versicherungsschutz.

2. Versicherte Schäden und Gefahren

127   Der VR leistet nach § 2 Ziff. 1 S. 1 ABE Entschädigung für Sachschäden an versicherten Sachen und bei deren Abhandenkommen. Voraussetzung für die Entschädigung bei einem Sachschaden ist, dass dieser unvorhergesehen eingetreten ist. Die Entschädigung im Falle des Abhandenkommens setzt voraus, dass Diebstahl, Einbruchdiebstahl, Raub oder Plünderung vorliegen[196].

128   Als **Sachschaden,** welchen § 2 Ziff. 1 S. 1 ABE noch durch die beiden Begriffe „Beschädigungen oder Zerstörungen" konkretisiert, wird jede Beeinträchtigung der Substanz betrachtet, die den Wert oder die Brauchbarkeit mindert. Eine reine Funktionsunfähigkeit ohne erkennbare Ursache, normale Verschmutzung sowie sogenannte Schönheitsschäden, sind nicht als Sachschäden im Sinne des § 2 Ziff. 1 S. 1 ABE zu betrachten[197].

129   Der Begriff des **Ereignisses** ist in § 2 ABE nicht abschließend definiert, sondern in A § 2 Ziff. 1 Abs. 3 ABE durch eine beispielhafte – nicht abschließende – Aufzählung möglicher versicherter Ereignisse („insbesondere …") umschrieben. Daraus ergibt sich im Bereich der Sachschäden eine **Allgefahrendeckung,** die grundsätzlich jedes schadensstiftende Ereignis in die Deckung einschließt. Beispielhaft listet A § 2 Ziff. 1 Abs. 3 ABE folgende Ereignisse auf:
- Bedienungsfehler, Ungeschicklichkeit, Vorsatz Dritter
- Konstruktions-, Material- oder Ausführungsfehler;
- Kurzschluss, Überstrom oder Überspannung;
- Brand, Blitzschlag, Explosion, Anprall oder Absturz eines Luftfahrzeuges, seiner Teile oder seiner Ladung sowie Schwelen, Glimmen, Sengen, Glühen oder Implosion;
- Wasser, Feuchtigkeit;
- Sturm, Frost, Eisgang, Überschwemmung.

130   Für die Begriffe Brand, Blitzschlag und Explosion finden sich Definitionen in A § 2 Ziff. 5 lit. c ABE. Die ausdrückliche Erwähnung von Bedienungsfehlern, Ungeschicklichkeit und Vorsatz Dritter im Katalog der versicherten Ereignisse weist auf eine Gefahrenquelle hin, die auch im Bereich der Schädigung Dritter und damit der Haftpflichtversicherung eine wesentliche Quelle von Ansprüchen ist. Bedienungsfehler, aber etwa auch die ebenfalls erwähnten Konstruktions-, Material- oder Ausführungsfehler, können sich im eigenen Unternehmen ebenso auswirken, wie Dritte durch sie geschädigt werden können. Der Grundsatz der **Allgefahrendeckung** gilt in der Haftpflichtversicherung gleichermaßen, wie bei der Abdeckung von Sachschäden durch die Elektronikversicherung und führt im Ergebnis zu einer **Kongruenz mit der Haftpflichtversicherung** hinsichtlich der versicherten Ereignisse.

131   Nicht ausdrücklich als Ereignisse erwähnt sind in dem Katalog des A § 2 Ziff. 1 Abs. 3 ABE die Übertragung oder sonstige Einwirkung von **elektronischen Schadprogrammen.** Da Schäden durch diese Ereignisse nach dem Wortlaut nicht ausdrücklich vom Versicherungsschutz ausgenommen sind, besteht auch insoweit Versicherungsschutz, der allerdings gemäß § 2 Ziff. 1 ABE auf Sachschäden beschränkt ist.

132   **Unvorhergesehen** sind Schäden, die der VN oder seine Repräsentanten weder rechtzeitig vorhergesehen haben, noch mit dem für die im Betrieb ausgeübte Tätigkeit erforderlichen Fachwissen hätten vorhersehen können[198]. Aus dem Wort „rechtzeitig" wird abgeleitet, dass Unvorhersehbarkeit nur dann gegeben ist, wenn der VN oder sein Repräsentant den Schaden erst zu einem Zeitpunkt vorhersieht oder vorhersehen kann, in welchem Gegenmaßnahmen nicht mehr möglich sind[199]. Wurde der Schaden rechtzeitig vorhergesehen und gleichwohl Abwendungsmaßnahmen unterlassen, so entfällt der Versicherungsschutz vollständig. Gegenüber der bislang in § 2 Ziff. 1 ABE a. F. verwendeten Formulierung „nicht rechtzeitig vorher-

---

[196] S. die Definitionen von Raub und Einbruchsdiebstahl in A § 2 Ziff. 5 lit. a und b ABE.
[197] *Schildmann,* Technische Versicherungen, S. 47; *Seitz/Bühler,* Elektronikversicherung, S. 6.
[198] A § 4 Ziff. 1 Abs. 2 ABE; *Prölss/Martin/Voit/Knappmann,* § 2 AMD 91/97 Rn. 12.
[199] *Koch,* Versicherbarkeit von IT-Risiken, Rn. 1074.

gesehene Ereignisse" enthalten die neuen ABE eine Konkretisierung hinsichtlich der Sorgfaltsanforderungen, als es abgesehen von tatsächlich vorhergesehenen Schäden nur schadet, wenn der VN den Schaden infolge grober Fahrlässigkeit nicht vorhersehen konnte. Grobe Fahrlässigkeit lässt den Versicherungsschutz aber nicht vollständig entfallen, sondern berechtigt den VR dazu, seine Leistung in einem der Schwere des Verschuldens entsprechenden Verhältnis zu kürzen. Die Neufassung beseitigt einerseits die Bedenken hinsichtlich der AGB-rechtlichen Wirksamkeit (§ 307 Abs. 2 Nr. 1 BGB) einer Klausel, welche den Versicherungsschutz bereits bei einfacher Fahrlässigkeit entfallen lässt und mithin für den VN nachteilig von § 61 VVG a. F. abweicht[200]. Zum anderen werden die ABE an die neue Vorschrift des § 81 Abs. 2 VVG n. F. angepasst, welche das Alles-oder-Nichts-Prinzip des § 61 VVG a. F. durch eine Quotelung nach Maßgabe des Verschuldensgrads ersetzt hat.

Hinsichtlich der **Beweislast** wirft die Regelung auch nach ihrer Neufassung Zweifelsfragen auf: Grundsätzlich hat der VN den Eintritt des Versicherungsfalls zu beweisen, was für die ABE zur Folge hat, dass er beweisen muss, dass eine unvorhergesehen eingetretene Beschädigung oder Zerstörung vorliegt (s. A § 2 Ziff. 1 ABE)[201]. Für § 61 VVG a. F. und nun auch § 81 VVG n. F. ist dagegen anerkannt, dass die Beweislast für Vorsatz oder grobe Fahrlässigkeit der VR trägt, da es sich insoweit um einen Ausnahmetatbestand handelt[202]. Jedenfalls unter Unternehmern (§ 310 Abs. 1 BGB) wird man aber keinen Verstoß gegen die Wertung des § 309 Nr. 12 BGB annehmen können[203], da es sich bei der Frage der Unvorhersehbarkeit um Umstände aus der Sphäre des VN handelt und diesem zumindest die Grundsätze der sekundären Behauptungslast beim Beweis negativer Tatsachen zugute kommen[204]. **133**

Neben Sachschäden ist auch das **Abhandenkommen** versicherter Sachen durch Diebstahl, Einbruchsdiebstahl, Raub oder Plünderung versichert. Die Aufzählung dieser Tatbestände des Abhandenkommens ist abschließend. Damit gilt für Schäden durch Abhandenkommen und dessen mögliche Ursachen ausdrücklich das **Enumerativprinzip,** anstelle des Grundsatzes der Allgefahrendeckung. Durch den abschließenden Charakter der Aufzählung sind andere Arten des Abhandenkommens wie das Verlieren und die – häufig vorkommende – Unterschlagung vom Versicherungsschutz ausgenommen. Die Deckung geht durch den Einschluss auch des einfachen Diebstahls gleichwohl weiter als andere Bereiche der Sachversicherung. Für die Begriffe Einbruchsdiebstahl und Raub finden sich in A § 2 Ziff. 5 lit. a und b ABE Definitionen. **134**

Eine Sonderregelung gilt nach A § 2 Ziff. 2 ABE für **Schäden an elektronischen Bauelementen** (Bauteilen) der versicherten Sache. Eine Entschädigung wird danach nur dann geleistet, wenn eine versicherte Gefahr nachweislich von außen auf eine Austauscheinheit oder auf die versicherte Sache insgesamt eingewirkt hat. Ist dieser Beweis, den der VN zu führen hat, nicht zu erbringen, so genügt die überwiegende Wahrscheinlichkeit, dass der Schaden auf die Einwirkung einer versicherten Gefahr von außen zurückzuführen ist. Mit dieser Regelung soll das – oftmals verschleißbedingte – Versagen einzelner Bauelemente vom Versicherungsumfang ausgenommen werden. Der für diese Bestimmung zentrale Begriff der **Austauscheinheit** wird in A § 2 Ziff. 2 S. 1 ABE definiert als „im Reparaturfall üblicherweise auszutauschende Einheit". Hierunter wird in der Praxis die einzelne Baugruppe, also etwa eine Platine zu verstehen sein und nicht ein einzelnes Bauelement[205], wie etwa ein Widerstand auf einer Platine. **135**

---

[200] Dazu *Koch,* Versicherbarkeit von IT-Risiken, Rn. 1079 ff.

[201] *Koch,* Versicherbarkeit von IT.Risiken, Rn. 1076; *Prölss/Martin/Voit/Knappmann,* § 2 AMB 91/97 Rn. 10.

[202] BGH v. 31. 10. 1984, VersR 1985, 78, 79; BGH v. 19. 12. 1984, VersR 1985, 330, 331 (zu § 61 VVG a. F.); *Prölss/Martin/Prölss,* § 61 VVG Rn. 21; siehe auch RegBegr. BT-Drucks. 16/3945 zu § 81 Abs. 2 VVG.

[203] Für Unwirksamkeit aber *Koch,* Versicherbarkeit von IT-Risiken, Rn. 1076 ff.; wie hier *Hansen,* Beweislast und Beweiswürdigung im Versicherungsrecht, 1990, S. 233 f.; *Prölss/Martin/Voit/Knappmann,* § 2 AMB 91/97 Rn. 11.

[204] OLG Karlsruhe v. 20. 2. 2003, NJW-RR 2003, 891; *Prölss/Martin/Voit/Knappmann,* § 2 AMB 91/97 Rn. 10.

[205] *Lihotzky,* VW 1991, 463.

Hintergrund dieser Definition ist wiederum die Absicht, Aufwendungen, die üblicherweise im Rahmen einer Wartung erbracht werden, vom Versicherungsschutz auszunehmen[206]. Daraus, dass die versicherte Gefahr von außen „auf die Austauscheinheit" einwirken muss, wird deutlich, dass sowohl die Einwirkung auf die gesamte betroffene Anlage, als auch die Einwirkung, die sich innerhalb eines Gerätes zwischen verschiedenen Austauscheinheiten ergibt, zur Entschädigung führen kann[207]. Die **Beweislast für die Einwirkung von außen** liegt nach A § 2 Ziff. 2 S. 1 ABE beim VN[208]. Für Folgeschäden an weiteren Austauscheinheiten, die infolge des Versagens einer anderen Austauscheinheit beschädigt wurden, wird Entschädigung geleistet, auch wenn für die auslösende Austauscheinheit selbst kein Versicherungsschutz besteht, § 2 Ziff. 2 S. 2 ABE. Eine Sonderregelung besteht in A § 2 Ziff. 3 ABE für die Entschädigung von Röhren, etwa von Bildröhren und Zwischenbildträger.

3. Versicherungsort

136   Versicherungsschutz besteht nach § 4 ABE nur innerhalb des Versicherungsortes. Versicherungsort sind die im Versicherungsvertrag bezeichneten Betriebsgrundstücke. Der Geltungsbereich kann für bewegliche Sachen durch gesonderte Vereinbarung erweitert werden. Ein Beispiel ist die TK 1408 Erweiterter Geltungsbereich für bewegliche Sachen[209], die den örtlichen Geltungsbereich über den Versicherungsort hinaus auf ein vertraglich zu benennendes Gebiet erweitert.

4. Versicherungssumme, Unterversicherung, Angleichung

137   Gemäß A § 5 Ziff. 2 S. 1 ABE sind die im Versicherungsvertrag bezeichneten Anlagen und Geräte in Höhe der vereinbarten **Versicherungssumme** versichert. Diese soll dem **Versicherungswert** entsprechen. Versicherungswert ist nach A § 5 Ziff. 1 ABE der Neuwert, welcher als der jeweils gültige Listenpreis der versicherten Sache im Neuzustand zuzüglich der Bezugskosten (z. B. Kosten für Verpackung, Fracht, Zölle und Montage) definiert wird (lit. a). Ist der VN nicht zum Vorsteuerabzug berechtigt, ist auch die Umsatzsteuer einzurechnen[210]. Für den Fall, dass sich ein Listenpreis nicht ohne Weiteres ermitteln lässt, enthalten A § 5 Ziff. 1 lit. b ABE Sonderregelungen. Rabatte und Preiszugeständnisse bleiben danach für den Versicherungswert unberücksichtigt[211].

138   Ist die vereinbarte Versicherungssumme niedriger als der für diesen Zeitpunkt zu ermittelnde Versicherungswert[212], so kommt beim Eintreten des Versicherungsfalles die in A § 7 Ziff. 7 ABE geregelte **Unterversicherung** zum Tragen. Damit wird der Schaden in dem gleichen Verhältnis nicht ersetzt, in dem die vereinbarte Versicherungssumme hinter dem Versicherungswert zurückbleibt; ausgenommen sind Versicherungssummen auf erstes Risiko[213]. Die Klausel über die Unterversicherung weicht im Wortlaut von § 75 VVG n. F. ab, welcher nur eine „erhebliche" Unterversicherung erfasst, doch ist die Vorschrift des VVG nach wie vor abdingbar[214].

---

[206] Dies macht eine Vorgängerregelung von § 2 Ziff. 2 ABE deutlich: In der Klausel 656 zu §§ 1 und 2 AVFE 76 wurden Wartungsmaßnahmen vom VersSchutz ausgenommen und gleichzeitig ein Katalog solcher Wartungstätigkeiten aufgestellt. Dieser enthielt Sicherheitsüberprüfungen, vorbeugende Instandhaltung, Behebung von Störungen durch Alterung sowie von solchen Störungen, die durch den normalen Betrieb ohne Einwirkung von außen entstanden sind.

[207] *Seitz/Bühler,* Elektronikversicherung S. 10.

[208] In dieser Beweislastregelung liegt ein wesentlicher Unterschied zu der thematisch verwandten Regelung im Ausschluss nach § 2 Ziff. 4 lit g ABE für „Schäden durch betriebsbedingte normale oder betriebsbedingte vorzeitige Abnutzung oder Alterung"; die Beweislast für das Vorliegen der Tatbestandsvoraussetzungen dieses Ausschlusses trägt der VR.

[209] Klauseln zu den Allgemeinen Bedingungen für die Elektronik-Versicherung (TK-ABE 2008), Version 1. 1. 2008.

[210] A § 5 Ziff. 1 lit. c ABE.

[211] A § 5 Ziff. 1 lit. b a. E. ABE.

[212] A § 5 Ziff. 3 ABE.

[213] A § 7 Ziff. 7 S. 2 ABE.

[214] S. § 87 VVG; RegBegr. BT-Drucks. 16/3945 zu § 75 VVG.

Um ein Auseinanderfallen von Versicherungssumme und Versicherungswert zu vermei- **139** den, sieht A § 5 Ziff. 2 ABE eine **Angleichung der Versicherungssumme** vor. Grundsätzlich ist die Sorge für die erforderliche Anpassung dem VN auferlegt, § 5 Ziff. 2 S. 2 ABE. Dieser soll die Versicherungssumme für die versicherte Sache während der Dauer des Versicherungsvertrages dem jeweils gültigen Versicherungswert nach A § 5 Ziff. 1 ABE anpassen.

Um die Angleichung der Versicherungssumme zu vereinfachen, kann mit der TK 1507[215] **140** zu den ABE eine **automatische Angleichung** der Prämie und der Versicherungssumme in Abhängigkeit von bestimmten Indizes des Statistischen Bundesamtes vereinbart werden.

5. Umfang der Entschädigung

Die ABE 2008 unterscheiden zwischen Teilschaden und Totalschaden (A § 7 Ziff. 1 ABE). **141** Ein **Teilschaden** liegt vor, wenn die Wiederherstellungskosten zuzüglich des Wertes des Altmaterials nicht höher sind als der Neuwert der versicherten Sache; sind die Wiederherstellungskosten höher, so liegt ein **Totalschaden** vor. Im Falle des Totalschadens wird der Neuwert[216] ersetzt, im Falle des Teilschadens alle für die Wiederherstellung des früheren, betriebsfertigen Zustandes notwendigen Aufwendungen; der Wert des Altmaterials ist jeweils abzuziehen. Der Entschädigungsbetrag ist um den vereinbarten Selbstbehalt zu kürzen[217].

Abweichend von Ziff. 2 und Ziff. 3 ist die Entschädigungsleistung auf den Zeitwert unmit- **142** telbar vor Eintritt des Versicherungsfalles begrenzt, wenn die Wiederherstellung oder Wiederbeschaffung unterbleibt oder für die versicherte Sache serienmäßig hergestellte Ersatzteile nicht mehr zu beziehen sind. Der Zeitwert ergibt sich aus dem Neuwert, durch einen Abzug insbesondere für Alter, Abnutzung und technischen Zustand (A § 7 Ziff. 1 Abs. 4 ABE). Damit wird insbesondere dem Alter der Sache und einer bestehenden Abnutzung Rechnung getragen.

Für die **Wiederherstellung von Daten** gilt eine Sonderregelung: hier sind nach A § 6 **143** Ziff. 2 lit. a ABE nur die Kosten für die Wiederherstellung von Daten des Betriebssystems, welche für die Grundfunktion der versicherten Sache notwendig sind, zu übernehmen.

Keine Entschädigung leistet der VR nach A § 7 Ziff. 2 lit. c ABE in jedem Fall für Kos- **144** ten, die auch dann entstanden wären, wenn der Schaden nicht eingetreten wäre (z. B. für Wartung), für Mehrkosten, die dadurch entstehen, dass Änderungen oder Verbesserungen vorgenommen werden, die über die Wiederherstellung hinausgehen, für Kosten, die nach Art und Höhe in der Versicherungssumme nicht enthalten sind[218], für Mehrkosten durch behelfsmäßige oder vorläufige Wiederherstellung[219] und für Vermögensschäden. **Schadensersatzleistungen an Dritte** werden bereits aufgrund der Natur der Elektronikversicherung als einer Sachversicherung nicht erfasst, ohne dass es auf den Ausschluss von Vermögensschäden ankäme; insoweit kommt die Haftpflversicherung zu Tragen.

Weitere Kostenpositionen können aufgrund besonderer Vereinbarung in den Versiche- **145** rungsschutz einbezogen werden, was die bisherigen Klauseln 015, 016, 017 und 018 in die ABE integriert. Im Einzelnen handelt es sich um Aufräumungs-, Dekontaminations- und Entsorgungskosten (A § 6 Ziff. 3 lit. a aa ABE); Dekontaminations- und Entsorgungskosten für Erdreich (A § 6 Ziff. 3 lit. a bb, cc); Bewegungs- und Schutzkosten (§ 6 Ziff. 3 lit. c ABE); Erd-, Pflaster-, Maurer- und Stemmarbeiten, Gerüstgestellung, Bergungsarbeiten, Bereitstellung eines Provisoriums; Luftfracht (A § 6 Ziff. 3 lit. d ABE) auf Erstes Risiko.

6. Versicherungsumfang nach „TK 1911 Datenversicherung"

Über die Vereinbarung weiterer Klauseln zu den ABE kann der Versicherungsumfang der **146** Elektronikversicherung einzelvertraglich ausgedehnt werden. Im Bereich der IT-Unterneh-

---

[215] Klauseln zu den Allgemeinen Bedingungen für die Elektronik-Versicherung (TK-ABE 2008), Version 1. 1. 2008.
[216] A § 5 Ziff. 1, 2 ABE.
[217] A § 7 Ziff. 9 ABE.
[218] S. dazu Rn. 230.
[219] Hierfür wird die MehrkostenV angeboten, s. Abschnitt C. VI. 9. (Rn. 172 ff.).

men ist der **Versicherungsschutz für Daten und Programme,** die oftmals neben der Computer-Hardware und der Kommunikationselektronik den Kern der betrieblichen Ausstattung ausmachen, von besonderer Bedeutung. Hier wird über verschiedene Klauseln Versicherungsschutz geboten, welcher über den Versicherungsumfang des § 1 Ziff. 2 ABE hinausgeht. Eine Möglichkeit dafür besteht durch Vereinbarung der „TK 1911 Datenversicherung"[220] zu den ABE. Diese erweitert den über die ABE gebotenen Versicherungsschutz, welcher im Wesentlichen auf die Hardware und Betriebssystem-Software beschränkt ist und bietet die Möglichkeit, weitere Daten und Datenträger zu versichern.

147   **Versicherte Kosten und Sachen:** Als versichert gelten nach Ziff. 1 der TK 1911 die Kosten für die Wiederherstellung von Daten, betriebsfertigen Standardprogrammen und individuell hergestellten Programmen, zu deren Nutzung der VN berechtigt ist. Letzteres schließt Raubkopien vom Versicherungsschutz aus. Voraussetzung ist jeweils, dass sich die Daten oder Programme auf einem Datenträger befinden; nicht versichert sind dagegen die Kosten für die Wiederherstellung von Daten und Programmen, die sich nur im Arbeitsspeicher der Zentraleinheit befinden[221]. Betriebssystemdaten, welche sich im BIOS befinden, zählen nicht zu den Daten im Arbeitsspeicher und sind damit nicht vom Versicherungsschutz ausgenommen[222]. Unter „Betriebsfertigkeit" ist zu verstehen, dass das betreffende Programm in seiner Entwicklung abgeschlossen ist und alle Testläufe erfolgreich passiert hat bzw. im Tagesbetrieb nachweislich erfolgreich eingesetzt wurde[223]. Anders als nach Klausel 010 Daten ist nicht mehr erforderlich, dass die Daten im Versicherungsvertrag bezeichnet sind. Datenträger sind nach Ziffer 2 TK 1911 im Gegensatz zu der entsprechenden Regelung in A § 1 Ziff. 2 lit. a ABE auch dann versichert, wenn sie vom Benutzer auswechselbar sind. Für nicht auswechselbare Datenträger richtet sich der Versicherungsschutz unmittelbar nach A § 1 Ziff. 1 ABE.

148   **Versicherte Gefahren und Schäden:** Der VR leistet nach Ziff. 3 TK 1911 Entschädigung, sofern der Verlust, die Veränderung oder die Nichtverfügbarkeit der Daten oder Programme infolge von Blitzeinwirkung oder infolge eines dem Grunde nach versicherten Schadens gemäß A § 2 ABE *an dem Datenträger oder der Datenverarbeitungsanlage,* auf dem sie gespeichert waren, eingetreten ist. Damit **beschränkt sich der Versicherungsschutz im Rahmen der TK 1911 auf die „klassischen" Gefahren** der Elektronikversicherung und umfasst insbesondere nicht eine Schädigung von Daten auf elektronischem Weg, etwa durch Hacker, Viren und andere Schadprogramme[224].

149   **Versicherungsort:** Versicherungsschutz besteht nach Ziff. 4 TK 1911 am Versicherungsort und, in Erweiterung der entsprechenden Regelung in § 4 ABE, in den Auslagerungsstätten sowie auf den Wegen zwischen dem Versicherungsort und den Auslagerungsstätten, soweit es sich um Sicherungsdaten und Sicherungsdatenträger handelt. Mit dieser Regelung wird der Notwendigkeit entsprochen, gesicherte Daten extern, d. h. auch außerhalb des Betriebsgeländes, aufzubewahren. Diese Notwendigkeit kann sowohl im primären Interesse der Datensicherung bestehen, als auch, um den einschlägigen Ausschlüssen bzw. Obliegenheiten zu entsprechen, welche die IT-Haftpflicht-[225] und Elektronikversicherung[226] vorsehen.

150   **Versicherungswert:** Abweichend von A § 5 Nr. 1 ABE sind der Versicherungswert nach Ziff. 5 TK 1911 bei Daten und Programmen die **Wiederbeschaffungs- bzw. Wiedereingabekosten,** bei Wechseldatenträgern die Wiederbeschaffungskosten. Wie auch nach A § 5 Ziff. 2 ABE soll nach Ziff. 5 lit. b TK 1911 die Versicherungssumme dem Versicherungswert entsprechen.

151   **Umfang der Entschädigung für Daten und Programme:** Abweichend von A § 7 ABE ersetzt der VR nach Ziff. 6 TK 1911 die für die Wiederherstellung des früheren, be-

---

[220] Vormals Klausel 010 Daten.
[221] Ziff. 1 lit. b TK 1911.
[222] So für die Klausel 028 Software-Versicherung die Erläuterungen zur SoftwareV Ziff. 3.
[223] So für die Klausel 028 Software-Versicherung die Erläuterungen zur SoftwareV Ziff. 3.
[224] OLG Karlsruhe v. 17. 7. 1998, NJW-RR 1998, 891.
[225] S. dazu Abschnitt D. I. 3. (Rn. 197 ff.).
[226] S. dazu Abschnitt D. III. (Rn. 226 ff.).

triebsfertigen Zustandes der Daten und Programme notwendigen Aufwendungen. Darunter fallen insbesondere die erforderliche

- maschinelle Wiedereingabe aus Sicherungsdatenträgern;
- Wiederbeschaffung und Wiedereingabe oder Wiederherstellung von Stamm- und Bewegungsdaten (einschl. dafür erforderlicher Belegaufbereitung/Informationsbeschaffung);
- Wiederbeschaffung und Neuinstallation von Standardprogrammen;
- Wiedereingabe von Programmdaten individuell hergestellter Programme und Programmerweiterungen (z. B. Konfigurationen, Funktionsblöcke) aus beim VN vorhandenen Belegen (z. B. Quellcodes).

Als **notwendig** sind Kosten dann anzusehen, wenn sie zur Vermeidung eines wirtschaft- **152** lichen Nachteils beim VN aufgewendet werden müssen[227]. **Keine Entschädigung** leistet der VR dagegen

- für Kosten, die zusätzlich entstehen, weil die versicherten Daten oder Programme durch Kopierschutz-, Zugriffsschutz- oder vergleichbare Vorkehrungen (z. B. Kopierschutzstecker, Verschlüsselungsmaßnahmen) gesichert sind (z. B. Kosten für neuerlichen Lizenzerwerb);
- für die Korrektur von manuell fehlerhaft eingegebenen Daten;
- für Fehlerbeseitigungskosten in Programmen;
- für Mehrkosten durch Änderungen oder Verbesserungen, die über die Wiederherstellung hinausgehen;
- für sonstige Vermögensschäden;
- soweit die Wiederbeschaffung oder Wiedereingabe der Daten oder Programme nicht notwendig ist;
- soweit die Wiederbeschaffung oder Wiedereingabe der Daten oder Programme nicht innerhalb von 12 Monaten nach Eintritt des Schadens durchgeführt wurde.

Entschädigt wird bis zu der im Versicherungsvertrag je Position genannten Versicherungs- **153** summe (Ziff. 6 lit. c TK 1911). Der so ermittelte Betrag wird je Versicherungsfall um den vereinbarten Selbstbehalt gekürzt. Entstehen mehrere Schäden, so wird der Selbstbehalt jeweils einzeln abgezogen (Ziff. 6 lit. e TK 1911). Abweichend von § 75 VVG verzichtet der VR im Rahmen der TK 1911 Datenversicherung auf den Einwand der Unterversicherung.

Dem VN werden durch Ziff. 7 TK 1911 Datensicherungsobliegenheiten vor Eintritt des **154** Versicherungsfalles auferlegt. Durchzuführen ist danach eine übliche, jedoch mindestens einmal wöchentliche Datensicherung, d. h. es wird verlangt Duplikate der versicherten Daten und Programme anzufertigen und so aufzubewahren, dass bei einem Versicherungsfall Originale und Duplikate nicht gleichzeitig beschädigt werden oder abhanden kommen können. Maßgebend für die technischen Einrichtungen zur Datensicherung ist der Stand der Technik. Form und Struktur der Daten auf dem Sicherungsdatenträger müssen zudem so beschaffen sein, dass deren Rücksicherung technisch möglich ist (z. B. durch Sicherung mit Prüfoption (Verify) und Durchführung von Rücksicherungstests). Die vorsätzliche oder grob fahrlässige Verletzung dieser Obliegenheiten berechtigt den VR nach Maßgabe von B § 8 ABE zur Kündigung oder bewirkt dessen Leistungsfreiheit. Im Fall der Gefahrerhöhung ergibt sich Entsprechendes aus B § 9 ABE.

Bedeutung der Klausel: Die TK 1911 dürfte wie schon zuvor Klausel 010 wegen der **155** Einführung der inhaltlich weitergehenden Software-Versicherung nach TK 1928 (vormals Klausel 028) im heutigen Versicherungsbetrieb und damit auch für IT-Unternehmen ohne große praktische Bedeutung sein.

7. Versicherungsumfang nach „TK 1928 Software-Versicherung"

Die TK 1928 Software-Versicherung ersetzt die frühere Klausel 028. Gegenüber der TK **156** 1911 ergeben sich Abweichungen im Hinblick auf die versicherten und nicht versicherten Gefahren und Schäden (Ziff. 3 TK 1928), dem Versicherungsort (Ziff. 4 TK 1928), dem Um-

---

[227] So für die Klausel 028 Software-Versicherung die Erläuterungen zur SoftwareV, Ziff. 3.

fang der Entschädigung für Daten und Programme (Ziff. 6 TK 1928) und die Obliegenheiten des VNs vor Eintritt des Versicherungsfalles (Ziff. 7 TK 1928). Dagegen werden die versicherten Kosten und Sachen (Ziff. 1 und 2 TK 1928) sowie Versicherungswert und Versicherungssumme (Ziff. 5 TK 1928) wortgleich übernommen.

157   **Versicherte Gefahren und Schäden:** Unterschiede gegenüber den TK 1911 ergeben sich vor allem im Hinblick auf die versicherten Gefahren und Schäden. Der VR leistet nach Ziff. 3 TK 1928 Entschädigung, wenn der Verlust, die Veränderung oder nicht Nichtverfügbarkeit der Daten oder Programme, **durch einen dem Grunde nach versicherten Schaden gemäß A § 2 ABE an dem Datenträger oder der Datenverarbeitungsanlage,** auf dem diese gespeichert waren, eingetreten ist.

158   Über den Katalog der versicherten Schäden und Gefahren des A § 2 Ziff. 1 ABE hinaus leistet der VR bei Vereinbarung der TK 1928 für den Verlust, die Veränderung oder die Nichtverfügbarkeit von versicherten Daten und Programmen auch dann Entschädigung, wenn dies auf eine Reihe **weiterer Ursachen** zurückgeht. Hier liegt die **wesentliche Erweiterung des Versicherungsumfanges** durch die Softwareversicherung im Vergleich zur Grunddeckung nach den ABE, aber auch zur TK 1911 Datenversicherung und zur TK 1926 Elektronik-Pauschalversicherung. Bei den in Ziff. 3 lit. b TK 1928 aufgeführten Ursachen handelt es sich um einen **abschließenden Katalog.** Versicherungsschutz besteht nur für die hier enumerativ aufgeführten Schäden und Gefahren. Versichert sind nach Ziff. 3 lit. b TK 1928 folgende Ursachen:

159   • Ausfall oder Störung der Hardware der Datenverarbeitungsanlage, der Hardware der Datenfernübertragungseinrichtungen und -leitungen, der Stromversorgung/Stromversorgungsanlage oder der Klimaanlage;
•   Bedienungsfehler (z. B. falscher Einsatz von Datenträgern, falsche Befehlseingabe);
•   vorsätzliche Programm- oder Datenänderungen durch Dritte in schädigender Absicht (mit Ausnahme von solcher, die ihre Ursache in Programmen oder Dateien mit Schadensfunktion haben, s. Ziff. 3 lit. c TK 1928);
•   Über- oder Unterspannung;
•   elektrostatische Aufladung oder elektromagnetische Störung;
•   Höhere Gewalt.

160   In der bis zur Neufassung der Klausel 028 im Mai 2002 geltenden Formulierung[228] der Ziffer 4 der Klausel 028, enthielt der Katalog der versicherten Schäden und Gefahren auch den Punkt **„Computerviren".** Dieser wurde in der überarbeiteten Fassung gestrichen und durch einen ausdrücklichen Ausschluss von Virenschäden ersetzt: Nach Ziff. 3 lit. c der TK 1928 leistet der VR ohne Rücksicht auf mitwirkende Ursachen keine Entschädigung für „den Verlust, die Veränderung oder die Nichtverfügbarkeit der Daten oder Programme durch **Programme oder Dateien mit Schadensfunktion,** wie z. B. Computerviren, Würmer und Trojanische Pferde". Hintergrund für diese Einschränkung ist das Kumulrisiko, das die VR angesichts der schnell zunehmenden Verbreitung dieser Schadprogramme fürchten, welche bei einzelnen Schadprogrammen weltweit schon zu Schäden in Milliardenhöhe führte. Auch die zuvor genannte Versicherung von Schäden durch vorsätzliche Programm- oder Datenänderung durch Dritte in schädigender Absicht steht nach Ziffer 3 lit. b cc) TK 1928 unter der Einschränkung, dass es sich dabei nicht um Schäden nach Ziff. 3 lit. c TK 1928 handeln darf.

161   Ein Versicherungsschutz ohne diese Einschränkung besteht folglich bei solchen Verträgen, deren Bedingungen noch auf der Klausel 028 in ihrer vor der Neufassung geltenden Form basieren. Auch der Ausschluss von Virenschäden in der aktuellen Fassung der TK 1928 erfasst aber keineswegs jede Einwirkung, die auf eine schädigende Absicht Dritter zurückgeht. So ist beispielsweise der **Angriff eines Hackers,** der sich Zugang zu dem Rechner des VN ver-

---

[228] SoftwareV, Klausel 28 in der Fassung von Oktober 2000, unverbindliche Empfehlung des GDV lt. Rundschreiben v. 16. 10. 2000, zu beziehen über den Gesamtverband der deutschen Versicherungswirtschaft.

schafft und dort Daten beschädigt, nicht von dem Ausschluss erfasst, da in diesem Fall keine Schädigung durch „Programme oder Dateien mit Schadfunktion" vorliegt. Da es sich bei der TK 1928 im Übrigen um eine Verbandsempfehlung handelt, ist die **Mitversicherung von Virenschäden** durch den einzelnen VR auch weiterhin möglich. Der VR wird die Entscheidung über eine etwaige Mitversicherung abhängig machen von seinem eigenen Kumulrisiko sowie dem individuellen Risiko des VN. Handelt es sich bei diesem etwa um einen Provider oder um einen Dienstleister, welcher Daten für zahlreiche Kunden speichert, dann kann die Mitversicherung dieser Daten in Verbindung mit einer Deckung auch von Virenschäden durch die Vielzahl der betroffenen Datenbestände zu einem erheblichen Großschadensrisiko führen, das den VR von einer Deckung dieses Risikos absehen lässt. Bietet ein Vertrag im Rahmen der versicherten Schäden und Gefahren im Einzelfall Versicherungsschutz für Virenschäden, so ist im Schadenfall gleichwohl zu prüfen, ob die Voraussetzungen für eine Entschädigungsleistung durch den VR gegeben sind. Dies ist nur dann zu bejahen, wenn durch einen eingedrungenen Virus auch tatsächlich versicherte Daten oder Programme nachteilig verändert wurden oder verloren gegangen sind. Nur wenn dies der Fall ist, sind auch Maßnahmen zur Suche und zur Entfernung des Virus versichert.

Kein Versicherungsschutz besteht nach dem abschließenden Katalog der versicherten **162** Schäden und Gefahren für **Schäden an Daten durch nicht funktionierende Software.** Dieses in der Praxis nicht selten auftretende Szenario, das, soweit es zu einer Schädigung Dritter führt, in der **Haftpflichtversicherung** unter den entsprechenden sonstigen Voraussetzungen versichert ist, wird von der Elektronik- bzw. Softwareversicherung nicht abgedeckt[229].

Versicherungsort: Versicherungsschutz besteht nach Ziff. 4 TK 1928 innerhalb der im **163** Versicherungsvertrag bezeichneten Betriebsgrundstücke und für die Datenfernübertragungseinrichtungen und -leitungen, die diese Betriebsgrundstücke verbinden. Für Sicherungsdatenträger besteht zusätzlich Versicherungsschutz in deren Auslagerungsstätten (Ziff. 7 lit. a TK 1928 schreibt eine ausgelagerte Datensicherung vor) sowie auf den Verbindungswegen zwischen den bezeichneten Betriebsgrundstücken und den Auslagerungsstätten.

Umfang der Entschädigung für Daten und Programme: Der VR leistet nach Ziffer 6 **164** lit. a TK 1928 Entschädigung für die für die Wiederherstellung des früheren, betriebsfertigen Zustandes der Daten und Programme notwendigen Aufwendungen. Die beispielhafte („insbesondere") Aufzählung der Aufwendungen zur Wiederherstellung entspricht wortgleich Ziff. 6 lit. a TK 1911. **Keine Entschädigung** leistet der VR
- für Kosten, die dadurch entstehen, dass der VN die Verwendung von Daten oder Programmen zulässt oder solche selbst verwendet, die nicht versichert sind;
- für Kosten, die zusätzlich entstehen, weil die versicherten Daten oder Programme durch Kopierschutz-, Zugriffsschutz- oder vergleichbare Vorkehrungen (z. B. Kopierschutzstecker, Verschlüsselungsmaßnahmen) gesichert sind (z. B. Kosten für neuerlichen Lizenzerwerb);
- für die Korrektur von manuell fehlerhaft eingegebenen Daten;
- für Fehlerbeseitigungskosten in Programmen;
- für Mehrkosten durch Änderungen oder Verbesserungen, die über die Wiederherstellung hinausgehen;
- für sonstige Vermögensschäden.

Hinsichtlich der Grenze der Entschädigung durch die vereinbarten Versicherungssummen, **165** des Selbstbehalts und des fehlenden Abzugs bei Unterversicherung ergeben sich keine Abweichungen gegenüber der TK 1911.

Die **Datensicherungsobliegenheiten** nach Ziff. 7 TK 1928 entsprechen in lit. a aa) und **166** bb) sowie lit. b, der Ziff. 7 TK 1911[230]. Zusätzlich verlangt die TK 1928 vom VN die Vorschriften und Hinweise des Herstellers zur Installation, Wartung und Pflege der Datenverar-

---

[229] S. Erläuterungen zur SoftwareV, Ziff. 5b/dd.
[230] Siehe oben Rn. 146ff.

beitungsanlage/Datenträger zu beachten und übliche, ständig aktualisierte Schutzmaßnahmen gegen die bestimmungswidrige Veränderung und Löschung gespeicherter Daten vorzunehmen. Gemeint ist damit beispielsweise der Einsatz von Firewalls und Zugriffsschutzprogrammen (Ziff. 7 lit. a cc) TK 1928). Der VN muss darüber hinaus seine Mitarbeiter schriftlich dazu verpflichten, die Datenverarbeitungsanlage ausschließlich zu betrieblichen Zwecken zu nutzen und nur Daten und Programme zu verwenden, zu deren Nutzung der VN berechtigt ist (Ziff. 7 lit. a dd) TK 1928). Die nach wie vor geübte Praxis, den Arbeitnehmern die private Internet-Nutzung am Arbeitsplatz zu gestatten, gerät damit in Konflikt mit den versicherungsvertraglichen Obliegenheiten des VNs. Die schriftliche Verpflichtung der Mitarbeiter kann individualvertraglich im Arbeitsvertrag oder einer entspr. Zusatzvereinbarung erfolgen. Ausreichend ist aber auch eine entsprechende Betriebsvereinbarung zwischen Betriebsrat und Arbeitgeber, welche nach § 77 Abs. 4 BetrVG unmittelbar und zwingend auch gegenüber den Arbeitnehmern wirkt[231].

8. Versicherungsumfang nach der „TK 1926 Elektronik-Pauschalversicherung"

167   Um dem Bedarf der VN an einer einfach zu handhabenden Versicherungsform für den Bedarf von Büro- und Verwaltungsbetrieben ohne spezielle Ausrichtung auf den Bereich der Informationstechnologie Rechnung zu tragen, bieten VR pauschalierte Vertragsformen für die Elektronikversicherung an. Eine Musterlösung für ein solches pauschaliertes Konzept ist die „TK 1926 Elektronik-Pauschalversicherung" (vormals Klausel 026 Elektronik-Pauschalversicherung).

168   **Versicherte Sachen:** Die TK 1926 bietet Versicherungsschutz für **Anlagen** und **Geräte** der Büro-, Daten-, und Kommunikationselektronik. Versichert sind dabei sämtliche Anlagen und Geräte einer der in Ziff 1 lit. a TK 1926 detailliert beschriebenen **6 Anlagengruppen,** sofern die Anlagengruppe **im Versicherungsvertrag bezeichnet** ist. Im Einzelnen handelt es sich um folgende Gruppen: Daten- und Kommunikationstechnik, Bürotechnik; Mess- und Prüftechnik, Kassen und Waagen; Satz- und Reprotechnik; Bild- und Tontechnik; Medizintechnik; weitere Anlagen, sofern im Versicherungsvertrag bezeichnet. Mitversichert ist bzw. sind auch Versorgungstechnik für Elektronikanlagen (wie Klimaanlagen, unterbrechungsfreie Stromversorgung, Netzersatzanlagen und Frequenzumformer) und Leitungen, Erdkabel sowie der Leitungsführung dienende Vorrichtungen innerhalb der versicherten Betriebsgrundstücke (Ziff. 1 lit. b TK 1926).

169   **Nicht versichert** sind dagegen elektronische Maschinen- und CNC-Steuerungen; Geschwindigkeitsmessanlagen, Verkehrszähl- und Überwachungsanlagen, Verkehrsregelungsanlagen, Fahrkarten und Parkscheinautomaten, Bohrloch- und Kanalfernsehanlagen, Beulen- und Lecksuchmolche, Tanksäulen und -automaten, Autowaschanlagen inkl. dazugehöriger Steuerungen, Großwiegeeinrichtungen (z. B. Fahrzeugwaagen), Fütterungscomputer, Navigationsanlagen und Fahrzeugelektronik in Kraft-, Wasser- und Luftfahrzeugen, Solaranlagen, Vorführgeräte, Handelsware und zu Service-, Reparatur-, Wartungszwecken o. ä. überlassene fremde Anlagen und Geräte. Ferner sind nicht versichert Anlagen und Geräte, für die der VN nicht die Gefahr trägt, beispielsweise durch Haftungsfreistellung bei gemieteten Sachen.

170   **Versicherungsort:** Abweichend von der entsprechenden Regelung in A § 4 ABE sind die nach der TK 1926 versicherten Anlagengruppen auch außerhalb der dokumentierten Betriebsgrundstücke versichert; jedoch nur innerhalb Europas (geographischer Begriff). Die Entschädigungsleistung für Schäden außerhalb der dokumentierten Betriebsgrundstücke ist – abweichend von A § 7 Nr. 6 ABE – je Versicherungsfall auf einen zu bestimmenden Prozentsatz der dokumentierten Versicherungssumme (ohne Vorsorgeversicherung gemäß Ziff. 5 TK 1926) begrenzt und durch einen Höchstbetrag gedeckelt (Ziff. 2 it. A Abs. 2 TK 1926).

171   **Umfang der Entschädigung:** Zusätzlich zu dem Versicherungsumfang nach den ABE gilt für die während des jeweiligen Versicherungsjahres eintretenden Veränderungen der Ver-

---

[231] *Kania* in: ErfK-ArbR, § 77 BetrVG Rn. 3; zur Internet-Nutzung am Arbeitsplatz *Barton,* NZA 2006, 460; *Weißnicht,* NZG 2003, 448.

sicherungswerte eine **Vorsorgeversicherung** in Höhe eines zu bestimmenden Prozentsatzes der zuletzt dokumentierten Versicherungssumme (Ziff. 5 TK 1926). Im Zusammenhang mit der VorsorgeV meldet der VN dem VR nach Beginn eines jeden Versicherungsjahres die, aufgrund der im abgelaufenen Versicherungsjahr eingetretenen Veränderungen, erforderliche Anhebung bzw. Reduzierung der Versicherungssumme (Ziff. 6 TK 1926). Es erfolgt dann eine entsprechende Anpassung der Prämie.

9. Versicherungsumfang nach „TK 1930 Mehrkostenversicherung"

Die Mehrkostenversicherung, die auch außerhalb der Elektronikversicherung und des Be-   **172** reiches der Versicherung von IT-Unternehmen von Bedeutung ist, kann mit Hilfe der TK 1930 zu den ABE[232] vereinbart werden. Dadurch werden Sach- und Mehrkostendeckung auf der Basis der ABE in einer Police dokumentiert[233]. **Zweck** der Mehrkostenversicherung ist es, die Kosten für **Überbrückungsmaßnahmen** und sonstige Aufwendungen abzude-cken, die anfallen, bis versicherte Sachen nach einem Schaden wieder betriebsfähig zur Ver-fügung stehen. Es geht in der Mehrkostenversicherung also um Kosten für **provisorische Maßnahmen,** nicht um Kosten, die zur Wiederbeschaffung oder Wiederherstellung der ver-sicherten Sache aufgewendet werden[234]. Die über die Mehrkostenversicherung versicherten Kosten stehen gleichwohl in engem Zusammenhang zu den in der Elektronikversicherung versicherten Sachen selbst. Es geht um die Wiederherstellung ihrer Betriebsfertigkeit und ggf. um die Kosten für notwendige Maßnahmen, bis zur Wiederherstellung der Betriebsfer-tigkeit der versicherten Sachen.

Mehrkosten sind nach der Definition der Ziff. 1 lit. b TK 1930 „Kosten, die der VN in-   **173** nerhalb der Haftzeit aufwendet, um eine Unterbrechung oder Beeinträchtigung des Betrie-bes abzuwenden oder zu verkürzen, weil der frühere betriebsfertige Zustand einer beschädig-ten Sache wiederhergestellt oder eine zerstörte Sache durch eine gleichartige ersetzt werden muss". Unter **Haftzeit** ist der Zeitraum zu verstehen, für welchen Versicherungsschutz für die Mehrkosten besteht; er beträgt grundsätzlich 12 Monate, jedoch sind einzelvertragliche Abweichungen von der 12-Monats-Frist möglich. Beginn der Haftzeit ist der Zeitpunkt, von dem an der Schaden gemäß A § 2 ABE für den VN nach den anerkannten Regeln der Technik frühestens erkennbar war, spätestens mit Beginn des Mehrkostenschadens. Treten mehrere Schäden nach A § 2 ABE an derselben Sache ein und besteht zwischen diesen ein Kausalzusammenhang, so ist der Eintritt des Erstschadens gemäß A § 2 ABE für den Beginn der Haftzeit maßgeblich.

Die Mehrkostenversicherung ist in **engem Zusammenhang mit betrieblichen Back-**   **174** **Up-Lösungen** für den Schadensfall zu sehen. Regelmäßig treffen die Unternehmen im Be-reich der Informationstechnologie Vorsorge für den Fall eines plötzlichen Ausfalls der kriti-schen Systeme, durch die Einrichtung von Back-Up-Systemen, auf welche im Schadensfall innerhalb kürzester Zeit zurückgegriffen werden kann. Eine solche Back-Up-Lösung kann betriebsintern verwirklicht werden, doch sind auch externe Lösungen weit verbreitet. Hier-bei wird zumeist auf die Dienste spezialisierter Anbieter von Back-Up-Lösungen zurückge-griffen, welche im Schadensfall kurzfristig die erforderlichen technischen Einrichtungen zur Verfügung stellen. Die Kosten für die Inanspruchnahme solcher Leistungen können durch die Mehrkostenversicherung abgedeckt werden. Hier liegt ein wesentlicher **Unterschied zur Elektronik-Betriebsunterbrechungsversicherung.** Diese ersetzt dem Grunde nach nicht die Mehrkosten bezogen auf die Betriebsfähigkeit der versicherten Sachen selbst, sondern den entgangenen Betriebsgewinn und fortlaufende Kosten für die Dauer einer Betriebsunterbre-chung. Mehrkosten sind lediglich mitversichert, soweit sie schadensmindernd wirken. Im Be-reich der IT-Risiken spielt die Elektronik-Betriebsunterbrechungs-Versicherung, welche auf die Versicherung von Schäden durch langfristige Unterbrechungen des Betriebes ausgerichtet

---

[232] Vormals Klausel 030 Mehrkostenversicherung.
[233] Vor Einführung der ABE existierte die vertraglich selbständige „Mehrkostenversicherung, s. dazu *Lihotzky,* VW 1993, 314.
[234] *Seitz/Bühler,* Elektronikversicherung, S. 97.

ist, keine nennenswerte Rolle. Solche langfristigen Unterbrechungen können – und müssen – bei diesen Unternehmen in der Regel bereits aus wirtschaftlichen Gründen durch entsprechende Back-Up-Lösungen vermieden werden.

175   **Gegenstand der Versicherung:** Voraussetzung für das Eingreifen der Mehrkostenversicherung ist nach Ziff. 1 lit. a TK 1930, dass die technische Einsatzmöglichkeit einer versicherten Sache, für die im Versicherungsvertrag eine Mehrkostenversicherung vereinbart ist, infolge eines gemäß A § 2 ABE versicherten Schadens unterbrochen oder beeinträchtigt wird.

176   Der **Katalog der versicherten Gefahren** entspricht damit demjenigen der ABE. Auch wenn weitere Gefahren, insbesondere solche, die sich auf Daten und Programme auswirken, im Rahmen anderer Klauseln, etwa der TK 1928 Software-Versicherung, versichert werden können, gilt dies nicht für die Elektronik-Mehrkostenversicherung. Ihr Versicherungsumfang ist insoweit streng begrenzt.

177   Ausdrücklich vereinbart werden muss, welche **Mehrkosten** im konkreten Fall versichert sein sollen. Die TK 1930 gibt hierzu in Ziff. 2 einen Rahmen versicherbarer Kostenpositionen vor. Dabei wird zwischen zeitabhängigen und zeitunabhängigen Mehrkosten unterschieden, Ziff. 2 lit. a TK 1930. **Zeitabhängige Mehrkosten** sind nach Ziff. 2 lit. a aa) TK 1930 Kosten, die proportional mit der Dauer der Unterbrechung oder Beeinträchtigung entstehen. Die Bedingungen nennen an dieser Stelle mehrere Kostenpositionen, welche „insbesondere" darunter fallen: es sind dies Kosten für die Benutzung anderer Anlagen, die Anwendung anderer[235] Arbeits- oder Fertigungsverfahren, die Inanspruchnahme von Lohn-Dienstleistungen, von Lohn-Fertigungsleistungen oder Kosten für den Bezug von Halb- oder Fertigfabrikaten. Diese Liste ist nach dem Wortlaut der Klausel nicht abschließend. Im konkreten Fall können sowohl die Versicherung von Mehrkostenpositionen aus dem vorstehenden Katalog, als auch andere im Einzelfall zu erwartende Mehrkosten, vereinbart werden. **Zeitunabhängige Mehrkosten** sind nach Ziff. 2 lit. a bb) TK 1930 Kosten, die während der Dauer der Unterbrechung oder Beeinträchtigung nicht fortlaufend entstehen. „Insbesondere" werden Kosten für einmalige Umprogrammierung, Umrüstung und behelfsmäßige oder vorläufige Wiederinstandsetzung genannt. Auch dieser Katalog ist entsprechend dem gewählten Wortlaut nicht abschließend, sondern für individualvertragliche Abweichungen offen.

178   **Versicherungssummen:** Ziff. 2 lit. b der TK 1930 regelt die Versicherungssummen in der Mehrkostenversicherung in Abweichung zu der Grundregelung in den ABE (A § 5 Nr. 2 ABE). Nach Ziff. 2 lit. b TK 1930 wird die Versicherungssumme jeweils aus den versicherten zeitabhängigen und zeitunabhängigen Mehrkosten, gebildet, die der VN in einem gesamten Geschäftsjahr hätte aufwenden müssen, wenn die im Versicherungsvertrag bezeichnete Sache für dieses Geschäftsjahr infolge eines Schadens gemäß A § 2 ABE ausgefallen wäre. Für zeitabhängige Mehrkosten sind dabei die im Versicherungsvertrag je Tag und Monat genannten Beträge als Grundlage für die Versicherungssumme maßgebend. Durch den Bezug auf den Zeitraum von 12 Monaten wird auf diese Weise die maximal mögliche Versicherungsleistung für die sogenannten zeitabhängigen Kosten begrenzt. Die Bestimmungen der ABE zum Versicherungswert (A § 5 Ziff. 1 ABE) und zur Unterversicherung (§ 5 Ziff. 3 ABE) finden keine Anwendung.

179   **Umfang der Entschädigung:** Nach Ziff. 3 lit. a TK 1930 leistet der VR Entschädigung für die Mehrkosten, wenn der Zeitpunkt, von dem an der Schaden gemäß A § 2 ABE für den VN nach den anerkannten Regeln der Technik frühestens erkennbar war, innerhalb der für diese Mehrkostenversicherung vereinbarten Dauer liegt. Die TK 1930 sieht hierbei jedoch ein Bereicherungsverbot, d. h. ersparte Kosten werden angerechnet, und eine Regelung der Vorteilsausgleichung vor, indem wirtschaftliche Vorteile, die sich bis zu sechs Monaten nach Ablauf der Haftzeit als Folge der Unterbrechung ergeben, angemessen zu berücksichtigen sind.

180   Unterhalb der Versicherungssumme wird die Entschädigung nach Ziff. 3 lit. b TK 1930 und in Abweichung von A § 7 ABE für zeitabhängige Mehrkosten je Arbeitstag bis zur vereinbarten Tagesentschädigung, je Monat jedoch höchstens bis zur vereinbarten Monatsent-

---

[235] Darunter sind auch solche des VN selbst zu verstehen, *Seitz/Bühler,* Elektronikversicherung, S. 97.

schädigung, gezahlt (Ziff. 3 lit. b aa) TK 1930). Für zeitunabhängige Mehrkosten wird dagegen Entschädigung bis zur Höhe der hierfür vereinbarten Versicherungssumme geleistet (Ziff. 3 lit. b bb) TK 1930).

Die Entschädigungsleistung steht unter zwei in Ziff. 3 lit. c TK 1930 ausdrücklich genann- **181** ten **Einschränkungen:** Mehrkosten werden nicht ersetzt, soweit sie auch dann entstanden wären, wenn die technische Einsatzmöglichkeit der Sache nicht infolge des Schadens an ihr unterbrochen oder beeinträchtigt gewesen wäre. Gleichfalls nicht ersetzt werden Kosten, die für die Wiederherstellung oder Wiederbeschaffung der versicherten Sache selbst entstehen.

Die TK 1930 enthält zudem eine Reihe weiterer Entschädigungsausschlüsse, soweit sich **182** die Mehrkosten aufgrund der in Ziff. 3 lit. d TK 1930 genannten Umstände erhöhen. Im Einzelnen geht es um:

* außergewöhnliche Ereignisse die während der Unterbrechung oder Beeinträchtigung der technischen Einsatzmöglichkeit hinzutreten;
* Krieg, kriegsähnliche Ereignisse, Bürgerkrieg, Revolution, Rebellion, Aufstand oder Innere Unruhen;
* Kernenergie, nukleare Strahlung, radioaktive Substanzen;
* Erdbeben, Überschwemmung;
* behördlich angeordnete Wiederherstellungs- oder Betriebsbeschränkungen;
* den Umstand, dass dem VN zur Wiederherstellung oder Wiederbeschaffung zerstörter, beschädigter oder abhanden gekommener Sachen bzw. Daten des Betriebssystems nicht rechtzeitig genügend Kapital zur Verfügung steht;
* den Umstand, dass beschädigte oder zerstörte Sachen bzw. Daten des Betriebssystems anlässlich der Wiederherstellung oder Wiederbeschaffung geändert, verbessert oder überholt werden;
* Verderb, Beschädigung oder Zerstörung von Rohstoffen, Halb- oder Fertigfabrikaten oder Hilfs- oder Betriebsstoffen.

Im Rahmen der Mehrkostenversicherung wird üblicherweise ein **Selbstbehalt** vereinbart, **183** um den die Entschädigungsleistung im Versicherungsfall gekürzt wird (Ziff. 3 lit. e TK 1930). Während der Selbstbehalt für die zeitunabhängigen Mehrkosten mit einem bestimmten Betrag oder einem Prozentsatz festgesetzt werden kann, ist für die zeitabhängigen Mehrkosten ein **zeitlicher Selbstbehalt** vorgesehen. Dieser wird üblicherweise in Tagen berechnet, Ziff. 3 lit. e TK 1930. Hier liegt eine **Parallele zur Haftpflichtversicherung für IT-Unternehmen,** die für Schäden durch Betriebsunterbrechung ebenfalls einen zeitlichen Selbstbehalt vorsieht[236]. In der Praxis der Elektronikversicherung ist ein Wert von etwa 2 Tagen üblich[237].

Besonderheiten gelten nach Ziff. 4 der TK 1930 für das **Sachverständigenverfahren** im **184** Rahmen der Mehrkostenversicherung.

D. Ausschlüsse

I. Ausschlüsse Besondere Bedingungen und Risikobeschreibungen für die Haftpflichtversicherung von IT-Dienstleistern

Die in der allgemeinen Betriebshaftpflichtversicherung üblichen Ausschlüsse finden auch **185** im Bereich der IT-Haftpflichtversicherung Anwendung. Das gilt zuerst für die in den AHB enthaltenen Ausschlüsse. Darüber hinaus enthalten die Besonderen Bedingungen für die IT-Haftpflichtversicherung weitere Risikoabgrenzungen und Ausschlüsse. Auf die in den AHB enthaltenen allgemeinen Ausschlüsse wird an dieser Stelle nicht vertieft eingegangen, da sie bereits im Kapitel über die allgemeine Haftpflichtversicherung behandelt werden. Nachfol-

---

[236] Ziff. 3.4.2.1, 4. SpStr. der BBR-IT.
[237] Vgl. bereits *Lihotzky,* VW 1993, 314, 317.

gend werden solche Ausschlüsse in den AHB und in den besonderen Bedingungen behandelt, welche im Bereich der IT-Haftpflichtversicherung eine besondere Relevanz haben.

1. Ausschluss von Erfüllungsansprüchen und Erfüllungssurrogaten

186   Schwierigkeiten bereitet wegen der Eigenart der im IT-Bereich üblichen Leistungen und Vertragsformen gelegentlich der Ausschluss in Ziff. 1.2 AHB, wonach die Erfüllung von Verträgen und an die Stelle der Erfüllungsleistung tretende Ersatzleistungen, nicht Gegenstand der Haftpflichtversicherung ist. Dieser Ausschluss wurde in Ziff. 3.4.1 in den BBR-IT übernommen, welcher klarstellt, dass nach Ziff. 1.1, 1.2. AHB ausgeschlossene Ansprüche nur nach Maßgabe der Ziff. 3 der BBR-IT mitversichert sind. Die Formulierungen der Ziff. 1.2 AHB bzw. Ziff. 3.4.1 der BBR-IT wurden im Jahre 2002 an das Schuldrechtsmodernisierungsgesetz angepasst. Die überarbeitete Formulierung dient im Wesentlichen der Verständlichkeit dieses zuvor abstrakter formulierten Ausschlusses. Sie ist detaillierter und auf diese Weise leichter verständlich als die frühere Regelung. Der Ausschluss entspricht aber in seiner inhaltlichen Reichweite im Wesentlichen dem alten Ausschluss[238]. Aus diesem Grunde gelten die Ausführungen im Folgenden, die sich bereits an dem neuen Wortlaut orientieren, auch für die alte Fassung des Ausschlusses. Dies ist für die Beurteilung von Fällen von Bedeutung, in denen ein Vertrag noch auf den AHB in der alten Fassung beruht.

187   Nicht versichert sind nach Ziff. 1.2 AHB – in seiner aktuellen Fassung – Ansprüche, soweit diese nicht anderweitig in den Bedingungen ausdrücklich mitversichert sind, auf Erfüllung von Verträgen, Nacherfüllung, aus Selbstvornahme, Rücktritt, Minderung, auf Schadenersatz statt der Leistung, wegen Schäden, die verursacht werden, um die Nachbesserung durchführen zu können, wegen des Ausfalls der Nutzung des Vertragsgegenstandes oder wegen des Ausbleibens des mit der Vertragsleistung geschuldeten Erfolges, auf Ersatz vergeblicher Aufwendungen im Vertrauen auf ordnungsgemäße Vertragserfüllung, auf Ersatz von Vermögensschäden wegen Verzögerung der Leistung sowie wegen anderer an die Stelle der Erfüllung tretender Ersatzleistungen. Dies gilt auch dann, wenn es sich um gesetzliche Ansprüche handelt.

188   Anknüpfungspunkt für Fragen hinsichtlich der Ziff. 1.2 AHB in Verbindung mit Besonderen Bedingungen zur IT-Haftpflichtversicherung ist häufig die **Abgrenzung** zwischen Ansprüchen, die auf den nicht versicherten **Schadensersatz statt der Leistung** gerichtet sind und solchen, die auf **Schadensersatz neben der Leistung** zielen, der nicht dem Ausschluss unterfällt[239].

189   Zum **Bereich der Erfüllung** zählen von vornherein alle **Ansprüche, welche auf die vertraglich geschuldete Leistung selbst gerichtet sind.** Daher stellt sich bei der Prüfung im konkreten Fall zunächst die Frage, ob eine im Wege des Schadensersatzes geforderte Leistung möglicherweise noch zur vertraglich geschuldeten Hauptleistung zählt. Diese Frage kann insbesondere im Bereich von Verträgen über die **Erstellung und Pflege von Software** oder die **Lieferung und Einrichtung von IT-Systemen,** gelegentlich Schwierigkeiten aufwerfen, wenn nicht ohne weiteres erkennbar ist, was an vertraglichen Leistungen im Einzelfall geschuldet wird und wann die vertragliche Leistung als abgeschlossen zu betrachten ist. Im Bereich der **Internet-Provider** spielt die Ziff. 1.2 AHB insbesondere dann eine Rolle, wenn Schäden durch Zugangsstörungen oder ganz allgemein infolge einer mangelhaften Verfügbarkeit geltend gemacht werden. Kann der Provider seinen Kunden die vereinbarten Dienste nicht im vertraglich geschuldeten Umfang zur Verfügung stellen, dann handelt es sich bei den von Letzteren gestellten Ansprüchen wegen Nutzungsentgangs, um nicht gedeckten Schadensersatz statt der Leistung. Bei **Schäden durch Datenverlust** ist der Ausschluss von Erfüllungsschäden unter anderem zu beachten, wenn dem VN, der den Schaden verursacht hatte, vertraglich Aufgaben im Bereich der Datensicherung zugewiesen waren.

---

[238] Eine Erweiterung stellt Ziff. 1.2 (4) AHB dar, wonach kein Versicherungsschutz für Ansprüche auf Ersatz vergeblicher Aufwendungen im Vertrauen auf ordnungsgemäße Vertragserfüllung besteht; dieser Ausschluss findet sich jedoch ohnehin an anderer Stelle (Ziff. 3.4.1) in den BBR-IT.

[239] Zur Abgrenzung *Prölss/Martin/Voit/Knappmann,* § 4 AHB Rn. 74 ff.; *Koch,* Versicherbarkeit von IT-Risiken, Rn. 1604 ff.

Bestand der Auftrag an den VN gerade in einer Datensicherung, dann ist der Schaden, welcher darin liegt, dass dieselbe nicht oder nicht erfolgreich durchgeführt wurde, ein nicht gedeckter Schadensersatz statt der Leistung.

Führt eine Leistung des VN zu einem außerhalb dieser Leistung selbst liegenden Schaden **190** bei seinem Vertragspartner, dann spielt besonders die Frage eine Rolle, ob dieser **Schaden gerade wegen des Ausfalls der Nutzung** des Vertragsgegenstandes oder **wegen Ausbleibens des mit der Vertragsleistung geschuldeten Erfolges** gegeben ist – dann nicht gedeckter Schadensersatz statt der Leistung – oder ob es sich um einen noch darüber hinausgehenden Schaden handelt. Der zuerst genannte Schaden ist letztlich nur auf das unmittelbare Interesse an ordnungsgemäßer und pünktlicher Leistung gerichtet und deshalb durch Ziff. 1.1, 1.2 AHB vom Versicherungsschutz ausgenommen[240]. Dies ist etwa dann der Fall, wenn eine gelieferte Software aufgrund von Mängeln nicht einsatzfähig ist und damit auch nicht den – vom Auftraggeber bezweckten – Nutzen erbringen kann. Ein Erfüllungsschaden, wegen Ausbleibens des mit der Vertragsleistung geschuldeten Erfolges, ist gegeben, wenn die zur Steigerung der Leistungsfähigkeit eines Systems vorgenommene Modifikation den gewünschten Effekt nicht hat. Kein Versicherungsschutz besteht in solchen Fällen auch für Ansprüche wegen eines durch die Mängel der vertraglich geschuldeten Leistung beim Auftraggeber erforderlich werdenden zusätzlichen Personalaufwandes oder höheren Aufwandes an Mitteln[241]. Der **über das Ausbleiben des mit der Leistung bezweckten Erfolges hinausgehende Schaden** ist hingegen versichert. Dies betrifft insbesondere Schäden, welche durch Fehlfunktionen von gelieferten Leistungen, bei deren Empfänger verursacht werden, etwa durch Fehlberechnungen einer gelieferten Buchhaltungssoftware oder durch Fehlsteuerungen eines Lagerhaltungssystems, welche zur Unauffindbarkeit von Lagerbeständen, falscher Auslieferung von Waren etc. führen.

Vom Versicherungsschutz ausgeschlossen ist auch der **Verzögerungsschaden,** welcher **191** darin besteht, dass eine Leistung nicht zu dem vertraglich vereinbarten Zeitpunkt erbracht wird[242].

Im thematischen Zusammenhang mit dem Ausschluss von Erfüllungsschäden ist auch auf **192** den **Ausschluss wegen Schäden an den vom VN hergestellten oder gelieferten Arbeiten oder Sachen** infolge einer in der Herstellung oder Lieferung liegenden Ursache hinzuweisen, Ziff. 7.8 AHB. Das unmittelbare Interesse am Leistungsgegenstand selbst und demzufolge Ansprüche, die sich auf den Verlust oder die Wertminderung desselben beziehen, sind nicht versichert.

2. Hacker und Viren

Zum Teil finden sich in Versicherungsbedingungen Ausschlüsse von Schäden durch Ha- **193** cker und Viren. Auch in den Musterbedingungen des GDV für die Versicherung von Software-Häusern fand sich eine derartige Regelung. Dort waren Ansprüche wegen Sach- und Vermögensschäden durch Software, die geeignet ist, die Datenordnung zu verändern oder zu zerstören, z. B. Software-Viren, Trojanische Pferde und dgl. oder die dadurch entstehen, dass Dritte unberechtigte Eingriffe in interne und/oder externe Datennetze vornehmen, vom Versicherungsschutz ausgenommen (z. B. Hacker-Attacken)[243].

Die BBR-IT enthalten hingegen **keinen generellen Ausschluss von Ansprüchen 194 wegen Schäden durch Hacker und Viren** gegen den VN, sondern bieten grundsätzlich **Deckung,** dies allerdings **mit Einschränkungen:** Die entsprechende Regelungen finden sich im Rahmen der Risikoabgrenzungen[244]. Ausgenommen vom Versicherungsschutz sind

---

[240] Vgl. BGH v. 25. 9. 1985, VersR 1985, 1153; OLG Stuttgart v. 30. 11. 2000, VersR 2001, 187; *Littbarski,* § 1 AHB Rn. 37 ff.; *Späte,* AHB, Rn. 176 m. w. N.

[241] *Späte,* AHB, a. a. O.

[242] *Prölss/Martin/Voit/Knappmann,* § 4 AHB Rn. 74.

[243] Ziff. 1.7.1.1 der Software-Musterbedingungen,.

[244] Ziff. 1.7.1.1, 2. SpStr. und (für Tätigkeiten gem. Ziff. 1.1.2) Ziff. 3.4.2.1, 2. SpStr. der IT-Musterbedinungen.

danach Ansprüche wegen Sach- und Vermögensschäden aus dem bewusst pflichtwidrigen Unterlassen von dem Stand der Technik entsprechenden Sicherheits- und Schutzvorkehrungen (z. B. Virenscannern) gegen Software, die geeignet ist, die Datenordnung zu zerstören oder zu verändern, z. B. Software-Viren, Trojanische Pferde und dergleichen. Ausgenommen sind ferner Ansprüche aus dem bewusst pflichtwidrigen Unterlassen von dem Stand der Technik entsprechenden Sicherheits- und Schutzvorkehrungen (z. B. Firewall) gegen unbefugte Eingriffe in Datenverarbeitungssysteme/Datennetze (z. B. Hacker-Attacken, Denial of Service Attacks).

195   In den derzeit geltenden Musterbedingungen wurde der Wortlaut insoweit verändert, als aus der bislang gewählten negativen Formulierung „soweit nicht der VN sein System und weitergegebene Produkte/Leistungen mit dem Stand der Technik entsprechenden Sicherheits- und Schutzvorkehrungen (z. B. Virenscannern) überprüft hat" eine für den VN nachteilige Beweislastverteilung entnommen wurde, welche nach § 309 Nr. 12 lit. a BGB i. V. m. §§ 310 Abs. 1 S. 2, 307 Abs. 2 Nr. 1 BGB auch zwischen Unternehmern unwirksam gewesen wäre[245]. Die jetzt gültig Formulierung „aus dem bewusst pflichtwidrigen Unterlassen" stellt nunmehr klar, dass der VR die objektive Pflichtverletzung zu beweisen hat.

196   Die Frage, welche Anforderungen mit dem Begriff **Stand der Technik** an die Sicherheitstechnik gestellt werden, ist unter verschiedenen Gesichtspunkten zu sehen. Die Maßnahmen, welche die Bedingungen hierzu beispielhaft aufführen, nämlich der Einsatz von Virenscannern bzw. Firewalls gehören bei professionell tätigen Unternehmen heute zum Standard im Bereich der Schutzmaßnahmen. Damit wird eine grundsätzlich zeitgemäße Sicherheitstechnik verlangt. Dies kann im Einzelfall, etwa im Bereich der Antiviren-Technik, durchaus eine Aktualisierung im Wochenturnus und – bei entsprechender Risikolage – ggf. sogar eine tägliche Überprüfung und ggf. Aktualisierung der Schutzvorkehrungen, etwa durch Installation von aktuellen Virensignaturen bedeuten. Dabei orientiert sich das Niveau der Anforderungen auch an dem Wert der beim VN oder bei Dritten gefährdeten Infrastruktur, in Verbindung mit der Absehbarkeit einer Gefährdung durch Schadsoftware oder gezielte Angriffe. Je höher die Gefahr ist, desto strenger sind auch die gestellten Anforderungen an die Sicherheitstechnik. Auch eine aktuelle, aber für die Größe des Unternehmens unzureichend bemessene Sicherheitstechnik wird unter diesem Gesichtspunkt als nicht „dem Stand der Technik" entsprechend anzusehen sein[246].

3. Unzureichende Datensicherung

197   Die regelmäßige Datensicherung ist eine grundsätzliche Vorkehrung, welche jedes Unternehmen, das mit elektronischen Daten umgeht, auf deren Verfügbarkeit es angewiesen ist, bereits im eigenen Interesse treffen sollte. Gleiches gilt für Unternehmen, die mit fremden Daten umgehen oder Arbeiten durchführen, welche eine potentielle Gefährdung für Daten Dritter beinhalten. Schäden durch Löschung und Beschädigung von Daten spielen in der Schadenspraxis der VR eine erhebliche Rolle.

198   Die BBR-IT nehmen, wie nahezu alle auf dem Markt üblichen Bedingungswerke, Schäden durch ungenügende Datensicherung vom Versicherungsschutz aus. Nach Ziff. 1.7.1.1, 1. Spiegelstrich und 3.4.2.1, 1. Spiegelstrich der BBR-IT gilt dies für Ansprüche aus dem bewusst pflichtwidrigen Unterlassen der Sicherung von Daten des Auftraggebers. Im Zusammenhang mit dieser Regelung stellen sich verschiedene Fragen: Was ist unter Datensicherung zu verstehen, auf welche Daten bezieht sich die Verpflichtung des VN bzw. des von ihm beauftragten Dritten und wann besteht Versicherungsschutz trotz Versagens der Datensicherung?

199   Von dem Vorhandensein einer **Datensicherung** im Sinne der Ziff. 1.7.1.1. und 3.4.2.1 der BBR-IT kann dann gesprochen werden, wenn die ergriffenen Maßnahmen zur Sicherung der Daten, ohne deren Beschädigung oder Verlust der Schaden in der eingetretenen Form vermieden worden wäre, grundsätzlich dazu geeignet waren, diese Daten in einem der Gefähr-

---

[245] Näher zur alten Fassung *Koch* in: *Schneider/v. Westphalen*, Software-Erstellungsverträge, Rn. 234 f.; *Koch*, Versicherbarkeit von IT-Risiken, Rn. 2494.

[246] Ausführlich *Spindler*, Verantwortlichkeiten von IT-Herstellern, Nutzern und Intermediären, Studie im Auftrag des Bundesamtes für Sicherheit in der Informationstechnik (BSI), 2007, Rn. 332 ff.

dung entsprechenden Umfang zu sichern. Nach der Definition von *Seitz/Bühler*[247] umfasst der Begriff Datensicherung alle Maßnahmen, die im Falle eines unvorhergesehenen Datenverlustes sicherstellen, dass alle aktuellen Datenbestände (Programme und Dateien) auf einzelnen oder verbundenen Datenverarbeitungseinrichtungen innerhalb angemessener Zeit arbeitsfähig rekonstruiert werden können. Welche Maßnahmen in Anbetracht der Gefährdung im Einzelfall geboten sind, ist in Abhängigkeit von Gesichtspunkten, wie der Datenmenge, ihrer Ausgesetztheit gegenüber Angriffen, der Häufigkeit ihrer Änderung, der Bedeutung der Daten in Hinblick auf mögliche Schäden im Falle ihrer Nichtverfügbarkeit und dem Aufwand, welcher mit einer Wiederbeschaffung im Falle des Verlustes verbunden ist, zu bestimmen. Je größer der potentielle Schaden ist, desto höher liegen auch die Anforderungen, die an die Intensität, Verlässlichkeit und Häufigkeit der vorzunehmenden Datensicherung zu stellen sind. Als Maßstab für die Beurteilung dieser Fragen im konkreten Fall können **anerkannte Standards für die Datensicherung** herangezogen werden. Ein Beispiel für einen derartigen Standard bilden die vom Bundesamt für Sicherheit in der Informationstechnik (BSI) entwickelten Maßnahmen zum sogenannten „IT-Grundschutz". Die vom BSI herausgegebenen IT-Grundschutzkataloge (früher: IT-Grundschutzhandbuch)[248] enthalten im Rahmen eines Maßnahmenkataloges zur Notfallvorsorge[249] die Darstellung der grundsätzlichen Elemente einer Datensicherung. Hierzu zählen u. a. die individuelle Festlegung der Verfahrensweise für die Datensicherung[250], die Erstellung eines Datensicherungsplanes[251], die Erstellung von Sicherungskopien der eingesetzten Software[252], die regelmäßige Datensicherung[253], die Überprüfung von Datensicherungen auf Wiederherstellbarkeit der gesicherten Daten[254], die geeignete Aufbewahrung der Backup-Datenträger[255] und die erforderliche Dokumentation der Datensicherung[256]. Eine Datensicherung erfüllt nur dann ihren Zweck, wenn die Rekonstruktion sowohl beim Verlust von Daten, als auch bei Verlust der gesamten Rechneranlage mit den darauf lagernden Datenbeständen, möglich ist. Dabei ist aus technischer Sicht grundsätzlich zu fordern, dass von allen Arbeitsdateien mehrere Generationen von Datensicherungsbeständen angelegt werden, von denen eine Kopie weitgehend den aktuellen Datenbestand enthalten muss[257]. Dieser für den Bereich der Elektronikversicherung entwickelte Grundsatz ist in gleicher Weise auf die Haftpflichtversicherung anzuwenden.

In ihrer bisherigen Fassung regelten die BBR-IT ausdrücklich, dass nicht nur im Falle einer   **200** nicht erfolgten Datensicherung kein Versicherungsschutz besteht, sondern auch dann, wenn Daten durch den VN nicht in **angemessenen Intervallen** gesichert wurden. Schon bislang hatte diese Regelung neben dem Erfordernis der Datensicherung lediglich klarstellende Bedeutung, da die regelmäßige Durchführung in einem der Gefährdung angemessenen Intervall Grundeigenschaft einer Datensicherung ist. Eine sachliche Änderung ist mit dem Entfall dieser Regelung in den aktuellen BBR-IT nicht verbunden. Auch wenn keine normativen Vorgaben hinsichtlich der Häufigkeit von Datensicherung bestehen, dürften die Bedingung trotz fehlender zeitlicher Vorgaben angesichts der in der Praxis weitgehend anerkannten Standards mit dem AGB-rechtlichen Transparenzgebot (§ 307 Abs. 1 S. 2 BGB) noch vereinbar sein[258].

---

[247] *Seitz/Bühler*, Elektronikversicherung, S. 63.
[248] Abrufbar unter http://www.bsi.bund.de/gshb/deutsch/index.htm.
[249] IT-Grundschutzkataloge, Abschnitt M 6.
[250] IT-Grundschutzkataloge, Abschnitt M 6.35.
[251] IT-Grundschutzkataloge, Abschnitt M 6.13.
[252] IT-Grundschutzkataloge, Abschnitt M 6.21.
[253] IT-Grundschutzkataloge, Abschnitt M 6.32.
[254] IT-Grundschutzkataloge, Abschnitt M 6.22.
[255] IT-Grundschutzkataloge, Abschnitt M 6.20.
[256] IT-Grundschutzkataloge, Abschnitt M 6.37.
[257] *Seitz/Bühler*, Elektronikversicherung, a. a. O.
[258] A. A. aber *Koch*, Versicherbarkeit von IT-Risiken, Rn. 2492; *Koch* in: *Schneider/v. Westphalen*, Software-Erstellungsverträge, M Rn. 232, der wegen der Vielzahl der möglichen Intervalle zur Datensicherung eine konkrete zeitliche Festlegung in den Bedingungen verlangt.

Die gegenteilige Auffassung verlangt eine zeitliche Festlegung der Häufigkeit der Sicherungen; dies wird jedoch schwerlich pauschal bestimmt werden können, sondern vielmehr vom Einzelfall abhängen, so dass die geschilderte Klausel genügend Flexibilität aufweist und daher zulässig ist. Gelegentlich taucht in auf dem Markt befindlichen Versicherungsbedingungen auch ein Ausschluss von Schäden durch „unzureichende Datensicherung" auf. Auch hier hat das Adjektiv „unzureichend" nach dem Gesagten lediglich eine verdeutlichende Funktion.

201   Nach der Regelung in Ziff. 1.7.1.1 und 3.4.2.1 der BBR-IT sind Schäden wegen bewusst pflichtwidrigen Unterlassens der Sicherung „von Daten des Auftraggebers" vom Versicherungsschutz ausgenommen. Die aufgrund der Formulierung „wegen nicht oder nicht in angemessenen Intervallen gesicherter Daten durch den VN oder einen von ihm beauftragten Dritten" zur alten Fassung aufgetauchten Zweifel, auf welche Daten sich die Verpflichtung des VN bzw. des von ihm beauftragten Dritten bezieht, sollten damit geklärt sein.

202   Wenn eine Datensicherung in der zuvor behandelten Form erfolgt ist, jedoch – wie häufig – trotzdem ein Schaden wegen eines Fehlers in der Datensicherung entsteht, versagen die Regelungen in Ziff. 1.7.1.1 und 3.4.2.1 der BBR-IT den Versicherungsschutz nicht. Für derartige Fälle ist die IT-Haftpflichtversicherung gedacht. Ein Erfahrungssatz aus der Praxis sagt, dass wertvolle Daten in der Regel auch sorgfältig gesichert werden. Wo allerdings diese Sorgfalt schon von vornherein nicht beobachtet wird, stößt die Versicherbarkeit der Folgen an ihre Grenzen[259].

4. Unterlassene Wartung

203   Häufig anzutreffen sind Vertragsbestimmungen, welche den Ausschluss von Schäden bezwecken, die darauf zurückzuführen sind, dass die Wartung oder Pflege von Hard- oder Software vollständig unterlassen wurde. Der Hintergrund für diese Regelungen ist, dass unzureichende Wartung häufig die Ursache für Systemschäden ist. Ein Beispiel hierfür sind die regelmäßig im Internet um sich greifenden Virus- bzw. Wurm-Attacken. In der Regel nutzen diese Schadprogramme bekannte Schwachstellen in Systemprogrammen, für welche die Hersteller der Programme zuvor bereits Reparatursoftware (sogenannte Patches) angeboten hatten, diese von den Anwendern aber nicht rechtzeitig installiert worden war. Eine derart ungenügende Wartung der eigenen Systeme kann nicht nur für das primär betroffene Unternehmen selbst zu einer Gefahr werden, sondern auch für Dritte, denen die Schadsoftware von dem primär betroffenen Unternehmen elektronisch zugeschickt wird. Dem VR soll nun jedenfalls dieses Risiko nicht für den Fall, dass keine Wartung bzw. Aktualisierung schadensursächlicher Systeme stattfindet, aufgebürdet werden.

204   Eine entsprechende Regelung findet sich auch in den BBR-IT, allerdings mit der einschränkenden Formulierung, dass ausschließlich solche Ansprüche vom Versicherungsschutz ausgenommen sind, die daraus resultieren, dass der VN oder ein von ihm beauftragter Dritter die **geschuldete Wartung** oder Pflege von Hard- oder Software vollständig unterlässt[260]. Die Einschränkung ergibt sich daraus, dass die Wartung „geschuldet" sein muss. Wem gegenüber diese Verpflichtung bestehen soll, wird in den Musterbedingungen nicht gesagt. Es ist davon auszugehen, dass die schuldrechtliche Beziehung zwischen einem Auftraggeber und dem mit der Arbeit an seinen Systemen beauftragten Dienstleistungsunternehmen gemeint ist. In diesem Fall besteht dann kein Versicherungsschutz, wenn der Dienstleister in Verletzung seiner vertraglichen Verpflichtung die Systeme des Auftraggebers nicht wartet und diesem oder Dritten daraus ein Schaden entsteht. Die Klausel versagt entsprechend ihrer Formulierung die Deckung nicht im Falle eines versehentlichen Unterlassens nur einzelner Wartungsschritte[261].

---

[259] Ein ähnlicher Gedanke liegt auch der Rechtsprechung zum Mitverschulden des Geschädigten bei fehlender Datensicherung zugrunde; eine unterlassene Datensicherung beim Geschädigten stellt regelmäßig einen Grund dar, den dem Grunde nach gegebenen Schadenersatzanspruch einzuschränken oder sogar gänzlich auszuschließen.

[260] Ziff. 3.4.2.8 der BBR-IT.

[261] *Koch* in: *Schneider/v. Westphalen,* Software-Erstellungsverträge, M Rn. 257.

5. Experimentierrisiko

Die Musterbedingungen des GDV für IT-Dienstleister[262], aber auch andere Bedingungs-   **205**
werke, enthalten einen Ausschluss von Ansprüchen wegen Sach- und Vermögensschäden
durch Erzeugnisse (Produkte, IT-Leistungen), deren Verwendung oder Wirkung im Hinblick
auf den konkreten Verwendungszweck **nicht nach dem Stand der Technik – bei Software z. B. ohne übliche und angemessene Programmtests – oder in sonstiger Weise
ausreichend erprobt** waren. Dieser Ausschluss des sogenannten Experimentierrisikos zielt
insbesondere auf den Bereich der Software-Erstellung. Hintergrund ist die Absicht, die Test-
phase als üblicherweise letzte Stufe der Produkterstellung vom Versicherungsschutz auszunehmen. Es soll verhindert werden, dass der VR das Risiko einer übereilten Übergabe von
Erzeugnissen oder Anwendung von Techniken zu tragen hat.

Die Frage, was in diesem Zusammenhang als **ausreichend** anzusehen ist, lässt sich nicht   **206**
generell beantworten, sondern nur im Einzelfall. Die Musterbedingungen stellen insoweit
auf das ab, was in Hinblick auf den konkreten Verwendungszweck nach dem Stand der Technik zu fordern ist, alternativ darauf, dass die schadensursächlichen Erzeugnisse in sonstiger
Weise ausreichend erprobt waren. Der Verweis auf den Stand der Technik bedeutet eine Abmilderung gegenüber dem in anderen Bedingungen[263] verwendeten Maßstab von „Wissenschaft und Technik". Damit wird dem Umstand Rechnung getragen, dass ein Stand der
Wissenschaft im Bereich der Informationstechnologie angesichts der rasanten Entwicklungs-
geschwindigkeit vielfach gar nicht etabliert ist. Für Softwarehäuser wird dieser Maßstab auf
die Durchführung üblicher und angemessener Programmtests konkretisiert. Was im Einzelfall
angemessen ist, kann nur mit Blick auf das vorhandene Schadenspotential und die absehbare
Wahrscheinlichkeit eines Schadenseintritts bewertet werden. Je höher die Gefahr, desto
schärfer die Anforderungen an das, was als angemessen betrachtet werden muss.

6. Zugangsstörungen infolge mangelhafter Kapazität

Häufig findet sich in Bedingungen ein Ausschluss von Schäden wegen Zugangsstörungen   **207**
infolge **unzureichender Kapazität.** Auch die Musterbedingungen des GDV für IT-Dienstleister enthalten einen derartigen Ausschluss[264], der dahingehend ergänzt ist, dass Versicherungsschutz gleichwohl dann geboten wird, wenn es sich um Zugangsstörungen durch
Denial of Service Attacks handelt. Hintergrund für diese Regelungen sind zahlreiche Schadensfälle, welche sich insbesondere in den Zeiten eines rasanten Wachstums des Internet und
der hier tätigen Unternehmen ereigneten. Häufig konnten diese in dem Ausbau ihrer technischen Infrastruktur mit dem Umsatzwachstum nicht Schritt halten, was dazu führte, dass
Kunden schließlich mangelhaft bedient wurden. Insbesondere bei Finanzdienstleistungen im
Internet wurden Kunden geschädigt, die etwa wegen technischer Probleme Transaktionen
nicht zu dem von ihnen gewünschten Zeitpunkt abwickeln konnten. Das Risiko, dass ein
VN nicht in der Lage ist, die versprochenen Leistungen auch zu erbringen, soll nicht auf den
VR abgelastet werden. Es dürfte sich hierbei allerdings oftmals um Schäden handeln, die be-
reits dem Ausschluss von Erfüllungsschäden unterfallen Ziff. 1.2 AHB.

Im Unterschied zu einer schlichtweg ungenügenden technischen Ausstattung können   **208**
auch sogenannte **Denial of Service Attacks** Ursache von Schäden infolge unzureichender
Kapazität sein. Das Prinzip dieser Variante des Hackerangriffes ist es gerade, einen über das
Netz zugänglichen Rechner durch gezielt gesteuerte massenweise Anfragen zu überlasten
und damit außer Funktion zu setzen. Die Musterbedingungen stellen ausdrücklich klar, dass
diese Variante der Kapazitätserschöpfung nicht dem Ausschluss unterfallen soll. In anderen
Bedingungen, in denen es an einer derartigen Klarstellung fehlt, stellt sich allerdings ebenfalls
die Frage, ob dieser Ausschluss im Falle einer Denial of Service Attack zur Anwendung gelangt. Diese Frage dürfte aufgrund des Wortlautes zu verneinen sein, da es einen Rechner,

---

[262] Ziff. 3.4.2.6 der BBR-IT.
[263] So auch in den Software-Musterbedingungen, Ziff. 3.5.2.5.
[264] Ziff. 3.4.2.1, 5. SpStr. der BBR-IT.

der eine zureichende Kapazität gegenüber einem gerade auf Erschöpfung dieser Kapazität zielenden Angriff aufweist, nicht geben kann. Dort, wo – was durchaus möglich ist – ein Rechner durch technische Vorkehrungen gegen Denial of Service Attacks geschützt ist, wirken diese nicht durch eine gegebenenfalls unbegrenzte und dadurch „zureichende" Kapazität des Rechners, sondern auf anderem Wege.

7. Schäden durch Betriebsunterbrechung

209   Schäden durch Betriebsunterbrechung zählen zu den häufig vorkommenden Schadensszenarien. Nahezu jede Funktionsstörung beinhaltet das Risiko, dass hierdurch der betroffene Betrieb eingeschränkt oder sogar zum Erliegen gebracht wird. In Fällen, in denen die Betriebsunterbrechung eintritt, weil erbrachte Leistungen die in sie gesetzten Erwartungen nicht erfüllen, wird die Grenze zur Anwendung des Ausschlusses von Erfüllungsschäden nach § 4 I 3 AHB oftmals schwer zu bestimmen sein. Nicht selten sind Betriebsunterbrechungen von nicht allzu langer Dauer, was die Bezifferung etwaiger Schäden erschwert.

210   Viele Bedingungen und auch die BBR-IT[265] bieten aus diesen Gründen eine **eingeschränkte Deckung für Schäden durch Betriebsunterbrechung**. Die Deckung kann in mehrfacher Weise begrenzt werden. Zum einen kann die Deckung für Schäden durch Betriebsunterbrechung auf bestimmte Schadenskonstellationen beschränkt werden. Zum anderen kann die Deckung dort, wo sie besteht, in ihrem Umfang eingeschränkt werden, etwa durch Selbstbehalte. Die BBR-IT gehen beide Wege. Die Deckung kommt von vornherein nur zur Anwendung bei Schäden wegen **Betriebsunterbrechung bei Dritten infolge eines unbefugten Eingriffs** (z. B. Hacker- Attacken, Denial of Service Attacks) in das Datenverarbeitungssystem/Datennetz des VN. Wie auch im Falle der sonstigen Hacker- und Virenschäden ist der Versicherungsschutz in diesem Falle zusätzlich davon abhängig, dass der VN **dem Stand der Technik entsprechende Sicherheits- und Schutzvorkehrungen** (z. B. Firewall) unterhält.

211   Besteht dem Grunde nach Deckung, greift für Betriebsunterbrechungsschäden ein Selbstbehalt. Dieser besteht nicht, wie in anderen Bereichen üblich, in der Angabe eines Betrages, welchen der VN selbst zu tragen hat, sondern **ähnlich wie in der Regelung zu den Mehrkosten in der Elektronikversicherung** in einer Zeitangabe (sog. **zeitlicher Selbstbehalt**). Nach den BBR-IT besteht für Schäden wegen Betriebsunterbrechung bei Dritten kein Versicherungsschutz für die ersten x Stunden der Betriebsunterbrechung[266]. Da es sich bei der Verbandsempfehlung um unverbindliche Musterbedingungen handelt, ist hier keine Vorgabe für eine bestimmte Anzahl von Stunden enthalten. Am Markt anzutreffende Vereinbarungen über Zeiträume von 12 bis 24 Stunden ähneln der Handhabung in der Mehrkostenversicherung[267].

8. Verletzung von gewerblichen Schutzrechten, Urheberrechten sowie des Kartell- und Wettbewerbsrechts

212   Von Bedeutung ist auch der Ausschluss von Ansprüchen, die daraus hergeleitet werden, dass gelieferte Sachen oder Arbeiten mit einem Rechtsmangel behaftet sind (z. B. Schäden aus der Verletzung von Patenten, gewerblichen Schutzrechten, Urheberrechten, Verstöße gegen Wettbewerb und Werbung)[268]. Da die IT-Haftpflichtversicherung in erheblichem Umfang Deckung für reine Vermögensschäden bietet, wären auch derartige Ansprüche grundsätzlich vom Deckungsumfang umfasst. Solche Ansprüche können, wie bereits gezeigt, im Einzelfall durchaus von Bedeutung sein, doch sind sie einer pauschalen Versicherungslösung nicht zugänglich. Insofern gilt für Unternehmen im IT-Bereich nichts Anderes als für andere Wirtschaftszweige. Das Risiko wird durch den Ausschluss aus dem Deckungsumfang herausgenommen.

---

[265] Ziff. 3.4.2.1, 3. und 4. SpStr. der BBR-IT.
[266] Ziff. 3.4.2.1, 4. SpStr. der BBR-IT.
[267] S. oben Abschnitt C. VI. 9. (Rn. 172ff.).
[268] Vgl. Ziff. 3.4.2.3 der BBR-IT.

Teilweise wird in Versicherungskonzepten allerdings Deckung für einen Teilbereich der **213**
Ansprüche im Bereich von Rechtsmängeln geboten und zwar für den **einstweiligen**
Rechtsschutz. Der vorgenannte Ausschluss wird dann insoweit abbedungen. Die Deckungen im Bereich des einstweiligen Rechtsschutzes erstrecken sich auf Gerichts- und Anwaltskosten eines Verfahrens, mit dem der Erlass einer einstweiligen Verfügung gegen den VN begehrt wird, auch wenn es sich um Ansprüche auf Unterlassung handelt. Voraussetzung für die
Leistung des VR ist in diesem Fall, dass der VR vom Beginn des Verfahrens unverzüglich, spätestens zwei Tage nach Zustellung der Antragsschrift oder des Gerichtsbeschlusses vollständig
unterrichtet wird. Weitergehend wird auch Versicherungsschutz für Gerichts- und Anwaltskosten eines Verfahrens geboten, mit dem eine Unterlassungsklage gegen den VN geltend gemacht wird. Ein gegen den VN geltend gemachter Anspruch auf Unterlassung, aber auch
eine gegen ihn beantragte Verfügung, welche auf ein Tun oder Unterlassen zielt, ist **kein An-**
spruch auf Schadensersatz i. S. v. Ziff. 1.1 AHB. Der Versicherungsschutz, der ja üblicherweise auf der Grundlage der AHB zur Verfügung gestellt wird, muss deshalb, insoweit in Ergänzung zu der Regelung des Ziff. 1.1 AHB, geboten werden. Dies stellt dort, wo es
geschieht, eine im Bereich der Haftpflichtversicherung ungewöhnliche Erweiterung des Versicherungsschutzes dar, die allerdings bei Vorhandensein von Risiken aus Inhalten im Internet
sinnvoll sein kann.

9. Schäden aus Lizenzvergabe

Ausgeschlossen sind in den BBR-IT[269] Ansprüche aus der Vergabe von **Lizenzen, die** **214**
den Abnehmer zur Weiterveräußerung berechtigen. Dieser Ausschluss, der insbesondere in der Software-Branche zum Tragen kommen dürfte, zielt ausweislich der Verbandser-
läuterungen[270] weniger darauf ab, ein unversicherbares Risiko generell vom Versicherungsschutz auszunehmen, sondern dient dazu, das Risiko nicht von vornherein in allen Fällen
mitzuversichern. Ein ausdrücklicher Einschluss dieses Risikos unter Abbedingung des Ausschlusses ist möglich. Wird der Lizenznehmer einer Software zur Weiterveräußerung oder
zur Nutzung der Software als Plattform für seine Eigenentwicklungen legitimiert, dann erwächst hieraus für den ursprünglichen Lizenzgeber ein gesteigertes Risiko, welches über das
üblicherweise im Verhältnis des Software-Herstellers zu seinem direkten Abnehmer bestehende Risiko hinausgeht. Soweit dieses Risiko im Einzelfall gegeben ist, kann ein Einschluss
in den Vertrag erfolgen.

10. Luft-/Raumfahrzeuge

Nicht versicherbar im Rahmen der üblichen Bedingungen zur IT-Haftpflichtversicherung **215**
sind Ansprüche wegen Schäden, die der VN, ein Mitversicherter oder eine von ihnen bestellte oder beauftragte Person, durch den Gebrauch eines Luft- oder Raumfahrzeugs verursachen oder für die sie als Halter oder Besitzer eines Luft- oder Raumfahrzeugs in Anspruch
genommen werden[271]. Besteht nach diesen Bestimmungen für einen Versicherten (VN oder
Mitversicherten) kein Versicherungsschutz, so gilt das auch für alle anderen Versicherten.

Nicht versichert ist auch die Haftpflicht aus der Planung oder Konstruktion, Herstellung **216**
oder Lieferung von Luft- oder Raumfahrzeugen oder Teilen dieser (auch Software), soweit
die Teile ersichtlich für den Bau von oder den Einbau in Luft- oder Raumfahrzeugen bestimmt waren, sowie Anlagen zur Steuerung und Überwachung des Luftverkehrs. Hier ist an
Schäden durch Beeinträchtigung des Flugverkehrs (z. B. Grounding) zu denken. Nicht versichert sind ferner Tätigkeiten (z. B. Montage, Wartung, Inspektion, Überholung, Reparatur,
Beförderung) an Luft- oder Raumfahrzeugen oder deren Teilen (auch Software), sowie an
Anlagen zur Steuerung und Überwachung des Luftverkehrs (z. B. Grounding).

---

[269] Ziff. 3.4.2.10 der BBR-IT.
[270] Anmerkungen in den Erläuterungen zu den IT- Musterbedingungen, Ziff. 3.4.2.10.
[271] Vgl. Ziff. 1.7.4 der BBR-IT.

217   Dieser Ausschluss entspricht den vergleichbaren Ausschlüssen in anderen Haftpflichtbedingungen und wurde für den Bereich der Informationstechnologie lediglich durch den Verweis auf Software ergänzt.

11. Schäden aus Rückrufen

218   Standardmäßig sind in Bedingungswerken der IT-Haftpflichtversicherung Ansprüche wegen Kosten ausgeschlossen, die im Zusammenhang mit einem Rückruf von Erzeugnissen geltend gemacht werden. Dies gilt auch für die BBR-IT[272]. Erzeugnisse im Sinne dieser Regelung können sowohl solche des VN, als auch Produkte Dritter sein, die Erzeugnisse des VN enthalten. Bei der Definition des Begriffes Rückruf orientieren sich die BBR-IT an der neuesten Klausel, welche auch in den Verbandsempfehlungen zur erweiterten Produkthaftpflichtversicherung[273] und zur Rückrufkostenversicherung[274] zur Anwendung kommt. Rückruf ist nach dieser Definition die auf gesetzlicher Verpflichtung beruhende Aufforderung des VN, zuständiger Behörden oder sonstiger Dritter, an Endverbraucher beliefernde Händler, Vertrags- oder sonstige Werkstätten, die Erzeugnisse von autorisierter Stelle auf die angegebenen Mängel prüfen, die gegebenenfalls festgestellten Mängel beheben oder andere namentlich benannte Maßnahmen durchführen zu lassen.

II. Ausschlüsse Zusatzbedingungen zur Betriebshaftpflichtversicherung für die Nutzer von Internet-Technologien

219   In Ergänzung zu Ziff. 7 AHB, der weiterhin anwendbar bleibt (s. Ziff. 1.1 BHV-IT), sehen die Zusatzbedingungen zur Betriebshaftpflichtversicherung für die Nutzer von Internet-Technologien Ziff. 7 BHV-IT eine Reihe weiterer Ausschlüsse und Risikoabgrenzungen vor.

1. Massenhaft versandte, vom Empfänger ungewollte Information

220   Vom Versicherungsschutz ausdrücklich ausgenommen sind daher Ansprüche, die im Zusammenhang stehen, mit massenhaft versandten, vom Empfänger ungewollten elektronisch übertragenen Informationen (Ziff. 7.1, 1. SpStr. BHV-IT). Darunter ist zunächst die massenhafte Versendung von Werbe-E-Mails (Spam) zu verstehen, was gegenüber privaten Empfängern im Falle der unzumutbaren Belästigung als Verletzung des Persönlichkeitsrechts eingeordnet werden kann[275].

221   Unklar ist, ob unter dem Begriff der ungewollten Information auch sich selbstständig weiterversendende, virenverseuchte E-Mails verstanden werden können, die das Ziel der Verbreitung des Virus haben[276]. In der vergleichbaren Diskussion zum TDG/TMG wurde ein weites Verständnis von Information zugrunde gelegt, das auch Viren miteinschließt[277]. Geht man aber so weit, auch dieses Risiko vom Versicherungsschutz auszuschließen, so wird zu Recht die Frage aufgeworfen, ob durch den Ausschluss nach Ziff. 7.1, 1. SpStr. BHV-IT nicht der Vertragszweck beeinträchtigt wird, da ein wesentlicher Bereich des nach Ziff. 2.1 BHV-IT versicherten Risikos wieder vom Versicherungsschutz ausgenommen würde[278].

2. Dateien zur Sammlung von Nutzerinformationen

222   Nicht versichert sind auch Ansprüche im Zusammenhang mit Dateien, mit denen widerrechtlich bestimmte Informationen über Internet-Nutzer gesammelt werden können. Ge-

---

[272] Ziff. 3.4.2.11 der BBR-IT.
[273] S. § 25.
[274] S. § 25.
[275] S. Ziff. 2.4 BHV-IT und Fn. 163.
[276] Zu den Haftungsrisiken aus der Weiterverbreitung von Viren *Libertus,* MMR 2005, 507; *Koch,* NJW 2004, 801; *Spindler,* Verantwortlichkeiten von IT-Herstellern, Nutzern und Intermediären, Studie im Auftrag des Bundesamtes für Sicherheit in der Informationstechnik (BSI), 2007, Rn. 278 ff.
[277] *Spindler* in: *Spindler/Schmitz/Geis,* Vor § 8 TDG Rn. 25; *Pelz* in: *Bräutigam/Leupold,* Online-Handel, B I Rn. 72; *Koch,* NJW 2004, 801 (805 f.); *Koch,* Versicherbarkeit von IT-Risiken, Rn. 375.
[278] Zutreffend *Koch,* Versicherbarkiet von IT-Risiken, Rn. 2436.

meint sind damit vor allem Cookies, über die Nutzerprofile angelegt werden können[279]. Nicht eindeutig ist, ob neben den ausdrücklich genannten Cookies auch trojanische Pferde, die beispielsweise zum Ausspähen der Zugangsdaten zum Online-Banking genutzt werden[280], darunter gefasst werden können[281]. Weicht der VN *bewusst* von datenschutzrechtlichen Bestimmungen ab, greift zusätzlich der Ausschlusstatbestand der Ziff. 7.3 BHV-IT.

3. Sonstige Ausschlüsse

Neben den genannten Ausschlüssen besteht weiter kein Versicherungsschutz für Ansprü- **223** che gegen den VN wegen Schäden, die von Unternehmen, die mit dem VN oder seinen Gesellschaftern durch Kapital mehrheitlich verbunden sind oder unter einer einheitlichen Leitung stehen, geltend gemacht werden (Ziff. 7.2 BHV-IT). Hierbei handelt es sich um einen Ziff. 6.2.7 ProdHM entsprechenden Ausschluss von Ansprüchen von Konzernunternehmen, welcher verhindern soll, dass eigentlich als Eigenschäden zu qualifizierende Schäden durch Auslagerung auf Konzerngesellschaften in Fremdschäden umdefiniert werden[282].

Nach der „Pflichtwidrigkeitsklausel" der Ziff. 7.3 BHV-IT besteht kein Versicherungs- **224** schutz für Ansprüche gegen den VN oder jeden Mitversicherten, soweit diese den Schaden durch bewusstes Abweichen von gesetzlichen oder behördlichen Vorschriften sowie von schriftlichen Anweisungen oder Bedingungen des Auftraggebers oder durch sonstige bewusste Pflichtverletzungen, herbeigeführt haben. Ausgenommen vom Versicherungsschutz sind damit insbesondere die „internen Risiken" durch vorsätzlich pflichtwidrig handelnde Mitarbeiter des VNs[283].

Ausgeschlossen sind nach Ziff. 7.4 BHV-IT auch Ansprüche auf Entschädigung mit Straf- **225** charakter (punitive und exemplary damages). Die in Ziff. 7.5 BHV-IT genannten Artikeln 1792 ff. und 2270 und den damit im Zusammenhang stehenden Regressansprüchen nach Art. 1147 des französischen Code Civil, betreffen die Haftung des Konstrukteurs eines Bauwerks[284]. Auch gleichartige Bestimmungen anderer Länder sind von diesem Ausschluss umfasst, doch dürfte eine Relevanz für Internet-Nutzer kaum gegeben sein.

III. Ausschlüsse Allgemeine Bedingungen für die Elektronikversicherung

Nach § 2 Ziff. 4 a – d ABE leistet der VR keine Entschädigung für Schäden durch **Vorsatz** **226** des VN oder dessen Repräsentanten (a), Schäden durch **Kriegsereignisse** jeder Art (b) oder **innere Unruhen** (c), Schäden durch **Kernenergie** (d), Schäden, die während der Dauer von **Erdbeben** als deren Folge entstehen (e) sowie Mängel, die bei Abschluss der Versicherung bereits vorhanden waren und dem VN oder seinen Repräsentanten bekannt sein mussten (f). Ebenfalls ausgeschlossen sind Schäden durch Einsatz einer Sache, deren Reparaturbedürftigkeit dem VN oder seinen Repräsentanten bekannt sein musste, jedoch mit der Ausnahme, dass Ersatz geleistet wird, wenn der Schaden nicht durch die Reparaturbedürftigkeit verursacht wurde oder wenn die Sache zur Zeit des Schadens mit Zustimmung des VRs wenigstens behelfsmäßig repariert war. Schäden durch betriebsbedingte normale oder betriebsbedingte vorzeitige **Abnutzung oder Alterung** sind nicht versichert (g), doch gilt wiederum anderes für Folgeschäden an weiteren Austauscheinheiten. Mit dem ergänzenden Zusatz, dass Folgeschäden an weiteren Austauscheinheiten vom Versicherungsschutz umfasst sind, wird der Ge-

---

[279] *Bizer,* DuD 1998, 277 ff.; *Roßnagel* in: *Roßnagel/Banzhaff/Grimm,* Datenschutz im Electronic Commerce, S. 170 ff.

[280] Die Legitimationsdaten beim Online-Banking können als personenbezogene Daten i. S. v. § 3 I BDSG qualifiziert werden, *Simitis,* § 3 BDSG Rn. 10; die unzulässige Erhebung, Verarbeitung und Nutzung personenbezogener Daten ist i. d. R. zugleich eine Persönlichkeitsrechtsverletzung *Bamberger/Roth/Bamberger,* § 12 BGB Rn. 160; s. auch § 1 Abs. 1 BDSG.

[281] So auch *Koch,* Versicherbarkeit von IT-Risiken, Rn. 2434.

[282] *Prölss/Martin/Voit/Knappmann,* Anh Produkthaftpfl., Zu Ziff. 6.2.7.

[283] *Stockmeier,* Die Haftpflichtversicherung des Internet-Nutzers, 2002, S. 82; s. oben Rn. 14.

[284] Näher *Prölss/Martin/Voit/Knappmann,* Betriebshaftpfl. Nr. 7.7 Rn. 2.

danke des § 2 Ziff. 2 ABE wieder aufgenommen, dass Verschleißteile selbst nicht versichert sein sollen, wohl aber Schäden, welche aufgrund des Versagens von Verschleißteilen an weiteren Bauteilen des versicherten Gerätes entstehen. Die Betriebsbedingtheit der Abnutzung bezieht sich auf den Betrieb des betreffenden Gerätes selbst und nicht auf den Gesamtbetrieb des VN[285]. Schäden, welche auf die vorstehend genannten Ursachen zurückzuführen sind, werden durch § 2 Ziff. 4 ABE vom Versicherungsschutz ausgenommen und zwar ohne Rücksicht auf mitwirkende Ursachen, welche nicht dem Ausschlusskatalog unterfallen.

227 Ist der **Beweis** für das Vorliegen einer der Ursachen gemäß § 2 Ziff. 5b bis d ABE nicht zu erbringen, so genügt nicht, wie noch unter den alten ABE (dort § 2 Ziff. 6 ABE) die überwiegende Wahrscheinlichkeit, dass der Schaden auf eine dieser Ursachen zurückzuführen ist. Vielmehr muss der Ausnahmetatbestand vom VR voll bewiesen werden.

228 Der VR leistet nach § 2 Ziff. 4 lit. i ABE ohne Rücksicht auf mitwirkende Ursachen außerdem keine Entschädigung für **Schäden, für die Dritte einzutreten haben,** sei es als Lieferant (Hersteller oder Händler), Werkunternehmer oder aus Reparaturauftrag. Bestreitet der Dritte seine Eintrittspflicht, so leistet der VR zunächst Entschädigung. Ergibt sich nach Zahlung der Entschädigung, dass ein Dritter für den Schaden einzutreten hat und bestreitet der Dritte dies, so behält der VN zunächst die bereits gezahlte Entschädigung. Hierbei wird ein einfaches Bestreiten ohne gerichtliche Geltendmachung genügen[286]. Der VN ist aber nach Ziff. 4 lit. c Abs. 3 ABE verpflichtet, seinen Anspruch auf Kosten des VR und entsprechend dessen Weisungen außergerichtlich und erforderlichenfalls gerichtlich geltend zu machen. Der gesetzliche Forderungsübergang nach § 86 VVG gilt gemäß § 2 Ziff. 4 lit. i Abs. 3 ABE nicht, d.h. der Anspruch des VN gegen den Dritten bleibt in der Hand des VN. Hier liegt ein **Unterschied zur Haftpflichtversicherung,** welche diese Abbedingung des § 86 VVG nicht kennt.

229 Durch die Bestimmung des § 2 Ziff. 4 lit. c ABE ist eine eindeutige **Abgrenzung zur Haftpflichtversicherung** geschaffen. Wenn ein Dritter für einen Schaden beim VN verantwortlich ist und eine Haftpflichtversicherung besteht, welche für den eingetretenen Schaden eintrittspflichtig ist, dann soll die Ersatzleistung für den Schaden nach der Regelung in den ABE ausschließlich aus der Haftpflichtversicherung des Dritten erfolgen. Daraus kann sich im Ergebnis durchaus ein Unterschied im Regulierungsbetrag ergeben: der Dritte bzw. sein HaftpflichtVR schuldet nur Ersatz des tatsächlich eingetretenen Schadens, d.h. bei einem gebrauchten Gerät den Zeitwert. Die Elektronikversicherung würde hingegen den Neuwert entschädigen.

230 Nach **A § 7 Ziff. 2 lit. c ABE** leistet der VR keine Entschädigung für Kosten einer Überholung oder sonstiger Maßnahmen, die auch unabhängig von dem Versicherungsfall notwendig gewesen wären (z.B. für Wartung) (aa), Mehrkosten durch Änderungen oder Verbesserungen, die über die Wiederherstellung hinausgehen (bb), Kosten einer Wiederherstellung in eigener Regie, soweit die Kosten nicht auch durch Arbeiten in fremder Regie entstanden wären (cc), entgangener Gewinn infolge von Arbeiten in eigener Regie (dd), für Mehrkosten durch behelfsmäßige oder vorläufige Wiederherstellung (ee), wovon allerdings solche Kosten zu unterscheiden sind, die für Reparaturversuche aufgewendet wurden, welche sich erst im Nachhinein als erfolglos erwiesen haben[287], Kosten für Arbeiten, die zwar für die Wiederherstellung erforderlich waren, aber nicht an der versicherten Sache selbst ausgeführt wurden (ff) sowie für Vermögensschäden (gg).

231 Nach **B § 15 ABE** (Keine Leistungspflicht aus besonderen Gründen) ist der VR von der Entschädigungspflicht frei, wenn der VN versucht, den VR arglistig über Tatsachen zu täuschen, die für den Grund oder für die Höhe der Entschädigung von Bedeutung sind. Dies wird als bewiesen angesehen, wenn eine Täuschung durch rechtskräftiges Strafurteil wegen Betruges oder Betrugsversuchs festgestellt ist.

---

[285] *Lihotzky,* VW 1991, 464; *Seitz/Bühler,* Elektronikversicherung S. 14.
[286] *Lihotzky,* VW 1991, 464.
[287] *Lihotzky,* VW 1991, 533.

Nach der alten Fassung der ABE war ein Anspruch auf Entschädigung ausgeschlossen, **232** wenn er vom VN nicht innerhalb einer Frist von sechs Monaten gerichtlich geltend gemacht wurde, nachdem ihn der VR unter Angabe der mit dem Ablauf der Frist verbundenen Rechtsfolge schriftlich abgelehnt hat[288]. Die Regelung war § 12 Abs. 3 VVG a. F. nachempfunden und nach der Reform des VVG im neuen § 15 VVG nicht mehr enthalten. Die Regierungsbegründung zum VVG anerkennt zwar ein Interesse des VRs, möglichst bald Klarheit darüber zu bekommen, ob er noch mit der Geltendmachung von abgelehnten Ansprüchen rechnen muss, lehnt es aber ab, dem VR ein Recht zur einseitigen Verkürzung der Verjährungsfrist zu Lasten des VN zu geben[289].

E. Regressmöglichkeiten

Als Besonderheit ist auf den **Regressverzicht in der Elektronik-Pauschalversiche-** **233** **rung** hinzuweisen: In Einschränkung der Regressmöglichkeiten, die dem VR ohne besondere Regelung zustehen würden, enthält die TK 1926 unter Ziff. 10 einen vertraglichen Regressverzicht, der den Rückgriff des VR gegen das Personal des VN oder gegen anderweitig berechtigte Benutzer der versicherten Sachen beschränkt. Ein Regress des VR ist danach nur möglich, wenn diese Personen den Schaden vorsätzlich oder grob fahrlässig herbeigeführt haben oder wenn für den Schaden Ersatz aus einer Haftpflichtversicherung beansprucht werden kann.

F. Besonderheiten Ausland

I. Haftung bei grenzüberschreitenden Rechtsbeziehungen im Internet

Das Internet erleichtert die Entstehung grenzüberschreitender Rechtsbeziehungen. Als **234** Folge davon besteht für VN die gesteigerte Möglichkeit, von Anspruchstellern im Ausland in Anspruch genommen zu werden. In Fällen, in denen dies geschieht, stellt sich neben prozessualen Fragen, wie der Zuständigkeit des Gerichts, die Frage des anwendbaren Rechts. Für das Internet bestimmt § 3 TMG, dass hierbei das sogenannte Herkunftslandprinzip zur Anwendung kommt. Danach gilt für in Deutschland niedergelassene Diensteanbieter das deutschen Recht auch dann, wenn die Dienste in einem anderen EU-Staat angeboten oder erbracht werden. Allerdings gilt § 3 TMG mit dem Herkunftslandprinzip ausschließlich für das Internet und ferner nicht für den Warenaustausch sowie für weitere Bereiche, etwa die Produkthaftung, das Urheberrecht, das Marken-, Patent- und Musterrecht und den Datenschutz[290].

II. Haftpflichtversicherung von Auslandsschäden – BBR-IT

Die Möglichkeit von Versicherungsfällen im Ausland erfordert wegen der grenzüberschrei- **235** tenden Natur insbesondere von Dienstleistungen im IT-Bereich besondere Aufmerksamkeit. Die Musterbedingungen des GDV für IT-Dienstleister bieten in Abweichung von Ziff. 7.9 AHB Versicherungsschutz für Haftpflichtansprüche, aus im Ausland vorkommenden Schadensereignissen und zwar im Deckungsumfang abgestuft, nach ursächlichen Tätigkeiten des VN. Die **Deckung wird in 3 Stufen differenziert:** gewährt wird entweder weltweite Deckung oder weltweite Deckung unter der Voraussetzung, dass die schadensauslösende Aktivität

---

[288] Vgl. § 11 Ziff. 2 ABE a. F.
[289] RegBegr. BT-Drucks. 16/3945 zu § 15 VVG.
[290] Näher zu den Ausnahmetatbeständen des § 4 TDG (jetzt § 3 TMG) *Spindler* in: *Spindler/Schmitz/ Geis*, § 4 TDG Rn. 34 ff.

in Europa stattfindet oder Deckung, beschränkt auf Versicherungsfälle im europäischen Ausland.

1. Weltweiter Versicherungsschutz

236   Weltweiter Versicherungsschutz wird geboten für Versicherungsfälle aus Anlass von Geschäftsreisen sowie der Teilnahme an Ausstellungen, Messen und Märkten sowie für Versicherungsfälle durch Erzeugnisse, die ins Ausland gelangt sind, ohne dass der VN dorthin geliefert hat oder hat liefern lassen (sog. indirekter Export)[291].

2. Weltweiter Versicherungsschutz für Tätigkeiten in Europa

237   Weltweiter Versicherungsschutz unter der Voraussetzung, dass die schadensauslösende Aktivität in Europa stattfindet, wird geboten für Versicherungsfälle durch Erzeugnisse, die der VN geliefert hat, hat liefern lassen (sog. direkter Export) (oder die dorthin gelangt sind), soweit die Lieferung ins europäische Ausland erfolgte[292] (die Versicherung von Versicherungsfällen aus Direktexport in das außereuropäische Ausland bzw. aus Tätigkeiten dort bedarf gegebenenfalls einer besonderen Vereinbarung. Die Musterbedingungen weisen auf diese Möglichkeit hin[293]); für Versicherungsfälle, die durch Software-Erstellung, -Handel, -Implementierung, -Pflege; IT-Analyse, -Organisation, -Einweisung, -Schulung; Netzwerkplanung, -Installation, -integration, -pflege und alle damit verbundenen Beratungsleistungen entstehen[294]; für Versicherungsfälle aus Reparatur-, Wartungs- und Pflegearbeiten (auch Inspektion, Kundendienst und Fernwartung/-pflege)[295]. Der weltweite Versicherungsschutz gilt für diese Tätigkeiten auch dann, wenn sie als Internet-bezogene Dienstleistungen erbracht werden oder den Betrieb von Rechenzentren und Datenbanken einschließen (siehe den folgenden Abschnitt)[296].

3. Deckung für Versicherungsfälle im europäischen Ausland

238   Deckung, beschränkt auf Versicherungsfälle im europäischen Ausland wird geboten (vgl. vorstehenden Absatz) für Versicherungsfälle durch zur Verfügung gestellte Daten (z. B. Downloading über das Internet) sowie für Versicherungsfälle, die durch internet-bezogene Dienstleistungen[297], nämlich die Zugangsvermittlung ins Internet (z. B. Access Providing); das Bereithalten fremder Inhalte (z. B. Host Providing); das Bereithalten eigener Inhalte (z. B. Content Providing); das Zur-Verfügung-Stellen von Anwendungsprogrammen, auf die über das Internet zugegriffen werden kann (Application Service Providing) sowie für den Betrieb von Rechenzentren und Datenbanken, entstehen[298].

239   Im Umkehrschluss sind damit Schäden aus Versicherungsfällen im nichteuropäischen Ausland ausgeschlossen. Die Versicherung von Versicherungsfällen im außereuropäischen Ausland bedarf wiederum einer besonderen Vereinbarung, die Musterbedingungen weisen auf diese Möglichkeit hin[299]. Besonderer Vereinbarung bedarf ferner die Versicherung der Haftpflicht für im Ausland gelegene Betriebsstätten, z. B. Produktions- oder Vertriebsniederlassungen, Lager u. dgl.

240   Durch die vorstehende Einteilung werden auch Schäden durch zur Verfügung gestellte Daten (z. B. Downloading über das Internet) klar einer bestimmten Deckung zugeordnet. In manchen Bedingungswerken stellt sich hingegen mangels einer derartigen Klarstellung die Frage, ob die **elektronische Datenübertragung ins Ausland als indirekter oder als direkter Export** einzustufen ist. Diese Einordnung wird jeweils im Einzelfall in Abhängigkeit

---

[291] Ziff. 1.5.1.1 lit. a und b der BBR-IT.
[292] Ziff. 1.5.1.1 lit. c der BBR-IT.
[293] Ziff. 1.5.1.1 a. E. der BBR-IT.
[294] Siehe Ziff. 1.1.1 der BBR-IT.
[295] Ziff. 1.5.1.1 lit. e der BBR-IT.
[296] Ziff. 1.5.1.1 Lit. e (a. E.) der BBR-IT.
[297] Siehe Ziff. 1.1.2 der BBR-IT.
[298] Ziff. 1.5.1.1 lit. d der BBR-IT.
[299] Ziff. 1.5.1.1 a. E. der BBR-IT.

von der Art der Datenübertragung vorzunehmen sein. Bei einer vom VN gezielt veranlassten und direkten elektronischen Datenübertragung an einen bestimmten Empfänger im Ausland ist von einem direkten Export auszugehen. Anders kann die Einordnung beim schlichten Bereithalten von Daten aussehen, die nicht für den Abruf aus dem Ausland bestimmt sind, im Internet aber gleichwohl weltweit von jedem Rechner aus abgerufen werden können. Hier liegt eine Einordnung als indirekter Export nahe.

III. Haftpflichtversicherung von Auslandsschäden – BHV-IT

Abweichend von Ziff. 7.9 AHB besteht nach Ziff. 5 BHV-IT Versicherungsschutz auch für **241** Versicherungsfälle, die im Ausland eintreten. Auch wenn danach im Ausgangspunkt weltweiter Versicherungsschutz besteht, wird dies in Abs. 2 wieder eingeschränkt, indem Versicherungsschutz nur unter der Voraussetzung gewährt wird, dass die versicherten Haftpflichtansprüche in europäischen Staaten und nach dem Recht europäischer Staaten geltend gemacht werden. Damit soll die Geltendmachung von Haftungsansprüchen vor US-amerikanischen Gerichten und der Gefahr der Wahl des Gerichts, welches voraussichtlich die im Sinne des Klägers günstigste Entscheidung fällen wird (sog. *forum shopping*), begegnet werden[300]. In dieselbe Richtung zielt der Ausschluss von Ansprüchen auf Entschädigung mit Strafcharakter wie *punitive* und *exemplary damages* nach Ziff. 7.4 BHV-IT.

§ 41. Reisegepäck-, Reiserücktrittskosten-, Reisekrankenversicherung

Inhaltsübersicht

---

[300] *Koch*, Versicherbarkeit von IT-Risiken, Rn. 2430.

Literatur: *Bach/Moser,* Private Krankenversicherung, MB/KK- und MB/KT-Kommentar, 3. Aufl. 2002; *Fahr/Kaulbach/Bähr,* VAG Kommentar 4. Aufl. 2007; *Freyer- Pompl,* Reisebüro-Management, 2. Aufl. 2008; *Führich,* Reiserecht, 5. Aufl. 2005; *ders.,* Basiswissen Reiserecht, 2007; *Hofmann,* Schutzbriefversicherung (Assistance) Kommentar, 1996; *Hübner/Linden,* International-privatrechtliche Probleme ärztlicher Tätigkeit bei versicherten Krankenrücktransporten, VersR 1998, 793; *Kaller,* Reiserecht, 1999; *Knappmann,* Versicherungsschutz von Foto- und Videogeräten in der Reisegepäckversicherung bei einem Beförderungsunternehmen, NVersZ 2002, 298; *Linden,* Rechtliche Aspekte weltweiter Krankenrücktransporte (Repatriierung), 1998; *Nies,* in: Grundsatzprobleme der Reisegepäckversicherung und AVBR 92, 1992, S. 83 ff. (zit.: Grundsatzprobleme); *dies.,* Neue Entwicklungen in der Reisegepäck- und Reiserücktrittskostenversicherung, NVersZ 1999, 241; *dies.,* Die vertraglichen Voraussetzungen zur Rückführung erkrankter und verletzter Personen aus dem Ausland, NVersZ 2000, 305; *dies.,* Vorerkrankung und Ausschluss der Leistungspflicht des Versicherers in der Auslandsreisekrankenversicherung, NVersZ 2001, 535 ff.; *dies.,* Anm. zu AG Lichtenberg und zu Anm. Schmid, RRa 2001, 231, RRa 2002, 45; *dies.,* Die Entwicklung der Reiserücktrittskosten- und Reiseabbruchversicherung in der Folge des 11. September 2001, RRa 2002, 251; *Nies/Traut,* Reiserecht, 1995; *Ollick,* Die neuen Rechtsgrundlagen in der Reiserücktrittskostenversicherung, VA 1972, 151 ff.; *ders.,* Verbesserungen in der Reise-Rücktrittskostenversicherung, VA 1977, 391; *ders.,* Einheitliche Bedingungen in der Reisegepäckversicherung, VA 80, 284–297; *Pick,* Reiserecht, Kommentar zu den §§ 651a – §§ 651l BGB, 1995; *Römer,* Der Prüfungsmaßstab bei Missstandsaufsicht nach § 81 VAG und der AVB-Kontrolle nach § 9 AGBG, Heft 32, 1996; *Schmid,* Anm. zu AG Lichtenberg, RRa 2001, 231; *Schneider,* Die Ferien-Macher, 2001; *Schwintowski,* Transparenz und Verständlichkeit von Allgemeinen Versicherungsbedingungen und Prämien, NVersZ 98, 97; *Teichmann,* Urlaubsflüge ab Berlin, 2001; *van Bühren/Nies,* Reiseversicherung, AVBR- und ABRV-Kommentar, 2. Aufl. 1992 (zit.: *van Bühren/Nies,* ReiseV); *Zischka,* BAV, Aufgaben und Kompetenzen, 1997 (zit.: *Zischka,* BAV).

A. Einleitung

Der Zusammenschluss zu einer **Gefahrengemeinschaft** für eine **Reise** ist seit jeher eine   **1** Selbstverständlichkeit. In den Anfängen haben sich die Teilnehmer von Karawanen gemeinsam vor den Gefahren für Leib und Leben und die transportierten Güter geschützt. Sie bildeten eine natürliche Gefahrgemeinschaft.

Die **wirtschaftliche Absicherung** transportierter Güter durch die Gemeinschaft der Auftraggeber eines Warentransportes ist erstmals in dem Seeversicherungsvertrag von Genua aus dem Jahr 1347 zu finden. Dieses Dokument wird als erster Versicherungsvertrag der Geschichte berichtet.

Der Versicherungsschutz dieser ursprünglichen V wurde jedoch nur für Wirtschaftsgüter, insbesondere für Handelsware geboten. Die Idee, den Wert von Reisegepäck zu versichern, wurde erst zu Beginn des 20. Jahrhunderts von dem ungarischen Holzhändler Max von Engel zur Gründung der „Europäischen Reisegepäckversicherungs-AG" im Jahre 1907 geführt[1]. In den folgenden Jahrzehnten fand die Reisegepäckversicherung als Spezialversicherung für die Risiken einer Reise zunehmend Interesse im Rahmen des aufkommenden Tourismus. Der Deckungsschutz wurde auch von weiteren Gesellschaften als eine Sparte der Transportversicherung aufgenommen. Die ERV blieb jedoch führender SpezialVR für dieses Risiko.

Neben der ERV wurde im Jahr 1956 als zweiter SpezialVR für Reiseversicherung die ELVIA Reiseversicherungs-Gesellschaft, Niederlassung für Deutschland gegründet. Als dritter ReiseVR trat im Jahr 1977 die Hanse Merkur Reiseversicherung AG auf den Markt. In der selben Zeit nahm die TAS/Touristik Assekuranz Service als Makler das Geschäft der Reiseversicherung auf. Im Jahr 1998 wurde die TAS von der ERV aufgekauft. Daneben haben der ADAC und die Union-Krankenversicherung den Betrieb von Reiseversicherungen aufgenommen.

Die Entwicklung der Tourismusindustrie in der 2. Hälfte des 20. Jahrhunderts hat neue   **2** wirtschaftliche Risiken für die Reisenden hervorgebracht[2]. Die Reiseveranstalter bereiten

---

[1] *Van Bühren/Nies,* Reiseversicherung, Einführung Rn. 1–3.
[2] Zur Entwicklung des Tourismus: *Schneider, Teichmann.*

Pauschalreisearrangements durch Vereinbarungen mit den Leistungsträgern zur Bereitstellung von Dienstleistungen und Übernachtungskontingenten vor. Damit entstehen für die Reiseveranstalter bereits vor dem Reiseantritt der Kunden Verbindlichkeiten aus Vorauszahlungen und/oder Zusagen an Leistungsträger sowie aus fortlaufenden Verwaltungs- und Personalkosten der eigenen Unternehmung. Diese Aufwendungen und Verbindlichkeiten der Reiseveranstalter vor dem Leistungsbeginn erforderten als Korrelat die Verpflichtung der Kunden zu Vorauszahlungen auf den Reisepreis. In den Anfängen wurde im Fall der Reisestornierung die Anzahlung als Stornokosten einbehalten. Zur Vereinfachung der Berechnung der „**angemessenen Entschädigung**" werden mit den AGB des Reisevertrages gemäß § 651i BGB **Stornostaffeln** vereinbart.

3   Die **Reiserücktrittskostenversicherung** hat seit der Entstehung das Ziel, die Rücktrittskostenforderungen der Reiseveranstalter wirtschaftlich abzusichern[3]. Der versicherte Reisekunde erhält nach dem Grundsatz der **Einzelgefahrendeckung** Versicherungsschutz für die dem Reiseveranstalter geschuldeten Stornokosten. Die anfängliche Beschränkung der Versicherbarkeit ausschließlich von Pauschalreisen wurde in der weiteren Entwicklung fallen gelassen. Die Reiserücktrittskostenversicherung kann sich auf jedwede vereinbarte touristische Leistung beziehen, die ein Dritter dem Versicherten schuldet. Dies gilt auch für Einzelveranstaltungen zur Freizeitgestaltung (event), oder auf Veranstaltungen zur Schulung und Wissensvermittlung (Seminare).

4   Die **Höhe der Stornokosten** kann in den Allgemeinen Geschäftsbedingungen zum Reisevertrag (Reise-AGB) nach § 651i BGB konkret oder pauschaliert nach einer Stornostaffel berechnet werden. Nach der gesetzlichen Vorgabe hat sowohl die **pauschalierte** wie die **konkrete Berechnung der Stornokosten** Einsparungen des Reiseveranstalters durch die Reisestornierung und die Wahrscheinlichkeit des anderweitigen Verkaufs des Arrangements zu berücksichtigen[4].

5   Die **prozentuale Staffelung** der reisevertraglich vereinbarten **Stornokosten** wurde im Laufe der Entwicklung stetig angehoben. Nach dem anfänglich bei langfristigen Stornierungen festgelegten Fixbetrag von DM 30 oder DM 50 wurde zunächst ein Stornosatz von 4% des Reisepreises verlangt[5]. Der Mindeststornosatz wurde von den Großveranstaltern unterdessen auf 20% des Reisepreises angehoben. Bei kurzfristigen Reiseabsagen oder bei Nichtantritt der Reise (no show) des Kunden schuldet der Kunde den vollen Reisepreis als Stornokosten. Aus der Reisebranche wurde in der Zeit der touristischen Hochkonjunktur bestätigt, dass die Gewinne aus Stornos die Gewinne aus dem operativen Geschäft übersteigen[6]. Ob diese Feststellung auch noch bei zurückgehendem Buchungsaufkommen gilt, erscheint fraglich, nachdem stornierte Arrangements nicht mehr zu 100% anderweitig verkauft werden können. Unter Gesichtspunkten des Verbraucherschutzes wäre die praktizierte Höhe der Stornokostenberechnung ohne die wirtschaftliche Absicherung des Risikos der Stornokosten bei Reiseabsagen wegen Tod, unerwarteter schwerer Erkrankung und schwerer Unfallverletzung durch die Reiserücktrittskostenversicherung wohl kaum denkbar.

6   Der Reisekunde trägt während der Reise Risiken seiner persönlichen gesundheitlichen Sicherheit aus unterschiedlicher Ursache. Das Risiko während der Reise zu erkranken oder sich eine Unfallverletzung zuzuziehen steht dabei im Vordergrund. Die bestehenden Absicherungen der gesundheitlichen Risiken im täglichen Leben tragen diese Risiken der Krankenbehandlung im Ausland nur zum Teil. Die gesetzlichen Krankenkassen bieten ihren Mitgliedern mit dem **Auslands-Krankenbehandlungsschein**[7] in Staaten, mit denen die

---

[3] Zur Entwicklung der Reiserücktrittskostenversicherung: *Ollick,* VerBAV 1972, 151; *ders.,* VerBAV 1977, 391.

[4] § 309 Nr. 5 BGB; vgl. DRV-Musterbedingungen, Stand 2007, Ziff. 5.

[5] Reise-AGB TUI, NUR.

[6] *Ollick,* VA 1972, 151 (153) erörtert bereits, dass die pauschalierte Berechnung der Stornokosten u. U. zu einer Bereichung des Reiseveranstalter führen kann; *Führich,* Rn. 424.

[7] Mit Neufassung § 13 SGB V ist die Ausstellung des Auslandskrankenbehandlungsscheines entfallen. An die Stelle ist die Gesundheitskarte getreten.

Bundesrepublik Deutschland ein Sozialversicherungsabkommen abgeschlossen hat nach dem Standard des betreffenden Staates Schutz. Die Ärzte und Kliniken akzeptieren den Auslands-Krankenbehandlungsschein jedoch häufig nicht und verlangen Vergütung für privatärztliche Behandlung. Im außereuropäischen Ausland bietet der Auslands-Krankenbehandlungsschein grundsätzlich keinen Schutz. Kosten eines **Krankenrücktransportes** werden von den GKV grundsätzlich nicht getragen. Praktische Hilfe zur Repatriierung wird ebenfalls nicht bereitgestellt.

Die Verträge der **Privaten KrankenVR** beinhalten i. d. R. Deckungsschutz für die Kos-   **7** ten der Krankenbehandlung im Ausland. Die Besonderheiten des Risikos der Behandlungsbedürftigkeit im Ausland erfordern jedoch ergänzenden Versschutz. Dies gilt insbesondere für die **unmittelbare Kostenabrechnung** des VU mit den behandelnden Kliniken im Ausland und die **praktische Dienstleistung zum Krankenrücktransport** und die Kostenerstattung für Krankenrücktransport.

Der **Reiseveranstalter** hat diese Risiken im Rahmen seiner allgemeinen **Fürsorge-**   **8** **pflicht** gegenüber den Reisekunden nicht zu tragen[8]. Die Fürsorgepflicht des Reiseveranstalters beinhaltet lediglich, den Reisekunden vor Schaden durch mangelhafte Reiseleistung zu bewahren und ihn vor bevorstehenden Gefahren zu warnen[9]. Die Pflicht zu praktischer Hilfeleistung und Kostentragung ist ggf. ein Teil der Verpflichtung zum Schadenersatz, § 651f BGB. Für gesundheitliche Gefahren, die sich aus dem **allgemeinen Lebensrisiko des Reisenden** ergeben, etwa durch Unfälle aus eigener Unachtsamkeit des Reisenden und Krankheiten, hat der Reiseveranstalter weder Vorsorge zu treffen noch hat er die daraus entstehenden Kosten zu tragen. Der Reisende kann allenfalls organisatorische Hilfe bei der krankheitsbedingt notwendigen Umbuchung der Rückreise erwarten. Die Kosten für ärztliche Behandlung und für einen etwa notwendigen Krankenrücktransport hat der Reisende selber zu tragen[10].

Aus der Erfahrung der **Schutzbriefversicherung für Autofahrer** wurde für diese Risi-   **9** ken im Jahr 1989 die **V von Beistandsleistungen auf Reisen und Rücktransporten** auf den Markt gebracht[11]. In Anbetracht des engen Sachzusammenhangs der Risiken war in der Folge eine Auslandskrankenversicherung anzubieten. Rechtlich ist dies möglich, da der Grundsatz der Spartentrennung gemäß § 8 Abs. 1a S. 2 VAG ausschließlich die substitutive Krankenversicherung betrifft[12], so dass die Auslandsreisekrankenversicherung zusammen mit anderen Versicherungssparten betrieben werden kann.

Die **Informationspflichten der Reiseveranstalter** über Reiseversicherung erfassen **10** nach der Regelung des § 6 Abs. 2 Nr. 9 BGB-InfoV[13] die wichtigsten wirtschaftlichen Risiken der Pauschalreisekunden: das **Risiko der Stornokosten bei Rücktritt vom Reisevertrag vor Reiseantritt** sowie das Risiko der **Krankenbehandlung im Ausland** und des **Krankenrücktransportes**. Der Text des § 6 Abs. 2 Nr. 9 BGB-InfoV entspricht allerdings nicht der **Angebotsstruktur** der SpezialVR für Reiseversicherung[14]. Die angesprochenen Risiken sind nach der gegenwärtigen Struktur der angebotenen Branchen in der Reiserücktrittskostenversicherung und der Reiseabbruchversicherung sowie der Reisekrankenversicherung und den Dienstleistungen der Personenassistanceversicherung enthalten. Bei marktgerechtem Verständnis des Textes der InfV sollten sich die Reiseveranstalter daher verpflichtet fühlen, Angaben zur möglichen Vereinbarung zu diesen Versicherungssparten zu machen.

Die Bedeutung der **Reisegepäckversicherung** ist hinter die der Sparten Reiserücktritts- **11** kosten-/Reiseabbruchversicherung und Reisekrankenversicherung mit Personenassistance

---

[8] Vgl. LG Duisburg v. 17. 9. 1998, RRa 1999, 30.
[9] BGH v. 15. 10. 2002, NJW 2002, 3700.
[10] LG Duisburg v. 17. 9. 1998, RRa 1999, 30; *Pick*, § 651a Rn. 65.
[11] *Van Bühren/Nies*, Reiseversicherung, Anhang I Rn. 2.
[12] *Fahr/Kaulbach/Bähr*, VAG, § 8 Rn. 49; *Prölss*, VAG, § 8 Rn. 31.
[13] InfV i. d. F. v. 26. 11. 2001, BGBl. I S. 3138.
[14] Der Text der Bestimmung wurde wörtlich aus Art. 4 Abs. 1 IV der Richtlinie des Rates über Pauschalreisen entnommen, (Amtsbl. der Europäischen Gemeinschaft v. 23. 6. 1990 Nr. L 158/59).

zurückgetreten. Die wirtschaftliche Entwicklung hat dazu geführt, dass ein Reisegepäckschaden kaum jemals existenzielle Bedeutung für den Geschädigten hat, während bei der Steigerung der Reisepreise und der Stornokosten wie auch bei dem u. U. nicht absehbaren Risiko der Krankenbehandlungskosten wesentlich höhere wirtschaftliche Werte abzusichern sind. Diese Entwicklung wurde in der Gliederung des Beitrags berücksichtigt.

12   Zur Absicherung des Touristikgeschäftes[15] werden neben der Reiseveranstalter-**Insolvenzversicherung,** der Reisevermittler- und die Reiseveranstalter-Haftpflichtversicherung, Elektronikversicherung und V für den Betrieb der Geschäftsräume neuerdings den Touristik-Unternehmen auch Dienstleistungen und Versicherungsservice für Not- und Katastrophenfälle angeboten, bei denen eine Mehrzahl von Reisenden des Touristik-Unternehmens zu Schaden kommt. Diese unternehmensbezogenen Versicherungssparten sind nicht Gegenstand der Abhandlung.

B. Rechtliche Rahmenbedingungen

I. Entwicklung

13   Inhalt, Struktur und textliche Gestaltung der AVB waren bis zur Aufhebung des **aufsichtsbehördlichen Genehmigungsvorbehaltes** von dem Zusammenwirken der Versicherungsverbände mit den jeweiligen VU und dem BAV geprägt. Die **Einheitlichkeit der Bedingungswerke** für die einzelnen Versicherungssparten wurde von dem BAV als vorrangige Arbeitsgrundlage zur Wahrung der Belange der Versicherten eingesetzt[16]. Der Leistungsgegenstand der einzelnen Versicherungssparten, Risikoausschlüsse sowie Rechte und Pflichten der Versicherten wurden im Laufe der Jahre „allgemein bekannt". Zugleich konnte sich ein hohes Maß an **Rechtssicherheit** entwickeln, da sich die Rechtsprechung jeweils auf den gleichlautenden Text der Versicherungsbedingungen bezog. In der Tat ist auch ein verständiger Versicherungskunde bei unterschiedlicher Textfassung der Bedingungswerke, unterschiedlichen Versicherungssummen und Tarifen, nicht in der Lage, die wirtschaftliche Wertigkeit von Versicherungsangeboten für ein Risiko zu erfassen und zu würdigen. Die Einheitlichkeit der AVB wurde daher als notwendige Grundlage für Markttransparenz gepflegt.

14   Der aufsichtsbehördlich vorgegebene Interessenausgleich zwischen den einzelnen VU und Verbraucherschutzorganisationen stand jedoch neuen Entwicklungen in der Produktgestaltung entgegen. Die Einheitlichkeit der AVB und damit die **Markttransparenz,** welche vorrangig als **Instrument des Verbraucherschutzes** zur Wahrung der Belange der Versicherten eingesetzt worden waren, wurde unter der Prämisse der Deregulierung des Marktes als unerwünschte Markt- und faktische Wirtschaftslenkung erkannt[17]. Der ursprüngliche Leitsatz, der Schutz der Verbraucher durch Markttransparenz auf der Grundlage einheitlicher AVB, wurde nun als Markthemmnis und als kontraproduktiv für die Entwicklung verbraucherorientierter Versicherungsprodukte aufgegeben[18].

15   Mit der **Dritten Richtlinie zur Schadenversicherung** hat der Rat der EU an die Mitgliedsstaaten das Verbot gerichtet, Vorschriften vorzusehen, „in denen eine vorherige Genehmigung oder systematische Übermittlung von Allgemeinen und Besonderen Versicherungsbedingungen, der Tarife sowie der Formblätter verlangt wird". Dementsprechend wurde mit Wirkung zum 1. 7. 1994 die **präventive Bedingungsaufsicht aufgehoben**[19]. Damit wurde der Weg geöffnet für die **Angebotsfreiheit** der VU und die Wahlfreiheit der Versi

---

[15] *Freyer/Pomp/Nies,* Reisebüro-Management, 2. Aufl., Teil C, Nr. 3: Versicherungen für das Reisebüro.
[16] *Zischka,* BAV, Rn. 232.
[17] *Zischka,* BAV, Rn. 29.
[18] *Prölss,* VAG, § 10 Rn. 1.
[19] Richtlinie 42/49 EWG v. 18. 6. 1992, ABl. EG Nr. L 228, S. 1; BGBl. 1994 I S. 1630.

cherungskunden[20]. Dem BAV wurde mit dieser Rechtsänderung die Befugnis und das Instrumentarium zur Wirtschaftslenkung durch präventive Bedingungskontrolle genommen.

Das System der **materiellen Staatsaufsicht** wurde indes **bewahrt**[21]. Der Rechts- und   **16** Missstandsaufsicht durch die BaFin kommt unter den veränderten wirtschaftsrechtlichen Gegebenheiten sogar erhöhte Bedeutung zu. Es ist der Aufsichtsbehörde zwar verwehrt, zur Wahrung der Belange der Versicherten inhaltliche und rechtsgestalterische Vorgaben für einheitliche AVB zu erstellen. Im Rahmen **nachträglicher Einzelfallprüfung** hat die Aufsichtsbehörde umso mehr ihren Bedacht auf die Einhaltung der materiellrechtlichen Vorgaben zur Gestaltung von Versicherungsbedingungen zu lenken[22].

II. Materiellrechtliche Vorgaben

Die Aufhebung der gesetzlichen Regelungen zur präventiven Bedingungskontrolle durch   **17** das BAV mindert nicht die **materiellrechtlichen Vorgaben** zur Gestaltung der AVB. § 10 VAG verlangt als notwendigen Inhalt der AVB vollständige Angaben zu den unter I Nr. 1–7 genannten Regelungspunkten. Mit dieser Bestimmung setzt das Aufsichtsrecht lediglich einen Rahmen für die materielle Gestaltung von AVB. Detaillierte Vorgaben enthält das VVG ab 1. 1. 2008. Nach der Absicht des Gesetzgebers sollen die AVB dem VN eine vollständige Information über seine Rechte und Pflichten geben[23]. Das **Vollständigkeitsgebot** ist daher in seiner Kernaussage als **Transparenzgebot** zu verstehen[24]. Die Informationspflichten der VU und der Versvermittler werden mit §§ 6, 60ff. VVG i. V. m. der VVG-InfoV in Einzelheiten geregelt mit Vorgaben zur Aushändigung der AVB und des Produktinformationsblatt in Textform samt der Beratungs- und Dokumentationspflicht über die Beratung.

§ 10 Abs. 1 VAG hat den Charakter einer zivilrechtlichen Ordnungsvorschrift[25]. Daraus   **18** folgt, dass die textliche Gestaltung der genannten Inhalte die Grundsätze des AGB-Gesetzes und der materiellrechtlichen Vorgaben des VVG zu beachten hat. Namentlich das **Verbot überraschender Klauseln**, § 305c BGB, das **Verbot unangemessener Benachteiligung** sowie das Verbot gesetzeswidriger Regelungen und das **Verbot der Aushöhlung des Leistungsgegenstandes**, § 307 BGB mit der zivilrechtlichen Sanktion der Unwirksamkeit der Klausel bei Nichtbeachtung der Grundsätze, setzen verbindliche Maßstäbe für die Gestaltung neuer Versicherungsprodukte. § 18 VVG nennt schließlich zwingend die Regelungen, von denen zum Nachteil des VN nicht abgewichen werden darf. Die Ausnahmetatbestände für die Beratungs- und Dokumentationspflichten sind in §§ 65, 66 VVG geregelt.

Der **Grundsatz der Angebotsfreiheit** der VU findet daher seinen Rahmen in den **Vor-**   **19** **gaben des § 10 Abs. 1 VAG,** den Grundsätzen der **§ 305b BGB** sowie **§ 18 VVG** nebst weiteren Verweisungen. Die anlassbezogene nachträgliche Einzelfallprüfung wird mit Sorgfalt die Grenzen auszuloten haben zwischen dem kontrollfreien Raum der Produktgestaltung und den Regelungsfeldern, welche die **Grundsätze zur Vollständigkeit und zur Transparenz** zu beachten haben und mithin der Kontrolle unterstehen. In der ex post Kontrollpraxis der BaFin kommt dieser begrifflichen Abgrenzung allerdings nur dann Bedeutung zu, wenn die Unvollständigkeit eines Regelungspunktes gem. § 10 Nr. 1–7 VAG als gravierender Missstand zu bewerten ist, der das Eingreifen der Aufsichtsbehörde zur Wahrung der Belange der Versicherten erfordert[26]. Zivilrechtliche Folgen knüpfen an Verstöße gegen § 10 VAG nur

---

[20] *Zischka,* BAV, Rn. 3.
[21] *Präve,* Versicherungsbedingungen, Rn. 32.
[22] *Präve,* Versicherungsbedingungen, Rn. 45 m. w. N.; *Beckmann,* NVersZ 1998, 19.
[23] *Prölss,* VAG, § 10 Rn. 2.
[24] *Schwintowski,* NVersZ 1998, 97 ff.; Rundschreiben des GDV Nr. 2500/1998 v. 8. 12. 1998 mit Bezug auf Art. 5 S. 1 der RL 93/13 EWG v. 5. 4. 1993 (Abl. L 95 S. 29ff.); vgl. auch *Ulmer/Brandner/Hensen,* § 9 Rn. 87 ff.
[25] *Fahr/Kaulbach/Bähr,* VAG, § 10 Rn. 1.
[26] § 81 VAG.

insoweit, als zugleich ein Verstoß gegen die Regelungen der §§ 305 ff. BGB, § 18 VVG und die Informations- und Beratungspflichten festzustellen ist[27].

20   Der Deckungsrahmen eines Versicherungsvertrages wird mit den **rechtstechnischen Instrumenten** des § 10 Abs. 1 Nr. 1, 2 und 4 VAG beschrieben:
   – Konkrete Beschreibung der Leistungstatbestände des VR,
   – Leistungsausschlüsse und -freistellungen,
   – Art, Umfang und Fälligkeit der Leistungen des VR,
   – Gestaltungsrechte des VN und des VR,
   – Obliegenheiten und Anzeigepflichten vor und nach dem Eintritt des Versicherungsfalles.
   Zur Vertragstechnik:
   – Prämienfälligkeit und Verzugsfolgen,
   – Anspruchsverlust des VN wegen Fristversäumnis,
   – Die inländischen Gerichtsstände.

21   Die Kontrollfähigkeit nach den Maßstäben dieser Bestimmung und den Regelungen der §§ 305 ff. BGB sowie des VVG hängt nicht davon ab, in welcher rechtstechnischer Form der Deckungsumfang beschrieben wird. Die **Struktur eines Bedingungswerkes** und die **Methode zur Leistungsbeschreibung** ist jedoch entscheidend dafür, ob ein Bedingungswerk für den durchschnittlichen und juristisch nicht vorgebildeten Kunden **verständlich und transparent** ist. Entscheidend ist die Frage, ob der Versicherte nach dem Gesamtbild der Leistungsbeschreibung, in welchen rechtstechnischen Formen diese auch gestaltet sein mag, ein klares Bild zum Umfang der versprochenen Leistung und zu den von ihm zu beachtenden Pflichten erhält.

22   Das **Gebot zur Vollständigkeit** der AVB nach § 10 VAG verlangt daher nicht nur die Berücksichtigung sämtlicher Punkte des § 10 VAG, sondern ist darüber hinaus und allem voran als **Transparenzgebot** zu verstehen. Die **Gesamtheit der Regelungen** muss dem versicherungsrechtlich nicht geschulten Kunden ein **klares und verständliches Bild vom Inhalt der angebotenen Leistung,** daraus folgenden Rechten und begleitenden Pflichten vermitteln[28]. Die gesetzlichen Bestimmungen gem. §§ 6, 7 VVG i. V. m. der VVG-InfoV unterstützen die Ziele der Transparenz und Verständlichkeit. Soweit rechtlich exakte Texte der AVB einem verständigen – juristisch nicht vorgebildeten – Kunden schwer zugänglich sind, kann das PiB mit einer Wortwahl der Umgangssprache die Verständlichkeit fördern, sofern nicht ohnehin die Wahrnehmung der Beratungspflicht Verständnislücken geschlossen hat.

23   Als Grundstruktur zum Aufbau von AVB bietet sich an:
   – Allgefahrendeckung mit Risikoabgrenzungen und Leistungsausschlüssen,
   – Anspruchsbegründende Leistungstatbestände mit sekundären Risikoabgrenzungen.
   Darüber hinaus kann zur Gestaltung eingesetzt werden:
   – Obliegenheiten vor und nach dem Versicherungsfall,
   – Verhüllte Obliegenheiten zur Steuerung des subjektiven Risikos.

C. Vertriebswege und Formen der Vertragsabschlüsse für Reiseversicherungen

I. Vertriebswege

24   Reiseversicherung werden traditionell über die Tourismuswirtschaft angeboten. Nach § 6 Abs. 2 Nr. 9 BGB-InfoV hat der Reiseveranstalter mit der **Buchungsbestätigung** über den möglichen Abschluss einer **Reiserücktrittskostenversicherung oder einer V zur Deckung der Rückführungskosten bei Unfall oder Krankheit** unter Angabe von Name und Anschrift des VR zu informieren.

---

[27] *Fahr/Kaulbach/Bähr,* VAG, § 10 Rn. 1; *Prölss,* VAG, § 10 Rn. 9.
[28] *Schwintowski,* NVersZ 1998, 97 ff.

Im Vordergrund des Vertriebs der Reiseversicherung stehen die vertraglichen Verbindungen der Großveranstalter zu den marktführenden ReiseVR. Die **Touristikkonzerne** bieten den Reisekunden den Abschluss der Reiseversicherung als **Einzelverträge** oder als **Versicherungspakete** über ihre Computer-Reservierungssysteme an oder verbinden den Deckungsschutz aus den einzelnen Sparten unmittelbar mit der Reisebuchung. In diesem Rahmen ist die Vermittlung von Reiseversicherungen von den Pflichten des Versicherungsvermittlerrechts zur Erlaubnis und Registrierung nach Sachkunde- und Zuverlässigkeitsprüfung ausgenommen, § 34d Abs. 9 GewO. Zu beachten sind jedoch die Vorbehalte des § 34d Abs. 9 Nr. 1 Buchst. e) und f) GewO. Danach darf die Jahresprämie einen Betrag von € 500 nicht überschreiten und die Gesamtlaufzeit des Versicherungsvertrages einschließlich Verlängerungen darf nicht mehr als fünf Jahre betragen.

Das zweite Standbein des Vertriebes von Reiseversicherung ist die Vermittlung von **Einzelverträgen** oder **Gruppenpolicen über die Reisevermittler.** Soweit nicht der Reiseveranstalter den Deckungsschutz der Reiseversicherung mit der Reisebuchung verbunden hat, obliegt dem Reisevermittler als Erfüllungsgehilfen des Reiseveranstalters, bei Aushändigung der Buchungsbestätigung auf die Möglichkeit zum Abschluss der Reiseversicherung hinzuweisen. Diese Verpflichtung kann auch dann angenommen werden, wenn der Reisevermittler auf der Grundlage eines Beratungs- und Vermittlungsvertrages mehrere einzelne Leistungen nach den Wünschen des Kunden zu einer sog. Individualreise vermittelt oder wenn der Reiseveranstalter in Anbetracht des kurz bevorstehenden Reiseantritts seiner Informationspflicht insoweit nicht mehr nachkommen kann. Auch für die Vermittlung von Reiseversicherung angelegentlich der Vermittlung touristischer Leistungen gelten die Ausnahmen des § 34d Abs. 9 GewO. Darüber hinaus müsste bei wörtlicher Auslegung des § 34d Abs. 9 Nr. 1 Buchst. d) 1. Alt. GewO der erlaubnisfreie Vertrieb von Reiseversicherung ergänzend zu Dienstleistungen, z. B. zu touristischer Beratung oder der Serviceleistung der Weiterleitung eines Visumantrages zulässig sein. Zwar spricht der Text von ‚Zusatzleistungen zur Erbringung einer Dienstleistung und … entweder das Risiko eines Defekts, eines Verlustes oder die Beschädigung von Gütern‘ abdeckt, so dass auf erste Sicht nicht Reiserisiken erfasst werden. Da aber z. B. in der Reisekrankenversicherung der Versicherungsfall als ‚die während der Reise akut notwendige Krankenbehandlung‘ definiert wird[29] und das daraus folgende Risiko des finanziellen Verlustes durch die Kostenbelastung der Krankenbehandlung versichert wird, können die Versicherungsverträge für diese Reiserisiken unter die Bestimmung subsumiert werden.

Die Vermittlung des Versicherungsschutzes für die Reise ist für die Reiseveranstalter wie auch für die Reisevermittler eine namhafte **Quelle zur Verbesserung der Rentabilität.** Dies gilt besonders bei der Vermittlung von sog. **Versicherungspaketen,** da für die Vermittlung dieser gebündelten Versicherungsprodukte höhere Provisionen gezahlt werden. Bei der Vermittlung des Versicherungsvertrages in unmittelbarem Zusammenhang mit der Reisebuchung über CRS ist der Verwaltungsaufwand denkbar gering. Die **Beratungspflicht des Reiseveranstalters und des Reisevermittlers** beschränkt sich auf die Aushändigung des vom VR bereitgestellten Informationsmaterials[30]. Dazu gehören die AVB und die kompletten Vertragsinformationen, § 7 VVG, §§ 1, 4 VVG-InfoV. Zu rechtlicher Interpretation der AVB oder gar zu Deckungszusagen in Bezug auf einen konkreten Lebenssachverhalt sind we-

---

[29] OLG Hamm v. 8. 11. 2000, NVersZ 2001, 223; OLG Köln v. 4. 11. 1998, NJW-RR 1999, 824 = NVersZ 1999, 131.

[30] OLG Saarbrücken v. 14. 4. 1999, NJW-RR 1999, 1404 = NVersZ 2000, 381 = VersR 1999, 1367; LG Frankfurt v. 9. 3. 2007, RRa 2007, 178; AG München v. 19. 8. 2000, VersR 2003, 642; AG Karlsruhe v. 12. 1. 2001, NVersZ 2002, 96 = VersR 2002, 1147; AG Lichtenberg v. 12. 7. 2001, RRa 2001, 231 Anm. *Schmid,* dagegen: Anm. *Nies,* RRa 2002, 45 ff.; AG München v. 2. 3. 2000, RRa 2000, 142–143; LG Berlin v. 9. 2. 2000, NJW-RR 2000, 1080 = VersR 2000, 1413; r+s 2000, 297; AG Köln v. 19. 3. 1998, VersR 1999, 577 = RRa 1998, 180; AG München v. 3. 3. 1998, VersR 1999, 578 = RRa 1998, 221; AG Hamburg-Blankenese v. 23. 12. 1997, RRa 1998, 100; AG München v. 2. 5. 1996, RRa 1997, 118.

der Reiseveranstalter noch Reisevermittler befugt. Zur Beratung aus der Breite des Marktes ist der Reisevermittler als Versicherungsvermittler nicht verpflichtet[31].

Der Vertrieb von Reiseversicherung über das allgemeine Vertreternetz der KompositVR hat dagegen die Beratungs- und Dokumentationspflichten gem. §§ 6, 7 ff. VVG zu beachten. Die Versicherungsvertreter haben als hauptberufliche Versicherungsvermittlung ohnedies die Voraussetzungen zur Versicherungsvermittlung zu erfüllen. Soweit Banken Reiseversicherung als Zusatzleistung zu Dienstleistungen anbieten, kommt die Befreiung von der Erlaubnis- und Registrierpflicht im Rahmen des § 34d Abs. 9 Nr. 1 Buchst. d) 1. Alt. GewO zum Tragen. Kreditkarten enthalten zunehmend eine Ausschnittsdeckung für Reiserisiken, etwa für das Verkehrsmittel-Unfallrisiko bei Einsatz der Karte für das Verkehrsmittel oder Auslandskrankenschutz mit begleitenden Serviceleistungen.

II. Formen der Vertragsabschlüsse

27   Die **Rechtsbeziehung** zwischen **Reiseveranstaltern** und den **ReiseVR** und in der Folge der Modus zum Abschluss der Reiseversicherung werden nach dem wirtschaftlichen Interesse des Reiseveranstalters an dem Umfang des Deckungsschutzes für die Reisekunden und nach wirtschaftlichen Gesichtspunkten der Provisionszusagen unterschiedlich gestaltet. Die Vorgaben des VVG nach Wegfall des Policenmodells verlangen die Bereitstellung der vollständigen Vertragsinformationen mit den AVB vor Vertragsabschluss, § 7 VVG. Neben dem Antragsmodell, das die rechtzeitige Aushändigung der AVB und des Produkt- und Versicherungsinformationsblattes vor Abgabe der Vertragserklärung des Versicherungsinteressenten verlangt, kann nach dem Invitatio-Modell verfahren werden. Der Versicherungsinteressent signalisiert dabei sein Interesse am Abschluss des Versicherungsvertrages. Der VR stellt dem Versicherungsinteressenten Versbedingungen und Police in Textform bereit. Dieses Angebot des VR nimmt der Versicherungsinteressent durch ausdrückliche Erklärung und/oder durch Zahlung der Erst-/Prämie an. Neben diesen Modellen kommt ein dritter Weg in Betracht[32], der einen Vertragsabschluss bei einmaligem Kontakt mit dem VR und/oder dem Versicherungsvermittler erlaubt. Danach gibt der Versicherungsinteressent zwei differenzierte Vertragserklärungen ab: zum einen mit dem Wunsch nach sofortigem Versicherungsschutz. Zu dem Hauptvertrag gibt der Versicherungsinteressent eine Erklärung unter dem Vorbehalt ab, dass er die bedingte Vertragserklärung sodann auf der Grundlage der in Textform bereit gestellten vollständigen Informationen nicht binnen einer Frist ablehnt. Der Gegenstand der Reiserücktrittskostenversicherung – das sind die vertraglich geschuldeten Stornokosten aus dem gebuchten Reisearrangement – verlangt vorläufigen Deckungsschutz ab dem Zeitpunkt, ab welchem Stornokosten bei Absage der Buchung entstehen können. Marktüblich verlangen die Reiseveranstalter ab der Buchung Stornokosten bei Rücktritt vom Reisevertrag. Im Interesse des Versicherungsinteressenten bietet der ReiserücktrittskostenVR daher vorläufige Deckung ab dem Zeitpunkt der Abgabe der (in Bezug auf den Hauptvertrag auflösend bedingten) Vertragserklärung des Versicherungsinteressenten. Die auflösende Rechtsbedingung, welche der Vertragserklärung des Versicherungsinteressenten zunächst anhaftet, entfällt mit Fristablauf ohne Ablehnung nach Aushändigung der AVB und der Police. Der Wunsch zum Abschluss eines Versicherungsvertrages beinhaltet danach rechtlich betrachtet zwei Erklärungen: die vorbehaltlose Erklärung zum Abschluss des Vertrages über vorläufige Deckung und die Vertragserklärung zum Hauptvertrag unter der Bedingung, binnen Frist nach Übergabe der vollständigen Vertragsunterlagen über die Ablehnung des Vertrages zu entscheiden. In Bezug auf den Hauptvertrag bleibt das Widerrufsrecht der versicherten Person durch Erklärung in Textform innerhalb von 14 Tagen ab Zustandekommen des Vv bestehen, sofern die Laufzeit des Versicherungsvertrages nicht weniger als einen Monat beträgt. Mit Rücksicht auf

---

[31] *Durstin/Mering/Peters,* Versicherungsberater und Versicherungsmakler in der rechtspolitischen Entwicklung, VersR 2007, 1456, 1464.
[32] *Baumann,* Es gibt einen dritten Weg, Versicherungswirtschaft 2007, 1955.

§ 52 Abs. 3 VVG besteht kein Widerrufsrecht bezüglich des Vertrags über die vorläufige Deckung. Aus dem Vertrag zur vorläufigen Deckung steht dem VR die Prämie anteilig pro rata temporis der Gesamtlaufzeit des Hauptvertrages zu, § 50 VVG.

1. Kollektiv-Vertrag

Der sog. **Kollektiv-Vertrag** zwischen dem **Reiseveranstalter und dem ReiseVR** be-   28 inhaltet eine **Deckungszusage** aus der vereinbarten Versicherungssparte **zugunsten** eines jeden gebuchten **Reisekunden des Reiseveranstalters.** Der Reisekunde wird in den Versicherungsschutz aus dem Grundvertrag zwischen Reiseveranstalter und ReiseVR mit dem Abschluss des Reisevertrags einbezogen. Diese Vertragsform beinhaltet einen Versicherungsvertrag für fremde Rechnung i. S. d. §§ 43 ff. VVG. Die Reiseveranstalter waren nach der Rechtslage bis zum Inkrafttreten des VVG 2008 verpflichtet, den versicherten Personen rechtzeitig vor Reiseantritt Versicherungsausweise mit dem Abdruck der vollständigen AVB auszuhändigen und den Versicherten über das eigene Recht zur Geltendmachung der Ansprüche zu informieren[33]. Zwar kommen die Beratungs- und Dokumentationspflichten der §§ 6, 60 ff. VVG aus der VVG-Reform nicht zum Tragen, da sich diese Pflichten auf den VN beziehen. Dies gilt gleichermaßen für die Informationspflicht nach § 7 VVG. Die vertraglichen Grundlagen (AVB und Vertragsinformationen) haben die Reiseveranstalter den Reisekunden gleichwohl bei der Buchung der Reise, die zugleich zur Einbeziehung in den Deckungsschutz aus dem Versicherungsvertrag führt, zur Kenntnis zu geben. Insoweit ist von einer Fortgeltung des Rundschreibens des BAV R 2/69, VA1969, 167, 168 auszugehen. Die Versicherten haben die Obliegenheiten aus dem VV zu beachten. Die Versicherten können die Ansprüche aus dem Versicherungsvertrag **zwischen Reiseveranstalter und ReiseVR** selbständig geltend machen.

Kollektiv-Verträge wurden anfänglich von den großen Reiseveranstaltern für die **Rei-**   29 **serücktrittskostenversicherung** vereinbart. Dieser Vertragsmodus wurde aus Gründen der Preisgestaltung für das Pauschalreiseprodukt und der Provisionsabwicklung für den Reiseanstalter durch die technisch vereinfachte Vermittlung von Einzelverträgen abgelöst.

Kollektiv-Verträge zur **Reiserücktrittskosten-,** zur **Reisekranken-** und zur **Personen-**   30 **assistanceversicherung** werden von Reiseveranstaltern bevorzugt vereinbart, wenn die Deckung der betreffenden Risiken nach der Eigenart der angebotenen Reisearrangements **notwendige Absicherung für den störungsfreien Verlauf der Reisearrangements** sind. Dies trifft insbesondere bei der Veranstaltung von Trekkingtouren und Rundreisen zu. Das Risiko, dass sich ein gebuchter Teilnehmer vor Antritt einer Tour in Anbetracht unzureichender körperlicher Verfassung nicht in der Lage sieht, die Reise anzutreten und das Risiko, dass Teilnehmer einer Trekkingtour eine Tour wegen unzureichender Kondition und/oder begleitend auftretender Krankheitssymptome nicht fortsetzen können, ist zum einen ein **unternehmerisches Risiko des Reiseveranstalters,** da der Reiseveranstalter beliebigem Publikum Touren anbietet, die körperliche Fitness und teils auch sportliches Können erfordern, ohne dass sich der Veranstalter etwa durch ärztliche Bestätigung vergewissert, dass die buchenden Teilnehmer den Anforderungen gewachsen sind. Sorgfältige Reise- und Tourenausschreibungen können das Risiko mindern, jedoch nicht aufheben. Die Erfüllung der persönlichen gesundheitlichen Voraussetzungen für die Teilnahme an der Reise ist im Übrigen persönliches Lebensrisiko des Teilnehmers. Die Reiserücktrittskostenversicherung erfasst das Risiko der Beeinträchtigung gesundheitlicher Fitness durch schwere Unfallverletzung und unerwartete schwere Erkrankung.

2. Gruppenversicherung

Gruppenversicherungen werden für die **Teilnehmer eines bestimmten Reisearran-**   31 **gements** vom Veranstalter oder Organisator der betreffenden Reise mit dem ReiseVR vereinbart. Der Versicherungsschein wird für die Reisegruppe laut beigefügter Teilnehmerliste ausgestellt und entweder dem Veranstalter, resp. Organisator der Reise ausgehändigt oder

---

[33] Rundschreiben R 2/69 des BAV, VA 1969, 167 (168).

von dem Organisator/Veranstalter der Gruppenreise als Vermittlungsagent des Reiseveranstalters ausgestellt. Die Teilnehmer der Reisegruppe, für welche die Police ausgestellt ist, sind jeweils anspruchsberechtigt gegenüber dem ReiseVR. Für Gruppenversicherungen ist ebenfalls das Rundschreiben des BAV R 2/69 maßgebend[34]. Die Rechtslage ab 1. 1. 2008 verlangt die Information mit Aushändigung der AVB und des Produktinformationsblattes vor Abgabe der Erklärung zur Einbeziehung in den Versicherungsvertrag, der für diese Gruppe vereinbart wurde.

3. Vertragsvermittlung über die Buchungssysteme der Reiseveranstalter

32   Die großen Reiseveranstalter verbindet jeweils ein Agentur- und Vertriebsvertrag mit einem ReiseVR. Die **Reiseveranstalter** sind auf dieser Grundlage **Vermittlungsvertreter der ReiseVR.** Der Reisekunde teilt seinen Versicherungswunsch auf der Reiseanmeldung mit. Der Wunsch zum Abschluss der Reiseversicherung mit der Angabe zur Höhe der Prämie für das ausgewählte Versicherungsprodukt wird auf der Buchungsbestätigung des Reiseveranstalters dokumentiert. Der Buchungsbestätigung packt der Reiseveranstalter entsprechend der vertraglichen Vereinbarung aus dem Agenturvertrag den Versicherungsausweis mit dem Abdruck der AVB für sämtliche angebotenen Versicherungsprodukte bei. Der Versicherungskunde zahlt auf der Grundlage der Buchungsbestätigung und dem beiliegenden Versicherungsausweis mit den AVB die Prämie für die Versicherungsverträge und den Reisepreis. Der Versicherungsvertrag kommt auf diese Weise mit Kenntnis der Kunden von den AVB zustande. Unter der Geltung des VVG a. F. konnte der VN Leistungen, die über den Deckungsrahmen der AVB hinausgehen, nicht mit der Behauptung beanspruchen, er habe die AVB nicht erhalten. Auf der Grundlage des VVG a. F. musste er sich den Einwand entgegenhalten lassen, dass ein wirksamer Versicherungsvertrag nicht zustande gekommen war[35]. Der ReiseVR hat nunmehr gemäß § 7 VVG sicherzustellen, dass dem Versicherungsinteressenten die AVB und die kompletten Vertragsinformationen vor Abgabe der verbindlichen Erklärung zum Versicherungsabschluss in Textform zur Kenntnis gegeben werden. Die Informationspflichten gem. § 7 VVG i. V. m. der VVG-InfoV laufen parallel mit dem Interesse der Reiseveranstalter an der Kenntnisverschaffung der ReiseAGB vor Abgabe der Buchungserklärung durch den Kunden. Es liegt daher nahe, die Information der Reisekunden zum Gegenstand der Reiseversicherung mit der Information der Kunden über die ReiseAGB des Veranstalters zu verbinden.

4. Vertragsabschluss im Reisebüro

33   Die Vermittlung von Reiseversicherung im Reisebüro bedarf im Rahmen des § 34d Abs. 9 GewO keiner Erlaubnis und Eintragung im Versicherungsvermittlerregister soweit die Reiseversicherung im Zusammenhang mit einer bei dem Gewerbetreibenden gebuchten Reise vermittelt wird. Darüber hinaus können ReiseV, die der Absicherung finanzieller Reiserisiken dienen, als Zusatzleistung zu einer Dienstleistung, z. B. touristischer Beratung oder einer Serviceleistung, z. B. Unterstützung bei dem Visum-Antrag ohne Erlaubnis und Eintragung im Versicherungsvermittlerregister, vermittelt werden. Dies betrifft die Vermittlung von ReiseV für Reisen, die nicht in diesem Reisebüro gebucht wurden, z. B. bei Internetbuchungen des Kunden oder selbst organisierten Reisen oder bei der Vermittlung von Incomingversicherung für einreisende ausländische Gäste.

Die ReiseVR legen in den **Reisebüros** auf der Grundlage von **Agenturverträgen Versicherungspolicen** auf, die von den Reisebüromitarbeitern nach den Wünschen der Kunden einzeln ausgestellt werden. Dies geschieht überwiegend über Computer-Reservierungssysteme oder Online-Anbindung des Vermittlers mit dem VR über Buchungsmodule. Vereinzelt werden Policen auch noch handschriftlich ausgefüllt. Das VU hat gem. § 7 VVG i. V. m. §§ 1, 4 VVG-InfoV sicherzustellen, dass der Kunde die AVB und die vollständigen

---

[34] VA 1969, 167.
[35] LG Hannover v. 12. 2. 2002, VersR 2003, 1570 = RRa 2003, 89; AG Hamburg v. 5. 11. 2002; vgl. LG Hamburg v. 25. 10. 2002, VersR 2002, 1395.

Vertragsinformationen vor Abgabe der Erklärung zum Vertragsabschluss in Textform erhält. Dazu ist die Aushändigung der **Police als Antrag des VR zum Abschluss des Versicherungsvertrages zu sehen.** Der Kunde nimmt diesen Vertrag durch ausdrückliche Erklärung und/oder durch Zahlung der Prämie an. Der Kunde ist auf dem Versicherungsdokument deutlich darauf hinzuweisen, dass der Versicherungsschutz erst mit der Prämienzahlung in Kraft tritt. Zahlt der Kunde die Prämie nach Kenntnis der Informationen gem. § 7 VVG, werden die AVB Vertragsinhalt. Die Beratungs- und Dokumentations- und Schadenersatzpflichten gem. §§ 59–64 VVG gelten gem. § 66 VVG nicht für die Vermittlung von Reiseversicherung im Rahmen der Annexvermittlung gem. § 34d Abs. 9 GewO. Enthält ein ausgehändigter Prospekt keinen Hinweis auf weitergehenden Versicherungsschutz, kann der VN auch keine Ansprüche mit dem Hinweis auf Unklarheit aus dem Prospekt begründen[36].

5. Vertragsabschluss über die Computer-Reservierungssysteme der Reisebüros

Der Abschluss von Reiseversicherungsverträgen über die Computer-Reservierungssysteme der Reisevermittler bietet rechtlich weder nach den Voraussetzungen des § 34d Abs. 9 GewO noch hinsichtlich der Informations- und Beratungspflichten gem. §§ 6, 66 VVG i. V. m. der VVG-InfoV Besonderheiten. Die Reisebüros stellen als Vermittlungsvertreter der ReiseVR über die Computer-Reservierungssysteme **Einzelpolicen für den Kunden** aus. Die vollständigen Vertragsinformationen und die AVB des betreffenden ReiseVR sind als Grundlage der Erklärung zum Versicherungsabschluss dem Reise-/Versicherungskunden vor Abschluss des Vertrages auszuhändigen. Das **Widerrufsrecht nach § 8 VVG** kommt bei diesem Verfahren für Verträge mit geringerer Laufzeit als 30 Tagen nicht zum Tragen, sofern die AVB und die vollständigen Vertragsinformationen bei Abgabe der Vertragserklärung zur Verfügung gestellt werden. **34**

Die **Beratungspflicht der Reisebüros** in Bezug auf Reiseversicherung gründet sich auf die Verpflichtung gemäß § 6 Nr. 9 BGB-InfoV, auf die Möglichkeit zum Abschluss einer Reiserücktrittskostenversicherung durch Aushändigung des Werbe- und Informationsmaterials der ReiseVR hinzuweisen[37]. Umfassende Beratung zu Reiseversicherung kann der Kunde im Reisebüro nicht erwarten, §§ 6, 66 VVG. Legt der Kunde Wert auf die Vereinbarung von Deckungsschutz für Risiken, die üblicherweise nicht in den marktüblichen Versicherungspaketen angeboten werden, so hat der Kunde dies dem vermittelnden Reisebüro deutlich zu machen[38]. Grundsätzlich kann der Kunde im Reisebüro keine Beratung aus der Breite des Marktes erwarten[39]. Für die Versicherungsvermittler gem. § 34d Abs. 9 GewO gilt § 66 VVG, für die VR § 6 Abs. 6 VVG (Fernabsatz). **35**

6. Vertragsabschluss über Internet

Die ReiseVR bieten den Abschluss von Reiseversicherungsverträgen auch über ihre website an. Der Versicherungskunde kommt durch den **vorgegebenen Pfad über einen Link zu den AVB.** Die Übergabe der AVB findet nach diesem System vor Abgabe der Willenserklärung durch den Versicherungskunden statt. Die Kunden erhalten die Informationen in Textform. Der Kunde hat nach dem vorgegebenen Pfad vor Abschluss des Versicherungsvertrages die Kenntnisnahme und Verbindlichkeit der AVB zu bestätigen. Der Kunde kann aus dem Internet Kenntnis von den AVB nehmen[40]. Hat der Kunde das Medium Internet zum Abschluss des Versicherungsvertrages gewählt, so hat er diese Form zur Bereitstellung der **36**

---

[36] AG Hamburg-Blankenese v. 23. 12. 1997, RRa 1998, 100; AG München v. 2. 5. 1996, RRa 1997, 118; LG Hannover v. 10. 12. 2002, RRa 2003, 89 zu AG Hannover v. 23. 8. 2002, VersR 2003, 1570.

[37] AG München v. 2. 5. 1996, RRa 1997, 118; AG Hamburg-Blankenese v. 23. 12. 1997, RRa 1998, 100; AG Karlsruhe v. 12. 1. 2001, NVersZ 2002, 96 = VersR 2002, 1147.

[38] AG München v. 3. 3. 1998, RRa 1998, 221.

[39] *Durstin/Mering/Peters,* Versicherungsberater und Versicherungsmakler in der rechtspoitischen Entwicklung, VersR 2007, 1456 (1464).

[40] LG Hannover, Beschl. v. 10. 12. 2002, Info-Letter, 2003, 70; LG Koblenz v. 5. 2. 2002, NVersZ 2002, 513 = VersR 2003, 241.

Informationen über das von ihm gewählte Medium gelten zu lassen und sich die Texte bei Detailinteresse auszudrucken. Die Police erhält der VN per E-Mail mit den AVB als pdf-Datei.

7. Überweisungspolicen

37   Die ReiseVR legen bei Banken, Sparkassen oder bei Reisebüros **Zahlkartenvordrucke** zur Einzahlung der Versicherungsprämie auf. Im Anhang zu dem Einzahlungsvordruck sind neben den **Produktbeschreibungen** jeweils die vollständigen AVB und die Verbraucherinformationen abgedruckt. Der Versicherungsvertrag kommt mit der Einzahlung der Versicherungsprämie zustande. Die Vertriebsform ist dem Fernabsatz zuzurechnen. Zum Zeitpunkt der Einzahlung der Prämie und damit vor Abgabe der Vertragserklärung hält der Kunde die vollständigen Vertragsinformationen und die AVB in Händen. Maßgebend für den Beginn des Versicherungsschutzes ist das Datum der Buchung durch das beauftragte Geldinstitut[41], vorausgesetzt, es besteht auf dem betreffenden Konto ausreichende Deckung. Ein Widerrufsrecht gem. § 8 VVG besteht nur bei Verträgen, deren Laufzeit mehr als einen Monat beträgt.

8. Versicherungsschutz für Kreditkarteninhaber

38   Als Zusatzleistung zu qualifizierten **Kreditkarten,** z. B. Gold Card, Business Card Premium vereinbaren **Banken** Gruppenversicherungsverträge zu einzelnen Reiseversicherungssparten. Die Banken sind als **Kreditkarten Emittenten VN.** Die Prämie ist in die Kreditkartengebühr einkalkuliert und wird zwischen dem Emittenten der Kreditkarte/der Bank und dem ReiseVR abgerechnet. Das Versicherungsvermittlerrecht findet auf den Abschluss der Verträge zwischen Bank und VU keine Anwendung da in dieser Rechtsbeziehung keine Versicherungsvermittlung stattfindet. Es ist fraglich, ob die Einbeziehung der Kreditkarteninhaber in den Versicherungsschutz des Rahmenvertrages als Versicherungsvermittlung zu bewerten ist. Jedenfalls stellt die Verschaffung des Versicherungsschutzes ein Annexgeschäft zur Finanzdienstleistung der Kreditkarte dar, so dass die Befreiung des § 34d Abs. 9 Nr. 1 GewO gilt. Beratungspflicht nach §§ 6, 66 VVG und Informationspflicht nach § 7 VVG entfallen somit in jedem Fall. Der Inhaber der Kreditkarte ist versicherte Person. Die Vertragsunterlagen mit den AVB sind bei Ausgabe der Karte über den Emittenten der Karte auszuhändigen. Die versicherte Person ist für die Beachtung der Obliegenheiten verantwortlich und kann die Versicherungsansprüche selbstständig gegenüber dem ReiseVR geltend machen.

Der Deckungsschutz betrifft häufig **Ausschnittsdeckungen,** z. B. eine Transportmittel-Unfallversicherung, die nur unter der Voraussetzung der Zahlung des Fahrpreises für das Verkehrsmittel mit der betreffenden Kreditkarte zum Tragen kommt. Marktüblich ist auch der Einschluss einer **Auslandsreisekrankenversicherung** und/oder einer **Personenassistanceversicherung** in die Leistungen einer qualifizierten Kreditkarte. Der Kreditkarteninhaber kann sich vom Umfang des Deckungsschutzes sowie von den AVB und den dort enthaltenen Ausschlüssen und Obliegenheiten anhand der ausgehändigten Versicherungsbestätigung Kenntnis verschaffen.

D. Die Reiserücktrittskosten- und die Reiseabbruchversicherung

I. Die Reiserücktrittskostenversicherung auf der Grundlage der ABRV bis zur Aufhebung des Genehmigungsvorbehaltes

1. Struktur und Gegenstand der ABRV

39   Die **Reiserücktrittskostenversicherung** hat sich seit ihrer Entstehung zu Beginn der 60er Jahre nach den Gegebenheiten des Touristikmarktes gewandelt. In den Anfängen stand das Interesse der Touristikunternehmen an der **wirtschaftlichen Absicherung der Stornokostenforderungen** an die Reisekunden bei einem Rücktritt vom Reisevertrag im Vorder-

---

[41] *Palandt/Heinrichs,* § 270 BGB Rn. 7.

grund. Dies war die Grundlage für den Abschluss so genannter **Kollektivverträge der Reise-unternehmen zugunsten ihrer Reisekunden.** Ein jeder Reisebucher des betreffenden ver-tragschließenden Touristikunternehmens konnte als versicherte Person den Versicherungs-schutz der Reiserücktrittskostenversicherung in Anspruch nehmen. Nach den Vorgaben des Rundschreibens R 2/69 des BAV[42] war jeder einzelne Reisekunde berechtigt, selbstständig die Ansprüche aus dem vereinbarten Versicherungsschutz geltend zu machen. Diese Regelung gilt für die Vertragsgestaltung unverändert.

Die **Reiserücktrittskostenversicherung** betraf zunächst das Risiko der vertraglich ge- **40** schuldeten Rücktrittskosten bei Nichtantritt der Reise, § 1 Nr. 1 a ABRV und das Risiko nachweislich entstandener zusätzlicher Rückreisekosten bei Abbruch der Reise, § 1 Nr. 1 b ABRV. Die AVB der VU nach Aufhebung der Bedingungskontrolle durch das BAV 1994 bie-ten den Deckungsschutz für die Risiken bei Abbruch der Reise unter der Reiseabbruchver-sicherung an. Die Reiserücktrittskostenversicherung ist durch alle Wandelungen der Textfas-sungen und Detailregelungen hindurch nach folgendem **System** aufgebaut:

Der **Reiseantritt**/die planmäßige Wahrnehmung der gebuchten und versicherten Reise-leistung ist **infolge des Eintritts eines** der einzeln aufgezählten **versicherten Risiken nicht möglich** oder **nicht zumutbar**[43]. Das Erfordernis der **kausalen Verknüpfung** des versicherten Ereignisses mit der Unmöglichkeit/Unzumutbarkeit zum Reiseantritt bzw. zur planmäßigen Beendigung der Reise ist in den neueren Bedingungswerken bei textlich unter-schiedlichen Fassungen inhaltlich unverändert enthalten.

Gegenstand der Reiserücktrittskostenversicherung sind seit Anbeginn die **vertraglich 41 geschuldeten Stornokosten** bei Nichtantritt der Reise. Nach anfänglichen Vorstellungen wurden damit nur Stornokosten aus **Pauschalreiseverträgen** angesprochen. Diese ein-schränkende Auffassung wurde sodann in der weiteren Entwicklung der Reiserücktrittskos-tenversicherung aufgegeben[44].

Bei Abbruch einer Reise aus versichertem Anlass wurden die nachweislich entstandenen **42 zusätzlichen Rückreisekosten** und die hierdurch **unmittelbar verursachten sonstigen Mehrkosten** erstattet, sofern An- und Abreise im versicherten Arrangement enthalten waren. Mit dem Begriff der „sonstigen Mehrkosten" im Falle eines Reiseabbruchs sollten etwaige zu-sätzliche Aufenthalts- oder Übernachtungskosten angesprochen werden, welche in Folge einer nicht planmäßigen Beendigung der Reise entstehen konnten. Die pauschale Bezeich-nung der „sonstigen Mehrkosten" erforderte wiederum einen **Ausschluss für Heilkosten,** Kosten für Begleitpersonen sowie Kosten für Überführung eines verstorbenen Versicherten.

Die **Kostenerstattung** erfolgte nach Art und Klasse der gebuchten und versicherten Leis- **43 tung. Wurde abweichend davon die Rückreise per Flugzeug notwendig, so wurden die Kos-ten eines Sitzplatzes in der einfachen Flugklasse erstattet.

Um die Mieter von **Ferienwohnungen** im Falle vorzeitiger Aufgabe des Mietobjektes **44 nicht ohne Leistungsangebot zu belassen, wurde die Klausel für gemietete Ferienwohnungen hinzugefügt. Nach dieser Regelung erhielten die Versicherten den anteiligen Wert für die nicht genutzte Mietzeit erstattet.

Das Deckungsangebot konnte durch gesonderte Vereinbarung der **Klauseln „Änderung 45 des Selbstbehaltes", „Aufhebung der Altersgrenze", „Nicht beanspruchte Reise-leistung",** „Personengruppen" und „Zahlungsunfähigkeit des Reiseveranstalters" gestaltet und erweitert werden. Die Allgemeinverbindlichkeit verlangte jedoch stets den vollen Ab-druck der ursprünglichen ABRV zusammen mit der abändernden Klausel. Die Veränderung des Textes der ABRV durch inhaltliche Einarbeitung der betreffenden Klausel war nicht zu-lässig. Dies führte zu Missverständnissen und Unübersichtlichkeit des Bedingungswerkes. Da-her greifen Musterbedingungen des GDV 2008 diese Systematik getrennter Leistungsbe-

---

[42] VA 1969, 167.
[43] *Nies*, RRa 2002, 251 ff.
[44] Zur Entwicklung der Reiserücktrittskostenversicherung: *Ollick,* VA 1972, 151 ff., *ders.* VA 1977, 391 ff.

schreibungen in der Reiserücktrittskostenversicherung und der Reiseabbruchversicherung unter dem Dach Allgemeiner Bedingungen zur Gestaltung der Vertragstechnik auf.

2. Die versicherten Risiken

46   Die **versicherten Risiken** sind seit Anbeginn der Reiserücktrittskostenversicherung nach dem Prinzip der **Einzelgefahrendeckung** geregelt[45]. Die wichtigsten Risiken werden – bei geringfügigen textlichen Änderungen – seit jeher mit den Begriffen „Tod, schwerer Unfall" und „unerwartete schwere Erkrankung" beschrieben. Hinzugefügt wurden die Risiken der Impfunverträglichkeit, der Schwangerschaft und des Schadens am Eigentum, sofern der Schaden im Verhältnis zu der wirtschaftlichen Lage und dem Vermögen des Geschädigten erheblich oder sofern zur Schadenfeststellung seine Anwesenheit notwendig ist.

47   Der Kreis der **Risikopersonen** war für jede Gruppe der benannten versicherten Risiken individuell durch **enumerative Aufzählung der Verwandtschaftsgrade** festgelegt. Bei gemeinsam gebuchter Reise sollte zunächst nur für den Reisepartner gleichfalls Versicherungsschutz bestehen, wenn die zweite Person von einem versicherten Ereignis betroffen war oder wenn eines der genannten Verwandtschaftsverhältnisse bestand. Bei Buchungen mehrerer nicht angehöriger Personen führte das zu Unbilligkeiten. Daher wurde der Kreis der Risikopersonen mit der Personengruppenklausel auf die gemeinsam gebuchten Personen ausgeweitet.

48   Unter den Ausschlüssen wurde an erster Stelle „Tod, Unfall oder Krankheit" von **Angehörigen** genannt, die das **75. Lebensjahr vollendet** hatten. Diese Regelung war jedoch mit Klausel 2 zu den ABRV aufgehoben worden.

49   Der Ausschluss „Gefahren des Krieges, Bürgerkrieges oder kriegsähnlicher Ereignisse und solche, die sich unabhängig vom Kriegszustand aus der feindlichen Verwendung von Kriegswerkzeugen sowie aus dem Vorhandensein von Kriegswerkzeugen als Folge einer dieser Gefahren ergeben, politische Gewalthandlungen, Aufruhr, sonstige bürgerliche Unruhen und Kernenergie" war unter der Geltung der ABRV unverändert.

50   Die **Leistungsfreiheit** des VR „wenn für den VN/Versicherten der Versicherungsfall bei Abschluss der V **voraussehbar** war oder der VN/Versicherte ihn vorsätzlich oder grobfahrlässig herbeigeführt hat" steckt mit der rechtsbegründenden Risikobeschreibung der „**unerwarteten schweren Erkrankung**" und der Obliegenheit zur **unverzüglichen Reiseabsage** bei Eintritt des Versicherungsfalles den Umfang des Versicherungsschutzes ab. Der Ausschluss der vorsätzlichen und grobfahrlässigen Herbeiführung des Versicherungsfalles nimmt den Regelungsgehalt des § 81 VVG auf.

51   Der **Ausschluss der Voraussehbarkeit** eines Ereignisses ist inhaltlich nicht völlig deckungsgleich mit der Leistungsvoraussetzung der „unerwarteten" schweren Erkrankung[46]. Der Versicherungsfall ist voraussehbar, wenn die Tatsachen, die später Anlass zur Reiseabsage geben, zur Zeit der Reisebuchung und des Abschlusses der V bereits bestehen und bekannt sind[47]. Während der VN/Versicherte zur **Anspruchsbegründung** den Nachweis für das **unerwartete Auftreten einer schweren Krankheit** zu führen hat, trifft den **VR** die **Beweislast** für das Vorliegen des **Ausschlusstatbestandes** der **Voraussehbarkeit**.

52   Die Regelung zum **Selbstbehalt** war unter § 3 Nr. 2 in allen Textfassungen der ABRV enthalten. Danach trägt der Versicherte bei jedem Versicherungsfall einen Selbstbehalt von mindestens DM 50,–, wird der Versicherungsfall durch Krankheit ausgelöst, so beträgt der Selbstbehalt 20% des erstattungsfähigen Schadens, mindestens DM 50,–. Diese Regelung hat stets gerichtlicher Nachprüfung standgehalten[48].

---

[45] *Prölss/Martin/Knappmann,* § 1 ABRV Rn. 1; *Nies,* RRa 2002, 45; *dies.,* RRa 2002, 251 ff.

[46] *Prölss/Martin/Knappmann,* § 1 ABRV Rn. 13; siehe im Einzelnen unten 3.2 Voraussehbarkeit.

[47] AG München v. 31. 1. 1996, NJW-RR 1997, 731 = VersR 1996, 1235; *van Bühren/Nies,* Reiseversicherung, § 2 ABRV Rn. 14 ff. m. w. N.

[48] AG München v. 30. 4. 1999, NVersZ 2000, 30 = VersR 2000, 317; AG München v. 12. 1. 1998, NVersZ 1999, 269 = RRa 1999, 103 = VersR 1998, 1414 = r+s 1998, 254; *van Bühren/Nies,* Reiseversicherung, § 3 ABRV Rn. 10 ff.

Zum **Versicherungswert** und der **Versicherungssumme** enthalten die ABRV die Vor- 53
gabe, dass die Versicherungssumme dem vollen Wert der ausgeschriebenen Reiseleistung entsprechen soll, Sonderprogramme sind eingeschlossen, sofern deren Wert bei Abschluss des
Vertrages berücksichtigt wurde. Der VR haftet für Stornokosten bis zur Höhe der Versicherungssumme abzüglich Selbstbehalt.

Bei der Erstattung **zusätzlicher Rückreisekosten** wird zunächst auf Art und Klasse der 54
gebuchten Leistung abgestellt. Dabei kann die Versicherungssumme überschritten werden,
wenn zur außerplanmäßigen Rückreise ein Rückflug per Linie gebucht werden muss nachdem ein Charterflug Reise gebucht und versichert war. War eine erdgebundene Reise gebucht – Bus oder Bahn – und wird die Rückreise per Flug den Umständen nach erforderlich,
beschränkt sich die Erstattung auf den Preis für eine Bahnfahrt.

Die Obliegenheiten verpflichten die versicherte Person an erster Stelle, dem VR den Ein- 55
tritt des Versicherungsfalles unverzüglich mitzuteilen und zugleich die Reise bei der Buchungsstelle oder dem Reiseveranstalter zu stornieren. Die Obliegenheit enthält eine Konkretisierung der Schadenminderungspflicht. Die Frage, wann der Versicherungsfall eingetreten ist
und ob der Versicherte daraufhin die Reisebuchung unverzüglich storniert hat, enthält die
Kernfrage der Reiserücktrittskostenversicherung in der Praxis. Storniert der Versicherte erst
kurz vor dem gebuchten Reisetermin, so entstehen höhere Stornokosten. Der VR kann bei
verspäteter – nicht unverzüglicher – Stornierung nach Eintritt des Versicherungsfalles die Erstattung der Stornokosten aus der Berechnung nach einer höheren Stufe der Stornostaffel ablehnen mit dem Einwand der grob fahrlässigen oder vorsätzlichen Verletzung der Obliegenheit
zur unverzüglichen Stornierung[49].

Die weiter aufgeführten Obliegenheiten betreffen die **Anzeigepflicht** und die **Aus-** 56
kunftspflicht samt den entsprechenden Pflichten zum Nachweis des Versicherungsfalles.
Die Obliegenheiten zur Vorlage von Nachweisen enthalten konkrete Hinweise zur Beweisführung. Grundlage für die Beweisführung ist insbesondere die Obliegenheit, die Ärzte von
der Schweigepflicht zu entbinden, soweit der Versicherte dem rechtswirksam nachkommen
kann.

Die Zusage zur Zahlung der **Versicherungsleistung innerhalb von zwei Wochen** 57
nach Feststellung der Eintrittspflicht nach Grund und Höhe hat geringe praktische
Bedeutung, da sich zeitliche Verzögerungen in der Abwicklung zumeist im Bereich der Sachaufklärung ergeben.

II. Die Entwicklung der Reiserücktrittskostenversicherung seit 1994

Mit Datum 29. 7. 1994 entfiel die **Genehmigungspflicht für die AVB**[50]. Damit entfiel 58
auch die Allgemeinverbindlichkeit der ABRV mit der Rechtsfolge der Anwendbarkeit des
§ 23 Abs. 3 AGBG zur erleichterten Einbeziehung der ABRV in die Versicherungsverträge.
Die Freiheit zur individuellen Gestaltung der AVB haben insbesondere die Marktführer der
ReiseVR genutzt, s. u. Nr. 3 sowie III. mit Einzeldarstellungen.

1. Die Struktur der ABRV

Für den Geschäftsbedarf von KompositVR wurden die ABRV vom Gesamtverband der 59
Versicherungswirtschaft/GDV zu Musterbedingungen überarbeitet. Dabei wurde das System
der ABRV, die Risikobeschreibung, Ausschlüsse, Obliegenheiten, der Selbstbehalt sowie die
ergänzenden Klauseln unverändert übernommen.

Eingefügt wurden mit § 2 A Regelungen zur **Risikoprüfung und zur Gefahrerhöhung** 60
entsprechend §§ 16 bis 21 VVG und §§ 23 bis 30 VVG a. F. Die Bestimmungen enthalten
eine Übernahme der betreffenden gesetzlichen Regelungen.

---

[49] § 28 VVG; *van Bühren/Nies*, Reiseversicherung, § 4 ABRV Rn. 11 ff., im Einzelnen s. u. 4.
[50] Vgl. Art. 1, 3 DurchführungsG/EWG v. 21. 7. 1994, BGBl. I S. 1630.

61   Wiederum analog zu den gesetzlichen Regelungen wurden Bestimmungen zur **Prämienzahlung, Beginn und Ende der Haftung** eingefügt mit Verweis auf die §§ 5, 5a VVG a. F. sowie auf §§ 38 und 39 VVG a. F., samt Regelungen zum Verzug gem. §§ 286, 288 BGB, 352 HGB sowie § 39 VVG a. F. samt einer Regelung zur **Ratenzahlung der Prämie** samt der Rechtsfolgen bei **Verzug der Prämienzahlung** für längerfristige Vertragsverhältnisse und des Kündigungsrechts bei langfristigen Verträgen. Regelungen dieses Inhalts sind ausschließlich von Bedeutung, wenn die Reiserücktrittskostenversicherung nicht einzeln für jedes gebuchte Reisearrangement vereinbart wird sondern als langfristiger Vertrag für Reiseverträge, die während einer festgelegten Zeitspanne vereinbart werden. Die ReiseVR bieten die Reiserücktrittskostenversicherung überwiegend als Kurzzeitversicherung – jeweils bezogen auf das gebuchte zu versichernde Reisearrangement an. Zunehmend wird für die Reiserücktrittskostenversicherung auch als Jahresversicherung angeboten. Diese Versicherungsverträge enthalten eine Begrenzung zur Höhe des jeweils versicherten Reisepreises. Übersteigt der Reisepreis den Versicherungswert, ist ergänzender Versicherungsschutz zu vereinbaren oder es besteht Unterversicherung. Die Versicherungsverträge enthalten dazu Regelungen.

2. Neufassung der ABRV nach der unverbindlichen Empfehlung des GDV 2002 und 2008

62   Die Neufassung der ABRV 2002 arbeitet die Regelungsinhalte aus den Klauseln zu den ABRV in den Standardtext der ABRV ein und gibt den anwendenden VU mit **Öffnungsklauseln** Freiheit zur individuellen Ausgestaltung des Versicherungsvertrages. Die Regelungen zur Vertragstechnik aus der Überarbeitung 1994, insbesondere zum Antragsverfahren, zur Gefahrerhöhung und zur Vertragstechnik längerfristiger Verträge werden unverändert übernommen. Die Marktentwicklung und die VVG Reform verlangten eine grundlegende Überarbeitung der Musterbedingungen. Dazu wurden mehrere Bedingungswerke erarbeitet. Zunächst die ABRV 2002 unter Beibehaltung der Struktur den gesetzlichen Vorgaben der VVG-Reform angepasst. Sodann legt der GDV Musterbedingungen nach der marktüblichen Struktur der Reiseversicherung vor mit einer Aufteilung der Regeln zur Vertragstechnik in einem Allgemeinen Teil und den Besonderen Bedingungen für die Reiserücktrittskostenversicherung und die Reiseabbruchversicherung mit der Leistungsbeschreibung, Risikoabgrenzungen und –Ausschlüssen sowie spezifischen Obliegenheiten und Beweisregeln. Da Reiseversicherung zunehmend auch als Jahresversicherung angeboten werden, stellt der GDV zum Allgemeinen Teil eine Textversion für Kurzzeitversicherung und für Jahresversicherung bereit. Die Aufteilung der AVB in einen Allgemeinen Teil und die Besonderen Bedingungen für die einzelnen Versicherungssparten verhilft zur besseren Übersicht und Verständlichkeit bei gebündelten Versicherungsprodukten für mehrere Versicherungssparten. Zum gesonderten Vertrieb einzelner Reiseversicherungssparten ist die Verwendung eines zusammenfassenden Bedingungswerkes besser geeignet. Daher stellt der GDV für die Sparten Reiserücktrittskostenversicherung und Reiseabbruchversicherung sowie der Reisegepäckversicherung noch Einzelbedingungswerke mit neu gefasstem Text bereit.

Öffnungsklauseln mit dem Text: **„Soweit im Versicherungsschein gesondert/nicht anders vereinbart, …"** erlaubten dem verwendenden VU der AVB 2002 die Gestaltung des Vertrages nach dem jeweiligen geschäftlichen Bedarf und erübrigen den Abdruck der bisher gebräuchlichen Klauseln im Anschluss an den Bedingungstext. In den Neufassungen der Musterbedingungen 2008 wird an die Stelle dieser Formel jeweils ein Kennzeichen ★ gesetzt mit dem Hinweis auf die Abänderbarkeit des Regelungsinhaltes. Die Inhalte der Klauseln wurden in die AVB aufgenommen.

63   Die Klausel **„Änderung des Selbstbehaltes"** ist nach den AVB 2002 durch den Standardtext in Verbindung mit einer Öffnungsklausel ersetzt. Die Klausel „Aufhebung der **Altersbegrenzung"** wurde bereits 2002 **ersatzlos gestrichen,** da die Altersbegrenzung im Text der ABRV 02 nicht mehr enthalten ist. Die **„Personengruppen"-Klausel** wird an betreffender Stelle durch eine Öffnungsklausel zum Kreis der **Risikopersonen** ersetzt. Die

Neufassungen der Musterbedingungen enthalten an der betreffenden Stelle jeweils die Kennzeichnung zur Abänderbarkeit.

Die Klausel **„Zahlungsunfähigkeit des Reiseveranstalters"** entfällt, da dieses Risiko 64
durch die gesetzliche Regelung zur Insolvenzversicherung abgedeckt ist[51]. Die Sonderbedingungen zu den ABRV für gemietete **Ferienwohnungen** mit der Deckungszusage für die Erstattung nicht genutzter Leistungen erübrigt sich, da die entsprechende Leistungszusage mit einer Öffnungsklausel bereits im Stammtext der ABRV in § 1 berücksichtigt ist. Die Erstattung nicht genutzter Leistungen aus einem Ferienwohnungsmietvertrag wird nicht anders behandelt, als die Erstattung des anteiligen Preises nicht genutzter Leistung einer anderen gebuchten und versicherten Reiseleistung.

Die Beschreibung des **Leistungsgegenstandes** ist im Wesentlichen in den ABRV 1994 65
unverändert geblieben. Öffnungsklauseln sind hinzugefügt bei dem Leistungsausschluss für Heilkosten, Kosten der Begleitperson, Kosten für die Überführung einer verstorbenen versicherten Person. Dieses Risiko wird von der Reisekrankenversicherung erfasst. Für die Erstattung des anteiligen Wertes nicht genutzter Leistung bei Abbruch einer Reise bzw. eines Arrangements ist ein neuer Absatz der Regelung zum Gegenstand der Versicherung hinzugefügt. Durch die Öffnungsklausel kann nach den Individualabsprachen im Versicherungsschein dieses Risiko mitversichert werden.

Die Musterbedingungen 2008 erweitern den Leistungsgegenstand der Reiserücktrittskostenversicherung von den vertraglich geschuldeten Stornokosten aus dem versicherten Reisearrangement auf das bei der Buchung vereinbarte, dem Reisevermittler vertraglich geschuldete und in Rechnung gestellte angemessene Vermittlungsentgelt, sofern der Betrag bei der Höhe der vereinbarten Versicherungssumme berücksichtigt wurde. Damit wird die Entwicklung in der Touristik berücksichtigt, wonach insbesondere Fluggesellschaften den Reisevermittlern keine oder eine geringe Provision zubilligen, so dass die Reisevermittler auf die Vereinbarung von Serviceentgelt im Vermittlungsvertrag mit den Kunden angewiesen sind.

Den Regelungen zur **Leistungsfreiheit** wegen **Voraussehbarkeit** des **Versicherungs-** 66
falles und vorsätzlicher sowie grob fahrlässiger Herbeiführung des Versicherungsfalles ist eine Öffnungsklausel beigefügt. Gemäß § 81 Abs. 2 VVG kann sich der VR auf Leistungsfreiheit nach Art und Schwere des Verschuldens des VN, bzw. des Versicherten berufen, sofern der Versicherungsschutz bei grob fahrlässiger Herbeiführung des Versicherungsfalles nicht in den AVB ausgeschlossen wurde, § 87 VVG. Die Musterbedingungen des GDV nehmen den Grundsatz des § 81 Abs. 2 VVG auf.

Der Katalog der **versicherten Risiken wurde jeweils nach den Marktgegebenheiten** 67
überarbeitet. Der Begriff des „schweren Unfalles" wurde in den AVB 2002 durch **„schwere**
Unfallverletzung" ersetzt um klarzustellen, dass ausschließlich Unfälle mit Personenschaden angesprochen werden. Das Risiko **„Schaden am Eigentum"** wird nicht mehr davon abhängig gemacht, dass der Schaden im Verhältnis zur wirtschaftlichen Lage und zum Vermögen des Versicherten erheblich ist. Voraussetzung der Eintrittspflicht ist nunmehr lediglich, dass ein **erheblicher Schaden** eingetreten ist oder die **Anwesenheit des Versicherten zur Schadenfeststellung** notwendig ist. Entscheidend für die Beurteilung der Voraussetzungen ist wiederum der Eintritt der Unzumutbarkeit zum Reiseantritt. Neu aufgenommen wurde der **Verlust des Arbeitsplatzes** aufgrund einer **unerwarteten betriebsbedingten Kündigung** durch den Arbeitgeber sowie die **Aufnahme eines Arbeitsverhältnisses** durch den Versicherten oder eine mitreisende Person, sofern diese bei der Reisebuchung arbeitslos war.

Die **Risikopersonen** werden in der Überarbeitung i. d. F. 2002 nicht mehr für jede 68
Gruppe der versicherten Ereignisse unterschiedlich festgelegt, sondern weiterhin mit Einzelaufzählung der **Verwandtschaftsgrade gleichlautend für alle versicherten Ereignisse.**
Zu beachten ist jedoch, dass Versicherungsschutz nur unter der Voraussetzung besteht, dass infolge des Eintritts des Ereignisses Unzumutbarkeit zur Reiseteilnahme für die jeweils betref-

---

[51] § 651k BGB.

fende versicherte Person eingetreten ist. Die AVB 2008 verzichten auf die Aufzählung der Verwandtschaftsgrade und nennen pauschal ‚die Angehörigen der versicherten Person' als Risikopersonen. Den VU bleibt es unbenommen, den Begriff der ‚Angehörigen' durch Einzelaufzählung des Verwandtschaftsgrades oder der persönlichen Beziehung zu konkretisieren.

69 Der Kreis der nicht angehörigen mitreisenden Personen ist von dem jeweiligen VU fest zu legen, insbesondere ist eine **Höchstzahl der mitversicherten Risikopersonen** bei **Mehrpersonenbuchungen** zu bestimmen. Insgesamt steht die Regelung zu den Risikopersonen unter einem Öffnungsvorbehalt, so dass auch davon abweichende Regelungen vereinbart werden können. Der Text der AVB 2008 zeigt ein Feld zur Bestimmung der Personenzahl gemeinsam Reisender als Risikopersonen durch das verwendende VU.

70 An erster Stelle der Obliegenheiten steht in den AVB 2002 in den AVB 2008 unverändert die Pflicht zur **unverzüglichen Stornierung** des versicherten Arrangements und zur Anzeige des Versicherungsfalles bei dem VR. Die **Aufklärungspflichten** der Versicherten wurden ausgeweitet und präzisiert. Danach sind nun **psychiatrische Erkrankungen** durch Attest eines **Facharztes für Psychiatrie** nachzuweisen. Unverändert hat der Versicherte die Ärzte von der Schweigepflicht zu entbinden – soweit er dem rechtswirksam nachkommen kann – und ärztliche Atteste über Krankheiten und/oder Verletzungen, welche Anlass zur Reiseabsage gegeben haben, vorzulegen, § 213 VVG. Für die weiteren genannten versicherten Risiken wird die Vorlage einer **Sterbeurkunde bei Tod** konkret erwähnt sowie die Obliegenheit zur Vorlage des **Kündigungsschreibens** im Falle des Verlustes des Arbeitsplatzes sowie der Vorlage des Aufhebungsbescheides des Arbeitsamtes als Nachweis für das neue Arbeitsverhältnis. Im Übrigen gilt der allgemeine Beweisgrundsatz, dass anspruchsbegründende Tatsachen von der versicherten Person darzulegen und nachzuweisen sind. Die AVB 2008 stellen im Allgemeinen Teil der neugefassten AVB die allgemeinen Obliegenheiten der Anzeige- und Aufklärungspflicht unter 6.1.2 mit einer Aufzählung nach Spiegelstrichen dar. Ergänzend enthalten die AVB für die Reiserücktrittskostenversicherung in Nr. 4 Besonderen Bedingungen die spezifischen Pflichten zur Schadenminderung mit der Pflicht zur unverzüglichen Stornierung um die Stornokosten möglichst gering zu halten.

71 Die Regeln der **Rechtsfolgen bei grob fahrlässiger Obliegenheitsverletzung** wurde nach Vorgabe des VVG a. F. in die AVB 2002 aufgenommen. Die Bedingungstexte 2008 haben durch die VVG Reform 2008 erhebliche Veränderungen erfahren. Dies betrifft insbesondere die Aufgabe des ‚Alles- oder Nichts-Prinzips' in §§ 28, 82 Abs. 3, 4 VVG.
Die Bestimmungen zu Versicherungswert, Versicherungssumme, Selbstbehalt, Überversicherung und Doppelversicherung wurden in den AVB 2002 unverändert beibehalten. Ebenso ist die Regelung zur Zahlung der Entschädigung innerhalb von zwei Wochen nach Feststellung der Leistungspflicht nach Grund und Höhe unverändert geblieben. Dies gilt auch für die Regelungen zur **Verfristung des Anspruchs** auf Versicherungsleistung binnen sechs Monaten nach entsprechender Rechtsbelehrung, § 12 VVG a. F. sowie zum Gerichtsstand, §§ 17, 21, 29 ZPO, § 48 VVG a. F.
Die AVB 2008 verzichten in den textlichen Neufassungen auf die Regeln zur Überversicherung und Doppelversicherung, Gefahrerhöhung und vorvertragliche Anzeigepflichten da eine vorvertragliche Risikoprüfung bei Reiseversicherung nicht marktüblich sind. Im Massengeschäft der Einmalversicherung sind vorvertragliche Risikoprüfungen nicht realisierbar. Bestimmungen zur Unterversicherung sind nur bei Jahresversicherung gebräuchlich. Die AVB für einmalige Reise verzichten marktüblich auf diese Regel, jedenfalls soweit das Versicherungsprodukt im Rahmen von ‚Kollektivverträgen' mit Reiseveranstaltern oder über die CRS der Reiseveranstalter oder über Reisevermittler vertrieben wird. Die Regel zur Verfristung des Anspruchs gem. § 12 VVG a. F. ist entfallen. Anstatt dessen wird die Verjährungsfrist genannt, § 15 VVG.

3. Veränderte Strukturen der AVB der marktführenden Reiseversicherer

72 Im Jahr 1996 haben die marktführenden VR ERV und ELVIA Reiseversicherung die Bedingungsfreiheit zu einer Neuordnung der AVB für die Reiseversicherung nach den spezifi-

schen Bedürfnissen dieses Versicherungsspezialgebietes genutzt[52]. Die VVG-Reform 2008 hat Gelegenheit gegeben, auf der Grundlage des VVG 2008 die Musterbedingungen des GDV nach den Marktgepflogenheiten zu gestalten.

Als augenfälligste **Strukturveränderung** ergibt sich die Zusammenfassung der **vertrags-** **73** **technischen Regelungen** zur versicherten Person, zur Frage, auf welche Reise sich die V bezieht, zu **Beginn und Ende des Deckungsschutzes,** zur **Prämienzahlung** sowie allgemeine Regelungen zu den **Ausschlüssen, Obliegenheiten** zur **Prämienzahlung** und zum Rechtsübergang und Rechtsverlust wie auch zum **Gerichtsstand** sind jeweils in Allgemeinen Bestimmungen der AVB zusammengefasst. Diese Regelungen werden dann jeweils sämtlichen einzeln vereinbarten Reiseversicherungsverträge beigefügt. Damit kann eine bessere Übersicht und Verständlichkeit erreicht werden. Der Versicherte kann sein Interesse auf die Leistungsbeschreibungen, Ausschlüsse und Obliegenheiten für die jeweilige Versicherungssparte konzentrieren, ohne sich mit der Textfülle für die notwendige Regelung der Vertragtechnik auseinandersetzen zu müssen. Für den Vertrieb einzelner Reiseversicherung erscheint jedoch eine Gesamtfassung der Regeln zur Vertragtechnik und zur Leistungsbeschreibung samt Risikoausschlüssen und Obliegenheiten besser geeignet. Zu dieser Verwendung legt der GDV ebenfalls AVB-Texte vor.

III. Regelungsinhalte der AVB für die Risiken der Reiserücktrittskosten- und der Reiseabbruchversicherung

1. Gegenstand der Leistung

Nach den **Neufassungen** der Bedingungswerke des GDV und der ReiseVR können **vier** **74** **Leistungsbereiche** unterschieden werden:

– Bei Nichtantritt der Reise bezieht sich das Leistungsversprechen auf die vertraglich geschuldeten Stornokosten.
– Bei verspäteter Anreise werden die nachweislich entstandenen zusätzlichen Anreisekosten bis maximal zur Höhe der fiktiven Stornokosten erstattet.
– Bei notwendigen Zwischenaufenthalten werden die Nachreisekosten erstattet.
– Bei Abbruch der Reise ersetzt der VR die zusätzlichen Rückreisekosten – ggf. auch zusätzliche Aufenthaltskosten und den anteilige Preis der nicht genutzten Leistung.

Die Leistungen bei Nichtantritt der Reise und bei verspäteter Anreise werden von der Rei- **75** serücktrittskostenversicherung erfasst. Die Reiseabbruchversicherung bietet Deckungsschutz für zusätzliche Kosten aus nicht planmäßigem Reiseverlauf aus Anlass eines versicherten Ereignisses.

Die Leistungsbereiche der Reiserücktrittskostenversicherung und der Reiseabbruchversi- **76** cherung werden durch den **Reiseantritt** getrennt. Da sich die Reiserücktrittskostenversicherung stets auf gebuchte Reiseleistung bezieht, ist die Reise angetreten i. S. d. der Reiserücktrittskostenversicherung, wenn eine **gebuchte und versicherte Reiseleistung ganz oder teilweise in Anspruch genommen** wird[53]. Eine Flugreise beginnt mit dem Einchecken[54]. Ein Club-, Hotel- oder Ferienwohnungsaufenthalt wird mit der **Zuweisung des Zimmers** und ggf. der Aushändigung des Schlüssels angetreten[55]. Ein Reisearrangement, das aus mehreren, auch gesondert buchbaren, Reiseabschnitten als **Bausteinbuchung** zusammengefügt ist, wird **mit der ersten Reiseleistung zur Anreise angetreten**[56]. Wird der Versicherungsver-

---

[52] S. a.: *Nies,* RRa 2002, 251 ff.
[53] LG Hannover v. 30. 1. 1986, NJW-RR 1986, 602.
[54] OLG Dresden v. 28. 8. 2001, NVersZ 2001, 559 = NJW-RR 2001, 1610 = RRa 2001, 25; AG München v. 20. 8. 2001, RRa 2002, 184 = r+s 2002, 384 = NVersZ 2002, 466; AG München v. 12. 7. 2001, RRa 2001, 213; LG Chemnitz v. 26. 4. 2001, RRa 2001, 168; LG Traunstein v. 18. 2. 1999, NVersZ 1999, 428 = VersR 1999, 1279 = r+s 1999, 472; *Schmid,* NJW 2002, 3510 (3511) bewertet den Zeitpunkt der Aushändigung der Bordkarte als Zeichen für die Annahme des versicherten als Fluggast als Reiseantritt.
[55] *Van Bühren / Nies,* Reiseversicherung, § 1 ABRV Rn. 10.
[56] AG München v. 19. 8. 2002, RRa 2003, 91.

trag für eine Reise gebucht, sei es für ein Pauschalarrangement oder für eine individuell mit einzelvertraglich vereinbarten Leistungen zusammengestellte Reise, so bezieht sich die RRKV auf die Reiseleistungen, die bei der Höhe der gewählten Versicherungssumme berücksichtigt werden. Bei Jahresversicherung ist dieser Rückschluss nicht möglich da die Jahresversicherung für beliebig viele Reisen innerhalb eines Jahres jeweils bis maximal zum vertraglich vereinbarten Limit des Reisepreises und der Reisedauer gilt. Grundsätzlich bezieht sich der Begriff der Reise in der RRKV auf die **Gesamtreise** – beginnend am Ausgangsort und endend am Zielort zum dauernden Aufenthalt. Nr. 2.2.5 AT Jahresversicherung der Musterbedingungen des GDV 2008 enthält eine Definition des Begriffes: „Als eine Reise gelten alle Reisebausteine und Einzelreiseleistungen, die zeitlich und örtlich aufeinander abgestimmt genutzt werden. Die Reise wird mit Inanspruchnahme der ersten Teil-/Leistung insgesamt angetreten und endet mit der Nutzung der letzten Teil-/Leistung." Fehlt eine solche Klarstellung in den AVB, besteht Unklarheit, ob mit dem Begriff „Reise" die Gesamtreise angesprochen wird oder eine einzelvertraglich vereinbarte Reiseleistung. In Anbetracht der marktüblich mit Jahresversicherung vereinbarten vertraglichen Begrenzungen zur Höhe des jeweils versicherten Reisepreises und der Höchstdauer der einzelnen Reise, kann aus dem Verständnis des Begriffs der „Reise" ein wesentlich unterschiedlicher Leistungsrahmen folgen. Wird der Versicherungsschutz auf die Gesamtreise bezogen, überschreiten Reisen über längere Wochen bei entsprechend hohem Gesamtreisepreis die Grenzen des Versicherungsschutzes, wird mit der „Reise" die einzelvertraglich vereinbarte Reiseleistung verstanden, haftet der VR für jede einzelvertraglich vereinbarte Reiseleistung bis zum vereinbarten Höchstpreis und der zeitlich Höchstdauer für eine Reise. Bezieht ein Bedingungswerk für eine Jahresversicherung der RRKV den Begriff der ‚Reise' auf den einzelnen Vertrag – ein Pauschalreisevertrag oder mehrere Einzelverträge über touristische Einzelleistungen –, so führt das Begriffsverständnis zu einer unangemessenen Ungleichheit des Versicherungsschutzes für Pauschalreisen und Gesamtreisen aus einzelvertraglichen Buchungen. Zur Vermeidung einer Unausgewogenheit des Versicherungsschutzes sollte daher in das Bedingungswerk für eine Reiserücktrittskosten-Jahresversicherung eine Definition der ‚Reise' mit dem Begriffsverständnis Gesamtreise aufgenommen werden.

77   Nimmt der Versicherte einzelne Reiseabschnitte nicht in Anspruch und kehrt vorzeitig zurück, liegt ein **Reiseabbruch** vor[57]. Kein Reiseabbruch sondern eine Reiseunterbrechung liegt vor, wenn einzelne Reiseabschnitte nicht genutzt werden, der Versicherte jedoch mit dem gebuchten Flug planmäßig zurück reist[58].

78   a) Grundsätzlich hat der Versicherte die Höhe der **vertraglich geschuldeten Stornokosten als anspruchsbegründende Tatsache** zur Geltendmachung des Versicherungsanspruches darzulegen und nachzuweisen. Der VR kann gegen die Höhe der Stornokosten Einwendungen erheben, sofern die Berechnung der Stornokosten nicht zuvor durch einen Agenturvertrag zwischen dem betreffenden Reiseveranstalter und dem VR gebilligt worden war[59].

79   Der **Rücktritt vom Pauschalreisevertrag** ist in § 651i BGB gesetzlich geregelt. Der Reisende kann vor Reisebeginn jederzeit vom Reisevertrag zurücktreten. Die Erklärung kann formfrei gegenüber dem Reiseveranstalter unmittelbar oder gegenüber der Buchungsstelle abgegeben werden[60]. Der Reiseveranstalter verliert den Anspruch auf den vereinbarten Reisepreis. Er kann jedoch eine angemessene Entschädigung verlangen[61].

---

[57] OLG Saarbrücken v. 14. 4. 1999, NVersZ 2000, 381 = NJW-RR 1999, 1404 = VersR 1999, 1367; AG München v. 5. 6. 2007, VersR 2008, 918; AG München v. 25. 2. 2000, bestätigt von LG München v. 26. 7. 2000, NVersZ 2001, 126 = VersR 2001, 583; AG Bonn v. 30. 6. 1998, NVersZ 1999, 135 = RRa 1999, 62.

[58] LG München v. 25. 2. 2000, NVersZ 2001, 126 = VersR 2001, 583; AG Dresden v. 13. 7. 1999, NVersZ 2000, 384 = VersR 2000, 633 = r+s 2000, 210.

[59] KG v. 14. 7. 1998, r+s 1999, 34 = RRa 1998, 244.

[60] *Führich*, Rn. 416 (417); *Pick*, Reiserecht, § 651i Rn. 1; *Kaller*, Reiserecht, Rn. 367.

[61] Dem Urteil des LG München I v. 27. 4. 2006, VersR 2007, 354 kann nicht zugestimmt werden. Die RRKV stellt keine Summenversicherung sondern eine Schadenversicherung dar. Dies folgt aus dem

Abweichende Formvorschriften, insbesondere Schriftlichkeit, können mit Rücksicht   80
auf § 651m BGB nicht wirksam vereinbart werden. Die Leistungspflicht des ReiserücktrittskostenVR knüpft auch an den Nichtantritt der Reise (no show). Kein „no show"/Nichtan-
tritt der gebuchten Leistung liegt vor, wenn der Versicherte ausdrücklich erklärt hat, dass die
gebuchte Leistung weiterhin für ihn bereitgehalten werden soll, etwa für einen späteren Nutzungsbeginn einer Ferienwohnung[62].

Maßgebend für den **Zeitpunkt der Stornierung** und damit für die Berechnung der Stor-   81
nokosten ist der Zugang der Erklärung. Klauseln der Reise-AGB, welche das Risiko einer
verzögerten Weitergabe der Erklärung von der Buchungsstelle an den Reiseveranstalter dem
Reisenden übertragen, sind unwirksam[63].

Nach Rücktritt des Reisenden vom Reisevertrag verliert der **Reiseveranstalter** den An-   82
spruch auf den Reisepreis. Er ist berechtigt, anstatt dessen eine angemessene **Entschädigung**
zu verlangen, § 651i Abs. 2 S. 2 BGB. Die Höhe der Rücktrittskosten ist nach dem Reisepreis
unter Abzug **ersparter Aufwendungen und anderweitigen Verkaufs** des Arrangements,
§ 651i Abs. 2 S. 3 BGB konkret zu berechnen[64]. Im Reisevertrag kann der Reiseveranstalter
Allgemeine Reisebedingungen mit einer **Stornostaffel** festlegen, § 651i Abs. 3 BGB. Die
Reise-AGB der Reiseunternehmen enthalten marktüblich Stornostaffeln. Die Stornostaffel
muss die Zeitspanne bis zum gebuchten Reisebeginn und für jede Reiseart die üblicherweise
ersparten Aufwendungen und den anderweitigen Erwerb berücksichtigen[65].

Der Reiseveranstalter kann sich in den Reise-AGB ein **Wahlrecht** zwischen der **konkre-**   83
ten Berechnung und der Pauschalierung der Stornokosten vorbehalten. Die Reise-AGB
müssen dem Reisenden stets die Möglichkeit zum Nachweis einräumen, dass die tatsächlichen Stornokosten geringer waren als die Stornokosten nach der Pauschalierung[66]. Für die
Berechnung von Stornokosten für **Ferienwohnungen** gelten die gleichen Grundsätze, soweit die Ferienwohnungen in der in der Form einer Pauschalreise per Katalog, Prospekt
oder Internetauftritt ausgeschrieben werden, wie Pauschalreisearrangements[67]. Kein Anspruch des Vermieters besteht jedoch, wenn er nach der Rücktrittserklärung des Mieters erklärt, sich nicht um anderweitige Vermietung zu bemühen oder wenn er sich den Umständen
nach nicht um anderweitige Vermietung bemüht hat[68].

Zu den vertraglich geschuldeten Rücktrittskosten zählt nicht der **Einzelzimmerzu-**   84
schlag, der vom Reiseveranstalter bei einer Teilstornierung einer Doppelzimmerbuchung
dem Reisenden in Rechnung gestellt wird. **Mehrkosten der anderen Reisenden** nach der
Stornierung durch Wegfall des Gruppenrabatts sind ebenfalls keine „vertraglich geschuldeten
Stornokosten aus dem versicherten Reisearrangement"[69]. Die bereits aufgewendeten Kosten
für das **Visum** und die Kosten für verabreichte **Impfungen** sind ebenfalls keine als vertraglich geschuldeten Stornokosten.

Beratungs- und Servicegebühren des vermittelnden Reisebüros sind das Entgelt für   85
Leistungen im Rahmen des Geschäftsbesorgungsvertrages und stellen daher keine Rücktritts-

---

Wortlaut des § 651i Abs. 2 S. 2, Abs. 3 BGB sowie aus der Rechtstatsache, dass dem Reisenden stets der
Gegenbeweis gegen die pauschaliert berechneten Stornokosten offen zu halten ist. Abweichende Klauseln in Reise-AGB sind unwirksam.

[62] Die ABRV und die AVB-RR/ELVIA knüpfen verbal an den Nichtantritt der Reise an, die AVB/Eu-
ropäische geben vor „Tritt die versicherte Person vor Antritt der Reise … zurück, …". Ein Unterschied in
der sachlichen Handhabung ergibt sich daraus nicht.

[63] *Führich,* Rn. 417 m.w.N.; *ders.,* Basiswissen Reiserecht, Rn. 110ff.

[64] AG Hamburg v. 8. 10. 2002, RRa 2002, 265; *Führich,* Rn. 420.

[65] *Führich,* Rn. 423ff. m.w.N; *Pick,* § 651i Rn. 144ff.

[66] § 309 Nr. 5b) BGB, *Führich,* Rn. 423ff. mit weiterführenden Hinweisen zur reiserechtlichen Literatur und Rechtsprechung.

[67] *Führich,* Rn. 86 mit Abgrenzung zur gewerblichen Vermietung; vgl. auch Rn. 926 zur privaten Vermietung.

[68] OLG München v. 16. 7. 2002, NVersZ 2002, 463.

[69] *Van Bühren/Nies,* Reiseversicherung, § 1 ABRV Rn. 15, 16; *Prölss/Martin/Knappmann,* § 1 ABRV
Rn. 5.

kosten aus dem versicherten Reisearrangement § 651i BGB dar. Die Reisevermittler beziehen ihre Vergütung zunächst aus der Provision des Handelsherrn des vermittelten Vertrages. Nachdem Airlines und andere Leistungsträger die Provisionen der Reisevermittler gestrichen oder stark abgesenkt habe, sind die Reisevermittler jedoch darauf angewiesen, die Vergütung Ihrer Tätigkeit durch Vereinbarung von Serviceentgelt mit den Kunden zu erlangen. Da die Vergütung der Vermittlertätigkeit zurückliegend über den Provisionsanteil des Reisepreises in der Reiserücktrittskostenversicherung mitversichert war, wurde der Leistungsgegenstand der RRKV auf das „bei der Buchung vereinbarte, dem Reisevermittler vertraglich geschuldete und in Rechnung gestellte Vermittlungsentgelt" ausgeweitet, „sofern der Betrag bei der Höhe der vereinbarten Versicherungssumme berücksichtigt wurde"[70]. Die Musterbedingungen enthalten eine wertende Limitierung: „Übersteigt das Vermittlungsentgelt den allgemein übliche und angemessenen Umfang, kann der VR seine Leistung auf einen angemessenen Betrag herabsetzen. Nicht versichert sind Entgelte, die dem Reisevermittler erst infolge der Stornierung geschuldet werden." Diese Klausel dient der Abwehr der Berechnung überhöhter Serviceentgelte durch Reisevermittler und des einvernehmlichen Zusammenwirkens zwischen Versicherten und Reisevermittler zulasten des VR.

86   **b)** Die AVB der ReiseVR bieten Deckungsschutz für **Nachreisekosten bei verspätetem Reiseantritt,** wenn der planmäßige Reiseantritt entweder wegen eines versicherten Ereignisses oder wegen Verspätung öffentlicher Verkehrsmittel nicht wahrgenommen werden kann. Dabei setzen die AVB-RR/ELVIA voraus, dass die Verspätung der öffentlichen Verkehrsmittel mindestens zwei Stunden beträgt.

87   Erstattet werden die nachweislich entstandenen **Mehrkosten der Anreise** bis zur Höhe der Stornokosten, die bei Nichtantritt der Reise berechnet worden wären. Die ABRV/2002 und die VB-Reiserücktritt 2008 GDV enthalten keine entsprechende Leistungszusage. Soweit allerdings der verspätete Reiseantritt infolge eines versicherten Ereignisses geschieht, kann der Versicherte mit dem Hinweis auf die Grundsätze der Schadenminderungspflicht ebenfalls eine Erstattung der Nachreisekosten bis zur Höhe der fiktiven Stornokosten erwarten, §§ 82 Abs. 1, 83 Abs. 1 VVG. Unter dem Gesichtspunkt der Schadenminderungspflicht wird jedoch die Leistungspflicht nicht begründet, wenn die verspätete Anreise durch die Verspätung öffentlicher Verkehrsmittel bedingt ist[71], da das nicht in dem allgemeinen Katalog der versicherten Ereignisse genannt wird.

88   **c)** Das Leistungsversprechen zur Erstattung von **zusätzlichen Rückreisekosten bei nicht planmäßiger Beendigung der Reise** ist stets an die Voraussetzung geknüpft, dass **An- und Abreise im versicherten Arrangement enthalten** sind. Mit dieser Maßgabe boten bereits die ABRV im Rahmen der Reiserücktrittskostenversicherung Deckungsschutz. In den neu gestalteten Musterbedingungen des GDV 2008 und in den Unternehmensbedingungen der ReiseVR ist dieses Leistungsversprechen in der Reiseabbruchversicherung enthalten.

89   Mit der **„nicht planmäßigen Beendigung der Reise"** wird zunächst der **Reiseabbruch** angesprochen. Als Reiseabbruch ist im Umkehrschluss aus dem Begriff des Reiseantritts die **vollständige vorzeitige Aufgabe der Nutzung der gebuchten Reiseleistungen** zu verstehen[72]. Kein Reiseabbruch liegt vor, wenn der VN die gebuchten Leistungen wegen Krankheit oder Unfallverletzung nur eingeschränkt nutzen kann, weil er das Bett hüten muss, am Hotel- oder Clubleben nicht teilnehmen kann und die Mahlzeiten nicht zu sich nehmen kann. Das Leistungsversprechen zur Erstattung zusätzlicher Rückreisekosten kommt auch dann zum Tragen, wenn die versicherte Person zwar am Tag der gebuchten Rückkehr, jedoch infolge des Eintritts eines versicherten Ereignisses ein anderes als das gebuchte Verkehrsmittel zur Rückreise nutzt.

---

[70] GDV Musterbedingungen VB- Reiserücktritt 2008, 1.1.2.
[71] A. a. O. S. 397, Rn. 408, *Pick,* Reiserecht, § 651i BGB Rn. 1.
[72] AG Biedenkopf v. 31. 12. 2002, VersR 2003, 902; vgl. o. Anm. 21.

Zusätzliche Rückreisekosten werden auch dann erstattet, wenn die Rückreise erst zeit-   90
lich nach Ende der gebuchten Reise stattfinden kann. Zu den **zusätzlichen Rückreisekosten** zählen auch zusätzliche Kosten für den Gepäcktransport[73].

Bei der Höhe der Erstattungsleistungen stellen die Leistungszusagen in den AVB stets auf   91
Art und Qualität der gebuchten und versicherten Reiseleistung ab[74]. Als zusätzliche
Rückreisekosten kann die Erstattung der Kosten verlangt werden, die über die im Reisepreis
enthaltenen Rückreisekosten hinaus tatsächlich entstehen. Können mit dem Arrangement
gebuchte Flüge umgebucht und für die Rückreise genutzt werden, entstehen insoweit keine
zusätzlichen Rückreisekosten[75]. Die ABRV sagen außer den unmittelbaren zusätzlichen
Rückreisekosten auch die Erstattung unmittelbar mit der Rückreise verbundener sonstiger
Mehrkosten zu, **Heilkosten** sind jedoch **ausgeschlossen.** Dieses Leistungsversprechen bezieht sich z. B. auf zusätzliche Übernachtungskosten, wenn bei der Rückreise nicht unmittelbar Anschluss an das Rückreiseverkehrsmittel gefunden werden kann. Heilkosten und Kosten
eines Krankenrücktransportes fallen in den Leistungsrahmen der Reisekrankenversicherung
und der V Beistandsleistungen auf Reisen, bzw. der Assistanceversicherung.

d) Das Leistungsversprechen des Ersatzes des **Wertes der nicht genutzten Reisekosten**   92
bei Abbruch der Reise kann nach den ABRV 2002 gem. § 1 Nr. 1c der Grunddeckung der
Reiserücktrittskostenversicherung hinzugefügt werden. Die Musterbedingungen des GDV
2008 und die AVB der ReiseVR ordnen den Leistungstatbestand ‚Erstattung des anteiligen
Reisepreises für nicht genutzte Reiseleistungen' der Reiseabbruchversicherung zu. Soweit lediglich eine uniforme Leistung gebucht und versichert war, z. B. **Ferienwohnungsmiete,**
kann **pro rata temporis** für die Zeit der Nutzungsaufgabe der anteilige Reisepreis der gebuchten und versicherten Leistung abgerechnet werden. Bei Flugpauschalreisen ist diese anteilige Rechnung nicht möglich. In der Praxis bedarf es zur Klärung einer Rückfrage bei dem
zuständigen Reiseveranstalter[76]. In der Folge des Urteils des BGH vom 28. 1. 2004 beziehen
die Bedingungswerke den Leistungsgegenstand stets auf den anteiligen Reisepreis nicht genutzter Leistungen.

Die ELVIA sagt in den AVB-RA 2002 der versicherten Person, die selber von schwerer   93
Krankheit oder schwerer Unfallverletzung betroffen ist und deshalb die Reise abbrechen
muss, einen **Reisegutschein** über den vollen Reisepreis zu, alternativ nach Wahl der versicherten Person anstelle der Erstattung zusätzlicher Rückreisekosten und der Erstattung des
Wertes nicht genutzter Reiseleistung. Diese Form der Leistung hat sich in der Praxis nicht
bewährt und wurde daher aufgegeben.

e) In den ABRV 2002 ist das Leistungsversprechen zur **Erstattung von den Mehrkosten**   94
bei verspäteter Rückreise bereits mit dem umfassenden Begriff der Erstattung **zusätzlicher Rückreisekosten** bei „nicht planmäßiger Beendigung der Reise" umfasst. Die Musterbedingungen des GDV 2008 und die ReiseVR nennen diese Leistung gesondert in den
AVB für die Reiseabbruchversicherung.

Die ERV sagt neben der Erstattung der Mehrkosten der Rückreise auch die Erstattung der   95
Mehrkosten des verlängerten Aufenthaltes und der Rückreise bis insgesamt € 5 000 zu, wenn
die versicherte Reise wegen eines Elementarereignisses (z. B. Überschwemmung) nicht planmäßig beendet werden kann.

---

[73] AG Velbert v. 18. 6. 2002, NVersZ 2002, 565 = RRa 2003, 96; aufgehoben: BGH v. 28. 1. 2004, IV RR 65/03.
[74] § 1 Nr. 1b ABRV 2002; § 3 AVB Reiseabbruch/ERV; § 1 Nr. 2a) AVB-RA 2002/ELVIA; AG Stadt-hagen v. 30. 10. 2002, r+s 2003, 159; AG München v. 21. 12. 2000, NVersZ 2002, 177 = VersR 2002, 1023.
[75] AG Erlangen v. 26. 6. 1996, RRa 1997, 118 = VersR 1997, 1003.
[76] BGH v. 28. 1. 2004, VersR 2004, 600 = RRa 2004, 90 verlangt bei Abbruch von Pauschalreisen die Abrechnung pro rata temporis des gesamten Reisepreises einschließlich der Flugkosten; dagegen: Anm. *Nies,* RRa 2004, 135 f.

96   Die AVB-RA 02 und 08/ELVIA bestimmen die Erstattung **zusätzlicher Kosten der Unterkunft** der versicherten Person, wenn deren planmäßige Beendigung der Reise nicht zumutbar ist, weil eine **mitreisende Risikoperson** wegen schwerer Unfallverletzung oder unerwarteter schwerer Erkrankung nicht transportfähig ist und über den gebuchten Rückreisetermin hinaus **in stationärer Behandlung** bleiben muss. Diese Leistung wurde unter 1.3. GDV VB-Reiseabbruch 2008 aufgenommen.

97   § 1 Nr. 2d AVB-RA 02/ELVIA sagt die Erstattung zusätzlicher **Nachreisekosten zum Wiederanschluss an die Reisegruppe** zu, wenn die versicherte Person wegen schwerer Krankheit oder Unfallverletzung der Reisegruppe vorübergehend nicht folgen kann. Darüber hinaus bietet § 1 Nr. 2d AVB RA08/ELVIA Kostenerstattung für den anteiligen Reisepreis, wenn die gebuchte Leistung vorübergehend nicht nutzen kann weil die versicherte Person wegen schwerer Unfallverletzung oder unerwarteter schwerer Erkrankung in stationärer Behandlung bleiben muss.

2. Versicherte Risiken und Risikopersonen

98   Die Eintrittspflicht des ReiserücktrittskostenVR knüpft an eine **kausal verbundene Ereigniskette.** Versicherungsschutz besteht, wenn eines der enumerativ aufgezählten Ereignisse die versicherte Person selbst oder eine ihrer Risikopersonen betrifft und in Folge dessen der Reiseantritt/die planmäßige Durchführung der Reise nicht zumutbar oder nicht möglich wird. Steht am Beginn der Ereigniskette als Ursache ein Umstand, der nicht im Katalog der versicherten Ereignisse genannt wird, so besteht auch dann kein Versicherungsschutz, wenn der Reiseantritt für die versicherte Person nicht zumutbar oder nicht möglich ist. Kein Versicherungsschutz besteht auch dann, wenn die versicherte Person wegen eines nicht versicherten Ereignisses storniert und sodann noch vor dem Zeitpunkt des gebuchten Reiseantritts ein versichertes Ereignis eintritt[77]. Nach dieser Systematik sind alle Bedingungswerke aufgebaut.

99   a) Tod, schwere Unfallverletzung und unerwartete schwere Erkrankung sind das Kernstück der **enumerativen Aufzählung** nach dem Grundsatz der **Einzelgefahrdeckung.**

100   Mit dem Begriff „**Tod**" wird der physische Tod angesprochen.

101   „**Schwerer Unfall**" betrifft ausschließlich schwere Unfallverletzungen nicht jedoch Verkehrsunfälle mit Sachschaden[78]. Konsequent nehmen daher die ABRV 02 und die GDV VB-Reiserücktritt 2008 sowie die AVB-RR/ELVIA den Begriff „schwere Unfallverletzung" als versichertes Ereignis auf.

102   Die „**unerwartete schwere Erkrankung**" ist der häufigste Anlass zur Stornierung einer Reise[79]. Eine Unfallverletzung oder Erkrankung ist schwer, wenn sie einen solchen Grad erreicht hat, dass der Antritt bzw. die Fortsetzung der Reise objektiv nicht zumutbar ist[80]. Die Krankheit muss **objektiv schwer** sein[81]. Besteht zur Zeit der Buchung und des Abschlusses der V eine Krankheit oder Verletzung, die den Reiseantritt in diesem Befinden nicht erlauben würde, so kann sich der Versicherte bei unzureichender Heilung bis zum Reiseantritt weder auf das Eintreten einer unerwarteten schweren Erkrankung noch auf eine **unerwartete Verschlechterung** seines Befindens berufen[82]. Nicht jedes chronische Leiden schließt das

---

[77] AG München v. 25. 7. 1999, VersR 1998, 1010, AG München v. 21. 4. 1980, VersR 1984, 330 (d).

[78] AG München v. 15. 1. 1998, r+s 1998, 123.

[79] LG Oldenburg v. 13. 3. 2003, VersR 2004, 110.

[80] LG München I v. 30. 3. 2000, bestätigt von OLG München v. 19. 10. 2000, NVersZ 2001, 459 = VersR 2001, 504 = RRa 2001, 85 = r+s 2001, 257, LG Duisburg v. 28. 1. 1998, VersR 1999, 360 = r+s 1998, 142; AG Hamburg v. 15. 8. 2002, RRa 2003, 90; AG Bottrop v. 31. 7. 2002, VersR 2003, 255 = r+s 2003, 203; RRa 2003, 92; AG Dresden v. 12. 7. 2002, RRa 2003, 92 = r+s 2003, 203; AG Osnabrück v. 21. 6. 2002, r+s 2003, 69; AG München v. 11. 6. 2002, RRa 2003, 92; AG Uelzen v. 22. 5. 2002, VersR 2003, 767 = RRa 2003, 93.

[81] AG Hamburg v. 31. 5. 2002, VersR 2003, 60; AG Tirschenreuth v. 22. 5. 2002, NVersZ 2002, 566; AG Hamburg v. 10. 7. 2001, NVersZ 2002, 465 = VersR 2002, 1420.

[82] AG München v. 12. 4. 2005, RRa 2006, 140: kein Versicherungsschutz für eine Reisebuchung während der Dauer stationärer Behandlung einer nach Jahren wieder aufgetretenen Depression; dazu Anm.

Eintreten eines Versicherungsfalles aus. Ein akuter Schub einer diabetischen Neuro-Osteo-Arthropatie kann z. B. eine unerwartete schwere Erkrankung sein, wenn zuvor eine Konsolidierung des Befundes eingetreten war[83]. Der bloße Verdacht einer schweren Krankheit reicht nicht aus, um eine Leistungspflicht des VR zu begründen. Plötzlich auftretende Herzrhythmusstörungen stellen nicht zwingend eine schwere Krankheit dar[84].

Der Rückfall in eine **Suchtkrankheit,** insbesondere Alkoholabusus, ist keine unerwartete   **103** schwere Erkrankung[85].

Ein **psychosomatischer Erschöpfungszustand** stellt nur dann eine unerwartete   **104** schwere Erkrankung dar, wenn dem eine seelische Erkrankung zugrunde liegt. Ein Angstzustand, der durch einen zumutbaren Willensakt hätte überwunden werden können, ist nicht als schwere Krankheit anzusehen[86]. Die Symptome Herzrasen, Schlaflosigkeit und Weinkrämpfe sind keine pathologischen erfassbaren Anzeichen einer schweren Krankheit[87]. Findet keine Therapie statt, ist der Schluss zu ziehen, dass die Beschwerden nicht den Grad einer schweren Krankheit erreicht haben[88]. Die Angst, vor Erkrankung am Reiseziel fällt nicht unter den Begriff der unerwarteten schweren Erkrankung[89]. Bei Angst infolge der terroristischen Ereignisse vom 11. September 2001 handelte es sich um eine besonders tragische Realisierung des Lebensrisikos, das jedermann selber tragen muss[90]. War eine Versicherte bereits vor der Buchung psychisch erkrankt, liegt bei Auftreten einer Panikattacke nach Abschluss des Versicherungsvertrages keine unerwartete Erkrankung vor[91].

Schmidt RRa 2006, 141, der jedoch den Sachverhalt nicht trifft; die AVB der ELVIA nannten in der Fassung von 1997 und 1998 die „unerwartete Verschlechterung" einer Krankheit als versichertes Ereignis. Die Verschlimmerung eines bekannten Krankheitsbildes war jedoch auch unter diesen Begriff nicht zu subsumieren, LG Bielefeld v. 11. 12. 2002, r+s 2003, 158; AG Hamburg v. 14. 8. 2002, bestätigt v. Beschluss LG Hamburg v. 27. 11. 2002, RRa 2003, 88; AG München v. 20. 11. 2003, VersR 2005, 503; AG München v. 15. 5. 2003, VersR 2005, 223; AG Duisburg v. 26. 5. 2003, r+s 2004, 293; AG Dresden v. 23. 5. 2002, NVersZ 2002, 465; vgl. auch AG München v. 18. 12. 2001, RRa 2002, 184; AG München v. 26. 9. 2001, NVersZ 2002, 219; AG Brühl v. 5. 1. 2001, r+s 2001, 384; AG München v. 25. 10. 2000, r+s 2001, 474; AG München v. 3. 1. 2000, NVersZ 2000, 384 = r+s 2000, 428.

[83] AG Hamburg v. 8. 12. 2005, RRa 2006, 138; AG Lichtenberg v. 23. 11. 2004, RRa 2005, 86.

[84] LG München I v. 27. 5. 2004, r+s 2005, 337.

[85] OLG Jena v. 17. 12. 1997, r+s 1998, 517; LG Stuttgart v. 8. 11. 2001, NVersZ 2002, 504 = r+s 2002, 296; AG München v. 12. 5. 2006VersR 2007, 1556 = r+s 2007, 331; AG Wetzlar v. 14. 7. 2005, VersR 2006, 1545 = r+s 2006, 382; AG Nürtingen v. 9. 12. 2003, RRa 2003, 238; AG Dresden v. 26. 7. 2001, NVersZ 2002, 268 = RRa 2002, 88 = r+s 2002, 296; AG München v. 18. 3. 1999, VersR 2000, 1105 = r+s 1999, 520; AG Bonn v. 15. 12. 1998, NVersZ 1999, 270; AG München v. 16. 5. 1997, VersR 1998, 714; AG Flensburg v. 23. 6. 1995, VersR 1996, 1496; vgl. auch AG Nürtingen v. 9. 12. 2002, RRa 2003, 238.

[86] LG Berlin v. 4. 6. 2002, NVersZ 2002, 503 = r+s 2002, 472; LG Kleve v. 19. 2. 1998, RRa 1999, 32 = r+s 1998, 254; AG Hamburg v. 1. 4. 2003; r+s 2003, 2004, 26; AG München v. 7. 1. 2003, r+s 2003, 510; AG München v. 16. 7. 2002, VersR 2003, 767; AG DResden v. 12. 7. 2002, VersR 2003, 991 = RRa 2003, 92; AG Euskirchen v. 4. 12. 2002 RRa 2003, 92; AG Nordhorn v. 16. 10. 2002, VersR 2003, 767 = RRa 2003, 92; AG München v. 19. 6. 2002, RRa 2003, 92; AG München v. 27. 5. 1999, NVersZ 2000, 31 = VersR 2000, 486 = r+s 2000, 210; AG Hannover v. 4. 12. 1998, NVersZ 1999, 429 versteht den Begriff „unerwartet" ausschließlich subjektiv. Diese Auffassung würde den Begriff der „unerwarteten schweren Erkrankung" in das freie Belieben des Versicherten stellen und die Obliegenheit zur unverzüglichen Stornierung ihres Regelungsgehaltes entleeren; dazu AG Hamburg v. 31. 5. 2002, VersR 2003, 60.

[87] AG München v. 9. 12. 2003, r+s 2004, 244.

[88] AG Hamburg v. 1. 4. 2003, r+s 2004, 26.

[89] LG Darmstadt v. 2. 6. 2004, r+s 2005, 337 = RRa 2005, 233; AG München v. 7. 1. 2003, r+s 2003, 510; AG Dortmund v. 16. 12. 2003, r+s 2006, 76.

[90] AG Hamburg-Blankenese v. 7. 1. 2004, VersR 2004, 469; AG Melsungen v. 9. 10. 2003, RRa 2004, 92.

[91] AG München v. 224 2005, VersR 2006, 834.

105   Wird während der Dauer der stationären Behandlung eine Reise gebucht und versichert, so besteht kein Versicherungsschutz, wenn die Buchung später wegen **unzureichender Heilung** oder **Verschlechterung des vorbestehenden Krankheitszustandes** wieder storniert wird[92]. **Keine unerwartete schwere Erkrankung** liegt vor, wenn die Krankheit bereits bei Abschluss des Reise- und des Versicherungsvertrages besteht und der bereits zuvor bekannte schwankende Verlauf der Krankheit wiederum in eine akute Phase tritt[93]. Eine Erkrankung ist dann nicht als unerwartet anzusehen, wenn im Zeitpunkt des Abschlusses des Versicherungsvertrages objektiv eine relative Wahrscheinlichkeit für das Auftreten der Krankheit besteht. In subjektiver Sicht ist erforderlich, dass der VN die den wahrscheinlichen Krankheitseintritt begründenden Tatsachen im Wesentlichen kannte und er infolgedessen mit dem Eintritt des Versicherungsfalles rechnen musste[94]. Wenn bei einer Krebserkrankung nach Abschluss einer Chemotherapie die Erkrankung erneut ausbricht, liegt keine unerwartete Erkrankung vor. Kommt es nach einem gewissen Zeitraum – möglicherweise Jahre –, in dem eine dauernde Verbesserung des Gesundheitszustandes vorlag, zu einer erneuten Krebserkrankung (Metastasierung) ergibt sich eine andere Beurteilung[95]. Bei einer Erkrankung des Herzens ist auch für einen Laien nicht zu erwarten, dass ab dem Zeitpunkt des „Gesundschreibens" durch den Arzt alles ausgestanden ist[96]. Daher besteht kein Versicherungsschutz bei einer seit Jahren bestehenden schwer einzustufenden entzündlichen rheumatischen Erkrankung[97] oder bei einer seit mehreren Wochen vor der Buchung bestehenden therapieresistenten fiebrigen Erkrankung mit Gliederschmerzen[98]. Kein versichertes Ereignis liegt vor bei fehlender Unterbringungsmöglichkeit der bereits zuvor pflegebedürftigen Angehörigen[99]. Ein nicht voraussehbarer Hüft-TEP-Schaftbruch stellt eine unerwartete Krankheit i. S. der Reiserücktrittskostenversicherung dar, da das Hüftgelenk in den Körper des Menschen eingebaut und nur durch eine aufwendige Operation einzusetzen, bzw. zu reparieren ist[100]. Dagegen stellt die stationäre Aufnahme zur Durchführung einer Nierentransplantation keine unerwartete schwere Erkrankung dar[101].

106   Die **Beweislast** für das Vorliegen einer unerwarteten schweren Erkrankung liegt grundsätzlich bei der versicherten Person. Als Beweis für das Vorliegen eines schweren Krankheitszustandes sind objektive Krankheitsmerkmale nachzuweisen[102]. Als Nachweis für das Auftreten einer unerwarteten schweren Erkrankung ist ein Attest nur dann geeignet, wenn es

---

[92] AG München v. 10. 1. 2007, r+s 2007, 108 (bei einer bevorstehenden Operation); AG München v. 25. 7. 2005, r+s 2007, 109; AG München v. 6. 12. 2001, NVersZ 2002, 564= RRa 2003, 96; AG München v. 28. 9. 1999, NVersZ 2000, 383 = r+s 2000, 252; AG Gummersbach v. 10. 6. 1999, r+s 2000, 167; AG München v. 27. 5. 1999, r+s 1999, 520 = VersR 2000, 1017.

[93] AG München v. 6. 12. 2006, VersT 2007, 793 = r+s 2007, 108; AG Hamburg v. 24.10 006, VersR 2007, 1556 = r+s 2007, 383; AG Wetzlar v. 14. 7. 2005, r+s 2006, 382; AG München v. 24. 11. 2003 RRa 2004, 138; AG Kempen v. 4. 7. 2003, r+s 2004, 292; AG Düsseldorf v. 20. 4. 2001, r+s 2002, 384 zu einer manisch depressiven Erkrankung.

[94] AG Hamburg v. 3. 6. 2004, r+s 2005, 337 f.

[95] AG München v. 12. 10. 2005, VersR 2005, 1492.

[96] LG München I v. 27. 3. 2006, VersR 2007, 104 f. = r+s 2006, 382; AG München v. 20. 3. 2007, VersR 2008, 641.

[97] LG Odenburg v. 13. 2. 2003, VersR 2004, 110.

[98] LG München v. 27. 3. 2006 VersR 2007, 104 = r+s 2006, 382.

[99] AG München v. 23. 10. 2002, VersR 2003, 855.

[100] AG Uelzen v. 17. 5. 2005, VersR 2005, 1431.

[101] AG Hamburg v. 20. 6. 2006, r+s 2007, 384.

[102] LG München I v. 12. 7. 2002, NVersZ 2002, 502 = RRa 2002, 237 = r+s 2002, 430; AG München v. 27. 5. 1999, NVersZ 2000, 31 = VersR 2000, 360 = r+s 2000, 252: Ein ärztliches Attest mit der Diagnose Gastroenteritis, welches acht Tage nach Stornierung erstellt wird, ist als Nachweis für das Vorliegen einer unerwarteten schweren Erkrankung als kausales Ereignis für die Stornierung nicht geeignet; AG München v. 17. 8. 1999, NVersZ 2000, 31 = VersR 2000, 486 = r+s 2000, 210 verlangt gerade bei Vorliegen psychiatrischer Krankheitssymptome den Nachweis, dass tatsächlich ein schwerer Krankheitszustand vorlag.

unmittelbar bei Eintritt des Versicherungsfalles eingeholt wird. Wird ein Attest erst Tage oder Wochen nach dem Eintritt des Versicherungsfalles eingeholt, kann das Attest keine hinreichende Aussage über den vergangenen Zustand treffen[103]. Allein der Vortrag der versicherten Person, in Folge subjektiv empfundener und geklagter Beschwerden sei der Reiseantritt nicht zumutbar gewesen, reicht als Nachweis für ein versichertes Ereignis nicht aus[104]. Auch der Vortrag, am Tag vor der Stornierung mit dem behandelnden Arzt ein Telefongespräch geführt zu haben bei welchem die Krankheitssymptome beschrieben worden seien, ist als Beweis für eine schwere Krankheit nicht ausreichend, wenn erst fünf Tage später einmalig der Arzt aufgesucht wurde[105]. Der Nachweis für das Auftreten einer psychischen Erkrankung als Grund für den Nichtantritt der Reise durch Attest eines Facharztes für Psychiatrie zu führen[106].

b) Versicherungsschutz besteht, wenn sich nach der Reisebuchung und dem Abschluss der   **107** V die **Impfunverträglichkeit** herausstellt oder wenn Reaktionen auf die durchgeführte Impfung die Unverträglichkeit anzeigen. Kennt die versicherte Person allerdings die Impfunverträglichkeit vor Buchung der Reise, besteht kein Versichrungsschutz, § 2 Abs. 2 VVG[107]. Das gilt auch, wenn die versicherte Person erst nach der Reisebuchung erfährt, dass für das gebuchte Zielgebiet eine **Impfbestimmung** oder Impfempfehlung besteht und die Impfunverträglichkeit für die gebuchte Reise relevant ist. Die Kenntnis der Impfnotwendigkeit und Impfempfehlung für ein Zielgebiet ist dem Risikobereich des Versicherten und des vertraglich verbundenen Reiseveranstalters zuzurechnen und liegt nicht im Rahmen der versicherten Risiken[108].

c) Eine **Schwangerschaft** kann insbesondere bei Fernreisen zur Unzumutbarkeit der   **108** Reise für die Schwangere führen. Bucht die Schwangere jedoch eine Reise, die nach Art und Ziel der Reise für die Schwangere nicht zuträglich ist, besteht kein Versicherungsschutz[109]. Entscheidend ist, dass das Ereignis, welches zur Unzumutbarkeit zum Reiseantritt führt, nach Buchung der Reise und Abschluss des Versicherungsvertrages eintritt. Wird bereits vor der Reisebuchung eine In-vitro-Fertilisationsbehandlung aufgenommen, so besteht kein Versicherungsschutz, da eine solche Behandlung in jedem Fall Risiken für das gesundheitliche Befinden der Frau mit sich bringt, die Reisen in andere Klimazonen und/oder belastende anstrengende Reisen nicht erlaubt. Eintretende Beschwerden sind keine unerwartete schwere Erkrankung. Mit der Entstehung einer Schwangerschaft durch die Behandlung ist zurechnen, so dass ebenfalls keine Versicherungsschutz im Falle der Stornierung aus diesem Grund besteht, GDV VB- Reiserücktritt 2008, Nr. 3.2.

d) Voraussetzung der Eintrittpflicht des VR ist ein **Schaden am Eigentum** der versi-   **109** cherten Person oder einer Risikoperson in Folge von Feuer, Elementarereignissen oder vorsätzlicher Straftat eines Dritten, sofern der **Schaden erheblich** ist oder die **Anwesenheit der versicherten Person zur Schadenfeststellung notwendig** ist[110]. Die GDV VB-Reiserücktritt 2008 bezeichnen die versicherten Ereignisse mit „Feuer, Explosion, Elementarer-

---

[103] LG Potsdam v. 22. 4. 2004, RRa 2004, 275.

[104] AG Hamburg v. 31. 5. 2002, VersR 2003, 30; AG Tirschenreuth v. 22. 5. 2002, NVersZ 2002, 566; AG Eggenfelden v. 7. 5. 2001, NVersZ 2002, 466 = VersR 2002, 1420; AG München v. 3. 8. 2000, NVersZ 2001, 167 = VersR 2001, 760.

[105] AG Charlottenburg v. 97 2003, r+s 2004, 292.

[106] LG München v. 13. 11. 2006, RRa 2007, 96.

[107] LG Wuppertal v. 192 2004, r+s 2004, 244; AG Sinsheim v. 15. 12. 1999, NJW-RR 2000, 940 = NVersZ 2000, 574 = VersR 2001, 456 = r+s 2000, 516; AG München v. 26. 2. 1997, VersR 1998, 51 = RRa 1997, 188; AG München v. 30. 6. 1995, VersR 1996, 1145 = RR 1996, 134.

[108] Zur Information über gesundheitspolizeiliche Formalitäten ist der Reiseveranstalter bereits bei der Ausschreibung der Reise in Prospekten und Katalogen verpflichtet, § 4 Abs. 1 f.) InfV.

[109] AG München v. 28. 10. 1999, RRa 2000, 142 = r+s 2000, 341; AG München v. 26. 2. 1997, VersR 1998, 51.

[110] Die AVB der ERV nennen als Voraussetzung pauschal Elementarereignisse. Dies sind nur Ereignisse der unbeherrschten Naturgewalten, nicht dagegen Schäden, die auf Eingriffe des Menschen zurück-

eignis". In den AVB der ReiseVR werden die Elementarereignisse einzeln aufgeführt. Die GDV VB- Reiserücktritt 2008 und überwiegend die AVB der ReiseVR nennen als Voraussetzung den Schaden am Eigentum.

110   **Vermögensschäden** lösen die Eintrittspflicht des VR nach den marktüblichen AVB der ReiseVR dann nicht aus, wenn sie durch vorsätzliche Straftat eines Dritten verursacht werden. Bei einem Vermögensschaden durch Betrug besteht daher kein Versicherungsschutz. Die Befürchtung von Eigentumsschäden durch Diebstahl von Angestellten sind kein versichertes Ereignis[111]. Betrifft der Eigentumsschaden das Eigentum einer GmbH, an welcher die versicherte Person beteiligt ist, besteht kein Versicherungsschutz.

111   Der **Diebstahl von Reisepässen und Reiseunterlagen** stellt zwar keinen erheblichen Vermögensschaden dar. In der Praxis anerkennen die ReiseVR jedoch den Diebstahl der Reiseunterlagen und der Ausweispapiere als versichertes Ereignis.

112   **e)** Der **Verlust des Arbeitsplatzes** der versicherten Person oder einer mitreisenden Risikoperson durch **unerwartete betriebsbedingte Kündigung des Arbeitsplatzes durch den Arbeitgeber** kommt bei Kündigungen innerhalb der Probezeit i. d. R. nicht zum Tragen[112]. Der Arbeitnehmer hat während dieser Zeit stets noch mit einer Kündigung des Arbeitgebers ohne Angabe von Gründen zu rechnen. Auch bei betriebsbedingter Kündigung während der Probezeit steht der versicherten Person der Beweis offen, dass nach den bekannten Gegebenheiten mit einer betriebsbedingten Kündigung während der Probezeit nicht zu rechnen war. Wird eine personenbedingte Kündigung des Arbeitsverhältnisses durch gerichtlichen Vergleich in eine betriebsbedingte Kündigung umgewandelt, besteht gleichwohl keine Versicherungsschutz[113]. Kein versichertes Ereignis liegt bei Verhängung einer **Urlaubssperre** vor[114] oder bei einer Gewerbeabmeldung aufgrund wirtschaftlicher Schwierigkeiten[115] oder des Wegfalls einer beruflichen Weiterbildungsmaßnahme[116].

113   Die **unerwartete Aufnahme eines Arbeitsverhältnisses** durch die versicherte Person oder eine mitreisende Risikoperson, sofern diese Person bei der Reisebuchung arbeitslos war, liegt nicht vor, wenn die betreffende versicherte Person vor der Reisebuchung bereits ein Bewerbungsgespräch geführt hatte und daraufhin eine konkrete Aussicht auf eine Zusage für ein Arbeitsverhältnis hatte. Allein die Teilnahme an einem Vorstellungsgespräch ist kein versichertes Ereignis[117].

114   **f)** Versicherungsschutz besteht auch bei unerwarteter Einberufung der versicherten Person zum **Grundwehrdienst,** zu einer **Wehrübung** oder zum **Zivildienst,** sofern der Termin nicht verschoben werden kann und die Stornogebühren nicht von einem Kostenträger übernommen werden.

Dieses versicherte Ereignis wurde nicht in den Katalog unter § 1 Nr. 2 ABRV 02 aufgenommen.

115   **g)** Die AVB der ERV und der ELVIA bieten auch Deckungsschutz bei **Wiederholung einer nicht bestandenen Prüfung während der Schul- oder Universitätsausbildung,** sofern die Reise vor dem ursprünglichen Prüfungstermin gebucht war und der Termin der Wiederholungsprüfung unerwartet in die Zeit der versicherten Reise fällt. Dieses Risiko ist in den GDV VB – Reiserücktritt 2008 nicht enthalten.

---

zuführen sind, VGH Mannheim v. 29. 11. 1994, VersR 1995, 1092; AG München v. 15. 9. 2000, NVersZ 2001, 127; AG Bamberg v. 10. 7. 1997, VersR 1998, 888.
[111] LG Konstanz v. 4. 4. 1997, VersR 1998, 318.
[112] AG München v. 8. 11. 2002, VersR 2004, 62 = RRa 2003, 237.
[113] AG Lippstadt v. 7. 11. 2001, RRa 2002, 90.
[114] AG München v. 18. 4. 2000, VersR 2002, 96 = NVersZ 2001, 461.
[115] AG Saarlouis v. 17. 5. 2001, NVersZ 2002, 266 = RRa 2001, 215.
[116] AG Würzburg v. 28. 5. 2001, VersR 2002, 568 = RRa 2002, 91.
[117] AG München v. 25. 4. 2002, NVersZ 2002, 564.

Bei „schwerem Unfall, unerwarteter schwerer Erkrankung oder Impfunverträglichkeit   **116**
eines zur Reise angemeldeten **Hundes** der versicherten Person" bieten die ERV und die EL-
VIA Versicherungsschutz.

Diese beiden Risikotatbestände wurden nicht in die ABRV aufgenommen. Die Neufassungen der AVB der ReiseVR 2008 haben diesen Risikotatbestand wieder aufgehoben.

h) Die Musterbedingungen ABRV 02 zählen die **Risikopersonen** nach Verwandt-   **117**
schaftsgraden unter § 1 Nr. 3 auf. Die GDV – VB Reiserücktritt 2008 nennen „die Angehörigen der versicherten Person" ohne Aufzählung der Verwandtschaftsgrade. während die AVB
der ERV und der ELVIA bis 2006 die **Angehörigen der versicherten Person** als Risikopersonen ohne Einzelaufzählung des Verwandtenkreises nennen – gesondert genannt wird
noch der **Lebenspartner** der versicherten Person oder der mitreisenden Risikopersonen –
enthalten die AVB 2008 der ReiseVR wieder eine Aufzählung der Verwandtschaftsgrade.
Der Begriff der Angehörigen als pauschale Bezeichnung der Risikopersonen beschränkt sich
nicht auf die Aufzählung der Angehörigen unter § 11 StGB. Der Versicherte hat jedoch nachzuweisen, dass er zu der betreffenden Person, wegen deren Erkrankung oder Tod er die Reise
abgesagt hat, eine so enge persönliche Verbindung hatte, dass von einem Angehörigen gesprochen werden kann[118]. Die AVB der ERV und der ELVIA nennen als Risikopersonen ergänzend diejenigen, die nicht mitreisende Minderjährige oder pflegebedürftige Angehörige
betreuen.

Bei **gemeinsamer Buchung** von bis zu vier Personen gelten die mitreisenden Personen
unabhängig vom Bestehen eines Verwandtschaftsverhältnisses ebenfalls als Risikopersonen.
Die ABRV 2002 und die GDV VB – Reiserücktritt 2008 – enthalten an betreffender Stelle
unter § 1 Nr. 3 ABRV 2002; GDV VB 2008 2.2, einen offenen Text, so dass es dem anwendenden VU anheim gegeben ist, die Zahl der gemeinsam Reisenden als Risikopersonen individuell festzulegen.

3. Ausschlüsse

a) Die allgemeinen Risikoausschlüsse, das sind die Kriegsklausel, Streik/Aussperrung, Be-   **118**
schlagnahme/Eingriffe von hoher Hand, Verwendung chemischer/biologischer Substanzen/
elektromagnetische Wellen, Kernenergie und Pandemien nehmen die GDV Musterbedingungen unter Nr. 5. AT-Reise 2008 entsprechend der AVB-Struktur der ReiseVR auf. Den
VU können den Katalog der Risikoausschlüsse erweitern oder einschränken. Bedeutung hat
der Risikoausschluss Terrorakten erlangt. Als spartenspezifische Risikoausschlüsse nennt GDV
VB Reiserücktritt 2008 unter Nr. 3 Ereignisse, mit denen zur Zeit der Buchung zu rechnen
war. Dieser Ausschluss kann z. B. praktische Bedeutung erlangen, wenn eine Reise ungeachtet der Schwersterkrankung eines Angehörigen gebucht wird, mit dessen Ableben im versicherten Zeitraum, also vor Beendigung der Reise, zu rechnen war. Kein Versicherungsschutz
bietet die Reiserücktrittskostenversicherung ferner, „sofern die Krankheit den Umständen
nach als eine psychische Reaktion auf einen Terrorakt, ein Flugunglück oder aufgrund der
Befürchtung von inneren Unruhen, Kriegsereignissen oder Terrorakten aufgetreten ist." Dieser Ausschlusstatbestand wurde in der Folge der Ereignisse des 11. 9. 2001 aufgenommen.

Die betreffende Ausschlussregelung waren in den ABRV 2002 unter § 2 Nr. 1 der ABRV
mit weitergefasstem Text enthalten.

b) Der Risikoausschluss der **Voraussehbarkeit** ist ausschließlich in den ABRV 2002 unter   **119**
§ 3 Nr. 2 enthalten. Die GDV VB Reiserücktritt 2008 wie auch die AVB der ERV und der
ELVIA nennen diesen Ausschlusstatbestand nicht mehr. Die Bedingungswerke normieren jedoch den **unerwarteten Eintritt** des betreffenden **versicherten Ereignisses** als anspruchsbegründende Tatsache. Die AVB ELVIA bieten nach § 2 Nr. 1 der AVB-RR
unter der Voraussetzung Versicherungsschutz, dass die versicherte Person oder eine Risikoperson während der Dauer des Versicherungsschutzes von einem der nachstehend genannten
Ereignisse betroffen wird. „Während der Laufzeit der V" tritt ein Ereignis nur ein, wenn es

---

[118] Vgl. *Prölss/Martin/Knappmann,* § 6 AVB-RR Rn. 5.

nach Abschluss des Versicherungsvertrages eintritt. Dies entspricht dem Grundsatz des § 2 Abs. 2 VVG. Ergänzend wurde der Ausschluss für Ereignisse aufgenommen, mit denen zur Zeit der Buchung zu rechnen war. Anzuknüpfen ist an die Kenntnis oder das Kennenmüssen der versicherten Person der objektiven Gegebenheiten, welche den bevorstehenden Eintritt des versicherten Ereignisses anzeigten.

120   Inhaltlich ist die anspruchsbegründende Voraussetzung des **unerwarteten Eintritts des Ereignisses** nicht völlig deckungsgleich mit dem Ausschluss „wenn der Versicherungsfall für den Versicherten bei Abschluss der V voraussehbar war"[119]. Von dem „unerwarteten" Auftreten eines Ereignisses kann außer bei vorausschauender Kenntnis der weiteren Entwicklung auch dann nicht gesprochen werden, wenn der Versicherte den Umständen nach mit dessen Eintritt rechnen musste. Dies ist mit dem neu aufgenommenen Ausschluss für Ereignisse, mit denen zur Zeit der Buchung zu rechnen war, klar gestellt. Dem Versicherten wird nicht zugute gehalten, dass der Wunsch zu reisen den Blick auf eine bestehende Krankheit und die daraus folgenden Risiken verstellt hat. Die **Beweislast** für das **unerwartete Auftreten des Ereignisses** nach Abschluss des Versicherungsvertrages als rechtsbegründende Tatsache liegt bei dem Versicherten. Die Zuweisung der Beweislast an den Versicherten ist angemessen, da die tatsächlichen Umstände in seinem Lebensbereich liegen.

121   Dagegen trägt der **VR die Beweislast für die Einwendung der Voraussehbarkeit des versicherten Ereignisses** nach § 2 Abs. 2 ABRV 2002. Nach den AVB 2008 trifft den VR die Beweislast für die objektiven Gegebenheiten, welche den bevorstehenden Eintritt des Ereignisses anzeigte. Daraus ist nach dem Beweis des ersten Anscheins auf die Kenntnis/das Kennenmüssen der Umstände und damit auf das Bevorstehen des versicherten Ereignisses zu schließen. Der versicherten Person steht der Gegenbeweis offen. Eine entsprechende Anwendung des Grundsatzes des § 81 Abs. 2 VVG bietet sich an, so dass bei grobfahrlässiger Unkenntnis der Umstände eine anteilige Leistungspflicht des VR nach Art und Schwere der versicherten Person an der Unkenntnis besteht.

122   Für die anderen versicherten Ereignisse ergibt sich das **Merkmal des Unerwarteten** überwiegend bereits aus der **Eigenart des jeweiligen Ereignisses.** Ereignisse, die vor Abschluss des Versicherungsvertrages eingetreten sind, können grundsätzlich nicht zur Eintrittspflicht des VR führen. Beruft sich der VN/die versicherte Person auf Unkenntnis des Ereignisses, trifft ihn die Beweislast, § 2 Abs. 2 S. 2 VVG:

123   Versicherungsschutz besteht, wenn bei **stabilen Dauerkrankheiten,** welche der Teilnahme an der Reise nicht entgegenstehen, ein Einbruch im Befinden geschieht, mit dem **nach dem bisherigen Krankheitsverlauf** nicht zu rechnen war, und der Versicherte infolgedessen nicht reisen kann. Leidet die betreffende Risikoperson jedoch an einer Krankheit, die in Schüben und Schwankungen verläuft und kann sodann wegen des erneuten Auftretens einer akuten Krankheitsphase nicht gereist werden, so besteht kein Versicherungsschutz[120]. Keine unerwartete schwere Erkrankung liegt vor, wenn während der Dauer einer behandlungsbedürftigen Krankheit oder Verletzung, die der Reise entgegensteht, gebucht wird und in der Folgezeit die erhoffte **Besserung des Gesundheitszustandes** nicht eintritt[121] oder wenn die zuständige Krankenkasse die Genehmigung zur Reise versagt[122]. Kein versichertes Ereignis liegt auch bei einer Reiseabsage mit Rücksicht auf eine Kur oder Reha-Maßnahme vor[123].

---

[119] So jedoch: *Prölss/Martin/Knappmann,* § 1 ABRV Rn. 13, 22; dagegen AG Hamburg v. 31. 5. 2002, VersR 2003, 60 mit differenzierender ausführlicher Begründung.

[120] Umfassend zur Problematik: AG Hamburg v. 31. 5. 2002, VersR 2003, 60; AG Cloppenburg v. 4. 11. 1996, VersR 1997, 874.

[121] LG München I v. 27. 3. 2006, VersR 2007, 104f. = r+s 2006, 382; AG Hamburg v. 24. 10. 2006, VersR 2007, 1556 = AS 2007, 383; AG München v. 17. 5. 1999, r+s 2000, 79 = NVersZ 200, 30; AG Koblenz v. 21. 3. 1997, RRa 1998, 10; AG München v. 17. 6. 2004, r+s 2005, 295.

[122] AG München v. 21. 3. 2001, NVersZ 2002, 177; AG München v. 28. 9. 1999, NVersZ 2000, 383 = r+s 2000, 252; AG München v. 31. 3. 1999, NVersZ 1999, 427 = VersR 1999, 1237.

[123] AG München v. 9. 3. 2001, VersR 2002, 185 = r+s 2001, 473.

Eine Transplantation zur Sanierung des bestehenden bekannten Grundleidens ist keine un- **124**
erwartete schwere Erkrankung[124].

c) Die ABRV 2002 schließen unter § 2 Nr. 2 den Versicherungsschutz aus, wenn die versi- **125**
cherte Person oder eine Risikoperson den Versicherungsfall **vorsätzlich oder grob fahrlässig** herbeigeführt hat. Die Musterbedingungen des GDV 2008 enthalten entsprechend § 81
Abs. 2 VVG den Ausschluss bei grob fahrlässiger Herbeiführung des Versicherungsfalles nicht
mehr. § 5 Nr. 2 der AVB-AB 02 der ELVIA nennen den Ausschluss bei vorsätzlichem Handeln. Grob fahrlässige Herbeiführung des Versicherungsfalles ist in der Reiserücktrittskostenversicherung weder bei der ELVIA noch bei der ERV ausgeschlossen. Im Falle vorsätzlicher
Herbeiführung eines Versicherungsfalles besteht daher unverändert gegenüber der Rechtslage nach dem VVG a. F. kein Versicherungsschutz. Bei grob fahrlässiger Herbeiführung finden die Grundsätze des § 81 VVG Anwendung, so dass der VR die Leistung nach der Gewichtung des Verschuldens der versicherten Person kürzen kann.

4. Obliegenheiten und Beweisregeln

a) Die Frage, zu welchem Zeitpunkt der Versicherungsfall eingetreten ist und unter wel- **126**
chen Voraussetzungen daher der versicherte Reisevertrag zu stornieren ist, war seit jeher zentraler Diskussionspunkt in der Reiserücktrittskostenversicherung. Zur besseren Verständlichkeit knüpfen die Musterbedingungen des GDV, VB–Reiserücktritt 2008 Nr. 4.1, wie bereits
zuvor die AVB der ERV und der ELVIA, die **Verpflichtung zur unverzüglichen Stornierung** an den „Eintritt des versicherten Rücktrittsgrundes". Damit wird materiell unverändert
der Eintritt des Versicherungsfalles angesprochen. Mit Aufgabe des ‚Alles-oder-Nichts-Prinzips' in §§ 28, 81 VVG wurden zwar die Obliegenheiten nicht verändert, wohl aber wurden
die Rechtsfolgen bei Obliegenheitsverletzungen grundlegend neu gestaltet.

Die Obliegenheit verlangt den **Reiserücktritt am Tag nach dem Auftreten der Er-** **127**
krankung[125]. Die Krankheit muss **objektiv** vorliegen und der Versicherte muss die **Krank-
heitsumstände,** welche den Reiseantritt unmöglich oder unzumutbar machen, **wahrgenommen** haben[126]. Dies bedeutet aber nicht, dass eine Beurteilung nach rein subjektiven
Vorstellungen stattzufinden hat, da andernfalls dem optimistischen Versicherten, der die
Schwere seines Krankheitszustandes ignoriert, ein weitergehender Deckungsschutz eingeräumt würde als dem besorgten pessimistischen Versicherten[127].

Die **Kenntnis einer schweren Krankheit** kann sich aus der ärztlichen Diagnose oder aus **128**
einem offenkundig schweren Krankheitsbild ergeben. Auch ein **Anfangsverdacht,** der auf
konkreten Beschwerden des Patienten beruht und den daraufhin angeordneten diagnostischen Maßnahmen und/oder der **Anordnung der stationären Aufnahme** zur weiteren
Diagnose des Krankheitsbildes können dem/der Patient/in ein schweres Krankheitsgeschehen anzeigen[128]. Bei Auftreten von Symptomen eines möglicherweise schweren Krankheitsbildes ist es dem Versicherten zuzumuten, ärztlichen Rat zu den möglichen Risiken der

---

[124] AG Hamburg v. 20. 6. 20066, r+s 2007, 384; AG München v. 15. 4. 2001, RRa 2001, 192.

[125] LG Köln v. 26. 10. 2006, RRa 2007, 186 räumt bei Bekanntwerden einer Schwangerschaft für die
Absage einer Reise auf die Malediven mehrere Tage Überlegungsfrist ein. Mit Blick auf das Wohl von
Mutter und Kind war die Unzumutbarkeit jedoch auf Anhieb offenkundig. LG München I v. 6. 11.
2002, r+s 2003, 159 = RRa 2003, 89; AG Landau v. 1. 3. 2002, NVersZ 2002, 464.

[126] *Prölss/Martin/Knappmann,* § 4 ABRV Rn. 1; Anordnung Totaloperation: AG München v. 6. 6. 1995,
VersR 1996, 1010.

[127] AG Hamburg v. 31. 5. 2002, VersR 2003, 60.

[128] LG Koblenz v. 19. 6. 2007, VersR 2007, 1513; LG Aurich v. 15. 7. 2005, VersR 2006, 544; LG
München I v. 4. 12. 2003, VersR 2005, 269 = RRa 2004, 136; LG Osnabrück v. 6. 11. 2003 zu AG Bad
Iburg 23. 6. 2003, r+s 2004, 156; LG München I v. 31. 3. 2004, r+s 2005, 253; AG München v. 17. 5.
2004, RRa 2004, 277; AG Hamburg v. 10. 9. 2004, VersR 2006, 790 = r+s 2006, 158; AG Hamburg v.
28. 9. 2004, r+s 2005, 294; AG Pankow/Weißensee v. 15. 3. 2001, NVersZ 2002, 175; stationäre Behandlung wegen Angina Pectoris, AG Koblenz v. 21. 3. 1997, RRa 1998, 10; AG München v. 17. 5.
1999, NVersZ 2000, 30 = r+s 2000, 79; leichter Schlaganfall bei einem älteren Menschen: AG Andernach v. 31. 1. 1997, VersR 1997, 1276.

weiteren Entwicklung des Krankheitsbildes im Hinblick auf die gebuchte Reise einzuholen[129].

129   Dabei hat der Versicherte nicht nur nach den **Heilchancen** bis zum geplanten Reisetermin zu fragen sondern auch nach den Risiken des Eintritts von **Komplikationen, Verzögerungen des Heilverlaufs** und der **Zuträglichkeit/Zumutbarkeit der Reise** bei regelrechter Heilung. Die Obliegenheit zur unverzüglichen Stornierung beinhaltet eine Erkundungspflicht in Bezug darauf, ob die Reise für den Versicherten zumutbar ist oder ob die Belastungen der Reise möglicherweise nicht zuträglich sein werden.

130   Grundsätzlich hat der Versicherte die Reise zu dem Zeitpunkt zu stornieren, ab welchem nach dem ihm bekannten **Krankheitszustand nach allgemeiner Lebenserfahrung der Antritt der gebuchten Reise nicht möglich oder nicht zumutbar ist**[130]. Dabei zeigt i. d. R. die Notwendigkeit stationärer Aufnahme zur Diagnostik und/oder Behandlung einen schweren Krankheitszustand an, der keine verlässliche positive Heilprognose erlaubt[131]. Wer bei einem schweren Krankheits- oder Verletzungszustand die Buchung nicht absagt weil er auf rechtzeitige Genesung bis zum Reisetermin hofft, handelt auf eigenes Risiko[132].

131   Die **Hoffnung,** ein schwerer Krankheitszustand werde sich bis zum geplanten Reiseantritt bessern, entlastet den Versicherten nur unter der Voraussetzung einer entsprechenden **sicheren Prognose des Arztes** von dem Vorwurf grob fahrlässiger Obliegenheitsverletzung, wenn mit der Stornierung abgewartet wird[133]. **Allgemein aufmunternde Äußerungen des Arztes** mit den Worten …"das wird schon wieder…" oder …"das kriegen wir schon wieder hin…", bedeutet keine verlässliche verbindliche Heilprognose des Arztes. Der Arzt kennt die Verpflichtungen des Versicherten aus dem Versicherungsvertrag i. d. R. nicht; ihn trifft in Bezug auf den Versicherungsvertrag seines Patienten keine vertragliche Verpflichtung[134]. Aus dem Behandlungsvertrag folgt ausschließlich die Verpflichtung des Arztes zur Wahrung der gesundheitlichen Interessen seines Patienten. Diese Grundlage der ärztlichen Auskünfte ist allenthalben offenkundig. Dem Versicherten ist es daher zuzumuten, sich den eigenen Krankheitszustand zu vergegenwärtigen und sich nicht auf allgemein gehaltene vage aufmunternde Äußerungen des Arztes zu verlassen wenn ein schwerwiegender Krankheitszustand nach dem aktuellen Befinden offenkundig ist oder bereits eine **gravierende Diagnose** gestellt wurde.

132   Die Obliegenheit zur **Schadenminderung** durch unverzügliche Stornierung bei Eintritt einer „unerwarteten schweren Erkrankung" oder „schweren Verletzung" hat die Verpflichtung zur **nachhaltigen Rückfrage bei dem Arzt zur voraussichtlichen gesundheitlichen Zuträglichkeit der Reise und etwa damit verbundenen Risiken und Belastungen** zur Grundlage[135]. Der Wunsch des Versicherten, an der gebuchten Reise teilzunehmen, darf nicht seinen Blick auf die Realität des Krankheitszustandes verstellen.

Die Rechtsfolgen aus der Verletzung der Obliegenheit zur unverzüglichen Stornierung wurden mit §§ 28, 81 Abs. 2 VVG neu gestaltet. Im Falle vorsätzlicher Obliegenheitsverletzung bleibt der VR wie nach bisherigem Rechtszustand leistungsfrei, sofern die Obliegenheitsverletzung für den Eintritt oder die Feststellung oder den Umfang der Leistungspflicht des VR von Bedeutung war, §§ 28 Abs. 3 , 82 Abs. 3, 4 VVG. Im Falle von Arglist tritt stets Leistungsfreiheit ein. Bei grobfahrlässiger Verletzung der Obliegenheit ist der VR berechtigt,

---

[129] LG München I v. 5. 2. 2003, VersR 2003, 1530 = r+s 2003, 421 = RRa 2003, 137.

[130] LG Weiden v. 29. 7. 2003 r+s 2004, 114; AG Neustadt a.d.W. v. 2. 5. 2002, r+s 2002, 431; AG München v. 30. 6. 1999, r+s 2000, 32.

[131] AG München v. 17. 12. 2002, VersR 2003, 1440; AG Eberswalde v. 25. 11. 1999, r+s 2000, 210.

[132] LG München I v. 5. 2. 2003, VersR 2003, 1530 = r+s 2003, 421 = RRA 2003, 137; LG München v. 20. 9. 2000, NVersZ 2001, 460 = r+s 2000, 460; LG Osnabrück v. 7. 4. 2000, NVersZ 2000, 573 = RRa 2000, 235 = r+s 2000, 470; AG München v. 11. 5. 2002, NVersZ 2001, 461 = VersR 2000, 312; AG München v. 9. 1. 2002, NVersZ 2002, 565 = RRa 2002, 185; AG Hamburg v. 26. 9. 2001, RRa 2002, 89.

[133] *Prölss/Martin/Knappmann*, § 4 ABRV Rn. 1.

[134] AG München v. 9. 1. 2002, RRa 2002, 185; AG Apolda v. 26. 4. 2001, NVersZ 2002, 267; AG München v. 22. 11. 2000, VersR 2001, 1509 = RRa 2001, 151.

[135] AG Hamburg v. 13. 6. 2001, r+s 2004, 467.

seine Leistung in einem der Schwere des Verschuldens der versicherten Person entsprechenden Verhältnis zu kürzen, §§ 28 Abs. 2, 81 Abs. 2 VVG. Es wird danach ankommen, ob sich die versicherte Person nachhaltig bei den behandelnden Ärzten über Art und Schwere des Krankheitszustandes erkundigt hat. Angesichts schwerwiegender Krankheitssymptome kann die versicherte Person den Gegenbeweis zu dem Einwand grober Fahrlässigkeit nicht auf allgemeine, begütigende Aussage des Arztes verlassen dürfen. Der behandelnde Arzt ist gegenüber den Patienten zu rückhaltloser Aufklärung verpflichtet. Der Arzt trägt allem voran die Verantwortung dass eine geplante Reise für die Patienten nicht nur unter Mühen zu bewältigen ist, sondern das Befinden nicht unzumutbar belastet und der Patient im Hinblick auf (noch) bestehende Beeinträchtigungen keinen gesundheitlichen Risiken während der Reise ausgesetzt werden. Die Erhebung von Einwendungen aus Obliegenheitsverletzung hat die vorherigen Hinweis des VR in Textform zur Voraussetzung, § 28 Abs. 4 VVG[136].

b) Für die Reiserücktrittskostenversicherung gilt, wie für andere Rechtsgebiete, die grund-   **133** legende Beweisregel, dass der Anspruchsteller, d. h. die versicherte Person, die **anspruchsbegründenden Tatsachen** einschließlich deren **Kausalität für die Reiseunfähigkeit,** bzw. die **Unzumutbarkeit** zum Reiseantritt darzulegen und nachzuweisen hat[137]. Die **Beweislast für Einwendungen trägt der VR.** Den Nachweis dafür, dass die versicherte Person im Falle einer Obliegenheitsverletzung ein geringeres Verschulden als grobe Fahrlässigkeit trifft, hat die versicherte Person zu führen, § 28 Abs. 2 S. 2 VVG. Zur **Beweisführung** enthalten die AVB für die Reiserücktrittskostenversicherung konkrete Angaben, GDV Musterbedingungen 2008 VB Rücktritt Nr. 4 4.2–6.2, Art. 6c AVB ERV und § 6 der AVB-AB der ELVIA.

Die Vorlage des **Versicherungsausweises,** der **Buchungsunterlagen** und der **Storno-**   **134** **rechnung** werden in allen AVB für die Reiserücktrittskostenversicherung ausdrücklich erwähnt.

Die Verpflichtung zur Vorlage von **Original-Rechnungen** und -Belegen für zusätzliche   **135** Rückreisekosten ergibt sich jeweils aus den Allgemeinen Bestimmungen für Reiseversicherung GDV Musterbedingungen AT-Reise 2008, ERV und ELVIA.

Den **anteiligen Reisepreis nicht genutzter Leistung**[138] bei Abbruch einer Reise hat im   **136** Grundsatz die versicherte Person nachzuweisen. In der Praxis unterstützt jedoch der VR die Aufklärung mit Rückfragen bei dem betreffenden Reiseveranstalter.

Für den **Nachweis von schweren Unfallverletzungen** und **unerwarteten schweren**   **137** **Erkrankungen** enthalten die AVB spezifische Vorgaben. Allem voran ist der Versicherte verpflichtet, die **Ärzte von der Schweigepflicht zu entbinden**[139]. Wird wegen der Erkrankung oder Unfallverletzung einer nicht mitreisenden Risikoperson storniert, kann die versicherte Person diesem Verlangen nicht nachkommen. Die Beweislast für das Vorliegen einer unerwarteten schweren Erkrankung oder schweren Unfallverletzung jener Risikoperson bleibt jedoch bei dem Versicherten bestehen. Der Versicherte hat nachzuweisen, dass für ihn der Reiseantritt infolge einer unerwarteten schweren Erkrankung oder Unfallverletzung bei der nicht mitreisenden Risikoperson nicht zumutbar ist.

Als Nachweis für den **Tod** ist die **Sterbeurkunde** einzureichen.   **138**

---

[136] Zur Frage, ob eine Belehrung in einem Vordruck für die Schadenmeldung ausreicht: BGH v. 28. 2. 2007, r+s 2007, 251.

[137] Zur Aufklärungspflicht in der Reiserücktrittskostenversicherung: OLG Köln v. 26. 9. 2006, r+s 2007, 100.

[138] BGH v. 28. 1. 2004, VersR 2004, 600 rechnet nach § 1 der AVB RA 200 den Wert nicht genutzter Reiseleistung pro rata temporis aus dem Gesamtpreis einer Pauschalreise. Die VB für die Reiseabbruchversicherung bieten nun die Erstattung des anteiligen Reisepreises nicht genutzter Leistungen um die Anwendung der Grundsätze des Reiserechts für Schadensersatzansprüche bei mangelhafter Leistung auf die Reiseabbruchversicherung zu vermeiden.

[139] GDV Musterbedingungen AT-Reise 2008 Nr. 6. 1.2.; § 4 Abs. 1b) ABRV 2002; Art. 6c) Allgemeine Bestimmungen AVB/ERV, § 6 Nr. 1. c) AVB/ELVIA; LG Köln v. 22. 7. 1999, NVersZ 2001, 461 = r+s 2001, 383; AG München v. 27. 11. 1995, VersR 1996, 1535.

139   Als Nachweis schwerer Unfallverletzung, unerwarteter schwerer Erkrankung, Schwangerschaft und Impfunverträglichkeit[140] ist ein Attest eines zugelassenen Arztes vorzulegen[141]. Sowohl die ABRV 2002 wie auch die GDV VB Reiserücktritt 2008, und die AVB der ERV und
der ELVIA verlangen als Nachweis für eine unerwartete schwere Erkrankung aus dem psychiatrischen Formenkreis die Vorlage eines Attestes eines Facharztes für Psychiatrie[142]. Findet
keine Behandlung durch einen Facharzt für Psychiatrie statt, zeigt das, dass keine schwere psychische Erkrankungen vorliegt. Ausschließlich Fachärzte für Psychiatrie sind in der Lage etwa
bei Auftreten von Angstzuständen oder der Aussage des Patienten/der Patientin, es könne
wegen eines Erschöpfungszustandes nicht gereist werden, zu beurteilen, ob das Befinden als
schwerer Krankheitszustand zu bewerten ist[143]. Lehnt es die versicherte Person ab, die Ärzte
von der Schweigepflicht zu entbinden, verstößt sie vorsätzlich gegen die Obliegenheit aus
dem Versicherungsvertrag mit der Folge der Leistungsfreiheit des VR[144].

140   In der **Folge des 11. 9. 2001** war die Zahl der Schadenmeldungen zur Reiserücktrittskos-
tenversicherung sprunghaft angestiegen[145]. Eine Vielzahl der als Nachweis für einen schweren
Krankheitszustand vorgelegten Atteste enthielten lediglich die **Wiedergabe der von den
Versicherten geklagten Beschwerden** ohne dass eine Objektivierung durch ärztliche
Diagnostik erkennbar war. Eine Vielzahl der Versicherten trug vor, sie seien an **Panik** und
Angstzuständen schwer erkrankt.

141   Zur Abwehr von Forderungen auf Erstattung von Stornokosten bei Reiseabsagen aus einer
allgemeinen – nach den Umständen nachvollziehbaren – **Angstsituation** heraus haben die
ERV und die ELVIA die Voraussetzungen zur **Beweisführung präzisiert und verschärft**.
Danach hat der Versicherte auf Verlangen des VR eine **Arbeitsunfähigkeitsbescheinigung**
vorzulegen, bzw. der Rückfrage beim Arbeitgeber zur Arbeitsunfähigkeit zuzustimmen.

142   Darüber hinaus hat der Versicherte der **Einholung eines zusätzlichen fachärztlichen
Attestes durch den VR** zuzustimmen. Diese Obliegenheit eröffnet dem VR die Möglichkeit, widersprüchliche ärztliche Aussagen und Atteste nachprüfen zu lassen. Zugleich kann de
behandelnde Arzt das Ansinnen der Patienten zur Ausstellung von Gefälligkeitsattesten mit
dem Hinweis auf die Nachprüfbarkeit abwehren. Eine ärztliche Bescheinigung, die auf der
Grundlage eines Arztbesuches Tage oder gar Wochen nach dem behaupteten Auftreten der
schweren Krankheit und nach Stornierung erstellt wird, ist als Nachweis für das Auftreten
eines schweren Krankheitszustandes und dessen Ursächlichkeit für die Reiseabsage nicht geeignet[146].

143   Als Nachweis für die **unerwartete betriebsbedingte Kündigung** des Arbeitsverhältnisses
ist das Kündigungsschreiben des Arbeitgebers vorzulegen. Der Abschluss eines gerichtlichen
Vergleichs zur einvernehmlichen Aufhebung eines Arbeitsvertrages nach vorausgegangener
personenbezogener Kündigung ist nicht geeignet, die Voraussetzungen der Eintrittspflicht des
ReiserücktrittskostenVR darzustellen[147].

---

[140] AG Köln v. 14. 5. 1997, VersR 1998, 581 = RRa 1997, 188.

[141] AG München v. 17. 1. 2002, NVersZ 2002, 566.

[142] § 7, 1 c) ABRV 2002, § 1 Nr. 3b) AVB Reiserücktrittskostenversicherung/ERV; § 4 Nr. 3 AVB-
RR/ELVIA.

[143] Zur Beurteilung psychiatrischer Erkrankungen: AG München v. 3. 8. 2000, NVersZ 2001, 167 =
VersR 2001, 760; AG München v. 18. 4. 2000, NVersZ 2000, 575 = r+s 2001, 36; AG Hannover v.
4. 12. 1998, NVersZ 1999, 429; LG Kleve v. 19. 2. 1998, r+s 1998, 254 = RRa 1999, 32; AG Andernach
v. 8. 1. 1997, RRa 1997, 83; AG Cloppenburg v. 4. 11. 1996, VersR 1997, 874; § 213 VVG zur Gestaltung und Reichweite der Schweigepflichtentbindung.

[144] AG Recklinghausen v. 12. 9. 2000, VersR 2002, 52 = r+s 2001, 428.

[145] Vgl. *Nies*, RRa 2002, 251 ff.

[146] AG Uelzen v. 22. 5. 2002, VersR 2003, 767 = RRa 2003, 93; AG Duisburg v. 5. 11. 2001, RRa
2002, 89; AG Aachen v. 17. 8. 2000, VersR 2001, 857; AG München v. 27. 5. 1999, NVersZ 2000, 31 =
VersR 2000, 360 = r+s 2000, 252; AG München v. 25. 7. 1997, VersR 1998, 1110.

[147] Eine Kündigung während der Probezeit ist keine unerwartete betriebsbedingten Kündigung: AG
München v. 8. 11. 2002, VersR 2004, 62 = RRa 2003, 237; AG Lippstadt v. 7. 11. 2001, RRa 2002, 90.

Als Nachweis für die **Aufnahme eines Arbeitsverhältnisses** nach vorangegangener Ar-   **144**
beitslosigkeit ist zum einen der neu vereinbarte Arbeitsvertrag vorzulegen sowie der Bescheid
des Arbeitsamtes über die **Aufhebung** zur Zahlung des **Arbeitslosengeldes** bzw. der **Ar-
beitslosenhilfe.**

5. Selbstbehalt

Die Reiserücktrittskostenversicherung enthielt seit ihrer Entstehung eine Regelung zum   **145**
Selbstbehalt. Diese wurde bei einer Reiseabsage oder einem Reiseabbruch aus Anlass von
Krankheiten mit 20% des erstattungsfähigen Schadens, mindestens jedoch DM 50 berechnet[148]. Die Klausel zur Berücksichtigung des Selbstbehaltes wurde stets als **nicht überraschende Klausel** bewertet[149]. Nachdem zwischenzeitlich von den marktführenden
ReiseVR auch Verträge zur Reiserücktrittskostenversicherung ohne Selbstbehalt angeboten
wurden, haben die AVB der ERV und der ELVIA in der Folge des 11. 9. 2001 wiederum
eine Bestimmung zum Selbstbehalt aufgenommen. Die GDV VB-Reiserücktritt und Reiseabbruch 2008 enthalten Textfassungen mit Hinweisen zur Gestaltung der Regel nach Entscheidung des verwendenden VU. In Abänderung zur Regelung aus den zurückliegenden
Textfassungen der ABRV wird ein Selbstbehalt ausschließlich berücksichtigt, wenn die Stornierung wegen einer Krankheit erfolgt, die **keine akut notwendige vollstationäre Behandlung** verlangt. Mit der Wiederaufnahme der Selbstbehaltsregelung soll dem **subjektiven Risiko** bei der Absage von Reisen begegnet werden, das sich in den Reiseabsagen in
der Folge des 11. 9. 2001 eklatant gezeigt hatte.

E. Reisekrankenversicherung

I. Die Entwicklung der Reisekrankenversicherung seit
Aufhebung des Spartentrennungsprinzips

Bis zur Aufhebung des **Spartentrennungsprinzips** auf der Grundlage der Dritten Richt-   **146**
linie Schaden vom 11. 8. 1992[150] konnte die Reisekrankenversicherung ausschließlich von
KrankenVR angeboten werden. Mit der Aufhebung des Spartentrennungsprinzips zum 1. 7.
1994 entfiel diese Beschränkung für die **Reisekrankenversicherung,** da diese Kranken-
sicherung nach dem Zweck des Versicherungsvertrages und nach seiner Bezeichnung grundsätzlich nur eine **Ausschnittsdeckung** für das Krankheitskostenrisiko auf Reisen, insbesondere auf Auslandsreisen bietet. Die Reisekrankenversicherung ist daher **nicht substitutiv,**
d. h. der angebotene Deckungsrahmen stellt keinen Ersatz für den Krankenversicherungsschutz aus der Mitgliedschaft in einer gesetzlichen Krankenkasse dar. Als nicht substitutive
Krankenversicherung kann die Reisekrankenversicherung in Verbindung mit anderen Reiseversicherung betrieben werden[151]. Die ReiseVR haben im Jahr 1995 ergänzend zu den Versicherungssparten Reisegepäck, Reiserücktrittskosten, Reisehaftpflicht und Reiseunfall sowie Nebensparten den Betrieb der Auslandsreisekrankenversicherung aufgenommen.

Als aktive Dienstleistungsunternehmen wurden von den ReiseVR im Jahr 1990 **Assis-**   **147**
tance-Gesellschaften gegründet und vertraglich zur Erbringung der mit Versicherungsverträgen für **touristische Beistandsleistungen** zugesagten Beistandsleistungen verpflichtet[152].

---

[148] § 3, Nr. 2 ABRV.
[149] AG München v. 30. 4. 1999, NVersZ 2000, 30 = VersR 2000, 317; AG München v. 12. 1. 1998,
NVersZ 1999, 269 = RRa 1999, 103; r+s 1998, 254 = VersR 1998, 1414; *van Bühren/Nies,* Reiseversicherung, § 3 ABRV Rn. 10ff., m. w. N.
[150] Richtlinie 92/49 EWG Amtsblatt der EWG Nr. L 228 vom 11. 8. 1992, S. 1.
[151] §§ 8 Abs. 1, 12 VAG; *Prölss,* VAG, § 8 Rn. 31; *Fahr/Kaulbach,* VAG, § 8 Rn. 49; *Bach/Moser,* Auslandsreisekrankenversicherung, Rn. 1ff.
[152] *Van Bühren/Nies,* Reiseversicherung, Anh. 1, Anm. 1ff.

148   Während die Reisekrankenversicherung ausschließlich die Erstattung der Aufwendungen für notwendige medizinische Hilfe im Ausland, je nach Vertragsgestaltung auch Kostenersatz für medizinisch notwendigen Krankenrücktransport auf der Grundlage des jeweiligen Bedingungswerkes zusagt, bietet die Assistanceversicherung praktische Hilfe in Notfällen während der Reise. Im Mittelpunkt der Dienstleistungen steht die aktive Betreuung und Rückholung erkrankter und verletzter Personen[153].

149   Der Versicherungsschutz der **Reisekrankenversicherung** und der **Personenassistanceversicherung** ist stets im Zusammenhang zu sehen. Scheinbare Härten der **Beweislast** für die anspruchsbegründenden Merkmale der während der Reise akut aufgetretenen Erkrankung oder die Begrenzung des Versicherungsschutzes für die im Ausland notwendige ärztliche Hilfe wie auch für die Voraussetzungen für einen Krankenrücktransport sind stets im **Kontext** zu dem Angebot zur Inanspruchnahme der **Hilfsdienste der AssistanceU** zu sehen. Wird zu dem ärztlichen Notrufdienst der Personenassistance-Gesellschaft Kontakt aufgenommen, so geht in der Praxis mit der Dienstleistung eine Aufnahme von Informationen und eine Unterstützung in der Anforderung der erforderlichen Nachweise zur Anspruchsbegründung einher.

150   Das **Beratungsangebot des medizinischen Dienstes** und die Leistungszusage zur Rückholung erkrankter oder verletzter Personen mit medizinisch adäquaten Mitteln fängt die Begrenzung der Eintrittspflicht auf die im Ausland notwendige ärztliche Hilfe weitgehend auf, da entweder Deckungsschutz für die notwendige ärztliche Hilfe im Ausland geboten wird, oder – sofern Art und Schwere der Erkrankung oder Verletzung dies erfordert – aktive Dienstleistung und Kostendeckung für die **Repatriierung mit medizinisch adäquaten Mitteln** geboten wird.

151   Das Dienstleistungsangebot bei **sonstigen touristischen Notlagen,** z. B. bei Strafverfolgung und Verlust von Reisezahlungsmitteln hat nachrangige Bedeutung und ist nicht Gegenstand dieses Beitrags[154].

II. Die Auslandsklausel

152   Voraussetzung der Eintrittspflicht der Auslandsreisekrankenversicherung ist der Eintritt des Versicherungsfalles im **Ausland.** Der Begriff Ausland wurde zunächst auf Deutschland bezogen, da die VR ihren Sitz in Deutschland haben. Der Begriff ist jedoch auslegungsbedürftig[155]. Als Anknüpfung zur Klärung wurde daher auf die **Staatsangehörigkeit** Bezug genommen. Das bedeutete jedoch, dass viele ausländische Arbeitskräfte, die eine Auslandsreisekrankenversicherung vereinbaren bei Reisen in ihr Heimatland ohne Deckungsschutz aus der Auslandsreisekrankenversicherung waren. Daher wurde die Klausel wegen **Aushöhlung des Versicherungsschutzes** und **unangemessener Benachteiligung** gem. § 9 AGBG als unzulässig verworfen[156]. Daraufhin wurde ein Einschluss aufgenommen für das Reiseland bei **doppelter Staatsangehörigkeit zweier EG-Staaten.** Diese Regelungen hatten jedoch wegen Verstoß gegen das **Transparenzgebot** keinen Bestand[157]. Unbeanstandet blieben Klauseln mit der ausschließlichen Anknüpfung an das Bestehen eines ständigen Wohnsitzes in dem betreffenden Land[158]. Der Begriff des Wohnsitzes entspricht § 7 BGB. Ein Wohnsitz kann gleichzeitig an mehreren Orten bestehen, § 7 Abs. 2 BGB.

---

[153] LG Köln v. 26. 4. 2006, VersR 2007, 98, stellt klar, dass Organisation und Dienstleistungen nicht geschuldet werden.

[154] *Hofmann,* Schutzbriefversicherung, S. 159 ff.

[155] Vgl. OLG Frankfurt/M. v. 20. 1. 2000, VersR 2000, 1097; zum Begriffsverständnis aus steuerrechtlicher Sicht: BFH v. 5. 6. 2007, NJW 2007, 3375.

[156] OLG Frankfurt/M. v. 20. 1. 2000, VersR 2000, 1097; LG Berlin v. 15. 11. 1988, NJW-RR 1989, 990.

[157] BGH v. 22. 11. 2000, VerBAV 2001, 159; OLG Hamburg v. 20. 7. 1999, VersR 1999, 1482 = NVersZ 2000, 76 = NJW-RR 1999, 1631.

[158] § 3 ADAC „Der Versicherungsschutz besteht auf der ganzen Welt mit Ausnahme Deutschlands und des Landes in dem Sie Ihren ständigen Wohnsitz haben"; § 1 AVB/ERV „Als Ausland gilt nicht (Deutsch-

Personen mit **ständigem Wohnsitz** in einem Land außerhalb Deutschlands, die sich zu   153
Reisen innerhalb Deutschlands aufhalten, sog. „**incoming**", wird entweder unmittelbar
nach dem Wortverständnis des Begriffs Ausland oder durch gesonderte Angebote Deckungsschutz geboten[159]. Die Regelung, wonach der Versicherungsschutz mit dem Grenzübertritt
nach Deutschland beginnt, ist zulässig[160]. Dementsprechend sind auch Regelungen mit dem
Versicherungsbeginn Grenzübertritt von Deutschland ins Ausland zulässig. Beginnt die Laufzeit des Versicherungsschutzes aus einer Reisekrankenversicherung mit dem in dem Vertrag
genannten Einreisetag, so hat der VR der Umschreibung der Laufzeit des Vertrages ab dem
Datum des tatsächlichen Grenzübertritts zuzustimmen[161].

III. Der Kostendeckungsschutz aus der Reisekrankenversicherung

1. Die akut notwendige Krankenbehandlung als Anknüpfungspunkt der Leistungspflicht in der Reisekrankenversicherung

Der Anknüpfungspunkt für die Leistungspflicht der Reisekrankenversicherung ist die im   154
Ausland notwendige Krankenbehandlung der auf der Reise im Ausland akut eintretenden
Krankheiten und Unfallverletzungen[162]. Die graduelle Verschärfung einer bereits vor Reiseantritt vorliegenden chronischen Herzinsuffizienz durch die Reise stellt keine unvorherge-
hene Erkrankung dar[163]. Das Auftreten einer akuten Erkrankung während der Reise hat die
versicherte Person als anspruchsbegründende Tatsache darzulegen und nachzuweisen.

Während umgangssprachlich das Auftreten der Krankheit als das versicherte Ereignis ange-   155
sehen wird und zunächst das Vorbestehen der Krankheit als Anknüpfungstatsache für Ausschlussklauseln genommen wurde[164], hat die Rechtsprechung klargestellt, dass nicht die Tatsache einer Krankheit oder Verletzung, sondern **die im Ausland notwendige ärztliche
Hilfe und der daraus folgende Kostenaufwand** Gegenstand der Reisekrankenversicherung ist[165].

Der **Deckungsschutz** der Reisekrankenversicherung bezieht sich zunächst in gleicher   156
Weise wie der Deckungsschutz der Privaten KrankenV auf die **Kostenerstattung für medizinisch notwendige Heilbehandlung** einer akut aufgetretenen Krankheit oder Unfallverletzung. Eine Behandlungsmaßnahme ist **medizinisch notwendig,** wenn es nach den **objektiven Befunden** und **wissenschaftlichen Erkenntnissen zum Zeitpunkt der
Behandlung vertretbar** war, sie als medizinisch notwendig anzusehen[166]. Der Deckungsschutz setzt weiter voraus, dass die **ärztliche Hilfe vor Ort im Ausland notwendig** ist[167].

---

land und) das Land, in dem die versicherte Person einen ständigen Wohnsitz hat"; AVB-RK/ELVIA „Als
Ausland gilt nicht Deutschland und nicht das Land, in dem die versicherte Person einen ständigen Wohnsitz hat".

[159] ADAC: Reisekrankenversicherung für Besucher in Deutschland; § 6 AVB-RK/ELVIA.

[160] § 5 Nr. 1 AVB, ADAC; OLG Hamm v. 13. 12. 1995, VersR 1997, 98 = NJW-RR 1996, 1373 = r+s
1996, 151.

[161] AG Kassel v. 18. 11. 1994, 410 C 4098/94.

[162] § 1 Abs. 2 MB/KK; Präambel vor § 1 ADAC; § 1 Nr. 1 AVB-RK/ELVIA; § 1 AVB/ERV. Zum Begriff der Krankheit: *Bach/Moser/Bach,* § 1 MB/KK Rn. 13 ff.; *Prölss/Martin/Prölss,* § 1 MB/KK Rn. 4 ff.

[163] OLG Jena v. 17. 12. 1997, VersR 1999, 220.

[164] Die Klausel mit der Anknüpfung an das Vorbestehen einer Krankheit wurde wegen Verstoß gegen
§ 9 I AGBG als unzulässig verworfen: BGH v. 7. 2. 1996, VersR 1996, 486; OLG Düsseldorf v. 17. 6.
1999, NVersZ 2001, 264.

[165] § 1 Abs. 2 MB/KK; BGH v. 2. 3. 1994, NJW 1994, 1534; OLG Köln v. 4. 11. 1998, NJW-RR
1999, 824 = NVersZ 1999, 131; OLG Hamburg v. 4. 4. 1996, VuR 1998, 27; dementsprechend: OLG
Brandenburg v. 28. 3. 2001, NJW 2001, 2811 L = NJW-RR 2001, 1040 = NVersZ 2001, 411 = VersR
2002, 350, Anm. *Schwintowski,* VuR 2001, 379.

[166] *Bach/Moser,* § 1 MB/KK Rn. 40 ff. m. w. N.; *Prölss/Martin/Prölss* § 1 MB/KK Rn. 20 ff. m. w. N.

[167] § 1 Nr. 1 b), c), d) AVB/ADAC spricht jeweils von der notwendigen Behandlung; § 2 Nr. 1 AVB/
ERV und § 2 Nr. 1 AVB/ELVIA sagen die Kostentragung für die im Ausland notwendige ärztliche Hilfe
zu.

Nies

157 Die **Beweislast** für diese anspruchsbegründenden Umstände liegt bei der **versicherten Person.** Kann die ärztliche Behandlung für eine Krankheit oder eine Verletzung, die akut während der Reise aufgetreten ist, bis zur Rückkehr ins Heimatland zurückgestellt werden, besteht für den Kostenaufwand der weiteren Behandlung kein Versicherungsschutz.

158 Zeigt etwa eine Erstdiagnose ein **akutes Krankheitsgeschehen mit der Indikation zu einer Operation,** so besteht **kein Versicherungsschutz** für die Operationskosten, wenn der Patient durch den medizinischen Dienst der Personenassistance-Gesellschaft des VR innerhalb weniger Tage in sein Heimatland zurückgebracht werden kann und der Patient durch die **Verschiebung der Operation weder unzumutbare Schmerzen ertragen muss noch sich nennenswerte zusätzliche gesundheitliche Risiken ergeben.**

159 Soweit der Standard der medizinischen Versorgung im Reiseland geringer ist als in Deutschland, kann der **Krankenrücktransport** nach Deutschland sowohl unter dem Gesichtspunkt bestmöglicher **medizinischer Versorgung** wie auch unter **psycho-sozialen Aspekten** im Interesse des Patienten geboten sein. Denn i. d. R. wünscht jeder Patient, seine Krankheit möglichst in der Nähe seiner gewohnten Umgebung und bei Erreichbarkeit der Angehörigen auszuheilen. Die Weiterbehandlung der Krankheit oder Verletzung im Heimatland liegt daher in der überwiegenden Zahl der Fälle nicht nur im wirtschaftlichen Interesse des VR[168], sondern gleichfalls im persönlichen Interesse des versicherten Patienten.

160 Das **Leistungsversprechen** zur Übernahme der Kosten für die im Ausland notwendige ärztliche Hilfe hat mit der Regelung zur **Nachhaftung des VR** über das vertraglich vereinbarte Ende der Laufzeit hinaus **anspruchsbegründenden Charakter.** Die Beweislast für das Vorliegen der Voraussetzungen für die Verlängerung des Versicherungsschutzes liegt daher bei der versicherten Person. Die versicherte Person hat also darzulegen und nachzuweisen, dass sie z. Zt. des vereinbarten Ablaufs des Versicherungsschutzes **nicht transportfähig** ist. Ist die versicherte Person bei Ablauf des Versicherungsvertrages aus medizinischen Gründen nicht in der Lage, in das Heimatland zurückzukehren, so verlängert sich die Laufzeit des **Deckungsschutzes bis zum Eintritt der Transportfähigkeit, längstens für die Zeitspanne, die in dem Versicherungsvertrag festgelegt ist.** Auf die Dauer der Nachhaftung ist in den Vertragsinformationen hinzuweisen, § 1 Abs. 1 Nr. 14, 15 VVG-InfoV. Die Frist wird in den Bedingungswerken unterschiedlich berechnet, teils ab dem vertraglichen Ende der Laufzeit des Vertrages[169], teils ab Eintritt des Versicherungsfalles[170], oder ab Beginn der Behandlung[171]. Gilt die Reiskrankenversicherung „für vorübergehende Reisen bis zu sechs Wochen Dauer", besteht kein Versicherungsschutz für Reisen, die von vornherein auf eine längere Dauer als sechs Wochen angelegt sind[172].

161 Das Leistungsversprechen für die Kosten der im Ausland notwendigen ärztlichen Hilfe beinhaltet eine primäre **Abgrenzung der Eintrittspflicht des VR für Übermaß-Diagnostik und Übermaß-Behandlung** durch die behandelnden Ärzte vor Ort. Die Textfassungen der AVB nennen die Notwendigkeit der ärztlichen Hilfe im Ausland als rechtsbegründendes Merkmal. Die Beweislast dafür, dass eine ärztliche Maßnahme vor Ort notwendig war, trägt daher der versicherte Patient. Insoweit unterscheidet sich die Reisekrankenversicherung nicht von der PKV, die als Passivversicherung die Erstattung der zuvor von der versicherten Person verauslagten Aufwendungen verspricht[173]. Maßgebend ist, was **ex ante nach objektiven Kriterien** unter den gegebenen Umständen als **notwendig oder vertretbar** anzusehen ist[174]. Diese Beweislastzuweisung scheint auf erste Sicht den versicherten Patienten zu überfordern, da er als medizinischer Laie nur in wenigen Situationen in der Lage sein wird, die

---

[168] Der Versicherungsschutz der Auslandsreisekrankenversicherung endet mit der Rückkehr nach Deutschland, s. o. Rn. 152.

[169] § 5 Nr. 3. c) AVB/ADAC.

[170] § 2 Abs. 3 AVB/ERV.

[171] § 2 Nr. 2 AVB-RK/ELVIA.

[172] OLG Koblenzz v. 12. 5. 2006, VersR 2007, 1215.

[173] *Prölss/Martin/Prölss,* § 1MB/KK Rn. 46.

[174] *Bach/Moser/Schoenfeldt/Kalis,* § 1 MB/KK Rn. 7; *Prölss/Martin/Prölss* § 1 Rn. 25ff. m.w.N.

Notwendigkeit ärztlich angeordneter Diagnostik und Behandlung zu beurteilen oder sich gar dagegen zu verwahren. Für die Reisekrankenversicherung wird die **Beweislastverteilung** jedoch essentiell durch den zugleich vereinbarten Deckungsschutz **aus der jeweiligen Personassistanceversicherung aufgefangen**[175]. Der medizinische Dienst der Personassistenzversicherung steht den versicherten Patienten und deren Begleitpersonen jeweils im 24-Stunden-Service zu Rückfragen bereit. Soweit der medizinische Dienst Art und Ausmaß der vor Ort notwendigen ärztlichen Hilfe mit den behandelnden Ärzten abspricht, kann der VR zu diesen Entscheidungen der Ärzte vor Ort in Absprache mit dem medizinischen Dienst keine Einwendungen zur Angemessenheit erheben, es sei denn, die Ärzte vor Ort hatten die Umstände unzutreffend dargestellt oder Patient und Ärzte vor Ort hatten gar kollusiv zusammengewirkt um eine Verlängerung des Aufenthaltes der erkrankten versicherten Person zu erreichen. Absprachen der behandelnden Ärzte vor Ort mit dem medizinischen Dienst des VR stellen keine Deckungsprüfung des VR dar und nehmen diese auch nicht vorweg. Die Entscheidung über die Eintrittspflicht hat grundsätzlich beim VR zu verbleiben[176].

2. Der Gegenstand der Kostendeckung

a) Die Reisekrankenversicherung bietet Deckungsschutz für die Kosten **medizinisch**   **162** **notwendiger Heilbehandlung durch Ärzte**[177]. Als Heilbehandlung sind ärztliche Tätigkeiten, die auf **Heilung, Besserung oder Linderung eines Leidens** abzielen, anzusehen[178]. Das Leistungsversprechen der ReisekrankenVR bezieht sich auf die Aufwendungen für die im Ausland notwendige ärztliche Hilfe bei auf der Reise im Ausland akut eintretenden Krankheiten und Unfällen. Leistungsbegrenzungen zur Höhe der berechneten Honorare und Entgelte können mit den AVB vereinbart werden. Bekannt sind Bedingungswerke mit einer Summenbegrenzung für Zahnbehandlung oder Leistungszusagen ausschließlich für Schmerzbehandlung enthalten sowie Haftungshöchstgrenzen für die Gesamtheit der Aufwendungen für Krankenbehandlung während der Laufzeit des Versicherungsvertrages. ‚Incoming' Versicherungsverträge für Ausländer bei vorübergehenden Reisen in Deutschland, bzw. in den Staaten, die das Schengen-Abkommen voll anwenden, können Leistungsgrenzen in Anlehnung an die GOÄ und GOZ enthalten. Grundsätzlich folgt aus dem Leistungsversprechen für die Aufwendungen der ärztlichen/medizinischen Hilfe die Vorgabe der Erstattung angemessener Honorare und Vergütungen für die jeweiligen Leistungen. Aufwendungen für den Ausgleich von Forderungen medizinischer Leistungsträger, die auf unwirksamen, weil z. B. wucherisch übersetzten, Honorarvereinbarungen beruhen, können nicht ohne weiteres uneingeschränkt dem Erstattungsanspruch zugeordnet werden[179].

Die Angemessenheit berechneter Honorare und Entgelte bestimmt sich zunächst nach dem   **163** Standard der vor Ort gebotenen medizinischen Versorgung und nach den vor Ort üblichen Honorarsätzen. Wird für die Behandlung von Ausländern ein höherer Satz verrechnet mit Rücksicht darauf, dass Inländer an steuerlich mitfinanzierten medizinischen Einrichtungen teilhaben, so ist dies hinzunehmen. Kein Versicherungsschutz besteht dagegen im Grundsatz für Übermaßberechnung der Honorare gegenüber Ausländern, die unter Berücksichtigung des Standards der medizinischen Versorgung, der Honorarberechnung gegenüber Inländern um ein Vielfaches in der Weise übersetzt sind, dass die Höhe des geforderten Entgelts nur mit der Ausnutzung der gesundheitlichen Notlage des Patienten erklärbar ist.

Gesichtspunkte der **Schadenminderungspflicht** des versicherten Patienten und das **An-**   **164** **gebot der Personenassistance zur aktiven Betreuung** der versicherten Patienten vor Ort hat gegenüber diesem Problem besondere Bedeutung. **Unterlässt** die versicherte erkrankte

---

[175] ADAC Vorwort zu § 1 der Versicherungsbedingungen für die Reisekrankenversicherung; § 2 AVB für die Versicherung von Beistandsleistungen auf Reisen und Rücktransporten (Soforthilfeversicherung) ERV; § 2 AVB für die Reisenotrufversicherung AVB-RN ELVIA.
[176] So ausdrücklich: § 1 Nr. 1 AVB-RN/ELVIA.
[177] § 1, 1b) AVB/ADAC; § 2 Nr. 1 AVB/ERV; § 2 Nr. 1 AVB/ELVIA.
[178] *Bach/Moser/Schoenfeldt/Kalis,* § 1 MB/KK Rn. 28 ff.; *Prölss/Martin/Prölss,* § 1 MB/KK Rn. 21.
[179] *Prölss/Martin/Prölss,* § 1 MB/KK Rn. 50.

Person die **Kontaktaufnahme zur Assistance-Zentrale** des VR obgleich er dazu den Umständen nach in der Lage gewesen wäre, so kann daraus ein Einwand des VR zur Höhe der Erstattungspflicht wegen **Verstoß gegen die Schadenminderungspflicht** erwachsen.

165   Voraussetzung der Leistungspflicht des VR ist die **Behandlung durch einen Arzt.** Dieser muss die **Zulassung zur ärztlichen Behandlung nach den Gesetzen des betreffenden Landes** haben. Kein Versicherungsschutz besteht für die Behandlung durch andere Personen des Gesundheitsdienstes, die nicht über die Zulassung zu ärztlicher Tätigkeit nach den Gesetzen des Landes verfügt. Die Eintrittpflicht des VR bezieht sich auf die **Erstattung des angemessenen Honorars nach den Landesregeln für die durchgeführten Leistungen.** Keine Honorarpflicht besteht für die Behandlung durch mitreisende Ärzte, die in Deutschland über Approbation und Zulassung verfügen, wenn sie nicht auch vor Ort zur Ausübung ärztlicher Tätigkeit befugt sind.

166   Auf **Kreuzfahrtschiffen** gilt das Recht des Landes, unter dessen Flagge das betreffende Schiff fährt[180]. Soweit Hilfspersonen eingesetzt werden, besteht ein Kostenerstattungsanspruch nur für solche Heilmaßnahmen, die ärztlich verordnet waren.

167   Die Eintrittpflicht des VR betrifft wiederum die **notwendigen Kosten der stationären Behandlung im Ausland.** Kann der Heilerfolg in gleicher Weise erreicht werden, wenn ambulante Behandlung in der Reiseunterkunft vor Ort besteht, hat die versicherte Person keinen Anspruch auf Erstattung von Kosten stationärer Behandlung[181]. Es besteht auch kein Anspruch auf die Erstattung von Kosten, die durch **Kommunikation oder durch Fahrten zum Arzt** in Anbetracht der nicht stationären Behandlung entstanden sind.

168   Stationäre Behandlung verlangt die ärztliche Betreuung in einem Krankenhaus, das mit technischen und personellen Mitteln zur Diagnostikbehandlung und Pflege kranker Personen ausgestattet ist. Maßgebend sind die konkreten Umstände vor Ort sowie der allgemeine Standard eines Krankenhauses im Reiseland und die örtliche Anschauung. Sachliche und personelle Ausstattung nach mitteleuropäischem Standard kann nicht erwartet werden[182]. Von stationärer Behandlung kann nur gesprochen werden, wenn der **Patient im Krankenhaus ärztliche Diagnostik/Behandlung erhält und in dem Krankenhaus zu diesem Zweck auch stationär aufgenommen wird.** Verlässt der Patient nach der ärztlichen Behandlung das Krankenhaus und kehrt zurück in seine Reiseunterkunft, liegt keine stationäre Behandlung vor.

169   Der Begriff des **Arzneimittels** ist nach dem gesetzlichen Sprachgebrauch zu verstehen[183]. Aufwendungen für Arzneimittel werden nur unter der Voraussetzung ärztlicher Verordnung erstattet.

170   Im Rahmen der Auslandsreisekrankenversicherung bezieht sich die Leistungszusage für die Kosten von **Zahnbehandlung** stets auf die Erstattung der Aufwendungen für **schmerzstillende Behandlung und Provisorien**[184]. Zur Anspruchsbegründung hat die versicherte Person darzulegen und nachzuweisen, dass die Aufwendungen aus der Behandlung zur Schmerzstillung angefallen sind.

171   **b)** Die Kosten eines **Krankentransportes** werden unter unterschiedlichen Voraussetzungen erstattet[185]. Im praktischen Ergebnis dürften sich bei unterschiedlicher Fassung der Eintrittsvoraussetzungen für den Krankentransport in der Regulierungspraxis kaum Unter-

---

[180] Dementsprechend gilt in Flugzeugen das Recht des Staates, in welchem die Airline ihren Sitz hat.

[181] OLG Zweibrücken v. 16. 8. 2007, VersR 2007, 1505, zu §§ 1 Abs. 2; 4 Abs. 4 MBKK.

[182] Vgl. *Prölss/Martin/Prölss*, § 4 MB/KK Rn. 20 ff., § 3 KHG.

[183] *Bach/Moser/Schoenfeldt/Kalis*, § 4 MB/KK Rn. 42; *Prölss/Martin/Prölss*, § 4 MB/KK Rn. 17 mit Verweis auf § 2 AMG.

[184] § 1 Nr. 1 d), § 15 ADAC; § 5 c) AVB/ERV; § 4 Nr. 3 AVB/ELVIA.

[185] § 1 Nr. 1 b) ADAC: Erstattet wird der Ersttransport zum nächsterreichbaren Arzt oder Krankenhaus im medizinischen Notfall sowie Verlegungstransporte bei stationärer Behandlung; § 3a AVB/ERV: Erstattung der Kosten für den Krankentransport in das Krankenhaus im Ausland; § 2, 1 d) AVB-RK/ELVIA: Ersetzt werden die Aufwendungen für den medizinisch notwendigen Krankentransport zur stationären Behandlung in das nächsterreichbare Krankenhaus im Ausland und zurück in die Unterkunft.

schiede ergeben. Entscheidend ist für die Erstattung jeweils die **objektive Notwendigkeit des Krankentransportes unter medizinischen Gesichtspunkten.** Überwiegend erfolgt Kostenerstattung nur für notwendigen Krankentransport zur stationären Behandlung[186], nicht aber zu ambulanter Behandlung. Maßgebend ist die ex ante Beurteilung der tatsächlichen Umstände.

c) Der Leistungsrahmen für die Erstattung von Aufwendungen von **Hilfsmitteln** ist in   **172** den jeweiligen Bedingungswerken einzeln aufgezählt und beschrieben. Kostenerstattung wird in der Regel zugesagt für Geh-, Steh- und Laufhilfen[187].

d) Die Kostenzusage für **Krankenrücktransport** ist neben der Kostenerstattung für   **173** notwendige ärztliche Behandlung das zentrale Leistungsversprechen der Reisekrankenversicherung. Das Leistungsangebot der ReiseVR unterscheidet sich grundlegend von dem Leistungsangebot der PKV durch **erleichterte Eintrittsvoraussetzungen** für den Krankenrücktransport und dem **Dienstleistungsangebot der Personenassistanceversicherung** zur Rückführung der erkrankten oder verletzten Person mit medizinisch adäquaten Mitteln[188].

Erste **Voraussetzung für die Leistungspflicht** der ReisekrankenVR ist wiederum das   **174** **akute Auftreten einer Krankheit oder Verletzung während des Reiseaufenthaltes.** Das Vorliegen dieser anspruchsbegründenden Tatsachen hat die versicherte Person glaubhaft zu machen und zu beweisen. Versicherungsschutz für den **Krankenrücktransport** besteht unter diesen Voraussetzungen, wenn die **Maßnahme medizinisch sinnvoll und vertretbar** ist und die **Ärzte** des mit dem VR verbundenen PersonenassistanceU dies anordnen[189]. Während die Auslandsdeckung der PKV als Voraussetzung für den Kostenersatz einer Repatriierung **medizinische Notwendigkeit** der Maßnahme verlangen, bieten die AVB der ReiseVR Deckungsschutz für diese Leistung unter der Voraussetzung, dass der **Krankenrücktransport „medizinisch sinnvoll"** ist. Diese Textfassung enthält eine wesentliche Ausweitung der Eintrittspflicht gegenüber den im Regelfall mit „medizinisch notwendig" vorgegebenen Voraussetzungen der PKV[190]. Für die Beurteilung der **medizinischen Notwendigkeit** eines Krankenrücktransportes sind grundsätzlich ausschließlich Gesichtspunkte der ausreichenden medizinischen Versorgung vor Ort maßgebend.

Wirtschaftliche Gesichtspunkte finden allenfalls bei einer Abwägung nach Treu und   **175** Glauben statt, wenn die Kosten der Auslandsbehandlung in gleicher Höhe liegen, wie die Kosten des Krankenrücktransportes[191]. Entscheidend für die Beurteilung sind nach beiden Textfassungen zunächst Gesichtspunkte der besseren medizinischen Betreuung in Deutschland, bzw. dem Heimatland des betroffenen Versicherten. Dabei setzt das Merkmal „sinnvoll" geringere Voraussetzungen für den Rücktransport als die Anforderung medizinischer Notwendigkeit nach den AVB der PKV. Neben den Gesichtspunkten medizinischer Versorgung kommen auch **psychosoziale Gesichtspunkte** zum Tragen. In der Regel wünscht die im Ausland erkrankte Person eine möglichst rasche Rückkehr in die gewohnte Umgebung am Heimatort, um neben der medizinischen Versorgung nach mitteleuropäischem Standard auch den Zuspruch seiner Angehörigen und Freunde zu haben und sich in der Muttersprache verständigen zu können.

Vorausgesetzt wird bei unterschiedlicher Wortwahl der AVB die **ärztliche Anordnung**   **176** **des Krankentransportes.** Die AVB des ADAC verlangen eine Abstimmung des ADAC-

---

[186] AG München v. 6. 7. 1999, VersR 2000, 880 = NVersZ 2000, 331 = r+s 2000, 385.

[187] § 13 Nr. 1 c) AVB/ADAC; die AVB für die Reisekrankenversicherung der ERV enthalten keine ausdrückliche Regelung; § 2 Nr. 1 e) AVB/ELVIA: Medizinisch notwendige Gehstützen, Miete eines Rollstuhls.

[188] *Nies,* NVersZ 2000, 305 ff.

[189] § 1 Nr. 1 e), § 16 AVB/ADAC; § 3 b) AVB/ERV; § 3 AVB/ELVIA; OLG Köln v. 7. 10. 1998, VersR 1999, 1355.

[190] AG Stuttgart v. 18. 2. 1997, NVersZ 2000, 332 = r+s 2000, 429; LG Saarbrücken v. 8. 11. 1991, NJW-RR 1992, 226; OLG Nürnberg v. 29. 9. 1988, DAR 1989, 229.

[191] OLG Frankfurt/M. v. 16. 12. 1993, NJW-RR 1994, 1510.

Arztes mit dem behandelnden Arzt[192]. Die AVB der ERV bieten Kostendeckung für den sinnvollen, ärztlich angeordneten Rücktransport der versicherten Person in das dem Wohnort der versicherten Peson nächstgelegene geeignete Krankenhaus. Die AVB der ELVIA verlangen, dass der Krankentransport „ärztlich angeordnet" ist, ohne näher zu bezeichnen, welcher Arzt die Entscheidung zu treffen hat[193]. Das Erfordernis der **ärztlichen Anordnung ist als verhüllte Obliegenheit** zu verstehen. Mit dem Erfordernis der ärztlichen Anordnung der Repatriierung neben der Voraussetzung, dass der Rücktransport medizinisch sinnvoll ist, soll der Kostenaufwand für einen Krankenrücktransport abgewehrt werden, wenn für die Repatriierung keine oder keine nennenswerten medizinischen Gesichtspunkte sprechen. Die Kriterien „sinnvoll und vertretbar" sind zunächst auf Art und Schwere der Krankheit oder Unfallverletzung des versicherten Patienten zu beziehen. Bei guter medizinischer Versorgung vor Ort kann es ‚sinnvoll' sein, einen Krankenrücktransport zurückzustellen bis zum Erreichen einer Stabilisierung des Befinden des Patienten. Außerdem ist zu berücksichtigen, ob der Kostenaufwand für den Rücktransport in Anbetracht des konkreten gesundheitlichen Befindens sinnvoll und vertretbar ist. D. h., die Textfassung gibt auch Raum für die Berücksichtigung wirtschaftlicher Gesichtspunkte.

177   Ist der Versicherte so schwer erkrankt oder verletzt, dass er persönlich nicht in der Lage ist, eine Entscheidung der Ärzte herbeizuführen und wird ein Krankenrücktransport etwa von Reisebegleitern veranlasst, ohne dass dafür eine ärztliche Anordnung vorliegt, weil eine solche in Anbetracht unzureichender medizinischer Versorgung nicht zu erreichen ist, so kann der VR die Eintrittspflicht für den Aufwand des Krankenrücktransportes nicht ablehnen, wenn der Krankenrücktransport nach den gegebenen Umständen medizinisch sinnvoll oder sogar geboten war[194]. Eine **Klausel**, nach der die Erstattungsfähigkeit von Kosten des Rücktransports **kumulativ** von der **medizinischen Notwendigkeit und der ärztlichen Anordnung der Maßnahme abhängt, ist unwirksam**[195].

178   Die **Verantwortung für eine ärztliche Entscheidung** trägt zunächst der behandelnde Arzt vor Ort. Die Abstimmung zwischen den behandelnden Ärzten vor Ort und den Ärzten der medizinischen Dienste der Personenassistance-Gesellschaften ist dennoch angebracht, da in medizinisch unterversorgten Regionen nicht ohne weiteres von der Fachkompetenz des Arztes zur Beurteilung der Rückführung auszugehen ist, und die Ärzte der weltweit arbeitenden Rettungsdienste über spezifische Erfahrungen und Fachkenntnisse verfügen[196]. Überdies können auch wirtschaftliche Interessen der behandelnden Leistungsträger vor Ort zur Ablehnung der Befürwortung eines Rücktransportes führen. Während des Rücktransports trägt der begleitende Arzt die Verantwortung für den Patienten.

179   Der **notwendige Kostenaufwand für eine Krankenrückführung** wird zum einen durch die konkrete Krankheitssituation des erkrankten/verletzten Patienten bestimmt, zum anderen sind Gesichtspunkte der **Wirtschaftlichkeit** und der **Schadenminderung** zu beachten. Starre Vorgaben zur Höhe der Kostendeckung sind daher in den AVB überwiegend in den Versicherungsprodukten nicht enthalten. Die Bedingungswerke verweisen konkret auf die Entscheidung des Arztes der betreffenden Gesellschaft über die Rücktransportmittel[197]. Soweit in den AVB nicht ausdrücklich Vorgaben konkretisiert werden, ist auf den allgemeinen Grundsatz der Schadenminderungspflicht zurückzugreifen. Veranlasst die erkrankte **versicherte Person** selber oder durch Hilfspersonen die Repatriierung, so trägt die versicherte

[192] § 16 Nr. 1 AVB/ADAC.

[193] AVB-RK/ELVIA § 3 Nr. 1.

[194] OLG Frankfurt/M. v. 16. 8. 2000, VersR 2000, 745 = NVersZ 2000, 80 = ZfS 2001, 81.

[195] OLG Saarbrücken v. 27. 2. 2002, NVersZ 2002, 263.

[196] Die AVB des ADAC verweisen auf eine Abstimmung zwischen dem behandelnden Arzt vor Ort und dem Arzt des ADAC; das Bedingungswerk der ELVIA legt nicht fest, welcher Arzt die Entscheidung zu treffen hat, so dass dies nach den konkreten Umständen zu beurteilen ist. Zu der Vielfalt möglicher Rechtsbeziehungen zwischen Ärzten und Patienten: *Linden,* Rechtliche Aspekte weltweiter Krankenrücktransporte (Repatriierung).

[197] § 16 Nr. 1 AVB/ADAC.

Person die **Beweislast** für das Vorliegen der Eintrittspflicht des VR nach dem vereinbarten Bedingungswerk und das Risiko der **Notwendigkeit des Kostenaufwandes für die Repatriierung.** Zur Lösung dieser Problematik ist erneut vorrangig auf das Angebot des ReiseVR zur aktiven Hilfe und Dienstleistung durch das verbundene PersonenassistanceU hinzuweisen[198].

Mit der Inanspruchnahme der aktiven Dienstleistungen des VR und seines verbundenen   **180** AssistanceU geht das **Beurteilungsrisiko für die Notwendigkeit des Kostenaufwandes für die Krankenrückführung** auf den VR über. Die Kontaktaufnahme mit dem Personenassistance-Dienst der betreffenden Gesellschaft dient dem Interesse des Versicherten an medizinisch kompetenter und fachgerechter Rückholung, wie auch dem wirtschaftlichen Interesse der VR an einer kostengünstigen Abwicklung der Repatriierung. Das Interesse des versicherten Patienten an fachgerechter medizinisch ärztlicher Betreuung und an rascher Rückkehr erfordert nicht a priori die kostenintensivste Art des Rücktransportes.

e) Das Leistungsversprechen für die Erstattung von **Such-, Rettungs- und Bergungs-**   **181** **kosten** ist bei einem Teil der ReiseVR in dem Leistungskatalog der Reisekrankenversicherung enthalten[199]. In anderen Bedingungswerken ist diese Leistungspflicht in der Personenassistanceversicherung aufgeführt[200]. Die Leistungsvoraussetzungen werden unterschiedlich beschrieben. In der Sache übereinstimmend wird Kostenerstattung bis zu einer jeweils bezifferten Höchsthaftung für den Einsatz von Such- und Rettungsdiensten zugesagt, wenn die **versicherte Person erkrankt oder verletzt** ist oder wenn die versicherte Person **vermisst wird und zu befürchten ist, dass ihr etwas zugestoßen ist**[201].

f) Bei **Tod** eines Versicherten bieten die ReisekrankenVR i. d. R. **alternativ** die Kosten-   **182** erstattung für die **Überführung des Verstorbenen** oder die Kosten für die **Bestattung im Ausland.** Die Leistungen für die Überführung eines verstorbenen Versicherten enthalten teils eine sachliche Beschränkung auf die Erstattung unmittelbarer Überführungskosten[202] oder eine Leistungsbegrenzung auf einen Betrag von € 5 200 pro versicherter Person[203].

g) Alternativ zur Erstattung der Kosten notwendiger vollstationärer Krankenhausbehand-   **183** lung kann die versicherte Person nach den Bedingungswerken der ERV und der ELVIA **Krankenhaustagegeld** in Höhe von € 50 pro Tag wählen[204]. **Vollstationäre Behandlung** erfordert stationäre Aufnahme für mindestens 24 Stunden. Die Zahlung des Krankenhaustagegeldes ist auf maximal 30 Tage begrenzt.

IV. Ausschlüsse

1. Kriegsklausel

Die GDV Musterbedingungen 2008 und die führenden Reiseversicherer haben generelle   **184** Ausschlüsse wegen **Krieg,** kriegerischer Ereignisse und Kernenergien in den Allgemeinen Bedingungen zu ihrem jeweiligen spartenspezifischen Bedingungswerk geregelt[205]. Zur Problematik und zum Verständnis der Kriegsklausel kann auf die allgemeine Literatur verwiesen werden[206].

---

[198] § 2 Nr. 3 der AVB für die NotrufV/ELVIA.
[199] § 17 AVB/ADAC.
[200] § 7 Nr. 4 AVB/ERV; § 7 AVB-RN/ELVIA.
[201] § 7 AVB-RN/ELVIA.
[202] § 3 Nr. 2 AVB-RK/ELVIA.
[203] § 18 Nr. 2 AVB/ADAC.
[204] § 4 Reiserkrankenversicherung/ERV; § 2 Nr. 3 AVB-RK/ELVIA.
[205] Musterbedingungen GDV AT-Reise 2008; § 1 Nr. 2c) AVB/ADAC; Art. 5 AVB/ERV; § 5 ELVIA Reiseversicherung.
[206] *Prölss/Martin/Kollhosser,* § 84 VVG Rn. 1 ff.; *Römer/Langheidt,* § 84 VVG Rn. 3 ff., jew. m. w. N.

2. Heilbehandlungen, die ein Anlass für die Reise sind

185   Der Risikoausschluss für **Heilbehandlungen, die ein Anlass für die Reise** sind entspricht dem Grundgedanken des § 2 Abs. 2 VVG. Bei unterschiedlichen Textfassungen ist dieser **subjektive Risikoausschluss** stets in den Bedingungswerken enthalten[207]. Hat die versicherte Person bereits vor Reiseantritt die Absicht, sich vor Ort ärztlich behandeln zu lassen, kann kein Versicherungsschutz für den Kostenaufwand erwartet werden. Dies betrifft die Behandlungsbedürftigkeit von Komplikationen auch bei einem vorausgeplanten Eingriff[208]. Ausschlussklauseln mit diesem materiellen Gehalt hielten stets der Nachprüfung stand[209].

3. Vorbestehende Risiken der Behandlungsbedürftigkeit

186   Der **Ausschluss von Krankenbehandlungsrisiken,** die bereits vor Abschluss des Reisekrankenversicherungsvertrages und des Reiseantrittes bestanden, entspricht der **leistungsbegründenden Voraussetzung** der Eintrittspflicht für die **während der Reise akut auftretende Behandlungsbedürftigkeit.** Der Nachweis für das akute Auftreten der Behandlungsbedürftigkeit während der Reise durch die versicherte Person zur Begründung der Eintrittspflicht und der Nachweis der Kenntnis oder dafür, dass die versicherte Person mit der Behandlungsbedürftigkeit rechnen musste, durch den VR sind die zentralen Fragen der Risikobegrenzung der Reisekrankenversicherer[210].

187   Der Vertrieb der Reisekrankenversicherungsverträge über die Touristikbranche schließt eine Risikoprüfung vor Abschluss des Vertrages aus. Der Vertrieb von Reiseversicherung in Zusammenhang mit einer Reisebuchung wird von der Beratungspflicht ausgenommen, §§ 66, 60 VVG, § 34d Abs. 9 GewO. Zu beachten sind jedoch die Informationspflichten gem. § 7 VVG i. V. m. §§ 1, 4 VVG-InfoV. Der **Verzicht auf eine Risikoprüfung** liegt sowohl im Interesse der anbietenden VU wie auch im Interesse der Reisenden an einem raschen und unkomplizierten Abschluss des Versicherungsvertrages.

188   **Ausschlussklauseln** mit einer Anknüpfung an **objektiv bestehende Vorerkrankungen** wurden als **unzulässig** verworfen[211]. In der Folge wurde der Grundsatz erarbeitet, dass sich Ausschlussklauseln in Bezug auf vorbestehende Risiken nach den Grundsätzen der Anzeigepflicht für vorbestehende Risiken im Sinne der §§ 16, 17 VVG zu orientieren haben[212]. Danach kann der Risikoausschluss an **Tatsachen und Umstände** anknüpfen, **welche die versicherte Person bei Abschluss des Vertrages kennt** und aufgrund derer ihr der voraussichtliche Eintritt der Behandlungsbedürftigkeit während der Reise bewusst ist oder aufgrund derer sie mit dem Eintritt der Behandlungsbedürftigkeit rechnen muss[213]. Verstirbt ein Versicherter während einer Reise aufgrund einer schweren und unheilbaren Erkrankung,

---

[207] § 1 Nr. 2b) AVB/ADAC; § 5a) AVB/ERV; § 4 Nr. 1 AVB/ELVIA.

[208] OLG Frankfurt/M. v. 4. 2. 2004, VersR 2005, 927 befasst sich mit Komplikationen bei einem Schwangerschaftsabbruch.

[209] BGH v. 2. 3. 1994, NJW 1994, 1534 = VersR 1994, 549 mit kritischer Anm. von *Prölss,* VersR 1994, 1216; LG Düsseldorf v. 26. 10. 2007, VersR 2008, 913.

[210] *Nies,* NVersZ 2001, 535 ff. m. w. N.

[211] BGH v. 7. 2. 1996, VersR 1996, 486; BGH v. 2. 3. 1994, NJW 1994, 1534 = VersR 1994, 549; OLG Köln v. 4. 10. 1990, VersR 1990 mit Anm. *Büsken,* VersR 1991, 534.

[212] BGH v. 21. 2. 2001, NVersZ 2001, 266 = VA 2001, 242; OLG Düsseldorf v. 17. 6. 1999, NVersZ 2001, 264; OLG Hamm v. 14. 12. 1994, VersR 1995, 649; *Wriede,* VersR 1996, 1473.

[213] § 1 Nr. 2a) ADAC: Kein Versicherungsschutz besteht, wenn sie vor Reiseantritt wussten oder damit rechnen mussten, dass ihnen vor Reiseantritt bekannte Beschwerden, Erkrankungen oder Verletzungen während des Auslandsaufenthaltes behandlungsbedürftig werden; § 5b) AVB/ERV: Nicht versichert sind Heilbehandlungen, bei denen der versicherten Person bei Reiseantritt bekannt war, dass sie bei planmäßiger Durchführung der Reise aus medizinischen Gründen stattfinden mussten (z. B. Dialysen); § 4 Nr. 2 AVB-RK/ELVIA: Kein Versicherungsschutz besteht für Heilbehandlungen und andere ärztlich angeordnete Maßnahmen, deren Notwendigkeit der versicherten Person vor Reiseantritt oder zur Zeit des Versicherungsabschlusses bekannt war oder mit denen sie nach den ihr bekannten Umständen rechnen musste; OLG Brandenburg v. 28. 3. 2001, NVersZ 2001, 411 = VersR 2002, 350; AG Charlottenburg v. 22. 10. 2002, VersR 2003, 1565; LG Düsseldorf v. 23. 2. 2000, r+s 2003, 463.

besteht auch Versicherungsschutz, wenn die Erkrankung bekannt war und mit einem Ableben zu rechnen war[214]. Offen ist, ob das Risiko von einer Ausschlussklausel im Allgemeinen
Teil von AVB für Risiken, mit denen zur Zeit der Buchung zu rechnen war, erfasst würde.

Die Voraussetzungen für das Vorliegen des Ausschlusstatbestandes hat der VR nachzuwei-   **189**
sen. Zur **Beweisführung** ist zum einen an die **Diagnose einer vorbestehenden Krankheit** anzuknüpfen. Jedoch kann allein mit dem Nachweis einer vorbestehenden Krankheit
noch nicht die Kenntnis oder das **Kennenmüssen der voraussichtlichen Behandlungsbedürftigkeit** während der Reise geführt werden. Der VR hat daher nachzuweisen, welcher
Art Beschwerden vor Reiseantritt/Abschluss des Versicherungsvertrages bei der versicherten
Person bestanden und bemerkbar waren.

Erhält der VR keine Unterlagen von vorbehandelnden Ärzten, etwa bei der V für einrei-   **190**
sende Personen **(Incoming) aus medizinisch unterversorgten Regionen,** so ist aus der
Anamnese und der Diagnose, die bei Beginn der Behandlung im versicherten Zeitraum erfolgt, u. U. **ein Rückschluss** zu ziehen, auf die nach ärztlicher Erfahrung vorbestehenden
Beschwerden. Räumt die versicherte Person selber ein, dass seit Wochen bereits Verdauungs-
störungen und Schmerzzustände aufgetreten waren, sind durch die eigene Einlassung der versicherten Person die Kenntnis der Beschwerden wie auch die Kenntnis/das Kennenmüssen
der Behandlungsbedürftigkeit im versicherten Zeitraum nachgewiesen[215]. Leugnet die erkrankte versicherte Person die Kenntnis zuvor bestehender Beschwerden und der Behandlungsbedürftigkeit, so ist zur Beweisführung ein **ärztliches Sachverständigengutachten**
einzuholen, aufbauend auf dem aktuellen Befund im Rahmen der Behandlung im versicherten Zeitraum und der aus ärztlicher Erfahrung unvermeidlich bestehenden Beschwerden.

Unter dem Gesichtspunkt **bekannter Behandlungsbedürftigkeit** enthalten die Bedin-   **191**
gungswerke auch einen ausdrücklichen Ausschluss für die Behandlung von **Schwangeren**
und für die **Kosten der Entbindung**[216]. Der vorbehaltlose Ausschluss für die Kosten der
Untersuchung und Behandlung wegen Schwangerschaft, Entbindung und Fehlgeburt und
Schwangerschaftsabbruch wurde jedoch als unwirksam verworfen[217]. Soweit sich der **Ausschluss auf voraussehbare ärztliche Untersuchungen und Behandlungen** der
Schwangeren bezieht, ist der Ausschluss wirksam[218]. Die ERV und die ELVIA haben daher
darauf verzichtet, einen gesonderten Ausschlusstatbestand für die Behandlungen während
der Schwangerschaft zu normieren. Insoweit als Kosten für **Routineuntersuchungen und
Behandlungen sowie die Entbindung innerhalb des regelrechten Zeitraumes** geschieht, liegen die Voraussetzungen der Eintrittspflicht nicht vor, weil die Schwangere insoweit mit ihrer Behandlungsbedürftigkeit zu rechnen hatte.

Die ERV und die ELVIA bieten Versicherungsschutz auch für die notwendige **Heilbe-**   **192**
handlung eines neugeborenen Kindes bei einer Frühgeburt[219].

4. Leistungsbegrenzungen Zahnbehandlungen

Die Auslandsreisekrankenversicherung enthält marktüblich für **Zahnbehandlungen** je-   **193**
weils **Ausschnittsdeckungsschutz,** beschränkt auf den Kostenersatz für **schmerzstillende
Behandlung und Provisorien** bis zu einem festgelegten Höchstbetrag. Der Nachweis zur
Anspruchsbegründung für die Erstattung von Zahnbehandlung ist mit besonderer Sorgfalt
daraufhin zu prüfen, inwieweit Behandlungsmaßnahmen, die in Deutschland oder in einem

---

[214] AG München v. 16. 11. 2006, r+s 2007, 292.
[215] AG Schwelm v. 14. 8. 2001, 20 C 409/00.
[216] § 13e) ADAC: Leistungsausschluss für Geburten nach der 30. Schwangerschaftswoche.
[217] OLG Hamburg v. 20. 7. 1999, VersR 1999, 1482 = NversZ 2000, 76.
[218] AG Wiesbaden v. 11. 11. 2000, Mittbl. der ARGE VersRecht 2001, 54; die Kosten für die Behandlung von Komplikationen angelegentlich eines Schwangerschaftsabbruchs sind jedoch nicht versichert:
OLG Frankfurt/M. v. 4. 2. 2004, VersR 2005, 927.
[219] § 2 Nr. 1 AVB/ERV: Leistung bis zu € 50 000; § 2 Nr. 1 c) AVB-RK/ELVIA: Leistungszusage bei
einer Frühgeburt für die Kosten der im Ausland notwendigen Heilbehandlung des Neugeborenen bis zu
einem Betrag von € 100 000.

ausländischen Heimatland nach dem dortigen Krankenversicherungssystem nicht vergütet werden, nun während der Reise vorgenommen werden, um sodann eine Kostenerstattung aus der Reisekrankenversicherung zu erlangen.

5. Prothesen und Hilfsmittel

194   Mit dem AVB-technischen Mittel der **sekundären Leistungsbegrenzung** wird in den Bedingungswerken die Kostenerstattung für **einzeln aufgezählte Hilfsmittel** genannt. Dazu gehören insbesondere Geh-, Steh- und Laufhilfen[220]. Als Hilfsmittel sind Gegenstände und Gerätschaften zu verstehen, die die Körperfunktionen unterstützen und ersetzen. Implantate, z. B. Stent oder Herzschrittmacher welche in den Körper integriert werden, sind nicht als Hilfsmittel zu bewerten.

6. Alkohol-, Drogen- und andere Suchtkrankheiten

195   Die ReisekrankenVR bieten grundsätzlich keinen Versicherungsschutz für vorsätzlich herbeigeführte oder auf **missbräuchliche Verwendung von Medikamenten, Drogen, Alkohol oder Sucht** beruhenden Krankheiten[221].

V. Obliegenheiten und Beweisregeln

196   Die drei grundlegenden Obliegenheiten der Versicherten, die **Anzeigepflicht**, § 30 VVG, die **Auskunftspflicht**, § 31 VVG und die **Allgemeine Schadenminderungspflicht**, § 82 VVG, überlagern sich in der Reisekrankenversicherung[222]. Zur Beachtung der drei Grundverpflichtungen, die in der Gesamtschau auf Schadenminderung und Kostenbegrenzung abzielen, hat die versicherte Person vorrangig **Kontakt zu dem jeweiligen PersonenassistanceU** aufzunehmen. Die Anzeigepflichten und die Dienstleistungsangebote aus der üblicherweise vertraglich verbundenen Personenassistanceversicherung erfassen in wesentlichen Punkten die Problematik der Erfüllung der Obliegenheiten.

1. Anzeigepflicht

197   Die Bedingungswerke für die Auslandsreisekrankenversicherung nennen die Pflicht zur **unverzüglichen Anzeige schwerwiegender Erkrankungen und Verletzungen, die stationäre Behandlung erfordern**[223]. Die Regelungen zur Anzeigepflicht zielen vorrangig auf **Kostenbegrenzung.** Der VR soll Gelegenheit erhalten, über den medizinischen Dienst des PersonenassistanceU Absprachen mit den behandelnden Ärzten zur **medizinisch fachgerechten Behandlung** zu erreichen, die sich auf die **vor Ort im Ausland notwendige ärztliche Hilfe beschränkt.** Mit der Anzeige der Behandlungsbedürftigkeit beim VR oder dessen beauftragten PersonenassistanceU erhält der VR Gelegenheit, auf die Höhe der Honorar- und Kostenberechnung Einfluss zu nehmen. Soweit die versicherte Person dazu den Weisungen des VR folgt, ist sie von dem Beurteilungsrisiko bezüglich der Art der vorgenommenen Heilbehandlungsmaßnahmen und der Höhe der Kostenberechnung entlastet.

198   Unterlässt die versicherte Person jedoch grob schuldhaft die Kontaktaufnahme zu dem medizinischen Dienst des VR, so können daraus **Einwendungen zur Höhe der Leistungs-**

---

[220] § 13 Nr. 1 c) AVB/ADAC; § 5 d) AVB/ERV: Ausschluss für Anschaffungen oder Reparaturen von Hilfsmitteln (z. B. Brillen und Prothesen); § 2 Nr. 1 e) AVB-RK/ELVIA nennt anspruchsbegründend medizinisch notwendige Gehstützen und Miete eines Rollstuhls. Im übrigen sind nach § 4 Nr. 4 AVB-RK/ELVIA die Kosten für die Anschaffung von Prothesen und Hilfsmitteln ausgeschlossen.

[221] § 1 Nr. 2 f) AVB/ADAC; die AVB der ERV enthalten keinen ausdrücklichen Risikoausschluss. Die Behandlung von Medikamentenmissbrauch, Alkohol und anderen Suchtkrankheiten ist in häufigen Fällen jedoch als vorsätzlich herbeigeführt oder auch als absehbare notwendige Krankenbehandlung einzustufen; § 4 Nr. 5 AVB-RK/ELVIA schließt ausdrücklich die Behandlung von Alkohol-, Drogen- und anderen Suchtkrankheiten und deren Folgen einschließlich Krankenrücktransport aus.

[222] LG Düsseldorf v. 26. 10. 2007, VersR 2008, 913; *Römer/Langheidt,* § 62 VVG Rn. 1.

[223] § 8 Nr. 1 a) AVB/ADAC; Art. 6 b) Versicherungsbedingungen für die Reiseversicherung der ERV; § 6 Nr. 1 b) AVB-AB und § 5 Nr. 1 AVB-RK/ELVIA.

verpflichtung des VR **wegen Verletzung der Anzeigepflicht** erwachsen, wenn in der Folge Behandlungen oder diagnostische Maßnahmen durchgeführt wurden für die vor Ort während der Reise keine Notwendigkeit bestand. Ist die versicherte Person infolge ihres Krankheits- oder Verletzungszustandes nicht persönlich in der Lage, Kontakt zu dem betreffenden medizinischen Dienst aufzunehmen, so ist die versicherte Person – soweit sie dazu nach ihrem Befinden in der Lage ist – verpflichtet, Hilfspersonen mit der Kontaktaufnahme zu beauftragen. Die vorsätzliche Verletzung der Obliegenheit führt zur Leistungsfreiheit des VR, bei grob fahrlässiger Verletzung der Obliegenheit ist der VR berechtigt, die Leistung nach der Schwere des Verschuldens der versicherten Person an der Verletzung der Obliegenheit zu kürzen, § 82 Abs. 3 VVG.

Besondere praktische Bedeutung hat die **Anzeigepflicht** mit dem Ziel der Schadenminderung im Fall der **Notwendigkeit zur Repatriierung.** Der medizinische Dienst der ReiseVR   **199** kann aufgrund der praktischen Erfahrung und bestehender Geschäftsbeziehung zu Dienstleistern die für den Patienten bestgeeignete Methode zum Krankenrücktransport arrangieren. In der Regel verfügt der VR über vertragliche Verbindungen zur kostengünstigen Durchführung des Krankenrücktransportes. In Anbetracht der möglichen hohen Kosten einer Repatriierung liegt es im vorrangigen Interesse der versicherten Person, nicht das **Beurteilungsrisiko zum Einsatz und zum Kostenaufwand für die Repatriierung** zu tragen, sondern dieses Beurteilungsrisiko durch Anzeige der Behandlungsbedürftigkeit und der Repatriierungsbedürftigkeit auf den medizinischen Dienst des VR zu übertragen und die Dienstleistung des medizinischen Dienstes des VR anzunehmen.

2. Schadenminderungspflicht/Zustimmung zum Krankenrücktransport

Die **Schadenminderungspflicht** beinhaltet in der Reisekrankenversicherung neben der   **200** Obliegenheit zur unverzüglichen Anzeige des VersFalles, die **Verpflichtung der versicherten Person, ggf. dem Krankenrücktransport zuzustimmen**[224]. Soweit sich die versicherte Person in einem Land mit medizinischer Unterversorgung befindet, hat diese ausdrückliche Verpflichtung, der Repatriierung zuzustimmen, kaum praktische Bedeutung, da der Krankenrücktransport ohnedies im persönlichen Interesse der versicherten Person liegt. Ein Interessenkonflikt kann sich jedoch ergeben, wenn sich die Notwendigkeit der Krankenbehandlung in einem Land mit hohem Standard mit medizinischer Versorgung ereignet und die versicherte Person sich dort etwa zum Besuch von Angehörigen aufhält[225]. Bei der Abwägung des persönlichen Interesses der behandlungsbedürftigen versicherten Person, in der Nähe der im Ausland lebenden Angehörigen zu verbleiben und dem Interesse des VR an einer Repatriierung zur Kostenminderung kann der Wunsch der versicherten Person an einer Weiterbehandlung im Ausland nur nachrangig berücksichtigt werden. Der Versicherungsvertrag bietet **Kostendeckung ausschließlich für die im Ausland notwendige Behandlung.** Ist der Krankenrücktransport unter medizinischen Gesichtspunkten zumutbar und ist eine Weiterbehandlung im Heimatland möglich, hat die versicherte Person nach Eintritt der Transportfähigkeit keinen Anspruch auf die Übernahme weiterer Krankenbehandlungskosten im Ausland. Stimmt also die versicherte Person der Repatriierung nicht zu, weil sie gerne in der Nähe der im Ausland wohnenden Angehörigen bleiben möchte, kann der VR die Übernahme weiterer Behandlungskosten im Ausland ablehnen, weil die weitere Behandlung im Ausland nicht notwendig ist und weil die versicherte Person gegen die Obliegenheit zur Zustimmung zur Repatriierung verstoßen hat.

3. Probleme der Beweisführung

Die Tatsache der Behandlungsbedürftigkeit aus Anlass einer akut auf der Reise eingetretenen Krankheit oder Unfallverletzung hat der Versicherte nachzuweisen. Ob das Vorliegen   **201** eines akut behandlungsbedürftigen Zustandes bereits anzeigt, dass dieser Zustand während

---

[224] So ausdrücklich: § 5 Nr. 2 AVB-RK/ELVIA.
[225] Die Fallkonstellation ergibt sich wiederholt bei Verwandtenbesuch hochbetagter Personen bei ihren Angehörigen in den USA.

der Reise aufgetreten ist, hängt von der Eigenart der behandlungsbedürftigen Krankheitssymptome ab. Wird die versicherte Person in komatösem Zustand nach Alkoholabusus in stationäre Behandlung aufgenommen und weist der Zustand des Patienten die typischen Merkmale langzeitiger Alkoholabhängigkeit auf, spricht der erste Anschein gegen das Vorliegen einer akut auf der Reise aufgetretenen Erkrankung. Auch kann von einem akut aufgetreten Zustand nicht gesprochen werden, wenn die versicherte Person die Reise mit einer offenen Wunde angetreten hatte und sich während der Reise weiterer Behandlungsbedarf zeigt. Während die versicherte Person darzulegen und nachzuweisen hat, dass der behandlungsbedürftige Zustand akut während der Reise aufgetreten ist, liegt die Beweislast dafür, dass der behandlungsbedürftige Zustand bereits vor Reiseantritt bestand oder dass die Behandlungsbedürftigkeit vorauszusehen war, beim VR.

202   Tritt bei einer bestehenden Grunderkrankung während der Reise eine **akute Notfallsituation** ein, so hat sich der VR mit den Kosten für die **Notfallbehandlung** zu befassen, nicht aber mit den Kosten für die Sanierung des Grundleidens[226].

203   Als Nachweis zur Höhe der jeweiligen Aufwendungen für Krankenbehandlung sind grundsätzlich **Originalbelege** vorzulegen[227]. Die Verpflichtung zur Vorlage von Originalbelegen verfolgt einen doppelten Zweck: Zum einen ist eine Prüfung der Echtheit, sowie die Feststellung etwaiger Veränderungen ausschließlich anhand von Originalbelegen möglich. Zum anderen wird damit der Gefahr der Doppelinanspruchnahme der Versicherungswirtschaft begegnet.

204   Zur Beweisführung hat die versicherte Person ferner **detaillierte Arztberichte und Dokumentationen einzureichen sowie die Ärzte von der Schweigepflicht zu entbinden,** § 213 VVG. Über die aktive Vorlagepflicht von Originalbelegen und Arztberichten hat die versicherte Person dem VR zu gestatten, sachbezogene weitere Informationen bei den behandelnden Ärzten einzuholen[228]. Kommt die versicherte Person dieser Obliegenheit nicht nach, verweigert sie z. B. die Entbindung von der ärztlichen Schweigepflicht, liegt darin eine vorsätzliche Obliegenheitsverletzung.

F. Die Personenassistanceversicherung

I. Die Entwicklung der Personenassistanceversicherung und ihre Spartenzuordnung

1. Die Entstehung der Personenassistanceversicherung

205   Aus historischer Zeit sind **Hilfsorganisationen zur Dienstleistung** an armen und kranken Pilgern bereits in der **Kreuzfahrerzeit** bekannt[229]. Zu Beginn des 20. Jahrhunderts wurde die Einrichtung von Hilfsorganisationen zur praktischen Unterstützung und konkreten Hilfeleistung für Reisende zunächst als Hilfsorganisation für Motorradfahrer entwickelt[230]. In Deutschland baute der ADAC mit der zunehmenden Mobilität in der Nachkriegszeit ein umfassendes **Netz für Informationsdienstleistungen** und **praktische Hilfe bei Pannen und Unfällen** auf. Neben den ausschließlich fahrzeugbezogenen Dienst-

---

[226] OLG Köln v. 2. 6. 1967, VersR 1998, 354.
[227] § 9 Nr. 1 Satz 1 AVB ADAC; Art. 6 c) VB/ERV; § 6 Nr. 1 c) AVB-AB/ELVIA; vgl. für die PKV: *Bach/Moser*, § 6 MB/KK Rn. 5.
[228] § 8 Nr. 2 AVB/ADAC; Art. 6 c) VB-ERV; § 6 Nr. 1 c) AVB-AB/ELVIA; *Weichert,* Die Krux mit der ärztlichen Schweigepflicht bei Versicherungen, NJW 2004, 1695.
[229] Z. B. Gründung des Johanniterordens in der Folge der Eroberung von Jerusalem 1099, mit der Übernahme zunächst pflegerischer karitativer Tätigkeit, später nach der Ordensanerkennung um 1113 auch diakonischer und militärischer Aufgaben. Aus der gleichen Zeit datiert die Gründung der Krankenpflege Bruderschaft, aus der sich in den folgenden Jahrhunderten der Malteserorden entwickelte.
[230] 1903 Gründung der Vereinigung der Deutschen Motorradfahrer.

leistungen wurden in diesem Rahmen auch personenbezogene Dienste für den Krankenrücktransport, Arzneimittelversand und Kostenerstattung für Krankenbesuche angeboten[231].

Ende der 50er Jahre entstand in Frankreich als Entwicklung aus dem Problembereich Auto **206** der Gedanke der **aktiven Unterstützung Reisender in Notfällen durch eine Hilfsorganisation.** In Deutschland wurden als Reaktion der Ausweitung der Tätigkeit des ADAC auf das Versicherungsgeschäft Ende der 80er Jahre AssistanceU als Niederlassungen französischer Unternehmen gegründet[232]. Mit der **„V von Beistandsleistungen auf Reisen und Rücktransporten"** auf der Grundlage der ABBR 1989[233] wurde eine V gegründet, die auf die aktive Unterstützung Reisender durch Information und konkrete Dienstleistungen verbunden mit sachbezogenem Kostenerstattungsangebot ausgerichtet war. Die V von Beistandsleistungen auf Reisen und Rücktransporten beinhaltete neben der Personenassistance Dienstleistungen und Kostenerstattung bei **sonstigen Notfällen,** die während einer Reise auftreten können. Informations- und Serviceleistungen bei Strafverfolgungsmaßnahmen, Verlust von Reisezahlungsmitteln und Reisedokumenten sind nicht Gegenstand dieser Abhandlung.

Die **personenbezogenen Dienstleistungsangebote der Personenassistanceversi- 207 cherung** fügen sich zu den passiven **Kostenerstattungszusagen der Reisekrankenversicherung** in der Weise, dass die versicherte Person mit einem gebündelten Vertrag zu beiden Versicherungssparten Beratung für eine fachgerechte medizinische Versorgung im Rahmen der vor Ort gegebenen Möglichkeiten nutzen kann. Überdies wird die versicherte Person bei Inanspruchnahme der Dienstleistungen der Personenassistance von dem **Beurteilungsrisiko** der einzusetzenden notwendigen medizinischen Maßnahmen entlastet, soweit eine Absprache zwischen den behandelnden Ärzten vor Ort und dem medizinischen Dienst der Personenassistanceversicherung stattfindet.

Dies hat bei der Erklärung der **Kostenübernahme durch den VR im Falle stationärer 208 Behandlung** praktische Bedeutung.

Nutzt die versicherte Person das Dienstleistungsangebot der Personenassistanceversicherung dagegen nicht, ist dies als Verletzung der Obliegenheiten zur **Schadenminderung** zu bewerten. Hat die versicherte Person die Kontaktaufnahme zur Notrufzentrale des PersonenassistanceU nicht genutzt, obwohl ihr die Kontaktaufnahme möglich und zumutbar war, oder hat sie das Dienstleistungsangebot des PersonenassistanceVR ausgeschlagen, obgleich dieses fachgerecht und zumutbar war, können daraus Einwändungen des VR im Falle der Entstehung überhöhter Kosten erwachsen, § 82 VVG.

2. Die Zuordnung der Personenassistance in den marktüblichen Versicherungssparten

Als gesonderte Versicherungssparte wurde die Personenassistance-Versicherung zunächst **209** nicht angeboten. Die Produktentwicklung der VU berücksichtigt unterdessen den Bedarf, bei bestehendem Schutz für Krankenbehandlungskosten im Ausland ergänzend Service und Hilfeleistung durch den medizinischen Dienst eines VR zu vereinbaren. Marktüblich werden die Leistungen für die aktive praktische Dienstleistung und die Kostenerstattung jeweils mit anderen Versicherungsleistungen gebündelt angeboten. In der **Schutzbriefversicherung** und in der **Verkehrsserviceversicherung** sind neben den fahrzeugbezogenen Dienstleistungen und Kostenerstattungen auch personenbezogene Dienste und Kostenerstattung enthalten[234]. Der ADAC **Auslandskrankenschutz** umfasst in dem betreffenden Bedingungswerk zugleich die Dienstleistungen der Personenassistance[235]. Die **V von Beistandsleistungen auf Reisen**

---

[231] *Hofmann,* Schutzbriefversicherung (Assistance), Kommentar München 1996, 2., 3. und 4. Teil mit vorangestellter Textübersicht; ab 1949 bot der ADAC Kreditbriefe für Reparaturkosten (1953) und sodann für Krankentransporte und Rechtsanwälte (1955) an. 1958 Ausgabe eines ersten Schutzbriefes.
[232] GESA, Europe Assistance und Mondial Assistance.
[233] Vgl. Geschäftsbericht des BAV 1987, 67, überarbeitet 1990, vgl. VA 3, 1990, 150ff.
[234] § 5 AVSB 1987; § 1 Nr. 1.14–1.19 AVB Schutzbrief.
[235] §§ 12, 16, 18 AVB/ADAC Auslandskrankenschutz.

Nies

und Rücktransporten verbindet die Leistungsinhalte für aktive praktische Personenassistance, Kostenübernahmegarantie bei stationärer Behandlung und Krankenrücktransport mit dem Service- und Kostenerstattungsangebot bei sonstigen Notfällen[236]. Die marktführenden ReiseVR haben die Produktgestaltung inhaltlich von den ABBR 89 übernommen. Den Dienstleistungen der Personenassistance und dazu korrespondierender Kostenübernahme oder Kostenerstattung sind Dienstleistungen und limitierte Kostenerstattung für sonstige Notfälle beigefügt[237].

3. Kreditkarten

210 Als ergänzende Leistung zu **qualifizierten Kreditkarten** werden neben der Auslandsreisekrankenversicherung auch Personenassistance-Dienstleistungen angeboten. Die Voraussetzungen der Eintrittspflicht können unterschiedlich geregelt sein und etwa auf eine Verkehrsmittelunfallversicherung und Personenassistanceversicherung begrenzt sein. Die Vielfalt der Produktgestaltung verlangt jeweils eine Prüfung der Regelungen zu den Eintrittsvoraussetzungen.

4. Krankenrücktransport für Mitglieder von Rettungsorganisationen

211 Mitglieder des Malteser Hilfsdienstes, des Deutschen Roten Kreuzes, der Deutschen Rettungsflugwacht oder der REGA können als **Vereinsmitglieder** Dienstleistungen der **Personenassistance**, u. a. **kostenfreien Krankenrücktransport** aus dem Ausland erwarten. Die Mitgliedschaft in den Vereinigungen begründet zwar nach dem Text der Vereinsstatuten keinen Rechtsanspruch auf die Leistungen[238]. Allgemeine Rechtsgrundsätze der Verpflichtung zur Gleichbehandlung sowie die stetig gepflogene Praxis verschaffen jedoch einen rechtsgleichen Anspruch. M.a.W. die Rettungsorganisationen können die Eintrittspflicht bei Vorliegen der sachlichen Voraussetzungen für die betreffende Dienstleistung letztlich allenfalls dann versagen, wenn ihre wirtschaftliche Leistungsfähigkeit derart eingeschränkt ist, dass bereits die Fortführung der allgemeinen Geschäfte in Frage gestellt ist.

II. Die Dienstleistungen

1. Ambulante Behandlungen – Information und Arztkontakte

212 Bei **im Ausland akut notwendiger ambulanter Behandlung** beinhaltet die Personenassistanceversicherung im Wesentlichen **Informationsdienste**. Die versicherte Person kann sich an die Notrufzentrale des AssistanceU wenden um Auskunft über Deutsch oder Englisch sprechende Ärzte vor Ort zu erhalten. Die **Kontaktaufnahme zu dem behandelnden Arzt** hat die versicherte Person selber herzustellen.

Dem medizinischen Dienst des PersonenassistanceU bleibt es überlassen, über den konkret abgefragten Auskunftsdienst hinaus Informationen über Art und Schwere der Erkrankung einzuholen. Auf dieser Grundlage können im Einzelfall Empfehlungen zur Art der Behandlung gegeben werden. Bei ambulanter Behandlung besteht im Rahmen der Personenassistanceversicherung marktüblich kein Anspruch auf Abgabe einer Kostenübernahmeerklärung gegenüber dem Arzt. Ist die Personenassistanceversicherung jedoch mit der Reisekrankenversicherung vertraglich verbunden, liegt es in der Beurteilung des PersonenassistanceU und dessen VR, durch unmittelbaren Kontakt auf die medizinischen und ärztlichen Leistungsträger kostenmindernd Einfluss zu nehmen.

---

[236] *Hofmann,* Schutzbriefversicherung, 5. Teil.

[237] V von Beistandsleistungen auf Reisen und Rücktransporten (Soforthilfeversicherung) ERV; AVB-RN/ELVIA.

[238] OLG Düsseldorf v. 14. 10. 2003, VersR 2005, 108 verneint die Identität versicherter Gefahren aus einer Vereinsmitgliedschaft bei einem e. V. und einer Flugrückholkostenversicherung.

2. Stationäre Krankenhausbehandlung

Die Dienstleistung der Personenassistanceversicherung dient **im Falle stationärer Be-** 213 **handlung vorrangig dem Ziel einer kompetenten medizinischen Versorgung der versicherten Person.** Neben der personenbezogenen Beratung bietet die Personenassistanceversicherung auch kostenrelevanten Service. Voraussetzung ist jeweils die Information des VR/seines PersonenassistanceU von dem Ereignis. Die Information des U durch die versicherte Person ist zugleich **Leistungsvoraussetzung für die Betreuungsdienstleistungen und Erfüllung der Obliegenheit** zur unverzüglichen Anzeige bei Beginn einer stationären Behandlung.

Der VR erhält zum einen Gelegenheit, die zugesagte Leistung, Beratung zur Förderung 214 fachkompetenter medizinischer Versorgung zu erbringen und darüber hinaus erhält er die **Grundlageninformation,** um durch **Arzt-zu-Arzt-Gespräche** zwischen dem medizinischen Dienst und den behandelnden Ärzten vor Ort auf eine **kostengünstige Ausführung der notwendigen medizinischen Maßnahmen hinzuwirken** und **Übermaßdiagnostik und -behandlung entgegenzutreten.** Der versicherten Person wird weitgehend das **Beurteilungsrisiko** hinsichtlich **der im Ausland notwendigen ärztlichen Hilfe** abgenommen. Wird die medizinische Versorgung vor Ort nach der Absprache zwischen dem medizinischen Dienst und den behandelnden Ärzten vor Ort ausgeführt, so trifft die versicherte Person zum Nachweis der Notwendigkeit der Behandlung lediglich die Verpflichtung zur **Vorlage ausführlicher Arztberichte** und der Vorlage von **Originalbelegen,** § 213 VVG. Weitere Beweisführung zur Notwendigkeit der Maßnahmen ergibt sich sofern Anzeichen für eine Fehlinformation des medizinischen Dienstes des VR vorliegen oder bei kollusivem Zusammenwirken der versicherten Person mit den behandelnden Ärzten vor Ort.

Zur Betreuung des Patienten[239] stellt das AssistanceU zunächst den Kontakt zwischen dem 215 Hausarzt der erkrankten/unfallverletzten Person und den behandelnden Ärzten vor Ort her, sofern der versicherte Patient dies wünscht und/oder sofern die konkreten Umstände der Erkrankung/Verletzung dies im Interesse des Patienten erfordern. Besondere Bedeutung hat dies bei älteren Patienten, die ständig unter ärztlicher Betreuung stehen oder auch bei Patienten, bei denen ein Dauerleiden besteht, das bei der Behandlung einer akut aufgetretenen Erkrankung zu berücksichtigen ist. Das AssistanceU bietet in der Praxis Dienstleistungen noch bevor dem VR oder dem beauftragten Unternehmen die technische Deckungsprüfung und die Prüfung von Tatsachen für das Vorliegen eines materiellen Ausschlusstatbestandes möglich ist. Aus der spontan erbrachten Dienstleistung des AssistanceU kann daher nicht auf ein Anerkenntnis des VR zur Eintrittspflicht geschlossen werden[240].

Nimmt ein gesundheitlich vorbelasteter Patient die Dienstleistung des medizinischen 216 Dienstes der Assistance in Anspruch, erhält der medizinische Dienst auch Informationen über vorbestehende Leiden. Die Frage, ob der medizinische Dienst diese im Rahmen der Serviceleistung erlangten Kenntnisse an den ihm vertraglich verbundenen VR weitergeben darf, hängt vom Umfang der **vertraglich vereinbarten Schweigepflichtentbindung** ab. Die vertragliche Obliegenheit aus der Reisekrankenversicherung, die Ärzte von der Schweigepflicht zu entbinden, bezieht sich auch auf die Entbindung der Assistance Ärzte von der Schweigepflicht in Bezug auf medizinische Daten, die im Zusammenhang mit der Dienstleistungstätigkeit erworben werden, § 213 VVG[241].

In den einzelnen Bedingungswerken werden weitere Dienstleistungen angeboten, z. B. die 217 Übermittlung von **Informationen an die nächsten Angehörigen.**

---

[239] § 2 Nr. 2a ABBR; § 2 Nr. 2b) AVB Soforthilfeversicherung/ERV; § 2 Nr. a AVB-RN/ELVIA.
[240] So ausdrücklich: § 1 Nr. 1 AVB-RN/ELVIA.
[241] § 213 VVG, BVerfG v. 21. 10. 2006, VersR 2006, 1669; ADAC: Erklärung zur Entbindung von der Schweigepflicht, den AVB textlich vorangestellt; Art. 6 c) der VB/ERV; § 6 Nr. 1 c) AVB-RN/ELVIA mit dem ausdrücklichen Hinweis, dass sich die Entbindung von der ärztlichen Schweigepflicht auch auf die Ärzte der ELVIA Assistance Notruf-Zentrale bezieht; *Schneider,* VersR 2006, 859, 861.

3. Krankenbesuch

218   Bei lebensbedrohenden Erkrankungen der versicherten Person oder bei länger andauerndem Krankenhausaufenthalt organisieren die AssistanceU den Besuch einer der versicherten Person nahestehenden Person zum Ort des Krankenhausaufenthaltes[242].

4. Kostenübernahmeerklärung

219   Die Erklärung des AssistanceVR gegenüber der behandelnden Klinik und den medizinischen Dienstleistern zur Übernahme und Abrechnung der Behandlungskosten bis zu dem in den AVB festgelegten Höchstbetrag ist eines der zentralen Leistungsversprechen des AssistanceVR[243]. Soweit der Kostenbedarf für notwendige Krankenbehandlung vor Ort die festgesetzten Höchstbeträge übersteigt, wird die Kostenzusage durch den VR in aller Regel dem Bedarf angepasst. Da die Eintrittspflicht für Krankenbehandlungskosten nicht auf Höchstbeträge beschränkt ist, dient die Begrenzung der Kostenzusage in den AVB auf einen Höchstbetrag ersichtlich in erster Linie der **Ermöglichung der Kostenkontrolle** des medizinischen Dienstes des VR gegenüber dem behandelnden medizinischen Leistungsträger, d. h. der Klinik und den behandelnden Ärzten. Der versicherte Patient ist während seines Auslandsaufenthaltes in der Regel nicht in der Lage, größere finanzielle Beträge für Krankenbehandlung aufzubringen.

220   Die Erklärung der **Kostengarantie oder Kostenübernahme** umfasst das Versprechen des AssistanceU zur **Abrechnung der Dienstleistungen des Krankenhauses.** Der versicherte Patient ist zum einen nicht verpflichtet, vor Ort den Geldbetrag aufzubringen. Zum anderen geht das **Risiko der Beurteilung der Notwendigkeit durchgeführter Maßnahmen** auf den AssistanceVR über insoweit als der AssistanceVR Gelegenheit hat, mit den Ärzten vor Ort die Notwendigkeit durchzuführender Maßnahmen abzusprechen. Gemäß dem Leistungsversprechen des VR wird die Kostenübernahme nur für die vor Ort notwendigen Maßnahmen gegeben. Mit der Kontrolle zur Notwendigkeit einer Maßnahme, insbesondere einer Operation, schützt der VR den versicherten Patienten vor unnötigen Operationen, bzw. davor, dass eine notwendige Operation an einem Ort mit geringerem medizinischen Standard ausgeführt wird.

Gelingt dies dem VR mangels Kooperation der Ärzte vor Ort nicht, so geht dies nicht zu Lasten der versicherten Person, sofern kein kollusives Zusammenwirken zwischen der versicherten Person und den behandelnden Leistungsträgern vor Ort besteht. Der VR erhält die Möglichkeit, auf die Höhe der Rechnungsstellung Einfluss zu nehmen, sofern die Leistungsträger vor Ort dazu Gesprächsbereitschaft zeigen.

221   Die Abgabe der Kostenübernahmeerklärung des AssistanceVR gegenüber den behandelnden Ärzten beinhaltet nicht notwendig eine Anerkenntniserklärung in Bezug auf die Eintrittspflicht des ReisekrankenVR aus dem Versicherungsvertrag. Einige Bedingungswerke enthalten dazu eine ausdrückliche Klarstellung[244]. Dieser Vorbehalt ist für die praktische Handhabung wichtig, da die behandelnden Krankenhäuser und medizinischen Einrichtungen die Weiterbehandlung von der Abgabe einer Zahlungserklärung abhängig machen. Im Vordergrund steht für die Dienstleistung der Personenassistance dann die medizinisch notwendige Versorgung des Patienten. Der VR hat jedoch ein legitimes Interesse daran, den Deckungsschutz sowohl in Bezug auf die vertragstechnischen Daten, Laufzeit, Prämienzahlung, wie auch in Bezug auf etwaige Ausschlustatbestände, z. B. Suchtkrankheiten oder vorbeste-

---

[242] § 2 Nr. 2b) AVB Soforthilfeversicherung/ERV: Eintrittspflicht bei Krankenhausaufenthalt von länger als 5 Tagen; § 2 Nr. 2b) AVB-RN/ELVIA: Leistung bei lebensbedrohender Erkrankung der versicherten Person oder bei einer Behandlungsdauer von mehr als einem Tag.

[243] § 14 Nr. 2 AVB/ADAC, € 13 000; § 2 Nr. 2c) AVB Soforthilfeversicherung/ERV, € 15 000; § 2 Abs. 2c) AVB-RN/ELVIA € 13 000.

[244] § 14 Abs. 2 AVB ADAC für die Reisekrankenversicherung: „Die Abgabe der Zahlungsgarantie ist keine Anerkennung der Leistungspflicht. Ist erkennbar, dass es sich um nicht versicherte Kosten handelt, können wir von Ihnen eine Sicherheit in Höhe der Zahlungsgarantie verlangen…"; § 2 Nr. 1 c AVB-RN ELVIA.

hende Behandlungsbedürftigkeit, zu prüfen. Übersteigen die notwendigen Kosten einer adäquaten medizinischen Versorgung die jeweils in den AVB festgelegten Höchstbeträge, liegt es in der Entscheidung des jeweiligen VR, darüber hinaus weitere Kostenübernahmegarantien abzugeben.

5. Krankenrücktransport

Die **Organisation und die Durchführung des Krankenrücktransportes** ist das wichtigste Leistungsangebot der Personenassistanceversicherung. Während der Versicherungsschutz der Reisekrankenversicherung und auch der PKV die Erstattung der Kosten einer Repatriierung betrifft[245], enthält das Leistungsangebot der Assistanceversicherung die Organisation und Durchführung des Krankenrücktransportes.   **222**

Die **Voraussetzungen der Eintrittspflicht für die Dienstleistung** entspricht i. d. R.   **223** der Eintrittspflicht des vertraglich verbundenen KrankenVR für die **Kostentragung.** Werden der Auslandskrankenversicherungsvertrag und der Vertrag über die Personenassistance bei getrennten Anbietern/VU vereinbart, kann sich eine Deckungslücke ergeben, wenn der Vertrag zur Personenassistance die Dienstleistung zum Krankenrücktransport bietet sobald der Rücktransport medizinisch sinnvoll und vertretbar ist, der Auslandskrankenversicherungsvertrag Kostenerstattung jedoch unter der Voraussetzung medizinischer Notwendigkeit zusagt. Wesentliche Unterschiede in den Voraussetzungen für das Leistungsversprechen des Krankenrücktransportes ergeben sich zwischen den Regelungen der PKV und der ReiseVR[246].

Überwiegend setzen die PKV, neben weiteren Kriterien, die **medizinische Notwendig-**   **224** **keit** für eine Repatriierung voraus. Die ReiseVR veranlassen und organisieren den Krankenrücktransport, wenn die **Maßnahme medizinisch sinnvoll und vertretbar** ist. Da die PKV in der Regel das Krankheitskostenrisiko sowohl im Ausland wie auch im Inland tragen, haben sie ein legitimes Interesse daran, mit den Kosten einer Repatriierung ausschließlich unter der Voraussetzung medizinischer Notwendigkeit belastet zu werden. Medizinisch notwendig ist der Krankenrücktransport jedenfalls, wenn vor Ort wegen **medizinischer Unterversorgung** Gefahr für Leib und Leben der versicherten erkrankten/verletzten Person besteht[247]. Dagegen greift der Deckungsschutz der Reisekrankenversicherung und der Personenassistanceversicherung bereits, wenn der Rücktransport medizinisch sinnvoll und vertretbar ist. Diese Formulierung erlaubt auch die Berücksichtigung **psycho-sozialer Aspekte.** Unter wirtschaftlichen Gesichtspunkten erklärt sich die weiterreichende Eintrittspflicht der Reiseversicherer daraus, dass der Deckungsschutz für die Krankenbehandlungskosten mit der Rückkehr des versicherten Patienten in sein Heimatland endet. Sind die Kosten der Krankenbehandlung im Ausland ähnlich hoch wie die Rücktransportkosten, kann sich der VR nach Treu und Glauben nicht darauf berufen, es bestehe kein Anspruch auf den Rücktransport[248]. Der Wunsch des erkrankten/verunglückten Patienten, möglichst rasch in sein Heimatland zurückgebracht zu werden und der Wunsch nach der gewohnten Qualität medizinischer Versorgung behandelt und gepflegt zu werden wie auch das wirtschaftliche Interesse des VR an einer kostengünstigen Abwicklung des Falles zielen gleichlautend auf eine rasche Repatriierung.

Nimmt die versicherte Person die Dienstleistung des Assistanceversicherers und des dahinter stehenden KrankenVR in Anspruch, geht damit zugleich das **Risiko der Beurteilung**   **225** **für den Einsatz medizinisch adäquater Mittel und eines angemessenen Kostenaufwandes für die Repatriierung** auf den VR über. Diese Auswirkung ergibt sich nicht, wenn die Verträge zur Personenassistance und die Auslandsreisekrankenversicherung mit De-

---

[245] LG Köln v. 26. 4. 2006, VersR 2007, 98.

[246] *Nies,* NVersZ 2000, 305 ff.

[247] Wird der Krankenrücktransport zu Unrecht verweigert, können daraus Schmerzensgeldansprüche erwachsen: LG München v. 9. 11. 2007, VersR 2008, 148; OLG Frankfurt/M. v. 16. 8. 2000, VersR 2002, 745; AG Stuttgart v. 18. 2. 1997, NVersZ 2000, 332 = r+s 2000, 429; OLG Nürnberg v. 29. 9. 1988, DAR 1989, 229; LG Saarbrücken v. 8. 11. 1991, NJW-RR 1992, 226.

[248] OLG Frankfurt/M. v. 16. 12. 1993, NJW-RR 1994, 1510.

ckungsschutz für die Kosten eines Krankenrücktransportes bei verschiedenen Anbietern abgeschlossen wurden.

226   Über die **Art und die Auswahl der Transportmittel** entscheidet der medizinische Dienst des AssistanceU im Einvernehmen mit den behandelnden Ärzten vor Ort[249]. Die ärztliche Verantwortung für den Patienten trägt jeweils der konkret durch Augenschein und ärztliche Untersuchung dazu qualifizierte Arzt. Die Ärzte des medizinischen Dienstes der AssistanceVR verfügen jedoch über weitreichende Erfahrungen bei der Beurteilung der Voraussetzungen für eine Repatriierung und der Auswahl der Transportmethode und der ärztlichen/medizinischen Betreuung während der Repatriierung. Die **Ärzte der medizinischen Dienste der AssistanceVR werden als Erfüllungsgehilfen** der jeweiligen VR tätig, so dass die Haftung aus dieser Tätigkeit den beauftragten VR trifft[250].

6. Beschaffung von Arzneimitteln

227   Als weitere Dienstleistung bieten die AssistanceU den **Versand von Arzneimitteln** an, welche der versicherten Person auf der Reise abhanden gekommen sind. Die Dienstleistung beschränkt sich auf die Beschaffung der Arzneimittel und die Übersendung, soweit dies den Umständen nach technisch möglich ist. Die Kosten der Präparate hat jeweils die versicherte Person selber zu tragen. Ggf. verauslagt der VR die Kosten und verlangt eine Rückerstattung von der versicherten Person nach Rückkehr[251].

7. Überführung Verstorbener zum Bestattungsort/Bestattung im Ausland

228   Die **Organisation der Bestattung** eines während der Reise im Ausland verstorbenen VN gehört seit jeher zu den Leistungen der AssistanceV[252]. Alternativ zur **Organisation der Beerdigung vor Ort** wird die Organisation der **Überführung des Verstorbenen an den Heimatort** angeboten. Dabei setzen einige Bedingungswerke eine Höchsthaftung fest für die Kosten der Bestattung vor Ort.

229   In den Bedingungswerken, die nicht stets in Verbindung mit einem Vertrag zur Auslandskrankenversicherung angeboten werden, kann die **Kostenerstattung** für diese Dienstleistung enthalten sein. Dies trifft noch für die ABBR zu. Im ADAC Auslandskrankenschutz sind die Leistungen der Reisekrankenversicherung und der Dienstleistungen der Personenassistance verbunden. ReiseVR, die die Reisekrankenversicherung stets im Verbund mit der Personenassistanceversicherung anbieten, erfassen in dem Bedingungswerk für die Personenassistanceversicherung lediglich die Dienstleistung; die Kostenerstattung der betreffenden Versicherung wird von der Reisekrankenversicherung erfasst[253]. Die Entscheidung über die Auswahl der angebotenen Leistungen liegt bei den nächsten Angehörigen und Rechtsnachfolgern.

III. Ausschlüsse

1. Kriegsklausel

230   Die AVB für die Personenassistance-Versicherung enthalten regelmäßig den Risikoausschluss für **Krieg und kriegsähnliche Ereignisse**[254].

---

[249] § 16 AVB; § 2 Nr. 3 AVB Soforthilfeversicherung/ERV: Die ERV organisiert den Rücktransport … eine Aussage über die Entscheidungsbefugnis für den Zeitpunkt und die Art des Rücktransports ist nicht enthalten; § 2 Nr. 3 AVB-RN/ELVIA verlangt eine Abstimmung der ELVIA Assistance mit dem behandelnden Arzt vor Ort; vgl. auch zu den Rechtsproblemen der vertraglichen Beziehung: *Hübner/Linden*, VersR 1998, 794 ff.

[250] Vgl. zur Haftung für Behandlungsfehler des Notarztes im Rettungseinsatz (öffentlich-rechtlich) BGH v. 9. 1. 2003, NJW 2003, 1184.

[251] § 3 AVB Soforthilfeversicherungsvertrag/ERV; § 3 AVB-RN/ELVIA.

[252] § 3 ABBR; § 18 AVB/ADAC; § 4 AVB Soforthilfeversicherungsvertrag/ERV; § 5 AVB-RN/ELVIA.

[253] § 4 AVB Soforthilfeversicherung/ERV und § 3, 4 AVB-RN/ELVIA mit § 3 Abs. 2 AVB-RK/ELVIA.

[254] § 1 Nr. 2c) AVB/ADAC; Art. 5 VB-ERV 2002; § 5 AVB-AB/ELVIA; § 7 Nr. 1 ABBR 1989.

2. Voraussehbarkeit

Soweit die Dienstleistungen der Personenassistance in einem Vertragswerk mit der Kosten-   **231** erstattung verbunden sind, betrifft der **Ausschluss der Voraussehbarkeit** des Ereignisses auch die Dienstleistung[255]. Bei vorausschauender Kenntnis des Eintritts der medizinischen Notlage und der Hilfsbedürftigkeit ist der Versicherungsschutz nach der Grundregel des § 2 VVG ausgeschlossen. Verstirbt jedoch eine versicherte Person während einer Reise auf Grund einer schweren und unheilbaren Erkrankung, besteht auch Versicherungsschutz, wenn die Erkrankung bekannt und mit einem Ableben jederzeit zu rechnen war, wenn sich der Risikoausschluss der Voraussehbarkeit auf den Versicherungsfall der Erkrankung, nicht jedoch auf den Versicherungsfall „Tod" bezieht[256].

3. Vorsatz

Für die Folgen vorsätzlichen Handelns besteht grundsätzlich kein Versicherungsschutz,   **232** § 81 Abs. 1 VVG. Die Allgemeinen Bestimmungen der Spezialversicherer wiederholen diesen Ausschluss. Unter den Ausschlusstatbestand fällt auch Suizid und Suizidversuch.

4. Weitere Ausschlusstatbestände

In den unterschiedlichen Bedingungswerken sind noch weitere Ausschlussregeln enthal-   **233** ten, z. B. für Verletzungen, die durch die aktive Teilnahme an Wettkämpfen von Sportorganisationen und dem dazugehörigen Training verursacht wurden[257]; für die Behandlung geistiger und seelischer Störungen sowie Hypnose und Psychotherapie einschließlich der hierfür verwendeten Arzneimittel[258]. Der für die KrankenV übliche Ausschluss für die Behandlung von Drogen, Alkohol und anderen Suchtkrankheiten betrifft auch die Dienstleistungen[259].

IV. Obliegenheiten

1. Anzeige- und Aufklärungspflichten

Die **Anzeigepflicht** hat im Rahmen der Personenassistanceversicherung die Schlüssel-   **234** funktion für die Inanspruchnahme der Leistungen der Personenassistance. Nur unter der Voraussetzung, dass die versicherte Person den VR und/oder dessen AssistanceU von einer persönlichen Notlage in Kenntnis setzt, kann das AssistanceU auch tätig werden. Zeigt die versicherte Person eine Notlage nicht an, obgleich sie dazu den Umständen nach in der Lage gewesen wäre, so treten im Rahmen von Versicherungsverträgen, die sowohl die Dienstleistung der Personenassistance als auch das Kostenrisiko umfassen, die Folgen der Obliegenheitsverletzung ein. Im Falle grob schuldhaften Unterlassens einer Anzeige der notwendigen stationärer Behandlung im Ausland hat die versicherte Person daraus folgende höhere Kosten entsprechend der Schwere des Verschuldens selber zu tragen[260]. Während die Anzeige einer Notlage unvermeidlich Voraussetzung für die aktive Dienstleistung der Personenassistance ist, können Einwendungen gegenüber Ansprüchen auf Kostenerstattung von Kosten für alternativ erworbene Dienstleistungen nur dann erhoben werden, wenn der versicherten Person vorzuhalten ist, dass sie die Kontaktaufnahme zum AssistanceU grob schuldhaft versäumt hat und aus diesem Unterlassen erhöhte Kosten entstanden sind.

2. Schadenminderungs-/Mitwirkungspflichten

Die allgemeine **Schadenminderungspflicht** konkretisiert sich in der Personenassistance-   **235** Versicherung auf die **Kooperation mit dem AssistanceU.** Soweit es um die konkrete Gestaltung der medizinischen Versorgung geht, ist die Mitwirkung, d. h. das Einverständnis des

---

[255] § 1 Nr. 2a) ADAC/AVB.
[256] AG München v. 16. 11. 2006, r+s 2007, 292.
[257] § 1 Nr. 2d) ADAC.
[258] § 1 Nr. 2e) ADAC.
[259] § 1 Nr. 2f); § 4 Nr. 2, Nr. 5 ADAC AVB-RK 2002/ELVIA.
[260] §§ 28, 82 VVG; § 6 Abs. 3 VVG a. F.; die AVB der ReiseVR wurden § 28 VVG angepasst.

versicherten Patienten mit der Behandlungsweise, die vom AssistanceU vorgeschlagen wird, häufig Voraussetzung für eine Kostenbegrenzung.

236 Die Frage, in welchem Maß und unter welchen Voraussetzungen dem versicherten Patienten die **Zustimmung zu einer Begrenzung der Krankenbehandlung vor Ort** zugemutet werden kann, hängt von den konkreten Umständen ab. Von Bedeutung sind Art und Schwere der Erkrankung/Verletzung, Eilbedürftigkeit der betreffenden medizinischen Maßnahme, Standard der medizinischen Versorgung vor Ort sowie die Frage, innerhalb welchen Zeitrahmens, unter welchen Gegebenheiten eine Repatriierung des versicherten Patienten ins Heimatland zur weiteren medizinischen Versorgung möglich ist. Die Verpflichtung zur Zustimmung und Mitwirkung bei dem Krankenrücktransport ins Heimatland konkretisiert die Obliegenheit zur Schadenminderung im Rahmen der Personenassistanceversicherung bzw. im Rahmen der Reisekrankenversicherung[261].

237 Der versicherten Person kann die **Zustimmung und die Mitwirkung beim Krankenrücktransport** abverlangt werden, wenn die objektiven medizinischen Daten die Repatriierung als möglich und zumutbar anzeigen, d. h. wenn die Repatriierung keine unzumutbare gesundheitliche Belastung und keine nennenswerten zusätzlichen gesundheitlichen Risiken mit sich bringt. Verweigert die versicherte erkrankte Person die Zustimmung und Mitwirkung zur Repatriierung, obgleich die Maßnahme nach den objektiven Gegebenheiten zumutbar ist, kann der Anspruch auf Kostenübernahme für weitere Krankenbehandlung entfallen, da in Anbetracht der Möglichkeit zum Krankenrücktransport keine Notwendigkeit zur Weiterbehandlung im Ausland besteht. Der subjektive Wunsch, im Ausland, dort in der Nähe von Verwandten weiter behandelt zu werden, findet seine Grenze an der primären Leistungsgrenze des ReisekrankenVR für die Kosten der im Ausland notwendigen Heilbehandlung. Fraglich erscheint die Zumutbarkeit zur Zustimmung einer Repatriierung, wenn im Heimatland keine ausreichende medizinische Versorgung gewährleistet ist.

3. Probleme der Beweisführung

238 Zur Inanspruchnahme der Dienstleistung des PersonenassistanceU hat die **versicherte Person ihre jeweilige Notlage glaubhaft zu machen und nachzuweisen.** Die aktiven Hilfeleistungen des AssistanceU eröffnen zugleich für die versicherte Person Unterstützung in der Beweisführung. Der medizinische Dienst des PersonenassistanceU nimmt Informationen zu Klärung der medizinischen und/oder psychosozialen Voraussetzungen für eine Repatriierung in von Arzt-zu-Arzt Gesprächen auf. Trifft der medizinische Dienst im Einvernehmen mit den behandelnden Ärzten vor Ort die Entscheidung für den Krankenrücktransport, so bedarf es insoweit keiner weiteren Beweisführung der versicherten Person für das Vorliegen der Notwendigkeit oder Zweckmäßigkeit der Maßnahme, sofern die konkreten Umstände zutreffend übermittelt wurden. Ein Anerkenntnis zur Eintrittspflicht des VR kann in Anbetracht des generellen Prüfvorbehaltes des VR in den AVB nicht gefolgert werden. Zum persönlichen gesundheitlichen Nutzen des Patienten – ggf. auch zur Minderung der Krankenbehandlungskosten im Ausland – veranlasst das PersonenassistanceU die Repatriierung bevor eine abschließende Prüfung der Eintrittspflicht erfolgen konnte. Grundsätzlich ist die **Prüfung des Deckungsschutzes, insbesondere auch das Vorliegen eines Ausschlusstatbestandes, der Nacharbeit des VR überlassen**[262].

Nimmt die versicherte Person nicht die Dienste des AssistanceU des VR in Anspruch sondern beauftragt sie ein drittes Unternehmen mit dem Krankenrücktransport, so hat die versicherte Person zur Begründung des Kostenerstattungsanspruchs den **Nachweis für das Vorliegen der vertraglichen Voraussetzungen zur Repatriierung** zu führen. Der Nachweis hat sich auch auf die Notwendigkeit des Einsatzes der verwendeten Mittel (z. B. Einsatz eines Ambulanzflugzeuges) zu erstrecken. **Detaillierte medizinische Berichte** sind dazu uner-

---

[261] § 5 Nr. 2 AVB-RK/ELVIA.
[262] Siehe § 1 Nr. 1 AVB-RN/ELVIA.

lässlich, § 213 VVG. Die Höhe der Aufwendungen ist durch Vorlage von Originalbelegen nachzuweisen.

G. Die Reisegepäckversicherung

I. Die Reisegepäckversicherung von den Anfängen als Transportversicherung für Reisegepäck bis zur Aufhebung der Genehmigungspflicht 1994

Die **Gründung** der ersten **Reisegepäckversicherung** durch den ungarischen Holzhänd‑   **239** ler Max von Engel im Jahr 1907 war der Start für die Entwicklung dieses Versicherungszwei‑ ges[263]. Die Reisegepäckversicherung wurde zunächst bis zum Jahr 1975 der **Transportver‑ sicherung** zugeordnet. Damit unterlag sie gem. § 187 VVG bis zum Jahr 1976 nicht der Aufsicht des BAV[264]. Mit der Unterstellung der Transportversicherung unter die Aufsicht des BAV wurde die Gepäckversicherung aus der Transportversicherung ausgegliedert und der Sachversicherung zugeordnet[265]. In der Folge hatten die VU die Bedingungswerke und Ta‑ rife für die Reisegepäckversicherung dem BAV zur Genehmigung vorzulegen. In einem nächsten Schritt forderte das BAV alle Gesellschaften auf, **einheitliche Bedingungen** zu er‑ arbeiten und diese zur Genehmigung einzureichen[266].

Aus umfangreichen Materialien und acht Entwürfen wurden die **AVBR 1980** erarbei‑   **240** tet[267]. Dieses Bedingungswerk wurde am 2. 9. 1980 vom BAV genehmigt. Die Überarbei‑ tung der AVBR 1980 zur Textfassung 1992 nimmt die praktische Erfahrung aus der Anwen‑ dung der AVBR 1980 auf. Veränderungen ergaben sich beim Kreis der versicherten und mitversicherten Personen durch Einbeziehung namentlich benannter Lebensgefährten und Kinder. Die Hausangestellten wurden nicht mehr als mitversicherte Personen aufgeführt. Für aufwendige Sportgeräte, wie etwa Hängegleiter, Fahrräder und Segelsurfgeräte bietet die Grunddeckung der AVBR 1992 keinen Versicherungsschutz. Über die Fahrradklausel und die Klausel für Segelsurfgeräte konnte ergänzender Versicherungsschutz vereinbart werden. Das Gebrauchsrisiko für diese Geräte ist auch nach diesen Klauseln nicht versichert.

Bis zur Mitte der 80er Jahre hatte die **Reisegepäckversicherung** unter den Reiseversiche‑   **241** rungssparten die zentrale **wirtschaftliche Bedeutung.** Seither ist in der gesamten Branche ein steter Rückgang des Prämienaufkommens für die Reisegepäckversicherung zu verzeich‑ nen. Die nachhaltigste Auseinandersetzung der Gerichte mit Rechtsfragen zur Reisegepäck‑ versicherung datiert dementsprechend aus der Zeit bis zur **Aufhebung der Bedingungsauf‑ sicht**[268]. Anlass zur Diskussion gab insbesondere die rechtliche Wertung der **Autoklausel**[269]. Nach der Grundsatzentscheidung des BGH blieb noch die Diskussion zum Begriff der **Beauf‑ sichtigung des Fahrzeuges**[270], Fragen der **groben Fahrlässigkeit** in den unterschiedlichen Reisesituationen[271] sowie der Haftung für das Verschulden (mitreisender) Dritter, d. h. das Ver‑ ständnis des Begriffs des **Repräsentanten** in der Reisegepäckversicherung[272].

---

[263] Zu den Grundlagen und zur historischen Entwicklung der Reisegepäckversicherung ausführlich: *Van Bühren/Nies,* Reiseversicherung; AVBR Einführung, Rn. 1 ff.; *Ollick,* VA 1980, 284 ff.

[264] *Van Bühren/Nies,* Reiseversicherung, AVBR Einführung, Rn. 5, m. w. N.

[265] 1. Durchführungsgesetz/EWG zum VAG v. 18. 12. 1975, BGBl. I Nr. 146 vom 24. 12. 1975; *van Bühren/Nies,* Reiseversicherung, a. a. O.

[266] R4/1976 des BAV, VA 1976, 129.

[267] *Van Bühren/Nies,* Reiseversicherung, Rn. 6 ff.; *Ollick,* VA 1980, 284 ff.

[268] Siehe die Rechtsprechungssammlung zur Reisegepäckversicherung in: *Nies/Traut,* 2. Teil S. 401– 576.

[269] BGH v. 3. 7. 1985, NJW 1985, 2831 = VersR 1985, 854; *van Bühren/Nies,* Reiseversicherung, § 5 Rn. 8 ff., 67 ff.

[270] *Nies/Traut,* S. 413 „Beaufsichtigung", Urteilsnummern 1–24 mit jeweiligen Fundstellen für den Volltext.

[271] *Nies/Traut,* S. 456–483.

[272] *Nies,* Grundsatzprobleme, S. 83 ff.

242   Die fortdauernde Diskussion in der Reisegepäckversicherung betraf seit jeher den Inhalt und die Beachtung der **Aufklärungs- und Wahrheitspflichten**. Als sachliche Brennpunkte zeigten sich die Angaben zu Reisebegleitern und mitreisenden Personen auf die entsprechende Frage des VR[273], der vollständigen und zutreffenden Angabe **früherer Reisegepäckschäden**[274]. Die Überprüfung von **Kaufbelegen,** welche als Nachweis zur Höhe des Schadens eingereicht werden, birgt seit jeher vielfältige Überraschungen[275]. Die Verletzung der Wahrheitspflicht in Bezug auf unzutreffende Angaben auf die Frage nach Vorschäden, nach mitreisenden Personen und Reisebegleitern sowie in Bezug auf unzutreffende Kaufbelege wurden stets als grundsätzlich relevant bezeichnet, so dass der Anspruch auf Versicherungsleistung auch dann verwirkt worden war, wenn der VR die unzutreffenden Angaben aufklären konnte und infolgedessen kein Schaden entstanden war[276]. Die Rechtsfolge trat allerdings nur ein, wenn der VR auf dem Schadenanzeigevordruck deutlich auf die Folgen unzutreffender Angaben hingewiesen hatte. Die Diskussion zur Beachtung von Obliegenheiten konzentrierte sich in der Reisegepäckversicherung im Wesentlichen auf die Diskussion zur Notwendigkeit und zur Unverzüglichkeit polizeilicher Diebstahlanzeige[277] sowie auf die Frage der Anzeige eines Fluggepäckschadens bei der Fluggesellschaft[278].

II. Die Entwicklung der Reisegepäckversicherung seit 1994

1. Die unverbindliche Empfehlung des GDV – AVB Reisegepäck 1992, Dezember 1994, Neufassung 2008

243   Der Gesamtverband der Deutschen Versicherungswirtschaft e.V (GDV) hat die AVB Reisegepäck 1992 inhaltsgleich umgestaltet zur Verwendung als **Musterbedingungen,** Fassung Dezember 1994. Dazu wurden Öffnungsklauseln zu Höchsthaftungsgrenzen beigefügt: „**soweit nicht etwas anderes vereinbart ist**". Dies betraf die Regelung des Versicherungsschutzes für Falt- und Schlauchboote und andere Sportgeräte, § 1 Nr. 3 AVBR, die Regelung für Schmucksachen, den Ausschluss für Geld und Wertpapiere, § 1 Nr. 5 AVBR, den Ausschluss für Liegen-, Stehen- und Hängenlassen, § 2 Nr. 2b AVBR. Die Ausschlüsse des § 3 AVBR wurden ebenfalls unter den Vorbehalt der Öffnungsklausel gesetzt. Dies gilt auch für die Autoklausel, § 5 AVBR. Mit den VB-Reisegepäck 2008 hat der GDV die Musterbedingungen für die Gepäckversicherung völlig neu gestaltet.

244   Für die Verwendung des Bedingungswerkes für **Jahresversicherung** wurden AVB 1992 und 1994 Texte für den **Ausschluss vorbekannter Risiken,** § 5 A AVBR mit Bezug auf §§ 16–21 VVG sowie §§ 23–30 VVG hinzugefügt. Aus gleichem Anliegen wurde § 8 AVBR, Prämie, Beginn und Ende der Haftung, mit Regelungen für Jahresversicherung ergänzt. Auch der Regelung „Entschädigung, **Unterversicherung**", § 9 AVBR wurde ein Regelungsvorbehalt beigefügt und mit § 9 A AVBR eine Regelung zur Überversicherung und **Doppelversicherung,** entsprechend § 51 VVG, angefügt. Den Obliegenheiten, § 10 AVBR wurden ebenfalls Regelungsvorbehalte bei der Belehrung zu den Folgen bei Obliegenheitsverletzung angefügt, § 10 Nr. 4 AVBR. Dementsprechend steht auch die Regelung des § 11 zu den besonderen Verwirkungsgründen unter der Öffungsklausel. Die GDV VB 2008 stellen für den Abschluss von Einmalsicherungsverträgen und für Jahresversicherungs-

---

[273] *Nies/Traut*, S. 517–526, Urteile Nr. 1–21 mit Angabe der Volltextfundstelle.

[274] *Nies/Traut*, S. 560–570, Urteile Nr. 1–28 mit Angabe weiterer Rechtsprechung samt Bezeichnung der Volltextfundstelle.

[275] Beispielhaft: *Nies/Traut*, S. 484, Urteile Nr. 1–8.

[276] LG Frankfurt/M. v. 15. 4. 1985, VersR 1985, 777; LG München I v. 13. 2. 1985, VersR 1986, 760; OLG München v. 18. 11. 1983, VersR 1984, 636; *van Bühren/Nies*, Reiseversicherung, § 11 AVBR Rn. 98; *Prölss/Martin/Prölss*, § 6 Rn. 101 m. w. N.; *Prölss/Martin/Knappmann*, § 10 AVBR 92 Rn. 22ff.

[277] *Nies/Traut*, S. 492–510, Urteile 1–42; *van Bühren/Nies*, Reiseversicherung, § 10 Rn. 77ff.; *Prölss/Martin/Knappmann*, § 10 AVBR 92 Rn. 9ff.

[278] *Nies/Traut*, S. 490–492, Urteile 1–3.

verträge gesonderte Allgemeine Bestimmungen bereit. Davon getrennt wurden die GDV VB Reisegepäck 2008 mit Kennzeichnung für abweichende Gestaltung vorgelegt.

Den verwendenden VU wird damit ein Regelungswerk an die Hand gegeben, das sie nach den jeweiligen geschäftlichen Zielen gestalten können.

2. Die Entwicklung der Strukturen und des Deckungsangebotes der marktführenden Reiseversicherer

Die marktführenden ReiseVR ERV und ELVIA haben die Aufhebung der ex ante Bedin- **245** gungskontrolle durch das Bundesaufsichtsamt mit der Deregulierung zum 1. 7. 1994 dazu genutzt, die **Struktur** und zum Teil auch den **materiellen Gehalt** der AVB für die Reiseversicherung **völlig neu zu gestalten.** Zur besseren Übersicht über die Reiseversicherung wurden von den führenden ReiseVR die allgemeinen versicherungsvertraglichen Regelungen in einen **allgemeinen Teil** der AVB zusammengefasst, der sodann für die jeweiligen leistungsbeschreibenden Bedingungswerke für die einzelnen Versicherungssparten gilt[279]. Diese Struktur haben die Musterbedingungen des GDV 2008 aufgenommen. Die Regelungen der „allgemeinen Bestimmungen" für die jeweiligen Versicherungsverträge werden an dieser Stelle nicht diskutiert.

Die AVB der **ERV** für die Reisegepäckversicherung zeigte zurückliegend ein verändertes **246** **Konzept zur Darstellung leistungsbegründender Merkmale, Risikoausschlüssen und Obliegenheiten** als die bisher bekannte Regelungspraxis. Der Text arbeitete mit umgangssprachlichen Begriffen jeweils zur Erläuterung in Klammern als Beispiel hinzugesetzt. Nach den Maßstäben juristischer Begrifflichkeit diente dies nicht ohne weiteres der Klarheit der enthaltenen Rechtsaussage. Diese Textgestaltung wurde in der Folgezeit nicht beibehalten.

Auf die Regelung zur **Unterversicherung** wurde in Anbetracht der stark **einschränken-** **247** **den Höchstentschädigungsgrenzen bei niedrigen Versicherungssummen** verzichtet. Das Konzept der AVB in dieser Ausgestaltung beruhte erkennbar darauf, nur relativ geringe Versicherungssummen anzubieten, welche bei Berücksichtigung des durchschnittlichen gehobenen Reisegepäckbedarfs als Deckungssumme für den mitgenommenen Wert des Reisegepäcks nicht ausreichen dürften. Die geringen Versicherungssummen und die Begrenzung der Entschädigung für Wertsachen auf ein Drittel der Versicherungssumme erklären den Verzicht auf die Normierung vorbeugender sichernder Obliegenheiten, etwa zum Verschluss abgestellter Fahrzeuge[280].

Die AVB der **ELVIA bis zu den AVB 2006** arbeiteten im Wesentlichen mit der **Begriff-** **248** **lichkeit der AVBR 1992.** Die Bedingungswerk verzichteten jedoch auf Detailregelungen, welche die AVBR 1992 unübersichtlich gemacht hatten. Versicherungsschutz für das Gepäck in abgestellten Fahrzeugen besteht nur, wenn das Fahrzeug verschlossen ist. Die Leistungsbegrenzung für den Ersatz von Schäden an **Schmuck** und **Fotogerätschaften** ist auf **ein Halb der Versicherungssumme** festgelegt. Auf die Regelung zur **Unterversicherung** wurde zunächst verzichtet. In Anbetracht des Angebots höherer und mithin ausreichender Versicherungssummen wurde diese Regelung aus Gründen der Prämiengerechtigkeit in der Folgezeit wieder aufgenommen. In der weiteren Entwicklung wurden geringfügige Änderungen der Neufassung aus dem Jahr 1996 vorgenommen. Die AVB RG wurden in den Folgejahren mit geringfügigen Änderungen fortgeschrieben. Die Sorgfaltsobliegenheiten zur besonderen Verwahrung von Wertsachen wurde im Wesentlichen von den AVB 1992 übernommen. Für die Sachgruppe Foto/Film/Video besteht nun auch in unbeaufsichtigten Fahrzeugen Versicherungsschutz, die besonderen Verwahrvorschriften gelten nicht für diese Sachgruppe.

Die Obliegenheit zur **unverzüglichen Anzeige eines Schadens** durch strafbare Hand- **249** lungen **bei der Polizei** sowie bei Abhandenkommen und Beschädigung von Gepäck bei dem betreffenden Transportunternehmen sind in beiden Bedingungswerken enthalten. Die Neuregelungen der Bedingungswerke 2008 nehmen die Änderungen der VVG Reform auf.

---

[279] *Nies,* NVersZ 1999, 241ff.; *Prölss/Martin/Knappmann,* AVBR, Vorb. Rn. 2.
[280] § 3 Nr. 2 der AVB Reisegepäckversicherung/ERV.

250   In Anbetracht der erheblichen Unterschiede der am Markt verwendeten Bedingungswerke ist deren jeweilige **wirtschaftliche Werthaltigkeit** für den Versicherungsinteressenten nur schwer einschätzbar. Insoweit hat die Aufhebung der ex ante Bedingungsaufsicht in der Tat zu einer **Minderung der Markttransparenz** geführt. Die Angleichung der Struktur der AVB in den Musterbedingungen des GDV zu den Bedingungswerken der ERV und der ELVIA sowie die Informationspflichten gem. § 7 VVG i. V. m. den Informationspflichten nach §§ 1, 4 VVG-InfoV verbessern die Übersicht über das jeweilige Leistungsangebot.

III. Die Regelungsinhalte der AVB für die Reisegepäckversicherung

1. Versicherte Sachen

251   Zum versicherten Reisegepäck zählen alle **Sachen des persönlichen Reisebedarfs** einschließlich **Geschenke und Reiseandenken**[281]. Nach den AVBR 1994 bezog sich der Versicherungsschutz sowohl auf die betreffenden Gegenstände des VN als auch auf die „seiner mitreisenden Familienangehörigen sowie seines namentlich im Versicherungsschein aufgeführten Lebensgefährten und dessen Kinder, soweit die Personen mit dem VN in häuslicher Gemeinschaft leben". Die Versicherten Personen sind in den GDV AT-Reise 2008 geregelt. Die versicherten Personen oder der versicherte Personenkreis ist in den jeweiligen Allgemeinen Bestimmungen festgelegt. Die Einbeziehung von Hausangestellten ist entfallen. Die ERV und die ELVIA regeln den Kreis der versicherten Personen ebenfalls in den jeweiligen Allgemeinen Bedingungswerken, die für alle Versicherungsverträge der VR gelten[282]. Die Gegenstände des persönlichen Reisebedarfs der versicherten Personen sind das versicherte Reisegepäck.

252   Die AVBR 1994 ergänzten die Begriffsbestimmung der Sachgesamtheit Reisegepäck mit dem Zusatz, dass die (Sachen) während einer Reise mitgeführt, am Körper oder in der Kleidung getragen oder durch ein übliches Transportmittel befördert werden. Klargestellt wird in den AVBR 1994, dass „Gegenstände, die üblicherweise nur zu beruflichen Zwecken mitgeführt werden, (sind) nur gem. besonderer Vereinbarung versichert" sind. Für die GDV VB-Reisegepäck 2008 und für die AVB der ERV und der ELVIA folgt dies aus dem leistungsbeschreibenden Merkmal des „persönlichen Reisebedarfs". Gegenstände, welche der **Berufsausübung** dienen, zählen nicht zum persönlichen Reisebedarf[283]. Zum versicherten Reisegepäck zählen nach der inhaltlich gleichlautenden Regelung der Bedingungswerke auch Geschenke und Reiseandenken. Angesprochen werden damit zunächst Gegenstände, die auf der Reise erworben werden[284]. Die GDV VB-Reisegepäck 2008 nehmen Sportgeräte in den Katalog auf.

253   Während sich die Reiseandenken bereits begrifflich zum Reisebedarf gehören, können mit dem Begriff Geschenke sowohl Gegenstände angesprochen werden, die auf die Reise mitgenommen werden um als **Gastgeschenke** Verwendung zu finden, wie auch Gegenstände, welche unterwegs als Geschenke für die Rückkehr erworben werden. Das Begriffsverständnis ist in Anbetracht der Leistungsbegrenzung von Bedeutung[285]. Gegenstände für die Bekleidung und den **Hausrat** der am Zielort lebenden Familie können nicht unter den Begriff des persönlichen Reisebedarfs und der (mitgenommenen) Geschenke subsumiert werden, sofern es sich um größere Sachmengen und -werte handelt. Ebenso kann das **Um-**

---

[281] § 1 AVB-RG/ELVIA; § 2 Nr. 2 AVB Reisegepäckversicherung/ERV; § 1 Nr. 2 AVBR 1994; die GDV VB-Reisegepäck 2008 Nr. 1 beziehen Sportgeräte ausdrücklich in den Versicherungsschutz mit ein.

[282] Art. 1 der Versicherungsbedingungen für Reiseversicherung der ERV AG (L/VB-ERV 2002); § 1 AVB-AB/ELVIA; van *Bühren/Nies*, Reiseversicherung, AVBR § 1 Rn. 26.

[283] *Van Bühren/Nies*, Reiseversicherung AVBR § 1 Rn. 48; kritisch differenzierend: *Prölss/Martin/ Knappmann*, AVB RG 96 Rn. 2; AG München v. 23. 11. 1995, VersR 1996, 708: die Fotoausrüstung eines Berufsfotografen ist während einer geschäftlichen Reise nicht versichert.

[284] So die ausdrückliche Regelung § 1 Nr. 2 AVBR 1994.

[285] § 4 Nr. 2b AVBR 1994; § 4 Nr. 1 c) AVB RG/ELVIA.

zugsgut des auswandernden Reisenden nicht unter den Begriff „Reisegepäck" gefasst werden[286].

2. Versicherte Risiken

Die **drei Risikobereiche** der Reisegepäckversicherung waren zurückliegend in den Be-   **254**
dingungswerken des GDV und der VU nach den unterschiedlichen Regelungen zur Risikobeschreibung in Fallgruppen gegliedert:
- Allgefahrendeckung für Gepäck, das zur Beförderung oder Verwahrung aufgegeben wurde;
- Einzelgefahrendeckung für Gepäck in abgestellten Fahrzeugen;
- Einzelgefahrendeckung während der übrigen Reisezeit, d. h. während die versicherte Person die Aufsicht über das Gepäck unmittelbar inne hat.
- Die Rangfolge Allgefahrendeckung für aufgegebenes Gepäck und Einzelgefahrendeckung für die weiteren Risikobereiche verlangte risikoabgrenzende Bestimmungen in bei der Einzelgefahrendeckung. Aus diese Struktur konnten Unklarheiten folgen. Die neu gestalteten GDV VB Reisegepäck 2008 regeln daher zunächst unter Nr. 2.1 den Versicherungsschutz für Mitgeführtes Reisegepäck und lassen unter Nr. 2.2 die Bestimmungen mit Allgefahrendeckung für aufgegebenes Gepäck folgen. Der Versicherungsschutz für Reisegepäck im abgestellten Fahrzeug wird unter Nr. 3 Ausschlüsse und Einschränkungen in Nr. 3.3 geregelt.

Der **Versicherungsschutz** aus der Reisegepäckversicherung **beginnt,** wenn das Reisege-   **255**
päck zum **unverzüglichen Antritt der Reise aus der ständigen Wohnung des Versicherten gebracht wird**[287]. Wird das Fahrzeug beladen und sodann vor der Abfahrt noch eine längere Ruhepause eingelegt, besteht kein Versicherungsschutz für das Gepäck im Fahrzeug[288]. Fahrten und Gänge innerhalb des Wohnortes sind keine Reise[289]. Nach Rückkehr von der Reise endet der Versicherungsschutz wenn das Fahrzeug nicht sogleich ausgeladen wird[290].

a) Für **aufgegebenes Gepäck** bietet die Reisegepäckversicherung traditionell **Allgefah-**   **256**
rendeckung: Für die Zeit der vertraglichen Verwahrung oder Beförderung des Reisegepäcks haftet der VR für die Beschädigung oder das Abhandenkommen aus jedweder Ursache. Der Allgefahrendeckung stehen in den Bedingungswerken – **jeweils unterschiedliche –** **Ausschlussregelungen** gegenüber[291] sowie – wiederum einheitlich – die **Obliegenheit,** nach der Rücknahme/der Auslieferung des Gepäckstückes die Vollständigkeit zu prüfen und ggf. unverzüglich das Fehlen/die Unvollständigkeit/die Beschädigung bei dem betreffenden U **anzuzeigen** und darüber eine **Bestätigung** einzuholen[292].

Die Leistungszusagen der VR bei **verzögerter Auslieferung** oder **Nichtauslieferung**   **257**
von Reisegepäck während der Reise unterscheiden sich erheblich. Die AVBR 1994 überlassen die Festsetzung der Höchstentschädigung für die nachgewiesenen Aufwendungen für **Ersatzkäufe** der jeweiligen Vertragsgestaltung[293]. Die AVB der ERV sagen Entschädigung für notwendige Ersatzkäufe zur Fortführung der Reise bis zu € 500 zu, wenn aufgegebenes Reisegepäck den Bestimmungsort wegen einer Verzögerung bei der Beförderung nicht am selben Tag wie die versicherte Person erreicht[294]. Die ELVIA bietet die Erstattung nachgewiese-

---

[286] *Van Bühren/Nies,* AVBR § 1 Rn. 29, 46.
[287] So ausdrücklich: § 6 Nr. 1 AVBR 1994; für die AVB der ERV folgt die aus den allgemeinen Bestimmungen, Art. 3, ELVIA AVB-AB § 3 Nr. 1 b).
[288] LG Potsdam v. 30. 1. 2001, VersR 2002, 1554 = r+s 2002, 430 = RRa 2002, 237.
[289] LG Wiesbaden v. 18. 12. 1998, NVersZ 200, 432; AG Aachen v. 16. 9. 1997, r+s 1998, 123.
[290] So ausdrücklich: AVBR 1994 § 6 Nr. 1; für die Bedingungswerke der ERV und der ELVIA ergibt sich die gleiche Rechtsfolge aus den allgemeinen Bestimmung: Art. 3 ERV; § 3 Nr. 2 AVB-AB/ELVIA; vgl. auch AG Krefeld v. 23. 9. 1998, NVersZ 1999, 286 = VersR 1999, 1016 = r+s 1999, 291.
[291] S. u., Rn. 271.
[292] § 10 Nr. 1 a) AVBR 1994; § 5 Nr. 2 AVB-Reisegepäck/ERV; § 5 Nr. 1 AVB-RG/ELVIA; *van Bühren/Nies,* Reiseversicherung, AVBR § 10 Rn. 74 ff.
[293] AVBR 1994, § 2 Nr. 3.
[294] § 1 Nr. 2 b) AVB Reisegepäck/ERV.

Nies

ner **Aufwendungen für die Wiedererlangung des Gepäcks** und für notwendige Ersatzbeschaffung zur Fortführung der Reise mit höchstens € 150 je versicherter Person[295].
Nr. 2.2.2 der GDV VB-Reisegepäck 2008 sieht die Erstattung der nachgewiesenen Aufwendungen zur Wiedererlangung des Gepäcks oder für notwendige Ersatzbeschaffungen zur
Fortführung der Reise bis zu einem vom verwendenden VU festzusetzenden Höchstbetrag
vor. Übereinstimmend in den Bedingungswerken kann die versicherte Person bei verspäteter
Auslieferung des Gepäcks bei Rückkehr von der Reise keine Erstattung erwarten, da Ersatzbeschaffungen nicht mehr zur Fortführung der Reise dienen. Damit wird vielfältiger Missbrauch eingeschränkt. Unter diesem Gesichtspunkt wurde in der AVB der ELVIA die Leistungsgrenze auf € 150 pro versicherter Person herabgesetzt.

258   **b)** Die GDV VB-Reisegepäck 2008 ordnen die Autoklausel unter Nr. 3 ‚Ausschlüsse und
Einschränkungen‘ ein. Mit dieser Systematik werden Unklarheiten vermieden. Da von der
versicherten Person vorbeugendes sicherndes Verhalten verlangt wird ist die Rechtsnatur der
Regel ist nach wie vor als verhüllte Obliegenheit zu bewerten. Die Rechtsfolgen bei Obliegenheitsverletzungen folgen nach Aufhebung des ‚Alles-oder-Nichts-Prinzip‘ den Grundsätzen des § 28 VVG. Die AVBR 1994 hatten § 5 Nr. 1a) der AVBR 1992 die Autoklausel mit
Anfügung eines Änderungsvorbehaltes übernommen. Danach haftet der VR tagsüber, d. h.
in der Zeit zwischen 06.00 Uhr und 22.00 Uhr in vollem Umfang für Reisegepäck, soweit
sich das Reisegepäck in einem **fest umschlossenen und durch Verschluss gesicherten
Innen- oder Kofferraum** befindet. Die GDV VB-Reisegepäck 2008 bieten Versicherungsschutz aus einem abgestellten Kfz und aus daran angebrachten, mit Verschluss gesicherten Behältnissen oder Dach- oder Heckträgern, wenn das Kfz bzw. das Behältnis oder die Dach-
oder Heckträger durch Verschluss gesichert sind und der Schaden zwischen 6.00 und 22.00
eintritt. Bei Fahrtunterbrechungen, die nicht länger als zwei Stunden dauern, besteht auch
nachts Versicherungsschutz. Die zurückliegend verwendeten Bedingungswerke boten auch
für die **Nachtzeit,** von 22.00 Uhr bis 6.00 Uhr, vollen Versicherungsschutz für das Gepäck
in verschlossenem Fahrzeug zugesichert, sofern das Fahrzeug beaufsichtigt ist. **„Beaufsichtigung"** fordert vorbeugendes sicherndes Verhalten und ist daher als verhüllte Obliegenheit zu
verstehen[296]. Nach dem Text der AVBR 1994[297] verlangt Beaufsichtigung die **ständige Anwesenheit des Versicherten** oder einer **beauftragten Vertrauensperson.** Die räumliche
Nähe muss dem Versicherten oder der Aufsichtsperson die **jederzeitige Zugriffsmöglichkeit** auf das Fahrzeug und damit auf das Schutzobjekt bieten[298]. Von Beaufsichtigung kann
daher nur gesprochen werden, wenn die beaufsichtigende Person auch bereit und in der
Lage ist, **Gefahren abzuwehren.** Eine schlafende Person oder ein Kind können diese Voraussetzungen nicht erfüllen. Voller Versicherungsschutz während der Nachtzeit besteht auch
bei Unterbringung des beladenen Fahrzeugs in einer **abgeschlossenen Garage** oder bei
einer **Fahrtunterbrechung, die nicht länger als zwei Stunden** dauert[299]. Ausschließlich
nach den AVBR 1994 erhält die versicherte Person Entschädigung bis zum vertraglich vereinbarten Höchstbetrag, wenn keine der Alternativen nachgewiesen werden kann. Auf diese
Detailregelungen verzichten die GDV VB-Reisegepäck 2008. Für den Diebstahl von Pelzen,
Schmuck, Gegenständen aus Edelmetall sowie Foto-, Filmapparate und tragbare Videosysteme samt Zubehör besteht nach den AVBR 1994 in unbeaufsichtigt abgestellten Fahrzeugen
grundsätzlich kein Versicherungsschutz[300]. Nach den GDV VB-Reisegepäck 2008 ergibt sich

---

[295] § 2 Nr. 1b) AVB-RG/ELVIA.
[296] *Van Bühren/Nies,* Reiseversicherung, § 5 AVBR Rn. 8ff. Rn. 67ff.; *Prölss/Martin/Knappmann,* § 5
AVBR 1992 Rn. 60 zum Verschluss des Fahrzeuges, Rn. 14.
[297] AVBR § 5 Nr. 3 AVBR 1994.
[298] LG Siegen v. 20. 10. 1997, r+s 1998, 296 = RRa 1998, 181; LG Wuppertal v. 7. 5. 1997, r+s 1997,
383.
[299] Keine Fahrtunterbrechung liegt vor, wenn das Fahrzeug lediglich einige Meter versetzt wird: OLG
Köln v. 30. 11. 1999, NVersZ 2000, 432 = r+s 2000, 31.
[300] § 5 Nr. 1d) AVBR 1994 steht unter Änderungsvorbehalt „soweit nicht anders vereinbart …".

diese Einschränkung nicht. Der VR haftet jeweils bis zu der festgesetzten Haftungshöchst-grenze gem. Nr. 3.2.1.

Das Bedingungswerk der **ERV**[301] regelt die **Autoklausel** unter dem Titel „**Einschrän-** **259** **kungen des Versicherungsschutzes**". Danach besteht voller Versicherungsschutz, wenn das Fahrzeug zwischen 06.00 Uhr und 22.00 Uhr abgestellt und vor 22.00 Uhr in Betrieb ge-nommen werden sollte. Bei Fahrtunterbrechungen, die nicht jeweils länger als zwei Stunden dauern, besteht jedoch jederzeit Versicherungsschutz. Der Versicherte hat den Nachweis zu führen, dass das mit Reisegepäck beladene Fahrzeug in der Zeit zwischen 06.00 Uhr und 22.00 Uhr entwendet wurde bzw. dass das Fahrzeug vor 22.00 wieder in Betrieb genommen werden sollte.

Die AVB der ELVIA enthielten unter § 2 Nr. 2 AVB-RG eine **rechtsbegründende Be-** **260** **schreibung des Deckungsschutzes für Reisegepäck im abgestellten Fahrzeug.** Unter der Voraussetzung, dass die versicherte Person nachweist, dass das Fahrzeug oder daran fest mit Verschluss gesicherte Packboxen verschlossen waren und der Schaden zwischen 06.00 Uhr und 22.00 Uhr eingetreten ist. Bei einer Fahrtunterbrechung, die nicht länger als zwei Stunden dauert, besteht auch nachts Versicherungsschutz. Die einzeln genannten Voraussetzungen hat die versicherte Person als anspruchsbegründende Tatsachen darzutun und nachzuweisen[302].

c) Die AVBR 1994 erfassen die **Risikobereiche, die nicht unter die Regelungen für** **261** **aufgegebenes Gepäck oder für Gepäck in Fahrzeugen** zu subsumieren sind, mit einer zeitbezogenen Beschreibung „während der übrigen Reisezeit". Es folgt sodann die **Aufzäh-** **lung der versicherten Gefahren**[303]: Diebstahl, Einbruchdiebstahl, Raub, räuberische Er-pressung, Mut- oder Böswilligkeit Dritter (vorsätzliche Sachbeschädigung), Verlieren bis zur festgelegten Entschädigungsgrenze, nicht jedoch Liegen-, Stehen- oder Hängenlassen, Trans-portmittelunfall oder Unfall eines Versicherten, bestimmungswidrig einwirkendes Wasser, einschließlich Regen und Schnee, Sturm, Brand, Blitzschlag oder Explosion, höhere Ge-walt[304]. Mit Rücksicht auf den Regelungsvorbehalt ist jeweils zu prüfen, welche Risiken von dem betreffenden Versicherungsvertrag erfasst werden.

Die AVB der ELVIA begründen in den Textfassungen bis 2006 für die „**übrige Reisezeit**" **262** Versicherungsschutz für das Abhandenkommen oder die Beschädigung von Reisegepäck durch Diebstahl, Einbruchdiebstahl, Raub, räuberische Erpressung, absichtliche Sachbeschä-digung durch Dritte, Unfälle, bei denen die versicherte Person eine schwere Verletzung erlei-det oder das Transportmittel zu Schaden kommt, Feuer, Elementarereignis[305], höhere Ge-walt[306]. Die Struktur der Neufassung 2007/2008 arbeitet nach der Struktur der GDV VB Reisegepäck 2008 und stellt unter § 2 Nr. 1 den Versicherungsschutz für mitgeführtes Reise-gepäck nach dem Grundsatz der Einzelgefahrendeckung dar, gefolgt von der Regel für aufge-gebenes Gepäck unter § 2 Nr. 2. als Allgefahrendeckung. Der VersSchutz für Reisegepäck im abgestellten Fahrzeug ist als ‚Einschränkungen des Versicherungsschutzes' unter § 3 Nr. 4 gere-gelt.

Die Risikobeschreibung für Schäden durch **Unfälle, bei denen die versicherte Person** **263** **eine schwere Verletzung erleidet** oder das **Transportmittel zu Schaden kommt,** soll

---

[301] § 3 Nr. 2 AVB Reisegepäck/ERV.

[302] *Prölss/Martin/Knappmann,* § 2 AVB-RG 96 Rn. 3 bezeichnet die Regelung als „unklar und miss-glückt". Die Schlussfolgerung, es bestehe für Gepäck im abgestellten Fahrzeug Allgefahrendeckung, ent-behrt nach dem offenkundigen Aufbau des § 2 bei Regelungen für drei unterschiedliche Risikobereiche der Grundlage. Entgegen der Kommentierung Rn. 6 handelt es sich auch nicht um eine Risikobegren-zung, sondern für den Risikobereich „Reisegepäck im abgestellten Fahrzeug" eine leistungsbegründende Beschreibung.

[303] AVBR 1994 § 2 Nr. 2a) – f).

[304] *Van Bühren/Nies,* Reiseversicherung, AVBR § 2 Rn. 45 ff. m.w.N.; *Prölss/Martin/Knappmann,* AVBR § 2 Rn. 5 ff.

[305] Wellen auf dem Meer, die ein kleines Boot überspülen, sind kein „Elementarereignis" AG München v. 21. 7. 1998, VersR 2000, 54 = r+s 1998, 218 = RRa 1999, 102.

[306] AVB-RG/ELVIA, § 2 Nr. 3a) – c).

dem Missbrauch entgegenwirken. Kein Versicherungsschutz besteht danach, wenn die versicherte Person vorträgt, sie sei gestürzt und bei dieser Gelegenheit sei die Kamera zu Bruch gegangen. Sie selber habe Schürfungen erlitten oder während einer Bus-/Autofahrt sei die Kamera bei einem abrupten Ausweichmanöver von der Ablage herabgefallen und beschädigt worden. Feuer und Elementarereignis beziehen sich auf das allgemeine Begriffsverständnis[307]. Kein Versicherungsschutz besteht danach, wenn Wasser oder Wasserkraft seine natürliche Einwirkung entfaltet[308]. Nachdem diese Formel unklar erschien und sich als wenig geeignet zur Abwehr von Missbrauch erwies, wurde das Risiko des Gepäckverlustes und der Gepäckbeschädigung durch Unfall der versicherten Person aus dem Katalog der versicherten Risiken herausgenommen.

264   Einen anderen Weg zeigte das Bedingungswerk der **ERV**. Dort wurde als **Grundtatbestand** der Deckungsschutz für „**mitgeführtes Reisegepäck**" für die **Risiken strafbarer Handlungen** (z. B. Diebstahl, Raub), Unfälle des Transportmittels (z. B. Verkehrsunfälle), Feuer und Elementarereignisse (z. B. Überschwemmung) begründet. Deckungserweiternde Rückschlüsse konnten aus dem Aufbau der AVB nicht gezogen werden, da die **Einzelgefahrendeckung als Grundregel** für die Leistungsbeschreibung festgelegt war. Allgefahrendeckung wurde ausschließlich für aufgegebenes Gepäck bestimmt[309]. Nach dieser Struktur arbeiten die GDV VB-Reisegepäck 2008. Die Beschreibung der einzelnen versicherten Risiken mit beispielhaften Aufzählungen gab die Grundlage für ein ausweitendes Verständnis. Die Benennung strafbarer Handlungen (z. B. Diebstahl, Raub) begrenzte die Eintrittpflicht nicht auf Schäden durch Diebstahldelikte mit Gewahrsamsbruch, sondern erfasste auch Betrug und andere Straftatbestände, z. B. Unterschlagung. Diese Risikobeschreibung wurde nicht fortgeführt. Die GDV VB-Reisegepäck 2008 nennen als versicherte Gefahren unter Nr. 2.1.1 Diebstahl, Einbruchdiebstahl, Raub, räuberische Erpressung und Sachbeschädigung mit dem ✶Vermerk zur Gestaltung des Katalogs nach der Entscheidung des verwendenden VU. Eine anspruchsbegründende Norm für Schäden durch Unfall sind nicht enthalten. Der Unfall eines Transportmittels wird als versichertes Risiko aufgeführt.

3. Risikoausschlüsse

265   a) Die AVBR 1994 hatten den Text der **Kriegsklausel** aus den AVBR 1992 zu Ereignissen des Krieges, Bürgerkrieges, kriegsähnlicher Ereignisse oder innerer Unruhen, der Kernenergie sowie der Beschlagnahme, Entziehung oder sonstiger Eingriffe von hoher Hand und mit einem Regelungsvorbehalt ergänzt[310]. In den GDV Musterbedingungen AT-Reise 2008 sowie in den AVB der ERV und der ELVIA ist die Kriegsklausel in den allgemeinen Bestimmungen der VR für Reiseversicherung enthalten[311].

266   b) Schäden durch **vorsätzliches Handeln** sind nach § 81 VVG grundsätzlich nicht versichert. Eine entsprechende ausdrückliche Regelung enthalten die GDV VB-Reisegepäck 2008 Nr. 3.1.7.2, § 11 Nr. 1 AVBR 1994. Der Katalog der Risikoausschlüsse enthält den ✶Vermerk zur Abänderbarkeit durch die verwendenden VU. Die AVB der ELVIA schließen das Risiko der vorsätzlichen und der grob fahrlässigen Herbeiführung des Versicherungsfalles in der Reisegepäckversicherung aus[312]. Damit findet die Quotelung der Eintrittpflicht des VR bei grob fahrlässiger Herbeiführung des Versfalles nicht statt. § 81 Abs. 2 VVG wird nicht als zwingende Regel genannt, § 87 VVG.

267   c) Die Rechtsfolgen bei **grob fahrlässiger Verursachung eines Schadenfalles** werden mit der Aufgabe des ‚Alles-oder-Nichts-Prinzips' im Zuge der VVG-Reform 2008 neu gestaltet. Gemäß § 81 Abs. 2 VVG ist der VR bei grob fahrlässiger Herbeiführung des Versiche-

---

[307] VGH Mannheim v. 29. 11. 1994, VersR 1995, 1092.
[308] AG München v. 10. 11. 1998, NVersZ 2000, 187 = r+s 1999, 163.
[309] § 1 Nr. 2 AVB Reisegepäck/ERV.
[310] AVBR 1994, § 3 Nr. 1 a)–c).
[311] Art. 5 AVB/ERV 2002; § 5 Nr. 1 AVB-AB/ELVIA.
[312] AVB RG 08 § 3 Nr. 2.b) ELVIA.

rungsfalles berechtigt, seine Leistung in einem der Schwere des Verschuldens des VN entsprechenden Verhältnis zu kürzen. Diesen Grundsatz übernehmen die GDV VB-Reisegepäck 2008 unter Ausschlüssen und Einschränkungen in Nr. 3.1.7.2. Der Grundsatz zur proportionalen Leistungspflicht des VR bei grob fahrlässiger Verursachung eines Versicherungsfalles zählt nicht zu den zwingenden Vorschriften gem. § 87 VVG. Dementsprechend ist in den GDV VB-Reisegepäck 2008 Nr. 3.1 ein Änderungsvorbehalt angemerkt. Den verwendenden VU steht es frei, das Risiko grob fahrlässiger Herbeiführung eines Versicherungsfalles auszuschließen. In den zurückliegenden Jahren war die Diskussion zur groben Fahrlässigkeit in der Reisegepäckversicherung deutlich zurückgegangen. Als Fallgruppe lässt sich noch die Diskussion um die zu beachtende Sorgfalt bei der Beaufsichtigung des Gepäcks auf belebten Plätzen wie etwa einem Bahnhof oder einem Flughafen feststellen[313]. Die Rechtsprechung urteilt nach dem Grundsatz, dass grob fahrlässig einen Gepäckdiebstahl herbeiführt, wer das betreffende Gepäckstück solange aus den Augen und/oder ohne Körperkontakt lässt, dass es einem Dieb gelingen kann, das Gepäckstück unbemerkt wegzutragen. Je wertvoller das versicherte Gut ist, umso höher sind die Anforderungen an die zu beachtende Sorgfalt und Aufsicht. Die unbemerkte Wegnahme des Gepäckstücks als Anknüpfungspunkt zur Schlussfolgerung der grob fahrlässigen Herbeiführung des Versicherungsfalles, zeigt zugleich die Brücke zur Abwehr vorgetäuschter Versicherungsfälle. Wurde ein Gegenstand unbemerkt weggenommen, kann der Schadenhergang auch nicht näher dargelegt und bewiesen werden. Im Umkehrschluss: kann der Schadenhergang nicht detailliert dargelegt und bewiesen werden, drängt sich die Frage auf, ob das Ereignis überhaupt stattgefunden hat. Die zugrundeliegenden Fallgestaltungen der Rechtsprechung zeigen häufig, dass die Klagen alternativ – aus Zweifeln am tatsächlichen Geschehen – und/oder wegen grob fahrlässiger Herbeiführung des Diebstahls abgewiesen wurden. Dies lässt sich auch bei der Fallgruppe grob fahrlässigen Verhaltens in Bezug auf Gepäck im Fahrzeug erkennen[314]. Soweit in den AVB für die Reisegepäckversicherung der ReiseVR nicht von dem Änderungsvorbehalt zum Ausschluss grob fahrlässiger Herbeiführung des Versicherungsfalles Gebrauch gemacht wird, ist in der Korrespondenz zur Schadenbearbeitung künftig sorgfältig zwischen Einwendungen aus Zweifeln am tatsächlichen Geschehen und Einwendungen wegen grob fahrlässiger Herbeiführung des Versicherungsfalles zu unterscheiden, will der VR nicht auch bei vorgetäuschten, bzw. nicht ausreichend nachgewiesenen Fällen in die quotale Leistungspflicht gem. § 81 Abs. 2 VVG geraten.

Für das Risiko des Zeltens und **Camping** sind unterschiedliche Regelungen in den AVB bekannt[315].

d) Alle Bedingungswerke enthalten **Ausschlüsse** in Bezug auf bestimmte **einzeln bezeichnete Sachen** oder Sachgruppen. Dies betrifft allem voran den Ausschluss für **Geld, Wertpapiere, Fahrkarten, Urkunden und Dokumente aller Art**[316].   **268**

Für weitere Gegenstände ergeben sich in den jeweiligen Bedingungswerken unterschiedliche Regelungen. Mit den GDV VB-Reisegepäck 2008 werden ausgeschlossen unter Nr. 3.1.2 motorgetriebene Land- Luft- und Wasserfahrzeuge samt Zubehör sowie, Nr. 3.1.2, Brillen, Kontaktlinsen, Hörgeräte und Prothesen; Nr. 3.1.5 Video- und Fotoapparate als aufgegebenes Reisegepäck einschließlich Zubehör sowie Schmucksachen und Kostbarkeiten.   **269**

---

[313] AG Köln v. 30. 4. 1999, VersR 2000, 227 = r+s 2000, 166; AG München v. 8. 10. 1998, NVersZ 1999, 287; AG München v. 27. 11. 1997, r+s 1998, 385; AG München v. 31. 1. 1997, VersR 1998, 627 = RRa 1998, 9.

[314] AG Meschede v. 8. 8. 2001, VersR 2002, 754; AG Krefeld v. 22. 7. 1999, VersR 2001, 55; OLG Köln v. 1. 6. 1999, NVersZ 2000, 286 = r+s 2000, 79.

[315] GDV VB Reisegepäck 2008 Nr. 3.2.5.bietet Versicherungsschutz für Schäden am Reisegepäck während des Zeltens und Campings nur auf offiziell eingerichteten Campingplätzen; AVBR 1994 Ausschluss in § 3 Nr. 2 unter Regelungsvorbehalt; ERV hat keine gesonderte Regelung aufgenommen; AVB-RG/ELVIA § 3 Nr. 2e) bietet Versicherungsschutz auf offiziell eingerichteten Campingplätzen.

[316] GDV VB-Reisegepäck 2008 mit Regelungsvorbehalt: Nr. 3.2; § 1 Nr. 5 AVBR 1994 (mit Regelungsvorbehalt); § 4 Nr. 1.b) AVB Reisegepäck/ERV; § 3 Nr. 1a) AVB-RG/ELVIA.

Sportgeräte, soweit sie sich im bestimmungsgemäßen Gebrauch befinden; AVBR 1994 wird – unter Regelungsvorbehalt – ferner ausgeschlossen der Versicherungsschutz für Gegenstände mit überwiegendem Kunst- oder Liebhaberwert, Kontaktlinsen, Prothesen jeder Art, sowie Land-, Luft-, und Wasserfahrzeuge jeweils mit Zubehör, einschließlich Fahrräder, Hängegleiter und Segelsurfgeräte (Falt- und Schlauchboote sind außerhalb des bestimmungsgemäßen Gebrauchs versichert). Die AVB der ELVIA schließen den Versicherungsschutz für EDV-Geräte, Software und Zubehör aus sowie für motorgetriebene Land-, Luft- und Wasserfahrzeuge samt Zubehör. **Vermögensfolgeschäden** sind nach sämtlichen Bedingungswerken ausgeschlossen[317].

270   e) Die **Risikoausschlüsse für einzelne Gefahren** sind für jedes Bedingungswerk gesondert im Kontext zu der Beschreibung der versicherten Risiken zu sehen. Soweit die versicherten Risiken nach dem Grundsatz der Einzelgefahrendeckung beschrieben werden, haben Regelungen für den Risikoausschluss, z. B. „nicht versichert sind …“, vorrangig die Bedeutung der Klarstellung und der sekundären Risikoabgrenzung. Bei Allgefahrendeckung hat ein Ausschlusstatbestand den Grundsätzen des §§ 305 c, 307 BGB zu genügen und darf in Anbetracht des versicherten Risikos weder zur Aushöhlung des Deckungsschutzes führen noch überraschend sein.

271   In **aufgegebenem Gepäck** besteht grundsätzlich kein Versicherungsschutz für **wertvolle Gegenstände** wie etwa Schmuck[318]. Für den VersSchutz von Gegenständen der Sachgruppe Foto, Film, Video werden für den Transport im aufgegebenem Gepäck entweder besondere Verwahrvorschriften normiert[319], oder der Versicherungsschutz für diese Sachgruppe ist in aufgegebenem Gepäck insgesamt ausgeschlossen[320].

272   Als **sekundäre Risikoabgrenzung** ist danach der Ausschluss für Liegen-, Stehen- oder Hängenlassen zu verstehen[321]. Die AVB Reisegepäck der ERV enthalten keine entsprechende Regelung, da die rechtsbegründende Leistungsbeschreibung in § 1 Nr. 1 a–c ERV ohnedies keine Grundlage für den Deckungsschutz der betreffenden – nicht versicherten – Risiken gibt.

273   Kein Versicherungsschutz besteht nach sämtlichen Bedingungswerken für die Risiken des **bestimmungsgemäßen Gebrauchs oder die Abnutzung** einer Sache[322]. Die Bedingungswerke der ERV und der ELVIA enthalten keine ausdrückliche Ausschlussregelung, da dieses Risiko von vornherein nicht unter den Katalog der versicherten Risiken zu subsumieren ist[323]. Kein Versicherungsschutz besteht nach sämtlichen Bedingungswerken auch für die fahrlässige Sachbeschädigung durch Dritte. Dies folgt ausdrücklich aus dem Text unter § 5 Nr. 2 AVBR 1994. Die anderen Bedingungswerke geben in der Leistungsbeschreibung keine Grundlage für dieses Risiko, so dass es auch keines Ausschlusses bedarf.

4. Höhe der Entschädigung, Leistungsbegrenzung und Unterversicherung

274   a) Die Reisegepäckversicherung wird traditionell als **Zeitwertversicherung** angeboten[324]. Als **Neuwertversicherung** konnte auf der Grundlage der AVBR 1992 mit Klausel 9 erweiterter Deckungsschutz vereinbart werden. Die GDV VB-Reisegpäck 2008 wie auch zuvor die AVBR 1994 geben dem jeweiligen VR durch den Regelungsvorbehalt Gelegenheit, die Reisegepäckversicherung als Neuwertversicherung anzubieten. Als Zeitwert gilt der Be-

---

[317] GDV VB-Reisegepäck 2008 Nr. 3.1.4; § 9 Nr. 2 AVBR 1994 (unter Regelungsvorbehalt); § 4 Nr. 1.c) AVB Reisegepäck/ERV; § 3 Nr. 1 f) AVB-RG/ELVIA.

[318] AVBR 1994 § 1Nr. 4; AVB Gepäck/ERV § 3 Nr. 1.; § 3 Nr. 2a) AVB-RG/ELVIA.

[319] AVBR 1994 § 1 Nr. 4d); AVB-RG/ELVIA § 3 Nr. 2b); AG Köln v. 30. 8. 2000, r+s 2001, 383.

[320] GDV VB Reisegepäck 2008 Nr. 3.1.5.; AVB Reisgepäck-ERV, § 3 Nr. 1; s. a. *Knappmann*, NVersZ 2002, 298.

[321] GDV VB-Reisegepäck 2008 Nr. 3.1.7.1; § 2 Nr. 2b) AVBR 1994; § 3 Nr. 2a) AVB-RG/ELVIA.

[322] So ausdrücklich: GDV VB-Reisegepäck Nr. 3.1.6; § 1 Nr. 3 AVBR 1994 mit Regelungsvorbehalt.

[323] Die ELVIA bietet mit der Sportgeräteklausel Deckungsschutz auch für das Gebrauchsrisiko von Sportgeräten. Diese Zusatzdeckung wird jedoch nur vereinzelt auf dem Markt angeboten.

[324] GDV VB-Reisegepäck 2008 Nr. 8; § 9 Nr. 1a) AVBR 1994 (mit Regelungsvorbehalt); § 3 Nr. 1a) AVB/ERV; § 4 Nr. 1b) AVB-RG/ELVIA.

trag, der allgemein erforderlich ist, Gegenstände gleicher Art und Güte wieder zu beschaffen abzüglich einer Wertminderung, welche durch Alter und Abnutzung eingetreten war[325]. Bei Beschädigungen werden die **Reparaturkosten** ggf. noch eine **Wertminderung** ersetzt, höchstens der Zeitwert[326].

b) Leistungsbegrenzungen für besonders wertvolle Gegenstände kennen alle Bedin-   275
gungswerke. Unabhängig davon verlangen die GDV VB-Reisegepäck 2008, die AVBR 1994 sowie die AVB-RG ELVIA für die Sachgruppen Schmucksachen, Gegenstände aus Edelmetall sowie Foto- und Filmapparate und tragbare Videosysteme jeweils mit Zubehör besonders sorgfältige Verwahrung[327]. Für die genannten Sachgruppen besteht nach diesen beiden Bedingungswerken in abgestellten Fahrzeugen grundsätzlich kein Versicherungsschutz[328]. In aufgegebenem Gepäck besteht Versicherungsschutz für Foto-, Film- und Videosysteme, wenn sie in fest umschlossenen und durch Verschluss gesicherten Behältnissen zur Beförderung aufgegeben werden[329]. Auch unter Beachtung der besonderen Verwahr-Obliegenheiten bieten die AVB der ELVIA Höchstentschädigung mit maximal 50% der Versicherungssumme[330].

Die AVB der ERV verzichten auf besondere Verwahrvorschriften da die Höchstentschädigung durch die Leistungsbegrenzung auf höchsten ein Drittel der Versicherungssumme ohnedies gering ist[331].

§ 4 Nr. 1 AVBR 1994 nennt keinen festen Prozentsatz für die Höhe der zu leistenden Entschädigung, sondern überlässt die Bestimmung der Höchstentschädigung nach einem Prozentsatz der vereinbarten Versicherungsnummer dem jeweiligen VU. Die AVBR 1992 enthielten eine Leistungshöchstgrenze bei 50% der vereinbarten Versicherungssumme.

Der Ersatz für Film-, Bild- und Ton- sowie **Datenträger** ist auf den **Materialwert** be-   276
schränkt[332]. Für Brillen und Kontaktlinsen bestehen unterschiedliche Leistungsbegrenzungen[333] oder die Eintrittspflicht ist grundsätzlich ausgeschlossen[334].

c) Die AVB der ERV verzichten insgesamt auf eine Regelung zur **Unterversicherung.**   277
Dies erklärt sich aus dem Konzept, relativ geringe Versicherungssummen anzubieten.

Die GDV VB-Reisegepäck 2008 und die AVBR 1994 enthalten mit einem Regelungsvor-   278
behalt die Klausel zur UnterV[335]. Die AVB-RG der ELVIA hatten zunächst 1996 auf die Regelung zur Unterversicherung verzichtet, diese sodann aber aus Gründen der **Prämiengerechtigkeit** wieder in den Text aufgenommen[336].

5. Obliegenheiten und Beweisregeln

Für die Sachgruppen besonders wertvoller Gegenstände und für Gepäck im Fahrzeug ent-   279
halten die Bedingungswerke traditionell besondere **Obhutspflichten.** Textlich sind diese Regelungen als Ausschlusstatbestände oder Leistungsvoraussetzungen gefasst. Fraglich ist, ob

---

[325] § 9 Nr. 1 AVBR 1994; *van Bühren/Nies,* Reiseversicherung, § 9 AVBR Rn. 6 ff.

[326] GDV VB-Reisegepäck 2008 Nr. 4.1; § 9 Nr. 1 b) AVBR 1994; § 3 Nr. 1 b) AVB Reisegepäck/ERV; § 4 Nr. 2 b) AVB/ELVIA.

[327] GEV VB-Reisegepäck 2008 Nr. 3.2.1; § 1 Nr. 4 AVBR 1994 nennt bei diesen Sachgruppen noch Pelze; § 3 Nr. 2 a) AVB-RG/ELVIA verlangt gesteigerten persönlichen Gewahrsam für Schmuck und Kostbarkeiten.

[328] § 5 Nr. 1 d) AVBR 1994.

[329] Angesichts der verschärften Sicherheitsbestimmungen für Fluggepäck in den USA in der Folge des 11. 9. 2001 besteht die Anweisung, Reisegepäck unverschlossen zur Fluggepäckbeförderung aufzugeben; bzw. der Reisende muss damit rechnen, dass das Gepäckstück zum Security-check aufgebrochen wird.

[330] § 4 Nr. 1 a) AVB-RG/ELVIA.

[331] § 3 Nr. 1 AVB Reisegepäck/ERV.

[332] § 9 Nr. 1 c) AVBR 1994; § 4 Nr. 1 c) AVB ERV; § 4 Nr. 2 c) AVB-RG/ELVIA bezüglich Schmuck und Kostbarkeiten.

[333] AVB-RG/ELVIA § 4 Nr. 1 b) Höchsthaftung € 250 je Schadenfall.

[334] GDV VB-Reisegepäck 2008 Nr. 3.1.3; § 4 Nr. 1 a) AVB ERV; § 3 Nr. 3 c) AVB-RG ELVIA mit eingeschränkter Leistungspflicht.

[335] GDV VB-Reisegepäck 2008 Nr. 8.2; § 9 Nr. 3 AVBR 1994.

[336] § 4 Nr. 2 AVB-RG.

diese Regelungen als **verhüllte Obliegenheiten** zu qualifizieren sind[337]. Gemäß § 28 VVG ist der VR bei grob fahrlässiger Verletzung der Obliegenheit berechtigt, die Leistung in einem der Schwere des Verschuldens des VN entsprechenden Verhältnis zu kürzen. Das Nichtvorliegen grober Fahrlässigkeit hat der VN nachzuweisen. Diese Regel gilt entsprechend für die mit-/versicherte Person, die die Obhut über das Gepäck hat.

280   a) Regelungen zu besonderen **Obhutspflichten** betreffen wertvolle Gegenstände wie z. B. die Sachgruppe der Foto-, Film- und Videogerätschaften sowie Schmuck[338]. Die AVB der ERV verzichten auf diese Regelungen in Anbetracht des Konzeptes, von den ohnedies geringen Versicherungssummen maximal ein Drittel als Entschädigung für wertvolle Sachen bereitzustellen.

281   Nach den Regeln der GDV VB-Reisegepäck 2008 und AVBR 1994 hat die versicherte Person die **wertvollen Gegenstände im persönlichen Gewahrsam sicher verwahrt mitzuführen**[339]. Die AVB-RG ELVIA verlangt den gesteigerten persönlichen Gewahrsam lediglich für Schmuck und Kostbarkeiten[340]. Keine sichere Verwahrung findet statt, wenn die Foto- und Filmausrüstung am Bügel eines Kinderwagens befestigt wird und die Aufmerksamkeit einer Show zugewendet wird[341]. Sicher verwahrt ist eine Kamera, die während einer Busfahrt neben dem gehörlosen VN abgestellt ist und der Trageriemen über der Schulter hängt[342]. Schmuck ist nicht sicher verwahrt, wenn der Safeschlüssel ohne ernsthafte Suche leicht auffindbar in der Nähe des Safes liegt[343]. Eine wertvolle Uhr wird nicht sicher verwahrt, wenn sie bei Eintreffen der Putzkolonne im Hotelzimmer offen abgelegt bleibt, während sich die versicherte Person auf die Terrasse begibt, ohne Blickkontakt zu halten[344]. Gelingt es einem Dieb aus einer Tasche, die am Strand abgestellt ist, unbemerkt von der beaufsichtigenden Person eine Goldkette zu entwenden, fand keine sichernde Verwahrung statt[345]. Lässt der Fahrgast beim Aussteigen aus einem Taxi ein Behältnis mit Schmuck und Fotoapparat zurück und fährt der Taxifahrer davon, besteht kein Versicherungsschutz[346]. Grundsätzlich setzt sichere Verwahrung im persönlichen Gewahrsam voraus, dass die Wertgegenstände derart in der Nähe des Versicherten sind, dass der Zugriff eines Unbefugten jederzeit verhindert werden kann oder sofort entdeckt wird. Der Versicherte muss in der Lage sein, seine **Sachherrschaft jederzeit durch unmittelbaren Zugriff auszuüben**[347]. Eine Fotoausrüstung, die in einem Jutebeutel mit einem Henkel über der Schulter getragen wird, ist im persönlichen Gewahrsam sicher verwahrt mitgeführt[348]. Wird während einer nächtlichen Bahnfahrt eine erkennbar wertvolle Uhr einem allein im Abteil reisenden Fahrgast unbemerkt gestohlen, ist der Versicherungsfall grob fahrlässig herbeigeführt[349].

---

[337] Objektive Risikobeschreibungen: OLG Frankfurt./M. v. 15. 1. 2004, VersR 2004, 1601; Obliegenheiten: *Prölss/Martin/Knappmann*, § 1 AVBR 1992 Rn. 42; § 5 AVBR 1992 Rn. 4; *van Bühren/Nies*, Reiseversicherung, § 5 AVBR Rn. 8ff.; *Nies*, Grundsatzprobleme, S. 64ff.

[338] § 1 Nr. 4b) AVBR 1994 (unter Regelungsvorbehalt); § 3 Nr. 2a) AVB-RG/ELVIA – nur bezüglich Schmuck und Kostbarkeiten.

[339] GDV VB-Reisegepäck 2008 Nr. 3.2.1 bieten Versicherungsschutz für Schmucksachen und Kostbarkeiten, wenn sie in einem ortsfesten, verschlossenen Behältnis (z. B. Safe) eingeschlossen oder im persönlichen Gewahrsam sicher verwahrt mitgeführt werden.; AVBR 1994 § 1 Nr. 4b).

[340] § Nr. 2a) AVB-RG/ELVIA.

[341] LG Hamburg v. 16. 5. 2002, VersR 2002, 1507.

[342] AG Hamburg v. 24. 1. 2002, VersR 2002, 1234.

[343] AG Osnabrück v. 20. 4. 2000, NVersZ 2001, 40 = r+s 2001, 36 = VersR 2001, 714 = RRa 2000, 235.

[344] AG München v. 22. 4. 2005, VersR 2005, 695.

[345] AG München v. 30. 9. 1999, VersR 2001, 188 = NVersZ 2000, 436 = r+s 2000, 341.

[346] LG München I v. 28. 7. 1998, RRa 1999, 102 = NVersZ 1998, 131.

[347] LG München v. 23. 9. 1997, r+s 1998, 122; AG Bielefeld v. 23. 6. 1997, RRa 1998, 9; LG München I v. 1. 10. 1996, RRa 1997, 119; LG München I v. 13. 12. 1995, VersR 1996, 887; AG München v. 9. 7. 2003, RRa 2004, 93; AG Hamburg v. 19. 2. 2003 VersR 2004, 238 += r+s 2004, 199.

[348] OLG Hamm v. 15. 5. 1996, VersR 1997, 965 = NJW-RR 1996, 1374.

[349] OLG Düsseldorf v. 15. 11. 2005, r+s 2006, 422.

Die GDV VB-Reisegepäck 2008, AVBR 1994 und die AVB-RG ELVIA bieten im Übri- **282** gen Versicherungsschutz, wenn die betreffenden Gegenstände in einem anderen **ortsfesten verschlossenen Behältnis** verwahrt sind. Ein Gastwirt muss auf Sicherheitsmängel des Zimmersafes hinweisen, wenn er damit rechnen muss, dass die Gaste wertvollen Schmuck mitführen[350].

Die AVBR 1994 normieren Versicherungsschutz auch, wenn die Gegenstände bestimmungsgemäß getragen oder benutzt werden oder einem Beherbergungsbetrieb zur Aufbewahrung übergeben sind. Diese Klausel wurde weder in die GDV VB-Reisegepäck 2008 noch in die AVB-RG ELVIA 2008 aufgenommen.

Für den Versicherungsschutz von **Reisegepäck im Fahrzeug während der Nachtzeit** **283** war es nach den zurückliegend verwendeten Bedingungswerken entscheidend, dass das Fahrzeug beaufsichtigt ist. Die **Beaufsichtigung** verlangt neben der vorausgesetzten persönlichen Anwesenheit einer Vertrauensperson auch deren Abwehrbereitschaft und Abwehrmöglichkeit[351]. Ein Reisebus ist unbeaufsichtigt, wenn sich sowohl die Fahrgäste wie auch der Fahrer – dieser entgegen seiner Zusage – vom Fahrzeug entfernen[352]. Wird das Fahrzeug auf einem Hotelparkplatz und in räumlicher Nähe zu einem Polizeifahrzeug abgestellt, während sich der Versicherte ins Hotel begibt, liegt keine Beaufsichtigung vor[353]. Ebenso findet keine Beaufsichtigung statt, wenn sich der Versicherte in einer Entfernung von 20 bis 30 Meter vom Fahrzeug in einer Gaststätte befindet[354]. Die GDV VB-Reisegepäck 2008 wie auch die Neufassungen der AVB der ERV und der ELVIA verzichten auf diese Klausel und bieten für die Dauer der Nachtzeit Versicherungsschutz bei Fahrtunterbrechungen bis zu zwei Stunden.

b) Allgefahrendeckung für die Zeit der vertraglichen Verwahrung und/oder Beförderung **284** verlangt stets dazu korrespondierend die unverzügliche **Anzeige und Dokumentation eines Schadens** bei Rücknahme des versicherten Gepäckstückes[355]. Unterlässt die versicherte Person die unverzügliche Anzeige insbesondere bei Aushändigung von Fluggepäck in beschädigtem Zustand oder bei Nichtauslieferung von Fluggepäck, so besteht auf der Grundlage des VVG a. F. und der darauf beruhenden Bedingungswerke kein Anspruch auf Versicherungsleistung[356]. Die versicherte Person kann sich nicht darauf berufen, der Schalter für die Meldung von Fluggepäckschäden sei in der späten Nachtzeit nicht geöffnet gewesen. Die Servicestellen der Flughafenverwaltung geben stets bis zur Abfertigung der letzten eingehenden Maschine Gelegenheit, Gepäckschäden zu Protokoll zu geben. Die Beachtung der Obliegenheit zur unverzüglichen Anzeige von Schaden am Fluggepäck wird streng gehandhabt, da die Anzeige des Gepäckschadens noch innerhalb des Kontrollbereichs des Flughafens erste Voraussetzung zur **Abwehr fingierter Schadenfälle** ist. Die Verweigerung der Bestätigung über eine Schadenmeldung dürfte in der Praxis die Ausnahme darstellen[357]. Unter der Geltung des § 82 VVG ist das Unterlassen der Anzeige eines Fluggepäckschadens daher in aller Regel als grob fahrlässige Obliegenheitsverletzung zu bewerten. Bei Schäden am Fluggepäck, das die versicherte Person erst beim Auspacken nach Verlassen des Flughafens bemerkt, kann die Anzeige des Schadens noch innerhalb von sieben Tagen nach Aushändigung des Gepäckstückes nachgeholt werden[358].

---

[350] OLG Karlsruhe v. 27. 1. 2005, RRa 2005, 172 n.rk.

[351] *Van Bühren/Nies,* Reiseversicherung, AVBR § 5 Rn. 67 ff. m. w. N.; *Prölss/Martin/Knappmann,* AVBR 1992 § 5 Rn. 14 ff.

[352] LG Siegen v. 20. 10. 1997, RRa 1998, 181 = r+s 1998, 296.

[353] LG Wuppertal v. 7. 5. 1997, r+s 1997, 383.

[354] LG München I v. 24. 4. 1996, VersR 1996, 1535.

[355] § 10 Nr. 2 AVBR 1994; § 5 Nr. 2 AVB Reisegepäck/ERV; § 5 Nr. 1 AVB-RG/ELVIA; Zur Form der Anzeige: OLG Frankfurt/M. v. 29. 5. 2002, NJW-RR 2003, 22 = VersR 2003, 321 = RRa 2003, 95.

[356] AG Aachen v. 7. 3. 2002, VersR 2003, 243; *van Bühren/Nies,* Reiseversicherung, § 10 AVBR Rn. 76; zu Form und Inhalt der Anzeige: OLG Frankfurt/M. v. 29. 5. 2002 zu LG Frankfurt/M. v. 6. 7. 2001, NJW-RR 2003, 22 = VersR 2003, 321 f. = r+s 2003, 244 ff. = RRa 2003, 95.

[357] *Van Bühren/Nies,* Reiseversicherung, § 10 AVBR Rn. 75.

[358] *Van Bühren/Nies,* Reiseversicherung, § 10 AVBR Rn. 76.

285   c) Die Obliegenheit zur **unverzüglichen Erstattung einer Diebstahlanzeige** bei der nächsterreichbaren Polizeidienststelle unter Einreichung einer **Stehlgutliste** hat eine doppelte Funktion: Zum einen soll damit die Chance zur Verfolgung der Täter und zur Wiedererlangung des Diebesgutes eröffnet werden, zum anderen dient die Obliegenheit der Abwehr fingierter Schadenfälle. Die Obliegenheit soll für den unredlichen Versicherten eine Hemmschwelle zur Anzeige fingierter Fälle werden[359]. Die Erstattung der Diebstahl-/Raubanzeige erst 24 Stunden nach dem Überfall in Brasilien erfüllt die Voraussetzungen der unverzüglichen Anzeige nicht[360]. Die Erstattung der polizeilichen Anzeige am Folgetag nach dem Diebstahl von Reisegepäck aus einem Fahrzeug, das an einer Autobahnraststätte abgestellt war, ist nicht mehr unverzüglich[361]. Die Erstattung einer Anzeige beim Fundbüro erfüllt nicht die Voraussetzungen der polizeilichen Diebstahlanzeige[362]. Ist die Erstattung der Diebstahlanzeige bei einer Polizeibehörde im Reiseland wegen unmittelbar bevorstehenden Rückfluges nicht mehr möglich, so muss die Anzeige zumindest sofort nach Rückkehr in Deutschland erfolgen[363]. die Obliegenheit entfällt nicht wegen Sprachproblemen[364].

286   Die Verletzung der Obliegenheiten nach dem Schadenfall führen bei **grob fahrlässiger Verletzung zur anteiligen Leistungsfreiheit** des VR nach der Schwere des Verschuldens an der Verletzung der Obliegenheit. Dabei hat die versicherte Person nachzuweisen, dass ein geringerer Verschuldensgrad als grobe Fahrlässigkeit vorlag, § 82 VVG. Die AVB a. F. hatten die gesetzliche Regelung des § 6 VVG a. F. aufgenommen[365]. Die Rechtsprechung befasst sich stets mit der Frage, ob die Obliegenheit grob fahrlässig oder vorsätzlich verletzt ist. Unter dem Regime des § 82 VVG sind dazu neue Maßstäbe zu erwarten, zumal die Fälle der Reisegepäckversicherung bei grob fahrlässiger Herbeiführung des Versicherungsfalles und ‚außergewöhnlichen‘ Schadenereignissen, bzw. wenig schlüssige Schadenberichte häufig aufeinandertreffen.

287   d) Die versicherten Risiken der Reisegepäckversicherung verlangen zum einen **Beweiserleichterungen zu Gunsten der versicherten Person** und stellen andererseits hohe Anforderungen an die **Aufklärungs-** und insbesondere an die **Wahrheitspflicht der Versicherten.** Da lückenlose Beweisführung für den Eintritt und den Umfang eines Diebstahlschadens während einer Reise durch ein fremdes Land nur in Ausnahmefällen geführt werden kann, kommen dem redlichen Versicherten Beweiserleichterungen zu. Der Versicherte muss zunächst den **Sachverhalt nachweisen, der nach der Lebenserfahrung mit hinreichender Wahrscheinlichkeit auf einen Schaden durch ein versichertes Ereignis schließen lässt**[366].

288   Weist der Schadenbericht der versicherten Person oder deren Angaben in der Schadenanzeige gegenüber dem VR **Ungereimtheiten oder unzutreffende Angaben** auf, so tritt

---

[359] § 10 Nr. 3 AVBR 1994; § 5 Nr. 1 AVB Reisegepäck/ERV; LG München I v. 12. 4. 2000, r+s 2001, 123; AG München v. 25. 2. 1999, NVersZ 2000, 93 = r+s 2000, 166; AG München v. 22. 6. 1995, VersR 1996, 1103; OLG Köln v. 12. 5. 1995, VersR 1996, 848; OLG Köln v. 14. 2. 1995, VersR 1996, 1143; LG Wiesbaden v. 17. 10. 1994, r+s 1997, 299; *van Bühren/Nies,* Reiseversicherung, § 10 AVBR Rn. 77 ff. m. w. N.; *Prölss/Martin/Knappmann,* § 10 AVBR 1992 Rn. 11 m. w. N.
[360] AG Hamburg-Altona v. 31. 8. 2001, NVersZ 2002, 514 = VersR 2000, 305; AG München v. 18. 11. 1999, VersR 2001, 328 = NVersZ 2000, 435 = RRa 2000, 143.
[361] LG München I v. 23. 12. 1998, NVersZ 1999, 577 = VersR 1999, 1148 = r+s 1999, 252; AG München v. 28. 1. 1999, NVersZ 1999, 578 = VersR 1999, 1148.
[362] AG München v. 7. 7. 1998, NversZ 1999, 41.
[363] AG München v. 15. 1. 1997, VersR 1997, 1231.
[364] AG Halle-Saalkreis v. 15. 1. 2004, RRa 2004, 137; AG München v. 26. 6. 2003, RRa 2003, 279.
[365] § 6 Abs. 3 VVG; § 10 Nr. 4 AVBR 1994; § 5, AVB Reisegepäckversicherung/ERV; Art. 6 Allgemeine Bestimmungen; § 5 Nr. 3 AVB-RG/ELVIA; § 6 Nr. 2 AVB-AB.
[366] *Van Bühren/Nies,* Reiseversicherung, AVBR § 10 Rn. 34 ff. mit ausführlicher Darstellung der Grundsatzproblematik und weiteren Nachweisen; *Prölss/Martin/Knappmann,* § 10 AVBR 1992 Rn. 6 ff.; AG München v. 16. 6. 1999, NVersZ 2000, 94 = r+s 2000, 340; AG München v. 28. 4. 1997, RRa 1998, 102; AG Wedding v. 25. 3. 1997, r+s 1998, 123.

eine zweifache Rechtsfolge ein[367]. Die versicherte Person kann sich nicht auf die Beweiserleichterungen eines Gutgaubens-Beweises berufen und sie verletzt zugleich die Aufklärungsobliegenheit. Ein und derselbe Lebenssachverhalt konnte auf der Grundlage des VVG a. F. daher unter verschiedenen rechtlichen Gesichtspunkten zur Leistungsfreiheit des VR führen. Lag die Verletzung der Anzeige- und Aufklärungsobliegenheit auf der Hand, so befasste sich die Rechtsprechung wiederholt ausschließlich mit diesem rechtlichen Aspekt, um eine weiterreichende Aufklärung von Widersprüchlichkeiten und Ungereimtheiten des Sachvortrages zu vermeiden. Die Aufgabe des ‚Alles-oder-Nichts-Prinzips‘ mit § 82 VVG verlangt eine exakte Trennung unklarer Schadenberichte/unzureichender Nachweise und der Verletzung von Obliegenheiten zur Aufklärung. Im Falle grob fahrlässiger Verletzung der Obliegenheiten zur Aufklärung kann der VR die Leistung kürzen nach der Schwere des Verschuldens der versicherten Person an der Obliegenheitsverletzung; ein unschlüssiger Schadenbericht mit unzureichenden Nachweisen kann zur Ablehnung der Eintrittspflicht des VR insgesamt führen.

Nach dem Recht des VVG a. F. trug die Regelung der AVB über das **Verwirken von Ver-   289 sicherungsansprüchen bei unzutreffenden Angaben Rechnung**[368] den Besonderheiten der Reisegepäckversicherung Rechnung. Die versicherte Person verlor den Anspruch auf Versicherungsleistung, wenn sie unzutreffende Angaben machte, auch wenn dem VR daraus kein Schaden entstanden wart. Die Rechtsprechung hatte sich wiederholt damit auseinandergesetzt, unter welchen Voraussetzungen **unzutreffende Angaben** des Versicherten für den VR **relevant** sind, d. h. in welchen Fällen unzutreffende Angaben der versicherten Person generell geeignet waren, die Interessen des VR zu gefährden[369]. Voraussetzung für den Verlust des Anspruchs war stets eine **ausdrückliche Belehrung des VR über die Folgen unzutreffender Angaben.** § 82 VVG erlaubt diese Klauseln nicht. Die Leistungsfreiheit des VR insgesamt kann nur eintreten, wenn dem VR tatsächliche ein Schaden aus der Obliegenheitsverletzung erwächst oder wenn die versicherte Person arglistig handelt.

Zur Verletzung der Wahrheitspflicht und/oder der Verletzung der Aufklärungs- und Anzeigeobliegenheit sind verschiedene Fallgruppen erkennbar.

Ungereimtheiten in der Sachverhaltsdarstellung im Verlauf der Schadenbearbeitung zwischen den ersten Angaben gegenüber einer Polizeidienststelle, Angaben angelegentlich einer telefonischen Schadenmeldung, dem Schadenbericht auf der Schadenanzeige und den späteren Angaben im Schriftwechsel sind der aufklärenden Sorgfalt des VR überlassen. Die Schlussfolgerung einer grob fahrlässigen Obliegenheitsverletzung führt gemäß § 82 VVG zum Recht einer Leistungskürzung durch den VR. Ist die Schlussfolgerung zu ziehen, dass aufgrund von Ungereimtheiten das Schadenereignis insgesamt in Frage zu stellen ist, kann daraus die Leistungsfreiheit des VR insgesamt folgen.

Unzutreffende Angaben auf die Frage des VR nach **Reisebegleitern und mitreisenden   290 Personen** legen häufig die Frage nahe, ob der Schadenfall stattgefunden hat oder ob nicht jene mitreisende Person das angebliche Diebesgut in Verwahrung hatte, während die versicherte Person Anzeige bei der Polizei oder dem Verwahr-/Beförderungsunternehmen erstattete[370].

---

[367] OLG Köln v. 9.5. 2000, r+s 2001, 162; vgl. AG Leipzig v. 30.6. 1999, NVersZ 2000, 296 = r+s 2000, 385 = RRa 2000, 143; AG Bochum v. 26.7. 1994, VersR 1995, 1094.

[368] § 11 Nr. 1 AVBR 1994; § 6 AVB Reisegepäck/ERV; § 6 AVB-RG/ELVIA.

[369] *Van Bühren/Nies,* Reiseversicherung, AVBR § 10 Rn. 98 ff.; *Prölss/Martin/Knappmann,* AVBR § 10 Rn. 22 ff.

[370] AG München v. 13.4. 2000, NVersZ 2001, 41; LG Düsseldorf v. 27.5. 1998, r+s 1998, 429; LG München I v. 30.9. 1997, r+s 1998, 165; AG Berlin-Mitte v. 1.2. 2001, r+s 2002, 341; AG Spandau v. 26.7. 1999, NVersZ 2000, 296; AG Leipzig v. 30.6. 1999, NversZ 2000, 296 = RRa 2000, 143; AG Köln v. 27.1. 1999, r+s 2000, 32; AG München v. 29.1. 1998, VersR 2000, 54 = RRa 1999, 103 = NVersZ 1998, 131; AG München v. 30.4. 1997, RRa 1997, 187 = r+s 1997, 384; AG Köln v. 13.11. 1996, VersR 1997, 1101; AG Berlin-Wedding v. 7.11. 1996, NVersZ 1998, 130 = RRa 1999, 102 = r+s 1998, 518; AG Hannover v. 20.2. 1995, VersR 1996, 582.

291   Unzutreffende Angaben auf die **Frage des VR nach früheren Reisegepäckschäden**
führten seit jeher zum Verlust des Anspruchs auf Versicherungsleistung. Auch wenn der VR
den wahren Sachverhalt aufklärte und/oder ein früherer Reisegepäckschaden nicht genannt
war, der dem nämlichen VR angezeigt worden war, bestand Leistungsfreiheit. Unzutreffende
Angaben auf diese Frage wurden stets als relevanter Verstoß gegen die Wahrheitspflicht eingeschätzt. Die Pflicht zur Angabe früherer Reisegepäckschäden betraf auch Vorschäden einer
mitreisenden Person, sofern der VR danach gefragt hatte[371]. Unzutreffende Angaben zu früheren Reisegepäckschäden sind künftig differenziert zu beurteilen. Zunächst handelt es sich
um Obliegenheitsverletzungen, deren Rechtsfolgen nach § 82 VVG zu beurteilen sind. Gibt
der verschwiegene Umstand Anlass zu Zweifeln am Schadengeschehen insgesamt, kann daraus das Bestreiten des Ereignisses insgesamt mit der Folge der Leistungsfreiheit des VR führen. Die Anwendung des Beweises auf erste Sicht in der Reisegepäckversicherung sind vor
diesem Hintergrund zu überdenken. Als Verletzung der **Wahrheitspflicht** mit Verlust des
Versicherungsanspruches wurde auch die Vorlage von **Zweitrechnungen** als Beweis gewertet, wenn diese nicht als solche gekennzeichnet waren[372]. Legt ein Versicherter einen Kaufbe-
leg für einen fast neuen Camcorder vor, obgleich der Diebstahl ein älteres Gerät betraf, liegt
darin ein relevanter Verstoß gegen die Wahrheitspflicht[373]. Nach dem Maßstab der §§ 28, 82
VVG kann die Vorlage eines unzutreffenden Beleges als arglistiges Verhalten zu bewerten
sein. Führt eine versicherte Person in der Schadenliste auch Gegenstände des nicht mitversicherten Reisebegleiters auf, führt dies zur Leistungsfreiheit des VR wegen unzutreffenden
Angaben[374]. Die versicherte Person verwirkt auch den Anspruch auf Versicherungsleistung
gem. § 11 Nr. 1 AVBR 1992, wenn mit der Schadenliste Ersatz sowohl für Schuhe der Größe
38 ½ wie auch für Schuhe der Größe 44 verlangt werden[375] oder wenn gefälschte Belege zu
Beweiszwecken vorgelegt werden[376].

---

[371] OLG Saarbrücken v. 28. 1. 1998, VersR 1998, 1238 = RRa 1998, 204; OLG München v. 22. 12.
1995, VersR 1996, 773; LG Hannover v. 24. 5. 2002, NversZ 2002, 574 = r+s 2002, 517; LG Regensburg v. 22. 1. 2002, VersR 2003, 367; LG Frankenthal v. 9. 1. 2002, r+s 2002, 430; LG München I v.
22. 2. 2000, r+s 2000, 516; LG Köln v. 16. 12. 1999, r+s 2000, 298; LG Berlin v. 19. 10. 1999, NJW-
RR 2000, 328 = NVersZ 2000, 433 = VersR 2000, 1142, AG Frankfurt/M. v. 5. 4. 2002, r+s 2003, 70;
AG Delbrück v. 5. 11. 1999, NVersZ 2000, 434 = r+s 2000, 470; AG Köln v. 12. 6. 1998, NVersZ 1999,
42.
[372] LG Hamburg v. 2. 3. 2000, VersR 2001, 1376.
[373] AG Korbach v. 21. 8. 1998, NVersZ 2000, 188.
[374] LG München I v. 21. 1. 1998, NVersZ 1999, 41.
[375] AG Hannover v. 24. 2. 2000, r+s 2001, 208; AG München v. 28. 5. 1997, VersR 1998, 848.
[376] OLG Hamm v. 30. 9. 1994, VersR 1996, 56 zur Hausratversicherung.

5. Abschnitt. Personenversicherungen

§ 42. Lebensversicherung

Inhaltsübersicht

Literatur: *Brömmelmeyer,* Der Verantwortliche Aktuar in der Lebensversicherung, 2000; *Ebers,* Die Überschussbeteiligung in der Lebensversicherung, 2001; *Goll/Gilbert/Steinhaus,* Handbuch der Lebensversicherung, 11. Aufl. 1992; *Kurzendörfer,* Einführung in die Lebensversicherung, 3. Aufl. 2000; *Marlow/Spuhl,* Neues VVG, 3. Aufl. 2008; *Niederleithinger,* Das neue VVG, 2007.

A. Einleitung

I. Begriff und Rechtsnatur der Lebensversicherung

1   In der **Lebensversicherung** verpflichtet sich der VR, das wirtschaftliche Risiko des VN, das sich aus der **Unsicherheit und Unberechenbarkeit des menschlichen Lebens** ergibt[1], durch eine Leistung (Kapital oder Rente) abzusichern, die er bei Eintritt des Todes- und/oder Erlebensfalls zu erbringen hat (§ 1 S. 1 VVG i. V. m. § 1 Abs. 1 der Musterbedingungen für die kapitalbildende Lebensversicherung vom 2. 5. 2008, ab sofort: ALB 2008)[2]. Die Lebensversicherung ist auf „abstrakte Bedarfsdeckung" *(Bruck)* angelegt[3], denn die Höhe eines durch den Todes- oder Erlebensfall verursachten „Schadens" wirkt sich nicht auf den Umfang der Leistungspflicht des VR aus[4]. Diese richtet sich vielmehr allein nach dem Inhalt des Lebensversicherungsvertrages (Summenversicherung).

2   Die **Rechtsnatur der Lebensversicherung** ist umstritten. Die Literatur begreift die Lebensversicherung teils als partiarisches Rechtsverhältnis[5] und teils als Geschäftsbesorgungsvertrag[6]. *Schwintowski* versteht die Lebensversicherung als einen dem *Hedging* am Kapitalmarkt nahestehenden Risikovertrag[7]. Im Allgemeinen wird der (Lebens-)VV jedoch als Schuldverhältnis sui generis qualifiziert[8]. Der Reformgesetzgeber hat bewusst darauf verzichtet, die Rechtsnatur der Lebensversicherung festzulegen[9]. Er hebt stattdessen hervor, dass „den Unternehmen die **Freiheit der Gestaltung ihres Lebensversicherungs-Geschäfts und ihrer Produkte** erhalten bleiben" soll[10], so dass weitreichende, aus der Rechtsnatur der Lebensversicherung entwickelte Forderungen, wie bspw. die (obligatorische) Trennung von Risiko- und Sparvertrag mit den Reformvorstellungen unvereinbar sind. Die VVG-Reform strebt vor allem **Transparenz** an und orientiert sich weder an starren Produktkategorien

---

[1] *Schwebler,* HdV, S. 417.

[2] Die Musterbedingungen sind im Internet unter „gdv.de" verfügbar.

[3] *Bruck,* Privatversicherungsrecht, S. 81; nach Meinung *Winters,* VersR 2004, 8 (18), steht es den Parteien eines Lebensversicherungsvertrages jedoch frei, eine strenge oder weniger strenge Orientierung des Lebensversicherungsvertrages an einem schutzwürdigen Interesse oder sogar am Prinzip der konkreten Bedarfsdeckung zu vereinbaren.

[4] *Motive,* S. 71.

[5] *Basedow,* ZVersWiss 1992, 419 (438).

[6] *Schünemann,* VersWissStud. Bd. 4, S. 43; *ders.,* BB 1995, 417 ff.; *ders.,* VersWissStud. Bd. 25, S. 107; *Baumann,* JZ 1995, 446.

[7] *Schwintowski,* JZ 1996, 702 (704); Berliner Kommentar/*Schwintowski,* Vorbem. §§ 159–178, Rn. 45; abl.: *Prölss/Martin/Prölss,* § 1 VVG, Rn. 23.

[8] *Dreher,* Die Versicherung als Rechtsprodukt, 1991, S. 70 ff. (passim).

[9] Begründung, BT-Drucks. 16/3945, S. 56 zu § 1 VVG („Auf eine Definition des Begriffs der Versicherung wird bewusst … verzichtet").

[10] Begründung, a. a. O., S. 51.

noch an der Rechtsnatur einer – grundsätzlich – zur Disposition der Parteien stehenden Lebensversicherung.

II. Erscheinungsformen der Lebensversicherung

Im Rahmen der VVG-Reform hat der Gesetzgeber vier **Grundformen der Lebensver-** 3
sicherung identifiziert – (1) Risikolebensversicherung, (2) Rentenversicherung, (3) kapitalbildende Lebensversicherung und (4) fondsgebundene Lebensversicherung –, die als solche jedoch „keine in sich geschlossenen Kategorien" bezeichnen und sich „u. U. nur in einem einzigen grundlegenden Element" unterscheiden[11]. Kapitalbildend ist bspw. auch die Rentenversicherung, die auch auf Fondsgrundlage betrieben werden kann[12]. Daher hat der Reformgesetzgeber – anders als bspw. in der Unfall- (§ 178 VVG) und Krankenversicherung (§ 192 VVG) – bewusst darauf verzichtet, diese Grundformen zu umschreiben[13]: Der Entwurf verzichte generell auf gesetzliche „Leitbilder" oder „Standardverträge". Dies sei in der Lebensversicherung „in besonderer Weise geboten, weil in der Praxis Mischformen die Regel seien, die Elemente mehrerer Grundformen" aufwiesen[14].

Die **Erscheinungsformen der Lebensversicherung** lassen sich unterschiedlich katego- 4
risieren, nämlich nach den Risiken (Todes- oder Erlebensfall), nach den Leistungen (Kapital oder Rente) und nach den Eigenschaften des Kundenkreises (Individual- oder Kollektivversicherung). In der Todesfallversicherung leistet der VR nur, wenn die versicherte Person stirbt, in der Erlebensfallversicherung nur, wenn sie den vereinbarten Erlebenszeitpunkt erlebt. In der Lebensversicherung auf den Todes- und Erlebensfall („gemischte" Lebensversicherung) leistet der VR in beiden Fällen. In der Kapitallebensversicherung wird (im Todes- und/oder Erlebensfall) ein bestimmtes Kapital, in der Rentenversicherung wird eine (meist lebenslange) Rente vereinbart. Die Kapitallebensversicherung kann mit einem Rentenwahlrecht, die Rentenversicherung kann mit einem Kapitalwahlrecht verbunden sein[15]. Die LebensVU sind in der Produktgestaltung prinzipiell frei. Es lassen sich jedoch eine Reihe typischer Lebensversicherungs-Produkte unterscheiden:

1. Lebensversicherung auf den Todes- und Erlebensfall

a) In der **kapitalbildenden Lebensversicherung auf den Todes- und Erlebensfall** 5
(gemischte Kapitallebensversicherung) gibt der VR sein Leistungsversprechen für den Fall ab, dass die versicherte Person den im Versicherungsschein genannten Ablauftermin erlebt oder vor diesem Termin stirbt (§ 1 ALB 2008). Die gemischte Kapitallebensversicherung ist also eine Kombination aus Todes- und Erlebensfallversicherung, die Risikovorsorge und Kapitalanlage in einem einheitlichen Produkt bündelt. Die Leistung, die aus garantierter Leistung und Überschussbeteiligung besteht (§ 153 Abs. 1 VVG i. V. m. § 2 ALB 2008), wird – bei planmäßiger Durchführung der Lebensversicherung – in jedem Falle fällig. Todes- und Erlebensfallsumme brauchen nicht identisch zu sein, so dass die Lebensversicherung alternativ eher der Risikovorsorge oder eher der Kapitalbildung dienen kann Die gemischte Kapitallebensversicherung kann auch als **Kapitalversicherung mit Teilauszahlung** oder als **Kapitalversicherung von zwei Personen** ausgestaltet werden[16].

---

[11] Begründung, a. a. O.
[12] Begründung, a. a. O.
[13] Begründung, a. a. O.
[14] Begründung, a. a. O.
[15] § 1 Abs. 3 der Musterbedingungen für die Rentenversicherung mit aufgeschobener Rentenzahlung v. 2. 5 2008 („Anstelle der Rentenzahlung leisten wir zum Fälligkeitstag der ersten Rente die vereinbarte Kapitalabfindung, wenn die versicherte Person diesen Termin erlebt und uns ein Antrag auf Kapitalabfindung spätestens … vor dem Fälligkeitstag der ersten Rente zugegangen ist").
[16] § 1 Abs. 1 ALB 2008.

6   Da die Erträge einer Kapitallebensversicherung seit dem 1.1. 2005 zu versteuern sind[17], während (kapitalbildende) Rentenversicherungen[18], insb. **„Riester"- und „Rürup"-Renten,** staatlich gefördert werden, hat die Kapitallebensversicherung an Bedeutung verloren, ist aber nach wie vor weit verbreitet[19].

7   **b)** Die **fondsgebundene Lebensversicherung** ist dadurch gekennzeichnet, dass sich die Leistung des VR überwiegend nach der Entwicklung eines Investmentfonds richtet[20]: Der Kunde erhält keine der Höhe nach garantierte, sondern eine kurs- und kapitalmarktabhängige Erlebensfall-Leistung: Nach den Musterbedingungen (ALB-Fonds 2008)[21] bietet die fondsgebundene Lebensversicherung „Versicherungsschutz unter unmittelbarer Beteiligung an der Wertentwicklung eines Sondervermögens (Anlagestock)", das überwiegend in Wertpapieren angelegt und in Anteileinheiten aufgeteilt wird (§ 1 Abs. 1). Die Höhe der Versicherungsleistungen ist vom Wert der dem Kunden insgesamt gutgeschriebenen Anteileinheiten abhängig (Deckungskapital). Im Gegensatz zu einer konventionellen Lebensversicherung trägt der VN im Erlebensfall das Kapitalanlagerisiko[22]: „Da die Entwicklung des Wertes des Anlagestocks nicht vorauszusehen ist, können wir", so die Musterbedingungen, den …-Wert der Leistung – außer im Todesfall – nicht garantieren. Sie haben die Chance, bei Kurssteigerungen der Wertpapiere des Anlagestocks einen Wertzuwachs zu erzielen; bei Kursrückgängen tragen Sie das Risiko der Wertminderung" (§ 1 Abs. 4 ALB-Fonds 2008)[23]. Im Todesfall erhält der VN mindestens die (garantierte) Todesfallsumme: Stirbt die versicherte Person vor dem vorgesehenen Ablauftermin, so zahlt der VR das während der Laufzeit der Lebensversicherung angesammelte Deckungskapital aus und zusätzlich die Differenz zwischen der zum Zeitpunkt des Todes maßgeblichen Todesfallleistung und dem Wert des Deckungskapitals, sofern dieser positiv ist (§ 1 Abs. 7 ALB-Fonds 2008).

8   **c)** Die **Termfixversicherung** (auf den Todes- und den Erlebensfall) ist eine **Kapitallebensversicherung mit festem Auszahlungszeitpunkt:** Nach § 1 Abs. 1 der Musterbedingungen[24] zahlt der VR „die vereinbarte Versicherungssumme zu dem im Versicherungsschein genannten Ablauftermin, unabhängig davon, ob der Versicherte diesen Zeitpunkt erlebt. Die Beitragszahlung endet bei Tod des Versicherten, spätestens mit Ablauf der vereinbarten Versicherungsdauer." Der (mögliche) Tod ist Versicherungsfall, denn in dem Tod realisiert sich das versicherte Risiko, dass der Versicherte infolge zu frühen Todes sein Ziel, nämlich bis zu einem bestimmten Zeitpunkt eine bestimmte Geldsumme anzusammeln, nicht erreicht[25].

9   Die Termfixversicherung wird typischerweise als Finanzierungsinstrument eingesetzt[26]: Da die Berufsausbildung von Kindern oft mit erheblichen Kosten verbunden ist, kann die Termfix- als **Ausbildungsversicherung** dazu dienen, das notwendige Kapital anzusparen[27].

---

[17] Einzelheiten: Rn. 306 ff.

[18] Die Rentenversicherung ist Lebensversicherung auf den Todes- und Erlebensfall, wenn auch für den Todesfall eine Leistung vereinbart ist (siehe § 1 Abs. 4 der Musterbedingungen für die Rentenversicherung mit aufgeschobener Rentenzahlung vom 2. 5. 2008).

[19] Einzelheiten: Rn. 27 f.

[20] Siehe auch: Begründung, BT-Drucks.16/3954, S. 51, AT, Abschnitt II, Nr. 8 („unmittelbarer Bezug zwischen der Kapitalanlage und der Höhe der Versicherungsleistung").

[21] Musterbedingungen für die fondsgebundene Lebensversicherung v. 2. 5. 2008.

[22] *Kurzendörfer*, Einführung Rn. 3.2.1.

[23] Mit dem Begriff des Anlagestocks übernehmen die Musterbedingungen die Terminologie des § 54b Abs. 1 VAG, der besondere Kapitalanlagevorschriften für die fondsgebundene Lebensversicherung enthält; Einzelheiten: *Prölss/Schmidt/Lipowsky*, § 54b VAG Rn. 1; vgl. auch: *Ruß*, Die Aktienindexgebundene Lebensversicherung mit garantierter Mindestverzinsung, 1999.

[24] Musterbedingungen für die kapitalbildende Lebensversicherung vom 2. 5. 2008.

[25] BGH v. 3. 6. 1992, VersR 1992, 990 (991) m.w.N.; OLG Hamburg v. 23. 10. 1974, VersR 1975, 561; LG Berlin v. 14. 8. 2001, VersR 2002, 1227; OLG Hamm v. 25. 9. 2002, VersR 2003, 446 (447).

[26] OLG Hamm, a. a. O.

[27] Berliner Kommentar/*Schwintowski*, Vorbem. §§ 159–178 Rn. 8.

Haben die Eltern eine Ausbildungsversicherung für ihr Kind abgeschlossen und die Prämien über das Kindergeld finanziert, so liegt darin ein ohne Einhaltung der notariellen Form wirksames **Ausstattungsversprechen im Sinne von § 1624 Abs. 1 BGB,** das das Kind, vertreten durch seine Eltern, angenommen hat[28]. Daneben steht die **Heiratsversicherung,** bei der die versicherte Summe bei der Heirat des zu versorgenden Kindes, spätestens aber bei Ablauf der Versicherungsdauer fällig wird (§ 1 Abs. 1 der Musterbedingungen für die kapitalbildende Lebensversicherung auf den Heiratsfall [Aussteuerversicherung] vom 28. 12. 2007)[29].

2. Todesfallversicherung

a) In der **Risikolebensversicherung** (temporäre Todesfallversicherung) wird die Leis- **10** tung des VR – anders als in der lebenslänglichen Todesfallversicherung – nur „bei Tod der versicherten Person während der Versicherungsdauer" (§ 1 ALB-Risiko 2008)[30] fällig. Es handelt sich also um eine (reine) Todesfallversicherung. Im Interesse einer einheitlichen Terminologie ist darauf hinzuweisen, dass auch die Risiko- eine Kapitallebensversicherung – aber keine kapital*bildende* Lebensversicherung – ist, wenn im Todesfall ein bestimmtes Kapital ausgezahlt werden soll. Die Funktion der Risikolebensversicherung besteht vor allem darin, die Familie vor den finanziellen Folgen des Todes des/der Hauptverdieners/rin zu schützen. Auch die **Restschuldversicherung**[31] ist Risikolebensversicherung; sie ist dadurch gekennzeichnet, dass die Bank (Kreditgeberin) im Falle des Todes des Kreditnehmers (versicherte Person) die – an die Tilgung gekoppelte, d. h. meist monatlich fallende – Versicherungssumme erhält. Die Restschuldversicherung bewahrt die Erben vor dem Rückgriff der Bank. Knüpft die Bank die Kreditvergabe an den Abschluss einer Restschuldversicherung, so hat sie die Kosten der Restschuldversicherung bei der Berechnung des Effektivzinses zu berücksichtigen (§ 6 Abs. 3 Nr. 5 Preisangabenverordnung). In der Restschuldversicherung stellt sich insb. die Frage, ob ein vom Leitbild der §§ 19 ff. VVG abweichender **Risikoausschluss** verbunden mit dem **Verzicht auf die Risikoprüfung** möglich ist[32]. Der BGH[33] behandelt die Risikoprüfung gem. §§ 19 ff. VVG bisher als Preis der Leistungsfreiheit. Diese stehe nur dem VR zu, der „versucht habe, einen seinen praktizierten Risikoprüfungsgrundsätzen entsprechenden und damit für den korrekt handelnden VN voraussehbar bestandskräftigen Versicherungsschutz zu begründen"[34]. Dafür spricht, dass der Risikoausschluss dem VN das Restrisiko aufbürdet, die Erheblichkeit einer Erkrankung ex ante falsch einzuschätzen. Dieses Risiko besteht allerdings auch bei einer Risikoprüfung des VR, wenn der VN die falsch eingeschätzte Erkrankung nicht angibt. Dementsprechend darf die Risikoprüfung dann, aber auch nur dann, durch einen Risikoausschluss ersetzt werden, wenn er Benachteiligungen des VN vermeidet, einen ebenso ausgewogenen Interessenausgleich gewährleistet wie die gesetzliche Regelung der Risikoprüfung (§§ 19 ff., 32 VVG) und die verbleibende Rechtsunsicherheit minimiert. Daraus folgt mit Blick auf die Restschuldversicherung, (1) dass sich der Risikoausschluss auf die dem VN bekannten, ausdrücklich und abschließend aufgeführten Krankheiten beschränken muss, (2) dass sich der Risikoausschluss auf Fälle beschränkt, in denen der VN erkannt oder grob fahrlässig verkannt hat, dass die ihm bekannte Krankheit unter den ihm bekannten Risikoausschluss fällt, (3) dass sich der Risikoausschluss auf Krankheiten beschränken muss, die dem VR im konkreten Einzelfall unbekannt sind und (4) dass der Risikoaus-

---

[28] OLG Düsseldorf v. 13. 1. 2004, VersR 2004, 1401 (LS).
[29] Einzelheiten: Berliner Kommentar/*Schwintowski*, a. a. O.; vgl. auch OLG Düsseldorf v. 13. 11. 2001, VersR 2002, 1092 (Scheinehe).
[30] Musterbedingungen für die Risikoversicherung v. 2. 5. 2008.
[31] Einzelheiten: Musterbedingungen für die Restschuldlebensversicherung vom 2. 5. 2008; zum Thema Restschuldversicherung und Verbraucherkredit: *Knops,* VersR 2006, 1455.
[32] Dazu: BGH v. 7. 2. 1996, VersR 1996, 486; OLG Dresden v. 30. 6. 2005, VersR 2006, 61; OLG Koblenz v. 1. 6. 2007, VersR 2008, 383; OLG Saarbrücken v. 11. 7. 2007, NJW-RR 2008, 280, 282; vgl. auch: OLG Schleswig v. 27. 3. 2006, VuR 2007, 22.
[33] BGH, a. a. O.
[34] BGH, a. a. O.

schluss so formuliert sein muss, dass der VR trotz (objektiv gesehen) ernstlicher Erkrankung zur Leistung verpflichtet bleibt, wenn der VN die Ernsthaftigkeit grob fahrlässig verkannt hat, der VR die Restschuldverpflichtung jedoch vor dem Hintergrund einer hypothetischen Risikoprüfung trotzdem abgeschlossen hätte[35].

11   **b)** Die **lebenslängliche Todesfallversicherung** unterscheidet sich dadurch von der Risikolebensversicherung, dass sie nicht nur einen temporären, sondern einen lebenslangen Todesfallschutz gewährt. Kalkuliert wird die Lebensversicherung im Allgemeinen auf das Endalter 100. Soll die Lebensversicherung die Kosten der Beerdigung abdecken, so spricht man von einer Sterbegeldversicherung[36].

3. Erlebensfallversicherung

12   Die **Erlebensfallversicherung,** in der die Leistung nur bei Erleben eines bestimmten Stichtags fällig wird, fiel bisher kaum ins Gewicht[37], gewinnt als **Rentenversicherung** (s. u.) jedoch mehr und mehr an Bedeutung[38].

4. Zusatzversicherungen

13   Die Lebensversicherung kann mit einer Berufsunfähigkeits-, einer Unfall- und/oder einer Pflegerenten-Zusatzversicherung verbunden werden, die mit dem „Hauptvertrag" eine Einheit bilden[39]. D. h.: Ohne die Hauptversicherung können die Zusatzversicherungen nicht fortgeführt werden. Endet der Versicherungsschutz aus der Hauptversicherung, erlischt auch die Zusatzversicherung.

14   **a)** Die **Berufsunfähigkeits–Zusatzversicherung** (BUZ) dient der individuellen Daseinsvorsorge bei Krankheit und Unfall[40]: Wird die versicherte Person während der Dauer der BUZ mindestens zu dem vereinbarten %-Satz berufsunfähig, so wird der VN von der Beitragszahlungspflicht für die Hauptversicherung und die eingeschlossenen Zusatzversicherungen befreit (Beitragsbefreiung). Darüber hinaus zahlt der VR eine Berufsunfähigkeitsrente, wenn diese mitversichert ist (§ 1 BUZ 2008)[41]. Bei einem geringeren Grad der Berufsunfähigkeit können Leistungsansprüche bei Pflegebedürftigkeit entstehen. **Berufsunfähigkeit** liegt lt. Musterbedingungen vor, wenn die versicherte Person infolge Krankheit, Körperverletzung oder Kräfteverfalls, die ärztlich nachzuweisen sind, voraussichtlich auf Dauer [alternativ: mindestens … Monate/Jahre] ihren zuletzt ausgeübten Beruf, so wie er ohne gesundheitliche Beeinträchtigung ausgestaltet war, nicht mehr ausüben kann und außerstande ist, eine andere Tätigkeit auszuüben, zu der sie aufgrund ihrer Ausbildung und Fähigkeiten in der Lage ist und die ihrer bisherigen Lebensstellung entspricht (§ 2 Abs. 1 BUZ 2008). Das stimmt mit der Definition der Berufsunfähigkeit in der selbständigen Berufsunfähigkeitsversicherung überein[42]. Die Berufsunfähigkeitsversicherung wird aufsichtsrechtlich gesehen als eine Form der Lebensversicherung behandelt (vgl. aber auch § 176 VVG)[43].

15   **b)** Die **Unfall–Zusatzversicherung (UZV)** sieht eine Erhöhung der Todesfall-Leistung bei Unfalltod vor. Ein Unfall liegt vor, wenn die versicherte Person durch ein plötzlich von außen auf ihren Körper wirkendes Ereignis (Unfallereignis) unfreiwillig eine Gesundheitsbeschädigung erleidet (§ 2 Abs. 1 UZV 2008)[44]. Stirbt die versicherte Person an den Folgen des

---

[35] Vertiefend: *Bruck/Möller/Brömmelmeyer,* Bd. 1, 9. Aufl. 2008 (im Erscheinen), § 32 Rn. 11 ff.

[36] *van Bühren/Teslau,* § 14 Rn. 8.

[37] Berliner Kommentar/*Schwintowski,* Vorbem. §§ 159–178, Rn. 5.

[38] *Kurzendörfer,* Einführung, 1.3.3.

[39] § 9 Abs. 1 BUZ 2008; § 8 Abs. 1 UZV 2008; § 9 Abs. 1 PZV 2008.

[40] *Oster,* Entwicklungen, S. 40 m. w. N.

[41] Musterbedingungen für die Berufsunfähigkeits-Zusatzversicherung vom 2. 5. 2008 (BUZ 2008). Einzelheiten: *Kurzendörfer,* 1.3.5.1.

[42] § 2 Abs. 1 BUZ 2008.

[43] BGH v. 5. 10. 1988, VersR 1988, 1233 (1234); zust.: *Voit,* Berufsunfähigkeitsversicherung, 1994, Rn. 24 f. m. w. N.; Einzelheiten: *Rixecker,* § 46 Rn. 10.

[44] Musterbedingungen für die Unfall-Zusatzversicherung v. 2. 5. 2008.

Unfalls, so zahlt der VR die vereinbarte Unfall-Zusatzversicherungssumme, wenn (a) sich der Unfall nach Inkrafttreten der Zusatzversicherung ereignet hat und (b) der Tod eingetreten ist „während der Dauer der Zusatzversicherung, innerhalb eines Jahres nach dem Unfall und vor dem Ende des Versicherungsjahres, in dem die versicherte Person [das von der Parteien vereinbarte] … Lebensjahr vollendet hat" (§ 1 Abs. 1 UZV 2008). Die Unfallversicherungssumme beläuft sich in der Regel auf das einfache oder das doppelte der Kapitalversicherungssumme[45].

c) In der **Pflegerenten-Zusatzversicherung** leistet der VR im Pflegefall, d. h. dann, **16** wenn die versicherte Person während der Dauer der Pflegerenten-Zusatzversicherung pflegebedürftig wird (§ 1 Abs. 1 PZV 2008)[46]. Die Leistung besteht bei Pflegestufe I in der Befreiung von der Beitragszahlungspflicht für die Hauptversicherung und die eingeschlossenen Zusatzversicherungen (falls die Beitragsbefreiung nicht schon in der Berufsunfähigkeits-Zusatzversicherung mitversichert ist) sowie in der Zahlung einer – in ihrer Höhe nach Pflegestufen gestaffelten – Pflegerente, wenn diese mitversichert ist. Pflegebedürftigkeit liegt vor, wenn die versicherte Person infolge Krankheit, Körperverletzung oder Kräfteverfalls voraussichtlich auf Dauer so hilflos ist, dass sie in ihrem Lebensalltag auch bei Einsatz technischer und medizinischer Hilfsmittel in erheblichem Umfang täglich der Hilfe einer anderen Person bedarf (§ 2 Abs. 1 Satz 1 PZV 2008). Die Pflegebedürftigkeit ist ärztlich nachzuweisen (Satz 2).

d) Eine Lebensversicherung, die Leistungen auch im Falle der Diagnose bestimmter **17** schwerer Erkrankungen (insb.: Krebs, Schlaganfall und Herzinfarkt) vorsieht, bezeichnet man als **Dread-Disease-Versicherung.** Diese wird als Lebensversicherung mit vorgezogener Auszahlung eines Teils der Lebensversicherungssumme, überwiegend aber als **Dread-Disease-Zusatzversicherung** angeboten, bei der im Krankheitsfall die zusätzlich vereinbarte Summe gezahlt wird und die Lebensversicherung als Hauptversicherung – ggf.: beitragsfrei – fortgeführt wird[47]. Die Dread-Disease-Versicherung ist eine Summenversicherung[48]. Ihre Funktion besteht in der Finanzierung der in den Leistungskatalogen der (gesetzlichen oder privaten) KrankenVR nicht enthaltenen Behandlungen („alternative Behandlungsmethoden"), vor allem aber in der Finanzierung von Krankheits-Folgekosten, bspw. der Kosten der Einrichtung eines leidensgerechten Lebensumfeldes, in der Kreditabsicherung und der Kompensation potentieller Einkommensausfälle sowie – im Hinblick auf eine ggf. nur noch begrenzte Lebenserwartung – in der Erfüllung von Lebensträumen[49]. Die Frage, ob eine **selbständige** Dread-Disease-Versicherung (als Krankenversicherung)[50] aufsichtsrechtlich zulässig wäre, ist umstritten[51].

5. Rentenversicherung

a) Erlebt die versicherte Person den vereinbarten Rentenzahlungsbeginn, so zahlt der VR **18** in der **Rentenversicherung mit aufgeschobener Rentenzahlung** die versicherte Rente lebenslang je nach vereinbarter Rentenzahlungsweise jährlich, halbjährlich, vierteljährlich oder monatlich an den vereinbarten Fälligkeitstagen (§ 1 Abs. 1 der Musterbedingungen)[52]. Die Rentenversicherung sichert so das Langlebigkeitsrisiko des VN ab. Die Parteien können eine **Rentengarantiezeit** (§ 1 Abs. 2 der Musterbedingungen) und ein **Kapitalwahlrecht** (Absatz 3) vereinbaren. Ist eine Todesfall-Leistung vereinbart (§ 1 Abs. 4 der Musterbedingungen), so liegt eine **Rentenversicherung auf den Todes- und Erlebensfall** vor. Die **fonds-**

---

[45] *Kurzendörfer,* Einführung, a. a. O.
[46] Musterbedingungen für die Pflegerenten-Zusatzversicherung v. 2. 5. 2008.
[47] *Krause,* VW 1998, 529; *Fahr,* NVersZ 1999, 20; *Kurzendörfer,* Einführung, 3.1.2.; Berliner Kommentar/*Schwintowski,* Vorbem. §§ 159–178 Rn. 17; *Prölss/Martin/Kollhosser,* Vor §§ 159–178 Rn. 25.
[48] *Krause,* a. a. O.
[49] *Krause,* a. a. O.
[50] *Präve,* ZVersWiss 1998, 355; *Fahr,* NVersZ 1999, 20.
[51] Dafür: *Fahr,* NVersZ 1999, 20 (22); dagegen: *Präve,* ZVersWiss 1998, 355 (366).
[52] Musterbedingungen für die Rentenversicherung mit aufgeschobener Rentenzahlung v. 2. 5. 2008.

gebundene Rentenversicherung bietet vor Beginn der Rentenzahlung (Aufschubzeit) Versicherungsschutz unter unmittelbarer Beteiligung an der Wertentwicklung eines – in Anteilseinheiten aufgeteilten – Sondervermögens (Anlagestock; vgl. § 1 Abs. 1 der Musterbedingungen)[53]. Die Höhe der Rente ist vom Wert der insg. gutgeschriebenen Anteilseinheiten (Deckungskapital) bei Beginn der Rentenzahlung abhängig (§ 1 Abs. 5 Satz 1 der Musterbedingungen). Da die Entwicklung der Vermögenswerte des Anlagestocks nicht vorhersehbar ist, kann die Höhe der Rente vor Beginn der Rentenzahlung nicht garantiert werden. Der VN hat die Chance, insb. bei Kurssteigerungen der Wertpapiere des Anlagestocks einen Wertzuwachs zu erzielen; bei Kursrückgängen trägt er das Risiko der Wertminderung. Das bedeutet, dass die Rente je nach Entwicklung der Vermögenswerte des Anlagestocks höher oder niedriger ausfallen kann (§ 1 Abs. 4 der Musterbedingungen).

19   **b)** In der **Rentenversicherung mit sofort beginnender Rentenzahlung** zahlt der VR die versicherte Rente je nach vereinbarter Rentenzahlungsweise periodisch, an den vereinbarten Fälligkeitstagen, erstmals mit dem vereinbarten Rentenzahlungsbeginn, solange die versicherte Person den jeweiligen Fälligkeitstag erlebt (§ 1 Abs. 1 der Musterbedingungen)[54]. Ist eine **Rentengarantiezeit** vereinbart, zahlt der RentenVR die vereinbarte Rente mindestens bis zum Ablauf der vereinbarten Rentengarantiezeit, unabhängig davon, ob die versicherte Person diesen Termin erlebt (Absatz 2).

20   **c)** Die Rentenversicherung kann – als RV mit aufgeschobener und als Rentenversicherung mit sofort beginnender Rentenzahlung – mit einer **Hinterbliebenenrentenzusatzversicherung** verbunden werden. Die Rentenversicherung hat insb. durch die staatliche Förderung der (ggf.: fondsgebundenen) **„Riester"-**[55] und der **„Rürup"-Rente**[56] neue Impulse erhalten.

6. Direktversicherung

21   Die **Direktversicherung** gehört ausweislich der Legaldefinition in § 1b Abs. 2 S. 1 BetrAVG in den Bereich der betrieblichen Altersversorgung: Wird für die betriebliche Altersversorgung eine Lebensversicherung auf das Leben des Arbeitnehmers durch den Arbeitgeber abgeschlossen und sind der Arbeitnehmer oder seine Hinterbliebenen hinsichtlich der Leistungen des VR ganz oder teilweise bezugsberechtigt, so liegt eine Direktversicherung vor. Die Details behandelt § 44[57].

Davon abgesehen spricht man (untechnisch) auch dann von Direktversicherungen, wenn der VN auf die Information und Beratung durch einen Versicherungsvermittler verzichtet und die Lebensversicherung im Fernabsatz, bspw. über das Internet abschließt.

7. Kollektivversicherung

22   Die **Kollektivversicherung** ist dadurch gekennzeichnet, dass in ihrem Rahmen für Personen aus einem fest umschriebenen Personenkreis, der bestimmte gemeinsame Merkmale aufweist, Lebensversicherungsverträge abgeschlossen und geführt werden. Der Inhalt der

---

[53] Musterbedingungen für die fondsgebundene Rentenversicherung v. 2. 5. 2008.
[54] Musterbedingungen für die Rentenversicherung mit sofort beginnender Rentenzahlung v. 2. 5. 2008.
[55] Gemeint sind Altersvorsorgeverträge i. S. v. § 1 des Gesetzes über die Zertifizierung von Altersvorsorgeverträgen vom 26. 6. 2001, BGBl. I S. 1322; Musterbedingungen für die „Riester"-Rente sind im Internet unter: „gdv.de" verfügbar; vertiefend: Rn. 317.
[56] Gemeint sind Rentenversicherung gem. § 10 Abs. 1 Nr. 2 Buchstabe b EStG (Basisversorgung). Musterbedingungen für die „Rürup"-Rente sind im Internet unter: „gdv.de" verfügbar; vertiefend: Rn. 315.
[57] *Schwintowski,* § 44 Rn. 26; siehe auch: *Gehrhardt/Rössler/Diefenbach/Voß,* in: Arbeitsgemeinschaft für betriebliche Altersversorgung e. V. (Hrsg.), Handbuch der betrieblichen Altersversorgung, 70 Rn. 131 ff.; aus der aktuellen Rspr.: BGH v. 3. 5. 2006, VersR 2006, 1059; BGH v. 8. 6. 2005, VersR 2005, 1134; OLG Hamm v. 19. 7. 2006, VersR 2007, 49; OLG Karlsruhe v. 17. 2. 2006, r+s 2007, 428; OLG Koblenz v. 24. 4. 2006, VersR 2007, 1068; OLG Karlsruhe v. 18. 1. 2007, VersR 2007, 1111; OLG Hamm v. 24. 1. 2006, VersR 2006, 915; OLG Bamberg v. 9. 2. 2006, VersR 2006, 1389.

Kollektivversicherung wird durch den Kollektiv-Rahmenvertrag zwischen LebensVU und Vertragspartner vereinbart und geregelt[58].

Die Differenzierung zwischen Einzel- und Kollektivversicherung beruht auf dem **Begüns-** 23 **tigungsverbot** (§§ 11 Abs. 2, 81 Abs. 2 S. 4 VAG), das den VR außerhalb der Kollektivversicherung daran hindert, bestimmte Kunden oder Kundengruppen gegenüber dem sonstigen Bestand zu privilegieren[59]. Das Begünstigungsverbot gilt – laut Rundschreiben R 3/95 („Nichtbeanstandungsregeln")[60] – *nicht* für Kollektivversicherung, die folgende Rahmenbedingungen erfüllen: (1) Durch einen Kollektiv(rahmen)vertrag wird eine feste Grundlage für die kollektive Gestaltung und Behandlung der einzelnen Versicherungsverhältnisse gelegt. (2) Die im Rahmen einer Kollektivversicherung eingeräumten besonderen Konditionen müssen sich aus dem Kollektiv heraus selbst tragen und dürfen keine Subventionierung zu Lasten der übrigen Versichertengemeinschaft des LebensVU mit sich bringen. Insbesondere müssen günstigere Konditionen in Bezug auf die Kosten durch entsprechende Kostenersparnisse, in Bezug auf das Risiko durch einen entsprechend günstigeren Risikoverlauf und in Bezug auf das Aufnahmeverfahren durch anderweitigen entsprechenden Ausschluss einer negativen Risikoauslese aufgefangen werden, weil die Besonderheiten des Kollektivvertrags dies ermöglichen. Nicht unter den Begriff der (privilegierten) Kollektivversicherung fallen sog. Hauptzweckverträge, bei denen der Hauptzweck des Kollektivs darin besteht, besonders günstige Konditionen bei einem LebensVU auszuhandeln. Im Einzelnen unterscheidet man wie folgt:

a) In der **Vereinskollektivversicherung** schließt ein Verein einen Kollektiv(rahmen) 24 vertrag für Lebensversicherung auf das Leben oder für den Pflegefall der Mitglieder und ihrer Familien ab. Dabei darf die Versicherungssumme für die einzelne zu versichernde Person (1) in der Kapitallebensversicherung die Höhe der üblichen Beerdigungskosten, (2) in der Pflegerentenversicherung den Rahmen einer Grundsicherung nicht überschreiten; andernfalls greift das Begünstigungsverbot (§§ 11 Abs. 2, 81 Abs. 2 S. 4 VAG). Etwas anderes gilt nur für Berufsverbände[61].

b) In der **Bausparkollektivversicherung** beantragt die Bausparkasse eine Risikolebens- 25 versicherung nach Maßgabe eines Kollektiv(rahmen)vertrags, bevor sie ein Bauspardarlehen gewährt. Die Bausparkasse verpflichtet sich in dem Rahmenvertrag alle in Frage kommenden Bausparer zur Versicherung anzumelden. Der Bausparer bevollmächtigt die Bausparkasse meist, die Lebensversicherung in seinem Namen und für seine Rechnung abzuschließen[62]. Er ist Beitragsschuldner und versicherte Person.

c) In der **Restschuldversicherung** schließt ein Kreditinstitut den Kollektiv(rahmen)ver- 26 trag für VV auf das Leben seines Kreditnehmers oder sonstiger Zahlungsverpflichteten zur Absicherung von Zahlungsverpflichtungen ab. Die Restschuldversicherung ist Todesfallversicherung. Die versicherte Leistung darf anfangs nicht höher sein als die Anfangszahlungsverpflichtung der versicherten Person und soll auch über die Versicherungsdauer die Höhe der jeweiligen Zahlungsverpflichtung nicht übersteigen[63].

III. Bedeutung

Im Jahr 2006 bestanden laut GDV 94 Mio. Lebensversicherungsverträge i. e. S. (d. h. ohne 27 Pensionskassen und -fonds) mit einer versicherten Summe von 251,4 Mrd. Euro[64]. Neu

---

[58] BAV, R 3/95, VerBAV 1995, 2, 4. Dazu: *Winter*, VersR 2002, 1055; vgl. auch LG Berlin v. 14. 8. 2001, VersR 2002, 1227.

[59] BAV, R 3/95, a. a. O.; siehe auch: BGH v. 17. 6. 2004, VersR 2004, 1029.

[60] *Kurzendörfer*, Einführung, 11.

[61] Einzelheiten: BAV, R 3/94, VerBAV 1995, 3, Rn. 3, VerBAV 1997, S. 324; *Kurzendörfer*, Einführung, 11.

[62] Einzelheiten: BAV, R 3/94, VerBAV 1995, 3, Rn. 5; *Kurzendörfer*, Einführung, 11.2.3.

[63] BAV, R 3/94, VerBAV 1995, Rn. 4.1., 4.2; *Kurzendörfer*, Einführung, 11.2.4.

[64] GDV (Hrsg.), Jahrbuch 2007, S. 77.

hinzu kamen 8,0 Mio. Lebensversicherungsverträge (+ 9,5 %) über eine Summe von 18,1 Mrd. Euro. Dabei waren 38 % aller Lebensversicherungsverträge mit einer Zusatzversicherung ausgestattet[65]. Es bestanden 13,9 Mio. Unfalltod- und 15,1 Mio. Berufsunfähigkeits- bzw. Invaliditäts-Zusatzversicherung[66]. Im Jahre 2006 stiegen die Beitragseinnahmen in der Lebensversicherung um 2,9 % auf 74,7 Mrd. Euro[67]. Im Segment der „Riester"-Produkte ergab sich im Berichtsjahr 2006 ein ausgefertigtes Neugeschäft von rund 2 Mio. Lebensversicherungsverträge mit Beitragseinnahmen in Höhe von 789,9 Mio. Euro[68].

28   Früher wurde die Lebensversicherung überwiegend als (gemischte) Kapitallebensversicherung abgeschlossen: Im Jahre 1999 entfielen laut Geschäftsbericht des BAV 64,9 % des Gesamtgeschäfts der LebensVR (in % des laufenden Beitrags) auf die Kapitallebensversicherung und nur 3 % auf die Risiko-Lebensversicherung[69]; Rentenversicherung (16,9 %) und fondsgebundene Lebensversicherung (< 5,7 %) blieben ebenfalls hinter der Kapitallebensversicherung zurück[70]. Bei dem Neuzugang im ersten Halbjahr 2007 hingegen entfielen lt. Informationen des GDV bereits 52,2 % auf die Rentenversicherung und nur noch 17,7 % auf die Kapitallebensversicherung[71]. Im Ergebnis verliert die Kapitallebensversicherung somit massiv an Bedeutung, bleibt aber vorläufig noch die wichtigste Form der Lebensversicherung.

B. Rechtsgrundlagen

29   Die Rechtsgrundlagen der Lebensversicherung finden sich vor allem im VVG und in den konkret vereinbarten Allgemeinen Versicherungsbedingungen (AVB). Daneben steht das VAG, das umfangreiche aufsichtsrechtliche Vorgaben für den Betrieb der Lebensversicherung enthält; so regelt § 11 VAG die Berechnung der Beiträge, § 65 Abs. 1 VAG i. V. m. der Deckungsrückstellungsverordnung (DeckRV) die Bildung der Deckungsrückstellung; §§ 53 c ff. VAG i. V. m. der Kapitalausstattungsverordnung regeln die Kapitalanlagemöglichkeiten der LebensVU. Hinzu kommt das Bilanzrecht (§§ 341 ff. HGB; RechVersV[72] und BerVersV[73]). Erheblichen Einfluss auf die Konstruktion der Lebensversicherungsprodukte und ihren Erfolg am Markt hat auch das Steuerrecht[74]. Der Binnenmarkt (Art. 3 lit. c, 14 EG) lässt (auch) in der Lebensversicherung nach wie vor auf sich warten, das Gemeinschaftsrecht beeinflusst die Rechtssetzung (siehe nur: § 169 Abs. 3 S. 3 VVG) und Rechtsanwendung jedoch nachhaltig[75]. Einschlägig sind vor allem Art. 49, 43 EG (Dienstleistungs- und Niederlassungsfreiheit) sowie die Richtlinie über Lebensversicherungen[76].

---

[65] GDV (Hrsg.), Jahrbuch 2007, S. 76.

[66] GDV (Hrsg.), a. a. O.

[67] GDV (Hrsg.), Jahrbuch 2007, S. 74 (Beitragseinnahmen in der Lebensversicherung).

[68] GDV (Hrsg.), Die deutsche Lebensversicherung in Zahlen, S. 11.

[69] Geschäftsbericht (GB) des BAV, 1999, Teil B, S. 16.

[70] GB BAV, a. a. O.

[71] GDV (Hrsg.), Jahrbuch 2007, S. 72.

[72] Verordnung über die Rechnungslegung von VU (RechVersV) vom 8. 11. 1994, BGBl. I S. 3378, zuletzt geändert durch Art. 6 des Gesetzes v. 23. 11. 2007 (BGBl. I S. 2631).

[73] Verordnung über die Berichterstattung von VU gegenüber der Bundesanstalt für Finanzdienstleistungsaufsicht vom 29. 3. 2006 (BGBl. I S. 622).

[74] Einzelheiten: Rn. 306 ff.

[75] Der EFTA-Gerichtshof (Urteil v. 25. 11. 2005, VersR 2005, 249 [LS] mit Anm. *Bürkle*) hat bspw. eine norwegische Regelung für unvereinbar mit Art. 33 der Lebensversicherungs-Richtlinie erklärt, weil sie die VR zwang, die gesamten Abschlusskosten bereits zu Beginn der LV einzufordern.

[76] Richtlinie 2002/83/EG des Europäischen Parlaments und des Rates vom 5. 11. 2002 über Lebensversicherung, ABl. Nr. L 345, S. 1.

I. VVG

Das VVG (§§ 150 ff.) regelt die Lebensversicherung nach wie vor nur unvollständig. Der **30** Reformgesetzgeber hat bewusst auf die Einführung eines Leitbildes in der Lebensversicherung (s. o.), d. h. auch auf eine Einstiegsnorm nach dem Muster der §§ 172, 178, 192 VVG verzichtet, so dass die §§ 150 ff. VVG relativ unvermittelt mit der Regelung über die „versicherte Person" (§ 150 VVG) beginnen. Die §§ 150 ff. VVG gelten – von ausdrücklichen Ausnahmen abgesehen – für alle Formen der Lebensversicherung[77]. Systematisch gehört auch die Fortsetzung der Lebensversicherung während der Elternzeit (§ 212 VVG) zum Lebensversicherungsrecht. Im Mittelpunkt der Reform der Lebensversicherung[78] standen

– die Regelungsaufträge des BVerfG[79], das die *Überschussbeteiligung* in der gemischten Kapitallebensversicherung, d. h. vor allem die *Behandlung der stillen Reserven* beanstandet hatte (vgl. nunmehr: §§ 153 f. VVG),
– die Einführung eines *Mindestrückkaufswerts* auf der Basis des (mit den Rechnungsgrundlagen der Beitragskalkulation berechneten) Deckungskapitals (§ 167 Abs. 3 VVG),
– die Neuregelung der *Informationspflichten* (§ 7 Abs. 2 S. 1 Nr. 2 VVG i. V. m. § 2 VVG-InfoV, §§ 154 f., 169 Abs. 3 S. 2 VVG) und
– die Reform der *Bedingungsersetzung* (§ 164 VVG) unter Berücksichtigung der BGH-Rspr.[80].

Die Bestimmungen über die Lebensversicherung sind grundsätzlich dispositiv; von den in § 171 S. 1 VVG genannten Vorschriften können die Parteien allerdings nicht zum Nachteil des VN, der versicherten Person oder des Eintrittsberechtigten (§ 170 Abs. 1 S. 1 VVG) abweichen. Einzelne Regelungen, bspw. das Einwilligungserfordernis in § 150 Abs. 1 S. 1 VVG, sind zwingendes Recht.

Intertemporal sind künftig mehrere Generationen von Lebensversicherungen zu unterscheiden: Auf Lebensversicherungen, die vor Inkrafttreten des VVG 2008 am 1. 1. 2008 abgeschlossen worden sind **(Altverträge),** ist bis zum 31. 12. 2008 das VVG 1908 in der bis zum 31. 12. 2007 geltenden Fassung anzuwenden (Art. 1 Abs. 1 EGVVG); ab dem 1. 1. 2009 gilt das VVG 2008 mit der Einschränkung, dass

– § 153 VVG 2008 auf Altverträge nicht anzuwenden ist, wenn eine Überschussbeteiligung nicht vereinbart worden ist (Art. 4 Abs. 1 Satz 1 EGVVG),
– § 153 VVG 2008 bereits ab dem 1. 1. 2008 anzuwenden ist, wenn eine Überschussbeteiligung vereinbart worden ist (Art. 4 Abs. 1 Satz 2 EGVVG); vereinbarte Verteilungsgrundsätze gelten als angemessen,
– anstatt von § 169 VVG 2008 auch künftig § 176 VVG 1908 in der bis zum 31. 12. 2007 geltenden Fassung anwendbar ist.

Für Lebensversicherungen, die vor der Deregulierung am 29. 7. 1994 **(Altbestand)** abgeschlossen worden sind, gilt nach wie vor der Geschäftsplan (§ 11 c Satz 1 VAG). Für **Neuverträge,** die seit dem 1. 1. 2008 abgeschlossen worden sind, gilt allein das VVG 2008. Ist bei **Altverträgen** (auch: bei Altverträgen des Altbestandes) der **Todes- oder Erlebensfall bis zum 31. 12. 2008** eingetreten, ist das VVG 1908 in der bis zum 31. 12. 2007 geltenden Fassung insoweit weiter anzuwenden (Art. 1 Abs. 2 EGVVG); andernfalls bestünde das Risiko, dass sich bei Eintritt des Versicherungsfalls bestehende Ansprüche und Verpflichtungen nachträglich ändern, weil auf die (veränderte) Rechtslage im Zeitpunkt der letzten mündlichen Verhandlung abzustellen wäre[81]. Die Höhe der (vereinbarten) Überschussbeteiligung richtet

---

[77] Begründung, a. a. O.
[78] Dazu statt aller: *Brömmelmeyer,* VersR 2003, 939.
[79] BVerfG v. 26. 7. 2005, VersR 2005, 1127 (Überschussbeteiligung), mit Anm. *Brömmelmeyer,* WuB IV F. § 2 ALB 1.06; BVerfG v. 26. 7. 2005, VersR 2005, 1109 (Bestandsübertragung).
[80] BGH v. 12. 10. 2005, VersR 2005, NJW 2005, 3559.
[81] Begründung, BT-Drucks. 16/3945, S. 118.

sich allerdings – entgegen *Grote*[82] – nach § 153 VVG 2008 (Art. 4 Abs. 1 Satz 2 EGVVG)[83], weil Art. 1 Abs. 2 EGVVG an Absatz 1 anknüpft, Art. 1 Abs. 1 EGVVG jedoch mit Blick auf die Überschussbeteiligung durch Art. 4 Abs. 1 Satz 2 EGVVG verdrängt wird.

II. AVB

31   In der Lebensversicherung kommt den AVB eine Schlüsselrolle zu, auch wenn sie keine Rechtsquelle im juristisch-methodischen Sinne sind: Das „nicht mit den Händen zu greifende"[84], „unsichtbare Produkt"[85] der Lebensversicherung gewinnt erst durch die AVB Kontur; sie geben „der Idee die feste Gestalt"[86], sie sind die „chemische Formel"[87] und als solche notwendiges „Produktionselement"[88] einer Lebensversicherung. Ihre Funktion besteht in der Produktfestlegung und -beschreibung[89], in der Errichtung einer rechtlichen Rahmenordnung für den VV[90], in der Risiko-Standardisierung und in der *Information* der VN[91], die ihre Rechte und Pflichten vollständig aus den AVB ablesen können sollen (s. u.).

32   Die AVB regeln – anders als die AGB in anderen Lebensbereichen – nicht nur Form-, Frist- und Haftungsfragen; sie enthalten vielmehr das für die Lebensversicherung konstitutive, konkrete Leistungsversprechen des VR[92]. Seit der Deregulierung der Lebensversicherungsmärkte (1994) steht es jedem VR frei, unternehmenseigene AVB zu verwenden. Der GDV hat jedoch sog. „Musterbedingungen" entwickelt, die die gesetzliche Regelung der Lebensversicherung vervollständigen und konkretisieren. Hier werden die **Musterbedingungen des GdV für die kapitalbildende Lebensversicherung vom 2. 5. 2008 (ALB 2008)** zugrunde gelegt. Die Musterbedingungen sind – wenn sie in der Praxis verwandt werden – uneingeschränkt richterlich überprüfbar. Prüfungsmaßstab sind die §§ 305 ff. BGB i. V. m. den Bestimmungen des VVG. Im Übrigen müssen die AVB die in § 10 Abs. 1 VAG vorgesehenen Informationen enthalten. Dadurch soll gewährleistet werden, dass der VN seine Rechte und Pflichten vollständig aus den AVB ersehen kann[93].

33   Nach std. Rspr. des BGH[94] „sind AVB so **auszulegen,** wie ein durchschnittlicher VN sie bei verständiger Würdigung, aufmerksamer Durchsicht und [unter] Berücksichtigung des erkennbaren Sinnzusammenhangs verstehen muss". Dabei kommt es auf die Verständnismöglichkeiten eines VN ohne versicherungsrechtliche Spezialkenntnisse und damit – auch – auf seine Interessen an[95]. Im Bürgerlichen Recht geht der BGH in std. Rspr. davon aus, dass AGB „nach ihrem objektiven Sinn und typischen Inhalt einheitlich so auszulegen [sind], wie sie von verständigen und redlichen Vertragspartnern *unter Abwägung der Interessen der normalerweise beteiligten Verkehrskreise* verstanden werden, wobei die Verständnismöglichkeiten des durchschnittlichen Vertragspartners des Verwenders zugrunde zu legen sind"[96]. Dieser Inter-

---

[82] *Grote,* in: *Marlow/Spuhl,* 3. Aufl. 2008, S. 209 f.
[83] Ebenso wie hier: *Schneider,* § 1 a Rn. 53.
[84] Siehe: *Martin,* Sachversicherungsrecht, 3. Aufl. 1992, A V Rn. 2.
[85] *Martin,* VersR 1984, 1107 (1108); gegen den Produktbegriff: *Schünemann,* VersR 2000, 144 (148), der insb. den von *Dreher* geprägten Begriff des Rechtsprodukts Versicherung als „Phantom" ansieht; unentschieden: *Römer,* FS Lorenz, S. 449 (463).
[86] *Prölss,* VP 1936, 129.
[87] *Schmidt,* in: Entwicklungen und Erfahrungen, 1984, S. 413 (419).
[88] *Farny,* ZVersWiss 1975, 169 (182).
[89] *Farny,* ZVersWiss 1975, 169 (172 f.); *Dreher,* Die Versicherung als Rechtsprodukt, S. 162.
[90] *Dreher,* a. a. O.
[91] *Präve,* NVersZ 1998, 49 mit dem Hinweis auf die Begründung zu § 10 VAG (BT-Drucks. 12/6959, S. 55 (Nr. 7).
[92] Siehe auch *Römer,* in: FS Lorenz, S. 449 (462): „Die in den AVB niedergelegten Rechtsregeln bestimmen die Leistung des VR."
[93] Begründung, BT-Drucks. 12/6959, S. 55 (zu Nr. 7).
[94] BGH v. 21. 2. 2001, NVersZ 2001, 263; vgl. auch: OLG Karlsruhe v. 1. 6. 2006, r+s 2007, 161.
[95] BGH, a. a. O.
[96] BGH v. 23. 11. 2005, NJW 2006, 1056 (std. Rspr.); vgl. auch: *Palandt/Heinrichs,* § 305 c Rn. 16.

pretationsmaßstab stimmt im Kern mit dem des Versicherungsrechts überein – bis auf die kursiv gesetzte Interessenanalyse, auf die der IV. Senat des BGH im Einzelfall verzichtet hat[97], ohne dass der abweichende Interpretationsmaßstab sachlich gerechtfertigt wäre.

C. Zustandekommen des Lebensversicherungsvertrages

I. Grundsatz

Ein Lebensversicherungsvertrag kommt durch die **Einigung** der Parteien zustande. Es gel- **34** ten die §§ 116ff., §§ 145ff. BGB[98]. Demnach kann eine Lebensversicherung in der Weise abgeschlossen werden, dass der VN einen Antrag im Sinne des § 145 BGB stellt, den der VR anschließend innerhalb der regelmäßig nach §§ 147f. BGB bestimmten Annahmefrist annimmt oder ablehnt[99]. Der Antrag auf Abschluss einer Lebensversicherung mit BUZ muss innerhalb von vier Wochen bearbeitet werden, damit die Übersendung der Police als Annahme i. S. von § 147 Abs. 2 BGB angesehen werden kann[100]. Bisher stellte der VN typischerweise den Antrag, indem er ein vom VR oder Versicherungsvertreter vorgelegtes Antragsformular ausfüllte und unterschrieb. Der VR nahm den Antrag an, indem er dem VN den Versicherungsschein, die AVB und die sonstige Verbraucherinformation überreichte (Policenmodell)[101]. Nunmehr ist der VR jedoch verpflichtet, dem VN die einschlägigen Informationen „rechtzeitig vor Abgabe von dessen Vertragserklärung" mitzuteilen (§§ 7 Abs. 1 S. 1, 169 Abs. 3 S. 2 VVG). Damit steht fest, „dass die vorgeschriebenen Informationen nicht erst bei Vertragsschluss, in der Regel mit Übersendung des Versicherungsscheins, erteilt werden dürfen"[102]. Das Policenmodell trägt „dem berechtigten Interesse des VN an einer möglichst frühzeitigen Information über den Inhalt des angestrebten Vertrags [nämlich] nicht hinreichend Rechnung"[103]; künftig muss der VR seine Informationspflichten also rechtzeitig vor Antragstellung (Antragsmodell) oder rechtzeitig vor der Annahmeerklärung des VN erfüllen (Invitatio-Modell)[104]. Der VR kann auf Schadensersatz – ggf. auch in Höhe der Versicherungssumme – haften, wenn er einen Versicherungsantrag nicht innerhalb angemessener Frist bearbeitet (§§ 280 Abs. 1, 311a Abs. 2 BGB); allerdings muss der VN alles getan haben, um den VR in die Lage zu versetzen, den Antrag anzunehmen oder abzulehnen[105]. Der VN kann seine Vertragserklärung innerhalb von 30 Tagen widerrufen (§§ 8 Abs. 1, 152 Abs. 1 VVG)[106].

Die Frage, ob die Parteien eine bestehende Lebensversicherung abändern oder eine neue **35** Lebensversicherung abschließen wollen, ist insb. auf der Basis der – objektiv, auf der Grundlage des Empfängerhorizonts (§§ 133, 157 BGB) auszulegenden – Vertragserklärung des VN zu beantworten[107]; wegen der weitreichenden Konsequenzen eines Neuabschlusses muss ein entsprechender Parteiwille deutlich erkennbar zum Ausdruck kommen[108]; ob ein neuer Versicherungsschein ausgestellt wird oder nicht, ist insoweit nicht ausschlaggebend[109].

---

[97] BGH v. 12. 3. 2003, VersR 2003, 581 (584); vertiefend: *Brömmelmeyer,* in: *Schwintowski/Brömmelmeyer,* § 192 Rn. 52.

[98] Begründung, BT-Druck.16/3945, AT, Abschnitt II, Nr. 2, S. 48; AG Pfaffenhofen v. 16. 2. 2007, VersR 2007, 1113.

[99] Begründung, a. a. O.

[100] AG Pfaffenhofen, a. a. O.

[101] Einzelheiten: *Johannsen,* § 8 Rn. 6ff;.

[102] Begründung, a. a. O., S. 60, zu § 7 Abs. 1 VVG.

[103] Begründung, a. a. O.

[104] Einzelheiten: *Johannsen,* § 8 Rn. 12, 21.

[105] OLG Saarbrücken v. 11. 1. 2006, VersR 2006, 1345.

[106] Einzelheiten: Rn. 213.

[107] OLG Saarbrücken v. 30. 5. 2007, VersR 2007, 57 (58).

[108] OLG Saarbrücken, a. a. O.; OLG Köln v. 16. 7. 2002, VersR 2002, 1226; OLG Hamm v. 29. 9. 1978, VersR 1979, 413.

[109] OLG Saarbrücken, a. a. O.

36   Ein Verstoß gegen das aufsichtsrechtliche **Provisionsabgabeverbot** (vgl. § 81 Abs. 2 S. 4 VAG) oder gegen das Verbot versicherungsfremder Geschäfte (§ 7 Abs. 2 S. 1 VAG) beeinträchtigt die Gültigkeit des Lebensversicherungsvertrages nicht[110].

37   Ein **Minderjähriger,** der einen Lebensversicherungsvertrag abschließen will, bedarf der Einwilligung (§ 183 S. 1 BGB) resp. der (nachträglichen) Genehmigung (§ 184 Abs. 1 BGB) seines gesetzlichen Vertreters, weil er mit der Prämienzahlung belastet wird (§ 1 S. 2 VVG), der Lebensversicherungsvertrag also nicht ausschließlich rechtlich vorteilhaft ist (§§ 107 f. BGB). Eine familienrechtliche Genehmigung (§§ 1643 Abs. 1, 1822 Nr. 5 BGB) ist nur erforderlich, wenn die Lebensversicherung und die damit verbundene Beitragspflicht länger als ein Jahr über den Eintritt der Volljährigkeit hinaus andauern soll und den Minderjährigen selbst trifft. Dagegen wird die wirtschaftliche Bewegungsfreiheit des Minderjährigen nicht eingeschränkt, § 1822 Nr. 5 BGB also nicht aufgerufen, wenn der VN nach Erreichen der Volljährigkeit keine Beiträge mehr zu leisten braucht[111].

38   Der Minderjährige kann einen (schwebend unwirksamen) Lebensversicherungsvertrag, der ohne die Einwilligung des gesetzlichen Vertreters abgeschlossen worden ist, nach Eintritt der Volljährigkeit selbst genehmigen. Die Fortsetzung der Prämienzahlung lässt sich nur dann als **Genehmigung** interpretieren, wenn der nunmehr volljährige VN in Kenntnis der Genehmigungsbedürftigkeit handelt[112]. Verweigert er die Genehmigung, so kann er die Erstattung der Prämien nebst den vom VR erwirtschafteten Zinsen verlangen (§ 812 Abs. 1 BGB)[113]. Die Kondiktion scheidet als Rechtsmissbrauch aus, wenn der volljährig gewordene VN die (schwebend unwirksame) Lebensversicherung über Jahre als wirksam behandelt, d. h. u. a. die Beiträge bezahlt und sich mit Dynamikerhöhungen einverstanden erklärt hat[114].

II. Schriftliche Einwilligung der versicherten Person

39   Die Lebensversicherung kann gem. § 150 Abs. 1 VVG auf die Person des VN oder eines anderen genommen werden. Die Begründung, die darin die „Klarstellung" sieht, „dass es sich um eine Versicherung entweder auf eigene oder auf fremde Rechnung … handeln kann"[115], beruht auf einem Missverständnis, denn der VN kann (auch) die Lebensversicherung auf einen anderen auf eigene Rechnung nehmen. Wird die Lebensversicherung auf den Tod eines anderen abgeschlossen und übersteigt die vereinbarte Leistung den Betrag der gewöhnlichen Beerdigungskosten, so ist zur Gültigkeit des Lebensversicherungsvertrages die schriftliche Einwilligung des anderen erforderlich (§ 150 Abs. 2 S. 1 VVG). Die BAFin hat gem. § 150 Abs. 4 VVG einen **Höchstbetrag für die gewöhnlichen Beerdigungskosten** festgesetzt, der sich auf 8 000,– Euro beläuft[116]. Das Einwilligungserfordernis entfällt bei Kollektivversicherungen im Bereich der betrieblichen Altersversorgung (§ 150 Abs. 2 S. 1 VVG)[117] und bei Lebensversicherungen regulierter Pensionskassen (§ 211 Abs. 2 Nr. 1, Abs. 1 Nr. 2 VVG i. V. m. § 118b Abs. 3 und 4 VAG, die § 150 Abs. 2 bis 4 VVG für nicht anwendbar erklären).

1. Normzweck des § 150 Abs. 2 VVG

40   Nach std. Rspr. des BGH[118] soll das Einwilligungserfordernis der Gefahr entgegenwirken, die sich daraus ergeben kann, dass der VN oder ein sonstiger Beteiligter in der Lage ist, den

---

[110] OLG Hamm v. 25. 9. 2002, VersR 2003, 446 (447).
[111] Ebenso wohl: *van Bühren/Teslau,* § 14 Rn. 60.
[112] Im Einzelnen: *van Bühren/Teslau,* a. a. O. Rn. 62 ff.
[113] *van Bühren/Teslau,* a. a. O. Rn. 65.
[114] LG Freiburg v. 7. 3. 1997, VersR 1998, 41 ff.; LG Regensburg v. 26. 9. 2003, VersR 2003, 722.
[115] Begründung, a. a. O., S. 94, zu § 150 Abs. 1 VVG.
[116] BAV, VerBAV 2001, 133 = NVersZ 2001, 451.
[117] Im Einzelnen Rn. 43.
[118] BGH v. 5. 10. 1994, VersR 1995, 405 (406) m. w. N.; BGH v. 7. 5. 1997, VersR 1997, 1213 (1214); BGH v. 9. 12. 1998, VersR 1999, 347 (348), mit Anm. *Wandt* = NVersZ 1999, 258; vgl. auch Motive, S. 645 („kriminalpolitischer Zweck").

Versicherungsfall herbeizuführen, **jeder Möglichkeit eines Spiels mit dem Leben oder der Gesundheit eines anderen vorbeugen** und Spekulationen mit dem Leben anderer unterbinden.

Da § 150 Abs. 2 VVG „eine **abschließende Entscheidung** des Gesetzgebers" darüber **41** enthält, wie diesen Gefahren zu begegnen ist[119], bedarf es **keines schutzwürdigen Interesses des VN am Fortleben der versicherten Person**[120]. Es ist – auch aus Gründen der Rechtssicherheit[121] – allein auf den **Formalakt** der Einwilligung abzustellen und nicht zu untersuchen, welcher konkreten Gefahr der Versicherte nach Abschluss des Lebensversicherungsvertrages ausgesetzt ist[122]. Der Versicherte soll die durch eine Lebensversicherung auf seinen Tod entstehenden Gefahren selbst abschätzen und in Kauf nehmen können. Die Befürchtung, eine Lebensversicherung auf den Tod eines anderen könne bei fehlendem schutzwürdigen Interesse des VN als *aleatorisches* Rechtsgeschäft einzuordnen sein[123], ist unbegründet: Die Bewältigung des Zufalls, d. h. der Risikoausgleich auf mathematisch-statistischer Grundlage, findet allein auf Seiten des LebensVU statt[124] und wird durch die Interessen des VN in der Lebensversicherung auf die Person eines anderen nicht berührt. Das spekulative Element beschränkt sich auf die dem Lebensversicherungsvertrag vorgelagerte Entscheidung, wessen Leben versichert werden soll.

2. Einwilligungserfordernis

a) Einer Einwilligung bedarf es nur in der Todes-, nicht in der (reinen) Erlebensfallversi- **42** cherung (§ 150 Abs. 1 S. 1 VVG). Da die gemischte Kapitallebensversicherung (auch) einen Todesfallschutz gewährt, ist ebenfalls eine Einwilligung erforderlich. Das gleiche gilt bei einer aufgeschobenen Rentenversicherung, die in ihren Tarifbedingungen vorsieht, dass bei Tod des Versicherten vor Rentenbeginn die Beiträge zurückgewährt werden[125]. In der Termfix-Versicherung ist eine Einwilligung erforderlich, weil sie eine Beitragsbefreiung im Todesfall vorsieht[126]. Das Einwilligungserfordernis besteht auch dann, wenn die versicherte Person **unwiderruflich bezugsberechtigt** ist. Der VN kann auch in dieser Konstellation mit dem Leben des anderen spekulieren, weil er als Inhaber des Versicherungsscheins (§§ 4 VVG, 808 BGB, 12 Abs. 1 ALB 2008) oder als Erbe begünstigt sein kann[127]. Im Übrigen kann nicht nur der VN, sondern auch ein Dritter als potentieller Erbe Interesse am Tode der versicherten Person haben. Dieses Risiko soll allein die versicherte Person selbst auf sich nehmen können.

b) Die Einwilligung der versicherten Person ist grundsätzlich auch im Rahmen von **Kol- 43 lektivversicherungen** erforderlich[128], denn eine Gefährdung des Versicherten ist auch dort nicht ausgeschlossen[129]. Bisher galt das auch dann, wenn die Mitglieder des Kollektivs einen

---

[119] BGH a. a. O.; kritisch: *Hülsmann*, VersR 1995, 501 (503f.), mit dem berechtigten Hinweis auf bestehende Begründungsdefizite; aus dem Schutzzweck der Norm, Spekulationen mit dem Leben anderer umfassend zu unterbinden, folgt nicht, dass § 159 Abs. 2 S. 1 VVG eine abschließende Regelung enthält.

[120] BGH v. 5. 10. 1994, VersR 1995, 405 (406): „Über die Gültigkeit des Vertrags entscheidet der Formalakt der Einwilligung"; OLG Celle v. 4. 11. 1993, VersR 1995, 405; h. M.: Berliner Kommentar/*Schwintowski*, § 159 Rn. 4 m. w. N.; *Prölss/Martin/Kollhosser*, § 159 Rn. 2; *Römer/Langheid/Römer*, § 159 Rn. 15; *Müller*, NVersZ 2000, 455 m. w. N.; anders noch: *Bruck/Möller/Winter*, Bd. V 2, Anm. H 7, der sich auf den angeblich „aleatorischen Charakter" einer Lebensversicherung auf den Tod eines anderen ohne eigenes Interesse des VN beruft; skeptisch auch: *Hülsmann*, VersR 1995, 501.

[121] *Goll/Gilbert/Steinhaus*, Rn. 2.3.3.1.

[122] OLG Frankfurt v. 31. 7. 1996, VersR 1997, 478 (LS).

[123] *Hülsmann*, VersR 1995, 501.

[124] Einzelheiten: *Brömmelmeyer*, Verantwortlicher Aktuar, S. 30ff.

[125] BGH v. 10. 1. 1996, VersR 1996, 357.

[126] *Van Bühren/Teslau*, § 14 Rn. 52; a. A. *Ortmann*, in: *Schwintowski/Brömmelmeyer*, § 150 Rn. 7.

[127] *Prölss/Martin/Kollhosser*, § 159 Rn. 5.

[128] BGH v. 7. 5. 1997, VersR 1997, 1213 (1214) (Gruppenversicherung in der Form einer Rückdeckungsversicherung); OLG Frankfurt/M. v. 1. 7. 1996, VersR 1997, 478.

[129] OLG Frankfurt/M., a. a. O.

Brömmelmeyer

unmittelbaren Leistungsanspruch erwarben[130]. Dafür spricht, dass es nach dem Leitbild des § 150 Abs. 2 S. 1 VVG *prinzipiell* in der Hand des VN liegen soll, ob sein Tod für Erben und/oder Bezugsberechtigte einen Geldwert haben und so eine „abstrakte Gefährdung"[131] von Leib und Leben entstehen soll oder nicht. Eine Differenzierung nach dem Grad der dem Leben der zu versichernden Person (potentiell) drohenden Gefahren ist schon aus Gründen der Rechtssicherheit und -klarheit ausgeschlossen[132]. Die Neufassung des § 150 Abs. 2 S. 1 VVG hat die **Kollektivlebensversicherung in der betrieblichen Altersversorgung** jedoch von dem Einwilligungserfordernis befreit. Lt. Begründung fehlt es an einem „Schutzbedürfnis der versicherten Person", so dass der mit der Einwilligung verbundene Verwaltungsaufwand überflüssig sei[133].

44   c) Nehmen die Eltern oder ein Elternteil die Lebensversicherung auf den Tod eines **minderjährigen Kindes,** so bedarf es der Einwilligung des Kindes nur, wenn der VR auch bei Eintritt des Todes vor Vollendung des 7. Lebensjahres zur Leistung verpflichtet sein soll und wenn die für diesen Fall vereinbarte Leistung die gewöhnlichen Beerdigungskosten[134] übersteigt (§ 150 Abs. 3 VVG). Diese Regelung soll der Tatsache Rechnung tragen, dass der Abschluss der Lebensversicherung andernfalls „ungemein erschwert" werde und dass „da, wo der Vater oder die Mutter VN ist, mit der Möglichkeit eines Missbrauchs doch nur gerechnet zu werden braucht, soweit es sich um Kinder handelt, die noch nicht über eine frühe Altersstufe hinausgelangt sind"[135].

45   d) Der BGH hat **§ 150 Abs. 2 VVG** in unterschiedlichen Konstellationen **analog** angewandt, namentlich wenn die versicherte Person zwar zugleich VN, am Vertragsschluss aber nicht unmittelbar beteiligt gewesen ist[136]. Das ist auch dann der Fall, wenn ein solcher VN den Versicherungsantrag blanko unterschreibt, die Ausfüllung des Antrags indes anderen überlässt. Das Ausfüllen eines Blankoformulars sei dem Handeln eines Vertreters vergleichbar. In beiden Fällen sei der VN der Gefahr ausgesetzt, infolge eigenmächtigen Verhaltens eines Dritten auf den Vertragsabschluss keinen Einfluss mehr nehmen zu können[137]. Darüber hinaus soll § 150 Abs. 2 VVG auch analog auf den Fall angewandt werden, dass der Bezugsberechtigte als Vertreter des VN, dessen Leben versichert werden soll, den Vertrag abschließt[138].

46   e) Bei einer **Vertragsänderung** bedarf es der erneuten Einwilligung der versicherten Person nur, wenn ihr Risiko beeinflussende Umstände abgeändert werden[139].

3. Einwilligungserklärung

47   a) Die Einwilligung muss **vor Vertragsschluss** erklärt werden[140]. Unter der von § 150 Abs. 2 S. 1 VVG verlangten Einwilligung ist die vorherige Zustimmung i. S. d. § 183 S. 1 BGB zu verstehen. Das ergibt sich bereits aus den Motiven[141]. Eine (nachträgliche) Genehmi-

---

[130] Berliner Kommentar/*Schwintowski,* § 159 Rn. 13; vgl. auch *Römer/Langheid/Römer,* § 159 Rn. 16, mit dem Hinweis auf die Gefahr, dass die Lebensversicherung beliehen wird oder dass der Versicherte einen Bezugsberechtigten einsetzt; *Hülsmann,* NVersZ 1999, 550.

[131] *Hülsmann,* NVersZ 1999, 550 (551).

[132] *Prölss/Martin/Kollhosser,* 26. Aufl., § 159 Rn. 4.

[133] Begründung, a. a. O., S. 95, zu § 150 Abs. 2 VVG.

[134] Dazu: Rn. 39.

[135] Motive, S. 217.

[136] BGH v. 9. 12. 1998, VersR 1999, 347, noch anhand von § 159 Abs. 2 VVG a. F.

[137] BGH, a. a. O., S. 348 f.

[138] BGH v. 8. 2. 1989, VersR 1989, 465 (466), noch anhand von § 159 Abs. 2 VVG a. F.

[139] OLG Hamm, v. 25. 9. 2002, VersR 2003, 446.

[140] BGH v. 9. 12. 1998, VersR 1999, 347 (349); OLG Frankfurt/M. v. 31. 7. 1996, VersR 1997, 478; OLG Hamburg v. 19. 1. 1966, VersR 1966, 680; *Bruck/Möller/Winter,* Bd. V/2, Anm. C 31 m. w. N.; *Prölss/Martin/Kollhosser,* § 159 Rn. 7; a. A.: *Römer/Langheid/Römer,* § 159 Rn. 18.

[141] Motive, S. 217: „… macht deshalb der Entwurf (§ 159 Abs. 2 S. 1) die Gültigkeit des Vertrags, durch den eine Versicherung für den Fall des Todes eines anderen genommen wird, von der schriftlichen Einwilligung des anderen, also (§ 183 des Bürgerlichen Gesetzbuchs) davon abhängig, dass dieser vor Schließung des Vertrags seine Zustimmung in schriftlicher Form erklärt."

gung (§ 184 Abs. 1 BGB) scheidet aus. Liegt die Einwilligung im Zeitpunkt des Vertragsschlusses nicht vor, so ist der Lebensversicherungsvertrag unheilbar nichtig.

b) Die Einwilligung muss **schriftlich** erklärt werden (§§ 150 Abs. 2 S. 1 VVG, 126 ff. **48** BGB). Eine Blankounterschrift reicht nicht aus[142]: In der Urkunde müssen alle Umstände aufgeführt sein, von denen das Risiko der versicherten Person im Wesentlichen abhängt, nämlich die Höhe der Versicherungssumme, die Person von VN und Bezugsberechtigtem und die Dauer der Versicherung[143]; nur dann kann die Schriftform ihre Funktion erfüllen, die versicherte Person vor den durch die Lebensversicherung auf ihren Tod entstehenden Risiken zu warnen. Die Mitunterzeichnung des Antrags reicht aus[144]. Lässt sich die versicherte Person bei der Einwilligung durch einen Bevollmächtigten vertreten, so soll aufgrund des Schutzzwecks des § 150 Abs. 2 S. 1 VVG entgegen § 167 Abs. 2 BGB auch für die **Erteilung der Vollmacht** die **Schriftform** erforderlich sein[145]. Begründung: § 150 Abs. 2 S. 1 VVG soll der Möglichkeit eines Spiels mit dem Leben oder der Gesundheit eines anderen umfassend vorbeugen und Spekulationen mit seinem Leben unterbinden[146].

c) Die Einwilligung kann **sowohl gegenüber dem VN als auch gegenüber dem VR 49** erklärt werden (§ 182 Abs. 1 BGB)[147].

d) Der Schutz durch das Einwilligungserfordernis des § 150 Abs. 2 S. 1 VVG wäre gefähr- **50** det, wenn der VN die versicherte Person bei der Einwilligungserklärung vertreten könnte. Satz 2 schließt den VN daher in Fällen, in denen er die geschäftsunfähige, beschränkt geschäftsfähige oder betreute versicherte Person gesetzlich vertreten könnte, von der **Stellvertretung** aus. Im Falle der Minderjährigkeit bedarf es mithin der Bestellung eines Ergänzungspflegers (§§ 1629 Abs. 2 S. 1, 1795 Abs. 2, 1909 BGB)[148], im Falle der Betreuung der Bestellung eines Ersatzbetreuers (§ 1899 Abs. 4 BGB)[149].

III. Risikoprüfung

1. Prädiktive Gesundheitsinformationen

Die Entschlüsselung des Erbguts des Menschen könnte dazu führen, dass eine Disposition **51** für klinisch noch nicht manifeste Erbkrankheiten künftig bereits im Rahmen der Risikoprüfung abgeklärt und bei der Einstufung des Risikos berücksichtigt wird[150]. Die Bewertung **genetischer Untersuchungen in der Lebensversicherung** fällt jedoch ambivalent aus: Erfährt der (potentielle) VN von der Existenz eines genetischen Defekts, braucht er ihn aber nicht preiszugeben, so kann er seinen Informationsvorsprung ausnutzen, indem er eine hohe Lebensversicherung abschließt. Im Hinblick auf das Risiko adverser Selektion hat der VR also ein berechtigtes Interesse daran, das „genetische Informationsgleichgewicht"[151] wieder herzustellen[152]. Dieses Informationsinteresse könnte indes mit dem Recht des VN auf informa-

---

[142] BGH v. 9. 12. 1998, VersR 1999, 347 (349).

[143] BGH, a. a. O.

[144] *Müller*, NVersZ 2000, 454 (456).

[145] OLG Frankfurt/M. v. 31. 7. 1996, VersR 1997, 478; *Römer/Langheid/Römer*, § 159 Rn. 5.

[146] OLG Frankfurt/M., a. a. O.

[147] *Römer/Langheid/Römer*, § 159 Rn. 18.

[148] *Van Bühren/Teslau*, § 14 Rn. 67.

[149] *Ortmann*, in: *Schwintowski/Brömmelmeyer*, § 150 Rn. 26.

[150] Grundlegend: Schlussbericht der Enquete-Kommission des Deutschen Bundestages „Recht und Ethik der modernen Medizin" vom 14. 5. 2002, BTDrucks. 14/9020, C 2; *Fenger/Schöffski*, NVersZ 2000, 448; aus ökonomischer Sicht: *Schöffski*, Gendiagnostik, 2000; vgl. auch die Entschließung des Bundesrates gegen die Verwertung von Genomanalysen in der PrivatV, BRDrucks. 530/00 v. 5. 9. 2000, abgedruckt in NVersZ 2001, 154; vgl. auch: *Baumann*, ZVersWiss 2002, 169; *Buyten/Simon*, VersR 2003, 813 (rechtsvergleichend); vertiefend: *Brinkmann*, Die Zulässigkeit von genetischen Informationen im deutschen und amerikanischen Versicherungsrecht, 2005.

[151] Schlussbericht, a. a. O., 2.2.2.2.4.

[152] *Fenger/Schöffski*, a. a. O.; vgl. auch Schlussbericht, a. a. O., 2.2.2.2.5.5.

tionelle Selbstbestimmung[153] kollidieren („Recht auf Nichtwissen") und zu sozialen Härten führen: Ist ein Lebensversicherungsschutz ohne prädiktive Gentests nicht mehr zu haben, so muss sich der VN nicht nur den Erkenntnissen über die eigene genetische Konstitution stellen, Im Falle eines ungünstigen Befundes erhält er u. U. auch keinen bezahlbaren Lebensversicherungsschutz mehr, auf den er – bspw. bei der Finanzierung eines Bauvorhabens – angewiesen sein kann. Der Begriff der „genetischen Diskriminierung"[154] ist in diesem Kontext allerdings irreführend, weil die erkannte genetische Disposition als sachliches Differenzierungsmoment anzuerkennen wäre[155].

52   Die Mitglieder des GDV haben sich in einem bis zum 31. 12. 2011 befristeten **Moratorium** verpflichtet, die Durchführung prädiktiver, d. h. zur Feststellung noch nicht manifester Krankheiten geeigneter Gentests nicht zur Voraussetzung eines Vertragsschlusses zu machen und in „der Lebensversicherung, einschließlich Berufsunfähigkeits-, Erwerbsunfähigkeits- Unfall- und Pflegerentenversicherung bis zu einer Versicherungssumme von weniger als 250 000,– Euro bzw. einer Jahresrente von weniger als 30 000,– Euro auch nicht von ihren Kunden zu verlangen, … freiwillig durchgeführte prädiktive Gentests … vorzulegen"[156]. Der **Nationale Ethikrat** hat sich in seiner „Stellungnahme vom 1. 2. 2007 – „Prädiktive Gesundheitsinformationen beim Abschluss von Versicherungen"[157] dafür ausgesprochen, dieses Moratorium aufrechtzuerhalten und auf sämtliche prädiktive genetische Informationen zu erweitern[158]. Der Ethikrat erkennt sowohl das Prinzip der Risikoäquivalenz der Prämien, d. h. das **Recht des VR auf Wissensparität** an[159], als auch das **Recht des (potentiellen) VN auf Nichtwissen**[160]. Dementsprechend hält er Fragen nach prädiktiven genetischen Informationen, die dem VN bereits bekannt sind, grundsätzlich für zulässig[161], während er „eine Gesundheitsprüfung, die nach Indikationen für zukünftig ausbrechende Krankheiten sucht", ablehnt[162].

53   Nach dem Entwurf eines Gendiagnostikgesetzes (GenDG)[163] der Bundestagsfraktion Bündnis 90/Die Grünen vom 3. 11. 2006 darf der VR allerdings vom VN weder vor noch nach Abschluss des VV (1) die Vornahme genetischer Untersuchungen oder Analysen oder (2) die Offenbarung von Ergebnissen bereits vorgenommener prädiktiver genetischer Untersuchungen oder Analysen verlangen, solche Ergebnisse entgegennehmen oder verwenden (§ 22 GenDG-Entwurf). Nunmehr hat auch die Bundesregierung den Referenten-Entwurf eines Gesetzes über genetische Untersuchungen beim Menschen vom 30. 6. 2008 vorgelegt. Danach soll gelten: Der VR darf vom Versicherten weder vor noch nach Abschluss des Versicherungsvertrags (1) die Vornahme genetischer Untersuchungen oder Analysen verlangen, (2) die Mitteilung von Ergebnissen bereits vorgenommener genetischer Untersuchungen oder Analysen verlangen oder (3) Daten aus bereits vorgenommenen genetischen Untersuchungen oder Analysen entgegennehmen oder verwenden (§ 18 Abs. 1 Satz 1 Referentenentwurf). Für die Lebensversicherung soll Satz Nr. 2 und 3 nicht gelten, wenn eine Leistung von mehr als 250 000,– € oder mehr als 30 000,– € Jahresrente vereinbart wird (Satz 2). Die weitere Entwicklung der rechtspolitischen Diskussion bleibt abzuwarten.

2. Ärztliche Untersuchung

54   In der Lebensversicherung kann eine **ärztliche Untersuchung** vereinbart, aufgrund des allgemeinen Persönlichkeitsrechts der versicherten Person (Art. 2 Abs. 1, 1 Abs. 1 GG) aber

---

[153] BVerfG v. 15. 12. 1983, BVerfGE 65, 1 (Volkszählungsurteil).
[154] Kritisch auch *Taupitz*, S. 50.
[155] Ebenso wohl auch die Enquete-Kommission, a. a. O., 2.2.2.2.5.2.
[156] Dazu: LG Bielefeld v. 14. 2. 2007, VersR 2007, 636, mit Anm. *Kubiak*.
[157] Nationaler Ethikrat, a. a. O., abgedruckt mit einer Einführung von *Lorenz*, in: VersR 2007, 471.
[158] Nationaler Ethikrat, a. a. O., G, Rn. 12f.
[159] Nationales Ethikrat, a. a. O., G, Rn. 4f.
[160] Nationaler Ethikrat, a. a. O., G, Rn. 17.
[161] Nationaler Ethikrat, a. a. O., G, Rn. 11.
[162] Nationales Ethikrat, a. a. O., G, Rn. 17.
[163] BT-Drucks. 16/3233 vom 3. 11. 2006.

nicht erzwungen werden[164]: Es besteht kein Rechtsanspruch auf Durchführung einer vereinbarten Untersuchung (§ 151 VVG). Eine ggf. vereinbarte Vertragsstrafe wäre gem. § 344 BGB unwirksam[165]. Kommt es auf Betreiben des VR im Zuge der Verhandlungen über den Abschluss einer Lebens- und Berufsunfähigkeits-Zusatzversicherung zur Erstellung eines ärztlichen Zeugnisses auf einem Formblatt des VR und hat der Antragsteller im Rahmen der „Erklärung vor dem Arzt" gegenüber dem Arzt vom VR vorformulierte Fragen zu beantworten, so stehen die vom Arzt gestellten Fragen den Fragen des VR (§ 19 Abs. 1 VVG) und die erteilten Antworten den Erklärungen gegenüber dem VR gleich[166]. Was dem Arzt zur Beantwortung der vorformulierten Fragen gesagt ist, ist dem VR gesagt, selbst wenn der Arzt die ihm erteilten Antworten nicht in das Formular aufnimmt[167]. Dagegen ist das Wissen des mit der Erstellung des Zeugnisses beauftragten Arztes, das dieser nicht durch den Antragsteller im Rahmen der „Erklärung vor dem Arzt", sondern aus früheren Behandlungen erlangt hat, dem VR jedenfalls dann nicht zuzurechnen, wenn der Antragsteller bei Beantwortung der Gesundheitsfragen arglistig getäuscht hat[168].

3. Erhebung personenbezogener Gesundheitsdaten bei Dritten (§ 213 VVG)

Die **Erhebung personenbezogener Gesundheitsdaten** durch den LebensVR ist nur **55** bei den in § 213 Abs. 1 VVG aufgeführten Datenerhebungsquellen erlaubt (Hs. 1) und nur zulässig, soweit die Kenntnis der Daten für die Beurteilung des zu versichernden Risikos oder der Leistungspflicht erforderlich ist und die betreffende Person eine Einwilligung erteilt hat (Hs. 2). Die Einwilligung kann bereits vor Abgabe der Vertragserklärung (scil.: des VN) erteilt werden. Der Betroffene ist allerdings vor der Erhebung der Daten zu unterrichten und kann der Erhebung widersprechen (Absatz 2); außerdem kann er jederzeit verlangen, dass eine Erhebung von Daten nur erfolgt, wenn er jeweils in die einzelne Datenerhebung eingewilligt hat (Absatz 3). Der Betroffene ist auf diese Rechte hinzuweisen, auf das Widerspruchsrecht bei der Unterrichtung (Absatz 4). Diese Regelung beruht auf der Entscheidung des BVerfG[169] vom 23. 10. 2006: Ist die Einwilligung (Entbindung von der Schweigepflicht) nämlich zu weit gefasst, so liegt ein rechtswidriger Eingriff in das allgemeine Persönlichkeitsrecht des VN vor. Dieses umfasst die Befugnis des Einzelnen, über die Preisgabe seiner persönlichen Daten selbst zu bestimmen[170].

Der **Katalog der Datenerhebungsquellen** – Ärzte, Krankenhäuser und sonstige Kran **56** kenanstalten, Pflegeheime und Pflegepersonen, andere Personen-VR und gesetzliche Krankenkassen sowie Berufsgenossenschaften und Behörden (§ 213 Abs. 1 Hs. 1 VVG) – orientiert sich lt. Begründung an der gängigen Praxis[171] und ist abschließend formuliert. Daher ist die Datenerhebung bei anderen Berufsträgern (bspw. bei – nicht approbierten – Heilpraktiker, Physiotherapeuten und Psychologen) und Einrichtungen (bspw. bei Haftpflicht-VR) unzulässig. Die **Beschränkung auf die aufgeführten Datenerhebungsquellen** könnte allerdings als Eingriff in die Berufsfreiheit der LebensVU (Art. 12 Abs. 1 GG) verfassungswidrig sein, wenn sie auch im Lichte des allgemeinen Persönlichkeitsrechts des VN (Art. 2 Abs. 1, Art. 1 Abs. 1 GG) nicht geboten sein sollte[172]. Das BVerfG[173] hat eine Beschränkung auf bestimmte Datenerhebungsquellen jedenfalls nicht verlangt.

---

[164] Dazu: Berliner Kommentar/*Schwintowski,* § 160 Rn. 2.
[165] Motive, S. 219.
[166] BGH v. 7. 3. 2001, VersR 2001, 620; BGH v. 29. 5. 1980, VersR 1980, 762.
[167] BGH v. 7. 3. 2001, a. a. O.
[168] BGH, a. a. O.
[169] Beschlussempfehlung und Bericht des Rechtsausschusses, BT-Drucks.16/5862, S. 100.
[170] BVerfG, v. 23. 10. 2006, r+s 2007, 29, mit Anm. *Egger,* VersR 2007, 905.
[171] Beschlussempfehlung und Bericht, a. a. O.
[172] Dafür: *Klär,* in: *Schwintowski/Brömmelmeyer,* § 213 Rn. 4.
[173] BVerfG v. 23. 10. 2006, r+s 2007, 29, mit Blick auf die Berufsunfähigkeitsversicherung.

57   Die **Datenerhebung beim Betroffenen** selbst ist ohne weiteres zulässig, weil er kein „Dritter" i. S. von § 213 VVG ist[174].

58   Die Datenerhebung setzt voraus, dass „die Kenntnis der Daten für die Beurteilung des zu versichernden Risikos oder der Leistungspflicht" notwendig ist. Die Beurteilung des Risikos richtet sich grundsätzlich nach den (subjektiven) Risikoprüfungsgrundsätzen des VR – soweit sie objektiv nachvollziehbar sind. Bei der Prüfung der Leistungspflicht billigt der BGH[175] dem VR allgemein eine gewisse Einschätzungsprärogative zu[176], die mit Blick auf sensible Daten jedoch nur unter Wahrung des allgemeinen Persönlichkeitsrechts des VN ausgeübt werden darf.

59   Die **Einwilligung,** d. h. die vorherige Zustimmung (§ 183 S. 1 BGB), kann bereits „vor Abgabe der Vertragserklärung" des VN" erklärt werden (§ 213 Abs. 2 S. 1 VVG), so dass eine einmalige Einwilligung ausreicht und eine Einwilligung im Einzelfall nicht unbedingt notwendig ist[177]: im Interesse informationeller Selbstbestimmung[178] kann der VN einer avisierten Datenerhebung jedoch immer widersprechen. Nach **§ 4 a BDSG** ist die Einwilligung unwirksam, wenn sie nicht auf einer freien und informierten Entscheidung des Betroffenen beruht[179].

60   Den Parteien steht es frei, **Kostenregelungen** zu treffen; insb. in Fällen, in denen eine Einzeleinwilligung vorgesehen ist, können die Mehraufwendungen ggf., auf der Basis einer entsprechenden Kostenklausel, dem VN in Rechnung gestellt werden[180]. Die Kostenbelastung darf aber nicht so groß sein, „dass sie einen informationellen Selbstschutz unzumutbar macht"[181]. Der VN ist rechtzeitig über diese Kosten zu informieren (§ 2 Abs. 1 Nr. 2 VVG-InfoV)[182].

D. Rechte und Pflichten des Versicherers

I. Leistungspflicht

61   In der gemischten Kapitallebensversicherung hat der VR im Todes- oder Erlebensfall die vereinbarte **Versicherungssumme** (garantierte Leistung) und die **Überschussbeteiligung** auszuzahlen (§§ 1, 2 ALB 2008). Der Umfang der Leistungen richtet sich grundsätzlich nach der Parteivereinbarung. Die Intransparenz einer Klausel über die Verrechnung der Abschlusskosten (Zillmerung)[183] wirkt sich auch rechtlich *nicht* auf die Höhe der Erlebensfall-Leistung aus[184], weil sie den VN tatsächlich nur im Rückkaufsfall belastet[185]. Bei unrichtiger Altersangabe verändert sich die Leistung des VR nach dem Verhältnis, in welchem die dem wirklichen Alter entsprechende Prämie zu der vereinbarten Prämie steht (§ 157 S. 1 VVG); überhöhte Leistungen kann der VR ggf. kondizieren (§§ 812 ff. BGB)[186].

1. Leistungsempfänger

62   Der VR kann im Allgemeinen mit befreiender Wirkung an den Inhaber des VersScheins leisten: Die Musterbindungen gestalten den **Versicherungsschein** als qualifiziertes Legiti-

---

[174] Im Einzelnen: *Klär,* a. a. O.
[175] BGH v. 16. 11. 2005, r+s 2006, 185, 186.
[176] Kritisch: *Brömmelmeyer,* in: *Bruck/Möller,* Bd. 1, 9 . Aufl. 2008 (im Erscheinen) § 31 Rn. 28.
[177] Ebenso: Beschlussempfehlung und Bericht, a. a. O.
[178] Dazu grundlegend: BVerfG v. 15. 12. 1983, BVerfGE 65, 1 (43 ff.) – Volkszählung.
[179] Dazu auch: Begründung, BT-Drucks. 16/3945, S. 117, zu § 213.
[180] Beschlussempfehlung und Bericht, a. a. O.
[181] BVerfG v. 23. 10. 2006, a. a. O. (31).
[182] Einzelheiten: Rn. 76.
[183] Dazu: Rn. 168.
[184] BGH v. 24. 10. 2007, VersR 2008, 244.
[185] *Kleinlein,* VuR 2008, 13.
[186] *Ortmann,* in: *Schwintowski/Brömmelmeyer,* § 157 Rn. 4.

mationspapier i. S. d. §§ 4 VVG, 808 BGB aus: Den Inhaber des VersScheins könne man als berechtigt ansehen, über die Rechte aus dem VV zu verfügen, insbesondere Leistungen in Empfang zu nehmen (vgl. § 12 Abs. 1 ALB 2008).

Der BGH hat diese Klausel ausdrücklich gebilligt[187]; sie sei insb. mit § 9 Abs. 2 AGBG   **63** (jetzt: § 307 Abs. 2 BGB) vereinbar, denn „mit der Ausgestaltung des Versicherungsscheins als qualifiziertes Legitimationspapier" werde nicht von einer „gesetzlichen Regelung" i. S. d. § 9 Abs. 2 Nr. 1 AGBG abgewichen. § 4 VVG hindere eine solche Ausgestaltung nicht, er setze sie vielmehr voraus und beschreibe ihre Wirkungen unter Hinweis auf § 808 BGB. Die Legitimationswirkung der Urkunde soll allerdings nicht eingreifen, „wenn der Schuldner die mangelnde Verfügungsberechtigung [des Urkundeninhabers] … positiv kennt oder sonst gegen Treu und Glauben die Leistung bewirkt hat"[188]. Leistet der LebensVR an einen Drit-ten, der den Versicherungsschein in Händen hält, so ist er nicht gezwungen, von der Legiti-mationswirkung Gebrauch zu machen, wenn er später erkennt, dass dieser Dritte nicht der wahre Gläubiger ist[189]. Er kann die Leistung vielmehr gem. § 812 Abs. 1 BGB kondizieren – ohne dem Dritten den Versicherungsschein zurückgeben zu müssen[190]; anders verhält es sich nur, wenn der Lebensversicherer die mangelnde materielle Berechtigung des Inhabers des Versicherungsscheins kannte oder zumindest Zweifel an ihr hatte, er sich aber entschieden hatte, im Hinblick auf die Legitimation des § 11 ALB gleichwohl an ihn zu leisten[191].

2. Fälligkeit

Die **Fälligkeit** der Leistung richtet sich nach § 14 Abs. 1 VVG. Fällig wird die Todes- oder   **64** Erlebensfallleistung „mit der Beendigung der zur Feststellung des Versicherungsfalls und des Umfangs der Leistung des VR notwendigen Erhebungen". Notwendig sind die Erhebungen, die ein LebensVR braucht, um den Eintritt des Todesfalls, den Umfang der Leistungspflicht und die Berechtigung des (potentiellen) Leistungsempfängers abschließend feststellen und prüfen zu können[192]. Korrelat der Erhebungen des VR sind die Mitwirkungspflichten des VN (s. u.)[193]. Fälligkeit tritt bereits vor Beendigung der Erhebungen ein, wenn der VR die Leistung (zu Unrecht) abgelehnt hat[194]. Führt der VR keine oder unnötige, nicht sachdien-liche Erhebungen durch oder verzögert er die Erhebungen grundlos, so tritt Fälligkeit zu dem Zeitpunkt ein, zu dem korrekt durchgeführte Erhebungen beendet gewesen wären[195].

Ein **aufsichtsrechtliches Erfüllungsverbot** im Rahmen der Insolvenzabwehr (§ 89   **65** Abs. 1 S. 2 VAG) verhindert den Eintritt der Fälligkeit[196].

II. Informations- und Beratungspflichten

In der Literatur werden Informations- und Beratungspflichten nicht immer klar unter-   **66** schieden[197]. Die **Information** beschränkt sich jedoch im Kern auf die (unkommentierte)

---

[187] BGH v. 22. 3. 2000, NVersZ 2001, 259 = NJW 2000, 2103; ebenso: OLG Koblenz v. 4. 1. 2002, VersR 2002, 873 (874) m. w. N.; vgl. auch: AG Nürnberg v. 21. 5. 2001, VersR 2002, 875: Danach ent-hebt die Inhaberklausel den LebensVR nicht der Prüfung der Berechtigung eines Betreuers.

[188] BGH, a. a. O.

[189] OLG Düsseldorf v. 14. 6. 2005, VersR 2006, 1391; vgl. aber auch: OLG Hamm v. 24. 2. 1995, VersR 1996, 615.

[190] OLG Düsseldorf, a. a. O.

[191] OLG Düsseldorf, a. a. O.

[192] Berliner Kommentar/*Gruber*, § 11, Rn. 4.

[193] Dazu: Rn. 141 ff.

[194] Berliner Kommentar/*Gruber*, § 11 VVG, Rn. 4 m. w. N.

[195] Berliner Kommentar/*Gruber*, § 11 VVG, Rn. 15.

[196] RG v. 22. 1. 1926, RGZ 112, 348.

[197] *Römer*, VersR 1998, 1313 (1314), hielt eine solche Differenzierung bisher auch nicht für geboten; *ders.*, VersR 2006, 740 (742) mit dem (mehrdeutigen) Hinweis, dass man „Aufklärung und Information … auch als Beratung verstehen" müsse; vertiefend: *Dohmen*, Informations- und Beratungspflichten vor Abschluss des VVs, 2007, S. 129 f.

Mitteilung von Tatsachen, während die **Beratung** die Bewertung von Informationen umfasst und auf sachgerechte Empfehlungen unter Berücksichtigung der individuellen Lebenssituation und der Interessen des Kunden angelegt ist[198]. Die Beratung projiziert die Information also auf den Einzelfall. Bisher konnte man mit der Feststellung leben, dass die Grenzen fließend seien[199]. Künftig ist jedoch trennscharf abzugrenzen, weil die §§ 6f. VVG Information und Beratung unterschiedlich regeln: Im **Fernabsatz** (§ 312b Abs. 1 und 2 BGB) bspw. entfällt nur die Beratungs-, nicht aber die Informationspflicht (§§ 6 Abs. 6, 7 Abs. 1 S. 3 VVG). Hinzukommt, dass nur die **Haftung** für Beratungs-, nicht aber für Informationsfehler gesondert geregelt wurde (§ 6 Abs. 5 VVG).

1. Information

67   **a)** Insb. in der Lebensversicherung ist der VN darauf angewiesen, dass der VR ihn richtig informiert und möglichst vollständig aufklärt[200]. Der Informationsbedarf des VN beruht vor allem auf der **Komplexität der Lebensversicherung:** Die Lebensversicherung ist ein abstraktes Rechtsprodukt[201], das als solches „unsichtbar" und „nicht mit den Händen zu greifen ist"[202]. Das unterscheidet den Erwerb einer Lebensversicherung bspw. vom Kauf eines Kfz, das der Kunde nicht gedanklich (re-)konstruieren muss, sondern sinnlich wahrnehmen kann; um Kapitallebensversicherungen miteinander und mit anderen Kapitalanlagen vergleichen zu können, muss der VN den Konstruktionsplan kennen[203]. Die Komplexität der Lebensversicherung betrifft vor allem die Überschussbeteiligung (§ 153 Abs. 1 VVG)[204]: Das Leistungsversprechen des VR ist mit einer konstruktiven Unsicherheit verbunden, weil die Höhe der Überschussbeteiligung nur prognostiziert, nicht aber garantiert werden kann. „Die Höhe der Überschussbeteiligung hängt", wie es in den Musterbedingungen heißt, „von vielen Einflüssen ab" (§ 2 Abs. 3 S. 1 ALB 2008). Diese seien nicht vorhersehbar und nur begrenzt beeinflussbar (Satz 2). Wichtigster Einflussfaktor sei die Zinsentwicklung am Kapitalmarkt (Satz 3). Aber auch die Entwicklung des versicherten Risikos und der Kosten sei von Bedeutung (Satz 4). Die Höhe der künftigen Überschussbeteiligung könne also nicht garantiert werden (Satz 5). Daraus folgt, dass das Preis-/Leistungsverhältnis in der Kapitallebensversicherung letztlich erst ex post beurteilt werden kann, und dass der VN – jedenfalls in Grundzügen – über vielschichtige mathematische, aufsichts- und bilanzrechtliche Regeln der Überschussermittlung und -beteiligung aufgeklärt werden muss (§ 2 Abs. 1 Nr. 3 VVG-InfoV).

68   Hinzu kommt, dass die **Deregulierung**[205] die frühere Homogenität der Lebensversicherungsprodukte beseitigt und so den Informationsbedarf erhöht hat: Die (angebliche) **Produktvielfalt**[206] wird zwar dadurch relativiert, (1) dass die Musterbedingungen in der Tendenz zu ähnlichen Bedingungswerken führen, (2) dass die Notwendigkeit der Risikokollektivie-

---

[198] Dazu *Brömmelmeyer,* Transparenz durch Information, VersWissStud. Bd. 26, 2004, S. 115.

[199] *Römer,* a. a. O.

[200] *Römer/Langheid/Römer,* § 159 Rn. 1.

[201] *Dreher,* a. a. O.

[202] *Präve,* Versicherungsbedingungen und AGB-Gesetz, Rn. 10; vgl. auch *Hofmann,* Privatversicherungsrecht, 4. Aufl. 1998, Rn. 38.

[203] Dazu BGH v. 9. 5. 2001, NVersZ 2001, 308 (310) unter 2b) aa).

[204] Einzelheiten: Rn. 273ff.

[205] Deregulierung als Synonym für die Umsetzung der Richtlinie des Rates 92/96/EWG zur Koordinierung der Rechts- und Verwaltungsvorschriften für die Direktversicherung (Lebensversicherung) sowie zur Änderung der Richtlinien 79/267/EWG und 90/619/EWG (Dritte Richtlinie Lebensversicherung) vom 10. 11. 1992, ABl. EG Nr. L 360, S. 1, sowie der Richtlinie des Rates (92/49/EWG) zur Koordinierung der Rechts- und Verwaltungsvorschriften für die Direktversicherung (mit Ausnahme der Lebensversicherung) sowie zur Änderung der Richtlinien 73/239/EWG und 88/357/EWG (Dritte Richtlinie Schadensversicherung) vom 18. 6. 1992, ABl. EG Nr. L 228, S. 1.

[206] Empirische Untersuchungen bei *Wein,* Wirkungen der Deregulierung im Deutschen Versicherungsmarkt, 2001, S. 221 ff. (227, 495, 504); *Köhne/Kopp,* ZVersWiss 2007, 227, mit dem quantitativen Nachweis, dass Produktinnovationen und -modifikationen trotz Deregulierung „überschaubar" geblieben sind (S. 255).

rung und -konsolidierung Unternehmen an der Entwicklung immer neuer Tarife hindert, (3) dass die Produktdifferenzierung dort ihre Grenze findet, wo die durch die Entwicklung eines neuen Produktes entstehenden Kosten höher sind als die durch die Innovation zu erwartenden Gewinne und dass (4) der Binnenmarkt – und die dem Binnenmarkt inhärente Erhöhung der Produktvielfalt – noch immer auf sich warten lässt[207]. Es bleibt jedoch dabei, dass sich selbst im Wesentlichen baugleiche Produkte, die unter derselben Bezeichnung vermarktet werden, in den Details erheblich unterscheiden können.

Produktvielfalt und -komplexität gehen einher mit einem unvermeidbaren **Informa- 69 tionsungleichgewicht:** Der VR kennt die Merkmale der von ihm angebotenen Lebensversicherung besser als jeder (potentielle) Kunde. Informations- und Beratungspflichten können diese Informationsasymmetrie zumindest in der Tendenz ausgleichen[208].

b) Die **Informationspflichten,** die der VR rechtzeitig vor Abgabe der Vertragserklärung 70 des VN zu erfüllen hat (§ 7 Abs. 1 S. 1 VVG), ergeben sich aus § 7 Abs. 2 VVG i. V. m. der VVG-InfoV: § 2 Abs. 1 VVG-InfoV[209] bestimmt, dass der VR dem VN folgende Informationen über die Lebensversicherung zur Verfügung zu stellen hat:

1. Angaben zur Höhe der in die Prämie einkalkulierten **Kosten;** dabei sind die einkalkulierten Abschlusskosten als einheitlicher Gesamtbetrag und die übrigen einkalkulierten Kosten als Anteil der Jahresprämie unter Angabe der jeweiligen Laufzeit auszuweisen;
2. Angaben zu möglichen sonstigen **Kosten,** insb. zu Kosten, die einmalig oder aus besonderem Anlass entstehen können;
3. Angaben über die für die **Überschussermittlung und -beteiligung** geltenden Berechnungsgrundsätze und Maßstäbe;
4. Angabe der in Betracht kommenden **Rückkaufswerte;**
5. Angaben über den Mindestversicherungsbetrag für eine Umwandlung in eine prämienfreie oder -reduzierte Versicherung und über die Leistungen aus einer prämienfreien oder prämienreduzierten Versicherung;
6. das Ausmaß, in dem die Leistungen nach den Nr. 4 und 5 garantiert sind;
7. bei **fondsgebundenen Versicherungen** Angaben über die der Versicherung zugrunde liegenden Fonds und die Art der darin enthaltenen Vermögenswerte;
8. allgemeine Angaben über die für diese Versicherungsart geltende **Steuerregelung.**

Die Angaben nach § 2 Abs. 1 Nr. 1, 2, 4 und 5 VVG haben – ungeachtet der nachhaltigen 71 Kritik der VR[210] – **in Euro, d. h. in absoluten Beträgen** zu erfolgen (§ 2 Abs. 2 S. 1 VVG-InfoV)[211]. Das gleiche gilt im Hinblick auf Abs. 1 Nr. 6 mit der Maßgabe, dass das Ausmaß der Garantie in Euro anzugeben ist (Satz 2). § 2 Abs. 3 VVG-InfoV legt die alternativen Rechungszinsen für die (fakultative) **Modellrechnung** fest (vgl. § 154 Abs. 1 VVG)[212]. § 2 Abs. 1 Nr. 1 und 2 und Abs. 2 VVG-InfoV sind erst am 1. 7. 2008 in Kraft getreten.

Das **Produktinformationsblatt (§ 4 VVG-InfoV)**[213], das dem (potentiellen) VN die 72 Möglichkeit verschaffen soll, sich einen ersten Überblick über die wesentlichen Produktmerkmale zu verschaffen[214], ist in der Lebensversicherung so auszugestalten, dass – über die Beschreibung des versicherten Risikos (§ 4 Abs. 2 Nr. 2 VVG-InfoV) hinaus – u. a. auf die vom VR zu übermittelnde **Modellrechnung** gem. § 154 Abs. 1 VVG hinzuweisen ist

---

[207] *Wein,* a. a. O., S. 504 (508).

[208] *Brömmelmeyer,* Transparenz durch Information, VersWissStud. Bd. 26, 2004, S. 115.

[209] Verordnung über Informationspflichten bei VVen (VVG-Informationspflichtenverordnung – VVG-InfoV) vom 18. 12. 2007, BGBl. I S. 3004 vom 21. 12. 2007.

[210] GdV, Positionspapier zur der Offenlegung von Abschluss- und Vertriebskosten (nach dem Entwurf der Informationspflichtenverordnung vom 18. 6. 2007, abgedruckt u. a. bei *Niederleithinger,* Neues VVG, S. 327) vom 29. 7. 2007, im Internet verfügbar unter: „gdv.de"; Pressemitteilung vom 21. 12. 2007, ebenfalls verfügbar unter: „gdv.de".

[211] Im Einzelnen: Rn. 79 f.

[212] Dazu: Rn. 302 ff.

[213] Dafür bereits: *Brömmelmeyer,* VersR 2003, 939 (943); *Römer,* VuR 2005, 131 (132).

[214] Begründung, VVG-InfoV, zu § 4.

(Abs. 3). Die Regelung der Modellrechnung stellt sicher, dass der VN standardisierte Beispielsrechnungen erhält[215]. Der Hinweis im Produktinformationsblatt soll den VN lediglich auf die Existenz der Modellrechnung aufmerksam machen, während die Modellrechnung selbst nicht abzudrucken ist; andernfalls käme es zu einer Überfrachtung des Produktinformationsblattes[216]. Ferner sind – im Kontext der Prämienangaben (§ 4 Abs. 2 Nr. 3 VVG-InfoV) – auch die Abschluss- und Vertriebskosten (§ 2 Abs. 1 Nr. 1 VVG-InfoV) sowie die sonstigen Kosten (Nr. 2) „jeweils in Euro gesondert auszuweisen" (Abs. 4). Diese Pflicht begründet der Verordnungsgeber mit dem Hinweis, dass der VN auch „anhand des Produktinformationsblatts auf einen Blick erkennen" soll, welche Kosten mit dem Abschluss des Vertrags verbunden sind. Daher seien die Kosten, wie die Prämie selbst, in Euro auszuweisen[217].

73   Ihren Ursprung finden die Informationspflichten überwiegend in der **Lebensversicherungs-Richtlinie**[218] (§ 2 Abs. 1 Nr. 3–8 VVG-InfoV); teils gehen sie jedoch – im Interesse der Verbraucher –[219] über die Richtlinie hinaus. Das gilt vor allem für die Kostentransparenz (§ 2 Abs. 1 Nr. 1 und 2 VVG-InfoV) und die Modellrechnung (§ 2 Abs. 3 VVG-InfoV). Die Informationspflichten aus § 2 Abs. 1 Nr. 3–8 VVG-InfoV stimmen im Kern mit der früheren **Verbraucherinformation** (§ 10a Abs. 1 VAG a. F. i. V. m. Anlage D) überein, die sich in der Praxis bewährt hat[220].

74   Die Informationspflichten betreffen zunächst die in die Prämie einkalkulierten **Abschlusskosten.** Diese sind als „einheitlicher Gesamtbetrag" (§ 2 Abs. 1 Nr. 1 VVG-InfoV) und nicht als auf die (periodisch erhobenen) Beiträge verteilte Teilbeträge auszuweisen, weil die Abschlusskosten in der Praxis ungleichmäßig auf die Beiträge verteilt werden (Zillmerung)[221]. Eine Beschränkung auf gezillmerte Tarife sieht § 2 Abs. 1 Nr. 1 VVG-InfoV allerdings nicht vor – eine entsprechende teleologische Reduktion[222] ist im Interesse der Markttransparenz (Vergleichbarkeit der Abschlusskosten) abzulehnen. Die **Provision**[223] braucht als unselbständiger Bestandteil der Abschlusskosten nicht gesondert ausgewiesen zu werden. Alle anderen in die Prämie einkalkulierten Kosten, d. h. vor allem **Vertriebs- und Verwaltungskosten,** sind „als Anteil der Jahresprämie unter Angabe der jeweiligen Laufzeit" auszuweisen[224]. Dieser Unterschied ist in der Darstellung hinreichend kenntlich zu machen[225]. Maßgeblich sind allein die rechnungsmäßigen, nicht die tatsächlichen Kosten[226].

75   Nach Meinung Präve[227] und Mauntel[228] ist die in § 2 Abs. 1 Nr. 1 VVG-InvoV geregelte Pflicht des VR, „die übrigen einkalkulierten Kosten" (Verwaltungskosten) anzugeben, unwirksam, weil es insoweit an einer Ermächtigungsgrundlage fehlt; in § 7 Abs. 2 Satz 1 Nr. 2 VVG sei nämlich nur die Rede von „Abschluss- und Vertriebskosten, soweit eine Verrechnung mit Prämien" erfolge und von „sonstige[n] Kosten"[229]. Diese Bedenken sind jedoch nicht stichhaltig;[230] unter den Begriff „sonstige Kosten" fallen ohne weiteres auch laufende Verwaltungskosten. Daraus, dass sich die Wendung „soweit eine Verrechnung mit Prämien erfolgt" nur auf die „Abschluss- und Vertriebskosten" bezieht, folgt nichts anderes; die darin

---

[215] Begründung, VVG-InfoV, a. a. O.

[216] Begründung, a. a. O.

[217] Begründung, a. a. O.; vertiefend: Rn. 79 f.

[218] Richtlinie 2002/83 des Europäischen Parlaments und des Rates vom 5. 11. 2002 über Lebensversicherungen, ABl. EG Nr. L 345, S. 1.

[219] Begründung, VVG-InfoV, Allgemeiner Teil.

[220] Begründung, VVG-InfoV, zu § 2.

[221] Begründung, a. a. O. Im Einzelnen: Rn. 159.

[222] Dafür wohl: *Grote,* in: *Marlow/Spuhl,* 3. Aufl. 2008, S. 249 f.

[223] Dazu auf der Basis der früheren Rechtslage: *Loritz,* VersR 2004, 405.

[224] Kritisch: *Römer,* in: VersWissStud., Bd. 33, S. 43 (53).

[225] Begründung, a. a. O., mit einem entsprechenden Formulierungsvorschlag des Verordnungsgebers.

[226] Begründung, a. a. O; kritisch: *Schwintowski,* § 18 Rn. 104 f.

[227] *Präve,* VersR 2008, 151, 155.

[228] *Mauntel,* in: *Schwintowski/Brömmelmeyer,* § 2 VVG-InfoV, Rn. 3.

[229] *Mauntel,* a. a. O.

[230] *Schwintowski,* § 18 Rn. 111 f.

liegende Einschränkung besagt lediglich, dass gesondert vereinbarte, bspw. in einem Maklervertrag vorgesehene, nicht in die Prämie einkalkulierte Abschluss- und Vertriebsentgelte nicht angegeben zu werden brauchen, nicht aber, dass „sonstige Kosten" nur anzugeben sind, wenn keine Verrechnung mit Prämien erfolgt[231].

In der **kapitalbildenden Lebensversicherung** sind die Kosten nicht getrennt nach Risiko- und Sparvertrag anzugeben: § 1 Abs. 1 VVG-InfoV sieht zwar vor, dass die Prämien einzeln auszuweisen sind, wenn das Versicherungsverhältnis mehrere selbständige Versicherungen umfassen soll (Nr. 7). Die Kapitallebensversicherung ist jedoch – trotz der Kombination aus (jeweils unselbständiger) Todes- und Erlebensfallversicherung – ein einheitliches Produkt[232], so dass § 1 Abs. 1 Nr. 7 VVG-InfoV nicht zum Tragen kommt.   **76**

Sonstige Kosten sind gesondert anzugeben (§ 2 Abs. 1 Nr. 2 VVG-InfoV). Eine Beschränkung auf die mit der Prämie verrechneten Kosten ist nicht vorgesehen[233]. Daher sind alle anderen Kosten anzugeben, die dem VN durch die Lebensversicherung entstehen können, auch wenn sich diese nicht in der Prämie niederschlagen[234]. Dazu gehören insb. die Kosten für die Ausstellung eines neuen Versicherungsscheins, für die Fristsetzung bei Nichtzahlung von Folgebeiträgen und für Rückläufer im Lastschriftverfahren. Die Musterbedingungen, die insoweit lediglich auf „die in solchen Fällen durchschnittlich entstehenden Kosten" verweisen und diese als „pauschalen Abgeltungsbetrag gesondert in Rechnung stellen" (§ 15 Abs. 1 ALB 2008) sind also um ein Kostenverzeichnis zu ergänzen, aus dem der VN exakt ablesen kann, welche Kosten mit der Inanspruchnahme der jeweiligen Dienstleistung verbunden sind. Nicht hierher gehört der Stornoabzug (vgl. § 169 Abs. 5 S. 1 VVG)[235]; auch Beiträge, die für den Versicherungsschutz zu zahlen sind, sind keine Kosten[236]. Dagegen sind Mehraufwendungen, die der VR im Rahmen der Erhebung personenbezogener Gesundheitsdaten (§ 213 VVG) in Rechnung stellen will, in das Kostenverzeichnis aufzunehmen[237].   **77**

Die Pflicht zur **Bezifferung der Kosten** soll die Transparenz in der Lebensversicherung erhöhen[238] und entspricht der Feststellung des BVerfG[239], dass die in Artt. 2 Abs. 1, 14 GG enthaltenen objektiv-rechtlichen Schutzaufträge Vorkehrungen dafür erfordern, dass die VN in der kapitalbildenden Lebensversicherung erkennen können, in welcher Höhe Abschlusskosten mit der Prämie verrechnet werden dürfen[240]. Bleiben den VN Art und Höhe der Abschlusskosten und der Verrechnungsmodus unbekannt, ist ihnen eine eigenbestimmte Entscheidung darüber unmöglich, ob sie einen Vertrag zu den konkreten Konditionen abschließen wollen[241].   **78**

Der Verordnungsgeber weist ausdrücklich darauf hin, dass die **Kosten in Euro** auszuweisen sind[242]. Der Verbraucher solle erfahren, welchen Betrag er effektiv als in den Prämien enthaltenen Kostenanteil an den VR zahlen müsse. Unzureichend seien lediglich prozentuale Angaben oder Berechnungsgrundlagen, denn der Verbraucher müsse anhand der Mitteilung die Höhe der Kosten ohne weiteres, insb. ohne weitere Berechnung erkennen können[243]. Die Pflicht zur „Euro-Angabe" gilt zunächst insb. für die Angabe der Abschluss- und Vertriebs- sowie der   **79**

---

[231] *Heilmann*, Informationspflichtenverordnung, Transparenz und Kosten, 2008, S. 16, betont allerdings mit Recht, dass die Kostenregelung der VVG-InfoV verwirrend bleibt.

[232] BGH v. 12. 10. 2005, a. a. O.

[233] Begründung, a. a. O.

[234] Begründung, a. a. O.

[235] Begründung, a. a. O.

[236] Begründung, a. a. O.

[237] Beschlussempfehlung und Bericht, BT-Drucks. 16/5862, S. 100; *Klär*, in: *Schwintowski/Brömmelmeyer*, § 213 Rn. 31.

[238] Begründung, VVG-InfoV, a. a. O.; vgl. auch: Begründung, BT-Drucks. 16/3945, S. 61, zu § 7 Abs. 3 VVG

[239] BVerfG v. 15. 2. 2006, VersR 2006, 489 (493).

[240] Begründung, a. a. O.

[241] BVerfG, a. a. O.

[242] Begründung, a. a. O.

[243] Begründung, a. a. O.

sonstigen Kosten, die für den jeweiligen Vertrag konkret zu beziffern und nicht lediglich etwa als Vomhundertsatz eines Bezugswertes anzugeben sind[244]. Die konkrete Angabe ist, so die Begründung, deutlich besser verständlich und aus Gründen der Transparenz geboten[245].

80   Da der Kostenausweis in absoluten Beträgen heftig kritisiert wurde (s. o.), rechtfertigt sich der Verordnungsgeber u. a. mit dem Hinweis auf die Transparenzanforderungen im Europäischen Recht (Richtlinie 2006/73/EG)[246] und in der Rspr. des BGH[247], die dem Kunden eine selbstbestimmte Entscheidung ermöglichen sollen[248]. Durch die Verpflichtung zur Bezifferung der Kosten bei Lebens-, Berufungsunfähigkeits- und Krankenversicherung, also Verträgen, bei denen typischerweise besonders hohe Kosten anfielen, solle die an anderer Stelle verwirklichte Kostentransparenz nunmehr auch in das Versicherungsvertragsrecht Einzug halten[249]. Im Hinblick auf die angeführte BGH-Entscheidung ist indes klarzustellen, dass der Bundesgerichtshof im Bank- und Kapitalmarktrecht keineswegs verlangt, dass die Banken etwaige, als Provision gewährte Rückvergütungen (Kickbacks) in absoluten Beträgen ausweisen. Die Begründung sollte insoweit nicht den Blick dafür verstellen, dass die Lebensversicherung im Hinblick auf die Kostentransparenz strenger reguliert wird als andere Finanzdienstleistungen. Trotzdem ist die Regulierung zu befürworten. Liegt darin eine Benachteiligung der LebensVR, so besteht u. U. Korrekturbedarf in anderen Branchen. Entscheidend für ein hohes Maß an Kostentransparenz spricht, dass der VN nur so das voraussichtliche Preis-/Leistungsverhältnis einer kapitalbildenden Lebensversicherung beurteilen kann: Da die Höhe der Überschussbeteiligung nicht vorhersehbar ist und da auch die bisherige Kapitalanlagepolitik eines LebensVU keine sichere Prognose künftiger Erträge erlaubt, ist die Information über die Beträge, die für die Kapitalanlage bereitstehen, unverzichtbar für die Beurteilung der Renditeaussichten: Je höher der Kostenanteil der Prämie, desto geringer der investierte Sparanteil und desto geringer – ceterus paribus – die zu erwartenden Erträge.

81   Klarzustellen ist, dass die VR **indirekt an die Kostenangaben gebunden** sind: Stellen sie dem VN (von vornherein absehbar) höhere als die in die Prämie einkalkulierten und gegenüber dem VN angegebenen Kosten in Rechnung, so liegt darin aufsichtsrechtlich ein Missstand (§ 81 Abs. 2 S. 1 VAG) und vertragsrechtlich eine (schuldhafte) Informationspflichtverletzung (§ 7 Abs. 1 Nr. 1 VVG-InfoV), die zu einer Haftung gem. §§ 280 Abs. 1, 241 Abs. 2, 311 Abs. 2 BGB führen kann[250]; nur wenn die Mehrkosten unvorhersehbar waren, dürfen die in Rechnung gestellten tatsächlichen Kosten die rechnungsmäßigen Kosten übersteigen; andernfalls muss der VR etwaige Mehrkosten aus dem Eigenkapital finanzieren.

82   Durch den Hinweis auf die „in Betracht kommenden **Rückkaufswerte**" (§ 2 Abs. 1 Nr. 4 VVG-InfoV) soll klargestellt werden, „dass dem VN für den Zeitraum der gesamten Vertragslaufzeit eine repräsentative Auswahl von Rückkaufswerten mitzuteilen ist"[251]. Bei der Wahl der Darstellung will der Verordnungsgeber berücksichtigt wissen, „dass der VN den Vertrag jederzeit kündigen kann und [dass] er daher eine anschauliche Darstellung der Entwicklung seiner Versicherung erwartet"[252]. Vor diesem Hintergrund könne sich, so die Begründung weiter, insb. eine Angabe in jährlichen Abständen empfehlen; in Betracht kämen aber auch kürzere Abstände, vor allem für die ersten Jahre der Laufzeit, in denen der Rückkaufswert

---

[244] Begründung, a. a. O.

[245] Begründung, a. a. O.

[246] Richtlinie vom 10. 8. 2006 zur Durchführung der Richtlinie 2004/39/EG des Europäischen Parlaments und des Rates in Bezug auf die organisatorischen Anforderungen an Wertpapierfirmen und die Bedingungen für die Ausübung ihrer Tätigkeit sowie in Bezug auf die Definition bestimmter Begriffe für die Zwecke der genannten Richtlinie, ABl. EG Nr. L 241, S. 26.

[247] BGH v. 19. 12. 2006, NJW 2007, 1876.

[248] Begründung, a. a. O.

[249] Begründung, a. a. O.

[250] Dazu allgemein: Begründung, BT-Drucks. 16/3945, S. 60, zu § 7 Abs. 1; *Ebers,* in: *Schwintowski/Brömmelmeyer,* § 7 Rn. 57.

[251] Begründung, VVG-InfoV, a. a. O., zu § 2.

[252] Begründung, a. a. O.

wegen der üblichen Verrechnung der Abschluss- und Vertriebskosten größeren Schwankungen unterliege[253].

In der **fondsgebundenen Lebensversicherung** verlangt § 2 Abs. 1 Nr. 7 VVG-InfoV **83** Angaben über die der Versicherung zugrundeliegenden Fonds und die Art der darin enthaltenen Vermögenswerte. Das BAV (heute: BAFin)[254] hat diese Informationspflicht – auf der Basis der bisherigen Rechtslage – (auszugsweise) wie folgt kommentiert: „Der VN ist ... in die Lage zu versetzen, die Chancen und Risiken wie bei einem gewöhnlichen Investmentfonds abschätzen zu können (Anlagegrundsätze, Zusammensetzung und Entwicklung des Fonds, Separierung der Kapitalanlage als Sondervermögen ..., Kosten)". Besondere Informationspflichten gelten auch im Hinblick auf die **Rückkaufswerte** (§ 2 Abs. 1 Nr. 4 VVG-InfoV): In der fondsgebundenen Lebensversicherung entspricht der Rückkaufswert dem jeweils aktuellen Deckungskapital abzgl. Stornogebühr. Da das Deckungskapital kurs- und kapitalmarktabhängig ist, können die Rückkaufswerte immer nur hypothetisch, bei beispielhaft unterstellten Fondsentwicklungen angegeben werden[255]. Die Informationen müssen insoweit ein realistisches Szenario bei unterschiedlichen Entwicklungen (0%, 3%, 6% und 9% Wertsteigerung) abbilden[256]. Die Regelung der Modellrechnung (§§ 154 VVG, 2 Abs. 3 VVG-InfoV) ist auf fonds- und indexgebundene Lebensversicherungen nicht anwendbar (§ 154 Abs. 1 S. 2 VVG i. V. m. § 54b Abs. 1 und 2 VAG).

Eine **Erweiterung der Informationspflichten** ist nur in den Grenzen der Lebensversi- **84** cherungs-Richtlinie möglich. Ein Mitgliedstaat der EG kann von den LebensVU „nur dann die Vorlage von Angaben zusätzlich zu den in Anhang II der Richtlinie genannten Auskünften verlangen, wenn diese für das tatsächliche Verständnis der wesentlichen Bestandteile der Versicherungspolice durch den VN notwendig sind"[257]. Diese Regelung steht – nach einer Entscheidung des EuGH[258] – einer (vage und allgemein gehaltenen) nationalen Regelung entgegen, nach der ein LebensVU darüber aufzuklären hat, dass die Kündigung, die Beitragsfreistellung oder der Rückkauf eines laufenden Lebensversicherungsvertrages zu dem Zweck, einen anderen Lebensversicherungsvertrag abzuschließen, im Allgemeinen für den VN nachteilig ist[259].

Die Mitteilungen sind in **Textform** (§ 126b Abs. 1 BGB), **in einer dem eingesetzten** **85** **Kommunikationsmittel entsprechenden Weise klar und verständlich** zu übermitteln (§ 7 Abs. 1 S. 2 VVG). Wird die Lebensversicherung auf Verlangen des VN telefonisch oder unter Verwendung eines anderen Fernkommunikationsmittels geschlossen, das die Information in Textform vor der Vertragserklärung nicht gestattet, muss die Information unverzüglich nach Vertragsschluss nachgeholt werden; dies gilt auch, wenn der VN durch eine gesonderte schriftliche Mitteilung auf eine Information vor Abgabe seiner Vertragserklärung ausdrücklich verzichtet (Satz 3)[260].

c) Informationspflichten bestehen auch **während der Laufzeit des Vertrags:** § 6 **86** Abs. 1 Nr. 3 VVG-InfoV bestimmt, dass der VR dem VN in der Lebensversicherung mit Überschussbeteiligung „alljährlich eine Information über den Stand der Überschussbeteiligung sowie Informationen darüber mitzuteilen hat, inwieweit diese Überschussbeteiligung garantiert ist". Diese Regelung überschneidet sich mit § 155 VVG. Danach hat der VR den

---

[253] Begründung, a. a. O.
[254] BAV, VerBAV 1995, 283.
[255] Siehe auch: AG Osterode v. 18. 2. 2000, NVersZ 2000, 326.
[256] BAV, VerBAV 1995, 283.
[257] EuGH v. 5. 3. 2002, VersR 2002, 1011 = VuR 2002, 292 ff. mit Anm. *Schwintowski;* siehe auch: *Bürkle,* EuZW 2006, 685 (687), der den Umfang der Informationspflichten aus dem Blickwinkel der Dienstleistungsfreiheit kritisiert (688).
[258] EuGH, a. a. O.
[259] EuGH, a. a. O.
[260] Die Literatur (*Ebers,* in: *Schwintowski/Brömmelmeyer,* § 7 Rn. 42; *Dörner/Staudinger,* WM 2006, 1710, 1712; *Schimikowski,* r+s 2007, 133, 136f.) hält die Möglichkeit eines Informationsverzichts für gemeinschaftswidrig.

VN bei Lebensversicherungen mit Überschussbeteiligung jährlich in Textform über die Entwicklung seiner Ansprüche unter Einbeziehung der Überschussbeteiligung zu unterrichten (Satz 1). Hat der VR bezifferte Angaben zur möglichen zukünftigen Entwicklung der Überschussbeteiligung gemacht, so hat er den VN auf Abweichungen der tatsächlichen Entwicklung von den anfänglichen Angaben hinzuweisen (Satz 2). Im Idealfall wird der VR (1) das Deckungskapital zu Beginn des Jahres, (2) die Prämien, Kosten und im abgelaufenen Jahr gutgeschriebenen Überschüsse sowie (3) das Deckungskapital am Ende des Jahres in Kontoform abbilden[261] und mitteilen, inwieweit die Überschüsse garantiert sind. Hat der LebensVR auf die Unverbindlichkeit der Mitteilung über die Überschüsse hingewiesen, ist diese *nicht* als konstitutives Schuldversprechen anzusehen[262].

87   **d)** Kommen die LebensVU ihren Informationspflichten in ihren AVB nach, so greift – über das Transparenzgebot aus § 7 Abs. 1 S. 2 VVG hinaus – auch das **Transparenzgebot aus § 307 Abs. 1 S. 2 BGB.** Danach sind die VR nach Treu und Glauben (§ 242 BGB) gehalten, Rechte und Pflichten ihrer Kunden möglichst klar und durchschaubar darzustellen. Dabei kommt es nicht nur darauf an, dass die Klausel in ihrer Formulierung für den durchschnittlichen VN verständlich ist; vielmehr gebieten Treu und Glauben auch, dass die Klausel die wirtschaftlichen Nachteile und Belastungen so weit erkennen lässt, wie dies nach den Umständen gefordert werden kann[263].

88   **e)** Die Rechte und Pflichten der Parteien ergeben sich aus dem VV selbst, nicht aus den Informationen über den VV. Die Vertragserklärungen (Begriff: § 7 Abs. 1 VVG) sind jedoch im Lichte dieser Informationen auszulegen[264].

2. Beratung

89   **a)** Den VR trifft **eine anlassbezogene Beratungspflicht** vor Abschluss des VV (§ 6 Abs. 1–3 VVG)[265], die im Kern auf die Richtlinie 2002/92/EG (Vermittlerrichtlinie) zurückzuführen ist. Der Reformgesetzgeber hätte an und für sich nur eine Beratungspflicht selbständiger Versicherungsvermittler einführen müssen. Eine disparate Regelung für VR und angestellte Versicherungsvermittler einerseits und selbständige Versicherungsvermittler andererseits hat er jedoch mit Recht als sachlich nicht gerechtfertigt verworfen[266].

90   § 6 Abs. 1 VVG hat den Beratungsprozess als **Dreiklang aus (1) Befragung, (2) Beratung und (3) Dokumentation** ausgestaltet: Der VR hat den VN, soweit nach der Schwierigkeit, die angebotene Versicherung zu beurteilen, oder der Person des VN und dessen Situation hierfür Anlass besteht, nach seinen Wünschen und Bedürfnissen zu *befragen* und, auch unter Berücksichtigung eines angemessenen Verhältnisses zwischen Beratungsaufwand und der vom VN zu zahlenden Prämien, zu *beraten,* sowie die Gründe für jeden zu einer bestimmten Versicherung erteilten Rat anzugeben (§ 6 Abs. 1 S. 1 VVG). Er hat dies unter Berücksichtigung der Komplexität des angebotenen VV zu *dokumentieren* (Satz 2).

91   **b)** Da die Lebensversicherung ein komplexes Rechtsprodukt ist, eine im Regelfall langfristige Bindung und eine erhebliche Beitragsbelastung mit sich bringt und für die Lebensplanung des (potentiellen) Kunden (Kapitalanlage und Altersvorsorge) eine große Rolle spielt, ist ein **Beratungsanlass** in aller Regel zu bejahen[267], so dass eine „eingehende Beratung" (*Römer*)[268] potentieller Kunden erforderlich ist.

---

[261] *Ortmann,* in: *Schwintowski/Brömmelmeyer,* § 155 Rn. 3, der eine solche Darstellung unter Berufung auf die Rspr. des BVerfG (BVerfG v. 26. 7. 2005, NJW 2005, 2376) sogar für geboten hält.
[262] OLG Stuttgart v. 9. 12. 2004, VersR 2005, 634; OLG Stuttgart v. 20. 7. 2000, VersR 2002, 555; vgl. auch: OLG Celle v. 9. 3. 2006, VersR 2007, 930 (931); OLG Karlsruhe v. 4. 10. 1990, VersR 1992, 219.
[263] BGH v. 9. 5. 2001, NVersZ 2001, 308, 310.
[264] OLG Hamm v. 19. 10. 2005, VersR 2006, 1245.
[265] Dazu: *Ebers,* in: *Schwintowski/Brömmelmeyer,* § 6 Rn. 13 ff.; *Römer,* VersR 2006, 740.
[266] Begründung, BT-Drucks. 16/3945, S. 58.
[267] Ebenso: *Reiff,* VersR 2007, 717; *Römer,* DB 2007, 2523; Begründung des Versicherungsvermittlergesetzes, BT-Drucks. 16/1935, zu § 42d VVG a. F.
[268] *Römer,* a. a. O.

Teils haben Rspr.[269] und Literatur[270] schon nach bisheriger Rechtslage **anlassbezogene**   92
Beratungspflichten anerkannt. Der BGH[271] hat bspw. bei einer fremdfinanzierten Kapitallebensversicherung, die „unweigerlich" finanzielle Nachteile für den Kunden haben musste,
eine Beratungspflicht des LebensVR[272] bzw. seines Erfüllungsgehilfen bejaht. Der Kunde
hatte auf Vorschlag des Erfüllungsgehilfen bei einer Bank einen Kredit aufgenommen, um damit eine Kapitallebensversicherung zu finanzieren. Die Differenz zwischen den Kreditzinsen
und der höheren Rendite der Lebensversicherung verspreche einen hohen Gewinn. Tatsächlich war das Geschäft jedoch „von Beginn an wirtschaftlich sinnlos." Der BGH entschied, dass
der Erfüllungsgehilfe „zu richtiger und vollständiger Information über diejenigen Umstände
verpflichtet [sei], die für den Anlageentschluss des [Kunden] von besonderer Bedeutung" gewesen seien. Dazu gehöre die Aufklärung darüber, dass der Darlehenszins unweigerlich zu
einem Verlust führen musste. Der Erfüllungsgehilfe hätte also abraten müssen. Das gilt erst
recht auf der Basis von § 6 Abs. 1 VVG.

Dagegen sind andere Entscheidungen im Lichte von § 6 Abs. 1 VVG überholt: Das OLG   93
Köln[273] bspw. hat vor kurzem entschieden, dass es keine Verletzung von vorvertraglichen
Beratungspflichten darstelle, wenn der VR den VN bei Abschluss eines Kapitallebensversicherungsvertrages über 12 Jahre lediglich auf die Kapitalertragssteuerpflicht hinweise, nicht
aber auf die (steuerlich privilegierte) Möglichkeit der Einrichtung eines Beitragsdepots. Darin läge jedenfalls künftig, auf der Basis von § 6 Abs. 1 VVG, ein klares Beratungsverschulden. Das OLG Koblenz[274] hielt es bei der Inanspruchnahme gewerblicher Kredite für zweifelhaft, ob neben dem Kreditgeber auch der rechtlich selbständige LebensVR gegenüber
dem VN (= Kreditnehmer) zu einer eigenständigen Aufklärung über die Nachteile und Risiken der Verbindung von Festkredit und Kapitallebensversicherung verpflichtet sei. Unter-
stelle man eine solche Beratungspflicht, scheide eine Pflichtverletzung jedenfalls dann aus,
wenn der VN von einem Finanzberater betreut werde, der mit klaren Vorstellungen für das
beabsichtigte Finanzierungsprojekt an das LebensVU herangetreten sei, so dass bereits objektiv kein Anlass mehr für eine erneute oder ergänzende Beratung bestanden habe. Im
Hinblick auf die neue Rechtslage wäre eine Beratungspflicht grundsätzlich zu bejahen.
Denn gerade die Kombination unterschiedlicher Finanzdienstleistungen erhöht die Komplexität so, dass ein besonderer Beratungsbedarf besteht[275]. Dementsprechend hat auch die
Bundesregierung eine Baufinanzierung durch Kredit und Lebensversicherung als Beispiel
für eine anlassbezogene Beratungspflicht (während der Laufzeit der Lebensversicherung) gewählt[276]. Ebenso wie bisher stellt sich aber die Frage, ob der Beratungsanlass entfällt, wenn
der (potentielle) Kunde bereits von einem eigenen Interessenvertreter professionell beraten
wird.

Die Beratungspflicht entfällt, wenn die Lebensversicherung von einem **Versicherungs-**   94
makler (Begriff: § 59 Abs. 3 VVG) vermittelt wird (§ 6 Abs. 6 Fall 2 VVG), der als solcher
Bundesgenosse des VN ist: Der Versicherungsmakler wird nicht als Vertreter des VR, sondern

---

[269] BGH v. 9. 7. 1998, NVersZ 1998, 32 = NJW 1998, 2898; OLG Düsseldorf v. 30. 3. 2004, VersR
2005, 62 (Mangelhafte Beratung über eine spekulative Lebensversicherung); OLG Oldenburg v. 25. 6.
1997, VersR 1998, 220; gegen eine Beratungspflicht (im Einzelfall) bspw.: OLG Stuttgart v. 21. 8. 2006,
VersR 2007, 1069; OLG Hamm v. 1. 8. 2007, r+s 2008, 209.

[270] *Mauntel,* Bedarfs- und produktbezogene Beratung beim Abschluss eines Lebensversicherungsvertrages, 2004, passim.

[271] BGH, a. a. O.; zustimmend: *Schwintowski,* WuB I G Anlageberatung 4.98; *ders.,* VuR 1998, 417; vgl.
auch: *Kieninger,* NVersZ 1999, 118 und *Schwark,* Kurzkommentar, EWiR § 276 BGB 5/98, 775.

[272] Siehe: *Schwark,* Kurzkommentar, EWiR § 276 BGB 5/98, 775.

[273] OLG Köln v. 4. 6. 2007, VersR 2007, 1683.

[274] OLG Koblenz v. 16. 6. 2000, VersR 2000, 1268; vgl. auch: LG Hamburg v. 23. 1. 2006, VersR 2006,
1103: Keine Hinweispflicht einer Bank mit Blick auf wirtschaftliche Nachteile einer Kaufpreisfinanzie-
rung durch Festkredit und Lebensversicherung.

[275] Dazu auch: *Stöbener,* a. a. O., S. 471.

[276] Begründung, a. a. O., S. 59, zu § 6 VVG.

Brömmelmeyer

– als treuhänderischer Sachwalter[277] – für den VN tätig und ist deswegen zur Beratung und Betreuung seines Kunden verpflichtet[278]. Der VR darf im Fall der Einschaltung eines Versicherungsmaklers davon ausgehen, dass dieser seine ihm gegenüber dem VN obliegende Beratungspflicht erfüllt. Daher ist es in diesen Fällen nicht erforderlich, auch dem VR eine entsprechende Verpflichtung aufzuerlegen. Dies gilt auch in Fällen, in denen eine Vermittlung ausnahmsweise durch einen Versicherungsberater (§ 59 Abs. 4 VVG) oder durch einen Vermittler nach § 66 VVG erfolgt, weil auch diese Personen der Beratungspflicht nach § 61 VVG unterliegen.

95   Davon abgesehen entfällt die Beratungspflicht, wenn es sich bei der Lebensversicherung um einen **Fernabsatzvertrag** im Sinne von § 312b Abs. 1 und 2 BGB handelt (§ 6 Abs. 6 Fall 3 VVG), denn bei ausschließlicher Benutzung von Fernkommunikationsmitteln, wie dies in erster Linie bei Direktversicherern der Fall ist, könnte diese Pflicht praktisch nicht erfüllt werden[279]. Hinzu kommt, dass der (potentielle) VN auch keine Beratung durch den Direktversicherer erwartet. Befindet sich der VN allerdings – für den Direktversicherer erkennbar – im Irrtum, so hat er ihn auch im Fernabsatz aufzuklären (§ 242 BGB)[280].

96   **b) Inhalt und Umfang der Beratungspflicht** richten sich nach den Umständen des Einzelfalls – u. a. nach der individuellen Lebenssituation des VN. Dementsprechend hat der VR bzw. Versicherungsvermittler insb. zu eruieren, (1) ob die LebensVR primär der Risikovorsorge oder der Kapitalanlage dienen soll, (2) ob die Kapitalanlage ggf. eher auf Rendite oder auf Kapitalerhaltung ausgerichtet sein soll, (3) ob die Lebensversicherung der Alters- und/oder Hinterbliebenenvorsorge oder lediglich als Restschuldversicherung dienen soll und (4) ob und inwieweit steuerliche Motive bestehen. Die **Empfehlung** des VR muss auf die so ermittelte Lebenssituation und die Interessen des VN abgestimmt sein.

97   **c)** § 6 Abs. 5 VVG regelt die **Haftung des VR für Beratungsfehler:** Hat der VR seine Beratungs- und Dokumentationspflichten aus § 6 Abs. 1 und 2 VVG verletzt, so ist er dem VN zum Ersatz des daraus entstehenden Schadens verpflichtet (Satz 1). Dies gilt nicht, wenn der VR die Pflichtverletzung nicht zu vertreten hat (Satz 2). Die Regelung ist gem. § 18 VVG halbzwingend. Der VR kann sich also nicht von der Haftung für etwaige, von ihm oder seinen Erfüllungsgehilfen zu vertretende Beratungsfehler (§§ 276, 278 BGB) freizeichnen. Der VN kann allerdings durch gesonderte schriftliche Erklärung auf die Beratung insgesamt **verzichten** (§ 6 Abs. 4 S. 2 VVG), soweit ihn der VR ausdrücklich darauf hinweist, dass sich ein Verzicht nachteilig auf seine Möglichkeit auswirken kann, gegen den VR einen Schadensersatzanspruch nach § 6 Abs. 5 VVG geltend zu machen[281]. Die Bundesregierung hebt insoweit eigens hervor, dass ein Beratungsverzicht „nicht generell von vornherein zulässig" ist, „sondern von Fall zu Fall erklärt werden" muss[282].

98   **d) Beratungspflichten** treffen den VR auch **während der Laufzeit des VV** (§ 6 Abs. 4 VVG), soweit für den VR ein Anlass für eine Nachfrage und Beratung des VN erkennbar ist (Satz 1). Ein objektiver, für den VR erkennbarer Beratungsanlass besteht – ausweislich der Begründung – u. a. in Fällen, „in denen eine Kapitallebensversicherung zum Zwecke der Ablösung eines Baudarlehens abgeschlossen wird und sich infolge des unerwarteten Rückgangs

---

[277] BGH v. 14. 6. 2007, NJW-RR 2007, 1503 (1504); BGH v. 20. 1. 2005, NJW 2005, 1357 = BGHZ 162, 67, 78; BGH v. 22. 5. 1985, BGHZ 94, 356, 358.

[278] BGH, a. a. O.; siehe auch: BGH v. 20. 1. 2005, a. a. O. (Ausschluss aller Beratungspflichten des Versicherungsmaklers als Verstoß gegen § 307 Abs. 1 BGB).

[279] Kritisch: *Ebers*, in: *Schwintowski/Brömmelmeyer*, § 6 Rn. 54.

[280] Allgemein: BGH v. 14. 6. 2007, a. a. O. Bedenklich: OLG Stuttgart v. 9. 6. 2004, VersR 2004, 1161 (Keine Pflichtverletzung des Versicherungsvermittler, der eine als solche erkannte Fehlvorstellung des VN über die Bedeutung einer Rentengarantiezeit nicht richtig stellt); *Stöbener*, a. a. O., S. 478

[281] *Stöbener*, a. a. O.; *Römer*, in: VersWissStud., Bd. 33, S. 43 (51), hat die Möglichkeit eines Beratungsverzichts kritisiert und hat an anderer Stelle ausdrücklich davor gewarnt, einen Beratungsverzicht zu unterschreiben (DB 2007, 2523).

[282] Begründung, a. a. O.

Brömmelmeyer

der Überschüsse und Gewinne beim VR eine Finanzierungslücke beim VN abzeichnet"[283]. Ein Beratungsanlass besteht also, allgemein formuliert, wenn (rechtliche oder tatsächliche) Umstände eintreten, die aus der Perspektive eines verständigen VNs unter Berücksichtigung seiner individuellen Lebenssituation Handlungsbedarf auslösen.

III. Prämien-, Leistungs- und Bedingungsanpassung

1. Prämien- oder Leistungsanpassung

a) Nach § 163 Abs. 1 VVG ist der VR zu einer **Neufestsetzung der Prämie** berechtigt, **99** wenn (1) sich der Leistungsbedarf nicht nur vorübergehend und nicht voraussehbar gegenüber den Rechnungsgrundlagen der vereinbarten Prämie geändert hat, (2) die nach den berichtigten Rechnungsgrundlagen neu festgesetzte Prämie angemessen und erforderlich ist, um die dauernde Erfüllbarkeit der Versicherungsleistung zu gewährleisten, *und* (3) ein unabhängiger Treuhänder die Rechnungsgrundlagen und die Voraussetzungen der Nr. 1 und 2 überprüft und bestätigt hat (Satz 1).

§ 163 Abs. 1 VVG ist auf **alle Erscheinungsformen der Lebensversicherung**, d. h. **100** auch auf gemischte Kapitallebensversicherungen anwendbar. Er setzt keine Prämienanpassungsklausel[284] voraus, so dass die Musterbedingungen auf eine entsprechende Regelung verzichten. Trotzdem verwendete Prämienanpassungsklauseln unterliegen der Einbeziehung- und Inhaltskontrolle (§§ 305 ff. BGB)[285]. § 163 VVG ist im Übrigen halbzwingend (§ 171 S. 1 VVG). Er ist auf Neuverträge seit dem 1. 1. 2008, auf Altverträge ab dem 1. 1. 2009 anwendbar (Art. 1 Abs. 1 EGVVG). Die Mitwirkung des Treuhänders entfällt, wenn die Neufestsetzung der Prämie oder die Herabsetzung der Versicherungsleistung der Genehmigung der Aufsichtsbehörde bedarf (§ 169 Abs. 4 VVG). Das ist beim Altbestand (Begriff: § 11 c VAG), d. h. bei Lebensversicherungen der Fall, die vor der Deregulierung am 29. 7. 1994 abgeschlossen wurden.

Eine Prämienanpassung setzt eine nachhaltige, d. h. nicht nur vorübergehende, und nicht **101** voraussehbare **Veränderung des Leistungsbedarfs** gegenüber den Rechnungsgrundlagen der vereinbarten Prämie voraus (§ 163 Abs. 1 S. 1 Nr. 1 VVG). Nur dann setzt sich das Prinzip der Risikogerechtigkeit der Prämie – auch im Interesse der Insolvenzabwehr – ausnahmsweise gegen den Grundsatz „pacta sunt servanda" durch. Der Leistungsbedarf kann sich praktisch nur aufgrund veränderter Mortalität – bspw. durch medizinischen Fortschritt – verändern.

Die Neufestsetzung der Prämie muss auf der Basis von § 11 VAG **angemessen und erfor-** **102** **derlich** sein[286].

Der **Treuhänder** beschränkt sich auf die Prüfung der „gesetzlichen Voraussetzungen" der **103** Beitragsanpassung[287]. Ihm steht kein eigenes Ermessen zu[288]. Deswegen hat der Reformgesetzgeber nunmehr ausdrücklich klargestellt, dass die neu festgesetzte Prämie angemessen zu sein hat[289]. Dieses Tatbestandsmerkmal ersetze das billige Ermessen, das der VR einhalten müsste, wenn er die neue Prämie gem. § 315 BGB festsetzen könnte[290]. Der Treuhänder muss zuverlässig und fachlich geeignet sein (§ 11b S. 2, 12b Abs. 3 VAG). Er ist fachlich geeignet, wenn er ausreichende Kenntnisse auf dem Gebiet der Prämienkalkulation besitzt. Darüber hinaus muss der Treuhänder unabhängig sein. Er darf insb. keinen Dienstvertrag mit dem LebensVU oder einem verbundenen Unternehmen abgeschlossen haben (§§ 11b S. 2, 12b Abs. 3 VAG). Die BAFin ist gem. §§ 11b S. 2, 12b Abs. 4 VAG an der Bestellung des unabhängigen Treuhänders zu beteiligen. Der Treuhänder muss vor allem klären, ob die beab-

---

[283] Begründung, a. a. O.; vgl. auch: Rn. 254.
[284] Begründung, BT-Drucks. 16/3945, S. 99, zu § 163 VVG.
[285] Begründung, a. a. O.
[286] Vertiefend: *Engeländer*, VersR 2000, 274, 282.
[287] Begründung, a. a. O.
[288] Begründung, a. a. O.
[289] Begründung, a. a. O.
[290] Begründung, a. a. O.

sichtigte Prämienerhöhung tatsächlich auf einer unvorhersehbaren Veränderung des künftigen Leistungsbedarfs beruht oder ob das LebensVU hätte vorsichtiger kalkulieren können und müssen. Ist der Treuhänder abhängig, ist die Bestätigung unwirksam[291]. Klarzustellen ist, dass Prämien- und Leistungsanpassung trotz Mitwirkung des Treuhänders einer umfassenden (rechtlichen und tatsächlichen) richterlichen Überprüfung unterliegen[292].

104   Eine Neufestsetzung der Prämie ist ausgeschlossen, soweit die Leistungen zum Zeitpunkt der Erst- oder Neukalkulation unzureichend kalkuliert waren und ein ordentlicher und gewissenhafter Aktuar dies insb. anhand der zu diesem Zeitpunkt verfügbaren statistischen Kalkulationsgrundlagen hätte erkennen müssen (§ 163 Abs. 1 S. 2 VVG), d. h. fahrlässig (§ 276 Abs. 2 BGB) nicht erkannt hat (vgl. § 122 Abs. 2 BGB). Das entspricht – wie beabsichtigt[293] – der Regelung in der KrankenV (§§ 203 Abs. 2 S. 4 VVG, 12b Abs. 2 S. 4 VAG). Entgegen h. L.[294] folgt daraus nicht *per se,* dass der VR das Irrtumsrisiko trägt und dass Fehlkalkulationen nicht zu einer Beitragsanpassung berechtigen: Das LebensVU hat die Prämien zwar *lege artis,* in Einklang mit den in § 11 Abs. 1 VAG angelegten Prinzipien der Rationalität und Vorsicht zu berechnen[295]. Hat der Verantwortliche Aktuar (§ 11a Abs. 1 VAG) diese Prinzipien missachtet, Kapitalerträge, Kosten und Eintrittswahrscheinlichkeiten also nicht rational und ausreichend vorsichtig kalkuliert, so kann das LebensVU dieses Irrtumsrisiko auch nicht auf den VN abwälzen. § 163 Abs. 1 VVG billigt ihm jedoch ein **Irrtumsprivileg** zu, wenn der Irrtum unvermeidbar und der (erhöhte) Leistungsbedarf unvorhersehbar gewesen ist (s. o.).

105   **b)** Der VN kann verlangen, dass anstelle einer Erhöhung der Prämie die **Versicherungsleistung** entsprechend **herabgesetzt** wird (§ 163 Abs. 2 S. 1 VVG). Damit wird dem Interesse derjenigen VN entsprochen, die bei einer erhöhten Prämie ihre Lebensversicherung nicht mehr weiterführen könnten[296]. Bei einer beitragsfreien Versicherung ist der VR unter den Voraussetzungen des Absatzes 1 zur Herabsetzung der Versicherungssumme berechtigt (Satz 2). Da eine Herabsetzung der Beiträge nicht (mehr) möglich ist, tritt an deren Stelle die Herabsetzung der Leistung. Eine nach der Leistungsherabsetzung getroffene Einzelvereinbarung, in der die Vertragsparteien die ungekürzte Leistung gegen eine neu aufzunehmende Prämienzahlung aufrechterhalten, wird dadurch nicht ausgeschlossen[297].

106   **c)** Die Neufestsetzung der Prämie und die Herabsetzung der Versicherungsleistung werden zu Beginn des zweiten Monats wirksam, der auf die Mitteilung der Neufestsetzung oder der Herabsetzung und der hierfür maßgeblichen Gründe an den VN folgt (§ 163 Abs. 3 VVG). Daraus folgt, dass eine rückwirkende Prämienerhöhung ausgeschlossen ist.

2. Bedingungsersetzung

107   Im Interesse der Rechtssicherheit und -klarheit[298] räumt § 164 Abs. 1 VVG dem VR das Recht ein, *unwirksame Bedingungen zu ersetzen* – nicht aber, wie die amtliche Überschrift andeutet, wirksame Bedingungen, wie in der Krankenversicherung (§ 203 Abs. 3 VVG), an veränderte Umstände *anzupassen*[299]: Ist eine Klausel des LebensVR durch höchstrichterliche

---

[291] *Ortmann,* in: *Schwintowski/Brömmelmeyer,* § 163 Rn. 12.

[292] BVerfG v. 28. 12. 1999, VersR 2000, 214 (LS) zur Krankenversicherung; Einzelheiten: *Brömmelmeyer,* in: *Schwintowski/Brömmelmeyer,* § 203 Rn. 22.

[293] Begründung, a. a. O.

[294] *Buchholz-Schuster,* NVersZ 1999, 297 (298); Berliner Kommentar/*Schwintowski,* § 172 Rn. 11.

[295] Einzelheiten: *Brömmelmeyer,* Verantwortlicher Aktuar, S. 174–182.

[296] Begründung, a. a. O.

[297] Begründung, S. 99 f., zu § 164 VVG.

[298] *Wandt,* VersR 2001, 1449 (1451).

[299] Vgl.: *Niederleithinger,* Das neue VVG, 2007, A, Rn. 299. Grundsätzliche Bedenken gegen „Bedingungsanpassungsregeln" finden sich bei *Bäuerle,* VersWissStud. Bd. 20, S. 17 ff., S. 58 ff., der noch anhand von § 172 Abs. 2 VVG einen Eingriff in die Grundrechte der Versicherten konstatiert und die Regelung – angewandt auf den Sparanteil in der Kapitallebensversicherung – für unvereinbar mit Art. 2 Abs. 1 GG hält; ablehnend: OLG Braunschweig v. 8. 10. 2003, VersR 2003, 1520 (1522); zur Bedingungsanpassung in der Krankenversicherung: *Brömmelmeyer,* in: *Schwintowski/Brömmelmeyer,* § 203 Rn. 26 ff.

Entscheidung oder durch bestandskräftigen Verwaltungsakt für unwirksam erklärt worden, kann sie der VR durch eine neue Regelung ersetzen, wenn dies zur Durchführung des Vertrags notwendig ist *oder* wenn das Festhalten an dem Vertrag ohne neue Regelung für eine Vertragspartei auch unter Berücksichtigung der Interessen der anderen Vertragspartei eine unzumutbare Härte darstellen würde (§ 164 Abs. 1 S. 1 VVG). Die neue Regelung ist allerdings nur wirksam, wenn sie unter Wahrung des Vertragsziels die Belange der VN angemessen berücksichtigt (Satz 2).

    Der Meinungsstreit über die **Reichweite des Bedingungsersetzungsrechts** (§ 172 **108** Abs. 2 VVG a. F.)[300] ist i. S. der herrschenden Meinung entschieden: § 164 VVG ist auf alle Erscheinungsformen der Lebensversicherung anwendbar. Die umstrittene Frage, ob eine Bedingungsersetzung auch bei einer gekündigten Lebensversicherung durchgeführt werden kann[301], ist zu bejahen[302]; § 164 VVG ist analog anzuwenden[303], soweit es im Rahmen der Abwicklung der gekündigten Lebensversicherung gerade auf die unwirksame Klausel ankommt.

    Die Literatur[304] hat die **Regelung der Bedingungsersetzung (§ 172 Abs. 2 VVG a. F.)** **109** teils **als lex specialis** gegenüber § 306 Abs. 2 BGB begriffen; sie sehe gegenüber § 306 Abs. 2 BGB eine andere Lösung (Lückenfüllung durch einseitige Erklärung des VR) vor. Das bedeute, dass § 172 Abs. 2 VVG a. F. als Spezialvorschrift in seinem Anwendungsbereich § 306 Abs. 2 BGB verdränge[305]. Dem ist nicht zu folgen: § 306 Abs. 2 BGB bestimmt, dass sich der Inhalt des Vertrages im Falle der Unwirksamkeit nach den gesetzlichen Vorschriften richtet. § 164 Abs. 1 VVG ist also nicht *lex specialis* gegenüber, sondern gesetzliche Vorschrift i. S. v. § 306 Abs. 2 BGB[306].

    § 164 VVG schränkt die durch Art. 2 GG gewährleistete Privatautonomie der VN ein, weil **110** er dem VR ein einseitiges Recht zur Vertragsergänzung einräumt[307]. Diese Einschränkung ist nur gerechtfertigt, weil von der Unwirksamkeit einer Klausel regelmäßig eine sehr hohe Zahl von Verträgen betroffen ist[308]. Eine Vertragsergänzung mit Zustimmung aller VN ist praktisch nicht durchführbar und würde deshalb die Rechtssicherheit und die nach § 11 Abs. 2 VAG

---

[300] Dazu: BGH, a. a. O.; OLG Stuttgart v. 6. 4. 2001, NVersZ 2002, 164 mit zust. Anm. *Lorenz,* VersR 2001, 1146; OLG München v. 1. 7. 2003, VersR 2003, 1024 (1026); OLG Braunschweig, VersR 2003, 1520 v. 8. 10. 2003; Berliner Kommentar/*Schwintowski*, § 159, Rn. 23; *Fricke*, NVersZ 2002, 310; *Wandt,* Änderungsklauseln, Rn. 303; *ders.,* VersR 2001, 1449 (1452); *Jaeger,* VersR 1999, 26 (29 f.); *Präve,* Versicherungsbedingungen und AGB-Gesetz, 1998, Rn. 475; *Langheid/Grote,* NVersZ 2002, 49; *Kirscht,* VersR 2003, 1072 (1073 f.); a. A.: *Römer/Langheid/Römer,* § 172 Rn. 13; *Schünemann,* NVersZ 2002, 145; unentschieden: *Prölss/Martin/Kollhosser,* § 172 Rn. 6; ausdrücklich offen gelassen: BGH v. 16. 10. 2002, VersR 2002, 1498.

[301] Dafür: LG Saarbrücken v. 1. 7. 2003, VersR 2003, 1291; LG Stuttgart v. 11. 12. 2002, VersR 2003, 313; LG Aachen v. 10. 7. 2003, VersR 2003, 1022; AG Kamenz v. 23. 10. 2002, VersR 2003, 315; AG Kiel v. 21. 11. 2002, VersR 2003, 317. Dagegen: LG Hannover v. 12. 6. 2003, VersR 2003, 1289; AG Karlsruhe v. 13. 9. 2002, VersR 2003, 316; AG Köln v. 21. 2. 2003, VersR 2003, 1026 (mit dem Hinweis auf den eindeutigen Wortlaut des § 172 Abs. 2).

[302] BGH v. 12. 10. 2005, NJW 2005, 3559, 3563.

[303] Ebenso: *Kirscht,* VersR 2003, 1072, 1076; AG Kiel v. 21. 11. 2002, VersR 2003, 317.

[304] *Prölss/Martin/Kollhosser,* 26. Aufl., § 172 Rn. 6; eingeschränkt: 27. Aufl., Rn. 36; vgl. auch Berliner Kommentar/*Schwintowski,* VVG, § 172 Rn. 25, der aus dem Normtext (Notwendigkeit der Ergänzung) abliest, dass die Norm nur anwendbar sei, wenn weder dispositives Gesetzesrecht, noch ergänzende Vertragsauslegung (§ 306 Abs. 2 BGB) die Lücke zu schließen vermögen; alle noch anhand von § 172 Abs. 2 VVG a. F.

[305] *Prölss/Martin/Kollhosser,* 26. Aufl., a. a. O.; zustimmend: LG Traunstein v. 6. 2. 2003; OLG München v. 1. 7. 2003, VersR 2003, 1024 (1025 f.).

[306] Ebenso wohl: *Schlosser,* in: *Staudinger* (2006), § 306 Rn. 10; wohl auch: OLG Braunschweig v. 8. 10. 2003, VersR 2003, 1520 (1521).

[307] BGH v. 12. 10. 2005, NJW 2005, 3559 (3561) mit Anm. *Brömmelmeyer,* WuB IV F. § 172 VVG 1.06. und *Elfring,* NJW 2005, 3677.

[308] BGH, a. a. O.

gebotene Gleichbehandlung aller VN gefährden[309]. Der Gesetzgeber hat sich bewusst gegen die von der Kommission vorgeschlagene Befugnis zur Bedingungsersetzung in allen Versicherungszweigen (§ 16 des Kommissionsentwurfs) entschieden[310], weil er eine unnötige Benachteiligung der VN befürchtete. Die Bedenken[311] gegen das **Treuhänderverfahren** (§ 172 Abs. 2 VVG a. F.) hat er aufgegriffen und – angesichts der Enttäuschungen der letzten Jahre – auf den Treuhänder verzichtet[312].

111   a) Die **Prüfung der Klauselersetzung** verlangt einen **Doppelschritt:** (1) Erster Schritt ist die **Einbeziehungskontrolle,** d. h. die Prüfung der Ersetzungsvoraussetzungen: Die Einbeziehung setzt die Feststellung der Unwirksamkeit (Regelungslücke) und die Erforderlichkeit der Bedingungsersetzung – alternativ: zur Fortsetzung des VV oder zur Beseitigung einer unzumutbaren Härte – voraus (§ 164 Abs. 1 S. 1 VVG). (2) Zweiter Schritt ist die **Inhaltskontrolle,** d. h. die Prüfung der neuen Klausel. Diese muss nicht nur der allgemeinen Inhaltskontrolle (§§ 307 ff. BGB) standhalten[313]; sie muss auch § 164 Abs. 1 S. 2 VVG Rechnung tragen, d. h. „unter Wahrung des Vertragsziels die Belange der VN angemessen" berücksichtigen. Dieser – gegenüber § 307 Abs. 1 BGB verschärfte – Prüfungsmaßstab ist gerechtfertigt, weil § 164 Abs. 1 VVG dem VR einen einseitigen Eingriff in bestehende Versicherungsverhältnisse gestattet, so dass die „Richtigkeitsgewähr" der Verträge (*Schmidt-Rimpler*)[314] ohne ein solches Korrektiv gefährdet wäre.

112   Die **Ersatzregelung** kann darin bestehen, dass die unwirksame Klausel ersatzlos entfällt, dass die gesetzliche Regelung an ihre Stelle tritt oder dass – mangels gesetzlicher Regelung – eine neue (interessengerechte) Klausel eingefügt wird[315]. Die Frage, ob diese Ersatzregelung sachgerecht ist, ist Teil der Inhaltskontrolle[316]. Das Transparenzgebot (§ 307 Abs. 1 S. 2 BGB) verpflichtet den VR ggf. zur Bedingungsersetzung, wenn die Klausel entfällt oder durch die gesetzliche Regelung substituiert wird[317] und andernfalls die Gefahr bestünde, dass der VN fälschlich von der Gültigkeit einer Klausel ausgeht, die ihn unangemessen benachteiligt (§ 307 Abs. 1 S. 1 BGB).

113   b) Eine Bedingungsanpassung setzt voraus, dass eine Klausel durch höchstrichterliche Entscheidung oder durch bestandskräftigen (aufsichts- oder kartellbehördlichen) VA für unwirksam erklärt worden ist[318]. § 164 Abs. 1 S. 1 VVG knüpft also nicht an die (materiell-rechtliche) Unwirksamkeit als solche, sondern an die **formelle Feststellung der Unwirksamkeit** an. Der Meinungsstreit über die **Feststellungskompetenz** ist entschieden[319]: Nur die Feststellung durch die höchstrichterliche Rspr. oder durch bestandskräftigen VA schaffen lt. Begründung „abschließend Rechtsklarheit"[320]. Unter „höchstrichterlich" versteht der Regierungsentwurf[321] Entscheidungen des BGH oder eines OLG, dessen Entscheidung nicht anfechtbar ist. Das ist jedoch nicht tragfähig. Der BGH geht in seinem Urteil vom 12. 10. 2005 mit Recht davon aus, dass eine „abschließende Klärung der Wirksamkeit einer Klausel nur durch das **Revisionsgericht** erfolgen könne"[322]. Revisionsgericht ist allein der BGH

---

[309] BGH, a. a. O., S. 3561 f.

[310] Begründung, BT-Drucks. 16/3945, S. 100, zu § 164 VVG.

[311] *Römer/Langheid/Römer*, § 172 Rn. 14.

[312] Begründung, a. a. O.; vgl. auch die Bemerkungen *Niederleithingers*, VersR 2006, 436 (446).

[313] Begründung, a. a. O.

[314] *Schmidt-Rimpler*, AcP 147 [1941], 130 ff.

[315] BGH v. 12. 10. 2005, a. a. O., S. 3560 ff. mit Anm. *Brömmelmeyer*, WuB IV F. § 172 VVG 1.06.

[316] BGH, a. a. O.

[317] BGH, a. a. O.

[318] Ebenso bereits auf der Basis von § 172 Abs. 2 VVG: BGH, a. a. O., S. 3562, unter Berufung auf *Römer*, VersR 1994, 125 (127).

[319] Dazu auf der Basis von § 172 Abs. 2 VVG a. F.: *Wandt*, VersR 2001, 1449 (1452); vgl. auch *Römer*, VersR 1994, 125 (127); *van Bühren*, EWiR 1996, 723 (724).

[320] Begründung, a. a. O.; vorher bereits: BGH v. 12. 10. 2006, NJW 2005, 3559 (3562).

[321] Begründung, a. a. O.

[322] BGH v. 12. 10. 2005, a. a. O., S. 3562.

(§ 133 GVG)[323]; wieso ein (grundsätzlich) mit der Revision angreifbares[324] OLG-Urteil eine „höchstrichterliche" Entscheidung sein soll, ist auch sprachlich nicht nachvollziehbar. Im Falle kollidierender OLG-Entscheidungen fehlt es nämlich gerade an der erforderlichen Rechtsklarheit. Das OLG muss die Revision gem. § 543 Abs. 2 Satz 1 ZPO zulassen; der VR muss ggf. Nichtzulassungsbeschwerde (§ 544 Abs. 1 ZPO) erheben.

Die Feststellung wirkt grundsätzlich über den Einzelfall, d. h. über die auf die Parteien be- **114** schränkte Rechtskraft der höchstrichterlichen Rspr. hinaus[325]. Bei (rechtskräftigen) Entscheidungen der Instanzgerichte liegt es hingegen in der Hand der BAFin, sich die richterliche Entscheidung zu Eigen zu machen und die Beschränkung auf die Beteiligten zu überwinden. Der LebensVR selbst kann eine Klausel nicht, auch nicht auf der Basis eines Rechtsgutachtens, für unwirksam erklären und verwerfen[326]. Könnte er in eigener Verantwortung über die Unwirksamkeit entscheiden, würde die Vertragsfreiheit des VN unverhältnismäßig eingeschränkt[327].

c) Nach § 164 Abs. 1 VVG kommt eine Bedingungsersetzung in Betracht, wenn diese **115** „zur Fortführung des Vertrages notwendig ist oder wenn das Festhalten an dem Vertrag ohne neue Regelung für eine Vertragspartei auch unter Berücksichtigung der Interessen der anderen Vertragspartei eine unzumutbare Härte darstellen würde".

aa) Fortführung des Vertrags. Notwendig ist die Ergänzung zur Fortführung des Vertrags im- **116** mer dann, wenn durch die Unwirksamkeit der Bestimmung eine **Regelungslücke** im Vertrag entsteht[328]. Das ist nach Meinung des BGH im Allgemeinen anzunehmen, wenn die Unwirksamkeit – wie erforderlich – durch eine höchstrichterliche Entscheidung oder einen bestandskräftigen VA festgestellt worden ist. Das gelte jedenfalls dann, wenn dadurch die Leistungspflichten und Ansprüche der Parteien betroffen seien. In einem solchen Fall sei die Ergänzung unverzichtbar[329]. Die Literatur versteht das Kriterium der Notwendigkeit teils als Konkurrenzregelung: Nach Meinung *Schwintowskis*[330] ist eine Ergänzung des Vertrages immer dann notwendig, wenn weder Gesetz noch ergänzende Vertragsauslegung die Lücken zu schließen vermögen (§ 306 Abs. 2 BGB) und die Belange der Versicherten eine Ergänzung des Restvertrages notwendig machen. Ähnlich äußert sich *Schünemann*[331]: Im Tatbestandsmerkmal der „Notwendigkeit" einseitiger Klauselergänzung finde die sachlich gebotene Subsidiarität des § 172 Abs. 2 VVG a. F. (scil.: gegenüber § 306 Abs. 2 BGB) ihren tatbestandlichen Ausdruck[332]. Dagegen behandelt der BGH die Frage, „wie die Ergänzung vorzunehmen ist, ob durch dispositives Gesetzesrecht im Sinne einer konkreten materiell-rechtlichen Regelung, nach den Grundsätzen der ergänzenden Vertragsauslegung oder durch ersatzlosen Wegfall der Klausel", nicht *sub specie* der Einbeziehungsvoraussetzungen, sondern als Prüfungsmaßstab der Inhaltskontrolle[333]. Dafür spricht, dass eine Bedingungsänderung im Interesse des Transparenzgebots (§ 307 Abs. 1 Satz 2 BGB) auch dann sinnvoll – und u. U. sogar geboten – ist, wenn die unwirksame Klausel durch dispositives Recht oder ergänzende Vertragsauslegung substituiert wird[334]. Ergibt sich dabei, dass der Vertrag durch eine gesetzliche

---

[323] Siehe auch: *Baumbach/Lauterbach/Albers/Hartmann*, ZPO, 65. Aufl. 2007, Übersicht vor § 542 Rn. 2.

[324] *Baumbach/Lauterbach/Albers/Hartmann*, a. a. O.

[325] BGH v. 12. 10. 2005, a. a. O., S. 3562, unter Berufung auf *Präve*, in: *Prölss*, VAG, 12. Aufl., § 11b Rn. 18, u. a.

[326] Allgemeine Meinung: BGH v. 12. 10. 2005, a. a. O.; *Langheid/Grote*, NVersZ 2002, 49 (50); *Wandt*, VersR 2001, 1449 (1453); anders nur: *Kollhosser*, VersR 2003, 807 (809).

[327] Begründung, BT-Drucks.16/3945, S. 100, zu § 164 VVG, unter Berufung auf: BGH v. 12. 10. 2005, VersR 2005, 1565.

[328] BGH v. 12. 10. 2005, a. a. O., S. 3563, unter Berufung auf *Lorenz*, VersR 2001, 1147.

[329] BGH, a. a. O.

[330] Berliner Kommentar/*Schwintowski*, § 172 Rn. 25.

[331] *Schünemann*, VersR 2002, 393.

[332] *Schünemann*, a. a. O. (394).

[333] BGH, a. a. O.

[334] Ebenso: *Wandt*, § 11 Rn. 140, mit dem zutreffenden Hinweis, dass ggf. eine Obliegenheit zur Bedingungsänderung besteht (Rn. 149).

Regelung sachgerecht ergänzt werden kann, ist die Ergänzung durch eine neue (davon abweichende) Klausel unwirksam[335].

117   *bb) Unzumutbare Härte.* Eine Bedingungsanpassung gem. § 164 Abs. 1 VVG kommt außerdem in Betracht, wenn das Festhalten an dem Vertrag ohne neue Regelung für eine Vertragspartei auch unter Berücksichtigung der Interessen der anderen Vertragspartei eine **unzumutbare Härte** darstellen würde (Satz 1). Der Regierungsentwurf rechtfertigt diese Möglichkeit vor allem mit der langfristigen Bindung beider Parteien[336]. Mit dem Begriff der unzumutbaren Härte knüpft § 164 Abs. 1 VVG an § 306 Abs. 3 BGB[337], d. h. auch an die dort vorgesehene Interessenabwägung[338] an. Demnach ist das Festhalten am Vertrag unzumutbar, wenn das Vertragsgleichgewicht ohne die Bedingungsanpassung gem. § 164 Abs. 1 VVG grundlegend gestört wäre[339]; „allerdings genügt", wie der BGH[340] mit Blick auf § 306 Abs. 3 BGB ausführt, „nicht schon jeder wirtschaftliche Nachteil auf Seiten des Verwenders". Erforderlich ist vielmehr eine „einschneidende Störung des Äquivalenzverhältnisses, die das Festhalten an dem Vertrag für ihn unzumutbar macht"[341]. Das Festhalten am Vertrag kann für den VR auch unzumutbar sein, wenn feststeht, dass er den Lebensversicherungsvertrag ohne die (für unwirksam erklärte) Klausel nicht abgeschlossen hätte[342]; *nicht unzumutbar* ist die Härte allerdings, wenn die Unwirksamkeit vorhersehbar war, wenn es sich der LebensVR also selbst zuzuschreiben hat, dass er eine rechtlich unzulässige Klausel in den VV aufgenommen hat[343].

118   **d)** Nach § 164 Abs. 1 S. 2 VVG ist die vom VR getroffenen neue Bestimmung, welche die unwirksame Klausel ersetzen soll, nur wirksam, wenn sie die Belange der VN angemessen berücksichtigt, aber dabei auch das konkrete Vertragsziel des Vertragspartners gewahrt wird[344]. Die **„Belange der VN"** und die (aufsichtsrechtlichen) „Belange der Versicherten" (vgl.: §§ 8 Abs. 1 S. 1 Nr. 3, 12b Abs. 1a S. 2, 81d Abs. 3 VAG) sind identisch. Der Reformgesetzgeber wollte den Begriff der „Belange der Versicherten" aus (übertriebener) Rücksicht auf die Fremdversicherung (§§ 43 ff. VVG) nicht verwenden, die „Belange des im VAG erfassten Personenkreises" (d. h. auch die Belange der Versicherten und Bezugsberechtigten) aber trotzdem berücksichtigt wissen[345]. Mit dem Hinweis auf die „Belange der VN" knüpft § 164 Abs. 1 S. 1 VVG bewusst an eine *kollektive* Betrachtungsweise an[346]. Im Hinblick auf die Prüfung der Neuregelung bedeutet dies: Die Interessen des Kollektivs der VN müssen angemessen berücksichtigt (§ 164 Abs. 1 S. 2 VVG), keiner der VN darf unangemessen benachteiligt werden (§ 307 Abs. 1 S. 2 BGB). Damit nimmt § 164 Abs. 1 VVG eine Benachteiligung einzelner VN in Kauf, solange sie nicht unangemessen ist. Das ist aufgrund des Normzwecks, im Interesse der Rechtssicherheit und -klarheit eine Bedingungsanpassung im Massengeschäft zu ermöglichen, hinzunehmen.

119   Lt. Begründung sind die „Belange der VN" gewahrt, „wenn durch die neue Regelung das bei Vertragsschluss vorhandene **Äquivalenzverhältnis** wieder hergestellt wird"[347]. Klarzustellen ist indes, dass die VN in Fällen unangemessener Benachteiligung (§ 307 Abs. 1 BGB)

---

[335] BGH, a. a. O.

[336] Begründung, a. a. O.

[337] Begründung, a. a. O.

[338] BGH v. 22. 2. 2002, NJW-RR 2002, 1136 (1137).

[339] BGH v. 9. 5. 1996, NJW-RR 1996, 1009 (1010); BGH v. 22. 2. 2002, NJW-RR 2002, 1136 (1137).

[340] BGH, a. a. O.

[341] BGH, a. a. O., unter Berufung auf *Ulmer/Brandner/Hensen,* AGBG, 7. Aufl., § 6 Rn. 52; vgl. auch: *Niederleithinger,* Das neue VVG, 2007, A, Rn. 301, der von „einer grundlegenden Verschiebung des vertraglichen Interessenausgleichs" spricht.

[342] BGH v. 22. 2. 2002, NJW-RR 2002, 1136 (LS).

[343] BGH, a. a. O., S. 1137, im Hinblick auf § 6 Abs. 3 AGBGB.

[344] Begründung, a. a. O.

[345] Begründung, a. a. O.

[346] Ebenso mit Blick auf die Krankenversicherung: *Brömmelmeyer,* in: *Schwintowski/Brömmelmeyer,* § 203 Rn. 34 m. w. N.

[347] Begründung, a. a. O., Hervorhebung des Verf.

besser gestellt werden muss, als ursprünglich vorgesehen. Die Inhaltskontrolle (§§ 307 ff. BGB) dient ja gerade dazu, die unangemessene Benachteiligung zu beseitigen. Die inhaltsgleiche Ersetzung einer Klausel ist ebenfalls unzulässig – und zwar auch, wenn die Klausel lediglich gegen das Transparenzgebot (§ 307 Abs. 1 S. 2 BGB) verstößt[348]; andernfalls bliebe eine wegen Intransparenz unwirksame Klausel mit verdeckten wirtschaftlichen Nachteilen für den VN letztlich doch verbindlich[349].

Die Ersatzregelung muss die Belange der VN **unter Wahrung des Vertragsziels** berück- **120** sichtigen, das primär aus der Perspektive der VN zu entwickeln ist. Dementsprechend darf die Ersatzregelung das Hauptanliegen des VN, d. h. eine effektive Risikoabsicherung und, im Falle einer gemischten Kapitallebensversicherung, eine renditeorientierte Kapitalanlage nicht aushöhlen; sie darf weder auf bisher nicht vorgesehene Leistungsausschlüsse hinauslaufen noch darf sie die garantierte Leistung oder die Überschussbeteiligung entwerten. Die Ersatzregelung ist im Übrigen einer uneingeschränkten richterlichen Inhaltskontrolle unterworfen[350].

Der Prüfungsmaßstab des § 164 Abs. 1 S. 2 VVG verlangt den Rückgriff auf die **ergän-** **121** **zende Vertragsauslegung**[351], die „nach einem objektiv generalisierenden Maßstab zu erfolgen" hat, „der am Willen und Interesse der typischerweise beteiligten Verkehrskreise (und nicht nur der konkret beteiligten Parteien) ausgerichtet sein muss"[352]. Die kollektive Betrachtungsweise setzt sich in diesem Prüfungsmaßstab fort, denn die Ersatzregelung muss sich „als allgemeine Lösung eines stets wiederkehrenden Interessenkonflikts" eignen[353].

Erklärt die Rspr. nicht nur die ursprüngliche, sondern auch die auf der Basis von § 164 **122** Abs. 1 VVG an ihre Stelle gesetzte (substitutive) Klausel für unwirksam, so tritt an die Stelle einer erneuten Bedingungsersetzung auf der Basis von § 164 Abs. 1 VVG die ergänzende richterliche Vertragsauslegung im Rahmen von § 306 Abs. 2 BGB[354]. Eine **„Kettenersetzung"** findet also nicht statt.

e) Die Neuregelung i. S. von § 164 Abs. 1 VVG wird zwei Wochen, nachdem die neue **123** Regelung und die hierfür maßgebenden Gründe dem VN mitgeteilt worden sind, Vertragsbestandteil (Abs. 2). Die Formulierung „wird … Vertragsbestandteil" lehnt sich an den Wortlaut des § 305 Abs. 2 BGB an und soll deutlich machen, dass eine gerichtliche Inhaltskontrolle noch nicht erfolgt ist[355]. Davon abgesehen soll die Bedingungsanpassung „jeweils nur für die Zukunft *(ex nunc)*" wirken[356]. Die Parteien können nach den Vorstellungen des Reformgesetzgebers lediglich „einen anderen Zeitpunkt für das Wirksamwerden, z. B. rückwirkend zum Vertragsschluss, vereinbaren, sofern dieser für den VN nicht nachteilig ist" (§ 171 S. 1 VVG)[357]. Die Begründung widerspricht insoweit der Entscheidung des BGH vom 12. 10. 2005. Danach entfaltet die Feststellung der Unwirksamkeit nämlich **Rückwirkung** und führt dazu, dass der Vertrag von Anfang an lückenhaft war. Die Ergänzung nach § 172 Abs. 2 VVG a. F. wirke also, so der BGH, ebenfalls auf den Zeitpunkt des Vertragsschlusses zurück[358]. Der Vertrag werde materiell von seinem Beginn bis zur Beendigung nach diesen Bestimmungen durchgeführt[359]. Daran ist festzuhalten. Denn eine sachgerechte *Rückwir-*

---

[348] BGH v. 12. 10. 2005, a. a. O., S. 3559 (LS); zust.: *Schwintowski,* EWiR 2005, 875; kritisch: *Merschmeyer/Präve,* VersR 2005, 1670, 1671; siehe auch: BGH v. 18. 7. 2007, r+s 2007, 427.

[349] BGH v. 12. 10. 2005, a. a. O., S. 3565.

[350] BGH, a. a. O., S. 3562.

[351] BGH, a. a. O., S. 3563, anhand von § 172 VVG.

[352] BGH, a. a. O.; BGH v. 14. 4. 2005, NJW-RR 2005, 1040; vgl. auch: *Sijanski,* VersR 2006, 469 (474).

[353] BGH v. 12. 10. 2005, a. a. O.

[354] BGH, a. a. O., S. 3565.

[355] Begründung, a. a. O.

[356] Begründung, a. a. O.

[357] Begründung, a. a. O.

[358] BGH, a. a. O., S. 3563; siehe auch: *Sijanski,* VersR 2006, 469 (472).

[359] BGH, a. a. O.

kungsvereinbarung mit allen VN der betroffenen Risikokollektive lässt sich *praktisch kaum treffen.*[360]

IV. Beendigung des Lebensversicherungsvertrages

1. Rücktritt

124   Der VR kann von dem Lebensversicherungsvertrag zurücktreten, wenn der VN ihm bekannte Gefahrumstände, die für den Entschluss des VR, die vereinbarte Lebensversicherung abzuschließen, erheblich sind und nach denen der VR in Textform (§ 126b BGB) gefragt hat, nicht oder nicht richtig angezeigt hat (§§ 19 VVG, 6 Abs. 3 ALB 2008)[361]; als offenkundig, d. h. ohne Rücksicht auf die konkreten Risikoprüfungsgrundsätze des VR erheblich[362] hat die Rspr. auf der Basis der früheren Rechtslage angesehen:
– alkoholbedingte Leberschädigung;[363]
– ärztlich behandelter und medikamentös versorgter Bluthochdruck[364];
– regelmäßiger Haschischkonsum[365]; über zwei Jahre andauernder nahezu täglicher Haschischkonsum[366];
– ernste Herzerkrankung[367]; über einen längeren Zeitraum hinweg auftretende, ärztlich behandelte Herzbeschwerden[368]; koronare Herzerkrankung mit Herzinfarkt vor 2 Jahren[369]; eingehende ärztliche Untersuchung wegen Herzbeschwerden (Diagnose: Stenokardien auf nervöser Grundlage)[370];
– positiver HIV-Test[371]; (noch) symptomfreie HIV-Infektion;[372]
– Krebserkrankung und zwar unabhängig davon, ob die Krankheit zum Zeitpunkt der Antragstellung ausgeheilt war oder nicht[373]; rezidivierendes malignes Melanom[374]; Hirntumor[375];
– erhebliche und schon länger andauernde psychische Probleme mit wiederkehrender Suizidneigung[376]; reaktive Depression[377]; Selbstmordversuch mit mehrmonatiger stationärer und daran anschließender mehrjähriger ambulanter psychotherapeutischer Behandlung[378];
– arterielle Verschlusserkrankung[379].

125   Dagegen sind nicht offenkundig gefahrerheblich: Brustschmerzen ohne Feststellung einer Herzkrankheit[380]; (ambulante) Klinikuntersuchung ohne Nachweis einer Erkrankung[381]; er-

---

[360] Im Ergebnis wie hier: *Wandt,* § 11 Rn. 148.
[361] Einzelheiten: *Knappmann,* § 13 Rn. 8 ff.
[362] *Prölss/Martin/Prölss,* §§ 16, 17 Rn. 7.
[363] BGH v. 25. 10. 1989, VersR 1990, 297.
[364] OLG Hamm v. 19. 6. 1991, NJW-RR 1991, 1184; OLG Saarbrücken v. 14. 6. 2006, VersR 2007, 193 = r+s 2007, 464; siehe auch: OLG Düsseldorf v. 27. 8. 2002, VersR 2004, 988.
[365] LG Duisburg v. 6. 5. 1999, VersR 2000, 834.
[366] OLG Karlsruhe v. 19. 3. 1992, VersR 1993, 1220.
[367] BGH v. 26. 10. 1994, VersR 1994, 1457 (absolute Arrhytmie des Herzens mit Vorhofflimmern).
[368] BGH v. 11. 7. 1990, VersR 1990, 1002 (BUZ).
[369] OLG Karlsruhe v. 25. 7. 1996, VersR 1997, 861.
[370] OLG Koblenz v. 27. 10. 1995, VersR 1996, 1222.
[371] LG Hamburg v. 4. 11. 1988, ZfS 1989, 127.
[372] OLG Düsseldorf v. 14. 1. 1992, VersR 1992, 948 (Restschuldversicherung).
[373] LG Duisburg v. 18. 11. 1999, VersR 2000, 1399.
[374] OLG Köln v. 11. 4. 1994, VersR 1994, 1413.
[375] OLG Saarbrücken v. 25. 1. 2007, VersR 2007, 1684.
[376] OLG Köln v. 4. 3. 1993, r+s 1994, 315.
[377] BGH v. 9. 12. 1992, BGHZ 121, 6.
[378] OLG Bremen v. 2. 8. 1991, r+s 1992, 31.
[379] LG Darmstadt v. 16. 1. 1997, VersR 1997, 1218.
[380] OLG Köln v. 14. 1. 1993, VersR 1993, 1261.
[381] BGH v. 17. 10. 1990, VersR 1990, 1382; OLG Köln v. 28. 2. 1991, r+s 1991, 152.

höhte Cholesterinwerte[382]; Ohnmachten, Schwindelanfälle und Übelkeit eines Jugendlichen (13)[383]; Ulkus-Erkrankung und fortdauernde Magenbeschwerden[384]. Diese Rspr. bleibt mit Blick auf die Erheblichkeit relevant, auch wenn das Risiko einer Fehleinschätzung künftig nicht mehr beim VN, sondern beim VR liegen soll[385]: Der VN hat nämlich nur noch die gefahrerheblichen Umstände anzugeben, nach denen der VR gefragt hat (§ 19 Abs. 1 S. 1 VVG). In der Praxis stellen die LebensVR typischerweise Fragen nach dem Muster von: „Litten Sie in den letzten fünf Jahren an Krankheiten, Störungen oder Beschwerden?"[386], die der VN erschöpfend zu beantworten hat[387]. Er hat auf dieser Basis bspw. auch einen „unerklärlich starken Gewichtsverlust" zu offenbaren, der mit „Störungen des Geschmacksempfindens sowie körperlicher Leistungsminderung" einhergeht[388].

Das **Rücktrittsrecht des VR ist ausgeschlossen,** wenn der VN die Anzeigepflicht weder vorsätzlich noch grob fahrlässig verletzt hat (§§ 19 Abs. 3 S. 1 VVG, 6 Abs. 3 S. 2 ALB 2008); selbst bei grober Fahrlässigkeit ist der Rücktritt ausgeschlossen, wenn der VR den Vertrag auch bei Kenntnis der nicht angezeigten Umstände, wenn auch zu anderen Bedingungen, geschlossen hätte (Absatz 4 Satz 1). Das Rücktrittsrecht aus § 19 Abs. 2 VVG steht dem VR nur zu, wenn er den VN durch gesonderte Mitteilung in Textform (§ 126b BGB) auf dieses Risiko hingewiesen hat (§ 19 Abs. 5 S. 1 VVG). Das Rücktrittsrecht ist ausgeschlossen, wenn der VR den nicht (richtig) angezeigten Umstand kannte (Satz 2). Darüber hinaus ist das Rücktrittsrecht (§ 19 Abs. 2 VVG) bei **unrichtiger Altersangabe** ausgeschlossen, es sei denn, der VR hätte den VV bei richtiger Altersangabe nicht abgeschlossen (§ 157 S. 2 VVG). **126**

Der VR muss den **Rücktritt innerhalb eines Monats** ab Kenntnis schriftlich erklären (§ 21 Abs. 1 S. 1 und 2 VVG) und begründen (Satz 3). Das Rücktrittsrecht des VR gem. § 19 Abs. 2 VVG erlischt 5 Jahre nach Vertragsschluss (§ 21 Abs. 3 S. 1 VVG). Die Musterbedingungen kürzen diese Frist (bisher gem. § 163 S. 1 VVG a. F.: 10 Jahre)[389] anders als früher nicht mehr auf 3 Jahre ab[390]. Eine Fristverlängerung über 5 Jahre hinaus wäre gem. § 32 S. 1 VVG unwirksam. Die Rücktrittsfrist beginnt mit dem formellen Vertragsschluss[391]; sie ist eine von Amts wegen zu beachtende Ausschlussfrist[392]. Das gilt auch bei (nach wie vor möglichen) abgekürzten Rücktrittsfristen, denn die Abkürzung verändert die Rechtsnatur der Rücktrittsfrist nicht[393]. Für eine Lebensversicherung, die als Hauptversicherung in ihrem Bestand von einer Berufsunfähigkeitsversicherung unabhängig ist, gilt die Rücktrittsausschlussfrist unabhängig von einer ggf. abweichenden Rücktrittsausschlussfrist für die Berufsunfähigkeitsversicherung[394]. **127**

Hat der VN die Anzeigepflicht vorsätzlich oder arglistig verletzt, beläuft sich die Frist auf 10 Jahre (§ 21 Abs. 3 S. 2 VVG). Die Beweislast dafür, dass der Rücktritt tatsächlich verfristet ist, trägt der VN[395]. **Rechtsfolge des Rücktritts** ist die Entstehung eines Rückgewährschuldverhältnisses (§§ 346 ff. BGB); allerdings tritt die Rechtspflicht zur **Erstattung des** **128**

---

[382] OLG Köln v. 8. 11. 1990, VersR 1991, 871; siehe aber: OLG Saarbrücken v. 8. 9. 2004, VersR 2005, 1572.
[383] BGH v. 11. 5. 1988, r+s 1988, 215.
[384] OLG Hamm v. 5. 1. 1996, r+s 1996, 506.
[385] Begründung, BT-Drucks. 16/3945, S. 64, zu § 19 Abs. 1 VVG.
[386] Exemplarisch: OLG Saarbrücken v. 25. 1. 2007, VersR 2007, 1684 (1685).
[387] OLG Saarbrücken, a. a. O.
[388] OLG Saarbrücken, a. a. O.
[389] Mit dem im Kontext des § 6 ALB 86 entstandenen Problem der Fristverlängerung in der Lebensversicherung (+ BUZ) bei Berufsunfähigkeit vor Fristablauf befasst sich das OLG Koblenz, v. 27. 10. 1995, VersR 1996, 1222; abl.: Berliner Kommentar/*Schwintowski*, § 163 Rn. 5; vgl. insoweit auch: OLG Düsseldorf v. 26. 4. 1994, VersR 1995, 35.
[390] Dazu zuletzt: BGH v. 6. 12. 2006, VersR 2007, 484.
[391] *Römer/Langheid/Römer,* § 163.
[392] *Römer/Langheid/Römer,* a. a. O.; siehe auch: Begründung, a. a. O., S. 66, zu § 21 Abs. 3 VVG.
[393] BGH v. 20. 4. 1994, VersR 1994, 1054.
[394] BGH v. 6. 12. 2006, VersR 2007, 484.
[395] BGH v. 20. 4. 1994, VersR 1994, 1054; Berliner Kommentar/*Schwintowski*, § 163 Rn. 6.

Rückkaufswerts (§ 169 Abs. 1 VVG)[396] an die Stelle der Erstattung der Beitragssumme (§ 6 Abs. 5 S. 1, 3 ALB 2008). Der Mindestrückkaufswert (§ 169 Abs. 3 S. 1 Hs. 2 VVG) steht dem VN nicht zu (§ 6 Abs. 5 S. 2 ALB 2008)[397].

129 Ein Rücktrittsrecht steht dem VR auch zu, wenn der VN den **Einlösungsbeitrag** nicht rechtzeitig zahlt (§ 37 Abs. 1 VVG).

2. Anfechtung

130 Der VR kann den Lebensversicherungsvertrag wegen **arglistiger Täuschung** anfechten (§§ 22 VVG, 123 Abs. 1 BGB)[398], wenn der VN wissentlich falsche Angaben macht oder gefahrerhebliche Umstände verschweigt und billigend in Kauf nimmt, dass der VR sich eine unzureichende Vorstellung über das versicherte Risiko bildet und dadurch in seiner Entscheidung beeinflusst werden kann[399]. In der Lebensversicherung hat die Rspr. eine arglistige Täuschung u. a. in folgenden Fällen angenommen:
- Nichtangabe von Alkoholmissbrauch[400];
- Nichtanzeige eines bösartigen Melanoms, das zu einer Operation und nachfolgender Chemotherapie geführt hat[401];
- Nichtanzeige einer seit Jahren bestehenden und behandelten chronischen rezidivierenden Raucherbronchitis[402]; deutliche Verharmlosung des Krankheitsbildes durch Angabe „witterungsbedingte Erkältung" statt Asthma[403];
- Nichtangabe eines Suizidversuchs mit nachfolgender ärztlicher Behandlung und notwendigem Kuraufenthalt[404];
- Nichtangabe einer Psychose[405];
- Nichtangabe, das VN seit Jahren an einem chronischen und medikamentös behandelten Bluthochdruck leidet, mit Verdacht auf Koronarinsuffizienz verbunden mit Hypertonie und Fettstoffwechselstörungen[406]
- Falsche Behauptung, eine (schwere) chronische Darminfektion sei ausgeheilt[407].

131 Eine arglistige Täuschung kann hingegen nicht als bewiesen angesehen werden, wenn der Versicherte im Versicherungsantrag nur „Husten, Schnupfen" angibt, obwohl in Wirklichkeit chronische Bronchitis mit beginnendem Bronchialasthma vorliegt, wenn sich der Versicherte jedoch aufgrund der Angaben des Hausarztes für gesund halten durfte[408]. Rechtsfolge der Anfechtung ist die Beendigung des Lebensversicherungsvertrages *ex tunc* (§ 142 Abs. 1 BGB) sowie die Rechtspflicht zur Erstattung des Rückkaufswerts (§ 169 Abs. 1 VVG)[409]. Der Mindestrückkaufswert (§ 169 Abs. 3 S. 1 Hs. 2 VVG) steht dem VN auch hier nicht zu (§ 6 Abs. 14 S. 3, Abs. 5 S. 2 ALB 2008)[410].

---

[396] Dazu: Rn. 153 ff.
[397] Einzelheiten: Rn. 164 ff.
[398] Einzelheiten: *Knappmann*, § 14 Rn. 124 ff.
[399] BGH v. 14.7. 2004, VersR 2004, 1297 (1298); zuletzt: OLG Saarbrücken v. 12.10. 2005, VersR 2005, 824.
[400] OLG Hamm v. 17.8. 2007, VersR 2008, 477; OLG Celle v. 3.2. 2000, VersR 2001, 357, OLG Koblenz v. 28.11. 1997, VersR 1998, 1094; OLG Hamburg v. 6.10. 1993, r+s 1994, 352 (KrankenV); siehe aber: OLG Saarbrücken v. 14.6. 2006, VersR 2007, 193, anhand von § 16 Abs. 1 VVG a. F. und mit dem Hinweis, dass dem VN der Alkoholabusus als Krankheit, Beschwerde oder Störung bewusst gewesen sein muss.
[401] OLG Koblenz, v. 14.11. 1997, VersR 1998, 1226.
[402] OLG Frankfurt/M., v. 10.5. 2000, VersR 2001, 1097.
[403] OLG Köln v. 9.1. 1992, VersR 1992, 1252.
[404] OLG Frankfurt/M., v. 7.2. 2002, VersR 2002, 1134.
[405] OLG München v. 30.11. 1998, VersR 2000, 711.
[406] LG Hamburg v. 4.10. 1990, VersR 1991, 986.
[407] OLG Saarbrücken v. 12.10. 2005, VersR 2005, 824.
[408] OLG Hamm v. 26.1. 1993, VersR 1994, 1333.
[409] Dazu: Rn. 153 ff.
[410] Einzelheiten: Rn. 164 ff.

Der VR verliert das Recht zur Arglistanfechtung nicht schon deshalb, weil er seine Nach- **132**
frageobliegenheit verletzt hat[411].

V. Kündigung

Der **VR** besitzt kein allgemeines Kündigungsrecht[412]. Daher kommt eine **Kündigung** nur **133**
im Einzelfall in Betracht, nämlich bei Nichtzahlung der Folgeprämie (§ 38 Abs. 3 VVG), bei
einfach fahrlässiger Nicht- oder Falschanzeige bestimmter Gefahrumstände (§ 19 Abs. 3 S. 2
VVG), bei sonstigen, grob fahrlässig oder vorsätzlich verwirklichten Obliegenheitsverletzungen (§ 28 Abs. 1 VVG) und bei objektiver oder subjektiver, als solcher vereinbarter Gefahrerhöhung (§§ 158 Abs. 1, 24 VVG). Die Kündigung des VR führt *nicht* zur Beendigung des
Versicherungsverhältnisses, sondern zur **Beitragsfreistellung** (§ 166 Abs. 1 S. 1 VVG) nach
Maßgabe des § 165 (§ 166 Abs. 1 S. 2) – im Falle der Kündigung wegen Nichtzahlung der
Folgeprämie unter Berücksichtigung von § 166 Abs. 2–4 VVG.

E. Rechte und Pflichten des Versicherungsnehmers

I. Beitragzahlung

Die **synallagmatische Hauptleistungspflicht des VN** besteht darin, die vereinbarte **134**
Prämie zu entrichten (§ 1 S. 2 VVG)[413]. Die Beiträge können je nach Vereinbarung in einem
einzigen Betrag (Einmalbeitrag), durch Monats-, Vierteljahres-, Halbjahres- oder Jahresbeiträge (laufende Beiträge) entrichtet werden (§ 7 Abs. 1 ALB 2008). Die Beitragszahlung kann
über ein „Beitragsdepot" abgewickelt werden, um die steuerliche Begünstigung der Kapitallebensversicherung nicht zu gefährden[414].

Der **Erst- oder Einmalbeitrag** (Einlösungsbeitrag) wird lt. Musterbedingungen – abwei- **135**
chend von § 152 Abs. 3 VVG – unverzüglich nach Abschluss der Lebensversicherung fällig,
jedoch nicht vor dem im Versicherungsschein angegebenen Versicherungsbeginn (§ 7 Abs. 2
ALB 2008). Die **Folgebeiträge** werden zu Beginn der an die Beitragszahlungsmodalitäten
gekoppelten Versicherungsperiode fällig (§ 7 Abs. 2, Abs. 1 Satz 2 ALB 2008). Für die Rechtzeitigkeit der Beitragszahlung genügt es, wenn der VN fristgerecht alles getan hat, damit der
Beitrag beim VR eingeht (Absatz 3 Satz 1). Die Übermittlung der Beiträge erfolgt auf Kosten
und Gefahr des VN (Absatz 4). § 7 Abs. 5 ALB 2008 sieht für eine Stundungsvereinbarung
Schriftform vor. Etwaige Beitragsrückstände werden bei Fälligkeit einer Versicherungsleistung verrechnet (§ 7 Abs. 6 ALB 2008).

Empfangszuständig ist grundsätzlich auch der **Versicherungsvertreter** (§ 69 Abs. 2 S. 1 **136**
VVG). Eine **Beschränkung der Inkassovollmacht** nach dem Muster des früheren § 7
Abs. 4 ALB („Die Zahlung an einen Versicherungsvertreter kann nur erfolgen, wenn dieser
eine von dem VR ausgestellte Beitragsrechnung vorlegt") braucht der VN nur gegen sich gelten zu lassen, wenn er die Beschränkung kannte oder infolge grober Fahrlässigkeit nicht
kannte (§ 69 Abs. 2 S. 2 VVG)[415]. Ein standardisierter Hinweis in den ALB reicht dafür nicht
aus[416].

Im Rahmen der **Beitragskalkulation** unterscheidet man intern Risiko-, Kosten- und **137**
Sparbeitrag[417]. Die Abschluss- und Vertriebskosten (vgl. § 43 Abs. 2 RechVersV) werden bei

---

[411] BGH v. 4. 7. 2007, VersR 2007, 1256; BGH v. 15. 3. 2006, VersR 2007, 96 mit Anm. *Lorenz.*
[412] Begründung, a. a. O., S. 100, zu § 164 VVG.
[413] Detailliert zum Prämienanspruch des LebensVR in der Insolvenz des VN: *Prahl,* VersR 2006, 884ff.
[414] Dazu: Rn. 309.
[415] Im Einzelnen: *Beenken/Sandkühler,* Das neue Versicherungsvermittlergesetz, 2007, S. 89f.
[416] Begründung des Entwurfs eines Gesetzes zur Neuregelung des Versicherungsvermittlerrechts, BT-
Drucks. 16/1935 vom 23. 6. 2006, S. 26.
[417] Einzelheiten: *Brömmelmeyer,* Verantwortlicher Aktuar, S. 172.

der Tarifkalkulation pauschal berücksichtigt und nicht gesondert in Rechnung gestellt (§ 10 Abs. 1 ALB 2008).

138 Eine **Beitragserhöhung** gem. § 25 Abs. 1 ist nur im Rahmen von § 158 VVG möglich. Danach gilt als Erhöhung der Gefahr nur eine ausdrücklich – in Textform (§ 126 b BGB) – als Gefahrerhöhung[418] vereinbarte Gefahränderung (§ 158 Abs. 1 VVG). Eine solche Erhöhung der Gefahr kann der VR nicht mehr geltend machen, wenn seit der Erhöhung fünf Jahre verstrichen sind (§ 158 Abs. 2 S. 1 VVG). Hat der VN seine Pflichten aus § 23 VVG allerdings vorsätzlich oder arglistig verletzt, beläuft sich die Frist auf 10 Jahre (§ 158 Abs. 2 S. 2). Klarzustellen ist, dass die **Musterbedingungen** eine Beitragserhöhung aufgrund veränderter Gefahrenlage nicht vorsehen. Eine Klausel, die an eine Gefahr- eine Beitragserhöhung knüpft (§ 158 Abs. 1 VVG), wäre im Lichte des Transparenzgebots (§ 307 Abs. 1 S. 2 BGB) nur wirksam, wenn sie (ausdrücklich) auf die in § 158 Abs. 2 VVG aufgeführten Fristen hinwiese.

139 Eine **Herabsetzung der Beiträge gem. § 41** kann – anders als bisher (§ 164a VVG a. F.) – (nur) wegen einer solchen Minderung der Gefahrumstände verlangt werden, die nach ausdrücklicher Vereinbarung als **Gefahrminderung** angesehen werden soll (§ 158 Abs. 3 VVG); alle nicht ausdrücklich genannten Umstände bleiben außer Betracht[419]. Begründet wird die Notwendigkeit einer ausdrücklichen Vereinbarung damit, dass beide Fallgruppen, Gefahrerhöhung und -minderung nur unsicher abzugrenzen seien[420]. Deshalb müsse bereits bei Vertragsschluss festgelegt werden, welche Änderung der Gefahrumstände zu einer Änderung der Prämie führen solle[421]. Habe der VN einen besonders unfallträchtigen Beruf, werde der VR einen Zuschlag verlangen. Es liege dann nahe, zu vereinbaren, dass dieser Zuschlag entfalle, wenn der VN diesen Beruf nicht mehr ausübe[422]. Sei der Beruf dagegen mit einem erheblich erhöhten Risiko von Berufskrankheiten verbunden, die auch nach dem Ende der Berufsausübung noch ausbrechen könnten, werde der VR auf den Zuschlag nach dem Ende der Berufsausübung nicht verzichten wollen[423]. Dies könne auch bei Zuschlägen gelten, die der VR wegen einer latenten Gesundheitsgefährdung (Beispiel: Übergewicht) verlange. Diese Gefährdung entfalle nicht schon deswegen, weil der VN zu einem bestimmten Zeitpunkt kein Übergewicht mehr habe. Deswegen müssten die Voraussetzungen einer Prämienerhöhung oder -herabsetzung im Vertrag bereits ausdrücklich festgelegt werden[424].

140 Bedenklich ist die Regelung des § 158 Abs. 3 VVG in Fällen, in denen der VN aufgrund eines „besonders unfallträchtigen Berufs" einen Risikozuschlag bezahlt, der LebensVR aber auf die (nach Meinung der Bundesregierung) *naheliegende* Vereinbarung einer Prämienherabsetzung bei Beendigung der Berufsausübung verzichtet – auch wenn das Risiko einer erst später ausbrechenden Berufskrankheit nicht gegeben ist. In diesem Fall nimmt § 158 Abs. 3 VVG dem VN bei Beendigung der Berufsausübung – anders als in gleich gelagerten Fällen in der Kranken- und Unfallversicherung – die in § 41 VVG eröffnete Möglichkeit, eine Herabsetzung der Prämie zu verlangen, obwohl der VR kein berechtigtes Interesse an dem Risikozuschlag mehr hat[425]. Immerhin träfe den VR wohl eine entsprechende Beratungspflicht (§ 6 Abs. 1 VVG): Er müsste den VN darüber aufklären, dass der vereinbarte Risikozuschlag – abweichend von dem Prinzip der Risikoäquivalenz der Prämie[426] – auch bei einem Berufswechsel in einen gefahrlosen Beruf weiter zu zahlen wäre.

---

[418] Begriff: BGH v. 27. 1. 1999, VersR 1999, 484. Danach setzt die Annahme, es habe eine Gefahrerhöhung vorgelegen, einen Gefährdungsvorgang voraus, der einen neuen Zustand erhöhter Gefahr schafft, wobei dieser mindestens von der Dauer sein muss, dass er die Grundlage eines neuen natürlichen Gefahrenverlaufs bilden kann und damit den Eintritt des Versicherungsfalls generell zu fördern geeignet ist.

[419] Begründung, BT-Drucks. 16/3945, S. 98, zu § 158 Abs. 1 und 3 VVG.

[420] Begründung, a. a. O.

[421] Begründung, a. a. O.

[422] Begründung, a. a. O.

[423] Begründung, a. a. O.

[424] Begründung, a. a. O.

[425] *Ortmann*, in: *Schwintowski/Brömmelmeyer*, § 158 Rn. 8 f.

[426] Siehe nur: *Präve*, in: *Prölss*, VAG, 12. Aufl. 2005, § 11 Rn. 8 m. w. N.

II. Mitwirkung nach Eintritt des Todesfalls

Im **Todesfall** treffen den VN – bzw. den Erben oder den Bezugsberechtigten – bestimmte   **141** Mitwirkungspflichten. Der Todesfall ist dem VR gem. § 30 Abs. 1 S. 1 VVG unverzüglich **anzuzeigen**[427]. Leitbild der §§ 30f. VVG ist die kooperative Regulierung des Versicherungsfalls auf der Basis eines strukturierten, von Treu und Glauben beherrschten[428] Informations- und Kommunikationsprozesses[429]. In diesem Rahmen dient § 30 VVG primär dem Interesse des VR, rechtzeitig vom Eintritt des (angeblichen) Versicherungsfalls zu erfahren, um seine Leistungspflicht selbst prüfen[430] und Beweise sichern zu können[431]. Es ist vor allem die Eilbedürftigkeit der Tatsachenfeststellung, die angesichts der „verdunkelnden Macht der Zeit"[432] eine unverzügliche Anzeige des Versicherungsfalls erfordert.

Einzureichen ist der **Versicherungsschein,** eine amtliche, Alter und Geburtsort enthal-   **142** tende **Sterbeurkunde,** ein ausführliches, ärztliches oder amtliches Zeugnis über die Todesursache sowie über Beginn und Verkauf der Krankheit, die zum Tode der versicherten Person geführt hat (vgl. § 11 ALB 2008 – „Was ist zu beachten, wenn eine Versicherungsleistung verlangt wird?"). Solange der Prätendent diese Mitwirkungspflichten nicht erfüllt hat, kann der VR die von ihm geschuldete Leistung gem. § 273 Abs. 1 BGB i. V. m. den Musterbedingungen verweigern[433]. Leistungsfreiheit oder -kürzung bei vorsätzlicher oder grob fahrlässiger Obliegenheitsverletzung (§ 28 Abs. 2 VVG) sehen die Musterbedingungen nicht vor.

Der **Erlebensfall** ist nicht anzeigepflichtig. Die Bundesregierung[434] hielt eine ausdrückli-   **143** che Klarstellung im Gesetz (bisher: § 171 Abs. 1 VVG a. F.) für entbehrlich.

Die ALB 2008 räumen dem VR das Recht ein, zur Klärung seiner Leistungspflicht not-   **144** wendige **weitere Nachweise und Auskünfte** zu verlangen (§ 11 Abs. 3 S. 1 ALB 2008). Die mit den Nachweisen verbundenen Kosten soll derjenige tragen, der die Versicherungsleistung beansprucht (Satz 2).

III. Kündigung

1. Kündigungsvoraussetzungen

Bei *laufender Beitragszahlung* kann der VN das Versicherungsverhältnis jederzeit für den   **145** Schluss der laufenden Versicherungsperiode **kündigen** (§§ 168 Abs. 1 VVG, 9 ALB 2008). Nach § 9 Abs. 1 ALB 2008 kann der VN auch teilweise kündigen. Kündigt er nur teilweise, so ist die Kündigung unwirksam, wenn die verbleibende beitragspflichtige Versicherungssumme unter einen unternehmensindividuell festzusetzenden Mindestbetrag sinkt (Absatz 2). In der Lebensversicherung auf den Todes- und Erlebensfall – sowie bei anderen Lebensversicherung, die Versicherungsschutz für ein Risiko bieten, bei dem der Eintritt der Verpflichtung des VR gewiss ist – kann der VN auch dann kündigen, wenn die Prämie in einer *Einmalzahlung* besteht (§ 168 Abs. 2 VVG).

Der Ausschluss des Kündigungsrechts in den AVB eines RentenVR mit sofort beginnen-   **146** der Rentenzahlung gegen Einmalbeitrag ist – anders als bisher –[435] unwirksam, weil sich das Kündigungsrecht aus §§ 168 Abs. 2, 171 S. 1 VVG nicht mehr auf „Kapitalversicherung auf den Todesfall" (§ 165 Abs. 2 VVG a. F.) beschränkt und der Eintritt der Leistungspflicht des VR bei vereinbarter Rentengarantiezeit gewiss ist. Der Gesetzgeber hat das Kündigungsrecht

---

[427] Im Einzelnen zu der früheren Rechtslage: Berliner Kommentar/*Schwintowski,* § 171 Rn. 5; *Prölss/ Martin/Prölss,* § 9 ALB 86, Rn. 2, *Römer/Langheid/Römer,* § 171 Rn. 2.
[428] BGH v. 11. 2. 1987, VersR 1987, 477.
[429] Im Einzelnen: *Brömmelmeyer,* in: *Bruck/Möller,* Bd. 1, 9. Aufl. 2008 (im Erscheinen), § 31 Rn. 2–7.
[430] BGH v. 23. 11. 1967, VersR 1968, 58, 59.
[431] *Schmidt,* Die Obliegenheiten, 1953, S. 224.
[432] Begriff: BGB-Motive I, S. 291.
[433] *Bruck/Möller/Winter,* Bd. V/2, Anm. F 226.
[434] Begründung, a. a. O., S. 70, zu § 30 VVG.
[435] OLG Koblenz v. 4. 6. 2007, VersR 2007, 1640.

bewusst dahin erweitert, dass nicht nur Kapitalversicherung auf den Todesfall darunter fallen, sondern alle Lebensversicherung mit gesicherter Leistungspflicht des VR[436]. Das Kündigungsrecht besteht künftig also auch bei Rentenversicherung[437]. Es erstreckt sich allerdings nicht auf einen für die Altersversorgung bestimmten VV, bei dem der VN mit dem VR eine Verwertung vor dem Eintritt in den Ruhestand ausgeschlossen hat (§ 168 Abs. 3 VVG). Der Wert der vom Ausschluss der Verwertbarkeit betroffenen Ansprüche darf die in § 12 Abs. 2 Nr. 3 SGB II bestimmten Beträge allerdings nicht übersteigen[438].

147   Das ordentliche Kündigungsrecht trägt der Tatsache Rechnung, dass Lebensversicherungen typischerweise langfristig, im Hinblick auf §§ 10 Abs. 1 EStG a. F., 20 Abs. 1 Nr. 6 EStG mindestens auf 12 Jahre, angelegt sind und dass „auf Seiten des VN stets Umstände für den Abschluss und die Fortsetzung einer Lebensversicherung" ausschlaggebend sind, „die einem Wechsel in besonderem Maße unterliegen, nämlich die eigene Leistungsfähigkeit und die persönlichen Beziehungen zu anderen"[439]. **Inhaber des Kündigungsrechts** ist der VN. Das gilt auch im Falle der unwiderruflichen Bezugsberechtigung eines Dritten[440] und beruht darauf, dass der VN allein dem VR verpflichtet ist und ein Kündigungsrecht haben soll, um sich bei einem Wechsel der Verhältnisse von der Zahlung weiterer Prämien befreien zu können[441].

148   Da § 12 Abs. 1 ALB 2008 den **Versicherungsschein als qualifizierter Legitimationspapier** ausgestaltet (§§ 4 Abs. 1 VVG, 808 BGB), der LebensVR den Inhaber des Versicherungsscheins also als berechtigt ansehen kann, über Rechte aus dem VV zu verfügen, insbesondere Leistungen in Empfang zu nehmen, kann auch ein Dritter – der Inhaber – den Lebensversicherungsvertrag wirksam kündigen und Erstattung des Rückkaufswertes verlangen[442]; gibt der VN den Versicherungsschein aus der Hand, so muss er auch das Missbrauchsrisiko in Kauf nehmen[443].

149   Das Kündigungsrecht ist **kein höchstpersönliches Recht**[444]. Es ist übertragbar und pfändbar, isoliert betrachtet jedoch wertlos, so dass es nicht selbständig, sondern nur gemeinsam mit dem Rechtsanspruch auf den Rückkaufswert übertragen und gepfändet werden kann[445]. In Fällen einer unwiderruflichen Bezugsberechtigung, in denen der Rückkaufswert dem Begünstigten zusteht, kann ein Gläubiger des VN daher nicht in das Kündigungsrecht vollstrecken, obwohl es noch dem VN zusteht[446].

150   Nach einer **Pfändung** der Rechtsansprüche aus der Lebensversicherung kann der VN nur noch mit Zustimmung des Pfandgläubigers kündigen (§ 1276 Abs. 1 BGB)[447]. Der Pfandgläubiger hat nach Pfandreife ein alleiniges Kündigungsrecht (streitig)[448]. Im Falle einer **Abtretung** geht im Zweifel auch das Kündigungsrecht auf den Zessionar über[449]. Im Rahmen

---

[436] Begründung, BT-Drucks. 16/3945, S. 101, zu § 168 Abs. 2 VVG.

[437] Begründung, a. a. O.

[438] Zur Entstehungsgeschichte des § 168 Abs. 3 VVG: *Niederleithinger,* Das neue VVG, 2007, S. 258 (Anmerkung).

[439] Motive, S. 224; siehe auch: Begründung, BT-Drucks. 16/3945, S. 52 f. (AT, Abschnitt II, Nr. 8) zum Thema „Rückkaufswert".

[440] BGH v. 17. 2. 1966, VersR 1966, 359; ebenso: OLG Frankfurt/M. v. 19. 12. 2001, VersR 2002, 963 (964).

[441] BGH, a. a. O.

[442] OLG Koblenz v. 4. 1. 2002, VersR 2002, 873 (874).

[443] OLG Koblenz, a. a. O.

[444] BGH, a. a. O.; OLG München v. 2. 3. 2007, VersR 2007, 1637; *Römer/Langheid/Römer,* 2. Aufl. 2003, § 165 Rn. 2.

[445] BGH, a. a. O.; OLG München, a. a. O.; OLG Frankfurt/M. v. 19. 12. 2001, VersR 2002, 963.

[446] BGH v. 17. 2. 1966, NJW 1966, 1071 (1073).

[447] *Römer/Langheid/Römer,* § 165 Rn. 5. Differenzierend: *Ortmann,* in: *Schwintowski/Brömmelmeyer,* § 168 Rn. 9.

[448] *Römer/Langheid/Römer,* a. a. O.; OLG Frankfurt/M. v. 19. 12. 2001, VersR 2002, 963 (Kündigungsrecht auf der Basis eines Pfändungs- und Überweisungsbeschlusses); unentschieden: BGH v. 20. 3. 1991, NJW 1991, 1946 m. w. N.; a. A.: *Palandt/Bassenge,* § 1283 Rn. 1.

[449] OLG München v. 2. 3. 2007, VersR 2007, 1637; *Römer/Langheid/Römer,* a. a. O.

einer Sicherungszession kann die Kündigung des Zessionars missbräuchlich sein, wenn die Lebensversicherung dadurch ohne eigenes wirtschaftliches Interesse verwertet wird, um einem anderen Gläubiger Deckung zu verschaffen[450]. Mit der **Eröffnung des Insolvenzverfahrens** verliert der VN sein Kündigungsrecht an den Insolvenzverwalter (§ 80 Abs. 1 InsO). Daran ändert auch die Einräumung eines unwiderruflichen Bezugsrechts nichts, weil dem Insolvenzverwalter die Erfüllung des Lebensversicherungsvertrages zugunsten eines Dritten nicht zugemutet werden kann[451]. Will der Insolvenzverwalter den Rückkaufswert (§ 169 Abs. 3 VVG) zur Masse ziehen, muss er gem. § 168 VVG kündigen. Die frühere Rspr.[452], die eine Kündigung für entbehrlich hielt, ist seit der Entscheidung des BGH[453] v. 25. 4. 2002 überholt, weil der Lebensversicherungsvertrag allein durch Eröffnung des Insolvenzverfahrens noch nicht erlischt[454].

2. Kündigungserklärung

Die **Kündigungserklärung** braucht den Begriff der Kündigung nicht zu enthalten. Geht eine Rücktritts- oder Anfechtungserklärung ins Leere, kann sie in eine Kündigung umgedeutet werden[455]. Maßgeblich ist, ob sich der VN uneingeschränkt von dem bestehenden Lebensversicherungsvertrag lösen will oder nicht[456]. Die Erfüllungsverweigerung des Insolvenzverwalters ist als Kündigung auszulegen[457].   **151**

Die Kündigung ist nach dem gesetzlichen Regelungsmodell formlos möglich. Die in § 9 Abs. 1 ALB 2008 vorgesehene **Schriftform** ist zulässig (§ 171 S. 2 VVG); § 171 S. 2 ist insoweit lex specialis gegenüber §§ 69 Abs. 1 Nr. 2, 72 VVG, die einer Einschränkung der Empfangsvollmacht des Versicherungsvertreters durch Schriftformklauseln an und für sich entgegenstünden. Die Kündigung kann „jederzeit" erfolgen, wirkt sich jedoch erst am Ende der laufenden **Versicherungsperiode** aus. § 7 Abs. 1 S. 2 ALB 2008 koppelt die Dauer der Versicherungsperiode an die Beitragszahlungsabschnitte. Bei unterjähriger Beitragszahlung liegt also keine Ratenzahlung vor, bei der die in § 12 VVG als Regelfall vorgesehene Jahresperiode unberührt bliebe[458].   **152**

3. Zahlung des Rückkaufswerts

a) Wird eine Lebensversicherung, „die Versicherungsschutz für ein Risiko bietet, bei dem der Eintritt der Verpflichtung des VR gewiss ist" durch Kündigung des VN oder durch Rücktritt oder Anfechtung des VR aufgehoben, so hat der VR den **Rückkaufswert** zu zahlen (§§ 169 Abs. 1 VVG, 9 Abs. 3 S. 1 ALB 2008). Die Regelung ist halbzwingend (§ 171 S. 1 VVG)[459]; sie erfasst insb. Lebensversicherungen auf den Todes- und Erlebensfall, lebenslange Todesfallversicherungen und Unfallversicherungen mit Beitragsrückgewähr (§ 211 Abs. 1 Nr. 4 VVG *e contrario*); auch Rentenversicherungen werden erfasst. Der Rückkaufswert steht – auch bei widerruflicher Bezugsberechtigung[460] – dem VN, bei unwiderruflicher Bezugsberechtigung dem Bezugsrechtsinhaber zu[461]. Nicht anwendbar ist § 169 VVG bei Kündigung des VR, weil die Lebensversicherung dann in eine beitragsfreie Versicherung überführt wird   **153**

---

[450] BGH v. 20. 3. 1991, NJW 1991, 1946.

[451] *Römer/Langheid/Römer,* § 165 Rn. 10 m. w. N. auch zur Gegenauffassung.

[452] BGH v. 4. 3. 1993, NJW 1993, 1994.

[453] BGH v. 25. 4. 2002, NJW 2002, 2783.

[454] Einzelheiten: *Huber,* in: Münchener Kommentar zur Insolvenzordnung, Bd. 2, §§ 103–269, 2. Aufl. 2008, § 103 Rn. 118.

[455] OLG Hamm v. 19. 12. 1980, VersR 1981, 275.

[456] Ebenso OLG Hamm, a. a. O.; *Römer/Langheid/Römer,* § 165 Rn. 12.

[457] *Huber,* a. a. O.

[458] Siehe aber: OLG Köln v. 11. 6. 1992, r+s 1992, 260; vgl. auch *Römer/Langheid/Römer,* 2. Aufl. 2003, § 165 Rn. 13.

[459] In der Begründung (a. a. O.), S. 102, zu § 169 Abs. 3 VVG ist sogar von einem „zwingenden gesetzlichen Anspruch" die Rede.

[460] BGH v. 4. 3. 1993, NJW 1993, 1994; Einzelheiten: Rn. 229.

[461] Einzelheiten: Rn. 447.

(§§ 166 Abs. 1, 165 VVG)[462], und bei Rücktritt oder Anfechtung des VN, weil insoweit „allgemeines Recht"[463] gelten, d. h. vor allem eine Kondiktion der Beitragssumme (§§ 812 ff. BGB) ermöglicht werden soll. Im Falle des Widerrufs (§ 8 Abs. 1) ist § 169 nach Maßgabe des § 152 Abs. 2 VVG anwendbar. In der Direktversicherung (§ 1b Abs. 2 BetrAVG) ist § 169 Abs. 1 VVG gem. § 2 Abs. 2 S. 6 BetrAVG nur eingeschränkt anwendbar[464]. Bei Pensionskassen (§ 118b Abs. 3 und 4 VAG) und kleineren VVaG (§ 53 Abs. 1 S. 1 VAG) sowie bei Lebens- oder Unfallversicherung „mit kleineren Beträgen" kann § 169 VVG unanwendbar sein (§ 211 Abs. 1 VVG). § 169 Abs. 3 VVG soll auf Lebensversicherungen gegen Einmalbeitrag nicht anwendbar sein[465].

154   Bei den (vor dem 1. 1. 2008 abgeschlossenen) **Altverträgen** richtet sich die Erstattung des Rückkaufswerts auch künftig allein nach § 176 VVG in der bis zum 31. 12. 2007 geltenden Fassung (Art. 4 Abs. 2 EGVVG). Der Rückkaufswert darf in diesen Fällen einen Mindestbetrag in Höhe der „Hälfte des mit den Rechnungsgrundlagen der Prämienkalkulation berechneten ungezillmerten Deckungskapitals" nicht unterschreiten[466]. Das gilt auch bei Altverträgen eines LebensVVaG[467]. Bei **fondsgebundenen Lebensversicherungen** ist ein Mindestrückkaufswert in Höhe der „Hälfte des ungezillmerten Fondsguthabens" auszuzahlen[468]. Liegt der Rückkaufsfall bereits mehr als fünf Jahre zurück, kann der VR (mit Blick auf etwaige Nachforderungen) gem. § 12 Abs. 1 S. 1 VVG, 214 Abs. 1 BGB die Einrede der Verjährung erheben[469].

155   *Engeländer*[470] will aus der Begrifflichkeit des § 169 Abs. 1 VVG – „Versicherung" statt „Vertrag" – ableiten, dass „nur diejenigen Vertrags*teile* rückkaufsfähig" seien, „bei denen der Eintritt der Verpflichtung gewiss" sei[471]; soweit ein Vertrag eine höhere Todesfall- als Erlebensfall-Leistung vorsehe, sei der übersteigende Teil der Todesfallversicherung *kein* Teil der Versicherung, die Versicherungsschutz für ein Risiko biete, bei dem der Eintritt der Verpflichtung des VR gewiss sei, und falle damit nicht unter § 169 VVG. Dem ist jedoch *nicht* zu folgen. Die Erstattung des Rückkaufswerts knüpft an Kündigung, Rücktritt oder Anfechtung an (§ 169 Abs. 1 VVG), die sich immer auf den VV als Ganzes, nicht auf eine vermeintlich davon abzugrenzende „Versicherung" beziehen. Sieht dieser VV Leistungen im Todes- und Erlebensfall vor, ist § 169 Abs. 1 VVG ohne weiteres anwendbar. Die Frage, wie Todes- und Erlebensfallleistung gewichtet sind, wirkt sich allein auf die Höhe des Rückkaufswerts aus.

156   **b)** Im Falle der **Kündigung des VN** ist der Rückkaufswert nur insoweit zu zahlen, als dieser die Leistung bei einem Versicherungsfall zum Zeitpunkt der Kündigung nicht übersteigt (§ 169 Abs. 2 S. 1 VVG). Das ist der Fall, wenn das Deckungskapital für eine vereinbarte lebenslange Rente höher ist als die vereinbarte Rückzahlung aller Prämien im Todesfall vor Beginn der Rentenzahlung[472]. Der Restbetrag ist für eine beitragsfreie Versicherung zu ver-

---

[462] Begründung, BT-Drucks. 16/3945, S. 101, zu § 169 Abs. 1 VVG.

[463] Begründung, a. a. O.

[464] Dazu: LG Berlin v. 25. 1. 2001, VersR 2002, 342.

[465] BAFin, Hinweise zu einigen Auslegungsfragen zum VVG, VA 21 – A – 2008/0033, im Internet verfügbar unter „http://www.bafin.de".

[466] BGH v. 12. 10. 2005, VersR 2005, 1670. Dazu: *Brömmelmeyer*, WuB IV F. § 172 VVG 1.06; vgl. auch: *Schwintowski*, VuR 2007, 272.

[467] BGH v. 18. 7. 2007, VersR 2007, 1211.

[468] BGH v. 26. 9. 2007, VersR 2008, 29; anders noch: OLG Bamberg v. 21. 2. 2007, VersR 2007, 1354 mit zust. Anm. *Nill;* OLG Hamm v. 31. 8. 2005, VersR 2006, 777; vgl. auch: OLG Nürnberg v. 22. 9. 2003, VersR 2004, 182.

[469] *Brömmelmeyer*, WuB IV F. § 172 VVG 1.06; *Winkens/Abel*, VersR 2007, 527 (528), m.w.N.; vgl. auch: *Schwartze*, VersR 2006, 1331; vgl. auch: AG Hagen v. 10. 8. 2006, VersR 2007, 526; AG Kenzingen v. 26. 9. 2006, VersR 2007, 526; AG Nürnberg v. 29. 12. 2005, VersR 2006, 1392.

[470] *Engeländer*, VersR 2007, 1297 (1299).

[471] *Engeländer*, a. a. O. (Hervorhebung des Verf.).

[472] Begründung, BT-Drucks. 16/3945, S. 101, zu § 169 Abs. 2 VVG.

wenden (Satz 2). Dagegen ist der Rückkaufswert bei Rücktritt oder Anfechtung des VR in voller Höhe auszuzahlen (Satz 3), weil die (beitragsfreie) Fortsetzung des Vertragsverhältnisses in solchen Fällen unzumutbar ist[473].

c) Die Erstattung des Rückkaufswerts (§ 169 Abs. 1 VVG) ist streng von der Erstattung der **157** Beitragssumme (§§ 812 ff. BGB) zu unterscheiden. Bei gemischten Kapitallebensversicherungen richtet sich die **Berechnung des Rückkaufswerts** nach § 169 Abs. 3 VVG, bei fondsgebundenen Lebensversicherungen nach Absatz 4. Der Rückkaufswert gemischter Kapitallebensversicherungen entspricht dem nach anerkannten Regeln der Versicherungsmathematik mit den Rechnungsgrundlagen der Prämienkalkulation zum Schluss der laufenden Versicherungsperiode berechneten Deckungskapital, bei einer Kündigung des Versicherungsverhältnisses jedoch mindestens dem Betrag des Deckungskapitals, das sich bei gleichmäßiger Verteilung der angesetzten Abschluss- und Vertriebskosten auf die ersten fünf Vertragsjahre ergibt (Absatz 3 Satz 1 Hs. 1)[474]; die aufsichtsrechtlichen Regelungen über Höchstzillmersätze bleiben unberührt (Hs. 2).

aa) *Rückkaufs- als Zeitwert*. Die bisherige Definition des Rückkaufs- als **Zeitwert** (§ 176 **158** Abs. 3 S. 1 VVG a. F.) wies, wie der Reformgesetzgeber mit Recht betont hat, erhebliche Defizite auf; verweise der LebensVR auf den Zeitwert, sei für den VN völlig unklar, welchen Betrag er im Falle einer Kündigung erhalten werde; gebe der LebensVR den Rückkaufswert in absoluten Zahlen an, könne der VN die Berechnung nicht nachvollziehen[475]. Hinzukommt, dass die Berechnung des Zeitwerts bis heute umstritten ist[476]: Die Literatur hat den Zeitwert teils als Markt-, teils als Ertrags- und teils als Substanzwert berechnet[477]. *Engeländer*[478] hat den Zeitwert (auch) als „äußeren Nutzwert" der Lebensversicherung beschrieben, der auf der Basis eines (fiktiven) Marktes für gebrauchte Lebensversicherungsverträge ermittelt werden soll (Marktwert). *Jaeger*[479] hat den Zeitwert als „Barwert der am Bewertungszeitpunkt der Höhe nach garantierten Leistungen[,] vermehrt um den Barwert der nur dem Grunde nach vertraglich versprochenen, noch ausstehenden Überschussbeteiligung [,] vermehrt um den Barwert möglicher Nebenleistungen …[,] vermindert um den Barwert der ausstehenden (garantierten) Beiträge und ggf. vermindert um Wertermittlungs- und Übertragungskosten" interpretiert (Ertragswert), während *Kurzendörfer*[480] unter dem Zeitwert die mit zeitnahen Rechnungsgrundlagen berechnete Deckungsrückstellung [sic!] der individuellen Lebensversicherung (Substanzwert) verstand.

Der Dissens über den Zeitwert hat sich auch in der vor dem BGH[481] geführten Diskussion **159** niedergeschlagen, ob sich die **Zillmerung** nun eigentlich auf die Höhe des Rückkaufswerts auswirkt oder nicht: Die nach dem Mathematiker *August Zillmer* benannte Zillmerung i. S. v. § 4 Abs. 1 S. 1 der Deckungsrückstellungsverordnung[482] besagt, dass die Forderungen auf Ersatz der geleisteten, einmaligen Abschlusskosten einzelvertraglich bis zur Höhe des auf 4% festgelegten (Satz 2) Zillmersatzes aus den höchstmöglichen Prämienteilen gedeckt werden können, die nach den verwendeten Berechnungsgrundsätzen in dem Zeitraum, für den die

---

[473] Begründung, a. a. O.

[474] Kritisch: *Bürkle,* VersR 2006, 1042 (1043).

[475] Begründung, a. a. O.

[476] Begründung, a. a. O., S. 102, zu § 169 Abs. 3 VVG; BGH v. 12. 10. 2005, VersR 2005, 1670.

[477] *Jaeger,* a. a. O.

[478] *Engeländer,* VersR 1999, 1325 (1329).

[479] *Jaeger,* a. a. O. Ähnlich: *Engeländer,* NVersZ 2002, 442: „Damit ergibt sich als Formel für den Zeitwert der Barwert der entsprechend der auslösenden Bedingung gewichteten zukünftigen vertraglichen Leistungen … im Erlebensfall, im Todesfall und bei anderen leistungsauslösenden Ereignissen, vermindert um den Barwert der erwarteten zukünftigen Beiträge, insgesamt maximiert auf den Zeitwert von Optionen, soweit dieser höher als der vorige Saldo ist."

[480] *Kurzendörfer,* Einführung, 2.4.1.

[481] BGH v. 12. 10. 2005, VersR 2005, 1565.

[482] Verordnung über Rechnungsgrundlagen für die Deckungsrückstellungen v. 6. 5. 1996 (BGBl. I, S. 670).

Prämie gezahlt worden ist, weder für Leistungen im Versicherungsfall noch zur Deckung von Kosten für den Versicherungsbetrieb bestimmt sind. Da der Rückkaufswert prospektiv, als „*Zeitwert* der Lebensversicherung" berechnet werden soll und (vereinfacht formuliert) der Differenz zwischen dem Barwert der künftigen Leistungen und dem Barwert der künftigen Bruttobeiträge entspricht, wirkte sich die Zillmerung angeblich nicht auf den Zeitwert aus: „Zeitwerte werden", so *Engeländer*[483], „nicht gezillmert, sondern durch den vollen Ansatz der Bruttobeiträge rein prospektiv bestimmt". Der Begriff der Zillmerung habe nichts mehr mit den Leistungen an den VN im Kündigungsfall zu tun[484]. Dagegen hat der BGH[485] die frühere Abschlusskostenklausel gerade mit dem Hinweis darauf für unwirksam erklärt, dass die Belastung des Rückkaufswertes durch die dort der Sache nach geregelte Zillmerung dem Kunden nicht hinreichend klar vor Augen geführt werde. Das entsprach dem Begriffsverständnis der Deutschen Aktuarvereinigung, die den Zeitwert bereits im Jahre 1994 als „das voll gezillmerte, mit den Rechnungsgrundlagen der Prämienberechnung kalkulierte Deckungskapital" interpretiert hat[486]. Folgt man der Lesart des BGH, so musste die Zillmerung schon bisher *vereinbart* werden, weil sie den Rückkaufswert reduziert[487].

160   Die Befürchtung der Bundesregierung, „der VR könnte angesichts dieser Unsicherheiten versuchen, eine ihm günstige Berechnungsmethode durchzusetzen"[488], ist nach alledem nachvollziehbar. Der VN könnte zwar, so die Begründung, einen Sachverständigen mit einer eigenständigen Berechnung des Rückkaufswerts beauftragen; ob dessen Berechnungsweise gegenüber derjenigen des VR anerkannt werde, sei jedoch ungewiss[489]. Hinzu kommt, dass die prospektive Berechnung des Zeitwerts – namentlich die Diskontierung der (potentiellen) Zahlungsströme – lt. Begründung[490] zu einer (zu) großen Bandbreite von Rückkaufswerten führt. Unklar ist allerdings, ob der Reformgesetzgeber die **prospektive Berechnung des Deckungskapitals** künftig generell ausschließen will. Dagegen spricht auf den ersten Blick, dass er ausdrücklich auf die Berechnung des Deckungskapitals „unter Berücksichtigung … [von] § 341 f HGB" verweist, der eine prospektive Berechnung der Deckungsrückstellung verlangt. Indes können die Rückkaufswerte auf der Basis von § 169 Abs. 3 VVG von der nach § 341 f HGB berechneten Deckungsrückstellung abweichen (siehe nur: §§ 25 Abs. 2 RechVersV, 4 Abs. 3 DeckRV), so dass die Begründung im Ergebnis wohl i. S. einer **Rückkehr zu der retrospektiven Berechnung des Deckungskapitals** zu verstehen ist[491]. Dieser Denkweise entspräche auch das Regelungsanliegen, „dem VN bei der Inanspruchnahme des Kündigungsrechts den durch die gezahlten Prämien angesparten Wert des Vertrags" zu erhalten[492].

161   *bb) Deckungskapital.* **§ 169 Abs. 3 VVG** knüpft an das **Deckungskapital** an, um „an die Stelle des Zeitwerts eine möglichst klare und nachvollziehbare Berechnung des Rückkaufswerts" zu setzen[493]. Das Deckungskapital soll „versicherungsmathematisch nach den Rechnungsgrundlagen der Prämienkalkulation unter Berücksichtigung der bilanz- und aufsichtsrechtlichen Regelungen der Deckungsrückstellung (§ 341 f HGB, § 65 VAG) berechnet" werden[494]. Die Rechnungsgrundlagen der Beitragskalkulation umfassen alle Faktoren, die in

---

[483] *Engeländer*, NVersZ 2002, 436; *ders.*, VersR 2003, 1159.

[484] *Engeländer*, a. a. O. (439).

[485] BGH v. 9. 5. 2001, NVersZ 2001, 308; *Engeländer*, NVersZ 2002, 436 (445), betont folgerichtig, dass das Urteil „ohne wirkliche Substanz" sei.

[486] DAV-Mitteilung Nr. 2/94 vom 27. 6. 1994.

[487] BVerfG v. 15. 2. 2006, VersR 2006, 489 (491); *Schünemann*, VersR 2005, 323; konsequenterweise a. A.: *Engeländer*, VersR 2005, 1031; *Bergmann*, VersR 2004, 549.

[488] Begründung, a. a. O.

[489] Begründung, a. a. O.

[490] Begründung, a. a. O.

[491] *Engeländer*, VersR 2007, 1297 (1300), geht von einer *prospektiven* Berechnung aus.

[492] Begründung, a. a. O.

[493] Begründung, a. a. O.

[494] Begründung, a. a. O.

die mathematischen Formeln zu Berechnung der Beiträge eingesetzt werden, d. h. vor allem Risiko- und Kostenfaktoren sowie den Rechnungszins[495]. Trotz Deregulierung (1994) kann der VR diese Faktoren – entgegen *Engeländer*[496] – nicht völlig frei wählen; vielmehr verpflichtet ihn § 11 Abs. 1 VAG u. a. zur Rationalität der Beitragskalkulation[497], so dass etwa der Einsatz veralteter Sterbetafeln auch dann unzulässig wäre, wenn er durch einen vorsichtig gewählten Rechnungszins kompensiert würde.

Die Renaissance des retrospektiv mit den Rechnungsgrundlagen der Beitragskal- 162 **kulation ermittelten Deckungskapitals begegnet grundlegenden Bedenken, weil sie die Rechtslage vor der Deregulierung (1994) wieder aufleben lässt**[498]. Damals sprach sich die Begründung des § 176 Abs. 3 VVG a. F. für eine prospektive Berechnung des Rückkaufswertes nach der Ertragswertmethode und gegen die Berechnung des Rückkaufswertes auf der Basis des (gezillmerten) Deckungskapitals aus[499]. Begründet wurde die Einführung des Zeitwerts mit dem Hinweis darauf, dass die „an der Summe der verzinslich angesammelten Sparanteile der Prämien ausgerichtete Berechnung des Rückkaufswertes" der (potentiellen) Divergenz zwischen der Beitragsberechnung und der Berechnung der Deckungsrückstellungen sowie der größeren Freiheit der LebensVU im Bereich des Kapitalanlagemanagements nicht mehr gerecht werde[500]; stattdessen seien „nach versicherungsmathematischen Grundsätzen einerseits alle künftigen Prämien und andererseits alle zukünftigen Leistungen aus dem VV" in die Berechnung einzubeziehen; angelehnt an § 9 des Bewertungsgesetzes seien alle Umstände, die den Zeitwert beeinflussen, bspw. Kapitalmarkt- und Sterblichkeitsrisiko, zu berücksichtigen[501] Dagegen reduzieren Rückkaufswerte[502] auf der Basis des Deckungskapitals die Flexibilität der LebensVR bei der Kapitalanlage, weil der – für die Rückkaufswerte künftig wieder maßgebliche – Rechnungszins der Beitragskalkulation invariant, der Rückkaufswert also während des gesamten Laufzeit der Lebensversicherung garantiert ist, der Marktwert der Kapitalanlagen jedoch aufgrund von Kursschwankungen variiert. Korrespondierende Ertragsverluste können die VR u. U. dadurch vermeiden, dass sie den Schlussüberschussanteilsfonds erhöhen[503]. Da die Schlussüberschüsse nicht Teil des Deckungskapitals sind, brauchen die LebensVR den Rechnungszins insoweit nicht zu garantieren. Das kann, muss sich aber nicht zu Lasten der Höhe der Rückkaufswerte auswirken, wenn die VN auch im Rückkaufsfall am Schlussüberschuss zu beteiligen sind (§§ 169 Abs. 7 VVG, 9 Abs. 5, 2 Abs. 2 ALB 2008).

Im Lichte der **Dienstleistungsfreiheit (Art. 49 EG)** darf die Definition des (Mindest-) 163 Rückkaufswerts als retrospektiv zu berechnendes Deckungskapital den Produktvertrieb EU-/EWR-ausländischer LebensVR nicht (unverhältnismäßig) beeinträchtigen;[504] sie darf bspw. nicht dazu führen, dass Lebensversicherungen auf der Basis langfristiger Kapitalanlagen mit nur endfälliger Garantie in der Bundesrepublik Deutschland nicht mehr angeboten werden können[505]. Ob der normierte (Mindest-)Rückkaufswert insoweit hinreichend flexibel ist, bleibt – auch unter Berücksichtigung von § 169 Abs. 3 S. 3 VVG (s. u.) – abzuwarten[506].

cc) Mindestrückkaufswert. § 169 Abs. 3 S. 1 Hs. 2 VVG regelt den **Mindestrückkaufs-** 164 **wert**[507], der allerdings nur im Falle der **Kündigung** (§ 168; §§ 166 Abs. 1, 165 Abs. 1 S. 2

---

[495] Einzelheiten: *Engeländer,* a. a. O., S. 1302.
[496] *Engeländer,* a. a. O., S. 1303.
[497] *Brömmelmeyer,* Verantwortlicher Aktuar, 1996, S.178.
[498] Im Ergebnis ähnlich: *Engeländer,* VersR 2007, 1297.
[499] Ebenso: *Jaeger,* VersR 2002, 133 (136).
[500] Begründung, BT-Drucks. 12/6959, S. 102.
[501] Begründung, a. a. O.
[502] Siehe aber: *Ortmann,* in: *Schwintowski/Brömmelmeyer,* § 169 Rn. 36.
[503] Dafür: *Heinen,* Welche Änderungen kommen auf die Lebensversicherer zu?, 2008 S. 25, 48.
[504] *Ortmann,* in: *Schwintowski/Brömmelmeyer,* § 169 Rn. 36; zur Dienstleistungsfreiheit zuletzt: EFTA-Gerichtshof v. 25. 11. 2005, VersR 2006, 249, mit Anm. *Bürkle.*
[505] Ebenso: *Engeländer,* VersR 2007, 1297 (1305).
[506] Dagegen: *Bürkle,* VersR 2006, 1042 (1048).
[507] Missverständlich: *Engeländer,* a. a. O., der von „anfänglich erhöhten Rückkaufswerten" spricht.

VVG) zum Tragen kommt. Die Begründung rechtfertigt diese Einschränkung damit, dass im Falle eines Rücktritts oder einer Anfechtung des VR „immer ein Fehlverhalten des VN vorliegen" werde. Die Musterbedingungen greifen diese Einschränkung in § 6 Abs. 5 (Rücktritt) und Absatz 14 (Anfechtung) auf, indem sie die Regelung des Mindestrückkaufswerts (§ 9 Abs. 3 S. 3 ALB 2008) in diesen Fällen ausdrücklich für „nicht anwendbar" erklären.

165 **Der Mindestrückkaufswert ist der Betrag des Deckungskapitals, der sich ergibt, wenn die – im Rahmen des jeweils geltenden Höchstzillmersatzes (§ 4 DeckRV) ansetzbaren – (rechnungsmäßigen) Abschluss- und Verwaltungskosten rechnerisch auf die ersten fünf Jahre der Laufzeit der Lebensversicherung verteilt werden (§ 169 Abs. 3 S. 1 VVG).** Die Formulierung, „die … Höchstzillmersätze bleiben unberührt" gewährleistet, dass „aufsichtsrechtliche Höchstzillmersätze nur insoweit zu beachten sind, als das deutsche Aufsichtsrecht Anwendung findet. Das ist bei EU-/EWR-ausländischen VR nicht der Fall[508]. Die Formulierung ist allerdings unglücklich gewählt, weil sich der Höchstzillmersatz (§ 4 DeckRV) nur auf die Berechnung der (kollektiven) Deckungsrückstellung, d. h. auf einen Passivposten der Bilanz bezieht, und nicht auf das (individuelle) Deckungskapital. § 169 Abs. 3 S. 1 Hs. 2 VVG ist jedoch so auszulegen, dass auch dieses Deckungskapital anfänglich nur mit Abschluss- und Vertriebskosten in Höhe von max. 4 % der (konkreten) Beitragssumme belastet werden darf. Mangels ähnlicher Korrektive in EU-/EWR-Ausland führt die Freistellung EU-/EWR-ausländischer LebensVR insoweit zu einer **Inländerdiskriminierung.**

166 Der Bestimmung des Mindestrückkaufswerts knüpft an das sog. **„Riester-Modell"** im Sinne des AltZertG an. Der Gesetzgeber hat den Regelungsvorschlag der VVG-Kommission, die auf das „ungezillmerte Deckungskapital" abstellen wollte, also nicht übernommen, obwohl sich auch der BGH[509] diesen Lösungsansatz zu Eigen gemacht hatte. Der Mindestrückkaufswert gewährleistet, dass der VR das Kündigungsrecht des VN nicht dadurch entwertet, dass er die Kündigung mit prohibitiv hohen Kosten belastet[510]: Der VR darf, so die Begründung, das (nicht abdingbare) Kündigungsrecht des VN nicht dadurch in Frage stellen, dass er im Vertrag besondere Nachteile für den Fall der Kündigung vorsieht, die der VN bei Abschluss der Lebensversicherung nicht ohne weiteres erkennen und bewerten kann[511]. Die Regelung reflektiert vor allem auf das sog. **„Frühstorno":** Die Zillmerung (s. o.) führe bisher dazu, dass zumindest in den ersten zwei Vertragsjahren kein Rückkaufswert bestehe[512]. Dementsprechend trage der Mindestrückkaufswert „den Interessen der VN" Rechnung, „die sich aus unterschiedlichen Gründen dazu entschließen, von ihrem gesetzlichen Kündigungsrecht Gebrauch zu machen"[513].

167 *dd) Transparenz.* Der BGH[514] hat bereits auf der Basis der früheren Rechtslage ein hohes Maß an **Transparenz (§ 307 Abs. 1 S. 2 BGB)** der Rückkaufswerte verlangt. Danach ist der VN bereits in der Kündigungsklausel auf die wirtschaftlichen Nachteile der Kündigung hinzuweisen[515]. Die Erläuterung, dass der Rückkaufswert nicht der Beitragssumme entspreche, reiche, so der BGH[516], nicht aus; sowohl über die Tatsache, dass der Rückkaufswert in der Frühphase der Lebensversicherung (auf der Basis der früheren Rechtslage) bei Null liege

---

[508] Beschlussempfehlung und Bericht des Rechtsausschusses, BT-Drucks. 16/5862, S. 98 ff., zu § 169 Abs. 3 VVG.
[509] BGH v. 12. 10. 2005, VersR 2005, 1565.
[510] Begründung, a. a. O., S. 52, AT, Abschnitt II, Nr. 8.
[511] Begründung, a. a. O.
[512] Begründung, a. a. O.
[513] Begründung, a. a. O.; vgl. auch *Heinen,* Welche Änderungen kommen auf die Lebensversicherer zu?, 2008, S. 25, 43 („fairer Interessenausgleich").
[514] BGH v. 9. 5. 2001, NVersZ 2001, 308; OLG Brandenburg v. 25. 9. 2002, VersR 2003, 1155 (1157); vgl. auch: LG Hamburg v. 28. 12. 2001, VersR 2002, 738.
[515] BGH, a. a. O.; OLG Stuttgart v. 27. 9. 2007, VersR 2008, 909.
[516] BGH, a. a. O.

als auch darüber, dass er ggf. über Jahre hinter der bis dahin beglichenen Beitragssumme zurückbleibe, müsse der VN bei Vertragsschluss an der Stelle der AVB in Grundzügen unterrichtet werden, an der die Regelung der Kündigung und der Beitragsfreistellung angesprochen werde[517]. Da der (Mindest-)Rückkaufswert künftig ab der ersten Beitragszahlung positiv sein wird (§ 169 Abs. 1 S. 1 Hs. 2 VVG), weist **§ 9 Abs. 6 ALB 2008** nunmehr nur noch darauf hin, dass anfänglich „nur ein geringer Rückkaufswert vorhanden" sei und dass der Rückkaufswert „auch in den Folgejahren nicht unbedingt die Summe der eingezahlten Beiträge" erreiche.

Der BGH[518] hat auch die Intransparenz der (früheren) Klausel über die Berücksichtigung   **168** der Abschlusskosten beanstandet: Eine Formulierung nach dem Muster „Die mit dem Abschluss Ihrer Versicherung verbundenen und auf sie entfallenden Kosten … werden Ihnen nicht gesondert in Rechnung gestellt", verstehe der Kunde als ihm günstig; umso mehr müsse ihm „an derselben Stelle in den AVB" verdeutlicht werden, dass die nachfolgende Regelung (der Zillmerung) für ihn einen erheblichen wirtschaftlichen Nachteil für den Fall bedeute, dass er von seinem gesetzlichen Recht Gebrauch mache, den Lebensversicherungsvertrag in den ersten Jahren zu kündigen oder beitragsfrei zu stellen. Dementsprechend weist **§ 10 Abs. 4 ALB 2008** (nunmehr) ausdrücklich darauf hin, dass „die beschriebene Kostenverrechnung wirtschaftlich zur Folge" habe, „dass in der Anfangszeit Ihrer Versicherung nur geringe Beträge zur Bildung der beitragsfreien Versicherungssumme oder für einen Rückkaufswert vorhanden" seien.

Diese Transparenzanforderungen sind auch auf Klauseln eines VVaG[519] und auf die fonds-   **169** gebundene Lebensversicherungen[520], nicht aber auf Lebensversicherung anwendbar, die vor der Deregulierung der Lebensversicherungsmärkte am 28. 7. 1994 abgeschlossen worden sind (§ 11 c S. 1 VAG: Altbestand)[521]; insoweit bleibt es bei der früheren Rspr. des BGH[522], die im Hinblick auf die genehmigungsbedürftigen Geschäftspläne der LebensVR den Schutzbedarf der VN geringer veranschlagt hat. Die Intransparenz einer Rückkaufswert-Klausel kann angeblich geheilt werden, wenn dem VN bei Antragstellung ein „Versicherungsverlauf" vorgelegt wurde, dem die Rückkaufswerte für sämtliche Versicherungsjahre zu entnehmen sind.[523]

ee) Informationspflichten. Der Rückkaufswert und das Ausmaß, in dem er garantiert ist, sind   **170** dem VN vor Abgabe von dessen Vertragserklärung **mitzuteilen** (§ 169 Abs. 3 S. 2 VVG). Die VVG-InfoV sieht insoweit vor, dass die „in Betracht kommenden Rückkaufswerte" (§ 2 Abs. 1 Nr. 4 VVG-InfoV) sowie das „Ausmaß, in dem sie garantiert sind" jeweils in Euro anzugeben sind (§ 2 Abs. 2 VVG-InfoV), und bringt damit zum Ausdruck, dass „dem VN für den Zeitraum des gesamten Vertragslaufzeit eine **repräsentative Auswahl von Rückkaufswerten** mitzuteilen ist"[524]. Der VN habe, so die Begründung[525], „ein berechtigtes Interesse, bereits bei Vertragsschluss darüber informiert zu werden, mit welchen garantierten Beträgen er in den einzelnen Vertragsjahren rechnen" könne. Daraus folgt, dass die individuellen Rückkaufswerte konkret, bspw. in Tabellenform anzugeben sind[526]. Eine abstrakte Darstellung, bspw. eine Erläuterung der Berechnungsmethode, wäre als alleinige Information unzu-

---

[517] BGH, a. a. O.

[518] BGH, a. a. O.; in der Folge auch: LG Hamburg v. 28. 12. 2001, VersR 2002, 738.

[519] BGH v. 24. 10. 2007, VersR 2008, 337.

[520] BGH v. 21. 11. 2007, VersR 2008, 381 mit zustimmender Anm. *Sajkow,* VuR 2008, 27; LG Aachen v. 11. 10. 2002, VersR 2003, 716; anders noch OLG Bamberg v. 21. 2. 2007, VersR 2007, 1354 mit Anm. *Nill;* OLG Hamm v. 31. 8. 2005, VersR 2006, 777; OLG Nürnberg v. 22. 9. 2003, VersR 2004, 182.

[521] OLG Köln v. 19. 12. 2001, NVersZ 2002, 163 = VersR 2002, 600.

[522] BGH v. 3. 11. 1994, BGHZ 128, 54.

[523] OLG Stuttgart v. 27. 9. 2007, VersR 2008, 909, 910.

[524] Begründung, VVG-InfoV, zu § 2 Abs. 1.

[525] Begründung, a. a. O.

[526] Der BGH (BGH, a. a. O.) hatte bereits auf der Basis der früheren Rechtslage verlangt, dass der VR dem VN eine Tabelle aushändigt, aus der sich die (garantierten) Rückkaufswerte ergeben.

reichend[527]. Die Begründung[528] geht davon aus, dass die Rückkaufswerte jährlich anzugeben sind, *Präve*[529] hält auch größere Abstände für vertretbar.

171   Im Interesse eines effektiven Rechtsschutzes muss der VN die Berechnung der Rückkaufswerte überprüfen können; ggf. muss der VR also seine Rechnungsgrundlagen so aufschlüsseln, dass eine richterliche *ex post* Kontrolle avisierter und ausgezahlter Rückkaufswerte möglich wird. Im Hinblick auf den Altbestand (§ 11 c VAG) steht dem VN zwar kein Anspruch auf Erteilung von Auskunft zu, anhand welcher konkreten Zahlen und Rechengrößen die Berechnung des Rückkaufswerts erfolgt[530]. Dem steht das berechtigte Interesse des VR entgegen, seine Kalkulation nur gegenüber der BAFin, nicht auch gegenüber Dritten preisgeben zu müssen. Die im Interesse des VN gebotene neutrale Nachprüfung des seitens des jeweiligen VR errechneten Rückkaufswertes einer infolge Kündigung vorzeitig beendeten Lebensversicherung wird durch die BAFin gewährleistet[531]. Diese Rspr. ist jedoch angesichts der Deregulierung (1994) und im Lichte der vom BVerfG[532] (2005) kritisierten Kontrolldefizite einer ausschließlich an Kollektivinteressen ausgerichteten Rechts- und Finanzaufsicht (§§ 81 ff. VAG) nicht auf die neue Rechtslage (2008) übertragbar.

172   *ff) EU-/EWR-VR.* Hat der VR seinen Sitz in einem anderen Mitgliedstaat der Europäischen Union oder in einem anderen EWR-Vertragsstaat, so kann er für die Berechnung der Rückkaufswerts anstelle des Deckungskapitals den in diesem Staat vergleichbaren anderen Bezugswert zugrundelegen (§ 169 Abs. 3 S. 3 VVG). Die Kritik *Engeländers*[533] beruht auf einem Missverständnis, weil er das Deckungskapital (abstrakt) als universelle, d. h. in allen Mitgliedstaaten anerkannte „Familie von Formeln"[534] begreift, während § 169 Abs. 3 VVG darunter das konkrete, in Einklang mit den nationalen (aufsichtsrechtlichen) Regelungen berechnete Deckungskapital meint: Schließt ein EU-/EWR-VR einen Lebensversicherungsvertrag mit einem VN in Deutschland, so unterliegt dieser Vertrag in der Regel deutschem Recht (Art. 8, 7 Abs. 2 Nr. 4a EGVVG). Um diesen VR nicht gegenüber einem VR mit Sitz in Deutschland zu benachteiligen, wird ihm das Recht eingeräumt, den Rückkaufswert nach einem mit dem Deckungskapital vergleichbaren Bezugswert zu berechnen[535]. Dabei ist zu berücksichtigen, dass Art. 20 der Lebensversicherungs-Richtlinie für die Bildung versicherungstechnischer Rückstellungen einheitliche Kriterien vorsieht. Eine Benachteiligung des VN durch die von § 169 Abs. 3 S. 1 VVG abweichende Berechnung des Rückkaufswertes hält der Reformgesetzgeber für ausgeschlossen, weil der VN „vom VR nach Satz 2 über dessen Höhe für jedes Vertragsjahr bereits bei Vertragsschluss unterrichtet" werde und „sich damit einen Vergleich mit Versicherungen verschaffen" könne, bei denen der Rückkaufswert nach dem Deckungskapital zu berechnen sei[536]; anders als in der Begründung[537] vorgesehen, hat man es allerdings versäumt, EU-/EWR-ausländische VR in der VVG-InfoV zu verpflichten, den VN im Kontext der Information über den Rückkaufswert auf den abweichenden Bezugswert hinzuweisen.

173   **d)** In der **fondsgebundenen Lebensversicherung** (§§ 169 Abs. 4 VVG, 54b VAG) bleibt es mit Blick auf die Berechnung des Rückkaufswerts bei der bisherigen Regelung. Da „die VN unmittelbar die Chancen und Risiken der Anlage am Kapitalmarkt tragen", hält die

---

[527] Ebenso: *Präve,* VersR 2008, 151.

[528] Begründung, a. a. O., S. 102, zu § 169 Abs. 3 S. 2 VVG: „Nach Satz 2 muss der Rückkaufswert von vornherein für jedes Vertragsjahr angegeben werden. Der Rückkaufswert ist also vorbehaltlich der Einschränkungen nach den Absätzen 5 und 6 [s. u.] garantiert".

[529] *Präve,* VersR 2008, 151.

[530] LG Hamburg v. 2. 11. 2000, VersR 2002, 221.

[531] LG Hamburg, a. a. O.

[532] BVerfG v. 26. 7. 2005, VersR 2005, 1127, bzgl. der Überschussbeteiligung.

[533] *Engeländer,* VersR 2007, 1297 (1302).

[534] *Engeländer,* a. a. O., S. 1302, 1300; *ders.,* VersR 1999, 1325.

[535] Begründung, a. a. O., S. 102, zu § 169 Abs. 3 S. 3.

[536] Begründung, a. a. O.

[537] Dazu bereits: Begründung, a. a. O.

VVG-Reform insoweit auch an dem Begriff des Zeitwerts fest[538]: Der Rückkaufswert ist „nach anerkannten Regeln der Versicherungsmathematik als Zeitwert der Versicherung zu berechnen", soweit nicht der VR eine bestimmte Leistung garantiert (Satz 1 Hs. 1). Im Übrigen gilt § 169 Abs. 3 VVG (Hs. 2), so dass ein Mindestrückkaufswert auf der Basis gleichmäßiger Kostenverteilung auf die ersten fünf Jahre zu bilden ist. Bei fondsgebundenen Rentenversicherungen mit einer Mindestleistung, für die eine prospektive Deckungsrückstellung gebildet wird (Beispiel: § 1 Abs. 2 Nr. 2 des BetrAVG), ist der Rückkaufswert insoweit nach § 169 Abs. 3 VVG zu bilden[539]. Der Rückkaufswert besteht in diesem Fall in der Kombination von Deckungskapital und Zeitwert. Die Grundsätze der Berechnung des Zeitwerts sind im Vertrag anzugeben (§ 169 Abs. 4 S. 2 VVG).

e) Der VR ist zu einem **Stornoabzug** nur berechtigt, wenn er vereinbart, beziffert und **174** angemessen ist (§ 169 Abs. 5 S. 1 VVG). Die Vereinbarung eines Stornoabzugs für noch nicht getilgte Abschluss- und Vertriebskosten ist unwirksam (Satz 2). § 169 Abs. 5 VVG bezieht sich auf den Rückkaufs-, nicht auf den Mindestrückkaufswert[540]. Die Effektivität des § 169 Abs. 5 VVG wäre gefährdet, wenn der VR den Rückkauf bereits bei Ermittlung des Deckungskapitals mit Kosten belasten könnte[541], statt das ermittelte Deckungskapital anschließend um einem Stornoabschlag zu kürzen; ggf. wäre das allgemeine Umgehungsverbot heranzuziehen.

Berechtigt ist der Stornoabzug nur, wenn er wirksam **vereinbart** ist[542]. Dementsprechend **175** sehen die Musterbedingungen vor, dass von dem – in Einklang mit § 169 Abs. 3 VVG ermittelten – Rückkaufswert ein Abzug erfolgt (§ 9 Abs. 3 S. 4 ALB 2008). Der Abzug muss **beziffert** sein (§ 169 Abs. 5 S. 1 VVG). Denn der VN muss von Beginn an über die Kosten einer Kündigung unterrichtet sein, wenn er ihre wirtschaftliche Bedeutung erkennen soll[543]. Ein Stornoabzug, der nur dem Grunde nach vereinbart ist, der Höhe nach aber im Ermessen des VR steht oder erst nach der Kündigung bekannt gegeben wird, reicht dafür nicht aus[544]. Das gilt auch für einen nicht bezifferten Abzug, für dessen Berechnung auf versmathematische Grundsätze verwiesen wird, die der VN nicht kennt und die er nicht selbst nachvollziehen kann[545]. Deshalb wird in § 169 Abs. 5 VVG „klargestellt", dass der Stornoabzug im Vertrag nicht nur vereinbart, sondern auch beziffert werden muss. Der Stornoabzug braucht allerdings – anders als der Rückkaufswert selbst (§ 2 Abs. 1 Nr. 4, Abs. 2 VVG-InfoV) – *nicht als absoluter Euro-Betrag* angeben zu werden; vielmehr reichen auch prozentuale Angaben, solange der VN die Höhe des Stornoabzugs rechnerisch mit Leichtigkeit selbst überprüfen kann[546]. Knüpft der VR an eine dem VN unbekannte Bezugsgröße – bspw. an „tarifliche Grundsätze" – an, so ist die entsprechende Klausel (auch) künftig unwirksam[547].

Der Stornoabzug muss **angemessen** sein (§ 169 Abs. 5 S. 1 VVG). Er darf insb. keinen pro- **176** hibitiven Charakter haben, weil er andernfalls das Kündigungsrecht (§ 168) unterlaufen könnte, das nicht zum Nachteil des VN eingeschränkt werden darf (§ 171 S. 1 VVG)[548]. Der

---

[538] Begründung, a. a. O.

[539] Begründung, a. a. O.

[540] Dafür aber: *Engeländer,* VersR 2007, 1297 (1310).

[541] Dafür offenbar: *Engeländer,* a. a. O., S. 1310 f.

[542] BGH v. 26. 9. 2007, NJW-RR 2008, 189; BGH v. 18. 7. 2007, NJW-RR 2007, 1629; BGH v. 18. 7. 2007, NJW-RR 2007, 1828 = VersR 2007, 1211; OLG Düsseldorf v. 13. 5. 2005, ZfS 2005, 458 (alle noch auf der Basis von § 176 Abs. 4 VVG a. F.).

[543] Begründung, a. a. O.

[544] Begründung, a. a. O., S. 103, zu § 169 Abs. 5 VVG.

[545] Begründung, a. a. O.

[546] Ebenso: *Schick/Franz,* VW 2007, 764, 766; *Ortmann,* in: *Schwintowski/Brömmelmeyer,* 2008, § 169 Rn. 89; a. A.: *Gatschke,* VuR 2007, 450.

[547] Dazu anhand der Parallelvorschrift im österreichischen VVG: OGH v. 17. 1. 2007, VersR 2007, 1676 (Erforderlichkeit eines „ausreichend nachvollziehbar [und] bestimmt" angegebenen Stornoabschlags).

[548] *Bruck/Möller/Winter,* Bd. V/2, Anm. G 423.

Begriff der Angemessenheit ist unbestimmter Rechtsbegriff, d. h. Delegationsnorm an die Rechtsprechung[549]. Die Frage, ob der Stornoabzug als Entschädigung für die nach einer Kündigung endgültig ausbleibende Amortisation der Abschlusskosten angesetzt werden darf, hat allerdings der Reformgesetzgeber selbst „abschließend geklärt"[550] – und unter Berufung auf „das zwingende gesetzliche Kündigungsrecht des VN" verneint (§ 159 Abs. 5 S. 2 VVG)[551]. Die Belastung mit den Abschluss- und Vertriebskosten, die in künftigen, nicht mehr geschuldeten Prämien enthalten seien, käme lt. Begründung einer „ Art unzulässiger Vertragsstrafe für vertragsgemäßes Verhalten" gleich[552].

177   Der Stornoabschlag ist nur angemessen, wenn er **sachlich gerechtfertigt** ist, d. h. tatsächliche Nachteile des VR oder des Risikokollektivs spiegelt, die durch einen Stornoabzug ausgeglichen werden können. Rechtfertigen lässt sich der Stornoabzug vor allem mit der dem Rückkauf eigenen Antiselektion: Diese beruht bspw. bei einer Todesfallversicherung darauf, dass nur der gesunde, nicht aber der kranke VN bereit sein wird, seine Lebensversicherung aufzulösen[553]. Bisher hat die Deutsche Aktuarvereinigung (DAV)[554] den Stornoabzug bspw. bei einer Lebensversicherung auf 30 Jahre (Eintrittsalter: 30 Jahre) in Höhe von 1,23 ‰ des riskierten Kapitals mit der Selektionswirkung, in Höhe von 3,60 ‰ mit erhöhten Verwaltungskosten und in Höhe von 14,13 ‰ mit noch nicht getilgten Abschlusskosten begründet. Nach neuem Recht entfällt also der (größte) Teil des Stornoabzugs, weil er an noch nicht getilgte Abschlusskosten anknüpft (s. o.).

178   Bedenklich ist die Rechtfertigung des Stornoabschlags als (angeblich) erforderlicher Ausgleich für **„kollektiv gestelltes Risikokapital":** Die Musterbedingungen erläutern dies damit, dass man dem VN „im Rahmen des vereinbarten Versicherungsschutzes Garantien und Optionen" biete. Dies sei möglich, weil ein Teil des dafür vorgesehenen Risikokapitals (Solvenzmittel) durch den Versicherungsbestand zur Verfügung gestellt werde. Bei Neuabschluss eines Vertrags partizipiere dieser an bereits vorhandenen Solvenzmitteln. Während der Laufzeit müsse der Vertrag daher Solvenzmittel zur Verfügung stellen. Bei Vertragskündigung gingen diese Solvenzmittel dem verbleibenden Bestand verloren und müssten deshalb im Rahmen des Abzugs ausgeglichen werden. Der interne Aufbau von Risikokapital sei regelmäßig für alle VN die günstigste Finanzierungsmöglichkeit von Optionen und Garantien, da eine externe Finanzierung wesentlich teurer wäre (ALB 2008 – Anhang). Nach Meinung *Ortmanns*[555] stellt dies „keinen angemessenen Grund für einen Stornoabzug dar": Zahle ein VN bspw. 30 Jahre lang 25,– Euro monatlich bis zur Fälligkeit der Leistung [gemeint ist die Erlebensfall-Leistung] ein, habe er mit 9 000,– Euro Gesamtbeitragssumme nach 30 Jahren weniger eingezahlt als ein VN, der 1 000,– Euro im Monat bezahle und nach 2 Jahren kündige (24 000,– Euro). Es sei nicht ersichtlich, warum der zuletzt genannte VN einen Stornoabzug zahlen solle, obwohl er insgesamt einen größeren Beitrag zur Risikotragfähigkeit des Kollektivs geleistet habe als der zuerst genannte VN[556].

---

[549] Dazu: *Röthel*, Normkonkretisierung im Privatrecht, 2004, S. 51.

[550] Begründung, a. a. O.

[551] Begründung, a. a. O.

[552] Begründung, a. a. O., S. 103, zu § 169 Abs. 5 VVG.

[553] *Bruck/Möller/Winter*, Bd. V/2, Anm. G 428; *Kurzendörfer*, Einführung, 2.4.1.; Berliner Kommentar/ *Schwintowski*, § 174 VVG, Rn. 14; vgl. auch Deutsche Aktuarvereinigung, Mitteilung Nr. 5, Nr. 3.1. „risikotechnische Belastung" des Bestands; vgl. auch die Darstellung in den Musterbedingungen: Bei der Kalkulation des Stornoabschlags berücksichtige man die Veränderung der Risikolage: „Die Kalkulation von Versicherungsprodukten" basiere darauf, dass sich „die Risikogemeinschaft … gleichmäßig aus VN mit einem hohen und einem geringen Risiko" zusammensetze. Da Personen mit einem geringen Risiko die Risikogemeinschaft eher verließen als Personen mit einem hohen Risiko, werde in Form eines kalkulatorischen Ausgleichs sichergestellt, dass der Risikogemeinschaft durch die vorzeitige Vertragskündigung kein Nachteil entstehe.

[554] Deutsche Aktuarvereinigung (DAV), Mitteilung Nr. 5 v. 24. 10. 1995, Anlage 3; wiedergegeben mit teils abweichenden Sätzen bei *Jaeger*, VersR 2002, 133 (141).

[555] *Ortmann*, in: *Schwintowski/Brömmelmeyer*, § 169 Rn. 92.

[556] *Ortmann*, a. a. O.

Die Musterbedingungen verbinden die Legitimierung des Stornoabschlags mit einer – ver- **179** mutlich auf § 309 Nr. 5b BGB abgestimmten – **Beweislastregelung:** „Sollten Sie uns nachweisen, dass die dem Abzug zugrunde liegenden Annahmen in Ihrem Fall entweder dem Grunde nach nicht zutreffen oder der Abzug wesentlich niedriger zu beziffern ist, entfällt der Abzug bzw. wird – im letzteren Falle – entsprechend herabgesetzt" (§ 9 Abs. 3 S. 7 ALB 2008; Anhang). Die Literatur[557] vertritt indes, dass „der VR [, der] irgendwelche Stornokosten geltend macht, … die Darlegungs- und Beweislast dafür [trägt], dass die Voraussetzungen des § 169 Abs. 5 VVG vorliegen[558]. Er habe insb. auch darzulegen, „warum diese Kosten angemessen sein sollen"[559]. Das entspricht der Begründung des Regierungsentwurfs, in der es ausdrücklich heißt: „Der VR trägt die Beweislast dafür, dass der von ihm geltend gemachte Abzug den Voraussetzungen des § 169 Abs. 5 VVG-Entwurf entspricht." Die Beweislastregelung der Musterbedingungen ist so gesehen irreführend, so dass die Regelung des Stornoabzugs insgesamt gegen das Transparenzgebot (§ 307 Abs. 1 S. 2 BGB) verstoßen könnte.

f) Der VR kann den Rückkaufswert gem. **§ 169 Abs. 6 VVG** angemessen herabsetzen, **180** um eine Gefährdung der Belange der VN, insb. durch eine Gefährdung der dauernden Erfüllbarkeit der sich aus den VV ergebenden Verpflichtungen auszuschließen (Satz 1). Die Herabsetzung ist jeweils auf ein Jahr befristet (Satz 2). Hintergrund ist lt. Begründung[560] die Befürchtung, „dass die Neuregelung [des Rückkaufswerts] in Zukunft bei einem VR wirtschaftliche Schwierigkeiten verursachen" könnte. Ein VR könnte „von einer Welle von Kündigungen weit über die nach seinen bisherigen Erfahrungen zu erwartende Quote hinaus überrascht werden", so dass ihn die Belastung durch erhöhte Rückkaufswerte besonders hart träfe[561]; aufgrund der Massenkündigungen könnte er bspw. gezwungen sein, Kapitalanlagen trotz ungünstiger Marktlage aufzulösen. In einem anderen Fall „könnte die Neuregelung die wirtschaftlichen Schwierigkeiten eines VR über eine kritische Grenze hinaus vergrößern, wenn seine Vermögenswerte bei marktgerechter Bewertung die Verbindlichkeiten nicht mehr decken"[562]. In diesem Fall würde die Auszahlung des Deckungskapitals, das wirtschaftlich schon nicht mehr voll vorhanden ist, die kündigenden VN im Verhältnis zu den bleibenden begünstigen[563], die das Risiko tatsächlicher oder drohender Insolvenz trügen. Dem soll die Befugnis zur Kürzung des Rückkaufswerts gem. § 169 Abs. 6 VVG Rechnung tragen. Diese setzt voraus, dass ohne eine solche Kürzung die „Belange der VN" gefährdet wären, die im Sinne der aufsichtsrechtlich geschützten „Belange der Versicherten" (vgl.: §§ 81 Abs. 1 S. 2, 81c Abs. 1 VAG) auszulegen sind[564]. Eine Missbrauchsgefahr sieht die Begründung nicht: Das öffentliche Eingeständnis eines VR, nur durch Herabsetzung der vertraglichen Rückkaufswerte seine vertraglichen Verpflichtungen erfüllen zu können, würde dessen wirtschaftliche Situation erheblich verschlechtern: Der VR werde sich daher nur bei drohender Insolvenzgefahr zu einem solchen Schritt entschließen[565].

---

[557] *Römer,* DB 2007, 2523, 2529; *Ortmann,* in: *Schwintowski/Brömmelmeyer,* 2008, § 169 Rn. 128.

[558] *Römer,* a. a. O.

[559] *Römer,* a. a. O.

[560] Begründung, BT-Drucks. 16/3945, S. 104, zu § 169 Abs. 6 VVG.

[561] Begründung, a. a. O.

[562] Begründung, a. a. O.

[563] Begründung, a. a. O.

[564] Den Begriff der „Belange der Versicherten" vermeidet der Reformgesetzgeber, weil er (angeblich) auf die Fremdversicherung (§§ 43 ff. VVG) gemünzt ist Begründung, BT-Drucks.16/3945, S. 104, zu § 169 Abs. 6 VVG); im Einzelnen zu den „Belangen der Versicherten": BVerwG v. 13. 12. 2006, NJW 2007, 2199, (2202): Danach fehlt es an einer ausreichenden Wahrung der Belange der Versicherten, „wenn schutzwürdige Interessen der Versicherten beeinträchtigt werden und diese Beeinträchtigung unter Berücksichtigung der Gesamtheit der beteiligten Interessen und der Besonderheiten des betreffenden Versicherungszweiges als unangemessen anzusehen und so schwer wiegt, dass ein Eingreifen der Behörde gerechtfertigt ist".

[565] Begründung, a. a. O., S. 104, zu § 169 Abs. 6 VVG.

Brömmelmeyer

181 Die **Bedenken gegen § 169 Abs. 6 VVG** liegen auf der Hand: Das BVerfG hat den Rückkaufswert als Eigentum i. S. v. Art. 14 Abs. 1 GG qualifiziert[566]. Absatz 6 erlaubt dem VR einen einseitigen Eingriff in dieses (verfassungsrechtliche) Eigentum, sobald er sich in einer kritischen (finanziellen) Lage befindet. Diese Eingriffsbefugnis könnte – auch angesichts der alternativ möglichen Insolvenzabwehr durch die Aufsichtsbehörde (§ 89 VAG; vgl. auch: § 56a Satz 5 VAG) – gegen Art. 2 Abs. 1 und Art. 14 GG sowie gegen Art. 3 GG verstoßen. Ein unverhältnismäßiger Eingriff könnte darin liegen, dass der VR nunmehr eigenmächtig (!) in den vertraglich vereinbarten Rückkaufswert eingreifen und den Kündigenden zur Bestandssanierung heranziehen kann – ohne dass die Insolvenzabwehr, wie in § 89 Abs. 1 VAG vorgesehen, „zum Besten der Versicherten geboten" sein müsste. Da die Bestandsinteressen bereits bei der Berechnung der Rückkaufswerte Berücksichtigung finden (s. o.), könnte darin auch eine Diskriminierung des Kündigenden liegen. Bedenklich ist im Übrigen, dass § 169 Abs. 7 VAG außerordentlich weit gefasst ist[567], so dass *prima vista* bereits das Nichtbestehen eines Stresstests[568] die Herabsetzung der Rückkaufswerte rechtfertigen könnte[569]. Im Lichte dieser Bedenken könnte § 169 Abs. 6 VVG *restriktiv* so auszulegen sein, dass eine Herabsetzung der Rückkaufswerte *nur* in Betracht kommt, wenn eine existentielle Krise des LebensVR gerade auf die Auszahlung (erhöhter) Rückkaufswerte im Falle von Massenkündigungen (insb. aufgrund wesentlich höherer Neuanlageverzinsungen) zurückzuführen ist.

182 g) Nach **§ 169 Abs. 7 VVG** hat der VR dem VN über den Rückkaufswert hinaus die diesem bereits zugeteilten, im Rückkaufswert jedoch noch nicht enthaltenen Überschussanteile, „sowie den nach den jeweiligen AVB für den Fall der Kündigung vorgesehenen **Schlussüberschussanteil** zu zahlen"; § 153 Abs. 3 S. 2 VVG bleibt unberührt. Lt. Begründung[570] stellt § 169 Abs. 7 VVG lediglich klar, dass bereits erworbene Überschussbeteiligungsansprüche des VN durch die Kündigung nicht in Frage gestellt werden. Unklar ist, welche „bereits zugeteilten Überschussanteile … nicht bereits im Rückkaufswert enthalten" (Hs. 1) sein sollen: Bereits zugeteilte Überschussanteile sind nämlich immer Teil des Deckungskapitals[571]. Der Hinweis auf die Auszahlung der *in den AVB* vorgesehenen Schlussüberschussanteile[572] ist i. S. eines *pars pro toto* zu lesen; selbstverständlich steht dem VN auch auf der Basis einer entsprechenden Individualvereinbarung ein Schlussüberschuss zu. Hinsichtlich dieses Schlussüberschusses soll sich der Auszahlungsanspruch des VN auf den Betrag beschränken, den der VR für den Kündigungsfall unter Berücksichtigung der Bewertungsreserven nach § 153 Abs. 3 VVG zuletzt deklariert hat[573]. Klarzustellen ist insoweit, dass eine besondere Deklaration für den Kündigungsfall in der Praxis nicht stattfindet[574]; gemeint sind erkennbar die zum Zeitpunkt der Kündigung in der Rückstellung für Beitragsrückerstattung (RfB) passivierten Schlussüberschüsse (Schlussüberschussanteilsfonds) nach Maßgabe der letzten Deklaration (§§ 56a S. 3 VAG, 28 Abs. 6 RechVersV). Die These *Engeländers,* der gesetzliche Mindestrückkaufswert könne ggf. durch eine Kürzung des vereinbarten (!) Schlussüberschusses korrigiert werden[575], lässt sich mitnichten aus § 169 Abs. 7 VVG herauslesen – auch nicht bezogen auf angeblich nicht verursachungsorientierte (Mindest-)Rückkaufswerte.

---

[566] BVerfG v. 15. 2. 2006, VersR 2006, 489, 493: „Der in Art. 14 Abs. 1 GG enthaltene objektiv-rechtliche Schutzauftrag … erstreckt sich … auch auf die Rückvergütung (den „Rückkaufswert") bei einer vorzeitigen Beendigung des Versicherungsverhältnisses."
[567] Ebenso: *Engeländer,* VersR 2007, 1297 (1312).
[568] Dazu: *Hein,* VW 2003, 908; BaFin, Rundschreiben R 30/2002.
[569] Siehe auch: *Ortmann,* in: *Schwintowski/Brömmelmeyer,* § 169 Rn. 111, der bereits bei einer „sonstigen finanziellen Schieflage" eine Befugnis zur Kürzung der Rückkaufswerte befürwortet.
[570] Begründung, a. a. O., S. 104, zu § 169 Abs. 7 VVG
[571] Ebenso wie hier: *Engeländer,* VersR 2007, 1297 (1312).
[572] Kritisch: *Engeländer,* a. a. O.
[573] Begründung, a. a. O.
[574] Ebenso wohl auch: *Engeländer,* a. a. O.
[575] *Engeländer,* a. a. O.

§ 153 Abs. 3 S. 2 bleibt unberührt, § 169 Abs. 7 Hs. 2 VVG bestätigt also, dass die Beteili-   **183**
gung an den Bewertungsreserven (50%) auch im Kündigungsfall zu gewährleisten ist.

IV. Beitragsfreistellung

1. Beitragsfreistellungsvoraussetzungen

Kann oder will ein VN die laufenden Beiträge nicht mehr aufbringen, so kann er anstelle   **184**
einer Kündigung „jederzeit für den Schluss der laufenden Versicherungsperiode" eine **Beitragsfreistellung** verlangen, d. h. ganz oder teilweise von der Beitragszahlungspflicht befreit
werden, sofern die dafür vereinbarte Mindestversicherungsleistung erreicht wird (§§ 165
Abs. 1 VVG, 9 Abs. 7 ALB 2008). Kündigt der VR nach § 38 Abs. 3 VVG (Nichtzahlung
einer Folgeprämie), so wandelt sich das Versicherungsverhältnis mit der Kündigung ebenfalls
in eine beitragsfreie Lebensversicherung um (§ 166 Abs. 1 VVG). Bei der Beitragsfreistellung
wird die Leistungspflicht des VR auf die beitragsfreie Leistung herabgesetzt, so dass sie in
Höhe des darüber hinausgehenden Betrages erlischt, während sie in Höhe dieses Betrages
fortbesteht[576].

Das Recht auf Beitragsfreistellung besteht grundsätzlich bei allen Lebensversicherungen[577].   **185**
Bei *Pensionskassen* (§ 118b Abs. 3 und 4 VAG) und *kleineren VVaG* (§ 53 Abs. 1 S. 1 VAG) sowie bei *Lebens- oder Unfallversicherungen „mit kleineren Beträgen"* kann § 165 VVG jedoch unanwendbar sein (§ 211 Abs. 1 VVG).

Die Umwandlung setzt das Erreichen der vereinbarten **Mindestversicherungsleistung**   **186**
voraus (§ 165 Abs. 1 S. 1 VVG), über die der VN rechtzeitig zu informieren ist (§ 2 Abs. 1
Nr. 5 VVG-InfoV). Begründet wird diese Regelung vor allem damit, dass kleine Versicherungssummen „kaum wirtschaftlich verwaltet werden können", so dass „überproportional
hohe Verwaltungskosten" entstünden, die den VR und das Kollektiv unzumutbar belasten
würden[578]. Beantragt der VN eine Beitragsfreistellung, ohne dass die Mindestversicherungssumme erreicht worden ist, führt das Beitragsfreistellungsverlangen zur Beendigung des Lebensversicherungsvertrages und zur Auszahlung des Rückkaufswertes einschließlich der
Überschussanteile (§§ 165 Abs. 1 S. 2, 169 VVG). Dementsprechend heißt es in den Musterbedingungen: „Haben Sie die vollständige Befreiung von der Beitragszahlungspflicht beantragt und erreicht die nach Absatz 7 zu berechnende beitragsfreie Versicherungssumme den
Mindestbetrag von … nicht, erhalten Sie den Rückkaufswert" (§ 9 Abs. 9 ALB 2008). Die
Rückzahlung der Beiträge kann der VN nicht verlangen (Absatz 10).

Der BGH hat frühere **Beitragsfreistellungsklauseln** gem. § 307 Abs. 1 S. 2 BGB ver-   **187**
worfen. Die bereits erläuterten Transparenzanforderungen an die Kündigungsklausel (s. o.)[579]
gelten auch für die Beitragsfreistellung: Die Klausel muss die wirtschaftlichen Nachteile und
Belastungen, die mit einer Beitragsfreistellung verbunden sind, so weit erkennen lassen, wie
dies nach den Umständen gefordert werden kann[580]. D. h.: Der VN muss an der Stelle der
AVB über die wirtschaftlichen Folgen der Beitragsfreistellung unterrichtet werden, an der
die Regelung der Beitragsfreistellung angesprochen ist. Dementsprechend weist § 9 Abs. 8
ALB 2008 daraufhin, dass die Beitragsfreistellung aufgrund der asymmetrischen Kostenverteilung (Zillmerung) mit bestimmten Nachteilen verbunden ist. Darüber hinaus muss der VR
dem VN eine **Tabelle beitragsfreier Leistungen** aushändigen, die geeignet ist, dem VN
die wirtschaftlichen Nachteile vor Augen zu führen, die er im Falle einer Beitragsfreistellung
hinnehmen muss[581] (siehe: § 9 Abs. 8 S. 4 ALB 2008). Es reicht nicht aus, wenn der VN eine

---

[576] Eingehend: BGH v. 8. 5. 1954, BGHZ 13, 226, 234; BGH v. 23. 6. 1993, VersR 1994, 39 (40).
[577] *Ortmann*, in: *Schwintowski/Brömmelmeyer*, § 165 Rn. 3.
[578] Begründung, BTDrucks. 12/6959, S. 102 zu Nr. 11 (§ 174 VVG).
[579] Siehe: Rn. 167.
[580] BGH v. 9. 5. 2001, NVersZ 2001, 308 (310).
[581] BGH, a. a. O.

solche Tabelle auf Anforderung erhält. Für ausreichende Durchschaubarkeit hat der VR von sich aus zu sorgen[582].

2. Beitragsfreistellungsverlangen

188   Das **Beitragsfreistellungsverlangen** (= Umwandlungsverlangen) des VN ist eine einseitige, empfangsbedürftige und rechtsgestaltende Willenserklärung und bewirkt die Umwandlung unmittelbar mit Zugang beim VR. Eine Annahme durch den VR ist nicht erforderlich[583]. Die Beitragsfreistellung ist „jederzeit" möglich (§ 165 Abs. 1 VVG) und kann „für den Schluss der laufenden Versicherungsperiode", d. h. mit Blick auf §§ 9 Abs. 7 i. V. m. Abs. 1 und § 7 Abs. 1 ALB 2008 regelmäßig für den Schluss des laufenden Beitragszahlungsabschnitts erklärt werden.

189   Das Umwandlungsverlangen muss **eindeutig und unmissverständlich** erkennen lassen, dass der VN die Lebensversicherung auf Dauer beitragsfrei stellen will[584]; andernfalls besteht der VV unverändert fort[585]. Es ist allerdings kein *ausdrückliches* Umwandlungsverlangen erforderlich. Es muss nur der Sinn der Willensäußerung des VN eindeutig auf eine Umwandlung gerichtet sein[586]. Beantragt der VN aufgrund kurzfristiger Einkommensverluste eine auf 10 Monate befristete Beitragsfreistellung, so liegt darin kein Umwandlungsverlangen i. S. d. § 165 Abs. 1 S. 1 VVG, weil der VN die Lebensversicherung nicht auf Dauer einfrieren, sondern lediglich für kurze Zeit ruhen lassen will[587]. Das gilt erst recht, wenn eine mit der Lebensversicherung verbundene Berufsunfähigkeits-Zusatzversicherung bei Umwandlung erlischt[588]. Der VR muss den VN ggf. aufklären oder Schadensersatz (§ 280 Abs. 1 BGB) leisten[589].

190   Der VN kann verlangen, **„ganz oder teilweise"** von der Beitragszahlungspflicht befreit zu werden (§ 9 Abs. 7 ALB 2008). Nach Meinung *Römers* gilt das kraft eines die Lebensversicherung begleitenden Treuverhältnisses auch ohne entsprechende Parteivereinbarung, falls der VN ein berechtigtes Interesse an einer Teilumwandlung hat[590].

191   Die Beitragsfreistellung muss gem. § 9 Abs. 7 ALB 2008 **schriftlich** verlangt werden. Das Formerfordernis ist zulässig (§ 171 S. 2 VVG) und i. S. der §§ 127, 126 BGB zu verstehen; § 171 S. 2 ist insoweit lex specialis gegenüber §§ 69 Abs. 1 Nr. 2, 72 VVG, die einer Einschränkung der Empfangsvollmacht des Versicherungsvertreters durch Schriftformklauseln an und für sich entgegen stünden. **Telegramm, Telefax oder E-Mail** reichen aus (§ 127 Abs. 2 BGB)[591].

3. Beitragsfreie Leistung

192   Im Falle der Beitragsfreistellung ist die „prämienfreie Leistung … nach anerkannten Regeln der Versicherungsmathematik mit den Rechnungsgrundlagen der Prämienkalkulation unter Zugrundelegung der Rückkaufswerte nach § 169 Abs. 3–5 VVG zu berechnen und im VV für jedes Versicherungsjahr anzugeben (§ 165 Abs. 2 VVG); auf § 169 Abs. 3–5 VVG wird verwiesen, um den Gleichlauf der Berechnung mit dem Rückkaufswert im Fall der Kündigung sicherzustellen[592]. Vor Beginn der Lebensversicherung hat der VR den VN gem. § 7 Abs. 1 S. 1 VVG über die „Leistungen aus einer prämienfreien Versicherung" (§ 2 Abs. 1 Nr. 5 VVG-InfoV) zu informieren. Die Leistungen sind in konkreten Euro-Beträgen anzugeben (Absatz 2).

---

[582] BGH, a. a. O. (311).
[583] *Bruck/Möller/Winter,* Bd. V/2, Anm. E 99.
[584] BGH v. 24. 9. 1976, NJW 1976, 148; OLG Stuttgart v. 26. 7. 2001, VersR 2002, 301.
[585] OLG Stuttgart, a. a. O.
[586] OLG Köln v. 16. 5. 1991, r+s 1992, 138 (139).
[587] OLG Köln, a. a. O.
[588] OLG Köln, a. a. O.
[589] OLG Köln, a. a. O.
[590] *Römer/Langheid/Römer,* § 174 Rn. 4.
[591] MüKo/*Einsele,* Bd. 1, §§ 1–240, 5. Aufl. 2006, § 127 Rn. 10.
[592] Begründung, a. a. O.

Die prämienfreie Leistung ist für den Schluss der laufenden Versicherungsperiode unter **193** Berücksichtigung von Prämienrückständen zu berechnen (§ 165 Abs. 3 S. 1 VVG). Die Ansprüche des VN aus der Überschussbeteiligung bleiben unberührt (Satz 2). Der Begründung des § 174 VVG a. F. ist zu entnehmen, dass die **Berechnung der beitragsfreien Leistung** „wie eine technische Vertragsumstellung zu behandeln" sein soll[593]. Das sei gerechtfertigt, weil bei der Umwandlung beim VR aus der Deckungsrückstellung[594] keine Mittel abfließen. Die für den Vertrag gebildete Deckungsrückstellung[595] könne vielmehr unter der Annahme des Entfalls der Beitragszahlung in eine zu erwartende beitragsfreie Leistung umgerechnet werden[596].

In der Praxis wird für den Fall der Beitragsfreistellung regelmäßig ein (bezifferter) **Storno-** **194** **abzug** vereinbart (vgl.: § 9 Abs. 7 S. 3–6 ALB 2008)[597]. Der Stornoabzug muss angemessen sein (§§ 165 Abs. 2, 169 Abs. 5 VVG). Durch die Umwandlung tatsächlich entstehende Kosten sind zu berücksichtigen[598]. Der Schutzzweck des § 165 VVG fällt ebenfalls ins Gewicht: Dem VN soll auch bei Zahlungsschwierigkeiten der Rechtsanspruch auf das auf seine Lebensversicherung entfallende Deckungskapital grundsätzlich erhalten bleiben[599]. Da die Risiken bei einer Beitragsfreistellung im Bestand verbleiben, muss der Stornoabzug im Allgemeinen niedriger ausfallen als im Falle der Kündigung[600], weil sich das zur Rechtfertigung des Stornoabschlags herangezogene Risiko der Antiselektion dadurch erheblich relativiert[601].

Die Beitragsfreistellung führt grundsätzlich dazu, dass eine mit der Lebensversicherung **195** verbundene **Berufsunfähigkeitszusatzversicherung** entfällt[602].

4. Rückkehr zur ursprünglichen Lebensversicherung

Beantragt der VN nach Beitragsfreistellung die Leistung wieder zu erhöhen, ohne dass da- **196** rauf ein Rechtsanspruch besteht, so ist diese Rückkehr zur ursprünglichen Lebensversicherung wie ein Neuabschluss anzusehen[603]. Deshalb obliegt es dem VN gem. § 19 Abs. 1 VVG erneut, dem VR (auf Nachfrage) zwischenzeitlich eingetretene gefahrerhöhende Umstände anzuzeigen[604]. Der VR brauchte bisher nicht auf diese Rechtslage und auch nicht auf die Gefahr hinzuweisen, dass ein Wiederaufleben der ursprünglichen Lebensversicherung u. U. an einer erneuten Risikoprüfung scheitern kann[605]. Im Lichte der Beratungspflicht aus § 6 Abs. 4 VVG ist jedoch davon auszugehen, dass der VR den VN jedenfalls dann über das Risiko einer erneuten Risikoprüfung aufklären muss, wenn der VN die spätere Rückkehr zur ursprünglichen Lebensversicherung im Beratungsgespräch zur Sprache bringt.

---

[593] Begründung, BTDrucks. 12/6959, S. 102.

[594] Die Deckungsrückstellung bezeichnet einen Passivposten der Bilanz (vgl. § 341 f HGB i. V. m. der DeckRV; 65 Abs. 1 VAG; im Einzelnen: *Brömmelmeyer*, Verantwortlicher Aktuar, S. 191–198), aus der keine Mittel abfließen können. Die Begründung meinte (wohl) den früheren Deckungsstock i. S. v. § 66 Abs. 1 VAG a. F.

[595] Die Begründung meint (wohl) das Deckungskapital (vgl. *Engeländer*, VersR 1999, 1325 f.).

[596] Begründung, a. a. O.

[597] Dazu im Detail: Rn. 174 ff.

[598] Berliner Kommentar/*Schwintowski*, § 174 VVG, Rn. 14.

[599] *Prölss/Martin/Kollhosser*, § 174 VVG, Rn. 6.

[600] *Kurzendörfer*, Einführung, 2.4.1.

[601] Dazu: Rn. 177.

[602] OLG Oldenburg v. 28. 4. 2004, VersR 2004, 1164, m. w. N.; OLG Karlsruhe v. 29. 8. 1991, VersR 1992, 1250.

[603] BGH v. 23. 6. 1993, VersR 1994, 39 (40) unter Berufung auf *Bruck/Möller/Winter*, Bd. V/2, Anm. F 24; ebenso bereits: OLG Köln v. 9. 1. 1992, VersR 1992, 1252; vgl. auch OLG Karlsruhe v. 29. 8. 1991, VersR 1992, 1250; OLG Karlsruhe v. 19. 10. 1995, r+s 1996, 286; siehe auch: OLG Oldenburg v. 28. 4. 2004, VersR 2004, 1164: „Beantragt der VN … die Wiederherstellung des ursprünglichen Versicherungsschutzes, so kann der VR in die erneute Risikoprüfung nicht nur nach der Beitragsfreistellung entstandene Gesundheitsbeeinträchtigungen einbeziehen, sondern auch solche, die bereits zuvor eingetreten waren."

[604] BGH, a. a. O.

[605] OLG Karlsruhe v. 19. 10. 1995, r+s 1996, 286 (287); anders: *Römer/Langheid/Römer*, § 174 Rn. 7.

Brömmelmeyer

V. Bestimmung des Bezugsberechtigten

197 Der VN kann einen Dritten als **Bezugsberechtigten** (= Begünstigten) bestimmen (§ 159 Abs. 1 VVG; § 13 Abs. 1 ALB 2008). Der Lebensversicherungsvertrag wird durch die Bezugsberechtigung zu einem echten Vertrag zugunsten Dritter (§ 328 Abs. 1 BGB)[606]. Die Bestimmung des Bezugsberechtigten ist ein Gestaltungsrecht[607]: „Wem in welchem Umfang ein Bezugsrecht und die daraus folgenden Ansprüche auf die Versicherungsleistungen zustehen, bestimmt der VN durch **einseitige empfangsbedürftige Willenserklärung gegenüber dem Versicherer,** die als solche Verfügungscharakter hat"[608]. Die Einräumung eines Bezugsrechts braucht nicht in den Versicherungsschein aufgenommen zu werden[609]. Die Einräumung und der Widerruf eines Bezugsrechts werden dem VR gegenüber nur und erst dann wirksam, wenn sie von dem Berechtigten **schriftlich angezeigt** worden sind (§ 13 Abs. 4 ALB 2008). Das gilt trotz §§ 69 Abs. 1, 72 VVG auch bei Beteiligung eines Versicherungsvertreters. Eine Beschränkung der Empfangsvollmacht nach § 69 Abs. 1 VVG liegt zwar auch in einer Klausel, die für Erklärungen des VN gegenüber dem Vertreter die Schriftform verlangt[610] „Klauseln, wonach bestimmte ‚Anzeigen des VN gegenüber dem VR, z. B. die Änderung eines Bezugsrechts' der Schriftform bedürfen" sollte § 72 VVG jedoch nicht ausschließen[611].

VI. Sonstige Rechte

198 Sonstige Rechte des VN ergeben sich teils aus dem allgemeinen Bürgerlichen Recht (u. a.: §§ 123, 398 BGB), teils aus dem VVG (§§ 8, 167, 212; s. u.). Fragen der Anfechtung werden hier nicht vertieft. Die Fehlvorstellung des VN, die Beiträge einer fondsgebundenen Lebensversicherung würden vollständig investiert, rechtfertigt eine Anfechtung jedenfalls dann nicht, wenn die Bedingungen ausdrücklich darauf hinweisen, dass nur ein Sparanteil investiert wird[612].

1. Abtretung

199 Die Rechtsansprüche aus der Lebensversicherung können (auch mehrfach) abgetreten werden (§§ 398 S. 1 BGB, 13 Abs. 3 ALB 2008). Gem. § 13 Abs. 4 ALB 2008 wird die Abtretung von Rechtsansprüchen aus der Lebensversicherung dem VR gegenüber jedoch „nur und erst dann" wirksam, wenn sie vom bisherigen Berechtigten **schriftlich angezeigt** worden ist. Die Klausel ist wirksam[613]. Das gilt trotz §§ 69 Abs. 1, 72 VVG auch bei Beteiligung eines Versicherungsvertreters; ausweislich der Begründung[614] soll die Neuregelung der Empfangsvollmacht die Schriftform der Abtretungsanzeige nicht verhindern. Die Klausel beinhaltet nach gefestigter Rspr. des BGH[615] einen eingeschränkten **Abtretungsausschluss** i. S. v.

---

[606] Dazu: *Palandt/Heinrichs,* § 328 Rn. 1.

[607] Explizit: BGH v. 28. 9 1988, VersR 1988, 1236.

[608] BGH v. 14. 2. 2007, VersR 2007, 784; BGH v. 28. 9. 1988, VersR 1988, 1236; BGH v. 18. 6. 2003, VersR 2003, 1021; siehe auch: RG v. 23. 2. 1937, RGZ 154, 99; BGH v. 23. 10. 2003, VersR 2004, 93 (94).

[609] LG München v. 13. 2. 2004, FamRZ 2005, 134.

[610] Begründung, BT-Drucks. 16/3945, S. 78.

[611] Begründung, a. a. O.; vertiefend *Reiff,* § 5 Rn. 77 ff.

[612] OLG Hamm v. 31. 8. 2005, VersR 2005, 777; siehe auch: § 4 Abs. 1 der Musterbedingungen für die fondsgebundene Lebensversicherung vom 28. 12. 2007: „Beiträge, soweit sie nicht zur Deckung von Kosten bestimmt sind").

[613] OLG Hamm v. 31. 5. 1996, VersR 1997, 729.

[614] Begründung, a. a. O.; vgl. auch Rn. 197 und *Reiff,* a. a. O.

[615] Grundlegend: BGH v. 31. 10. 1990, BGHZ 112, 387 (389) m. w. N.; BGH v. 23. 4. 1997, NJW 1997, 2747; BGH v. 1. 7. 1981, NJW 1981, 2245 und BGH v. 14. 7. 1993, NJW 1993, 3133 (Bezugsrechtswiderruf); BGH v. 24. 2. 1999, NVersZ 1999, 365; ebenso: *Bruck/Möller/Winter,* Bd. V/2, Anm. H 256.

§ 399 Fall 2 BGB: Eine „abredewidrige" (von dem bisherigen Berechtigten nicht schriftlich angezeigte) Abtretung ist nicht nur relativ, gegenüber dem Schuldner, sondern absolut, gegenüber jedermann, unwirksam[616]. Tritt nach Abtretung aber noch vor Abtretungsanzeige der Todesfall ein, so werden die Rechte des (widerruflich) Bezugsberechtigten auch durch eine nachträgliche Abtretungsanzeige nicht mehr beeinträchtigt[617]: Die Abtretung ist absolut unwirksam. Ihre Wirksamkeit kann auch durch den Verzicht des VR auf den Zugang der Abtretungserklärung vor dem Eintritt des Versicherungsfalls nicht herbeigeführt werden[618].

Nach Meinung des OLG Karlsruhe[619] ist § 13 Abs. 4 ALB 2008 *nicht eindeutig* zu entnehmen, ob er auch die **Abtretung des Bezugsrechts durch den Bezugsberechtigten** erfasst. Mehrdeutigkeit bestehe jedenfalls dann, wenn sich der LebensVR (in der betr. AV) ausweislich der Einleitung („Sehr geehrter Kunde!") „vorrangig" an den VN wende und erkläre, dass der Bezugsberechtigte „nicht unmittelbar" angesprochen werde. In einer solchen Konstellation sei § 13 Abs. 4 ALB 2008 gem. § 305 c BGB nicht zu Lasten des Bezugsberechtigten anzuwenden[620].   **200**

Die **Abtretungsanzeige** kann vorweggenommen werden. Sie kann bspw. im Versicherungsantrag enthalten sein[621]. Der VN bleibt trotz Abtretung Beitragsschuldner[622] und Erklärungsgegner des VR[623]. Er kann jedoch nicht mehr über die Rechte aus dem Lebensversicherungsvertrag verfügen, soweit die Abtretung reicht[624]. Zur Anzeige der Abtretung genügt die **Übermittlung der schriftlichen Abtretungsvereinbarung** durch den VN[625]; nicht erforderlich ist, dass der VN zudem ein Begleitschreiben unterzeichnet und die Abtretung ausdrücklich anzeigt[626]. Die Anzeige gegenüber dem Versicherungsvertreter reicht aus (§ 69 Abs. 1 Nr. 2 VVG)[627].   **201**

Die **Überschussanteile** sind als solche (gesondert) abtretungsfähig und pfändbar[628].   **202**

Tritt der VN seine Rechte aus einer Lebensversicherung ab, so liegt darin **nicht** ohne weiteres der konkludente **Widerruf einer Bezugsberechtigung.** Jedenfalls bei einer Sicherungsabtretung ist im Allgemeinen nicht anzunehmen, dass der VN etwaige Bezugsrechte vollständig widerrufen will[629]. Das berechtigte Interesse des VN ist gewöhnlich auf den vereinbarten Sicherungszweck begrenzt, geht lediglich auf einen Vorrang des Sicherungsgläubigers vor anderen Berechtigten und richtet sich dementsprechend nicht auch auf die Ausräumung nachrangiger Bezugsrechte[630]. Ein über die gesicherte Forderung hinausgehender Rest der Versicherungssumme steht ohne weitere Rechtshandlung des VN dem von ihm bestimmten Bezugsberechtigten zu[631]. Enthält das Abtretungsformular „für die Dauer der Abtretung" den Widerruf eines etwaigen Bezugsrechts, „insoweit es den Rechten [des Sicherungsnehmers] entgegensteht", so ist anzunehmen, dass etwaige Bezugsrechte im Rang   **203**

[616] BGH, a. a. O.; OLG Karlsruhe v. 1. 6. 2006, r+s 2007, 161 (162). Die Formulierung des § 13 Abs. 3 ALB 2008 („uns gegenüber"), die man auch i. S. nur relativer Unwirksamkeit der Abtretung missverstehen könnte, könnte unter Transparenzgesichtspunkten (§ 307 Abs. 1 S. 2 BGB) zu beanstanden sein.
[617] BGH v. 24. 2. 1999, NVersZ 1999, 365.
[618] BGH, a. a. O.
[619] OLG Karlsruhe v. 1. 6. 2006, VersR 2007, 341 = r+s 2007, 161, anhand einer § 13 Abs. 4 ALB 2008 entsprechenden Klausel.
[620] OLG Karlsruhe, a. a. O.
[621] BGH v. 25. 4. 2001, NVersZ 2001, 353.
[622] OLG Frankfurt/M. v. 3. 2. 1995, VersR 1996, 90; *Prölss/Martin/Kollhosser,* § 13 ALB 86 Rn. 61.
[623] OLG Frankfurt/M., a. a. O.
[624] *Prölss/Martin/Kollhosser,* § 13 ALB 86 Rn. 61.
[625] OLG Hamm v. 25. 1. 2008, VersR 2008, 908.
[626] OLG Hamm, a. a. O.
[627] Dazu auf der Basis von § 43 VVG a. F.: OLG Hamm, a. a. O.
[628] OLG Hamburg v. 24. 1. 2000, VersR 2000, 1218.
[629] BGH v. 18. 10. 1989, BGHZ 109, 67; BGH v. 23. 10. 2003, VersR 2004, 93 (94).
[630] BGH, a. a. O.
[631] BGH v. 13. 10. 2003, VersR 2004, 93 (94).

hinter den vereinbarten Sicherungszweck zurücktreten sollen[632]. Gegen die Begründung eines derartigen Rechtsverhältnisses bestehen keine Bedenken, wenn der Sicherungszweck inhaltlich klar festliegt und der Höhe nach bestimmbar ist[633].

204   Ist ein Bezugsrecht von vornherein nur in einem durch den Zweck der Sicherungsabtretung an einen bestimmten Gläubiger eingeschränkten Umfang begründet worden, so bedarf es bei einer nachfolgenden Sicherungsabtretung zur Begründung des Vorrangs des Sicherungsnehmers keines Widerrufs des Bezugsrechts mehr[634]. Soweit der Anspruch auf die Versicherungsleistung die gesicherte Forderung übersteigt, erwirbt ihn der Bezugsberechtigte im Versicherungsfall ohne eine weitere Rechtshandlung des Sicherungsnehmers unmittelbar[635].

205   Hat der VN in der gemischten Kapitallebensversicherung nur die **Todesfallansprüche zur Sicherheit abgetreten,** gibt es für die Frage, ob damit zugleich der Rückkaufswert (nach Kündigung) abgetreten ist, keinen generellen Vorrang für seine Zuordnung zu den Todesfallansprüchen[636]. Gegen eine Übertragung der Grundsätze der zur Einräumung eines unwiderruflichen Bezugsrechts ergangenen BGH-Entscheidung[637] auf die Sicherungszession von Todesfallansprüchen spricht bereits, dass sich diese Entscheidung vorwiegend auf Erwägungen zur familiären Fürsorge des VN stützt, die auf die Motivlage bei der Sicherungszession nicht übertragbar sind[638]. Ob die Abtretung auch den Anspruch auf den Rückkaufswert erfasst, hat der Tatrichter vielmehr durch Auslegung der bei der Sicherungsabtretung abgegebenen Erklärungen unter Berücksichtigung der Parteiinteressen und des Zwecks des Rechtsgeschäfts zu ermitteln[639]. Haben danach Zedent und Zessionar mit der Beschränkung der Sicherungsabtretung auf den Anspruch auf den Todesfall nur das Ziel verfolgt, den Sicherungsgeber steuerlich zu entlasten, ist im Regelfall der Anspruch auf den Rückkaufswert nicht mit übertragen[640]. Hat der VN (Insolvenzschuldner) die Ansprüche aus einer Lebensversicherung vor Insolvenzeröffnung nur hinsichtlich des Todesfalls sicherungshalber für ein Darlehen abgetreten, dessen Rückzahlung aus der Lebensversicherung erfolgen soll, so erfasst die Abtretung auch den Anspruch auf den Rückkaufswert, sofern Abweichendes weder ausdrücklich noch konkludent vereinbart ist[641]. Dem Kreditgeber steht damit im Insolvenzverfahren ein Absonderungsrecht an dem Rückkaufswert zu[642]. Auch in diesem Fall hat der Insolvenzverwalter allerdings nach § 166 Abs. 2 InsO ein Recht auf Einziehung und Verwertung des sicherungshalber abgetretenen Anspruchs auf Auszahlung des Rückkaufswerts[643].

206   Werden im Rahmen eines Bausparvertrags vom Bausparer und VN einer Risikolebensversicherung „alle Rechte" aus der Lebensversicherung unwiderruflich zur Sicherheit an die Bausparkasse abgetreten, geht die gesamte Forderung einschließlich etwaiger Hilfs- und Nebenrechte über[644]. Das gilt auch für das Recht, die Leistung zu fordern[645].

207   Tritt der VN „seine Rechte aus der Lebensversicherung" – lt. Anzeige i. S. von § 13 Abs. 4 ALB 2008: „sämtliche Rechte" – ab, so ist auch das **Kündigungsrecht** mit übertragen[646].

---

[632] BGH a. a. O.; std. Rspr.: BGH v. 12. 12. 2001, NVersZ 2002, 306 (307); BGH v. 25. 4. 2001, NVersZ 2001, 352.

[633] BGH, a. a. O.

[634] BGH v. 25. 4. 2001, NVersZ 2001, 352 (353).

[635] BGH v. 3. 3. 1993, VersR 1993, 553 (555); BGH v. 12. 12. 2001, NVersZ 2002, 306 (307).

[636] BGH v. 13. 6. 2007, VersR 2007, 1065 = r+s 2007, 384; anders noch: OLG Celle v. 23. 6. 2005, r+s 2007, 295; wie der BGH: LG Bonn v. 14. 11. 2007, VersR 2008, 768.

[637] BGH v. 17. 2 1966, BGHZ 45, 162.

[638] BGH v. 13. 6. 2007, a. a. O.

[639] BGH, a. a. O.

[640] BGH, a. a. O.; in Abgrenzung dazu: OLG Hamburg v. 8. 11. 2007, VersR 2008, 767.

[641] OLG Hamburg v. 8. 11. 2007, VersR 2008, 767.

[642] OLG Hamburg, a. a. O.

[643] OLG Hamburg, a. a. O.

[644] OLG Köln v. 22. 9. 2004, VersR 2005, 345.

[645] OLG Köln, a. a. O.

[646] OLG München v. 2. 3. 2007, VersR 2007, 1637 (1638); OLG München v. 2. 3. 2007, r+s 2008, 210.

Die Kündigung ist kein höchstpersönliches Recht[647], kann also auch abgetreten werden. Da das Kündigungsrecht „für sich allein keinen Vermögenswert besitzt, sondern seine wirtschaftliche Bedeutung erst im Zusammenhang mit dem Rückkaufswert erhält, kann es [jedoch] nicht selbständig, sondern nur zusammen mit diesem Recht übertragen werden"[648].

Hat der VR aufgrund einer Sicherungsabtretung der Ansprüche aus dem Lebensversicherungsvertrag ein berechtigtes Interesse daran, sicherzustellen, dass er mit befreiender Wirkung zahlt, ist seine Erklärung, nicht nur gegen Aushändigung des Versicherungsscheins, sondern auch gegen Vorlage einer schriftlichen Zustimmungserklärung der VN zu leisten, dahin auszulegen, dass der VR auf die Aushändigung der Urkunden nur gegen Vorlage einer aktuellen Zustimmungserklärung verzichtet[649].

Prozessual gesehen hat die Zessionarin der Rechte aus einem Lebensversicherungsvertrag ein **rechtliches Interesse** an der alsbaldigen Feststellung, dass die zwischen dem Zedenten und dem VR geschlossene, vermeintlich gekündigte Lebensversicherung – als Rechtsverhältnis i. S. von **§ 256 Abs. 1 ZPO** – fortbesteht, wenn der VR die Rechte der Zessionarin ernsthaft bestreitet[650].

2. Verpfändung

Der VN kann die Rechte aus seiner Lebensversicherung verpfänden (§§ 1274, 1280 BGB). Die Verpfändung ist gem. § 13 Abs. 4 ALB 2008 (dem VR gegenüber) nur und erst dann wirksam, wenn sie dem VR vom bisherigen Berechtigten **schriftlich angezeigt** worden ist. Bis dahin ist die Verpfändung **absolut** unwirksam[651]. Die Parteien können allerdings einvernehmlich von dem Erfordernis der Schriftform absehen, so dass die Verpfändungsanzeige gem. § 1280 BGB im Einzelfall auch stillschweigend erfolgen kann[652].

Die Verpfändung von **Rückdeckungsversicherungen** soll meist die Pensionsansprüche geschäftsführender Mehrheitsgesellschafter im Insolvenzfall absichern[653].

3. Umwandlung zur Erlangung eines Pfändungsschutzes

Der VN kann gem. **§ 167 S. 1 VVG** jederzeit für den Schluss der laufenden Versicherungsperiode die Umwandlung der Lebensversicherung in eine Versicherung verlangen, die den Anforderungen des **§ 851 c Abs. 1 ZPO** (Pfändungsschutz bei Altersrenten) entspricht[654]. Bekanntlich werden Lebensversicherungen vielfach als Altersvorsorge abgeschlossen; sie erfüllen jedoch nicht ohne weiteres die Kriterien, die erforderlich sind, um vor einem unbeschränkten Gläubigerzugriff geschützt zu sein[655], weil etwa ein Kapitalwahlrecht vereinbart, ein Dritter als Bezugsberechtigter eingesetzt worden oder der Eintritt des Versicherungsfalls anders geregelt ist[656]. In zahlreichen Fällen wurden auf diese Versicherungsverhältnisse bereits mehrere Jahrzehnte Leistungen durch den VN erbracht. Sie stellen ein wesentliches Kapital zur Absicherung seines Alters dar[657]. Die Regelung in § 167 S. 1 VVG bietet daher dem VN die Möglichkeit, vom VR die Umwandlung dieser Versicherung in einen Altersrentenvertrag zu verlangen. Eine solche Umstellung scheidet allerdings aus, wenn Rechte Dritter entgegen-

[647] BGH v. 17. 2. 1966, VersR 1966, 359; OLG München, a. a. O.

[648] BGH, a. a. O.; OLG München, a. a. O.; OLG Frankfurt/M. v. 19. 12. 2001, VersR 2002, 963.

[649] BGH v. 11. 1 2006, VersR 2006, 394.

[650] OLG München v. 2. 3. 2003, VersR 2007, 1637.

[651] *Van Bühren/Teslau,* § 14 Rn. 427.

[652] OLG Hamburg v. 27. 8. 2002, VersR 2003, 630 (631).

[653] Dazu: BGH v. 7. 4. 2005, VersR 2005, 923; *Lohkamp,* VersR 2006, 331.

[654] Einzelheiten: *Hasse,* VersR 2006, 150; siehe auch: *ders.,* VersR 2004, 958.

[655] Paradigmatisch: BFH v. 31. 7. 2007, r+s 2007, 514. Danach wird die Pfändung der gemischten Kapitallebensversicherung eines GmbH-Geschäftsführers nicht durch § 54 SGB I oder durch §§ 850ff. ZPO ausgeschlossen; im Einzelnen zur Zwangsvollstreckung in Kapitallebensversicherung: *Hasse,* VersR 2005, 15.

[656] Begründung zu Art. 4 Nr. 2 des Entwurfs eines Gesetzes zum Pfändungsschutz der Altersvorsorge und zur Anpassung des Rechts der Insolvenzanfechtung, BT-Drucks. 16/886, S. 14.

[657] Begründung, a. a. O.

stehen, insb. wenn die Ansprüche aus dem Versicherungsverhältnis bereits abgetreten oder gepfändet sind[658]. Die Kosten der Umwandlung hat der VN zu tragen (§ 167 S. 2 VVG), weil diese ausschließlich in seinem Interesse liegt[659].

4. Widerruf der Vertragserklärung (§ 8 Abs. 1 VVG)

213   Der VN kann seine Vertragserklärung gem. §§ 8 Abs. 1 S. 1, 152 Abs. 1 VVG innerhalb von 30 Tagen **widerrufen.** Die Fristverlängerung basiert auf der Fernabsatzrichtlinie für Finanzdienstleistungen[660], beschränkt sich aber nicht auf Fernabsatzverträge. Bei „Riester"-Verträgen gilt § 7 Abs. 3 AltZertG[661].

214   Im Hinblick auf die Rechtsfolgen des Widerrufs bestimmt § 152 Abs. 2 S. 1 VVG, dass der VR – abweichend von § 9 S. 1 VVG – auch den **Rückkaufswert** auszuzahlen hat. Darunter versteht die Begründung den Rückkaufswert, „wie er sich nach den Vorschriften des § 169 Abs. 3–6 VVG **unter Ausklammerung der Abschluss- und Vertriebskosten** ‚errechnet.'"[662]. Trotz des Verweises auf § 169 Abs. 5 VVG soll nach Meinung *Ortmanns*[663] „für den Fall des Widerrufs kein Stornoabzug ‚zulässig sein'". Insoweit liege ein Redaktionsversehen vor. Ein Stornoabzug widerspräche dem in Art. 6 Abs. 1 Satz 2 der Fernabsatzrichtlinie für Finanzdienstleistungen ausgesprochenen Verbot einer Vertragsstrafe[664]. Überschussanteile sind ebenfalls auszuzahlen werden aber nur selten vorhanden sein[665]. Im Falle fehlender Belehrung (§ 9 S. 2 VVG) hat der VR ebenfalls den Rückkaufswert einschließlich der Überschussbeteiligung oder aber, wenn dies für den VN günstiger ist, die für das erste Jahr gezahlte Prämie zu erstatten (§ 152 Abs. 2 S. 2 VVG); soweit die Begründung von einem „Wahlrecht des VN" spricht[666], ist dies missverständlich: § 152 Abs. 2 S. 2 VVG verpflichtet den VR, von sich aus den höheren Betrag zu ermitteln und zu erstatten. Welche Alternative vorteilhafter ist, richtet sich nach dem Zeitpunkt des Widerrufs[667].

215   In der **Belehrung** (§ 8 Abs. 2 S. 1 Nr. 2 VVG) ist bei den Rechtsfolgen des Widerrufs für die Lebensversicherung auf die Besonderheiten nach § 152 Abs. 2 VVG hinzuweisen[668].

5. Fortsetzung der Lebensversicherung nach der Elternzeit

216   Besteht während der Elternzeit (§§ 15 ff. Bundeserziehungsgeldgesetz) ein Arbeitsverhältnis ohne Entgelt gem. § 1a Abs. 4 Betriebsrentengesetz fort und wird eine vom Arbeitgeber zugunsten des Arbeitnehmerin oder des Arbeitnehmers abgeschlossene Lebensversicherung wegen Nichtzahlung der während der Elternzeit fälligen Prämien in eine prämienfreie Versicherung umgewandelt (Kündigung: § 165 f. VVG), kann die Arbeitnehmerin oder der Arbeitnehmer innerhalb von drei Monaten nach der Beendigung der Elternzeit verlangen, dass die Lebensversicherung zu den vor der Umwandlung vereinbarten Bedingungen fortgesetzt wird (§ 212 VVG). Diese Regelung stellt lt. Begründung eine „notwendige Ergänzung der mit der Einführung der Elternzeit bezweckten **Familienförderung** dar"[669]; sie führt dazu, dass die Lebensversicherung „zum bisherigen Tarif und ohne Gesundheitsprüfung weitergeführt werden" kann[670].

---

[658] Begründung, a. a. O.

[659] Begründung, a. a. O.

[660] Art. 17 der Richtlinie 2002/65/EG des Europäischen Parlaments und des Rates vom 23. 9. 2002 über den Fernabsatz von Finanzdienstleistungen an Verbraucher, ABl. Nr. L 271 S. 16.

[661] *Ortmann,* in: *Schwintowski/Brömmelmeyer,* § 152 Rn. 5.

[662] Begründung, BT-Drucks. 16/3945, S. 95; zur Definition des Deckungskapitals: Rn. 161 ff.

[663] *Ortmann,* in: *Schwintowski/Brömmelmeyer,* § 152 Rn. 7.

[664] *Ortmann,* a. a. O.

[665] Begründung, a. a. O.

[666] Begründung, a. a. O.

[667] Begründung, a. a. O.

[668] Begründung, a. a. O.

[669] Begründung, BT-Drucks. 16/3945, S. 116, zu § 212 VVG (Hervorhebung des Verf.).

[670] Begründung, a. a. O.

F. Dritte

I. Versicherte Person

1. Schriftliche Einwilligung

Ist die Lebensversicherung nicht auf die Person des VN sondern auf die eines anderen ge- **217** nommen und übersteigt die vereinbarte Leistung den Betrag der gewöhnlichen Beerdigungs- kosten, so bedarf es der schriftlichen Einwilligung der versicherten Person (§ 150 Abs. 2 VVG)[671].

2. Kenntnisse und Verhalten

In der Lebensversicherung auf ein fremdes Leben kann nicht nur der VN, sondern auch die **218** versicherte Person die berechtigten Interessen des VR gefährden: Insb. im Rahmen der Risi- koprüfung ist der VR darauf angewiesen, dass die versicherte Person alle – ggf. nur ihr, nicht dem VN bekannten – gefahrerheblichen Umstände anzeigt (§§ 19 Abs. 1 VVG, 6 Abs. 2 ALB 2008). § 156 VVG trägt dem Rechnung, indem er die Kenntnisse und das Verhalten der ver- sicherten Person der Kenntnis und dem Verhalten des VN gleich stellt, VN und versicherte Person also rechtlich als Einheit behandelt[672].

II. Bezugsberechtigte

1. Begriff und Rechtsnatur

Bestimmt der VN einen Dritten als **Begünstigten**[673], so wird der Lebensversicherungsver- **219** trag dadurch zu einem echten Vertrag zu Gunsten Dritter (§§ 328 ff. BGB). Das dem Dritten eingeräumte und gegen den VR gerichtete Recht auf die Leistung aus dem Lebensversiche- rungsvertrag bezeichnet man als **Bezugsberechtigung**[674].

Der VN kann das Bezugsrecht **widerruflich** oder **unwiderruflich ausgestalten.** Nach **220** § 159 Abs. 1 VVG ist das Bezugsrecht im Zweifel (bis zum Eintritt des Versicherungsfalls) wi- derruflich. Denn in der Befugnis des VN, „ohne Zustimmung des VR einen Dritten als Be- zugsberechtigten zu bezeichnen sowie *an die Stelle des so bezeichneten Dritten einen anderen zu setzen*" (§ 159 Abs. 1 VVG) ist die Befugnis, die erste Bezugsberechtigung (vorher) zu wider- rufen, notwendig enthalten. Dementsprechend kann der VN das Bezugsrecht gem. § 13 Abs. 1 S. 2 ALB 2008 „bis zum Eintritt des Versicherungsfalls jederzeit widerrufen". Die Ein- räumung und der Widerruf des Bezugsrechts werden nur und erst dann wirksam, wenn der Berechtigte sie/ihn **schriftlich**[675] anzeigt (§ 13 Abs. 4 ALB 2008). Diese Regelung ist weder unklar noch überraschend und sie geht auch nicht mit einer unangemessenen Benachteili- gung (§§ 307 f. BGB) des VN einher[676]; sie führt abweichend von § 130 Abs. 2 BGB dazu, dass eine dem VR erst nach Eintritt des Versicherungsfalls (Tod des VN) zugehende Bezugs- rechtsänderung unwirksam ist[677]. Denn mit dem Tode wird die widerrufliche Bezugsberech- tigung unwiderruflich[678].

Der VN kann ausdrücklich erklären, dass der Bezugsberechtigte sofort und unwiderruflich **221** die Ansprüche aus dem VV erwerben soll (§ 13 Abs. 2 S. 1 ALB 2008). Hat der VR diese Erklä- rung erhalten, so kann das Bezugsrecht nur noch mit Zustimmung des Begünstigten aufgeho- ben werden. Die Bezugsberechtigung kann (insb. in der Direktversicherung) auch **einge-**

---

[671] Einzelheiten: Rn. 39 ff.
[672] Motive, Nachdruck 1963, S. 219.
[673] Siehe Rn. 197.
[674] *Bruck/Möller/Winter,* Bd. V/2, Anm. H 24.
[675] Dazu: Rn. 197.
[676] OLG Zweibrücken v. 31. 5. 2006, VersR 2007, 195 f.; vgl. auch: BGH v. 14. 7. 1993, VersR 1993, 1219; BGH v. 10. 2. 1994, r+s 1994. 360; BGH v. 24. 2. 1999, NJW-RR 1999, 898.
[677] OLG Zweibrücken, a. a. O.
[678] BGH v. 23. 12. 2003, VersR 2004, 93 (94).

schränkt **unwiderruflich** ausgestaltet werden[679]. Solange die Tatbestandsvoraussetzungen des Widerrufsvorbehalts nicht erfüllt sind, steht ein *eingeschränkt* unwiderrufliches einem *uneingeschränkt* unwiderruflichen Bezugsrecht in wirtschaftlicher und rechtlicher Hinsicht gleich[680].

222   Das Bezugsrecht beschränkt sich auf die **Leistungsansprüche,** so dass alle anderen (Gestaltungs-)Rechte aus der Lebensversicherung solche des VN bleiben[681]. Auch die Einräumung eines unwiderruflichen Bezugsrechts hindert den VN nicht daran, den Lebensversicherungsvertrag zu kündigen oder beitragsfrei zu stellen[682]. Ergeben sich hieraus jedoch Leistungsansprüche (Rückkaufswert), so stehen diese dem unwiderruflich (!) Bezugsberechtigten zu.

223   Die Erklärung über die Einräumung eines Bezugsrechts (Begünstigungserklärung) ist grundsätzlich gem. §§ 133, 157 BGB, d. h. objektiv, auf der Grundlage des Empfängerhorizontes **auszulegen**[683]. Maßgeblich ist der bei der Festlegung des Bezugsrechts vorhandene und dem VR gegenüber zum Ausdruck gebrachte Wille des VN[684]. Die Einräumung eines Bezugsrechts ist i. d. R. so zu verstehen, dass das Recht der Bezugsberechtigung sämtliche aus dem Lebensversicherungsvertrag fällig werdenden Ansprüche umfassen soll[685], also auch die **Überschussbeteiligung**[686]. Das gilt auch für Überschussanteile, die schon vor Beendigung des Lebensversicherungsvertrages auszuzahlen sind. Die Erklärung des VN in einem VV, im Falle seines Todes solle „der Ehegatte der versicherten Person" Bezugsberechtigter sein, ist auch im Falle einer späteren **Scheidung** der Ehe regelmäßig dahin auszulegen, dass der mit den VN zum Zeitpunkt der Festlegung der Bezugsberechtigung verheiratete Ehegatte begünstigt sein soll[687]. Wird in einem Lebensversicherungsvertrag die Bezugsberechtigung mit „gesetzlicher Erbfolge" bezeichnet, so ist diese Regelung mangels entgegenstehender Anhaltspunkte dahin auszulegen, dass damit die gesetzlichen Erben und nicht die Testamentserben gemeint sind[688].

224   Sind mehrere Personen ohne Bestimmung ihrer Anteile als Bezugsberechtigte bezeichnet, sind sie zu gleichen Teilen bezugsberechtigt (§ 160 Abs. 1 S. 1 VVG). Der von einem Bezugsberechtigten nicht erworbene Anteil wächst den übrigen Bezugsberechtigten zu (Satz 2). Daraus folgt: Bestimmt ein VN zwei Personen zu gleichen Teilen als Bezugsberechtigte einer Lebensversicherung und verstirbt ein Bezugsberechtigter gleichzeitig mit dem VN, so wächst dessen Anteil dem anderen Bezugsberechtigten zu (§ 160 Abs. 1 S. 2 VVG) und fällt weder in den Nachlass des verstorbenen Begünstigten[689] noch in den Nachlass des VN (vgl. § 160 Abs. 3 VVG)[690]. Soll die Leistung des VR nach dem Tode des VN an dessen Erben erfolgen, sind im Zweifel diejenigen, welche zur Zeit des Todes als Erben berufen sind, nach dem Verhältnis ihrer Erbteile bezugsberechtigt (§ 160 Abs. 2 S. 1 VVG). Eine Erbausschlagung hat auf die Bezugsberechtigung keinen Einfluss (Satz 2). Setzt der VN als Bezugsberechtigten einer Lebensversicherung einen Bekannten ein, ohne diesen davon zu unterrichten, können die Erben das Schenkungsangebot unabhängig von etwaigen Formfragen widerrufen[691].

---

[679] BGH v. 3. 5. 2006, VersR 2006, 1059; BGH v. 8. 6. 2005, VersR 2005, 1134.

[680] BGH v. 3. 5. 2006, a. a. O.

[681] *Van Bühren/Teslau,* § 14 Rn. 359.

[682] BGH v. 17. 2. 1966, NJW 1966, 1071 (1073); OLG Koblenz v. 1. 2. 2007, VersR 2007, 1257; OLG Frankfurt/M. v. 14. 9. 2000, NVersZ 2001, 159 (160); *van Bühren/Teslau,* a. a. O., Rn. 363.

[683] OLG Köln v. 16. 6. 2004, VersR 2004, 1032; *Ortmann,* in: *Schwintowski/Brömmelmeyer,* § 160 Rn. 3; allgemein: *Palandt/Heinrichs,* § 133 Rn. 9; BGH v. 14. 10. 1994, NJW 1995, 45, 46

[684] BGH v. 14. 2. 2007, NJW-RR 2007, 976; BGH v. 17. 9. 1975, NJW 1976, 290.

[685] BGH v. 18. 6. 2003, VersR 2003, 1021, 1022; KG v. 10. 2. 2006, VersR 2006, 1349.

[686] OLG Frankfurt/M., a. a. O.; kritisch: *Prahl,* NVersZ 2002, 53.

[687] BGH v. 14. 2. 2007, VersR 2007, 784 = r+s 2007, 332; vgl. auch: LG München v. 13. 2. 2004, FamRZ 2005, 134.

[688] OLG Köln v. 16. 6. 2004, VersR 2004, 1032.

[689] OLG Saarbrücken v. 7. 2. 2007, VersR 2007, 1638 (1639), unter Berufung auf Berliner Kommentar/*Schwintowski,* § 168 Rn. 5.

[690] OLG Saarbrücken, a. a. O.

[691] OLG Hamm v. 3. 12. 2004, VersR 2005, 819; *van Bühren/Teslau,* § 14 Rn. 376.

Das Bezugsrecht kann unter einer **auflösenden Bedingung (§ 158 Abs. 2 BGB)** einge- **225** räumt werden. Der BGH hat jedoch bereits mehrfach entscheiden, dass die Benennung des Ehegatten des VN als Bezugsberechtigten ohne Hinzutreten besonderer Anhaltspunkte nicht auflösend bedingt ist durch eine **Scheidung der Ehe** vor Eintritt des Versicherungsfalls[692]. Denn bei der Verwendung des Begriffs „Ehegatte" oder „Ehefrau" ist – auch ohne einen den bezugsberechtigten Ehegatten näher kennzeichnenden Namenszusatz – [693] nach der Lebenserfahrung regelmäßig nicht anzunehmen, dass das Bezugsrecht nur für den Fall einge- räumt sein soll, dass die Ehe zum Zeitpunkt des Versicherungsfalls noch besteht[694]. Das **Scheitern einer Ehe** führt auch nicht dazu, dass eine frei widerrufliche Bezugsberechtigung nach den Regeln über den Wegfall der Geschäftsgrundlage (§ 313 BGB) entfiele[695]. Das Prin- zip von Treu und Glauben, namentlich der Rechtsgedanke der Unzumutbarkeit der unver- änderten Durchführung des einmal Bestimmten kann gerade wegen der freien Widerrufbar- keit der Bezugsberechtigung nicht zum Tragen kommen[696]. § 2077 Abs. 3 BGB (Danach ist die letztwillige Verfügung, durch die der Erblasser seinen Ehegatten bedacht hat, nicht un- wirksam, wenn anzunehmen ist, dass der Erblasser sie auch für einen solchen Fall getroffen haben würde) ist *nicht* (auch nicht analog) anwendbar, weil die Prüfung des hypothetischen Erblasserwillens der Rechtsnatur der Bezugsberechtigung als einseitiger *empfangsbedürftiger* Willenserklärung widerspräche[697]: Bei einer Erklärung im Rahmen einer vertraglichen Ver- einbarung ist im Interesse des Vertragspartners, hier des VR, weitgehend auf dessen Wortlaut und darauf abzustellen, wie die Erklärung aus dessen Sicht zu verstehen ist[698].

Ebenso wie die Einräumung ist auch die **Änderung der Bezugsberechtigung** eine ein- **226** seitige empfangsbedürftige und rechtsgestaltende Willenserklärung, die – wie jede Willenser- klärung – auslegungsbedürftig ist[699]. Ändert der VN ein zugunsten des B bestehendes Be- zugsrecht dahingehend ab, dass zukünftig „1. A, 2. B" bezugsberechtigt sein sollen, so ist dies so zu verstehen, dass B nur dann bezugsberechtigt sein soll, wenn A bei Eintritt des Versiche- rungsfalls nicht mehr lebt[700]. Die Benennung mehrerer Bezugsberechtigter durch die Ord- nungszahlen „1" und „2" spiegelt eine Rangfolge wider, der zufolge der zu Nr. 2 Benannte nur dann ein Bezugsrecht erwirbt, wenn der zu Nr. 1 Benannte bei Eintritt des Versiche- rungsfalls bereits verstorben ist[701].

2. Rechtsposition des Bezugsberechtigten

Die Rechtsposition des Bezugsberechtigten richtet sich danach, ob das Bezugsrecht **wi-** **227** **derruflich oder unwiderruflich** ist. Maßgeblich ist insoweit, was im Deckungsverhältnis zwischen VR und VN vereinbart worden ist[702]. Die Erklärung über den Bezugsberechtigten ist auch insoweit auszulegen. Nur wenn der objektive Erklärungswert der Bezugsrechtserklä- rung nicht erkennbar oder mehrdeutig ist, kommt § 159 Abs. 1 VVG zum Tragen[703]. Das Be- zugsrecht der zugunsten der Ehefrau abgeschlossenen Rentenversicherung ist ersichtlich un- widerruflich, wenn ihr in einer „Rentenversicherung für Frauen" im Versicherungsschein ab dem Erreichen ihres 60. Lebensjahres eine Rente „gewährt" wird[704]. Das gilt insbesondere, wenn „die sonst übliche ... Bestimmung, dass der VN bis zur jeweiligen Fälligkeit das Bezugs-

---

[692] BGH, a. a. O.; BGH v. 29. 1. 1981, BGHZ 79, 295, 298; BGH v. 17. 9. 1975, NJW 1976, 290; BGH v. 1. 4. 1987, VersR 1987, 659.
[693] Anders noch: OLG Frankfurt/M. v. 21. 11. 1996, VersR 1997, 1216.
[694] BGH v. 14. 2. 2007, VersR 2007, 784.
[695] OLG Hamm v. 13. 3. 2002, VersR 2002, 1409 (1410).
[696] OLG Hamm, a. a. O.
[697] BGH v. 14. 2. 2007, a. a. O.
[698] BGH v. 14. 2. 2007, a. a. O.
[699] KG v. 3. 6. 2005, r+s 2005, 341.
[700] KG, a. a. O.
[701] KG, a. a. O.
[702] KG v. 10. 2. 2006, VersR 2006, 1349.
[703] KG, a. a. O.
[704] KG v. 10. 2. 2006, VersR 2006, 1349.

Brömmelmeyer   2595

recht jederzeit widerrufen kann" fehlt und die Rentenversicherung erkennbar der Altersvorsorge dienen soll[705].

228   **a)** Das Leitbild des VVG geht von der Einräumung eines **widerruflichen Bezugsrechts** aus: Dem VN soll im Zweifel die Befugnis vorbehalten bleiben, den (ggf. im Lebensversicherungsvertrag selbst) bezeichneten (ursprünglichen) Bezugsberechtigten durch einen anderen zu ersetzen (§ 159 Abs. 1 VVG). Mit **Eintritt des Versicherungsfalls** erwirbt der widerruflich Begünstigte das Recht auf die Versicherungsleistung (§ 159 Abs. 2 VVG)[706]. **Bis zum Eintritt des Versicherungsfalls** steht einem widerruflich Begünstigten noch kein Recht zu; vielmehr steht der VV voll zur Disposition des VN[707]. Der Bezugsberechtigte verfügt nur über eine **ungesicherte Erwerbsaussicht,** „eine Hoffnung auf die später einmal fällig werdende Leistung"[708], die sich nur erfüllen kann, wenn der VN die Bezugsberechtigung nicht widerruft.

229   Der **Widerruf** ist eine einseitige empfangsbedürftige Willenserklärung, die auf die inhaltliche Änderung der bisherigen Bestimmung gerichtet ist und der Verfügungscharakter zukommt[709]. Der BGH[710] geht davon aus, dass in der Kündigung einer Lebensversicherung regelmäßig auch der **Widerruf einer bestehenden Bezugsberechtigung** liegt, so dass der Rückkaufswert regelmäßig dem VN zusteht. Dagegen besteht nach Meinung des OLG Köln[711] kein Erfahrungssatz, wonach die Kündigung des Lebensversicherungsvertrages in der Regel zugleich den Widerruf der Bezugsberechtigung beinhalte. Die Entscheidung des BGH betreffe die Kündigung eines Lebensversicherungsvertrages durch einen Konkursverwalter. Dass diesem im Interesse der Konkursmasse daran gelegen sei, mit der Kündigung zugleich auch eine Bezugsberechtigung zu widerrufen, liege auf der Hand, lasse sich aber nicht verallgemeinern. Es bestehe keine Berechtigung für eine Auslegung dahin, dass die Kündigung eines Lebensversicherungsvertrages generell im Zweifel auch die Bezugsberechtigung umfasse[712].

230   Eine **Einziehungsverfügung des Finanzamtes** ist als (konkludenter) Widerruf des Bezugsrechts aufzufassen[713]. Soll die Forderung nicht mehr nur gesichert, sondern realisiert werden, kann und soll dem Bezugsrecht keine Bedeutung mehr zukommen. Die Bezugsberechtigung braucht also nicht auch noch ausdrücklich widerrufen zu werden[714].

231   Mit dem Eintritt des Todesfalls wird die (widerrufliche) Bezugsberechtigung unwiderruflich[715].

232   Die Existenz eines widerruflichen Bezugsrechts hindert den VN nicht, zur Sicherung von Kreditverbindlichkeiten seine Lebensversicherung abzutreten[716]. Tritt der VN seine Ansprüche aus einer Lebensversicherung als Sicherheit an einen Kreditgläubiger ab, so ist darin, soweit bereits zuvor ein widerrufliches Bezugsrecht begründet worden ist, ein Widerruf des Bezugsrechts zu sehen[717]. Dieser Widerruf gilt allerdings *nur,* soweit das Bezugsrecht mit den Interessen des Kreditgläubigers und Sicherungsnehmers kollidiert[718]. Denn der VN will dem

---

[705] KG, a. a. O.

[706] Zur Insolvenzanfechtung: BGH v. 23. 10. 2003, VersR 2004, 93 (94).

[707] OLG Koblenz v. 1. 2. 2007, VersR 2007, 1257.

[708] BGH v. 22. 3. 1984, NJW 1984, 1511 unter Berufung auf *Goll/Gilbert/Steinhaus;* BGH v. 4. 3. 1993, NJW 1993, 1994 (1995); BGH v. 18. 7. 2002, NVersZ 2002, 495 (496); BGH v. 23. 10. 2003, VersR 2004, 93 (94); ähnlich: OLG Koblenz, VersR 2007, 1257 („ungewisse Hoffnung") = ZEV 2007, 389.

[709] BGH v. 14. 2. 2007, a. a. O.; BGH v. 28. 9. 1988, VersR 1988, 1236.

[710] BGH v. 4. 3. 1993, NJW 1993, 1994 (1995).

[711] OLG Köln v. 20. 12. 2000, VersR 2002, 299 (300).

[712] OLG Köln, a. a. O.

[713] OLG Köln v. 1. 10. 2001, VersR 2002, 1544, 1545.

[714] OLG Köln, a. a. O., S. 1544 (streitig).

[715] BGH v. 23. 10. 2003, VersR 2004, 93 (94); OLG Hamm, a. a. O.

[716] OLG Koblenz v. 1. 2. 2007, VersR 2007, 1257; im Einzelnen zur Abtretung: Rn.199ff.

[717] OLG Koblenz, a. a. O.

[718] OLG Koblenz, a. a. O.

Sicherungsgläubiger nur den Vorrang vor dem durch ein widerrufliches Bezugsrecht Begünstigten einräumen. Deswegen setzt der Widerruf die früher ausgesprochene Bezugsberechtigung nur insoweit außer Kraft, wie es für den Sicherungszweck erforderlich ist[719]. Soweit danach der Anspruch auf die Versicherungssumme nicht von der Sicherungsabtretung erfasst wird, sondern dem Bezugsberechtigten nach Eintritt des Versicherungsfalls unmittelbar zusteht, fällt er auch nicht in den Nachlass des VN[720]. Anders verhält es sich dagegen, wenn die Versicherungssumme aufgrund des von dem VN ausgesprochenen Widerrufs und seiner Sicherungsabtretung im Zeitpunkt seines Todes dem Kreditgeber zusteht. In diesem Umfang hat der Sicherungsgeber (VN) das Bezugsrecht außer Kraft gesetzt und den Anspruch auf die Versicherungssumme zur Deckung seiner Verbindlichkeiten im Sicherungsfalle verwendet[721]. Damit ordnet er die Versicherungssumme seinem Vermögen, d. h. im Todesfall seinem Nachlass zu[722].

Hat der zunächst widerruflich Bezugsberechtigte sämtliche ihm im Lebensversicherungs-   **233** vertrag eingeräumten Rechte wirksam an den VN abgetreten, so wirkt sich der spätere Eintritt der Unwiderruflichkeit des Bezugsrechts auf diese Abtretung nicht aus, d. h. der Bezugsberechtigte kann die Leistung nach Eintritt des Versicherungsfalls nicht mehr verlangen[723].

b) Die **Einräumung eines unwiderruflichen Bezugsrechts** führt zu einem sofortigen   **234** Rechtserwerb des Bezugsberechtigten (§ 159 Abs. 3 VVG)[724]. Die Erklärung des VN, auf einen Widerruf der Bezugsberechtigung zu verzichten, signalisiert die Bereitschaft zu einer „uneigennützigen Fürsorge" für den Begünstigten, die sich nur realisieren lässt, „wenn das Recht auf die Versicherungsleistung von dem Begünstigten sofort erworben wird und damit nicht mehr dem Zugriff der Gläubiger des VN unterliegt"[725]. Daher bildet der sofortige Rechtserwerb den eigentlichen Inhalt des unwiderruflichen Bezugsrechts[726]. Das gilt auch bei Einräumung eines unwiderruflichen Bezugsrechts auf den Erlebensfall[727]. Der Zeitpunkt des Rechtserwerbs steht allerdings zur Disposition der Parteien: Vertraglich kann auch bei Unwiderruflichkeit der Bezugsberechtigung etwas anderes vereinbart werden[728].

Das unwiderrufliche Bezugsrecht kann dem Begünstigen nicht mehr einseitig entzogen   **235** werden (§ 13 Abs. 2 S. 2 ALB 2008). Es geht mit dem Tode des Bezugsberechtigten auf dessen Erben über[729]. Der Inhaber kann das Bezugsrecht abtreten und verpfänden. Umgekehrt können die Gläubiger des Bezugsberechtigten (nicht aber die Gläubiger des VN) das Bezugsrecht auch von sich aus pfänden. Kündigt der VN den Lebensversicherungsvertrag, so steht der Rückkaufswert dem unwiderruflich Bezugsberechtigten zu[730]: Da der unwiderruflich Bezugsberechtigte die Ansprüche auf die Versicherungsleistung sofort erworben hat (s. o.), gebühren sie ihm nicht nur im Versicherungsfall, sondern auch schon, wenn sie vorzeitig fällig werden[731]. Im Falle der Insolvenz des VN gehören die Rechtsansprüche des unwiderruflich Bezugsberechtigten nicht zur Masse[732].

c) Besagt eine Klausel, dass die Umwandlung eines widerruflichen in ein unwiderrufliches   **236** Bezugsrecht der schriftlichen Bestätigung des VR bedarf, so ist diese Klausel nach Meinung des OLG Koblenz mit § 307 Abs. 1 BGB vereinbar, weil sie der Rechtssicherheit dient

---

[719] BGH v. 18. 10. 1989, VersR 1989, 1298; BGH v. 8. 5. 1996, VersR 1996, 877.
[720] OLG Koblenz, a. a. O.
[721] OLG Koblenz, a. a. O.
[722] BGH, a. a. O.; OLG Koblenz, a. a. O.
[723] OLG Karlsruhe v. 1. 6. 2006, r+s 2007, 161.
[724] BGH v. 17. 2. 1966, NJW 1966, 1071 (1072), bereits mit Blick auf die frühere Rechtslage.
[725] BGH, a. a. O.
[726] BGH, a. a. O.; BGH v. 18. 6. 2003, VersR 2003, 1021; KG v. 10. 2. 2006, VersR 2006, 1349.
[727] BGH v. 18. 6. 2003, VersR 2003, 1021 (1022).
[728] Begründung, BT-Drucks.16/3954, S. 98 zu § 159 VVG.
[729] *Van Bühren/Teslau,* § 14 Rn. 362.
[730] *Van Bühren/Teslau,* Rn. 363.
[731] BGH v. 18. 6. 2003, VersR 2003, 1021.
[732] Vertiefend: *Armbrüster,* KTS 2004, 481.

Brömmelmeyer

(str.)[733]. Der Bezugsberechtigte hat das Recht, die **Bezugsberechtigung zurückzuweisen** (§ 333 BGB). Er erwirbt das Recht auf die Leistung des VR nicht, wenn er vor Eintritt des Versicherungsfall oder gleichzeitig mit dem VN stirbt. Ist die Bezugsberechtigung widerruflich, so erwirbt der VN das Recht auf die Leistung (§ 160 Abs. 3 VVG). Ist die Bezugsberechtigung unwiderruflich, so steht die Leistung den Erben des Bezugsberechtigten zu.

3. Eintrittsrecht

237   Das **Eintrittsrecht des Bezugsberechtigten (§ 170 Abs. 1 S. 1 VVG)** trägt der Tatsache Rechnung, dass die Fortsetzung einer Lebensversicherung – trotz der Pflicht, die Forderung der betreibenden Gläubiger bis zur Höhe des Rückkaufswertes zu befriedigen (Satz 2) – für den Bezugsberechtigten günstiger sein kann, als die Liquidation. Der Eintretende tritt mit allen Rechten und Pflichten als Partei des VV an die Stelle des VN, der künftig nur noch versicherte Person ist[734]. Das Eintritts*interesse* des Bezugsberechtigten ergibt sich daraus, dass der Neuabschluss einer Lebensversicherung mit Kosten verbunden wäre, die im Rahmen der fortzuführenden Lebensversicherung bereits getilgt sind.

238   Das Eintrittsrecht steht nur „namentlich bezeichneten" Bezugsberechtigten zu; es reicht nicht aus, dass die Bezugsberechtigten bspw. aufgrund einer Beschreibung wie „meine Eltern" oder „mein Erbe" eindeutig identifizierbar sind[735]. Ist ein Bezugsberechtigter nicht oder nicht namentlich bezeichnet, steht das Eintrittsrecht dem Ehegatten oder Lebenspartner und den Kindern des VN zu (§ 170 Abs. 2 VVG). Der Eintritt setzt nicht voraus, dass der gem. § 170 Abs. 1 S. 1 VVG geschuldete Betrag bereits innerhalb der Monatsfrist des § 170 Abs. 3 S. 2 VVG beglichen wird. Der Eintritt ist auch dann noch möglich, wenn die Lebensversicherung vor Ablauf der Monatsfrist (§ 170 Abs. 3 S. 2 VVG) gekündigt und der Rückkaufswert bereits ausgezahlt worden ist (str.)[736]. Das Eintrittsrecht aus § 170 Abs. 1 VVG verdrängt das Wahlrecht des Insolvenzverwalters aus § 103 Abs. 1 InsO[737].

239   Der Eintritt erfolgt durch **Anzeige an den VR** (§ 170 Abs. 3 S. 1 VVG), die nur innerhalb eines Monats erfolgen kann, nachdem der Eintrittsberechtigte von der Pfändung Kenntnis erlangt hat oder das Insolvenzverfahren eröffnet wurde (Satz 2). Er setzt die Zustimmung, d. h. die Einwilligung (§ 183 S. 1 BGB) oder die Genehmigung (§ 184 Abs. 1 BGB) des VN voraus (§ 170 Abs. 1 S. 1 VVG), die nach allgemeiner Meinung nicht der Gläubigeranfechtung unterliegt[738].

4. Das Schicksal des Rückkaufswerts bei geteilter Bezugsberechtigung

240   Bei **Rückkauf** (§ 169 Abs. 1 VVG) **einer Lebensversicherung mit geteiltem Bezugsrecht,** d. h. mit unterschiedlichen Bezugsberechtigten im Todes- und Erlebensfall, stellt sich die Frage, wem im Falle der Kündigung (§ 168 Abs. 1 VVG) der Rückkaufswert gebührt. Der Rückkaufswert, der nur eine andere Erscheinungsform der Versicherungssumme ist[739], ist grundsätzlich entweder den Todes- oder den Erlebensfallansprüchen zuzuordnen[740]. Dabei ist zu berücksichtigen, dass allein der VN durch „einseitige, empfangsbedürftige und schriftliche Willenserklärung gegenüber dem VR" darüber entscheidet, „wem in welchem Umfang

---

[733] OLG Koblenz v. 1. 2. 2007, VersR 2007, 1257.

[734] *Hasse,* VersR 2005, 15. Dazu heißt es in den Motiven (S. 646): „Bei Zwangsvollstreckungsmaßnahmen in den Versicherungsanspruch oder bei Eröffnung des Konkurses über das Vermögen des VN besteht die Gefahr, dass der VV vorzeitig zum Erlöschen gebracht wird. Die dem VR alsdann obliegende Leistung ist in der Regel verhältnismäßig gering. Um diejenigen Personen, denen die Lebensversicherung … zugute kommen soll, vor unnötigen Verlusten zu bewahren, sieht [§ 170 Abs. 1 VVG] … vor, dass … der namentlich bezeichnete Bezugsberechtigte … den Vertrag fortsetzen" kann.

[735] *Hasse,* VersR 2005, 15.

[736] *v. Laun,* S. 71, 77 f.; differenzierend: *Hasse,* VersR 2005, 15.

[737] *König,* NVersZ 2002, 481 (483); *Hasse,* VersR 2005, 15; *Prahl,* VersR 2005, 1036; vertiefend: *Armbrüster,* KTS 2004, 481.

[738] *Prahl,* VersR 2005, 1036 (1038); *Hasse,* VersR 2005, 15, 35.

[739] BGH v. 18. 6. 2003, NJW 2003, 2679; OLG Celle, a. a. O.

[740] OLG Celle v. 23. 6. 2005, r+s 2007, 295.

ein Bezugsrecht und die daraus folgenden Ansprüche auf die Versicherungsleistungen zustehen"[741]. Ein genereller Vorrang des Bezugsrechts auf den Todesfall besteht nicht[742]. Entscheidend für die Zuordnung der Ansprüche ist daher nicht eine theoretische rechtliche Konstruktion, sondern der im rechtlich möglichen Rahmen geäußerte Gestaltungswille des VN[743].

Relativ leicht lassen sich Fälle lösen, in denen eine Lebensversicherung lediglich mit einem **241**
widerruflichen Bezugsrecht ausgestattet ist: Da in der Kündigung regelmäßig auch der Widerruf liegt[744], scheidet ein Rechtsanspruch des Bezugsberechtigten auf den Rückkaufswert
im Allgemeinen aus. Problematisch sind jedoch Fälle, in denen der VN ein oder mehrere unwiderrufliche Bezugsrechte auf den Todes- oder Erlebensfall eingeräumt hat. Die Rspr. hat
sich bisher mit vier unterschiedlichen Konstellationen befasst:

– Der BGH[745] hat bei unwiderruflicher Bezugsberechtigung eines Dritten im Todesfall und
  Leistungsberechtigung des VN im Erlebensfall angenommen, dass der Rückkaufswert dem
  Bezugsberechtigten zusteht: Im Falle einer geteilten (unwiderruflichen) Bezugsberechtigung trete, so der BGH, neben die „uneigennützige Fürsorge für den Begünstigten" die
  eigene Altersversorgung des VN. Beides lasse sich „nacheinander ohne gegenseitige Beeinträchtigung" erreichen, wenn man das Recht der aus der Todesfallversicherung bezugsberechtigten Person als auflösend (§ 158 Abs. 2 BGB) und das Recht des VN als aufschiebend
  bedingt (§ 158 Abs. 1 BGB) interpretiere. Bei einer solchen Betrachtungsweise finde ein
  sofortiger, wenn auch auflösend bedingter Rechtserwerb des Begünstigten statt, der auch
  den Rechtsanspruch auf den Rückkaufswert im Kündigungsfall umfasse[746]. Ein zur Auszahlung gelangender Rückkaufswert stehe daher dem Bezugsberechtigten der Todesfallversicherung zu, solange dessen Recht auf die Versicherungsleistung bestehe, d. h. bis zum
  Eintritt der auflösenden Bedingung, des Erlebensfalls[747]. Diese Lösung steht im Einklang
  mit § 159 Abs. 3 VVG: Bereits mit der Bezeichnung als (unwiderruflich) Bezugsberechtigter erwirbt dieser das Recht auf die Leistung.

– Der 3. Zivilsenat des OLG Frankfurt[748] hat diese Rspr. auf einen Fall übertragen, in dem
  der VN seiner Ex-Ehefrau eine (auf 50% der Leistung beschränkte) unwiderrufliche Bezugsberechtigung im Erlebensfall und seiner heutigen Ehefrau eine (unbeschränkte) widerrufliche Bezugsberechtigung im Todesfall eingeräumt hatte. Der sofortige Rechtserwerb sei der entscheidende Inhalt der unwiderruflichen Bezugsberechtigung und mache
  gerade den Unterschied zur bloß widerruflichen Bezugsberechtigung aus. Es könne keinen
  Unterschied machen, ob die unwiderrufliche Bezugsberechtigung wie im vom BGH entschiedenen Fall für den Todesfall eingeräumt ist oder für den Erlebensfall. Bei beiden Fallgestaltungen werde der (unwiderruflich) Bezugsberechtigte sogleich Gläubiger der Versicherungsleistung oder ihrer Surrogate[749]. Liegen geteilte Bezugsberechtigungen für den
  Erlebens- bzw. Todesfall vor, so soll eine eindeutige Zuordnung zu jeweils nur einer der in
  Betracht kommenden Seiten dadurch erreicht werden, „dass der Erlebensfall auflösende
  Bedingung für den auf den Todesfall unwiderruflich Begünstigten, der Todesfall auflösende Bedingung für den auf den Erlebensfall unwiderruflich Begünstigten ist." Bedenken
  gegen diese Entscheidung ergeben sich daraus, dass das OLG Frankfurt – anders als der
  BGH, der aufschiebende und auflösende Bedingung kombiniert – zwei auflösende Bedingungen konstruiert, so dass die Konkurrenz unterschiedlicher unwiderruflicher Bezugsrechte auf den Todes- und Erlebensfall dazu führt, dass unterschiedliche Rechtssubjekte
  gleichzeitig ein identisches (wenn auch unter unterschiedlichen auflösenden Bedingungen

---

[741] BGH v. 18. 6. 2003, NJW 2003, 2679.
[742] BGH, a. a. O.
[743] BGH, a. a. O.
[744] BGH v. 4. 3. 1993, NJW 1993, 1994 (1995).
[745] BGH v. 17. 2. 1966, NJW 1966, 1071.
[746] BGH, a. a. O.
[747] BGH, a. a. O.
[748] OLG Frankfurt/M. v. 14. 9. 2000, NVersZ 2001, 159 (160).
[749] OLG Frankfurt/M., a. a. O.

stehendes) Recht erwerben. Der Rückkaufswert lässt sich so nicht eindeutig zuordnen. Die Lösung des OLG Frankfurt, das ein (angebliches) Prioritätsprinzip – Die Leistungsberechtigung soll sich nach der Reihenfolge der Einräumung der Bezugsrechte richten[750] – heranzieht, wird im Regelfall an der gleichzeitigen Einräumung der Bezugsrechte scheitern.

– Der 7. Zivilsenat des OLG Frankfurt hat sich der Rspr. des 3. Zivilsenates *nicht* angeschlossen[751]: Man müsse die unterschiedlichen Bezugs- und Leistungsrechte im Todes- und Erlebensfall (hier: unwiderrufliches Bezugsrecht der Ehefrau des VN im Erlebensfall, widerrufliches Bezugsrecht der „Rechtsnachfolger" des VN im Todesfall) so miteinander in Einklang bringen, dass ein sofortiger Rechtserwerb nur hinsichtlich eines der beiden Berechtigten erfolgen könne. Dies lasse sich nur durch die Annahme eines aufschiebend bzw. auflösend bedingten Rechtserwerbs gem. § 158 Abs. 1 und 2 BGB erreichen. Da dem VN auch bei Bestehen eines unwiderruflichen Bezugsrechts eines Dritten ein Kündigungsrecht zustehe, müsse feststehen, wem ggf. der Rückkaufswert zustehe. Daher scheide die rechtliche Konstruktion des 3. Zivilsenates aus. Bei einer privaten Lebensversicherung stehe „die Fürsorge des [sic!] für den Todesfall Bezugsberechtigten im Vordergrund". Daher sei es (auf der Basis der Rspr. des BGH) überzeugend, nur im Falle eines unwiderruflichen Bezugsrechts auf den Todesfall einen sofortigen Rechtserwerb unter einer auflösenden Bedingung anzunehmen und demgegenüber das Recht des unwiderruflich auf den Erlebensfall Bezugsberechtigten grundsätzlich als aufschiebend bedingt anzusehen. Durch das unwiderruflich auf den Erlebensfall eingeräumte Bezugsrecht erwerbe der Berechtigte mithin nur ein aufschiebend bedingtes Recht i. S. einer Anwartschaft; werde der Lebensversicherungsvertrag vor Eintritt des Erlebensfalls gekündigt, so gelange das Recht nicht zur Entstehung[752].

– Das AG Hechingen[753] hat im Falle einer Direktversicherung[754] auf das Leben eines im Erlebensfall unwiderruflich bezugsberechtigten Arbeitnehmers darauf erkannt, dass dem Arbeitnehmer, nicht der im Todesfall widerruflich begünstigten Familienangehörigen der Rückkaufswert zustehe. Es finde ein sofortiger Rechtserwerb des Begünstigten statt.

242   In der Literatur wird die Rechtslage unterschiedlich bewertet: *Baroch Castellví* bestreitet das Primat des Todesfallbezugsrechts[755]. Derjenige, der ein Todesfallbezugsrecht einräume, signalisiere dem Berechtigten nur, dass das Risiko, dass der VN sterbe und damit nicht mehr in der Lage sein werde, die Versorgung des Berechtigten aufrecht zu erhalten, aufgefangen werden soll; kündige der VN, so realisiere sich dieses Risiko nicht. Der Rückkaufswert korrespondiere mit den bis dahin eingezahlten kapitalbildenden Beiträgen und ggf. hinzutretenden Überschussanteilen[756]. Bei wirtschaftlicher Betrachtungsweise komme man nicht umhin, den Rückkaufswert als „anderer Erscheinungsform der Erlebensfallleistungen", nämlich als „reduzierte Erlebensfallsumme" zu begreifen[757]. Daher stehe der Rückkaufswert in Fällen eines unwiderruflichen Erlebensfallbezugsrechts allein dem Erlebensfallbezugsberechtigten zu[758]. *Teslau* hat dem entgegen gehalten, dass auch im Todesfall die (überwiegend) mit den kapitalbildenden Beitragsteilen akkumulierten Überschüsse ausgezahlt werden, und den Standpunkt vertreten, dass der Rückkaufswert in der Lebensversicherung auf den Todes- und Erlebensfall prinzipiell dem Inhaber der **Todesfallansprüche** zustehe[759]. Es komme darauf an, wer Inhaber des Leistungsanspruchs wäre, wenn nicht der Rückkauf durchgeführt würde, sondern der

---

[750] OLG Frankfurt/M., a. a. O. unter Berufung auf *Baroch Castellví*, VersR 1999, 570.

[751] OLG Frankfurt/M. v. 19. 12. 2001, VersR 2002, 963.

[752] OLG Frankfurt/M., a. a. O.

[753] AG Hechingen v. 8. 5. 1998, NVersZ 2000, 518; ablehnend: *Prahl*, NVersZ 2000, 502 (504).

[754] Siehe Rn. 18.

[755] *Baroch Castellví*, VersR 1998, 410.

[756] *Baroch Castellví*, a. a. O. (412).

[757] *Baroch Castellví*, a. a. O. (413 f.).

[758] *Baroch Castellví*, a. a. O. (415).

[759] *Van Bühren / Teslau*, 2. Aufl., § 13 Rn. 340; vgl. auch: 3. Aufl. Rn. 367.

Versicherungsfall einträte. Das sei der Inhaber des Anspruchs auf die Todesfallleistung. Der Rückkauf einer gemischten Lebensversicherung sei so gesehen als „vorgezogener Todesfall" anzusehen[760].

Entscheidet man sich für die Konstruktion des BGH, so steht fest, dass bei Beendigung des **243** Lebensversicherungsvertrages durch Rückkauf das Erleben als auflösende Bedingung für das Bezugsrecht des Todesfallberechtigten (§ 158 Abs. 2 BGB) und als aufschiebende Bedingung für das Bezugsrecht des Erlebensfallberechtigten (§ 158 Abs. 1 BGB) nicht mehr eintreten kann; aus dem auflösend bedingten wird also ein endgültiger Rechtserwerb des Todesfallberechtigten. Ihm allein gebührt der Rückkaufswert. Legt man die Einräumung des Bezugsrechts jedoch objektiv, auf der Grundlage des Empfängerhorizontes aus, so wird im Allgemeinen davon auszugehen sein, dass der VN den Bezugsberechtigten im Todesfall eben nur für den Fall begünstigen wollte, dass er, der VN, nicht mehr lebt, um den Begünstigten versorgen zu können. Beendet er den Lebensversicherungsvertrag vorzeitig, so liegt kein „vorgezogener Todes-", sondern ein vorgezogener Erlebensfall vor, denn der VN kann nach wie vor für den Todesfallberechtigten sorgen. Daher muss der Rückkaufswert bei konkurrierenden unwiderruflichen Bezugsrechten im Todes- und Erlebensfall nach der hier vertretenen Rechtsauffassung an den **Erlebensfallberechtigten** fallen: Konstruktiv findet ein sofortiger, durch den Eintritt des Todesfalls auflösend bedingter Rechtserwerb des Erlebensfallberechtigten und ein durch den Eintritt des Todesfalls aufschiebend bedingter Rechtserwerb des Todesfallberechtigten statt. Liegt nur *ein* unwiderrufliches Bezugsrecht auf den Todes- oder Erlebensfall vor, so geht der Rückkaufswert gem. § 159 Abs. 3 VVG dem Bezugeberechtigten zu[761].

G. Versicherungsfall

I. Todes- und Erlebensfall

Die gemischte Kapitallebensversicherung verschafft dem VN einen Leistungsanspruch, **244** wenn die versicherte Person während der Laufzeit des Lebensversicherungsvertrages stirbt (Todesfall) oder den im Versicherungsschein genannten Ablauftermin erlebt (Erlebensfall); vgl. § 1 Abs. 1 ALB 2008.

II. Besondere Todesursachen

Die Musterbedingungen gehen davon aus, dass die Leistungspflicht des VR im Todesfall **245** grundsätzlich **unabhängig von der konkreten Todesursache** entsteht (§ 4 Abs. 1 S. 1 ALB 2008). Todesfallschutz besteht insb. auch dann, wenn die versicherte Person in Ausübung des Wehr- oder Polizeidienstes oder bei inneren Unruhen den Tod gefunden hat (Absatz 1 Satz 2). In bestimmten Fällen braucht der VR jedoch nicht oder nur eingeschränkt zu leisten (Risikoausschlüsse):

1. Kriegerische Ereignisse

Die Musterbedingungen empfehlen eine **Kriegsklausel**[762], die der aktuariell nicht zu be- **246** wältigenden Risikokumulation im Kriegsfall Rechnung tragen soll: Stirbt die versicherte Person in unmittelbarem oder mittelbarem Zusammenhang mit kriegerischen Ereignissen, beschränkt sich die Leistung des VR auf die Auszahlung des für den Todestag berechneten Rückkaufwerts[763] (§ 4 Abs. 2 S. 1 ALB 2008). Diese Einschränkung entfällt allerdings, wenn die versicherte Person in unmittelbarem oder mittelbarem Zusammenhang mit kriegerischen

---

[760] *Van Bühren/Teslau*, 2. Aufl., a. a. O.
[761] Anders noch: OLG Frankfurt/M. v. 19. 12. 2001, s. o.
[762] Begriff: *Prölss/Martin/Kollhosser*, § 7 ALB 86, Rn. 2.
[763] Dazu: Rn. 153 ff.

Ereignissen stirbt, denen sie während eines Aufenthalts außerhalb der Bundesrepublik Deutschland ausgesetzt und an denen sie nicht aktiv beteiligt war (Satz 2).

247   Die Todesursache **„kriegerisches Ereignis"** setzt eine „bewaffnete Auseinandersetzung von Völkern oder Volksgruppen voraus, die über Unruhen, Aufruhr oder die Zerstörungstätigkeit von Terroristen [!] – sei sie auch planmäßig und länger andauernder Art – hinausgeht. Auch ein Bürgerkrieg fällt unter den Kriegsbegriff ... Kriegerisches Ereignis ist jedes Geschehen, das Folge einer durch den Krieg bewirkten Gefahrerhöhung ist"[764]. Dabei muss der Tod in „unmittelbarem oder mittelbarem Zusammenhang mit einem kriegerischen Ereignis" eingetreten sein. Ein *„unmittelbarer* Zusammenhang" besteht, wenn der Todesfall „unmittelbar wirkende Folge des Kampfgeschehens ist". Schwieriger ist die Grenzziehung im Hinblick auf *„mittelbare"* Zusammenhänge. Fest steht aber, dass die mit einem Krieg einhergehende allgemeine „Erschwerung der Lebensbedingungen" nicht ausreicht[765].

248   Der auf die **Ereignisse des 11. September** 2001 abgestimmte Definitionsvorschlag *Frickes* – „Krieg ist jeder mit physischer Gewalt vorgetragene Angriff auf einen Staat, eine Gesellschaft, nicht individualisierte Teile der Bevölkerung oder dessen/deren Eigentum, ..., sofern er sich nicht in einem einmaligen Ereignis von lokal beschränkter Wirkung und untergeordneter Bedeutung erschöpft"[766] – ist gerade im Hinblick auf **(hypothetische) Terroranschläge** anzulehnen, weil er den gerade in solchen Situationen elementaren Hinterbliebenenschutz aushebelt und durch unbestimmte Rechtsbegriffe („untergeordnete Bedeutung"?) ein erhebliches Maß an **Rechtsunsicherheit** provoziert.

249   Die Musterbedingungen sehen ferner eine Einschränkung der Leistungspflicht im Hinblick auf Todesfälle „in unmittelbarem oder mittelbarem Zusammenhang mit dem vorsätzlichen **Einsatz von atomaren, biologischen oder chemischen Waffen** oder dem vorsätzlichen Einsatz oder der vorsätzlichen **Freisetzung von radioaktiven, biologischen oder chemischen Stoffen"** vor (§ 4 Abs. 3 S. 1 ALB 2008). In diesen Fällen beschränkt sich die Leistungspflicht ebenfalls auf die Auszahlung des für den Todestag berechneten Rückkaufswerts, sofern der Einsatz oder das Freisetzen darauf gerichtet sind, das Leben einer Vielzahl von Personen zu gefährden. Diese Einschränkung greift nicht, wenn die versicherte Person in unmittelbarem oder mittelbarem Zusammenhang mit kriegerischen Ereignissen stirbt, denen sie während eines Aufenthaltes außerhalb der Bundesrepublik Deutschland ausgesetzt und an denen sie nicht aktiv beteiligt war (§ 4 Abs. 3 S. 2 ALB 2008).

2. Suizid

250   Hat sich die versicherte Person in der Todesfallversicherung „vor Ablauf von drei Jahren nach Abschluss des VV" vorsätzlich selbst getötet, tritt gem. §§ 161 Abs. 1 S. 1 VVG, 5 Abs. 1 ALB 2008 Leistungsfreiheit ein. Dies gilt allerdings nicht, wenn „die Tat in einem die freie Willensbestimmung ausschließenden Zustand krankhafter Störung der Geistestätigkeit" begangen worden ist (§ 161 Abs. 1 S. 2). Ist der VR nicht zur Leistung verpflichtet, so hat er den für den Todestag berechneten Rückkaufswert zu zahlen (§§ 161 Abs. 3 VVG, 5 Abs. 2 S. 2, 9 Abs. 3–5 ALB 2008). Diese Regelung dient vor allem dem **Schutz der VR** davor, dass ein Versicherter auf ihre Kosten mit seinem Leben spekuliert[767]. Der VR hat ein berechtigtes Interesse daran, davor geschützt zu werden, dass ein VN in hoffnungslos erscheinender finanzieller Lage eine Lebensversicherung abschließt und sich anschließend vorsätzlich das Leben nimmt, um seine Hinterbliebenen wirtschaftlich abzusichern[768]. Erfolgt der Suizid indes *nicht* vorsätzlich, ist es auch nicht gerechtfertigt, den VR zu Lasten der Hinterbliebenen freizustellen[769].

---

[764] *Bruck/Möller/Winter,* Bd. V/2, Anm. G 119.

[765] *Bruck/Möller/Winter,* a. a. O.

[766] *Fricke,* VersR 2002, 1 (10).

[767] BGH v. 5. 12. 1990, VersR 1991, 289 (291) m. w. N.; OLG Saarbrücken v. 2. 9. 1998, NVersZ 1999, 31.

[768] OLG Saarbrücken v. 30. 5. 2007, VersR 2008, 57.

[769] BGH, a. a. O., bereits aufgrund der früheren Rechtslage.

§ 161 VVG ist nicht nur auf (reine) **Todesfallversicherungen,** sondern auch auf **Lebens-** 251
versicherungen auf den Todes- und Erlebensfall anwendbar[770].

Der Reformgesetzgeber beschränkt die Leistungsfreiheit – im Interesse der Hinterbliebe- 252
nen[771] – auf Fälle, in denen sich die versicherte Person **innerhalb der ersten drei Jahre** das
Leben nimmt. Diese Frist orientiert sich an der verbreiteten Praxis der LebensVR[772]. Dem-
entsprechend gilt gem. § 5 ALB 2008 folgendes: „(1) Bei Selbsttötung leisten wir, wenn seit
Abschluss des VV drei Jahre vergangen sind. (2) Bei vorsätzlicher Selbsttötung vor Ablauf der
Dreijahresfrist besteht Versicherungsschutz nur dann, wenn uns nachgewiesen wird, dass die
Tat in einem die freie Willensbestimmung ausschließenden Zustand krankhafter Störung der
Geistestätigkeit begangen worden ist. Andernfalls zahlen wir den für den Todestag berechne-
ten Rückkaufswert Ihrer Versicherung." Denkbar wäre auch eine Regelung, die alternativ an
die Bezahlung der Erstprämie oder den Abschluss des VV anknüpft – je nachdem, welches
Ereignis zuerst stattfindet[773]. Die Dreijahresfrist entspricht dem Normzweck des § 161 Abs. 1
S. 1 VVG (s. o.), denn der Regelung liegt die berechtigte Erwartung zugrunde, dass bei einer
solchen Frist zu vermuten ist, dass die Lebensversicherung nicht in der Absicht einer geplanten Selbsttötung abgeschlossen worden ist[774].

§ 5 Abs. 3 ALB 2008 erklärt die Absätze 1 und 2 „bei einer unsere Leistungspflicht erwei- 253
ternden Änderung oder bei Wiederherstellung der Versicherung" für entsprechend anwendbar (Satz 1) und stellt klar, dass die Dreijahresfrist „mit der Änderung oder Wiederherstellung
des Versicherung bzgl. des geänderten oder wiederhergestellten Teils neu zu laufen" beginnt
(Satz 2)[775]. Die **Dreijahresfrist** beginnt also nicht nur bei **Neuabschluss (Novation) einer**
Lebensversicherung erneut, sondern auch bei Abschluss eines **Änderungsvertrags,** der
die Leistungspflicht erweitert oder die Lebensversicherung (nach Beitragsfreistellung) wieder
herstellt[776]. Dasselbe gilt angeblich, wenn die Lebensversicherung über die ursprüngliche
Laufzeit hinaus verlängert wird[777]. Der VR müsse, so das OLG Saarbrücken, nicht nur bei
einem Neuabschluss und einer Wiederherstellung, sondern auch bei einer Laufzeitverlängerung davor geschützt werden, dass der VN nach der erneuten Risikoübernahme Selbstmord
begehe[778]. Im Lichte der Unklarheitenregel (§ 305 c Abs. 2 BGB) ist die Entscheidung des
OLG Saarbrücken allerdings angreifbar, denn „den [konkreten] Bedingungen [ließ sich] nicht
ohne weiteres entnehmen, ob der Leistungsausschluss auch auf Vertragsänderungen anwendbar" sein sollte[779]. Diese Bedenken räumt auch § 5 Abs. 3 ALB 2008 nicht vollständig aus.
Klärungsbedürftig bleibt, ob der verständige VN[780] den Hinweis auf den Neubeginn der Frist
bei einer die „Leistungspflicht erweiternden Änderung" i. S. eines Neubeginns nur bei Erhöhung der Todesfall-Leistung oder auch bei Laufzeitverlängerung versteht.

Das OLG Saarbrücken geht – unter der Prämisse des Neubeginns der Dreijahresfrist bei 254
Laufzeitverlängerung – allerdings von einem Beratungsfehler aus[781]: Beantrage ein VN die
Verlängerung einer Risikolebensversicherung, so müsse ihn der VR, der einen „neuen Vertrag" abschließen wolle, auf die damit verbundene – vorübergehende – Senkung des Schutz-
standards durch erneute Leistungsausschlüsse beraten. Unterlasse er das, habe er dem Bezugsberechtigten Schadensersatz in Höhe der alten Versicherungssumme zu leisten (§ 280 Abs. 1
BGB), wenn sich der VN nach Beginn des neuen Versicherungsschutzes, aber vor dem hypo-

---

[770] Begründung, BT-Drucks. 16/3945, S. 99.
[771] Begründung, a. a. O.
[772] Begründung, a. a. O.
[773] Siehe nur: OLG Saarbrücken v. 2. 9. 1998, NVersZ 1999, 31.
[774] BGH v. 13. 3. 1991, NJW-RR 1991, 797 (798); OLG Saarbrücken, a. a. O.
[775] OLG Saarbrücken, a. a. O. (59).
[776] *Prölss/Martin/Kollhosser,* § 8 ALB Rn. 7.
[777] OLG Saarbrücken v. 30. 5. 2007, VersR 2008, 57; *Ortmann,* a. a. O.
[778] OLG Saarbrücken, a. a. O. (59).
[779] OLG Saarbrücken, a. a. O. (60).
[780] Siehe BGH v. 21. 2. 2001, NVersZ 2001, 263; OLG Karlsruhe v. 1. 6. 2006, r+s 2007, 161 (162).
[781] OLG Saarbrücken, a. a. O.

thetischen Ablauf des alten selbst töte[782]. Das gilt auf der Basis der (Neu-)Regelung der Beratungspflicht (§ 6 VVG) *erst recht.*

255   § 161 Abs. 2 VVG sieht vor, dass die Frist nach Absatz 1 Satz 1 „durch **Einzelvereinbarung**" – also nicht durch AVB[783] – verlängert werden kann. Damit wird dem VR im Einzelfall ein ausreichender Handlungsspielraum bei Lebensversicherungen mit sehr hohen Versicherungssummen eingeräumt[784]. Eine Verkürzung der Ausschlussfrist oder der Verzicht hierauf wird durch § 161 Abs. 1 S. 1 VVG nicht ausgeschlossen, weil darin eine abweichende Vereinbarung zum Vor-, nicht zum Nachteil des VN läge (vgl.: § 171 S. 1 VVG)[785].

256   Der **Begriff der Selbsttötung** (§§ 161 Abs. 1 VVG, 5 Abs. 1 ALB 2008) steht traditionell für „jede Handlung des zivilrechtlich verantwortlichen Versicherten, die in der *Absicht* ausgeführt wird, sich den Tod zu geben"[786]. Objektiv erforderlich ist Tatherrschaft, so dass die versicherte Person den Tathergang in Händen halten muss[787]. Subjektiv verlangt § 161 Abs. 1 VVG (nunmehr) ausdrücklich, dass sich die versicherte Person „vorsätzlich" selbst getötet haben muss. Daraus entnimmt *Ortmann*[788], dass man künftig keine Selbsttötungs*absicht*[789] mehr verlangen könne; vielmehr reiche bereits bedingter Vorsatz aus. Dafür spricht, dass der Vorsatzbegriff grundsätzlich auch den Eventualvorsatz umfasst[790]. Dagegen spricht, (1) dass § 161 Abs. 1 S. 1 VVG den Missbrauch der Lebensversicherung (Moral Hazard) verhindern will, dass dieser Missbrauch jedoch nur bei absichtlicher Selbsttötung in Betracht kommt, und (2) dass den Materialien nicht ansatzweise zu entnehmen ist, dass der „subjektive Todeswunsch"[791] – anders als bisher[792] – künftig verzichtbar sein soll.

257   In jedem Fall scheidet Leistungsfreiheit in **Nothilfefällen**, bspw. in Fällen, in denen der VN sein eigenes Leben für die Rettung seiner Kinder bewusst aufs Spiel gesetzt hat, aus. Der Normzweck des § 161 Abs. 1 VVG ist hier erkennbar nicht tangiert. Die Leistungsfreiheit des VR verstieße gegen Treu und Glauben (§ 242 BGB), weil sie den vereinbarten Hinterbliebenenschutz ausgerechnet bei einem rechtlich-moralisch vorbildlichen Tun des VN unterliefe. § 161 Abs. 1 VVG wäre insoweit teleologisch zu reduzieren.

258   Hat der Täter auf rechtzeitige Rettung vertraut (bewusste Fahrlässigkeit), so liegt keine (vorsätzliche) Selbsttötung vor. Geht er nach fehlgeschlagenen Schussversuchen in objektiv unverständlich erscheinendem Leichtsinn davon aus, dass sich keine Patronen mehr im Lauf befinden, so scheidet ein vorsätzlicher Suizid aus[793].

259   Die **Beweislast** für die (freiwillige) Selbsttötung, d. h. auch für den Tatvorsatz, trifft den VR[794]. Nach std. Rspr. des BGH[795] gibt es keinen **Beweis des ersten Anscheins** für den Freitod. Ein Beweis des ersten Anscheins sei nur möglich, wenn im Einzelfall ein typischer Geschehensablauf vorliege, der nach allgemeiner Lebenserfahrung auf eine bestimmte Ursache hinweise und so sehr das Gepräge des Üblichen und Gewöhnlichen trage, dass die besonderen individuellen Umstände in ihrer Bedeutung zurückträten[796]. Der Freitod eines

---

[782] OLG Saarbrücken, a. a. O.

[783] Begründung, a. a. O.

[784] Begründung, a. a. O.

[785] Begründung, a. a. O.

[786] *Prölss/Martin/Kollhosser*, § 169 Rn. 2.

[787] Im Einzelnen zur Tatherrschaft: *Cramer/Heine*, in: *Schönke/Schröder*, StGB, 27. Aufl. 2006, Vorb. zu den §§ 25 ff. Rn. 62 ff.

[788] *Ortmann*, in: *Schwintowski/Brömmelmeyer*, § 161 Rn. 5.

[789] Begriff: *Cramer/Sternberg-Lieben*, in: *Schönke/Schröder*, § 15 Rn. 66.

[790] *Palandt/Heinrichs*, § 276 Rn. 10.

[791] OLG Hamm v. 9. 12. 1988, VersR 1989, 690.

[792] BGH v. 19. 2. 1981, VersR 1981, 452; OLG Hamm, a. a. O.; *Bruck/Möller Winter*, Bd. V/2, Anm. G 123.

[793] BGH v. VersR 1981, 452.

[794] BGH v. 6. 5. 1992, VersR 1992, 861 m. w. N.; *Römer/Langheid/Römer*, § 169 Rn. 8.

[795] BGH, a. a. O.; skeptisch: *Römer/Langheid/Römer*, § 169 Rn. 11.

[796] BGH, a. a. O.

Menschen sei jedoch meist so sehr von seinen persönlichen Lebensumständen, seiner Persönlichkeitsstruktur und seiner augenblicklichen Gemütslage, insb. aber auch von seiner subjektiven (u. U. irrationalen) Sicht der Situation abhängig, dass man nicht von einem typischen Geschehensablauf sprechen könne. Der Tatrichter muss also nach den **Regeln des Strengbeweises** von einem Freitod überzeugt sein (§ 286 ZPO). Dazu gehört kein unumstößlicher, sondern ein für das praktische Leben brauchbarer Grad von Gewissheit, der den Zweifeln Schweigen gebietet, ohne sie völlig auszuschließen[797].

Die Rspr. hat in folgenden Fällen einen Selbstmord bejaht: Kopfschuss durch aufgesetzten   **260** Bolzenschussapparat[798]; Herzschuss aus einem aufgesetzten Gewehr[799]; Mundschuss mit einer Gaspistole[800]; Kopfschuss durch geübte und erfahrene Jäger[801]; Tod durch Gas bei mehreren (!) geöffneten Gashähnen[802] bzw. bei einem geöffneten Gashahn und verriegelter Tür[803]; Tod durch Autoabgase in einer geschlossenen Garage[804]; Berühren einer Hochspannungsleitung mit den Händen durch einen im Umgang mit Elektroanlagen versierten Handwerker[805]; Tod durch Erhängen ohne Fremdeinwirkung[806], es sei denn konkrete Umstände deuten auf eine fehlgeschlagene Selbstmord-Demonstration hin[807]; Tod bei suizidtypischer Lage des Halses unmittelbar auf dem Schienenstrang[808]; Fahrzeugkollision mit einer Mauer, wenn im Fahrzeug ein Abschiedsbrief gefunden wird[809]; Fenstersturz aus großer Höhe, wenn ein Unfall ausgeschlossen ist[810]; Tod eines Schwerkranken durch Tabletten- und Alkoholmissbrauch (Konsum von 70 Tabletten)[811].

Dagegen hat die Rspr. in folgenden Konstellationen nicht (ohne weiteres) einen Selbst-   **261** mord angenommen: Kopfschuss mit einem selbstgebauten Schussapparat, wenn ein Unfall nicht auszuschließen ist[812]; Kopfschuss in alkoholisiertem und unberechenbarem Zustand[813]; Tod durch Rattengift bei soliden (finanziellen und familiären) Lebensverhältnissen[814]; Tod durch Kohlenmonoxydabgase bei laufendem Motor und geöffneter Fahrzeugtür in geschlossener Garage[815].

Fällt der Selbstmord in die Karenzzeit von drei Jahren, so besteht Leistungspflicht des VR   **262** nur, wenn der Selbstmord in einem **die freie Willensbestimmung ausschließenden Zustand krankhafter Störung der Geistestätigkeit** begangen worden ist (§§ 169 Abs. 1 S. 2 VVG, 5 Abs. 2 ALB 2008). Dieser liegt vor, wenn der Betreffende sein Handeln nicht mehr von vernünftigen Erwägungen abhängig machen kann – ohne dass es darauf ankäme, ob eine Krankheit im medizinischen Sinne vorliegt oder nicht[816]. Entscheidend ist allein, ob der Betroffene imstande war, seinen Willen unbeeinflusst von einer etwaigen Störung zu bilden,

---

[797] BGH, a. a. O.; zu dem Parallelproblem in der UnfallV: *Brömmelmeyer*, in: *Schwintowski/Brömmelmeyer*, § 178 Rn. 24 ff.
[798] BGH v. 10. 1. 1955, VersR 1955, 99.
[799] LG Detmold v. 21. 10. 1966, VersR 1968, 1136.
[800] LG Hamburg v. 15. 5. 1984, VersR 1984, 1167.
[801] OLG Celle v. 8. 6. 1984, VersR 1985, 1134; OLG Oldenburg v. 18. 11. 1990, VersR 1991, 985.
[802] LG Kassel v. 4. 5. 1955, VersR 1955, 545; OLG Düsseldorf v. 3. 1. 1953, VersR 1953, 58; vgl. aber OLG Oldenburg v. 9. 7. 1952, VerBAV 1952, 142.
[803] LG Memmingen v. 27. 5. 1953, VersR 1953, 364.
[804] OLG Hamburg v. 13. 4. 1984, VersR 1986, 378 (LS).
[805] OLG Hamburg v. 19. 6. 1986, VersR 1986, 1201.
[806] OLG Hamm v. 15. 9. 1999, NVersZ 2000, 325; LG Heidelberg v. 6. 10. 1988, VersR 1989, 1033.
[807] OLG Hamm v. 9. 12. 1988, VersR 1989, 690.
[808] OLG Hamm v. 27. 4. 1994, VersR 1995, 33.
[809] OLG Köln v. 2. 5. 1991, VersR 1992, 562.
[810] OLG Koblenz v. 20. 3. 1992, VersR 1993, 874.
[811] OLG Düsseldorf v. 22. 9. 1998, NVersZ 1999, 321.
[812] BGH v. 6. 5. 1992, VersR 1992, 861.
[813] BGH v. 19. 2. 1981, VersR 1981, 452.
[814] LG Lübeck v. 11. 6. 1969, VersR 1971, 710.
[815] BGH v. 26. 4. 1989, VersR 1989, 729.
[816] OLG Hamm v. 27. 4. 1977, VersR 1977, 928.

Brömmelmeyer

ob ihm also eine freie Willensbestimmung möglich war oder ob umgekehrt von einer freien Willensbestimmung nicht mehr gesprochen werden kann, etwa weil die Willensbestimmung von unkontrollierten Trieben und Vorstellungen gesteuert worden ist[817]. Die Feststellung, dass der Wille des Betreffenden nicht mehr durch beherrschbare Erwägungen, sondern durch unkontrollierbare Empfindungen bestimmt worden, dass ihm also „die Kontrolle entglitten" ist, erlaubt den Rückschluss auf eine krankhafte geistige Störung[818].

263   Eine Bewusstseinsstörung zum Tatzeitpunkt reicht aus[819]. Die krankhafte Störung der Geistestätigkeit muss kein Dauerzustand gewesen sein.

264   Die Tatsache, dass die Tat als **„Bilanzselbstmord"** nachvollziehbar ist, d. h. dass nachfühlbare Motive für eine Selbsttötung vorlagen, ist von der Rspr. stets als Indiz dafür angesehen worden, dass der Täter *nicht* in einem die freie Willensbestimmung ausschließenden Zustand krankhafter Störung der Geistestätigkeit gehandelt hat, sondern dass der von einfühlbaren Motiven gelenkte Wille noch Einfluss auf die Entscheidung hatte[820]. So belegt die nach langer, mit erheblichen Schmerzen verbundener Erkrankung vor der Selbsttötung verfasste handschriftliche Nachricht „Ich kann meine Schmerzen nicht mehr ertragen. Ich bitte um Verzeihung." ein nachfühlbares Motiv und schließt die Feststellung einer Tatbegehung in einem die freie Willensbestimmung ausschließenden Zustand krankhafter Störung der Geistestätigkeit grundsätzlich aus[821].

265   Begeht ein alkoholabhängiger, jedoch seit 12 Jahren „trockener" VN unter dem Einfluss alkoholischer Getränke Selbstmord, indem er sich auf einem Friedhof mit Benzin übergießt und anzündet, nachdem er zuvor zu Unrecht eines Laden-Diebstahls verdächtigt wurde und sind weitere Beweggründe für die Selbsttötung nicht ersichtlich, so kann allein aus der **fehlenden Nachvollziehbarkeit der Tat** nicht geschlossen werden, dass diese in einem die freie Willensbestimmung ausschließenden Zustand krankhafter Störung der Geistestätigkeit begangen worden ist[822]. Parallel dazu lässt allein die Tatsache, dass der Verstorbene bis auf die Socken und Schuhe entkleidet aufgefunden worden ist, nicht den hinreichend sicheren Schluss auf seine Unzurechnungsfähigkeit zu[823]. Auch eine **übersteigerte emotionale Reaktion auf Eheprobleme,** insb. die Untreue eines Ehepartners, vermag für sich allein noch nicht den Schluss zu rechtfertigen, die Tat sei in einem durch eine krankhafte geistige Störung beeinträchtigten Zustand der Willensbestimmung begangen worden[824].

266   Diagnosen nach dem Muster „allgemeines Erschöpfungsgefühl", „psychische Probleme" und „depressiv verstimmter Eindruck"[825] oder „narzisstische Persönlichkeitsstörung mit Impulskontrollverlusten und Hinweisen auf Spielneigung"[826] reichen nicht aus, um den Tatbestand der §§ 161 Abs. 1 S. 2 VVG, 5 Abs. 2 ALB 2008 zu erfüllen. Anders verhält es sich, wenn sich der Täter zur Tatzeit aufgrund eine **Blutalkoholkonzentration** (BAK) von 2,94 ‰ „in einem Zustand schwerer Alkoholintoxikation" befunden hat, der als akute endogene Psychose einzuordnen ist[827]. Das gilt selbst dann, wenn der VN früher insgeheim seinen Selbstmord vorbereitet haben sollte[828]. Dagegen rechtfertigt eine BAK von 2,2 ‰ auch i. V. m. familiären und beruflichen Belastungen, Lebensüberdruss usw. keinen Rückschluss

---

[817] BGH v. 13. 10. 1993, VersR 1994, 162 (163) m. w. N.; OLG Stuttgart v. 27. 6. 1988, VersR 1989, 794 (795); OLG Karlsruhe v. 20. 2. 2003, VersR 2003, 977 (978); vgl. auch: LG Bonn v. 12. 11. 2004, VersR 2005, 965.

[818] OLG Hamm, a. a. O. (930).

[819] *Prölss/Martin/Kollhosser,* § 169 Rn. 4, mit dem Nachweis der älteren Rspr.

[820] OLG Stuttgart v. 27. 6. 1988, VersR 1989, 794 (795) m. w. N.; OLG Karlsruhe, a. a. O.

[821] OLG Stuttgart v. 22. 7. 1999, NVersZ 1999, 22.

[822] KG v. 13. 2. 1998, VersR 2000, 86.

[823] LG Bonn v. 12. 11. 2004, VersR 2005, 965.

[824] OLG Karlsruhe v. 16. 12. 1993, VersR 1995, 521.

[825] OLG Nürnberg, v. 25. 3. 1993, VersR 1994, 295.

[826] OLG Jena v. 3. 3. 1999, VersR 2001, 358.

[827] OLG Düsseldorf v. 31. 8. 1999, VersR 2000, 833.

[828] OLG Düsseldorf, a. a. O.

auf einen die freie Willensbildung ausschließenden Zustand krankhafter Störung der Geistestätigkeit[829]. Im Allgemeinen ist eine geistige Störung aufgrund von Alkoholeinfluss (nur) anzunehmen, wenn sich der Täter im Vollrausch befand[830].

Die Beweislast für den „die freie Willensbestimmung ausschließenden Zustand krankhafter   **267**
Störung der Geistestätigkeit" trifft den Anspruchsteller[831]. An die Beweisführung dürfen jedoch „keine zu strengen Anforderungen gestellt werden"[832]. Im Allgemeinen wird sich die
Frage, ob jemand freiwillig und selbstbestimmt (Freitod) oder aber geistig umnachtet aus
dem Leben geschieden ist, nur mithilfe eines **Sachverständigengutachtens** klären lassen[833].
Ein Gericht ist aber nicht verpflichtet, in allen Fällen, in denen behauptet wird, ein Suizid sei
in einem die freie Willensbildung ausschließenden Zustand krankhafter Störung der Geistestätigkeit begangen worden, einen (psychiatrischen) Sachverständigen heranzuziehen[834]. Das
gilt auch, wenn eine schwere Depression mit Krankheitswert i. S. v. § 161 Abs. 1 S. 2 VVG
nicht auszuschließen ist, das Tatsachenmaterial jedoch nach Einschätzung des Gerichts nicht
für ein eindeutiges Sachverständigengutachten ausreicht[835]. Davon abgesehen ist zu beachten,
dass die **Substantiierungslast** des Begünstigten nach Meinung des BGH überspannt wird,
wenn eine von vornherein umfassende und in sich stimmige Schilderung aller in Betracht
kommenden Indiz-Tatsachen verlangt wird[836].

Harrer und *Mitterauer*[837] haben die Beweislast des Anspruchstellers vor kurzem kritisiert,   **268**
weil ein echter *Freitod* ausweislich empirischer Studien selten[838], der Nachweis, dass kein Freitod vorliege, jedoch kaum zu führen sei, so dass die Beweislastverteilung zu Ergebnissen
führe, die mit der Lebenswirklichkeit nicht übereinstimmten. Diese Kritik ist zwar nicht von
der Hand zu weisen. Klarzustellen ist jedoch, dass nicht jedes mitursächliche psychopatho-
logische Phänomen (bspw.: Depression und Schizophrenie)[839] die freie Willensbildung vollständig ausschließt und dass die Beweislast in § 161 Abs. 1 VVG so eindeutig verteilt ist, dass
Korrekturen allenfalls *de lege ferenda* in Betracht kämen.

Rechtsfolge der Selbsttötung ist grundsätzlich die Leistungsfreiheit des VR. Ist der VR   **269**
nicht zur Leistung verpflichtet, hat er (wie bisher) trotzdem den Rückkaufswert einschließlich der Überschussanteile nach § 169 VVG zu bezahlen (§§ 161 Abs. 3 VVG, 5 Abs. 2 S. 2
ALB 2008). Besteht kein objektiver Anhaltspunkt für die Selbsttötung eines versicherten Familienvaters, der mit seinem PKW bei einem Verkehrsunfall auf regennasser Straße ins
Schleudern geraten und tödlich verunglückt ist, so darf der VR den Abschluss sachverständiger Ermittlungen über die Unfallursache nicht abwarten, bevor er die Lebensversicherungssumme auszahlt[840].

---

[829] OLG Köln v. 21. 2. 2001, VersR 2002, 341.

[830] Berliner Kommentar/*Schwintowski*, § 169 Rn. 17; *Prölss/Martin/Kollhosser*, § 169 Rn. 4.

[831] BGH v. 13. 10. 1993, VersR 1994, 162; BGH v. 10. 4. 1991, VersR 1991, 870; OLG Nürnberg v.
25. 3. 1993, VersR 1994, 295; OLG Köln v. 21. 2. 2001, VersR 2002, 341; OLG Karlsruhe v. 20. 2.
2003, VersR 2003, 977 (978); LG Bonn v. 12. 11. 2004, VersR 2005, 965.

[832] OLG Karlsruhe v. 20. 2. 2003, VersR 2003, 977 (978).

[833] *Römer/Langheid/Römer*, § 169 Rn. 13.

[834] OLG Koblenz v. 5. 3. 1999, NVersZ 2000, 422 (423).

[835] OLG Koblenz, a. a. O.

[836] BGH v. 5. 2. 1997, VersR 1997, 687.

[837] *Harrer/Mitterauer*, VersR 2007, 579.

[838] Ebenso: *Möller/Laux/Deister*, Psychiatrie und Psychotherapie, 3. Aufl. 2005, S. 380 (385), mit dem
Hinweis darauf, dass insb. Bilanzsuizide, bei denen unterstellt werde, dass eine rationale Entscheidung
ohne jeglichen psychopathologischen Hintergrund den Betreffenden zum Suizid veranlasst habe, sehr
selten vorkämen.

[839] Vertiefend: *Möller/Laux/Deister*, a. a. O. (380).

[840] OLG Saarbrücken v. 9. 11. 2005, ZfS 2006, 212 = r+s 2006, 385.

Brömmelmeyer

3. Tötung durch den Leistungsberechtigten

270 Ist die Lebensversicherung für den Fall des Todes eines anderen abgeschlossen, so besteht das Risiko, dass der VN der versicherten Person aus Habgier nach dem Leben trachtet[841] (Moral Hazard). Daher soll **§ 162 Abs. 1 VVG** das Leben der versicherten Person dadurch schützen, dass er den VR von seiner Leistungspflicht befreit, „wenn der VN vorsätzlich durch eine widerrechtliche Handlung den Tod des anderen herbeiführt". **Vorsatz** ist das Wissen und Wollen des rechtswidrigen Erfolges[842]. Eventualvorsatz reicht aus und ist gegeben, wenn der VN den Tod der versicherten Person billigend in Kauf nimmt[843]. Die **Rechtswidrigkeit** ist indiziert und entfällt nur, wenn ein Rechtfertigungsgrund vorliegt (Beispiel: Notwehr i. S. v. § 32 StGB). Erfasst sind Täterschaft *und* Teilnahme[844]. Mangels einer Korrespondenzvorschrift zu § 161 Abs. 3 VVG schuldet der VR im Falle der Tötung der versicherten Person durch den Leistungsberechtigten auch keinen Rückkaufswert (bisher: § 176 Abs. 2 S. 2 VVG a. F.), denn auch der Rückkaufswert könnte andernfalls Fehlanreize zur Tötung der versicherten Person setzen[845].

271 Tötet bei einer verbundenen Lebensversicherung ein VN den anderen, der gleichzeitig versicherte Person ist, so ist § 162 Abs. 1 VVG entsprechend anwendbar[846]. Tötet sich der VN allerdings nach Tötung des anderen VN selbst, ist § 162 Abs. 1 VVG unanwendbar, weil der Normzweck diesen Fall nicht mit umfasst[847].

272 Ist ein **Dritter als Bezugsberechtigter** bezeichnet worden ist, gilt die Bezeichnung als nicht erfolgt, wenn der Dritte vorsätzlich durch eine widerrechtliche Handlung den Tod der versicherten Person herbeigeführt hat (§ 162 Abs. 2 VVG). Diese Fiktion führt dazu, dass der VR nicht an den Bezugsberechtigten zu leisten braucht, dass dieser also die Früchte seiner Tat nicht ernten kann. Die Leistung steht demjenigen zu, der ohne Einräumung des Bezugsrechts Leistungsberechtigter gewesen wäre[848]. Ist der Bezugsberechtigte zugleich Erbe, so können die Miterben die Erbunwürdigkeit geltend machen (§ 2339 Abs. 1 Nr. 1 BGB).

H. Überschussbeteiligung

I. Begriff und Funktion

273 Der Begriff der **Überschussbeteiligung** beschreibt die – anhand komplexer mathematischer, aufsichts- und bilanzrechtlicher Regeln ermittelte – Beteiligung der VN am Bilanzüberschuss und an den stillen Reserven des LebensVRs. Die Überschussbeteiligung ist gesetzlich in **§ 153 Abs. 1 VVG** und vertraglich in **§ 2 Abs. 1 der Musterbedingungen** verankert; sie stellt insb. in der gemischten Kapitallebensversicherung einen Kernbaustein der Leistung dar, die (1) aus der garantierten „Basisleistung"[849] und (2) der – im Einzelfall sogar höheren[850], aber nicht garantierten[851] – Überschussbeteiligung besteht.

274 Die gemischte Kapitallebensversicherung ist durch ein langfristiges Leistungsversprechen des VR gekennzeichnet (§ 1 Abs. 1 ALB 2008), der – ohne nachträglich die Beiträge erhöhen zu können[852] – jederzeit imstande sein muss, die (meist über Jahrzehnte) garantierten Leistun-

---

[841] Motive, Nachdruck 1963, S. 230.
[842] *Palandt/Heinrichs,* 67. Aufl. 2008, § 276 Rn. 10.
[843] Dazu allg.: *Sternberg-Lieben,* in: *Schönke/Schröder,* StGB, 27. Aufl. 2006, § 15 Rn. 84 ff.
[844] Berliner Kommentar/*Schwintowski,* § 170 Rn. 6.
[845] *Ortmann,* in: *Schwintowski/Brömmelmeyer,* § 162 Rn. 9.
[846] OLG Köln v. 12. 1. 1998, VersR 1999, 1529, 530, OLG Hamm v. 11. 3. 1987, VersR 1988, 32.
[847] OLG Köln, a. a. O.
[848] *Ortmann,* in: *Schwintowski/Brömmelmeyer,* § 162 Rn. 11.
[849] Begriff: Begründung, BT-Drucks. 16/3945, S. 52, AT, Abschnitt II, Nr. 8.
[850] Begründung, a. a. O.
[851] Dazu zuletzt: OLG Karlsruhe v. 1. 2. 2007, VersR 2007, 1256 (Altbestand; § 11 c VAG).
[852] Siehe aber: § 163 Abs. 1 VVG.

gen auszuzahlen. Daher müssen die Beiträge erhebliche **Sicherheitszuschläge** aufweisen (§ 11 Abs. 1 VAG), die es dem VR auch bei ungünstigerer als erwarteter Entwicklung der künftigen Kosten-, Risiko- und Kapitalanlage-Ergebnisse erlauben, sein Leistungsversprechen zu erfüllen. Die Beiträge sind im Regelfall also höher als – ausweislich einer Nachkalkulation (ex post) – erforderlich[853]. Die in den Beiträgen enthaltenen Sicherheitszuschläge werden zwar nicht erstattet. Die Beiträge gehen vielmehr, wie das BVerfG[854] ausdrücklich hervorgehoben hat, in das „unternehmerische Eigentum" des VRs über; soweit sie nicht gebraucht werden, fließen sie jedoch mittelbar, in Form der Überschussbeteiligung, an die VN zurück[855].

Die Überschussbeteiligung wird auf der Grundlage des **Rohüberschusses** der Erträge   **275** über die Aufwendungen ermittelt. „Rohüberschuss" ist ein Begriff der internen Rechnungslegung, den der Gesetzgeber im Rahmen des § 10 Nr. 3 InterneVuReV[856] eingeführt hat. § 10 Nr. 4 der BerVersV[857], die die InterneVuReV abgelöst hat, nimmt den Begriff in Nachweisung 213 wieder auf. Rechnerisch besteht der Rohüberschuss in der Summe der Erträge aus den einzelnen Überschussquellen (Risiko-, Kapitalanlage-, Kostenergebnis und sonstiges Ergebnis) nach Steuern. Aus diesem Rohüberschuss werden die Beträge für die Überschussbeteiligung entnommen, die entweder als Direktgutschrift oder auf dem Umweg über die Rückstellung für Beitragsrückerstattung (RfB) an die VN fließen (§ 56a Abs. 2 VAG)[858].

Bereits die **Verordnung über die Mindestbeitragsrückerstattung in der LebensV**   **276** (ZRQuotenV)[859] hatte die Mindestzuführung (§ 1 Abs. 2 Satz 2) zu der RfB – unter Berücksichtigung der Direktgutschrift –auf 90% der anzurechnenden Kapitalerträge (§ 2 Abs. 2 S. 1, § 3) festgelegt. Die **Verordnung über die Mindestbeitragsrückerstattung in der Lebensversicherung** (Mindestzuführungsverordnung) vom 4. 4. 2008 (BGBl. I S. 690) hält daran fest (§ 4 Abs. 3 MindZV) und setzt außerdem die Mindestzuführung zur RfB im Hinblick auf das Risikoergebnis auf 75% (Absatz 4) und im Hinblick auf das übrige Ergebnis auf 50% fest (Absatz 5). Nach § 81c Abs. 1 VAG liegt ein Missstand in der Lebensversicherung vor, wenn ein LebensVR die RfB nicht angemessen bedient (Satz 1). Das ist insb. dann anzunehmen, wenn er diese Mindestzuführungsquote verfehlt (Satz 2). Die der RfB zugewiesenen Beträge dürfen – sieht man von Notfällen ab (§ 56a Abs. 3 VAG) – nur für die Überschussbeteiligung der Versicherten verwendet werden.

Da der Rohüberschuss auf der Basis des Bilanzrechts (§§ 246 ff. HGB) und des Imparität-   **277** sprinzips ermittelt wird, wurden die VN bisher nur an **stillen Reserven** beteiligt, die während der Laufzeit ihres Lebensversicherungsvertrages realisiert wurden (Realisationsprinzip)[860]. Die Diskussion[861] über die Beteiligung an diesen stillen Reserven hat ihren Höhepunkt in den Entscheidungen des BVerfG vom 26. Juli 2005 gefunden[862]: Das BVerfG hat die frühere Rechtslage beanstandet, weil Vorkehrungen dafür fehlten, dass die mit den Beiträgen der VN gebildeten stillen Reserven bei der Schlussüberschuss-Beteiligung angemessen berücksichtigt wurden.

---

[853] Begründung, a. a. O., S. 51.

[854] BVerfG v. 26. 7. 2005, VersR 2005, 1127 (1131).

[855] Einzelheiten: *Brömmelmeyer,* Verantwortlicher Aktuar, S. 199f.

[856] Verordnung über die Rechnungslegung von VU gegenüber dem BAV (InterneVuReV) vom 30. 1. 1987, BGBl. I S. 530.

[857] Verordnung über die Berichterstattung von VU gegenüber der Bundesanstalt für Finanzdienstleistungsaufsicht, (BerVersV) vom 29. 3. 2006, BGBl. I S. 622.

[858] Einzelheiten: *Brömmelmeyer,* a. a. O.; *Ebers,* Überschussbeteiligung, S. 28; vgl. auch: § 10 Nr. 4 BerVersV i. V. m. Nachweisung 213 (Zerlegung des Rohergebnisses nach Ergebnisquellen).

[859] Verordnung über die Mindestbeitragsrückerstattung in der Lebensversicherung (ZRQuotenV) vom 23. 7. 1996, BGBl. I. S. 1190; gem. § 7 Satz 2 MindZV außer Kraft getreten am 12. 4. 2008.

[860] Dazu: *Ebers,* Überschussbeteiligung, S. 46 ff.; *Brömmelmeyer,* a. a. O., S. 206 m. w. N.

[861] Beispielhaft: *Hennrichs,* NVersZ 2002, 5 m. w. N.

[862] BVerfG v. 26. 7. 2005, VersR 2005, 1127 (Überschussbeteiligung), mit Anm. *Brömmelmeyer,* WuB IV F. § 2 ALB 1.06; BVerfG v. 26. 7. 2005, VersR 2005, 1109 (Bestandsübertragung).

II. Rechtsgrundlagen

278   **a)** Nach § 153 Abs. 1 VVG steht dem VN grundsätzlich eine **Beteiligung am Über-schuss und an den Bewertungsreserven** zu – es sei denn, die Überschussbeteiligung ist ausdrücklich ausgeschlossen. Dementsprechend hebt die Begründung hervor, dass der VR nicht gehindert werde, Lebensversicherungen ohne Überschussbeteiligung anzubieten[863]. Das trifft jedoch in dieser Allgemeinheit nicht zu. Es wäre ein Missstand i. S. d. §§ 81 c, 81 Abs. 2 VAG, wenn die LebensVU bei langlaufenden (gemischten) Kapitallebensversicherungen die Effekte der aufsichtsrechtlich vorgeschriebenen vorsichtigen Beitragskalkulation nicht durch eine angemessene Überschussbeteiligung (vgl. § 11 a Abs. 3 Nr. 4 VAG) wieder ausgleichen würden. Davon abgesehen könnte es vertragsrechtlich gegen §§ 138, 307 Abs. 1 BGB verstoßen, gesetzlich vorgeschriebene (§ 11 Abs. 1 VAG), ex post betrachtet aber entbehrliche Sicherheitszuschläge wirtschaftlich gesehen dadurch endgültig zu vereinnahmen, dass man die Überschussbeteiligung ausschließt[864].

279   Die **Eigentumsgarantie** erfasst bereits die „im Entstehen begriffene" Überschussbeteiligung[865]: Der in Art. 14 Abs. 1 GG verankerte Schutzauftrag erstreckt sich, so das BVerfG, auf die Konkretisierung und Realisierung des zunächst nur dem Grunde nach bestehenden Anspruchs auf Teilhabe an den durch die Prämienzahlungen geschaffenen Vermögenswerten, nämlich auf Auszahlung der Versicherungssumme und der Überschussbeteiligung[866].

280   Der VR hat die Beteiligung an dem Überschuss nach einem **verursachungsorientierten Verfahren** durchzuführen; andere vergleichbare angemessene Verfahrensgrundsätze können vereinbart werden (§ 153 Abs. 2 VVG). Der VR hat die Bewertungsreserven jährlich neu zu ermitteln und nach einem verursachungsorientierten Verfahren rechnerisch zuzuordnen (Absatz 3 Satz 1). Bei Beendigung der Lebensversicherung wird der für diesen Zeitpunkt zu ermittelnde Betrag zur Hälfte zugeteilt und an den VN ausgezahlt; eine frühere Zuteilung kann vereinbart werden (Satz 2). Aufsichtsrechtliche Regelungen zur Kapitalausstattung (§ 53 c VAG) bleiben unberührt (Satz 3). Bei Rentenversicherung ist die Beendigung der Ansparphase der nach § 153 Abs. 3 S. 2 VVG maßgebliche Zeitpunkt (Absatz 4)[867].

281   **b)** Die Neuregelung ist ab sofort (1. 1. 2008) auf alle, d. h. auch auf die vor dem 1. 1. 2008 und dem 29. 7. 1994 (Deregulierung: § 11 c VAG) abgeschlossenen Lebensversicherungsverträge anwendbar, die eine Überschussbeteiligung vorsehen; vereinbarte Verteilungsgrundsätze gelten als angemessen (Art. 4 Abs. 1 S. 2 EGVVG). § 153 VVG ist allerdings auf Pensionskassen i. S. v. § 118b Abs. 3 und 4 VAG u. U. nicht (§ 211 Abs. 2 Nr. 2 VVG), § 153 Abs. 3 S. 1 VVG ist auf Sterbekassen nicht anwendbar (§ 211 Abs. 2 Nr. 2 Hs. 2 VVG).

282   § 154 VVG ist gem. Art. 8 EGVVG auch auf **EU-/EWR-LebensVR** anwendbar, die in Deutschland Lebensversicherungen mit Überschussbeteiligung anbieten[868]. Das gilt auch im Hinblick auf die Beteiligung an stillen Reserven[869]. Die Bundesregierung hält dies für unbedenklich. Denn die Bilanzierungsrichtlinien 91/674/EWG[870] und 2003/51/EG[871] stünden der in § 153 Abs. 3 VVG vorgesehenen Ermittlung von Bewertungsreserven (§ 54 Rech-

---

[863] Begründung, a. a. O.; siehe auch: Begründung, S. 95, zu § 153 Abs. 1 VVG; ähnlich: *Präve*, VersR 2008, 151, 153, der eine Überschussbeteiligung seit der Deregulierung nicht mehr für obligatorisch hält.

[864] Diese Erwägung gilt nicht für (EU-)ausländische VR, die aufsichtsrechtlich nicht zu einer vorsichtigen Beitragskalkulation gezwungen sind.

[865] BVerfG v. 5. 4. 2006, VersR 2006, 489 (493); BVerfG v. 26. 7. 2005, 1127 (1130).

[866] BVerfG, a. a. O.; gem. § 7 Satz 2 MindZV außer Kraft getreten am 12. 4. 2008.

[867] Dazu Rn. 301.

[868] Begründung, a. a. O.; vgl. auch: Art. 32 Abs. 1 der Richtlinie 2002/83/EG des Europäischen Parlaments und des Rates über Lebensversicherungen v. 5. 11. 2002, Abl. EG Nr. L 345 S. 1 vom 19. 12. 2002.

[869] Begründung, a. a. O.

[870] Richtlinie 91/674/EWG des Rates vom 19. 12. 1991 über Jahresabschlüsse und den konsolidierten Abschluss von VU, Abl. Nr. L 374 v. 31. 12. 1991.

[871] Richtlinie 2003/51/EG des Europäischen Parlaments und des Rates vom 18. 6. 2003 zur Änderung der Richtlinien 78/660/EWG, 83/349/EWG, 86/635/EWG und 91/674/EWG über den Jahresab-

VersV)[872] nicht entgegen[873]. Die mit dem halbzwingenden Anspruch auf Beteiligung an den Bewertungsreserven verbundene Beschränkung der Dienstleistungsfreiheit (Art. 49 EG)[874] sei durch den Verbraucherschutz gerechtfertigt[875]. Ob sich diese Einschätzung vor dem EuGH bewähren wird bleibt abzuwarten. Dafür spricht, dass die Lebensversicherung zu den „sensiblen Dienstleistungssektoren" gehört, in denen der EuGH den Mitgliedstaaten relative Regelungsfreiheit einräumt[876]. Dagegen spricht, dass der EuGH Informationspflichten vielfach für ausreichend hält, um den aufgeklärten Verbraucher vor einer Benachteiligung zu schützen; Eingriffe in die Freiheit der Produktgestaltung könnten so gesehen als unverhältnismäßige Beschränkung des Binnenmarktes zu qualifizieren sein[877]. Klarzustellen ist in jedem Falle, dass ausländische LebensVR die Überschussbeteiligung insgesamt ausschließen können (§ 153 Abs. 1 VVG) und dass stille Reserven bei einer Bilanzierung nach dem *„true and fair view"*-Prinzip vollständig entfallen können. In diesen Fällen entfällt selbstverständlich auch die Beteiligung an (nicht vorhandenen) stillen Reserven.

c) Im Hinblick auf die Überschussbeteiligung bestehen umfangreiche **Informations-** 283 **pflichten:** Gem. § 2 Abs. 1 Nr. 3 VVG-InfoV hat der VR den VN über „die für die Überschussermittlung und -beteiligung geltenden Berechnungsgrundsätze und -maßstäbe" zu informieren. Macht der VR vor bzw. zu Beginn der Lebensversicherung bezifferte Angaben zur Höhe der Überschussbeteiligung, so hat er dem VN eine *Modellrechnung* zu übermitteln, bei der die mögliche Ablaufleistung unter Zugrundelegung der Rechnungsgrundlagen für die Prämienkalkulation mit drei verschiedenen Zinssätzen dargestellt wird (§ 154 Abs. 1 S. 1 VVG; im Einzelnen: Rn. 302)[878]. § 2 Abs. 3 VVG-InfoV legt die alternativen Rechnungszinsen für diese Modellrechnung fest. Der VR hat den VN klar und verständlich darauf hinzuweisen, dass es sich bei der Modellrechnung nur um ein Rechenmodell handelt, dem fiktive Annahmen zugrunde liegen, und dass der VN aus den Modellrechnungen keine vertraglichen Ansprüche gegen den VR ableiten kann (§ 154 Abs. 2 VVG).

Informationspflichten bestehen auch **während der Laufzeit des Vertrags:** § 6 Abs. 1 284 Nr. 3 VVG-InfoV bestimmt auf der Basis von § 7 Abs. 3 VVG, dass der VR dem VN „alljährlich eine Information über den Stand der Überschussbeteiligung sowie Informationen darüber mitzuteilen hat, inwieweit diese Überschussbeteiligung garantiert ist". Diese Informationspflicht bezieht sich – ausweislich der Legaldefinition der Überschussbeteiligung in § 153 Abs. 1 VVG – auch auf die (nicht garantierte) Beteiligung an den Bewertungsreserven. Die Mitteilung über den Stand der Überschussbeteiligung stellt grundsätzlich kein konstitutives Schuldversprechen dar[879]. Vielmehr handelt es sich um eine Wissenserklärung, mit der der LebensVR seiner Informationspflicht nachkommt[880]. Heißt es darin „Die künftige Überschussbeteiligung kann nicht garantiert werden", so enthält die Mitteilung lediglich eine unverbindliche Prognose über die erwartete Verzinsung des eingesetzten Kapitals[881].

---

schluss und den konsolidierten Abschluss von Gesellschaften bestimmter Rechtsformen, von Banken und anderen Finanzinstituten sowie von VU, ABl. Nr. L 178, S. 16 vom 17. 7. 2003.

[872] Verordnung über die Rechnungslegung von VU (RechVersV) vom 8. 11. 1994 (BGBl. I S. 3378), zuletzt geändert durch Art. 6 des G. vom 23. 11. 2007 (BGBl. I S. 2631).

[873] Begründung, a. a. O.

[874] Dazu: EFTA v. 25. 11. 05, VersR 2006, 249; im Einzelnen: *Bürkle,* VersR 2006, 1042.

[875] Begründung, a. a. O.; allgemein zur Rechtfertigung von Beschränkungen der Dienstleistungsfreiheit durch Verbraucherschutz: *Kluth,* in: *Calliess/Ruffert,* 3. Aufl. 2007, Art. 49 EG, Rn. 79; EuGH, Rs. 220/83, Slg. 1986, 3663 (Kommission/Frankreich), Rn. 20.

[876] *Kluth,* in: *Calliess/Ruffert,* a. a. O., Rn. 68; EuGH, Rs. 205/84, Slg. 1986, 3755 (Kommission/Italien).

[877] Dafür: *Bürkle,* VersR 2006, 1042 (1048 f.).

[878] Dies gilt nicht für Risikoversicherung und Verträge, die Leistungen der in § 54b Abs. 1 und 2 VAG bezeichneten Art vorsehen.

[879] OLG Stuttgart v. 9. 12. 2004, VersR 2005, 634 (635).

[880] OLG Stuttgart, a. a. O.

[881] OLG Stuttgart, a. a. O.; vgl. auch: OLG Stuttgart v. 20. 7. 2000, VersR 2002, 555; OLG Celle v. 9. 3. 2006, VersR 2007, 930 (931); OLG Karlsruhe v. 4. 10. 1990, VersR 1992, 219.

285   § 6 Abs. 1 Nr. 3 VVG-InfoV überschneidet sich mit § 155 VVG. Danach hat der VR den VN bei Lebensversicherungen mit Überschussbeteiligung jährlich in Textform über die Entwicklung seiner Ansprüche unter Einbeziehung der Überschussbeteiligung zu unterrichten (Satz 1). Hat der VR bezifferte Angaben zur möglichen zukünftigen Entwicklung der Überschussbeteiligung gemacht, so hat er den VN auf Abweichungen der tatsächlichen Entwicklung von den anfänglichen Angaben hinzuweisen (Satz 2). Eine Begründungspflicht besteht insoweit nicht[882]; erläutert der VR die Abweichungen jedoch von sich aus, um Einwänden der VN vorzubeugen, muss die Erläuterung sachlich richtig sein. Im Idealfall wird der VR (1) das Deckungskapital zu Beginn des Jahres, (2) die Prämien, die Kosten und die im abgelaufenen Jahr gutgeschriebenen Überschüsse und (3) das Deckungskapital am Ende des Jahres in Kontoform abbilden[883], auf Divergenzen gegenüber der Modellrechnung hinweisen und mitteilen, inwieweit die Leistungen garantiert sind.

286   d) Die **Überschussbeteiligungsklausel** (§ 2 Abs. 1 der Musterbedingungen) lautet auszugsweise wie folgt: „Wir beteiligen Sie und die anderen VN gem. § 153 VVG an den Überschüssen und Bewertungsreserven (Überschussbeteiligung). Die Überschüsse werden nach den Vorschriften des HGB ermittelt und jährlich im Rahmen unseres Jahresabschlusses festgestellt. Die Bewertungsreserven werden dabei im Anhang des Geschäftsberichtes ausgewiesen. [...]

(1) Grundsätze und Maßstäbe für die Überschussbeteiligung der VN

(a) Die Überschüsse stammen im Wesentlichen aus den Erträgen der Kapitalanlagen. Von den Nettoerträgen derjenigen Kapitalanlagen, die für künftige Versicherungsleistungen vorgesehen sind (§ 3 Mindestzuführungsverordnung), erhalten die VN insgesamt mindestens den in dieser Verordnung genannten %-Satz. In der derzeitigen Fassung der Verordnung sind grundsätzlich 90% vorgeschrieben. Aus diesem Betrag werden zunächst die Beträge finanziert, die für die garantierten Versicherungsleistungen benötigt werden. Die verbleibenden Mittel verwenden wir für die Überschussbeteiligung der VN.

Weitere Überschüsse entstehen insbes. dann, wenn Sterblichkeit und Kosten niedriger sind, als bei der Tarifkalkulation angenommen. Auch an diesen Überschüssen werden die VN angemessen beteiligt und zwar nach derzeitiger Rechtslage am Risikoergebnis (Sterblichkeit) grundsätzlich zu mindestens 75% und am übrigen Ergebnis (einschließlich Kosten) grundsätzlich zu mindestens 50% (§ 4 Abs. 4 und 5, § 5 Mindestzuführungsverordnung). Die verschiedenen Versicherungsarten tragen unterschiedlich zum Überschuss bei. Wir haben deshalb gleichartige Versicherungen zu Gruppen zusammengefasst. Gewinngruppen bilden wir bspw., um das versicherte Risiko wie das Todesfall- oder Berufsunfähigkeitsrisiko zu berücksichtigen. Die Verteilung des Überschusses für die VN auf die einzelnen Gruppen orientiert sich daran, in welchem Umfang sie zu seiner Entstehung beigetragen haben. Den Überschuss führen wir der RfB zu, soweit er nicht in Form der sog. Direktgutschrift bereits unmittelbar den überschussberechtigten Versicherungen gutgeschrieben wird. Diese Rückstellung dient dazu, Ergebnisschwankungen im Zeitablauf zu glätten. Sie darf grundsätzlich nur für die Überschussbeteiligung der VN verwendet werden. [...].

(2) Grundsätze und Maßstäbe für die Überschussbeteiligung Ihres Vertrages

(a) Ihre Versicherung enthält Anteile an den Überschüssen derjenigen Gruppe, die in ihrem Versicherungsschein genannt ist. Die Mittel für die Überschussanteile werden bei der Direktgutschrift zu Lasten des Ergebnisses des Geschäftsjahres finanziert, ansonsten der RfB entnommen. Die Höhe der Überschussanteilsätze wird jedes Jahr vom Vorstand unseres Unternehmens auf Vorschlag des Verantwortlichen Aktuars festgelegt. Wir veröffentlichen die Überschussanteilsätze in unserem Geschäftsbericht. Den Geschäftsbericht können Sie bei uns jederzeit anfordern. [...]

---

[882] *Grote,* in: *Marlow/Spuhl,* 3. Aufl. 2008, S. 215.
[883] Siehe: *Ortmann,* in: *Schwintowski/Brömmelmeyer,* § 155 Rn. 3, der eine solche Darstellung unter Berufung auf das BVerfG (BVerfG v. 26. 7. 2005, NJW 2005, 2376) für geboten hält.

(3) Information über die Höhe der Überschussbeteiligung
Die Höhe der Überschussbeteiligung hängt von vielen Einflüssen ab. Diese sind nicht vorhersehbar und von uns nur begrenzt beeinflussbar. Wichtigster Einflussfaktor ist dabei die
Zinsentwicklung des Kapitalmarkts. Aber auch die Entwicklung des versicherten Risikos
und der Kosten sind von Bedeutung. Die Höhe der künftigen Überschussbeteiligung kann
also nicht garantiert werden."

III. Beteiligung am Überschuss

a) Nach § 153 Abs. 1 und 2 VVG steht dem VN eine „verursachungsorientierte" Beteili-   **287**
gung an dem – in Einklang mit dem Bilanzrecht (§§ 264 ff. HGB, RechVersV) ermittelten –
Überschuss zu. Daraus folgt, dass der VN bereits bei der *Verteilung* des Rohüberschusses die
Einhaltung der Mindestzuführungsquoten zur RfB verlangen kann (vgl. § 2 Abs. 1 (a) S. 1
ALB 2008). Der Regierungsentwurf ist insoweit missverständlich, weil er den gesetzlichen
Überschussbeteiligungsanspruch (scheinbar) auf die verursachungsorientierte Verteilung *des
in die RfB überwiesenen Rohüberschussanteils* reduziert[884]: Ein „vertraglicher Anspruch des einzelnen VNs auf eine bestimmte Zuführung zu der Rückstellung für Beitragsrückerstattung"
sei, so die Begründung, nicht vorgesehen[885]. Die „aufsichts- und steuerrechtlichen Begrenzungen der nicht zugeteilten Rückstellung" blieben bestehen. Daraus ergäben sich jedoch
keine vertraglichen Ansprüche, sondern nur tatsächliche Vorteile des VN[886]. Klarzustellen ist
indes, dass es dem Regelungsauftrag des BVerfG (s. u.) widerspräche, die Ermittlung der
Überschüsse aus dem vertragsrechtlichen Überschussbeteiligungsanspruch i. S. v. § 153 Abs. 1
VVG auszuklammern[887]: Könnte der VN wirklich nur die rechtmäßige Verteilung des bereits
dem Kollektiv gutgeschriebenen Rohüberschussanteils beanspruchen, wäre mit Blick auf die
Effektivität des Beteiligungsanspruchs nichts gewonnen. Denn Handlungsspielräume, die der
LebensVR im Lichte der *„principal-agent"*-Theorie[888] zu Lasten der VN ausnutzen könnte,
bestehen im Rahmen der Verteilung des kollektiven Rohüberschussanteils der VN gar nicht
mehr: Überschüsse, die bereits der RfB zugewiesen sind, stehen – sieht man von § 54 VAG
(Notstand) ab – ohnehin nur noch den VN zu, so dass der VR gar keinen Anreiz hat, hier zu
Lasten der Überschussbeteiligung eigene Interessen zu verfolgen. Die neuralgischen Punkte,
bspw. die in der Entscheidung des BVerfG[889] kritisierte Belastung des Rohüberschusses durch
überrechnungsmäßige Kosten[890] und die Maßstäbe, nach denen über die Mindestzuführungsquoten hinaus eine Beteiligung am Kapitalanlage-, Kosten- und Risikoergebnis stattfinden soll, wären bei einer solchen Lesart sämtlich dem vertraglichen Anspruch der VN
vorgelagert; gerade insoweit bedarf es jedoch im Lichte der Art. 2 Abs. 1, 14 Abs. 1 GG und
der Forderungen des BVerfG[891] eines effektiven Rechtsschutzes, den die BAFin, die nach wie
vor nur im Kollektivinteresse agiert, nicht gewährleisten kann und will. Das BVerfG akzeptiert den kollektiven Prüfungsmaßstab der „Belange der Versicherten" eben nur, wenn „die
Rechtsordnung auf andere Weise sichert, dass effektive Möglichkeiten zum Schutz ... der

---

[884] Siehe auch: *Engeländer,* VersR 2007, 155 (passim).
[885] Begründung, a. a. O.
[886] Begründung, a. a. O.
[887] Dafür aber *Engeländer,* VersR 2007, 155, (156, 163) mit der These, das BVerfG habe nur „eine formale Überprüfungsmöglichkeit der Verteilung der verfügbaren Beträge zwischen den einzelnen VN-Ge-
nerationen" gefordert.
[888] Dazu: *Richter/Furubotn,* Neue Institutionenökonomik, 3. Aufl. 2007, IV.4.1.
[889] Das BVerfG (BVerfG v. 26. 7. 2005, VersR 2005, 1127, 1131) verlangt „Vorgaben dafür, ob und wie-
weit Querverrechnungen den Schlussüberschuss verringern dürfen".
[890] Dazu: BVerfG, a. a. O., S. 1132; *Brömmelmeyer,* S. 203 f.
[891] BVerfG v. 15. 2. 2006, VersR 2006 489, 493: „Aufgrund des in Art. 14 Abs. 1 GG begründeten und
ergänzend in Art. 2 Abs. 1 GG angelegten Schutzauftrags muss ... [dafür] gesorgt sein, dass die VN über
effektive Möglichkeiten zur Durchsetzung ihrer Interessen verfügen; ähnlich: BVerfG v. 26. 7. 2005,
VersR 2005, 1127 (1131).

Versicherten bestehen"[892]. Daher ist § 153 Abs. 1, 2 VVG verfassungskonform so auszulegen, dass der VN eine adäquate Überschussermittlung und -beteiligung – und nicht nur eine adäquate Beteiligung an dem wie auch immer ermittelten Überschuss – verlangen kann.

288   Stehen dem VR insoweit Beurteilungsspielräume zu, kommt § 315 Abs. 1 BGB zum Tragen[893]: Einseitige Leistungsbestimmungsrechte sind nach billigem Ermessen auszuüben. Im Interesse der **Effektivität des Rechtsschutzes** sind §§ 153 Abs. 1 VVG, 315 Abs. 1 BGB so zu interpretieren, dass der VN alle Faktoren, die sich auf die vereinbarte Überschussbeteiligung auswirken, richterlich überprüfen lassen. Daraus folgt, dass er künftig auch Rechenschaft über die Ermittlung des Rohüberschusses verlangen kann – anders als beim Altbestand (§ 11c VAG), bei dem die Rspr.[894] eine Rechenschaftspflicht des VR unter Berufung auf die aufsichtsbehördliche Kontrolle einhellig ablehnt.

289   **b)** Der VR hat die Beteiligung am Überschuss gem. § 153 Abs. 2 VVG nach einem **verursachungsorientierten Verfahren** durchzuführen (Hs. 1); andere vergleichbare angemessene Verfahren können vereinbart werden (Hs. 2). Laut Begründung[895] soll der Betrag, den der VR aus der RfB zur Beteiligung aller VN an den Überschüssen der vergangenen Jahre verwendet bzw. den er als Direktgutschrift unmittelbar dem handelsrechtlich ermittelten Überschuss entnimmt ... grundsätzlich nach anerkannten Regeln der Versicherungsmathematik verursachungsorientiert auf die einzelnen VN verteilt werden; auch insoweit sehe § 153 [VVG-Entwurf] einen gesetzlichen Anspruch vertragsrechtlicher Art vor[896].

290   Der (unbestimmte) **Begriff der verursachungsorientierten Beteiligung** reflektiert den kollektiven Charakter der Überschussbeteiligung[897] und besagt vor allem, „dass wie bisher gleichartige VV nach anerkannten versmathematischen Grundsätzen zu Bestandsgruppen und Gewinnverbänden zusammengefasst werden können und dass sich die Verteilung des Überschusses auf diese daran zu orientieren hat, in welchem Umfang die Gruppe oder der Gewinnverband zu dem Überschuss beigetragen hat"[898]. Daher sei in § 153 Abs. 2 VVG keine verursachungs*gerechte* Verteilung, sondern nur ein verursachungsorientiertes Verfahren vorgeschrieben[899]. Der VR erfülle diese Verpflichtung schon dann, wenn er ein Verteilungssystem entwickle und widerspruchsfrei praktiziere, das die Verträge unter dem Gesichtspunkt der Überschussbeteiligung sachgerecht zu Gruppen zusammenfasse, den zur Verteilung bestimmten Betrag nach der Kriterien der Überschussverursachung einer Gruppe zuordne und dem einzelnen Vertrag dessen rechnerischen Anteil an der Gruppe zuschreibe[900].

291   § 153 Abs. 2 VVG erklärt andere, d.h. „nicht streng verursachungsorientierte"[901], vergleichbare angemessene Verteilungsgrundsätze für zulässig, wenn sie vereinbart sind. Die Interessen des VN würden, so die Begründung, „in diesem Falle durch die notwendige Information, durch die transparente Gestaltung der entsprechenden AVB (§§ 305ff. BGB) und durch die gesetzliche Vorgabe der Angemessenheit gewahrt." In Betracht kommen vor allem Beteiligungsgrundätze, die Rücksicht auf die grundsätzlich absehbare, im Einzelnen aber ungewisse Volatilität der Kapitalmärkte nehmen und ihre Effekte im Rahmen der Überschussbeteiligung „glätten"[902]. Dadurch gewinnen die LebensVR erheblich an Freiheit in der Pro-

---

[892] BVerfG v. 26.7.2005, VersR 2005, 1127 (1133).
[893] *Ortmann*, in: *Schwintowski/Brömmelmeyer*, § 153 Rn. 32.
[894] BGH v. 8.6.1983, BGHZ 87, 346; OLG Celle v. 9.3.2006, VersR 2007, 93; OLG Celle v. 19.7. 2007, VersR 2007, 1501; OLG Stuttgart v. 27.5.1999, VersR 1999, 1223; OLG Karlsruhe v. 4.10.1990, VersR 1992, 219; LG Köln v. 18.10.2006, VersR 2007, 343; LG Aachen v. 7.12.2006, VersR 2007, 525; LG Nürnberg-Fürth v. 22.3.2007, VersR 2007, 1260.
[895] Begründung, a.a.O.
[896] Begründung, a.a.O.
[897] *Engeländer*, VersR 2007, 155, 157.
[898] Begründung, a.a.O. Dazu aus versmathematischer Perspektive: *Ott*, VW 2007, 771.
[899] Begründung, a.a.O.
[900] Begründung, a.a.O.
[901] Begründung, a.a.O.
[902] *Ortmann*, in: *Schwintowski/Brömmelmeyer*, § 153 Rn. 63.

duktgestaltung. Mit Blick auf das Kriterium der Angemessenheit verweist die Begründung explizit auf den Kontrollmaßstab des § 307 Abs. 1 BGB[903].

Bei der Verteilung des Rohüberschussanteils der VN auf die individuellen Lebensversiche-   **292** rungsverträge ist auch das aufsichtsrechtliche **Gleichbehandlungsgebot (§ 11 Abs. 2 VAG)** zu beachten[904].

IV. Beteiligung an stillen Reserven

1. Rechtliche Rahmenbedingungen

§ 153 Abs. 3 VVG konkretisiert die **Beteiligung an den Bewertungsreserven**[905]. Der   **293** VR hat diese jährlich neu zu ermitteln und (ebenfalls) nach einem verursachungsorientierten Verfahren rechnerisch zuzuordnen (Satz 1). Bei Beendigung des Vertrags wird der für diesen Zeitpunkt zu ermittelnde Betrag zur Hälfte zugeteilt und an den VN ausgezahlt; eine frühere Zuteilung kann vereinbart werden (Satz 2). Aufsichtsrechtliche Regelungen zur Kapitalausstattung bleiben unberührt (Satz 3). Die **Ermittlung der Bewertungsreserven** richtet sich nach § 54 RechVersV. Danach hat das LebensVU im Anhang des Jahresabschlusses für Kapitalanlagen, die in der Bilanz zum Anschaffungs- oder Nennwert ausgewiesen sind, jeweils den Zeitwert anzugeben. Stille Lasten verringern ggf. die stillen Reserven[906]. Der Beteiligungsanspruch der VN erstreckt sich angeblich *nicht* auf Bewertungsreserven aus Kapitalanlagen, die das Eigenkapital oder sonstige Verbindlichkeiten ohne Bezug zum Versicherungsgeschäft (wie Pensions- oder Steuerrückstellungen) bedecken[907]. Dementsprechend soll „die Gesamtsumme der Bewertungsreserven aller Kapitalanlagen im Verhältnis der entsprechenden zu bedeckenden Passivposten quotiert" werden[908]. Durch den Hinweis darauf, dass „die Überschussbeteiligung nur insgesamt ausgeschlossen werden kann" (§ 153 Abs. 1 Hs. 2 VVG) wollte der Rechtsausschuss klarstellen, dass „ein Ausschluss nur der Beteiligung an stillen Reserven nicht möglich ist"[909]; andernfalls wäre es – entgegen der Rspr. des BVerfG – bei der geltenden, nicht verfassungskonformen Lage geblieben[910].

2. Hintergrund

b) Die Regelung der **Beteiligung an stillen Reserven** (§ 153 Abs. 3 VVG) basiert auf der   **294** Rspr. des BVerfG: Das BVerfG hat die Rechtslage vor der Deregulierung (1994) beanstandet, weil sie – anders als nach Art. 2 Abs. 1, 14 Abs. 1 GG geboten – nicht gewährleistet, dass die Kunden bei der Berechnung des Schlussüberschusses angemessen an den (mit ihren Beiträgen aufgebauten) stillen Reserven beteiligt werden. Dieser Befund traf zu: Die Kunden konnten „ihre rechtlich erheblichen Belange" bei der Überschussbeteiligung „nicht selbst und eigenständig effektiv wahrnehmen"[911]: Der BGH[912] hatte vor der Deregulierung (1994) auf eine richterliche Kontrolle verzichtet, weil sich die Höhe der Überschussbeteiligung aus dem aufsichtsbehördlich kontrollierten (ansonsten aber geheimen) Geschäftsplan der LebensVU ergab. Diese Beurteilung reflektierte unausgesprochen die Erwartung, das (frühere) Bundesaufsichtsamt (BAV) werde schon für eine angemessene Überschussbeteiligung sorgen: Der VR könne, so der BGH, „den Überschuss [nicht] etwa willkürlich festsetzen", er sei „vielmehr an gesetzliche und aufsichtsrechtliche Vorgaben gebunden"[913]. Hätte der BGH die Festset-

---

[903] Begründung, a. a. O.
[904] Vertiefend: *Ortmann,* in: *Schwintowski/Brömmelmeyer,* § 153 Rn. 53.
[905] Einzelheiten: *Mudrack,* VW 2007, 41.
[906] *Engeländer,* VersR 2007, 155, 157; *Mudrack,* VuR 2006, 41, 44.
[907] *Heinen,* Welche Änderungen kommen auf die Lebensversicherer zu?, 2008, S. 25, 30.
[908] *Heinen,* a. a. O.
[909] Beschlussempfehlung und Bericht des Rechtsausschusses, BT-Druck. 16/5862, S. 99.
[910] Beschlussempfehlung und Bericht, a. a. O.
[911] BVerfG, a. a. O.
[912] BGH v. 23. 11. 1994, BGHZ 128, 54.
[913] BGH, a. a. O.

zung der Überschussbeteiligung stattdessen als einseitiges Leistungsbestimmungsrecht i. S. von § 315 Abs. 1 BGB interpretiert[914], hätte das BVerfG nicht auf ein bürgerlich-rechtliches Kontrolldefizit erkennen können. Vielmehr wäre die vermisste effektive Kontrolle zu bejahen und ein gesetzgeberischer Handlungsbedarf zu verneinen gewesen. Da der BGH anders entschieden hat (s. o.), hätte allenfalls noch die behördliche Kontrolle der Überschussbeteiligung einen effektiven Rechtsschutz verbürgen können. Dies hat das BVerfG jedoch zu Recht verneint: Das BAV konzentrierte sich nämlich – in Einklang mit der Rspr. des BVerwG[915] – darauf, die kollektiven Belange der Versicherten zu schützen (§§ 81 ff. VAG), so dass „rechtlich schutzwürdige Belange des einzelnen Versicherten" im Einzelfall durchaus unberücksichtigt bleiben konnten[916].

295 Die **Deregulierung** hat dieses Kontrolldefizit nicht beseitigt: Bekanntlich hat sich der BGH[917] in einer Entscheidung vom 9. Mai 2001 mit der Gültigkeit einer – auf die Rechtslage nach der Deregulierung abgestimmten – Überschussbeteiligungsklausel befasst. Die Revision berief sich insb. auf die fehlende Transparenz der Klausel; sie sei nicht so konkret und ausführlich, dass die Überschussmasse nachprüfbar und manipulationsfrei festgelegt werde. Insb. der Hinweis darauf, dass die Überschussermittlung nach den Bestimmungen des VAG, des HGB und der korrespondierenden Rechtsverordnungen ermittelt werde, gebe nicht zu erkennen, dass der VR bei der Bilanzierung [scil.: bei der Bildung stiller Reserven] einen erheblichen Spielraum habe. Dem ist der BGH nicht gefolgt: Die Bildung stiller Reserven könne nicht als unangemessene Benachteiligung angesehen werden. Der VR verstoße nicht gegen Treu und Glauben, wenn er die ihm vom Gesetz eingeräumten Bilanzierungsspielräume nutze[918]. Die Klausel vermittle auch nicht den (falschen) Eindruck, die Höhe der Überschussbeteiligung werde durch die gesetzliche Regelung präzise festgelegt; stattdessen sei für den durchschnittlichen VN erkennbar, dass die Überschüsse variieren können. Ein Verstoß gegen das Transparenzgebot (heute: § 307 Abs. 1 S. 2 BGB) liege nicht vor; so sei bspw. die Regelung des § 81 c VAG und der dazu erlassenen Rechtsverordnung so komplex, dass sie einem durchschnittlichen VN nicht weiter erklärt werden könne[919].

296 Der Reformgesetzgeber hat sich dagegen entschieden, die durch die Rspr. des BGH bestätigte und vom BVerfG beanstandete **Regelungslücke** aufsichtsrechtlich zu schließen[920]. Das BVerfG hat zwar eine aufsichtsrechtliche Lösung erwogen und ggf. Maßstäbe verlangt, „an denen die Rechtmäßigkeit der Überschussbeteiligung auch unter Berücksichtigung der individuellen Belange der Versicherten aufsichtsbehördlich überprüft werden" könne[921]. Der BAFin fehlen bisher jedoch die Ressourcen für eine effektive Einzelfallkontrolle. Hinzu kommt, dass sie bisher nur „im öffentlichen Interesse" (§ 81 Abs. 1 S. 3 VAG) agiert, so dass eine Staatshaftung gem. § 839 Abs. 1 S. 1 BGB ausscheidet. Diesen Freibrief hätte man widerrufen müssen, wenn man die BAFin mit einem Individualrechtsschutz im Rahmen der Überschussbeteiligung beauftragt hätte[922].

---

[914] Dafür: *Brömmelmeyer,* Verantwortlicher Aktuar, 2000, S. 240 f.; *Ebers,* Überschussbeteiligung, 2001, S. 249 ff.

[915] BVerwG v. 12. 9. 1989, BVerwGE 82, 303, 305; BVerwG v. 12. 12. 1995, NJW 1996, 2521; BVerwG v. 1. 11. 1994, NJW 1994, 2561.

[916] BVerfG, a. a. O.

[917] BGH v. 9. 5. 2001, NVersZ 2001, 308.

[918] BGH, a. a. O.

[919] BGH, a. a. O.

[920] Kritisch: *Engeländer,* VersR 2007, 155 (161).

[921] BVerfG, a. a. O.

[922] Ebenso bereits: *Brömmelmeyer,* WuB F. § 2 ALB 1.06, S. 29 (33).

3. Einzelfragen

Die Beteiligung an stillen Reserven muss **verursachungsorientiert** ausfallen[923], d.h.   **297**
Rücksicht darauf nehmen, inwieweit der individuelle LebensVV zu den konkret entstandenen stillen Reserven beigetragen hat[924].

§ 153 Abs. 3 VVG lässt die **aufsichtsrechtlichen Regelungen zur Kapitalausstattung**   **298**
ausdrücklich unberührt (Satz 3). Die Beteiligung an Bewertungsreserven soll nicht dazu führen, dass die (generell vorrangige) dauernde Erfüllbarkeit der Verträge gefährdet wird (vgl.
§§ 53 c ff. VAG)[925]; ggf. ist die Beteiligung an den Bewertungsreserven zu kürzen[926]. Das gilt
lt. Begründung auch in Fällen, in denen ein Stresstest der BAFin[927] ergibt, dass ein
Unternehmen seinen aufsichtsrechtlichen Pflichten nicht mehr nachkommen kann[928]. Teile
der Literatur[929] halten diese Einschränkung jedoch für unvereinbar mit den Vorgaben des
BVerfG.

Das BVerfG[930] hat im Hinblick auf die Beteiligung an stillen Reserven klargestellt, dass der   **299**
Gesetzgeber gehindert sei, „die Feststellung des Schlussüberschusses ausschließlich am Interesse der oder eines einzelnen Versicherten oder gar an dem Interesse eines aus dem Versicherungsverhältnis Ausscheidenden an der Optimierung der an ihn auszukehrenden Leistungen
auszurichten. Dies widerspräche, so das BVerfG, dem für das VersRecht typischen Grundgedanken einer Risikogemeinschaft und damit des Ausgleichs der verschiedenen, weder im
Zeitablauf noch hinsichtlich des Gegenstands stets identischen Interessen der Beteiligten[931].
Unter Berufung auf diesen Interessenausgleich hat der Gesetzgeber die **Beteiligungsquote
der VN** auf 50% der stillen Reserven festgelegt[932]: Dadurch, dass die andere Hälfte beim
VR verbleibe, werde berücksichtigt, dass den stillen Reserven „bei VU eine wichtige Funktion als Risikopuffer" zukomme, „um Schwankungen des Kapitalmarktes auszugleichen"[933].
Ob die Beteiligungsquote angemessen ist, ist streitig. Die Literatur nimmt teils eine „Einschätzungsprärogative des Gesetzgebers" an *(Ortmann)*[934], kritisiert teils aber auch die Beliebigkeit der frei gegriffenen 50%-Marge *(Römer)*[935]. Der Reformgesetzgeber hat in jedem
Falle eine abschließende Regelung getroffen, so dass ein – flexibleres – einseitiges Leistungsbestimmungsrecht des VR (§ 315 Abs. 1 BGB) im Hinblick auf die Beteiligungsquote ausscheidet[936].

Einen unbedingten Anspruch auf Beteiligung an den zugeordneten stillen Reserven er-   **300**
wirbt der Leistungsberechtigte grundsätzlich erst bei **Beendigung der Lebensversicherung**[937], d.h. im Todes-, Erlebens- oder Rückkauffall. Erst dann werden die anteiligen
Bewertungsreserven verbindlich zugeteilt. Die Parteien könnten einen früheren Erwerbszeit-
punkt vereinbaren, würden dadurch aber die Flexibilität der Kapitalanlagepolitik des VR und

---

[923] Dazu: *Ott,* VW 2007, 771.
[924] Ebenso: *Heinen,* Welche Änderungen kommen auf die Lebensversicherer zu?, S. 25, 32, mit einer
Darstellung möglicher Zuteilungsverfahren.
[925] Beschlussempfehlung und Bericht des Rechtsausschusses, BT-Druck. 16/5862, S. 99.
[926] Beschlussempfehlung, a. a. O.
[927] Dazu: BAFin, Rundschreiben R 1/2004 und Verlautbarung 1/2006, VerBAFin 1/2006, S. 5.
[928] Beschlussempfehlung und Bericht, a. a. O.
[929] Bedenken äußern u. a. *Ortmann,* in: *Schwintowski/Brömmelmeyer,* § 153 Rn. 87, und *Römer,* VersR
2006, 865 (868).
[930] BVerfG v. 26. 7. 2005, VersR 2005 1127 (1134).
[931] BVerfG, a. a. O.
[932] Begründung, a. a. O.
[933] Begründung, a. a. O.
[934] *Ortmann,* in: *Schwintowski/Brömmelmeyer,* § 153 Rn. 89, unter Berufung auf BVerfG v. 3. 4. 2001,
BVerfGE 103, 293, und BVerfG v. 20. 3. 2007, NZA 2007, 609; siehe auch: *Schwintowski,* ZVersWiss
2007, 449, 460.
[935] *Römer,* VersR 2006, 865, 868; vgl. auch: *Bürkle,* VersR 2006, 1042 (1044).
[936] *Engeländer,* VersR 2007, 155 (159).
[937] Begründung, a. a. O.

(mittelbar) die Renditeaussichten des VN gefährden. Bei Teilkündigung der VN sind die bis dahin angefallenen Bewertungsreserven teilweise auszuschütten[938].

301   In der **Rentenversicherung** sollen stille Reserven gem. § 153 Abs. 4 VVG nicht erst bei Beendigung des Vertrags (§ 153 Abs. 3 Satz 2 VVG), sondern schon bei Beendigung der Ansparphase (in Höhe von 50%) zugeteilt werden. Diese Regelung ist verfassungskonform so auszulegen, dass der VN an stillen Reserven, die nach Beendigung der Ansparphase aber vor Beendigung der Rentenversicherung mit dem angesparten Kapital neu aufgebaut werden, ebenfalls in Höhe von 50% (periodisch; vgl. Absatz 3 Satz 1) zu beteiligen ist[939].

V. Modellrechnungen

302   Die Höhe der Überschussbeteiligung steht erst am Ende der Laufzeit einer Lebensversicherung fest, weil sich die künftige Entwicklung des Kosten-, des Risiko- und des Kapitalanlageergebnisses nicht vorhersagen lässt. Die LebensVU werben aber trotzdem mit *konkreten Erwartungsszenarien* (Modellrechnungen), in denen künftig mögliche Leistungen einschließlich Überschussbeteiligung bereits beziffert werden. Diese **Modellrechnungen** könnte man als verbindliches Leistungsversprechen (miss)verstehen, wenn sie nicht in aller Klarheit als unverbindliche Beispiels- oder Modellrechnungen bezeichnet sind. Der Einsatz der Modellrechnungen als Marketing-Instrument geht erkennbar mit einem Interessenkonflikt einher: Während der VR mit einer hohen, in der Modellrechnung abgebildeten Überschussbeteiligung werben will, hat der VN vor allem ein Interesse an einer realistischen Prognose. Daher hat der Reformgesetzgeber das Thema Modellrechnungen auch aufgegriffen: Macht der VR im Zusammenhang mit dem Angebot oder dem Abschluss einer Lebensversicherung (freiwillig)[940] bezifferte Angaben zur Höhe von möglichen Leistungen über die garantierte vertragliche Leistung hinaus, so hat er dem VN eine Modellrechnung auch zu übermitteln, bei der die mögliche Ablaufleistung unter Zugrundelegung der Rechnungsgrundlagen für die Prämienkalkulation mit drei verschiedenen Zinssätzen dargestellt wird (§ 154 Abs. 1 S. 1 VVG). Die Modellrechnung muss auf der Basis von § 2 Abs. 3 Nr. 1–3 VVG-InfoV kalkuliert werden, d. h. mit dem Höchstrechnungszins (Nr. 1 i. V. m. § 2 Abs. 1 der DeckRV), mit einem um einen Prozentpunkt höheren (Nr. 2) und mit einem um einen Prozentpunkt niedrigeren Zinssatz (Nr. 3). Da *zusätzliche* unternehmensindividuelle Beispielsrechnungen und Prognosen zulässig sind[941], besteht die Gefahr, dass die normierten Modellrechnungen bei der Produktvermarktung vernachlässigt und die (höhere) unternehmenseigene Beispielsrechnung in den Vordergrund gestellt wird.

303   *Ortmann* hat die Modellrechnung kritisiert, weil sie nicht alle Kosten, insb. nicht die Kosten der Kapitalanlage berücksichtige[942]. Das trifft so aber nicht zu, denn die VR dürfen den in der VVG-InfoV vorgegebenen Rechnungszins immer nur auf die tatsächlich für die Kapitalanlage zur Verfügung stehenden Beträge beziehen; wer die Kapitalanlagekosten – gleichzeitig wo sie gebucht sind (beim Kosten- oder beim Kapitalanlageergebnis) – rechnerisch nicht berücksichtigt, obwohl er sie tatsächlich in Rechnung stellt, verstößt gegen das Irreführungsverbot (§§ 3, 5 UWG). Hinzu kommt, dass ein Missstand vorläge (§ 81 Abs. 2 S. 2 VAG), gegen den die BAFin einschreiten müsste, und dass eine Haftung des LebensVR nicht auszuschließen wäre.

304   Der VR hat den VN „klar und verständlich" darauf hinzuweisen, dass es sich bei der Modellrechnung nur um ein Rechenmodell handelt, dem fiktive Annahmen zugrunde liegen, und dass der VN aus der Modellrechnung keine vertraglichen Ansprüche gegen den VR ableiten kann (§ 154 Abs. 2 VVG). Im Ergebnis muss also vor allem die *Transparenz der Modell-*

---

[938] *Grote*, in: *Marlow/Spuhl*, 3. Aufl. 2008, S. 206.

[939] Dazu auch: *Ortmann*, in: *Schwintowski/Brömmelmeyer*, § 153 Rn. 94 ff.; *Mudrack*, VuR 2006, 41, 43; vgl. auch: *Schulte/Vogelpohl*, VW 2007, 774 (775); a. A.: *Grote*, in: *Marlow/Spuhl*, 3. Aufl. 2008, S. 207.

[940] *Römer*, DB 2007, 2523 (2524).

[941] Begründung, BT-Drucks. 15/3459, S. 97, zu § 154 VVG.

[942] *Ortmann*, in: *Schwintowski/Brömmelmeyer*, § 154 VVG Rn. 10.

rechnung gewährleistet sein; sie muss bestimmten formalen Mindestanforderungen genügen, die im Kern in dem (auf der Basis der früheren Rechtslage formulierten) BAV-Rundschreiben R2/2000[943] und in den Empfehlungen des GDV[944] enthalten sind:

– Die Darstellung garantierter Leistungen muss im Mittelpunkt stehen und sprachlich, räumlich und inhaltlich klar gegen die Darstellung hypothetischer Leistungen abgegrenzt werden[945].

– Die Darstellung hypothetischer Leistungen muss den ausdrücklichen und gegenüber dem sonstigen Schriftbild hervorgehobenen Hinweis enthalten, dass die abgebildeten Leistungen auf einer unverbindlichen Beispielrechnung beruhen[946].

– In der Darstellung künftiger Leistungen sind die individuellen Daten des VN, der konkrete Tarif und der verwendete Kalkulationszins anzugeben[947].

Kalkulieren die LebensVR mit unrealistischen Erwartungen, bspw. mit überholten Sterbetafeln (Rentenversicherung) oder – bei der unternehmensindividuellen Modellrechnung – mit überhöhten Kapitalmarkterträgen, besteht ebenfalls ein Haftungsrisiko; so kann die Werbung für eine Lebensversicherung mit infolge steigender Lebenserwartung nicht mehr realistischen Gewinnanteilen für einen VN nach Kündigung des VV Ansprüche auf Schadensersatz in Gestalt der Differenz zwischen der Summe der bisher geleisteten Prämien und dem Rückkaufswert und in Gestalt des Zinsschadens begründen, den er dadurch erlitten hat, dass er die Prämienbeträge nicht anderweitig gewinnbringender angelegt hat[948]. **305**

I. Steuerliche Behandlung der Lebensversicherung

Früher wurde die (gemischte) **Kapitallebensversicherung** steuerlich privilegiert: Die **306** **Beiträge** wurden als beschränkt abzugsfähige Sonderausgaben behandelt. Die **Erträge** waren steuerfrei. Das galt auch für komplementäre Unfall- und Berufsunfähigkeits–Zusatzversicherung[949]. Bei Einschluss einer *Dread-Disease*-Deckung blieb die Lebensversicherung steuerbegünstigt, wenn sich der Risikokatalog auf bestimmte Erkrankungen beschränkte und eine ausreichende Todesfallleistung (60% der Beitragssumme) versichert war[950]. Begründet wurde das Privileg der Kapitallebensversicherung im Einkommensteuerrecht u. a. mit dem Hinweis darauf, dass eigenverantwortliche Vorsorgeleistungen nicht durch eine Ertragsbesteuerung behindert werden sollten[951].

---

[943] BAV, Rundschreiben R2/2000, VerBAV 2000, 252.

[944] Unverbindliche Empfehlungen des GDV, Dokumente Nr. 5301, 7752 und 7765.

[945] Laut Rundschreiben (BAV, a. a. O., I, 2b) ist „vor allen Dingen und an erster Stelle, eindeutig und unübersehbar zwischen garantierten Leistungen und Leistungen einschließlich Überschussbeteiligung zu unterscheiden." Darüber hinaus ist dem VN „deutlich zu machen, dass ihm bei Vertragsschluss nur die garantierten Leistungen zugesagt werden können. Dazu müssen die garantierten Leistungen bereits drucktechnisch im Vordergrund stehen. Sie dürfen nicht gleichrangig in einer Tabelle mit den Leistungen einschließlich Überschussbeteiligung aufgeführt werden."

[946] Laut Rundschreiben (BAV, a. a. O., I, 2a) ist dem VN „durch schriftlichen Hinweis deutlich zu machen, dass nur die garantierten Leistungen der Höhe nach versprochen werden können". Dagegen sind „Begriffe, die eine nicht vorhandene Sicherheit der Voraussagen suggerieren (wie z. B. „Hochrechnung"), … zu vermeiden"; vgl. auch: *Brömmelmeyer*, VersR 2003, 939.

[947] Laut Rundschreiben (BAV, a. a. O.) gilt: „Beispielrechnungen, die nicht auf der Anwendung eines konkreten Tarifs und konkreter Vertragsdaten beruhen, sind irreführend und damit unzulässig. Alle zugrunde liegenden persönlichen und technischen Daten, die auf den Inhalt der Darstellung Einfluss haben, sind über der Beispielrechnung aufzuführen."

[948] OLG Düsseldorf v. 15. 8. 2000, NVersZ 2001, 15.

[949] *Kurzendörfer*, Einführung, 10.1.1.3.

[950] BMF v. 26. 2. 1996 – IV B 1 – S 2221–37/96; zitiert nach: *Kurzendörfer*, Einführung, a. a. O.

[951] *Horlemann,* Die KapitalLebensversicherung und ihre Erträge im deutschen Einkommensteuersystem, 1995, 2.3.2.

307   Das **Alterseinkünftegesetz** (AltEinkG)[952] hat Erträge aus Kapitallebensversicherungen, die nach dem 31. 12. 2004 abgeschlossen wurden, erstmals unabhängig von der Laufzeit in die Besteuerung einbezogen. Dadurch soll der Wettbewerbsvorteil gegenüber anderen Anlageformen beseitigt werden[953].

I. Einkommensteuer

1. Kapitallebensversicherungen

308   **a) Altverträge (bis 31. 12. 2004).** Im Hinblick auf Kapitallebensversicherungen, die bis **einschließlich 31. 12. 1004** abgeschlossen wurden, bleibt es bei der bisherigen Rechtslage: Die Besteuerung der Beiträge richtet sich auch künftig nach § 10 Abs. 1 Nr. 2 lit. b dd EStG a. F.[954], die Besteuerung der Erträge nach § 20 Abs. 1 Nr. 6 EStG a. F.[955] Etwas anderes gilt u. U. bei nachträglichen (wesentlichen) Vertragsänderungen[956].

309   Nach dem bis Ende 2004 geltenden Recht sind die **Beiträge** zu einer Kapitallebensversicherung auf den Todes- und Erlebensfall gegen laufende Beitragsleistung mit Sparanteil **als (beschränkt abzugsfähige) Sonderausgaben** absetzbar, wenn die Lebensversicherung für die Dauer von mindestens 12 Jahren abgeschlossen wurde (§ 10 Abs. 1 Nr. 2 lit. b dd EStG a. F.)[957]. Eine „laufende Beitragszahlung" erkennt das BMF bei einer Beitragszahlungsdauer von mindestens 5 Jahren an[958]. In der Praxis wird dieser Regelung ggf. durch die Einrichtung eines Beitragsdepots bei einer Bank Rechnung getragen[959]. Dagegen bestehen auch unter Berücksichtigung von § 7 Abs. 2 VAG keinerlei aufsichtsrechtliche Bedenken[960]. Bei der **Berechnung der (Mindest-)Laufzeit** der Lebensversicherung (12 Jahre) stellt das BMF auf den Beginn der Lebensversicherung laut Versicherungsschein ab, wenn innerhalb von 3 Monaten der Versicherungsschein ausgestellt und der Einlösungsbeitrag eingegangen ist[961]; andernfalls setzt die Berechnung der Laufzeit bei der ersten Beitragszahlung an[962]. Lebensversicherungsverträge mit einer gegenüber der Erlebensfallsumme herabgesetzten Todesfallleistung werden seit dem 31. 3. 1996 nur noch begünstigt, wenn die vertragliche **Todesfallleistung mindestens 60 % der Beitragssumme** ausmacht[963].

---

[952] Alterseinkünftegesetz vom 5. 7. 2004, BGBl. I S. 1427.

[953] *Blümich/Stuhrmann,* EStG § 20 Rn. 292a.

[954] So der neu gefasste § 10 Abs. 1 Nr. 3 lit. b EStG, der Beiträge zu Versicherungen im Sinne des § 10 Abs. 1 Nr. 2 lit. b dd EStG a. F. erfasst, wenn die Laufzeit vor dem 1. 1. 2005 begonnen hat und der Erstbeitrag bis zum 31. 12. 2004 entrichtet wurde.

[955] § 56 Abs. 36 S. 5 EStG. Danach kommt es – anders als beim Sonderausgabenabzug – nicht auf eine erste Beitragszahlung zum 31. 12. 2004 an. Dies eröffnete die Möglichkeit der Rückdatierung des Versicherungsscheins innerhalb der ersten drei Monate; siehe auch BMF v. 22. 12. 2005 – IV C 1 – S 2252 – 343/05, Rn. 66, 88 f., zitiert nach: DStR 2006, 88 (94); vertiefend *Risthaus,* DB 2006, 232 (235 f.).

[956] BFH v. 6. 7. 2005, DStR 2005, 1684.

[957] Neben den Beiträgen zur Kapitallebensversicherung sind gem. § 10 Abs. 1 Nr. 2 lit. b EStG a. F. Beiträge zu den folgenden Versicherungen auf den Todes- oder Erlebensfall als Sonderausgaben absetzbar: Risikoversicherung, die nur für den Todesfall eine Leistung vorsehen (aa), Rentenversicherung ohne Kapitalwahlrecht (bb) und Rentenversicherung mit Kapitalwahlrecht gegen laufende Beitragsleistung, wenn das Kapitalwahlrecht nicht vor Ablauf von 12 Jahren seit Vertragsabschluss ausgeübt werden kann (cc).

[958] BMF v. 5. 12. 1988 – IV B 1 – S. 2221–106/88 und vom 20. 7. 1999 – 115/90; zitiert nach: *Kurzendörfer,* Einführung, 10.1.1.3.

[959] Dazu: *Kurzendörfer,* Einführung, 10.1.6; *Eberhardt/Baroch Castellví,* VersR 2002, 261.

[960] *Eberhardt/Baroch Castellví,* VersR 2002, 261 (267).

[961] BMF v. 7. 2. 1991 – IVB 1, S. 2221–207/96, Verband der LebensVU V 36/96; zitiert nach: *Kurzendörfer,* Einführung, 10.1.1.3.

[962] *Kurzendörfer,* a. a. O.

[963] BMF v. 6. 12. 1996, IV B 1 – S. 2221–301/96, BStBl. I S. 1438; zitiert nach: *Kurzendörfer,* Einführung, a. a. O.

Das EStG sieht je Kalenderjahr bestimmte **Höchstbeträge für Vorsorgeaufwendungen** 310 vor[964].

Die Begünstigung der Beiträge entfällt bei **vermögenswirksamen Leistungen** (§ 10 311 Abs. 2 S. 1 Nr. 3 EStG a. F.) und in bestimmten Fällen, in denen die Lebensversicherung der **Kreditabsicherung** dient (§ 10 Abs. 2 S. 2 EStG a. F.)[965]. § 10 c EStG berücksichtigt begünstigte Beiträge im Rahmen einer Vorsorgepauschale.

Gem. § 20 Abs. 1 Nr. 6 EStG a. F. gehören außerrechnungsmäßige und rechnungsmäßige 312 Zinsen aus Sparanteilen, die in den Beiträgen einer Lebensversicherung auf den Todes- oder Erlebensfall enthalten sind, zu den Einkünften aus Kapitalvermögen (Satz 1), die gem. § 2 Abs. 1 Nr. 5 EStG der Einkommensteuer unterliegen[966]. **Zinsen aus Lebensversicherungen,** deren Beiträge nach § 10 Abs. 1 Nr. 2 lit. b EStG als Sonderausgaben abziehbar sind, bleiben jedoch steuerfrei, soweit die Zinsen mit Beiträgen verrechnet oder im Versicherungsfall oder im Fall des Rückkaufs der Lebensversicherung nach Ablauf von 12 Jahren ausgezahlt wurden (Satz 2).

b) Neuverträge (ab 1. 1. 2005). Beiträge zu Kapitallebensversicherungen, die ab dem 313 1. 1. 2005 abgeschlossen worden sind, sind **nicht mehr als Sonderausgaben abzugsfähig**[967]. Da die Kapitallebensversicherung gegen laufende Beitragszahlung mit Sparanteil der Altersvorsorge dienen kann, der Charakter einer – frei verfügbaren – Kapitalanlage aber deutlich überwiegt, hatte die *Rürup*-Kommission vorgeschlagen, bei derartigen Produkten eine vorgelagerte Besteuerung vorzunehmen. Dem ist der Gesetzgeber gefolgt, indem er die Beiträge nicht mehr zum Sonderabzug zulässt[968].

Die Besteuerung der **Erträge** aus Kapitallebensversicherungen gegen laufende Beiträge 314 mit Sparanteil sowie aus Rentenversicherungen mit Kapitalwahlrecht, soweit nicht die Rentenzahlung gewählt wird, richtet sich nach § 20 Abs. 1 Nr. 6 EStG[969]. Ertrag ist der Unterschiedsbetrag zwischen der Versicherungsleistung und der Beitragssumme. Dabei unterliegen nur Erlebens- und Rückkaufsfall der Einkommensteuer, während der Eintritt des mit der Lebensversicherung untrennbar verbundenen charakteristischen Hauptrisikos (Todesfall) nicht zu steuerpflichtigen Einnahmen nach dem EStG führt[970]. Klarzustellen ist, dass **nur 50 Prozent der Erträge** zu versteuern sind, wenn die Laufzeit der Lebensversicherung mindestens zwölf Jahre beträgt und die Kapitalauszahlung erst nach Vollendung des 60. Lebensjahres des Steuerpflichtigen erfolgt[971]. **Steuerpflichtiger** ist grundsätzlich derjenige, der das Kapital in Form der Sparanteile im eigenen Namen und für eigene Rechnung dem LebensVU zur Nutzung überlassen hat, in der Regel also der VN[972]. Bei Einräumung einer unwiderruflichen Bezugsberechtigung gilt grundsätzlich der Bezugsberechtigte als Steuerpflich-

---

[964] Nach der Neuregelung des § 10 Abs. 3 EStG beläuft sich der absolute Jahreshöchstbetrag auf 20 000 € (§ 10 Abs. 3 S. 1 EStG), bzw. auf 40 000 € (§ 10 Abs. 3 S. 2 EStG). Die Beträge sind ggf. nach § 10 Abs. 3 S. 3 EStG zu kürzen. Der tatsächliche Abzugsbetrag beträgt im Jahr 2005 60% der ermittelten Vorsorgeaufwendungen und erhöht sich jährlich um je 2 Prozentpunkte bis zur Vollabzugsfähigkeit im Jahr 2025 (§ 10 Abs. 3 S. 4–6 EStG). Zur Günstigkeitsprüfung gem. § 10 Abs. 4a EStG: *Schmidt/Heinicke,* EStG § 10 Rn. 213f.

[965] Dazu ausführlich: *Horlemann,* passim; *Kurzendörfer,* Einführung, 10.1.3.

[966] Die Besteuerung richtet sich ab dem 1. 1. 2009 nach § 32d Abs. 1 EStG (Abgeltungssteuer).

[967] *Schmidt/Heinicke,* EStG § 10 Rn. 75, 90f.

[968] *Risthaus,* DB 2004, 1329 (1338); ebenso *dies.,* DB 2006, 232.

[969] *Blümich/Stuhrmann,* EStG § 20 Rn. 292c f.; Rentenversicherung mit Kapitalwahlrecht fallen, soweit die Rentenzahlung gewählt wird, nicht unter § 20 Abs. 1 Nr. 6 EStG, sondern unter die Ertragsanteilsbesteuerung nach § 22 Nr. 1 S. 3 lit. a bb EStG. Einzelheiten bei *Risthaus,* DB 2006, 233f.

[970] BMF v. 22. 12. 2005 – IV C 1 – S 2252 – 343/05, Rn. 40f., zitiert nach: DStR 2006, 88 (91).

[971] *Blümich/Stuhrmann,* EStG § 20 Rn. 292h; *Risthaus,* DB 2006, 232 (240). Soweit gemäß § 20 Abs. 1 Nr. 6 S. 2 EStG nur die Hälfte des Unterschiedsbetrags steuerpflichtig ist, unterliegt die steuerpflichtige Hälfte auch nach dem 1. 1. 2009 nicht der gesonderten Abgeltungssteuer, sondern weiterhin der tariflichen Einkommensteuer (§ 32d Abs. 2 Nr. 2 EStG). Vertiefend *Melchior,* DStR 2007, 1229 (1232).

[972] BMF v. 22. 12. 2005 – IV C 1 – S 2252 – 343/05, Rn. 50ff., zitiert nach: DStR 2006, 88 (92).

tiger. Bei widerruflicher Bezugsberechtigung (auf den Erlebensfall) wird der Bezugsberechtigte bei Eintritt des Erlebensfalls Steuerpflichtiger[973].

2. Geförderte Rentenversicherungen

315   a) **„Rürup".** Die Besteuerung der **„Rürup"-Rente** richtet sich nach **§ 10 Abs. 1 Nr. 2 lit b EStG.** Danach sind die **Beiträge** als (beschränkt abzugsfähige) Sonderausgaben zu behandeln, wenn der VV eine monatliche, auf das Leben des Steuerpflichtigen bezogene, lebenslange Leibrente nicht vor Vollendung des 60. Lebensjahres vorsieht (Hs. 1). Diese Begünstigung greift allerdings nur, wenn die Rentenansprüche nicht vererblich, nicht übertragbar, nicht beleihbar, nicht veräußerbar und auch nicht kapitalisierbar sind (Hs. 3). Die Kombination mit einer Berufsunfähigkeits-, Erwerbsminderungs- oder Hinterbliebenenrente ist zulässig. Die „Rürup"-Rente muss aber der eigenen (kapitalgedeckten) Altersversorgung dienen (Hs.1). Daher sind Beiträge, die Eltern zum Aufbau einer Altersversorgung ihrer Kinder erbringen, nicht begünstigt[974]. Für den Abzug von Altersvorsorgeaufwendungen als Sonderausgaben gelten die in § 10 Abs. 3 EStG geregelten Höchstgrenzen, die bereits durch andere Vorsorgeaufwendungen ganz oder zum Teil ausgeschöpft sein können[975].

316   **Leistungen aus einer „Rürup"-Rente** (§ 10 Abs. 1 Nr. 2 lit b EStG) werden gem. **§ 22 Nr. 1 S. 3 lit a aa EStG** grundsätzlich nach dem **Prinzip der nachgelagerten Besteuerung** erfasst. Der Besteuerungsanteil beträgt bei Rentenbeginn bis zum Jahr 2005 fünfzig Prozent und steigt – ausweislich der Tabelle in § 22 Nr. 1 S. 3 lit a aa S. 3 EStG – bis zum Jahr 2040 auf die volle Besteuerung an[976].

317   b) **„Riester".** Parallel dazu werden auch **Beiträge** für die **„Riester"-Rente** (§ 82 Abs. 1 S. 1 EStG) staatlich gefördert. In Betracht kommt die Förderung durch Zulagen (§ 79 S. 1 EStG) und die Förderung durch beschränkten Sonderausgabenabzug mit bestimmten Höchstbeträgen (§ 10a Abs. 1 EStG). Das Finanzamt hat nach § 10a Abs. 2 EStG von Amts wegen die Höhe der Zulage mit der Steuerentlastung auf Grund des Sonderausgabeabzugs zu vergleichen. Überschreitet die Höhe der Steuerentlastung die Zulage nicht, verbleibt es bei dieser. Andernfalls ist der Sonderausgabenabzug vorzunehmen[977] (sog. „Günstigerprüfung").

318   Die **Leistungen** der **„Riester"-Rente** werden ebenso wie die der „Rürup"-Rente nach dem **Prinzip der nachgelagerten Besteuerung**[978] gem. § 22 Nr. 5 EStG in der Auszahlungsphase besteuert[979].

3. Veräußerung von Lebensversicherungen

319   Bis zum 31. 12. 2008 kann der VN Ansprüche aus einer Lebensversicherung veräußern, ohne dass der Gewinn, d. h. die positive Differenz zwischen den Einnahmen aus der Veräußerung (Kaufpreis) und der entrichteten Beitragssumme, steuerpflichtig wäre. Es findet auch keine Nachversteuerung der als Sonderausgaben abgezogenen Beiträge statt[980]. Bei einer Veräußerung ab dem 1. 1. 2009 fällt der Gewinn jedoch unter die steuerpflichtigen **Einkünfte aus Kapitalvermögen** (§ 20 Abs. 2 Nr. 6 EStG), die ihrerseits grundsätzlich nach § 32d Abs. 1 EStG besteuert werden[981].

---

[973] *Risthaus,* DB 2006, 232 (238).
[974] *Blümich/Hutter,* EStG § 10 Rn. 170.
[975] *Schmidt/Heinicke,* EStG § 10 Rn. 203 ff.
[976] *Schmidt/Weber-Grellet,* EStG § 22 Rn. 101.
[977] *Schmidt/Weber-Grellet,* EStG § 10a Rn. 25 ff.
[978] *Schmidt/Weber-Grellet,* EStG, § 22 Rn. 125.
[979] *Schmidt/Weber-Grellet,* a. a. O.
[980] BMF v. 22. 8. 2002 – IV C 4 – S 221 – 211/02, BStBl. I S. 827, Rn. 32.
[981] *Melchior,* DStR 2007, 1229 (1232).

II. Erbschafts- und Schenkungssteuer

Im Hinblick auf die **Erbschafts- und Schenkungssteuer** ist bei der Kapitallebensversicherung sorgfältig zu unterscheiden: Ist die **Lebensversicherung auf die Person des VN** abgeschlossen (§ 150 Abs. 1 Alt. 1 VVG) und fällt die **Todesfall-Leistung** in den Nachlass, so liegt ein Erwerb von Todes wegen durch Erbanfall vor (§ 3 Abs. 1 Nr. 1 ErbStG), der gem. § 1 Abs. 1 Nr. 1 ErbStG steuerpflichtig ist. Erwirbt der Bezugsberechtigte den Todesfallanspruch am Nachlass vorbei, so liegt ein Erwerb i. S. v. § 3 Abs. 1 Nr. 4 ErbStG vor, der ebenfalls der Erbschaftssteuer unterliegt[982]. **320**

Ist die **Lebensversicherung auf die Person eines anderen** abgeschlossen (§ 150 Abs. 1 Alt. 2 VVG) und fällt die **Todesfall-Leistung** in den Nachlass der versicherten Person, so liegt ebenfalls ein Erwerb von Todes wegen durch Erbanfall vor (§ 3 Abs. 1 Nr. 1 ErbStG), der gem. § 1 Abs. 1 Nr. 1 ErbStG steuerpflichtig ist. Erwirbt der Bezugsberechtigte den Todesfallanspruch am Nachlass vorbei, so liegt jedoch kein Erwerb i. S. v. § 3 Abs. 1 Nr. 4 ErbStG vor, weil nicht der Erblasser (versicherte Person) sondern der VN die Lebensversicherung abgeschlossen hat[983]. Folgerichtig nimmt die Literatur in diesem Falle eine steuerpflichtige Schenkung unter Lebenden (§ 7 Abs. 1 Nr. 1 ErbStG) an[984]. **321**

J. Vorläufiger Versicherungsschutz

I. Begriff und Rechtsnatur

Todesfallschutz besteht grundsätzlich erst auf der Basis der bereits abgeschlossenen Lebensversicherung. In der Praxis besteht jedoch vielfach erhebliches Interesse an einem Todesfallschutz bereits vor Abschluss der angestrebten Lebensversicherung. Daher kann der VN **vorläufigen Versicherungsschutz** (§§ 49 ff. VVG) beantragen, um die Zeit zu überbrücken, die für Verhandlungen über den endgültigen VV, für die Beibringung notwendiger Unterlagen, für die Prüfung des Antrags bzw. der Anfrage einschließlich der Risikoprüfung und Tarifierung sowie für gesetzlich vorgeschriebenen Informationen benötigt wird[985]. **321**

Nach der **Definition des RG** erteilt der VR eine vorläufige Deckungszusage, wenn „soweit Einigung erzielt ist, dass der künftige Abschluss [des VV] in Aussicht genommen werden kann, während der endgültige Abschluss namentlich die Ausfertigung der Versicherungspapiere, vielleicht auch die Besprechung minder wesentlicher Einzelheiten, mutmaßlich noch eine gewisse Zeit in Anspruch nehmen werden. Für diese Zwischenzeit bis zum endgültigen Abschluss will und soll der Versicherte nicht ohne den Versicherungsschutz bleiben. Zu dem Zweck gewährt ihm der VR mittels der Deckungszusage einen vorläufigen Schutz, d. h. das Versprechen, bei etwaigem Eintritt des Versicherungsfalls die vorgesehene Entschädigung in gleicher Weise auszubezahlen, wie wenn der Vertrag jetzt schon fertig abgeschlossen wäre"[986]. Das gilt auch in der Lebensversicherung[987], in der vor allem aufgrund der **Gesundheitsprüfung** einige Zeit verstreichen kann, bevor der VR endgültig über die Anfrage bzw. den Antrag auf Abschluss einer Lebensversicherung entscheidet. **322**

§ 49 Abs. 1 S. 1 VVG stellt klar, dass es sich bei der Gewährung einer vorläufigen Deckung um einen **eigenständigen VV** handelt, der von dem – sich in aller Regel anschließenden – **323**

---

[982] *Gebel,* ZEV 2005, 236.

[983] *Gebel,* ZEV 2005, 236.

[984] *Gebel,* a. a. O., m. w. N.

[985] Begründung, BT-Drucks.16/3945, S. 50, AT, Abschn. II, Nr. 8; zur Haftung des VR bei verzögerter Bearbeitung des Antrags: OLG Saarbrücken v. 11. 1. 2006, VersR 2006, 1345; OLG Hamm v. 5. 11. 1978, VersR 1978, 1014.

[986] RG v. 16. 10. 1923, RGZ 107, 200; *Bruck/Möller/Winter,* Bd. V/2, Anm. C 108 m. w. N.

[987] Ebenso: *Bruck/Möller/Winter,* Bd. V/2, Anm. C 108 m. w. N.

Hauptvertrag zu unterscheiden ist[988] (Trennungsprinzip). Diese Klarstellung entspricht std. Rspr.[989] und h. L.[990]: Die vorläufige Deckung ist, so der BGH bereits auf der Basis der bisherigen Rechtslage, ein „rechtlich von dem eigentlichen VV losgelöster, selbständiger Vertrag, der dem VN bis zum Abschluss oder bis zur Ablehnung des endgültigen Vertrags Versicherungsschutz auch dann gewährt, wenn der VR den endgültigen Abschluss des Vertrags verweigert"[991]. Dementsprechend beseitigt auch eine Anfechtung (§ 123 Abs. 1 BGB) der endgültigen Lebensversicherung den Vertrag über die Gewährung der vorläufigen Deckung *nicht,* wenn der VR sofortigen Versicherungsschutz ab Antragstellung gewährt, d. h. auf eine Risikoprüfung anhand der (Falsch-)Angaben des VN verzichtet hat[992]. In der Selbständigkeit der vorläufigen Deckung liegt der konstruktive Unterschied zur Rückwärtsversicherung (§ 2 Abs. 1 VVG)[993].

II. Inhalt

324   Der Inhalt des vorläufigen Versicherungsschutzes richtet sich nach der Parteivereinbarung im Einzelfall. Der GdV hat allerdings (unverbindliche) **Musterbedingungen für den vorläufigen Versicherungsschutz in der Lebensversicherung** entwickelt, die alternativ auf die Modalitäten des Vertragsschlusses im „Invitatio"- oder im Antragsverfahren zugeschnitten sind[994].

1. Leistungen des Versicherers

325   Gem. § 1 Abs. 1 S. 1 der Musterbedingungen erstreckt sich der vorläufige Versicherungsschutz auf die für den **Todesfall** beantragten Leistungen. Hat der VN eine **Unfall-Zusatzversicherung** beantragt, so erwirbt er einen Rechtsanspruch auf die Unfallversicherungssumme, wenn der Unfall (a) während der Dauer des vorläufigen Versicherungsschutzes eingetreten ist und (b) innerhalb eines Jahres nach dem Unfalltage zum Tode der versicherten Person führt (Satz 2). § 1 Abs. 2 sieht einen Höchstbetrag für die Leistung im Todesfall (einschließlich der Leistung aus einer etwaigen Unfall-Zusatzversicherung) vor, der in der Praxis meist auf 100 000,– € festgesetzt wird[995].

326   § 6 der Musterbedingungen sieht vor, dass die **Bedingungen für die angestrebte Lebensversicherung** auch im Rahmen des vorläufigen Versicherungsschutzes anwendbar sind (Satz 1). Das soll insb. für die dort enthaltenen Einschränkungen und Ausschlüsse gelten (Satz 2).

2. Beiträge des Versicherungsnehmers

327   Im Allgemeinen erhebt der VR für den vorläufigen Versicherungsschutz keinen besonderen Beitrag (§ 5 S. 1 der Musterbedingungen). Erbringt er jedoch Leistungen aufgrund des vorläufigen Versicherungsschutzes, behält er ein Entgelt ein (Satz 2). Das Entgelt entspricht dem Beitrag für einen Beitragszahlungsabschnitt (Satz 3). Bei Einmalbeitragsversicherungen ist dies der einmalige Beitrag (Satz 4). Berechnet wird nicht mehr als der Tarifbeitrag für den Höchstbetrag der Leistung im Todesfall (Satz 5). Bereits geleistete Beiträge werden angerechnet (Satz 6).

---

[988] Begründung, BT-Drucks. 16/3945, S. 73, zu § 49 VVG.

[989] BGH v. 21. 2. 2001, NVersZ 2001, 262 (263); BGH v. 3. 4. 1996, VersR 1996, 743 (744); BGH v. 9. 5. 1951, BGHZ 2, 87; BGH v. 31. 1. 1951, NJW 1951, 313 (314).

[990] Berliner Kommentar/*Schwintowski,* § 5a Rn. 87, 94 („echter VV vorläufigen Charakters"); *Prölss/Martin/Prölss,* Zusatz zu § 1 Rn. 2; *Römer/Langheid/Römer,* Vor § 1 Rn. 26. Die „Einheitstheorie" (siehe: *Bruck/Möller,* Bd. I, § 1 Anm. 94) wird heute praktisch nicht mehr vertreten.

[991] BGH v. 9. 5. 1951, BGHZ 2, 87 (91) m. w. N.

[992] OLG Saarbrücken v. 12. 3. 2003, VersR 2005, 50, anhand der Unfallversicherung.

[993] Missverständlich daher: *Römer/Langheid/Römer,* Vor § 1 Rn. 26 (bei der vorläufigen Deckung werde der materielle Versicherungsbeginn „vorverlegt").

[994] Allgemeine Bedingungen für den vorläufigen Versicherungsschutz in der Lebensversicherung vom 2. 5. 2008; im Internet in beiden Alternativen abrufbar unter: gdv.de.

[995] *Kurzendörfer,* Einführung, 5.4.

III. Entstehung

Die Musterbedingungen binden die **Entstehung des vorläufigen Versicherungsschut-** 328 **zes** (soweit nichts anderes vereinbart ist) daran, dass (a) der beantragte (materielle) Versicherungsbeginn innerhalb einer unternehmensindividuell festzusetzenden Frist ab Unterzeichnung des Antrags (Antragsverfahren) bzw. der Anfrage (Invitatio-Modell) liegt, (b) eine Ermächtigung zum Beitragseinzug erteilt worden ist (Besonderheiten gelten in der Vermögensbildungsversicherung), (c) der VN das Zustandekommen der beantragten Lebensversicherung nicht von einer besonderen Bedingung abhängig gemacht hat, (d) der Antrag bzw. die Anfrage nicht von den von dem VR angebotenen Tarifen und Bedingungen abweicht und (e) die versicherte Person bei Unterzeichnung des Antrags bzw. der Anfrage das unternehmensindividuell festzusetzende (meist 70.) Lebensjahr noch nicht erreicht hat (§ 2).

IV. Risikoausschlüsse

Nach § 4 Abs. 1 der Musterbedingungen soll die Leistungspflicht des VR ausgeschlossen 329 sein, „für die Versicherungsfälle aufgrund von Ursachen, nach denen im Antrag [resp.: in der Anfrage] gefragt ist und von denen die versicherte Person vor seiner Unterzeichnung Kenntnis hatte, auch wenn diese im Antrag angegeben wurden." Das gilt nicht für Umstände, die für den Eintritt des Versicherungsfalls nur mitursächlich geworden sind.

Dieser Formulierungsvorschlag soll einer BGH-Entscheidung vom 21. 2. 2001 Rechnung 330 tragen, die die Klausel „Unsere Leistungspflicht ist – soweit nicht etwas anderes vereinbart ist – ausgeschlossen für Versicherungsfälle aufgrund von Ursachen, die vor Unterzeichnung des Antrags erkennbar geworden sind, auch wenn diese im Antrag angegeben wurden" gem. § 9 Abs. 2 Nr. 2 AGB-Gesetz (jetzt: § 307 Abs. 2 Nr. 2 BGB) für unwirksam erklärt hat[996]. Der VN könne, so der Bundesgerichtshof, der Klausel nicht entnehmen, „ob die Ursachen für den VN erkennbar geworden sein müssen, oder ob insoweit auf die objektive Erkennbarkeit der Ursache für einen Dritten … abgestellt werden soll"[997]. Interpretiere man die Klausel i. S. e. Leistungsfreiheit auch in Fällen, in denen dem VN unbekannte, objektiv aber erkennbare Ursachen zum Eintritt des Versicherungsfalls führen, werde das Leistungsversprechen des VR (Risikoübernahme) weitgehend ausgehöhlt und auf die seltenen Fälle beschränkt, in denen sich – nachträglich – feststellen lasse, dass auch für einen Dritten die Ursache für den Eintritt des Versicherungsfalls nicht erkennbar geworden sei[998]. Die Frage, ob die Klausel bereits aus diesen Gründen unwirksam ist, lässt der BGH allerdings offen. Entscheidend sei, dass die Klausel jeden Umstand erfasse, der für den Todesfall auch nur mitursächlich geworden sei, und dass die Sanktion der Leistungsfreiheit – anders als bei dem Lebensversicherungsvertrag selbst (vgl. §§ 19 ff. VVG) – greife, ohne dass dem VR vom VN Informationen vorenthalten worden seien. Der Leistungsanspruch des VN bleibe nur noch in solchen Fällen unangetastet, in denen ihm auch für den Eintritt des Versicherungsfalls nur mitursächliche Umstände vor Antragsunterzeichnung nicht erkennbar geworden seien. Dies werde – abgesehen vom Unfalltod – im Rahmen eines zum Tode führenden, häufig mehrstufigen und multikausalen Krankheitsgeschehens regelmäßig nicht der Fall sein[999].

Darüber hinaus schränken die Musterbedingungen den Versicherungsschutz bei **vorsätzli-** 331 **cher Selbsttötung** (§ 4 Abs. 2) und bei **Todesfällen aufgrund kriegerischer Ereignisse oder innerer Unruhen** (Absatz 3) ein. Bei Tod der versicherten Person in unmittelbarem oder mittelbarem Zusammenhang mit dem vorsätzlichen **Einsatz von atomaren, biologi-**

---

[996] BGH v. 21. 2. 2001, NVersZ 2001, 262. Ebenso: OLG Saarbrücken v. 21. 3. 2001, NVersZ 2001, 506 (Intransparenz der Kausalitätsanforderungen) = VersR 2002, 41, und OLG Hamm v. 24. 9. 1999, NVersZ 2000, 517 (Fehlende Beschränkung auf gefahrerhebliche Umstände); vgl. auch OLG Köln v. 23. 10. 1996, r+s 1997, 211 (212).

[997] BGH v. 21. 2. 2001, NVersZ 2001, 262 (263).

[998] BGH, a. a. O.

[999] BGH, a. a. O., S. 264.

schen oder chemischen Waffen oder dem vorsätzlichen Einsatz oder der vorsätzlichen Freisetzung von radioaktiven, biologischen oder chemischen Stoffen entfällt
die Leistungspflicht, sofern der Einsatz oder das Freisetzen darauf gerichtet sind, das Leben
einer Vielzahl von Personen zu gefährden (Absatz 4).

V. Beginn und Ende

332   **a)** Der vorläufige Versicherungsschutz **beginnt** gem. § 3 Abs. 1 der Musterbedingungen
mit dem Tage, an dem der Antrag (Antragsverfahren) bzw. die Anfrage (Invitatio-Modell)
des VN bei dem VR eingeht, spätestens jedoch mit dem unternehmensindividuell festzulegenden (meist: dritten) Tage nach der Unterzeichnung des Antrags.

333   **b)** Der vorläufige Versicherungsschutz **endet** gem. § 3 Abs. 2 der Musterbedingungen,
wenn (1) der Versicherungsschutz aus der (ggf.: bereits beantragten) Hauptversicherung begonnen hat, (2) der VN seine Vertragserklärung (ggf.: seinen Antrag) angefochten oder zurückgenommen hat, (3) der VN von seinem Widerspruchsrecht (§ 8 VVG) Gebrauch gemacht
hat oder (4) der Einzug des Einlösungsbeitrags (vgl. § 37 S. 1 VVG) aus von dem VN zu vertretenden Gründen nicht möglich gewesen ist oder der VN dem Einzug widersprochen hat.

334   Bisher sahen die Musterbedingungen (2003) eine Beendigung der vorläufigen Deckung
auch vor, wenn der VR den Antrag abgelehnt hat. Der BGH geht unter Berufung auf das Begriffsverständnis des durchschnittlichen VN davon aus, dass eine Ablehnung des Antrags nur
dann anzunehmen ist, wenn der VR den Abschluss des Lebensversicherungsvertrages „endgültig verweigert"[1000]. Gibt der VR also ein neues Angebot ab, das gerade darauf abzielt,
den erstrebten Lebensversicherungsvertrag doch noch zu realisieren, so liegt darin trotz § 150
Abs. 2 BGB keine Ablehnung. Der vorläufige Versicherungsschutz besteht fort.

335   Eine Klausel, kraft derer der vorläufige Versicherungsschutz spätestens zwei Monate nach
der Unterzeichnung des Antrags endet, wäre unwirksam, weil sie den VN entgegen den Geboten von Treu und Glauben unangemessen benachteiligt (§ 307 Abs. 1 BGB)[1001]; sie vereitelt
die Erreichung des wesentlichen Vertragszwecks, dem Antragsteller während der gesamten
Dauer erfolgversprechender Vertragsverhandlungen Versicherungsschutz zu gewähren[1002].
Daher ist jede strikte Befristung des vorläufigen Versicherungsschutzes unzulässig[1003].

§ 43. Betriebliche Altersvorsorge

Inhaltsübersicht

[1000] BGH v. 3. 4. 1996, VersR 1996, 743 (744).
[1001] BGH v. 3. 4. 1996, VersR 1996, 743 (745).
[1002] BGH, a. a. O.
[1003] Ebenso: *van Bühren/Teslau*, a. a. O., § 14 Rn. 85.

Literatur: *Ahrend/Förster,* Gesetz zur Verbesserung der betrieblichen Altersversorgung, 9. Aufl. 2003; *Andresen/Förster/Rößler/Rühmann,* Arbeitsrecht der betrieblichen Altersversorgung mit sozialrechtlicher Grundlegung (Loseblatt); *Bamberger/Roth,* Kommentar zum BGB, 2. Aufl. 2007/2008; *Blomeyer/Rolfs/Otto,* Gesetz zur Verbesserung der betrieblichen Altersversorgung, 4. Aufl. 2006; *Clemens,* Entgeltumwandlung zur betrieblichen Altersversorgung, Berlin 2004; *Däubler/Bertzbach,* AGG Handkommentar, 2007; Erfurter Kommentar zum Arbeitsrecht, 8. Aufl. 2008; *Förster/Rühmann/Cisch,* Betriebsrentengesetz, 11. Aufl. 2007; *Fuchs,* Europäisches Sozialrecht, 4. Aufl. 2005; *Griebeling,* Betriebliche Altersversorgung, 2. Aufl. 2003; *Hanau/Arteaga,* Gehaltsumwandlung zur betrieblichen Altersversorgung, 1999; *Hanau/Arteaga/Rieble/Veit,* Entgeltumwandlung, 2. Aufl. 2006; *Heissmann,* Die betrieblichen Ruhegeldverpflichtungen, 5. Aufl. 1963; *Heither,* Ergänzende Altersvorsorge durch Direktversicherung nach Gehaltsumwandlung, Göttingen 1998; *Henke,* Investmentfonds in der privaten und betrieblichen Altersversorgung, Baden-Baden 2003; *Henning,* Die betriebliche Mitbestimmung bei der Entgeltumwandlung, Regensburg 2002; *Höfer,* Das neue Betriebsrentenrecht, 2002; *Höfer,* Gesetz zur Verbesserung der betrieblichen Altersversorgung (Loseblatt), Stand Juni 2006; *Kemper/Kisters-Kölkes/Berenz/Bode/Pühler,* BetrAVG, Kommentar, 3. Aufl. 2008; *Körner,* Staatlich subventionierte private Altersversorgung und

Gleichbehandlungsgrundsatz, Düsseldorf 2004; *Küttner,* Personalbuch 2006, 13. Aufl. 2006; *Langohr-Plato,* Rechtshandbuch Betriebliche Altersversorgung, 4. Aufl. 2007; Münchener Handbuch zum Arbeitsrecht, 2. Aufl. 2000; *Oetker/Preis,* Europäisches Arbeits- und Sozialrecht (EAS), B 4000; *Palandt,* BGB Kommentar, 67. Aufl. 2008; *Paulsdorff,* Kommentar zur Insolvenzsicherung der betrieblichen Altersversorgung, 2. Aufl. 1996; *Rüffert,* Die Rechtspflicht des Arbeitgebers zur Bereitstellung einer Durchführungsmöglichkeit für die Entgeltumwandlung, Baden-Baden 2008; *Schaub,* Arbeitsrechtshandbuch, 12. Aufl. 2007; *Schoden,* BetrAVG. Betriebliche Altersversorgung. Kommentar, 2. Aufl. 2003; *Staudinger,* Kommentar zum BGB, §§ 362–396, 2006; *Steinmeyer,* Betriebliche Altersversorgung und Arbeitsverhältnis, 1991; *Zermin,* Handbuch Altersvorsorge, 2002.

A. Einleitung

1   Die betriebliche Altersvorsorge (bAV) bildet neben der gesetzlichen Rentenversicherung (erste Säule) und der privaten Eigenvorsorge (dritte Säule) die zweite wichtige Säule der Altersversorgung der in abhängiger Arbeit Beschäftigten. Scheidet ein Arbeitnehmer bei Erreichen der Altersgrenze oder bei Erwerbsunfähigkeit aus dem Arbeitsverhältnis aus, so setzt sich seine weitere finanzielle Absicherung aus den genannten drei Säulen zusammen. Als „Grundsicherung" erhält er zwar – bei Vorliegen der entsprechenden Voraussetzungen – aus der öffentlich-rechtlichen Sozialversicherung eine Rente, die der Sicherung des Lebensunterhalts des Arbeitnehmers und seiner Familie dienen soll. Doch angesichts des Umstandes, dass diese gesetzliche Rente regelmäßig niedriger ist als das bisherige Arbeitseinkommen, ist die Suche nach weiteren Finanzquellen für die Sicherung des dritten Lebensabschnitts unumgänglich. In diesem Zusammenhang nimmt, insbesondere auch aufgrund des Abschmelzens der ersten – gesetzlichen – Säule der Alterssicherung, die sog. bAV einen immer größeren Stellenwert in Form einer Komplementärfunktion zur gesetzlichen Altersvorsorge ein, die ihrerseits von Jahr zu Jahr an einem Verlust an wirtschaftlicher Attraktivität und auch gesellschaftlicher Akzeptanz leidet. Diese Funktion wird deutlich, führt man sich die gegenwärtigen Zahlen vor Augen[1]. Die Geburtenzahl ist in Deutschland, vergleichbar mit der Entwicklung in anderen Industrieländern, seit vier Jahrzehnten rückläufig. Hinzu kommen die beständig steigende Lebenserwartung und damit eine Verlängerung der Rentenlaufzeiten. Um der Gefahr einer dadurch verursachten weiteren Herabsenkung des gesetzlichen Rentenniveaus entgegenzuwirken, wird zunehmend die bAV nicht nur genutzt[2], sondern insbesondere auch vom Gesetzgeber, zuletzt durch den Erlass des Altersvermögensgesetzes (AVmG)[3] und des Alterseinkünftegesetzes[4], gefördert. Die bAV verfolgt somit das Ziel, die Differenz zwischen der durch die gesetzliche Rentenversicherung erfolgenden Grundversorgung und der zur Sicherung des Lebensstandards des Rentners tatsächlich erforderlichen Geldsumme zu verringern und somit die entstehende Versorgungslücke zu überbrücken.

I. Begriff

2   Der **Begriff** der bAV entspricht demjenigen des BetrAVG. Dort ist er legaldefiniert in § 1 Abs. 1 S. 1 und umfasst alle Leistungen der Alters-, Invaliditäts- oder Hinterbliebenenversorgung, die einem Arbeitnehmer aus Anlass seines Arbeitsverhältnisses vom Arbeitgeber zugesagt worden sind. Mit dieser Definition hat der Gesetzgeber unmittelbar an die vorgesetzlichen Definitionsansätze angeknüpft, mit denen sie sich weitgehend deckt[5]. Zusätzlich liegt nach § 1 Abs. 2 BetrAVG eine bAV auch vor, wenn eine beitragsorientierte Leistungszusage,

---

[1] Vgl. 11. koordinierte Bevölkerungsvorausberechnung des Statistischen Bundesamtes, S. 13 f., 32 ff.

[2] Zum Ausmaß der Nutzung vgl. BT-Drucks. 14/7640, S. 13; Infratest Sozialforschung 2005, S. 44.

[3] Gesetz zur Reform der gesetzlichen Rentenversicherung und zur Förderung eines kapitalgedeckten Altersvorsorgevermögens (Altersvermögensgesetz – AVmG), BGBl. 2001 I S. 1310.

[4] AltEinkG, BGBl. 2004 I S. 1427 ff.

[5] BT-Drucks. 7/1281, S. 22; dazu beispielsweise auch *Heissmann,* S. 56.

eine Beitragszusage mit Mindestleistung oder eine Versorgungszusage aus Entgeltumwandlung gewährt werden oder gem. § 1 Abs. 2 Nr. 4 BetrAVG[6] der Arbeitnehmer aus seinem Arbeitsentgelt sog. echte Eigenbeiträge zur Finanzierung von Leistungen der bAV an einen Pensionsfonds, an eine Pensionskasse oder an eine Direktversicherung leistet[7]. Von Bedeutung für die Charakterisierung einer Leistung als einer solchen der betrieblichen Altersversorgung sind daher drei Elemente: das Versprechen einer Leistung zum Zweck der Versorgung, ein das Versprechen auslösendes biologisches Ereignis wie Alter, Invalidität oder Tod sowie die Zusage an einen Arbeitnehmer durch einen Arbeitgeber aus Anlass des Arbeitsverhältnisses[8].

Geprägt ist der Bereich der betrieblichen Altersversorgung durch eine große Formenvielfalt. Grundsätzlich kann die bAV durch den Arbeitgeber und/oder den Arbeitnehmer finanziert werden. Welchen Durchführungsweg der bAV der Unternehmer wählt, steht ihm frei. Die Versorgung kann dabei entweder unmittelbar über den Arbeitgeber als Direktzusage erfolgen oder aber mittelbar über einen der in § 1b Abs. 2 bis 4 BetrAVG genannten Versorgungsträger durchgeführt werden. Als unternehmensexterne Versorgungsträger sind danach Direktversicherer, Pensionskassen, Unterstützungskassen und Pensionsfonds wählbar. **3**

Grundsätzlich kann die bAV durch den Arbeitgeber oder den Arbeitnehmer oder durch beide gemeinsam finanziert werden. Das **Grundprinzip** der betrieblichen Altersvorsorge ist dabei das der Freiwilligkeit. Es besteht keine Pflicht des Arbeitgebers, seinen Arbeitnehmern eine von ihm selbst finanzierte Leistung zu gewähren, wenn sich eine solche nicht aus einem Tarifvertrag ergibt und der Arbeitgeber tarifgebunden oder aber der Tarifvertrag für allgemeinverbindlich erklärt worden ist. Wenn er sie gewährt, ist er im Rahmen der allgemeinen gesetzlichen Regelungen frei in seiner Entscheidung, welchen Weg er wählt, welche Personenkreise er aufnimmt und welche Leistungen er nach ihm vorschwebenden Voraussetzungen erbringen möchte. Dieses Grundprinzip hat indes durch den mit der BetrAVG-Novelle 2001 eingeführten § 1a BetrAVG eine gewisse Einschränkung erfahren. Die Norm begründet einen einklagbaren Rechtsanspruch der Arbeitnehmer auf eine arbeitnehmerfinanzierte bAV durch Entgeltumwandlung. Dadurch erhält das System der betrieblichen Leistungen zur Alterssicherung, deren Existenz älter ist als das System der gesetzlichen Sozialversicherung in Deutschland, eine neue Prägung, ohne dass jedoch der Arbeitgeber sich nun an den Beiträgen zur privaten Altersvorsorge beteiligen muss. Nach § 1a Abs. 1 BetrAVG besteht sowohl auf individualrechtlicher Ebene zwischen Arbeitnehmer und Arbeitgeber als auch in kollektivrechtlichen Vereinbarungen die Möglichkeit, einen bestimmten Durchführungsweg für die bAV zu wählen. Kommt eine solche Vereinbarung über den Durchführungsweg nicht zu Stande, richtet sich der Anspruch des Arbeitnehmers auf die Durchführung einer Direktversicherung. Der Arbeitgeber hat dabei – unter Berücksichtigung seiner Fürsorgepflicht – das Bestimmungsrecht über die Wahl eines oder mehrerer Versicherungsunternehmen(s). Der Gesetzgeber begründet dies damit, dass sich der Verwaltungsaufwand für den Arbeitgeber in Grenzen halten soll[9]. **4**

Trotz dieser Freiwilligkeit nutzen viele Unternehmen die Möglichkeiten zum Aufbau einer dritten Säule der Altersvorsorge für ihre Mitarbeiter. Insofern stellt sich diese als ein Teil der betrieblichen Personalpolitik dar, durch den die Unternehmen hoffen, ihre Arbeitnehmer zum einen zu motivieren, zum anderen aber auch an den Betrieb zu binden, um so einer zu hohen und ungewünschten Fluktuation entgegenzuwirken. Darüber hinaus kann **5**

---

[6] § 1 Abs. 2 Nr. 4 BetrAVG in der n. F. des Gesetzes zur Einführung einer kapitalgedeckten Hüttenknappschaftlichen Zusatzversicherung und zur Änderung anderer Gesetze (Hüttenknappschaftliches Zusatzversicherungs-Neuregelungs-Gesetz), in Kraft getreten zum 1. 7. 2002, BGBl. I S. 2167; zu diesem s. *Schwark/Gunia*, DB 2003, 338.

[7] Diese Gesetzesergänzung ist deshalb kritisiert worden, weil sie zu erheblichen Schwierigkeiten bei der Abgrenzung der Privatvorsorge von der bAV führe, vgl. zu den Argumenten *Schwark/Gunia*, DB 2003, 338 (= BetrAV 2003, 95); ähnlich *Hopfner*, DB 2002, 1050.

[8] St. Rspr. des BAG, vgl. nur BAG v. 26. 4. 1988 – 3 AZR 411/86, BB 1988, 1671; BAG v. 8. 5. 1990 – 3 AZR 121/89, BB 1990, 2410.

[9] Gesetzesbegründung zum AVmG, BT-Drucks. 14/4595, S. 67.

sich das Angebot einer bAV für die Unternehmen auch steuerrechtlich positiv auswirken. So führt etwa die Bildung von für eine Direktzusage benötigten Rückstellungen in der Bilanz zu einer Verringerung des steuerpflichtigen Gewinns und damit zu einer unmittelbaren Verringerung der Ertragssteuern[10].

6   Unabhängig von den fünf verschiedenen Durchführungswegen weisen alle Gestaltungsmöglichkeiten der bAV, die das Gesetz zur Verfügung stellt, bestimmte **gemeinsame Strukturelemente** auf, die nicht aus den Augen verloren werden sollten: Die Rechtsnatur der Versorgungszusagen sowie der Rechtsgrund der Gewährung einer bAV sind den verschiedenen Modellen ebenso gemeinsam wie bestimmte, in allen Durchführungswegen vorkommende typische Elemente bzw. kennzeichnende Merkmale der Zusagen.

II. Die Rechtsnatur der Versorgungszusagen in der betrieblichen Altersversorgung

1. Die Misch- bzw. Doppelnatur der Zusagen

7   Die **Rechtsnatur** der Leistungen im Rahmen der bAV war lange Zeit in Rechtsprechung und Literatur heftig umstritten[11]. Dieser Streit kann nach wie vor nicht als vollständig geklärt angesehen werden, wenn sich mittlerweile auch eine ganz herrschende Auffassung nahezu unangefochten durchgesetzt hat. Zu Beginn hatte das Reichsarbeitsgericht betriebliche Versorgungsleistungen generell noch als „nachträgliche Vergütung für die Gesamtheit der in der Vergangenheit gewährten Dienstleistungen" angesehen[12]. Diesem Ansatz nachträglicher Vergütung folgte später, unter Einfluss des Gesetzes zur Ordnung der nationalen Arbeit[13], die Vorstellung, die Verpflichtung zur Gewährung bestimmter, gleichwohl nicht näher spezifizierter Versorgungsleistungen entstehe aus einer Fürsorgepflicht des Arbeitgebers. Die genannten Leistungen beruhten demzufolge ihrer Rechtsnatur nach allein auf Erwägungen der Treue und Fürsorge, nicht hingegen auf solchen der Gegenleistung[14]. Die Unsicherheit über die Einordnung der Rechtsnatur der betrieblichen Altersleistungen setzte sich auch nach dem Ende der NS-Diktatur fort. Im Wesentlichen wurde darüber gestritten, ob diesen Leistungen primär Entgelt-, Fürsorge- oder Versorgungscharakter zuzumessen sei.

8   Nachdem sich die Rechtsprechung lange Zeit unentschieden gezeigt und die Frage des Rechtscharakters der Leistungen (bewusst) offen gelassen hatte, entschied sie sich schließlich dazu, den Leistungen der bAV eine rechtliche **Doppelnatur bzw. einen Doppelcharakter** zuzusprechen: Dem BAG zufolge hat das Ruhegeld daher sowohl Fürsorge- als auch Entgeltcharakter[15]. Im Laufe der Zeit, nicht zuletzt auch unter starkem Einfluss der zu dieser Thematik erschienenen Literatur, kristallisierte sich in der Rechtsprechung des BAG dabei heraus, den in Rede stehenden Leistungen primär einen Entgeltcharakter zuzumessen, ohne dabei jedoch völlig Abstand von der Vorstellung zu nehmen, dass die Altersversorgung eben auch den Zweck verfolgt, den Lebensstandard, den der Arbeitnehmer vor Eintritt in den Ruhestand erreicht hat, aufrechtzuerhalten[16]; die Vorstellung einer eben auch auf Fürsorge- bzw. Versorgungsgedanken aufbauenden betrieblichen Altersversorgung ging also nicht verloren.

9   Primär gilt jedoch mittlerweile als gefestigte Rechtsprechung, dass die Rechtsnatur des betrieblichen Ruhegeldes und dementsprechender Versorgungszusagen seitens des Arbeitgebers

---

[10] Dazu und mit weiteren Nachweisen *Schoden,* Einf. Rn. 30; *Giloy,* BetrAV 1993, 12; *Richter/Schanz,* BetrAV 1994, 233; vgl. auch Rn. 138 ff.

[11] Zu der historischen Entwicklung im Einzelnen ausführlich *Steinmeyer,* S. 11 ff.

[12] RAG 9. 11. 1932, ARS 16, 281 (283).

[13] Vom 20. 1. 1934, RGBl. I 1934, 45; bedeutsam war hier vor allem § 2 Abs. 2 und die dort normierte Pflicht, dass „der Führer des Betriebs für das Wohl der Gefolgschaft zu sorgen" hat.

[14] So auch eine Richtung weisende Entscheidung des LAG Dortmund v. 22. 6. 1937, ARS 39 (LAG), 44.

[15] BAG v. 12. 2. 1971, AP Nr. 3 zu § 242 BGB Ruhegehalt – Unterstützungskassen.

[16] So explizit das BVerfG v. 19. 10. 1983, NJW 1984, 476; in diesem Sinne erstmals in BAG v. 10. 2. 1968, NJW 1968, 1444 (zu II 2 der Gründe).

als eine **Gegenleistung** aus dem Arbeitsverhältnis und Arbeitsvertrag anzusehen sind. Leistungen aus der betrieblichen Altersversorgung haben also vor allem Entgeltcharakter, d. h. es handelt sich bei ihnen um eine entgeltliche Leistung des Arbeitgebers im Rahmen des Arbeitsverhältnisses[17]. Das Ruhegeld ist daher als Gegenleistung für die Gesamtheit der erbrachten Arbeitsleistungen im arbeitsvertraglichen Austauschverhältnis zu begreifen[18]; dies erfasst dann auch die vom Arbeitnehmer dem Arbeitgeber im Rahmen des Arbeitsverhältnisses entgegengebrachte Betriebstreue. Dieses Verständnis hat dann in ganz unterschiedlichen Bereichen Konsequenzen in der Beurteilung bestimmter Rechtsfragen, etwa dort, wo es um die Unverfallbarkeit[19] geht oder um die Anpassungsprüfungspflicht des Arbeitgebers[20] oder um die Mitbestimmung des Betriebsrates[21].

Prägend für den **Entgeltcharakter** ist dabei die Zweckgebundenheit der Versorgungsleistungen. Im Gegensatz zu den monatlich fälligen Entgeltleistungen für die aktuell während des Bestehens des Arbeitsverhältnisses erbrachte Leistung können die betrieblichen Versorgungsleistungen, obschon Entgelt, nur dann vom Arbeitnehmer verlangt werden, wenn der – vorher definierte – Versorgungsfall eingetreten ist. Dies führt hinsichtlich der Rechtsnatur dieser Entgeltform dazu, dass es sich quasi um ein **aufgeschobenes Entgelt** handelt, welches vom Arbeitgeber nachträglich für die Summe der während der Betriebszugehörigkeit erbrachten Dienste geleistet wird. In diesem Sinne sind diese Leistungen dann auch wieder – und hier berühren sich die unterschiedlichen Charaktere der betrieblichen Altersversorgungsleistungen – Treueleistungen. Denn der Arbeitgeber erbringt sie (als Entgelt, d. h.) als Gegenleistung für die vom Arbeitnehmer durch seine Betriebstreue erbrachte Leistung[22]. Sie sind also, so etwa das BAG, Entgelt für geleistete Betriebstreue[23]. Für diese primäre Einordnung spricht auch eine Tendenz in der Rechtsprechung des BVerfG, welches seinen Ansatz zum Eigentumsschutz von Rentenanwartschaften allgemein auch auf Anwartschaften der betrieblichen Altersversorgung übertragen hat, zumindest dann, wenn diese bereits erdient sind[24].

Begreift man die Versorgungsleistung als Entgelt auch für geleistete Betriebstreue (und nicht nur als Gegenleistung für die Gesamtheit der erbrachten Arbeitsleistung), so hat dies vor allem auch Konsequenzen für den **Bestandsschutz** der betrieblichen Versorgungszusagen[25]. Die Betriebstreue des Arbeitnehmers wird als wirtschaftlicher Wert eingeschätzt, die Versorgung als ein dafür zu erbringendes Entgelt. Da nun die bAV nicht als eine reine Leistungsgewährung des Arbeitgebers angesehen wird, sondern als (nachträgliche) Gegenleistung des Arbeitgebers (auch) für die Betriebstreue des Arbeitnehmers, so kann dieses vollständig, aber auch teilweise in der Vergangenheit erdiente Entgelt von Rechts wegen nicht ohne besonderen rechtlichen Grund nachträglich wieder entzogen werden[26]. Ließe man einen (vollständigen) Entzug zu, käme dies einer entschädigungslosen Enteignung gleich. Denn in diesen Fällen würde das dem Arbeits- wie jedem Schuldverhältnis zugrunde liegende Äquivalenzverhältnis von Leistung und Gegenleistung erheblich gestört, da und sofern man dem

---

[17] So schon sehr früh, wenngleich noch sehr viel vorsichtiger, *Heissmann*, RdA 1957, 251 (252); ähnlich *Hilger*, Das betriebliche Ruhegeld, 1959, 23 ff.; vor allem auch *Steinmeyer*, S. 21 ff., 87.

[18] Mittlerweile st. Rspr. des BAG, BAG v. 5. 9. 1989, NZA 1990, 271 (272); BAG v. 17. 1. 1980, NJW 1980, 1181; BAG v. 30. 3. 1973, NJW 1973, 959; BAG v. 10. 3. 1972, NJW 1972, 1439; in diesem Sinne auch die nahezu einhellige Literatur, vgl. nur *Blomeyer/Rolfs/Otto*, Einl. Rn. 32 f.; *MünchHdb/Förster/Rühmann*, § 104 Rn. 14; *ErfK/Steinmeyer*, Vorbem. BetrAVG Rn. 6; *Langohr-Plato*, Rn. 66; *Steinmeyer*, S. 87; *Lieb*, ZfA 1996, 323.

[19] BAG v. 10. 3. 1972, NJW 1972, 1439 (insbes. zu II der Gründe).

[20] BAG v. 17. 1. 1980, AP Nr. 7 und 8 zu § 16 BetrAVG.

[21] BAG v. 12. 6. 1975, VersR 1976, 254.

[22] *Griebeling*, Rn. 18.

[23] BAG v. 22. 11. 1994, NZA 1995, 733 (734); a. A. explizit *Steinmeyer*, S. 85: „Das Ruhegeld ist nicht Entgelt für geleistete Betriebstreue."

[24] BVerfG v. 28. 2. 1980, NJW 1980, 692 (694); BVerfG v. 1. 7. 1981, VR 1982, 137.

[25] Zu diesen Überlegungen gelangt jedoch auch *Steinmeyer*, obwohl er das Ruhegeld nicht als Entgelt für die geleistete Betriebstreue ansieht, s. *ErfK/Steinmeyer*, Vorbem. BetrAVG Rn. 10.

[26] *ErfK/Steinmeyer*, Vorbem. BetrAVG Rn. 6; *Griebeling*, Rn. 22; *Langohr-Plato*, Rn. 67.

Arbeitgeber als Schuldner der Leistung der betrieblichen Altersversorgung einen einseitigen Ausstieg aus seiner Zahlungsverpflichtung ermöglichen würde. Die Reichweite des Bestandsschutzes ist in diesem Zusammenhang davon abhängig, inwieweit diese „Anwartschaften" erdient sind. Hat der Arbeitnehmer durch seine Betriebstreue seine vertraglich geschuldete Vorleistung erbracht, darf er auch auf die Erfüllung des Versorgungsversprechens vertrauen: D. h., bereits erdiente Ansprüche können gegen den Willen des Arbeitnehmers diesem grundsätzlich nicht entzogen werden. Demgegenüber sind noch zu erdienende Anwartschaften weniger geschützt[27].

12   Nach wie vor kann und wird der betrieblichen Altersversorgung – dies meint der bereits angesprochene und verwendete Begriff der „Doppelnatur" – jedoch auch der Charakter einer **Versorgungsleistung** zugesprochen. Wenn auch gerade die Rechtsprechung in den vergangenen Jahren besonders und vor allem den Entgeltcharakter betont und herausgehoben hat, so hat doch weder sie noch die Literatur die Versorgungsnatur vollständig aufgegeben. Dabei dient der Begriff der Versorgungsnatur dazu, den mit der Ruhegeldleistung verfolgten Zweck herauszuheben, die Versorgung des Arbeitnehmers und seiner Hinterbliebenen im Ruhestand des Arbeitnehmers oder bei dessen Tod bzw. Invalidität zu sichern[28]. Deutlich wird dieser Aspekt der Rechtsnatur insbesondere in den Fällen, in denen der Arbeitnehmer aufgrund einer kurzen Betriebszugehörigkeit erst eine relativ geringe Gegenleistung erbracht hat, aber gleichwohl, etwa bei eintretender Invalidität, Leistungen aus der betrieblichen Altersversorgung erhält, weil diese vertraglich ohne Wartezeit zugesagt worden sind. In diesen Fällen liegt der Schwerpunkt der Leistung ersichtlich auf dem Aspekt der Versorgung oder, wenn man so will, der „Fürsorge"[29].

13   Im Ergebnis wird man – mag auch die Rechtsprechung im Zweifel zu der Entgeltnatur tendieren – hinsichtlich des Stellenwertes der einzelnen Aspekte der Rechtsnatur von einer **Mischung** ausgehen müssen. Im Wege der Auslegung jeder einzelnen Versorgungszusage gilt es zu entscheiden, welches Prinzip im Vordergrund steht. Insbesondere dann, wenn eine Zusage zu Leistungen der bAV erfolgt, die keine Wartezeit für einen Arbeitnehmer voraussetzt, dürfte der Versorgungs- bzw. Fürsorgeaspekt stärker im Vordergrund stehen. Bei einer Regelung, die die Versorgungsleistungen gestaffelt gerade nach Dienstdauer und Vergütungshöhe gewährt, wird die Rechtsnatur der Entgeltleistung sehr viel stärker betont[30].

2. Die betriebliche Altersversorgung als Lebensversicherung?

14   Neben dieser genannten doppelten Rechtsnatur sind verschiedentlich auch noch andere Einordnungen des Versprechens zur Erbringung einer betrieblichen Altersversorgung diskutiert worden, die sich indes nicht durchgesetzt haben. Die Rechtsnatur einer Schenkung oder eines Leibrentenversprechens sind schon recht früh verworfen worden[31]. Bedeutsam im hiesigen Zusammenhang war bzw. ist insbesondere der Ansatz von *Blomeyer,* der der betrieblichen Altersversorgung den Rechtscharakter einer **Lebensversicherung** beimessen wollte[32]. Aufbauen lässt sich dieser Ansatz auf den zweifellos vorhandenen Parallelen zwischen der betrieblichen Altersversorgung auf der einen und einer Versicherung – und hier besonders dem Typ der Lebensversicherung – auf der anderen Seite.

15   Begründbar ist diese Vorstellung vor allem mit zwei Argumentationslinien. Zum einen ist sowohl die bAV, zumindest in ihrer typischen Erscheinungsform, als auch die Lebensversiche-

---

[27] BAG v. 8. 12. 1981, VersR 1982, 403.
[28] BAG v. 5. 7. 1979, VersR 1979, 1162; BAG v. 17. 1. 1980, AP Nr. 7 und 8 zu § 16 BetrAVG; *Blomeyer/Rolfs/Otto,* Einl. Rn. 27.
[29] Vgl. auch MünchHdb/*Förster/Rühmann,* § 104 Rn. 14.
[30] *Schaub,* § 83, Rn. 9.
[31] Im Einzelnen dazu BAG v. 13. 9. 1965, AP Nr. 102 zu § 242 BGB Ruhegehalt; BAG v. 19. 6. 1959, NJW 1959, 1746; LAG Köln v. 19. 1. 1989, NZA 1989, 850; s. auch MünchHdb/*Förster/Rühmann,* § 104 Rn. 15; *Schaub,* § 83 Rn. 10.
[32] *Blomeyer,* BetrAV 1979, 78 (79); *ders.,* in: Die Betriebliche Altersversorgung zu Beginn der 80er Jahre, hrsg. v. Bundesvereinigung der Arbeitgeberverbände, 1981, 34.

rung ein Risikogeschäft[33]: Für die Risikoübernahme durch den Arbeitgeber erhält dieser vom Arbeitnehmer ein „Entgelt", nämlich seine langjährige Leistung und Betriebstreue. Der Versorgungsfall als die Tatsache, an die die Leistungspflicht des Arbeitgebers als VR anknüpft, ist hinsichtlich ihres Eintritts, des Zeitpunkts des Eintritts und ihrer Folgen ungewiss; damit übernimmt der Arbeitgeber ein Versorgungsrisiko des Arbeitnehmers, wobei die Risikoübernahme wie bei einer Versicherung zudem auch planmäßig aufgrund des Gesetzes der großen Zahl und der Kompensation der Risiken erfolgt[34]. Wie bei einer Versicherung gibt der Arbeitgeber zudem ein bedingtes Leistungsversprechen ab. Der Verweis auf die Versicherungsnatur der betrieblichen Altersversorgung ist also insofern gerechtfertigt, als in beiden Situationen versprochen wird, bei Eintritt eines zukünftigen Ereignisses eine Leistung zu erbringen: Während es sich in der einen um eine Gegenleistung für die Versicherungsprämie handelt, geht es in der anderen um die Gegenleistung für eine erbrachte Arbeitsleistung[35].

Trotz dieser Ähnlichkeiten wird die Parallelisierung der beiden Systeme der Rechtsnatur **16** und der Eigenart der betrieblichen Altersversorgung jedoch nicht gerecht. Denn zum einen berücksichtigt sie nicht ausreichend, dass die bAV in ganz unterschiedlicher Weise realisiert wird: Der Vergleich mit dem System der Lebensversicherung könnte daher, wenn überhaupt, nur mit einzelnen Formen der bAV gezogen werden[36] – und dies macht es bereits unmöglich, der bAV als solcher die Rechtsnatur eines Lebensversicherungsgeschäftes zuzusprechen. Zusätzlich ist in diesem Zusammenhang der Einschätzung *Steinmeyers* zuzustimmen, der eine Parallele zur Versicherungsnatur deshalb als „nicht unmittelbar geeignet" ansieht, weil die Gefahr nahe liege, dass durch die Heranziehung einer Formel die Eigenheiten der betrieblichen Altersversorgung und ihre Unterschiede zum Versicherungsgeschäft verdeckt würden[37].

III. Die konstituierenden Merkmale aller Versorgungszusagen

Über den bereits angesprochenen Begriff der betrieblichen Altersversorgung hinausgehend **17** lassen sich nur wenige, alle Formen dieser Leistung gemeinsam kennzeichnende Merkmale bestimmen. Dies liegt nicht zuletzt auch an der nur ungenauen Formulierung des § 1 BetrAVG, der eine nähere Bestimmung vermeidet. Folge ist, dass Rechtsprechung und Lehre nach wie vor mit einer genaueren **Definition** und Abgrenzung dieser Leistungen des Arbeitgebers zu anderen Formen befasst sind. Dies ist nicht zuletzt deshalb notwendig, weil von der Entscheidung dieser Rechtsfrage im Einzelfall weitreichende Rechtsfolgen abhängen. So sind bestimmte Privilegierungen des Gesetzes ebenso wie manche Einschränkungen und die Anwendung einer Reihe von Vorschriften etwa des BetrAVG daran geknüpft, dass eine Leistung als eine solche der betrieblichen Altersversorgung zu kennzeichnen ist oder aber als eine andere (Zusatz-)Leistung des Arbeitgebers. Eine Definition und die entsprechende Bestimmung der die betrieblichen Altersversorgungsleistungen charakterisierenden Merkmale dienen also vor allem der Bestimmung des sachlichen Geltungsbereichs des BetrAVG. Leistungen, die diese Kriterien nicht erfüllen, sind im Umkehrschluss dann nicht unter die bAV zu subsumieren, so dass auch die entsprechenden Bestimmungen des Gesetzes keine Anwendung finden[38]. Ob in diesem Sinne eine Leistung des Arbeitgebers als bAV zu qualifizieren ist, ist dann eine Rechtsfrage, d. h. die rechtlichen Konsequenzen stehen nicht zur Disposition der Vertragsparteien: Diese können allein den Vertragsinhalt festlegen, hinsichtlich der rechtlichen Würdigung kommt es dann nur noch auf eine objektive Wertung an. Die Bezeichnung einer Leistung spielt demgegenüber keine Rolle, sie kann allenfalls als ein Indiz gewertet werden[39].

---

[33] Zu dem Risikoaspekt vgl. etwa *Richardi*, ZfA 1976, 1 (16); *Ehmann*, ZfA 1980, 683; *Heubeck*, DB 1982, 1281 (1284).
[34] *Blomeyer*, RdA 1977, 1 (6); *ders.*, SAE 1979, 181; *Wiese*, Das Ruhestandsverhältnis, 1990, 185.
[35] *Steinmeyer*, S. 87.
[36] Auf dieses Moment verweist zurecht auch MünchHdb/*Förster/Rühmann*, § 104 Rn. 15.
[37] *Steinmeyer*, S. 87.
[38] BAG v. 8. 5. 1990, VersR 1990, 1412.
[39] BAG v. 8. 5. 1990, VersR 1990, 1412; BAG v. 30. 9. 1986, VersR 1987, 699.

18 In Anschluss an § 1 BetrAVG werden demnach ganz überwiegend alle vom Arbeitgeber zugesagten Leistungen an seine Arbeitnehmer oder deren Angehörige zusammengefasst, die der Sicherung des Einkommens im Falle eines dauernden Verlustes der Arbeitskraft dienen, soweit der Verlust des Arbeitsplatzes infolge von Alter oder Invalidität oder durch Tod bei gleichzeitiger Hinterlassung von Angehörigen eingetreten ist[40]. Zu den konstituierenden **Merkmalen** einer betrieblichen Altersversorgung gehören daher einerseits das Versprechen einer Leistung, andererseits die Versorgung nach einem auf einem biologischen Vorgang beruhenden Ereignis als der Zweck der Leistung sowie schließlich die Anknüpfung der Zusage an den Anlass eines Arbeitsverhältnisses[41].

1. Leistungsart

19 Eine bAV setzt zunächst voraus, dass eine **Leistung** gewährt wird. Leistungen sind Zuwendungen an den Versorgungsberechtigten. Diese können unterschiedlicher Art sein. Denkbar sind einmalige (Kapital-)Leistungen oder aber auch – häufiger – laufende Leistungen in Form einer Rente[42]. Möglich sind auch andere Leistungsarten, etwa befristete Zahlungen oder Zahlungen in differierender Höhe, abhängig vom Umsatz oder Gewinn des Arbeitgebers[43]. Zuwendungen müssen jedoch nicht in Form einer Zahlung erfolgen. Sie sind vielmehr auch möglich in Form von Sachleistungen[44], der Gewährung eines Wohnrechts[45] oder in der Übernahme von Beiträgen etwa für eine vom Begünstigten zu zahlende Versicherung[46]. Eine Zuwendung liegt hingegen dann nicht mehr vor, wenn lediglich Rückstellungen des Unternehmens gebildet oder Beiträge an einen selbstständigen Versorgungsträger gezahlt werden. Denn dabei handelt es sich nur um Aufwendungen, die dazu dienen, die eigentliche Leistung, d. h. die spätere Versorgung, sicherzustellen. Derartige Deckungsmittel fließen nicht mehr, was jedoch erforderlich wäre, dem Arbeitnehmer als Versorgung zu[47].

2. Versorgungszweck als Versorgungsfall

20 Die Leistungen der betrieblichen Altersversorgung müssen, um solche zu sein, zweckgerichtet sein: Sie müssen, wie sich aus § 1 Abs. 1 BetrAVG ergibt, der Alters-, Invaliditäts- oder Hinterbliebenenversorgung dienen. Die Zweckgebundenheit der fälligen Leistung auf die genannten Varianten ist somit Charakteristikum der betrieblichen Altersversorgung und legt zugleich ihren sachlichen Geltungsbereich fest. Der **Zweck der Versorgung** ist zugleich identisch mit dem noch eigens anzusprechenden Versorgungsfall, der im Ergebnis, wenn man so will, den „Versicherungsfall" bildet. Wenn man auch der betrieblichen Altersversorgung die Rechtsnatur einer Versicherung im klassischen Sinne, wie zuvor geschehen, verwehrt, so greift sie doch, wie eine Versicherung, nur zur Deckung bestimmter Risiken ein. Prägend ist insofern, dass die bAV nur bestimmte biologische Risiken abzudecken bestimmt ist, nämlich das Erlebensrisiko Alter, das Invaliditätsrisiko und/oder das Todesrisiko[48]. Dieser positiven Bestimmung steht negativ gegenüber, dass andere Risiken nicht zum Bezug von Leistungen aus der betrieblichen Altersversorgung führen bzw. dass Zusagen für die Absicherung anderer als der genannten Risiken nicht zu Leistungen der betrieblichen Altersversorgung zu zählen

---

[40] BAG v. 8. 5. 1990, VersR 1990, 1412; BAG v. 26. 4. 1988, AP Nr. 45 zu § 7 BetrAVG = VersR 1988, 1196 (Ls.); *Blomeyer/Rolfs/Otto,* § 1 Rn. 5; *Heissmann,* Die betrieblichen Ruhegeldverpflichtungen, 5. Aufl. 1963, 56; *Langohr-Plato,* Rn. 15; *Schaub,* § 83 Rn. 1; *Förster/Rühmann/Cisch,* § 1 Rn. 6.
[41] BAG v. 26. 4. 1988, AP Nr. 45 zu § 7 BetrAVG = VersR 1988, 1196 (Ls.).
[42] BAG v. 30. 9. 1986, VersR 1987, 609.
[43] *Höfer/Reiners/Wüst,* ART Rn. 15.
[44] BAG v. 11. 8. 1981, VersR 1982, 178.
[45] Münchener Kommentar/*Rühmann,* § 1587 Rn. 289; *Griebeling,* Rn. 38; s. auch als weiteres Beispiel für eine ausreichende Sachleistung BAG v. 2. 12. 1986, NZA 1987, 599.
[46] Hess. LAG v. 22. 4. 1998, NZA-RR 1999, 205.
[47] *Griebeling,* Rn. 36.
[48] BAG v. 26. 4. 1988, AP Nr. 45 zu § 7 BetrAVG = VersR 1988, 1196 (Ls.); BAG v. 5. 2. 1981, AP Nr. 188 zu § 242 BGB Ruhegehalt.

sind. Daher scheiden andere denkbare Risiken wie Arbeitslosigkeit, Krankheit, Behinderung oder auch Kindererziehung als Versorgungsfälle in diesem Zusammenhang aus[49].

3. Der Bezug zum Arbeitsverhältnis

Eine bAV kann nach der Bestimmung in § 1 Abs. 1 BetrAVG nur im Rahmen oder zu-   **21** mindest **aus Anlass eines Arbeitsverhältnisses** gewährt werden. Der Zusagende muss also Arbeitgeber des Zusageempfängers sein. Dies gilt auch für diejenigen Formen der Versorgung, die nicht unmittelbar vom Arbeitgeber ausgezahlt werden. Die Formulierung in § 1 Abs. 1 BetrAVG ist jedoch in Hinblick auf § 17 Abs. 1 S. 2 BetrAVG als zu eng einzuordnen. Denn der „versicherte Personenkreis" umfasst in bestimmten Fällen auch Nichtarbeitnehmer[50]. Der verlangte Bezug zum Arbeits- bzw. Dienstverhältnis verweist auf eine hinreichende und erforderliche Kausalität zwischen Zusage und Arbeitsverhältnis, d. h., die Versorgungszusage muss auf dem Arbeits- bzw. Dienstverhältnis beruhen. Dies ist der Fall, wenn sie als Gegenleistung für erbrachte oder zu erbringende Betriebstreue angesehen werden kann und der Zusageempfänger irgendeine Tätigkeit für das die Zusage aussprechende Unternehmen geleistet hat oder noch leisten wird[51]. Sinn des Kausalitätserfordernisses ist die Abgrenzung der Zusagen für eine bAV von denjenigen Maßnahmen der Eigenvorsorge, für die ein Schutz durch das BetrAVG nicht gerechtfertigt erscheint[52]. Diese Kausalität fehlt insbesondere bei Zusagen aus anderen, etwa aus verwandtschaftlichen oder ehelichen Gründen[53]. Nicht ausreichend in diesem Zusammenhang ist zudem bloße „Mitursächlichkeit"[54]. Darüber hinaus verlangt das Gesetz – darauf lässt die verhältnismäßig weite Formulierung mit ihrer Begriffswahl „aus Anlass" schließen – nicht, dass die Versorgungszusage während des Arbeitsverhältnisses oder, noch enger, mit Abschluss und Eingehung des Arbeitsvertrages bzw. -verhältnisses erfolgt sein müsste. Es genügt vielmehr auch, dass die Versorgungszusage vor oder aber nach Beendigung des Arbeitsverhältnisses gegeben wird, solange nur ein ausreichender kausaler Bezug vorhanden ist[55].

4. Abgrenzung zu anderen Zuwendungen des Arbeitgebers

Leistungen des Arbeitgebers können in vielfältiger Form auftreten, so dass sich gelegentlich   **22** auch die Frage ergibt, ob eine bestimmte Leistung eine solche der betrieblichen Altersversorgung darstellt oder nicht. Insgesamt gibt es zahlreiche Leistungen, bei denen jeweils im Einzelfall zu entscheiden ist, ob ein Versorgungsversprechen im Rahmen der bAV gegeben ist oder ob es sich um eine andere Arbeitgeberleistung handelt. Richtschnur der **Einzelfallentscheidung** müssen die oben aufgeführten, eine Zusage als bAV konstituierenden Merkmale sein. Anhand dieser Charakteristika ist dann die einzelne Versorgungsabrede unter Heranziehung und Verwendung der Regeln der rechtsgeschäftlichen Auslegungsvorschriften inhaltlich zu bestimmen[56].

Von den zahlreichen Sozialleistungen, zu denen eine Abgrenzung erforderlich ist, sind einige   **23** aufgrund ihrer großen inhaltlichen Nähe von besonderer Bedeutung. **Vorruhestandsregelungen** etwa, die vorgesehen sind, wenn ein Arbeitnehmer aus dem Arbeitsverhältnis ausscheidet, bevor er einen Anspruch auf Altersleistungen hat, gewähren lediglich einen Ausgleich für die vorzeitige Aufgabe des Arbeitsplatzes. Damit fördern sie zwar die Versorgung des Arbeitnehmers, sind aber dennoch keine Leistungen der bAV, weil sie der Versorgung vor Eintritt des Versorgungsfalls dienen. Denn sie werden gewährt, um durch eine Fiktion eines

---

[49] BAG v. 25. 10. 1994, VersR 1995, 730.
[50] Dazu Rn. 53.
[51] BAG v. 8. 5. 1990, VersR 1990, 1412; *Förster/Rühmann/Cisch,* § 1 Rn. 34.
[52] ErfK/*Steinmeyer,* § 1 BetrAVG Rn. 9.
[53] BAG v. 20. 7. 1993, VersR 1994, 518; LAG Köln v. 15. 1. 1999, EWiR 1999, 541 mit Anmerkung *Blomeyer; Macher,* NZA 1994, 992.
[54] OLG Köln v. 17. 9. 1980, BetrAV 1981, 39.
[55] BAG v. 8. 5. 1990, VersR 1990, 1412.
[56] BAG v. 28. 1. 1986, VersR 1987, 216; eine ausführliche, alphabetische Darstellung verschiedener, für die Abgrenzung relevanter Leistungen findet sich bei *Blomeyer/Rolfs/Otto,* § 1 Rn. 48 ff.

bestehenden Arbeitsverhältnisses eine vorübergehende Sicherung des Ausgeschiedenen bis zum Erreichen des eigentlichen Versorgungsfalls zu erwirken[57]. Vergleichbar werden auch **Übergangsgelder,** die als Überbrückungshilfe den Wechsel des Arbeitsplatzes oder den Eintritt in den Ruhestand erleichtern sollen, indem sie einen etwaigen Einkommensverlust ausgleichen, von ständiger Rechtsprechung nicht als Leistungen der bAV gewertet, da sie in aller Regel eine Abfindung für den Verlust des Arbeitsplatzes darstellen und nicht eine Versorgungsfunktion übernehmen sollen[58]. Hinzu kommt, dass sie nicht durch ein biologisches Ereignis als Versorgungsfall ausgelöst werden, sondern durch den Verlust des Arbeitsplatzes. In gleicher Weise sind **Abfindungen** etwa anlässlich einer Kündigung zu beurteilen, selbst wenn sie rentenförmig gezahlt werden: Denn auch sie stellen eine Entschädigung dar und erfüllen somit nicht den für die Einordnung als bAV erforderlichen Versorgungszweck[59]. **Leistungen zur Vermögensbildung**[60] schließlich beruhen auf dem Zweck, dem Arbeitnehmer einen wirtschaftlichen Rückhalt von Vermögen zu verschaffen. Mit ihnen ist kein unmittelbarer Versorgungszweck verbunden, so dass schon aus diesem Grund keine Leistung zur bAV vorliegt. Zudem werden diese Leistungen nach einem bestimmten Fristablauf fällig und verfügbar, sind also nicht vom Eintritt eines biologischen Risikos abhängig. Außerdem sind die Leistungen vererbbar: Das Betriebsrentengesetz findet demnach keine Anwendung[61], wenngleich zuzugeben ist, dass die Abgrenzung zwischen beiden Leistungsformen aus den genannten Gründen in der Theorie leichter ist als in der Praxis, wo der eigentliche Leistungszweck nur selten deutlich zu Tage tritt.

IV. Finanzierungsformen betrieblicher Altersversorgung

1. Arbeitgeberfinanzierte bAV

23a   Die bAV kann durch den Arbeitgeber finanziert werden, indem dieser eine eigenständige Versorgungszusage leistet. Die Zusage kann in Form der Leistungszusage, der beitragsorientierten Leistungszusage oder der Beitragszusage mit Mindestleistungen erfolgen. Für die Durchführung kann der Arbeitgeber einen der fünf Durchführungswege wählen. Es besteht jedoch kein Anspruch des Arbeitnehmers gegenüber dem Arbeitgeber auf Gewährung einer arbeitgeberfinanzierten bAV.

2. Arbeitnehmerfinanzierte bAV

23b   a) **Entgeltumwandlung.** Bei der Entgeltumwandlung wird die Last nicht vom Arbeitgeber kraft eigenständiger Versorgungszusage getragen, sondern vom Arbeitnehmer, der gegen die Kürzung von Entgeltansprüchen eine Versorgungszusage erhält[62]. Die Entgeltumwandlung ist daher eine **arbeitnehmerfinanzierte** Form der bAV. Seit dem Urteil des BAG vom 26. Juni 1990[63] ist nach langem Streit[64] anerkannt, dass die Entgeltumwandlung trotz der Finanzierung durch den Arbeitnehmer eine Form der betrieblichen Altersvorsorge ist. Dies regelt nunmehr auch § 1 Abs. 2 Nr. 3 BetrAVG. Nach dem Willen des Gesetzgebers soll der Entgeltumwandlung eine entscheidende Rolle beim Aufbau einer zusätzlichen kapitalge-

---

[57] Ebenso MünchHdb/*Förster/Rühmann,* § 104 Rn. 26; *Griebeling,* Rn. 96.

[58] Zur Abgrenzung BAG v. 18. 3. 2003, DB 2004, 1624; BAG v. 10. 8. 1993, NZA 1994, 757; BAG v. 24. 6. 1986, VersR 1987, 473; BAG v. 5. 2. 1981, AP Nr. 188 zu § 242 BGB Ruhegehalt; BGH v. 16. 3. 1981, NJW 1981, 2410.

[59] BAG v. 24. 6. 1986, VersR 1987, 473.

[60] Vgl. 5. Vermögensbildungsgesetz in der Fassung der Bekanntmachung vom 4. 3. 1994, BGBl. I S. 406.

[61] LAG Hamm v. 6. 4. 1982, DB 1982, 1523; s. auch BAG v. 18. 3. 2003, BAGE 105, 240.

[62] *Hanau/Arteaga/Rieble/Veit,* Rn. 2.

[63] BAG v. 26. 6. 1990, NJW 1991, 717 ff.

[64] Ablehnend waren: *Everhardt,* DB 1994, 780 ff.; *Nitsche,* BetrAV 1985, 5 (8); *Paulsdorff,* § 10 BetrAVG, Rn. 36; *Simmich,* DB 1977, 2377; *Walther,* BetrAV 1992, 254 (254 f.); *Windel,* BetrAV 1976, 91 (93). Bejahend waren u. a.: *Höfer/Küpper,* BB 1990, 849 ff.; *Blomeyer/Rolfs/Otto,* 2. Aufl., Einl. Rn. 46; *Schumacher,* DB 1978, 162 ff.

deckten Altersvorsorge im Rahmen der betrieblichen Altersversorgung zukommen[65]. Durch die Bestimmung des AVmG in § 1a BetrAVG ist nunmehr ein **Anspruch** des Arbeitnehmers gegen seinen Arbeitgeber **auf** eine **Entgeltumwandlung** gesetzlich verankert worden, der bereits zuvor zum Teil anerkannt war[66] und jetzt lediglich gesetzlich umgesetzt wurde[67].

Es stehen alle fünf Durchführungswege zur Verfügung[68], und zwar unabhängig davon, ob es **23c** sich um Leistungszusagen[69], beitragsorientierte Leistungszusagen oder um Beitragszusagen mit Mindestleistung handelt[70]. Das „Verlangen" i. S. v. § 1a Abs. 1 S. 1 BetrAVG stellt nach h. M. ein Angebot i. S. d. § 145 BGB seitens des Arbeitnehmers auf Abschluss einer Umwandlungs-vereinbarung mit dem Arbeitgeber dar[71]. Der Arbeitgeber hat ein einseitiges Bestimmungs-recht bezüglich der Wahl des Durchführungsweges[72], des Versorgungsträgers, der Zusageart, des abzusichernden Risikos sowie der Zahlungsmodalität[73]. Der Arbeitnehmer hingegen kann einseitig über die Art und die Höhe der zur Entgeltumwandlung bestimmten Entgelt-bestandteile entscheiden, wobei hinsichtlich der Höhe die Grenzen des § 1a Abs. 1 BetrAVG einzuhalten sind[74]. Danach muss der Arbeitnehmer mindestens ein Hundertsechzigstel der Be-zugsgröße nach § 18 Abs. 1 SGB IV und darf höchstens 4 Prozent der Beitragsbemessungs-grenze in der allgemeinen Rentenversicherung für die Entgeltumwandlung verwenden. § 1a Abs. 3 BetrAVG verbindet den Entgeltumwandlungsanspruch mit der staatlichen Förderung der Eigenvorsorge nach §§ 10a, 82 EStG. Wenn das Entgelt für eine Versorgung im Wege der DirektV, der Pensionskasse oder des Pensionsfonds umgewandelt wird, so soll der Arbeitneh-mer die Möglichkeit erhalten, die staatliche Förderung auch im Zusammenhang mit der be-trieblichen Altersversorgung in Anspruch zu nehmen. Er kann demzufolge gegenüber dem Arbeitgeber geltend machen, für diese bAV auch die steuerliche Förderung in Anspruch zu nehmen.

Nach der Legaldefinition setzt die Entgeltumwandlung voraus, dass „künftige Entgeltan- **23d** sprüche in eine wertgleiche Anwartschaft auf Versorgungsleistungen umgewandelt werden". Die Begriffe **„künftige Entgeltansprüche"** und „wertgleiche Anwartschaft" sind im Ge-setz allerdings nicht näher definiert. Die Verwendung des Wortes „Anspruch" macht deutlich, dass im Zeitpunkt der Umwandlungsvereinbarung bereits eine Rechtsgrundlage für den Ent-geltanspruch bestehen muss, denn ein Anspruch setzt eine vorgelagerte Vereinbarung vo-raus[75]. Ansprüche, die bereits ausgezahlt wurden, fallen unstrittig nicht unter den Begriff der „künftigen Entgeltansprüche"[76]. Nach h. M. sind auch bereits erdiente Ansprüche, also sol-che, für die der Arbeitnehmer die Arbeitsleistung bereits erbracht hat, nicht unter diesen Be-

---

[65] BR-Drucks. 764/00, S. 92.

[66] BAG v. 26. 6. 1990, NZA 1991, 144; *Bode,* DB 1977, 1769; *Steinmeyer,* BB 1992, 1553.

[67] ErfK /*Steinmeyer,* § 1 BetrAVG Rn. 19; *Hanau/Arteaga,* B Rn. 66; Zu den praktischen Fragen vgl. *Grabner,* BetrAV 2003, 17.

[68] Der eindeutige Wortlaut verlangt die Beschränkung auf die fünf Durchführungswege; eine Erweite-rung auch auf Lebensversicherung außerhalb der DirektV, wie sie *Blomeyer,* BetrAV 2000, 518, vorschlägt, ist daher nicht möglich, so zu Recht auch ErfK /*Steinmeyer,* § 1a BetrAVG Rn. 4.

[69] H. M., vgl. *Rüffert,* S. 192 (Fn. 658); *Raulf/Gunia,* NZA 2003, 534 (536f.); a. A. *Hanau/Arteaga/ Rieble/Veit,* S. 503 f.

[70] *Höfer,* DB 2001, 1145 (1146); *Blomeyer,* BetrAV 2001, 430 (431, 434).

[71] *Hanau/Arteaga/Rieble/Veit,* S. 56 f.; *Henning,* S. 55 f.; *Konzen,* Kollektivrechtliche Grundlagen und Grenzen der Entgeltumwandlung in der betrieblichen Altersversorgung, in: GedS Blomeyer, München 2003, S. 173; *Rieble,* BetrAV 2001, 584 (587), *Rüffert,* S. 87.

[72] Dies gilt allerdings mit der Einschränkung, dass der Arbeitnehmer einen externen Durchführungs-weg verlangen kann, wie sich aus § 1a Abs. S. 3 BetrAVG ergibt.

[73] *Rüffert,* S. 93.

[74] *Rüffert,* S. 102.

[75] BAG v. 8. 6. 1999, NZA 1999, 1103 (1105); *Blomeyer/Rolfs/Otto,* § 1 BetrAVG Rn. 117; *Clemens,* S. 82; *Hanau/Arteaga/Rieble/Veit,* S. 27, Rn. 84; *Henning,* S. 32; *Höfer,* § 1 BetrAVG Rn. 2558; *Rüffert,* S. 99; *Steinmeyer,* in: ErfK, § 1 BetrAVG, Rn. 23.

[76] *Blomeyer,* NZA 2000, 281, 282; *Clemens,* S. 82; *Heither,* S. 74; *Henning,* S. 33; *Höfer,* § 1 BetrAVG, Rn. 2560, *Rüffert,* S. 99.

griff zu subsumieren[77]. Die **Wertgleichheit** ist konstitutives Merkmal der Entgeltumwandlung, so dass keine dem Schutz des BetrAVG unterliegende Entgeltumwandlung vorliegt, wenn der umgewandelte Entgeltanspruch und die Anwartschaft nicht wertgleich sind[78]. Nach einem Urteil des LAG München[79] scheidet Wertgleichheit jedenfalls aus, wenn der Vertrag voll gezillmert ist. Ohne dies auszusprechen wendet sich das Urteil damit gegen eine in der Literatur vertretene Auffassung[80], wonach Wertgleichheit schon dann vorliegt, wenn eine versicherungsmathematische Äquivalenz von Verzichtsbetrag und der daraus resultierenden Versicherungsleistung vorliegt. Nach dieser Ansicht wäre auch bei Anwendung der **Zillmerung** – einem mathematischen Verfahren, bei dem die Abschlusskosten mit den ersten Beiträgen beglichen werden – eine Wertgleichheit grundsätzlich möglich. Nach Meinung des BGH[81] und des BVerfG[82] ist eine Verteilung der Abschlusskosten dann als angemessen anzusehen, wenn dem Versicherungsnehmer die Hälfte des ungezillmerten Deckungskapitals zu erstatten ist. Eine ähnliche Lösung ist mit dem neuen § 169 Abs. 3 VVG seit 1. 1. 2008 Gesetz. Danach werden die Abschlusskosten gleichmäßig auf die ersten 5 Jahre der Vertragslaufzeit verteilt[83]. Nach beiden Berechungsmethoden erhalten Versicherungsnehmer, die in den ersten Jahren der Vertragslaufzeit kündigen, etwa die Hälfte der bereits gezahlten Beiträge zurück. Es bleibt festzuhalten, dass die Verwendung eines voll gezillmerten Tarifs in der bAV dem Wertgleichheitsgebot widerspricht. BAV-Zusagen, die den Kriterien des neuen § 169 Abs. 3 VVG entsprechen, sind dagegen wirksam.

23e   Der Arbeitgeber hat aus § 1a BetrAVG die Pflicht, eine Durchführungsmöglichkeit für die Entgeltumwandlung bereitzustellen[84]. Dies folgt zunächst aus dem Wortlaut, der Systematik und dem Sinn und Zweck des § 1a Abs. 1 BetrAVG[85], aus der Rechtsqualität des „Verlangens" i. S. v. § 1a Abs. 1 S. 1 BetrAVG[86] und aus dem Gesichtspunkt der Leistungszeit nach § 271 BGB[87]. Zudem korrespondiert eine solche Pflicht mit den Bestimmungen zu den erzwingbaren Mitbestimmungsrechten des Betriebsrates[88] und wird durch die allgemeine Fürsorgepflicht des Arbeitgebers gestützt[89]. Die **Bereitstellungspflicht** kann aller-

---

[77] *Blomeyer,* BetrAV 2001, 430 (435); *Blomeyer/Rolfs/Otto,* § 1 BetrAVG Rn. 117 ff.; *Clemens,* S. 80 f.; *Klemm,* NZA 2002, 1123 (1124); *Konzen,* Kollektivrechtliche Grundlagen und Grenzen der Entgeltumwandlung in der betrieblichen Altersversorgung, in: GedS Blomeyer, München 2003, S. 173 (180); *Langohr-Plato,* S. 68 f., Rn. 278 f.; *Rieble,* BetrAV 2001, 584 (586); *Rüffert,* S. 101; *Schoden,* § 1 BetrAVG Rn. 43; *Steinmeyer,* in: ErfK, § 1 BetrAVG, Rn. 23. A. A. *Blumstein/Krekeler,* BetrAV 1999, 52 (53); *Doetsch/Förster/Rühmann,* DB 1998, 258, *Heither,* S. 73 f.; *Höfer,* § 1 BetrAVG, Rn. 2560; *Schaub,* S. 804, § 84 Rn. 66; *Schulte,* NZA 2003, 900 (903).

[78] So auch *Blomeyer,* Die „Wertgleichheit" von Versorgungsanwartschaften und umgewandeltem Entgeltanteil, in: FS Förster, Köln 2001, 189 (190); *Clemens,* S. 292; *Rüffert,* S. 208. A. A. *Bepler,* BetrAV 2000, 19, 25; *Doetsch/Förster/Rühmann,* DB 1998, 258 f.; *Hanau/Arteaga,* S. 88; *Höfer,* DB 1998, 2266 (2267); *Steinmeyer,* in: ErfK, § 1 BetrAVG Rn. 27; *Voigt,* S. 170 f, die davon ausgehen, es handele sich bei der Wertgleichheit lediglich um ein Gebot an den Arbeitgeber.

[79] LAG München v. 15. 3. 2007, VersR 2007, 968 ff.; vgl. *Schwintowski,* VuR 2007, 272 f.

[80] *Blomeyer/Rolfs/Otto;* § 1 BetrAVG Rn. 149; *Blomeyer,* DB 2001, 1413 (1414); *Bode,* BetrAV 2001, 17 (18); *Höfer,* § 1 BetrAVG Rn. 2569; *Bode,* in: *Kemper/Kisters-Kölkes/Berenz/Bode/Pühler,* § 1 BetrAVG Rn. 411 ff.; *Klemm,* NZA 2002, 1123 f.; *Schaub,* S. 805, § 84, Rn. 67; *Schoden,* § 1 BetrAVG Rn. 46; *Voigt,* S. 168. A. A. *Doetsch/Förster/Rühmann,* DB 1998, 258 (259); *Henning,* S. 39; *Langohr-Plato,* S. 65, Rn. 274; *Kreitner,* in: *Küttner,* Personalbuch, S. 734, Rn. 18.

[81] BGH NJW 2005, 3559.

[82] BVerfG, Beschluss v. 15. 2. 2006, VersR 2006, 489.

[83] Dies entspricht der für die sog. „Riester"-Verträge verwendeten Methode für die Verrechnung der Abschlusskosten, vgl. § 1 Abs. 1 Nr. 8 AltZertG.

[84] *Rüffert,* S. 73 ff.

[85] *Rüffert,* S. 74 ff.

[86] *Rüffert,* S. 87 ff.

[87] *Rüffert,* S. 95 ff.

[88] *Rüffert,* S. 104 ff.

[89] *Rüffert,* S. 109 ff.

dings durch Tarifvertrag ausgeschlossen werden. Dem einzelnen Arbeitgeber ist es jedoch nicht möglich, die Pflicht individualvertraglich oder durch Betriebsvereinbarung auszuschließen[90]. Mit der Bereitstellungspflicht ist auch eine **Informationspflicht** des Arbeitgebers verbunden[91].

Im Rahmen der Entgeltumwandlung ist der Arbeitgeber bei allen Zusagearten verpflichtet **23f** **Unisex-Tarife** zu verwenden[92]. Dies ergibt sich aus § 7 AGG[93], für die Leistungszusage und die beitragsorientierte Leistungszusage zusätzlich aus Art. 141 EG[94]. Das **Bestimmungsrecht** des Arbeitgebers ist bei der Entgeltumwandlung hinsichtlich des abzusichernden Risikos nach dem Sinn und Zweck des § 1a BetrAVG eingeschränkt: Das gewählte Produkt muss zumindest der Altersversorgung dienen[95]. Das gegenwärtige System, bei dem eine Entgeltumwandlung nur durchgeführt wird, wenn der Arbeitnehmer dies ausdrücklich wünscht, wird als sog. **„Opt In"-Modell** bezeichnet. Bisher wird die vom Gesetzgeber gewünschte Verbreitung der Entgeltumwandlung von 90 Prozent mit diesem Modell aber bei weitem nicht erreicht – etwa die Hälfte aller Arbeitnehmer hat noch keine zusätzliche bAV[96]. Die Lösung könnte ein gesetzliches **„Opt Out"-Modell** darstellen[97]. Erfahrungen aus den USA zeigen, dass durch ein solches Konzept eine größere Breitenwirkung der bAV erzielt werden kann[98]. Dabei wird ein Teil des Lohns automatisch in eine bAV umgewandelt, wenn der Arbeitnehmer nicht ausdrücklich dieser Umwandlung innerhalb einer bestimmten Frist widerspricht. Gegen ein „Opt Out"-Modell lässt sich einwenden, dass dieses zu einer generalisierenden Entgeltumwandlung führe, die nicht immer bedarfsgerecht ist[99]. Dem lässt sich aber entgegenhalten, dass der Arbeitnehmer keinem Zwang unterworfen ist – er kann die standardisierte Vereinbarung innerhalb der Frist ändern oder der Entgeltumwandlung insgesamt widersprechen. Mit einem solchen Modell dämmt man die Aufschiebeneigung vieler Arbeitnehmer ein, da gerade für unsichere und unentschlossene Arbeitnehmer ein relativ müheloser Weg für die bAV eröffnet wird[100]. Eine freiwillige Implementierung einer „Opt Out"-Lösung durch den einzelnen Arbeitgeber ist bereits nach geltendem Recht möglich[101]. In Betracht kommt hier sowohl eine individualvertragliche Vereinbarung durch eine entsprechende Klausel in den AGB, eine freiwillige Betriebsvereinbarung, als auch eine kollektivrechtliche Vereinbarung durch Tarifvertrag.

Über die **Rechtsnatur der Entgeltumwandlung** gibt es unterschiedliche Ansichten[102]. **23g** Allgemein anerkannt ist, dass die Entgeltumwandlung keine Entgeltverwendungsabrede dar-

---

[90] *Rüffert,* S. 127 ff.

[91] Vgl. unten, Rn. 135 a.

[92] So auch *Birk,* BetrAV 2003, 197 ff.; *Bieback,* in: *Fuchs,* RL 86/378/EWG, Art. 6 Rn. 7; *Hensche,* AuR 2002, 167 ff.; *Körner,* S. 59; *Langohr-Plato,* S. 271, Rn. 1425 ff.; *Preis/Mallossek,* Überblick über das Recht der Gleichbehandlung von Frauen und Männern im Gemeinschaftsrecht, in: *Oetker/Preis,* EAS, B 4000, Rn. 156; *Rühmann,* BetrAV 1994, 107 ff.; *Rüffert,* S. 203. A. A. *Blomeyer,* Die „Wertgleichheit" von Versorgungsanwartschaften und umgewandeltem Entgeltanteil, in: FS Förster, Köln 2001, 189 (195); *Clemens,* S. 151 f., die die Verwendung von Unisex-Tarifen als rechtswidrig ansehen. *Borchardt,* BetrAV 1994, 137 ff.; *Raulf/Gunia,* NZA 2003, 534 ff.; *Hanau/Arteaga/Rieble/Veit,* S. 317, Rn. 1020; *Höfer,* § 1 BetrAVG Rn. 2577; *Steinmeyer,* NZA 2004, 1257 (1259 ff.) stellen dem Arbeitgeber die Entscheidung über die Verwendung von Unisex-Tarifen frei.

[93] *Rüffert,* S. 198 ff.

[94] *Rüffert,* S. 189 ff.

[95] *Henning,* S. 65; *Rüffert,* S. 204.

[96] *Rüffert,* S. 23.

[97] Ein gesetzliches „Opt Out"-Modell ist bereits von verschiedenen Stimmen gefordert worden, vgl. etwa 65. DJT, NJW 2004, 3241 (3249).

[98] *Engert,* ZfA 2004, 311 (313 f.).

[99] Vgl. *Rüffert,* S. 237.

[100] *Rüffert,* S. 238.

[101] Vgl. *Rüffert,* S. 237 ff.

[102] Vgl. dazu *Hanau/Arteaga/Rieble/Veit,* A Rn. 34 ff. m. w. N.

stellt[103]. Es handelt sich auch nicht um eine Leistung an Erfüllungs Statt i. S. d. § 364 Abs. 1 BGB[104]. Nach h. M.[105] und Auffassung des BSG[106] stellt die Entgeltumwandlungsvereinbarung einen Schuldänderungsvertrag nach § 311 Abs. 1 BGB dar, der in die Rechtsgrundlage eingreift, welche den Entgeltanspruch erzeugt (Arbeitsvertrag, Betriebsvereinbarung, Tarifvertrag), und dadurch die Höhe des Barlohnes reduziert.

23h   **b) Eigenbeiträge (§ 1 Abs. 2 Nr. 4 BetrAVG).** § 1 Abs. 2 Nr. 4 BetrAVG regelt den Fall der sog. Umfassungszusagen, bei denen die bAV auf Eigenbeiträge des Arbeitnehmers ausgedehnt wird. Wegen der Ähnlichkeit der Interessenlage sind die Vorschriften der Entgeltumwandlung entsprechend anwendbar.

V. Durchführungswege betrieblicher Altersversorgung

24   Das BetrAVG kennt **fünf Durchführungswege** für die bAV. Bei all ihren genannten Gemeinsamkeiten – in allen Formen werden Leistungen der betrieblichen Altersversorgung gewährt, die die zuvor aufgeführten Merkmale gemeinsam haben – unterscheiden sie sich doch deutlich in ihren institutionellen, versicherungstechnischen, versicherungsrechtlichen, steuerlichen und arbeitsrechtlichen Rahmenbedingungen. Differenzieren lassen sich die verschiedenen Formen anhand des Kriteriums des Durchführungsgrades. So steht der Weg der unmittelbaren Durchführung über den Arbeitgeber bei der Direktzusage dem Weg der mittelbaren Durchführung über externe Versorgungsträger gegenüber. Letztgenannter kann durch die Direktversicherung, die Pensionskasse, den Pensionsfonds sowie die Unterstützungskasse erfolgen. Auch Wertguthaben auf Arbeitszeitkonten können unter bestimmten, engen Voraussetzungen sozialabgabenfrei (§ 23b Abs. 3a SGB IV) in Ansprüche auf bAV umgewandelt werden. Steuerlich wird dies dann wie Entgeltumwandlung behandelt[107]. Vorrangig sind die sog. **Lebensarbeitszeitkonten** jedoch für die Verwendung für einen vorgezogenen Ruhestand bzw. eine Altersteilzeit konzipiert worden[108]. Keinen eigenen Durchführungsweg i. S. einer bAV stellen dagegen so genannte **AS-Fonds** dar, die als Investmentfonds mit Spar- und Entnahmeplänen ein reines Finanzprodukt sind, vgl. §§ 87ff. InvG. Sie wurden speziell für die Altersvorsorge konzipiert und würden sich prinzipiell auch für die bAV eignen. Mangels konsequenter steuerlicher Förderung[109] sind sie aber derzeit in der bAV nicht verbreitet. Ob die fehlende steuerliche Privilegierung von AS-Fonds im Vergleich zu Versicherungsprodukten verfassungs- und europarechtskonform ist, erscheint zweifelhaft.

1. Direktzusage

25   Bei der **unmittelbaren Versorgungszusage** gem. § 1 Abs. 1 S. 2 1. Alt. BetrAVG, auch Direktzusage genannt und im Ergebnis der Grundfall oder das gesetzliche Leitbild[110] betrieb-

---

[103] *Heither,* S. 75; *Hanau/Arteaga,* B Rn. 28 ff.; *Klemm,* NZA 2002, 1123 (1125 f.); *Rieble,* BetrAV 2001, 584, 586. A. A. *Schmid,* BB 1977, 700 (702); *Simmich,* DB 1992, 991, 992; *Walther,* BetrAV 1992, 254 (256).

[104] H. M., vgl. statt vieler *Staudinger/Olzen,* § 364 Rn. 5; *Palandt/Heinrichs,* § 364 Rn. 1; a. A. *Hanau/ Arteaga,* 1. Aufl., B Rn. 1 ff.; ihnen folgend ArbG Limburg, DB 2000, 1823.

[105] So *Rieble,* BetrAV 2001, 584 (586); *Blomeyer,* BetrAV 2001, 430 (436); ders., NZA 2000, 281 (283); *Heither,* S. 75; *Hopfner,* DB 2002, 1050 (1052); *Klemm,* NZA 2002, 1123 (1126); *Konzen,* Kollektivrechtliche Grundlagen und Grenzen der Entgeltumwandlung in der betrieblichen Altersversorgung, in: GedS Blomeyer, München 2003, S. 173; a. A. *Henning,* S. 52.

[106] BSG v. 14. 7. 2004 – B 12 KR 10/02 R, BetrAV 2004, 679 ff. unter II.2.f der Gründe.

[107] BMF vom 5. 8. 2002, BetrAV 2002, 539 (555) und vom 17. 11. 2004, BetrAV 2004, 745 (746).

[108] Einzelheiten zur rechtlichen Gestaltung und zu den Bedingungen, unter denen eine Überführung der Arbeitszeitkontenguthaben in eine betriebliche Altersvorsorge möglich ist u. a. *Skorczyk/Klups/Jacobsen,* BB Beilage 2007, Nr. 4, 2–14; *Höfer,* BB 2006, 2242 ff.; *Klemm,* NZA 2006, 946 ff.; ders., BetrAV 2006, 353 ff.

[109] *Henke,* S. 56 f.

[110] ErfK /*Steinmeyer,* § 1 BetrAVG Rn. 12.

licher Altersversorgung, übernimmt der Arbeitgeber als Versorgungsträger dem begünstigten Arbeitnehmer gegenüber die Verpflichtung, zukünftige Pensionsleistungen unmittelbar aus dem Betriebsvermögen zu erbringen[111]. Diese besonders weit verbreitete, zumeist durch Einheitsregeln oder Gesamtzusagen vereinbarte Form betrieblicher Altersversorgung ist dadurch gekennzeichnet, dass dem Arbeitnehmer im Regelfall ein **unmittelbarer Rechtsanspruch gegen den Arbeitgeber** auf Zahlung der zugesagten Versorgungsleistungen erwächst. Mit der Vereinbarung einer Direktzusage übernimmt folglich der Arbeitgeber die Verpflichtung, im Versorgungsfall – Alter, Invalidität, Tod – die jeweils zugesagten Leistungen zu erbringen. Arbeitgeber und Versorgungsträger sind somit identisch. Sämtliche Rechte und Pflichten aus der Versorgungsvereinbarung spielen sich also auf der Ebene des zwischen Arbeitgeber und Versorgungsberechtigtem bestehenden Arbeitsverhältnisses ab. Die wirtschaftliche Last und das wirtschaftliche Risiko der Altersversorgung liegen hier demzufolge beim Unternehmen; dieses bzw. der Arbeitgeber haftet unmittelbar mit seinem (Betriebs-)Vermögen. Daran ändert auch nichts der Umstand, dass mit der Abwicklung der Auszahlung der Betriebsrenten häufig ein Dritter (Essener Verband[112], Duisburger Verband etc.) beauftragt wird. Der sich aus der Tatsache ergebenden Gefahr, dass die Deckungsmittel für die zugesagten betrieblichen Versorgungspflichten beim Arbeitgeber verbleiben, wird dadurch Rechnung getragen, dass die den steuerpflichtigen Gewinn mindernden[113] Pensionsrückstellungen, die zu einer sachgerechten Erfassung des betrieblichen Leistungsverzehrs dienen, durch den Pensionssicherungsverein auf Gegenseitigkeit (PSVaG) insolvenzgeschützt sind. Als problematisch wird jedoch derzeit angesehen, dass viele Unternehmen zu geringe Rückstellungen für die tatsächlich übernommenen Versorgungszusagen gebildet haben, so dass sie mitunter erhebliche Ausfinanzierungslücken aufweisen[114].

2. Direktversicherung

Bei der Direktversicherung schließt der Arbeitgeber als VN bei einer der Versicherungs- 26 aufsicht unterliegenden Lebensversicherungsgesellschaft eine Versicherung auf das Leben des Arbeitnehmers ab, aus dem dieser oder seine Hinterbliebenen bezugsberechtigt sind, § 1 b Abs. 2 BetrAVG[115]. Durch diese Form der betrieblichen Altersversorgung, die eine nur sehr geringe Bindung an das Unternehmen bewirkt, entsteht ein klassisches, versicherungstechnisches **Dreiecksverhältnis** nach den Bestimmungen der §§ 328 ff. BGB und des VVG zwischen Arbeitgeber, Arbeitnehmer und VU. Es sind hier also drei verschiedene Rechtsverhältnisse zu unterscheiden: das arbeitsrechtliche Grund- oder auch Versorgungsverhältnis zwischen Arbeitnehmer und Arbeitgeber, das Deckungsverhältnis in Form eines Versicherungsvertrages zwischen Arbeitgeber und VU auf das Leben des Arbeitnehmers, zu dessen Gültigkeit nach § 159 Abs. 2 VVG die schriftliche Einwilligung des versicherten Arbeitnehmers erforderlich sein dürfte[116], und schließlich das Zuwendungsverhältnis zwischen VU und Arbeitnehmer, aus dem letzterem – oder aber auch dem Arbeitgeber – ein Bezugsrecht erwächst. Dieses ist entsprechend § 166 VVG widerruflich, so dass der Arbeitgeber einseitig die Person des Bezugsberechtigten verändern kann, es sei denn, der Versicherungsvertrag bestimmt es explizit als unwiderruflich. Zu beachten ist jedoch, dass die Veränderungsmöglichkeit allein eine versicherungsrechtliche Frage ist – nach Eintritt der Unverfallbarkeit im Sinne von § 1 BetrAVG kann sie also arbeitsrechtlich rechtswidrig sein und somit bei Verletzung zu Schadensersatzansprüchen des Arbeitnehmers führen[117]. Denkbar ist auch eine teilweise Widerruflichkeit: Bei diesem „gespaltenen Bezugsrecht" – etwa hinsichtlich

---

[111] *Blömer,* Modelle der betrieblichen Altersversorgung, DStR 1999, 334 (336).
[112] Dazu *Fühser,* DB Beilage 5/2001, 19.
[113] *Stuhrmann,* BB 1988, 98 ff.
[114] *Müller,* VW 2006, 384.
[115] Zu der Frage, inwieweit die Direktversicherung noch zeitgemäß ist und als ein innovatives Versorgungsmodell gelten kann, vgl. *Kolvenbach,* BetrAV 2003, 101.
[116] BAG v. 21. 2. 1990, NZA 1990, 701; MünchHdb/*Ahrend/Förster,* § 102, Rn. 32.
[117] BAG v. 28. 7. 1987, VersR 1988, 255; BAG v. 19. 4. 1983, AP Nr. 1 zu § 1 BetrAVG LebensV.

verschiedener Leistungsarten oder in Bezug auf den Grundanspruch und die Überschussanteile – trifft den Arbeitgeber dann jedoch eine Aktivierungspflicht für die auf ihn entfallenden Teile[118].

27   Anders als bei der Direktzusage erhält der Arbeitnehmer bei der Direktversicherung also einen unmittelbaren **Leistungsanspruch** nicht gegen den Arbeitgeber, sondern **gegen das VU.** Vertragspartner und Schuldner der Versicherung gemäß § 1 Abs. 2 VVG wiederum ist allein der Arbeitgeber, der auch allein die Vertragspflichten zu erfüllen hat. Die Leistungspflicht des Arbeitgebers im Rahmen der bAV wird also von diesem durch die Zahlung der Versicherungsprämien erbracht. Der genaue Inhalt der Leistungspflicht des Arbeitgebers ergibt sich aus der zugrunde liegenden Zusage im Versorgungsverhältnis. Selten ist der Arbeitgeber danach zu regelmäßigen Prämienzahlungen verpflichtet, meist hingegen zur Verschaffung einer genau definierten Versicherungsleistung im Versorgungsfall[119].

3. Pensionskasse

28   Zur Durchführung der betrieblichen Altersversorgung kann der Arbeitgeber auch eine sog. Pensionskasse gründen[120]. Diese definiert das Gesetz in § 1 b Abs. 3 BetrAVG als eine rechtsfähige Versorgungseinrichtung, die dem Arbeitnehmer oder seinen Hinterbliebenen auf ihre Leistungen einen Rechtsanspruch gewährt. Auch im Rahmen der Pensionskasse entsteht wie bei der Direktversicherung ein Dreiecksverhältnis. Anders als dort ist jedoch nicht der Arbeitgeber, sondern der **Arbeitnehmer selbst VN** bei der als Versicherung fungierenden Pensionskasse. Er ist – meist nach Anmeldung durch den Arbeitgeber[121] – ihr Mitglied, dessen Rechtsverhältnis zu der Kasse in einer Vereinssatzung geregelt wird. Daraus folgt auch, dass der Arbeitnehmer einen Rechtsanspruch auf die Leistungen dieser Versorgungseinrichtung erhält, welcher, anders als bei der Direktversicherung, stets unwiderruflich ausgestaltet ist. Die Zusage auf eine Pensionsleistung beinhaltet ein selbstständiges Versicherungsgeschäft im Sinne von § 1 Abs. 1 VAG. Daraus folgt, dass die Pensionskassen wie die Wettbewerbsversicherungsunternehmen der Aufsicht durch die BAFin unterliegen. Träger der Pensionskasse, bei der sich die Gesellschaftsform des kleineren VVaG im Sinne der §§ 15 ff., 53 VAG vornehmlich durchgesetzt hat, ist der jeweilige Arbeitgeber, der diese durch seine Leistungen regelmäßig finanziert und zu dieser Finanzierung auch verpflichtet ist. Die Leistung der Beiträge des Arbeitgebers an die Pensionskasse sind ertragsteuerlich als Betriebsausgaben abziehbar, sofern sie deren laufende Aufgaben finanzieren. Die Voraussetzungen für die steuerliche Abzugsfähigkeit ergeben sich aus § 4 c Abs. 1 EStG. Möglich ist auch die Beteiligung der Arbeitnehmer selbst an der Finanzierung, sofern dies durch gesonderte vertragliche Verpflichtung vereinbart ist.

4. Pensionsfonds

29   In gleicher Weise wie die Pensionskasse definiert § 1 b Abs. 3 BetrAVG den Pensionsfonds, welcher durch das AVmG als neue Form der betrieblichen Altersversorgung in das BetrAVG eingeführt wurde und der dem Arbeitgeber und Arbeitnehmer die Möglichkeit eröffnen soll, die bisherige und die nach dem AVmG neue Förderung für bAV zu kombinieren[122]. Zu diesem Zweck ermöglichte das AVmG erstmals auch **Beitragszusagen mit Mindestleistung.** Bis zur Aufnahme des neuen § 1 Abs. 2 Nr. 1 BetrAVG waren im Rahmen der betrieblichen Altersversorgung allein „reine" Leistungszusagen anerkannt. Bei diesen „defined benefits" sind die Leistungen fixiert, nicht aber die dafür aufzuwendenden Kosten, so dass die Rendite

---

[118] *Stiefermann,* Betriebliche Altersversorgung 1998, S. 24; *Koenen,* DB 1990, 1426; *Blömer,* DStR 1999, 334 (338).

[119] Rechtsdogmatisch ist der genaue Inhalt der arbeitsrechtlichen Versorgungsvereinbarung bzw. seine Einordnung umstritten, zu dem Streit ausführlich *Steinmeyer,* S. 166 ff.

[120] Zum Begriff der Pensionskasse *Koch,* BetrAV 2003, 418.

[121] Einen Anspruch auf Anmeldung besteht für den Arbeitnehmer jedoch nicht, auch wenn der Arbeitgeber einer Pensionskasse beitritt, BAG v. 12. 7. 1968, AP Nr. 128 zu § 242 BGB Ruhegehalt.

[122] BT-Drucks. 14/5159, 42.

des zu Zwecken der Altersversorgung angelegten Vermögens deren Leistungshöhe nicht beeinflusst[123]. Anders hingegen ist die Lage bei der nunmehr möglichen Beitragszusage mit Mindestleistung. Diese liegt vor, wenn der Arbeitgeber sich verpflichtet, Beiträge zur Finanzierung von Leistungen der betrieblichen Altersversorgung an einen Pensionsfonds, eine Pensionskasse oder eine Direktversicherung zu zahlen und für Leistungen zur Altersversorgung das planmäßig zuzurechnende Versorgungskapital auf der Grundlage der gezahlten, mindestens aber die Summe der zugesagten Beiträge zur Verfügung zu stellen. Daraus folgt, dass die Höhe des Versorgungsanspruchs im Ergebnis davon abhängt, wie viel der Versorgungsträger mit den Beiträgen erwirtschaftet hat, wobei dem Arbeitnehmer jedoch mindestens die Summe der zugesagten Beiträge zusteht[124].

Derartige Beitragszusagen mit Mindestleistung machen insbesondere Sinn, wenn die das **30** Versorgungskapital verwaltenden Institutionen, wie etwa die **Pensionsfonds,** bei der Vermögensanlage eine größere Freiheit haben als etwa Pensionskassen oder Direktversicherungen, ohne dass die Pensionsfonds auf diese Form der Leistung beschränkt wären: Sie können vielmehr auch zur Durchführung „reiner" Leistungszusagen eingeschaltet werden[125]. Bei den durch das AVmG erstmals für die bAV anerkannten Pensionsfonds[126] handelt es sich um rechtsfähige Versorgungseinrichtungen außerhalb der Unternehmen, die im Wege des Kapitaldeckungsverfahrens Altersvorsorgeleistungen für einen oder mehrere Arbeitgeber zugunsten von Arbeitnehmern erbringen und als weitgehend versicherungsförmiger Durchführungsweg der bAV der Versicherungsaufsicht unterliegen[127]. Deutlich wird hier allerdings, dass es sich bei den Pensionsfonds nicht um VU im eigentlichen Sinn handelt, wenngleich die Vorschriften über Lebensversicherungsunternehmen weitgehend entsprechende Anwendung finden. Mangels eigenständiger Regelungen über Pensionsfonds im BetrAVG finden auf sie die Regelungen über Pensionskassen Anwendung, soweit die Vorschriften über die Durchführung der betrieblichen Altersversorgung betroffen sind.

Grundsätzlich geregelt ist der Pensionsfonds in **§ 112 VAG.** Im Unterschied zur Pensions- **31** kasse kann bei ihm die Versicherung und die Kapitalanlage auch durch Dritte erfolgen[128]. Der Arbeitnehmer erhält beim Pensionsfonds einen unmittelbaren Rechtsanspruch auf die Zahlung der Altersversorgung, die ursprünglich in jedem Fall als lebenslange Altersrente zu erfolgen hatte. Mittlerweile hat der Gesetzgeber jedoch die Möglichkeiten des Pensionsfonds erweitert[129]: Zulässig ist nun gemäß § 112 Abs. 1 S. 1 Nr. 4 VAG neben der Gewährung einer lebenslangen Altersrente auch die Leistungserbringung in Form eines Auszahlungsplans gemäß § 1 Abs. 1 S. 1 Nr. 5 des AltZertG[130], d. h., bei Eintritt eines Versorgungsfalls kann eine Auszahlung des bis dahin angesammelten Versorgungskapitals entweder in zugesagten gleich bleibenden oder steigenden monatlichen Raten oder in zugesagten gleich bleibenden oder steigenden monatlichen Teilraten mit zusätzlichen variablen Teilraten erfolgen. Auf diese Weise soll die bis dato geltende Einschränkung des neuen Durchführungsweges bekämpft

---

[123] *Reinecke,* NJW 2001, 3511 (3512).

[124] ErfK/*Steinmeyer,* § 1 BetrAVG Rn. 17. Umstritten ist die Anwendung auf unmittelbare Versorgungszusagen und Unterstützungskassen; hierzu *Schwark/Raulf,* DB 2003, 540.

[125] Zu diesbezüglichen Aussichten in der Praxis skeptisch *Blomeyer,* BetrAV 2001, 430 (434); s. auch *Reinecke,* NJW 2001, 3511 (3513).

[126] Zu der Bedeutung der verschiedenen Pensionsfondsmodelle im Rahmen der BetrAV vgl. *Schmeisser/Blömer,* DStR 1999, 1747.

[127] *Heubeck,* DB Beilage 5/2001, 2; *Reinecke,* NJW 2001, 3511 (3513); *Rhiel,* DB Beilage 5/2001, 16; *Oecking/Wunsch/Zimmermann,* DB Beilage 5/2001, 23; ErfK/*Steinmeyer,* § 1b BetrAVG Rn. 58.

[128] *Blomeyer,* BetrAV 2001, 430 (433).

[129] Etwas versteckt in Art. 3 und 4 des Gesetzes zur Einführung einer kapitalgedeckten Hüttenknappschaftlichen Zusatzversicherung und zur Änderung anderer Gesetze (Hüttenknappschaftliches Zusatzversicherungs-Neuregelungs-Gesetz), in Kraft getreten zum 1. 7. 2002, BGBl. I S. 2167, zu diesem *Schwark/Gunia,* DB 2003, 338 (= BetrAV 2003, 95).

[130] Altersvorsorgeverträge-Zertifizierungsgesetz (AltZertG), BGBl. 2001 I 403; dazu eingehend *Präve,* VW 2001, 796.

werden, da der Pensionsfonds durch die Festschreibung auf Rentenleistungen einen spürbaren Wettbewerbsnachteil gegenüber anderen Durchführungswegen erfuhr[131].

5. Unterstützungskasse

32   Der fünfte Durchführungsweg zur Gestaltung der betrieblichen Altersversorgung führt über die **Unterstützungskassen** gem. § 1b Abs. 4 BetrAVG. Solche Unterstützungskassen kann der Arbeitgeber als rechtsfähige, rechtlich selbstständige Versorgungseinrichtungen in der Rechtsform eines eingetragen Vereins, einer GmbH oder aber auch einer Stiftung gründen; er kann sich auch einer sog. „überbetrieblichen" Unterstützungskasse anschließen, deren ausschließlicher Zweck in der Durchführung der betrieblichen Versorgung liegt, ohne dabei jedoch dem Arbeitnehmer einen entsprechenden Rechtsanspruch zu gewähren[132]; auf diese Weise entfällt die Versicherungsaufsicht durch die BAFin[133] und wird der Unterstützungskasse die vollständige Freiheit in der Anlage ihres Kassenvermögens ermöglicht. Durch Aufnahme in die Unterstützungskasse werden dem betroffenen Arbeitnehmer Versorgungsleistungen versprochen, die von dieser zu zahlen, aber von dem Trägerunternehmen durch freiwillige Zuwendungen zu finanzieren sind[134]. In der Praxis existieren verschiedene Möglichkeiten der konkreten Ausgestaltung der Unterstützungskasse. So gibt es z.B. pauschaldotierte Unterstützungskassen[135] und rückgedeckte Unterstützungskassen[136]. Letztere zeichnen sich in Form der kongruent rückgedeckten Unterstützungskasse dadurch aus, dass die Versorgung der Arbeitnehmer durch einen Rückdeckungsversicherungsvertrag zwischen der Unterstützungskasse und einem der Versicherungsaufsicht unterliegenden Versicherungsunternehmen abgesichert wird[137].

33   Die Versagung eines unmittelbaren Rechtsanspruchs des Arbeitnehmers gegen die Unterstützungskasse geht auf das VAG von 1901 zurück, das Kassen mit Rechtsanspruch der Versicherungsaufsicht unterstellte[138]. Auch nach geltendem Recht unterliegen Unterstützungskassen nicht der Versicherungsaufsicht, wenn der Rechtsanspruch formell ausgeschlossen wird[139]. Das Fehlen eines Rechtsanspruchs hat zudem auch steuerrechtliche Bedeutung: Die Zuwendungen des Arbeitgebers an die Unterstützungskasse führen nicht zum Zufluss von Arbeitslohn beim Arbeitnehmer und damit zu keiner Lohnbesteuerung[140]. Nach der Rechtsprechung des BAG besteht lediglich ein faktischer Anspruch auf die zugesagten Leistungen[141]. Damit wird die Rechtsposition des Arbeitnehmers gegenüber einer Unterstützungskasse der Stellung desjenigen angeglichen, der mit einer unmittelbaren Versorgungszusage ausgestattet ist. Allerdings muss der Arbeitgeber für den Fall der Leistungsunfähigkeit oder aber -unwilligkeit der Kasse für die Erfüllung der zugesagten Leistungen einstehen (§ 1 Abs. 1 S. 3 BetrAVG). Grundsätzlich hat sich jedoch der Arbeitnehmer wegen seiner Versorgungsansprüche an die Unterstützungskasse zu halten[142]. Diese ist dem Arbeitnehmer vorran-

---

[131] *Bode/Saunders,* DStR 2002, 1912 (1913).

[132] *Höfer/Reiners/Wüst,* ART, Rn. 169; *Griebeling,* Rn. 608; *Blömer,* DStR 1999, 334 (336).

[133] *Schaub,* § 81 Rn. 363.

[134] *Langohr-Plato,* Rn. 57.

[135] Vgl. *Mysickova/Gansel,* BetrAV 2007, 229.

[136] *Langohr-Plato,* Rn. 138 ff.

[137] *Langohr-Plato,* Rn. 139; Zur Zulässigkeit der Einbeziehung der rückgedeckten Unterstützungskasse siehe unten H., Rn. 151.

[138] *Blomeyer/Rolfs/Otto,* § 1 Rn. 262.

[139] *Blomeyer/Rolfs/Otto,* StR A Rn. 190.

[140] *Langohr-Plato,* Rn. 147.

[141] BAG v. 28. 11. 1989, NZA 1990, 557; BAG v. 28. 4. 1977, BB 1977, 1202; BAG v. 17. 5. 1973, NJW 1973, 1946; diese Rechtsprechung ist mit Hinblick auf den Entgeltcharakter betrieblicher Versorgungsleistungen vom BVerfG ausdrücklich bestätigt worden, BVerfG v. 14. 1. 1987, NJW 1987, 1689; so im Ergebnis auch mit einer überwiegend auf Erwägungen des Vertrauensschutzes beruhenden Begründung *Steinmeyer,* S. 192; MünchHdb/*Förster/Rühmann,* § 105 Rn. 53; Vgl. auch *Blomeyer/Rolfs/Otto,* § 1 Rn. 262.

[142] BAG v. 12. 2. 1971, DB 1971, 920.

gig verpflichtet, meist durch ein Auftragsverhältnis mit dem Arbeitgeber[143], dem originären Versorgungsschuldner des Arbeitnehmers. Dies ergibt sich aus dem arbeitsrechtlichen Grundverhältnis: Der Arbeitgeber hat die Zusage so ausgestaltet, dass die Versorgungsleistungen von der Unterstützungskasse erbracht werden sollen. Nur dann, wenn die Kasse die Leistungen nicht erbringt, kommt es zu einer subsidiären Haftung des Arbeitgebers, da dieser in diesen Fällen seine aus der Versorgungszusage stammende Verpflichtung der Leistungsgewährung durch einen externen Leistungsträger nicht erfüllt hat[144].

VI. Zusagearten

1. Reine Leistungszusage (§ 1 Abs. 1 BetrAVG)

Im Rahmen der BetrAVG-Novelle wurde mit § 1 Abs. 1 S. 3 BetrAVG ein so genannter **34** **arbeitsrechtlicher Verschaffungsanspruch** eingeführt. Danach muss der Arbeitgeber auch dann für die Erfüllung der von ihm zugesagten Leistungen einstehen, wenn er die bAV über einen mittelbaren Versorgungsträger (Unterstützungskasse, Pensionskasse, Pensionsfonds oder Direktversicherung) durchführt.

2. Beitragsorientierte Leistungszusage (§ 1 Abs. 2 Nr. 1 BetrAVG)

Neben der Leistungszusage des Arbeitgebers nach § 1 Abs. 1 BetrAVG stellt auch die bei- **34a** tragsorientierte Leistungszusage gem. § 1 Abs. 2 Nr. 1 BetrAVG eine betriebliche Altersvorsorge dar. Dabei verpflichtet sich der Arbeitgeber, bestimmte Beiträge in eine Anwartschaft auf Alters-, Invaliditäts- oder Hinterbliebenenversorgung umzuwandeln. Die beitragsorientierte Leistungszusage ist bei allen fünf Durchführungswegen möglich[145].

3. Beitragszusage mit Mindestleistung (§ 1 Abs. 2 Nr. 2 BetrAVG)

Eine Beitragszusage mit Mindestleistung liegt gem. § 1 Abs. 2 Nr. 2 BetrAVG dann vor, **34b** wenn der Arbeitgeber sich verpflichtet, Beiträge zur Finanzierung von Leistungen der betrieblichen Altersversorgung an einen Pensionsfonds, eine Pensionskasse oder eine Direktversicherung zu zahlen und für Leistungen der Altersversorgung das planmäßig zuzurechnende Versorgungskapital auf der Grundlage der gezahlten Beiträge, mindestens jedoch die Summe der zugesagten Beiträge, soweit sie nicht rechnungsmäßig für einen biometrischen Risikoausgleich verbraucht wurden, zur Verfügung zu stellen. Es handelt sich hierbei um einen Unterfall der Leistungszusage, da der Schwerpunkt auf dem Begriff der „Mindestzusage" liegt[146]. Im Gegensatz zur beitragsorientierten Leistungszusage kann eine Beitragszusage mit Mindestleistung nur über einen versicherungsförmigen Durchführungsweg erfolgen[147]. Der Arbeitgeber hat mit dieser Zusageform die Möglichkeit, seine Leistungspflicht auf die Gewährung der zugesagten Beiträge („Null-Zins-Garantie") zu beschränken[148]. Aus § 16 Abs. 3 Nr. 3 BetrAVG ergibt sich, dass die Beitragszusage mit Mindestleistung auch im Rahmen der Entgeltumwandlung zulässig ist[149].

---

[143] BAG v. 10. 11. 1977, DB 1978, 939.

[144] Zur Insolvenzsicherung vgl. Rn. 149 ff.

[145] *Langohr-Plato/Teslau*, BetrAV 2006, 503.

[146] *Förster/Rühmann/Cisch*, § 1 Rn. 64; *Langohr-Plato*, Rn. 262.

[147] *Bode*, in: *Kemper/Kisters-Kölkes/Berenz/Bode/Pühler*, BetrAVG, § 1 Rn. 387; *Blomeyer/Rolfs/Otto*, § 1 Rn. 92; *Hanau/Arteaga/Rieble/Veit*, Rn. 523; *Karst/Paulweber*, BB 2005, 1499 f.; *Langohr-Plato/Teslau*, BetrAV 2006, 503 ff.; *Reinecke*, DB 2006, 561; *Schwark/Raulf*, BetrAV 2003, 307; *Sasdrich/Wirth*, BetrAV 2001, 401; Anwendbarkeit für die Durchführungswege der Pensionskasse und der Direktversicherung anzweifelnd *Langohr-Plato*, Rn. 266; a. A. *Höfer*, BetrAVG Bd. I (ArbR), § 1 Rn. 2538 ff.

[148] Vgl. auch *Förster/Rühmann/Recktenwald*, BB 2001, 1406; *Höfer*, DB 2001, 1145; *Gohdes/Haferstock/Schmidt*, DB 2001, 1558 (1561); *Langohr-Plato/Teslau*, DB 2003, 661, *Langohr-Plato*, Rn. 259; *Hanau/Arteaga/Rieble/Veit*, Rn. 524.

[149] *Blomeyer*, DB 2001, 1413; *Höfer*, DB 2001, 1146; *Langohr-Plato/Teslau*, DB 2003, 663.

B. Rechtliche Rahmenbedingungen und Grundlagen

35   Das Recht der bAV ist nicht einheitlich in einem umfassenden Gesetz geregelt. Gesetzlicher Anknüpfungspunkt war ursprünglich das Vertragsrecht des BGB, denn es fand seine Grundlage ausschließlich im Arbeitsvertrag. Daraus ergab sich, dass das Recht der bAV zunächst Sache der Rechtsprechung war. Erst relativ spät kamen besondere, eigenständige Regelungswerke hinzu. Heute finden sich relevante Bestimmungen in unterschiedlichen Gesetzen; zudem ergeben sich wichtige Bezüge vor allem zu arbeitsrechtlichen Bestimmungen. Die wichtigsten Gesetze sind jedoch nach wie vor das BetrAVG auf der einen und das AVmG auf der anderen Seite, die das Grundgerüst der Kodifikation der betrieblichen Altersversorgung darstellen.

I. Das BetrAVG

36   Das Gesetz zur Verbesserung der betrieblichen Altersversorgung vom 19. 12. 1974[150] baut im Wesentlichen auf der bis dahin gängigen Rechtsprechung des BAG auf. Das Gesetz stellte die erstmalige Normierung der Rechtsmaterie dar und führte v. a. zur Kodifizierung gesetzlicher **Mindestnormen.** Auf diese Weise sollte der Inhalt der betrieblichen Altersversorgung „berechtigten sozialpolitischen Interessen" angepasst werden[151]. Ziel war dabei, die bAV als wichtige Ergänzung der sozialen Absicherung für die begünstigten Arbeitnehmer solider und wirkungsvoller auszugestalten. Das Gesetz hat den Grundsatz der Vertragsfreiheit und Freiwilligkeit in seinem Kern zwar nicht angetastet. Es hat jedoch einige einschränkende Regelungen eingeführt, die vom Arbeitgeber zu beachten sind, wenn er sich einmal zur Zusage entsprechender Leistungen entschlossen hat und von denen gemäß § 17 Abs. 3 S. 3 BetrAVG auch nicht zuungunsten des Arbeitnehmers abgewichen werden darf. Eine vollständige Regelung der Materie hat das Gesetz jedoch weder gebracht noch war sie überhaupt intendiert[152].

37   Die lückenhafte Regelung im BetrAVG betrifft sehr eklektisch unterschiedliche Bereiche des Rechts der bAV. In seinen zwei wesentlichen Teilen enthält es zum einen **arbeitsrechtliche,** zum anderen **steuerrechtliche** Vorschriften. Im ersten Abschnitt des ersten Teils befasst es sich mit der Unverfallbarkeit betrieblicher Versorgungsanwartschaften: Es geht um die Voraussetzungen des Wegfalls der Verfallbarkeit derartiger Anwartschaften in den Fällen, in denen ein Arbeitnehmer vor Eintritt des in der Versorgungsregelung vorgesehenen Pensionierungsfalls aus dem Unternehmen ausscheidet. Geregelt wird im ersten Abschnitt außerdem die Übertragung unverfallbarer Versorgungsanwartschaften auf einen neuen Arbeitgeber. Des Weiteren enthält der erste Teil in seinem zweiten und dritten Abschnitt ein Auszehrungsverbot sowie eine Bestimmung für die Fälle vorzeitiger Altersleistung, d. h. die Fälle, in denen ein Arbeitnehmer die Altersrente aus der gesetzlichen Rentenversicherung vor Vollendung des 65. Lebensjahres als Vollrente in Anspruch nimmt. Schließlich regelt der erste Teil noch Fragen zur Insolvensicherung und bestimmt den Geltungsbereich des Gesetzes. Der zweite Teil des Gesetzes enthält steuerrechtliche Maßnahmen, die als Anreiz für die Unternehmen zur bereitwilligen Realisierung der arbeitsrechtlichen Auflagen gedacht waren. Diese steuerrechtlichen Regelungen entsprachen inhaltlich weitgehend denjenigen Bestimmungen, die als steuerliche Lösung im Entwurf für ein Einkommensteuergesetz für das Jahr 1974 vorgesehen waren. Die jüngste substanzielle Änderung des BetrAVG erfolgte durch das Alterseinkünftegesetz[153], das im Wesentlichen am 1. 1. 2005 in Kraft trat. Die Änderung der steuerlichen Vorschriften führt zu einem Übergang auf eine nachgelagerte Besteuerung aller Alterseinkünfte. Zudem wurde

---

[150] BGBl. I S. 1974, 3610.
[151] BT-Drucks. 7/1281, 19; BAG 30. 11. 1982, BB 1983, 904.
[152] BT-Drucks. 7/1281, 19f.
[153] V. 5. 7. 2004, BGBl. I S. 1427.

mit § 3 die Abfindung und mit § 4 die Übertragung von Anwartschaften neu geregelt und dem Arbeitnehmer ein Auskunftsanspruch über die Höhe der bisher erworbenen Anwartschaft und des Übertragungswerts eingeräumt.

Den genannten Feldern, für die das BetrAVG eine positive Regelung enthält, stehen je- **38** doch auch eine Reihe von Fragen gegenüber, die durch das Gesetz nicht geregelt wurden. So enthält das Gesetz ebenso wenig Regelungen zu internationalen oder zumindest europäischen Sachverhalten[154] wie zu der Frage der Widerruflichkeit von erteilten Versorgungszusagen. Auch in weiteren Einzelfragen hat sich der Gesetzgeber zum Teil bewusst zurückgehalten, um – wie er vorgab – nicht die zeitgemäße Weiterentwicklung der Rechtsprechung in diesen Fragen zu hemmen[155].

II. Das AVmG

Das AVmG wird – zusammen mit dem AvmEG[156] – gelegentlich als die größte Reform **39** der gesetzlichen Alterssicherung seit dem Kriegsende angesehen[157]. Die meisten Bestimmungen dieses Gesetzes sind am 1. 1. 2002 in Kraft getreten und haben insbesondere das BetrAVG in einigen seiner Bestimmungen verändert und reformiert[158]. Die wichtigsten **Neuerungen** betrafen dabei die Senkung des Niveaus der umlagenfinanzierten Sozialversicherungsrenten, die staatliche Förderung der kapitalgedeckten betrieblichen und privaten Altersvorsorge sowie den Abschied von der paritätischen Finanzierung der Alterssicherung durch Arbeitgeber und Arbeitnehmer. Im Einzelnen hat der Gesetzgeber zur langfristigen Sicherung der gesetzlichen Rentenversicherung das Leistungsniveau abgesenkt und die bAV gestärkt. Diese Förderung erfolgte durch den Ausbau der Entgeltumwandlung, durch die Einführung eines fünften Durchführungswegs der Vorsorge in Gestalt der Pensionsfonds und durch die Ermöglichung einer Beitragszusage mit einer Mindestleistung[159]. Neben Veränderungen im Normenbestand des BetrAVG hat das AVmG zudem zusätzliche Regelungen in das EStG aufgenommen, dies mit dem Ziel, den Aufbau einer bAV auch über weitergehende steuerliche Vergünstigungen weiter zu unterstützen[160].

III. Europarechtliche Vorgaben

Nicht nur in Deutschland gibt es eine auf mehreren Säulen ruhende Altersvorsorge. Die **40** Diskussion um eine Ergänzung der staatlichen Rentenversicherung ist auch in anderen Staaten, insbesondere der EG, bekannt[161]. In diesem Zusammenhang besteht weitgehend Einigkeit darüber, dass die gesetzlichen Systeme durch eine kapitalgedeckte bAV und die langfristige private Vorsorge ergänzt werden müssen[162]. Die Ausgestaltung der einzelnen Säulen und der damit verbundene Leistungsumfang fallen grundsätzlich in die **Zuständigkeit** der Mitgliedstaaten. Gleichwohl hat die Gemeinschaft darauf zu achten, dass sich aus der unterschiedlichen Ausgestaltung der nationalen Systeme keine Hindernisse für den Binnenmarkt ergeben. Zu denken ist in diesem Zusammenhang insbesondere daran, dass die Freizügigkeit

---

[154] Dazu näher *Steinmeyer,* EuZW 1999, 645.

[155] BT-Drucks. 7/1281, 24; zu verschiedenen weiteren offen gelassenen Problemen s. auch ErfK/*Steinmeyer,* Vorbem. BetrAVG, Rn. 1 ff.

[156] Gesetz zur Ergänzung des Gesetzes zur Reform der gesetzlichen Rentenversicherung und zur Förderung eines kapitalgedeckten Altersvorsorgevermögens vom 21. 3. 2001, BGBl. I S. 403.

[157] Etwa von *Reinecke,* NJW 2001, 3511 (3512).

[158] Zu den Neuregelungen durch das AVmG vgl. *Höfer,* DB 2001, 1145; *Förster/Rühmann/Recktenwald,* BB 2001, 1406; *Bruns-Latocha/Grütz,* DRV 2001, 401.

[159] *Reinecke,* NJW 2001, 3511 (3512); zu deren Umfang *Schwark/Raulf,* DB 2003, 940.

[160] Eine Einschätzung des Gesetzes findet sich bei *Steinmeyer,* FS von Maydell (2002), 683.

[161] Zu den europäischen und internationalen Implikationen der vorliegenden Thematik jüngst eingehend *Bittner,* Europäisches und internationales Betriebsrentenrecht, 2000.

[162] *Philipp,* EuZW 2001, 580.

der Arbeitnehmer genauso zu garantieren ist wie die Kapitalverkehrsfreiheit und die Tätigkeit der grenzüberschreitend tätigen Unternehmen.

41   Im Bereich der Gemeinschaft gibt es bislang keinen Binnenmarkt für die bAV. Der Vorschlag des Rates für eine Richtlinie zur **Verbesserung der Portabilität** von Zusatzrentenansprüchen ist im Mai 2007 gescheitert. Im Oktober 2007 hat die Kommission dem Rat einen geänderten Richtlinienvorschlag übermittelt. Die Richtlinie „über Mindestvorschriften zur Erhöhung der Mobilität von Arbeitnehmern durch Verbesserung der Begründung und Wahrung von Zusatzrentenansprüchen" soll den Erhalt und den Erwerb von Betriebsrentenansprüchen erleichtern. Sie sieht vor, dass Arbeitnehmer, die einem Betriebsrentensystem angehören unverfallbare Versorgungsansprüche erwerben, und zwar wenn sie jünger als 25 Jahre sind spätestens nach 5 Jahren und wenn sie 25 Jahre oder älter sind spätestens nach einem Jahr Angehörigkeit. Sind Beiträge für eine Betriebsrente geleistet worden, aber noch keine Unverfallbarkeit eingetreten, so müssen die Beiträge bei einem Arbeitsplatzwechsel erstattet werden. Zur Wahrung ruhender Betriebsrentenansprüche ist vorgesehen, dass die Mitgliedstaaten für ruhende und nicht ausgezahlte Betriebsrentenansprüche eine „faire Behandlung" regeln müssen. Diese soll insbesondere vorliegen, wenn eine im Betriebsrentensystem vorgesehene Verzinsung erhalten bleibt oder der Wert der Anwartschaft an die Inflationsentwicklung oder die Lohnentwicklung angeglichen wird. Das ursprüngliche Ziel der Portabilitätsrichtlinie, Arbeitnehmern bei einem grenzüberschreitenden Beschäftigungswechsel einen Anspruch einzuräumen, die erworbenen Betriebsrentenansprüche vom alten auf den neuen Arbeitgeber übertragen zu lassen, wird allerdings mit dem neuen Richtlinienvorschlag nicht mehr verfolgt. Auch die nahe liegende Möglichkeit den Vertrag an die Person des Begünstigten zu koppeln, so dass es keine Portabilitätsprobleme mehr geben könnte, wird leider nicht einmal diskutiert.

42   Vor allem aufsichtsrechtliche Bestimmungen enthält die Richtlinie des Europäischen Parlaments und Rates vom 3. 6. 2003 über die Tätigkeiten und die Beaufsichtigung von Einrichtungen zur betrieblichen Altersversorgung (sog. **Pensionsfondsrichtlinie**)[163]. Inhaltlich werden Voraussetzung für den Betrieb von Einrichtungen der bAV, Auskunftspflichten gegenüber den Versorgungsanwärtern und versicherungstechnische Rückstellungen sowie ihre Deckung geregelt. Die Pensionsfondsrichtlinie ist mit dem siebten Gesetz zur Änderung des VAG weitgehend in nationales Recht umgesetzt worden[164].

IV. Der Rechtsgrund für die einzelnen Versorgungszusagen

43   Da die genannten gesetzlichen Bestimmungen im Wesentlichen immer nur Mindestvorgaben beinhalten, ist maßgeblich für den Inhalt der einzelnen Versorgungszusagen der sie tragende Rechtsgrund, und d. h. die Vereinbarung zwischen Arbeitgeber und Arbeitnehmer. Ohne einen solchen Rechtsgrund, der auch nicht in der allgemeinen Fürsorgepflicht des Arbeitgebers gesehen werden kann[165], ist der Arbeitgeber überhaupt nicht zu Leistungen für die bAV verpflichtet. Dies ergibt sich aus dem angesprochenen Grundsatz der Freiwilligkeit der Zusage[166] und hat sich auch nicht durch den Anspruch aus § 1a BetrAVG geändert, da dort lediglich ein Umwandlungsanspruch für einen Teil des dem Arbeitnehmer ohnehin zustehenden Entgelts geregelt ist, nicht hingegen eine Pflicht des Arbeitgebers, eine freiwillige zusätzliche Zusage abzugeben.

---

[163] Richtlinie 2003/41/EG, Inkrafttrteten 23. 9. 2003, ABl. EG vom 23. 9. 2003, Nr. L 235/10.
[164] Siebtes Gesetz zur Änderung des Versicherungsaufsichtsgesetzes vom 29. 8. 2005, BGBl. I S. 2546.
[165] So schon v. BAG 13. 7. 1956, AP Nr. 15 zu § 242 BGB Ruhegehalt; BGH v. 18. 12. 1954, AP Nr. 1 zu § 242 BGB Ruhegehalt; *Langohr-Plato*, Rn. 177.
[166] BAG v. 10. 3. 1972, VersR 1972, 736.

1. Einzelvertragliche Regelungen

Eine Ruhegeldzusage kann, was jedoch recht selten der Fall ist, zunächst im Wege der **44** ausdrücklich oder konkludent geschlossenen einzelvertraglichen Vereinbarung zwischen Arbeitgeber und Arbeitnehmer unter Berücksichtigung der **allgemeinen zivilrechtlichen Bestimmungen** erfolgen[167]. Erforderlich ist daher zumindest die Bestimmbarkeit und Verbindlichkeit der Zusage: Eine unverbindlich in Aussicht gestellte Zusage begründet keine Anwartschaft, wenn der Bindungswille des Arbeitgebers nicht erkennbar wird[168]. Eine ausreichende Bestimmbarkeit wird demgegenüber von der Rechtsprechung auch bei der sog. Blankettzusage bejaht. Bei einer solchen ist nur der Wille des Arbeitgebers zu erkennen, überhaupt eine Versorgungszusage erteilen zu wollen. Die Einzelheiten hat er dann gem. § 315 BGB nach billigem Ermessen – bei einer etwaigen späteren gerichtlichen Billigkeitskontrolle – zu bestimmen[169]. Möglich ist die Regelung bereits im Arbeitsvertrag, die Zusage kann jedoch auch später separat in einer eigenen Vereinbarung gegeben werden, wodurch sie wiederum Teil des Arbeitsvertrages wird. Aus arbeitsrechtlicher Sicht[170] ist die Beachtung einer Form nicht erforderlich – insbesondere handelt es sich bei der Zusage nicht um eine formbedürftige Schenkung nach § 518 Abs. 1 BGB –, die Regelungen zur bAV unterfallen jedoch nach ganz überwiegender Auffassung der „Zusammensetzung des Arbeitsentgeltes" im Sinne von § 2 Abs. 1 Nr. 6 NachwG[171]; zudem bietet sich eine Verschriftlichung schon aus Beweisgründen an[172]. Ist eine Zusage individualrechtlich erfolgt, so steht dem Betriebsrat insofern ein Auskunftsrecht zu, als die Vereinbarung über möglicherweise bestehende kollektive Zusagen hinausgeht[173].

2. Vertragliche Einheitsregelung und Gesamtzusage

Sehr viel häufiger als durch eine einzelvertragliche Regelung erfolgt die freiwillige Zusage **45** des Arbeitgebers zur Erbringung von Leistungen der bAV durch eine vertragliche Einheitsregelung oder eine Gesamtzusage. In diesen Fällen erklärt der Arbeitgeber seinen Willen, unter bestimmten Umständen Ruhegeld zu gewähren, einseitig gegenüber der Belegschaft, wobei er auf den Zugang der Annahmeerklärung gem. § 151 BGB verzichtet (Gesamtzusage)[174], oder aber durch den Abschluss zahlreicher Einzelverträge nach vorausbestimmtem Muster (vertragliche Einheitsregelung). Bei der Gesamtzusage erfolgt die Annahme also meist konkludent; davon ist jedenfalls dann auszugehen, wenn der Arbeitnehmer nach Kenntnisnahme das Beschäftigungsverhältnis fortsetzt, da die Annahme der Zusage seine Lage ausschließlich zu seinen Gunsten verändert[175]. In beiden Fällen ergibt sich eine **Bündelung vieler Versorgungsvereinbarungen** unter dem Dach einer einheitlichen Versorgungssystematik. Die sich hieraus ergebenden Versorgungsansprüche sind vertraglicher Natur. Die Versorgungszusagen werden bei einer Gesamtzusage Bestandteile der einzelnen Arbeitsverträge. Da die Gesamtzusage aber eine allgemeine Ordnung schafft, die für alle von ihr erfassten Arbeitnehmer einheitlich zu beurteilen ist, hat eine Gesamtzusage einen kollektivrechtlichen Aspekt[176]. Dieser

---

[167] BAG v. 9. 1. 1990, NZA 1990, 526.

[168] BAG v. 13. 3. 1975, DB 1975, 1563.

[169] BAG v. 23. 11. 1978, VersR 1979, 557; BAG v. 17. 5. 1966, AP Nr. 110 zu § 242 BGB Ruhegehalt.

[170] Hinsichtlich der Schriftform unter steuerrechtlichen Aspekten, insbesondere in Bezug auf das Schriftformerfordernis für Pensionsrückstellungen, vgl. BAG 10. 3. 1972, VersR 1972, 735.

[171] Vgl. nur *Langohr-Plato*, Rn. 194 m. w. N.

[172] § 2 I NachwG dient der Beweissicherung und der Rechtssicherheit, ein Verstoß gegen die von § 2 I NachwG vorausgesetzte Schriftlichkeit führt aber nicht zur Umwirksamkeit, BAG v. 5. 11. 2003, NZA 20005, 64.

[173] BAG v. 19. 3. 1981, VersR 1982, 54.

[174] BAG v. 18. 3. 2003, DB 2004, 327

[175] So die st. Rspr., s. nur BAG v. 16. 9. 1986, VersR 1987, 519 = NZA 1987, 168; BAG v. 30. 10. 1962, AP Nr. 85 zu § 242 BGB Ruhegehalt.

[176] BAG v. 15. 2. 2005, NZA 2005, 1117.

kann zu berücksichtigen sein, wenn die Gesamtzusage später geändert oder abgelöst werden soll[177].

3. Betriebliche Übung

46   Ein vertraglicher Anspruch individualrechtlicher Natur auf eine Leistung der bAV liegt auch dann vor, wenn sich der Arbeitnehmer diesbezüglich auf eine **betriebliche Übung** berufen kann, also auf eine regelmäßige Wiederholung bestimmter Verhaltensweisen durch den Arbeitgeber, die bei den Betriebsangehörigen den Eindruck einer Gesetzmäßigkeit oder eines Brauchs erwecken[178]. Unabhängig von der dogmatischen Grundlage einer derartigen Zusage, die sich entweder aus Vertragsgedanken[179] oder aber aus Vertrauensüberlegungen[180] ergeben kann, gilt eine derartige betriebliche Übung unbestritten als eine Anspruchsgrundlage und ist dementsprechend auch in § 1 b Abs. 1 S. 3 BetrAVG genannt. Sie greift ein, wenn der Arbeitgeber unter bestimmten Voraussetzungen jedem oder einer bestimmten Gruppe von Beschäftigten bei ihrem Ausscheiden Ruhegeld zahlt und ein verständiger Arbeitnehmer nach Treu und Glauben mit Rücksicht auf die Verkehrssitte aus dem Verhalten des Arbeitgebers schließen durfte, auch er werde Ruhegeld erhalten[181]. Voraussetzung ist also eine **regelmäßige Wiederholung gleichförmiger Verhaltensweisen** im Betrieb. Ein gleichförmiges Verhalten des Arbeitgebers kann nur angenommen werden, wenn nach dem objektiven Empfängerhorizont der Eindruck entsteht, der Arbeitgeber habe sich selbst eine Regel gesetzt und sich daran gehalten. Es ist aber keine Identität der Verhaltensweise nötig, es reicht aus wenn der Arbeitgeber eine ähnliche Verhaltensweise praktiziert hat[182] Allerdings muss die Verhaltensweise vorbehaltlos erfolgt sein[183]. Eine Versorgungszusage kann sich aus betrieblicher Übung nur dann ergeben, wenn sie nicht bereits anderweitig individual- oder kollektivrechtlich geregelt ist[184]. Dies ist auch anzunehmen, wenn die Betriebliche Übung über die bestehende Vereinbarung hinausgeht[185]. Durch die Leistung aufgrund einer unwirksamen Betriebsvereinbarung wird keine betriebliche Übung begründet, wenn der Arbeitgeber leistet, weil er irrtümlich meint, aufgrund der Betriebvereinbarung dazu verpflichtet zu sein[186]. Hat sich ein Verhalten des Arbeitgebers hinsichtlich der (freiwilligen) Gewährung einer Zusage zur Leistung einer bAV zu einer betrieblichen Übung verdichtet, so handelt es sich dann um einen Entlohnungsgrundsatz, bei dessen Aufstellung ein Mitbestimmungsrecht des Betriebsrats im Sinne von § 87 Abs. 1 Nr. 10 BetrVG besteht. Daraus folgt, dass der Betriebsrat verlangen kann, dass die bisherige Übung durch Betriebsvereinbarung festgeschrieben oder geändert wird. Für die Ablösung der im Wege der betrieblichen Übung entstandenen Ansprüche gelten grundsätzlich dieselben Regeln wie für die Ablösung von Rechten aus einer Betriebsvereinbarung[187].

---

[177] BAG v. 16. 9. 1986, VersR 1987, 519 = NZA 1987, 168.
[178] BAG v. 25. 6. 2002, NZA 2003, 875; BAG v. 12. 1. 1994, NZA 1994, 694; BAG v.7. 9. 1982, AP Nr. 13 zu § 242 BGB Ruhegeld – Unterstützungskasse; *Langohr-Plato*, Rn. 201.
[179] So die sog. Vertragstheorie, derzufolge die Verpflichtungswirkung auf eine stillschweigende Vereinbarung zwischen den Individualvertragsparteien zurückgeht, BAG v. 30. 10. 1984, VersR 1985, 874; BAG v. 9. 12. 1981, DB 1982, 1417.
[180] So vor allem Überlegungen in der Literatur, s. beispielsweise *Seiter*, Die Betriebsübung, 1967, 85 ff.; *Canaris*, Die Vertrauenshaftung im deutschen Privatrecht, 1971, 387 ff.; MünchHdb/*Schaub*, § 31 Rn. 65; *Singer*, ZfA 1993, 487 (494).
[181] BAG v. 25. 6. 2002, EWiR 2003, 397 m. Anm. *Spirolke*. BAG v. 29. 10. 1985, NZA 1986, 786.
[182] BAG v. 25. 6. 2002, NZA 2003, 875.
[183] BAG v. 5. 6. 1996, NZA 1996, 1028; BAG v. 11. 4. 2000, NZA 2001, 24
[184] BAG v. 10. 12. 2002, NZA 2003, 1360; BAG v. 24. 11. 2004, NZA 2005, 349; BAG v. 27. 6. 1985, NZA 1986, 401.
[185] BAG v. 23. 4. 2002, AP Nr. 22 zu § 1 BetrAVG Berechnung; BAG v. 3. 12. 1985, NZA 1986, 787.
[186] BAG v. 13. 8. 1980, DB 1981, 274.
[187] BAG v. 18. 3. 2003, NZA 2004, 1099; BAG v. 5. 2. 1971, NJW 1971, 1422.

4. Tarifvertrag

Grundsätzlich ist, wie sich aus § 17 Abs. 3 BetrAVG ergibt, auch ein Tarifvertrag dazu ge- **47** eignet, Ansprüche eines Arbeitnehmers auf Leistungen zur betrieblichen Altersversorgung zu begründen; doch haben **Tarifverträge** zur Begründung und Gestaltung betrieblicher Versorgungsleistung nur einen **geringen Stellenwert** und sind in der Privatwirtschaft nur in wenigen Bereichen bekannt[188]. Dies dürfte in erster Linie daran liegen, dass die Fülle ganz unterschiedlicher Versorgungsformen und Durchführungswege einer einheitlichen tariflichen Regelung, die nicht ausreichend zu Differenzierungen in der Lage ist, nicht zugänglich ist. Besteht allerdings ein Tarifvertrag ist aufgrund des öffentlichen Interesses an der bAV eine **Allgemeinverbindlichkeitserklärung** möglich, wenn die tarifgebundenen Arbeitgeber nicht weniger als 50% der unter den Geltungsbereich des Tarifvertrages fallenden Arbeitnehmer beschäftigen, § 5 Abs. 1 TVG[189]. Gem. § 5 Abs. 4 TVG erfasst ein für allgemeinverbindlich erklärter Tarifvertrag auch bisher nicht tarifgebundene Arbeitgeber und Arbeitnehmer, die Reichweite der Geltung wird in der Allgemeinverbindlichkeitserklärung festgelegt.

§ 17 Abs. 3 BetrAVG erlaubt es, durch Tarifvertrag von einigen Mindestnormen des BetrAVG auch zu lasten des Arbeitnehmers abzuweichen, dazu zählen z. B. § 2 (Berechnung der Höhe der unverfallbaren Anwartschaften), §§ 3, 4 (Abfindung und Übertragung von Versorgungsanwartschaften) oder § 5 (Auszehrungs- und Anrechnungsverbot). Für die Entgeltumwandlung enthält § 17 Abs. 5 BetrAVG einen **Tarifvorrang,** d. h. eine **Entgeltumwandlung** mit tariflichem Entgelt kann nur vorgenommen werden, soweit der Tarifvertrag dies vorsieht oder zulässt.

Besteht ein Tarifvertrag, der eigenständige Zusagen bezüglich einer betrieblichen Altersversorgung enthält, so gelten die allgemeinen Grundsätze des Tarifrechts. Die in einem Tarifvertrag enthaltenen Bestimmungen gelten demnach gem. § 4 Abs. 1 TVG unmittelbar und zwingend zwischen den Tarifgebundenen, die unter den Geltungsbereich des Tarifvertrages fallen. Nicht selten wird die Anwendung eines tariflichen Regelungswerkes über die bAV auch durch eine Inbezugnahme im einzelnen Arbeitsvertrag begründet; dies ist nach § 17 Abs. 3 S. 2 BetrAVG auch dann möglich, wenn der Tarifvertrag von den gesetzlichen Mindestbedingungen für die bAV abweicht[190]. Meist sind derartige Verweisungen dynamisch angelegt, d. h. der Tarifvertrag soll in seiner jeweiligen, auch geänderten Fassung Anwendung auf das Einzelarbeitsverhältnis finden. Die Versorgungszusage nimmt daher an den Änderungen des Tarifvertrages teil[191]. Unklar ist jedoch in diesem Zusammenhang, ob Tarifverträge über Leistungen der bAV, die im bestehenden Arbeitsverhältnis ausschließlich kraft Verbandszugehörigkeit gelten, auch noch nach dem Eintritt in den Ruhestand und gegebenenfalls nach einem Austritt des Arbeitnehmers aus der Gewerkschaft fortgelten[192].

Vor allem im Bereich der Entgeltumwandlung sind in der Praxis sog. **Closed-shop-Klau-** **47a** **seln** in Tarifverträgen zu finden. Dabei handelt es sich um Regelungen, durch die der Arbeitgeber bei der Auswahl des Versorgungsträgers auf einen oder mehrere in dem Tarifvertrag genannte Anbieter beschränkt ist[193]. In der Literatur ist die Zulässigkeit solcher Klauseln umstritten[194]. Für ihre Zulässigkeit wird erwogen, dass der Arbeitgeber durch die Bündelung einer Vielzahl von Kunden bei einem Anbieter günstige Konditionen aushandeln kann, was

---

[188] Vgl. Nachweise bei *Langohr-Plato,* Rn. 180; einen guten Überblick gibt *Schulte,* NZA 2003, 900.

[189] Allgemeinverbindlich sind z. B.: Tarifvertrag Altersversorgung für Redakteurinnen und Redakteure, Tarifvertrag zusätzliche Altersversorgung Maler- und Lackiererhandwerk.

[190] *Höfer,* § 17 Rn. 5656f.

[191] BAG v. 18. 4. 2007, NZA 2007, 965; LAG Düsseldorf v. 7. 4. 1964, DB 1964, 1123, *Griebeling,* Rn. 171.

[192] Bejahend für den Vorruhestand, offen lassend hingegen für den Ruhestand BAG v. 10. 10. 1989, NZA 1990, 346; BAG v. 27. 2. 1990, NZA 1990, 627; zum Streitstand in der Literatur *Griebeling,* Rn. 173ff.

[193] Vgl. dazu *Rüffert,* S. 146ff.

[194] *Kupfer/Neumann,* BetrAV 2004, S. 42ff.; *Koenig/Pfromm,* ZTR 2006, S. 123ff.; *Poschke,* ZTR 2004, S. 563ff.; *Schwintowski,* BetrAV 2006, S. 717ff.

allerdings auch ohne Closed-shop-Klauseln möglich ist. Teilweise wird die Unzulässigkeit von Closed-shop-Klauseln mit einem Verstoß gegen § 1 GWB bzw. Art. 81 EG begründet[195]. Ferner sind Closed-shop-Klauseln auch an Art. 49 EG zu messen[196]. Eine verbotene Beschränkung des freien Dienstleistungsverkehrs dürfte gegeben sein, da ausländische Versicherer, die Vorsorgeprodukte anbieten möchten, durch die Closed-shop-Klausel von vornherein als Anbieter ausgeschlossen werden. Für einen Verstoß gegen Art. 49 EG spricht auch, dass die Tarifvertragsparteien durch eine Auflistung der Erfordernisse, die ein von dem Arbeitgeber zu wählendes Produkt erfüllen muss, einen hinreichenden Schutz des Arbeitnehmers erreichen und so eine Beschränkung des freien Dienstleistungsverkehrs vermeiden könnten.

5. Betriebsvereinbarungen

48   Als Rechtsgrundlage für eine bAV kann – in der Praxis sehr häufig – auch eine **Betriebsvereinbarung** in Betracht kommen. Diese stellt zwar einen Vertrag zwischen Arbeitgeber und Betriebsrat dar, kann aber wie ein Tarifvertrag Rechtsnormen über den Inhalt, Abschluss und die Beendigung von Arbeitsverhältnissen sowie über betriebliche und betriebsverfassungsrechtliche Fragen enthalten, die gem. § 77 Abs. 4 S. 1 BetrVG mit normativer Wirkung den Inhalt der Einzelarbeitsverhältnisse für die Dauer der Betriebsvereinbarung bestimmen, ohne selbst deren Bestandteil zu werden. Die recht weite Verbreitung dieser Rechtsgrundlage für eine Zusage hängt nicht zuletzt mit dem Umstand zusammen, dass die bAV (auch) als Entgelt für die vom Arbeitnehmer im Arbeitsverhältnis erbrachten Dienste angesehen wird und durch das BetrVG sowohl Fragen der innerbetrieblichen Lohngestaltung als auch die Form, Ausgestaltung und Verwaltung von Sozialeinrichtungen gem. § 87 Abs. 1 Nr. 10 und 8 BetrVG der zwingenden Mitbestimmung des Betriebsrates unterworfen sind[197]. Sobald sich der Arbeitgeber freiwillig für ein System der bAV entschieden hat, sind die Form und die Ausgestaltung der Ruhegeldordnung und damit der Leistungs- bzw. Versorgungsplan in gleicher Weise wie die Leistungsvoraussetzungen und die Leistungshöhe Gegenstand der Mitbestimmung[198]. Der Betriebsrat hat daher insbesondere bei der Gestaltung des Leistungsplanes ein Initiativrecht[199]. Die Möglichkeit der freiwilligen Mitbestimmung gem. § 88 Nr. 2 BetrVG bei der Errichtung von Sozialeinrichtungen, deren Wirkungsbereich auf den Betrieb oder den Konzern beschränkt ist. bleibt dem Arbeitgeber dabei ohnehin unbenommen[200].

49   Besteht eine Betriebsvereinbarung, so erstreckt sich ihr **räumlicher Geltungsbereich** nur auf den Betrieb, für den die Betriebsparteien sie abgeschlossen haben[201]. **Persönlich** erfasst sind zunächst sicher die Arbeitnehmer im Sinne des § 5 BetrVG. Darüber hinaus ist umstritten, ob eine Betriebsvereinbarung auch mit Wirkung für die bereits ausgeschiedenen Pensionäre abgeschlossen werden können, ob also ein mögliches Bedürfnis nach Einbeziehung auch der Betriebsrentner erfüllt werden kann. Das BAG verneinte diese Frage bislang in ständiger Rechtsprechung, d. h. auch eine Betriebsvereinbarung über betriebliche Ruhegelder, die Einschränkungen der betrieblichen Leistung vorsieht, wirkt nicht hinsichtlich derjenigen früheren Arbeitnehmer, die beim Inkrafttreten der neuen Betriebsvereinbarung bereits im Ruhestand leben und Bezüge nach einer früheren Regelung erhalten. Denn mit seinem Ausscheiden erwirbt der Arbeitnehmer, dessen Ansprüche auf einer Betriebsvereinbarung beruhten, einen eigenständigen schuldrechtlichen Anspruch. Zudem sei der Betriebsrat mangels aktiven und passiven Wahlrechts nicht legitimiert bestehende Rechte der Pensionäre

---

[195] *Schwintowski,* BetrAV 2006, S. 721.
[196] *Schwintowski,* BetrAV 2006, S. 719.
[197] Darauf verweist zurecht *Griebeling,* Rn. 130.
[198] BAG v. 16. 2. 1993, NZA 1993, 953.
[199] S. auch *Schoden,* Einf. Rn. 66.
[200] Ausführlicher zum Mitbestimmungsrecht unten Rn. 126 ff.
[201] Zur Frage der Vertretung eines betriebsratslosen Betriebs durch einen im Unternehmen vorhandenen Gesamtbetriebsrat vgl. ablehnend BAG v. 16. 8. 1983, NJW 1984, 2966; a. A. hingegen *Schaub,* § 231 Rn. 30.

inhaltlich zu ändern[202]. Gegen diese Ansicht hat sich vermehrt Kritik erhoben[203]. Zuletzt hat das BAG diese Frage ausdrücklich offen gelassen[204]. Die Praxis indes behilft sich häufig pragmatisch mit einer sog. **Jeweiligkeitsklausel,** Es handelt sich bei einer solchen Klausel um eine vertragliche Regelung, die sicherstellen soll, dass Änderungen der Ruhegeldordnung für beschäftigte Arbeitnehmer gleicherweise auch für die Pensionäre wirken, d. h. vertraglich wird die Geltung der jeweiligen Ruhegeldordnung auch für die Dauer des Ruhestandes vereinbart[205].

Wie bei einem sich aus einem Tarifvertrag ergebenden Anspruch des Arbeitnehmers stellt **50** sich auch – häufig – bei einer Betriebsvereinbarung die Frage nach dem Verhältnis von individuellen Vereinbarungen zu kollektivrechtlichen Zusagen. Wenn auch im Wortlaut des § 77 Abs. 4 BetrVG das **Günstigkeitsprinzip** nicht erwähnt ist, so ist doch der Vorrang einer für den Arbeitnehmer günstigeren Individualvereinbarung nicht zuletzt aus Gründen der verfassungsrechtlich geschützten Privatautonomie weitgehend anerkannt[206]. Entscheidend ist jedoch in diesen Fragen, wann von einer günstigeren Individualvereinbarung auszugehen ist. Die Rechtsprechung richtet sich insofern nach einem sog. „kollektiven Günstigkeitsprinzip", dem Rechnung getragen ist, wenn die neue Regelung bei kollektiver Betrachtung für die Belegschaft insgesamt nicht ungünstiger ist[207]. Abzustellen ist hier auf die Situation des betroffenen Arbeitnehmers und dessen Versorgungslage, die nach objektiven Kriterien zu bewerten ist[208]. Der Vergleich muss dabei auf Versorgungsleistungen beschränkt werden, andere Leistungen wie Löhne oder Gratifikationen dürfen nicht mit einbezogen werden, da sie mit den Versorgungsleistungen in keinem sachlichen Zusammenhang stehen und nicht mit ihnen vergleichbar sind[209]. Erweist sich die Betriebsvereinbarung als kollektiv günstiger, so verdrängt sie die Individualregelung, allerdings nur während der Dauer ihrer Geltung. Endet sie, so lebt die individuelle Regelung wieder auf[210].

6. Sonstige, insbesondere Gleichbehandlungsgrundsatz

Neben weiteren, hier nicht weiter aufgeführten Begründungstatbeständen[211] kann sich ein **51** Anspruch auf die Zusage einer Leistung der bAV schließlich auch aus dem **Grundsatz der Gleichbehandlung** ergeben. Davon geht auch das Gesetz aus, wenn es in § 1b Abs. 1 S. 3 BetrAVG formuliert, der Verpflichtung aus einer Versorgungszusage stünden Versorgungsverpflichtungen gleich, die auf betrieblicher Übung oder dem Grundsatz der Gleichbehandlung beruhen. Ohne dass damit die dogmatische Grundlage für diesen Anspruch geklärt wäre[212], die dementsprechend nach wie vor nicht einheitlich beurteilt wird[213], ergibt sich, dass in den Fällen, in denen der Arbeitgeber seinen Arbeitnehmern Versorgungsleistungen vertraglich zugesagt hat oder erbringt, ohne dazu durch Gesetz oder Tarifvertrag verpflichtet zu sein, es ihm auf Grund des arbeitsrechtlichen Gleichbehandlungsgrundsatzes untersagt ist, einzelne

---

[202] BAG v. 25. 10. 1988, VersR 1989, 610; BAG Großer Senat v. 16. 3. 1956, AP Nr. 1 zu § 57 BetrVG 1952; ErfK/*Kania* § 77 BetrVG Rn. 34.

[203] S. Nachweise bei *Griebeling,* Rn. 145; *Dieterich,* NZA 1984, 273 (278); *Schwerdtner,* ZfA 1975, 171.

[204] BAG v. 28. 7. 1998, NZA 1999, 780; BAG v. 12. 10. 2004, NZA 2005, 580.

[205] BAG v. 22. 2. 2000, NZA 2002, 36; BAG v. 23. 9. 1997, NZA 1998, 541; *Schoden,* Einf. Rn. 152; ErfK/*Kania,* § 77 BetrVG Rn. 34; *Meister,* Rechtliche Grenzen der „Jeweiligkeitsklausel", 2002.

[206] BAG v. 27. 1. 2004, NZA 2004, 667; BAG Großer Senat v. 16. 9. 1986, VersR 1987, 519, insbesondere zu C II 3 der Gründe = NZA 1987, 168; *Zöllner/Loritz,* Arbeitsrecht, 5. Aufl. 1998, 388; *Martens,* RdA 1983, 217 (222); *Richardi,* ZfA 1992, 324; *Ehmann/Schmidt,* NZA 1995, 193 (198).

[207] BAG v. 20. 11. 1990, VersR 1992, 124.

[208] *Dietz/Richardi,* Betriebsverfassungsgesetz, 8. Aufl. 2002, § 77 Rn. 100; *Löwisch/Rieble,* Kommentar zum Tarifvertragsgesetz, 1992, § 4 Rn. 156.

[209] *Blomeyer/Rolfs/Otto,* Anh. § 1 Rn. 107.

[210] BAG v. 28. 3. 2000, NZA 2001, 49; BAG v. 21. 9. 1989, NZA 1990, 351.

[211] Etwa aus Richtlinien und Vereinbarungen nach dem Sprecherausschussgesetz, wobei streitig ist, ob diese überhaupt Grundlage für einen Anspruch sein können, vgl. *Wlotzke,* DB 1989, 177.

[212] So aber *Molkenbur,* in: Handbuch zum Arbeitsrecht, hrsg. von Leinemann, Gruppe 10, Rn. 19.

[213] Zum Meinungsstand *Blomeyer/Rolfs/Otto,* Anh. § 1 Rn. 38 m. w. N.

Arbeitnehmer gegenüber anderen Arbeitnehmern in vergleichbarer Lage schlechter zu stellen und zwischen Arbeitnehmern in einer bestimmten Ordnung sachfremd zu differenzieren[214]. Daraus folgt, dass dem einzelnen Arbeitnehmer bei einer vorliegenden willkürlichen Ungleichbehandlung ein unmittelbarer Anspruch auf die Zusage einer Leistung der bAV erwachsen kann, denn er hat dann, wenn seine Benachteiligung gegen das Gleichbehandlungsgebot verstößt, grundsätzlich rückwirkend einen Anspruch auf diejenige Behandlung, die ihm versagt worden ist, etwa auf Anmeldung bei einer Zusatzversorgungskasse[215].

C. Versicherte Personen und Gefahren

52 Wenn der betrieblichen Altersversorgung auch nicht die Rechtsnatur einer Versicherung zugesprochen werden kann, so lassen sich doch, wie bei einer Versicherung, in gewisser Weise oder doch vergleichbar „versicherte Personen und Gefahren" herausarbeiten: Genauer müsste es dann jedoch „erfasste" Personen und Gefahren heißen. Es geht also um den von der bAV erfassten Personenkreis auf der einen und die von einer Zusage abgedeckten Gefahren auf der anderen Seite.

I. Versicherter bzw. erfasster Personenkreis: Arbeitnehmer gem. § 17 BetrAVG

53 Die Frage, wer von der betrieblichen Altersversorgung erfasst ist, wer also potenziell in den Genuss einer diesbezüglichen Zusage kommen und somit zum geschützten Personenkreis gehören kann, ist identisch mit der Frage nach dem persönlichen Anwendungsbereich des BetrAVG. Dieses hat dann auch, da von den Schutzmechanismen des Gesetzes nicht jede private, sondern lediglich die bAV erfasst sein soll[216], in seinem § 17 eine eigenständige Regelung dazu getroffen, welche den zentralen Begriff des **„Arbeitnehmers"** näher definiert. Nach der Legaldefinition der betrieblichen Altersversorgung in § 1 Abs. 1 S. 1 BetrAVG geht es bei dieser um die Zusage von Leistungen an „Arbeitnehmer". Darunter fallen der Definition in § 17 Abs. 1 S. 1 BetrAVG zufolge „Arbeiter und Angestellte einschließlich der zu ihrer Berufsausbildung Beschäftigten". Hier müssen im Ergebnis die allgemein zum Arbeitnehmerbegriff entwickelten Kriterien erfüllt sein, auf die zurückzugreifen ist[217]. Den Vorschriften des BetrAVG und somit den Regelungen zur bAV unterfallen somit alle in einer abhängigen Tätigkeit Beschäftigten, deren Tätigkeit auf einem Dienst- oder Anstellungsverhältnis beruht[218]. Dies sind vor allem auch sog. arbeitnehmerähnliche Personen, die wirtschaftlich abhängig und infolgedessen einem Arbeitnehmer vergleichbar sind, etwa im Sinne von § 1 HAG, aber auch freie Mitarbeiter in der Presse oder auch die sog. „Scheinselbstständigen"[219].

54 Dass die **Begrenzung** auf bloße Arbeitsverhältnisse bei der oben vorgelegten Begriffsdefinition[220] **zu eng** ist, ergibt sich aus der Bestimmung des § 17 Abs. 1 S. 2 BetrAVG. Denn die Bestimmungen des Gesetzes und somit der Geltungsbereich des Rechts der betrAV gelten danach entsprechend auch für Personen, die nicht Arbeitnehmer sind, „wenn ihnen Leistungen der Alters-, Invaliditäts- oder Hinterbliebenenversorgung aus Anlass ihrer Tätigkeit für ein

---

[214] So schon BAG v. 3. 4. 1957, AP Nr. 4 zu § 242 BGB Gleichbehandlung; seitdem st. Rspr., BAG v. 20. 7. 1993, NZA 1994, 125; BAG v. 15. 2. 2005, NZA 2005, 1117. Zur Ungleichbehandlung von Arbeitern und Angestellten BAG v. 10. 12. 2002, EWiR 2003, 1067 m. Anm. *Matthießen;* näher dazu mit Bezug auf die Ausprägung des Grundsatzes im Bereich der bAV ausführlich *Blomeyer/Rolfs/Otto,* Anh. § 1 Rn. 8.

[215] BAG v. 28. 7. 1992, NZA 1993, 215; BAG v. 19. 3. 1992, NZA 1993, 263.

[216] Auf diese Intention verweist ErfK/*Steinmeyer,* § 17 BetrAVG Rn. 2.

[217] *Höfer,* § 17 BetrAVG Rn. 5517.

[218] *Förster/Rühmann/Cisch,* § 17 Rn. 3; *Höfer,* § 17 Rn. 5518; zu Versorgungsansprüchen eines Leiharbeitnehmers vgl. BAG v. 18. 2. 2003, EWiR 2003, 1119 m. Anm. *Schumann.*

[219] ErfK/*Steinmeyer,* § 17 BetrAVG Rn. 5.

[220] Vgl. oben Rn. 53.

Unternehmen zugesagt worden sind". Durch diese **Einbeziehung von Nichtarbeitnehmern** wollte der Gesetzgeber dem Umstand Rechnung tragen, dass gerade auch diese Personenkreise in besonderem Maße auf die bAV angewiesen sind und ähnlich wie Arbeitnehmer wegen der regelmäßig stärkeren Position ihres Vertragspartners keinen oder nur einen geringen Einfluss auf die inhaltliche Ausgestaltung der betrieblichen Versorgungszusage nehmen können[221]. Da es somit maßgeblich auf den Aspekt der Schutzbedürftigkeit ankommt, ist die Vorschrift dahingehend eng auszulegen, dass nicht irgendeine Tätigkeit für ein Unternehmen, die mit einer Versorgungszusage verbunden ist, ausreichen kann. Es muss sich vielmehr um Personen handeln, bei denen die Versorgungsleistungen ihren Grund in der Arbeit für ein fremdes Unternehmen haben. Zusagender und Leistungsempfänger dürfen dementsprechend auch nicht identisch sein[222]. Daraus folgt wiederum, dass Gesellschafter, die für ihr eigenes Unternehmen arbeiten, nicht dem Schutz des § 17 Abs. 1 S. 2 BetrAVG unterfallen können. Dies gilt für Einzelkaufleute wie auch für persönlich haftende Gesellschafter mit Geschäftsführungs- und Vertretungsbefugnis. Insofern sind Personen vom Schutz des BetrAVG ausgenommen, „die ein Unternehmen leiten, das sie aufgrund ihrer vermögensmäßigen Beteiligung und ihres Einflusses als ihr eigenes betrachten können"[223]. Maßgebliche Kriterien sind hier daher Kapitalanteil und Leitungskompetenz, da hier im Wesentlichen dem wirtschaftlich abhängigen und deshalb besonders schutzbedürftigen Arbeitnehmer der Schutz des Rechts zur bAV zugute kommen soll[224].

Der persönliche Anwendungsbereich hinsichtlich **§ 1a BetrAVG** ist nach § 17 Abs. 1 S. 3 **54a** BetrAVG eingeschränkt. Hiernach sind nur diejenigen anspruchsberechtigt, die die Voraussetzungen des § 17 Abs. 1 S. 1 oder S. 2 BetrAVG erfüllen und auf Grund der Beschäftigung oder Tätigkeit bei dem Arbeitgeber, gegen den sich der Anspruch nach § 1a BetrAVG richten würde, in der gesetzlichen Rentenversicherung pflichtversichert sind. Wann eine Pflichtversicherung in der gesetzlichen Rentenversicherung besteht richtet sich nach den §§ 1 ff SGB VI. § 17 Abs. 1 S. 3 BetrAVG schließt gesetzlich rentenversicherungspflichtige Personen nur von dem Anspruch auf Entgeltumwandlung aus. Eine freiwillige Umwandlungsvereinbarung bleibt möglich[225].

Die §§ 1 bis 16 BetrAVG finden auf Rechtsanwälte und Steuerberater entsprechende An **54b** wendung, wenn diesen aus Anlass ihrer Tätigkeit für ein fremdes Unternehmen von diesem Leistungen der Altersversorgung zugesagt worden sind[226].

Bei einem **Statuswechsel,** also dann, wenn der Versorgungsberechtigte im Laufe seiner **55** Tätigkeit für ein Unternehmen aus der gesetzlich geschützten Arbeitnehmerposition in eine vom BetrAVG nicht erfasste Unternehmerstellung oder umgekehrt wechselt, ist eine ihm erteilte Versorgungszusage entsprechend in einen geschützten und einen ungeschützten Teil aufzuspalten[227]. Das führt insbesondere auch dazu, dass unabhängig vom Status des Versorgungsberechtigten beim Eintritt des Versorgungsfalls die Zeiten als Arbeitnehmer jedenfalls dem Betriebsrentengesetz unterfallen: Daher werden sie etwa bei den Unverfallbarkeitsfristen sowohl hinsichtlich der Zusagedauer als auch im Rahmen der Betriebszugehörigkeit berücksichtigt[228].

Die Person des Zusagenden ist auf der anderen Seite recht klar. Da der Begriff des Arbeits- **56** verhältnisses im Mittelpunkt des § 1 BetrAVG steht, kann geschlossen werden, dass in dem

---

[221] BT-Drucks. 7/1281, 30.

[222] BGH v. 9. 6. 1980, VersR 1980, 832; BGH v. 28. 4. 1980, VersR 1980, 780; ErfK/*Steinmeyer,* § 17 BetrAVG Rn. 4; *Ahrend/Förster/Rößler,* GmbHR 1980, 229; *Brandes,* BetrAV 1990, 12.

[223] BAG v. 28. 1. 1991, NJW-RR 1991, 746.

[224] BGH v. 28. 4. 1980, NJW 1980, 2254.

[225] *Blomeyer/Rolfs/Otto,* § 17 BetrAVG Rn. 140.

[226] BGH v. 13. 7. 2006, DB 2006, 1951.

[227] Zur Geltung und Abdingbarkeit des BetrAVG für Vorstandsmitglieder einer AG s. *Thüsing,* AG 2003, 484.

[228] BGH v. 25. 9. 1989, NJW 1990, 49; BGH v. 14. 7. 1980, NJW 1980, 2471; BGH v. 28. 4. 1980, NJW 1980, 2254.

gesetzlichen System der betrAV nur solche Zusagen erfasst sind, die vom **Arbeitgeber** erteilt werden[229]. Ein eigenständiger Arbeitgeberbegriff ist dabei nicht erforderlich; vielmehr ist Arbeitgeber jeder, der die Dienstleistungen vom Arbeitnehmer kraft des Arbeitsvertrages fordern kann[230]. Die Rechtsform des Arbeitgebers ist dabei unerheblich, es kann auch eine Konzernobergesellschaft sein, die dem Arbeitnehmer als Gegenleistung für die Begründung eines Arbeitsverhältnisses zu einem Tochterunternehmen den Fortbestand der betrieblichen Altersversorgung zusagt[231].

II. Versicherte Gefahren: der Versorgungsfall

57   Bei der Begriffsklärung bereits angesprochen wurden die von der betrieblichen Altersversorgung erfassten Gefahren. Lässt man sich – mit Bedenken – auf die Versicherungsterminologie ein, so sind die versicherten Gefahren in diesem Sinne die in § 1 Abs. 1 BetrAVG genannten Risiken des Alters, der Invalidität und des Todes. Leistungen aus einer zugesagten bAV können demzufolge nur bei Eintritt der genannten biologischen Ereignisse gewährt werden.

1. Alter

58   Bei der betrieblichen **Altersrente** ist der Anspruch auf Leistung aus der Versorgung abhängig vom Erreichen eines bestimmten Lebensalters. Eine bestimmte, gesetzlich vorgesehene Altersgrenze gibt es nicht, vielmehr haben es die Parteien in der Hand, das Ruhestandsalter zu bestimmen. Regelmäßig ist jedoch die Vollendung des 65. Lebensjahres in der Zusage bestimmt, die Altersrente kann aber vertraglich auch an ein anderes Lebensalter gebunden werden, solange die danach gewährte Rente objektiv noch als „zur Altersicherung bestimmt" charakterisiert werden kann[232]. Davon wird man regelmäßig nicht mehr ausgehen können, wenn die Altersgrenze von 60 Jahren unterschritten wird, es sei denn, dass hierfür besondere sachliche Gründe vorliegen[233], die jeweils berufsgruppenspezifisch sind. Maßgeblich ist in diesem Zusammenhang der Gesamtcharakter der Versorgungszusage: Je früher die Zahlungen anfallen sollen, umso sorgfältiger wird man den sachlichen Grund für die Abweichung vom „üblichen" Rentenalter prüfen müssen. Bei der betrieblichen Altersversorgung im Wege der Direktversicherung ergibt sich die Altersgrenze von 60 Jahren zudem aus steuerlichen Aspekten. Denn nach § 40b EStG gilt die Steuervergünstigung der Pauschalbesteuerung nur für solche Versicherungen, in denen die Erlebensfallleistung nicht vor dem 60. Lebensjahr fällig wird[234].

2. Invalidität und Tod

59   Die Zusage für eine bAV kann sich auch auf den „Versicherungsfall" **Invalidität** erstrecken. Da das Gesetz den Begriff „Invalidität" nicht definiert, greift man meist auf den der entsprechenden sozialrechtlichen Bestimmungen über die teilweise oder volle Erwerbsunfähigkeit zurück. Diese liegt gemäß § 43 Abs. 1 SGB VI vor, wenn ein Versicherter wegen Krankheit oder Behinderung auf nicht absehbare Zeit außer Stande ist, unter den üblichen Bedingungen des allgemeinen Arbeitsmarktes mindestens sechs bzw. drei Stunden täglich erwerbstätig zu sein[235]. Daraus ergibt sich für den „Versicherungsfall" Invalidität im Rahmen der bAV, dass eine Leistung aus dieser dann der Invaliditätsversorgung dient, wenn sie den Einkommensaus-

---

[229] *Blomeyer/Rolfs/Otto*, § 1 Rn. 37; ErfK/*Steinmeyer*, § 1 BetrAVG Rn. 11; *Schwerdtner*, ZfA 1987, 163 (198).

[230] BAG v. 9. 9. 1982, AP Nr. 1 zu § 611 BGB Hausmeister.

[231] BAG v. 25. 10. 1988, VersR 1989, 538.

[232] BAG v. 2. 8. 1983, VersR 1984, 496.

[233] BAG v. 28. 1. 1986, NZA 1987, 126; *Paulsdorff*, § 7 Rn. 241.

[234] *Langohr-Plato*, Rn. 22.

[235] Zu den Voraussetzungen der Rente wegen voller und teilweiser Erwerbsminderung nach der Reform 2001 *Joussen*, NZS 2002, 294.

fall, der sich daraus ergibt, dass ein Arbeitnehmer infolge gesundheitlich bedingter Minderung seiner Erwerbsfähigkeit auf nicht absehbare Zeit nicht mehr (vollständig) zu einer beruflichen Tätigkeit in der Lage ist, zumindest zum Teil ausgleichen soll[236]. Diese Adaption aus dem Sozialrecht ist jedoch nicht zwingend: Vielmehr können die Vertragsparteien auch anderes bestimmen und selbstständig festlegen, wann und unter welchen Voraussetzungen der Versorgungsfall eintreten soll; denkbar ist etwa, dass dieser von weiteren Einschränkungen als der bloßen Erwerbsminderung abhängig gemacht wird, etwa von einem Arbeitsunfall, von dem Unter- oder Überschreiten eines bestimmten Lebensalters oder vom Ablauf der Entgeltfortzahlungsfrist[237].

Leistungen der Altersvorsorge sind schließlich auch solche, die zur **„Hinterbliebenenver-** 60 **sorgung"** gewährt werden, die also den Versorgungsfall „Tod" betreffen. Wie beim Versorgungsfall der Invalidität ist auch hier ein Rückgriff auf sozialrechtliche Terminologie geboten. So lehnt sich der Begriff der Hinterbliebenenversorgung an den des § 46 SGB VI an, wonach als Hinterbliebene Witwen, Witwer, Waisen sowie frühere Ehegatten in Betracht kommen. Doch gilt auch hier wieder weitestgehend Vertragsfreiheit, d. h., die Parteien können selbst bestimmen, wer unter welchen Bedingungen begünstigt sein soll. Rechtsdogmatisch ein Vertrag zugunsten Dritter im Sinne der §§ 328 ff. BGB, entsteht der Anspruch für den oder die Begünstigte(n), soweit nichts anderes vereinbart ist, mit dem Tod des aktiven Arbeitnehmers bzw. Betriebsrentners.

Ob zum Kreis der Begünstigten über die genannten Personen sowie den Lebenspartner 61 nach dem Lebenspartnerschaftsgesetz hinaus auch nichteheliche Lebensgefährten zu zählen sind, ist umstritten; maßgeblich ist jedoch auch hier der – auszulegende – Vertragsinhalt[238]. Danach können **bestimmte Klauseln** auf den Ausschluss dieser Personengruppe hindeuten. So lässt sich im Wege eines „Erst-recht-Schlusses" die (zulässige) Spätehenklausel in einer Weise verstehen, derzufolge eine Versorgung selbst des überlebenden Ehegatten ausgeschlossen ist, wenn die Ehe erst nach Vollendung eines bestimmten Höchstalters des Arbeitnehmers geschlossen worden ist[239]. Ähnlich wie die Spätehen- sind auch Mindestehenklauseln grundsätzlich nicht zu beanstanden, die die Gewährung einer betrieblichen Altersversorgung an den hinterbliebenen Ehegatten davon abhängig machen, dass die Ehe eine bestimmte Mindestdauer Bestand hatte oder der oder die Begünstigte im Zeitpunkt des Todes des Arbeitnehmers das 50. Lebensjahr vollendet hat[240]. Denn auf diese Weise soll verhindert werden, dass Ehen bewusst geschlossen werden, um in Hinblick auf den schlechten Gesundheitszustand des Arbeitnehmers eine Versorgung des Ehegatten zu erreichen[241]. Von der Rechtsprechung grundsätzlich als zulässig bewertet wurden zudem Wiederverheiratungsklauseln[242] sowie Hauternährerklauseln[243].

Problematisch sind in diesem Zusammenhang die in allgemeinen Versicherungsverträgen 62 nach § 161 VVG üblichen **„Freitodklauseln".** Dies gilt nicht nur angesichts des Umstandes, dass sie die Hinterbliebenen unter einem Aspekt benachteiligen, der ihnen nicht zugerechnet werden kann. Denn dies ist auch bei LebensVen der Fall, und dennoch hat der Gesetzgeber in § 161 VVG den Ausschluss zugelassen, wenn die Tat nicht in einem die freie Willensbestimmung ausschließenden Zustande krankhafter Störung der Geistestätigkeit begangen worden ist. Doch kommt im Bereich der bAV zusätzlich hinzu, dass diese ihrer Rechtsnatur zufolge vor allem auch Entgeltcharakter hat. Denn der Verstorbene hat ja, gleich, wie sein Tod einge-

---

[236] BAG v. 14. 12. 1999, NZA 2001, 326; BAG v. 24. 6. 1998, NZA 1999; 317.
[237] BAG v. 6. 6. 1989, NZA 1990, 147 zur Leistung erst nach Beendigung der Pflicht zur Entgeltfortzahlung; BAG v. 20. 10. 1987, NZA 1988, 394 zur Abhängigkeit von einem Mindestalter.
[238] BAG v. 16. 8. 1983, VersR 1984, 497.
[239] BVerfG v. 11. 9. 1979, VersR 1984, 497; BAG v. 11. 8. 1987, NZA 1988, 158; *Schaub,* § 81 Rn. 208; etwas zurückhaltender jedoch LAG Hessen v. 12. 3. 1997, NZA-RR 1998, 5.
[240] Dazu BAG v. 19. 2. 2002, NJW 2002, 2339.
[241] *Griebeling,* Rn. 53.
[242] BAG v. 16. 4. 1997, DB 1997, 1575;
[243] ErfK/*Steinmeyer,* § 1 BetrAVG Rn. 8 mit Verweis auf LAG Hamm v. 8. 12. 1998, BB 1999, 907.

treten ist, seine Gegenleistung in der Vergangenheit bereits vollständig erbracht. Ihm sein Entgelt auf diese Weise nachträglich zu entziehen, begegnet daher zu Recht großen Bedenken[244], die wohl auch nicht mit dem Hinweis auf die Vertragsfreiheit überwunden werden können[245]. Zumindest wird man in diesen Fällen nicht umhin kommen, im Wege einer einzelfallbezogenen Härteprüfung den jeweiligen besonderen Umständen hinreichend Rechnung zu tragen und eine vorhandene Klausel sehr eng auszulegen.

D. Widerruf von Versorgungszusagen

63   Die Leistungen aus der bAV stehen dem Arbeitnehmer entsprechend dem zuvor Ausgeführten zu, wenn einer der genannten Versorgungsfälle eintritt. Doch ist dies nicht unbeschränkt der Fall. Vielmehr gibt es auch Situationen, in denen bei Vorliegen bestimmter Voraussetzungen die Zusage rechtmäßig widerrufen werden kann und somit der Leistungsbezug ausgeschlossen wird. Einem solchen Widerruf steht jedoch zuvor insbesondere ein Charakteristikum der bAV entgegen: Die Zusagen aus dem zugrunde liegenden Vertrag werden regelmäßig nach einem gewissen Zeitablauf unverfallbar; es bauen sich also hier unter bestimmten Umständen bereits vor dem eigentlichen Versorgungsfall (Versorgungs-)Anwartschaften auf, die sozusagen den **Ausschluss** des Leistungsbezugs **ausschließen** und die es daher vor der Widerrufbarkeit zu bedenken gilt.

I. Die Anwartschaften

64   Das BetrAVG verwendet an verschiedenen Stellen den Begriff der „Anwartschaft", zum Teil auch gleichbedeutend dem der „Versorgungsanwartschaft"[246]. Der **Begriff** ist dabei geläufig aus dem allgemeinen Zivilrecht, entwickelt insbesondere im Rahmen des Sachenrechts. In Anlehnung an den dort vertrauten allgemeinen juristischen Sprachgebrauch bezeichnet die Anwartschaft auch im Rahmen der bAV die Vorstufe auf den Erwerb eines subjektiven Vollrechts. Eine Anwartschaft liegt demzufolge vor, wenn von einem aus einzelnen Teilakten bestehenden Entstehungstatbestand eines Rechts schon so viele Teilakte erfüllt sind, dass von einer gesicherten Rechtsposition einer Partei gesprochen werden kann, die von der anderen Partei nicht mehr einseitig zerstört werden kann[247].

65   Übertragen auf das Recht der bAV ist daher die **Versorgungsanwartschaft** ein **aufschiebend bedingter Versorgungsanspruch,** der mit Eintritt des Versorgungsfalls zum Vollrecht erstarkt[248]. Der Erwerb des Vollrechts ist somit nur noch vom Bedingungseintritt – dem Versorgungsfall – abhängig. Dadurch ist die Anwartschaft auf der einen Seite mehr als eine bloße Aussicht auf den Rechtserwerb; vom Vollrecht unterscheidet sie sich auf der anderen Seite dadurch, dass die Leistung noch nicht verlangt werden kann. Erst mit Eintritt der letzten Bedingung, des Versorgungsfalls, erstarkt die Anwartschaft automatisch zum Vollrecht: Der Arbeitnehmer kann die Leistung der bAV verlangen. Bis zum Eintritt dieser Bedingung hat der Arbeitnehmer jedoch bereits eine gesicherte Rechtsposition, gesichert vor allem durch die Bestimmungen des BetrAVG, die insbesondere die Unverfallbarkeit der Zusage und somit eine Stärkung der Anwartschaft selbst in § 1b BetrAVG vorsehen.

---

[244] Bedenken finden sich auch bei BAG v. 29. 1. 1991, VersR 1991, 682 f.; BAG v. 12. 2. 1975, RdA 1975, 207.

[245] LAG Rheinland-Pfalz v. 16. 9. 1996, DB 1997, 1140 lässt die Freitodklausel hingegen zu.

[246] Das BAG hat, ohne explizit den BGH zu zitieren, auch schon vor Aufnahme des Begriffes in das Gesetz Anwartschaften angenommen, insbesondere um auch ohne gesetzliche Anordnung die Unverfallbarkeit von Versorgungsanwartschaften zu begründen, BAG v. 10. 3. 1972, VersR 1972, 735.

[247] In der Rechtsprechung erstmals BGH v. 5. 1. 1955, NJW 1955, 544; dann v. a. BGH v. 18. 12. 1967, BGHZ 49, 197, 201 = NJW 1968, 493.

[248] *Griebeling,* Rn. 345; *Höfer,* ART Rn. 973 ff.; *Schaub,* § 83 Rn. 126.

II. Die Unverfallbarkeit der Ansprüche

§ 1 b BetrAVG enthält seit dem 1. 1. 2001 unter leichten inhaltlichen Abänderungen die frü-   **66**
heren Regelungen des § 1 BetrAVG zur Unverfallbarkeit der aus einer Zusage zur betrieblichen Altersversorgung stammenden Ansprüche. Verständlich werden die dortigen Bestimmungen nur, wenn man sich vor Augen führt, dass bis zu einer Grundsatzentscheidung des
BAG aus dem Jahr 1972 Verträge zur Begründung einer bAV regelmäßig – von der Rechtsprechung auch nicht weiter beanstandete[249] – sog. **Verfallklauseln** enthielten. Diesen zufolge
wurden zugesagte Versorgungsleistungen nur dann fällig, wenn der Versorgungsfall während
der aktiven Dienstzeit beim zusagenden Unternehmen eintrat. Leistungsvoraussetzung war somit vor allem der Bestand des Arbeitsverhältnisses bis zum Eintritt des Versorgungsfalles. Daraus folgte, dass bei einem Arbeitsplatzwechsel die Versorgungsanwartschaft endgültig und in
vollem Umfang unterging, ohne dass der Arbeitnehmer hierfür einen finanziellen Ausgleich
erhielt[250]. Diese Rechtslage hat das BAG in einem Grundsatzurteil 1972 im Wege richterlicher
Rechtsfortbildung, die auch vom BVerfG gutgeheißen wurde, abgelöst und eine Unverfallbarkeit dieser Anwartschaft postuliert[251]. Darauf aufbauend gestaltete auch der Gesetzgeber die
Rechtslage dementsprechend; die Folge ist die heutige Bestimmung in § 1 b BetrAVG, der somit dem Umstand Rechnung trägt, dass ein Verlust der Versorgungsanwartschaft einerseits den
Arbeitnehmer unbillig hart treffen würde und andererseits auch nicht mit der Vorstellung vom
Entgeltcharakter der Leistungen kompatibel wäre, da das Entgelt – in Form der Zusage – durch
den Arbeitnehmer bereits erarbeitet und verdient wurde.

1. Allgemeine Voraussetzungen der Unverfallbarkeit

Erhält ein Arbeitnehmer eine Zusage seines Arbeitgebers für eine bAV in einem der dazu   **67**
möglichen fünf Durchführungswege, so erwirbt er eine diesbezügliche unverfallbare Anwartschaft auf die Leistungen, wenn das Arbeitsverhältnis vor Eintritt des Versorgungsfalls, jedoch
nach Vollendung des 30. Lebensjahres endet und die Versorgungszusage zu diesem Zeitpunkt
mindestens fünf Jahre bestanden hat, § 1 b Abs. 1 S. 1 BetrAVG[252]. Angesichts des Umstands,
dass das Gesetz, wie in § 17 Abs. 3 S. 3 BetrAVG deutlich formuliert, lediglich Mindestvorschriften enthält, ist es den Parteien in Folge der ihnen zukommenden Privatautonomie freigestellt, sehr viel weitergehende, d. h. für den Arbeitnehmer günstigere Regelungen zu vereinbaren[253]. Denkbar ist bei einer derartigen sog. **Unverfallbarkeit kraft Vertrages**[254] etwa
die Anrechnung von Vordienstzeiten in einem früheren Arbeitsverhältnis[255]; der Arbeitgeber
kann darüber hinaus auch vollständig davon absehen, überhaupt eine Mindestverweildauer
im Arbeitsverhältnis als Bedingung für das Vollrecht vorzusehen und eine sofortige Unverfallbarkeit der Anwartschaft zusagen[256].

Enthält die vertragliche Regelung keine oder aber zu enge Bestimmungen, greift die **Un-**   **68**
verfallbarkeit kraft Gesetzes ein. Ohne die Verfallbarkeit vollständig auszuschließen, sieht
§ 1 b Abs. 1 S. 1 BetrAVG doch eine erhebliche Begrenzung der Möglichkeit vor, in einer vertraglichen Versorgungszusage eine Verfallsklausel aufzunehmen. Gesetzestechnisch enthält die
Vorschrift Bestimmungen zur Unverfallbarkeit von Anwartschaften aus direkten, unmittelbaren Versorgungszusagen; Regelungen und Besonderheiten für die anderen Wege der bAV ergeben sich demgegenüber aus den nachfolgenden Absätzen. Das Ziel der Vorschrift liegt da-

---

[249] BAG v. 19. 12. 1965, BB 1966, 165; BAG v. 25. 2. 1960, NJW 1960, 1685; BAG v. 14. 12. 1956, BB
1957, 221.

[250] Die bAV wurde somit zu einer „goldenen Fessel", vgl. *Förster/Rühmann/Cisch,* § 1 Rn. 1.

[251] BAG v. 10. 3. 1972, VersR 1972, 735, zu A II 2b 2 der Gründe.

[252] In der Fassung gültig bis 31. 12. 2008.

[253] *Förster/Rühmann/Cisch,* § 1 Rn. 7.

[254] „Kraft Vertrags" kann dabei auch ein Tarifvertrag oder eine Betriebsvereinbarung sein.

[255] Dazu BAG v. 27. 2. 1990, VersR 1990, 1299; BAG v. 26. 9. 1989, VersR 1990, 293.

[256] *Griebeling,* Rn. 347; dies führt dazu, dass der Fürsorgecharakter der Leistung besonders im Vordergrund steht, vgl. oben Rn. 8.

rin, dem Zusagebegünstigten einen Bestandsschutz zu gewähren, sobald bestimmte zeitliche Voraussetzungen erfüllt sind. Der Eintritt der gesetzlichen Unverfallbarkeit ist dabei ausschließlich abhängig von der Erfüllung dieser Fristen; auf welcher Rechtsgrundlage das Arbeitsverhältnis beendet worden ist[257], ist demgegenüber in gleicher Weise unerheblich wie der Rechtsgrund, auf dem die Versorgungszusage beruht. Die Erfüllung der Fristen ist jedoch zugleich auch *conditio sine qua non*: Endet das Arbeitsverhältnis nämlich, ohne dass diese Voraussetzungen erfüllt sind, verfällt die Versorgungsanwartschaft endgültig und ohne sonstigen Wertausgleich[258].

69   **a)** Unverfallbar wird die Anwartschaft nach dem Gesetz erst, wenn die Versorgungszusage zum Zeitpunkt des Versorgungsfalls **mindestens fünf Jahre** bestanden hat[259]. Der diesbezügliche Fristbeginn fällt regelmäßig mit der Vereinbarung der Zusage selbst zusammen, unabhängig davon, auf welchem Wege diese erfolgt. Die Frist berechnet sich nach den §§ 187 ff. BGB. Daraus folgt nicht zuletzt, dass die Frist bis auf den letzten Tag erfüllt sein muss; ein Unterschreiten der Frist lässt, auch wenn es sich nur um wenige Tage handelt, eine unverfallbare Anwartschaft nicht entstehen[260]. Eine Zusammenrechnung von unterschiedlichen, bei einem Arbeitgeber verbrachten Arbeitszeiten kommt, sofern sich aus dem Vertrag nichts anderes ergibt[261], regelmäßig nicht in Betracht[262]. Dies gilt sogar bei einem engen inneren, sachlichen Zusammenhang des späteren mit dem früheren Arbeitsverhältnis[263] und ergibt sich aus zwei Überlegungen. Zum einen ist eine Leistung der bAV immer auch eine Gegenleistung für die **erbrachte Betriebstreue**. Diese muss ununterbrochen gewährt werden; sonst liegt schon begrifflich keine Treue im engeren Sinne vor. Zum anderen widerspräche die Zulassung einer Unterbrechung auch den Interessen des Arbeitgebers, der hinreichend verlässlich planen können muss[264].

70   Während der **Beginn** der Fünfjahresfrist bei dem Abschluss einer einzelvertraglichen Versorgungszusage noch verhältnismäßig leicht zu bestimmen ist und der oben genannten Grundregel folgt, ist bei den anderen Rechtsgrundlagen für eine derartige Zusage zu differenzieren. Bei dem Rechtsgrund der Gesamtzusage, bei der auf eine Annahmeerklärung durch den Arbeitnehmer gem. § 151 BGB verzichtet wird, ist der Fristbeginn mit dem Zugang des Versorgungsversprechens beim Arbeitnehmer bzw. mit deren Bekanntmachung anzusetzen[265]. Bei Eintritt des Arbeitnehmers erst nach Erteilung der Gesamtzusage ist der Zeitpunkt der Aufnahme der Tätigkeit maßgeblich[266]. Vergleichbares gilt, wenn der Anspruch auf die Versorgungsleistung auf einer kollektivrechtlichen Vereinbarung, also auf Betriebsvereinbarung oder Tarifvertrag beruht. In diesen Fällen ist ebenfalls grundsätzlich deren Inkrafttreten für den Fristbeginn maßgeblich, frühestens jedoch der Beginn des Arbeitsverhältnisses bzw. die Aufnahme der Tätigkeit durch den versorgungsberechtigten Mitarbeiter[267]. Liegt der Versorgungszusage eine **betriebliche Übung** als Rechtsgrund zugrunde, so beginnt die

---

[257] In Betracht kommen also etwa Kündigung, Aufhebungsvertrag, Zeitablauf bei zulässiger Befristung etc.; vgl. BAG v. 19. 10. 1982, DB 1984, 1735.

[258] *Höfer*, ART Rn. 974;. *Schaub*, § 83 Rn. 126.

[259] Nach dem aktuellen Gesetzesentwurf eines Gesetzes zur Förderung der betrieblichen Altersversorgung v. 8. 8. 2007 bleibt die 5-jährige Zusagedauer auch über das Jahr 2008 hinaus bestehen.

[260] BAG v. 7. 8. 1975, VersR 1976, 694.

[261] Eine solche Vereinbarung ist als Besserstellung des Arbeitnehmers gem. § 17 Abs. 3 S. 3 BetrAVG zulässig, vgl. BAG v. 9. 3. 1982, DB 1982, 2089; BAG v. 3. 8. 1978, NJW 1979, 446.

[262] BAG v. 29. 9. 1987, NZA 1988, 311; BAG v. 14. 4. 1980, NJW 1981, 1112; jüngst bestätigt durch den BGH v. 28. 4. 2004, VersR 2005, 140.

[263] Anders hingegen ist die Situation bei der Zusammenrechnung der Zeiten im Zusammenhang mit der Wartezeit beim Kündigungsschutz, s. dazu BAG v. 14. 8. 1980, NJW 1981, 1112.

[264] So mit Recht ErfK/*Steinmeyer*, § 1b BetrAVG Rn. 15; dazu auch *Kemper*, Die Unverfallbarkeit betrieblicher Versorgungsanwartschaften von Arbeitnehmern, 1977, 83.

[265] *Förster/Rühmann/Cisch*, § 1 Rn. 101; *Langohr-Plato*, Rn. 331.

[266] ErfK/*Steinmeyer*, § 1b BetrAVG Rn. 12.

[267] BAG v. 6. 3. 1984, VersR 1985, 275.

Frist frühestens mit der Aufnahme der Tätigkeit für das zusagende Unternehmen bzw. zu dem Zeitpunkt, in dem der Arbeitgeber nicht mehr frei über das „Ob" der Leistungsgewährung entscheiden und der Mitarbeiter aufgrund des bisherigen Verhaltens seines Arbeitgebers auf eine auch zukünftige Gewährung betrieblicher Versorgungsleistungen vertrauen kann[268]. Beruht schließlich die Versorgungszusage auf dem arbeitsrechtlichen **Gleichbehandlungsgrundsatz**, so ist für den Fristbeginn, für den maßgeblich ist, dass der Grundsatz selbst anspruchsbegründende Wirkung hat, der Moment entscheidend, in dem der Arbeitgeber den Tatbestand der unzulässigen Differenzierung gesetzt hat, in dem also der Arbeitgeber die Zusage gleichbehandlungswidrig anderen Arbeitnehmern erteilt hat. Hier kann daher im Einzelfall auch eine unbegrenzte Rückwirkung der Einbeziehung bislang nicht begünstigter Mitarbeiter erforderlich sein[269].

Für das Entstehen einer Anwartschaft und den Ablauf der Fünfjahresfrist ist nicht zwangs- 71 läufig erforderlich, dass der Arbeitnehmer diese Zeit innerhalb desselben Betriebs verbracht hat. Entscheidend ist vielmehr, dass die Zeit bei ein und demselben Arbeitgeber zurückgelegt worden ist, also eine dauerhafte arbeitsvertragliche Bindung zu diesem besteht. Entsprechend dem Sinn und Zweck der Bestimmungen des BetrAVG, das auch Entgelt im Sinne der dem Arbeitgeber entgegengebrachten Betriebstreue schützen will, gilt als **Betriebszugehörigkeit** daher unstreitig auch die Zugehörigkeit zu einem anderen Betrieb des gleichen Unternehmens, also eine Unternehmenszugehörigkeit[270]. Schwieriger hingegen ist die Situation zu beurteilen, in der ein Wechsel innerhalb eines **Konzerns** stattfindet. Denn die in einem Konzernverbund zusammengeschlossenen Arbeitgeber sind rechtlich selbstständig. Wechselt also ein Arbeitnehmer von einer Konzerngesellschaft in eine andere, so findet regelmäßig auch ein Arbeitgeberwechsel statt, so dass auch die Betriebszugehörigkeit entfiele. Mit diesem Argument und unter Verweis darauf, dass zum einen schon begrifflich keine „Betriebs"-Treue vorliege, zum anderen aber auch deshalb keine enge Bindung mehr zum alten Arbeitgeber, da etwa auch keine Weisungsbefugnis mehr bestehe, wird die Ausdehnung des Schutzes des BetrAVG auf konzerninterne Arbeitsplatzwechsel zum Teil verneint[271]. Diese Sicht ist jedoch zu eng und wird weder dem Schutzinteresse des BetrAVG noch dem Schutzbedürfnis der Arbeitnehmer noch der Rechtswirklichkeit hinreichend gerecht. Zwar ist ihr zuzugeben, dass unter ausschließlich rechtlich-dogmatischen Gesichtspunkten tatsächlich ein Arbeitgeberwechsel stattfindet. Doch kann man in diesen Fällen von einer Betriebstreue deshalb ausgehen, weil der Arbeitnehmer zwar in den unterschiedlichen Unternehmen, aber stets demselben Konzern dient, dem gegenüber er treu bleibt. Letztlich ist die Aufteilung in verschiedene Bereiche meist praktischer Natur, im Hintergrund bleibt jedoch realiter nur „ein Gegenüber", zu dessen Wertschöpfung der Arbeitnehmer an verschiedenen Stellen „treu" beiträgt. Daher ist ihm aufgrund seiner bleibenden „Konzernzugehörigkeit" auch der Erhalt seiner Anwartschaft auf eine bAV zu bewahren, selbst wenn er formal den Arbeitgeber wechselt[272]. Die Praxis behilft sich in diesem Problem ohnehin häufig sehr pragmatisch: Auf der Grundlage der ihr zustehenden Vertragsfreiheit trifft sie vertragliche Absprachen, die einerseits die vom Arbeitgeber gewünschte konzerninterne Mobilität fördern, andererseits den Schutzinteressen des Arbeitnehmers an Aufrechterhaltung seiner betrieblichen Altersversorgung Rechnung tragen, beispielsweise durch eine Zusage, die Dienstzeit im Konzern werde als einheit-

---

[268] BAG v. 29. 10. 1985, NZA 1985, 398; BAG v. 19. 6. 1980, NJW 1981, 188.
[269] BAG v. 14. 10. 1986, NZA 1987, 445; *Griebeling*, Rn. 362; *Höfer*, § 1b Rn. 2770.
[270] *Blomeyer/Rolfs/Otto*, § 1b Rn. 269.
[271] *Stief*, Der Begriff der betrieblichen Altersversorgung, 1992, 135; *Forsbach*, in: Betriebliche Altersversorgung im Umbruch, hrsg. v. Beratungs-GmbH für Altersversorgung, 1980, 188 (191); *Weyer*, Die Zugehörigkeit eines Arbeitnehmers zu einem Konzern als Rechtsproblem des BetrAVG, 1984, 87 ff.; *Blomeyer/Rolfs/Otto*, § 1b Rn. 272.
[272] Unentschieden nach wie vor die oberste Rechtsprechung, vgl. BAG v. 6. 10. 1992, NZA 1993, 316; BAG v. 25. 10. 1988, NZA 1989, 177; wie hier ErfK/*Steinmeyer*, § 1b BetrAVG Rn. 17; *Höfer*, § 1b Rn. 2926; *Henssler*, Der Arbeitsvertrag im Konzern, 1983, 154; *Hanau*, ZfA 1976, 488; *Schwerdtner*, ZfA 1987, 168 (173).

liche Betriebszugehörigkeit behandelt oder die jeweiligen Verdienstzeiten seien anzurechnen[273].

72   Ähnlich pragmatisch lassen sich **Auslandsaufenthalte** behandeln, in denen ein Arbeitsverhältnis nur mit der ausländischen Konzerngesellschaft besteht: Die innerstaatliche Gesellschaft bleibt in diesen Fällen Versorgungsschuldnerin, auch wenn sie nicht mehr Arbeitgeberin ist[274]. Für Fälle mit europäischer Auslandsberührung ist zudem zweierlei zu beachten: Zum einen hat der EuGH zu Recht aus Art. 48 Abs. 1 EWG-Vertrag, heute Art. 39 EG einen Anspruch auf Anrechnung der Wehrdienstzeit auf die Betriebszugehörigkeit abgeleitet[275]. Zum anderen erhält § 1b Abs. 1 BetrAVG am Ende seit dem AVmG eine lediglich deklaratorische Klarstellung, dass bei einem grenzüberschreitenden Wechsel des Arbeitsplatzes innerhalb der EU Anwartschaften in gleicher Weise wie bei einem Arbeitsplatzwechsel innerhalb Deutschlands erhalten bleiben. Auf diese Weise wird die Richtlinie 98/49/EG vom 29. 6. 1998 zur Wahrung ergänzender Rentenansprüche von Arbeitnehmern und Selbstständigen, die innerhalb der Europäischen Gemeinschaft zu- und abwandern, umgesetzt[276].

73   b) Zu dieser erstgenannten Frist kommt hinzu, dass die Zusage, die dem Arbeitnehmer für Leistungen aus der bAV gegeben worden ist, nur dann als unverfallbare Anwartschaft erhalten bleibt, wenn das Arbeitsverhältnis vor Eintritt des Versorgungsfalls endet und der Arbeitnehmer ein bestimmtes **Mindestalter** erreicht hat. hat. Die Berechnung folgt hier gem. der Bestimmung des § 187 Abs. 2 S. 2 BGB. Das AVmG hat diesbezüglich zu einer Herabsetzung der ursprünglichen Altersgrenze[277] um fünf Jahre, von vormals 35 Jahren auf 30 Jahren geführt, um auf diese Weise die Mobilität zu fördern und europäischen Vorgaben und Entwicklungen Rechnung zu tragen[278]. Darüber hinaus wurde auf diese Weise versucht, einer möglichen, wenngleich zahlenmäßig nicht belegten[279] Frauendiskriminierung zu begegnen, da Frauen wegen der Geburt oder Versorgung von Kindern häufig genötigt sein könnten, ihre Arbeitsverhältnisse gerade im Zeitraum bis zum 35. Lebensjahr zu beenden[280]. Aus diesem Grund sieht der aktuelle Entwurf eines Gesetzes zur Förderung der betrieblichen Altersversorgung[281] eine Senkung des Mindestalters auf 25 Jahre vor. Die neue Regelung soll für Versorgungszusagen gelten, die nach dem 31. 12. 2008 zugesagt werden[282]. Das BetrAVG will sich damit den europarechtlichen Vorgaben aus der Portabilitätsrichtlinie annähern[283].

74   c) Für den Eintritt der Unverfallbarkeit sind über die genannten beiden Fristen hinaus verschiedene weitere Aspekte bedeutsam. § 1b Abs. 1 S. 2 BetrAVG schützt die Unverfallbarkeit in den Fällen, in denen ein Arbeitnehmer seinen Betrieb oder sein Unternehmen aufgrund einer **Vorruhestandsregelung** früher als geplant verlässt. Er behält seine Anwartschaft näm-

---

[273] *Griebeling,* Rn. 382; diese Möglichkeit wird auch von den Gegnern der Anerkennung der Konzernzugehörigkeit akzeptiert, s. nur *Paulsdorff,* § 7 Rn. 350.
[274] BAG v. 6. 8. 1985, BB 1986, 1506; s. auch LAG Frankfurt vom 2. 4. 2003, Az. 8 Sa 801/02 (juris).
[275] EuGH v. 15. 10. 1969, AP Nr. 2 zu Art. 177 EWG-Vertrag; ebenso BAG v. 20. 5. 1988, NZA 1989, 464; BAG v. 27. 2. 1969, AP Nr. 1 zu Art. 177 EWG-Vertrag; zustimmend ErfK/*Steinmeyer,* § 1b BetrAVG Rn. 19.
[276] Zu der Richtlinie s. *Steinmeyer,* EuZW 1999, 645; *Kemper,* in: *Kemper/Kisters-Kölkes/Berenz/Bode/Pühler,* § 1b Rn. 120.
[277] Die 35-Jahres-Grenze sollte vor allem berücksichtigen, dass die Fluktuationsrate bis zum 35. Lebensjahr meist noch recht hoch ist, BT Drucks. 7/2843, 7; zur Herabsetzung vgl. auch *Reinecke,* NJW 2001, 3511 (3515).
[278] BTDrucks. 14/4595, 68.
[279] *Beyer,* BB 1994, 653 (657); a. A. jedoch *Schoden,* JArbBl Bd. 20 (1982), 24
[280] Keine geschlechtbedingte Benachteiligung BAG v. 18. 10. 2005, VersR 2006, 817; zuvor schon ablehnend zu diesen Bedenken LAG Hamm v. 19. 12. 1989, DB 1990, 590; zustimmend *Förster/Rühmann/Cisch,* § 1b Rn. 7; a. A. hingegen *Schaub,* § 83, Rn. 93; lt. Lingemann/Müller, BB 2007, 2006, 2009 m. w. N. ist die Mindestaltersregelung auch mit § 10 Nr. 4 AGG vereinbar; eher zweifelnd bzgl. einer möglichen Altersdiskriminierung *Langohr-Plato,* jurisR-ArbR 22/2006 Anm. 4.
[281] BR-Drucks. 540/07 v. 10. 8. 2007.
[282] Übergangsregelungen sollen sich in einem zukünftigen § 30f Abs. 2 BetrAVG finden.
[283] *Höfer,* DB 2007, 1922 (1923).

lich dieser Bestimmung zufolge auch dann, wenn er auf Grund einer Vorruhestandsregelung ausscheidet und ohne das vorherige Ausscheiden die Wartezeit und die sonstigen Voraussetzungen für den Bezug von Leistungen der betrieblichen Altersversorgung hätte erfüllen können. Der Arbeitnehmer wird folglich so behandelt, als wäre er nicht vorzeitig ausgeschieden. Erforderlich ist jedoch eine Kausalität zwischen Ausscheiden und Vorruhestandsregelung[284]. Ob diese Bestimmung auch auf Vorruhestandsregelungen außerhalb des VRG anwendbar ist, ist bestritten[285], jedoch schon aufgrund des insofern indifferenten Wortlauts der Norm, die bloß allgemein von „einer Vorruhestandsregelung" spricht, zu bejahen[286].

Eine Reihe von, vor allem älteren, Versorgungszusagen steht zudem unter dem Vorbehalt **75** der Erfüllung sog. „Wartezeiten" sowie sog. „Vorschaltzeiten", aufgrund derer der Anspruch auf die Versorgungsleistung erst frühestens mit Ablauf dieser Fristen entsteht. Dies unterscheidet sie von den Unverfallbarkeitsfristen: Denn nach der Warte- bzw. Vorschaltfrist richtet sich, ob überhaupt ein Anspruch auf bAV erwächst. Nach der Unverfallbarkeitsfrist hingegen bestimmt sich, ob der Arbeitnehmer bei Stellenwechsel die Anwartschaft mitnehmen kann, sie ihm also erhalten bleibt[287]. Die **Wartezeit** ist, mit anderen Worten, Anspruchsvoraussetzung. Sie gibt an, welche Zeit oder welche Dienstzeit verstrichen sein muss, damit das Vollrecht, also der unbedingte Anspruch auf die Leistung, entsteht. Auf der Basis der Privatautonomie, die auch durch § 10 Nr. 4 AGG nicht eingeschränkt wurde[288], kann der Arbeitgeber demzufolge zusätzliche zeitliche Voraussetzungen für den Anspruchserwerb aufstellen; regelmäßig wird dabei das Ruhegeld nur dann gezahlt, wenn der Arbeitnehmer gewisse Mindestdienstzeiten von meist fünf bis fünfzehn Jahren zurückgelegt hat. Denkbar sind jedoch auch erheblich längere Wartezeiten[289]. In diesen Fällen kann die Wartezeit nach § 1b Abs. 1 S. 5 BetrAVG auch außerhalb des Arbeitsverhältnisses und auch noch nach Eintritt des Versorgungsfalls erfüllt werden; denn der Ablauf der Wartezeit wird durch Beendigung des Arbeitsverhältnisses nach Eintritt der Unverfallbarkeit nicht berührt[290]. Durch diese Bestimmung wird verhindert, dass der Zweck der Unverfallbarkeitsregelung durch die Festsetzung von Wartezeiten unterlaufen wird[291].

Von den Wartezeiten wiederum sind sog. **Vorschaltzeiten** zu unterscheiden. Eine solche **76** bezweckt, dass erst nach Ablauf einer bestimmten Frist die Versorgungszusage wirksam erteilt werden oder aber als wirksam erteilt gelten soll. Es handelt sich also um Zeiten, die der Arbeitnehmer zurückgelegt haben muss, bevor die Zusage erteilt (oder als erteilt fingiert) wird[292]. Da derartige Zeiten missbräuchlichen Gestaltungen zu Lasten der Arbeitnehmer Tür und Tor zu öffnen vermögen, hat die Rechtsprechung schon sehr früh derartige „Zusagen auf den Abschluss einer zukünftigen Versorgungszusage" inhaltlich als Versorgungszusage im Sinne von § 1 BetrAVG gewertet. Denn als Zusage gilt insofern jede Form der Begründung einer Versorgungsanwartschaft, bei der das Erstarken zum Vollrecht nur noch eine Frage der Zeit ist, also allein vom Umfang der geleisteten Betriebstreue abhängt[293]. Dem ist dann zuzustimmen, wenn dem Arbeitgeber nach Ablauf der vereinbarten Vorschaltzeit kein Entscheidungsspielraum mehr über den Inhalt und Umfang der zu erteilenden Versorgungszu-

---

[284] Dazu und zu der stark abnehmenden Bedeutung dieser Vorschrift aufgrund des Umstandes, dass das VRG für die Zeit nach dem 1. 1. 1989 gem. § 14 VRG nur noch eingeschränkt anwendbar ist, ErfK / *Steinmeyer*, § 1b BetrAVG Rn. 29.

[285] Etwa von *Blomeyer/Rolfs/Otto*, § 1b Rn. 109 m. w. N.; ähnlich *Höfer*, § 1b Rn. 2699.

[286] Ebenso ErfK / *Steinmeyer*, § 1b BetrAVG Rn. 29; *Kemper*, in: *Kemper/Kisters-Kölkes/Berenz/Bode/ Pühler* § 1b Rn. 115.

[287] BGH v. 25. 1. 1993, NJW-RR 1993, 679; *Förster/Rühmann/Cisch*, § 4 Rn. 13.

[288] Einzelheiten dazu Förster/Rühmann/Cisch, § 1b Rn. 19.

[289] Extrembeispiel sind die 35 Jahre in LAG Köln v. 10. 11. 1992, LAGE Nr. 14 zu § 1 BetrAVG.

[290] Dazu auch BAG v. 28. 2. 1989, VersR 1989, 935; BAG v. 18. 3. 1986, VersR 1987, 83.

[291] ErfK / *Steinmeyer*, § 1b BetrAVG Rn. 37.

[292] *Langohr-Plato*, Rn. 366

[293] BAG v. 15. 12. 1981, VersR 1982, 503; BAG v. 21. 8. 1980, VersR 1981, 365; BAG v. 13. 7. 1978, VersR 1979, 553; BGH v. 4. 5. 1981, NJW 1981, 2409.

sage verbleibt. Denn in diesen Fällen wirkt sich diese Zeit lediglich wie eine Wartezeit aus, da die Zusageerteilung ausschließlich vom Ablauf einer bestimmten Frist abhängt. Die förmliche Erteilung der Versorgungszusage nach Ablauf der Mindestdienstzeit ist somit also ohne jegliche Bedeutung[294]. Anders hingegen kann zu urteilen sein, wenn dem Arbeitgeber tatsächlich noch ein Entscheidungsspielraum verbleibt[295]. Ob man in diesen Fällen dann den Fristbeginn tatsächlich erst mit Erteilung der formellen Zusage ansetzt, ist jedoch einzelfallabhängig.

77   **d)** Sind die aufgezeigten Voraussetzungen erfüllt, so ist die **Rechtsposition** des bedingt berechtigten Arbeitnehmers **gesichert.** Er hat eine unverfallbare Anwartschaft auf die Leistung einer betrieblichen Altersversorgung. Scheidet der Arbeitnehmer also aus dem Unternehmen aus, so erhält er bei Eintritt des Versorgungsfalles gem. § 2 BetrAVG einen seiner tatsächlichen Betriebszugehörigkeit entsprechenden Teil der zugesagten Betriebsrente[296].

2. Besonderheiten bei den einzelnen Durchführungswegen der bAV

78   Da das Gesetz in seinen Bestimmungen, v. a. in § 1b Abs. 1 BetrAVG, von dem Grundfall der unmittelbaren Versorgungszusage ausgeht, ergeben sich in den Folgeabsätzen dieser Norm einige **Besonderheiten** hinsichtlich der Unverfallbarkeit von Anwartschaften und Leistungen der übrigen Durchführungswege der bAV. Diesbezüglich sind die Besonderheiten, die sich daraus ergeben, dass sich der Arbeitgeber in diesen Fällen rechtlich selbstständiger Einrichtungen bedient, um seiner Versorgungszusage nachzukommen, unter Reminiszenz an die ebenfalls berührten Eigenarten des Privatversicherungsrechts zu berücksichtigen.

79   **a)** Bei der **Direktversicherung** schließt der Arbeitgeber eine LebensV auf das Leben des Arbeitnehmers ab und räumt diesem oder seinen Hinterbliebenen ein Bezugsrecht ganz oder teilweise ein, § 1b Abs. 2 S. 1 BetrAVG. Das Charakteristikum dieses Weges der betrieblichen Altersversorgung liegt darin, dass zwei verschiedene Vertragskonstruktionen auseinanderzuhalten sind: der Versicherungsvertrag zwischen Arbeitgeber und VR nach § 166 VVG als Vertrag zugunsten Dritter gem. § 328 BGB (Deckungsverhältnis) auf der einen Seite, der Arbeitsvertrag auf der anderen Seite (Valutaverhältnis). Versicherungsrechtlich ist der Arbeitgeber nun grundsätzlich zum Widerruf der Versorgungszusage berechtigt; denn das versicherungsrechtliche Widerrufsrecht bleibt durch das BetrAVG zunächst unangetastet. Doch bestimmt § 1b Abs. 2 S. 1 BetrAVG, dass bei Vorliegen der oben geschilderten Unverfallbarkeitsvoraussetzungen der Arbeitgeber nunmehr arbeitsrechtlich dazu verpflichtet ist, das Bezugsrecht des Arbeitnehmers nicht zu widerrufen. Das Bezugsrecht des Arbeitnehmers wandelt sich also von einem grundsätzlich widerruflichen in ein (in arbeitsrechtlicher Sicht) unwiderrufliches Bezugsrecht um. Widerruft der Arbeitgeber dennoch, wozu er versicherungsrechtlich in der Lage ist, so macht er sich dem Arbeitnehmer gegenüber schadensersatzpflichtig[297]. Die Unverfallbarkeit führt somit zu einer (auch arbeitsrechtlich wirkenden) Unwiderruflichkeit des Bezugsrechts.

80   Darüber hinaus hat der Eintritt der Unverfallbarkeit auch dann Auswirkungen, wenn der Arbeitgeber die Versicherung beliehen, verpfändet oder abgetreten hat[298]. Denn § 1b Abs. 2 S. 3 BetrAVG legt ihm die Pflicht auf, diese Verfügung rückgängig zu machen, wenn der Versicherungsfall eintritt. Er muss den Arbeitnehmer dann so stellen, als wäre die **wirtschaftliche Verfügung** nicht erfolgt. Ist dies nicht möglich, so ist der Arbeitgeber im Wege der Naturalrestitution gem. § 249 BGB zum Ersatz des Schadens verpflichtet und muss den Arbeitnehmer so stellen, als ob die Verfügung nicht erfolgt wäre.

---

[294] BAG v. 7. 7. 1977, VersR 1977, 1067; *Förster/Rühmann/Cisch,* § 1b Rn. 11; *Schaub,* § 83 Rn. 87; *Griebeling,* Rn. 306; bestätigt BAG v. 24. 2. 2004, VersR 2005, 528.

[295] BAG v. 24. 2. 2004, VersR 2005, 528; ErfK/*Steinmeyer,* § 1b BetrAVG Rn. 14; für den Fall, dass die Ankündigung einer Zusageerteilung von dem noch ungewissen Erreichen einer bestimmten Funktion oder Position abhängig gemacht wird, BAG v. 20. 4. 1982, NJW 1983, 414; dem folgend etwa *Griebeling,* Rn. 310; *Höfer,* § 1b Rn. 826.

[296] Zu den Einzelheiten des § 2 BetrAVG s. Rn. 105 ff.

[297] BAG v. 28. 7. 1987, VersR 1988, 255; *Schoden,* § 1b Rn. 108.

[298] MünchHdb/*Förster/Rühmann,* § 107 Rn. 43.

Eine Modifikation erfährt die Unverfallbarkeitsregelung bei der Direktversicherung hin- **81** sichtlich des **Fristbeginns.** Anders als bei der unmittelbaren Versorgungszusage, bei der der Fristbeginn ja regelmäßig mit der Vereinbarung der Zusage selbst zusammenfällt, richtet sich der Beginn hier gem. § 1 b Abs. 2 S. 4 BetrAVG nach dem Versicherungsbeginn, frühestens jedoch nach dem Beginn des Beschäftigungsverhältnisses. Dies ist schon deshalb konsequent, weil das Gesetz auch in der Legaldefinition der Direktversicherung nur Bezug auf das Versicherungsverhältnis nimmt. Mit dem Terminus „Versicherungsbeginn" ist hier der technische Versicherungsbeginn gemeint, d. h. der Beginn des Zeitraumes, für den eine Prämie zu zahlen ist[299].

b) Auch für die Unverfallbarkeit von Anwartschaften auf Leistungen einer **Pensionskasse** **82** oder eines **Pensionsfonds** sind gewisse **Besonderheiten** zu beachten, die das BetrAVG in seinem § 1 b Abs. 3 geregelt hat. Für beide Durchführungswege bestimmt diese Vorschrift die entsprechende Anwendung des Abs. 1, d. h. der bereits dargestellten Voraussetzungen für den Eintritt der Unverfallbarkeit der Anwartschaft. Dabei ist jedoch zu berücksichtigen, dass bei der Versorgung über eine der beiden genannten Möglichkeiten der Arbeitnehmer selbst Mitglied der Kasse und VN ist, so dass der Arbeitgeber sein Bezugsrecht ohnehin nicht widerrufen kann. Daraus folgt, dass die analoge Anwendung des Abs. 1 lediglich dazu führt, dass der Arbeitnehmer seine Rechtsposition im Fall des vorzeitigen Ausscheidens nicht verliert. Ein Unterschied zur Grundregel hinsichtlich der unmittelbaren Zusage ergibt sich jedoch auch hier hinsichtlich des Fristbeginns. Doch die Bestimmung in § 1 b Abs. 3 S. 2 BetrAVG entspricht derjenigen zu der DirektV im vorangehenden Absatz, so dass insofern auf die dortigen Ausführungen verwiesen werden kann.

c) Bei der Zusage für eine Versorgung durch eine **Unterstützungskasse** kommt dem **83** Umstand eine besondere Bedeutung zu, dass diese dem Arbeitnehmer der gesetzlichen Definition zufolge keinen unmittelbaren Anspruch auf eine Leistung der bAV gewähren. Dies führt dazu, dass dementsprechend das Gesetz auch keine „Unverfallbarkeit" der Anwartschaft anordnen konnte. Stattdessen ordnet § 1 b Abs. 4 S. 1 BetrAVG zur Erreichung seines Ziels, trotz dieses „Mankos" einen Schutz der Versorgungsberechtigten zu gewährleisten, eine Gleichstellung an: Die Bestimmung sieht vor, die vorzeitig ausgeschiedenen Arbeitnehmer mit den bis zum Versorgungsfall im Betrieb Verbliebenen gleich zu behandeln. Mit diesem Kunstgriff vermeidet das Gesetz zwar die Anerkennung eines Anspruchs, doch hat diese sich durch die bereits ausgeführte Rechtsprechung erübrigt, die im Einklang mit der überwiegenden Literatur dem Arbeitnehmer auch bei der Unterstützungskasse entgegen dem Gesetzeswortlaut einen Rechtsanspruch auf die Gewährung des Ruhegeldes gewährt[300]. Wenn den begünstigten Arbeitnehmern daher nun auch von Gesetzes wegen nach wie vor kein Anspruch zusteht, so ordnet die genannte Gleichstellung gleichwohl die Aufrechterhaltung der bis zum Zeitpunkt des Ausscheidens erworbenen Anwartschaft an, sofern die zeitlichen Voraussetzungen für die Unverfallbarkeit nach Abs. 1 erfüllt sind. Hinsichtlich des Fristbeginns, also des Zeitpunkts der Versorgungszusage, bestimmt § 1 b Abs. 4 S. 2 BetrAVG, dass die Aufnahme in den Kreis der Begünstigten der Unterstützungskasse maßgeblich ist. Damit wird ausgedrückt, dass entscheidend die vom Arbeitgeber respektive von der Unterstützungskasse aufgestellten Zugehörigkeitsvoraussetzungen sind[301]. Dies führt dazu, dass die Rechtsprechung zu Vorschaltzeiten, Wartezeiten etc. auch bei der Festlegung des Zeitpunkts gilt, ab dem bei Unterstützungskassen eine unverfallbare Anwartschaft eintritt[302].

---

[299] Einzelheiten hierzu bei *Blomeyer,* DB 1979, 835 (838 f.).
[300] BAG v. 28. 11. 1989, NZA 1990, 557; BAG v. 28. 4. 1977, BB 1977, 1202; BAG v. 17. 5. 1973, VersR 1974, 43; *Steinmeyer,* 192; *Blomeyer/Rolfs/Otto,* § 1 b Rn. 311.
[301] ErfK /*Steinmeyer,* § 1 b BetrAVG Rn. 67.
[302] BAG v. 21. 8. 1980, VersR 1981, 365; BAG v. 13. 7. 1978, VersR 1979, 553; *Schoden,* § 1 b Rn. 129.

3. Besonderheiten bei der Entgeltumwandlung

84   Anders als bei den zuvor dargestellten Durchführungswegen der bAV handelt es sich bei dem nunmehr gesetzlich verankerten Anspruch auf Entgeltumwandlung um eine ausschließlich vom Arbeitnehmer durchgeführte Möglichkeit, die Altersversorgung zu sichern. Bislang wurde dem Bedürfnis, die dazu vom Arbeitnehmer aufgewandten Mittel zu schützen, in den vertraglichen Abmachungen Rechnung getragen: Dort war regelmäßig bestimmt, dass die Fristen bei der Entgeltumwandlung verkürzt oder aufgehoben wurden. Im Zweifelsfall ging man von einer sofortigen Unverfallbarkeit aus[303]. Nunmehr bestimmt **§ 1 b Abs. 5 BetrAVG** dies auch gesetzlich: Soweit bAV durch Entgeltumwandlung erfolgt, behält der Arbeitnehmer seine Anwartschaft, wenn sein Arbeitsverhältnis vor Eintritt des Versorgungsfalles endet. Ab dem 1. 1. 2001 erteilte Neuzusagen aus Entgeltumwandlung sind also ohne Mindestanforderungen zum Alter des Begünstigten oder zur Zusagedauer, also mit sofortiger Wirkung bereits bei Zusageerteilung unverfallbar[304]. Über diese allgemeine Bestimmung hinaus enthält die Vorschrift zudem einige besondere Schutzanordnungen für die Fälle, in denen die Entgeltumwandlung die Durchführungswege der Direktversicherung, Pensionskasse oder Pensionsfonds wählt[305].

III. Beseitigung und Widerruf von Leistungsansprüchen

85   Ist somit geklärt, wann eine Zusage zur Erbringung von Leistungen der bAV nicht hinfällig wird und die aus ihr folgenden Leistungsansprüche nicht ausgeschlossen werden, da sie unter den aufgeführten Umständen unverfallbar geworden ist, so gibt es gleichwohl Sachverhalte, in denen die Leistungen aus der Zusage **eingeschränkt** werden können **oder** sogar die Zusage selbst **widerrufen** werden kann. Dies beruht auf dem Gedanken, dass das Versprechen, eine bAV zu gewähren, nicht zuletzt auch aufgrund seiner Freiwilligkeit nicht unter allen Umständen oder in vollem Umfang aufrechtzuerhalten ist; denn diese Zusagen sind auf eine lange Zeit angelegt, so dass Korrekturen der betrieblichen Ruhegeldordnung und eine Anpassung an geänderte Umstände wie bei allen Dauerrechtsbeziehungen möglich sein und bleiben muss; denn einmal festgelegte Regelungen dürfen nicht versteinern[306].

86   Die mögliche Änderung einer einmal erteilten Versorgungszusage kann auf **unterschiedlichen Rechtsgrundlagen** beruhen[307]. Denkbar sind zum einen einseitige Widerrufsrechte des Zusagenden aus allgemeinen Rechtsgrundsätzen heraus; denkbar ist aber auch eine einvernehmliche Änderung der Zusage, sei es individual-, sei es kollektivrechtlich. Nicht erfasst ist in diesem Zusammenhang die Schließung eines Versorgungswerks. Denn aus einer solchen Schließung folgt lediglich, dass neu eintretende Arbeitnehmer keine Versorgungsansprüche mehr erwerben können. Demgegenüber bleibt die Versorgungsordnung für bereits vor der Schließung eingestellte Mitarbeiter in vollem Umfang bestehen[308].

1. Der einseitige Widerruf einer Versorgungszusage

87   Hat der Arbeitgeber sich einmal ohne Vorbehalt dazu verpflichtet, bei Eintritt eines entsprechenden Versorgungsfalls ein Ruhegeld zu gewähren, so ist er grundsätzlich an diese Zusage gebunden. Der Grundsatz **„pacta sunt servanda"** führt dazu, dass dann, wenn die gesetzlichen Unverfallbarkeitsfristen abgelaufen sind, eine einseitige, vom Arbeitgeber vorgenommene Änderung der Versorgungszusage oder gar ein Ausschluss des Bezugs der zugesag-

---

[303] Vgl. BAG v. 8. 6. 1993, VersR 1994, 378.

[304] *Grabner,* BetrAV 2003, 17 (19); *Kemper,* in: *Kemper/Kisters-Kölkes/Berenz/Bode/Pühler* § 1 b Rn. 121.

[305] Zu näheren Einzelheiten vgl. ErfK/*Steinmeyer,* § 1 b BetrAVG, Rn. 69; *Blomeyer,* DB 2001, 1413 (1415).

[306] So das BAG in seiner grundlegenden Entscheidung vom 30. 1. 1970, NJW 1970, 1620.

[307] Vgl. allgemein *Wiedemann,* FS Stimpel, 1985, 955.

[308] Zur Problematik einer hier in Betracht kommenden Stichtagsregelung, die zulässig ist, soweit sie dem Gleichbehandlungsgrundsatz entspricht, vgl. BAG v. 11. 9. 1980, NJW 1981, 2773; BAG v. 8. 12. 1977, VersR 1979, 93; *Hanau,* BB 1976, 91; *Langohr-Plato,* ZAP 2006, Fach 17, 879 f.

ten Leistungen prinzipiell nicht mehr möglich ist. Dies ergibt sich nicht nur aus dem genannten klassischen Vertragstreuegrundsatz, sondern auch wesentlich daraus, dass den betrieblichen Versorgungsleistungen vor allem Entgeltcharakter zuzumessen ist, die Betriebsrente somit als nachvertragliches Gehalt verstanden werden kann[309], welches als bereits verdient nicht ohne Weiteres wieder entzogen werden kann. Denn der Versorgungsberechtigte hat seine Leistung ja bereits erbracht, so dass der Arbeitgeber seine Gegenleistung grundsätzlich ebenfalls leisten muss[310]. Dies ergibt sich aber in gleicher Weise auch dann, wenn man den Betriebstreueaspekt stärker betont[311].

a) Einen eindeutigen Widerrufsvorbehalt enthalten aufgrund der Bestimmung des § 6a **88** Abs. 1 Nr. 2 EStG, der bestimmt, dass in diesen Fällen keine steuerlich wirksamen Pensionsrückstellungen gebildet werden können, nur wenige Zusagen[312]. Doch haben Rechtsprechung und Lehre bestimmte **Ausnahmen** bzw. Fallgruppen entwickelt, die dazu führen können, dass eine zugesagte Leistung der bAV auch in den Fällen einseitig vom Arbeitgeber widerrufen werden kann, in denen ein Widerruf nicht vorbehalten ist. Im Ergebnis werden die grundsätzlich möglichen Widerrufsvorbehalte dabei so ausgelegt, dass sie eine Widerrufsmöglichkeit nur in eben jenem Rahmen eröffnen, der sich nach der Rechtsprechung auch für den Widerruf vorbehaltloser Versorgungszusagen ergibt[313].

b) Eine Widerrufsmöglichkeit wurde zunächst in den Fällen einer **wirtschaftlichen** **89** **Notlage** anerkannt, d. h. dann, wenn ein **Wegfall der** bei Erteilung der Zusage bestehenden **Geschäftsgrundlage** zu bejahen war[314]. Die hierfür erforderliche Notlage entsprach nach Vorstellungen der Rechtsprechung dem Sicherungsfall gem. § 7 Abs. 1 S. 3 Nr. 5 BetrAVG a. F.; ein Widerruf wurde demzufolge nur für zulässig erachtet, wenn die Belastungen des Arbeitgebers infolge der wirtschaftlichen Notlage so groß wurden, dass ihm als Schuldner der Versorgungszusage nicht zugemutet werden konnte, seine vertraglichen Verpflichtungen zu erfüllen[315]. In diesen Fällen eines möglichen Widerrufs war jedenfalls das Verhältnismäßigkeitsprinzip zu beachten: Es musste also immer der mildeste Eingriff gewählt werden, der zur Sanierung des Unternehmens erforderlich erschien[316]. Seit der Änderung des § 7 BetrAVG[317] war die Aufrechterhaltung dieser Widerrufsmöglichkeit umstritten[318]. Mit Urteil vom 17. 6. 2003 entschied das BAG, dass „das von der Rechtsprechung aus den Grundsätzen über den Wegfall der Geschäftsgrundlage entwickelte Recht zum Widerruf insolvenzgeschützter betrieblicher Versorgungsrechte wegen wirtschaftlicher Notlage nicht mehr" bestehe[319]. Damit hat sich die Rechtsprechung der aktuellen Lage angepasst, dass sich zwar auch nach Entfallen des Insolvenzschutzes wegen eines Sicherungsfalls nichts daran geändert hat, dass den Arbeitgeber immer eine wirtschaftliche Krise derartigen Ausmaßes treffen kann. Doch ist dabei stets zu berücksichtigen, dass grundsätzlich der Schuldner Geld haben muss: Mit anderen Worten, allein der Verlust der wirtschaftlichen Leistungsfähigkeit darf nicht zu einer Möglichkeit füh-

---

[309] BAG v. 17. 1. 1980, VersR 1980, 588; BAG v. 30. 3. 1973, NJW 1973, 959; BAG v. 10. 3. 1972, VersR 1972, 735; in diesem Sinne auch die nahezu einhellige Literatur, vgl. nur *Blomeyer/Rolfs/Otto,* Anh. § 1 Rn. 486; MünchHdb/*Förster/Rühmann,* § 104 Rn. 14; ErfK/*Steinmeyer,* Vorbem. BetrAVG Rn. 6; *Langohr-Plato,* Rn. 67; *Steinmeyer,* 87; *Lieb,* ZfA 1996, 323.

[310] *Langohr-Plato,* MDR 1994, 854 (856).

[311] ErfK/*Steinmeyer,* Vorbem. BetrAVG Rn. 25.

[312] Zu den sog. nach R 41 (5) EStR steuerunschädlichen Widerrufsvorbehalten vgl. MünchHdb/*Förster/Rühmann,* § 106 Rn. 8.

[313] BAG v. 26. 4. 1988, NZA 1989, 305; *Blomeyer/Rolfs/Otto,* Anh. § 1 Rn. 492f.

[314] Grundlegend insofern BAG v. 10. 12. 1971, NJW 1972, 733; dann nochmals BAG v. 8. 7. 1972, DB 1972, 2069; seitdem st. Rspr., s. BAG v. 26. 4. 1988, NZA 1989, 305.

[315] BAG v. 26. 4. 1988, NZA 1989, 305; BAG v. 11. 9. 1980, NJW 1981, 2023.

[316] BAG v. 8. 7. 1972, DB 1972, 2069.

[317] Durch das Rentenreformgesetz vom 16. 12. 1997, BGBl. I S. 2938.

[318] So u. a. *Bepler,* BetrAV 2000, 19 (24).

[319] BAG v. 17. 6. 2003, DB 2004, 324.

ren, dass sich der Vertragspartner von der Zusage und damit von seiner Gegenleistungspflicht wieder befreien kann[320].

90   **c)** Nach wie vor anzuerkennen sind jedoch die beiden anderen Fallgruppen der Widerrufsmöglichkeit. Dies gilt zunächst für den **Widerruf wegen Treuepflichtverletzung.** Hier ist ein Widerruf oder eine Kürzung von Versorgungsleistungen nach der Rechtsprechung zulässig, wenn die Pflichtverletzung des betroffenen Pensionärs so gravierend ist, dass für den Arbeitgeber eine weitere Erbringung der Leistung unzumutbar geworden[321] bzw. das Beharren des Arbeitnehmers auf die Erfüllung der Zusage durch den Arbeitgeber als rechtsmissbräuchlich einzustufen ist. Im Laufe der Jahre hat das BAG diese sehr weite Formulierung inhaltlich dahingehend näher ausgeführt, dass der Arbeitgeber Versorgungsansprüche nur noch dann widerrufen kann, wenn die Verfehlungen so schwer wiegen, dass die in der Vergangenheit bewiesene Betriebstreue nachträglich als wertlos oder zumindest als erheblich entwertet, anders ausgedrückt, die Berufung auf die Versorgungszusage arglistig erscheint[322]. Dabei ist jedoch ein Widerruf nur unter sehr engen Voraussetzungen denkbar, die zwei Komponenten abdecken: auf der einen Seite einen Arglisteinwand, auf der anderen die Unzumutbarkeit der Leistungserbringung für den Arbeitgeber. Davon wiederum ist zum einen auszugehen, wenn nachträglich Verfehlungen des Arbeitnehmers während des Arbeitsverhältnisses entdeckt werden, deretwegen eine fristlose Kündigung der Zusage möglich gewesen wäre, sofern diese noch nicht unverfallbar war und der Arbeitgeber diese Möglichkeit nur deshalb nicht rechtzeitig genutzt hat, weil der Arbeitnehmer seine Verfehlungen verheimlichen konnte[323]. Zum anderen kann Arglist bejaht werden in Fällen der Verfehlungen nach Beendigung des Arbeitsverhältnisses, wenn der Versorgungsberechtigte durch sein Verhalten die Interessen des Zusagenden derart schädigt und beeinträchtigt, dass diesem seine vergütete Betriebstreue rückwirkend wertlos erscheint. Dies ist etwa der Fall, wenn der Versorgungsberechtigte durch ruinösen Wettbewerb die wirtschaftliche Grundlage seines früheren Arbeitgebers zerstört[324].

91   **d)** Ein Widerruf ist schließlich dann für zulässig erachtet worden, wenn sich die **Sach- und Rechtslage erheblich geändert** hat[325]. In einer schon länger zurückliegenden Entscheidung hat das BAG in diesem Zusammenhang anerkannt, dass auch eine planwidrig eingetretene **Überversorgung** ein Widerrufsrecht begründen kann: Denn insoweit sei die Geschäftsgrundlage entfallen[326]. Von einer Überversorgung ist in diesen Fällen auszugehen, wenn die Sozialversicherungsbeiträge und Steuern für aktive Arbeitnehmer in einem bei Errichtung der Versorgungsordnung unvorhergesehenen Ausmaß steigen und die Gesamtversorgung an einen bestimmten Prozentsatz des letzten Bruttoeinkommens gekoppelt ist, so dass Betriebsrentner höhere Einkommen erzielen als vergleichbare aktive Arbeitnehmer[327]. Es muss also hier eine wesentliche Abweichung vom ursprünglichen Vertragsplan gegeben sein und der Arbeitgeber darf nicht nach der vertragstypischen Risikoverteilung dieses Veränderungsrisiko tragen müssen. Liegt eine derartige Ausnahmesituation vor, besteht ein Anpassungsrecht des Arbeitgebers in Gestalt eines Widerrufsrechts. Dieses gilt auch gegenüber denjenigen Arbeitnehmern, die bereits mit einer unverfallbaren Versorgungsanwartschaft ausgeschieden sind[328]. Gerechtfertigt ist allerdings hier nicht ein vollständiger Widerruf, son-

---

[320] So auch *Langohr-Plato,* jurisPR-ArbR 23/2007 Anm. 5 zum LArbG Berlin v. 1. 11. 2006.

[321] Grundlegend hierzu BAG v. 18. 10. 1979, VersR 1980, 469.

[322] BAG v. 19. 6. 1980, NJW 1981, 188; BAG v. 18. 10. 1979, VersR 1980, 469; jüngst bestätigt durch den BGH v. 18. 6. 2007, WM 2007, 1662 m. w. N.

[323] BAG v. 18. 10. 1979, VersR 1980, 469.

[324] BGH v. 7. 1. 1971, NJW 1971, 1127; zweifelnd diesbezüglich ErfK/*Steinmeyer,* Vorbem. BetrAVG Rn. 29; zustimmend hingegen MünchHdb/*Förster/Rühmann,* § 106 Rn. 18.

[325] Eingehend hierzu *Blomeyer/Rolfs/Otto,* Anh. § 1 Rn. 495 ff.; *Dieterich,* FS Hilger und Stumpf 1983, 77.

[326] BAG v. 9. 7. 1985, NZA 1986, 517; *Wiedemann,* FS Stimpel, 1985, 955 (963).

[327] Vgl. MünchHdb/*Förster/Rühmann,* § 106 Rn. 16.

[328] BAG v. 9. 11. 1999, NZA 2001, 221.

dern allein ein Abbau der noch bestehenden Überversorgung[329]. Über die Fälle der Überversorgung hinaus sind auch weitere Fälle einer erheblichen Änderung der Sach- und Rechtslage denkbar. Voraussetzung für das Entstehen eines Widerrufsgrunds ist jedoch dann immer, dass Regelungszweck und Mittel der Kürzung in einem vernünftigen Verhältnis zueinander stehen müssen. Erforderlich ist also, so die Rechtsprechung, das Vorliegen eines ausreichenden, triftigen sachlichen Grundes, der insbesondere dann gegeben ist, wenn nach Erlass der alten Versorgungsordnung Änderungen der Sach- und Rechtslage von einem derartigen Ausmaß eingetreten sind, dass sie bei grundsätzlichem Festhalten am Versorgungsziel Kürzungen der Leistungen nahe legen[330].

Die vorgenannten Grundzüge einer Widerrufsmöglichkeit betreffen grundsätzlich die Zusage zu allen Durchführungswegen der bAV. Besondere Betrachtung verdient jedoch hier die Altersversorgung durch eine **Unterstützungskasse,** bei der ein Rechtsanspruch auf die Leistung zumindest nach der gesetzlichen Regelung ohnehin ausgeschlossen ist. Dieser Ausschluss des Rechtsanspruchs führt indes nicht dazu, dass die Unterstützungskasse ihre Leistungen nach freiem Belieben widerrufen oder einschränken könnte. Zwar bedeutet der nach Satzung und Leistungsplan vorgegebene Ausschluss des Rechtsanspruchs im Ergebnis ein Widerrufsrecht. Dieses ist jedoch seinerseits an Treu und Glauben, d. h. an billiges Ermessen und damit an sachliche Gründe gebunden[331]. Ein sachlicher Grund liegt hier insbesondere nicht in der Vermögenslosigkeit der Unterstützungskasse. Diese darf daher Leistungen nicht aus diesem Grund widerrufen. Daraus folgt dann auch, dass der Arbeitgeber seine Aufwendung an die Kasse nicht beliebig einschränken oder kürzen darf. Vielmehr ist er verpflichtet, entweder Leistungen in ausreichendem Umfang an die Unterstützungskasse zu erbringen, damit diese ihren Pensionären die vom Arbeitgeber versprochenen Leistungen gewähren kann, oder aber er muss selbst an einen Teil der Rentner die Leistungen erbringen[332]. **92**

2. Die Kündigung der Versorgungszusage als Änderungskündigung des Arbeitsvertrags

Kommt ein Widerruf unter den vorgenannten Voraussetzungen nicht in Betracht, so kann der Arbeitgeber bei fehlender Zustimmung des Arbeitnehmers zu einer einverständlichen Änderung der Versorgungszusage sein Ziel nur im Wege der **Änderungskündigung** des Arbeitsvertrages erreichen[333]. Dann greifen jedoch die Schutzvorschriften des Kündigungsschutzgesetzes. In diesem Zusammenhang liegt insbesondere das für die soziale Rechtfertigung der Vertragsänderung erforderliche dringende betriebliche Erfordernis nicht vor, wenn die Änderung nur durch wirtschaftliche Gründe veranlasst ist und die Arbeitsplätze nicht insgesamt gefährdet sind[334]. Zudem sind die Mitwirkungsrechte des Betriebsrats nach § 102 und § 87 Abs. 1 Nr. 10 BetrVG zu beachten. Schließlich ist zu berücksichtigen, dass diese Form der Änderung nur gegenüber den noch aktiven Versorgungsberechtigten angewandt werden kann. Die mit unverfallbaren Anwartschaften ausgeschiedenen Mitarbeiter und die Betriebsrentner können hier nicht erreicht werden. Und die Änderungskündigung kommt auch nur dann in Betracht, wenn dem Arbeitgeber weniger einschneidende Mittel, wie zum Beispiel ein Widerruf, nicht zur Verfügung stehen[335]. **93**

---

[329] BAG v. 9. 11. 1999, NZA 2001, 98.

[330] BAG v. 11. 12. 2001, DB 2003, 214 (215); BAG v. 11. 12. 2001, DB 2003, 293 (295); BAG v. 21. 8. 2001, AP Nr. 8 zu § 1 BetrAVG Betriebsvereinbarung; näher dazu MünchHdb/*Förster/Rühmann,* § 106, Rn. 17 mit weiteren Beispielen.

[331] St. Rspr. seit BAG v. 17. 5. 1973, VersR 1973, 43; BAG v. 17. 11. 1992, NJW 1994, 77; dazu auch *Förster/Rühmann/Cisch,* § 1 b Rn. 80.

[332] BAG v. 28. 4. 1977, DB 1977, 1656; vgl. auch *Schoden,* Einf. Rn. 87.

[333] BAG GS v. 16. 9. 1986, VersR 1987, 519 = NZA 1987, 168.

[334] BAG v. 28. 4. 1982, DB 1984, 1353; *Hromadka,* RdA 1992, 234 (255).

[335] BAG v. 24. 8. 1982, NZA 1984, 167.

3. Die einvernehmliche Aufhebung der Versorgungszusage

94   Neben der Kündigung und den angesprochenen einseitigen Widerrufsgründen können einmal erteilte Versorgungszusagen auch **einverständlich aufgehoben** werden. Denn Vereinbarungen über die Verschlechterung oder gar Aufhebung von Versorgungszusagen sind, so die Grundvoraussetzung, grundsätzlich nicht unzulässig[336]. Derartige Vereinbarungen können dabei zum einen zwischen den beiden ursprünglichen Vertragsparteien der Zusage der Leistung der bAV, also zwischen Arbeitgeber und Arbeitnehmer geschlossen werden. Denkbar ist aber zum anderen auch, dass eine Zusage durch eine Vereinbarung kollektivrechtlicher Natur abgelöst wird, also entweder durch einen Tarifvertrag oder aber durch eine entsprechende Betriebsvereinbarung

95   **a)** Die **individualvertragliche Aufhebung** eines Anspruchs auf eine Leistung der betrieblichen Altersversorgung wird nicht durch § 17 Abs. 3 S. 3 BetrAVG beschränkt[337]. Doch sind der einvernehmlichen Änderung der Versorgungszusage durch eine vertragliche Vereinbarung durch die zwingenden Bestimmungen des BetrAVG gewisse Grenzen gesetzt. So können nach § 3 BetrAVG regelmäßig unverfallbare Versorgungsanwartschaften nur unter Beachtung der dort im Einzelnen aufgeführten Voraussetzungen abgefunden werden[338]. Daraus hat das BAG in einem Erst-Recht-Schluss gefolgert, dass dies auch den entschädigungslosen Verzicht auf die Anwartschaft erfasst, also den **Erlassvertrag**[339]. Die engen Grenzen des § 3 BetrAVG gelten dabei nur für Aufhebungs- bzw. Abfindungsvereinbarungen, die im Zusammenhang mit dem Ausscheiden des Arbeitnehmers aus dem Betrieb bei gesetzlich unverfallbaren Anwartschaften abgeschlossen werden. Nicht erfasst werden hingegen Vereinbarungen nach Eintritt des Versorgungsfalls, vor Eintritt der Unverfallbarkeit sowie solche mit aktiven Arbeitnehmern über unverfallbare Anwartschaften, wenn kein Zusammenhang mit einem vorzeitigen Ausscheiden gegeben ist[340]. Unzulässig sind schließlich auch Vereinbarungen über einen Verzicht des Berechtigten auf das Auszehrungs- und Anrechnungsverbot nach § 5, auf eine Anpassung gem. § 16 sowie auf den Insolvenzschutz nach § 7 BetrAVG[341]. Liegt ein vertraglicher Ausschluss des Bezugs, also ein Verzicht (mit oder ohne Abfindung) vor, so führt dies zum Ende des Versorgungsverhältnisses. Er kann jedoch nachträglich noch Gegenstand einer Rechtskontrolle sein; denkbar in diesem Zusammenhang ist insbesondere ein Verstoß gegen die guten Sitten gem. § 138 BGB, etwa dann, wenn die Abfindungssumme nur einen kleinen Teil des Anwartschaftswertes bildet und für einen derart weitreichenden Verzicht kein ausreichender Grund ersichtlich ist[342].

96   **b)** Auch **kollektivrechtlich** ist eine Änderung von Versorgungszusagen möglich. Dies gilt in zwei Richtungen. Zum einen ist denkbar, dass eine ursprünglich individualrechtliche Zusage, sei sie rein einzelvertraglich begründet, sei sie im Wege einer Gesamtzusage oder vertraglichen Einheitsregel gegeben, durch eine kollektivrechtliche Vereinbarung abgelöst wird. Zum anderen können kollektivrechtlich begründete Versorgungszusagen grundsätzlich durch neue kollektivrechtliche Vereinbarungen über die bAV ersetzt werden.

97   Beruht eine Zusage zur bAV auf einer **Gesamtzusage bzw. vertraglichen Einheitsregelung,** so kommt es regelmäßig nicht zu einer einzelvertraglichen Änderung dieser Zusage, da es unwahrscheinlich ist, dass es dem Arbeitgeber gelingt, ausnahmslos jeden betroffenen Versorgungsberechtigten zur Zustimmung in die beabsichtigte Änderung zu bewegen[343]. Bei einer Gesamtzusage ist jedoch die Ablösung der Zusage durch eine „**nachfolgende Betriebsvereinbarung**" zulässig, obwohl durch die Gesamtzusage einzelvertragliche Ansprü-

---

[336] BAG v. 14. 8. 1990, VersR 1991, 716; BAG v. 3. 7. 1990, VersR 1991, 1082; *Griebeling,* Rn. 826.

[337] BAG GS v. 16. 9. 1986, VersR 1987, 519 = NZA 1987, 168.

[338] Zu den Voraussetzungen der durch das AltEinkG mit Wirkung v. 1. 1. 2005 neu gefassten Norm im Einzelnen ErfK/*Steinmeyer,* § 3 BetrAVG Rn. 6 ff.

[339] BAG v. 22. 9. 1987, VersR 1988, 476.

[340] BAG v. 14. 8. 1990, VersR 1991, 716; MünchHdb/*Förster/Rühmann,* § 106 Rn. 22.

[341] *Blomeyer/Rolfs/Otto,* Anh. § 1 473.

[342] BAG v. 23. 10. 2001, AP Nr. 33 zu § 1 BetrAVG Ablösung; BAG v. 30. 7. 1985, VersR 1986, 794.

[343] Auf dieses praktische Problem verweist *Griebeling,* ZIP 1993, 1056; s. auch *Steininger,* AiB 2003, 494.

che begründet worden sind[344]. Eine derartige Ablösung ist jedoch dahingehend eingeschränkt, dass angesichts des kollektiven Bezugs allgemeiner Arbeitsbedingungen immer ein
sog. Günstigkeitsvergleich vorgenommen werden muss[345]. In diesem Zusammenhang ist zu
unterscheiden zwischen einer umstrukturierenden Betriebsvereinbarung auf der einen und
einer verschlechternden auf der anderen Seite.

Eine **umstrukturierende Betriebsvereinbarung** liegt vor bei einer Vereinbarung, die **98**
im Vergleich zur vorhergehenden vertraglichen Einheitsregelung bei kollektiver Betrachtungsweise insgesamt für die Belegschaft nicht ungünstiger ist. Dies setzt voraus, dass der Dotierungsrahmen nicht angetastet werden darf. Stattdessen werden etwa andere Verteilungs-
maßstäbe gesetzt oder unpraktikable Regelungen auf den neuesten Stand gebracht. Die
Gesamtaufwendungen für die bAV bleiben also gleich und werden nicht eingeschränkt, sondern in der Betriebsvereinbarung werden lediglich Verschiebungen oder Veränderungen vorgenommen, die unterm Strich für die Arbeitnehmer insgesamt, also bei kollektiver Betrachtung, nicht nachteilig sind[346]. Derartige Betriebsvereinbarungen sind als zulässig anzusehen,
wenn damit verbundene Kürzungen für einzelne Arbeitnehmer oder Arbeitnehmergruppen
die Grenzen von Recht und Billigkeit nicht überschreiten, d. h. nicht unbillig in Besitzstände
oder Anwartschaften eingegriffen wird[347]. Bei der Ausfüllung dieser unbestimmten Rechtsbegriffe sind im Wesentlichen die Änderungsgründe gegen die Bestandsschutzinteressen der
betroffenen Arbeitnehmer abzuwägen: Je stärker in Besitzstände eingegriffen wird, desto gewichtiger müssen auch die Änderungsgründe sein. Als solche hat das BAG selbst Situationen
angeführt, in denen sich die rechtlichen Rahmenbedingungen geändert haben oder aber die
Auffassung darüber, wie Sozialleistungen zu verteilen sind, etwa bezüglich der Gleichbehandlung von Männern und Frauen[348]. Anerkannt ist in diesem Zusammenhang darüber hinaus,
dass der bereits erdiente und nach den Grundsätzen des § 2 BetrAVG zu errechnende Teilbetrag grundsätzlich überhaupt nicht gekürzt werden darf[349].

Bei der sog. **verschlechternden Betriebsvereinbarung** führt die nachfolgende Rege- **99**
lung zu Kürzungen des Dotierungsrahmens und der Gesamtaufwendungen für die bAV. Da in
diesen Fällen das Günstigkeitsprinzip *eo ipso* verletzt ist, ist eine solche Vereinbarung nur zulässig, soweit der Arbeitgeber sich auf den Wegfall der Geschäftsgrundlage berufen und deswegen
die Kürzung oder Streichung der Sozialleistungen verlangen kann[350] oder aber die Versorgungsordnung betriebsvereinbarungsoffen war[351]. Letzteres ist nur dann der Fall, wenn die zu
überarbeitende Versorgungsordnung den – ausdrücklichen oder sich aus den Begleitumstän-
den ergebenden[352] – Vorbehalt enthält, dass eine spätere Betriebsvereinbarung den Vorrang
haben soll[353]. Fehlt es an einem derartigen Vorbehalt, bleibt es bei der individualrechtlichen
Gestaltungsmöglichkeit bzw. der nur umstrukturierenden Betriebsvereinbarung als Eingriffs-
möglichkeit[354].

[344] So der GS in seiner grundlegenden Entscheidung BAG v. 16. 9. 1986, VersR 1987, 519 = NZA 1987, 168; zustimmend *Moll*, NZA 1988 Beilage 1, 17; *Richardi*, NZA 1987, 185; ablehnend *Blomeyer*, DB 1987, 634; *Joart*, RdA 1989, 7.
[345] So auch BAG v. 17. 6. 2003, BetrAV 2004, 794; Generell zur Änderung individuell vereinbarter Ar-beitsbedingungen durch Betriebsvereinbarung s. *Haupt*, DStR 1997, 1853.
[346] *Schoden*, Einf. Rn. 100; MünchHdb/*Förster/Rühmann*, § 106 Rn. 27; *Langohr-Plato*, Rn. 1481; *Moll*, NZA 1988, Beil. 1, 26.
[347] BAG v. 23. 10. 2001, AP Nr. 33 zu § 1 BetrAVG Ablösung; zuletzt BAG v. 18. 3. 2003, AP Nr. 41 zu § 1 BetrAVG Ablösung.
[348] BAG v. 16. 9. 1986, VersR 1987, 519 = NZA 1987, 168.
[349] Vgl. BAG v. 22. 9. 1987, BB 1988, 412; *Schoden*, Einf. Rn. 103.
[350] Diese Alternative kommt nach dem Wegfall des § 7 Abs. 2 S. 3 Nr. 5 BetrAVG, nicht mehr in Be-tracht, vgl. oben Rn. 89.
[351] BAG v. 16. 9. 1986, VersR 1987, 519 = NZA 1987, 168.
[352] *Doetsch*, DB 1993, 981 (985).
[353] BAG v. 16. 9. 1986, VersR 1987, 519 = NZA 1987, 168; BAG v. 12. 8. 1982, NJW 1983, 68; *Doetsch*, DB 1993, 981; *Höfer*, ART Rn. 372.
[354] Vgl. auch BAG v. 23. 10. 2001, DB 2002, 1383.

100 Wird eine kollektivrechtliche Zusage einer betrieblichen Altersversorgung, also etwa eine Zusage durch einen Tarifvertrag oder eine Betriebsvereinbarung, durch eine kollektivrechtliche Vereinbarung modifiziert, so ist zwischen den jeweiligen Gestaltungsvarianten zu differenzieren. Soweit Versorgungsleistungen in **Betriebsvereinbarungen** normiert worden sind, können Änderungen der bestehenden Betriebsvereinbarung entweder über den Weg der ablösenden Betriebsvereinbarung oder aber durch die Kündigung[355] bewirkt werden. Bei einer Kündigung einer Betriebsvereinbarung wird vertreten, es ergebe sich allein, dass Arbeitnehmer, die nach Ablauf der Kündigungsfrist in den Betrieb eintreten, aus der Betriebsvereinbarung keine Rechte mehr herleiten könnten. Die Anwartschaften der vorher eingetretenen Arbeitnehmer blieben hingegen unberührt und die Höhe der Versorgungsanwartschaften solle sich weiterhin nach den Bedingungen der gekündigten Betriebsvereinbarung richten[356]. Dem ist jedoch das BAG mit Recht entgegengetreten. Es hat daran festgehalten, dass die Kündigung einer Betriebsvereinbarung über bAV grundsätzlich auch alle Arbeitnehmer trifft, die bereits während der Geltung dieser Betriebsvereinbarung im Betrieb tätig waren und eine betriebsverfassungsrechtliche Versorgungszusage erhalten hatten. Eine Kündigung führt also nicht bloß zu einer Schließung des Versorgungswerks für die neu eintretenden Arbeitnehmer, sondern sie wirkt auch auf die Versorgungsanwartschaften und Erwerbschancen der zum Zeitpunkt des Wirksamwerdens der Kündigung bereits im Betrieb beschäftigten Arbeitnehmer ein[357].

101 Diese Einwirkung kann jedoch nicht grenzenlos wirken. Vielmehr gelten hier die gleichen Beschränkungen wie bei der ablösenden Betriebsvereinbarung. In nunmehr ständiger Rechtsprechung vertritt das BAG in diesem Zusammenhang, dass dann, wenn eine Betriebsvereinbarung geschlossen wird, die eine ältere ablösen soll, nicht mehr das Günstigkeitsprinzip gilt, sondern die Zeitkollisionsregel: Die jüngere Norm ersetzt also die ältere, auch wenn die jüngere ungünstiger ist[358]. Doch unterzieht die Rechtsprechung die neu abgeschlossene Betriebsvereinbarung jedenfalls dann einer Billigkeitskontrolle, wenn sie zu einer Kürzung der Versorgungsanwartschaften führt. Dabei verfolgt sie auf der Grundlage des Vertrauensschutzes und des Verhältnismäßigkeitsgebots ein sog. **Drei-Stufen-Modell,** mit dem sie die Grenzen der Eingriffsintensität zu ziehen versucht[359]. Da sich die Arbeitnehmer bei ihrer Vorsorge auf eine bestimmte Versorgungsregelung eingestellt haben, muss der Vertrauensschutz bei Eingriffen in bestehende Versorgungsanwartschaften besonders beachtet werden. Dies gilt umso mehr, je stärker die jeweilige Anwartschaft schon geworden ist. Am stärksten geschützt sind bereits **erdiente Anwartschaften,** also derjenige erdiente Teilbetrag, der sich zur Zeit der Neuregelung nach den Berechnungsgrundsätzen des § 2 BetrAVG ergibt[360]. Ein Eingriff in diese Teilbeträge ist nur in seltenen Ausnahmefällen aus zwingenden Gründen möglich[361]. Einen eigenständigen Schutz verdienen zudem auch die **Zuwachsraten** bei einem gehaltsabhängigen System. Bei einer Versorgungszusage, die eine Altersversorgung in Abhängigkeit vom letzten Einkommen zusagt, steigt der zukünftige Betriebsrentenanspruch mit jeder Einkommenserhöhung. Diese Anwartschaftsdynamik genießt nach der Rechtsprechung des BAG einen besonderen Vertrauensschutz. Zu unterteilen sind dabei die sog. zeitanteilig erdiente Dynamik auf der einen und Steigerungsbeträge, die ausschließlich von der weiteren Betriebszugehörigkeit des Arbeitnehmers abhängen, auf der anderen Seite[362]. Soll die Anwartschaft der Gehalts-

---

[355] Zu der Kündigung von Betriebsvereinbarungen über bAV *Bepler,* BetrAV 2000, 19 (20).

[356] So *Roßmanith,* DB 1999, 634.

[357] BAG v. 11. 5. 1999, NZA 200, 322.

[358] BAG v. 18. 9. 2001, SAE 2003, 221; BAG v. 22. 5. 1990, NZA 1990, 813; BAG v. 17. 3. 1987, NZA 1987, 855; *Dieterich,* NZA 1987, 545 (549).

[359] St. Rspr. seit BAG v. 17. 4. 1985, NZA 1986, 57; BAG v. 11. 12. 2001, DB 2003, 293 (294); BAG v. 5. 11. 1999, NZA 2000, 322; s. auch *Griebeling,* ZIP 1993, 1056 (1057); *Langohr-Plato,* MDR 1994, 855; kritisch zur Anwendung des Schemas *Steinmeyer,* Anm. zu BAG v. 18. 9. 2001, SAE 2003, 221.

[360] Vgl. BAG v. 8. 12. 1981, VersR 1982, 353.

[361] BAG v. 26. 4. 1988, NZA 1989, 305; denkbar ist auch hier wieder die „wirtschaftliche Notlage", dazu und zu der dann ohnehin erforderlichen Einschaltung des PSV *Schoden,* Einf. Rn. 110.

[362] BAG v. 17. 4. 1985, NZA 1986, 57.

entwicklung folgen, so erdient der Arbeitnehmer mit seiner Betriebstreue nicht nur den zeitanteilig errechneten Festbetrag, sondern auch die darauf entfallende Dynamik. Diese zeitanteilig erdiente Dynamik kann nur aus „triftigen Gründen" eingeschränkt werden[363]. Darunter
sind wirtschaftliche Schwierigkeiten unterhalb der Schwelle der wirtschaftlichen Notlage in
dem bereits angesprochenen Sinne zu verstehen. Sie sind anzunehmen, wenn ohne die vorgesehenen Kürzungen langfristig die Substanz des Trägerunternehmens gefährdet sein könnte[364].
Demgegenüber sind Eingriffe in die **dienstzeitabhängigen Steigerungsraten,** die der Arbeitnehmer zur Zeit der Neuregelung noch nicht erdient hat, aus weniger gewichtigen sog.
„sachlichen Gründen" zulässig[365].

Tarifvertraglich gewährte und zugesagte Versorgungsleistungen können schließlich **102**
ebenfalls (durch Abschluss eines neuen Tarifvertrages) geändert werden. Doch sind derartige
Änderungen zumeist rein theoretischer Natur. Versorgungsleistungen werden nur sehr selten
in Tarifverträgen vereinbart. Dementsprechend spielen auch Änderungen hier kaum eine
Rolle[366]. Kommt es gleichwohl einmal zu einer derartigen Änderung, kann das Drei-Stufen-
Schema hier nicht unbesehen angewandt werden[367]. Die Tarifautonomie genießt aufgrund
der Koalitionsfreiheit des Art. 9 Ab. 3 GG verfassungsrechtlichen Schutz[368]. Die Tarifvertragsparteien haben einen Beurteilungs- und Ermessensspielraum bei der inhaltlichen Gestaltung
ihrer Regelungen[369]. Die Rechtsprechung nimmt in diesen Fällen keine Billigkeitskontrolle
vor[370], sie beschränkt sich ausschließlich auf eine Überprüfung mit höherrangigem Recht.
Doch verstoßen Tarifverträge, die in vorhandene Besitzstände eingreifen, gegen das Prinzip
des Vertrauensschutzes und damit gegen das Rechtsstaatsprinzip. Eingriffe in bestehende Versorgungsrechte müssen daher den Grundsätzen der Verhältnismäßigkeit und des Vertrauensschutzes genügen[371].

E. Besonderheiten des „Versicherungsvertrages"

Die Vereinbarungen über die Gewährung einer Leistung zur betrieblichen Altersversor- **103**
gung weisen, unabhängig davon, welcher Weg der Vorsorge gewählt wird und welcher Vertrag zwischen welchen Parteien geschlossen wird, verschiedene Gemeinsamkeiten auf und
sind, da es sich stets um Verträge zur bAV handelt, sämtlich den Regelungen des BetrAVG
unterworfen. Wenn es sich also auch nicht um „Versicherungsverträge" im eigentlichen Sinne
handelt, kann daher gleichwohl an der Struktur dieses Handbuchs festgehalten werden: Als
Besonderheiten in diesem Zusammenhang sind dann verschiedene Aspekte anzusprechen,
die sich auf ganz unterschiedliche Elemente der Zusage(angabe) erstrecken.

I. Der Versorgungsanspruch

Ist eine Zusage vom Arbeitgeber gegeben worden und die Leistung nicht im Laufe der Zeit **104**
durch einen in der vorgestellten Weise rechtmäßigen Widerruf, eine Kündigung oder einverständliche Aufhebung der Vereinbarung ausgeschlossen, so steht dem Arbeitnehmer bzw.
Pensionär mit Eintritt des jeweiligen Versorgungsfalls die Leistung in der zugesagten Höhe

---

[363] Dazu BAG v. 11. 12. 2001, DB 2003, 214.
[364] BAG v. 11. 12. 2001, DB 2003, 214 (215); BAG v. 5. 6. 1984, VersR 1985, 190.
[365] BAG v. 17. 4. 1985, NZA 1986, 57; kritisch zu dieser Vorgehensweise der Rechtsprechung jedoch
verbreitet die Literatur, s. etwa *Blomeyer,* SAE 1986, 98; *ders.,* RdA 1986, 69 (81); *Loritz,* ZfA 1989, 1;
zustimmend hingegen *Griebeling,* NZA 1989, Beil. 3, 26 (33); *Schoden,* Einf. Rn. 111.
[366] *Griebeling,* ZIP 1993, 1056 (1059); *Langohr-Plato,* Rn. 1489.
[367] BAG v. 28. 7. 2005, BetrAV 2006, 192; BAG v. 25. 5. 2004, ZTR 2005, 263.
[368] BAG v. 3. 4. 2001, DB 2001, 1367.
[369] BAG v. 14. 10. 2003, DB 2004, 1320.
[370] BAG v. 8. 12. 1981, VersR 1982, 353.
[371] BAG v. 23. 11. 1993, NZA 1994, 807.

zu. Ihm entsteht ein diesbezüglicher Anspruch, entweder unmittelbar gegen seinen Arbeitgeber oder aber gegen den eingeschalteten Mittler bei der mittelbaren Versorgungszusage. In diesem Zusammenhang stellt sich dann die Frage, ob die Leistungen der Altersversorgung im Zeitpunkt der erstmaligen Festsetzung der betrieblichen Versorgungsleistung nach Eintritt des Versorgungsfalls noch gemindert oder entzogen werden können. Dieser Aspekt wird von § 5 BetrAVG geregelt. Zuvor jedoch, vor Eintritt des Versorgungsfalls, kann bedeutsam werden, wie sich der Anspruch bei Bestehen einer Anwartschaft wertmäßig beziffern lässt. Dies ist geregelt in § 2 BetrAVG. Schließlich ist regelmäßig vom Arbeitgeber zu überprüfen, ob gewährte Leistungen der Altersversorgung nicht gegebenenfalls an sich verändernde Umstände anzupassen sind; dies wiederum bestimmt sich nach § 16 BetrAVG.

1. Die Höhe des Anspruchs bei Bestehen einer Anwartschaft, § 2 BetrAVG

105   Scheiden Arbeitnehmer vor Eintritt eines durch die Versorgungszusage abgesicherten Versorgungsfalles aus dem Unternehmen aus, so haben sie aufgrund dieses vorzeitigen Ausscheidens keinen Anspruch auf eine Versorgungsleistung in voller Höhe. Haben sie jedoch bereits nach den hier zuvor dargestellten Bestimmungen eine unverfallbare Anwartschaft erworben, so steht den Versorgungsberechtigten eine **Teilleistung** zu, deren Höhe sich grundsätzlich aus den in § 2 BetrAVG für alle Durchführungswege normierten zwingenden gesetzlichen Berechnungsgrundsätzen ergibt. Diese Vorschrift legt dabei jedoch nur die Mindesthöhe der unverfallbaren Anwartschaft fest, abweichende Vereinbarungen zugunsten des Versorgungsberechtigten sind daher stets zulässig[372]. Die Entscheidung des Gesetzgebers für einen Anspruch auf Teilleistungen spiegelt wider, dass das Ruhegeld eine Entgeltleistung ist, die für die Gesamtheit der während des Arbeitslebens erbrachten Arbeitsleistungen gewährt wird[373]. Die Regelung des in seiner Struktur dem § 1b entsprechenden § 2 BetrAVG orientiert sich daher konsequent entsprechend dem Vorbild der Unverfallbarkeitsrechtsprechung des BAG am Verhältnis von tatsächlicher zu möglicher Betriebszugehörigkeit. Für die Direktversicherung und die Pensionskassen besteht demgegenüber ein an die versicherungsvertraglichen Besonderheiten angepasstes alternatives Berechnungsverfahren.

106   **a)** Die Berechnung bei der unmittelbaren Versorgungszusage folgt gemäß § 2 Abs. 1 BetrAVG dem sog. **„pro-rata-temporis-Verfahren"**, welches auch als **ratierliches Berechnungsverfahren** oder **Quotierungsprinzip** bezeichnet wird. Gem. der genannten Vorschrift hat ein Arbeitnehmer, der über eine gesetzlich unverfallbare Versorgungsanwartschaft verfügt und ausscheidet, einen zukünftig fällig werdenden Versorgungsanspruch in Höhe eines ratierlich zu berechnenden Anteils der ihm ohne das vorherige Ausscheiden zustehenden Versorgungsleistung[374]. Dies gilt nach § 2 Abs. 4 BetrAVG in gleicher Weise auch für den Versorgungsweg der Unterstützungskasse. Das genannte Prinzip verlangt, die bis zum Ausscheiden tatsächlich zurückgelegte Dienstzeit, auch tatsächliche Betriebszugehörigkeit genannt und regelmäßig mit dem Buchstaben „m" bezeichnet, zu der bis zur vertraglich normierten festen Altersgrenze möglichen Dienstzeit (meist als „n" bezeichnet) ins Verhältnis zu setzen. Dieser **„Unverfallbarkeitsfaktor" m/n** stellt dann bei der leistungsorientierten Versorgungszusage[375] den Teil der Versorgungsleistung dar, der im Fall eines vorzeitigen Ausscheidens aufrechterhalten bleibt[376]. Grundsätzlich ist der Unverfallbarkeitsfaktor taggenau zu berechnen, wobei die Rechtsprechung auch eine Berechnung der Dienstzeiten nach vollendeten Monaten akzeptiert[377]. Hinsichtlich der tatsächlichen Betriebszugehörigkeit muss auf die effektive Zeit der Betriebszugehörigkeit abgestellt werden. Die mögliche Betriebszugehörigkeit be-

---

[372] BAG v. 4.10.1994, VersR 1995, 686; BAG v. 21.6.1979, VersR 1980, 445; *Griebeling,* Rn. 481; *Förster/Rühmann/Cisch,* § 2 Rn. 1; *Schaub,* § 81, Rn. 147; *Bergner,* DB 1982, 2186; *Finke,* BB 75, 1070.

[373] ErfK/*Steinmeyer,* § 2 BetrAVG Rn. 1.

[374] *Langohr-Plato,* Rn. 372.

[375] Für die beitragsorientierte Zusage enthält § 2 Abs. 5a BetrAVG eine eigene Regelung.

[376] BAG v. 22.2.1983, NJW 1984, 996; s. auch *Griebeling,* Rn. 481; *Förster/Rühmann/Cisch,* § 2 Rn. 2; *Höfer,* Band 1, § 2 Rn. 3065.

[377] BAG v. 22.2.1983, NJW 1984, 996.

stimmt sich vom tatsächlichen Beginn der Zugehörigkeit bis zum Erreichen der Regelaltersgrenze in der gesetzlichen Rentenversicherung oder zu einem früheren Zeitpunkt, wenn dieser in der Versorgungsregelung als feste Altersgrenze vorgesehen ist, spätestens der Zeitpunkt,
in dem der Arbeitnehmer ausscheidet und gleichzeitig eine Altersrente aus der gesetzlichen
Rentenversicherung für besonders langjährig Versicherte in Anspruch nimmt.

Hinsichtlich der genauen Rentenleistung ist die Berechnung einfach, soweit es um eine Al-   **107**
tersrente nach einem bestimmten Festbetrag geht. Denn dann ergibt sich der Wert der Anwartschaft, also die später im Versorgungsfall zu leistende Zahlung, aus der Formel m/n multipliziert mit der erreichbaren Endrente bei Erreichen der Regelaltersgrenze in der gesetzlichen
Rentenversicherung. Schwieriger wird die Berechnung jedoch bei anderen Versorgungsregelungen. So muss die Berechnung bei einer gehaltsabhängigen **Dynamik** ebenso anderen Regeln folgen wie die Situation, in der die Versorgungsregelung mit dem Gehaltsdurchschnitt
mehrerer Jahre vor Erreichen der Altersgrenze arbeitet[378]. Bei **Gesamtversorgungssyste-
men** wiederum, bei denen die bAV von der Höhe der Rente der gesetzlichen Rentenversicherung abhängig ist, muss zur Ermittlung der Höhe der Versorgungsleistung die Bemessungsgrundlage der Rente aus der gesetzlichen Rentenversicherung auf den Zeitpunkt des Eintritts
des Versorgungsfalles hochgerechnet werden, so dass bestimmt werden kann, wie hoch die
Rente aus der gesetzlichen Rentenversicherung wäre[379].

Wie auch immer die erdienbare Versorgungsanwartschaft berechnet wird, bleiben doch   **108**
gem. der **Veränderungssperre** des § 2 Abs. 5 BetrAVG Änderungen der Bemessungsgrundlage, die nach dem Ausscheiden des Versorgungsberechtigten eintreten, unberücksichtigt.
Daraus folgt, dass die Leistung auf der Basis der im Zeitpunkt des Ausscheidens aktuellen Be-
messungsfaktoren zu ermitteln ist, so dass sich eine gehaltsabhängige und damit dynamisch
gestaltete Versorgungsanwartschaft in einen statischen, unverfallbaren Anwartschaftswert
umwandelt[380]. Nicht von § 2 Abs. 5 BetrAVG erfasst werden hingegen alle vertraglich vorgesehenen und damit bereits feststehenden Veränderungen des Versorgungsanspruchs bis zum
Erreichen der Altersgrenze wie etwa neben einem Grundbetrag vorgesehene bestimmte Steigerungsbeträge in Abhängigkeit von der Dienstzeit.

b) Die Berechnung des Anwartschaftswerts bei dem Durchführungsweg der **DirektV** un-   **109**
terscheidet sich in gewisser Hinsicht von derjenigen bei der Direktzusage. § 2 Abs. 2 BetrAVG
berücksichtigt insofern die versicherungsvertraglichen Eigenheiten und bietet zur Wertermittlung zwei Modelle zur Auswahl: Neben der ratierlichen Berechnung sieht er alternativ,
statt einer konkreten Wertstellung, eine versicherungsvertragliche Abwicklung vor. Die erstgenannte als gesetzestechnischer Regelfall ausgestaltete Variante spielt rechtstatsächlich kaum
eine Rolle[381], da sie für den Arbeitgeber aus unterschiedlichen Gründen zu recht hohen Belastungen führen kann. Daher wählt dieser meist die zweitgenannte, versicherungsrechtliche
Lösung. Nach dieser kann der Arbeitnehmer nach Erfüllung bestimmter, in § 2 Abs. 2 BetrAVG aufgeführter sog. „sozialer Auflagen" durch den Arbeitgeber auf dessen Verlangen hin
auf die vom VR aufgrund des Versicherungsvertrages zu erbringende Versicherungsleistung verwiesen werden. In diesem Fall tritt der Arbeitnehmer vollständig in den Versicherungsvertrag ein und kann ihn mit eigenen Mitteln fortsetzen: Dem Arbeitgeber ist also die Möglichkeit eröffnet, die Ansprüche des vorzeitig ausscheidenden Arbeitnehmers auf die vom VR
aufgrund des Versicherungsvertrages zu erbringende Versicherungsleistung zu beschränken,
wenn der Arbeitgeber dabei mehreren Bedingungen nachkommt. Die vom Arbeitgeber zu
erfüllenden Auflagen bestehen darin, dass er spätestens nach drei Monaten seit dem Ausscheiden des Arbeitnehmers das Bezugsrecht unwiderruflich stellt, eine wirtschaftliche Beein-

---

[378] Die Einzelheiten sind hier umstritten, vgl. *Kemper,* Die Unverfallbarkeit betrieblicher Versorgungsanwartschaften von Arbeitnehmern, 1977, 110, auf der einen, *Kloss,* BB 1981, 743, auf der anderen Seite.
[379] BAG v. 12. 11. 1991, VersR 1992, 1246.
[380] *Langohr-Plato,* Rn. 401; vgl. hierzu auch BAG vom 18. 3. 2002, BB 2003, 2625.
[381] MünchHdb/*Förster/Rühmann,* § 107 Rn. 76; ausführlich gleichwohl dazu, da er es als dogmatischen
Prototyp ansieht, ErfK/*Steinmeyer,* § 2 BetrAVG Rn. 28.

trächtigung des Versicherungsvertrages rückgängig gemacht und eventuell vorliegende Beitragsrückstände ausgeglichen hat. Zudem dürfen vom Beginn der Versicherung an nach dem Versicherungsvertrag die Überschussanteile ausschließlich zur Verbesserung der Versicherungsleistung verwendet worden sein. Und der ausgeschiedene Arbeitnehmer muss schließlich nach dem Versicherungsvertrag das Recht zur Fortsetzung der Versicherung mit eigenen Beiträgen haben.

110 c) Da die **Pensionskassen** ihrer Art nach Lebensversicherungsunternehmen sind, ist die Berechnung des Werts unverfallbarer Anwartschaften gem. § 2 Abs. 3 BetrAVG im Wesentlichen derjenigen für die Direktversicherung nachgebildet, d. h. auch hier hat der Arbeitgeber die Wahlmöglichkeit zwischen der ratierlichen Berechnung der unverfallbaren Anwartschaft gem. § 2 Abs. 1 BetrAVG auf der einen und der versicherungsrechtlichen Lösung gem. § 2 Abs. 3 BetrAVG auf der anderen Seite. Die versicherungsrechtliche Lösung unterscheidet sich hier von derjenigen bei der Direktversicherung insoweit, als bei Pensionskassen ein Bezugsrecht des Arbeitgebers von vornherein nicht gegeben und eine wirtschaftliche Beeinträchtigung der Versicherungsverträge durch Beleihung, Verpfändung oder Abtretung somit grundsätzlich ausgeschlossen ist. Damit entfällt auch die entsprechende Aufl.[382]. Anders als bei der Direktversicherung kann die soziale Aufl. hinsichtlich der Überschussanteile bei der Pensionskasse auch dadurch erfüllt werden, dass der Versorgungsanspruch des Arbeitnehmers während seiner Tätigkeit beim Arbeitgeber der Entwicklung seines Arbeitsentgelts folgt. Müssen also bei der Direktversicherung die Überschussanteile ausschließlich zur Verbesserung der Versicherungsleistung verwendet werden, genügt es hier, wenn anstelle der Verwendung der Gewinnanteile zur Leistungserhöhung die Versorgungsanwartschaften des Arbeitnehmers dynamisiert worden sind. Ausreichend ist in diesem Zusammenhang eine halbdynamische Versorgungszusage, bei der den Arbeitnehmern bei Eintritt des Versorgungsfalls ein bestimmter Prozentsatz des zuletzt vor der Pensionierung bezogenen ruhegeldfähigen Einkommens versprochen wird[383].

111 d) Neu durch das AVmG eingeführt wurden die Berechnungsvorschriften für den Durchführungsweg des Pensionsfonds sowie die Entgeltumwandlung. Bei den **Pensionsfonds** wird gem. § 2 Abs. 3a BetrAVG auf die ratierliche Berechnungsweise des Abs. 1 Bezug genommen, ohne dass eine versicherungsrechtliche Lösung vorgesehen ist. Bei einer unverfallbaren Anwartschaft aus **Entgeltumwandlung** hingegen tritt gem. § 2 Abs. 5a BetrAVG an die Stelle der Ansprüche nach Abs. 1, 3a oder 4 die vom Zeitpunkt der Zusage auf bAV bis zum Ausscheiden des Arbeitnehmers erreichte Anwartschaft auf Leistungen aus den bis dahin umgewandelten Entgeltbestandteilen. Dies gilt entsprechend für eine unverfallbare Anwartschaft aus Beiträgen im Rahmen einer **beitragsorientierten Leistungszusage.** Nach § 2 Abs. 5b tritt bei der **Beitragszusage mit Mindestleistung** an die Stelle der Ansprüche nach den Abs. 2, 3, 3a und 5a das dem Arbeitnehmer planmäßig zuzurechnende Versorgungskapital auf der Grundlage der bis zum Ausscheiden geleisteten Beiträge (Beiträge und die bis zum Eintritt des Versorgungsfalles erzielten Erträge), mindestens die Summe der bis dahin zugesagten Beiträge, soweit sie nicht rechnungsmäßig für einen biometrischen Risikoausgleich verbraucht wurden[384].

2. Anrechnungs- und Auszehrungsverbot, § 5 BetrAVG

112 Anders als im vorangegangenen Abschnitt, in dem es um die Frage ging, wie der Wert einer Anwartschaft zu berechnen ist, also in welcher Höhe Leistungen aus der Zusage zu einer betrieblichen Altersversorgung anfallen, wenn der Begünstigte vorzeitig, d. h. vor dem Versorgungsfall aus dem Unternehmen ausscheidet, stellt sich nachfolgend die Frage, wie die

---

[382] Im Einzelnen dazu ErfK/*Steinmeyer,* § 2 BetrAVG Rn. 50.

[383] *Förster/Rühmann/Cisch,* § 2 Rn. 25; *Blomeyer/Rolfs/Otto,* § 2, Rn. 349; MünchHdb/*Förster/Rühmann,* § 107 Rn. 91.

[384] Vertiefend zur beitragsorientierten Leistungszusage und zur Beitragszusage mit Mindestleistung, *Langohr-Plato/Teslau,* BetrAV 2006, 503.

Leistungshöhe geschützt ist, wenn der Versorgungsfall eingetreten ist. Dies regelt das BetrAVG vor allem in seinem § 5. Mit den dort normierten Verboten greift das Gesetz in die Vertragsfreiheit der Parteien ein; ihre Grundlage haben sie in der Vorstellung vom **Entgeltcharakter** der Leistungen betrieblicher Altervorsorge und in dem sich daraus ergebenden **Bestands- und Vertrauensschutz**[385]. Die beiden Verbote gelten zwar grundsätzlich für alle Durchführungswege, wirken sich jedoch de facto nur bei solchen Systemen aus, die eine Gesamtvorsorge vorsehen, bei denen also die vom Arbeitgeber zu erbringende Versorgungsleistung dem Grund und der Höhe nach unter Anrechnung[386] anderer Versorgungsbezüge, insbesondere aus der gesetzlichen Rentenversicherung, definiert oder limitiert ist[387]. Die beiden Verbote beziehen sich explizit nur auf den Zeitpunkt der erstmaligen Festsetzung der betrieblichen Versorgungsleistung und auf deren Bestand nach Eintritt des Versorgungsfalls. Daraus folgt, dass sie insbesondere nicht in der Anwartschaftsphase zu berücksichtigen sind. Dies führt dazu, dass sich mangels Verbotes aufgrund entsprechend vereinbarter Klauseln bei Rentenbeginn eine so vollständige Anrechnung ergeben kann, dass lediglich eine Nullleistung erzielt werden kann, also gar keine Leistung aus der betrieblichen Altersversorgung entsteht[388].

a) Das **Auszehrungsverbot** des § 5 Abs. 1 BetrAVG geht zurück auf eine Rechtsprechung **113** des BAG[389] und BGH[390] und legt fest, dass die bei Eintritt des Versorgungsfalls festgesetzten Leistungen der bAV nicht mehr dadurch gemindert oder entzogen werden dürfen, dass sich andere Versorgungsbezüge im Rahmen des Gesamtversorgungssystems aus wirtschaftlichen Gründen erhöhen. Der Begriff der „anderen Versorgungsbezüge" ist dabei bewusst unbestimmt gehalten. Somit erfasst er alle gesetzlichen Versorgungsleistungen, Leistungen aus Eigenvorsorge des Arbeitnehmers[391] sowie betriebliche Versorgungsleistungen, die von einem anderen Arbeitgeber gewährt werden[392], nicht jedoch solche, die vom gleichen Arbeitgeber erbracht werden und die einheitlich zu betrachten sind[393]. Eine Erhöhung dieser anderen Bezüge aus wirtschaftlichen Gründen liegt vor, wenn sich die Erhöhung aus der Veränderung der wirtschaftlichen Rahmenbedingungen ergibt; gemeint sind damit in erster Linie die Erhöhungen der Sozialversicherungsrenten aufgrund der jeweiligen Rentenanpassungsgesetze, aber auch andere Anpassungsmechanismen wie dynamisierte betriebliche Versorgungssysteme. Demgegenüber ist eine Auszehrung denkbar, wenn die Sozialversicherungsrente nicht wegen einer Anpassung an die wirtschaftliche Entwicklung, sondern aus anderen Gründen erhöht wird, etwa aufgrund einer Umwandlung von einer Erwerbsunfähigkeits- in eine Altersrente[394]. Vereinbaren die Vertragsparteien eine gegen § 5 Abs. 1 BetrAVG verstoßende Auszehrungsklausel, so ist diese gem. § 134 BGB nichtig; verstößt der Arbeitgeber einseitig gegen das Verbot, so hat der Versorgungsberechtigte nach wie vor einen ungekürzten Anspruch auf die Versorgungsleistungen.

b) Das **Anrechnungsverbot** in § 5 Abs. 2 BetrAVG wiederum begrenzt ebenfalls die **114** Gestaltungsmöglichkeiten einer Versorgungszusage, denn Leistungen der betrieblichen Altersversorgung dürfen ihm zufolge durch eine Anrechnung oder Berücksichtigung anderer Versorgungsbezüge nicht gekürzt werden, soweit diese auf eigenen Beiträgen des Versorgungsberechtigten beruhen. Auf diese Weise soll verhindert werden, dass sich der Arbeitgeber

---

[385] *Ahrend/Förster/Rößler,* Steuerrecht der betrieblichen Altersversorgung mit arbeitsrechtlicher Grundlegung, Loseblatt, 1. Teil, Rn. 1431.

[386] Eine derartige Anrechnung setzt eine ausdrückliche und eindeutige Anrechnungsklausel voraus, BAG v. 5. 9. 1989, VersR 1990, 291.

[387] *Förster/Rühmann/Cisch,* § 5 Rn. 1; *Griebeling,* Rn. 506; *Höfer,* Band 1, § 5 Rn. 3866.

[388] LAG Düsseldorf v. 7. 5. 1980, VersR 1981, 244; LAG Hamm v. 23. 11. 1977, NJW 1978, 1824; *Langohr-Plato,* Rn. 656; a. A. *Höfer,* Band 1, § 5 Rn. 3879.

[389] BAG v. 28. 1. 1964, NJW 1964, 1490.

[390] BGH v. 6. 6. 1968, AP Nr. 131 zu § 242 BGB Ruhegehalt.

[391] ErfK/*Steinmeyer,* § 5 BetrAVG Rn. 9; MünchHdb/*Förster/Rühmann,* § 109 Rn. 22.

[392] *Blomeyer/Rolfs/Otto,* § 5 Rn. 34.

[393] BAG v. 5. 10. 1999, VersR 2000, 838.

[394] *Schoden,* § 5 Rn. 8.

durch eine Eigenvorsorge des Arbeitnehmers seiner übernommenen Versorgungsverpflichtung entledigt[395] und der Wert der Gegenleistung für die vom Arbeitnehmer erbrachte Arbeitsleistung geschmälert wird. In Betracht kommt eine derartige Anrechnung ohnehin nur, wenn eine entsprechende eindeutige, ausdrückliche und unmissverständliche Anrechnungsklausel, die auch nachträglich noch eingefügt werden kann[396], Bestandteil der Versorgungszusage ist. Ohne eine solche Klausel ist die Anrechnung nicht zulässig[397].

115   Erfasst von dem Verbot sind **„andere Versorgungsbezüge"**[398]: Dabei handelt es sich um solche Bezüge, die den in § 1 Abs. 1 BetrAVG genannten Versorgungszwecken dienen, also um solche Einnahmen, die Versorgungsfunktion haben und durch Leistungen der betrieblichen Altersversorgung ergänzt werden können[399], sofern sie nur auf eigenen Beiträgen des Versorgungsberechtigten beruhen[400]. Mit „Beiträgen" sind dabei finanzielle Beiträge, also Beitragszahlungen gemeint, nicht hingegen der Beitrag, den der Versorgungsempfänger als Arbeitnehmer mit seiner Betriebstreue geleistet hat, um einen Anspruch auf Versorgungsleistungen zu erwerben. Das Anrechnungsverbot gilt jedoch nicht für Versorgungsbezüge, die mindestens zur Hälfte auf Beiträgen oder Zuschüssen des Arbeitgebers beruhen. Eine Ausnahme von diesem Anrechnungsverbot gilt zudem gem. § 5 Abs. 2 S. 3 BetrAVG für Renten aus der gesetzlichen SozialV, die, soweit sie auf Pflichtbeiträgen beruhen, in voller Höhe angerechnet werden dürfen. Denn sonst wären Gesamtversorgungssysteme nicht finanzierbar[401]. Unter dem Terminus „Renten" sind hier die Leistungen der RentenV für Arbeiter und Angestellte sowie die Knappschaftsversicherung zu verstehen[402].

116   **Anrechenbar** sind zudem grundsätzlich Renten aus der Unfallversicherung, sofern die Rente einen erlittenen Verdienstausfall ausgleichen, nicht hingegen als Schmerzensgeld dienen soll[403]. Angerechnet werden dürfen zudem ausländische Sozialversicherungsrenten, wenn sie auf einer gesetzlichen Pflichtversicherung beruhen und hälftig von Arbeitgeber und Arbeitnehmer finanziert worden sind[404]. Schließlich können auch Versorgungsleistungen fremder Arbeitgeber angerechnet werden, soweit die Beteiligung des Arbeitgebers an der Finanzierung der Versorgungsbezüge ebenfalls mindestens die Hälfte betrug[405]; eine Anrechnung ist auch denkbar hinsichtlich anderer Erwerbseinkünfte, die der Versorgungsberechtigte erzielt, soweit hierfür eine vertragliche Rechtsgrundlage in der Versorgungsordnung existiert[406]. Sind andere Versorgungsbezüge anrechenbar, so bezieht sich die Anrechnungsmöglichkeit im Zweifel auf den Bruttobetrag der gezahlten anderweitigen Versorgungsbezüge, es sei denn, aus der Versorgungsordnung ergibt sich eindeutig eine Anrechnung des Nettoversorgungsbetrags[407].

3. Anpassung von Versorgungspflichten, § 16 BetrAVG

117   Ist es einmal zur Aufnahme der Auszahlung der zugesagten Leistung der bAV gekommen, so ist dem Umstand Rechnung zu tragen, dass diese Leistungen dem Wertverfall des Geldes

---

[395] BAG v. 26. 10. 1973, VersR 1974, 285.

[396] BAG v. 10. 8. 1993, VersR 1994, 626; BAG v. 5. 9. 1989, VersR 1990, 291; BAG v. 16. 8. 1988, VersR 1989, 174; *Höfer*, Band 1, § 5 Rn. 3893; *Hilger*, Anrechnungs- und Begrenzungsklauseln in betrieblichen Ruhegeldregelungen, FS Kunze (1969), 291.

[397] BAG v. 10. 8. 1993, VersR 1994, 626; BAG v. 5. 9. 1989, VersR 1990, 291; *Schaub*, § 81 Rn. 303.

[398] *Gröbing*, AuR 1977, 42.

[399] ErfK/*Steinmeyer*, § 5 BetrAVG Rn. 20.

[400] BAG v. 20. 11. 1990, VersR 1992, 124.

[401] *Förster/Rühmann/Cisch*, § 5 Rn. 3; *Langohr-Plato*, Rn. 666.

[402] BAG v. 19. 7. 1983, VersR 1983, 1089.

[403] BAG v. 6. 6. 1989, VersR 1990, 504; BAG v. 23. 2. 1988, VersR 1988, 865; *Griebeling*, Rn. 515; eingehender zu der hierbei auftretenden Problematik und der gewandelten Rechtsprechung *Steinmeyer*, 203; *Krasney*, ZSR 1984, 99; *Lange*, BB 1982, 1180; *Prütting/Weth*, NZA 1984, 24.

[404] BAG v. 24. 4. 1990, NZA 1990, 936; BAG v. 27. 11. 1984, BB 1985, 1795.

[405] BAG v. 20. 11. 1990, VersR 1992, 124.

[406] BAG v. 9. 7. 1991, VersR 1992, 725.

[407] BAG v. 10. 3. 1992, NZA 1992, 935; *Förster/Rühmann/Cisch*, § 5 Rn. 2.

unterliegen. § 16 BetrAVG sieht daher eine **Anpassungsprüfungspflicht** vor: Er verpflichtet den Arbeitgeber (bzw. seinen Rechtsnachfolger[408], nicht hingegen den Pensionssicherungsverein[409]), alle drei Jahre eine Anpassung der laufenden Leistungen der betrieblichen Altersversorgung – in allen Durchführungswegen – zu prüfen und über eine solche nach billigem Ermessen zu entscheiden. Der Wortlaut verweist mit der Aufnahme des Begriffes der „laufenden Leistungen" darauf, dass sich die Anpassungspflicht insbesondere nicht auf Anwartschaften bezieht[410], ebenso aber auch nicht auf einmalige Zahlungen sowie Sachleistungen[411]. Der von § 16 BetrAVG vorgeschriebene Dreijahresturnus bei der Überprüfung von Betriebsrentenanpassungen zwingt nicht zu starren, individuellen Prüfungsterminen. Die Bündelung aller in einem Unternehmen anfallenden Prüfungstermine zu einem einheitlichen Jahrestermin ist zulässig[412].

Ist der Dreijahreszeitraum abgelaufen, ist zunächst, vor einer entsprechenden Entscheidung **118** des Arbeitgebers, eine **Bedarfsprüfung** erforderlich. Es ist also festzustellen, ob und, wenn ja, welcher **Anpassungsbedarf** besteht. Da das Gesetz zum Ziel hat, die Leistungen der bAV vor einem Wertverlust zu schützen, lässt sich der Anpassungsbedarf objektiv anhand des Kriteriums der Inflationsrate, also anhand der Veränderung der Lebenshaltungskosten bestimmen[413]. Dieser Maßstab wird seit der Gesetzesnovelle aus dem Jahr 1999 in Abs. 2 des § 16 BetrAVG entsprechend der dort aufgeführten Kriterien noch näher konkretisiert: Unter Rekurs auf die vorangehende Rechtsprechung des BAG[414] ist der Anpassungsbedarf – nunmehr auch gesetzlich verankert – aufgrund des Preisindexes für die Lebenshaltung von 4-Personen-Haushalten von Arbeitern und Angestellten mit mittlerem Einkommen zu bestimmen. Der für den Anpassungsbedarf maßgebliche Prüfungszeitraum beginnt mit dem Eintritt in den Ruhestand und endet unmittelbar vor dem Anpassungsstichtag[415]. Der Arbeitgeber hat hinsichtlich der zu erfolgenden Anpassung billiges Ermessen walten zu lassen, d. h. er muss die Interessen des Anspruchsberechtigten mit seinen eigenen Interessen in Ausgleich bringen. Daraus folgt, dass der Arbeitgeber bei der Anpassung auch seine eigene wirtschaftliche Lage berücksichtigten kann und darf. Dabei ist davon auszugehen, dass eine Anpassung dann unterbleiben oder aber zumindest geringer ausfallen darf, wenn von der Anpassung eine ernste wirtschaftliche Gefährdung des Unternehmens[416] und damit der vorhandenen Arbeitsplätze zu befürchten ist[417]; nicht erforderlich hingegen ist eine „wirtschaftliche Notlage", wie sie aus § 7 Abs. 1 S. 3 Nr. 5 BetrAVG a. F. geläufig war[418]. Ausreichend ist vielmehr eine übermäßige Belastung des Unternehmens, die im Wege einer Prognoseentscheidung zu vermuten ist, wenn es mit einiger Wahrscheinlichkeit unmöglich sein wird, den Teuerungsausgleich aus den Erträgen und dem Wertzuwachs des Unternehmens in der Zeit nach dem Anpassungsstichtag vorzunehmen[419].

Die genannte **Anpassungsprüfungspflicht entfällt** gem. § 16 Abs. 3 BetrAVG, wenn **119** der Arbeitgeber sich verpflichtet, die laufenden Leistungen jährlich um wenigstens 1% anzu-

---

[408] BAG v. 21. 2. 2006, BetrAV 2006, 684.

[409] Zu letzterem wie hier ErfK/*Steinmeyer*, § 16 BetrAVG Rn. 12; anders hingegen ist zu urteilen, wenn die Zusage eine vertragliche Anpassungsregel enthält, vgl. BAG v. 3. 2. 1987, NZA 1987, 666; BAG v. 30. 8. 1979, VersR 1980, 467.

[410] BAG v. 15. 9. 1977, VersR 1977, 1138; *Steinmeyer*, 143.

[411] BAG v. 30. 3. 1973, NJW 1973, 130; MünchHdb/*Förster/Rühmann*, § 112 Rn. 5; allgemein hierzu *Kolmhuber*, ArbRB 2003, 310.

[412] BAG v. 30. 8. 2005, BetrAV 2006, 290 (292).

[413] Zu der Teuerungsanpassung der Betriebsrenten in 2003 vgl. *Bode/Grabner/May*, DB 2003, 282.

[414] BAG v. 16. 12. 1976, NJW 1977, 828.

[415] BAG v. 30. 8. 2005, BetrAV 2006, 290.

[416] Zu der Frage der wirtschaftlichen Gefährdung des Konzerns *Steinmeyer*, FS Stahlhacke (1995), 556.

[417] BAG v. 14. 2. 1977, VersR 1977, 1138.

[418] *Ebenda;* s. auch BAG v. 23. 4. 1985, VersR 1985, 790; insgesamt zur wirtschaftlichen Lage *Neef*, NZA 2003, 993.

[419] BAG v. 23. 4. 1985, VersR 1985, 790.

passen, bzw. dann, wenn die Überschussbeteiligungen bei dem Durchführungsweg der Direktversicherung und Pensionskasse nur[420] zur Erhöhung der laufenden Leistungen verwandt werden. Über den Vorteil der genauen Kalkulierbarkeit der Anpassungserfordernisse hinaus verbessert diese Möglichkeit der sog. Mindestanpassung die Situation des Arbeitgebers insofern, als dass fest vereinbarte Erhöhungszusagen laufender Renten steuerlich bei der Berechnung der Rückstellungen berücksichtigt werden können[421].

120   Die Entscheidung des Arbeitgebers hat, sofern sie geboten ist, nach billigem Ermessen zu erfolgen. Er hat folglich den festgestellten Anpassungsbedarf grundsätzlich in voller Höhe bis zur **reallohnbezogenen Obergrenze** auszugleichen, sofern nicht die genannten wirtschaftlichen Aspekte eine andere Anpassung nahelegen. Ist eine Anpassung unterblieben, so ist sie nicht mehr nachzuholen, sofern sie zu Recht unterblieben ist. Dies ist nach der Fiktion des § 16 Abs. 4 S. 2 BetrAVG dann der Fall, wenn der Arbeitgeber – unter Hinweis auf eintretende Rechtsfolgen bei unterbleibendem Widerspruch[422] – dem Versorgungsempfänger die wirtschaftliche Lage des Unternehmens schriftlich dargelegt hat, ohne dass dieser innerhalb von drei Monaten schriftlich widersprochen hat. Ist eine Anpassung nachzuholen, so ist nicht nur die Teuerung in den letzten drei Jahren, sondern der Kaufkraftverlust seit Rentenbeginn auszugleichen[423].

II. Vorzeitiger Bezug von betrieblichen Altersleistungen

121   Das BetrAVG sieht in seinem § 6 vor, dass dem Bezugsberechtigten ausnahmsweise schon vor dem eigentlich gedachten Zeitraum ein Anspruch auf die Versorgungsleistung zustehen kann. Dies ist eine Besonderheit dieses „Versicherungszweiges": Denn obwohl ein Anspruch „an sich" noch nicht gegeben ist, entsteht er gleichwohl. Ein Arbeitnehmer kann nämlich dann **vorgezogene betriebliche Altersversorgungsleistungen** erhalten, wenn er die Altersrente aus der gesetzlichen Rentenversicherung in Anspruch nimmt, er die in der Versorgungszusage vorgesehene Wartezeit und die sonstigen Leistungsvoraussetzungen erfüllt und die betriebliche Altersleistung verlangt hat. Durch die Verwendung des Begriffs „Vollrente" in § 6 S. 1 BetrAVG wird unmissverständlich deutlich, dass die Inanspruchnahme einer Teilrente nach § 42 SGB VI hier nicht erfasst ist. Hinsichtlich der Wartezeit ist zu berücksichtigen, dass in den Fällen, in denen die Wartezeit zwar bis zum Erreichen der Regelaltersgrenze in der gesetzlichen Rentenversicherung noch zurückgelegt werden kann, aber noch nicht erfüllt ist, der Arbeitnehmer Leistungen der betrieblichen Altersversorgung erst nach Ablauf der Wartezeit verlangen kann[424]. Liegen die Voraussetzungen des § 6 BetrAVG vor, so erwirbt der Begünstigte einen Anspruch auf vorzeitige Altersleistung aus der bAV gegen seinen Arbeitgeber. Hinsichtlich der Höhe der vorgezogenen Leistung schweigt die Gesetzesvorschrift. Fehlen entsprechende vertragliche Vereinbarungen[425], so hilft sich das BAG mit den Regeln der ergänzenden Vertragsauslegung[426]. Dabei kommt der Gedanke des § 2 BetrAVG regelmäßig zur Anwendung.

---

[420] Nicht ausreichend hingegen ist eine nur teilweise diesbezügliche Verwendung, so auch *Doetsch/Förster/Rühmann*, DB 1998, 262.

[421] BFH v. 17. 5. 1995, BB 1995, 2470.

[422] Zu den Voraussetzungen einer ausreichenden Belehrung ErfK/*Steinmeyer*, § 16 BetrAVG Rn. 60; *Höfer*, Band 1, § 16 Rn. 5490.

[423] BAG v. 17. 4. 1996, NZA 1997, 155; zu den Rechtsfolgen einer zu Unrecht ausgebliebenen Anpassung gem. § 16 ASO 4 vgl. *Vienken*, DB 2003, 994.

[424] BAG v. 21. 6. 1979, BB 1980, 211.

[425] Zur Praxis der Abschläge bei der Inanspruchnahme der vorgezogenen Betriebsrente vgl. *Schoden*, § 6 Rn. 18.

[426] BAG v. 13. 3. 1990, VersR 1991, 85; BGH v. 9. 6. 1980, VersR 1980, 832; MünchHdb/*Förster/Rühmann*, § 110 Rn. 20.

III. Der Gleichbehandlungsaspekt

Der Bereich der betrieblichen Altersversorgung ist stark geprägt von den Auswirkungen **122** des Gleichbehandlungsgebots. Dies gilt allgemein, etwa insofern, als der Gleichbehandlungsgrundsatz zur Rechtsgrundlage für die bAV überhaupt werden kann[427], dies gilt aber konkret insbesondere auch hinsichtlich des Erfordernisses der Gleichbehandlung von Männern und Frauen bei der Lohngestaltung. Dies fußt auf dem Gedanken, dass die Leistungen der bAV – als sonstige Vergütung i. S. v. Art. 141 Abs. 2 S. 1 EG, welche ein Arbeitgeber aufgrund des Dienstverhältnisses schuldet – sowohl nach der europäischen als auch nach der deutschen Rechtsprechung wesentlich Entgeltcharakter haben[428], so dass der nicht zuletzt aus Art. 3 GG hergeleitete **Lohngleichheitsgrundsatz** zum Tragen kommt. Auf diese Weise ist der Gleichbehandlungsgrundsatz bei der Gewährung betrieblicher Versorgungsleistungen zu berücksichtigen, unabhängig davon, ob die Versorgungsleistung durch den Arbeitgeber oder eine von ihm eingeschaltete selbstständige Stelle wie eine Pensionskasse o. ä. erbracht werden soll[429]. Daraus ergeben sich Auswirkungen in ganz unterschiedlichen Bereichen.

Ein erster Bereich ist zunächst derjenige der **Teilzeitarbeitskräfte.** Ist deren Diskriminie- **123** rung allein wegen ihrer Teilzeitbeschäftigung schon nach § 4 Abs. 1 TzBfG unzulässig, so ist nach der Entscheidung des EuGH in der Rechtssache *Bilka* der Ausschluss teilzeitbeschäftigter Arbeitnehmer von der betrieblichen Altersversorgung als ein Verstoß gegen Art. 141 EG und dem hierzu entwickelten Grundsatz der mittelbaren Diskriminierung zu werten[430]. Sachliche Gründe für eine Ungleichbehandlung sind also theoretisch denkbar, müssen dann aber anderer Art sein, also etwa auf Qualifikation, Berufserfahrung o. ä. beruhen[431]. Da ein Verstoß gegen das Diskriminierungsverbot vorliegt, wenn sich die Schlechterstellung eines Geschlechts nicht durch objektive Gründe der Lohnpolitik rechtfertigen lässt, ist der gänzliche Ausschluss von Teilzeitbeschäftigten aus einem betrieblichen Versorgungswerk nicht zu rechtfertigen[432]. Dies gilt auch für die Fälle, in denen die Teilzeitbeschäftigung nur als nebenberufliche Tätigkeit ausgeübt wird[433]. Verstößt eine Versorgungsordnung gegen das Lohngleichheitsgebot, so sind die diskriminierenden Vorschriften (nicht die ganze Ordnung!) nichtig[434]. Die Nichtigkeit gilt in diesen Fällen rückwirkend vom Inkrafttreten der Versorgungsordnung an, ohne dass dem Arbeitgeber eine Anpassungsfrist zur Beseitigung der mittelbaren Diskriminierung zustünde[435].

Besondere Bedeutung hat das Gleichbehandlungsgebot hinsichtlich der **unterschied- 124 lichen Altersgrenzen** erlangt. Infolge der Rechtsprechung des EuGH sind solche unterschiedlichen Altersgrenzen für Männer und Frauen in Systemen der betrieblichen Altersversorgung als unzulässig anzusehen[436]. Denn Versorgungsordnungen, die unterschiedlich feste Altersgrenzen für die beiden Geschlechter vorsehen, verstoßen gegen Art. 141 EG[437]. Dies hat zur Folge, dass sich etwa auch Männer auf die gleichen günstigeren Regelungen, also auf einen Anspruch auf eine vorgezogene Betriebsrente ohne einen versicherungsmathemati-

[427] Vgl. oben Rn. 51.
[428] S. nur EuGH v. 13. 5. 1980, Rs. *Bilka,* NJW 1986, 3020; EuGH v. 17. 5. 1990, Rs. *Barber,* NJW 1990, 203; BAG v. 19. 11. 2002, BB 2003, 370 (371); BAG v. 10. 3. 1972, VersR 1972, 735.
[429] BAG v. 19. 11. 2002, BB 2003, 370 (372).
[430] EuGH v. 13. 5. 1986, Rs. *Bilka,* NJW 1986, 3020.
[431] BAG v. 28. 7. 1992, NZA 1993, 215.
[432] S. hierzu auch BAG v. 14. 3. 1989, NJW 1990, 68.
[433] BAG v. 22. 11. 1994, VersR 1995, 1381.
[434] BAG v. 20. 11. 1990, VersR 1991, 944; BAG v. 14. 3. 1989, NJW 1990, 68.
[435] BVerfG v. 28. 9. 1992, NZA 1993, 213; BAG v. 20. 11. 1990, VersR 1992, 124.
[436] EuGH v. 17. 5. 1990, Rs. *Barber*, NJW 1990, 203; nachfolgend etwa BAG v. 18. 3. 1997, VersR 1998, 915.
[437] Noch zu Art. 119 EGV die Entscheidung des EuGH v. 17. 5. 1990, Rs. *Barber,* NJW 1990, 203; BAG v. 3. 6. 1997, VersR 1998, 917; BAG v. 18. 3. 1997, VersR 1998, 915.

schen Abschlag, berufen können, wie sie für Frauen gelten. Umstritten bzw. unklar und nach wie vor Gegenstand der Rechtsprechung ist in diesem Zusammenhang die Frage nach der **Rückwirkung:** Hier nimmt der EuGH an, dass sich seine Rechtsprechung nur auf Ansprüche bezieht, soweit sie auf nach dem 17. 5. 1990 zurückgelegten Beschäftigungszeiten beruhen. Dies gilt zumindest hinsichtlich der Höhe von Leistungen. Soweit es um den Anschluss an ein Betriebsrentensystem geht, ist maßgebliches Datum der 8. 4. 1976[438]. Unter Berufung auf den seit 1949 geltenden Art. 3 GG hat das BAG[439] mit Billigung des BVerfG[440] diese Terminierungen jedoch für unmaßgeblich angesehen, ohne dass in der Rechtsprechung jedoch eine eindeutige Klarheit erkennbar wäre[441].

125   Auch im Rahmen der **geringfügig beschäftigten Arbeitnehmer** wirkt sich das Gleichbehandlungsgebot für die bAV aus. Nach der Rechtsprechung des BAG ist zumindest der tarifvertragliche Ausschluss von geringfügig Beschäftigten aus dem Zusatzversorgungssystem des öffentlichen Diensts jedenfalls bis zum 31. 3. 1999 gerechtfertigt[442]. An dieser begründeten Auffassung ist auch im Hinblick auf die Gesetzesänderung zum 1. 4. 1999 festzuhalten, denn nach § 5 Abs. 2 SGB VI sind geringfügig Beschäftigte nach wie vor Rentenversicherungsfrei. An dieser Grundeinschätzung ändern auch die arbeitgeberseitige Beitragspflicht und das gesetzlich vorgesehene Optionsrecht der Beschäftigten nichts. Infolgedessen liegt in dieser gesetzlichen Differenzierung ein ausreichender sachlicher Grund für die Nichteinbeziehung und damit Ungleichbehandlung dieser Beschäftigtengruppe[443].

125a   Das im August 2006 in Kraft getretene Allgemeine Gleichbehandlungsgesetz wird Konsequenzen für Gleichbehandlungsfragen im Bereich der betrieblichen Altersversorgung haben, deren Ausmaß noch nicht abzuschätzen ist. Unklar und streitig ist bereits, ob die bAV vom Anwendungsbereich des AGG ausgenommen ist[444]. Für die bAV gilt nach § 2 Abs. 2 Satz 2 AGG das Betriebsrentengesetz. Ausweislich der Gesetzesbegründung soll die Vorschrift klarstellen, dass für die bAV die im BetrAVG geregelten Benachteiligungsverbote gelten[445]. Problematisch ist insoweit, dass das BetrAVG keine dem AGG entsprechenden Benachteiligungsverbote enthält. Irritierend ist ferner, dass § 10 Satz 3 Nr. 4 AGG, der eine unterschiedliche Behandlung wegen Alters bei betrieblichen Systemen der sozialen Sicherung unter bestimmten Voraussetzungen für zulässig erklärt, hinfällig wäre, wenn man § 2 Abs. 2 Satz 2 AGG als Bereichsausnahme auffasst. § 2 Abs. 2 Satz 2 AGG kann daher so verstanden werden, dass die Regelungen des BetrAVG unberührt bleiben, das AGG aber Anwendung finden soll, soweit die in der Richtlinie 2000/78 EG[446] aufgestellten Diskriminierungsverbote im BetrAVG noch keinen Niederschlag gefunden haben[447]. Das AGG schützt vor Benachteiligungen aus Gründen der Rasse oder der ethnischen Herkunft, des Geschlechts, der Religion oder Weltanschauung, einer Behinderung, des Alters oder der sexuellen Identität. Nachdem Diskriminierungen aufgrund des Geschlechts schon bisher einfachgesetzlich nach den §§ 611a, 612

---

[438] Dies ist das Datum der Entscheidung des EuGH v. 8. 4. 1976, Rs. *Defrenne* II, NJW 1976, 2068, in der erstmals dem Arbeitnehmer eine unmittelbare Berufung auf Art. 119 EGV (jetzt Art. 141 EG) mit Wirkung auf künftige Beschäftigungszeiten zugestanden wurde, vgl. hierzu ErfK/*Steinmeyer,* Vorbem. BetrAVG Rn. 39.

[439] BAG v. 7. 3. 1995, NZA 1996, 48.

[440] BVerfG v. 19. 5. 1999, NZA 1999, 815; BVerfG v. 5. 8. 1998, VersR 1998, 1399.

[441] So zumindest in neueren Entscheidungen, BAG v. 18. 3. 1997, VersR 1998, 915; BAG v. 23. 3. 1999, NZA 2000, 90; BAG v. 23. 9. 2003, VersR 2004, 1291

[442] BAG v. 22. 2. 2000, NZA 2000, 659.

[443] Wie hier ErfK/*Steinmeyer,* Vorbem. BetrAVG Rn. 36; a. A. hingegen *Höfer,* ART Rn. 705; auch § 4 TzBfG steht der hier vertretenen Ansicht nicht entgegen, da er, entsprechend dem Grundprinzip, bei sachlichem Grund Ungleichbehandlung zulässt, so zu Recht *Kliemt,* NZA 2001, 69; *Richardi/Annuß,* BB 2000, 2001; anders hingegen *Däubler,* ZIP 2000, 1964.

[444] Zum derzeitigen Streitstand vgl. *Cisch/Böhm,* BB 2007, 602.

[445] BT-Drucks. 16/1780, S. 32.

[446] ABl. EG 2000 L 303/16

[447] *Cisch/Böhm,* BB 2007, 602 (603).

Abs. 3 BGB a. F. untersagt waren, liegt die zukünftige Bedeutung des AGG im Bereich der bAV vor allem bei Diskriminierungen wegen des Alters[448].

Nicht zuletzt seit der Reform der betrieblichen Altersvorsorge im Rahmen des AVmG **125b** und nun auch wegen der Verabschiedung des AGG wird wieder verstärkt die Frage erörtert, ob im Bereich des Betriebsrentenrechts eine Diskriminierung aufgrund des Geschlechts dadurch besteht, dass unterschiedliche Tarife zugrunde gelegt werden. Zum Teil wird in diesem Zusammenhang vertreten, der Arbeitgeber oder auch der von ihm herangezogene externe Versorgungsträger wie die Direktversicherung, die Pensionskasse oder der Pensionsfonds seien verpflichtet, so genannte **Unisex-Tarife** anzubieten. Darunter sind solche Versorgungsformeln zu verstehen, die für den gleichen Betrag identische monatliche Rentenleistungen für männliche wie weibliche Arbeitnehmer gewähren, obwohl die Lebenserwartung und die damit zu erwartende Rentenzahlung unterschiedlich sind[449]. Diese Ansicht stützt sich insbesondere auf das aus Art. 3 Abs. 2 GG herzuleitende Gleichbehandlungsgebot sowie europarechtlich auf die Bestimmung des Art. 141 EG[450]. Die Gegenansicht hält die Einführung von Unisextarifen zumindest verfassungsrechtlich für nicht geboten[451]. Auf europäischer Ebene soll zu differenzieren sein, maßgebliches Kriterium sei dabei der Entgeltbegriff, so wie er vom EuGH in den vergangenen Jahren entwickelt wurde. Für die Beitragzusage mit Mindestleistung sowie für die beitragsorientierte Leistungszusage bestehe kein europarechtlicher Zwang zur Verwendung von Unisextarifen[452]. Demgegenüber sei es dem Arbeitgeber bei der reinen Leistungszusage verwehrt, die Höhe der zugesagten monatlichen Rente nach dem Geschlecht zu differenzieren, da ansonsten nicht gleiches Entgelt für Männer wie für Frauen gleicher Arbeit gegenüber stehen würde[453]. Für die staatlich geförderten „Riester"-Verträge schreibt § 1 Abs. 1 Nr. 2 AltZertG seit Anfang 2006 Unisex-Tarife vor. Dagegen erlaubt § 20 Abs. 2 Satz 1 AGG für den Bereich der privaten Versicherungsverträge ausdrücklich eine unterschiedliche Behandlung wegen des Geschlechtes bei den Prämien und Leistungen, wenn dessen Berücksichtigung bei einer auf relevanten und genauen versicherungsmathematischen und statistischen Daten beruhenden Risikobewertung ein bestimmender Faktor ist[454].

IV. Die Mitbestimmung des Betriebsrats

Anders als bei (anderen) Versicherungen greift bei der bAV das **Mitbestimmungsrecht**[455] **126** nach § 87 BetrVG ein: Da Leistungen der bAV ein Entgelt für die vom Arbeitnehmer erbrachte Betriebstreue darstellen, sind Entgeltfragen betroffen. Insofern regelt eine betriebliche Versorgungsordnung Fragen der betrieblichen Lohngestaltung, so dass der Tatbestand

---

[448] Zu möglichen konkreten Auswirkungen *Langohr-Plato,* Rn. 1446; *Thüsing,* BetrAV 2006, 704 ff.; *Reichenbach/Grünklee,* BetrAV 2006, 708 ff.; zur streitigen Frage des Verhältnisses zwischen allgemeinem arbeitsrechtlichem Gleichbehandlungsgrundsatz und AGG vgl. *Maier/Mehlich,* DB 2007 110 (113) u. *Hinrichs,* DB 2007 574 ff.

[449] Vgl. zum derzeitigen Diskussionsstand *Raulf/Gunia,* NZA 2003, 535 ff.; *Birk,* BetrAV 2003, 197; *Hensche,* NZA 2004, 828 ff.; *Körner,* NZA 2004, 760 ff.; *Boecken,* Gedächnisschrift für Meinhard Heinze 2005, 57 ff.; *Temming,* ZESAR 2005, 75; *Däubler/Bertzbach-Ambrosius,* § 20 Rn. 45.

[450] *Hensche,* NZA 2004, 828 (829); *Wrase/Baer,* NJW 2004, 1623 (1625).

[451] So noch die Vorauflage; *Raulf/Gunia,* NZA 2003, 535 ff.; in diesem Sinne auch *Becker,* Transfergerechtigkeit und Verfassung, Tübingen 2001, 159.

[452] *Rüffert* hält zumindest im Rahmen der Entgeltumwandlung auch bei der beitragsorientierten Leistungszusage die Verwendung von Unisextarifen für europarechtlich geboten; aus § 7 AGG, der eine Benachteiligung wegen des Geschlechts schlechthin und nicht nur in Entgeltfragen verbiete, folgert *Rüffert* allerdings ein Gebot zur Verwendung von Unisextarifen für alle Zusagearten, S. 193 ff.; vgl. auch Rn. 23 f.

[453] Vgl. EuGH v. 28. 9. 1994 *(Coloroll)* NZA 1994, 1073; *Raulf/Gunia,* NZA 2003, 535 ff.

[454] An der Vereinbarkeit von § 20 Abs. 2 Satz 1 AGG mit höherrangigem Recht zweifelnd *Däubler/Bertzbach-Ambrosius,* § 20 Rn. 45.

[455] Eingehend zu den Schwerpunkten bei der betrieblichen Altersversorgung für die Betriebsratstätigkeit *Schoden,* Einf. Rn. 166 ff.

des § 87 Abs. 1 Nr. 10 BetrVG einschlägig ist[456]. Dies gilt ohne weiteres für die unmittelbaren Pensionszusagen sowie die Direktversicherungen. Soweit andere Wege der betrieblichen Altersversorgung gewählt werden, also solche über selbstständige, nicht überbetriebliche Einrichtungen, handelt es sich bei diesen Versorgungsinstitutionen um Sozialeinrichtungen im Sinne von § 87 Abs. 1 Nr. 8 BetrVG. Demgegenüber greift das Mitbestimmungsrecht nicht bei der vom Arbeitgeber zur Finanzierung einer betrieblichen Versorgungszusage abgeschlossenen RückdeckungsV; insofern liegt keine Sozialeinrichtung vor[457].

127   Der **Umfang** des Mitbestimmungsrechts ist wesensgemäß beschränkt auf Maßnahmen mit kollektivem Bezug, so dass die Zusage einer bAV im Wege der echten Individualvereinbarung schon *eo ipso* nicht der Mitbestimmung unterliegt. Begrenzt ist das Mitbestimmungsrecht zudem durch die Vorrangstellung von Gesetz und Tarifvertrag. Da Zusagen zu Leistungen der bAV auf freiwilliger Basis erfolgen, ist darüber hinaus dem Arbeitgeber ein erheblicher mitbestimmungsfreier Raum zuzugestehen. Demzufolge kann dieser (mitbestimmungs-)frei entscheiden, ob er überhaupt finanzielle Mittel für ein betriebliches Versorgungssystem zur Verfügung stellen will, mit welchem Dotierungsrahmen er dies zu tun beabsichtigt, welche Versorgungsform er wählen und welchen Arbeitnehmerkreis er begünstigen möchte[458]. Damit ist das Mitbestimmungsrecht des Betriebsrats begrenzt auf den Verteilungsplan, also auf die Verteilung der Mittel, die Art der Versorgungsleistung sowie die Leistungsvoraussetzungen. Erfasst ist somit nur die inhaltliche Gestaltung der Leistungsordnung[459].

V. Übergang des Vertrags bei Betriebsübergang: der Wechsel des Versorgungsschuldners

128   Beim Wechsel des Betriebsinhabers im Wege der Einzelrechtsnachfolge werden die zum Erwerber überwechselnden Arbeitnehmer durch die Bestimmungen des den **Betriebsübergang** nach europäischen Vorgaben[460] regelnden § 613a BGB grundsätzlich vor Nachteilen geschützt. Dies hat auch Auswirkungen bei der bAV[461], jedoch entsprechend dem Wortlaut der Norm nur für bestehende Arbeitsverhältnisse, nicht hingegen für Betriebspensionäre oder mit unverfallbarer Anwartschaft ausgeschiedene Arbeitnehmer[462], so dass deren Versorgungsansprüche auch bei einem Betriebsübergang beim Veräußerer verbleiben. Mit dem erfolgten Betriebsübergang tritt der neue Betriebsinhaber automatisch in die Rechte und Pflichten aus den im Zeitpunkt des Übergangs bestehenden Arbeitsverhältnissen ein und erhält somit die Arbeitgeberstellung[463]. Ihn treffen damit auch alle diejenigen Pflichten, die von der Dauer der Betriebszugehörigkeit abhängen. Dies ist vorliegend insbesondere deshalb relevant, weil er somit auch die Ruhegeldanwartschaften und -zusagen der übernommenen Arbeitnehmer gegen sich gelten lassen muss; Gleiches gilt auch für die Berechnung der Kündigungsfristen sowie der Warte- und Unverfallbarkeitsfristen[464]. Der Inhalt der Ruhegeldzusage

---

[456] BAG v. 4. 5. 1982, VersR 1983, 254; BAG v. 12. 6. 1975, VersR 1976, 254.

[457] BAG v. 16. 2. 1993, VersR 1993, 1299; zur Mitbestimmung bei der Entgeltumwandlung *Schnitker/Grau*, BB 2003, 1061.

[458] St. Rspr. des BAG, BAG v. 16. 2. 1993, VersR 1993, 1299; BAG v. 26. 4. 1988, NZA 1989, 219; BAG v. 12. 6. 1975, VersR 1976, 254.

[459] BAG v. 16. 2. 1993, VersR 1993, 1299; BAG v. 18. 3. 1976, VersR 1977, 186.

[460] Zugrunde liegt der Norm die Richtlinie 77/187/EWG vom 5. 3. 1977, dazu und zu ihrer Auslegung näher *Joussen*, Die Auslegung europäischen (Arbeits-)Rechts aus deutsch-italienischer Perspektive, 2000.

[461] Vgl. *Lindemann/Simon*, BB 2003, 2510; *Falkenberg*, BB 1987, 328; *Gaul*, DB 1980, 927; *Willemsen*, RdA 1987, 327.

[462] So die mittlerweile gefestigte Rechtsprechung, BAG v. 24. 3. 1987, VersR 1988, 170; BAG v. 11. 11. 1986, NZA 1987, 559; BAG v. 24. 3. 1977, VersR 1977, 1018.

[463] BAG v. 22. 2. 1978, AP BGB § 613a Nr. 11.

[464] BAG v. 24. 3. 1977, VersR 1977, 1018; *Langohr-Plato*, ZAP 1993, F 17, 206.

wird also durch einen Betriebsübergang und den damit zusammenhängenden Schuldnerwechsel nicht berührt.

Dieser strikten Anordnung kann der Betriebsübernehmer regelmäßig nicht entkommen. **129** Insbesondere können die genannten **Rechtsfolgen nicht** durch Vertrag zwischen dem bisherigen Betriebsinhaber und Erwerber **ausgeschlossen** werden[465], auch nicht mit Zustimmung der betroffenen Arbeitnehmer[466]. Ein solcher Vertrag wäre als Vertrag zu Lasten Dritter unwirksam und gem. § 134 BGB nichtig. Häufig wird jedoch, nicht erfolglos, versucht, im Zusammenhang mit einem Betriebsübergang die Versorgungsregelungen zu ändern. Dann geht es immer darum, inwieweit dabei die rechtlichen Grenzen eingehalten worden sind[467]. Leitlinie in diesem Zusammenhang muss dabei die Bestandsschutzfunktion des § 613a BGB sein, also der Schutz der einzelnen Arbeitnehmer durch Sicherung und Fortführung des Arbeitsverhältnisses im bisherigen Umfang. Dieser Bestandsschutz gilt jedoch nicht uneingeschränkt. So ist der neue Arbeitgeber bei der Aufstellung von Berechnungsregeln frei, Vorbeschäftigungszeiten als wertbildende Faktoren außer Ansatz zu lassen. Der Betriebserwerber ist demzufolge nicht verpflichtet, in Bezug auf eine etwaige Wartezeit und die Höhe der Versorgungsleistungen diejenigen Beschäftigungszeiten anzurechnen, die der Arbeitnehmer bei dem Betriebsveräußerer verbracht hat[468]. Zudem haben die übernommenen Arbeitnehmer keinen Anspruch darauf, in das beim Betriebserwerber existierende Versorgungssystem integriert zu werden, ein Anspruch, der sich auch nicht aus dem Gleichbehandlungsgrundsatz ergibt, da die Zugehörigkeit der neuen Mitarbeiter zu dem übernommenen Betrieb einen sachlichen Rechtfertigungsgrund für eine Ungleichbehandlung darstellt[469].

Kommt es jedoch zu einer Integration und bestehen somit bei beiden Vertragsparteien be- **130** triebliche Versorgungssysteme, so stellt sich die Frage nach dem **Konkurrenzverhältnis** dieser Systeme nach erfolgtem Betriebsübergang. Dies richtet sich wiederum danach, auf welcher Grundlage die Systeme beruhen. Treffen zwei individualrechtliche Versorgungsregelungen aufeinander, gilt die ursprüngliche gem. § 613a Abs. 1 S. 1 BGB grundsätzlich weiter. Treffen hingegen kollektivrechtliche Regelungen aufeinander, so müssten kraft des Ordnungsprinzips grundsätzlich die Regelungen des Erwerbers gelten, § 613a Abs. 1 S. 3 BGB[470]. Doch kann dieser Grundregel für das Betriebsrentenrecht nicht ohne weiteres gefolgt werden. Denn hinsichtlich der Rechtsprechung des BAG zum Bestandsschutz würde dies dazu führen, dass übernommene Arbeitnehmer in Bezug auf die bAV dann besser geschützt wären, wenn im Übernehmerbetrieb keine Zusage in Form einer Kollektivvereinbarung bestünde; denn dann würde ihre bislang geltende Versorgungszusage unverändert weitergelten. Das Ordnungsprinzip kann sich somit nur für die Zeiten nach dem Betriebsübergang auswirken, um so den erdienten Besitzstand zu wahren. Dies hat zur Konsequenz, dass entsprechend dem ratierlichen Berechnungsverfahren nach § 2 Abs. 1 BetrAVG die Dienstzeiten beim Betriebsveräußerer nach der alten Versorgungsordnung und die Dienstzeiten beim Betriebserwerber nach dessen Ordnung zu bewerten sind[471].

---

[465] BAG v. 29. 11. 1988, VersR 1989, 500.

[466] BAG v. 28. 4. 1987, NZA 1988, 198; BAG v. 14. 7. 1981, NJW 1982, 1607.

[467] Jüngst wieder in BAG v. 24. 7. 2001, VersR 2002, 1172.

[468] BAG v. 24. 7. 2001, VersR 2002, 1172; BAG v. 8. 2. 1983, VersR 1984, 247; BAG v. 30. 8. 1979, VersR 1980, 445; näher zu der jüngsten Entscheidung *Reinecke,* BetrAV 2003, 25 (32) = DB 2002, 2717 (2723).

[469] *Griebeling,* Rn. 645; *Höfer,* ART Rn. 1237.

[470] Vgl. BT-Drucks. 8/3317, 11, zur gesetzgeberischen Motivation, durch die Anordnung des Ordnungsprinzips die Anpassung und Vereinheitlichung unterschiedlicher Betriebsnormen zu erleichtern.

[471] Vgl. aber BAG v. 13. 11. 2007, NZA 2008, 600: Tarifvertragliche Ansprüche auf Leistungen der bAV können nicht durch beim Erwerber geltende Betriebsvereinbarung abgelöst werden, da Betriebsvereinbarungen zur bAV nur teilweise mitbestimmt sind; vgl. zu diesem komplexen Konkurrenzverhältnis *Kemper,* BB 1990, 785; *ders.,* BetrAVG 1990, 2; *Seiter,* DB 1980, 977; *Hanau/Zimmermann,* ZfA 1982, 642; *Junker,* RdA 1993, 203 (208); *Höfer,* ART Rn. 1242 ff.

F. Auskunfts- und Informationspflichten

131   Wie in jedem Vertragsverhältnis und wie bei jedem Versicherungsverhältnis ergeben sich auch im Bereich der betrieblichen Altersversorgung gewisse **Auskunfts- und Informationspflichten.** Diese sind hier auf eine Vertragspartei fokussiert, den Arbeitgeber. Zwar kennt das BetrAVG nur an einer Stelle eine entsprechende gesetzlich normierte Pflicht, nämlich in § 4a BetrAVG; doch ergeben sich Auskunfts- und Informationspflichten des Arbeitgebers und auch externer Versorgungsträger gegenüber dem Versorgungsberechtigten auch noch aus weiteren Rechtsgrundlagen.

I. Die gesetzlich geregelte Auskunftspflicht in § 4a BetrAVG

132   Den Arbeitgeber bzw. den Versorgungsträger trifft gem. § 4a Abs. 1 BetrAVG die Pflicht dem Arbeitnehmer bei einem berechtigten Interesse und auf Verlangen schriftlich **Auskunft** darüber zu erteilen, in welcher Höhe aus der bisher erworbenen Anwartschaft bei Erreichen der in der Versorgungsregelung vorgesehenen Altersgrenze eine Anspruch auf Altersversorgung besteht und wie hoch bei einer Übertragung der Anwartschaft nach § 4 Abs 3 BetrAVG der Übertragungswert ist. Ein berechtigtes Interesse des Arbeitgebers liegt immer dann vor, wenn der Arbeitnehmer eine Entscheidung von Inhalt und Höhe seiner Versorgungsanwartschaft abhängig machen will und er sich die Information nicht auf einfachere Weise als durch das Auskunftsverlangen verschaffen kann[472]. Die Auskunftspflicht erstreckt sich nicht auf gegebenenfalls vorgesehene Leistungen bei Invalidität und Hinterbliebenenversorgung[473].

133   Der Auskunftsanspruch aus § 4a Abs. 1 BetrAVG ist zwar ein reiner Informationsanspruch. Daraus folgt insbesondere, dass es sich bei ihm um eine **bloße Wissenserklärung, nicht um Willenserklärungen** und insofern vor allem nicht um ein abstraktes oder deklaratorisches Schuldanerkenntnis handelt[474]. Doch stellt er gleichwohl einen klassischen (wenn auch: Neben-)Anspruch dar. Daraus folgt zum einen, dass der Arbeitnehmer dann, wenn der Arbeitgeber seiner Pflicht zur Auskunftserteilung nicht nachkommt, den Auskunftsanspruch im Wege der Leistungsklage geltend machen kann bzw. im Wege der Feststellungsklage, wenn er die ihm erteilte Auskunft für falsch hält[475]. Daraus folgt zum anderen, dass der Arbeitnehmer in den Fällen, in denen er eine falsche Auskunft erhalten und sich bei seiner Versorgungsplanung auf diese verlassen hat, gegebenenfalls einen Schadensersatzanspruch gegen seinen Arbeitgeber verfolgen kann[476]. Falsch ist in diesem Sinne eine Auskunft auch dann, wenn sie nur scheinbar vollständig oder in sonstiger Weise irreführend ist[477].

133a   § 4a Abs. 2 BetrAVG verpflichtet den neuen Arbeitgeber bzw. den Versorgungsträger dem Arbeitnehmer auf dessen Verlangen schriftlich mitzuteilen, in welcher Höhe aus dem Übertragungswert ein Anspruch auf Altersversorgung und ob eine Invaliditäts- oder Hinterbliebenenversorgung bestehen würde. Anders als in Abs. 1 benötigt der Arbeitnehmer kein berechtigtes Interesse um die Auskunft zu fordern. Der Anspruch soll die Grundlage für die Übertragungsentscheidung des Arbeitnehmers bilden und ist daher eine vorvertragliche Auskunftspflicht. Bei Nichterfüllung, verspäteter Erfüllung oder Schlechterfüllung des Auskunftsanspruchs

---

[472] *Blomeyer/Rolfs/Otto,* § 4a Rn. 22.

[473] *Blomeyer/Rolfs/Otto,* § 4a Rn. 38; *Höfer,* § 4a Rn. 3865.14.

[474] BAG v. 9. 12. 1997, NZA 1998, 1171; OLG Stuttgart v. 20. 7. 2000, VersR 2002, 555; ErfK/*Steinmeyer,* § 4a BetrAVG Rn. 11; *Reinecke,* DB 2006, 555, 559.

[475] Das Feststellungsinteresse folgt dann unmittelbar aus § 4a BetrAVG, vgl. LAG Hamm v. 7. 3. 1989, DB 1989, 1215; *Blomeyer/Rolfs/Otto,* § 4a Rn. 56; *Förster/Rühmann/Cisch,* § 4a BetrAVG Rn. 13; a. A. hingegen LAG Berlin v. 22. 11. 1976, VersR 1979, 972; welches ein Feststellungsinteresse nach § 256 ZPO verlangen.

[476] BAG v. 21. 11. 2000, NZA 2002, 618; BAG v. 17. 10. 2000, NZA 2001, 206; *Blomeyer/Rolfs/Otto,* § 4a BetrAVG Rn. 51.

[477] BAG v. 9. 7. 1991, ZTR 1992, 116.

können dem Arbeitnehmer Schadensersatzansprüche aus §§ 311 Abs. 2, 21 Abs. 2 i. V. m. § 280 und ggf. §§ 281, 286 BGB zustehen[478].

II. Weitere Auskunfts- und Informationspflichten

Über diesen gesetzlich geregelten Anspruch hinaus treffen den Arbeitgeber jedoch auch   **134** noch weitere Auskunfts- und Informationspflichten, die sich zum Teil aus anderen Gesetzen, zum Teil auch aus allgemeinen Rechtsgrundsätzen ergeben.

Eine solche Pflicht des Arbeitgebers folgt zunächst aus der Bestimmung des § 2 Abs. 1 **NachwG,** derzufolge die wesentlichen Vertragsbedingungen schriftlich niederzulegen und dem Arbeitnehmer auszuhändigen sind. In die Niederschrift sind insbesondere gem. § 2 Abs. 1 Nr. 6 NachwG die Zusammensetzung und die Höhe des Arbeitsentgelts einschließlich anderer Bestandteile des Arbeitsentgelts und deren Fälligkeit aufzunehmen. Entsprechend ihrer Rechtsnatur gehören zu den Entgeltbedingungen auch Zusagen hinsichtlich der bAV[479]. Dementsprechend trifft den Arbeitgeber hier die Pflicht, den Arbeitnehmer über die Höhe, den Umfang und die Bedingungen der von ihm bzw. des von ihm eingeschalteten selbstständigen Versorgungsträger/-s gewährten Leistungen der bAV zu informieren. Ein Verstoß gegen diese Pflicht macht die Zusage oder den Vertrag zwar nicht unwirksam. Doch handelt es sich um einen Verstoß gegen eine Nebenpflicht[480], aus dem sich gem. § 280 BGB gegebenenfalls ein Schadensersatzanspruch ergeben kann[481]. Darüber hinaus wird man auch eine Verpflichtung zu deutlichen Hinweisen auf unübliche bzw. überraschende Klauseln nach § 310 Abs. 4 i. V. m. §§ 305 ff. BGB anzunehmen haben, da auch Versorgungspläne und -bedingungen der AGB-Kontrolle unterliegen.

Eine Aufklärungs- und Informationspflicht des Arbeitgebers kann sich auch aus dem **Ge-**   **135** **danken der Fürsorge** ergeben. Zwar hat der Arbeitnehmer grundsätzlich selber darauf zu achten, dass seine Interessen gewahrt bleiben. Dies gilt angesichts einer fehlenden anderslautenden gesetzlichen Bestimmungen besonders auch für die bAV. Doch kann sich aus den Umständen des Einzelfalls auch ergeben, dass der Arbeitgeber aufgrund seiner Fürsorgepflicht zu Hinweisen oder zu einer Aufklärung verpflichtet ist[482]. Eine solche hat das BAG zumindest für den Bereich der öffentlich-rechtlichen Zusatzversorgung bejaht, wenn und weil der Arbeitnehmer im Allgemeinen nicht hinreichend unterrichtet ist, der Arbeitgeber aber über die notwendigen Kenntnisse verfügt[483]. Möglicherweise ist der Arbeitgeber auch gehalten, den Arbeitnehmer an die Stelle zu verweisen, die Zugang zu mehr Informationen hat. Dann muss er sich aber auch vergewissern, dass der Arbeitnehmer die richtigen Informationen erhält[484]. Eine Informations- und Aufklärungspflicht wird in diesen Fällen auch im privatrechtlichen Bereich[485] jedenfalls dann zu bejahen sein, wenn der Arbeitnehmer ohne die Information einen endgültigen oder zumindest atypischen Rechtsverlust oder Vermögensnachteil erleiden kann[486]. Zu denken ist etwa an eine Reduzierung der aufrechterhaltenen Anwartschaft beim vorzeitigen Ausscheiden, die deutlich über die zeitanteilige Kürzung hinausgeht[487].

---

[478] *Blomeyer/Rolfs/Otto,* § 4 a Rn. 67.

[479] *Höfer,* ART, Rn. 1591; ErfK/*Preis,* § 2 NachwG Rn. 17.

[480] *Preis,* NZA 1997, 11.

[481] So auch *Doetsch,* BetrAV 2003, 48 (49).

[482] BAG v. 11. 12. 2001, NZA 2002, 1150; BAG v. 13. 11. 1984, BAGE 47, 169; *Becker-Schaffer,* BB 1993, 1281.

[483] BAG v. 17. 12. 1991, NZA 1992, 973.

[484] *Blomeyer,* DB 2001, 1413, (1416).

[485] Zu der Übertragbarkeit vgl. auch *Loritz,* ZfA 2001, 197.

[486] BAG v. 17. 10. 2000, NZA 2001, 206; *Doetsch,* BetrAV 2003, 48 (50); kritisch hinsichtlich der Reichweite der Pflicht *Blomeyer,* SAE 2001, 310 (315); vorsichtig hinsichtlich der Anwendbarkeit auf die Privatwirtschaft *Reinecke,* BetrAV 2003, 25 = DB 2002, 2717.

[487] BAG v. 17. 10. 2000, NZA 2001, 206.

135a   Umstritten ist inwieweit der Arbeitgeber den Arbeitnehmer auf die Existenz des Anspruchs auf Entgeltumwandlung nach § 1a BetrAVG hinweisen muss[488]. Da einem Arbeitnehmer zuzumuten ist, dass er sich die Rechtskenntnisse verschafft, die er im Arbeitsleben für die Wahrnehmung seiner sozialen Sicherheit braucht[489], ist eine solche Informationspflicht des Arbeitgebers nur dann zu bejahen, wenn man den Arbeitgeber ebenfalls für verpflichtet hält – so wie hier[490] –, eine Durchführungsmöglichkeit für die Entgeltumwandlung bereitzustellen[491]. Denn nur in diesem Fall kann ein normatives Informationsgefälle zwischen Arbeitnehmer und Arbeitgeber stets bejaht werden.

136   Eine Auskunfts- oder Informationspflicht kann schließlich auch den **selbstständigen Versorgungsträger** gegenüber dem Versorgungsberechtigten treffen. Ein solcher Anspruch ergibt sich bei den versicherungsförmigen Durchführungswegen, also bei der Direktversicherung, Pensionskasse und dem Pensionsfonds aus der Konstruktion der Zusage als eines echten Vertrages zugunsten Dritter im Sinne von § 328 BGB, aus dem sich eben nicht nur ein eigenständiges Leistungsforderungsrecht des Arbeitnehmers, sondern bei Vorliegen der Voraussetzungen auch ein eigenständiger Schadensersatzanspruch etwa aus § 280 BGB ergibt, nämlich dann, wenn der Versorgungsträger eine Pflichtverletzung begangen hat. In Betracht kommen dürften dabei vor allem ein Unterlassen eines Hinweises auf eine Umstellungsmöglichkeit bezogen auf den Versorgungstarif, falsche Standmitteilungen oder aber auch unrealistische Prognoserechnungen. Vom BAG als zumindest nicht abwegig wurde zudem eine Pflicht des Versorgungsträgers angesehen, den Arbeitnehmer über Beitragsrückstände oder schädliche Verfügungen des Arbeitgebers zu informieren und ihm darüber hinaus auch anzubieten, die Beiträge selber weiterzuzahlen, um den Anspruch aufrecht erhalten zu können[492]. Dafür spricht der ansonsten möglicherweise hohe eintretende Schaden, der irreparabel sein, aber gleichwohl verhindert werden kann.

G. Steuerrechtliche Aspekte

137   Der Arbeitgeber kann grundsätzlich frei – bei der Entgeltumwandlung eingeschränkt – zwischen den verschiedenen Durchführungswegen denjenigen Weg wählen, über welchen er die betriebliche Altersvorsorge durchführen will. Dies wird er wesentlich davon anhängig machen, welcher Weg für ihn am günstigsten ist. Dies wiederum hängt vor allem davon ab, wie die steuerrechtlichen Bestimmungen die einzelnen Durchführungswege prägen[493]. Für ihn ist im Rahmen der betrAV von Interesse, inwieweit die Altersvorsorgebeiträge bei ihm steuerlich abzugsfähig sind und somit seinen steuerlichen Gewinn mindern[494]. Demgegenüber ist der Arbeitnehmer daran interessiert, ob die Altersvorsorgebeiträge als Einnahmen im Sinne von § 19 EStG steuerbar sind und, wenn ja, ob sie von der Steuer befreit oder anderweitig steuerlich gefördert werden können.

---

[488] Bejahend *Blomeyer* SAE 2001, 315, 316; *Doetsch,* BetrAV 48,50; ErfK/*Steinmeyer,* § 17 Rn. 16; ablehnend: *Clemens,* S. 121 ff.; *Henning,* S. 70 ff.

[489] BAG v. 6. 7. 1972, BB 1972, 1273.

[490] Vgl. Rn. 23 e.

[491] So *Rüffert,* S. 73 ff.

[492] BAG v. 17. 11. 1992, NZA 1993, 843; OLG Düsseldorf v. 17. 12. 2002, BB 2003, 2019; a. A. *Bürkle,* BB 2003, 2007.

[493] Zu verschiedenen Verfassungsfragen hinsichtlich der Besteuerung von Alterseinkünften, die die Neuregelung der betrAV in den vergangenen Jahren aufgeworfen hat, vgl. *Birk,* BB 2002, 229.

[494] *Wellisch/Näth,* BB 2002, 1393.

I. Steuerrechtliche Behandlung der Altersvorsorgebeiträge aus Arbeitgebersicht

Die steuerrechtliche Abzugsfähigkeit der Altersvorsorgebeiträge bestimmt sich nach den **138** §§ 4, 4b, 4c, 4d, 4e und 6a EStG und differiert je nach dem gewählten Durchführungsweg der Altersvorsorge. Wählt der Arbeitgeber den Weg der unmittelbaren Zusage, so kann er hierfür **Pensionsrückstellungen** bilden, die den steuerlichen Gewinn des Arbeitgebers entsprechend der dezidierten Regelung in § 6 EStG mindern. Es handelt sich hierbei um eine bilanzielle Berücksichtigung als Passivwert in Form der genannten Rückstellungen, die jedoch nach § 6a Abs. 3 S. 1 EStG höchstens mit dem Teilwert der Pensionsverpflichtung angesetzt werden dürfen

Nach § 4b S. 1 EStG ist der Versicherungsanspruch aus einer Direktversicherung, die von **139** einem Steuerpflichtigen aus betrieblichem Anlass abgeschlossen wird, nicht dem Betriebsvermögen zuzurechnen, soweit am Schluss des Wirtschaftsjahres die Person, auf deren Leben die Lebensversicherung abgeschlossen ist, oder ihre Hinterbliebenen bezugsberechtigt sind. Damit die Direktversicherung nicht beim Arbeitgeber steuerlich berücksichtigt wird, ist es also erforderlich, dass der Leistungsempfänger (i. d. R. der Arbeitnehmer) oder seine Hinterbliebenen ein eigenes Bezugsrecht haben. Das Bezugsrecht muss nach § 1b Abs. 2 BetrAVG (geändert durch Art. 35 Abs. 3 AVmG) unwiderruflich sein[495].

Zuwendungen des Arbeitgebers an **Pensionskassen** sind als Betriebsausgaben nach § 4c EStG von diesem absetzbar, wenn sie im Ergebnis notwendig sind, damit die Kasse ihren Aufgaben nachkommen kann[496]. Dies ist der Fall, wenn die Zuwendungen auf Grund von in der Satzung oder im Geschäftsgang der Kasse festgelegten Verpflichtungen geleistet werden, auf Anordnung der Versicherungsbehörde gezahlt werden oder der Abdeckung von Fehlbeträgen der Kasse dienen. Hinzukommen muss ein hypothetischer Vergleich, demzufolge die Leistungen der Kasse, wenn diese unmittelbar vom Unternehmen erbracht würden, betrieblich veranlasst sein müssten[497]. Ähnlich ist die Regelung für die Abzugsfähigkeit der Zuwendungen zu **Pensionsfonds,** die gleichermaßen abzugsfähig sind, wenn sie auf bestimmten Verpflichtungen beruhen oder dem Ausgleich von Fehlbeträgen dienen und zudem hypothetisch „betrieblich veranlasst" sind.

Die steuerliche Abzugsfähigkeit für Zuwendungen des Arbeitnehmers an **Unterstüt-** **140** **zungskassen** richtet sich nach § 4d EStG und setzt ebenfalls voraus, dass diese Leistungen der Kasse hypothetisch auch beim Unternehmen selbst betrieblich veranlasst wären. Ist dies der Fall, so richtet sich dann die unmittelbare Abzugsfähigkeit danach, ob die Unterstützungskasse lebenslänglich laufende Leistungen gewährt oder nicht. Hinzu kommt, dass die Abzugsfähigkeit der Zuwendungen an Unterstützungskassen dadurch eingeschränkt ist, dass das Kassenvermögen am Ende eines Wirtschaftsjahres das zulässige Kassenvermögen nicht übersteigen darf[498]. Diejenigen Zuwendungen, die das zulässige Kassenvermögen und das Reserveporlster (Zuwendungsspielraum) übersteigen, sind nicht abzugsfähig[499].

II. Steuerrechtliche Behandlung aus Arbeitnehmersicht

Der Arbeitnehmer hat zwar keine Wahl, welchen Weg der bAV er gehen möchte. Doch hat **141** die vom Arbeitgeber getroffene Wahl unterschiedliche Auswirkungen auch auf die steuerliche Behandlung aus Arbeitnehmersicht. Es stellt sich dabei die Frage nach den Rechtsfolgen

---

[495] *Weber-Grellet,* in: EStG Hrsg. v. *Schmidt,* 25. Aufl. 2006, § 4b Rn. 35.
[496] *Weber-Grellet,* in: EStG Hrsg. v. *Schmidt,* 25. Aufl. 2006, § 4c Rn. 5.
[497] *Wellisch/Näth,* BB 2002, 1393 (1395).
[498] Zum zulässigen Kassenvermögen vgl. *Ahrend/Förster/Rößler,* Steuerrecht der betrieblichen Altersversorgung, 3. Teil Rn. 305ff.; vgl. zur Auslegung von § 4d EStG die Einkommensteuerrichtlinie R 4d Abs. 4 S. 11 EStR 2005; zur steuerlichen Behandlung von Beiträgen zur rückgedeckten Unterstützungskasse vgl. *Buttler/Baier,* VW 2006, 650.
[499] *Ahrend/Förster/Rößler,* Steuerrecht der betrieblichen Altersversorgung, 3. Teil Rn. 306.

im Hinblick auf den Zeitpunkt der Lohnbesteuerung der vom Arbeitgeber entrichteten Beiträge beim Arbeitnehmer bzw. die steuerliche Behandlung der späteren Versorgungsleistungen.

1. Steuerrechtliche Behandlung der Altersvorsorgebeiträge

142 Hinsichtlich der Altersvorsorgebeiträge muss zwischen der Gruppe der Direktversicherung, Pensionskasse und Pensionsfonds auf der einen und der Gruppe der Direktzusage und Unterstützungskasse auf der anderen Seite **grundsätzlich differenziert** werden. Während bei der erstgenannten Gruppe der Zufluss von Arbeitslohn im Zeitpunkt der Beitragszahlung an die entsprechende Versorgungseinrichtung vorliegt, sofern die Versorgungseinrichtung dem Arbeitnehmer eigene Rechtsansprüche gewährt[500], ist dies bei der zweitgenannten Gruppe erst im Zeitpunkt der Zahlung der Altersversorgungsleistungen an den Arbeitnehmer der Fall, hier kommt es also zu einer sog. nachgelagerten Besteuerung[501]. Da also Pensionskassen, Pensionsfonds und Direktversicherungen dem Arbeitnehmer einen eigenen Rechtsanspruch auf Versorgung gewähren, stellen die an diese Versorgungseinrichtungen gezahlten Altersvorsorgebeiträge beim Arbeitnehmer steuerbaren Arbeitslohn dar. Anders hingegen bei der zweitgenannten Gruppe: Bei Direktzusagen mangelt es an einer externen Versorgungseinrichtung, bei den Unterstützungskassen zumindest de lege lata an der Gewährung eines Rechtsanspruchs.

143 Für den Arbeitnehmer hat die Versorgungszusage bei der **Direktzusage** während seiner aktiven Dienstzeit also keine steuerlichen Auswirkungen, da insoweit zu diesem Zeitpunkt kein Lohnzufluss vorliegt[502]. Hingegen unterliegen die Versorgungsleistungen (Renten- oder Kapitalleistungen) bis auf einen Freibetrag der individuellen Lohnsteuer[503]. Das Gleiche gilt für den Durchführungsweg über eine **Unterstützungskasse.** Hier haben sich auch durch das AVmG keine Änderungen ergeben.

144 Beiträge zum Aufbau einer kapitalgedeckten Altersversorgung im Wege der Direktversicherung, der Pensionskasse oder des Pensionsfonds stellen zwar grundsätzlich einen steuerbaren Zufluss dar, allerdings sind sie nach § 3 Nr. 63 EStG insoweit von der Einkommensteuerpflicht befreit, wie sie im Kalenderjahr 4 % der Beitragsbemessungsgrenze in der allgemeinen Rentenversicherung nicht übersteigen. Voraussetzung für die Steuerbefreiung ist, dass die Auszahlung der zugesagten Alters-, Invaliditäts- oder Hinterbliebenenversorgungsleistungen in Form einer Rente oder eines Auszahlungsplans nach Maßgabe des § 1 Abs. 1 Nr 4 AltZertG[504] vorgesehen ist. Diese Regelung greift gemäß § 3 Nr. 63 S. 2 EStG nicht, soweit der Arbeitnehmer nach § 1a Abs. 3 BetrAVG verlangt hat, dass die Voraussetzungen für eine Förderung nach § 10a EStG (Gewährung des Sonderausgabenabzugs) oder Abschnitt XI EStG (Zahlung einer Altersvorsorgezulage) erfüllt werden. Die Finanzbehörden prüfen von Amts wegen, welche der beiden Arten der Förderung für den Steuerpflichtigen günstiger ist, § 10a Abs. 2 EStG.

145 Altersvorsorgebeiträge an eine Pensionskasse oder in eine Direktversicherung können zudem gem. **§ 40b EStG** pauschal mit einem Steuersatz von 20 v. H. besteuert werden[505]. Bei der Direktversicherung gilt dies unter der Voraussetzung, dass sie auf den Erlebensfall eines früheren als des 60. Lebensjahres abgeschlossen wurde oder seitens des Arbeitnehmers das Recht einer vorzeitigen Kündigung besteht. In diesem Fall ist die Einkommensteuer auf diese Beiträge abgegolten, sie sind also nicht mehr in eine Veranlagung einzubeziehen.

146 Bei der Entgeltumwandlung sind die umgewandelten Entgeltansprüche dann steuerfrei, wenn die Entgeltumwandlungsvereinbarung vor der Entstehung der Entgeltansprüche erfolgt ist, andernfalls hat bereits ein einkommensteuerpflichtiger Zufluss des Lohns nach § 11 Abs. 1 EStG stattgefunden (Zuflussprinzip)[506]. Der Begriff der Entgeltumwandlung ist in § 1 Abs. 2

---

[500] So die st. Rspr. des BFH, vgl. BFH v. 27. 5. 1993, NZA 1994, 992.
[501] *Niermann/Plenker,* DStR 2002, (1884).
[502] *Plenker,* BC 2002, 77, (78).
[503] *Blomeyer/Rolfs/Otto,* StR B Rn. 3.
[504] BGBl. I S. 1310, 1322.
[505] *Niermann,* DB 2001, 1380.
[506] *Blomeyer/Rolfs/Otto,* StR J Rn. 9.

Nr. 3 BetrAVG legaldefiniert: Danach handelt es sich um eine Umwandlung von künftigen Entgeltansprüchen in eine wertgleiche Anwartschaft auf Versorgungsleistungen im Rahmen der betrieblichen Altersversorgung. Nach Auffassung der Finanzverwaltung liegt eine Entgeltumwandlung bereits dann vor, wenn sich die Umwandlung auf bereits erdiente aber noch nicht fällige Entgeltansprüche erstreckt[507].

Beiträge zur betrieblichen Altersversorgung sind im Rahmen der Entgeltumwandlung bis **146a** zur Grenze von 4% der Beitragsbemessungsgrenze in der gRV von der Sozialversicherungspflicht befreit. Damit bestehen sowohl für den Arbeitnehmer als auch für den Arbeitgeber (aufgrund des Arbeitgeberanteils in der Sozialversicherung) Anreize, eine bAV durchzuführen bzw. anzubieten, was die Verbreitung der betrieblichen Altersversorgung gesteigert hat[508]. Rechtliche Grundlage für die Sozialabgabenfreiheit bei den Durchführungswegen Direktzusage und Unterstützungskasse war ursprünglich § 115 SGB IV i. V. m. § 14 Abs. 1 S. 2 SGB IV. Für die Durchführungswege Pensionsfonds, Pensionskasse und Direktversicherung ist § 1 Abs. 1 Nr. 9 SvEV[509] rechtliche Grundlage. War die Sozialabgabenfreiheit bislang bis zum 31. 12. 2008 befristet, hat sich der Gesetzgeber dafür entschieden, sie auch danach und nunmehr unbefristet fortzusetzen[510].

2. Steuerrechtliche Behandlung der Altersleistungen

Die oben angesprochene Differenzierung gilt auch hinsichtlich der steuerrechtlichen Be- **147** handlung der schließlich erfolgenden Altersleistungen. Die Leistungen, die Betriebspensionäre aus **Direktzusagen und von einer Unterstützungskasse** beziehen, stellen in voller Höhe nachträgliche Einkünfte aus nichtselbstständiger Arbeit im Sinne von § 19 Abs. 1 S. 1 Nr. 2 EStG dar, unabhängig davon, ob sie als lebenslange Leibrente, einmalige Kapitalzahlung oder als Ratenzahlung erbracht werden. Es korrespondieren hier also die Nichtsteuerbarkeit in der Ansparphase und die Steuerbarkeit und Steuerpflicht in der Leistungsphase. Nach § 19 Abs. 2 S. 1 EStG bleiben ein nach einem Vomhundertsatz ermittelter Versorgungsfreibetrag und ein Zuschlag zum Versorgungsfreibetrag steuerfrei. Die Höhe des Versorgungsfreibetrages und des Zuschlages für die gesamte Laufzeit des Versorgungsbezuges bestimmen sich nach der in § 19 Abs. 2 S. 3 EStG enthaltenen Tabelle nach dem Jahr des Versorgungsbeginns. Bei einem Versorgungsbeginn bis zum Jahre 2005 sind 40% der Versorgungsbeträge bis zu einer Höhe von 3000 Euro und ein Zuschlag in Höhe von 900 Euro steuerfrei. Dieser Wert reduziert sich ab dem 1. 1. 2006 pro Jahr um 1,6%, ab dem 1. 1. 2020 um 0,8% pro Jahr bis im Jahre 2040 der Versorgungsfreibetrag vollständig ausläuft und die Leistungen als sonstige Einkünfte gemäß § 22 Nr. 5 EStG steuerpflichtig sind. Der Werbungskostenpauschbetrag, der dem Betriebsrentner nach § 9a S. 1 Nr. 1b) EStG zusteht, beträgt 102 Euro.

Leistungen von Pensionskassen, Pensionsfonds und Direktversicherungen werden nach **148** § 22 Nr. 5 S. 1 EStG vollständig als sonstige Einkünfte besteuert, soweit sie auf Altersvorsorgebeiträgen nach § 82 EStG beruhen, die nach § 3 Nr. 63 EStG steuerbefreit sind oder die nach § 10a oder Abschnitt XI EStG gefördert werden. Wenn die Leistungen dagegen auf Kapital beruhen, dass nicht aus Beiträgen gebildet wurde, die steuerbefreit waren oder die nach § 10a oder Abschnitt XI EStG gefördert wurden, richtet sich die Besteuerung nach § 22 Nr. 1 S. 3a EStG. Die steuerliche Behandlung der Leistungen hängt somit davon ab, ob und inwieweit die Beiträge in der Ansparphase durch Steuerfreiheit, Sonderausgabenabzug oder Zulage gefördert wurden[511]. Altersleistungen, die in Form einer einmaligen Kapitalauszahlung oder

---

[507] BMF v. 12. 7. 2002, Rn. 152, 155, BStBl. 2002 I 767.

[508] Vgl. *Hessling,* BetrAV 2007, 324.

[509] Verordnung über die sozialversicherungsrechtliche Beurteilung von Zuwendungen des Arbeitgebers als Arbeitsentgelt v. 21. 12. 2006, BGBl. I S. 3385.

[510] Entwurf eines Gesetzes zur Förderung der betrieblichen Altersversorgung v. 10. 8. 2007, BR-Drucks. 540/07; vgl. zu den ökonomischen Wirkungen der Entgeltumwandlung *Börsch–Supan/Reil-Held/Wilke,* BetrAV 2007, 393; Grundlage für die SV-Freiheit bei Direktzusage und Unterstützungskasse wird nach dem Gesetzentwurf künftig § 14 Abs. 1 S. 2 SGB IV sein, § 115 SGB IV wird gestrichen.

[511] Vgl. BMF-Schreiben v. 17. 11. 2004, Rn. 216.

in Raten gewährt werden, fallen unter die Bestimmung des § 20 Abs. 1 Nr. 6 EStG, wonach die Erträge als Einkünfte aus Kapitalvermögen erfasst werden[512].

H. Insolvenzsicherung

149   Besonders geregelt für die Leistungen der bAV ist der Bereich der Insolvenzsicherung. Die in den §§ 7–15 BetrAVG normierte Versicherung betrieblicher Versorgungsansprüche und -anwartschaften ist eine **gesetzliche Pflichtversicherung,** die die versorgungsberechtigten Arbeitnehmer und Betriebspensionäre in der Insolvenz des Arbeitgebers gegenüber anderen Gläubigern privilegiert und dadurch vor einem insolvenzbedingten Verlust ihrer (zukünftigen) betrieblichen Versorgungsleistungen schützt. Kommt es zu einem der in § 7 BetrAVG genannten Versicherungsfälle, so findet ein Schuldnerwechsel auf Seiten des Leistungsverpflichteten statt: Der Pensionssicherungsverein auf Gegenseitigkeit (PSVaG) wird als Träger der Insolvenzsicherung Schuldner der Versorgungsleistungen im Rahmen eines zwischen dem PSVaG und dem Leistungsberechtigten begründeten gesetzlichen Schuldverhältnisses. Bei dem PSVaG handelt es sich um einen 1974 durch die Bundesvereinigung der Arbeitgeberverbände, den Bundesverband der Deutschen Industrie und den Verband der Lebensversicherungsunternehmen gegründeten privatrechtlichen VVaG, § 14 Abs. 1 BetrAVG, der als solcher der Versicherungsaufsicht untersteht. Die Finanzierung des PSVaG fand ursprünglich im Wege des Rentenwertumlageverfahrens statt, das dadurch gekennzeichnet war, dass nur die im betreffenden Jahr entstehenden Ansprüche per Umlage ausfinanziert wurden[513]. Dieses Finanzierungsverfahren, das zunehmend in Frage gestellt wurde[514], ist mittlerweile auf ein kapitalgedecktes umgestellt worden[515].

I. Die Sicherungsfälle nach § 7 Abs. 1 BetrAVG

150   Die Bestimmung des § 7 Abs. 1 S. 4 BetrAVG enthält eine abschließende Aufzählung der **Sicherungsfälle,** wodurch praktisch alle Situationen abgedeckt werden, bei denen durch finanzielle Schwierigkeiten Beeinträchtigungen der Betriebsrenten befürchtet werden müssen. Zu den Sicherungsfällen gehören neben der Eröffnung des Insolvenzverfahrens die Abweisung eines darauf gerichteten Antrags mangels Masse, der außergerichtliche Vergleich des Arbeitgebers mit seinen Gläubigern zur Abwendung eines Insolvenzverfahrens und die vollständige Beendigung der Betriebstätigkeit im Geltungsbereich des Gesetzes, wenn ein Antrag auf Eröffnung des Insolvenzverfahrens nicht gestellt worden ist und ein solches Verfahren offensichtlich mangels Masse nicht in Betracht kommt. Versichertes Risiko ist hier also der Forderungsausfall infolge eines der genannten Sicherungsfälle.

151   Vom Insolvenzschutz erfasst werden diejenigen **Durchführungswege** der bAV, bei denen eine Gefährdung der Deckungsmittel zur Erfüllung der betrieblichen Altersversorgung eintreten kann[516]. Dies ist nicht der Fall bei der Direktversicherung, bei der ein unwiderrufliches, wirtschaftlich unbeeinträchtigtes Bezugsrecht des Arbeitnehmers besteht[517], und bei Pensionskassen[518]. Denn diese unterliegen der Aufsicht der BaFin, und durch die aufsichtsrechtlichen Bestimmungen und das Bestehen eines Sicherungsfonds nach §§ 123 a ff. VAG

---

[512] *Blomeyer/Rolfs/Otto,* StR B Rn. 183.

[513] Zur Ermittlung des Beitragsvolumens *Gerke/Heubeck,* BetrAV 2002, 433 (459 f.).

[514] *Hoppenrath,* in: Festschrift für Kurt Kemper, S. 211 ff. (216); *Gerke/Heubeck,* BetrAV 2002, 433 (435 ff.).

[515] Zweites Gesetz zur Änderung des Betriebsrentengesetzes und anderer Gesetze, BGBl. 2006 I S. 2742.

[516] *Langohr-Plato,* Rn. 739.

[517] Anders hingegen, wenn das Bezugsrecht widerruflich oder belastet ist, s. *Griebeling,* Rn. 752; *Heither,* Nr. 540; *Blomeyer/Otto,* § 7 Rn. 58.

[518] Bei diesen kann sich der Sicherungsfall nicht ergeben, da der Arbeitnehmer selbst VN ist; *Blomeyer/ Otto,* § 7 Rn. 65; *Höfer/Reiners/Wüst,* Band 1, § 7 Rn. 2852.

sind Anwartschaften und Ansprüche in einem Mindestmaße geschützt. Infolgedessen ist der gesetzliche Pflichtschutz nur angeordnet für den Durchführungsweg der unmittelbaren Pensionszusagen und der Versorgungszusagen, die über Unterstützungskassen finanziert werden[519]. Ein Schutz besteht nach dem AVmG auch für den Weg des Pensionsfonds, obwohl für sie die auf Lebensversicherungsunternehmen anwendbaren Vorschriften der Versicherungsaufsicht gelten. Doch verfügen sie über einen größeren Spielraum in der Anlagepolitik, so dass ein Insolvenzschutz gerechtfertigt ist[520]. Schließlich umfasst der Insolvenzschutz auch die Fälle der Entgeltumwandlung, was durch § 1 Abs. 2 Nr. 3 BetrAVG klargestellt ist[521]. Fraglich ist, ob die zwangsweise Einbindung der kongruent rückgedeckten Unterstützungskasse in den PSVaG sachgerecht ist[522]. Auch wenn die Rechtmäßigkeit der Beitragspflicht bejaht worden ist[523], sind dann an ihr Zweifel angebracht, wenn es durch entsprechende Ausgestaltung der vertraglichen Beziehungen zwischen Arbeitgeber, Unterstützungskasse und Rückdeckungsversicherung möglich ist, die negativen Folgen einer Insolvenz des Arbeitgebers für den Versorgungsempfänger zu vermeiden[524].

II. Umfang der Leistungen

Der PSVaG hat bei Eintritt eines der Sicherungsfälle gem. § 7 Abs. 1 BetrAVG diejenigen **152** **Leistungen** zu erbringen, die der Arbeitgeber zu erbringen hätte, wenn nicht eben dieser Sicherungsfall eingetreten wäre. Der Versorgungsempfänger erhält also einen Versorgungsanspruch gegen die Versicherung in Gestalt des PSV, der verpflichtet ist, laufende Versorgungsleistungen sowie einmalige Kapitalzahlungen in dem Umfang zu übernehmen, wie sie sich aus dem Inhalt der Versorgungszusage des Arbeitgebers ergeben[525], einschließlich einer vertraglich zugesicherten Rentendynamik[526]. Den PSV trifft jedoch keine Anpassungspflicht nach § 16 BetrAVG[527].

Nach § 7 Abs. 2 BetrAVG wird der Insolvenzschutz auch auf die **unverfallbaren Versor-** **153** **gungsanwartschaften** ausgedehnt, unabhängig davon, ob der Versorgungsberechtigte im Zeitpunkt der Insolvenz bereits aus dem Unternehmen ausgeschieden war oder erst infolge der Insolvenz das Arbeitsverhältnis beendet wird. Der Wortlaut der Norm macht jedoch durch sein Anknüpfen an § 1 b BetrAVG deutlich, dass nur gesetzlich unverfallbare Anwartschaften geschützt sind, nicht hingegen solche, in denen die Unverfallbarkeit nur auf einer vertraglichen Vereinbarung beruht[528]. Eine Ausnahme kann hier trotz des entgegenstehenden Wortlauts dann vermutet werden, wenn die Vertragsparteien sog. Vordienstzeiten anrechnen wollen, sofern diese unmittelbar an das aktuelle Arbeitsverhältnis heranreichen und selbst von einer Versorgungszusage begleitet worden sind, die ihrerseits noch nicht gesetzlich unverfallbar geworden ist[529]. Hinsichtlich des Umfangs des gesetzlichen Insolvenzschutzes bei unverfallbaren Anwartschaften ist zu beachten, dass dieser nicht wie bei den laufenden Versorgungsleistungen an die Zusage des früheren Arbeitgebers anknüpft, sondern ausschließlich

---

[519] Vgl. zur PSVaG-Pflicht der rückgedeckten Unterstützungskasse die Urteile des VG Düsseldorf v. 6. 12. 2005 (Az.: 16 K 180/04, BetrAV 2006, 297) und des VG Hamburg v. 28. 11. 2006 (Az.: 15 E 674/06, BetrAV 2007, 184).
[520] BT-Drucks. 15/1199 vom 20. 6. 2003, Art. 2c.
[521] Dazu auch *Steinmeyer*, BB 1992, 1553.
[522] Zur rückgedeckten Unterstützungskasse siehe oben Rn. 32.
[523] VG Hamburg v. 28. 11. 2006 (Az.: 15 E 674/06); VG Düsseldorf v. 6. 12. 2005 (Az.: 16 K 180/04).
[524] Vgl. *Höfer*, ART, Rn. 4401; *Gerke/Heubeck*, BetrAV 2002, 433 (452); *Klinge*, BetrAV 2007, 286.
[525] BAG v. 22. 11. 1994, VersR 1995, 854.
[526] BAG v. 22. 11. 1994, VersR 1995, 854; BAG v. 15. 2. 1994, NZA 1994, 943.
[527] BAG v. 5. 10. 1993, VersR 1994, 962; BAG v. 22. 3. 1983, VersR 1983, 2902; *Langohr-Plato*, Rn. 762.
[528] BAG v. 22. 2. 2000, NZA 2001, 1310.
[529] BAG v. 28. 3. 1995, VersR 1996, 397; BAG v. 26. 9. 1989, VersR 1990, 293; *Kemper/Kisters-Kölkes/Berenz/Bode/Pühler*, § 7 Rn. 64; *Langohr-Plato*, Rn. 774; a. A. ErfK/*Steinmeyer*, § 7 BetrAVG Rn. 43.

an die gesetzlichen Vorschriften, d. h. an § 2 Abs. 1, 2 und 5 BetrAVG[530]. Es kommt daher maßgeblich auf die Verhältnisse zum Zeitpunkt der Insolvenz an. Bei der ratierlichen Berechnung der auf den Insolvenzstichtag abgestellten Anwartschaft ist von einem unveränderten Fortbestand des Arbeitsverhältnisses und seiner Bemessungsgrundlagen auszugehen, Veränderungen nach Eintritt der Insolvenz sind für den Schutzumfang unerheblich[531].

III. Leistungsbegrenzungen und Ausschlüsse

154 Besteht ein Anspruch des Arbeitnehmers gegen den PSVaG auf Leistung, so gilt doch dieser Anspruch nicht unbegrenzt; denn die Leistungen des Insolvenzschutzes sind nach § 7 Abs. 3 BetrAVG in ihrer Höhe **begrenzt**[532]. Die Höchstgrenze, die zum Zeitpunkt der ersten Fälligkeit des Anspruchs gegen den PSVaG festzustellen ist, orientiert sich an der Bezugsgröße gem. § 18 SGB IV; dies ist das Durchschnittsentgelt der gesetzlichen Rentenversicherung im vorvergangenen Kalenderjahr. Die Sonderberechnung für den Fall der Entgeltumwandlung ist mittlerweile wieder aufgehoben worden[533]. Mehrfache Ansprüche eines Versorgungsberechtigten gegen den PSVaG sind zu addieren. Eine Begrenzung ergibt sich zudem aus der Anrechnungsvorschrift des § 7 Abs. 4 BetrAVG, derzufolge Leistungen der betrieblichen Altersversorgung, die der Arbeitgeber oder ein sonstiger Träger der Versorgung erbringt, auf die Leistungspflicht des PSVaG anzurechnen sind. Von derartigen Leistungen erfasst sind auch solche aus einer freigegebenen Rückdeckungsversicherung[534].

155 Nach § 7 Abs. 5 BetrAVG ist der Anspruch gegen den PSVaG **ausgeschlossen,** wenn er rechtsmissbräuchlich in Anspruch genommen wird. Dies ist der Fall, wenn nach den Umständen des Falls vermutet werden kann, dass die Versorgungszusage oder die Verbesserung den überwiegenden Zweck hat, den Träger in Anspruch zu nehmen, wenn nach der wirtschaftlichen Lage des Unternehmens im Zeitpunkt der Zusage eine Erfüllung der Zusage nicht zu erwarten gewesen war[535]. Eine bloß schlechte wirtschaftliche Lage indiziert allerdings einen Versicherungsmissbrauch nicht[536]; erforderlich sind schon konkrete Indizien wie etwa eine unangemessen hohe Versorgungsverpflichtung, geschäftliche oder verwandtschaftliche Verbindungen zwischen Versorgungsberechtigtem und Arbeitgeber o. ä.[537]. Nach § 7 Abs. 5, S. 3, 1. Hs. BetrAVG besteht grundsätzlich kein Anspruch gegen den PSVaG bei Zusagen oder Verbesserungen von Zusagen, die in den beiden letzten Jahren vor dem Eintritt des Sicherungsfalls erfolgt sind. Ausnahmen gelten nur bei der Entgeltumwandlung (Nr. 1) und bei Portabilität (Nr. 2)[538].

IV. Melde-, Auskunfts- und Mitteilungspflichten von Versorgungsträgern

156 Nach § 11 BetrAVG bestehen für Arbeitgeber bestimmte Melde-, Auskunfts- und Mitteilungspflichten gegenüber dem Träger der Insolvenzsicherung, dem PSVaG. Diese Pflichten bestehen hinsichtlich der Einrichtung einer betrieblichen Altersversorgung im Wege der Direktzusage, der Direktversicherung und der Errichtung einer Unterstützungskasse oder eines

---

[530] BAG v. 22. 11. 1994, VersR 1995, 804.

[531] BAG v. 12. 3. 1991, VersR 1992, 386; *Langohr-Plato,* Rn. 780; zu der Berechnung des Umfangs für die einzelnen Durchführungswege s. ErfK/*Steinmeyer,* § 7 BetrAVG Rn. 59 ff.

[532] Zum Insolvenzschutz von Versorgungsanwartschaften bei sog. „technischen Renten" vgl. BAG v. 18. 3. 2003, 3 AZR 313/02 (juris).

[533] Durch das Hüttenknappschaftliche Zusatzversicherungs-Neuregelungs-Gesetz, in Kraft getreten zum 1. 7. 2002, BGBl. I S. 2167.

[534] BGH v. 28. 9. 1981, BB 1982, 1303; vgl. näher zur Rückdeckungsversicherung auch *Peters,* DB Beilage 5/2001, 12.

[535] BAG v. 8. 5. 1990, VersR 1990, 1412.

[536] BAG v. 10. 3. 1992, NZA 1992, 932; BAG v. 8. 5. 1990, VersR 1990, 1412; *Langohr-Plato,* Rn. 810.

[537] *Langohr-Plato,* Rn. 808.

[538] Zu den Einzelheiten vgl. *Kemper/Kisters-Kölkes/Berenz/Bode/Pühler,* Rn. 143 a ff.

Schwintowski

Pensionsfonds. Nach § 11 Abs. 1, S. 2 BetrAVG ist der Arbeitgeber auch verpflichtet, dem PSVaG alle Auskünfte zu erteilen, die „zur Durchführung der Vorschriften dieses Abschnittes erforderlich sind, sowie Unterlagen vorzulegen, aus denen die erforderlichen Angaben ersichtlich sind". Uneinigkeit herrscht bei der (wegen des hohen Verwaltungsaufwandes praktisch sehr relevanten) Frage, ob rückgedeckte Gruppenunterstützungskassen nach dieser Vorschrift verpflichtet sind, den PSVaG von sich aus über jedes Trägerunternehmen zu informieren[539].

§ 44. Private Krankenversicherung

Inhaltsübersicht

---

[539] Gegen eine derartige Verpflichtung: *Bürkle/Meissner,* BetrAV 2007, 222; hingegen bejahend *Uhlenbruck,* BetrAV 2007, 226.

Literatur: *Bach/Moser*, Private Krankenversicherung, MB/KK- und MB/KT- Kommentar, 3. Aufl. 2002 (zit.: *Bach/Moser/Bearbeiter*); *Hauck/Wilde*, Soziale Pflegeversicherung, Kommentar in Loseblattsammlung (zit.: *Hauck/Wilde/Bearbeiter*); Honsell (Hrsg.) Berliner Kommentar zum Versicherungsvertragsgesetz (zit.: *BK/Autor*); *Neuhaus/Kloth*, Praxis des neuen VVG, 1. Aufl. 2007; *Wriede*, Der gedehnte Versicherungsfall, Diss. 1949 (zit.: *Wriede*, Der gedehnte VersFall).

A. Einleitung

I. Abgrenzung der privaten von der gesetzlichen Krankenversicherung

1. Vorbemerkung

1   Krankenversicherung wird wegen der großen sozialpolitischen Bedeutung für weite Teile der Bevölkerung in vielen Ländern ausschließlich vom Staat organisiert. Nur in wenigen Ländern wird diese Versorgung ganz oder teilweise der privaten Versicherungswirtschaft anvertraut.

Eines dieser Länder ist Deutschland. Hier wird der Versicherungsschutz von einem „gegliederten System" sichergestellt, dessen Träger die gesetzliche Krankenversicherung (GKV) und die private Krankenversicherung (PKV) sind. Rund 90% der deutschen Bevölkerung sind in der GKV versichert, während mehr als 9% ausschließlich privat versichert sind (zum Teil unter Einschluss der Beihilferegelungen des öffentlichen Dienstes).

Sind beide Formen der Krankenversicherung somit Träger der sozialen Sicherung, so unterscheiden sie sich doch von einander erheblich.

2. Gesetzliche Krankenversicherung

2   Gesetzliche Grundlage für die **GKV** ist in erster Linie das Sozialgesetzbuch-Fünftes Buch-KrankenV (SGB V).

3   Die GKV ist für weite Teile der Bevölkerung eine **Pflichtversicherung.** Arbeitnehmer sind in der GKV pflichtversichert, wenn ihr regelmäßiges Jahresarbeitsentgelt 75% der Beitragsbemessungsgrenze in der Rentenversicherung der Arbeiter und Angestellten (Jahresarbeitsentgeltgrenze) nicht übersteigt und in drei aufeinander folgenden Jahren nicht überstiegen hat.

Diese sog. **Versicherungspflichtgrenze** beträgt im Jahr 2008 43 200 € (monatlich 3600 €). Bei **Überschreiten** dieser Grenze konnten die Arbeitnehmer bisher in der Regel frei entscheiden, ob sie sich freiwillig in der GKV oder in der PKV versichern. Diese Wahlfreiheit für Arbeitnehmer ist nun durch den Zusatz „und in drei aufeinander folgenden Jahren überstiegen hat" (§ 6 Abs. 1 und 4 SGB) erheblich eingeschränkt worden.

Pflichtversichert sind auch Personen, die eine Rente aus der gesetzlichen Rentenversicherung beantragt haben und gleichzeitig bestimmte Voraussetzungen erfüllen. Sind sie aus bestimmten Gründen nicht pflichtversichert, besteht auch für sie die Möglichkeit, sich freiwillig in der GKV zu versichern, soweit gewisse Voraussetzungen erfüllt werden. Versicherungspflichtig sind schließlich auch die selbständigen Landwirte, die Künstler, die Studenten und eine Reihe anderer Personenkreise, von denen der Gesetzgeber angenommen hat, sie seien besonders schutzbedürftig. Andererseits sieht das Gesetz Versicherungsfreiheit für Personen vor, für die anderweitig staatliche Daseinsvorsorge gewährt wird. Dazu gehören z. B. die Bediensteten des Staates, die Anspruch auf Fortzahlung der Bezüge und auf Beihilfe oder Heilfürsorge haben. Für die Versicherungspflichtigen sieht das Gesetz im Übrigen eine Reihe von Befreiungsmöglichkeiten vor (Vgl. allerdings unter A. I. 4.: **Allgemeine Versicherungspflicht nach dem GKV-WSG**).

Die GKV deckt die Risiken ab, die im Krankheitsfall in Form von **Krankenpflege und Einkommensausfall** nach Lohnfortzahlung (Krankengeld) auftreten. Weiterhin werden gedeckt Maßnahmen zur Früherkennung und Verhütung von Krankheiten, Mutterschaftshilfe bei Schwangerschaft und Entbindung sowie Maßnahmen bei Rehabilitation. Ferner wird im Rahmen der **Familienkrankenhilfe** kostenlose Mitversicherung der Familienangehörigen unter den gleichen Voraussetzungen und im gleichen Umfang wie für den Versicherten gewährt (Ausnahme: Krankengeld).

Es gilt grundsätzlich das **Sachleistungsprinzip,** d. h. der Versicherte erhält die Leistung **4** des Behandlers in natura, nachdem er sich durch den Krankenschein als Berechtigter ausgewiesen hat.

Die GKV beruht auf dem **Solidaritätsprinzip.** Dieses manifestiert sich in einkommens- **5** abhängigen Beiträgen und einkommenstunabhängigen Leistungen sowie der kostenlosen Mitversicherung der Familienangehörigen. Die Versicherten zahlen ohne Rücksicht auf ihr persönliches Risikoprofil und die Anzahl der Familienangehörigen den ihrem Einkommen entsprechenden Beitrag. Als Folge des Solidarprinzips kennt die GKV für die Pflichtversicherten weder Risiko- noch Leistungsausschlüsse.

Die Kalkulation beruht auf dem **Umlageverfahren.** Die Beiträge werden je zur Hälfte **6** von den Arbeitnehmern und den Arbeitgebern aufgebracht. Freiwillig Versicherte erhalten vom Arbeitgeber entweder einen Zuschuss oder haben wie z. B. die Selbständigen die Beiträge allein zu tragen.

Träger der GKV sind die **gesetzlichen Krankenkassen** (Ortskrankenkassen, Betriebs- **7** krankenkassen, landwirtschaftliche Krankenkassen, Innungskrankenkassen, Seekrankenkassen und Kassen der Bundesknappschaft) und die Ersatzkassen. Die Kassen sind Körperschaften des öffentlichen Rechts.

Gesetzliche Kassen können mit privaten Krankenversicherern **kooperieren,** d. h. die Versicherten der GKV können mit PKV-Unternehmen Verträge über **Zusatzleistungen** schließen, die im Leistungskatalog der GKV nicht enthalten sind.

3. Private Krankenversicherung

Die **PKV** ist demgegenüber eine **freiwillige Versicherung** (vgl. aber A. I. 4.: Allgemeine **8** Versicherungspflicht nach dem GKV-WSG). Der Versicherungsinteressent kann sich am Markt den VR und die Tarife aussuchen, von denen er meint, dass sie seinen Bedarf am besten decken. Es herrscht grundsätzlich Vertragsfreiheit. Der VR hat bei der Vertragsgestaltung im Wesentlichen nur die zwingenden Normen vor allem des VVG zu beachten. Die früher starken Einfluss auf die Produktgestaltung ausübende staatliche Aufsichtsbehörde hat seit der Deregulierung durch intensive Finanzaufsicht vor allem darauf zu achten, dass die dauernde Erfüllbarkeit der Verträge sichergestellt ist.

Die PKV deckt die Risiken ab, die der Markt verlangt. So bietet z. B. eine herkömmliche **9** **Krankheitskostenvollversicherung** in der Regel mindestens die Leistungen, die der Art nach den Leistungen der Krankenhilfe der GKV entsprechen. Diese können aber dem persönlichen Bedarf entsprechend erweitert oder vermindert werden.

H. Müller

10   Im Gegensatz zur GKV gilt hier anstelle des Sachleistungsprinzips das **Prinzip der Kostenerstattung.** Der VN selbst bezahlt Arzt und Krankenhaus und erhält seine Aufwendungen nach Maßgabe des gewählten Tarifs erstattet, soweit nicht der VR durch Kostenübernahmeerklärung oder auf Grund des Krankenhausausweises (Clinic Card) unmittelbar bezahlt.

11   An die Stelle des Solidaritätsprinzips der GKV tritt bei der PKV das **Äquivalenzprinzip.** Das bedeutet, dass die Beiträge der Versicherten sich nach dem individuellen Risiko richten, d. h. nach dem Eintrittsalter, dem Geschlecht und dem Gesundheitszustand. Risikoerhöhende Umstände werden im Beitrag oder durch Ausschlüsse berücksichtigt. Familienangehörige haben ihrem individuellen Risiko entsprechende Beiträge zu zahlen. Im Grundsatz geht man bei der Kalkulation davon aus, dass die gesamten Leistungen des Versicherten durch seinen Beitrag finanziert werden. Eine risikogerechte Pauschalierung wird in der Form vorgenommen, dass bei der Kalkulation auf die Risiken einer Gruppe von gleichartigen Versicherten abgestellt wird, für die gleiche Durchschnittsbeiträge ermittelt werden. Eine solche homogene Gruppe setzt sich aus Versicherten zusammen, die die gleichen Leistungsansprüche, das gleiche Geschlecht und das gleiche Eintrittsalter haben.

12   Das **demographische Risiko** versucht die PKV durch Bildung einer Rückstellung für das mit dem Alter wachsende Krankheitsrisiko (sog. **Alterungsrückstellung**) in den Griff zu bekommen. Eine Erhöhung der Beiträge oder Minderung der Leistungen allein wegen des Älterwerdens der Versicherten während der Vertragsdauer ist daher nicht notwendig. Nur nicht einkalkulierte, weil unkalkulierbare anderweitige Ursachen für spätere Kostensteigerungen (vor allem Inflation der Gesundheitskosten) dürfen über Prämienanpassungsklauseln zu Beitragserhöhungen führen.

13   Träger der PKV sind **private VU** in den Rechtsformen des VVaG und der AG.

4. Gesundheitsreform 2007

14   Das Krankenversicherungssystem in Deutschland befindet sich im Umbruch. Davon ist sowohl die GKV als auch die PKV betroffen. Gesetzliche Grundlage der Neuordnung ist das Gesetz zur Stärkung des Wettbewerbs in der gesetzlichen Krankenversicherung **(GKV-Wettbewerbsstärkungsgesetz – GKV-WSG)** v. 26. 3. 2007 –[1]. Die darin enthaltene sog. Gesundheitsreform 2007 soll vier wesentliche Bereiche neu gestalten:
- Die Einführung eines Versicherungsschutzes für alle Personen.
- Die Verbesserung der medizinischen Versorgung.
- Die Modernisierung der gesetzlichen und privaten Kassen.
- Die Reform der Finanzierungsordnung durch Schaffung eines Gesundheitsfonds in der GKV.

15   Die Krankenversicherung wird ab dem **1. Januar 2009** zur allgemeinen **Pflichtversicherung.** Von diesem Zeitpunkt an muss **grundsätzlich jede Person mit Wohnsitz in Deutschland** für sich und die von ihr gesetzlich vertretenen Personen eine **private Krankheitskostenversicherung** abschließen, die mindestens eine Kostenerstattung für ambulante und stationäre Heilbehandlung umfasst und bei der die vereinbarten absoluten und prozentualen Selbstbehalte für jede versicherte Person auf kalenderjährlich 5.000 € begrenzt sind (§ 193 Abs. 3 VVG 2009[2]). Kosten für Zahnbehandlung und Zahnersatz müssen also nicht versichert werden. Für Beihilfeberechtigte ermäßigt sich der maximale Selbstbehalt entsprechend dem versicherten Prozentsatz.

Ein vor dem **1. April 2007** geschlossener **Krankheitskostenversicherungsvertrag** genügt aus Bestandswahrungsgründen den o. g. Anforderungen für die Pflichtversicherung (Ein bloß stationäre Kosten versichernder Vertrag würde also ausreichen, sofern er vor dem 1. April 2007 abgeschlossen worden wäre).

Ein **Prämienzuschlag** ist zu entrichten, wenn der Pflichtversicherungsvertrag später als einen Monat nach Entstehen der Pflicht beantragt wird (§ 193 Abs. 4 VVG 2009). Der Zu-

---

[1] BGBl. I S. 378.
[2] Die am 1. 1. 2009 in Kraft tretenden Bestimmungen (VVG, VAG, AVB) werden mit dem Zusatz „2009" versehen.

H. Müller

schlag beträgt einen Monatsbeitrag für jeden weiteren angefangenen Monat der Nichtversicherung, ab dem sechsten Monat der Nichtversicherung ein Sechstel des Monatsbeitrags. Kann die Dauer der Nichtversicherung nicht ermittelt werden, wird davon ausgegangen, daß der Versicherungspflichtige mindestens fünf Jahre nicht versichert war. Der Prämienzuschlag ist zusätzlich zur laufenden Prämie zu zahlen. **Ratenzahlung** kann der Schuldner u. U. (sofortige Zahlung „ungewöhnlich hart", Stundung für VR aber zumutbar) verlangen, muß den gestundeten Betrag allerdings **verzinsen.**

Die **Leistungspflicht des VR ruht,** wenn der Versicherte mit einem Betrag in Höhe von zwei Monatsbeiträgen in Rückstand ist und er trotz Mahnung des VR den Rückstand nicht begleicht. Aufwendungen allerdings, die für die Behandlung **akuter Erkrankungen und von Schmerzzuständen sowie bei Schwangerschaft und Mutterschaft** erforderlich sind, müssen trotz des Rückstandes gezalt werden (§ 193 Abs. 6 VVG 2009).

Diese **Versicherungspflicht besteht nicht** für Personen, die

- in der GKV versichert oder dort versicherungspflichtig sind,
- Anspruch auf freie Heilfürsorge, Beihilfe oder vergleichbare Ansprüche haben im Umfang der jeweiligen Berechtigung,
- Anspruch auf Leistungen nach dem AsylbewerberleistungsG haben oder
- Empfänger von Sozialhilfeleistungen nach dem 3., 4., 6., und 7. Kapitel SGB XII sind.

Die Pflicht, eine private Krankheitskostenversicherung abzuschließen, besteht mit anderen Worten **für den überwiegenden Teil der Bevölkerung nicht,** dessen Schutz anderweitig (durch die GKV oder eine der verschiedenen Sozialhilfen) sichergestellt wird.

Zu berücksichtigen ist, daß **ehemals gesetzlich krankenversicherte Personen** bereits vor dem Stichtag 1. 1. 2009 in die GKV zurückkehren mussten; die Versicherungspflicht besteht hier bereits **seit dem 1. 7. 2007.**

Demgegenüber können nach § 315 SGB V in der Zeit vom 1. Juli 2007 bis 31. Dezember 2008 sich Personen im **modifizierten Standardtarif (**Vgl. dazu A. IV. 7.) bei einem PKV-Unternehmen versichern, und zwar bis zum 31. 12. 2007 unter erleichterten Aufnahmebedingungen (z. B. **ohne persönliche Risikozuschläge),** und sofern sie nicht

- in der GKV versichert bzw. dort versicherungspflichtig sind,
- nicht über eine private Krankheitskostenvollversicherung verfügen,
- keinen Anspruch auf freie Heilfürsorge haben, nicht beihilfeberechtigt sind oder vergleichbare Ansprüche haben,
- keinen Anspruch auf Leistungen aus dem AsylbewerberleistungsG haben und
- keine Sozialhilfe beziehen (Ausnahme: Leistungen nach dem 5., 8., und 9. Kapitel SGB XII).

Ab dem **1. Januar 2009** gilt auch für diesen Personenkreis die **Versicherungspflicht.**

Die Vorschriften über die **Verbesserung der medizinischen Versorgung** (ambulante **16** Behandlung auch im Krankenhaus, Behandlung von Schwerstkranken auch zu Hause durch ambulante Pflegeteams möglich, Übernahme wichtiger Leistungen wie empfohlene Impfungen oder Mutter- und Kind-Kuren, sinnvolle Reha-Leistungen etc.) betreffen **nur die GKV.**

Das dritte Ziel hingegen, die **Modernisierung** der Kassen, betrifft sowohl die GKV als **17** auch die PKV. Das Gesetz soll den Wettbewerb der GKV-Kassen und der PKV-Unternehmen im Interesse der Versicherten stärken, und zwar sowohl unter den GKV-Unternehmen einerseits und denen der PKV andererseits als auch sektorübergreifend.

So sollen durch die Zulassung von **Wahltarifen** die GKV-Kassen die Tarife flexibler gestalten können. Hausarzttarife oder Selbstbehaltstarife sollen dem Versicherten bessere Entscheidungsgrundlagen geben.

Die PKV-Unternehmen müssen ab dem 1. 1. 2009 einen **Basistarif** anbieten, in den unter bestimmten Voraussetzungen alle freiwillig gesetzlich Versicherten und bereits privat Versicherte wechseln können (vgl. dazu A. IV. 8.). Ferner bestimmt das Gesetz, dass die Übertragbarkeit der bereits gebildeten Alterungsrückstellung (sog. **Portabilität**) in gewissem Umfange ermöglicht wird (vgl. dazu A. IV. 9.).

Die **Reform der Finanzierung** betrifft wiederum nur die **GKV.** Durch die Schaffung **18** eines **Gesundheitsfonds,** in den alle Beteiligten (Versicherte, Arbeitgeber, Steuerzahler) die notwendigen Beträge einzahlen, und aus dem jede Kasse dann pro Versicherten eine pauschale Zuweisung erhält, soll mehr Klarheit über die Finanzierung erreicht werden. Weiterhin **nicht berücksichtigt** wird allerdings – anders als in der PKV – das nicht unerhebliche **demografische Risiko** bei der Finanzierung der GKV.

5. VVG-Reform 2007

19   Nicht nur durch das **GKV-WSG,** sondern auch durch das **Gesetz zur Reform des Versicherungsvertragsrechts vom 23. 11. 2007** ist das VVG entscheidend auch für die private Krankenversicherung verändert worden.

20   Dabei ist zu beachten, daß das neue VVG (im folgenden **VVG 2008** genannt) zwar am 1. 1. 2008 in Kraft tritt, die **Übergangsvorschriften des EGVVG** allerdings vorsehen, dass es zunächst nur für die ab dem 1. 1. 2008 abgeschlossenen Verträge gilt (Art. 1 Abs. 1 EGVVG).

Für die bis zum 1. 1. 2008 abgeschlossenen Verträge **(Altverträge)** besteht eine generelle **Übergangszeit** von einem Jahr, d. h. für diese Verträge gilt bis zum 1. 1. 2009 das alte VVG (im folgenden **VVG** genannt) und danach das neue Recht. Vorschriften des neuen Rechts, die wie z. B. die neuen Publizitätsvorschriften oder Anzeigepflichten **beim Abschluss des Vertrags** zu beachten sind, finden auf **Altverträge auch ab 2009 keine Anwendung.** Abgesehen von dieser Ausnahme sind die §§ 192–208 VVG 2008 bereits ab 1. 1. 2008 auch schon für Altverträge anwendbar, wenn der VR den VN über die geänderten AVB unter Kenntlichmachung der Unterschiede gegenüber den bisherigen Versicherungsbedingungen in Textform[3] spätestens einen Monat vor dem Zeitpunkt unterrichtet hat, in dem die Änderungen wirksam werden sollen (Art. 2 Nr. 2 EGVVG).

Die durch das **GKV-WSG** geänderten Vorschriften des VVG (im folgenden **VVG 2009** genannt, vgl. dazu **Art. 11 VVG-ReformG**) treten am 1. 1. 2009 in Kraft.

Die **allgemeinen, alle Zweige, und damit auch die Krankenversicherung betreffenden Vorschriften** des VVG-Reformgesetzes sind bereits oben unter „1. Teil. Allgemeiner Teil. Das Privatversicherungsrecht" behandelt worden. Auf die dortigen Ausführungen wird hier verwiesen.

Bei den **besonderen Vorschriften für die Krankenversicherung** (§§ 192–208 VVG 2008) stehen im Mittelpunkt eine **Erweiterung der vertragstypischen Leistungen des Versicherers** (§ 192 VVG 2008), und der **Tarifwechsel** (§ 204 VVG 2008). Darüber hinaus werden ab dem 1. 1. 2009 die durch Art. 11 GKV-WSG neu geregelten Tatbestände des VVG 2009 und des VAG 2009[4] (vor allem **Basistarif** und **Portabilität der Alterungsrückstellung**) von besonderer Bedeutung für die PKV sein.

II. Erscheinungsformen (Versicherungsarten) der PKV

1. Vorbemerkung

21   Die PKV bietet dem Kunden eine Vielzahl von sog. **Tarifen** an, um ihm die Möglichkeit zu geben, sich bedarfsgerecht und seinen finanziellen Mitteln entsprechend zu versichern. Tarif bedeutet in diesem Zusammenhang die Beschreibung der in dem jeweils angebotenen Produkt enthaltenen Leistungen des VR und der dafür zu zahlenden Beiträge, gegliedert nach Risikogruppen. In der Vergangenheit war die Anzahl der Tarife, Tarifstufen und Tarifkombinationen so groß geworden, dass darunter die Übersichtlichkeit der Krankenversicherungsangebote zu leiden begann. Die Aufsichtsbehörde hat darauf gedrungen, die Anzahl der Tarife zu verringern und Musterbedingungen zu erarbeiten und zu verwenden, um dem Kunden die Möglichkeit zu geben, Vergleiche zwischen den Tarifwerken der einzelnen VR und den unter Umständen in Frage kommenden einzelnen Tarifen des eigenen VR anstellen zu können.

22   Die **Tarifarten** werden unter anderem in der Rechnungslegung der Krankenversicherer in den Versicherungsarten Krankheitskostenversicherung, Krankentagegeldversicherung,

---

[3] § 126b BGB.
[4] So werden im Folgenden die Vorschriften des VAG bezeichnet, die am 1. 1. 2009 in Kraft treten.

Krankenhaustagegeldversicherung, Reisekrankenversicherung, Restschuldversicherung und sonstige Krankenversicherungsarten zusammengefasst. Zu erwähnen sind ferner die privaten **Pflegeversicherungsarten.**

2. Krankheitskostenversicherung

Die Krankheitskostenversicherung deckt die **Aufwendungen für medizinisch notwen-** 23 **dige Heilbehandlung** wegen Krankheit oder Unfallfolgen und für sonstige vereinbarte Leistungen einschließlich solcher bei Schwangerschaft und Entbindung sowie für ambulante Vorsorgeuntersuchungen zur Früherkrankung von Krankheiten nach gesetzlich eingeführten Programmen (§ 178b Abs. 1 VVG, § 192 Abs. 1 VVG 2008 und VVG 2009).

Man unterscheidet zwischen **Krankheitskostenvollversicherung** und **Krankheitskos-** 24 **tenteilversicherung.** In der Vollversicherung werden neben den Kosten der Heilbehandlung zumindest auch ein Teil der allgemeinen Krankenhausleistungen ersetzt. Die meisten Tarife der Vollversicherung enthalten auch **stationäre Wahltarife** (Wahlarzt oder Unterbringung im Ein- oder Mehrbettzimmer). In der Teilversicherung bezieht sich der Versicherungsschutz nur auf bestimmte Bereiche der Heilbehandlung.

Durch § 192 Abs. 2 VVG 2008 soll der Unklarheit begegnet werden, die durch Urteil des 25 BGH v. 12. 3. 2003[5] entstanden ist. Bis dahin war davon ausgegangen worden, dass die Beschränkung der Leistungspflicht sich nicht auf die medizinisch notwendige Heilbehandlung, sondern sich auch auf Aufwendungen erstreckte, die in einem auffälligen Missverhältnis zu den erbrachten Leistungen standen und damit eine **Übermaßvergütung** ergaben. Der BGH schien dies in Zweifel zu stellen. In der neuen Vorschrift soll nunmehr sichergestellt werden, dass der VR nicht verpflichtet ist, Aufwendungen für Heilbehandlungen und sonstige Leistungen zu erbringen, die in einem auffälligen Missverhältnis zu den erbrachten Leistungen stehen.

Klargestellt werden soll nunmehr auch, daß der VR Vereinbarungen darüber treffen darf, 26 besser als bisher auf die **Kostenentwicklung** auf dem Krankenversicherungssektor Einfluß zu nehmen (sog. **managed care**). So soll der VR zusätzliche Dienstleistungen im unmittelbaren Zusammenhang mit den o. g. klassischen Leistungen des privaten Krankenversicherung vereinbaren dürfen (§ 192 Abs. 3 VVG 2008). Diese beinhalten insbesondere die Beratung über die Aufwendungen für eine medizinisch notwendige Heilbehandlung und die Anbieter dieser Leistungen, die Beratung über die Entgeltansprüche für diese Leistungen, die Abwehr unberechtigter Entgeltansprüche, die Unterstützung der Versicherten bei der Durchsetzung von Ansprüchen wegen fehlerhafter Behandlung und schließlich auch die unmittelbare Abrechnung der Leistungen mit dem Leistungserbringer. Der VR soll damit künftig nicht nur auf die Funktion des reinen Kostenerstatters begrenzt bleiben, sondern in die Lage versetzt werden neue Formen und Methoden zur wirksamen Kostensteuerung zu entwickeln, ohne die medizinische Behandlungsqualität zu vermindern.

In der Krankheitskostenversicherung nach **Basistarif** (vgl. A. IV. 8.) wird dem Leistungs- 27 erbringer (z. B. den Ärzten) künftig ein **Direktanspruch** auf Bezahlung seiner Leistungen gegen den VR eingeräumt, eine Anleihe an die Regelung in der GKV; der VR und der Versicherte haften gesamtschuldnerisch (§ 192 Abs. 7 VVG 2009).

3. Krankentagegeldversicherung

Bei der **Krankentagegeldversicherung** ersetzt der VR den als Folge von Krankheit oder 28 Unfall durch Arbeitsunfähigkeit verursachten **Verdienstausfall** durch Zahlung des vereinbarten Krankengelds (§ 178b Abs. 3 VVG, § 192 Abs. 5 VVG 2008). Näheres vgl. *Tschersich,* § 45.

4. Krankenhaustagegeldversicherung

Hier leistet der VR für jeden Kalendertag, an dem sich der Versicherte in medizinisch not- 29 wendiger **stationärer Behandlung** befunden hat, ein vereinbartes **Tagegeld** (§ 178b Abs. 2

---

[5] VersR 2003, 581.

VVG, 192 Abs. 4 VVG 2008). Das Tagegeld zielt darauf ab, die Differenz zwischen den Erstattungsbeträgen aus der Krankheitskostenversicherung und den tatsächlich mit dem Krankenhausaufenthalt verbundenen Kosten zu decken. Näheres vgl. *Tschersich*, § 45.

5. Reisekrankenversicherung

30   Diese Versicherungsart hat Bedeutung nur in Form der **Auslandsreisekrankenversicherung.** Der VR bietet dem Versicherten, der sich im Rahmen einer Reise vorübergehend im Ausland befindet, Versicherungsschutz für Krankheiten, Unfälle und andere im Vertrag genannte Ereignisse. Er erstattet in der Regel (Musterbedingungen gibt es nicht) die Aufwendungen für medizinisch notwendige Heilbehandlung (ambulant und stationär bei freier Arzt- und Krankenhauswahl) und erbringt sonstige vereinbarte Leistungen. Dazu gehören die Übernahme der Kosten der Beerdigung oder der Überführung im Todesfall sowie die Kosten des ärztlich verordneten Rücktransports des Kranken in die Heimat, u. U. auch die Aufwendungen für eine Begleitperson, sofern dies medizinisch oder behördlich notwendig ist.

Der Versicherungsfall muss **unvorhergesehen** eingetreten sein; der VR zahlt nicht für Behandlungen, die vor Beginn der Auslandsreise bereits feststanden.

6. Restschuldversicherung

31   Die Restschuldversicherung ist eine besondere **Form der Krankentagegeldversicherung.** Das vereinbarte Tagegeld soll dazu dienen, die während der Krankheit anfallenden **Abzahlungsraten** tilgen zu können.

7. Sonstige Krankenversicherungsarten

32   a) Eine Besonderheit der PKV ist die sog. **Anwartschaftsversicherung.** Sie beinhaltet das Recht des VN, einen Krankenversicherungsvertrag später in Kraft treten bzw. wieder in Kraft treten zu lassen (z. B. nach Wegfall freier Heilfürsorge oder nach Rückkehr von einem Auslandsaufenthalt). Bei der **großen Anwartschaft** wird für die Beitragsberechnung einer späteren Krankheitskostenvollversicherung auf das Eintrittsalter und das Ergebnis der Gesundheitsprüfung zu Beginn der Anwartschaftsversicherung abgestellt. Bei der sog. **kleinen Anwartschaft** wird lediglich der Gesundheitszustand bei Beginn der Anwartschaftsversicherung zu Grunde gelegt, nicht aber das Eintrittsalter. Hierfür ist maßgebend der Zeitpunkt der Umwandlung.

Ab 2009 wird dem VN und dem Versicherten das **Recht** eingeräumt, einen **gekündigten Versicherungsvertrag in Form einer Anwartschaft fortzuführen,** sofern es sich um eine Krankenversicherung nach Art der Lebensversicherung handelt (§ 204 Abs. 3 VVG 2009). Ein solcher Anspruch soll Personen helfen, die voraussichtlich vorübergehend Leistungen aus der PKV nicht in Anspruch nehmen können (z. B. wegen Auslandsaufenthaltes); sie können sich auf diese Weise die erworbenen Rechte in der PKV für die Zukunft sichern.

33   b) Wegen der niedrigeren Abschluss- und Verwaltungskosten vor allem werden auch in der Krankenversicherung sog. **Gruppenversicherungen** oder **Versicherungen mit Sammelinkasso** abgeschlossen. Es handelt sich hierbei um Verträge mit bestimmten Personengruppen (Arbeitnehmer eines Unternehmens oder einer Unternehmensgruppe, Mitglieder von Vereinen oder Verbänden, etc.). Gewisse Verwaltungsarbeiten wie z. B. das Inkasso werden von der sog. Gruppenspitze (Arbeitgeber, Vereinsvorstand, etc.) erledigt. Die Kostenersparnisse dürfen an die Versicherten weitergegeben werden. Die Aufsichtsbehörde sieht in dem Abschluss dieser Verträge keinen Verstoß gegen das aufsichtsrechtliche Verbot von Begünstigungsverträgen. Voraussetzung ist, dass die entsprechenden aufsichtsrechtlichen und aufsichtsbehördlichen Anordnungen beachtet werden.

34   c) Die PKV bietet in den Tarifen der Krankheitskostenversicherung und der Krankenhaustagegeldversicherung keine Leistungen für **Kur- und Sanatoriumsbehandlung**[6]. Einige VR bieten deshalb spezielle **Kurkostentarife** an, die die Erstattung von Aufwendungen sowohl für ambulante als auch stationäre Kurmaßnahmen vorsehen.

---

[6] Vgl. unten D. II.3.d.

8. Private Pflegeversicherung

a) Pflegekrankenversicherung. Nach § 178b Abs. 4 VVG, § 192 VVG 2008 erstattet　35
der VR in der **freiwilligen Pflegekrankenversicherung** im Fall der Pflegebedürftigkeit
im vereinbarten Umfang die Aufwendungen für die Pflege der versicherten Person **(Pflegekostenversicherung)** oder das versicherte Tagegeld **(Pflegetagegeldversicherung).** Die
oben bei der Krankheitskostenversicherung genannte Beschränkung wegen **Übermaßvergütung** gilt nun auch hier für die Pflegekostenversicherung (§ 192 Abs. 6 VVG 2008).

b) Private Pflegepflichtversicherung. Die mit Gesetz zur sozialen Absicherung des Ri-　36
sikos der Pflegebedürftigkeit (Pflege-Versicherungsgesetz – **PflegeVG**) vom 26. Mai 1994[7]
eingeführte Pflegepflichtversicherung arbeitet nach dem Grundsatz **„Pflegeversicherung
folgt Krankenversicherung",** d. h. wer in der GKV versichert ist, hat grundsätzlich seinen
Pflegeversicherungsschutz in der sozialen Pflegeversicherung und wer in der PKV versichert
ist, hat ihn in der privaten Pflegepflichtversicherung **(PPV).**
Personen, die bei einem PKV-VR mit Anspruch auf allgemeine Krankenhausleistungen
versichert sind oder eine solche Versicherung begründen, **müssen** bei diesem Unternehmen
(oder binnen sechs Monaten nach Eintritt der individuellen Versicherungspflicht auch bei
einem anderen PKV-VR) für sich und ihre Angehörigen einen **Pflegeversicherungsvertrag** abschließen, der Leistungen in der Art und dem Umfang vorsieht, die der sozialen Pflegeversicherung gleichwertig sind (§ 23 SGB XI). An die Stelle der Sachleistung tritt in der
privaten Pflegeversicherung die Kostenerstattung. **Beihilfeberechtigte** benötigen eine **beihilfekonforme Pflegeversicherung,** mit der die Leistungen aus der Beihilfe auf die gesetzlich vorgeschriebenen Leistungen aufgestockt werden. Befreiungsmöglichkeiten von der sozialen Pflichtversicherung zugunsten der PPV sind nach § 22 SGB XI in engem Rahmen
zugelassen.
Das PKV-Unternehmen hat Privatversicherte, die trotz Aufforderung innerhalb von drei
Monaten keine PPV abgeschlossen haben, dem Bundesversicherungsamt zu melden; dasselbe
gilt hinsichtlich Personen, die mit sechs Monatsprämien in Verzug sind. Beides stellt eine
Ordnungswidrigkeit dar und kann mit Bußgeld geahndet werden (Bußgeldbehörde ist das
Bundesversicherungsamt).
Der **Beitrag** in der PPV (Einzelheiten vgl. § 110 Abs. 3 SGB XI) wird entsprechend dem　37
in der PKV geltenden **Äquivalenzprinzip** berechnet. Er darf allerdings den **Höchstbetrag
der sozialen Pflegeversicherung nicht übersteigen,** wenn der VN eine Vorversicherungszeit von mindestens fünf Jahren in der PPV oder der PKV nachweisen kann. Risikozuschläge sind nur zulässig, wenn die Vorgaben über den Höchstbeitrag nicht verletzt werden.
Pflegebedürftig sind Personen, die wegen einer körperlichen, geistigen oder seelischen
Krankheit oder Behinderung für die gewöhnlichen und regelmäßigen wiederkehrenden Verrichtungen im Ablauf des täglichen Lebens auf Dauer, voraussichtlich für mindestens sechs
Monate, in erheblichem oder höherem Maße der Hilfe bedürfen (Wegen der Einzelheiten
vgl. §§ 14 ff. SGB XI). Die Feststellung, ob und in welchem Umfang Pflegebedürftigkeit vorliegt, treffen für die PPV die Ärzte der **Medicproof** Gesellschaft für medizinische Gutachten
mbH[8], einer Tochtergesellschaft des PKV-Verbandes.
Wegen der **Leistungen** vgl. im Einzelnen §§ 28 ff. SGB XI.
Beim Abschluss des Vertrags besteht für den VR **Kontrahierungszwang. Vorerkran-**　38
kungen dürfen nicht ausgeschlossen werden und es darf keine längere **Wartezeit** als in der
gesetzlichen Pflegeversicherung vereinbart werden. **Kinder** sind **beitragsfrei** mitzuversichern, wenn dies auch in der GKV der Fall wäre. Für den **Beitragszuschuss** gelten weitestgehend die Vorschriften über die Krankenversicherung analog (§§ 58, 61 Abs. 1 und 2, 6 SGB
XI).
Zum Ausgleich der **unterschiedlichen Belastungen** der VR vor allem durch unter-　39
schiedliche Bestandszusammensetzung schreibt § 111 SGB XI die Schaffung eines **Solidar-**

---

[7] BGBl. I S. 1014; vgl. dazu *Präve,* VW 1998, 888.
[8] www.medicproof.de

systems der am Geschäft beteiligten Unternehmen vor, dessen Ausgestaltung im Wesentlichen den betroffenen VR überlassen wurde. Die PKV-VR haben diese Verpflichtung durch Schaffung eines **Pflegepools** erfüllt[9].

40   **c) Private ergänzende Pflegekrankenversicherung.** Da der Versicherungsschutz sowohl der sozialen als auch der privaten Pflegepflichtversicherung lediglich einen **Grundschutz** für ambulante und stationäre Pflege bildet, die tatsächlichen Aufwendu8ngen aber schon heute deutlich höher sind, bietet die PKV eine private Zusatzversicherung zur Pflichtversicherung an, die sog. **ergänzende Pflegekrankenversicherung,** die die Deckungslücke je nach Tarif ganz oder teilweise decken soll.

III. Tarifkalkulation in der PKV

1. Vorbemerkung

41   Grundlage für die Beitragsberechnung sind die Verhältnisse zu Beginn des Versicherungsvertrags. Später auftretende risikorelevante Tatsachen, vor allem z. B. Verschlechterung des Gesundheitszustandes, haben keinen Einfluss auf den individuell vereinbarten Beitrag. **Spätere Risikozuschläge** sind nicht möglich. Wird allerdings der Umfang des Versicherungsschutzes erweitert, erfolgt für den erweiterten Teil eine neue Prämienkalkulation. Das bedeutet, dass insoweit das neue Eintrittsalter maßgebend ist und eine neue Risikobeurteilung erfolgt (§ 8a MB/KK und MB/KK 2008).

Man unterscheidet in der PKV zwischen Brutto- und Nettobeitrag. **Bruttobeitrag** ist die Prämie, die der VN tatsächlich zu zahlen hat. **Nettoprämie** ist der Beitrag, der erforderlich ist, um das eigentliche technische Risiko zu decken, also den Aufwendungsersatz für die Heilbehandlung etc. und den Verdienstausfall in Form des Tagegelds. Die Differenz zwischen Brutto- und Nettoprämie sind notwendige Zuschläge für Abschlusskosten, Werbungskosten, Schadenregulierung, Sicherheit für den Fall der Abweichung der tatsächlichen Verhältnisse von den rechnerischen Ansätzen, für erfolgsunabhängige Beitragsrückerstattung und für den Standardtarif. Der Sicherheitszuschlag hat nach § 7 der Kalkulationsverordnung (KalV)[10] mindestens 5 % zu betragen. Ein Zuschlag für erfolgsunabhängige Beitragsrückerstattung wird für Tarife benötigt, in denen für Schadenfreiheit eines Vertrages eine Beitragsrückerstattung auch dann garantiert wird, wenn der VR gar keine Überschüsse erzielt hat.

2. Berechnung des Nettobeitrags

42   Die Beiträge werden nach dem sog. **Äquivalenzprinzip**[11] kalkuliert, wonach – anders als in der GKV (Beiträge richten sich dort nach dem Einkommen) – die **Prämienberechnung** nach anerkannten Regeln der Versicherungsmathematik für **jede versicherte Person** altersabhängig getrennt für jeden Tarif mit einem dem Grunde und der Höhe nach einheitlichen Leistungsversprechen unter Verwendung der maßgeblichen Rechnungsgrundlagen[12] und einer nach Einzelaltern erstellten Prämienstaffel zu erfolgen hat. Dabei ist jede Beobachtungseinheit eines Tarifs getrennt zu kalkulieren. Das VU darf **nur risikogerechte Prämien** kalkulieren. Die Tarife werden für Männer und Frauen wegen des unterschiedlichen Risikos getrennt kalkuliert. Nach den Vorgaben des AGG[13] müssen jedoch rechnungsmäßige Teilkopfschäden für Leistungen wegen Schwangerschaft und Mutterschaft geschlechtsunabhängig sein, m. a. W. die Kosten müssen von beiden Geschlechtern getragen werden[14].

---

[9] *Hauck/Wilde/König,* § 111 SGB XI Rn. 12.
[10] Kalkulationsverordnung-Verordnung über die versicherungsmathematischen Methoden zur Prämienkalkulation und zur Berechnung der Alterungsrückstellung in der privaten Krankenversicherung (KalV) v. 18. 11. 1996, zuletzt geändert durch VO v. 27. 11. 2007 (BGBl. I S. 2766).
[11] § 10 KalV.
[12] § 2 KalV.
[13] Allgemeines Gleichbehandlungsgesetz v. 14. 8. 2006 (BGBl. I S. 1897, zuletzt geändert durch Art. 19 Abs. 10 des Gesetzes v. 12. 12. 2007 (BGBl. I S. 2840).
[14] § 6 Abs. 5 KalV.

Mit dem Alter des Versicherten steigt die Inanspruchnahme von Leistungen der Kranken-   43
versicherung, insbesondere im Bereich der Krankheitskostenversicherung. Anders als in der
Sach- oder Haftpflichtversicherung z. B. haben die Krankenversicherungsverträge, von Ausnahmen abgesehen, eine lange Laufzeit. Meistens sind es lebenslange Verträge. Würde man
hier lediglich reine Risikobeiträge für bestimmte Altersgruppen vorsehen, wie etwa in der
Sachversicherung, müsste jeweils bei Eintritt in die nächste Altersgruppe der Beitrag erhöht
werden. Es würden sich **„springende Beiträge"** ergeben. Die Folge wäre ein Anstieg der
Beiträge im Alter, der so hoch werden könnte, dass viele alte Menschen ihren Versicherungsschutz gerade dann aufgeben müssten, wenn sie ihn am Nötigsten brauchen. Die Aufsichtsbehörde und später der Gesetzgeber haben daher weder ein ordentliches Kündigungsrecht des
VR noch die Konstruktion der „springenden Beiträge" erlaubt.

Vielmehr müssen bei der Kalkulation dieser Versicherungen neben der Schadenerwartung
in ihrer Abhängigkeit von Alter und Geschlecht Merkmale wie Lebenserwartung und Verzinsung der Kapitalanlagen berücksichtigt werden. In die langfristige Krankenversicherung wird
ein **Sparvorgang** eingebaut, der ähnlich, aber nicht gleich, dem Sparvorgang in der Lebensversicherung ist. Neben den eigentlichen Risikobeitrag, wie man ihn aus allen Versicherungszweigen kennt, tritt hier, wie in der kapitalbildenden Lebensversicherung, ein Sparbeitrag.
Mit diesem Sparbeitrag werden die mit steigendem Alter wachsenden Aufwendungen vorfi-
nanziert. Der Versicherte zahlt also in jüngeren Jahren einen risikotechnisch zu hohen Nettobeitrag. Im Alter ist es genau umgekehrt.

Der anfangs zu hohe Beitragsteil, der **Sparbeitrag** also, wird in der kollektiven Alterungsrückstellung verzinslich angesammelt. Wenn gegen Ende des Vertrages der individuelle Nettobeitrag wegen des Alters des Versicherten nicht mehr ausreicht, wird der fehlende Teil der
kollektiven Alterungsrückstellung entnommen.

Bei der Kalkulation wird im Übrigen dem Umstand Rechnung getragen, dass bei Aus-   44
scheiden des Versicherten aus dem Kollektiv (z. B. weil er versicherungspflichtig geworden
ist und nicht von den Befreiungsmöglichkeiten Gebrauch machen will oder kann) die eingezahlten Sparbeiträge der Versichertengemeinschaft verbleiben und nicht etwa an den Ausscheidenden anteilmäßig zurückgezahlt werden. Diese sog. **Stornowahrscheinlichkeit**
wird rückstellungs- und beitragsmindernd eingerechnet. Mit Wirkung vom 1. 1. 2009 wird
durch die Einführung der teilweisen **Portabilität der Alterungsrückstellung** dieser Effekt
allerdings weitgehend aufgehoben (vgl. dazu A. IV. 9.).

Das geschilderte Verfahren, dessen Einzelheiten in der **KalV** festgelegt worden sind, er-   45
möglicht es, dass die Prämien während der Laufzeit des Vertrages nicht wegen des Älterwerdens erhöht werden müssen. Erhöhung der Prämien oder Herabsetzung der Leistungen
wegen **Älterwerdens** der versicherten Personen während der Dauer des Versicherungsverhältnisses sind vielmehr ausgeschlossen (§ 8a Abs. 2 S. 3 MB/KK und MB/KK 2008).

Die PKV ist daher anders als die GKV auf die demographischen Probleme im Hinblick auf
die künftige Beitragsentwicklung vorbereitet. Wegen der Ähnlichkeit zur ebenfalls auf dem
Anwartschaftsdeckungsverfahren beruhenden Lebensversicherung spricht man von der
„Krankenversicherung nach Art der Lebensversicherung".

Der Gesetzgeber hat in § 178g Abs. 1 VVG, § 203 Abs. 1 VVG 2008 die Regeln für die
Höhe der zulässigen Prämie für diese Form der Krankenversicherung unter Hinweis auf aufsichtsrechtliche Bestimmungen vorgegeben.

Freilich müssen nicht alle Krankenversicherungen nach Art der Lebensversicherung kalku-   46
liert werden. Bei **kurzfristigen Verträgen** kann von einem Ansparvorgang abgesehen und
auf Risikobasis kalkuliert werden. So hat die Aufsichtsbehörde z. B. ausschließlich Risikobeiträge in Normaltarifen (Tarife mit Alterungsrückstellung) für Kinder und Jugendliche bis zum
21. Lebensjahr zugelassen. Auch die Auslandsreisekrankenversicherung, die Restschuldversicherung und Versicherungen für die Dauer von Ausbildungszeiten brauchen nicht nach Art
der Lebensversicherung kalkuliert zu werden.

3. Beitragsanpassung

47   Ist eine Erhöhung der Beiträge wegen des Älterwerdens in der nach Art der Lebensversicherung betriebenen Krankenversicherung während der Laufzeit des Vertrages ausgeschlossen, so gilt das nicht für **andere Quellen von Kostensteigerungen,** die zu einem **erhöhten Schadenbedarf** gegenüber dem in die Prämie eingerechneten Bedarf führen (z. B. durch Geldentwertung und steigende Gesundheitskosten). Die Beitragsanpassung wurde in diesen Fällen von der Aufsichtsbehörde und wird nun auch vom Gesetzgeber für notwendig angesehen, weil diese Versicherungen nicht vom VR gekündigt werden dürfen, andererseits aber ohne Anpassung auf Dauer nicht erfüllt werden können.

48   **Rechtliche Grundlagen** für die Anpassung sind § 12b VAG, § 8b MB/KK 1994 und 2008 und § 178g Abs. 2 VVG, § 203 Abs. 2 VVG 2008, wobei diese Vorschriften eine selbständige Grundlage bilden und nicht etwa die Vereinbarung einer Anpassungsklausel wie § 8a MB/KK und MB/KK 2008 voraussetzen; der Verweis auf eine Anpassungsklausel in § 178h Abs. 4 VVG, § 205 Abs. 4 VVG 2008 ist (immer noch) ein Redaktionsversehen[15].

49   Die neuen Vorschriften des VVG erweitern die Voraussetzungen für die Neufestsetzung der Prämien, indem sie nicht auf die Veränderung des Schadenbedarfs, sondern auf die **Veränderung der maßgeblichen Rechnungsgrundlagen** abstellen, die in § 203 Abs. 2 S. 3 VVG 2008 ausdrücklich genannt werden. Damit werden künftig auch Veränderungen der **Sterbewahrscheinlichkeiten** eine Beitragsanpassung auslösen können, was ebenso wie beim Rechnungszins bisher nur dann möglich war, wenn gleichzeitig auf Grund der Veränderung des Schadenbedarfs die Anpassung erfolgen durfte. Damit sollen Beitragssprünge, die sich aus einer Kumulierung der Ursachen ergeben, vermieden werden. Andere Rechnungsgrundlagen wie z. B. der **Rechnungszins** sollen nicht für sich allein Auslöser von Anpassungen werden, da die Veränderungen insoweit „im Wesentlichen auf einer Unternehmensentscheidung beruhen"[16].

Ferner wird in § 203 Abs. 2 S. 2 VVG 2008 klargestellt, daß auch die in absoluten Beträgen festgelegten **Selbstbehalte** und **Risikozuschläge** bei entsprechender Vereinbarung wie Prämienanpassungen verändert werden können.

50   Die Anpassung erfolgt in der Weise, dass der Versicherer zunächst einmal die **erforderlichen** mit den **kalkulierten Versicherungsleistungen** eines jeden Tarifs jährlich **vergleicht.** Ergibt sich eine Abweichung von mehr als 10% (es sei denn, in den AVB ist ein geringerer Satz festgelegt), werden alle Beiträge des Tarifs überprüft und erforderlichenfalls angepasst. Gleiches gilt für Selbstbehalte und etwaige Beitragszuschläge.

51   Das VU hat ferner für jeden Tarif die **erforderlichen mit den kalkulierten Sterbewahrscheinlichkeiten** durch Betrachtung von Barwerten zu vergleichen. Ergibt die Gegenüberstellung für einen Tarif eine Abweichung von mehr als 5%, hat das Unternehmen alle Prämien dieses Tarifs zu überprüfen und mit Zustimmung des Treuhänders anzupassen.

Von der **Anpassung** kann **abgesehen werden,** wenn die Veränderungen in den in Frage kommenden Kalkulationsgrundlagen nur als vorübergehend anzusehen sind. Von einer Anpassung muß insoweit abgesehen werden, als die Versicherungsleistungen zum Zeitpunkt der Erst- oder einer Neukalkulation unzureichend kalkuliert waren und ein ordentlicher und gewissenhafter Aktuar dies hätte erkennen müssen.

52   Wegen der Einzelheiten der Prämienberechnung bei Anpassung (einschließlich der Anrechnung der Alterungsrückstellung und des Verfahrens zur Gegenüberstellung der erforderlichen und kalkulierten VersLeistungen) wird auf die **KalV** (insbesondere §§ 11 und 14) verwiesen.

53   Beitragsanpassungen dürfen erst in Kraft gesetzt werden, nachdem ein **unabhängiger Treuhänder** diese geprüft und genehmigt hat (§ 12b VAG, § 178g Abs. 2 VVG, § 203 Abs. 2 VVG 2008). Das Erfordernis der Treuhänderzustimmung ist an die Stelle des früheren aufsichtsbehördlichen Genehmigungserfordernisses getreten. Der Treuhänder ist jedoch kein

---

[15] Berliner Kommentar/*Hohlfeld,* § 178g Rn. 7.
[16] Amtl. Begr. BT-Drs. 19/3945.

Hilfsorgan der Aufsichtsbehörde, sondern Interessenvertreter der VN; seine Zustimmung ersetzt die nach Zivilrecht erforderliche Einwilligung der VN zu der in der Anpassung liegenden Vertragsänderung. Das ändert nichts daran, dass der Treuhänder für die Arbeit der Aufsichtsbehörde von großer Bedeutung ist. So hat er diese unverzüglich zu unterrichten, wenn nach seiner Ansicht eine Anpassung erforderlich ist, er aber hierüber mit dem Versicherer keine Einigung erzielen kann. Der in Aussicht genommene Treuhänder muss daher auch vor seiner Bestellung der Aufsichtsbehörde benannt werden. Kommt diese zu dem Ergebnis, dass der Kandidat die gesetzlichen Anforderungen des § 12b Abs. 3 VAG nicht erfüllt, kann sie die Benennung einer anderen Person verlangen. Erfüllt auch diese nicht die Voraussetzungen, kann sie den Treuhänder selbst bestellen. Gleiches gilt für den Fall, dass sich nach der Bestellung die Unfähigkeit des Treuhänders herausstellt, seine Aufgaben ordnungsgemäß zu erfüllen.

Obwohl die erhöhte Inanspruchnahme von Leistungen im Alter durch Inanspruchnahme **54** der Alterungsrückstellung abgefangen wird und daher für sich betrachtet nicht zu Prämienerhöhungen führen darf, waren in der Vergangenheit die durch die **inflationären Preissteigerungen** und die darüber hinausgehenden besonderen **Kostensteigerungen** im Gesundheitswesen verursachten Beitragserhöhungen so erheblich, dass Versicherungswirtschaft und Gesetzgeber sich veranlasst sahen, durch besondere Maßnahmen die Beitragsentwicklung besonders für **ältere Versicherte** zu dämpfen.

So macht § 12a VAG es den Unternehmen zur Pflicht, in der Krankenversicherung nach **55** Art der Lebensversicherung **90 % der Überzinsen** aus der Alterungsrückstellung für Beitragsentlastungen der Versicherten im Alter zu verwenden. Dabei werden 50 % allen Versicherten gutgeschrieben, die andere Hälfte ist direkt für die über 65-jährigen bestimmt.

Seit dem 1. 1. 2000 müssen ferner nach § 12 Abs. 4a VAG alle Neuversicherten in der **sub- 56 stitutiven Krankenversicherung**[17] einen **Zuschlag von 10 %** der jährlichen Bruttoprämie zahlen. Der Zuschlag wird ab Vollendung des 21. Lebensjahres bis zur Vollendung des 60. Lebensjahres erhoben und verzinslich angelegt. Für Personen, die am 1. 1. 2000 bereits versichert waren, wurde der Zuschlag schrittweise eingeführt; ab 2001 waren zunächst 2 % zusätzlich zu zahlen. In den Folgejahren erhöht sich der Zuschlag um weitere 2 %-Schritte bis schließlich auch in diesen Fällen der Zuschlag 10 % beträgt. Die angesammelten Mittel sollen verwendet werden, um Beitragserhöhungen ab dem 65. Lebensjahr zu vermeiden.

Darüber hinaus bieten die Versicherer sog. **Beitragsentlastungsprogramme** an, die eine **57** garantierte Beitragssenkung ab dem 65. Lebensjahr gegen Zahlung eines Zusatzbeitrags in jungen Jahren vorsehen.

Ferner kann der Versicherte durch **Umstufung** in einen anderen Tarif Beitragsreduzie- **58** rungen erreichen; das wird allerdings häufig nur durch Verminderung der Leistungen möglich sein[18].

Schließlich bleibt auch noch die Möglichkeit, in die sog. **Standardtarife**[19] bzw. **Basis- 59 tarif**[20] zu wechseln, in denen der Beitrag begrenzt ist auf die Höhe des durchschnittlichen Höchstbetrages der GKV.

4. Private Pflegepflichtversicherung

Für die **private Pflegeversicherung einschließlich der PPV** gilt das oben für die PKV **60** Gesagte entsprechend, d. h. auch hier muss eine **Alterungsrückstellung** gebildet werden, eine Erhöhung der Beiträge oder Minderung der Leistung des VR allein wegen des **Älterwerdens** der versicherten Person ist während der Dauer des VersVerhältnisses ausgeschlossen, **Beitragsanpassungen** bedürfen der Zustimmung eines unabhängigen **Treuhänders** etc. Allerdings sind hier die Vorgaben der §§ 110–111 SGB XI zu beachten[21].

---

[17] Vgl. unten A. IV.4.
[18] Zur Frage des Tarifwechsels vgl. unten E. V.
[19] Vgl. A. IV. 6. und 7.
[20] Vgl. A. IV. 8.
[21] Vgl. oben A. II.8.

IV. Begriffsbestimmungen

1. Personen- und Nichtpersonenversicherung

61 Die PKV ist **Personenversicherung.** Sie stellt auf Gefahrereignisse ab, die sich wie die Lebens – oder UnfallV im menschlichen Körper oder an der Person verwirklichen.

Gegensatz zur Personenversicherung ist die **Nichtpersonenversicherung** (Sach-, Haftpflicht-, Transport-, Kredit-, Rechtsschutzversicherung u. a. m.).

2. Schaden- und Summenversicherung

62 Bei der **Schadenversicherung** hat der Versicherer den konkret eingetretenen Schaden zu ersetzen. Bei der **Summenversicherung** hat er unabhängig vom tatsächlich eingetretenen konkreten Schaden eine bestimmte vorher festgelegte Summe zu zahlen. Man kann auch sagen, dass Schadenversicherung konkrete und Summenversicherung abstrakte Bedarfsdeckung ist.

In der Krankenversichersicherung kommen beide Formen vor.

63 Die **Krankheitskostenversicherung** ist Schadenversicherung. Das Gesetz stellt in § 178a Abs. 2 VVG, § 194 Abs. 1 VVG 2008 und VVG 2009 klar, dass die §§ 49ff. VVG, §§ 74–80 und 82–87 VVG 2008 und 2009 Anwendung finden; ausgenommen sind die Vorschriften über die Sachversicherung (§§ 74ff. VVG). Die Regelung des § 61 VVG, § 81 VVG 2008 ist durch § 178l VVG, § 201 VVG 2008 ersetzt.

64 Die **Krankentagegeldversicherung** ist ebenso wie die **Krankenhaustagegeldversicherung** Summenversicherung. Die Vorschriften des VVG über die Schadenversicherung finden daher keine Anwendung.

3. Krankenversicherung nach Art der Lebensversicherung

65 Es handelt sich um einen **aufsichtsrechtlichen Begriff.** Die Regeln für die Lebensversicherung hinsichtlich Beitrags-und Rückstellungsberechnung hatten von jeher auch für Versicherer zu gelten, soweit sie Krankenversicherung „auf Grund bestimmter Wahrscheinlichkeitstafeln betrieben, insbesondere solche, die eine Deckungsrücklage" erforderten. Eine präzise Definition erfuhr diese Form der Krankenversicherung in der Ersten EG-Koordinierungsrichtlinie für die Nichtlebensversicherung. Nach Art. 16 Abs. 4 dieser Richtlinie brauchen VR, die die Krankenversicherung nach Art der Lebensversicherung betreiben, nur ein Drittel der Solvabilitätsanforderungen zu erfüllen, die ansonsten für die Nichtlebensversicherung gefordert werden; für diese Versicherungen

– müssen auf der **Grundlage von Wahrscheinlichkeitstafeln** nach versicherungsmathematischen Grundsätzen berechnete Prämien erhoben werden,
– muss eine **Alterungsrückstellung** gebildet werden,
– ist ein Sicherheitszuschlag zu erheben,
– muss das **Kündigungsrecht** des VR spätestens nach Ablauf des dritten VersJahres ausgeschlossen sein und
– muss vertraglich die Möglichkeit vorgesehen sein, auch für bestehende Verträge die **Prämien zu erhöhen oder die Leistungen herabzusetzen.**

Diese europäische Definition hat der Gesetzgeber in § 12 Abs. 1 VAG übernommen; er hat sie allerdings noch durch die in Art. 54 der Dritten EG-Koordinierungsrichtlinie für die Nichtlebensversicherung enthaltenen weiteren Voraussetzung angereichert, wonach der Versicherungsnehmer das Recht auf **Wechsel in andere Tarife** mit gleichartigem Versicherungsschutz unter Anrechnung der erworbenen Rechte und der Alterungsrückstellung haben muß.

4. Substitutive Krankenversicherung

66 Eine private Krankenversicherung ist **substitutiv,** wenn sie ganz oder teilweise den im gesetzlichen Sozialversicherungssystem vorgesehenen Krankenversicherungsschutz ersetzen kann. Auch dieser Begriff stammt aus dem europäischen Aufsichtsrecht. Nach Art. 54 der

Dritten EG-Koordinierungsrichtlinie kann für diese Art von Versicherungen ein Mitgliedstaat ausnahmsweise vorab die **systematische Vorlage der AVB** verlangen, um in der Lage zu sein, rechtzeitig zu prüfen, ob die AVB auch tatsächlich einen der gesetzlichen Krankenversicherung entsprechenden privaten Versicherungsschutz bieten. Der Mitgliedstaat kann ferner verlangen, dass die substitutive Krankenversicherung nach Art der Lebensversicherung betrieben werden muss.

Der deutsche Gesetzgeber hat von den genannten Wahlrechten Gebrauch gemacht. Er hat die EG-Definitionen übernommen (vgl. § 12 VAG).

Die substitutive Krankenversicherung muss **keinen der GKV identischen Versiche-** 67 **rungsschutz** bieten. Es genügt ein der Art und Qualität nach entsprechender Schutz, so dass z. B. Selbstbehalte der Versicherung nicht den Charakter einer substitutiven nehmen. Substitutiv sind insbesondere die Krankheitskostenvollversicherung und die Krankentagegeldversicherung. Dazu gehören auch die Wahlleistungstarife.

Nicht substitutiv sind dagegen die Krankenhaustagegeldversicherung, reine Zusatztarife 68 zur GKV sowie nur der Deckung eines vorübergehenden Bedarfs dienende Versicherungen wie z. B. die Auslandsreisekranken- oder die Restschuldversicherung. Dazu gehören auch die Krankenversicherungen von Ausländern, die sich z. B. reise- oder berufsbedingt nur vorübergehend in Deutschland aufhalten, selbst wenn diese Verträge formal die o. g. Voraussetzungen einer substitutiven Versicherung erfüllen. Es würde weder dem Gesetzeswillen noch der Interessenlage dieser Versicherten entsprechen, wenn ihre Verträge nach Art der Lebensversicherung kalkuliert werden müssten und damit die Alterungsrückstellung zu bedienen wäre, obwohl sicher ist, dass auf sie zugunsten ihrer Verträge wohl niemals zurückgegriffen werden wird.

Substitutive Versicherungen sind grundsätzlich **unbefristet** (§ 178a Abs. 4 S. 1 VVG, 69 § 195 Abs. 1 VVG 2008). Das gilt auch für die nicht substitutive Krankenversicherung, sofern sie nach **Art der Lebensversicherung** betrieben wird (§ 195 Abs. 1 S. 2 VVG 2008).

Ausnahmen sind zugelassen für **Ausbildungs-, Auslands-, Reise- und Restschuld-krankenversicherungen;** hier dürfen Vertragslaufzeiten vereinbart werden (§ 195 Abs. 2 VVG 2008). Ferner sollen Personen, die sich mit **befristetem Aufenthaltstitel** (§ 4 des Aufenthaltsgesetzes vom 30. Juli 1950) in Deutschland aufhalten, eine substitutive Krankenversicherung abschließen können, für die keine Alterungsrückstellung aufgebaut wird und bei der die Vertragslaufzeit auf die Dauer der Aufenthaltsgenehmigung abgestellt werden kann (§ 195 Abs. 3 VVG 2008).

Darüber hinaus ermöglicht § 196 VVG 2008 den Parteien in der **Krankentagegeldversi-** 70 **cherung** die **Laufzeit** des Vertrages dem voraussichtlichen Zeitpunkt des Eintritts in den Ruhestand des Versicherten **anzupassen.** Beginnend mit dem 65. Lebensjahr sieht das Gesetz eine Vielzahl von Laufzeitanpassungen vor, der der sich abzeichnenden Entwicklung zu höheren Renteneintrittaltern Rechnung tragen soll.

Eine ähnliche Flexibilisierung lässt der Gesetzgeber auch bei den **Beihilfetarifen** zu (§ 199 71 VVG 2008). Hier wird klargestellt, daß Beihilfeversicherungen, die nur für die Dauer des aktiven Dienstes benötigt werden, von vornherein befristet abgeschlossen werden können und zwar in Ansehung des Umfanges der Beihilfeerhöhung bei Eintritt in den **Ruhestand.**

Für die substitutive Krankenversicherung gilt weiterhin das **Spartentrennungsgebot,** 72 d. h. diese Form der Krankenversicherung darf nicht von Lebensversicherern oder Schaden/Unfallversicherern, sondern nur von VR betrieben werden, die ausschließlich die Krankenversicherung betreiben (§ 8 Abs. 1a S. 2 VAG). Das Spartentrennungsgebot für die Krankenversicherung ist durch die Dritte EG-Koordinierungsrichtlinie für die Nichtlebensversicherung abgeschafft worden. Die Europäische Kommission hat allerdings auf Anfrage erklärt, dass Mitgliedsländer weiterhin das Gebot auf Unternehmen anwenden dürfen, die ihrer Sitzlandaufsicht unterliegen. Von dieser Möglichkeit hat Deutschland für die substitutive Krankenversicherung Gebrauch gemacht. Für ausländische EWR-Schaden/Unfallversicherer gilt dieses Spartentrennungsgebot nicht, wohl aber für Drittlandunternehmen (§ 106c S. 2 VAG). Die nicht substitutive Krankenversicherung kann von allen Versicherern (Ausländern wie Inländern) betrieben werden. Für Lebensversicherer ist allerdings das gesonderte Spartentrennungsgebot zu beachten (§ 8 Abs. 1a S. 1, § 106 c S. 1 VAG).

73   Substitutive Krankenversicherungsverträge unterliegen **deutschem Recht,** wenn die versicherte Person ihren gewöhnlichen Aufenthalt in Deutschland hat (§ 13 EGVVG).

5. Arbeitgeberzuschuss

74   Gemäß § 257 SGB V erhalten privat versicherte Arbeitnehmer zu ihrem Beitrag für die Krankheitskostenvollversicherung einen **Zuschuss des Arbeitgebers** in Höhe der Hälfte des Beitrags, der bei Versicherungspflicht in der GKV zu zahlen wäre, maximal aber die Hälfte des Beitrags, den er für seine Krankenversicherung zu zahlen hat. Das Gesetz stellt eine Reihe von Voraussetzungen auf, die der private VR zu erfüllen hat (vgl. im Einzelnen § 257 Abs. 2, 2a und 2b SGB V). Dazu gehört, dass er
– die Krankenversicherung **nach Art der Lebensversicherung** betreibt (§ 257 Abs. 2a Nr. 1 SGB V),
– Versicherten unter bestimmten Voraussetzungen einen brancheneinheitlichen **Standardtarif** anbietet (§ 257 Abs. 2a Nr. 2, Nr. 2a – 2c SGB V),
– sich verpflichtet, den überwiegenden Teil der **Überschüsse,** die sich aus dem selbstabgeschlossenen VersGeschäft ergeben, zugunsten der Versicherten zu verwenden (§ 257 Abs. 2a Nr. 3 SGB V),
– vertraglich auf das ordentliche **Kündigungsrecht verzichtet** (§ 257 Abs. 2a Nr. 4 SGB V) und
– als deutscher VR das **Spartentrennungsgebot** für die KrankenV einhält (§ 257 Abs. 2a Nr. 5).

6. Standardtarif

75   Der **Standardtarif** erfüllte bislang eine **soziale Schutzfunktion.** Er ist entwickelt worden, um älteren Personen, die aus finanziellen Gründen nicht mehr in der Lage sind, ihren bisherigen privaten VersSchutz aufrecht zu erhalten, eine Alternative zu bieten.
     Dieser Tarif sieht im Wesentlichen die **Leistungen der GKV** vor und ist daher wesentlich billiger als der herkömmliche Versicherungsschutz der Vollkostenversicherung.
     Der **Beitrag** in diesem Tarif darf den durchschnittlichen **Höchstbeitrag der GKV** nicht übersteigen. Bei Ehegatten, deren jährliches Gesamteinkommen die **Jahresarbeitsentgeltgrenze** (§ 6 SGB V) nicht übersteigt, ist der für die beiden Versicherten zu zahlende Beitrag zum Standardtarif auf insgesamt 150% des durchschnittlichen Höchstbeitrages der GKV begrenzt.
     Zugangsberechtigung für diesen Tarif wurde Personen eingeräumt, die das 65. Lebensjahr vollendet haben und eine Vorversicherungszeit von mindestens 10 Jahren in der substitutiven Krankenversicherung haben oder Personen, die das 55. Lebensjahr vollendet haben, ein jährliches Gesamteinkommen haben, das unterhalb der Jahresentgeltgrenze liegt, und ebenfalls die Vorversicherungszeit von 10 Jahren vorweisen können (§ 257 Abs. 2a Nr. 2 SGB V). Für Rentner und Pensionäre wurde die Zugangsberechtigung sogar schon vor Eintritt des 55. Lebensjahres eingeführt. Zugangsberechtigt sind schließlich auch Beihilfeberechtigte und deren Angehörige (Einzelheiten vgl. § 257 Abs. 2a Nr. 2b und 2c SGB V).
     Zur Gewährleistung der Beitragsbegrenzung wurden alle VR, die dieses zuschussberechtigte Geschäft betreiben, verpflichtet, an einem **finanziellen Spitzenausgleich** teilzunehmen. Dadurch sollten die Unterschiede in der Alterszusammensetzung der Bestände der einzelnen VR ausgeglichen werden. Die Tarifkalkulation erfolgt unter Abweichung von den sonst üblichen Regeln des Äquivalenzprinzips. Die Einzelheiten wurden gemäß § 257 Abs. 2b S. 1 SGB V zwischen dem PKV-Verband und der Aufsichtsbehörde festgelegt.

7. Modifizierter Standardtarif

76   Der **modifizierte Standardtarif** ist ein Kind der Gesundheitsreform 2007.
     Der bisher für den Standardtarif in Frage kommende Personenkreis wurde erheblich erweitert.

Vom 1. Juli 2007 bis 31. 12. 2008 erhalten Nichtversicherte, die zuletzt in der PKV waren oder der PKV zuzuordnen sind (z. B. unversicherte Selbständige), ein **Zugangsrecht** in den sog. modifizierten Standardtarif (§ 315 i. V. m. § 257 Abs. 2a SGB V). **Modifiziert** ist der Standardtarif nicht nur, weil der Personenkreis des Standardtarifs erweitert worden ist, sondern vor allem auch, weil die Zugangsvoraussetzungen erheblich erleichtert worden sind. Man wollte unter allen Umständen sicherstellen, daß das Ziel der Gesundheitsreform, in Deutschland grundsätzlich alle Personen gegen Krankheit zu versichern, auch erreicht wird. Deshalb gelten für den Zugang zum modifizierten Standardtarif auch **keine Altersbeschränkungen** mehr. Der modifizierte Standardtarif soll auch in der PKV einen bezahlbaren Versicherungsschutz für alle Bürger garantieren.

Der Beitrag wird daher begrenzt auf den **Höchstbeitrag in der GKV** (2007: 505,88 €). Die kostenlose **Mitversicherung** von Ehegatten und Kindern ist nicht möglich. Ebenso wenig gelten hier die im normalen Standardtarif vorgesehene **Beitragsbegrenzung für Ehegatten und Lebenspartner.**

Wird durch Zahlung des Höchstbeitrags **Hilfebedürftigkeit** verursacht, reduziert sich der zu zahlende Beitrag um die Hälfte (§ 315 Abs. 2 S. 2 SGB V i. V. m. § 12 Abs. 1 c S. 4–6 VAG). Entsteht auch durch Zahlung des reduzierten Beitrags Hilfebedürftigkeit, beteiligt sich der nach dem SGB zuständige Träger (Bundesagentur für Arbeit oder Sozialamt) im erforderlichen Umfang an der Beitragszahlung, um Hilfebedürftigkeit zu vermeiden. Besteht unabhängig von der Höhe des zu zahlenden Beitrags Hilfebedürftigkeit, wird der Beitrag auf die Hälfte des Höchstbeitrags reduziert und dem Versicherten vom zuständigen Sozialversicherungsträger ein Zuschuss gewährt, der auch für einen Bezieher von ALG II in der GKV gezahlt wird; im übrigen hat der Versicherte den Beitrag selbst zu tragen.

Im Einzelnen bestimmt das Gesetz im Hinblick auf den Personenkreis, daß Personen einen **Anspruch auf Aufnahme** in den modifizierten Standardtarif haben, wenn sie **weder**

- in der **GKV** versichert oder dort versicherungspflichtig sind,
- über eine private Krankenversicherung verfügen,
- einen Anspruch auf **freie Heilfürsorge** haben,
- Anspruch auf Leistungen nach dem **Asylbewerbergesetz** haben noch
- Leistungen nach dem **Dritten, Vierten, Sechsten und Siebenten Kapitel des SGB XII** beziehen.

Abweichend davon können auch Personen mit Anspruch auf **Beihilfe nach beamtenrechtlichen Grundsätzen,** die nicht über eine ergänzende Versicherung verfügen oder in der GKV freiwillig versichert sind, die Versicherung im beihilfekonformen Standardtarif verlangen.

Keinen Anspruch auf Aufnahme in den modifizierten Standardtarif haben dagegen Personen, die Versicherungsnehmer lediglich eines ambulanten oder stationären PKV-Tarifs sind und deren Vertrag vor dem 1. April 2007 abgeschlossen wurde. Diese Personen gelten nicht als Nichtversicherte im Sinne des Gesetzes, da ihr Versicherungsschutz für die ab dem 1. Januar 2009 geltende allgemeine Versicherungspflicht für ausreichend angesehen wird.

77 Für die VR besteht **Kontrahierungszwang,** d. h. sie dürfen den Antrag eines Versicherungsberechtigten nicht ablehnen Die Berechtigten können den VR frei wählen. Sie sind insbesondere nicht darauf angewiesen, zu dem VR zurückzukehren, bei dem schon einmal eine frühere Versicherung bestand.

78 Die Höhe des **Beitrags** ist vom Alter und Geschlecht des Versicherten abhängig, nicht jedoch von seinem Gesundheitszustand. **Risikozuschläge** wegen Vorerkrankungen dürfen deshalb nicht erhoben werden. Gleichwohl müssen die VR eine **Gesundheitsprüfung** durchführen. Dies ist auf das Finanzierungssystem für den modifizierten Standardtarif zurückzuführen. Wie beim allgemeinen Standardtarif ist auch ein **finanzieller Ausgleich** zwischen den PKV-VR vorgesehen. Zweck ist die finanzielle Sicherstellung der Leistungsfähigkeit der Unternehmen. Diese kann durch den Wegfall einer risikogerechten Tarifierung (Wegfall von Risikozuschlägen und Limitierung des Höchstbeitrags) ähnlich wie beim normalen Standardtarif von VR zu VR in unterschiedlicher Weise gefährdet werden. Ergibt nun die Gesundheitsprüfung, daß ein erhöhtes Risiko besteht, kalkuliert der VR einen fiktiven Risikozuschlag, der lediglich der Durchführung des Finanzausgleichs dient. Die vom Versicherten zu zahlende Prämie wird vom Risikozuschlag nicht berührt. Wechselt der Versicherte allerdings später in einen anderen Tarif, der Risikozuschläge erlaubt, gewinnt die Gesundheitsprüfung wieder Bedeutung für die Festsetzung der Prämie des neuen Vertrags.

79   Über **Wartezeiten** und solche **Behandlungen, die bei Versicherungsbeginn bereits laufen,** sagt das Gesetz nichts. Hier können daher die VR so verfahren, wie dies im normalen Geschäft gehandhabt wird, also Wartezeiten vereinbaren und den Schutz für bereits laufende Behandlungen ausklammern.

Ähnliches gilt auch für die **Pflegepflichtversicherung.** Das Gesetz sieht zwar eine **Versicherungspflicht** für die im modifizierten Standardtarif Versicherten vor („Pflegeversicherung folgt Krankenversicherung"), nähere Bestimmungen werden aber nicht getroffen, so daß hier weiterhin Risikozuschläge erhoben werden können und die Beitragshöhe auch nicht limitiert wird.

80   **Erleichterte Bedingungen für die Aufnahme** in den modifizierten Standardtarif hatte die PKV **bis zum 31. 12. 2007** angeboten. So wurden die Kosten auch für Behandlungen übernommen, die bereits vor Versicherungsbeginn begonnen hatten, sofern die Wartezeiten abgelaufen waren, und in der Pflegepflichtversicherung erfolgte die Aufnahme in den Standardtarif ohne Risikozuschläge, wobei zusätzlich der Beitrag auf den Höchstbeitrag in der sozialen Pflegeversicherung limitiert wurde.

81   Die **Versicherungsleistungen** im modifizierten Standardtarif entsprechen dem **Leistungsniveau der GKV.** Wie für den normalen Standardtarif gilt auch hier, daß die Kassenärztlichen und Kassenzahnärztlichen Vereinigungen die **ärztlichen Behandlungen im Umfang der im Standardtarif versicherten Leistungen sicherstellen** müssen (§ 75 Abs. 1 SGB V). Das gilt auch für Zahnärzte und Psychotherapeuten (§ 72 Abs. 1 SGB V). Wegen der Einzelheiten der Regelung für die Vergütung ärztlicher Leistungen vgl. § 75 Abs. 3a SGB V.

Zusatzversicherungen (z. B. Einbettzimmer oder Chefarztbehandlung) dürfen neben dem modifizierten Standardtarif **nicht** abgeschlossen werden.

Die Versicherten des modifizierten Standardtarifs werden mit Wirkung zum 1. Januar 2009 in den **Basistarif** überführt § 315 Abs. 4 SGB V).

8. Basistarif

82   Der **Basistarif** muss ab dem 1. 1. 2009 von **allen inländischen PKV-Unternehmen,** die die substitutive Krankenversicherung betreiben, in Deutschland angeboten werden (§ 12 Abs. 1a VAG 2009).

Die VR sind nach § 193 Abs. 5 VVG 2009, § 12 Abs. 1b VAG 2009) verpflichtet, den **folgenden Personen** den Basistarif zu **gewähren:**

- Personen, die zum Zeitpunkt der Einführung des Basistarifs am 1. Januar 2009 bereits **freiwillig in der GKV** versichert sind, sofern sie dies bis zum 30. Juni 2009 beantragen.
- Personen, die erst nach dem 31. Dezember 2008 **freiwillig Mitglied** in der GKV werden, innerhalb von sechs Monaten nach Begründung der freiwilligen Mitgliedschaft.
- Personen mit Wohnsitz in Deutschland, die weder in der GKV versicherungspflichtig sind, noch Leistungen nach dem Asylbewerberleistungsgesetz beanspruchen können, noch Anspruch auf Sozialhilfe haben (Ausnahmen: Leistungen aus dem 5., 8. und 9. Kapitel SGB XII).
- Beihilfeberechtigten, die einen die **Beihilfe** ergänzenden Versicherungsschutz benötigen.
- Privatversicherten mit Wohnsitz in Deutschland, die einen **Versicherungsvertrag ab dem 1. Januar 2009** abgeschlossen haben.

Die VR dürfen den **Antrag** eines Versicherungsberechtigten auf Versicherung im Basistarif **grundsätzlich nicht ablehnen (Kontrahierungszwang,** § 193 Abs. 5 VVG 2009, § 12 Abs. 1b VAG 2009**).** Das gilt nicht, wenn der Antragsteller bereits bei dem VR versichert war und der VR den Vertrag wegen **widerrechtlicher Drohung oder arglistiger Täuschung** angefochten hat oder vom Vertrag wegen einer vorsätzlichen **Verletzung der vorvertraglichen Anzeigepflicht** zurückgetreten ist (§ 193 Abs. 5 S. 4 VVG 2009).

Privatversicherte, die **vor dem 1. Januar 2009** ihren Versicherungsvertrag **abgeschlos** 83 **sen** haben (Bestandsversicherte), können vom **1. Januar 2009 bis zum 30. Juni 2009** in den Basistarif des **eigenen oder eines anderen VR wechseln** (§ 193 Abs. 5 S. 2 VVG 2009), und zwar **unter Mitnahme von Alterungsrückstellungen** (vgl. dazu im Einzelnen **A. IV. 9., Portabilität**). Will der Bestandsversicherte in dieser Weise in den Basistarif **eines anderen VR** wechseln, muß er bei seinem alten VR den Vertrag zwischen dem 1. Januar und 30. Juni 2009 zum Ende des laufenden Versicherungsjahres kündigen.

Nach dem 30. Juni 2009 können Bestandsversicherte nur noch in den **Basistarif ihres eigenen Unternehmens** wechseln, und das auch nur dann wenn sie

- das 55. Lebensjahr vollendet haben oder
- eine Rente der GKV beziehen oder
- ein Ruhegehalt nach beamtenrechtlichen oder vergleichbaren Regelungen beziehen oder
- hilfsbedürftig i. S. des Sozialrechts sind (§ 204 Abs. 1 S. 1 Buchst. b VVG 2009).

Versicherte, die ihren **Versicherungsvertrag ab dem 1. Januar 2009 abschließen,** dürfen unter Anrechnung der Alterungsrückstellungen jederzeit in den Basistarif ihres eigenen oder eines anderen VR wechseln (§ 204 Abs. 1 S. 1 Nr. 1 Buchst. b und Nr. 2 VVG 2009).

Die **Leistungen** dieses Tarifs müssen nach **Art, Umfang und Höhe** (einschließlich Kran 84 kentagegeld) denen der **GKV** entsprechen. Der Tarif muß sowohl als **100-Prozenttarif** als auch als **beihilfekonforme Absicherung** angeboten werden. Das gleiche gilt für die Versicherung der **Kinder und Jugendlichen** bis zur Vollendung des 21. Lebensjahres (§ 12 Abs. 1 a VAG 2009).

Der **PKV-Verband wird damit beliehen,** Art, Umfang und Höhe der **Leistungen im Basistarif** nach Maßgabe der Regelungen in § 12 Abs. 1 VAG 2009 festzulegen; die **Fachaufsicht** übt nicht etwa die BaFin, sondern das **Bundesministerium der Finanzen** aus (§ 12d VAG 2009). Die Arbeiten an dem Basistarif haben begonnen, sind aber **noch nicht abgeschlossen.**

Der **Beitrag** muss **einheitlich für alle beteiligten PKV-Unternehmen** ermittelt wer 85 den (§ 12 Abs. 4b VAG). Er ist **limitiert.** Der pro Person zu zahlende **Höchstbeitrag** darf den durchschnittlichen Höchstbeitrag in der **GKV nicht überschreiten.** Im Falle der **Hilfsbedürftigkeit** gelten die oben dargelegten Regelungen für Nichtversicherte, die seit dem 1. Juli 2007 in den **modifizierten Standardtarif** aufgenommen werden (§ 12 Abs. 1c VAG).

Bestehen Vorerkrankungen, dürfen **Leistungsausschlüsse** nicht vereinbart und **Risikozuschläge** nicht erhoben werden.

Ähnlich wie beim Standardtarif müssen sich die VR, die den Basistarif anbieten, zur dauer 86 haften Erfüllung der Verpflichtungen an einem **Risikoausgleichssystem** beteiligen (§ 12g VAG), das durch Verteilung der Mehraufwendungen eine dauerhafte und wirksame gleichmäßige Belastung aller Unternehmen gewährleisten soll. Das gilt insbesondere für die gleichmäßige Verteilung der durch die Unzulässigkeit der Erhebung von Risikozuschlägen und Leistungsausschlüssen hervorgerufenen Mehraufwendungen auf alle im Basistarif Versicherten. Errichtung, Ausgestaltung und Durchführung des Ausgleichs unterliegen der **Aufsicht durch die BaFin.**

Im **Basistarif** können **Leistungserbringer** (Ärzte etc.) ihre Ansprüche auch **direkt** 87 **gegen den VR** geltend machen, soweit dieser aus dem Versicherungsvertrag zur Leistung verpflichtet ist (§ 192 Abs. 7 VVG 2009). VR und VN haften insoweit als **Gesamtschuldner.** Der Vorteil dieser neuen Lösung könnte sein, daß Gebührenstreitigkeiten weniger als bisher auf dem Rücken des VN ausgetragen werden. Andererseits wird dem VR das **Insolvenzrisiko** des VN aufgebürdet; wenn letzterer die Zahlung des VR nicht an den Leistungserbringer weiterleitet, haftet der VR weiter. Die Vorschrift ist allerdings dispositiv und kann daher in den AVB für den Standardtarif abbedungen werden.

Der **Basistarif** tritt neben die **bestehenden Tarife** des VR. 88

Er kann (anders als im modifizierten Standardtarif) mit **Zusatztarifen** desselben oder eines anderen VR **kombiniert** werden § 12 Abs. 1a VAG). Der VR kann allerdings das Ruhen einer Zusatzversicherung verlangen, wenn und solange ein Versicherter wegen Hilfebedürftigkeit auf Beitragsreduzierung angewiesen ist (§ 93 Abs. 7 VVG 2009).

Ein Wechsel aus dem Basistarif in einen der anderen Tarife des VR ist möglich.

89   Die Versicherten können im Basistarif **Selbstbehalte** von 300, 600, 900 oder 1200 € vereinbaren. Um denkbare Risikoselektionen zu begrenzen, müssen sich die Versicherten – wie in der GKV (§ 53 SGB V) – bei der Wahl des Selbstbehalts mindestens drei Jahre binden (§ 12 Abs. 1a VAG).

Wartezeiten dürfen vereinbart werden, wobei neben Versicherungszeiten in der GKV auch die zurückgelegte Zeit in einer privaten Krankenversicherung angerechnet wird.

Die Vorschrift über die **Anpassung des Versicherungsschutzes** an veränderte Beihilferegelungen findet auf den Basistarif keine Anwendung (§ 199 Abs. 3 VVG 2009).

9. Portabilität der Alterungsrückstellung

90   Die aus den Beiträgen der Versicherten gebildete Alterungsrückstellung verbleibt bisher bei einem Wechsel eines Versicherten zu einem anderen Unternehmen im Versichertenkollektiv seines bisherigen VR. Der wechselwillige Kunde muß beim neuen VR wegen des höheren Eintrittsalters einen in der Regel höheren Beitrag zahlen und unterliegt außerdem einer neuen Gesundheitsprüfung, was bei inzwischen eingetretenen Gesundheitsverschlechterungen zu Risikozuschlägen, Leistungsausschlüssen oder Nichtversicherbarkeit führen kann. Das alles hat dazu geführt, daß ein **Wechsel von einem PKV-Unternehmen zu einem anderen in der Regel uninteressant** ist und deshalb der Wettbewerb, so wird in der Öffentlichkeit beklagt, stark eingeschränkt ist. Nachdem mehrere von der Regierung eingesetzte Kommissionen erfolglos versucht haben, eine Lösung zu finden, hat sich nun der Gesetzgeber im GKV-WSG des Problems angenommen und eine Regelung für die Zeit nach dem 1. Januar 2009 gefunden, die den Wechsel zumindest erleichtert.

91   Bei der Lösung spielt der nunmehr geschaffene **Basistarif** (Vgl. oben A. IV. 8.) die entscheidende Rolle.

Wechselt ein Versicherter zwischen PKV-Unternehmen wird die **Alterungsrückstellung des Basistarifs**, m. a. W. die Alterungsrückstellung des Teils der Versicherung, dessen Leistungen dem Basistarif entsprechen, übertragen. Das gilt auch, wenn er aus einer Vollversicherung bei einem VR in die Vollversicherung eines anderen VR wechselt. Übertragen wird also immer nur die Alterungsrückstellung des Basistarifs, auch wenn gar kein Basistarif abgeschlossen wird. Man spricht dann von **„fiktiver Alterungsrückstellung"** (§ 13a KalV 2009).

Der Versicherte kann unter Anrechnung des beim ursprünglichen VR verbliebenen Teil der Alterungsrückstellung bei diesem eine **Zusatzversicherung** abschließen (§ 204 Abs. 1 S. 2 VVG 2009).

Eine **Barauszahlung** des Wertes der Alterungsrückstellung scheidet aus. Ebenso wenig findet eine Übertragung der Alterungsrückstellung in die **GKV** statt.

92   Im Einzelnen gilt ab 1. 1. 2009 folgende Regelung:
- Wechselt der Versicherte innerhalb **desselben VR** in einen anderen Tarif, ergeben sich **keine Änderungen** zur bisherigen Rechtslage. Die Alterungsrückstellung aus dem bisherigen Tarif wird voll angerechnet (§ 204 Abs. 1 Nr. 1 VVG 2009). Nur bei Wechsel in den **Basistarif** sind **Besonderheiten** zu beachten.
- Wurde der Versicherungsschutz **ab 1. Januar 2009** begründet, wird die Alterungsrückstellung in der Höhe übertragen, die sich ergibt, wenn der Versicherte von Beginn an im Basistarif versichert gewesen wäre, es sei denn, die Alterungsrückstellung des Ursprungstarifs war geringer als die des Basistarifs (weil die Leistungen dort geringer); dann wird nur der geringere Betrag übertragen (§ 204 Abs. 1 Nr. 2 Buchst. a VVG 2009).
- Wurde der Vertrag **vor dem 1. Januar 2009 geschlossen,** kann der Versicherte die Mitnahme des Teils der Alterungsrückstellung, die den Leistungen im Basistarif entspricht, erreichen, wenn er den Wechsel in den Basistarif des neuen VR vor dem 1. Juli 2009 bean-

tragt. Die Kündigung des Altvertrages muß vor dem 1. Juli 2009 erfolgen (§ 204 Abs. 1 Nr. 2 Buchst. b VVG 2009). Der Grund für diese **sachliche und zeitliche Beschränkung** liegt darin, daß für diese Altverträge die Übertragungsmöglichkeit von Alterungsrückstellungen noch nicht in die Kalkulation einbezogen war. Die Mitnahme der Rückstellung ist **nur einmal** möglich. Will er später zu einem dritten, vierten etc. Versicherer wechseln, kann er das tun, allerdings ohne die beim ersten Versicherter angesparte (Teil-)Alterungsrückstellung.

10. Eigen- und Fremdversicherung

Eigenversicherung ist die Versicherung eigenen Interesses für eigene Rechnung. Wenn   93
sich jemand selbst gegen Aufwendungsersatz der Heilbehandlung versichert, liegt unstreitig Eigenversicherung vor.

Gegensatz der Eigenversicherung ist die **Fremdversicherung.** Die PKV kennt diese Erscheinung etwa in Form der Gruppenversicherung oder der Versicherungen mit Sammel-   94
inkasso. Hier ist die Gruppenspitze häufig VN und die Personen, für die die Versicherung genommen wird, sind versicherte Personen. Ähnlich ist die Situation bei der **Familienversicherung,** wenn ein Ehepartner den anderen und die Kinder versichert.

Alle diese Erscheinungsformen sind zulässig. Die Vorschrift des § 178a Abs. 1 VVG, § 193   95
Abs. 1 VVG 2008 stellen klar, dass der VN die Krankenversicherung für sich selbst, aber auch für einen Dritten abschließen kann. Die Frage war früher nur, ob auf den Vertrag für Dritte die Vorschriften über die **Versicherung für fremde Rechnung** Anwendung finden. Diese Frage ist nunmehr durch VVG 2008 entschieden.

Entgegen der Rechtsprechung des BGH zu § 178a VVG[22] werden nach § 194 Abs. 4 VVG   96
2008 und § 194 Abs. 3 VVG 2009 die allgemeinen Vorschriften über die Versicherung für fremde Rechnung **für anwendbar** erklärt. Die neuen §§ 43–48 VVG 2008 sind allerdings mit der Maßgabe anzuwenden, daß

- **ausschließlich der Versicherte** die Versicherungsleistungen verlangen kann, wenn der VN ihn gegenüber dem VU in Textform widerruflich oder unwiderruflich als Empfangsberechtigten benannt hat;
- **ansonsten nur der VN** die Versicherungsleistungen verlangen kann;
- es entgegen der §§ 43 ff. VVG 2008 **keiner Vorlage des Versicherungsscheins** bedarf.

B. Rechtliche Rahmenbedingungen/Rechtsgrundlagen

I. Gesetzliche Grundlagen

1. Versicherungsvertragsgesetz

Erst seit dem Dritten DurchführungsG/EWG zum VAG vom 28. Juli 1994 ist die PKV im   97
VVG expressis verbis geregelt. Bei Inkrafttreten des VVG im Jahre 1908 hatte die PKV keine wirtschaftliche Bedeutung. Später dann, als die PKV allmählich zum – nach Prämien gerechnet – drittstärksten Versicherungszweig wurde, gab es zwar Bestrebungen für eine gesetzliche Regelung. Diese wurden aber nicht verwirklicht, weil aufsichtsbehördlich genehmigte Allgemeine VersBedingungen eine zuverlässige und flexible Regelung sicherstellten. Durch Musterbedingungen, die alle VR übernahmen, konnte auch eine gewisse Transparenz erzielt werden.

Erst als die Dritte EG-Koordinierungsrichtlinie für die Nichtlebensversicherung die vorherige Bedingungs- und Tarifgenehmigung abschaffte, sah sich der deutsche Gesetzgeber veranlasst, durch die §§ 178a– 178o VVG das VVG um eine **spezielle Regelung für die Kran-**

---

[22] VersR 2006, 686 (§§ 74–80 sind durch § 178a Abs. 2 VVG ausgeschlossen; Mitversicherung des Ehepartners des VN ist ohne besondere AVB-Bestimmung eine Versicherung für fremde Rechnung; Ehepartner nicht nur Gefahrperson; mitversicherter Ehepartner kann nach § 328 Abs. 1 BGB ihn betreffende Versicherungsleistung im eigenen Namen geltend machen).

kenversicherung zu ergänzen, die eine gewisse Einheitlichkeit und einen Mindeststandard sicherstellen sollte. Außerdem galt es auch für die Krankenversicherung gesetzliche Leitbilder für die Inhaltskontrolle nach § 307 Abs. 2 Nr. 1 BGB zu schaffen.

Inhaltlich hatte sich der Gesetzgeber im Wesentlichen an den existierenden Musterbedingungen orientiert.

98   Durch das GKV-Wettbewerbsgesetz – **GKV-WSG** vom 26. März 2007 und das **VVG-Reformgesetz** vom 23. November 2007 sind auch die Krankenversicherungsbestimmungen des VVG erheblich verändert worden. Soweit sie seit dem 1. Januar 2008 in Kraft sind, werden sie unter der Bezeichnung „VVG 2008" zitiert, soweit sie erst am 1. Januar 2009 Anwendung finden, unter der Bezeichnung „VVG 2009". Für die heute noch für den Altbestand geltenden Vorschriften wird die Bezeichnung „VVG" verwendet.

99   Die Krankenversicherung ist aber nicht nur in den neuen Spezialvorschriften geregelt. Es gelten auch einige **allgemeine Vorschriften des VVG.**

So bestimmen § 178a Abs. 2 S. 1 VVG, § 194 VVG 2008, welche allgemeinen Vorschriften über die Schadenversicherung gelten, soweit die Krankenversicherung als **Schadenversicherung** anzusehen ist[23]. Es sind dies die §§ 49 bis 51, 55 bis 60 und 62 bis 68a VVG; §§ 74–80, 82 bis 87 VVG 2008. Die Vorschrift des § 61 VVG; § 81 VVG 2008 ist durch Spezialvorschrift des § 178l VVG; § 201 VVG 2008 ersetzt.

100   **Ausgeschlossen** für alle Arten der Krankenversicherung sind nach § 178a Abs. 2 S. 2 VVG; § 194 Abs. 1 S. 2 VVG 2008 die Vorschriften über die **nachträgliche Gefahrerhöhung** der §§ 23 bis 30 VVG, §§ 23 bis 27 und 29 VVG 2008, weil diese gerade ein typischerweise vom Krankenversicherer zu tragendes Risiko ist. Damit ist unstreitig, dass auch Krankheiten und Unfälle, die zwischen Antrag und Vertragsabschluss eintreten, nicht angezeigt zu werden brauchen (§ 29a VVG; § 23 Abs. 3 VVG 2008 gilt nicht für die Krankenversicherung).

101   Weitere allgemeine Vorschriften sind **nur mit Änderungen** anwendbar. Es handelt sich hier nach § 194 VVG 2008 um die Vorschriften, die durch Änderungen des Allgemeinen Teils des VVG 2008 auch Auswirkungen auf die Krankenversicherung haben, aber nicht in vollem Umfang für diesen Versicherungszweig gelten sollen: Es handelt sich dabei um Vorschriften über **Anzeigepflichten** und deren Auswirkungen (§§ 19, 21 VVG 2008), über **Zahlungsverzug** bei Folgeprämie (§ 38 VVG 2008), über **Übergang von Ersatzansprüchen** (§ 86 VVG 2008) und über die **Versicherung für fremde Rechnung** (§§ 43–48 VVG 2008).

102   Die in § 178a Abs. 2 VVG, § 194 VVG 2008 nicht genannten allgemeinen Vorschriften für sämtliche VersZweige gelten, weil nicht ausdrücklich ausgenommen, auch für die Krankenversicherung.

2. Sonstiges Zivilrecht

103   Von großer Bedeutung ist auch für die Krankenversicherung das **BGB,** insbesondere seit die Vorschriften des AGB-Gesetzes in das BGB[24] übernommen worden sind.

104   Als Allgemeine Geschäftsbedingungen unterliegen die AVB der Krankenversicherung einschließlich der unternehmensindividuellen Tarifbedingungen und der Antragsformulare dem **AGB-Recht.** Sie sind „für eine Vielzahl von Verträgen vorformulierte Vertragsbedingungen, die eine Vertragspartei (Verwender) der anderen Vertragspartei bei Abschluss eines Vertrages stellt", es sei denn sie sind im Einzelnen ausgehandelt worden, § 305 Abs. 1 BGB.

Die AVB der Krankenversicherung bedürfen seit Umsetzung der Dritten EG-Koordinierungsrichtlinie für die Nichtlebensversicherung nicht mehr der aufsichtsbehördlichen Genehmigung. Die Aufsichtsbehörde kann jedoch gegen VR im Wege der Misstandsaufsicht vorgehen, wenn AVB gegen die §§ 305ff. BGB verstoßen.

---

[23] Vgl. oben A. IV. 2.
[24] Vgl. §§ 305ff. BGB.

Für die AVB der Krankenversicherung gelten die allgemeinen Grundsätze über die Einbeziehung der AVB in den Vertrag, über die überraschenden und mehrdeutigen Klauseln sowie über die Inhaltskontrolle.

3. Versicherungsaufsichtsgesetz

Die PKV ist auch nach der Deregulierung neben der Lebensversicherung der am **intensivsten beaufsichtigte Versicherungszweig** geblieben.   **105**

Das gilt vor allem für die substitutive Krankenversicherung.

In diesem Bereich sind der Aufsichtsbehörde vorab die AVB und die Kalkulationsgrundlagen für die Berechnung der **Prämien und technischen Rückstellungen** zur Kenntnisnahme vorzulegen (§ 5 Abs. 5 Nr. 1 und 1a, § 13d Nr. 7 und 8 VAG). Auch die ausländischen EWR-VR haben der deutschen Aufsichtsbehörde die AVB vorzulegen (§ 110a Abs. 4 Nr. 2 VAG); die Kalkulationsgrundlagen dagegen haben sie der Sitzlandaufsicht zu unterbreiten, da diese nach den Dritten EG-Richtlinien für die Finanzaufsicht ausschließlich zuständig ist (Art. 54 Abs. 2 UA 2 S. 3 der Richtlinie).   **106**

Für die deutschen VR, die die substitutive Krankenversicherung betreiben, gilt das **Spartentrennungsgebot** (§ 8 Abs. 1a S. 2 VAG). Besonderheiten gelten für ausländische EWR-VR, die substitutive Krankenversicherungsverträge mit Arbeitgeberzuschuss anbieten wollen[25].   **107**

Von erheblicher Bedeutung sind die **Vorschriften der §§ 12ff. VAG.** Danach müssen sowohl für die substitutive als auch für die sonstige nach Art der Lebensversicherung betriebene Krankenversicherung eine Reihe von aufsichtsrechtlichen Vorgaben erfüllt werden.   **108**

Zunächst werden in § 12 VAG die Voraussetzungen der **Krankenversicherung nach Art der Lebensversicherung** definiert (Einzelheiten vgl. § 12 Abs. 1 und 5 VAG). Die Definition ist durch das GKV-WSG (Art. 44 Nr. 5 = § 12 Abs. 1 Nr. 5 VAG 2009) ergänzt worden (**Portabilität** der Alterungsrückstellung).   **109**

Ferner ist ein **Verantwortlicher Aktuar** zu bestellen, der gewissermaßen als verlängerter Arm der Aufsichtsbehörde darauf zu achten hat, dass die dauernde Erfüllbarkeit der Verträge nicht gefährdet wird und die Interessen der Versicherten auch sonst gewahrt werden (§ 12 Abs. 2 und 3 VAG).

Wichtig ist ferner die Verpflichtung der VR, den **Basistarif** einzuführen (GKV-WSG Art. 44 Nr. 5 = § 12 Abs. 1a–1d, 4b, §§ 12c, 12g VAG 2009).

Der Krankenversicherer hat weiter wie in der Lebensversicherung den **Gleichbehandlungsgrundsatz** zu beachten, d. h. bei gleichen Voraussetzungen dürfen Prämien und Leistungen nur nach gleichen Grundsätzen bemessen werden (§ 12 Abs. 4 i. V. m. § 11 Abs. 2 VAG).   **110**

Der **Alterungsrückstellung** ist eine Gutschrift von mindestens 90% der durchschnittlichen, über die rechnungsmäßige Verzinsung hinausgehenden Kapitalerträge, soweit sie auf die diese Rückstellung bedeckenden Kapitalanlagen entfallen, zuzuführen (Einzelheiten vgl. § 12a VAG). Seit dem 1. 1. 2000 müssen Neuversicherte in der substitutiven Krankenversicherung ferner einen **Zuschlag von 10 %** auf ihren Beitrag zahlen. Auch dieser Betrag wird der Alterungsrückstellung direkt zugeführt und dient damit der Beitragsentlastung im Alter (§§ 12 Abs. 4a und 12e VAG).   **111**

Prämienänderungen in der Krankenversicherung, soweit sie nach Art der Lebensversicherung betrieben wird (also nicht nur die substitutive), dürfen erst in Kraft gesetzt werden, nachdem ein **unabhängiger Treuhänder** zugestimmt hat. Der Treuhänder ist insoweit nach der Deregulierung des Jahres 1994 an die Stelle der Aufsichtsbehörde getreten (§§ 12b und 12d VAG).   **112**

Wird in der Krankenversicherung nach Art der Lebensversicherung keine angemessene **Überschussbeteiligung** gewährt, liegt ein Mißstand vor, der die Aufsichtsbehörde zum Eingreifen ermächtigt (§ 81d VAG).   **113**

---

[25] Vgl. A. IV. 5.

114 Nach § 79 VAG gelten die Vorschriften für die Lebensversicherung in den §§ 70–76 VAG auch für die Krankenversicherung, soweit diese nach Art der Lebensversicherung betrieben wird (substitutive und sonstige, § 12 Abs. 1 und 5 VAG). Danach stellt das für die die Alterungsrückstellung bedeckenden Kapitalanlagen ein **sog. Sicherungsvermögen** dar, das von einem **Treuhänder** zu überwachen ist und für das Sondervorschriften zugunsten der Versicherten in der **Zwangsvollstreckung und im Insolvenzfall** gelten.

115 Der Gesetzgeber hat schließlich in §§ 12c und 81d VAG die Exekutive ermächtigt, **Details der Berechnung der Prämien und technischen Rückstellungen** sowie der **Überschussbeteiligung** in Verordnungen zu regeln. Das ist inzwischen geschehen[26]. Die Vorschrift des § 12c ist durch GKV-WSG (Art. 44 Nr. 6 = § 12c Abs. 1 S. 1 Nr. 2a VAG 2009) um die Ermächtigung ergänzt worden, nähere Bestimmungen zur Berechnung des Übertragungswertes zu erlassen; auch das ist geschehen[27].

4. Sozialgesetzbuch

116 Von geradezu existentieller Bedeutung für die **PKV** ist das **SGB V.** Von der in § 6 SGB V festgelegten **Versicherungspflichtgrenze** hängt weitgehend ab, wer in Deutschland seinen Krankenversicherungsschutz frei wählen kann und damit als potentieller Kunde der PKV in Frage kommt. Das SGB V enthält in diesem Zusammenhang Sonderkündigungsrechte für den PKV-Vertrag und Befreiungsrechte bei Eintritt der Versicherungspflicht. Hat ein VN einen Vertrag mit einem PKV-Unternehmen gekündigt, kommt aber der Vertrag mit der GKV nicht zustande, so ist der PKV-VR verpflichtet, mit dem VN einen neuen Vertrag abzuschließen, wenn der gekündigte Vertrag mindestens fünf Jahre bestanden hat. Eine Risikoprüfung ist nicht zulässig, die Alterungsrückstellung ist anzurechnen etc. (§ 5 Abs. 9 SGB V).

In §§ 75, 257, 315 SGB V sind Modalitäten für den modifizierten **Standardtarif** und den **Basistarif** geregelt (Personenkreis, Kontrahierungszwang, Verbot der Risikozuschläge, Risikoausgleich, Höchstbeitrag, Leistungen etc.) geregelt. In § 257 SGB V wird festgelegt, wann und in welcher Höhe Krankenversicherte einen **Beitragszuschuß** erhalten.

117 Für die **PPV** von entscheidender Bedeutung ist das **SGB XI.** Hier sind der zu versichernde Personenkreis, die Befreiungsmöglichkeiten und unabdingbare Inhalte des Vertrages festgelegt worden. Die Vorschriften betreffen die zu erbringenden Leistungen, die Berechnung der Beiträge, Gestaltungsrechte wie Kündigung und Rücktritt u. a. m. Zu beachten ist auch, dass für Rechtsstreitigkeiten aus der PPV die **Sozialgerichte** zuständig sind (§ 51 Abs. 2 SGG XI).

II. Vertragliche Grundlagen

1. Allgemeine Versicherungsbedingungen

118 Eine Massensparte wie die PKV kann auf AVB nicht verzichten, auch wenn gerade diese Sparte sich bemühen muss, dem potentiellen Kunden einen möglichst individuellen und bedarfsgerechten VersSchutz anzubieten, schon um sich aus Wettbewerbsgründen von dem Einheitsangebot der GKV abzusetzen. Die AVB in der Krankenversicherung stellen für eine Vielzahl von Verträgen **vorformulierte Vertragsbedingungen** dar, die eine Vertragspartei, der PKV-VR oder Verwender, der anderen Vertragspartei, dem VN, bei Abschluss eines Vertrages stellt. Sie sind allgemeine Geschäftsbedingungen i. S. d. § 305 Abs. 1 BGB.

AVB in der Krankenversicherung sind die Musterbedingungen und die Tarife einschließlich der Tarifbedingungen. Musterbedingungen sind für alle Krankenversicherer zur Verfügung gestellte einheitliche AVB, die das allgemeine Gerüst der jeweiligen Versicherungsart abbilden. Sie werden ergänzt durch den Tarif, der unternehmenseigen ist und die Leistungen und Prämien des VR darstellt und zum Gegenstand des Vertrages macht. Die Musterbedin-

---

[26] KalV; Überschussverordnung-ÜbschV v. 8. 11. 1996, BGBl. I S. 1687, zuletzt geändert durch VO v. 12. 10. 2005 (BGBl. I 3016).

[27] § 13a KalV 2009.

H. Müller

gungen stellen Teil I und der Tarif einschließlich der Tarifbedingungen Teil II des Vertrages dar; unter Umständen werden auch die Tarifbedingungen als Teil II und der eigentliche Tarif (früher Beitragsstaffel) als Teil III bezeichnet.

Die **Musterbedingungen** wurden vor der Deregulierung vom Verband der privaten Kran- **119** kenV e. V. in Zusammenarbeit mit der Aufsichtsbehörde entwickelt. Letztere drängte die Unternehmen dann, die Musterbedingungen in den Geschäftsplan zu übernehmen; anderenfalls wurde der Geschäftsplan nicht genehmigt[28]. Damit sollte ein gewisser **Mindeststandard** zugunsten der Versicherten garantiert und darüber hinaus die Markttransparenz verbessert werden. In Leistungen und Prämien unterschieden sich die Unternehmen. Hier fand der Wettbewerb statt. Hier konnte der Kunde sich seinen maßgeschneiderten Versicherungsschutz zusammenstellen lassen. Seit der Deregulierung im Jahr 1994 sind die Unternehmen in der Produkt- und Tarifgestaltung im Wesentlichen frei. Von dieser Freiheit haben sie indessen keinen Gebrauch gemacht. Sie verwenden weiterhin die nun allein vom Verband erarbeiteten Musterbedingungen und die unternehmenseigenen Tarife. Es ist aber durchaus denkbar, daß in Zukunft VR dazu übergehen, unternehmenseigene AVB auch im Bereich der Krankenversicherung zu verwenden, um ihr Profil im Markt zu schärfen (Besondere Kundenfreundlichkeit, Konzernzugehörigkeit u. a. m.). Die Transparenz wird darunter allerdings leiden, aber dieses Argument ist ja schon in der Deregulierungsdiskussion der 70iger Jahre des letzten Jahrhunderts als unbeachtlich angesehen worden.

Folgende Musterbedingungen finden heute Verwendung: **MB/KK 94** (Musterbedingun- **120** gen für die Krankheitskosten- und Krankenhaustagegeldversicherung)[29], **MB/KT 94** (Musterbedingungen für die Krankentagegeldversicherung)[30], **MB/ST 2000** (Musterbedingungen für den Standardtarif) und **MB/PPV 1996** (Musterbedingungen für die private Pflegepflichtversicherung)[31] sowie seit kurzem die auf die VVG-Reform Rücksicht nehmenden **MB/KK 2008** (Musterbedingungen für die Krankheitskosten und Krankenhaustagegeldversicherung)[32], **MB/KT 2008** (Musterbedingungen für die Krankentagegeldversicherung)[33], und für die Pflegeversicherung die **MB/PPV 2008** (Allgemeine Versicherungsbedingungen für die private Pflegepflichtversicherung), **MB/PV 2008** (Musterbedingungen für die Pflegekrankenversicherung) und die **MB/EPV 2008** (Musterbedingungen für die ergänzende Pflegkrankenversicherung). Die **Musterbedingungen für den Basistarif** werden derzeit noch entwickelt.

In anderen Versicherungsarten wie z. B. in der Auslands-Krankenversicherung gibt es nur unternehmenseigene AVB, was die Übersicht für den Kunden erschwert.

Besondere Bedingungen, wie sie für spezielle Risiken oder Risikogruppen in anderen **121** Zweigen bekannt sind, gibt es in der PKV nicht. Konkrete einzelne Risiken werden in den dem Vertrag beigefügten Klauseln geregelt, so z. B. Leistungseinschränkungen bei Vorerkrankungen oder Leistungserweiterungen für Reisen in das außereuropäische Ausland.

Die **MB/PV, MB/PPV, MB/EPV lehnen sich** im Aufbau an die MB/KK an. Mehr als **122** die Musterbedingungen der PKV unterliegen die **MB/PPV** gesetzlichen Zwängen, vor allem durch das SGB XI.

---

[28] VerBAV 1978, 230.

[29] Unverbindliche Empfehlung des Verbandes der privaten Krankenversicherer, 3. Aufl., Stand: März 1999, abgedruckt bei *Dörner,* Versicherungsbedingungen.

[30] Unverbindliche Empfehlung des Verbandes der privaten Krankenversicherer, 3. Aufl., Stand: März 1999, abgedruckt bei *Dörner* a. a. O.

[31] Unverbindliche Empfehlung des Verbandes der privaten Krankenversicherer, 3. Aufl., Stand: März 1999, abgedruckt bei *Dörner* a. a. O.

[32] Unverbindliche Empfehlung des Verbandes der privaten Krankenversicherer, Stand Januar 2008, abgedruckt: www.pkv.de

[33] Wie Fn. 26.

2. Einbeziehung und Auslegung von AVB

123   Auch in der Krankenversicherung werden die AVB Vertragsinhalt entweder durch **ausdrückliche Vereinbarung oder stillschweigend.** Der VN muss vor Vertragsabschluss von den AVB Kenntnis nehmen können, erst dann werden sie Bestandteil des Vertrages (§§ 7, 8 VVG 2008, § 305 Abs. 2 BGB). In den Antragsformularen wird regelmäßig auf die entsprechenden AVB hingewiesen. Der widerspruchslose Abschluss durch den VN hat den objektiven Erklärungswert, dass er mit den AVB einverstanden ist, auch wenn er sie nicht gelesen hat. Es wird als allgemein bekannt vorausgesetzt, dass der Versicherungsinteressent weiß, dass VR mit AVB arbeiten. Durch das **Widerrufsrecht** wird der VN ebenso geschützt wie durch § 305 c Abs. 1 BGB, wonach überraschende Klauseln nicht Vertragsbestandteil werden[34].

124   AVB sind den allgemeinen **Auslegungsregeln** zugänglich, dass heißt sie sind so auszulegen, wie sie ein durchschnittlicher VN ohne spezielle versicherungsrechtliche Kenntnisse verstehen muss. Allerdings ist zu berücksichtigen, dass der BGH in seiner Rechtsprechung davon ausgeht, dass auch der VN eigene Anstrengungen unternimmt, um die AVB zu verstehen. So muss er sie zunächst einmal lesen und dann das Gelesene auch noch im Gesamtzusammenhang würdigen. Was die richterliche Behandlung der AVB in diesem Zusammenhang betrifft, so geht Auslegung vor Kontrolle. Denn ohne die Klausel richtig zu verstehen, kann ihr Inhalt nicht kontrolliert werden[35].

3. Kontrolle der AVB nach den AGB-Vorschriften

125   **a)** Ist eine Klausel in den AVB nach den Umständen, insbesondere nach dem äußeren Erscheinungsbild, so ungewöhnlich, dass der VN nicht mit ihr zu rechnen brauchte, wird sie nach § 305 c Abs. 1 BGB als so genannte **überraschende Klausel** nicht Vertragsbestandteil. Einer solchen Klausel muss ein „Überrumpelungseffekt" innewohnen[36]. Ein solcher ist nicht gegeben bei Leistungs- und Risikobegrenzungen, weil der VN beispielsweise in der Krankheitskostenvollversicherung bei dem vorgegebenen weiten Leistungsversprechen in § 1 Abs. 1 S. 2 lit. a MB/KK; § 1 Abs. 1 S. 3 lit. a MB/KK 2008 (Ersatz von Aufwendungen für Heilbehandlung) damit rechnen muss, dass dieses Leistungsversprechen einer näheren Ausgestaltung bedarf, die Einschränkungen nicht ausschließt[37].

126   **b)** Können durch Auslegung der AVB Zweifel im Verständnis der Bedingungen nicht beseitigt werden, so gilt die für den VN günstigere Klauselauslegung (§ 305 c Abs. 2 BGB). **Unklarheiten** gehen zu Lasten des Verwenders[38].

127   **c)** AVB sind ferner Gegenstand der **Inhaltskontrolle.** Bestimmungen der AVB, die den VN unangemessen benachteiligen, sind unwirksam.

128   **Unangemessene Benachteiligung** kann vorliegen, wenn Regelungen in den AVB so unklar formuliert sind, dass der VN seine Rechte und Pflichten nicht erkennen kann und sich daher auch der Nachteile des jeweiligen Produkts nicht bewusst wird (§ 307 Abs. 1 S. 2 BGB). Gerade nach der Deregulierung kann sich der potentielle VN nur dann marktgerecht verhalten, wenn er Vor- und Nachteile des Produkts erkennt, und in der Lage ist zu entscheiden, ob es seinen Bedarf deckt. Maßstab dafür, ob eine Klausel diesem sog. **Transparenzgebot** entspricht, sind nicht die Erkenntnismöglichkeiten oder die Erwartungen des einzelnen VN, sondern die des typischen Durchschnittskunden derartiger Verträge im Zeitpunkt des Vertragsabschlusses[39].

---

[34] Vgl. B. II. 3. a.

[35] *Römer*, in: Privatversicherung im Wandel, Münsteraner Reihe (2002), Heft 70 S. 6.

[36] BGH v. 17. 3. 1999, VersR 1999, 745 (748).

[37] Beispiele aus der Rechtsprechung siehe *Bach/Moser/Bach/Hütt,* Einleitung Rn. 65.

[38] Beispiele aus der Rechtsprechung siehe *Bach/Moser/Bach/Hütt,* Einleitung Rn. 67.

[39] *Römer*, NVersZ 1999, 97 (104); *ders.* In: Privatversicherung im Wandel, Münsteraner Reihe (2002), Heft 22 S. 9; *Bach/Moser/Bach/Hütt,* Einleitung Rn. 81.

Unangemessene Benachteiligung ist im Zweifel auch anzunehmen, wenn eine AVB-Be-   **129**
stimmung von den Grundgedanken einer **gesetzlichen Regelung** abweicht, also nicht
mehr dem gesetzgeberischen **Leitbild** entspricht (§ 307 Abs. 2 Nr. 1 BGB), oder wenn die
Erreichung des Zwecks gefährdet wird durch **Einschränkung wesentlicher Rechte und
Pflichten,** die sich aus der Natur des Vertrags ergeben (§ 307 Abs. 2 Nr. 2 BGB). Leitbild-
funktion i. S. des § 307 Abs. 2 Nr. 1 BGB haben vor allem die Spezialvorschriften für die
Krankenversicherung der §§ 178a ff. VVG, § 192 VVG 2008 sowie die sonstigen auf die
Krankenversicherung anwendbaren Bestimmungen des VVG.

Von großer Bedeutung ist die Frage, inwieweit das **Leistungsversprechen** des Kranken-   **130**
versicherers Gegenstand der Inhaltskontrolle sein darf. Der BGH hat als kontrollfähig nur
solche Klauseln angesehen, die das Hauptleistungsversprechen einschränken, verändern, ausgestalten oder modifizieren[40]. Nur die zum **Kernbereich** gehörende Beschreibung der Leistung unterliegt nach Ansicht des BGH nicht der Inhaltskontrolle nach § 307 Abs. 2 BGB.
Zum Kernbereich gehören Klauseln, die Art, Umfang und Güte der geschuldeten Leistung
festlegen[41].

Die grundsätzliche Kontrollfreiheit schließt allerdings nicht aus, dass auch der Kernbereich   **131**
im Hinblick auf das **Transparenzgebot** überprüft werden muss (§ 307 Abs. 3 S. 2 BGB).
Diese Erweiterung ist zurückzuführen auf Art. 4 Abs. 2 der EG-Richtlinie über missbräuchliche Klauseln.

C. Versicherte Gefahren, Schäden, Personen

I. Versicherte Gefahren

Gefahr ist die „Möglichkeit eines Geschehens nachteiliger Art"[42].   **132**

In der Krankenversicherung sind Gefahren nach dem gesetzlichen Leitbild der § 178b
VVG, § 192 Abs. 1 VVG 2008 zunächst einmal **Krankheit** oder **Unfall.** Beide führen in der
Regel zu wirtschaftlichen Nachteilen (Schäden) des VN. Die Gefahr des Eintritts dieser Schäden verlagert der VN per Versicherungsvertrag ganz oder teilweise auf einen Krankenversicherer. Der Krankheit und dem Unfall werden in der Krankheitskostenversicherung gleichgestellt die **Schwangerschaft und die Entbindung.**

Krankheit und Unfall sind im Gesetz ebenso wenig definiert wie in den einschlägigen   **133**
AVB.

Nach der Rechtsprechung ist **Krankheit** ein objektiv nach ärztlichem Urteil bestehender
anomaler Körper- oder Geisteszustand; Körper- oder Geistesfunktionen müssen nicht unerheblich gestört sein[43]. Auf die subjektive Vorstellung des VN kommt es nicht an.

Bei der Frage, ob eine Störung anomal ist, muss auch der durchschnittliche Normalzustand
in der jeweiligen Altersgruppe berücksichtigt werden. Die Abgrenzung der natürlichen Al-
tersbeschwerden bedingt durch den Alterungsprozess von der Krankheit kann im Einzelfall
außerordentlich schwierig sein. Das gilt auch für die Abgrenzung psychischer Probleme von
psychischen Krankheiten und die von reinen Schönheitsbeeinträchtigungen von krankhaften
Anomalien.

Festzuhalten ist, dass sich der Krankheitsbegriff im Laufe der Zeit verändert hat. Immer
mehr Sachverhalte, die früher als Fehlverhalten gewertet und gebrandmarkt wurden, sind
heute Krankheiten[44] und damit grundsätzlich versicherte Gefahren, so z. B. jede Art von
Sucht wie Alkoholismus oder Fress-Sucht (Adipositas)[45].

---

[40] *Römer,* a. a. O. S. 16.
[41] BGH v. 28. 3. 2001, VersR 2001, 714.
[42] *Wriede,* Der gedehnte Versicherungsfall, S. 6.
[43] OLG Hamm v. 12. 6. 1996, VersR 1997, 1342.
[44] *Jäkel,* ZVersWiss 1992, 177 (184).
[45] Übersicht über die Rechtsprechung siehe *Bach / Moser / Schoenfeld / Kalis,* § 1 MB/KK Rn. 15.

134   Auch der **Unfall** ist weder im Gesetz noch in den gängigen AVB der Krankenversicherung definiert. Es ist allgemein anerkannt, dass auf den Unfallbegriff des § 1 Abs. 3 AUB zurückgegriffen werden kann, wonach ein Unfall dann vorliegt, wenn der Versicherte durch ein plötzlich von außen auf seinen Körper wirkendes Ereignis unfreiwillig eine Gesundheitsbeschädigung erleidet. Die Abgrenzung des Unfalls von der Krankheit hat Bedeutung u. a. für die Wartezeiten; sie entfällt nach § 3 Abs. 2 lit. a MB/KK und MB/KK 2008 bei Unfällen, da es hier auf das Risiko einer bei Vertragsschluss latent bereits vorhandenen, möglicherweise aber noch nicht erkannten Gefahrerhöhung nicht ankommt.

II. Versicherte Schäden

1. Vorbemerkung

135   **Nicht alle Schäden,** die dem VN durch die Verwirklichung der versicherten Gefahren entstehen, werden durch den Krankenversicherer erstattet. Andererseits werden auch Leistungen erbracht, die mit den genannten Gefahren zusammenhängen und als Vorsorgemaßnahmen möglichst den Eintritt des Schadens gerade verhindern oder deren Auswirkungen mildern sollen. So stellt § 192 Abs. 3 VVG 2008 klar, daß als Inhalt der Krankenversicherung **zusätzliche Dienstleistungen des VR** vereinbart werden können (sog. **Managed Care**) wie etwa die Beratung über Leistungen und Anbieter von solchen, die Beratung über die Berechtigung von Entgeltansprüchen der Leistungserbringer, die Abwehr unberechtigter Entgeltansprüche solcher Leistungserbringer, die Unterstützung von Versicherten bei der Geltendmachung von Ansprüchen wegen fehlerhafter Erbringung der Leistungen und die unmittelbare Abrechnung mit den Leistungserbringern. Diese Regelungen, die keinen abschließenden Charakter haben, sollen ein am Verbraucherinteresse orientiertes besseres Leistungsmanagement erleichtern, das auch bei der Prämienkalkulation seinen Niederschlag finden soll. Ergänzt werden diese Möglichkeiten des VR noch durch § 194 Abs. 3 i. V. m. § 86 Abs. 1 und 2 VVG 2008 (**gesetzlicher Forderungsübergang** eventueller Ansprüche des VN oder Versicherten gegen den Leistungserbringer auf den VR).

2. Krankheitskostenversicherung

136   a. In der Krankheitskostenversicherung erstattet der VR im vereinbarten Umfange zunächst einmal die **Aufwendungen** für die **medizinisch notwendige Heilbehandlung** wegen Krankheit oder Unfallfolgen (§ 178b Abs. 1 VVG, § 192 Abs. 1 VVG 2008).

137   **Aufwendungen** des VN entstehen in erster Linie aus der Befriedigung der wirksamen und fälligen Vergütungsansprüche der behandelnden **Ärzte und Krankenhäuser.** Behandelt der VN sich selbst, besteht kein Erstattungsanspruch, da Schuldner und Gläubiger zusammen fallen.

138   Grundlage des **Vergütungsanspruchs des Arztes** gegenüber dem Patienten ist der Behandlungsvertrag. Die Vergütung erfolgt nach den Bestimmungen der **GOÄ/GOZ,** die nach § 612 Abs. 2 BGB als Taxe anzusehen sind[46]. Nach § 3 dieser Gebührenordnungen kann der Arzt für die im Gebührenverzeichnis und in § 6 GOÄ genannten ärztlichen Leistungen eine Vergütung ausschließlich in Form von Gebühren, Entschädigungen/Wegegeld und Auslagenersatz erhalten. Das Vergütungssystem der GOÄ/GOZ ist für die Abrechnung ärztlicher Leistungen verbindlich; der Arzt kann nicht auf andere Vergütungsregelungen ausweichen. Verstößt der Arzt bei der Liquidation gegen die GOÄ/GOZ, hat er z. B. über die ihm nach den Gebührenordnungen zustehenden Beträge hinaus Vergütungen gefordert, besteht insoweit kein Versicherungsschutz, auch wenn der VN dies nicht erkannt und er daher den vollen Rechnungsbetrag beglichen hat[47].

139   Die Vergütung der **stationären Krankenhausleistungen** richten sich sowohl nach dem zivilrechtlichen Krankenhausaufnahmevertrag als auch nach öffentlich-rechtlichen Planungs-

---

[46] Siehe dazu im einzelnen *Bach/Moser/Büsken,* Anhang nach § 1 MB/KK Rn. 1 ff.
[47] BGH v. 30. 11. 1977, VersR 1978, 267 (270).

und Finanzierungsregelungen (Bundespflegesatzverordnung und Krankenhausfinanzierungsgesetz) sowie dem SGB V[48]. Bei Verstoß gegen die Vergütungsvorschriften gilt das oben für den Vergütungsanspruch des Arztes Gesagte entsprechend. Der Patient muss vor Beginn der Krankenhausbehandlung über Entgelte von Wahlleistungen unterrichtet werden; anderenfalls ist die Wahlleistungsvereinbarung insgesamt unwirksam[49].

Da die Krankheitskostenversicherung dem **Bereicherungsverbot** unterliegt, ist der VR **140** dem Versicherten gegenüber nicht zu höheren Leistungen verpflichtet als der Versicherte gegenüber dem Arzt. Im Gegenteil wird jetzt klargestellt, daß im Falle mehrerer Erstattungspflichtiger die Gesamterstattung die Gesamtaufwendungen des Versicherten in demselben Versicherungsfall nicht übersteigen darf (§ 200 VVG 2008, § 5 Abs. 4 MB/KK 2008). Es ist also völlig egal, woher die Erstattungen stammen. Eine bestimmte Rangfolge der Leistungsverpflichteten besteht nicht. Die Vorschrift des § 200 VVG 2008 ist allerdings dispositiv (§ 208 VVG 2008).

Die Verpflichtung des VR zum Ersatz der Aufwendungen schließt anders als z. B. in der **141** Haftpflichtversicherung nicht a priori die Verpflichtung zur **Abwehr unbegründeter Ansprüche** (des Arztes oder Krankenhauses) ein (vgl. aber die Möglichkeit der Erweiterung nach § 192 Abs. 3 VVG 2008).

Heilbehandlung ist nach der Rechtsprechung des BGH „jegliche ärztliche Tätigkeit, die **142** durch die betreffende Krankheit verursacht worden ist, sofern die Leistung des Arztes von ihrer Art her in den Rahmen der medizinisch notwendigen Krankenpflege fällt und auf **Heilung** oder **Linderung** der Krankheit abzielt"[50]. Dazu gehören auch Maßnahmen zur Beseitigung von Krankheitsfolgen oder zur Verhinderung der Verschlimmerung von Krankheiten sowie Tätigkeiten, die auf Herstellung von Ersatzfunktionen für ausgefallene Organe abzielen[51]. Keine Heilbehandlung liegt in der Regel vor, wenn feststeht, dass eine Krankheit weder geheilt noch gelindert werden kann. Das ist der Fall bei reinen Pflege- und Verwahrfällen[52]. Ebenfalls an einer Heilbehandlung fehlt es, wenn ausschließlich Maßnahmen zur Vorsorge vorgenommen werden, wie z. B. die Beseitigung allergener Stoffe in Wohnungen von Allergikern[53].

Was für die Heilbehandlung der Krankheit gilt, findet in gleicher Weise Anwendung bei der **Behandlung von Unfallfolgen.**

Die Aufwendungen für die Heilbehandlung werden nur ersetzt, wenn sie **medizinisch** **143** **notwendig** sind. Nach der Rechtsprechung des BGH liegt medizinische Notwendigkeit dann vor, wenn es nach objektiven medizinischen Befunden und Erkenntnissen zum Zeitpunkt der Behandlung vertretbar war, die Behandlungsmaßnahme als notwendig anzusehen[54]. Es kommt also weder auf die subjektive Meinung des Patienten, noch auf die des Arztes an. Die Auffassung des Arztes muss objektiv vertretbar sein. Auf den Heilerfolg kommt es auch nicht an, sondern nur auf die Eignung der Heilbehandlung. Von vornherein aussichtsloses Behandeln fällt ebenso wenig unter den VersSchutz wie die Verwendung unbrauchbarer oder jedenfalls nicht erfolgreich erprobter Arzneimittel. Objektiv notwendig, nicht allein nützlich oder sinnvoll muss die Behandlung sein.

Mildere Maßstäbe sind bei nicht hinreichend erforschten unheilbaren Krankheiten anzusetzen. In diesen Fällen muss die Behandlungsmethode wenigstens geeignet sein, mit nicht nur ganz geringer Wahrscheinlichkeit die Verschlimmerung der Erkrankung oder ihre Verlangsamung zu bewirken[55].

---

[48] Siehe dazu im einzelnen *Bach/Moser/Büsken* a. a. O. Rn. 78 ff.
[49] BGH v. 19. 12. 1995, NJW 1996, 781 (782).
[50] BGH v. 10. 7. 1996, VersR 1996, 1224.
[51] OLG Köln v. 14. 12. 1989, VersR 1990, 612 (613).
[52] Vgl. D. II. 3. g.
[53] OLG Frankfurt/M. v. 23. 9. 1994, VersR 1995, 651.
[54] BGH v. 10. 7. 1996, VersR 1996, 1224.
[55] BGH v. 2. 12. 1981, VersR 1982, 285; OLG München v. 19. 12. 1990, VersR 1992, 1124; BGH v. 10. 7. 1996, VersR 1996, 1224.

144   Die medizinische Notwendigkeit beurteilt sich grundsätzlich nach der **Schulmedizin**[56]. Allerdings sind anerkannte Verfahren der Naturheilkunde wie z. B. Fango- oder Moorpackungen vom Versicherungsschutz nicht etwa ausgeschlossen[57]. Die Abgrenzung zu Methoden der alternativen Medizin, bei denen ein eindeutiger Beweis der Wirksamkeit fehlt, ist indessen schwierig. Die privaten Krankenversicherer hatten deshalb versucht, durch eine sog. **Wissenschaftsklausel**[58] in den AVB klarzustellen, welche Leistungen der VR in diesem Zusammenhang zu erbringen hat und welche nicht. Der BGH hat diese Klausel jedoch im Wege der Inhaltskontrolle (hier: Gefährdung des Vertragszwecks, § 307 Abs. 2 Nr. 2 BGB) für **unwirksam** erklärt, weil der VR den versprochenen Versicherungsschutz aushöhlt, indem er insbesondere bei unheilbaren Krankheiten, für die in der Schulmedizin noch keine anerkannten Behandlungsmethoden existieren, die Versicherten praktisch ohne Schutz lässt und darüber hinaus nicht berücksichtigt, dass auch Schulmediziner mitunter zu alternativen Methoden greifen, so dass der VN mit Recht erwarten kann, insoweit Versicherungsschutz zu haben[59].

145   Die Frage, ob eine Behandlung notwendig ist, hängt nicht davon ab, ob die Behandlung von einem **Arzt** oder einem **Heilpraktiker** durchgeführt wird.

146   Die **Rechtsprechung** zu Frage der medizinischen Notwendigkeit ist naturgemäß sehr umfangreich[60].

147   Der VR erstattet in der Krankheitskostenversicherung aber nicht nur die Aufwendungen für medizinisch notwendige Heilbehandlung wegen Krankheit oder Unfallfolgen, sondern er erbringt – soweit vereinbart – auch **sonstige vereinbarte Leistungen.** In diesem Zusammenhang nennen das Gesetz und die AVB ausdrücklich **Schwangerschaft, Entbindung und ambulante Vorsorgeuntersuchungen** zur Früherkennung von Krankheiten nach gesetzlich eingeführten Programmen (§ 178b Abs. 1 VVG, § 192 Abs. 1 VVG 2008, § 1 Abs. 1 und Abs. 2 S. 3 MB/KK, § 1 Abs. 1 S. 2 und Abs. 2 MB/KK 2008).

148   Im Falle der **Schwangerschaft** werden wie im Falle der Krankheit oder des Unfalles die Aufwendungen für Untersuchungen und medizinisch notwendige Behandlungen einschließlich der üblichen Vorsorgemaßnahmen erstattet. Der Schwangerschaftsabbruch fällt weder unter diesen Tatbestand („wegen" nicht „gegen" Schwangerschaft) noch unter den der Heilbehandlung wegen Krankheit, weil Schwangerschaft eben keine Krankheit ist.

Strittig war zunächst, ob es sich bei Maßnahmen der **künstlichen Befruchtung** um eine Heilbehandlung wegen Krankheit handelt. Die Rechtsprechung bejaht das inzwischen grundsätzlich. Der BGH stellte bereits in seinem Urteil v. 17. 12. 1986[61] klar, daß auch eine **Fortpflanzungsunfähigkeit als Krankheit** zu werten ist. Organisch bedingte Sterilität ist als regelwidriger Körperzustand anzusehen. Maßnahmen der künstlichen Befruchtung können auch **medizinisch notwendige Heilbehandlung** sein. Darunter fallen nicht nur Maßnahmen der Heilung, sondern auch solche der **Linderung;** letztere sind hier zu bejahen[62]. Ist die künstliche Befruchtung die einzig mögliche Behandlungsmethode, um den inoperablen Zustand der Fortpflanzungsunfähigkeit in seiner Auswirkung zu überwinden, ist das Merkmal der medizinischen Notwendigkeit gegeben, es sei denn, es fehlt an der hinreichenden Erfolgsaussicht. Diese wird in im Allgemeinen am Alter der Frau gemessen, wobei gerade in diesem Punkt Unsicherheit herrscht und damit Streitstoff gegeben ist[63]. Schwierig zu verstehen ist für die Beteiligten schließlich die Frage, wer die Kosten der Maßnahmen zu tragen hat, weil hier

---

[56] BGH v. 23. 6. 1993, BGHZ 123, 83 (87).
[57] *Bach/Moser/Schoenfeld/Kalis,* § 1 MB/KK Rn. 58.
[58] „Keine Leistungspflicht besteht für wissenschaftlich nicht allgemein anerkannte Untersuchungs- und Behandlungsmethoden und Arzneimittel."
[59] BGH v. 23. 6. 1993, VersR 1993, 957.
[60] Vgl. die Übersichten bei *Bach/Moser/Schoenfeld/Kalis,* § 1 MB/KK Rn. 52 und bei Berliner Kommentar/*Hohlfeld,* § 178b VVG Rn. 5.
[61] BGHZ 99, 228.
[62] BGH a. a. O.
[63] BGH NJW 2005, 3783.

die Anspruchsvoraussetzungen z. T. unterschiedlich geregelt sind. Das gilt vor allen Dingen dann, wenn ein in der GKV und der andere in der PKV versichert ist. Eine Koordinierung wäre hier wünschenswert[64].

Erstattet werden ebenso die Aufwendungen für die Behandlungskosten der **Entbindung;** bei Hausentbindung sehen die Tarifbestimmungen in der Regel Erstattung der Aufwendungen für die Hebamme vor.

Für die Kostenerstattung für **Vorsorgeuntersuchungen** wird auf gesetzlich eingeführte　**149** Programme Bezug genommen. Es sind dies die Richtlinien des Bundesausschusses der Ärzte und Krankenkassen betreffend die Früherkennung von Krebserkrankungen und von Krankheiten bei Kindern bis zur Vollendung des 4. Lebensjahres, betreffend die ärztliche Betreuung während der Schwangerschaft und nach der Entbindung sowie über die Gesundheitsuntersuchung zur Früherkennung von Krankheiten[65].

Das in § 1 Abs. 2 S. 3 lit. c MB/KK noch genannte **Sterbegeld** finden sich in aktuellen Ta-　**150** rifen kaum mehr.

3. Krankenhaustagegeldversicherung und Krankentagegeldversicherung

Vgl. *Tschersich*, § 45.

4. Sonstige Krankenversicherungsarten

a) Für **Auslandsreise-Krankenversicherung** gelten im Wesentlichen die oben genann-　**151** ten Grundsätze für die Krankheitskostenversicherung. Ersetzt werden die Aufwendungen für Krankheiten, Unfälle und andere im Vertrag genannte Ereignisse. Bestehende Erkrankungen sind grundsätzlich nicht versichert; häufig sehen die AVB aber ausnahmsweise Leistungen bei unvorhersehbaren Verschlimmerungen der Krankheit vor, es sei denn die Reise ins Ausland erfolgt gegen ärztlichen Rat oder zum Zwecke der Behandlung im Ausland. Sonst vereinbarte Leistungen sind regelmäßig die Erstattung der Kosten der Beerdigung oder der Überführung im Todesfall sowie der Mehraufwendungen für die Rückholung des Erkrankten, wenn die medizinisch notwendige Behandlung im Ausland nicht möglich oder unzumutbar ist, und der Rücktransport deswegen ärztlich angeordnet wird. Aufwendungen für Schwangerschaft und Entbindung sind normalerweise ausgeschlossen, was nach § 178o VVG, § 208 VVG 2008 zulässig ist und auch keinen Bedenken nach den AGB-Vorschriften begegnen sollte[66].

b) Für die **Restschuldversicherung** gelten die Grundsätze der Krankentagegeldversi-　**152** cherung.

5. Private Pflegeversicherungen

Versicherte Gefahr in der PV, PPV, EPV ist die **Pflegebedürftigkeit.** Personen sind nach　**153** § 14 SGB XI und den entsprechenden Versicherungsbedingungen pflegebedürftig, wenn sie wegen einer körperlichen, geistigen oder seelischen Krankheit oder Behinderung für die gewöhnlichen und regelmäßig wiederkehrenden Verrichtungen im Ablauf des täglichen Lebens auf Dauer, voraussichtlich für mindestens sechs Monate, in erheblichem oder höherem Maße der Hilfe bedürfen. Der Hilfebedarf erstreckt sich auf die Bereiche der Körperpflege, Ernährung und Mobilität sowie auf die hauswirtschaftliche Versorgung.

Die Pflegeversicherungen gewähren häusliche und stationäre Pflege (Einzelheiten vgl. vor allem §§ 4ff. MB/PV und MB/PPV 2008).

---

[64] Zur Problematik siehe: *Schmeilzl/Krüger,* Künstliche Befruchtung: Wer trägt die Kosten? – Eine Übersicht nach Fallgruppen –, NSZ 2006,630.

[65] Abgedruckt bei *Frenzel und andere,* Kassenärztliches Praxis-Lexikon (Loseblattsammlung) unter F 4ff. F 28ff. und M 8ff.

[66] So auch *Bach/Moser/Schoenfeld/Kalis,* § 1 MB/KK Rn. 94.

III. Versicherte Personen

154   Leistungen werden nur für versicherte Personen erbracht. Wer das ist, ergibt sich aus dem Vertrag. Vor allem in der sog. **Familienversicherung**[67] sind neben dem VN regelmäßig auch andere Personen versichert.

Nach § 178 d VVG und § 2 Abs. 2 und 3 MB/KK, § 198 VVG 2008, § 2 Abs. 2 und 3 MB/KK 2008 besteht für **Neugeborene** und **Adoptivkinder** die erleichterte Möglichkeit der Mitversicherung.

155   **Neugeborene** werden **ohne Risikozuschläge und ohne Wartezeit** versichert, wenn bei dem VR am Tag der Geburt mindestens ein Elternteil mindestens drei Monate beim VR eine Krankenversicherung hat und die Anmeldung zur Versicherung des Kindes spätestens zwei Monate nach dem Tag der Geburt erfolgt. Die Verpflichtung des VR besteht nur insoweit, als Versicherungsschutz des Kindes nicht höher und umfassender als der des betreffenden Elternteils ist. Sind beide Elternteile bei demselben VR zu unterschiedlichen Tarifen versichert, ist der höhere und umfassendere Schutz die entscheidende Begrenzung[68].

156   Der Geburt eines Kindes steht die **Adoption** gleich, wenn das Adoptivkind im Zeitpunkt der Adoption noch minderjährig ist. Hier dürfen Risikozuschläge verlangt werden, allerdings nur bis zur Höhe der einfachen Prämie. Wird der verlangte Zuschlag nicht gezahlt, ist das Adoptivkind dennoch mit rechtzeitiger Anmeldung versichert. Der VR muss notfalls im Klageweg vorgehen, wobei er Angemessenheit des Risikozuschlages zu beweisen hat[69].

157   Im neuen § 198 Abs. 4 VVG 2008 wird klargestellt, daß die Regelung grundsätzlich auch für die **Auslands- und Reisekostenversicherung** gilt. Soweit allerdings für das Neugeborene oder für das Adoptivkind anderweitiger privater oder gesetzlicher Krankenversicherungsschutz im Inland oder Ausland besteht, entfällt mangels Schutzbedürfnisses diese Möglichkeit.

158   In der **PPV** müssen ab Eintritt der Versicherungspflicht für den **Versicherungspflichtigen** und alle **Angehörigen,** die in der sozialen Pflegeversicherung mitversichert wären, Vertragsleistungen vorgesehen sein, die den Leistungen in der sozialen Pflegeversicherung gleichwertig sind.

D. Umfang und Begrenzung der Leistungspflicht

I. Umfang

159   **Umfang, Art und Höhe der Leistungspflicht** des VR im Einzelnen ergeben sich aus den AVB (in der Regel Musterbedingungen und unternehmenseigener Tarif), dem Versicherungsschein, sonstigen Vereinbarungen der Vertragsparteien und nicht zuletzt auch aus dem Gesetz (§ 1 Abs. 3 MB/KK, § 1 Abs. 3 MB/KK 2008). In den **Tarifen** wird insbesondere festgelegt, welche konkreten Leistungen (Umfang der ärztlichen und nichtärztlichen Behandlungsmaßnahmen, Arzneimittel, Heil- und Hilfsmittel, Laborarbeiten, Entbindungskosten etc.) erbracht werden. Bei Stationärtarifen sind insbesondere die konkreten Krankenhausleistungen, die Wahlleistungen und Unterkunftszuschläge festgelegt. Schließlich finden sich auch Regelungen über eventuelle Selbstbehalte.

---

[67] Vgl. oben A. IV. 10.
[68] Berliner Kommentar/*Hohlfeld*, § 178 d VVG Rn. 4; *Bach/Moser/Bach/Hütt*, § 2 MB/KK Rn. 49; a. M. *Prölss/Martin/Prölss*, § 178 d Rn. 4.
[69] Berliner Kommentar/*Hohlfeld* a. a. O. Rn. 10; *Bach/Moser/Bach/Hütt* a. a. O. Rn. 51.

II. Begrenzung

1. Vorbemerkung

Umfang, Art und Höhe der Leistung werden aber nicht nur positiv im Vertrag umschrie- **160** ben, sondern **auch negativ begrenzt.**

Man unterscheidet primäre, sekundäre und tertiäre Risikobegrenzungen[70]. **Primäre Risi- 161 kobeschränkungen** sind Teil der Leistungsbeschreibung. Sie vor allem berücksichtigen, dass in der Krankenversicherung die Leistungsbeschreibung allein nach der Gefahr, den Schäden und Personen zu weit gefasst wäre[71]. Weitere, nicht nur individuelle Leistungs- oder Risiko- ausschlüsse, sondern für alle Verträge geltende Abgrenzungen in Form von Konkretisierun- gen, die auch Ausschlüsse beinhalten können, sind notwendig, um das Produkt Krankenver- sicherung versicherungstechnisch **überhaupt kalkulierbar** zu machen.

Sekundäre Risikoabgrenzungen bestehen rechtstechnisch aus Ausnahmen von primä- **162** ren Risikobegrenzungen. Gegenausnahmen zu den sekundären Ausnahmen kann man mit *Schaefer*[72] als **tertiäre Risikoabgrenzungen** bezeichnen.

Die Methodik der Leistungsbeschreibung hat Ähnlichkeit mit der **Allgefahrendeckung 163** z. B. in der Sachversicherung, wo in einer Generalklausel der Risikoumfang zunächst sehr weit gefasst, dann aber durch eine Vielzahl von Risikobegrenzungen und Ausschlüssen auf das versicherungstechnisch tragbare Maß reduziert wird. Die Krankenversicherung ist gewis- sermaßen die All-Risks-Versicherung der Personenversicherung.

Von den Risikobegrenzungen zu unterscheiden sind die **Obliegenheiten.** Die Begren- **164** zungen sind Teil der Risikobeschreibung. Was nicht unter diese Beschreibung fällt, ist nicht versichert. Obliegenheiten dagegen sind **Verhaltensnormen,** die jeder VN beachten muss, will er seinen Anspruch nicht verlieren.

2. Primäre Risikobegrenzungen

a) Der Versicherte hat freie Arztwahl; der **Arzt** muss allerdings **niedergelassen und ap- 165 probiert** sein (§ 4 Abs. 2 S. 1 MB/KK, § 4 Abs. 2 S. 1 MB/KK 2008). Niedergelassen ist auch ein privatliquidierender Arzt, der im Rahmen der Krankenhausambulanz seine ärztliche Pra- xis ausübt.

Auch Heilpraktiker im Sinne des Heilpraktikergesetzes dürfen in Anspruch genommen werden, es sei denn die Tarifbedingungen bestimmen etwas anderes (§ 4 Abs. 2 S. 2 MB/KK, § 4 Abs. 2 S. 2 MB/KK 2008).

b) Arznei-, Verbands-, Heil- und Hilfsmittel müssen von den in § 4 Abs. 2 MB/KK **166** und MB/KK 2008 genannten Behandlern **verordnet** werden; **Arzneimittel** müssen aus der **Apotheke** bezogen werden (§ 4 Abs. 3 MB/KK und MB/KK 2008).

c) Bei medizinisch notwendiger **stationärer Behandlung** können die Versicherten unter **167** den öffentlichen und privaten Krankenhäusern frei wählen, soweit diese unter ständiger ärzt- licher Leitung stehen, über ausreichende diagnostische und therapeutische Möglichkeiten verfügen und Krankengeschichten führen (§ 4 Abs. 4 MB/KK und MB/KK 2008).

d) Der VersSchutz erstreckt sich auf die **Heilbehandlung in Europa,** es sei denn er wird **168** durch Vereinbarung auch auf **außereuropäische** Länder ausgedehnt (§ 1 Abs. 4 S. 1 MB/KK und MB/KK2008). Während des ersten Monats eines nur vorübergehenden Aufenthalts im außereuropäischen Ausland besteht der Schutz auch ohne individuelle Vereinbarung. Die Frist verlängert sich noch um höchstens zwei weitere Monate, wenn der Versicherte die Rückreise nicht ohne Gefährdung der Gesundheit antreten kann (§ 1 Abs. 4 S. 3 und 4 MB/ KK und MB/KK 2008).

Verlegt der Versicherte seinen **gewöhnlichen Aufenthalt** in einen anderen Staat des Eu- ropäischen Wirtschaftsraums **(EWR),** wird nach neuem Recht das Versicherungsverhältnis

---

[70] *Prölss/Martin/Kollhosser,* § 49 VVG Rn. 3.
[71] Vgl. C. I.–III.
[72] VersR 1978, 5.

mit der Maßgabe fortgesetzt, daß der VR höchstens die Leistungen zu erbringen hat, die er bei einem Aufenthalt im Inland zu erbringen hätte (§ 207 Abs. 3 VVG 2008, § 1 Abs. 5 MB/KK 2008). Bei Verlegung des gewöhnlichen Aufenthalts in ein Land **außerhalb des EWR** endet wie bisher grundsätzlich das Versicherungsverhältnis; es kann aber durch anderweitige Vereinbarung fortgesetzt werden. Dabei kann der VR einen Beitragszuschlag verlangen. Im Falle nur vorübergehender Verlegung kann verlangt werden, das Versicherungsverhältnis in eine Anwartschaftsversicherung umzuwandeln (§ 15 Abs. 3 MB/KK 2008).

3. Sekundäre Risikobegrenzungen

169   **a)** Kein Versicherungsschutz besteht bei Krankheiten, Unfällen und Todesfällen, einschließlich der Folgen, die durch **Kriegsereignisse** verursacht werden; dasselbe gilt für anerkannte **Wehrdienstbeschädigungen,** die nicht ausdrücklich durch Vereinbarung eingeschlossen sind (§ 5 Abs. 1 lit. a MB/KK und MB/KK 2008).

Ob Krieg im völkerrechtlichen Sinne vorliegt oder ob eine Kriegserklärung abgegeben worden ist, spielt keine Rolle. Grund für den Ausschluss ist die unkalkulierbare Erhöhung der Gefahr, die bei jeder Art von Krieg gegeben ist.

170   **b)** Für auf **Vorsatz** beruhende Krankheiten und Unfälle einschließlich Folgen besteht kein Versicherungsschutz; das gilt auch für Entziehungsmaßnahmen einschließlich Entziehungskuren (§ 5 Abs. 1 lit. b MB/KK und MB/KK 2008).

Der Vorsatz bezieht sich auf die Herbeiführung der Krankheit oder des Unfalls. Der VN muss wissen, dass er durch sein Verhalten eine Krankheit oder einen Unfall herbeiführt, und er muss das auch wollen oder billigend in Kauf nehmen. Auf die Krankheits- und Unfallfolgen braucht sich der Vorsatz ebenso wenig zu beziehen wie auf die Heilbehandlung und deren Kosten.

171   Bei **Suchtkrankheiten** (Adipositas, Alkoholismus, Rauschgift, Nikotinmissbrauch) wird in der Regel zweifelhaft sein, ob der VN sich darüber im Klaren ist, dass er eine Krankheit verursacht und nicht nur eine vorübergehende Verschlechterung seines Wohlbefindens oder Inkaufnahme von Risikofaktoren, von denen er hofft, dass sie sich bei ihm nicht auswirken. Im Wiederholungsfall allerdings, wenn der VN nach überstandener Krankheit entgegen ärztlichem Rat seine Suchtgewohnheiten fortsetzt, muss man Vorsatz annehmen.

172   Leistungsfreiheit ist bei einer **Geschlechtsumwandlung** gegeben, wenn sie auf einem freigewählten Entschluss beruht[73]. Gleiches gilt für **Refertilisation** nach Sterilisation ohne medizinische Notwendigkeit[74]. Bei einem ernst gemeinten **Selbstmordversuch** liegt kein Fall des § 5 Abs. 1 lit. b MB/KK vor. Es fehlt am bedingten Verletzungsvorsatz.

173   Nach § 178l VVG, § 201 VVG 2008, der dem § 5 Abs. 1 lit. b MB/KK und MB/KK 2008 nachgebildet ist, setzt die Leistungsfreiheit voraus, dass die versicherte Person die Krankheit oder den Unfall **bei sich selbst** verursacht hat. Dagegen besteht Leistungspflicht, wenn der VN bei einem Mitversicherten die Krankheit oder den Unfall herbeigeführt hat[75]. Hat der VN allerdings die Versicherung im eigenen Namen genommen, z. B. als Familienvater für seine Ehefrau und die Kinder, und fügt er einer dieser Personen eine Krankheit oder einen Unfall zu, wird er die Behandlungskosten nicht erstattet erhalten, obwohl er nicht sich selbst, sondern einen Mitversicherten geschädigt hat. Hier findet § 242 BGB Anwendung. Der VN kann nicht verlangen, was er wegen des Regresses, den der VR nehmen wird, wieder zurückzugeben hat[76].

174   **Sucht** wird nach neuerem Verständnis als Krankheit angesehen. Aufwendungen für medizinisch notwendige Behandlung sind daher grundsätzlich in den Versicherungsschutz eingeschlossen. Das gilt jedoch nach § 5 Abs. 1 lit. b MB/KK und MB/KK 2008 nicht für **Entziehungsmaßnahmen einschließlich Entziehungskuren.** Man versteht darunter alle

---

[73] KG Berlin v. 27. 1. 1995, VersR 1996, 832.
[74] OLG Celle v. 27. 3. 1987, VersR 1988, 31.
[75] Berliner Kommentar/*Hohlfeld,* § 178l VVG Rn. 4; *Römer/Langheid/Römer,* § 178l VVG Rn. 2; a. M. *Bach/Moser/Schoenfeld/Kalis,* § 5 MB/KK Rn. 18.
[76] Berliner Kommentar/*Hohlfeld* a. a. O.

ambulanten und stationären Behandlungen, die darauf abzielen, den Patienten aus der Bindung an Suchtmittel zu lösen[77]. Abgrenzungsmerkmal zur Krankheitsbehandlung ist die **Zielrichtung der Maßnahme.** Dient sie der Entwöhnung, liegt eine Entziehungsmaßnahme vor, dient sie der Heilung oder Linderung krankhafter Zustände, die durch die Sucht verursacht sind oder die Ursache für die Sucht sind, liegt Krankenbehandlung vor[78].

c) Versicherungsschutz besteht nicht für Behandlung durch Ärzte, Heilpraktiker und **175** Krankenhäuser, wenn der VR die **Erstattung von Rechnungen** dieser Personen aus wichtigem Grund **ausgeschlossen** hat. Voraussetzung ist, dass der Versicherungsfall **nach der Benachrichtigung des VN** über den Leistungsausschluss eintritt (§ 5 Abs. 1 lit. c MB/KK und MB/KK 2008). Der Ausschluss der Erstattung von Rechnungen ist eine besonders einschneidende Maßnahme, um besonders schwere oder dauerhafte Verfehlungen der behandelnden Personen und Anstalten in finanzieller Hinsicht bei der Behandlung und Regulierung abzustellen, die letztlich zu Lasten der Versichertengemeinschaft gehen. Der VR kann weder in jedem Einzelfall die tatsächlich erbrachten Leistungen noch die korrekte Abrechnung überprüfen. Er muss sich weitgehend auf den Behandler verlassen können. Wird dieses Vertrauensverhältnis nachhaltig gestört, muss er reagieren können. Die Maßnahme ist ultima ratio. Ein wichtiger Grund muss vorliegen, d. h. es darf sich nicht um Lappalien handeln und die Verfehlung muss wiederholt vorgekommen sein. Das muss nicht unbedingt bei dem VR vorgekommen sein, der die Maßnahme ergriffen hat; es genügt, wenn die Verfehlungen bei anderen VR festgestellt wurden[79].

Für **schwebende Versicherungsfälle** sieht S. 2 der o. g. Vorschrift vor, dass Leistungen noch für die Dauer von drei Monaten nach Benachrichtigung erbracht werden, damit der VN sich einen anderen Behandler suchen kann.

d) Leistungen sind ausgeschlossen für **Kur- und Sanatoriumsbehandlung** sowie für **176** **Rehabilitationsmaßnahmen** der gesetzlichen Rehabilitationsträger, soweit der Tarif nicht etwas anderes vorsieht (§ 5 Abs. 1 lit. d MB/KK und MB/KK 2008).

Kur- und Sanatoriumsbehandlung kann durchaus medizinisch notwendige Heilbehandlung sein, so dass die Vorschrift nicht etwa nur deklaratorischen Wert hat. Es kommt auf die konkrete Ausgestaltung der Behandlung an, wobei auch der äußere Rahmen, in dem die Behandlung stattfindet von Bedeutung ist. Für Kur- und Sanatoriumsaufenthalt spricht, dass der Patient nicht an das Bett gefesselt ist, nicht laufend ärztlich betreut und überwacht werden muss und Behandlungsmethoden angewandt werden, die typischerweise vorbeugend oder im Anschluss an akute Krankheitstherapie eingesetzt werden.

Die Maßnahmen der **Rehabilitation** ähneln der Kur- und Sanatoriumsbehandlung, verfolgen aber ein anderes Ziel. Erreicht werden soll hier die Wiederherstellung der beruflichen Leistungsfähigkeit oder überhaupt der sozialen Wiedereingliederung[80].

Da sowohl in der Kur- und Sanatoriumsbehandlung als auch in der Rehabilitation Elemente der Krankenversicherung enthalten sind, eine getrennte Erfassung dieser Elemente aber sehr schwierig, wenn nicht unmöglich ist, sind diese in § 5 Abs. 1 lit. d MB/KK genannten Behandlungen generell ausgeschlossen worden.

e) Ausgenommen vom Versicherungsschutz sind ferner die Aufwendungen für eine **177** Krankheitsbehandlung in einem **Heilbad** oder einem **Kurort** (§ 5 Abs. 1 lit. e MB/KK und MB/KK 2008), um Schwierigkeiten bei der Überprüfung zu vermeiden, ob der Arzt zur Behandlung einer akuten Krankheit oder als Badearzt aufgesucht worden ist. Konsequenterweise gilt der Ausschluss nicht, wenn der Versicherte in dem Ort seinen ständigen Wohnsitz hat oder während eines vorübergehenden Aufenthalts Heilbehandlung durch eine vom Aufenthaltsort unabhängige Erkrankung oder einen dort eingetretenen Unfall notwendig wird.

---

[77] OLG Köln v. 16. 2. 1995, r+s 1995, 193.
[78] OLG Hamm v. 24. 7. 1998, VersR 1999, 1226.
[79] OLG Koblenz v. 26. 5. 2000, VersR 2000, 1404.
[80] *Bach/Moser/Schoenfeld/Kalis,* § 5 MB/KK Rn. 46.

178   **f)** Keine Leistungspflicht besteht weiter für **Behandlungen durch Ehegatten, Eltern oder Kinder;** nur nachgewiesene Sachkosten werden erstattet (§ 5 Abs. 1 lit. f MB/KK und § 5 Abs. 1 lit. g MB/KK 2008). Grund für diesen auch von Rechtsprechung anerkannten Ausschluss[81] liegt darin, dass die Versichertengemeinschaft davor geschützt werden soll, überhöhte oder unberechtigte Rechnungen für die Behandlung naher Angehöriger des Behandlers zu tragen. Den Ehegatten sind jetzt die Lebenspartner nach § 1 Lebenspartnerschaftsgesetz gleichgestellt worden.

179   **g)** Die Leistungspflicht ist ausgeschlossen weiterhin für eine durch **Pflegebedürftigkeit oder Verwahrung bedingte Unterkunft** (§ 5 Abs. 1 lit. g MB/KK und § 5 Abs. 1 lit. h. MB/KK 2008). Hier ist zu unterscheiden zwischen einem stationären Aufenthalt vor allem zur Linderung von Krankheitsfolgen, die ärztliches Personal erfordert (insoweit ist Krankenversicherungsschutz gegeben) und schlichter Unterbringung nebst sog. Grundpflege (Körperpflege, Tag- und Nachtwache, Hilfestellungen aller Art, etc.), die auch von nichtmedizinischem Personal erbracht werden kann. Letzterenfalls besteht keine Leistungspflicht aus der Krankenversicherung, wohl aber in aller Regel aus der **Pflegeversicherung.**

180   **h)** Ein Leistungsausschluss liegt auch vor bei Behandlung in sog. **gemischten Anstalten.** Dabei handelt es sich um Krankenanstalten, die sowohl medizinisch notwendige stationäre Heilbehandlung anbieten als auch Kuren oder Sanatoriumsbehandlung durchführen oder Rekonvaleszenten aufnehmen (§ 4 Abs. 5 MB/KK und MB/KK 2008). Sie erfüllen m. a. W. sowohl die Anforderungen des § 4 Abs. 4 MB/KK und MB/KK 2008 (Versicherungsschutz gegeben) als auch die des § 5 Abs. 1 lit. d MB/KK und MB/KK 2008 (kein Versicherungsschutz).

Die Krankenbehandlung in gemischten Anstalten ist in der Regel teurer als in Krankenhäusern, die ausschließlich Heilbehandlung durchführen. Das soll einmal daran liegen, dass die Aufenthaltsdauer länger ist. Das soll wiederum daran liegen, dass häufig die leitenden Ärzte zugleich Inhaber der Klinik sind und daher ein auch wirtschaftliches Interesse an längerem Aufenthalt der Patienten haben. Zum anderen gefällt es den Patienten angesichts der Annehmlichkeiten in einer Anstalt mit Sanatoriumscharakter einfach besser und lädt sie daher zu längerer Verweildauer ein. Die PKV hat daher ein berechtigtes Interesse an einer klaren Trennung zwischen klinischer Krankenbehandlung, die in den Krankenversicherungstarifen versichert ist, und Kur- und Sanatoriumsbehandlungen, die allenfalls in speziellen Kurtarifen versichert werden können.

Man hat sich daher für einen generellen Ausschluss der Behandlung in gemischten Anstalten entschieden. Eine Abgrenzung von Fall zu Fall wäre zu aufwendig gewesen. Allerdings ist der Ausschluss dadurch abgemildert worden, dass dem VN die Möglichkeit eingeräumt wird, vor Behandlungsbeginn eine **schriftliche Leistungszusage** des VR einzuholen, die den konkreten Umständen des Einzelfalles Rechnung tragen kann und Härten zu vermeiden hilft.

Die Rechtsprechung hat ein berechtigtes Interesse der VR an dieser Regelung anerkannt[82]. Sie verstößt nicht gegen die AGB-Vorschriften. Es handelt sich nicht um eine überraschende Klausel (§ 305 c BGB) und auch Unangemessenheit nach § 307 BGB liegt nicht vor.

181   Dennoch zeigt sich in der Praxis, dass der Ausschluss vielfach von den Versicherten nicht verstanden wird und daher **Gegenstand vieler Beschwerden** ist. Die Aufsichtsbehörde hat daher darauf hingewirkt, dass auch bei erst nachträglicher Prüfung der Einwand fehlender vorheriger Zustimmung vom VR nicht erhoben wird, wenn die medizinische Notwendigkeit der Maßnahme offenkundig gegeben ist[83].

182   Auch die Rechtsprechung hat Ausnahmetatbestände entwickelt, in denen eine Berufung auf den Ausschluss als **rechtsmissbräuchlich** angesehen werden könnte. So hat der BGH

---

[81] BGH v. 21. 2. 2001, VersR 2001, 576.
[82] BGH v. 7. 7. 1971, VersR 1971, 949.
[83] GBBAV 1982, 61.

eine Einstandspflicht des VR bejaht, wenn der Versicherte sich in einer **lebensbedrohenden Notlage** befindet, die eine sofortige stationäre Behandlung erfordert, die keine vorherige Anfrage beim VR mehr zulässt[84]. Dasselbe gilt, wenn sich in der Umgebung des VN kein anderes Krankenhaus als die gemischte Anstalt befindet oder wenn die Behandlung in herkömmlichen Krankenhäusern keinen Erfolg verspricht[85]. Schließlich hat der BGH den Versicherungsschutz auch dann bejaht, wenn Anhaltspunkte für eine höhere finanzielle Belastung der VR offenkundig deswegen nicht bestehen, weil der Versicherte wegen eines Leidens behandelt wurde, für das die speziellen Einrichtungen der Anstalt nicht gedacht waren und deshalb in gleicher Weise auch in jedem allgemeinen Krankenhaus behandelt worden wäre (Beispiel Blinddarmoperation)[86].

i) Eingeschränkt werden auch nach Aufhebung der alten Wissenschaftsklausel[87] weiterhin **183** Leistungen für Behandlungsmethoden der alternativen Medizin. Nach der Regelung des § 4 Abs. 6 MB/KK und MB/KK 2008 leistet der VR jetzt grundsätzlich für Untersuchungs- und Behandlungsmethoden und Arzneimittel, die von der **Schulmedizin** überwiegend anerkannt sind. Er leistet aber auch für Maßnahmen der **alternativen Medizin,** wenn diese sich in der Praxis als ebenso erfolgreich erwiesen haben wie die Schulmedizin oder wenn sie angewandt werden, weil die Schulmedizin keine erfolgversprechenden Methoden oder Arzneimittel zur Verfügung stellen kann. Der VR kann seine Leistungen auf den Betrag herabsetzen, der bei schulmedizinischer Versorgung angefallen wäre.

Da es hier nicht um einen Bestandteil der Definition, sondern um eine Einschränkung des primär übernommenen Risikos (medizinisch notwendige Heilbehandlung) handelt, liegt keine primäre, sondern eine sekundäre Risikoabgrenzung vor.

III. Übermaßregelung

Das sog. **Übermaßverbot** ist durch § 192 Abs. 2 VVG 2008 nunmehr **gesetzlich** geregelt **184** worden. In der Rechtsprechung und Literatur bestand Einigkeit, dass die Leistungspflicht des VR nicht nur beschränkt ist auf das notwendige Maß der medizinischen Heilbehandlung, sondern auch auf die notwendigen Aufwendungen, d. h. der Versicherungsschutz erstreckt sich nicht auf Aufwendungen, die in einem auffälligen Missverhältnis zu den erbrachten medizinischen Leistungen stehen und damit eine Übermaßvergütung bedeuten. Nach der Entscheidung des **BGH ("Alfa-Klinik")**[88], in der der BGH seine bisherige Rechtsprechung aufgab, herrschte Unklarheit darüber, ob aus der gesetzlichen Definition des § 178b Abs. 1 VVG, § 192 Abs. 1 VVG 2008 der Ausschluß der Übermaßvergütung noch hergeleitet werden kann. Der Gesetzgeber hat daher in § 192 Abs. 2 VVG 2008 klargestellt, dass der VR Aufwendungen für die Heilbehandlung, die in einem auffälligen Missverhältnis zu den erbrachten Leistungen stehen, nicht zu erstatten hat. Die Vorschrift gilt kann bereits ab 1. 1. 2008 auf Altverträge erstreckt werden (Art. 2 EGVVG). In den MB/KK 2008 ist die Regelung in § 5 Abs. 2 S. 1 enthalten.

Ein **allgemeines Wirtschaftlichkeitsgebot** zu verlangen, hat der Gesetzgeber nicht zuletzt im Hinblick auf die o. g. BGH-Entscheidung abgelehnt. Einem etwaigen Bedürfnis nach Einschränkung der Leistungspflicht des VR könne durch AVB Rechnung getragen werden.

Im Übrigen bleibt es bei der bisherigen Regelung, wonach der VR seine Leistungen auf einen **angemessenen Betrag herabsetzen** kann, wenn die Behandlung oder sonstige Maßnahme das medizinisch notwendige Maß überschreitet (§ 5 Abs. 2 MB/KK und § 5 Abs. 2 S. 1 MB/KK 2008). Das kann dann der Fall sein, wenn z. B. Teile einer Diagnose oder Therapie

---

[84] BGH v. 7. 7. 1971, VersR 1971, 949.
[85] BGH v. 2. 12. 1981, VersR 1982, 285.
[86] BGH v. 7. 7. 1971, VersR 1971, 949.
[87] Vgl. C. II. 2.
[88] BGH v. 12. 3. 2003, VersR 2003, 581.

von vornherein erkennbar überflüssig waren oder wenn das vom Arzt festgesetzte Honorar im Verhältnis zum medizinisch notwendigen Behandlungsumfang als überhöht angesehen werden muss. Anhaltspunkte sind in letztgenanntem Fall die Gebührenordnungen.

IV. Subsidiaritätsregelung

185   Für die Krankenversicherung mit Ausnahme der Summenversicherungen ist ein generelles **Bereicherungsverbot** eingeführt worden (§ 200 VVG 2008, vgl. auch § 5 Abs. 4 MB/KK 2008), wonach die Gesamtleistungen (aus PKV, GKV, PPV, sozialer Pflegeversicherung, Beihilfe) die Gesamtaufwendungen des Versicherten nicht übersteigen dürfen.

Darüber hinaus wird die Leistungspflicht des PKV-VR durch § 5 Abs. 3 MB/KK und MB/KK 2008 insoweit eingeschränkt, als Ansprüche auf Leistungen aus der gesetzlichen Unfallversicherung gemäß SGB VII, der gesetzlichen Rentenversicherung gemäß SGB VI und der gesetzlichen Heil-und Unfallfürsorge (z. B. für Beamte und Soldaten) ebenfalls zu berücksichtigen sind. Die Leistungen, auf die sich die Ansprüche richten, müssen der Sache und Zeit nach kongruent sein[89]. Der VN ist nach § 9 Abs. 2 MB/KK verpflichtet, dem VR auf dessen Verlangen Auskunft über die Art und Höhe der gesetzlichen Leistungsansprüche zu geben. Das gilt nach § 9 Abs. 2 MB/KK 2008 auch für die als empfangsberechtigt benannten versicherten Personen.

Die Subsidiaritätsregelung ist vom BGH für zulässig erklärt worden[90].

V. Abweichungen in der privaten Pflegeversicherung

186   Wegen der Einschränkungen der Leistungspflicht in Pflegeversicherungen vgl. § 5 MB/PV, MB/PPV, MB/EPV (neu und alt).

E. Besonderheiten des Versicherungsvertrages

I. Beginn des Versicherungsschutzes

1. Vorbemerkung

187   Die Gefahrtragung des VR **(materieller Versicherungsbeginn)** setzt nach § 2 Abs. 1 S. 1 MB/KK und MB/KK 2008 grundsätzlich dann ein, wenn folgende Voraussetzungen erfüllt sind: Der Vertrag muss abgeschlossen worden sein **(formeller Versicherungsbeginn),** der im Versicherungsschein für den Beginn bezeichnete Zeitpunkt muss erreicht sein **(technischer VersBeginn)** und die **Wartezeiten** müssen abgelaufen sein. Die Zahlung der **Erstprämie** gehört dagegen **nicht** zu den Voraussetzungen des materiellen Versicherungsbeginns.

2. Formeller Versicherungsbeginn

188   **Formell** kommt der Krankenversicherungsvertrag wie jeder Vertrag durch Angebot und Annahme zustande.

Das Angebot wird in Regel vom VN abgegeben. Hierbei hat der VN unter anderem die vorvertraglichen **Anzeigepflichten** zu beachten[91].

189   Nach **Abschaffung des sog. Policenmodells** (§ 5a VVG) sind dem VN mit dem Antragsformular bereits die ihm auszuhändigenden **Versicherungsbedingungen** (AVB und Tarifbedingungen) und **Verbraucherinformationen** zu übergeben (§ 7 Abs. 1 VVG 2008); wegen der **Ausnahmen** von diesem Grundsatz vgl. § 7 Abs. 1 letzter Hs. VVG 2008 (aus-

---

[89] *Prölss/Martin/Prölss,* § 5 MB/KK Rn. 19.
[90] BGH v. 13. 10. 1971, VersR 1971, 1138.
[91] Vgl. F. I.2.

drücklicher **Verzicht** in einer gesonderten schriftlichen Erklärung) und § 49 Abs. 1 VVG 2008 **(vorläufige Deckung).**

Der VN kann sich also vor Antragstellung über den in Aussicht genommenen Versicherungsschutz näher informieren (sog. **Antragsmodell**). Zu den notwendigen Informationen gehören in der Krankenversicherung insbesondere die in der aufgrund des § 7 Abs. 2 S. 1 VVG 2008 erlassenen **InformationsV** im einzelnen geregelte Mitteilung über die Prämienentwicklung und -gestaltung sowie die Mitteilung über die Abschluß- und Vertriebskosten (§ 7 Abs. 2 S. 1 Nr. 3 VVG 2008, § 3 VVG-InfoV).

Der Vertrag kommt mit Annahme des VR, die in der Regel durch Übersendung des Versicherungsscheins erfolgt, zustande. Der VN hat das **Widerrufsrecht** des § 8 VVG 2008. Zu den Voraussetzungen und Wirkungen des Widerrufs vgl. oben § 8 B.

3. Technischer Versicherungsbeginn

Hierbei handelt es sich um den Zeitpunkt, von dem an die **Prämie** zu zahlen ist. Der Zeitpunkt ist im Vertrag bezeichnet. Er ist entscheidend für den Beginn der Wartezeit[92], das Eintrittsalter des Versicherten, das Versicherungsjahr und die Prämienzahlungszeiträume[93], die Kündigungsmöglichkeiten einschließlich der Fristen und Termine[94] sowie den Beginn etwaiger befristeter Leistungsausschlüsse oder Beitragszuschläge. Der technische Beginn wird in den AVB als **Versicherungsbeginn** bezeichnet (§ 2 Abs. 1 S. 1 MB/KK und MB/KK 2008). Er stimmt nicht mit dem Beginn des Versicherungsschutzes überein.   **190**

4. Versicherungsfälle vor Beginn des Versicherungsschutzes

Grundsätzlich ist der VR leistungsfrei, wenn der Versicherungsfall vor Beginn des Versicherungsschutzes eintritt (§ 2 Abs. 1 S. 2 MB/KK und MB/KK 2008). Leistungen werden ausnahmsweise erbracht, wenn der formelle Versicherungsbeginn vor dem technischen liegt oder vor Ablauf der Wartefrist, und der Versicherungsfall in dem Zwischenraum eintritt. Es würde eine Härte für die Versicherten bedeuten, wenn der Vertrag bereits abgeschlossen ist, gleichwohl aber überhaupt keine Leistung für den zwischenzeitlich eingetretenen Versicherungsfall zu zahlen wäre. Die Vorschrift des § 2 Abs. 1 S. 3 MB/KK und MB/KK 2008 sieht daher eine anteilige Leistungspflicht in der Form vor, dass für Aufwendungen, die vor Beginn des Versicherungsschutzes entstehen, nicht zu leisten ist, wohl aber für solche, die auf Grund desselben Versicherungsfalls nach Beginn des Versicherungsschutzes anfallen.   **191**

5. Sonderregelungen für Neugeborene und Adoptivkinder

Vgl. dazu oben[95].

II. Wartezeiten

Wartezeit ist der Zeitraum, in dem der VN dem VR bereits die Prämie schuldet, Versicherungsschutz aber noch nicht gegeben ist. Man unterscheidet allgemeine und besondere Wartezeiten.   **192**

Die **allgemeine Wartezeit** beträgt nach § 178c Abs. 1 VVG, § 3 Abs. 2 S. 1 MB/KK und § 197 Abs. 1 VVG 2008, 3 Abs. 2 MB/KK 2008 **höchstens drei Monate.** Sie entfällt bei Unfällen sowie für den Ehegatten/Lebenspartner einer Person, die seit mindestens drei Monaten versichert ist, sofern innerhalb von zwei Monaten nach der Eheschließung/Eintragung der Lebenspartnerschaft eine gleichartige Versicherung beantragt wird (§ 3 Abs. 2 S. 2 MB/KK und MB/KK 2008).   **193**

---

[92] Vgl. E. II.
[93] Vgl. E. III.
[94] Vgl. E. VI.
[95] Vgl. C. III.

194 Die **besondere Wartezeit** für Entbindung, Psychotherapie, Zahnbehandlung, Zahnersatz und Kieferorthopädie beträgt höchstens acht Monate (§ 178 c Abs. 1 VVG, § 3 Abs. 3 MB/KK und § 197 Abs. 1 S. 1 VVG 2008, § 3 Abs. 3 MB/KK 2008).

195 **Sinn der Wartezeit** ist die Begrenzung des vom VR zu tragenden Risikos. Man unterscheidet herkömmlicherweise objektives und subjektives Risiko. **Objektives Risiko** sind Geschlecht, Alter, Familienstand, Beruf, körperliche Konstitution, Gesundheitszustand, Heridität, Krankheitsvorgeschichte und ähnliche die normale Krankheitswahrscheinlichkeit bestimmende objektiv feststellbare Faktoren. **Subjektives Risiko** ist dagegen in den individuellen Charaktereigenschaften des Versicherten begründet (Überempfindlichkeit, Gefährdung der eigenen Gesundheit, schuldhafte Erhöhung des Risikos des VR durch Betrügereien des VN bei der Abrechnung etc.). Mit den Wartezeiten soll beiden Risikoformen begegnet werden. Man geht davon aus, dass Krankheiten, die bei Abschluss des Vertrages z. B. unerkannt schon bestehen, innerhalb der Wartezeiten in der Regel den Versicherungsfall auslösen werden. Verhindert werden soll auch, dass Personen unmittelbar vor einer notwendig werdenden Behandlung der PKV beitreten und deren Leistungen in Anspruch nehmen[96].

196 Personen, die aus der **GKV** ausscheiden, wird die dort ununterbrochen zurückgelegte Versicherungszeit auf die Wartezeit unter bestimmten Voraussetzungen ebenso **angerechnet** wie bei Ausscheiden aus dem **öffentlichen Dienst** mit Anspruch auf Heilfürsorge (§ 178 c Abs. 2 VVG, § 3 Abs. 5 MB/KK und § 287 Abs. 2 VVG 2008, § 3 Abs. 5 MB/KK 2008).

197 Wartezeiten haben in der Praxis der Krankenversicherer – abgesehen von der Pflegeversicherung – heute keine große Bedeutung mehr[97]. Die VR **verzichten** weitgehend **auf die Vereinbarung von Wartezeiten.** Die Aufsichtsbehörde hat mit der Begründung, die tatsächlichen Umstände haben sich geändert, ihre Bedenken gegen den Wegfall der Wartezeiten fallen gelassen. Die Wartezeiten haben nur noch die Funktion von Karenzzeiten. Da die Krankenversicherer vor Vertragsabschluss eine Risikoprüfung vornehmen, könne auch nicht angenommen werden, dass sich bei Wartezeitverzicht das zu übernehmende Krankheitsrisiko so verschlechtere, dass hierdurch die Belange der Versicherten nicht mehr ausreichend gewahrt sind[98].

III. Beitragszahlung

198 In der PKV werden in der Regel laufende **Jahresbeiträge** vereinbart (§ 8 Abs. 1 S. 1 MB/KK und MB/KK 2008). Versicherungen gegen **Einmalbeitrag** sind nur in der **Auslandsreisekranken-** und der **Restschuldversicherung** üblich.

199 Für den Jahresbeitrag kann unterjährige **Ratenzahlung** vereinbart werden (§ 8 Abs. 1 S. 1 MB/KK und MB/KK 2008). Versicherungsperiode bleibt in diesen Fällen das Jahr (§ 9 VVG und § 12 VVG 2008); der VR stundet die Prämienzahlung. Der Grundsatz der Unteilbarkeit der Prämie ist durch § 39 VVG 2008 weggefallen. Der VR kann z. B. bei Rücktritt wegen Anzeigepflichtverletzung (§ 19 VVG 2008) oder Anfechtung wegen arglistiger Täuschung nicht mehr die volle Prämie bis zum Ende des Versicherungsjahres verlangen, sondern nur noch Abrechnung pro rata temporis (§ 39 Abs. 1 VVG 2008, § 8 Abs. 6 MB/KK 2008).

Bei Jahres-, Halbjahres- und Vierteljahreszahlung werden Prämienrabatte gewährt; kalkulatorisch wird also von Monatsbeiträgen ausgegangen.

200 Die **erste Prämie** (oder Prämienrate im Falle der Stundung) ist, soweit nichts anderes vereinbart, **unverzüglich nach Ablauf von zwei Wochen nach Zugang des Versicherungsscheins** zu zahlen (§ 8 Abs. 3 MB/KK). Der Beginn des Versicherungsschutzes hängt nicht von der Zahlung des ersten Beitrags oder der ersten Beitragsrate ab (§ 2 Abs. 1 S. 1 MB/KK und MB/KK 2008).

---

[96] BGH v. 14. 12. 1977, VersR 1978, 271.
[97] *Präve,* VersR 1999, 15; VerBAV 1994, 386.
[98] VerBAV 1991, 143.

Wird die erste oder einmalige Prämie nicht rechtzeitig gezahlt, so ist der VR zum Rücktritt vom Vertrag berechtigt (§ 38 Abs. 1 S. 1 VVG, es sei denn, der VN hat die Nichtzahlung nicht zu vertreten (§ 37 Abs. 1 VVG 2008).

Wird eine **Folgeprämie** nicht rechtzeitig gezahlt, kann nach neuem Recht der VR dem   **201**
VN auf dessen Kosten in Textform eine Zahlungsfrist bestimmen, die entgegen der allgemeinen Regel in § 38 Abs. 1 S. 1 VVG 2008 nicht zwei Wochen, sondern **mindestens zwei Monate** betragen muß (§ 194 Abs. 2 VVG 2008). Diese Fristbestimmung ist nach § 38 Abs. 1 S. 2 VVG 2008 nur wirksam, wenn sie die rückständigen Beträge der Prämie, Zinsen und Kosten im Einzelnen beziffert und die Rechtsfolgen angibt, die mit dem ergebnislosen Fristablauf verbunden sind (Leistungsfreiheit und Kündigungsrecht des VR, vgl. im Einzelnen § 38 Abs. 2 und 3 VVG 2008). Darüber hinaus ist hat der VR den VN darauf hinzuweisen, daß er mit einer neuen Gesundheitsprüfung, einem Leistungsausschluss sowie höherer Prämie rechnen muß, wenn er nach Kündigung durch das VU einen neuen Vertrag abschließen will, daß er, sollte er Bezieher von ALG II sein, einen Beitragszuschuß nach § 26 Abs. 2 SGB II erhalten könnte, und der Träger der Sozialhilfe nach § 32 Abs. 2 und 3 SGB XII Beiträge zur privaten Kranken- und Pflegeversicherung übernehmen könnte (§ 194 Abs. 2 S. 2 VVG 2008).

Wird während des Versicherungsjahres der **Beitrag erhöht,** so hat der VN den Unterschiedsbetrag vom Änderungszeitpunkt an bis zum Beginn des nächsten Versicherungsjahres nachzuzahlen (§ 8 Abs. 1 S. 4 MB/KK und MB/KK 2008), und zwar unabhängig davon, ob unterjährige Ratenzahlung vereinbart worden ist oder nicht. Entsprechendes gilt für den – unwahrscheinlichen – Fall der Herabsetzung des Jahresbeitrags.

IV. Bedingungsanpassung

Ebenso wie bei den Beiträgen[99] besteht auch bei den AVB im Hinblick darauf, dass die   **202**
Krankenversicherungsverträge in der Regel langfristig abgeschlossen werden und vom VR nicht gekündigt werden können, das **Bedürfnis, AVB zu ändern,** um die Verträge den **Veränderungen im Gesundheitswesen** anzupassen.

Der Gesetzgeber hat daher in § 178g Abs. 3 S. 1 VVG für die nach Art der Lebensversicherung kalkulierte Krankenversicherung dem VR das Recht eingeräumt, mit Zustimmung des Treuhänders (§ 12b Abs. 5 VAG) die Versicherungsbedingungen und die Tarifbestimmungen den veränderten Bedingungen anzupassen, soweit die **Veränderung nicht nur als vorübergehend** anzusehen ist. Diese Befugnis ist in den neuen § 203 Abs. 3 VVG 2008 übernommen worden. Die Vorschrift des § 178g Abs. 3 S. 2 VVG dagegen ist durch das neue VVG modernisiert worden. So kann der VR **Bestimmungen,** die durch höchstrichterliche Entscheidung oder durch bestandskräftigen Verwaltungsakt für **unwirksam** erklärt worden sind, durch eine neue Regelung ersetzen, wenn diese zur Fortführung des Vertrags notwendig ist oder wenn das Festhalten am Vertrag ohne neue Regelung für eine Vertragspartei auch unter Berücksichtigung der anderen Partei eine **unzumutbare Härte** darstellen würde, wobei die neue Regelung nur dann wirksam ist, wenn sie unter Wahrung des Vertragsziels die Belange der Versicherten angemessen berücksichtigt (§ 203 Abs. 4 i. V. m. § 164 Abs. 1 VVG 2008, § 18 Abs. 2 MB/KK 2008). Die **Zustimmung des Treuhänders ist hier nicht erforderlich.** Die neue Vorschrift enthält eine Vielzahl von unbestimmten Rechtsbegriffen, die die schnelle Anwendung der Vorschrift sicher nicht erleichtern wird.

V. Tarifwechsel

1. Anspruch auf Umwandlung in andere Tarife desselben Versicherers

Der Gesetzgeber hat dem VN das **Recht** eingeräumt, aus dem in seinem unbefristeten   **203**
Vertrag vereinbarten Tarif in einen anderen Tarif **seines Unternehmens zu wechseln,** der

---

[99] Vgl. A. III. 3.

gleichartigen Versicherungsschutz vorsieht. Bisher erworbene Rechte müssen ebenso angerechnet werden wie die Alterungsrückstellung. Entsprechende Anträge des VN muss der VR annehmen. Dieser **Kontrahierungszwang** ist in das Gesetz aufgenommen worden, um „älteren VN bei Schließung ihres Tarifs für neue VN die Möglichkeit zu eröffnen, dadurch bedingten Kostensteigerungen ihres alten Tarifs durch einen Wechsel in den anderen Tarif des VR zu entgehen"[100]. Hintergrund der Regelung war die Praxis einiger Versicherer, neben Tarife, die wegen schlechter Risikomischung auch schlecht verliefen und daher zu höheren Prämien führten, neue, gleichartige Tarife zu setzen, die nicht zuletzt aus Wettbewerbsgründen so kalkuliert wurden, dass sie niedrigere Prämien hatten. Diese wurden aus nahe liegenden Gründen nur neuen und gesunden jungen Kunden angeboten. VN aus den alten Tarifen hatten allenfalls dann eine Chance in neue Tarife zu wechseln, wenn sie gute Risiken darstellten. Das Ergebnis war, dass die alten Tarife **„vergreisten".** Kostenexplosionen und überdurchschnittliche Beitragssteigerungen in diesen Tarifen waren die Folge.

Rechtsgrundlage dieses Wechselrechts sind § 178f Abs. 1 VVG, MB/KK § 1 Abs. 5, § 204 VVG 2008, § 1 Abs. 6 MB/KK 2008; vgl. ferner §§ 12 Abs. 1 Nr. 4, 12c Abs. 1 Nr. 2 VAG).

204   Darüber, was unter **gleichartigem Versicherungsschutz** zu verstehen ist, gibt § 12 KalV Auskunft. Danach müssen die in Frage kommenden Tarife gleiche **Leistungsbereiche** umfassen. Ferner muss der Wechselwillige in dem neuen Tarif **versicherungsfähig** sein. **Leistungsbereiche** sind z.B. Kostenerstattung für ambulante Heilbehandlung, Kostenerstattung für stationäre Heilbehandlung sowie Krankenhaustagegeld mit Kostenersatzfunktion, Kostenerstattung für Zahnbehandlung und Zahnersatz, Krankentagegeld u.a.m. **Versicherungsfähigkeit** ist eine personengebundene Eigenschaft des Versicherten, deren Wegfall zur Folge hat, dass der Versicherte bedingungsgemäß nicht mehr in diesem Tarif versichert bleiben kann. Damit ist gemeint, dass man nicht in Spezialtarife für besondere Personenkreise (z.B. Ärztetarife) wechseln kann, wenn man nicht diesem Kreis angehört.

Keine Gleichartigkeit besteht zwischen GKV-Schutz mit Ergänzungsschutz bei der PKV auf der einen Seite und substitutiver Krankenversicherung auf der anderen Seite.

205   Wechselt der VN in einen Tarif **mit höheren oder umfassenderen Leistungen,** kann der VR nach § 178f S. 2 VVG, § 204 VVG 2008 für die Mehrleistung einen Leistungsausschluss oder einen angemessenen Risikozuschlag und insoweit auch eine Wartezeit verlangen. Der VN kann Zuschlag und Wartezeit dadurch abwenden, dass er einen entsprechenden Leistungsausschluss vereinbart. Wechselt er aus einem Tarif mit pauschalen Risikozuschlägen in einen solchen mit individuellen Zuschlägen, kann der VR nach Ansicht des BVerwG den individuellen Zuschlag verlangen, weil der VN anderenfalls einen nicht seinem Risiko entsprechenden Beitrag zahlen würde und damit gegenüber den anderen VN der neuen Tarifgemeinschaft begünstigt wäre[101], eine Entscheidung die einem wechselwilligen Bestandsversicherten **nicht zu vermitteln** ist, wenn er trotz Einbringung der Alterungsrückstellung in den neuen Tarif für gleiche Versicherungsleistungen (und vielleicht sogar gleicher Gesundheit) eine höhere Gesamtprämie zahlen soll als ein gleichaltriger Neuversicherter, der seine Alterungsrückstellung erst aufbauen muß[102].

Besonderheiten sind vorgesehen in § 204 Abs. 1 Hs. 2 VVG 2009 bei einem Wechsel des VN in den **Basistarif desselben VR** (Vgl. dazu A. IV. 8).

2. Anspruch auf Umwandlung in Tarif eines anderen Versicherers

206   Insbesondere die **Mitgabe der Alterungsrückstellung** bei Wechsel zu einem **anderen VR oder zur GKV** ist in der Vergangenheit immer wieder diskutiert worden. U.a. hat sich die vom Bundestag eingesetzte **„Unabhängige Expertenkommission** zur Untersuchung

---

[100] Amtliche Begründung, BTDrucks. 12/6959 S. 105.

[101] BVerwG v. 5. 3. 1999, VersR 1999, 743; vgl. dazu auch *Lorenz/Wandt,* Der Tarifwechsel in der privaten Krankenversicherung bei unterschiedlichen Tarifstrukturen, VersR 2008, 7.

[102] Vgl. dazu die Beschlusskammerentscheidung des BAV (VerBAV 1997, 38), die der Entscheidung des BVerwG zugrunde lag.

H. Müller

der Problematik steigender Beiträge der privaten Krankenversicherung im Alter" intensiv mit dieser Frage beschäftigt. Sie kommt in ihrem Gutachten[103] zu dem Ergebnis, dass eine Individualisierung und Übertragung der Alterungsrückstellung wegen offener theoretischer und praktischer Probleme nicht empfohlen werden kann. Der BGH hat 1999[104] entschieden, dass nach der geltenden Rechtslage kein Anspruch auf Übertragung der Alterungsrückstellung besteht. Auch die vom BMJ eingesetzte **Kommission zur Reform des Versicherungsvertragsrechts** kommt in ihrem Zwischenbericht vom Mai 2002 zu dem Ergebnis, dass keines der erörterten Übertragungsmodelle (kalkulierte Alterungsrückstellung, individuelle prospektive Alterungsrückstellung, sonstige Modelle) zu realisieren sei, es sei denn, man würde das gesamte PKV-System grundsätzlich umgestalten. Auch sie weist in diesem Zusammenhang auf unüberwindbare rechtliche und praktische Schwierigkeiten hin[105].

Eine Lösung ist nun durch das GKV-WSG gefunden worden. Nach § 204 Abs. 1 Nr. 2 **207** VVG 2009 kann der VN vom VR verlangen, wenigstens **einen Teil der aufgebauten Alterungsrückstellung** mitnehmen zu können. Wechselt also ein VN aus einem Vollkostentarif in einen entsprechenden Tarif eines anderen Versicherers, wird die **Alterungsrückstellung in der Höhe übertragen, die dem Leistungsniveau des Basistarifs** entspricht (**„fiktive Alterungsrückstellung"**). Das gilt aber nur für Verträge, die nach dem 1. Januar 2009 abgeschlossen werden. Ist der Vertrag **vor dem 1. Januar 2009** abgeschlossen worden, muß er vor dem 1. Juli 2009 den alten Vertrag kündigen und einen neuen Vertrag im **Basistarif** abschließen, um die Alterungsrückstellung in Höhe des Betrages, der den Leistungen aus dem Basistarif entspricht mitnehmen zu können (Vgl. im Einzelnen oben A. IV. 8. und 9.)

Der Versuch, die Regelung des § 178f VVG, § 204 VVG 2008 dadurch zu unterlaufen, daß **208** man eine **Konzerntochter** gründet, die nur für den **Neuzugang** gegründet wird, ist gescheitert, weil die Aufsichtsbehörde dieser **Umgehungslösung** die Zustimmung versagt hat. Sie hat das neue Unternehmen nicht zugelassen, weil anderenfalls die Belange der „zurückbleibenden" Versicherten gefährdet worden wären. Der Gesetzgeber hat nun klargestellt, daß die Aufsichtsbehörde derartige Umgehungsversuche untersagen kann (§ 8 Abs. 1 Nr. 4 VAG).

3. Tarifwechsel wegen Änderung des Beihilfeanspruchs

Fällt der Beihilfeanspruch weg oder ändert sich der Beihilfebemessungsanspruch, so kann **209** der VN vom VR verlangen, dass er den Versicherungsschutz anpasst, und zwar so, dass der **Wegfall der Beihilfe** oder die **Änderung des Bemessungsanspruchs** ausgeglichen wird (§ 178e VVG, § 199 VVG 2008). Eine erneute Risikoprüfung oder Wartezeit darf nicht verlangt werden, sofern der Antrag innerhalb von zwei Monaten (§ 178e S. 2 VVG) bzw. innerhalb von **sechs Monaten** (§ 199 Abs. 2 S. 2 VVG 2008) nach der Änderung gestellt wird.

Bei der Krankheitskostenversicherung für Beihilfeberechtigte kann vereinbart werden, daß die Versicherung **mit der Versetzung in den Ruhestand** der versicherten Person im Umfang der erhöhten Beihilfe **endet** (§ 199 Abs. 1 VVG 2008).

4. Wechsel in den Standardtarif

Der VN kann verlangen, daß versicherte Personen seines Vertrags, die die in § 257 Abs. 2a **210** Nr. 2, 2a–2c SGB V genannten Voraussetzungen erfüllen, in den Standardtarif mit Höchstbeitragsgarantie (A. IV. 6) wechseln können. Zur Gewährleistung dieser Beitragsgarantie wird der in den technischen Grundlagen festgelegte Zuschlag erhoben. Neben dem Standardtarif darf keine weitere Krankheitskosten-Teil- oder Vollversicherung bestehen. Der Wechsel ist jederzeit nach Erfüllung der gesetzlichen Voraussetzungen möglich (§ 19 MB/KK und MB/KK 2008).

---

[103] BTDrucks. 13/4945 S. 42 ff.
[104] BGH v. 21. 4. 1999, BGHZ 141, 214.
[105] VVG-Reform Zwischenbericht (2002), S. 131 ff.

VI. Ende des Versicherungsschutzes

1. Vorbemerkung

211   Der Versicherungsschutz endet mit **Beendigung des Versicherungsverhältnisses** und zwar auch für schwebende Fälle (§ 7 MB/KK und MB/KK 2008). Die Beendigung des Versicherungsverhältnisses kann beruhen auf Kündigung des VN oder des VR, Anfechtung oder Rücktritt des VR, Tod des VN oder des Versicherten, Wegzug des VN aus dem Tätigkeitsgebiet des VR, Aufhebungsvertrag, Insolvenz des VR, und – falls der VN bei einem VVaG versichert ist – Auflösung des Vereins.

212   Das Ende des Versicherungsschutzes auch für **schwebende Fälle** ist darin begründet, dass bei einer zeitlich unbeschränkten Erstattungspflicht für alle während der Laufzeit begonnenen Versicherungsfälle, die gerade in der Krankenversicherung sich lange Zeit, mitunter sogar jahrzehntelang hinziehen können, das Gleichgewicht von Leistung und Gegenleistung nicht mehr zu halten wäre. Das würde letztlich zu Lasten der Versicherten gehen, die mit Prämienerhöhungen zu rechnen hätten[106].

2. Kündigung durch den VN

213   Der VN kann Versicherungsverhältnisse, die für die Dauer von **mehr als einem Jahr** eingegangen worden sind, zum Ende des ersten Jahres oder jedes darauf folgenden Jahres unter Einhaltung einer Frist von drei Monaten kündigen (§ 178h Abs. 1 VVG und § 205 Abs. 1 VVG 2008).
Die Kündigung kann auf einzelne versicherte Personen oder Tarife beschränkt werden.

214   Ein **außerordentliches Kündigungsrecht** hat der VN, wenn er in der GKV **versicherungspflichtig** wird (§ 178h Abs. 2 VVG, § 5 Abs. 9 SGB, § 13 Abs. 3 MB/KK; § 205 Abs. 2 VVG 2008, § 13 Abs. 3 MB/KK 2008). In diesem Fall kann er binnen **zwei Monaten (**nach neuem Recht binnen **drei Monaten,** § 205 Abs. 2 VVG 2008) nach Eintritt der Versicherungspflicht eine Krankheitskostenversicherung, Krankentagegeldversicherung oder Pflegekrankenversicherung (nach neuem Recht auch eine für diese Versicherungen bestehende **Anwartschaftsversicherung,** § 205 Abs. 2 VVG 2008) kündigen, und zwar rückwirkend zum Zeitpunkt des **Eintritts der Versicherungspflicht.** Die **Kündigung ist unwirksam,** wenn der VN dem VR den Eintritt der Versicherungspflicht nicht innerhalb von zwei Monaten nachweist, nachdem der VR ihn dazu in Textform aufgefordert hat, es sei denn, der VN hat die Versäumung dieser Frist nicht zu vertreten (§ 205 Abs. 2 S. 2 VVG 2008).
Kündigt er später, entfällt die Rückwirkung; er kann dann das Versicherungsverhältnis zum Ende des Monats kündigen, in dem er den Eintritt der Versicherungspflicht nachweist.
Die **Prämienzahlung** endet mit Wirksamwerden der Kündigung. Überzahlte Prämienanteile sind zu erstatten.

215   Der Versicherungspflicht gleichgestellt (§ 178h Abs. 2 S. 4 VVG, § 205 Abs. 2 S. 5 VVG 2008) werden der gesetzliche Anspruch auf **Familienversicherung** (§ 10 SGB V) und der nicht nur vorübergehende Anspruch auf **Heilfürsorge** aus einem beamtenrechtlichen oder ähnlichen Dienstverhältnis. Die Gleichstellung erfolgte, weil auch in diesen beiden Fällen der private Versicherungsschutz überflüssig wird. Daraus ergibt sich auch, dass das außerordentliche Kündigungsrecht **nicht gegeben ist,** wenn der VN **beihilfeberechtigt** wird; in diesem Fall wird der private Versicherungsschutz nicht überflüssig und der VN kann seinen Versicherungsbedarf den neuen Gegebenheiten durch Tarifwechsel anpassen.

216   Ein **weiteres außerordentliches Kündigungsrecht** sehen die §§ 178h Abs. 3 VVG und 13 Abs. 4 MB/KK, § 205 Abs. 3 VVG 2008, § 13 Abs. 4 MB/KK 2008 vor. Hier wird abgezielt auf Tarife, die für **Kinder und Jugendliche** niedrigere Beiträge vorsehen, die sich dann mit dem Erwachsenwerden erhöhen. Auch Spezialtarife für **Auszubildende** werden davon erfasst. Wird die Prämie dann bei Erreichen eines bestimmten Lebensalters oder bei Eintritt anderer im Vertrag genannter Voraussetzungen (z. B. Ende der Ausbildung) erhöht, kann der

---

[106] *Bach/Moser/Bach,* § 7 MB/KK Rn. 4.

VN hinsichtlich der betroffenen versicherten Personen das Versicherungsverhältnis binnen **zwei Monaten** nach Eintritt der o. g. Voraussetzungen kündigen.

Ein **außerordentliches Kündigungsrecht** hat der VN auch, wenn der VR einseitig die **Prämie erhöht oder die vereinbarten Leistungen herabsetzt** (§ 178h Abs. 4 VVG, § 13 Abs. 5 MB/KK, § 205 Abs. 4, § 13 Abs. 5 MB/KK 2008). Nach dem Wortlaut des Gesetzes soll dies zumindest für die Prämienerhöhung nur dann gelten, wenn die Erhöhung auf einer Prämienanpassungsklausel beruht. Diese Voraussetzung ergibt keinen Sinn, weil eine Prämienerhöhung, die ohne entsprechende Klausel unmittelbar nach den Vorschriften des Gesetzes erfolgt, in gleich schwerer Weise in das Vertragsverhältnis eingreift. Man muss daher von einem Redaktionsversehen ausgehen[107]. Das Kündigungsrecht besteht bei Prämienerhöhungen und Leistungsherabsetzungen auch dann, wenn keine entsprechende Klausel vereinbart wurde. Die Kündigung kann auf das ganze VersVerhältnis erstreckt werden oder sich auf einzelne Tarife oder versicherte Personen beschränken.   **217**

Der VN kann das Versicherungsverhältnis **innerhalb eines Monats** nach Zugang der Änderungsmitteilung mit Wirkung auf den Zeitpunkt kündigen, zu dem die Änderung wirksam wird.

Schließlich hat der VN noch ein Kündigungsrecht in dem Fall, dass der **VR seinerseits** von vertraglichen Rechten Gebrauch macht, einzelne Versicherte oder einzelne Tarife zu kündigen. In diesem Fall kann der VN die **Aufhebung des gesamten Vertragsverhältnisses** verlangen, und zwar innerhalb von **zwei Wochen** nach Zugang der Kündigung des VR und mit Wirkung zum Zeitpunkt des Wirksamwerdens dieser Kündigung (§ 178h Abs. 5 VVG, § 13 Abs. 5 MB/KK, § 205 Abs. 5 VVG 2008, § 13 Abs. 5 MB/KK 2008). Dasselbe gilt, wenn der VR die Anfechtung oder den Rücktritt nur für einzelne Versicherte oder einzelne Tarife erklärt; der VN kann die Aufhebung zum Schluss des Monats verlangen, in dem ihm die Erklärung zugegangen ist.   **218**

Kündigt der VN das **Versicherungsverhältnis insgesamt oder nur für einzelne versicherte Personen,** so sind die **Versicherten** berechtigt, binnen zwei Monaten nach der Kündigung die **Fortsetzung** des Versicherungsverhältnisses unter **Benennung eines neuen VN** zu verlangen (§ 178n Abs. 2 VVG, § 207 Abs. 2 VVG 2008). Die Kündigung ist nur wirksam, wenn der VN nachweist, dass die Versicherten Kenntnis von der Kündigung erlangt hatten. Fortsetzung bedeutet, dass die Versicherten ihre Rechte einschließlich der Alterungsrückstellung behalten.   **219**

3. Kündigung durch den VR

Das **ordentliche Kündigungsrecht** des VR ist nach § 178i Abs. 1 VVG, § 14 Abs. 1 MB/KK, § 206 Abs. 1 VVG 2008, § 14 Abs. 1 MB/KK 2008) **ausgeschlossen** für die **substitutive Krankenversicherung** und **Pflegeversicherung** sowie die **Krankenhaustagegeldversicherung,** wenn sie neben einer Krankheitskostenvollversicherung besteht. Gleiches gilt für eine **Krankentagegeldversicherung,** wenn ein gesetzlicher Anspruch auf **Beitragszuschuss** des Arbeitgebers besteht. Diese Regelung ist die Konsequenz daraus, dass der Kündigungsausschluss Tatbestandsmerkmal der substitutiven Krankenversicherung (§ 12 Abs. 1 Nr. 3 VAG) und der Gewährung des Arbeitgeberzuschusses (§ 257 Abs. 2a S. 1 Nr. 4 SGB V) ist. Das Schicksal der unkündbaren substitutiven Krankheitskostenversicherung erfasst daher auch die **Teilkostentarife,** die zur Tarifkombination gehören und ebenfalls arbeitgeberzuschussfähig sind.   **220**

Nach neuem Recht ist das ordentliche Kündigungsrecht auch ausgeschlossen für die **nicht substitutive Krankenversicherung, sofern sie nach Art der Lebensversicherung** betrieben wird (§ 206 Abs. 2 VVG 2008).

Liegen bei einer Krankheitskostenteilversicherung (oder bei einer Krankenhaustagegeldversicherung) die eingangs genannten Voraussetzungen nicht vor, kann der VR das Versicherungsverhältnis nur **eingeschränkt kündigen,** und zwar nur innerhalb der **ersten drei**   **221**

---

[107] Berliner Kommentar/*Hohlfeld,* § 178h VVG Rn. 13.

Jahre zum Ende des VersJahres mit einer Frist von drei Monaten (§ 178i Abs. 2, § 206 Abs. 3 VVG 2008). Nicht als Kostenteilversicherung in diesem Sinne sind die Beihilfetarife anzusehen. Sie ersetzen in Höhe der nicht durch die Beihilfe erstatteten Kosten die gesetzliche Versicherung und sind daher substitutiv.

222   Eine Besonderheit gilt für **Gruppenversicherungsverträge.** Hier kann der VR den Gruppenvertrag nur dann kündigen, wenn die Versicherten das Versicherungsverhältnis unter Anrechnung der erworbenen Rechte einschließlich der Alterungsrückstellung fortsetzen können, und zwar nach den Bedingungen der Einzelversicherung (§ 178i Abs. 3 VVG, § 206 Abs. 5 VVG 2008).

223   Wird eine Krankheitskostenversicherung oder eine Pflegekrankenversicherung vom VR wegen **Zahlungsverzugs des VN** gekündigt, so wird den Versicherten neuerdings die oben schon erwähnte Fortsetzungsmöglichkeit (Vgl. Rn. 219) eingeräumt, d. h. die Versicherten sind berechtigt, die Fortsetzung des Versicherungsverhältnisses unter Benennung des künftigen VN zu erklären, wobei die Prämie ab Fortsetzung zu leisten ist; die Versicherten sind über die Kündigung und das Fortsetzungsrecht in Textform zu informieren. Das Recht endet zwei Monate nach dem Zeitpunkt der Kenntnisnahme durch die Versicherten (§ 206 Abs. 4 VVG 2008).

224   Eine weitere Änderung bringt ab 1. Januar 2009 das GKV-WSG. Nach § 206 Abs. 1 S. 1 VVG 2009 ist **jede Kündigung einer Krankheitskostenversicherung durch den VR ausgeschlossen,** die nach § 193 Abs. 3 VVG 2009 abgeschlossen und aufrecht erhalten werden muß, m. a. W. Krankenpflichtversicherungen kann der VR nicht mehr kündigen. Durch diese Regelung soll der (Pflicht)Versicherungsschutz dauerhaft aufrechterhalten werden. Der VN verliert bei Zahlungsverzug nicht mehr durch eine Kündigung die Alterungsrückstellung. Der VR wird, so die Begründung des Gesetzes, nur gering belastet, weil der Leistungsanspruch des Versicherten nach § 193 Abs. 6 weitgehend ruht und während des Verzugs Säumniszuschläge geltend gemacht werden können.

225   Das Kündigungsrecht des VR im Falle der **Insolvenz des VN** (§ 14 Abs. 1 VVG) ist ersatzlos mit der Begründung gestrichen worden, es bestünde kein Bedürfnis für ein solches Kündigungsrecht des VR.

4. Anfechtung und Rücktritt

226   Für die **Anfechtung** gelten die allgemeinen Grundsätze**,** wonach die Normen der §§ 16 ff. VVG, §§ 19 ff. VVG 2008 die Anfechtung nach § 119 BGB ausschließen, soweit gefahrerhebliche Umstände in Frage kommen. Unberührt davon bleibt das Recht des VR, den Vertrag wegen **arglistiger Täuschung** anzufechten (§ 22 VVG und § 22 VVG 2008).

227   Wegen der **Rücktrittsrechte** des VR vgl. unten[108].

5. Sonstige Beendigung des Versicherungsschutzes

228   Der Versicherungsschutz endet mit dem **Tod des VN.** Die versicherten Personen sind allerdings berechtigt, die Fortsetzung des Versicherungsverhältnisses binnen zwei Monaten nach dem Tod des VN zu verlangen; sie haben einen neuen VN zu benennen (§ 178n Abs. 1 VVG, § 15 Abs. 1 MB/KK; § 207 Abs. 1 VVG 2008, § 15 Abs. 1 MB/KK 2008). Können sie sich auf keinen neuen VN einigen, kann der VR die Fortsetzung ablehnen.

     Fortsetzung bedeutet, dass die Versicherten ihre Rechte einschließlich der Alterungsrückstellung behalten.

229   **Stirbt ein Versicherter, endet** insoweit das Versicherungsverhältnis (§ 15 Abs. 2 MB/KK, § 15 Abs. 2 MB/KK 2008).

230   Das Versicherungsverhältnis endete bisher ferner mit der **Verlegung des Wohnsitzes oder gewöhnlichen Aufenthaltes aus Deutschland,** es sei denn, es wurde die Fortsetzung vereinbart, wobei der VR sich verpflichtete, eine Fortsetzungsvereinbarung zu treffen, wenn dies binnen zwei Monaten nach Verlegung des Wohnsitzes oder gewöhnlichen Aufenthalt in einen

---

[108] Vgl. F. I.

EWR-Mitgliedsstaat beantragt wird (§ 15 Abs. 3 MB/KK). Im Rahmen dieser Vereinbarung konnte der VR einen angemessenen Beitragszuschlag verlangen. Bei nur vorübergehender Verlegung konnte verlangt werden, das Versicherungsverhältnis in eine Anwartschaftsversicherung umzuwandeln. Mit der Regelung wurde bezweckt, die Kontrollmöglichkeiten über die Gesundheitskosten und Auskunftsmöglichkeiten auch im Ausland möglichst im Griff zu behalten.

Nach **neuem Recht** gilt folgende Regelung:

- Verlegt eine Person ihren gewöhnlichen Aufenthalt in einen Staat **außerhalb des EWR,** endet das Versicherungsverhältnis, es sei denn, es wird aufgrund einer anderweitigen Vereinbarung fortgesetzt. Der VR kann in diesem Rahmen einen angemessenen Beitragszuschlag erheben. Bei nur vorübergehender Verlegung kann verlangt werden, das Versicherungsverhältnis in eine Anwartschaftsversicherung umzuwandeln (§ 15 Abs. 3 MB/KK 2008).
- Verlegt die Person dagegen ihren Aufenthaltsort in einen **EWR-Staat,** setzt sich das Versicherungsverhältnis mit der Maßgabe fort, daß der VR höchstens die Leistungen erbringen muß, die er bei einem Aufenthalt im Inland zu erbringen hätte (§ 207 Abs. 3 VVG 2008, § 1 Abs. 5 MB/KK 2008).

Das Versicherungsverhältnis erlischt ferner durch **Insolvenz des VR** (§ 13 VVG, 16 VVG 　231 2008), und zwar mit Ablauf eines Monats seit Eröffnung des Verfahrens. Die Versicherten haben die in § 77 Abs. 3 ff. in Verbindung mit § 79 VAG genannten Rechte, soweit es sich um Krankenversicherung nach Art der Lebensversicherung handelt.

Ebenso erlischt das Versicherungsverhältnis im Fall der **Auflösung eines VVaG** (§ 43 Abs. 3 VAG).

VII. Willenserklärungen

Nach § 16 MB/KK 2008 haben Willenserklärungen und Anzeigen **schriftlich** zu erfol- 　232 gen, soweit nicht ausdrücklich **Textform** vereinbart ist.

VIII. Klagefrist und Gerichtsstand

Die **Frist für eine gerichtliche Geltendmachung** des Anspruchs des VN gegen den 　233 VR (§ 12 Abs. 3 VVG) ist im VVG 2008 ersatzlos gestrichen worden. Entfallen ist auch die Sonderregelung für die **Verjährungsfrist** bei Versicherungsverträgen. Es gilt nunmehr die durch das Gesetz zur Schuldrechtsmodernisierung in das BGB eingeführte Regelfrist von drei Jahren (§ 195 BGB), wobei die bisherige Hemmungsregelung (§ 12 Abs. 2 VVG) im Wesentlichen beibehalten wird (§ 15 VVG 2008).

Hinsichtlich des **Gerichtsstandes** gelten die allgemeinen Vorschriften. Besonderheiten 　234 für die Krankenversicherung sind nicht gegeben. Die Versicherungsbedingungen (§ 17 Abs. 2 und 3 MB/KK; § 17 MB/KK 2008) wiederholen nur deklaratorisch die Gesetzeslage. Danach sind Klagen gegen den VN **ausschließlich am Gericht des Wohnsitzes bzw. gewöhnlichen Aufenthalts** geltend zu machen (§ 215 Abs. 1 S. 2 VVG 2008). Klagen gegen den VR können **ebenfalls** beim Gericht am Wohnsitz bzw. gewöhnlichen Aufenthalt des VN oder aber am Gericht des Sitzes des VR anhängig gemacht werden. Der Gerichtsstand der Agentur (§ 48 VVG) ist durch VVG 2008 weggefallen.

Eine **abweichende Vereinbarung** ist nur zulässig für den Fall, daß der VN nach Vertragsschluss seinen Wohnsitz oder gewöhnlichen Aufenthalt aus Geltungsbereich des Gesetzes verlegt oder sein Wohnsitz oder gewöhnlicher Aufenthalt bei Klageerhebung nicht bekannt ist (§ 215 Abs. 3 VVG 2008). Eine solche Vereinbarung ist in § 17 Abs. 3 MB/KK 2008 enthalten, wonach das Gericht am Sitz des VR zuständig ist, wenn der VN nach Vertragsschluss seinen Wohnsitz oder gewöhnlichen Aufenthalt in ein Land außerhalb des EWR verlegt, oder bei Klageerhebung sein Wohnsitz oder gewöhnlicher Aufenthalt nicht bekannt ist.

XI. Besonderheiten der privaten Pflegepflichtversicherung

235 Die Regelung über den **Beginn** der PPV entspricht weitgehend denen der PKV (vgl. § 2 MB/PPV 2008).

Das gleiche gilt für das Ende des Versicherungsschutzes (§ 7 MB/PPV 2008). Der VN kann nach § 13 Abs. 1 MB/PPV 2008 die PPV binnen zwei Monaten seit Beendigung der Versicherungspflicht rückwirkend kündigen. Als Beendigung kommt z. B. in Frage der Eintritt der Versicherungspflicht nach § 20 oder § 21 SGB XI.

236 Eine **Kündigung durch den VR** ist wegen des Kontrahierungszwanges nicht möglich (§ 110 Abs. 4 SGB XI). Wegen der Besonderheiten u. a. bei Wegfall des Kontrahierungszwanges wird auf § 14 MB/PPV und wegen der sonstigen Beendigungsgründe auf § 15 MB/PPV verwiesen.

237 Die **Wartezeitregelung** weicht von der der PKV erheblich ab. Die Wartezeit beträgt seit Stellung des ersten Antrags ab 1. Januar 2000 fünf Jahre, wobei das Versicherungsverhältnis innerhalb der letzten zehn Jahre vor Stellung des Antrags fünf Jahre bestanden haben muss (§ 3 MB/PPV 2008). Bei Ausscheiden aus der sozialen Pflegeversicherung oder bei Wechsel von einem privaten VR zu einem anderen wird die bereits ununterbrochen zurückgelegte Versicherungszeit angerechnet.

238 Die **Beitragsregelung** ist in § 8 MB/PPV 2008 enthalten. Es wird im Wesentlichen der Inhalt des SGB XI wiedergegeben. **Kündigungs- und Rücktrittsrechte** des VR sind nach § 110 Abs. 4 SGB XI ausgeschlossen, solange der Kontrahierungszwang besteht.

Gerät der VN mit sechs oder mehr Monatsbeiträgen in Verzug, kann ein Bußgeld verhängt werden.

239 Wie in der PKV können auch in der PPV die **AVB** vom VR mit Zustimmung eines unabhängigen Treuhänders mit Wirkung auch für bestehende Verträge **geändert** werden (§ 18 MB/PPV 2008). Die Voraussetzungen entsprechen denen der MB/KK.

Für Klagen aus dem Versicherungsverhältnis sind die **Sozialgerichte** zuständig (§ 51 Abs. 2 SGG).

F. Besondere Vertragspflichten

I. Obliegenheiten des VN

1. Vorbemerkung

240 Obliegenheiten sind **Verhaltensnormen,** die dem VN durch **Gesetz oder Vertrag** auferlegt werden, um ähnlich wie die Leistungsausschlüsse[109] Risiko und Gefahrtragung zu begrenzen. Die Verletzung dieser Verhaltensnormen kann unter bestimmten Voraussetzungen zum **Verlust des Versicherungsschutzes** führen.

Obliegenheiten hat der VN vor oder bei **Abschluss des Vertrages, vor** und **nach Eintritt des Versicherungsfalles.**

241 Man unterscheidet[110] **Anzeigeobliegenheiten,** durch den der VR über die von ihm zu tragende Gefahr unterrichtet werden soll (z. B. §§ 16 ff. VVG, § 9 Abs. 1 MB/KK; §§ 19 ff. VVG 2008, § 9 Abs. 1 MB/KK 2008), **Gefahrstandsobliegenheiten,** die Gefahrerhöhungen durch den VN verhindern oder mildern sollen (z. B. §§ 23 ff. VVG, § 9 Abs. 5 und 6 MB/KK; §§ 23 ff. VVG 2008, § 9 Abs. 5 MB/KK 2008), **Auskunfts- und Aufklärungsobliegenheiten** (z. B. § 34 VVG, § 9 Abs. 2 MB/KK; § 31 VVG 2008, § 9 Abs. 2 MB/KK 2008) und **Schadenminderungsobliegenheiten** (z. B. § 62 VVG, § 9 Abs. 4 MB/KK; § 82 VVG 2008, § 9 Abs. 4 MB/KK 2008).

---

[109] Vgl. D. II.
[110] *Bach/Moser/Bach,* §§ 9, 10 MB/KK Rn. 2.

Nichteinhaltung vertraglicher Obliegenheiten kann nur unter den in § 6 VVG, § 28 VVG **242** 2008 genannten Voraussetzungen zum Verlust des Versicherungsschutzes führen. Verbirgt sich hinter der äußeren Form eines Leistungsausschlusses eine Verhaltensnorm (sog. **verhüllte Obliegenheit**) finden die Vorschriften über die Obliegenheitsverletzungen Anwendung (Zur Abgrenzung zwischen echten Leistungsansprüchen und verhüllten Obliegenheiten vgl. Kapitel 13).

2. Obliegenheiten vor oder bei Vertragsabschluss

Der VN hat **vorvertragliche Anzeigepflichten** nach §§ 16 ff. VVG, § 19 VVG 2008. Es **243** handelt um gesetzliche Obliegenheiten, die, wenn sie vom VN nicht beachtet werden, zum **Rücktritt** des VR nach § 16 Abs. 2 VVG, § 19 Abs. 2 VVG 2008 und damit zum Verlust des Versicherungsschutzes führen können.

Dem VN werden im **Versicherungsantrag** vor allem Fragen nach seinem jetzigen und **244** früheren **Gesundheitszustand** gestellt. Der VR ist auf diese Auskünfte angewiesen, um eine risikogerechte Annahmeentscheidung fällen zu können. Für den Antragsteller besteht u. U. die Versuchung, es mit der Beantwortung der Gesundheitsfragen nicht allzu genau zu nehmen, um dem VR die Annahme des Antrags überhaupt zu ermöglichen, und wenn ja, dann möglichst ohne Beitragszuschlag oder Leistungsausschluss. Es soll auch vorkommen, dass der **Versicherungsvermittler** den Antragsteller dahingehend beeinflusst, dass er Krankheiten, die der potentielle VN ihm gegenüber angibt, wider besseres Wissen für belanglos erklärt, um zum Vertragsabschluss zu kommen[111]. Die behauptete oder tatsächliche Verletzung der vorvertraglichen Anzeigepflicht ist immer wieder Ursache von Rechtsstreiten und Beschwerden.

Erklärungsempfänger ist der VR. Nach höchstrichterlicher Rechtsprechung erstreckt **245** sich die Vollmacht des **Antragsvermittlers** auch auf die Entgegennahme vorvertraglicher Anzeigen. Was ihm der VN mitteilt, muss der VR gegen sich gelten lassen.

Die Anzeigepflicht ist **bei Abschluss des Vertrages,** nach neuem Recht **bis zur Abgabe** **246** **seiner Vertragserklärung** (§ 19 Abs. 1 VVG 2008) vom VN zu erfüllen. Das bedeutet, dass die Pflicht bisher bis zur Annahme durch den VR fortbesteht, der VN also Umstände, die er nach Abgabe des Antragsformulars und vor Annahme des Vertrags erfahren hat, nachzumelden hat. Demgegenüber hat er bei Abschluß seit dem 1. Januar 2008 seiner Pflicht genüge getan, wenn er die ihm in Textform vorgelegten Fragen zum **Zeitpunkt seiner Antragstellung** zutreffend beantwortet hat. Will der VR weitere Auskünfte noch vor der Vertragsannahme haben, muß er in Textform seine Fragen wiederholen oder den Fragekatalog erweitern; der VN ist dann zur erweiterten Anzeige verpflichtet.

Die Anzeigepflichten sind auch zu erfüllen, wenn später der Versicherungsschutz erweitert **247** oder Risikoausschlüsse aufgehoben werden sollen.

Anzeigepflichtig sind nach § 16 VVG, § 19 Abs. 1 VVG 2008 nur Umstände, die für die **248** Übernahme der Gefahr **erheblich** sind. Darunter versteht der Gesetzgeber Gefahrumstände, die geeignet sind, den Entschluss des VR zu beeinflussen, den Vertrag überhaupt oder zu dem vereinbarten Inhalt abzuschließen. Da diese Frage aus Sicht des VR zu beantworten ist, die der Versicherte nicht unbedingt und in allen Fällen kennen wird, gibt der Gesetzgeber in § 16 Abs. 1 S. 3 VVG bzw. § 19 Abs. 1 VVG 2008 eine Hilfestellung, indem er bestimmt, dass als gefahrerheblich solche **Umstände** anzusehen sind, nach denen der VR **ausdrücklich und schriftlich bzw. nunmehr in Textform** gefragt hat. Gefragt wird in den gängigen Formularen in der Regel nach Krankheiten, Behandlungen, Beschwerden und Unfallfolgen in den letzten drei Jahren. Dabei muss der VN auch Krankheiten angeben, die er selbst vielleicht als Bagatellerkrankungen ansieht. Für den VR sind auch diese Erkrankungen unter dem Gesichtspunkt der Häufigkeit ambulanter Behandlungen für die Einschätzung des Risikos von Interesse. Die Rechtsprechung zur Frage, welche Umstände erheblich und damit anzeigepflichtig sind und welche nicht, ist so zahlreich wie die möglichen Erkrankungen und

---

[111] GBBAV 1975, 46.

deren Behandlungen. Einen guten Überblick über die Beurteilung einzelner Erkrankungen in der Rechtsprechung findet man bei *Bach/Moser*[112].

Andere Gefahrumstände, die ebenfalls von Bedeutung für die Risikoübernahme sind, und nach denen vor allem in der Krankentagegeldversicherung gefragt wird, sind das Vorhandensein weiterer Krankenversicherungsverträge und die Art der beruflichen Tätigkeit.

249   Der VN hat die ihm **bekannten** Umstände anzuzeigen. Bloßes Kennenmüssen reicht nicht aus.

250   Hatte sich der VN der Kenntnis allerdings **arglistig** entzogen, wurde er nach § 16 Abs. 2 S. 2 VVG so behandelt, als hätte er einen ihm bekannten Umstand, nach dem gefragt wurde, nicht angezeigt. Diese Vorschrift ist jetzt weggefallen. Der VR kann allerdings nach § 123 BGB anfechten, wenn der VN einen gefahrerheblichen Umstand, den der VR nicht oder nur mündlich nachgefragt hat, arglistig verschwiegen hat.

251   Hat der VN die Anzeigepflicht verletzt, kann der VR von dem Vertrag **zurücktreten** (§§ 16 Abs. 2, 17 Abs. 1 VVG; § 19 Abs. 2 VVG 2008).

252   Das Rücktrittsrecht ist nach altem VVG **ausgeschlossen,** wenn der **VR** den nicht angezeigten Umstand **kannte** oder wenn er wusste, dass der angezeigte Umstand nicht den Tatsachen entsprach (§§ 16 Abs. 3, 17 Abs. 2 VVG). Gleiches gilt, wenn der VN die Anzeigeverpflichtung schuldlos verletzt hat. Ebenfalls ausgeschlossen ist das Rücktrittsrecht, wenn **seit Schließung des Vertrages drei Jahre verstrichen** sind, es sei denn, die Anzeigepflicht ist arglistig verletzt worden (§ 178k VVG).

253   Nach **neuem** Recht ist der **Rücktritt ausgeschlossen,** wenn der VN die Anzeigepflicht **weder vorsätzlich noch grobfahrlässig** verletzt hat. Hat der VN leicht fahrlässig gehandelt, kann der VR unter Einhaltung einer Frist von einem Monat den Vertrag **kündigen** (§ 19 Abs. 3 VVG 2008). Ansonsten ist das an sich nach § 19 Abs. 3 VVG 2008 bestehende Kündigungsrecht durch § 194 Abs. 1 S. 2 VVG 2008 ausgeschlossen, wenn der VN in der Krankenversicherung die Verletzung nicht zu vertreten, also schuldlos gehandelt hat.

Das **Rücktrittsrecht** ist selbst bei grobfahrlässiger Anzeigepflichtverletzung **ausgeschlossen,** wenn der Vertrag auch bei Kenntnis der nicht angezeigten Umstände geschlossen worden wäre, wenn auch zu anderen Bedingungen (§ 19 Abs. 4 VVG 2008). Dasselbe gilt für das **Kündigungsrecht** des leicht fahrlässig Handelnden. In beiden Fällen werden die „anderen Bedingungen" des § 19 Abs. 4 S. 2 VVG 2008 auf Verlangen des VR rückwirkend Vertragsbestandteil. Erhöht sich dabei die Prämie um mehr als zehn Prozent oder schließt der VR die Risikoübernahme für den nicht angezeigten Umstand aus (in der Krankenversicherung etwa bestimmte Vorerkrankungen), kann der VN den Vertrag nach Maßgabe des § 19 Abs. 6 VVG 2008 kündigen.

Im Falle des **schuldlos** die Anzeigepflicht verletzenden VN kann der VR weder zurücktreten noch kündigen, noch eine höhere Prämie verlangen. Das ergibt sich aus § 194 Abs. 1 S. 3 i. V. m. § 19 Abs. 3 und 4 VVG 2008.

Dem VR stehen die genannten Rechte nur zu, wenn er den VN durch **gesonderte Mitteilung in Textform** auf die Folgen der Anzeigepflichtversicherung hingewiesen hat. Sie stehen ihm nicht zu, wenn er die nicht angezeigten Gefahrumstände oder die Unrichtigkeit der Anzeige **kannte** (§ 19 Abs. 5 VVG 2008).

254   Soweit auf den Vertrag noch **altes VVG** anzuwenden ist, muß der **Rücktritt binnen Monatsfrist** erfolgen (§ 20 VVG). Er muss gegenüber dem VN erklärt werden. Die Frist beginnt mit dem Zeitpunkt, in dem der VR von der Verletzung der Anzeigepflicht **Kenntnis** bekommen hat. Beide Vertragsteile sind verpflichtet, die empfangenen Leistungen zurückzugewähren.

Hat die Anzeigeverletzung **keinen Einfluss** auf den Versicherungsfall und den Leistungsumfang, so bleibt der VR leistungspflichtig, wenn der Versicherungsfall vor dem Rücktritt eingetreten ist (§ 21 VVG). Das Recht auf Rücktritt erlischt nach drei Jahren, es bleibt bestehen bei arglistiger Verletzung der Anzeigepflicht (§ 178k VVG).

---

[112] *Bach/Moser/Schoenfelder/Kalis,* Anhang nach § 2 MB/KK Rn. 27, 28.

Nach **neuem Recht** (§ 21 VVG 2008) muß der VR seine Rechte (Rücktritt, Kündigung) **255** ebenfalls binnen **Monatsfrist** schriftlich geltend machen. Der VN hat bei Ausübung seiner Rechte die Umstände anzugeben, auf die er seine Rechte stützt. Erfolgt der **Rücktritt nach Eintritt des Versicherungsfalls,** ist der VR nicht zur Leistung verpflichtet, es sei denn, die Verletzung der Anzeigepflicht ist weder kausal für Feststellung oder Eintritt des **Versicherungsfalls,** noch für Feststellung oder Umfang der **Leistungspflicht** des VR (§ 21 Abs. 2 VVG 2008). Bei arglistiger Verletzung der Anzeigepflicht ist der Versicherer leistungsfrei.

Die Rechte des VR erlöschen nach Ablauf von **drei Jahren;** wurde die Anzeigepflicht vorsätzlich oder arglistig verletzt, beträgt die Frist **zehn Jahre** (§ 194 Abs. 1 S. 4 i. V. m. § 21 Abs. 3 VVG 2008).

3. Obliegenheiten vor Eintritt des Versicherungsfalls

Unter Obliegenheiten **vor Eintritt des Verssicherungsfalles** werden Verhaltensnormen **256** verstanden, die der VN **nach Abschluss des Vertrages bis zum Eintritt des Versicherungsfalles** zu beachten hat. Da die die gesetzlichen Obliegenheiten regelnden Vorschriften der §§ 23 ff. VVG und VVG 2008 nach § 178a Abs. 2 S. 2 VVG bzw. § 194 Abs. 1 S. 2 VVG 2008 auf die Krankenversicherung keine Anwendung finden, bleiben für diesen Bereich nur **vertragliche Obliegenheiten.**

Vertragliche Obliegenheiten enthalten § 9 Abs. 5 und 6 MB/KK und MB/KK 2008, die **257** den Abschluss von **Mehrfachversicherungen** betreffen. Diese bringen in der Regel eine Gefahrerhöhung mit sich. Es ist daher verständlich, dass der VR zumindest ein Mitspracherecht haben will.

So hat der VN den VR davon zu unterrichten, dass er für eine bei dem VR versicherte **258** Person eine **weitere Krankheitskostenversicherung** bei einem anderen VR abgeschlossen hat. Dasselbe gilt für den Fall, dass eine versicherte Person von der Versicherungsberechtigung in der GKV Gebrauch macht. Der VR will in diesen Fällen die Möglichkeit haben, seine Rechte aus § 59 VVG, § 78 VVG 2008 oder § 55 VVG, § 200 VVG 2008 (im Fall des Übertritts in die GKV) geltend zu machen.

Die weitere Versicherung muss nach Sinn und Zweck der Vorschrift zu einer Doppelversicherung führen. Es muss also eine gewisse, nicht vollständige Identität der Gefahrendeckung gegeben sein.

Die Anzeige hat **unverzüglich nach Abschluss** des neuen Vertrages zu erfolgen.

Will der VN eine weitere **Krankenhaustagegeldversicherung** abschließen, benötigt er **259** eine Zustimmung des VR (vgl. dazu *Tschersich,* § 45).

Der VR ist nach für den **Altbestand** noch geltendem Recht im Fall der **Verletzung der 260 Obliegenheit** nach § 9 Abs. 5 MB/KK von der Verpflichtung zur Leistung frei, wenn er von seinem Kündigungsrecht nach Maßgabe des § 6 Abs. 1 VVG binnen eines Monats nach Bekanntwerden Gebrauch macht, wobei Voraussetzung ist, dass der VN oder die Gefahrsperson **schuldhaft** gehandelt hat (§ 6 Abs. 1 VVG, § 10 Abs. 2 und 3 MB/KK).

Nach **neuem Recht** ist der VR ganz oder teilweise von der **Leistungspflicht frei,** wenn der VN die Obliegenheit **vorsätzlich** verletzt hat; wird die Verletzung grob fahrlässig begangen (**Beweislast** für Nichtvorliegen grober Fahrlässigkeit liegt beim **VN**), kann der VR nach Wegfall des Alles-oder-Nichts-Prinzips die Leistung entsprechend dem Grad des Verschuldens **kürzen** (§ 28 Abs. 2 VVG 2008, § 10 Abs. 1 MB/KK 2008). Ist allerdings die Obliegenheitsverletzung nicht **kausal** für Eintritt oder Feststellung des Versicherungsfalls bzw. Feststellung oder Umfang der Leistungspflicht, hat der VR zu leisten, es sei denn, der VN hat arglistig gehandelt (§ 28 Abs. 3 VVG 2008). Leistungsfreiheit ist nur gegeben, wenn der VN durch gesonderte Mitteilung in **Textform** auf diese Folgen hingewiesen worden ist (§ 28 Abs. 3 VVG 2008).

Der VR kann ferner den Vertrag dann **kündigen,** wenn der VN **vorsätzlich oder grob fahrlässig** gehandelt hat (§ 28 Abs. 1 VVG 2008, § 9 Abs. 2 MB/KK 2008).

4. Obliegenheiten nach Eintritt des Versicherungsfalls

261   Die gesetzliche Obliegenheit des § 33 VVG, § 30 VVG 2008, wonach der VN bzw. der Empfangsberechtigte nach Kenntnis vom **Eintritt des Versicherungsfalls** dem VR unverzüglich Anzeige zu machen hat, wird durch die vertragliche Obliegenheit des § 9 Abs. 1 MB/KK und MB/KK 2008 auf die **Anzeige der Krankenhausbehandlung** reduziert, die dem VR binnen 10 Tagen nach Beginn des stationären Aufenthalts mitgeteilt werden muss.

262   Damit der VR in der Lage ist, sich ein klares Bild über seine Eintrittspflicht zu machen, ist der VN bzw. der Empfangsberechtigte verpflichtet, dem VR **auf Verlangen** jede **Auskunft** zu erteilen, die zur Feststellung des Versicherungsfalles oder der Leistungspflicht und ihres Umfangs erforderlich ist (§ 34 VVG, § 9 Abs. 2 MB/KK; § 31 VVG 2008, § 9 Abs. 2 MB/KK 2008). Das gilt für alle Fälle, nicht nur für die Krankenhausbehandlung.

263   Was im Einzelnen **erforderlich** ist, hängt vom Einzelfall ab. Je komplizierter und damit in der Regel teurer der Behandlungsfall ist, desto umfangreicher ist die Auskunftspflicht. Weitgehend muss dem VR überlassen bleiben, welche Auskünfte er zur Überprüfung der Eintrittspflicht für notwendig erachtet. Zu den Auskünften, die er verlangen kann, gehören auch solche, die das subjektive und moralische Risiko (z. B. Herbeiführung des Versicherungsfalles, § 178l VVG, § 201 VVG 2008) betreffen. Zu weit geht es allerdings, wenn der VR den Versicherungsfall dazu benutzt, Erkenntnisse darüber zu gewinnen, **ob der VN seine vorvertraglichen Anzeigepflichten verletzt hat**[113]; eine solche Ausdehnung der Auskunftsverpflichtung ist jedenfalls von § 34 VVG, § 31 VVG 2008 nicht gedeckt.

264   Zu dem Recht auf Auskunft gehört auch, dass der VR **Informationen der behandelnden Ärzte** erhält und **Einsicht in die Krankenunterlagen** nehmen kann. Möglich machen muss das der VN. Er muss dafür sorgen, dass der VR die notwendigen Unterlagen und Auskünfte erhält. Dazu muss er vor allem die behandelnden Ärzte von der Schweigepflicht entbinden. Eine entsprechende **Auskunftsermächtigung und Schweigepflichtentbindungserklärung** wird in der Regel schon im Versicherungsantrag erteilt[114]. Nach neuem Recht ist dabei § 213 VVG 2008 zu beachten (Vgl. dazu Abschnitt I. 1.).

265   Neben die Auskunftspflicht tritt als weitere Obliegenheit die Pflicht, sich auf Verlangen des VR einer **ärztlichen Untersuchung** zu unterziehen (§ 9 Abs. 3 MB/KK und MB/KK 2008). Diese vertragliche Obliegenheit betrifft die versicherten Personen. Auch sie dient allein der Prüfung, ob ein Versicherungsfall vorliegt, ob Leistungspflicht gegeben ist und wenn ja, in welchem Umfang. In der Krankheitskostenversicherung werden Untersuchungen selten verlangt. Nur wenn Leistungsfragen anders nicht aufzuklären sind, wird auf die Untersuchung zurückgegriffen. Die Kosten der Untersuchung hat der VR zu tragen.

266   Die versicherte Person hat ferner die Verpflichtung, bei dem Eintritt des Versicherungsfalls nach Möglichkeit für die **Minderung des Schadens** zu sorgen, und alle Handlungen zu unterlassen, die der Genesung hinderlich sind (§ 9 Abs. 4 MB/KK und MB/KK 2008). Der Versicherte hat sich so zu verhalten, wie er sich verhalten würde, wenn er nicht versichert wäre. Dann würde er Ärzten keine höheren Honorare zahlen als die, die nach der Gebührenordnung vorgesehen sind, und er würde auch kostengünstigere Behandlungsmethoden akzeptieren, wenn diese teureren zumindest gleichwertig wären. Die Bedeutung der Schadenminderungspflicht ist in der **Praxis gering,** weil einerseits der Versicherte in der Regel dem Arzt vertraut und die Behandlung und das Honorar akzeptiert, das der Arzt für richtig hält, und andererseits der VR zahlt und die Mehrkosten dann im Wege der Prämienanpassung finanziert.

267   Bei **Verletzung** der o. g. Obliegenheiten gilt für den **Altbestand** nach noch geltendem Recht folgendes:
Der VR ist grundsätzlich von der **Verpflichtung zur Leistung frei** (§ 10 Abs. 1 MB/KK). Dabei ist allerdings § 6 Abs. 3 VVG zu beachten. Danach setzt die Leistungsfreiheit Verschulden, und zwar Vorsatz oder grobe Fahrlässigkeit des VN oder des Versicherten voraus,

---

[113] OLG Hamm v. 9. 6. 1978, VersR 1978, 1060; a. M. *Bach/Moser/Bach,* §§ 9, 10 MB/KK Rn. 16.
[114] Zur Auslegung der Klausel vgl. GBBAV 1982, 40.

wobei bei grob fahrlässigem Handeln die Leistungsfreiheit entfällt, wenn die Verletzung keinen Einfluß auf Eintritt des Versicherungsfalls oder Umfang der Leistung gehabt hat. Bei **vorsätzlichen** Obliegenheitsverletzungen sieht das Gesetz dieses Kausalitätserfordernis nicht vor.
Hier war aber die sog. **Relevanzrechtsprechung** des BGH zu beachten, wonach der VR
ein Recht zur Leistungsverweigerung dann nicht hat, wenn die Verletzung tatsächlich ohne
„Relevanz" für den VR war. Der VR kann sich in diesem Fall nur dann auf Leistungsfreiheit
berufen, wenn der Verstoß objektiv, d. h. generell geeignet war, die Interessen des VR ernsthaft zu gefährden und subjektiv von einigem Gewicht war, d. h. dass den VN ein erhebliches
Verschulden trifft. Außerdem muss bei den hier vorliegenden Auskunftsobliegenheiten der
VN über den möglichen Verlust seines Versicherungsschutzes belehrt worden sein[115].

Nach **neuem Recht** ist der VR ganz oder teilweise von der **Leistungspflicht frei,** wenn   **268**
der VN die Obliegenheit **vorsätzlich** verletzt hat; wird die Verletzung grob fahrlässig begangen **(Beweislast** für Nichtvorliegen grober Fahrlässigkeit liegt beim **VN),** kann der VR nach
Wegfall des Alles-oder-Nichts-Prinzips die Leistung **entsprechend dem Grad des Verschuldens kürzen** (§ 28 Abs. 2 VVG 2008, § 10 Abs. 1 MB/KK 2008). Ist allerdings die Obliegenheitsverletzung nicht **kausal** für Eintritt oder Feststellung des Versicherungsfalls bzw.
Feststellung oder Umfang der Leistungspflicht, hat der VR zu leisten, es sei denn, der VN
hat arglistig gehandelt (§ 28 Abs. 3 VVG 2008). Leistungsfreiheit ist nur gegeben, wenn der
VN durch gesonderte Mitteilung in **Textform** auf diese Folgen hingewiesen worden ist
(§ 28 Abs. 3 VVG 2008).

5. Obliegenheiten in der privaten Pflegepflichtversicherung

Wegen Verletzung vorvertraglicher Anzeigepflichten kann der VR wegen des Kontrahie-   **269**
rungszwangs **nicht von dem Vertrag zurücktreten.**

Im Übrigen gelten die für die **PPV-spezifischen Obliegenheiten** des § 9 MB/PPV   **270**
2008. Es handelt sich im Wesentlichen um Anzeigeobliegenheiten. Die Folgen der **Verletzung** von Obliegenheiten richten sich nach § 10 MB/KK 2008 i. V. m. § 28 VVG 2008. Im
Übrigen kann er bei Verletzung der in § 9 Abs. 3 und 4 MB/PPV 2008 genannten Obliegenheiten (Auskunftsobliegenheit, Anzeigeverpflichtung der Erwerbstätigkeit beitragsfrei mitversicherter Kinder) Ersatz für durch die Verletzung entstandenen zusätzlichen Aufwendungen verlangen.

II. Aufklärungs- und Informationspflichten des Versicherers

1. Vorvertragliche Pflichten

Das seit dem 1. Januar 2008 geltende Recht unterscheidet zwischen **Beratung** und **Infor-**   **271**
mation des VN.

Die **Beratungspflichten des § 6 VVG 2008** knüpfen an die in § 61 VVG 2008 aus der   **272**
EG-Vermittlerrichtlinie stammende Regelung an, wonach die Versicherungsvermittler den
Kunden nach seinen Wünschen und Bedürfnissen zu befragen und zu beraten haben, und
zwar unter unter Berücksichtigung der Schwierigkeit, die angebotene Versicherung zu beurteilen, eines angemessenen Verhältnisses zwischen Aufwand und Prämie und der Person des
Kunden und seiner Situation. Da es keinen Sinn macht, diese Beratungspflicht nur dem Vermittler, nicht aber dem VU oder dem angestellten Außendienst auf zu erlegen, hat der Gesetzgeber zu Recht eine **allgemeine Beratungspflicht** statuiert.

Diese sieht vor

- eine **Befragung** des Kunden nach Wünschen und Bedürfnissen, eine **Beratung** und An-
gabe der **Gründe für den erteilten Rat** (§ 6 Abs. 1 S. 1 VVG 2008),
- **Dokumentation** der Wünsche und Bedürfnisse des Kunden sowie der Gründe für den
Abschluß (§ 6 Abs. 1 S. 2 VVG 2008)

---

[115] *Römer/Langheid/Römer,* § 6 VVG Rn. 51 ff.

- **Übermittlung** des erteilten Rats und der Gründe in **Textform vor Vertragsabschluß**), es sei denn, der VN hat mündliche Übermittlung gewünscht oder es ist vorläufige Deckung gewährt worden (Dann müssen die Angaben unverzüglich nach Vertragsabschluß übermittelt werden, es sei denn, der Vertrag ist nicht zustande gekommen oder es handelt sich um eine vorläufige Deckung bei Pflichtversicherungen (§ 6 Abs. 2 VVG 2008). Wegen weiterer Einzelheiten vgl. oben § 18).

Im Gegensatz zu den Informationspflichten ist in § 6 VVG 2008 keine ausdrückliche Ausnahme für den **Internetvertrieb** vorgesehen.

Verletzt der VR seine Beratungs- und Dokumentationspflicht, ist er dem VN **schadenersatzpflichtig.** Er kann auch auf Beratung und Dokumentation durch eine gesonderte schriftliche Erklärung **verzichten,** in der er vom VR ausdrücklich darauf hingewiesen wird, daß er seinen Schadenersatzanspruch gefährdet (§ 6 Abs. 3 VVG 2008).

273   Die Beratungs- und Dokumentationspflicht gilt nicht, wenn es sich um die Versicherung von **Großrisiken** nach § 10 Abs. 1 S. 2 EGVVG handelt; sie gilt ferner nicht, wenn der Vertrag von einem **Makler** vermittelt wird oder es sich um einen **Vertrag im Fernabsatz** nach § 312b Abs. 1 und 2 BGB handelt (§ 6 Abs. 6 VVG 2008).

274   Die **Informationspflichten** erfassen die **Auskünfte,** die der VR den Kunden mitzuteilen hat, **bevor diese ihre auf den Abschluß eines Versicherungsvertrags gerichtete Willenserklärung** abgeben. Es handelt sich hierbei um die Vertragsbestimmungen einschließlich der AVB sowie die Informationen, die der VR in Textform nach Maßgabe der nach § 7 Abs. 2 VVG 2008 erlassenen VVG-Informationsverordnung – **VVG-InfoV** – dem VN zu geben hat. Dabei handelt es sich um Informationspflichten, die sich aus europarechtlichen Vorgaben ergeben, sowie um solche, die nach Ansicht des Gesetzgebers aufgrund von nationalen Erfahrungen eine Verbesserung des Verbraucherschutzniveaus notwendig sind. Über die für alle Versicherungszweige geltenden Anforderungen (Vgl. dazu oben § 18) hinaus werden für die **substitutive Krankenversicherung** festgelegt, welche Informationen insbesondere über die **Prämienentwicklung und Prämiengestaltung** sowie die **Abschluß- und Vertriebskosten** mitzuteilen sind (§ 7 Abs. 2 Nr. 3 VVG 2008 i. V. m. § 3 VVG-InfoV). Im Einzelnen werden wegen der hohen wirtschaftlichen Bedeutung dieser Form der Krankenversicherung und ihrer Vergleichbarkeit mit der Lebensversicherung **folgende Informationen** verlangt:

Zunächst einmal hat der VR dem Interessenten vor Abschluß eines Krankenversicherungsvertrags ein „**amtliches Informationsblatt**" auszuhändigen, welches über die „**verschiedenen Prinzipien der gesetzlichen sowie der privaten Krankenversicherung**" aufklärt. Der Interessent hat den Empfang zu bestätigen (§ 10a Abs. 3 VAG). Es handelt sich hier um gesetzgeberischen Aktionismus, der Feigenblattfunktion hat und nur Geld (der Versicherten) kostet. Eine seriöse Information müsste so umfangreich sein, daß sie niemand liest, oder sie ist kurz, nichts sagend und überflüssig (Vgl. das in Zusammenhang mit dem BMF gestaltete Informationsblatt des BAV[116]).

Darüber hinaus hat der VR dem Versicherungsinteressenten zu liefern

- eine Mitteilung der **Abschluß-, Vertriebs- und sonstigen Kosten,** wobei die **Abschlusskosten** als einheitlicher Gesamtbetrag und die übrigen einkalkulierten Kosten als Anteil der Jahresprämie unter Angabe der jeweiligen Laufzeit auszuweisen sind (§ 3 Abs. 1 Nr. 1 und 2 VVG-InfoV);

- Angaben über die Auswirkungen steigender Krankheitskosten auf die zukünftige Beitragsentwicklung (§ 3 Abs. 1 Nr. 3 VVG-InfoV);

- Hinweise auf die Möglichkeit zur **Beitragsbegrenzung im Alter,** insbesondere Wechsel in Standard/Basistarif oder andere Tarife nach § 204 VVG 2008, Vereinbarung von Leistungsausschlüssen etc. (§ 3 Abs. 1 Nr. 4 VVG-InfoV);

- einen Hinweis, daß ein **Wechsel** von der privaten in die gesetzliche Krankenversicherung in fortgeschrittenem Alter in der Regel ausgeschlossen ist (§ 3 Abs. Nr. 5 VVG-InfoV;

---

[116] Rundschreiben R 1/2000, VerBAV 2000, 23.

- einen Hinweis, daß ein **Wechsel** in höherem Alter mit höheren Beiträgen verbunden sein kann und auf einen Wechsel in den Standard/Basistarif beschränkt ist (§ 3 Abs. 1 Nr. 6 VVG-InfoV);
- eine **Übersicht über die Beitragsentwicklung** im Zeitraum der dem Vertragsangebot vorangehenden zehn Jahre (§ 3 Abs. 1 Nr. 7 VVG-InfoV).

Diese Informationen sind sicher für den potentiellen VN nützlich; sie wären aber weitaus nützlicher, wenn dem Kunden gleichzeitig ähnliche **Warnhinweise auch über die GKV** hinsichtlich Kosten und Beitragssteigerungen geliefert werden müssten; die Informationen sind sonst das, was man heute asymmetrisch nennt.

2. Pflichten während der Laufzeit des Vertrags

Auch während der Laufzeit des Vertrags hat der VR eine **Beratungspflicht,** wenn objektiv für den VR ein Anlaß für eine Nachfrage oder Beratung des VN erkennbar ist (§ 6 Abs. 4 S. 1 VVG 2008). Solche Anlässe können Änderungen der gesetzlichen Rahmenbedingungen (z. B. der Beihilfevorschriften) oder der Lebensumstände und Bedürfnisse des VN sein. Auch gilt, daß der VN bei Verletzung der Beratungspflicht einen **Schadenersatzanspruch** hat, es sei denn der VR hat die Verletzung nicht zu vertreten. Der VN kann auch hier im Einzelfall auf eine Beratung durch schriftliche Erklärung **verzichten** (§ 6 Abs. 4 S. 2 VVG 2008). **275**

Abgesehen von den allgemeinen für alle Zweige geltenden Informationen, die der VR während der Laufzeit des Vertrages dem VN übermitteln muß (Vgl. dazu oben § 18), hat der VR in der Krankenversicherung spezielle Informationen bei **Prämienerhöhungen** und hinsichtlich der **Möglichkeit des Tarifwechsels** dem VN zu geben. Die Einzelheiten sind nun in § 6 Abs. 2 VVG-InfoV geregelt (Vgl. auch § 7 Abs. 3 VVG 2008). Auch diese Regelung bezieht sich ausschließlich auf die **substitutive Krankenversicherung** und übernimmt im Wesentlichen die bislang in Anlage D, Abschnitt II, Nr. 4 zu § 10a VAG enthaltene Regelung. **276**

Zunächst einmal hat der VR bei jeder **Prämienerhöhung** den VN auf das das Tarifwechselrecht des § 204 VVG 2008 unter Beifügung des gesetzlichen Textes hinzuweisen. Es muss in diesem Zusammenhang erläutert werden, auf welche Tarife Versicherte, die das 60. Lebensjahr vollendet haben, umsteigen können, um eine niedrigere Prämie zu zahlen, ohne dass der Leistungsbereich sich vermindert. Der Hinweis muss die Tarife nennen, die bei verständiger Würdigung der Versicherteninteressen besonders für eine Umstufung in Betracht kommen. Zu den Tarifen, die in Frage kommen, zählen diejenigen mit Ausnahme des Basistarifs, die jeweils im abgelaufenen Geschäftsjahr den **höchsten Neuzugang,** gemessen an der Zahl der versicherten Personen, hatten. **Mehr als zehn Tarife** sollen es aber nicht sein, um den Versicherten nicht zu verwirren. Es sind jeweils die Prämien anzugeben, die zu zahlen wären, wenn die Umstufung gewählt werden würde. Schließlich ist auch auf die Möglichkeit des Wechsels in den **Standard- oder Basistarif** hinzuweisen, wobei die Voraussetzungen und die Prämie, die im Standard- oder Basistarif zu zahlen wäre, ebenso mitzuteilen sind wie die Möglichkeit einer Prämienreduzierung nach § 12 Abs. 1 Nr. 5 VAG 2009. **277**

Schließlich ist dem VN zunächst auf Anfrage der **Übertragungswert bei Versichererwechsel** nach § 12 Abs. 1 Nr. 5 VAG 2009, § 13a KalV 2009 anzugeben; ab dem 1. Januar 2013 ist dieser Wert jährlich mitzuteilen (§ 6 Abs. 2 S. 6 VVG-InfoV).

Schließlich ist noch auf die Pflicht des VR hinzuweisen, dem VN oder Versicherten auf Verlangen **Auskunft über und Einsicht in Gutachten** zu geben, die bei der Prüfung der Leistungspflicht über die Notwendigkeit einer medizinischen Behandlung eingeholt wurden (§ 178m VVG, § 202 VVG 2008). Die Auskunft und Einsicht kann nur einem Arzt (oder nach neuem Recht auch einem Rechtsanwalt) gewährt werden, den der VN oder Versicherte benannt hat. Den Auskunftsanspruch hat nur der Betroffene oder sein gesetzlicher Vertreter, da es sich um ein höchstpersönliches Recht handelt. Hat der VN das Gutachten oder die Stellungnahme auf Veranlassung des VR eingeholt, hat der VR die entstandenen Kosten zu erstatten (§ 202 S. 3 VVG 2008). **278**

H. Müller

Die Vorschrift ist vor dem Hintergrund der Auskunftsobliegenheit des § 9 Abs. 3 MB/KK und MB/KK 2008 zu verstehen[117]. Der Versicherte soll die Möglichkeit haben, nachzuprüfen, ob eine etwaige Leistungsablehnung zu Recht erfolgte.

G. Versicherungsfall

279 Der Versicherungsfall ist definiert in § 1 Abs. 2 MB/KK als **medizinisch notwendige Heilbehandlung** einer versicherten Person wegen **Krankheit oder Unfallfolgen;** gleichgestellt sind Untersuchung und medizinisch notwendige Behandlung wegen **Schwangerschaft,** die **Entbindung,** ambulante Untersuchungen zur **Früherkennung** von Krankheiten nach gesetzlich eingeführten Programmen (gezielte Vorsorgeuntersuchungen) und **Tod,** soweit hierfür Leistungen vereinbart worden sind. Die Definition entspricht der gesetzlichen Regelung des § 178b Abs. 1 VVG, § 192 Abs. 1 VVG 2008.
Wegen der Tatbestandmerkmale der Definition vgl. oben C. I. und II.

280 Der Versicherungsfall **beginnt mit der Heilbehandlung** und **endet,** wenn nach medizinischem Befund **Behandlungsbedürftigkeit nicht mehr besteht** (§ 1 Abs. 2 S. 2 MB/KK und MB/KK 2008). Für die der notwendigen Heilbehandlung wegen Krankheit oder Unfallfolgen gleichgestellten Tatbestände Schwangerschaft, Entbindung und Untersuchungen zur Früherkennung gilt Entsprechendes.

281 Man spricht in der Krankenversicherung von einem **gedehnten Versicherungsfall,** weil nur in den seltensten Fällen der Versicherungsfall ein punktuelles Ereignis ist, also wie etwa in der Lebensversicherung nur auf einen Moment bezogen ist, sondern sich in der Regel über einen u. U. sehr langen Zeitraum erstrecken kann.

282 Die **Heilbehandlung beginnt** mit der ersten Inanspruchnahme des Arztes[118]. Die erste diagnostische Untersuchung ist insoweit Teil der Heilbehandlung. Dagegen ist die Frage, wann die Krankheit begonnen hat, hier ohne Belang.

283 Liegt nach objektivem ärztlichem Befund keine Behandlungsbedürftigkeit mehr vor, **endet der Versicherungsfall.** Der VR ist von der Leistungspflicht frei, auch wenn weitere Behandlungen stattfinden.

284 Wird die Behandlung zeitlich **unterbrochen,** weil das aus medizinischen Gründen notwendig ist (z. B weil nicht zwei Operationen zur gleichen Zeit durchgeführt werden können), geht man in der Regel davon aus, dass der erste Abschnitt ein in sich abgeschlossener Versicherungsfall ist und die spätere Fortsetzung der Behandlung einen neuen Versicherungsfall darstellt[119]. Bei nicht medizinisch bedingten Unterbrechungen (z. B. bei Vorliegen organisatorischer – im Krankenhaus ist kein Bett frei – oder beruflicher Gründe) wird man in der Regel einen zusammenhängenden Versicherungsfall annehmen müssen.
Ein anderer Fall ist gegeben, wenn während der Behandlung einer Krankheit eine **weitere behandlungsbedürftig** wird, die mit der ersten nicht ursächlich zusammenhängt. Hier bestimmt § 1 Abs. 2 S. 3 MB/KK und MB/KK 2008, dass bei dieser Konstellation insoweit ein neuer Versicherungsfall entstanden ist.

H. Beweislastfragen

285 Als allgemeine Regel gilt auch in der Krankenversicherung, dass der VN, der Leistungen wegen eines Versicherungsfalls geltend macht, die **tatbestandlichen Voraussetzungen des Anspruchs** beweisen muss, während der VR für das Vorliegen der Voraussetzungen von **Risikoausschlüssen** – als Ausnahmen von der Normalität – den Beweis zu erbringen hat.

---

[117] Vgl. F. I. 4.
[118] BGH VersR 1996, 1224.
[119] BGH VersR 1978, 362 (364).

Dabei ist zu berücksichtigen, dass die **primären Risikobegrenzungen**[120] Teil der Leistungs-beschreibung sind. Das Vorliegen der Tatbestandsmerkmale ist daher vom VN zu beweisen. Anders verhält es sich mit den **sekundären Risikoabgrenzungen**[121]. Hier hat grundsätz-lich der VR die Beweislast.

Die Verteilung der Beweislast folgt in der Regel diesem Schema. Einige Beispiele mögen **286** das zeigen.

So hat der **VN** die **medizinische Notwendigkeit der Behandlung** als die zentrale Leis-tungsvoraussetzung zu beweisen. Besteht über den Eintritt des Versicherungsfalls kein Streit, behauptet aber der VR, dass der notwendige Aufwand oder die notwendige Behandlungs-dauer überschritten wurde, ist er beweispflichtig[122]. Dass das **Krankenhaus,** in dem die statio-näre Behandlung stattfindet, **unter ärztlicher Leitung steht,** muss z. B. der VN beweisen, dafür, dass es sich dabei um eine **gemischte Anstalt** handelt, ist der VR beweispflichtig. Den Beweis, dass es sich bei einer Behandlung **nicht** um eine solche handelt, die von der **Schul-medizin** überwiegend anerkannt ist, muss als sekundäres Abgrenzungsmerkmal der VR bewei-sen, die Gleichwertigkeit der alternativen Heilmethode mit der der Schulmedizin hat der VN zu beweisen (ein Ergebnis, das für den VN sehr hart ist, weshalb versucht wird, andere Lösun-gen zu konstruieren[123]), und um welchen Betrag der VR seine Leistungen bei Anwendung al-ternativer Methoden herabsetzen kann, hat er darzulegen und zu beweisen. Beim Streit um die **medizinisch notwendige Dauer** eines Krankenhausaufenthalts muss der VN beweisen, dass die Behandlung im Krankenhaus überhaupt notwendig war, während der VR dafür beweis-pflichtig ist, dass die an sich notwendige Behandlung zu lange dauerte oder übermäßige ärzt-liche oder Krankenhausleistungen in Anspruch genommen wurden. Will er in diesem Fall von der Übermaßregel des § 5 Abs. 2 MB/KK und MB/KK 2008 Gebrauch machen, muss er dar-legen und beweisen, welches der angemessene Kürzungsbetrag ist.

Im Falle des **Rücktritts des VR** wegen Verletzung der **vorvertraglichen Anzeige-** **287** **pflicht** ist der VR für alle den Rücktritt begründenden Umstände beweispflichtig. Der VN dagegen hat den Rücktritt aufhebende Umstände (mangelndes Verschulden, Kenntnis des VR etc.) zu beweisen.

Ficht der VR den Vertrag wegen **arglistiger Täuschung** an, hat er die Täuschung, Arglist **288** und Kausalität zu beweisen.

Die Beweislast für die objektive **Obliegenheitsverletzung vor Eintritt des Versiche-** **289** **rungsfalles** und deren Kenntnis durch den VN trägt der VR, die Beweislast für fehlendes Verschulden und fehlende Kausalität der VN.

Für objektive Obliegenheitsverletzungen **nach Eintritt des Versicherungsfalles** hat der **290** VR die Beweislast. Der VN muss beweisen, dass er nicht vorsätzlich oder grobfahrlässig han-delte. Bei grobfahrlässigem Verhalten hat er außerdem den Nachweis zu führen, dass die Ob-liegenheitsverletzung keinen Einfluss auf die Feststellung des Versicherungsfalls oder die Fest-stellung des Umfangs der Leistungspflicht gehabt hat.

Beweispflichtig für das Vorliegen der Voraussetzungen eines **Schadenersatzanspruchs** im **291** Falle der Verletzung von Beratungs- oder Informationspflichten des VR ist der VN. Der VR hat zu beweisen, daß er die Pflichtverletzung nicht zu vertreten hat.

I. Sonstiges

1. Erhebung personengebundener Gesundheitsdaten bei Dritten

Anders als in der GKV, bei der der Datenfluss zwischen Ärzten und Kasse durch Gesetz ge- **292** regelt ist (§§ 284 f. SGB V), werden in der privaten Krankenversicherung bisher die für die

---

[120] Vgl. D. II. 2.
[121] Vgl. D. II. 3.
[122] BGH VersR 1991, 987.
[123] *Prölss/Martin/Prölss,* § 4 MB/KK Rn. 45 ff.

Beurteilung des Versicherungsrisikos und der Leistungspflicht notwendigen, der ärztlichen Schweigepflicht unterliegenden Gesundheitsdaten bei Ärzten, Krankenhäusern und anderen VR von den Krankenversicherern auf der Grundlage einer 1989 erarbeiteten pauschalen **Schweigepflichtentbindungserklärung** erhoben. Diese Erklärung entspricht nicht mehr der geltenden Rechtslage. Nach der Novelle des BDSG 2001 muß insbesondere bei Gesundheitsdaten die versicherte Person im Zeitpunkt der Unterschrift unter die Schweigepflichtentbindungserklärung erkennen, welche ihrer Patientendaten der VR wann, bei welchen Stellen und zu welchem Zweck erheben darf. Das war bei der bisherigen Erklärung nicht eindeutig zu erkennen. Die Erklärung entspricht daher nicht den Anforderungen des § 4a BDSG. Die neue **Regelung des § 213 VVG 2008** soll mehr Transparenz und Sicherheit für die Versicherten erreichen.

293   Im Einzelnen werden **folgende Grundsätze** aufgestellt:

- Die Erhebung **personengebundener Gesundheitsdaten** durch den VR bei Ärzten, Krankenhäusern und sonstigen Krankenanstalten, Pflegeheimen und Pflegepersonen, anderen Personenversicherern und gesetzlichen Krankenkassen sowie Berufsgenossenschaften und Behörden darf nur erfolgen, soweit die Kenntnis der Daten für die Risikoprüfung und Prüfung der Leistungspflicht notwendig ist und die betroffene Person eine Einwilligung erteilt hat (§ 213 Abs. 1 VVG 2008).
- Die notwendige Einwilligung kann als **generelle Schweigepflichtentbindung** vor Abgabe der Vertragserklärung erteilt werden, wobei die betroffene Person jedoch **vor jeder Erhebung** der Daten zu unterrichten ist und ihr das Recht zugestanden wird, Widerspruch zu erheben; auf dieses Recht muß sie **vor jeder Erhebung** hingewiesen werden (§ 213 Abs. 2 und 4 VVG 2008).
- Alternativ zur generellen Schweigepflichtentbindung kann sich die betroffene Person von vornherein für eine Einzelfallentbindung entscheiden, d. h. eine Erhebung der Daten kann nur erfolgen, wenn jeweils in die einzelne Erhebung eingewilligt wurde (§ 213 Abs. 3 VVG 2008).

Die Versicherten sind auf diese Rechte hinzuweisen ebenso wie auf die Folgen der Verweigerung der Einwilligung.

2. Schlichtungsstelle

294   Angeregt durch Artikel 10 und 11 der **EG-Vermittlerrichtlinie**[124], wonach die Mitgliedstaaten die Schaffung angemessener und wirksamer Beschwerde- und Abhilfemaßnahmen zur außergerichtlichen Beilegung von Streitigkeiten zwischen Versicherungsvermittlern und Kunden fördern sollten, und zwar gegebenenfalls durch Rückgriff auf bereits bestehende Einrichtungen, sowie Artikel 14 der **EG-Fernabsatzrichtlinie II**[125], wonach ebenfalls eine außergerichtliche Schlichtungsstelle für Verbraucherstreitigkeiten über Finanzdienstleistungen im Fernabsatz geschaffen werden sollte, hat der deutsche Gesetzgeber eine generell zuständige Schlichtungsstelle gesetzlich vorgeschrieben (§ 214 VVG 2008), die nicht nur für Beschwerden über Vermittler und nicht nur für im Fernabsatz abgeschlossene Verträge tätig wird.

Mit der Wahrnehmung der Schlichtungsaufgaben können privatrechtlich organisierte Einrichtungen betraut werden. Aufgaben sind die Beilegung von Streitigkeiten

- bei Versicherungsverträgen mit Verbrauchern i. S. des § 13 BGB,
- zwischen **Versicherungsvermittlern** oder **Versicherungsberatern** und **VN** im Zusammenhang mit der **Vermittlung** von Versicherungsverträgen.

295   Privatrechtlich organisierte Einrichtungen können als Schlichtungsstelle unter der Voraussetzung anerkannt werden, daß sie **unabhängig** und **keinen Weisungen unterworfen** sind.

---

[124] Richtlinie 2002/92/EG des Europäischen Parlaments und des Rates vom 9. Dezember 2002 über Versicherungsvermittlung, ABl. EG Nr. L 9/3 v. 15. 1. 2003.

[125] Richtlinie 2002/65/EG des Europäischen Parlaments und des Rates vom 23. September 2002 über den Fernabsatz von Finanzdienstleistungen an Verbraucher und zur Änderung der Richtlinie 90/619/EWG des Rates und der Richtlinien 97/7/EG und 98/27/EG, ABl. EG Nr. L 271/16 v. 9. 10. 2002.

Außerdem müssen sie in **organisatorischer und fachlicher Hinsicht** in der Lage sein, die Aufgaben zu erfüllen (§ 214 Abs. 2 VVG 2008). Die Schlichtungsstellen haben jede Beschwerde über VR, Berater und alle Vermittler (also auch die „Kleinstvermittler" des § 34d Abs. 9 Nr. 1 GewO) zu beantworten (§ 214 Abs. 3 VVG 2008). Von den VN dürfen die Schlichtungsstellen ein **Entgelt** nur erheben, wenn offensichtlich Missbrauch der Einrichtung vorliegt. Von den anderen Parteien können Entgelte verlangt werden. Sie müssen der Höhe nach im Verhältnis zum Aufwand stehen (§ 214 Abs. 4 VVG 2008).

Findet sich keine geeignete privatrechtliche Schlichtungseinrichtung kann der BMJ im Einvernehmen mit einer Reihe anderer Ministerien (vgl. § 214 Abs. 5 VVG 2008) die Aufgaben der Schlichtungsstelle einer **Bundesoberbehörde** oder **Bundesanstalt** zuweisen. 296

Mit Verfügung vom 14. Mai 2007 hat der BMJ für den Bereich der privaten Kranken- und Pflegeversicherung die schon bestehende privat organisierte Schlichtungsstelle, den **Ombudsmann Private Kranken- und Pflegeversicherung**[126] i. S. des § 214 Abs. 1 VVG 2008 anerkannt und die Entscheidung im Bundesanzeiger bekannt gemacht[127]. 297

§ 45. Krankentagegeld- und Krankenhaustagegeldversicherung

Inhaltsübersicht

---

[126] Vgl. www.pkv-ombudsmann.de
[127] Bekanntmachung v. 22. 5. 2007, BA v. 2. 6. 2007.

H. Müller/Tschersich

Literatur: *Bach/Moser* (Hrsg.), Private Krankenversicherung, 3. Aufl. 2002, zit.: *Bach/Moser/Bearbeiter*; *Bruck/Möller* (Hrsg.), Kommentar zum VVG und zu den Allgemeinen Versicherungsbedingungen, Bd. VI 2 Krankenversicherung, zit.: *Bruck/Möller/Wriede*.

A. Einleitung

1   Sowohl die **Krankentagegeldversicherung** als auch die **Krankenhaustagegeldversicherung** bieten als Zweige der Krankenversicherung – bei unterschiedlichen Voraussetzungen – Schutz gegen Vermögensnachteile, die im Krankheitsfall oder nach einem Unfall bedingt durch Arbeitsunfähigkeit bzw. einen Krankenhausaufenthalt entstehen können, ohne dass es darauf ankommt, ob ein solcher Schaden tatsächlich entstanden ist. Die Krankentagegeldversicherung knüpft primär an die Arbeitsunfähigkeit des Versicherten an und stellt damit eine Verdienstausfallversicherung[1] dar, während die Krankenhaustagegeldversicherung als eine zentrale Anspruchsvoraussetzung eine stationäre Krankenhausbehandlung voraussetzt und damit einen Ausgleich für diejenigen Aufwendungen schaffen soll, die durch einen solchen Krankenhausaufenthalt entstehen können.

I. Rechtsgrundlagen

2   Die **Rechtsgrundlagen und rechtlichen Rahmenbedingungen** für diesen Versicherungsschutz finden sich für die Krankentagegeldversicherung in § 192 Abs. 5 VVG und für die Krankenhaustagegeldversicherung in § 192 Abs. 4 VVG sowie in den allgemeinen Versicherungsbedingungen nebst zugehörigen Tarifbestimmungen. Als Versicherungsbedingungen durchgesetzt haben sich die Musterbedingungen für die Krankentagegeldversicherung **(MB/KT)** sowie die Musterbedingungen für die Krankheitskosten- und Krankenhaustagegeldversicherung **(MB/KK)**. Es handelt sich um unverbindliche Empfehlungen des Verbandes der privaten Krankenversicherung. Die **MB/KT 2008**[2] haben die älteren **MB/KT94** und **MB/KT 78**[3] ersetzt und nehmen die Änderungen auf, die durch das VVG 2008 erforderlich geworden sind. Die **MB/KT 2008**[4] sind Grundlage der nachfolgenden Ausführungen ebenso wie die **MB/KK 2008,** die in § 1 Abs. 1b die entsprechende Regelung für die

---

[1] OLG Köln v. 26. 2. 1997, VersR 1998, 1365 (1366) = r+s 1998, 387 (388).

[2] Abrufbar unter www.pkv.de/recht/musterbedingungen_2008/krankentagegeldversicherung_mb_kt2008_pdf.pdf auf der Homepage des Verbandes der Privaten Krankenversicherer e. V.

[3] MB/KT 94 abgedruckt bei *Prölss/Martin*, S. 1886 ff. MB/KT 78 abgedruckt bei *Bach/Moser*, S. 569 ff. soweit Abweichungen von den MB/KT 94 bestehen.

[4] Abrufbar unter www.pkv.de/recht/musterbedingungen_2008/krankheitskosten_und_krankenhaus tagegeldversicherung_mb_kk2008_pdf.pdf auf der Homepage des Verbandes der Privaten Krankenversicherer e. V.

Krankenhaustagegeldversicherung aus den **MB/KK 94** und den **MB/KK 76**[5] übernommen haben. 2009 werden die **MB/KK 2008** bzw. **MB/KT 2008** durch die **MB/KK 2009** bzw. **MB/KT 2009** ersetzt. Die darin wahrgenommenen Änderungen sind (voraussichtlich) auf solche beschränkt, die durch die am 1. 1. 2009 in Kraft tretenden Änderungen des VVG 2008 durch das GKV-Wettbewerbsstärkungsgesetz erforderlich werden und in Art. 11 des Gesetzes zur Reform des Versicherungsvertragsrechts (Fn. 6) geregelt sind. Nicht immer stimmen die vom VR verwendeten allgemeinen Bedingungen mit den Musterbedingungen in allen Einzelheiten überein, weil seit der Deregulierung im Jahre 1994 eine einheitliche Verwendung der Bedingungen nicht mehr vorgegeben wird. Teilweise befinden sich die Änderungen gegenüber den Musterbedingungen auch in den Tarifbestimmungen. **Abweichungen** liegen insbes. dann vor, wenn der VR eine von der Rechtsprechung in den MB/KT oder MB/KK als unwirksam erklärte Regelung ersetzen will. Deshalb empfiehlt es sich, im Streitfall die jeweiligen in den Versicherungsvertrag einbezogenen und für den Versicherungsfall gültigen Versicherungsbedingungen und Tarifbestimmungen beizuziehen und den Abweichungen von den Musterbedingungen besondere Aufmerksamkeit zu widmen, soweit sie den Streit zwischen VN und VR betreffen können.

II. Änderungen durch die VVG-Reform

Das neue VVG gilt unmittelbar für **Neuverträge,** die nach dem 31. 12. 2007 abgeschlossen werden. Mit einer Übergangsfrist von einem Jahr ist das neue VVG auch auf **Altverträge** anzuwenden, die bis zum 1. 1. 2008 entstanden sind, Art. 1 Abs. 1 EGVVG, dem Termin für das Inkrafttreten des neuen VVG, Art. 12 Abs. 1 S. 2 (des Gesetzes zur Reform des Versicherungsvertragsrechts[6]). Ausnahmen von diesem Grundsatz regeln Art. 1 Abs. 2 EGVVG sowie Art. 2–6 EGVVG. Mit dem Inkrafttreten des neuen VVG tritt das alte VVG außer Kraft, Art. 12 Abs. 1 Nr. 1. Neben der **Übergangsregelung** in Art. 1 Abs. 2 EGVVG (Anwendbarkeit des alten VVG bei Altverträgen über den 31. 12. 2008 hinaus, wenn bis zu diesem Zeitpunkt der Versicherungsfall eingetreten ist) erlangt Art. 2 Nr. 2 EGVVG für die Krankenversicherung besondere Bedeutung, der es dem Krankenversicherer bei Erfüllung bestimmter Voraussetzungen ermöglicht, die Vorschriften über die Krankenversicherung im 8. Kapitel Teil 2 des neuen VVG – §§ 192 bis 208- ohne eine Übergangsfrist ab dem 1. 1. 2008 auch auf Altverträge anwendbar werden zu lassen. Diese Sonderregelung für die Altverträge der Krankenversicherung hat der Gesetzgeber getroffen, um eine Spaltung der Versicherungsbestände in Altverträge einerseits und Neuverträge andererseits verhindern zu können. Denn da in der Gruppe der Altverträge nach dem Inkrafttreten des neuen VVG naturgemäß keine Verträge mehr abgeschlossen werden, würden die Altverträge „vergreisen". Damit würden nach und nach die Ausgleichsmechanismen zwischen älteren und jüngeren Versicherten entfallen bis schließlich im Altbestand nur noch sehr alte Versicherte mit hohem Leistungsbedarf übrig bleiben. Um dem entgegenzuwirken, werden die geänderten Vorschriften der Krankenversicherung mit dem Inkrafttreten des neuen VVG für Altverträge für anwendbar erklärt. Diese Sonderregelung setzt voraus, dass der VR dem VN in Textform die durch die Neuregelung der Krankenversicherung geänderten Versicherungs- und Tarifbedingungen unter Kenntlichmachung der Unterschiede **spätestens einen Monat** vor dem Änderungszeitpunkt mitteilt. Eine bestimmte Art der Kenntlichmachung wird nicht gefordert. Sie kann z. B. in Unterstreichungen, einer farblichen Gestaltung oder Unterlegung, anderen Schriftart, -größe oder einer Hervorhebung durch Fettdruck der geänderten Bedingungen im Gesamttext der neuen Versicherung- und Tarifbedingungen mit einem entsprechenden Hinweis bestehen. Die Herausstellung der Unterschiede erfordert keine synoptische Gegenüberstellung der neuen mit den alten Regelungen, da sie der Information

2a

---

[5] MB/KK 94 abgedruckt bei *Prölss/Martin*, S. 1805 ff. MB/KK 76 abgedruckt bei *Bach/Moser,* S. 555 ff. soweit Abweichungen von den MB/KK 94 bestehen.
[6] V. 23. 11. 2007, BGBl. I S. 2631.

des VN dient, ihm aber kein Widerspruchsrecht oder eine Wahlmöglichkeit einräumt. Will der VR auf eine bei ihm bestehende Krankentagegeldversicherung die neuen Vorschriften schon vor dem 1. 1. 2009 zur Anwendung bringen, bedarf es auch nur der qualifizierten Mitteilung der geänderten MB/KT. Macht der KrankenVR von der Möglichkeit keinen Gebrauch, das VVG 2008 schon vor dem 1. 1. 2009 auf Altverträge anwendbar werden zu lassen, gelten ab diesem Zeitpunkt die Vorschriften des Teils 2 Kapitel 8 – §§ 192 bis 208 VVG – in der durch Art. 11 (des Gesetzes zur Reform des Versicherungsvertragsrechts – Fn. 6 –) geänderten Fassung.

2b   Einige Änderungen, die das neue VVG für die Krankenversicherung mit sich bringt, sind auch für die Krankentagegeldversicherung und die Krankenhaustagegeldversicherung von besonderer Bedeutung. Im Bereich der **vorvertraglichen Anzeigepflichtverletzung** bleibt durch § 194 Abs. 1 S. 3 VVG der bisherigen Rechtszustand entgegen den Neuregelungen in § 19 Abs. 3 S. 2 und Abs. 4 VVG erhalten, wonach die schuldlose Anzeigepflichtverletzung nicht sanktionsbelastet ist, dem VR also auch nach neuem Recht kein Kündigungsrecht und keine Möglichkeit zur Vertragsanpassung etwa durch eine Ausschlussklausel oder eine Prämienerhöhung zusteht. Erhalten bleibt auch, sofern der Versicherungsfall nicht vor Fristablauf eingetreten ist, durch § 194 Abs. 1 S. 4 VVG die 3-Jahres-Ausschlussfrist für die Ausübung der Rechte des VR nach einer vorwerfbaren Verletzung der Anzeigeobliegenheit durch den VN, die nach § 21 Abs. 3 S. 1 VVG sonst 5 Jahre beträgt. Des damit verfolgten Schutzes bedarf der vorsätzlich oder gar arglistig handelnde VN allerdings nicht. In diesen Fällen bleibt es bei der 10-jährigen Ausschlussfrist des § 21 Abs. 3 S. 2 VVG, wodurch bei arglistigem Handeln eine Besserstellung des VN gegenüber dem bisher geltenden Recht eintritt, das ein unbefristetes Rücktrittsrecht vorsah, § 178k S. 2 VVG a. F. Die Erweiterung der Frist bei Eintritt des Versicherungsfalls innerhalb der 3-Jahresfrist gem. § 21 Abs. 3 S. 1 2. Halbsatz gilt auch in der Krankenversicherung. Die neue Systematik der **Obliegenheitsverletzungen** nach Vertragsabschluss mit der Aufgabe des Alles-oder-Nichts-Prinzips wird unverändert für die Krankenversicherung übernommen (vgl. dazu Rn. 75 und *Marlow*, § 13). Die Vorschriften über die **Gefahrerhöhung** (§§ 23–27 VVG) sowie den **Teilrücktritt**, die **Teilkündigung** und die **teilweise Leistungsfreiheit** (§ 29) bleiben nach wie vor in der Krankentagegeldversicherung und Krankenhaustagegeldversicherung unanwendbar, § 194 Abs. 1 S. 2 VVG. Bei **Zahlungsverzug** mit einer **Folgeprämie** verlängert § 194 Abs. 2 S. 1 VVG zum Schutz der in wirtschaftliche Not geratenen VN die zweiwöchige **Zahlungsfrist** des § 38 Abs. 1 VVG auf mindestens 2 Monate. Zusätzlich zu den nach § 38 Abs. 1 S. 2 VVG erforderlichen Angaben muss der VR den VN gem. § 194 Abs. 2 Nr. 1 bis 3 VVG darüber informieren, dass der Abschluss einer neuen Versicherung für den VN mit einer neuen Gesundheitprüfung, einer Einschränkung des bisherigen Versicherungsschutzes sowie einer höheren Prämie verbunden sein kann, dass Bezieher von Arbeitslosengeld II unter Umständen einen Zuschuss zu den Beiträgen erhalten können und dass der Träger der Sozialhilfe unter bestimmten Voraussetzungen die Versicherungsbeiträge übernehmen kann. Unterbleiben die gebotenen Zusatzinformationen oder werden sie unvollständig oder unrichtig erteilt, ist die Fristbestimmung ebenso unwirksam, als wenn es an einer zutreffenden Belehrung nach § 38 Abs. 2 VVG fehlt. Es tritt dann weder Leistungsfreiheit nach § 38 Abs. 2 VVG ein noch kann der VR den Vertrag gem. § 38 Abs. 3 VVG wirksam kündigen. Ab 1. 1. 2009 gilt gem. Art. 11 für die substitutive Krankheitskostenversicherung § 193 Abs. 6 VVG anstelle des dann ersatzlos entfallenen § 194 Abs. 2 VVG. Das in § 206 Abs. 4 VVG (ab 1. 1. 2009 § 206 Abs. 3) neu eingeführte **Fortsetzungsrecht** für die versicherte Person bei Kündigung wegen Prämienverzugs gilt nicht in der Krankentagegeld- und Krankenhaustagegeldversicherung. Demgegenüber wird der versicherten Person in einer als **Gruppenversicherung** abgeschlossenen Krankentagegeld- oder Krankenhaustagegeldversicherung durch § 207 Abs. 2 S. 3 VVG ebenfalls ein (fristgebundenes) Fortsetzungsrecht des Vertrages als Einzelversicherung eingeräumt, wenn der VN ohne Benennung eines neuen Vertragspartners des VR den Gruppenversicherungsvertrag kündigt. Für die **Kündigung** einer Krankenversicherung durch den VN kann der VR in den MB/KK oder MB/KT die Schrift- oder Textform vorsehen, § 208

S. 2 VVG. § 196 VVG lässt für die Krankentagegeldversicherung eine **Befristung** ausdrücklich zu und entscheidet damit eine nach altem Recht umstrittene Frage (vgl. dazu die Vorauflage, § 45 Rn. 49). Das Ende der Krankentagegeldversicherung kann von den Vertragsparteien flexibel entsprechend den Bedürfnissen des VN gewählt werden. Als Regelfall sieht § 196 VVG eine Befristung bis zur Vollendung des 65. Lebensjahres als dem derzeit noch typischen Zeitpunkt für den Eintritt in den Ruhestand vor, mit der Möglichkeit einer zweimaligen Anschlussversicherung bis zur Vollendung des 70. bzw. 75. Lebensjahres. Auch die nach altem Recht bestehende Streitfrage über die Anwendbarkeit der Vorschriften über die **Fremdversicherung** auf die Krankenversicherung[7] wird durch das neue VVG geklärt. § 194 Abs. 4 VVG (ab 1. 1. 2009 § 194 Abs. 3 VVG) erklärt die in den §§ 43 bis 48 VVG enthaltenen Regelungen über die Fremdversicherung ausdrücklich für alle Zweige der Krankenversicherung anwendbar, allerdings mit Modifizierungen, die den besonderen Bedürfnissen der Krankenversicherung geschuldet sind. Bei einer undifferenzierten Verweisung auf die Vorschriften der Fremdversicherung müsste der Krankenversicherer, um im Leistungsfall eine schuldbefreiende Zahlung sicherzustellen, vom jeweiligen Anspruchssteller entweder die Vorlage des Versicherungsscheins oder die Zustimmung des VN bzw. der versicherten Person verlangen. Um dieses aufwändige, die Leistungserbringung nur verzögernde Prozedere zu vermeiden, trifft § 194 Abs. 4 VVG eine abweichende Regelung für die Verfügungsbefugnis. Benennt der VN widerruflich oder unwiderruflich eine versicherte Person als Empfangsberechtigten der Leistung, ist nur der Versicherte berechtigt, die Zahlung zu verlangen und anzunehmen und nur bei Leistung an den benannten Versicherten wird der VR frei. Die Benennung hat in Textform gegenüber dem VR zu erfolgen. Ohne eine solche Benennung liegen Verfügungs- und Empfangsbefugnis ausschließlich beim VN und der VR wird nur durch Zahlung an den VN befreit. Auf die Vorlage des Versicherungsscheins kommt es jeweils nicht an.

III. Summenversicherung

Bei beiden Versicherungsformen handelt es sich um Personenversicherungen. Zugleich **3** sind sie **Summenversicherungen**[8], wenn sie auf der Grundlage der MB/KT und MB/KK vereinbart worden sind. Dies folgt daraus, dass die auf dieser Basis genommene Versicherung dem VN im Versicherungsfall keine am konkret eingetretenen Schaden orientierte Versicherungsleistung bietet, sondern eine im Voraus bestimmte Entschädigung für jeden Tag verspricht, an dem die bedingungsgemäßen Voraussetzungen vorliegen, ohne Rücksicht darauf, welchen Schaden der VN tatsächlich erlitten hat. Damit liegt die für eine Summenversicherung charakteristische abstrakte Deckung eines Bedarfs vor, von dem angenommen wird, dass er eingetreten ist.

Als Versicherungsleistung werden vom VR pauschalierte Beträge erbracht. Sofern der Ver- **4** sicherungsvertrag in der **Krankentagegeldversicherung** eine **automatische Anpassung an das Einkommen** des Versicherten vorsieht (vgl. dazu unten unter Rn. 66) und dadurch die Versicherungsleistung an den tatsächlichen Verdienstausfall bindet, liegt eine Schadensversicherung vor. Die Pflegeversicherung soll auch bei Zahlung von Pflegegeld Schadensversicherung sein, weil die Höhe des Pflegegeldes von der Zuordnung zu einer Pflegestufe und damit vom Ausmaß der Pflegebedürftigkeit abhängt[9]. Sieht die **Krankenhaustagegeldversicherung** die Erstattung der tatsächlich entstandenen Kosten begrenzt auf den vereinbarten Höchstbetrag vor, handelt es sich ebenfalls um eine Schadensversicherung[10]. Den Vertrags-

---

[7] Vgl. dazu die Vorauflage, § 45 Rn. 5, und BGH v. 8. 2. 2006, VersR 2006, 686.

[8] BGH v. 4. 7. 2001, VersR 2001, 1100 m. w. N.; OLG Brandenburg v. 27. 7. 2004, VersR 2005, 820 jeweils für die Krankentagegeldversicherung; BGH v. 4. 10. 1989, VersR 1989, 1250 (1252) für die Krankenhaustagegeldversicherung.

[9] BSG v. 22. 8. 2001, NVersZ 2002, 559 (561).

[10] Berliner Kommentar/*Hohlfeld*, § 178b VVG Rn. 10.

parteien steht es frei, die Versicherung entweder als Summen- oder als Schadensversicherung zu vereinbaren[11].

5   Die Ausgestaltung der Versicherung als Summen- oder Schadensversicherung gewinnt Bedeutung bei der Berücksichtigung der Regeln der Schadensversicherung. Denn § 194 Abs. 1 S. 1 VVG erklärt die dort aufgeführten Vorschriften (§§ 74–80 und 82–87 VVG) nur insoweit für anwendbar, als die Krankenversicherung Versicherungsschutz nach den Grundsätzen der Schadensversicherung gewährt, also nicht für die in der Form der Summenversicherung betriebene Krankentagegeld- und Krankenhaustagegeldversicherung. Damit finden insbesondere die Vorschriften über das Bereicherungsverbot (§ 200 VVG), die Mehrfachversicherung (§ 78 VVG) – hier kontrollieren die VR die Erhöhung des subjektiven Risikos durch vertragliche Obliegenheiten in § 9 Abs. 6 MB/KK und MB/KT – oder den gesetzlichen Forderungsübergang (§§ 86, 194 Abs. 3 VVG (ab. 1. 1. 2009 § 194 Abs. 2 VVG) keine Anwendung.

IV. Versicherte Gefahr

6   Die Musterbedingungen enthalten keine Definition der versicherten Gefahr, wohl aber eine solche des jeweiligen Versicherungsfalls in § 1 Abs. 2 MB/KK und MB/KT. Da sich die versicherte Gefahr im Versicherungsfall realisiert und demzufolge ein wechselseitiges Abhängigkeitsverhältnis besteht, kann abgeleitet aus der jeweiligen Definition des Versicherungsfalls die **versicherte Gefahr** in der **Krankentagegeldversicherung** als die Möglichkeit einer Arbeitsunfähigkeit bestimmt werden, die im Verlauf einer medizinisch notwendigen Heilbehandlung wegen Krankheit oder Unfallfolgen ärztlich festgestellt eintritt und in der **Krankenhaustagegeldversicherung** als Möglichkeit medizinisch notwendiger Heilbehandlung wegen Krankheit oder Unfallfolgen.

V. Umfang der Kommentierung

7   Für die Krankentagegeld- und Krankenhaustagegeldversicherung gelten in vielen Bereichen dieselben oder ähnliche Voraussetzungen wie für die Krankheitskostenversicherung. Insoweit kann auf die Kommentierung in § 44 dieses Handbuchs zu den entsprechenden Regelungen des VVG und der MB/KK verwiesen werden. Die nachstehenden Erläuterungen zur Krankentagegeldversicherung (unter B) bzw. Krankenhaustagegeldversicherung (unter C) gehen deshalb auf solche Voraussetzungen nur ein, wenn sich die Problemstellung (auch) für diese Versicherungen als typisch erweist oder **Abweichungen** und **Besonderheiten** gegenüber der Krankheitskostenversicherung bestehen.

B. Krankentagegeldversicherung

I. Einleitung

8   Die Krankentagegeldversicherung soll nach dem Wortlaut des § 192 Abs. 5 VVG den als Folge von Krankheit oder Unfall durch Arbeitsunfähigkeit verursachten Verdienstausfall ersetzen. Ähnlich lautet die Formulierung in § 1 Abs. 1 MB/KT, wonach der VR Versicherungsschutz bietet gegen Verdienstausfall als Folge von Krankheiten oder Unfällen, soweit dadurch Arbeitsunfähigkeit verursacht wird. Damit wird der Charakter der Krankentagegeldversicherung als **Verdienstausfallversicherung**[12] deutlich herausgestellt und ihre Zweckbestimmung zum Ausdruck gebracht, die durch den Ausfall der Arbeitskraft entstehenden Vermögensnachteile auszugleichen. Die Versicherung wird für Selbständige wie für abhängig

---

[11] BGH v. 4. 7. 2001, VersR 2001, 1100.
[12] OLG Nürnberg v. 9. 3. 2000, VersR 2000, 1363; *Bach/Moser/Wilmes,* § 1 MB/KT Rn. 1.

Beschäftigte angeboten, für letztere i. d. R. mit Karenzzeiten, die der gesetzlichen oder tariflichen Lohn- und Gehaltsfortzahlung des Arbeitgebers Rechnung tragen.

Auch die **private Pflegekrankenversicherung** kann nach § 192 Abs. 6 VVG als Tagegeldversicherung geführt werden und bietet einen ergänzenden Versicherungsschutz zur privaten Pflegepflichtversicherung. Während Rechtsstreitigkeiten aus der **privaten Pflegepflichtversicherung** gem. § 51 Abs. 2 S. 1 und 3 SGG vor der **Sozialgerichtsbarkeit** ausgetragen werden[13], ist für die private Pflegekrankenversicherung der Rechtsweg zu den ordentlichen Gerichten eröffnet[14]. **9**

II. Ausschlüsse

Neben individuell vereinbarten Risikoausschlüssen wegen vorvertraglicher Krankheiten oder Beschwerden sind die Leistungsausschlüsse des § 5 MB/KT von Bedeutung, von denen sich diejenigen des Abs. 1 a und b in gleichlautender Fassung auch in den MB/KK finden, während Abs. 1 c–g und Abs. 2 MB/KT auf die Krankentagegeldversicherung zugeschnittene oder mit für diesen Versicherungszweig typischen Problemen behaftete Leistungsausschlüsse enthalten. Auch bei den Wartezeiten des § 3 MB/KT handelt es sich inhaltlich um zeitlich oder sachlich begrenzte Risikoausschlüsse. Die **Darlegungs- und Beweislast** für das Vorliegen dieser Risikoausschlussklauseln liegt beim VR. **10**

1. Alkoholbedingte Bewusstseinsstörung

Hat eine auch durch einmaligen Alkoholkonsum ausgelöste Bewusstseinsstörung einen Unfall oder eine Krankheit zur Folge, die Arbeitsunfähigkeit nach sich zieht, entfällt die Leistungpflicht des VR gem. § 5 Abs. c MB/KT. Für eine **Bewusstseinsstörung** reicht jede Beeinträchtigung der Aufnahme- und Reaktionsfähigkeit, die die gebotene und erforderliche Reaktion auf vorhandene Gefahren nicht mehr zulässt[15]. Bei der Beweisführung kommt dem VR eine doppelte Beweiserleichterung zugute. Zum einen spricht bei **alkoholbedingter Fahruntauglichkeit** eine Vermutung für das Vorliegen einer Bewusstseinsstörung und zum anderen lassen die **Regeln des Anscheinsbeweises** den Schluss auf die Kausalität zwischen einer bei Eintritt des Unfalles vorliegenden Bewusstseinsstörung und dem Unfall selbst zu[16]. Der Beweis ist vom VR geführt, wenn davon ausgegangen werden muss, dass ohne die alkoholindizierte Bewusstseinsstörung Krankheit oder Unfall nicht eingetreten wären. **11**

2. Schwangerschaft/Mutterschutz

Seinem eindeutigen Wortlaut nach greift der Leistungsausschluss nach § 5 Abs. 1 d MB/KT nur ein, wenn die **Arbeitsunfähigkeit ausschließlich wegen Schwangerschaft** besteht und nicht auch auf andere Ursachen als die normalen schwangerschafstypischen Begleiterscheinungen einer Schwangerschaft zurückzuführen ist[17]. Dadurch grenzt sich diese Ausschlussklausel von der in § 5 Abs. 1 e MB/KT enthaltenen zeitlich befristeten Risikobeschränkung wegen **Mutterschutzes** ab, die für die Dauer eines Beschäftigungsverbotes auch für schwebende Versicherungsfälle nach §§ 3 ff. Mutterschutzgesetz[18] gilt, das ausgelöst wird, wenn die Art und Weise oder der zeitliche Umfang der Beschäftigung die Gesundheit von Mutter und Kind gefährden[19]. Die in § 5 Abs. 1 e S. 2 MB/KT für Selbständige enthaltene Ausnahme, wonach die Leistungspflicht dann nicht entfällt, wenn kein Zusammenhang zwi **12**

---

[13] BSG v. 8. 8. 1996, VersR 1998, 486 und v. 29. 11. 2006, r+s 2007, 144.
[14] BGH v. 27. 9. 2000, VersR 2000, 1533; OLG Hamm v. 30. 10. 1998, VersR 1999, 840.
[15] BGH v. 17. 5. 2000, VersR 2000, 1090 (1092).
[16] BGH v. 24. 11. 1972, VersR 1973, 176 (177).
[17] OLG Saarbrücken v. 4. 3. 1998, VersR 1999, 479.
[18] V. 18. 4. 1968, BGBl. I S. 315.
[19] OLG Saarbrücken v. 4. 3. 1998, VersR 1999, 479 (480).

schen Arbeitsunfähigkeit und Schwangerschaft besteht, findet keine (analoge) Anwendung auf unselbständig Beschäftigte[20].

3. Wohnsitzklausel

13   Durch § 5 Abs. 1 f MB/KT will der VR sicherstellen, dass vertrauensärztliche Kontrolluntersuchungen und Besuchskontrollen nach § 9 Abs. 3 MB/KT durchgeführt werden können[21]. Die MB/KT knüpfen den Ausschluss nunmehr statt an den Wohnsitz an den gewöhnlichen Aufenthalt der versicherten Person und stellen damit klar, dass es nicht auf den dem VR gemeldeten Aufenthaltsort ankommt[22], sondern auf den **Lebensmittelpunkt** der versicherten Person[23], wie dies bereits das Verständnis der Klausel in der Fassung der MB/KT 94 durch den durchschnittlichen VN nahe gelegt hat. Die **Wirksamkeit des Leistungsausschlusses** wird von der h. M. zu Recht bejaht[24]. Für das Vorliegen der beiden aufgeführten **Ausnahmen** vom Risikoausschluss in § 5 Abs. 1 f S. 2 MB/KT ist der **VN beweispflichtig.**

4. Kur- und Sanatoriumsbehandlung/Kurortklausel/sog. gemischte Anstalten

14   Da in der Krankentagegeldversicherung die Leistungspflicht des VR nach § 1 Abs. 1 und 2 MB/KT unabhängig davon eintritt, ob die medizinische Behandlung des VN in ambulanter oder stationärer Form erfolgt, werden gegen die Wirksamkeit des Leistungsausschlusses nach § 5 Abs. 1 g MB/KT, der **während Kur- und Sanatoriumsbehandlung** sowie während Rehabilitationsmaßnahmen eingreift, anders als in der Krankheitskosten- und Krankenhaustagegeldversicherung gewichtige Bedenken geltend gemacht, die eine **unangemessene Benachteiligung des VN** durch diese Risikobeschränkung nahe legen[25]. Es ist in der Tat nur schwer einsehbar, dass der mit der Durchführung einer Rehabilitationsmaßnahme um die Wiederherstellung seiner Gesundheit bemühte VN, der während der Rehabilitation einen Verdienstausfallschaden ebenso erleidet wie der untätige oder stationär im Krankenhaus behandelte, gerade durch dieses Bemühen um die Wiedererlangung seiner Arbeitsfähigkeit um seinen Leistungsanspruch gebracht werden soll. Die gleichen Bedenken bestehen in Bezug auf den Leistungsausschluss in § 5 Abs. 2 MB/KT, der während des Aufenthaltes des VN in einem **Heilbad oder Kurort** zum Zuge kommen soll sowie gegen die Regelung in § 4 Abs. 9 MB/KT, wonach die Zahlung des Krankentagegeldes bei einer Behandlung in sog. **gemischten Krankenanstalten** von einer vorherigen schriftlichen Zusage des VR abhängt. Die MB/KT 2008 stellen für das Entfallen des (hier für unwirksam erachteten) Leistungsausschlusses nach § 5 Abs. 2 S. 1 wie in § 5 Abs. 1 f mit dem „gewöhnlichen Aufenthalt" auf den Lebensmittelpunkt des VN ab.

5. Wartezeiten

15   Um Risikoausschlüsse handelt es sich auch bei den in § 3 MB/KT geregelten Wartezeiten, die als **allgemeine Wartezeiten** 3 Monate und als **besondere Wartezeiten** für Psychotherapie, Zahnbehandlung, Zahnersatz und Kieferorthopädie 8 Monate betragen und über diese Zeiträume hinaus gem. §§ 197 Abs. 1 S. 1 und 208 S. 1 VVG nicht ausgedehnt werden dürfen. Die Wartefristen gelten auch ohne besonderen Hinweis bei einer Erhöhung des beste-

---

[20] OLG Karlsruhe v. 15. 1. 1987, VersR 1988, 510.

[21] LG Berlin v. 8. 5. 2001, NVersZ 2002, 22.

[22] *Bach/Moser/Schoenfeldt/Kalis*, § 5 MB/KT Rn. 15; *Prölss/Martin/Prölss*, § 5 MB/KT Rn. 3 zu der abweichenden Fassung in den MB/KT 94.

[23] *Bruck/Möller/Wriede*, Bd. VI 2 Anm. G 50 S. K 408 schon zur abweichenden sprachlichen Fassung in den MB/KT 94.

[24] LG Braunschweig v. 22. 9. 1995, r+s 1996, 70; *Bach/Moser/Schoenfeldt/Kalis*, § 5 MB/KT Rn. 14; a. A. *Prölss/Martin/Prölss*, § 5 MB/KT Rn. 2; *Terbille/Schubach*, § 22 Rn. 440.

[25] OLG Oldenburg v. 1. 10. 1997, VersR 1998, 174; LG Hildesheim v. 5. 7. 2006, VersR 2006, 207 = NJW-RR 2005, 1483; *Bruck/Möller/Wriede*, Bd. VI 2 Anm. G 50 S. K 409; *Terbille/Schubach*, § 22 Rn. 426; offen gelassen von OLG Hamm v. 8. 1. 1999, VersR 1999, 1138; *Prölss/Martin/Prölss*, § 5 MB/KT Rn. 5; a. A. OLG Frankfurt/M. v. 12. 11. 1997, OLGR Frankfurt/M. 1998, 116; *Bach/Moser/Schoenfeldt/Kalis*, § 5 MB/KT Rn. 19.

henden Krankentagegeldvertrages hinsichtlich des Anspruchs auf den erhöhten Teil des Krankentagegeldes[26]. Ist der Versicherungsfall schon vor Beginn der Wartezeit aber nach materiellem Versicherungsbeginn eingetreten, besteht gem. § 2 S. 3 MB/KT ein Anspruch nur auf die Tagegelder, die nach Ablauf der Wartezeit entstehen. In Abweichung zu der entsprechenden Regelung in § 3 MB/KK besteht in der Krankentagegeldversicherung keine besondere Wartezeit für Entbindungen und der in § 3 Abs. 2b MB/KK enthaltene Fortfall der Wartezeit für mitversicherte Ehepartner findet sich in den MB/KT nicht wieder.

III. Besonderheiten des Versicherungsvertrages

1. Versicherungsfähigkeit

Der Abschluss des Krankentagegeldversicherungsvertrages weist keine Besonderheiten gegenüber dem Vertragsabschluss in der Krankheitskostenversicherung aus, sieht man davon ab, dass die **Versicherungsfähigkeit**[27] in der Krankentagegeldversicherung eine besondere Rolle spielt. Denn wegen des Charakters als Verdienstausfallversicherung bieten die VR in der Krankentagegeldversicherung verschiedene Tarife für z. B. selbständig und unselbständig Erwerbstätige an, die infolge des unterschiedlichen subjektiven Risikos differenziert kalkuliert sind. Bei Abschluss eines bestimmten Tarifs setzt der VR die Zugehörigkeit des VN oder Versicherten zu der in diesem Tarif versicherbaren, näher beschriebenen Personengruppe, mithin dessen Versicherungsfähigkeit im Tarif voraus. Die Voraussetzungen der jeweiligen Versicherungsfähigkeit werden von den Versicherungsunternehmen sehr unterschiedlich definiert. Dem VN unzugängliche interne Richtlinien der VR bleiben außer Betracht[28]. **16**

Die Tarife für **Selbständige** erfordern regelmäßig die Ausübung selbständiger Erwerbstätigkeit. Versicherbar in einem solchen Tarif sind Gesellschafter einer OHG[29] sowie Gesellschafter einer Kapitalgesellschaft dann, wenn sie in die Geschäftsführung eingebunden und demzufolge erwerbstätig sind[30]. Ob der Liquidator[31] oder Geschäftsführer einer GmbH[32] im Selbständigen-Tarif versichert werden kann, ist streitig. Da die Genannten Weisungen unterliegen und demnach abhängig sind, spricht mehr für eine unselbständige Erwerbstätigkeit[33]. Der dominierende Allein- oder Mehrheitsgesellschafter, der zugleich als Geschäftsführer fungiert, steht allerdings eher dem Selbständigen gleich, da die durch das Anstellungsverhältnis begründete Abhängigkeit faktisch von der durch die Gesellschafterstellung begründete Unabhängigkeit überlagert wird. **17**

Fehlt die Versicherungsfähigkeit im gewählten Tarif bereits **bei Abschluss** des Versicherungsvertrages, bedeutet dies nicht die Unwirksamkeit des Vertrages. Ob der Versicherungsvertrag vom anfänglichen Fehlen der Versicherungsfähigkeit unberührt bleibt, hängt davon ab, ob den VN ein Verschulden an der falschen Tarifierung trifft. Trifft den VN kein Verschulden besteht der Vertrag unverändert fort[34], da dann gem. § 19 Abs. 3 S. 1 VVG das Rücktrittsrecht des VR ebenso wie das Kündigungsrecht gem. § 194 Abs. 1 S. 3 VVG ausgeschlossen sind und nach derselben Vorschrift auch keine Vertragsanpassung gem. § 19 Abs. IV VVG vorgenommen werden kann. Dem VR wird dann weder ein außerordentliches Kündigungsrecht eingeräumt noch kann er den Vertrag nach den Grundsätzen des Wegfalls/der Störung der Geschäftsgrundlage (§ 313 BGB) anpassen[35], weil die §§ 19ff., 194 Abs. 1 S. 3 **18**

---

[26] OLG Hamm v. 20. 2. 1998, VersR 1999, 478.
[27] Vgl. dazu *Bach/Moser/Bach/Hütt,* § 2 MB/KT Rn. 2 ff.; *Prölss/Martin/Prölss,* § 2 MB/KT Rn. 2.
[28] BGH v. 25. 4. 1990, zitiert bei OLG Köln v. 14. 9. 1989, VersR 1990 769 (770).
[29] BGH v. 19. 12. 1975, VersR 1976, 431.
[30] OLG Karlsruhe v. 15. 9. 1977. VersR 1978, 365.
[31] OLG Hamm v. 26. 6. 1996, NJWE-VHR 1997, 5.
[32] OLG Hamm v. 14. 1. 1983, VersR 1983, 1147; OLG Bamberg v. 18. 10. 2007, NJW-RR 2008, 836.
[33] *Bach/Moser/Bach/Hütt,* § 2 MB/KT Rn. 4.
[34] OLG Celle v. 11. 12. 2003, VersR 2004, 632; OLG Köln v. 14. 9. 1989, VersR 1990, 769.
[35] OLG Köln v. 14. 9. 1989, VersR 1990, 769; OLG Karlsruhe v. 7. 12. 1989, VersR 1990, 1340; a. A. OLG Celle v. 11. 12. 2003, VersR 2004, 632.

VVG eine abschließende Sonderregelung enthalten[36]. Unter Berücksichtigung des Rechtscharakters der Krankentagegeldversicherung als Summenversicherung besteht auch kein Bedürfnis, § 74 VVG (analog) anzuwenden[37]. Dem VR bleibt die Möglichkeit, gem. § 19ff. VVG innerhalb der 3-Jahresfrist des § 194 Abs. 1 S. 3 VVG (Ausnahme Arglist, § 21 Abs. 3 S. 2 S. 2 VVG: 10 Jahre) vom Versicherungsvertrag zurückzutreten, soweit der VN Anzeigeobliegenheiten mindestens grob fahrlässig verletzt hat. Bei nur leicht fahrlässigem Verhalten kommt eine Kündigung nach § 19 Abs. 3 S. 2 VVG in Betracht. Das Rücktrittsrecht bei grober Fahrlässigkeit und das Kündigungsrecht kann der VN bei Versicherungsfähigkeit in einem anderen als dem gewählten Tarif durch Führung des Kausalitätsgegenbeweises nach § 19 Abs. 4 S. 1 VVG abwenden, wenn der VR zu den Bedingungen des anderen Tarifs abgeschlossen hätte. Der VR hat für diesen Fall Gelegenheit, den Vertrag mit Rückwirkung auf dessen Beginn anzupassen, indem er die anderen Bedingungen mit dem richtigen Tarif in den Vertrag einfügt. Führt diese Vertragsanpassung zu einer Prämienerhöhung von mehr als 10%, steht dem VN nach § 19 Abs. 4 VVG ein fristgebundenes Kündigungsrecht zu. Auch eine Anfechtung wegen arglistiger Täuschung bleibt dem VR gem. § 22 VVG unbenommen, wenn die Voraussetzungen vorliegen. Eine Irrtumsanfechtung kann nur in Betracht kommen, soweit nicht gefahrerhöhende Umstände betroffen sind, da andernfalls §§ 19ff. VVG eine abschließende Sonderregelung enthalten. Der VR kann die ordentliche Kündigung auszusprechen, sofern ihm diese Gelegenheit (noch) gem. §§ 206 Abs. 1 VVG und 14 Abs. 1 MB/KT eröffnet ist (vgl. unten Rn. 51 f.). Zum **Wegfall** der Versicherungsfähigkeit vgl. unten Rn. 24 ff.

2. Beginn und Ende

19   **a) Beginn.** Der **Beginn** des **Versicherungsverhältnisses** in der Krankentagegeldversicherung unterscheidet sich nicht von dessen Beginn in der Krankheitskostenversicherung, so dass insoweit auf die entsprechenden Erläuterungen in § 44 Bezug genommen werden kann. § 2 MB/KT bezeichnet den **materiellen** Versicherungsbeginn, also den Zeitpunkt, zu dem der **Versicherungsschutz** vorbehaltlich etwaiger Wartezeiten (vgl. dazu oben Rn. 15) beginnt. Ein im Versicherungsantrag oder Versicherungsschein als „Versicherungsbeginn" genannter früherer Zeitpunkt kann den **technischen** Versicherungsbeginn bezeichnen, zu dem die Prämienzahlungsverpflichtung des VN einsetzt[38]. In der Rechtsprechung setzt sich auch für die Kranken(tagegeld)versicherung die Tendenz durch, darin die Vereinbarung einer Rückwärtsversicherung zu sehen[39], die Versicherungsschutz schon von dem früheren Zeitpunkt an bietet. Vom Beginn des Versicherungsschutzes ist zu unterscheiden der Beginn der **Leistungspflicht** des VR (dazu unten Rn. 63), der im gedeckten Versicherungsfall vom Ablauf der Wartezeiten oder der regelmäßig vereinbarten Karenztage abhängt, § 2 S. 1 MB/KT.

20   **b) Ende.** Das **Ende** des Versicherungsvertrages regeln die §§ 13 bis 15 MB/KT. Daneben gelten allgemeine Beendigungsgründe[40]. In den Fällen der §§ 13 bis 15 MB/KT endet gem. § 7 S. 1 MB/KT mit dem Versicherungsverhältnis selbst bei schwebenden Versicherungsfällen auch der Versicherungsschutz.

21   **c) Unwirksame Beendigungsfolge/Erlöschen der Leistungspflicht/Anwartschaftsversicherung.** Da die Krankentagegeldversicherung als Verdienstausfallversicherung anders als die Krankheitskostenversicherung nicht auf lebenslange Dauer angelegt ist, soll sie nach den Vorstellungen des Bedingungsgebers regelmäßig auch mit der Beendigung der Erwerbstätigkeit ihr Ende finden. Die Beendigung auch unter den Voraussetzungen des § 15 MB/KT tritt nach dessen Wortlaut automatisch ein, sofern es nicht zu einer Umwandlung

---

[36] BGH v. 7. 2. 2007, VersR 2007, 630.
[37] OLG Köln v. 14. 9. 1989, VersR 1990, 769; a. A. *Prölss/Martin/Prölss,* § 2 MB/KT Rn. 2.
[38] OLG Hamm v. 20. 12. 1988, VersR 1989, 506; OLG Köln v. 24. 6. 1982, VersR 1983, 578; OLG Celle v. 25. 6. 1982, VersR 1983, 429 (430).
[39] OLG Hamm v. 21. 8. 2002, VersR 2003, 185; AG Homburg v. 12. 9. 2003, ZfS 2004, 80.
[40] Auflistung *bei Bach/Moser/Bach,* § 7 MB/KT Rn. 2.

des Versicherungsverhältnisses in eine Anwartschaftsversicherung kommt. Denn das in § 15 MB/KT vorgesehene Ende des Versicherungsvertrages läuft dem sozialen Schutzzweck der Krankentagegeldversicherung für die Fälle zuwider, in denen der zur Beendigung führende Zustand nicht auf Dauer erhalten bleibt. Dem VN bliebe bei einem Fortfall der zur Beendigung führenden Gründe die Möglichkeit verwehrt, einen im Wesentlichen gleichwertigen Versicherungsschutz erneut begründen zu können, weil er infolge des geänderten Eintrittsalters sowie eines ggf. erhöhten Risikos eine höhere Versicherungsprämie zu zahlen hätte. Die damit verbundene gravierende Beeinträchtigung der rechtlichen und wirtschaftlichen Interessen des VN benachteiligt diesen unangemessen, während die Interessen des VR durch den Wegfall der Leistungspflicht und die Umwandlung des Versicherungsverhältnisses in eine Anwartschaftsversicherung zu angepassten Beiträgen ausreichend gewahrt werden. Damit verstößt die in § 15 MB/KT i. V. m. den Tarifbestimmungen vorgesehene **endgültige Vertragsbeendigung** gegen § 307 Abs. 1 mit Abs. 2 Nr. 2 BGB (§ 9 Abs. 1 mit Abs. 2 Nr. 2 AGBG) und ist **nichtig**. Es kommt in diesen Fällen **nicht zu einer Vertragsbeendigung**[41]. Die Unwirksamkeit der vorgesehenen endgültigen Vertragsbeendigung berührt jedoch den übrigen Bestand des Versicherungsvertrages nicht. Im Wege der **ergänzenden Vertragsauslegung erlischt die Leistungspflicht des VR** für den Zeitraum, in dem der Zustand anhält, der nach § 15 MB/KT an sich zur Vertragsbeendigung führen sollte. Hat der VR in Unkenntnis vom Eintritt dieses Zustandes Leistungen erbracht, steht ihm ein Rückzahlungsanspruch zu (vgl. unten Rn. 62). Die vorgenannten Erwägungen gelten so oder ähnlich für folgende in § 15 MB/KT i. V. m. den Tarifbestimmungen genannten Beendigungsgründe, denen gemeinsam ist, dass sie wieder entfallen und dann das Bedürfnis entstehen lassen können, den ursprünglichen Krankentagegeldversicherungsschutz wieder zu erlangen: Wegfall einer im Tarif vorgesehenen Voraussetzung für die Versicherungsfähigkeit[42], Eintritt von Berufsunfähigkeit[43], Bezug einer privaten oder gesetzlichen[44] Rente wegen Erwerbs- oder Berufsunfähigkeit[45], Verlegung des gewöhnlichen Aufenthaltes in einen anderen Staat als die in § 1 Abs. 8 MB/KT genannten[46]. Sofern der VR nicht ohnehin der Rechtsprechung in den Versicherungs- oder Tarifbedingungen Rechnung getragen hat, obliegt es ihm, den VN auf die **Möglichkeit des Abschlusses einer Anwartschaftsversicherung** bei sich bietender Gelegenheit hinzuweisen, weil vom VN nicht erwartet werden kann, dass ihm die Rechtsprechung bekannt ist, die die in § 15 MB/KT ausgesprochene Beendigungsfolge für unwirksam erklärt und dem VN den Abschluss einer Anwartschaftsversicherung eröffnet. Macht der VR gegenüber dem auf vorübergehende Arbeitsunfähigkeit gestützten Leistungsbegehren des VN dessen **Berufsunfähigkeit** geltend und bietet er dem VN deshalb den Abschluss einer Anwartschaftsversicherung an, wird der VN, wenn er auf das Angebot eingeht, i. d. R. damit nicht die Vorstellung verbinden, dass er unter Aufgabe seines Leistungsanspruches die eigene Berufsunfähigkeit anerkennt. Will der VR mit dem Angebot auf Abschluss einer Anwartschaftsversicherung die Beendigung seiner Leistungspflicht erreichen, sollte er diese Folge dem VN unmissverständlich vor Augen führen. Andernfalls kann er die Berufsunfähigkeit und das Erlöschen der Leistungspflicht nicht aus dem Abschluss der Anwartschaftsversicherung herleiten. Interessengerecht wäre es, wenn der VR den Abschluss der Anwartschaftsversicherung in solchen Fällen an die Einigung mit dem VN über die Berufsunfähigkeit oder die verbindliche Entscheidung dieser Frage knüpft.

---

[41] BGH v. 22. 1. 1992, VersR 1992, 477; BGH v. 26. 2. 1992, VersR 1992, 479; OLG Karlsruhe v. 26. 8. 2004, r+s 2005, 470; OLG Frankfurt/M. v. 12. 11. 1997, OLGR Frankfurt/M. 1998, 43.

[42] OLG Saarbrücken v. 15. 12. 1999, VersR 2001, 318 = NVersZ 2001, 18.

[43] BGH v. 26. 2. 1992, VersR 1992, 479; OLG Bremen v. 4. 4. 2000, VersR 2001, 622; OLG Düsseldorf v. 28. 4. 1998, VersR 1999, 356 = NJWE-VHR 1998, 223.

[44] OLG Oldenburg v. 13. 10. 1999, VersR 2000, 752 = NVersZ 2000, 327 (328).

[45] BGH v. 26. 2. 1992, VersR 1992, 479; BGH v. 22. 1. 1992, VersR 1992, 477; OLG Hamm v. 18. 1. 2002, OLGR Hamm 2002, 233 (234).

[46] *Bach/Moser/Wilmes,* § 15 MB/KT Rn. 35 noch zu der etwas anderen Fassung in den MK/KT 94.

22   Der vorerwähnten Rechtsprechung des BGH haben die VR dadurch Rechnung getragen, dass sie in Ergänzung von § 15 MB/KT -teils in den Tarifbestimmungen- **Anwartschaftsversicherung** anbieten. Die Prämie für diese Anwartschaftsversicherung macht i. d. R. einen bestimmten Prozentsatz des Beitrages der in Anwartschaft stehenden Krankentagegeldversicherung aus. Ein Anspruch auf **beitragsfreies** Ruhen der Versicherung besteht nicht[47]. Die Anwartschaftsversicherung entsteht **nicht automatisch,** da der VN nicht gegen seinen Willen in eine solche prämienbelastete Versicherung gezwungen werden kann. Dem VN steht aber ein **Anspruch** auf Umwandlung des Versicherungsvertrages in eine Anwartschaftsversicherung zu[48]. Sehen die Versicherungs- oder Tarifbedingungen einen solchen Anspruch vor, ist die Klausel insgesamt unbedenklich[49]. Eine dem VN gesetzte **Frist** zum Abschluss der Anwartschaftsversicherung wird man dahin verstehen müssen, dass die Frist erst anläuft, wenn VN und VR Einigkeit über die Voraussetzungen erzielt haben, die zum Ruhen des Versicherungsvertrages führen oder dies verbindlich für die Parteien festgestellt worden ist. Andernfalls würde eine solche Frist den VN unangemessen benachteiligen, da die Vertragsparteien regelmäßig gerade darüber streiten, ob die Voraussetzungen für das Ruhen der Versicherung und die Leistungsfreiheit des VR vorliegen. Der VN würde so entweder zur Aufgabe seiner Rechtsposition gedrängt oder er liefe Gefahr, wegen Verstreichens der Annahmefrist die Möglichkeit auf die Anwartschaftsversicherung zu verlieren. In einer solchen Situation führt daher der Ablauf einer vom VR gesetzten Annahmefrist weder zur Beendigung des Versicherungsvertrages[50] noch zum Verlust des Anspruchs auf die Anwartschaftsversicherung.

23   Fallen die Voraussetzungen für die Anwartschaftsversicherung wieder fort, tritt nach Anzeige/Antragstellung durch den VN oder sonstiger Kenntnis durch den VR die Krankentagegeldversicherung **rückwirkend** unter Berücksichtigung relevanter Veränderungen zu dem Zeitpunkt in Kraft, zu dem die zur Anwartschaftsversicherung führenden Umstände wieder entfallen sind[51]. Da während der Anwartschaftsversicherung kein Versicherungsschutz besteht, stellt die Gegenmeinung, die die Krankentagegeldversicherung erst wieder ab Antragstellung/Anzeige aufleben lassen will[52], denjenigen VN schutzlos, der aus Unkenntnis oder gar ohne Verschulden die Anzeige unterlassen hat und bei dem vor Wiederaufleben des vollen Versicherungsschutzes ein Versicherungsfall eintritt. Einer neuerlichen Risikoprüfung braucht sich der VN nicht zu unterziehen und Altersrückstellungen bleiben ihm erhalten[53]. Für die Prämie ist das bisher gültige Eintrittsalter unter Berücksichtigung zwischenzeitlich eingetretener Beitragsänderungen zugrunde zu legen. Versicherungsfähigkeit in dem in Kraft zu setzenden Tarif muss vorliegen[54].

24   *aa)* Der **Wegfall** einer im Tarif bestimmten Bedingung für die **Versicherungsfähigkeit** gem. § 15 lit. a MB/KT – zu unterscheiden vom anfänglichen Fehlen der Versicherungsfähigkeit, dazu oben Rn. 18 – beendet die Leistungspflicht des VR.

24a   *(1)* Er konkretisiert sich vor allem in einem **Verlust der Erwerbstätigkeit,** die jedoch nicht immer zu einer Beendigung oder Umwandlung des Versicherungsvertrages führt. Die Konsequenzen werden in Rechtsprechung und Literatur je nach Fallgestaltung unterschiedlich beurteilt, wobei häufig darauf abgestellt wird, ob der VN selbständig oder abhängig

---

[47] LG Dortmund v. 7. 12. 1995, VersR 1996, 963.
[48] OLG Karlsruhe v. 6. 7. 2006, VersR 2007, 51; OLG Frankfurt/M. v. 12. 11. 1997, OLGR Frankfurt/M. 1997, 43 (44); LG Berlin v. 30. 5. 2000, NVersZ 2001, 415; LG Dortmund v. 7. 12. 1995, VersR 1996, 963; *Bach/Moser/Wilmes* § 15 MB/KT Rn. 5; *Prölss/Martin/Prölss,* § 15 MB/KT Rn. 5; *van Bühren/ Müller-Stein,* § 17 Rn. 469; a. A. OLG Düsseldorf v. 28. 4. 1998, VersR 1999, 356 = NJWE-VHR 1998, 223; v. 13. 1. 1998, VersR 1999, 354 (359) und v. 25. 2. 1997, VersR 1997, 1083.
[49] OLG Saarbrücken v. 8. 9. 2004, r+s 2005, 515; OLG Köln v. 22. 12. 2003, VersR 2005, 823; OLG Oldenburg v. 13. 10. 1999, VersR 2000, 752.
[50] OLG Hamm v. 9. 2. 2005, NJW-RR 2005, 621 (622); LG Berlin v. 30. 5. 2000, NVersZ 2001, 415.
[51] OLG Hamm v. 9. 2. 2005, NJW-RR 2005, 621; *Prölss/Martin/Prölss,* § 15 MB/KT Rn. 8.
[52] *Bach/Moser/Wilmes,* § 15 MB/KT Rn. 7.
[53] *Prölss/Martin/Prölss,* § 15 MB/KT Rn. 8.
[54] OLG Koblenz v. 29. 5. 1998, VersR 1999, 219 = r+s 1998, 430.

erwerbstätig ist und ob der Verlust der Erwerbstätigkeit vor oder während der Arbeitsunfähigkeit eintritt. Diesen Unterscheidungsmerkmalen kommt indes im Ergebnis **keine Bedeutung zu. Entscheidend ist allein, ob der VN sich auch nach dem Verlust der bisherigen Erwerbstätigkeit Erfolg versprechend um die Aufnahme einer neuen Erwerbstätigkeit bemüht oder daran krankheits- bzw. unfallbedingt gehindert wird.**

(aa) Gibt ein **Selbständiger** seine Erwerbstätigkeit aus krankheitsbedingten oder aus wirt-   **25** schaftlichen Erwägungen auf, folgt daraus noch nicht, dass er deswegen aufgehört hat, selbständig erwerbstätig zu sein mit der Folge, dass die Versicherungsfähigkeit entfallen wäre. Gleiches gilt für den **Arbeitnehmer,** bei dem die Versicherungsfähigkeit nicht schon durch eine einvernehmliche Aufhebung des Beschäftigungsverhältnisses oder die Kündigung seines Arbeitsverhältnisses endet, sei sie nun vom Arbeitgeber oder vom VN selbst ausgesprochen worden. Wenn nicht besondere Umstände auf das Gegenteil hindeuten, muss vielmehr davon ausgegangen werden, dass der VN ohne die Erkrankung alsbald wieder auf andere Weise seine Erwerbstätigkeit aufgenommen hätte und dass er daran nur durch seine Krankheit gehindert worden ist. Das Gegenteil kann erst zu dem Zeitpunkt angenommen werden, zu dem der VN auch bei einer Gesundung von der Aufnahme einer neuen Tätigkeit Abstand genommen hätte oder hieran durch Gründe gehindert worden wäre, die außerhalb der Erkrankung liegen[55]. Allein diese Kriterien werden dem sozialen Schutzzweck der Krankentagegeldversicherung gerecht und verhindern eine Entwertung des Versicherungsschutzes in den Fällen, in denen der VN in seinen Bemühungen um die Aufnahme einer neuen Erwerbstätigkeit durch Krankheit oder Unfall zurückgeworfen und die Erzielung eines Einkommens krankheitsbedingt verzögert wird. Die gegenteiligen Umstände vorzubringen ist Aufgabe des VR, dem insoweit die **Darlegungs- und Beweislast** obliegt. Da der VR im Allgemeinen keine nähere Kenntnis darüber besitzt, ob und in welcher Weise sich der VN nach einer Beendigung seines Dienst- oder Arbeitsverhältnisses um eine andere Arbeitsstelle bemüht hat und ob für seine Arbeitssuche nach wie vor Aussicht auf Erfolg besteht, ist es zunächst Sache des VN, die negative Tatsache eines Wegfalls seiner Versicherungsfähigkeit substanziiert zu vertreten und näher darzulegen, was er unternommen hat, um eine neue Arbeitsstelle zu finden, und dass seine Arbeitssuche nach wie vor Aussicht auf Erfolg hat (sekundäre Darlegungslast)[56].

(bb) Konkret folgt daraus für den **selbständig Berufs- oder Erwerbstätigen:** Auf die   **26** Unterscheidung, ob die Aufgabe der bisherigen Erwerbstätigkeit vor oder nach der Arbeitsunfähigkeit liegt, kommt es nicht an. Auch der BGH verwendet in seiner Entscheidung v. 15. 5. 2002 (Fn. 55) die noch in der Entscheidung v. 9. 7. 1997 gebrauchte Formulierung „nach Eintritt, aber vor Beendigung des Versicherungsfalles" nicht mehr. Deshalb bleibt die Versicherungsfähigkeit erhalten, wenn der VN die Aufnahme einer neuen unter den Tarif fallenden Tätigkeit etwa durch Einrichtung eines neuen Büros, Geschäftslokals, einer neuen Praxis oder durch andere Erfolg versprechende Maßnahmen vorbereitet[57] oder daran krankheitsbedingt gehindert wird[58]. Wollte man aus Gründen der Rechtssicherheit und Rechtsklarheit auch bei einer nur vorübergehenden Aufgabe der selbständigen Tätigkeit generell die Versicherungsfähigkeit entfallen lassen[59], würde der Versicherungsschutz unter Außerachtlassung der sozialen Schutzfunktion der Krankentagegeldversicherung entwertet. Die

---

[55] BGH v. 27. 2. 2008, VersR 2008, 628 = NJW 2008, 1820 mit Anm. *Rogler,* juris PR–VersR 5/2008 Anm. 2 und v. 15. 5. 2002, VersR 2002, 881; für Selbständige: BGH v. 9. 7. 1997, VersR 1997, 1133 und v. 19. 12. 1975, VersR 1976, 431; OLG Hamm v. 28. 4. 2000, NVersZ 2000, 470; a. A. *Bach/Moser/Wilmes,* § 15 MB/KT Rn. 10 und 11.

[56] BGH v. 9. 7. 1997, VersR 1997, 1133; OLG Hamm v. 28. 4. 2000, NVersZ 2000, 470; *Bach/Moser/Wilmes,* § 15 MB/KT Rn. 13.

[57] OLG Hamm v. 26. 6. 1996, VersR 1997, 862; *Prölss/Martin/Prölss,* § 15 MB/KT Rn. 9; *Bruck/Möller/Wriede,* Bd. VI 2, Anm. G 56 S. K 418.

[58] OLG Karlsruhe v. 13. 11. 2003, VersR 2004, 230.

[59] OLG Oldenburg v. 21. 6. 1995, OLGR Oldenburg 1995, 270; OLG Karlsruhe v. 23. 5. 1990, VersR 1991, 1046; OLG Frankfurt/M. v. 27. 1. 1983, VersR 1983, 1070; OLG Koblenz v. 16. 11. 1987, r+s 1988, 310; *Bach/Moser/Wilmes,* § 15 MB/KT Rn. 12.

Versicherungsfähigkeit und damit auch die Leistungspflicht des VR enden **auch bei einer vorübergehenden Aufgabe der Erwerbstätigkeit vor Eintritt der Arbeitsunfähigkeit** erst dann, wenn der VN auch bei einer Gesundung von einer neuen Tätigkeit Abstand genommen hätte oder seine Bemühungen um die Aufnahme einer solchen Tätigkeit aus Gründen gescheitert wären, die außerhalb der Erkrankung liegen[60], weil die Krankentagegeldversicherung das Verdienstausfall-, nicht aber das Arbeitslosigkeitsrisiko absichert.

27 **Indizien** für das Entfallen der Versicherungsfähigkeit und den daraus resultierenden Fortfall der Leistungspflicht des VR können sein die **Aufgabe**[61], **Veräußerung** oder **langfristige Verpachtung**[62] des Geschäftes oder der Praxis, wenn sich der VN dadurch der objektiven Grundlagen seiner selbständigen Tätigkeit begibt oder durch **Insolvenz** beraubt wird. Ein weiteres Indiz stellt die **Abmeldung des Gewerbebetriebes** dar, die jedoch allein häufig nicht ausreichen wird, um ein Entfallen der Versicherungsfähigkeit annehmen zu können[63]. Auf den Willen des VN, später eine neue selbständige Tätigkeit aufzunehmen oder die alte fortzuführen, kann alleine nicht abgestellt werden[64], wenn dieser Wille nicht von Erfolg versprechenden Bemühungen begleitet wird. Mit dieser Einschränkung kann auch die **Dauer** der Erwerbslosigkeit von Bedeutung sein[65]. Da eine Verweisung des VN auf eine andere als die konkret ausgeübte Tätigkeit nicht möglich ist, liefert die Tatsache, dass der VN bei Arbeitsunfähigkeit im ausgeübten Beruf die Möglichkeit einer anderweitigen Berufsaufnahme trotz dort bestehender Arbeitsfähigkeit nicht nutzt, keinen Beweis dafür, dass der VN nicht mehr gewillt ist, seine berufliche Tätigkeit unverzüglich nach seiner Gesundung fortzusetzen[66].

28 *(cc)* Wird dem abhängig beschäftigten VN durch den Arbeitgeber während der Arbeitsunfähigkeit gerade wegen der Erkrankung oder der Unfallfolgen gekündigt oder kommt der Arbeitnehmer einer solchen Kündigung durch Eigenkündigung zuvor, fällt die Versicherungsfähigkeit nach h. M. nicht fort und die Leistungspflicht des VR bleibt bestehen[67]. Denn in diesem Fall beruhen die Kündigung und deshalb auch der Verdienstausfall auf der Erkrankung und unterfallen damit dem abgesicherten Risiko[68]. Nach anderer Auffassung sollen Versicherungsfähigkeit und Leistungspflicht der VR entfallen[69]. Die dabei getroffene Unterscheidung, dass nur die Kündigung unmittelbar für den Verdienstausfall ursächlich ist, während Krankheit oder Unfall den Verdienstausfall lediglich mittelbar auslösen, überzeugt nicht. Wenn überhaupt an die Ursache des Verdienstausfalles angeknüpft werden soll, kommt man an der Erkenntnis nicht vorbei, dass Krankheit oder Unfall die entscheidenden Ursachen für den Verdienstausfall waren und deshalb der versprochene Versicherungsschutz entscheidend ausgehöhlt würde, wenn sogar in diesen Fällen die Leistungspflicht des VR entfiele. Auch der Hinweis auf eine nur geringe oder gar fehlende Schutzwürdigkeit des VN, weil die-

---

[60] OLG Nürnberg v. 21.7. 1994, VersR 1995, 654; LG Heidelberg v. 3.6. 2004, VersR 2005, 1423; *Prölss/Martin/Prölss,* § 15 MB/KT Rn. 11.

[61] LG Köln v. 19.5. 1982, VersR 1983, 676.

[62] LG Nürnberg-Fürth v. 17.6. 1999, r+s 2000, 83.

[63] *Prölss/Martin/Prölss,* § 15 MB/KT Rn. 12.

[64] OLG Karlsruhe v. 23.5. 1990, VersR 1991, 1046; OLG Frankfurt/M. v. 27.1. 1983, VersR 1983, 1070.

[65] *Prölss/Martin/Prölss,* § 15 MB/KT Rn. 9; vgl. auch OLG Köln v. 19.2. 1987, VersR 1988, 593 und v. 28.4. 1983, VersR 1983, 1179, das maßgeblich auf die Nachhaltigkeit der Erwerbslosigkeit abhebt.

[66] BGH v. 9.7. 1997, VersR 1997, 1133.

[67] BGH v. 15.5. 2002, VersR 2002, 881 unter II 3; OLG Karlsruhe v. 26.8. 2004, r+s 2005, 470 (472); OLG Saarbrücken v. 15.12. 1999, VersR 2001, 318 (320) = NVersZ 2001, 18 (19/20); OLG Köln v. 17.5. 1990, VersR 1991, 647(648).

[68] OLG Saarbrücken v. 15.12. 1999, VersR 2001, 318 (320) = NVersZ 2001, 18 (19); OLG Frankfurt/M. v. 12.11. 1997, OLGR Frankfurt/M. 1998, 43 (44); OLG Hamm v. 23.1. 1991, VersR 1992, 225 und v. 26.9. 1984, VersR 1985, 1131; OLG Köln v. 17.5. 1990, VersR 1991, 647; *Prölss/Martin/Prölss,* § 15 MB/KT Rn. 13.

[69] OLG Koblenz v. 24.3. 2000, VersR 2000, 1008 (1009) = r+s 2000, 388 (389); OLG Köln v. 26.2. 1997, VersR 1998, 1365; *Bach/Moser/Wilmes,* § 15 MB/KT Rn. 10.

ser im Normalfall über einen längeren Zeitraum Arbeitslosengeld erhalte, verfängt nicht. Denn die sozialversrechtlichen Unterstützungen wie Arbeitslosengeld I und II, Sozialhilfe oder Krankengeld gleichen den Verdienstausfall, worauf OLG Saarbrücken[70] zu Recht hinweist, nur unzureichend aus, so dass dem VN bei einem Fortfall der Leistungspflicht des VR der versprochene und mit Prämienzahlungen erkaufte Versicherungsschutz entgegen dem Schutzzweck der Krankentagegeldversicherung vorenthalten würde.

Aus den oben unter Rn. 25 dargestellten Erwägungen setzt die für einen Wegfall der Versicherungsfähigkeit erforderliche Beendigung auch der unselbständigen Erwerbstätigkeit den Willen des VN voraus, auch ohne die Erkrankung in der Erwerbslosigkeit verbleiben zu wollen oder außerhalb der Krankheit liegende Hindernisse, die der Wiederaufnahme der Erwerbstätigkeit entgegenstehen[71]. **Umschulungsmaßnahmen** führen dementsprechend nicht zum Wegfall der Versicherungsfähigkeit[72]. Auch bei dieser Fallgestaltung liegen Darlegungs- und Beweislast beim VR (siehe oben Rn. 25).   **29**

Wird dem VN **während der Arbeitsunfähigkeit aus Gründen gekündigt, die mit**   **30** **der Erkrankung in keinerlei Zusammenhang stehen** oder löst der VN aus solchen Erwägungen selbst das Beschäftigungsverhältnis oder tritt die Erwerbslosigkeit vom VN bzw. Arbeitgeber veranlasst schon **vor der Arbeitsunfähigkeit** ein, kommt es wiederum entscheidend darauf an, ob sich der VN unverzüglich und Erfolg versprechend um eine neue Erwerbstätigkeit bemüht[73]. Auch in diesem Fall bedeutet der Verlust der Arbeitsstelle nicht ohne Weiteres auch Wegfall der Erwerbstätigkeit und damit der Versicherungsfähigkeit. Diese bleibt erhalten, bis die vom VR zu beweisenden, unter Rn. 25 dargestellten Voraussetzungen eingetreten sind. In diesem Zusammenhang sind Versicherungs- oder Tarifbedingungen wegen Gefährdung des Vertragszwecks unwirksam (§ 307 Abs. 2 Nr. 2 BGB), die die Versicherungsfähigkeit eines Arbeitnehmers und damit den Fortbestand des Versicherungsvertrages vom ununterbrochenen Vorhandensein eines festen Arbeitsverhältnisses abhängig machen. Eine solche oder ähnliche Regelung hält einer Inhaltskontrolle nicht stand, weil sie wesentliche Rechte, die sich aus der Natur der Krankentagegeldversicherung als Verdienstausfallversicherung ergeben, so einschränkt, dass die Erreichung des Vertragszwecks gefährdet ist. Denn derartige Regelungen gelten unabhängig davon, ob der Versicherte alsbald ein neues festes Arbeitsverhältnis anstrebt oder nicht; selbst wenn er sein Arbeitsverhältnis nur beendet hat, um kurze Zeit darauf ein schon konkret in Aussicht stehendes neues festes Arbeitsverhältnis zu begründen, bliebe er für die Zwischenzeit ohne Versicherungsschutz. Der Verlust des Versicherungsschutzes trifft mithin gerade auch den Versicherten, der sich nach Beendigung des Arbeitsverhältnisses sogleich und ernsthaft um die Begründung eines neuen bemüht, in dieser Zeit aber arbeitsunfähig wird, wodurch die Aufnahme einer neuen Beschäftigung nicht nur erschwert, sondern sogar verhindert werden kann. Sollen der soziale Schutzzweck der Krankentagegeldversicherung und deren Vertragszweck, der in § 1 Abs. 1 MB/KT versprochene Schutz gegen Verdienstausfall als Folge von Krankheiten oder Unfällen, der von existenzieller Bedeutung für den VN ist, nicht leer laufen, muss ihm auch in solchen Fällen ein Anspruch auf Krankentagegeld zustehen. Auch Zeiten der Arbeitssuche nach Beendigung eines Beschäftigungsverhältnisses sind Teil der auf die Erzielung von Arbeitsverdienst gerichteten Erwerbstätigkeit des VN. Den berechtigten Interessen des VR wird dadurch ausreichend Rechnung getragen, dass die Versicherungsfähigkeit des VN jedenfalls dann endet, wenn sich der VN nicht ernsthaft um die Aufnahme einer neuen Tätigkeit bemüht oder sich seine Bemühungen aus anderen als krankheitsbedingten Gründen als aussichtslos darstellen, während der VN redlicherweise nicht erwarten kann, dass der VR den versprochenen Versicherungsschutz auch noch aufrechterhalten will, wenn der VN ein neues

---

[70] OLG Saarbrücken v. 15. 12. 1999, VersR 2001, 318 (320) = NVersZ 2001, 18 (20).
[71] BGH v. 15. 5. 2002, VersR 2002, 881; OLG Hamm v. 14. 10. 1996, NJWE-VHR 1997, 6; OLG Koblenz v. 17. 9. 1993, r+s 1993, 473; *Prölss/Martin/Prölss,* § 15 MB/KT Rn. 13.
[72] LG Arnsberg v. 14. 11. 2000, VersR 2001, 1102.
[73] OLG Nürnberg v. 21. 7. 1994, VersR 1995, 654; LG Berlin v. 29. 7. 2004, r+s 2005, 387; *Prölss/Martin/Prölss,* § 15 MB/KT Rn. 9.

Beschäftigungsverhältnis nicht mehr eingehen will oder seine Bemühungen dafür gescheitert sind. Denn in einem solchen Fall fehlt jede Anknüpfung an einen künftig durch Arbeitsunfähigkeit eintretenden Verdienstausfall. Die Regelungslücke, die als Folge der Unwirksamkeit der Tarifbestimmung wegen Vertragszweckgefährdung entstanden ist, muss im Wege der ergänzenden Vertragsauslegung unter sachgerechter Abwägung der dargestellten beiderseitigen Interessen geschlossen werden. Diese ergänzende Vertrgasauslegung führt zu einem Regelungsinhalt, wonach das Versicherungsverhältnis auch in Zeiten vorübergehender Arbeitslosigkeit fortbesteht und erst zu dem Zeitpunkt endet, in dem der VN auch bei einer Genesung von einer neuen Erwerbstätigkeit Abstand genommen hätte oder seine Bemühungen um eine neue Arbeitsstelle als gescheitert anzusehen sind. Eine weitergehende ergänzende Vertragsauslegung etwa durch Bestimmung einer Frist, mit deren Ablauf das Versicherungsverhältnis auch bei fortdauernder Arbeitsunfähigkeit und selbst bei nachträglichem Eintritt von Arbeitslosigkeit endet, wird mangels geeigneter hinreichender Anhaltspunkte in den Versicherungs- oder Tarifbedingungen häufig nicht in Betracht kommen[74].

31   Entgegen der hier vertretenen Auffassung wird bei Kündigung durch den VN[75] oder sonstiger nicht krankheitsbedingter Beendigung des Beschäftigungsverhältnisses[76] verschiedentlich auch Wegfall der Versicherungsfähigkeit und der Leistungspflicht des VR angenommen.

32   *(dd)* Nimmt der VN einen **Berufswechsel** von selbständiger zu unselbständiger Erwerbstätigkeit vor, scheidet er aus einer Berufsgruppe aus, für die ein spezieller Tarif eingerichtet war oder wechselt er aus einem abhängigen Beschäftigungsverhältnis in eine selbständige Erwerbstätigkeit, fällt die Versicherungsfähigkeit im versicherten Tarif fort. Dem VN steht aber ein aus der entsprechenden Anwendung von § 204 VVG oder jedenfalls aus dem Grundsatz von Treu und Glauben (§ 242 BGB) abzuleitender **Anspruch auf Versicherung in einem der neuen Tätigkeit Rechnung tragenden Tarif** unter Berücksichtigung des bisherigen Eintrittsalters sowie erbrachter Altersrückstellungen zu[77], ungeachtet des Rechts des VR zur ordentlichen Kündigung (vgl. dazu unten Rn. 52).

33   Erlangt der VN allerdings den **Beamtenstatus,** sei es auch nur durch Ernennung zum Beamten auf Probe[78], verliert er die Versicherungsfähigkeit, weil Beamte bei Krankheit keinen Verdienstausfall erleiden können[79]. **Ändert sich die Dauer der Gehaltsfortzahlung,** auf die die Karenzzeit des vereinbarten Tarifs abgestimmt war, besteht für den VR keine Möglichkeit, den Versicherungsvertrag der geänderten Dauer der Lohnfortzahlung anzupassen, sofern die Tarifbestimmungen keine Regelung enthalten und die Frist zur ordentlichen Kündigung nach § 14 Abs. 1 MB/KT abgelaufen ist. Die Grundsätze über den Wegfall/die Störung der Geschäftsgrundlage nach § 313 BGB finden wie beim anfänglichen Fehlen der Versicherungsfähigkeit (vgl. oben Rn. 18) keine Anwendung[80].

34   *(2)* Der **Bezug einer Rente wegen Berufs- oder Erwerbsunfähigkeit** führt nur dann zum Erlöschen der Leistungspflicht des VR, wenn der Rentenbezug in den Versicherungs- oder Tarifbedingungen der VR als Grund für einen Wegfall der Versicherungsfähigkeit oder die (unwirksame – siehe oben Rn. 21 –) Beendigung des Versicherungsvertrages ausdrücklich aufgeführt wird[81]. Wird dem VN für den Fall des Bezugs einer Rente und der damit verbundenen Beendigung der Versicherungsfähigkeit ein Anspruch auf eine Anwartschaftsversicherung

---

[74] BGH v. 27. 2. 2008, Fn. 55, unter Bezugnahme auf die bereits in der Vorauflage an dieser Stelle vertretene Auffassung; vgl. auch OLG Hamm v. 23. 1. 1991, VersR 1992, 225.
[75] OLG Hamburg v. 23. 9. 1988, VersR 1990, 36; *Bach/Moser/Wilmes,* § 15 MB/KT Rn. 10.
[76] *Bach/Moser/Wilmes,* a. a. O.
[77] OLG Karlsruhe v. 26. 8. 2004, r+s 2005, 470 (472); *Bach/Moser/Wilmes,* § 15 MB/KT Rn. 16; *Prölss/Martin/Prölss,* § 15 MB/KT Rn. 10.
[78] LG Bielefeld v. 30. 6. 1988, VersR 1988, 1175.
[79] *Prölss/Martin/Prölss,* § 15 MB/KT Rn. 10; *Bach/Moser/Wilmes,* § 15 MB/KT Rn. 16.
[80] OLG Karlsruhe v. 7. 12. 1989, VersR 1990, 1340; a. A. *Bach/Moser/Wilmes,* § 15 MB/KT Rn. 17.
[81] BGH v. 5. 2. 1997, VersR 1997, 481 = r+s 1997, 168; OLG Karlsruhe v. 6. 7. 2006, VersR 2007, 51; OLG Hamm v. 11. 12. 1996, VersR 1997, 1087 (1088); *Bach/Moser/Wilmes,* § 15 MB/KT Rn. 14; *Prölss/Martin/Prölss,* § 15 MB/KT Rn. 19.

eingeräumt, liegt darin allerdings noch keine (concludente) Regelung über das Erlöschen der Leistungspflicht bei Rentenbezug[82]. Die vereinbarte Leistungsfreiheit besteht für die Dauer des Rentenbezugs. Die Höhe der Rente ist ohne Bedeutung, so dass auch bei einer Rentenzahlung, die niedriger liegt als die vereinbarte Krankentagegeldleistung, die Leistungspflicht des VR entfällt[83]. Es kommt auch nicht darauf an, ob es sich um eine Rente aus einer privaten oder einer gesetzlichen Versicherung handelt[84], ob sie auf Zeit oder befristet bewilligt wurde[85], ob die zugrunde liegende Berufsunfähigkeit nur fingiert wurde[86], ob die Rentenzahlung aufgrund eines förmlichen Anerkenntnisses gem. den Bedingungen für die Berufsunfähigkeits (zusatz)versicherung oder kulanzweise erfolgt[87]. Bei rückwirkender Zahlung der Rente entfällt die Leistungspflicht des VR ab dem Zeitpunkt, zu dem die Rente gewährt wurde[88]. § 15 lit. a MB/KT kann neben § 15 lit. b MB/KT angewendet werden, da diese Bestimmungen sich wegen ihres unterschiedlichen Regelungsgehaltes nicht gegenseitig ausschließen[89].

(3) War der Versicherungsfall mit Arbeitsunfähigkeit schon vor einem Wegfall der Versicherungsfähigkeit eingetreten, bleibt gem. § 15 lit. a S. 2 MB/KT die Leistungspflicht des VR erhalten, bis die Arbeitsfähigkeit wenn auch nur teilweise wieder hergestellt ist, auch bei schwebendem Versicherungsfall bei andauernder vollständiger Arbeitsunfähigkeit jedoch längstens bis zum Ablauf von 3 Monaten nach Fortfall der Versicherungsfähigkeit. Dieser 3-monatige **Nachhaftungszeitraum** beginnt nach dem eindeutigen Wortlaut des § 15 lit. a S. 2 MB/KT mit dem Wegfall der Versicherungsfähigkeit[90]. Da durch die Neufassung von § 8 Abs. 6 S. 1 MB/KT ein Anspruch des VR nur auf denjenigen Teil der Prämie besteht, der dem Zeitraum des Bestehens des Versicherungsschutzes entspricht, bleibt nunmehr auch der Grundsatz des Gleichklangs von Prämie und Leistung gewahrt. **35**

bb) Der Eintritt von **Berufsunfähigkeit** gem. § 15 lit. b. MB/KT führt entgegen dem Wortlaut dieser Vorschrift zwar nicht zur Beendigung der Krankentagegeldversicherung (vgl. oben Rn. 21), stellt aber einen der in der Praxis wohl bedeutungsvollsten Gründe für das Erlöschen der Leistungspflicht des VR dar, wie die zahlreich zu diesem Thema ergangenen Entscheidungen ausweisen. Der in § 15 lit. b MB/KT definierte Tatbestand, wonach Berufsunfähigkeit eintritt, wenn die versicherte Person nach medizinischem Befund im bisher ausgeübten Beruf auf nicht absehbare Zeit mehr als 50% erwerbsunfähig ist, deckt sich nicht mit den im **Sozialversicherungsrecht** gebräuchlichen Begriffen von Berufsunfähigkeit und Erwerbsminderung oder den entsprechenden Begriffen in der **privaten Berufsunfähigkeitsversicherung.** Denn während die im Sozialversicherungsrecht verwendeten Begriffe auf den allgemeinen Arbeitsmarkt abstellen, bestimmt sich die Berufsunfähigkeit in der Krankentagegeldversicherung nach dem zuletzt ausgeübten Beruf und anders als in der privaten Berufsunfähigkeits(zusatz)versicherung bleibt die Möglichkeit der Ausübung eines Verweisungsberufes ohne Bedeutung[91]. Deshalb kann weder die Bewilligung einer gesetzlichen **36**

---

[82] OLG Köln v. 22. 12. 2003, VersR 2005, 822.

[83] BGH v. 25. 1. 1989, VersR 1989, 392 (393).

[84] BGH v. 25. 1. 1989, VersR 1989, 392; OLG Oldenburg v. 13. 10. 1999, VersR 2000, 752 = NVersZ 2000, 327.

[85] BGH v. 12. 7. 1989, VersR 1989, 943; OLG Saarbrücken v. 28. 11. 1990, VersR 1991, 650 = r+s 1991, 247.

[86] BGH v. 25. 1. 1989, VersR 1989, 392 (393); OLG Hamm v. 18. 1. 2002, VersR 2002, 1138 = NVersZ 2002, 359.

[87] OLG Karlsruhe v. 6. 7. 2006, NJW-RR 2006, 1471; OLG Köln v. 12. 2. 2003, NJW-RR 2003, 810; OLG Hamm v. 18. 1. 2002, NVersZ 2002, 359 (360); LG Siegen v. 6. 6. 2005, r+s 2006, 78.

[88] BGH v. 12. 7. 1989, VersR 1989, 943; OLG Celle v. 1. 11. 2007, VersR 2008, 526; *Prölss/Martin/ Prölss,* § 15 MB/KT Rn. 18.

[89] BGH v. 12. 7. 1989, VersR 1989, 943.

[90] OLG Hamm v. 18. 1. 2002, VersR 2002, 1138 (1139); OLG Bremen v. 4. 4. 2000, VersR 2001, 622 (623); OLG Saarbrücken v. 28. 11. 1990, VersR 1991, 650; *Bach/Moser/Wilmes,* § 15 MB/KT Rn. 18.

[91] OLG Düsseldorf v. 28. 4. 1998, VersR 1999, 356 (357); OLG Hamm v. 11. 12. 1996, VersR 1997, 1087.

Rente wegen Berufsunfähigkeit bzw. Erwerbsminderung noch die Gewährung einer privaten Berufsunfähigkeitsrente die eigenständige Feststellung von Berufsunfähigkeit i. S. d. § 15 lit. b MB/KT ersetzen. Bei entsprechender vertraglicher Vereinbarung kann allerdings § 15 lit. a MB/KT eingreifen (vgl. oben Rn. 34).

37   *(1)* Die Berufsunfähigkeit muss **im zuletzt bei Eintritt des Versicherungsfalles ausgeübten Beruf** selbst dann bestehen, wenn ein Wechsel von einem bei Antragstellung zugrunde gelegten Beruf stattgefunden hat[92]. Im Einzelfall kann es schwierig sei, die Konturen des bisherigen Berufes festzustellen. Ein Arzt, der in der praktizierten Fachrichtung krankheits- oder unfallbedingt zu mehr als 50% nicht mehr tätig sein kann, ist berufsunfähig, auch wenn er sich durch Fortbildung die Fähigkeit erworben hat, in einer anderen Fachrichtung zu arbeiten[93]. Gleiches gilt für einen Lizenz-Fußballer, der den speziellen Anforderungen des Profifußballs nicht mehr gewachsen ist, aber noch als Amateur-Fußballer eingesetzt werden könnte[94]. Da es auf die **konkrete Art** der bisherigen Berufsausübung ankommt, ist entgegen OLG Bremen[95], das eine weitere Auslegung des Berufsbegriffes bevorzugt, ein Hafenarbeiter berufsunfähig, der die zuletzt ausgeübte körperlich anstrengende Tätigkeit nicht mehr, wohl aber eine nicht belastende Kontrolltätigkeit ausüben kann. Für eine **restriktive Auslegung** des Berufsbegriffes streiten die überzeugenderen Argumente. Denn auch bei der Feststellung der Arbeitsunfähigkeit gem. § 1 Abs. 3 MB/KT kommt eine Verweisung des VN auf eine andere als die konkret ausgeübte Tätigkeit nicht in Betracht (vgl. unten Rn. 97). Die enge Auslegung mag im Einzelfall dazu führen, dass weder ein Anspruch auf Krankentagegeld noch ein solcher auf Berufsunfähigkeitsrente besteht. Ein lückenloser Versicherungsschutz wird aber wegen der unterschiedlichen Bedingungen nicht gewährleistet[96]. Die schutzwürdigen Interessen des VN werden gewahrt, indem ihm ein Anspruch auf eine Anwartschaftsversicherung zuerkannt wird (vgl. oben Rn. 22).

38   *(2)* Die in den Musterbedingungen geforderte **mehr als 50%ige Erwerbsunfähigkeit** knüpft nicht an das erzielbare Einkommen, sondern an die berufliche Belastbarkeit an[97], so dass Berufsunfähigkeit erst eintreten kann, wenn der VN seinen Arbeitsalltag zu mehr als der Hälfte nicht mehr bewältigen kann oder umgekehrt nur noch in der Lage ist, höchstens 49% der anfallenden Tätigkeiten zu verrichten[98]. Dafür kommt es in erster Linie auf den zeitlichen Anteil (**quantitative** Betrachtungsweise) der noch ausübbaren bzw. krankheits- oder unfallbedingt nicht mehr ausübbaren Tätigkeiten an. Allerdings kann die Arbeitszeit nicht das alleinige und ausschließlich maßgebende Kriterium für die Bewertung der Erwerbs(un)fähigkeit sein. Vielmehr muss auch dem Gewicht der Einzelvorrichtungen, den **prägenden** Tätigkeiten, die wegen der Gesundheitsbeeinträchtigung nicht mehr bzw. noch ausgeführt werden können, Rechnung getragen werden (**qualitative** Betrachtungsweise), wobei einheitliche Lebensvorgänge nicht in berufliche Einzelverrichtungen aufgespalten werden können[99] (vgl. dazu ausführlich *Rixecker,* § 46 Rn. 79 ff.).

39   Da die Bewertung der Leistungsfähigkeit nach **objektiven Kriterien** vorgenommen wird, bleibt unberücksichtigt, wenn der VN **Raubbau** an seiner Gesundheit betreibt und trotz

---

[92] OLG München v. 27. 1. 2005, VersR 2005, 966; OLG Bremen v. 12. 9. 1995, OLGR Bremen 1995, 51; *Prölss/Martin/Prölss,* § 15 MB/KT Rn. 23; *Bach/Moser/Wilmes,* § 15 MB/KT Rn. 23.

[93] OLG Frankfurt/M. v. 7. 12. 1986, VersR 1987, 758.

[94] OLG Hamm v. 20. 12. 1991, VersR 1992, 862.

[95] V. 12. 9. 1995, OLGR Bremen 1995, 51.

[96] OLG Düsseldorf v. 28. 4. 1998, VersR 1999, 356 (357) = NJWE-VHR 1998, 223 (224).

[97] *Bach/Moser/Wilmes,* § 15 MB/KT Rn. 22; *Prölss/Martin/Prölss,* § 15 MB/KT Rn. 25.

[98] OLG Zweibrücken v. 26. 1. 1990, VersR 1991, 292.

[99] So für die vergleichbare Problematik in der Berufsunfähigkeitsversicherung: BGH v. 26. 2. 2003, VersR 2003, 631; OLG Oldenburg v. 30. 8. 2000, NVersZ 2001, 409 (410); OLG Düsseldorf v. 8. 12. 1998, NVersZ 2000, 169; OLG Karlsruhe v. 2. 3. 2000, VersR 2000, 1401 (1403); OLG Hamm v. 10. 5. 2006, VersR 2006, 1481; v. 16. 6. 1999, r+s 2000, 37(38) und v. 18. 6. 1997, VersR 1998, 442 (443).

mehr als hälftiger Erwerbsunfähigkeit noch zu mindestens 50% seiner Erwerbstätigkeit nachgeht[100].

Ebenso wenig wie der VR den VN bei der Feststellung der Arbeitsunfähigkeit auf eine **40** Vergleichstätigkeit verweisen kann, besteht für den VN die Möglichkeit, Berufsunfähigkeit und damit Wegfall der Leistungspflicht des VR abzuwenden, indem er seine Erwerbsfähigkeit in einer **anderen als der zuletzt ausgeübten Berufstätigkeit** geltend macht[101].

(3) Weil die qualifizierte Erwerbsunfähigkeit **auf nicht absehbare Zeit** bestehen muss, **41** erfordert sie eine **Prognose.** Liegt ein nicht mehr reversibler Zustand vor, besteht die Erwerbsunfähigkeit auf Dauer und damit auf nicht absehbare Zeit. Besteht der Zustand nur vorübergehend, ohne dass ein Ende absehbar wäre oder kann nicht festgestellt werden, ob überhaupt und ggf. wann Erwerbsfähigkeit wieder eintritt, wird von der h. M. Berufsunfähigkeit angenommen, wenn nach aller Erfahrung trotz Einsatzes aller medizinischen Mittel mit einem Wiedereintritt der Erwerbsfähigkeit nicht zu rechnen ist oder die Aussichten auf Besserung so gering sind, dass ungewiss bleibt, ob der VN jemals wieder erwerbsfähig wird[102]. Eine Erfolg versprechende, zumutbare Therapie schließt somit Berufsunfähigkeit aus[103]. Dagegen muss von Berufsunfähigkeit ausgegangen werden, wenn der VN davon absieht, zur Wiederherstellung seiner Erwerbsfähigkeit sich einer mit besonderen Risiken verbundenen und deshalb unzumutbaren Operation zu unterziehen[104]. Stellt sich der VN hingegen einer solchen Operation, kann die Prognose wegen fehlender Absehbarkeit der Fortdauer der Beeinträchtigung nicht abgegeben werden.

Die **zeitliche Dimension** der Prognose wird uneinheitlich gesehen. Während ein beacht- **42** licher Teil der Rechtsprechung in Anlehnung an eine frühere sozialversicherungsrechtliche Zeitregelung für die Prognose einen überschaubaren Zeitraum von 3 Jahren ausreichen lässt[105], lehnt die Literatur die zeitliche Begrenzung des Prognosezeitraums überwiegend ab[106]. Obwohl der Wortlaut des § 15 lit. b MB/KT keine Anhaltspunkte für eine Eingrenzung des Prognosezeitraums bietet, erscheint zur verantwortungsvollen Beherrschung der mit der Prognose verbundenen erheblichen Unsicherheitsfaktoren und zur Erreichung praktikabler Ergebnisse die Zugrundelegung eines überschaubaren Zeitraums[107] angezeigt, der mit 3 Jahren auch vom VVG in § 180 für die Invalidität in der Unfallversicherung aufgegriffen wird und der auch nach der zitierten Rechtsprechung nicht ausnahmslos, sondern als Regelfall gilt, von dem bei begründetem Anlass abgewichen werden kann.

Nach zutreffender Auffassung kann die Prognose überprüft werden. Die **Überprüfungs-** **43** **möglichkeit** besteht nicht nur unter Berücksichtigung und kritischer Würdigung des bei der Befunderhebung zugrunde gelegten Gesundheitszustandes, sondern auch im Hinblick auf nachträgliche Besserungen des Krankheitsbildes, die zur Wiedererlangung der Erwerbsfähig-

---

[100] OLG Düsseldorf v. 13. 1. 1998, VersR 1999, 354 = NJWE-VHR 1998, 220 (221); LG Saarbrücken v. 25. 5. 2005, ZfS 2006, 700.

[101] OLG Düsseldorf v. 28. 4. 1998, VersR 1999, 356 (357) = NJWE-VHR 1998, 223 (224).

[102] OLG Zweibrücken v. 26. 1. 1990, VersR 1991, 292; KG v. 8. 4. 1988, VersR 1988, 1290 (1291); OLG Hamm v. 25. 1. 1978, VersR 1978, 1034 (1035); *Bach/Moser/Wilmes,* § 15 MB/KT Rn, 26; *Prölss/ Martin/Prölss,* § 15 MB/KT Rn. 25; *van Bühren/Müller-Stein,* § 17 Rn. 489; enger: OLG Düsseldorf v. 25. 2. 1997, VersR 1997, 1083 (1084); OLG Hamm v. 5. 7. 1991, VersR 1992, 346.

[103] OLG Hamm v. 23. 1. 1991, VersR 1992, 225 (226); OLG Saarbrücken v. 23. 7. 2004, VersR 2005, 1403 und OLG Koblenz v. 1. 12. 2000, ZfS 2003, 250 mit Anm. *Rixecker* für die Prognose in der Berufsunfähigkeitsversicherung; a. A. *Bach/Moser/Wilmes,* § 15 MB/KT Rn. 26.

[104] OLG Saarbrücken v. 19. 11. 2003, VersR 2004, 1401; OLG Köln v. 16. 6. 1994, VersR 1995, 284.

[105] OLG Hamm v. 26. 2. 1997, r+s 1998, 76; v. 11. 12. 1996, VersR 1997, 1087; v. 25. 1. 1995, VersR 1995, 1039 (1040); OLG Köln v. 16. 6. 1994, VersR 1995, 284 (285); OLG Koblenz v. 17. 9. 1993, r+s 1993, 473; LG Berlin v. 30. 5. 2000, NVersZ 2001, 415; ähnlich *Bruck/Möller/Wriede* Bd. VI 2 Anm. G 57 S. K 421.

[106] *Prölss/Martin/Prölss,* § 15 MB/KT Rn. 25; *Bach/Moser/Wilmes,* § 15 MB/KT Rn. 28; OLG Karlsruhe v. 26. 8. 2004, r+s 2005, 470.

[107] Vgl. auch BGH v. 11. 10. 2006, r+s 2007, 31 unter II 1b und v. 22. 2. 1984, VersR 1984, 630 (632) zur Prognose in der Berufsunfähigkeitszusatzversicherung.

keit geführt haben, weil auf den Sachverhalt im Zeitpunkt der letzten mündlichen Verhandlung abzustellen ist[108]. Dagegen wird eingewandt, dass die Berücksichtigung einer nachträglichen Unrichtigkeit dem Wesen der Prognoseentscheidung zuwider laufe, die ihrer Natur nach mit Unsicherheiten behaftet sei, die hingenommen werden müssten[109]. Die praktischen Auswirkungen dieses Meinungsstreites bleiben in den meisten Fällen eher gering, da die Wiederaufnahme der Erwerbstätigkeit jedenfalls als Indiz für die Unrichtigkeit des eine Berufsunfähigkeit feststellenden medizinischen Befundes herangezogen werden muss[110] und der für die Bewertung maßgebende objektive Maßstab verhindert, dass ein Raubbau des VN an seiner Gesundheit Berücksichtigung findet (vgl. oben Rn. 39).

44   *(4)* Der erforderliche **medizinischen Befund** muss so gründlich erhoben werden, dass er eine Aussage über die Berufsfähigkeit zulässt, indem er **Ausführungen über die Minderung der Erwerbsfähigkeit und die Dauerhaftigkeit dieses Zustandes** enthält[111]. Ist das der Fall, kann aus einer solchen Stellungnahme auch noch nachträglich und mit einer sonst nicht zulässigen Rückwirkung eine bei Befunderhebung vorliegende Berufsunfähigkeit abgeleitet werden[112]. Denn der Befund braucht nicht zwecks Feststellung der Berufsunfähigkeit eingeholt worden zu sein und somit die Berufsunfähigkeit nicht ausdrücklich zu attestieren[113], so dass auch von Rentenversicherungsträgern beauftragte Gutachten ausreichen können, nicht aber deren Bescheide, denen keine ärztliche Befundqualität zukommt. Ob der VR ein derart qualifiziertes und schriftliches Gutachten eines Arztes **vorzulegen hat,** wenn er mit Aussicht auf Erfolg die Beendigung seiner Leistungspflicht wegen Berufsunfähigkeit geltend machen will, weil andernfalls sein Verteidigungsvorbringen im Prozess nicht erheblich bzw. seine Klage bei Rückforderung von Krankentagegeldleistungen nicht schlüssig ist[114] oder ob die substanziierte Behauptung von einer Berufsunfähigkeit des VN ausreicht und ein derartiges Gutachten auch erstmals auf ein entsprechendes Beweisangebot des VR im Prozess eingeholt werden kann[115], ist **streitig.** Nach der zuletzt zitierten Meinung soll der Grund für die ausdrückliche Forderung eines medizinischen Befundes in den MB/KT (lediglich) in der Sicherstellung einer objektiven Feststellung der Berufsunfähigkeit durch ein gründliches und neutrales medizinisch-sachverständiges Gutachten liegen. Das Verständnis dieser Wendung dürfte indes über diese Bedeutung hinaus gehen, weil aus der maßgeblichen Sicht eines verständigen VN diese Voraussetzung mit dem gleichlautenden Erfordernis bei der Definition der Arbeitsunfähigkeit in § 1 Abs. 3 MB/KT und der damit im Zusammenhang stehenden eigenen Obliegenheit korrespondiert, zum Nachweis seiner Arbeitsunfähigkeit ein ärztliches Attest vorzulegen (vgl. dazu unten Rn. 81). Der VN darf daraus zu Recht folgern, dass dieser ihm zur Begründung seines Leistungsanspruches auferlegten Obliegenheit eine vergleichbare Last des VR gegenübersteht, wenn dieser sich zur Begründung des Wegfalls seiner Leistungspflicht auf Berufsunfähigkeit beruft.

---

[108] OLG Hamm v. 23. 1. 1991, VersR 1992, 225 (226) und v. 20. 6. 1986, Vers 1987, 1233; OLG Köln v. 23. 6. 1994, VersR 1995, 285. Ebenso *Terbille/Schubach,* § 22 Rn. 367.

[109] OLG Karlsruhe v. 26. 8. 2004, r+s 2005, 470; OLG Düsseldorf v. 25. 2. 1997, VersR 1997, 1083 (1084) = r+s 1997, 299 (300); KG v. 8. 4. 1988, VersR 1988, 1290; *Bach/Moser/Wilmes,* § 15 MB/KT Rn. 27.

[110] OLG Koblenz v. 16. 10. 1998, NVersZ 1999, 475; OLG Zweibrücken v. 26. 1. 1990, VersR 1991, 292; *Prölss/Martin/Prölss,* § 15 MB/KT Rn. 26.

[111] OLG Oldenburg v. 20. 5. 1992, r+s 1992, 246 und v. 26. 9. 1990, VersR 1991, 649; OLG Hamburg v. 23. 12. 1993, r+s 1994, 110 (111); *Prölss/Martin/Prölss,* § 15 MB/KT Rn. 26a.

[112] OLG Düsseldorf v. 13. 1. 1998, VersR 1999, 354 = NJWE-VHR 1998, 220.

[113] OLG Hamburg v. 23. 12. 1993, r+s 1994, 110 (112); OLG Oldenburg v. 26. 9. 1990, VersR 1991, 649.

[114] So OLG Hamm v. 26. 2. 1997, r+s 1998, 76; v. 11. 12. 1996, VersR 1997, 1087 und v. 11. 12. 1991, VersR 1993, 600 (601); OLG Oldenburg v. 31. 5. 1995, VersR 1996, 617 (618); *Terbille/Schubach,* § 22 Rn. 368.

[115] OLG Hamburg v. 2. 2. 1996, VersR 1997, 1085 (1086); *Bach/Moser/Wilmes,* § 15 MB/KT Rn. 24.

(5) Der für den Eintritt der Berufsunfähigkeit und damit den Wegfall der Leistungspflicht **45**
des VR **maßgebende Zeitpunkt** ist derjenige, in dem ein ärztlicher Befund schriftlich niedergelegt worden ist, der den Anforderungen genügt (dazu oben Rn. 44) und bei einer etwaigen Überprüfung (dazu oben Rn. 43) bestätigt wird. Es kommt nicht darauf an, wann die Berufsunfähigkeit tatsächlich eingetreten ist, der Befund also erstmals hätte erhoben werden
können. Denn eine **rückwirkende Feststellung** der Berufsunfähigkeit ist nach h. M. unzulässig[116]. Nicht nur der Wortlaut des § 15 lit. b MB/KT und das Erfordernis der Prognoseentscheidung legen ein solches Rückwirkungsverbot nahe. Insbesondere der soziale Schutzzweck der Krankentagegeldversicherung verbietet eine Rückwirkung, die den VN
überraschend treffen würde, ohne dass er die Möglichkeit hätte, sich auf die Beendigung der
Leistungspflicht des VR einzustellen. Dass dies von den Bedingungen nicht gewollt ist, zeigt
die Nachleistungspflicht des VR gem. § 15 lit. b S. 3 MB/KT, die gerade verhindern soll, dass
der VN mit der Einstellung der Zahlungen des VR übergangslos konfrontiert wird.

Der **Zeitpunkt der Kenntnisnahme** des Befundes durch den VN bleibt ohne Auswir- **46**
kung[117]. Abweichend kann es für die zeitliche Zäsur dann nicht auf den medizinischen Befund ankommen, wenn Bedingungen die Kenntnis des VN vom Befund vorschreiben[118]
oder einen Vorbehalt enthalten, wonach der VR über die Frage selbst entscheidet, ob, in welchem Grad und von welchem Zeitpunkt an Berufsunfähigkeit vorliegt[119].

(6) Der **Nachleistungszeitraum** bei schon bestehender Arbeitsunfähigkeit gem. § 15 lit. **47**
b S. 3 MB/KT beginnt mit dem für die Beendigung der Leistungspflicht des VR maßgebenden Zeitpunkt (vgl. oben Rn. 35) und dauert maximal 3 Monate. Knüpft die Berufsunfähigkeit nicht unmittelbar an die Arbeitsunfähigkeit an, weil der VN zwischenzeitlich arbeitsfähig
geworden war, besteht keine Nachleistungspflicht des VR[120].

(7) Da es um den Wegfall der Leistungspflicht des VR geht, liegt die **Darlegungs- und** **48**
Beweislast für den Eintritt der Berufsunfähigkeit beim VR, der also nach der hier vertrete-
nen Auffassung unter Vorlage des (vorprozessual) eingeholten ärztlichen Befundes (vgl. oben
Rn. 44) darlegen und ggf. beweisen muss, dass der VN mehr als 50 % seines Arbeitsalltages auf
Dauer nicht mehr bewältigen kann. Da dem VR die zuletzt ausgeübte Beruftätigkeit des VN
regelmäßig nicht bekannt sein wird, hat der VN zunächst die konkrete Ausgestaltung seiner
Beruftätigkeit sowie die krankheitsbedingt nicht mehr ausübbaren Tätigkeiten aufzuzeigen.
Nur dann kann der beweisbelastete VR substanziierte Beweisangebote in das Verfahren einführen, die nicht als Ausforschungsversuch zu werten sind, denen vielmehr nachgegangen
werden muss[121]. Das Gericht hat nötigenfalls gem. § 139 ZPO auf einen entsprechenden Vortrag des VN hinzuwirken. Dem VR ist es unbenommen, neben der Behauptung von Berufsunfähigkeit die vom VN behauptete Arbeitsunfähigkeit zu bestreiten[122].

cc) Mit dem Bezug von **Altersrente** endet gem. § 15 lit. c MB/KT der Versicherungsver- **49**
trag auch dann, wenn eine vereinbarte Befristung noch nicht abgelaufen ist[123]. Neben der Altersrente erzielte Zuverdienste sind deshalb gegen krankheitsbedingten Ausfall nicht abge-

---

[116] OLG Saarbrücken v. 8. 9. 2004, r+s 2005, 515; OLG Karlsruhe v. 13. 11. 2003, VersR 2004, 230;
OLG Düsseldorf v. 13. 1. 1998, VersR 1999, 354 = NJWE-VHR 1998, 220; OLG Hamburg v. 23. 12.
1993, r+s 1994, 110 (112); OLG Oldenburg v. 20. 5. 1992, r+s 1992, 246; OLG Hamm v. 11. 12. 1991,
VersR 1992, 600 (601) und v. 5. 7. 1991, VersR 1992, 346; LG Berlin v. 8. 5. 2001, NVersZ 2002, 22;
Prölss/Martin/Prölss, § 15 MB/KT Rn. 26; a. A. LG Rostock v. 31. 8. 2005, VersR 2006, 397; *Bach/Mo-
ser/Wilmes,* § 15 MB/KT Rn. 25.
[117] OLG Hamburg v. 23. 12. 1993, r+s 1994, 110 (112); LG Berlin v. 8. 5. 2001, NVersZ 2002, 22 (23).
[118] OLG Hamburg v. 2. 2. 1996, VersR 1997, 1085 (1087 a. E.).
[119] OLG Bremen v. 4. 4. 2000, VersR 2001, 622 (623).
[120] OLG Koblenz v. 16. 10. 1998, NVersZ 1999, 475.
[121] So für die vergleichbare Prozesssituation bei der Verweisung in der Berufsunfähigkeitsversicherung:
BGH v. 26. 9. 1994, VersR 1994, 1095.
[122] BGH v. 12. 12. 1990, VersR 1991, 451; *Bach/Moser/Wilmes,* § 15 MB/KT Rn. 32.
[123] OLG Hamm v. 7. 4. 2006 – 20 U 27/06 –; LG Dortmund v. 22. 10. 1998 – 2 O 290/98 –.

Tschersich

sichert. Unter Altersrenten werden – für den durchschnittlichen VN erkennbar – regelmäßig wiederkehrende Bezüge verstanden, die ab einem bestimmten höheren Alter zur Sicherung des Lebensunterhaltes gezahlt werden, ohne dass es darauf ankäme, ob die Zahlungen von der gesetzlichen Rentenversicherung oder einem berufsständischen Versorgungswerk geleistet werden. Der dreimonatige Nachleistungszeitraum des § 15 lit. b MB/KT ist in § 15 lit. c MB/KT nicht vorgesehen und kann auch nicht im Wege einer Analogie für diese Regelung nutzbar gemacht werden. Die **Vollendung des 65. Lebensjahres** führt – sofern im Tarif vereinbart- die Beendigung des Vertrages unabhängig davon herbei, ob bei Erreichen der Altersgrenze eine Rente gezahlt wird. § 196 VVG lässt für die Krankentagegeldversicherung eine solche **Befristung** ausdrücklich zu und entscheidet damit eine nach altem Recht noch umstrittene Frage (vgl. Vorauflage, § 45 Rn. 49). Ein früherer Beendigungszeitpunkt kann wegen des halbzwingenden Charakters der Vorschrift, § 208 VVG, nicht vereinbart werden. Mit der Vollendung des 65. Lebensjahres knüpfen Gesetz und Musterbedingungen an den derzeit noch typischen Zeitpunkt für den Eintritt in den Ruhestand an, zu dem das Bedürfnis nach Absicherung des Verdienstausfallrisikos regelmäßig entfällt. Da dieser Zeitpunkt für das Ausscheiden aus dem Erwerbsleben bereits jetzt schon teilweise nicht mehr der Wirklichkeit des Rentenrechts entspricht und zudem eine Entwicklung zu einem höheren Renteneintrittsalter bereits eingesetzt hat, kann die Befristung der Krankentagegeldversicherung gem. § 196 Abs. 4 VVG flexibel nach den Bedürfnissen des VN gestaltet und ein späteres Lebensjahr als Beendigungszeitpunkt vorgesehen werden. Trotz dieser Möglichkeit zu einer flexiblen Gestaltung der altersbedingten Beendigung der Krankentagegeldversicherung kann das Bedürfnis nach einer noch längeren Laufzeit der Krankentagegeldersicherung bestehen, zumal vor allem selbständig und freiberuflich Tätige den Beginn ihres Ruhestandes nicht immer exakt planen können. Deshalb begründen § 196 Abs. 1 S. 2 und Abs. 3 S. 1 VVG einen nicht abdingbaren Anspruch des VN auf eine zweimalige unmittelbar folgende Anschlussversicherung bis zur Vollendung des 70. bzw. 75. Lebensjahres bei einer vorgesehenen ursprünglichen Beendigung mit Ablauf des 65. Lebensjahres. Haben die Parteien von Anfang an in Ausnutzung des ihnen eingeräumten Spielraums die Beendigung zu einem späteren als dem 65. Lebensjahr vereinbart, verschiebt sich gem. § 196 Abs. 4 VVG der Fünfjahresrhythmus für beide Anschlussversicherungen entsprechend. Nur beim Ablauf der erstmalig vereinbarten Befristung ist der VR nach § 196 Abs. 1 S. 3 VVG verpflichtet, den VN frühestens 6 Monate vor dem Ende der Versicherung auf dessen bevorstehenden Ablauf hinzuweisen, da diesem die Befristung überhaupt oder dessen Datum nach Ablauf von möglicherweise mehreren Jahrzehnten seit Vertragsschluss nicht mehr erinnerlich sein muss. Stellt der VN bis zum Ablauf von 2 Monaten nach Erreichen der ersten Befristung den Antrag auf Abschluss der neuerlichen Krankentagegeldversicherung, muss der VR den Antrag ohne – erneute oder erstmalige – Gesundheitsprüfung und ohne Wartezeiten annehmen, soweit der Versicherungsschutz nicht höher oder umfassender besteht als im bisherigen Tarif. Beantragt der VN einen höheren oder umfassenderen Versicherungsschutz, kann der VR die Annahme des den bisherigen Versicherungsschutz erweiternden Teil des Antrag von einer Risikoprüfung abhängig machen oder nur mit einer Wartezeit annehmen. Die so geänderte Annahme seines Antrages, die als neues Angebot gilt, kann der VN ganz ablehnen oder auf den ursprünglichen Versicherungsumfang beschränkt annehmen. Ein annahmefähiger Antrag setzt natürlich Versicherungsfähigkeit des VN voraus. Hat der VN die Erwerbstätigkeit nach Ablauf der Befristung aufgegeben oder verloren, folgt daraus nicht unbedingt, dass er deswegen aufgehört hat, erwerbstätig zu sein mit der Folge, dass die Versicherungsfähigkeit entfallen wäre. Allerdings wird die Wiederaufnahme einer Erwerbstätigkeit nach Erreichen der ersten Befristung – Vollendung des 65. Lebensjahres oder später – wohl eher die Ausnahme als die Regel darstellen, so dass es gerechtfertigt erscheinen könnte, anders als bei einem Verlust der Berufstätigkeit vor diesem Zeitpunkt (vgl. oben Rn. 25 und 29) die Darlegungs- und Beweislast dafür, ob der VN sich auch nach dem Verlust der bisherigen Erwerbstätigkeit Erfolg versprechend um die Aufnahme einer neuen Erwerbstätigkeit bemüht oder daran krankheits- bzw. unfallbedingt gehindert wird, nicht dem VR sondern dem VN aufzuerlegen. Da aber der VN gerade wegen seiner konkreten beruflichen Situation mit fortdauernder Berufstätigkeit die Anschlusskrankentagegeldversicherung gewählt hat, gilt auch nach Ablauf der Befristung für ihn die Vermutung, dass er ohne Erkrankung eine Berufstätigkeit wieder aufgenommen hätte, so dass sich auch an der Darlegungs- und Beweislast nichts ändert, die hinsichtlich der dieser Vermutung entgegenstehenden Umstände beim VR liegt. Bei fristgerechter Antragstellung kommt die neue Krankentagegeldversicherung als Rückwärtsversicherung mit materiellem Versicherungsschutz ab Beginn des 66. Lebensjahres (oder einem vereinbarten späteren Lebensjahr) zustande. Bei ordnungsgemäßer Erfüllung der dem VR nach § 196 Abs. 1 S. 3 VVG auferlegten Informationspflicht kann der VN nach Ablauf der zweimonatigen Antragsfrist gegen den Willen des VR den Abschluss der neuen Krankentagegeldversicherung nicht mehr durchsetzen. Sofern der VR nicht oder nicht zeitgerecht oder inhaltlich unzutreffend über das Recht auf Vertragsverlängerung informiert hat, kann der VN sein Recht auf Abschluss der Nachfolgeversicherung gem. § 196 Abs. 2 S. 1 VVG noch durch entsprechende Antragstellung bis zum Ende des 66. Lebensjahres wahren. Die Versicherung beginnt dann mit Zugang des Antrags beim VR und zur Vermeidung von Missbrauch nicht mit Rückwirkung zum Beginn des 66. Lebensjahres. Erst mit jenem Zeitpunkt setzt auch die Pflicht zur Prämienzahlung wieder ein. Ist schon vor Zugang des Antrags der Versicherungsfall eingetreten, besteht wegen des materiellen Versicherungsschutzes erst ab Zugang des Antrags gem. § 196 Abs. 2 S. 2 VVG keine Leistungspflicht des VR, im andauernden Versicherungsfall auch nicht für den nach Einsetzen des materiellen Versicherungsschutzes liegenden Zeitraum.

dd) Mit der **Verlegung des gewöhnlichen Aufenthaltes** in einen anderen Staat als die in **50** § 1 Abs. 8 MB/KT genannten erlischt gem. § 15 lit. e MB/KT die Leistungspflicht des VR, ohne dass der Versicherungsvertrag endet. Die Beendigung des Vertrages würde den VN, dessen Rückkehr in die § 1 Abs. 8 MB/KT genannten Staaten nicht ausgeschlossen ist, unangemessen benachteiligen, so dass diese Rechtsfolge unwirksam ist[124] (vgl. oben Rn. 21). Die in § 15 lit. e MB/KT eröffnete Möglichkeit, eine anderweitige Vereinbarung zu treffen, beseitigt die für den VN aus der Beendigungsregelung drohenden Nachteile nicht[125].

d) Kündigung durch den Versicherer. Die **Kündigung** des Versicherungsvertrages **51** **durch den VR** ist in § 206 VVG und § 14 MB/KT geregelt.

aa) Danach steht dem VR **kein ordentliches Kündigungsrecht** zu, sofern es sich bei der **52** Krankentagegeldversicherung um eine substitutive Krankenversicherung handelt, diese also ganz oder teilweise den im gesetzlichen Sozialversicherungssystem vorgesehenen Kranken- oder Pflegeversicherungsschutz ersetzen kann, § 206 Abs. 1 S. 1 VVG (ab 1. 1. 2009 § 206 Abs. 1 S. 2 VVG). Wenn kein gesetzlicher Anspruch des VN auf einen **Beitragszuschuss** des Arbeitgebers gem. § 257 SGB V[126] besteht, also insbesondere bei **Selbständigen**[127], kann der VR nur innerhalb der ersten drei Versicherungsjahre mit einer Frist von 3 Monaten zum Ende eines jeden Versicherungsjahres kündigen, §§ 206 Abs. 1 S. 3 VVG (ab 1. 1. 2009 § 206 Abs. 1 S. 4 VVG), 14 Abs. 1 MB/KT. Die Leistungspflicht des VR endet dann gem. § 7 S. 2 MB/KT bei **schwebendem Versicherungsfall** erst nach dem dreißigsten Tag nach Beendigung des Versicherungsvertrages. Gegen diese Regelung bestehen keine Wirksamkeitsbedenken[128], während bei einem **Rücktritt** vom Vertrag im schwebenden Versicherungsfall nach Verletzung vorvertraglicher Anzeigepflichten wegen § 21 Abs. 2 S. 1 VVG die Fortdauer der Leistungspflicht von Fällen der Arglist abgesehen nicht durch vertragliche Vereinbarung begrenzt werden kann, wenn durch den verschwiegenen Gefahrumstand weder Eintritt oder

---

[124] *Bach/Moser/Wilmes,* § 15 MB/KT Rn. 35; *Bach,* VersR 1992, 481 (483) Anm. zu BGH v. 26. 2. 1992, VersR 1992, 479; *Terbille/Schubach,* § 22 Rn. 377.
[125] A. A. OLG Karlsruhe v. 20. 6. 1991, VersR 1992, 863 (864); *Prölss/Martin/Prölss,* § 15 MB/KT Rn. 29.
[126] Abgedruckt bei *Bach/Moser,* S. 622 ff.
[127] LG Berlin v. 12. 3. 2002 und KG Berlin v. 5. 8. 2002, r+s 2003, 116.
[128] OLG Karlsruhe v. 19. 2. 1998, NVersZ 1999, 166.

Feststellung des Versicherungsfalles noch Umfang der Leistungspflicht oder deren Feststellung beeinflusst werden[129].

53   *bb)* Beschränkt der VR die Kündigung gem. § 14 Abs. 3 MB/KT auf einzelne versicherte Personen oder Tarife, steht dem VN das Recht zu, wegen dieser **Teilkündigung** innerhalb von zwei Wochen nach Zugang der Kündigung die Aufhebung des übrigen Teils der Versicherung zu dem Zeitpunkt zu verlangen, in dem die Kündigung des VR wirksam wird, § 205 Abs. 5 S. 1 VVG. Das in § 14 Abs. 4 MB/KT dem VR eingeräumte Recht, bei einer **Teilkündigung des VN** seinerseits die restliche Versicherung zu beseitigen, verstößt gegen § 205 Abs. 5 VVG, der ein solches Recht lediglich dem VN einräumt. Da § 205 VVG wegen seines halbzwingenden Charakters gem. § 208 VVG nicht zum Nachteil des VN abgeändert werden kann, **ist § 14 Abs. 4 MB/KT unwirksam**[130].

54   *cc)* Das Recht zur **außerordentlichen Kündigung** z. B. wegen Prämienverzuges gem. § 38 Abs. 3 VVG, schuldhafter – § 194 Abs. 1 S. 3 VVG- Verletzung der vorvertraglichen Anzeigepflicht gem. § 19 Abs. 3 S. 2 VVG oder Obliegenheitsverletzung gem. § 28 Abs. 1 VVG bleibt dem VR nach § 14 Abs. 2 MB/KT ebenso erhalten wie die Kündigungsmöglichkeit aus wichtigem Grund gem. § 314 Abs. 1 S. 1 BGB. Das Kündigungsrecht wegen **Prämienverzuges** mit einer Folgeprämie kann der VR erst nach Setzen einer Frist zur Zahlung der rückständigen Prämie ausüben. In Abweichung von § 38 Abs. 1 S. 1 VVG verlängert § 194 Abs. 2 VVG zum Schutz der in wirtschaftliche Not geratenen VN die zweiwöchige Zahlungsfrist auf mindestens 2 Monate. Zusätzlich zu den nach § 38 Abs. 1 S. 2 VVG erforderlichen Angaben muss der VR dem VN die in § 194 Abs. 2 S. 2 Nr. 1 bis 3 VVG aufgeführten Informationen erteilen und ihn darüber belehren, dass nach einer Kündigung gem. § 38 Abs. 3 VVG der Abschluss einer neuen Krankentagegeldversicherung für den VN mit einer neuen Gesundheitsprüfung, einer Einschränkung des bisherigen Versicherungsschutzes sowie einer höheren Prämie verbunden sein kann, dass Bezieher von Arbeitslosengeld II unter Umständen einen Zuschuss zu den Beiträgen erhalten können und dass der Träger der Sozialhilfe unter bestimmten Voraussetzungen die Versicherungsbeiträge übernehmen kann. Unterbleiben diese Zusatzinformationen oder werden sie unvollständig oder unrichtig erteilt, ist die Kündigung ebenso unwirksam wie bei falscher Fristsetzung oder einer aus anderen Gründen unzutreffenden Belehrung nach § 38 Abs. 1 S. 2 VVG. Sind wie nicht selten Krankheitskosten- und Krankentagegeldversicherung in einem Versicherungsschein zusammengefasst, müssen die rückständigen Beiträge nach der ausdrücklichen Klarstellung in § 38 Abs. 1 S. 2 2. Halbsatz VVG gesondert für jede Versicherung angegeben werden, andernfalls ist die Kündigung unwirksam. Ab dem 1. 1. 2009 wird § 194 Abs. 2 VVG durch § 193 Abs. 6 VVG ersetzt, vgl. Art 11, 12 Abs. 2 des Gesetzes zur Reform des Versicherungsvertragsrechts – Fn. 6 –. Da sich § 193 Abs. 6 des ab 1. 1. 2009 geltenden VVG nur auf die substitutive Krankheitskostenversicherung nach § 193 Abs. 3 des VVG 2009 bezieht und § 194 Abs. 2 des VVG 2008 keine Entsprechung im VVG 2009 findet, gelten für den Verzug mit Folgeprämien in der Krankentagegeldversicherung ab 1. 1. 2009 für Alt- wie für Neuverträge nur die Regelungen des § 38 VVG. Das in § 206 Abs. 4 VVG (ab 1. 1. 2009 § 206 Abs. 3 VVG) für die Krankheitskosten- und Pflegekrankenversicherung neu eingeführte **Fortsetzungsrecht** für die versicherte Person bei Kündigung wegen Prämienverzugs gilt nicht in der Krankentagegeldversicherung.

55   Ein **wichtiger Grund zur außerordentlichen Kündigung** liegt im Hinblick auf die soziale Funktion der Krankentagegeldversicherung erst dann vor, wenn der VN in besonders schwer wiegender Weise die Belange des VR seinem Eigennutz hintanstellt und dadurch dem VR die Fortsetzung des Vertrages unzumutbar macht. Das kommt vor allem dann in Betracht, wenn der VN sich Versicherungsleistungen erschleicht oder zu erschleichen versucht[131]. Gem.

---

[129] BGH v. 10. 10. 2007, VersR 2008, 241 unter 2. und v. 16. 6. 1971, VersR 1971, 810. Vgl. auch BGH v. 23. 5. 2001, VersR 2001, 1014: Versicherungsfall **nach** Rücktritt.

[130] *Prölss/Martin/Prölss,* § 14 MB/KT Rn. 4; Berliner Kommentar/*Hohlfeld,* § 178h VVG Rn. 3.

[131] BGH v. 18. 7. 2007, VersR 2007, 1260 mit Anm. *Klotz,* juris PR-VersR 1/2008 Anm. 2 und v. 3. 10. 1984, VersR 1985, 54; OLG Karlsruhe v. 7. 11. 2006, VersR 2007, 530; OLG Stuttgart v. 25. 4.

§ 314 Abs. 1 S. 2 BGB, auf den § 14 Abs. 2 MB/KT Bezug nimmt, bedarf es einer wertenden Betrachtung unter Berücksichtigung aller Umstände des Einzelfalles sowie der beiderseitigen Interessen. Neben dem hohen sozialen Schutzzweck der Krankentagegeldversicherung sind Art und Umfang der Ausübung der Berufstätigkeit, der Einfluss der ausgeübten Tätigkeit auf die Genesung (z. B. ernsthafter Arbeitsversuch), der Unrechtsgehalt des Verhaltens des VN, die eigene Redlichkeit des VR oder diejenige der von ihm zur Aufdeckung eines Vertragsbruchs eingesetzten Hilfspersonen, die Dauer und der ungestörte Verlauf des Versicherungsverhältnisses sowie die Folgen des dem VN vorgeworfenen Verhaltens wie die Tatsache zu berücksichtigen, ob der VR für den in Frage stehenden Zeitraum Leistungen erbracht hat. Danach wird eine außerordentliche Kündigung in der Regel gerechtfertigt sein, wenn der VN vollständig oder praktisch vollständig berufstätig ist und sich dennoch Krankentagegeld auszahlen lässt. Gleiches gilt bei Fälschung von Arbeitsunfähigkeitsbescheinigungen durch den VN. Beschränkt sich die Ausübung der Berufstätigkeit insbesondere bei Selbständigen hingegen auf gelegentliche, der Genesung nicht entgegen stehende Tätigkeiten formeller oder untergeordneter Natur wie das Unterzeichnen vorgefertigter Schriftstücke, der Aufrechterhaltung des Kundenkontaktes oder die Kontrolle des ordnungsgemäßen Geschäftsablaufes, wird dem VR die Fortsetzung des Vertragsverhältnisses regelmäßig nicht unzumutbar sein, erst Recht nicht, wenn er seine Leistungen ohnehin bereits eingestellt hat[132]. Denn dem VN kann eine völlige Untätigkeit zum Erhalt seines Versicherungsschutzes nicht zugemutet werden. Durch eine Leistungseinstellung trotz ärztlich bescheinigter Arbeitsunfähigkeit bringt der VR zum Ausdruck, dass er den VN für arbeitsfähig hält und begründet für den VN die Notwendigkeit, auf anderem Wege für seinen Lebensunterhalt zu sorgen. Bloße Arbeitsversuche zur Erprobung der Leistungsfähigkeit im Beruf geben keinen Grund zur außerordentlichen Kündigung, zumal der VN nach § 9 Abs. 4 MB/KT für die Wiederherstellung seiner Arbeitsfähigkeit zu sorgen hat. Der Unzumutbarkeit einer Fortsetzung des Vertragsverhältnisses und damit der Berechtigung einer außerordentlichen Kündigung kann auch das eigene Verhalten des VR bzw. der von diesem eingesetzten Hilfspersonen entgegenstehen. Lässt der VR den VN ohne tatsächliche Anhaltspunkte durch eigene Mitarbeiter oder beauftragte Detekteien auf Leistungsmissbrauch überprüfen und wirken die überprüfenden Personen nachhaltig, wenn auch ohne den Einsatz verwerflicher Mittel, auf eine Ausübung der Berufstätigkeit hin, stellt sich dieses – dem VR zurechenbare – Verhalten als auf die Verschaffung eines Kündigungsgrundes gerichtet und damit unredlich dar. Erst Recht stehen Treu und Glauben einer außerordentlichen Kündigung aus wichtigem Grund entgegen, wenn die zur Überprüfung eingeschalteten Personen den VN mit unlauteren Mitteln wie dem Einsatz besonderer Lockmittel – etwa die Aussicht auf ein besonders lukratives Geschäft – oder Verführungskünste zum Vertragsbruch verleitet haben[133]. Erfährt der VR hingegen im Zuge der Einholung von Auskünften beim VN, die er gem. § 9 Abs. 2 MB/KT zur Feststellung seiner Leistungspflicht auch durch Beauftragte gewinnen lassen kann, von einem konkreten Verdacht, wird er zulässiger Weise weitere Ermittlungen auch durch Einschaltung von Detektiven vornehmen können, um diesem Verdacht nachzugehen. Die außerordentliche Kündigung aus wichtigem Grund muss innerhalb angemessener Frist nach verlässlicher Kenntnis vom Kündigungsgrund ausgesprochen werden. Als angemessen kann ein Zeitraum von ca. 14 Tagen gelten. Ein Zuwarten von mehr als 1 Monat führt regelmäßig zur Unwirksamkeit der fristlosen Kündigung. In weniger gravierenden Fällen bedarf es einer vorhergehenden **Abmahnung** (§ 314 Abs. 2 BGB i. V. m. § 323 Abs. 2 Nr. 3 BGB)[134],

---

2006, VersR 2006, 1485; OLG Hamm v. 24. 2. 2006, VersR 2007, 236= NJW-RR 2006, 1035; OLG Saarbrücken v. 23. 11. 2005, VersR 2006, 644 und v. 11. 5. 1994, VersR 1996, 362; OLG Zweibrücken v. 16. 2. 2005, NJW-RR 2005, 1119; KG Berlin v. 16. 11. 2001, r+s 2002, 342 (343); OLG Düsseldorf v. 30. 9. 1997, r+s 1998, 124 (125); LG Karlsruhe v. 14. 11. 2003, NJW-RR 2004, 606; LG Stuttgart v. 28. 4. 1999, VersR 2000, 307.

[132] BGH v. 18. 7. 2007, VersR 2007, 1260; OLG Hamm v. 12. 9. 2003, NJW-RR 2003, 1651.

[133] OLG Saarbrücken v. 23. 11. 2005, VersR 2006, 644.

[134] OLG Nürnberg v. 20. 3. 2006, VersR 2008, 388; OLG Hamm v. 24. 2. 2006, NJW-RR 2006, 1035; OLG Saarbrücken v. 11. 5. 1994, VersR 1996, 362 (363).

Tschersich

insbes. wenn es um Verfehlungen geht, die nicht den Versicherungsvertrag und die Versicherungsleistung betreffen[135]. Die fristlose Kündigung beendet das Versicherungsverhältnis ohne Rückwirkung zum Zeitpunkt der Zustellung der Kündigungserklärung. Gleichzeitig endet die Leistungspflicht des VR auch bei einem schwebenden Versicherungsfall[136]. § 7 S. 1 MB/KT steht dieser Rechtsfolge auch nach der hier vertretenen Auslegung (vgl. unten Rn. 77) nicht entgegen, da ein VN, der in besonders schwer wiegender Weise seinen Eigennutz über die Belange des VR und der Versichertengemeinschaft stellt, nicht erwarten kann, dass er über die Beendigung der Krankentagegeldversicherung hinaus noch Leistungen erhält. Die Kosten für eine Detektei, die der VR aus berechtigtem Anlass beauftragt hat, um dem VN einen Vertragsbruch nachweisen zu können, kann er als Schadensersatz geltend machen, da sie nicht lediglich zur Leistungsprüfung aufgewendet wurden.

56   Wenn der VR berechtigt ist, die außerordentliche Kündigung der Krankentagegeldversicherung auszusprechen, kann er die Kündigung nicht ohne Weiteres auch auf daneben bestehende Krankheitskosten-, Krankentagegeld- oder Krankenhaustagegeldversicherungen des VN oder mitversicherter Personen wie Familienangehörige erstrecken, unabhängig davon, ob es sich um einen einheitlichen Vertrag mit verschiedenen Tarifen oder um mehrere selbständige in einem Versicherungsschein zusammengefasste Verträge handelt. Die durch § 194 Abs. 1 S. 2 VVG für die Krankenversicherung ausgesprochene Unanwendbarkeit des § 29 VVG, der die Voraussetzungen für eine Teil- oder Gesamtbeendigung bei einer teilweise eingetretenen Berechtigung zur Kündigung regelt, steht dem selbst dann nicht entgegen, wenn man von einem einheitlichen Vertrag ausgeht. Denn der in § 29 VVG zum Ausdruck gebrachte Grundsatz, dass der Vertrag so weit als möglich Bestand haben soll, beansprucht gerade auch in der Krankenversicherung Geltung[137]. Dem tragen die MB/KK und MB/KT Rechnung, indem sie in § 14 Abs. 4 bzw. § 14 Abs. 3 von der durch § 205 Abs. 1 S. 2 und Abs. 5 S. 1 VVG eröffneten Möglichkeit Gebrauch machen, die Kündigung auf einzelne versicherte Personen oder Tarife zu beschränken. § 14 Abs. 3 MB/KT und § 14 Abs. 4 MB/KK finden auch auf die außerordentliche Kündigung Anwendung[138]. Der das Versicherungsverhältnis in besonderem Maße beherrschende Grundsatz von Treu und Glauben hält den VR insbesondere auch unter Beachtung des hohen sozialen Schutzzwecks der Krankenversicherung dazu an, das ihm zustehende außerordentliche Kündigungsrecht auf diejenigen Tarife und Personen zu beschränken, die von den zur Kündigung berechtigenden Gründe oder deren Auswirkungen betroffen sind[139]. Damit scheidet eine Erstreckung der Kündigung auf mitversicherte Personen, die an den zur Kündigung berechtigenden Sachverhalten überhaupt nicht beteiligt sind, von vornherein aus, weil dem VR die Fortsetzung des Vertrages insoweit nicht unzumutbar ist. Hat eine versicherte Person, die die Gründe für eine außerordentliche Kündigung aus wichtigem Grund zu verantworten hat, weitere Krankenversicherungen abgeschlossen, hängt die Zulässigkeit einer Kündigungserstreckung von einer Gesamtwürdigung aller Umstände und Interessen ab. Wirkt der Grund für die Kündigung nur isoliert auf einen Zweig der Krankenversicherung, verbietet der soziale Schutzzweck der anderen Krankenversicherungszweige in der Regel ohne Hinzutreten besonderer Umstände, die dem VR das Festhalten am Vertrag auch insoweit unzumutbar machen, auch hier eine Erstreckung der Kündigung auf die anderen Zweige der Krankenversicherung.

57   e) **Kündigung durch den Versicherungsnehmer.** Die **Kündigungsrechte des VN** finden sich in §§ 205 VVG, 13 MB/KT. § 16 MB/KT sieht für die Kündigung Schriftform nach § 126 Abs. 1 BGB vor, sofern nicht unter Ausschöpfung des durch § 208 S. 2 VVG eingeräumten Spielraums ausdrücklich Textform nach § 126b BGB vereinbart ist.

---

[135] OLG Hamm v. 19. 9. 2001, NVersZ 2002, 160 (161).
[136] KG Berlin v. 16. 11. 2001 und LG Berlin v. 1. 2. 2000, r+s 2002, 342 (343).
[137] OLG Karlsruhe v. 7. 11. 2006, VersR 2007, 530; *Bach/Moser/Bach,* Einleitung Rn. 51.
[138] BGH v. 3. 10. 1984, VersR 1985, 54 unter III.
[139] OLG Karlsruhe v. 7. 11. 2006, VersR 2007, 530; a. A. OLG Stuttgart v. 25. 4. 2006, VersR 2006, 1485.

aa) Die **ordentliche Kündigung,** die nicht den Beschränkungen derjenigen des VR un- 58
terliegt, kann vom VN zum Ende eines jeden Versicherungsjahres mit einer Frist von 3 Monaten ausgesprochen und auf einzelne versicherte Personen beschränkt werden. Die **(Teil-)**
Kündigung wird gem. § 207 Abs. 2 S. 2 VVG, § 13 Abs. 6 S. 3 MB/KT zum Schutz einer
versicherten Person erst wirksam, wenn diese von der Kündigungserklärung Kenntnis erlangt
hat, was vom VN zu beweisen ist. Die betroffene versicherte Person kann binnen zwei Monaten nach Wirksamwerden der Kündigung die Fortsetzung des Versicherungsvertrages verlangen, § 207 Abs. 2 S. 1 i. V. m. Abs. 1 VVG, 13 Abs. 6 MB/KT. Wie oben unter Rn. 53 ausgeführt, steht dem VR trotz der Regelung in § 14 Abs. 4 MB/KT nicht das Recht zu, auf eine
Teilkündigung des VN mit einer Auflösung der gesamten Versicherung zu reagieren. Wird
ein **Gruppenversicherungsvertrag** von der Gruppenspitze durch Kündigung beendet,
ohne dass ein neuer VN benannt wird, können die versicherten Personen nach § 207 Abs. 2
S. 3 und 4 VVG binnen 2 Monaten nach vom VR zu beweisender Kenntnis von diesem
Recht das Versicherungsverhältnis unter Anrechnung der aus dem Gruppenversicherungsvertrag erworbenen Rechte und der ggfls. gebildeten Altersrückstellung zu den Bedingungen
der Einzelversicherung fortsetzen. Damit knüpft die Vorschrift an die Voraussetzungen an,
unter denen nach § 206 Abs. 5 VVG (ab 1. 1. 2009 § 206 Abs. 4 VVG) die ordentliche Kündigung einer Gruppenversicherung durch den VR zulässig ist.

bb) Bei schwerwiegenden Vertragsverletzungen des VR kann der VN die **außerordentli-** 59
che Kündigung des Versicherungsvertrages aussprechen, sofern ihm ein Festhalten am Vertrag nicht zuzumuten ist[140]. Weitere außerordentliche Kündigungsmöglichkeiten werden
ihm durch §§ 205 Abs. 2 VVG, 13 Abs. 3 MB/KT bei Eintritt der gesetzlichen Krankenver-
sicherungspflicht und durch §§ 205 Abs. 4 VVG, 13 Abs. 4 MB/KT bei Prämienerhöhung,
Leistungsminderung oder Leistungsherabsetzung nach § 4 Abs. 4 MB/KT eingeräumt.

Das Kündigungsrecht des VN wegen **Prämienerhöhung** oder **Leistungsminderung** 60
besteht entgegen dem Wortlaut von Gesetz und Musterbedingungen auch dann, wenn das
Verlangen der VR nicht auf einer vereinbarten Anpassungsklausel beruht, sondern unmittelbar das Gesetz zur Grundlage hat[141]. Nimmt der VR die **Prämienerhöhung oder Leis-**
tungsminderung nicht im Krankentagegeldtarif, sondern **in einem anderen Tarif** vor,
z. B. im Krankheitskostentarif, kann der VN die Kündigung entweder auf das **gesamte Ver-**
sicherungsverhältnis einschließlich des nicht berührten Krankentagegeldtarifes erstrecken[142] oder auf den **betroffenen** Tarif/**betroffenen** Versicherten, nicht aber ausschließlich
auf den unberührten Krankentagegeldtarif beschränken[143]. Der von einer Tarifänderung
nicht betroffenen mitversicherten Person steht das Kündigungsrecht nicht zu[144].

Eine **Kompensation** von Prämienerhöhung/Leistungsminderung im Krankentagegeldta- 61
rif durch eine entsprechende Beitragssenkung/Leistungserhöhung in einem anderen Tarif mit
der Folge, dass das Kündigungsrecht des VN entfiele, sehen weder das Gesetz noch die Musterbedingungen vor. Sie lässt sich auch nicht aus dem Äquivalenzverhältnis von Leistung und
Gegenleistung ableiten, da sich dieses auf den einzelnen Tarif und nicht das gesamte Versicherungsverhältnis bezieht[145].

3. Rückgewährpflichten

Hat der VR in Unkenntnis seiner Leistungsfreiheit bei Berufsunfähigkeit oder bei Wegfall 62
der Versicherungsfähigkeit Leistungen erbracht, steht ihm ein **Rückforderungsanspruch**
zu. Würde ein solcher Anspruch allerdings auch bei Wirksamkeit der Vertragsbestimmung
aus anderen Gründen nicht bestehen, kann er auch nicht aus der Unwirksamkeit der Rege-

---

[140] LG Stuttgart v. 18. 6. 1998, r+s 1999, 256; Beispiele bei *Prölss/Martin/Prölss,* § 8 VVG Rn. 26a.
[141] *Prölss/Martin/Prölss,* § 178h VVG Rn. 12; Berliner Kommentar/*Hohlfeld,* § 178h VVG Rn. 13.
[142] A. A. AG Köln v. 28. 10. 1999, VersR 2000, 574; AG Karlsruhe v. 16. 7. 1999, VersR 1999, 1402.
[143] *Bach/Moser/Wilmes,* § 13 MB/KK Rn. 27; Berliner Kommentar/*Hohlfeld,* § 178h VVG Rn. 15.
[144] OLG Köln v. 22. 5. 2002, VersR 2002, 1368.
[145] A. A. *Bach/Moser/Moser,* § 13 MB/KK Rn. 27.

lung des § 15 MB/KT abgeleitet werden[146]. Da mit der Leistungspflicht des VR auch die **Prämienzahlungspflicht** des VN erlischt[147], bis eine Anwartschaftsversicherung vereinbart ist, kann auch der VN zuviel entrichtete Beiträge zurückverlangen. § 11 S. 2 MB/KT sieht diese Rechtsfolgen zwar ausdrücklich vor, kann aber dennoch zur Begründung der Rückgewährpflichten nicht herangezogen werden, da er an die Beendigung des Versicherungsvertrages anknüpft, eine Konsequenz, die wegen der damit für den VN verbundenen unangemessenen Benachteiligung unwirksam ist (vgl. oben Rn. 21). Die wechselseitigen Rückgewährpflichten beruhen vielmehr auf einer **ergänzenden Vertragsauslegung**. Die Ansprüche auf Rückzahlung sind damit vertraglicher Natur und werden nicht aus § 812 BGB abgeleitet. Dies hat zur Folge, dass ein Entreicherungseinwand des Schuldners von Rechts wegen ausscheidet[148].

IV. Besondere Vertragspflichten

1. Pflichten des Versicherers

63   a) **Leistungspflicht, Beginn/Ende.** Die **Leistungspflicht des VR** wird durch § 4 MB/KT sowie die Tarifbedingungen ausgestaltet. Sie **beginnt** im gedeckten Versicherungsfall (vgl. unten Rn. 90) mit Einsetzen der Arbeitsunfähigkeit sowie auch bei vorher eingetretenem Versicherungsfall – § 2 Abs. 1 S. 3 MB/KT – nach Ablauf vereinbarter Karenztage und dauert auch bei langwierigen Erkrankungen oder Unfallfolgen bei anhaltender Arbeitsunfähigkeit zeitlich unbefristet an, sofern nicht Beendigungsgründe wie etwa Berufsunfähigkeit eintreten (vgl. dazu oben Rn. 36) oder die Tarife ausnahmsweise eine Aussteuerung oder Summenbegrenzung vorsehen. § 4 Abs. 5 MB/KT bestimmt als Voraussetzung für die Leistungspflicht die Behandlung des VN durch einen Arzt (vgl. dazu unten Rn. 102), Zahnarzt bzw. im Krankenhaus während der Dauer der Arbeitsunfähigkeit. Nach Wortlaut und Sinn dieser Vorschrift liegt eine Risikobeschränkung und nicht lediglich eine (verhüllte) Obliegenheit vor[149]. Mit der Wiedererlangung der Arbeitsfähigkeit **endet** die Leistungspflicht des VR, auch wenn die Behandlungsbedürftigkeit der Erkrankung andauert und der Versicherungsfall somit noch nicht beendet ist (vgl. dazu unten Rn. 90). Kann der VN trotz wiedererlangter Arbeitsfähigkeit seine Arbeit noch nicht wieder aufnehmen, weil er noch eine amtliche Bescheinigung benötigt, die die Gesundung feststellt und von der eine Aufnahme der Berufstätigkeit abhängt (beispw. Bescheinigung des TÜV/der Straßenverkehrsbehörde für den Berufskraftfahrer), bleibt die Leistungspflicht des VR bis zur Ausstellung der Bescheinigung bestehen, weil das bis dahin vorliegende Hindernis für die Wiederaufnahme der Berufstätigkeit und damit auch der Verdienstausfall ausschließlich auf der krankheitsbedingten Arbeitsunfähigkeit beruhen.

64   Bei Rücktritt wegen Verletzung vorvertraglicher Anzeigeobliegenheiten endet die Leistungspflicht des VR bei einem **schwebenden Versicherungsfall** mit anhaltender Arbeitsunfähigkeit wegen § 21 Abs. 2 VVG nicht mit der Rücktrittserklärung, wenn die bei Antragstellung verschwiegene Erkrankung/Behandlung ohne Einfluss auf den Eintritt oder die Feststellung des Versicherungsfalles und für die Feststellung oder den Umfang der Versicherungsleistung geblieben ist[150]. Hat der VN bei der Anzeigepflichtverletzung allerdings arglistig gehandelt, ist der VR auch ohne Kausalitätserfordernis zur Leistung nicht verpflichtet, § 21 Abs. 2 S. 2 VVG. Versicherungsfälle, die erst nach Wirksamwerden des Rücktritts eintreten, sind in keinem Fall gedeckt[151].

---

[146] OLG Hamm v. 11. 12. 1996, VersR 1997, 1087; OLG Oldenburg v. 31. 5. 1995, VersR 1996, 617.

[147] OLG Köln v. 15. 12. 1997, VersR 1998, 485; *Prölss/Martin/Prölss,* § 15 MB/KT Rn. 3.

[148] BGH v. 26. 2. 1992, VersR 1992, 479 (480); OLG Karlsruhe v. 6. 7. 2006, VersR 2007, 51; OLG Celle v. 11. 12. 2003, VersR 2004, 632.

[149] OLG Saarbrücken v. 19. 7. 2006, NJW-RR 2006, 1623; *Bach/Moser/Wilmes,* § 4 MB/KT Rn. 19; a. A. OLG Stuttgart v. 28. 7. 1988, VersR 1989, 242.

[150] BGH v. 16. 6. 1971, VersR 1971, 810; OLG Hamm v. 13. 12. 1978, VersR 1980, 135; Berliner Kommentar/*Voit,* § 21 VVG Rn. 3; *Römer/Langheid/Langheid,* § 20 VVG Rn. 10; a. A. *Bach/Moser/Bach,* § 7 MB/KK Rn. 7; *Prölss/Martin/Prölss,* § 21 VVG Rn. 10.

[151] BGH v. 23. 5. 2001, VersR 2001, 1014.

aa) Die **Höhe des zu zahlenden Tagegeldes** folgt aus dem vereinbarten Tarif und darf **65**
nach dem Wortlaut des § 4 Abs. 2 S. 1 MB/KT zusammen mit sonstigen Krankentage- oder
Krankengeldern das auf den Kalendertag umgerechnete, aus der beruflichen Tätigkeit herrührende Nettoeinkommen nicht übersteigen. Bei dieser Bestimmung der oberen Leistungsgrenze[152], die sich gem. § 4 Abs. 2 S. 2 MB/KT aus dem durchschnittlichen Nettoeinkommen
der letzten zwölf Monate vor Antragstellung bzw. vor Eintritt der Arbeitsunfähigkeit errechnet, handelt es sich nach h. M. **nicht** um eine objektive **Anspruchs- oder Leistungsbegrenzung** mit der Folge, dass das Krankentagegeld um den Teil zu kürzen wäre, um den es zusammen mit anderen Krankentage- oder Krankengeldern den maßgebenden Nettoverdienst
übersteigt[153], sondern um eine **rechtsfolgenlose Ordnungsvorschrift** i. S. e. Programm-
satzes[154]. Für die h. M. spricht nicht nur der Rechtscharakter der Krankentagegeldversicherung
als Summenversicherung (vgl. dazu oben Rn. 3), sondern insbesondere die im Gegensatz zu
§ 4 Abs. 4 MB/KT fehlende Rechtsfolge einer Herabsetzung des Versicherungsbeitrages. Bei
Annahme einer Anspruchs- und Leistungsbeschränkung würde das Äquivalenzverhältnis zwischen Versicherungsleistung und Versicherungsprämie gravierend gestört, weil der VN für die
gekürzte Leistung eine am ungekürzten Krankentagegeld orientierte (zu hohe) Prämie gezahlt
hätte. Zudem sieht § 13 Abs. 4 MB/KT keine Kündigungsmöglichkeit für den VN vor, wenn
der VR seine Leistung nach § 4 Abs. 2 MB/KT kürzen könnte. Außerdem wird eingewandt,
dass § 4 Abs. 2 MB/KT hinsichtlich des Anknüpfungspunktes für den Vergleichszeitraum (vor
Arbeitsunfähigkeit **oder** Antragstellung – für den Versicherungsvertrag oder die Leistung?[155] –)
unklar ist[156], so dass von dem für den VN jeweils günstigsten Vergleichszeitraum auszugehen
ist. Somit unterbleibt eine Leistungskürzung nicht nur in den Fällen, in denen das maßgebliche
Nettoeinkommen durch Versicherungsleistungen nur deswegen übertroffen würde, weil es im
Vergleich zu dem im Versicherungsvertrag zugrunde gelegten Nettoeinkommen gesunken ist
– insoweit trifft § 4 Abs. 4 MB/KT eine Sonderregelung –, sondern auch dann, wenn die
Summe von Krankentage- und Krankengeldern das maßgebende Nettodurchschnittseinkom-
men übersteigt, ohne dass sich das Nettoeinkommen nach Vertragsschluss verringert hat. Folglich kommt eine **Anpassung des Krankentagegeldes nur für die Zukunft** unter den
Voraussetzungen des § 4 Abs. 4 MB/KT in Betracht, für dessen Anwendung es ohne Bedeutung ist, ob der VN weitere Krankentage- oder Krankengelder bezieht.

bb) § 4 Abs. 4 MB/KT erlaubt dem VR auch bei schwebendem Versicherungsfall eine ent- **66**
sprechende **Herabsetzung von Leistung und Prämie,** wenn das Nettoeinkommen unter
die Höhe des beim Vertrag zugrunde gelegten Einkommens gesunken ist. Die Herabsetzung
des Krankentagegeldes erfolgt nicht automatisch mit der Verringerung des Nettoeinkommens, sondern erfordert eine **Herabsetzungserklärung** des VR. Diese empfangsbedürftige
Willenserklärung kann auch concludent abgegeben werden, muss nachvollziehbar begründet
sein und entfaltet ihre Wirkung **nicht rückwirkend,** sondern ab Beginn des zweiten auf die
Kenntnis folgenden Monats[157]. Damit der VR in die Lage versetzt wird § 4 Abs. 4 MB/KT
anzuwenden, belegt § 4 Abs. 3 MB/KT den VN mit der allerdings sanktionslosen Obliegen-

---

[152] BGH v. 4. 7. 2001, VersR 2001, 1100 (1101 unter 4b aa).
[153] So aber OLG Celle v. 15. 1. 1998, VersR 1999, 352; LG Duisburg v. 31. 10. 2001, NVersZ 2002,
174.
[154] OLG Saarbrücken v. 20. 3. 2002, ZfS 2002, 445; OLG Hamm v. 3. 11. 1999, VersR 2000, 750 (751)
= NVersZ 2000, 227 und v. 25. 3. 1994, VersR 1996, 880; OLG Köln v. 14. 9. 1989, VersR 1990, 769
(771); *Bach/Moser/Wilmes*, § 4 MB/KT Rn. 9; *Bruck/Möller/Wriede*, Bd. VI 2 Anm. G 53 S. K 414.
[155] Gemeint ist wohl die Antragstellung für den Versicherungsvertrag: BGH v. 4. 7. 2001, VersR 2001,
1100 (1101) unter 4b aa.
[156] OLG Saarbrücken v. 20. 3. 2002, ZfS 2002, 445; OLG Hamm 3. 11. 1999, VersR 2000, 750 =
NVersZ 2000, 227. Für Unklarheit der Regelung insgesamt *Prölss/Martin/Prölss*, § 4 MB/KT Rn. 2.
[157] BGH v. 4. 7. 2001, VersR 2001, 1100 (1101 unter 4b bb); OLG Karlsruhe v. 13. 11. 2003, VersR
2004, 230; OLG Frankfurt/M. v. 15. 6. 2000, VersR 2001, 318; OLG Hamm v. 28. 4. 2000,
NVersZ 2000, 470 und v. 3. 11. 1999, VersR 2000, 750 (752); OLG Stuttgart v. 17. 10. 1998, VersR
1999, 1138.

heit zur unverzüglichen Mitteilung jeder nicht nur vorübergehenden Minderung des bei Vertragschluss zugrunde gelegten Nettoeinkommens (vgl. dazu unten Rn. 88). Die Herabsetzung des Krankentagegeldes und des Beitrages wird wirksam mit **Beginn des übernächsten Kalendermonats** nach **Zugang des Herabsetzungsverlangens**[158]. Ein Abstellen auf die Kenntnis des VR ohne Berücksichtigung des Zeitpunktes des Zugangs der Erklärung[159] kann de facto für den VN zu einer nicht sachgerechten Rückwirkung der Leistungskürzung führen. Bei wirksamer Herabsetzung des Krankentagegeldes besteht für den VN gem. § 13 Abs. 4 MB/KT die Möglichkeit der Kündigung (vgl. dazu oben Rn. 60).

67   Während das **Nettoeinkommen** bei abhängig Beschäftigten relativ einfach durch Abzug von Steuern und Abgaben vom Bruttoverdienst ermittelt werden kann, bereitet die Berechnung bei Selbständigen durchaus Schwierigkeiten[160]. Bestimmen die Tarifbedingungen (deshalb) das Nettoeinkommen mit einem bestimmten Prozentsatz des Bruttoeinkommens, ist hierfür bei Fehlen einer weiteren Definition von der Gesamtheit der erzielten Einkünfte ohne Abzug der Betriebsausgaben auszugehen[161]. Ansonsten kann schon aus Praktikabilitätsgründen im Ausgangspunkt auf das steuerrechtlich ermittelte Einkommen abgestellt werden, das aber ggfls. um Verlustzuweisungen, Wertberichtigungen und Abschreibungen korrigiert werden muss, um so ein tatsächlich verfügbares Einkommen als maßgebliches Nettoeinkommen zu ermitteln[162].

68   Die **Darlegungs- und Beweislast** für das bei Vertragsschluss zugrunde gelegte Nettoeinkommen – auch dafür, dass ein bestimmtes Einkommen überhaupt zugrunde gelegt wurde –, dessen nachfolgende Verringerung sowie den Zugang und den Zugangszeitpunkt des Herabsetzungsverlangens liegen beim VR.

69   War das **Nettoeinkommen** bereits **bei Vertragsschluss niedriger** als zu diesem Zeitpunkt angenommen, findet § 4 Abs. 4 MB/KT keine Anwendung[163]. Gleiches gilt, wenn sich die Gehaltsfortzahlung im Krankheitsfall ändert. Eine Anpassung der Leistung des VR nach den Grundsätzen des Wegfalls der Geschäftsgrundlage wird von der Rechtsprechung abgelehnt[164].

70   *cc)* Grundvoraussetzung für die **Fälligkeit** des Anspruchs auf die Versicherungsleistung ist zunächst gem. § 6 Abs. 1 MB/KT, dass der VN die geforderten, d. h. die erforderlichen **Nachweise** erbringt, also insbes. die Arbeitsunfähigkeitsbescheinigungen nach §§ 9 Abs. 1, 4 Abs. 7 MB/KT[165]. Ferner müssen die zur Feststellung des Versicherungsfalls und des Umfangs der Leistung notwendigen **Erhebungen des VR abgeschlossen sein**, § 14 Abs. 1 VVG. Dazu zählen insbes. die Auskunftsverlangen nach § 9 Abs. 2 MB/KT und die Untersuchungsverlangen nach § 9 Abs. 3 MB/KT, aber auch Ermittlungen zum Beginn des Versicherungsfalles[166]. Wenn der VR keine oder nur unsachdienliche Erhebungen anstellt oder die Erhebungen ohne rechtfertigenden Grund in die Länge zieht, ist für die Fälligkeit derjenige Zeitpunkt maßgebend, zu dem die Erhebungen bei korrektem Vorgehen beendet wären[167]. Unabhängig

---

[158] OLG Frankfurt/M. v. 15. 6. 2000, VersR 2001, 318; OLG Stuttgart v. 17. 10. 1998, VersR 1999, 1138; OLG Hamm v. 8. 10. 1982, VersR 1983, 1177 (1178); *Terbille/Schubach,* § 22 Rn. 412.

[159] So *Prölss/Martin/Prölss,* § 4 MB/KT Rn. 7.

[160] Vgl. dazu *Bach/Moser/Wilmes,* § 4 MB/KT Rn. 18.

[161] OLG Brandenburg v. 27. 7. 2004, VersR 2005, 820 (822); OLG Frankfurt/M. v. 15. 6. 2000, VersR 2001, 318.

[162] OLG Brandenburg v. 27. 7. 2004, VersR 2005, 820 (821); OLG Köln v. 31. 3. 2004, VersR 2004, 1587 (1588).

[163] OLG Saarbrücken v. 20. 3. 2002, ZfS 2002, 445; *Bach/Moser/Wilmes,* § 4 MB/KT Rn. 16, *Prölss/Martin/Prölss,* § 4 MB/KT Rn. 7; a. A. AG Neubrandenburg v. 14. 3. 2002, VersR 2002, 1093 mit Anm. *Seppelt.*

[164] OLG Karlsruhe v. 7. 12. 1989, VersR 1990, 1340; ebenso *Terbille/Schubach,* § 22 Rn. 417; a. A. *Bach/Moser/Wilmes,* § 4 MB/KT Rn. 16 und 17.

[165] OLG Hamm v. 9. 2. 2005, NJW-RR 2005, 621.

[166] OLG Saarbrücken v. 26. 7. 2004, VersR 2004, 1301.

[167] OLG Saarbrücken v. 20. 9. 1995, VersR 1996, 1494.

von den vorgenannten Voraussetzungen tritt Fälligkeit mit **Leistungsablehnung** durch den VR ein[168].

dd) § 194 Abs. 4 VVG (ab 1. 1. 2009 § 194 Abs. 3 VVG gem. Art. 11 und 12 Abs. 2 des Ge- **70a** setzes zur Reform des Versicherungsvertragsrechts, Fn. 6) erklärt die in den §§ 43 bis 48 VVG enthaltenen Regelungen über die Fremdversicherung ausdrücklich auf alle Zweige der Kran-kenversicherung anwendbar, allerdings mit Modifizierungen, die – von § 6 Abs. 3 MB/KT als halbzwingendes Recht aufgegriffen – den besonderen Bedürfnissen der Krankenversicherung geschuldet sind. Bei einer undifferenzierten Verweisung auf die Vorschriften der Fremdversi-cherung müsste der Krankenversicherer, um im Leistungsfall eine schuldbefreiende Zahlung sicherzustellen, vom jeweiligen Anspruchsteller entweder die Vorlage des Versicherungsscheins oder die Zustimmung des VN bzw. der versicherten Person verlangen. Um dieses auf-wändige, die Leistungserbringung nur verzögernde Prozedere zu vermeiden, trifft § 194 Abs. 4 VVG eine abweichende Regelung für die **Verfügungsbefugnis.** Benennt der VN widerruflich oder unwiderruflich eine versicherte Person als Empfangsberechtigten der Leis-tung, ist auch nur dieser Versicherte berechtigt, die Zahlung zu verlangen und anzunehmen und nur bei Leistung an den benannten Versicherten wird der VR frei. Die Benennung hat in **Textform** gegenüber dem VR zu geschehen und kann widerruflich oder unwiderruflich erfolgen. Ohne eine solche Benennung liegen **Verfügungs-** und **Empfangsbefugnis** aus-schließlich beim VN und der VR wird nur durch Zahlung an den VN befreit. Auf die Vorlage des Versicherungsscheins kommt es jeweils nicht an, § 194 Abs. 4 S. 3 VVG. § 6 Abs. 3 MB/KT lässt die Verfügungs- und Empfangsbefugnis auf die benannten versicherten Person ledig-lich hinsichtlich derjenigen Versicherungsleistungen übergehen, die ihr nach § 44 Abs. 1 VVG zustehen. Diese Einschränkung mag im Regelfall sinnvoll erscheinen, widerspricht al-lerdings dem § 194 Abs. 4 VVG, der diese Einschränkung weder nach seinem Wortlaut noch nach seinem Sinn und Zweck enthält. Da § 194 Abs. 4 VVG gem. § 208 S. 1 VVG halbzwin-gend ist, führt die für VN und versicherte Person nachteilige Abweichung zur Unwirksam-keit dieser Bedingungsregelung. Vielmehr kann der VN bei Einbeziehung (mehrerer) versi-cherter Personen in eine Krankentagegeldversicherung sowohl im Sinne des § 6 Abs. 3 MB/ KT den jeweiligen Versicherten als Empfangsberechtigten nur für dessen Versicherungsleis-tungen benennen als auch einem Versichertem die Verfügungsbefugnis übertragen für An-sprüche, die dem VN selbst, der benannten oder einer weiteren versicherten Person zustehen. Eine Konzentrierung der Empfangsbefugnis für die Versicherungsleistungen aller Versicher-ten auf nur eine versicherte Person ist damit zulässig, aber nicht notwendig.

ee) Der Leistungsanspruch des VN **verjährt** gem. § 195 BGB in 3 Jahren, nachdem die **71** versicherungsspezifischen Verjährungsfristen des § 12 Abs. 1 S. 1 VVG a. F. ersatzlos weggefal-len sind. Die Verjährung beginnt gem. § 199 Abs. 1 BGB mit dem Schluss des Jahres, in dem bei Kenntnis oder grob fahrlässiger Unkenntnis der den Anspruch begründenden Umstände die Forderung entstanden, also Fälligkeit nach § 14 VVG eingetreten ist. Unterlässt der VN eine für den Abschluss der Erhebungen des VR und damit den Eintritt der Fälligkeit erforder-liche Mitwirkungshandlung, kann die Verjährung ohne Leistungsablehnung durch den VR nicht beginnen, es sei denn, der VN handelt treuwidrig, was vom VR darzulegen und zu be-weisen wäre[169]. Durch eine Klage auf Zahlung von Krankenhaustagegeld wird der Ablauf der Verjährungsfrist für Ansprüche auf Zahlung von Krankentagegeld nicht gehemmt[170].

ff) § 6 Abs. 5 MB/KT enthält ein **Abtretungs-** und **Verpfändungsverbot.** Das Abtre- **72** tungsverbot umfasst nur den Versicherungsanspruch, nicht aber die Verfügungsbefugnis darü-ber, da es andernfalls gegen den halbzwingenden § 194 Abs. 4 VVG (ab 1. 1. 2009 § 194 Abs. 3 VVG) verstoßen würde. Gem. § 850b Abs. 1 Ziff. 4 ZPO können Ansprüche auf Krankentagegeld nur unter den Voraussetzungen des § 850b Abs. 2 ZPO wie Arbeitseinkom-

---

[168] BGH v. 13. 3. 2002, VersR 2002, 698 und v. 27. 2. 2002, VersR 2002, 472.
[169] BGH v. 13. 3. 2002, VersR 2002, 698; OLG München v. 18. 3. 2003, NJW-RR 2003, 1034; *Römer/ Langheid/Römer,* § 12 VVG Rn. 11 a. E.
[170] OLG Koblenz v. 8. 4. 2003, r+s 2003, 353.

men **gepfändet** werden, dann auch soweit es sich um Ansprüche auf künftige Tagegeldleistungen handelt[171]. Im Umfang der Unpfändbarkeit findet eine Aufrechnung durch den VR gem. § 394 BGB nicht statt.

73 **b) Auskunftspflicht.** § 202 VVG gewährt demjenigen, der sich auf Verlangen des VR gem. § 9 Abs. 3 MB/KT ärztlich hat untersuchen lassen, einen aus dem grundrechtlich gewährleisteten Selbstbestimmungsrecht in der Auswägung des Rechts auf informationelle Selbstbestimmung abzuleitenden[172] höchstpersönlichen (S. 2) und nicht abdingbaren (§ 208 VVG) **Anspruch auf Auskunft** über und **Einsicht** in die eingeholten Gutachten oder Stellungnahmen. Der Anspruch geht inhaltlich nicht auf Auskunft oder Einsicht an den Anspruchsteller selbst, sondern an einen von diesem benannten Arzt oder Rechtsanwalt, der die eingeholten Informationen im gewünschten und gebotenen Umfang weiterleiten oder zur Vorbereitung eines Prozesses verwenden kann. Unter den weit auszulegenden Begriff des Gutachtens fallen alle fachlichen Stellungnahmen ohne Rücksicht darauf, ob sie ohne eigene Untersuchung durch den Verfasser oder nach körperlicher Untersuchung des VN[173] zustande gekommen sind. Eine Beschränkung des Anspruchs auf Einsicht in solche Gutachten, die von externen, nicht beim VR angestellten Fachleuten erstattet worden sind[174], folgt weder aus dem Wortlaut der Vorschrift noch ist sie mit deren Sinn und Zweck vereinbar, dem Anspruchsteller eine fundierte Beurteilung seiner Chancen zu ermöglichen, sich gegen eine Leistungsablehnung zur Wehr zu setzen. § 202 S. 3 VVG stellt klar, dass der VR die Kosten von ihm selbst angeforderter Gutachten und Stellungnahmen zu tragen hat und dem VN ein Kostenerstattungsanspruch zusteht, der sich zumeist schon aus allgemeinen vertragsrechtlichen Bestimmungen wie dem § 670 BGB ableiten lässt, der grundsätzlich anwendbar bleibt.

74 **c) Beratungs- und Informationspflichten.** § 6 Abs. 1 S. 1 VVG belegt den VR zusätzlich zu der abstrakt-generellen Informationspflicht nach § 7 VVG und seinen herangezogenen Vermittler mit einer vor Abschluss des Versicherungsvertrages einmalig zu erfüllenden konkret-individuellen Frage-, Beratungs- und Dokumentationspflicht, die der vom VR für die Akquisition herangezogene Versicherungsvertreter auch mit befreiender Wirkung für den VR erfüllt. Diese vertragsspezifischen Pflichten entfallen gem. § 6 Abs. 6 VVG insbes. bei Versicherungsverträgen, die im Fernabsatz gem. § 312b BGB geschlossen oder deren Vermittlung durch Versicherungsmakler, Versicherungsberater oder Vermittler nach § 66 VVG erfolgt, weil der VR in diesem Fall davon ausgehen kann, dass diese Personen die ihnen selbst gem. § 61 Abs. 1 VVG gleich lautend auferlegten Pflichten gegenüber dem VN erfüllen. Nach § 6 Abs. 3 VVG kann der VN durch eine gesonderte schriftliche Erklärung auf die Einhaltung der Pflichten wirksam verzichten, sofern der VR in dieser Erklärung darauf hinweist, dass sich ein Verzicht nachteilig auf die Möglichkeit auswirken kann, Schadensersatz nach § 6 Abs. 5 VVG geltend zu machen. Diese Vorschrift sanktioniert bei unterlassener oder unzureichender Erfüllung der vor oder nach – § 6 Abs. 4 VVG – Vertragsschluss einzuhaltenden Pflichten das gesetzwidrige Verhalten mit einer Verpflichtung zum Ersatz des daraus entstandenen Schadens. Die anlassbezogene Fragepflicht zielt auf die Wünsche und Bedürfnisse des VN, wenn die Person oder Situation des VN oder die Komplexität der angebotenen Versicherung einen erkennbaren Anlass bieten. Da die Krankentagegeldversicherung nicht zu den schwierigen und nur schwer durchschaubaren Versicherungsprodukten zählt, kann die Befragung des VN auf ein Minimalmaß reduziert werden, wenn dieser einen Wunsch nach Absicherung der krankheitsbedingten Verdienstausfallrisiken äußert. Zu eruieren gilt es dann im Wesentlichen den beruflichen Status des VN als abhängig Beschäftigter oder Selbständiger, den abzusichernden Verdienst und die in Abhängigkeit zur aufbringbaren Prämie stehende Höhe des Tagegeldsatzes. Die an die Befragung anschließende **Beratungspflicht** ist nicht nur anlassbezogen, sondern zusätzlich vom Produktpreis abhängig und soll damit in einem

---

[171] LG Hamburg v. 26. 1. 2000, MedR 2001, 93.
[172] BVerfG v. 9. 1. 2006, NJW 2006, 1116 und v. 18. 11. 2004, NJW 2005, 1103.
[173] BGH v. 11. 6. 2003, VersR 2003, 1030.
[174] *Bach/Moser/Bach*, § 178m VVG Rn. 5; offen gelassen durch BGH v. 11. 6. 2003, VersR 2003, 1030.

angemessenen Verhältnis stehen zwischen Beratungsaufwand einerseits und Versicherungsprämie andererseits. In Anbetracht des Schutzzwecks der Krankentagegeldversicherung, die existenzbedrohende Risiken für den VN absichern soll, kann der Beratungsumfang grds. nicht als geringfügig angesehen werden. Um dem VN einen umfassenden, sachkundigen und bedarforientierten Rat anbieten zu können, müssen dem VN zumindest die **Eckpunkte** der Krankentagegeldversicherung dargelegt werden, damit der VN in der Lage ist eigenverantwortlich zu entscheiden, ob die angebotene Versicherung seinen Bedürfnissen entspricht. Zum Beratungsinhalt gehört die Darstellung der Krankentagegeldversicherung als Verdienstausfallversicherung, durch die das in gesunden Tagen erzielte Einkommen abgesichert werden soll, wenn durch eine vorübergehende Arbeitsunfähigkeit das Arbeitseinkommen auszufallen droht. Als Summenversicherung erbringt die Krankentagegeldversicherung Leistungen in Höhe des vereinbarten Tagegeldes, ohne dass es darauf ankommt, wie hoch der tatsächliche Verdienstausfall krankheitsbedingt ist. Die Beratungspflicht umfasst ferner die Offenlegung und Erläuterung der verschiedenen Tarife mit den unterschiedlichen Karenzzeiten, den Hinweis auf die (wenn die Tarife nicht ausnahmsweise Leistungen auch bei Teilarbeitsunfähigkeit vorsehen) vollständige d. h. 100%ige und durch ärztliches Attest nachzuweisende Arbeitsunfähigkeit als zentrale Anspruchsvoraussetzung für den Leistungsanspruch verbunden mit dem Hinweis bei selbständigen, mitarbeitenden Betriebsinhabern, dass ein wertschöpfendes Restleistungsvermögen im kaufmännischen, organisatorischen, leitenden oder aufsichtführenden Teil der ausgeübten Berufstätigkeit den Leistungsanspruch gar nicht erst entstehen lässt[175], die Erläuterung, dass nicht der bei Vertragschluss innegehabte, sondern der bei Erkrankung ausgeübte Beruf die Beurteilungsgrundlage für die den Leistungsanspruch begründende Arbeitsunfähigkeit darstellt und dass bereits die Ausübung jedweder Erwerbstätigkeit während der geltend gemachten Arbeitsunfähigkeit den Leistungsanspruch für den Zeitraum der Tätigkeit ausschließt. Hinsichtlich der Beendigung der Leistungspflicht des VR erfordert die Beratungspflicht den Hinweis, dass zwar die Krankentagegeldversicherung bei andauernder Erkrankung unbefristete Leistungen verspricht, aber dennoch beim Umschlagen der vorübergehenden Arbeitsunfähigkeit in eine dauernde die Leistungspflicht des VR mit (ärztlich bescheinigter) Berufsunfähigkeit enden kann ebenso wie bei einem nachhaltigen Verlust der Berufes. Bezüglich des Beendigungszeitpunktes der Krankentagegeldversicherung sollte die variable Gestaltungsmöglichkeit des § 196 VVG erörtert werden, um anhand der konkreten beruflichen Situation des VN den voraussichtlich richtigen Zeitpunkt für das Ausscheiden aus dem Erwerbsleben und die Befristung der Krankentagegeldversicherung wählen zu können. Ungeachtet der aus § 196 Abs. 1 S. 3 VVG bei Erreichen der ersten Befristung folgenden zeitgebundenen Hinweispflicht des VR sollte auch die vor Vertragsschluss stattfindende Beratung des VN schon das Verlängerungsrecht des VN nach § 196 Abs. 1 S. 2 und Abs. 3 VVG zum Gegenstand haben. Den erteilten Rat und die Gründe hierfür hat der VR dem VN vor Vertragsschluss klar und verständlich in Textform zu übermitteln. Mündliche Angaben reichen nur dann, wenn der VN dies wünscht oder vorläufige Deckung gewährt wird. Frage- und Beratungspflicht des VR bestehen gem. § 6 Abs. 4 VVG auch noch **nach Vertragsschluss für die Dauer des Versicherungsverhältnisses,** wenn für den VR ein Anlass für die Nachfrage und Beratung des VN erkennbar wird. Von diesen Pflichten wird der VR durch die Einschaltung eines Maklers ebenfalls befreit, unabhängig davon, ob der Makler beim Abschluss des Vertrages eingeschaltet war oder nur mit der laufenden Betreuung des anderweitig vermittelten Abschlusses betraut worden ist. Ein Anlass für eine im andauernden Versicherungsverhältnis erforderlich werdende Beratung entsteht bei Kenntnis von den in § 15 MB/KT aufgeführten Beendigungsgründen, die den Anspruch des VN auf den Abschluss einer Anwartschaftsversicherung begründen. Hierüber hat der VR den VN unter Übermittlung eines entsprechenden Angebotes zu informieren. Auf die Beratung im laufenden Vertrag kann der VN im Einzelfall durch schriftliche Er-

---

[175] Vgl. Gegenäußerung der Bundesregierung (BT-Drucks. 16/3945 Seite 132/133) zu Nr. 15 der Stellungnahme des Bundesrates zum Regierungsentwurf (BR-Drucks. 707/06).

klärung verzichten. Die Ermittlung der Wünsche und Bedürfnisse des VN vor Vertragschluss sowie der daraufhin erteilte Rat unterliegen gem. § 6 Abs. 1 S. 2 VVG der **Dokumentationspflicht** durch den VR, auf die der VN wiederum durch gesonderte schriftliche Erklärung unter Hinweis auf die nachteiligen Folgen verzichten kann. Verletzt der VR seine Dokumentationspflicht, stehen dem an sich beweisbelasteten VN bei der Durchsetzung eines Schadensersatzanspruches nach § 6 Abs. 5 VVG Beweiserleichterungen zur Seite. § 7 VVG belegt den VR mit einer schon rechtzeitig vor Abgabe der Vertragserklärung des VN zu erfüllenden generellen **Produktinformationspflicht.** Damit ist eine zivilrechtliche Pflicht des VR gegenüber dem VN geschaffen, deren Rechtsgrundlage an die Stelle des im Aufsichtsrecht verankerten § 10a VAG tritt und dessen öffentlich-rechtliche Informationspflicht ablöst sowie zugleich gemeinschaftsrechtlichen Vorgaben Rechnung trägt. Erst die Erfüllung der Informationspflicht lässt die zweiwöchige Widerrufsfrist des § 8 Abs. 1 VVG anlaufen. Der Inhalt der Informationspflicht wird maßgeblich durch die auf Basis des § 7 Abs. 2 VVG erlassene Verordnung über Informationspflichten bei Versicherungsverträgen (VVG-InfoV)[176] gestaltet, die in § 4 den VR – soweit es sich bei dem VN um einen Verbraucher handelt – ab 1. 7. 2008 zur Überlassung eines **Produktinformationsblattes** verpflichtet, das es dem VN ermöglichen soll, sich anhand einer knappen, verständlichen und daher auch keineswegs abschließend gewollten Darstellung einen Überblick über die wesentlichen Merkmale des Vertrages zu verschaffen. Deshalb soll es auch nur solche Informationen enthalten, die aus Sicht des VN für die Auswahl des geeigneten Versicherungsproduktes im Zeitpunkt der Entscheidungsfindung von Bedeutung sind. Das Produktinformationsblatt soll dem VN eine erste Orientierungshilfe bieten, sich rasch mit den wesentlichen Rechten und Pflichten des Vertrages vertraut zu machen. § 4 Abs. 2 VVG-InfoV legt die für das Produktinformationsblatt erforderlichen Angaben fest, für die Krankenversicherung mit den in Abs. 4 geregelten Abweichungen. § 1 VVG-InfoV enthält die vom VR in sämtlichen Versicherungszweigen zu erfüllenden Informationspflichten. § 3 VVG-InfoV regelt die bei der Krankenversicherung zusätzlich zu beachtenden Informationen, die gem. § 7 Abs. 2 VVG-InfoV teilweise erst ab dem 1. 7. 2008 zu erteilen sind. § 6 VVG-InfoV beinhaltet die während der Laufzeit des Vertrages mitzuteilenden Informationen, dessen Abs. 2 die in der Krankenversicherung bei jeder Prämienerhöhung zu beachtenden Hinweispflichten.

2. Obliegenheiten des Versicherungsnehmers

75   Den VN treffen bereits **bei Vertragsschluss** Anzeigeobliegenheiten als auch **nach Vertragsschluss** in § 9 MB/KT erfasste Obliegenheiten, die sich unterschieden lassen in solche, die **vor** und **nach** dem **Versicherungsfall** zu befolgen sind. Daneben haben die MB/KT in §§ 4 und 11 **sanktionslose** Obliegenheiten normiert Die Unterscheidungen sind sowohl wegen der Voraussetzungen der Obliegenheitsverletzung als auch hinsichtlich der Rechtsfolgen von Bedeutung.

Die Verletzung der **vorvertraglichen Anzeigepflichten** gem. §§ 19ff. VVG berechtigt den VR innerhalb der von § 21 Abs. 3 S. 1 VVG (5 Jahre) abweichenden dreijährigen Frist des § 194 Abs. 1 S. 4 VVG (Ausnahmen: Der Versicherungsfall ist vor Fristablauf eingetreten, § 21 Abs. 3 S. 1 2. Hs., oder Vorsatz bzw. Arglist des VN, dann 10 Jahre, § 21 Abs. 3 S. 2 VVG) zum Rücktritt vom Vertrag, § 19 Abs. 2 VVG, zur Kündigung, § 19 Abs. 3 S. 2 VVG oder zur Vertragsanpassung, § 19 Abs. 4 S. 2 VVG. Außerdem steht dem VR gem. § 22 VVG die Arglistanfechtung nach §§ 123, 124 BGB offen. Vom Vertrag zurücktreten kann der VR bei vorsätzlicher oder grob fahrlässiger Verletzung der vorvertraglichen Anzeigepflichten, in letzterem Fall aber nur, wenn der VN nicht nachweist, dass der VR den Antrag bei Kenntnis der verschwiegenen Gefahrumstände wenn auch zu anderen Bedingungen angenommen hätte. Vorsatz und grobe Fahrlässigkeit werden vermutet. Anders als nach bisherigem Recht besteht bei nur leicht fahrlässiger Anzeigepflichtverletzung kein Rücktrittsrecht mehr. Das Kündigungsrecht des VR besteht, wenn der VN die Vermutung einer vorsätzlichen oder grob fahr-

---

[176] V. 18. 12. 2007, BGBl. I S. 3004 = VersR 2008, 183.

lässigen Anzeigepflichtverletzung entkräftet und beweist, dass der VR den Vertrag bei Kenntnis der nicht angegebenen Gefahrumstände jedenfalls zu anderen Bedingungen angenommen hätte, § 19 Abs. 4 VVG. In der Krankenversicherung kann der VR abweichend von § 19 Abs. 3 S. 2 VVG bei **schuldloser** Verletzung der Anzeigepflicht gem. § 194 Abs. 1 S. 3 VVG den Vertrag nicht kündigen. Das Recht zu einer auf den Vertragsschluss rückwirkenden Vertragsänderung steht dem VR zu, wenn bei grob fahrlässiger Verletzung der Anzeigeobliegenheit das Rücktrittsrecht oder bei leicht fahrlässiger Anzeigepflichtverletzung das Recht zur Kündigung ausgeschlossen sind, weil der VN beweisen kann, dass der VN den Vertrag zu gleichen oder anderen Bedingungen geschlossen hätte. Wie das Kündigungsrecht ist in der Krankenversicherung auch das Recht zur Vertragsanpassung ausgeschlossen, wenn die Anzeigeobliegenheit schuldlos verletzt wurde, § 194 Abs. 1 S. 3 VVG. Bei einer Vertragsanpassung in Form einer Prämienerhöhung von mehr als 10% oder Einfügung eines Risikoausschlusses kann der VN den Vertrag binnen einer Frist von 1 Monat nach Zugang der Mitteilung über die Vertragsänderung fristlos kündigen, § 19 Abs. 6 S. 1 VVG. Über dieses Kündigungsrecht hat der VR zu belehren, § 19 Abs. 6 S. 2 VVG. Ohne oder bei falscher Belehrung steht dem VN ein unbefristetes Kündigungsrecht zu. Rücktritt, Kündigung und Vertragsanpassungsverlangen müssen binnen eines Monats nach Kenntnis von der Pflichtverletzung schriftlich und mit Gründen versehen erklärt werden, § 21 Abs. 1 VVG. Das Nachschieben von Gründen ist zulässig, wenn die Monatsfrist gewahrt wird. Ausgeschlossen sind die Rechte des VR bei dessen Kenntnis vom nicht angezeigten Gefahrumstand oder der Unrichtigkeit der Anzeige, § 19 Abs. 5 S. 2 VVG. (Ausführlich zu den vorvertraglichen Anzeigepflichtverletzungen *Knappmann* in § 14). Die VVG-Reform bringt weit reichende Änderungen auch des **vertraglichen Obliegenheitenrechts** mit sich. Die Neuregelung in § 28 VVG verfolgt das Ziel, unnötige Komplizierungen zu vermeiden, die Regelungen für den VN durchschaubarer zu gestalten und als unbefriedigend empfundene Rechtsfolgen abzumildern. Für die **Leistungsfreiheit** des VR wird die bisherige Unterscheidung zwischen Obliegenheiten vor und nach dem Versicherungsfall aufgegeben, die aber Bedeutung behält für das Kündigungsrechts des VR, § 28 Abs. 1 VVG, dessen Ausübung abweichend von § 26 Abs. 3 Nr. 2 VVG (Gefahrerhöhung) keine Voraussetzung mehr für den Eintritt der Leistungsfreiheit ist sowie für die Belehrungspflicht gemäß § 28 Abs. 4 VVG. Leicht fahrlässige Verstöße gegen Obliegenheiten bleiben stets folgenlos, § 28 Abs. 1 und Abs. 2 S. 1 VVG. Arglistiges d. h. betrügerisches Verhalten des VN führt immer zur Leistungsfreiheit des VR. Dem VN steht bei Arglist die Möglichkeit zur Führung des Kausalitätsgegenbeweises nicht offen, § 28 Abs. 3 S. 2 VVG, und den Versicherer trifft keine Belehrungspflicht. Vorsätzliche Obliegenheitsverletzungen führen zur vollständigen Leistungsfreiheit des Versicherers, § 28 Abs. 2 S. 2 VVG, es sei denn, der VN führt den Kausalitätsgegenbeweis nach § 28 Abs. 3 VVG, dessen Gelingen entsprechend seines Umfangs („soweit") die Leistungspflicht des VR ganz oder teilweise bestehen lässt. Vorsatz des VN wird nicht mehr vermutet, sondern ist vom VR zu beweisen. Durch die Zulassung des Kausalitätsgegenbeweises bei vorsätzlicher Obliegenheitsverletzung wird die so genannte Relevanzrechtsprechung des BGH hinfällig. Bei grob fahrlässiger Verletzung einer Obliegenheit wird das bisher geltende Alles-oder-Nichts-Prinzip zugunsten einer Quotenregelung aufgegeben, weil es – so die Gesetzesbegründung – nach altem Recht häufig zu ungerechten Ergebnissen gekommen ist. Der Umfang der Leistungspflicht des VR richtet sich nach dem Verschulden des VN. Je nachdem die grobe Fahrlässigkeit näher beim (bedingten) Vorsatz oder eher in der Nähe des Grenzbereichs zur einfachen Fahrlässigkeit liegt, kann der VR seine Leistung in diesem Verhältnis entsprechend kürzen, § 28 Abs. 2 S. 2 VVG. Den Kausalitätsgegenbeweis nach § 28 Abs. 3 VVG kann der VN auch bei grob fahrlässiger Obliegenheitsverletzung führen, so dass ein quotales Leistungskürzungsrechts des VR nur in dem Schadensbereich ausgeübt werden kann, in dem sich der Kausalitätsgegenbeweis – weil nur teilweise geführt – nicht auswirkt. Es erscheint sachgerecht, bei besonders schweren Fällen von grober Fahrlässigkeit ein Leistungskürzungsrecht auf Null zuzulassen. Da § 28 Abs. 2 S. 1 des Regierungsentwurfs, der Leistungsfreiheit „nur" bei Vorsatz vorsah, durch Streichung des Wortes „nur" der Regelung in § 81 Abs. 1 VVG angepasst wurde, spricht auch der Wortlaut des Gesetzes nicht gegen ein solch weit reichendes Kürzungsrecht des VR. Die grobe Fahrlässigkeit wird wie bisher vermutet mit der Folge, dass der VN ein geringeres Verschulden beweisen muss, § 28 Abs. 2 S. 2 2. Hs. VVG. Diejenigen Umstände, die im Rahmen der groben Fahrlässigkeit das Ausmaß der quotalen Kürzungsbefugnis des VR bestimmen, hat der VR darzulegen und zu beweisen. Die vollständige oder teilweise Leistungsfreiheit des VR setzt eine zutreffende Belehrung des VN bei einer nach dem Versicherungsfall zu befolgenden Auskunfts- oder Aufklärungsobliegenheit voraus, § 28 Abs. 4 VVG. Für spontan zu erfüllende Obliegenheiten, insbes. diejenige zur Anzeige des Versicherungsfalles gem. § 30 VVG, trifft den VR die Belehrungspflicht ebenso wenig wie bei arglistigem Handeln des VN. Während nach bisheriger Rechtsprechung die Belehrungspflicht aufgrund der Relevanzrechtsprechung nur bei folgenloser (vermutet) vorsätzlicher Obliegenheitsverletzung galt, greift sie nunmehr auch bei grob fahrlässiger Verletzung einer Auskunfts- oder Aufklärungsobliegenheit ein. Dies hat Konsequenzen für den Inhalt der Belehrung, deren bisherige Fassungen nunmehr unrichtig sind. § 28 Abs. 4 VVG schreibt eine Belehrung durch gesonderte Mitteilung in Textform nach 126b BGB vor. Damit wird die bisherige Rechtsprechung zur äußerlichen Gestaltung der Belehrung aufgegriffen, die weiterhin Geltung beanspruchen kann. § 28 VVG kann wegen seines halbzwingenden Charakters, § 32 VVG, nicht zum Nachteil des VN geändert werden. Da Obliegenheitsverletzungen nicht von Amts wegen berücksichtigt werden, muss sich der VR im Prozess **auf Leistungsfreiheit berufen.** Die Obliegenheiten **enden** mit der Leistungsablehnung durch den VR, weil sie dazu dienen sollen, dem **erfüllungsbereiten** VR die Prüfung seiner Leistungspflicht zu ermöglichen. (Ausführlich zu den Folgen von Obliegenheitsverletzungen *Marlow* in § 13).

76   Gem. §§ 193 Abs. 2 VVG, 10 Abs. 3 MB/KT stehen Verschulden und Kenntnis der Versicherten dem Verschulden und der Kenntnis des VN gleich, dem damit insbesondere die Kenntnis nicht nur des Versicherten in der Fremdversicherung **zugerechnet** wird, sondern auch diejenige sonstiger Gefahrpersonen.

77   **a) Obliegenheiten vor dem Versicherungsfall.** *(1)* § 9 Abs. 5 MB/KT belegt den VN mit einer Verpflichtung zur unverzüglichen Anzeige eines jeden **Berufswechsels,** weil der Beruf des VN für die Feststellung der Arbeits- und Berufsunfähigkeit, die Versicherungsfähigkeit sowie das Einkommen des VN von Bedeutung sein kann. Ein Berufswechsel setzt die Aufgabe der bisherigen Tätigkeit voraus, so dass eine Erweiterung des beruflichen Wirkungskreises auf andere Felder des bisherigen Berufes oder auf einen neuen weiteren Beruf nicht unter die Anzeigepflicht fällt[177] Streitig ist, ob sich die Bedeutung der Vorschrift darauf reduziert, dem VR eine Überprüfung der Arbeitsunfähigkeit oder Berufsunfähigkeit zu ermöglichen, die nach dem zuletzt ausgeübten Beruf beurteilt werden[178], oder ob eine Obliegenheitsverletzung Sanktionen für **alle** Folgen eines Berufswechsels nach sich ziehen kann[179]. Da § 4 Abs. 3 MB/KT eine nicht sanktionsbelastete Obliegenheit zur Mitteilung einer Einkommensminderung enthält (vgl. unten Rn. 88) und § 11 S. 1 MB/KT eine ebenfalls sanktionslose Verpflichtung des VN zur Anzeige des Wegfalls der für die Versicherungsfähigkeit erforderlichen Voraussetzungen statuiert (vgl. unten Rn. 89), kann die unterlassene Anzeige dieser mit dem Berufswechsel als mögliche weitere (Neben-)Folge verbundenen Veränderungen nicht über §§ 9 Abs. 5, 10 MB/KT unter Aushöhlung der in § 4 Abs. 3 und 11 MB/ KT vereinbarten Sanktionslosigkeit mit Kündigung oder Leistungsfreiheit des VR geahndet werden. Deshalb kommt eine **Kündigung** durch den VR nach § 10 Abs. 2 MB/KT allenfalls in Betracht, wenn durch die schuldhaft unterlassene Anzeige eines Berufswechsels die Überprüfung der Arbeits- oder Berufsunfähigkeit beeinflusst werden kann. Das Kündigungsrecht ist gem. § 28 Abs. 1 VVG ausgeschlossen, wenn der VN nachweisen kann, dass er weder vorsätzlich noch grob fahrlässig gehandelt hat. Es kann innerhalb eines Monats nach Kenntniserlangung von der Obliegenheitsverletzung ohne Einhaltung einer Frist ausgeübt werden

---

[177] OLG Saarbrücken v. 31. 5. 2006, VersR 2007, 52.
[178] *Prölss/Martin/Prölss,* § 9 MB/KT Rn. 7 und § 10 MB/KT Rn. 6.
[179] OLG Saarbrücken v. 31. 5. 2006, VersR 2007, 52; *Bach/Moser/Wilmes,* §§ 9, 10 MB/KT Rn. 28.

und befreit den VR mit dem Zugang der Kündigungserklärung für die danach eintretenden Versicherungsfälle von der Leistungspflicht. Ist der Versicherungsfall schon vor dem Zugang der Kündigungserklärung eingetreten, besteht die Leistungspflicht auch über die Kündigung hinaus fort. § 7 S. 1 MB/KT, der den Versicherungsschutz auch im schwebenden Versicherungsfall mit der Beendigung des Versicherungsverhältnisses enden lässt, findet auf die Kündigung nach § 28 Abs. 1 VVG seinem Wortlaut nach keine Anwendung[180]. Der Klammerzusatz mit der Bezugnahme auf die §§ 13–15 MB/KT mag als bekräftigender Hinweis auf die einschränkungslose Regelung des Wortlautes gemeint sein[181]; zum Ausdruck kommt dies indes nicht. Zumindest ist § 7 S. 1 MB/KT aus Sicht eines verständigen, nicht mit versicherungsrechtlichen Spezialkenntnissen ausgestatteten VN unklar, so dass die für den VN günstigere Auslegungsmöglichkeit Platz greift, die bei einer Kündigung nach § 28 Abs. 1 VVG im schwebenden Versicherungsfall die Leistungspflicht des VR nicht enden lässt. **Leistungsfreiheit** des VR gem. § 10 MB/KT kann eintreten, wenn der VN die Obliegenheit vorsätzlich verletzt. Den Vorsatznachweis zu führen wird dem VR nicht leicht fallen, da die Obliegenheit als eine eher abgelegene nicht unbedingt im Bewusstsein des VN gewesen sein muss, zumal bei schon länger laufenden Verträgen. Gelingt dem VR der Nachweis vorsätzlichen Handelns oder kann der VN die vermutete grobe Fahrlässigkeit nicht ausräumen, bleibt dem VN zur Abwendung der vollständigen oder teilweisen Leistungsfreiheit die Möglichkeit zur Führung des Kausalitätsgegenbeweises; er kann darlegen und beweisen, dass die unterlassene Anzeige des Berufswechsels keinen Einfluss auf die Feststellungen des VR zur Arbeits- oder Berufsunfähigkeit gehabt haben. Bei grob fahrlässiger Obliegenheitsverletzung und gescheitertem Kausalitätsgegenbeweis steht dem VR ein Leistungskürzungsrecht in dem Umfang zu, wie es der Schwere des Verschuldens entspricht, ohne dass es noch einer Kündigung des VR bedarf. Diejenigen Umstände, die im Rahmen der groben Fahrlässigkeit das Ausmaß der Kürzungsbefugnis des VR bestimmen, hat der VR darzulegen und zu beweisen. Allerdings trifft den VN die Pflicht, die Gründe für die unterlassene Anzeige des Berufswechsels vorzutragen (sekundäre Darlegungslast), da sich die das Maß des Verschuldens bestimmenden Umstände in ihrer Gesamtheit regelmäßig der Kenntnis des VR entziehen. Weil es sich um eine eher abgelegene Obliegenheit handelt, dürfte das Verschuldensmaß näher an der leichten Fahrlässigkeit als am Vorsatz liegen, wenn der VN das Unterlassen der Anzeige mit Unkenntnis von der Obliegenheit oder deren Vergessen begründet, ohne dass erschwerende Umstände aus der konkreten Fallkonstellation – vom VR bewiesen – hinzutreten.

(2) Nach § 9 Abs. 6 MB/KT darf der VN eine **weitere Krankentagegeldversicherung** **78** nur mit **Einwilligung des VR** abschließen oder erhöhen. Diese Obliegenheit dient der Verhütung der allgemeinen Gefahr missbräuchlicher Inanspruchnahme des VR. Dem **Einwilligungserfordernis** unterliegt jede Zweitversicherung mit Anspruch auf Tagegeld, also dann auch eine Unfallversicherung, da sich dem Wortlaut des § 9 Abs. 6 MB/KT keine Beschränkung auf Krankenversicherungsverhältnisse entnehmen lässt. Auch Gruppenversicherungen werden erfasst[182]. Eine im Rahmen einer Restschuldversicherung abgeschlossene Arbeitsunfähigkeits(zusatz)versicherung mit Anspruch auf eine monatliche Rente bedarf der Einwilligung des VR nicht[183]. Gewährt diese Versicherung allerdings ein Tagegeld wegen Arbeitsunfähigkeit, unterliegt sie wieder § 9 Abs. 6 MB/KT. Die Obliegenheit entfällt nicht bei Anfechtung, Rücktritt oder Kündigung des Zweitvertrages. **Adressat** der Obliegenheit ist nicht nur der VN, sondern auch die mitversicherte Person, die eine weitere Tagegeldversicherung abschließt, §§ 193 Abs. 2 VVG, 10 Abs. 3 MB/KT.

§ 10 Abs. 2 MB/KT räumt dem VR bei Verletzung der Obliegenheit ein **Kündigungs-** **79** **recht** ein. Es kann innerhalb eines Monats nach Kenntniserlangung von der Obliegenheitsverletzung ohne Einhaltung einer Frist ausgeübt werden und befreit den VR mit dem Zu-

---

[180] *Prölss/Martin/Prölss,* § 7 MB/KT Rn. 1.
[181] *Bach/Moser/Bach,* § 7 MB/KT Rn. 3.
[182] OLG Köln v. 11. 4. 1994, VersR 1994, 1097.
[183] OLG Karlsruhe v. 16. 6. 2005, VersR 2005, 1422.

gang der Kündigungserklärung für die danach eintretenden Versicherungsfälle von der Leistungspflicht. Ist der Versicherungsfall schon vor dem Zugang der Kündigungserklärung eingetreten, besteht die Leistungspflicht auch über die Kündigung hinaus fort. § 7 MB/KT, der den Versicherungsschutz auch im schwebenden Versicherungsfall mit der Beendigung des Versicherungsverhältnisses enden lässt, findet auf die Kündigung nach § 28 Abs. 1 VVG seinem Wortlaut entsprechend keine Anwendung (vgl. oben Rn. 77). Das Kündigungsrecht ist gem. § 28 Abs. 1 VVG ausgeschlossen, wenn der VN nachweisen kann, dass er weder vorsätzlich noch grob fahrlässig gehandelt hat. **Unkenntnis** von den Versicherungsbedingungen entlastet den VN vom Vorwurf des Vorsatzes, aber nicht vom Vorwurf der groben Fahrlässigkeit. Allerdings kann der VN im Einzelfall entschuldigt sein, wenn für ihn nicht so einfach erkennbar war, dass die abgeschlossene Zweitversicherung unter das Einwilligungserfordernis fällt[184]. Eine Kündigung durch den VR kann **rechtsmissbräuchlich** sein. Rechtsmissbrauch wird angenommen, wenn der VR sich unter formaler Ausnutzung seiner Rechtsposition von einem krankheitsanfälligen VN trennen will, insbes. nachdem der Versicherungsfall eingetreten ist, wenn der VR zuvor eine andere Zweitversicherung in gleicher Höhe ohne Konsequenzen geduldet hat oder die Ablehnung als willkürlich erscheinen würde, etwa weil die zusätzliche Versicherung nur ein vergleichsweise geringfügiges Tagegeld beinhaltet[185]. Eine **Belehrung** des VN über die Obliegenheit sieht weder § 28 VVG noch § 10 MB/KT als Kündigungsvoraussetzung vor.

80   Auch bei einer Verletzung dieser Obliegenheit kann sich der VR gem. § 10 Abs. 1 MB/KT mit den sich aus § 28 Abs. 2 und 3 VVG ergebenden Einschränkungen auf Leistungsfreiheit berufen. Hat der VN die weitere Krankentagegeldversicherung in betrügerischer Absicht abgeschlossen oder erhöht, tritt Leistungsfreiheit ein, ohne dass dem VN der Kausalitätsgegenbeweis offen steht. Das nach altem Recht noch bestehende Kündigungserfordernis ist entfallen. Bei nachgewiesenem Vorsatz oder nicht ausgeräumter grober Fahrlässigkeit kann der VN die drohende vollständige oder teilweise Leistungsfreiheit abwenden, indem er nachweist, dass die Verletzung der Obliegenheit ohne Einfluss auf den Eintritt oder die Feststellung des Versicherungsfalles oder die Feststellung bzw. den Umfang der Leistungspflicht des VR geblieben ist. § 28 Abs. 3 S. 1 VVG nimmt die Vertragsgefahr mindernden Obliegenheiten nicht aus und eröffnet damit dem VN den Kausalitätsnachweis auch hinsichtlich derjenigen Obliegenheiten, die wie die Pflicht zur Anzeige einer Mehrfachversicherung die Vertragsgefahr und damit das Risiko des VR vor einer unberechtigten Inanspruchnahme reduzieren sollen. Da mit der Anzahl der Krankentagegeldversicherungen und der dadurch zunehmenden Höhe des Tagegeldes die Neigung zunimmt, die berufliche Tätigkeit erst später wieder aufzunehmen, als wenn die weitere Krankentagegeldversicherung nicht abgeschlossen oder erhöht worden wäre, kann der Kausalitätsgegenbeweis – sofern der VN nicht beweisen kann, dass der VR die Einwilligung erteilt hätte – nur in Ausnahmefällen gelingen, wenn etwa der Versicherungsfall schon vor Abschluss der Zweitversicherung begonnen hat und deshalb Leistungen wegen Vorvertraglichkeit nicht in Anspruch genommen werden können oder die auf der weiteren Versicherung begründete Leistungspflicht bei Beginn des Versicherungsfalles durch Anfechtung, Rücktritt oder Kündigung schon wieder entfallen war. Unkenntnis von den Versicherungsbedingungen und den darin enthaltenen Obliegenheiten entlastet den VN vom Vorwurf des Vorsatzes, aber nicht vom Vorwurf der groben Fahrlässigkeit. Das im Fall grober Fahrlässigkeit bei misslungenem Kausalitätsgegenbeweis bestehende Leistungskürzungsrecht des VR wird in seinem Ausmaß dadurch beeinflusst, ob die Erkenntnis, für den Abschluss der weiteren Versicherung wegen deren Gestaltung (klassische Krankentagegeldversicherung oder mitversichertes Tagegeld wegen Arbeitsunfähigkeit in einer vorwiegend zur Deckung anderer Risiken abgeschlossenen Versicherung) die Einwilligung des VR einholen zu müssen, für den VN eher nah oder ferner liegend war. Zum möglichen Rechtsmissbrauch siehe oben Rn. 79. Das Belehrungserfordernis des § 28 Abs. 4 VVG gilt nicht. Durch

---

[184] Vgl. OLG Hamm v. 3. 4. 1981, VersR 1982, 35. Vgl. auch BGH v. 28. 2. 2007, VersR 2007, 785.
[185] BGH v. 4. 10. 1989, VersR 1989, 1250 (1253); OLG Köln v. 27. 4. 1989, VersR 1989, 1075 (1076).

die Neuregelung in § 28 VVG wird die Rechtsprechung hinfällig, die nach altem Recht bei Verletzung einer die Vertragsgefahr mindernden Obliegenheit die Rechtsfolge der Leistungsfreiheit nach Treu und Glauben und wegen des besonderen sozialen Schutzzwecks der Krankentagegeldversicherung abgemildert hat, weil sie § 6 Abs. 2 VVG a. F. auf die Vertragsgefahr mindernden Obliegenheiten nicht angewendet hat und nach § 6 Abs. 1 VVG a. F. ein Kausalitätsgegenbeweis nicht vorgesehen war[186]. Denn weil § 28 VVG bei arglistigem Handeln dem VN den Kausalitätsgegenbeweis nicht eröffnet, bei nur leicht fahrlässigem Obliegenheitsverstoß als halbzwingendes Recht keine Sanktionsmöglichkeit mehr zulässt und bei grob fahrlässiger Obliegenheitsverletzung ein den Besonderheiten des Einzelfall gerecht werdendes quotales Leistungskürzungsrecht für den VR vorsieht, trägt die Neuregelung dem Schutzzweck der Krankentagegeldversicherung ausreichend Rechnung und greift damit das Anliegen der Rechtsprechung im Ergebnis weitgehend auf.

b) Obliegenheiten nach dem Versicherungsfall. *(1)* Um dem VR eine fortlaufende **81** Kontrolle seiner Leistungspflicht zu ermöglichen, sieht § 9 Abs. 1 MB/KT für den VN **Anzeige- und Nachweispflichten** vor. Die erstmalige Anzeige des Versicherungsfalles muss ohne schuldhaftes Zögern, jedenfalls aber innerhalb der ggf. im Tarif genannten Frist **durch Vorlage einer Bescheinigung** des behandelnden Arztes gem. § 4 Abs. 7 MB/KT erfolgen. Bei fortdauernder Arbeitsunfähigkeit geben die Tarife meist wöchentliche oder 14tägige Abstände für die einzureichenden Folgenachweise vor. Die ärztliche Bescheinigung bedarf keiner besonderen Form, sofern nicht der VR die Verwendung sog. Pendelformulare vorschreibt. Bescheinigungen von Ehegatten bzw. Lebenspartnern gem. § 1 Lebenspartnerschaftsgesetz, Eltern oder Kindern des VN (§ 4 Abs. 7 MB/KT) sind ebenso unstatthaft wie solche des VN selbst, wenn dieser Arzt ist. Erst mit der Vorlage des (Folge-) Nachweises kann **Fälligkeit** des Leistungsanspruches eintreten. Mit der Beibringung des Arbeitsunfähigkeitsnachweises hat der VN **gegenüber dem VR** das Erforderliche getan, um die Versicherungsleistung zu erlangen. Da der VR an den Nachweis auch dann **nicht gebunden** ist, wenn er von seinem Nachuntersuchungsrecht gem. § 9 Abs. 3 MB/KT keinen Gebrauch macht[187], kann er die Arbeitsunfähigkeit bestreiten. **Im Prozess** reicht dann für die Schlüssigkeit der Klage die Vorlage der ärztlichen Atteste **nicht** mehr aus. Weil der Beweis bedingungsgemäßer Arbeitsunfähigkeit mit der Vorlage einer Arbeitsunfähigkeitsbescheinigung noch nicht geführt ist, muss der VN nunmehr **unter substanziierter Darlegung seiner Beschwerden und seiner Berufstätigkeit** vortragen, warum er den zuletzt konkret ausgeübten Beruf in keiner Weise mehr ausüben kann[188].

Die Verletzung der Anzeige- oder Nachweisobliegenheit hat gem. § 10 Abs. 1 MB/KT **82** mit den sich aus § 28 Abs. 2 und 3 ergebenden Einschränkungen Leistungsfreiheit des VR zur Folge, sofern der VR dem VN Vorsatz nachweist oder der VN eine vermutete grobe Fahrlässigkeit nicht ausräumt Gegen die Annahme von **Vorsatz** spricht die allgemeine Vermutung, dass kein vernünftiger VN seinen Versicherungsschutz durch Nichterfüllung einer Anzeige- oder Nachweisobliegenheit gefährden will[189]. Dieser Erfahrungssatz kann jedoch erschüttert werden, wenn ernsthaft in Betracht kommt, dass der VN ein Interesse daran haben könnte, dass der VR möglichst spät vom Versicherungsfall Kenntnis erlangt. Die verspätete Anzeige oder der verspätete Nachweis beruht in der Regel auf **grober Fahrlässigkeit,** da die Unkenntnis von den Versicherungs- und Tarifbedingungen den VN nicht entlasten kann. Bei nachgewiesenem Vorsatz oder nicht ausgeräumter grober Fahrlässigkeit kann der VN, sofern er nicht arglistig gehandelt hat – § 28 Abs. 3 S. 2 VVG –, die drohende vollstän-

---

[186] BGH v. 13. 11. 1980, VersR 1981, 183 und v. 28. 4. 1971, VersR 1971, 662; OLG Düsseldorf v. 19. 9. 1995, VersR 1996, 835; OLG Köln v. 27. 4. 1989, VersR 1989, 1075.

[187] BGH v. 3. 5. 2000, VersR 2000, 841 (842) = NVersZ 2000, 370 (371) gegen einen Teil der obergerichtlichen Rechtsprechung z. B. OLG Hamm v. 26. 2. 1997, r+s 1998, 76; OLG Köln v. 16. 9. 1993, VersR 1994, 547.

[188] BGH v. 3. 5. 2000, VersR 2000, 841 = NVersZ 2000, 370; OLG Köln v. 18. 2. 2008, VersR 2008, 912; OLG Saarbrücken v. 29. 8. 2007, r+s 2008, 118; KG Berlin v. 21. 11. 2003, r+s 2004, 293.

[189] BGH v. 8. 1. 1981, VersR 1981, 321 (322); OLG Hamm v. 6. 11. 1996, VersR 1997, 1389.

dige oder teilweise Leistungsfreiheit abwenden, indem er nachweist, dass die Verletzung der Obliegenheit ohne Einfluss auf den Eintritt oder die Feststellung des Versicherungsfalles oder die Feststellung bzw. den Umfang der Leistungspflicht des VR geblieben ist. Dieser **Kausalitätsgegenbeweis** wird häufig daran scheitern, dass nachträglich die Voraussetzungen des Versicherungsfalles nicht mehr mit der gleichen Verlässlichkeit festgestellt werden können und die Überprüfungsmöglichkeit damit unwiederbringlich verloren gegangen ist, insbes. wenn der VN zwischenzeitlich die Arbeitsfähigkeit wieder erlangt hat[190]. Anders wird es allerdings sein, wenn sich der VN in stationärer **Krankenhausbehandlung** befunden hat[191] oder die Erkrankung/der Unfall so gravierend war, dass auch nachträglich **Zweifel** am Vorliegen des Versicherungsfalls **schlechterdings ausscheiden.** Scheitert der Kausalitätsgegenbeweis, tritt bei vorsätzlicher Obliegenheitsverletzung ohne Weiteres Leistungsfreiheit ein, auf die sich der VR nach Treu und Glauben allerdings nicht berufen kann, wenn er trotz unregelmäßiger Einreichung der ärztlichen Arbeitsunfähigkeitsbescheinigungen über längere Zeit Versicherungsleistungen erbracht und einen dadurch geschaffenen Vertrauenstatbestand nicht wieder ausgeräumt hat[192]. Bei grob fahrlässiger Obliegenheitsverletzung und gescheitertem Kausalitätsgegenbeweis steht dem VR ein Leistungskürzungsrecht in dem Umfang zu, wie es der Schwere des Verschuldens entspricht. Diejenigen Umstände, die im Rahmen der groben Fahrlässigkeit das Ausmaß der Kürzungsbefugnis des VR bestimmen, hat der VR darzulegen und zu beweisen. Allerdings trifft den VN eine sekundäre Darlegungslast, da sich die das Maß des Verschuldens bestimmenden Umstände regelmäßig der Kenntnis des VR entziehen. Sowohl die Dauer der Verzögerung, die Offenkundigkeit der Obliegenheit und die mühelose Erfüllungsmöglichkeit als auch die persönliche Situation des VN im Zeitpunkt der Obliegenheitsverletzung wie Art (psychisches Leiden, Antriebsschwäche) oder Schwere der Erkrankung/Verletzung, soweit sie die Erfüllung der Obliegenheit beeinträchtigen, beeinflussen das Ausmaß der Kürzungsbefugnis. Die vollständige oder teilweise Leistungsfreiheit endet auch bei verspätetem Folgenachweis mit dessen Zugang beim VR, § 9 Abs. 1 S. 2 MB/KT. **Hat der VR Leistung abgelehnt** (gleichbedeutend: Klageabweisungsantrag), entfällt die weitere Erfüllung der Obliegenheit für den VN, weil deren Wahrnehmung nur dazu dienen soll, dem **erfüllungsbereiten** VR die Prüfung seiner Leistungspflicht zu ermöglichen[193]. Wegen § 30 Abs. 2 VVG kann sich der VR nicht auf die Verletzung der Anzeigeobliegenheit berufen, wenn er in anderer Weise rechtzeitig vom Eintritt des Versicherungsfalls erfahren hat.

83   Die vollständige oder teilweise Leistungsfreiheit nach vorsätzlicher oder grob fahrlässiger Verletzung der Anzeige- oder Nachweisobliegenheit setzt **keine Belehrung** durch den VR über diese Rechtsfolgen voraus. Das Belehrungserfordernis gilt ausdrücklich nicht für die Anzeigeobliegenheit und auch nicht für solche Obliegenheiten, die nach Eintritt des Versicherungsfalles auf Grund des konkreten Ablaufs entstehen und auf die hinzuweisen der VR daher im Voraus keinen Anlass hat.

84   (2) § 9 Abs. 2 MB/KT statuiert ebenso wie § 9 Abs. 2 MB/KK eine Verpflichtung des VN, dem VR jede **Auskunft** zu erteilen, wenn der VR solche verlangt und die Auskunft zur Feststellung des Versicherungsfalls oder der Leistungspflicht und ihres Umfangs erforderlich ist. Wegen der letztgenannten Voraussetzung erstreckt sich der Inhalt der Auskunftspflicht nach h. M. nicht auf Fragen, mit denen eine vorvertragliche Anzeigenpflichtverletzung nach §§ 19 ff. VVG aufgedeckt werden soll[194]. Verletzt der VN die Auskunftsobliegenheit vorsätzlich, kann er bei korrekter Belehrung durch den VR gem. § 28 Abs. 4 VVG dessen Leistungs-

---

[190] OLG Köln v. 9. 8. 2000, r+s 2000, 473 und v. 19. 12. 1985, VersR 1986, 906; KG Berlin v. 20. 2. 1998, r+s 1998; 208; OLG Düsseldorf v. 11. 10. 1988, VersR 1989, 34; OLG Hamm v. 6. 7. 1983, VersR 1984, 152 (153).

[191] OLG Karlsruhe v. 26. 5. 1995, r+s 1995, 430.

[192] OLG Düsseldorf v. 16. 4. 2002, VersR 2003, 96 = r+s 2002, 518.

[193] BGH v. 23. 6. 1999, VersR 1999, 1134; v. 11. 12. 1991, VersR 1992, 345 und v. 20. 4. 1991, VersR 1991, 451.

[194] OLG Köln v. 29. 10. 1992, r+s 1993, 72; *Prölss/Martin/Prölss,* § 9 MB/KK Rn. 1.

freiheit nur noch durch die Führung des Kausalitätsgegenbeweises gem. § 28 Abs. 3 VVG abwenden. Bei arglistigem Verhalten des VN tritt allerdings immer Leistungsfreiheit des VR ein. Hat der VN trotz ordnungsgemäßer Belehrung grob fahrlässig gegen die Auskunftsobliegenheit verstoßen, steht ihm der Kausalitätsgegenbeweis offen. Scheitert dieser ganz oder teilweise, steht dem VR das quotale Leistungskürzungsrecht entsprechend der Schwere des Verschuldens des VN zu, § 28 Abs. 2 S. 2 VVG. Umfasst von der Obliegenheit ist noch die Verpflichtung des VN, seine Ärzte zu Auskünften unmittelbar an den VR zu ermächtigen[195] sowie dem VR jedenfalls dann behilflich zu sein, Einblick in sonst nicht zugängliche Krankenunterlagen zu nehmen, wenn ein konkretes berechtigtes Interesse besteht[196]. Nach § 9 Abs. 2 S. 2 MB/KT besteht die Auskunftsobliegenheit auch gegenüber Beauftragten des VR, insbesondere gegenüber Krankenbesuchern, über die der VR kontrolliert, ob der VN weder seiner beruflichen noch einer anderen Tätigkeit nachgeht. Als Folge von § 6 Abs. 3 MB/KT wird die Auskunftpflicht auf die als empfangsberechtigt benannte versicherte Person erstreckt.

(3) Auch die **Untersuchungsobliegenheit** des § 9 Abs. 3 MB/KT findet eine entspre-   85
chende Regelung in § 9 Abs. 3 MB/KK, allerdings hat sie in der Krankentagegeldversicherung eine weitaus größere praktische Bedeutung als in der Krankheitskosten- und Krankenhaustagegeldversicherung. Zur Erfüllung der Obliegenheit muss sich der VN oder die ausdrücklich erwähnte versicherte Person auf Verlangen des VR durch einen von diesem ausgewählten[197] Arzt untersuchen lassen. Wie die Auskunftsobliegenheit des § 9 Abs. 2 MB/KT dient auch die Untersuchungsobliegenheit nicht der Feststellung vorvertraglicher Anzeigepflichtverletzungen[198]. Zum Anspruch des Untersuchten auf Einsicht in die Gutachten vgl. oben Rn. 73. Die Kosten der Untersuchung und die Auslagen des VN trägt der VR. Eine Ablehnung des vom VR nach dessen Ermessen ausgewählten Arztes kommt nur in konkreten Ausnahmefällen etwa bei persönlichem Fehlverhalten des Arztes anlässlich früherer Untersuchungen in Betracht, nicht aber schon deswegen, weil der VN mit den Beurteilungsergebnissen nicht einverstanden ist. Die Zeiträume zwischen wiederholten Untersuchungen müssen angemessen sein. Monatsabstände begegnen keinen Bedenken[199]. Die Untersuchungsergebnisse sind nicht bindend. Nach h. M. sollen in den Versicherungs- oder Tarifbedingungen vorgesehene Feststellungsverfahren, die Untersuchungsergebnisse für verbindlich erklären, jedenfalls dann unbedenklich sein, wenn dem VN die Möglichkeit eröffnet wird, diese Folge durch ein von ihm eingeholtes Gegengutachten zu verhindern[200].

Der VN verstößt **vorsätzlich** gegen die Untersuchungsobliegenheit, wenn er sich der   86
Untersuchung im Bewusstsein des Bestehens und Eingreifens der Obliegenheit verweigert, was vom VR zu beweisen ist. Bei korrekter Belehrung durch den VR gem. § 28 Abs. 4 VVG kann der VN dann die Leistungsfreiheit nur noch durch die Führung des Kausalitätsgegenbeweises gem. § 28 Abs. 3 VVG abwenden. Dieser wird scheitern, wenn Ungewissheit hinsichtlich des Wiederherstellungszeitpunktes der Arbeitsfähigkeit besteht, weil dann dem VR eine Untersuchungsmöglichkeit unwiederbringlich verloren gegangen sein wird. Bei arglistigem Verhalten tritt allerdings immer Leistungsfreiheit des VR ein. Bei **grob fahrlässigem** Verstoß gelten die Ausführungen zur Verletzung der Anzeigepflicht entsprechend (vgl. oben Rn. 82). **Leistungsfreiheit** oder **Leistungskürzungsbefugnis** des VR bestehen zeitlich begrenzt für die Dauer des Obliegenheitsverstoßes, so dass sie mit Aufgabe der Weigerungshaltung durch den VN enden.

---

[195] OLG Hamm v. 26. 2. 1997, r+s 1998, 76 und v. 4. 9. 1990, VersR 1991, 535.
[196] *Prölss/Martin/Prölss,* § 9 MB/KK Rn. 1.
[197] OLG Brandenburg v. 21. 6. 2006 – 4 U 80/05 – zitiert nach juris; OLG Bremen v. 12. 11. 2002, VersR 2003, 1429.
[198] *Berliner Kommentar/Hohlfeld,* § 178m VVG Rn. 1.
[199] OLG Koblenz v. 18. 6. 1999, NVersZ 2000, 472 (473); OLG Stuttgart v. 16. 12. 1993, VersR 1995, 523.
[200] OLG Köln v. 5. 2. 1979, VersR 1980, 619; *Prölss/Martin/Prölss,* § 9 MB/KT Rn. 5; *Bach/Moser/Wilmes,* §§ 9, 10 MB/KT Rn. 19.

87   *(4)* Der Schwerpunkt der **Wiederherstellungsobliegenheit** des § 9 Abs. 4 MB/KT liegt in der Pflicht, alles zu **unterlassen,** was einer Gesundung entgegen stehen könnte, wozu auch Freizeitaktivitäten gehören können. Die Vorschrift ist damit Ausdruck der den VN treffenden **Schadensminderungspflicht** Über die Heilbehandlung hinausgehende gesundheitsfördernde Verhaltensweisen wie die Durchführung von Kuren oder Sanatoriumsbehandlungen werden dem VN nicht abverlangt. Im Rahmen der Heilbehandlung hat der VN oder der Versicherte insbesondere den Weisungen des behandelnden Arztes Folge zu leisten, braucht aber nicht jede diagnostische Maßnahme kritiklos über sich ergehen lassen, sondern kann insbes. bei risikobehafteten oder schmerzhaften Untersuchungen Bedenkzeit in Anspruch nehmen und weiteren ärztlichen Rat einholen[201]. Anregungen oder Vorschläge des Arztes stehen den bedingungsgemäßen Weisungen nicht gleich. Einen vorsätzlichen Verstoß wird der VR dem VN nicht nachweisen können, da kaum jemals auszuschließen sein wird, dass dem VN die abgelegene Obliegenheit unbekannt oder aus dem Gedächtnis entfallen sein kann. Räumt der VN grobe Fahrlässigkeit nicht aus, wird er regelmäßig am Kausalitätsgegenbeweis scheitern, weil die Auswirkungen des obliegenheitskonformen Verhaltens im Ungewissen bleiben. Das danach gegebene Leistungskürzungsrecht wird im Ausmaß dadurch bestimmt, wie offenkundig das Handeln des VN der Gesundung entgegen steht oder wie gewichtig sich das weisungswidrig unterlassenen Verhalten darstellt. Von einem Belehrungserfordernis hängt das Leistungskürzungsrecht nicht ab.

88   **c) Sanktionslose Obliegenheiten.** *(1)* § 4 Abs. 3 MB/KT verpflichtet den VN, eine nicht nur vorübergehende **Verringerung seines Nettoeinkommens** unverzüglich mitzuteilen. An die Verletzung dieser Mitteilungspflicht knüpfen die Bedingungen keinerlei Sanktionen[202], so dass der VR sich nicht auf Leistungsfreiheit berufen kann. Soweit die Auffassung vertreten wird, dass der VR seine Leistung gem. § 4 Abs. 4 MB/KT bei einer Verletzung der Mitteilungsobliegenheit herabsetzen kann, und zwar mit Beginn des zweiten Monats nach dem Zeitpunkt, zu dem er bei pflichtgemäßer Mitteilung des VN von der Einkommensminderung erfahren hätte[203], ist dies vor dem Hintergrund zu sehen, das die Vertreter dieser Meinung für die Anpassung der Leistung nach § 4 Abs. 4 MB/KT auf die Kenntnis des VR von der Einkommensminderung abstellen. Mit der von der Rechtsprechung vertretenen Auffassung, wonach die Herabsetzung der Leistung erst nach Zugang einer Herabsetzungserklärung wirksam werden kann (vgl. dazu oben Rn. 66), lässt sich eine Leistungsanpassung allein auf Grund einer Verletzung der Mitteilungsobliegenheit nicht vereinbaren. Macht der VN allerdings falsche Angaben zu seinem Nettoeinkommen, begeht er eine über den Unwert der Obliegenheitsverletzung hinausgehende Pflichtverletzung, die ihn schadensersatzpflichtig werden lässt und zur Rückzahlung von zuviel erhaltenen Krankentagegeldern verpflichten kann[204].

89   *(2)* Ebenso enthält § 11 S. 1 MB/KT mit der Pflicht zur Anzeige des **Wegfalls der Versicherungsfähigkeit** oder des Eintritts der **Berufsunfähigkeit** eine sanktionslose Obliegenheit, so dass die Bedeutung dieser Obliegenheit ebenfalls gering ist.

V. Versicherungsfall

1. Beginn und Ende

90   Der gedehnte **Versicherungsfall beginnt** mit der ersten medizinisch notwendigen Heilbehandlung, die sich auf die Krankheit oder Unfallfolgen bezieht, wegen der die Versicherungsleistungen begehrt werden. Hierzu gehören bereits die auf die Erkennung des Leidens abzielenden Untersuchungen[205]. Der **Versicherungsfall endet** bei wieder hergestellter Ar-

---

[201] OLG Düsseldorf v. 25. 2. 1997, VersR 1997, 1083 (1084).
[202] OLG Brandenburg v. 27. 7. 2004, VersR 2005, 820; OLG Hamm v. 28. 4. 2000, NVersZ 2000, 470 (471).
[203] *Prölss/Martin/Prölss,* § 4 MB/KT Rn. 6; *Bach/Moser/Wilmes,* § 4 MB/KT Rn. 12.
[204] LG Berlin v. 23. 9. 2003, VersR 2005, 823.
[205] LG Aachen v. 12. 3. 1997, r+s 1998, 76.

beitsfähigkeit erst mit Abschluss der Behandlungsbedürftigkeit, § 1 Abs. 2 S. 2 MB/KT. Tritt nach wieder gewonnener Arbeitsfähigkeit aber noch vor Ende der Behandlungsbedürftigkeit erneut Arbeitsunfähigkeit wegen derselben Erkrankung ein, liegt kein neuer Versicherungsfall vor, so dass die Leistungspflicht des VR ohne erneute Anrechnung von Karenztagen wieder einsetzt[206]. Nur wenn die wieder eingetretene Arbeitsunfähigkeit in keinem Zusammenhang mit der bereits vorliegenden Behandlungsbedürftigkeit steht, liegt ein neuer Versicherungsfall vor (§ 1 Abs. 2 S. 3 MB/KT) und die vereinbarten Karenztage werden erneut berücksichtigt. Bei **Dauerleiden,** die zeitweise akute Beschwerden hervorrufen, wie z. B. Bandscheibenerkrankungen, stellen die Zustände akuter Beschwerden jeweils eigenständige Versicherungsfälle auch dann dar, wenn das Grundleiden für sich gesehen ebenfalls behandlungsbedürftig ist[207]. Als einheitlicher Versicherungsfall werden allerdings bei bestehendem Grundleiden solche Behandlungen eingestuft, die von vornherein feststehen, wie z. B. Dialysebehandlungen[208]. Zum **Leistungszeitraum,** dessen Beginn und Ende, vgl. oben Rn. 63.

2. Voraussetzungen

§ 1 Abs. 2 S. 1 MB/KT **definiert** den Versicherungsfall als medizinisch notwendige Heil-   **91** behandlung einer versicherten Person wegen Krankheit oder Unfallfolgen, in deren Verlauf Arbeitsunfähigkeit ärztlich festgestellt wird.

a) Medizinische Notwendigkeit. Da die Kosten der Heilbehandlung in der Krankenta-   **92** gegeldversicherung keine Rolle spielen, können bei der Beurteilung der **medizinischen Notwendigkeit** anders als in der Krankheitskostenversicherung Gesichtspunkte der Wirtschaftlichkeit vollständig außer Betracht bleiben. Es kommt deshalb auch nicht darauf an, ob statt der gewählten stationären Unterbringung eine ambulante Behandlung ausreichend gewesen wäre.

b) Arbeitsunfähigkeit. Kumulativ zur Heilbehandlung muss die **Arbeitsunfähigkeit**   **93** treten, die nach § 1 Abs. 3 MB/KT vorliegt, wenn die versicherte Person ihre berufliche Tätigkeit nach medizinischem Befund vorübergehend in keiner Weise ausüben kann, sie auch nicht ausübt und keiner anderen Erwerbstätigkeit nachgeht.

aa) Mit der **beruflichen Tätigkeit** ist, wie schon der Wortlaut der Vorschrift nahe legt,   **94** die **vor Eintritt des Versicherungsfalles konkret ausgeübte Tätigkeit** gemeint[209]. Es kommt demnach für die Feststellung der Arbeitsunfähigkeit nicht darauf an, welche Berufsausübung dem Vertrag zugrunde gelegt wurde oder welchen Berufswechsel der VN in Erfüllung seiner Anzeigeobliegenheit nach § 9 Abs. 5 MB/KT (vgl. dazu oben Rn. 77) zuletzt angezeigt hat. Unerheblich ist auch, ob noch Tätigkeiten ausgeübt werden können, die in einem Berufsbild enthalten sind, das breiter ausgelegt ist als der bisher ausgeübte Beruf des VN in seiner konkreten Ausgestaltung.

bb) Der krankheits- oder unfallbedingte **Verlust der Arbeitsfähigkeit** darf nicht nur auf   **95** Teilbereiche der bisher ausgeübten Tätigkeit beschränkt sein, sondern muss zu **100 %** bestehen (vollständige Arbeitsunfähigkeit), so dass bereits die nur eingeschränkte Möglichkeit der Berufsausübung den Versicherungsfall und das Entstehen eines Anspruchs auf das Krankentagegeld vollständig ausschließt[210]. Diese Regelung unterliegt als Leistungsbeschreibung keiner Inhaltskontrolle. Die Wiedererlangung der (teilweisen) Arbeitsfähigkeit führt zur vollstän-

---

[206] OLG Frankfurt/M. v. 19. 5. 1999, OLGR Frankfurt/M. 2000, 66; OLG Stuttgart v. 30. 12. 1993, VersR 1995, 524.

[207] OLG Frankfurt/M. v. 19. 3. 1997, OLGR Frankfurt/M. 1997, 206*; Prölss/Martin/Prölss,* § 1 MB/KT Rn. 4.

[208] OLG Köln v. 25. 1. 1990, VersR 1990, 963.

[209] BGH v. 18. 7. 2007, VersR 2007, 1260; OLG Bremen v. 12. 9. 1995, OLGR Bremen 1995, 51 a. E.; OLG Köln v. 16. 5. 1991, VersR 1992, 175; *Bach/Moser/Wilmes,* § 1 MB/KT Rn. 12; *Prölss/Martin/ Prölss,* § 1 MB/KT Rn. 6.

[210] BGH v. 25. 11. 1992, VersR 1993, 297; OLG Koblenz v. 28. 10. 2004, VersR 2005, 968 und v. 6. 9. 2002, r+s 2003, 25; OLG Köln v. 30. 8. 2000, VersR 2002, 349.

gen Beendigung der Leistungspflicht des VR, da die bedingungsgemäße vollständige Arbeitsunfähigkeit nicht nur zu Beginn, sondern während des gesamten Zeitraums vorliegen muss, für den Leistungen verlangt werden[211]. Verschiedentlich sehen Versicherungsbedingungen allerdings vor, dass auch bei Teilarbeitsunfähigkeit etwa im Anschluss an eine vollständige Arbeitsunfähigkeit noch ein Teil des vereinbarten Krankentagegeldes (für einen bestimmten Zeitraum) gezahlt wird. Eine stundenweise Berufstätigkeit im Rahmen der **Wiedereingliederung** nach § 74 SGB V bedeutet keine Teilarbeitsfähigkeit, die den Leistungsanspruch des VN in Frage stellen könnte. Denn durch die so genannte stufenweise Wiedereingliederung, die eine vom Arbeitsvertrag abweichende Beschäftigung darstellt, soll der Arbeitsunfähige schonend erst wieder an das Erwerbsleben herangeführt werden. Bei solchen Maßnahmen handelt es sich um eine berufliche Rehabilitation und nicht um eine entgeltpflichtige Berufstätigkeit. Es liefe dem sozialen Schutzzweck der Krankentagegeldversicherung zuwider, die mit ihrem Hauptleistungsversprechen Schutz gegen Verdienstausfall als Folge von Krankheit oder Unfällen gewähren will, wenn das auch den Interessen des VR entgegen kommende Bemühen des VN um eine berufliche Wiedereingliederung, für das er ein Arbeitsentgelt nicht erhält, als Anspruch vernichtende Teilarbeitsfähigkeit bewertet würde. Jedenfalls handelt der VR treuwidrig, wenn er eine Wiedereingliederung zum Anlass nimmt, die Leistungen einzustellen (vgl. auch unten Rn. 99).

96   *(1)* Das Erfordernis der vollständigen oder 100%igen Arbeitsunfähigkeit lässt insbesondere bei beruflich Selbständigen den Versicherungsanspruch entfallen, wenn der VN noch **leitende, aufsichtsführende oder kaufmännische Tätigkeiten** ausüben kann, ohne dass es auf Art oder Umfang der ausübbaren Bereiche der Berufstätigkeit ankommt. Allerdings kann im Einzelfall die Berufung des VR auf Leistungsfreiheit bei nur ganz geringfügiger Restleistungsfähigkeit nach § 242 BGB missbräuchlich sein[212], was insbesondere anzunehmen ist, wenn der VN nur noch ganz unbedeutende oder untergeordnete Hilfstätigkeiten geringen Ausmaßes verrichten kann, mit denen keine Wertschöpfung verbunden ist[213].

97   *(2)* Da bei der Beurteilung der Arbeitsunfähigkeit auf die konkret ausgeübte Berufstätigkeit abzustellen ist (vgl. oben Rn. 94), kommt eine **Verweisung** des VN auf Vergleichsberufe oder sonstige auf dem Arbeitsmarkt vorhandene Erwerbstätigkeiten nicht in Betracht[214]. Dem selbständig Erwerbstätigen kann der VR keine **Umorganisation** seines Geschäftsbetriebes abverlangen, damit der VN sich auf einem Berufsfeld betätigen kann, das ihm trotz seiner Erkrankung noch zugänglich ist. Denn zu dessen beruflicher Tätigkeit i. S. d. § 1 Abs. 3 MB/KT zählen nur solche leitenden, aufsichtsführenden oder sonstigen Tätigkeiten, die er auch vor seiner Erkrankung entsprechend der Organisation seines Betriebes schon wahrgenommen hat, nicht aber diejenigen, zu deren Erledigung er Dritte beschäftigt[215].

98   *cc)* § 1 Abs. 3 MB/KT legt eine **vorübergehende** d. h. nicht dauernde Arbeitsunfähigkeit zugrunde. Bei andauernder, also mit einer Prognose auf Sicht von 3 Jahren anhaltender Unfähigkeit zur vollständigen oder mehr als 50%igen Berufsausübung liegt Berufsunfähigkeit vor, die den VR unter den bedingungsgemäßen Voraussetzungen zur Leistungseinstellung berechtigt (vgl. dazu oben Rn. 42).

---

[211] BGH v. 25. 11. 1992, VersR 1993, 297; OLG Brandenburg v. 21. 6. 2006, zitiert nach juris; OLG Stuttgart v. 25. 4. 2006, VersR 2006, 2675; OLG Koblenz v. 3. 12. 1999, VersR 2000, 1532.

[212] BGH v. 18. 7. 2007, VersR 2007, 1260 und v. 25. 11. 1992, VersR 1993, 297; OLG Köln v. 18. 2. 2008, versR 2008, 912.

[213] Rechtsprechungsbeispiele: KG Berlin v. 21. 11. 2003, r+s 2004, 293 – Fußballtrainer –; OLG Koblenz v. 28. 10. 2004, VersR 2005, 968 – Bürokaufmann –; OLG Düsseldorf v. 3. 12. 2002, r+s 2003, 335 – Berater –; OLG Koblenz v. 6. 9. 2002, r+s 2003, 25 – Architekt – und v. 3. 12. 1999, VersR 2000, 1532 – Möbelmonteur –; OLG Karlsruhe v. 19. 12. 2002, VersR 2003, 761 – Ingenieur – und v. 4. 3. 1999, VersR 2000, 1007 – Kunsthändlerin –; OLG Düsseldorf v. 30. 9. 1997, VersR 1998, 1226 – Gastwirtin und Hotelfachfrau –; OLG Karlsruhe v. 5. 7. 1995, VersR 1996, 617 – Chefarzt –; OLG Köln v. 3. 3. 1994, VersR 1995, 653 – Bezirksleiter einer Bausparkasse –.

[214] BGH v. 9. 7. 1997, VersR 1997, 1133.

[215] OLG Hamm v. 18. 6. 1986, VersR 1987, 1207; *Bach/Moser/Wilmes,* § 1 MB/KT Rn. 16.

dd) Mit der Voraussetzung. dass die versicherte Person ihre Berufstätigkeit **tatsächlich** 99
nicht ausübt, begründen die Bedingungen einen **Risikoausschluss,** für den der VR die
Darlegungs- und Beweislast trägt[216]. Aus der maßgeblichen Sicht eines VN ohne versicherungsrechtliche Spezialkenntnisse besteht für eine einschränkende Auslegung des Merkmals
der Nichtausübung des Berufes dahingehend, dass nur Tätigkeiten von bestimmter Art und
gewissen Umfang den Krankentagegeldanspruch entfallen lassen können, kein Anlass. Ungeachtet von Art und Umfang der ausgeübten Berufstätigkeit gilt die Leistungszusage des
VR nur bei vollständiger Untätigkeit des VN bei der Berufsausübung, so dass bereits jedwede
auch geringfügige Tätigkeit, die dem Berufsfeld des VN zuzuordnen ist, das Entstehen des
Leistungsanspruchs hindert. Bei nur ganz geringfügiger Berufsausübung kann die Berufung
des VR auf Leistungsfreiheit allerdings missbräuchlich sein[217]. Dies wird insbesondere bei
selbständig Berufstätigen in Betracht kommen, wenn diese gelegentlich und zeitlich begrenzt
im Geschäftsbetrieb zur Kundenpflege im Geschäftsbetrieb anwesend sind. Denn der VR
kann nicht erwarten, dass der VN zur Erhaltung seines Leistungsanspruches seine Existenz-
grundlage für die Zeit nach seiner Arbeitsunfähigkeit gefährdet. Ärztlich begleitete Arbeitsversuche abhängig Beschäftigter zur Erprobung der möglicherweise wieder erlangten Arbeitsfähigkeit, insbes. stufenweise **Wiedereingliederungen** nach § 74 SGB V stellen wegen
des Verdienstausfallcharakters der Krankentagegeldversicherung und ihres sozialen Schutzzwecks den Leistungsanspruch nicht in Frage, da die Rehabilitation im Vordergrund steht
und ein Vergütungsanspruch regelmäßig nicht besteht[218] (vgl. auch oben Rn. 95).

Weist der VR nach, dass der VN seine Erwerbstätigkeit trotz Beanspruchung von Kran- 100
kentagegeld ausübt, **entfällt der Leistungsanspruch** (nur) für die Tage oder den Zeitraum,
für die/den aufgrund des Nachweises berechtigterweise von einer Berufsausübung ausgegangen werden kann[219]. Insoweit kommt auch eine Rückforderung gezahlter Tagegelder in Betracht. Außerdem kann der VR zur fristlosen Kündigung berechtigt sein (vgl. dazu oben
Rn. 54).

ee) Der VN darf auch keiner **sonstigen Erwerbstätigkeit** nachgehen. Auch für diesen 101
Leistungsausschluss liegt die Darlegungs- und Beweislast beim VR.

c) Ärztliche Feststellung. Weitere Anspruchsvoraussetzung ist die **ärztliche Feststel-** 102
lung der im Behandlungsverlauf eingetretenen Arbeitsunfähigkeit. **Heilpraktiker** sind keine
Ärzte wie auch **Psychotherapeuten** nicht, die selbst nach dem PsychThG v. 16. 6. 1998 den
Ärzten nicht gleichgestellt sind[220]. Ist der VN selbst Arzt, reicht die Feststellung der eigenen
Arbeitsunfähigkeit nicht aus[221]. Wegen § 4 Abs. 7 S. 3 MB/KT kann auch die Bescheinigung
von Eltern, Kindern oder Ehegatten bzw. Lebenspartnern gem. § 1 Lebenspartnerschaftsgesetz die Leistungspflicht des VR nicht begründen. Die Kosten der ärztlichen Bescheinigung
trägt nach § 4 Abs. 7 S. 2 MB/KT der VN. Die Feststellung erfolgt **schriftlich,** weil dem
VR nur so die attestierte Arbeitsunfähigkeit durch Vorlage eines Nachweises angezeigt werden kann, §§ 9 Abs. 1, 4 Abs. 7 MB/KT (vgl. oben Rn. 81).

Die ärztliche Feststellung der Arbeitsunfähigkeit entfaltet **keine Bindungswirkung** zu 103
Lasten des VR, selbst dann nicht, wenn dieser von seinem Untersuchungsrecht nach § 9

---

[216] OLG Hamm v. 24. 8. 1990, VersR 1991, 452 (453) und v. 23. 5. 1986, VersR 1987, 1085; *Bach/Mo-
ser/Wilmes,* § 1 MB/KT Rn. 21 und 24; a. A. BGH v. 25. 11. 1992, VersR 1993, 297 (298 unter II 1 –
obiter dictum –); *Möller/Bruck/Wriede,* Bd. VI Anm. G 50 S. K 405: (verhüllte) Obliegenheit; *Prölss/Mar-
tin/Prölss,* § 1 MB/KT Rn. 10: Beweislast VN; offen gelassen von OLG Düsseldorf v. 19. 9. 1995, VersR
1996, 835.
[217] BGH v. 18. 7. 2007, VersR 2007, 1260. Anders noch die Vorauflage m. w. N.
[218] LG Dortmund v. 31. 7. 2003 – 2 O 208/03 –; zu den arbeitsrechtlichen Voraussetzungen: BAG v.
13. 6. 2006, NZA 2007, 91.
[219] BGH v. 18. 7. 2007, VersR 2007, 1260; OLG Düsseldorf v. 19. 9. 1995, VersR 1996, 835.
[220] BGH v. 15. 2. 2006, VersR 2006, 641; OLG Hamm v. 6. 8. 2003, NJW 2003, 3356 (3357); a. A.
Terbille/Schubach, § 22 Rn. 382.
[221] OLG Köln v. 30. 6. 1988, VersR 1988, 1040.

Abs. 3 MB/KT (vgl. dazu oben Rn. 81) keinen Gebrauch macht[222]. Bestreitet der VR die Arbeitsunfähigkeit, kann der VN durch die Vorlage der Arbeitsunfähigkeitsbescheinigung den Nachweis seiner Arbeitsunfähigkeit nicht führen. Für diese Beweisführung bedarf es im Prozess regelmäßig eines Sachverständigengutachtens. Zu den Anforderungen an die Schlüssigkeit des Klagevortrags vgl. oben Rn. 81.

VI. Regressmöglichkeit

104   Da es sich bei der auf der Grundlage der MB/KT genommenen Krankentagegeldversicherung um eine Summenversicherung handelt (vgl. oben Rn. 3), kommen **§§ 86, 194 Abs. 3 VVG** nicht zur Anwendung[223], so dass dem VR kraft cessio legis keine Regressmöglichkeit gegen den Schädiger zusteht, der die leistungsauslösenden Krankheiten/Unfallfolgen zu verantworten hat. Individualvereinbarungen, durch die der geschädigte VN Ansprüche auf Ersatz von Verdienstausfall an den VR abtritt, werden zugelassen[224]. Ein aus dem Versicherungsvertrag abgeleiteter Anspruch des VR auf Abtretung solcher Ansprüche besteht nicht, weil der VN ein eigenes Interesse an der Durchsetzung von Schadensersatzansprüchen hat, das dem Interesse des VR vorgeht, der für seine Leistungen Versicherungsprämien erhalten hat. Zudem fehlt eine dem § 11 MB/KK entsprechende Regelung in den MB/KT.

VII. Prozessuales

1. Darlegungs- und Beweislast

105   Die **Darlegungs- und Beweislast** für die Voraussetzungen des § 1 Abs. 2 MB/KT, insbes. für das Vorliegen vollständiger **Arbeitsunfähigkeit** liegt beim VN[225]. Die Vorlage einer ärztlichen Bescheinigung genügt zum Nachweis bedingungsgemäßer Arbeitsunfähigkeit nicht. Zur Schlüssigkeit einer Klage gehört ein substanziierter Vortrag zu den gesundheitlichen Beschwerden, zur bisher ausgeübten Berufstätigkeit sowie deren Beeinträchtigung durch die Erkrankung bzw. Unfallfolgen. Auf der Grundlage dieses Vortrages wird im Prozess regelmäßig ein Sachverständigengutachten zur behaupteten vollständigen Arbeitsunfähigkeit eingeholt werden. Die Aufgabenstellung für den Sachverständigen liegt in der Feststellung, ob der VN die konkret vorgetragenen Tätigkeiten seines zuletzt ausgeübten Berufes nicht mehr ausüben kann. Mit seinem Gutachten legt der Sachverständige die tatsächlichen Grundlagen für die Entscheidung des Gerichts zur Arbeitsunfähigkeit fest. Dem Gericht obliegt es, auf der Basis dieser Ausführungen vollständige Arbeitsunfähigkeit zu bejahen oder zu verneinen, wobei es sich hierbei um eine juristisch wertende Entscheidung handelt. Schon deshalb ist das Gericht an eine entsprechende Feststellung des Sachverständigen zur Arbeitsunfähigkeit nicht gebunden.

106   Der VR muss den in § 1 Abs. 2 MB/KT enthaltenen Risikoausschluss beweisen und ggf. darlegen, dass der VN seiner **beruflichen oder einer anderweitigen Tätigkeit nachgeht** (vgl. auch oben Rn. 99). Die gleiche Beweislastverteilung gilt auch für die übrigen **Risikoausschlüsse,** insbes. diejenigen des § 5 MB/KT (vgl. oben Rn. 10). Für die Umstände, die zum Erlöschen der Leistungspflicht führen wie z. B. **Berufsunfähigkeit** (vgl. oben Rn. 36) oder **Wegfall der Versicherungsfähigkeit** wegen Aufgabe der Erwerbstätigkeit (vgl. oben Rn. 24) trägt der VR ebenfalls die Darlegungs- und Beweislast wie auch für die zur Verringerung der Leistung infolge geminderten Nettoeinkommens erforderlichen Voraussetzungen (vgl. oben Rn. 66). Den objektiven Tatbestand einer **Obliegenheitsverletzung** hat der VR nachzuweisen, ebenso behauptete Arglist oder behaupteten Vorsatz des VN, während dieser

---

[222] BGH v. 3. 5. 2000, VersR 2000, 841 = NVersZ 2000, 370; OLG Köln v. 9. 8. 2000, r+s 2000, 473.
[223] BGH v. 4. 7. 2001, VersR 2001, 1100 m. w. N.
[224] *Bach/Moser/Wilmes,* § 1 MB/KT Rn. 7; *Prölss/Martin/Prölss,* § 67 VVG Rn. 2.
[225] BGH v. 3. 5. 2000, VersR 2000, 841 = NVersZ 2000, 370; OLG Köln v. 18. 2. 2008, VersR 2008, 912; OLG Saarbrücken v. 29. 8. 2007, r+s 2008, 118.

sich vom Vorwurf grober Fahrlässigkeit entlasten und fehlende Kausalität beweisen muss. Diejenigen Umstände, die Ausmaß des Kürzungsrechtes für die Leistung des VR betreffen, sind vom VR darzulegen und zu beweisen. (vgl. oben Rn. 75).

2. Einstweilige Verfügung

Der Anspruch auf Krankentagegeld kann in Ausnahmefällen im Wege des **vorläufigen** **106a** **Rechtsschutzes** mittels Leistungsverfügung nach §§ 935, 940 ZPO zuerkannt werden, da der soziale Schutzzweck der Krankentagegeldversicherung als Verdienstausfallversicherung nur unvollkommen erreicht würde, wenn nicht zur Sicherung eines Existenzminimums im Krankheitsfall der Leistungsanspruch bis zur endgültigen Klärung seiner Berechtigung vorläufig durchgesetzt werden könnte[226]. Da aber diese vorläufige Befriedigung mit dem Risiko eines endgültigen Rechtsverlustes des VR behaftet ist, weil dieser Gefahr läuft, seinen Rückforderungsanspruch nach Obsiegen in der Hauptsache nicht realisieren zu können, hängt der Erfolg der beantragten Leistungsverfügung von der Glaubhaftmachung des Verfügungsanspruches i. d. R. durch ein aussagekräftiges ärztliches Gutachten/Attest über die Arbeitsunfähigkeit sowie des Verfügungsgrundes durch eidesstattlich bekräftigte Darlegung einer existenziellen materiellen Notlage ab. Kann einer solchen Notlage durch die Inanspruchnahme von sozialrechtlichen Leistungen begegnet werden, kommt eine Leistungsverfügung nach einem Teil der Rechtsprechung nicht in Betracht[227]. Dem kann entgegengehalten werden, dass allein der Anspruch auf öffentlich-rechtliche Leistungen die Notlage noch nicht behebt und der zivilrechtliche einstweilige Rechtsschutz das effektivere Mittel zur Existenzsicherung darstellt. Der mit einer zulässigen Leistungsverfügung vorläufig zuzusprechende Anspruch muss nicht notwendigerweise die Höhe des vereinbarten Krankentagegeldes erreichen. Die einstweilige Verfügung ist auf die Zuerkennung eines Geldbetrages beschränkt, den die Abwendung der glaubhaft gemachten existenziellen Notlage erfordert.

3. Streitwert

Bei **Feststellungsklagen** auf Fortbestand der Krankentagegeldversicherung bemisst sich **107** der Streitwert entsprechend §§ 3, 9 ZPO auf das Dreieinhalbfache des Jahresversicherungsbeitrages. Nicht mit eingeklagte, aber behauptete Tagegeldansprüche sind mit 50% ihres Wertes diesem Streitwert **hinzuzurechnen**[228]. Klagen auf **zukünftige Tagegeldleistungen** können bei ungewisser Dauer der Arbeitsunfähigkeit mit dem Wert des 6-monatigen Bezugs bemessen werden[229]. Allerdings sind solche Klagen auf zukünftige Leistungen insbes. für die Zeit nach letzter mündlicher Verhandlung unzulässig, weil die zukünftigen Tagegeldansprüche noch nicht entstanden sind, wie dies die §§ 257 bis 259 ZPO voraussetzen, sondern erst mit dem jeweiligen Tag bedingungsgemäßer Arbeitsunfähigkeit zur Entstehung gelangen. Eine Leistungsklage auf zukünftige Leistungen erlaubt indes nicht die Verfolgung eines erst in Zukunft entstehenden Anspruchs, setzt dessen Bestand vielmehr voraus und ermöglicht dann dessen gerichtliche Geltendmachung, obwohl etwa mangels Ablaufs einer Frist oder Eintritts einer Bedingung noch keine Fälligkeit eingetreten ist[230]. Damit sind zukünftige Tagegeldansprüche auch nicht auf eine „wiederkehrende Leistung" nach § 258 ZPO gerichtet. Wiederkehrend i. S. d. Vorschrift sind Ansprüche, die sich als einheitliche Folgen aus einem

---

[226] OLG Köln v. 16. 5. 2007, r+s 2007, 463 mit Anm. *Rogler*, jurisPR-VersR 2/2008 Anm. 5 und v. 1. 9. 2004, MDR 2005, 290; OLG Saarbrücken v. 4. 10. 2006, NJW-RR 2007, 1406; KG Berlin v. 16. 9. 2005, r+s 2006, 77; LG Berlin v. 24. 2. 2005, r+s 2005, 338; LG Leipzig v. 19. 12. 2003, r+s 2005, 114.

[227] OLG Hamm v. 9. 3. 2000, OLGR 2001, 70; OLG Celle v. 23. 2. 1989, VersR 1990, 21; LG Leipzig v. 19. 12. 2003, r+s 2005, 114.

[228] BGH v. 3. 5. 2000, VersR 2000, 1430 = NVersZ 2000, 372; OLG Köln v. 22. 12. 2003, OLGR 2004, 188.

[229] OLG Karlsruhe v. 6. 3. 2006, VersR 2007, 416 = ZfS 2006, 647; OLG Köln v. 22. 8. 2007, MDR 2008, 25: 3,5-facher Jahresbetrag der Versicherungsleistunegn.

[230] BGH v. 12. 7. 2006, NJW-RR 2006, 1485 unter II 1b und v. 5. 4. 2001, NJW 2001, 2178 unter B II 2d bb.

Rechtsverhältnis ergeben, so dass die einzelne Leistung in ihrer Entstehung nur noch vom Zeitablauf abhängt. Da aus Gründen des Schuldnerschutzes eine Verurteilung zur Leistung nur erfolgen kann, wenn mit hinreichender Sicherheit angenommen werden kann, dass sie tatsächlich geschuldet wird, verbietet sich die Verurteilung zur Zahlung von Krankentagegeld für einen Zeitraum, für den die Grundlage der Leistungspflicht schon dem Grunde nach nicht fest steht[231]. Auch eine Feststellungsklage ist hinsichtlich der zukünftigen Krankentagegeldansprüche unzulässig, weil kein gegenwärtiges Rechtsverhältnis vorliegt und wegen der Ungewissheit über den Eintritt der Arbeitsunfähigkeit und der übrigen Leistungsvoraussetzungen (vgl. oben Rn. 91 ff.) i. d. R. durch ein Feststellungsurteil keine sachgemäße und erschöpfende Lösung des Streits über die Leistungspflicht des VR zu erwarten ist[232].

C. Krankenhaustagegeldversicherung

I. Einleitung

108   Gem. § 192 Abs. 4 VVG und § 1 Abs. 1 S. 2 lit. b MB/KK gewährt der VR in der Krankenhaustagegeldversicherung im Versicherungsfall das vereinbarte Krankenhaustagegeld Mit der Krankenhaustagegeldversicherung können somit Aufwendungen ausgeglichen werden, die bei einem stationären Krankenhausaufenthalt entstehen, insbes. soweit diese nicht durch die Krankheitskostenversicherung gedeckt sind, wie die mit einem Krankenhausaufenthalt verbundenen **Nebenkosten**[233].

II. Ausschlüsse

1. Entziehungsmaßnahmen und -kuren

109   Der in § 5 Abs. 1 b MB/KK enthaltene Leistungsausschluss für **Entziehungsbehandlungen** führt zu Problemen hinsichtlich der Leistungspflicht des VR, wenn zeitgleich zu den stationär durchgeführten Entwöhnungsmaßnahmen mit diesen ineinandergreifende andere Krankenhausbehandlungen durchgeführt werden. Die in der Krankheitskostenversicherung mögliche Quotelung der Versicherungsleistung kann auf die Krankenhaustagegeldversicherung als Summenversicherung nicht übertragen werden. Die Lösung der Problematik erschließt sich aus dem Verständnis des Risikoausschlusses, der so auszulegen ist, wie ein durchschnittlicher VN ihn bei verständiger Würdigung, aufmerksamer Durchsicht und Berücksichtigung des erkennbaren Sinnzusammenhangs verstehen muss. Dabei kommt es auf die Verständnismöglichkeiten eines VN ohne versicherungsrechtliche Spezialkenntnisse und damit – auch – auf seine Interessen an. Als Risikoausschluss ist die Regelung grundsätzlich eng und nicht weiter auszulegen, als es ihr Sinn unter Beachtung ihres wirtschaftlichen Zwecks und der gewählten Ausdrucksweise erfordert. Denn der durchschnittliche VN braucht nicht damit zu rechnen, dass er Lücken im Versicherungsschutz hat, ohne dass die Klausel ihm dies hinreichend verdeutlicht[234]. Daran gemessen braucht der VN nicht davon auszugehen, dass die wegen stationär notwendiger Heilbehandlung ausgelöste Leistungspflicht des VR wieder entfallen soll, weil neben der Behandlung von akuten Erkrankungen auch Entziehungsmaßnahmen durchgeführt werden, unabhängig davon, wo der qualitative oder quantitative Schwerpunkt der Behandlung liegt. Der durchschnittliche VN wird die Risikoklausel nicht weiter als notwenig verstehen und nur auf stationäre Behandlungen anwenden, die ausschließlich eine Entwöhnung von der Sucht zum Gegenstand haben. Jedenfalls erscheint eine solch enge Auslegung der Klausel ebenfalls vertretbar mit der Folge, das die

---

[231] Vgl. BGH v. 17. 11. 2006, NJW 2007, 294 unter II.
[232] Vgl. BGH v. 8. 2. 2006, VersR 2006, 535.
[233] BGH v. 11. 4. 1984, VersR 1984, 675 (676); OLG Hamm v. 8. 1. 1999, VersR 1999, 1138.
[234] BGH v. 25. 4. 2007, NJW 2007, 2544.

sich aus der Mehrdeutigkeit ergebenden Zweifel nach § 5 AGBG, § 305 c II BGB zu der für den VN günstigeren Auslegung führen.

2. Kur und Sanatoriumsbehandlung/gemischte Anstalten

Anders als bei den vergleichbaren Bedingungen in der Krankentagegeldversicherung (vgl. **110** dazu oben Rn. 14) bestehen in der Krankenhaustagegeldversicherung gegen die Regelungen in §§ 5 Abs. 1 d und 4 Abs. 5 S. 1 MB/KK **keine Wirksamkeitsbedenken**[235].

3. Subsidiaritätsklausel

§ 5 Abs. 3 MB/KK bezieht sich nach dessen ausdrücklichem Wortlaut nicht auf die Kran- **111** kenhaustagegeldversicherung.

III. Besonderheiten des Versicherungsvertrages

Wegen der Besonderheiten des Versicherungsvertrages kann weitgehend auf die entspre- **112** chenden Ausführungen in § 44 verwiesen werden.

1. Mindestdauer

Das neue VVG verzichtet auf die Festlegung einer von der allgemeinen **Mindestvertrags- 113 zeit** abweichenden Mindestdauer für die Krankenhaustagegeldversicherung, so dass nach § 11 Abs. 2 S. 2 VVG, § 13 Abs. 1 MB/KK auch in der Krankenhaustagegeldversicherung durch den einvernehmlichen Verzicht auf das Kündigungsrecht des VR die Mindestdauer des Vertrages höchstens 2 Jahre beträgt.

2. Kündigung durch den Versicherer

Nach §§ 206 Abs. 1 S. 2 VVG (ab 1. 1. 2009 § 206 Abs. 1 S. 3 VVG), 14 Abs. 1 S. 2 MB/KK **114** ist die **ordentliche Kündigung** der Krankenhaustagegeldversicherung durch den VR **ausgeschlossen,** wenn die Krankenhaustagegeldversicherung **neben** einer Krankheitskosten-**voll**versicherung besteht. Zur Krankheitskosten**voll**versicherung zählen auch die Beihilfe-tarife für Beamte und insoweit gleichgestellte Personengruppen, auch wenn diese Tarife in Ergänzung der durch die Beihilfe nicht gedeckten Kosten nur eine Quote der erstattungsfähi-gen Kosten abdecken[236]. Auch die nicht mit einer Krankheitskostenvollversicherung kom-binierte Krankenhaustagegeldversicherung kann ab dem 4. Versicherungsjahr durch den VR nicht mehr gekündigt werden, sie ist vielmehr nur während der ersten 3 Jahre mit einer Frist von 3 Monaten zum Ende eines jeden Versicherungsjahres kündbar, §§ 206 Abs. 3 VVG (ab 1. 1. 2009 § 206 Abs. 2 VVG), 14 Abs. 2 MB/KK.

3. Teilkündigung

Der VR kann die ordentliche Kündigung nach § 14 Abs. 4 MB/KK auf einzelne versi- **115** cherte Personen oder Tarife, nicht aber auf eine **nachträglich vorgenommene Erhöhung** des Krankenhaustagegeldes beschränken. Denn im Gegensatz zu § 14 Abs. 3 MB/KT erwähnt § 14 Abs. 4 MB/KK die nachträgliche Erhöhung des Tagegeldes nicht.

4. Vorvertragliche Anzeigepflichtverletzung

§ 194 Abs. 1 S. 3 VVG befristet die – nur bei schuldhaftem Verhalten des VN – eingeräum- **116** ten Sanktionsmöglichkeit des VR wegen **Verletzung vorvertraglicher Anzeigepflichten** auf einen Zeitraum von 3 Jahren ab Vertragsschluss, sofern der Versicherungsfall nicht bereits vor Ablauf der Ausschlussfrist eingetreten ist, § 21 Abs. 3 S. 1 2. Hs., und der VN nicht arglis-tig gehandelt hat. Zur Leistungspflicht des VR bei schwebendem Versicherungsfall vgl. unten Rn. 117.

---

[235] BGH v. 29. 1. 2003, VersR 2003, 360; OLG Frankfurt/M. v. 28. 6. 2006, VersR 2006, 1673; OLG Hamm v. 8. 1. 1999, VersR 1999, 1138; *Bach/Moser/Schoenfeldt/Kalis,* § 4 MB/KK Rn. 99.
[236] Berliner Kommentar/*Hohlfeld,* § 178 i Rn. 7; *Bach/Moser/Moser,* § 14 MB/KK Rn. 2.

IV. Besondere Vertragspflichten

1. Leistungspflicht des Versicherers

117   a) **Beginn und Ende.** Der VR gewährt im Versicherungsfall gem. §§ 192 Abs. 4 VVG, 1 Abs. 1 S. 3 lit. b MB/KK das vereinbarte Krankenhaustagegeld, dessen Höhe sich nach § 4 Abs. 1 MB/KK aus dem vereinbarten Tarif ergibt. Die Leistungspflicht **beginnt** mit der stationären Heilbehandlung und **endet,** soweit nicht besondere Beendigungsgründe eingreifen, mit der Entlassung aus der stationären Behandlung, auch wenn die Behandlungsbedürftigkeit des Leidens noch anhält. Übersteigt die Dauer des stationären Krankenhausaufenthaltes das medizinisch notwendige Maß, kann der VR die Zahlung des Krankenhaustagegeldes allerdings auf den Zeitraum beschränken, in dem die Krankenhausbehandlung notwendig war. Denn die **Übermaßregelung** des § 5 Abs. 2 S. 1 MB/KK gilt auch für die Krankenhaustagegeldversicherung[237]. Nach § 7 MB/KK endet der Versicherungsschutz und damit die Leistungspflicht auch für **schwebende Versicherungsfälle** mit der Beendigung des Versicherungsvertrages. Unter der Voraussetzung des § 21 Abs. 2 VVG bleibt der VR nach h. M. bei einem Rücktritt wegen Verletzung vorvertraglicher Anzeigepflichten bei schwebendem Versicherungsfall aber über den Rücktritt hinaus leistungspflichtig (vgl. oben Rn. 64). Bei einer Fremdversicherung kann der VN gem. §§ 194 Abs. 4 VVG (ab 1. 1. 2009 § 194 Abs. 3 VVG), 6 Abs. 3 MB/KK die Verfügungs- und Empfangsbefugnis für das Krankenhaustagegeld durch Benennung einer versicherten Person als Empfangsberechtigte auf diese übertragen. Wegen der Einzelheiten dazu kann bei wortgleichem § 6 Abs. 3 MB/KT auf die Kommentierung zur Krankentagegeldversicherung oben unter Rn. 71 Bezug genommen werden.

118   b) **Voraussetzungen.** *aa)* Die Leistungspflicht des VR wird, wie in den Formulierungen der §§ 192 Abs. 4 VVG, 4 Abs. 5 MB/KK für den durchschnittlichen VN erkennbar zum Ausdruck kommt, nur ausgelöst, wenn die konkrete Heilbehandlung der stationären Behandlungsform bedarf und nicht auch ambulant durchgeführt werden kann[238]. Die **medizinische Notwendigkeit gerade der stationären Heilbehandlung** kann z. B. aus der Erfolglosigkeit einer über längere Zeit durchgeführten ambulanten Behandlung, aus den besseren Kontrollmöglichkeiten im Krankenhaus, der Notwendigkeit von ständiger Überwachung, einer unzureichenden Pflege bei ambulanter Behandlung oder aus der gesundheitlichen Unfähigkeit des VN folgen, das Angebot der ambulanten Behandlung zu nutzen.

119   *bb)* Unter **stationärer** Heilbehandlung ist zunächst die klassische vollstationäre Unterbringung über den vollen Tageszeitraum von 24 Stunden zu verstehen. Sofern die Tarifbedingungen den Begriff der stationären Behandlung nicht näher präzisieren, fallen darunter auch **teilstationäre** Aufenthalte, die über rein ambulante Behandlungen, die ebenfalls im Krankenhaus durchgeführt werden können, hinausgehen[239]. Indizien für eine leistungsbegründende stationäre Behandlung sind die Eingliederung in den Krankenhausbetrieb über die reine Behandlung hinaus sowie die Berechnung des Pflegesatzes durch den Krankenhausträger. Die Tarifbestimmungen können bei teilstationärer Behandlung ein anteiliges Krankenhaustagegeld vorsehen oder die Leistungspflicht klarstellend von einem 24stündigen vollstationären (oder kürzeren) Krankenhausaufenthalt abhängig machen[240]. Sehen die Versicherungsbedingungen die Zahlung eines Krankenhaustagegeldes für den Fall vor, dass der VN bei stationären Krankenhausaufenthalten **statt des vereinbarten gehobenen Standards einen niedrigeren Standard nutzt** (z. B. Einbett-/Zweibettzimmer statt Zweibett-/Mehrbettzimmer) besteht auch dann kein Anspruch auf Tagegeld, wenn der VN den

---

[237] BGH v. 29. 5. 1991, VersR 1991, 987 unter 2b.
[238] OLG Zweibrücken v. 16. 8. 2007, VersR 2007, 1505; OLG Karlsruhe v. 1. 2. 1996, r+s 1997, 33.
[239] BGH v. 11. 4. 1984, VersR 1984, 677 unter II 3; OLG Hamm v. 9. 8. 1989, VersR 1990, 843 und v. 23. 5. 1986, VersR 1986, 883; *Prölss/Martin/Prölss,* § 1 MB/KK Rn. 56; *van Bühren/Müller-Stein,* § 17 Rn. 171.
[240] AG Warburg v. 19. 6. 2001, NVersZ 2002, 76; *Bach/Moser/Schoenfeldt/Kalis,* § 4 MBKK Rn. 75.

gehobenen Standard nutzt, weil das Krankenhaus nur dieser Standard als Regelleistung, nicht aber einen niedrigeren Standard anbietet[241].

Im Krankenhaus durchgeführte **ambulante** Behandlungen, die ebenso gut in der Praxis 120 eines niedergelassenen Arztes durchgeführt werden können, lösen keine Leistungspflicht des VR aus. Eine ambulante Behandlung wird gekennzeichnet durch die Beschränkung auf die medizinische Behandlung ohne weitergehende Eingliederung in den Krankenhausbetrieb. Unter diesen Voraussetzungen sind z. B. Dialysebehandlungen[242] oder Bestrahlungen ambulante und keine stationäre Heilbehandlungen. Sieht der VN von einem notwendigen Krankenhausaufenthalt ab und lässt er sich zu Hause ärztlich versorgen, besteht ebenfalls keine Leistungspflicht des VR[243].

Für **Urlaubstage** steht dem VN kein Anspruch auf Krankenhaustagegeld zu, wenn die 121 Beurlaubung sich über den gesamten Tag erstreckt[244]. Urlaub, der sich nicht über den vollen Tag erstreckt, lässt die Leistungspflicht des VR nur entfallen, wenn in den Tarifbedingungen die Leistungspflicht klarstellend an einen 24stündigen (oder kürzeren) Aufenthalt im Krankenhaus geknüpft wird[245].

Der Aufenthalt im **Sanitätsbereich** oder in der **Krankenabteilung** der **Bundeswehr** 122 und **Justizvollzugsanstalt** steht einem stationären Aufenthalt im Krankenhaus im Gegensatz zu einem Aufenthalt im Bundeswehr- oder Justizvollzugskrankenhaus **nicht** gleich. Die Aufnahme in solche Abteilungen kann deshalb einen Anspruch auf Krankenhaustagegeld nur begründen, wenn die Tarifbedingungen insoweit Leistungsversprechen enthalten[246]. Gleiches gilt für die Heilbehandlung in einem Hotel mit medizinischen Einrichtungen[247] oder die Unterbringung in einem Hospiz.

cc) Die Vorlage der vom VR geforderten **Nachweise** ist gem. § 6 Abs. 1 MB/KK ebenfalls 123 Voraussetzung für die Leistungspflicht des VR. Welche Nachweise erforderlich sind, regeln die Tarifbedingungen. I. d. R. wird die Vorlage einer Bescheinigung des Krankenhauses oder Krankenhausarztes ausreichen, die den Namen der behandelten Person, die Bezeichnung der Krankheit oder Unfallfolge sowie das Aufnahme- und Entlassungsdatum enthält[248]. Kostennachweise sind in der Krankenhaustagegeldversicherung nicht erforderlich[249].

c) Fälligkeit, Verjährung, Abtretung/(Ver-) Pfändung. Vgl. dazu die Ausführungen 124 zur Krankentagegeldversicherung oben unter Rn. 70–72.

2. Obliegenheiten des Versicherungsnehmers

Zu den Obliegenheiten und den Folgen ihrer Verletzung vgl. zunächst oben Rn. 75. Von 125 den in § 9 MB/KK geregelten Obliegenheiten betrifft § 9 Abs. 6 MB/KK ausschließlich die Krankenhaustagegeldversicherung. Besteht eine solche bereits – wenn auch nur als Wahlmöglichkeit zur Kostenerstattung[250] –, darf eine **weitere Krankenhaustagegeldversicherung** nur mit Einwilligung des (Erst-)VR abgeschlossen werden. Die einwilligungsbedürftige Zweitversicherung braucht keine Krankenversicherung zu sein, so dass auch eine das Krankenhaustagegeld umfassende Unfallversicherung unter § 9 Abs. 6 MB/KK fällt. **Adressat** der Obliegenheit ist nicht nur der VN, sondern auch die mitversicherte Person, die eine weitere Krankenhaustagegeldversicherung abschließt, §§ 193 Abs. 2 VVG, 10 Abs. 3 MB/KT. Als Sanktion auf eine Verletzung der Obliegenheit sieht § 10 MB/KK Leistungsfreiheit oder

[241] OLG Frankfurt/M. v. 5. 12. 2002, VersR 2004, 368 = NJW-RR 2003, 388.
[242] LG Wuppertal v. 4. 6. 1976, VersR 1977, 78.
[243] LG Köln v. 24. 1. 1979, VersR 1979, 565 a. E.
[244] BGH v. 11. 4. 1984, VersR 1984, 675.
[245] BGH v. 11. 4. 1984, VersR 1984, 677 unter II 3; AG Aachen v. 20. 1. 2004, r+s 2004, 337.
[246] OLG Köln v. 27. 5. 1993, r+s 1993, 391; LG Berlin v. 6. 11. 2001, VersR 2002, 1136; LG Köln v. 21. 4. 1976, VersR 1978, 129.
[247] OLG Düsseldorf v. 13. 1. 2004, VersR 2004, 1300.
[248] OLG Celle v. 30. 5. 1990, VersR 1991, 987.
[249] OLG Hamm v. 13. 12. 1978, VersR 1980, 135 a. E.
[250] OLG Stuttgart v. 30. 5. 1972, VersR 1972, 847.

Kündigungsmöglichkeit vor. Nach § 10 Abs. 1 MB/KK besteht vollständige oder teilweise **Leistungsfreiheit** unter den Voraussetzungen des § 28 Abs. 2 bis 4 VVG. Das nach altem Recht noch bestehende Kündigungserfordernis ist entfallen. Bei nachgewiesenem Vorsatz oder nicht ausgeräumter grober Fahrlässigkeit kann der VN, sofern er nicht arglistig gehandelt hat – § 28 Abs. 3 S. 2 VVG –, die drohende vollständige oder teilweise Leistungsfreiheit abwenden, indem er nachweist, dass die Verletzung der Obliegenheit ohne Einfluss auf den Eintritt oder die Feststellung des Versicherungsfalles oder die Feststellung bzw. den Umfang der Leistungspflicht des VR geblieben ist. § 28 Abs. 3 S. 1 VVG eröffnet damit dem VN den Kausalitätsnachweis auch hinsichtlich derjenigen Obliegenheiten, die wie die Pflicht zur Anzeige einer Mehrfachversicherung die Vertragsgefahr und damit das Risiko des VR vor einer unberechtigten Inanspruchnahme mindern sollen. Um den Kausalitätsgegenbeweis zu führen, muss der VN beweisen, dass der VR die Einwilligung erteilt hätte oder Abschluss der weiteren Krankenhaustagegeldversicherung keinen Einfluss auf den Eintritt oder die Feststellung der medizinisch notwendigen stationären Behandlung (Versicherungsfall) oder die Dauer der stationären Behandlung (Umfang der Leistungspflicht) hatte. Da mit der Anzahl der Krankenhaustagegeldversicherungen und der dadurch zunehmenden Höhe des Tagegeldes die Neigung zunimmt, sich einer stationären anstatt einer ambulanten Behandlung zu unterziehen, kann der Kausalitätsgegenbeweis nur in Ausnahmefällen gelingen, wenn etwa die Krankenhausbehandlung schon vor dem bedingungswidrigen Abschluss einer weiteren Krankenhaustagegeldversicherung begonnen hat[251] oder die Zweitversicherung bei Beginn des Versicherungsfalles durch Anfechtung, Rücktritt oder Kündigung schon wieder entfallen war. Unkenntnis von den Versicherungsbedingungen und den darin enthaltenen Obliegenheiten entlastet den VN vom Vorwurf des Vorsatzes, aber nicht vom Vorwurf der groben Fahrlässigkeit. Das im Fall grober Fahrlässigkeit bei misslungenem Kausalitätsgegenbeweis bestehende Leistungskürzungsrecht des VR wird in seinem Ausmaß dadurch beeinflusst, ob die Erkenntnis, für den Abschluss der weiteren Versicherung wegen deren Gestaltung (klassische Krankenhaustagegeldversicherung oder z. B. Unfallversicherung mit Krankenhaustagegeld) die Einwilligung des VR einholen zu müssen, für den VN eher nah oder ferner liegend war. Durch die Neuregelung des Obliegenheitenrechts in § 28 VVG wird die Rechtsprechung hinfällig, die nach altem Recht bei Verletzung einer die Vertragsgefahr mindernden Obliegenheit die Rechtsfolge der Leistungsfreiheit abgemildert hat, weil nach § 6 Abs. 1 VVG a. F. ein Kausalitätsgegenbeweis nicht vorgesehen war[252]. Das Belehrungserfordernis des § 28 Abs. 4 VVG gilt nicht. Die vollständige oder teilweise Leistungsfreiheit bezieht sich nur auf Leistungen aus dem Krankenhaustagegeldtarif und nicht etwa auch auf solche aus einem daneben bestehenden Krankheitskostentarif[253]. Zum möglichen Rechtsmissbrauch durch den VR vgl. oben Rn. 79. Das **Kündigungsrecht** wird dem VR durch § 10 Abs. 2 MB/KK unter den Voraussetzungen des § 28 Abs. 1 VVG eingeräumt. Es ist ausgeschlossen, wenn der VN nachweisen kann, dass er weder vorsätzlich noch grob fahrlässig gehandelt hat und kann innerhalb eines Monats nach Kenntniserlangung von der Obliegenheitsverletzung ohne Einhaltung einer Frist ausgeübt werden. Die Kündigung befreit den VR mit dem Zugang der Kündigungserklärung nicht nur für die danach eintretenden Versicherungsfälle von der Leistungspflicht, sondern gem. § 7 MB/KK im schwebenden Versicherungsfall auch für die überhängenden Tage der Krankenhausbehandlung nach Kündigungszugang von der Pflicht zur Zahlung des Krankenhaustagegeldes.

---

[251] *Römer/Langheid/Römer,* § 6 Rn. 41; Berliner Kommentar/*Schwintowski,* § 6 Rn. 51; *Prölss/Martin/ Prölss,* § 6 VVG Rn. 96.

[252] Vgl. Fn. 186 und Rn. 80.

[253] A. A. OLG Hamburg v. 13. 12. 1976, VersR 1978, 79 (80).

V. Versicherungsfall

§ 1 Abs. 2 MB/KK definiert den Versicherungsfall einheitlich und damit auch für die **126**
Krankenhaustagegeldversicherung als die **medizinisch notwendige Heilbehandlung
einer versicherten Person wegen Krankheit oder Unfallfolgen.** Zur medizinischen
Notwendigkeit sowie zum Beginn und Ende des Versicherungsfalles kann auf die Ausführungen in § 44 verwiesen werden. Auch in der Krankenhaustagegeldversicherung beginnt der
Versicherungsfall nicht erst mit der stationären Behandlung, sondern bereits mit der ambulanten Heilbehandlung[254]. Da die Leistungspflicht des VR in der Krankenhaustagegeldversicherung mit Beginn der stationären Heilbehandlung einsetzt und i. d. R. mit der Entlassung aus
dem Krankenhaus endet, können die Dauer des Versicherungsfalles und der Leistungszeitraum auseinander fallen.

VI. Regressmöglichkeit

Insoweit kann auf die Ausführungen zur Krankentagegeldversicherung oben unter **127**
Rn. 104 Bezug genommen werden.

VII. Beweislast

Der VN muss die medizinische Notwendigkeit gerade auch der stationären Heilbehand- **128**
lung darlegen und (i. d. R. durch Sachverständigengutachten) beweisen. Will der VR einwenden, dass die medizinisch notwendige **Dauer** der stationären Behandlung überschritten
wurde, obliegt ihm insoweit die Darlegungs- und Beweislast[255].

§ 46. Berufsunfähigkeitsversicherung

Inhaltsübersicht

---

[254] OLG Hamm v. 17. 9. 1986, VersR 1988, 127.
[255] BGH v. 29. 5. 1991, VersR 1991, 987; a. A. *Prölss/Martin/Prölss*, § 5 MB/KK Rn. 18.

Literatur: *Bellinghausen,* Die Verweisung in der Berufsunfähigkeitsversicherung, VersR 1995, 5; *Benkel-Hirschberg,* Berufsunfähigkeit- und Lebensversicherung, ALB- und BUZ-Kommentar, München 1990; *Geuking,* Das Nachprüfungsverfahren in der Berufsunfähigkeitsversicherung, Münster 1998; *Glauber,* „Subjektive Kulanz" in der Berufsunfähigkeits-Zusatzversicherung, VersR 1994, 1405; *Hasse,* Der neue Pfändungsschutz der Altersvorsorge und Hinterbliebenenabsicherung, VersR 2007, 870; *Hochheim,* Berufsunfähigkeit vor dem Hintergrund der bisherigen Lebensstellung, VW 1993, 1240; *ders.,* Leistungsprüfung in der Berufsunfähigkeits(Zusatz)Versicherung. Was muss der medizinische Gutachter über Berufskunde wissen? Versicherungsmedizin 1995, 32; *Hörstel,* Verweisung von Versicherten auf andere Tätigkeiten in der Berufsunfähigkeitsversicherung, VersR 1994, 1023; *Leggewie,* Berücksichtigung des Familieneinkommens im Rahmen der zumutbaren Einkommenseinbuße bei Verweisungstätigkeiten, NVersZ 1998, 110; *Lensing,* Das Arbeitsplatzrisiko des Beamten, Beamtenklauseln in der privaten Berufsunfähigkeitsversicherung, Der Personalrat, 2006, 450; *Müller-Frank,* Aktuelle Rechtsprechung zur Berufsunfähigkeits-(Zusatz-)Versicherung, Karlsruhe, 2002; *Neuhaus / Mertens,* Aktuelle Entwicklungen in der Rechtsprechung zur Berufsunfähigkeits-(Zusatz-)Versicherung, ZfS 2001, 241; *Richter,* Berufsunfähigkeit – grundlegender Umbruch im Recht der gesetzlichen Erwerbsminderungsrenten durch das RAG 1999 und Bedeutungen für den Versicherungsfall Berufsunfähigkeit in der privaten Berufsunfähigkeitsversicherung, VersR 1998, 921; *ders.,* Berufsunfähigkeitsversicherung, Karlsruhe 1994; *Rüther,* Berücksichtigung der Arbeitsmarktverhältnisse bei Verweisungen in der Berufsunfähigkeits-Zusatzversicherung?, NVersZ 1999, 497; *Schulz,* Der Bedingungswettbewerb in der Berufsunfähigkeits-Zusatzversicherung (BUZ) unter Berücksichtigung rechtlicher Aspekte, VW 1999, 228; *Terbille,* Private Berufsfähigkeitsversicherung, in: *van Bühren,* Handbuch Versicherungsrecht, 2. Aufl. 2003, 1199; *Voit,* Berufsunfähigkeitsversicherung, München 1994; *Wachholz,* Berücksichtigung des Arbeitsplatzrisikos in der Berufsunfähigkeits-Zusatzversicherung, NVersZ 1999, 507; *ders.,* Anwendungsbereiche und Rechtswirkungen befristeter Anerkenntnisformen in der Berufsunfähigkeitsversicherung, VersR 2003, 161.

A. Grundlagen der privaten Berufsunfähigkeitsversicherung

I. Gegenstand und Sinn und Zweck der privaten Berufsunfähigkeitsversicherung

Mit dem Abschluss einer privaten Berufsunfähigkeitsversicherung verspricht der VR für **1** den Fall gesundheitlich bedingter Beeinträchtigungen der Fähigkeiten des Versicherten, sich in bestimmter Weise in einem Beruf auf Erwerb gerichtet zu betätigen, vertraglich vereinbarte Leistungen zu erbringen. Inwieweit der VN im Versicherungsfall Ausgleich erhält, ist dabei **typischerweise unabhängig von den tatsächlichen, vor allem den finanziellen Nachteilen,** die er aufgrund von Krankheit, Körperverletzung oder mehr als altersentsprechendem Kräfteverfall erleidet. Die Leistungspflicht des VR richtet sich damit im Regelfall nicht nach dem dem Versicherten im Falle seiner Berufsunfähigkeit entstehenden Bedarf zur Deckung seines (und seiner Angehörigen) bisher durch Arbeit erwirtschafteten Lebensunterhalts. Die Berufsunfähigkeitsversicherung ist eine **berufsbezogene Versicherung.** Aber sie versichert weder gegen das Risiko des Verlustes des bisherigen Berufs noch gar gegen jenes des Verlustes des bisherigen Arbeitsplatzes im engeren Sinn. Sie versichert auch nicht gegen das Risiko einer Verdienstminderung oder eines Verdienstausfalls[1]. Ihr Zweck ist vielmehr der Schutz vor gesundheitsbedingten Einbußen der Fähigkeit, die bisherige oder, falls vereinbart, eine andere Erwerbstätigkeit auszuüben. Soweit nicht Anderes vertraglich bestimmt worden ist, schützt sie den durch die Berufskompetenz des Versicherten erreichten sozialen Status, ohne allerdings finanzielle Nachteile, die durch geringer wiegende Minderungen des gesundheitlichen Vermögens des Versicherten eintreten, aufzufangen.

II. Gesetzliche und vertragliche Grundlagen der privaten Berufsunfähigkeitsversicherung

1. Gesetzliche Konzeption

Die große Bedeutung und die rechtlichen Probleme der bislang rein durch eine Vielfalt **2** von AVB gestalteten Verträge haben den Gesetzgeber veranlasst, die Grundstrukturen der Berufsunfähigkeitsversicherung in den **§§ 172–177 VVG** zu regeln. Dort finden sich vor allem Bestimmungen über den Versicherungsfall, die Notwendigkeit einer Erklärung des Versicherers über die Leistungspflicht und die Voraussetzungen und Grenzen einer Nachprüfung. Für Versverträge, die bei dauerhafter Beeinträchtigung der Arbeitsfähigkeit Leistungen versprechen, gelten die Vorschriften entsprechend. Im Übrigen werden die Vorschriften der Lebensversicherung für entsprechend anwendbar erklärt, soweit nicht die Besonderheiten der Berufsunfähigkeitsversicherung dem entgegenstehen. Für das Zustandekommen und die Wirksamkeit des Vertrages, den Beginn des Versicherungsschutzes und die Prämienschuld, vor allem aber für die Voraussetzungen, den Inhalt und die Rechtsfolgen der Missachtung der im Alltag besonders bedeutsamen vorvertraglichen Anzeigeobliegenheit sowie das Recht des VR zur Anfechtung des VV wegen arglistiger Täuschung gelten die allgemeinen Vorschriften[2]. Dabei hat gerade das Recht der Berufsunfähigkeitsversicherung den Konturen des Rücktrittsrechts nach § 19, § 21 VVG und des Anfechtungsrechts nach § 22 VVG, § 123 Abs. 1 BGB Tiefenschärfe verliehen.

---

[1] BGH v. 14. 6. 1989, VersR 1989, 903 (904).
[2] Vgl. Kap. 8, 12 und 14.

2. Zeitlicher Geltungsbereich. Übergangsrecht

3   Die §§ 172ff. VVG gelten für die Verträge, die ab dem 1. 1. 2008 abgeschlossen. Für den materiellen Inhalt des Bestandes, also der „Altverträge" gilt das bisherige Bedingungsrecht in seiner Ausgestaltung durch die Rechtsprechung fort. Eine **Ausnahme bildet § 173 VVG,** der eine einmalige Befristung des Anerkenntnisses erlaubt[3]. Allerdings ist nach den vor dem 1. 1. 2008 geltenden AVB eine Befristung des Anerkenntnisses nur in engen Grenzen zulässig gewesen. Solche Verträge sind also für den Versicherungsnehmer günstiger. Versicherer dürfen folglich nicht ohne weiteres auf der Grundlage von § 173 VVG bei Altverträgen befristete Anerkenntnisse aussprechen. Sie dürfen jedoch ihre AVB mit Wirkung zum 1. 1. 2009 entsprechend ändern. Dabei handelt es sich zwar um einen rückwirkenden Eingriff in die eigentumsrechtlich geschützte Vertragsposition des Versicherungsnehmers. Er ist jedoch zulässig, weil ihm kein schutzwürdiges Vertrauen des Versicherungsnehmers entgegensteht; die Befristung von Anerkenntnissen verfolgt vernünftige, immer wieder auch den Interessen des Versicherungsnehmers dienende Ziele und ist ohnehin nicht ohne sachlichen Grund zulässig. Davon abgesehen spielt im Recht der Berufsunfähigkeitsversicherung auch die **fortdauernde Anwendbarkeit der allgemeinen Vorschriften** eine besondere Rolle. Voraussetzung dafür ist, dass ein Versicherungsfall noch im Jahr 2008 eingetreten ist. Weil aber gerade im Recht der Berufsunfähigkeitsversicherung unklar sein kann, wann ein Versicherungsfall eingetreten ist, die Vertragspartner aber Rechtssicherheit in der Frage genießen müssen, welche Vorschriften gelten, muss Art. 2 UArt. 1 Abs. 2 VVGReformG dahin ausgelegt werden, dass es auf den **Zeitpunkt der Geltendmachung eines Versicherungsfalls** ankommt: Soll er 2008 eingetreten sein, gilt für die ihn betreffenden allgemeinen Fragen altes Recht.

3. Vertragliche Regelungen

4   Während die Parteien, die Berechtigten und Verpflichteten des Versicherungsverhältnisses, die Versicherungssumme, die Versicherungsleistung und die Versicherungsdauer naturgemäß Gegenstand der jeweiligen individuellen Abrede sind und auch manche Berufsklauseln und etwaige Risikoausschlüsse jeweils für den Einzelfall vereinbart werden, ergibt sich der übrige Inhalt des Produkts Berufsunfähigkeitsversicherung ungeachtet der gesetzlichen Regelung aber weiterhin aus den in den Vertrag einbezogenen **Allgemeinen Versicherungsbedingungen.** Deren Landschaft ist bunter geworden, ohne allerdings konzeptionell revolutionär Neues zu gebären und die gewachsenen Strukturen des Produkts Berufsunfähigkeitsversicherung aufzugeben. In der **Entwicklung der Bedingungen** lassen sich zwei weitgehend parallele Wege verfolgen. Zum einen sind es die Klauseln, die die Berufsunfähigkeitsversicherung als Zusatzversicherung zu einer Lebensversicherung gestalten. Ihr „genetischer Code" wurde mit den „Musterbedingungen für die Invaliditätszusatzversicherung" 1936 gelegt[4] und – in allerdings eher kleinen Schritten vor allem – aber nicht nur – verbraucherfreundliche Korrekturen vornehmend – über die Musterbedingungen zur Berufsunfähigkeitszusatzversicherung von 1964, 1975, 1984 bis 1990 (BUZ)[5] fortgeschrieben. Mittlerweile liegen – nicht wesentlich vom Bisherigen abweichende – „Musterbedingungen" des gdv vor (BUZ 07). Zum anderen sind es die Klauseln, die die Berufsunfähigkeitsversicherung als selbständiges, von dem Abschluss und Bestehen einer Lebensversicherung unabhängiges Versicherungsverhältnis entworfen haben. Musterbedingungen zu ihr wurden erstmals 1974 publiziert und in Vorschlägen aus den Jahren 1983, 1986 und 1990 weiter entwickelt (BUV)[6]. Eine besondere, in der Praxis seltenere Form entstand mit der Genehmigung von Bedingungen der Berufs-

---

[3] Vgl. Art. 2 u. Art. 4 Abs. 3 RefG.

[4] Musterbedingungen, VA 1936, 59.

[5] Musterbedingungen, VerBAV 1964, 34; VerBAV 1975, 2; VerBAV 1984, 2, 152; VerBAV 1990, 347. Zitiert werden, soweit nicht anders dargestellt, hinfort die BUZ 90.

[6] Musterbedingungen, VerBAV 1974, 351; VerBAV 1981, 229; VerBAV 1983, 339; VerBAV 1984, 383, 453; VerBAV 1990, 472.

unfähigkeitszusatzversicherung zur Unfallversicherung 1987[7]. Sie knüpfen regelmäßig den Anspruch auf Leistungen daran, dass die Berufsunfähigkeit innerhalb eines bestimmten Zeitraums nach einem Unfall und vor allem durch ihn eingetreten ist. Seit der **Deregulierung** sind die Differenzierungen der Regelwerke in den Details kaum mehr überschaubar[8]. Während auch früher schon VR in unterschiedlich gestaffelter Weise Versicherungsleistungen je nach dem Grad der gesundheitsbedingten Beeinträchtigung der Berufsfähigkeit anboten, zeigt sich jetzt – neben zahlreichen Differenzierungen der Versicherungsleistungen (beispielsweise Leistungen für die Dauer einer sozialversicherungsrechtlich bewilligten Umschulung, Überbrückungs- und Wiedereingliederungshilfen, Karenzzeiten vor Leistungsbeginn, rückwirkende Leistungen bei einer bestimmten Dauer der Berufsunfähigkeit) – vor allem **Vielfalt** in den Regelungen der **Verweisung** eines Versicherten, der seinen bisherigen Beruf nicht mehr ausüben kann, auf einen vergleichbaren und zumutbaren anderen (an die Stelle der „abstrakten" Verweisung tritt häufiger die „konkrete" Verweisung oder der VR verzichtet jedenfalls ab einem bestimmten Alter auf eine abstrakte Verweisung), und in den Regelungen über die Voraussetzungen der Leistungsfreiheit bei **Nachprüfung** des Fortbestehens von Berufsunfähigkeit. Die Darstellung des Rechts der Berufsunfähigkeitsversicherung kann daher nur die Darstellung seiner typischen Grundstrukturen sein.

Die §§ 172–177 VVG sind zwar mit Ausnahme der §§ 173, 174 VVG dispositiv und wollen 5 der Produktentwicklung keine Barrieren stellen. Sie haben allerdings im Interesse des Schutzes der VN und der Markttransparenz, also auch im Interesse der VR, die **Funktion eines Leitbildes.** AVB einer „Berufsunfähigkeitsversicherung", die von ihnen abweichen, können also als mit wesentlichen Grundgedanken der gesetzlichen Regelung, von der abgewichen wird, unvereinbar und damit unwirksam sein **(§ 307 Abs. 2 Nr. 1 BGB).** Das gilt zunächst für Regelungen, die – unter dem Namen „Berufsunfähigkeitsversicherung" – nicht schon dann Leistungen versprechen, wenn die Berufsfähigkeit in einem bestimmten Maße beeinträchtigt ist, sondern die lediglich einen vollständigen Verlust der Arbeitsfähigkeit (Erwerbsunfähigkeitsversicherung) absichern. Sie sind eben keine Berufsunfähigkeitsversicherung und dürfen sich dann auch ungeachtet der entsprechenden Anwendung der §§ 172ff. VVG nicht als solche bezeichnen. Vereinfacht gesagt: „Wo Berufsunfähigkeit drauf steht, muss Berufsunfähigkeit drin sein". Das ist anders in Fällen, in denen der VR nur Beeinträchtigungen zur Ausübung bestimmter Berufe (Tätigkeitsklauseln) decken oder nicht an ganz kurzfristig vor einer Erkrankung übernommene und in ihrer Dauerhaftigkeit noch unsichere berufliche Tätigkeiten anknüpfen will: Gelingt ihm das transparent zu machen, so enthält der Vertrag weiterhin eine Versicherung gegen Berufsunfähigkeit im „zuletzt" ausgeübten – versicherten – Beruf. Zum anderen sind AVB denkbar, die eine Eintrittspflicht nicht bei jedem gesundheitlich bedingten Versicherungsfall begründen und etwa aus Gründen typischer Beweisschwierigkeiten psychisch verursachte Berufsunfähigkeit nicht absichern wollen. Sie nehmen das „leitbildgemäße" Schutzversprechen für eine beachtliche „Teilmenge" von Krankheiten zurück und sind daher, treten sie im Mantel einer Berufsunfähigkeitsversicherung auf, unwirksam. Das schließt selbstverständlich nicht aus, typische Risikoausschlüsse, wie die BUZ sie vorsehen, oder individuelle nach einer bei Vertragabschluss erfolgten Risikoprüfung in die Verträge aufzunehmen.

Bedenken gegen die **Wirksamkeit** einzelner der bislang üblicherweise verwendeten Be- 6 dingungen sind selten geäußert worden. Das gilt auch für die Zulässigkeit einer abstrakten **Verweisung**[9]. Der Klauselkontrolle zum Opfer gefallen ist die Regelung, nach der bei **Wiederaufleben** einer erloschenen oder beitragsfrei gestellten (Zusatz-)Versicherung Versicherungsfälle aufgrund von Ursachen, die während der Unterbrechung des vollen Versicherungsschutzes eingetreten sind, nicht gedeckt sein sollen (§ 9 Abs. 6 BB-BUZ)[10]. In der Tat

---

[7] Musterbedingungen, VerBAV 1987, 329.
[8] Vgl. als ersten Überblick *Schulz*, VW 1999, 228.
[9] Vgl. explizit OLG Köln v. 20. 7. 1998, NVersZ 1999, 518; OLG Nürnberg v. 9. 1. 1992, NJW-RR 1992, 730.
[10] OLG Hamm v. 29. 9. 1998, NJW-RR 1999, 1120.

wäre es überraschend (§ 305 c BGB) und widerspräche jedenfalls einem wesentlichen Grundgedanken der gesetzlichen Regelung der vorvertraglichen Anzeigeobliegenheit (§ 19 VVG), wenn der VN trotz der geschuldeten und vom VR hingenommenen Offenbarung des Eintritts gefahrerheblicher Umstände während der Unterbrechung des vollen Versicherungsschutzes schutzlos wäre (§ 307 Abs. 2 Nr. 1 BGB). Auch eine Bestimmung, die so ausgelegt wurde, dass sie eine generelle **Befristung des Anerkenntnisses** der Leistungspflicht erlaubte, wurde für unwirksam erklärt[11]. Neue Produkte können aber neue Probleme aufwerfen. Die Rechtsprechung hat jedoch akzeptiert, dass VR **spezifische Angebote für Berufsanfänger** anbieten, die nach Ablauf einer bestimmten Dauer des Versicherungsverhältnisses oder Erreichen eines bestimmten Lebensalters des Versicherten das Versprechen einer Berufsunfähigkeitsrente von selbst umgestalten und vorsehen, die Beitragsleistung zur Erhöhung der Versicherungssumme und der Versicherungsleistung (regelmäßig der Lebensversicherung als Hauptversicherung) zu verwenden[12]. Solange derartige Bedingungen die zeitlichen Beschränkungen der Leistungspflicht des VR klar, durchschaubar und verständlich, vor allem hinreichend konkret aufzeigen, ist der VN zulänglich darüber informiert, dass er Versicherungsschutz – zu regelmäßig günstigeren Prämien – nur für eine von dem VR und ihm angenommene Versorgungslücke bei Eintritt des Versicherungsfalls in den ersten Jahren der beruflichen Tätigkeit verfügt. Klauseln, die bei Gewährung vorläufigen Versicherungsschutzes für den Fall der Berufsunfähigkeit **Ausschlussfristen** enthalten, deren Versäumung zu einem vollständigen Anspruchsverlust führt, hat die Rechtsprechung grundsätzlich gebilligt. Das hat allerdings den Hintergrund, dass der VR im Falle vorläufiger Deckung das übernommene Risiko nicht geprüft hat, Schutz nur für einen kurzen Zeitraum verspricht und die Möglichkeit einer zeitnahen Feststellung des Eintritts des Versicherungsfalls in versicherter Zeit gerade deshalb von Bedeutung ist[13]. Die früher verwendete Klausel, nach der der VN mit vom VR nicht anerkannten Ansprüchen ausgeschlossen wurde, wenn er nicht innerhalb von sechs Monaten nach der Erklärung des VR über die Leistungspflicht entweder die Entscheidung eines Ärzteausschusses verlangt oder Klage erhoben hatte, ist allerdings für unwirksam erklärt worden[14] und ist in modernen Bedingungen nicht mehr enthalten. Dort ist allerdings gelegentlich noch vorgesehen, dass der VN bei Meinungsverschiedenheiten über die Leistungsentscheidung seine Rechte innerhalb von sechs Monaten „durch Klage" oder gerichtlich geltend machen muss, um sie zu erhalten. Mit der Aufhebung des § 12 Abs. 3 VVG a. F. und der darin zum Ausdruck kommenden „Negativregelung" von Ausschlussfristen haben sie ihre Wirksamkeit verloren.

III. Gesetzliche Rentenversicherung und private Berufsunfähigkeitsversicherung

7   Die **gesetzliche Rentenversicherung** und die **private Berufsunfähigkeitsversicherung** versichern gleichermaßen das Risiko gesundheitlicher Beeinträchtigungen der Erwerbsfähigkeit. Trotz ideengeschichtlicher Parallelen und obwohl sich die begrifflichen Prägungen ihrer rechtlichen Gestalt teilweise ähneln[15] unterscheiden sie sich grundlegend. Versicherte können daher aus Erkenntnissen und Entscheidungen, mit denen sie erfolgreich eine gesetzlich gewährte Rente wegen verminderter Erwerbsfähigkeit eingefordert haben bei Beanspruchung von Leistungen aus einer privaten Berufsunfähigkeitsversicherung kaum – rechtlichen – Nutzen ziehen. Darauf muss der VR den VN bei der Vertragsanbahnung

---

[11] OLG Frankfurt/M. v. 28. 8. 2002, ZfS 2003, 141; für „Neuverträge" gilt allerdings § 173 Abs. 2 VVG, vgl. Abschn. G.

[12] BGH v. 28. 3. 2001, NVersZ 2001, 453; OLG Saarbrücken v. 1. 7. 1999, Az.: 5 W 5/99 n. v.

[13] BGH v. 7. 7. 1999, VersR 1999, 1266.

[14] BGH v. 7. 11. 1990, NJW-RR 1991, 350.

[15] Vgl. *Richter,* Berufsunfähigkeitsversicherung, S. 19 ff.; zu dem unterschiedlichen Verständnis des Begriffs der Berufsunfähigkeit in den verschiedenen Versicherungszweigen *Müller-Frank,* S. 12 ff.

ausdrücklich hinweisen[16] Das schließt nicht aus, dass vereinzelte **Wertungen** des Rechts der gesetzlichen Rentenversicherung und der privaten Berufsunfähigkeitsversicherung vergleichbar sind. Auch dürfen **tatsächliche Feststellungen,** die in einem sozialversicherungsrechtlichen Rentenverfahren getroffen worden sind, nicht unberücksichtigt bleiben, wenn geprüft wird, ob der Versicherungsfall in der privaten Berufsunfähigkeitsversicherung eingetreten ist. Obwohl sich also gesetzliche Rentenversicherung und private Berufsunfähigkeitsversicherung gegenseitig immer wieder befruchten können, muss der Betrachter doch ihre **konzeptionelle Verschiedenheit** immer im Auge behalten. In jüngerer Zeit entfernen sich ohnehin beide Versicherungen durch gesetzgeberische Entwicklungen einerseits, Differenzierungen des Marktes andererseits zunehmend voneinander.

Die Verschiedenheiten beider Versicherungen bestehen nicht nur in den **unterschiedlichen versicherungsrechtlichen Voraussetzungen,** deren Erfüllung einen Anspruch des Versicherten auf Leistungen begründet: in der gesetzlichen Rentenversicherung der Vorversicherungszeit und der Wartezeit, in der privaten Berufsunfähigkeitsversicherung des materiellen Versicherungsbeginns. Sie zeigen sich nicht nur in der **unterschiedlichen Höhe der Ansprüche,** die einem Versicherten zustehen: in der gesetzlichen Rentenversicherung ist es die Höhe der während des Versicherungslebens geleisteten Beiträge der versicherten Arbeitsentgelte und Arbeitseinkommen (§ 63 SGB VI), die die Höhe der Rente im Wesentlichen bestimmt, in der privaten Berufsunfähigkeitsversicherung wird geschuldet, was als Leistung vereinbart ist. Von grundsätzlicherer Bedeutung ist vielmehr, dass sich die **Gestaltungsprinzipien** der gesetzlichen Rentenversicherung von jenen der privaten Berufsunfähigkeitsversicherung unterscheiden und dies seinen Ausdruck in der Bestimmung des jeweiligen Versicherungsfalls findet. Neben dem sozialen Schutzprinzip sind es vor allem das Solidaritätsprinzip und das Prinzip des sozialen Ausgleichs, die die gesetzliche Rentenversicherung prägen und die dazu führen, dass der Vergleich der Lage des Versicherten mit der Lage anderer Versicherter eine bedeutende Rolle für die Begründung eines Leistungsanspruchs spielt. Die privatautonome Absicherung des Risikos der Berufsunfähigkeit erlaubt es hingegen, in hohem Maße Rücksicht auf die individuellen Schutzbedürfnisse und Schutzinteressen des Versicherten zu nehmen.

Das **seit dem 1. 1. 2000 geltende Recht** erinnert ohnehin nur noch entfernt an Gemeinsamkeiten mit der privaten Berufsunfähigkeitsversicherung. Nach ihm wird eine Rente wegen **teilweiser Erwerbsminderung** Versicherten gewährt, die gesundheitsbedingt auf nicht absehbare Zeit außerstande sind, „unter den üblichen Bedingungen des allgemeinen Arbeitsmarktes" ohne Berücksichtigung der jeweiligen Arbeitsmarktlage mindestens sechs Stunden täglich erwerbstätig zu sein. Versicherte, die dazu nicht mindestens drei Stunden täglich in der Lage sind, sind **voll erwerbsgemindert.** Damit verzichtet das Recht der gesetzlichen Rentenversicherung auf den von dem Versicherten zuletzt konkret ausgeübten Beruf oder auf die Erwerbsfähigkeit von Versicherten ähnlicher Ausbildung und gleichwertiger Kenntnisse und Fähigkeiten als Maßstab. Den Ausschlag gibt allein, ob ein Versicherter in dem genannten zeitlichen Rahmen zu irgendeiner denkbaren auf dem Arbeitsmarkt vorhandenen Tätigkeit gesundheitlich imstande ist (§ 43 Abs. 1, 2 SGB VI). Die Rechtsprechung mag Restbestände des Berufsschutzes aufrechterhalten, indem sie Versicherte nicht auf Tätigkeiten zu verweisen erlaubt, für die der Arbeitsmarkt praktisch verschlossen ist oder die für sie im Hinblick auf ihre bisherige Lebensstellung eine offensichtliche Härte wären. Mit dem Schutz, den die private Berufsunfähigkeitsversicherung gewähren will, steht dies nur noch in loser gedanklicher Beziehung.

---

[16] So jedenfalls § 4 VVG-InfoVO.

IV. Berufsunfähigkeitsversicherung und Lebensversicherung

10   Die Berufsunfähigkeitsversicherung wird – aus dem Blickwinkel des Versicherungsaufsichtsrechts – als Lebensversicherung betrieben[17]. Das gilt nicht nur für die Berufsunfähigkeits-Zusatzversicherung, die vertraglich an das Bestehen einer Lebensversicherung gebunden ist, sondern auch für die selbständige Berufsunfähigkeitsversicherung. Auch das Gesetz erklärt die §§ 150 ff. VVG vorbehaltlich von Besonderheiten der Berufsunfähigkeitsversicherung für entsprechend anwendbar. In ihrem Bestand sind **Lebensversicherung und BUZV jedoch voneinander unabhängig**[18]. Von den gesetzlichen Vorschriften über die Lebensversicherung nimmt die Berufsunfähigkeits-Zusatzversicherung im Alltag nur wenige in Anspruch. Die Anwendung des § 12 Abs. 1, 2. Alt. VVG a. F., nach der Ansprüche auch aus der Berufsunfähigkeitsversicherung in fünf Jahren verjähren, ist nach neuem Recht nicht mehr von Bedeutung. Anwendbar soll § 150 Abs. 2 VVG sein, nach dem ein **auf die Person eines anderen abgeschlossener VV** nur mit dessen schriftlicher Einwilligung gültig ist[19], weil auch in der Berufsunfähigkeitsversicherung Spekulationen mit der Gesundheit eines anderen hinter dessen Rücken nicht zugelassen werden dürften. Ob das im Übrigen interessegerecht ist, ist mehr als zweifelhaft. Ein spielerischer, Wettcharakter tragender Umgang mit einer sich auf die Erwerbstätigkeit einer Person auswirkenden Veränderung ihrer Gesundheit liegt tatsächlich wohl eher fern, solche das subjektive Risiko erhöhenden „Spekulationsgewinne" sind regelmäßig – allein schon wegen der Komplexität des Versicherungsfalls – unsicher und nicht verlockend. In dem in der Praxis bedeutsamsten Fall, der **betrieblichen Altersversorgung,** löst nunmehr jedoch § 150 Abs. 2 Satz 1 2. Hs. VVG das Problem. Anderen Vorschriften liegt eine ohne weiteres auch für die Berufsunfähigkeitsversicherung geltende Wertung zugrunde. Vorvertraglich darf der VR den Versicherten nicht – mit der Folge eines Erfüllungsanspruchs – verpflichten, sich untersuchen zu lassen **(§ 151 VVG).** Eine Gefahrerhöhung begründet nur dann Obliegenheiten und führt nur dann zu Rechtsfolgen, wenn ausdrücklich vereinbart ist, welche Änderung von Gefahrumständen – also welcher Berufswechsel beispielsweise – als Gefahrerhöhung zu betrachten ist **(§ 158 VVG).** Die Vorschriften über die Bezugsberechtigung **(§§ 159–160 VVG)** sind weitgehend auch für die Berufsunfähigkeitsversicherung entsprechend anwendbar.

11   **§ 166 Abs. 1 VVG** sieht ein **Kündigungsrecht des VN** (bei Vereinbarung laufender Prämien) zum Schluss der laufenden Versicherungsperiode vor, das von den AVB übernommen ist (§ 9 Nr. 10 BUZ 90 i. V. m. § 4 ALB; § 9 BUV 07). Soweit die Bedingungen der Berufsunfähigkeits-Zusatzversicherung vorsehen, dass eine Kündigung in den letzten fünf Versicherungsjahren nur zusammen mit der Hauptversicherung erfolgen kann (§ 9 Nr. 2 BUZ 90), stellt dies die Einschränkung einer Vergünstigung, nämlich der selbständigen Kündbarkeit des Zusatzversicherungsvertrages bei vertraglicher Regelung einer Einheit mit der Hauptversicherung dar; Bedenken gegen die Wirksamkeit bestehen nicht. Besonderheiten ergeben sich allerdings gegenüber den Vorschriften, die die **Umwandlung in eine prämienfreie Versicherung** (§§ 165, 166 VVG) erlauben. Ob sie auf die Berufsunfähigkeitsversicherung anzuwenden sind, richtet sich nach deren Konzeption als selbständige Versicherung oder als Zusatzversicherung. Die selbständige Versicherung ist zuweilen als reine Risikoversicherung ausgestaltet, bei der dann eine Rückvergütung – im Hinblick darauf, dass keine Kapitalbildung zugunsten des VN erfolgt – zulässigerweise ausgeschlossen ist. Das kann in den Bedingungen allerdings anders geregelt werden (§ 9 BUV 07). Die Bedingungen der Zusatzversicherung sehen eine Rückvergütung bei Umwandlung oder Kündigung (der Hauptversicherung) unter der Bedingung vor, dass eine geschäftsplanmäßig vorgesehene Mindestrente nicht unterschritten wird. Insoweit sind die §§ 165, 166 VVG entsprechend anwendbar[20].

---

[17] BGH v. 5. 10. 1988, VersR 1988, 1237; BGH v. 5. 12. 1990, VersR 1991, 289.
[18] Zuletzt BGH v. 6. 12. 2006 VersR 2007, 484.
[19] Zur Geltung auch für Gruppenversicherungsverträge vgl. BGH v. 7. 5. 1997, NJW 1997, 2381.
[20] Vgl. OLG Karlsruhe v. 29. 8. 1991, VersR 1992, 1251.

B. Berufsbezogene Voraussetzungen des Versicherungsfalls

Der **Versicherungsfall Berufsunfähigkeit** setzt voraus, dass der Versicherte seinen zu- **12** letzt ausgeübten Beruf, so wie er ohne gesundheitliche Beeinträchtigung ausgestaltet war, aus bestimmten gesundheitlichen Gründen ganz oder teilweise voraussichtlich auf Dauer nicht mehr ausüben kann (§ 172 Abs. 2 VVG). Der Versicherungsfall tritt also nicht mit dem Beginn der Krankheit, der Körperverletzung oder der des mehr als altersentsprechenden Kräfteverfalls ein. Denn das sind nur seine bedingungsgemäßen Ursachen. Weil der Versicherungsfall in der Berufsunfähigkeitsversicherung darin besteht, dass der Versicherte durch diese Ursachen auf Dauer oder jedenfalls für die Dauer eines bestimmten Zeitraums außerstande ist, seinen bisherigen Erwerb oder einen vergleichbaren anderen fortzusetzen, ist als Beginn der Berufsunfähigkeit der Zeitpunkt zu betrachten, in dem „erstmals ein Zustand gegeben war, der bei rückschauender Betrachtung nach dem Stand der medizinischen Wissenschaft keine Besserung – Wiederherstellung der Arbeitsfähigkeit – erwarten ließ"[21]. Voraussetzung des Versicherungsfalls Berufsunfähigkeit ist nicht, dass der Versicherte seinen bisherigen **Beruf aufgibt;** dessen Fortführung kann aber ein Indiz dafür sein, dass ihm seine Gesundheit gerade dies auch nicht versagt[22].

I. Grundlagen der Feststellung

1. Der Maßstab: der zuletzt ausgeübte Beruf

Was der **Beruf** ist, zu dessen Fortführung der Versicherte außerstande sein muss, regeln **13** Gesetz und AVB nicht. Unter dem Beruf eines Menschen versteht nicht nur die Alltagssprache sondern auch die Rechtssprache jede auf Dauer angelegte, der Schaffung oder Erhaltung einer Lebensgrundlage dienende Tätigkeit. Es ist also nicht nur eine aufgrund einer persönlichen „Berufung" ausgewählte und aufgenommene Tätigkeit, nicht nur eine Tätigkeit, die klassischen Berufsbildern entspricht, sondern „jede auf Erwerb gerichtete Beschäftigung, die sich nicht in einem einmaligen Erwerbsakt erschöpft."[23] Die Menge der Tätigkeiten eines Versicherten, die von der Schutzzusage des VR erfasst sein können, ist also groß; zu ihr zählt die Ausübung abhängiger Arbeit ebenso wie das selbständige Unternehmertum, die Ausübung von Ämtern des öffentlichen Dienstes ebenso wie die Wahrnehmung eines Mandats, die Führung eines Haushaltes ebenso wie die zu einem Erwerb dienende Betreuung von Pflegebedürftigen, die Ausbildung ebenso wie das Studium oder sich ihnen anschließende Anwärter- und Vorbereitungszeiten. Den Beruf können in den Zeiten der Veränderung von Erwerbsbiografien auch **Tätigkeitskonglomerate,** bilden, die je für sich einen Namen tragen, jedoch nur in ihrer Gesamtheit den Beruf ausmachen. Das ist dort ein Problem, wo **Haupt- und Nebentätigkeit** zum Gesamteinkommen beitragen. Ist – und in welchem Maße ist – ein Versicherter berufsunfähig, der seine Haupttätigkeit noch überwiegend, die Nebentätigkeit aber gar nicht mehr ausüben kann? Überlässt der Vertrag die Definition dessen, was gerade einmal versicherter Beruf ist, dem Versicherten, und ist Beruf jede (und alle) Tätigkeit, die dem dauerhaften Erwerb dient, so kann sich ein tatsächlicher Beruf aus Haupt- und (dauerhafter) „Neben"tätigkeit zusammensetzen. Das hat Folgen für die Bemessung des Grades der Berufsunfähigkeit. Als Beruf dürfen auch nicht nur traditionelle, allgemein anerkannte Berufe verstanden werden. Auf Dauer zur Schaffung einer Lebensgrundlage können sich auch Privatiers Tätigkeiten konstruieren – Vermögensverwaltung, Kursorganisationen verschiedenster Art –, die dann als „der Beruf" zu verstehen sind[24].

---

[21] BGH v. 21. 3. 1990, VersR 1990, 429; OLG Saarbrücken v. 19. 5. 1993, VersR 1996, 488; zu dem, was mit dieser Rückschau gemeint ist, vgl. BGH v. 11. 10. 2006, VersR 2007, 383.

[22] Vgl. OLG Koblenz 15. 1. 1999, NVersZ 1999, 521; OLG Köln 18. 12. 1986, r+s 1987, 296; OLG Karlsruhe 19. 5. 1982, VersR 1983, 281.

[23] BVerfG v. 17. 2. 1998, BverfGE 97, 228 ff.

[24] OLG Saarbrücken v. 14. 1. 1004, OLGR 2004, 263.

14   Denkbar wäre, dass VR Schutz vor der Unfähigkeit gewähren, einen bestimmten, **im Versicherungsantrag** oder im Versicherungsschein **beschriebenen Beruf** auszuüben; das könnte ihre Risikoprüfung erleichtern,. Dem VN könnte als Obliegenheit auferlegt werden, den Wechsel des „vereinbarten" Berufs rechtzeitig anzuzeigen und so dem VR die Möglichkeit geben, sich von seinem Versprechen zu lösen. Das entspricht jedoch – von den Fällen der Berufsklauseln abgesehen – nicht den regelmäßig verwendeten Bedingungen. Nach ihnen ist Maßstab der Prüfung, ob der Versicherungsfall eingetreten ist, „der Beruf" des Versicherten. Wenn dem VN, der Leistungen verlangt, auferlegt wird, „Unterlagen über den Beruf des Versicherten, seine Stellung und Tätigkeit im Zeitpunkt des Eintritts der Berufsunfähigkeit"[25] vorzulegen, so zeigt dies, dass „versichert" der zu dem Zeitpunkt, für den der Eintritt der Berufsunfähigkeit behauptet wird, ausgeübte Beruf des Versicherten ist. Der Vertrag schreibt folglich nicht ein für allemal fest, welcher Beruf der Ausgangspunkt der Betrachtung sein soll. Die Angabe des bei Vertragsabschluss ausgeübten Berufs im Versicherungsantrag oder im Versicherungsschein ist unmaßgeblich. Der Berufswechsel stellt, sofern dies nicht ausdrücklich vereinbart ist (§ 164 Abs. 1 VVG), **keine Gefahrerhöhung** dar[26]. Auch geht es der privaten Berufsunfähigkeitsversicherung nicht um den Schutz vor Minderungen der allgemeinen Leistungsfähigkeit oder der Belastbarkeit; für sie sind die sozialversicherungsrechtlichen Voraussetzungen von Rentenansprüchen unerheblich. Vielmehr ist der „Beruf", zu dessen Ausübung der Versicherte gesundheitsbedingt außerstande sein will, die zuletzt konkret ausgeübte, auf dauerhaften Erwerb gerichtete Tätigkeit in ihrer konkreten Gestalt[27]. „Beruf" in diesem Sinn ist nicht die Tätigkeit, auf die sich ein Versicherter erst **vorbereitet** oder **umschulen** lässt, wohl aber jene, in der er zwar noch nicht fest beschäftigt wohl aber schon erprobt wird[28].

2. Der maßgebliche Zeitpunkt bei einem Berufswechsel

15   Ob ein Versicherungsfall durch eine gesundheitsbedingte Einbuße an der beruflichen Leistungsfähigkeit des Versicherten eingetreten ist, ist also an dem zuletzt von dem Versicherten ausgeübten Beruf zu messen. Das ist die **zuletzt von der versicherten Person konkret ausgeübte berufliche Tätigkeit.** Sie darf allerdings nicht in ihre technischen Verrichtungen zerkleinert werden. Stehen dem Versicherten aufgrund einer gesundheitlichen Beeinträchtigungen Arbeitserleichterungen, ein größerer Bildschirm, ein seinen Rückenbeschwerden gerecht werdender Schreibtischstuhl, maschinelle Hilfsgeräte, die seinen körperlichen Einsatz entbehrlich machen, zur Verfügung, und vermag er damit das gleiche Arbeitsergebnis zu erzielen, so kann er seinen letzten Beruf weiter ausüben. Allerdings gilt: Hat der Versicherte während des Bestehens des VV oder gar im Laufe einer schleichenden Verschlechterung seiner Gesundheit oder eines zunehmenden Kräfteverfalls **Art und Maß seiner Tätigkeiten eingeschränkt** oder seinen **Beruf gewechselt,** stellt sich die Frage, auf welche Tätigkeit es für die Feststellung von Berufsunfähigkeit ankommt. Das enthält eine zeitliche Komponente. Weil die Berufsfähigkeitsversicherung die durch Berufsausübung geschaffene und aufrechterhaltene Lebensstellung des Versicherten schützen will (§ 172 Abs. 3 VVG), wird das, was als letzter Beruf zu betrachten ist, auch von der Dauer der Tätigkeit geprägt. Tritt ein Versicherungsfall unmittelbar nach einem Berufswechsel ein, so prägt die Lebensstellung des Versicherten der vorher ausgeübte Beruf, hat sich ein Versicherter auf eine neue Tätigkeit längere Zeit, aus welchen Gründen auch immer, eingelassen, so ist es der neue Beruf, der Maßstab des Versicherungsfalls ist. Daran ändert das neue Gesetz nichts.

16   Dass es für den Vergleich der gesundheitlichen Fähigkeiten zur Berufsausübung **nicht** auf die konkreten Verrichtungen ankommen kann, die der Versicherte **bei Anzeige des Versicherungsfalls** und Erhebung von Ansprüchen (noch) ausgeführt hat, erschließt sich von

---

[25] Vgl. § 4 (1) d BB-BUZ.
[26] OLG Saarbrücken v. 19. 11. 2003, VersR 2004, 1402.
[27] BGH v. 30. 9. 1992, VersR 1992, 1386; BGH v. 16. 3. 1994, VersR 1994, 587; BGH v. 3. 4. 1996, VersR 1996, 830.
[28] OLG Hamm v. 30. 3. 1990, r+s 1990, 355; *van Bühren/Terbille,* § 14 Rn. 81.

selbst: Die Bedingungen gehen davon aus, dass Berufsunfähigkeit auch bereits früher eingetreten sein kann. Geklärt ist auch, dass für die Feststellung der Berufsunfähigkeit – vor allem die Feststellung, auf welche Vergleichsberufe gerade auch unter dem Gesichtspunkt der Erhaltung der Lebensstellung des Versicherten verwiesen werden darf – Veränderungen der beruflichen Tätigkeit und des aus ihr erzielten Einkommens **nicht mit der gesundheitlichen Entwicklung** des Versicherten **fortgeschrieben werden dürfen.** Das gilt umso mehr, als Ansprüche des Versicherten nach den Bedingungen regelmäßig den Eintritt eines bestimmten Grades der Berufsunfähigkeit voraussetzen. Die Fähigkeiten, sich beruflich zu betätigen, werden aber in einer ganz beträchtlichen Zahl von Fällen nicht schlagartig aufgehoben oder geschmälert, das Leistungsniveau von Versicherten sinkt nach und nach, der Grad der Unfähigkeit, einen Beruf auszuüben, wächst fließend. Soll die dagegen mit dem Abschluss einer Berufsunfähigkeitsversicherung getroffene Vorsorge nicht völlig entwertet werden, darf zur Gewinnung des Maßstabs der Berufsunfähigkeit – auch für die Zulässigkeit einer Verweisung – nicht auf den „**Wendepunkt**" **im Arbeitsleben** des Versicherten abgestellt werden, in dem es sich erweist, dass er seinen Bedarf endgültig nicht mehr mit seiner Hände oder seines Kopfes Arbeit decken kann. Daher muss der Vergleich, der zur Bestimmung von Berufsunfähigkeit und ihres Grades anzustellen ist, die Befähigung des Versicherten zu jetzt noch gesundheitlich möglichen Verrichtungen denjenigen Leistungen gegenüberstellen, die der Versicherte ohne die nach dem materiellen Versicherungsbeginn eingetretenen gesundheitlichen Schmälerungen seiner Leistungsfähigkeit – „in gesunden Tagen" also – tatsächlich erbracht hat (§ 172 Abs. 2 VVG)[29].

Die Formulierung des Gesetzes, nach der die beruflichen Voraussetzungen des Versicherungsfalls nach dem Zeitpunkt bestimmt werden, zu dem gesundheitliche Beeinträchtigungen des Versicherten noch nicht aufgetreten waren, darf nicht missverstanden werden: Sie entbindet nicht von der Feststellung, was genau die maßgebliche letzte berufliche Tätigkeit war. Das gilt vor allem dann, wenn ein Versicherter **seinen Beruf leidensbedingt gewechselt** hat. Stellt sich dann nach einer gewissen Zeit heraus, dass der Versicherte auch in seiner neuen Tätigkeit gesundheitsbedingt nicht weiter in auskömmlichem Maße arbeiten kann oder entschließt er sich aus anderen Gründen doch, seine Berufsunfähigkeitsversicherung in Anspruch zu nehmen, dann darf sein Bemühen, nach einem vielleicht noch nicht zu einer bedingungsgemäßen Berufsunfähigkeit führenden Krankheitsbeginn oder dem entsprechenden Sinken seiner Kräfte im Berufsleben zu bleiben, nicht zu einer Entwertung seines Versicherungsschutzes führen. Allerdings sind dabei verschiedene Gestaltungen zu unterscheiden. **Ist der Versicherungsfall zu dem Zeitpunkt eingetreten (gewesen),** zu dem der Versicherte leidensbedingt seinen Berufs gewechselt oder aufgegeben hat, lagen also alle Voraussetzungen des Anspruchs auf die versprochenen Leistungen vor, also die Unfähigkeit, den verlassenen Beruf in dem erforderlichen Maße weiterzuführen und die Unzulässigkeit einer Verweisung auf einen Vergleichsberuf, so ist selbstverständlich auf die frühere konkrete berufliche Tätigkeit und nicht auf die später aufgenommene abzustellen. Davon wird vereinzelt für den vermutlich **atypischen Fall** eine Ausnahme gemacht, dass nach der Berufsaufgabe oder dem Berufswechsel bis zu dem Zeitpunkt, zu dem nach dem Maßstab des früheren Berufs Ansprüche erhoben werden, so viele Jahre verstrichen sind, dass Ansprüche, wären sie bei Berufsaufgabe oder Berufswechsel erhoben worden, verjährt wären[30]. Vorzugswürdig erscheint eine – im Übrigen dem subjektiven System des Verjährungsrechts durchaus nahe kommende – **differenzierende Betrachtung.** Der Zeitraum, für den noch der frühere Beruf als prägender Maßstab heranzuziehen ist, ist nach den gesamten Umständen des Einzelfalls unter Berücksichtigung der Erkenntnisse und Entscheidungen der versicherten Person zu bestimmen[31]: Je länger die Dauer der neuen, nach Auftritt eines Leidens übernommenen beruflichen Tätigkeit ist und je klarer dem Versicherten ursprünglich sein musste, dass an sich Be-

---

[29] BGH v. 22. 9. 1993, VersR 1994, 1470 (1471).
[30] Vgl. *Richter,* VersR 1988, 1207 (1208); a. A. *Voit,* Rn. 19.
[31] *Prölss/Martin/Voit,* BUZ, § 2 Rn. 19.

rufsunfähigkeit (im alten Beruf) eingetreten ist, desto näher liegt es, nunmehr auf den neuen Beruf abzustellen. Maßgeblich kann darüber hinaus sein, ob die frühere berufliche Tätigkeit noch immer den beruflichen Status des Versicherten, seine Qualifikation und seine dadurch vermittelte Lebensstellung beeinflusst, oder ob sie „nur noch eine Erinnerung darstellt"[32] und ob sich eine nicht ausschließlich leidensbedingte und seit längerem vollzogene Veränderung verfestigt hat und ihrerseits für das Erwerbsleben des Versicherten und seine fachlichen, wirtschaftlichen und sozialen Folgen kennzeichnend geworden ist.

18   Die Bereitschaft des Versicherten, auf das Sinken seiner Leistungsfähigkeit durch den Wechsel in eine andere, weniger belastende Tätigkeit mit unter Umständen geringerem Einkommen zu wechseln, darf also grundsätzlich nicht alsbald, vor Ablauf von wenigstens drei Jahren etwa, durch den Verlust oder die Schmälerung des ihm durch seinen früheren beruflichen Status vermittelten Schutzes sanktioniert werden. Das ist nicht nur dann so, wenn das weitere Fortschreiten der Leiden des Versicherten schließlich dazu führt, dass die Grenze zur Berufsunfähigkeit endgültig erreicht wird[33] sondern auch dann, wenn weitere Leiden hinzutreten, die miteinander verbunden sind und in ihrer Gesamtheit den Versicherten gesundheitlich außerstande setzen, den früher konkret ausgeübten Beruf oder einen „Vergleichsberuf" auszuüben. Denn auch in einem solchen Fall verwirklicht sich schließlich, nach einem sich letztlich als vergeblich erweisenden Versuch des Versicherten, dem zu entkommen, das versicherte Risiko. Anders ist es allerdings dann, wenn **ganz neue,** klar von dem Beginn des Leidensweges zu trennende **Erkrankungen oder Gebrechen** auftreten oder gar solche, mit denen sich ein Risiko der neu übernommenen Tätigkeit verwirklicht[34]. Muss in einem solchen Fall davon ausgegangen werden, dass die bei Aufgabe oder Wechsel des früheren, von dem Versicherten als Maßstab angeführten Berufs vorhandenen Leiden weiter nur einen Grad der Unfähigkeit zur zuletzt ausgeübten Tätigkeit rechtfertigen, der keinen Anspruch begründet, oder dass sie weiter die Übernahme eines Vergleichsberufs zuließen, und haben sie die Verschlechterung des gesundheitlichen Zustands auch nicht (mit-)verursacht, so entspricht es einer angemessenen Verteilung des Risikos, den neuen Beruf des Versicherten als Maßstab für die Berufsunfähigkeit anzunehmen. Das gilt auch dann, wenn **ein dem Alter entsprechender Abbau von Kräften** den Versicherten außer Stande setzt, seine bisherige berufliche Tätigkeit fortzuführen und später von der „Norm" abweichende gesundheitliche Verschlechterungen eintreten.

19   **Wechselt ein Versicherter seinen Beruf** allerdings ohne leidensbedingte Veranlassung, wird ihm gekündigt oder kündigt er oder wird der Arbeitsvertrag einvernehmlich aufgehoben, ergreift er aus finanziellen Gründen oder wegen ihm genehmerer Arbeitsbedingungen einen anderen Beruf, so führt auch eine alsbald eintretende gesundheitliche Unfähigkeit, in den verlassenen Beruf zurückzukehren, nicht zur Berufsunfähigkeit, wenn er den zuletzt ausgeübten weiterführen kann. Der aus finanziellen Gründen als Automobilverkäufer tätige frühere Masseur, den rheumatische Beschwerden in einer zwar Massageleistungen, nicht aber Automobilverkäufe ausschließenden Weise plagen, ist nicht berufsunfähig[35]. Das ist im Übrigen nicht davon abhängig, wie lange ein neuer Beruf bereits ausgeübt wird. Die – gesundheitlich – freie Entscheidung zu einer bestimmten beruflichen Tätigkeit wird geschützt; so wenig dem Versicherten entgegengehalten werden kann, seine gesundheitlichen Beschwerden beträfen nur einen seit kurzem ausgeübten Erwerb, so wenig kann ihm nutzen, wenn sie einen seit kurzem aufgegebenen hindern. Aber auch „leidensbedingte" berufliche Veränderungen könne, wenn sie sich mehrere Jahre unbeeinträchtigt verstetigt haben, dazu führen, das jetzt von einem anderen, dem neuen Beruf auszugehen ist. Stellt der bisherige Arbeitgeber sein Unternehmen ein, so stellt die (auslaufende) Verlagerung der bisherigen Tätigkeit

---

[32] *Voit,* Rn. 19.

[33] Darauf beschränkt *Richter,* VersR 1988, 1207 (1208); vgl. i. Ü. LG München I v. 13. 8. 2003, VersR 2004, 990; OLG Köln v. 1. 10. 2001 VersR 2002, 345.

[34] LG Gießen v. 3. 7. 1985, VersR 1987, 249.

[35] So in der Tendenz BGH v. 30. 11. 1994, VersR 1995, 159 (161).

auf jene der Abwicklung des Betriebs keine Veränderung des Berufs dar[36]; das ist natürlich anders, wenn die versicherte Person als neuen Beruf den eines längere Zeit tätigen Liquidators seines Unternehmens übernimmt.

II. Besonderheiten einzelner Berufsgruppen

1. Die Berufsunfähigkeit abhängig Beschäftigter

Abhängig Beschäftigte sind berufsunfähig, wenn sie die von ihnen an ihrem Arbeitsplatz **20** zuletzt erbrachten Leistungen aus gesundheitlichen Gründen nicht mehr in dem bedingungsgemäßen Maße erbringen können. Das kann sich aus einer **quantitativen Betrachtung** ergeben: Statt ihres früheren Achtstundentages dürfen und können sie aus medizinischer Sicht lediglich noch weniger als vier Stunden arbeiten. Statt der bisherigen Zahl von Arbeitsprodukten vermögen sie nur noch weniger als die Hälfte zu fertigen. Häufig ergibt sich die Berufsunfähigkeit aber aus einer davon unabhängigen **qualitativen Abschätzung** der noch zu erbringenden Arbeitsleistungen. Versicherte sind – in vollem Umfang – berufsunfähig, wenn sie notwendige Arbeitsschritte, prägende Elemente ihrer bisherigen Tätigkeit nicht mehr ausführen können, auch wenn diese zeitlich einen geringen Umfang ausmachen. Gleiches gilt, wenn sie aufgrund ihres Leidens nicht mehr so wie mit dem Arbeitgeber vereinbart und von diesem verlangt einzusetzen sind oder wenn die Qualität ihrer Arbeit nicht mehr den Anforderungen an sie entspricht. Der Handelsvertreter für Außenwerbeanlagen ist – in vollem Umfang – berufsunfähig, wenn er aufgrund einer Epilepsie kein Kraftfahrzeug mehr führen darf[37]. Die als Stuhlassistentin eingestellte Zahnarzthelferin ist berufsunfähig, wenn sie aufgrund einer Wirbelsäulenerkrankung nicht mehr einsatzfähig ist[38]. Der Informatik lehrende Studienrat, den eine Augenerkrankung hindert, Klassenarbeiten zu beaufsichtigen und den Unterrichtsstoff mit Hilfe elektronischer Medien fachkundig zu vermitteln, ist berufsunfähig[39].

2. Die Berufsunfähigkeit von Beamten

Beamte, deren VV keine „Beamtenklausel" enthält, sind nicht schon dann berufsunfähig, **21** wenn sie wegen einer Erkrankung entlassen oder **in den Ruhestand versetzt** werden. Berufsunfähig sind sie unter denselben Voraussetzungen wie jeder andere Versicherte auch. Sie müssen gesundheitsbedingt außerstande sein, ihre bisher konkret ausgeübte Tätigkeit fortzuführen und der VR muss sie nicht auf einen „Vergleichsberuf" verweisen dürfen. Das ist allerdings sehr umstritten. Manche Stimmen verlangen, dass der Beamte nur dann berufsunfähig ist, wenn er **allgemein dienstunfähig** ist. Ihnen genügt folglich nicht, dass der Versicherte sein bisheriges „konkret-funktionelles Amt"[40], seinen Dienstposten also, gesundheitsbedingt aufgeben muss, sie verlangen, dass er – unabhängig von einer Verweisung – auch keine andere, seinem „abstrakt-funktionellen" oder gar seinem „statusrechtlichen" Amt entsprechende Tätigkeit übernehmen kann. Der „Beruf" des Beamten wird von diesen Stimmen also, anders als bei abhängig Beschäftigten, nicht tätigkeitsbezogen sondern amtsbezogen betrachtet. Der Justizvollzugsbeamte der Besoldungsgruppe A 7, der aus ärztlicher Sicht keinen Wechseldienst mehr verrichten darf, wohl aber, stünden freie Dienstposten zur Verfügung, auf der „Stube" oder der „Kammer" arbeiten könnte, soll danach nicht berufsunfähig sein, auch wenn er wegen Dienstunfähigkeit in den Ruhestand versetzt worden ist, die als Briefzustellerin tätige Posthauptschaffnerin soll es nur dann sein, wenn sie gesundheitlich keinerlei einer Posthauptschaffnerin dienstrechtlich zuweisbare Aufgaben mehr übernehmen

---

[36] OLG Hamm v. 8. 2. 2006, ZfS 2006, 210.
[37] OLG Hamm v. 18. 6. 1997, NJW-RR 1998, 241.
[38] OLG Hamm v. 11. 2. 1994, VersR 1995, 84; vgl. auch OLG Oldenburg v. 5. 6. 1996, NJW-RR 1997, 90 (Filialleiter eines Babymarktes).
[39] BGH v. 11. 10. 2000, NVersZ 2001, 404.
[40] Vgl. zu den beamtenrechtlichen Unterscheidungen: *Battis*, BBG, § 6 Rn. 9 m. w. N.

kann[41], dem pensionierten Feuerwehrbrandmeister soll entgegengehalten werden dürfen, er sei grundsätzlich in einer Einsatzzentrale verwendbar[42].

22   Der Streit ist dort, wo die Bedingungen eine abstrakte Verweisung zulassen, häufig müßig, weil Tätigkeiten im Bereich des abstrakt-funktionellen und auch des statusrechtlichen Amtes regelmäßig als **zumutbare Vergleichsberufe** in Betracht kommen. Das gilt aber nicht uneingeschränkt, weil zuweilen ungeachtet einheitlicher laufbahnrechtlicher Voraussetzungen der Zugang zu anderen Tätigkeiten unterschiedliche gesundheitliche Anforderungen stellen, nicht geschuldete Fort- und Weiterbildungsmaßnahmen voraussetzen und immer wieder auch mit wirtschaftlichen Einbußen von Zulagen oder erheblichen örtlichen Veränderungen verbunden sein kann. Die Gründe, die angeführt werden, um die Gleichsetzung der Berufsunfähigkeit eines Beamten mit seiner **allgemeinen Dienstunfähigkeit** zu rechtfertigen, überzeugen nicht. Tatsächlich weist die dienstrechtliche Stellung von Beamten (nicht anders übrigens als jene von Angestellten und Arbeitern des öffentlichen Dienstes) tatsächliche und rechtliche Besonderheiten auf, die in gewisser Hinsicht auch als Privilegierungen betrachtet werden können. Die Berufsunfähigkeitsversicherung ist indessen kein Instrument, besoldungs- oder versorgungsrechtliche Vorteile oder die Arbeitsplatzsicherheit bestimmter Beschäftigtengruppen auszugleichen. Die Grenzen zumutbarer Einarbeitung mögen für Beamte weiter gezogen werden können, der Beamte ist aber trotz der ihm zukommenden Rechte dem Selbständigen, der über seinen beruflichen Einsatz frei entscheiden kann, nicht vergleichbar. Die Verweisung eines Beamten mag daher im Rahmen seines abstrakt-funktionellen Amtes leichter zu begründen sein als bei anderen abhängig Beschäftigten. Unfähig, den zuletzt ausgeübten Beruf fortzuführen, ist ein Beamter aber wie alle anderen schon dann, wenn er sein letztes konkret-funktionelles Amt nicht mehr wahrnehmen kann[43].

3. Die Berufsunfähigkeit selbständig und unternehmerisch Tätiger

23   Abhängig Beschäftigte üben ihre Tätigkeit nach den arbeits- oder dienstrechtlichen Bedingungen aus, denen sie sich unterworfen haben und die sie grundsätzlich nicht einseitig verändern können. Deshalb muss ihre Fähigkeit zur Berufsausübung regelmäßig an den Verrichtungen gemessen werden, die sie zuletzt konkret ausgeübt haben. Bei **Selbständigen oder unternehmerisch Tätigen** ist das anders. Denn sie bestimmen nicht nur selbst frei über Beginn und Ende, Lage und Dauer ihrer Arbeitszeit, über den Ort, an dem sie beruflich wirken, über die sächlichen und persönlichen Mittel, die sie dazu einsetzen, sondern vor allem schon über den Gegenstand ihres Tätigwerdens, über die Aufgaben, die sie wahrnehmen wollen. Aufgrund ihrer Selbständigkeit oder der ihnen durch die Leitung eines Unternehmens oder Betriebes zustehenden **Geschäftsführungs- und Direktionsbefugnis** ist ihr „Beruf" nicht allein die jeweils gewählte konkrete Beschäftigung; er wird vielmehr ganz wesentlich geprägt von der Möglichkeit und dem Recht, die selbst zu leistende Arbeit von Tag zu Tag neu und frei zu wählen[44]. Daran ändert die gesetzliche Regelung der Berufsunfähigkeitsversicherung nichts. Sie stellt ab auf den „zuletzt" ausgeübten Beruf, so wie er ohne gesundheitliche Beeinträchtigungen ausgestaltet war (§ 172 Abs. 2 VVG). Das bedeutet indessen nicht, dass auch bei Selbständigen und mitarbeitenden Betriebsinhaber auf die letzte konkrete Tätigkeit abzustellen wäre. Denn die Ausgestaltung ihres Berufs schließt die Befugnis zur Ausgestaltung ein. Den „Beruf" eines Selbständigen, vor allem den eines „mitarbeitenden Betriebsinhabers", eines Unternehmers, wenn man so will, kennzeichnet aber nicht nur die vor einer Erkrankung letzte konkrete Tätigkeit sondern zugleich **die zuletzt ausgeübte Organisationsherrschaft.** Sie erlaubt ihm (in gesunden und kranken Tagen), seine konkrete Tätigkeit zu

---

[41] Abl. OLG Düsseldorf v. 19. 9. 2000, ZfS 2001, 375; so auch OLG Hamburg v. 31. 10. 2001, VersR 2002, 556.

[42] OLG Koblenz v. 30. 7. 1999, NVersZ 2000, 223; OLG Koblenz v. 14. 11. 1997, VersR 1998, 1010.

[43] OLG Frankfurt/M. v. 25. 5. 2005, VersR 2006, 916.

[44] BGH v. 12. 6. 1996, VersR 1996, 1090; OLG Karlsruhe v. 20. 9. 1990, VersR 1992, 1075; OLG Karlsruhe v. 18. 2. 1993, VersR 1995, 86 (87); OLG Koblenz v. 11. 10. 2000, NVersZ 2001, 212 (213); OLG Dresden v. 11. 5. 1999, r+s 2000, 521.

gestalten und zu verändern. Das bedeutet, dass von einem Unternehmer, der unter den Lasten seines Betriebes rein psychisch (und in der Folge möglicherweise physisch) leidet, ein vernünftiges Zeitmanagement und die Entzerrung von Lasten und Delegation von Unannehmlichkeiten verlangt werden kann[45]. Daher ist er nur dann unfähig, seinen „Beruf" auszuüben, wenn er seine Tätigkeit auch nicht mehr – zumutbar – neu konzipieren kann.

Daher steht die Rechtsprechung seit langem auf dem Standpunkt, dass die Berufsunfähig- **24** keit solcher Personen, vor allem der mitarbeitenden Inhaber eines Betriebes, zwar zunächst – wie bei anderen auch – davon abhängt, ob sie wegen ihrer gesundheitlichen Beeinträchtigung Art und Umfang ihrer bisherigen konkreten Tätigkeit nicht mehr in dem vertraglich vorausgesetzten Maße – regelmäßig also zu mehr als der Hälfte – wahrnehmen können. Vielmehr kommt es weiter darauf an, ob dem Versicherten die Tätigkeitsfelder, auf denen er mit seinen gesundheitlichen Beeinträchtigungen noch arbeiten kann, noch **Möglichkeiten einer Betätigung belassen,** die eine bedingungsgemäße Berufsunfähigkeit ausschließen[46]. Das hat nicht nur materiellrechtliche Bedeutung sondern Folgen vor allem für die **Darlegungs- und Beweislast** des VN. Er muss nicht nur seine zuletzt tatsächlich ausgeübte Tätigkeit darstellen und Beweis darüber führen; insoweit obliegt es ihm, die **konkrete Organisation des Unternehmens oder Betriebes** des Versicherten und die dort von ihm **konkret wahrgenommenen Verrichtungen** vorzutragen und erforderlichenfalls zu **beweisen.** Damit hat es allerdings nicht sein Bewenden. Weil der Beruf des Versicherten von anderem geprägt ist als von seiner letzten Tätigkeit muss er zusätzlich davon überzeugen, dass ihm eine **zumutbare Umorganisation** seines Betriebes keine Möglichkeiten beruflichen Tuns eröffnen würde, die er gesundheitlich noch bewältigen könnte und die ihm zumutbar sind. Bei dieser an den Versicherten gerichteten Erwartung handelt es sich nicht um eine Verweisung auf eine andere Tätigkeit, wie die Bedingungen sie – allerdings zur Darlegungs- und Beweislast des VR – gleichfalls zur Voraussetzung des Versicherungsfalls machen. Die Möglichkeit und die Befugnis, den eigenen beruflichen Einsatz zu verändern, sei es durch die Wahrnehmung eines anderen Arbeitsfeldes, sei es durch eine Veränderung der Abläufe und Strukturen des Unternehmens oder Betriebes, stellt den Beruf des Versicherten dar. Allerdings kann ein Selbständiger auch dann berufsunfähig sein, wenn sein Unternehmen weiter floriert[47].

Den Anwendungsbereich und die Kriterien dieser Besonderheiten von Berufsunfähigkeit **25** Selbständiger und unternehmerisch Tätiger im Einzelfall zu bestimmen fällt nicht immer leicht. Obwohl die Rechtsprechung nahezu ausschließlich von dem **„mitarbeitenden Betriebsinhaber"** spricht, geht es der Sache nach um Anderes: eben um die Möglichkeit und das Recht einseitig zu bestimmen, welche beruflichen Verrichtungen wahrgenommen werden. Daher kommt es nicht darauf an, ob der Versicherte in rechtlicher Hinsicht **Inhaber des Unternehmens oder Betriebes** ist, in dem er gesundheitsbedingt nicht mehr tätig werden kann. Entscheidend ist, ob er – unter Umständen auch allein aufgrund der tatsächlichen Verhältnisse – seinen beruflichen Einsatz zu steuern vermag. Der Prokurist in einer von seiner Ehefrau als Alleingesellschafterin geführten GmbH ist in diesem Sinne „mitarbeitender Betriebsinhaber", jedenfalls solange davon auszugehen ist, dass die wahre Inhaberin des Unternehmens ihn nicht daran hindern wird, seine Berufsausübung seinen gesundheitlichen Verhältnissen anzupassen[48]. Und umgekehrt: einem Versicherten, der eine Minderheit oder gar die Hälfte der Anteile einer Gesellschaft innehat und bislang in deren Betrieb tätig war, der aber tatsächlich und rechtlich nicht in der Lage ist, den oder die anderen Gesellschafter zu bewegen, eine Umorganisation mitzutragen, kann die abstrakte Möglichkeit einer solchen nicht entgegengehalten werden.

---

[45] OLG Saarbrücken v. 13. 4. 2005, NJW-RR 2006, 250.
[46] BGH v. 5. 4. 1989, VersR 1989, 579; BGH v. 25. 9. 1991, VersR 1991, 1358 (1359); BGH v. 16. 3. 1994, VersR 1994, 587; BGH v. 12. 6. 1996, VersR 1996, 1090 – Krankentransportunternehmer; BGH v. 26. 2. 2003, VersR 2003, 631; OLG Köln v. 3. 6. 1993, VersR 1994, 1096; OLG Koblenz v. 10. 11. 2000, NVersZ 2001, 212 (213).
[47] OLG Karlsruhe v. 18. 2. 1993, VersR 1995, 86; OLG Dresden v. 11. 5. 1999, r+s 2002, 521.
[48] OLG Koblenz v. 10. 11. 2000, NVersZ 2001, 212; OLG Koblenz v. 15. 1. 1999, NVersZ 1999, 521.

26   Geschäftsführungs- und Direktionsbefugnisse, die eine Veränderung der dem Versicherten gesundheitlich nicht mehr in dem erforderlichen Umfang möglichen Tätigkeit erlauben, machen den Beruf des Versicherten im Rahmen des bisherigen Gegenstandes seiner selbständigen oder unternehmerischen Tätigkeit aus. Vermag ein Versicherter in seinem bisherigen Unternehmen oder Betrieb überhaupt nicht mehr mitzuarbeiten, könnte er aber ein **Unternehmen oder einen Betrieb ganz anderer Art** führen – eine Krankengymnastin mit eigener Praxis, in der sie selbst behandelt hat, könnte, bei Aufgabe der krankengymnastischen Betätigung und Übernahme anderer „wellnessorientierter" Angebote weiter beruflich tätig sein[49] – so ist er in seinem bisherigen Beruf berufsunfähig, auch wenn er das Recht hat, sein Unternehmen neu zu „positionieren". Dabei kann in gewissen – engen – Grenzen erwartet werden, dass ein Versicherter die von ihm angebotenen Produkte oder Dienstleistungen seinen gesundheitlichen Beeinträchtigungen entsprechend modifiziert; seinen „Beruf" selbst kann er aber dann nicht weiter ausüben, wenn er dessen eigentlichen Gegenstand verändern muss, um in hinreichendem Maße Aufgaben wahrnehmen zu können. Auch die Verpachtung oder Veräußerung des Unternehmens ist keine Umorganisation in diesem Sinne[50].

27   Der von dem Versicherten erwartete Wechsel seines beruflichen Einsatzes in seinem Unternehmen oder Betrieb umschließt zwar durchaus die Umverteilung von Aufgaben – der an Allergien leidende Inhaber einer kleinen Lackierwerkstatt kann die Berührung mit Lacken und Lösungsmittel vermeiden[51] –, aber **nicht jede beliebige** tatsächlich und rechtlich mögliche **Umorganisation.** Der „mitarbeitende Betriebsinhaber" ist berufsunfähig, wenn er nicht mehr „mitarbeitender Betriebsinhaber" sein kann, wenn ihm also nicht mehr als eine **Verlegenheitsbeschäftigung** verbleibt – gewissermaßen der Telefon- oder Empfangsdienst – oder wenn das Beschäftigungsfeld, das er sich zurechtschneiden könnte, innerhalb seines Unternehmens **sachlich oder wirtschaftlich keinen Sinn** ergäbe[52]. Je kleiner ein Unternehmen oder Betrieb ist, in dem der Versicherte mitgearbeitet hat[53], je näher liegt es, dass die gesundheitliche Beeinträchtigung, die ihm die Wahrnehmung seiner bisher konkreten Tätigkeit nimmt, ungeachtet theoretischer Möglichkeiten, sich weiter eine gewisse Zeit des Tages im Unternehmen oder Betrieb zu beschäftigen, zur Berufsunfähigkeit führt. Insoweit sind auch die Wertungen zu beachten, die aus dem Zweck der Berufsunfähigkeitsversicherung folgen als einer Versicherung, die zwar weder vor dem Verlust des Arbeitsplatzes noch vor Verdiensteinbußen, wohl aber vor ins Gewicht fallenden Veränderungen des „Berufes" schützt.

28   Der Beruf des „mitarbeitenden Betriebsinhabers", der als Handwerker vor Ort immer mit angepackt hat und so sein Produkt oder seine Dienstleistung dem Kunden gegenüber auch sehr **persönlich geprägt** hat, ist ein anderer, wenn er zwar noch einige Stunden am Tag Büroarbeiten planerischer oder kalkulatorischer Art erledigt, mit Auftraggebern und Beschäftigten telefoniert, an Baustellen vorbeischaut und aus der Ferne Aufsicht führt, die von seinem Unternehmen erbrachte Leistung aber nicht mehr seiner Hände Werk ist. Ob daher ein Krankentransportunternehmer, der wegen seiner Wirbelsäulenschäden weder die bisher von ihm übernommenen Rettungssanitätereinsätze noch Kranken- und Behindertentransporte selbst ausführen und dort Hand mit anlegen kann, wohl aber noch gelegentlich in dem weiteren Unternehmenszweig Taxifahrten Reisende zum Bahnhof bringen und seine Telefonzentrale besetzen kann, nicht berufsunfähig ist[54], ist mehr als zweifelhaft. Zwar prägt den Beruf des mitarbeitenden Betriebsinhabers die Direktionsbefugnis. Aber sie ist nicht das einzige prägende Merkmal: Ein bislang wahrgenommener persönlicher Einsatz von qualitativem und

---

[49] OLG Karlsruhe v. 18. 2. 1993, VersR 1995, 86 – Krankengymnastin einerseits, OLG Düsseldorf v. 26. 6. 1990, VersR 1991, 1359 – Fischhändler andererseits.

[50] BGH v. 26. 2. 2003, VersR 2003, 631; OLG Karlsruhe v. 18. 8. 1988, VersR 1990, 608.

[51] OLG Hamm v. 19. 12. 1990, r+s 1991, 178.

[52] OLG Karlsruhe v. 20. 9. 1990, VersR 1992, 1075; OLG Frankfurt/M. v. 9. 2. 2000, NVersZ 2000, 426.

[53] Zu diesem Gesichtspunkt OLG Hamm v. 18. 10. 1991, VersR 1992, 1249 (1250).

[54] Vgl. dazu BGH 12. 6. 1996, VersR 1996, 1090 – Krankentransportunternehmer.

quantitativem Gewicht, der gänzlich aufgegeben werden müsste, gehört zu dem konkreten Bild des Berufes dazu. Hochspezialisierte oder mit ihrem Namen und ihrem Ansehen den „Betrieb" prägende freiberuflich Tätige sind berufsunfähig, wenn sie nicht mehr persönlich die von ihnen bislang wahrgenommenen Aufgaben, zu denen auch die Repräsentation von Kanzlei, Praxis oder „Büro" gehört, fortführen können[55].

Die „Umorganisation" muss dem Versicherten auch **in wirtschaftlicher Hinsicht zu-** 29 **mutbar** sein: sie darf zu keinen auf Dauer ins Gewicht fallenden Einkommenseinbußen führen[56]. Daher liegt bei **Kleinbetrieben** – der Dachdecker, der mit einem oder zwei Gesellen und einigen Auszubildenden arbeitet, leidet regelmäßig an Höhenschwindel[57], der Bäckermeister, der einen oder zwei Bäckergesellen und im Übrigen Verkäuferinnen und Verkäufer beschäftigt, kann in der Backstube nicht mehr tätig sein[58] – regelmäßig nahe, dass eine Umorganisation vor allem durch die Einstellung einer qualifizierten Ersatzkraft zu nennenswerten wirtschaftlichen Nachteilen führt und daher unzumutbar ist[59]. Das ist allerdings immer eine Frage der Bewertung aller Vor- und Nachteile einer solche Umorganisation im Einzelfall, auch wenn regelmäßig der Rückzug des bislang voll mitarbeitenden Handwerksmeisters und sein Ausgleich durch Beschäftigung eines Anderen in wirtschaftlicher Hinsicht nicht zumutbar sein wird: wertmäßig exakte Grenzen lassen sich insoweit schon angesichts der Vielfalt der Einflüsse auf das Einkommen nicht ziehen. Allerdings ist nicht auszuschließen, dass ein Ersatz von schlichten Handlangerdiensten durch geringfügige Beschäftigung von Aushilfen auch in solchen Fällen wirtschaftlich zumutbar ist. Im Übrigen sind weder die Übernahme einer als nicht wertschöpfend erkannten Tätigkeit zu verlangen[60] noch darf von dem Versicherten erwartet werden, dass er sich neue Aufgaben durch Investitionen erschließt, deren Amortisation in überschaubarer Zeit fraglich oder gar ausgeschlossen ist[61].

Die Rechtsprechung hat eine zumutbare Betriebsumorganisation auch in solchen Fällen 30 angenommen, in denen sie nur unter Inkaufnahme der **Entlassung oder Neueinstellung von anderen Arbeitnehmern** des Betriebes durchzuführen ist. Das soll aber nur in Ausnahmefällen – jedenfalls dann, wenn es um Fachkräfte geht – gelten[62]; hat der Versicherte sein Unternehmen erfolgreich umorganisiert, ist das natürlich anders[63]. Zuweilen ist dies ein wenig diffus begrenzt worden auf Fälle der notwendigen Auswechslung von „Funktionsträgern"[64]. Daran ist richtig, dass der Beruf eines versicherten Selbständigen oder unternehmerisch Tätigen auch darin bestehen kann, bislang von anderen Arbeitnehmern ausgefüllte Tätigkeitsfelder zu übernehmen und personelle Veränderungen im Unternehmen oder Betrieb zu diesem Zweck zu veranlassen. Das dürfte aber eher in Ausnahmefällen dazu führen, Berufsunfähigkeit zu verneinen: Geht es um die Entlassung von Arbeitnehmern, so wird der Versicherte häufig darlegen können, dass sie arbeitsrechtlich nur schwer oder nur unter Inkaufnahme wirtschaftlich nicht zuzumutender Opfer möglich sein wird oder, vor allem, dass Personen betroffen wären, die lediglich „unterwertige" Arbeitsfelder besetzt haben. Und geht es um die Einstellung besonders qualifizierter Arbeitskräfte, die die Tätigkeit des Versi-

---

[55] OLG Koblenz v. 29. 11. 2002, NJW-RR 2003, 681 – Architekt.

[56] BGH v. 5. 4. 1989, VersR 1989, 574; v. 26. 2. 2003, VersR 2003, 631; OLG Karlsruhe v. 18. 2. 1993, VersR 1995, 86; OLG Frankfurt/M. v. 9. 2. 2000, NVersZ 2000, 426; i. E. *Müller-Frank*, S. 50.

[57] OLG Köln v. 3. 6. 1993, VersR 1994, 1096.

[58] OLG Düsseldorf v. 20. 8. 1997, r+s 1998, 478; vgl. auch OLG Koblenz v. 15. 1. 1999, NVersZ 1999, 521; OLG Koblenz v. 29. 6. 2001, NVersZ 2002, 262 (Massagebetrieb mit zwei Vollzeitkräften und zwei Vorpraktikanten); KG v. 7. 6. 2002, VersR 2003, 491.

[59] OLG Koblenz v. 29. 6. 2001, VersR 2001, 469.

[60] OLG Karlsruhe v. 18. 2. 1993, VersR 1995, 86 (87).

[61] OLG Frankfurt/M. v. 9. 2. 2000, NVersZ 2000, 426.

[62] BGH v. 26. 2. 2003, VersR 2003, 631.

[63] OLG Hamm v. 18. 2. 2005, OLGR 2005, 264 (Restaurantbesitzer).

[64] Vgl. OLG Frankfurt/M. v. 9. 2. 2000, NVersZ 2000, 426; OLG Hamm v. 6. 10. 1989, r+s 1990, 31; OLG Karlsruhe v. 18. 2. 1993, VersR 1995, 86 und die Erwähnung in BGH v. 25. 9. 1991, VersR 1991, 1358.

cherten übernehmen sollen, so wird meist nahe liegen, dass sich der „mitarbeitende Betriebsinhaber" dadurch nicht lediglich die Möglichkeit eines anderen Wirkungsbereichs verschaffen sondern der Sache nach einen anderen – wahren – „mitarbeitenden Betriebsinhaber" beschaffen wird. Das verlangt sein VV nicht. Daher muss auch insoweit die Wertung gelten, die die Rechtsprechung für den Fall angenommen hat, dass ein Versicherter sein Unternehmen nachträglich – also nach einmal anerkanntem Eintritt der Berufsunfähigkeit – tatsächlich neu organisiert und so vergrößert hat, dass er nicht mehr selbst mitarbeiten muss und der Umfang seiner administrativen Aufgaben so gewachsen ist, dass er gar nicht mehr selbst Hand anlegen kann und seine die frühere berufliche Tätigkeit unmöglich machenden gesundheitlichen Erschwernisse jetzt ohne Bedeutung sind. Zu der Zumutbarkeit der Öffnung eines neuen Tätigkeitsbereichs durch Umorganisation zählt auch nicht – jedenfalls nicht in beliebigem Umfang – die Vornahme von Investitionen, an deren Risiko der VR nicht partizipiert und deren Rentierlichkeit in versicherter Zeit nicht auf der Hand liegt[65].

4. Die Berufsunfähigkeit in Ausbildung befindlicher Personen

31   Eine private Berufsunfähigkeitsversicherung wird regelmäßig nur der abschließen, den die Sorge plagt, einen von ihm ausgeübten Beruf durch Krankheit zu verlieren. Das befürchten indessen nicht nur Personen, die durch die Ausbildung und die sie abschließenden Prüfungen über eine bestimmte fachliche, herausgehobene Qualifikation verfügen, mögen sie sie gegenwärtig einsetzen oder nicht. Gegen schicksalhafte „berufliche" Unbill kann sich jeder um Vorsorge bemühen, der eine Tätigkeit ausübt, mit der er dauerhaft die Mittel für seinen oder seiner Angehörigen Lebensbedarf erwerben will. Wenn die Berufsunfähigkeitsversicherung zur Voraussetzung des Versicherungsfalls das Außerstandesein zur Ausübung eines „Berufs" macht, so kommt es auf die Qualifikationshöhe der bisherigen Erwerbstätigkeit folglich nicht an. Auch ist es nicht ausgeschlossen, dass selbst in diesem Sinne **noch nicht oder nicht mehr Berufstätige** eine Risikodeckung suchen und erhalten. Personen, die sich entschlossen haben, ihre Erwerbsbiographie mit der Führung eines Haushalts zu beginnen oder in deren Verlauf zu schmücken, Schüler, Auszubildende vor allem, Studenten, Personen, die ihren Beruf wechseln wollen oder müssen und sich noch in der „Umschulung" befinden, können im Einzelfall erreichen, dass ein VR ihnen bei Berufsunfähigkeit Leistungen verspricht oder verfügen aus früheren Zeiten eines aufgegebenen Berufs schon über einen solchen Schutz. Manchmal hat der Abschluss einer Berufsunfähigkeitsversicherung gerade in einer solchen Phase der Qualifizierung den ausdrücklichen Sinn, befürchtete Versorgungslücken zu Beginn eines neuen beruflichen Weges zu schließen. Dem darf die Interpretation der Bedingungen keine begrifflichen Fallgruben graben. Vermögen solche Versicherte aus gesundheitlichen Gründen die von ihnen bislang erbrachte Leistung nicht aufrecht zu erhalten, stellen sich allerdings unterschiedliche Fragen. Versteht man – dem juristischen aber auch dem allgemeinen Verständnis folgend – unter dem Beruf, an den die Deckung des Risikos, ihn gesundheitsbedingt nicht ausüben zu können, knüpft, jede **auf Dauer angelegte, der Schaffung oder Erhaltung einer Lebensgrundlage dienende Tätigkeit,** so kann auch die vor allem unfall-, gelegentlich auch krankheitsbedingte Störung oder der Abbruch von Ausbildungsverhältnissen den Versicherungsfall bilden. Das gilt nicht nur in Fällen des Abschlusses einer Berufsunfähigkeitsversicherung mit einem Auszubildenden, in denen der VR ausdrücklich oder konkludent dieses Risiko übernimmt[66], sondern auch in den Fällen einer späteren Umschulung zum Zweck des Berufswechsels.

32   Zunächst gilt auch hier selbstverständlich, dass der VR nicht argumentieren darf, die versicherte Person übe gar keine berufliche Tätigkeit aus, weil sie in diesem Stadium ihrer Erwerbsbiographie **keinerlei Einkünfte** erziele und allenfalls ihr Unterhalt unterstützt werde. Hat der VR mit einer solchen Person eine Berufsunfähigkeitsversicherung abgeschlossen, schuldet er die versprochene Leistung und muss das Dasein als Schüler oder Umschüler, als

---

[65] BGH v. 28. 4. 1999, NVersZ 1999, 514.
[66] OLG Dresden v. 18. 6. 2007, r+s 2008, 205 m. Anm. *Hoenicke.*

Auszubildender oder Student als Beruf gelten lassen. Nichts anderes entspricht Sinn und Zweck der an sich an anderen Sachverhaltsgestaltungen ausgerichteten Versicherung. Das bedeutet, dass der VR das Risiko übernommen hat, dass ein Versicherter in dieser konkreten Art und Weise seines berufsbezogenen Tätigseins gesundheitsbedingt beeinträchtigt wird und seinen Bildungsweg nicht fortsetzen kann. Was in einem solchen Fall den **Beruf** ausmacht sind folglich **die konkreten Umstände der Ausbildung:** Sie sind die zuletzt konkret ausgeübte Tätigkeit des Versicherten, mit der er seinen Lebensunterhalt gegenwärtig und künftig bestreiten will und die seine Lebensstellung prägen. Aktuell und für die vorgesehene Dauer der Ausbildung sind sie der Maßstab, dem die gesundheitlichen, die manuellen und intellektuellen und die wirtschaftlichen Verhältnisse des Versicherten genügen müssen. Solange der Versicherte also den tatsächlichen Bedingungen der Ausbildung, in ihrem zeitlichen Rahmen und in den sie sachlich prägenden Vorgaben, gesundheitlich zu genügen vermag, ist er nicht berufsunfähig. Und umgekehrt: Der VR kann sich seiner Leistungspflicht nicht dadurch entziehen, dass er dem Versicherten bei einem gesundheitsbedingten Abbruch der Ausbildung entgegenhält, ein Auszubildender, Umschüler oder Student verfüge noch nicht über eine auf Dauer angelegte, zur Sicherung des Lebensunterhalts gedachte Tätigkeit. Berufsunfähig ist ein Versicherter in solchen Fällen dann, wenn er – aus den vereinbarten Gründen – die Fähigkeit verliert, die Ausbildung zu dem gewünschten Berufsziel zu durchlaufen. Das kann im Übrigen dazu führen, dass ein Versicherter zwar **für die vorgesehene Dauer der Ausbildung nicht als berufsunfähig** betrachtet werden kann, weil die Belastungen eines Auszubildenden schlichtweg geringer sind als die eines im Ausbildungsberuf Tätigen, dass er aber nach Abschluss der Berufsausbildung gesundheitsbedingt die physischen oder psychischen Belastungen des Ausbildungsberufs nicht mehr zu tragen imstande ist, dass er also zwar die „Schulbank drücken" kann, nicht aber mehr vom Ergebnis der Ausbildung beruflich profitieren. In solchen gewiss seltenen Fällen nimmt die Rechtsprechung zutreffend an, der Versicherte sei nicht berufsunfähig „als Auszubildender" und, weil er den späteren Ausbildungsberuf zu keinem Zeitpunkt ausgeübt habe, nicht berufsunfähig in dem (künftigen), ihm nunmehr gesundheitsbedingt verschlossenen Beruf[67]. Kann der Versicherte seine Ausbildung also abschließen, stehen ihm keine Leistungen zu. Allerdings ist in den Fällen der Umschulung zu prüfen, ob die Umschulung den Beruf der versicherten Person wirklich schon so nachhaltig geprägt hat, dass nicht auf die ihr voraus gehende Tätigkeit abgestellt werden muss.

Kann er seine **Ausbildung nicht abschließen,** ist die entscheidende Frage regelmäßig, ob und wenn ja worauf der VR den Versicherten **verweisen** darf. Darf er den Auszubildenden auf jede beliebige andere Erwerbstätigkeit verweisen, weil der Versicherte gerade noch keine Kenntnisse und Erfahrungen erworben hat und seine bisherige Lebensstellung eben nicht von der Bezahlung von Erwerbsarbeit sondern von Unterstützung seines Unterhalts geprägt wird? Das würde indessen bedeuten, dass aus der Berufsunfähigkeitsversicherung sinn- und zweckwidrig eine Erwerbsunfähigkeitsversicherung würde. Ist der VR bei der Auswahl der Vergleichsberufe, auf die er den Versicherten verweisen will, auf die Berufe beschränkt, die Ziel der Ausbildung sein können? Das würde indessen bedeuten, dem Versicherten berufliche Entwicklungen gutzuschreiben, deren Eintritt letztlich offen ist, aus der Berufsunfähigkeitsversicherung also eine Karriereversicherung machen[68]. Die höchstrichterliche Rechtsprechung hat sich mit dem Problem nur in dem Zusammenhang mit der Berufsunfähigkeit eines **Soldaten** befasst, der sich **in einer besoldeten Ausbildung** zum Marineoffizier befand, dienstunfähig wurde und ein Hochschulstudium mit anderem Ziel aufnahm. Der VR hatte ihn auf eine besoldete Ausbildung als Beamter des gehobenen Dienstes verwiesen[69]. In einem solchen Fall wird indessen der „Beruf" des Versicherten von der gewählten Ausbil-

33

---

[67] OLG München v. 27. 1. 2005, VersR 2005, 966; v. 10. 2. 1993, VersR 1993, 1000; OLG Zweibrücken v. 9. 4. 1997, VersR 1998, 1364; OLG Köln v. 17. 3. 1988, r+s 1988, 310.

[68] OLG Hamm v. 30. 3. 1990, r+s 1990, 355; vgl. auch OLG Dresden v. 18. 6. 2007, r+s 2008, 205 m. Anm. *Hoenicke.*

[69] BGH v. 27. 9. 1995, VersR 1995, 1431; vgl. auch OLG Zweibrücken v. 9. 4. 1997, OLG-Report 1998, 260; OLG Koblenz v. 12. 2. 1993, r+s 1993, 356; OLG München v. 10. 2. 1993, r+s 1994, 235.

dung, ihrer Art und ihren Umständen, und von dem Ausbildungsziel entscheidend geprägt. Dem muss der Vergleichsberuf – auch perspektivisch – entsprechen.

34   Das wirft dort Probleme auf, wo Personen in qualifizierten Ausbildungsgängen, Ärzte im Praktikum, Studien- oder Rechtsreferendare, über ein Spektrum von beruflichen Entwicklungsmöglichkeiten verfügen, das angesichts möglicher Verzweigungen weiterer beruflicher Fortkommens die Definition der „Lebensstellung" erschwert. Insoweit können jedoch die **Kriterien** herangezogen werden, die auch bei der **deliktischen Schädigung von Jugendlichen** für die Bestimmung des Maßes der Nachteile für Erwerb oder Fortkommen eine Rolle spielen. Versicherte, die in einer solchen Ausbildung „berufsunfähig" werden, dürfen auf andere ihnen gesundheitlich mögliche Ausbildungswege oder andere ihnen gesundheitlich mögliche aktuelle Erwerbstätigkeiten verwiesen werden, die sie nach ihren manuellen Fertigkeiten und intellektuellen Fähigkeiten wahrnehmen können, und die ihnen die Aussichten bieten, die nach dem bisherigen Stand ihrer Ausbildung, nach ihren Anlagen und ihren Erfolgen, nach den von ihnen bereits erkennbar eingeschlagenen Wegen erreichbar sind. Für die Berufsunfähigkeit von Auszubildenden gilt also auch insoweit nichts anderes als für die von Berufstätigen: Sie müssen nicht nur die Fähigkeit verloren haben, die Ausbildung zu durchlaufen sondern zugleich die Fähigkeit, sich in einem vergleichbaren Beruf ausbilden zu lassen. Die Maßstäbe der Vergleichbarkeit unterscheiden sich dabei nicht. Allerdings fließt in die Betrachtung nicht nur die aktuelle Vergütung und der gegenwärtige Status des Auszubildenden ein. Die „Wertigkeit" der Ausbildung, auf die der VR verweisen darf, wird beeinflusst von dem wirtschaftlichen und sozialen Status des Berufs, zu dem die Ausbildung führen soll. So wenig es von Bedeutung ist, ob ein Versicherter, der berufstätig ist, seinen maßstäblichen Beruf längere oder kürzere Zeit ausübt, so wenig ist es dabei entgegen der Rechtsprechung[70] von Bedeutung, ob ein versicherter Auszubildender sich am Beginn der Ausbildung oder kurz vor ihrem Abschluss befindet. Für Schüler und Studenten, für Auszubildende und Umzuschulende gilt, führen gesundheitliche Beschwernisse zu einer die bedingungsgemäße Schwelle überscheitenden Störung ihres Weges: Ihr Beruf und Maßstab ihrer Verweisbarkeit sind Schule oder Studium, Lehre oder Umschulung verbunden mit dem damit konkret verbundenen wirtschaftlichen und sozialen Perspektiven. Fraglich ist, ob der Versicherer den Versicherten auf eine andere Ausbildung auch dann verweisen darf, wenn das ein „zurück auf Start" bedeuten würde, der Versicherte also **die bereits absolvierten Jahre der bisherigen Ausbildung verlieren** würde? Das ist davon abhängig, ob und inwieweit die Lebensstellung des Versicherten, die die Zumutbarkeit der Verweisung betrifft, von der mehr oder weniger weitgehenden Förderung der bisherigen Ausbildung geprägt wird. Das kann nur aufgrund einer Abwägung entschieden werden. Einerseits ändert sich zwar vielleicht nicht der finanzielle, wohl aber der soziale Status eines Auszubildenden, je näher der Abschluss rückt. Er ist aber fragil: Gehen ihm Prüfungen voraus, ist regelmäßig offen, ob der Versicherte sie besteht, besteht er sie, ist regelmäßig offen, ob er einen Arbeitsplatz findet. Daher spricht viel dafür, in aller Regel eine Verweisung auf den Neubeginn einer anderen Ausbildung nicht aus Gründen der Notwendigkeit eines Neubeginns für unzulässig zu halten.

5. Der Beruf Hausarbeit

35   Auch Versicherte, die **Hausarbeit** verrichten, verlieren dadurch nicht ihren Schutz aus einer Berufsunfähigkeitsversicherung[71]. Auf die „Hausarbeit" als Beruf ist abzustellen, wenn ihr Hintergrund nicht eine vorübergehende Arbeitslosigkeit oder ein Mutterschafts- oder Erziehungsurlaub oder eine sonstige „Unterbrechung" des Berufslebens aus familiären Gründen etwa ist, sondern eine bewusste berufliche Entscheidung, zum Lebensunterhalt in einer Ehe, nichtehelichen Gemeinschaft oder Partnerschaft allein durch Hausarbeit beizutragen. Dabei sind auch komplexere Gestaltungen, eine Kombination aus haushälterischer Tätigkeit und beruflichem Teilzeiteinsatz denkbar. Das kann für die Bemessung des Grades der Berufsunfä-

---

[70] OLG Zweibrücken v. 9. 4. 1997, OLG-Report 1998, 260 (261); OLG Koblenz v. 17. 12. 1993, r+s 1994, 195.
[71] Vgl. inzident OLG Hamm v. 1. 12. 2006, r+s 2008, 122.

higkeit von einer gewissen Bedeutung sein. Allerdings muss in solchen Fällen nach dem Sinn der Berufsunfähigkeitsversicherung immer gefragt werden, ob die Hausarbeit (und auch einmal umgekehrt eine geringfügige Beschäftigung neben ihr) der dauerhaften Erwirtschaftung einer Lebensgrundlage dienen soll oder nicht ein Ohnehin darstellt, eine private Versorgung, die in einem ähnlichen Maße auch von dem jeweiligen Lebenspartner erbracht wird. Ist sie als beruflich zu qualifizieren, so weicht die Prüfung der Berufsunfähigkeit weder im Hinblick auf die zuletzt konkret ausgeübte Tätigkeit und ihre gesundheitliche Beschränkung noch für die Frage, ob ein Vergleichsberuf in Betracht kommt, von dem Üblichen ab. Die bisher zuletzt konkret ausgeübte Tätigkeit ist die Hausarbeit. Der Kreis der „Vergleichsberufe" wird allerdings aus medizinischer Sicht, weil Hausarbeit regelmäßig einen vielseitigen Einsatz von physischen oder psychischen Kräften verlangt, und aus berufskundlicher Sicht, weil Hausarbeit komplex und verantwortungsvoll ist, meist eng sein.

6. Die Berufsunfähigkeit aus dem Erwerbsleben Ausgeschiedener

Maßstab für den Versicherungsfall, den Eintritt der Berufsunfähigkeit, ist die von dem VN **36** zuletzt ausgeübte Tätigkeit in ihrer konkreten Gestaltung, nicht der im Versicherungsantrag bezeichnete Beruf. Was gilt, wenn der VN „zuletzt" – also vor Eintritt seiner gesundheitlichen Beeinträchtigungen – tatsächlich **keine Tätigkeit** ausgeübt hat, kann zweifelhaft sein. Denn es kann durchaus geschehen, dass ein Versicherter **arbeitslos** geworden und während der Dauer der Arbeitslosigkeit in einem Maße erkrankt ist, dass ihm eine Wiederaufnahme seiner früheren Beschäftigung versagt ist. Für solche Fälle helfen die Bedingungen nicht weiter. Zwar sehen sie regelmäßig vor, dass für Versicherte, die aus dem Berufsleben ausgeschieden sind und Leistungen wegen Berufsunfähigkeit beantragen, entscheidend ist, ob sie außerstande sind, eine Tätigkeit auszuüben, die sie aufgrund ihrer Kenntnisse und Fähigkeiten ausüben können und die ihrer bisherigen Lebensstellung entspricht (§ 2 Abs. 4 BUZ 90). **Aus dem Beruf ausgeschieden** sind aber Arbeitslose regelmäßig nicht. Ihr Status ist vielmehr dadurch gekennzeichnet, dass sie dem Arbeitsmarkt weiterhin zur Verfügung stehen, auch wenn sie aus gesundheitlichen Gründen zeitweise nicht vermittelt werden können. Das Arbeitsförderungsrecht stuft die Leistungsbereitschaft der Arbeitslosigkeitsversicherung allerdings nach Zumutbarkeitsgesichtspunkten ab. Insoweit ist vorgesehen, dass einem Arbeitslosen eine Beschäftigung nicht zumutbar ist, wenn das daraus erzielbare Arbeitsentgelt erheblich niedriger ist als das der Bemessung des Arbeitslosengeldes zugrunde liegende Arbeitsentgelt; je nach der Dauer der Arbeitslosigkeit ist die Hinnahme von Einbußen an Arbeitsentgelt abgestuft (§ 121 SGB III). Das ist indessen auf die private Berufsunfähigkeitsversicherung nicht übertragbar. Die Berufsunfähigkeit eines Arbeitslosen kann nicht Monat für Monat der Dauer der Arbeitslosigkeit an Beschäftigungen gemessen werden, die zunehmend geringere Anforderungen der Zumutbarkeit stellen. Auch der Arbeitslose ist berufsunfähig, wenn er die von ihm in gesunden Tagen zuletzt tatsächlich ausgeübte Tätigkeit aus physischen oder psychischen Gründen nicht mehr ausüben kann. Es kommt also nicht darauf an, ob er aus sozialversicherungsrechtlichen Gründen auf bestimmte, je nach der Dauer der Arbeitslosigkeit „geringer wertige" andere Tätigkeiten verwiesen werden darf. Durch seine Prämienzahlung hat er sich vielmehr in bestimmtem Umfang Berufsschutz verschafft; seine Leistungsfähigkeit ist an dem von ihm zuletzt ausgeübten Beruf zu messen, solange daran noch tatsächlich angeknüpft werden kann, der Versicherte also seine Ausbildung und seine Erfahrung in seinem früheren Beruf noch sachgerecht nutzen kann[72]. Beruflicher Maßstab für die Bestimmung der Berufsfähigkeit ist also die vor Eintritt der Arbeitslosigkeit zuletzt ausgeübte konkrete Tätigkeit solange der arbeitslose Versicherte, seine gesundheitliche Beeinträchtigung hinweg gedacht, genau diesen Beruf ohne Umschulung oder Fortbildung wieder ergreifen könnte. Langzeitarbeitslose, an denen die Zeit so vorbei gegangen ist, dass sie ihre berufliche Qualifikation für den vor Eintritt der Arbeitslosigkeit ausgeübten Beruf verloren haben, können an ihrer früheren Tätigkeit nicht mehr gemessen werden.

---

[72] BGH v. 13. 5. 1987, VersR 1987, 753.

37   Die Bedingungen enthalten eine besondere Regelung für den Fall, dass ein Versicherter **aus dem Berufsleben ausgeschieden** ist und dann Leistungen wegen Berufsunfähigkeit beansprucht. Für diesen Fall knüpfen sie den Anspruch daran, dass der Versicherte außerstande ist, eine berufliche Tätigkeit, die er aufgrund seiner Kenntnisse und Fähigkeiten wahrnehmen kann, auszuüben und die seiner bisherigen Lebensstellung entspricht. Die Klausel verlangt folglich nicht, dass der Versicherte nach seiner gesundheitlichen Befindlichkeit seinen letzten konkreten Beruf in dem bedingungsgemäßen Grad nicht mehr fortführen kann. Denn der Vergleichsmaßstab, die zuletzt ausgeübte berufliche Tätigkeit, fehlt. Abgestellt wird vielmehr auf zwei Kriterien. Berufsunfähig ist der Versicherte, wenn ihm seine **Ausbildung und Erfahrung** die Ausübung einer anderen Tätigkeit nicht mehr erlauben oder, wenn sie sie ihm erlauben, diese andere Tätigkeit der **bisherigen Lebensstellung** des Versicherten nicht entspricht. Die Bedingungen haben insoweit Personen vor Augen, die Versicherungsschutz bei Antritt oder während ihrer Berufstätigkeit erlangt, sich jedoch entweder entschlossen haben, ihren Lebensbedarf anderweitig zu decken und eine berufliche Laufbahn abzubrechen – aufgrund von Heirat oder Erbschaft – oder denen ökonomische Entwicklungen einen Arbeitsplatz dauerhaft entzogen haben.

38   Voraussetzung der Anwendung der Klausel ist zunächst, dass ein Versicherter aus dem Berufsleben ausgeschieden ist. Das ist nicht schon dann der Fall, wenn er arbeitslos oder arbeitsunfähig geworden ist. Notwendig ist vielmehr, dass seit dem Abbruch einer beruflichen Tätigkeit eine derart lange Zeit verstrichen ist, dass der Versicherte als „berufslos" betrachtet werden darf, dass alle Bande zu seiner früheren, von Ausbildung und Erfahrung getragenen Fähigkeit, jederzeit in einem bestimmten Beruf zu arbeiten, abgeschnitten erscheinen. In Zeiten, in denen Arbeitslosigkeit ein langfristiges Phänomen ist, soziale Sicherungssysteme oder eigene Anstrengung es aber dennoch erlauben, den Schutz einer privaten Berufsunfähigkeitsversicherung aufrecht zu erhalten, zugleich aber die Entwicklung von Fertigkeiten und Wissen immer kürzere Verfallzeiten der beruflichen Verwendbarkeit von Versicherten verursacht, kann die Frage, wann ein Versicherter nicht mehr berufstätig ist, virulent werden. Die Rechtsprechung geht davon aus, dass ein Versicherter aus dem Berufsleben ausgeschieden ist, wenn die Zeit der tatsächlichen Berufsausübung schon so lange zurückliegt, dass an die für diesen – letzten – Beruf notwendige Ausbildung und an die darin gewonnene Erfahrung nicht mehr vernünftig angeknüpft werden kann[73]. Das bedeutet zunächst, dass **überschaubare Zeiten der Arbeitslosigkeit** eines gegen Berufsunfähigkeit Versicherten nicht als „Ausscheiden aus dem Berufsleben" betrachtet werden dürfen. Die Grenze ist dort überschritten, wo die Dauer der Arbeitslosigkeit zu einem **ohne Fortbildung nicht korrigierbaren Stillstand** der Befähigung des Versicherten, wenn nicht gar zu einem Rückschritt, führt. Müsste sich ein arbeitsloser Versicherter, der unter erheblichen gesundheitlichen Beeinträchtigungen leidet, bei Annahme des Angebots eines Arbeitsplatzes in seinem bisherigen Berufsfeld nicht nur schlicht einarbeiten sondern fortbilden, so ist er – fachlich – aufgrund der Dauer der Arbeitslosigkeit aus dem Berufsleben ausgeschieden.

39   Das bedeutet aber nicht, dass er nicht auf eine **geringer wertige berufliche Tätigkeit verwiesen** werden kann. Insoweit stellt sich die Frage, was die Bedingungen meinen, wenn sie dem Versicherten auch nach „Ausscheiden aus dem Berufsleben" die **Erhaltung seiner Lebensstellung** dadurch garantieren, dass ein diese Lebensstellung nicht gewährender Beruf keinen Vergleichsberuf darstellt. Bestimmt sich die Lebensstellung nicht nur nach den zuletzt in gesunden – aber arbeitslosen – Tagen erworbenen Möglichkeiten, ist ihr Bezugspunkt vielmehr der Zeitpunkt, zu dem der Versicherte nicht nur gesund sondern auch noch berufstätig war? Das ist nicht nur von theoretischer Bedeutung. Wenn die Bedingungen davon ausgehen, dass Berufsunfähigkeit des Versicherten nicht vorliegt, wenn er eine Tätigkeit ausüben kann, die ihm aufgrund seiner Kenntnisse und Fähigkeiten möglich ist, die aber zugleich seiner bisherigen Lebensstellung entspricht, so kann entscheidend sein, ob sich diese „Lebensstellung"

---

[73] BGH v. 13. 5. 1987, VersR 1987, 753; OLG Karlsruhe v. 15. 1. 1992, VersR 1993, 873; OLG Düsseldorf v. 22. 12. 1999, VersR 2000, 1400; vgl. allg. *Müller-Frank*, S. 23.

nach dem Zeitpunkt vor Eintritt seiner gesundheitlichen Beeinträchtigungen bestimmt, sie also von „Arbeitslosigkeit" gekennzeichnet wird, oder ob insoweit zurückgegriffen werden darf auf eine frühere, vor Ausscheiden aus dem Berufsleben ausgeübte Tätigkeit. Die Interessenlage ist ambivalent. Versicherte, die freiwillig aus dem Berufsleben ausscheiden, können, begünstigt von Zufall und Glück, zum Zeitpunkt ihrer Erkrankung, ihres Kräfteverfalls oder einer Körperverletzung eine Lebensstellung erlangen, die ihrer letzten, von Einkünften aus Arbeit finanzierten weit überlegen ist[74]. Versicherte, die das Arbeitsleben unfreiwillig verlassen, können sehr rasch einen sozialen Abstieg erleiden, der es erstrebenswert erscheinen lässt, jeden nach ihren Fähigkeiten und nach ihrer Erfahrung nutzbaren Strohhalm zu ergreifen.

Bedingungen, die eine Versicherung wegen Berufsunfähigkeit auch für den Fall fortzuführen erlauben, dass ein Beruf auf Dauer nicht mehr ausgeübt wird, können nicht dahin ausgelegt werden, dass aus der Berufsunfähigkeitsversicherung eine **Lebensstandardversicherung** wird. Der berufliche Bezug bleibt dem Versicherungsfall allerdings erhalten. Der Verweisungsmaßstab der „bisherigen Lebensstellung" bedeutet folglich nicht, dass der Versicherte sich auf nach seinem Ausscheiden aus dem Berufsleben – aufgrund persönlicher Umstände – erfolgte **Verbesserungen seines Standards** berufen darf. Umgekehrt gilt das indessen nicht. Führt das Ausscheiden aus dem Berufsleben dazu, dass ein Versicherter ungeachtet fortbestehender Kenntnisse und Fähigkeiten zur Übernahme einer adäquaten Vergleichstätigkeit den früheren Lebensstandard nicht mehr wahren kann, so tarieren die finanziellen und sozialen Verhältnisse während der Dauer der Berufslosigkeit die Messlatte der Zulässigkeit einer Verweisung mit aus; die „bisherige Lebensstellung" wird nicht mehr (ausschließlich) von dem Standard geprägt, den der Versicherte mit seiner Arbeit Hände früher erwirtschaften konnte[75]. Das wird dem Sinn einer Berufsunfähigkeitsversicherung gerecht. Sie deckt nicht das Risiko von Veränderungen des Lebensstandards außerhalb von gesundheitlich bedingten beruflichen Einbußen. Sie schützt, auch wenn sie die dauerhafte Aufgabe eines Berufs nicht zum Anlass der Beendigung des VV nimmt, lediglich vor dem **Risiko gesundheitsbedingter Einbußen,** die der Versicherte in seiner Bedarfsdeckung dadurch erleidet, dass er nach einer Zeit als „Privatier" den ihm von seinem alten Beruf verbürgten Lebensstandard in wesentlichem Maße nicht mehr wahren kann, nicht vor dem Risiko hingegen, dass es ihm längere Zeiten wegen mangelnder Nachfrage nach seiner Arbeitskraft wirtschaftlich schlechter ging. Nach Ausscheiden aus dem Berufsleben versteinert sich also die vor Ausscheiden aus dem Berufsleben erworbene Lebensstellung nicht. Mit zunehmender Dauer des Ausscheidens aus dem Berufsleben kann sich daher der Einfluss der beruflichen Bedarfsdeckung auf die ökonomischen und sozialen Verhältnisse des Versicherten immer nachteiliger auswirken.

III. Berufsklauseln und Sonderbedingungen

1. Allgemeines

Verschiedene VR verwenden Berufsklauseln. Darunter versteht man eine Vielzahl unterschiedlich formulierter Bedingungen, die die Leistungspflicht des VR an teils weitergehende, teils engere **Voraussetzungen** knüpfen. Sie ergänzen die übliche Beschreibung der Berufsunfähigkeit und sind grundsätzlich unbedenklich, solange sie nähere Beschreibungen des Versicherungsfalls darstellen. Hintergrund dafür sind spezifische Risikoeinschätzungen für besondere Berufsgruppen aber naturgemäß auch der Wettbewerb um bestimmte, möglicherweise besonders versorgungsorientierte Interessentengruppen. Nur gelegentlich von forensischer Bedeutung ist insoweit die **„Ärzteklausel",** die den Versicherungsfall regelmäßig daran knüpft, dass der Versicherte eine zulässige Tätigkeit als Arzt nicht mehr ausüben kann; sie stellt also nicht auf den zuletzt konkret ausgeübten ärztlichen Beruf sondern auf ein sehr allgemeines Berufsbild ab. Der bislang in einer Klinik, gewissermaßen „operativ" tätige Arzt ist folglich nicht berufsunfähig, wenn er noch als Arzt im medizinischen Dienst eines VR „am

---

[74] Vgl. *Voit,* Rn. 417.
[75] OLG Saarbrücken v. 8. 1. 2003, NJW-RR 2003, 488.

Schreibtisch" arbeiten kann[76]. Das zeigt, wie risikoreich solche spezifischen Berufsklauseln für einen Versicherten sein können; sie werfen folglich regelmäßig die Frage nach ihrer Transparenz auf[77].

2. Die Beamtenklauseln

42   In der Praxis nicht unerhebliche Bedeutung haben Beamtenklauseln[78]. Regelmäßig sehen sie im Zusammenhang mit der tatbestandlichen Beschreibung der Berufsunfähigkeit vor, dass Berufsunfähigkeit auch dann vorliegt, wenn ein versicherter Beamter vor Erreichen der gesetzlich vorgeschriebenen Altersgrenze infolge seines Gesundheitszustandes **wegen Dienstunfähigkeit entlassen oder in den Ruhestand versetzt** worden ist. Der Versicherte genießt, wenn sein Vertrag eine solche Regelung enthält, als Beamter zwei Vorteile: Der VR verknüpft – durch eine **unwiderlegbare Vermutung**[79] der gesundheitlich bedingten Unfähigkeit, den bisher konkret ausgeübten Beruf weiterzuführen – seine Leistungspflicht mit der dienstrechtlichen Entscheidung über den Verbleib des Versicherten in seinem (aktiven) Beamtenverhältnis und verzichtet zugleich auf eine abstrakte oder konkrete Verweisung[80]. Solange der Versicherte nicht „reaktiviert" wird, seine Entlassung oder seine Versetzung in den Ruhestand also nicht durch Wiederberufung in das „aktive" Beamtenverhältnis rückgängig gemacht wird, ist dem VR zugleich die Nachprüfung verwehrt[81]. Allerdings bedarf es – wie sonst auch – der ausdrücklichen Vereinbarung einer solchen Klausel; sie ergibt sich nicht konkludent aus der Angabe des Berufs im Versicherungsantrag[82].

43   Geltung erlangt eine solche Beamtenklausel ohne weiteres, wenn sie in dem Vertrag eines **Beamten im statusrechtlichen Verständnis des Begriffs**[83] enthalten ist. Die Leistungspflicht des VR nach Maßgabe der Beamtenklausel kann sich indessen selbstverständlich auch aus Zusagen ergeben, wenn dem Versicherten im Rahmen der Vertragsanbahnung so zu verstehende Versprechungen gemacht worden sind[84]. Nach der Rechtsprechung des BGH muss der Versicherte allerdings wirklich „Beamter" im statusrechtlichen Sinn – mag er auch bei einem privatisierten Unternehmen beschäftigt werden – sein. Sonstige Personen, die in einem öffentlich-rechtlichen Dienst- und Treueverhältnis stehen, Abgeordnete, Minister, Richter, Soldaten, können sich auf die Beamtenklausel danach nicht berufen[85]. Das überzeugt nicht. Grund dafür soll nämlich sein, dass der durchschnittliche, verständige und aufmerksame VN sowohl nach der Rechtssprache als auch nach dem natürlichen Sprachgebrauch den Begriff des Beamten für fest und eng umrissen erkennen soll. Schon die Rechtssprache definiert aber den Begriff des Beamten im Dienstrecht, Haftungsrecht und Strafrecht bereichsspezifisch. Neben dem „klassischen" Beamten zählt die Rechtssprache je nach dem spezifischen Regelungszusammenhang auch andere Angehörige des öffentlichen Dienstes zu den „Beamten". Die Alltagssprache differenziert nach den Subtilitäten des Dienstrechts ohnehin überhaupt nicht. Und ein VR, der in seinen Antragsformularen Interessenten lediglich fragt, ob sie selbständig, abhängiger Arbeitnehmer oder Beamter sind, tut es auch nicht. Der verständige VN wird daher, soweit sein Vertrag keine abweichenden Erkenntnisse über eine Differenzierung von Dienstnehmern birgt, nicht allein und streng nach dienstrechtlichen Kategorisierungen unterscheiden, sondern die Regelung des Versicherungsfalls zur Interpretation heranziehen: Dort,

---

[76] OLG Köln v. 19. 1. 1995, VersR 1995, 1081; LG München v. 11. 10. 2005, VersR 2006, 1246.

[77] Zu einzelnen Berufsklauseln vgl. vor allem *Müller-Frank,* S. 17; *Terbille,* § 14 Rn. 142 ff.; zu wesentlich weiter gehenden Verweisungsmöglichkeiten bei bestimmten Berufsklauseln *Schütz,* VW 1999, 228; vgl. zur Flugtauglichkeit OLG Frankfurt/M. v. 20. 3. 2003, VersR 2003, 979.

[78] Vgl. zu den im Einzelnen verwendeten Klauseln *Lensing,* Der Personalrat 2006, 450 ff.

[79] BGH v. 14. 6. 1989, NJW-RR 1989, 1050.

[80] Vgl. im Einzelnen *Voit,* Rn. 266.

[81] BGH v. 14. 6. 1989, VersR 1989, 903 (905); *Voit,* Rn. 266.

[82] BGH v. 7. 3. 2007, VersR 2007, 821.

[83] Vgl. *Battis,* BBG, 2. Aufl., § 2 Rn. 2; vgl. zur Bedeutung der Privatisierung OLG Nürnberg v. 20. 2. 2003, ZfS 2003, 414.

[84] BGH v. 26. 9. 2001, VersR 2001, 1502 (1503) a. E.

[85] BGH v. 26. 9. 2001, VersR 2001, 1502.

wo eine Person versichert ist, die in einem öffentlich-rechtlichen Dienst- und Treueverhältnis steht und die wegen Dienstunfähigkeit aus ihrem Amt entlassen werden kann – neben den Beamten im statusrechtlichen Sinn sind das vor allem die Soldaten und die Richter – wird sie die „Beamtenklausel" zu Recht für anwendbar halten[86]. Eine Anzahl von VR verwendet allerdings von vornherein eine Klausel, die Beamte, Richter und Soldaten ausdrücklich nennt und dadurch Interpretationszweifel gar nicht erst aufkommen lässt.

Von vornherein klar ist demgegenüber, wann eine Entlassung oder Versetzung in den Ru- **44** hestand wegen Dienstunfähigkeit vorliegt. Gemeint ist, was die Beamtengesetze darunter verstehen[87]. Vorschriften, nach denen Angehörige bestimmter Beamtengruppen aufgrund einer besonderen Dienstunfähigkeit – der Polizei- oder Justizvollzugsdienstunfähigkeit vor allem – schon unter bestimmten gesundheitlichen und dienstlichen Voraussetzungen entlassen oder in den Ruhestand versetzt werden können, sind, soweit keine Sondervereinbarung vorliegt, nicht gemeint[88]. Nach solchen – vereinzelt bekannten – Sonderklauseln wird Berufsunfähigkeit unwiderlegbar vermutet, wenn ein Beamter entlassen oder in den Ruhestand versetzt wird, weil er für die Wahrnehmung von Ämtern einer besonderen Laufbahn, die regelmäßig mit erhöhten gesundheitlichen Belastungen verbunden ist, dienstunfähig ist; vornehmlich geht es um die „Polizeidienstunfähigkeit" und die „Justizvollzugsdienstunfähigkeit". In solchen für den VR risikoreichen Fällen wird der Leistungsbezug häufig zeitlich begrenzt. Die Leistungspflicht endet nach seinem Ablauf allerdings nur insoweit, als der spezifisch geregelte VersFall der besonderen Dienstunfähigkeit vorliegt. Dem Versicherten kann folglich im Anschluss daran ein Anspruch nach den allgemeinen Voraussetzungen zustehen.

Der durchschnittliche, verständige und aufmerksame VN versteht eine „Beamtenklausel" **45** regelmäßig dahin, dass der VR auf eine **eigene Überprüfung** der Berufsunfähigkeit **verzichtet** und sich der Beurteilung der allgemeinen Dienstunfähigkeit durch den Dienstherrn, die in der Verfügung über die Entlassung oder die Versetzung in den Ruhestand zum Ausdruck kommt, bindend anschließt. Das dient der Vereinfachung der Feststellung des Versicherungsfalls, hat aber naturgemäß vor allem den werbenden Sinn, die unverzügliche Schließung von Versorgungslücken anzubieten. Die Rechtsprechung hat allerdings gelegentlich für richtig gehalten auch in solchen Fällen zu prüfen, ob eine **andere Verwendung des Versicherten statusrechtlich möglich** gewesen wäre und sie lediglich aus anderen als gesundheitlichen Gründen – vor allem wegen fehlender Planstellen – gescheitert ist[89]. Wenn Krankheiten oder Gebrechen des beamteten Versicherten nicht zur allgemeinen Dienstunfähigkeit führen sondern lediglich die Weiterführung eines bestimmten Dienstpostens ausschließen, der Versicherte also lediglich bestimmte Tätigkeiten des ihm insgesamt – im Rahmen seines „abstraktfunktionellen" Amtes – zuweisbaren Aufgabenbereichs nicht mehr ausüben kann, soll die Vermutung der Berufsunfähigkeit nicht eingreifen. Der Postschaffner, der nicht mehr als Paketzusteller arbeiten kann wohl aber in der Belegverwaltung, wo nur kein Platz für ihn ist, und der wegen Dienstunfähigkeit in den Ruhestand versetzt wird, soll danach doch nicht berufsunfähig sein. Dem kann jedoch nicht gefolgt werden[90]. Denn damit würde sich der VR letztlich doch vorbehalten, die Entscheidung des Dienstherrn, an die er sich nach dem Wortlaut seiner Bedingungen gebunden hat, zu überprüfen, die der „Beamtenklausel" zu entnehmende „unwiderlegbare" Vermutung würde sich als widerlegbar erweisen.

Das gilt allerdings nicht in Fällen, in denen eine auf die Entlassung oder die Versetzung in **46** den Ruhestand wegen (allgemeiner) Dienstunfähigkeit abstellende „Beamtenklausel" vereinbart ist, die **Pensionierung** indessen **wegen Dienstunfähigkeit** in einer Sonderlaufbahn er-

---

[86] A. A. Lensing, a. a. O., S. 451.

[87] Vgl. § 42 BBG; dazu *Battis*, a. a. O., § 42 Rn. 4 ff.

[88] BGH v. 7. 7. 1993, NJW-RR 1993, 1370; BGH v. 20. 4. 1994, NJW-RR 94, 859; OLG Karlsruhe v. 19. 3. 1997, VersR 97, 818; OLG Oldenburg v. 9. 4. 1997, OLGR 98, 247; OLG Koblenz v. 14. 11. 1997, NVersZ 98, 115; mit abw. Begr. OLG Saarbrücken v. 26. 2. 1992, VersR 1992, 1388.

[89] OLG Köln v. 23. 12. 1997, VersR 1998, 1272.

[90] OLG Frankfurt/M. v. 25. 5. 2007, VersR 2006, 916; OLG Düsseldorf v. 14. 11. 2000, NVersZ 2001, 360.

Rixecker

folgt. „Polizei-„ oder „Justizvollzugsdienstunfähigkeit" stellen keine „allgemeine" Dienstunfähigkeit dar; eine auf sie abstellende Versetzung in den Ruhestand begründet die unwiderlegbare Vermutung des Versicherungsfalls nicht. Das gilt auch dann, wenn der Beamte – was
dienstrechtlich regelmäßig für zulässig erklärt wird – in ein anderes Amt einer anderen Laufbahn versetzt wird – dann fehlt es ja bereits an einer Entlassung oder Versetzung in den Ruhestand. Zum Teil wird angenommen, das gelte auch, wenn der Beamte, weil er einer solchen
Versetzung nicht zustimmt, pensioniert wird; dann beruhe der (versicherte) Verlust seines Berufes nicht auf seinem Gesundheitszustand. Auch dann, wenn der Dienstherr ihm einen solchen Laufbahnwechsel aus zwingenden dienstlichen Gründen, in der Praxis eben dem Fehlen
besetzbarer Planstellen, versage, verwirkliche sich nicht das den Versicherungsfall Berufsunfähigkeit wegen Dienstunfähigkeit ausmachende gesundheitliche Risiko sondern eine Art
Arbeitsmarktrisiko[91]. Das entspricht jedoch nicht dem Wortlaut der Beamtenklausel, der
seinem dienstrechtlich eindeutigen Verständnis gemäß interpretiert werden muss: Auch der
Beamte, der in seinem letzten konkret-funktionellen Amt dienstunfähig ist und in den Ruhestand versetzt wird, weil keine anderweitige Verwendung möglich ist, wird „wegen Dienstunfähigkeit" in den Ruhestand versetzt und nicht wegen Arbeitsplatzmangels[92].

47 Ob das auch bei **modifizierten Beamtenklauseln** angenommen werden kann, ist eine
Frage ihrer zulässigen Auslegung. Immerhin zeigen Klauseln, nach denen die Versetzung in
den Ruhestand „ausschließlich infolge (des) Gesundheitszustands" erfolgt sein muss, einem
verständigen Versicherungsnehmer, der als Beamter die Begrifflichkeit nachvollziehen kann:
Entscheidungen des Dienstherrn, die auch auf anderen Gründen beruhen, sollen nicht gemeint sein[93]. Anderes gilt für Bedingungen, die vorsehen, dass der Beamte dienstunfähig sein
und die Versetzung in den Ruhestand wegen Dienstunfähigkeit erfolgt sein muss[94]. Werden sie
wörtlich genommen, verschlechtern sie die versorgungsrechtliche Lage des Versicherten, weil
sie mehr verlangen als die gesundheitliche bedingte Unfähigkeit, den zuletzt ausgeübten Beruf
fortzuführen: Sie sind damit überraschend und unwirksam[95]. Aber im Übrigen muss die Entlassung oder Versetzung in den Ruhestand allein darauf beruhen, dass der Versicherte gesundheitsbedingt sein Amt nicht weiter wahrnehmen kann; stellt die dienstrechtliche Entscheidung
nicht ausschließlich darauf ab, so greift die Beamtenklausel nicht ein[96]. Gesundheitliche Beeinträchtigungen können während der Probezeit eines Beamten dazu führen, dass er nicht in den
Ruhestand versetzt sondern wegen **mangelnder (gesundheitlicher) Bewährung** entlassen
wird. Formal verliert er damit seine Anstellung zwar nicht wegen allgemeiner Dienstunfähigkeit, der Sache nach geht es aber um nichts anderes[97].

48 Allerdings ist nicht zu verkennen, dass es im Zuge von personalpolitischen Maßnahmen des
Dienstherrn, vor allem nach einer Privatisierung aber auch dort, wo sich Dienstherrn den Fesseln der Lebenszeiternennung mit Hilfe von Amtsärzten zu entziehen versuchen, um sich von
fachlich und persönlich, gerade nicht aber gesundheitlich weniger leistungsfähigen Beamten
zu trennen, zu ungerechtfertigten Versetzungen in den Ruhestand kommen kann. In solchen
Fällen hilft dem Versicherer aber nur, wenn er – sofern eine entsprechende Ausschlussklausel
vereinbart ist – nachzuweisen vermag, dass der Versicherte den **Versicherungsfall,** die Versetzung in den Ruhestand, **vorsätzlich herbeigeführt** hat oder die Nichtigkeit der Versetzung
in den Ruhestand darzulegen vermag. Beides wird regelmäßig ausscheiden.

49 Das öffentliche Dienstrecht erlaubt die **erneute Berufung in das** (aktive) **Beamtenverhältnis,** auch wenn davon selten Gebrauch gemacht wird. Betreibt ein Versicherter, dessen

---

[91] BGH. v. 7. 7. 1993, VersR 1993, 1220; OLG Saarbrücken v. 26. 2. 1992, VersR 1992, 1388; kritisch
Voit, Rn. 270 ff.
[92] So völlig zu Recht *Lensing,* a. a. O.
[93] Str., vgl. *Lensing,* a. a. O., S. 453.
[94] OLG Frankfurt/M. v. 1. 2. 2006, r+s 2008, 122; OLG Nürnberg v. 20. 2. 2003, VersR 2003, 1028;
KG, v. 11. 6. 2002, VersR 2003, 718; vgl. die weiteren Nachweise bei *Lensing,* a. a. O., Anm. 67.
[95] So zu Recht *Lensing,* a. a. O.; so auch Verf. in der Vorauflage.
[96] BGH. v. 22. 10. 1997, VersR 97, 1520.
[97] OLG Frankfurt/M. v. 29. 6. 2001, VersR 2001, 1543.

Gesundheit hinreichend wiederhergestellt ist, ein solches Verfahren nicht, so kann der VR daraus nichts herleiten, soweit er keine entsprechende Obliegenheit vereinbart hat[98]. Wird der Versicherte erneut in das „aktive" Beamtenverhältnis berufen, so entscheidet das Nachprüfungsverfahren über den Fortbestand der Leistungspflicht des VR. Nimmt ein wegen Dienstunfähigkeit entlassener oder in den Ruhestand versetzter Beamter eine andere, zuweilen durchaus einträgliche Tätigkeit auf, so muss der VR das nicht ohne weiteres hinnehmen. Die Beschränkung der Nachprüfung aufgrund einer Beamtenklausel bezieht sich ihrem Sinn nach auf Besserungen des Gesundheitszustandes, die nicht zu einer Wiederberufung in das „aktive" Beamtenverhältnis und nicht zu anderen beruflichen Orientierungen des Versicherten geführt haben, in denen die dienstrechtlichen Konsequenzen der Erkrankung des Versicherten also den fortbestehenden Bedarf des Versicherten begründen. Positive Veränderungen der gesundheitlichen Verhältnisse des Versicherten, die – regelmäßig wegen planstellenbedingt fehlenden Interesses des Dienstherrn – nicht dazu führen, die dienstrechtliche Entscheidung rückgängig zu machen, wohl aber dem Versicherten erlauben, einen Vergleichberuf zu ergreifen, müssen berücksichtigt werden dürfen; weder dem Wortlaut noch dem Sinn und Zweck der „Beamtenklausel" kann ein weiter gehender Ausschluss der Nachprüfung entnommen werden.

3. Die Tätigkeitsklausel

Vereinzelt verwenden VR eine „Tätigkeitsklausel". Nach ihr kommt es regelmäßig nicht **50** darauf an, ob der Versicherte außerstande ist, seinen zuletzt ausgeübten konkreten Beruf fortzuführen oder eine andere, ihm nach seiner Ausbildung und Erfahrung mögliche Tätigkeit wahrzunehmen, die seiner Lebensstellung entspricht, sondern nur darauf, ob er nicht mehr in der Lage ist, **einen in dem Vertrag näher bezeichneten Beruf** – als „Kraftfahrer im Fernverkehr", als „Transportunternehmer" – oder eine andere zumutbare Tätigkeit auszuüben, soweit er mit dieser nicht nur geringfügige Einkünfte erzielen könnte[99]. Damit wird letztlich das Ziel verfolgt, den Versicherten, der seinen letzten „Arbeitsplatz" gesundheitsbedingt nicht mehr ausfüllen kann, auf **Tätigkeiten eines bestimmten Berufsbildes** oder jedenfalls einen im Berufsleben in verschiedener Gestalt vorkommenden Beruf sowie zwar nicht auf den allgemeinen Arbeitsmarkt[100], aber auf beliebige andere, einen gewissen Mindestverdienst sichernde „zumutbare" Tätigkeiten zu verweisen.

Die Problematik einer solchen Bedingung liegt nicht darin, dass die Berufsunfähigkeit als **51** VersFall davon gelöst wird, dass der Versicherte außer Stande ist zu seiner bisherigen spezifischen Tätigkeit, und dass von dem Versicherten die Hinnahme eines finanziellen Abstiegs erwartet wird. Unklar ist vielmehr der übrige Bereich der Verweisung, der sich hinter dem Merkmal der **Zumutbarkeit** verbirgt. Die Rechtsprechung richtet sich insoweit nach den Kriterien des § 2 (1) BB-BUZ – Ausbildung, Erfahrung, Lebensstellung[101]. Das ist wenigstens für die Bewertung des erzielbaren Einkommens erkennbar nicht gemeint, weil insoweit lediglich die Geringfügigkeitsgrenze gelten soll. Aber auch die Bezugnahme auf eine allgemeine Berufsbezeichnung nimmt weite Teile der fachlichen Qualifikation des Versicherten schon in sich auf, so dass zu Recht gefragt werden kann, nach welchen weiteren Kriterien sich das Maß der Zumutbarkeit einer Verweisung richten soll. In welchem Umfang der Versicherte noch Schutz genießt, mit welchen Nachteilen und Belastungen er – außerhalb des von der Bedingung gesteckten Rahmens finanzieller Einbußen – rechnen muss, wird ihm daher durch eine solche „Tätigkeitsklausel" regelmäßig nicht mehr klar und deutlich vor Augen geführt[102]. Ist sie demnach wegen Intransparenz unwirksam, so gilt im Wege der ergänzenden Vertragsauslegung die allgemeine Beschreibung des Versicherungsfalls Berufsunfähigkeit.

---

[98] BGH v. 14. 6. 1989 NJW-RR 89, 1050 (1051) a. E.
[99] Vgl. den Abdruck in VerBAV 1984, 128, wiedergegeben bei *Benkel/Hirschberg,* Anh. II 6 f.
[100] *Bruck/Möller/Winter,* V 2. Anm G 88.
[101] OLG Koblenz v. 22. 12. 2000, NVersZ 2001, 408; so auch *Prölss/Martin,* § 2 BUZ Rn. 68.
[102] Vgl. zu diesen Voraussetzungen der Transparenz BGH v. 22. 11. 2000, NVersZ 2001, 121; v. 24. 3. 1999, BGHZ 141, 137.

4. Erwerbsunfähigkeitsklausel und Arbeitsunfähigkeitsverträge

52   Die ganz unterschiedlich formulierten „Erwerbsunfähigkeitsklauseln"[103], die in Fällen risikoreicher, besondere Fähigkeiten erfordernder oder ungewöhnlicher Berufe des Versicherungsinteressenten, aber auch für Versicherte ohne Berufsausbildung vereinbart werden[104], scheinen selten zu forensischem Streit zu führen. Sie ersetzen die Anspruchsvoraussetzung des Eintritts von Berufsunfähigkeit durch jene des Eintritts vollständiger oder näher umschriebener Erwerbsunfähigkeit. Mit dem weitgehenden **Verzicht auf jeglichen Berufsschutz,** der Abhängigkeit der Versicherungsleistung von die berufliche Leistungsfähigkeit besonders schwer treffenden Erkrankungen oder Behinderungen und der Erleichterung der Verweisung begründen sie naturgemäß erhebliche Risiken für den Versicherten. Solche Klauseln sind allerdings nach neuem Recht unwirksam, wenn sie den Begriff der Berufsunfähigkeit in einem Berufsunfähigkeitsversicherungsvertrag „ersetzen". Der VR muss dann, wie es § 177 Abs. 1 VVG erlaubt, einen „anderen" Vertrag abschließen.

53   Dann allerdings werden Leistungen nur bei Erwerbsunfähigkeit gewährt, das heißt, wenn der Versicherte – gesundheitsbedingt – voraussichtlich dauernd außerstande ist oder mindestens sechs Monate lang außerstande gewesen ist, **eine Erwerbstätigkeit mit einer gewissen Regelmäßigkeit** auszuüben oder mehr als nur geringfügige Einkünfte durch Erwerbstätigkeit zu erzielen[105]. Andere, sogenannte „eingeschränkte" Abreden verlangen, dass der Versicherte „weder in seinem Beruf oder einer gleichwertigen Tätigkeit noch in einem allgemeinen Büroberuf einsatzfähig ist"[106]. Schließlich tauchen Abreden auf, nach denen die auf den üblichen Ursachen beruhende dauerhafte Erwerbsunfähigkeit als Voraussetzung der bedingungsgemäßen Leistungen dahin definiert wird, dass der Versicherte einen Beruf, der seiner Ausbildung (als Diplomsportlehrer beispielsweise) entspricht in einer gewissen Regelmäßigkeit nicht mehr auszuüben oder in einem Beruf, den er aufgrund seiner Ausbildung ausüben kann, nicht mehr als nur geringfügige Einkünfte zu erzielen vermag[107].

54   Gegen die **Wirksamkeit** solcher Abreden bestehen bei Altverträgen – neue Abschlüsse unter dem Namen einer Erwerbsunfähigkeits- oder Arbeitsunfähigkeitsversicherung begegnen ohnehin keinen Bedenken – regelmäßig keine Einwände[108]. Der durchschnittliche, sie aufmerksam lesende und verständig würdigende VN kann die wesentlichen wirtschaftlichen Nachteile und Belastungen, zu denen die Klausel führen kann, klar erkennen[109]. Eine unangemessene, den Geboten von Treu und Glauben zuwiderlaufende Benachteiligung eines VN, der sich regelmäßig in einer besonders gefahrenträchtigen beruflichen Situation befindet, liegt in einer solchen offenen Gewährung eines bloßen Mindestbedarfsschutzes nicht. Allerdings wird die Auffassung vertreten, der VR dürfe den Versicherten auch bei Vereinbarung einer Erwerbsunfähigkeitsklausel nicht auf ihn überfordernde oder unzumutbare Tätigkeiten verweisen[110]. Das ist natürlich nicht falsch, weil ein Versicherter ihn überfordernde Tätigkeiten gar nicht regelmäßig wird ausüben können und weil Treu und Glauben die Auslegung auch solcher Klauseln leiten müssen. Wer aber einen Erwerbsunfähigkeitsvertrag hinnimmt, muss gleichfalls hinnehmen, dass der Maßstab der Zumutbarkeit einer Erwerbstätigkeit gerade nicht der bisherige Beruf, die Ausbildung und Erfahrung oder die Lebensstellung des Versicherten sind sondern eben eine beliebige, mehr als nur geringfügige Einkünfte versprechende Arbeit. Unzumutbar werden daher von vornherein nur wenige Erwerbstätigkeiten sein.

---

[103] Vgl. den allerdings die Vielfalt heutiger Klauseln nur beschränkt abbildendenden Abdruck bei *Benkel/Hirschberg,* Anh. 3. Teil II 6 e.

[104] *Voit,* Rn. 260 ff.

[105] Fassung der Veröffentlichung in VerBAV 1984, 127.

[106] Zit. nach *Voit,* Rn. 264.

[107] Vgl. die mitgeteilte Klausel in OLG Saarbrücken v. 4. 4. 2001, VersR 2002, 964.

[108] Offen gelassen von OLG Karlsruhe v. 16. 6. 1994, r+s 1995, 278.

[109] Vgl. zu den Maßstäben einer solchen Kontrolle vor allem BGH v. 24. 3. 1999, BGHZ 141, 137 zur privaten Arbeitslosigkeitsversicherung.

[110] *Voit,* Rn. 263.

Die Auslegung solche AVB kann allerdings keinen Rückgriff auf das **Sozialversiche-** 55 **rungsrecht** nehmen, das – heute – die Begriffe der teilweisen und vollständigen Erwerbs- minderung kennt und einen Rentenanspruch wegen Erwerbsunfähigkeit nur dann gewährt, wenn der Versicherte dauerhaft außerstande ist, unter den üblichen Bedingungen des allge- meinen Arbeitsmarktes mehr als eine bestimmte tägliche Arbeitszeit abzuleisten[111]. Das folgt nicht nur aus der Verwendung unterschiedlicher Formulierungen der Anspruchsvorausset- zungen und ihrer Eingliederung in ein anderes System von Versicherung sondern auch da- raus, dass bei der Entwicklung der gegenwärtig bekannten Erwerbsunfähigkeitsklauseln eine andere sozialversicherungsrechtliche Lage bestand. Gleichwohl kann die vertragliche Hürde, die der Versicherte finanziell nicht ohne Anspruchsverlust überspringen darf – er darf nicht „mehr als nur geringfügige Einkünfte" erzielen können – sozialrechtlichen Wertungen fol- gend bemessen werden[112]: ihr Vorbild ist § 8 IV SGB IV. Die jeweilige Höhe des erzielbaren Verdienstes ist allerdings aufgrund der Formulierungen der Klauseln typischerweise „dynami- siert".

5. Rentenklauseln

Gelegentlich beschäftigen die Rechtsprechung Klauseln, die andere unwiderlegliche Ver- 56 mutungen der Berufsunfähigkeit enthalten. Dazu gehört eine Bedingung, nach der Berufsun- fähigkeit angenommen wird, wenn dem Versicherten ausschließlich wegen seines Gesund- heitszustands eine Berufs- oder Erwerbsunfähigkeitsrente **nach den Bestimmungen der gesetzlichen Rentenversicherung** gewährt wird. Dazu zählen dann auch Versorgungsleis- tungen eines berufsständischen Versorgungswerks[113], nicht aber Bescheide über die Gewäh- rung von Ruhestandsbezügen an einen Beamten.

C. Gesundheitliche Voraussetzungen des Versicherungsfalls

I. Krankheit, Körperverletzung, Kräfteverfall

Berufsunfähigkeit im Sinne der regelmäßig verwendeten Bedingungen setzt voraus, dass 57 der Versicherte **„infolge Krankheit, Körperverletzung oder mehr als altersentspre- chendem Kräfteverfall" (§ 172 Abs. 2 VVG)** voraussichtlich dauernd außerstande ist, sei- nen bisherigen Beruf oder einen Verweisungsberuf in einem bestimmten Grad auszuüben. Die in den AVB enthaltene Regelung, dass Krankheit, Körperverletzung oder mehr als alters- entsprechender Kräfteverfall ärztlich nachzuweisen sind, hat keine weiter führende Bedeu- tung. Natürlich muss der VN die gesundheitlichen Voraussetzungen des Versicherungsfalls beweisen und natürlich genügt dazu nicht ein beliebiges Attest. Die gesundheitlichen Ursa- chen lassen sich nicht scharf voneinander abgrenzen und sind einander auch gleichwertig. Ihre Interpretation muss allerdings Bedacht darauf nehmen, dass es um den Schutz des Versi- cherten vor einer durch die genannten Ursachen herbeigeführten voraussichtlich auf Dauer bestehenden Beeinträchtigung seiner Arbeitsfähigkeit geht. Es handelt sich um durchaus **ei- genständige juristische Merkmale,** deren Vorliegen maßgeblich von der medizinischen Bewertung der gesundheitlichen Verhältnisse des Versicherten abhängt.

Unter einer **Krankheit** wird herkömmlich ein regelwidriger physischer oder psychischer 58 Zustand des Versicherten verstanden, eine Störung der Lebensvorgänge in Organen oder im Organismus mit der Folge objektiv feststellbarer physischer oder psychischer oder subjektiv empfundener – funktioneller – Veränderungen. Das klingt einfach, ist es aber nicht, weil auch unter Medizinern unterschiedliche Definitionen von Krankheit bestehen. Eine **Diag- nose** ist keine Krankheit. Als Krankheit ist auch nicht schon die subjektive Anomalität, die von dem Versicherten lediglich selbst empfundene Abweichung vom Bild eines gesunden

---

[111] § 43 Abs. 1, 2 SGB IV.
[112] *Voit*, Rn. 262.
[113] BGH v. 7. 3. 2007, VersR 2007, 821.

Menschen zu betrachten. Vielmehr bedarf es der medizinisch zu diagnostizierenden Regel-
widrigkeit der gesundheitlichen Verhältnisse[114]. Auf die Behandlungsbedürftigkeit oder Be-
handlungsfähigkeit der Erkrankung kommt es allerdings nicht an. Gebrechen und Behinderungen können für die Berufsunfähigkeitsversicherung eine Krankheit darstellen. Es kommt
auch nicht darauf an, ob der Versicherte seine gesundheitliche Beeinträchtigung erkannt hat
oder erkennt. Maßgeblich ist ihr Vorliegen, nicht ihre Diagnose. Abweichende Bedingungen
können allerdings zu abweichenden Wertungen führen[115].

59   Unter **Körperverletzung** versteht man den physischen Eingriff in die körperliche Unver-
sehrtheit ebenso wie die physische oder psychisch vermittelte Störung der inneren Lebensvorgänge, des körperlichen oder seelischen Wohlbefindens. Störungen des psychischen Emp-
findens sind als Körperverletzung zu betrachten, wenn sie nach medizinischer Beurteilung
behandlungsbedürftig sind, auch wenn sie keine organische Ursache haben. **Mehr als alters-
entsprechender Kräfteverfall** ist das Nachlassen der körperlichen und geistigen Kräfte, die
Minderung der Belastbarkeit über den „normgemäßen" Zustand hinaus. Allerdings versteht
der allgemeine Sprachgebrauch unter „Kräfteverfall" auch eine altersgemäße Verminderung
des Leistungsvermögens. Jedoch zeigt schon der dem VN erkennbare Zusammenhang mit
den anderen genannten Ursachen von Berufsunfähigkeit, Krankheit und Körperverletzung,
dass nur ein regelwidriger Verlauf der gesundheitlichen Entwicklung gemeint ist. Auch
schützt die Berufsunfähigkeitsversicherung nicht das Interesse des Versicherten an einer allgemeinen Vorsorge vor altersbedingter Arbeitslosigkeit. Das heißt indessen nicht, dass die medizinische Beurteilung des Gesundheitszustands eines Versicherten nach seinem Alter gewissermaßen berufsbezogen erfolgt: Körperlich schwer arbeitende Menschen, vor allem solche,
deren Beruf bestimmte Teile des Skeletts besonders belastet, weisen häufig typische Abnutzungserscheinungen – der Kniegelenke oder der Lendenwirbelsäule beispielsweise – auf. Die
„Vergleichsgruppe" ist aber nicht berufsspezifisch zu bestimmen (Wie ist der physische
Zustand 50jähriger Fliesenleger?) sondern **alterspezifisch** (Wie ist der physische Zustand
von 50jährigen?). VR, die sich vor diesem Risiko in bestimmten Berufen schützen wollen,
müssen dies daher über die Laufzeit des VV regeln. Die genannten gesundheitlichen Ursachen schließen es im Übrigen selbstverständlich nicht aus, Produkte anzubieten, die Berufs-
unfähigkeitsschutz nur bei bestimmten benannten (dread disease) Erkrankungen bieten. Sie
formen kein Leitbild für Versicherungen gegen den gesundheitsbedingten Verlust des Arbeitsplatzes im Allgemeinen.

60   Ob ein regelwidriger gesundheitlicher Zustand den Versicherungsfall herbeigeführt hat, ist
durch **„rückschauende Betrachtung"** zu bestimmen. Der Versicherungsfall tritt nicht mit
der Erkrankung und auch nicht damit ein, dass der Versicherte nicht in der Lage ist, die von
ihm bislang ausgeübte berufliche Tätigkeit fortzuführen. Entscheidend ist vielmehr – sieht
man von AVB-Regelungen zur „fiktiven" Berufsunfähigkeit nach Ablauf einer gewissen
Dauer der Berufsunfähigkeit ab – der Zeitpunkt, in dem eine günstige Prognose für die Wiederherstellung der beruflichen Fähigkeiten nicht mehr gestellt werden kann[116]. Das bedeutet:
Die „rückschauende Betrachtung" verlangt eine (nachträglich unternommene) **objektive
ex-ante-Sicht** der gesundheitlichen Verhältnisse des Versicherten. Der VR darf nicht aufgrund der Dauer der Regulierung davon profitieren, dass neuere medizinische Erkenntnisse
im Nachhinein bessere Heilungschancen oder auch nur Erkenntnismöglichkeiten bieten.
Und dem VN darf es nicht zugute kommen, dass ursprünglich Erfolg versprechende Versuche
der Heilung sich nun als gescheitert erweisen. Vielmehr kommt es darauf an, von wann ab aus
dem zu diesem Zeitpunkt gegebenen gesundheitlichen Zustand des Versicherten und bei
dem „damaligen" Stand der medizinischen Wissenschaft (von einem sorgfältigen Arzt) der

---

[114] Vgl. zum Verlust des Geschmackssinns OLG Hamm v. 13. 6. 2001, NVersZ 2002, 20; zur „psycho-
physischen" Fitness OLG Frankfurt/M. v. 20. 3. 2003, VersR 2003, 979.
[115] OLG Frankfurt/M. v. 20. 3. 2003, VersR 2003, 979 („lost of licence").
[116] BGH v. 11. 10. 2006, VersR 2007, 383; v. 21. 3. 1990, VersR 1990, 729 (730); BGH v. 22. 2. 1984,
NJW 1984, 2814; OLG Saarbrücken v. 19. 5. 1993, VersR 1996, 488; OLG Karlsruhe v. 20. 3. 2007, r+s
2007, 255.

Schluss gezogen werden musste, dass der Versicherte dauerhaft zu beruflicher Tätigkeit außer Stande sein würde. Hypothetische und nicht hinreichend wahrscheinliche Besonderheiten der individuellen gesundheitlichen Entwicklung – Spontanheilungen etwa – oder denkbare Fortschritte der Heilkunde stehen der Prognose der Dauerhaftigkeit nicht entgegen. Krankheiten, die typischerweise in überschaubarer Zeit ausheilen oder deren Erfolg versprechende Behandlung noch nicht abgeschlossen ist, hindern die Annahme dauerhaften Außerstandeseins zu beruflicher Tätigkeit. Damit ist bedeutsam, welcher **Zeitraum** der medizinischen Beurteilung **der voraussichtlichen Dauerhaftigkeit** zugrunde zu legen ist. Verschlechterungen des Gesundheitszustands, deren Eintritt nicht ohne weiteres vorauszusagen war, führen nicht deshalb, weil sie mit der Grunderkrankung zusammenhängen, zur Annahme von Berufsunfähigkeit bereits im Zeitpunkt der Grunderkrankung. Allerdings sind manche gesundheitlichen Schäden, gerade auch solche, die durch einen Unfall sofort verursacht sind, von solchem Ausmaß, dass schon ihr Eintritt auf dauerhafte Berufsunfähigkeit schließen lässt.

Dispositionen eines Versicherten zu bestimmten Erkrankungen begründen, solange sie **61** sich nicht manifestiert haben, ebenso wenig Berufsunfähigkeit wie konstitutionelle Schwächen oder anlagebedingte Minderbelastbarkeiten[117]. Daher löst, so seltsam das sein mag, der HIV-Nachweis nicht von vornherein den Versicherungsfall aus, auch wenn aus ihm berufsrechtliche Konsequenzen (beispielsweise ein Berufsverbot für einen Arzt) gezogen werden: Er stellt allein als solcher noch keine zu funktionellen Beeinträchtigungen führende Krankheit dar. Ob das alles schon dem Begriff der Krankheit entnommen werden kann oder der Notwendigkeit, dass durch die Krankheit die Fähigkeit des Versicherten beeinträchtigt sein muss, seinen bisherigen Beruf oder einen Vergleichsberuf auszuüben, ist unerheblich. Angeborene oder nachträglich erworbene Veranlagungen mögen – nicht anders als eine Infektion – das Risiko des Eintritts von Berufsunfähigkeit erhöhen, ihr Vorhandensein allein setzt den Versicherten nicht außer Stande, seinem Beruf nachzugehen. Ob eine Disposition eine Erkrankung auslöst, ob die ausgelöste Erkrankung therapiert werden kann, ob sie überhaupt ins Gewicht fallende Auswirkungen auf die Berufstätigkeit des Versicherten hat, ist völlig offen.

Psychische Krankheiten können Berufsunfähigkeit begründen. Sie bereiten allerdings in **62** der Praxis besondere Probleme, weil sie selten auf fassbaren Feststellungen beruhen. Ungeachtet dessen müssen sie „bewiesen" werden. Insoweit ist allerdings nicht zu verlangen, dass aufgrund objektivierbarer, messbarer Faktoren oder durch bildgebende Instrumente von einer Krankheit auszugehen ist[118]. **„Somatoforme" Schmerz- oder Funktionsstörungen** werden zuweilen gerne dann attestiert, wenn für nicht von vornherein von der Hand zu weisende Beschwerden eines Versicherten physische Korrelate nicht zu erkennen sind. Aber auch dann genügen nicht „Wahrscheinlichkeitserwägungen"[119]. Gerade psychische Belastungen eines Versicherten sind aber **nicht immer leicht dem Merkmal einer „Krankheit" zuzuordnen.** Versicherte können an Verstimmungen, Befindlichkeitsschwankungen, Motivationsstörungen, Unlustempfinden oder schlicht Erschöpfungszuständen leiden, die zu Niedergeschlagenheit, zu depressiven Reaktionen führen und – aus der Sicht des Versicherten – ihm seinen beruflichen Einsatz nachhaltig erschweren. Das kann nicht ohne weiteres als Krankheit betrachtet werden, auch wenn die vom Versicherten konsultierten Ärzte (aus therapeutischen Gründen) zuweilen geneigt sein werden, eine solche zu attestieren[120]. In der Rechtsprechung findet sich die Überlegung, solche **psychischen Störungen** nicht als „Krankheit" anzuerkennen, die der Versicherte durch Anstrengung seines Willens und seines Verstandes tatsächlich beherrschen kann[121]. Vermag er das, steht das in der Tat in der Regel der Annahme einer bei

---

[117] BGH v. 27. 9. 1995, VersR 1995, 1431.
[118] Unklar OLG Köln v. 23. 5. 2005 – 5 U 171/01 n. v.; vgl. auch OLG Koblenz v. 27. 1. 2005, ZfS 2005, 404.
[119] Vgl. aber OLG Hamm v. 21. 6. 1996, VersR 1997, 827.
[120] Zum geringen Wert solcher Zeugnisse aufgrund ihrer meist andersartigen Zielsetzung zu Recht *Müller-Frank*, S. 37.
[121] OLG Köln v. 5. 6. 2002, VersR 2002, 1365.

Andauern zu Berufsunfähigkeit führenden Krankheit entgegen. Kopfschmerzen, die mit Schmerzmitteln ohne Nebenwirkungen bekämpft werden können, Allergien, denen durch Vorsichtsmaßnahmen begegnet werden kann, sind ebenso wie ein depressives Syndrom aus medizinischer Sicht „regelwidrige" Zustände des Körpers oder der Seele; versicherungsvertragsrechtlich sind es keine zur Berufsunfähigkeit führende „Krankheiten"[122]: Denn nach dem Konzept der Bedingungen muss es sich bei einer „Krankheit" um solche Abweichungen vom Normalen handeln, die einerseits das Gewicht besitzen, die berufliche Leistungsfähigkeit des Versicherten nennenswert herabzusetzen, denen andererseits grundsätzlich ein Moment der Dauer eigen sein kann, und die der Versicherte schließlich, verfügte er nicht über eine Berufsunfähigkeitsversicherung, mit ihm zumutbaren, alltäglichen und als selbstverständlich betrachteten Mitteln beherrschen und bewältigen würde. Jedoch kann die Frage, ob der Versicherte sein empfundenes Leiden willentlich beherrschen kann, auch in die Irre oder in die Untiefen der Ratlosigkeit davor für, was wen oder wer was zu beherrschen vermag.

63   Gerade dann, wenn ein VN psychische Belastungen als Grund seiner Berufsunfähigkeit geltend macht, sind daher **erweiterte Darlegungslasten** zu beachten. Zwar kann von einem Versicherten nicht verlangt werden, dass er einen Versicherungsfall nur unter Angabe medizinisch nachvollziehbarer Beschreibungen seiner Erkrankung anzeigt. Jedoch ist regelmäßig bei der Behauptung psychischer Störungen unerlässlich, dass der Versicherte darlegt, wann, wie oft, wie lange, mit welcher Intensität und Dauer welche tatsächlichen Störungen seiner beruflichen Tätigkeit aufgetreten sind. Nur so lässt sich nämlich im Streit feststellen, ob die gesundheitliche Beeinträchtigung tatsächlich vorliegt, ob und in welchem Maße sie die berufliche Tätigkeit beeinflusst und ob sie von Dauer ist[123]. Das gilt in besonderem Maße dort, wo die berufliche Tätigkeit durch psychische Belastungen ganz unterschiedlich berührt sein kann[124]. Noch entscheidender als die Beachtung von Darlegungslasten ist eine **gründliche und tiefenscharfe Beweiserhebung.** Versicherer aber auch Gerichte müssen darauf achten, Fragen an den medizinischen (psychiatrischen) Sachverständigen zu stellen, die eine „belastbare" Antwort erlauben und die dort, wo eine Diagnose im Wesentlichen auf der Schilderung von Beschwerden durch den Versicherten beruht, die medizinische Glaubhaftigkeit des Befundes (und nicht die Vertretbarkeit einer Therapieeinleitung) sichert. Das ist deshalb nicht einfach, weil medizinische Sachverständige (und schon gar die von dem Versicherten beanspruchten Ärzte) bei nicht objektivierbaren Beschwerden des Betroffenen gelegentlichen meinen, auf der Grundlage der Darstellung des Versicherten eine Diagnose abgeben zu müssen. Zwar ist Voraussetzung der Annahme von Berufsunfähigkeit **keineswegs allein das Vorliegen „objektiver" Befunde aufgrund bildgebender Methoden**[125]. Fehlen sie – möglicherweise krankheitstypisch – so muss sich eine sachverständige Begutachtung mit der **Schilderung der Beschwerden durch den Versicherten** auseinandersetzen. Sie darf sich dann auf die Beschwerdeschilderung „stützen" – was weder medizinisch noch juristisch als alleiniges Fundament missverstanden werden darf –, sie aber nicht unbesehen hinnehmen[126]. Dazu muss sie sie in ihrem leidensgeschichtlichen Kontext (Therapiestrategien, Kompatibilität mit dem Alltag) umfassend erheben und ihre Plausibilität mit den dafür zur Verfügung stehenden Methoden (MMPI-2; SFSS) und geeigneten testpsychologischen Verfahren (vor allem bei den typischerweise relevanten kognitiven Beeinträchtigungen) prüfen.

64   Die Bedingungen stellen mit unterschiedlichen Ansätzen die **„Pflegebedürftigkeit"** (soweit sie sich nicht aus einer vorüber gehenden akuten Erkrankung ergibt) der Berufsunfähigkeit gleich[127]. Als pflegebedürftig wird ein Versicherter – in weitgehender sachlicher Übereinstimmung jedoch textlicher Abweichung von §§ 14, 15 SGB XI – regelmäßig betrachtet,

---

[122] OLG Köln v. 5. 6. 2002, VersR 2002, 1365.
[123] OLG Saarbrücken v. 2. 11. 2006, NJW-RR 2007, 755.
[124] OLG Saarbrücken v. 8. 3. 2006, VersR 2007, 96.
[125] BGH v. 14. 4. 1999, VersR 199, 838
[126] Vgl. die Auseinandersetzung von *Stevens/Foerster,* Versicherungsmedizin 2000, 76 und *Römer,* BUZaktuell 2005, 16.
[127] Vgl. *van Bühren/Terbille,* § 14 Rn. 90 ff.

wer wegen Krankheit, Körperverletzung oder Kräfteverfall über mehr als sechs Monate hinaus oder auf Dauer bestimmte gewohnheitsmäßige und regelmäßig wiederkehrende Verrichtungen des täglichen Lebens auch bei Einsatz technischer und medizinischer Hilfsmittel nur mit Hilfe einer anderen Person wahrnehmen kann (§ 2 Abs. 6 BUZ 90). Dabei wird die Klassifikation der Pflegebedürftigkeit nach mit der Leistungspflicht des VR korrespondierenden Pflegestufen vorgenommen, die sich aus einer Punktetabelle – die ihrerseits einzelne Punkte der Art der benötigten Hilfen zuordnet – ergeben[128]. Je nach der aus der Punkteaddition folgenden Pflegestufe leistet der VR bestimmte prozentuale Anteile der versprochenen Berufsunfähigkeitsrente. In der Berufsunfähigkeitsversicherung spielt die Pflegebedürftigkeit als Ursache des Versicherungsfalls keine nennenswerte Rolle. Liegt eine leistungsrelevante Pflegebedürftigkeit vor, vermag der Versicherte also beispielsweise nicht nur nicht mehr alleine aufzustehen oder zu Bett zu gehen, sondern sich auch nicht mehr allein an- und auszukleiden und nicht mehr fortzubewegen (das ergäbe 3 Punkte und damit die Pflegestufe I mit einem Anspruch auf 40% der versprochenen Versicherungsleistung), so ist er ohnehin regelmäßig zu mehr als 50% berufsunfähig.

II. Voraussichtliche Dauerhaftigkeit der Berufsunfähigkeit

Berufsunfähig ist ein Versicherter, wenn sein Gesundheitszustand ihn **„voraussichtlich** 65 **dauernd"** daran hindert, seinen Beruf oder eine andere Tätigkeit, auf die er verwiesen werden kann, auszuüben. Die damit – abgesehen von den Fällen der vermuteten Berufsunfähigkeit – verlangte Notwendigkeit der medizinischen Prognose, wie sich die Krankheit, die Körperverletzung oder der Kräfteverfall des Versicherten künftig entwickeln werden, ist nicht nur von Bedeutung für die Frage, ab welchem Zeitpunkt die Leistungspflicht des VR beginnt. Zu dem Zeitpunkt, zu dem sie gestellt werden kann, ist der Versicherungsfall eingetreten. Ob er schon von der Deckungspflicht umfasst oder vorvertraglich ist oder ob der VR trotz einer Aufhebung des Vertrages eintrittspflichtig ist, richtet sich danach, von wann an die geforderte Voraussage abgegeben werden kann[129]. Gemeint ist angesichts der von den Bedingungen erkannten und geregelten Möglichkeit eines Wegfalls der Berufsunfähigkeit oder einer Minderung ihres Grades und angesichts der Überforderung des Versicherten, verlangte man von ihm den Nachweis der Berufsunfähigkeit bis zum regelmäßigen altersbedingten Ausscheiden aus dem Berufsleben, schlicht die Nichtabsehbarkeit der Fortdauer seines Zustandes – und nicht etwa, selbst wenn eine § 2 Abs. 3 BUZ 90 entsprechende Fiktion versprochen ist, die Nichtabsehbarkeit innerhalb der nächsten 6 Monate[130].

Voraussichtlich auf Dauer besteht der Zustand des Versicherten allerdings noch nicht, wenn 66 sein Leiden nicht ohne Aussicht auf Erfolg **behandelt wird.** Dabei wird die Prognose allerdings nur von solchen Maßnahmen der Heilung oder Rehabilitation beeinflusst, die tatsächlich stattfinden oder wenigstens eingeleitet sind, oder die der Versicherte fest geplant hat, weil sie medizinisch notwendig, gar unabweisbar sind oder schlicht von ihm für sinnvoll erachtet werden. Damit darf die Frage nicht verwechselt werden, ob der Versicherte gehalten ist, ärztliche Behandlungen, eine bestimmte Medikation oder Operation, zur Besserung seines Gesundheitszustandes durchführen zu lassen, mögen sie aus medizinischer Sicht möglich, ratsam oder gar dringend angezeigt sein, solange er sich zu ihnen nicht entschlossen hat. Der VFall ist abhängig davon, wie sich der Zustand des Versicherten voraussichtlich entwickeln wird: Das kann von stattfindenden oder geplanten Therapien abhängig sein. Die Leistungspflicht ist – in bestimmten Maße – abhängig von loyalem Verhalten des Versicherten: Der VR darf insoweit dem Versicherten aber nicht alles sondern nur Zumutbares abfordern. Sich einer Bypassoperation zu unterziehen dürfte vom Versicherten nicht verlangt werden; entschließt er sich, sie vornehmen zu lassen, und ist sie nicht ohne Aussicht auf Erfolg auch für die berufliche Ein-

---

[128] Vgl. i. E. *Bruck/Möller/Winter,* V/2 Anm. G 96 ff.
[129] Vgl. BGH v. 22. 2. 1984, VersR 1984, 630.
[130] BGH v. 11. 10. 2006, VersR 2007, 383; *Bruck/Möller/Winter,* V 2 G Rn. 60.

satzfähigkeit, vermag die voraussichtliche Dauerhaftigkeit der berufsbezogenen Beeinträchtigung noch nicht beurteilt zu werden[131]. In einem solchen Fall werden allerdings immer wieder die Voraussetzungen der vermuteten Berufsunfähigkeit vorliegen.

67   Wenn eine versicherte Person lediglich **von Zeit zu Zeit erkrankt,** so erlaubt das die Prognose dauerhaft bestehender Berufsunfähigkeit nicht. Anderes gilt, wenn sich das Leiden immer wieder dann aktualisiert, wenn der Versicherte beruflich tätig wird oder wenn zu erwarten ist, dass sich eine Erkrankung häufig und zu unabsehbaren Zeitpunkten zeigt[132]. Allerdings darf es sich dann nicht nur um gelegentliche und sich fortsetzende Zeiten der Arbeitsunfähigkeit, passagere Manifestationen, handeln. Vielmehr muss sich die Erkrankung dadurch auszeichnen, dass sie voraussichtlich jederzeit und unvorhersehbar wieder auftreten wird.

III. Die gesundheitliche Verursachung

68   Der Versicherte muss „infolge" seiner gesundheitsbedingten Beeinträchtigung** berufsunfähig geworden sein. Gelegentlich mündet aber ein Bündel von Geschehensabläufen in die Entscheidung des Versicherten, seine berufliche Tätigkeit aufzugeben: Dem Berufskraftfahrer, dem ein Wirbelsäulenleiden das Führen eines LKWs schwer macht, wird die Fahrerlaubnis auf längere Zeit entzogen, die Umsätze des depressiv gewordenen Kaufmanns gehen im Wettbewerb zurück und er gerät in Vermögensverfall, dem herzkranken Inhaber eines Handwerksbetriebs wird gewerberechtlich die Weiterführung seines Unternehmens in Frage gestellt[133]. Wenn feststeht, dass die weitere Berufsausübung des Versicherten aus anderen – tatsächlichen oder rechtlichen – Gründen als den in den AVB vorausgesetzten Ursachen „unabwendbar ausgeschlossen" ist, so liegt keine versicherte Berufsunfähigkeit vor[134]. Denn Deckung verspricht der VR lediglich für die beruflichen Folgen bestimmter nachteiliger Veränderungen des körperlichen oder geistigen Zustandes des Versicherten, nicht für beliebige nachteilige Veränderungen seiner beruflichen Lage. Gerade die Krankheit, die Körperverletzung oder der Kräfteverfall müssen es also sein, die den Versicherten dauerhaft außerstande setzen, in seinem bisherigen Beruf noch in dem vorausgesetzten Maße tätig zu sein. Haben solche gesundheitlichen Beeinträchtigungen allerdings ihrerseits dazu geführt, dass andere Umstände den Versicherten in seiner Tätigkeit scheitern ließen – ein Krankheitswert besitzender Alkoholismus schließt die Eignung zur Teilnahme im Straßenverkehr aus, die zu einer nicht beherrschbaren Antriebsschwäche führende psychische Erkrankung eines Dienstleisters führt zum Ausbleiben von Kunden und zu wirtschaftlicher Bedrängnis – so ist die Berufsunfähigkeit „infolge" des Gesundheitszustandes des Versicherten eingetreten. Nach dem Zweck des Deckungsversprechens müssen es aber, auch bei einer Mitwirkung „außermedizinischer" Ursachen, immer die „medizinischen" sein, die den entscheidenden Grad der Minderung der beruflichen Kräfte herbeigeführt haben. Das gilt entsprechend auch dort, wo der Versicherte aufgrund einer berufsspezifischen Altersgrenze – vor dem vereinbarten Endtermin der Leistungspflicht – aus seinem Beruf ausscheidet: dem Versicherte ist das dann nicht aufgrund gesundheitlicher Ursachen widerfahren und bezogen auf seinen bisherigen Beruf kann das auch nicht mehr geschehen. Versichert ist er indessen weiter. Denn er kann ja eine andere Tätigkeit aufnehmen, deren gesundheitsbedingter Verlust versichert ist[135].

69   Fraglich ist, was gilt, wenn ein Versicherter seinen tatsächlich regelwidrigen physischen oder psychischen Zustand, also die gesundheitliche Ursache seines Unvermögens zu beruflichem Einsatz, unschwer durch Einnahme von Medikamenten ohne schädliche, ihm nicht zuzumutende Nebenwirkungen oder durch eine andere, ihn nicht nachhaltig belastende **Therapie** beseitigen oder in einer Weise beherrschen könnte, die bedingungsgemäße Berufsunfähigkeit

[131] OLG Hamm v. 25. 1. 1995, VersR 1995, 1039 (1040).
[132] BGH v. 28. 2. 2007, VersR 2007, 777; OLG Saarbrücken v. 13. 4. 2005, NJW-RR 2006, 250.
[133] Vgl. zu einer solchen Konstellation BGH v. 16. 9. 1994, VersR 94, 588.
[134] Vgl. BGH v. 7. 3. 2007, VersR 2007, 821.
[135] *Prölss/Martin/Voit,* § 2 BUZ Rn. 7.

ausschlösse, dies aber schlicht unterlässt[136]. Das kann der Fall sein, wenn eine nicht apparativ gesicherte ärztliche Diagnose eine affektive Störung konstatiert, aber auch dort, wo nicht auszuschließen ist, dass die Bewältigung messbarer gesundheitlicher Störungen durch verträgliche und ungefährliche Medikamente aufgrund der bewussten oder unbewussten Motivation eines Krankheitsgewinns unterlassen wird. Im Geltungsbereich der Obliegenheit, zumutbaren Anordnungen des untersuchenden oder behandelnden Arztes Folge zu leisten, ist die Rechtslage klar[137]. Indessen fehlt es zuweilen an solchen Weisungen des Arztes des Versicherten, die der VR nicht erzwingen kann, liegen lediglich Therapieempfehlungen vor oder, vor allem, begibt sich ein Versicherter gar nicht erst zu einem – fachlich geeigneten – Arzt. Eine Obliegenheit, sich einer ärztlichen Untersuchung zum Zweck der Anordnung von Heilungs- oder Linderungsmaßnahmen zu unterziehen, fehlt.

In einem solchen Fall fragt sich allerdings, ob der Versicherte **„infolge" seines gesund- 70 heitlichen Zustands** „außerstande" ist, seinen bisherigen Beruf oder eine vergleichbare und dem Versicherten abzuverlangende andere Tätigkeit dauerhaft auszuüben. Dass gesundheitliche Beeinträchtigungen, die mit alltäglichen und zumutbaren Medikationen oder Therapien zu bekämpfen sind, häufig auch unbehandelt nach gewisser Zeit abklingen können, die Prognose der Dauerhaftigkeit also nicht aufgestellt werden kann, hilft dem VR nicht weiter, wenn sie den Versicherten jedenfalls sechs Monate lang „quälen". Es kann auch nicht geleugnet werden, dass sie conditio sine qua non für Einbußen seiner Möglichkeiten zu beruflichen Erwerb sind. Schutzzweck des Vertrages über eine BerufsunfähigkeitsV ist es aber, Vorsorge für vom Versicherten schicksalhaft erlittene Gesundheitsrisiken zu treffen, die er nicht auf alltäglichen, selbstverständlichen, unschwer und schadlos zu beschreitenden, ihn nicht nennenswert belastenden Wegen zu beherrschen vermag. Dieser Schutzzweck ist in den Bedingungen angelegt, wenn sie davon sprechen, dass der Versicherte „infolge" seines gesundheitlichen Zustandes **„außerstande"** sein muss. Bei loyalem Verhalten des Versicherten ist er das nicht, wenn er sich so verhält, wie sich kein anderer in gleicher Lage ohne Versicherungsschutz verhalten würde, wenn sein Unvermögen zu beruflicher Tätigkeit also nicht eine aus verständlichen Gründen – der Sorge vor Nebenwirkungen von Medikamenten, der zeitlichen, physischen oder psychischen Belastung einer Therapie, der unverhältnismäßigen Unsicherheiten ihrer Erfolgsaussichten – nicht behandelte Erkrankung ist, sondern geprägt wird vom schlichten Unwillen des Versicherten zu arbeiten und dafür die Voraussetzungen durch Inanspruchnahme medizinischer oder vergleichbarer Hilfen zu schaffen. Nimmt der Versicherte allerdings **ärztliche Hilfe** in Anspruch, die sich als **unzulänglich** erweist, weil beispielsweise unzutreffende Diagnosen gestellt oder bei nachträglicher sachverständiger Bewertung keine oder inadäquate Therapien eingeleitet wurden, so kann die (anfängliche) Berufsunfähigkeit nicht auf der Grundlage überlegenen Wissens anderer Therapeuten verneint werden.

IV. Die gesundheitliche Überforderung

Aus gesundheitlichen Gründen außerstande, in seinem bisher konkret ausgeübten Beruf 71 weiter tätig zu sein oder auch einen „Verweisungsberuf" zu ergreifen, ist der Versicherte auch in den Fällen, in denen er sich durch ein solches Verhalten **gesundheitlich überfordern** würde[138]. Der Versicherte, der ungeachtet einer Erkrankung, einer Verletzung des Körpers oder eines Verfalls seiner Kräfte aus welchen Gründen auch immer weiter arbeitet und damit **„Raubbau" an seiner Gesundheit betreibt,** ist berufsunfähig[139]. Der Grundschullehrerin, die eine linksseitige Stimmbandlähmung erlitten hat, die jedoch weiter – zeitlich re-

---

[136] Vgl. u. a. OLG Saarbrücken v. 10. 1. 2001, NVersZ 2002, 354; v. 23. 7. 2004, VersR 2005, 63; v. 19. 11. 2003, OLGR 2004, 265.

[137] Vgl. *Voit,* Rn. 578 ff.

[138] Vgl. OLG Frankfurt/M. v. 28. 8. 2002, VersR 2003, 230; OLG Saarbrücken v. 29. 10. 2003, VersR 2004, 1165.

[139] Vgl. allg. BGH v. 30. 11. 1994, NJW-RR 1995, 277 (279) a. E.; *Richter* 88, 1207 (1208); *Voit,* Rn. 281, 284.

Rixecker

duzierten – Unterricht erteilt und sich dabei so überanstrengt, dass häufig Heiserkeit, Kehl-kopfschmerzen und Stimmbandkrämpfe auftreten, muss der VR Berufsunfähigkeitsleistun-gen erbringen[140]. Einem Revierförster gegenüber, der an Morbus Bechterew erkrankt ist und die bei Witterungseinflüssen und körperlicher Belastung auftretenden erheblichen Schmerzen nur unter Einnahme von Antiphlogistica beherrscht, ist der Berufsunfähigkeits-versicherer eintrittspflichtig, wenn diese Medikation die Schleimhäute innerer Organe ge-schädigt hat oder schädigen wird[141].

72   Die entscheidende Frage ist jedoch meist, ob und unter welchen Voraussetzungen von einem solchen Raubbau an der Gesundheit auszugehen ist, was also das **Beweismaß** für die gesundheitliche Überforderung ist. Denn nicht immer steht es fest, dass die fortgesetzte oder aufzunehmende berufliche Tätigkeit physische oder psychische Schäden nach sich ziehen wird. Daher kommt es darauf an, ob sich ein Versicherter erst dann überobligationsmäßig ver-hält, wenn solche Nachteile, die Verschlechterung des Gesundheitszustandes oder der Eintritt anderer gesundheitlicher Beeinträchtigungen, nachgewiesen werden können. Bedarf es aber nicht wenigstens einer hohen oder überwiegenden Wahrscheinlichkeit einer solchen Ent-wicklung? Oder genügt schon das – vielleicht entfernte und letztlich nie auszuschließende – Risiko, das gerade von einer ganzheitlichen Medizin leichthin angenommen werden kann, weil ja nie auszuschließen ist, dass gesundheitlich angeschlagene Menschen der Kontinuität der beruflichen Belastung mit Dekompensationen begegnen, der nahe liegende Rat also im-mer sein muss, „einen Gang zurückzuschalten"? Schon darin die Grundlage der gesundheit-lichen Überobligation zu sehen hieße aber letztlich in einem völlig unbestimmten Maße nahezu jedwede potenzielle Erkrankung oder gesundheitliche Beeinträchtigung schon als solche aus-reichen zu lassen, Berufsunfähigkeit zu begründen. **Gesundheitliche Überforderung** setzt daher wenigstens ein **Mindestmaß an Prognosesicherheit** voraus: Nachgewiesene kon-krete Beweisanzeichen müssen das medizinische Urteil tragen, eine bestimmte weitere beruf-liche Tätigkeit werde mit einem messbaren, rational begründbaren Grad von Wahrscheinlich-keit zu weiteren Gesundheitsschäden führen[142]; ist offen, ob solche Nachteile eintreten, besteht lediglich das allgemeine, jedermann treffende Risiko, dass der Körper (oder die Psyche) einen unangepassten Lebenswandel übel nehmen wird, ohne dass dafür spezifische, in der Konstitution und der Tätigkeit des Versicherten liegende Indizien angeführt werden können, fehlt es an den gesundheitlichen Voraussetzungen der Berufsunfähigkeit.

73   Das darf allerdings nicht dahin missverstanden werden, dass von Berufsunfähigkeit immer dann auszugehen wäre, wenn der VN durch einen weiteren beruflichen Einsatz mehr oder we-niger wahrscheinlich Raubbau an seiner Gesundheit betriebe. Es gibt Berufe, von deren Aus-übung altersentsprechend gesunden Versicherten oder solchen mit Dispositionen zu bestimm-ten Erkrankungen abgeraten werden muss, weil sie mit ihrer Ausübung notwendigerweise ein durchaus messbares Risiko von Gesundheitsschäden eingehen. Das ist nicht versichert. Der Versicherte ist nur dann berufsunfähig, wenn er **bereits erkrankt** oder in einem **das alters-übliche übersteigende Maß gebrechlich** ist und ihm aus medizinischer Sicht bei Fortfüh-rung seiner Tätigkeit als solcher oder durch die sie erst ermöglichende Einnahme von Medika-menten die Gefahr einer Verschlimmerung dieses Leidens droht. Maler, Verputzer oder Stuckateure, an deren Skelett kein Krankheitsbefund festzustellen ist, sind nicht deshalb berufs-unfähig, weil ihre Tätigkeit verwringende oder scherende Bewegungen einschließt, die früher oder später mit einiger Gewissheit zu Wirbelsäulenschäden führen werden. Sie können es dann sein, wenn ein Wirbelsäulenschaden bereits aufgetreten ist, der ihnen Maler-, Verputzer- oder Stuckateurarbeiten zwar nicht unmöglich macht, sie ihn jedoch nur unter Schmerzen oder hinreichend wahrscheinlicher Verschlimmerung des Leidens erlaubt.

---

[140] OLG Karlsruhe v. 19. 5. 1982, VersR 1983, 281.
[141] BGH v. 27. 2. 1991, VersR 1991, 450 – „Revierförster".
[142] BGH v. 11. 10. 2000, VersR 2001, 89 – „Studienrat".

V. Die Inanspruchnahme anderer Hilfen

Wenn Versicherte ihren bisherigen Beruf in gleichem zeitlichen Umfang wie früher oder in **74** einem jedenfalls nicht mindestens um die Hälfte reduzierten Umfang tatsächlich weiter aus- üben, so gelingt ihnen das zuweilen auch ohne Raubbau an der Gesundheit nur, weil sie andere Opfer erbringen oder die **Hilfe und das Wohlwollen Dritter** in Anspruch nehmen. Dritte können dabei auch Träger von Sozialleistungen sein, die **Wiedereingliederungshilfen** zur Verfügung stellen. Allerdings gilt vorab, dass der Versicherte nicht außer Stande ist, seinen zu- letzt ausgeübten konkreten Beruf weiter zu führen, wenn die Tätigkeit sich nicht als solche, in ihren prägenden sachlichen Anforderungen, ändert, sondern lediglich Hilfsmittel verwendet werden, die ihre Wahrnehmung ermöglichen. Ein Sachbearbeiter bearbeitet auch dann noch Akten, wenn er zu ihrer Lektüre einer Brille bedarf, die Verwendung einer zur Verfügung ste- henden Tastatur oder Maus verändert den zuletzt ausgeübten Beruf auch dann nicht, wenn der Versicherte sie bislang nicht benutzt hat. Entscheidend ist, dass der VN es dem VR nicht schuldet, sich eine Unterstützung zu beschaffen, auf die er keinen selbstverständlichen und An- spruch hat oder die sich nicht ein jeder im Alltag ohne weiteren Umstände besorgt. Dann ist sein Verhalten, mit dem er die Fortführung seiner beruflichen Tätigkeit sichert **„überobliga- tionsmäßig".** Das wirft – außerhalb der Inkaufnahme gesundheitlicher Risiken – schwierige Fragen auf, vor allem, wenn die Veränderungen des beruflichen Alltags eines Versicherten we- niger handfest werden, weil sie sich in einem Gefüge besonderen Einsatzes des Versicherten und fürsorglicher Begleitung durch Dritte ereignen. In der Rechtslehre wird daher zu Recht darauf aufmerksam gemacht, dass ein Versicherter kaum objektiv außer Stande ist, seinen Beruf fortzuführen, wenn es ihm ohne weiteres zumutbar ist, angebotene Hilfen und erwiesenes Entgegenkommen bei der Gestaltung der täglichen Arbeit anzunehmen[143]. Daher ist eine dif- ferenzierende Betrachtung notwendig.

Das Sozialversicherungsrecht kennt insoweit die Rechtsfigur der **„vergönnungsweisen"** **75** **Tätigkeit.** Damit ist gemeint, dass trotz Aufnahme oder Beibehaltung einer Beschäftigung Berufs- oder Erwerbsunfähigkeit vorliegen kann, wenn der Sozialversicherte lediglich aus so- zialen Gesichtspunkten eine bestimmte Entlohnung erhält oder gar einen bestimmten Arbeits- platz innehat, in Wirklichkeit aber keine Leistung erbringt, die von – entsprechendem – wirt- schaftlichen Wert ist[144]. Die Rechtsprechung zur privaten Berufsunfähigkeitsversicherung hat sich mit der Problematik nur vereinzelt befasst; rechtstatsächlich aber ist sie von keineswegs zu vernachlässigender Bedeutung. Ihre vielfältigen Schattierungen erschweren es allerdings zu er- kennen, dass es um die Frage der Berufsunfähigkeit wegen vertraglich nicht zuzumutender Be- ruftätigkeit geht. Dabei können im Wesentlichen zwei Fallgruppen unterschieden werden. Zum einen geht es darum, dass der Versicherte seine bisherige berufliche Tätigkeit nur fortset- zen kann, indem er sich bestimmter **Hilfsmittel** bedient, die ihm früher nicht zur Verfügung gestanden haben und die er sich – regelmäßig unter Aufwendung von mehr oder weniger er- heblichen Kosten – beschafft hat. Zum anderen geht es darum, dass **Dritte** dem Versicherten unter die Arme greifen, sei es, dass sie am Arbeitsplatz Verrichtungen übernehmen, die zuvor von ihnen nicht verlangt worden sind, sei es, dass sie dem Versicherten einen „berufsunfähig- keitsgerechten" Arbeitsplatz zur Verfügung stellen oder auf eine Minderung der von ihnen ge- schuldeten Vergütung, dem Versicherten entgegenkommend, verzichten.

Hilfsmittel muss der Versicherte in bestimmten Umfang in Anspruch nehmen oder sich **76** beschaffen. Lassen die zur Ausübung des bisherigen Berufs notwendige Sehkraft oder Hörver- mögen mehr als altersentsprechend nach, so tritt der VersFall nicht deshalb ein, weil der Versi- cherte darauf verzichten möchte, eine seine Schwächen ausgleichende Brille oder ein Hörgerät zu benutzen. Löst der bisherige Umgang mit Werkstoffen Allergien aus, die durch das Tragen

---

[143] *Müller-Frank,* S. 41; zur vermeintlichen Irrelevanz von Kompensationsmöglichkeiten vgl. OLG Koblenz v. 23. 7. 2004, ZfS 2005, 575.
[144] Vgl. u. a. BSG v. 25. 4. 1990, SozR 3–2200, § 1247 Nr. 3; BSG v. 23. 4. 1990, SozSich 1991, 26 (31); BSG v. 21. 2. 1989, SozR 2200, § 1247 Nr. 57; BSG v. 29. 9. 1980, SozR 2200, § 1247 Nr. 30.

von Schutzhandschuhen vermieden werden können, liegt keine Berufsunfähigkeit vor[145]. Muss sich der Versicherte indessen teurere Hilfsmittel – beispielsweise einen seiner Behinderung entsprechenden besonders ausgestatteten PC – beschaffen, so stellt sich sehr wohl die Frage, ob er dies dem VR schuldet. Werden dem Versicherten aber **durch Träger der Sozialversicherung Hilfen angeboten,** so verfügt er über sie; fangen sie berufliche Einbußen auf, so muss er sich das auch privatversicherungsrechtlich entgegen halten lassen. Im äußersten Fall kann es einmal darum gehen, dass der VR, **dem managed care** Gedanken folgend, dem Versicherten die benötigten Instrumente zur Verfügung stellt oder sich bereit erklärt, sie zu finanzieren, der Versicherte dies aber nicht in Anspruch nehmen will. Die Rechtsprechung prüft insoweit, ob solche „Investitionen" dem Versicherten „zumutbar" sind, vermag aber nicht immer hinreichend präzise, handhabbare und konsistente Kriterien für ihre Prüfung zu nennen. So hat sie die Notwendigkeit einer das Doppelte des monatlichen Nettoeinkommens eines Familienvaters kostende Geräteanschaffung allein nicht ausreichen lassen, sie jedoch dann für unzumutbar erklärt, wenn der Versicherte nur unter weiteren Erschwernissen berufstätig sein kann[146]. So hat sie – im Rahmen eines Nachprüfungsverfahrens – den Zuerwerb eines weiteren (Speditions-)Unternehmens, der es dem Versicherten erlaubte, sich auf ihm gesundheitlich mögliche Aufsicht führende und leitende Tätigkeiten zu beschränken, als eine eigene Anstrengung betrachtet, die dem VR nicht geschuldet war[147], jedoch für möglich erachtet, einen Versicherten, der als Kraftfahrzeugschlosser berufsunfähig war, auf seine nunmehr ausgeübte Tätigkeit als Inhaber der von ihm – mit gewiss (allenfalls finanziell in absoluten Zahlen geringer wiegenden) eigenen Anstrengungen – erworbenen Kraftfahrzeugwerkstatt mit Waschanlage zu verweisen und von ihm im Übrigen zumindest zeitaufwändige Bemühungen verlangt, einen – ihm nunmehr der Qualifikation nach zugänglichen – Arbeitsplatz erwartet[148]. Das zeigt, dass der Versicherte keineswegs jeden Aufwand, der dem Versicherten die Fortführung seines Berufs erlaubt, dem VR als überobligationsmäßig und nicht zumutbar entgegenhalten darf. Wo aber liegt die Grenze?

77   Natürlich müssen die **Hilfsmittel** dem Versicherten **zugänglich** sein; ihrem Erwerb dürfen keine Hindernisse entgegenstehen. Ihre Nutzung darf keine besondere, die Eingewöhnung an ihre Handhabung übertreffende und einer Fortbildung vergleichbare Schulung voraussetzen. Im Übrigen dürfen von dem Versicherten Opfer erwartet werden, die mit seiner Lebensstellung vereinbar sind. Wenn ihm nämlich zugemutet wird, im Rahmen einer Verweisung eine andere Tätigkeit zu ergreifen, die mit gewissen finanziellen Einbußen verbunden ist, dann ist nicht einzusehen, warum ihm nicht zugemutet werden soll, seine bisherige Tätigkeit fortzusetzen, wenn dies nur mit einem vergleichbaren, gering bleibenden Geldaufwand möglich ist. Dabei kommt es allerdings durchaus im Einzelfall darauf an, in welcher Relation die Finanzierung der Hilfsmittel zum Einkommen des Versicherten steht[149]. Kann der Versicherte nur deshalb weiter arbeiten, weil andere ihm helfen – Angehörige bringen ihn zur sonst nicht erreichbaren Arbeitsstelle, Kollegen übernehmen Handreichungen oder Arbeitsschritte, die ihm gesundheitsbedingt verschlossen sind, der Arbeitgeber zeigt Entgegenkommen bei der Arbeitsorganisation oder Arbeitsplatzgestaltung – so begünstigt solche **Fürsorge,** solange sie überhaupt gewährt wird, den VR grundsätzlich nicht, sieht man einmal von alltäglichen, üblichen und selbstverständlichen Unterstützungen ab[150]. Der BGH hat allerdings sehr viel umfassender formuliert, das Leistungsversprechen des VR stehe nicht unter dem Vorbehalt, dass die Einschränkung der beruflichen Leistungsfähigkeit durch Maßnahmen

---

[145] OLG Hamm v. 19. 12. 1990, r+s 1991, 178; *Voit,* Rn. 295, 310.
[146] BGH v. 11. 10. 2000, NVersZ 2001, 404.
[147] BGH v. 28. 4. 1999, NVersZ 1999, 514.
[148] BGH v. 22. 9. 1999, NVersZ 2000, 127.
[149] Die Vorinstanz zu BGH v. 11. 10. 2000, NVersZ 2001, 404, OLG Saarbrücken v. 1. 9. 1999, 5 U 1044/97 n. v., hat das so gesehen und den Aufwand für die Finanzierung eines Großbildmonitors, der während der Nutzungsdauer 3% des Nettoeinkommens betrug, als hinzunehmen betrachtet.
[150] Vgl. aus dem Sozialversicherungsrecht BSG, SozR 2200, § 1247 Nr. 57 – Hilfe einer Arbeitskollegin, den Arbeitsplatz im Rollstuhl zu erreichen.

Dritter kompensiert wird[151]. Das kann aber vernünftigerweise nicht bedeuten, dass auch Kompensationen, **auf die der Versicherte** – gesetzlich, tarif- oder einzelvertraglich, betriebsvereinbarungsrechtlich oder auch aufgrund betrieblicher Übung – **einen Rechtsanspruch hat** und die ihm tatsächlich gewährt werden, ohne Bedeutung sind und ihrer ungeachtet Berufsunfähigkeit des Berufstätigen anzunehmen ist.

VI. Rechtliche Hinderungsgründe

Die Unfähigkeit, den Beruf fortzuführen, muss auf gesundheitlichen Gründen beruhen. Die rechtliche Unmöglichkeit weiter tätig zu sein ist unerheblich. Wird einem Berufskraftfahrer nach einem schweren Unfall die **Fahrerlaubnis** entzogen, so ist der Versicherungsfall nur dann eingetreten, wenn er aufgrund seiner Verletzungen durch den Unfall tatsächlich auf Dauer außerstande ist, ein Kraftfahrzeug zu führen. Die Versetzung einer Amtsärztin in den Ruhestand wegen Dienstunfähigkeit hindert sie zwar rechtlich daran, als Amtsärztin zu arbeiten; ob sie Leistungen aus ihrer ohne Beamtenklausel abgeschlossenen Berufsunfähigkeitsversicherung erhält, ist aber davon abhängig, ob sie tatsächlich auch aus gesundheitlichen Gründen nicht weiter amtsärztlich tätig sein könnte[152]. Allerdings kennt die Berufsunfähigkeitsversicherung kein „Unmittelbarkeitserfordernis": Führt ein funktionelle Beeinträchtigungen nach sich ziehendes Leiden dazu, dass ein **Berufsverbot** ausgesprochen wird, so ist der Versicherte „infolge Krankheit" außerstande, sein letzte berufliche Tätigkeit fortzusetzen, auch wenn er rein faktisch dazu noch in der Lage wäre[153]. Ist der Versicherungsfall einmal eingetreten und ergeben sich danach rechtliche Hindernisse für die (hypothetische) Berufstätigkeit – der Versicherte wird inhaftiert –, so ändert das an der Leistungspflicht des Versicherers nichts[154]; er kann sich auch nicht im Wege der Nachprüfung von ihr lösen, weil deren vertragliche Voraussetzungen nicht vorliegen.   **78**

VII. Der erforderliche Grad der Berufsunfähigkeit

Die gegenwärtig weit überwiegend verwendeten Vertragsbestimmungen sehen vor, das Versicherungsleistungen erbracht werden, wenn die versicherte Person zu mindestens **50 %** außerstande ist, ihre zuletzt vor Eintritt ihrer gesundheitlichen Beschwerden konkret ausgeübte berufliche Tätigkeit fortzuführen. Das bedeutet, dass ein Versicherter, der **nur noch „halbtags" tätig** sein kann, **berufsunfähig** ist. Frühere Bedingungen, deren Erfüllung nur noch selten streitig zu werden scheinen, staffeln die Versicherungsleistungen. Den jeweiligen „vollen" Anspruch machen sie von einer Berufsunfähigkeit zu $66\,{}^2/_3$ Prozent oder gar von 75 % abhängig, gewähren aber einen entsprechenden prozentualen Anteil des Versprochenen bei mindestens 50 % beziehungsweise mindestens $33\,{}^1/_3$ oder 25 %. Den bedingungsgemäßen Grad der Berufsunfähigkeit, regelmäßig also mindestens 50 % festzustellen, ist schwierig. Taxen sind nicht vereinbart und würden dem Versicherungsfall Berufsunfähigkeit, der in besonderem Maße differenzierend an die Wirkungen eines Leidens auf die konkrete Berufstätigkeit anknüpft, nicht gerecht.   **79**

Die in der Praxis häufig begegnende rein **zeitliche Berechnung des Grades der Berufsunfähigkeit** mag in vielen Fällen zu einem richtigen Ergebnis führen und der beruflichen Beeinträchtigung eines Versicherten gerecht werden. Wenn ein Versicherter statt der bislang von ihm täglich geleisteten acht Stunden Arbeit nunmehr aufgrund einer Erkrankung nur noch $4\,{}^1/_2$ Stunden – der Sache nach aber in gleicher Weise und ohne mehr als quantitativen Einfluss auf seinen Arbeitserfolg – leisten kann, so ist er nicht halbschichtig berufsunfähig. In erster Linie den Zeitaufwand, den ein Versicherter betreiben musste, in Beziehung   **80**

---

[151] BGH v. 11. 10. 2000, NVersZ 2001, 404 (406).
[152] BGH v. 7. 3. 2007, VersR 2007, 821.
[153] Vgl. zur Differenzierung Rn. 61.
[154] A. A. OLG Celle v. 31. 5. 2005, VersR 2006, 394.

zu setzen zu dem Zeitaufwand, der ihm nunmehr gesundheitlich noch möglich wäre, verleitet allerdings zu trügerischer Mathematik. Das gilt vor allem dort, wo sich der tägliche Beruf aus unterschiedlichen, einander abwechselnden Teiltätigkeiten zusammensetzt, der Versicherte also nicht ununterbrochen an einem Schreibtisch sitzt oder an einem Fließband steht. Wenn der Leiter eines kommunalen Gas- und Wasserversorgungsunternehmens während eines normalen Arbeitstages zu 83% Außendiensttätigkeiten und zu 17% Innendiensttätigkeiten wahrnimmt, während des Außendienstes vier Stunden mit Autofahrten zu Baustellen verbringt und nun wegen eines schweren Wirbelsäulenschadens keinesfalls mehr als $1\,{}^1/_2$ Stunden Auto fahren darf, also noch mindestens 37,5% der im Außendienst erforderlichen Mobilität aufbringt, so darf das nicht zu dem Kurzschluss führen, zusammen mit dem 17% igen Anteil der Innendiensttätigkeiten an seiner Gesamtarbeitsleistung führe das dazu, dass er jedenfalls noch zu 54,5% berufsfähig ist. Wenn die Tätigkeit, die er zuletzt ausgeübt hat, vier Stunden Autofahrten täglich voraussetzt, so setzt eine zumindest halbschichtige Tätigkeit zwei Stunden Autofahrten voraus, darf er nur noch $1\,{}^1/_2$ Stunden fahren, so kann er eben nicht mehr halbschichtig tätig sein. Rechenschritte führten also häufig, wenn es sich nicht um eine gewissermaßen monotone Arbeit handelt, zu Scheinplausibilitäten. Vermag eine Versicherte eine Tastatur nicht mehr, wie für ihre Arbeit notwendig, zu bedienen, so ist es völlig unerheblich, welchen Anteil an ihrer täglichen Arbeitszeit die Bedienungsvorgänge hatten: Sie ist vollständig berufsunfähig[155].

81   Die zeitlich-quantitative Betrachtung kann folglich nur eine **erste,** wenn auch wichtige **Annäherung** darstellen. Vermag ein Versicherter seinen bisherigen konkreten Beruf nur mehr halbschichtig oder unterhalbschichtig auszuüben, also statt eines Achtstundentages aus gesundheitlichen Gründen nur noch einen Dreieinhalbstundenarbeitstag durchzuhalten, so ist er berufsunfähig. In dem bedingungsgemäßen Umfang berufsunfähig kann ein Versicherter aber auch sein, wenn er an sich die Hälfte eines Arbeitstages gesundheitlich einsatzfähig ist, jedoch bestimmte Verrichtungen, mögen sie auch in zeitlicher Hinsicht eine geringere Dimension haben, nicht mehr ausüben kann. Das ist jedoch nicht immer dann der Fall, wenn die dem Versicherten gesundheitlich noch in zeitlich ausreichendem Maße möglichen Leistungen von geringerem qualitativen Gewicht sind als diejenigen, die ihm versagt sind. Weiteres – etwa die sich aus der Unfähigkeit zu einzelnen Arbeitsschritten ergebenden Folgen für das Arbeitsergebnis – kann hinzu kommen[156]. **Ärztliche Einschätzungen,** die von einem **bestimmten prozentualen Maß** der Berufsunfähigkeit ausgehen, sind selten verwendbar. Vielmehr müssen sie angeben, welchen Teil seines bisherigen Arbeitstages (5 von 8 Stunden?) der Versicherte noch beruflich tätig sein kann und welche Teile des bisherigen Arbeitsauflaufs ihm in welchem Maße (Überkopfarbeiten gar nicht mehr, Tragen schwerer Lasten über 20 kg nur noch gelegentlich?) ihm verschlossen sind. Gerade auch bei **mitarbeitenden Inhabern handwerklicher oder kaufmännischer Betriebe** ist diese funktionelle Betrachtung von Bedeutung: Je nach dem, was ihnen nicht mehr möglich ist, ist eine Umorganisation durch Beschäftigung von Hilfskräften wirtschaftlich zumutbar oder nicht.

82   Kann ein Versicherter eine Aufgabe, für die er eingestellt ist, nicht oder nicht mehr in dem vorausgesetzten Umfang wahrnehmen, ist er (vollständig) berufsunfähig, auch wenn sie nur während eines begrenzten Teils seines Arbeitstages anfällt. Eine zahnärztliche „Stuhlassistentin", die vormittags wenige Stunden zahnprothetische Arbeiten am Patientenmund zu unterstützen hat und aufgrund eines Wirbelsäulenleidens nicht mehr erfüllen kann, ist zu mindestens 50% berufsunfähig, auch wenn die zeitliche Inanspruchnahme durch andere Arbeiten größer ist als diese Assistenz. Dabei handelt es sich gewissermaßen um eine **vertragliche Prägung des** zuletzt konkret ausgeübten **Berufs.** Davon abgesehen kommt es darauf an, ob ein Versicherter einzelne Verrichtungen, Teile seiner bisherigen Tätigkeit, nicht mehr wahrnehmen kann, von deren Erfüllung abhängt, ob er noch ein sinnvolles Arbeitsergebnis zu er-

---

[155] OLG Hamm v. 10. 5. 2006, VersR 2006, 1481.
[156] OLG Hamm v. 13. 6. 2001, NVersZ 2002, 20; zur vollständigen Berufsunfähigkeit einer Stewardess bei Rückenproblemen LG Landshut v. 26. 9. 2002, r+s 2008, 79.

zielen vermag, oder die **seine konkrete berufliche Tätigkeit im Übrigen prägen,** die ihm nunmehr aber verschlossen sind. Ein Kraftfahrzeugmechaniker, der als einziger Geselle in einer kleinen ländlichen Reparaturwerkstatt beschäftigt ist und durch eine arthrotische Entwicklung im Ellenbogengelenk daran gehindert wird, bestimmte schwere körperliche Arbeiten im Rahmen der Wartung und Reparatur von Kraftfahrzeugen vorzunehmen, ohne dass ihm technische Hilfe zur Verfügung steht, die aber zeitlich weit weniger als 50% der regelmäßigen täglichen Arbeitszeit in Anspruch nehmen und auch gar nicht jeden Tag aber eben immer wieder einmal auftreten, ist zu mehr als 50% berufsunfähig.

Maßgeblich ist folglich die Wertung, ob die restliche Tätigkeit, die ein Versicherter noch **83** ausüben kann, seinem „Beruf" gleichzusetzen ist, ob er seine Arbeit mit den sie **prägenden Merkmalen** noch zu mehr als 50% wahrnehmen kann[157]. Ein Fliesenleger, der sich mit der Sanierung von Badezimmern in Altbauten befasst, und der aufgrund einer Herzerkrankung Tätigkeiten mit einer mittelschweren Beanspruchung des kardiopulmonalen Systems nicht mehr ausüben darf, ist, auch wenn er bei Unterlassung solcher mittelschweren Beanspruchung durch anderweitige Tätigkeit auf Baustellen, Transport- und Entsorgungsarbeiten und kaufmännischer Tätigkeit noch mehr als 50% seiner früheren täglichen Arbeitszeit ausfüllen könnte, berufsunfähig. Denn dass Arbeiten, die mit der verbleibenden Arbeitsfähigkeit noch ausgeübt werden können, bei Wegfall der darüber hinausgehenden Einsatzleistung noch in entsprechendem Umfang anfallen, ist fraglich; auch besteht der Kernbereich der Tätigkeit eines Versicherten in einem solchen Fall gerade in diesen Verrichtungen; sind sie unmöglich, so blieben regelmäßig nur weniger bedeutsame, nicht ins Gewicht fallende, regelmäßig eher Verlegenheitsbeschäftigungen ausmachende Arbeitsleistungen.

Setzt sich die berufliche Tätigkeit aus ganz unterschiedlichen, nicht miteinander ver- **84** bundenen **„Teilberufen" zusammen,** von denen nur einer nicht mehr ausgeübt werden kann, ist die Beurteilung des Grades der Berufsunfähigkeit noch viel schwieriger. Was gilt etwa, wenn ein Versicherter mitarbeitender Inhaber eines kleinen Industrieunternehmens ist, das er trotz seiner unfallbedingten Erkrankung weiter zumutbar zu leiten vermag, wenn er aber zugleich aufgrund von Beraterverträgen international tätig war und ihm dies wegen Reiseunfähigkeit genommen ist? Insoweit kann ein Vergleich der in der jeweiligen „Sparte" erzielten Einkünfte helfen. Vermag die versicherte Person trotz des Wegfalls eines Tätigkeitsbereich noch mehr als die Hälfte ihres beruflichen Einkommens zu erzielen, ist sie nicht berufsunfähig.

Den zuletzt konkret ausgeübten Beruf können auch **überdurchschnittliche Belastun- 85 gen,** die über eine gewisse Zeit ertragen worden sind, prägen. Sie sind allerdings dann nicht zu berücksichtigen, wenn sie von dem Versicherten nicht verlangt werden dürfen oder wenn sie in seinem bisherigen Arbeitsleben zwar gelegentlich aufgetreten sind, mit einer Wiederholung aber nicht notwendigerweise zu rechnen ist und wenn sie das Bild der bisherigen Tätigkeit nicht charakterisieren. Ein Kraftfahrzeugmechaniker in einer technisch gut ausgestatteten Kraftfahrzeugwerkstatt, dessen physische Beeinträchtigungen von den Geräten seiner Arbeitsumgebung voll ausgeglichen werden, ist nicht deshalb zu mindestens 50% berufsunfähig, weil solche Gerätschaften auch immer einmal ausgefallen sind und er sich dann auf seine Körperkräfte nicht verlassen könnte. Ein Gerichtsvollzieher, dessen psychische Belastung ihm nicht erlaubt, seinen (angeblichen) 10- bis 16-Stundentag zu bewältigen, der aber einen 6-Stunden-Arbeitstag leisten kann, ist, auch wenn ein solcher Arbeitsplatz nicht zur Verfügung steht, nicht krankheitsbedingt zu 50% berufsunfähig[158].

Davon abgesehen kommt es zu Gestaltungen, in denen sich Einbußen der Leistungsfähig- **86** keit in zeitlicher Hinsicht nicht maßgeblich auswirken, also weiterhin eine über halbschichtige Tätigkeit erlauben, in denen die prägenden Arbeitschritte auch weiterhin wahrgenommen werden können, jedoch **gewisse andere Misslichkeiten** bestehen, die den Ablauf des beruflichen Alltags belasten, die Struktur der Tätigkeit und das Ergebnis aber nicht substantiell verändern. Ob gesundheitliche Einschränkungen allein oder im Zusammenhang mit der

---

[157] BGH v. 26. 2. 2003, VersR 2003, 631 zu Einzelverrichtungen eines Selbstständigen.
[158] OLG Düsseldorf v. 3. 6. 2003, NJW-RR 2004, 896.

durch sie verursachten Angewiesenheit auf kompensierende Hilfen, die Beschaffung von Hilfsmitteln, die Verlagerung von Teiltätigkeiten auf Arbeitskollegen oder die Unterstützung Dritter dazu führen, eine mindestens 50%ige Berufsunfähigkeit anzunehmen, entscheidet eine **Gesamtwürdigung aller Erschwernisse.** Diese Gesamtwürdigung folgt nicht aus einem tabellarischen, buchhalterischen Vergleich des früheren noch erzielbaren Einkommens, der früheren Arbeitszeit zu der noch wahrzunehmenden, der vorherigen Arbeitsergebnisse zu den jetzt noch erreichbaren. Vielmehr geht es um eine wertende und zugleich quantitativ vergleichende Betrachtung. Ein Studienrat, der bei gleichem Einkommen noch immer deutlich mehr als die Hälfte seiner bisherigen Arbeitszeit leisten kann, aufgrund eines Augenleidens aber einen etwas längeren Weg zur Arbeit hat, der bei Wandertagen und Klassenfahrten, Pausenaufsichten und schulischen Sportveranstaltungen Behinderungen erleidet, ist nur dann als zu mindestens 50% berufsunfähig zu betrachten, wenn die Gesamtheit der Einbußen das gleiche Gewicht hat wie der Ausfall einer prägenden Einzelverrichtung oder in zeitlicher Hinsicht ein vergleichbares Maß einnimmt wie eine Reduzierung der Unterrichtsstundenzahl um die Hälfte.

VIII. Vorvertragliche und nachvertragliche Berufsunfähigkeit

87   Naturgemäß ist auch in der Berufsunfähigkeitsversicherung der materielle Versicherungsbeginn maßgeblich für den Versicherungsschutz. Das bedeutet, dass die Berufsunfähigkeit **während der Dauer des Vertrages,** des Zeitraums der Gefahrtragung also, eingetreten sein muss. Ist sie vorvertraglich – in dem bedingungsgemäßen Umfang – entstanden, werden keine Leistungen geschuldet. Allerdings kann aus einem bestimmten Verhalten des VR die unwiderlegbare Vermutung des Eintritts der Berufsfähigkeit während der Gefahrtragung gefolgert werden. Dafür kann sprechen, wenn er, wie es zuweilen im Rahmen von Gruppenverträgen geschieht, auf eine Risikoprüfung verzichtet oder sich ausdrücklich damit begnügt, dass ihm zutreffend erklärt wird, der Versicherte sei zum Zeitpunkt des Vertragsabschlusses arbeitsfähig[159]. Die gesundheitlichen Gründe, die den Versicherten außer Stande setzen, beruflich in dem dem Vertrag entsprechenden Maße tätig zu sein, müssen also nach dem vereinbarten Beginn des Versicherungsschutzes eingetreten sein. Lag vorvertraglich lediglich eine **Disposition** zu einer bestimmten, sich später (nach dem materiellen Versicherungsbeginn) aktualisierenden Erkrankung vor – eine allergische Veranlagung verwirklicht sich, nachdem der VN beruflich bestimmten Stoffen ausgesetzt ist – so tritt der Versicherungsfall während der Dauer der Versicherung ein[160]. Das folgt nicht nur aus dem Wortlaut der AVB, nach dem der Zeitpunkt entscheidet, zu dem Krankheit, Körperverletzung oder Kräfteverfall dem Versicherten die Fähigkeit zur Berufstätigkeit nehmen, sondern auch aus dem Sinn des Versicherungsschutzes, der weitgehend entwertet würde, käme es auf latente Risiken an. Aber nicht nur Dispositionen begründen keine vorvertragliche, nicht versicherte Berufsunfähigkeit. In den gewiss seltenen Fällen, in denen der VR einen Vertrag in Kenntnis eines risikoreichen Gesundheitszustands des Versicherten schließt oder sich bei Abschluss in dessen Unkenntnis von ihm nicht lösen kann, in denen aber der Versicherte vorvertraglich erkrankt, verunfallt oder gebrechlich war[161], aber aus medizinischer Sicht Heilungs- oder Besserungschancen bestanden, ist die Berufsunfähigkeit gleichfalls erst während der Dauer des Vertrages eingetreten, auch wenn sich einmal an dem Gesundheitszustand des Versicherten nichts, nur etwas an der Prognose seiner Dauerhaftigkeit geändert hat[162]. War allerdings in einer solchen vertraglichen Konstellation der Versicherte schon sechs Monate vor dem materiellen Versicherungsbeginn an der Ausübung seines Berufs in dem bedingungsgemäßen Umfang gehindert, lag also ein

---

[159] OLG Nürnberg v. 27. 2. 1992, NJW-RR 1992, 673; LG Hamburg v. 2. 12. 1999, VersR 2002, 427.

[160] LG Bielefeld v. 22. 3. 1991, VersR 1992, 949.

[161] Vgl. zur Annahme der konkludenten Vereinbarung einen Versicherten als vorvertraglich berufsfähig zu betrachten durch Verzicht auf die Stellung von Gesundheitsfragen OLG Nürnberg v. 27. 2. 1992, NJW-RR 1992, 673.

[162] *Voit,* Rn. 285.

Fall des § 2 Abs. 3 BUZ 90 vor, so schuldet der VR keine Leistungen[163]. Das gilt, obwohl die Fiktion der dauerhaften Berufsunfähigkeit einer (schon) versicherten Person gilt, die sie begünstigen will uns sich der VR gegen seine Inanspruchnahme an sich durch die vorvertragliche Anzeigeobliegenheit hinreichend zu schützen vermag. Denn § 2 Abs. 3 BUZ 90 „interpretiert" nur, wann nach § 1 Abs. 1 BUZ 90 Leistungen wegen Berufsunfähigkeit erbracht werden: wenn der Versicherte (erst) nach Vertragsabschluss berufsunfähig wird.

Fraglich ist, ob vorvertragliche Berufsunfähigkeit (und damit Fehlen von Versicherungs-   **88** schutz) nur voraussetzt, dass der Versicherte seinen bisherigen Beruf gesundheitsbedingt vor Versicherungsbeginn nicht mehr ausüben konnte. Liegen dem Vertrag AVB zugrunde, die eine abstrakte Verweisung zulassen, tritt der Versicherungsfall nicht schon bei Außerstandesein zur bisherigen Tätigkeit ein sondern erst dann, wenn auch keine Verweisung möglich ist. Die Rechtsprechung geht davon aus, dass **beide Elemente der Berufsunfähigkeit** während der Dauer des Vertrages kumulativ eingetreten sein müssen, schon das vorvertragliche Vorliegen eines Elements also dem Versicherten schadet[164]. Das wird von der Literatur mit dem Argument gebilligt, wenn der Versicherte schon den im Versicherungsantrag angegebenen Beruf, den der VR seiner Risikoprüfung zugrunde lege, nicht mehr ausüben könne, entspreche es der Interessenlage, den Versicherten an dieser beruflichen Tätigkeit festzuhalten; der VR dürfe nämlich bei Vertragsschluss darauf vertrauen, schon dann nicht leistungspflichtig zu sein, wenn der Versicherte weiter wie bisher arbeiten könne oder, wenn nicht, jedenfalls auf eine andere Tätigkeit verwiesen werden könne[165]. Das überzeugt nicht. Schon der Wortlaut der Bedingungen umschreibt den Versicherungsfall durch zwei Umstände, die kumulativ vorliegen müssen. Die Bedingungen differenzieren nicht nach der Gewichtigkeit dieser Elemente. Der VR, der seine Eintrittspflicht von der Verwirklichung zweier Gefahrumstände abhängig, darf sich schwerlich – von Fällen der Anfechtung des Vertrages oder des Rücktritts von ihm selbstverständlich abgesehen – aus ihr mit der Begründung entlassen, ein Risiko habe sich aber bereits vorvertraglich realisiert. Will der VR den im Antrag angegebenen Beruf zum Gegenstand seiner Risikoprüfung machen, so mag er die Validität seiner Entscheidungsgrundlagen durch entsprechende Antragsfragen sichern. Im Übrigen ist auch die Interessenbewertung keineswegs klar. Ein Versicherter kann seine bisherige Tätigkeit, deren Weiterführung ihn eigentlich gesundheitlich überfordert, aus vielerlei anerkennenswerten Gründen vorerst fortsetzen und eine ihm gesundheitliche mögliche andere Arbeit nicht übernehmen, beispielsweise um sein Geschäft für seine Kinder zu erhalten, kann sich aber für den Fall absichern wollen, dass er überhaupt nicht mehr beruflich tätig sein kann: lässt ein VR sich darauf ein, sollte er an seine Bedingungen gehalten werden. Der VR wird im Übrigen hinreichend dadurch geschützt, dass der VN den Eintritt des Versicherungsfalls während der Dauer des Vertrages darlegen und beweisen muss, Unklarheiten darüber also, ob schon in vorvertraglicher Zeit ein dauerhafter gesundheitsbedingter Ausschluss der Fähigkeit zur – bisherigen oder vergleichbaren – Berufsausübung also zu seinen Lasten gehen.

In der Literatur wird der gewiss seltene Fall der **unerkannten Berufsunfähigkeit** disku-   **89** tiert[166] – der Versicherte ist weiter berufstätig, weil ihn seine gesundheitlichen Beeinträchtigungen an den konkreten Verrichtungen nicht hindern, aus medizinischer, ihm nicht bekannter oder verdrängter Sicht dürfte er aber nicht weiter arbeiten, vor allem, weil er eine Verschlimmerung seines Leidens riskiert oder weil es ihm gesundheits- oder gewerberechtlich verboten ist. Weil er nicht schlechter stehen soll als derjenige, der sich bei Vertragsabschluss seines Zustands bewusst war und ihn verschwiegen hat, der aber unter – im Grunde aber doch fern liegenden – Umständen Leistungen aus der Versicherung erwarten kann, soll Berufsunfähigkeit erst mit dem Zeitpunkt angenommen werden, in dem der Versicherte die Notwendigkeit zur Aufgabe des Berufs erkannt oder sich dieser Erkenntnis bewusst ver-

---

[163] KG v. 28. 5. 2002, r+s 2005, 256.
[164] BGH v. 17. 2. 1993, VersR 1993, 470; vgl. allg. auch OLG Koblenz v. 18. 6. 1999, VersR 2000, 749.
[165] *Voit*, Rn. 281, 282.
[166] Vgl. dazu OLG Karlsruhe v. 20. 3. 2007, ZfS 2007, 463.

schlossen hat[167]. Das leuchtet nicht ein, schon weil nicht recht vorstellbar ist, wann es zu einer solchen Schlechterstellung des sich selbst täuschenden VN gegenüber dem den VR täuschenden kommen kann: Dass der Versicherungsfall Berufsunfähigkeit in einem solchen Zusammenhang einmal nicht von dem verschwiegenen Umstand beeinflusst ist, ist schwerlich denkbar. Und ebenso schwer zu begründen ist es, warum ein VR ausnahmsweise einmal für einen Versicherungsfall soll einstehen müssen, nur weil der Versicherte seinen Eintritt vor Antragstellung nicht kannte.

90   Nachvertragliche Berufsunfähigkeit begründet eine Eintrittspflicht natürlich nicht. Ist allerdings der Versicherte während der Dauer des (alsbald aufgehobenen oder umgewandelten) Vertrages einmal berufsunfähig geworden, musste also beispielsweise nach einem Unfall bereits sofort die Prognose eines dauerhaften, schweren, einen weiteren beruflichen Einsatz (in dem bedingungsgemäßen Umfang) ausschließenden Gebrechens gestellt werden und wird der Vertrag dann beendet, weil, beispielsweise, der VN in Prämienverzug gerät, so ist die Leistungspflicht des VR **während der Dauer des Vertrages** entstanden und endet erst mit Eintritt der dafür vorgesehenen Bedingungen, also spätestens mit Ablauf der vertraglich vereinbarten Leistungsdauer[168]. Allerdings muss der VR in solchen Fällen trotz Beendigung des Vertrages von dem vertraglichen Recht der Nachprüfung Gebrauch machen dürfen, wenn sich die gesundheitlichen oder beruflichen Verhältnisse des VN später in entscheidendem Maße verändern.

D. Vermutete Berufsunfähigkeit

91   Nicht immer ist es medizinisch möglich, bei einer schon eingetretenen Erkrankung, bei Kräfteverfall oder bei Körperverletzung eines Versicherten vorauszusagen, dass keine Besserung seines gesundheitlichen Zustandes mehr zu erwarten ist, der Versicherte also „voraussichtlich dauernd außerstande ist", seinen Beruf oder eine andere Tätigkeit auszuüben, auf die er verwiesen werden darf. Die regelmäßig verwendeten Bedingungen sehen jedoch eine **nicht widerlegbare Vermutung** der Dauerhaftigkeit der Berufsunfähigkeit vor[169], erleichtern also dem Versicherten, den Versicherungsfall darzulegen und zu beweisen, wenn er sechs Monate lang ununterbrochen gesundheitsbedingt vollständig oder teilweise außerstande gewesen ist, seinen bisherigen Beruf oder einen Vergleichsberuf auszuüben. Die Fortdauer dieses Zustandes gilt dann als vollständige oder teilweise Berufsunfähigkeit (§ 2 Nr. 3 BUZ). Das kann gerade nach **Unfällen** des Versicherten von erheblicher praktischer Bedeutung sein. Erleidet beispielsweise ein Personaltrainer, der im Wesentlichen Vorträge und Schulungen zu bestreiten hat, komplizierte knöcherne Verletzungen und muss er nach einer Operation ein Stützkorsett tragen, ohne dass dadurch verhindert wird, dass er ständig starke Wirbelsäulenbeschwerden verspürt und führt erst eine Rehabilitationsbehandlung nach mehr als einem Jahr dazu, dass er seine Arbeit wieder aufnehmen kann, so ist der Versicherungsfall nach Ablauf von sechs Monaten seines Heilungsprozesses eingetreten, obwohl berechtigte Aussicht bestanden hat, dass er in überschaubarer Zeit abgeschlossen sein würde[170].

92   Die Vermutung, die die Bedingungen insoweit enthalten, erleichtert es dem VN aber auch **nur in einer Hinsicht,** die Voraussetzungen seines Anspruchs darzulegen und zu beweisen: die **Prognose der Dauerhaftigkeit** seiner krankheitsbedingten vollständigen oder teilweisen Berufsunfähigkeit muss er nicht mehr darlegen und beweisen. Die bisherige Dauer des Zustands des Versicherten ersetzt also die Voraussage künftiger Dauer, erschöpft sich darin aber auch. Alle anderen Voraussetzungen des Anspruchs müssen also feststehen. Das bedeutet,

---

[167] *Voit,* Rn. 290.

[168] OLG Karlsruhe v. 15. 12. 1994, VersR 1995, 1341; v. 20. 3. 2007, ZfS 2007, 463; OLG Saarbrücken v. 3. 5. 2006 VersR 2007, 780.

[169] BGH v. 14. 6. 1989, VersR 1989, 903; BGH v. 15. 1. 1992, VersR 1992, 1118; BGH v. 21. 3. 1992, VersR 1990, 729; BGH v. 17. 2. 1993, VersR 1993, 562.

[170] OLG Düsseldorf v. 8. 12. 1998, NVersZ 2000, 169.

dass der VN vortragen und nachweisen muss, in diesen sechs Monaten aus gesundheitlichen Gründen außerstande gewesen zu sein, seine bisherige konkrete Tätigkeit oder einen Vergleichsberuf in dem bedingungsgemäßen Umfang auszuüben[171] und dass diese Gegebenheiten fortbestehen. Dazu genügt es, wie auch sonst, nicht, dass der VN **Arbeitsunfähigkeitsbescheinigungen** vorlegt. Zwar verlangen die Bedingungen, dass die Dauer der gesundheitlichen Beeinträchtigung ärztlich nachzuweisen ist. Solche Atteste mögen auch eine gewisse Indizwirkung haben. Ihnen kann aber schon von vornherein nur in wenigen Einzelfällen sicher entnommen werden, dass ein Versicherter die von ihm konkret zu beschreibende bisherige berufliche Tätigkeit nicht mehr oder nicht mehr in dem vorausgesetzten Maße fortführen kann, geschweige denn, dass er nicht auf eine vergleichbare Arbeit verwiesen werden darf. Auch beruhen solche Arbeitsunfähigkeitsbescheinigungen immer wieder allein auf den Angaben des Versicherten zu seinen Beschwerden und werden daher den komplexen Voraussetzungen des Versicherungsfalls Berufsunfähigkeit als Beweismittel selten gerecht[172]. Herrscht also Streit darüber, ob der Versicherte in den sechs Monaten der von ihm behaupteten und mit Arbeitsunfähigkeitsbescheinigungen belegten Erkrankung tatsächlich außerstande war, seinen Beruf in dem bedingungsgemäßen Grad auszuüben, muss er dies darlegen und beweisen.

Steht fest, dass der Versicherte in seinem bisherigen Beruf mehr als sechs Monate lang nicht **93** tätig sein konnte[173], so bedeutet das nicht, dass ihm in dieser Zeit auch **kein anderweitiger beruflicher Einsatz** zumutbar gewesen wäre[174]. Auch wenn sich der Versicherungsfall also daraus ergeben soll, dass der Versicherte den von ihm zuletzt konkret ausgeübten Beruf ein halbes Jahr lang nicht ausüben konnte, darf der VR ihn auf einen Vergleichsberuf verweisen. Allerdings ist zu bedenken, dass einem Versicherten, der seinen bisherigen Beruf aufgeben muss, weil er auf unabsehbare Dauer außerstande sein wird, in ihn zurückzukehren, eher angesonnen werden kann, seine **Vergleichstätigkeit,** die ihm gesundheitsbedingt nicht verschlossen ist, zu ergreifen als einem Versicherten, der aus ärztlicher Sicht hoffen oder gar nach dem bisherigen Verlauf des Heilungsprozesses mit einiger Wahrscheinlichkeit erwarten darf, alsbald auf seinen Arbeitsplatz zurückkehren zu können, der aber jetzt bereits, während der bisherigen Dauer seiner Erkrankung, einen „Verweisungsberuf" hätte ausüben können. Ist einmal überschaubar, dass sich der Gesundheitszustand des Versicherten so nachhaltig bessern wird, dass seine Unfähigkeit zur Ausübung des bisherigen Berufs entfallen wird, so ist der VR je nach dem erwarteten Zeitpunkt der Wiedererlangung von Berufsfähigkeit nach Treu und Glauben gehindert, dem Versicherten eine Verweisungstätigkeit anzusinnen. Der Versicherte darf vielmehr seine Lebensstellung durch ein Verbleiben in seiner bisherigen beruflichen Position – wenn dies ihm denn weiterhin tatsächlich möglich ist – wahren.

Sechs Monate ununterbrochen vollständig oder teilweise außerstande zur Ausübung seines **94** bisherigen Berufs oder seiner Verweisungstätigkeit gewesen sein kann ein Versicherter ausnahmsweise auch dann, wenn sein **Versicherungsschutz** selbst **noch gar nicht oder noch kein halbes** Jahr besteht. Das werden zwar seltene Fälle sein, weil VR solche Risiken – die Aufnahme eines schon erkrankten Versicherten – wenn sie ihnen bekannt werden nicht übernehmen oder sie sich, werden sie ihnen verschwiegen, von ihnen durch Anfechtung oder Rücktritt lösen können. Ist ein VN ausnahmsweise schon sechs Monate berufsunfähig, bevor der VV zustande kommt, so liegt vorvertragliche Berufsunfähigkeit vor. Das Problem kann im Übrigen – der Sechsmonatszeitraum fällt nur teilweise unter die bisherige Dauer des Vertrages – vor allem dort auftreten, wo einem schon Erkrankten vorläufiger Versicherungsschutz ohne Risikoprüfung gewährt wird und nach sechs Monaten und einem Tag der Krankheit noch besteht. Dann allerdings wird sich der VR seiner Leistungspflicht regelmäßig nicht entziehen können. Die Bedingungen sprechen zwar davon, dass „der Versicherte" sechs Monate lang zu dem bedingungsgemäßen Grad berufsunfähig gewesen zu sein hat, um die Entstehung des

---

[171] BGH v. 14. 6. 1989, VersR 1989, 903; BGH v. 17. 2. 1993, VersR 1993, 562.
[172] OLG Saarbrücken v. 22. 4. 1998, 5 U 427/97 n. v.
[173] Vgl. Rn. 87; zur Notwendigkeit dies stets zu prüfen BGH v. 20. 6. 2007, r+s 2008, 30.
[174] BGH v. 17. 2. 1993, VersR 1993, 562 (564).

Rixecker

Anspruchs auszulösen. Daraus kann jedoch nicht geschlossen werden, dass er diese sechs Monate auch schon Versicherter gewesen sein muss. Vielmehr entspricht es nicht nur dem Wortlaut und dem System der AVB – § 1 Abs. 1 BUZ 90 und § 2 Abs. 3 BUZ 90 verlangen nur, dass der Versicherungsfall während der Dauer des Vertrages eingetreten sein muss, das ist aber einmal der Zeitpunkt der ungünstigen Prognose, das andere Mal der reine Zeitablauf – sondern auch der gerechten Verteilung des von dem VR nicht geprüften Risikos, in solchen seltenen Fällen den Beginn der „Leidensfrist" des Versicherten schon zuzulassen, bevor es zum Abschluss des VV gekommen ist.

95   Die unwiderlegliche Vermutung der Berufsunfähigkeit setzt voraus, dass der Versicherte sechs Monate **„ununterbrochen"** infolge Krankheit, Körperverletzung der Kräfteverfall berufsunfähig gewesen ist. Zeitabschnitte der Besserung, in denen der Versicherte berufstätig war oder berufstätig hätte sein können, schließen danach den auf die Vermutung gestützten Eintritt des Versicherungsfalls auch dann aus, wenn sich nach einem Rückfall ergibt, dass der Versicherte von seinem Leiden insgesamt mehr als sechs Monate lang betroffen war. Demgegenüber ist es schon nach dem Wortlaut der Vermutung nicht erforderlich, dass der Versicherte aufgrund eines einheitlichen Grundleidens oder Krankheitsbildes außerstande war, seiner bisherige Tätigkeit oder einem Vergleichsberuf nachzugehen. Verschließen aufeinander folgende, sechs Monate überdauernde aber voneinander zu unterscheidende Erkrankungen dem Versicherten eine bedingungsgemäße berufliche Betätigung, so tritt der Versicherungsfall mit der Fortdauer dieses Zustandes ein[175]. Das gilt auch dann, wenn sich an ein ernstes, zeitlich aber glücklicherweise kürzeres Leiden eine oder mehrere Alltagskrankheiten anschließen, die Arbeitsunfähigkeit begründen, deren Abklingen aber von vorneherein feststeht. In derartigen gewiss atypischen Fällen kann nicht bezweifelt werden, dass der Versicherte mehr als sechs Monate vollständig oder teilweise außerstande gewesen ist, seine bisherige Tätigkeit oder einen Vergleichsberuf auszuüben und dieser Zustand zunächst fortgedauert hat. In einem solchen Fall vermag sich allerdings ein VR von seiner Leistungspflicht durch eine Verbindung seiner Regulierungserklärung mit der Nachprüfungsentscheidung leicht zu lösen. Keine Unterbrechung der Berufsunfähigkeit liegt vor, wenn der Versicherte seine Tätigkeit nicht wieder voll aufnimmt, sondern aus Gründen der Rehabilitation **Arbeitsversuche** unternimmt. Das wird sich regelmäßig daraus ergeben, dass zum Zeitpunkt solcher Maßnahmen aus medizinischer Sicht nicht attestiert werden kann, der Versicherte sei nunmehr wieder in dem erforderlichen Maße berufsfähig. Scheitert also während der Sechsmonatsfrist der Versuch des Versicherten, den mit ihrem Ablauf eintretenden VersFall zu vermeiden, darf das dem Versicherten nicht schaden.

96   Die unwiderlegliche Vermutung des Versicherungsfalls Berufsunfähigkeit knüpft an die **„Fortdauer"** der gesundheitlich bedingten beruflichen Beeinträchtigungen des Versicherten an. Diese Fortdauer muss der VN **darlegen und beweisen**[176]. Das bedeutet indessen entgegen einer in der Rechtslehre vertretenen Ansicht nicht, dass ihn eine solche Last gewissermaßen Tag für Tag trifft[177], der VN Leistungen auf der Grundlage der Vermutung also nur so lange verlangen kann, wie er darzulegen und zu beweisen vermag, dass sein Zustand der ersten sechs Monate ununterbrochen weiter gegeben ist. War der Versicherte sechs Monate lang ununterbrochen gesundheitsbedingt vollständig oder teilweise außerstande, seine bisherige Tätigkeit oder einen Vergleichsberuf auszuüben, so dauert dieser Zustand fort, wenn sich am ersten Tag nach Ablauf von sechs Monaten an ihm nichts geändert hat. „Gilt" diese Fortdauer als vollständige oder teilweise Berufsunfähigkeit, so ist der Versicherungsfall eingetreten und der VR darf sich nur unter den Voraussetzungen des Nachprüfungsverfahrens von seiner Leistungspflicht lösen. Ist nämlich der Versicherungsfall eingetreten – und nichts anderes kann für eine zugesagte Fiktion seines Eintritts gelten – so geht es von nun an um das Fortbestehen der Berufsunfähigkeit und ihres Grades. Mit dem ersten Tag nach Ablauf von sechs Monaten muss

[175] OLG Karlsruhe v. 6. 10. 1994, r+s 1995, 434.
[176] BGH v. 15. 1. 1992, VersR 1992, 1118.
[177] *Müller-Frank,* VersR 1992, 1119.

der VR anerkennen zu leisten oder kann festgestellt werden, dass er leistungspflichtig ist. Wird das versäumt, so ist der VR so zu behandeln, als habe er sich zu der geschuldeten Regulierung bereit erklärt. Das bedeutet, dass die Heilung oder gesundheitliche Besserung des Versicherten – in Fällen einer entsprechenden Vereinbarung auch der Erwerb neuer beruflicher Fähigkeiten – die Leistungspflicht des VR nur im Rahmen und nach Maßgabe der Durchführung eines Nachprüfungsverfahrens beeinflusst. Stützt sich ein VN auf die Vermutung der Berufsunfähigkeit, hat er folglich lediglich darzulegen und zu beweisen, dass der Versicherte sechs Monate und einen Tag infolge Krankheit, Körperverletzung oder Kräfteverfall vollständig oder teilweise außerstande war, seinen Beruf oder eine Verweisungstätigkeit auszuüben.

Soweit die Bedingungen nichts anderes versprechen, **entsteht der Anspruch** auf die ver-   **97** einbarte Leistung auch in den Fällen vermuteter Berufsunfähigkeit erst – bei rechtzeitiger Anzeige – mit dem Ablauf der Sechsmonatsfrist für die darauf folgende Zeit und nicht bereits mit dem Monat, in dem der Versicherte gesundheitlich nicht mehr imstande war, seinen bisherigen Beruf oder eine Vergleichstätigkeit auszuüben, ohne dass die Dauerhaftigkeit dieses Zustands zu prognostizieren gewesen wäre[178]. Das kann anders sein, wenn der VR bei Ablauf einer sechsmonatigen Berufsunfähigkeit Leistungen von deren Beginn an verspricht[179].

E. Die Verweisung

I. Die unterschiedlichen Regelungen der Verweisung

Als Voraussetzung einer Leistungspflicht kann vertraglich geregelt werden, dass der Versi-   **98** cherte nicht nur seinen zuletzt ausgeübten Beruf nicht mehr sondern auch keine andere Tätigkeit ausüben kann, die er nach seiner Ausbildung und nach seinen Fähigkeiten wahrnehmen kann und die seiner bisherigen Lebensstellung entspricht (§ 172 Abs. 3 VVG). Das Gesetz erlaubt also die Verweisung, schließt sie aber in den Begriff des Versicherungsfalls nicht automatisch ein. Die heute verwendeten Bedingungen kennen verschiedene Verweisungsregelungen. Zum einen gibt es die „abstrakte" Verweisung. Nach ihr sind an der Ausübung ihres bisherigen Berufs gehinderte Versicherte nur dann berufsunfähig, wenn sie auch keine andere Tätigkeit übernehmen können, die sie aufgrund ihrer Ausbildung und Erfahrung ausüben können und die ihrer bisherigen Lebensstellung entspricht. Zum anderen gibt es die „konkrete" Verweisung, die Berufsunfähigkeit nur dann verneint, wenn Versicherte tatsächlich eine vergleichbare und zumutbare andere berufliche Tätigkeit ausüben. Schließlich finden sich Bedingungen, die die abstrakte Verweisung nur bis zu einem bestimmten Alter des Versicherten erlauben und wenn es erreicht ist Leistungen nur versagen, wenn der Versicherte konkret verwiesen werden kann. Darüber hinaus gibt es gelegentlich auch nähere Konkretisierungen der zulässigen Verweisungsberufe, beispielsweise für („nur noch") im Haushalt tätige Personen auf haushälterische Arbeitsplätze. Solange die materiellen Bedingungen des § 173 Abs. 3 VVG dabei beachtet werden, erheben sich gegen die **Wirksamkeit** solcher Klauseln keine Bedenken. Es leuchtet ein, dass diese Unterschiede sich auch in der Höhe der zu zahlenden Prämien spiegeln.

Grundvoraussetzung einer jeden Verweisung ist es selbstverständlich, dass der Versi-   **99** cherte **gesundheitlich in der Lage** sein muss, den vom VR aufgezeigten Vergleichsberuf (in dem bedingungsgemäßen Umfang, also regelmäßig mehr als halbschichtig) auszuüben. Leistet er in einem Verweisungsberuf Überstunden, die einen Raubbau an seiner Gesundheit bedeuten, so schließt das eine abstrakte Verweisung, bei der er zu mehr als halbschichtiger Tätigkeit gesundheitlich in der Lage sein muss[180], nicht aus[181].

---

[178] OLG Düsseldorf v. 8. 12. 1998, NVersZ 2000, 169.
[179] OLG Celle v. 4. 5. 2005, ZfS 2005, 456.
[180] Vgl. inzident OLG Köln v. 15. 2. 2006 ZfS 2006, 339; 5 U 116/07 n. v.; KG v. 7. 6. 2002 VersR 2003, 491; OLG Saarbrücken 30. 7. 2003, VersR 2003, 353.
[181] OLG Köln v. 15. 2. 2006 ZfS 2006, 339.

II. Die Kriterien der Vergleichbarkeit von
Ausgangsberuf und Vergleichsberuf

100   § 173 Abs. 3 VVG setzt voraus, dass der Versicherte die andere Tätigkeit aufgrund seiner Ausbildung und Erfahrung, seiner Kenntnisse und Fähigkeiten ausüben kann und dass sie seiner Lebensstellung entspricht. Diese Voraussetzungen müssen **zu dem Zeitpunkt vorliegen,** zu dem der Versicherte die Fähigkeit zur Fortführung seines bisherigen Berufs verloren hat. Gab es genau dann die Verweisungstätigkeit noch nicht oder stand der Zugang zu ihr unter Voraussetzungen, über die der Versicherte nicht verfügte, so ist unerheblich, dass sich im Verlauf einer Auseinandersetzung um die Regulierung Berufsbilder und Qualifikationen so verändert haben, dass „nunmehr" ein Zugang für den Versicherten eröffnet ist[182]. Später erworbene Fähigkeiten können also, sofern die AVB das erlauben, im Rahmen der Nachprüfung von Bedeutung sein, ob Berufsunfähigkeit fortbesteht. Eine „primäre" Verweisung rechtfertigen sie nicht. Wird also eine Zeit lang über die Leistungspflicht des Versicherten gestritten und hat sich derweil der Versicherte notgedrungen umgesehen und sich einen neuen, andere Anforderungen stellenden Beruf verschafft, so mag der VR, hat er sich dies vorbehalten, seine Leistungen einstellen dürfen, von Anfang an versagen darf er sie nicht. Davon abgesehen kommt es vor, dass ein Versicherter Leistungen erst ab einem Zeitpunkt beansprucht – oder auch wegen verzögerter Geltendmachung nur beanspruchen kann –, der nach dem Eintritt der Berufsunfähigkeit liegt. „**Stichtag**" für die Kenntnisse und Fähigkeiten, die Grundlage der Ausübung eines Vergleichsberufs sein können, ist dennoch ausschließlich der Zeitpunkt des Eintritts des Versicherungsfalls; auf danach Erlerntes darf nicht abgestellt werden[183]. Das gilt aber auch umgekehrt: Konnte der Versicherte zu dem Zeitpunkt des Eintritts von Berufsunfähigkeit im „alten" Beruf nach seinen Fertigkeiten auf einen anderen Beruf verwiesen werden, ist das jetzt aber aufgrund der verstrichenen Zeit und der damit verbundenen Qualifikationsverluste nicht mehr möglich, so bleibt dem VR die Verweisungsmöglichkeit erhalten[184]. Während meist leicht festzustellen ist, ob der Versicherte für den aufgezeigten Verweisungsberuf hinreichend qualifiziert ist, bedarf es, soweit es um die gewährleistete Bewahrung der „Lebensstellung" geht, einer komplexen, vielfältige und zuweilen auch gegenläufige Kennzeichen der Vergleichstätigkeit einbeziehenden und abwägenden Wertung.

1. Die Ausbildung und Erfahrung

101   Die Bedingungen lassen regelmäßig eine Verweisung nur zu, wenn der Versicherte die andere Tätigkeit „aufgrund seiner Ausbildung und Erfahrung" – andere AVB formulieren in der Sache nichts anderes meinend „aufgrund seiner Kenntnisse und Fähigkeiten" – ausüben kann. Das ist der **„primäre Qualifikationsvergleich".** Er darf nicht wortlautgetreu dahin verstanden werden, dass es ausschließlich auf manuelle oder intellektuelle Anforderungen des Vergleichsberufs ankommt. Vielmehr darf der Versicherte auf eine andere Tätigkeit vor allem nur verwiesen werden, wenn er **alle formellen und materiellen Voraussetzungen** erfüllt, von denen tatsächlich oder rechtlich die Übertragung und die Durchführung der anderen Aufgabe abhängig sind. Dazu gehören selbstverständlich vor allem formalisierte Nachweise eines bestimmten Schul- oder Lehrabschlusses aber auch alle weiteren „subjektiven Zulassungsvoraussetzungen" – vom Höchstalter über die Mindesterfahrung bis zu gar nicht dokumentierbaren Befähigungen[185] ist vielerlei denkbar. Inhaber von „Ausbildungsberufen" dürfen daher (auch bei vergleichbarem Verdienst) nicht auf Berufe verwiesen werden, die solche

---

[182] OLG Saarbrücken v. 19. 11. 2003, OLGR 2004, 265 (Energieberater); v. 6. 8. 2003, OLGR 2003, 90 (Fachberater in einem Baumarkt).
[183] Vgl. nur u. a. BGH v. 30. 11. 1994, VersR 1995, 159; OLG Köln v. 1. 10. 2001, OLGR 2002, 40.
[184] BGH v. 7. 2. 2007, VersR 2007, 631.
[185] BGH 11. 12. 2002, NJW-RR 2003, 383; KG 7. 6. 2002, VersR 2003, 491; OLG Saarbrücken v. 30. 7. 2003, VersR 2003, 353; OLG Karlsruhe v. 18. 2. 1993, VersR 1995, 86; zur – häufigen – Verweisung eines handwerklich tätigen Versicherten auf eine Verkaufstätigkeit (wegen fehlender „Verkaufsbefähigung" bei vorhandenem „produktbezogenen" Wissen abl. KG Berlin v. 13. 6. 1995, VersR 1995, 1473.

Qualifikationen nicht, wohl aber andere „Zertifikate" vorsehen[186]. Es ist allerdings nicht er-forderlich, dass der Versicherte alle in seinem bisherigen Beruf benötigten Kenntnisse und Erfahrungen in einem anderen nutzen kann oder dass er nur die einsetzen muss, die er auch bisher eingesetzt hat, obwohl er über weitere, schon früher vorhandene verfügt, die er nur bisher nicht verwenden musste[187]. Umgekehrt kann es allerdings im Einzelfall vorkommen, dass ein Versicherter im Laufe eines Berufslebens Erlerntes, vor allem wo es um theoretisches Wissen geht, verlernt hat; dann steht es ihm nicht mehr zur Verfügung, eine Verweisung auf einen gerade dieses Wissen verlangenden Beruf kann nicht erfolgen[188]. Die Vergleichsbe-trachtung darf sich aber **nicht in einer abstrakten Gegenüberstellung von Anforde-rungsprofilen erschöpfen.** Vielmehr kommt es darauf an, welche beruflichen Erfahrungen und welche – sich regelmäßig in einem Aufstieg oder konkreten Aufstiegschancen zeigende – konkrete fachliche Stellung der Versicherte erworben hat[189].

Allerdings kann heute nicht mehr davon ausgegangen werden, dass von vornherein be-   **102** stimmbare und klar begrenzte Wege des Lernens zu von vornherein bestimmbaren und klar begrenzten beruflichen Qualifikationen führen. Ganz verschiedene Schul- und Ausbildungs-biografien bilden das Fundament ganz verschiedener und sich verzweigender Erwerbsbiogra-fien. Niemand kann mit einer beruflichen Tätigkeit wirksam beginnen ohne sie schon Schritt für Schritt begonnen zu haben: „learning on the job" vermittelt das von dem Beruf gefor-derte Wissen und die bei seiner Wahrnehmung verlangten Fertigkeiten. Die private Berufs-unfähigkeitsversicherung erlegt dem Versicherten aber regelmäßig nicht auf – auch wenn sie das dürfte –, sich **umschulen oder fortbilden** zu lassen, um den Versicherungsfall zu ver-meiden oder abzuwenden. Das bedeutet, dass der Versicherte auch nicht auf Tätigkeiten ver-wiesen werden darf, die er nur durch Umschulung oder Fortbildung – formal oder der Sache nach – ergreifen kann[190]. Andererseits kann von niemandem erwartet werden, dass er von heute auf morgen eine neue, andersartige berufliche Aufgabe erfüllen kann ohne sich mit den spezifischen Gegebenheiten des neuen Tätigkeitsfeldes vertraut zu machen. Daher muss die von dem Versicherten nicht zu erwartende Umschulung oder Fortbildung – deren Not-wendigkeit eine Verweisung ausschließt – abgegrenzt werden von der „schlichten" hinzu-nehmenden Einarbeitung.

Das ist nicht immer ganz einfach und kann quantitativ aber auch qualitativ bestimmt wer-   **103** den. Die zeitliche Grenze, bis zu der von einer noch üblichen und angemessenen **Einarbei-tung** gesprochen werden kann, soll nach sozialversicherungsrechtlichem Vorbild bei drei Monaten zu ziehen sein[191] und ist bei neun Monaten ganz bestimmt überschritten[192]. Ent-scheidend ist aber regelmäßig weniger, wie lange ein Versicherter voraussichtlich benötigen wird, sich in eine neue berufliche Tätigkeit hineinzufinden sondern was er dazu unterneh-men muss. Enthalten die Bedingungen keine Umschulungs- oder Fortbildungsobliegenheit, so wird ein Versicherter lediglich erwarten, dass er sich diejenigen Kenntnisse und Fähigkei-ten aneignen muss, deren Erwerb mit jedem Antritt einer neuen Arbeitsstelle verbunden ist, dass er sich also „mit den speziellen betrieblichen Gegebenheiten vertraut" zu machen hat[193]. Beherrscht er aber den Aufgabenbereich des Verweisungsberufs auf der Grundlage seiner Ausbildung und Erfahrung noch nicht im Wesentlichen, muss er sich neue Fertigkeiten erst durch Teilnahme an Lehrgängen verschaffen[194] oder setzt die Aufnahme der Verweisungs-tätigkeit gar regelmäßig die Vorlage von bestimmten Qualifikationsnachweisen voraus, so

---

[186] OLG Celle v. 19. 1. 2005, NJW-RR 2005, 110.
[187] OLG Köln v. 20. 7. 1998, NVersZ 1999, 518.
[188] OLG Karlsruhe v. 18. 3. 1999, NVersZ 2000, 225.
[189] OLG Karlsruhe v. 15. 3. 2007, ZfS 2007, 403.
[190] Vgl. u. a. BGH v. 11. 12. 1996, NJW-RR 1997, 529; OLG Saarbrücken v. 30. 7. 2003, OLGR 2003, 353.
[191] *Rüther,* NVersZ 1999, 497 (501); *Richter,* VersR 1988, 1207 (121).
[192] OLG Hamm v. 19. 1. 1996, VersR 1997, 479.
[193] BGH v. 30. 11. 1994, VersR 1995, 159; *Rüther,* a. a. O.
[194] Vgl. BGH v. 11. 12. 1996, VersR 1997, 436.

kommt es nicht darauf an, ob ihr Erwerb auch in einem die übliche Einarbeitungszeit nicht überschreitenden Zeitraum möglich ist; vorbehaltlich abweichender AVB schuldet er dies dem VR nicht. Muss ein Versicherter mit Grundkenntnissen der EDV also lernen, das in einem Verweisungsberuf verwendete konkrete System zu bedienen, handelt es sich im Zweifel um eine Einarbeitung, muss er Grundkenntnisse der EDV erst erwerben, um eine Aus- und Weiterbildung[195]. Schwierigkeiten bereiten die zunehmenden Fälle der **„inhouse-Schulung"**. Werden ihr alle Bewerber unterworfen und zählt der Versicherte zu dem nach seinen Kenntnissen und Fähigkeiten zu ihrem Kreis, so steht ihm der Beruf offen. Die Berufsunfähigkeitsversicherung schützt ihn zwar, sich vor Beginn eines Verweisungsberufs für ihn zu qualifizieren, nicht aber davor, danach dazuzulernen.

104   Für den Bereich des **öffentlichen Dienstes** wird das zuweilen (soweit keine spezifischen Klauseln vereinbart sind) anders gesehen. Versicherte, die für die Aufgaben ihres einer Sonderlaufbahn angehörenden Amtes gesundheitlich außerstande sind, sollen darauf verwiesen werden dürfen, dass sie im allgemeinen Verwaltungsdienst verwendet werden können. Das soll auch dann gelten, wenn der Dienstherr eine solche Übernahme verweigert, weil es an einer freien Planstelle fehlt[196]. Das ist zweifelhaft. Zum einen bedarf es ohnehin immer der Prüfung, ob das jeweilige Dienstrecht einen solchen Laufbahnwechsel – überhaupt oder ohne erneute Zugangsprüfung – zulässt. Ist das nicht der Fall, dann sind die Verweisungsvoraussetzungen schon von vornherein nicht erfüllt, der Versicherte kann den „Vergleichsberuf" nicht aufgrund seiner (bisherigen) Ausbildung und Erfahrung ausüben. Ist eine Übernahme grundsätzlich statthaft, so setzt sie doch regelmäßig den wie auch immer gestalteten Erwerb der Befähigung für die neue, allgemeine Laufbahn voraus. Selbst wenn dem Versicherten dazu die für den Zugang zu der Sonderlaufbahn vorausgesetzten und die dort erworbenen Kenntnisse von Nutzen sind und selbst wenn ihm das Privileg gewährt würde, die Befähigungsfeststellung ohne statusrechtliche Veränderung und ohne wirtschaftliche Einbußen zu erlangen, selbst dann geht es nicht um eine mit jeder Einnahme eines neuen Arbeitsplatzes verbundene zumutbare Einarbeitung sondern um eine zu einer neuen beruflichen Qualifikation führende Fort- oder gar Ausbildung. Sie schuldet der Versicherte dem VR nicht. Solange der Versicherte folglich eine solche Befähigung nicht erworben hat, ist der VR zur Leistung des Versprochenen verpflichtet.

2. Die Lebensstellung

105   Der Vergleichsberuf, auf den der VR den Versicherten verweisen darf, muss dessen **„Lebensstellung"** entsprechen. Das kann man als **„sekundären Statusvergleich"** bezeichnen. Die Lebensstellung wird vor allem geprägt von den wirtschaftlichen und sozialen Verhältnissen, die seine letzte berufliche Tätigkeit dem Versicherten verschafft haben. In besonderem Maße und gerade nach dem Sinn einer Berufsunfähigkeitsversicherung wird die Lebensstellung eines Menschen von seinem „ökonomischen Status" gekennzeichnet, von dem durch seine Arbeit erzielten Einkommen. Auf Tätigkeiten, die mit einem **spürbaren wirtschaftlichen Abstieg** des Versicherten verbunden sind, darf der VR ihn deshalb nicht verweisen[197] Der Maßstab der „Lebensstellung", den die Bedingungen verwenden, hat seinen Ursprung im **Unterhaltsrecht (§ 1610 BGB).** Von dort kommt indessen zu seiner Auslegung wenig Hilfe. Wenn sich nämlich das Maß des von einem Verwandten zu gewährenden Unterhalts nach der Lebensstellung des Bedürftigen richtet, so dient das zwar gleichfalls dazu, die Grenzen eines bestimmten Bedarfs zu markieren. Das Unterhaltsrecht zieht die Lebensstellung des Bedürftigen jedoch heran, um gewissermaßen ausfüllend eine bestehende Leistungspflicht zu konkretisieren. Im Recht der Berufsunfähigkeit führt die abstrakte Möglichkeit, die Lebensstellung anderweitig zu wahren, zur Versagung des Leistungsanspruchs. Das sind verschiedene Zwecke. Davon abgesehen spielt im Unterhaltsrecht in wesentlich stärkerem Maße als im Recht der Berufsunfähigkeitsversicherung der Gesichtspunkt eine Rolle, in welchem Le-

---

[195] OLG Saarbrücken v. 10. 4. 2002, NJW-RR 2003, 528.
[196] OLG Frankfurt/M. v. 16. 3. 1995, VersR 1996, 46.
[197] BGH v. 17. 9. 1986, VersR 1986, 1113 (111).

bensabschnitt der Bedürftige sich befindet. Daraus folgt, dass die Berufsunfähigkeitsversicherung eigenständig bestimmen muss, was sie als „bisherige Lebensstellung" des Versicherten betrachtet.

Die maßgeblichen Leitlinien der Wertung ergeben sich aus dem Zweck der Berufsunfähigkeitsversicherung. Zentraler Sinn ihres Abschlusses und ihres Versprechens ist die – der Höhe nach individuell abgesprochene – **Sicherung des** in gesunden Tagen durch die beruflich Tätigkeit selbst geschaffenen und erhaltenen **wirtschaftlichen und sozialen Status** des Versicherten vor schicksalhaften Veränderungen seiner physischen und psychischen Konstitution. Wenn die Möglichkeit einer Verweisung von der Erhaltung der bisherigen Lebensstellung abhängig ist, bedeutet das, das sie davon abhängig ist, ob der Versicherte die Erwartungen an seine persönlichen Verhältnisse, die er bislang durch seinen zuletzt ausgeübten Beruf zu erfüllen vermochte, auch in einem anderen Beruf im Wesentlichen würde erfüllen können. Mit der Ausübung eines Berufs werden zwar regelmäßig in besonderem Maße wirtschaftliche Bedürfnisse befriedigt. Daher wird die Zulässigkeit einer Verweisung ganz entscheidend davon abhängen, ob der materielle Ertrag vergleichbar ist. Doch ist Geld eben nicht (immer) alles, was Versicherte mit Arbeit verbinden. Verantwortung, hierarchische Stellung, Einfluss, Ansehen, Möglichkeiten, die eigenen Begabungen zu verwirklichen, örtliche und zeitliche Bedingungen der Arbeit einschließlich der Freiheit, über sie in Maßen zu disponieren kommen hinzu. „**Weiche Faktoren**" eines Berufs – Abwechslungsreichtum, Verschiedenartigkeit des Einsatzes, soziale Kontakte – spielen für dessen Wahl und Beibehaltung unter Umständen eine gewichtige Rolle[198]; ihre Bedeutung ist umso größer, je weiter das Einkommen den zur Sicherung der Grundbedürfnisse des Lebens erforderlichen Betrag übersteigt.

Das darf allerdings nicht Anlass sein, Vor- und Nachteile des bisherigen Berufs und einer aufgezeigten Vergleichstätigkeit zu „**saldieren**". Die Berufsunfähigkeitsversicherung verspricht notgedrungen finanziellen Ausgleich. Von den finanziellen Bedingungen bisher und künftig ist also auszugehen, sie bilden das Schwergewicht der vergleichenden Bewertung. Macht der Versicherte nicht in Geld zu veranschlagende Einbußen geltend, so ist nach deren Art und Maß „Korrektur" zu lesen, ob die Verweisung trotz finanzieller Vergleichbarkeit dem Versicherten nicht zumutbar ist. Ein die „Lebensstellung" durchaus beeinflussender Indikator soll zum Ausgleich finanzieller Einbußen allerdings nicht verwendet werden dürfen: die Sicherheit des Arbeitsplatzes[199]. Wenn der Versicherte hinnehmen muss, dass er in dem zumutbaren Vergleichsberuf keinen Arbeitsplatz findet, dann darf die Sicherheit des Arbeitsplatzes nicht umgekehrt finanzielle Einbußen bei einer Verweisungstätigkeit aufwiegen. Das überzeugt nur in den Fällen, in denen eine abstrakte Verweisung zulässig ist aber eine konkrete erfolgen kann. Wenn der Versicherte nicht darauf verweisen darf, in dem ihm angesonnenen Beruf keinen Arbeitsplatz finden zu können, darf dem VR nicht nutzen, dass er einen sichereren als den bisherigen gefunden hat: die Arbeitsmarktlage ist vertraglich für irrelevant erklärt. Geht es aber um eine allein zulässige konkrete Verweisung, so gibt es kein dem Vertragszweck zu entnehmendes Hindernis, geringeren finanziellen Einbußen die Sicherheit des eingenommenen Arbeitsplatzes entgegen zu halten.

a) Der Vergleich der Einkommen. Der damit gebotene Vergleich des von dem Versicherten vor Eintritt des Versicherungsfalls erzielten Einkommens mit dem von ihm in einem Vergleichsberuf erzielbaren darf allerdings nicht schematisch erfolgen. Die Berufsunfähigkeitsversicherung sichert nicht vor dem Risiko von Einkommenseinbußen. Sie **garantiert** – schon weil das Maß der Vorsorge von den Vereinbarungen der Parteien über Art und Höhe der Leistungen abhängt – **keinen bestimmten Lebensstandard.** Sie bietet auch keinen Schutz davor, dass der Versicherte keine in jeder Hinsicht gleiche Erwerbstätigkeit erreichen kann. Der Vergleichsberuf als solcher und das, was er einem Versicherten zu erwirtschaften erlaubt, muss der Lebensstellung des Versicherten entsprechen, seine dort erzielbare **Vergütung** nicht dem

---

[198] OLG Nürnberg v. 30. 4. 1998, NVersZ 1998, 119; OLG Köln v. 20. 7. 1998, NVersZ 1999, 518.
[199] BGH v. 17. 6. 1998, NVersZ 1998, 72; differenzierend OLG Frankfurt/M. v. 17. 3. 1999, NVersZ 2000, 270; zum Zeitgewinn OLG München v. 23. 5. 2000, r+s 2003, 166.

bisherigen Einkommen im Wesentlichen gleich sein. Da die Bedingungen keine „Quote" von Einbußen bestimmen, die ein Versicherter hinzunehmen hat, kann nur bezogen auf die gesamten Umstände des Einzelfalls bewertet werden, ob der Vergleichsberuf der auf der Grundlage des bisherigen Berufs erarbeiteten Lebensstellung entspricht. Dabei ist allerdings zu berücksichtigen, dass die üblichen AVB Leistungen erst versprechen, wenn nicht einmal eine halbschichtige Tätigkeit mehr möglich ist. Sie **muten dem Versicherten also gewisse Einkommenseinbußen** – durch Verringerung der Arbeitszeit – **immanent zu.** Das bietet einen Anhaltspunkt für hinnehmbare Einkommenseinbußen, die „netto" selbstverständlich nicht bis 50% gehen dürfen, weil eine Verringerung der Arbeitszeit nicht zu einer rechnerisch vergleichbaren Verringerung des Einkommens führt. Auch können Bedingungen, die Leistungen relativ zu dem Maß der beruflichen Beeinträchtigung vorsehen, zu anderen Wertungen führen.: Wer Leistungen ab einer 25%igen beruflichen Beeinträchtigung verspricht, darf eine zu einer 30%igen Verdienstminderung führende Verweisung nicht aussprechen.

109   Von entscheidender Bedeutung ist es aber zunächst, die **Maßstäbe des Einkommensvergleichs** zu bestimmen. Da ein Anspruch auf Leistungen aus einer Berufsunfähigkeitsversicherung regelmäßig an einen bestimmten Grad der gesundheitlichen Einschränkung zur Weiterführung der zuletzt ausgeübten Tätigkeit anknüpft, liegt der Gedanke nahe, dass ein rechnerischer Vergleich des letzten konkreten Einkommens mit dem ersten erzielbaren zu ziehen ist. Das würde indessen die Bedeutung des die Verweisung begrenzenden Schutzes der Lebensstellung verkennen. Das Versprechen des VR, das Risiko von Krankheit oder Kräfteverfall für den Beruf des Versicherten im vereinbarten Umfang zu decken, würde entwertet, wenn sich die Schwelle, bei deren Überschreitung der Versicherungsfall – in allen seinen Voraussetzungen, also auch jenen der Verweisung – eintritt, Schritt für Schritt erhöht, je hinfälliger der Versicherte wird. Maßgebend muss daher das **vor dem Beginn der gesundheitlichen Beschwerden tatsächlich erzielte Einkommen** sein. Ihm ist das in dem Vergleichsberuf ohne gesundheitliche Beschwerden erzielbare Einkommen gegenüberzustellen²⁰⁰. Gerade bei Selbständigen kann in solchen Fällen auch nicht auf das in einem ersten kurzen Zeitabschnitt – des Aufbaus einer neuen Existenz – erzielbare Einkommen abgestellt werden. Maßgeblich ist vielmehr, ob für einen längeren Zeitraum spürbare Einkommenseinbußen entstehen²⁰¹.

110   Das ist in Fällen schwierig, in denen der Verdienst des Versicherten in gesunden Tagen – im Zuge einer **wechselvollen Erwerbsbiografie** – geschwankt hat, immer wieder nur mit Unterbrechungen erreichbar war oder gering war, weil der Versicherte bereits zu Beginn eines von ihm als künftig ertragreicher erwarteten beruflichen Lebens berufsunfähig geworden ist²⁰². Insoweit ist zunächst festzuhalten, dass die Bedingungen die Vergleichbarkeit von der „bisherigen" Lebensstellung abhängig machen, also nicht von künftig möglichen Entwicklungen. Das gilt jedenfalls dann, wenn solche Perspektiven nicht schon verlässlich sind. Wird ein Versicherter kurz nach Antritt einer Arbeitsstelle berufsunfähig, so wird seine wirtschaftliche Lebensstellung auch durch eine ihm vertraglich zugesagte Sonderzuwendung beeinflusst, deren Fälligkeit lediglich von einem von ihm nicht mehr erreichbaren Termin abhängt. Vertraglich zugesagte Provisionen, deren Erwirtschaftung nicht nur von der Einsatzfähigkeit des Versicherten sondern von dem von ihm nicht beeinflussbaren Einsatzerfolg abhängt, dürfen nicht hochgerechnet veranschlagt werden. War der Versicherte bei Eintritt des VersFalls erst kurze Zeit – wenige Wochen oder Monate – in seinem Beruf tätig und war sein vorheriges Erwerbsleben von Arbeitslosigkeit oder wechselnden, mal besser, mal schlechter bezahlten Beschäftigungen gekennzeichnet, so wird seine bisherige Lebensstellung eben durch diesen Wechsel geprägt. Es ist daher notwendig, das in einem längeren Zeitraum – je nach der Häufigkeit des Wechsels der Arbeitsstelle können es ein bis zwei Jahre sein – erzielte durchschnittliche Einkommen zu berechnen. Umgekehrt kommt es, so lange der Versicherte die Tätigkeit, auf die er verwiesen werden soll, in einer Art und einem Umfang gesundheitlich ausüben kann, der den vereinbar-

---

²⁰⁰ *Prölss/Martin/Voit,* § 2 BUZ Rn. 31; *Voit,* Rn. 357.
²⁰¹ BGH v. 22. 10. 1997, NJW-RR 1998, 239; OLG Saarbrücken v. 26. 6. 2006, OLGR 2006, 987.
²⁰² OLG Saarbrücken v. 8. 1. 2003, NJW-RR 2003, 468; v. 26. 6. 2006, OLGR 2006, 987.

ten Grad der Berufsunfähigkeit nicht überschreitet, nicht darauf an, ob der Versicherte, sei es aus Gründen der Einarbeitung oder Erprobung oder des Aufbaus einer neuen beruflichen Existenz, sei es aus Gründen seiner gesundheitlichen Beeinträchtigung, dieses **erzielbare Einkommen tatsächlich nicht erreicht** oder auch zunächst gar nicht erreichen kann[203]. Muss die Lebensstellung, die der alte Beruf geboten hat, mit der Lebensstellung, die ein neuer Beruf zu bieten vermag, verglichen werden, so darf nicht ein gesunder, langjährig beruflich aktiver Versicherter mit einem gesundheitlich geschwächten beruflich neu beginnenden verglichen werden. Muss der Versicherte nach seinem Vertrag Minderungen seines Einkommens in seiner bisherigen Tätigkeit bis zu dem vereinbarten Grad der Berufsunfähigkeit hinnehmen, so muss er dies auch in einer neuen.

Sodann ist zu klären, was in diese wirtschaftliche Betrachtung konkret an Vergütung einzu- **111** stellen ist. Die Rechtsprechung hat sowohl einen Vergleich des **Bruttoeinkommens** als auch einen solchen des **Nettoeinkommens** für zulässig erachtet[204]. Selbstverständlich muss insoweit Gleiches mit Gleichem verglichen werden[205]. Heftiger Streit herrscht dabei zunächst über die Frage, inwieweit Unterhaltspflichten zu berücksichtigen sind. Die Gegner ihrer Einbeziehung in die Wertung verweisen darauf, dass die Berufsunfähigkeitsversicherung einen abstrakten Bedarf decken will und dass die „Besserstellung" unterhaltspflichtiger Versicherter zu ungleichmäßiger Behandlung führe. Auch könne der Versicherte in einem solchen Fall den Umfang seines Schutzes durch Begründung von Unterhaltspflichten nachträglich beeinflussen, während es dem VR selbst im Rahmen der Nachprüfung genommen sei, ihren Wegfall geltend zu machen[206]. In der Tat stellt der VV, vor allem sein Preis, **nicht auf den „Familienstand" des Versicherten** ab und in der Tat erscheint es auf den ersten Blick misslich, wenn der VR Veränderungen von finanziellen, das Vorliegen eines VersFalls beeinflussenden Belastungen des Versicherten nicht berücksichtigen kann. Das ist aber kein Problem, dass sich allein bei dem Thema „Unterhaltspflichten" stellt. Im Rahmen einer konkreten Verweisung kann der spätere, nicht gesundheitlich bedingte Verlust des Arbeitsplatzes dem Versicherten nachteilig sein. Im Rahmen der abstrakten Verweisung ist es das Risiko des Versicherten, inwieweit gerade er das im Vergleichsberuf erzielbare Einkommen erreichen wird. Persönliche Umstände können dazu führen, dass eine zunächst mögliche Mobilitätserwartung, die die Verweisung gestattet hat, revidiert werden muss. „Veränderungsfestigkeit" wird insoweit von dem Vertrag weder dem VR noch dem Versicherten garantiert. Geht die vertraglich zugesagte Beschränkung der Verweisung davon aus, dass die „Lebensstellung" des Versicherten gewahrt wird, so bezieht der Vertrag die konkreten Verhältnisse des Versicherten in seine Wertungen ein: eine abstrakte Lebensstellung gibt es nicht. Anders als bei der Berechnung eines Verdienstausfallschadens zur Bemessung der Höhe deliktsrechtlich begründeter Ansprüche wird die **Lebensstellung** des Versicherten aber von den Möglichkeiten der Verwendung von Einkommen für den allgemeinen Lebensbedarf geprägt, den Möglichkeiten, die Ausgaben für Wohnung, Kleidung und Ernährung, für Fortbewegung, Freizeit und Luxus zu bestreiten. Daher liegt es nahe, den Vergleich der Nettoeinkommen für entscheidend zu erachten[207]. Das bedeutet indessen in der Praxis weniger als geargwöhnt: Die Belastung eines Versicherten mit Unterhaltspflichten wird regelmäßig nur bei geringen Einkommen dazu führen, dass das dort zumutbare Maß der im Vergleichsberuf erwarteten Einkommenseinbuße geringer ist. Im Übrigen müssen aber gerade bei Selbständigen **steuerrechtlich** oder **steuertatsächlich bedingte Verzerrungen** bereinigt werden. Versicherten, die Einkommensteuerbescheide vorlegen, nach denen sie jahrelang negative Einkünfte erzielt haben, kann nicht entgegengehalten werden, dass sie damit auf jede Tagelöhnerarbeit verwiesen

---

[203] BGH v. 22.10.1997, NJW-RR 1998, 239; vgl. auch OLG München v. 8.5.1991, VersR 1992, 1339.

[204] BGH v. 22.10.1997, NJW-RR 1998, 239; abl. *Müller-Frank,* S. 83: nur Vergleich der Bruttoeinkommen.

[205] Vgl. zur Berücksichtigung der familiären Situation OLG Karlsruhe v. 15.3.2007, ZfS 2007, 403.

[206] Vgl. *Müller-Frank,* S. 87/88; *Leggewie,* NVersZ 1998, 110.

[207] OLG Hamm 20.1.1999, r+s 1999, 432; *Voit,* Rn. 368.

werden dürfen. Das gilt gleichermaßen, wenn es um den Vergleich einer tatsächlich bereits ausgeübten Tätigkeit, aus der (steuerlich) lediglich negative Einkünfte erzielt werden, mit einem früheren Beruf des Versicherten geht. Darüber hinaus müssen die zu vergleichenden Einkommen von jeglichen steuerrechtlichen und sozialversicherungsrechtlichen Einflüssen befreit werden. Die Leistung von Sozialversicherungsbeiträgen durch den Arbeitgeber ist also bei dem Einkommensvergleich zu berücksichtigen.

112   Die beruflich begründete bisherige Lebensstellung des Versicherten wird im Übrigen natürlich von **allen Vergütungsbestandteilen** bestimmt, die im weitesten Sinne als Arbeits- oder Leistungsentgelt und nicht als Entschädigung für tatsächlich entstandene Aufwendungen zu betrachten sind, von Zuschlägen für regelmäßig abzuleistende Überstunden, Erschwerniszulagen, Tantiemen und Prämien, Sonderzuwendungen wie dem Urlaubs- und dem Weihnachtsgeld, selbst von Spesen und Auslösungen, denen typischerweise keine entsprechenden Ausgaben gegenüberstehen[208]. Entscheidend ist allein, ob solche Vergütungsbestandteile sich so verfestigt haben[209], dass sie nicht als einmalige und künftig nicht mehr zu erwartende Gratifikation sondern als Bestandteil des Einkommens zu betrachten sind. Auch Nebeneinkünfte, die mit der bisherigen beruflichen Tätigkeit des Versicherten verbunden gewesen sind, sind zu veranschlagen, wenn sie regelmäßig erzielt worden sind, im Vergleichsberuf nicht minder, wenn zu erwarten ist, dass der Versicherte sie dort gleichfalls erlangen kann. Einkünfte, die der Versicherte daneben aus anderen Quellen erzielt hat, vor allem aus der **Verwaltung seines Vermögens,** spielen hingegen keine Rolle. Das ist dann anders, wenn er die ihnen zugrunde gelegte Tätigkeit, beispielsweise die Betreuung ihm gehörender vermieteter Wohnungen „nach Feierabend" zu seinem Beruf gemacht hat.

113   Ein besonderes Problem entsteht bei Versicherten, die in ihrem letzten Beruf eine **besonders hohe Vergütung** für eine begrenzte Zeit erhalten haben, professionellen Sportlern oder Models beispielsweise. Enthält in einem solchen Fall der VV eine zeitliche, bis zur berufsspezifischen Altersgrenze reichende Limitierung, so ist das zuletzt tatsächlich erreichte, besonders hohe Einkommen maßgebend. Fehlt es indessen an einer solchen Risikobegrenzung, so wird die Lebensstellung natürlich davon beeinflusst, dass der Versicherte sein Einkommen regelmäßig nur für eine begrenzte Zeit hätte erzielen können. Das kann dazu führen, dass der Versicherte auf eine Tätigkeit verwiesen werden kann, in der er nur mehr ein geringeres Einkommen erzielt. Dabei kommt es, wenn nichts anderes vereinbart ist, nicht zu einer betragsmäßigen Aufteilung in dem Sinne, dass der VR bis zum mutmaßlichen Ende der dem Spitzenverdienst entsprechenden Laufbahn nur auf hoch besoldete Vergleichstätigkeiten, für den Zeitraum danach auf eine geringeren Verdienst versprechende verweisen darf. Vielmehr bietet der Vergleichsberuf eine entsprechende Lebensstellung schon dann, wenn es sich um einen Beruf handelt, der nach dem gewöhnlichen Lauf der Dinge oder nach den besonderen Umständen, insbesondere den getroffenen Anstalten oder Vorkehrungen des Versicherten einen Verdienst erwarten lässt, wie der Versicherte ihn nach dem Ende seiner Karriere zu erwarten hätte[210]. **Aufstiegschancen,** Annehmlichkeiten oder Erschwernisse, die Sicherheit des Arbeitsplatzes[211] spielen für den rein wirtschaftlichen Vergleich des erzielten oder des erzielbaren Einkommens keine Rolle. In gewissem Maße können sie aber die Lebensstellung, die auch von der Wertschätzung der beruflichen Tätigkeit im Übrigen beeinflusst wird, prägen.

114   Welche Einbußen nach dieser Vorklärung zumutbar sind, wird von der Rechtsprechung nicht nach festen Sätzen bestimmt. Von allgemeiner Bedeutung ist allerdings einerseits, dass,

---

[208] OLG Karlsruhe v. 15. 2. 2007 ZfS 2007, 403; OLG Saarbrücken v. 6. 8. 2003, OLGR 1003, 9; OLG Saarbrücken v. 31. 5. 2006, OLGR 2006, 402; OLG Hamm v. 5. 6. 1992, VersR 1992, 1338: OLG München v. 8. 5. 1991, VersR 1992, 1339 (1342); zur Problematik von Spesen, denen entsprechende Aufwendungen gegenüberstehen OLG Köln v. 20. 7. 1998, NVersZ 1999, 518.

[209] OLG Köln v. 14. 2. 2001, VersR 2001, 1225; zur Problematik eines Akkordlohns OLG Saarbrücken v. 6. 8. 2003, OLGR 2004, 9.

[210] Differenzierend *Voit,* Rn. 371.

[211] Eine Berücksichtigung – jedenfalls im Rahmen des wirtschaftlichen Vergleichs abl. BGH v. 17. 6. 1998, VersR 1998, 1537; OLG Hamm v. 5. 6. 1992, VersR 1992, 1339.

weil es ja nicht um einen Vergütungsvergleich sondern um einen Lebensstellungsvergleich geht, Versicherte, die ein **hohes Einkommen** erzielen, eine prozentual höhere Minderung hinnehmen müssen als Versicherte, deren Vergütung sich im **unteren Spektrum** bewegt[212]. Die Grenzen zwischen schlechter Verdienenden und besser Verdienenden sind allerdings fließend und in hohem Maße wertungsabhängig. Streitig aber doch der Sache nach überzeugend ist weiter, dass die Lebensstellung des Versicherten auch von einer bestimmen Art notwendiger Einkommensverwendung gezeichnet wird. Versicherte, die Unterhaltpflichten zu erfüllen haben, Alleinverdiener in einer kinderreichen Familie vor allem, werden es in weitaus geringerem Maße als zumutbar empfinden dürfen, Einkommenseinbußen hinzunehmen, als ein Single, der nur für sich selbst zu sorgen hat. Vor diesem Hintergrund hat sich eine **reiche Kasuistik** entwickelt, der schon deshalb nur in begrenztem Umfang Maßstäbe entnommen werden können, weil die Details der wirtschaftlichen Verhältnisse des jeweils Betroffenen selten mitgeteilt werden, vor allem aber, weil sich Einkommensverminderungen individuell ganz unterschiedlich auswirken können[213]. Versucht man grob einzuschätzen, welche zu erwartenden Minderungen der Einkünfte bei Ausübung eines Vergleichsberufs die Rechtsprechung für zumutbar hält, so ergeben sich – jedenfalls im Bereich von Jahreseinkommen zwischen 20 000 € und 40 000 € – Grenzziehungen bis zu leicht über 20%[214]. Demgegenüber hat die Rechtsprechung deutlich höhere Rückschritte bei den Verdienstaussichten von 25% bis über 30% für nicht mehr zumutbar erachtet[215]. Bedenkt man allerdings, in welchem Umfang die Nettoeinkünfte in Alleinverdienerhaushalten vor allem dann, wenn Kinder zu versorgen sind, für fixe Kosten (Wohnung, Ernährung, Kleidung, Ausbildung) vorab festgelegt sind, dann können schon Einbußen von unter 20% die für andere, die Lebensstellung ausmachenden Ausgaben verfügbaren Mittel drastisch schmälern[216]. Das ist mit dem Sinn einer Berufsunfähigkeitsversicherung, die einen bestimmten Bedarf decken soll, schwer vereinbar.

b) Der beruflich-soziale Status. Die berufliche Prägung der Lebensstellung des Versicherten erfolgt nicht allein durch sein Einkommen. Weil einem Versicherten ein spürbarer **sozialer Abstieg** nicht zugemutet wird, spielen für die wertend zu ermittelnde Vergleichbarkeit eines Verweisungsberufs weitere „statusrelevante" Merkmale der bisherigen und der aufgezeigten möglichen Erwerbstätigkeit eine Rolle. Dabei geht es allerdings nicht um eine Art **Saldierung** aller Vor- und Nachteile, die Versicherte genossen oder erlitten haben und die auf sie im Rahmen einer Verweisung zukommen können. Vielmehr ist – ausgehend von der Betrachtung der Einkommen – zu prüfen, ob der Verweisungsberuf bei einer vergleichbaren Verdiensterwartung für den – Berufsschutz genießenden – Versicherten ins Gewicht fallende Nachteile mit sich bringen würde oder ob nachteilige Differenzen des möglichen Entgelts durch ins Gewicht fallende Vorteile aufgewogen würden, die geringere finanzielle Einbußen hinnehmbar erscheinen lassen. Nicht alle beruflichen Verhältnisse gelten allerdings als statusrelevant: Dass nach dem Verweisungsberuf eine erhöhte Nachfrage besteht, steigert das Ansehen ebenso wenig wie der Umstand, dass es sich um Innen- oder Außendienst handelt[217]. 115

Dabei spielt die Notwendigkeit eines **Wechsels aus einer selbständigen in eine abhängige Tätigkeit** – selten auch umgekehrt – eine besondere Rolle. Vermag ein selbständig Tätiger nach seiner Ausbildung und Erfahrung eine abhängige Beschäftigung auszuüben und 116

---

[212] BGH v. 22. 10. 1997, NJW-RR 1998, 239.

[213] BGH v. 22. 10. 1997, NJW-RR 1998, 239.

[214] Vgl. u. a. BGH v. 22. 10. 1997, NJW-RR 1998, 239 (23%); OLG Nürnberg v. 30. 4. 1998, NVersZ 1998, 119 (18%); OLG Köln v. 20. 7. 1998, NVersZ 1999, 518 (20%); OLG Düsseldorf v. 3. 12. 1996, VersR 1998, 835 (15%); OLG Karlsruhe v. 17. 12. 1992, r+s 1994, 436 (20%); OLG Köln v. 14. 2. 2001, VersR 2001, 1225 (25%).

[215] BGH v. 17. 6. 1998, VersR 1998, 1537 (33%); OLG Köln v. 18. 1. 2006, 5 U 116/05 – (juris) (16%); OLG Köln v. 5. 3. 1992, VersR 1993, 955 (36%); OLG Hamm v. 5. 6. 1992, VersR 1992, 1338 (26%); OLG Hamm v. 20. 1. 1999, NJW-RR 1999, 901 (24%); OLG München 23. 5. 2000, NVersZ 2001, 73 (33%); OLG Saarbrücken v. 6. 8. 2003, OLGR 2004, 9.

[216] OLG Karlsruhe v. 15. 2. 2007, ZfS 2007, 433.

[217] BGH 22. 10. 1997, NJW-RR 1998, 239; OLG Frankfurt/M. 17. 3. 1999, NVersZ 2000, 270.

würde deren Aufnahme nicht zu unzumutbaren Einkommenseinbußen führen, so widerspricht eine Verweisung nicht grundsätzlich dem Gebot, die bisherigen Lebensstellung des Versicherten zu wahren[218]. Vielmehr ist im Einzelfall zu bewerten, ob mit der neuen, abhängigen beruflichen Tätigkeit für den Versicherten im Vergleich zu seiner früheren, selbständigen ein „spürbarer sozialer Abstieg" verbunden ist. Der Facettenreichtum selbständigen und abhängigen Erwerbs schließt es aus, allein aus dem Kriterium der Selbständigkeit oder Abhängigkeit selbst auf Veränderungen der Lebensstellung zu schließen. Von einem selbständig Tätigen können typische unternehmerische Leistungen – die Entwicklung von Ideen und Produkten, die Einstellung und Entlassung, der Einsatz und die Leitung von Arbeitnehmern, die Repräsentation des Unternehmens – erwartet werden, die sein Ansehen in der Gesellschaft prägen und die es ausschließen, sie auf untergeordnete, routinemäßig zu erledigende Arbeiten in weisungsgebundener Stellung zu verweisen. Selbständige Versicherte können aber auch lediglich dem Schein nach Art und Umfang der von ihnen erbrachten Leistungen bestimmen dürfen, in Wirklichkeit aber mit engeren Fesseln gebunden sein als formal in eine Hierarchie eingegliederte abhängig Tätige.

117   Da mit der „Lebensstellung" des Versicherten neben dem sie prägenden Verdienst sein **Ansehen in der Gesellschaft** gemeint ist, kommt es auf die Anforderungen und Eigenschaften der Tätigkeit an, die dieses Ansehen beeinflussen. Das sind zum einen die allgemein einem Beruf zugeschriebenen **Voraussetzungen an Qualifikation.** Daher kann regelmäßig ein „Gelernter" nicht auf die Tätigkeit eines „Angelernten" verwiesen werden, auch wenn er Kenntnisse und Erfahrungen, die er in jenem Berufs benutzt hat, nicht anders in einem Vergleichsberuf benötigt[219]. Jedoch können auch „Angelernte" im Laufe ihres Berufslebens berufliche Erfahrungen erwerben, die ihnen einen anderen Status als den eines „Handlangers" verschaffen und die daher ihre Verweisung auf einen „Anlernberuf" ausschließen[220]. Wer aber zur Ausübung einer selbständigen Tätigkeit – beispielsweise der Leitung eines Meisterbetriebes – eines bestimmten beruflichen Werdegangs und bestimmter formaler qualifizierender Abschlüsse bedarf, würde nicht allein dadurch einen sozialen Abstieg erleiden, dass er auf eine zwar weisungsabhängige aber einen vergleichbaren Bildungsweg und vergleichbare formale qualifizierende Abschlüsse voraussetzende Tätigkeit verwiesen würde.

118   Allerdings können Unabhängigkeit oder Abhängigkeit von Weisungen das Ansehen einer Person in der Gesellschaft durchaus mitbestimmen. Jedoch können selbständig Tätige zwar formal weisungsfrei arbeiten, zugleich aber in beträchtlichem Umfang von anderen Einflüssen – den sie zuweilen stärker einbindenden Bedürfnissen von Vorunternehmern, Nachunternehmern oder Abnehmern ihrer Leistungen, der Eingliederung in die unternehmerische Freiheit im Detail beschränkende Regelwerke – abhängig sein[221]. Eine sich trotz Nutzbarkeit von Ausbildung und Erfahrung und trotz (noch) vergleichbaren Verdiensts ergebende Unzumutbarkeit einer Verweisung kann daher regelmäßig nur darauf gestützt werden, dass ein selbständig Tätiger, der **tatsächlich weisungsfrei und eigenverantwortlich** unternehmerische Eigenschaften einsetzen konnte, „abgestuft" würde auf einen beruflichen Status ohne ins Gewicht fallende Leitungs- und Entscheidungsbefugnisse[222]. Selten wird einmal eine Rolle spielen, dass ein bislang abhängig Beschäftigter von dem VR **auf eine selbständige Tätigkeit verwiesen** werden soll. Übt er sie aus, ist die Verweisung – bei vergleichbarem Verdienst – regelmäßig zulässig. Dabei kann sich die Vergleichbarkeit der Wertschätzung daraus ergeben, dass leitende Funktionen in einer Hierarchie mit planerischen Anteilen und bedeutenden Direk-

---

[218] BGH v. 11. 11. 1987, VersR 1988, 234; BGH v. 11. 12. 2002, NJW-RR 2003, 383; OLG Hamm v. 8. 3. 2000, VersR 2001, 1411; OLG Saarbrücken v. 26. 6. 2006, OLGR 2006, 987; v. 31. 1. 1996, NJW-RR 1997, 791; OLG Köln v. 20. 6. 1991, VersR 1991, 1362; OLG Frankfurt/M. v. 17. 3. 1999, NVersZ 2000, 270.

[219] Vgl. beispielhaft OLG Braunschweig v. 14. 6. 1999, VersR 2000, 620 zur Verweisung eines Zimmermanns auf den Beruf eines Kraftfahrers.

[220] BGH v. 27. 5. 1992, VersR 1992, 1073; vgl. a. OLG Koblenz v. 11. 4. 2003, VersR 2003, 1431.

[221] OLG Hamm v. 8. 3. 2000, VersR 2001, 1411; vgl. aber OLG Celle v. 19. 1. 2005, OLGR 2005, 110.

[222] OLG Hamm v. 21. 6. 1996, VersR 1997, 817.

tionsbefugnissen der freien Bestimmung über Art und Umfang des beruflichen Einsatzes gegenübergestellt werden können. Der ständige Vertreter des Chefarztes einer Klinik für Gynäkologie kann daher – auch wenn sich Aufgaben und Methoden deutlich unterscheiden – auf die Tätigkeit eines niedergelassene Gynäkologen verwiesen werden[223]. Übt der Versicherte die ins Auge gefasste selbständige Tätigkeit allerdings noch nicht aus, so wird mit ihrer Aufnahme regelmäßig der Einsatz von Investitionskapital verbunden sein, der ihm nicht zugemutet wird. Anderes kann sich allerdings ergeben, wenn die Aufnahme einer selbständigen Tätigkeit sozialrechtlich so gefördert wird, dass der Einsatz eigener Mittel nicht mehr erforderlich ist. Die Rechtsprechung hat daher bislang auch lediglich entschieden, dass die Verweisung auf den Aufbau eines eigenen Unternehmens „nicht ohne weiteres" zulässig ist[224].

c) Die örtlichen Umstände der Berufsausübung. Gelegentlich kann der Versicherte **119** den bisher von ihm ausgeübten Beruf gesundheitsbedingt nur an seinem bisherigen Arbeitsort nicht weiterführen wohl aber andernorts – der an polyallergischem Bronchialasthma leidende Dachdecker könnte Dächer an der See oder im Hochgebirge durchaus weiter decken. Gelegentlich werden zumutbare Verweisungstätigkeiten in der Heimat des Versicherten nicht angeboten – sei es aus Gründen der Wirtschaftsstruktur (Versorgungsunternehmen, die einem bislang selbständigen körperlich mitarbeitenden Gas- und Wasserinstallateur physisch weniger belastende Aufsichtsfunktionen anbieten könnten, haben ihren Sitz weitab), sei es aus Gründen eines unterschiedlichen Niveaus des erzielbaren Einkommens. In solchen Fällen fragt es sich, ob dem Versicherten ein **Wechsel des Arbeits- oder gar des Wohnortes** angesonnen werden darf. Das Sozialversicherungsrecht hält das in beschränktem Maß für zumutbar. In der rentenrechtlichen Versicherung der Erwerbsfähigkeit gilt, dass eine Verweisung auf Teilzeitarbeitsplätze nur erfolgen darf, wenn sie für den Versicherten täglich von seinem Wohnsitz aus erreichbar sind[225]; für vollschichtig Einsatzfähige soll allerdings der Arbeitsmarkt in ganz Deutschland maßgebend sein[226]. Die Arbeitslosenversicherung mutet dem Versicherten bestimmte Pendelzeiten und auch eine vorübergehende getrennte Haushaltsführung zu; sie schließt in engen Grenzen auch einen Umzug nicht aus[227]. Solche Wertungen können mit aller Vorsicht auf die private Berufsunfähigkeitsversicherung übertragen werden. Die „bisherige Lebensstellung" ist es auch hier, die die Grenzen des für eine Verweisung in Betracht kommenden geographischen Gebiets zieht. Arbeitsstätten, die ein Versicherter – wie regelmäßig viele andere Berufstätige auch – **täglich von seiner Wohnung** aus unter Inkaufnahme hinnehmbarer Pendelzeiten (die von der Arbeitslosenversicherung genannten 3 Stunden bei einem Arbeitstag von 8 Stunden können insoweit eine Richtschnur sein) erreichen kann, sind zumutbar; eine zeitlich eng begrenzte vorübergehende getrennte Haushaltsführung kann es auch sein. Im übrigen ist aber entscheidend, welche Mobilität von dem Versicherten in seiner bisherigen Tätigkeit erwartet worden ist und welche Mobilität bei Abwägung seiner persönlichen schützenswerten Interessen – vor allem des Alters, der familiären und sozialen Bindungen am Wohnort und des Vorhandenseins von Grund- oder Wohnungseigentum – und der Interessen der Versichertengemeinschaft von ihm erwartet werden darf[228]. Ein **Umzug** zur Übernahme einer Verweisungstätigkeit wird daher regelmäßig nur jüngeren, alleinstehenden Versicherten aufgegeben werden dürfen.

d) Sonstige Umstände. Die „bisherige Lebensstellung" des Versicherten, der die Verweisungstätigkeit zu entsprechen hat, erschöpft sich aber auch im Übrigen nicht immer in **120**

---

[223] OLG Saarbrücken v. 31. 1. 1996, NJW-RR 1997, 791.

[224] BGH v. 11. 11. 1987, BGHZ 102, 194.

[225] BSG v. 10. 12. 1976, BSGE 43, 75; KassKomm/*Niesel,* § 43 SGB VI § 43 Rn. 31.

[226] *Schulin/Kölbl,* Handbuch des Sozialversicherungsrechts, § 23 Rn. 113 m. w. N.

[227] *Gagel/Steinmeyer,* SGB III § 121 Rn. 91, 92.

[228] OLG Düsseldorf v. 9. 8. 1995, VersR 1996, 879; OLG Saarbrücken v. 10. 1. 2001, r+s 2002, 301; *Rüther,* NVersZ 1999, 497 (499); *van Bühren/Terbille,* § 14 Rn. 220; das OLG Saarbrücken v. 20. 10. 1993, VersR 1994, 969 (970) r. Sp., hat für das Kriterium des erzielbaren Einkommens das im Tarifgebiet des bisherigen Lebensbereichs für maßgeblich erachtet.

Rixecker

dem durch die bisherige Tätigkeit erzielten Einkommen, der sozialen Wertschätzung oder dem Arbeitsort. Schon die Gesichtspunkte der sozialen Wertschätzung – dem Versicherten soll kein gesellschaftlicher Abstieg zugemutet werden – und des Arbeitsortes zeigen, dass es nicht quantifizierbare, gewissermaßen **„weiche" Nachteile einer Verweisungstätigkeit** geben kann, vor denen eine private Berufsunfähigkeitsversicherung, die nicht nur Verdienstausfallversicherung ist sondern vor den Risiken des Verlusts des Berufs als der Grundlage der bisherigen Lebensführung und persönlichen Entfaltung des Versicherten schützen will, die Augen nicht verschließen darf. Das kann auch für die einkommensunabhängige Freiheit gelten, über die zeitliche Lage der beruflichen Inanspruchnahme frei zu entscheiden. Für die Lebensstellung eines Versicherten kann es von unter Umständen größerer als finanzieller Bedeutung sein, ob er tags oder nachts, vormittags oder nachmittags, halbjährig intensiv oder ganzjährig in üblichem Rahmen arbeiten muss[229]. Wenn ein Versicherter (bewiesenermaßen) aus legitimen Gründen – beispielsweise der Betreuung von Kindern oder Pflegebedürftigen – seine bisherige berufliche Tätigkeit in bestimmter zeitlicher Hinsicht spezifisch gestaltet und auch auf Dauer festgelegt hat, so kann es an der Zumutbarkeit einer Verweisungstätigkeit, die ihm dies nicht mehr erlauben würde, fehlen[230].

III. Der Ausschluss der Verweisbarkeit

1. Ausgeschlossene Verweisungsberufe

121   Lassen die Bedingungen eine abstrakte Verweisung zu, so ist die Berufsunfähigkeit des Versicherten unabhängig von der Arbeitsmarktlage festzustellen. Das bedeutet, dass es – grundsätzlich – nicht darauf ankommt, ob der Versicherte angesichts der aktuellen Zahl von Arbeitslosen eine realistische Chance hat, in dem Beruf, auf den der VR ihn verweist, einen Arbeitsplatz zu finden. Allerdings genügt es nicht, dass irgendwer irgendwo eine Tätigkeit, die der VR benennt, tatsächlich ausübt. Der Fantasie der VR im Aufzeigen von Verweisungsberufen sind Grenzen gesetzt. Die Verweisung ist nur dann zulässig, wenn Personen, die über die gleichen Kenntnisse und Fähigkeiten wie der Versicherte verfügen, **allgemeinen Zugang zu dem „Vergleichsberuf"** haben, dass es also keine gewissermaßen „personenbezogenen" oder „stellenbezogenen" Hindernisse für den Versicherten gibt eingestellt zu werden.

122   Das bedeutet zunächst, dass eine – abstrakte – Verweisung auf **Wahl- oder Ehrenämter** nicht statthaft ist. Dabei handelt es sich zwar häufig auch um beruflich zu betreibende Tätigkeiten. Ihr Erwerb hängt zwar nicht von der freien Entscheidung eines Arbeitgebers, aber in gar nicht grundsätzlich anderer Weise von der freien Entscheidung eines Wählers ab. Auch kann nicht geleugnet werden, dass bestimmte „Politikberufe" eine klassischen Berufen nicht unähnliche manuelle und intellektuelle Sozialisation kennen, also beispielsweise in dieser Hinsicht schwer zu begründen wäre, warum ein Rechtsanwalt nicht auf den Beruf einer Bürgermeisters oder ein Lehrer nicht auf den Beruf eines Abgeordneten verwiesen werden dürfte. Aber auch wenn ein Versicherter nach persönlicher und fachlicher Qualifikation ein Wahl- oder Ehrenamt ohne weiteres ausüben könnte: Nicht anders als bei der **Verweisung** von „angewandt" Berufstätigen **auf Lehrberufe**[231] gilt, dass es „Wesensunterschiede" zwischen abhängig und selbständig tätigen Versicherten einerseits und andererseits solchen gibt, die sich erfolgreich um ein Wahl- oder Ehrenamt bemühen. Die Vergabe des „Arbeitsplatzes" ist bei ihnen regelmäßig unabhängig von dem beruflichen Lebensweg, den dort erworbenen Fähigkeiten und Erfahrungen und liegt damit außerhalb des Schutzfeldes der Berufsunfähigkeitsversicherung. Das gilt allerdings nur für die abstrakte Verweisung. Gelingt es einem Versicherten, der seine bisherige Arbeit als, sagen wir, „Bierkutscher", wegen Wirbelsäulenbeschwerden aufgeben muss, seine Beliebtheit bei Kollegen in eine Wahl als frei gestelltes Betriebsratsmitglied umzumünzen, so ist es nicht ausgeschlossen, ihn für die Dauer des Amtes darauf zu verweisen.

---

[229] OLG München v. 23. 5. 2000, NVersZ 1001, 73.
[230] OLG Saarbrücken v. 10. 4. 2002, NJW-RR 2003, 528.
[231] OLG Karlsruhe v. 18. 2. 1993, VersR 1995, 86, 89.

Im Übrigen muss es die berufliche Tätigkeit, auf die der Versicherte verwiesen werden soll, **123** als solche natürlich überhaupt geben. Daher darf der VR nicht auf einen Ausschnitt von Tätigkeiten, die mit einem Berufsbild verbunden sind, verweisen, wenn ein solcher Ausschnitt in der Wirklichkeit nicht über den Einzelfall hinaus als eigenständiger Beruf in Erscheinung tritt: Sachverständige für Hoch- oder Tiefbau beurteilen auch Fragen des Bautenschutzes, Sachverständige für Bautenschutz allein müsste es in einer gewissen Zahl geben, um den Inhaber eines Bautenschutzunternehmens darauf verweisen zu können[232]. Ganz allgemein gilt, dass der VR nicht auf **„Fantasieberufe"** verweisen darf, Berufe also, die als solche gar nicht (mehr) oder allenfalls noch vereinzelt existieren. Das ist in Zeiten lebhaften Wandels der beruflichen Welt kein ungewöhnliches Problem. „Alte" Berufe verschwinden, dem muss die Verweisung folgen. Gibt es den – früher bekannten – Beruf des „Abwicklers in der Feinblechverarbeitung" aufgrund einer Veränderung der Produktionsprozesse nur noch hier und da, vorzugsweise vielleicht in wirtschaftlich rückständigeren Gebieten, so darf der VR auf ihn nicht mehr verweisen.

Der VR darf auch nicht auf sogenannte **„Nischentätigkeiten"** verweisen[233], also auf Tätigkeiten, die es möglicherweise gar nicht oder nur in unbedeutendem Umfang gibt. Dabei handelt es sich um Arbeitsplätze, die nach den besonderen Bedürfnissen eines bestimmten Unternehmens, regelmäßig im Übrigen personenbezogen, geschaffen werden, oder die ohnehin nur – regelmäßig aus Rücksichtnahme, Wohlwollen oder Gefälligkeit – auf die Person verdienter Mitarbeiter hin konzipiert sind[234]. Sie sind nicht „allgemein" zugänglich. Davon abgesehen handelt es sich aber bei solchen „Nischen" immer wieder keineswegs um Rastplätze sondern um anspruchsvolle Aufstiegs- und Leitungspositionen unterschiedlicher Hierarchieebenen, die für „Außenseiter" oder „Seiteneinsteiger" regelmäßig nicht offen sind, weil Arbeitgeber die Besetzung solcher Stellen von ihrer bisherigen Erfahrung mit den entsprechenden Mitarbeitern abhängig machen[235]. Eine solche „Nische" stellen im Übrigen regelmäßig auch Aufstiegspositionen dar[236]. Arbeitgeber werden sie meist lediglich mit ihnen bekannten und bewährten Mitarbeitern besetzen; im Einzelfall kann das aber anders sein und bedarf sachverständiger Nachforschung. Auf Nischen- oder Schonarbeitsplätze darf allerdings bei der konkreten Verweisung tatsächlich verwiesen werden[237].

Das in der Praxis zentrale Problem der Verweisung sind allerdings die sogenannten **„Schon-** **125** **arbeitsplätze"**[238]. Dabei handelt es sich um die „klassische" Verweisungstrias „Pförtner (Empfangskraft) und Telefonist, Magazinverwalter (Materialdisponent), Bote". Schonarbeitsplätze sind Arbeitsplätze, die es auf dem allgemeinen Arbeitsmarkt zwar – auch in durchaus nicht geringer Zahl – gibt, die jedoch regelmäßig leistungsgeminderten Beschäftigten vorbehalten werden und für betriebsfremde Personen nicht zur Verfügung stehen. Zu ihnen besteht kein allgemeiner Zugang. Scheidet der Inhaber eines solchen Arbeitsplatzes aus, fällt der Arbeitsplatz weg, wenn kein anderer gesundheitlich beeinträchtigter Arbeitnehmer umgesetzt werden muss. Allerdings bedarf es stets einer differenzierenden Betrachtung, die im Streit sachverständige Beratung erforderlich macht: so kennt der allgemein zugängliche Arbeitsmarkt die Tätigkeit eines Telefonisten nicht mehr, die Tätigkeit als Mitarbeiter von Callcentern (mit gänzlich anderen qualitativen Anforderungen) kennt er sehr wohl.

---

[232] OLG Hamm v. 26. 6. 1991, VersR 1992, 1120; zur Verweisung auf eine Tätigkeit als Koch in einem vegetarischen Restaurant: OLG Düsseldorf v. 22. 12. 1999, r+s 2002, 81.

[233] BGH v. 23. 6. 1999, NVersZ 99, 515, 517; OLG Düsseldorf v. 9. 8. 1995, VersR 1996, 879; OLG Oldenburg v. 12. 11. 1997, VersR 1998, 1010; OLG Saarbrücken v. 30. 7. 2003, OLGR 2003, 353.

[234] BGH v. 23. 6. 1999, NVersZ 99, 515.

[235] OLG Düsseldorf v. 9. 8. 1995, VersR 1996, 879.

[236] OLG Düsseldorf v. 9. 8. 1995, VersR 1996, 879.

[237] OLG Frankfurt/M. v. 20. 2. 2007, r+s 2008, 152.

[238] Vgl. allg. BGH v. 23. 6. 1999, NVersZ 1999, 515; i. E. *van Bühren/Terbille,* § 14 Rn. 215 ff.; grundsätzlich *Rüther,* NVersZ 1999, 497; zur Unzulässigkeit einer Verweisung auf einen behindertengerecht ausgestatteten Arbeitsplatz: OLG Koblenz v. 29. 9. 2000, NVersZ 2001, 215.

2. Die Bedeutung der Arbeitsmarktlage

126   Die Berufsunfähigkeitsversicherung ist keine Versicherung gegen Arbeitslosigkeit. Daher ist im Grundsatz völlig unbestritten, dass das Risiko, nach einer Erkrankung aus anderen als gesundheitlichen Gründen mit den vorhandenen Fähigkeiten, den erlernten Fertigkeiten und der beruflichen Erfahrung keinen adäquaten Arbeitsplatz zu finden, nicht zu dem von ihr gedeckten Risiko gehört. Gilt es festzustellen, ob Berufsunfähigkeit vorliegt, muss die **Lage auf dem Arbeitsmarkt außer Betracht** bleiben[239]. Allerdings muss für die Tätigkeit, auf die der VR den Versicherten verweisen will, überhaupt ein Arbeitsmarkt – also Wettbewerb um vorhandene Arbeitsplätze – bestehen. Die Tätigkeit, die der Versicherte ausüben soll, muss in nicht nur unbedeutendem Umfang gewissermaßen noch „leben" und darf nicht – im räumlichen Mobilitätsbereich des Versicherten – (nahezu)ausgestorben sein. Versicherte müssen sich um sie als Wettbewerber nicht ohne jede Aussicht auf Erfolg bewerben können[240]. Nichts anderes gilt im Übrigen, wenn Selbständige auf andere unternehmerische Tätigkeiten verwiesen werden sollen: Wird von dem Pächter eines Betriebes verlangt, einen anderen Betrieb zu pachten, so kommt es grundsätzlich auf das Verhältnis von Angebot und Nachfrage pachtbarer Betriebe nicht an[241]. Der Versicherte muss – das Problem kann sich durchaus dann stellen, wenn nach länger dauernder Arbeitslosigkeit eines Versicherten Leistungen wegen Berufsunfähigkeit beansprucht werden – allerdings **noch über die persönliche und fachliche Eignung** für den Beruf, den er ausüben soll, **verfügen.** Ist die berufliche Entwicklung über ihn hinweggegangen, sei es wegen Vergessens oder Verlernens, sei es schlicht, weil er nicht weiter tätig war und Fortschritte der in seinem Beruf erwarteten Techniken nicht mitvollzogen hat, ist es nicht die allgemeine Lage auf dem Arbeitsmarkt, gegen die er anzutreten hat[242].

127   Allerdings wird in der Rechtslehre vertreten, dass das **Arbeitslosigkeitsrisiko** doch in bestimmtem Umfang – über die in der Rechtsprechung anerkannten Fälle hinaus – die Zulässigkeit einer Verweisung des Versicherten beeinflussen kann[243]. Hintergrund dieser Rechtsauffassung ist die Zunahme der Arbeitslosigkeit in der Gesellschaft nach Umfang und Dauer. In ihrer Leistungsfähigkeit geminderte Versicherte, vor allem Ältere oder geringer Qualifizierte würden ansonsten gewissermaßen „ins Leere" verwiesen werden können, weil sie tatsächlich nicht mehr vermittelbar seien. Für den durchschnittlichen VN liege das „Hauptgewicht der Berufsunfähigkeit" ohnehin auf dem Ausgangsberuf. Für ihn sei es etwas grundlegend anderes, auf einen nicht gewählten Beruf mit nicht vorhandenen Einstellungschancen verwiesen zu werden als im gewählten Beruf an den Verhältnissen des Arbeitsmarkts zu scheitern. Den Bedingungen der Berufsunfähigkeitsversicherung könne auch durchaus entnommen werden, dass bei Zusammenwirken von gesundheitlicher Leistungsminderung im Hauptberuf und Verschlossenheit des Arbeitsmarktes für den Vergleichsberuf das Risiko der Arbeitslosigkeit zwar nicht mitversichert sei, dass es jedoch genüge, wenn die gesundheitliche Beeinträchtigung des Versicherten eine adäquate (Mit-)Ursache dafür sei, dass er beruflich nicht weiter tätig sein könne. Bedingungen, die so verstanden würden, als setzten sie die alleinige Verursachung der Berufsunfähigkeit durch gesundheitliche Einschränkungen voraus, seien nicht transparent. Finde ein Versicherter voraussichtlich auf Dauer keinen Arbeitsplatz im aufgezeigten Vergleichsberuf, so verstoße es jedenfalls gegen Treu und Glauben, wenn der VR ihn denn auf derart lediglich theoretische berufliche Entwicklungen verweise. Vermöge der VN folglich nachzuweisen, dass er voraussichtlich dauernd in dem von dem VR ausgewählten Vergleichsberuf nicht vermittelbar sei oder sei der Versicherte im Vergleichsberuf auch nur sechs Monate lang arbeitslos geblieben, dann sei er auch berufsunfähig.

---

[239] BGH v. 23. 6. 1999, NVersZ 1999, 515; BGH v. 11. 12. 1996, NJW-RR 1997, 529; BGH v. 5. 8. 1989, VersR 1989, 579; BGH v. 19. 11. 1985, VersR 1986, 278; umfassend *Rüther,* NVersZ 1999, 497; *Wachholz,* NVersZ 1999, 507.

[240] BGH v. 22. 9. 1993, VersR 1993, 470.

[241] BGH v. 11. 11. 1987, BGHZ 102, 194.

[242] *Voit,* Rn. 406.

[243] *Rüther,* a. a. O.

Zweifellos führen die **gegenwärtigen Verhältnisse auf dem Arbeitsmarkt** dazu, dass **128** Versicherte, die ihre bisherige berufliche Tätigkeit aus gesundheitlichen Gründen aufgeben mussten, es immer schwerer haben, eine neue, ihnen gesundheitlich noch mögliche, zu finden. Zu Recht wird darauf aufmerksam gemacht, dass dort, wo Konkurrenz um einen Arbeitsplatz sehr groß ist, Personen, die ein Grundleiden tragen – von denen Arbeitgeber verständlicherweise annehmen, dass Fehlzeiten entstehen, Rücksichtnahmen notwendig sind, Leistungsreserven und Flexibilität fehlen –, deutlich geringere Chancen haben eingestellt zu werden als Gesunde. Die Berufsunfähigkeitsversicherung deckt dieses Risiko indessen nur in Grenzfällen. Ihre **Bedingungen** geben keinen Anhaltspunkt dafür, dass das Risiko, auf dem allgemeinen Arbeitsmarkt einen Arbeitsplatz zu finden, versichert ist. Der Versicherungsfall tritt ein, wenn der Versicherte „infolge Krankheit, Körperverletzung oder Kräfteverfall" voraussichtlich dauernd „außerstande ist", seinen Beruf oder eine vergleichbare Tätigkeit auszuüben. Das bedeutet, dass seine gesundheitlichen Beeinträchtigungen, seine beruflichen **Fähigkeiten** bedingungsgemäß vermindert haben müssen. Dass sie ihm berufliche **Möglichkeiten** verschließen, ist nicht eingeschlossen. Die allgemeine Lage auf dem Arbeitsmarkt ist auch kein spezifisches, mit der Person des Versicherten verknüpftes Risiko. Versicherte, deren physische und psychische Leistungsfähigkeit vermindert ist, stehen im Wettbewerb auch in Zeiten der Vollbeschäftigung hinter Gesunden zurück. Würden sie je nach der allgemeinen Lage auf dem Arbeitsmarkt – und je nach ihren regionalen Besonderheiten – Versicherungsschutz im Falle länger dauernder Arbeitslosigkeit genießen, müsste sich folgerichtig die Auslegung der Bedingungen mit der jeweiligen konjunkturellen und strukturellen Lage ändern: Ein und derselbe Versicherte käme in schlechten wirtschaftlichen Zeiten oder in bestimmten Regionen zu seinem Anspruch und müsste ihn in guten wirtschaftlichen Zeiten oder in anderen Gegenden verlieren, ohne dass sich an seinem gesundheitlichen Zustand oder an seiner beruflichen Qualifikation das mindeste verändert hätte. Die Rechtsauffassung, die dies anders sieht, formuliert nicht unsympathische aber von dem Versprechen des VR eben bislang nicht gedeckte Bedingungen. Ihnen kann weder der Beginn der Langzeitarbeitslosigkeit – über den sich ja auch streiten lässt – als Eintritt dauerhafter Berufsunfähigkeit infolge eines gesundheitlichen Leidens entnommen werden noch im Übrigen die Möglichkeit, im Nachprüfungsverfahren eine Verbesserung der Arbeitsmarktlage zu Lasten des Versicherten ausschlagen zu lassen.

In einem Beruf, den auszuüben ein Versicherter gesundheitlich in der Lage ist, einen Arbeitsplatz zu finden, ist also – völlig unabhängig vom Bestehen einer Berufsunfähigkeitsversicherung – ein **allgemeines Lebensrisiko.** Die Berufsunfähigkeitsversicherung deckt es ebenso wenig wie sie das Risiko deckt, dass aufgrund anderer wirtschaftlicher Entwicklungen – galoppierender Inflation beispielsweise – der von dem VN vereinbarte Rentenbetrag zur Deckung seines prognostizierten Bedarfs nicht ausreicht. Allerdings gibt es **Grenzfälle**[244]. Die gesundheitlichen Beeinträchtigungen eines Versicherten können von solcher Art sein, dass er zwar aus medizinischer Sicht in der Lage ist, mit seinen Fähigkeiten und seinen Erfahrungen einen Arbeitsplatz auszufüllen, dass er aber gerade wegen seines Leidens und völlig unabhängig vom Vorhandensein freier Stellen keine realistische Chance hat, eine berufliche Tätigkeit wieder aufzunehmen. Versicherte können an Krankheiten, Gebrechen oder Kräfteverfall leiden, die ihren beruflichen Einsatz nicht ausschließen oder nicht bedingungsgemäß vermindern, die aber dennoch dazu führen, dass sie das **Anforderungsprofil** von Arbeitgebern nicht mehr erfüllen. Dabei kommt es nicht darauf an, ob theoretisch eine Arbeitsmarktsituation denkbar ist, bei der so viele freie Stellen und so wenige Bewerber vorhanden sind, dass auch ein Versicherter mit solchen gesundheitlichen Beeinträchtigungen noch einen Arbeitsplatz finden kann. Naturgemäß ändern sich zwar die Anforderungen von Arbeitgebern an Bewerber je nach der Lage auf dem Arbeitsmarkt: Sie werden besonders hoch sein, wenn viele Bewerber vorhanden sind, niedriger, wenn nur wenige zur Verfügung stehen. Dennoch dürfen Bedingungen, die auf die Kenntnisse und Fähigkeiten abstellen, die jemand haben

---

[244] Vgl. *Müller-Frank*, S. 64 ff.

muss, um einen bestimmten Beruf ausüben zu können, nicht dahin interpretiert werden, dass es auf Kenntnisse und Fähigkeiten ankäme, die irgendwann einmal in einer ganz anderen wirtschaftlichen Lage erwartet werden. Soweit nicht Vorschriften Anforderungen an Berufstätige allgemein normieren, hängen sie davon ab, welches konkrete Profil ein Arbeitgeber in der Praxis bei Einstellung von Arbeitnehmern vor Augen hat. Nach ihm – der verlangten Gesamtqualifikation – richtet sich, ob ein Versicherter auf eine solche Tätigkeit verwiesen werden darf. Der ältere, offenkundig an einer Herzerkrankung leidende Versicherte hat – auch wenn er in eingeschränktem Maße weiter berufstätig sein könnte – keine Chance, einen Arbeitsplatz zu finden, weil er gesundheitlich beeinträchtigt ist und nicht, weil große Arbeitslosigkeit herrscht[245]. Der aus orthopädischen Gründen nur mit Einschränkungen einsatzfähige und an einer schweren Persönlichkeitsstörung leidende Versicherte hat keine Chance, auch nur einen geringe Qualifikationen erfordernden Arbeitsplatz zu finden, weil ein Arbeitgeber auch in Zeiten der Vollbeschäftigung lieber niemanden als ihn einstellt[246]. Versicherte mit solchen Beeinträchtigungen scheitern auch in „guten Zeiten" regelmäßig an ihrer Gesundheit und nicht am Arbeitsmarkt.

130   Hat der Versicherte **neue berufliche Fähigkeiten erworben,** so mag er zuweilen zwar die persönliche und fachliche Eignung genießen, um auf dem Arbeitsmarkt als solche vorhandene Arbeitsplätze ausfüllen zu können. Einen Arbeitsplatz muss er damit noch lange nicht erlangt haben. Auch in einem solchen Fall trägt der Versicherte grundsätzlich das Arbeitsmarktrisiko. Er ist nicht (mehr) berufsunfähig. Jedoch darf nicht übersehen werden, dass der Versicherte nicht gehalten ist, sich fortzubilden oder umschulen zu lassen. Er darf darauf verzichten, ohne den Anspruch auf die Leistungen des VR zu verlieren. Würde der freiwillige, dem VR nicht geschuldete und erfolgreiche Einsatz des Versicherten sich zu qualifizieren, dem VR uneingeschränkt ermöglichen, ihn nach Abschluss der Qualifizierung auf die bloße Möglichkeit, einen neuen Beruf zu ergreifen, zu verweisen, dürfte er überobligationsmäßiges Engagement, an dem er nicht einmal finanziell beteiligt sein muss, ausnutzen. Der Versicherte würde für seinen Versuch in den Beruf zurückzukehren bestraft. Daher nimmt die Rechtsprechung zu Recht an, dass der VR einen Versicherten auf einen ihm mit neuen beruflichen Fähigkeiten zugänglichen Arbeitsplatz nach Treu und Glauben nicht verweisen darf, wenn der Versicherte einen solchen Arbeitsplatz noch nicht gefunden und sich in zumutbarer Weise aber vergeblich – im Wesentlichen durch Meldung als Arbeit suchend aber auch durch eigene Anstrengung oder Prüfung von Nachweisen des VR – um ihn bemüht hat[247]. Verliert allerdings der Versicherte aus anderen als gesundheitlichen Gründen einen solchen neuen Arbeitsplatz wieder, ist das sein Risiko.

131   Ist nach dem Vertrag lediglich eine **konkrete Verweisung** zulässig, muss der Versicherte also einen Arbeitsplatz tatsächlich gefunden haben, kommt es nicht darauf an, ob er ihn nach einer gewissen Zeit aus Gründen, die mit seinen gesundheitlichen Verhältnissen nichts zu tun haben, wieder verloren hat. In einem solchen Fall realisiert sich nämlich nicht das versicherte, sondern das marktmäßige Risiko. Gleiches gilt, wenn der Versicherte schon während einer Ausbildung berufsunfähig geworden ist, dann aber nur – gesundheitsbedingt – eine Teilzeitbeschäftigung findet[248]. VR können sich dem Risiko, dass eine konkrete Verweisung nicht möglich ist, auch nicht dadurch entziehen, dass sie Wiedereingliederungshilfen oder Ähnliches versprechen[249]. Konkrete Verweisungen setzen voraus, dass tatsächlich konkret eine adäquate berufliche Tätigkeit gefunden worden ist.

---

[245] OLG Karlsruhe v. 2. 3. 2000, VersR 2000, 1401; vgl. a. OLG Hamm v. 21. 6. 1996, VersR 1997, 817.
[246] OLG Saarbrücken v. 3. 9. 1997, r+s 1998, 38.
[247] BGH v. 3. 11. 1999, NVersZ 2000, 127; vgl. aber noch v. 17. 6. 1998, NJW-RR 1998, 1396 (1397).
[248] OLG Karlsruhe v. 3. 5. 2005, VersR 2006, 59.
[249] Landgericht Dortmund v. 9. 11. 2006, 2 O 67/06 n. v.

F. Die Feststellung der beruflichen und gesundheitlichen Voraussetzungen des Versicherungsfalls und ihres Zeitpunkts

I. Die Darlegungs- und Beweislast zur Unfähigkeit zur Ausübung des bisherigen Berufs

Der VN muss darlegen und beweisen, dass er aus den von den Bedingungen genannten **132** Gründen seinen bisherigen konkreten Beruf – zu einem bestimmten Zeitpunkt – nicht mehr ausüben kann. Die **Anforderungen der Rechtsprechung** an die Substanziierung des Versicherungsfalls werden – gerade dort, wo es um die Beschreibung des Berufs des Versicherten geht – in der Praxis häufig unterschätzt. Der VN darf sich zur Begründung der von ihm erhobenen Ansprüche nicht darauf beschränken, seinen Beruf schlicht zu bezeichnen („Zimmermann"); er darf sich nicht darauf beschränken, einen Berufstyp zu nennen und vielleicht Prospekte aus berufskundlichen Broschüren beizufügen. Vielmehr muss er die Tätigkeit, die er zuletzt, also vor dem von ihm behaupteten Eintritt seiner gesundheitlichen Beschwerden, ausgeübt hat, ganz konkret beschreiben. Er muss – für Außenstehende nachvollziehbar – darlegen und gegebenenfalls unter Beweis stellen, wie sein Arbeitsfeld beschaffen war und welche Anforderungen es nach Art, Umfang und Häufigkeit – vor allem nach physischen und psychischen Umständen – an ihn gestellt hat[250]. Das bedeutet im Grunde, dass er den regelmäßigen Ablauf eines Arbeitstages mit seinen jeweiligen Verrichtungen zu schildern hat. Davon ist nur dann eine Ausnahme denkbar, wenn die versicherte Person vorträgt, zu jeder beruflichen Tätigkeit außerstande, also erwerbsunfähig zu sein[251].

Weil es um den gesundheitsbedingten Ausschluss – oder jedenfalls eine wesentliche Einschränkung – geht, diese Arbeit weiter tragen zu können und weil dies bei Streit um das Bestehen von Ansprüchen dem regelmäßig erforderlichen medizinischen Sachverständigen vorzugeben ist, kommt es darauf an, die **Dauer des Arbeitstages** mit seinen Unterbrechungen und Pausen und die **Bedingungen** darzustellen, unter denen die vom Versicherten erwartete und bislang erbrachte Leistung erfolgt ist. Der Betriebsleiter eines kommunalen Gas- und Wasserunternehmens, der im Wesentlichen eine Vielzahl wechselnder Baustellen in einem Versorgungsgebiet zu betreuen hat und die dazu erforderlichen Fahrten wegen eines Wirbelsäulenleidens nicht mehr will wahrnehmen können, muss vortragen, wann sein täglicher Einsatz regelmäßig beginnt und wann er endet, welche Strecken er einzeln und in ihrer Gesamtheit täglich zurücklegt und wie das Verhältnis von Fahrzeiten und Aufsichtszeiten ist. Der Organisationsprogrammierer, der wegen Sehkraftverlustes berufsunfähig geworden sein will, muss Art und Umfang, zeitliches Ausmaß und Verteilung der Bildschirmarbeit erläutern[252].

Solche Detaillierungen bedeuten allerdings nicht, dass gewissermaßen ein **„Fahrtenbuch"** **134** der letzten vor dem behaupteten Eintritt der Berufsunfähigkeit absolvierten Arbeitstage vorgelegt wird. In „einfachen" Berufen mit regelmäßigen Routinen der meist körperlichen Inanspruchnahme oder der „Büroarbeit" wird dies leicht möglich sein und regelmäßig genügen. Je selbständiger, je komplexer und je verantwortungsvoller eine Tätigkeit ist, desto weniger wird es gelingen können, „regelmäßige" Abläufe eines Arbeitstages darzustellen. Jedoch müssen auch dann gerade die Tätigkeiten nach ihren **physischen und gegebenenfalls auch psychischen Anforderungen,** nach ihrer Dauer und nach ihrer Unumgänglichkeit im Rahmen der Ausübung der konkreten beruflichen Tätigkeit vorgetragen werden, zu denen der VN außerstande sein will und die aus seiner Sicht zugleich seinen Beruf wesentlich prägen. Dabei darf nicht angenommen werden, der Beruf des Versicherten sei in seiner konkreten Gestalt bekannt. Natürlich weiß „man", was ein Grundschullehrer „tut". Aber was seine konkrete Tätig-

---

[250] BGH v. 29. 11. 1995, NJW-RR 1996, 345; BGH v. 22. 9. 1993, VersR 1993, 1470; vgl. auch BGH v. 22. 9. 2004, VersR 2005, 676; vgl. die Praxisanleitung einer solchen „Arbeitsbeschreibung" bei *van Bühren/Terbille,* § 14 Rn. 99 ff. sowie die dortigen „Checklisten" und „Muster" Rn. 388 ff.

[251] OLG Düsseldorf v. 10. 6. 2003, VersR 2004, 988.

[252] BGH v. 15. 1. 1997, r+s 1997, 260.

keit ist, wie viele Unterrichtsstunden er zu leisten, wie sich die Lehre abspielt – bei körperlichen Beeinträchtigungen etwa, ob er Sport unterrichtet hat – welche „Deputate" er wahrnimmt, wann er den Schuldienst morgens antritt und mittags unterbricht und wie er sich wie lange nachmittags oder abends (noch) vorbereitet ist nicht nur im Einzelfall höchst unterschiedlich und kann sich unterschiedlich vor allem auf das Maß der beruflichen Einschränkungen auswirken. Daher sind in jedem Fall Feststellungen zu treffen, die die individuelle Gestalt des Berufs ermitteln. Sie sind dann erst dem medizinischen Sachverständigen vorzugeben und dürfen ihm nicht überlassen werden.

135   Die den VN treffenden Darlegungslasten werden allerdings von **prozessualer Fürsorge** begleitet. Hält ein Gericht im Streit die Tätigkeiten des Versicherten nicht für hinreichend beschrieben, so hat es darauf hinzuweisen (§§ 139 ZPO) und sich, notfalls durch Anhörung des Versicherten und für den Fall des Streits um die Richtigkeit seiner Angaben durch die Erhebung von Beweisen, Klarheit zu verschaffen. Das gilt nicht nur dann, wenn sich der VN darauf beschränkt, den zuletzt ausgeübten Beruf verallgemeinernd darzustellen, sondern auch dann, wenn es um Gewicht und Bedeutung einzelner Aufgaben geht. Ein Dachdecker, der davon berichtet, in gesunden Tagen auch das Aufmaß für von seiner Ehefrau vertriebene Wintergärten genommen zu haben, muss nach Häufigkeit und Aufwand und nach dem Verhältnis solcher Tätigkeiten zu seinem „eigentlichen" Arbeitsgebiet befragt werden; Schlüsse aus Umsatzzahlen sind dabei trügerisch[253]. Bestreitet der VR – zulässiger-, allerdings nicht immer vernünftigerweise auch mit Nichtwissen (§ 138 Abs. 4 ZPO) –, dass die Beschreibung des VN zutrifft, muss der VN **beweisen,** welche einzelnen Tätigkeiten seinen letzten Beruf ausgefüllt haben. Die schlichte **Anhörung des Versicherten** lässt zwar das anwaltlich immer wieder nur schemenhaft gezeichnete Bild seines Berufs regelmäßig in hinreichend kräftigen Farben strahlen, genügt aber als Beweis grundsätzlich nicht. Folglich müssen – gegebenenfalls unter Hinzuziehung des medizinischen Sachverständigen – Arbeitskollegen, Vorgesetzte oder Untergebene, bei Selbständigen gegebenenfalls Steuerberater als Zeugen vernommen werden[254]. Der Antritt von Sachverständigenbeweis ist in aller Regel ungeeignet, weil es nicht abstrakt auf Anforderungen eines Berufs sondern auf die spezifische Ausgestaltung im konkreten Fall ankommt.

136   Der VN muss auch die **medizinischen Gründe,** die ihn außer Stande setzen beruflich tätig zu sein, darlegen und beweisen. Angesichts der damit für einen Laien verbundenen Schwierigkeiten ist von der Tiefe und Breite **der Darlegung** vor allem bei „klassischen" Krankheiten nicht zu viel zu verlangen. Die Vorlage von die Erkrankung ausweisenden Attesten oder in sozialversicherungsrechtlichen Verfahren erstellten Auskünften und Gutachten genügt regelmäßig. Anderes gilt dort, wo sich der Versicherte auf **psychische,** bestimmten klar definierten Krankheitsbildern nicht ohne weiteres zuzuordnende und nicht immer objektivierbare **Störungen** beruft. Dort muss verlangt werden, dass der Versicherte darlegt, wann, wie oft, wie lange, in welcher Intensität, über welche Dauer und mit welchen tatsächlichen Folgen sich Störungen manifestiert haben: Nur auf diese Weise sind nämlich tatsächliche Feststellungen, die einem psychiatrischen Sachverständigen vorgegeben werden können (und müssen) möglich[255]. Auch die Erleichterungen der Darlegung bei **physischen Erkrankungen** gelten aber nicht für die **Beweisführung.** Feststellungen, die in einem Verfahren getroffen wurden, in dem es um Ansprüche aus der gesetzlichen Rentenversicherung ging, müssen zwar gewürdigt werden und dürfen nicht unberücksichtigt bleiben[256]. Angesichts der unterschiedlichen rechtlichen Voraussetzungen des Versicherungsfalls und damit der grundsätzlich anderen Fragestellung an den Sachverständigen genügen sie als (Urkunden-)Beweis regelmäßig nicht[257]. Nicht

---

[253] BGH v. 13. 1. 1999, NVersZ 1999, 215.
[254] *Müller-Frank,* Aktuelle Rechtsprechung, S. 217.
[255] OLG Saarbrücken v. 2. 11. 2006, NJW-RR 2007, 257.
[256] BGH v. 30. 9. 1992, VersR 1992, 1386; BGH v. 8. 7. 1981, VersR 1981, 1151.
[257] OLG Hamm v. 29. 3. 1996, VersR 1997, 217; OLG Köln v. 3. 6. 1993, VersR 1994, 1096; OLG Koblenz v. 27. 8. 1999, VersR 2000, 1224; KG Berlin v. 13. 6. 1995, VersR 1995, 1473; OLG Düsseldorf 24. 10. 1996, r+s 1998, 299.

immer ist es möglich, behauptete Leiden mit medizinischen Befunden bildgebend oder anderweitig apparativ zu sichern. Gerade auf dem Gebiet der **psychischen Krankheiten** fehlt es oft – bei affektiven, neurotischen Störungen oder Psychosen ohne organisches Korrelat – an solchen „technischen" Möglichkeiten, gesundheitliche Beeinträchtigungen zu entdecken und ihr Maß zu bestimmen. Das schließt indessen nicht aus, sich davon zu überzeugen, dass sie vorliegen. Kennt die medizinische Wissenschaft Krankheiten, die sich (klassischen) naturwissenschaftlichen Untersuchungsmethoden entziehen und deren Annahme im Wesentlichen auf einer auf geschilderte Beschwerden gestützten ärztlichen Diagnose beruht, so genügt das[258]. Allerdings müssen in solchen Fällen Vorkehrungen getroffen werden, Aggravation oder Simulation durch den Versicherten auszuschließen; die Plausibilität der anamnestisch erhobenen Befunde muss sorgfältig geprüft und mit einschlägigen ärztlichen Erfahrungen verglichen werden. Verläufe der Schilderung von Beschwerden müssen in die Beurteilung einbezogen werden, unter Umständen das familiäre und soziale Umfeld des Versicherten er- und befragt, sein Verhalten in Testsituationen beobachtet werden.

Dem oder den **medizinischen Sachverständigen** sind sodann diese festgestellten – und   **137** für ihn „unverrückbaren" – Umstände der konkreten beruflichen Tätigkeit des Versicherten zur Beurteilung der Frage vorzulegen, ob und inwieweit der Versicherte aus ärztlicher Sicht auf Dauer gehindert ist oder über einen Zeitraum von sechs Monaten gehindert war, sie auszuüben. Nur auf ihrer Grundlage muss der Sachverständige die (behauptete) Behinderung des Versicherten an seiner Erwerbstätigkeit prüfen und gegebenenfalls ihr Maß einschätzen. Sind die gesundheitlichen Belastungen komplex, bedarf es **mehrerer** – beispielsweise orthopädischer, internistischer, neurologischer oder psychiatrischer – **Sachverständiger.** Leidet der Versicherte an unterschiedlichen Gebrechen, die ein jedes für sich sein Vermögen zu beruflicher Aktivität beschränken, ohne einzeln den bedingungsgemäßen Grad der Berufsunfähigkeit zu erreichen, können die angegebenen **prozentualen Werte nicht** etwa **addiert** werden; es darf auch nicht einem der Sachverständigen die Gesamtbetrachtung aufgegeben werden. Sie ist Aufgabe richterlicher Bewertung. Für das forensische Verfahren gelten im Übrigen selbstverständlich die auch sonst verbindlichen Regeln. Die Auseinandersetzung mit einem Sachverständigengutachten erfolgt auf verschiedenen Wegen: den Antrag, eine neue Begutachtung durch denselben oder einen anderen Sachverständigen anzuordnen (§ 412 Abs. 1 ZPO)[259], den Antrag, das Erscheinen des Sachverständigen zur Erläuterung des Gutachtens anzuordnen (§ 411 Abs. 3 ZPO), das Vorbringen von Einwendungen, Anträgen und Ergänzungsfragen zu einem schriftlichen Gutachten (§ 411 Abs. 4 ZPO) und das Recht, – zuvor nicht dem Gericht vorzulegende – Fragen an den Sachverständigen zu stellen (§§ 402, 397 ZPO). Während das Fragerecht gewissermaßen (von seltenen Missbrauchsfällen abgesehen) voraussetzungslos gewährleistet ist, gebieten Unklarheiten des Gutachtens, unaufgeklärte Widersprüche im Gutachten selbst oder, soweit der Sachverständige sich nicht selbst damit nachvollziehbar auseinandersetzt, im Verhältnis zu anderen begründeten medizinischen Feststellungen, den Sachverständigen ergänzend schriftlich zu befragen oder ihn anzuhören, auch wenn keine Partei dies beantragt hat.

II. Die Darlegungs- und Beweislast zur Verweisung

Als Voraussetzung des Versicherungsfalls „Berufsunfähigkeit" sehen die Bedingungen regel-   **138** mäßig vor, dass der Versicherte auch die „Vergleichstätigkeit" – nach seiner Ausbildung, seinen Erfahrungen und seiner bisherigen Lebensstellung – nicht nach seinen Kräften und nach seiner Befähigung in zumutbarer Weise ausüben kann. Da es sich um eine Voraussetzung des Anspruchs auf Leistungen aus der Berufsunfähigkeitsversicherung handelt, muss an sich der VN sie darlegen und beweisen. Müsste er jede nur denkbare andere Tätigkeit in Betracht ziehen, würde ihn dies jedoch vor unüberwindliche Schwierigkeiten stellen. Denn von einem Ver-

---

[258] BGH v. 14. 4. 1999, NVersZ 1999, 418.
[259] Vgl. BGH v. 17. 2. 1970, BGHZ 53, 245 – restriktiv zu handhabendes Ermessen.

sicherten zu verlangen, seine bisherige berufliche Tätigkeit zu konkretisieren und darzulegen (und zu beweisen), dass er sie gesundheitsbedingt nicht mehr wahrnehmen kann, also aus dem spezifischen Erfahrungsbereich des Versicherten zu berichten, ist eine Sache; eine ganz andere ist es ihm aufzuerlegen, sich mit ihm fremden, regelmäßig weder erlernten noch bislang ausgeübten beruflichen Anforderungen auseinander zu setzen. Daher muss dem VV, der eine abstrakte Verweisung zulässt, materiellrechtlich auch die Verteilung des Risikos der Darlegung und des Beweises der Möglichkeit oder Unmöglichkeit einer Verweisungstätigkeit entnommen werden. Verneint der VN – notwendigerweise pauschal – die Möglichkeit, einen beliebigen Verweisungsberuf auszuüben, so ist es **Sache des** (informationell regelmäßig ohnehin überlegenen) **VR,** die nach seiner Auffassung bestehenden „Vergleichsberufe" **aufzuzeigen** und so dem Versicherten die ihn dann treffende Last aufzubürden, im einzelnen zu widerlegen, dass eine solche „Vergleichstätigkeit" für ihn – aus welchen Gesichtspunkten auch immer, fertigkeitsbedingten, intellektuellen, finanziellen oder statusrelevanten – in Betracht kommt[260].

139   Den VR trifft also insoweit eine **„Aufzeigelast";** wird er ihr nicht gerecht, ist es – im forensischen Streit – nicht Sache des Gerichts, der Verweisung auf mögliche, angedeutete oder gar selbst naheliegende Verweisungsberufe nachzugehen. Das gilt auch dann, wenn ein **berufskundlicher Sachverständiger** in Überschreitung eines ihm erteilten Auftrags Tätigkeiten erwähnt, die der Versicherte soll wahrnehmen könne, auf die ihn der VR aber bislang nicht verwiesen hat[261]. Die Aufzeigelast entfällt auch nicht dann, wenn sich der Versicherte um eine in Betracht kommende Verweisungstätigkeit beworben und damit eine gewisse Befassung mit ihren Aufgaben bewiesen hat[262]. Die „Aufzeigelast" des VR zwingt den VR inhaltlich zwar nicht zu einer der konkreten Beschreibung der bisher ausgeübten Tätigkeit durch den Versicherten vergleichbaren Anstrengung; jedoch genügt auch nicht, wenn der VR Berufsbilder oder gar nur Berufsfelder allgemein beschreibt. Der VR darf den VN – und in einem Rechtsstreit das Gericht auch nicht unter schlichter Nennung des Namens des „Vergleichsberufs" darauf verweisen, sich die erforderlichen Informationen zu beschaffen, indem er auf die Datenbank der Bundesanstalt für Arbeit („Berufenet") oder die traditionellen „Blätter zur Berufskunde" aufmerksam macht. Der Sinn der „Aufzeigelast" ist es vielmehr dem Versicherten zu ermöglichen, die Verweisung konkret – also mit Einwänden, die die gesundheitliche Befähigung des Versicherten betreffen, die seine fachliche Qualifikation zum Ausgangspunkt haben oder die die finanziellen Perspektiven des „Vergleichsberufs" am Bisherigen messen – zu bekämpfen. Daher muss von dem VR verlangt werden, orientiert an dem konkretisierten bisherigen Beruf des Versicherten[263], solche Plätze des „Andockens" zu nennen. Das bedeutet, dass er die berufliche Tätigkeit eben nicht nur namhaft machen muss (die „unsubstantiierte Verweisung auf Tätigkeiten „im Bereich der Holzverarbeitung" genügt nicht)[264], sondern dass er sie in ihren sie sachlich prägenden Merkmalen zu beschreiben hat, dass er sie – regelmäßig – nach Arbeitszeit, körperlicher und intellektueller Inanspruchnahme und nach Verdienst so kennzeichnen muss, dass ein anschauliches, für den Versicherten angreifbares Bild der „Vergleichstätigkeit" entsteht[265]. Dazu enthalten die Datenbank der Bundesanstalt für Arbeit und die Blätter für Berufskunde allerdings – von den Verdienstmöglichkeiten abgesehen – hinreichende Informationen, deren Übernahme insoweit regelmäßig genügen wird.

140   Das ist nur dann anders, wenn **der Versicherte die Tätigkeit,** auf die der VR ihn verweisen will, selbst **schon ausübt.** In einem solchen Fall verfügt nicht der VR sondern der Versicherte über überlegene Sachkenntnis. Will sich der Versicherte darauf berufen, er dürfe auf die tatsächlich ausgeübte Tätigkeit – aus gesundheitlichen oder vor allem finanziellen Gründen – nicht verwiesen werden, so darf er die Vergleichbarkeit dieser Tätigkeit nicht nur summarisch

---

[260] BGH v. 11. 11. 1987, VersR 88, 234; BGH v. 30. 5. 1990, VersR 1990, 885; BGH v. 19. 5. 1993, VersR 1993, 953; BGH v. 23. 6. 1999, NVersZ 1999, 514.

[261] BGH v. 11. 11. 1987, VersR 88, 234.

[262] BGH v. 22. 9. 2004, VersR 2005, 676.

[263] BGH v. 30. 9. 1992, VersR 1992, 1386 (1387).

[264] BGH a. a. O.

[265] BGH v. 19. 5. 1993, VersR 1993, 953 (954) m. w. N.; OLG Köln v. 20. 7. 1998, NVersZ 1999, 518.

bestreiten und erwarten, dass der VR den Vergleichsberuf in seinen prägenden Merkmalen darlegt. Der Versicherte kann sich mit dem Vergleichsberuf aufgrund eigener Kenntnis auseinandersetzen und muss daher vortragen und erforderlichenfalls beweisen, dass und warum er diese, von ihm ausgeübte Tätigkeit nicht ausüben kann oder warum sie den Anforderungen an einen Vergleichsberuf nicht genügt[266]. Darlegungserleichterungen treffen den Versicherten allerdings noch nicht, wenn er sich lediglich auf einen denkbaren Verweisungsberuf beworben hat[267].

G. Die Erklärung des Versicherers über die Leistungspflicht

I. Regelungszweck, Rechtsnatur und Rechtswirkung

Das Gesetz (§ 173 Abs. 1 VVG) verpflichtet den VR, nach einem Leistungsantrag bei Fälligkeit zu erklären, ob er seine Leistungspflicht anerkennt. Das übernimmt eine in den AVB mit unterschiedlichen Modalitäten enthaltene Regelung: Manche Klauseln sehen vor, dass der VR mitteilt, ob, in welchem Unfang und ab welchem Zeitpunkt er seine Leistungspflicht anerkennt (BUZ 84), andere formulieren, „ob und für welchen Zeitraum" er dies tut (BUZ 90), neuere erlauben auch ein zeitlich begrenztes Anerkenntnis unter einstweiliger Zurückstellung der Frage, ob der Versicherte, ggf. unter Berücksichtigung neu erworbener Fähigkeiten und Kenntnisse, auf eine andere berufliche Tätigkeit verwiesen werden kann. **Auf diese Erklärung** hat der VN folglich **einen Anspruch**[268]. Hintergrund der Regelung ist die Schutzbedürftigkeit des Versicherten. Er ist regelmäßig existenziell auf die versprochenen Leistungen angewiesen, die bei gesundheitlichen Beeinträchtigungen seiner beruflichen Tätigkeit „Lohnersatzfunktion" haben[269],. Er muss daher alsbald und den VR dauerhaft festlegend wissen, ob er seinen Lebensunterhalt auf ihrer Grundlage bestreiten kann. **141**

Dass der VR mit der von ihm versprochenen Äußerung **keine abstrakte,** vom Schuldgrund losgelöste **Verpflichtung** begründen will, liegt auf der Hand. Das Anerkenntnis stellt aber auch mehr dar als eine **tatsächliche Auskunft** über die Zahlungsbereitschaft des VR[270], wie sie vielfach in der Erklärung über die Leistungspflicht nach § 11 AUB 61/88 gesehen wird[271] – was zur Folge hätte, dass erbrachte Leistungen zurückgefordert werden könnten, wenn der VR nachweisen würde, dass die jeweiligen Voraussetzungen des Anspruchs auf Zahlung einer Rente oder Befreiung von der Beitragspflicht in Wirklichkeit nicht vorgelegen haben. Eine solche Interpretation ist mit der von den Bedingungen ausdrücklich geschaffenen Selbstbindung des VR – die Erklärung über die Leistungspflicht ist gewissermaßen die Weggabelung zwischen Erstprüfung und Nachprüfung der Berufsunfähigkeit – nicht vereinbar. Allerdings entspricht das Anerkenntnis regelmäßig auch schwerlich dem herkömmlichen Verständnis einer vertraglichen, **kausalen Schuldbestätigung,** die Parteien vereinbaren, um Streit oder Ungewissheit über ihre Rechtsbeziehungen zu beenden und eine Schuld festzustellen. **141**

Die Vertragsfreiheit erlaubt es aber, das vereinbarte Anerkenntnis als **verpflichtende und gestaltende Regulierungserklärung des VR** zu betrachten, deren regelnde Wirkung sich eben aus den jeweiligen AVB ergibt. Ihr wesentlicher Inhalt ist es, das gegenwärtige Vorliegen von Berufsunfähigkeit außer Streit zu stellen. Mit der Abgabe des Anerkenntnisses bindet sich der VR selbst[272]: Fortan darf er – von den Fällen der Anfechtbarkeit wegen arglistiger Täu- **142**

---

[266] BGH v. 12. 1. 2000, NVersZ 2000, 221; BGH v. 30. 11. 1994, VersR 1995, 159.
[267] BGH v. 22. 9. 2003, NJW-RR 2003, 1679.
[268] BGH v. 19. 11. 1997, BGHZ 137, 178.
[269] Vgl. BT-Drs 16/3945, S. 106.
[270] *Bruck-Möller/Winter,* VVG, V 2 G 479.
[271] BGH v. 24. 3. 1976, VersR 1977, 471; *Prölss/Martin/Knappmann,* AUB 88, § 11 Rn. 4; Münchener Kommentar BGB/*Hüffer,* § 781 Rn. 27f.
[272] BGH v. 12. 6. 1996, VersR 1996, 958; BGH v. 17. 2. 1993, BGHZ 121, 284; BGH v. 13. 5. 1987, NJW-RR 87, 1950; BGH v. 17. 9. 1986, VersR 1986, 1113; BGH v. 15. 1. 1986, VersR 86, 277.

schung abgesehen – die von ihm angenommenen Grundlagen seiner Erklärung, leistungsbereit zu sein, nicht mehr für die Vergangenheit sondern lediglich noch für die Zukunft im Rahmen eines formalisierten Nachprüfungsverfahrens in Frage stellen. An eine **Fehleinschätzung** ist der VR folglich gebunden[273]. Die Selbstbindung gilt entgegen nicht tragender beiläufiger Äußerungen der Rechtsprechung[274] nicht nur bei unverändertem Fortbestand der für den Anspruch auf Leistungen aus der Versicherung maßgeblichen Umstände sondern auch dann, wenn sich der Informationsstand des VR zu den Anspruchsvoraussetzungen nachträglich verbessert, ohne dass die Voraussetzungen der Arglistanfechtung vorliegen. Denn die Irrtumsanfechtung (§ 119 Abs. 2 BGB) würde den Vorrang der vertraglichen Konstruktion von Anerkenntnis und Nachprüfungsverfahren unterlaufen[275]. Die Selbstbindung tritt auch unabhängig von dem Grund des Anerkenntnisses mit der Folge einer Lösungsmöglichkeit ausschließlich im Rahmen der Nachprüfung ein. Auch wenn der VR seinem Anerkenntnis „lediglich" eine vermutete Berufsunfähigkeit zugrunde legt, wenn seine Leistungsbereitschaft also gerade nicht auf der Prognose der Dauerhaftigkeit des gesundheitlichen Zustands des Versicherten sondern auf dem tatsächlichen Andauern von Berufsunfähigkeit nach Ablauf einer bestimmten Zeit beruht, bindet das Anerkenntnis[276]. Die Erklärung über die Leistungspflicht soll eben dem von Berufsunfähigkeit Betroffenen eine verlässliche Grundlage für seine Lebensplanung bieten[277]. Hat der VR seine Erhebungen nachlässig betrieben, geht das mit ihm heim[278]: Irrtümer über die Entscheidungsgrundlagen können also grundsätzlich nicht korrigiert werden. Über seine Leistungspflicht muss sich der VR auch dann erklären, wenn, wie es vor allem in den Fällen der vermuteten Berufsunfähigkeit möglich ist, die Berufsunfähigkeit zum Zeitpunkt des Abschlusses der Erhebungen des VR wieder entfallen ist; in einem solchen Fall darf er allerdings seine Erklärung mit einer „Nachprüfungsentscheidung" verbinden, muss dann aber feststellen, für welchen Zeitraum er seine Leistungspflicht annimmt und nunmehr aufgrund welcher gesundheitlicher Entwicklungen verneint[279].

143   Von der bindenden Erklärung über die Leistungspflicht sind **Kulanzleistungen** zu unterscheiden, deren Gewährung den VR nicht nach ihrem Ablauf auf das Nachprüfungsverfahren verweisen. Sie müssen aber als solche klar und eindeutig erkennbar sein. Denn sie stellen der Sache nach eine Ablehnung des Anerkenntnisses der Leistungspflicht dar; dem VN muss dann bewusst gemacht werden, dass er, will er dauerhafte Verlässlichkeit der Leistungen sichern, Klage erheben muss. Wenn in der Mitteilung des VR zum Ausdruck kommt, an sich werde keine eine Leistungspflicht auslösende Berufsunfähigkeit gesehen, er sei aber zur „kulanzweisen" Leistung bereit, so genügt das zur Verdeutlichung; Formulierungen, nach denen sich das Entgegenkommen nicht auf die Zahlungsbereitschaft sondern auf andere Umstände, beispielsweise die Zurückstellung der Frage der Verweisbarkeit, beziehen kann, stehen der Annahme eines Anerkenntnisses nicht entgegen[280]. Stellt sich allerdings im Nachhinein heraus, dass während der Kulanz eine jetzt nicht mehr bestehende – **fiktive** – **Berufsunfähigkeit** nach § 2 Abs. 3 BUZ 90 vorlag, so kann sich der VR von seiner Leistungspflicht nur im Wege der Nachprüfung lösen. **Gibt** der VR eine – bejahende oder verneinende – **Erklärung zu seiner Leistungspflicht vertragswidrig nicht ab,** so führt das nicht dazu, dass

---

[273] Zuletzt OLG Celle v. 31. 8. 2006, OLGR 2007, 320.

[274] BGH v. 17. 9. 1986, VersR 1986, 1113.

[275] Anders offenbar die Begründung des Regierungsentwurfs (BT-Drs. 16/3945 S. 106), die eine Anfechtung des Anerkenntnisses nach § 119 Abs. 2 BGB für zulässig erachtet.

[276] BGH v. 19. 11. 1997, BGHZ 137, 178; BGH v. 12. 6. 1996, VersR 96, 958; BGH v. 17. 2. 1993, BGHZ 121, 284; OLG Saarbrücken v. 4. 2. 1998, VersR 2000, 621.

[277] BGH v. 16. 12. 1987, VersR 1988, 281, 282.

[278] OLG Celle v. 31. 8. 2006, OLGR 2007, 320.

[279] Vgl. BGH v. 19. 11. 1997, BGHZ 137, 178; differenzierend OLG Karlsruhe v. 24. 10. 2006 VersR 2007, 344; vgl. a. OLG Hamm v. 11. 12. 1998, NVersZ 1999, 217; a. A. noch OLG Düsseldorf v. 26. 6. 1990, VersR 1991, 1359.

[280] Vgl. OLG Frankfurt/M. v. 18. 2. 2004 r+s 2006, 120; OLG Saarbrücken v. 10. 1. 2001, VersR 2002, 877; OLG Hamm v. 22. 11. 2000, NVersZ 2001, 213; OLG Hamm v. 11. 3. 1994, r+s 1994, 473.

sie fingiert wird. Allerdings kann sich ein VR den selbst gestellten Regeln der Nachprüfung nicht dadurch entziehen, dass er es unterlässt, ein objektiv gebotenes Anerkenntnis, zu dem er verpflichtet ist, abzugeben[281]. Das bedeutet, dass immer dann, wenn ein VR der Sachlage nach, wie sich von Anfang an darstellt oder auch einmal im Nachhinein herausstellt, gehalten gewesen wäre, Leistungen aus der Berufsunfähigkeitsversicherung zu erbringen, die spätere Einstellung der Leistungen nur bei Beachtung der Bedingungen der Nachprüfung erfolgen darf. Das gilt unabhängig davon, ob der VR aufgrund vermuteter Berufsunfähigkeit oder aufgrund tatsächlich zu prognostizierender Berufsunfähigkeit leistungspflichtig gewesen wäre.

II. Befristungen und Vorbehalte

Der VR darf sein Anerkenntnis nach neuem Recht einmal **zeitlich begrenzen** (§ 173 **144** Abs. 2 S. 1 VVG), wenn die Bedingungen nichts anderes – dem VN Günstigeres – vorsehen. Diese Befristung kann uneingeschränkt erfolgen, sie kann aber selbstverständlich auch – als Minus – lediglich den Vorbehalt enthalten, die Verweisbarkeit des Versicherten unter Berücksichtigung neuer Kenntnisse und Fähigkeiten zum Fristablauf prüfen zu wollen. Die Befristung muss im Anerkenntnis enthalten sein. Hat der VR unbefristet anerkannt, kann er seine Entscheidung nicht nachträglich durch eine zeitliche Begrenzung korrigieren. Besteht zunächst Streit über den Eintritt des Versicherungsfalls und stellt sich nachträglich heraus, dass Berufsunfähigkeit für eine gewisse Dauer vorgelegen hat, darf der VR nur dann nachträglich befristet anerkennen, wenn seine AVB nicht vom Vorliegen des Versicherungsfalls nach Ablauf einer bestimmten Zeit der Berufsunfähigkeit (**§ 2 Abs. 3 BUZ 90**) ausgehen; das Risiko, nicht sogleich befristet anerkannt zu haben, trägt der VR. Die das Leistungsversprechen einschränkende Befugnis unterliegt den Schranken des allgemeinen Zivilrechts: Sie bedarf eines sachlichen Grundes. Einer Befristung, die die Interessen des VR völlig einseitig wahrnimmt, weil die gesundheitlichen Beeinträchtigungen derart schwer sind, dass keine Zweifel an der Prognose ihrer Dauerhaftigkeit bestehen, fehlt jeder verständliche Anlass; auf sie darf der VR sich nicht berufen (§ 242 BGB).

Der Versicherer darf sein Anerkenntnis **nur einmal befristen**[282]. Jeder wiederholte einsei- **145** tige Vorbehalt verletzt folglich das Gesetz. Als Rechtsfolge einer solchen unzulässigen Staffelung von Endterminen kann nach dem Sinn des Gesetzes nur die Teilunwirksamkeit der neuerlichen Befristung betrachtet werden, so dass von einem nunmehr endgültigen Anerkenntnis auszugehen ist. Die Dauer der einmaligen Befristung lässt das Gesetz indessen offen. Das bedeutet nicht, dass der Versicherer völlig frei über den zeitlichen Rahmen einer Befristung disponieren darf. Vielmehr gilt es auch insoweit in Erinnerung zu behalten, dass ein Versicherungsnehmer auf Leistungen aus seiner Berufsunfähigkeitsversicherung existenziell angewiesen ist und der Versicherer sie ihm für den Fall der begründeten Annahme dauerhafter Einschränkungen seiner beruflichen Leistungsfähigkeit auch versprochen hat. Daher verletzen unangemessene zeitliche Rahmen das Gebot von Treu und Glauben. Die Annahme von Unangemessenheit ist aber von dem Einzelfall abhängig. Die **Dauer der zeitlichen Begrenzung des Anerkenntnisses** ist daher abhängig von seinem Anlass: Sie kann die Dauer einer Umschulung (zuzüglich einer Karenz für die Arbeitsplatzsuche)[283] oder die großzügig zu bemessende Dauer einer Rehabilitationsmaßnahme bedenkenfrei umfassen. Geht sie aber deutlich darüber hinaus, um dem Versicherer zu ermöglichen, den Zeitpunkt seiner Erstprüfung günstig zu gestalten, so darf sie keinen Bestand haben.

Geschützt wird der Versicherte im Übrigen dadurch, dass nach Ablauf der Befristung die **146** Verweisbarkeit nach den zu diesem Zeitpunkt **(noch) vorhandenen Eignungs- und Befähigungsmerkmalen** des Versicherten zu bestimmen ist und nicht nach jenen, die ursprünglich einmal bestanden. Das entspricht dem Wortlaut der Bedingungen und ihrem Sinn: Die

---

[281] BGH v. 27. 9. 1989, VersR 1989, 1182; OLG Oldenburg v. 10. 11. 1999, NVersZ 2000, 268.
[282] So auch für das alte Recht OLG Schleswig v. 25. 11. 2004 OLGR 2005, 425.
[283] Vgl. zum alten Recht schon OLG Karlsruhe v. 3. 5. 2005, VersR 2006, 59.

befristete Ausklammerung der Frage der Verweisbarkeit soll vermeiden, dass Unsicherheiten über die Einschätzung der Einsatzfähigkeit des Versicherten in einer anderen beruflichen Tätigkeit Anlass von Streitigkeiten wird. Nach Ablauf der Befristung muss der VR erklären, ob er von der Möglichkeit der Verweisung Gebrauch macht. Unterlässt er es, den Versicherten rechtzeitig darauf aufmerksam zu machen, dass er weitere Zahlungen erbringt, ohne sich zu ihnen verpflichtet zu sehen, so verhält er sich so, als ob er seine Schuld anerkenne. Bestehende Möglichkeiten der Verweisung darf er dann nicht mehr ergreifen[284].

147   **Ältere AVB,** die lediglich eine Erklärung über Ob und Beginn der Leistungen vorsehen, erlauben schon ihrem Wortlaut nach keine sachlichen oder zeitlichen Vorbehalte[285]. Dem widersprechende Einschränkungen sind rechtswidrig und damit unbeachtlich. Das Anerkenntnis gilt als vorbehaltlos und unbefristet abgegeben. Zu Recht wird dem VR jedoch auch bei Bedingungen, die eine **Erklärung über den Zeitraum der Anerkennung** vorsehen, keine Befristung erlaubt: Eine solche Annahme widerspricht der gleichzeitigen Nachprüfungsregelung und würde den VN unangemessen benachteiligen und das Versprechen – dauerhafte Leistungen bei Berufsunfähigkeit – aushöhlen (§ 307 Abs. 1 BGB)[286]. Das gilt auch (für die älteren Bedingungen) unter der Geltung neuen Rechts. Gegen die nach den Bedingungen vielfach übliche **befristete Ausklammerung der Frage der Verweisbarkeit** (§ 5 Abs. 1, 2 BB-BUZ) sind bislang zu Recht keine Bedenken erhoben worden. Sie verstößt nicht gegen § 307 Abs. 1, 2 Nr. 2 BGB. Denn sie dient auch dem Interesse des Versicherten, der seine bisherige berufliche Tätigkeit gesundheitsbedingt nicht fortführen kann. Er soll sich nicht unvermittelt vor die Notwendigkeit gestellt sehen, sich Tätigkeiten zu widmen, die er, nach Auffassung des VR, nach seiner Eignung und Befähigung ausüben kann. Ihm wird also eine Übergangzeit gewährt. Dem entspricht es, dass dieser Vorbehalt zeitlich zu begrenzen ist; dass er lediglich einmal zur Verfügung stehen soll[287] ist nicht überzeugend; im Vorhinein nicht absehbare berufliche Entwicklungsverläufe lassen es sachgerecht erscheinen, eine der Gesamtdauer nach begrenzte mehrfache Befristung zu erlauben. Für die Zeit nach dem Ablauf einer solchen sachlich beschränkten Befristung des Anerkenntnisses darf der VR den Versicherten auf eine andere leistbare und zumutbare Tätigkeit verweisen. Das gilt dann unabhängig von dem Erwerb neuer Fertigkeiten oder der Verbesserung des Gesundheitszustandes.

148   Im Hinblick auf die durch § 173 Abs. 1 VVG ermöglichte Befristung von Leistungen aus einer Berufsunfähigkeitsversicherung fragt sich, ob ein VR eine dem neuen Recht entsprechende Klausel **in den Altbestand einseitig einfügen** darf[288]. Das Gesetz erlaubt grundsätzlich eine Bedingungsanpassung zum 1. 1. 2009 (Art. 1 UArt. 1 Abs. 3 VVG). Auch sieht Art. 1 UArt. 4 Abs. 3 VVG vor, dass § 173 VVG auch für bestehende Verträge anwendbar ist, soweit nicht günstigere Bedingungen vorliegen. Dennoch stellt sich die Einführung einer einmaligen Befristungserlaubnis als Eingriff in bestehende Vertragsrechte dar, berührt also auch Art. 14 Abs. 1 GG. Solche (rückwirkende) Eingriffe sind jedoch gerechtfertigt. Denn die schützenswerten Interessen des VN sind gerade dort, wo es (wie bei zulässigen Befristungen des Anerkenntnisses) regelmäßig um im Fluss befindliche Entwicklungen geht, den Interessen der VR an einem einheitlichen Regime, das ihre Verträge bestimmt, und den Interessen der Versichertengemeinschaft, nicht unter sachlich nicht gerechtfertigten Langzeitlasten zu leiden, unterlegen.

149   Hat der VR sein Anerkenntnis zulässigerweise befristet, so folgt daraus seine **Befugnis zur „Erstprüfung"** zum Zeitpunkt des Fristablaufs. Würde sich also nachträglich herausstellen, dass während des Fristlaufs eine an sich zu bedingungsmäßigen (dauerhaften) Leistungen führende aber vorübergehende Berufsunfähigkeit bestanden hat (§ 2 Abs. 3 BUZ 90), so beseitigt das die lediglich befristete Leistungspflicht des VR nicht. Gleiches gilt, wenn sich nach Fristab-

---

[284] Vgl. zu einer allgemeinen Befristungsklausel OLG Düsseldorf v. 8. 2. 1999, ZfS 01, 422.
[285] BGH v. 17. 2. 1993, BGHZ 121, 284; BGH v. 16. 12. 1987, VersR 1988, 281; BGH v. 13. 5. 1987, NJW-RR 1987, 1050; BGH v. 17. 9. 1986 VersR 1986, 1113; BGH v. 15. 1. 1986, VersR 1986, 277.
[286] OLG Frankfurt/M. v. 28. 8. 2002, ZfS 2003, 141; OLG Köln v. 22. 6. 2005, VersR 2006, 351.
[287] OLG Schleswig v. 25. 11. 2004, OLGR 2005, 425; *Voit*, S. 229.
[288] Vgl. Rn. 3.

lauf ergibt, dass in Wirklichkeit von Anfang an dauerhafte Berufsunfähigkeit bestand. Ist nämlich eine Befristung materiell zulässig – was regelmäßig einen Zustand der Unsicherheit bei ihrer Erklärung voraussetzt – so kann der VN sich nicht später darauf berufen, eine solche Unsicherheit habe bei Betrachtung ex post nicht bestanden. Es würde die auch dem VN günstige Möglichkeit der Befristung von Leistungen ihres Sinns entleeren und dem Instrument jegliche Praktikabilität nehmen, wäre letztlich doch allein entscheidend, ob und wann der Versicherungsfall tatsächlich eingetreten ist. **Leistet der VR** nach Ablauf der Frist allerdings **stillschweigend weiter,** so muss der VN das in aller Regel als unbeschränktes neues Anerkenntnis verstehen. Der VR ist dann auf das Verfahren der Nachprüfung verwiesen, will er seine Zahlungen einstellen. Das soll allerdings nicht gelten, wenn der VR bedingungsgemäß befristet unter Zurückstellung der Frage der Verweisbarkeit im Hinblick auf eine begonnene Umschulung anerkennt und der VN seine Obliegenheit, den Abschluss der Ausbildung mitzuteilen verletzt[289]. Ob in einem solchen Fall die Berufung des VN auf die Fortzahlung treuwidrig ist, hängt jedoch davon ab, für welche Dauer der VR über den Fristablauf hinaus geleistet hat und ob sich dem VR der Abschluss der Umschulung nicht aufdrängen musste.

III. Vertragliche Sonderregelungen

Von den Vorgaben des § 173 Abs. 2 S. 1 darf nicht durch AVB abgewichen werden. Versicherer dürfen also weder in ihren Bedingungen weitergehende Befristungsmöglichkeiten vorsehen (§ 175) noch dürfen sie dem Versicherungsnehmer in seinem vermeintlichen Einzelfall in Wirklichkeit für eine Vielzahl von Versicherungsfällen **vorformulierte „Vereinbarungen"** stellen. VR, die „regelmäßig", meist unter Verwendung eines wortlautidentischen Textes, bei Anzeige eines VersFalls vermeintlich individuell vereinbarte Leistungen befristet zusagen, werden mit einem solchen Versuch scheitern. Die „Vereinbarung" ist nach § 307 Abs. 1, 2 BGB unwirksam. „Nachteilige" Abweichungen sind davon abgesehen auch durch **individuelle Abreden** nicht zulässig. Das erschwert beträchtlich, verbietet aber tatsächlich ausgehandelte Abreden über eine zeitliche Begrenzung der Leistungspflicht nicht generell[290], auch wenn für sie aufgrund der Befugnis nach § 173 Abs. 2 S. 1 kein besonderes Bedürfnis mehr bestehen dürfte. Vertragliche Regelungen, in aller Regel also gerichtliche oder außergerichtliche Vergleiche, können – in den Schranken des allgemeinen Zivilrechts – an die Stelle eines unbefristeten oder befristeten Anerkenntnisses, treten; das gilt nicht nur aber vor allem, um den Besonderheiten eines Einzelfalls, erkannten Prognoseunsicherheiten oder vertraglich nicht vorgesehenen Leistungen oder Hilfen des Versicherers gerecht zu werden. Solche Abreden gründen auf der Vertragfreiheit. Sie sind nichtig (§ 138 Abs. 1 BGB), wenn der Versicherer seine **Verhandlungsmacht** gegenüber dem sich in wirtschaftlicher Bedrängnis befindenden oder unerfahrenen Versicherungsnehmer **ausnutzt,** um sich weder unbefristet noch in den gesetzlichen Grenzen befristet binden zu müssen. Auch kann der Versicherer nach **Treu und Glauben** (§ 242 BGB) gehindert sein, sich auf sie zu berufen, wenn die Abrede nicht auf einer die gegenseitigen Interessen beachtenden lauteren Abwägung beruht, wenn also eine endgültige Entscheidung über die Regulierung des Versicherungsfalls erkennbar angezeigt gewesen wäre, der Versicherer sich also im Lichte seines Leistungsversprechens geradezu widersprüchlich verhalten hat. Daher ist eine Vereinbarung treuwidrig[291], wenn nicht gar sittenwidrig, die es dem VR erlauben würde, trotz unstreitig bestehender Berufsunfähigkeit im bislang ausgeübten Beruf, trotz des Fehlens einer aktuellen Verweisungsmöglichkeit und trotz fehlender bedingungsgemäßer Erlaubnis, neu erworbene Fertigkeiten zu berücksichtigen, darauf zu warten, dass der VN vielleicht doch einen neuen Beruf ergreift.

Der BGH erwartet jedoch auch darüber hinaus, dass hohe Hürden überwunden werden, sollen individuelle – im Übrigen auch vor Gericht getroffene – Abreden Gnade finden. Weil VR und VN zu „lauterem und vertrauensvollem Zusammenwirken" verpflichtet sind, wird

---

[289] OLG Karlsruhe v. 3. 5. 2005, VersR 2006, 59.
[290] Vgl. BT-Drs. 16/3945 S. 106.
[291] BGH v. 7. 2. 2007, VersR 2007, 633 – „Krabbenfischer".

eine Vereinbarung über befristete Leistungen aus einer Berufsunfähigkeitsversicherung nur dann gelten, wenn sie „auf Ergebnisse abzielt, die den Tatsachen und der Rechtslage entsprechen" und wenn sie, als Grundlage einer verantwortlichen Entscheidung des VN, nach klaren, unmissverständlichen und konkreten Hinweisen des VR zur Rechtsposition des VN getroffen wird[292]. Die Hinnahme individueller Abreden hat also **verfahrensmäßige und inhaltliche Voraussetzungen.** Der VN muss umfassend und transparent über die Sach- und Rechtslage, vor allem über die Alternativen zu dem Abschluss der vorgeschlagenen Vereinbarung, **aufgeklärt** werden. Eine solche Information muss einschließen, dass der VN, hält er anders als der VR einen Versicherungsfall für eingetreten, seinen Anspruch gerichtlich verfolgen kann. Sie muss auch darüber unterrichten, dass der Abschluss der Vereinbarung den Zeitpunkt der Erstprüfung verschiebt und damit – vor allem in Fällen, in denen eine § 2 Abs. 3 BUZ 90 entsprechende Klausel vereinbart ist – nachteilig wirken kann. Es ist müßig darüber zu streiten, ob solche Anforderungen an die Aufklärung des Versicherungsnehmers mit den Vorstellungen eines mündigen Versicherungsnehmers vereinbar sind: Die Rechtsprechung verlangt sie mit beachtlichen Gründen. Dabei wird sie bestärkt durch § 173 VVG: Wenn von der Zulässigkeit einer lediglich einmaligen Befristung nicht „zum Nachteil" des Versicherungsnehmers abgewichen werden darf, liegt in der Tat nahe, bei Abschluss „individueller" Abreden zu prüfen, ob sie den Tatsachen und der Rechtslage entsprechen oder wenigstens nahe kommen. Das darf einer vernünftigen Regulierungspraxis jedoch nicht mehr Steine als im Interesse des VN geboten in den Weg legen: Klärt der VR ihn transparent und zutreffend über die Sach- und Rechtslage auf und bestehen auf der Grundlage vorliegender medizinischer oder berufskundlicher Stellungnahmen objektiv Zweifel am Eintritt des Versicherungsfalls, so dürfen privatautonome temporäre Lösungen nicht verworfen werden.

152   Haben die Parteien eine unzulässige Abrede getroffen, so bedeutet das allerdings **nicht** zwingend, dass der VR nunmehr **unbefristet gebunden** wäre oder, wenn sich einmal herausstellt, dass gar kein Versicherungsfall vorliegt oder vorgelegen hat, der VN die ihm gewährten Leistungen erstatten muss. Weil der Anspruch des Versicherungsnehmers auf Abgabe des Anerkenntnisses seinem Interesse dient, frühzeitig Gewissheit über die zugesagte und lediglich unter dem Vorbehalt der Nachprüfung stehende Sicherung seines Lebensunterhalts zu erlangen, entspricht es einem gerechten Interessenausgleich, wenn er in solchen Fällen die ihm gewährten Leistungen behalten darf, sich zugleich aber der „Erstprüfung" des Bestehens von Berufsunfähigkeit zum ursprünglich behaupteten Zeitpunkt des Versicherungsfalls unterziehen muss; sie hätte ihn auch ohne Abrede getroffen. Allerdings darf der VN nicht schutzlos bleiben, erweist sich eine mit ihm getroffene Abrede über befristete Leistungen als unwirksam oder treuwidrig. Insoweit werden eine prozessrechtliche und eine materiellrechtliche Lösung vertreten. Der BGH hält in Fällen, in denen sich eine befristete Leistungen zusagende „individuelle" Abrede als rechtlich nicht bindend erweist, der VR jedoch verdeutlicht hat, er wolle sich nicht durch ein Anerkenntnis binden, eine „Erstprüfung" zum Zeitpunkt des behaupteten Versicherungsfalls für erforderlich. Den dann notwendigen **Schutz** des VN bietet er **durch das Beweisrecht:** Sind aufgrund des mit den befristeten Vereinbarungen verbundenen Zeitablaufs für den VN Beweisschwierigkeiten entstanden, so darf sich der VR darauf nicht berufen. In der Sache kann das zu einer Beweislastumkehr zur Frage der Berufsunfähigkeit wegen Beweisvereitelung führen[293]. Andere sprechen sich aufgrund einer umfassenden Interessenabwägung dafür aus, dass der VN die ihm aufgrund der (unzulässigen) Vereinbarung gewährten Leistungen behalten darf – was die prozessrechtliche Lösung nicht leistet –, dass der VR aber eine „Erstprüfung" vornehmen darf, die sich auf den Zeitpunkt des vereinbarten Beginns der befristeten Leistungen beziehen soll[294]. Dort, wo individuelle Befristungen treuwidrig oder

---

[292] BGH v. 28. 2. 2007, VersR 2007, 777 – „Versicherungsfachwirtin"; vgl. auch schon BGH v. 12. 11. 2003, VersR 2004, 96 – „Paketzusteller".
[293] BGH v. 28. 2. 2007, VersR 2007, 777– „Versicherungsfachwirtin".
[294] OLG Saarbrücken v. 25. 1. 2006, OLGR 2006, 582 (es handelt sich um die Vorentscheidung zur BGH v. 28. 2. 2007, a. a. O.).

nichtig sind, führt eine Kombination beider Wege sicher zu einem interessegerechten Ergebnis.

Individuelle Befristungen enthalten gelegentlich **Weisungen oder Auflagen** des VR dem Versicherten gegenüber, sich ärztlich behandeln oder auch einmal umschulen zu lassen. Verletzt der Versicherte solche Abreden, so folgt daraus, falls sie wirksam sind, nicht, dass der VR – wie bei der Verletzung einer Obliegenheit – leistungsfrei wäre. Soweit der Vertrag eine solche Konsequenz nicht ausdrücklich vorsieht, gilt nichts anderes als bei jeder Pflichtverletzung. Der VR kann Schadensersatz beanspruchen (§ 280 Abs. 1 BGB), unter Umständen auch Schadensersatz statt der Leistung (§ 281 BGB), also der Bemühungen des VN um eine Erhaltung oder Wiederherstellung seiner Berufsfähigkeit, einschließlich des Ersatzes vergeblicher Aufwendungen (§ 284 BGB). Er kann die Vereinbarung auch unter den Voraussetzungen des § 314 BGB kündigen. Solche Abreden ersetzen den VV allerdings nicht. Kommt der Versicherte den vereinbarten Weisungen oder Auflagen nicht nach, stellt sich aber heraus, dass er tatsächlich berufsunfähig ist, so schuldet der VR das Versprochene. Allerdings können in einer solchen Abrede auch ärztliche Anordnungen enthalten sein oder umgesetzt werden; dann handelt es sich um die Aufnahme der den Bedingungen bekannten Obliegenheit, deren Verletzung die dort geregelten Rechtsfolgen nach sich ziehen kann. **153**

H. Die Nachprüfung

I. Grundlagen

Die Berufsunfähigkeit ist kein Versicherungsfall, dessen Eintritt stets von erwiesenermaßen endgültiger Dauer ist. Seine gesundheitlichen Ursachen begründen im Regelfall der Leistungspflicht – § 2 (1) BB-BUZ – lediglich die Prognose, ihre beruflichen Folgen bestünden auf Dauer. Im Fall der vermuteten Berufsunfähigkeit – § 2 (3) BUZ 90 – wird der Versicherungsfall sogar nur aufgrund der bisherigen Dauer der Beeinträchtigungen des Versicherten fingiert. Versicherte können ganz oder teilweise – unvorhergesehen oder in den Fällen der vermuteten Berufsunfähigkeit nach der erwarteten oder für möglich gehaltenen Genesung – gesunden. Versicherte können neue Fähigkeiten erwerben, die sie in Stand setzen, sich beruflich neu zu orientieren. Dieses der vertraglichen Vereinbarung gewissermaßen **immanente Änderungsvermögen** rechtfertigt, dass § 174 VVG dem VR die Nachprüfung erlaubt, ob die Voraussetzungen seiner Leistungspflicht entfallen sind. Dem entsprechen die in den AVB (§ 7 BUZ 90; § 6 BUZ 07) – enthaltenen, von „ungewöhnlichen" Mitwirkungsobliegenheiten abgesicherten Befugnisse des VR. Er darf **das Fortbestehen der Berufsunfähigkeit und ihren Grad nachzuprüfen** und – wenn sie entfallen oder der Grad in leistungsrelevantem Maße gesunken ist – **seine Leistungen einzustellen**[295]. Er muss sich die der Nachprüfung auch nicht besonders vorbehalten[296]. Das Gesetz selbst erwähnt allerdings nicht, dass **neu erworbene Kenntnisse oder Fähigkeiten** im Rahmen der Nachprüfung berücksichtigt werden dürfen. Sehen AVB das vor, ist es dennoch zulässig: Das gehört dann eben zu den „Voraussetzungen der Leistungspflicht". **154**

Allerdings ist die Verpflichtung des VR, sich über seine Leistungspflicht zu erklären, Ausdruck eines notwendigen Interessenausgleichs: Der berufsunfähige Versicherte muss sich grundsätzlich auf die Leistungen des VR verlassen können, weil sie regelmäßig die von ihm „erkaufte" Kompensation seiner gesundheitlich bedingten Einbußen an Erwerb, seines von ihm definierten Lebensbedarfs sind. Hat der VR nach Prüfung seiner Leistungspflicht anerkannt, das Vereinbarte zu schulden, oder muss er sich so behandeln lassen, als habe er sich dahin erklärt, so dürfen die Grundlagen, die er seinem Leistungsverhalten einmal zugrunde gelegt hat oder hätte zugrunde legen müssen, von Ausnahmefällen (der arglistigen Täuschung **155**

---

[295] OLG Hamm v. 11. 12. 1998, NVersZ 1999, 217.
[296] OLG Koblenz v. 29. 9. 2000, NVersZ 2001, 71; zur Vollstreckungsabwehrklage insoweit OLG Oldenburg v. 31. 1. 2001, r+s 2002, 212.

beispielsweise) abgesehen, nicht nachträglich – immer neu – in Frage gestellt werden. Die Nachprüfung der Berufsunfähigkeit erlaubt es, welche Grundlage auch immer die „Erstprüfung" hatte, lediglich, **neue** gesundheitliche oder berufliche (leistungsrelevante) **Entwicklungen** bei dem Versicherten zu berücksichtigen. Dem VR ist eine **Korrektur** eines später als fehlerhaft erkannten Ergebnisses der „Erstprüfung" versagt[297]. Das hat nicht nur dort Bedeutung, wo der VR seine Leistungspflicht anerkannt hat. Hat er Berufsunfähigkeit zu Unrecht bestritten und muss er sich nach deren Erweis (im Verlauf eines Rechtsstreits) so behandeln lassen, als ob er anerkannt hätte, so kann er sich auf einen nachträglichen Wegfall der Berufsunfähigkeit oder eine erhebliche Minderung ihres Grades auch nur unter den Voraussetzungen und in den Formen der Nachprüfung berufen.

156   Die Regelung des Nachprüfungsverfahrens hat **beweisrechtliche Konsequenzen.** § 173 Abs. 1 VVG gestaltet das Nachprüfungsrecht als Einwendung. Daher muss der VR darlegen und beweisen, dass die Voraussetzungen dafür gegeben sind, die Leistungen einzustellen[298]. Das hat folgerichtig auch dann zu gelten, wenn der VR die Abgabe eines Anerkenntnisses unterlassen hat, obwohl Berufsunfähigkeit vorlag, und nun im Rechtsstreit auch darum gestritten wird, ob – die einmal vom VN bewiesene – Berufsunfähigkeit noch vorliegt. Darzulegen und zu beweisen hat der VR dann selbstverständlich alles, was den Fortbestand seiner Leistungspflicht entfallen lässt, also auch eine sich nachträglich ergebende Möglichkeit, einen Verweisungsberuf auszuüben oder, bei selbständig Tätigen, das „Unternehmen" so umzuorganisieren, dass der Versicherte nunmehr wieder berufstätig sein kann.

157   Während das geltende Bedingungsrecht, das für Altverträge weiterhin maßgeblich ist, vorsieht, dass die (berechtigte) Einstellung der Leistungen nicht vor Ablauf eines Monats nach Absenden ihrer Mitteilung, frühestens jedoch zum darauf folgenden Fälligkeitszeitpunkt wirksam wird, sieht das neue Recht (§ 174 Abs. 2 VVG) eine Fortwirkung der Leistungszusage **bis zum Ablauf des dritten Monats** nach dem Zugang der Nachprüfungsentscheidung des Versicherers vor. Das soll den Versicherungsnehmer Gelegenheit geben, sich auf den Wegfall der für seinen Lebensunterhalt regelmäßig bedeutsamen Leistungen einzustellen. Die Regelung kann nicht zu Lasten des Versicherungsnehmers abbedungen werden.

II. Formale Voraussetzungen der Änderungsmitteilung

158   Der VR muss dem Versicherten in Textform die Veränderungen darlegen, die seine Leistungspflicht entfallen lassen. Soweit ältere AVB vorsehen, dass der Anspruchsberechtigte auf die Möglichkeit der befristeten Geltendmachung eines seines Erachtens fortbestehenden Anspruchs **hingewiesen** wird (§ 7 Abs. 4, § 6 BUZ 90), sind sie mit dem Wegfall von § 12 Abs. 3 VVG a. F. obsolet geworden. Über die – in Rechtsprechung und Rechtslehre nicht hinterfragte – **Rechtsnatur** der Mitteilung der Leistungseinstellung kann man grübeln. Allerdings ist sie nur auf den ersten Blick eine schlichte Information über das zu erwartende Ausbleiben weiterer Zahlungen. Der Anspruchsberechtigten genießt nämlich eine Schutzfrist, nach neuem Recht von drei, nach altem Bedingungsrecht von einem Monat. Schon das spricht dafür, der Erklärung des VR rechtsgeschäftlichen und zwar **rechtsgestaltenden Charakter** zuzusprechen. Die Mitteilung über die Leistungseinstellung ähnelt insoweit in der Sache dem dem Verwaltungsverfahrensrecht bekannten Widerrufsvorbehalt. Der VR hat sich vertraglich im Hinblick auf die Unsicherheiten der gesundheitlichen und beruflichen Entwicklungen, die der Versicherte während des Leistungsbezuges nehmen kann, ausbedungen, seine anerkannte Leistungspflicht – und damit die Wirkungen seiner Regulierungserklärung – ab einem bestimmten Zeitpunkt zu beenden. Daher handelt es sich bei der Einstellungsmitteilung um eine Willenserklärung, die zu ihrer Wirksamkeit zugehen muss: Nur dann ist sie

---

[297] Vgl. nur u. a. BGH v. 13. 5. 1987, VersR 1987, 753; BGH v. 17. 2. 1993, VersR 1993, 470; BGH v. 17. 2. 1993, VersR 1993, 562; BGH v. 3. 11. 1999, VersR 2000, 171; OLG Koblenz v. 31. 3. 2006, NJW-RR 2006, 1465; OLG Celle v. 31. 8. 2006 OLGR 2007, 320.

[298] BGH v. 27. 5. 1987, VersR 1987, 808; BGH v. 17. 2. 1993, NJW-RR 1993, 721 unter 3b; BGH v. 17. 2. 1993, VersR 1993, 562.

„mitgeteilt"; lediglich der zeitliche Beginn ihrer Wirkung wird von ihrem Zugang an berechnet. Diese Einordnung erleichtert es ein wenig, die von der Rechtsprechung aufgestellten weiteren Wirksamkeitserfordernisse[299], mit besserem dogmatischem Gewissen zu verteidigen.

Rechtswirksam ist die im Nachprüfungsverfahren erfolgende Mitteilung des VR, er stelle   **159** sein Leistungen ein, nämlich nur unter bestimmten **formalen Voraussetzungen.** Fehlt es daran, besteht die anerkannte Leistungspflicht auch dann fort, wenn der VR aufgrund der Änderung der gesundheitlichen oder beruflichen Verhältnisse des Anspruchsberechtigten an sich befugt wäre, keine weiteren Leistungen zu erbringen[300]. Grundlage der von der Rechtsprechung entwickelten Wirksamkeitserfordernisse ist eine Art **„Obliegenheitsausgleich":** Der Versicherte muss dem VR nach den Bedingungen die Nachprüfung ermöglichen: er muss ihm alle sachdienlichen Auskünfte erteilen und sich auf Verlangen einmal jährlich durch einen vom VR beauftragten Arzt untersuchen lassen (§ 6 Abs. 2 BUZ 07). Das bindet den Gläubiger der Leistung in der Tat in die Bemühungen des Schuldners ein, sich von einer anerkannten Leistungspflicht zu befreien und sich die zur Darlegung und zum Beweis des Bestehens einer solchen Befugnis erforderlichen Informationen zu verschaffen. Das zur Rechtfertigung einer solchen „ungewöhnlichen Mitwirkungsobliegenheit" zur Sicherung der Rechte des VR reklamierte „lautere und vertrauensvolle Zusammenwirken" der Versicherungsvertragsparteien verlangt vom VR nach Treu und Glauben, „im Gegenzug", zur Sicherung der Rechte des Versicherten, den Anspruchsberechtigung bei der Prüfung, ob die ihn benachteiligende Entscheidung rechtmäßig ist, zu unterstützen: sie muss – in bestimmter Weise – **begründet** werden[301]. Das ist Inhalt der „Darlegung" i. S. d. § 174 Abs. 1 VVG. Die Begründung muss – als Voraussetzung der Wirksamkeit der Einstellungsmitteilung – naturgemäß nicht zutreffen. Sie muss aber dem Versicherten – grundsätzlich ohne Beiziehung weiterer eigener Erkenntnisse – erlauben einzuschätzen, ob der VR berechtigt ist, seine Leistungen zu beenden. Zu den **im Verfahren der Nachprüfung bestehenden Obliegenheiten** zählt allerdings (mangels vertraglicher Regelung) nicht, dass der Versicherte sich bestimmten vom VR angegebenen Behandlungen unterzieht. Daher darf der VR zwar **Rehabilitationsdienste** beauftragen, Kontakt mit dem Versicherten aufzunehmen und offen über Möglichkeiten gesundheitlicher oder beruflicher Veränderungen zu sprechen. Lehnt der Versicherte aber ab, sich darauf einzulassen, muss der VR das (auf der gegenwärtigen AVB-Grundlage) akzeptieren und von weiterem Insistieren absehen[302].

Die AVB sehen vor, dass der VR „nach Anerkennung oder Feststellung" der Leistungs-   **160** pflicht den Fortbestand der Berufsunfähigkeit und ihren Grad nachprüfen darf. Während mit der „Anerkennung" seine Erklärung über die Leistungspflicht gemeint ist, bedeutet **„Feststellung"** ihre Titulierung. Der VR darf daher auch dann, wenn er rechtskräftig, sei es durch ein Leistungs-, sei es durch ein Feststellungsurteil, zur Erbringung von Leistungen aus der Berufsunfähigkeitsversicherung verurteilt worden ist, die Nachprüfung durchführen. Ergibt sich später die Befugnis zur Einstellung der Leistungen, kann er sich mit der Vollstreckungsabwehrklage gegen eine weitere Durchsetzung des Titels zur Wehr setzen. Dieses System setzt nicht voraus, dass dem VR in der die Ansprüche titulierenden Entscheidung die Nachprüfung vorbehalten oder gar eine Befristung seiner Leistungspflicht ausgesprochen worden ist. Derartige Einschränkungen einer Verurteilung sind aber nicht nur nicht erforderlich; weil sie geeignet sind, den Umfang der Leistungspflicht, vor allem den Umstand, dass sie zeitlich – bis zum vereinbarten Ablauf der Versicherung – grundsätzlich unbegrenzt ist, zu verunklaren, dürfen sie nicht in den Entscheidungsausspruch aufgenommen werden[303]. Der VR kann

---

[299] Römer hat sie in seinem Vortrag „Einige Grundsatzfragen der Rechtsprechung des BGH im Versicherungsrecht", 3. Versicherungsrechtliches Tagessymposium des Versicherungsforums am 23./24. 4. 1997 in Düsseldorf (n. v.) „ausufernd" genannt.

[300] BGH v. 12. 6. 1996, VersR 1996, 958 m. w. N.; zum Entfallen der – formalen – Nachprüfung in Fällen „bloßer Förmelei" OLG Oldenburg v. 14. 2. 1996, VersR 1996, 1486.

[301] BGH v. 17. 2. 1993, VersR 1993, 559.

[302] OLG Saarbrücken v. 17. 10. 2006, ZfS 2007, 46.

[303] BGH v. 27. 5. 1987, VersR 1987, 808.

eine Änderungsmitteilung – die ihrerseits natürlich nachvollziehbar sein muss – auch **während eines Rechtsstreits** um Leistungen aus der Berufsunfähigkeitsversicherung an den Versicherten richten, sei es, weil eine erste rechtsunwirksam war, sei es, weil er erst jetzt zu der Einschätzung gelangt, jedenfalls nachträglich fehle es an den Voraussetzungen seiner Leistungspflicht[304]. Dabei muss er allerdings beachten, dass die Vollmacht des Prozessbevollmächtigten regelmäßig nicht die Entgegennahme solche Gestaltungserklärungen umfasst, die Wirksamkeit also erst eintritt, wenn der Versicherte sie in Händen hält[305].

161   Beruft sich der VR auf den Wegfall der Berufsunfähigkeit oder ein leistungsrelevantes Sinken ihres Grades, setzt das weit mehr voraus als eine – gar floskelhaft begründete – Erwähnung, dass eine gesundheitliche Besserung bei dem Versicherten eingetreten oder dass der Versicherte nun nicht mehr berufsunfähig sei. Vielmehr muss der VR eine **nachvollziehbare Vergleichsbetrachtung** anstellen[306]: Der **gesundheitliche Zustand** des Versicherten zum Zeitpunkt der die Nachprüfung abschließenden Entscheidung muss jenem gegenübergestellt werden, den der VR seinem gebotenen Anerkenntnis zugrunde gelegt hat. Zugleich muss der VR die sich aus den medizinischen Erkenntnissen ergebenden **berufsbezogenen Schlussfolgerungen** vergleichend darlegen[307]. Das hat vor allem in den Fällen einen guten Sinn, in denen es nicht um die vollständige Heilung einer zuvor vollständige Berufsunfähigkeit begründenden Krankheit geht, sondern um Besserungen, die eine teilweise Rehabilitation möglich erscheinen lassen. Für die Berechtigung zur Leistungseinstellung und deren Prüfung kommt es dann in besonderem Maße auf die graduellen Wirkungen von gesundheitlichen Änderungen an.

162   Das im Nachprüfungsverfahren regelmäßig erstellte ärztliche Gutachten befasst sich allerdings häufig nur mit dem aktuellen Gesundheitszustand des Versicherten. In einem solchen Fall muss **die Mitteilung selbst**, um hinreichend nachvollziehbar zu sein, **aufzeigen,** dass die Ergebnisse des Gutachtens und die daraus zu ziehenden Folgerungen für die beruflichen Fähigkeiten des Versicherten verglichen mit den Feststellungen und Bewertungen, die der Anerkennung der Leistungspflicht zugrunde lagen, eine leistungsrelevante Besserung ergeben[308]. Die Nachvollziehbarkeit der Einstellungsmitteilung darf also nicht sklavisch allein nach ihrem Text oder umgekehrt allein nach dem Text des ärztlichen Gutachtens beurteilt werden; sie kann sich **aus der Gesamtheit der** dem Versicherten zur Verfügung gestellten **Unterlagen** ergeben. Allerdings genügt es nicht, wenn dem Versicherten ärztliche Gutachten überlassen werden, die sich – wenn auch vergleichend – nur mit der Bewertungsfrage befassen, also lediglich Grade der Berufsunfähigkeit gegenüberstellen. Das braucht seinen Grund nämlich nicht in einer Änderung des Gesundheitszustandes zu haben sondern kann bei unveränderter Beeinträchtigung des Versicherten auf einer unterschiedlichen subjektiven Einschätzung des Maßes der Auswirkungen einer Erkrankung auf die Berufsfähigkeit durch die begutachtenden Ärzte beruhen. Daher genügt allein eine **Gegenüberstellung von Bewertungen** ohne Darstellung tatsächlicher physischer oder psychischer Genesung, eine bloße Ergebnisbetrachtung, nicht[309]. Die Änderungsmitteilung muss auch in den Fällen **vermuteter Berufsunfähigkeit** (§ 2 (3) BUZ 90) nachvollziehbar sein, also die verlangte Gegenüberstellung des Gesundheitszustandes zum Zeitpunkt der Anerkennung mit jedem zum Zeitpunkt der Einstellungserklärung enthalten; allein die Feststellung, der Versicherte sei damals die vorausgesetzte Dauer berufs- oder arbeitsunfähig gewesen und jetzt seine Heilungserfolge eingetreten, genügt nicht[310]. Darüber hinaus muss der VR dem Anspruchsberechtigten, der sich im Nachprüfungsverfahren einer ärztlichen Untersuchung unterzogen hat, das **medizinische Gutachten,** auf das er sich stützt, **„unverkürzt",** also nicht etwa nur in Auszügen

---

[304] BGH v. 3. 11. 1996, VersR 2000, 171; BGH v. 12. 6. 1996, VersR 1996, 958.
[305] Unklar BGH v. 3. 11. 1999, VersR 2000, 171 (174).
[306] Zuletzt BGH v. 2. 11. 2005, VersR 2006, 102.
[307] BGH v. 28. 4. 1999, VersR 1999, 958 m. w. N.
[308] BGH v. 28. 4. 1999, VersR 1999, 958 m. w. N.
[309] BGH v. 28. 4. 1999, VersR 1999, 958.
[310] BGH v. 15. 10. 1997, NJW-RR 1998, 238.

oder Zusammenfassungen, **zur Verfügung stellen,** soweit es der Versicherte nicht schon in Händen hat[311].

Die **Anforderungen** an die Begründung dürfen indessen auch **nicht überspannt** werden, sie dürfen keine sinnentleerte formale Stolperfalle für VR werden. Ist dem Anspruchsberechtigten unzweideutig bekannt, was den VR veranlasst hat, seine Leistungen aufzunehmen – er war infolge von Karzinomoperationen und ihrer Nachsorge ununterbrochen länger als sechs Monate gehindert, auf irgendwelche Weise beruflich tätig zu sein, der VR kann ihn aber nunmehr ohne die Vergleichsbetrachtung ausdrücklich anzustellen, auf die ärztliche Bestätigung vollständiger Heilung verweisen – so wäre es verfehlt, die allein die Gegenwart betrachtende Begründung der Einstellungsmitteilung für unzulänglich zu halten[312]. **163**

Die Befugnis zur Einstellung seiner Leistungen steht dem VR auch dann zu, wenn sich zwar nicht der gesundheitliche Zustand des Versicherten geändert hat, sondern wenn er **neue berufliche Fähigkeiten** erworben hat und der VR sich für einen solchen Fall in seinen AVB – wie neuere Bedingungen es regelmäßig vorsehen – die Nachprüfung vorbehalten hat[313]. Dem muss die Änderungsmitteilung gerecht werden. Ein VR, der sich auf das nachträgliche Entstehen einer Verweisungsmöglichkeit – oder, bei selbständig unternehmerisch Tätigen auch einmal auf eine sich erst nachträglich ergebende Möglichkeit der Umorganisation – berufen will, muss eine berufsbezogene Vergleichsbetrachtung – zwischen der beruflichen Tätigkeit, die der Versicherte ursprünglich, zum Zeitpunkt der Aufnahme der Leistungen, ausgeübt hat oder zumutbar auszuüben in der Lage gewesen war und jener, auf die er nunmehr verwiesen werden soll – anstellen[314]. Dabei ist grundsätzlich die früher ausgeübte oder ausübbare Tätigkeit der jetzt aufgrund der neu erlangten Qualifikation erreichbaren Tätigkeit nach den prägenden Merkmalen – körperlichen und geistigen Anforderungen, Ausbildung, Erfahrung, Kenntnissen und Fähigkeiten, nach finanzieller und sozialer Wertschätzung – gegenüberzustellen. Allerdings darf diese Darlegung dann weniger dicht sein, wenn der Versicherte die Vergleichsbetrachtung selbst vornehmen kann, weil er – nach einer Fortbildung oder Umschulung – eine neue Tätigkeit tatsächlich ausübt[315] und seine frühere ohnehin kennt. **164**

Die Gründe, die dazu führen, die Wirksamkeit der Mitteilung über die Leistungseinstellung von der Erfüllung bestimmter formaler Voraussetzungen abhängig zu machen, zwingen zugleich dazu, den VR an seine konkrete Rechtfertigung der Leistungseinstellung zu binden. Er darf im Verlauf der Nachprüfung keine anderen Umstände, die ihm dieselbe Entscheidung erlauben würden, **nachschieben**[316]. Allerdings darf er, werden ihm nachträglich solche Umstände bekannt, dem VN – unter Beachtung der formalen Voraussetzungen – eine neue selbständige Nachprüfungsentscheidung zuleiten. Anders als die in den Bedingungen nicht geregelten Begründungspflichten führen Unterlassen oder Fehlerhaftigkeit des in den für Altverträge fortgeltenden Bedingungen geregelten **Hinweises** auf die **befristete Möglichkeit gerichtlicher Geltendmachung** eines fortbestehenden Anspruchs nicht zur Unwirksamkeit der Einstellungsmitteilung. Denn ein solches Verlangen würde zu Nachteilen für den VN führen: der VR wäre im Interesse der Wirksamkeit seiner Änderungsmitteilung gehalten gewesen, eine Ausschlussfrist zur Klageerhebung zu setzen; das könnte den Sinn der inhaltlichen Anforderungen an die Mitteilung der Leistungseinstellung – die sachgerechte Einschätzung des Prozessrisikos zu ermöglichen – in sein Gegenteil verkehren[317]. Mit dem Wegfall des § 12 Abs. 3 VVG ist ein solches Verlangen ohnehin nicht mehr aufrecht zu erhalten. **165**

---

[311] BGH v. 17. 2. 1993, NJW-RR 1993, 721; BGH v. 17. 2. 1993, VersR 1993, 470; BGH v. 19. 5. 1993, NJW-RR 1993, 1238; BGH v. 12. 6. 1996, VersR 1996, 958.
[312] BGH v. 28. 4. 1999 VersR 99, 958; v. 19. 5. 1993 NJW-RR 93, 1238.
[313] Zur Erforderlichkeit des Nachprüfungsverfahrens auch bei Finanzierung einer Umschulung durch den VR OLG Oldenburg v. 10. 11. 1999, NVersZ 2000, 268.
[314] BGH v. 3. 11. 1999, VersR 2000, 171.
[315] BGH v. 3. 11. 1999, VersR 2000, 171 (174).
[316] *Voit,* Rn. 634.
[317] BGH v. 22. 9. 1999, NVersZ 2000, 126.

III. Materielle Voraussetzungen der Nachprüfung

166   Die Nachprüfung darf nicht dazu führen, **Fehleinschätzungen des VR** bei Aufnahme seiner Leistung zu korrigieren. Ist der gesundheitliche oder der berufliche Sachverhalt unverändert geblieben, so kann seine abweichende Bewertung durch den VR nicht zu dessen Befugnis führen, dem Anspruchsberechtigten von nun an die Rentenzahlung oder die Prämienbefreiung zu entziehen. Hat der VR seine Leistungen jedoch auf der Grundlage **vermuteter Berufsunfähigkeit** (§ 2 Abs. 3 BUZ 90) erbracht, so herrscht schon zu dem Zeitpunkt, zu dem sich der VR über seine Leistungspflicht erklärt oder erklären soll, Unsicherheit über die weitere Entwicklung des Versicherungsfalls. Nach dem Wortlaut und dem Sinn und Zweck der Vermutung macht der VR die Dauerhaftigkeit der Berufsunfähigkeit gerade nicht zur Grundlage seiner Entscheidung. Er bindet sich daher auch nicht entsprechend. In einem solchen Fall darf er daher auch eine zum Zeitpunkt der Aufnahme seiner Leistung bereits absehbare Verbesserung des gesundheitlichen Zustands des VR zum Gegenstand der Nachprüfung machen. **Leistet der Versicherer** trotz ihm günstiger Veränderungen des gesundheitlichen Befundes **weiter,** so verschafft das dem VN keine über das ursprüngliche Anerkenntnis hinaus gehende Rechtsposition. Der Vergleichsbetrachtung ist also nicht die zwischenzeitliche Besserung zugrunde zu legen[318].

167   Der VR darf seine Leistungen einstellen, wenn die Berufsunfähigkeit weggefallen ist oder wenn sich ihr **Grad auf weniger als das vereinbarte Maß vermindert** hat. Der gesundheitliche Zustand des Versicherten muss sich folglich derart gebessert haben, dass sich diese Veränderung in bedingungsgemäß relevantem Maße auf die berufliche Betätigung auswirkt[319]. Da auch Besserungen des Gesundheitszustandes gradueller Natur sein können, stellt sich die Frage, von welchen Relationen die Befugnis zur Leistungseinstellung abhängt. Soweit es medizinisch überhaupt vertretbar ist, bestimmte prozentuale Einschränkungen der Fähigkeit zur Berufsausübung anzunehmen, ist denkbar, dass je nach dem der Erklärung über die Leistungspflicht zugrunde liegendem Grad der Berufsunfähigkeit Änderungen der gesundheitlichen Verhältnisse des Versicherten mehr oder weniger relevant sind. Nimmt ein VR beispielsweise an, der Versicherte sei – lediglich – nicht mehr imstande, mehr als halbschichtig tätig zu sein (50%ige Berufsunfähigkeit), so führen auch kleine Veränderungen der Gesundheit (10%ige Besserung) zu einer nun nicht mehr versicherten beruflichen Beeinträchtigung. Nimmt der VR indessen an, der Versicherte sei zu keinerlei Betätigung mehr imstande, so bedarf es schon einer sehr weitgehenden Gesundung, um die Leistungen einstellen zu können. Dort, wo der Grad der Berufsunfähigkeit bei Anerkenntnis der Leistungspflicht zutreffend bemessen wurde, hängt die Entscheidung über die Nachprüfung allein von der Einschätzung des medizinisch nunmehr vorliegenden Sachverhaltes ab. Hat der VR, was gelegentlich vorkommt, Leistungen gewährt, obwohl deren Voraussetzungen tatsächlich nicht vorgelegen haben, kommt also ein medizinischer Sachverständiger im Nachhinein zu der Einschätzung, der Versicherte sei nunmehr imstande, weit mehr als halbschichtig tätig zu sein, sei allerdings auch immer schon in der Lage gewesen, ein wenig mehr als halbschichtig tätig zu sein, ist entscheidend, an welchen Grad der Berufsunfähigkeit der VR gebunden werden soll. Hat er ihn seiner Erklärung über die Leistungspflicht ausdrücklich oder erkennbar zugrunde gelegt, ist er daran festzuhalten. Fehlt es daran – wie meist –, so darf nicht davon ausgegangen werden, dass der VR von einem Grad 100%iger Berufsunfähigkeit ausgegangen und an ihn gebunden ist. Ein derartiges mittelbares Verlangen der Festlegung des Grades der Berufsunfähigkeit bei Abgabe des Anerkenntnisses wäre dem Interesse an schneller Aufnahme der Leistungen nicht dienlich und müsste die VR zwingen, langwierige Untersuchungen zum genauen Grad der Berufsunfähigkeit vor ihrer Regulierungserklärung durchführen zu lassen. Daher kann es allein – wie schon der Wortlaut der Bedingungen nahe legt – darauf ankommen, ob überhaupt eine Besserung des Gesundheitszustandes eingetreten ist, die nun-

---

[318] Vgl. BGH v. 30. 1. 2008, r+s 2008, 250.
[319] BGH v. 17. 2. 1993, NJW-RR 1993, 723; BGH v. 11. 12. 1996, NJW-RR 1997, 529.

mehr zu einem Grad der Berufsunfähigkeit geführt hat, der jedenfalls unter 50% liegt. Damit wird gewissermaßen unterstellt, dass der VR, der sich in seinem Anerkenntnis zum Grad der Berufsunfähigkeit nicht geäußert hat, von einem Grad der Berufsunfähigkeit ausgegangen ist, der ihn zu Leistungen verpflichtet[320].

Neuere Bedingungswerke erlauben es VR nachzuprüfen, ob der Versicherte auf die Aus- **168**
übung einer anderen Tätigkeit verwiesen werden kann, die er aufgrund seiner **neu erworbenen beruflichen Fähigkeiten** wahrnehmen kann und die seiner bisherigen – zu gesunden
Zeiten vorhandenen[321] – Lebensstellung entspricht. Solche Regelungen ziehen die Konsequenzen aus der Rechtsprechung zu älteren Bedingungswerken, nach der der „**Vergleichsberuf**" zum Zeitpunkt der Erklärung über die Leistungspflicht **„prognosefrei"** zu ermitteln
ist, eine Verweisung durch den VR also allein davon abhängt, dass die schon vorhandene berufliche Ausbildung und Erfahrung die Ausübung einer anderen zumutbaren Tätigkeit erlaubt, der künftige, auch der vielleicht alsbald bevorstehende Erwerb neuer Fertigkeiten also
unerheblich ist[322]. Solange der Vertrag des Versicherten eine derartige Grundlage für die
Nachprüfung nicht vorsieht, ist eine von dem Versicherten während des Leistungsbezuges erworbene „neue" Qualifikation kein zulässiger Grund dafür, die Leistungen einzustellen. Die
nachträglich erworbene Qualifikation muss es dem VR erlauben, den Versicherten nunmehr
zu verweisen. Das heißt, dass alle Voraussetzungen der Verweisung **zum Zeitpunkt der
Nachprüfungsentscheidung** vorliegen müssen. Das gilt auch für die wirtschaftliche oder
soziale Zumutbarkeit, den „Vergleichsberuf" zu ergreifen. Die aufgrund der neu erworbenen
Fähigkeiten erreichbare andere berufliche Tätigkeit muss der bisherigen Lebensstellung des
Versicherten entsprechen. Vermag der Versicherte eine seiner früheren Tätigkeit entsprechende Lebensstellung erst nach längerer beruflicher Praxis zu erreichen, so darf der VR seine
Leistungen nicht jetzt bereits einstellen[323]. Ist allerdings zum Zeitpunkt des Versicherungsfalls
eine Verweisung nicht möglich, weil nach dem Einkommensvergleich die Verweisungstätigkeit (noch) nicht zumutbar ist und eine solche Entwicklung auch nicht absehbar ist, kann bei
einer Verbesserung der wirtschaftlichen Situation eine Verweisung im Rahmen der Nachprüfung erfolgen[324]. Hat der Versicherte einen die Nachprüfung erlaubenden Verweisungsberuf
gefunden, so kann er darauf verwiesen werden, auch wenn er ihn arbeitsmarktbedingt bis zur
(gerichtlichen) Entscheidung über die Einstellung der Leistungen wieder verliert[325].

Obliegenheiten zur Umschulung oder Fortbildung statuieren aber auch die jüngeren **169**
Bedingungswerke regelmäßig nicht. Erfolge einer freiwillig unternommenen beruflichen
Aus- oder Fortbildung können folglich erst dann Bedeutung erlangen, wenn sie erreicht
sind[326]. Sie müssen zu einer „neuen" Qualifikation geführt haben. Verfügte der Versicherte
schon zum Zeitpunkt der Aufnahme der Leistungen durch den VR über die für einen bestimmten Vergleichsberuf erforderlichen Zugangsvoraussetzungen, so darf der VR ihn nicht
erst im Verfahren der Nachprüfung verweisen, auch wenn der Versicherte den Vergleichsberuf zu dem maßgeblichen Zeitpunkt gar nicht ausgeübt hatte, seine beruflichen Fähigkeiten
also insoweit brach lagen. Denn der VR hatte dann lediglich übersehen, dass – wegen der
vorhandenen Verweisbarkeit – ein Versicherungsfall gar nicht eingetreten war.

Hat ein Versicherter **neue berufliche Fähigkeiten** erworben, die ihm den Zugang zu **170**
einem zumutbaren Arbeitsplatz eröffnen, so ist er nicht mehr berufsunfähig. Das gilt nach
dem Wortlaut der Bedingungen – die Regelung über das Nachprüfungsverfahren verweist
uneingeschränkt auf die allgemeine Definition der Berufsunfähigkeit – unabhängig davon,
ob ein Arbeitsplatz in einem Vergleichsberuf zur Verfügung steht oder nicht. Allerdings wirkt
das ausdrückliche Fehlen einer Obliegenheit, sich neue berufliche Fähigkeiten anzueignen,

---

[320] OLG Saarbrücken v. 4. 2. 1998, VersR 2000, 621; vgl. a. BGH v. 5. 10. 1983, VersR 1984, 51.
[321] BGH v. 11. 12. 1996, NJW-RR 1997, 529 (531) unter II 2c.
[322] BGH v. 13. 5. 1987, VersR 1987, 753.
[323] BGH v. 11. 12. 1996, NJW-RR 1997, 529.
[324] OLG Hamm v. 17. 5. 2006, ZfS 2007, 582.
[325] OLG Düsseldorf v.10. 6. 2003, ZfS 2005, 198.
[326] BGH v. 11. 12. 1996, NJW-RR 1997, 529.

auf das Verfahren der Nachprüfung fort. Ihr Erwerb ist folglich **„überobligationsmäßig".** Die Rechtsprechung hat daher einem VR zu Recht versagt, den Versicherten auf einen „Vergleichsberuf" zu verweisen, der ihm „abstrakt" aufgrund freiwilliger Qualifikation zugänglich ist, der ihm konkret aber – bislang – verschlossen geblieben ist, weil er keinen entsprechenden **Arbeitsplatz** gefunden hat. Der VR kennt die Erwartungen des Versicherten, seinen für den Fall der Berufsunfähigkeit bestehenden Bedarf zu decken. Er erwartet von dem Versicherten den Erwerb neuer beruflicher Fähigkeiten nicht. Dann widerspricht es den schutzwürdigen Belangen des VN, die der VR nach Treu und Glauben zu berücksichtigen hat, wenn er eine solche Bereitschaft des Versicherten, zu einem Wegfall der Voraussetzungen der Berufsunfähigkeit beizutragen, nutzt, so lange es dem Versicherten noch nicht gelungen ist, seine Bedarfsdeckung wieder durch berufliche Arbeit zu sichern. Die Rechtsprechung hat dem VR die Verweisung allerdings nur dann versagt, wenn der Versicherte in dem ihm nun zugänglichen Vergleichsberuf einen **Arbeitsplatz noch nicht erlangt** hat oder sich um einen solchen Arbeitsplatz auch **nicht oder nicht mehr in zumutbarer Weise bemüht** hat[327]. Von dem Versicherten wird also zu Recht erwartet, dass er sich auf der Grundlage seiner neuen Qualifikation bewirbt, sich Arbeit suchend meldet oder auch ihm zumutbaren, gegebenenfalls vom VR sogar nachgewiesenen Stellenangeboten nachgeht.

171   Von der Rechtsprechung, soweit ersichtlich, noch nicht entschieden ist die Frage, was gilt, wenn sich der Gesundheitszustand des Versicherten maßgeblich gebessert hat, der Versicherte aber inzwischen **nicht mehr über die Fertigkeiten verfügt,** seinen zuletzt konkret ausgeübten Beruf wieder aufzunehmen. Nach den Bedingungen kommt es allein darauf an, ob der Versicherte im Zeitpunkt der Nachprüfungsentscheidung nicht mehr gesundheitsbedingt außerstande ist, seine im Zeitpunkt des Eintritts des VersFalls tatsächliche berufliche Tätigkeit in dem vereinbarten Maße – regelmäßig mehr als halbschichtig – auszuüben. Andere Gründe, die ihn nunmehr hindern, die Früchte seiner Heilung oder Besserung zu genießen, spielen, folgt man dem Wortlaut der Bedingungen, keine Rolle. Das ist sicher dort gerechtfertigt, wo es allein darum geht, dass der Versicherte sich wieder einarbeiten muss. So wie ihm im Rahmen der Verweisung eine übliche Einarbeitung abverlangt wird, so darf er eine solche Notwendigkeit dem VR im Rahmen der Nachprüfung nicht zu dessen Lasten entgegenhalten. Zwei andere Gestaltungen sind indessen nicht gleichermaßen einfach zu entscheiden. Ist der **Arbeitsplatz** des Versicherten **weggefallen,** so nimmt das dem VR auch dann nicht die Befugnis, sich auf die Wiederherstellung der Gesundheit des Versicherten zu berufen, wenn der Arbeitgeber den Versicherten, sei es aus rechtlichen, sei es aus sozialen Erwägungen, ohne seine Erkrankung nicht entlassen hätte. Die Berufsunfähigkeitsversicherung schützt den Versicherten aber nicht vor dem Verlust des Arbeitsplatzes aus anderen als gesundheitlichen Gründen. Dem VR kann auch nicht deshalb die Nachprüfung versagt werden, weil der Versicherte Schulungs- oder Fortbildungsmaßnahmen, die den immer schleunigeren Veränderungen der Berufswelt folgen, aufgrund seines vorübergehenden Ausscheidens aus dem Arbeitsleben versäumt hat. Sie kann er nachholen; eine den Versicherten zusätzlich aufgrund des Versicherungsfalls treffende Last ist nicht erkennbar. Anders ist es nur dort, wo dem Versicherten gesundheitsbedingt die **Weiterentwicklung seines konkreten Berufes,** die Weiterentwicklung der Kenntnisse, Fähigkeiten und Erfahrungen der Berufstätigen, **entgangen** ist und er dies nicht, jedenfalls nicht ohne eine grundlegend neue Ausbildung, wiedergutmachen kann. Dabei handelt es sich gewissermaßen um das Gegenstück des Falles, in dem ein Versicherter neue berufliche Fähigkeiten erworben, mit ihnen aber trotz zumutbarer Anstrengungen noch keinen Arbeitsplatz gefunden hat – was nicht zu seinen Lasten gehen darf. Hat der Versicherte neue berufliche Fähigkeiten, was ihm nicht obliegt, nicht erworben und vermag er daher den alten Arbeitsplatz nicht wieder einzunehmen, so beruht seine „Berufsunfähigkeit" ganz wesentlich weiterhin auf seinen früheren gesundheitlichen Einschränkungen. Von den Fällen abgesehen, in denen die Leistung eines VR lediglich auf vermuteter Berufsunfähigkeit beruht (in denen sich also auch der Versicherte im Klaren sein muss, dass eine

---

[327] BGH v. 3. 11. 1999, NVersZ 2000, 127.

von vornherein für möglich gehaltene Besserung seines Gesundheitszustandes seine Ansprüche auf die Versicherungsleistung beeinträchtigen kann), widerspräche es Treu und Glauben, dürfte der VR sich im Rahmen der Nachprüfung auf die Besserung des Gesundheitszustandes berufen ohne zur Kenntnis zu nehmen, dass die frühere Erkrankung des Versicherten beruflich fortwirkt.

Selbständige profitieren gelegentlich von **nachträglich entstandenen Möglichkeiten** **172** **der Umorganisation.** Auf den ersten Blick fällt es nicht leicht, derartige Veränderungen – die weder auf eine Besserung des Gesundheitszustandes noch auf den Erwerb neuer Fertigkeiten zurückzuführen sind – in das Konzept der Nachprüfung einzuordnen. Das hängt mit dem zusammen, was den Beruf des Versicherten ausmacht. Während bei abhängig Beschäftigten nicht recht vorstellbar ist, dass eine einmal bestehende Berufsunfähigkeit ohne Genesung oder Fortbildung entfällt, hat es der Selbständige gelegentlich in der Hand, sich – durch eine von ihm zunächst nicht zu erwartende Umorganisation – eine neue Beschäftigung zu verschaffen. Die Rechtsprechung hat daher die nachträgliche, sich aus einer Veränderung der Auftragslage ergebende Umstellung eines Fuhrbetriebes auf körperlich weniger belastende Arbeiten als geeigneten Anlass der Nachprüfung betrachtet[328] und auch den nachträglichen Erwerb einer Mietwerkstatt mit Waschanlage für grundsätzlich geeignet erklärt, die Leistungseinstellung zu rechtfertigen[329]. Demgegenüber hat sie in dem Fall eines Spediteurs, der sich – nach Beginn des Bezuges einer Berufsunfähigkeitsrente – durch nicht unerhebliche Investitionen Tätigkeitsfelder verschafft hatte, die ihm eine sinnvolle Verwaltungstätigkeit trotz seiner ihn an körperlicher Aktivität hindernden Malaisen erlaubten, engere Grenzen gezogen: Die nachträgliche „Verweisung"[330] sei nur unter den Voraussetzungen möglich, dass dem Versicherten die durch die Umorganisation eröffnete Beschäftigung nach Art und Umfang zumutbar ist und dass ihm zumutbar ist, sich die nachträgliche Eröffnung der Beschäftigung entgegen halten zu lassen[331]. Aber auch **allgemein** gilt, dass eine **nachträglich entstandene Verweisungsmöglichkeit** – der Versicherte verdient in dem Verweisungsberuf nunmehr ausreichend – berücksichtigt werden darf[332].

In allen diesen Fällen geht es um die von den AVB zugelassene Nachprüfung des Fortbe- **173** stehens von Berufsunfähigkeit. Die Rechtsprechung hat es grundsätzlich für möglich gehalten, dass **unternehmerische Entscheidungen,** die dem Versicherten zunächst nicht abverlangt werden – Veränderungen des Unternehmensgegenstandes oder besondere Investitionen zur Verbesserung der Auftragslage – die Einstellung der Leistungen rechtfertigen können, wenn sie umgesetzt sind. Das stimmt bei wertender Betrachtung ohne weiteres überein mit der von den modernen Bedingungen zugelassenen, dem Versicherten nachteiligen Berücksichtigung neuer Fähigkeiten, so bald sie tatsächlich verwertet werden können. Auch ihr Erwerb ist überobligationsmäßig. Allerdings scheint die Rechtsprechung nicht immer konsistent zu sein[333]: der Erwerb einer „Mietwerkstatt mit Waschhalle", sicher eine Investition, wird offenbar (im Rahmen der Nachprüfung) für zumutbar erachtet, der Erwerb eines weiteren Speditionsunternehmens, vielleicht eine größere, nicht. Unternehmerische Entscheidungen, die dem Versicherten zum Zeitpunkt der Prüfung der Berufsunfähigkeit nicht abverlangt werden, die zum Zeitpunkt der Nachprüfung jedoch gefallen und verwirklicht sind, dürfen dem Versicherten entgegengehalten werden: Der Versicherte übt nunmehr seinen (unternehmerischen) Beruf aus, Berufsunfähigkeit besteht folglich nicht fort. Allerdings können besondere Gründe – der Einsatz hoher eigener Mittel, die zur Sicherung des Bedarfs des Versi-

---

[328] BGH v. 17. 2. 1993, r+s 1993, 315.

[329] BGH v. 3. 11. 1999, VersR 2000, 171.

[330] Zur bedingungsgemäßen Bedeutung einer „Verweisung" eines Selbständigen auf eine Umorganisation vgl. Rn. 34 ff.

[331] BGH v. 28. 4. 1999, NVersZ 1999, 514.

[332] Vgl. OLG Hamm v. 17. 5. 2006, r+s 2008, 230.

[333] BGH v. 28. 4. 1999, NVersZ 1999, 514 einerseits, BGH v. 3. 11. 1999, VersR 2000, 171 andererseits; vgl. dazu *Müller-Frank,* S. 191 ff.

cherten nun nicht mehr zur Verfügung stehen und deren Amortisation in jeder Hinsicht offen ist, beispielsweise – die Einstellung der Leistungen im Einzelfall unzumutbar erscheinen lassen.

IV. Prozessuale Besonderheiten

174 Die AVB (§ 6 Abs. 1 BUZ 07) sehen vor, dass der VR „nach Anerkennung oder Feststellung" der Leistungspflicht den Fortbestand der Berufsunfähigkeit und ihren Grad nachprüfen darf. Während mit der „Anerkennung" seine Erklärung über die Leistungspflicht gemeint ist, bedeutet **„Feststellung"** ihre Titulierung. Der VR darf daher auch dann, wenn er rechtskräftig, sei es durch ein Leistungs-, sei es durch ein Feststellungsurteil, zur Erbringung von Leistungen aus der Berufsunfähigkeitsversicherung verurteilt worden ist, die Nachprüfung durchführen. Dieses System setzt nicht voraus, dass dem VR in der die Ansprüche titulierenden Entscheidung die Nachprüfung vorbehalten oder gar eine Befristung seiner Leistungspflicht ausgesprochen worden ist. Derartige Einschränkungen einer Verurteilung sind nicht nur nicht erforderlich. Sie sind geeignet, den Umfang der Leistungspflicht, vor allem den Umstand, dass sie zeitlich – bis zum vereinbarten Ablauf der Versicherung – grundsätzlich unbegrenzt ist, zu verunklaren. Daher dürfen sie nicht in den Entscheidungsausspruch aufgenommen werden[334]. Ist der Versicherer zur Leistung rechtskräftig verurteilt worden, so kann er also Rechte aufgrund einer Nachprüfung nur im Verfahren der **Vollstreckungsabwehrklage** (§ 767 ZPO) geltend machen. Fallen die tatsächlichen Voraussetzungen der Leistungspflicht weg, weil der Versicherte gesundet oder aufgrund neu erworbener Fertigkeiten einen Arbeitsplatz findet, so erlischt die Leistungspflicht aber nicht von selbst. Die Einwendung, aufgrund einer Nachprüfung nicht mehr leisten zu müssen, setzt eine entsprechende Mitteilung des Versicherers voraus. Erst mit ihr ist er imstande, die Einwendung i. S. v. § 767 Abs. 3 ZPO geltend zu machen. Allerdings können ihre Gründe schon vor seiner Verurteilung zur Leistung durch Wegfall der Berufsunfähigkeit entstanden sein. Daher wird vertreten, in einem solchen Fall, in dem der Versicherer vor der abschließenden mündlichen Verhandlung im Leistungsprozess die Nachprüfung unterlassen hat, sei er nach § 767 Abs. 2 ZPO präkludiert[335]. Das durch Gesetz und AVB dem Versicherer gewährte Ermessen des Versicherers nachzuprüfen dient jedoch auch dem Schutz des Versicherten; der Versicherer soll ihm Zeit lassen dürfen, wieder dauerhaft berufstätig zu sein. Daher spricht alles dafür, den Versicherer nicht durch § 767 Abs. 2 ZPO zu zwingen, sehr frühzeitig mit der Nachprüfung zu beginnen.

I. Obliegenheiten

I. Allgemeines

175 Das Gesetz kennt keine spezifischen Obliegenheiten der Berufsunfähigkeitsversicherung, verbietet sie aber auch nicht. Die Begründung des Regierungsentwurfs überlässt ausdrücklich die Regelung von Rehabilitations- und Umschulungsobliegenheiten der vertraglichen Vereinbarung[336]. Das gegenwärtige **Bedingungsrecht** kennt sie allerdings nicht. Einzelne, vor allem ältere AVB erwarten von dem VN, dass er zumutbare Anordnungen, die der untersuchende oder behandelnde Arzt nach gewissenhaftem Ermessen trifft, um die Heilung zu fördern oder die Berufsunfähigkeit zu mindern, befolgt (§ 4 (4) BUZ). Im Übrigen verlangen die Bedingungen, dass der VN nach einem Leistungsverlangen aber auch bei einer Nachprüfung verschiedene Informationen über seine Gesundheit und seinen Beruf erteilt und sich ärztlich untersuchen lässt. Die Verletzung dieser Obliegenheiten führt unter den Vorausset-

---

[334] BGH v. 27. 5. 1987, VersR 1987, 808.
[335] OLG Karlsruhe v. 21. 10. 2004, OLGR 2005, 36; vgl. aber auch OLG Düsseldorf v. 10. 6. 2003 ZfS 2005, 198.
[336] Vgl. BT-Drs. 16/3945 S. 105.

zungen des § 28 VVG – allerdings nach den Bedingungen nur während ihrer Dauer – zur vollständigen oder teilweisen Leistungsfreiheit (§ 8 BUZ 90; § 7 BUZ 07). Die Reichweite der Obliegenheiten selbst ist allerdings streitig

II. Obliegenheiten zur Beseitigung oder Minderung der Berufsunfähigkeit

Der Versicherte ist nicht gehalten, seine Krankheit behandeln und vielleicht heilen zu las- **176** sen. Ihm ist auch nicht auferlegt, sich fortzubilden oder umschulen zu lassen, um einen anderen Arbeitsplatz oder Beruf zu erlangen. Fehlt eine solche Obliegenheit aber im Vertrag, so kann sie nicht, weil sich ein „vernünftiger" VN ihr entsprechend verhielte, aus **§ 242 BGB** entwickelt werden. Allerdings kann es einem VN unter besonderen Umständen versagt sein, sich auf eine gesundheitliche Beeinträchtigung oder beruflich ungünstige Lage zu berufe[337]. Das gilt aber dann nicht, wenn der Versicherte sich ärztlich falsch beraten in eine ungeeignete Therapie begeben hat[338]. § 254 Abs. 2 BGB und § 82 VVG sind nicht anwendbar: es geht nicht um einen Schaden, den es abzuwenden oder zu verringern gälte.

Die Obliegenheit, **„ärztliche Anordnungen"** zu beachten, hat enge Grenzen. Zunächst **177** muss es sich um medizinisch selten vorstellbare bestimmte Weisungen handeln. Wird dem Versicherten lediglich ein allgemeiner Ratschlag erteilt – das Rauchen einzustellen, auf den Genuss von Alkohol zu verzichten oder das Gewicht zu reduzieren – oder wird ihm lediglich ganz allgemein empfohlen, sein Leiden behandeln zu lassen, so fehlt es an einer solchen ärztlichen Anordnung. Allerdings darf umgekehrt nicht geradezu die Form eines Befehls verlangt werden, den ein Arzt dem Versicherten ohnehin nicht erteilen darf. Es genügt der konkrete Vorschlag sich einer bestimmten, klar beschriebenen Therapie zu unterziehen[339]. Untersuchende oder behandelnde Ärzte sind nicht die von dem VR zur Leistungsprüfung eingeschalteten Ärzte und auch nicht die gerichtlichen Sachverständigen, die beauftragt sind festzustellen, ob die gesundheitlichen Voraussetzungen der Berufsunfähigkeit des Versicherten vorliegen[340]. Das folgt schon aus dem Zusammenhang, in dem die Regelung dieser Obliegenheit steht: dem VR sind Berichte der Ärzte, die den Versicherten behandeln oder behandelt oder untersucht haben, einzureichen (§ 4 (1) c BUZ 90)[341]. Zwar darf ein VR von dem Versicherten auch verlangen, sich weiterer ärztlichen Untersuchungen durch von ihm selbst beauftragte Ärzte zu unterziehen (§ 4 (2) BUZ 90). Sie darf er aber – nicht nur dem Wortlaut der Klausel nach sondern aufgrund des Schutzes des Selbstbestimmungsrechts des Versicherten, einen Arzt seines Vertrauens in Anspruch zu nehmen – zur Behandlung des Versicherten und damit auch zur Abgabe bestimmter Therapievorschläge dem Versicherten gegenüber nicht einschalten.

Die Frage, welche Anordnungen sich **im Rahmen des Zumutbaren** halten, überschnei- **178** det sich mit der Frage, ob der Versicherte außerhalb der geregelten Obliegenheit gehalten ist, Maßnahmen zur Heilung oder Linderung seines die Berufsunfähigkeit begründenden Leidens zu treffen, ob es ihm beispielsweise obliegt, bestimmte **Medikamente einzunehmen,** die seine Berufsfähigkeit wiederherstellen oder erhalten können, oder ob er sich gar einer bestimmten **Operation**[342] unterziehen muss. Das ist naturgemäß unabhängig davon, ob die Ärzte, die der Versicherte bislang aufgesucht hat, solches vorschlagen oder nicht. Verweigert sich der Versicherte einer ihm zumutbaren Therapie, so kann es ihm gegebenenfalls nach Treu und Glauben genommen sein, den VR auf die bei Berufsunfähigkeit versprochenen

---

[337] Vgl. OLG Saarbrücken v. 25. 1. 2006, r+s 2006, 293.
[338] OLG Saarbrücken v. 13. 4. 2005, NJW-RR 2006, 205.
[339] OLG Hamm v. 11. 5. 1988, VersR 1989, 177.
[340] So OLG Saarbrücken v. 28. 12. 2001, NVersZ 2002, 257; krit. dazu *Müller-Frank,* S. 147; anders offenbar auch OLG Hamm v. 26. 6. 1991, r+s 1991, 389; OLG Hamm v. 11. 5. 1988, VersR 1989, 177; inzident OLG München v. 8. 5. 1991, VersR 1992, 1339; wohl auch *Benkel/Hirschberg,* § 4 Rn. 30.
[341] OLG Saarbrücken v. 28. 12. 2001, NVersZ 2002, 257.
[342] OLG Saarbrücken v. 19. 11. 2003, VersR 2004, 1402.

Rixecker

Leistungen in Anspruch zu nehmen[343]. Der BGH hält – wenn auch inzident – jedenfalls die **Einnahme von Medikamenten,** mit denen keine gesundheitsschädlichen Nebenwirkungen verbunden sind, die aber die bei der Ausübung des Berufs auftretenden Schmerzen verhindern können, für zumutbar[344]. Nichts anderes wird für die **Benutzung von Hilfsmitteln** – Brillen, Kontaktlinsen, Hörgeräten – gelten, die den Versicherten zwar belästigen, nicht aber unverhältnismäßig belasten mögen. Gleiches dürfte für eine im Alltag selbstverständlich ergriffene **Physiotherapie** gelten. Auf eine **Operation** wird der Versicherte allerdings nur in ganz seltenen Fällen verwiesen werden können. Sie zu ergreifen ist ihm nicht schon dann zumutbar, wenn es sich um einen „Routineeingriff" handelt[345], sondern nur, wenn sie einfach, gefahrlos, nicht mit Schmerzen verbunden ist und sichere Aussicht auf Heilung oder wesentliche Besserung verspricht[346]. Operationen, die – vor allem aber nicht nur durch die Notwendigkeit einer Vollnarkose – ein gesundheitliches Risiko bergen, muss der Versicherte nicht auf sich nehmen. Gleiches gilt für eine **Psychotherapie** wegen der mit ihr regelmäßig verbundenen Offenlegung von Intimität.

179   Es bestehen – soweit die Bedingungen nicht einmal Anderes vorsehen sollten, was je nach der Ausgestaltung im Einzelfall, vor allem der Regelung der Kostentragung kaum Bedenken begegnen würde – keine **Obliegenheiten zur Umschulung oder Fortbildung.** Nach Eintritt der Berufsunfähigkeit neu erworbene Fähigkeiten können zwar im Rahmen der Nachprüfung berücksichtigt werden, wenn die Bedingungen dies vorsehen. Ihr Neuerwerb ist nicht geschuldet[347]. Auch andere Anpassungen der Grundlagen der beruflichen Tätigkeit obliegen dem Versicherten nicht[348]. Er muss sich weder darum kümmern, einen Arbeitsplatz zu erhalten, der seinen Gebrechen angepasst ist noch sich neue Tätigkeiten erschließen, die den Einsatz (beträchtlichen) Kapitals erfordern wie die Erweiterung eines Unternehmens, um nicht mehr selbst Hand anlegen zu müssen sondern sich auf Aufsicht führende Tätigkeiten beschränken zu können[349].

III. Aufklärungsobliegenheiten

180   Auch dem gegen Berufsunfähigkeit Versicherten obliegt es, dem VR bestimmte Informationen zu verschaffen, die er zur Feststellung des Versicherungsfalls oder des Umfangs seiner Leistungspflicht benötigt. Die Bedingungen sehen vor, dass der VN die Ursache für den Eintritt seiner Berufsunfähigkeit darstellen muss, ausführliche **Berichte der Ärzte,** die ihn behandelt oder untersucht haben, über Ursache, Beginn, Art, Verlauf und voraussichtliche Dauer seiner Leiden sowie über den Grad der Berufsunfähigkeit und über die Pflegestufe vorlegt und **Unterlagen** über seinen Beruf, seine Stellung und Tätigkeit und eventuelle Bescheinigungen von mit der Pflege betrauten Personen über Art und Umfang der Pflege einzureichen hat. Der VR darf darüber hinaus auf seine Kosten **weitere ärztliche Untersuchungen** durch von ihm beauftragte Ärzte[350] und **weitere notwendige Nachweise** auch über die wirtschaftlichen Verhältnisse des Versicherten sowie zusätzliche sachdienliche Auskünfte und Aufklärungen beanspruchen (§ 4 Abs. 1,2 BUZ 90). Zum Teil wird vertreten,

---

[343] OLG Karlsruhe v. 3. 4. 2003, VersR 2004,98; vgl. a. OLG Nürnberg v. 20. 2. 2003, ZfS 2003, 414.

[344] BGH v. 27. 2. 1991, VersR 1991, 450 „Revierförster"; OLG Saarbrücken v. 10. 1. 2001, NVersZ 2002, 354.

[345] So aber OLG Koblenz v. 25. 6. 1992, r+s 1994, 35; OLG Saarbrücken 19. 11. 2003, 5 U 168/00, n. v.

[346] Vgl. OLG Hamm v. 26. 6. 1991, VersR 1992, 1120; LG Hamburg v. 16. 12. 1991, VersR 1992, 1122; *Prölss/Martin/Voit,* § 4 BUZ Rn. 11; zur Unfallversicherung vor allem BGH v. 17. 10. 1990, VersR 1991, 57.

[347] BGH v. 11. 12. 1996, VersR 1997, 436; BGH v. 3. 11. 1999, VersR 2000, 171.

[348] Vgl. aber zur Frage der Umorganisation bei Selbstständigen Rn. 34 ff.; BGH v. 28. 4. 1999, NVersZ 1999, 514.

[349] BGH v. 28. 4. 1999, VersR 1999, 958 (960).

[350] OLG Bremen v. 12. 11. 2002, OLGR 2003, 287.

dass der VN nur solche Arztberichte über seine Behandlung oder Untersuchung einzureichen hat, **die ihm selbst vorliegen**[351]. Wolle der VR Auskünfte von Ärzten, über die der Versicherte, wie regelmäßig, nicht verfügt, so müsse er sie sich selbst beschaffen. Denn die Bedingungen erlaubten ihm, den Versicherten zu veranlassen, ärztliche Untersuchungen und notwendige Nachweise zu beschaffen und von ihm zu verlangen eine Ermächtigung zur Informationserteilung zu geben. Das wird dem Wortlaut der Obliegenheit indessen nicht gerecht. Wenn der VN unverzüglich ausführliche ärztliche Berichte über Grundlage und Grad der Feststellung von Berufsunfähigkeit einzureichen hat, so schließt das ein, sie sich zu beschaffen: Die detaillierten Informationen, die von der Obliegenheit verlangt werden, liegen einem Versicherten regelmäßig nicht vor, die Klausel geht also notwendigerweise davon aus, dass der VN sie sich besorgt. Die Obliegenheit zur Aufklärung stellt auch an den **Inhalt der Information** Anforderungen. Sie muss Ursache, Beginn, Art, Verlauf und voraussichtliche Dauer des Leidens sowie den Grad der Berufsunfähigkeit, gegebenenfalls die Pflegstufe, nennen. Äußert sich ein ärztlicher Bericht nicht zur Dauerhaftigkeit der gesundheitlichen Beeinträchtigung, ist seine Weitergabe an den VR nur dann das Geschuldete, wenn es für dessen Anspruch auf die Prognose der Dauer nicht ankommt, also in den Fällen einer seit mehr als sechs Monaten bestehenden Berufsunfähigkeit[352]. Temporäre Leistungsfreiheit wird aus einer solchen Unzulänglichkeit allerdings kaum herzuleiten sein. Verweigert auch der VN eine gerichtlich angeordnete Begutachtung, so hat das prozessrechtliche Folgen, stellt aber keine Obliegenheitsverletzung dar[353].

Im Übrigen kann der Versicherte dem Verlangen des VR nach weiteren ärztlichen Untersuchungen im Rahmen der Leistungsprüfung nicht entgegenhalten, dem von dem VR beauftragen **Arzt** traue er nicht, weil er „**versichererfreundlich**" sei[354]. Er kann auch nicht darauf verweisen, dass mit der Untersuchung für ihn Unbequemlichkeiten verbunden seien. Jedoch macht § 31 Abs. 2 VVG deutlich, dass die Obliegenheit voraussetzt, dass ihre Erfüllung dem Verpflichteten „billigerweise zugemutet" werden kann. Daher darf der Versicherte sich im Einzelfall darauf berufen, dass er aus besonderen, in der Person des von dem VR benannten Arztes liegenden Gründen von diesem nicht untersucht werden will. Ein solcher Fall liegt indessen nicht vor, wenn der vom VR beauftragte Arzt bislang die vom Versicherten erwarteten oder gar gewünschten Feststellungen aus medizinischer Sicht nicht zu treffen vermocht hat, wohl aber dann, wenn einmal zufällig ein Vertrauensverhältnis zwischen dem Versicherten und dem Arzt unabhängig von der Leistungsprüfung oder Nachprüfung zerrüttet ist. Ein solcher Einwand führt dann allerdings nicht dazu, dass er sich nunmehr zu einem Arzt seiner Wahl begeben dürfte. Der VR darf einen anderen Arzt seines Vertrauens benennen.

181

Untersuchungen, die der VR verlangt, müssen dem Versicherten **zumutbar** sein. Das bedeutet nicht, dass er auch im Rahmen der Leistungsprüfung auf nur eine ärztliche Untersuchung beschränkt ist. Die Leiden eines Versicherten können in ganz unterschiedliche ärztliche Fachgebiete fallen, ihre Prüfung folglich die Einschaltung mehrerer Ärzte notwendig machen. Die von dem VR geforderten ärztlichen Untersuchungen werden im Übrigen regelmäßig **ambulant** erfolgen können. Das schließt allerdings nicht aus, dass es dem Versicherten auch einmal obliegen kann, sich einer stationären Aufnahme zur Prüfung des Versicherungsfalls zu unterziehen[355]. Gerade in Fällen psychischer Erkrankungen ist häufig eine verlässliche ärztliche Diagnose nur nach einer längeren Beobachtung des Versicherten möglich. Demgegenüber muss sich ein Versicherter grundsätzlich schmerzhaften und risikoreichen Untersuchungen nicht unterziehen, es sei denn, dass nur auf diese Weise festgestellt werden kann, ob überhaupt Berufsunfähigkeit vorliegt[356].

182

---

[351] *Voit,* Rn. 572.
[352] BGH v. 27. 9. 1989, VersR 1989, 1182.
[353] OLG Koblenz v. 12. 1. 2007, ZfS 2008, 224.
[354] OLG Hamm v. 8. 10. 1982, VersR 1983, 1177.
[355] OLG Hamm v. 8. 10. 1982, VersR 1983, 1177.
[356] *Voit,* Rn. 576.

183   Auskunft darf der VR auch über den **„ökonomischen Status"** des Versicherten, vor allem über sein Einkommen aus beruflicher Tätigkeit verlangen. Das wird regelmäßig nicht nur
– was bei abhängig Beschäftigten genügen mag – erfordern, dass der VN die letzten Ver-
dienstbescheinigungen des Versicherten vorlegt. Von Selbständigen darf der VR nur die Vorlage der entsprechenden Steuerbescheide verlangen sondern zugleich auch alle Unterlagen,
die es ihm erlauben, die Validität der dortigen Angaben zum zu versteuernden Einkommen
zu prüfen. Dem steht ein Recht auf informationelle Selbstbestimmung nicht entgegen[357].
Eine Obliegenheit, die Aufnahme einer anderen beruflichen Tätigkeit anzuzeigen, besteht allerdings nach den herkömmlichen Bedingungen nicht[358].

184   Die im bisherigen Bedingungsrecht enthaltene generelle **„Schweigepflichtentbindungserklärung",** deren Erteilung dem Versicherten als Obliegenheit auferlegt wurde, verletzt das
Recht auf informationelle Selbstbestimmung[359], weil sie es erlaubt, sensible gesundheitliche Informationen von einer unabsehbaren Zahl von Auskunftgebern ohne inhaltliche Begrenzung
und ohne Kontrolle des Informationsflusses durch den VN zu beschaffen. Die Regelung ist daher unwirksam (§ 134 BGB). Über Informationsverlangen, die die Feststellung des Versicherungsfalls betreffen, wird allerdings selten Streit entstehen; ganz Anderes gilt, wenn sie eine nachträgliche Risikoprüfung ermöglichen sollen, also die Prüfung von Lösungsrechten des VR.
§ 213 VVG regelt die **Datenerhebung** jetzt neu: Befragen darf ein VR Ärzte, Krankenhäuser,
Krankenanstalten, Pflegeheime und Pflegepersonen, gesetzliche Krankenkassen und Berufsgenossenschaften sowie Behörden, also auch Träger der Sozialversicherung. Ob und inwieweit er
Rehabilitationsdienste beauftragen und von ihren Erhebungen profitieren darf, hängt von
den vertraglichen Vereinbarungen zwischen dem VR und den Rehabilitationsdiensten ab.
§ 213 VVG erwähnt die Rehabilitationsdienste – als Auskunftsinstitutionen – nicht. Das ändert
indessen nichts daran, dass VR sie regelmäßig lediglich als ihr „verlängertes Auge und Ohr" betrachten, also als beauftragte **Informationsbesorger.** In diesem Verhältnis – des VR zu den re-
habilitativen und berufskundlichen Diensten – besteht jedenfalls dann, wenn die **„Assistance"**
keine eigenen, über den Auftrag hinaus reichenden Zwecke verfolgt, kein besonderes Bedürfnis
nach Geheimnisschutz. Die Analogie zur Auftragsdatenverarbeitung liegt daher nahe.

185   Die Informationsbeschaffung muss allerdings in allen Fällen erforderlich sein, um das zu
versichernde Risiko oder die Leistungspflicht – zu der eben auch der Bestand des Vertrages
zählt – beurteilen zu können. Die Datenerhebung bedarf der auch im Voraus möglichen Einwilligung des Versicherten, die allerdings vor allem formularmäßig nur dann wirksam ist,
wenn ein „informed consent" vorliegt, der Betroffene also über den Zweck der dadurch ermöglichten Datenerhebung und die Alternative der Einzeleinwilligung (§ 213 Abs. 3 VVG)
deutlich hingewiesen worden ist. Der Versicherte muss ferner über die einzelne Erhebung
vor ihr unterrichtet werden und darf ihr, worauf er hinzuweisen ist, widersprechen; der VR
muss folglich nach der Unterrichtung eine kurze Zeit zuwarten, bis er die Auskunft tatsächlich erbittet. Ergeben sich aus einer ärztlichen Auskunft weitere Recherchenotwendigkeiten,
so muss die Unterrichtung jeweils wiederholt werden. Allerdings ist vorstellbar, dass ein VR
dem Versicherten mitteilt, er wolle den von diesem angegebenen Arzt und die Ärzte und
Krankenhäuser befragen, zu denen er ihn überwiesen hat. Datenerhebungen, die das Recht
auf informationelle Selbstbestimmung verletzen, unterliegen einem **Verwertungsverbot.
Fernwirkung,** also die Folge der Unverwertbarkeit von Erkenntnissen, die aufgrund der
rechtswidrigen Datenerhebung ermöglicht wurden, hat das Verwertungsverbot aber grundsätzlich nicht, wenn diese Erkenntnisse selbst rechtmäßig gewonnen worden sind.

186   § 213 VVG regelt jedoch lediglich die Voraussetzungen, unter denen der VR berechtigt ist,
personenbezogene Daten zu erheben, nicht aber, **ob der Versicherte auch verpflichtet ist,**
ihm die Möglichkeit dazu – durch Einwilligung und Verzicht auf einen Widerspruch – zu
geben. Verweigert sich der Versicherte oder verlangt er auch nur, die Informationen selbst be-

---

[357] OLG Köln v. 14. 6. 2007, VersR 2008, 107.
[358] BGH v. 23. 6. 1999, NVersZ 1999, 515.
[359] BVerfG v. 23. 10. 2006, VersR 2006, 1669.

schaffen oder sichten zu dürfen, stellt sich die Frage, ob der VR das hinnehmen muss oder seine Leistung vorerst oder endgültig verweigern darf. Das richtet sich nach der insoweit vereinbarten **Obliegenheit.** Soweit AVB lediglich bestimmen, dass der VR „notwendige Nachweise" oder „zusätzliche Auskünfte und Aufklärungen" verlangen darf, fehlt es schon an einer hinreichend konkreten Obliegenheit, an die Rechtsfolgen geknüpft werden dürften. Das ergibt sich vor allem aus § 31 Abs. 1 S. 1 VVG, der zwar dispositiv ist (§ 32 VVG), die Auskunftspflicht des VN aber grundsätzlich nur auf die Feststellung des Versicherungsfalls und den Umfang der Leistungspflicht, nicht aber auf die Leistungspflicht als solche, also den Bestand des Vertrages, bezieht. Soll der VN zu mehr gehalten, bedarf das einer klaren vertraglichen Abrede. Gegen eine Informationsobliegenheit, die eine nachträgliche Risikoprüfung erlaubt, bestehen keine grundsätzlichen Bedenken: Das Gesetz schließt sie nicht aus, wie § 31 Abs. 1 S. 1 und § 213 VVG selbst zeigen. Auch wenn die Verfassungsrechtsprechung für die Datenerhebung bislang lediglich berechtigte Interessen der VR zur Feststellung des Versicherungsfalls anerkannt hat[360], so schützt das Grundrecht auf informationelle Selbstbestimmung doch nicht davor, sich einer Prüfung der Loyalität bei Vertragsabschluss unterziehen zu müssen. Die Interessen des VN sind hinreichend gewahrt, wenn der VR nicht mehr erfragt als ihm anzuzeigen gewesen wäre, und wenn der VN erfährt, was übermittelt wird, und dazu Stellung nehmen darf.

IV. Obliegenheiten im Rahmen der Nachprüfung

Die Bedingungen erlegen dem Versicherten auch für die Nachprüfung der Berufsunfähig-   **187** keit regelmäßig auf, auf Kosten des VR jederzeit **sachdienliche Auskünfte** zu erteilen oder zu ermöglichen und sich einmal jährlich durch vom VR beauftragte Ärzte **umfassend untersuchen zu lassen.** Diese „ungewöhnliche Mitwirkungsobliegenheit"[361] eines Schuldners, seinem Gläubiger behilflich zu sein zu beweisen, dass seine Leistungspflicht erloschen ist, ist der Preis, der dafür gezahlt werden muss, dass der VR aufgrund einer bloßen Prognose der Fortdauer gesundheitlicher Beeinträchtigungen des Versicherten seine Verpflichtung anerkennt und von nun an leisten muss, auch wenn der Versicherungsfall an sich sein Ende gefunden hat. Daher ist er auf „lauteres und vertrauensvolles Zusammenwirken" des Versicherten mit ihm zur Klärung der wirklichen Sach- und Rechtslage verstärkt angewiesen.

Weil Versicherte, die erstmals Leistungen wegen Berufsunfähigkeit begehren, weit eher be-   **188** reit sein werden, an der Prüfung der Leistungspflicht mitzuwirken als Versicherte, die sich einem Verlangen der Nachprüfung gegenübersehen, werden Letztere möglicherweise häufiger versuchen, der Aufklärung von denkbaren Veränderungen ihrer beruflichen Qualifikation oder ihrer Gesundheit Hürden entgegenzustellen. Der **sachliche Umfang** der Mitwirkungsobliegenheit im Nachprüfungsverfahren unterscheidet sich dennoch nicht von jenem der Mitwirkungsobliegenheit bei Verlangen der Leistung. Seine Grenzen bilden die Erforderlichkeit und Zumutbarkeit der Informationsbeschaffung. Auch für den Fall der Verletzung einer Mitwirkungspflicht im Nachprüfungsverfahren gilt insoweit nichts anderes als im Verfahren der Leistungsprüfung: die Bedingungen ordnen Leistungsfreiheit – zeitlich begrenzt bis zu einer späteren Erfüllung – an.

J. Ausschlüsse

I. Ausschluss von Luftfahrtrisiken

Die für die Berufsunfähigkeitsversicherung geltenden Bedingungen schließen in ganz un-   **189** terschiedlicher Weise **Luftfahrtrisiken** aus. Während Teile von Klauselwerken eine Leistungspflicht des VR – davon ausgehend, dass sie grundsätzlich unabhängig davon besteht, wie es zu der Berufsunfähigkeit gekommen ist – bei Verursachung der Berufsunfähigkeit

---

[360] BVerfG a. a. O.
[361] BGH v. 17. 2. 1993, VersR 1993, 559: BGH v. 17. 2. 1993, VersR 1993, 470.

„bei" einem Reise- oder Rundflug des Versicherten nur annimmt, wenn der Versicherte Fluggast in einem Propeller- oder Strahlflugzeug oder in einem Hubschrauber war (BB-BUZ § 3 (3)), bestimmen andere AVB, dass der VR nicht leistet, wenn die Berufsunfähigkeit durch einen Unfall als Luftfahrzeugführer oder Besatzungsmitglied eines Luftfahrzeugs oder bei einer mit Hilfe eines Luftfahrzeugs auszuübenden beruflichen Tätigkeit oder bei der Benutzung eines Raumfahrzeugs verursacht wird. Solche Klauseln gehen auf die wechselvolle Geschichte der Deckung des Luftfahrtrisikos in der Unfallversicherung zurück[362]; für ihre Interpretation kann aber daraus nichts gewonnen werden[363]. Gegen solche partiellen, atypische Versicherungsfälle betreffenden Einschränkungen der Leistungspflicht bestehen – vor dem Hintergrund er Leitbildfunktion der §§ 172 ff. VVG keine Bedenken.

190   Die Versagung von Leistungen für eine durch bestimmte Luftfahrtunfälle verursachte Berufsunfähigkeit stellt einen **Risikoausschluss** dar, dessen Voraussetzungen der VR beweisen muss[364]. Ist also beispielsweise einmal streitig, ob ein Versicherter im Unfallzeitpunkt ein Flugzeug gesteuert hat oder Fluggast war, so bleibt es bei der Leistungspflicht. Voraussetzung eines Ausschlusses ist, dass die Berufsunfähigkeit **„bei" einer „Luftfahrt"** verursacht worden ist. Das heißt zunächst, dass es nicht darauf ankommt, ob sie „durch" ein mit der Luftfahrt verbundenes Risiko eingetreten ist: Schwere Verletzungen von am Boden geschädigten (versicherten) Zuschauern einer Luftfahrtschau beim Misslingen von Kunstflugmanövern meint der Risikoausschluss von vornherein nicht. Was alles zur „Luftfahrt" zählt, wird von der Rechtsprechung zur Unfallversicherung weit verstanden: die Benutzung aller Flugvorrichtungen, die „den Luftraum in Anspruch nehmen und die der Eigenschaften der Luft bedürfen, um sich in ihr zu halten"[365]. „Bei einer Luftfahrt" ist ein die Berufsunfähigkeit verursachender Unfall nicht nur dann erlitten, wenn der Versicherte Insasse eines wie auch immer getriebenen Flugzeugs war, sondern (vor allem) auch dann, wenn er einen von einem Motorboot gezogenen Luftschirm[366] benutzt hat, wenn er mit einem Fallschirm abgesprungen oder als Drachenflieger verunglückt ist oder auch einmal, wenn er sich in einem Fesselballon[367] oder gar einem Zeppelin befand.

191   Vom Versicherungsschutz umfasst werden allerdings Flüge mit Propeller- oder Strahlflugzeugen oder Hubschraubern. Wie leicht oder schwer das Fluggerät ist, ist unerheblich. Motorgetriebene Ultraleichtflugzeuge sind Propellermaschinen, deren Fluggäste versichert sind[368]. Flugzeuginsassen sind nicht mehr versicherte Fluggäste, wenn sie das Luftfahrzeug verantwortlich führen oder führen sollen, den Piloten dabei unterstützen oder unterstützen sollen oder zu sonstigen Verrichtungen im Flugzeug bestimmt sind, wenn sie also als Mitglied der Besatzung, als fliegendes Personal oder Flugbegleiter, zu betrachten sind, auch wenn sie zum Zeitpunkt des Unfalls noch nicht oder nicht mehr in dieser Funktion aktuell tätig waren[369]. Und schließlich muss der VR darlegen und beweisen, dass es sich nicht um einen Unfall gehandelt hat, der sich bei einer Benutzung des Flugzeugs „ausschließlich" zur Beförderung ereignet hat. Darunter ist ein Transport zu verstehen, dessen Ziel die Ortsveränderung ist und nicht ein eine Ortsveränderung notwendigerweise einschließender Flug zu anderen – vor allem flugsportlichen oder flugkünstlerischen – Zwecken ist[370]. Das muss aber mit Blick auf den Grund des Deckungsausschlusses, die Inkaufnahme eines erhöhten Risikos bei bestimmten Flügen nicht ohne besondere Vereinbarung zu erhöhten Prämien zu decken, eng gesehen werden: die von dem Versicherten verfolgten Zwecke müssen sich nicht in der Be-

---

[362] *Bruck/Möller/Wagner,* VI 1 G 217.

[363] Vgl. zur (fehlenden) Bedeutung der Entstehungsgeschichte für die Interpretation von AVB BGH v. 17. 5. 2000, NVersZ 2000, 475.

[364] BGH v. 16. 6. 1999, NVersZ 1999, 476; anders wohl *Voit,* Rn. 501.

[365] BGH v. 27. 4. 1988, VersR 1988, 714.

[366] BGH v. 27. 4. 1988, VersR 1988, 714.

[367] OLG Nürnberg v. 12. 11. 1979, VersR 1980, 233; LG Oldenburg v. 22. 2. 1988, VersR 1989, 178.

[368] BGH v. 16. 6. 1999, NVersZ 1999, 476.

[369] BGH v. 30. 11. 1983, VersR 1984, 155.

[370] Zum Kunstflug vgl. OLG Hamburg v. 26. 1. 1988, VersR 1989, 177.

förderung erschöpfen; wenn sie Ausdruck der zur Berufsausübung notwendigen Mobilität ist, schadet es nicht, dass es dem Versicherten nicht in erster Linie auf die Ortsveränderung ankommt.

II. Ausschluss von Kriegsrisiken und Risiken innerer Unruhen

Zu den Ausschlüssen, die in nahezu allen Versicherungssparten und eben auch in der Berufsunfähigkeitsversicherung traditionell vereinbart werden und dennoch, glücklicherweise, das Dasein eines allenfalls zu historischen Betrachtungen verführenden Mauerblümchens gefristet, leider aber inzwischen hohes aktuelles Interesses gewonnen haben, gehören die Ausschlüsse von **Kriegsrisiken.** Ihnen vergleichbar aber für Deutschland von noch geringerer Relevanz sind die Ausschlüsse wegen der **Risiken innerer Unruhen.** In den Bedingungen der Berufsunfähigkeitsversicherung finden sich anders als in den mannigfaltig verschiedenen Klauselwerken der Sachversicherer[371] weitgehend übereinstimmende Formulierungen. Eine Leistungspflicht besteht nicht, wenn die Berufsunfähigkeit verursacht ist „unmittelbar oder mittelbar durch Kriegsereignisse oder innere Unruhen, sofern die versicherte Person auf Seiten der Unruhestifter teilgenommen hat"[372]. **192**

Die Bestimmung dessen, was als **„Krieg"** – im Sinne der Ausschlussklauseln – zu verstehen ist, ist schwierig geworden, nachdem die weitaus größere Zahl der internationalen bewaffneten Konflikte des letzten halben Jahrhunderts keine Kriege im Sinne der klassisch-kontinental-europäischen und anglo-amerikanischen Auffassung gewesen sind[373]. Die Entformalisierung internationaler bewaffneter Konflikte, das Hineinwachsen Deutschlands in Maßnahmen der militärischen Friedenssicherung in aller Welt und die Globalisierung und Entdimensionierung des Terrors stellen auch in der Berufsunfähigkeitsversicherung neue Fragen: Stehen dem in den zahlreicher werdenden Auslandseinsätzen der Bundeswehr geschädigten Versicherten Ansprüche aus seiner Berufsunfähigkeitsversicherung zu? Was gilt bei Versicherten, die aus beruflichen, was bei solchen, die aus touristischen Gründen im Ausland „zwischen die Linien" Krieg führender Parteien geraten sind? Sind zur Berufsunfähigkeit führende Körperverletzungen durch einen terroristischen Angriff ähnlich jenem auf das World Trade Center, sind bleibende Schäden im Afghanistan-Einsatz versichert? **193**

In Rechtsprechung und Rechtslehre wird weit überwiegend vertreten, dass ein „Krieg" und damit ein Kriegsereignis nicht völkerrechtlich zu verstehen ist sondern ein **versicherungsvertragsrechtlicher Kriegsbegriff** gilt[374]. Gemeint ist damit aber, soweit ersichtlich, nur, dass die Anwendbarkeit der Kriegsklauseln keinen völkerrechtlichen oder staatsrechtlichen Akt voraussetzt, nach dem formal von dem Bestehen eines Kriegszustandes im klassischen Sinn gesprochen werden kann. Dem entspricht allerdings auch die Entwicklung des modernen Völkerrechts, die zu einer weitgehenden Aufgabe des „Kriegsbegriffs" zugunsten des Begriffs des internationalen bewaffneten Konflikts geführt hat. Grund des Ausschlusses von Kriegsrisiken ist die Geschäftsgrundlage eines jeden VV: VR müssen, um die Funktionsfähigkeit des Systems gewährleisten zu können, den finanziellen Bedarf zur Deckung künftiger versicherter Schäden verlässlich schätzen können. Diese Geschäftsgrundlage wird aber („lediglich") durch den schlagartigen Anstieg aller Schadenswahrscheinlichkeiten und durch die Explosion der Schadenssummen in einem „wirklichen" Krieg zunichte gemacht[375]. Insoweit kommt es überhaupt nicht darauf an, wie der bewaffnete Konflikt in der Terminologie des Völkerrechts bezeichnet wird. AVB sind so auszulegen, wie sie ein durchschnittlicher VN **194**

---

[371] Vgl. *Ehlers*, r+s 2002, 133 ff.; *Schmidt/Geratewohl*, ZVersWiss 1973, 277.

[372] Vgl. nur u. a. die Musterbedingungen in der Fassung VerBAV 198, 474 § 3 Abs. 2a, abgedruckt bei *Benkel/Hirschberg*, Anh. III 4.

[373] Vgl. die Darstellung bei *Ipsen*, Völkerrecht, 3. Aufl. §§ 61 ff.

[374] RGZ 90, 8; *Fricke*, 1991, 1098 m. w. N.; VersR 2002, 6; BK/*Dörner/Staudinger*, § 84 Rn. 4 a. A. *Römer/Langheid* § 84 Rn. 3.

[375] Vgl. *Fricke*, a. a. O.

bei verständiger Würdigung, aufmerksamer Durchsicht und Berücksichtigung des erkennbaren Sinnzusammenhangs verstehen muss. Festumrissene Begriffe der Rechtssprache sind nach deren Verständnis, Begriffe der Alltagssprache nach dem allgemeinen Sprachgebrauch zu interpretieren. Ausschlussklauseln sind eng auszulegen. Allerdings werden weder das Völkerrecht noch die Alltagssprache als „Krieg" ausschließlich das Vorliegen eines Kriegszustandes im klassisch-völkerrechtlichen Sinn auffassen, sondern alle mit Waffengewalt zwischen Staaten und staatsähnlich organisierten Personeneinheiten ausgetragenen Auseinandersetzungen[376]. Fraglich ist aber, ob auch gesundheitliche Schäden, die bei einem beruflichen Kontakt zu einem mit militärischen Mitteln ausgetragenen Konflikt – als Mitarbeiter eines im Ausland tätigen Unternehmens, als Entwicklungshelfer oder eben auch als Polizist oder Soldat – von dem Ausschluss erfasst sind.

195   Allerdings formulieren die gegenwärtig gebräuchlichen Klauseln eben nicht, dass die Berufsunfähigkeit „durch einen Krieg" eingetreten sein muss, damit der Risikoausschluss eingreift. Ihre Ursache muss ein **„Kriegsereignis"** sein, also ein Geschehen, das Teil eines kriegerischen Konflikts ist. Die Berufsunfähigkeit muss nach dem Wortlaut der Klauseln **unmittelbar oder mittelbar** durch Kriegsereignisse verursacht worden sein. Das wird allgemein dahin verstanden, dass das Kriegsereignis durch Abläufe zu dem VersFall geführt haben muss, die nicht außerhalb aller Wahrscheinlichkeit gelegen haben, dass also mit seinem Eintritt vernünftigerweise zu rechnen gewesen sein muss („adäquate Kausalität"). Das Kriegsereignis muss zu der den Ausschluss tragenden spezifischen Erhöhung der Gefahr geführt haben[377]. Nicht alle Versicherungsfälle, die anlässlich oder in einem mehr oder weniger weitem Zusammenhang mit einem Krieg stehen, sind erfasst. Straftaten oder Unfälle, die sich während eines Krieges ereignen und nur durch die Erschütterung der staatlichen und gesellschaftlichen Ordnung nach seinem Ausbruch zu erklären sind, fallen entgegen einer verbreiteten Ansicht[378] nicht unter den Ausschluss, Versicherungsfälle, die durch den Mangel oder die Not, die ein Krieg hervorruft, verursacht sind, ohnehin nicht.

196   Als „Kriegsereignis" kann auch ein Umstand betrachtet werden, der sich in einem **Bürgerkrieg** verstanden werden, in dem der bewaffnete Konflikt von regelmäßig organisierten Teilen der Bevölkerung, ausgetragen wird, die – bislang – einem einzigen staatlichen Gebilde zugeordnet werden. Das gilt aber nur dann, wenn es sich nach der Zahl der Beteiligten, der Betroffenheit großer Teile der Bevölkerung und des Staatsgebiets und nach dem Ausmaß der Kampfhandlungen nicht mehr um ein „polizeiliches" sondern um ein militärisches Problem handelt, die Auseinandersetzung also einem internationalen bewaffneten Konflikt vergleichbar ist. Terrorakte außerhalb eines internationalen bewaffneten Konflikts fallen nach dem Wortlaut der Klausel und ihrem alltagssprachlichen Verständnis nicht unter den Ausschluss[379], auch wenn sie von einem Staat gefördert, gebilligt oder gar initiiert sind, weil es sich trotz ihrer möglichen Schadensintensität letztlich um objektbezogen und zeitlich isolierte Ereignisse handelt, deren kalkulatorische Dimension keine andere ist als diejenige außergewöhnlicher Naturkatastrophen.

197   Zuweilen wird vertreten, eine solche weit verstandene **Klausel** sei **überraschend** und **benachteilige** den VN **unangemessen**[380]. Zum einen hätten die Bedingungen (jedenfalls der Berufsunfähigkeitsversicherung) die Entwicklung des Völkerrechts eben begrifflich nicht nachvollzogen. Zum anderen finde gerade für den Bereich der Berufsunfähigkeitsversicherung ein – makabrer – Risikoausgleich statt: zwar wachse die Zahl der Versicherten, die in einem Krieg berufsunfähig würden, im Vergleich zu Friedenszeiten, zugleich wachse aber

---

[376] Abl. *Voit*, Rn. 454.

[377] *Voit*, Rn. 458; *Fricke*, VersR 1991, 1098 (1100); *Benkel/Hirschberg*, BUZ § 3 Rn. 8.

[378] Vgl. vornehmlich die Zeit nach dem 2. Weltkrieg betreffenden Nachweise bei *Fricke*, VersR 1991, 1098 (1100).

[379] *Voit*, Rn. 455; *Ehlers*, r+s 2002, 133 (135); differenzierend *Fricke*, VersR 1991, 1098 (1100) und VersR 2002, 8 ff.

[380] *Voit*, Rn. 449 ff.

auch die Zahl der Versicherten, denen gegenüber VR leistungspflichtig seien und die kriegsbedingt stürben, im Vergleich zu Friedenszeiten. Im übrigen kenne auch die Lebensversicherung keinen vollständigen Ausschluss, sondern leiste ausdrücklich auch bei Tod in Ausübung
des Wehr- oder Polizeidienstes oder bei inneren Unruhen; sie sehe die Auszahlung des auf
den Todestag berechneten Deckungskapitals vor, wenn nicht gar Gesetze oder Anordnungen
der Aufsichtsbehörde sogar eine höhere Leistung verlangten und sie revidiere sogar den Ausschluss, wenn der Versicherte während eines beruflich bedingten Aufenthalts im Ausland
sterbe und er an den kriegerischen Ereignissen nicht aktiv beteiligt gewesen sei (§ 8 ALB 94).
Da in solchen Fällen erkennbar der Grund für den Ausschluss von Kriegsrisiken fehle, müsse
diese Einschränkung jedenfalls auch für die Berufsunfähigkeitsversicherung gelten, wenn die
dortigen Klauseln wirksam sein sollten[381].

Das mag eine sympathische Begrenzung sein und dem Sinn des bedingungsgemäßen Aus-   **198**
schlusses gerecht werden, trägt aber rechtlich die **Unwirksamkeit des Ausschlusses** nicht.
Die übereinstimmende aktuelle Veränderung des Verständnisses eines Begriffs in der Rechtssprache wie in der Alltagssprache darf vom Versicherungsvertragsrecht nachvollzogen werden
auch ohne dass der Begriff ausgewechselt wird. Das Deckungskapital hat in der Berufsunfähigkeitsversicherung eine andere Bedeutung als in der Lebensversicherung[382]. Die Übernahme der – vernünftigen – Einschränkungen der Ausschlussklausel in der Lebensversicherung für die Berufsunfähigkeitsversicherung würde die Klausel geltungserhaltend völlig neu
gestalten. Das ist nicht zulässig. Wird – zu Recht – anerkannt, dass VR das Risiko kriegsbe-
dingter Berufsunfähigkeit bei seriöser Kalkulation systemsichernd müssen begrenzen dürfen,
so können zwei Fragen aufgeworfen werden: Sind die Fälle der gesundheitlichen Schädigung
von Versicherten während eines **beruflichen Aufenthalts im Ausland** durch militärische
Mittel von der Klausel erfasst und was gilt für **Spätfolgen vorvertraglicher Kriegsereignisse?**

Ersteres ist nicht der Fall. Berufliche – soldatische aber auch zivile – „Auslandseinsätze"   **199**
können zu gesundheitlichen Schäden aufgrund von Kriegsereignissen führen, wenn sie Folge
der Verwicklung in bewaffnete Auseinandersetzungen organisierter „Kriegsparteien", also
von Staaten oder staatsähnlich verfassten „Herrschaften" sind. Weder der von dem Ausschluss
verwendete Begriff des Kriegsereignisses noch der Sinn des Ausschlusses, das potenzielle Risiko exorbitanter, schlagartig wachsender und jeder Kalkulation entzogener Schäden von der
Deckung auszunehmen, erlauben es jedoch, eine während eines Auslandsaufenthalts als Zivi-
list, Polizist oder zur Friedenssicherung eingesetzter Soldat erlittene Berufsunfähigkeit vom
Versicherungsschutz auch dann auszunehmen, wenn sie auf kriminellen oder terroristischen
Anschlägen in einem „unbefriedeten" Gebiet beruhen. Der „Heilige Krieg" ist kein Krieg
im Sinne des Versicherungsvertragsrechts. Gleiches gilt für Versicherungsfälle, die sich mehr
oder weniger **zufällig** durch Kriegsereignisse bei einem beruflichen oder touristischen Auslandsaufenthalt des Versicherten ereignen. Wenn Versicherte in der Berufsunfähigkeitsversicherung Schutz genießen, wenn sie sich – ohne Anlass zu haben besondere Gefahren zu arg-
wöhnen – ins Ausland begeben und dort von einem Krieg überrascht werden, so handelt es
sich um ein individuelles Risiko, das sich zufällig verwirklicht hat und nicht um ein Risiko der
Allgemeinheit. Eine Potenzierung von Schadensfällen durch solche Begebenheiten ist nicht
zu erwarten. Die Gefahr ist in diesem Sinne „kalkulierbar". Wenn VR zwar die vorsätzliche
Herbeiführung des Versicherungsfalls Berufsunfähigkeit mit einem Leistungsausschluss ahnden, die grob fahrlässige aber nicht, so kann die individuell bleibende Verwirklichung der Gefahr durch Versicherte, die sich in ein Krisengebiet trotz Warnungen begeben, nicht zum
Leistungsausschluss führen. Solche Einzelfälle, die die „Kriegsklauseln" zwar ihrem Wortlaut
nach erfassen, in denen sich aber das „Kriegsrisiko" gar nicht verwirklicht, rechtfertigen es
zwar nicht, die Klauseln für unwirksam zu erachten, wohl aber, ihnen im einzelnen Streitfall
nach Treu und Glauben die Gefolgschaft zu versagen. Die Teleologie der Kriegsklausel erfasst

---

[381] *Voit,* Rn. 449.
[382] *Voit,* Rn. 71.

eine nach Vertragsabschluss eintretende gesundheitliche Beeinträchtigung, etwa ein PTBS, eines vorvertraglichen Krieges, den der VR bei seiner Risikoprüfung erforschen kann, nicht. In solchen Fällen geht es entweder um eine sorgfältige Prüfung der Gefahrumstände, die von einem VR zu erwarten ist oder um eine auch von dem VN noch unentdeckte Risikoanlage, deren Verwirklichung typischerweise Teil der vom VR übernommenen Absicherung ist. Solange eine Auslegung der Kriegsklausel nicht dahin möglich erscheint, nur Kriegsereignisse nach Abschluss des Vertrages zu erfassen, bestehen daher Bedenken gegen die Wirksamkeit des Ausschlusses.

III. Ausschluss von Verbrechens- und Vergehensrisiken

200   Der Versicherungsschutz ist regelmäßig ausgeschlossen, wenn die Berufsunfähigkeit durch die **vorsätzliche Ausführung** oder den **strafbaren Versuch eines Verbrechens oder Vergehens** durch den Versicherten verursacht worden ist. Solche – im Bereich der Unfallversicherung forensisch bedeutsamere[383] – Ausschlussklauseln begrenzen das Risiko für Versicherungsfälle, die auf einer bestimmten, von der Rechtsordnung für strafbar erklärten, mit Wissen und Wollen des Versicherten herbeigeführten kurzfristigen Gefahrerhöhung beruhen. Rechtlichen Bedenken begegnen sie nicht. Zwar bestimmen die §§ 161, 171 VVG, die nach § 176 VVG auch für die Berufsunfähigkeitsversicherung unabdingbar anwendbar sind, dass lediglich die vorsätzliche Herbeiführung des Versicherungsfalls dem VN schadet, während die Ausschlussklauseln Vorsatz in Bezug auf den Eintritt von Berufsunfähigkeit gerade nicht verlangen. Insoweit stehen jedoch die Besonderheiten der Berufsunfähigkeitsversicherung einer uneingeschränkten Anwendung des § 161 VVG entgegen. Denn anders als in der Lebensversicherung kommt eine Leistungspflicht des VR bei einer fahrlässig durch eine vorsätzlich begangene Straftat bewirkten Berufsunfähigkeit einem VN zugute, der die Gefahr zurechenbar, bewusst und gewollt erhöht hat. Das darf ein VR ausschließen[384].

201   Der Risikoausschluss greift ein, wenn ein Verbrechen oder Vergehen (§ 12 StGB) oder ein für strafbar erklärter Versuch vom Versicherten vorsätzlich begangen worden ist. Damit machen die Bedingungen die **Straftatbestände** – des deutschen Haupt- und Nebenstrafrechts – zu Tatbestandsmerkmalen der Ausschlussregelung[385]. Ob sie vorliegen ist folglich auf der Grundlage strafrechtlicher Wertung zu entscheiden[386]. Das bedeutet, dass immer dann kein Anspruch des VN besteht, wenn der Versicherte nach den deutschen strafrechtlichen Vorschriften ein Verbrechen oder vorsätzliches Vergehen oder einen strafbaren Versuch eines solchen begangen hat. Vorsatz verlangt dabei Wissen und Wollen der Tatumstände; ein strafbefreiender aber den Schaden letztlich nicht vermeidender Rücktritt vom Versuch entlastet versicherungsvertragsrechtlich nicht[387]. Vorsätzlich im strafrechtlichen Sinne kann ein Versicherter allerdings auch im Zustand der Schuldunfähigkeit handeln und dadurch den Tatbestand eines Delikts verwirklichen. Das meint die Klausel indessen nicht[388]. Gefahrerhöhungen, die es einem VR erlauben, seine Einstandspflicht zu begrenzen, müssen dem Versicherten vorzuwerfen sein; vor nicht verantwortlich eingegangenen Risiken will sich der VN gerade durch den Abschluss der Versicherung schützen. Daher muss bei Straftaten von Jugendlichen – vorsätzlichen Fahrten ohne Fahrerlaubnis oder unter Alkohol beispielsweise – geprüft werden, ob sie für die Tat verantwortlich gewesen sind[389].

---

[383] Vgl. nur BGH v. 23. 9. 1998, VersR 1998, 1410; BGH v. 10. 2. 1982, VersR 1982, 465; OLG Saarbrücken v. 22. 3. 1989, NJW-RR 1989, 733; OLG Hamm v. 14. 6. 1978, VersR 1978, 1137; v. 22. 6. 2005 VersR 2006, 399; v. 17. 8. 2005, VersR 2006, 399; OLG Frankfurt/M. v. 19. 10. 1984, VersR 1986, 1018 (1100).

[384] BGH v. 5. 12. 1990, VersR 1991, 289.

[385] *Bruck/Möller/Winter*, VVG, V/2 G 158.

[386] BGH v. 5. 12. 1990, VersR 1990, 289 (290).

[387] OLG Hamm v. 22. 6. 2005, VersR 2006, 399; v. 17. 8. 2005, VersR 2006, 399.

[388] Str., vgl. *Voit*, Rn. 474 m. w. N.

[389] BGH v. 29. 6. 2005, VersR 2005, 1226.

Der Versicherungsfall Berufsunfähigkeit muss **durch die Tat verursacht** worden sein; sie 202 muss seine adäquate Bedingung sein. Nur dann, wenn ein rein zufälliger Zusammenhang mit dem Delikt besteht, die einer Straftat eigene und das Risiko typischerweise erhöhende Gefahr keinerlei Einfluss auf den Eintritt der Berufsunfähigkeit gehabt haben kann, fehlt es an der Verursachung[390]. Führen gesundheitliche Schäden, die aus einem Verkehrsunfall herrühren, in den der Versicherte durch eine Verkehrsstraftat verwickelt war – mag er sein Kraftfahrzeug in alkoholisiertem Zustand gesteuert haben, mag er auch nur ohne Fahrerlaubnis gefahren sein –, zur Berufsunfähigkeit, so besteht Versicherungsschutz, wenn der Verkehrsunfall allein auf das Verhalten eines Dritten, des anderen Unfallbeteiligten, zurückzuführen ist und die Straftat des Versicherten ihn weder ausgelöst noch veranlasst noch in irgendeiner Weise beeinflusst hat[391].

Dass die tatbestandlichen Voraussetzungen des Ausschlusses vorliegen, muss der VR **darle-** 203 **gen und beweisen.** Das gilt nicht nur für die objektiven und subjektiven Elemente des Verbrechens- oder Vergehenstatbestandes und die Rechtswidrigkeit des Verhaltens des Versicherten sondern betrifft auch seine Ursächlichkeit für den Versicherungsfall. Insoweit wird allerdings regelmäßig ein Anscheinsbeweis für den VR streiten[392]. Lediglich die Schuldunfähigkeit des Versicherten muss der VN der allgemeinen Regel des § 827 Satz 1 BGB folgend selbst beweisen, weil insoweit – ein Verbrechen oder Vergehen kann auch schuldlos begangen sein – nicht die strafrechtliche sondern die versicherungsvertragliche Wertung gilt.

IV. Absichtliche Herbeiführung des Gesundheitsschadens und vorsätzlich-widerrechtliche Verursachung des Versicherungsfalls

Wenn die Berufsunfähigkeit dadurch verursacht worden ist, dass der Versicherte – um den 205 es geht – sich absichtlich selbst verletzt oder absichtlich seine Krankheit oder seinen Kräfteverfall herbeigeführt hat, oder dass er versucht hat sich selbst zu töten, so ist der VR zur Leistung nicht verpflichtet, es sei denn, der Versicherte hat in einem die freie Willensbestimmung ausschließenden Zustand krankhafter Störung der Geistestätigkeit gehandelt (§ 3 (2) c BUZ 90). Damit wird nicht verlangt, dass der Versicherte den **Eintritt des Versicherungsfalls** (absichtlich) verursacht hat; es genügt, wenn es ihm darauf angekommen ist, dessen Ursachen zu bewirken[393]. Er muss also weder erkannt noch gewollt haben, berufsunfähig zu werden, noch muss ihm vorgeworfen werden können, er habe insoweit fahrlässig gehandelt. Der diesen Ausschluss tragende und rechtfertigende Grund besteht in der ganz atypischen Risikoerhöhung, die von einem qualifizierten Vorsatz umfasste Selbstverletzungen für den Eintritt des Versicherungsfalls bedeuten. Gleichfalls vom Versicherungsschutz ist nicht umfasst, wenn der VN **die Berufsunfähigkeit des Versicherten vorsätzlich und widerrechtlich** herbeiführt. Das entspricht § 161 Abs. 1 VVG. Hier muss der Vorsatz sowohl die gesundheitlichen Schäden des Versicherten als auch deren Folge, die so verursachte Unfähigkeit, seinen bisherigen Beruf oder einen Vergleichsberuf auszuüben, umfassen. Handelt der VN ohne Schuld – was allerdings er zu beweisen hat –, so besteht Versicherungsschutz fort, weil der Vorsatz Wissen und Wollen des Unrechts umfasst; der Ausschluss ist keine pönale Reaktion auf strafwürdiges Verhalten eines VN sondern schützt den VR vor dem bewussten Herbeiführen des Versicherungsfalls durch ihn, das nicht durch die Gewährung von Ansprüchen auf die Versicherungsleistung „belohnt" werden soll[394].

---

[390] OLG Celle v. 31. 8. 2005, VersR 2006, 394.

[391] BGH v. 23. 9. 1998, VersR 1998, 1410; OLG Saarbrücken v. 22. 3. 1989, NJW-RR 1989, 733 (735).

[392] Ungenau OLG Saarbrücken v. 22. 3. 1989, NJW-RR 1989, 733 (735), wonach die alleinige Verursachung eines Verkehrsunfalls durch einen Dritten vom VN zu beweisen sein soll; richtig ist, dass insoweit regelmäßig ein Anscheinsbeweis zu erschüttern ist, vgl. OLG Hamburg v. 30. 9. 1981, VersR 1982, 873.

[393] Vgl. z. B. OLG Oldenburg v. 20. 3. 1996, r+s 1997, 522.

[394] Str.; wie hier LG Berlin v. 13. 11. 1984, VersR 1986, 282; *Prölss/Martin/Kollhosser,* § 170 Rn. 1; BK/ *Schwintowski,* § 170 Rn. 8; *Voit,* Rn. 485; a. A. *Flore,* VersR 1989, 131.

V. Sonstige Ausschlüsse

206   Die üblichen Bedingungen kennen weitere durchaus unterschiedlich formulierte Risikoausschlüsse, die allerdings in der Praxis nahezu keine Bedeutung haben. So besteht kein Versicherungsschutz, wenn Ursache der Berufsunfähigkeit die Exposition von energiereichen
Strahlen gewesen ist. Die Berufsunfähigkeitsversicherung deckt allerdings regelmäßig Versicherungsfälle aufgrund von Strahlenschäden, wenn der Versicherte dem Strahlenrisiko als
Arzt oder Angehöriger des medizinischen Hilfspersonals ausgesetzt gewesen ist oder wenn die
Gefahr im Rahmen einer medizinischen Heilbehandlung entstanden ist. Ansprüche können
auch nicht erhoben werden, wenn die Berufsunfähigkeit durch Beteiligung an **Kraftfahr-**
zeugrennen oder einer dazu gehörigen Übungsfahrt entstanden ist. Damit sind allerdings organisierte Veranstaltungen gemeint, in denen es auf die Erzielung von Höchstgeschwindigkeit
ankommt, nicht „Verfolgungsfahrten" oder „Wettfahrten", die sich mehr oder weniger zufällig ergeben haben[395].

207   Von größerer Bedeutung sind **individuell vereinbarte Ausschlüsse**[396]. Ihnen geht es
darum, eine infolge bestimmter, im Rahmen der vorvertraglichen Anzeige bekannt gewordener Vorerkrankungen oder Dispositionen eintretende Berufsunfähigkeit vom Versicherungsschutz auszuschließen. Der Anwendungsbereich solcher Abreden ist gerade in der
Berufsunfähigkeitsversicherung dann problematisch, wenn das betroffene Leiden nicht die
einzige Ursache des Versicherungsfalls geworden ist. In der Rechtsprechung wird allgemein
angenommen, dass sich der vertragliche Risikoausschluss durchsetzt, wenn die von ihm erfasste Vorerkrankung mitursächlich für das die Berufsunfähigkeit begründende Krankheitsbild
geworden ist[397]. Er schließt einen Anspruch folglich dann nicht aus, wenn sonstige Erkrankungen allein Berufsunfähigkeit in dem nach den Bedingungen vorausgesetzten Maß bewirken. Häufig wird auch bestimmt, dass solche Vorerkrankungen bei der Festsetzung des Grades
der Berufsunfähigkeit außer Betracht zu lassen sind. Auch ist zuweilen vorgesehen, dass ein
Anspruch nur dann ausscheidet, wenn „unmittelbare" Folgen der Vorerkrankung zur Berufsunfähigkeit geführt haben, also ein benanntes Leiden ohne Dazwischentreten weiterer
Faktoren die zur Berufsunfähigkeit führende Erkrankung verursacht hat[398]. Auch solche individuellen Risikoausschlüsse sind eng auszulegen. Bei komplexen gesundheitlichen Beeinträchtigungen muss dem zu Rate gezogenen Sachverständigen vor diesem Hintergrund
präzise vorgegeben werden, welche Gebrechen er bei seiner Beurteilung nach Art und Maß
auszublenden hat. Hat ein VR bei Vertragsabschluss vorliegende Erkrankungen nicht zum
Gegenstand eines Ausschlusses gemacht (und ist ihm aus welchen Gründen auch immer genommen, sich vom Vertrag zu lösen), so kann der Versicherte sich allerdings auch darauf berufen, dass ein solches Gebrechen ihn an der Fortführung seines Berufs oder am Ergreifen
eines Vergleichsberufs hindert[399].

---

[395] *Voit,* Rn. 486ff.

[396] LG Bonn v. 10. 1. 1997, r+s 1997, 263; LG Köln v. 28. 2. 1990, VersR 1990, 615.

[397] Vgl. OLG Frankfurt/M. v. 13. 11. 2002, r+s 2004, 471; OLG Koblenz v. 29. 1. 1990, VersR 1990,
768 m.w.N.; *Voit,* Rn. 440; *Römer/Langheid,* § 49 Rn. 4.

[398] OLG Karlsruhe v. 16. 2. 2006, ZfS 2006, 212.

[399] BGH v. 27. 5. 1992, VersR 1992, 1073; zum Ausschluss angeborener Erkrankungen in der Invalidi-
tätsversicherung vgl. BGH v. 26. 9. 2007, r+s 2008, 25; zum Ausschluss psychischer Krankheiten in der
Arbeitsunfähigkeitsversicherung vgl. OLG Karlsruhe v. 15. 11. 2007, ZfS 2008, 161.

K. Inhalt und Umfang der Leistungspflicht

I. Die versprochenen Leistungen

1. Der Anspruch auf Rentenzahlung

Die meisten Berufsunfähigkeitsversicherungsverträge sehen vor, dass im Versicherungsfall **208** eine im Vertrag bestimmte, gegebenenfalls während der Dauer des Vertrages bis zum Eintritt der Berufsunfähigkeit dynamisierte **Rente** gezahlt wird. Ihre Höhe ergibt sich folglich nach dem zum Zeitpunkt des – tatsächlichen – Eintritts der Berufsunfähigkeit erreichten Betrag. Die versprochene Rente kann je nach AVB durch Überschussanteile beeinflusst werden; dann entstehen nicht zwei in ihrem Schicksal trennbare Rentenansprüche sondern ein durch die Verrechnung von Überschüssen erhöhter Rentenanspruch[400]. Gewinne können aber auch zu einem gesonderten, unter Umständen nicht gleichzeitig mit dem Rentenanspruch fälligen Anspruchs auf Zahlung eines **Überschusses** führen. Insoweit gelten aber keine anderen Regeln als in der Lebensversicherung[401]. Die Fälligkeit des – mit Ablauf des Monats, in dem die Berufsunfähigkeit eingetreten ist, entstehenden (§ 1 Abs. 3 BUZ 90) – Anspruchs auf die Rentenzahlung ist unterschiedlich – vierteljährlich oder monatlich im Voraus– geregelt.

Die Erwartung eines wachsenden Einkommens und eines wachsenden Lebensstandards **209** und damit die Erwartung eines wachsenden Risikodeckungsbedarfs veranlasst VN, die vereinbarte Versicherungssumme in der Lebens- und Berufsunfähigkeitsversicherung dieser vorauszusehenden Entwicklung vorsorglich anzupassen, sie also – ohne erneute Risikoprüfung – zu **dynamisieren.** Anders als bei Eintritt des Versicherungsfalls in der Lebensversicherung können Versicherte in der Berufsunfähigkeitsversicherung die auch von den Leistungen der Sozialversicherung geprägte Vorstellung hegen, die Dynamisierung werde sich nach dem Versicherungsfall durch regelmäßige Anpassung der Rente fortsetzen. Die weit überwiegende Zahl der Bedingungswerke regelt das anders. Sie kennen zwar die – besonders zu vereinbarende – **Anpassungsversicherung**[402], die vorsieht, dass sich der Beitrag und die Versicherungsleistung regelmäßig nach unterschiedlichen Maßstäben (festen Vomhundertsätzen oder Steigerungssätzen des Höchstbetrages in der gesetzlichen Rentenversicherung) verändern. Zugleich wird, von Ausnahmen einzelner VR abgesehen, bestimmt, dass das Recht auf Erhöhung erlischt, wenn der Versicherungsfall eintritt.

Gegen die **Wirksamkeit** solcher Klauseln bestehen selbstverständlich keine Bedenken[403]. **210** Sie sind regelmäßig auch für den versicherungsvertragsrechtlichen Laien, der sie sorgfältig liest, klar und verständlich, nicht überraschend und nicht unangemessen benachteiligend. Denn der VR verspricht die ohne Risikoprüfung dynamisierte Leistung gegen gleichfalls dynamisierte Prämien; endet die Beitragspflicht liegt es nahe, dass die mit der zuletzt gezahlten Prämie erlangte Versicherungssumme von nun an unverändert bleibt. Gründe, die den VR nach Eintritt des Versicherungsfalls verpflichten sollten, weiterhin reguläre Erhöhungen der Versicherungssumme, nach der sich die Rente bemisst, vorzunehmen, sind nicht erkennbar. Von ausdrücklich abweichenden vertraglichen Regelungen abgesehen kann sich allerdings ein Anspruch in atypischen Fällen **nach allgemeinen versicherungsvertragsrechtlichen Grundsätzen** ergeben, weil der VN eine weitergehende Dynamisierung nach Eintritt des Versicherungsfalls gewünscht hat und der VR eine abweichende Annahme dieses Antrags nicht hinreichend deutlich gemacht hat (§ 5 Abs. 2 VVG), oder weil der Versicherer auf Schadensersatz wegen fehlerhafter Beratung haftet, sofern der Versicherungsnehmer, der einen Anlass dazu hatte ein solches Dynamisierungsversprechen anzunehmen, nachweisen kann,

---

[400] BGH v. 18. 12. 1954, BGHZ 16, 37 (46).
[401] Vgl. dazu 43. Kap.; BGH v. 23. 11. 1994, BGHZ 128, 54; OLG Hamburg v. 24. 1. 2000, NVersZ 2001, 158; OLG Stuttgart v. 27. 5. 1999, r+s 2000, 255.
[402] Vgl. allg. *Bruck/Möller/Winter,* V/2 C 228ff.
[403] OLG Koblenz v. 16. 4. 1999, VersR 1999, 876; OLG Koblenz v. 31. 8. 2001, NVersZ 2002, 116.

dass er bei einem anderen Versicherer diesen Schutz erhalten hätte[404]; das wird allerdings selten sein.

211   Anders scheinen die Dinge zu liegen, wenn der VR den Eintritt von Berufsunfähigkeit verneint und während des schließlich günstig für den Versicherten ausgehenden Streits **die Dynamisierung beurkundende Nachträge zum Versicherungsschein** ausfertigt und auch entsprechend angepasste Prämien einzieht. Geschieht dies mit einem entsprechenden Vorbehalt, so scheitert ein Verlangen des VN nach Auszahlung der angepassten Versicherungssumme entsprechender Rentenleistungen an der vereinbarten Klausel. Das muss indessen auch ohne einen solchen Vorbehalt gelten[405]. Die reguläre Erhöhung von Beitrag und Versicherungsleistung in der Anpassungsversicherung erfolgt rechtskonstruktiv entweder durch Annahme eines von vornherein versprochenen Erhöhungsangebots des VR oder durch Ausstellung eines Nachtrags zum VV unter dem Vorbehalt, dass der VN nicht innerhalb einer bestimmten Frist widerspricht. Voraussetzung der Anpassung ist also eine Willenserklärung des VR. Der dem VN aufgrund der unterstellten Kenntnis der Bedingungen erkennbare Sinn des Erhöhungsangebots und des Nachtrags ist die zugesagte Dynamisierung der Versicherungssumme vor Eintritt des Versicherungsfalls. Verwirrung kann insoweit nicht eintreten, weil dem VN bekannt ist, dass der VR das Vorliegen von Berufsunfähigkeit bestreitet; daraus muss er vernünftigerweise folgern, dass er auch mit der Einziehung der erhöhten Prämie, auf die er nach seinem Standpunkt einen Anspruch hat, keine Änderung der Bedingungen zusagt. Der VR würde auch ansonsten – im Rahmen der Erhöhung – eine Leistung erbringen, obwohl der Versicherungsfall eingetreten und dies dem VN bei Einziehung der erhöhten Prämie auch bekannt war.

2. Der Anspruch auf Beitragsbefreiung

212   Neben dem Rentenanspruch, in vielen Verträgen der Berufsunfähigkeitszusatzversicherung aber auch als einzige Leistungspflicht wird die **Beitragsbefreiung** – in der Hauptversicherung aber auch in den weiteren Zusatzversicherung – versprochen. Das bedeutet der Sache nach, dass der Versicherte in der Hauptversicherung und in den Zusatzversicherung keine Prämien mehr zahlen muss, jedoch so gestellt wird, als habe er sie fortentrichtet. Beitragsbefreiung bedeutet nicht, dass der Versicherte nur von der jeweiligen (nominellen) Beitragsschuld in der Haupt- oder der Zusatzversicherung befreit wird, die zu dem Zeitpunkt des Eintritts des Versicherungsfalls besteht. Zwar bedeutet ein Anspruch auf Beitragsbefreiung der Sache nach nichts anderes, als ob ein Zahlungsanspruch in Höhe einer bestimmten Prämienschuld versprochen und dessen Verrechnung geregelt würde. Ohne ausdrückliche und transparente Regelung in den Bedingungen wird aber der Beitrag, von dem befreit wird, nicht festgeschrieben. Gesetzlich oder vertraglich erlaubte Prämienänderungen in der Haupt- oder den Zusatzversicherungen, vor allem auch ohne Mitwirkung des VN erfolgende automatische Anpassungen dort gehören zu dem übernommenen Risiko.

II. Die Anspruchsberechtigten

1. Versicherungsnehmer, Zessionar und Pfandgläubiger

213   Der Anspruch auf die versprochenen Leistungen steht dem VN zu. Das gilt auch dann, wenn die Versicherung auf die Person eines anderen genommen worden ist. Das gilt auch bei Vereinbarung einer Bezugsberechtigung bis zu dem Eintritt des Versicherungsfalls. Gesetzliche Vorschriften, die sich ausdrücklich mit der **Pfändbarkeit, Abtretbarkeit und Verpfändbarkeit** von Ansprüchen aus einer Berufsunfähigkeitsversicherung befassen, fehlen. Die Bedingungen (§ 18 Abs. 3 S. 2 BUV und § 9 Abs. 10 BUZ 90 i. V. m. § 13 Abs. 3 ALB) gehen davon aus, dass die Rechte aus dem VV übertragbar sind, „soweit derartige Verfügungen überhaupt rechtlich möglich sind". Das hilft nicht sehr viel weiter. Inwieweit die Übertragbarkeit rechtlich möglich ist, ist gelegentlich von nicht unerheblicher wirtschaftlicher Be-

---

[404] OLG Saarbrücken v. 4. 4. 2001, NVersZ 2001, 401.
[405] OLG Koblenz v. 16. 4. 1999, VersR 1999, 876 (877); a. A. *Neuhaus/Mertens*, ZfS 2001, 241 (244).

deutung, weil Ansprüche aus einem mit einer Berufsunfähigkeitszusatzversicherung verbundenen Lebensversicherungsvertrag häufig zur Kreditsicherung verwendet werden sollen und Ansprüche aus einer selbständigen Berufsunfähigkeitsversicherung häufig als Rückdeckung von Versorgungszusagen begründet werden, deren Sicherung vor der Insolvenz des Arbeitgebers durch Abtretung oder Verpfändung erfolgen soll.

Nach § 850b Abs. 1 Nr. 1 ZPO sind Renten, die wegen Verletzung des Körpers oder der **214** Gesundheit zu entrichten sind, **unpfändbar.** Daraus folgt gemäß §§ 400, 1274 Abs. 2 BGB ihre **Unabtretbarkeit** und **Unverpfändbarkeit.** Entstehungsgeschichtlich betrachtet meint § 850b Abs. 1 Nr. 1 ZPO allerdings nur die deliktischen Ansprüche aus § 843 BGB. Die Rechtsprechung hat allerdings auf den weiter gehenden Wortlaut und den von der Vorschrift beabsichtigten Interessenausgleich zwischen Gläubiger und Schuldner, der im Schutzzweck des § 850b Abs. 1 Nr. 1 ZPO zum Ausdruck kommt, aufmerksam gemacht. Die Norm will verhindern, dass der an seinem Körper oder seiner Gesundheit beschädigte Schuldner die Grundlagen seiner – nun nur noch durch die Rentenansprüche sicherbaren – Existenz verliert. Die Interessen des Gläubigers müssen durch § 850b Abs. 2 ZPO gewahrt werden. Dann kann in der Tat schwerlich zwischen gesetzlich gewährten und vom Schuldner vorsorgend begründeten vertraglichen Forderungen unterschieden werden. Unfallversicherungsvertraglich gewährte Invaliditätsrenten sind folglich gleichermaßen wie Haftpflichtrenten vor dem Zugriff von Gläubigern des Betroffenen geschützt[406]. Von diesem Schutz können dann vernünftigerweise Ansprüche auf Zahlung einer Berufsunfähigkeitsrente nicht ausgenommen werden[407]. Zwar stehen sie sachlich dem gerade nicht unpfändbaren **Arbeitseinkommen** im Allgemeinen näher als die von einem Unfallversicherer versprochenen Leistungen: Nicht nur deliktisch oder unfallbedingt verursachte Beeinträchtigungen der Gesundheit des Versicherten lösen sie aus sondern vor allem auch Krankheit oder Kräfteverfall. Aber zum einen wäre eine Trennung zwischen der Verfügungsbefugnis über Ansprüche aus einer Berufsunfähigkeitsversicherung je nach der endogenen oder exogenen Verursachung der sie auslösenden gesundheitlichen Beeinträchtigung schwer durchführbar und verständlich. Zum anderen rechtfertigt ein übergreifender Rechtsgedanke die Beschränkung der Verkehrsfähigkeit: Alle diese Geldansprüche, mögen sie deliktisch oder vertraglich begründet sein, treten an die Stelle der höchstpersönlichen Leistungsfähigkeit, auf die der Rechtsverkehr keinen Zugriff hat; sie gleichen pauschalierend aus, dass dieses Vermögen zur Sicherung der Lebensgrundlage des Betroffenen unzulänglich wird. Darin unterscheiden sie sich vom Arbeitseinkommen. Das rechtfertigt es, sie dem Zugriff von Gläubigern und der Vermarktung in gleicher Weise zu entziehen wie die Arbeitsfähigkeit als solche. Ansprüche auf Zahlung einer Berufsunfähigkeitsrente sind also wie bislang überwiegend angenommen wird, grundsätzlich unpfändbar und damit unabtretbar und unverpfändbar. Soweit VV für den Fall der Berufsunfähigkeit lediglich einen Anspruch auf **Beitragsbefreiung** gewähren, sind solche Ansprüche von vornherein nicht abtretbar, verpfändbar und pfändbar (§ 399 BGB)[408].

Mit dem Gesetz zum Pfändungsschutz der Altersvorsorge vom 26. 3. 2007[409] könnte in- **215** dessen insoweit Verwirrung geschaffen worden sein. Dort bestimmt der neue § 851c ZPO, dass Ansprüche auf Leistungen, die aufgrund von Verträgen gewährt werden, (nur aber eben doch) wie Arbeitseinkommen gepfändet werden können, wenn die Leistung in regelmäßigen Zeitabständen lebenslang erfolgt und nicht vor Vollendung des 60. Lebensjahres oder nur bei Eintritt der Berufsunfähigkeit gewährt wird. Dazu zählen bestimmte Berufsunfähigkeitsreten aus steuerlich geförderten Altersvorsorgeverträgen[410]; der Sinn solcher Produkte, zuneh-

---

[406] BGH v. 25. 1. 1978, NJW 1978, 950.

[407] OLG Oldenburg v. 23. 6. 1993, NJW-RR 1994, 479; OLG Saarbrücken v. 9. 11. 1994, VersR 1995, 1227; OLG München v. 13. 3. 1997, VersR 1997, 1520 (anders noch OLG München v. 12. 7. 1993, VersR 1996, 318); OLG Jena v. 19. 5. 2000, VersR 2000, 1005; LG Halle v. 23. 2. 2000, r+s 2000, 396; *Hülsmann*, MDR 1994, 537; VersR 1996, 308.

[408] OLG Köln v. 25. 3. 1996, VersR 1998, 222.

[409] BGBl. I S. 368.

[410] Vgl. dazu umfassend *Hasse*, VersR 2007, 870.

mende Versorgungslücken des öffentlich-rechtlichen Systems der Altersvorsorge zu schließen, würde in sein Gegenteil verkehrt, könnten Gläubiger auf solche Ansprüche zugreifen.
Wenn der Gesetzgeber in Fällen einer solchen Gefährdungslage eine Pfändung „wie Arbeitseinkommen" zulässt, könnte fraglich sein, ob das nicht umso mehr für „normale" Berufsun-
fähigkeitsrenten gelten muss. Der Gesetzgeber, dem die Diskussion um die Pfändbarkeit von
Ansprüchen aus einer Berufsunfähigkeitsversicherung bekannt gewesen sein muss, hat jedoch
nur eine begrenzte bereichsspezifische Regelung getroffen, die im Übrigen weithin ins Leere
geht, weil bei Eintritt von Berufsunfähigkeit fällig werdende Rentenansprüche nicht lebenslang gewährt und daher gar nicht von § 851 c ZPO erfasst werden[411]. Daher kann aus § 851 c
ZPO auch kein Schluss auf die Pfändbarkeit (und Abtretbarkeit) der Ansprüche aus „normalen" Berufsunfähigkeitsversicherungsverträgen gezogen werden.

216   Tritt der VN seine Ansprüche aus einer mit einer Lebensversicherung verbundenen Berufsunfähigkeitsversicherung ab, so umfasst die **Zession** regelmäßig – jede wirtschaftliche Vernunft beachtende Auslegung wird das ergeben – das **Recht zur Kündigung des Vertrages,**
um, notfalls, die Auszahlung des Rückkaufswerts erwirken zu können. Die Kündigung des Lebensversicherungsvertrages führt dann zum Erlöschen der Berufsunfähigkeitszusatzversicherung (§ 9 Abs. 1 BB-BUZ); die Übertragung kann also die besondere Sicherung dieser Ansprüche „unterlaufen". Das wirft dann nicht nur die Frage nach der Übertragbarkeit der Ansprüche
aus Berufsunfähigkeitsversicherungsverträgen sondern jene nach dem Schicksal des Lebensversicherungsvertrages und damit nach seiner Eignung als Kreditsicherungsgrundlage auf. Dass
zum Zeitpunkt der Zession regelmäßig noch keine Ansprüche auf Rentenzahlung fällig geworden sein müssen, befreit nicht von der Notwendigkeit zur Lösung des Problems. Denn
selbstverständlich umfasst ein Pfändungsausschluss, wie § 850 b Abs. 1 Nr. 1 ZPO ihn vorsieht,
nicht nur bereits fällige Ansprüche sondern – so wie der zwangsvollstreckungsrechtliche Zugriff
selbst – alle Rechte, die die Grundlage für später entstehende oder fällig werdende Ansprüche
bilden.

217   Die Rechtsprechung hat sich insoweit kontrovers geäußert. Zum einen wird die Abtretung
der Ansprüche aus dem Lebensversicherungsvertrag selbst für unwirksam gehalten, weil Lebensversicherung und Berufsunfähigkeitszusatzversicherung nach dem Parteiwillen und nach
der gegenseitigen Abhängigkeit von Verpflichtungen eine **nicht teilbare Einheit** bilden
(§ 139 BGB)[412], zum anderen wird vertreten, dass die Unwirksamkeit der Abtretung der Ansprüche aus der Berufsunfähigkeitszusatzversicherung die Abtretung der Ansprüche aus der
Lebensversicherung nicht infiziert, weil es gerade den Interessen der Kreditvertragsparteien
entspricht, wenigstens die verfügbaren Sicherungsmittel einsetzen zu können[413]. Das wird in
der Tat dem Willen der Beteiligten – auf den § 139 BGB abstellt – am ehesten gerecht werden. Allerdings kann das dazu führen, dass der Sicherungsnehmer (und Kreditgeber) das Entstehen eines Rentenanspruchs durch Kündigung des Lebensversicherungsvertrages von vornherein verhindern kann. § 850 b Abs. 1 Nr. 1 ZPO und die ihn begleitenden §§ 400, 1274
Abs. 2 BGB vermögen allerdings nur davor zu schützen, dass Gläubiger auf die Vorsorge des
Schuldners zugreifen. Dass der Schuldner sich selbst an ihr vergeht ist ebenso wenig zu verhindern wie eine von ihm veranlasste Auflösung des VV mit dem Ziel, statt der Prämienver-
pflichtung eine Kreditverbindlichkeit bedienen zu können. Niemand ist also gehindert, seine
Ansprüche aus einer Lebens- und Berufsunfähigkeitszusatzversicherung abzutreten, nur weil
– künftige – Ansprüche auf Leistungen bei Berufsunfähigkeit nicht pfändbar, abtretbar oder
verpfändbar sind.

218   Das ändert nichts daran, dass über **Ansprüche aus der Berufsunfähigkeits(zusatz)ver-
sicherung** selbst nicht verfügt werden kann. Davon gilt es eine Ausnahme in den häufigen
Fällen zu machen, in denen ein VN – der Arbeitgeber beispielsweise – dem Versicherten, seinem Arbeitnehmer, dem er Versorgung schuldet, die Ansprüche aus der Berufsunfähigkeits-

---

[411] *Hasse*, a. a. O., S. 875.
[412] OLG Jena a. a. O.
[413] OLG Saarbrücken a. a. O.

versicherung abtritt oder verpfändet. Solche Rechtsgeschäfte sind nicht deshalb überflüssig, weil sie nur ausdrücken würden, was die §§ 43 ff. VVG ohnehin vorsähen; der Begünstigte ist in solchen Fällen gerade nicht Versicherter einer Versicherung für fremde Rechnung sondern lediglich Gefahrperson. Denn der VN selbst beabsichtigt insoweit die Deckung eines eigenen Interesses, die Deckung der gegen ihn gerichteten Versorgungsansprüche[414]. § 850b Abs. 1 Nr. 1 ZPO – und die aus dieser Vorschrift für rechtsgeschäftliche Verfügungen zu ziehenden Konsequenzen – schützen aber ausschließlich den „Verletzten", der auf die Rentenansprüche angewiesen ist um seine Existenz zu sichern. Würde man den rechtsgeschäftlich eingeräumten oder im Wege der Zwangsvollstreckung erfolgenden Zugriff der Gefahrperson, des Berufsunfähigen selbst also, auf die Rentenansprüche unterbinden, widerspräche das dem Zweck dieser nur ihm dienenden Beschränkungen. Zugunsten der Gefahrperson dürfen also, wie es regelmäßig vorsorglich geschieht, Ansprüche aus der Berufsunfähigkeitsversicherung abgetreten oder verpfändet werden.

2. Bezugsberechtigte

Auch für die Berufsunfähigkeitsversicherung kann – wie für die Lebensversicherung – bei Vertragsschluss oder während der Vertragsdauer vorgesehen werden, dass der Anspruch auf die Leistungen bei Fälligkeit einem Dritten, dem **Bezugsberechtigten,** zustehen soll. Die Bedingungen regeln das ausdrücklich (§ 18 BUV; § 13 Abs. 9 BUZ 90 i. V. m. § 13 ALB), sehen aber überwiegend vor, dass ein **widerrufliches** Bezugsrechts erst dann wirksam eingeräumt ist, wenn es dem VR angezeigt worden ist – das entspricht § 159 Abs. 1 VVG – und, so bestimmen es § 18 Abs. 2 BUV und § 13 Abs. 9 BUZ 90 i. V. m. § 13 Abs. 2 ALB, dass ein vom VN einem Dritten eingeräumtes **unwiderrufliches** Bezugsrecht als solches erst mit seiner Bestätigung durch den VR bestandskräftig wird[415]. **219**

Eine bedeutsame Rolle kommt der Bezugsberechtigung in der Berufsunfähigkeitsversicherung dort zu, wo Arbeitgeber sie im Rahmen der **betrieblichen Altersversorgung** bei oder nach Abschluss einer Direktversicherung (§ 1 Abs. 2 BetrAVG) zur Absicherung einer Versorgungszusage einräumen. Dabei darf die Praxis nicht verkennen, dass die arbeitsrechtliche Versorgungszusage des Arbeitgebers seinem Arbeitnehmer gegenüber und ihre versicherungsvertragsrechtliche Sicherung voneinander unabhängige Rechtsverhältnisse sind[416]. Der Eintritt der sich nach § 1 Abs. 2 BetrAVG richtenden Unverfallbarkeit der Versorgungszusage und damit der Erwerb einer gesicherten Rechtsposition durch den Arbeitnehmer führt zwar in seinem Verhältnis zu seinem Arbeitgeber dazu, dass ein widerrufliches Bezugsrecht nicht mehr „wegen Beendigung des Arbeitsverhältnisses" widerrufen werden darf. Versicherungsvertragliche Konsequenzen hat das indessen nicht. Auch ist der Eintritt des Versorgungsfalls keineswegs dem Eintritt des VersFalls gleichzusetzen[417]: Die Auflösung des Arbeitsverhältnisses aus gesundheitlichen Gründen führt also als solche nicht zur Berufsunfähigkeit. Im übrigen gilt auch insoweit: Wird ein widerrufliches Bezugsrecht eingeräumt, so erwirbt der Dritte das Recht auf die Leistung mit Eintritt der Berufsunfähigkeit; zuvor kann der VN, regelmäßig also der Arbeitgeber, das Bezugsrecht beliebig aufheben. Die Unwiderruflichkeit des Bezugsrechts führt hingegen dazu, dass der Dritte das Recht auf die Leistungen sofort erwirbt, es also nicht mehr dem Zugriff der Gläubiger des VN oder, bei Insolvenz, des Verwalters, unterliegt; wohl aber behält der VN (versicherungsvertraglich) die Verfügung über den VV, kann also **220**

---

[414] Vgl. zu einer ähnlichen Problematik bei der Lohnfortzahlungsversicherung *Bach/Moser,* Einl. Rn. 74.

[415] Vgl. zu Bedenken gegen die Wirksamkeit *Römer/Langheid,* § 166 VVG Rn. 30.

[416] Vgl. zu der Gesamtproblematik u. a. BAG v. 26. 6. 1990, VersR 1991, 211; BAG v. 26. 6. 1990, VersR 1991, 241; BAG v. 26. 6. 1990, VersR 1991, 942; BAG v. 26. 2. 1991, VersR 1992, 341; BAG v. 28. 3. 1995, VersR 1996, 85; OLG Düsseldorf v. 30. 1. 2001, VersR 2002, 86.

[417] Vgl. zur Erwerbsunfähigkeit vor Eintritt des Versorgungsfalls bei einer Lebensversicherung ohne Berufsunfähigkeitszusatzversicherung als Direktversicherung OLG Düsseldorf v. 14. 5. 2002, VersR 2003, 95; vgl. i. ü. *Römer/Langheid,* § 166 VVG Rn. 19.

den Schutz des Dritten durch den VR durch Kündigung oder Umgestaltung des Vertrages aufheben.

III. Die Geltendmachung des Anspruchs

1. Die Regelung in den Bedingungen

221   Die regelmäßig verwendeten Bedingungen sehen kein spezifisches Verfahren der Geltendmachung des Anspruchs auf Leistungen aus der Berufsunfähigkeitsversicherung vor. Allerdings ist ihnen zu entnehmen, dass der Anspruch **schriftlich** zu erheben ist (§ 1 Abs. 3 BUZ 90). Das schließt nicht ein, dass der Anspruch begründet werden muss und die von den AVB geregelten Mitwirkungspflichten, vor allem die Überlassung von Unterlagen über Beruf und Gesundheitszustand, erfüllt sein müssen[418]. Einzelne Klauselwerke sehen eine Obliegenheit zur unverzüglichen schriftlichen Mitteilung des Eintritts der Berufsunfähigkeit vor und sanktionieren deren Verletzung wie die der anderen Mitwirkungsobliegenheiten.

2. Die Ausschlussfristen

222   Von den allgemeinen versicherungsvertraglichen Regelungen, nach denen der Anspruch auf die Leistung mit dem Versicherungsfall entsteht und nach denen eine Obliegenheit zu dessen Anzeige besteht, macht die Berufsunfähigkeitsversicherung eine bedeutsame Ausnahme. Der **Anspruch entsteht** mit dem Ablauf des Monats, in dem die Berufsunfähigkeit eingetreten ist, wenn dem VR, gleichgültig durch wen, innerhalb von drei Monaten nach Eintritt der Berufsunfähigkeit der Versicherungsfall mitgeteilt wird. Erfährt der VR erst später von dem Eintritt der Berufsunfähigkeit, so entsteht der Anspruch auf die versprochenen Leistungen erst mit dem Beginn des Monats der Mitteilung (§ 1 Abs. 3 BUZ 90). Der Streit, ob es sich bei dieser Bestimmung um eine Obliegenheit des VN handelt oder ob sie eine Ausschlussfrist vorsieht, ist für die Rechtspraxis entschieden[419]. Zwar knüpft die Entstehung des Anspruchs insoweit an ein Handeln – allerdings schon nicht nur des VN – an und sanktioniert ein Unterlassen, obwohl der Eintritt des Versicherungsfalls von einem VN schon nach seinen gesundheitlichen, aktuellen und prognostischen Voraussetzungen, aber auch im Hinblick auf die Möglichkeiten der Verweisung zuweilen schwer zu fixieren ist. Daher läge es nahe anzunehmen, eine Verzögerung der Unterrichtung des VR dürfe nur bei schwerem Verschulden nachteilige Rechtsfolgen nach sich ziehen. Andererseits spricht nicht nur der Wortlaut der Klausel dafür, die Mitteilung des Eintritts der Berufsunfähigkeit als Voraussetzung der Anspruchsentstehung zu betrachten. Die geringen inhaltlichen Erwartungen an die Mitteilung – es bedarf lediglich der Behauptung des Eintritts von Berufsunfähigkeit, nicht ihres Belegs oder auch nur der Beifügung irgendwelcher, den Versicherungsfall begründender Beweismittel – und das Interesse des VR an einer zeitnahen Prüfung und zuverlässigen Feststellung der Berufsunfähigkeit gerade angesichts der Wandelbarkeit des physischen und psychischen Zustands des Versicherten machen es verständlich und rechtfertigen, die zeitliche Regulierung der Leistungspflicht als Statuierung einer begrenzten Präklusion zu betrachten[420]. Die Präklusionsregelung der Bedingungen über den **vorläufigen Versicherungsschutz** in der Berufsunfähigkeitsversicherung geht beträchtlich weiter. Nach ihr entfallen nicht nur bei einer Meldung des Versicherungsfalls mehr als drei Monate nach seinem Eintritt Ansprüche für den Zeitraum vor der Anzeige. Vielmehr schließen die Bedingungen den VN mit Ansprüchen bei einer derart verspäteten Meldung gänzlich aus. Auch das hat die Rechtsprechung zutreffend akzeptiert. Die vorläufige Deckung wird nämlich typischerweise ohne Risikoprüfung für einen als kurz gedachten Zeitraum versprochen. Dann ist das Interesse des VR, in unmittelbarem zeitlichen Zusammenhang mit dem behaupteten Eintritt von Berufsunfähigkeit und in dem engen zeitlichen Rahmen des sofortigen Versicherungsschutzes seine Einstandspflicht

---

[418] BGH v. 27. 9. 1989, VersR 1989, 1182.
[419] *Voit*, Rn. 558.
[420] BGH v. 2. 11. 1994, VersR 1995, 82.

prüfen zu können besonders groß. Aber auch insoweit kann der VN den Entschuldigungsbeweis führen[421].

Allerdings muss der VR auch Rücksicht darauf nehmen, dass ein Versicherter, den nicht **223** nur regelmäßig die medizinischen Kenntnisse zur Beurteilung seiner Berufsunfähigkeit fehlen werden, der vielmehr gleichzeitig auch nicht über die berufskundlichen Erfahrungen verfügt, die bei ihm festgestellten gesundheitlichen Befunde auf seine beruflichen Fähigkeiten und Verweisungsmöglichkeiten zu beziehen, den Zeitpunkt des Eintritts des Versicherungsfalls nur schwer bestimmen kann. Trifft den VN folglich **kein Verschulden** an der verspäteten Mitteilung der Berufsunfähigkeit, so sperrt die Ausschlussfrist die Entstehung des Anspruchs im Ergebnis nicht. Die Ausschlussfrist ist daher nur dann von Bedeutung, wenn der VN trotz Kenntnis des Eintritts der Berufsunfähigkeit bei dem Versicherten mehr als drei Monate später seinen VR unterrichtet und nachvollziehbare, verständliche Gründe für diese Verzögerung fehlen. Trotz dieser im Allgemeinen auf das Wissen des VN um das Vorliegen von Berufsunfähigkeit abstellenden Entscheidung des BGH gilt insoweit **kein besonderer Verschuldensmaßstab.** Ein VN, der den Eintritt von Berufsunfähigkeit nicht wahrhaben will, obwohl er auf der Hand liegt handelt, was auch der BGH genügen lässt, fahrlässig. Wer gar die Beschränkungen seiner Erwerbsfähigkeit sozialrechtlich geltend macht, kann sich nicht damit entlasten, er habe seinen Berufsunfähigkeitsversicherer nicht unterrichtet, weil er die sozialrechtlichen Entscheidungen habe abwarten wollen[422]. Wer von der Wiederherstellung seiner Gesundheit ausgeht, kann sich jedoch entlasten[423].

Ein Rechtsproblem, das sich nach neuem Recht nicht mehr stellen wird, weil das VVG **224** keine allgemeine Ausschlussfrist nehr kennt, wird die Rechtspraxis noch eine kurze Weile weiter beschäftigen. Hat der VR **unter der Geltung des früheren § 12 Abs. 3 VVG a. F.** den Anspruch des VN abgelehnt und r ihm ordnungsgemäß und mit korrekter Belehrung eine Frist zur gerichtlichen Geltendmachung, gesetzt, so ist der VN, der sie versäumt, mit weiteren Ansprüchen ausgeschlossen. Schon die Interpretation des § 12 Abs. 3 VVG a. F. ergibt allerdings, dass lediglich die von dem VN **erhobenen Ansprüche verwirkt** sind. Insoweit gilt zunächst, dass der VR dem VN keine bei ihrer Versäumung zur Verwirkung führende Frist zur gerichtlichen Geltendmachung gesetzt hat, wenn er den Bestand oder den Fortbestand der Versicherung durch Anfechtung oder Rücktritt verneint hat[424]. Soweit es indessen darum geht, dass der VN die Zahlung einer Berufsunfähigkeitsrente oder die Befreiung von der Prämienzahlungspflicht begehrt hat, fragt sich, welchen sachlichen und zeitlichen Umfang ein Unterlassen rechtzeitiger gerichtlicher Geltendmachung bewirkt: Hat der VN, der die ihm ordnungsgemäß gesetzte Ausschlussfrist versäumt hat, nur die Ansprüche verwirkt, die bis zur Anspruchserhebung oder allenfalls bis zum Ablauf der Präklusionsfrist entstanden sind, oder **alle Ansprüche,** die auf der Grundlage seiner gesundheitlichen und beruflichen Verfassung zu diesen Zeitpunkten bestanden haben können? Kann er also nach Ablauf der Präklusionsfrist sofort und unter Berufung auf den schon früher vorgetragenen Sachverhalt Leistungen aus der Berufsunfähigkeitsversicherung von nun an verlangen[425]?

Die Antwort ergibt sich aus § 12 Abs. 3 VVG a. F. Verwirkt sind bei Versäumung der ge- **225** setzten Frist die **erhobenen Ansprüche,** verwirkt ist nicht der Anspruch auf der Grundlage der Begründung, mit der er erhoben worden ist. Nicht die einzelne Krankheit, das Gebrechen, der Verfall der Kräfte sind in der Berufsunfähigkeitsversicherung als solche der Versiche-

---

[421] BGH v. 7. 7. 1999, NVersZ 1999, 471.

[422] OLG Hamm v. 28. 9. 1994, VersR 1995, 1038 (1039).

[423] Versicherungsombudsmann, v.11. 4. 2006 5375/2004; vgl. auch OLG Karlsruhe, v. 2. 2. 2006, OLGR 2006, 218.

[424] OLG Saarbrücken v. 15. 11. 1989, r+s 1993, 41.

[425] Vgl. KG v. 16. 2. 2007, VersR 2008, 105; OLG Hamm v. 18. 10. 1991, VersR 1992, 1249; OLG Karlsruhe v. 15. 1. 1992, VersR 1993, 873; OLG Nürnberg v. 26. 10. 2000, VersR 2002, 693; dazu, dass in solchen Fällen die Annahme einer Teilklage fern liegt BGH v. 27. 2. 1991, VersR 1991, 450.

rungsfall. Versicherungsfall und damit Grundlage von Leistungsansprüchen ist allein die durch ein solches Geschehen verursachte Unfähigkeit, die bislang konkret ausgeübte Tätigkeit oder einen Vergleichsberuf wahrzunehmen. Das bedeutet, dass ein VN, der sich aufgrund einer sachverständigen Begutachtung zur Begründung von Berufsunfähigkeit auf Beschwerden orthopädischer Natur berufen hat, damit jedoch nicht auf Verständnis bei dem VR stößt, sich nicht nach Eintritt der Präklusion zur „Abrundung" auf weitere, vor Eintritt der Ausschlusswirkung bereits vorliegende gesundheitliche Beeinträchtigungen stützen darf. Es genügt folglich nicht, wenn ein VN nach Eintritt der Ausschlusswirkung unter Wiederholung der zwar früher nicht vollständig vorgetragenen, tatsächlich aber vorliegenden Beschwerden sein Glück neu versucht. Entscheidend ist, ob sich der gesamte gesundheitliche Status des VN nach der zunächst erfolgten Ablehnung der erhobenen Ansprüche zu seinem Nachteil maßgeblich verändert hat[426]. Ist das der Fall, erhebt der VN einen neuen Anspruch.

3. Die Verjährung

226   Ansprüche aus einer Berufsunfähigkeitsversicherung verjähren wie alle Ansprüche aus dem Versicherungsvertrag in den von §§ 195 ff. BGB vorgesehenen Fristen, regelmäßig also in drei Jahren[427].

§ 47. Unfallversicherung

Inhaltsübersicht

---

[426] OLG Hamm, v. 4. 5. 2002, NVersZ 2001, 548; OLG München v. 28. 5. 2003, ZfS 2003, 607.
[427] Zum früheren Recht BGH, v. 5. 10. 1988, VersR 1988, 1323 (5 Jahre).

Literatur: *Ernestus/Gärtner,* Isolierte traumatische Bandscheibenvorfälle in der privaten Unfallversicherung, VersR 1996, 419; *Grimm,* Unfallversicherung, 4. Aufl. 2006, zit: *Grimm; Jacob,* Die Feststellung der
Invalidität in der Unfallversicherung, VersR 2005, 1341; *ders.,* Treu und Glauben in der privaten Unfallversicherung, VersR 2007, 456; *Knappmann,* Alkoholbeeinträchtigung und Versicherungsschutz, VersR
2000, 11; *ders.,* Unfallversicherung: Kausalitäts- und Beweisfragen, NVersZ 2002, 1; *ders.,* Zur Invalidi-
tätsbemessung in der Unfallversicherung: Funktionsunfähigkeit gleich Verlust?, VersR 2003, 430; *Manthey,* Versicherungsschutz in der privaten Unfallversicherung bei fehlgeschlagenen oder missglückten
Selbstverletzungen, NVersZ 2000, 161; *ders.,* Wann ist dem Unfallversicherer die Berufung auf die formellen Voraussetzungen des § 7 Abs. 1 AUB 88 (§ 8 Abs. 2 AUB 61) verwehrt?, NVersZ 2001, 55; *Schubach,* Politische Risiken und Krieg in der Personenversicherung, r+s 2002, 177; *Schwintowski,* Ausschluss
krankhafter Störungen infolge psychischer Reaktionen in den AUB, NVersZ 2002, 395; *Stockmeier/Hup-
penbauer,* Motive und Erläuterungen zu den Allgemeinen Unfallversicherungsbedingungen (AUB 99),
zit: *Stockmeier/Huppenbauer,* Motive AUB 99; *Wussow,* Der Leistungsausschluss bei psychischen Beeinträchtigungen in der Unfallversicherung, VersR 2000, 1183; *ders.,* Obliegenheiten in der privaten Unfallversicherung, VersR 2003, 1481; *Wussow/Pürckhauer,* AUB Allgemeine Unfallversicherungsbedingungen, Kommentar, 6. Aufl. 1990, zit: *Wussow/Pürckhauer.*

A. Einleitung

1   Die private **Unfallversicherung** ist eine **Personenversicherung.** Sie verfolgt das **Ziel,** dem Versicherten durch Kapital- oder Rentenleistungen einen **finanziellen Ausgleich für die wirtschaftlichen Folgen eines Unfalls** zu verschaffen. Ging es unter der Geltung der AUB 61 noch darum, eine verminderte Verwertbarkeit der Arbeitskraft des Versicherten zu entschädigen, stellt die moderne private Unfallversicherung ein Instrument zum Schutz aller versicherungsfähigen Personen vor den nachteiligen Folgen einer Verminderung der körperlichen oder geistigen Leistungsfähigkeit durch einen beruflich oder außerberuflich erlittenen Unfall dar. Damit unterscheidet sich die private Unfallversicherung wesentlich von der im SGB VII geregelten gesetzlichen Unfallversicherung, deren Zweck es ist, – neben der Prävention – nach einem Arbeitsunfall oder nach dem Auftreten einer Berufskrankheit die Gesundheit und die Leistungsfähigkeit des Versicherten mit allen dazu geeigneten Mitteln wiederherzustellen und ihn oder seine Hinterbliebenen finanziell zu entschädigen. Diese grundlegenden Unterschiede verbieten es, Erkenntnisse aus einem sozialgerichtlichen Verfahren – insbesondere die Feststellung des Grades einer Behinderung – unbesehen auf das Recht der privaten Unfallversicherung zu übertragen.

2   Versicherte Gefahr ist der **Unfall.** Die Versicherung kann als Einzel- oder Gruppenversicherung[1] abgeschlossen werden. Besondere Bestimmungen gelten für die Kinderunfallversicherung[2].

3   Die Unfallversicherung ist im Wesentlichen eine **Summenversicherung,** für die das Prinzip der abstrakten Bedarfsdeckung gilt.

B. Rechtsgrundlagen

4   Wichtigste **Rechtsgrundlage** für die private Unfallversicherung ist das **VVG**[3]. Es gelten neben den Allgemeinen Vorschriften der §§ 1–73 VVG die besonderen Regelungen über die Unfallversicherung in den §§ 178–191 VVG sowie die dort ausdrücklich in Bezug genommenen Bestimmungen des VVG. Die insgesamt gegenüber dem bisherigen VVG etwas ausführlichere Behandlung der Unfallversicherung im reformierten VVG hat angesichts des weitgehend dispositiven Charakters der gesetzlichen Regeln praktische Bedeutung vornehmlich für die in § 191 VVG aufgeführten Normen, von denen nicht zum Nachteil des VN oder der versicherten Person abgewichen werden darf.

5   Der Inhalt des Unfallversicherungsvertrags richtet sich vorwiegend nach den vereinbarten **Allgemeinen Unfallversicherungsbedingungen (AUB).** Vielen Versicherungsverträgen liegen noch die **AUB 61** zugrunde, die durch die **AUB 88** abgelöst wurden. Die AUB 88 wurden geringfügig modifiziert durch die **AUB 94;** hierauf wird im Zusammenhang im Einzelnen eingegangen. Die **AUB 99** verstehen sich als modernes, kundenfreundliches Bedingungswerk mit persönlicher Ansprache des VN und zeitgemäßer Sprache. Der Aufbau wurde geändert, und die Unterteilung in Paragrafen wurde zugunsten einer Abschnittsnummerierung aufgegeben. Die materiellen Änderungen in den AUB 99 sind hingegen eher marginal.

6   Neben den AUB bietet die Versicherungswirtschaft zahlreiche **Besondere Bedingungen** zum verbesserten individuellen Schutz der versicherten Person an[4].

---

[1] Vgl. *Grimm*, S. 455 ff.
[2] Vgl. *Grimm*, S. 451 ff. Die Kinderunfallversicherung ist nunmehr in die AUB 99 integriert.
[3] Soweit nicht ausdrücklich erwähnt, beziehen sich die Ausführungen auf das VVG in der Fassung des Gesetzes zur Reform des Versicherungsvertragsrechts vom 23. 11. 2007 (BGBl. I S. 2631 ff.).
[4] Überblick bei *Grimm*, Teil C Anh. I, S. 463 ff.; *Stockmeier/Huppenbauer*, Motive AUB 99 S. 123 ff.

C. Versicherte Gefahr (Unfall)

I. Der Unfallbegriff

Die private Unfallversicherung gewährt Schutz gegen die Folgen eines Unfalles. Nach der 7 gesetzlichen **Definition** des § 178 Abs. 2 VVG liegt ein **Unfall** dann vor, wenn die versicherte Person durch ein plötzlich von außen auf ihren Körper wirkendes Ereignis unfreiwillig eine Gesundheitsschädigung erleidet. Diese (abdingbare) Umschreibung des Unfallbegriffes liegt auch den gängigen AUB (§ 1 Abs. 3 AUB 88; Ziff. 1.3 AUB 99; § 2 Abs. 1 AUB 61) zugrunde. Der in neueren Bedingungswerken verwendete Klammerzusatz „Unfallereignis" stellt keine sachliche Änderung dar, sondern soll lediglich die Aufteilung des Unfallbegriffs in den Mechanismus der Schädigung einerseits und der Schädigung selbst andererseits verdeutlichen[5]. Der Unfall als solcher löst eine Leistungspflicht des VR noch nicht aus; diese knüpft erst an die Unfallfolgen (§ 7 AUB 88; Ziff. 2 AUB 99) an[6].

1. Das Ereignis

Der **Begriff des Ereignisses** stellt – losgelöst von den ihn beschreibenden Umständen der 8 Plötzlichkeit und der Einwirkung von außen auf den Körper – ein wenig aussagekräftiges Kriterium des Unfallbegriffs dar. Bezeichnet wird damit ein tatsächliches Geschehen, ein tatsächlicher Vorgang im weitesten Sinne[7]. Gleichgültig ist, ob das Geschehen ein mechanisches, chemisches, thermisches oder elektrisches ist[8]. Ihm haftet allerdings ein dynamisches Moment an[9]. Statische Zustände und psychische oder innere geistige Prozesse fallen nicht darunter[10], wohl aber die sinnliche Wahrnehmung eines äußeren Vorganges[11]. Auch die ungeschickte Eigenbewegung der versicherten Person ist für sich genommen ein Ereignis; zu fragen ist hier nur, ob es sich um ein von außen auf den Körper wirkendes Ereignis handelt[12]. Tritt ein Gesundheitsschaden ein, weil sich der Körper des Versicherten nicht der vorgegebenen Umgebung anpassen kann (Höhenkrankheit), so fehlt es nicht an dem Ereignisbegriff innewohnenden dynamischen Moment, auch wenn die Veränderung langsam eintritt[13]; fraglich ist alleine, ob das Ereignis plötzlich eingetreten ist.

Auch **Ereignisse, die aus zwei Vorgängen bestehen,** können unter den Schutz der 9 privaten Unfallversicherung fallen. Stürzt jemand im Gebirge, gerät dadurch, ohne sich verletzt zu haben, in eine hilflose Lage und stirbt langsam an einer Unterkühlung, so sind zwar für sich genommen weder der Sturz (keine Gesundheitsbeeinträchtigung) noch das Erfrieren (keine Plötzlichkeit) ein Unfall im Sinne der AUB. Gleichwohl ist ein Unfall anzunehmen, weil schon durch den Sturz eine plötzlich von außen kommende Einwirkung auf den Körper des Versicherten vorliegt (hilflose Lage mit der Folge der Bewegungsunfähigkeit) und dadurch die Gesundheitsschädigung durch Unterkühlung adäquat verursacht worden ist[14]. Weder ist erforderlich, dass bereits das erste Ereignis alle Elemente des Unfallbegriffs

---

[5] *Wussow/Pürckhauer,* § 1 AUB, Rn. 32.
[6] BGH v. 23. 9. 1992, VersR 1992, 1503.
[7] BGH v. 4. 12. 1980, VersR 1981, 173 (174).
[8] OLG Köln v. 30. 11. 1989, r+s 1990, 33 (34).
[9] OLG Karlsruhe v. 13. 12. 1996, r+s 1998, 302 (303); *Grimm,* Ziff. 1 AUB 99 Rn. 38.
[10] *Grimm,* Ziff. 1 AUB 99 Rn. 38; *Wussow/Pürckhauer,* § 1 II Rn. 37.
[11] BGH v. 19. 4. 1972, VersR 1972, 582.
[12] Unklar OLG Karlsruhe v. 13. 12. 1996, r+s 1998, 302 (303) und *Grimm,* Ziff. 1 AUB 99 Rn. 38, die offenbar schon ein Ereignis verneinen wollen.
[13] A. A. OLG Karlsruhe v. 13. 12. 1996, r+s 1998, 302 (303).
[14] BGH v. 15. 2. 1962, VersR 1962, 341 (342); OLG Karlsruhe v. 9. 7. 1999, NVersZ 2000, 380; OLG Stuttgart v. 29. 9. 1994, VersR 1997, 176 (177); OLG Karlsruhe v. 17. 3. 1994, VersR 1995, 36 (37); *Grimm,* Ziff. 1 AUB 99 Rn. 38.

erfüllt[15], noch dass das erste Ereignis unmittelbar zu einer Gesundheitsbeeinträchtigung geführt hat[16].

2. Plötzlichkeit

10   Das Erfordernis der **Plötzlichkeit** dient der Abgrenzung zu solchen Ereignissen, die durch einen allmählichen, sich auf einen längeren Zeitraum erstreckenden Eintritt des schädigenden Umstandes gekennzeichnet sind[17]. Die versicherte Person soll vor solchen Ereignissen geschützt sein, die in so kurzer Zeit auftreten, dass sie ihnen nicht mehr wirksam begegnen kann[18]. Der Begriff der Plötzlichkeit beinhaltet daher in jedem Fall ein **zeitliches Element.** Hat ein Ereignis von zeitlich kurzer Dauer auf den Körper der versicherten Person eingewirkt, ist Plötzlichkeit in aller Regel ohne weiteres gegeben[19]. Ein Ereignis erfüllt aber auch dann das Merkmal der Plötzlichkeit, wenn es unerwartet, überraschend und daher für die betroffene Person unentrinnbar ist[20]. Dies wird meist als sog. **subjektive Komponente** des Plötzlichkeitsbegriffs bezeichnet, was ein wenig irreführend ist, weil es nicht darauf ankommt, ob der Betroffene das Ereignis vorhersehen konnte oder nicht[21]. Es ist müßig, darüber zu streiten, welches Gewicht den beiden Komponenten des Plötzlichkeitserfordernisses zukommt[22]. Mit dem rein zeitlichen Element werden allerdings nur die klaren Fälle eines plötzlich auftretenden Ereignisses erfasst: Tritt das Ereignis in sehr kurzer Zeit auf, wird es für die betroffene Person auch nahezu immer unentrinnbar sein. Die Grenze, bis zu der noch von einem plötzlichen Ereignis gesprochen werden kann, wird daher letztlich meist durch die subjektive Komponente des Unerwarteten, Überraschenden und Unentrinnbaren bestimmt.

11   Stellt man lediglich auf das **Zeitmoment** ab, so lässt sich sicher nur sagen, dass bei einem in Sekundenbruchteilen auftretenden Ereignis ohne weiteres von Plötzlichkeit gesprochen werden kann. Was unter rein zeitlichen Aspekten dann noch als kurz bezeichnet werden kann, ist sinnvoll abgrenzbar nur schwer zu bestimmen. Ausreichend sein soll ein „kurzer Zeitraum", wobei dieser sich danach bestimmt, ab wann vom Auftreten des Ereignisses eine spürbare Einwirkung auf die versicherte Person eintritt (Beispiel: Das Einatmen von Gift führt nach kurzer Zeit zur Bewusstlosigkeit[23] oder ein Sturz führt unmittelbar zu einer hilflosen Lage[24]). Nicht entscheidend ist, ob die Einwirkung dann noch länger andauert. Es kommt auch nicht darauf an, wann aus dem Geschehen ein Schaden entsteht (im ersten Beispielsfall: Nach Erwachen aus der Ohnmacht erleidet die versicherte Person am Tag darauf als Folge der mehrstündigen Giftzuführung einen Herzinfarkt)[25]. Umgekehrt lässt das plötzliche Auftreten eines Gesundheitsschadens keinen Rückschluss auf die Plötzlichkeit des dazu führenden Ereignisses zu[26]. Als kurz sind in der Rechtsprechung Zeiträume von mehreren Minuten bis

---

[15] So aber *Bruck/Möller/Wagner,* Unfallversicherung Anm. G 6.
[16] So *Wussow/Pürckhauer,* § 1 II Rn. 37, allerdings im Widerspruch zu § 1 III Rn. 49.
[17] BGH v. 12. 12. 1984, VersR 1985, 177.
[18] *Grimm,* Ziff. 1 AUB 99 Rn. 21.
[19] BGH v. 13. 7. 1988, VersR 1988, 951.
[20] BGH v. 6. 2. 1954, VersR 1954, 113 (114).
[21] BGH v. 12. 12. 1984, VersR 1985, 177; BGH v. 5. 2. 1981, VersR 1981, 450; OLG Saarbrücken v. 18. 12. 1996, VersR 1997, 949; *Römer/Langheid,* § 179 VVG Rn. 13; die Frage eines Verschuldens ist allenfalls im Rahmen des Merkmals der Unfreiwilligkeit zu erörtern, so richtig *Grimm,* Ziff. 1 AUB 99 Rn. 25; *Pürckhauer,* VersR 1983, 11 (13).
[22] Vgl. etwa *Römer/Langheid,* § 179 VVG Rn. 10.
[23] BGH v. 13. 7. 1988, VersR 1988, 951; anders im Fall OLG Karlsruhe v. 17. 4. 1998, VersR 1999, 436, wo das Einatmen von Lösungsmitteldämpfen über Stunden erfolgte, ohne dass sich eine körperliche Reaktion zeigte.
[24] OLG Stuttgart v. 29. 9. 1994, VersR 1997, 176 (177).
[25] BGH v. 13. 7. 1988, VersR 1988, 951 (952); OLG Karlsruhe v. 13. 12. 1996, VersR 1997, 1136 (1137).
[26] OLG Nürnberg v. 27. 2. 1975 VersR 1975, 897.

hin zu 2 Stunden angesehen worden[27]. Das erscheint zweifelhaft. Regelmäßig wird man annehmen müssen, dass schon ein Zeitraum von mehreren Minuten nicht mehr im rein objektiven Sinn als kurz bezeichnet werden kann[28]; allerdings kann in solchen Konstellationen die subjektive Komponente des Plötzlichkeitsbegriffs zum Tragen kommen. Liegt hingegen eine Einwirkung über viele Stunden oder gar mehrere Tage vor, bis sich eine körperliche Reaktion zeigt, scheidet die Annahme von Plötzlichkeit bereits aus objektiven zeitlichen Gründen aus; auf die subjektive Komponente kommt es dann nicht mehr an[29].

Innerhalb der so gezogenen zeitlichen Grenzen kann ein Ereignis, das nicht während eines **12** sehr kurzen Zeitraums eingetreten ist, dennoch für den Betroffenen plötzlich sein, **wenn es ihn unerwartet oder überraschend trifft und es für ihn deshalb unentrinnbar war**[30]. Das wird vor allem dann angenommen, wenn der Betroffene wegen eines unerwarteten Ereignisses die Handlungs- und Steuerungsfähigkeit verliert und er sich der weiteren, allmählich eintretenden Entwicklung nicht mehr entziehen kann. Für dieses **subjektive Element** gilt indes ein objektiver Maßstab: Es ist nicht von Bedeutung, ob der Betroffene das Ereignis und seine Wirkung auf den Körper hätte vorhersehen können oder müssen; es ist ferner belanglos, ob er das Ereignis vorsätzlich oder fahrlässig herbeigeführt hat[31]. Wer sich ein schädigendes Ereignis als möglich vorstellt, aber darauf vertraut, es werde nicht eintreten, den trifft es, wenn es dennoch eintritt, unerwartet[32]. Bei der **Ausübung von Sportarten** mit hohem Gefährdungspotential ist nicht nur die Verletzung infolge eines Regelverstoßes unerwartet, sondern grundsätzlich auch diejenige bei regelgerechter Sportausübung, selbst wenn der Betroffene mit einer Gesundheitsschädigung grundsätzlich rechnen musste. Einen Boxschlag innerhalb eines Boxkampfes wird man allerdings nicht mehr als unerwartet bezeichnen können[33]. Kennt der Betroffene die mit einer bestimmten Handlung zwingend verbundenen gesundheitlichen Gefahren für seinen Körper und treten diese dann ein, fehlt es am Moment des Unerwarteten und Überraschenden.

Die Schwierigkeiten bei der Eingrenzung des Merkmals „plötzlich" im Einzelfall rechtfer **13** tigen es nicht, in seiner Verwendung zur Bestimmung des Unfallbegriffs einen **Verstoß gegen § 305 c BGB sowie gegen das Transparenzgebot** zu sehen[34]. Der Begriff der Plötzlichkeit ist einer sinnvollen Auslegung zugänglich und hat in der Praxis nicht zu Unzuträglichkeiten geführt. Plötzlich ist ein auch in der Umgangssprache geläufiger Begriff, unter dem sich ein verständiger VN durchaus zumindest in groben Zügen das vorzustellen vermag, was die Rechtsprechung unter jenem Begriff versteht.

---

[27] *Bruck/Möller/Wagner,* Unfallversicherung Anm. G 59; im Anschluss daran: OLG München v. 27. 10. 1981, VersR 1983, 127 (128); OLG Karlsruhe v. 16. 5. 1995, VersR 1996, 364.

[28] Vgl. LG München I v. 26. 1. 1983, VersR 1984, 1189, wonach das zu einer Verbrennung führende 5-minütige Gehen auf einer Steinplatte nicht mehr plötzlich ist. S. ferner OLG Saarbrücken v. 30. 4. 1998, r+s 1999, 42 und LG Köln v. 15. 3. 2000, r+s 2001, 218, zu einer Gehirnblutung nach einem längeren Streit mit allmählich ansteigender Erregung.

[29] OLG Karlsruhe v. 17. 4. 1998, VersR 1999, 436 (437); vgl. auch OLG Karlsruhe v. 13. 12. 1996, VersR 1997, 1136 (1137) [Vorinstanz: LG Mainz v. 26. 10. 1995, VersR 1996, 1003]; OLG Karlsruhe v. 23. 1. 1989, r+s 1992, 178 (179).

[30] BGH v. 6. 2. 1954, VersR 1954, 113 (114); LG Bayreuth v. 9. 11. 2005, VersR 2006, 1252.

[31] *Römer/Langheid,* § 179 Rn. 12; anders und unrichtig LG Heidelberg v. 14. 12. 1995, VersR 1997, 99, im Anschluss an *Wussow/Pürckhauer,* § 1 III AUB Rn. 43, bei einem planmäßig und absichtlich herbeigeführten gesundheitsgefährdenden Ereignis (Fesselung als autoerotische Handlung), das unbeabsichtigt zum Tode führt.

[32] BGH v. 12. 12. 1984, VersR 1985, 177.

[33] LG Köln v. 20. 12. 1973, VersR 1974, 542 (543); ähnlich LG Frankfurt/M. v. 6. 5. 1993, VersR 1994, 588 (589), zu einem Oberarmbruch beim Armdrücken, was zweifelhaft ist, weil mit einer solchen Verletzung nicht notwendig gerechnet werden muss.

[34] So aber Berliner Kommentar/*Schwintowski,* § 179 VVG Rn. 10, 11.

3. Einwirkung von außen

14 Das Ereignis muss **von außen** auf den Körper der versicherten Person gewirkt haben. Ausgegrenzt werden damit vom Unfallbegriff rein körperinnere, organische Vorgänge[35], wobei es keinen Unterschied macht, ob das Ereignis durch ein natürliches oder ein künstlich ersetztes Körperorgan ausgelöst worden ist[36]. Im klassischen Sinne liegt ein äußeres Ereignis vor, wenn es zu einem „Zusammenstoß" des Körpers der versicherten Person mit einer Sache oder einer anderen Person kommt wie etwa bei einem Verkehrsunfall, bei einer Verletzung durch herabstürzende Gegenstände oder dem Ausrutschen auf eisglatter Straße[37].

15 Wird durch das Zerspringen einer Windschutzscheibe beim Fahrer ein Schock verursacht, reicht diese **psychisch vermittelte Einwirkung** aus[38]. Auch der bloße Anblick eines Unfalles und ein dadurch ausgelöster Schock sind danach zur Annahme eines Unfallereignisses ausreichend[39]. Bei der Überbringung einer Todesnachricht, die einen Schock verursacht, dominiert hingegen (nicht anders als beim Auffinden einer toten Person) die psychische Verarbeitung der Situation, so dass der äußere Anlass in den Hintergrund tritt und man insgesamt von einem inneren Vorgang wird ausgehen müssen.

16 Ein von außen auf den Körper **wirkendes Ereignis** wird auch dann noch angenommen, wenn ein sich außerhalb des Körpers abspielender Vorgang nicht unmittelbar eine Schädigung des Körpers herbeiführt. Gelangt ein Bergsteiger als Folge des Verhängens eines Seils in eine hilflose Lage (Bewegungsunfähigkeit), so stellt alleine dieser Umstand schon eine von außen kommende Einwirkung auf den Körper dar[40].

17 Der Annahme eines von außen auf den Körper wirkenden Ereignisses steht es nicht entgegen, wenn Gegenstände – sei es in fester, sei es in flüssiger Form – in den Körper geraten und erst dort eine Schädigung innerer Organe hervorrufen. Gelangt **giftiges Gas** oder **sauerstoffverknappte Luft** in den Körper, so ist nicht entscheidend, dass die körperschädigende Wirkung erst nach dem Einatmen einsetzt[41]. Auch das **Verschlucken** von Säure oder Laugen, ja selbst das Verschlucken von Nahrungsmitteln (zumindest bei großen Stücken oder bei ungewolltem Verschlucken) sind als von außen wirkende Ereignisse zu werten[42]. Der **Tod durch Ertrinken** wird ebenfalls durch ein von außen auf den Körper wirkendes Ereignis, nämlich durch das Eindringen bzw. das Einatmen von Wasser verursacht. Welche Ursache das Sinken unter Wasser hatte, ist für die Frage, ob ein Unfall vorliegt, grundsätzlich ohne Bedeutung[43], kann aber bei der Prüfung von Ausschlussgründen (insbesondere § 2 I (1) AUB 88) eine Rolle spielen[44]. Erleidet die versicherte Person im Wasser einen plötzlichen Herztod, ohne dass der Aufenthalt im Wasser darauf einen Einfluss hatte, scheidet Unfallversicherungsschutz aus[45]. Verlassen den Schwimmer hingegen die Kräfte oder versagt aufgrund der körperlichen Anstrengung sein Herz und ertrinkt er deswegen, besteht Versicherungsschutz[46].

---

[35] BGH v. 15. 2. 1962, VersR 1962, 341 (342).

[36] OLG Stuttgart v. 22. 1. 1987, VersR 1987, 355.

[37] OLG Saarbrücken v. 29. 10. 2003, VersR 2004, 1544 (1545); *Grimm*, Ziff. 1 AUB 99 Rn. 27.

[38] BGH v. 19. 4. 1972, VersR 1972, 582; vgl. auch OLG Saarbrücken v. 15. 12. 2004, VersR 2005, 1276 (Ausweichbewegung nach Gebirgsschlag); OLG Celle v. 20. 11. 2003, OLGR 2004, 302 (Schlaganfall nach Schock und Panik durch ein Feuer).

[39] A. A. *Wussow/Pürckhauer*, § 2 IV AUB Rn. 99; *Stockmeier/Huppenbauer*, Motive AUB 99 S. 71.

[40] BGH v. 15. 2. 1962, VersR 1962, 341 (342); OLG Karlsruhe v. 9. 7. 1999, VersR 2000, 446.

[41] OLG Düsseldorf v. 5. 12. 1995, r+s 1996, 329; *Grimm*, Ziff. 1 AUB 99 Rn. 31.

[42] *Grimm*, Ziff. 1 AUB 99 Rn. 32.

[43] BGH v. 22. 6. 1977, VersR 1977, 736; OLG Stuttgart v. 27. 7. 2006, VersR 2007, 1363 (1364); LG Berlin v. 2. 12. 1999, r+s 2003, 75 (76); *Prölss/Martin/Knappmann*, § 1 AUB 94 Rn. 9; enger *Grimm*, Ziff. 1 AUB 99 Rn. 33, der zusätzlich ein unausweichbares Geschehen wie etwa einen Stoß ins Wasser fordert.

[44] OLG Hamm v. 18. 5. 1988, VersR 1989, 242 (243).

[45] *Wussow/Pürckhauer*, § 1 III AUB Rn. 76.

[46] *Grimm*, Ziff. 1 AUB 99 Rn. 34; *Wussow/Pürckhauer*, § 1 III AUB Rn. 74.

Ein von außen auf den Körper wirkendes Ereignis liegt ferner dann vor, wenn es aufgrund 18 von **Sauerstoffveränderungen in Höhenlagen** oder durch **Druckveränderungen** – vor allem beim Tauchen (Caissonkrankheit)[47] – zu einer Gesundheitsschädigung kommt. Auch hier gilt: Maßgebend ist, dass es die Druck- oder Sauerstoffveränderungen sind, die auf den Körper der versicherten Person einwirken und zu einer Reaktion im Körperinnern führen, wie immer diese im Einzelnen auch aussehen mag; das ist mittlerweile kaum mehr streitig[48]. Tritt die körperliche Reaktion auf die veränderten äußeren Verhältnisse indes schleichend über mehrere Stunden oder Tage ein, ist die Einwirkung nicht plötzlich erfolgt[49].

An einem von außen auf den Körper wirkenden Ereignis fehlt es, wenn die versicherte Per- 19 son eine Gesundheitsbeschädigung durch eine bloße (ungeschickte) **Eigenbewegung**[50] (Beispiel: Umknicken mit dem Fuß auf normalem Straßenbelag[51]) oder ein sonstiges Eigenverhalten[52] erleidet. Kollidiert die versicherte Person hingegen mit einem anderen Gegenstand oder einer anderen Person, so ist dieser äußere Umstand maßgebend. Nicht mehr die eigene Bewegung, sondern die äußeren Umstände sind auch dann entscheidend zur Annahme eines von außen auf den Körper wirkenden Ereignisses, wenn der äußere Umstand ein Abweichen von der geplanten und willensgesteuerten Bewegung des Betroffenen zur Folge hat[53]. So liegt ein von außen auf den Körper wirkendes Ereignis vor, wenn die versicherte Person aufgrund glatten Untergrundes oder aufgrund von Bodenunebenheiten ausrutscht und stürzt oder an einer Bordsteinkante mit dem Fuß umknickt[54]. Auch eine an sich planmäßige Eigenbewegung kann dadurch, dass sie eine andere als die erwartete und vorausgesehene Wendung nimmt, den Unfallbegriff erfüllen. Springt die versicherte Person von einer Mauer und kommt sie – entgegen ihren Erwartungen – unerwartet hart auf dem Boden auf, ist mit Rücksicht auf diese Fehleinschätzung ein von außen wirkendes Ereignis anzunehmen[55].

Die **Arbeit an oder mit einem Gegenstand** stellt solange kein von außen auf den Kör- 20 per wirkendes Ereignis dar, wie sie plan- und willensgemäß ausgeführt wird[56]. Zwar wirkt das Gewicht der Gegenstände auf den Körper des Betroffenen, wenn er sie anhebt oder transportiert; die für ein Ereignis typische, von der versicherten Person nicht beherrschte Dynamik

---

[47] Vgl. dazu auch die Besonderen Bedingungen für die Mitversicherung von tauchtypischen Gesundheitsschäden in der Unfallversicherung, Text bei *Grimm*, Teil C Anh. I S. 481 f.

[48] Vgl. OLG Karlsruhe v. 16. 5. 1995, VersR 1996, 364; OLG Köln v. 30. 11. 1989, r+s 1990, 33 (34); OLG München v. 27. 10. 1981, VersR 1983, 127; *Grimm*, Ziff. 1 AUB 99 Rn. 36; *Wussow/Pürckhauer*, § 1 III AUB Rn. 77; *Römer/Langheid*, § 179 VVG Rn. 7.

[49] S. o. Rn. 12.

[50] OLG Düsseldorf v. 27. 11. 1997, VersR 1999, 880; OLG Hamm v. 18. 6. 1997, VersR 1998, 708 (709). Dies ergibt sich für Eigenbewegungen mit einer erhöhten Kraftanstrengung zwanglos auch aus der Systematik von § 1 III AUB 88 und § 1 IV AUB 88.

[51] LG Freiburg v. 17. 2. 2000, r+s 2003, 254 (255).

[52] OLG Karlsruhe v. 3. 3. 2005, VersR 2005, 678 (willentlich vorgenommene Injektion eines Rauschmittels).

[53] OLG Frankfurt/M. v. 10. 1. 1996, VersR 1996, 1355; OLG Hamm v. 17. 8. 1994, VersR 1995, 1181; *Römer/Langheid*, § 179 VVG Rn. 8.

[54] OLG Hamm v. 15. 8. 2007, VersR 2008, 249; OLG Köln v. 20. 12. 2006, VersR 2007, 1689; OLG München v. 20. 5. 1998, NVersZ 1998, 82; *Prölss/Martin/Knappmann*, § 1 AUB 94 Rn. 7; *Grimm*, Ziff. 1 AUB 99 Rn. 30.

[55] BGH v. 23. 11. 1988, VersR 1989, 73; BGH v. 12. 12. 1984, VersR 1985, 177; vgl. auch OLG Koblenz v. 12. 12. 2002, r+s 2003, 429 (Sturz wegen unerwarteter Schwere eines Gegenstandes). Der Schlag eines Tennisspielers ins Leere stellt hingegen keinen Unfall dar, weil ein solcher „Fehlschlag" innerhalb eines Spielverlaufs immer einmal wieder vorkommt, so im Ergebnis auch LG Köln v. 22. 5. 1996, r+s 1997, 435: s. auch LG Berlin v. 29. 3. 1990, r+s 1990, 431 (432).

[56] BGH v. 23. 11. 1988, VersR 1989, 73 (Anheben einer schweren Mörtelwanne); OLG Koblenz v. 11. 9. 2003, VersR 2004, 504 (Anheben eines 70 bis 75 kg schweren Fasses); OLG Frankfurt/M. v. 12. 1. 2000, VersR 2000, 1439 (Anheben einer schweren Tür mit dem Fuß); OLG Koblenz v. 18. 12. 1998, VersR 1999, 45 (Anheben eines Rasenmähers); OLG Hamm v. 26. 11. 1997, VersR 1999, 44 (Herausziehen eines Strauchs aus dem Boden); OLG Köln v. 27. 7. 1995, VersR 1995, 443 (Anheben einer Walze); weitere Beispiele bei *Grimm*, Ziff. 1 AUB 99 Rn. 30.

des Vorgangs fehlt indes⁵⁷. Kommt es als Folge der mit der (planmäßigen) Arbeit an einem Gegenstand verbundenen Kraftanstrengung zu einer Verletzung, ist dies mithin als innerer Vorgang zu werten, Versicherungsschutz kann in einem solchen Fall nur über die Unfallfiktion des § 1 IV AUB 88 bestehen. Anders ist dies zu beurteilen, wenn die Arbeit an dem Gegenstand einen irregulären Verlauf nimmt. Gerät der Gegenstand in eine unerwartete Bewegung und entwickelt dadurch eine **Eigendynamik,** die dazu führt, dass die versicherte Person ihn nicht mehr kontrollieren kann, ist eine dadurch verursachte Gesundheitsschädigung durch ein äußeres Ereignis bedingt⁵⁸.

4. Unfreiwillige Gesundheitsschädigung

21   **a)** Die versicherte Person muss durch das Unfallereignis eine **Gesundheitsschädigung** erlitten haben, es muss also eine Beeinträchtigung der körperlichen Gesundheit eingetreten sein⁵⁹. Maßgebend sind insoweit alleine objektive medizinische Feststellungen. Ob der Betroffene sich gesundheitlich geschädigt fühlt, ist ohne Belang⁶⁰; nicht durch medizinische Befunde plausibel erklärte Schmerzen können nicht als Gesundheitsbeeinträchtigung berücksichtigt werden. Neben äußeren Verletzungen des Körpers sind auch psychische und nervöse Störungen und deren Folgen als Gesundheitsbeeinträchtigungen zu werten⁶¹. Bloße Sachschäden – auch solche an künstlichen Gliedern oder Seh- oder Hörhilfen – sind keine Gesundheitsschäden⁶². Nicht erforderlich ist, dass bereits das äußere Ereignis unmittelbar zu einer Gesundheitsbeeinträchtigung führt. Das äußere Ereignis muss lediglich adäquat eine Kausalkette auslösen, die zu einer Schädigung der Gesundheit des Betroffenen führt⁶³. Demgemäss reicht es aus, dass das Unfallereignis durch sinnliche Wahrnehmung oder durch seelische Eindrücke einen Gesundheitsschaden verursacht⁶⁴.

22   **b)** Die Gesundheitsschädigung muss **unfreiwillig** erfolgt sein. Die Unfreiwilligkeit bezieht sich nicht auf das von außen auf den Körper wirkende Ereignis, sondern nur auf die dadurch verursachte Gesundheitsschädigung⁶⁵. Selbst wenn das Ereignis vorsätzlich herbeigeführt wurde, ist die daraus folgende Gesundheitsbeeinträchtigung unfreiwillig erlitten, wenn der Betroffene darauf vertraut hat, jene werde nicht eintreten. Die Unfreiwilligkeit der Gesundheitsschädigung wird nach § 179 Abs. 2 Satz 2 VVG (§ 180a Abs. 1 VVG a. F.) bis zum Beweis des Gegenteils vermutet, so dass es Sache des VR ist, zu beweisen, dass die versicherte Person die Gesundheitsschädigung freiwillig erlitten hat⁶⁶.

23   **Freiwillig** ist die Gesundheitsschädigung, wenn die versicherte Person sie sich vorsätzlich zufügt⁶⁷. Bedingter Vorsatz reicht aus; es genügt mithin, wenn der Betroffene die Gesundheitsschädigung billigend in Kauf nimmt⁶⁸. Passives Geschehenlassen steht dem aktiven Han-

---

⁵⁷ Das wird von Berliner Kommentar/*Schwintowski,* § 179 VVG Rn. 8, nicht genügend beachtet.

⁵⁸ BGH v. 23. 11. 1988, VersR 1989, 73; OLG Karlsruhe v. 3. 3. 2005, VersR 2005, 1425 (Sprung mit einer schweren, außer Kontrolle geratenen Glasplatte); OLG Nürnberg v. 3. 8. 2000, NVersZ 2000, 570 (Auffangen eines umkippenden Motorrads; OLG Hamm v. 29. 3. 1996, r+s 1996, 330 (331: Eigendynamik, die ein von 2 Personen angehobener Grabstein entwickelt, wenn ihn eine Person loslässt); OLG Frankfurt/M. v. 27. 6. 1990, r+s 1990, 391 (Die versicherte Person stemmt sich gegen eine plötzlich kippende Wand).

⁵⁹ BGH v. 19. 4. 1972, VersR 1972, 582.

⁶⁰ *Grimm,* Ziff. 1 AUB 99 Rn. 46; *Prölss/Martin/Knappmann,* § 1 AUB 94 Rn. 22.

⁶¹ OLG Celle v. 20. 7. 1978, VersR 1979, 51. Hier sind aber die Leistungsausschlüsse nach § 2 IV AUB 88 bzw. § 10 (5) AUB 61 zu beachten.

⁶² *Grimm,* Ziff. 1 AUB 99 Rn. 48.

⁶³ BGH v. 15. 2. 1962, VersR 1962, 341 (342).

⁶⁴ BGH v. 19. 4. 1972, VersR 1972, 582.

⁶⁵ BGH v. 29. 4. 1998, VersR 1998, 1231 (1232); *Römer/Langheid,* § 179 VVG Rn. 15.

⁶⁶ Vgl. zur Beweislast auch Rn. 263.

⁶⁷ BGH v. 29. 4. 1998, VersR 1998, 1231 (1232), der Freiwilligkeit und Vorsatz ausdrücklich gleichsetzt; s. ferner *Grimm,* Ziff. 1 AUB 99 Rn. 39.

⁶⁸ *Grimm,* Ziff. 1 AUB 99 Rn. 39. Zur Unfreiwilligkeit einer Verletzung beim Boxkampf s. LG Köln v. 20. 12. 1973, VersR 1974, 542 (543); *Wussow/Pürckhauer,* § 1 III AUB Rn. 57; *Manthey,* NVersZ 2000,

deln gleich[69]. Bewusste oder grobe Fahrlässigkeit ist hingegen nicht ausreichend; § 81 VVG findet in der Unfallversicherung keine Anwendung[70]. Wer sich einem hohen Risiko aussetzt in der Hoffnung, es werde zu keiner Gesundheitsschädigung kommen, erleidet diese unfreiwillig, wenn seine Erwartungen fehlschlagen und er sich verletzt[71]. Verletzungen, die sich eine versicherte Person zur Verteidigung oder Rettung von Menschenleben zuzieht, gelten als unfreiwillig[72].

Auch bei **missglückten oder fehlgeschlagenen Selbstverletzungen** wird eine einge-   **24** tretene Gesundheitsschädigung meist noch freiwillig sein. Hatte die versicherte Person zunächst die **Absicht, sich zu verletzen oder zu töten,** nimmt sie aber sodann von diesem Plan **Abstand,** ist entscheidend, inwieweit sie ihren Plan bereits umgesetzt hat und ob ihr im Anschluss an ihren Sinneswandel noch genügend Zeit verbleibt, einer Gesundheitsschädigung zu entgehen. Legt sich jemand in der Absicht, sich überfahren zu lassen, auf Bahngleise, entscheidet er sich erst im letzten Moment zur Aufgabe seines Plans und misslingt ihm das Entkommen, ist in aller Regel Freiwilligkeit anzunehmen[73]. Der innere Sinneswandel allein reicht zur Annahme einer Unfreiwilligkeit nicht aus[74]. Um von Unfreiwilligkeit sprechen zu können, muss der Betroffene objektiv noch imstande gewesen sein, das Geschehen zu verhindern[75]. Beherrscht er die Situation hingegen nicht mehr, geht dies zu seinen Lasten[76]. Unerheblich ist grundsätzlich auch, ob die versicherte Person sich andere als die vorgestellten Verletzungen zuzieht, solange nur keine wesentliche Abweichung vom geplanten Tatverlauf vorliegt. Wer beabsichtigt, sich den Zeigefinger abzuhacken, stattdessen aber den Daumen trifft, erleidet diese Gesundheitsschädigung freiwillig[77]; ebenso derjenige, dessen Absicht, sich zu töten, fehlschlägt, der sich aber beim Tötungsversuch Verletzungen zufügt[78].

Unfreiwilligkeit wird hingegen dann anzunehmen sein, wenn die versicherte Person sich   **25** in eine verletzungsgefährdende Situation begeben hat, ihr der Geschehensablauf dabei entgleitet und sie erheblich verletzt oder gar getötet wird. Angesprochen sind damit vor allem **Fälle mit autoerotischem oder sado-masochistischem Hintergrund.** Ernsthafte Verletzungen sind hierbei in aller Regel nicht beabsichtigt. Auch wenn die versicherte Person bewusst eine – sogar ein Todesrisiko bergende – Gefahrensituation herbeiführt, aus der sie sich nicht mehr befreien kann, rechtfertigt dies nicht die Annahme, sie nehme damit jeden gesundheitlichen Nachteil bis hin zum Tod in Kauf[79].

Der VR wird den **Beweis der Unfreiwilligkeit** nur selten direkt führen können. Im   **26** Wege des **Anscheinsbeweises** kann die Vermutung des § 179 Abs. 2 Satz 2 VVG nicht wi-

---

161 (163); zweifelnd insoweit *Grimm,* Ziff. 1 AUB 99 Rn. 39. LG Frankfurt/M. v. 12. 9. 2003, r+s 2004, 473, bejaht Freiwilligkeit bei Verletzung während einer Mensur.
[69] *Grimm,* Ziff. 1 AUB 99 Rn. 39.
[70] BGH v. 29. 4. 1998, VersR 1998, 1231 (1232); OLG Saarbrücken v. 18. 12. 1996, VersR 1997, 949 (jeweils zu § 61 VVG a. F.).
[71] OLG Zweibrücken v. 27. 11. 1987, VersR 1988, 287 (288); *Wussow/Pürckhauer,* § 1 III AUB Rn. 56; *Prölss/Martin/Knappmann,* § 1 AUB 88 Rn. 17.
[72] *Grimm,* Ziff. 1 AUB 99 Rn. 40; *van Bühren/Schubach,* § 15 Rn. 57.
[73] OLG Frankfurt/M. v. 25. 3. 1998, NVersZ 2000, 325 (326); KG Berlin v. 19. 5. 2000, VersR 2001, 1416 (1417); *Manthey,* NVersZ 2000, 161 (162); *Römer/Langheid,* § 180a VVG Rn. 2.
[74] OLG Frankfurt/M. v. 25. 3. 1998, NVersZ 2000, 325 (326); *Manthey,* NVersZ 2000, 161 (162).
[75] Im Beispielsfall wird man Unfreiwilligkeit annehmen können, wenn der Betroffene sich noch von den Gleisen lösen konnte und beim Fortlaufen aufgrund einer Bodenunebenheit zu Fall kommt.
[76] *Manthey,* NVersZ 2000, 161 (162); *Grimm,* Ziff. 1 AUB 99 Rn. 40.
[77] *Manthey,* NVersZ 2000, 161 (162); *Grimm,* Ziff. 1 AUB 99 Rn. 40; *Prölss/Martin/Knappmann,* § 1 AUB 94 Rn. 19.
[78] OLG Hamm v. 12. 3. 1999, VersR 1999, 524; *van Bühren/Schubach,* § 15 Rn. 56.
[79] In diese Richtung aber *Manthey,* NVersZ 2000, 161 (163); zutreffend dagegen OLG Zweibrücken v. 27. 11. 1987, VersR 1988, 287 (288); *Prölss/Martin/Knappmann,* § 1 AUB 94 Rn. 20; vgl. auch OLG Oldenburg v. 25. 6. 1997, VersR 1997, 1128 (1129); OLG Saarbrücken v. 18. 12. 1996, VersR 1997, 949 (950); s. dazu auch *Trompetter,* VersR 1998, 685.

derlegt werden. Einen Anscheinsbeweis für individuelle Verhaltensweisen von Menschen in bestimmten Lebenslagen gibt es grundsätzlich nicht; die Selbstverletzung oder Selbsttötung eines Menschen ist von so vielen persönlichen Umständen (Lebenssituation, Persönlichkeitsstruktur, augenblickliche Gemütslage) abhängig, dass sich das Aufstellen typischer Verhaltensmuster verbietet[80]. Der VR wird deshalb meist auf eine Beweisführung durch **Indizien** angewiesen sein[81]. Die Freiwilligkeit muss nicht unumstößlich feststehen. Es reicht ein für das praktische Leben brauchbarer Grad von Gewissheit aus, der Zweifeln Schweigen gebietet, ohne sie völlig auszuschließen[82]. Nur selten wird ein Umstand ausreichen, um den sicheren Schluss auf die Freiwilligkeit der Selbstverletzung oder -tötung zuzulassen[83]. Bei Vorliegen mehrerer Umstände ist eine Gesamtwürdigung vorzunehmen[84].

27   Bei einer **Selbsttötung** wird man neben den konkreten Todesumständen zur Feststellung des Tötungsmotivs[85] von allem die Lebensumstände des Verstorbenen und seine psychische Verfassung zu hinterfragen haben. Bei einer **Selbstverletzung/Selbstverstümmelung** ist zunächst zu klären, ob der von der versicherten Person geschilderte Geschehensablauf in sich schlüssig ist und die Verletzung plausibel erklärt. Bestehen hieran begründete Zweifel, lässt sich aber – wie häufig nach einer rechtsmedizinischen Begutachtung – nicht sicher ausschließen, dass sich das Geschehen so zugetragen haben kann, wie es vom Betroffenen angegeben wird, können als zusätzliche Anhaltspunkte für eine freiwillige Verletzung etwa Widersprüche und wechselnder Vortrag bei der Wiedergabe des Hergangs, das nicht vernünftig erklärte Verschwinden von Beweismitteln, eine finanziell beengte Situation der versicherten Person, eine in Relation zu den Lebensverhältnissen ungewöhnlich hohe (ggf. erst vor kurzem erhöhte) Versicherungssumme oder auch der Abschluss mehrerer Unfallversicherung herangezogen werden[86].

5. Kausalität

28   Die versicherte Person muss **durch** das Unfallereignis einen Gesundheitsschaden erlitten haben. Zwischen dem Ereignis und der Schädigung muss mithin ein **Kausalzusammenhang** bestehen. In der Unfallversicherung gilt insoweit die **Adäquanztheorie,** die besagt, dass das Unfallereignis im Allgemeinen und nicht nur unter besonders eigenartigen und ganz unwahrscheinlichen und nach dem regelmäßigen Verlauf der Dinge außer Betracht bleibenden Umständen geeignet sein, die Gesundheitsbeschädigung herbeizuführen[87]. Auf die **Sozialadäquanz** des zu beurteilenden Vorgangs kommt es dabei nicht an; auch hypothetische Schadensursachen bleiben außer Betracht[88]. Mitursächlichkeit reicht aus[89]. Lässt sich nicht klären, ob die festgestellte Gesundheitsschädigung die Folge eines von außen auf den Körper wirkenden Ereignisses ist oder ob die Schädigung ihrerseits erst das Ereignis ausgelöst hat, liegt kein Unfall im Sinne von § 1 III AUB 88 vor. Kommt die versicherte Person zu Sturz und erleidet sie eine Hirnblutung, muss, damit Versicherungsschutz besteht, feststehen, dass die

---

[80] BGH v. 4. 5. 1988, BGHZ 104, 256 (259); BGH v. 18. 3. 1987, BGHZ 100, 214 (216).

[81] Vgl. OLG Saarbrücken, 26. 3. 2003, r+s 2005, 120.

[82] BGH v. 18. 3. 1987, BGHZ 100, 214 (217); BGH v. 17. 10. 1970, BGHZ 53, 245 (256); OLG Köln v. 26. 2. 2003, VersR 2004, 1042; OLG Oldenburg v. 14. 7. 1999, NVersZ 1999, 86.

[83] OLG Hamm v. 22. 9. 1995, VersR 1996, 1134 (aufgesetzter Kopfschuss).

[84] BGH v. 15. 6. 1994, VersR 1994, 1054; Fallübersicht bei Berliner Kommentar/*Schwintowski*, § 180a VVG Rn. 11ff.

[85] Ein fehlendes Motiv schließt die Annahme einer Selbsttötung indes nicht aus, vgl. OLG Düsseldorf v. 27. 8. 2002, VersR 2003, 1388 (1389).

[86] Vgl. aus jüngerer Zeit etwa OLG Köln v. 26. 2. 2003, VersR 2004, 1042; OLG Düsseldorf v. 11. 5. 1999, VersR 2001, 974; OLG Düsseldorf v. 9. 8. 1998, VersR 2000, 1227 (1230); OLG Köln v. 20. 3. 1996, VersR 1996, 1530 (1531); OLG Frankfurt/M. v. 23. 6. 1994, VersR 1996, 837; weitere Nachweise bei *Römer/Langheid*, § 180a VVG Rn. 7.

[87] Vgl. BGH v. 14. 3. 1985, NJW 1986, 1129 (1131).

[88] *Grimm*, Ziff. 1 AUB 99 Rn. 49, 50.

[89] *Prölss/Martin/Knappmann*, § 1 AUB 88 Rn. 23.

Hirnblutung durch den Sturz verursacht wurde und es nicht die Hirnblutung war, die zu dem Sturz geführt hat[90].

Die Kausalität zwischen dem äußeren Ereignis und der Gesundheitsschädigung fehlt auch **29** dann, wenn die Schädigung zwar durch das Ereignis ausgelöst wurde, aber dadurch lediglich eine bereits vorbestehende gesundheitliche Beeinträchtigung sichtbar wurde, die auch durch jeden anderen Anlass hätte in Erscheinung treten können. Meist spricht man hier von einer **Gelegenheitsursache**[91]. Der Sache nach handelt es sich um eine **Einschränkung des Versicherungsschutzes aufgrund einer wertenden Betrachtung**[92]: Der Unfallversicherer gewährt Schutz davor, dass sich die gesundheitliche Konstitution der versicherten Person durch das Unfallereignis richtungsweisend verändert. Ist hingegen die Schädigung durch innerkörperliche Vorgänge – meist Vorerkrankungen oder degenerative Veränderungen – schon derart vorprogrammiert, dass sie bei jedem geringfügigen und beliebig austauschbaren Anlass nach außen treten kann, ist es nicht mehr gerechtfertigt, den Unfallversicherer nur deswegen als eintrittspflichtig anzusehen, weil der Schaden zufällig durch ein Ereignis zutage getreten ist, dass unter den Unfallbegriff der AUB fällt. Ausgeschlossen vom Versicherungsschutz sind damit allerdings nur Fälle, in denen ganz erhebliche Vorschädigungen vorliegen, die über kurz oder lang ohnehin zu den durch das Unfallereignis hervorgerufenen Gesundheitsschäden geführt hätten. Fehlt es daran, ist der Unfall zumindest mitursächlich. War die versicherte Person vor dem Unfall beschwerdefrei, dürfte die Mitursächlichkeit im Regelfall zu vermuten sein[93].

Auch Gesundheitsschäden, die erst im Zuge einer **ärztlichen Behandlung** der unmittel- **30** bar durch den Unfall erlittenen Verletzungen auftreten, sind adäquat auf das Unfallereignis zurückzuführen. Eine Unterbrechung des Kausalzusammenhangs tritt auch bei **ärztlichen Kunstfehlern** grundsätzlich nicht ein. Der Kausalzusammenhang entfällt – in der Unfallversicherung nicht anders als im Schadensrecht – erst dann, wenn der die weitere Schädigung herbeiführende Arzt in außergewöhnlich hohem Maße die an ein gewissenhaftes ärztliches Verhalten zu stellenden Anforderungen außer Acht gelassen hat und derart gegen alle ärztlichen Regeln und Erfahrungen verstoßen hat, dass der eingetretene Schaden seinem Handeln bei wertender Betrachtung allein zugeordnet werden muss[94].

II. Unfallfiktion (erweiterter Unfallbegriff)

§ 1 IV AUB 88 (ebenso: Ziff. 1.4 AUB 99) stellt bestimmte Ereignisse unter den Schutz der **31** Unfallversicherung, obwohl die Voraussetzungen des Unfallbegriffs nach § 1 III AUB 88 nicht erfüllt sind. Nach dieser Bestimmung gilt als Unfall auch, wenn durch eine **erhöhte Kraftanstrengung** an Gliedmaßen[95] oder Wirbelsäule entweder ein **Gelenk verrenkt** wird oder **Muskeln, Sehnen Bänder oder Kapseln gezerrt und gerissen werden.** Werden die genannten Verletzungen durch äußere Umstände verursacht (etwa durch das Abfangen eines außer Kontrolle geratenen Gegenstandes), ist schon ein Unfall gegeben und es kommt dann nicht mehr darauf an, ob eine erhöhte Kraftanstrengung vorgelegen hat. Die Erweiterung des Versicherungsschutzes durch § 1 IV AUB 88 besteht darin, dass auch gewisse rein innerkörperliche Schädigungen erfasst werden, die durch willensgesteuerte Eigenbewegungen eintreten. Die durch erhöhte Kraftanstrengung verursachte Gesundheitsschädigung muss – wenn

---

[90] OLG Köln v. 12.5. 1995, VersR 1996, 620; s. ferner OLG Koblenz v. 9.10. 1998, r+s 1999, 348; OLG Schleswig v. 13.7. 1990, r+s 1991, 356; OLG Hamm v. 23.1. 1991, r+s 1991, 286; LG Aachen v. 30.6. 2006, r+s 2006, 429; LG Düsseldorf v. 11.9. 1997, r+s 1998, 436 (437).

[91] OLG Köln v. 20.12. 2006, VersR 2007, 1689; *Grimm,* Ziff. 1 AUB 99 Rn. 50.

[92] Vgl. zum Schutzzweck der Norm im Schadensrecht: *Palandt/Heinrichs,* Vorb. v. § 249 BGB Rn. 62.

[93] Vgl. *Prölss/Martin/Knappmann,* § 7 AUB 94 Rn. 2.

[94] BGH v. 6.5. 2003, VersR 2003, 1128 (1130) und BGH v. 20.9. 1988, NJW 1989, 767 (768); *Prölss/Martin/Knappmann,* § 1 AUB 94 Rn. 24.

[95] Gemeint sind damit die Körperextremitäten. Da die Schulter dem Rumpf und nicht dem Arm zuzuordnen ist, besteht für eine durch erhöhte Kraftanstrengung verursachte Muskelzerrung in der Schulter kein Versicherungsschutz, so LG Berlin v. 23.9. 1991, ZfS 1991, 317; *van Bühren/Schubach,* § 15 Rn. 64.

dies auch nicht ausdrücklich in § 1 IV AUB 88 aufgeführt ist – unfreiwillig erlitten sein[96]. Plötzlichkeit der Kraftanstrengung wird hingegen anders als in einigen älteren Versicherungsbedingungen nicht mehr gefordert[97].

32   Anders als in den AUB 61, nach dessen § 2 (2) a) eine Kraftanstrengung ausreichte, fordern die AUB 88 (und auch Ziff. 1.4 AUB 99) eine **erhöhte Kraftanstrengung.** Eine Einschränkung des Versicherungsschutzes ist damit indes nicht verbunden. Bereits der in den AUB 61 verwendete Begriff der Kraftanstrengung ist als ein **erhöhter Einsatz von Muskelkraft** verstanden worden; § 1 IV AUB 88 verdeutlicht das lediglich[98]. Ausgegrenzt vom Versicherungsschutz sind normale körperliche Bewegungen, die keinen gesteigerten Krafteinsatz erfordern. Der erhöhte Kraftaufwand ist an der individuellen körperlichen Konstitution der versicherten Person und an deren Kräfteverhältnissen zu messen[99]. Was für einen jungen Menschen keinen das Normalmaß übersteigenden Krafteinsatz erfordert, kann für eine ältere Person durchaus schon eine erhöhte Kraftanstrengung darstellen. Es ist nicht erforderlich, dass die aufgewendete Körperkraft zur Bewegung anderer Massen als die des eigenen Körpers eingesetzt wird. Eine solche Einschränkung lässt der Begriff der Kraftanstrengung nicht zu[100]; auch der (sportlich) schnelle Lauf, bei dem sich die versicherte Person verletzt, erfordert eine erhöhte Kraftanstrengung im Vergleich zum „normalen" Gehen. Keine über das Normalmaß hinausgehende Kraftanstrengung verlangen beispielsweise das Gehen in und das schnelle Aufrichten aus der Hocke[101] oder die Bewegungen beim Reinigen einer Windschutzscheibe[102]. Dagegen erfordert das Anheben eines schweren Gegenstandes regelmäßig einen erhöhten Kraftaufwand[103].

33   Zunehmende Bedeutung kommt der Frage zu, wann bei einer **sportlichen Betätigung** der versicherten Person von einer erhöhten Kraftanstrengung gesprochen werden kann. Die meisten Sportarten sind geradezu auf einen erhöhten Muskeleinsatz angelegt. Das allerdings rechtfertigt es nicht, einen erhöhten Kraftaufwand bei einer sportlichen Betätigung erst dann anzunehmen, wenn er über das Normalmaß der mit der Sportart üblicherweise verbundenen Kraftanstrengung hinausgeht[104]. Für eine solche Einschränkung bietet der Wortlaut des § 1 IV AUB 88 keinen greifbaren Anhaltspunkt. Vergleichsmaßstab für eine erhöhte Kraftanstrengung ist deshalb auch bei der Sportausübung die normale körperliche Betätigung im Alltagsleben[105].

34   **Tanzen** erfordert regelmäßig keinen erhöhten Kraftaufwand. Tanztypische Bewegungen bei Gesellschaftstänzen wie Drehungen, Hüpfen oder ein Ausfallschritt halten sich noch im Rahmen normaler körperlicher Betätigungen[106]. Bei außergewöhnlichen Tanzdisziplinen wie etwa dem Rock'n-Roll Tanz mag dies im Einzelfall anders beurteilt werden. Die Wurfbewegungen beim **Sportkegeln** erfordern eine erhöhte Kraftanstrengung[107]. **Sportliches Laufen** auf Zeit oder **Übungen zur Kräftigung der Muskeln** verlangen ebenfalls einen er-

---

[96] *Wussow/Pürckhauer,* § 1 IV AUB Rn. 83.

[97] OLG Nürnberg v. 30. 3. 2000, NVersZ 2000, 376 (377).

[98] *Grimm,* Ziff. 1 AUB 99 Rn. 51; *Prölss/Martin/Knappmann,* § 1 AUB 94 Rn. 26.

[99] OLG Nürnberg v. 30. 3. 2000, NVersZ 2000, 376 (377); OLG Hamm v. 18. 6. 1997, VersR 1998, 708 (709); OLG Frankfurt/M. v. 7. 4. 1994, Vers 1996, 363 (364); *Prölss/Martin/Knappmann,* § 1 AUB 94 Rn. 26; *Römer/Langheid,* § 179 VVG Rn. 2.

[100] Anders allerdings OLG Düsseldorf, v. 27. 11. 1997, r+s 1999, 296 (297); OLG Celle v. 9. 1. 1991, VersR 1991, 1165; wie hier OLG Saarbrücken v. 28. 12. 2001, VersR 2002, 1096.

[101] OLG Hamm v. 18. 6. 1997, VersR 1998, 708 (709); OLG Koblenz v. 6. 7. 1987, r+s 1988, 27 (28).

[102] OLG Hamm v. 7. 8. 2002, NVersZ 2002, 557 (558).

[103] *Grimm,* Ziff. 1 AUB 99 Rn. 51; *Prölss/Martin/Knappmann,* § 1 AUB 94 Rn. 26; LG Berlin v. 6. 4. 1989, VersR 1990, 374 verneint eine erhöhte Kraftanstrengung zu Unrecht beim Anheben eines 10 bis 20 kg schweren Gegenstandes.

[104] So aber OLG Frankfurt/M. v. 7. 4. 1994, VersR 1996, 363 (364), das darauf abstellt, ob eine „Ausnahmesituation" beim Tennisspiel vorlag oder nicht.

[105] Vgl. OLG Saarbrücken v. 28. 12. 2001, VersR 2002, 1096.

[106] OLG Köln v. 12. 7. 2000, r+s 2002, 482; LG Köln v. 3. 5. 2000, r+s 2002, 350; AG Oldenburg v. 26. 6. 1997, VersR 1998, 1103.

[107] OLG Nürnberg v. 30. 3. 2000, NVersZ 2000, 376 (377); LG Berlin v. 18. 5. 1995, r+s 1996, 423.

höhten Kraftaufwand[108]. Verfehlt erscheint es, Bewegungen beim **Tennisspiel** generell einen erhöhten Kraftaufwand abzusprechen mit der Begründung, sie stellten im Vergleich zu den sonst beim Tennis vorkommenden Aktivitäten keine besondere Kraftanstrengung dar[109]. Sowohl der Schlag des Tennisspielers als auch Laufbewegungen beim Tennisspiel können durchaus als erhöhte Kraftanstrengung zu bewerten sein, was jeweils im Einzelfall zu prüfen sein wird. Eine ruckartige Richtungsänderung beim **Handballspiel** ist mit Recht als eine erhöhte Kraftanstrengung gewertet worden[110]. Um eine erhöhte Kraftanstrengung bei der Sportausübung annehmen zu können, bedarf es allerdings konkreter Feststellungen dazu, wie es zu den erlittenen Verletzungen gekommen ist. Problematisch ist es, wenn alleine der „kämpferische Einsatz" beim **Fußballspiel** als erhöhte Kraftanstrengung angesehen wird[111]. Das harte Treten gegen den Ball – etwa bei der Ausführung eines Freistoßes – wird aber als erhöhte Kraftanstrengung gelten müssen.

Die erhöhte Kraftanstrengung an Gliedmaßen oder Wirbelsäule muss entweder zu einer **35** Verrenkung eines Gelenks oder zu einer Zerrung oder Zerreißung von Muskeln, Sehnen, Bändern oder Kapseln geführt haben (§ 1 IV (2) AUB 88). Welche Verletzungen danach erfasst sind, beurteilt sich nicht ausschließlich nach fachmedizinischen Kriterien, sondern – wie stets bei der Auslegung von Versicherungsbedingungen – nach dem Verständnis eines durchschnittlichen VN ohne fachliche Spezialkenntnisse[112]. **Verrenkung** ist die Verschiebung zweier durch ein Gelenk verbundener Knochenenden[113]. Eine **Zerrung** ist eine Überbeanspruchung von Muskeln, Sehnen oder Bändern durch eine Überdehnung oder eine Überstreckung; hierbei handelt es sich meist um reversible Vorgänge[114]. Ein durch übermäßige Belastung eines Muskels entstandenes Kompartmentsyndrom ist keine Zerrung[115]. **Zerreißung** ist die (nicht notwendig vollständige) Trennung von Gewebssubstanzen, wobei diese nicht zwingend durch entgegengesetzt wirkende Kräfte verursacht worden sein muss[116].

Nach den AUB 88 fallen **Bandscheibenvorfälle** nicht unter den erweiterten Unfallbe- **36** griff des § 1 IV. Ob ein Bandscheibenvorfall unter der Geltung der AUB 61 als Zerreißung an der Wirbelsäule einzuordnen ist, ist streitig[117]. Nachdem in den AUB 88 ausdrücklich nur eine Zerreißung an Muskeln, Sehnen, Bändern oder Kapseln aufgeführt ist und die Bandscheibe nicht zu diesen Geweben gerechnet werden kann, ist ein durch eine erhöhte Kraftanstrengung verursachter Bandscheibenvorfall nach den AUB 88 nicht versichert[118]. Für eine erweiternde Auslegung oder gar eine analoge Anwendung der Regelung des § 1 IV AUB 88 auf den Bandscheibenvorfall ist kein Raum. Auch ein Meniskusriss ist nicht nach § 1 IV AUB 88 versichert, denn der Meniskus ist ein Knorpel[119].

Anders als nach den AUB 88 erweitert **§ 2 (2) a) AUB 61** den Versicherungsschutz generell **37** auf durch Kraftanstrengung des Versicherten hervorgerufene Verrenkungen, Zerrungen oder

---

[108] OLG Saarbrücken v. 28. 12. 2001, VersR 2002, 1096; OLG Celle v. 24. 3. 1971, VersR 1973, 50; AG Herne v. 14. 12. 2001, NVersZ 2002, 219.

[109] So aber OLG Frankfurt/M. v. 7. 4. 1994, VersR 1996, 363 (364); LG Köln v. 22. 5. 1995, r+s 1997, 436.

[110] OLG Frankfurt/M. v. 11. 3. 1998, OLGR 1998, 239.

[111] So aber OLG Celle v. 9. 2. 1995, NJW-RR 1996, 24.

[112] BGH v. 23. 11. 1988, VersR 1989, 73 (74).

[113] *Wussow/Pürckhauer,* § 1 IV AUB Rn. 86.

[114] OLG Oldenburg v. 18. 5. 1994, VersR 1995, 694 (695); OLG Hamm v. 7. 11. 1986, VersR 1988, 242; LG Karlsruhe v. 29. 8. 1986, VersR 1988, 242 (243); *Wussow/Pürckhauer,* § 1 IV AUB Rn. 86.

[115] OLG Oldenburg v. 18. 5. 1994, VersR 1995, 694 (695).

[116] BGH v. 23. 11. 1988, VersR 1989, 73 (74); anders OLG Hamm v. 7. 11. 1986, VersR 1988, 242; s. ferner *Wussow/Pürckhauer,* § 1 IV AUB Rn. 87, 88; *Grimm,* Ziff. 1 AUB 99 Rn. 52.

[117] S. dazu Rn. 37.

[118] OLG Nürnberg v. 3. 8. 2000, NVersZ 2000, 570; OLG Koblenz v. 18. 12. 1998, NVersZ 1999, 524; OLG Hamm v. 26. 11. 1997, r+s 1998, 128 (129); OLG Köln v. 17. 7. 1995, VersR 1997, 443; OLG Hamm v. 31. 8. 1994, VersR 1995, 774 (775); OLG Karlsruhe v. 19. 5. 1994, r+s 1995, 159.

[119] OLG Saarbrücken v. 15. 12. 2004, VersR 2005, 1276 (1277); LG Nürnberg-Fürth v. 18. 11. 1998, r+s 2002, 394; *Wussow/Pürckhauer,* § 1 IV AUB Rn. 87; *Grimm,* Ziff. 1 AUB 99 Rn. 52.

Zerreißungen an Gliedmaßen und Wirbelsäule. Kraftanstrengung wird auch hier als erhöhter Einsatz von Muskelkraft verstanden. Nach Auffassung des Bundesgerichtshofs ist es begrifflich nicht ausgeschlossen, einen Bandscheibenvorfall als traumatisch bedingte Zerreißung an der Wirbelsäule anzusehen[120]; ein Riss der Bandscheibe oder ihres Faserrings durch eine erhöhte Kraftanstrengung dürfte daher nach den AUB 61 versichert sein[121]. Gleiches gilt für einen Meniskusriss, der als Zerreißung an Gliedmaßen verstanden werden kann[122]. Der Kompressionsbruch eines Wirbelkörpers hingegen ist keine Zerreißung an der Wirbelsäule[123].

D. Ausschlüsse

38   § 2 AUB 88 (ebenso: Ziff. 5 AUB 99) fasst – anders als noch in den AUB 61, in denen sich sog. Grenzfälle und Ausschlüsse in zahlreichen Klauseln fanden – alle **deckungsbegrenzenden und deckungsausschließenden Ausschlüsse** übersichtlich in einer Regelung zusammen. **Zweck** der Risikoausschlussklauseln ist es, ein für den VR nicht überschaubares und nicht berechenbares Risiko auszuklammern, das eine vernünftige Prämienkalkulation stark erschwert und sich nicht mit dem Bestreben verträgt, die Beiträge niedrig zu halten und den Versicherungsschutz für die Masse der Versicherungskunden akzeptabel zu gestalten[124]. Risikoausschlussklauseln sind eng auszulegen; sie dürfen nicht weiter ausgelegt werden, als es ihr Sinn unter Beachtung ihres wirtschaftlichen Zwecks und der gewählten Ausdruckweise erfordert[125]. Bei den in § 2 AUB 88 enthaltenen Ausschlussklauseln handelt es sich nicht um Obliegenheiten; § 28 VVG findet daher keine Anwendung[126]. Die Ausschlüsse des § 2 AUB 88 unterliegen auch nicht der Gefahrerhöhung nach §§ 181, 23–27 VVG[127].

39   **Entfallen** in den AUB 88 und den AUB 99 sind die Ausschlüsse für Berufs- und Gewerbekrankheiten und für Gesundheitsschädigungen durch Licht-, Temperatur- und Witterungseinflüsse **(§ 2 (3) a) und c) AUB 61)**[128], ferner der Ausschluss für Krampfadern und Unterschenkelgeschwüre, die durch einen Unfall herbeigeführt oder verschlimmert worden sind **(§ 3 (5) AUB 61)**[129].

I. Geistes- oder Bewusstseinsstörungen

40   Nach § 2 I (1) AUB 88 fallen nicht unter den Versicherungsschutz **Unfälle durch Geistes- oder Bewusstseinsstörungen,** auch soweit diese auf **Trunkenheit** beruhen. Versicherungsschutz besteht allerdings dann, wenn diese Störungen durch ein unter den Vertrag fallendes Unfallereignis verursacht worden sind. Die Klausel ist deckungsgleich mit den Regelungen in § 3 Abs. 4 AUB 61 und Ziff. 5.1.1 AUB 99. Ob die Bewusstseinsstörung auf einem Verschulden der versicherten Person beruht, ist unerheblich[130]. Die tatsächlichen Voraussetzungen einer Geistes- oder Bewusstseinsstörung müssen im Wege des Vollbeweises

---

[120] BGH v. 23. 11. 1988, VersR 1989, 73 (74); allerdings hatte der BGH die Sache zurückverwiesen zur Prüfung der Frage, ob die Vorstellung des VN den Erkenntnissen der medizinischen Wissenschaft entspreche.

[121] *Prölss/Martin/Knappmann,* § 2 AUB 61 Rn. 3; *Wussow/Pürckhauer,* § 1 IV AUB Rn. 88.

[122] OLG Bremen v. 16. 12. 1958, VersR 1960, 842 (843); LG Köln v. 13. 1. 1988, VersR 1988, 462; *Wussow/Pürckhauer,* § 1 IV AUB Rn. 87.

[123] OLG Karlsruhe v. 7. 11. 1986, VersR 1988, 242; OLG Oldenburg v. 18. 1. 1984, VersR 1985, 35 (36).

[124] BGH v. 17. 9. 1975, VersR 1975, 1093 (1094); *Grimm,* Ziff. 5 AUB 99 Rn. 2.

[125] BGH v. 17. 5. 2000, VersR 2000, 1090 (1091); BGH v. 23. 11. 1994, VersR 1995, 152 (153).

[126] *Grimm,* Ziff. 5 AUB 99 Rn. 3.

[127] BGH v. 18. 10. 1952, BGHZ 7, 311.

[128] S. dazu *Grimm,* Ziff. 5 AUB 99 Rn. 95 ff.; *Prölss/Martin/Knappmann,* § 2 AUB 61 Rn. 10, 14.

[129] S. dazu *Grimm,* Ziff. 5 AUB 99, Rn. 83; *Prölss/Martin/Knappmann,* § 3 AUB 61 Rn. 5.

[130] *Wussow/Pürckhauer,* § 2 I (1) AUB Rn. 17; *Grimm,* Ziff. 5 AUB 99 Rn. 8.

festgestellt werden; erst bei der weiteren Frage, ob die Störung für den erlittenen Unfall ursächlich geworden ist, können die Regeln des Anscheinsbeweises Anwendung finden[131]. Mitursächlichkeit der Geistes- oder Bewusstseinsstörung für den Unfall reicht aus[132].

1. Geistesstörungen

Der **Geistesstörung** kommt in Abgrenzung zur Bewusstseinsstörung keine eigenständige   **41** praktische Bedeutung zu. Zur Definition des Begriffs der Geistesstörung erscheint ein Rückgriff auf die zivilrechtlichen Bestimmungen der §§ 827, 104 Nr. 2 BGB verfehlt, weil es nicht um (zivilrechtliche) Verantwortlichkeit der versicherten Person geht, sondern um den Ausschluss eines gesteigerten Unfallrisikos wegen einer hochgradigen Störung der Aufnahme- und Reaktionsfähigkeit[133]. Eine Geistesstörung liegt dann vor, wenn die einem Menschen normalerweise innewohnende Fähigkeit, Sinneseindrücke schnell und genau zu erfassen, diese geistig zu verarbeiten und darauf richtig zu reagieren, mindestens ernstlich gefährdet oder sogar erheblich gestört ist[134].

2. Bewusstseinsstörungen

a) Unter **Bewusstseinsstörungen** sind alle gesundheitlichen Beeinträchtigungen der   **42** Aufnahme- und Reaktionsfähigkeit der versicherten Person zu verstehen, die gebotene und erforderliche Reaktion auf die vorhandene Gefahrenlage nicht mehr zulassen, die also den Versicherten außerstande setzen, den Sicherheitsanforderungen seiner Umwelt zu genügen[135]. Bewusstlosigkeit ist nicht erforderlich; es reicht aus, wenn eine ernstliche Gefährdung der Fähigkeit, Eindrücke zu erfassen, sie zu verarbeiten und angemessen zu reagieren, vorliegt[136]. Bei der Prüfung der Frage, ob eine Bewusstseinsstörung vorliegt, ist eine fallbezogene Betrachtung erforderlich[137]; je stärker die versicherte Person in der konkreten Situation gefordert ist, umso näher liegt die Annahme einer Bewusstseinsstörung[138]. Nach bislang weit verbreiteter Meinung muss die Gefährdung der Aufnahme- und Reaktionsfähigkeit, wenn sie nicht die Folge eines Alkoholgenusses oder der Einnahme künstlicher Mittel ist, **durch Krankheit** hervorgerufen worden sein. Das hat zu der Annahme geführt, dass der Versicherungsschutz bestehen bleibt, wenn der Unfall durch eine **natürliche Übermüdung** und eine dadurch bewirkte Bewusstseinstrübung verursacht worden ist[139], wenn eine **vorübergehende Kreislaufstörung oder ein vorübergehender Schwindelanfall** auftreten[140] oder wenn die versicherte Person durch einen plötzlich auftretenden Schmerzanfall in ihrer Aufmerksamkeit abgelenkt wird[141]. Dem dürfte – abgesehen vom Fall der Übermüdung, der nicht als gesundheitliche Beeinträchtigung gewertet werden kann – nach der neueren Rechtsprechung des Bundesgerichtshofs in dieser Allgemeinheit nicht mehr zu folgen sein; danach ist auch eine nur kurzfristig auftretende **gesundheitliche Beeinträchtigung** der Aufnahme- und Reaktionsfähigkeit als Bewusstseinsstörung anzusehen, wenn sie dazu geführt hat, dass die konkrete Gefahrenlage nicht mehr beherrscht werden konnte[142]. Auch wenn der versicherten Person nur kurzzeitig

---

[131] BGH v. 10. 10. 1990, VersR 1990, 1343 (1344).
[132] BGH v. 8. 7. 1957, VersR 1957, 509 (510).
[133] BGH v. 10. 1. 1957, BGHZ 23, 76 (83f.).
[134] OLG Hamm v. 15. 1. 2003, r+s 2003, 341 (342) im Anschluss an BGH v. 24. 10. 1955, BGHZ 18, 311 (313).
[135] BGH v. 17. 5. 2000, VersR 2000, 1090 (1092); BGH v. 10. 10. 1990, NJW-RR 1991, 147; BGH v. 27. 2. 1985, VersR 1985, 583 (584); OLG Hamburg v. 24. 4. 2007, r+s 2007, 386 (387).
[136] BGH v. 17. 5. 2000, VersR 2000, 1090 (1092); BGH v. 24. 10. 1955, BGHZ 18, 311 (313).
[137] BGH v. 17. 5. 2000, VersR 2000, 1090 (1092); BGH v. 10. 10. 1990, VersR 1990, 1343 (144).
[138] *Prölss/Martin/Knappmann*, § 2 AUB 94 Rn. 8; *Grimm*, Ziff. 5 AUB 99 Rn. 9.
[139] BGH v. 10. 1. 1957, BGHZ 23, 76 (85); OLG Düsseldorf v. 17. 12. 2002, VersR 2004, 1041.
[140] OLG Oldenburg v. 8. 8. 1990, VersR 1991, 803; *Grimm*, Ziff. 5 AUB 99 Rn. 8.
[141] BGH v. 7. 6. 1989, r+s 1989, 302 (303); anders bei einem sog. Vernichtungsschmerz OLG Saarbrücken v. 21. 5. 1997, VersR 1998, 310.
[142] BGH v. 17. 5. 2000, VersR 2000, 1090 (1092); OLG Hamburg v. 25. 4. 2007, r+s 2007, 386 (387); LG Düsseldorf v. 13. 9. 2006, VersR 2007, 488.

Mangen   2921

„schwarz vor Augen" geworden ist, kann dies somit im Einzelfall eine Bewusstseinsstörung darstellen. Bewusstlosigkeit und Ohnmacht sind, auch wenn sie nur kurzfristig auftreten, Bewusstseinsstörungen[143] ebenso wie ein schwerer Schwindelanfall[144]. Eine Einschränkung der Funktion der Sinnesorgane (etwa eine erhöhte Blendempfindlichkeit) kann dagegen nicht unter den Begriff der Bewusstseinsstörung gefasst werden[145].

43   **b)** Besondere praktische Bedeutung kommt der Bewusstseinsstörung infolge von **Trunkenheit im Straßenverkehr** zu.

44   *aa)* Festgestellt wird die Trunkenheit der versicherten Person durch die Bestimmung der Blutalkoholkonzentration (BAK). Grundsätzlich ist eine Blutuntersuchung nach 2 voneinander unabhängigen Methoden vorzunehmen; und zwar entweder 3 Untersuchungen nach dem Widmark-Verfahren oder 2 gaschromatografische Untersuchungen sowie 2 Untersuchungen nach der ADH-Methode, aus denen dann ein Mittelwert gebildet wird[146]. Auf einen im strafrechtlichen Ermittlungsverfahren festgestellten BAK-Wert kann zurückgegriffen werden[147]. Die festgestellte Alkoholisierung führt erst dann zu einem Leistungsausschluss, wenn sie eine Bewusstseinsstörung zur Folge hat. Alkoholbedingte Enthemmung reicht für sich genommen nicht aus. Je nach Grad der Alkoholisierung müssen mehr oder weniger deutliche Ausfallerscheinungen hinzutreten, um im Rahmen einer Gesamtwürdigung eine Bewusstseinsstörung feststellen zu können[148].

45   *bb)* Bei den in der Praxis besonders häufigen Fällen der Trunkenheit im Straßenverkehr greift die Rechtsprechung seit langem auf die Grundsätze zurück, die zur **alkoholbedingten Fahruntüchtigkeit** entwickelt worden sind. Wer aufgrund seiner Alkoholisierung nicht mehr am Straßenverkehr teilnehmen darf, verliert den Unfallversicherungsschutz[149].

46   Wer **absolut fahruntüchtig** ist, hat eine Bewusstseinsstörung im Sinne von § 2 I (1) AUB 88 und genießt keinen Versicherungsschutz mehr[150]. Absolute Fahruntüchtigkeit wird angenommen:

- bei einem Kraftfahrer (darunter fallen die Führer von Kraftfahrzeugen aller Art, von Motorrädern, Motorrollern und Mofas[151]) ab Erreichen eines Grenzwertes von 1,1 ‰[152];
- bei einem Beifahrer eines fahruntüchtigen Fahrers ab etwa 2,0 ‰[153];
- bei einem Radfahrer ab 1,6 ‰[154];

---

[143] OLG Hamm v. 14. 8. 1985, VersR 1986, 1187; *Prölss/Martin/Knappmann,* § 2 AUB 94 Rn. 4.

[144] OLG Stuttgart v. 5. 9. 1991, r+s 1994, 439.

[145] BGH v. 30. 10. 1985, VersR 1986, 141 (142).

[146] BGH v. 15. 6. 1988, VersR 1988, 950; zur Ermittlung der BAK bei fehlender Blutprobe: BGH v. 6. 3. 1986, NJW 1986, 2394; zur Entnahme von Leichenblut: BGH v. 3. 7. 2002, VersR 2002, 1135; zur Rückrechnung auf den Unfallzeitpunkt: *Grimm,* Ziff. 5 AUB 99 Rn. 11; zur Berücksichtigung der Behauptung eines Nachtrunks: KG v. 16. 1. 1998, r+s 1998, 525 mit kritischer Anmerkung von *Knappmann,* r+s 1999, 128.

[147] BGH v. 3. 7. 2002, VersR 2002, 1135 (1136).

[148] *Grimm,* Ziff. 5 AUB 99 Rn. 10.

[149] BGH v. 30. 10. 1985, VersR 1986, 141; BGH v. 16. 1. 1976, BGHZ 66, 88 (90) unter Hinweis auf die (inzwischen aufgehobene) Bestimmung des § 2 StVZO; *Grimm,* Ziff. 5 AUB 99 Rn. 12; kritisch zu dieser Praxis *Knappmann,* VersR 2000, 11 (15). Die Gleichsetzung von Bewusstseinsstörung und Fahruntüchtigkeit ist zwar den Bedingungen nicht unmittelbar zu entnehmen. Ausdrücklich aufgeführt ist allerdings auch die Trunkenheit, und ein durchschnittlicher VN wird nicht erwarten, dass er bei alkoholbedingter Fahruntüchtigkeit gleichwohl noch Unfallversicherungsschutz genießt.

[150] BGH v. 9. 10. 1991, VersR 1991, 1367.

[151] BGH v. 29. 10. 1981, NJW 1982, 588.

[152] BGH v. 9. 10. 1991, VersR 1991, 1367.

[153] BGH v. 16. 1. 1976, BGHZ 66, 88 (90).

[154] OLG Celle v. 10. 3. 1992, NJW 1992, 2169 (2170); OLG Hamm v. 19. 11. 1991, NZV 1992, 198; OLG Schleswig v. 18. 3. 1992, VersR 1993, 347; anders noch (1,7 ‰) BGH v. 21. 1. 1987, VersR 1987, 1006, aufgrund eines nach neueren Erkenntnissen nicht mehr gerechtfertigten Sicherheitszuschlages von 0,2 ‰.

• bei einem Fußgänger ab etwa 2,0 ‰[155].

Zumindest bei Erreichen der Promille-Grenzen für Kraftfahrer und Radfahrer steht der versicherten Person der Gegenbeweis nicht mehr zu[156]. Werden die Grenzwerte der absoluten Fahruntüchtigkeit erreicht, spricht der Beweis des ersten Anscheins für eine Unfallursächlichkeit des Alkoholgenusses[157].

cc) Bei einer **BAK von weniger als 0,8 ‰** soll nach einer Entscheidung des Bundesgerichtshofs von einer alkoholbedingten Bewusstseinsstörung nicht mehr ausgegangen werden können[158]. Diese – mit keinem Wort näher begründete – Auffassung überzeugt nicht. Ihr mag zugrunde gelegen haben, dass die Alkoholisierung (in Anlehnung an die damalige 0,8 ‰-Grenze des § 24a StVG) einen gewissen Grad erreicht haben muss, um sie als Bewusstseinsstörung[159] zu qualifizieren. Das aber lässt sich aus den Versicherungsbedingungen schwerlich herleiten. Maßgebend ist alleine, inwieweit die Aufnahme- und Reaktionsfähigkeit des Kraftfahrers als Folge des Alkohohlgenusses beeinträchtigt worden ist und damit das Unfallrisiko erhöht hat. Nach dem derzeit gültigen § 24a StVG könnte eine Untergrenze allenfalls bei einer BAK von 0,5 ‰ angenommen werden. In der Rechtsprechung zu § 316 StGB wird allerdings eine **relative Fahruntüchtigkeit** auch schon ab einem Alkoholisierungsgrad von 0,3 ‰ bejaht, wenn der Fahrer nicht mehr imstande war, sich im Straßenverkehr sicher zu bewegen[160]. Dies setzt die Feststellung erheblicher Ausfallerscheinungen voraus; liegen diese vor, spricht nichts dagegen, dann auch von einer Bewusstseinsstörung im Sinne der AUB auszugehen[161]. **47**

dd) Liegt die Alkoholisierung bei einem **Kraftfahrer** außerhalb des Bereichs der absoluten Fahruntüchtigkeit, müssen konkrete Umstände festgestellt werden, die einen sicheren Schluss auf eine Bewusstseinsstörung zulassen. Dazu bedarf es des Vollbeweises; erst bei der weiteren Frage, ob die Bewusstseinsstörung für den Unfall ursächlich geworden ist, können die Regeln den Anscheinsbeweises angewendet werden[162]. Er müssen äußere Zeichen für eine alkoholbedingte Fahruntüchtigkeit vorliegen. Das können **Ausfallerscheinungen** sein oder aber **Fahrfehler,** die typischerweise durch Alkohol bedingt sind wie etwa das Abkommen von der Fahrbahn ohne erkennbaren Grund[163]. Fahrfehler unterlaufen allerdings auch nüchternen Fahrern, so dass immer zu prüfen ist, inwieweit tatsächlich die Alkoholisierung die maßgebende Rolle gespielt hat[164]. Die festgestellten Ausfallerscheinungen oder Fahrfehler sind in der Regel dann zugleich Indizien für einen Kausalzusammenhang zwischen einer Bewusstseinsstörung aufgrund relativer Fahruntüchtigkeit und dem Unfall. **48**

---

[155] Insoweit hat sich ein Grenzwert allerdings noch nicht endgültig durchgesetzt. BGH v. 8. 7. 1957, VersR 1957, 509, geht davon aus, dass bei 2,0 ‰ „in aller Regel auch ein Fußgänger bewusstseinsgestört" ist; s. auch OLG Saarbrücken v. 5. 4. 2006, ZfS 2006, 338; OLG Hamm v. 2. 10. 2002, r+s 2003, 167; ferner *Grimm,* Ziff. 5 AUB 99 Rn. 18; *Prölss/Martin/Knappmann,* § 2 AUB 94 Rn. 11.
[156] BGH v. 9. 10. 1991, VersR 1991, 1367.
[157] BGH v. 30. 10. 1985, VersR 1986, 141 (142).
[158] BGH v. 15. 6. 1988, VersR 1988, 950 (951); ausdrücklich zustimmend *Knappmann,* VersR 2000, 11 (15); *van Bühren/Schubach,* § 15 Rn. 75, vertritt die Auffassung, eine Bewusstseinsstörung könne nur bei absoluter Fahruntüchtigkeit angenommen werden.
[159] Das Wort Bewusstseinsstörung ist in der BGH-Entscheidung besonders hervorgehoben; vgl. auch *Knappmann,* a. a. O., der meint, Bewusstseinsstörungen lägen erst bei schweren Rauschzuständen vor.
[160] BGH v. 11. 6. 1974, VRS 47, 178 (179); *Schönke-Schröder/Cramer/Sternberg-Lieben,* Kommentar zum StGB, 27. Aufl., § 316 Rn. 13.
[161] *Stockmeier/Huppenbauer,* Motive AUB 99 S. 43; in diese Richtung (ohne es abschließend entscheiden zu müssen) ferner OLG Celle v. 13. 6. 1996, VersR 1996, 820; OLG Schleswig v. 2. 9. 1993, VersR 1994, 973; wohl auch *Grimm,* Ziff. 5 AUB 99 Rn. 14.
[162] BGH v. 10. 10. 1990, VersR 1991, 1343 (1344).
[163] Vgl. aus jüngerer Zeit OLG Koblenz v. 20. 4. 2001, NVersZ 2002, 68 (Fahrfehler); OLG Koblenz v. 1. 12. 2000, NVersZ 2001, 554 (Fahrfehler); OLG Hamm v. 6. 1. 1999, r+s 1999, 263 (Fahrfehler); OLG Hamburg v. 26. 3. 1997, VersR 1998, 1411; OLG Hamm v. 10. 1. 1997, VersR 1997, 1345 (Fahrfehler); OLG Celle v. 4. 4. 1996, VersR 1997, 98 (99) (Fahrfehler); OLG Oldenburg v. 4. 3. 1996, r+s 1997, 393 (Fahrfehler); s. ferner die Zusammenstellung bei *Grimm,* Ziff. 5 AUB 99 Rn. 13.
[164] BGH v. 3. 4. 1985, VersR 1985, 779.

49   *ee)* Liegt die Alkoholisierung bei einem **Radfahrer** unter 1,6 ‰, bedarf es auch bei diesem des Nachweises von Ausfallerscheinungen, Fahrfehlern oder sonstigen Indizien, um eine alkoholbedingte Fahruntüchtigkeit annehmen zu können[165].

50   *ff)* Bei **Beifahrern** von fahruntüchtigen Kraftfahrern ist entscheidend das Vermögen der versicherten Person, die ihr selbst drohenden Gefahren der in Aussicht genommen Fahrt zu erkennen und bei ihrer Entschließung zu berücksichtigen[166]. Auch insoweit müssen Ausfallerscheinungen festgestellt werden, selbst bei einer BAK von 1,89 ‰[167]. Kausalität der alkoholbedingten Bewusstseinsstörung eines Beifahrers für den Unfall liegt nur dann vor, wenn der Beifahrer vor Fahrtantritt die Fahruntüchtigkeit des Fahrers infolge seiner Bewusstseinsstörung nicht erkannte und sich beim Einsteigen in eine Gefahrensituation begeben hat, in die er sich in einem unterhalb der Schwelle der Bewusstseinsstörung liegenden Zustand nicht begeben hätte[168]. Wer ohne Alkoholeinfluss bei einem fahruntüchtigen Kraftfahrer mitfährt, kann seinen Versicherungsschutz nach § 2 I (2) AUB 88 verlieren[169].

51   *gg)* Auch bei einem **Fußgänger,** dessen Alkoholisierung unter 2 ‰ liegt, kann eine alkoholbedingte Bewusstseinsstörung nur dann als bewiesen angesehen werden, wenn ein grobes Fehlverhalten vorliegt wie etwa ein unverständliches Überqueren der Fahrbahn[170].

52   **c)** Bei **Unfällen außerhalb des Straßenverkehrs** ist eine streng einzelfallbezogene Prüfung notwendig, ob eine alkoholbedingte Bewusstseinsstörung vorliegt; einen Grenzwert gibt es insoweit nicht[171]. Es müssen auch hier konkrete Anhaltspunkte dafür festgestellt werden, dass die versicherte Person in der Aufnahme- und Reaktionsfähigkeit so herabgesetzt war, dass sie der Gefahrenlage nicht gewachsen war[172].

53   **d)** Die Bewusstseinsstörung kann auch **chemische (künstliche) Mittel oder Drogen** herbeigeführt worden sein. Dazu zählen etwa Schlaf- oder Beruhigungsmittel. Beim Konsum von Drogen fehlt es derzeit noch an gesicherten Erfahrungswerten, die einen beweiskräftigen Schluss von einer festgestellten Wirkstoffkonzentration im Blut auf eine absolute Fahruntüchtigkeit zulassen würden[173]. Dass bei der versicherten Person im Blut Wirkstoffe gemäß der Anlage zu § 24a StVG festgestellt wurden, ist somit allenfalls ein Indiz für eine Bewusstseinsstörung[174]. Es bedarf daher immer der Feststellung konkreter Ausfallerscheinungen, um

---

[165] OLG Hamm v. 15. 10. 1997, r+s 1998, 216; OLG Schleswig v. 18. 3. 1992, r+s 1992, 394.

[166] BGH v. 27. 2. 1985, VersR 1985, 583 (584); OLG Hamm v. Karlsruhe v. 3. 4. 1997, VersR 1997, 835 (836); OLG Köln v. 21. 9. 1989, r+s 1989, 414.

[167] BGH v. 27. 2. 1985, VersR 1985, 583 (584).

[168] OLG Hamm v. 15. 1. 1999, r+s 1999, 297; OLG Karlsruhe v. 3. 4. 1997, VersR 1998, 836; OLG Hamm v. 3. 7. 1996, VersR 1997, 1344 (1345).

[169] *Grimm,* Ziff. 5 AUB 99 Rn. 20.

[170] OLG Hamm v. 2. 10. 2002, r+s 2003, 167 (Fahrbahnüberquerung); OLG Karlsruhe v. 9. 7. 1999, NVersZ 2000, 380 (381) (fehlende Ursächlichkeit bei Sturz in einen Graben mit ca. 2 ‰); OLG Braunschweig v. 12. 3. 1997, VersR 1997, 1343 (schwankender Fußgänger, der 1,80 m vom Straßenrand entfernt geht); LG Kassel v. 17. 3. 2006, VersR 2006, 1529 (Betreten einer Autobahn bei Dunkelheit).

[171] OLG Rostock v. 22. 12. 2004, ZfS 2006, 222; OLG Nürnberg v. 18. 9. 1999, NVersZ 2000, 169 (170); OLG Schleswig v. 7. 2. 1991, VersR 1992, 436.

[172] OLG Köln v. 20. 9. 2005, VersR 2006, 255 (Sturz nach Übersteigen eines Absperrgitters auf einem nicht ungefährlichen Klettersteig im Elbsandsteingebirge); OLG Celle v. 11. 4. 2002, r+s 2003, 168 (erfahrene Reiterin stürzt vom Pferd); OLG Koblenz v. 5. 3. 1999, NVersZ 2000, 171 (172) (Sturz über Balkongeländer); OLG Nürnberg v. 5. 3. 1999, NVersZ 2000, 169 (Zielen mit einer Schreckschusspistole auf nicht uniformierte Polizisten); OLG Schleswig v. 7. 2. 1991, VersR 1992, 436 (Fenstersturz); OLG Koblenz v. 3. 2. 1989, r+s 1992, 179 (Sturz in der Toilette einer Gastwirtschaft); OLG Hamm v. 18. 5. 1988, NJW-RR 1989, 29 (Baden in einem Kiessee); LG Bückeburg v. 11. 10. 1985, ZfS 1987, 187 (Sturz aus einer nachweislich vorher geschlossenen Zugtür).

[173] BGH v. 3. 11. 1998, BGHSt 44, 219; BGH v. 25. 5. 2000, NStZ-RR 2001, 173; OLG Naumburg v. 14. 7. 2005, VersR 2005, 1573 (1574); OLG Frankfurt/M. v. 22. 10. 2001, NStZ-RR 2002, 17; OLG Köln v. 7. 9. 1995, r+s 1998, 261.

[174] *Stockmeier/Huppenbauer,* Motive AUB 99 S. 44.

eine Fahruntüchtigkeit bzw. eine Bewusstseinsstörung aufgrund Drogenkonsums nach den AUB annehmen zu können[175].

3. Anfälle

Versicherungsschutz besteht nach § 2 I (1) AUB 88 (ebenso nach § 3 Abs. 4 AUB 61 und **54** Ziff. 5.1.1 AUB 99) dann nicht, wenn der Unfall durch **einen Schlaganfall, einen epilepti-schen Anfall oder durch andere Krampfanfälle,** die den ganzen Körper des Versicherten ergreifen, ausgelöst worden ist. Seine Rechtfertigung hat der Ausschluss darin, dass die versicherte Person bei den genannten Anfällen regelmäßig nicht imstande ist, eine Unfallgefahr zu erkennen und auf sie angemessen zu reagieren[176]. Erfasst von dem Ausschluss werden alle Un-fälle, die sich als Folge des Anfalles während der Dauer der anfallsbedingten Hilflosigkeit ereig-nen[177].

Unter **Schlaganfall** ist nur der Gehirnschlag (Apoplexie) zu verstehen, der als Folge des **55** Platzens von Blutgefäßen durch erhöhten Druck oder durch Brüchigkeit entsteht[178]. Das Ab-reißen von Brückenvenen nach einer Schädelprellung ist dem nicht gleichzustellen[179]. Ein Herzinfarkt wird von dem Ausschlusstatbestand nicht erfasst[180].

Personen, die an **Epilepsie** erkrankt sind, sind zwar grundsätzlich versicherungsfähig. War **56** jedoch ein **epileptischer Anfall** die Unfallursache, fällt der Versicherungsschutz fort. Hat erst der Unfall die Epilepsie ausgelöst, besteht Versicherungsschutz[181].

Sonstige **Krampfanfälle** führen nur dann zum Leistungsausschluss, wenn sie den **ganzen** **57** **Körper** ergreifen. Krämpfe an einzelnen Gliedmaßen wie etwa ein Wadenkrampf reichen dazu nicht aus[182].

4. Ausnahmefälle (früheres Unfallereignis)

Versicherungsschutz für die Ausschlusstatbestände des § 2 I (1) AUB 88 besteht jedoch, **58** **wenn die Störungen oder Anfälle durch ein unter diesen Vertrag fallendes Unfall-ereignis verursacht** worden sind. Mit dieser Regelung tritt der VR ohne zeitliche Be-grenzung für adäquat verursachte Folgen eines versicherten Erstunfalles ein[183]. „Unter den Vertrag" fällt ein Unfallereignis, wenn das Versicherungsverhältnis seit dem ersten Unfall un-unterbrochen fortbestanden hat; Änderungen der Vertragsbedingungen schaden nicht[184]. Ein vorübergehendes Außerkrafttreten des Versicherungsschutzes nach § 4 IV AUB 88 ist un-schädlich, sofern nur zu den Zeitpunkten des Erst- und Zweitunfalles Versicherungsschutz gegeben war[185].

II. Vorsätzliche Straftaten

Unfälle, die der versicherten Person dadurch zustoßen, dass sie **vorsätzlich eine Straftat** **59** **ausführt oder versucht,** sind nach § 2 I (2) AUB 88 (ebenso § 3 Abs. 2 AUB 61 und Ziff. 5.1.2 AUB 99) vom Versicherungsschutz ausgenommen. Der Ausschluss dient der Aus-schaltung des selbstverschuldeten besonderen Unfallrisikos, das mit der Ausführung einer Straftat gewöhnlich verbunden ist und durch die Erregung und die Furcht vor einer Ent-

---

[175] Vgl. OLG Saarbrücken v. 18. 12. 1996, VersR 1997, 949 (951).
[176] *Grimm,* Ziff. 5 AUB 99 Rn. 23.
[177] *Prölss/Martin/Knappmann,* § 2 AUB 94 Rn. 20.
[178] OLG Stuttgart v. 21. 12. 1990, VersR 1992, 308; *Grimm,* Ziff. 5 AUB 99 Rn. 24.
[179] OLG Hamm v. 27. 1. 1984, VersR 1984, 931 (932).
[180] OLG Hamm v. 13. 2. 1981, VersR 1981, 830; *Grimm,* Ziff. 5 AUB 99 Rn. 24; allerdings wird bei einem Herzinfarkt regelmäßig eine Bewusstseinsstörung gegeben sein, so dass dieser Ausschlusstatbestand greift.
[181] *Grimm,* Ziff. 5 AUB 99 Rn. 25; vgl. auch die ausdrückliche Regelung in § 10 (5) AUB 61.
[182] *Grimm,* Ziff. 5 AUB 99 Rn. 25; *Prölss/Martin/Knappmann,* § 2 AUB 94 Rn. 20.
[183] *Prölss/Martin/Knappmann,* § 2 AUB 94 Rn. 21.
[184] *Grimm,* Ziff. 5 AUB 99 Rn. 26.
[185] *Grimm,* Ziff. 5 AUB 99 Rn. 26.

deckung noch gesteigert wird; er ist rechtlich unbedenklich[186]. Bei Auslandstaten muss die Tat entweder nach dem Recht des Tatortes oder gem. §§ 5–7 StGB nach deutschem Recht strafbar sein[187]. Ordnungswidrigkeiten fallen nicht unter den Ausschluss[188].

60 Ob eine **vorsätzlich ausgeführte Straftat** gegeben ist, beurteilt sich nach deutschem Strafrecht[189]. Von einer vorsätzlich – auch bedingt vorsätzlich – ausgeführten Straftat kann nur dann gesprochen werden, wenn diese objektiv rechtswidrig war, Zurechnungsfähigkeit besteht und Schuldausschließungsgründe (§ 20 StGB; bei § 21 StGB sind die Umstände des Falles entscheidend[190]) fehlen[191]. Auch bei einem vermeidbaren Verbotsirrtum greift der Ausschluss[192]. Ob die Tat tatsächlich strafrechtlich geahndet wird oder ob Verfolgungshindernisse gegeben sind, ist unerheblich; fehlender Strafantrag[193], Strafausschließungsgründe, Amnestie oder Begnadigung hindern daher den Ausschluss nach den AUB nicht[194]. Anstiftung und Beihilfe zu einer Straftat führen ebenfalls zum Ausschluss[195]. Bloße Vorbereitungshandlungen zu einer Straftat genügen nicht, soweit diese nicht ausnahmsweise unter Strafe gestellt sind. Der Versuch einer Straftat führt nach dem Wortlaut des § 2 I (2) AUB 88 selbst dann zum Ausschluss, wenn er nicht nach § 23 Abs. 1 StGB strafbar ist[196]. Das ist auch in der Sache gerechtfertigt, weil bereits durch den Versuch eine erhöhte Unfallrisikolage geschaffen wird. Aus diesem Grund schließt ein untauglicher Versuch (§ 23 Abs. 3 StGB) den Unfallversicherungsschutz daher ebenso aus wie ein Versuch, von dem der Täter strafbefreiend nach § 24 StGB zurückgetreten ist[197]; ein Wahndelikt hingegen lässt den Versicherungsschutz unberührt[198].

61 Der Unfall muss sich in einem **zeitlichen Zusammenhang** mit der Ausführung der Tat ereignet haben. Auch ein Unfall auf der Flucht nach der Begehung einer Straftat ist nicht versichert. An dem zeitlichen Zusammenhang fehlt es, wenn zwischen der Tatausführung und dem Unfall ein längerer Zeitraum liegt, mag der Unfall auch letztlich noch auf die begangene Straftat zurückzuführen sein (Unfall während der Festnahme nach einer mehrere Monate zuvor ausgeübten Tat)[199], denn § 2 I (2) AUB 88 stellt auf die Tatausführung ab, die spätestens dann beendet ist, wenn der Täter die Tat vollständig abgeschlossen hat und wieder zur Ruhe gekommen ist[200].

62 Zwischen dem Unfall und der Straftat muss ein **adäquater Kausalzusammenhang** bestehen. Ein adäquater Ursachenzusammenhang zwischen der Ausführung der Straftat und dem Unfall ist grundsätzlich schon dann gegeben, wenn durch die Ausführung der Tat eine erhöhte Gefahrenlage geschaffen worden ist, die generell geeignet ist, Unfälle der eingetretenen Art herbeizuführen[201]. Er fehlt lediglich in solchen Fällen, in denen der Zusammenhang zwischen der Straftat und dem Unfall rein zufällig ist und der dem Delikt eigentümliche Gefahrenbereich für den Schaden nicht ursächlich gewesen sein kann[202]. Das kann etwa dann

---

[186] BGH v. 23. 9. 1998, VersR 1998, 1410 (1411).

[187] *Grimm,* Ziff. 5 AUB 99 Rn. 28; ähnlich *Prölss/Martin/Knappmann,* § 2 AUB 94 Rn. 24, der allerdings generell die Strafbarkeit der Tat am Tatort fordert.

[188] OLG Düsseldorf v. 18. 11. 1997, r+s 1998, 481.

[189] BGH v. 29. 6. 2005, VersR 2005, 1226; OLG Hamm v. 22. 6. 2005, VersR 2006, 399.

[190] *Grimm,* Ziff. 5 AUB 99 Rn. 28; enger möglicherweise BGH v. 23. 9. 1998, VersR 1998, 1410 (1411), der nur auf § 20 StGB abstellt.

[191] OLG Hamm v. 14. 6. 1978, VersR 1978, 1137; *Grimm,* Ziff. 5 AUB 99 Rn. 28.

[192] OLG Hamm v. 22. 6. 2005, VersR 2006, 399.

[193] OLG Düsseldorf v. 23. 5. 2000, VersR 2001, 361.

[194] *Grimm,* Ziff. 9 AUB 99 Rn. 28; *Prölss/Martin/Knappmann,* § 2 AUB 94 Rn. 24.

[195] OLG Düsseldorf v. 23. 5. 2000, VersR 2001, 361; *Grimm,* Ziff. 5 AUB 99 Rn. 29.

[196] *Grimm,* Ziff. 5 AUB 99 Rn. 29; *Prölss/Martin/Knappmann,* § 2 AUB 94 Rn. 24.

[197] OLG Hamm v. 17. 8. 2005, VersR 2006, 399 (400).

[198] *Grimm,* Ziff. 5 AUB 99 Rn. 29.

[199] *Grimm,* Ziff. 5 AUB 99 Rn. 29; a. A. *Wussow/Pürckhauer,* § 2 I (2) AUB Rn. 37.

[200] *Grimm,* Ziff. 5 AUB 99 Rn. 29.

[201] BGH v. 23. 9. 1998, VersR 1998, 1410 (1411).

[202] BGH v. 23. 9. 1998, VersR 1998, 1410 (1411); BGH v. 10. 1. 1957, BGHZ 23, 76 (82); OLG Hamm v. 2. 3. 2007, VersR 2008, 65.

der Fall sein, wenn der Unfall unabhängig von der Straftat alleine auf das Verhalten des Schädigers zurückzuführen ist[203] oder sich der Unfall nur „gelegentlich" der Straftat ereignet hat,
ohne mit ihr in einem inneren Zusammenhang zu stehen[204].

Wer vorsätzlich **ohne die erforderliche Fahrerlaubnis** ein Fahrzeug führt und damit **63**
eine **Straftat nach § 21 Abs. 1 Nr. 1 StVG** begeht, setzt grundsätzlich eine adäquate Ursache für einen eingetretenen Verkehrsunfall[205]. Auf das Verhalten der versicherten Person in
der konkreten Unfallsituation, auf ihre fahrerischen Fähigkeiten oder auf den Straßenzustand
soll es dabei nicht ankommen[206]. Das erscheint in dieser Allgemeinheit nicht richtig. Es mag
noch gerechtfertigt sein, bei einer versicherten Person, die generell nicht (oder wegen Entzugs der Fahrerlaubnis nicht mehr) befugt ist, ein Kraftfahrzeug zu führen, alleine schon das
unerlaubte Führen eines Fahrzeugs als adäquate Ursache eines Verkehrsunfalls anzusehen,
weil sich der Fahrzeugführer bei ordnungsgemäßem Verhalten erst gar nicht mit einem Fahrzeug in den Straßenverkehr hätte begeben dürfen. Zweifelhaft und nicht ohne weiteres bejaht werden kann der Kausalzusammenhang indes dann, wenn die versicherte Person eine
Fahrerlaubnis besitzt, diese aber nicht für das beim Unfall verwendete Fahrzeug gültig ist. Ist
die versicherte Person etwa nur berechtigt, ein Motorrad bis zu einer Leistung von 20 kW zu
führen, fährt sie aber bewusst[207] ein stärkeres Modell und verunfallt damit, liegt es nicht ohne
weiteres auf der Hand, dass die fehlende Erlaubnis, gerade dieses Motorrad zu benutzen, zu
dem Unfall geführt hat. Sinn der Strafnorm des § 21 Abs. 1 Nr. 1 StVG ist es in einem solchen Fall, die besonderen Gefahren abzuwenden, die sich daraus ergeben, dass ein Motorradfahrer ein Motorrad mit einer höheren Leistung fährt, das er wegen mangelnder Erfahrung noch nicht sicher beherrscht. Hat sich dieses Risiko nicht verwirklicht, etwa weil sich
der Unfall bei einer geringen Geschwindigkeit ereignet hat, fehlt es am Kausalzusammenhang[208]. Ähnliches wird gelten müssen, wenn der Fahrzeugführer lediglich eine ausländische
Fahrerlaubnis besitzt[209]; auch hier müssen konkrete Anhaltspunkte dafür bestehen, dass sich
das Fehlen einer deutschen Fahrerlaubnis risikoerhöhend auf den erlittenen Unfall ausgewirkt hat.

III. Kriegs- und Bürgerkriegsereignisse; innere Unruhen

Ausgeschlossen vom Versicherungsschutz sind nach § 2 I (3) AUB 88 Unfälle, die unmittel **64**
bar oder mittelbar durch **Kriegs- oder Bürgerkriegsereignisse** verursacht sind sowie Unfälle durch **innere Unruhen,** wenn der Versicherte auf Seiten der Unruhestifter teilgenommen hat[210]. Die Bestimmung entspricht der Sache nach der Regelung in § 3 Abs. 1 AUB 61;
unter den dort nur verwendeten Begriff des Kriegsereignisses zählt auch der Bürgerkrieg[211].
Sinn der **Kriegsklausel** ist es, die mit einem Krieg verbundene unverhältnismäßige und in
ihrem Umfang nicht mehr zu überschauende Gefahrsteigerung vom VR abzuwehren[212].
Das passive Kriegsrisiko kann durch Vereinbarung der Besonderen Bedingungen für die Versicherung des passiven Kriegsrisikos eingeschlossen werden[213].

---

[203] BGH v. 22. 11. 1962, VersR 1963, 133.

[204] BGH v. 26. 9. 1990, VersR 1990, 1268 (1269).

[205] BGH v. 10. 2. 1982, VersR 1982, 465; OLG Koblenz v. 30. 5. 1997, VersR 1998, 709.

[206] BGH v. 10. 2. 1982, VersR 1982, 465; *Grimm,* Ziff. 5 AUB 99 Rn. 31.

[207] Bei fehlender Kenntnis von der tatsächlichen Leistung des Motorrades fehlt es am Vorsatz, vgl. OLG
Düsseldorf v. 30. 7. 1998, VersR 2000, 309; OLG Koblenz v. 30. 5. 1997, VersR 1998, 709.

[208] OLG Köln v. 30. 8. 2000 – 5 U 236/99 – (n. v.); vgl. auch *Wussow/Pürckhauer,* § 2 I (2) AUB Rn. 39;
a. A. *Grimm,* Ziff. 5 AUB 99 Rn. 31.

[209] Vgl. dazu OLG Stuttgart v. 5. 6. 2003, VersR 2004, 188.

[210] Eingehend *Schubach,* r+s 2002, 177.

[211] *Grimm,* Ziff. 5 AUB 99 Rn. 34; *Prölss/Martin/Knappmann,* § 2 AUB 94 Rn. 26; a. A. *Schubach,* r+s
2002, 177 (179).

[212] *Grimm,* Ziff. 5 AUB 99 Rn. 34.

[213] Text bei *Grimm,* Teil C Anh. I, S. 486f.

65   **Krieg** ist nicht schon eine militärische Einzelaktion oder ein Terroranschlag; darunter verstanden wird jeder tatsächliche kriegsmäßige Gewaltzustand unabhängig von den zeitlichen, räumlichen oder sachlichen Grenzen des Kriegszustandes im völkerrechtlichen Sinne[214]. Ob die versicherte Person zu einer der kriegsführenden Parteien zählt, ist ohne Belang[215]. Nicht nur am eigentlichen Kriegsschauplatz ist der Versicherungsschutz ausgeschlossen, sondern auch dort, wo sich Auswirkungen des Krieges zeigen[216]. Auch nach Beendigung der Kriegshandlungen dauert der Ausschluss jedenfalls noch so lange fort, wie sich ein deutlich erhöhtes Schadensrisiko zeigt[217]. Eine Anwendung der Kriegsklausel auf Schäden, die noch auf den 2. Weltkrieg zurückgehen (Blindgänger), ist heute allerdings ausgeschlossen[218]. Ein Ursachenzusammenhang zwischen dem Kriegsereignis und dem Unfall wird mit Recht unter Berücksichtigung des Zwecks der Ausschlussklausel dann verneint, wenn sich keine **kriegsspezifische Gefahr** verwirklicht hat[219]. Der Tod eines Kriegsgefangenen bei einem Bergwerksunglück ist deshalb versichert[220].

66   **Bürgerkrieg** ist der Krieg zwischen Parteien innerhalb eines Staates[221]; liegt er vor, ist zugleich auch der Tatbestand der inneren Unruhe erfüllt[222].

67   In den **AUB 99** ist die Kriegsklausel in Ziff. 5.1.3. dahin eingeschränkt, dass Versicherungsschutz besteht, wenn die versicherte Person auf Reisen im Ausland **überraschend von Kriegs- oder Bürgerkriegsereignissen betroffen** wird, wobei dieser Versicherungsschutz am Ende des siebten Tages nach Beginn eines Krieges oder Bürgerkrieges auf dem Gebiet des Staates, in dem sich die versicherte Person aufhält, erlischt[223]. Damit wird dem Umstand Rechnung getragen, dass der versicherten Person bei einer plötzlichen Änderung der politischen Verhältnisse meist keine Zeit mehr bleibt, sich den erhöhten Gefahren zu entziehen[224]. Überraschend von Kriegsereignissen betroffen wird derjenige nicht mehr sein, der bereits vor Reiseantritt Kenntnis von einer politisch brisanten Lage im bereisten Land, die in einen Kriegs- oder Bürgerkriegszustand münden kann, hat.

68   Ausgeschlossen nach § 2 I (3) AUB 88 sind auch Unfälle durch **innere Unruhen,** allerdings nur dann, wenn die versicherte Person auf Seiten der Unruhestifter teilgenommen hat. Von inneren Unruhen spricht man dann, wenn zahlenmäßig nicht unerhebliche Teile des Volkes in einer Ruhe und Ordnung störenden Weise in Bewegung geraten und Gewalttätigkeiten gegen Personen oder Sachen verüben[225]. Streiks, Aussperrungen und den Gesetzen entsprechende Demonstrationen sind keine inneren Unruhen[226]. Sie können sich aber zu inneren Unruhen ausbreiten, wenn Gewaltanwendung und die Bereitschaft zur Begehung von Straftaten in den Vordergrund rücken[227]. Der Versicherte muss **auf Seiten der Unruhestifter** an den inneren Unruhen teilgenommen haben. Dazu zählt nach ganz herrschender Meinung auch der Mitläufer, der sich erkennbar mit der Verletzung der öffentlichen Sicherheit

---

[214] *Grimm,* Ziff. 5 AUB 99 Rn. 35; enger *Römer/Langheid,* § 84 VVG Rn. 3.

[215] *Grimm,* Ziff. 5 AUB 99 Rn. 35.

[216] *Grimm,* Ziff. 5 AUB 99 Rn. 37.

[217] *Prölss/Martin/Knappmann,* § 2 AUB 94 Rn. 26.

[218] *Grimm,* Ziff. 5 AUB 99 Rn. 36; *Wussow/Pürckhauer,* § 2 I (3) Rn. 43.

[219] *Schubach,* r+s 2002, 177 (179).

[220] LG Stuttgart v. 18. 3. 1949, VersR 1950, 66.

[221] *Grimm,* Ziff. 5 AUB 99 Rn. 35.

[222] *Grimm,* Ziff. 5 AUB 99 Rn. 35.

[223] Die Erweiterung gilt nach Abs. 4 nicht bei Reisen in oder durch Staaten, auf deren Gebiet bereits Krieg oder Bürgerkrieg herrscht. Sie gilt auch nicht für die aktive Teilnahme am Krieg oder Bürgerkrieg sowie für Unfälle durch ABC-Waffen und im Zusammenhang mit einem Krieg oder kriegsähnlichen Zustand zwischen den Ländern China, Deutschland, Frankreich, Großbritannien, Japan, Russland oder USA.

[224] *Stockmeier/Huppenbauer,* Motive AUB 99 S. 51.

[225] RG v. 8. 6. 1923, RGZ 108, 188 (190).

[226] *Grimm,* Ziff. 5 AUB 99 Rn. 43.

[227] Vgl. BGH v. 13. 11. 1974, VersR 1975, 126, allerdings zu einer Klausel, die ausdrücklich den Landfriedensbruch als Ausschlusstatbestand regelte.

und Ordnung solidarisiert[228]; das ist durch den Wortlaut der Klausel, die keine aktive oder gar eine besonders herausragende Teilnahme verlangt, gedeckt. Ordnungskräfte oder zufällig anwesende Passanten genießen hingegen Versicherungsschutz.

In den **AUB 99** (Ziff. 5.1.3) wird auf den Ausschlusstatbestand der inneren Unruhen er-   **69** satzlos verzichtet. Dies wird im Wesentlichen damit begründet, dass ein Unruhestifter in aller Regel zugleich auch einen Straftatbestand erfüllen wird, so dass schon der Ausschlusstatbestand der Ziff. 5.1.2 greift[229].

IV. Luftfahrtunfälle

Nicht versichert sind nach § 2 I (4) AUB 88 Unfälle des Versicherten bei der Benutzung   **70** von **Luftfahrzeugen** (Fluggeräten) ohne Motor, Motorseglern, Ultraleichtflugzeugen und Raumfahrzeugen sowie beim Fallschirmspringen. Ferner besteht kein Versicherungsschutz, wenn der Versicherte **Luftfahrzeugführer** oder sonstiges **Besatzungsmitglied** eines Luftfahrzeugs ist. In § 2 I (4) **AUB 94** und in Ziff. 5.1.4 **AUB 99** sind dagegen nur noch Unfälle der versicherten Person als Luftfahrzeugführer (auch Luftsportgeräteführer), soweit er nach deutschem Recht dafür eine Erlaubnis benötigt[230], sowie als sonstiges Besatzungsmitglied eines Luftfahrzeugs und bei der Benutzung von Raumfahrzeugen ausgeschlossen; damit ist der Versicherungsschutz gegenüber den AUB 88 und 61 vor allem für Fluggäste eines Luftfahrzeuges im Sinne von § 1 Abs. 2 LuftVG (z. B. in einem Segelflugzeug, in einem Ultraleichtflugzeug oder in einem Ballon) erweitert worden. Darüber hinaus besteht ein Ausschluss, wenn der Versicherte **mit Hilfe eines Luftfahrzeugs eine berufliche Tätigkeit** ausübt.

Nach § 2 I (4) AUB 88 sind – in der Sache weitgehend inhaltsgleich mit § 4 Abs. 3 AUB   **71** 61 – Fluggäste in motor- oder strahlbetriebenen Flugzeugen (einschließlich Hubschraubern)[231] grundsätzlich versichert, soweit bestimmte Fluggeräte – sei es mit, sei es ohne Motor – nicht ausdrücklich vom Versicherungsschutz ausgenommen worden sind. Ein Luftfahrzeug ist jeder Gegenstand, der zur Benutzung des Luftraumes bestimmt ist und der der Eigenschaft der Luft bedarf, um sich in ihr zu halten[232]. Daher ist ein **Luftfahrzeug ohne Motor** nicht nur ein Segelflieger, sondern auch ein Fallschirm (in den AUB 61 noch nicht ausdrücklich aufgeführt[233]), ein Luftschirm, ein Flugdrachen[234], ein Gleitsegelflieger[235] oder ein Ballon[236]. Ein Fluggerät wird benutzt, wenn es zum Zwecke der Fortbewegung im Luftraum verwendet wird[237]. Erfasst ist damit der Vorgang vom Start bis zur Landung[238]; Vor- und Nacharbeiten (wie etwa die Gepäckverladung) können hingegen nicht mehr als Benutzung eines Flugzeugs gewertet werden; hier fehlt es an der spezifischen Gefahrerhöhung, die mit einem Flug verbunden ist[239]. Auch die bloße Besichtigung eines Fluggerätes am Boden ist kein Benutzen.

Keinen Versicherungsschutz genießen der **Luftfahrzeugführer und das Besat-**   **72** **zungspersonal.** Zum fliegenden Personal gehörend und damit nicht Fluggast im Sinne von § 4 Abs. 3 AUB 61 ist, wer dazu bestimmt ist, das Luftfahrzeug verantwortlich zu füh-

---

[228] *Grimm,* Ziff. 5 AUB 99 Rn. 44; *Prölss/Martin/Knappmann,* § 2 AUB 94 Rn. 28.

[229] *Stockmeier/Huppenbauer,* Motive AUB 99 S. 51.

[230] S. § 4 LuftVG i. V. m. § 1 Abs. 2 LuftVG.

[231] Statt Motorflugzeug heißt es in den AUB 61 Propellerflugzeug; darunter fällt auch ein Ultraleichtflugzeug, vgl. BGH v. 16. 6. 1999, NVersZ 1999, 476.

[232] BGH v. 27. 4. 1988, VersR 1988, 714.

[233] Vgl. LG Oldenburg v. 22. 2. 1988, VersR 1989, 178.

[234] OLG Nürnberg v. 12. 11. 1979, VersR 1980, 233.

[235] LG Traunstein v. 11. 11. 1996, VersR 1997, 1521 (1522).

[236] *Grimm,* Ziff. 5 AUB 99 Rn. 49.

[237] BGH v. 27. 4. 1988, VersR 1998, 714.

[238] BGH v. 30. 11. 1983, VersR 1983, 155.

[239] A. A. *Prölss/Martin/Knappmann,* § 2 AUB 94 Rn. 30; *Grimm,* Ziff. 5 AUB 99 Rn. 48.

ren oder den verantwortlichen Flugzeugführer dabei zu unterstützen oder wer nicht im Auftrag des Veranstalters sonstige Dienste im Flugzeug zu verrichten hat[240]. Zum fliegenden Personal zählen daher z. B. der Pilot, der Copilot, Stewards und Stewardessen oder Sicherheitsangestellte. Die versicherte Person muss allerdings schon bei Flugbeginn dazu bestimmt sein, das Flugzeug zu führen oder den Flug zu begleiten[241]. Wer als Fluggast in einer Notlage fliegerische Aufgaben übernimmt oder in sonstiger Weise aufgrund einer nach Flugbeginn eingetretenen Situation das fliegende Personal unterstützt, behält den Versicherungsschutz[242].

73   Vom Versicherungsschutz auch ausgeschlossen ist, wer **bei einer mit Hilfe eines Luftfahrzeugs auszuübenden beruflichen Tätigkeit** einen Unfall erleidet. Gemeint sind damit nicht Personen, die zur Ausübung ihrer beruflichen Tätigkeit auf die Benutzung des Flugzeuges angewiesen sind, weil sie an wechselnden Orten arbeiten, sondern nur diejenigen, die gerade unter Einsatz eines Luftfahrzeugs beruflich tätig sind, bei denen also das Flugzeug unabdingbarer Bestandteil der konkreten Berufsausübung ist[243].

V. Kraftfahrzeugrennen

74   Kein Versicherungsschutz besteht nach § 2 I (5) AUB 88 (ebenso Ziff. 5.1.5 AUB 99) für Unfälle, die dem Versicherten dadurch zustoßen, dass er sich als Fahrer, Beifahrer oder Insasse eines Motorfahrzeuges an **Fahrtveranstaltungen** einschließlich der dazugehörigen Übungsfahrten beteiligt, **bei denen es auf die Erzielung von Höchstgeschwindigkeiten ankommt.** Nach § 4 Abs. 4 AUB 61 bedarf es zur Einbeziehung solcher Unfälle einer besonderen Vereinbarung.

75   Der Ausschluss für Unfälle bei derartigen Veranstaltungen rechtfertigt sich ohne weiteres aus der auf der Hand liegenden **Risikoerhöhung** der Benutzung eines Fahrzeugs mit hoher Geschwindigkeit. Eine **Fahrtveranstaltung** ist ein geplantes Unternehmen mit dem Ziel, die Leistungsfähigkeit des Fahrers oder des Fahrzeuges festzustellen[244]; auch eine spontan organisierte Veranstaltung reicht aus (illegales Straßenrennen nach kurzfristiger Abstimmung). Neben einem Wettrennen oder einer auf Höchstgeschwindigkeit ausgerichteten Rallye soll auch eine organisierte Einzelfahrt (Testfahrt) vom Ausschluss erfasst werden[245]. Geschicklichkeitsfahren und Zuverlässigkeitsprüfungen werden in der Regel nicht auf Höchstgeschwindigkeit angelegt sein, auch wenn gewisse Sollzeiten einzuhalten sind; entscheidend sind insoweit aber letztlich die konkret getroffenen Abreden[246]. Zweifelhaft und letztlich zu verneinen ist der Ausschluss ferner, wenn von vornherein ausgeschlossen ist, dass bei einer Fahrtveranstaltung höhere Geschwindigkeiten erreicht werden können, denn dann kommt es nicht auf die **Erzielung von Höchstgeschwindigkeiten** an. Ist bei einer Moto-Cross-Veranstaltung die Durchschnittsgeschwindigkeit auf 50 km/h begrenzt, liegt daher keine Fahrtveranstaltung im Sinne von § 2 I (5) AUB 88 vor[247]. Werden nur auf Teilstrecken einer Veranstaltung Höchstgeschwindigkeiten gefordert, ist auch nur dieser Teil der Veranstaltung vom Versicherungsschutz ausgenommen[248].

---

[240] BGH v. 30. 11. 1983, VersR 1983, 155; OLG Koblenz v. 23. 1. 1998, NVersZ 1998, 117 (118); OLG Oldenburg v. 20. 8. 1986, NJW-RR 1986, 1474.

[241] OLG Oldenburg v. 20. 8. 1986, NJW-RR 1986, 1474; *Prölss/Martin/Knappmann*, § 2 AUB 94 Rn. 29.

[242] BGH v. 30. 11. 1988, VersR 1986, 155 (156).

[243] *Grimm*, Ziff. 5 AUB 99 Rn. 51.

[244] *Grimm*, Ziff. 5 AUB 99 Rn. 58.

[245] *Grimm*, Ziff. 5 AUB 99 Rn. 58.

[246] OLG Stuttgart v. 9. 10. 2003, r+s 2004, 164.

[247] Zweifelnd OLG Düsseldorf v. 22. 10. 1996, VersR 1996, 224 (225) und *Grimm*, Ziff. 5 AUB 99 Rn. 58.

[248] LG Wiesbaden v. 18. 1. 1973, VersR 1975, 630 (631); *Grimm*, Ziff. 5 AUB 99 Rn. 58; a. A. LG Braunschweig v. 23. 2. 1966, VersR 1966, 729 (730).

Der Kreis der vom Ausschluss erfassten Personen ist auf **Fahrer, Beifahrer und Insassen** **76** von Motorfahrzeugen begrenzt; Zuschauer, Streckenposten und Fahrzeugmechaniker sind vom Ausschluss nicht betroffen[249].

Auch für **Übungsfahrten** zur Vorbereitung auf eine Fahrtveranstaltung im Sinne von § 2 I **77** (5) AUB 88 besteht kein VersSchutz[250]. Die Übungsfahrten brauchen nicht – wie die Fahrtveranstaltung selbst – organisiert zu sein[251].

VI. Kernenergieunfälle

Ausgeschlossen ist der Versicherungsschutz nach § 2 I (6) AUB 88 (ebenso Ziff. 5.1.6 AUB **78** 99) bei Unfällen, die unmittelbar oder mittelbar durch **Kernenergie** verursacht sind. Anders als noch nach § 2 Abs. 3 Buchst. c) AUB 61 beschränkt sich der Ausschluss nicht auf **Strahlenschäden** mit einer Härte von mindestens 100 Elektronen-Volt, sondern auf jedwede Schädigung der versicherten Person durch einen Kernenergieunfall. Ausreichend ist daher eine Schädigung durch eine Druckwelle oder durch bloße Hitzeentwicklung nach einer Kernexplosion; auch ein Unfall, der sich bei einer durch eine Kernexplosion ausgelösten Panik ereignet, ist vom Versicherungsschutz ausgenommen[252]. Wirkt sich indes die besondere Gefahr der Kernenergie bei einem Unfall nicht aus (Beispiel: Der Fahrer eines Transportfahrzeugs mit spaltbarem Material erleidet einen Verkehrsunfall), fehlt es an einem Kausalzusammenhang[253]. Unfälle bei der Nutzung von Strom, der aus Kernenergie gewonnen wurde, fallen ebenfalls nicht unter den Ausschluss[254].

VII. Gesundheitsschädigungen durch Strahlen

Nach § 2 II (1) AUB 88 (ebenso: Ziff. 5.2.1. AUB 99) sind **Gesundheitsschädigungen** **79** **durch Strahlen** vom Versicherungsschutz ausgenommen. Diese Regelung hat die kasuistische Aufzählung bestimmter Strahlenarten in § 2 Abs. 3 Buchst. c) AUB 61 (Gesundheitsschädigungen durch energiereiche Strahlen mit einer Härte von mindestens 100 Elektronen-Volt, durch Neutronen jeder Energie, durch Laser- und Maserstrahlen und durch künstlich erzeugte ultraviolette Strahlen[255]) ersetzt. Der Ausschluss verfolgt den **Zweck,** nicht genau übersehbare Risiken auszugrenzen, die sich aus einer erweiterten Auslegung des Begriffs der Plötzlichkeit, wonach auch eine zeitlich längere Einwirkung von Strahlen noch als plötzlich angesehen wird, ergeben haben[256]. Die Ausschlussklausel kann durch die Vereinbarung der Besonderen Bedingungen für den Einschluss von Gesundheitsschäden durch Röntgen- und Laserstrahlen[257] oder durch Vereinbarung der Allgemeinen Strahlenunfallversicherungs-Bedingungen[258], abbedungen werden.

Dadurch, dass § 2 II (1) AUB 88 nur allgemein von Gesundheitsschäden durch Strahlen **80** spricht, ist ein **breiter Anwendungsbereich** eröffnet. Während in der Literatur der Ausschluss unter Hinweis auf den medizinischen Sprachgebrauch auf ionisierende Strahlen begrenzt wurde[259], hat der Bundesgerichtshof zu Recht hervorgehoben, dass ein durchschnitt-

[249] *Prölss/Martin/Knappmann*, § 2 AUB 94 Rn. 31.
[250] OLG Celle v. 12. 1. 2005, VersR 2005, 778.
[251] *Grimm*, Ziff. 5 AUB 99 Rn. 60; *Wussow/Pürckhauer*, § 2 I (5) Rn. 64.
[252] *Prölss/Martin/Knappmann*, § 2 AUB 94 Rn. 32; *Grimm*, Ziff. 5 AUB 99 Rn. 61.
[253] *Prölss/Martin/Knappmann*, § 2 AUB 94 Rn. 32; *Grimm*, Ziff. 5 AUB 99 Rn. 61; *Wussow/Pürckhauer*, § 2 I (6) Rn. 69.
[254] *Prölss/Martin/Knappmann*, § 2 AUB 94 Rn. 32; *Grimm*, Ziff. 5 AUB 99 Rn. 61; *Wussow/Pürckhauer*, § 2 I (6) Rn. 69.
[255] S. dazu *Grimm*, Ziff. 5 AUB 99 Rn. 73 ff.
[256] *Grimm*, Ziff. 5 AUB 99 Rn. 69. Zum Begriff der Plötzlichkeit s. o. Rn. 10 ff.
[257] Text bei *Grimm*, Teil C Anh. I S. 467 f.
[258] Text bei *Grimm*, Teil C Anh. I S. 482 ff.
[259] *Wussow/Pürckhauer*, § 2 II (1) Rn. 72; *Prölss/Martin/Knappmann*, § 2 AUB 94 Rn. 33.

licher VN unter Strahlen nicht nur radioaktive Strahlung, sondern auch **Röntgenstrahlen** oder Strahlen anderer Art wie eine **Laserstrahlung** versteht[260]. Auf eine besondere Gefährlichkeit der Strahlen kommt es nicht an; es reicht vielmehr aus, dass die Strahlung eine Gesundheitsschädigung verursachen kann[261]. Ausgeschlossen sind damit auch Schäden durch übermäßige Sonneneinstrahlung[262].

81　　§ 2 II (1) AUB 88 stellt nur auf eine **Gesundheitsschädigung** durch Strahlen ab. Ein **durch Strahlen ausgelöster Unfall** ist danach versichert (Beispiel: Ein Autofahrer wird durch Sonnenstrahlen geblendet und verursacht dadurch einen Unfall[263]). Anders als nach § 2 Abs. 3 AUB 61 besteht Versicherungsschutz allerdings dann grundsätzlich nicht, wenn die Strahlenschädigung die Folge eines versicherten Unfallereignisses ist. Gedeckt sind dagegen Gesundheitsschädigungen durch **strahlendiagnostische und strahlentherapeutische Maßnahmen,** die durch einen Unfall veranlasst worden sind (§ 2 II (2) Abs. 2 AUB 88; Ziff. 5.2.3 Abs. 2 AUB 99).

VIII. Gesundheitsschädigungen durch Heilmaßnahmen oder Eingriffe

82　　Ausgeschlossen vom Versicherungsschutz sind nach § 2 II (2) AUB 88 (ebenso § 3 Abs. 3 AUB 61 mit dem Zusatz, dass das Schneiden von Nägeln, Hühneraugen und Hornhaut nicht als Eingriff gilt[264]) **Gesundheitsschädigungen durch Heilmaßnahmen oder Eingriffe,** die der Versicherte an seinem Körper vornimmt oder vornehmen lässt. Ziff. 5.2.3 AUB 99 spricht hingegen nur von Gesundheitsschäden durch Heilmaßnahmen oder Eingriffe am Körper der versicherten Person. Versicherungsschutz besteht jedoch, wenn die Eingriffe oder Heilmaßnahmen, auch strahlendiagnostische oder -therapeutische, durch einen unter den Vertrag fallendes Unfallereignis[265] veranlasst waren. **Zweck** des Ausschlusses ist, die erhöhten Gefahren, die mit einer **gewollten Behandlung** des menschlichen Körpers verbunden sind, von der Deckung auszunehmen[266].

83　　**Heilmaßnahmen** sind alle zu einem therapeutischen Zweck erfolgenden Maßnahmen oder Handlungen der versicherten Person oder eines Dritten[267], der nicht zwingend ein Arzt sein muss[268]. Auch die bloße Einnahme von Medikamenten ist eine Heilmaßnahme[269]. Rein diagnostische Maßnahmen sind noch keine Heilmaßnahmen[270], es sei denn, sie dienen der konkreten Vorbereitung eines medizinischen Eingriffs[271]. Ob die Heilmaßnahmen medizinisch indiziert waren oder ob die Behandlung nach den **Regeln der ärztlichen Kunst** ausgeführt wurde, spielt keine Rolle[272]. Der Ausschluss hat nur zur Voraussetzung, dass die Gesundheitsschädigung die adäquate Folge einer Heilmaßnahme ist. Allerdings muss sich dabei eine Gefahr verwirklicht haben, die der durchgeführten Heilmaßnahme eigentümlich

---

[260] BGH v. 11. 3. 1998, NVersZ 1998, 73. Auch elektromagnetische Felder sind Strahlen, vgl. *Stockmeier/Huppenbauer,* Motive AUB 99 S. 59.

[261] BGH v. 11. 3. 1998, NVersZ 1998, 73.

[262] *Stockmeier/Huppenbauer,* Motive AUB 99 S. 58.

[263] *Stockmeier/Huppenbauer,* Motive AUB 99 S. 59.

[264] Die Streichung dieses Zusatzes in den AUB 88/99 ist ohne Bedeutung, da die genannten Maßnahmen als Eingriffe des täglichen Lebens weiterhin unter den Versicherungsschutz fallen, vgl. *Grimm,* Ziff. 5 AUB 99 Rn. 77.

[265] Der Eingriff als solcher stellt keinen Unfall dar, vgl. OLG München v. 12. 3. 2003, VersR 2005, 261.

[266] *Grimm,* Ziff. 5 AUB 99 Rn. 78.

[267] *Grimm,* Ziff. 5 AUB 99 Rn. 79; *Prölss/Martin/Knappmann,* § 2 AUB 94 Rn. 34.

[268] OLG Koblenz v. 18. 10. 2001, NVersZ 2002, 216 (Krankengymnast).

[269] OLG Stuttgart v. 25. 8. 2005, VersR 2007, 786 (787).

[270] *Prölss/Martin/Knappmann,* § 2 AUB 94 Rn. 34; anders offenbar *Grimm,* Ziff. 5 AUB 99 Rn. 79.

[271] *Grimm,* Ziff. 5 AUB 99 Rn. 79.

[272] BGH v. 21. 9. 1988, r+s 1988, 383; OLG München v. 12. 3. 2003, VersR 2005, 261; OLG Koblenz v. 18. 10. 2001, NVersZ 2002, 216; OLG Schleswig v. 18. 2. 1999, VersR 2003, 587; OLG Hamm v. 4. 5. 1979, VersR 1979, 1100; OLG Köln v. 6. 2. 1973, VersR 1973, 959 (961); LG Köln v. 22. 1. 2003, VersR 2003, 848 (849); LG Duisburg v. 18. 7. 1996, VersR 1997, 821.

ist[273]. Es darf sich also nicht nur um eine Schädigung handeln, die lediglich zufällig aus Anlass einer Heilbehandlung eingetreten ist (Sturz in einer Arztpraxis; Unfall auf dem Weg zu einer ärztlichen Behandlung)[274].

Eingriffe am Körper im Sinne von § 2 II (2) AUB 88 sind nach der Rechtsprechung des   **84** Bundesgerichtshofs gewollte Handlungen, die zu einer Substanzverletzung des Körpers führen, oder Einwirkungen von außen, die eine Beeinträchtigung körperlicher Funktionen bezwecken[275]. Erfasst sind alle gezielt vorgenommenen Handlungen am Körper, lediglich ungewollte Zufallshandlungen fallen nicht unter den Ausschluss[276]. Eine Substanzverletzung des Körpers ist nicht zwingend erforderlich, die Einwirkung muss aber eine Beeinträchtigung körperlicher Funktionen bezwecken[277]. Damit können auch autoerotische Handlungen unter den Ausschlusstatbestand des § 2 II (2) AUB 88 fallen, wobei ein vom Plan abweichender Verlauf den Kausalzusammenhang grundsätzlich nicht unterbricht[278].

Die versicherte Person muss die Heilmaßnahme oder den Eingriff selbst **vornehmen** oder   **85** durch einen Dritten **vornehmen lassen.** Aus der Verwendung der Formulierung vornehmen lassen wird gefolgert, dass der Eingriff dem Willen der versicherten Person entsprochen haben muss[279]. Soweit es um einen ärztlichen Eingriff geht, bedeutet dies allerdings nicht, dass die versicherte Person als Patient eine wirksame Einwilligung nach einer ordnungsgemäßen Risikoaufklärung durch den Arzt erteilt haben muss[280]. Die insoweit zur Sicherung des Selbstbestimmungsrechts des Patienten aufgestellten Rechtsgrundsätze können nicht auf den Ausschlusstatbestand des § 2 II (2) AUB 88 übertragen werden, denn dieser verfolgt den Zweck, bereits solche Gesundheitsschäden vom Versicherungsschutz auszunehmen, die durch eine von der versicherten Person bewusst veranlasste Heilmaßnahme eingetreten sind. Demgemäss reicht es für den Ausschluss aus, wenn der Versicherte um den bevorstehenden Eingriff oder die Heilmaßnahme weiß und sie vom Arzt nicht gegen oder ohne seinen ausdrücklichen Willen vorgenommen wird. Bei Bewusstlosigkeit des Patienten kommt es auf seinen mutmaßlichen Willen an[281].

In den **AUB 99** ist der Zusatz, dass die Heilmaßnahme oder der Eingriff von der versicher-   **86** ten Person vorgenommen wird oder dass sie den Eingriff von einem Dritten vornehmen lässt, nicht mehr aufgenommen worden. Damit soll vor allem klargestellt werden, dass auch eine **fehlerhafte ärztliche Behandlung** zum Ausschluss des Versicherungsschutzes führt[282]. Es sollen sämtliche Risiken im Zusammenhang mit einer Heilmaßnahme oder einem Eingriff ausgeschlossen werden[283].

IX. Gesundheitsschäden durch Infektionen

Nach § 2 II (3) AUB 88 sind Gesundheitsschäden durch **Infektionen** generell vom Ver-   **87** sicherungsschutz ausgenommen (ebenso Ziff. 5.2.4 AUB 99[284]). Der Ausschluss kann durch

---

[273] BGH v. 21. 9. 1988, VersR 1988, 1148 (1149); OLG Saarbrücken v. 8. 5. 1996, VersR 1997, 956 (958) – Umstoßen einer Schüssel mit heißer Flüssigkeit zur Inhalation. Anders bei einem Sturz beim Aufstehen vom Behandlungstisch, vgl. LG Berlin v. 18. 6. 2002, VersR 2003, 54.

[274] BGH v. 21. 9. 1988, VersR 1988, 1148 (1149).

[275] BGH v. 8. 11. 2000, NVersZ 2000, 117.

[276] BGH v. 8. 11. 2000, NVersZ 2000, 117 (118).

[277] BGH v. 8. 11. 2000, NVersZ 2000, 117 (118).

[278] BGH v. 8. 11. 2000, NVersZ 2000, 117 (118) – Legen einer Schlinge um den Hals zur Verminderung der Sauerstoffzufuhr, wobei die Strangulation zum Tod führt; vgl. auch OLG Saarbrücken v. 18. 12. 1996, VersR 1997, 949 (951) zu einem Fall, in dem der Kausalzusammenhang verneint worden ist.

[279] *Grimm,* Ziff. 5 AUB 99 Rn. 81; *Prölss/Martin/Knappmann,* § 2 AUB 94 Rn. 35.

[280] OLG Schleswig v. 18. 2. 1999, VersR 2003, 587.

[281] *Grimm,* Ziff. 5 AUB 99 Rn. 74, stellt insoweit auf die Entscheidung eines Dritten (Arzt oder Angehöriger) ab, die der Patient dann gem. § 679 BGB gegen sich gelten lassen muss.

[282] *Stockmeier/Huppenbauer,* Motive AUB 99 S. 61 f.

[283] *Stockmeier/Huppenbauer,* Motive AUB 99 S. 62.

[284] Zur Regelung in den AUB 61 s. Rn. 90.

Vereinbarung der Besonderen Bedingungen für den Einschluss von Infektionen in die Unfallversicherung abbedungen werden[285]. Unter einer Infektion versteht man das Eindringen eines selbständig vermehrungsfähigen tierischen oder pflanzlichen Krankheitserregers in den Körper, der durch seine Lebensfähigkeit bestimmte örtlich begrenzte oder allgemeine Störungen hervorruft[286]. Infektionen sind vom Versicherungsschutz ausgeschlossen, weil sie als Krankheiten nicht zu den typischen, durch eine Unfallversicherung abzudeckenden Lebensrisiken zählen[287]. Wie die Erreger in den Körper gelangen, ist gleichgültig. Das kann auch durch einen Insektenstich oder ein Insektenbiss geschehen.

88   Versicherungsschutz besteht allerdings, wenn die Krankheitserreger **durch eine unter den Vertrag fallende Unfallverletzung in den Körper gelangt** sind (§ 2 II (3) S. 2 AUB 88; Ziff. 5.2.4.2. AUB 99). **Durch** eine Unfallverletzung sind Erreger nur dann in den Körper geraten, wenn sie unmittelbar infolge der Unfallverletzung ihren Weg in den Körper genommen haben; es reicht also nicht aus, wenn sich erst als weitere Folge der Unfallverletzung eine Infektion einstellt[288]. Ist die Infektion jedoch durch eine Heilmaßnahme verursacht, die durch einen unter den Vertrag fallenden Unfall veranlasst ist, ist Versicherungsschutz wieder gegeben (§ 2 II (3) S. 4 mit II (2) S. 2 AUB 88; Ziff. 5.2.4.3 AUB 99).

89   Nicht als Unfallverletzung gelten **Haut- und Schleimhautverletzungen, die als solche geringfügig** sind und durch die Krankheitserreger sofort oder später in den Körper gelangen (§ 2 II (3) S. 3 AUB 88; der Sache nach ebenso Ziff. 5.2.4.1 AUB 99, die Infektionen durch diese Verletzungen ausschließt). Geringfügig ist eine Haut- oder Schleimhautverletzung, wenn sie für sich betrachtet keinen Krankheitswert hat und keiner ärztlichen Behandlung bedarf[289]. Danach sind geringfügige Nadelstiche, kleinere Kratz- und Schnittwunden[290] und, wie Ziff. 5.2.4.1 AUB 99 jetzt ausdrücklich klarstellt, eine Verletzung durch einen Insektenbiss oder -stich[291]. Als geringfügige Haut- oder Schleimhautverletzung wird auch eine Infektion mit dem AIDS-Virus angesehen[292]. Der Wiederausschluss entfällt bei Tollwut oder Wundstarrkrampf (§ 2 II (3) S. 3 Hs. 2 AUB 88 und Ziff. 5.2.4.2 AUB 99).

90   Demgegenüber ist in **§ 2 (2) b) AUB 61** als positiver Grenzfall geregelt, dass eine **Wundinfektion,** bei der der Ansteckungsstoff durch eine Unfallverletzung in den Körper gelangt ist, auch unter den Versicherungsschutz fällt. Eine Wundinfektion ist eine Entzündung der Wunde durch Eindringen von Erregern in die Wunde[293]. § 2 (2) b) AUB 61 erweitert den Versicherungsschutz insofern, als er auch Wundinfektionen, die nicht direkt durch die Unfallverletzung bewirkt werden, unter den Schutz der Unfallversicherung stellt[294]. Es handelt sich um einen selbständigen Versicherungsfall; ob das vorausgegangene Unfallereignis versichert war, spielt deshalb keine Rolle[295]. Die Infektion muss primär den Wundbereich entzünden. Führt sie zu einer Erkrankung anderer Körperbereiche, ist eine solche Infektionserkrankung nach § 2 (3) c) AUB 61 vom Versicherungsschutz ausgeschlossen[296]. Eine Infektionserkrankung ist jedoch dann versichert, wenn sie als Folge eines unter die Versicherung fallenden Unfallereignisses aufgetreten ist (§ 2 (3) c) vorletzter Satz AUB 61).

---

[285] Text bei *Grimm,* Teil C Anh. I S. 465 f.; vgl. dazu auch *Grimm,* § 2 AUB Rn. 91.

[286] *Bruck/Möller/Wagner,* Unfallversicherung, Anm. G 229; *Wussow/Pürckhauer,* § 2 II (3) AUB Rn. 81.

[287] *Grimm,* Ziff. 5 AUB 99 Rn. 85.

[288] *Grimm,* Ziff. 5 AUB 99 Rn. 88; *Prölss/Martin/Knappmann,* § 2 AUB 88 Rn. 36.

[289] *Grimm,* Ziff. 5 AUB 99 Rn. 87.

[290] OLG Düsseldorf v. 29. 2. 2000, VersR 2001, 449 (450).

[291] *Grimm,* Ziff. 5 AUB 99 Rn. 87. Auch ein Zeckenbiss, durch den es zu einer Borreliose-Erkrankung gekommen ist, fällt somit nicht unter den VersSchutz, vgl. OLG Hamm v. 23. 2. 2007, VersR 2008, 342; OLG Koblenz v. 25. 11. 2003, VersR 2005, 493; LG Dortmund v. 1. 9. 2005, NJW-RR 2006, 102; *Stockmeier/Huppenbauer,* Motive AUB 99 S. 65; a. A. AG Duisburg v. 22. 8. 2003, Info-Letter 2003, 247.

[292] *Grimm,* Ziff. 5 AUB 99 Rn. 86; *Prölss/Martin/Knappmann,* § 2 AUB 94 Rn. 36.

[293] *Grimm,* Ziff. 5 AUB 99 Rn. 90; *Prölss/Martin/Knappmann,* § 2 AUB 61 Rn. 5.

[294] OLG Hamm v. 21. 11. 1980, VersR 1981, 673; *Grimm,* Ziff. 5 AUB 99 Rn. 90.

[295] *Prölss/Martin/Knappmann,* § 2 AUB 61 Rn. 5.

[296] OLG Hamm v. 3. 7. 1985, VersR 1987, 253; *Grimm,* Ziff. 5 AUB 99 Rn. 90.

X. Vergiftungen

Ausgeschlossen ist der Versicherungsschutz nach § 2 II (4) AUB 88 (ebenso: § 2 (3) c) AUB **91**
61 und Ziff. 5.2.5 AUB 99) bei **Vergiftungen** infolge Einnahme (AUB 61: infolge Einführung) fester oder flüssiger Stoffe durch den Schlund. Ziff. 5.2.5 Abs. 2 AUB 99 regelt zusätzlich, dass für Kinder, die zum Zeitpunkt des Unfalles das 10. Lebensjahr noch nicht vollendet
haben, Versicherungsschutz mit Ausnahme von Vergiftungen durch Nahrungsmittel besteht;
dies hat seinen Grund darin, dass die Kinderunfallversicherung als Sonderbedingung aufgegeben worden und nunmehr in die AUB 99 integriert ist[297].

Unter flüssigen und festen Stoffen, die zu Vergiftungen führen, werden **Giftstoffe aller** **92**
Art unabhängig davon, ob sie fachwissenschaftlich als Gift bezeichnet werden, verstanden.
Auch falsch angewendete Arzneimittel oder verdorbene Nahrungs- oder Genussmittel sind
danach Gifte[298]. Sie müssen durch den Schlund eingenommen worden sein und nach Aufnahme in die Blutbahn resorptiv wirken[299]. Giftige Gase fallen nicht unter den Ausschluss,
ebenso nicht Verätzungen oder Verbrennungen durch Säure oder Lauge[300]. **Einnahme** ist
das willentliche, nicht notwendig eigenhändige Einverleiben des Stoffes; ob die versicherte
Person die Giftigkeit des Stoffes erkannt hat, ist unerheblich[301].

Während nach § 2 (3) c) AUB 61 bei Vergiftungen Versicherungsschutz dann bestand, **wenn** **93**
es sich um die Folgen eines unter den Vertrag fallenden Unfallereignisses handelt,
fehlt ein solcher Wiedereinschluss sowohl in den AUB 88 als auch in den AUB 99. Damit ist
der Versicherungsschutz auch dann ausgeschlossen, wenn etwa bei einer Unfallheilbehandlung
falsch dosierte Medikamente eine Schädigung herbeiführen. Das ist wenig einsichtig, zumal
die neueren Unfallversicherungsbedingungen vergleichbare Wiedereinschlüsse bei Heilmaßnahmen durchaus kennen (§ 2 II (2) S. 2 und II (3) S. 4 AUB 88). Gleichwohl geht es nicht an,
einen solchen Wiedereinschluss ohne ausdrückliche Regelung auch für Vergiftungen anzuwenden[302]. Die Ungleichbehandlung des Ausschlusses der Vergiftung zu den Fällen des § 2 II
(2) und (3) AUB 88 lässt jedoch an eine unangemessene Benachteiligung im Sinne von § 9
AGBG denken[303].

XI. Bauch- und Unterleibsbrüche

§ 2 III (1) AUB 88 (ebenso: § 10 (3) AUB 61 und Ziff. 5.2.7 AUB 99) schließt **Bauch- und** **94**
Unterleibsbrüche vom Versicherungsschutz aus. Sie sind deshalb ausgenommen, weil sie
meist auf anlagebedingten Bindegewebsschwächen beruhen[304]. Der Versicherungsschutz
bleibt jedoch bestehen, wenn die Brüche durch eine unter den Vertrag fallende gewaltsame
von außen kommende Einwirkung entstanden sind.

Unter **Bauch- und Unterleibsbrüchen** sind alle bekannten, selteneren wie häufigeren **95**
Hernien, Zwerchfellbrüche, Bauchdeckenbrüche, Leisten- und Schenkelbrüche, die verschiedenen Brüche im Beckenbereich sowie Wasser- und Krampfaderbrüche zu verstehen[305].

Damit eine **gewaltsam von außen kommende Einwirkung** angenommen werden **96**
kann, muss unmittelbar auf den Bauch oder Unterleib der versicherten Person so stark eingewirkt worden sein, dass dadurch ein Hervortreten von Eingeweiden aus der Bauchhöhle bzw.

---

[297] *Stockmeier/Huppenbauer,* Motive AUB 99 S. 67.
[298] *Grimm,* Ziff. 5 AUB 99 Rn. 93; *Prölss/Martin/Knappmann,* § 2 AUB 94 Rn. 37.
[299] *Prölss/Martin/Knappmann,* § 2 AUB 94 Rn. 37.
[300] BGH v. 13. 6. 1955, VersR 1955, 385.
[301] *Grimm,* Ziff. 5 AUB 99 Rn. 93.
[302] So aber *Wussow/Pürkhauer,* § 2 II (4) AUB Rn. 90; dagegen auch *Prölss/Martin/Knappmann,* § 2 AUB
94 Rn. 37; Grimm, Ziff. 5 AUB 99 Rn. 94.
[303] *Prölss/Martin/Knappmann,* § 2 AUB 94 Rn. 37. In den Motiven zu den AUB 99 ist diese Problematik nicht erörtert, vgl. *Stockmeier/Huppenbauer,* Motive AUB 99 S. 67 f.
[304] *Prölss/Martin/Knappmann,* § 2 AUB 94 Rn. 39.
[305] *Grimm,* Ziff. 5 AUB 99 Rn. 107.

dem Unterleib herbeigeführt wird[306]. Dazu müssen in der Regel unmittelbar nach dem Unfall klinische Zeichen einer Bauchwandverletzung vorliegen[307]. Ein Pressbruch, der insbesondere bei schwerem Heben auftritt, gehört nicht zu den gewaltsamen Einwirkungen von außen[308].

XII. Schädigungen an Bandscheiben, Blutungen aus inneren Organen und Gehirnblutungen

97   Der Versicherungsschutz ist nach § 2 III (2) AUB 88 (ebenso Ziff. 5.2.1 AUB 99) ausgeschlossen bei **Schäden an Bandscheiben sowie Blutungen aus inneren Organen und Gehirnblutungen.** Bandscheibenschäden wurden in die AUB 88 neu aufgenommen; der Ausschluss für Blutungen aus inneren Organen und Gehirnblutungen findet sich bereits in § 10 (2) AUB 61. Versicherungsschutz besteht jedoch, wenn ein unter den Vertrag fallendes Unfallereignis die überwiegende Ursache ist. **Grund** für den – wirksamen[309] – Ausschluss ist, dass derartigen Schäden typischerweise Vorerkrankungen oder degenerative Veränderungen vorausgehen[310].

98   **Innere Organe** sind aus Zellen oder Gewebe zusammengesetzte Teile im Inneren des Körpers, die eine Einheit mit bestimmter Funktion bilden[311]. Das Blutkreislaufsystem ist ein inneres Organsystem, so dass die Aorta als dessen Teil unter den Ausschluss fällt[312]. **Gehirnblutungen** beruhen nicht selten auf Gefäßanomalien und treten häufig nach einem Gehirnschlag auf[313].

99   Schäden an der **Bandscheibe,** die nach einem Unfall auftreten, sind nach praktischer Erfahrung in aller Regel **überwiegend auf degenerative Veränderungen** zurückzuführen[314]. Die Veränderungen an der Bandscheibe verlaufen bis zum Unfallereignis meist klinisch stumm und werden von der versicherten Person dann in einer subjektiven Fehleinschätzung alleine dem Unfall zugerechnet. **Traumatisch** bedingte Bandscheibenschäden sind hingegen eher selten und setzen nach medizinischer Erfahrung ein eindrucksvolles und dramatisches Geschehen voraus, bei dem meist auch andere Verletzungen wie etwa Wirbelbrüche zu erwarten sind[315].

100   Sind Blutungen aus inneren Organen, Gehirnblutungen oder Bandscheibenschäden **überwiegend,** d.h. zu mehr als 50%, auf den Unfall zurückzuführen, **greift der Ausschluss nicht**[316]; der Anspruch kann aber ggf. nach § 8 AUB 88 gemindert sein. Liegt der Mitwirkungsanteil unter 50%, entfällt ein Anspruch ganz.

---

[306] *Wussow/Pürckhauer,* § 2 III (1) AUB Rn. 95; *Grimm,* Ziff. 5 AUB 99 Rn. 107; anders *Prölss/Martin/Knappmann,* § 2 AUB 94 Rn. 39, wonach jede mit erheblicher Gewalt erfolgte mechanische Einwirkung auf den Körper genügen soll.

[307] OLG Hamburg v. 15. 9. 1988, r+s 1990, 102 (103); LG Frankfurt/M. v. 28. 1. 1993, r+s 1993, 396.

[308] OLG Hamburg v. 15. 9. 1988, r+s 1990, 102 (103); *Grimm,* Ziff. 5 AUB 99 Rn. 108; a. A. *Prölss/Martin/Knappmann,* § 2 AUB 94 Rn. 39.

[309] OLG Karlsruhe v. 17. 3. 2005, VersR 2005, 969; OLG Köln v. 22. 5. 2002, VersR 2003, 1120.

[310] OLG Oldenburg v. 21. 8. 1996, VersR 1997, 821; *Grimm,* Ziff. 5 AUB 99 Rn. 62.

[311] *Grimm,* Ziff. 5 AUB 99 Rn. 65.

[312] BGH v. 17. 4. 1991, VersR 1991, 916; OLG Frankfurt/M. v. 27. 6. 1990, VersR 1991, 213 (214).

[313] *Grimm,* Ziff. 5 AUB 99 Rn. 66; *Prölss/Martin/Knappmann,* § 2 AUB 94 Rn. 40.

[314] Vgl. OLG Frankfurt/M. v. 18. 2. 2003, r+s 2004, 431; OLG Oldenburg v. 21. 8. 1996, VersR 1997, 821; OLG Schleswig v. 12. 1. 1995, VersR 1995, 825 (826); *Grimm,* Ziff. 5 AUB 99 Rn. 63. Der Ausschluss erfasst auch Folgeschäden, vgl. OLG Hamburg v. 15. 5. 2007, r+s 2008, 32

[315] OLG Koblenz v. 5. 6. 2003, VersR 2004, 462; OLG Frankfurt/M. v. 18. 2. 2003, r+s 2004, 431; OLG Oldenburg v. 21. 8. 1996, VersR 1997, 821; *Ernesto/Gärtner,* VersR 1996, 419; *Grimm,* Ziff. 5 AUB 99 Rn. 63; *Prölss/Martin/Knappmann,* § 2 AUB 94 Rn. 40.

[316] OLG Koblenz v. 16. 3. 2007, VersR 2008, 67; zur Beweislast s. Rn. 239.

XIII. Psychische Reaktionen

§ 2 IV AUB 88 bestimmt, dass **krankhafte Störungen infolge von psychischen Reak-** 101
tionen, gleichgültig, wodurch diese verursacht sind, **vom Versicherungsschutz ausge-**
nommen sind. In Ziff. 5.2.6 AUB 99 ist der Ausschluss dahin formuliert, dass krankhafte
Störungen infolge von psychischen Reaktion, auch wenn sie durch den Unfall verursacht
worden sind, ausgeschlossen sind[317]. Demgegenüber ist die Ausschlussregelung in den AUB
61 differenzierter: Nach § 2 (3) b) AUB 61 sind Erkrankungen infolge psychischer Einwirkungen ausgeschlossen, und nach § 10 (5) AUB 61 werden die Folgen psychischer und nervöser Störungen, die im Anschluss an einen Unfall eintreten, nur gedeckt, wenn und soweit
diese Störungen auf eine durch den Unfall verursachte organische Erkrankung des Nervensystems oder eine durch den Unfall neu entstandene Epilepsie zurückzuführen sind.

Die Regelung des **§ 2 (3) b AUB 61,** wonach Erkrankungen infolge psychischer Einwir- 102
kungen ausgeschlossen sind, ist nach der Rechtsprechung des Bundesgerichtshofs – entgegen
der Absicht des Bedingungsgebers[318] – **nicht im Sinne eines umfassenden Ausschlusses**
für solche Gesundheitsbeeinträchtigungen zu verstehen, die durch eine in **unmittelbarem**
zeitlichen Zusammenhang mit dem Unfallereignis stehende psychische Einwirkung
hervorgerufen werden[319]. Löst ein äußeres Ereignis bei der versicherten Person einen Schock
aus, stellt dies in aller Regel einen Unfall dar[320], für den trotz der Ausschlussklausel Versicherungsschutz besteht. Erkrankungen infolge psychischer Einwirkung sind nur dann vom Versicherungsschutz ausgenommen, wenn die psychische Einwirkung an erster Stelle der Ursachenkette steht[321]. Dieser Ausschluss läuft indes im Wesentlichen leer, weil ein psychischer
Vorgang als Auslöser für einen Gesundheitsschaden kein Unfallereignis darstellen kann. Löst
eine psychische Reaktion erst einen Unfall aus (ein Autofahrer erschreckt sich, kommt deswegen von der Fahrbahn ab und erleidet einen Unfall), besteht Versicherungsschutz[322].

§ 10 (5) AUB 61 erfasst als Ausschlusstatbestand nur **im Anschluss an einen Unfall** einge- 103
tretene **psychische oder nervöse Störungen,** für deren Folgen Versicherungsschutz lediglich besteht, wenn und soweit sie auf eine durch den Unfall verursachte organische Erkrankung
des Nervensystems oder auf eine durch den Unfall neu entstandene Epilepsie zurückzuführen
sind. Eine Gehirnerschütterung ist eine Erkrankung des Nervensystems[323]. Psychische oder
nervöse Störungen sind nur dann auf eine organische Erkrankung des Nervensystems zurückzuführen, wenn diese nicht nur der Auslöser, sondern der eigentliche Grund für die Störung
ist; anderenfalls liegt eine nicht vom Versicherungsschutz gedeckte psychische Fehlverarbeitung vor[324]. Der Leistungsausschluss greift nicht bereits dann ein, wenn die unfallbedingt entstandene organische Erkrankung des Nervensystems nicht die alleinige Ursache für die Störungen ist; **Mitursächlichkeit** reicht nach dem klaren Wortlaut der Bestimmung („soweit")
vielmehr aus, um den Ausschluss nicht bzw. – soweit durch rein psychische Reaktionen hervorgerufene Schäden abgrenzbar sind – nur teilweise greifen zu lassen[325].

---

[317] Der Bedingungsgeber ist damit einer bereits älteren Empfehlung des BGH (v. 19. 4. 1972, VersR
1972, 582 [584]) gefolgt, um den Ausschluss zu präzisieren, vgl. *Stockmeier/Hupperbauer,* Motive AUB 99
S. 70.

[318] Vgl. *Grimm,* Ziff. 5 AUB 99 Rn. 100.

[319] BGH v. 19. 4. 1972, VersR 1972, 582 (584).

[320] S. dazu Rn. 15.

[321] BGH v. 19. 4. 1972, VersR 1972, 582 (584).

[322] *Wussow/Pürckhauer,* § 2 IV AUB Rn. 98; *Stockmeier/Huppenbauer,* Motive AUB 99 S. 71.

[323] *Grimm,* Ziff. 5 AUB 99 Rn. 102.

[324] OLG Hamm v. 8. 5. 1991, r+s 1991, 324; vgl. ferner OLG Koblenz v. 27. 5. 2004, VersR 2005,
1137 (1138) sowie OLG Hamm v. 27. 1. 2006, VersR 2006, 1352, wonach die Klausel dahin auszulegen
ist, dass – wie bei § 2 IV AUB 88 – nur Unfallfolgen ausgeschlossen werden, die alleine mit ihrer psychogenen Natur erklärt werden können.

[325] BGH v. 27. 9. 1995, BGHZ 131, 15 (21); *Knappmann,* NVersZ 2002, 1 (4); *ders.,* VersR 2002, 1230;
a. A. *Wussow,* VersR 2000, 1183 (1186); zur Beweislast s. Rn. 240.

104   Mit **§ 2 IV AUB 88** (und ebenso mit Ziff. 5.2.6 AUB 99) ist hingegen ein **umfassender Ausschluss** krankhafter Störungen infolge psychischer Reaktionen gewollt, der sich nicht nur auf die Unfallfolgen, sondern auch auf das Unfallereignis selbst bezieht. Erfasst sind Gesundheitsschädigungen infolge psychischer Reaktionen, die sowohl auf Einwirkungen von außen über Schock, Schreck, Angst oder Ähnlichem erfolgen als auch auf unfallbedingter Fehlverarbeitung beruhen[326]. Die Klausel ist – in der nachfolgend näher erläuterten Auslegung durch den BGH – nicht unklar (§ 305 c Abs. 2 BGB) und hält einer Inhaltskontrolle § 307 BGB) stand[327]. Sachlich gerechtfertigt ist der Ausschluss im Interesse einer möglichst reibungslosen, kostengünstigen Leistungsabwicklung, die bei Einbeziehung von psychogenen Schäden, die wesentlich auf die individuelle Disposition der versicherten Person zurückgehen, nicht mehr uneingeschränkt gewährleistet wäre[328].

105   **Schock-, Schreck- oder Angstreaktionen** auf äußere Ereignisse, die als erstes Glied einer Kette eine Gesundheitsschädigung auslösen, führen indes nicht immer zwingend zu einem Leistungsausschluss. Zum einen wird der Versicherungsschutz erhalten, wenn auf jene Reaktion erst ein Unfallereignis nachfolgt[329]. Zum anderen bleibt eine psychische Reaktion aber auch dann außer Betracht, wenn sie von **physischen Geschehensabläufen** überlagert wird. Wird durch ein äußeres Geschehen eine Stresssituation herbeigeführt, ist dies eine physiologische Reaktion des Körpers. Kommt es als deren Folge zu einem Gesundheitsschaden, ist die physiologische Reaktion die maßgebende Ursache für die krankhafte Störung; eine mit dem Geschehen möglicherweise zugleich verbundene Schock- und Schreckreaktion ist eine bloße, nicht steuerbare Begleiterscheinung, die sich auf die Gesundheitsschädigung nicht auswirkt[330]. Darüber hinaus fehlt es an dem von § 2 IV AUB 88 geforderten **Kausalzusammenhang zwischen psychischer Reaktion und krankhafter Störung,** wenn die psychische Reaktion lediglich physiologische Vorgänge auslöst, die keinen Krankheitswert haben, und erst der physiologische Vorgang selbst die krankhafte Störung hervorruft[331].

106   Krankhafte Störungen infolge **psychischer Reaktionen auf die durch einen Unfall erlittenen Gesundheitsschäden** sind durch § 2 IV AUB 88 vom Versicherungsschutz ausgeschlossen. Versicherungsschutz besteht nicht, wenn es an einem körperlichen Trauma fehlt oder die krankhafte Störung nur mit ihrer psychogenen Natur erklärt werden kann[332]. Sind die krankhaften Störungen physischer oder nervöser[333] Genese, führt dies nicht zum Ausschluss. Versicherungsschutz bleibt auch bestehen, wenn die krankhaften Veränderungen der Psyche auf einem unfallbedingten organischen Hirnschaden beruhen[334]. Auch eine organische Schädigung oder Reaktion, die zu einem psychischen Leiden führt, löst den Ausschlusstatbestand nicht aus, weil die so verursachten seelischen Beschwerden physisch hervorgerufen sind und nicht auf einer psychischen Reaktion beruhen[335]. Hat die krankhafte Störung eine organische Ursache, bleibt der Versicherungsschutz bestehen, auch wenn das Ausmaß, in dem sich die organische Ursache auswirkt, von der psychischen Verarbeitung durch den VN abhängt[336].

---

[326] BGH v. 29. 9. 2004, VersR 2004, 1449; BGH v. 23. 6. 2004, VersR 2004, 1039; BGH v. 19. 3. 2003, VersR 2003, 634 (635).

[327] BGH v. 29. 9. 2004, VersR 2004, 1449; BGH v. 23. 6. 2004, VersR 2004, 1039.

[328] BGH v. 23. 6. 2004, VersR 2004, 1039 (1040).

[329] *Prölss/Martin/Knappmann,* § 2 AUB 94 Rn. 41; *Wussow/Pürckhauer,* § 2 IV AUB Rn. 98; *Stockmeier/Huppenbauer,* Motive AUB 99 S. 71.

[330] BGH v. 19. 3. 2003, VersR 2003, 634 (635); *Knappmann,* VersR 2002, 1230; *Schwintowski,* NVersZ 2002, 395 (396).

[331] BGH v. 19. 3. 2003, VersR 2003, 634 (635).

[332] BGH v. 29. 9. 2004, VersR 2004, 1449; BGH v. 23. 6. 2004, VersR 2004, 1039.

[333] *Prölss/Martin/Knappmann,* § 2 AUB 94 Rn. 41.

[334] BGH v. 29. 9. 2004, VersR 2004, 1449; BGH v. 23. 6. 2004, VersR 2004, 1039; *Knappmann,* NVersZ 2002, 1 (4); *Stockmeier/Huppenbauer,* Motive AUB 99 S. 72.

[335] BGH v. 29. 9. 2004, VersR 2004, 1449 (1450); BGH v. 23. 6. 2004, VersR 2004, 1039.

[336] BGH v. 29. 9. 2004, VersR 2004, 1449 (1450).

Hat ein Unfall eine **organische Schädigung** zur Folge und treten im weiteren Verlauf   107
psychische Beeinträchtigungen auf, muss nach der Rechtsprechung des BGH geklärt
werden, ob der krankhafte Zustand seine Ursache in der organischen, psychische Folgen auslösenden Schädigung hat oder auf einer rein psychischen Reaktion beruht; nur im letzteren
Fall greift der Ausschluss[337]. Welche Kriterien insoweit maßgebend sind, ist noch weitgehend
unklar. Kommt es bei einem Unfall zu einer organischen Schädigung und treten in der Folge
psychische Beschwerden auf, so kann dies alleine den vom BGH geforderten Kausalzusammenhang zwischen organischem Schaden und psychischen Folgeerscheinungen nicht begründen, denn dann wären sämtliche auf einer unfallbedingten Fehlverarbeitung beruhenden
Gesundheitsschäden (die nach dem erkennbaren Sinn der Klausel gerade umfassend ausgeschlossen sein sollten) zu entschädigen, wenn der Unfall nur zu irgendeiner, vielleicht bloß
vorübergehenden organischen Schädigung geführt hat. Wenig fassbar (und so auch aus den
Versicherungsbedingungen kaum herzuleiten) ist es, wenn darauf abgestellt wird, dass diejenigen psychischen Folgen nicht vom Ausschluss erfasst sind, die wegen der Schwere des
Unfalls und der eingetretenen Körperschäden verständlich und nachvollziehbar sind[338]. Zu
klären ist vielmehr zunächst, ob die aufgetretenen gesundheitlichen Beeinträchtigungen
überhaupt eine organische Ursache haben. Kann dies sicher ausgeschlossen werden, ist der
Schluss gerechtfertigt, dass der krankhafte Zustand seine Ursache in einer psychischen Reaktion hat[339]. Eine typischerweise rein psychische Reaktion auf den Unfall als belastendes Ereignis ist die posttraumatische Belastungsstörung; sie ist nicht Folge erlittener organischer
Schädigungen[340]. Kann nicht ausgeschlossen werden, dass organische Schäden für psychische
Folgeerscheinungen ursächlich sind, besteht Versicherungsschutz. Dies wird – wie im Tinni-
tus-Fall des BGH[341] – wohl vor allem in den Fällen anzunehmen sein, in denen die organische Schädigung schon für sich genommen zu einer dauerhaften Beeinträchtigung geführt
hat, denn dann liegt es nahe, dass diese zumindest mitursächlich für in der Folge aufgetretene
psychische Beschwerden ist. Den Gegenbeweis wird der VR nur schwer führen können. Ist
der Unfall nur der Auslöser für eine bereits latent vorhandene psychische Anfälligkeit, wird
ein Kausalzusammenhang zwischen unfallbedingt erlittenen organischen Schäden und einer
nachfolgend aufgetretenen psychischen Erkrankung (Somatisierungsstörung) hingegen nicht
bejaht werden können[342].

E. Besonderheiten des Versicherungsvertrags

I. Versicherungsfähige Personen

Versicherte Person (Gefahrperson) einer Unfallversicherung kann der VN selbst oder ein   108
Dritter sein (§ 179 Abs. 1 Satz 1 VVG). Ist die Versicherung gegen Unfälle abgeschlossen, die
einem Dritten zustoßen, liegt eine Fremdversicherung vor; § 12 Abs. 1 AUB 88, Ziff. 12.1
AUB 99. Die Fremdversicherung kann sowohl für eigene als auch (davon ist nach § 179
Abs. 1 Satz 2 VVG im Zweifel auszugehen) für fremde Rechnung abgeschlossen werden. In
beiden Fällen steht die Ausübung der Rechte aus dem Vertrag nicht dem Versicherten, son-
dern dem VN zu (§ 12 Abs. 1 Satz 1 AUB 88; Ziff. 12.1 AUB 99); §§ 44 Abs. 2 und 45 Abs. 2
VVG sind wirksam abbedungen[343]. **Zweck** der Regelung des § 12 Abs. 1 AUB 88 ist es, dem

---

[337] BGH v. 29. 9. 2004, VersR 2004, 1449 (1450).
[338] So OLG Hamm v. 25. 1. 2006, VersR 2006, 1394 (1396).
[339] OLG Köln v. 24. 8. 2005, VersR 2007, 976 [Nichtzulassungsbeschwerde vom BGH mit Beschl. v.
14. 2. 2007 – IV ZR 222/05 – zurückgewiesen]; OLG Rostock v. 24. 8. 2004, VersR 2006, 105.
[340] OLG Brandenburg v. 27. 10. 2005, VersR 2006, 1251.
[341] BGH v. 29. 9. 2004, VersR 2004, 1449.
[342] OLG Hamm v. 25. 1. 2006, VersR 2006, 1394 (1396).
[343] OLG Düsseldorf v. 15. 7. 1993, VersR 1995, 525; OLG Köln v. 18. 4. 1994, VersR 1995, 525 (zu
§§ 75 Abs. 2 und 76 Abs. 2 VVG a. F.).

Mangen

VR die Vertragsdurchführung dadurch zu erleichtern, dass er sich nur mit einer Person, dem VN, auseinander setzen muss. Dieser kann die Rechte aus dem Versicherungsvertrag uneingeschränkt geltend machen. Ausnahmsweise kann allerdings der Versicherte Ansprüche aus der Unfallversicherung selbst verfolgen, wenn entweder der VN hierzu seine Zustimmung erteilt hat oder er den Anspruch gegen den VR nicht weiter verfolgen will; anderenfalls würde der Versicherungsschutz leer laufen[344].

109 **Nicht versicherungsfähig** sind nach § 3 AUB 88 Personen, die **dauernd pflegebedürftig oder geisteskrank** sind; für sie verliert eine Unfallversicherung ihren Sinn[345]. Die fehlende Versicherungsfähigkeit gilt sowohl für die Eigen- als auch für die Fremdversicherung. Kommt es gleichwohl zum Vertragsabschluss, entsteht kein wirksames Versicherungsverhältnis, wenn der Zustand der dauernden Pflegebedürftigkeit oder der Geisteskrankheit schon vorlag. Tritt er später ein, wird der Vertrag ab diesem Zeitpunkt unwirksam (§ 3 Abs. 2 AUB 88). Wann genau dieser Zeitpunkt anzusetzen ist, muss ggf. durch einen Sachverständigen ermittelt werden. Ihn erst dann anzunehmen, wenn der Zustand erstmalig ärztlicherseits als feststehend diagnostiziert worden ist[346], erscheint verfehlt.

110 Der Ansicht von *Grimm*[347], der Versicherungsvertrag reduziere sich in diesen Fällen auf die Vereinbarung der Prämienrückzahlung, ist nicht zu folgen. Eine solche **Teilwirksamkeit** des Vertrages lässt sich rechtlich nicht begründen und müsste jedenfalls bei anfänglicher Geschäftsunfähigkeit des VN im Rahmen einer Eigenversicherung (§§ 104, 105 Abs. 1 BGB) ausscheiden. Für eine solche Konstruktion besteht auch kein praktisches Bedürfnis. Die Abwicklung des unwirksamen Vertragsverhältnisses richtet sich nach §§ 812 ff. BGB; § 3 Abs. 3 AUB 88 stellt lediglich klar, dass der VR zur Beitragsrückzahlung verpflichtet ist. Die unbedingte Anordnung der Beitragsrückzahlung in § 3 Abs. 3 AUB 88 schließt allerdings eine Berufung des VR auf § 814 BGB aus[348]. Wird die versicherte Person später wieder versicherbar, lebt der Vertrag nicht mehr auf.

111 **Pflegebedürftig** ist nach § 3 Abs. 1 Satz 2 AUB 88, wer für die Verrichtungen des täglichen Lebens überwiegend fremder Hilfe bedarf. Überwiegend bedeutet, dass die Hilfsbedürftigkeit über 50 % liegen muss. Als Verrichtungen des täglichen Lebens gelten das Aufstehen und Zubettgehen, das An- und Auskleiden, die Körperpflege, das Verrichten der Notdurft, das Essen und Trinken sowie die Einnahme von Medikamenten und das Fortbewegen, wobei es erforderlich ist, das mehrere dieser Tätigkeiten nicht mehr alleine ausgeführt werden können[349]. **Dauernd** besteht die Pflegebedürftigkeit, wenn sie nach ärztlicher Prognose zumindest auf nicht absehbare Zeit fortdauern wird. Dabei wird man einen Prognosezeitraum von 3 Jahren ansetzen können[350]. Säuglinge und Kleinkinder sind demgemäss versicherbar.

112 Als **geisteskrank** im Sinne der Versicherungsbedingungen ist nicht schon jede Person anzusehen, die an einer krankhaften Störung der Geistestätigkeit leidet. Auch § 104 Nr. 2 BGB wird man nicht unbesehen heranziehen können. Maßgebend für die Beurteilung, ob eine Person wegen einer geistigen Störung nicht mehr versicherungsfähig ist, ist vielmehr, ob die Beeinträchtigung so gravierend ist, dass sie nicht mehr imstande ist, auf alltägliche Gefahren angemessen zu reagieren[351]. Regelmäßig wird dies erst dann der Fall sein, wenn die Gesund-

---

[344] OLG Hamburg v. 3. 3. 1981, VersR 1982, 458; OLG Hamm v. 11. 3. 1981, VersR 1981, 821.

[345] BGH v. 25. 1. 1989, VersR 1989, 351.

[346] *Grimm,* Ziff. 4 AUB 99 Rn. 1.

[347] *Grimm,* Ziff. 5 AUB 99 Rn. 9; für Vertragsnichtigkeit hingegen zutreffend *Prölss/Martin/Knappmann,* § 3 AUB 94 Rn. 5; *Wussow/Pürckhauer,* § 3 AUB Rn. 4.

[348] *Grimm,* Ziff. 4 AUB 99 Rn. 9; *Prölss/Martin/Knappmann,* § 3 AUB 94 Rn. 5; *Wussow/Pürckhauer,* § 3 AUB Rn. 5.

[349] *Prölss/Martin/Knappmann,* § 3 AUB 94 Rn. 3; *Grimm,* Ziff. 4 AUB 99 Rn. 2.

[350] So *Prölss/Martin/Knappmann,* § 3 AUB 94 Rn. 3.

[351] *Grimm,* Ziff. 4 AUB 99 Rn. 4. Zu kurz greift es, wenn lediglich auf das medizinische Verständnis einer Geisteskrankheit abgestellt wird, so aber LG Schwerin v. 6. 7. 1995, VersR 1997, 1521.

heitsstörung so hochgradig ist, dass die versicherte Person einer Anstaltsunterbringung bedarf oder ständig beaufsichtigt werden muss[352].

In den **AUB 61** sind in § 5 Nr. 1 Abs. 1 Satz 1 sind als nicht versicherungsfähig neben Geis- **113** teskranken aufgeführt Personen, die von einem **schweren Nervenleiden** befallen oder **dauernd vollständig arbeitsunfähig** sind. Als schwer ist ein Nervenleiden erst dann einzustufen, wenn es progredient oder unbeeinflussbar ist und aller Wahrscheinlichkeit zum Tode führt, oder das Leiden bei schubweisem Auftreten einen lebensbedrohlichen Zustand oder Siechtum herbeiführen kann[353]. Dauernde vollständige Arbeitsunfähigkeit liegt nach § 5 Nr. 1 Abs. 2 AUB 61 vor, wenn der Versicherte infolge Krankheit oder Gebrechen außerstande ist, eine Erwerbstätigkeit auszuüben[354]. Diese Bestimmung wird heute zu Recht als Fremdkörper in der privaten Unfallversicherung angesehen[355], weil schon nach den AUB 61 Versicherungsschutz auch nicht erwerbstätigen Personen zuteil werden konnte. Sie hat in der gerichtlichen Praxis kaum Bedeutung.

Die Musterbedingungen zu den **AUB 99** enthalten keinen Regelungsvorschlag für nicht **114** versicherbare Personen. Dies hat den Hintergrund, dass die Europäische Kommission in der Empfehlung einer derartigen Bestimmung einen (kartellrechtlichen) Verstoß gegen § 8 der Gruppenfreistellungs-Verordnung für die Versicherungswirtschaft[356] gesehen hat[357]. Der einzelne VR ist aber nicht gehindert, eine § 3 AUB 88 vergleichbare Regelung in seine Unfallversicherungsbedingungen aufzunehmen.

II. Der Versicherungsvertrag

1. Zustandekommen des Vertrages

Der **Unfallversicherungsvertrag**[358] kommt grundsätzlich gem. §§ 151, 130 BGB mit **115** der Annahme des Versicherungsantrags des VN durch VR und dem Zugang der Annahmeerklärung an den VN zustande[359].

2. Vorvertragliche Anzeigepflichten des Versicherungsnehmers

Nach § 3a AUB 88 ist der VN, soweit nicht etwas anderes vereinbart ist, verpflichtet, **alle** **116** **Antragsfragen wahrheitsgemäß zu beantworten.** Bei einer schuldhaften Verletzung dieser Obliegenheit kann der VR nach §§ 19–22 VVG vom Vertrag zurücktreten oder diesen anfechten und leistungsfrei sein. Mit der Wiedergabe der Anzeigepflichten erfüllt der VR die Vorgaben des § 10 (1) Nr. 4 VAG, wonach die Versicherungsbedingungen vollständige Angaben über die Anzeigepflichten des VN enthalten müssen. Wesentlich ausführlicher sind die vorvertraglichen Anzeigepflichten und die Folgen ihrer Verletzung in Ziff. 13 AUB 99 aufgeführt. In der Unfallversicherung werden sich die Fragen regelmäßig auf die Berufstätigkeit des VN, auf seine wirtschaftlichen Verhältnisse, auf den Abschluss weiterer oder früherer Unfallversicherung (einschließlich etwaiger Antragsablehnungen) und auf Fragen nach früheren oder bestehenden Krankheiten beziehen[360]. Die Fragen sind vollständig und richtig zu beantworten. **Zur Anzeige verpflichtet** ist grundsätzlich der VN oder sein Bevollmächtigter, bei einer Fremdversicherung auch die versicherte Person (§ 47 Abs. 1 VVG; ausdrücklich

---

[352] *Grimm,* Ziff. 4 AUB 99 Rn. 4; *Prölss/Martin/Knappmann,* § 3 AUB 94 Rn. 2.
[353] OLG Frankfurt/M. v. 7. 6. 1995, VersR 1996, 1002 (Chorea Huntington); LG Bremen v. 12. 6. 1956, VersR 1956, 775.
[354] S. dazu im Einzelnen *Grimm,* Ziff. 4 AUB 99 Rn. 6f.
[355] *Grimm,* Ziff. 4 AUB 99 Rn. 7.
[356] EG-Amtsbl. Nr. L 398 v. 31. 12. 1992.
[357] *Stockmeier/Huppenbauer,* Motive AUB 99, S. 37f.
[358] Zu dessen verfassungsrechtlicher Einordnung s. BVerfG v. 29. 5. 2006, VersR 2006, 961.
[359] S. dazu im Einzelnen *K. Johannsen,* § 8; zum Abschluss von Versicherungsverträgen im Internet s. *Dörner,* § 9.
[360] *Grimm,* Ziff. 13 AUB 99 Rn. 2.

Ziff. 13.1 Abs. 2 AUB 99). Die Folgen einer falschen Beantwortung der Antragsfragen ergeben sich aus den Regelungen der §§ 19–22 VVG[361].

3. Beginn des Unfallversicherungsschutzes

117   Formeller **Vertragsbeginn** ist der Zeitpunkt des Zustandekommens des Unfallversicherungsvertrages. Von diesem formellen Vertragsbeginn ist der technische Vertragsbeginn zu unterscheiden. Dies ist der Zeitpunkt, zu dem der VN den Beitrag zu zahlen hat. Materieller Versicherungsbeginn ist der Zeitpunkt, von dem an der VR Versicherungsschutz zu gewähren hat[362]; diesen regelt § 4 (I) AUB 88. Der Beginn des Versicherungsschutzes kann zwischen den Vertragsparteien grundsätzlich frei vereinbart werden.

118   Nach § 4 (I) AUB 88 **beginnt der Versicherungsschutz**, sobald **der erste Beitrag gezahlt** ist, frühestens jedoch zu dem im Versicherungsschein angegebenen Zeitpunkt. Wird der erste Beitrag erst danach angefordert, dann aber innerhalb von 14 Tagen[363] gezahlt, beginnt der Versicherungsschutz zu dem im Versicherungsschein angegebenen Zeitpunkt, sonst erst mit der Zahlung. Die Regelung entspricht im Wesentlichen § 7 (I) AUB 61. Die dort verwendete Formulierung, dass die Leistungspflicht der VR mit „Einlösung des Versicherungsscheines" beginnt, ist allerdings veraltet. Nach Ziff. 10.1 AUB 99 beginnt der Versicherungsschutz, wenn der erste (oder einmalige) Beitrag rechtzeitig gezahlt wird. Der erste Beitrag wird nach Ziff. 11.2.1 AUB 99 grundsätzlich sofort nach Abschluss des Vertrages fällig, wobei die Zahlung als rechtzeitig gilt, wenn sie unverzüglich nach Erhalt der Versicherungsscheines und der Zahlungsaufforderung erfolgt. Wird nicht rechtzeitig gezahlt, beginnt der Versicherungsschutz erst mit der Zahlung (Ziff. 11.2.2 AUB 99), wobei dem VR nach Ziff. 11.2.3 AUB 99 bis zur Zahlung ein Rücktrittsrecht zusteht.

4. Widerrufs- und Widerspruchsrecht

119   **§ 3b** wurde in die **AUB 94** eingefügt und hat den VN auf das nach § 8 Abs. 4 VVG a. F. bestehende **Widerrufsrecht** bei einem Versicherungsverhältnis mit einer längeren Laufzeit als einem Jahr sowie auf das gesetzliche **Widerspruchsrecht** beim Policenmodell nach § 5a Abs. 2 VVG a. F. hingewiesen. Die AUB 99 enthalten einen entsprechenden Hinweis nicht mehr.

5. Örtliche und zeitliche Geltung des Versicherungsvertrages

120   **a)** Der Versicherungsschutz umfasst **Unfälle in der ganzen Welt** (§ 1 (II) AUB 88; § 6 AUB 61; Ziff. 1.2 AUB 99), und zwar zu Lande, auf Wasser und in der Luft[364]. Für die Benutzung von Raumfahrzeugen ist der Versicherungsschutz ausdrücklich ausgeschlossen (§ 2 I (4) AUB 88; Ziff. 5.1.4 AUB 99); eine Unfallversicherung bei Raumfahrten erfordert daher eine besondere Vereinbarung.

121   **b)** Die **Laufzeit** des Unfallversicherungsvertrages richtet sich nach den getroffenen vertraglichen Vereinbarungen. Er ist für die im Versicherungsschein angegebene Zeit abgeschlossen (Ziff. 10.2 Abs. 1 AUB 99).

6. Ende der Unfallersicherungsvertrages; Kündigung

122   Unfallversicherungsverträge, die auf **weniger als ein Jahr** abgeschlossen worden sind, enden zu dem im Versicherungsvertrag angegebenen Zeitpunkt, ohne dass es einer Kündigung[365] bedarf (§ 4 III AUB 88; Ziff. 10.2 Abs. 2 AUB 99). Das gilt unausgesprochen auch unter der Geltung der AUB 61[366]. Im Übrigen kann ein auf die Dauer von mindestens einem Jahr geschlossener Vertrag zum Ablauf der vereinbarten Zeit mit einer Frist von drei Monaten

---

[361] S. dazu im Einzelnen *Knappmann*, § 14.
[362] *Grimm*, Ziff. 10 AUB 99 Rn. 1.
[363] Nach § 7 (I) S. 2 AUB 61 muss die Zahlung „ohne Verzug". d. h. ohne schuldhaftes Zögern erfolgen, vgl. *Grimm*, Ziff. 10 AUB 99 Rn. 8.
[364] *Grimm*, Ziff. 1 AUB 99 Rn. 14.
[365] S. dazu im Einzelnen *K. Johannsen*, § 8.
[366] *Grimm*, Ziff. 10 AUB Rn. 11.

schriftlich gekündigt werden (vgl. im Einzelnen § 4 II AUB, § 7 II (1) AUB 61; Ziff. 10.2 AUB 99). Wenn eine **Vertragsdauer von mehr als fünf Jahren** vereinbart war, konnte er nach den AUB mit einer Kündigungsfrist von drei Monaten zum Ende des fünften Jahres oder jedes der darauffolgenden Jahre schriftlich gekündigt werden (§ 4 II (2) AUB 94; Ziff. 10.2 Abs. 4 AUB 99); s. nunmehr § 11 Abs. 4 VVG.

Der Vertrag kann ferner von beiden Parteien durch eine Kündigung beendet werden, **123** wenn der **VR eine Leistung erbracht hat oder der VN gegen den VR Klage erhoben** hat (§ 4 II (2) S. 1 AUB 88; § 4 II (3) S. 1 AUB 94; § 7 II (2) a) AUB 61 [auch nach einem Antrag auf Entscheidung des Ärzteausschusses]; Ziff. 10.1 Abs. 1 AUB 99)[367]. Sie muss allerdings spätestens einen Monat nach Leistung oder – im Falle eines Rechtsstreits – nach Klagerücknahme, Anerkenntnis, Vergleich oder Rechtskraft des Urteils zugegangen sein und wird nach Ablauf eines Monats ab Zugang wirksam (§ 4 II (2) S 2 AUB 88; § 4 III (3) S. 2 AUB 94; § 7 II (2) b) AUB 61 [mit z. T. abweichenden Kündigungsfristen]; Ziff. 10.3 Abs. 2, 3 und 4 AUB 99 [mit einer Sonderregelung zur Wirksamkeit der durch den VN ausgesprochenen Kündigung]). Das **Kündigungsrecht wegen Leistung des VR** entsteht schon dann, wenn der VR eine Teilleistung oder eine von mehreren geschuldeten Leistungen erbringt[368]. Eine Vorschusszahlung, eine Kulanzleistung oder eine einvernehmliche Regelung über die Leistungserbringung reichen nicht aus[369]. Wird in Rentenform geleistet, ist die erste Rentenzahlung maßgebend[370]. Eine **Klage** muss nicht vor dem zuständigen Gericht erhoben worden sein; Antrag auf Prozesskostenhilfe oder Streitverkündung stehen einer Klageerhebung nicht gleich, während die Zustellung eines Mahnbescheides genügt[371]. Eine missbräuchliche Klageerhebung, die alleine das Ziel verfolgt, sich vom Vertrag lösen zu wollen, gibt kein Kündigungsrecht[372].

Daneben besteht für beide Parteien in entsprechender Anwendung von §§ 626, 723 Abs. 1 **124** Satz 2 BGB ein **Recht zur außerordentlichen Kündigung** des Versicherungsvertrages **aus wichtigem Grund.**

7. Außerkrafttreten des Versicherungsschutzes

Nach § 4 (IV) AUB 88 (der Sache nach gleich: § 4 (5) AUB 61) tritt der Versicherungs- **125** schutz außer Kraft, sobald der **Versicherte im Krieg oder kriegsmäßigem Einsatz Dienst** in einer militärischen oder ähnlichen (dazu zählt der Bundesgrenzschutz, nicht jedoch Polizei oder Zoll[373]) Formation **leistet.** Der Versicherungsschutz lebt wieder auf, sobald dem VR die Anzeige des VN über die Beendigung des Dienstes zugegangen ist.

Der Begriff des **Krieges** entspricht dem des § 2 I (3) AUB 88 und umfasst auch den Bür- **126** gerkrieg[374]. **Kriegsmäßig** ist ein Einsatz, der unter den typischen Gefahren des Krieges stattfindet[375]. Die Unterbrechung beginnt, wenn der Versicherte bereits Dienst leistet, mit dem Ausbruch des Krieges oder mit dem Eintritt in den Krieg; tritt der Versicherte den Dienst erst danach an, fängt die Unterbrechung schon mit dem Dienstantritt an[376]. Bei einem kriegsmäßigen Einsatz beginnt die Unterbrechung mit dem Einsatzbefehl[377]. Eine besondere Kriegsgefahr muss sich nicht ausgewirkt haben[378].

---

[367] Zur Wirksamkeit dieser Klausel OLG Nürnberg v. 25. 10. 1990, NJW-RR 1993, 1373; LG Dortmund v. 22. 3. 2007, r+s 2007, 469.

[368] *Grimm*, Ziff. 10 AUB 99 Rn. 22; *Wussow/Pürckhauer*, § 4 II Rn. 24.

[369] *Grimm*, Ziff. 10 AUB 99 Rn. 22.

[370] *Grimm*, Ziff. 10 AUB 99 Rn. 22; *Wussow/Pürckhauer*, § 4 II AUB Rn. 24.

[371] *Grimm*, Ziff. 10 AUB 99, Rn. 23.

[372] So mit Recht *Grimm*, Ziff. 10 AUB 99 Rn. 24; *Wussow/Pürckhauer*, § 4 II AUB Rn. 26; a. A. *Prölss/ Martin/Knappmann*, § 4 AUB 94 Rn. 10.

[373] *Grimm*, Ziff. 10 AUB 99 Rn. 34; *Wussow/Pürckhauer*, § 4 IV AUB Rn. 34.

[374] S. Rn. 65.

[375] *Grimm*, Ziff. 10 AUB 99 Rn. 33.

[376] *Grimm*, Ziff. 10 AUB 99 Rn. 33.

[377] *Grimm*, Ziff. 10 AUB 99 Rn. 33.

[378] *Grimm*, Ziff. 10 AUB 99 Rn. 33; *Prölss/Martin/Knappmann*, § 4 AUB 94 Rn. 12.

127   Der **Versicherungsschutz lebt wieder auf,** wenn dem VR die Anzeige über das Dienstende zugegangen ist. Während der Zeit der Unterbrechung besteht keine Pflicht zur Prämienzahlung (§ 5 IV AUB 88; § 4 (5) AUB 61).

128   In **Ziff. 10.4 AUB 99** ist die Ruhensregelung wesentlich **eingeschränkt** worden. Der Versicherungsschutz tritt nur noch dann außer Kraft, wenn Dienst in einer militärischen oder ähnlichen Formation geleistet wird, die an einem Krieg oder kriegsmäßigen Einsatz zwischen den Ländern China, Deutschland, Frankreich, Großbritannien, Japan, Russland oder USA beteiligt ist. Die Regelung ist damit auf den Fall eines „Weltkrieges" begrenzt worden[379]. Die Bundeswehreinsätze in der jüngsten Vergangenheit haben nach dieser Regelung nicht das Ruhen der Unfallversicherung zur Folge.

III. Übertragung und Verpfändung von Versicherungsansprüchen

129   Versicherungsansprüche können nach § 12 III AUB 88 vor Fälligkeit (ebenso Ziff. 12.3. AUB 99; gem. § 16 III AUB 61: vor ihrer endgültigen Feststellung[380]) ohne Zustimmung des VR **weder übertragen noch verpfändet** werden. Damit soll der VR vor einem Wechsel des Vertragspartners bei der Schadensregulierung geschützt werden[381]. Die Unwirksamkeit der Abtretung oder der Verpfändung hat absolute Wirkung und schließt den gutgläubigen Erwerb des Versicherungsanspruchs aus. Ein **Pfändung** des Versicherungsanspruchs ist zulässig[382]. Die Zustimmung des VR zur Übertragung oder Verpfändung kann auch durch schlüssiges Handeln erfolgen; bloßes Stillschweigen auf die Abtretungsanzeige reicht aber nicht aus[383].

F. Besondere Vertragspflichten

130   **Besondere Vertragspflichten** obliegen sowohl dem VR (Aufklärungs- und Informationspflichten[384]) als auch dem VN. Letztere sollen für den Bereich des Unfallversicherungsrechts – mit Ausnahme der vorvertraglichen Anzeigepflichten – nachfolgend erörtert werden[385].

I. Obliegenheiten des Versicherungsnehmers vor Eintritt des Versicherungsfalles

131   Bei bestehendem Unfallversicherungsverträgen sind **Änderungen der Berufstätigkeit oder der Beschäftigung** des Versicherten nach § 6 I AUB 88 (§ 4 (1) mit § 15 (I) AUB 61; Ziff. 6.2.1 AUB 99) unverzüglich anzuzeigen. Die Ableistung von Pflichtwehrdienst oder Zivildienst sowie die Teilnahme an militärischen Reserveübungen fallen darunter nicht. Der **Grund** für diese Obliegenheit ist die im Unfallversicherungsrecht übliche Einteilung der Versicherten in 2 Gefahrengruppen, die sich daran orientiert, ob ein risikoarmer oder ein risikoreicher Beruf ausgeübt wird[386]. Eine Änderung des Berufs oder der Beschäftigung liegt nur dann vor, wenn eine neue Tätigkeit über eine gewisse Zeit planmäßig ausgeübt wird; ge-

---

[379] *Stockmeier/Huppenbauer,* Motive AUB 99 S. 98.
[380] Dazu müssen Grund und Höhe für beide Teile unanfechtbar feststehen, vgl. OLG Düsseldorf v. 15. 7. 1993, VersR 1995, 525.
[381] *Grimm,* Ziff. 12 AUB 99 Rn. 16.
[382] *Grimm,* Ziff. 12 AUB 99 Rn. 16; *Prölss/Martin/Knappmann,* § 12 AUB 94 Rn. 4; *Wussow/Pürckhauer,* § 12 III AUB Rn. 59.
[383] *Grimm,* Ziff. 12 AUB 99 Rn. 18.
[384] S. dazu *Schwintowski,* § 18.
[385] Zu den Obliegenheiten des VN allgemein *Marlow,* § 13; zu den vorvertraglichen Anzeigepflichten s. *Knappmann,* § 14.
[386] Vgl. *Grimm,* Vor Ziff. 1 AUB 99 Rn. 28.

legentliche Tätigkeiten wie Aushilfen fallen nicht darunter[387]. Beschäftigung meint nicht notwendig berufliche Beschäftigung, auch andere Tätigkeiten des täglichen Lebens (Freizeitbeschäftigungen) sind, wenn sie über einen längeren Zeitraum ausgeübt werden, anzeigepflichtig[388]; allerdings muss nach solchen Beschäftigungen bereits im Antrag gefragt worden sein, sonst entfällt die Anzeigepflicht[389].

Die Anzeigepflicht ist **unverzüglich,** also ohne schuldhaftes Zögern, zu erfüllen. Ihre **Verletzung** führt nicht zur Leistungsfreiheit nach §§ 9, 10 AUB 88; die **Folgen** ergeben sich vielmehr alleine aus § 6 II AUB 88. Ergibt sich ein niedriger Beitrag, ist dieser nach Ablauf eines Monats vom Zugang der Anzeige an nur noch zu zahlen (§ 6 II (1) AUB 88). Tritt eine Gefahrerhöhung ein (vgl. dazu auch § 181 VVG), ohne dass diese angezeigt oder eine Einigung über einen neuen Beitrag erzielt wurde, vermindert sich nach Ablauf von 2 Monaten seit der Änderung der Beruftätigkeit oder der Beschäftigung die Versicherungssumme im Verhältnis des erforderlichen Beitrags zum bisherigen Beitrag[390]. Nach § 4 II b) S. 2 AUB 61 gilt die Leistungsminderung nur dann, wenn sich beim Unfall die erhöhte Gefahr verwirklicht hat. Diese Regelung wurde in die AUB 88 nicht übernommen, was rechtlich unbedenklich sein dürfte[391]. Die neue Beschäftigung beendet den Versicherungsvertrag auch dann nicht, wenn diese nicht versicherbar ist; es gelten dann die §§ 23 ff. VVG.   **132**

Ziff. 6.2.2 AUB 99 regelt die Folgen einer für den bisher geleisteten Beitrag relevanten Gefahränderung durch einen Berufs- oder Beschäftigungswechsel anders. Danach bleibt der Beitrag, wenn der VN nichts anderes verlangt (Ziff. 6.2.3 AUB 99), gleich und es erhöht oder senkt sich die Versicherungssumme. Mit dem VVG (s. jetzt § 181 VVG) ist eine solche Regelung vereinbar[392]. Durch die Nichtaufnahme der §§ 23 ff. in die AUB 99 ist auf die hieraus folgenden Rechte verzichtet worden[393].   **133**

II. Obliegenheiten des Versicherungsnehmers nach Eintritt des Versicherungsfalles

Die **Obliegenheiten**[394] des VN im Versicherungsfall sind in § 9 AUB 88 (im Wesentlichen entsprechend: § 15 II AUB 61; Ziff. 7 AUB 99) geregelt. Sie treffen auch den Rechtsnachfolger des VN und sonstige Anspruchsteller (§ 12 II AUB 88; § 16 II AUB 61; Ziff. 12.2 AUB 99).   **134**

1. Hinzuziehung eines Arztes und Pflicht zur Unterrichtung des VR

Nach einem Unfall, der voraussichtlich eine Leistungspflicht herbeiführt, ist unverzüglich **ein Arzt hinzuzuziehen und der VR zu unterrichten** (§ 9 I AUB 88; § 15 II AUB verlangt nur die Unfallanzeige an den VR, nach § 15 II (3) AUB 61 ist spätestens am vierten Tag nach dem Unfall ein staatlich zugelassener Arzt hinzuzuziehen; Ziff. 7.1 AUB 99 verlangt zusätzlich die Befolgung der ärztlichen Anordnungen).   **135**

Zur Pflicht, **einen Arzt hinzuzuziehen**[395], zählt auch die regelmäßige Fortsetzung der Heilbehandlung bis zu ihrem Abschluss. Den ärztlichen Anordnungen ist im Rahmen des Zumutbaren nachzukommen. Art und Umfang der ärztlichen Behandlung richten sich grund-   **136**

---

[387] *Grimm,* Ziff. 6 AUB 99 Rn. 4; *Prölss/Martin/Knappmann,* § 6 AUB 94 Rn. 3.

[388] *Grimm,* Ziff. 5 AUB 99 Rn. 4; *Prölss/Martin/Knappmann,* § 6 AUB 94 Rn. 3; a. A. *Wussow/Pürckhauer,* § 6 I Rn. 4.

[389] *Prölss/Martin/Knappmann,* § 6 AUB 94 Rn. 3.

[390] Zur Berechnung s. *Grimm,* Ziff. 6 AUB 99 Rn. 7.

[391] *Grimm,* Ziff. 6 AUB 99 Rn. 7; *Wussow/Pürckhauer,* § 6 II AUB Rn. 22; *Stockmeier/Huppenbauer,* Motive AUB 99 S. 81; a. A. *Prölss/Martin/Knappmann,* § 6 AUB 94 Rn. 6.

[392] Vgl. *Stockmeier/Huppenbauer,* Motive AUB 99 S. 80 ff.

[393] *Stockmeier/Huppenbauer,* Motive AUB 99 S. 83.

[394] Allgemein zum Begriff der Obliegenheiten s. *Marlow,* § 13; *Wussow,* VersR 2003, 1481.

[395] Es besteht freie Arztwahl; die Konsultation eines Heilpraktikers reicht nicht aus; *Grimm,* Ziff. 7 AUB 99 Rn. 5; *Wussow/Pürckhauer,* § 9 I Rn. 6.

sätzlich nach dem objektiven Stand der ärztlichen Wissenschaft; ist danach eine Krankenhausbehandlung angezeigt, muss sich die versicherte Person ihr unterziehen[396]. **Operationen** muss die versicherte Person durchführen lassen, wenn sich ein vernünftiger Mensch unter Abwägung aller Umstände zur Vornahme des Eingriffs entschließen würde; eine Grenze besteht jedoch bei besonders risikoreichen, besonders schmerzhaften oder noch nicht ausreichend erprobten Eingriffen oder Behandlungsmethoden[397].

137   Die Pflicht zur **Unterrichtung des VR** soll diesen in den Stand versetzen, möglichst zeitnah zum Unfallereignis Ermittlungen einzuleiten und die notwendigen Feststellungen zu treffen. Dazu reicht es nicht aus, nur mitzuteilen, dass sich ein Unfall ereignet hat. Vielmehr sind – jedenfalls nach Zusendung eines entsprechenden Unfallanzeigeformulars – in den wesentlichen Punkten vollständige Angaben zum Unfallhergang und zu den erlittenen Verletzungen erforderlich[398]. Bei Unklarheiten hat der VR allerdings eine Nachfragepflicht[399]. Die Anzeigepflicht entfällt bei positiver Kenntnis des VR vom Eintritt des Versicherungsfalles (§ 30 Abs. 2 VVG).

138   Die Pflichten nach § 9 I AUB 88 bestehen nur, wenn der Unfall **voraussichtlich eine Leistungspflicht** herbeiführt. Dazu muss der VN unter Beachtung der erforderlichen Sorgfalt zu dem Schluss kommen, dass er durch das Unfallereignis mehr als nur eine Bagatellverletzung erlitten hat und der VR eine oder mehrere vereinbarte Leistungen zu erbringen haben wird[400]. Die Hinzuziehung eines Arztes und die Unterrichtung des VR müssen **unverzüglich** erfolgen. Eine Meldung des Unfalls ist verspätet, wenn sie erst mehrere Monate nach dem Unfallereignis erfolgt, obwohl der VN wegen andauernder Schmerzen in ärztlicher Behandlung war[401]. Unkenntnis von der Pflicht zur Unterrichtung des VR entschuldigt nicht[402].

2. Unfallanzeige und sachdienliche Auskünfte

139   Nach § 9 II AUB 88 (ebenso im Wesentlichen § 15 II (4) AUB 88; Ziff. 7.2 AUB 99) ist die vom VR übersandte **Unfallanzeige wahrheitsgemäß auszufüllen** und dem VR umgehend zurückzusenden; ferner sind darüber hinaus geforderte **sachdienliche Auskünfte** unverzüglich zu erteilen.

140   Die Pflicht zur Unterrichtung des VR vom Unfall (§ 9 I AUB 88) wird ergänzt durch die **Verpflichtung zur wahrheitsgemäßen Ausfüllung** der vom VR zur Verfügung gestellten Unfallanzeige. Umstände, nach denen in der Unfallanzeige nicht gefragt wird, müssen nicht offenbart werden; es ist Sache des VR, den Fragebogen so zu gestalten, dass keine für die Sachbearbeitung des Versicherungsfalles wichtige Frage ungestellt bleibt[403]. Die Rücksendung der Unfallanzeige hat unverzüglich, nach § 15 II (4) AUB 61 innerhalb einer Woche zu erfolgen.

141   Auch sonstige geforderte **sachdienliche Auskünfte** sind unverzüglich zu erteilen. Sachdienlich sind alle vom VR erfragten Tatsachen, die für die Feststellung und Abwicklung der Leistungen aus dem Versicherungsverhältnis von Bedeutung sein können[404]. Sachdienlich ist

---

[396] *Grimm,* Ziff. 7 AUB 99 Rn. 5; einschränkend *Prölss/Martin/Knappmann,* § 9 AUB 94 Rn. 4 für den Fall, dass die Krankenhausbehandlung zu einer unzumutbaren wirtschaftlichen Belastung führt.
[397] BGH v. 4. 11. 1986, r+s 1987, 70; *Grimm,* Ziff. 7 AUB 99 Rn. 5; *Prölss/Martin/Knappmann,* § 9 AUB 94 Rn. 6; *Wussow,* VersR 2003, 1481 (1484).
[398] OLG Frankfurt/M. v. 13. 7. 2005, VersR 2006, 828 (829); *Grimm,* Ziff. 7 AUB 99 Rn. 7; *Prölss/Martin/Knappmann,* § 9 AUB 94 Rn. 2.
[399] *Prölss/Martin/Knappmann,* § 9 AUB 94 Rn. 2.
[400] OLG Köln v. 21. 12. 2007, VersR 2008, 528; geht es nur um eine Invaliditätsleistung, müssen Anzeichen für einen Dauerschaden bestehen, vgl. OLG Hamm v. 29. 10. 1997, r+s 1998, 302; es darf allerdings nicht gewartet werden, bis klar ist, dass ein Dauerschaden zurückbleibt, OLG Köln v. 24. 1. 1991, ZfS 1991, 172.
[401] OLG Celle v. 31. 10. 1996, VersR 1997, 690; OLG Koblenz v. 29. 11. 1996, r+s 1997, 348 (349); vgl. auch LG Köln v. 11. 2. 2004, r+s 2005, 167.
[402] *Grimm,* Ziff. 7 AUB 99 Rn. 10; *Wussow/Pürckhauer,* § 9 I Rn. 10.
[403] *Grimm,* Ziff. 7 AUB 99 Rn. 11.
[404] OLG Köln v. 9. 2. 1995, VersR 1995, 1435.

insbesondere die Frage nach dem Bestehen weiterer Unfallversicherungsverträge[405], denn die Beantwortung der Frage kann für den VR einen Anhalt dafür bieten, ob er eine gründlichere Aufklärung des Versicherungsfalles betreiben muss. Beim Abschluss mehrere Unfallversicherung besteht die erhöhte Gefahr einer freiwillig herbeigeführten Gesundheitsbeeinträchtigung oder auch die Gefahr, dass die Unfallfolgen aufgebauscht werden; eine Falschbeantwortung ist generell geeignet, die Interessen des VR ernsthaft zu gefährden[406]. Sachdienlich sind auch Fragen nach Vorschäden, Vorerkrankungen und anderen erlittenen Unfällen[407] sowie die Frage nach Alkoholgenuss[408].

Zulässig gestellte Fragen müssen **wahrheitsgemäß** beantwortet werden. Für die Richtig-   **142** keit ist der Versicherte auch dann verantwortlich, wenn er die Anzeige von einem Dritten ausfüllen lässt, aber selbst unterschreibt[409]. Überlässt er einem Dritten vollständig das Ausfüllen der Unfallanzeige, ist dieser sein Repräsentant oder Wissenserklärungsvertreter[410].

3. Hinwirkung auf Bericht- und Gutachtenerstattung

Der Versicherte hat darauf **hinzuwirken, dass die vom VR angeforderten Berichte**   **143** **und Gutachten alsbald erstattet** werden, § 9 III AUB 88 (§ 15 II (5) a) AUB 61). Diese Obliegenheit hat praktisch nur eine geringe Bedeutung, weil der Versicherte letztlich nur wenig Einfluss auf deren Erfüllung hat; deshalb ist die Obliegenheit in den AUB 99 ersatzlos gestrichen worden. Vom Versicherten wird man verlangen können, vom VR übersandte Formulare an die ihn behandelnden Ärzte unverzüglich weiterzuleiten und ggf. die Erstattung ärztlicher Berichte anzumahnen. Ist ein Gutachter vom VR ausgewählt worden, obliegt es in erster Linie ihm, diesen zu einer Tätigkeit zu veranlassen[411].

4. Untersuchung durch vom Versicherer beauftragte Ärzte

Der Versicherte hat sich von den **vom VR beauftragten Ärzten untersuchen** zu lassen,   **144** § 9 IV S. 1 AUB 88 (§ 15 II (6) a) AUB 61; Ziff. 7.3 S. 1 AUB 99). Die Auswahl des Arztes durch den VR ist verbindlich; er muss sich von dem vom VR ausgesuchten Arzt untersuchen lassen, wenn er den Anspruch auf die Leistung nicht verlieren will[412]. Der Auftrag an den Arzt hat sich auf die zur Feststellung des Versicherungsfalles notwendigen Untersuchungen zu beschränken. Die Untersuchungspflicht gilt auch im Rahmen des Rechts zur Neubemessung nach § 11 IV AUB 88[413]. Ist die Dreijahresfrist allerdings verstrichen, ohne dass eine erneute Feststellung des Invaliditätsgrades verlangt wurde, muss sich der Versicherte nicht nochmals ärztlich untersuchen lassen, selbst wenn der VR dies verlangt[414].

---

[405] Dazu kann auch ein Schutzbrief mit einer Auslandsunfallversicherung gehören, vgl. BGH v. 28. 2. 2007, VersR 2007, 785 (786).
[406] BGH v. 24. 6. 1981, VersR 1982, 182 (184); OLG Saarbrücken v. 22. 11. 2006, VersR 2007, 977 (978); OLG Koblenz v. 14. 1. 2005, VersR 2005, 1524; OLG Frankfurt/M. v. 21. 1. 1999, r+s 2002, 37; OLG Oldenburg v. 12. 11. 1997, VersR 1998, 1148; OLG Frankfurt/M. v. 22. 2. 1995, VersR 1996, 791; OLG Köln v. 9. 2. 1995, VersR 1995, 1435 (1436); LG München v. 11. 4. 2001, r+s 2003, 120; a. A. OLG Hamm v. 30. 9. 1987, VersR 1988, 371 (372: nur sachdienlich, wenn schon im Vertragsantragsformular danach gefragt); OLG Hamm v. 30. 5. 1984, VersR 1985, 469 (470: nicht sachdienlich).
[407] KG Berlin v. 15. 10. 2002, VersR 2003, 1119 (1120); OLG Hamm v. 28. 6. 2000, r+s 2001, 347 (348); OLG Köln v. 10. 3. 1994, VersR 1995, 775; LG Arnsberg v. 21. 8. 2003, VersR 2004, 1406 (1407). Es besteht aber keine Pflicht zur Angabe eines 36 Jahre zurückliegenden und folgenlos ausgeheilten Knochenbruchs, vgl. OLG Frankfurt/M. v. 14. 2. 2001, VersR 2001, 1149.
[408] OLG Frankfurt/M. v. 28. 2. 2001, VersR 2002, 302 (aber keine ernstliche Gefährdung der Interessen der VR); LG Lüneburg v. 12. 1. 1989, r+s 1991, 251.
[409] *Grimm,* Ziff. 7 AUB 99 Rn. 13.
[410] *Grimm,* Ziff. 7 AUB 99 Rn. 13; anders, wenn der Versicherte den Dritten nicht mit der Erklärung betrauen konnte, weil er im Koma lag, vgl. OLG Düsseldorf v. 23. 3. 1999, NVersZ 2000, 572.
[411] *Prölss/Martin/Knappmann,* § 9 AUB 94 Rn. 12.
[412] Vgl. OLG Düsseldorf v. 9. 12. 2003, VersR 2004, 503 (504).
[413] BGH v. 4. 5. 1994, VersR 1994, 971 (972).
[414] BGH v. 16. 7. 2003, VersR 2003, 1165; BGH v. 4. 5. 1994, VersR 1994, 971 (972); *Grimm,* Ziff. 8 AUB 99 Rn. 27.

Mangen

145 Der VR ist verpflichtet, eingeholte Gutachten oder ärztliche Auskünfte dem Versicherten zur Einsichtnahme zur Verfügung zu stellen; das ergibt sich aus § 810 BGB[415]. Die Untersuchungskosten hat der VR zu tragen[416].

5. Entbindung von der Schweigepflicht

146 Der Versicherte ist verpflichtet, die **Ärzte,** die ihn – auch aus anderen Anlässen – behandelt oder untersucht haben, **andere VR, Versicherungsträger und Behörden zu ermächtigen, alle erforderlichen Auskünfte zu erteilen** (§ 9 V AUB 88; § 15 II (5) b) AUB 61; Ziff. 7.4 AUB 99). Die Obliegenheit dient dem Interesse des VR an einer Überprüfung der Behauptungen des VN[417]. Die Entbindung von der Schweigepflicht kann nur **höchstpersönlich** erteilt werden, also entweder vom Versicherten selbst, seinem gesetzlichen Vertreter oder einem ausdrücklich Bevollmächtigten; die einem Anwalt erteilte Vollmacht reicht nicht aus[418]. Auf die Erben geht diese Befugnis nicht über. Es ist alleine Sache des Arztes zu entscheiden, ob er sich auf die Schweigepflicht beruft oder nicht[419]. In der Weigerung der Erben, den Arzt von der Schweigepflicht zu entbinden, dürfte daher eine Obliegenheitsverletzung nicht zu sehen sein[420].

6. Weitere Obliegenheiten

147 Der Versicherte ist ferner verpflichtet, den **Anspruch auf Übergangsleistung** spätestens sieben Monate nach Eintritt des Unfalls geltend zu machen und unter Vorlage eines ärztlichen Attestes zu begründen[421]. Der **Tod des Versicherten** ist spätestens innerhalb von 48 Stunden anzuzeigen[422]. Dem VR ist nach § 9 VII S. 3 AUB 88 (ebenso Ziff. 7.5 AUB 99; ähnlich § 15 II (2) S. 3 AUB 61) das Recht zur **Obduktion** des Versicherten (einschließlich einer etwaigen Blutentnahme oder einer Exhumierung) zu verschaffen. Die Erlaubnis zur Obduktion kann vom Versicherten schon zu Lebzeiten erklärt werden; fehlt sie, sind die totensorgeberechtigten Angehörigen für die Erteilung der Zustimmung zuständig[423].

III. Rechtsfolgen der Obliegenheitsverletzung nach einem Unfall

148 Wird eine nach Eintritt des Unfalls zu erfüllende **Obliegenheit** verletzt, **ist der VR von der Leistungspflicht frei,** es sei denn, dass die Verletzung weder auf Vorsatz noch auf grober Fahrlässigkeit beruht. Bei grob fahrlässiger Verletzung bleibt er zur Leistung verpflichtet, soweit die Verletzung weder Einfluss auf die Feststellung des Unfalls noch auf die Bemessung der Leistung gehabt hat (§ 10 AUB 88; § 17 AUB 61; Ziff. 8 AUB 99).

149 Gemeint sind mit den Obliegenheitsverletzungen diejenigen des **§ 9 AUB 88.** § 10 AUB 88 regelt die Folgen der Obliegenheitsverletzung in Übereinstimmung mit § 6 Abs. 3 VVG a. F.; nunmehr gelten die zwingenden Bestimmungen des § 28 Abs. 2 bis 4 VVG. Vorsatz und grobe Fahrlässigkeit werden vermutet; beides hat der VN zu widerlegen. Bei grob fahrlässiger Obliegenheitsverletzung ist er für die fehlende Kausalität beweispflichtig.

150 Bei vorsätzlicher folgenloser Obliegenheitsverletzung entfällt nach der **Relevanzrechtsprechung** des Bundesgerichtshofs[424] die Leistungspflicht des VR nur, wenn der Verstoß generell geeignet ist, die Belange des VR ernsthaft zu gefährden, wenn den Versicherten ein

---

[415] *Grimm,* Ziff. 7 AUB 99 Rn. 16; *Prölss/Martin/Knappmann,* § 9 AUB 94 Rn. 15.
[416] S. Rn. 230.
[417] BGH v. 30. 11. 2005, VersR 2006, 352 (353).
[418] *Zöller/Greger,* § 385 ZPO Rn. 10.
[419] BGH v. 31. 5. 1983, NJW 1983, 2627 (2628); *Knappmann,* NVersZ 1999, 511.
[420] *Knappmann,* NVersZ 1999, 511 bezweifelt jedenfalls ein Verschulden der Erben, weil nicht zu vermuten ist, dass sie die fehlende Berechtigung in Bezug auf den Arzt kennen.
[421] S. dazu Rn. 203.
[422] S. dazu Rn. 211.
[423] Grimm, Ziff. 7 AUB 99 Rn. 21; *Prölss/Martin/Knappmann,* § 9 AUB 94 Rn. 16.
[424] S. dazu *Grimm,* Ziff. 8 AUB 99 Rn. 5.

erhebliches Verschulden trifft und wenn er über die Möglichkeit des Anspruchsverlusts belehrt wurde (s. jetzt § 28 Abs. 3 und 4 VVG).

Generell geeignet im vorgenannten Sinn ist vor allem das **Verschweigen von weiteren**   **151**
Unfallversicherungen[425]; und zwar auch dann, wenn unzweifelhaft feststeht, dass der Versicherte einen unter den Versicherungsschutz fallenden Unfall erlitten hat[426]. Aber auch das Verschweigen von Vorerkrankungen, Vorunfällen oder von Alkoholgenuss kann im Einzelfall geeignet sein, die Belange des VR ernsthaft zu gefährden[427].

G. Versicherungsfall

I. Übersicht über die Leistungen

§ 7 AUB 88 (ebenso: Ziff. 2 AUB 99) regelt die verschiedenen denkbaren **Leistungsarten**   **152**
in der Unfallversicherung. Was versichert ist, ergibt sich erst aus dem zwischen dem VN und dem VR geschlossenen Vertrag. Leistungsarten sind neben der in aller Regel versicherten Leistung für eine durch einen Unfall erlittene **Invalidität,** die in den AUB 88 als dauernde Beeinträchtigung der körperlichen oder geistigen Leistungsfähigkeit definiert ist, Leistungen für einen innerhalb eines Jahres nach dem Unfall eingetretenen **Tod, Übergangsleistung,**
Tagegeld, Krankhaustagegeld und **Genesungsgeld,** nach § 8 VI AUB 61 zusätzlich noch der Ersatz von Heilkosten[428]. Art und Höhe der Leistung regelt der Versicherungsvertrag.

Neben den in den AUB ausdrücklich geregelten Leistungsarten bieten einige VR **weiter-**   **153**
gehenden Versicherungsschutz z. B. auf Ersatz von Bergungskosten bzw. sog. Unfall-Service-Leistungen, Ersatz von Kosten für kosmetische Operationen, Kurkostenbeihilfe oder Schmerzensgeld[429].

II. Invaliditätsleistung

1. Begriff der Invalidität

a) Die AUB 61 definieren Invalidität als eine unfallbedingte **dauernde Beeinträchti-**   **154**
gung der Arbeitsfähigkeit (§ 8 II (1) AUB 61). Dahinter steht die Erwägung, dass der Zweck der Unfallversicherung der finanzielle Ausgleich der durch den Unfall herabgesetzten Verwertbarkeit der Arbeitskraft des Versicherten ist. Damit ist nur schwer vereinbar, dass die Unfallversicherung auch solchen Personen zugänglich ist, die keinen Beruf ausüben. Wenngleich es der Praxis gelungen ist, auch insoweit angemessene Entschädigungsgrundsätze zu finden, hat es sich als notwendig erwiesen, den Invaliditätsbegriff dem Umstand anzupassen, dass die Unfallversicherung nach modernem Verständnis einen Ausgleich für die aufgrund eines Unfallereignisses erlittenen Nachteile im gesamten Bereich des menschlichen Daseins bieten soll. Deshalb wird seit den AUB 88 unter Invalidität die durch einen Unfall bedingte **dauerhafte Beeinträchtigung der körperlichen und geistigen Leistungsfähigkeit** verstanden (ebenso Ziff. 2.1.1.1 AUB 99 sowie nunmehr § 180 S. 1 VVG).

b) Unter **Arbeitsfähigkeit im Sinne der AUB 61** ist grundsätzlich nicht die Fähigkeit   **155**
zur Ausübung eines bestimmten Berufs zu verstehen, sondern die jedem körperlich unversehrten Menschen eigene, vom tatsächlich ausgeübten Beruf unabhängige Fähigkeit, Arbeit zu leisten[430]. Die dauernde Beeinträchtigung der Arbeitsfähigkeit ist daher losgelöst von den

---

[425] S. Rn. 141.
[426] OLG Oldenburg v. 12. 11. 1997, VersR 1998, 1148; OLG Frankfurt/M. v. 22. 2. 1995, VersR 1996, 791; OLG Köln v. 9. 2. 1995, VersR 1995, 1435 (1436); *Grimm,* Ziff. 8 AUB 99 Rn. 5.
[427] OLG Saarbrücken v. 12. 7. 2006, VersR 2007, 532 (533) (Alkoholgenuss); vgl. ferner *Grimm,* Ziff. 8 AUB 99 Rn. 5.
[428] S. dazu *Grimm,* Ziff. 2 AUB 99 Rn. 72 ff.
[429] *Grimm,* Ziff. 2 AUB 99 Rn. 77 ff.
[430] BGH v. 10. 10. 1966, VersR 1966, 1133.

konkreten Berufs- und Erwerbsverhältnissen des Versicherten zu beurteilen[431]. Demgemäss kommt es nicht darauf an, ob der Versicherte überhaupt eine berufliche Tätigkeit ausübt, sondern nur darauf, ob seine Fähigkeit zur Leistung von Arbeit gemindert ist[432]. Das bedeutet allerdings nicht, dass die konkreten Berufs- oder Erwerbsverhältnisse der versicherten Person vollkommen außer Acht zu bleiben haben[433]. § 8 II (5) AUB 61 stellt nämlich zur Bemessung der Invalidität nicht auf die abstrakte Definition der Arbeitsfähigkeit ab, sondern verlangt ausdrücklich zur Bestimmung des Grades der Invalidität die Feststellung, inwieweit der Versicherte noch imstande ist, eine Tätigkeit auszuüben, die seinen Kräften und Fähigkeit entspricht und die ihm unter Berücksichtigung seiner Ausbildung und seines bisherigen Berufs zugemutet werden kann. Das macht es, wie der Bundesgerichtshof zu Recht entschieden hat, bei der Bemessung des Invaliditätsgrades notwendig, auf die konkreten Berufs- und Erwerbsverhältnisse einzugehen und danach zu fragen, inwieweit ihm eine weitere berufliche Tätigkeit – auch in einem Ersatzberuf – noch möglich und zumutbar ist[434]. Dabei müssen dann auch die konkreten Verhältnisse auf dem Arbeitsmarkt mitberücksichtigt werden[435].

156   c) Auf den Beruf oder die Art der Tätigkeit als Maßstab für die Bemessung der Leistungen kommt es nicht an, wenn die Invalidität als **dauernde Beeinträchtigung der körperlichen oder geistigen Leistungsfähigkeit** begriffen wird. Entscheidend ist dann nur, in welchem Maß die Funktion einzelner Körperglieder oder Organe beeinträchtigt ist. Vergleichsmaßstab ist die Leistungsfähigkeit eines normalen, durchschnittlichen VN[436].

2. Dauernde Beeinträchtigung

157   Die Beeinträchtigung der Arbeitsfähigkeit oder die Beeinträchtigung der körperlichen oder geistigen Leistungsfähigkeit muss **dauernd** sein. Hierzu reicht es aus, wenn nach ärztlicher Erkenntnis zumindest zu erwarten steht, dass die Beeinträchtigung lebenslang andauern wird. Nach der – nicht zwingenden – Regelung in § 180 Satz 2 VVG ist die Beeinträchtigung dauerhaft, wenn sie voraussichtlich länger als drei Jahre bestehen wird und eine Änderung dieses Zustandes nicht erwartet werden kann[437]; weitergehend soll es nach einer in der obergerichtlichen Rechtsprechung vertretenen Ansicht bereits genügen, wenn die Beeinträchtigung nach ärztlicher Prognose wenigstens drei Jahre dauern wird[438]. Die bloße Wahrscheinlichkeit oder die Möglichkeit einer dauerhaften Schädigung genügen hingegen nicht[439].

3. Kausalität

158   Die **Kausalität zwischen unfallbedingter Gesundheitsbeeinträchtigung und Invalidität** gehört zur sog. haftungsausfüllenden Kausalität und unterfällt dem Maßstab des § 287 **ZPO.** Danach entscheidet das Gericht unter Würdigung aller Umstände nach freier Überzeugung, wenn unter den Parteien streitig ist, ob ein Schaden entstanden ist und wie hoch sich der Schaden beläuft; inwieweit eine Beweisaufnahme durchzuführen ist, bleibt dem Ermessen des Gerichts überlassen. Das bedeutet eine Herabsetzung der Anforderungen an die richterliche Überzeugungsbildung. Für die tatrichterliche Überzeugungsbildung reicht eine

---

[431] BGH v. 10. 10. 1966, VersR 1966, 1133.

[432] OLG Hamm v. 9. 6. 1999, VersR 2000, 44 (45); *Grimm,* Ziff. 2 AUB 99 Rn. 5.

[433] So aber *Grimm,* Ziff. 2 AUB 99 Rn. 5 und 32; *Wagner,* VersR 1985, 1017.

[434] BGH v. 4. 4. 1984, VersR 1984, 576 (577).

[435] BGH v. 4. 4. 1984, VersR 1984, 576 (577); OLG Karlsruhe v. 1. 2. 1990, VersR 1990, 773 (774); OLG Nürnberg v. 18. 9. 1986, r+s 1989, 272.

[436] OLG Hamm v. 6. 11. 2002, VersR 2003, 586; für die Berücksichtigung auch individueller Umstände: *Grimm,* Ziff. 2 AUb 99 Rn. 37.

[437] So auch OLG Karlsruhe v. 15. 12. 2005, VersR 2006, 1396 (1397).

[438] OLG Frankfurt/M. v. 22. 5. 2002, NVersZ 2002, 403 (404); OLG Hamm v. 19. 12. 1986, r+s 1987, 115; OLG Hamm v. 19. 5. 1982, VersR 1983, 530; dagegen *Grimm,* Ziff. 3 AUB 99 Rn. 6; s. auch *Marlow,* r+s 2007, 355 (361).

[439] OLG Hamm v. 20. 8. 1999, r+s 2000, 38.

überwiegende, auf gesicherter Grundlage beruhende Wahrscheinlichkeit gegenüber anderen Geschehensabläufen, dass der Dauerschaden in kausalem Zusammenhang mit dem Unfallereignis steht[440].

Mitursächlichkeit des unfallbedingten Gesundheitsschadens für den Eintritt der Invalidität genügt[441]. Darin liegt eine weitere, nicht unwesentliche Erleichterung des Nachweises der Kausalität zugunsten des VN. Eine Vermutung für die Mitursächlichkeit ist dann anzunehmen, wenn nach dem Unfallereignis erstmals fortdauernde gesundheitliche Beschwerden aufgetreten sind[442]. **159**

Grundsätzlich ist jeder Unfall mit seinen Folgen getrennt zu beurteilen und abzurechnen[443]. **Kommt es nach einem Erstunfall zu einem zweiten Unfall** mit weiteren gesundheitlichen Dauerfolgen, gelten für die Zurechnung folgende Grundsätze[444]: **160**

Ist der **erste Unfall** – unabhängig davon, ob er zu Dauerschäden oder nur zu vorübergehenden Gesundheitsbeeinträchtigungen geführt hat – **adäquat kausal für ein weiteres Unfallereignis** geworden, das **innerhalb der seit dem ersten Unfall laufenden Jahresfrist** (§ 7 I AUB 88; § 8 II (1) S. 1 AUB 61; Ziff. 2.1.1.1 AUB 99) zu einer (ggf. weiteren) Invalidität führt, ist diese dem Erstunfall zuzurechnen und von dem VR, der für diesen Unfall leistungspflichtig ist, zu regulieren, soweit auch die weiteren Fristen für die ärztliche Feststellung und die Geltendmachung des Invaliditätsanspruchs gewahrt sind. **161**

Tritt als adäquate Folge des Erstunfalls innerhalb der Jahresfrist Invalidität ein und macht der VN eine **Erhöhung des Invaliditätsgrades** geltend, kommt es darauf an, ob die **sachlichen und zeitlichen Voraussetzungen für eine Neufeststellung** (§ 11 IV AUB 88; § 13 (3) a) AUB 61; Ziff. 9.4 AUB 99) gegeben sind. Dabei sind die Folgen des Zweitunfalls dem Erstunfall dann zuzurechnen, wenn sie die Dauerfolgen verschlimmern, und soweit und solange für den Erstunfall die Möglichkeit der Neufestsetzung des Invaliditätsgrades besteht. **162**

Wenn hingegen ein Zweitunfall mit neuen Dauerschäden **erst nach Ablauf der Jahresfrist ab dem Erstunfall** eintritt, so ist der für den Erstunfall zuständige VR nicht leistungspflichtig. Ebenso haftet dieser nicht für Verschlimmerungen der Folgen des Erstunfalls durch den Zweitunfall, wenn bei dessen Eintritt eine Neufeststellung des Invaliditätsgrades nicht mehr verlangt werden kann. **163**

4. Formelle Anspruchsvoraussetzungen

a) Nach § 7 (I) Abs. 2 AUB 88 ist Voraussetzung für die Verpflichtung eines Unfallversicherers zur Leistung einer Invaliditätsentschädigung, dass die **Invalidität innerhalb eines Jahres nach dem Unfall eingetreten** sowie spätestens **vor Ablauf von weiteren drei Monaten ärztlich festgestellt und geltend gemacht** worden ist. Gleichlautende Regelungen sind in § 8 II (1) AUB 61, § 7 (I) Abs. 2 AUB 94 und Ziff. 2.1.1.1 AUB 99 (hier mit dem Zusatz, dass die ärztliche Feststellung der Invalidität schriftlich zu erfolgen hat) enthalten. Die Wirksamkeit von § 7 (I) Abs. 2 AUB 88 steht mittlerweile außer Frage; die Bestimmung hält einer Inhaltskontrolle nach § 307 BGB stand; sie genügt auch den Anforderungen des Transparenzgebots[445]. **164**

b) Nach ständiger Rechtsprechung des Bundesgerichtshofs sind sowohl der Umstand, dass die Invalidität ein Jahr nach dem Unfall eingetreten sein muss, als auch die 15-Monats-Frist zur ärztlichen Feststellung der unfallbedingten Invalidität die Entschädigungspflicht des VR **165**

---

[440] BGH v. 17. 10. 2001, NVersZ 2002, 65; OLG Koblenz v. 9. 2. 2001, NVersZ 2001, 269.

[441] *Knappmann,* NVersZ 2002, 1 (2).

[442] *Prölss/Martin/Knappmann,* § 7 AUB 94 Rn. 2.

[443] KG v. 9. 5. 2006, r+s 2007, 208.

[444] BGH v. 3. 12. 1997, BGHZ 137, 247 (253 ff.); OLG Frankfurt/M. v. 28. 4. 1999, NVersZ 1999, 170 (171).

[445] BGH v. 19. 11. 1997, BGHZ 137, 174; BGH v. 23. 2. 2005, VersR 2005, 639; OLG Düsseldorf v. 23. 5. 2006, VersR 2006, 1487 (1488); OLG Karlsruhe v. 3. 3. 2005, VersR 2005, 1384 (1385); OLG Frankfurt/M. v. 6. 3. 2003, r+s 2003, 519; zweifelnd für die AUB 99: OLG Hamm v. 19. 10. 2007, VersR 2008, 811; a. A. für die AUB 99: *Prölss/Martin/Knappmann,* Ziff. 2 AUB 99, Rn. 2.

begrenzende **Anspruchsvoraussetzungen**[446]. **Sinn** der Fristenregelungen ist es, im Interesse einer rationellen arbeits- und kostensparenden Abwicklung Spätschäden, die in der Regel schwer aufklärbar und unübersehbar sind, vom Versicherungsschutz auszunehmen[447]. Die rechtliche Einordnung als Anspruchsvoraussetzung hat vor allem zur Folge, dass dem VN die Möglichkeit genommen ist, eine Fristüberschreitung zu entschuldigen. Demgegenüber sieht der Bundesgerichtshof in der 15-monatigen Frist zur Geltendmachung der Invalidität eine Ausschlussfrist, deren Versäumen entschuldigt werden kann[448]. Die Fristen gelten grundsätzlich für jedes Unfallereignis gesondert; es sei denn, der erste Unfall ist für ein weiteres Unfallereignis adäquat kausal[449]. Sie laufen ferner gesondert, wenn nach einem Unfall mehrere, das Ausmaß der Invalidität beeinflussende körperliche Symptomenkreise[450] oder mehrere voneinander zu trennende Gesundheitsschäden[451] vorliegen.

166   c) Die Invalidität muss **innerhalb eines Jahres nach dem Unfall eingetreten** sein. Am Ende des ersten Unfalljahres muss die bei dem Unfall erlittene Gesundheitsbeeinträchtigung den Charakter einer Dauerschädigung erreicht haben[452]. Es kommt nicht darauf an, ob die Invalidität innerhalb des Jahreszeitraumes tatsächlich erkannt worden ist. Auch wenn die insoweit notwendigen Feststellungen erst innerhalb der 15-Monats-Frist getroffen werden, ist dies ausreichend. Ferner muss auch der Grad der Invalidität noch nicht feststehen.

167   d) Die Invalidität muss **spätestens 15 Monate nach dem Unfallereignis ärztlich festgestellt** worden sein. Die ärztlichen Feststellungen müssen sich sowohl darauf beziehen, dass bei dem VN dem Grunde nach eine dauernde Beeinträchtigung der körperlichen oder geistigen Leistungsfähigkeit vorliegt, als auch insbesondere darauf, dass diese die Folge eines konkreten Unfallereignisses ist[453]. Wirksamkeit entfaltet die Feststellung nur für Gesundheitsschäden in dem jeweils ausdrücklich angesprochenen Bereich[454]. Ein bestimmter Invaliditätsgrad muss nicht angegeben werden; die ärztlichen Feststellungen müssen auch nicht an der Gliedertaxe ausgerichtet sein[455]. Unzureichend ist es, wenn lediglich objektive Feststellungen zu gesundheitlichen Beeinträchtigungen getroffen werden, ohne den Schluss zu ziehen, dass sie (im Sinne einer Prognose) innerhalb des Jahreszeitraums zu einer dauernden Beeinträchtigung geführt haben[456]; das ist nur ausnahmsweise entbehrlich, wenn sich diese Schlussfolgerung schon zwingend aus den Befunden ergibt[457]. Nicht ausreichend ist es auch, wenn die Feststellungen zur dauerhaften Gesundheitsbeeinträchtigung nicht dem in Rede stehenden Unfall-

---

[446] BGH v. 27. 2. 2002, VersR 2002, 472 (473), BGH v. 19. 11. 1997, BGHZ 137, 174 (176f.); BGH v. 28. 6. 1978, VersR 1978, 1036.

[447] BGH v. 19. 11. 1997, BGHZ 137, 174 (177); BGH v. 28. 6. 1978, VersR 1978, 1036.

[448] BGH v. 19. 11. 1997, BGHZ 137, 174 (177); BGH v. 28. 6. 1978, VersR 1978, 1036.

[449] BGH v. 3. 12. 1997, BGHZ 137, 247.

[450] OLG Oldenburg v. 21. 8. 2002, r+s 2004, 34; OLG Hamm v. 2. 2. 2001, NVersZ 2001, 315 (316); OLG Hamm v. 29. 11. 1996, VersR 1997, 1389; OLG Frankfurt/M. v. 22. 5. 1992, VersR 1993, 1139 (1140); LG Freiburg v. 1. 4. 2003, VersR 2003, 1245 (1246).

[451] BGH v. 7. 3. 2007, VersR 2007, 1114 (1115); OLG Frankfurt/M. v. 20. 6. 2007, VersR 2008, 248 (jeweils zu psychischen Beeinträchtigungen nach einem Unfallereignis); OLG Hamm v. 6. 9. 2006, VersR 2007, 1216.

[452] OLG Düsseldorf v. 13. 3. 1990, ZfS 1990, 209.

[453] BGH v. 19. 6. 2008 – IX ZR 30/06; BGH v. 7. 3. 2007, VersR 2007, 1114 (1115); BGH v. 6. 11. 1996, VersR 1997, 442 (443); BGH v. 16. 12. 1987, VersR 1988, 286 (287); OLG Frankfurt/M. v. 12. 1. 2000; NVersZ 2002, 311 (keine konkrete Zuordnung bei mehreren Unfallereignissen); OLG Bremen v. 18. 4. 2000, NVersZ 2001, 75.

[454] OLG Hamm v. 6. 9. 2006, VersR 2007, 1216 (1217).

[455] BGH v. 6. 11. 1996, VersR 1997, 442 (443); OLG Koblenz v. 28. 12. 2001, NVersZ 2002, 215; OLG Koblenz v. 23. 3. 2001, NVersZ 2002, 69.

[456] BGH v. 5. 7. 1995, VersR 1995, 1179 (1180); OLG Naumburg v. 13. 5. 2004, VersR 2004, 970 (971); OLG Koblenz v. 20. 2. 2003, r+s 2003, 473; OLG Köln v. 21. 11. 1991, r+s 1992, 105.

[457] OLG Köln v. 10. 3. 1994, r+s 1994, 236: Querschnittlähmung. Jedenfalls stellt die Berufung auf das Fristversäumnis in einem solchen Fall einen Verstoß gegen Treu und Glauben dar, vgl. BGH v. 5. 7. 1995, BGHZ 130, 171; OLG Koblenz v. 6. 9. 2000, NVersZ 2001, 552 (553).

ereignis zugeordnet werden. Dass die ärztlichen Feststellungen zutreffend sind, ist nicht erforderlich. Dies rechtfertigt sich daraus, dass die ärztlichen Feststellungen für den VR nur die Grundlage dafür schaffen sollen, zeitnah zu klären, ob die materiellen Voraussetzungen für eine Leistungspflicht vorliegen[458]. Umgekehrt geht es zu Lasten des Versicherungsnehmers, wenn es ihm nicht gelingt, innerhalb des 15-Monats-Zeitraums einen Arzt zu finden, der ihm eine unfallbedingte Invalidität bescheinigt[459]. Eine Eigendiagnose des als Arzt tätigen VN ist nicht ausreichend; es bedarf der Feststellung durch einen unbeteiligten und neutralen Arzt, der kein Eigeninteresse an dem Ergebnis der Untersuchung hat[460].

In der obergerichtlichen Rechtsprechung wird vielfach verlangt, dass die **ärztliche Fest-**   168
stellung schriftlich zu erfolgen hat[461]. Begründet wird dies damit, dass nur eine schriftlich niedergelegte ärztliche Feststellung den VR in die Lage versetzt, die Berechtigung der Ansprüche zu prüfen[462]. Das erscheint zweifelhaft. Dem Wortlaut des § 7 (I) Abs. 2 AUB 88 ist ein Schriftformerfordernis nicht zu entnehmen (anders jetzt Ziff. 2.1.1.1 AUB 99), und Unklarheiten gehen insoweit nach § 305 c Abs. 2 BGB zu Lasten des VR. Eine wesentliche Erschwerung der Prüfung steht auch nicht zu befürchten, wenn man auf das Schriftformerfordernis verzichtet. Mit der Geltendmachung der Ansprüche durch den VN wird der VR die Namen der behandelnden Ärzte erfahren und kann von ihnen Auskünfte einholen. Es reicht deshalb zur Fristwahrung aus, wenn die Feststellung der unfallbedingten Invalidität innerhalb der Frist entweder in den Krankenunterlagen des Arztes vermerkt ist oder er sie dem VN mündlich bekannt gegeben hat[463]; nicht genügen kann hingegen eine nicht in irgendeiner Weise nach außen hin kundgetane innere Überzeugung des Arztes[464]. Daraus ggf. resultierende Beweisschwierigkeiten im Prozess gehen zu Lasten des VN, den insoweit die Darlegungs- und Beweislast trifft.

Einigkeit besteht darin, dass die ärztliche Feststellung dem VR **nicht innerhalb der Frist**   169
des § 7 (I) Abs. 2 AUB 88 zur Kenntnis gelangt sein muss. Soweit Schriftlichkeit gefordert wird, muss ihm die Erklärung des Arztes mithin nicht innerhalb der Frist von 15 Monaten zugegangen sein; sie muss dem VR aber auf Verlangen zugänglich gemacht werden, damit dieser die Einhaltung der Frist überprüfen kann[465].

e) Der VR ist nach der (zwingenden) Regelung in § 186 Satz 1 VVG verpflichtet, den VN   170
auf vertragliche Anspruchs- und Fälligkeitsvoraussetzungen sowie einzuhaltende Fristen in Textform **hinzuweisen,** wenn dieser einen Versicherungsfall anzeigt. Unterbleibt dieser Hinweis, kann sich der VR **auf Fristversäumnis nicht berufen** (§ 186 Satz 2 VVG). Damit wird die bisherige Rechtsprechung, nach der dem VR bei unterbliebenem Hinweis auf die Frist des § 7 (I) Abs. 2 AUB 88 unter bestimmten Voraussetzungen das Berufen auf das Fristversäumnis **nach Treu und Glauben (§ 242 BGB)** versagt worden ist, gesetzlich festgeschrieben und zugleich zu einer generellen Hinweispflicht erweitert. Als Folge der Verletzung der Hinweispflicht hat der VR den VN so zu stellen, als sei die ärztliche Feststellung (die der VN allerdings – wenn auch in diesem Fall nicht innerhalb der Frist – weiterhin beibringen muss) fristgerecht erfolgt.

---

[458] BGH v. 16. 12. 1987, VersR 1988, 286 (287).

[459] OLG Koblenz v. 27. 8. 1999, NVersZ 2000, 174.

[460] OLG Koblenz v. 19. 2. 1999, r+s 2002, 127 (128).

[461] Aus jüngerer Zeit: OLG Celle v. 22. 11. 2007, ZfS 2008, 159; OLG Saarbrücken v. 20. 6. 2007, VersR 2008, 199; OLG Hamm v. 16. 2. 2007, VersR 2007, 1361 (1362); OLG Hamm v. 20. 8. 2003, VersR 2004, 187; OLG Frankfurt/M. v. 22. 5. 2002, NVersZ 2002, 403 (404); OLG Stuttgart v. 29. 11. 2001, r+s 2003, 211; OLG Hamm v. 19. 1. 2001, NVersZ 2001, 270; OLG München v. 2. 3. 1998, NVersZ 2000, 176; OLG Düsseldorf v. 3. 8. 1999, r+s 1999, 391; OLG Hamburg v. 23. 7. 1997, VersR 1998, 1412; so auch *Grimm,* Ziff. 2 AUB 99 Rn. 11.

[462] OLG Hamm v. 27. 9. 1995, r+s 1996, 202.

[463] OLG Karlsruhe v. 7. 2. 2005, VersR 2005, 1230; OLG Karlsruhe v. 21. 9. 1995, r+s 1996, 331 (332); *Prölss/Martin/Knappmann,* § 7 AUB 94 Rn. 15.

[464] OLG Frankfurt/M. v. 21. 2. 1995, VersR 1996, 618 (619).

[465] BGH v. 6. 11. 1996, VersR 1997, 442 (443); v. 25. 4. 1990, NJW-RR 1990, 1048 (1049).

171   Obsolet werden die insoweit in der Rechtsprechung entwickelten Grundsätze damit indes nicht. Auch wenn der VR seine Hinweispflicht erfüllt hat, dürfte er sich zum einen dann **treuwidrig** verhalten, wenn er sich auf die Frist beruft, ohne dass sie bei der Abwicklung des Versicherungsfalles die ihr nach den Vertragsbedingungen zukommende Bedeutung noch erlangen kann, denn die 15-Monats-Frist dient dazu, dem VR die zeitnahe und damit möglichst zuverlässige Regulierung des Versicherungsfalles zu ermöglichen. Zum anderen wird der VR treuwidrig handeln, wenn er gegenüber dem VN zu erkennen gegeben hat, dass er auf die Einhaltung der Frist keinen Wert legt und ihn deshalb davon abhält, rechtzeitig die erforderlichen Feststellungen treffen zu lassen[466].

172   **Lehnt der VR seine Eintrittspflicht innerhalb der 15-Monats-Frist endgültig ab,** wurde bislang überwiegend die Auffassung vertreten, der VR könne sich dann nicht mehr darauf berufen, dass eine ärztliche Feststellung unfallbedingter Invalidität nicht innerhalb dieses Zeitraums erfolgt sei[467]. Zwar mag es naheliegend erscheinen, gerade bei vorzeitiger Leistungsablehnung in dem Berufen auf das Fristversäumnis einen Verstoß gegen Treu und Glauben zu sehen, weil der VR durch seine abschließende Erklärung zu erkennen gegeben hat, dass er zu weiteren Ermittlungen keinen Anlass sieht. Gleichwohl wirkt sich hier zu Lasten des VN aus, dass die fristgerechte ärztliche Feststellung der unfallbedingten Invalidität eine Anspruchsvoraussetzung für die Invaliditätsleistung ist. Auf sie kann daher grundsätzlich nicht verzichtet werden. Auch eine Leistungsablehnung durch den VR ändert somit nichts daran, dass der Anspruch des VN auf die Invaliditätsentschädigung nicht entsteht, wenn die Invalidität nicht innerhalb der Frist ärztlich festgestellt worden ist[468].

173   Lehnt der VR **nach Ablauf der 15-Monats-Frist** Ansprüche des VN mit der Begründung ab, eine ärztliche Feststellung unfallbedingter Invalidität sei **nicht fristgerecht** erfolgt, kann sich der VR grundsätzlich auf die Fristversäumung berufen, wenn er den VN auf die einzuhaltende Frist nach § 186 Satz 1 VVG **hingewiesen** hat. Die Absendung des Hinweisschreibens an die richtige Adresse des VN genügt; auch wenn er es tatsächlich nicht erhalten hat, ist der VR mit der Absendung seiner Verpflichtung gegenüber dem VN nachgekommen[469].

174   Bislang war die Auffassung vertreten worden, dass ein VR nicht generell dazu verpflichtet ist, den VN, der einen Unfall gemeldet hat, auf das Bestehen der Fristen in § 7 (I) Abs. 2 AUB 88 hinzuweisen. Vom VN ist verlangt worden, dass er sich anhand der ihm überlassenen Versicherungsbedingungen darüber informiert, auf welche Weise er seinen Anspruch gegenüber dem VR geltend zu machen hat. Anders wurde dies dann gesehen, wenn aufgrund der vom VN vorgelegten **Schadensanzeige** bzw. der überreichten **ärztlichen Atteste erkennbar** war, dass ein Anspruch auf Invaliditätsentschädigung gegeben sein kann[470]. Insoweit kann sich beim VN die Fehlvorstellung entwickeln, er habe alles unternommen, um dem VR eine Sachprüfung zu ermöglichen. Das gilt insbesondere dann, wenn der VR aufgrund solcher Angaben des VN tatsächlich in eine Sachprüfung eintritt. Dann hat der VN keinen zureichenden Anlass, bis zum Ablauf der 15-Monats-Frist eine den Anforderungen des § 7 (I) Abs. 2 AUB 88 gerecht werdende ärztliche Feststellung zu beschaffen.

---

[466] Vgl. eingehend *Jacob*, VersR 2007, 456ff. und *Manthey*, NVersZ 2001, 55ff.

[467] OLG Hamm v. 17.8.1994, VersR 1995, 1181 (1182); OLG Köln v. 21.11.1991, r+s 1992, 105; *Manthey*, NVersZ 2001, 55 (57); *Grimm*, Ziff. 2 AUB 99 Rn. 12. Damit wird die ärztliche Feststellung allerdings nicht vollständig entbehrlich; sie muss spätestens im Prozess vorgelegt werden, vgl. *Manthey*, a.a.O. sowie OLG Hamm v. 16.2.2007, VersR 2007, 1361 (1362).

[468] BGH v. 30.11.2005, VersR 2005, 352 (353); BGH v. 23.10.2002, VersR 2002, 1578; BGH v. 27.2.2002, VersR 2002, 472; OLG Saarbrücken v. 21.6.2006, VersR 2007, 487; OLG Frankfurt/M. v. 8.4.1998, r+s 2000, 216 (217).

[469] OLG Düsseldorf v. 29.2.2000, VersR 2001, 449 (451); OLG Hamm v. 25.10.1997, r+s 1998, 260.

[470] BGH v. 30.11.2005, VersR 2006, 352 (353); OLG Düsseldorf v. 22.1.2008, VersR 2008, 672 (673); OLG Frankfurt/M. v. 9.10.2002, VersR 2003, 361 (362); OLG Düsseldorf v. 29.2.2000, VersR 2001, 449 (451) OLG Hamm v. 2.12.1998, NVersZ 1999, 567.

Alleine der **Eintritt in die Sachprüfung** reichte nach bisheriger Rechtsprechung noch 　**175**
nicht aus, um die spätere Berufung auf den Fristablauf als treuwidrig erscheinen zu lassen[471];
es sei denn, der VR hat zu verstehen gegeben, dass er von einer Invalidität ausgeht und zur
abschließenden Klärung noch gutachterliche Stellungnahmen einholen will[472].

Grundsätzlich anders sind die Fälle zu beurteilen, in denen der VR **nach Ablauf der** 　**176**
15-Monats-Frist noch eine Sachprüfung vornimmt. Im Zweifel ist dann anzunehmen, dass
der VR aus **Kulanz** gegenüber seinem VN tätig wird. Lehnt der VR in einem solchen Fall
einen Anspruch letztlich doch damit ab, der VN habe die Frist des § 7 (I) Abs. 2 AUB 88 nicht
gewahrt, handelt er regelmäßig nicht treuwidrig. Jede andere Sichtweise würde dazu führen,
dass ein VR es von vornherein nicht mehr in Erwägung ziehen wird, eine Kulanzregelung zu
prüfen[473]. Gleichwohl erscheint es sinnvoll, dass der VR, der nach Fristablauf noch tätig werden will, dem VN unmissverständlich deutlich macht, dass dies auf freiwilliger Basis und ohne
einen Rechtsanspruch des VN geschieht und er sich vorbehält, eine Anspruchsablehnung ggf.
auch alleine auf den Fristablauf zu stützen. Denn jedenfalls dann, wenn der VR trotz Fristablauf
und ohne Abgabe einer solchen Erklärung mehrfach wieder in die Sachprüfung eintritt und
dann erstmals im Prozess den Fristablauf einwendet, kann seine Berufung hierauf als treuwidrig
gewertet werden[474]. Darüber hinaus wird die Berufung auf die Fristversäumung auch dann als
treuwidrig angesehen, wenn sich der VN (ohne entsprechenden Hinweis des VR) nach Fristablauf auf Veranlassung des VR beschwerlichen, mit erheblichen körperlichen oder seelischen
Unannehmlichkeiten verbundenen ärztlichen Untersuchungsmaßnahmen unterzogen hat,
die er nicht erduldet hätte, wenn er damit hätte rechnen müssen, dass der VR den Anspruch
letztlich doch unter Berufung auf das Fristversäumnis ablehnt[475]. Hieran dürfte auch bei Erfüllung der Hinweispflichten nach § 186 VVG festzuhalten sein. Es verstößt allerdings nicht
gegen Treu und Glauben, wenn der VR nach Fristablauf eine Prüfung von in den Bedingungen nicht vorgesehenen Voraussetzungen abhängig macht[476]. Hat der VR nach Fristablauf eine
andere als eine Invaliditätsleistung erbracht, stellt das keinen Vertrauenstatbestand dar, weil für
andere Leistungen andere Anspruchsvoraussetzungen gelten[477].

f) Der VN muss den **Anspruch** ferner **innerhalb der Frist von 15 Monaten** nach dem 　**177**
Unfall beim VR **geltend machen.** Dazu reicht es aus, dass fristgerecht gegenüber dem VR
behauptet wird, es sei aufgrund eines Unfalles Invalidität eingetreten[478]; weder muss ein Invaliditätsgrad noch gar eine bestimmte geforderte Invaliditätsleistung angegeben werden. Die
Geltendmachung muss schriftlich erfolgen (§ 13 AUB 88); eine mündliche Anzeige genügt
nicht[479]. Es bedarf hierzu nicht der Beifügung irgendwelcher Belege; die ärztliche Feststellung
unfallbedingter Invalidität kann nachgereicht werden. Ausreichend ist nach der Rechtsprechung des Bundesgerichtshofs auch das Überreichen einer Klageschrift aus einem Haftpflichtprozess, aus der sich ergibt, dass der VN eine Invalidität behauptet[480]. Die bloße Unfallanzeige
ist für die Geltendmachung der Invalidität allerdings in aller Regel unzureichend, es sei denn,

---

[471] OLG Hamm v. 29. 11. 1996, r+s 1997, 130.

[472] OLG Nürnberg v. 21. 3. 2002, VersR 2003, 846 (848); OLG Saarbrücken v. 8. 5. 1996, VersR 1997,
956, 958; vgl. auch OLG Hamm v. 29. 9. 1999, NVersZ 2000, 84 (85).

[473] OLG Saarbrücken v. 3. 11. 2004, VersR 2005, 929 (931); OLG Celle v. 22. 1. 2004, VersR 2004,
1258 (1259); OLG Karlsruhe v. 5. 11. 1997, VersR 1998, 882 (883); OLG Frankfurt/M. v. 21. 2. 1995,
r+s 1995, 474 (476).

[474] OLG Köln v. 16. 12. 1993, r+s 1994, 78.

[475] BGH v. 28. 6. 1978, VersR 1978, 1036; OLG Saarbrücken v. 3. 11. 2004, VersR 2005, 929 (931);
OLG Hamm v. 8. 1. 1992, VersR 1992, 1255.

[476] OLG Hamm v. 19. 1. 2001, NVersZ 2001, 270.

[477] OLG Koblenz v. 28. 6. 1991, r+s 1992, 322; *Grimm,* Ziff. 2 AUB 99 Rn. 12.

[478] BGH v. 19. 11. 1997, BGHZ 137, 174 (178); OLG Koblenz v. 28. 12. 2001, NVersZ 2002, 215;
OLG Koblenz v. 23. 3. 2001, NVersZ 2002, 69. Die Geltendmachung von anderen als Invaliditätsansprü-
chen reicht allerdings zur Fristwahrung nicht aus, vgl. OLG Koblenz v. 28. 6. 1991, r+s 1992, 322.

[479] *Grimm,* Ziff. 2 AUB 99 Rn. 15.

[480] BGH v. 25. 4. 1990, VersR 1990, 732 (733).

aus den überreichten Unterlagen ergeben sich Dauerschaden und das Verlangen nach einer Invaliditätsentschädigung bereits eindeutig[481].

178   Die 15-Monats-Frist des § 7 (I) AUB 88 zur Geltendmachung der Invalidität wird von der Rechtsprechung als **Ausschlussfrist** angesehen, was dem VN die Möglichkeit einräumt, die Versäumung der Frist zu **entschuldigen**[482]. Bloße Unkenntnis von dem Bestehen der Frist oder schlichtes Vergessen der Frist entlastet den VN allerdings nicht[483]. Es müssen vielmehr besondere Umstände vorliegen, die im Einzelfall die unterlassene rechtzeitige Geltendmachung entschuldigen. So hat der Bundesgerichtshof eine VN als entschuldigt angesehen, die auf die Erklärung ihres Ehemannes, er habe die Versicherung gekündigt, vertraut hatte, und erst nach Fristablauf feststellte, dass Versicherungsschutz noch bestand[484]. Auch eine über längere Zeit andauernde Geschäftsunfähigkeit ist ein Entschuldungsgrund[485]. Entschuldigt sein wird ein VN auch bei verspätetem Zugang der schriftlichen Geltendmachung, sofern er für die rechtzeitige Absendung des Schreibens Sorge getragen hat. Erkennt der VN sein Versäumnis, bleibt er allerdings nur dann entschuldigt, wenn er nunmehr unverzüglich die Invalidität gegenüber dem VR geltend macht. Dafür steht ihm in der Regel nur ein Zeitraum von etwa zwei Wochen zur Verfügung; nur in Ausnahmefällen wird er eine längere Zeitspanne in Anspruch nehmen dürfen[486].

179   Das OLG Oldenburg hat einen VN als entschuldigt angesehen, der Ansprüche erst nach Fristablauf geltend gemacht hat, nachdem er **im Besitz eines ihm günstigen Gutachtens** war[487]. Daraus darf indes nicht der Schluss gezogen werden, ein VN sei generell entschuldigt, wenn er seinen Anspruch nicht fristgerecht durch ärztliche Atteste untermauern kann. Dazu bedarf es vielmehr der Darlegung besonderer Umstände.

180   **g)** Auch auf die Frist zur Geltendmachung der Invalidität hat der VR den VN nach § 186 S. 1 VVG hinzuweisen. Darüber hinaus kann dem VR das Berufen auf die Nichteinhaltung der Frist – nicht anders als bei der fristgerechten ärztlichen Feststellung unfallbedingter Invalidität – ausnahmsweise auch bei Erfüllung der Hinweispflicht nach **Treu und Glauben (§ 242 BGB)** versagt sein. Insoweit geltend die zuvor aufgeführten Grundsätze entsprechend.

5. Art und Höhe der Leistung

181   **a)** Die Invaliditätsleistung wird im Regelfall als **Kapitalleistung** erbracht, deren Höhe sich nach dem Grad der Invalidität richtet (§ 7 I (2) AUB 88; § 8 II (1) S. 2 AUB 61; Ziff. 2.1.2.2 AUB 99). Hat die versicherte Person bei Eintritt des Unfalles das 65. Lebensjahr vollendet, wird anstelle der Kapitalleistung eine **Rente** gezahlt (§ 7 I (1) S. 1 AUB 88; § 8 II (7) AUB 61; Ziff. 2.1.2.1 AUB 99)[488]. Die Berechnung der Rente hängt von der Höhe der Kapitalleistung ab; sie wird nach § 14 AUB 88 bzw. Ziff. 2.1.2.3 AUB 99 ermittelt. Die Rente wird nach den AUB 88 vom Abschluss der ärztlichen Behandlung[489], spätestens vom Ablauf des auf den Unfall folgenden Jahres an gezahlt (§ 14 AUB 88; der Sache nach gleich: § 20 (2) AUB 61). Nach Ziff. 2.1.2.3 Abs. 3 AUB 99 wird die Rente schon ab Beginn des Monats, in dem sich der Unfall ereignet hat, geleistet. Die Zahlung endet nach den AUB 88 am Ende des

---

[481] *Grimm,* Ziff. 2 AUB 99 Rn. 15.

[482] BGH v. 13. 3. 2002, NVersZ 2002, 309 (310); BGH v. 19. 11. 1997, BGHZ 137, 174 (177); BGH v. 5. 7. 1995, BGHZ 130, 171 (174).

[483] OLG Koblenz v. 28. 12. 2001, r+s 2002. 524; OLG Karlsruhe v. 7. 9. 2000, r+s 2002, 129; OLG Düsseldorf v. 29. 2. 2000, VersR 2001, 449 (451); OLG Köln v. 5. 5. 1994, VersR 1995, 907.

[484] BGH v. 5. 7. 1995, BGHZ 130, 171 (174).

[485] BGH v. 13. 3. 2002, NVersZ 2002, 309 (310).

[486] BGH v. 13. 3. 2002, NVersZ 2002, 309 (310): 2 Monate bei notwendiger Einarbeitung eines Betreuers des VN in umfangreiche Akten; BGH v. 5. 7. 1995, BGHZ 130, 171 (174): 1 Monat.

[487] OLG Oldenburg v. 31. 3. 1999, NVersZ 2000, 333 (da der Eintritt eines Dauerschadens aber schon zuvor vorhersehbar war, dürfte ohnehin eine Hinweispflicht des VR auf den Fristablauf bestanden haben).

[488] Die Regelung ist rechtlich unbedenklich, LG Dortmund v. 23. 2. 2006, NJW-RR 2007, 23.

[489] S. dazu *Grimm,* Ziff. 2 AUB 99 Rn. 45; *Prölss/Martin/Knappmann,* § 14 AUB 94 Rn. 3.

Vierteljahres, in dem der Versicherte stirbt (§ 14 II AUB 88). Ziff. 2.1.2.3 AUB 99 enthält keinen bestimmten Endzeitpunkt; dieser ist jeweils vom VR in den Bedingungen festzulegen. § 14 III AUB 88 gibt dem VN und dem VR ein Recht zur Neubemessung der Rente.

Viele VR bieten als **weitere Leistung** zusätzlich zur oder anstelle einer Kapitalleistung bei **182** Erreichen eines bestimmten Invaliditätsgrades (meist 50%) die Zahlung einer **Unfallrente** an. Einzelheiten sind in den Besonderen Bedingungen für die Versicherung einer Unfallrente bei einem Invaliditätsgrad ab … Prozent[490] geregelt. Danach wird unabhängig vom Lebensalter der versicherten Person eine lebenslange Unfallrente, beginnend mit dem Monat, in dem sich der Unfall ereignet hat, in Höhe der vereinbarten Versicherungssumme gezahlt.

Um die versicherte Person bei einem hohen Invaliditätsgrad besser abzusichern, werden **183** häufig die Besonderen Bedingungen für die Unfallversicherung mit **progressiver Invaliditätsstaffel** vereinbart[491]. Die Kapitalleistung erhöht sich danach abhängig vom Grad der Invalidität um einen bestimmten Prozentsatz über die vereinbarte Versicherungssumme hinaus[492]. Daneben existieren sog. Mehrleistungsbedingungen, die ab einem bestimmten Invaliditätsgrad eine erhöhte Invaliditätsleistung versprechen[493].

b) Maßgebend für die Höhe der vom VR zu erbringenden Leistung ist der **Grad der In- 184 validität.** Beträgt er 100%, so wird die volle für den Invaliditätsfall vereinbarte Summe fällig; bei einer Teilinvalidität wird eine Leistung entsprechend dem Grad der Invalidität erbracht. Bei der Bemessung der Invalidität ist nur der Gesundheitszustand zu berücksichtigen, der **bis zum Ablauf der Dreijahresfrist** des § 11 IV S. 1 AUB 88 (§ 13 (3) a) AUB 61; Ziff. 9.4 AUB 99) zu prognostizieren ist; später gewonnene Erkenntnisse dürfen nicht verwertet werden[494]. Ist zu diesem Zeitpunkt die Heilbehandlung noch nicht abgeschlossen, hat ein nur zeitweise eingetretener Erfolg oder ein zum Zeitpunkt des Fristablaufs noch ungewisser Erfolg der Behandlung bei der Bewertung der Invalidität außer Betracht zu bleiben[495] Lassen die Parteien die Frist zur Neubemessung gemäß § 188 Abs. 1 VVG ungenutzt verstreichen, ist für die Beurteilung der unfallbedingten Invalidität auf die Tatsachenfeststellungen in der ärztlichen Invaliditätsfeststellung abzustellen[496].

aa) In der **Gliedertaxe** (§ 7 I (2) AUB 88; § 8 II (2) AUB 61; Ziff. 2.1.2.2.1 AUB 99 sind **185** für den Verlust oder die Funktionsunfähigkeit von Körperteilen und Sinnesorganen feste Invaliditätsgrade festgelegt. Nach den AUB 88 (unverändert in den AUB 99) beträgt der Invaliditätsgrad bei Verlust oder vollständiger Funktionsunfähigkeit:

- eines Armes im Schultergelenk 70%
- eines Armes bis oberhalb des Ellenbogengelenks 65%
- eines Armes bis unterhalb des Ellenbogengelenks 60%
- einer Hand im Handgelenk 55%
- eines Daumens 20%
- eines Zeigefingers 10%
- eines anderen Fingers 5%
- eines Beines über der Mitte des Oberschenkels 70%
- eines Beines bis zur Mitte des Oberschenkels 60%

---

[490] Text bei *Grimm,* Teil C Anh. I S. 479f.

[491] Text bei *Grimm,* Teil C Anh. I S. 472ff.

[492] Zu den dabei auftretenden Berechnungsproblemen bei Vorinvalidität oder Vorerkrankungen s. unten Rn. 197 und Rn. 215.

[493] Text bei *Stockmeier/Huppenbauer,* Motive AUB 99 S. 140.

[494] BGH v. 20. 4. 2005, VersR 2005, 927 (928); BGH v. 17. 10. 2001, NVersZ 2002, 65 (66); BGH v. 3. 12. 1997, BGHZ 137, 247 (252).

[495] BGH v. 20. 4. 2005, VersR 2005, 927 (928/929).

[496] So BGH v. 4. 5. 1994, VersR 1994, 971 (973 für den Fall des Verstreichenlassens der Frist). Nach OLG Hamm v. 7. 2. 2001, NVersZ 2001, 317 und OLG Hamm v. 19. 11. 1997, VersR 1998, 1273 (1274) ist für die Bemessung der Invalidität in der Regel die Jahresfrist bzw. der Zeitpunkt der Festsetzung durch den VR maßgebend, wenn sich keine der Parteien die Rechte nach § 11 IV AUB 88 vorbehalten hat.

- eines Beines bis unterhalb des Knies 50%
- eines Beines bis zur Mitte des Unterschenkels 45%
- eines Fußes im Fußgelenk 40%
- einer großen Zehe 5%
- einer anderen Zehe 2%
- eines Auges 50%
- des Gehörs auf einem Ohr 30%
- des Geruchs 10%
- des Geschmacks 5%

186   Bei einem **teilweisen Verlust** oder einer bloßen **Funktionsbeeinträchtigung** eines Körperteils oder Sinnesorgane bemisst sich die Invaliditätsleistung nach einem Prozentsatz oder Bruchteil des für den vollständigen Verlust oder für die vollständige Funktionsunfähigkeit anzusetzenden Satzes (§ 7 I (2) b) AUB 88; § 8 II (3) AUB 61; Ziff. 2.1.2.2.1 AUB 99). Die Praxis behilft sich insoweit mit Richtlinien zur Gleichbehandlung aller Versicherten, deren Verwendung unbedenklich ist[497].

187   Die **Gliedertaxe** stellt eine **Sonderregelung** zur vereinfachten Abrechnung der Invaliditätsleistung bei bestimmten Gesundheitsschäden dar. Kann der Invaliditätsgrad nach der Gliedertaxe bestimmt werden, ist für den allgemeinen Bemessungsgrundsatz der dauernden Beeinträchtigung der körperlichen oder geistigen Leistungsfähigkeit (bzw. der dauernden Arbeitsunfähigkeit) kein Raum mehr[498]. **Sinn** der Gliedertaxe ist es, mit einem **abstrakt–generalisierten Maßstab** eine weitgehende Gleichbehandlung aller Versicherten zu gewährleisten. Die konkreten Berufs- oder Erwerbsverhältnisse oder sonstige Besonderheiten in den Lebensumständen der versicherten Person bleiben außer Acht[499]; auch für die Berücksichtigung sonstiger gesundheitlicher Beeinträchtigungen als Folge des Verlustes eines Körperteils oder Sinnesorgans ist grundsätzlich kein Raum. Das führt unvermeidbar zu gewissen, jedoch hinzunehmenden Härten. Für bestimmte Personengruppen (Ärzte, medizinisches Personal, Musiker) können besondere Gliedertaxen vereinbart werden[500].

188   Die Gliedertaxe verfolgt eine bestimmte **Systematik**. Der Verlust oder die Beeinträchtigung eines funktionell höher bewerteten, rumpfnäheren Gliedes schließt den Verlust oder die Beeinträchtigung des rumpfferneren Gliedes ein[501]. Beim Verlust eines Beines ist der Verlust der Zehen in dem höheren Invaliditätsgrad für das Bein mit eingeflossen und somit alleine maßgebend[502]. Umgekehrt bedeutet etwa der Verlust eines Fingers nicht zugleich einen Teilverlust oder eine Teilfunktionsunfähigkeit der Hand[503]. Mit abgegolten sind auch die über das Glied hinaus ausstrahlenden Folgen des Verlustes oder der Funktionsunfähigkeit eines Gliedes, nicht jedoch ein weiterer Gesundheitsschaden im Bereich des übrigen Körpers, der durch solche Ausstrahlungen hervorgerufen wurde[504]. Sind paarige Körperteile dauerhaft beeinträchtigt, sind die Funktionsbeeinträchtigung und der daraus folgende Grad der Invalidität für jeden Körperteil gesondert festzustellen; der Umstand, dass beide paarigen Körperteile durch den Unfall dauerhaft geschädigt worden sind, führt nicht zu einer Erhöhung des Invaliditätsgrades[505].

---

[497] *Grimm,* Ziff. 2 AUB 99 Rn. 22.
[498] OLG Köln v. 26. 2. 1996, VersR 1996, 1530; OLG Celle v. 8. 1. 1991, r+s 1991, 179.
[499] BGH v. 4. 4. 1984, VersR 1984, 576 (577); BGH v. 10. 10. 1966, VersR 1966, 1133.
[500] *Grimm,* Teil C Anh. I. S. 469f.
[501] OLG Brandenburg v. 10. 3. 2005, r+s 2006, 207; OLG Köln v. 28. 5. 2003, r+s 2003, 472.
[502] OLG Köln v. 15. 2. 1993, r+s 1994, 439.
[503] BGH v. 23. 1. 1991, VersR 1991, 413; BGH v. 30. 5. 1990, VersR 1990, 964; OLG Nürnberg v. 19. 11. 1998, NVersZ 1999, 381; OLG Köln v. 26. 11. 1992, r+s 1993, 318 (319).
[504] OLG Karlsruhe v. 17. 2. 2005, VersR 2005, 1070 (Beinverkürzung bewirkt Beckenschiefstand und Wirbelsäulenverkrümmung).
[505] OLG Köln v. 28. 7. 2004, VersR 2005, 679 (680); zur Berechnung der Invaliditätsentschädigung bei einer erhöhten Gliedertaxe: OLG Frankfurt/M. v. 5. 12. 2007, OLGR Frankfurt/M. 2008, 465.

Nach der neueren Rechtsprechung des Bundesgerichtshofs, die mit der bisherigen Regu- **189**
lierungspraxis der VR nicht im Einklang steht, ist für die Abrechnung nach der Gliedertaxe
grundsätzlich auf den **Sitz der Verletzung** und nicht darauf abzustellen, wo sich die Funktionsbeeinträchtigung auswirkt. Anderenfalls würde die Systematik der Gliedertaxe unterlaufen. Die Ausstrahlungen eines Teilgliedverlustes oder einer Teilgliedfunktionsunfähigkeit auf
das Restglied ist bei dem für das Teilglied geltenden Invaliditätsgrad bereits mitberücksichtigt[506]. Ist der Fuß vollständig funktionsunfähig, beträgt der Invaliditätsgrad nach den Vorgaben der Gliedertaxe 40%; der Invaliditätsgrad kann nicht durch das Abstellen auf die mit der
Funktionsunfähigkeit des Fußes einhergehende Funktionsbeeinträchtigung des Beines mit
einem (höher oder niedriger als 40% bemessenen) Beinwert angesetzt werden. Nichts anderes gilt folgerichtig dann, wenn nicht der Verlust der Funktionsfähigkeit eines Teilgliedes,
sondern lediglich eine Funktionsbeeinträchtigung in Rede steht. Erleidet die versicherte Person eine Sprunggelenksfraktur und verbleiben dauerhafte Funktionsbeeinträchtigungen, ist
auch insoweit nicht auf den Bein-, sondern auf den Fußwert abzustellen, d. h. der Grad der
Funktionsbeeinträchtigung ist mit einem Bruchteil des Fußwertes zu bestimmen und kann
maximal 40% betragen.

Ist das **Handgelenk** für sich genommen funktionsunfähig, beträgt die Entschädigung nach **190**
der Gliedertaxe 55% (Funktionsunfähigkeit einer Hand im Handgelenk). Darauf, ob noch
Restfunktionen der Hand (vor allem der Finger) verblieben sind, kommt es nicht an. Der
Bundesgerichtshof hat dieses auf den ersten Blick nicht recht einleuchtende Ergebnis damit
begründet, dass die Versicherungsbedingungen insoweit unklar seien. Es sei sowohl die Aus-
legung möglich, dass mit „Hand im Handgelenk" nur auf die Funktionsunfähigkeit des
Handgelenks selbst abzustellen sei, als auch die Auslegung, dass die Funktionsunfähigkeit des
Handgelenks ihrerseits die Funktionsunfähigkeit der restlichen Hand voraussetze. Da beide
Auslegungen vertretbar seien, gingen die Auslegungszweifel zu Lasten des VR nach §§ 5
AGBG, 305 c Abs. 2 BGB, so dass von der für den VN günstigeren Auslegung auszugehen
sei[507]. Man mag mit guten Gründen daran zweifeln, ob tatsächlich die Auslegung, wonach
die Funktionsunfähigkeit des Handgelenks auch die Funktionsunfähigkeit der Resthand
voraussetzt, nicht unter Berücksichtigung der Systematik der Gliedertaxe die wesentlich na-
heliegendere ist[508]. Ungeachtet dieser Bedenken hält der Bundesgerichtshof an seiner recht
formal wirkenden Auslegung der Gliedertaxe fest und hat sie auf die **Funktionsunfähigkeit
des Arms im Schultergelenk** übertragen[509].

Eine **Prothese,** die verlorene Gliedmaße oder Körperteile ersetzt, ändert nichts an deren **191**
Verlust und an der dadurch begründeten Invalidität[510]. Anderes gilt beim Einsatz von **Gebrauchshilfen** wie einem Hörgerät oder einer Brille. Kann die Minderung der Sehschärfe
durch eine **Brille** korrigiert werden, ist zur Beurteilung der Invalidität der korrigierte Visus
heranzuziehen[511]; ist danach von voller Sehkraft auszugehen, ist insoweit keine Invalidität anzunehmen. Allerdings ist zu berücksichtigen, dass die versicherte Person durch das Tragen der
Brille besonderen Belastungen ausgesetzt ist und sie zudem die Brille in aller Regel nicht

---

[506] BGH v. 24. 5. 2006, VersR 2006, 1117; BGH v. 9. 7. 2003, VersR 2003, 1163; BGH v. 17. 1. 2001,
VersR 2001, 360; in diese Richtung bereits BGH v. 23. 1. 1991, VersR 1991, 413; BGH v. 30. 5. 1990,
VersR 1990, 964; OLG Düsseldorf v. 13. 12. 2005, r+s 2006, 518 (519); OLG Hamm v. 16. 5. 2007, r+s
2007, 387 (auch zur Wirksamkeit der Klausel); OLG München v. 16. 5. 2006, VersR 2006, 1528; anders
(nicht der Sitz der Verletzung ist maßgebend, sondern der Sitz der Wirkung) OLG Frankfurt/M. v. 24. 8.
2005, VersR 2006, 964; *Grimm,* Ziff. 2 AUB 99 Rn. 21.
[507] BGH v. 9. 7. 2003, VersR 2003, 1163; so auch die Vorinstanz OLG Hamm v. 7. 11. 2001,
NVersZ 2002, 214.
[508] OLG Frankfurt/M. v. 16. 10. 2002, VersR 2003, 495; *Knappmann,* VersR 2003, 430 (431); vgl. zur
entsprechenden Problematik bei einer Schultergelenksversteifung OLG Bamberg v. 17. 10. 2002, r+s
2003, 380; OLG Frankfurt/M. v. 5. 9. 2001, VersR 2002, 560 (561).
[509] BGH v. 24. 5. 2006, VersR 2006, 1117; BGH v. 12. 12. 2007, VersR 2008, 483.
[510] *Prölss/Martin/Knappmann,* § 7 AUB 94 Rn. 24.
[511] BGH v. 27. 4. 1983, VersR 1983, 581 (582).

24 Stunden zur Verfügung hat, sondern gezwungen ist, sie zeitweise abzunehmen. Das begründet meist eine wenn auch geringfügige Minderung der Funktionsfähigkeit des Auges, die allenfalls dann entfällt, wenn die versicherte Person schon an das Tragen einer Brille gewohnt war und eine unfallbedingt nur eine geringfügige Verschlechterung des Sehvermögens eintritt[512]. Ein **künstliches Gelenk** ist den Gebrauchshilfen und nicht den Prothesen gleichzusetzen; ist es mit Erfolg eingesetzt worden, sind nur die generell mit der Tatsache der Implantation verbundenen Belastungen als Funktionsbeeinträchtigungen zu berücksichtigen[513].

192   *bb)* **Außerhalb des Anwendungsbereichs der Gliedertaxe** beurteilt sich die Invaliditätsentschädigung nach der allgemeinen Regelung des § 7 I (2) c) AUB 88 (entsprechend Ziff. 2.1.2.2.2 AUB 99). Hierbei handelt es sich im Wesentlichen um Verletzungen der Wirbelsäule, Kopf- und Gehirnverletzungen, Verletzungen der inneren Organe des Brust- und Bauchraums sowie der Harn- und Geschlechtsorgane[514]. Der Invaliditätsgrad bemisst sich danach, inwieweit die **normale körperliche oder geistige Leistungsfähigkeit unter ausschließlicher Berücksichtigung medizinischer Gesichtspunkte beeinträchtigt** ist. Dabei kann es durchaus Überschneidungen mit der Gliedertaxe geben. Kommt es etwa nach einem Wirbelbruch zu Lähmungserscheinungen am Arm, ist die Funktionsbeeinträchtigung des Armes nach der Gliedertaxe zu ermitteln und die gesundheitliche Beeinträchtigung durch die Schädigung der Wirbelsäule nach § 7 I (2) c) AUB 88[515].

193   Dadurch, dass zur Ermittlung der Beeinträchtigung der Leistungsfähigkeit ausschließlich auf **medizinische Gesichtspunkte** abzustellen ist, wird ausgeschlossen, dass das soziale Umfeld der versicherten Person, insbesondere seine Berufstätigkeit, in die Bewertung mit einfließt[516]. Maßgebend ist – nicht anders als bei der Gliedertaxe –, wie sich der Funktionsausfall oder die Funktionsbeeinträchtigung der betroffenen Körperteile oder Organe auf die Leistungsfähigkeit des Versicherten auswirkt. Vergleichsmaßstab ist die **normale Leistungsfähigkeit einer unverletzten Person** gleichen Alters und Geschlechts; individuelle Besonderheiten haben außer Betracht zu bleiben[517]. Bei der Bewertung im Einzelfall sind auch die Vorgaben der Gliedertaxe in Rechnung zu stellen[518]. Schwierigkeiten bereitet der **Verlust paariger Organe** wie etwa der Nieren oder der Lunge. Übernimmt das verbleibende Organ die Funktion des anderen völlig und lässt sich eine konkrete Beeinträchtigung der Leistungsfähigkeit nicht feststellen, kann eine Entschädigung u. U. sogar ganz entfallen[519]. Allerdings hat es sich in der Praxis eingebürgert, auch insoweit nach bestimmten Sätzen abzurechnen. So wird der Verlust einer Niere bei gesunder zweiter Niere mit etwa 20% bewertet[520].

194   Nach § 8 II (5) AUB 61 ist die Invalidität danach zu bestimmen, inwieweit der Versicherte noch imstande ist, eine Tätigkeit auszuüben, die seinen Kräften und Fähigkeiten entspricht und die ihm unter billiger Berücksichtigung seiner Ausbildung und seines Berufs zugemutet werden kann. Hier muss über das rein Medizinische hinaus ermittelt werden, wie sich die dauernden gesundheitlichen Beeinträchtigungen auf den Beruf der versicherten Person oder auf vergleichbare Berufe auswirkt[521]. Zwar kommt es auch insoweit nicht darauf an, ob die versicherte Person überhaupt berufstätig ist. Der Vergleichsmaßstab bleibt aber stets eine

---

[512] BGH v. 27. 4. 1983, VersR 1983, 581 (582).

[513] BGH v. 28. 2. 1990, VersR 1990, 478 (479); OLG Frankfurt/M. v. 30. 11. 2005, VersR 2006, 1488.

[514] *Grimm,* Ziff. 2 AUB 99 Rn. 28.

[515] *Grimm,* Ziff. 2 AUB 99 Rn. 28; zur Zusammenrechnung der Werte s. Rn. 195.

[516] *Grimm,* Ziff. 2 AUB 99 Rn. 36.

[517] OLG Hamm v. 9. 5. 2007, VersR 2008, 389; OLG Hamm v. 6. 11. 2002, VersR 2003, 586; für die Berücksichtigung auch individueller Umstände: *Grimm,* Ziff. 2 AUB 99 Rn. 37.

[518] OLG Hamm v. 9. 5. 2007, VersR 2008, 389; OLG Hamm v. 5. 6. 1992, VersR 1992, 472.

[519] OLG Celle v. 13. 9. 2007, VersR 2007, 1688.

[520] *Grimm,* Ziff. 2 AUB 99 Rn. 36; anders OLG Celle v. 13. 9. 2007, VersR 2007, 1688. Eine Aufnahme des Nierenverlustes in die Gliedertaxe der AUB 99 wurde zwar erwogen, aber nicht umgesetzt, weil der Grad der Invalidität je nach Vorschädigung der zweiten Niere variieren kann, vgl. *Stockmeier/Huppenbauer,* Motive AUB 99 S. 20 f.

[521] BGH v. 4. 4. 1984, VersR 1984, 576 (577); *Prölss/Martin/Knappmann,* § 8 AUB 61 Rn. 5.

nach ihrer Ausbildung mögliche berufliche Tätigkeit; Tätigkeit im Sinne von § 8 II (5) AUB 61 ist berufsbezogen und kann nicht primär als körperliche und geistige Leistungsfähigkeit eines Menschen umschrieben werden[522]. Auch die Frage der Zumutbarkeit ist bezogen auf einen der versicherten Person noch möglichen Ersatzberuf zu beantworten[523]. Eine gewisse Schwierigkeit tritt auf, wenn die versicherte Person keinen Beruf erlernt hat oder wenn es sich noch um ein Kind handelt. Um hier zu einem angemessenes Ergebnis zu gelangen, wird man letztlich auf die allgemeine Fähigkeit zur Leistung von berufsbezogenen, d. h. von typischerweise mit der Ausübung einer körperlichen oder geistigen Arbeit verbundenen Tätigkeiten abstellen müssen.

c) Gesamtinvalidität. Sind **mehrere Körperteile oder Sinnesorgane** durch den Un- **195** fall beeinträchtigt, werden die nach § 7 I (2) a) bzw. c) AUB 88 (bzw. Ziff. 2.1.2.2.1 und 2.1.2.2.2 AUB 99) ermittelten Invaliditätsgrade zusammengerechnet, wobei 100% die Obergrenze darstellt (§ 7 I (2) d) AUB 88 und Ziff. 2.1.2.2.4 AUB 99). Das gilt auch für die dauerhafte Beeinträchtigung paariger Körperteile oder Sinnesorgane[524] Davon abweichend ist eine solche Addition in § 8 II (4) AUB 61 nur für nach der Gliedertaxe ermittelten Invaliditätsgrade vorgeschrieben. Liegen zusätzlich oder ausschließlich gesundheitliche Dauerschäden vor, die nach § 8 II (5) AUB 61 zu bewerten sind, findet keine Zusammenrechnung statt, sondern es ist eine Gesamtbeurteilung der Invalidität vorzunehmen[525].

d) Vorinvalidität. Hat die versicherte Person – sei es durch einen Vorunfall, sei es auf- **196** grund einer Erkrankung[526] – **schon vor dem Versicherungsfall eine dauernde Funktionsbeeinträchtigung** an denjenigen Körperteilen oder Sinnesorganen, die auch **durch den zu entschädigenden Unfall betroffen** sind, wird gem. § 7 I (3) AUB 88 (ebenso: Ziff. 2.1.2.2.3 AUB 99) von der nach dem Unfall insgesamt vorliegenden Invalidität ein Abzug in Höhe der (nach den Grundsätzen des § 7 I (2) AUB 88 zu ermittelnden) Vorinvalidität vorgenommen. Der Abzug ist gegenüber § 8 AUB 88 vorrangig[527]. Beim Verlust eines Auges ist eine schon vor dem Unfall vorhandene Sehschwäche in der Regel als Vorinvalidität zu werten[528]. Vorschäden, die nicht die durch den Unfall betroffenen Körperteile oder Körperfunktionen betreffen, bleiben unberücksichtigt[529]. Komplizierter ist die Berücksichtigung einer Vorinvalidität in § 10 (4) AUB 61 geregelt: War der Versicherte vor dem Unfall bereits in seiner Arbeitsfähigkeit beeinträchtigt, ist von der nach dem Unfall vorhandenen Gesamtinvalidität ein Abzug zu machen, der der schon vorher vorhanden gewesenen Invalidität entspricht. Für dessen Bemessung werden die Grundsätze des § 8 II AUB 61 mit der Maßgabe angewandt, dass ggf. auch ein höherer Grad der Gesamtinvalidität als 100% anzunehmen ist, sofern der Unfall Körperteile oder Sinnesorgane betrifft, die nicht schon vor dem Unfall beschädigt waren[530].

Ist eine **progressive Invaliditätsstaffel**[531] vereinbart, ist der Abzug der Vorinvalidität von **197** der nach dem versicherten Unfall gegebenen Gesamtinvalidität vorzunehmen. Erst nach dem so festgestellten Invaliditätsgrad ist die Invaliditätsleistung nach der progressiven Invaliditätsstaffel zu ermitteln; es ist also nicht in der Weise vorzugehen, dass zunächst für die Gesamtvalidität die Leistung unter Zugrundelegung der progressiven Invaliditätsstaffel errechnet wird und von dieser die Leistung, die sich für die Vorinvalidität ergeben würde, in Abzug zu

---

[522] So aber *Grimm,* Ziff. 2 AUB 99 Rn. 29; dagegen mit Recht *Prölss/Martin/Knappmann,* § 8 AUB 61 Rn. 5.

[523] *Prölss/Martin/Knappmann,* § 8 AUB 61 Rn. 5; anders wiederum *Grimm,* Ziff. 2 AUB 99 Rn. 30.

[524] OLG Köln v. 28. 7. 2004, VersR 2004, 679 (680).

[525] *Grimm,* Ziff. 2 AUB 99 Rn. 38.

[526] *Wussow/Pürckhauer,* § 7 I (3) Rn. 44f.

[527] OLG Karlsruhe v. 29. 8. 2002, VersR 2003, 1524 (1525).

[528] OLG Düsseldorf v. 30. 3. 2004, VersR 2005, 109; OLG Brandenburg v. 8. 11. 2006, VersR 2007, 347; anders bei Altersweitsichtigkeit OLG München v. 21. 3. 2006, VersR 2006, 1397.

[529] OLG Düsseldorf v. 23. 3. 1999, NVersZ 2000, 572 (573).

[530] S. dazu mit Beispielen *Bruck/Möller/Wagner,* Unfallversicherung Anm. G 310; *Grimm,* Ziff. 2 AUB 99 Rn. 39.

[531] S. dazu Rn. 183.

Mangen

bringen ist. Dass die Vorinvalidität bereits vorab von der Gesamtinvalidität abzuziehen ist und nicht erst bei der Leistungsberechnung zu berücksichtigen ist, folgt unmittelbar aus § 7 I (3) AUB 88 bzw. § 10 (4) AUB 61[532]; eines besonderen **Hinweises** auf diese Berechnungsmethode bedarf es in den Besonderen Bedingungen für die Unfallversicherung mit progressiver Invaliditätsstaffel nicht[533].

198   **e) Unfallbedingter Tod innerhalb eines Jahres. Stirbt** die versicherte Person **unfallbedingt innerhalb eines Jahres** nach dem Unfall, besteht kein Anspruch auf eine Invaliditätsleistung (§ 7 I (4) AUB 88; § 8 II (6) S. 1 AUB 61; Ziff. 2.1.1.2 AUB 99). Es besteht in diesem Fall aber ein Anspruch auf Todesfallleistung (§ 7 VI AUB 88; § 8 I AUB 61, Ziff. 2.6 AUB 99). Eine schon gezahlte Invaliditätsleistung ist zurückzuzahlen bzw. mit der Todesfallleistung zu verrechnen. Das ist zwar nur in § 8 II (6) S. 2 AUB 61 ausdrücklich geregelt, gilt aber auch im Anwendungsbereich der AUB 88 und der AUB 99 nach den allgemeinen Grundsätzen der ungerechtfertigen Bereicherung, weil mit dem Tod der Rechtsgrund für die Zahlung der Invaliditätsleistung entfallen ist[534]. Tritt der Tod erst später als ein Jahr nach dem Unfall ein und war ein Anspruch auf Invaliditätsleistung entstanden, besteht die Leistungspflicht des VR (§ 7 I (5) AUB 88; § 13 (3) b) AUB 61; Ziff. 2.1.2.4 AUB 99).

199   **f) Tod aus unfallfremden Ursachen innerhalb eines Jahres. Stirbt** die versicherte Person **aus unfallfremder Ursache** innerhalb eines Jahres nach dem Unfall (oder unabhängig von der Ursache später als ein Jahr nach dem Unfall) ist der VR leistungspflichtig, soweit ein Anspruch auf Invaliditätsentschädigung bestanden hat (§ 7 I (5) AUB 88; Ziff. 2.1.2.4 AUB 99). Dazu müssen die formellen und materiellen Anspruchsvoraussetzungen für die Invaliditätsentschädigung bereits erfüllt oder noch erfüllbar sein[535]. Maßgebend ist für die Bemessung des Invaliditätsgrades ist der Dauerschaden, der sich prognostisch aus den zuletzt erhobenen ärztlichen Befunden ergibt[536].

200   Der VR ist nach allgemeiner Praxis auch unter der Geltung der **AUB 61 bei einem unfallunabhängigen Tod** innerhalb eines Jahres nach dem Unfall für einen festgestellten Dauerschaden entschädigungspflichtig, auch wenn es insoweit an einer ausdrücklichen Regelung fehlt[537].

III. Übergangsleistung

201   Anspruch auf die Zahlung einer **Übergangsleistung** hat derjenige, der nach Ablauf von sechs Monaten seit dem Eintritt des Unfalles ohne Mitwirkung von Krankheiten oder Gebrechen noch eine **unfallbedingte Beeinträchtigung der normalen körperlichen oder geistigen Leistungsfähigkeit im beruflichen oder außerberuflichen Bereich** von mehr als 50% hat, sofern diese Beeinträchtigung bis dahin ununterbrochen bestanden hat (§ 7 II AUB 88 in der Fassung der sog. verbesserten Übergangsleistung[538]; ebenso Ziff. 2.2.1 AUB 99 mit der kleinen Verbesserung für den VR, dass eine noch mindestens 50%-ige Beeinträchtigung der Leistungsfähigkeit reicht, sowie § 8 VII (1) AUB 61 [eingeführt 1977] mit

---

[532] BGH v. 24. 2. 1988, VersR 1988, 461; vgl. auch BGH v. 15. 11. 1999, VersR 2000, 444 (445); ebenso *Knappmann*, NVersZ 1999, 352 (353); *Grimm*, Ziff. 3 AUB 99 Rn. 6; *Wussow/Pürckhauer*, S. 370. Eine solche Regelung verstößt nicht gegen §§ 305 c, 307 BGB, vgl. OLG Köln v. 13. 2. 2002 – 5 U 18/00, n. v. Zur Berechnung bei Berücksichtigung von Vorerkrankungen nach § 8 AUB s. Rn. 215.

[533] OLG Köln v. 22. 8. 2001 – 5 U 32/01, n. v.

[534] *Grimm*, Ziff. 2 AUB 99 Rn. 41; *Wussow/Pürckhauer*, § 7 I (4) AUB Rn. 47.

[535] *Grimm*, Ziff. 2 AUB 99 Rn. 42; *Prölss/Martin/Knappmann*, § 7 AUB 94 Rn. 33.

[536] *Grimm*, Ziff. 2 AUB 99 Rn. 42.

[537] *Wussow/Pürckhauer*, § 7 I (4) AUB Rn. 48.

[538] Diese betrifft die Einfügung des Zusatzes „im beruflichen oder außerberuflichen Bereich", die bewirken soll, dass derjenige, der zwar in seinem konkreten Beruf zu mehr als 50% arbeitsunfähig, aber nur in geringerem Maße in seiner körperlichen Leistungsfähigkeit beeinträchtigt ist, den Leistungsanspruch, der nach den AUB 61 ohne weiteres gegeben war, behält; vgl. *Stockmeier/Huppenbauer*, Motive AUB 99 S. 24.

der Maßgabe, dass es auf die unfallbedingte Beeinträchtigung der Arbeitsfähigkeit ankommt und für deren Bemessung die Berufstätigkeit oder Beschäftigung des Versicherten maßgebend ist). Sie wird in aller Regel als Einmalzahlung vereinbart und dient dazu, den „leistungsarmen" Zeitraum zwischen der Zahlung des Krankenhaustagegeldes und der Invaliditätsentschädigung finanziell zu überbrücken[539].

War die körperliche und geistige Leistungsfähigkeit (bzw. die Arbeitsfähigkeit) 6 Monate **202** vom Unfalltag an gerechnet ohne Mitwirkung von Vorerkrankungen oder Gebrechen ununterbrochen um mehr als 50% beeinträchtigt, wird die **Leistung in voller Höhe** erbracht[540]. Die Beeinträchtigung muss in einem **engen zeitlichen Zusammenhang mit dem Unfall** eingetreten sein, wobei sie nicht schon am Unfalltag selbst vorgelegen haben muss, sofern sie nur kurz danach eintritt[541]. Da § 7 II AUB 88 ausdrücklich darauf abstellt, dass die Beeinträchtigung der Leistungsfähigkeit auch im beruflichen Bereich gegeben sein kann, führt auch eine festgestellte Beeinträchtigung der Arbeitsfähigkeit innerhalb des entscheidenden Zeitraums von über 50% zu einem Anspruch auf Übergangsleistung; abzustellen ist insoweit auf den von der versicherten Person konkret ausgeübten Beruf[542].

Der VN hat den **Anspruch auf Zahlung der Übergangsleistung** spätestens 7 Monate **203** nach Eintritt des Unfalls **geltend zu machen** und unter Vorlage eines ärztlichen Attestes zu begründen (§ 9 VI AUB 88; Ziff. 2.2.1 Abs. 2 AUB 99; § 8 VII (2) AUB 61 verlangt unverzügliche Geltendmachung[543]). **Sinn** der Frist ist es, zu ermöglichen, dass die medizinischen Feststellungen zur Beeinträchtigung der Leistungsfähigkeit des Versicherten zeitnah getroffen werden können. Geltendmachung und Begründung der Übergangsleistung sind in den AUB 88 durch die Aufnahme der Regelung in § 9 AUB 88 als **Obliegenheiten** formuliert. Bei der Regelung des § 8 VII (2) AUB 61 ist streitig, ob die Frist eine Anspruchsvoraussetzung oder eine Obliegenheit ist[544]. Die AUB 99 haben die Frist zur Geltendmachung des Anspruchs auf die Übergangsleistung ausdrücklich zur **subjektiven Anspruchsvoraussetzung** gemacht; sie ist wie die 15-Monats-Frist zur Geltendmachung der Invalidität eine Ausschlussfrist mit der Möglichkeit, das Fristversäumnis zu entschuldigen[545].

IV. Tagegeld

Tagegeld wird nach § 7 III AUB 88 (§ 8 III (1) und (4) AUB 61 sowie 2.3 AUB 99) für **204** längstens ein Jahr, vom Unfalltag an gerechnet[546], für die Dauer der ärztlichen Behandlung gezahlt, wenn der Unfall zu einer Beeinträchtigung der Arbeitsfähigkeit geführt hat. Dabei wird das Tagegeld nach dem Grad der Beeinträchtigung abgestuft. Die Bemessung des Beeinträchtigungsgrades richtet sich nach der **Berufstätigkeit oder der Beschäftigung** des Versicherten[547]. Anders als bei der Invalidität kommt es nicht auf die körperliche oder geistige Leistungsfähigkeit, sondern auf die Arbeitsfähigkeit der versicherten Person an, denn Zweck des Tagegeldes ist der Ersatz für unfallbedingt erlittene Einkommensverluste[548]. Unerheblich

---

[539] *Grimm,* Ziff. 2 AUB 99 Rn. 50.

[540] *Grimm,* Ziff. 2 AUB 99 Rn. 50.

[541] OLG Hamm v. 9. 6. 1992, r+s 1993, 359 (360); *Grimm,* Ziff. 2 AUB 99 Rn. 50; *Prölss/Martin/Knappmann,* § 7 AUB 88 Rn. 25.

[542] LG Berlin v. 7. 8. 2001, NVersZ 2002, 218.

[543] Das bedeutet, dass der Anspruch regelmäßig binnen etwa 2 Wochen nach Ablauf der 6-Monats-Frist geltend zu machen ist, spätestens aber nach 1 Monat; vgl. *Grimm,* 3. Aufl., § 9 AUB Rn. 19.

[544] Vgl. etwa OLG Düsseldorf v. 20. 6. 1989, VersR 1989, 1077 (1078) einerseits, OLG Hamm v. 9. 6. 1993, VersR 1994, 166; OLG Köln v. 23. 2. 1989, r+s 1989, 169 andererseits.

[545] *Stockmeier/Huppenbauer,* Motive AUB 99 S. 25.

[546] Es kommt nicht darauf an, ab wann die Arbeitsfähigkeit beeinträchtigt war oder ab wann die ärztliche Behandlung beginnt, vgl. *Grimm,* Ziff. 2 AUb 99 Rn. 58. Der Zeitraum von einem Jahr verlängert sich auch nicht um die Zeiten, in denen kein Anspruch besteht, vgl. *Prölss/Martin/Knappmann,* § 7 AUB 94 Rn. 36.

[547] Vgl. dazu OLG Koblenz v. 8. 2. 2002, NVersZ 2002, 405 (406).

[548] *Grimm,* Ziff. 2 AUB 99 Rn. 52.

ist es wegen des Charakters der Tagegeldversicherung als Summenversicherung, ob die versicherte Person tatsächliche Vermögensnachteile aufgrund der Einschränkung der Arbeitsfähigkeit erleidet.

205   Eine **Beeinträchtigung der Arbeitsfähigkeit** ist dann anzunehmen, wenn die versicherte Person ihren Beruf wegen einer durch das Unfallereignis erlittenen Gesundheitsschädigung nicht oder nicht mehr in vollem Umfang ausüben kann[549]. Der Grad der Beeinträchtigung muss ärztlich festgestellt werden. Tagegeld wird nur für die **Dauer der ärztlichen Behandlung** gezahlt. Hierzu zählt jede ärztliche Tätigkeit zum Zwecke der Heilung, Besserung oder auch Linderung des Leidens[550]. Allgemeine ärztliche Empfehlungen sind noch keine Behandlungen[551]. Ein nur privat erteilter ärztlicher Rat reicht ebenso wenig aus[552] wie eine Eigenbehandlung der versicherten Person[553]. Die Behandlung durch einen Heilpraktiker ist keine Behandlung durch einen Arzt[554]. Der **Beginn der ärztlichen Behandlung** ist der Tag des ersten Arztbesuches. Das **Ende der ärztlichen Behandlung** ist dann anzunehmen, wenn die versicherte Person aus der ärztlichen Fürsorge und Verantwortung entlassen worden ist[555]. Das ist erst dann der Fall, wenn die ärztliche Therapie abgeschlossen ist; dieser Zeitpunkt fällt nicht notwendig mit der letzten Konsultation zusammen[556]. Nach § 8 III (2) AUB 61 wird das Tagegeld auch noch nach dem Abschluss der ärztlichen Behandlung gezahlt, wenn vom Versicherten geltend gemacht wird, seine Arbeitsfähigkeit sei noch beeinträchtigt; die Fortdauer der Beeinträchtigung muss vom behandelnden Arzt bescheinigt werden.

V. Krankenhaustagegeld

206   **Krankenhaustagegeld** wird für jeden Kalendertag gezahlt, an dem sich der Versicherte wegen des Unfalles in medizinisch notwendiger vollstationärer Heilbehandlung befindet, längstens jedoch für zwei Jahre, vom Unfalltag an gerechnet[557]. Bei einem Aufenthalt in Sanatorien, Erholungsheimen und Kuranstalten entfällt der Anspruch (§ 7 IV AUB 88; § 8 IV AUB 61; Ziff. 2.4 AUB 99); dass eine Behandlung dort zur Heilung des Patienten geführt hat, ist ohne Bedeutung[558]. Die Krankenhaustagegeldversicherung dient nicht dem Ausgleich der Krankenhauskosten, sondern der Deckung des abstrakten Bedarfs der versicherten Person[559].

207   Der Versicherte muss sich **in vollstationäre Heilbehandlung** begeben haben. Dazu ist nicht notwendig der Aufenthalt in einem Krankenhaus erforderlich; es reicht eine stationäre Behandlung in einer gemischten Anstalt, sofern sie der medizinisch notwendigen Heilbehandlung dient[560], während der Aufenthalt im Sanitätsbereich der Bundeswehr nicht genügen soll[561]. **Ambulante Operationen** in einem Krankenhaus begründen keinen Leistungsanspruch[562]. Verbringt der vollstationär untergebrachte Versicherte einen kompletten Tag außerhalb des Krankenhauses, steht ihm kein Krankenhaustagegeld zu[563]. Aufnahme-

---

[549] *Grimm*, Ziff. 2 AUB 99 Rn. 53.
[550] BGH v. 10. 7. 1996, BGHZ 133, 208 (211); BGH v. 17. 12. 1986, BGHZ 99, 228 (231).
[551] OLG Düsseldorf v. 3. 12. 1996, VersR 1997, 1387 (1388).
[552] LG Frankfurt/M. v. 12. 12. 1997, r+s 1999, 168 (169).
[553] AG Wuppertal v. 13. 7. 1995, r+s 1998, 526.
[554] OLG Düsseldorf v. 3. 12. 1996, VersR 1997, 1387 (1388).
[555] OLG Düsseldorf v. 3. 12. 1996, VersR 1997, 1387 (1388).
[556] *Grimm*, Ziff. 2 AUB 99 Rn. 54; *Prölss/Martin/Knappmann*, § 7 AUB 94 Rn. 35.
[557] OLG Karlsruhe v. 17. 3. 1994, r+s 1995, 157.
[558] OLG Düsseldorf v. 7. 4. 1992, VersR 1993, 41 (42).
[559] BGH v. 11. 4. 1984, BGHZ 91, 98 (101).
[560] *Grimm*, Ziff. 2 AUB 99 Rn. 60, 64; *Prölss/Martin/Knappmann*, § 7 AUB 94 Rn. 37.
[561] LG Köln v. 21. 4. 1976, VersR 1978, 129.
[562] *Stockmeier/Huppenbauer*, Motive AUB 99 S. 29.
[563] BGH v. 11. 4. 1984, BGHZ 91, 98 (103); *Grimm*, Ziff. 2 AUB 99 Rn. 60. Hingegen besteht für den Fall der teilweisen Beurlaubung an einem Tag ein Leistungsanspruch, vgl. BGH v. 11. 4. 1984, BGHZ 91, 98 (104).

und Entlassungstag zählen als je ein Kalendertag (so noch ausdrücklich § 8 IV (1) S. 2 AUB 61; dies gilt allerdings auch bei Vereinbarung der AUB 88 bzw. der AUB 99).

Der Versicherte muss sich wegen des Unfalls **aus medizinisch notwendigen Gründen** **208** in vollstationärer Heilbehandlung befunden haben. Eine **notwendige Heilbehandlung** liegt vor, wenn es nach den objektiven medizinischen Befunden und Erkenntnissen im Zeitpunkt der Vornahme der ärztlichen Maßnahme vertretbar war, diese als notwendig anzusehen[564]. Eine stationäre Heilbehandlung ist nur dann notwendig, wenn der Heilerfolg nicht auch durch ambulante Maßnahmen erzielt werden kann[565]. Ein Krankenhausaufenthalt, der ausschließlich **diagnostischen Zwecken** dient, ist keine Krankenhausbehandlung[566].

VI. Genesungsgeld

Als Zusatzleistung zum Krankenhaustagegeld wird im Anschluss an eine vollstationäre **209** Heilbehandlung **Genesungsgeld** für die gleiche Anzahl von Tagen, für die Krankenhaustagegeld geleistet wird, gezahlt, und zwar abgestuft für die Dauer von längstens 100 Tagen; mehrere stationäre Aufenthalte wegen desselben Unfalles werden wie ein ununterbrochener Aufenthalt gewertet (§ 7 V AUB 88; § 8 V AUB 61). Ziff. 2.5 AUB 99 enthält keine Staffelung der Leistung mehr; eine ausdrückliche Regelung über die Zusammenrechnung mehrerer Aufenthalte fehlt.

VII. Todesfallleistung

Führt der Unfall innerhalb eines Jahres zum Tod, entsteht der Anspruch auf die **Todesfall-** **210** **leistung** in Höhe der versicherten Summe. Die **Jahresfrist** beginnt mit dem Unfallereignis, und zwar grundsätzlich auch dann, wenn der Tod erst durch einen nachfolgenden ärztlichen Kunstfehler oder eine Infektion verursacht worden ist[567]. Wenn der Tod nach Ablauf der Jahresfrist eintritt, besteht auch dann kein Anspruch, wenn noch innerhalb der Frist ein medizinischer Tatbestand festgestellt wurde, der mit an Sicherheit grenzender Wahrscheinlichkeit alsbald zum Tode führt[568]. Der Tod muss Folge des Unfalls sein; stirbt die versicherte Person innerhalb des Jahres aus unfallunabhängigen Gründen, besteht kein Anspruch auf Todesfallleistung.

Der Tod ist gem. § 9 VII AUB 88 (§ 15 II (2) AUB 61; Ziff. 7.5 AUB 99) **innerhalb von** **211** **48 Stunden anzuzeigen,** auch wenn der Unfall bereits angezeigt war. Sie obliegt den Rechtsnachfolgern oder sonstigen Anspruchstellern.

VIII. Mitwirkung von Vorerkrankungen

Haben **Krankheiten oder Gebrechen** bei der durch ein Unfallereignis hervorgerufenen **212** Gesundheitsschädigung oder deren Folgen mitgewirkt, wird die **Leistung** entsprechend dem Anteil der Krankheit oder des Gebrechens **gekürzt,** wenn dieser Anteil mindestens 25% beträgt (§ 8 AUB 88; § 10 (1) AUB 61 [nur auf die Unfallfolgen abstellend]). Nach Ziff. 3 AUB 99 wird – bei ansonsten im Wesentlichen unverändertem Klauselinhalt – im Falle der Invalidität nicht die Leistung gekürzt, sondern es mindert sich der **Prozentsatz des Invaliditätsgrades**[569]. Mit der Mitwirkungsklausel wird dem Umstand Rechnung getragen, dass der

---

[564] BGH v. 10. 7. 1996, BGHZ 133, 208 (213); OLG Zweibrücken v. 19. 5. 2004, OLGR 2004, 595; OLG Koblenz v. 9. 2. 2001, NVersZ 2001, 269 (270); KG Berlin v. 21. 9. 1999, r+s 2000, 120 (122); *Bach/Moser/Schoenfeldt/Kalis,* Private Krankenversicherung, 3. Aufl., § 1 MB/KK Rn. 42.

[565] *Bach/Moser/Schoenfeldt/Kalis,* a. a. O., § 4 MB/KK Rn. 76.

[566] OLG Hamm v. 8. 11. 1985, VersR 1987, 555 (556).

[567] *Wussow/Pürckhauer,* § 7 VI AUB Rn. 78; anders, wenn der Kunstfehler selbst als (weiterer) Unfall zu werten ist.

[568] *Grimm,* Ziff. 2 AUB 99 Rn. 68.

[569] Zur Bedeutung dieser Änderung bei Vereinbarung einer progressiven Invaliditätsstaffel s. Rn. 215.

Unfallversicherer nur für die Folgen eines Unfalles und nicht für die Auswirkungen unfallfremder schicksalhafter Vorschädigungen der versicherten Person eintreten will[570]. Die Leistungskürzung betrifft grundsätzlich alle Leistungsarten des § 7 AUB 88, soweit nicht – wie bei der Übergangsleistung – besondere Regelungen bestehen[571].

213   Der Vorzustand der versicherten Person wird nur dann berücksichtigt, wenn es sich um **Krankheiten oder Gebrechen** handelt. **Krankheit** ist ein im Vergleich zum altersentsprechenden Normalzustand regelwidriger Körperzustand, der eine ärztliche Behandlung erfordert[572]. Darauf, ob die versicherte Person den krankhaften Zustand kennt oder ob sie sich krank fühlt, kommt es nicht an[573]. **Gebrechen** sind dauernde abnorme Gesundheitszustände, die eine einwandfreie Ausübung der normalen Körperfunktionen nicht mehr zulassen[574]. Die bloß erhöhte Empfänglichkeit für Krankheiten infolge der individuellen Körperdisposition ist weder Krankheit noch Gebrechen[575]. Auch **altersbedingt normale Verschleißerscheinungen** (Degenerationen) sind keine Krankheiten oder Gebrechen[576].

214   **Mitgewirkt** haben Krankheiten oder Gebrechen, wenn sie zusammen mit dem Unfallereignis die Gesundheitsschäden oder deren Folgen ausgelöst oder beeinflusst haben[577]. Auch erst nach dem Unfall aufgetretene Krankheiten oder Gebrechen mindern die Leistungspflicht, wenn sie die Unfallfolgen verschlimmert haben[578]. Krankheit oder Gebrechen müssen nach der Formulierung des § 8 AUB 88 **bei der Gesundheitsschädigung oder bei den Unfallfolgen** mitgewirkt haben. Eine Mitwirkung beim Unfallereignis selbst bleibt außer Betracht[579]. Auch § 10 (1) AUB 61, in dem nur von einer Mitwirkung bei den Unfallfolgen die Rede ist, ist dahin auszulegen, dass eine Leistungskürzung insoweit vorzunehmen ist, als Krankheiten und Gebrechen bei der Gesundheitsschädigung mitgewirkt haben, denn schon die erste Gesundheitsschädigung ist begrifflich eine Unfallfolge[580].

215   Ist eine **progressive Invaliditätsstaffel** Vertragsbestandteil, führt unter der Geltung der AUB 88 und der AUB 61, soweit nicht ausdrücklich etwas anderes vereinbart sein sollte, der Mitwirkungsanteil von Krankheiten und Gebrechen nicht – wie bei einer bestehenden Vorinvalidität – zu einer Kürzung des Invaliditätsgrades, sondern entsprechend den Bestimmungen des § 8 AUB 88 bzw. des § 10 (1) AUB 61 zu einer Kürzung der nach dem festgestellten Invaliditätsgrad unter Anwendung der progressiven Invaliditätsstaffel ermittelten Leistung[581]. Beträgt die Invalidität z. B. 60%, ist die für diesen Invaliditätsgrad maßgebende Leistung nach der Progressionstabelle heranzuziehen; haben zu 50% Vorerkrankungen mitgewirkt, ist diese Leistung zu halbieren. Nach Einschätzung der VR führt dies zu überhöhten Leistungen, so

---

[570] *Grimm,* Ziff. 3 AUB 99 Rn. 1.

[571] *Prölss/Martin/Knappmann,* § 8 AUB 94 Rn. 1.

[572] OLG Schleswig v. 12. 1. 1995, VersR 1995, 825; *Grimm,* Ziff. 3 AUB 99 Rn. 2; *Prölss/Martin/ Knappmann,* § 8 AUB 94 Rn. 4; vgl. auch OLG Koblenz v. 16. 3. 2007, VersR 2008, 67 (Blutverdünnung mit Marcumar).

[573] OLG Schleswig v. 12. 1. 1995, VersR 1995, 825.

[574] OLG Schleswig v. 12. 1. 1995, VersR 1995, 825; *Grimm,* Ziff. 3 AUB 99 Rn. 2; *Prölss/Martin/ Knappmann,* § 8 AUB 94 Rn. 4.

[575] OLG Braunschweig v. 15. 3. 1995, VersR 1995, 823 (824); OLG Nürnberg v. 2. 2. 1995, VersR 1995, 825.

[576] OLG Hamm v. 6. 7. 2001, NVersZ 2002, 18 (19); OLG Saarbrücken v. 3. 12. 1997, VersR 1997, 836 (837); OLG Köln v. 11. 4. 1994, r+s 1996, 202 (203); *Grimm,* Ziff. 3 AUB 99 Rn. 3; *Prölss/Martin/Knappmann,* § 8 AUB 94 Rn. 4.

[577] OLG Schleswig v. 12. 1. 1995, VersR 1995, 825; *Grimm,* Ziff. 3 AUB 99 Rn. 4; *Prölss/Martin/ Knappmann,* § 8 AUB 94 Rn. 4.

[578] OLG Düsseldorf v. 17. 12. 2002, VersR 2004, 461 (462); *Grimm,* Ziff. 3 AUB 99 Rn. 3; *Prölss/Martin/Knappmann,* § 8 AUB 94 Rn. 4.

[579] BGH v. 15. 12. 1999, VersR 2000, 444 (445); BGH v. 7. 6. 1989, VersR 1989, 902 (903).

[580] BGH v. 15. 12. 1999, VersR 2000, 444 (445); anders noch OLG Stuttgart v. 28. 6. 2001, NVersZ 2001, 509 mit kritischer Anmerkung von *Lehmann,* NVersZ 2002, 203.

[581] BGH v. 15. 12. 1999, VersR 2000, 444 (445); OLG Saarbrücken v. 3. 12. 1997, VersR 836 (837 f.); *Knappmann,* NVersZ 1999, 352 (353).

dass in **Ziff. 3 AUB 99** nunmehr ausdrücklich geregelt ist, dass die Mitwirkung von Krankheiten und Gebrechen zu einer prozentualen Kürzung des Invaliditätsgrades führt; im Beispielsfall ist danach von einer Invalidität von nur noch 30% auszugehen, was zu einer deutlich geringeren Entschädigung führt. Ob diese erhebliche Schlechterstellung im Vergleich zu den AUB 88 einer rechtlichen Überprüfung nach § 9 AGBG bzw. § 307 BGB standhalten wird, bleibt abzuwarten. Es ist jedenfalls nicht ohne weiteres nachvollziehbar, warum bei der Mitwirkung von Krankheiten oder Gebrechen **nur** bei der Bemessung der Invalidität nicht die Leistung gemindert, sondern der Invaliditätsgrad gekürzt wird.

IX. Erklärungspflicht des VR und Fälligkeit der Leistungen

1. Erklärungspflicht des Versicherers

§ 187 Abs. 1 VVG verpflichtet den VR in Übereinstimmung mit § 11 I S. 1 AUB 88 (§ 11 **216** AUB 61; Ziff. 9.1 Abs. 1 AUB 99), **innerhalb von einem bzw. (bei Invaliditätsentschädigung) drei Monaten** über den Leistungsantrag zu entscheiden, sobald ihm die zu dessen Beurteilung erforderlichen Unterlagen zugegangen sind. Damit wird dem VR eine angemessene Prüfungsfrist eingeräumt; zugleich wird er aber angehalten, den Versicherungsfall zügig zu bearbeiten[582]. Erkennt der VR den Anspruch an oder haben sich VR und VN über Grund und Höhe des Anspruchs geeinigt, wird die Leistung nach § 187 Abs. 2 S. 1 VVG innerhalb von 2 Wochen fällig (vgl. § 11 II S. 1 AUB 88; Ziff. 9.2 AUB 99, wonach innerhalb von 2 Wochen die Leistung erbracht wird). **Vor Abschluss des Heilverfahrens** kann eine Invaliditätsleistung **innerhalb eines Jahres nach Eintritt des Unfalls** nur beansprucht werden, wenn und soweit eine Todesfallsumme versichert ist (§ 11 I S. 2 AUB 88; Ziff. 9.3 Abs. 2 AUB 99); sie kann also ohne Einschränkungen innerhalb des Jahres verlangt werden, wenn das Heilverfahren abgeschlossen ist[583]. Demgegenüber ist nach § 13 (1) S. 3 AUB 61 unabhängig von dem Abschluss des Heilverfahrens innerhalb eines Jahres nach dem Unfall eine Invaliditätsleistung nur bis zur Höhe einer mitversicherten Todesfallsumme zu leisten; ist sie nicht mitversichert, kann die Invaliditätsleistung erst nach dem Ablauf des Jahres beansprucht werden[584].

Die **Erklärung des VR, er erkenne den Anspruch an,** führt gemäß § 187 Abs. 2 S. 1 **217** VVG lediglich die Fälligkeit des Anspruchs herbei, hat aber im Übrigen keine schuldbegründende Wirkung. Sie ist – von Ausnahmefällen abgesehen – grundsätzlich **nicht als selbständiges oder deklaratorisches Schuldanerkenntnis** im Sinne von §§ 780, 781 BGB zu werten[585]. Der VR kann die Leistung daher nach den Vorschriften über die ungerechtfertigte Bereicherung (§§ 812 ff. BGB) zurückfordern, wenn sich die zuerkannte Entschädigung nachträglich als unberechtigt erweist[586]. Ausnahmsweise kann die Erklärung des VR im konkreten Einzelfall aus besonderem Anlass nach dem Willen der Parteien und dem von ihnen verfolgten Zweck die Bedeutung eines bindenden Schuldanerkenntnisses zukommen; das setzt aber voraus, dass Streit oder Ungewissheit über Grund und Höhe der Leistungspflicht des VR bestand und die Erklärung des VR bezweckt, diesen Streit oder diese Ungewissheit beizulegen[587]. Zahlt der VR bestimmte, vertraglich vereinbarte Leistungen wie etwa das Krankenhaustagegeld, so ist damit nicht zugleich die Leistungspflicht für andere Leistungen, insbesondere für die Invaliditätsleistung anerkannt[588].

---

[582] BGH v. 24. 3. 1976, BGHZ 66, 250 (256).

[583] Ist das Heilverfahren noch nicht abgeschlossen, kann gleichwohl vor Fristablauf ausnahmsweise eine Entschädigung verlangt werden, wenn der Grad der Invalidität weitgehend feststeht und ein unfallbedingtes Ableben unwahrscheinlich ist; vgl. OLG Karlsruhe v. 19. 8. 2004, VersR 2005, 68 (89); *Grimm,* Ziff. 9 AUB 99 Rn. 20.

[584] *Grimm,* Ziff. 9 AUB 99 Rn. 20; *Prölss/Martin/Knappmann,* § 11 AUB 94 Rn. 7.

[585] BGH v. 24. 3. 1976, BGHZ 66, 250 (256 f.); OLG Hamm v. 16. 6. 2004, VersR 2005, 346 (347); OLG Oldenburg v. 27. 8. 1997, r+s 1998, 349; OLG Hamm v. 20. 9. 1995, r+s 1996, 118.

[586] S. Rn. 234.

[587] BGH v. 24. 3. 1976, BGHZ 66, 250 (257).

[588] OLG Düsseldorf v. 29. 2. 2000, VersR 2001, 449 (450).

2. Fälligkeit

218 Wann Leistungen aus der Unfallversicherung **fällig** werden, unterliegt unterschiedlichen Regelungen je nachdem, ob der VR die Leistung anerkennt oder sie ablehnt.

219 a) Bei **positiver Entscheidung über einen Antrag** auf Gewährung von Leistungen aus der Unfallversicherung ergibt sich die Fälligkeit aus der speziellen Klausel in § 11 I S. 1 AUB 88 (= § 187 Abs. 1 VVG), die nach der Rechtsprechung des Bundesgerichtshofs ausschließlich die Fälligkeit in solchen Fällen regelt, in denen der VR im positiven Sinne über den vom VN erhobenen Anspruch entschieden hat[589].

220 Nach § 187 Abs. 1 VVG bzw. den entsprechenden Regelungen in den AUB stehen den VR **feste Fristen** zur Verfügung, um die Anspruchsberechtigung festzustellen. Ob dies allerdings bedeutet, dass der VR diese Zeiträume in jedem Fall voll ausnutzen darf[590], erscheint fraglich. Man wird einen VR grundsätzlich für verpflichtet halten müssen, die Prüfung des Versfalles nicht zu verzögern. Können die Ermittlungen daher früher als nach einem bzw. drei Monaten abgeschlossen werden, muss der VR unverzüglich eine Erklärung § 187 Abs. 1 VVG abgeben. Gibt der VR nach Abschluss der Ermittlungen statt der Erklärung nach § 187 Abs. 1 VVG nur ein Angebot auf Abschluss eines Abfindungsvergleichs ab, muss er sich so behandeln lassen, als habe er die Erklärung abgegeben, so dass die geschuldete Leistung fällig ist und – wenn sich später ein höherer als der angebotene Betrag als gerechtfertigt erweist – Zinsansprüche darauf nach § 11 IV Abs. 3 AUB 88 bestehen[591]. Gleiches gilt, wenn der VR nach Ermittlungsabschluss eine Erklärung nach § 187 Abs. 1 VVG verweigert und (unter Verweis auf § 11 IV AUB 88) lediglich eine Vorauszahlung erbringt[592].

221 Welche **Unterlagen** der VN im Einzelnen zur Verfügung stellen muss, ergibt sich aus § 9 AUB 88. Im Wesentlichen sind dies die Unfallanzeige, die Erteilung sonstiger sachdienlicher Auskünfte und vor allem die Beibringung ärztlicher Unterlagen. Darüber hinaus ist er auch verpflichtet, seine Anspruchsberechtigung nachzuweisen[593]; bei Unfalltod haben die Erben demgemäss die Erbfolge durch einen Erbschein zu belegen, wenn das Erbrecht nicht auf andere Weise nachgewiesen werden kann[594].

222 Schwierigkeiten ergeben sich dann, wenn der VN seiner **Beibringungspflicht** nach § 187 Abs. 1 VVG bzw. § 11 I S. 1 AUB 88 **nicht oder nur zögerlich nachkommt.** Unabhängig davon, ob insoweit ggf. eine Leistungsfreiheit nach § 10 AUB 88 eintreten kann, stellt sich im vorliegenden Zusammenhang die Frage, zu welchem Zeitpunkt die Leistung fällig wird (und damit die Verjährung beginnt). Man könnte sich auf den Standpunkt stellen, abzuheben sei auf den Zeitpunkt, zu dem der VR ohne das schuldhafte Zögern des VN die Feststellungen unter normalen Umständen abgeschlossen hätte[595]. Dem ist der Bundesgerichtshof jedoch entgegengetreten und hat die Auffassung vertreten, es gereiche dem VN nicht zum Verschulden, wenn er mit der Geltendmachung des Anspruchs zuwarte; damit verstoße er nicht gegen die Vertragsbedingungen. Der Beginn der Verjährung hänge grundsätzlich nicht von einem Verschulden des Gläubigers ab[596]. Einen allgemeinen Grundsatz, dass bei Ansprüchen, deren Fälligkeit von einer Mitwirkungshandlung des Gläubigers abhänge, die Fälligkeit beginne, sobald der Gläubiger die Voraussetzungen hierfür herbeiführen könne, gebe es nicht[597]. In einer neueren Entscheidung hat der Bundesgerichtshof klargestellt, dass eine Vorverlegung des Verjährungsbeginns nur dann in Betracht kommt, wenn der VN durch das Unterlassen seiner Mitwirkung gegen die allgemeinen Grundsätze von Treu und Glauben

---

[589] BGH v. 22. 3. 2000, VersR 2000, 753 (754).
[590] In diese Richtung offenbar *Grimm*, Ziff. 9 AUB 99 Rn. 6.
[591] OLG Düsseldorf v. 19. 9. 2000, NVersZ 2001, 550 (551).
[592] OLG Hamm v. 6. 2. 1998, r+s 1998, 302.
[593] OLG Bremen v. 16. 3. 1965, VersR 1965, 653; *Grimm*, Ziff. 9 AUB 99 Rn. 7; *Prölss/Martin/Knappmann*, § 11 AUB 94 Rn. 3; *Wussow/Pürckhauer*, § 11 Rn. 9.
[594] OLG Karlsruhe v. 15. 2. 1979, VersR 1979, 564.
[595] So früher OLG Köln v. 24. 4. 1986, r+s 1986, 240 (241).
[596] BGH v. 4. 11. 1987, VersR 1987, 1235 (1236).
[597] BGH v. 8. 7. 1981, NJW 1982, 930 (931).

verstößt[598]. Danach wird ein früherer Verjährungsbeginn nur dann angenommen werden können, wenn der VN – was der VR zu beweisen hat – durch die unterlassene Mitwirkung den Beginn der Verjährung missbräuchlich hinausgezögert hat[599]. Bloße Fahrlässigkeit bei der Nichtbeibringung der notwendigen Unterlagen schadet danach nicht. Klarheit kann der VR nur schaffen, wenn er den Anspruch ablehnt. Damit wird dieser in aller Regel fällig. Etwaigen Verzugsansprüchen wird sich der VR nicht ausgesetzt sehen, weil mangels vollständig eingereichter Unterlagen gewichtige tatsächliche Bedenken gegen die Leistungspflicht bestehen, so dass es am Verschulden des VR fehlt[600].

Soweit den VN **weitere, nicht ausdrücklich in § 11 I Abs. 1 AUB 88 geregelte Mitwirkungshandlungen** treffen, gilt nichts anderes. Unterlässt der VN über eine längere Zeit die Geltendmachung eines Invaliditätsanspruchs überhaupt, so wird dieser – von den dargelegten Ausnahmefällen abgesehen – nicht fällig, so dass die Verjährung nicht beginnt[601]. Eine andere Frage ist, ob eine Leistungsfreiheit dann wegen nicht rechtzeitiger Geltendmachung des Anspruchs nach § 7 I (1) S. 2 AUB 88 eintreten kann, was wegen des von der Rechtsprechung zugelassenen Entschuldigungsbeweises nicht zwingend der Fall sein muss.

Problematisch ist ferner, wie sich die Fälligkeit bestimmt, wenn **der VR die Entscheidung über den Anspruch über die Fristen des § 187 Abs. 1 VVG bzw. des § 11 I S. 1 AUB 88 hinaus verzögert.** Geregelt ist nur der Fall, dass der VR positiv über den Antrag entschieden hat. Nach Auffassung des OLG Hamm bestimmt § 11 AUB 88 nicht, was gelten soll, wenn der VR noch keine Erklärung über seine Eintrittspflicht abgegeben hat[602]. In dem dort zu entscheidenden Fall hatte der VR eine Entscheidung mit der Begründung, er habe bislang keine Einsicht in (ausländische) Ermittlungsunterlagen gehabt, zunächst verweigert. Dies ist kein Fall des § 11 AUB 88, weil es nicht dem VN obliegt, derartige Unterlagen beizubringen. Vielmehr richtet sich die Fälligkeit nach der Regelung des § 14 Abs. 1 VVG. Insoweit gilt: Fällig wird die Leistung nach Abschluss der nötigen Erhebungen durch den VR, die dieser ohne Verzögerungen durchzuführen hat. Bearbeitet der VR die Sache allerdings schleppend und zögert er dadurch die Entscheidung heraus, wird die Versicherungsleistung auch ohne Abschluss der Ermittlungen fällig (mit der nachteiligen Folge des Verzugs nach Mahnung), zu dem die Fälligkeit bei ordnungsgemäßer Bearbeitung eingetreten wäre[603].

b) Die **Ablehnung von Leistungen** – sei es, weil nach Auffassung des VR keine Invalidität vorliegt, oder aus anderen Gründen (Prämienverzug nach § 38 Abs. 1 VVG, Leistungsausschluss nach § 2 AUB 88) – hat nicht zwingend zur Konsequenz, dass ein vom VN gleichwohl weiter verfolgter Anspruch mit Zugang des Ablehnungsschreibens fällig wird. Im Fall der Leistungsablehnung gilt § 187 Abs. 1 VVG nicht. Der Eintritt der Fälligkeit ist § 14 Abs. 1 VVG zu entnehmen. Lehnt der VR Leistungen (gleich aus welchen Gründen) endgültig ab, hat er damit seine Feststellungen zum Versicherungsfall beendet. Mit der Leistungsablehnung stellt der VR klar, dass er keine weiteren Feststellungen zur Entscheidung über den geltend gemachten Anspruch mehr für erforderlich hält. Demnach tritt mit Zugang der Erklärung des VR über die endgültige Leistungsablehnung grundsätzlich die Fälligkeit des Anspruchs auf die Versicherungsleistung ein[604]. Dies gilt allerdings nicht ausnahmslos. Weitere Voraussetzung ist, dass der vom VN erhobene Anspruch auch im Übrigen bereits entstanden ist. In der Unfallversicherung ist Anspruchsvoraussetzung, dass die Invalidität innerhalb eines Jahres eingetreten und spätestens innerhalb von 15 Monaten nach dem Unfall ärztlich festgestellt worden ist (§ 7 I Abs. 1 AUB 88). Die Leistung ist mithin erst **dann fällig, wenn die Invalidität ärztlich festgestellt worden ist,** wobei es nicht auf den tatsächlichen Zeitpunkt

---

[598] BGH v. 13. 3. 2002, VersR 2002, 698.
[599] *Römer/Langheid,* § 12 Rn. 11 a. E.
[600] BGH v. 23. 6. 1954, VersR 1954, 388 (389); OLG Koblenz v. 24. 5. 1973, VersR 1974, 1215 (1216).
[601] BGH v. 13. 3. 2002, VersR 2002, 698 (699).
[602] OLG Hamm v. 23. 8. 2000, NVersZ 2001, 163 (164); anders *Grimm,* Ziff. 9 AUB 99 Rn. 17, der meint, der VR müsse auch eigene Ermittlungen innerhalb der Fristen des § 11 I S. 1 AUB 88 abschließen.
[603] OLG Hamm v. 23. 8. 2000, NVersZ 2001, 163 (164); *Römer/Langheid,* § 11 Rn. 11.
[604] BGH v. 22. 3. 2000, VersR 2000, 753 (754).

der Feststellung ankommt, sondern auf den Zeitpunkt, zu dem der VN hiervon positive Kenntnis erlangt[605].

X. Vorschüsse

226   Steht die Verpflichtung zur Leistung dem Grunde nach fest, hat der VR **auf Verlangen des VN einen angemessenen Vorschuss zu leisten** (§ 187 Abs. 2 S. 2 VVG; § 11 III AUB 88; Ziff. 9.3. Abs. 1 AUB 99; § 13 (2) AUB 61). **Angemessen** ist der Vorschuss, wenn er mindestens den Betrag erreicht, den der VR nach Lage der Dinge voraussichtlich mindestens zu zahlen hat[606]. Ob die Vorschusszahlung des VR als **Anerkenntnis** dem Grunde nach zu werten ist, hängt von den Umständen des Falles ab[607], wird aber bei einer Zahlung ohne Vorbehalt im Regelfall anzunehmen sein[608].

XI. Neubemessung des Grades der Invalidität

227   Nach § 188 Abs. 1 S. 1 VVG (§ 11 IV S. 1 AUB 88; Ziff. 9.4 Abs. 1 AUB 99; der Sache nach weitgehend identisch: § 13 (3) a) AUB 61) sind VN und VR berechtigt, **den Grad der Invalidität jährlich, längstens bis zu drei Jahren nach Eintritt des Unfalls, neu bemessen zu lassen.** Das Verfahren zur Neubemessung dient alleine der Überprüfung der Erstentscheidung des VR über die Feststellung der Invalidität und setzt deshalb eine Erstfestsetzung voraus[609]. Das Recht zur Neubemessung berührt die Verpflichtung des VR, sich zeitgerecht nach § 187 Abs. 1 VVG zu erklären, nicht[610]. Der VN ist, wenn er den im Rahmen der Erstbemessung durch den VN festgesetzten Invaliditätsgrad für unzutreffend hält, nicht auf das Verfahren zur Neubemessung angewiesen, sondern kann – ggf. im Klageweg – die Erstbemessung zur Überprüfung stellen[611]. Bei der endgültigen Bemessung der Invaliditätsleistung ist derjenige Zustand maßgebend, der am Ende der dreijährigen Frist prognostizierbar ist; dabei dürfen keine Tatsachen zugrunde gelegt werden, die innerhalb von drei Jahren nach dem Unfall noch nicht erkennbar waren[612]. Die letzte Bemessung ist für beide Parteien bindend, auch wenn sie demjenigen, der das Neubemessungsrecht ausgeübt hat, nachteilig ist. **Ist die Dreijahresfrist verstrichen,** ohne dass eine erneute Feststellung des Invaliditätsgrades verlangt wurde, muss sich der Versicherte nicht nochmals ärztlich untersuchen lassen, selbst wenn der VR dies verlangt[613]. In diesem Fall bleibt der Grad der Invalidität maßgebend, wie er sich aus den Tatsachenmitteilungen in den fristgerechten oder vom VR als fristwahrend anerkannten ersten Invaliditätsfeststellungen ergibt[614].

228   Das Recht zur Neubemessung muss sich nach § 188 Abs. 1 VVG keine Partei vorbehalten (anderslautende Versicherungsbedingungen sind, soweit sie dem VN nachteilig sind, nach § 191 VVG unwirksam). Der VR hat den VN nach § 188 Abs. 2 S. 1 VVG mit der Erklärung über die Leistungspflicht über sein **Recht, den Grad der Invalidität neu bemessen zu**

---

[605] BGH v. 27. 2. 2002, VersR 2002, 472 (473).

[606] *Grimm*, Ziff. 9 AUB 99 Rn. 24; *Prölss/Martin/Knappmann*, § 11 AUB 94 Rn. 14.

[607] OLG Koblenz v. 30. 1. 1998, VersR 1999, 179.

[608] *Grimm*, Ziff. 9 AUB 99 Rn. 22; *Prölss/Martin/Knappmann*, § 11 AUB 94 Rn. 14; s. allerdings § 13 (2) 2. Hs. AUB 61, wonach aus der Vorschusszahlung eine Anerkennung der Leistungspflicht weder dem Grunde noch der Höhe nach hergeleitet werden kann.

[609] BGH v. 16. 1. 2008, VersR 2008, 527.

[610] *Prölss/MartinKnappmann*, § 11 AUB 94 Rn. 10.

[611] OLG Hamm v. 5. 6. 1992, r+s 1993, 157; *Grimm*, Ziff. 3 AUB 99 Rn. 25; *Prölss/Martin/Knappmann*, § 11 AUB 94 Rn. 8; zu denkbaren kostenrechtlichen Nachteilen: LG Düsseldorf v. 2. 6. 2004, VersR 2005, 1277.

[612] BGH v. 17. 10. 2001, NVersZ 2002, 65 (66); BGH v. 3. 12. 1997, BGHZ 137, 247 (252).

[613] BGH v. 16. 7. 2003, VersR 2003, 1165; BGH v. 4. 5. 1994, VersR 1994, 971 (972); *Grimm*, Ziff. 9 AUB 99 Rn. 27.

[614] BGH v. 4. 5. 1994, VersR 1994, 971 (973); *Grimm*, Ziff. 9 AUB 99 Rn. 27.

lassen, zu unterrichten. Das gilt nicht bei einer Leistungsablehnung. Unterbleibt die Unterrichtung, kann sich der VR nach § 188 Abs. 2 S. 2 VVG auf eine Verspätung des Verlangens des VN, den Grad der Invalidität neu bemessen zu lassen, nicht berufen. Auch wenn bei unterlassener Unterrichtung eine Neubemessung noch nach Ablauf von drei Jahren verlangt werden kann, bleibt für die Bemessung des Grades der Invalidität weiterhin der Zustand maßgebend, der am Ende der 3-Jahres-Frist prognostizierbar ist.

Ergibt die endgültige Bemessung eine **höhere Invaliditätsleistung,** als sie der VR bereits   **229** erbracht hat, ist der **Mehrbetrag** mit 5% **zu verzinsen** (§ 11 IV S. 3 AUB 88; mit differenzierterer Regelung: § 13 (3) b) AUB 61; ohne Festlegung eines Zinssatzes: Ziff. 9.4 Abs. 3 AUB 99). Der Zinsanspruch setzt eine Erstfestsetzung durch den VR voraus und bezieht sich nur auf die Verzinsung des von dieser Erstfestsetzung abweichenden Betrages[615].

XII. Kostentragung

Nach §§ 189, 84 Abs. 1 VVG hat der VR dem VN die **Kosten,** die durch die Ermittlung   **230** und Feststellung des Unfalls sowie des Umfanges der Leistungspflicht des VR entstehen, insoweit zu **erstatten,** als ihre Aufwendung den Umständen nach geboten war. Von diesen Grundsätzen weicht § 11 I S. 2 AUB 88 teilweise ab, der sich allerdings nur mit den Kosten befasst, die durch die Hinzuziehung von Ärzten entstehen; im Übrigen sind §§ 189, 84 Abs. 1 VVG ergänzend anwendbar. Die Kosten der vom VR beauftragten Ärzte hat dieser stets zu tragen (so ausdrücklich § 9 S. 1 AUB 61); das ist eine Selbstverständlichkeit und gilt auch für die AUB 88 und die AUB 99, auch wenn es insoweit an einer ausdrücklichen Regelung fehlt. Ferner hat der VR dem VN die notwendigen Kosten zu ersetzen, die ihm dadurch entstehen, dass er sich auf Veranlassung des VR ärztlich untersuchen lässt (§ 9 IV S. 2 AUB 88; § 9 S. 1 AUB 61 i. V. m. § 15 II (6) AUB 61). Die ärztlichen Gebühren, die dem VN zur Begründung des Leistungsanspruchs entstehen, übernimmt der VR nur bis zu bestimmten, in § 11 I S. 2 AUB 88 (§ 9 AUB 61) geregelten Höchstgrenzen. Darüber hinaus ist der VR nach §§ 189, 84 Abs. 1 VVG verpflichtet zur Erstattung der objektiv gebotenen[616] Kosten für die Ermittlung, d. h. der Aufwendungen zur Klärung des Unfallereignisses, und der gebotenen Kosten für die Feststellung des Unfalls sowie des Umfangs der Leistungspflicht, d. h. der Aufwendungen, die aufgebracht werden müssen, um den Unfall und die Leistungspflicht gegenüber dem VR außer Streit zu stellen[617].

XIII. Verjährung und Klagefrist

1. Verjährung

Besondere Vorschriften über die Verjährung enthält das neue VVG nicht mehr. Es gelten   **231** die §§ 194 ff. BGB[618]. Ob die Verjährung gehemmt ist, richtet sich nach § 203 BGB. Ist ein Anspruch (etwa auf Tagegeld) nicht konkret angemeldet, wird die Verjährung dieses Anspruchs nicht durch Verhandlungen über andere Ansprüche aus der Unfallversicherung gehemmt; zur Herbeiführung der Hemmung reicht die bloße Schadensanzeige ohne die Mitteilung, welcher Anspruch geltend gemacht wird, regelmäßig nicht aus[619]. Lehnt der VR eine Leistung ab, tritt aber danach wieder in Verhandlungen mit dem VN ein oder verhandeln VN und VR nach einer Entscheidung nach § 11 I S. 1 AUB 88 über die Höhe der Entschädigung, ist die Verjährung bis zum Scheitern der Verhandlungen gehemmt[620].

---

[615] OLG Nürnberg v. 6. 2. 1997, VersR 1998, 446; vgl. auch OLG Düsseldorf v. 19. 9. 2000, NVersZ 2001, 550.

[616] *Grimm,* Ziff. 9 AUB 99 Rn. 16.

[617] *Grimm,* Ziff. 9 AUB 99 Rn. 15.

[618] Übergangsregelung in Art. 3 EGVVG.

[619] OLG Hamm v 13. 1. 1993, VersR 1993, 1473; OLG Düsseldorf v. 13. 3. 1990, r+s 1992, 322; *Römer/Langheid,* § 12 Rn. 22.

[620] OLG Hamm v. 22. 11. 1991, ZfS 1992, 58 (59).

Mangen

232   Die auf **Zahlung einer Leistung** nach § 7 AUB 88 gerichtete Klage **hemmt** die Verjährungsfrist für einen Anspruch auf eine **andere,** ebenfalls mitversicherte Leistung nicht, auch wenn diesem das gleiche Unfallereignis zugrunde liegt[621].

2. Klagefrist

233   Eine § 12 Abs. 3 VVG a. F. entsprechende Regelung findet sich im neuen VVG nicht[622]. § 15 II AUB 94 und Ziff. 14 AUB 99 hatten (wie schon § 11 V AUB 88) die Regelung des § 12 Abs. 3 VVG a. F. in den Bedingungstext aufgenommen und damit § 10 Abs. 1 Nr. 5 VAG Rechnung getragen. Dies ersetzt eine Belehrung des VN im Einzelfall nicht.

H. Regressmöglichkeiten

234   Hat der **VR eine Leistung ausgezahlt, die er nicht geschuldet hat,** kann er diese vom Leistungsempfänger nach den Grundsätzen der ungerechtfertigten Bereicherung (§§ 812 ff. BGB) zurückverlangen. Das gilt nicht nur dann, wenn er sich eine **Rückforderung** ausdrücklich vorbehalten hat, sondern auch dann, wenn er aufgrund eines Leistungsanerkenntnisses nach § 11 I S. 1 AUB 88 gezahlt hat. Allerdings muss der VR, wenn er in der Annahme eines vermeintlichen Anspruchs des VN geleistet hat, nachweisen, dass der Leistungsanspruch nicht begründet war[623]. Die Nachweispflicht trifft ihn auch, wenn der VR den Rückforderungsanspruch auf eine nachträglich bekannt gewordene, zur Leistungsfreiheit führende Obliegenheitsverletzung stützt[624]. Erfolgt die Leistung unter dem ausdrücklichen Vorbehalt der Rückforderung, ist es weiterhin Sache des VN, die Anspruchsvoraussetzungen darzulegen und zu beweisen[625]. Bei der Darlegungs- und Beweislast des VN bleibt es auch, wenn der VR ohne Anerkenntnis nur einen Vorschuss gezahlt hat[626]. Zahlt der VR trotz fehlenden Nachweises der Anspruchsvoraussetzungen ohne ausdrücklichen Rückforderungsvorbehalt, steht einer Rückforderung § 814 BGB nicht entgegen, wenn die Zahlung „ohne Anerkennung einer Leistungspflicht" bzw. „ohne Anerkennung einer Rechtspflicht" erfolgte[627].

I. Beweislastfragen
1. Unfall

235   Der VN trägt als Anspruchsteller die volle Beweislast dafür, dass ein **Unfallereignis** stattgefunden hat, dass die **Gesundheitsschädigung oder der Tod des Versicherten eingetreten ist** und dass das Unfallereignis **ursächlich** für den die Gesundheitsschädigung oder den Tod war[628]. Der Beweis ist auch geführt, wenn zwar kein bestimmtes Unfallereignis festgestellt werden kann, wenn jedoch als Ursache für die Gesundheitsverletzung nur solche Geschehensabläufe in Betracht kommen, die den Unfallbegriff erfüllen[629]. Es gilt das Beweismaß des § 286 ZPO[630].

---

[621] OLG Koblenz v. 8. 4. 2003, r+s 2003, 353.

[622] Übergangsregelung in Art. 1 Abs. 4 EGVVG.

[623] BGH v. 9. 6. 1992, VersR 1992, 1028 (1029); OLG Hamm v. 1. 3. 2006, VersR 2006, 1674 (1675); OLG Düsseldorf v. 14. 3. 1995, VersR 1996, 89.

[624] BGH v. 10. 10. 2007, VersR 2008, 241; BGH v. 14. 12. 1994, VersR 1995, 281 (282).

[625] OLG Düsseldorf v. 14. 3. 1995, VersR 1996, 89.

[626] OLG Koblenz v. 30. 1. 1998, VersR 1999, 179.

[627] BGH v. 9. 6. 1992, VersR 1992, 1028 (1029); a. A. LG Kaiserslautern v. 13. 1. 1995, VersR 1996, 702 (703), wonach eine solche „lapidare und formelhafte Klausel" nicht reiche, um die Wirkungen des § 814 BGB auszuschließen.

[628] BGH v. 18. 2. 1987, VersR 1987, 1007; OLG Düsseldorf v. 28. 12. 2006, r+s 2008, 80; *Grimm,* Ziff. 1 AUB 99 Rn. 45; *Prölss/Martin/Knappmann,* § 1 AUB 94 Rn. 25; *Römer/Langheid,* § 179 VVG Rn. 18; *Knappmann,* NVersZ 2002, 1.

[629] BGH v. 22. 6. 1977, VersR 1977, 736; OLG Köln v. 22. 12. 1999, NVersZ 2000, 375; OLG Hamm v. 17. 8. 1994, r+s 1995, 117 (118).

[630] BGH v. 17. 10. 2001, NVersZ 2002, 65.

Die **Unfreiwilligkeit** der erlittenen Gesundheitsschädigung wird nach § 179 Abs. 2 Satz 2   **236**
VVG vermutet. Es ist daher Sache des VR, diese Vermutung zu widerlegen, wenn die Unfreiwilligkeit streitig ist[631].

2. Ausschlüsse

Die Darlegungs- und Beweislast für das Vorliegen von **Ausschlusstatbeständen** trifft den   **237**
VR[632]. Der VR muss sowohl das Vorliegen des objektiven und subjektiven Tatbestandes einer
vorsätzlichen Straftat im Sinne von § 2 I (2) AUB 88 als auch die adäquate Kausalität zwischen
Straftat und Unfall beweisen[633], ebenso dass der vom Versicherten erlittene Schaden durch ein
Kriegsereignis oder durch innere Unruhe gemäss § 2 I (3) AUB 88 eingetreten ist[634]. Auch für
den Ausschlusstatbestand des **Luftfahrtunfalles** trifft unter der Geltung der AUB 88 den VR
die volle Beweislast, während aus der Systematik des § 4 (3) a) und b) AUB 61 noch gefolgert
wurde, dass der Versicherte seine Eigenschaft als Fluggast zu beweisen hatte[635].

Den **Wiedereinschluss** muss hingegen der VN als Anspruchsteller beweisen. Ihm obliegt   **238**
daher die Beweislast dafür, dass Gesundheitsschäden durch **Heilmaßnahmen** (§ 2 II (2) AUB
88) durch einen unter den Vertrag fallendes Unfallereignis veranlasst waren, dass bei einer **Infektion** (§ 2 II (3) AUB 88) Krankheitserreger durch einen unter den Vertrag fallende Unfallverletzung in den Körper gelangt sind (einschließlich des Beweises, dass keine geringfügigen
Haut- und Schleimhautverletzungen vorliegen)[636] und dass **Bauch- und Unterleibsbrüche**
(§ 2 III (1) AUB 88) durch eine unter den Vertrag fallende gewaltsame Einwirkung von außen
entstanden sind[637].

Der VN als Anspruchsteller hat auch zu beweisen, dass die überwiegende Ursache für eine   **239**
Schädigung von **Bandscheiben** sowie **Blutungen aus inneren Organen und Gehirnblu-
tungen** ein unter den Vertrag fallendes Unfallereignis ist (§ 2 III (2) AUB 88). Das folgt zumindest nach den AUB 88 klar aus der Systematik der Ausschlussbestimmung, die Schäden
an Bandscheiben, Blutungen an inneren Organen und Gehirnblutungen grundsätzlich vom
Versicherungsschutz ausnimmt und die überwiegende Verursachung durch einen Unfall als
Wiedereinschluss behandelt[638]. Zu **§ 10 (2) AUB 61** hat der Bundesgerichtshof hingegen die
Auffassung vertreten, dessen Voraussetzungen (also auch die nicht überwiegende Verursachung) habe der VR zu beweisen, da es sich um einen sekundären Leistungsausschluss handele[639].

Die Beweislast für die Voraussetzungen des Leistungsausschlusses wegen **psychischer**   **240**
Reaktionen (§ 2 IV AUB 88; § 10 (5) AUB 61) trifft den VR[640]. Der VN muss daher nur beweisen, dass er durch das Unfallereignis eine (dauerhafte) Gesundheitsschädigung erlitten hat;
dass diese krankhafte Störung auf einer psychischen Ursache beruht und nicht organischer

---

[631] OLG Oldenburg v. 14. 7. 1999, NVersZ 2000, 86; *Grimm,* Ziff. 1 AUB 99 Rn. 41.

[632] *Grimm,* Ziff. 5 AUB 99 Rn. 5; *Prölss/Martin/Knappmann,* § 2 AUB 94 Rn. 2.

[633] *Grimm,* Ziff. 5 AUB 99 Rn. 33.

[634] *Grimm,* Ziff. 5 AUB 99 Rn. 40.

[635] OLG Koblenz v. 23. 1. 1998, NVersZ 1998, 117 (118); anders BGH v. 16. 6. 1999, NVersZ 1999,
476 (477) zur Regelung in § 3 III der Besonderen Bedingungen für die Unfallzusatzversicherung.

[636] OLG Hamm v. 3. 3. 2006, r+s 2007, 364; *Prölss/Martin/Knappmann,* § 2 AUB 94 Rn. 36.

[637] OLG Hamm v. 30. 11. 2005, r+s 2006, 340.

[638] OLG Hamm v. 1. 2. 2006, r+s 2006, 467; OLG Koblenz v. 3. 3. 2005, VersR 2005, 1425 (1426);
OLG Karlsruhe v. 17. 3. 2005, VersR 2005, 969 (970); OLG Hamm v. 24. 1. 2003, r+s 2003, 255; OLG
Köln v. 22. 5. 2002, VersR 2003, 1120 (1121); OLG Hamm v. 19. 12. 2001, NVersZ 2002, 213 (214);
OLG Hamm v. 13. 2. 2001, NVersZ 2001, 508; OLG Nürnberg v. 3. 8. 2000, NVersZ 2000, 570 (571);
Grimm, § 2 AUB Rn. 101; *Wussow/Pürckhauer,* § 2 III (2) AUB Rn. 97; *Prölss/Martin/Knappmann,* § 2
AUB 94 Rn. 41.

[639] BGH v. 19. 12. 1990, NJW-RR 1991, 539 (540); a. A. – wohl mit Recht – OLG Schleswig v. 13. 7.
1990, VersR 1991, 916.

[640] BGH v. 29. 9. 2004, VersR 2004, 1449 (1450); BGH v. 23. 6. 2004, VersR 2004, 1039 (1041); BGH
v. 27. 9. 1995, BGHZ 131, 15.

oder nervöser Genese ist, steht zur Beweislast des VR[641]. Mitursächlichkeit psychischer Ursachen schließt den Anspruch nicht aus; der VR muss auch beweisen, in welchem Umfang psychische Reaktionen den krankhaften Zustand hervorgerufen haben[642].

3. Invalidität

241   Der VN muss beweisen, dass durch den Unfall eine **dauernde Beeinträchtigung** seiner körperlichen oder geistigen Leistungsfähigkeit eingetreten ist; hierfür gilt das Beweismaß des § 286 ZPO[643]. Ferner muss der VN beweisen, dass die dauernde Beeinträchtigung der körperlichen und geistigen Leistungsfähigkeit **kausal** auf das Unfallereignis zurückzuführen ist; insoweit kommen dem VN die Beweiserleichterungen des § 287 ZPO zugute[644]. Auch die übrigen **Anspruchsvoraussetzungen für eine Invaliditätsleistung** muss der VN beweisen. Vorinvalidität hingegen steht zur Beweislast des VR[645].

4. Sonstige Leistungen

242   Auch die Anspruchsvoraussetzungen für **sonstige vereinbarte Leistungen nach § 7 AUB 88** (Ziff. 2 AUB 99) hat der VN zu beweisen[646].

5. Mitwirkung von Vorerkrankungen

243   Die Beweislast für die **Mitwirkung von Vorerkrankungen** nach § 8 AUB 88 (Ziff. 3 AUB 99) trifft den VR (§ 182 VVG)[647].

---

[641] Anders offenbar OLG Saarbrücken v. 16. 4. 2003, r+s 2003, 470 (472), wonach der VN beweisen muss, dass er durch den Unfall eine organisch-körperliche Schädigung erlitten hat.

[642] BGH v. 23. 6. 2004, VersR 2004, 1039 (1041); *Knappmann*, NVersZ 2002, 1 (4).

[643] BGH v. 17. 10. 2001, NVersZ 2002, 65.

[644] BGH v. 17. 10. 2001, NVersZ 2002, 65; OLG Düsseldorf v. 28. 12. 2006, r+s 2008, 80; auch für den Kausalzusammenhang zwischen Unfall und Tod ist der Anspruchsteller beweispflichtig, vgl. OLG Hamm v. 5. 6. 2002, r+s 2003, 31.

[645] OLG Frankfurt/M. v. 13. 7. 2005, VersR 2006, 828; OLG Düsseldorf v. 30. 3. 2004, VersR 2005, 109.

[646] Vgl. etwa zur medizinischen Notwendigkeit einer stationären Heilbehandlung beim Anspruch auf Krankenhaustagegeld *Grimm*, Ziff. 2 AUB 99 Rn. 62.

[647] Vgl. zur bisherigen Rechtslage: OLG Hamm v. 6. 7. 2001, NVersZ 2002, 18; OLG Koblenz v. 20. 10. 2000, NVersZ 2001, 76; *Grimm*, Ziff. 3 AUB 99 Rn. 7; *Prölss/Martin/Knappmann*, § 8 AUB 94 Rn. 6.

Normenregister

Die fetten Zahlen verweisen auf die Paragraphen,
die mageren Zahlen auf die Randnummern.

Bearbeiter: Ass. iur. Michael Sausen, Saarbrücken

I. Gesetze

AGBG a. F.

§ 9	**10** 10, 230
§ 24a	**10** 10

AGG

§ 2	**43** 125a
§ 10	**43** 75, 125a
§ 15	**37** 35a
§ 20	**43** 125b

AktG

§ 41	**28** 42, 74
§ 78	**24** 62; **28** 7b
§ 87	**28** 26
§ 90	**28** 41
§ 91	**28** 32f.
§ 92	**28** 44
§ 93	**28** 9f., 30ff., 74, 109
§ 94	**28** 53
§ 101	**28** 53
§ 111	**28** 41
§ 112	**28** 7b
§ 113	**28** 22ff.
§ 116	**28** 30, 41, 74
§ 117	**28** 35, 46
§ 147	**28** 92
§ 161	**28** 96
§ 241	**28** 55
§ 399	**28** 47

AO

§ 12	**2** 115
§ 13	**2** 115
§ 34	**28** 42
§ 69	**26** 271; **28** 42, 73

ArbnErfG

§ 2	**37** 265
§ 20	**37** 266

§ 39   **37** 265

AtG

§ 7	**24** 85
§ 13	**24** 85
§ 25	**24** 85
§ 34	**24** 85
§ 36	**24** 85

BBergG

§ 114	**27** 196

BBG

§ 87a	**22** 3

BDSG

§ 4	**9** 93
§ 4a	**9** 93; **42** 59
§ 6a	**9** 11
§ 7	**40** 23
§ 14	**10** 252

BetrAVG

§ 1	**43** 2, 23b, 25, 34ff.; **46** 220
§ 1a	**43** 23c, 23e, 54a
§ 1b	**43** 26, 32, 51, 66ff.
§ 2	**43** 105ff.
§ 3	**43** 95
§ 4	**43** 132
§ 4a	**43** 132ff.
§ 5	**43** 112ff.
§ 6	**43** 121
§ 7	**43** 89, 95, 149ff.
§ 11	**43** 156
§ 16	**43** 117ff.
§ 17	**43** 47, 53ff., 95

Normen

BetrVG

§ 5	**28** 60; **43** 49
§ 77	**43** 48
§ 87	**43** 48, 93, 126
§ 88	**43** 48
§ 102	**43** 93

BGB

§ 7	**23** 8; **41** 152
§ 12	**37** 270; **40** 112
§ 13	**8** 52; **9** 23; **18** 19; **21** 66; **23** 400
§ 14	**9** 22; **10** 96; **18** 31
§ 26	**24** 62
§ 30	**37** 260
§ 31	**17** 15ff.
§ 86	**24** 62
§ 89	**17** 15f.
§ 90	**24** 65
§ 90a	**24** 65
§ 93	**26** 74
§ 94	**32** 273; **36** 40
§ 95	**32** 273
§ 97	**32** 280
§ 104	**47** 110, 112
§ 105	**47** 110
§ 119	**1** 56; **5** 358; **8** 64; **9** 37ff.; **14** 121; **18** 122
§ 120	**9** 46
§ 121	**5** 279; **9** 26; **12** 22; **20** 34; **25** 17; **38** 110
§ 122	**1** 56, 141; **8** 68; **14** 121; **28** 109; **42** 104
§ 123	**6** 98; **7** 46; **8** 65; **14** 104, 126ff.; **23** 88, 271; **42** 130
§ 124	**8** 67; **14** 137, 145
§ 126	**9** 4, 67; **18** 43; **21** 2; **42** 48; **45** 57
§ 126a	**9** 4, 68ff.; **21** 2
§ 126b	**5** 169; **9** 4, 75; **13** 159; **14** 8, 20; **18** 33; **21** 92; **42** 85, 124, 126, 138; **45** 57
§ 127	**9** 92
§ 130	**8** 83; **9** 21, 24; **12** 45; **13** 53; **47** 115
§ 133	**8** 30; **10** 81; **13** 169; **36** 82
§ 134	**1** 51ff.; **5** 239; **28** 25; **38** 360; **46** 184
§ 138	**5** 344f., **7** 32; **8** 40; **16** 88; **18a** 19
§ 139	**10** 298; **14** 143; **46** 217
§ 140	**8** 82; **14** 80
§ 142	**1** 141; **8** 66, 68; **14** 104, 140; **42** 131
§ 143	**14** 137
§ 144	**14** 138
§ 145	**18** 4; **42** 34; **43** 23c
§ 147	**9** 14; **42** 34
§ 150	**8** 27, 29
§ 151	**8** 29; **14** 39; **18** 28; **43** 45, 70; **47** 115
§ 157	**5** 402; **10** 81; **36** 82
§ 158	**5** 396; **42** 225, 241
§ 164	**5** 92, 95, 100; **17** 46, 87

§ 166	**5** 101, 112ff.; **14** 50, 59, 129; **17** 20ff.; 86, 118f.; **18** 26; **24** 125
§ 168	**5** 273
§ 177	**17** 92
§ 179	**5** 334; **24** 25; **26** 202a, 271
§ 181	**5** 385
§ 182	**42** 49
§ 183	**42** 37, 47, 59
§ 184	**42** 37, 47
§ 185	**5** 322; **23** 53
§ 187	**13** 71; **14** 85; **21** 88; **43** 73
§ 188	**13** 71; **14** 85
§ 193	**13** 71; **14** 85
§ 194	**47** 231
§ 195	**1a** 48; **5** 153f., 168; **12** 69; **21** 1, 74, 120ff.; **24** 19, 148, 179; **37** 470, 474; **38** 174; **45** 71; **46** 226
§ 199	**5** 339; **21** 6, 75; **24** 179; **45** 71
§ 202	**5** 354
§ 203	**21** 2, 107; **47** 231
§ 204	**21** 110
§ 205	**21** 108
§ 206	**21** 111
§ 208	**23** 351
§ 209 a. F.	**21** 110
§ 210	**21** 112
§ 211	**21** 112
§ 212	**21** 110
§ 213	**21** 113
§ 214	**21** 72; **42** 154
§ 215	**21** 80; **37** 492
§ 228	**24** 26
§ 231	**24** 26
§ 241	**18** 121; **19** 3; **28** 43
§ 242	**5** 93; **10** 201; **13** 47; **13** 77, 133, 171ff.; **14** 61, 86, 101; **15** 69; **16** 85; **17** 118f.; **20** 47; **22** 94; **23** 95; **29** 300, 325; **38** 263; **46** 144, 150, 176; **47** 170, 180
§ 247	**21** 65
§ 249	**5** 332; **25** 29; **43** 80
§ 252	**26** 48
§ 254	**5** 137, 143; **13** 102; **15** 42, 69; **16** 4; **17** 24; **24** 185; **25** 29, 33
§ 255	**22** 3
§ 256	**15** 88
§ 257	**15** 81
§ 262	**24** 135
§ 266	**12** 49
§ 267	**12** 42; **23** 355
§ 268	**22** 3, 65
§ 270	**12** 37
§ 271	**15** 101, 105; **21** 7, 39; **24** 179; **43** 23e
§ 273	**15** 103; **42** 142
§ 276	**5** 344, 348, 351; **24** 54; **25** 13, 22; **42** 97, 104
§ 278	**5** 124ff., 135, 154; **13** 4, 88; **14** 145; **15** 54, 62; **16** 27; **17** 23, 86; **18a** 32; **22** 104; **26** 99; **42** 97

2976

magere Zahlen = Rn.

magere Zahlen = Rn.

LPartG

§ 1	**17** 59, 103; **44** 178
§ 11	**37** 98

LuftVG

§ 1	**26** 107; **31** 8

MarkenG

§ 5	**37** 270; **40** 112

NachwG

§ 2	**43** 134

PflVG

§ 1	**29** 30, 42
§ 3	**1** 19; **21** 81, 97, 100; **24** 169; **29** 144, 381
§ 3 a. F.	**1a** 30; **20** 52; **24** 176, 179, 181, 184
§ 4	**29** 49
§ 5	**1** 103; **7** 52; **8** 25; **11** 49; **18** 21; **22** 116; **29** 96, 123
§ 10 a. F.	**11** 44
§ 12	**1** 19

ProdHaftG

§ 1	**40** 37
§ 2	**40** 37
§ 11	**40** 37

RBerG

Art. 1 § 1	**5** 240
Art. 1 § 5	**5** 249, 254 ff.; **26** 280

RDG

§ 1	**5** 240 ff.

RVG

§ 15	**37** 493
§ 19	**37** 429
§ 34	**37** 179a

RVO

§ 640 a. F.	**24** 27, 80
§ 1542	**22** 3

SGB I

§ 32	**1** 70
§ 40	**1** 70

SBG V

§ 6	**44** 75
§ 10	**44** 215
§ 53	**44** 89
§ 257	**44** 74, 210
§ 315	**44** 76

SGB VI

§ 1	**43** 54a
§ 5	**43** 125
§ 42	**43** 121
§ 43	**43** 59; **46** 9
§ 46	**43** 60
§ 63	**46** 8

SGB VII

§ 110	**24** 27, 79f.

SGB X

§ 116	**22** 3, 73; **24** 154

SGB XI

§ 23	**1** 75
§ 110	**1** 75, 103

SGG

§ 51	**1** 71, 75
§ 109	**37** 191

SigG

§ 2	**9** 68 ff.

StBerG

§ 33	**26** 276
§ 57	**26** 276
§ 67	**26** 272
§ 68	**5** 356

StGB

§ 12	**46** 200
§ 20	**47** 60
§ 21	**47** 60
§ 23	**23** 362; **47** 60
§ 24	**47** 60
§ 142	**29** 308; **30** 174
§ 153	**23** 360
§ 202a	**40** 23
§ 203	**23** 105
§ 206	**40** 23
§ 224	**37** 88

Normen

Sachregister

Die halbfetten Zahlen bezeichnen die Paragraphen,
die mageren Zahlen bezeichnen die Randnummern.

Bearbeiter: Ass. iur. Michael Sausen, Saarbrücken